5

PEQUEÑO LAROUSSE DE CIENCIAS Y TÉCNICAS

por

TOMÁS DE GALIANA MINGOT

1980,

21 000 artículos
2 400 ilustraciones
8 láminas en color

SIEMBRO A LOS CUATRO VIENTOS

EDITORIAL LAROUSSE

Valentín Gómez, 3530 - Buenos Aires R 13 ● Marsella, 53. Esq. Nápoles México 6, D.F.

17, rue du Montparnasse, París

A LOS LECTORES

La última contienda mundial dio inicio a un desarrollo prodigioso de las ciencias, al mismo tiempo que se acortaba el plazo que transcurre entre los inventos y sus aplicaciones prácticas. Basta con prestar un poco de atención en torno de sí para percatarse de la irrupción, hasta en los hogares más modestos, de materias y de técnicas que, apenas hace unos años, eran absolutamente desconocidas del público. Procedimientos de refinada tecnicidad aplicados hace poco en el ámbito privilegiado de las instalaciones atómicas son ahora de uso corriente en numerosas industrias. Y ya menudean las aplicaciones industriales de ideas recientemente reservadas a esa vanguardia del progreso científico que es la investigación espacial (microcircuitos electrónicos, pilas de combustible, metales especiales, etc.).

Como consecuencia de tantos progresos e innovaciones, asistimos a una profunda revolución en materia de terminología. Los neologismos y las nuevas acepciones brotan abundosamente, no sólo en la literatura científica, sino también en la prensa, los catálogos, etc. Al mismo tiempo, la multiplicación y consecutiva diferenciación de las técnicas afecta al sentido de voces ya existentes, cuyo nuevo significado conviene precisar y retener. Así, el vocabulario científico se enriquece y transforma con arreglo a un proceso semántico que, de acuerdo con las necesidades de la ciencia, restringe progresivamente las interpretaciones posibles y tiende a atribuir a cada vocablo un significado más limitado y preciso, cada vez más inequívoco.

Sería pueril pretender que estas consideraciones solamente conciernen a los especialistas y, a lo sumo, a las personas aficionadas a cosas científicas. En realidad, ya no le está dado al hombre moderno, por más que él quisiera, ignorar las implicaciones que el progreso científico tiene en su propia existencia. Ya se trate de la *tabuladora* de *tarjetas perforadas* de la oficina en que trabaja, ya del *freno de discos* de su coche, ya del *cebador* fundido que ha de reemplazar en la *lámpara* de fluorescencia de su cocina o del barniz de *siliconas* para *hidrofugar* sus zapatos, la terminología científica forma ahora parte indisoluble de su habla. Más bien habremos de reconocer que el incremento del poder adquisitivo y la mejora constante del nivel cultural, fomentan la lectura y estimulan la curiosidad del hombre moderno, el cual, cada vez en mayor grado, quiere saber el porqué y el cómo de las cosas, no solamente en lo referente a los últimos progresos de las ciencias, sino también en lo que atañe a las técnicas o artes y oficios tradicionales.

Nos percatamos así, con harta evidencia, de que al hombre deseoso de vivir al compás de su tiempo no le basta ya con disponer, por todo auxilio, de su diccionario manual de la lengua. De ahí la idea del presente diccionario cien-

La fecha que mencionamos se refiere exclusivamente al depósito, hecho en Washington de la **primera tirada** de esta obra. No tiene más que un valor jurídico y ninguna relación con la fecha de la nueva edición a la que pertenece el volumen presente.

ISBN 2-03-020545-1

Edición 1980, impresa en México por Litografía Senefelder

Librairie Larousse (Canada) limitée, propietaria para el Canadá de los derechos de autores y marcas comerciales Larousse. — Distribuidor exclusivo para el Canadá: *Editions Françaises Inc.*, autorizado en cuanto concierne a los derechos de autores e inscrito en el Registro correspondiente para el uso de las marcas en el Canadá.

tífico que ahora constituye el complemento indispensable de aquél. Mas, para llenar este cometido plenamente, o sea rendir el máximo provecho en un hogar, el diccionario científico ha de ser exhaustivo. Es imprescindible que se le pueda consultar tanto sobre la *satelización* de un ingenio espacial, la *fisión nuclear* o el funcionamiento de un *transistor*, como sobre la *desarrolladora* que convierte los troncos en chapa de madera; sobre el nombre de las piezas que constituyen el *casco* de un barco, o la *ventana* de una casa, como sobre las herramientas con que se han labrado; sobre la fabricación del *jabón* como sobre el acuñado de la *moneda*... El mismo diccionario debe dar una respuesta concreta al aficionado a trabajos caseros que precisa conocer la composición de un *hormigón*, e igualmente a su hijo, estudiante, que necesita introducir en sus cálculos el valor de una constante física del *agua*.

Sólo la experiencia casi centenaria de la Editorial Larousse en el campo de los diccionarios, habría de hacer posible que tantas exigencias pudieran ser satisfechas por un diccionario manual. Tres ideas directrices nos han permitido tratar un número elevado de voces (21 000) y de acepciones, y de multiplicar los artículos enciclopédicos : por una parte, hemos atribuido a esta obra un número suficiente de páginas (1 064, de las cuales 8 a todo color); en segundo lugar — dado que un buen esquema o una fotografía adecuada evitan largas explicaciones — hemos aprovechado con la máxima eficacia cuantos recursos ofrece la ilustración, tanto por la abundancia de las figuras (2 400), como por la utilización de los márgenes y la multiplicación de los esquemas sinópticos relativos a los procedimientos industriales; por último, aprovechando también los recursos que ofrece la tipografía, hemos adoptado unos caracteres pequeños, aunque claros, y hemos optado por una composición densa.

Fácil resulta comprobar que, recurriendo a tales medios, nuestro « pequeño » diccionario manual sintetiza los conocimientos esenciales dispersos en un centenar de tratados científicos y de manuales especializados; que reúne la materia científica contenida en los más extensos y costosos diccionarios enciclopédicos; que iguala por su texto y supera por el valor didáctico de su ilustración a una enciclopedia científica de cuatro o cinco tomos compuesta y presentada con características tipográficas habituales.

¿Cómo pronunciar la palabra diccionario sin evocar el uso correcto de la lengua? En el lenguaje científico, así como en el habla propia da cada arte u oficio, se incurre frecuentemente en faltas que resultan del uso inadecuado de ciertas voces o de la ortografía defectuosa de otras. Por otra parte, los anglicismos y los galicismos inútiles invaden insidiosamente nuestra lengua : en castellano, *pana* es un tejido, y no una avería; *dar baca* (del inglés *to back*) es un americanismo, feo e inútil, por *marcha atrás*, etc. Así, hemos incluido en este libro no pocas observaciones lexicográficas útiles al lector deseoso de expresarse correctamente en nuestra lengua.

Por último, hemos dedicado especial atención a los americanismos, ya que también la terminología de las artes y oficios se ha enriquecido con voces, giros y locuciones genuinamente americanos. Hemos acogido aquí cuantos americanismos nos han parecido interesantes, ya porque modifican el significado de la correspondiente voz castellana, ya por la mucha difusión que han alcanzado. Por lo demás, las realizaciones industriales, las materias primeras, los animales y las plantas útiles de América están lejos de haber sido subestimados, tanto en el texto como en la ilustración del presente diccionario.

Este prefacio brinda al autor la ocasión de agradecer a la editorial las facilidades que le ha concedido y su comprensión de los problemas tan particulares que planteaba la realización de una obra que inaugura una nueva especialidad en el campo de los diccionarios. Así, el autor ha podido disponer de equipos perfectamente especializados en las tareas que implica la preparación de los diccionarios enciclopédicos. Sería largo citar aquí los nombres de todos los colaboradores sin correr el riesgo de olvidar alguno. A todos expreso mi agradecimiento, y muy particularmente a mi amigo Fernando Gómez Peláez, cuya colaboración a lo largo de este libro ha sobrepasado con frecuencia los límites de las funciones reservadas habitualmente a los correctores. Conste también mi reconocimiento al señor Antonio Mikszath por su asistencia.

Esta obra es el resultado de largos años de preparación, durante los cuales los libros científicos, tratados, manuales de artes y oficios, etc. de toda una biblioteca especializada han sido cuidadosamente leídos y cotejados para extraer las 40 000 fichas que han permitido su redacción. Tarea tan larga y fastidiosa no hubiera sido posible sin la paciente y perseverante ayuda de mi esposa, a cuya determinante colaboración me complazco en rendir aquí un merecido y afectuoso homenaje.

A pesar de la cuidadosa atención con que hemos preparado y realizado este libro, es posible que adolezca de alguna imperfección. El autor agradece anticipadamente cuantas observaciones quieran formularle los lectores y las tendrá muy en cuenta en las futuras ediciones.

EL AUTOR

Esta obra terminó de imprimirse en abril de 1980, en los talleres de Litografía Senefelder, Bernal Díaz del Castillo 33, México 3, D. F.

Se tiraron 14,300 ejemplares

Principales figuras explicativas sobre técnicas y procedimientos industriales

Láminas en color

Principales tablas numéricas

Advertencia

En la redacción de este libro hemos observado las normas internacionales en cuanto concierne a las unidades de medida y a sus símbolos (v. **abreviatura** y **unidad**). Salvo indicación contraria, se sobrentiende que expresamos las temperaturas en grados Celsio o centesimales (v. **termómetro**). Los elementos químicos y sus isótopos se representan por el correspondiente símbolo precedido por dos números, uno de los cuales, el superior, es el número de masa de su átomo y el otro, su número atómico (v. **átomo**).
En previsión de posibles errores que puede inducir el uso del apóstrofo (ya que en ciertos casos significa *minuto* y en otros *prima* o repetición de una letra en matemáticas), hemos adoptado la coma inferior para separar los números enteros de las fracciones decimales. Por otra parte, para evitar los números excesivamente largos, hemos recurrido al sistema de las potencias de 10, explicado en el artículo **potencia.** Por último, es importante saber que en la literatura científica procedente de los Estados Unidos no se atribuye a las voces *billón, trillón,* etc., el mismo valor numérico que en el resto del mundo (v. **billón**).

Abreviaturas empleadas en esta obra

a	año
Acúst.	Acústica
adj.	Adjetivo
adv.	Adverbio
Aerod.	Aerodinámica
Aeron.	Aeronáutica
Agr.	Agricultura
Amer.	Americanismo
Arm.	Armamento
Arq.	Arquitectura
Art. gráf.	Artes gráficas
Art. y of.	Artes y oficios
Astr.	Astronomía
Astron.	Astronáutica
Atom.	Física atómica
Autom.	Automovilismo
Bot.	Botánica
Calef.	Calefacción
Carp.	Carpintería y maderas
Carroc.	Carrocería
Cerám.	Cerámica
Cibern.	Cibernética
Cin.	Cinematografía
Color.	Colorantes
Com., com.	Comercio y común
Comb.	Combustibles
Constr.	Construcción, albañilería
Curt.	Curtición y peletería
d	día
Electr.	Electricidad
Electrón.	Electrónica
Expl.	Explosivos y pirotecnia
f.	substantivo femenino
F. c.	Ferrocarriles
Fís.	Física
Fot.	Fotografía
Geogr.	Geografía
Geol.	Geología
Geom.	Geometría y dibujo
Geof.	Geofísica
Gom.	Gomas y caucho
h	hora
Hidr.	Hidráulica
Ind.	Industria
Ind. alim.	Industrias alimenticias
Joy.	Joyería
Lóg.	Lógica
Lumin.	Luminotecnia
m.	substantivo masculino
Magn.	magnetismo
Mar.	Marina y pesca
Mat.	Matemáticas
Mec.	Mecánica
Med.	Medicina
Metal.	Metalurgia
Meteor.	Meteorología
Metr.	Metrología
Min.	Minería
Miner.	Mineralogía
mn	minuto
Mús.	Música
Obr. públ.	Obras públicas
Observ.	Observación
Ocean.	Oceanografía
Ofic.	Oficinas y organización
Ópt.	Óptica
Papel.	Papelería
Perf.	Perfumería
Petr.	Petróleo y derivados
Pint.	Pinturas y barnices
Plást.	Materias plásticas
Quím.	Química
Radiot.	Radiotecnia
s	segundo
Sinón.	Sinónimo
Refr.	Refrigeración
Tab.	Tabaco
Tecn.	Tecnología
Telec.	Telecomunicaciones
Text.	Textiles
Topogr.	Topografía y geodesia
ú. t. c.	Úsase también como
V., v.	Véase y verbo
Vidr.	Vidrio
Zool.	Zoología
*	El asterisco remite a la palabra que lo lleva

NOTA. Las abreviaturas que no figuran en la presente lista tienen artículo propio en su respectivo orden alfabético. Por lo demás, los símbolos de todos los cuerpos simples figuran en la tabla ELEMENTOS (página nº 402) y los de las principales unidades de medidas, en la tabla UNIDADES (página nº 1029).

principales colaboradores de esta obra

redacción

Antonio Lloret
(Doctor en Ciencias)
Antonio Mikszath

corrección

Adolphe V. Thomas
Fernando Gómez Peláez

fotografía

Andrés Laporte
Mariano Aguayo
Guido Motté
Faustino Pastor

dibujo

Andrés M. Tamagno
Huberto Nozahic

confección

Sergio Lebrun

Átomos de tungsteno fotografiados con el microscopio iónico

A

A f. Primera letra del alfabeto, una de las que más se emplean en la terminología científica como sigla y símbolo. He aquí su significado en las aplicaciones más comunes:
— *Astr.* La *a* es la abrev. de *año* y *A* designa un tipo espectral de estrellas. (V. ESTRELLA.)
— *Atom.* En la serie de transmutaciones naturales *A* designa el primer isótopo que se forma a partir del gas o emanación: *el radón se desintegra y transforma en radio A.* (V. RADIACTIVIDAD.) ‖ *A* simboliza también el peso * atómico de un cuerpo simple. ‖ *Bomba A,* véase BOMBA.
— *Electr. A* es la abreviatura de *amperio.*
— *Fís.* La letra *A* designa la primera de las rayas de absorción del espectro * solar, mientras que *a* representa la segunda de dichas rayas.
— *Geom.* Con la letra *a* se representa la altura de una figura, así como la apotema de los polígonos y de las pirámides regulares. ‖ *A* designa el ángulo recto de un triángulo y *a* la hipotenusa del mismo.
— *Mat.* Con la *a* y las letras siguientes se designan las cantidades conocidas o *datos,* mientras que las últimas letras del alfabeto se emplean para representar las *incógnitas.*
— *Mec.* Símbolo de *avance* usado en relojería y que, grabado en el regulador de la marcha, indica el sentido en que ha de moverse éste para que el reloj no retrase.
— *Metr.* @ es la abreviatura de *arroba; a* la de *área* y *Å* la de *angstroem.*
— *Quím. A* es el símbolo químico del *argón.* ‖ Úsase asimismo la letra *A* para designar algunas substancias de nombre químico complicado: *el amarillo A, usado como colorante, es el ácido salicílico monobromado.*

OBSERV. Véanse también en el artículo ALFA los distintos significados de α, primera letra del alfabeto griego, que suele emplearse igualmente como símbolo científico.

A, prefijo griego que indica *privación, falta, carencia.* Ejemplos: *amorfo,* sin forma; *asimétrico,* desprovisto de simetría. (Delante de vocal o de *h* toma la forma *an: anastigmático,* que no adolece de astigmatismo.)

aa, abreviatura de *ana**.

AALENSE m. *Geol.* Uno de los pisos medianos del terreno jurásico, en el lias superior: *el aalense data de 130 millones de años.* (V. ESTRATIGRAFÍA.)

ABACÁ m. *Bot.* Planta musácea (*Musa textilis*), especie de plátano de fruto no comestible, común en el sur de Asia, Indonesia y Oceanía.
— El *abacá* alcanza unos ocho metros de altura. Se explota tradicionalmente en las Islas Filipinas, Borneo y Sumatra, pero las dificultades de abastecimiento creadas por la segunda guerra mundial fomentaron su cultivo en América Central, especialmente en Costa Rica.
— *Text.* Fibra textil, impropiamente llamada *cáñamo de Manila,* que se extrae de las pencas de esta planta. ‖ Tela grosera o tejido más o menos basto fabricado con estas fibras.
— Las *plantas de abacá* pueden ser explotadas a partir del tercer año, y cada una suministra anualmente cerca de 3 kg de fibras. Los pecíolos de las hojas, que miden de dos a cinco metros de largo, se aprovechan íntegramente para producir hilaza. Son cortados en tiras de unos dos metros y se dejan secar antes de pasarlos por las máquinas desfibradoras*. (V. FIBRA.)

Las fibras periféricas, bastas y coloradas por el sol, constituyen la *bandala,* hilaza rubia que se utiliza principalmente para fabricar sogas y maromas, pues es más inalterable por la humedad que el cáñamo y más ligera, flexible y resistente que éste, sobre el cual tiene también la ventaja de flotar en el agua. A diámetro igual, la cuerda de abacá pesa cuatro veces menos que la de cáñamo.

Con la bandala se tejen esteras, telas de embalaje y otras menos toscas, como crinolinas, forros para solapas y telas para patrones. Las fibras de la parte interna, más delicadas, sirven para fabricar tejidos más finos (nipis, etc.).

Se utilizan igualmente las fibras de abacá para elaborar pasta de papel y fabricar un papel espeso que los japoneses emplean en la confección de mamparas o biombos.

abacá
plantación
y secadero

ABACISCO m. *Constr.* Piedra pequeña, de forma generalmente cuadrada, que se utiliza para componer mosaicos.

ÁBACO m. *Arq.* Plano superior o tablero que corona el capitel de una columna.
— El *ábaco* es cuadrado y simple en el orden dórico, tiene molduras ornamentales en el jónico

Fot. E. W. Muller y S. F. C.

ábaco *(arq.)*

7	14	9
12	10	8
11	6	13

ábaco mágico *(mat.)*

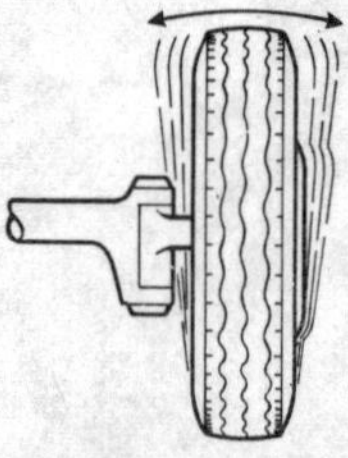

abaniqueo *(mec.)*

abarbetar

y se incurva en el corintio. Ha representado un papel importante en la Edad Media como refuerzo que permite al capitel * equilibrar la parte del salmer que se apoya en la columna.
— *Mat.* Nomograma *, sistema de líneas que, en un gráfico, da la solución de ecuaciones y otras operaciones sin necesidad de efectuar cálculos. ‖ Aparato de calcular consistente en un bastidor provisto de alambres paralelos en los cuales van ensartadas unas bolas que representan las cifras. (En China y el Japón se utiliza todavía un *ábaco* cuyos alambres están divididos en dos secciones por una barra transversal. En una de las secciones los alambres tienen cinco bolas que representan las unidades; en la otra sólo tienen una o dos bolas que valen cinco unidades cada una. Las bolas de un alambre representan unidades diez veces mayores que las del alambre inmediatamente inferior. Los chinos y japoneses, acostumbrados al uso de estos aparatos, efectúan rápidamente no sólo operaciones con las cuatro reglas, sino también la extracción de raíces.) ‖ *Ábaco logístico,* tabla de multiplicación de Pitágoras, modificada en forma de triángulo equilátero. ‖ *Ábaco mágico,* cuadrado subdividido en casillas, en cada una de las cuales se escribe un número tal que la suma de los que figuran en una línea horizontal, vertical o diagonal arroje siempre el mismo total. ‖ *Ábaco pitagórico,* la tabla de multiplicar de Pitágoras.
— *Min.* Artesa para lavar minerales, usada en los placeres desprovistos de equipo mecánico.

ABÁCULO m. *Constr.* Cuadro pequeño de vidrio o cerámica, generalmente colorado, que se usa en las labores de taracea, composición de mosaicos y otros revestimientos.

ABADANAR v. *Curt.* Curtir la piel de carnero u oveja para transformarla en badana. ‖ Dar aspecto de badana a cualquier otra piel.

ABADERNAR v. Sujetar o amarrar con badernas o correas.

ABAFO, FA adj. *Text.* Que está sin teñir.

ABAJO adv. *Hidr. Aguas abajo,* v. AGUA.

ABALANZAR v. *Metr.* Equilibrar una balanza.

ABALAUSTRAR v. *Arq.* Poner balaustres. ‖ Dar la forma de balaustre o imitarla.

ABALDESAR v. *Curt.* Curtir la piel para hacer baldés. ‖ Conferir el aspecto o las cualidades del baldés.

ABALIZAR v. *Aeron.* Jalonar una ruta o trayectoria aérea por medio de balizas luminosas o hertzianas. (V. ATERRIZAJE y RADIONAVEGACIÓN.)
— *Mar.* Colocar balizas en los puertos y parajes peligrosos para indicar el camino que han de seguir los barcos. ‖ Marcarse, determinar un buque su situación mediante marcaciones.

ABALLESTAR v. Tirar, halar.
— *Mar.* Tirar lateralmente de un cabo tenso como de la cuerda de un arco o ballesta.

ABALORIO m. Cuenta o tubo pequeños, de vidrio o cualquier materia plástica, que sirve para hacer collares, adornos y otras baratijas.

ABANDONO m. *Astron. Punto de abandono,* v. PUNTO.

ABANICO m. Nombre de diversos dispositivos mecánicos, y también de ciertas obras de carpintería y de otra índole que, por su forma o el uso a que se destinan, se asemejan al abanico de hacer aire.
— *Agr. Abanico de agua,* chorro en forma de abanico producido por una cámara o tubo, provisto de numerosos orificios, que la propia presión del agua hace bascular alternativamente para permitir el riego por aspersión de una amplia faja de terreno a ambas partes del aparato.
— *Arq. Bóveda de abanico,* v. BÓVEDA.
— *Art. gráf.* Aparato compuesto de varillas paralelas, también llamado *sacapliegos de abanico,* que sirve en ciertas máquinas de imprimir para recoger las hojas de papel impresas y depositarlas en el tablero.
— *Art. y of.* Pantalla dispuesta delante de la lumbre para evitar la luz o el calor, como la plancha de metal que los esmaltadores colocan ante la lámpara que les sirve para secar. ‖ Tejido de mimbre, con un agujero en el centro, utilizado por los plateros para apreciar las soldaduras. ‖ Costillaje articulado o flexible, de los fuelles y fraguas. ‖ Tipario, conjunto de las palancas portatipos de una máquina de escribir.
— *Carp.* Varillaje formado por las cerchas del toldo plegable de un vehículo. ‖ Tablero articu-

ábaco chino *(mat.)*

lado que llevan algunos vehículos en la parte trasera para aumentar la capacidad de carga y que, en condiciones normales, sirve para cerrar la caja de la carrocería. ‖ *Peldaños de abanico,* v. PELDAÑO.
— *Expl.* Fuego de artificio consistente en varios cohetes dispuestos radialmente como las varillas del abanico.
— *Hidr. Puerta de abanico* o *de segmento,* puerta de esclusa o de presa, en forma de sector o segmento articulado sobre un eje horizontal.
— *Radiot. Antena de abanico,* v. ANTENA.

ABANIQUEO m. Oscilación, vaivén, bamboleo.
— *Mec.* Oscilación defectuosa de las ruedas de un vehículo a ambos lados de su plano normal.

ABANO m. Espantamoscas pendular colgado del techo y animado manualmente de un movimiento de vaivén más o menos duradero. ‖ Dispositivo de sobremesa accionado mecánicamente con el mismo fin. ‖ Ventilador portátil.

ABARBETAR v. Sujetar fuertemente con las manos.
— *Mar.* Ligar dos cuerdas tirantes con barbetas para que se mantengan en una posición fija.

ABARCÓN m. *Art. y of.* Abrazadera de hierro.

ABARQUILLAR v. Dar a una cosa la forma de barquillo. ‖ Encorvar chapas de madera, palastro, etc., sin llegar a formar rollo: *las tablas aserradas de un tronco húmedo se abarquillan con el calor.*

ABARRADO, DA adj. Barrado.
— *Text.* Dícese del paño que tiene manchas en forma de listas por no haber sido removido, o haberlo sido mal, en el curso del teñido.

ABARRAGANAR v. *Text.* Conferir a una tela el aspecto o las cualidades del barragán.

ABARROTAR v. Sujetar o afianzar algo con barrotes.
— *Carp.* Reforzar un tablero con barrotes o listones transversales a las tablas para que éstas se mantengan unidas y no se combe el tablero.
— *Mar.* Apretar, asegurar sólidamente la carga de un barco llenando los huecos con abarrotes. ‖ Cargar un buque aprovechando todo el espacio disponible, incluso los huecos insignificantes.

ABARROTE m. *Mar.* Objeto o fardo pequeño que sirve para llenar los huecos de la estiba.

ABARROTERÍA f. *Amer.* Ferretería.

ABASTECIMIENTO m. *Abastecimiento de aguas,* v. AGUA.

ABATANADO m. *Text.* Batanado.

ABATANAR v. *Text.* Golpear o batir los tejidos de lana para enfurtirlos y darles cuerpo. (V. BATANADO.)

ABATIBLE adj. Que puede ser bajado o abatido.
— *Carp.* Dícese del ventanillo, tablero, etc., articulado horizontalmente sobre su base.
— *Mar. Borda abatible,* v. BORDA.

ABATIDERO m. Conducto o cauce para el desagüe.

ABATIDO m. *Carp. Amer.* Tonel, cajón u otro embalaje desarmado o en piezas. ‖ Atado de tablas para hacer cajones, de duelas para pipas, etcétera.

ABATIMIENTO m. *Constr.* Maniobra consistente en elevar un sillar, una viga u otros materiales pesados que se emplean en las construcciones.
— *Geom.* Rebatimiento * de un plano.

ABATIR v. Derribar, tumbar o echar al suelo.
— *Mar.* Desarmar o descomponer los camarotes, la pipería o cualquier estructura interna de un buque.

Fot. Arch. phot.

ABBEVILLENSE adj. y s. m. *Geol.* Uno de los pisos inferiores del pleistoceno, cuyos sedimentos se han depositado, después de la primera glaciación, durante un período comprendido entre 700 000 y 900 000 años antes de nuestra era. (V. ESTRATIGRAFÍA.)

ABCISA f. *Mat.* Abscisa.

ABDUCTOR, RA adj. *Quím.* Dícese del tubo que recoge y canaliza los gases desprendidos de una reacción.

ABEADOR m. *Text.* Lizo que se emplea en ciertos telares de terciopelo para darle menos cuerpo a la tela.

ABECEDARIO m. *Pint. Abecedario de estarcir,* v. ESTARCIR.
— *Telec. Abecedario, telegráfico,* v. TELÉGRAFO.

ABEDUL m. *Bot.* Árbol betuláceo que llega a medir más de 20 m de altura, propio de los terrenos húmedos o turbosos. Se conocen cerca de 40 especies, entre las que merecen citarse, por su importancia económica, las llamadas científicamente *Betula alba* (común en España), *B. nigra, B. pubescens* y *B. verrucosa.*
— El *abedul* es árbol de crecimiento rápido, cuya leña —de la cual produce medio estéreo por cada metro cúbico de madera— suministra un carbón de fragua excelente. Sus ramas se usan para labores de cestería, aros de cubas, etc.
— *Carp.* La *madera del abedul* es blanquecina, más o menos amarillenta o rosada, con manchas medulares de color pardo. Es ligera (su densidad apenas alcanza 0,700) y semidura, pero de mediana calidad. Por lo demás, reúne buenas características mecánicas, es poco físil, se trabaja con facilidad y se presta muy bien para labores de torno. En los países que disponen de maderas mejores para las construcciones importantes, el abedul se reserva a la fabricación de piezas torneadas o labradas manualmente (carretes para hilo de coser, zuecos, etc.), así como para embalajes ligeros o de poco peso y aun para hacer pasta de papel. La industria moderna aprovecha la facilidad con que pueden ser desenrollados los troncos de abedul para fabricar madera cruzada, cajitas de chapa, etc. (V. MADERA.)
— *Curt.* La *corteza del abedul* es rica en tanino y sirve para curtir. Suministra por destilación un alquitrán que confiere al *cuero* o *piel de Rusia* su agradable olor y su buena resistencia contra los ataques de los insectos.
— *Ind. alim.* La *savia del abedul* es muy dulce y se aprovecha en algunas partes para elaborar jarabes, azúcar y bebidas fermentadas.
— *Mar.* La madera del *abedul negro* de América del Norte sirve para construir piraguas, botes y otras embarcaciones pequeñas y ligeras.

ABEJA f. *Aeron. Estructura* o *relleno de nido de abeja,* v. PANAL.
— *Autom. Radiador de nido de abeja* o, mejor, *radiador de panal,* v. RADIADOR.
— *Radiot. Bobina* o *carrete de nido de abeja* o, mejor, *bobina de panal,* v. BOBINA.

ABELITA f. *Expl.* Mezcla explosiva cuya fórmula es la siguiente:

Nitroglicerina	65 %
Algodón pólvora	30 %
Salitre.	3,5 %
Carbonato de sodio. . .	1,5 %

ABÉNDULA f. *Hidr.* Aleta o pala de la rueda hidráulica llamada *rodezno.*

ABERRACIÓN f. Desviación, especialmente la de los rayos luminosos a través de los sistemas ópticos.
— *Acúst. Aberración del sonido,* v. DOPPLER *(Efecto).*
— *Astr.* Fenómeno debido al movimiento de traslación de la Tierra y en virtud del cual un observador terrestre ve los astros en dirección diferente a la que en realidad ocupan.
— El fenómeno de la *aberración* es fácil de comprender si se comparan los rayos luminosos procedentes de una estrella situada en el zenit, con las gotas de lluvia caídas verticalmente. Si en el curso de la caída de una gota, el hombre avanza respecto a ella, la trayectoria resultante de la gota es oblicua con respecto a la vertical representada por el hombre. De ahí que, aunque la lluvia caiga verticalmente, el transeúnte inclina tanto más su paraguas cuanto más rápido sea su paso. Lo mismo ocurre con los rayos luminosos: durante el tiempo que invierten para

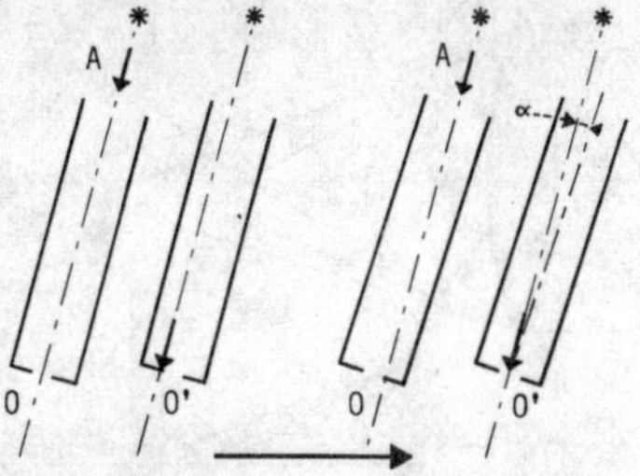

aberración de la luz *(astr.)*

atravesar un telescopio a la velocidad de 300 000 km/s, la Tierra —y, con ella, el instrumento— se mueve a su vez a razón de 29,76 km/s. Cuando el rayo luminoso que ha entrado por *A* llega al objetivo *O*, éste ya no se halla en *O*, sino en *O'*. Para que un rayo pase exactamente por *A* y por *O* es necesario inclinar el telescopio, como se inclina el paraguas. Se obtiene así una dirección visual ficticia que forma con la dirección verdadera de la estrella un ángulo α, llamado *aberración de la luz,* cuyo valor es de 20" 48 (0,0057°). Este fenómeno, descubierto por Jacobo Bradley en 1727, permitió al mismo demostrar la traslación de la Tierra: conociendo la velocidad de la luz y el valor del ángulo α se deduce fácilmente la velocidad de la Tierra en el espacio, así como su dirección.
— *Fot.* V. seguidamente *ópt.*
— *Ópt.* Defecto que deforma o altera las imágenes obtenidas por sistemas ópticos, especialmente en fotografía. ‖ *Aberración de astigmatismo,* v. ASTIGMATISMO. ‖ *Aberración cromática,* etc., v. seguidamente.
— *Aberración cromática* o *de refrangibilidad.* Una lente, al igual que un prisma, tiene la propiedad de refractar los rayos luminosos, o sea desviarlos. El ángulo de refracción depende de la longitud de onda de la luz: cuanto más pequeña fuere ésta, tanto mayor será el desvío experimentado por los rayos. Ahora bien, la luz blanca no es sino una mezcla de luces monocromáticas de longitudes de onda diferentes y, por consiguiente, refractadas distintamente. Cuando un haz de luz blanca hiere la lente, ésta la descompone en haces de colores diferentes que convergen en otros tantos puntos del eje óptico, en vez de confundirse en un foco común: tal es la *aberración cromática.* Esta dispersión de focos hace que las imágenes aparezcan con los bordes irisados y que, en el caso particular de la fotografía, adolezcan de falta de nitidez. Se corrige dicha aberración mediante la asociación de dos o más lentes de cristales diferentes *(crown* y *flint),* que, al combinar sus efectos cromáticos —uno aleja el foco de la lente, mientras que el otro lo acerca—, permiten la convergencia en un mismo punto focal, si no de todos los haces monocromáticos —cosa imposible—, por lo menos de los dos primordiales. Al sistema óptico así constituido se le da el nombre de *acromático.*

aberración (Ópt.) [v. figura p. 4]

Aberración de curvatura. Dado que la superficie de las lentes es curva, también lo es la imagen por ellas formada. Por consiguiente, la proyección de esta imagen en un plano (placa fotográfica, pantalla, etc.) no puede ser uniformemente nítida. Si dicho plano pasa por el foco, en el eje óptico, la imagen será nítida en el centro, y cada vez más borrosa al acercarse a los bordes; por el contrario, si la imagen aparece nítida en los bordes, será borrosa en el centro. La solución consiste en utilizar un plano intermediario: gracias a la profundidad del campo, es decir, al margen de nitidez de que puede disponerse delante y detrás del foco teórico, la totalidad de la imagen resulta prácticamente neta. Esta aberración no debe confundirse con la distorsión *.
Aberración esférica o *de esfericidad.* Este fenómeno resulta de la forma esférica de las lentes. En una lente biconvexa, los rayos procedentes de la parte central *c* convergen sensiblemente en el foco *F*, pero los rayos marginales *m* convergen entre *F* y la lente, y tanto más lejos de *F* cuanto más próxima de la periferia está la zona de la lente que han atravesado. La consecuencia de

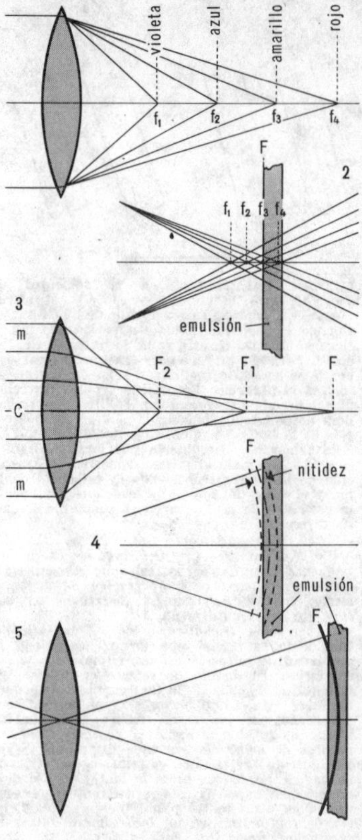

1 y 2 **aberración** cromática

3 **aberración** esférica

4 y 5 **aberración** de curvatura

esta aberración es que la imagen de un punto luminoso dada por la lente no será un punto, sino una pequeña mancha circular, y que la imagen total será borrosa o, por lo menos, insuficientemente nítida. La aberración de esfericidad puede corregirse empíricamente, hasta cierto punto, utilizando solamente la parte central de las lentes. Por eso, en fotografía, particularmente con objetivos de calidad inferior, se obtienen imágenes tanto más netas y detalladas cuanto más se diafragma. En los objetivos y otros sistemas ópticos perfeccionados, esta aberración se corrige merced al empleo de varias lentes de cristales diferentes, cuyas curvaturas, índices de refracción y distancia, se calculan de tal forma que a la aberración de la primera lente corresponda sensiblemente otra aberración de efectos contrarios causada por la segunda. No obstante, esta corrección solamente es eficaz cuando los rayos luminosos que hieren la lente son paralelos al eje óptico. Cuando no lo son se manifiestan otras aberraciones llamadas *astigmatismo* * y *coma* *.

ABERTURA f. Acción y efecto de abrir algo. ‖ Orificio, anchura de alguna cosa.

— *Arq. Abertura de una puerta,* la forma o tamaño de su hueco.

— *Astr.* Diámetro máximo utilizable del objetivo de un anteojo o del espejo cóncavo de un telescopio. (El número de milímetros que mide la abertura de estos instrumentos expresa aproximadamente los aumentos que pueden obtenerse normalmente con ellos; pero, cuando se trata de observar astros muy brillantes y en las condiciones atmosféricas más favorables, pueden obtenerse excepcionalmente dos y hasta tres veces más aumentos que milímetros cuenta el diámetro del objetivo.)

— *Autom.* Ángulo divergente (en el sentido de la marcha) formado por los planos de las dos ruedas propulsoras en los vehículos de tracción delantera.
Las ruedas delanteras de un automóvil parado, cuando no son motrices, convergen ligeramente en el sentido de la marcha. (V. CONVERGENCIA.) En los coches de tracción delantera el esfuerzo propulsivo tiende a hacer converger naturalmente las ruedas, lo cual obliga a montarlas con una ligera divergencia. Mas, la distancia que separa las llantas de ambas ruedas frontalmente, es, a lo sumo, superior de tres milímetros a la que media entre las mismas por detrás.

— *Electr. Abertura de un circuito,* acción de suprimir la continuidad del mismo en un punto, o sea acción de interrumpir la corriente. ‖ *Abertura de corriente,* acción de reunir los dos reóforos de un manantial eléctrico para producir la corriente.

— *Electrón.* Anchura del haz de electrones de un oscilógrafo catódico, tubo analizador o receptor de televisión, o cualquier otro dispositivo electrónico.

— *Geom.* Separación de los dos lados de un ángulo: *la abertura se expresa en grados o en radianes y tiene por símbolo* α.

— *Mec.* Ancho de la boca de una llave para tuercas, tornillo de banco y otras herramientas ‖ Anchura que media entre las quijadas de una machacadora y, en general, sección de la entrada reservada en cualquier máquina a las materias que se han de trabajar.

— *Ópt. Abertura* o *abertura útil,* diámetro del orificio por donde penetra la luz en un instrumento óptico. ‖ En el caso de lentes y de espejos cóncavos, diámetro de la superficie reflectora o refringente, o sea, prácticamente, el mayor diámetro posible del diafragma (v. lo dicho anteriormente en *Astr.*). ‖ *Abertura numérica,* relación entre la abertura útil y la distancia focal de una lente u otro sistema óptico y cuyo símbolo es la letra *f.* (Así, por ejemplo, la *abertura numérica* de un objetivo de 30 mm de abertura máxima y de 135 mm de distancia focal será de $f = 30/135 = 1/4{,}5$. El valor correspondiente suele ir grabado en la parte frontal del portaobjetivo, como primera diivisión de una escala de aberturas representadas por números de valor creciente. A cada una de las aberturas indicadas corresponde una luminosidad relativa doble que la de la división siguiente y dos veces menor que la de la división anterior. La escala generalmente adoptada para los objetivos fotográficos da los siguientes valores de *f:* 1,4 — 1,9 — 2,8 — 4 — 5,6 — 8 — 11 — 16 — 22. Pero algunos constructores utilizan esta otra escala: 2,2 — 3,2 — 4,5 — 6,3 — 9 — 12,5 — 18 — 25.)

— *Radiot.* Superficie efectiva del campo radiado por una antena en un plano perpendicular a la dirección principal de la emisión.

— *Text.* Acción de abrir o deshilachar las masas de algodón, lana u otras fibras que salen en bruto de las balas.

ABETATO m. *Quím.* Abietato, sal formada por la combinación de una base con el ácido abiético.

ABETINA f. *Quím.* Abietina.

ABETINOTE m. *Quím.* Resina líquida del abeto.

ABETO m. *Bot.* Género de coníferas abietíneas grandes (hasta 50 m de altura), de las cuales se conocen unas veinte especies diferentes.

— *Carp.* Madera suministrada por estos árboles.

— La *madera del abeto* no es de muy buena calidad, pero, dada su abundancia y las ventajas que presenta para ser aserrado a partir de tablones de grandes dimensiones, se hace un gran consumo de ella para usos que requieren poca resistencia. Los troncos suelen ser rectos y lisos, por cuya razón se presta bien para hacer postes de líneas eléctricas y mástiles. Las dos calidades más corrientes son: el *abeto común* o *blanco* (*Abies pectinata, Picea alba*) y el *rojo* o *picea* (*Picea rubra, Picea excelsa*). El primero suministra una madera blanca, ligera y blanda, que se apolilla con facilidad y que sirve sobre todo para hacer tablas destinadas a construcciones poco resistentes (cajas de embalajes, barracas, etc.). Más resistente es el abeto rojo, de color amari-

llo, con fibras rojizas, muy apreciado en carpintería porque se labra con facilidad y resiste bien a la acción del aire y de la humedad, a cuya circunstancia se debe su utilización para duelas de tonelería.
El pinsapo o *abeto de Ronda*, especie propia de España, da una madera de mala calidad. En América del Norte se aprovecha, entre otras, la madera del *abeto de Douglas*, que es blanca, blanda y liviana, como la del abeto blanco (por lo demás, es un árbol notable por lo rápido de su crecimiento). Otra de las muchas especies maderables es el *Abies bracteata*, que crece, en América, desde la Cordillera de México hasta Colombia.
La mayor parte del abeto consumido en el mundo proviene de las regiones septentrionales de Europa (Escandinavia, Finlandia, U.R.S.S. y Polonia) y de América (Canadá).
El abeto da, por término medio, un estéreo de leña por cada cuatro metros cúbicos de madera. La densidad de esta madera varía mucho según las especies: 0,550 en el abeto común o blanco y 0,650 en el rojo o picea. (V. MADERA.)
— *Curt.* La *corteza del abeto canadiense* sirve para curtir y se conoce con el nombre comercial de *corteza de Hemlock.* (V. CURTIENTE.)
— *Ópt.* El *Abies balsamifera* de las costas norteamericanas del Pacífico suministra una resina conocida con el nombre de *bálsamo del Canadá*, substancia que, por su fluidez y su índice de refracción, próximo del del cristal, es muy útil para conservar las preparaciones microscópicas.
— *Papel.* La mayor parte de las especies de abetos se utilizan como materia prima para fabricar pasta de papel, en cuya producción descuellan los países nórdicos ya citados como exportadores de madera.
— *Quím.* Los abetos suministran trementina, de la cual se extrae, por destilación, el aguarrás. Con el residuo se obtiene pez.

ABETUNADO, DA adj. *Quím.* Parecido al betún.

ABETUNAR v. Embetunar, untar con betún.

ABEY m. *Bot.* Árbol de América, entre cuyas especies figuran el *abey hembra*, *moruro abey* o *tengue* (*Peltophorum adnatum*) de las Antillas, que es una planta leguminosa, y el *abey macho* (*Jacaranda cœrulea*), que es una bignoniácea.
— *Carp.* El *abey hembra*, árbol de ocho metros de altura, abunda en Cuba, donde su madera dura y rojiza se utiliza en trabajos de carpintería. El *abey macho* es otro árbol cubano que alcanza hasta 20 metros de altura; da una madera blanca, también utilizada en carpintería y en la construcción de armaduras de tejados.
El nombre de abey se aplica, aunque erróneamente, a otros árboles del género *dalbergia* que suministran la madera llamada palisandro*.

ABICH m. *Miner.* Mortero pequeño de acero para machacar muestras de minerales.

ABIERTO, TA adj. *Arq. Manzana abierta*, v. MANZANA.
— *Electr.* Dícese del circuito que, por presentar alguna interrupción, no permite el paso de la corriente.
— *Mar.* Aplícase a la embarcación que no tiene cubierta.
— *Min. A cielo abierto*, v. MINA.
— *Obr. públ. Canal abierto*, v. CANAL.

ABIETATO m. *Quím.* Sal que se obtiene al combinar el ácido abiético con una base: *el abietato de sodio entra en la composición de algunos jabones.* (Sinón. ABETATO.)

ABIÉTICO, CA adj. *Quím.* Dícese de un ácido que es el principal constituyente de la colofonia: *el ácido abiético es un sólido incoloro que funde a 173º.* (Sinón. ABÉTICO.)

ABIETINA f. *Quím.* Substancia extraída de los residuos de la destilación de ciertas trementinas: *la abietina es una materia prima utilizada para elaborar vanillina.*

ABIETÍNEAS f. pl. *Bot.* Familia de plantas representada por el abeto y a la cual pertenecen los cedros y los pinos: *las abietíneas suministran maderas ordinarias y resinas utilizadas como materia prima por la industria química.*

ABIETINO m. *Quím.* Abetinote, resina líquida del abeto.

ABIGARRADO, DA adj. Que tiene varios colores dispuestos sin armonía. ‖ Heterogéneo, reunido sin orden ni concierto.

Fot. Movie Maker

— *Arq.* Dícese de las fachadas y decoraciones que carecen de simetría.

ABILO m. *Bot.* Árbol burseráceo de las Filipinas, uno de los que producen la resina aromática llamada *elemí.*

ABISAGRADO, DA adj. Semejante o parecido a una bisagra por su forma o funcionamiento.

ABISAGRAR v. *Carp.* Poner bisagras: *las puertas corredizas no se abisagran.*

ABISAL adj. *Ocean.* Propio de las grandes profundidades submarinas.

ABISELAR v. Biselar, achaflanar, cortar o tallar los cantos en bisel.

ABISMAL m. Clavo que fija un instrumento a su mango.

ABITAQUE m. *Carp.* Cuartón, uno de los cuatro maderos que resultan al aserrar longitudinalmente una pieza de madera mediante dos cortes en cruz.

ABLACIÓN f. *Geol.* Fenómeno de reducción o retroceso de un helero por evaporación o fusión debidas a los vientos cálidos, la lluvia o el calor del suelo ‖ Erosión del suelo en general y, particularmente, erosión de las costas por la acción de las olas.
— *Tecn.* Pérdida de materia superficial, por fusión o por sublimación, que protege contra el calor exterior a las capas más profundas de los cuerpos *ablativos**.

ABLADERA f. *Carp.* Jablandera*.

ABLANDADERA f. Máquina o herramienta que sirve para ablandar alguna cosa.

ABLANDADOR, RA adj. y s. Que ablanda.
— *Quím. Ablandador de agua*, dispositivo para desendurecer o ablandar el agua. (V. ABLANDAMIENTO.)

ABLANDAMIENTO m. *Petr.* Procedimiento especial de refinación que tiene por objeto suprimir el mal olor o las propiedades corrosivas de ciertas esencias y otros productos derivados del petróleo. (V. REFINACIÓN.)
— *Quím.* Operación consistente en eliminar o precipitar las sales minerales que provocan la dureza del agua*.

ABLANDANTE adj. y s. Que ablanda.
— *Cin.* Substancia que confiere a una película la necesaria flexibilidad para que se doble, sin menoscabo de sus propiedades mecánicas, al pasar repetidamente entre los rodillos de los aparatos utilizados para la toma de vistas y la proyección: *los ablandantes más comunes son el alcanfor, los alcoholes amílico y butílico, el diacetato de resorcina* y *el fosfato de trifenilo.*

ABLANDAR v. *Curt.* Someter las pieles brutas a un baño previo de reblandecimiento con objeto de facilitar las operaciones ulteriores de curtido.
— *Metal.* Purificar por oxidación el hierro colado (para convertirlo en hierro dulce), el acero, el plomo y otros metales.
— *Petr.* Suprimir el mal olor y las propiedades corrosivas de los derivados del petróleo mediante una refinación* especial.
— *Quím. Ablandar* o *desendurecer el agua**, eliminar la mayor parte de las sales calizas que contiene disueltas en exceso y que la hacen impropia para su uso doméstico e industrial.

ABLATIVO m. *Astron.* Material fungible que resiste a las temperaturas muy elevadas a costa de una fusión superficial.
— Para resistir al enorme calor engendrado por el roce con el aire a su retorno a la Tierra, las naves espaciales llevan una coraza frontal de *ablativo* a base de resinas epoxy, Nylon, sílice, amianto, etc. El calor descompone superficialmente la coraza, una parte de cuya materia es arrastrada por el aire (al cual cede sus calorías), quedando entonces una masa esponjosa altamente refractaria.

ABLUCIÓN f. *Quím.* Lavado abundoso de un cuerpo para eliminar las sales sobrantes que contenga.

ABLUIR v. *Quím.* Regenerar un pergamino, papel u otro documento mediante un lavado especial que suprime las manchas y aviva las tintas borradas con el tiempo.

ABOCARDADO, DA adj. De forma semejante o parecida a la de la trompeta.
— *Carp.* Dícese de los agujeros hechos en la madera para que ésta no se abra al penetrar en ella la cabeza de los clavos o tornillos.

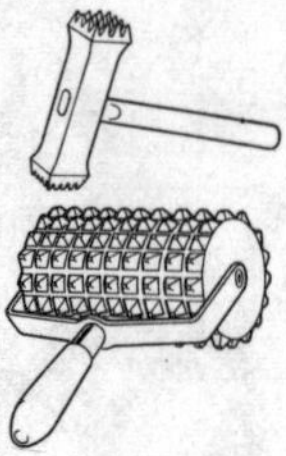

herramientas de **abocardar**

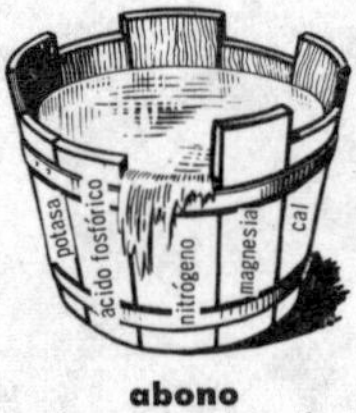

abono (ley del mínimo)

abonadora

ABOCARDAR v. Ensanchar la boca o abertura de un agujero.
— *Constr.* Labrar estrías u hoyuelos en el cemento de una acera o pavimento cualquiera para que no sean resbaladizos.
ABOCARDO m. *Constr.* Rodillo de abocardar.
ABOCELADO, DA adj. *Arq.* Semejante a la moldura cilíndrica llamada *bocel.*
ABOCELAR v. Abocinar o dar forma de bocina.
—*Arq.* Dar a un arco* mayor abertura por un lado del muro que por el otro.
ABOCINADO, DA adj. *Arq. Arco abocinado*, el más ancho y alto por un paramento que por otro. (V. ARCO.)
— *Mar.* Dícese de los orificios practicados en los costados de un buque, al nivel de la cubierta y de los puentes, con objeto de dar salida al agua.
ABOCINAR v. Dar forma de bocina a un tubo o un orificio cualquiera.
— *Arq.* Dar a un arco* mayor abertura por un lado del muro que por otro.
— *Mec.* Ensancharse con el uso el taladro del cubo de una rueda.
ABOFARSE v. *Constr. Amer.* Abolsarse el enlucido de un muro.
ABOLSARSE v. Tomar forma de bolsa.
— *Constr.* Afollarse o formar bolsas un muro, pavimento o cielo raso.
ABOLLADURA f. o **ABOLLAMIENTO** m. Efecto de abollar o de abollonar.
— *Cerám.* y *Metal.* Labor de realce que se obtiene por un lado de una chapa u otra pieza al hundir el otro lado por estampación, repujado y demás procedimientos.
ABOLLAR v. Hacer bollos a alguna cosa.
— *Cerám.* y *Metal.* Estampar, repujar o hundir de cualquier manera el interior de una pieza para producir realce en su superficie exterior.
ABOLLONAR v. *Metal.* Repujar formando bollones. ‖ Labrar a realce una pieza metálica.
ABOMBAR v. Dar a una cosa figura convexa: *las llantas y los rieles suelen ser abombados.* ‖ Dar a la bomba: *abombó hasta vaciar el pozo.*
ABONADOR m. *Carp.* Barrena de mango largo usada por los toneleros para taladrar las pipas.
ABONADORA f. *Agr.* Máquina distribuidora de abonos. (V. ABONAR.)
ABONAR v. *Agr.*. Enriquecer el suelo en principios nutritivos necesarios para el crecimiento de las plantas.
— Esta operación se efectúa cada vez en mayor escala con medios mecánicos. Las *máquinas de abonar*, abonadoras o distribuidoras de abonos consisten esencialmente en una tolva que contiene el abono y cuya lumbrera inferior, además de ser graduable, está provista de un mecanismo distribuidor. En las máquinas más simples, el distribuidor consiste en un cilindro con púas que cierra el fondo de la tolva y que, al girar, da paso al fertilizante, aunque muy irregularmente si el abono se ha apelmazado con la humedad. Más eficaces son los distribuidores provistos de raederas sometidas a un movimiento longitudinal continuo o alternativo. En el primer caso, cierra la lumbrera una cadena sin fin en la cual uno de cada dos eslabones posee un apéndice que rae la masa pulverulenta. En el segundo caso, la lumbrera queda cerrada por una rejilla entre la cual y el abono se interpone un peine. El peine y la rejilla se mueven alternativamente de un lado a otro de la tolva, de modo que el abono caído por el primero es espolvoreado por la segunda. Los distribuidores actuales abonan una franja que, en ciertos casos, puede llegar a medir hasta cuatro metros de anchura.

ABONO m. *Agr.* Substancia que se agrega al suelo para enriquecerlo en principios nutritivos necesarios al perfecto desarrollo de las plantas. ‖ *Abono cálcico, fosfórico, nitrogenado, potásico,* v. seguidamente.
— *Quím. Abono orgánico*, el constituido por materias suministradas por los animales o las plantas (estiércol, aguas de letrinas y cloacas), cuero, tejidos córneos y huesos pulverizados, sangre seca de animales, residuos industriales, abonos verdes, etc. ‖ *Abono verde*, el constituido por cosechas de crecimiento rápido y poco exigentes, especialmente de leguminosas, que son enterradas mecánicamente para que se descompongan y cedan al suelo el nitrógeno y otros principios nutritivos elaborados por las plantas.
— Los *abonos*, necesarios para equilibrar un suelo naturalmente deficiente en algún principio vital para las plantas, son indispensables para compensar la pérdida de las substancias absorbidas por la cosecha, como se desprende de la tabla siguiente:

POR CADA 100 kg PRODUCIDOS DE	LA TIERRA PIERDE (en kg)			
	nitrógeno	ácido fosfór.	potasa	cal
Trigo	2,00	0,80	0,50	0,05
Patatas	0,34	0,16	0,60	0,03
Uva	0,17	0,14	0,50	0,10
Carne	0,50	0,20	0,17	—
Leche	2,40	1,50	0,50	—

El nitrógeno es suministrado por los abonos orgánicos (estiércol, aguas de letrinas, abonos verdes, etc.), las sales nítricas (como el nitro o nitrato de Chile) y amónicas, la urea, la cianamida cálcica, etc.
El ácido fosfórico proviene de los fosfatos y superfosfatos industriales, de las escorias siderúrgicas, del guano y de huesos pulverizados. Todos los abonos orgánicos lo contienen, aunque en ínfimas proporciones.
La potasa también existe en los abonos orgánicos, pero suele ser suministrada principalmente al suelo en forma de silvinita y de cloruro, sulfato o nitrato de potasa.
La cal se aplica al suelo en forma de marga, cal apagada, caliza pulverulenta, etc.
Los abonos compuestos pueden contener también magnesia, boro y muchas otras substancias especialmente indicadas para el cultivo de cada clase de plantas.
La abundancia de los elementos fertilizantes es absolutamente inútil si uno de ellos se halla presente en cantidad insuficiente, pues, según la *ley del mínimo*, el rendimiento de una cosecha es proporcional al elemento fertilizante que más les ha faltado a las plantas. La *figura* muestra gráficamente que la cosecha (representada por el contenido de una cuba) ha sido reducida por falta de nitrógeno, sin que esta falta haya podido ser compensada por el exceso de los demás fertilizantes.
ABOQUILLADO, DA adj. De forma de boquilla o provisto de ella.
— *Arq. Arco aboquillado*, v. ARCO.
ABOQUILLAR v. Dar forma de boquilla o poner boquilla a algo.
— *Arq.* Ensanchar una abertura por un lado o paramento para que admita más luz o abarque un campo de visión más amplio. (V. ARCO.) ‖ Achaflanar los cantos de una abertura.
ABORLONADO, DA adj. *Text. Amer.* Acanillado.
ABORREGARSE v. *Meteor.* Cubrirse el cielo de nubecitas blancas y apretadas como las ovejas de un rebaño.
ABOVEDAR v. *Arq.* Cubrir con bóveda: *los arquitectos del medievo eran maestros en el arte de abovedar.* ‖ Dar forma de bóveda: *horno abovedado.*
ABOYAR v. *Mar.* Poner boyas a algo para que flote: *aboyar un cable submarino antes de tenderlo.*
ABRA f. *Carp. Amer.* Hoja de una puerta o ventana.
— *Mar.* Distancia que media entre dos palos de una nave. ‖ Abertura angular de las jarcias.
ABRAMS *(Cono de)* m. *Constr.* V. PLASTICIDAD.

Fot. Ets Nodet

ABRASIÓN f. Desgaste de la superficie de un cuerpo provocado por las partículas de otro cuerpo generalmente más duro, llamado *abrasivo: no debe confundirse la abrasión con el desgaste por frotamiento.*
— El roce directo de un cuerpo con otro, sobre todo después de haberse igualado ambas superficies, sólo causa un desgaste ligero de las mismas. La introducción de partículas sólidas entre ambas superficies provoca, por el contrario, un desgaste importante y tanto más activo cuanto mayores sean los granos abrasivos.
— *Autom.* Las partículas sólidas arrastradas por el aire podrían rayar y desgastar las paredes de los cilindros al introducirse entre ellas y los émbolos; los mismos daños pueden ser originados por partículas de carbonilla producidas por una combustión incompleta. De ahí la necesidad de filtrar el aire destinado a los motores, así como el aceite lubricante, y de asegurar una perfecta combustión del carburante.
— *Constr.* La proyección, con aire comprimido, de un chorro de arena permite arrancar la capa superficial de la piedra, descompuesta y ennegrecida por los agentes atmosféricos, de los sillares de las fachadas.
— *Fot.* Rayado fino de una emulsión sensible por roce con un cuerpo duro: *las rayas de abrasión aparecen en blanco sobre fondo negro y en gris sobre fondo blanco; suelen ser superficiales y desaparecen si se agrega ioduro al revelador.* (Por lo demás, los papeles fotográficos están ya provistos de una ligera capa antiabrasiva. Los negativos fotográficos se retocan por desgaste de la emulsión sensible con un lápiz abrasivo.)
— *Geol.* Forma de erosión del litoral causada por las partículas sólidas arrastradas por las olas.
— *Metal.* La arena proyectada con el aire comprimido sirve para arrancar el orín del hierro y desoxidar las piezas de este metal. En chorro finísimo permite labrar surcos delicados en ciertas piezas de electrónica.
Las muelas* naturales y artificiales se usan para afilar los instrumentos cortantes y para alisar o rectificar piezas metálicas. El metal y la madera también se alisan y pulen manualmente con papel de lija y tela de esmeril.
— *Vidr.* Sistema utilizado para tallar piedras preciosas, labrar lentes y espejos cóncavos, pulir y biselar el vidrio, etc.

ABRASIVO m. *Tecn.* Substancia dura utilizada para raspar o roer otras materias con objeto de limpiar o alisar su superficie, rectificarla o labrarla de cualquier otra forma.
— Los *abrasivos naturales* más comunes son silíceos (cuarzo, arena, asperón, sílice, trípoli, piedra pómez, etc.) o aluminosos (esmeril, corindón, etc.). Son *abrasivos artificiales* el vidrio pulverizado, el rojo de pulir, el colcotar, el carborundo y el corindón artificial. La eficacia de un abrasivo depende de su dureza, generalmente determinada con la escala* de Mohs, así como de la forma y tamaño de los granos. Los abrasivos se utilizan en forma de muelas* (de piedras naturales o fabricadas artificialmente mediante aglomeración de granos) y de polvo, suelto o pegado a un papel o a una tela (papel de lija o de vidrio, tela de esmeril).
— *Fot.* Con polvo de piedra pómez y parafina se fabrican lápices utilizados por los retocadores para desgastar la emulsión sensible con objeto de atenuar los contrastes o de suprimir algún defecto.

ABRAZADERA f. *Tecn.* Aro, fleje o cualquier pieza similar utilizada para asegurar una cosa ciñéndola, o para mantenerla unida con otras.
— *Carp.* Llanta acodillada o zuncho que sirve para mantener unidos varios maderos. ‖ *Sierra abrazadera,* v. SIERRA.
— *Constr.* Aro partido en dos mitades, una de las cuales, provista de un vástago con pestañas terminales, se empotra en la pared, mientras que la otra, que es desmontable, permite sujetar una tubería.
— *Electr.* Pieza anular montada en torno a un conductor cilíndrico para establecer un buen contacto eléctrico con el mismo, y también usada como toma de tierra.

ABREBALAS m. *Text.* Abridora* de balas.

ABRECARTAS m. Instrumento o máquina para abrir los sobres. (Sinón. ABRIDOR DE SOBRES, MÁQUINA DE ABRIR SOBRES.)
— En los *abrecartas mecánicos,* un paquete de sobres, dispuesto verticalmente, es sacudido sobre un tablero para que baje su contenido y quede un hueco en lo alto. A continuación se disponen horizontalmente los sobres, con el borde aplicado contra un tope a lo largo del cual son arrastrados hasta una cuchilla que corta dicho borde. Estas máquinas pueden abrir varios centenares de sobres por minuto.

ABRELATAS m. Utensilio para abrir botes o latas.

ABREVADERO m. *Agr.* Los *abrevaderos mecánicos* para el ganado suelen ser de uno de los dos tipos llamados de *nivel constante* y *automáticos.* En el primer caso, la cubeta donde bebe el animal se mantiene llena de agua en virtud del principio de los vasos comunicantes, pues está unida por un tubo inferior a un recipiente central situado a la misma altura. El nivel del agua en este último se mantiene constante merced a una válvula de flotador que da paso al agua cuando baja el nivel. En el abrevadero automático, el animal apoya con el morro en una paleta sumergida en la cubeta y abre así la válvula.

ABREVAR v. Mojar, empapar.
— *Constr.* Embeber con agua las piedras o ladrillos antes de colocarlos, o mojar la obra en que se han de asentar. ‖ Mojar los muros antes de revocarlos para facilitar la adhesión del enlucido. (Sinón. AMERAR.)
— *Curt.* Someter las pieles a un baño para que se hinchen y ablanden antes de curtirlas.

ABREVIATURA f. Desde el punto de vista gramatical no existe regla para la formación de abreviaturas. Hemos adoptado en esta obra el uso de las primeras letras de la palabra abreviada (v. el prefacio). Por lo que se refiere a voces pertenecientes a la terminología científica, habrán de observarse los símbolos adoptados internacionalmente y algunas reglas dictadas por el uso.
— Son faltas muy frecuentes el uso de letras superfluas (*kgr* por *kilogramo,* en vez de *kg*), de puntos (*g.* por *gramo,* en vez de *g*), de mayúsculas en vez de minúsculas (*t, temperatura* no es lo mismo que *T,* temperatura absoluta). Los símbolos son invariables y no deben tomar s en el plural, o sea 230 l y no 230 ls. Por otra parte, cuando se trata del símbolo de una unidad cuyo nombre deriva de un nombre propio, la abreviatura se escribe con mayúscula: *watio* y *voltio,* derivados de *Watt* y de *Volta,* tienen por símbolo *W* y *V.* Es incorrecto disponer la abreviatura o símbolo entre la parte entera y la fracción decimal: debe escribirse 18,5º y no 18º 5; 7,65 m y no 7 m 65.
Los múltiplos de las unidades del sistema métrico * solían tomar una mayúscula; hoy se tiende universalmente a emplear las minúsculas, tanto para los múltiplos como para los submúltiplos, salvo en el prefijo *mega,* cuyo símbolo es *M,* mientras que *m* es el de *mili.* (V. UNIDAD.)

ABRIDOR, RA adj. y s. Que abre o sirve para abrir alguna cosa.
— *Art. gráf. Abridor de láminas,* grabador.
— *Electr. Abridor de puertas,* dispositivo eléctrico para abrir las puertas a distancia.
— En el *abridor de puertas eléctrico,* al apoyar el usuario en un botón, acciona un electroimán montado en la cerradura de forma que atraiga al picaporte. En suma, el electroimán reemplaza la acción de la mano en el tirador. En los *abridores de puertas automáticos* se utiliza una célula fotoeléctrica para poner en marcha el motorcito que abre las puertas. El circuito eléctrico funciona

abrasión

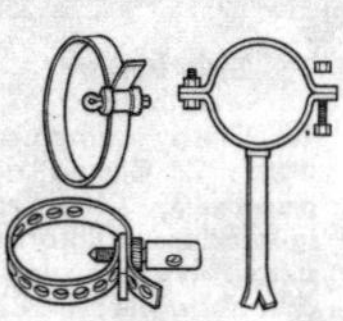

abrazaderas

abrevadero automático

abrecartas

Fot. Lacheroy, Havas

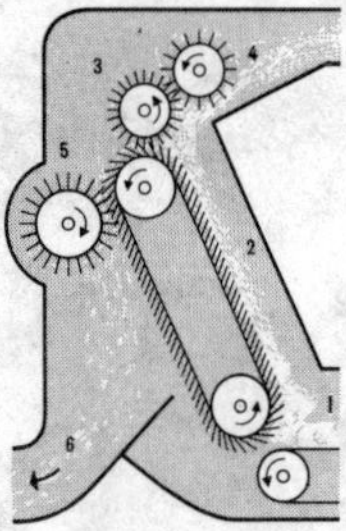

abridora de balas
1. Cinta alimentadora; 2. Correa de púas; 3. Cilindro igualador; 4. Retorno a la tolva del algodón sobrante; 5. Cilindro desprendedor; 6. Salida del algodón abierto

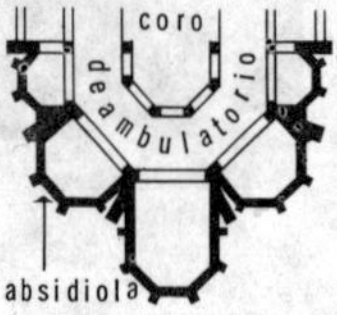

ábside lobulado

de tal modo que, mientras la célula recibe la luz de una lámpara, no llega ninguna corriente al referido motor y las puertas permanecen cerradas. Mas, cuando el cuerpo de la persona que se apresta a entrar intercepta el haz luminoso, la célula cesa de obrar y el motor abre las puertas.
— *Ofic. Abridora de sobres,* abrecartas.
— *Tab.* Máquina automática que abre las hojas del tabaco comprimido en las balas y aspira el polvo que contienen.
— *Text. Abridora de balas, abrebalas* o *rompebalas,* máquina que sirve para abrir y limpiar las masas compactas de fibras en bruto y que convierte así el vellón en guata.
— En la *abridora de tolva* o *de eje horizontal,* que es la más común, una correa sin fin cubierta de púas recoge y eleva el algodón de las balas. Un cilindro erizado, cuyas púas, más pequeñas, se cruzan con las de la correa y pasan entre ellas, peina el algodón antes de que se lo arranque a la referida correa el cilindro desprendedor que lo cede a la tolva de donde será extraído por la aspiración.
Las máquinas abridoras de lana (*lobos* o *diablos*) constan de dos tambores muy próximos provistos de púas que tiran las fibras de los vellones en direcciones opuestas.
ABRIGO m. *Mar. Cubierta de abrigo,* cubierta que, en vez de quedar a la intemperie, está ocupada por cámaras, pañoles y otras superestructuras, como la de los paquebotes.
— *Min. Amer.* Potencia o espesor de un yacimiento.
ABRILLANTADO m. Operación consistente en dar brillo o lustre y que, industrialmente, suele ser la última antes del acondicionamiento.
— *Curt.* Uno de los acabados * que suelen darse a las pieles curtidas.
— *Text.* Operación de apresto que se efectúa en una calandria de pilones mediante percusión de éstos sobre un cilindro en el que van enrrolla las varias telas a la vez.
ABRILLANTAR v. Dar brillo o lustre a a... ‖ Dar la forma o el aspecto de un brillante.
— *Curt. Máquina de abrillantar,* la que sirve para efectuar la operación del abrillantado, consistente en dar lustre a las pieles.
— *Joy.* Labrar en facetas, a modo de brillantes, las piedras preciosas.
— *Text.* Someter las telas al abrillantado.
ABRIR v. *Art. gráf. Abrir una lámina,* grabarla.
— *Electr. Abrir un circuito,* cortarlo, crear una interrupción en el mismo para que no pase la corriente.
— *Fot. Abrir el diafragma,* descubrir una parte mayor del objetivo para que la emulsión sensible reciba más luz. (V. ABERTURA.)
— *Metal.* Desobstruir la piquera de un alto horno fundiendo con un arco eléctrico, o con soplete, el metal que en ella se ha solidificado.
— *Min. Abrir un barreno,* horadar la roca con objeto de sondarla o introducir en ella una carga explosiva para volarla.
— *Text.* Deshilachar las masas de algodón, lana y otras fibras que salen en bruto de las balas. (V. ABRIDOR.)
ABROCATELADO, DA adj. *Text.* Aplícase a la tela labrada de brocatel.
ABROCHADOR, RA adj. y s. Que abrocha o sirve para abrochar.
— *Art. gráf.* Máquina de engrapar para encuadernar en rústica, también llamada *cosedora * de alambre.*
— *Papel.* Aparato para coser los papeles con grapas. ‖ Máquina de poner grapas utilizada en la fabricación de cajas de cartón y envases ligeros de madera.
ABROCHAR v. *Text.* Cerrar o unir con broches, grapas o corchetes (en los dos últimos casos se dice con más propiedad *engrapar* y *encorchetar,* respectivamente).
ABROMA f. *Text.* Planta (*Abroma augusta*) cuya corteza se utiliza desde la India hasta Filipinas para fabricar cordeles, cuerdas, redes, esteras, etc.
ABROMARSE v. *Mar.* Cubrirse de broma el casco de un buque.
ABRUMAR v. *Meteor.* Llenarse de bruma la atmósfera.
ABSCISA f. *Geom.* y *Mat.* Distancia que separa un punto cualquiera en una línea de otro punto

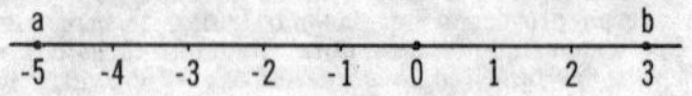

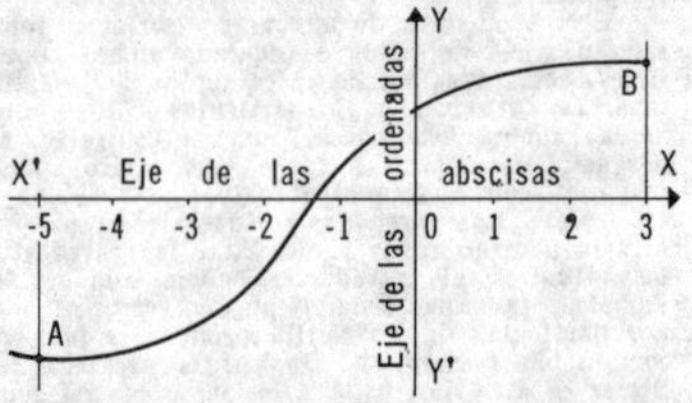

fijo de la misma llamado *origen* y que, según sea el lado en que se halla dicho punto respecto al origen, es afectada de un signo positivo o negativo. En la *figura,* la abscisa de *a* es igual a la distancia *Oa,* o sea a *—5,* y la de *b* es igual a *Ob,* o sea a *3.*
Cuando el punto se halla situado en un plano, su posición se determina respecto a dos ejes, uno de ordenadas * (Y-Y') y otro de abscisas (X-X'); su abscisa es entonces la distancia que media entre el eje de las Y y la perpendicular bajada desde el punto considerado hasta el eje de las X. En la figura, la abscisa del punto *A* es igual a *—5,* y la del punto *B* igual a *3.*
ÁBSIDE com. *Arq.* Parte de una iglesia, generalmente de planta semicircular, que sobresale del cuerpo principal del edificio en la fachada posterior. ‖ *Ábside lobulado,* el que está rodeado de pequeños ábsides secundarios o *absidiolas.*
ABSIDIOLA f. *Arq.* Cada uno de los ábsides secundarios que en ciertas iglesias abriga una capilla en torno al ábside principal.
ABSOLUTO, TA adj. Completo, total, sin mezcla.
— *Fís. Presión absoluta,* v. PRESIÓN.
— *Mat. Valor absoluto,* v. VALOR.
— *Mec. Movimiento absoluto,* v. MOVIMIENTO.
— *Metr. Temperatura absoluta,* v. TEMPERATURA. ‖ *Cero absoluto,* v. CERO. ‖ *Sistema de unidades absoluto,* aquel cuyas unidades han sido derivadas de tres unidades fundamentales, como, por ejemplo, et sistema C.G.S., fundado en el centímetro, el gramo y el segundo.
— *Quím.* Dícese del cuerpo simple o compuesto químicamente puro: *el alcohol de 96º contiene 4 por ciento de agua, mientas que el alcohol absoluto está exento de ella.*
ABSORBEDERO m. *Obr. públ.* Imbornal, sumidero de alcantarilla.
ABSORBEDOR m. Dispositivo que sirve para absorber algo.
— *Atom. Absorbedor de neutrones,* substancia cuyos átomos capturan y absorben los neutrones libres y que, como el cadmio y el boro, constituyen las barras de control que regulan el funcionamiento de los reactores nucleares.
— *Electr. Absorbedor de ondas,* aparato que protege las líneas eléctricas contra las sobretensiones y que consiste en bobinas de inductancia montadas en serie en la línea, o en condensadores conectados con la tierra.
— *Petr.* Aparato utilizado en las refinerías de petróleo para absorber los gases (consiste en una columna de platillos, de los cuales chorrea en forma de cascada un líquido absorbente o disolvente —gasolina o gasoil, por lo común— que absorbe el gas).
— *Tecn.* Dispositivo que, en una instalación frigorífica de absorción, permite a la disolución pobre enriquecerse con el fluido frigorífico procedente del evaporador. (V. REFRIGERADOR.)
ABSORBENTE adj. y s. Lo que sirve para absorber.
— *Fís. Poder absorbente,* facultad que tiene un cuerpo de absorber la luz, el calor * o cualquier otra clase de radiaciones *.
— *Papel. Papel absorbente,* el papel sin encolar que absorbe los líquidos, como el papel secante, el de filtro y el que se usa en mecanografía para sacar copias con papel carbón.
— *Quím.* Substancia que tiene la propiedad de absorber los gases. Los absorbentes se utilizan industrialmente, por ejemplo en la refinación de

petróleo, con el fin de eliminar un gas, o, por el contrario, de recuperarlo (en cuyo caso se procede a una segunda operación consistente en extraerlo del absorbente). También se aprovechan sus afinidades electivas para detectar la presencia de algún gas perjudicial o para dosificar algún elemento presente en una masa gaseosa: por ejemplo, el ácido pirogálico y el fósforo absorben las moléculas de oxígeno, y la lejía potásica es un absorbente del gas carbónico.

ABSORBER v. Admitir un cuerpo en su seno alguna radiación u otro cuerpo generalmente fluido: *el yeso absorbe la humedad.*
— *Atom.* Capturar los átomos de un elemento los neutrones libres: *se usan barras de cadmio para absorber los neutrones excedentarios en los reactores * nucleares.*
— *Fís.* Dejarse penetrar un cuerpo por radiaciones que, en su seno, serán transformadas en calor, luz, electricidad, etc.: *los cuerpos negros absorben la luz del Sol y se calientan.*
— *Mec.* Consumir trabajo, fuerza o energía: *el silenciador de un coche reduce el ruido, pero absorbe hasta el 5 por ciento de la potencia del motor.* ‖ Soportar un esfuerzo sin romperse ni deformarse: *la elasticidad del acero se aprovecha en los muelles y las ballestas para absorber los choques.*
— *Quím.* Admitir un sólido entre sus moléculas las de un flúido, y un líquido las de un gas: *el gas carbónico espirado en el batiscafo es absorbido por un compuesto de cal y de sosa; los sifones contienen agua potable que ha absorbido gas carbónico.*

ABSORBÍMETRO m. *Quím.* Absorciómetro.

ABSORCIÓMETRO m. *Quím.* Instrumento utilizado en los análisis químicos para medir la absorción de los gases por los líquidos.

ABSORCIÓN f. Acción y efecto de absorber *.
— *Acúst. Absorción acústica,* reducción de la potencia de los sonidos al atravesar éstos un medio al cual ceden parte de su energía o bien al disiparse sobre la superficie que separa dos medios diferentes: *la absorción eficaz de los ruidos por la lana de vidrio se utiliza para insonorizar los locales.*
— *Electr. Absorción dieléctrica,* fenómeno en virtud del cual ciertos aislantes, particularmente en los condensadores, conservan una carga residual después de haber sido descargados.
— *Fís. Absorción del calor,* propiedad de los cuerpos que se dejan atravesar por el calor * elevando su temperatura. ‖ *Absorción de la luz,* pérdida de la intensidad de los rayos luminosos al atravesar éstos un medio cualquiera, por tenue y transparente que éste sea. (V. LUZ.) ‖ *Absorción de las radiaciones,* pérdida total o parcial de la intensidad de las radiaciones debida a la transformación de su energía por el medio que atraviesan. ‖ *Espectro de absorción, fajas* o *rayas de absorción,* v. ESPECTRO.
— *Mec. Absorción de calor, absorción de trabajo,* v. CICLO *térmico.*
— *Mec.* Extinción de las vibraciones de un órgano mecánico por otro órgano al cual ceden su energía.
— *Petr.* V. acepción *Quím.*
— *Quím.* Penetración íntima de un gas en un cuerpo sólido o líquido que puede retenerlo entre sus moléculas. ‖ *Agente de absorción,* cuerpo que se utiliza para absorber otro cuerpo fluido.
— Los metales, el carbón vegetal o animal, la piedra pómez y muchos otros cuerpos absorben el oxígeno, el cloro, el hidrógeno y otros gases. Especialmente el carbón de leña poroso absorbe la generalidad de los gases en volumen tanto mayor cuanto más baja es la temperatura. Los higrómetros se fundan en el cambio de forma o de color provocados en ciertos cuerpos por la absorción de agua presente en la atmósfera. La industria petrolífera utiliza la absorción para refinar el gas natural, para aumentar la proporción de las fracciones líquidas recuperables y para purificar o separar los hidrocarburos gaseosos.
— *Radiot. Absorción iónica,* pérdida de una parte de la energía de las ondas hertzianas por choque con los iones de la atmósfera: *por ser proporcional al cuadrado de la frecuencia, la absorción iónica tiene por efecto limitar el alcance de las emisiones de ondas cortas durante el día (efecto diurno).* [V. IONOSFERA.]
— *Tecn. Máquina de absorción* o *nevera de absorción,* refrigerador en el cual el fluido frigorífico *, después de haber producido el frío, es absorbido por otra substancia en vez de ser aspirado por un compresor. (V. REFRIGERADOR.)

ABSTERGENTE adj. y s. Que limpia y purifica.

ABSTRACTO *(Número),* número que se expresa sin indicar la especie de sus unidades: *4 y 18 son números abstractos, mientras que 4 motores y 18°* *son números concretos.*

ABUHARDILLADO, DA adj. *Arq.* Que tiene forma o aspecto de buhardilla.

ABUINCHE m. *Amer.* Machete utilizado para cortar y descortezar arbustos y árboles pequeños.

ABUJARDAR v. *Constr.* Dar aspecto granuloso a los sillares labrando su superficie lisa con la bujarda, la escoda o la martellina.

ABUNDANCIA f. *Atom. Abundancia cósmica,* v. CÓSMICO. ‖ *Abundancia relativa de los isótopos, o de las masas,* v. ISÓTOPO.

ABURILAR v. Labrar con buril.

ABUTILÓN m. *Bot.* y *Text.* Género de plantas malváceas de las regiones cálidas, algunas de cuyas setenta especies suministran una fibra textil grosera que se extrae de la corteza.

ac *Metr.* Abreviatura de *acre.*

Ac *Quím.* Símbolo del *actinio.*

ACABADO m. *Art. y of.* Última labor de la cual depende el aspecto definitivo de un objeto o la precisión de una pieza mecánica: *el abrillantado y el chagrinado son acabados comunes en peletería.*
— *Metal.* Cualquiera de las operaciones destinadas a mejorar el aspecto final de una pieza o a conferir a su superficie alguna propiedad particular: *la anodización es un acabado moderno del aluminio.*
— *Pint.* Perfección, retoque, última mano que se da a una superficie pintada o barnizada, y, por extensión, producto utilizado en último lugar con objeto de abrillantar una superficie, de protegerla contra los agentes exteriores o de conferirle alguna otra propiedad: *los acabados a base de silicones son hidrófugos.*

ACACIA f. *Bot.* Género de árboles y arbustos mimosáceos que suministran maderas apreciadas, tanino, materias colorantes, gomas y otras substancias químicas: *las acacias son oriundas de las regiones cálidas del Globo, particularmente de Australia y África.*

OBSERV. Las *acacias* constituyen un género diferente del de las mimosas dentro de la familia de las mimosáceas. Esta familia, junto con las cesalpíneas y las papilionáceas, constituyen el orden de las leguminosas. Es un error muy común la designación con el nombre de acacia de todas las plantas pertenecientes a cualquiera de estos géneros o familias, error generalizado cuando se trata de especies americanas. Así, la *acacia blanca,* tan común en los paseos europeos, es la robinia, falsa acacia *(Robinia pseudoacacia),* leguminosa oriunda de América. En cuanto a la *acacia bastarda* o *silvestre,* es el endrino, árbol completamente diferente de los anteriores.

— *Carp.* Algunas especies de *acacias* suministran una madera dura (densidad comprendida entre 0,700 y 0,800), de grano fino y apretado, que se presta a un pulido perfecto y es apreciada en ebanistería y carrocería, así como en la fabricación de culatas para armas de fuego, duelas de pipería, etc. La madera de la acacia negra (*Acacia melanoxylon*) presenta un aspecto abigarrado, con vetas negruzcas sobre un fondo obscuro.
— *Curt.* Las acacias suelen ser ricas en tanino. El curtiente más antiguo que se conoce (el *catecú*) sigue siendo suministrado hoy día en China y Birmania por la *Acacia catechu.* También se utilizan para curtir la corteza y las vainas de la acacia arábiga, que crece desde la Costa de los Somalíes hasta el Senegal. Con el nombre comercial de *mimosa* se designan las cortezas curtientes de varias acacias australianas, y de la *Acacia recurrens mollissima* en particular. Estas acacias ricas en tanino se cultivan hoy intensamente en otras partes (África del Sur, Madagascar, Marruecos, etc.). Su corteza contiene 35 por ciento de tanino, que suele concentrarse en forma de extracto curtiente.
— *Gom.* La acacia de Arabia, ya citada, también suministra goma arábiga.

— *Papel.* La madera de las acacias cultivadas principalmente por su tanino, puede ser utilizada, como subproducto, para elaborar pasta de papel.

ACADENILLAR v. Dar forma de cadenilla.

ACADIANO o **ACADIENSE** adj. y s. m. *Geol.* Piso mediano del terreno cambriano: *el acadiense, que data de 450 millones de años, se reconoce por la presencia de ciertos crustáceos fósiles, los paradóxidos, del género trilobites.* (V. ESTRATIGRAFÍA.)

ACAJAIBA f. o **ACAJAIBE** m. *Bot.* y *Carp.* V. ACAJÚ.

ACAJÚ m. *Bot.* Anacardo, árbol terebintáceo. ‖ Caobo, árbol meliáceo. ‖ *Acajú hembra,* árbol meliáceo del género cedrela, propio de América del Sur, también llamado *cedro bastardo, calantas* y *cedro de las Barbadas* (es el *Cedrela odorata* de los botánicos).

— *Carp. El acajú hembra* suministra una madera ligera, de color claro, agradablemente perfumada, que no es atacada por los insectos. Se utiliza en ebanistería, construcción de canoas y, especialmente, en la confección de cajas para cigarros.

ACALABROTAR v. *Art. y of.* Formar un cabo grueso (calabrote) corchando tres cabos de tres cordones.

ACALCÁREO, A adj. *Quím.* Exento de cal.

ACAMBRAYADO, DA adj. *Text.* De textura o aspecto semejante o parecido al de la tela llamada *cambray**.

ACAMPANAR v. Dar a alguna cosa la forma de campana.

ACANA m. *Bot.* Nombre de varios árboles sapotáceos, particularmente el *Bassia albescens,* común en Cuba. ‖ *Acana de costa,* nombre dado en Cuba al *mimosopo,* árbol igualmente sapotáceo.

— *Carp.* El *acana* suministra una madera de hermoso color rojizo, tan dura e incorruptible que se utiliza para construcciones navales, pilotes, traviesas de ferrocarril y construcciones rústicas. El pulimento le confiere un brillo magnífico, pero es madera poco usada en ebanistería por lo mucho que cuesta labrarla a causa de su dureza.

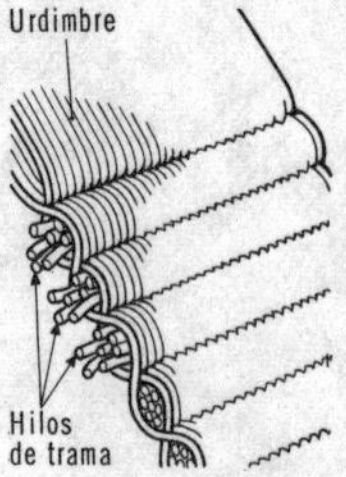

acanalado *(text.)*

ACANALADO, DA adj. Ranurado, estriado, en forma de canal o de canales. ‖ Provisto de un canal: *la planta acanalada de un esquí.* ‖ Dícese de lo que pasa por algún canal o angostura. (Sinón. CANALADO.)

— *Text.* Tejido con la superficie acanalada en forma de canutillos más o menos gruesos dispuestos en el sentido de la trama.

— En el *acanalado* verdadero los finos hilos de seda de la urdimbre encierran varios hilos gruesos de la trama a cada paso o calada, constituyendo así, como se desprende de la figura, un bordón. Por extensión se da este nombre a todas las telas de urdimbre muy fina, aunque no sean de seda, tejidos de modo similar, con bordones transversales, mientras que en el canutillo dichos bordones son longitudinales.

ACANALADOR, RA adj. *Art. y of.* Aplícase a la máquina o herramienta que sirve para labrar canales o estrías. ‖ — M. *Carp.* Cepillo* estrecho, también llamado *guillame,* utilizado para abrir canales o ranuras en la madera.

ACANALADURA f. *Amer.* Acción y efecto de acanalar. ‖ *Arq.* Canaladura*, ranura o estría.

ACANALAR v. *Tecn.* Dar a alguna cosa la forma de canal. ‖ Labrar canales, ranuras o estrías en la superficie de un objeto.

ACANASTILLAR v. Dar la forma de canastillo.

ACANCHAR v. *Mar.* Pertrechar y abastecer un buque.

ACANILLADO, DA adj. *Text.* Aplícase al tejido que tiene canillas, o sea listas formadas por uno o varios hilos anormalmente gruesos o coloreados. (No obstante, el uso sistemático de hilos groseros, irregulares y abigarrados permite obtener tejidos de fantasía.)

ACANILLADURA f. *Text.* Canilla, defecto de los tejidos acanillados.

ACANOGAR v. *Tecn. Amer.* Labrar una cosa en forma de canoa, y, por extensión, ahuecar, acanalar.

ACANTA, ACANTI y **ACANTO,** prefijo derivado del griego *akantha,* espina, y que entra en la composición de muchas palabras científicas con el sentido de espina, púa, cerda, pincho, etc.

ACANTILADO, DA adj. y s. m. Aplícase al terreno escarpado en general, y particularmente a la costa cortada de manera vertical y a los fondos que cambian bruscamente de nivel.

— Los *acantilados* son el resultado de la erosión de la roca por el embate de las olas. Éstas socavan la base hasta que se produce un desplome de la roca saledіza. El talud que se forma así protege momentáneamente la base del acantilado, pero acaba por ser desagregado y arrastrado por el agua, y entonces se inicia nuevamente el mismo proceso. El retroceso del acantilado es tanto más rápido cuanto más blanda sea la roca y más tumultuosas las aguas. El canal de la Mancha ha sido excavado por el mar en unos 10 000 años. Sus orillas son hoy acantilados de 70 m de altura, separados por un brazo de mar de 30 km.

ACANTILAR v. *Mar.* Dragar el fondo del mar en forma de escalón o de canal para aumentar su profundidad.

ACANTITA f. *Miner.* Sulfuro natural de plata, de color gris y brillo metálico.

ACANTO m. *Arq.* Motivo ornamental que reproduce, más o menos estilizadas, las hojas de la planta llamada *acanto.*

— Este adorno fue inspirado a Calímaco, arquitecto griego del siglo V a. de J. C., por una canastilla puesta sobre hojas de acanto. Desde entonces pasó a ser un elemento característico del capitel corintio y perduró en el del estilo compuesto. También figura en el estilo ojival de los siglos XV y XVI. (V. ORDEN.)

ACANUTADO o **ACAÑUTADO, DA** adj. Dícese de lo que tiene forma de canuto y, también, de lo que está provisto de canutos.

ACAPARROSADO, DA adj. De color azul verdoso de la caparrosa.

ACARAMBANADO, DA adj. Carambanado, helado en forma de carámbano.

ACARAMELAR v. *Quím.* Transformar el azúcar en caramelo*.

ACARDENILLARSE v. *Metal.* Cubrirse de cardenillo los objetos de cobre.

ACARDITA f. *Expl.* Estabilizante que entra en la composición de pólvoras propulsivas a base de nitrocelulosa.

ACARRALAR v. *Text.* Formarse un claro en los tejidos por encoger una hebra o haberse separado dos hilos contiguos.

ACARREADIZO, ZA adj. Aplícase a todo lo que puede ser transportado en carros y, por extensión, a lo transportado de cualquier manera.

ACARREAR v. Transportar en carros, y en sentido general, transportar por cualquier medio.

ACARREO m. Transporte, no solamente en carro, como lo indica la etimología de la palabra, sino también por cualquier otro medio. ‖ Arrastre de materiales por las aguas corrientes: *el acarreo de sedimentos por el río Amazonas es considerable.*

ACARTELAMIENTO m. *Constr.* Ensanchamiento de una viga en los apoyos o en la parte de los extremos que se ha de empotrar.

ACARTONAR v. Conferir a una cosa la consistencia o el aspecto del cartón.

ACASTAÑADO, DA adj. Que tira a color castaño.

ACASTELLANADO, DA adj. *Arq.* Dícese de la construcción que tiene la forma o el aspecto de un castillo.

ACASTILLADO, DA adj. *Arq.* Dícese del parapeto o pretil almenados a modo de castillo.

ACASTILLAJE m. *Mar.* Obra maestra de un barco y, con más propiedad, todas las superes-

Fot. Boucher-Multiphoto

tructuras que se encuentran sobre la cubierta o puente principal.

ACASTILLAR v. *Mar.* Construir el acastillaje de un barco.

ACATENO, NA adj. *Mec.* Dícese de lo que, contrariamente al uso, no tiene cadena: *el inventor de una bicicleta acatena.*

ACCESO m. *Tecn.* Punto, portillo o cavidad desde donde se puede alcanzar alguna instalación empotrada, órgano oculto de una máquina, etc., para inspeccionarlo, repararlo o reemplazarlo por otro: *el agujero de hombre de una caldera constituye un acceso a la misma.*
— *Inf.* Modo de grabación o de lectura de los datos en una memoria* electrónica. ‖ *Tiempo de acceso,* el que requiere el ordenador para grabar un dato en su memoria o para leerlo en la misma.

ACCESORIO m. *Mec.* Pieza o conjunto mecánico que se monta sobre una máquina para transformarla o, simplemente, para aumentar su rendimiento, facilitar su manejo o hacer que éste sea más regular o seguro : *el portaequipajes de un coche es un accesorio y también lo es el mecanismo complementario que convierte un aspirador de polvo en una enceradora de pavimentos.* ‖ Úsase abusivamente por *pieza de recambio.*
— *Min. Minerales accesorios,* v. MINERAL.

ACCIDENTAL adj. Que sobreviene por accidente. ‖ Que no está sujeto a ninguna ley conocida: *los resultados de muchos experimentos contienen errores accidentales.*
— *Geom. Punto accidental,* v. PUNTO.

ACCIDENTE m. *Geol.* Cambio en la disposición o en el relieve del terreno, como son, por ejemplo, un barranco o una loma.
— *Min.* Falla, interrupción de un filón.

ACCIÓN f. Manifestación de una fuerza: *la electricidad produce acciones electrodinámicas, electrostáticas, luminosas, magnéticas, químicas,* etc ‖ Manera en que un cuerpo obra sobre otro.
— *Cibern.* Proceso que, en un sistema organizado, en una máquina, por ejemplo, permite obrar sobre una acción reguladora por intermedio de un órgano capaz de ordenar y graduar las variaciones. (Así, en un freno hidráulico, los cambios a que se somete la presión del líquido se traducen por variaciones equivalentes de la presión de los segmentos contra los tambores.)
— *Electr. Acción diferida, temporizada* o *retrasada,* propiedad de los disyuntores y otros interruptores automáticos que sólo cortan la corriente instantes después que ésta ha alcanzado el voltaje excesivo para el cual han sido provistos.
— *Fís.* Producto de la masa *m* de un cuerpo en movimiento por la longitud *l* recorrida y por la velocidad constante *v*: *la acción se expresa matemáticamente por la fórmula mlv.*
— *Fot. Acción fotográfica,* intensidad de los efectos que surte la luz en la emulsión fotográfica y que depende de tres factores: sensibilidad de la emulsión, abertura del objetivo y tiempo de exposición.
— *Mec.* Esfuerzo que ejerce un cuerpo sobre otro: *la acción de la palanca sobre el peso que se levanta.* ‖ *Turbina de acción,* v. TURBINA. ‖ *Acción y reacción,* principio que constituye la tercera ley de la mecánica de Newton, en virtud de la cual a toda fuerza se opone otra fuerza igual, mas de signo contrario: así, la fuerza desarrollada hacia atrás por los gases de un cohete engendra otra fuerza opuesta que propulsa el aparato hacia adelante. (V. REACCIÓN.)
— *Quím. Acción catalítica* o *de contacto,* v. CATÁLISIS. ‖ *Acción de las masas (Ley de),* ley en virtud de la cual la rapidez de una reacción química guarda relación con la concentración de las substancias y que define un equilibrio químico determinado por dicha concentración y por la temperatura y la presión. ‖ *Acción química,* la que provoca variaciones moleculares o atómicas en los cuerpos.

ACCIONAMIENTO m. *Mec.* Modo de suministrar energía a una máquina: *el accionamiento a mano o manual tiende a desaparecer.*

ACCIONAR v. *Mec.* Poner en movimiento cualquier mecanismo: *el conductor accionó los frenos.* ‖ Suministrar a una máquina la energía que la mueve: *el empuje del agua acciona las turbinas hidráulicas.*

ACEBO m. *Bot.* Árbol ilicáceo (*Ilex aquafoium*).
— *Carp.* La *madera de acebo* es muy dura y densa. Se encoge mucho al secarla, pero permanece luego muy estable, razón por la cual se utiliza en marquetería y ebanistería, así como para labrar reglas de cálculo, mangos, engranajes y obras de torno. Por lo demás, esta madera tiene la particularidad de tomar muy bien la tintura negra y admite un perfecto pulido.
— *Gom.* De la segunda corteza o líber del acebo se extrae la liga.

ACEITAR v. *Art. y of.* Untar o bañar con aceite. ‖ *Mec.* Lubricar con aceite.

ACEITE m. Cuerpo graso, de origen vegetal o animal, que conserva su estado líquido a las temperaturas normales en nuestros países, siendo ésta la única diferencia que le distingue de las grasas. ‖ Nombre dado, por extensión, a otros cuerpos líquidos obtenidos por destilación de materias minerales y que tienen propiedades muy diferentes.
— *Ind. alim.* V. más abajo *Quím.*
— *Mar.* El *aceite* esparcido en capa finísima sobre el mar transforma las olas encrespadas en ondulaciones menos peligrosas para una nave. Generalmente se procede sumergiendo en el agua sacos llenos de estopa que pierden poco a poco el aceite con que han sido embebidos.
— *Quím. Aceite de abeto,* abetinote. ‖ *Aceite de fusel,* un residuo de la elaboración de alcohol* a partir de materias azucaradas. ‖ *Aceite empireumático,* producto de la destilación seca de las materias orgánicas parecidas a la brea: *todos los aceites de alquitrán de hulla son empireumáticos.* ‖ *Aceite de vitriolo,* ácido sulfúrico comercial. ‖ *Gas de aceite,* gas combustible que se obtiene calentando hidrocarburos líquidos. ‖ *Aceite de parafina,* parafina líquida. ‖ *Aceite de vaselina,* vaselina líquida.

OBSERV. Los demás aceites animales, vegetales y minerales se definen a continuación.

— Los *aceites verdaderos,* o sea los de origen animal o vegetal, son mezclas de ésteres de la glicerina. Son menos densos que el agua, insolubles en ella y solubles en el alcohol, la gasolina, el éter, la acetona, etc. Su color natural varía del amarillo claro al verde.

ACEITES VEGETALES

Los *aceites vegetales* se extraen de no pocos frutos y semillas, principalmente de aceitunas (aceite de oliva), cacahuetes (aceite de aráquida), nuez de coco o copra, colza, semilla de algodón, linaza, maíz, ricino, simiente de sésamo, cañamones, girasol, soja, palmera* de aceite, etc. La extracción empieza por la limpieza y trituración de las semillas o frutos oleaginosos. De la masa disgregada se extrae el aceite por los procedimientos de prensado o de fusión. En el

elaboración del aceite

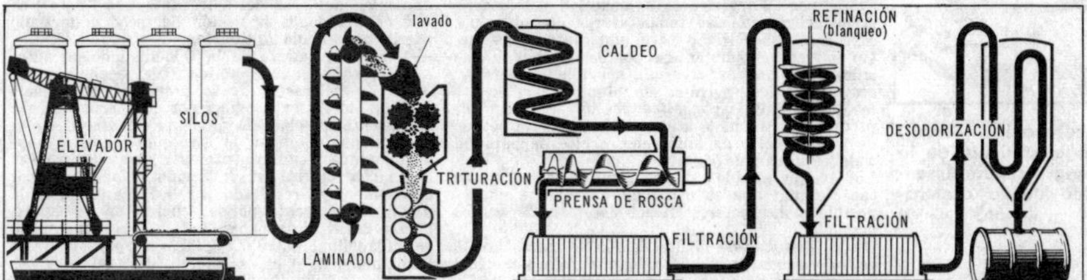

aceiteras
1. De máquina de coser; 2. Para sebo; 3. De taller

primer caso se exprime en prensas especiales. El primer aceite que se obtiene así, en frío y con presión moderada, se llama *aceite virgen.* La cantidad que se extrae calentando la masa y aumentando la presión es mucho mayor, pero siempre queda aceite en la torta o turtó. El otro procedimiento se utiliza lo mismo para obtener aceite de primera extracción que para agotar los turtós. Consiste en tratar las materias en caliente con un agente extractor (bencina, tricloretileno, etc.) que disuelve el aceite y que, posteriormente, es eliminado a su vez.
El *aceite bruto* se clarifica por sedimentación y filtración, o bien por centrifugación. Generalmente se convierte en aceite refinado tratándolo con ácido sulfúrico y con una lejía de sosa que elimina el ácido y descolora el aceite. Los aceites secantes utilizados en pintura, como lo son los de linaza, cañamones y girasol, deben sus propiedades a la linoleína y a la linolenina que contienen, y que, al contacto con el oxígeno del aire, se convierten en una película de resina elástica y dura. Para aumentar su inalterabilidad y su resistencia se transforman en *aceites fijos* sometiéndolos a temperaturas elevadas durante un tiempo más o menos prolongado.
Los *aceites esenciales* o *esencias** son aceites volátiles obtenidos por destilación de flores y otras substancias aromáticas.
Aceite de madera, aceite de la madera y de las nueces del tugshu, empleado para elaborar lacas.

ACEITES ANIMALES

Los *aceites animales* se extraen, mediante desmenuzamiento de los tejidos, cocción, fusión, prensado y extracción, por disolvente, del cuerpo de mamíferos acuáticos (ballena, cachalote, delfín, foca, etc.) y de varios peces (bacalao, arenque, pescados no comestibles). El hedor natural de estos aceites y su mal sabor se suprimen mediante tratamientos de hidrogenación y de clarificación que dan aceites inodoros y comestibles (fabricación de margarina) pero utilizados sobre todo por la industria: fabricación de jabones, tenería (para suavizar pieles agamuzadas y ablandar los cueros gruesos), etc.
El *aceite de huesos,* extraído mediante cocción, sirve para lubrificar relojes, máquinas de coser y otros mecanismos que no se calientan. El *aceite de pezuñas* proviene de los cascos y pezuñas de las reses y se emplea para engrasar cueros.
El aceite designado en América con el nombre de *aceite de castor,* nada tiene de animal, pues se trata de *aceite de ricino* puro.

ACEITES MINERALES

Los *aceites minerales* son hidrocarburos pesados obtenidos por destilación fraccionada del petróleo bruto (*aceite bruto, aceite mineral*), de los alquitranes de hulla o de lignito y de los esquistos bituminosos. Se distinguen de los aceites grasos por su resistencia a la acción del oxígeno atmosférico y de las temperaturas elevadas, por cuya razón se utilizan para lubricantes. Las distintas fracciones obtenidas por destilación se clasifican en *aceites ligeros* (bencina y benzol) *aceites medios* (petróleo de alumbrado y aceite medio de hulla) y *aceites pesados* (gasoil, impropiamente llamado aceite de gas; aceite pesado de hulla, aceite de antraceno, aceite de parafina o de alquitrán de lignito).
Los aceites pesados se vaporizan a temperaturas tan elevadas que su uso como carburante sólo es posible en los motores Diésel o *motores de aceites pesados.*
De los residuos de la destilación se extrae *aceite de calefacción* (masut), *aceite de quemar* (fuel oil), aceites de engrase * o lubricantes. El *aceite detergente* tiene la propiedad de disolver la carbonilla y otras partículas sólidas que se forman en los cilindros.
Los *aceites de engrase* sintéticos son compuestos químicos especialmente estudiados para resistir a condiciones de trabajo excepcionales. El *aceite eléctrico* o de *transformador* se utiliza como aislante en los transformadores y otros aparatos eléctricos.

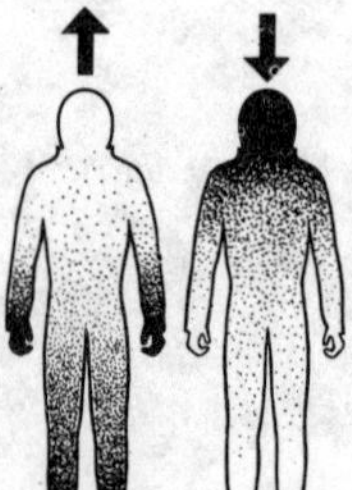

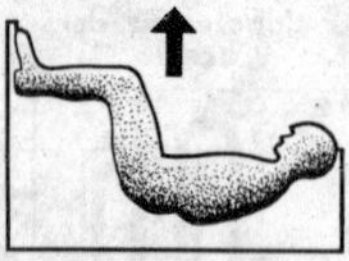

aceleración *(aeron.)* [agolpamiento de la sangre según el sentido de la aceleración]

ACEITERA f. *Mec.* Vasija de forma apropiada para engrasar los mecanismos con aceite lubricante.

ACEITERÍA f. Industria de aceite. ‖ Fábrica de aceites*. (Sinón. MOLINO ACEITERO, ALMAZARA.)

ACEITILLO m. *Bot.* y *Carp.* Árbol de las Antillas (*Quassia simaruba*) que suministra una madera dura, de color amarillento, usada en ebanistería.

ACELERACIÓN f. Aumento de velocidad.
— *Aeron.* y *Astron. Aceleración constante,* v. ASTRONÁUTICA.
Aceleración y parada (*Regla de la*), regla impuesta por los convenios internacionales para determinar la longitud de las pistas en los aeropuertos. (En el caso de avería de un motor en la fase que precede al despegue, el piloto ha de disponer de espacio suficiente para frenar el avión o bien para proseguir el vuelo y alcanzar, con un motor de menos, la altura de 15 m en el extremo de la pista, después de haber rodado sobre las 7/10 partes de la misma.)
— El organismo humano puede soportar cualquier velocidad, por grande que sea. Lo que no tolera son los cambios demasiado bruscos de la velocidad, ya sea la aceleración, ya la deceleración (que es una aceleración negativa), ni los cambios de dirección seguida, que son otra forma de aceleración. Prácticamente, el peso de la persona sometida a una aceleración varía según la magnitud de ésta. En un avión en vuelo horizontal y rectilíneo que aumenta su velocidad a razón de 2 g (v. más adelante *Fís.*), o sea de 19,62 m/s por segundo, los ocupantes experimentan un peso —aplicado contra el respaldo de sus asientos— doble del que tienen en el suelo. Si se tratara de frenado equivalente, el mismo peso se aplicaría hacia adelante, contra las cinturas de seguridad. Mas si el cuerpo puede ser contenido por el asiento, la sangre no puede serlo en sus vasos y, por inercia, tiende a vaciarse de una parte del cuerpo para acumularse en la opuesta. En aceleraciones dirigidas de la cabeza a los pies, o viceversa, la sangre puede dejar de irrigar el cerebro, o bien agolparse en el mismo. Los trastornos pueden ir desde el *velo negro* (pérdida momentánea de la vista) y mareos, hasta síncopes graves y la muerte, según la intensidad y la duración del fenómeno. (El hombre puede soportar aceleraciones enormes, tanto más grandes cuanto más breves son sus duraciones: 500 g en choques de coches y caídas sobre un suelo duro; 12 g durante dos segundos en una zambullida desde un trampolín.) El uso de vestidos anti-g *, la disposición del piloto con el cuerpo perpendicular al sentido de las aceleraciones (sentido vientre-espalda) y un entrenamiento intensivo aumentan considerablemente la resistencia del organismo a aceleraciones más intensas y prolongadas. (V. CENTRIFUGADORA.) En un satélite artificial, la fuerza centrífuga somete al hombre a una aceleración que tiende a alejarlo de la Tierra con fuerza equivalente a la aceleración de la gravedad que lo atrae hacia el suelo. El resultado de ambas fuerzas antagonistas es la anulación del peso del astronauta que "flota" en una cabina donde la noción de techo y de suelo pierde su sentido ordinario.
— *Autom.* Aumento de la velocidad de un automóvil mediante accionamiento del acelerador*.
— *Fís. Aceleración de la gravedad.* El espacio h recorrido en un tiempo t por un cuerpo que cae libremente en el vacío aumenta en virtud de la aceleración (debida a la atracción terrestre) experimentada regularmente por la velocidad v. Basta con multiplicar el tiempo en segundos por sí mismo y el resultado por 4,9, para hallar la distancia recorrida por el cuerpo en su caída, y con multiplicarlo por 9,81, para conocer su velocidad final ($h = 0{,}5\ gt^2$; $v = gt$). El valor aproximado de g es, en efecto, de 9,81 m/s por segundo, lo cual significa que un cuerpo en caída libre recorre unos 5 m durante el primer segundo.

electrodos huecos de un **acelerador** lineal

unos 15 m durante el segundo, 25 durante el tercero, etc., mientras que su velocidad es de unos 10 m/s al finalizar el primer segundo, unos 20 m a los dos segundos, etc.

— *Mec.* La aceleración es la variación de la velocidad de un cuerpo por unidad de tiempo y suele medirse en metros segundo por segundo (m/s^2) : *un cuerpo que se mueve a 10 m/s (o sea a 36 km por hora) y que, en 2 segundos, alcanza la velocidad de 30 m/s (108 km/h), experimenta una aceleración de 10* m/s^2.

ACELERADA f. *Mec.* Aceleración brusca de un motor.

ACELERADO, DA adj. Que aumenta su velocidad.

— *Cin.* M. Artificio que permite representar las escenas en la pantalla con movimientos más rápidos que los movimientos reales. Consiste en tomar menos vistas por segundo que las que se han de proyectar (éstas son 24 en cinematografía ordinaria): si se han filmado 12 imágenes de un movimiento que dura un segundo y se proyecta la cinta a razón de 24 imágenes por segundo, el referido movimiento sólo durará medio segundo en la pantalla y producirá un efecto cómico. Si se siembra una semilla y se toma una vista por hora, las imágenes filmadas en dos meses sólo durarán un minuto en la pantalla, lo cual permite seguir el crecimiento de una planta, y hasta su ciclo completo de vida, en unos instantes de proyección.

— *Fís.* Que aumenta o dismuye su velocidad.

— *Mec. Movimiento uniformemente acelerado,* aquel en el cual la variación de la velocidad es constante, como ocurre con los cuerpos que caen en el vacío. (V. ACELERACIÓN *de la gravedad.*)

ACELERADOR, RA, TRIZ adj. y s. Dícese de la fuerza o mecanismo que aceleran un movimiento, así como de la substancia que activa una reacción química.

— *Astron.* Booster.

— *Atom. Acelerador de partículas* o *de corpúsculos,* intrumento que, al acelerar las partículas atómicas les confiere la energía considerable necesaria para el estudio de la física nuclear y de la estructura del átomo, así como para efectuar transmutaciones atómicas.

— Dado que dos cuerpos cargados de electricidad de signo idéntico (negativo o positivo) se repelen y que, por el contrario, se atraen si tienen signo diferente, una partícula elemental como el protón, cargada de electricidad positiva, será atraída por un polo negativo, mientras que un electrón, que es negativo, lo será por un polo positivo. De la atracción resultará en ambos casos un aumento de la velocidad de las partículas. Tal es el principio en que se fundan los aceleradores de partículas más comunes.

El *acelerador lineal* consta esencialmente de un manantial de partículas (las que se han de acelerar) y de una serie de electrodos tubulares dispuestos en línea recta y conectados con un generador de corriente alterna de alta frecuencia. Todos los electrodos pares están en conexión con uno de los polos del generador y los impares con el otro. Como consecuencia de la alternancia de la corriente, cada electrodo es sucesivamente negativo y positivo, y siempre de signo contrario al del electrodo que le sigue. El manantial —un hilo candente, por ejemplo— emite electrones que son atraídos por el primer electrodo (positivo) y, en consecuencia, acelerados. Mas, cuando lo han atravesado, cambia el sentido de la corriente: el primer electrodo se vuelve entonces negativo (y repele, pues, los electrones) mientras que el segundo pasa a ser positivo y los atrae. Así, sometidas por la segunda vez a un impulso, las partículas prosiguen con mayor rapidez su trayectoria rectilínea. Atraviesan el electrodo núm. 2 y, al invertirse de nuevo el sentido de la corriente, son repelidas por el mismo y atraídas por el electrodo siguiente, y así pasan sucesivamente por todos los electrodos que las aceleran progresivamente hasta que, al cabo de un recorrido que puede ser de centenares de metros, alcanzan velocidades próximas de la luz. Son entonces proyectiles cuya pequeñez es compensada por su enorme energía cinética y que los físicos proyectan sobre un blanco cuyos átomos, por efecto del bombardeo, experimentan fisiones y transmutaciones, con emisión de diversas partículas. Todos estos fenómenos son estudiados con instrumentos apropiados, especialmente con la *cámara* * *de burbujas,* que permite fotografiarlos.

A esta misma familia de aceleradores de alta frecuencia pertenecen el ciclotrón *, el betatrón *, el sincrotrón * y el sincrociclotrón *. Todos tienen la ventaja, al obrar por impulsiones sucesivas cuyos efectos se suman, de imprimir grandes aceleraciones a las partículas con generadores de corriente relativamente poco potentes.

En los *aceleradores electroestáticos,* la aceleración se opera, por el contrario, de una sola vez. En el *acelerador de Cockcroft-Walton* las partículas saltan, como si fueran chispas eléctricas, entre dos polos, y su velocidad final depende de la diferencia de potencial que existe entre ambos. El *acelerador* o *generador de cascada* consiste en varios aparatos de Cockcroft-Walton montados en serie, de modo que la partícula ya acelerada por uno de ellos pase al siguiente, y así sucesivamente hasta que adquiera energías del orden de varios millones de voltios.

El más común de todos los aceleradores electrostáticos es el *acelerador de Van de Graaff* o *generador de cinta.* Se funda en la propiedad que tiene todo conductor aislado de acumular cargas eléctricas y de aumentar su potencial. Entre un manantial eléctrico y una esfera metálica aislada circula a modo de correa una cinta aislante que transporta cargas eléctricas del primero a la segunda. La esfera se carga así de electricidad y entre ella y el blanco experimental pueden existir diferencias de potencial de varios millones de

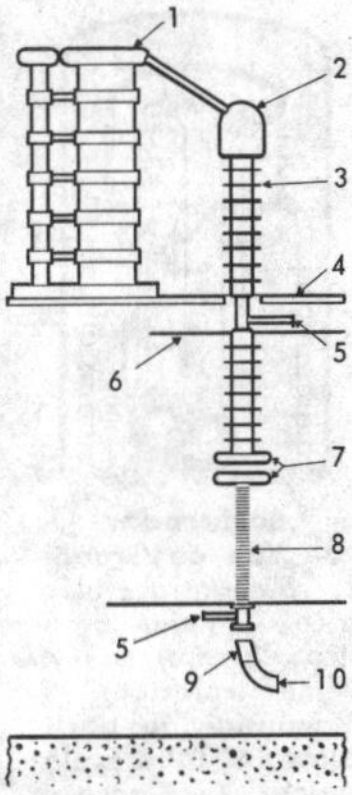

acelerador de cascada
1. Generador de alta tensión; 2. Borne; 3. Condensadores en serie; 4. Planta superior; 5. Empalme de la bomba para practicar el vacío; 6. Pantalla antirradiactiva; 7. Polos; 8. Tubo acelerador; 9. Deflector magnético; 10. Acoplamiento con el acelerador de Van de Graaff

acelerador de cascada *(a la izq.),* con su generador de alta tensión *(a la der.)*

Fot. C. C. A.

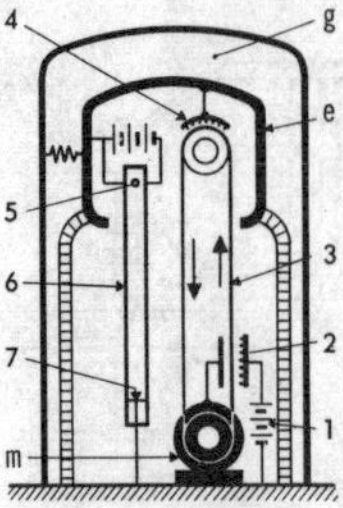

acelerador
de Van de Graaff
1. Manantial eléctrico; 2. Peine metálico; 3. Correa; 4. Peine colector; 5. Manantial de partículas; 6. Tubo acelerador; 7. Blanco o pantalla; e. Electrodo de alta tensión; g. Gas comprimido; m. Motor de la correa

acepilladoras
para metales *(izq.)* y para madera
1. Portaherramientas; 2. Herramienta; 3. Portaherramienta; 4. Rodillo de arrastre; 5. Mesa; 6. Madero

voltios. La descarga se efectúa dentro de un tubo en el que reina el vacío y por el cual los electrones o los protones de la esfera se precipitan con grandísima velocidad, sobre el blanco.

— *Autom.* Dispositivo para regular la potencia del motor mediante una variación correspondiente de su alimentación en mezcla carburante.

— El *acelerador* consiste en un pedal que, mediante un cable, hace girar la mariposa del carburador. Cuando el conductor empuja el pedal con el pie, la mariposa se abre y el motor aspira un volumen mayor de gases carburados, con lo cual aumentan la potencia y la frecuencia de las explosiones en los cilindros.

— *Calef.* Bomba eléctrica de escasa potencia que se monta directamente en alguna tubería de calefacción central para activar la circulación del agua caliente.

— *Constr.* Substancia que se agrega al hormigón para reducir el tiempo normal de fraguado del cemento.

— *Fot.* Substancia que hace más activos los baños fotográficos: *las sales amoniacales constituyen excelentes aceleradores del fijado.*

— *Gom.* Substancia que, agregada al caucho, abrevia el tiempo requerido para su vulcanización: *los aceleradores más comunes son compuestos orgánicos a base de azufre.*

— *Mec.* Dispositivo que se adapta a ciertos mecanismos para acelerar o retardar un movimiento.

— *Quím.* Catalizador, substancia que abrevia el tiempo normalmente exigido por una reacción.

ACELERAR v. Aumentar la velocidad de un cuerpo en movimiento. (V. ACELERACIÓN.)

ACELERÓGRAFO m. Instrumento que permite estudiar gráficamente la aceleración del movimiento de un cuerpo.

ACELERÓMETRO m. *Mec.* Instrumento para medir la aceleración de los movimientos y estudiar sus consecuencias y efectos.

— Consiste esencialmente en una masa pesada con libertad de movimientos respecto a su bastidor. Éste es fijado al cuerpo que se ha de estudiar (una máquina que vibra, un automóvil, etc.). Cada vez que el cuerpo experimenta una aceleración, la masa tiende a conservar la velocidad anterior por inercia y se mueve, pues, respecto al bastidor. Este movimiento relativo de la masa y de su soporte engendra una fuerza que obra sobre un mecanismo registrador o sobre un indicador cuya aguja marca el valor de las aceleraciones.

— *Cibern.* Órgano esencial de los sistemas de navegación* automática por inercia.

ACEMASOR m. *Miner.* Nombre vulgar del mineral de mercurio llamador *cinabrio.*

ACENAFTENO m. *Quím.* Hidrocarburo extraído del alquitrán de hulla y cuyas temperaturas de fusión y de ebullición son respectivamente de 95° y 278°: *con el acenafteno se obtienen colorantes del grupo del añil o índigo.*

ACENDRAR v. *Metal.* Purificar, depurar los metales en el crisol.

ACEÑA f. *Hidr.* Molino hidráulico. ‖ Noria con los cangilones fijados a una rueda, para elevar el agua a poca altura.

ACEPILLADORA f. Máquina para alisar y pulir superficies metálicas, de madera y otras materias mediante cuchillas que arrancan virutas, lo cual la distingue de otras máquinas alisadoras. (Sinón. PLANEADORA.)

— *Carp.* Las *acepilladoras* se utilizan en carpintería y ebanistería para desbastar la madera, ponerla a grueso, alisarla o perfilarla.

La *acepilladora ordinaria* consiste en una mesa metálica provista de una hendedura central por la que sobresale un rodillo portaherramienta de dos o más cuchillas, animado de un movimiento de rotación muy rápido. La altura de la mesa puede ser regulada con objeto de hacer que sobresalgan más o menos las cuchillas, y, en consecuencia, de hacer variar a voluntad el espesor de la viruta arrancada al madero. Éste es arrastrado por varios rodillos estriados.

En otros tipos el rodillo portacuchillas se halla situado por encima de la madera. Otras máquinas más perfeccionadas, de portacuchillas múltiples, labran las maderas por dos o cuatro caras a la vez, ya para alisarlas, ya para acanalarlas o moldurarlas con cuchillas de perfil especial. También las hay de machihembrar *, de cilindrar *, etc. Además de estas máquinas de cuchillas rotativas existen otras acepilladoras de hoja única y fija que pueden alisar tableros de hasta dos metros de anchura.

— *Metal.* Máquina herramienta para alisar piezas grandes. Consiste en una mesa móvil sobre una larga bancada, en que se fija la pieza, y en un portaherramienta sostenido por una traviesa horizontal que puede bajar hasta la pieza a lo largo de uno o dos montantes. En las acepilladoras de mesa el útil y sus soportes permanecen fijos y es la pieza la que se mueve, primero lentamente, mientras dura el trabajo de la herramienta, y luego en rápido retroceso hasta el punto de partida de una nueva pasada. Mas cuando se trata de piezas muy grandes, éstas permanecen inmóviles y entonces se mueve la herramienta arrastrada por un carrillo *(acepilladora de carro o de foso).* En las *acepilladoras fresadoras* la herramienta está constituida por una fresa rotativa. Una misma acepilladora puede tener varias herramientas que labran simultáneamente la pieza.

ACEPILLADURA f. Viruta.

ACEPILLAR v. *Art. y of.* Alisar o labrar algo con cepillo o acepilladora *. ‖ Limpiar o quitar el polvo con cepillos de cerdas.

ACEPTADOR m. *Electrón.* Átomo que, en un transistor *, recibe los electrones perdidos por otro átomo llamado *dador: el aluminio, el galio y el indio son los aceptadores más comunes.*

ACEQUIA f. *Hidr.* Zanja o canal pequeño para llevar el agua de un sitio a otro: *las acequias para el riego sirven también de acequias de desagüe en caso de avenida o de lluvias prolongadas.*

ACERA f. *Obr. públ.* Orilla de la calle, generalmente enlosada, reservada a los transeúntes

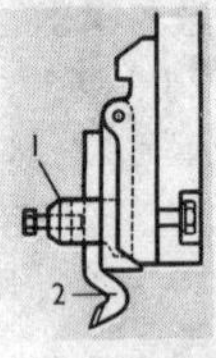

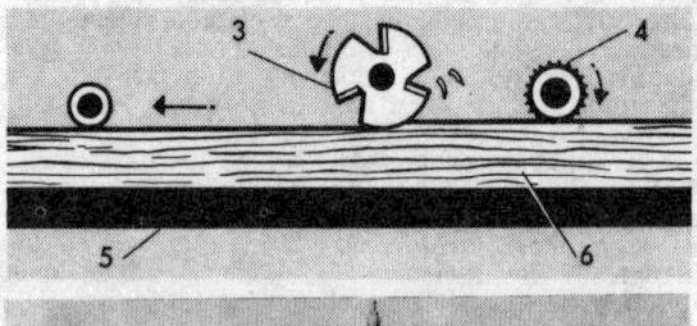

Fot. Guilliet, G. S. P

acería de Avilés
1 y 2. Muelles; 3. Preparación de minerales; 4. Hornos altos; 5. Coquefacción; 6. Subproductos de la hulla; 7. Gasómetro; 8. Central eléctrica; 9. Hornos de acero Martin; 10. Laminación; 11. Talleres; 12. Estación ferroviaria

— *Constr.* Paramento de un muro y, también, cada uno de los sillares que constituyen dicho paramento.

ACERACIÓN f. *Metal.* Conversión del hierro en acero.

ACERAR v. *Art. gráf.* Revestir los clises de cobre con una fina capa de acero con el fin de disminuir su desgaste y obtener con ellos tiradas más importantes: *los clisés de heliograbado se aceran por galvanoplastia.*
— *Constr.* Poner aceras para comodidad de los transeúntes o para reforzar un muro: *acerar una calle, una pared.*
— *Metal.* Transformar el hierro en acero* (se aplica con más propiedad a un procedimiento, hoy abandonado, que consistía en carburar directamente el hierro en la misma forja donde se fundía el mineral). ‖ Soldar una cuchilla de acero sobre un instrumento de hierro. ‖ Cubrir un metal blando con una capa de acero para darle una superficie más dura y resistente. (V. METALIZACIÓN y GALVANOPLASTIA.)

ACERCAMIENTO m. *Aeron.* Aproche.

ACERDESA f. *Miner.* Óxido de manganeso hidratado natural, de color gris obscuro, casi negro. (Sinón. MANGANITA.)

ACERDOL m. *Quím.* Nombre comercial del *permanganato de calcio,* que es un oxidante enérgico.

ACERÍA f. *Metal.* Fábrica de acero *: *siempre que sea posible las acerías se construyen a proximidad de las minas de carbón y de hierro.*

ACERO m. *Metal.* Hierro descarburado, con una proporción de carbono inferior a 1,8 %, que puede ser templado y adquirir otras propiedades mediante tratamientos térmicos o mecánicos.
— El hierro colado o arrabio contiene no solamente un exceso de carbono (procedente del carbón que ha servido para reducir el mineral), sino también azufre, fósforo y otras impurezas. Su conversion en *acero* se obtiene mediante afino, líquido o sólido, o pudelado que eliminan el exceso de carbono y las impurezas indeseables. El *afino* es una oxidación que se efectúa en los convertidores * de Bessemer (para arrabio silíceo y pobre en fósforo) o de Thomas (hierros fosforosos); en los hornos de reverbero (horno Martin), en hornos eléctricos o en crisoles, según sea la composición del hierro colado y la clase de acero que se desea elaborar. Consiste en inyectar aire u oxígeno, o una mezcla de ambos, en el seno del hierro fundido (al cual se agrega a veces chatarra) con lo que se consuma la combustión del carbono y otras impurezas presentes en la masa. El *afino sólido* da aceros muy puros y se practica mediante pudelado * en hornos o crisoles donde el hierro pastoso (y no líquido) es descarburado por las escorias que absorben constantemente el oxígeno exterior y lo llevan en contacto con el carbono de la masa merced a un batido constante de la misma. El crisol y el horno eléctrico dan aceros de alta calidad, por hallarse su composición perfectamente dosificada, aunque resultan caros. El acero Martin o Siemens, que permite aprovechar la chatarra, se sitúa, por su calidad y su precio, entre los anteriores y el de convertidor. Éste resulta muy barato porque no requiere ningún manantial de calor y se elabora muy rápidamente.
El acero ordinario contiene 5 % de cuerpos aleados con el hierro: carbono, silicio y manganeso a razón de 1 % como máximo; azufre, fósforo y oxígeno, a razón de 1 por mil. Unos son necesarios (por ejemplo: un acero con más de 0,15 % de carbobno no puede ser soldado si no contiene manganeso), mientras que otros son perjudiciales (el fósforo hace frágil el acero y el azufre disminuye su maleabilidad). Mas la composición que acaba de indicarse es la de aceros corrientes. Aumentando la proporción de sílice (hasta 4 % se obtiene acero para resortes y transformadores; con 12 a 15 % de manganeso se elaboran aceros muy resistentes para agujas de ferrocarril y otros usos. Agregando al acero proporciones determinadas de cromo, níquel, vanadio, tungsteno, molibdeno y otros metales se obtiene gran variedad de aceros especiales. Por lo demás, los aceros pueden adquirir propiedades muy diferentes mediante tratamientos térmicos (*templado, recocido*), fisicoquímicos (*cementación, nitruración*) y mecánicos (*forjado, laminado, estirado, embutido,* etc.)

PRINCIPALES ACEROS Y SUS APLICACIONES

Aceros al carbono, aceros ordinarios, cuya composición, ya detallada anteriormente, es modificada ligeramente (sobre todo la proporción de carbono) para obtener *acero extradulce* (clavos, tornillos, chapa para embutido, piezas de forja); *acero dulce* (armazones metálicas, barras perfiladas, pernos, alambre, palastro); *acero semidulce* (vaciado, maquinaria, forja); *acero semiduro* (vaciado, árboles de transmisión, herramientas, rejas de arados); *aceros duros* (vaciado, armas, herramientas, rieles, resortes, cuchillos); *aceros extraduros* (cables, cuerdas de piano, resortes, herramientas para trabajar materiales).
Aceros aleados o *aceros especiales,* aceros modificados por adición de uno *(acero binario)* o varios *(aceros ternarios, cuaternarios* y *complejos)* elementos especiales; *aceros al níquel* (anticorrosivos y de mejor temple, como el ferroníquel *, el invar *, el permalloy *); *aceros al cromo,* duros pero frágiles (herramientas, rodamientos a bolas); *aceros al manganeso,* muy duros por lo poco que se desgastan (rieles, agujas de ferrocarril, machacadoras); *aceros al silicio* (resortes, chapas de transformadores); *aceros al*

Fot. ENSIDESA

ACERO

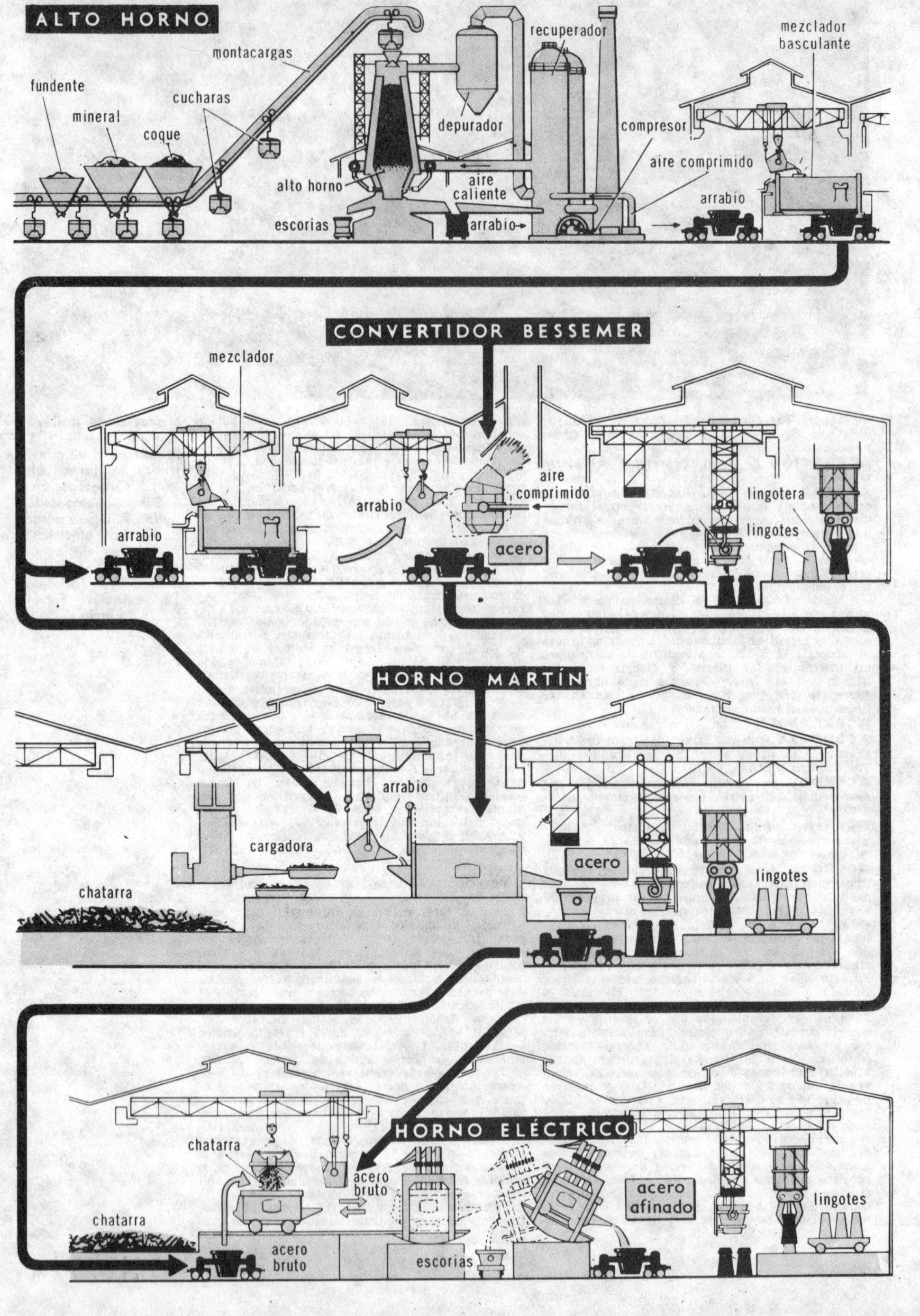

ALTO HORNO
montacargas
fundente
mineral
coque
cucharas
alto horno
escorias
depurador
aire caliente
arrabio
recuperador
compresor
aire comprimido
mezclador basculante
arrabio
CONVERTIDOR BESSEMER
mezclador
arrabio
arrabio
aire comprimido
acero
lingotera
lingotes
HORNO MARTÍN
arrabio
cargadora
chatarra
acero
lingotes
HORNO ELÉCTRICO
chatarra
acero bruto
chatarra
acero bruto
escorias
acero afinado
lingotes

tungsteno (imanes). Los *aceros al cromo-tungsteno* suministran el *acero rápido*, así llamado porque las herramientas cortantes que con él se fabrican pueden resistir a las temperaturas elevadas engendradas en las máquinas herramienta por el rozamiento con las piezas que se labran con grandes velocidades de rotación.
Los aceros especiales más empleados son los que contienen níquel y cromo (*aceros al cromoníquel*). Llámanse *aceros perlíticos* cuando predomina el níquel y *aceros austeníticos* cuando éste entra en menores proporciones que el cromo. Los primeros se utilizan mucho en toda clase de construcciones mecánicas, mientras que los segundos constituyen los *aceros inoxidables* y ciertos aceros refractarios como el NICROMO*, que sirve para hacer resistencias eléctricas. Prácticamente se agregan a estos dos metales otros elementos (molibdeno, vanadio, titano, etc.) que tienen por objeto facilitar su tratamiento térmico, con lo cual resulta ilimitado el número de aceros diferentes que pueden obtenerse. He aquí, por ejemplo, la composición de los *aceros rápidos:* carbono (de 0,8 a 1,2 %), tungsteno (de 2 a 18 %), cromo (de 3 a 6 %), vanadio (de 1 a 3 %), molibdeno (1 a 8 %), cobalto (de 3 a 10 %).
Raras son las fábricas dedicadas exclusivamente al afinado del hierro para convertirlo en lingotes de acero, pues en las acerías se procede generalmente al ciclo completo de elaboración del hierro, afinado del arrabio, vaciado o fundición, laminado y forja del acero.

ACESCENCIA f. *Quím.* Disposición de los líquidos fermentados a tornarse agrios por acidificación debida a ciertas bacterias: *la acescencia de los vinos flojos se evita utilizando, desde el lagar hasta la mesa, enseres y recipientes absolutamente limpios.*

ACESCENTE adj. *Quím.* Que empieza a agriarse: *las bebidas acescentes se tratan con bisulfito de potasio y por filtración esterilizante o pasteurización.*

ACETAL m. *Quím.* Nombre genérico de los líquidos que se obtienen combinando un aldehído con un alcohol en presencia de ácido clorhídrico.
— *Perf.* El *acetal ordinario* se emplea como disolvente de las esencias aromáticas.

ACETALDEHÍDO m. *Quím.* Aldehído.

ACETAMIDA f. *Quím.* Amida del ácido acético, sólido blanco, de olor desagradable: *la acetamida es soluble en el agua y el alcohol.*

ACETATO m. *Quím.* Sal que resulta de la combinación del ácido acético con una base o un alcohol. (La industria utiliza *acetatos* como colorantes, solventes y mordientes y para impermeabilizar maderas y tejidos o para ignifugarlos.) || *Acetato de celulosa*, producto de la acción del ácido acético sobre la celulosa del algodón en presencia de catalizadores (es una de las materias plásticas más empleadas en forma de papeles transparentes, barnices, rayón * y otras fibras textiles artificiales). [Sinón. ACETILCELULOSA, ACETOCELULOSA.]

ACÉTICO, CA adj. *Quím.* Relativo o perteneciente al vinagre y a sus derivados. || *Ácido acético*, ácido que confiere al vinagre su sabor y una gran parte de sus propiedades. (Sinón. ÁCIDO ETANOICO.) *Ácido acético glacial*, v. GLACIAL.
— El *ácido acético* resulta de la oxidación del alcohol etílico con eliminación del agua y tiene por fórmula: CH_3-CO_2H. Se forma durante la fermentación ácida del vino (v. VINAGRE) y la destilación seca de la madera y otras materias, pero es más económico fabricarlo por síntesis, oxidando el aldehído suministrado por el acetileno. Es un líquido corrosivo y sofocante, incoloro, que se solidifica a 16,7° y hierve a 117°. Su densidad es de 1,005.
El ácido acético sirve para fabricar acetona y acetatos, especialmente el de plomo. También se emplea como reactivo químico y en fotografía. (V. ACETIFICAR.)
El *anhídrido acético* es un líquido obtenido por la acción del cloruro de acetilo sobre el acetato de sodio. Es un agente de acetilación que se emplea en la fabricación del acetato de celulosa y tiene una importancia considerable en la industria de las materias plásticas.

ACETIFICACIÓN f. *Quím.* Conversión del vino en vinagre y de cualquier substancia en ácido acético.

ACETIFICADOR m. *Quím.* Recipiente o tambor para acetificar el vino, el alcohol u otras substancias: *acetificador rotativo para fabricar vinagre* *.

ACETIFICAR v. Transformar el alcohol etílico en ácido acético.
— *Cin.* y *Fot.* Tratar las emulsiones en baños acéticos para endurecerlas y evitar su deterioración. (Sinón. ACETILAR.)

ACETIL, prefijo que indica la eliminación de un átomo de hidrógeno en las moléculas orgánicas y su reemplazamiento por el grupo de átomos del radical acetilo *.

ACETILACÉTICO adj. *Quím.* Dícese de un ácido instable y de su éster etílico, que es estable, y que se obtiene haciendo obrar el sodio sobre el acetato de etilo.

ACETILACETONA f. *Quím.* Producto de la condensación de la acetona y del acetato de etilo por el etilato de sodio: *la acetilacetona precipita las sales metálicas y es un poderoso agente de síntesis.*

ACETILACIÓN f. *Quím.* Combinación del radical acetilo con cualquier otro cuerpo con objeto de elaborar amidas o ésteres acéticos.

ACETILAR v. *Cin.* y *Fot.* Acetificar.

ACETILÉNICO, CA adj. *Quím.* Relativo o perteneciente al acetileno y, por extensión, que obra químicamente como el acetileno.

ACETILENO m. Gas combustible suministrado por la descomposición del carburo de calcio en el agua.
— *Lumin.* La *llama del acetileno* solamente se usa hoy en lugares desprovistos de corriente eléctrica y en aquellos sitios donde el uso del carburo de calcio resulta más económico que el de las pilas eléctricas. En las lámparas de acetileno, el agua de un depósito superior cae gota a gota sobre el carburo del depósito inferior y el gas producido arde en una boquilla.
— *Metal.* La *mezcla de acetileno y de oxígeno* comprimidos arde con una llama cuya temperatura alcanza los 3 000° y que se utiliza para cortar y soldar los metales. (V. SOPLETE *oxiacetilénico.*)
— *Quím.* El *acetileno* es un hidrocarburo no saturado formado por la combinación, en su molécula, de dos átomos de carbono y dos de hidrógeno (C_2H_2). Se obtiene industrialmente a partir del carburo de calcio y, también, por combustión incompleta del metano. Es incoloro y arde con una llama brillante. Mezclado con aire es detonante.
El acetileno sirve de materia primera para la fabricación de una infinidad de productos químicos: ácido acético, materias plásticas, acetona, Nylón, caucho sintético, etc.

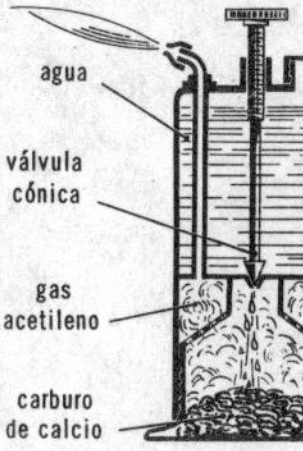

lámpara de acetileno

ACETILO m. *Quím.* Radical de fórmula CH_3-CO- presente en los compuestos acéticos.

ACETILOCELULOSA f. *Quím.* Acetato de celulosa.

ACETILSALICÍLICO adj. *Quím. Ácido acetilsalicílico*, nombre químico de la *aspirina.*

ACETILURO m. *Quím.* Nombre dado a los derivados metálicos del acetileno: *la formación de acetiluro de cobre permite descubrir la presencia de acetileno en el aire.*

ACETÍMETRO m. *Quím.* Acidímetro* especial para medir la riqueza de los vinagres en ácido acético. (Sinón. ACETÓMETRO.)

ACETO, prefijo que indica la presencia en una molécula del radical CH_3CO- y que tiende a ser reemplazado por el prefijo *acetil.*

ACETOBACTER m. Nombre de las bacterias que, al oxidar el alcohol, lo transforman en ácido acético: *una de estas bacterias, Acetobacter aceti, se utiliza para elaborar vinagre.*

ACETOBUTIRATO m. *Quím.* Un derivado de los ácidos acético y butírico, utilizado por la industria de materias plásticas.

ACETOCELULOSA f. *Quím.* Acetato * de celulosa.

ACETÓMETRO m. *Quím.* Acetímetro.

ACETONA f. Líquido que resulta de la descomposición de un acetato por el calor.
— La *acetona* es un líquido incoloro, inflamable y volátil, de olor agradable, que hierve a 56° Se obtiene industrialmente a partir del acetileno y, también, del propeno. Como disuelve las grasas, resinas, substancias celulósicas y

otras materias orgánicas, tiene infinidad de aplicaciones a modo de solvente en la fabricación de materias plásticas, barnices, etc.
— *Cin.* y *Fot.* La *acetona* entra en la composición de reveladores, activa el secado de los clisés y sirve también para pegar los películas cinematográficas.

ACICALAR v. Alisar, limpiar o pulir.
— *Arq.* Dar el último pulimento a una pared.

ACÍCLICO, CA adj. Dícese de todo fenómeno que no se produce cíclicamente, o sea con arreglo a uno o varios ciclos completos.
— *Quím.* Aplícase a los compuestos orgánicos cuyos átomos de carbono forman cadenas * abiertas. || *Serie acíclica*, v. SERIE.

ACICULAR adj. En forma de aguja.
— *Miner.* Dícese de las substancias que cristalizan en forma de pequeñas agujas.

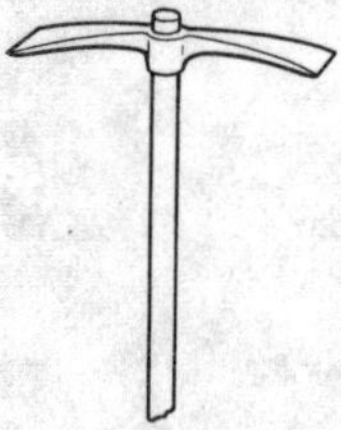
aciche

ACICHE m. *Constr.* Martillo de dos cortes, en forma de azuela doble, utilizado por los soladores para dar la forma conveniente a los losas.

ACIDALCALIMETRÍA f. *Quím.* Determinación de la acidez o alcalinidad de una substancia: *la acidalcalimetría se funda en la medida del pH* (v. el artículo PH.)

ACIDALCOHOL m. *Quím.* Nombre dado a los cuerpos que reúnen las funciones ácida y alcohólica.
— Según la importancia relativa de ambas funciones se dividen en *monoácidos-monoalcoholes* (ácido láctico), *monoácidos-polialcoholes* (ácido glicérico); *poliácidos-monoalcoholes* (ácido cítrico) y *poliácidos-polialcoholes* (ácido tartárico).

ACIDEZ f. *Quím.* Calidad ácida de un cuerpo, opuesta a la alcalinidad.
— La *acidez* y la alcalinidad dependen de las proporciones respectivas de iones positivos de hidrógeno ($H+$) y negativos del oxhidrilo ($OH-$) y se expresan por un índice llamado *pH* (v. art. correspondiente). El agua pura, que es neutra, tiene un $pH = 7$. La acidez es la calidad característica de los cuerpos que tienen un pH inferior a 7, más ricos que el agua en iones $H+$, mientras que las substancias alcalinas (bases), más pobres en dichos iones, tienen un pH superior a 7. Se desprende que la mezcla de substancias ácidas y alcalinas tiende a compensar su deficiencia y su riqueza respectivas en iones de hidrógeno y, por consiguiente, a dar compuestos neutros.

ACIDIFICABLE adj. *Quím.* Que puede ser transformado en ácido.

ACIDIFICACIÓN f. *Petr.* Operación que tiene por objeto aumentar el rendimiento de un pozo petrolífero y que consiste en verter en el mismo ácido clorhídrico que roe la roca del fondo y aumenta su permeabilidad.
— *Quím.* Paso natural o provocado de una substancia al estado de ácido.

ACIDIFICANTE adj. y s. m. *Quím.* Cuerpo que tiene la propiedad de convertir en ácido otro cuerpo neutro o alcalino.

ACIDIFICAR v. *Petr.* Practicar la acidificación de un pozo petrolífero.
— *Quím.* Transformar en ácido: *acidificar el vino.*

ACIDÍFILO, LA adj. *Bot.* Aplícase a las plantas que prefieren los suelos ácidos.

ACIDIMETRÍA f. *Quím.* Determinación de la acidez de una solución líquida, expresada generalmente en ácido puro por litro de solución.
— Suele practicarse esta operación como sigue: se agrega a la solución un colorante llamado *indicador* y luego se vierte en la misma, poco a poco, una solución básica (por ejemplo, de sosa) exactamente dosificada, hasta que vire el indicador. La cantidad de ácido así neutralizado se calcula fácilmente conociendo el volumen de solución básica que se ha utilizado.

ACIDIMÉTRICO, CA adj. *Quím.* Relativo a la acidimetría.

ACIDÍMETRO m. *Quím.* Cualquier aparato para medir la acidez de una substancia. || Areómetro, densímetro o pesaácidos especialmente graduado para medir la acidez de una solución. (Sinón. ACIDÓMETRO.)

ACIDIZAR v. *Petr.* Acidificar.
— *Quím.* Tratar una substancia con un ácido. || Acidificar.

ÁCIDO, DA adj. Agrio: *el zumo de limón es ácido.* || Relativo a la acidez * o a los ácidos: *una disolución ácida.* || — M. Cuerpo compuesto cuya acidez* le confiere las propiedades que más adelante se indican (v. *Quím.*).
— *Agr. Suelo ácido*, v. SUELO.
— *Metal.* La transformación del arrabio en acero se efectúa, según sea la composición del mineral de hierro, en un medio ácido (convertidor * Bessemer) o en un medio básico (convertidor * Thomas).
— *Miner. Roca ácida*, v. ROCA.
— *Quím.* Las *propiedades de los ácidos* provienen de substancias que, disueltas en agua, suministran iones de hidrógeno y rompen así el equilibrio eléctrico del líquido. Dichas propiedades son, principalmente, las siguientes: sabor agrio o picante; cambio de color de las substancias con que entran en contacto (por ejemplo, enrojecimiento de los colores azules de origen vegetal); combinación con una base para dar sales (por ejemplo, el ácido clorhídrico (ClH) y la sosa ($NaOH$) dan cloruro de sodio ($NaCl$) en cuyo producto el metal ha reemplazado al hidrógeno).
Existe gran diversidad entre los ácidos y no pocos modos de clasificarlos. Esencialmente cabe distinguir los *ácidos minerales* de los *ácidos orgánicos*. En los primeros el hidrógeno se halla combinado con metaloides o metales. Son *oxácidos* cuando entra el oxígeno en su fórmula e *hidrácidos* cuando carecen de él.
Los *ácidos orgánicos* contienen a la vez carbono, oxígeno e hidrógeno y en la fórmula de su molécula figura el grupo $COOH$, llamado *carboxilo*. Según cuente dicha molécula con uno o más carboxilos, se tratará de un *monoácido*, un *diácido*, un *triácido*, etc.
Ácidos aromáticos. En las moléculas de estos ácidos el grupo de átomos del carboxilo se halla fijado directamente sobre un núcleo o polígono de átomos de carbono. Esta circunstancia permite efectuar no pocas reacciones químicas durante las cuales se conserva la integridad del referido núcleo, y se aprovecha industrialmente, en particular por lo que se refiere al núcleo llamado benceno.
Ácidos grasos. Se da este nombre a ácidos saturados*, como, por ejemplo, los *ácidos butírico* y *esteárico* presentes, en forma de glicéridos*, en la manteca, los aceites o las grasas, y, bajo la forma de ésteres*, en las ceras.

ACIDOALCALIMETRÍA f. *Quím.* Acidalcalimetría.

ACIDOALCOHOL m. *Quím.* Acidalcohol.

acidímetro

Fot. MAXEI

ACIDOCETONA f. *Quím.* Cuerpo que posee a la vez las funciones de ácido y de cetona, como el ácido acetilacético.
ACIDOFENOL m. *Quím.* Nombre dado a los cuerpos que, como el ácido salicílico, poseen la función ácida y el hidroxilo* fenólico.
ACIDÓFILO, LA adj. *Text.* Aplícase a los cuerpos que pueden ser teñidos con colorantes ácidos.
ACIDÓLISIS f. *Quím.* Hidrólisis * debida a la acción de un ácido.
ACIDÓMETRO m. *Quím.* Otro nombre del *acidímetro*, especialmente del *pesaácidos.*
ACIDORRESISTENCIA f. *Quím.* Propiedad que tienen ciertos cuerpos previamente teñidos con fucsina, de conservar el color adquirido aunque se los someta a la acción descolorante de soluciones ácidas: *la acidorresistencia del bacilo de la tuberculosis permite distinguirlo microscópicamente de otros bacilos que tienen formas semejantes, pero son descolorados por los ácidos*
ACIDULAR v. *Quím.* Conferir a una substancia una ligera acidez: *caramelos acidulados.*
ACIJE m. *Quím.* Caparrosa.
ACIMUT m. *Astr.* Ángulo diedro formado por el plano meridiano de un lugar con el plano vertical de un astro: *el acimut y la distancia* cenital son dos coordenadas que permiten situar un astro en la esfera celeste.*

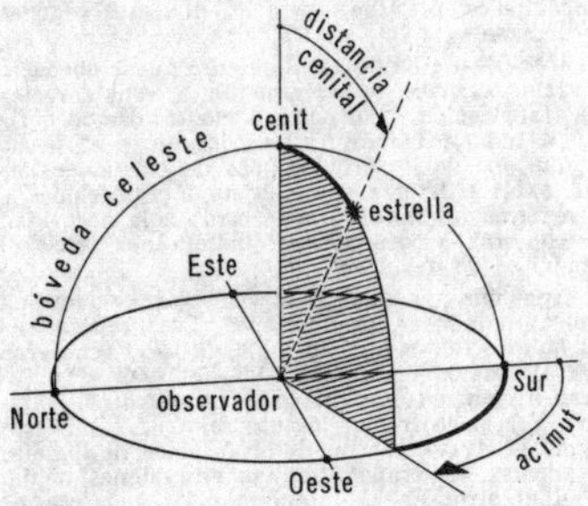

— *Fís. Acimut magnético,* ángulo formado por el meridiano geográfico de un lugar y el meridiano magnético y que es el ángulo de declinación* de la aguja magnética.
— *Radiot.* Ángulo que forman el plano meridiano en que se halla el receptor y la dirección de la emisora considerada.
ACIMUTAL adj. *Astr.* Relativo o perteneciente al acimut: *reloj acimutal.* ‖ Que sirve para medir el acimut: *círculo* acimutal, compás* acimutal.*
ACINA f. *Quím.* Azina.
ACINCELAR v. *Art. y of.* Labrar con el cincel.
ACÍNICO, CA adj. *Quím.* Azínico.
ACIPADO, DA adj. *Tex.* Muy tupido.
ACITARA f. *Arq.* Citara, pared delgada.
ACLARADOR, RA adj. y s. *Tecn.* Que sirve para hacer algo menos tupido o espeso y, en el caso de los líquidos, para eliminar las impurezas sólidas: *el aceite se deposita y purifica en los depósitos llamados aclaradores.*
ACLARAR v. Clarificar, hacer que una cosa sea menos espesa, turbia u obscura. ‖ Aumentar el espacio que media entre cosas muy apretadas: *aclarar un bosque.* ‖ Enjuagar lo que ya ha sido lavado o enjabonado: *aclarar los minerales es someterlos a un nuevo lavado.* ‖ Disiparse la niebla o las nubes. ‖ Librar un líquido de sus impurezas sólidas, dejándolo en reposo para que éstas se concentren en la superficie o en el fondo, según sea su densidad: *el aceite virgen ha de aclararse para eliminar sus heces.* ‖ Hacer que un líquido sea menos espeso: *las pinturas de aceite espesadas por evaporación se aclaran con aguarrás.*
ACLAREO m. *Tecn.* Acción de aclarar: *el aclareo de los líquidos turbios se obtiene por filtración o por precipitación.* (Sinón. CLARIFICACIÓN.)
ACLÍNICO, CA adj. *Magn.* Dícese del lugar donde la inclinación magnética es nula. (V. MAGNETISMO.) ‖ *Línea aclínica,* línea sinuosa que se obtiene al unir todos los puntos aclínicos del Globo. (Sinón. ECUADOR* MAGNÉTICO.)
ACOBRADO, DA adj. De color de cobre.
ACOCEAR v. *Curt.* Pisotear las pieles para batanarlas.
ACODADERA f. *Constr.* Instrumento con que los canteros labran avivadores en las molduras de piedra.
ACODADO, DA adj. Dícese de lo que tiene forma de codo. (Sinón. ACODILLADO.)
— *Mec. Eje acodado,* el que forma codos, especialmente el cigüeñal*.
ACODALAR v. *Carp.* Unir dos tableros paralelamente interponiendo codales* entre los mismos. ‖ Desalabear un tablero y mantenerlo plano por medio de codales clavados en las cabezas.
— *Constr.* y *Min.* Asegurar dos elementos paralelos con codales que los mantienen fijos.
ACODAR v. *Carp., Constr.* y *Min.* Acodalar.
— *Mec.* Doblar una barra de metal dos veces (una en cada sentido) de modo que los dos tramos queden en direcciones paralelas.

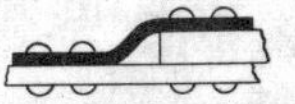
acodar *(mec.)*

ACODILLAR v. *Tecn.* Acodar o doblar una cosa para que forme ángulo o codo: *las armaduras metálicas contienen muchos hierros acodillados*
ACODO m. *Arq.* Resalto de una dovela que sobresale en el arco. ‖ Moldura de la pared en torno a una puerta o ventana.
ACOJINAMIENTO m. *Mec.* Funcionamiento defectuoso del émbolo cuando, por ajustar éste mal con las paredes del cilindro, pasa el vapor entre ambos.
ACOJINAR v. *Mec.* Funcionar mal una máquina de vapor a causa del acojinamiento del cilindro.
ACOLCHADO, DA adj. y s. *Text.* Labor consistente en bastear dos telas después de haber interpuesto entre ellas un relleno de lana, algodón o cualquier otra clase de fibras. ‖ Tejido con efectos de relieve parecidos a los de la labor de acolchado, pero que se obtiene por tisaje.
Generalmente se fabrica con arreglo a una técnica de tisaje doble en la cual los hilos de la tela superior se entretejen con los hilos, más gruesos y bastos, de otra tela inferior. Éstos se hallan sometidos a una tensión mayor que la de los primeros y de ahí resulta el efecto de relieve, que, por lo demás, puede acentuarse pasando mechas entre ambas texturas.
ACOLCHAR v. *Mar.* Corchar los cordones de un cabo.
— *Text.* Coser o tisar las labores o tejidos acolchados*.
ACÓLITO m. *Astr.* El astro menos luminoso de los dos que constituyen un sistema de estrellas dobles o binarias. (Sinón. COMPAÑERO.)
ACOLLADOR m. *Mar.* Cabo que sostiene una vigota y que, halado, permite tesar los cordajes suspendidos de la misma.
ACOLLAR v. *Mar.* Tesar cabos halando de los acolladores. ‖ Calafatear una embarcación.
ACOMETER v. *Constr., Min.* y *Obr. púb.* Desembocar una cañería, galería, etc. en otra o arrancar de ella.
ACOMETIDA f. Toma o empalme de una instalación particular de agua, gas o electricidad con la cañería o línea principal.
— *Constr.* Cada uno de los ramales que desembocan en una alcantarilla o sumidero.
— *Min.* Galería secundaria que parte de otra principal.
ACOMETIMIENTO m. *Constr.* Acometida.
ACOMODACIÓN f. *Ópt.* Adaptación del ojo a la distancia y luminosidad de los objetos, que se traduce por una visión clara de los mismos.
Para acomodarse a la distancia, el ojo modifica la curvatura del cristalino. Cuando esta facultad disminuye, debe suplirse su insuficiencia con el uso de lentes apropiadas.
La *acomodación* a la luz es necesaria cuando la retina recibe rayos luminosos demasiado débiles o excesivamente intensos. Se efectúa por dilatación o contracción de la pupila, cuyo iris obra como el diafragma de un objetivo fotográfico para dejar entrar más o menos luz en el ojo. Esta acomodación sólo llega a ser perfecta al cabo de 10 a 20 minutos.
ACOMPAÑADO m. *Constr.* Canal de ladrillo para proteger una cañería. (Sinón. ATARJEA.)
ACOMPAÑAMIENTO m. *Obr. públ. Dique de acompañamiento,* V. DIQUE.

EN SERIE

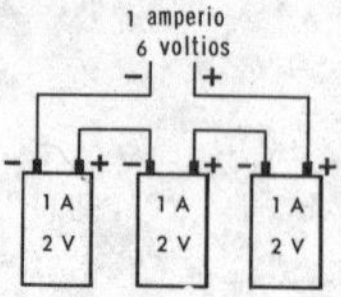

EN PARALELO
O EN DERIVACIÓN

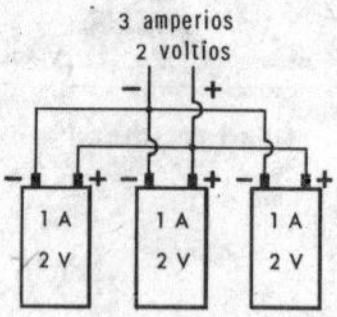

acoplamiento
(electr.)

ACOMPAÑANTE m. *Astr.* y *Mar.* Reloj que bate los segundos y permite contarlos al oído en la obscuridad o cuando se tiene el ojo aplicado a un instrumento cualquiera.

ACÓN m. *Mar.* Embarcación de fondo plano usada para el servicio de barcos mayores, especialmente para la carga y descarga de los que no pueden atracar.

ACONCHAR v. *Amer.* Depositarse las heces o partículas que enturbian un líquido.

ACONDICIONADOR m. Que sirve para acondicionar algo: *acondicionador de aire.*
— *Ind. alim.* Instalación para desecar el grano antes de molerlo: *los acondicionadores son columnas muy altas en las que el grano atraviesa una corriente de aire caliente que elimina su humedad y lo vuelve quebradizo.*

ACONDICIONAMIENTO m. Acción y efecto de acondicionar.
— *Constr. Acondicionamiento del aire,* v. CLIMATIZACIÓN.
— *Ind. alim.* Preparar el grano para facilitar su molienda. (V. ACONDICIONADOR.)
— *Pint. Acondicionamiento cromático,* uso racional de los colores que más convienen a un local según sea su destino: *el acondicionamiento permite preservar la vista, crear un ambiente agradable y, en las salas de trabajo, limitar los accidentes con todo y aumentar el rendimiento.* (V. COLOR y LUMINOTECNIA.)

ACONDICIONAR v. Fabricar o tratar una cosa con arreglo a alguna condición o para obtener una cualidad particular. || Preparar lo que ya se ha elaborado en parte y acomodarlo para permitir o facilitar la fase siguiente del proceso de fabricación.
— *Com.* Envolver, envasar o embalar una mercancía de manera práctica o llamativa con objeto de estimular su venta, facilitar su transporte o asegurar su conservación.
— *Constr.* Climatizar una vivienda o un local cualquiera. || *Aire acondicionado,* v. CLIMATIZACIÓN.
— *Text.* Eliminar el exceso de humedad que absorben las fibras durante la fabricación de hilados y tejidos. Son así reducidas a su *peso acondicionado,* que sirve de base para la fijación de los precios.

ACOPADOR m. *Metal.* Martillo* de bola para dar forma cóncava a la chapa de metal.

ACOPAR v. *Mar.* Dar forma cóncava a un tablón para que ajuste bien con las cuadernas, baos y otras piezas convexas.

ACOPLADO m. *Amer.* Remolque de tranvía o de otros vehículos.

ACOPLAMIENTO m. Acción y efecto de unir varios aparatos, motores, circuitos eléctricos, etc., para combinar o sumar sus efectos de manera conveniente. (Sinón. ACOPLADURA.)
— *Art. gráf.* Combinación de dos rotativas, una tipográfica y otra de huecograbado, que, en perfecto sincronismo, imprimen respectivamente la letra y los grabados como si constituyeran una sola máquina.
— *Carp.* Unión de dos maderos, especialmente en construcciones muy resistentes, por yuxtaposición de los mismos y reforzando la acción de los pernos con algún dispositivo que impida el deslizamiento de uno respecto al otro.
— *Electr.* Los generadores de corriente eléctrica, (dinamos, alternadores, pilas, acumuladores), los electromotores, resistencias y otros dispositivos eléctricos pueden ser acoplados de dos maneras diferentes: en serie y en paralelo.

En el *acoplamiento en serie, en cascada* o *en tensión,* la corriente total atraviesa sucesivamente todos los elementos o aparatos acoplados. El polo positivo de una pila se conecta con el negativo de la siguiente, cuyo positivo va al negativo de la tercera, etc.; el rotor del primer motor va unido eléctricamente con el estator del segundo, etc. En ambos casos la fuerza electromotriz de todos los elementos se suma (así, el voltaje total de una batería será la suma del voltaje de todas sus pilas).

En el *acoplamiento en paralelo,* el borne positivo de todos los elementos o motores se conecta con el mismo polo del circuito, y el borne negativo con el otro. Por consiguiente, la corriente total se divide entre todos los componentes (en razón inversa de su resistencia) y una batería montada en paralelo suministra una corriente cuyo voltaje es el mismo que el de uno solo de sus elementos, pero cuya intensidad (en amperios) o fuerza (en watios) es la suma de todos los elementos acoplados.

— *F. c.* En las locomotoras eléctricas y tranvías de varios motores, el arranque suele efectuarse acoplando momentáneamente los motores *en serie* y poniéndolos después *en paralelo* para el arrastre normal. || Dispositivo de enganche de los vagones: *el uso de acoplamientos automáticos suprime mano de obra y evita accidentes.* || Conexión de los cables eléctricos y de las tuberías de vapor o de aire comprimido, entre los distintos vagones de un tren.

— *Mec.* El uso de un acoplamiento puede obedecer a varias razones, especialmente a consideraciones (fabricación, transporte o montaje) que obligan a reducir la longitud de los ejes; al hecho de que uno de los árboles goza de cierta movilidad axial o lateral, está sujeto a vibraciones o bien forma un ángulo con el otro; a la necesidad de conectar y desconectar instantáneamente el árbol movido del árbol motor, etc.

A cada una de dichas razones corresponde un tipo apropiado de acoplamiento. Los *acoplamientos rígidos (de manguito* o *de platillo)* requieren una alineación perfecta de los dos ejes y no toleran ningún movimiento longitudinal de los mismos. Por el contrario, los *acoplamientos elásticos* permiten ligeros errores de orientación de los ejes y, además, no transmiten las vibraciones de un árbol al otro. En los *acoplamientos móviles (de manguito, de dientes* o *de dilatación)* los árboles tienen un amplio grado de libertad axial y pueden aproximarse o alejarse, aunque permaneciendo sensiblemente alineados. Los *acoplamientos articulados* (también llamados *articulaciones* y *juntas articuladas*), como el de Cardan, permiten la transmisión del movimiento entre ejes paralelos y, particularmente en los automóviles, entre ejes que forman un ángulo.

Los acoplamientos descritos sirven para la transmisión permanente entre árboles animados de la misma velocidad. Existe otra clase de acoplamientos llamados *conexores* o *embragues**, que permiten suprimir la transmisión a voluntad y restablecerla, aunque los árboles sigan girando y tengan velocidades diferentes. Los hay *de engrane* (la rueda dentada de un árbol arrastra bruscamente la del otro); *centrífugos* (la fuerza centrífuga aplica las zapatas articuladas de un árbol contra las paredes del cilindro hueco en que termina el otro); *de fricción* o *de discos* (ambos ejes tienen platillos terminales correderos que, al ser aplicados uno contra el otro —o contra un platillo intermediario— y tras un corto período de desli-

acoplamiento
(f. c.)

Fot. Larousse

zamiento, permanecen íntimamente unidos) ; *hidráulicos,* (en los cuales los extremos de ambos ejes, provistos de álabes o aletas, se hallan dentro de un cárter lleno de aceite, las aletas del árbol motor proyectan el aceite contra las del árbol arrastrado y, progresivamente, le confieren una velocidad muy próxima de la suya) ; *de polvo* (análogos a los precedentes, pero en los que un polvo metálico grafitado representa el papel del aceite) ; *magnéticos* (en los cuales uno de los árboles, provisto de electroimanes, atrae y arrastra el otro), etc. ‖ *Acoplamiento flexible,* v. TRANSMISIÓN.

— *Radiot.* Cuando las resistencias se acoplan *en serie* (conectando sucesivamente la primera con la segunda, ésta con la tercera, etc.) la resistencia total del circuito es igual a la suma de las resistencias que lo componen. En el acoplamiento *en paralelo,* que consiste en unir un extremo de todas las resistencias a un mismo polo y su otro extremo al polo opuesto, la resistencia que resulta es igual a la de una sola resistencia dividida por el número total de resistencias acopladas.
Acoplamiento de circuitos oscilantes, conexión apropiada de los mismos con objeto de que las oscilaciones de uno de ellos se transmitan al otro.

ACORAZADO, DA adj. *Tecn.* Blindado, protegido con placas metálicas.
— *Electr.* y *Electrón.* Blindado.

ACORAZAR v. Blindar, revestir o proteger con placas metálicas.
— *Electr.* y *Electrón.* Blindar*.

ACORCHADO, DA adj. Fofo o esponjoso como el corcho.
— *Carp.* Dícese de la madera tan fofa y poco consistente que no se puede labrar con las herramientas cortantes.

ACORDADA f. *Geom.* Plantilla* para trazar líneas curvas.
— *Topogr.* Línea geodésica.

ACORDAMIENTO m. Unión o enlace entre dos elementos: *el acordamiento de dos casas lindantes permite pasar de una de ellas a la otra sin salir a la calle; el acordamiento de dos cañerías de desagüe.*
— *Arq.* Unión de un plano con otro por medio de un chaflán. (Sinón. ACUERDO.)
— *Geom.* Unión de dos líneas por una tercera línea curva, de la cual son tangentes.

ACORDAR v. Sincronizar, ajustar una cosa con otra. ‖ Aparear dos elementos adaptando uno de ellos al otro.
— *Arq.* Unir por un chaflán dos superficies diferentemente orientadas.
— *Geom.* Unir dos líneas de dirección diferente por medio de otra línea más o menos tangente a ambas.
— *Pint.* Disponer los colores armoniosamente para que no ofrezcan contrastres antiestéticos.
— *Radiot.* Sintonizar.

ACORDELAR v. *Constr.* Medir el terreno con cordeles: *sólo se acordela cuando no se requiere mucha precisión en las medidas.* ‖ Tender cordeles para alinear calles, muros y otras construcciones

ACORDEÓN m. *Art. y of. De acordeón,* de forma parecida al acordeón o con pliegues semejantes a los del fuelle de este instrumento: *puerta* corrediza de acordeón; tela plegada en acordeón o zigzag.*

ACORDONAR v. *Art. y of.* Ceñir o sujetar con cordones. ‖ Proveer de adornos o molduras en forma de cordón.

ACORTAMIENTO m. *Mec.* Reducción de la longitud de una pieza sometida a una fuerza de compresión: *en el acortamiento elástico la pieza recobra sus dimensiones al cesar la fuerza, mientras que en el acortamiento permanente la reducción es definitiva.*

ACOSTARSE v. Ladearse alguna cosa, inclinarse.
— *Metr.* No coincidir el fiel de la balanza con el punto de equilibrio.

ACOTACIÓN f. *Topogr.* Cota que, en los planos, indica la altura de un punto.

ACOTAR v. *Geom.* y *Topogr.* Indicar las cotas en los dibujos, planos y mapas.

ACOTILLO m. *Metal.* Martillo* pesado para forjar y batir metales.

ACRE m. *Metr.* Medida de superficie inglesa igual a 4 840 yardas* cuadradas y equivalente a 40,4671 áreas: *para convertir las áreas en acres se multiplican por 0,0247.*

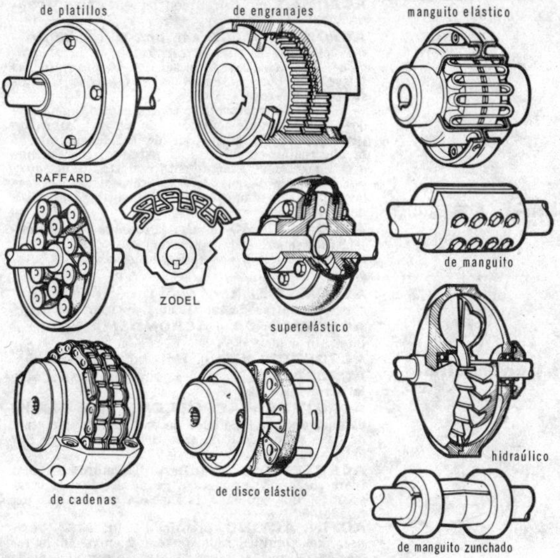

acoplamientos
(mec.)

ACRECENTAMIENTO o **ACRECIMIENTO** m. Aumento que experimenta una masa cuando se le agregan nuevas partículas: *el acrecentamiento del delta de un río por sedimentación.*

ACRECIÓN f. *Miner.* Crecimiento de una concreción por cristalización de nuevas capas en su superficie.

ACREMATITA f. *Miner.* Mineral constituido por una mezcla de mimetita y de wulfenita.

ACRIBAR v. *Art y. of.* Cribar, tamizar.

ACRÍDICO, CA adj. *Quím.* Acridínico.

ACRIDINA f. *Quím.* Base derivada del antraceno y a partir de la cual se obtienen los colorantes acridínicos*.

ACRIDÍNICO, CA adj. *Quím.* Derivado de la acridina. (Sinón. ACRÍDICO.)
— Los *colorantes acridínicos* tienen hermosa fluorescencia azulina. El llamado *anaranjado de acridina,* especialmente utilizado para teñir cueros, es el más importante de todos. También se emplean para teñir tejidos y algunos de ellos gozan de propiedades antisépticas.

ACRÍLICO, CA adj. *Quím.* Dícese de un ácido etilénico obtenido por oxidación de la acroleína.
— Los ésteres del *ácido acrílico,* líquido de olor de vinagre, dan resinas acrílicas, materias plásticas transparentes *(cristal* o *vidrio orgánico)* y fibras artificiales *(orlón),* y su nitrilo entra en la composición de caucho sintético. Todos estos compuestos suelen prepararse a partir del acetileno.

ACRILONITRILO m. *Quím.* Nitrilo acrílico.

ACRISOLAR v. *Metal.* Purificar los metales, especialmente en crisoles, pues en ellos se funden al amparo de cenizas, carbonilla, hollín y otras impurezas propias de los hornos.

ACRISTALADO, DA adj. Provisto de cristales: *la mirilla acristalada permite ver el interior del horno; las cubiertas acristaladas dan mucha claridad a los talleres modernos.*

ACROIDA y **ACROIDE** f. *Gom.* y *Quím.* Resina olorosa segregada por ciertas liliáceas australianas, que entran en la composición de barnices, lacres y jabones de tocador.

ACROL m. *Quím.* Acroleína.

ACROLEÍNA f. *Quím.* Aldehído etilénico, substancia líquida y lacrimógena obtenida a partir de la glicerina o del formol y que, a su vez, permite obtener muchas y muy variadas materias plásticas: *la acroleína sirve también para descubrir la presencia, en el aire, de gases frigoríficos perdidos por las neveras de compresión.*

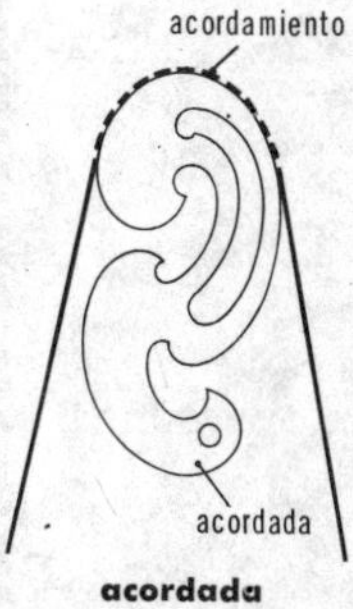

acordada
(geom.)

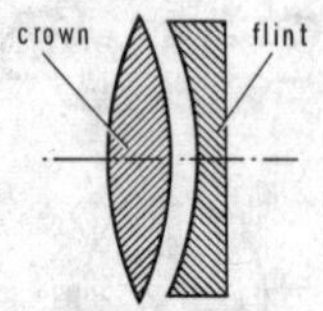

acromatismo

ACROMAT m. *Fot.* Sinón de OBJETIVO ACROMÁTICO*.

ACROMÁTICO, CA adj. *Ópt.* Dícese del sistema óptico en el cual la corrección de la *aberración* cromática* permite ver los objetos sin las irisaciones que presentan en sus bordes con los sistemas no corregidos.
— El *objetivo acromático* consta esencialmente de dos lentes complementarios de cristal diferente (*crown* y *flint*) calculados de tal forma que, a la aberración cromática del primero, corresponde otra aberración, exactamente opuesta, del segundo: la suma de sus defectos respectivos se traduce por una imagen prácticamente desprovista de aberración.

ACROMATISMO m. *Ópt.* Propiedad de los objetivos y otros sistemas acromáticos: *el acromatismo es una cualidad indispensable para la fotografía en color.*

ACROMATIZAR v. *Ópt.* Corregir la *aberración* cromática* de un sistema óptico.

ACRÓMICO, CA o **ACROMO, MA** adj. Incoloro, sin color.

ACROPODIO m. *Arq.* Pedestal de una estatua.

ACROSA f. *Quím.* Azúcar sintético derivado de la acroleína.

ACROTERA o **ACRÓTERA** f. *Arq.* Pedestal dispuesto sobre el vértice de un frontón, que sirve de base a una estatua, vaso u otro adorno. ‖ Por ext., acroterio.

ACROTERIO m. *Arq.* Parte del muro, sea cual fuere su forma, provista o no de estatuas u otros adornos, que prolonga la fachada por encima del tejado.

ACTIN, ACTINO, prebijo, del gr. *aktis, aktinos,* que significa *rayo de luz,* y entra en la for mación de muchas voces científicas con el sentido de *luz* o *rayo luminoso.*

ACTÍNICO, CA adj. *Fís.* y *Quím.* Aplícase a las radiaciones que ejercen alguna acción química sobre los cuerpos, también llamadas, por dicha razón, *radiaciones químicas.* ‖ Fotoquímico (cuando se aplica a los rayos luminosos).

ACTÍNIDOS m. pl. *Quím.* Grupo formado por los elementos análogos al actinio por sus propiedades químicas y que son, además de éste, el torio, el protactinio, el uranio y todos los transuránicos. (V. tabla ELEMENTOS.)

ACTINÍMETRO m. *Fís.* Actinómetro que mide la intensidad de las radiaciones por sus efectos químicos sobre substancias apropiadas.

ACTINIO m. *Quím.* Elemento de número atómico 89.
— El *actinio* (símbolo Ac) fue descubierto en 1899, en los minerales de uranio, por Debierne. Se conocen dos isótopos naturales del mismo: ^{227}Ac y ^{228}Ac, ambos radiactivos —pues emiten partículas *alfa* y *beta,* así como rayos *gamma*—, cuyos períodos * son respectivamente de 27,7 años y 6,13 horas. También se obtienen experimentalmente otros isótopos que carecen de importancia práctica. La temperatura de fusión del actinio impuro es de unos 1 050°. ‖ *Serie del actinio,* sucesión de radioelementos en los que se transforma el uranio 235 antes de convertirse, por radiactividad, en plomo 207 estable. (V. tabla RADIACTIVIDAD.)

ACTINISMO m. *Fís.* y *Quím.* Propiedad que tienen ciertas radiaciones de ser actínicas: *los rayos ultraviolados, por su intenso actinismo, pigmentan la piel.*

ACTINÓGRAFO m. *Fís.* Actinómetro registrador.

ACTINOGRAMA m. *Fís.* Gráfico obtenido con un actinómetro registrador.

ACTINOMETRÍA f. *Fís.* y *Metr.* Medida de la intensidad de las radiaciones en general y de las radiaciones solares en particular.
— La *actinometría* tiene una importancia grandísima, puesto que las radiaciones solares condicionan, no solamente el clima, sino también el desenvolvimiento de la vida animal y vegetal y que sus variaciones son transcendentes en meteorología, biología, agricultura y otras ciencias. Los principales instrumentos utilizados en actinometría son los siguientes: *actinómetro, fotómetro, piranómetro* o *solarímetro, pirgeómetro, pirheliógrafo* y *pirheliómetro.*

ACTINÓMETRO m. *Fís.* y *Metr.* Instrumento para medir la intensidad de las radiaciones, especialmente las del espectro solar.
— Los *actinómetros* tienen una cámara esférica de negro de humo (*cámara negra*) provista de un orificio pequeño que da paso a la luz. Los rayos luminosos son absorbidos por el negro de humo, que transforma su energía en calor. Dada la superficie del orificio y el aumento de temperatura experimentado por la cámara, se conoce la intensidad de la energía radiante del sol por centímetro cuadrado y por minuto.
— *Fot.* Nombre dado a ciertos fotómetros.

ACTINÓN m. *Quím.* Isótopo radiactivo del radón, de masa 219 y de símbolo An.
— El *actinón* es una emanación* que resulta de la desintegración natural del actinio. Emite partículas *alfa* y rayos *gamma* y su período es de 3,92 segundos.

ACTINOTROPISMO m. *Bot.* y *Fís.* Fenómeno en virtud del cual las plantas, sometidas lateralmente a la influencia de alguna radiación, inclinan su tallo en dirección de la misma, de la cual se alejan, por el contrario, las raíces (se llama *fototropismo* cuando la radiación es luminosa).

ACTINOURANIO m. *Quím.* Nombre dado al isótopo del uranio de número atómico 92 y número de masa 235, que es el primer radioelemento de la *serie del actinio* (símbolo Ac U).

ACTIVABLE adj. Que puede ser activado.
— *Atom.* Que se le puede conferir radiactividad: *el cobalto es una de las materias activables usadas para elaborar radioelementos artificiales.*

ACTIVACIÓN f. Acción de activar algún proceso físico o químico: *la activación del ergosterol por los rayos ultraviolados de la luz lo enriquece en vitaminas antirraquíticas.*
— *Atom.* Acción de conferir propiedades radiactivas a un cuerpo estable, generalmente por irradiación del mismo por los neutrones en el seno de un reactor nuclear.
— *Constr.* Adición a los morteros de una substancia apropiada para mejorar su adherencia.

ACTIVADOR m. Nombre dado a las substancias o partículas que sirven para activar.
— *Gom.* Substancia que, como el óxido de cinc y la magnesia, tiene la propiedad de reducir el tiempo necesario para vulcanizar el caucho.
— *Lumin.* Impureza que se agrega a una substancia luminiscente para que dé más luz. (V. ELECTROLUMINISCENCIA.)
— *Min.* Substancia que aumenta la flotabilidad de las partículas de mineral en el procedimiento de lavado o concentración por flotación *.
— *Quím.* Cuerpo que se agrega a un catalizador para aumentar su actividad. (Sinón. ADYUVANTE.)

ACTIVAR v. *Fís.* y *Quím.* Acelerar algún proceso físico o químico: *activar una combustión soplando aire.* ‖ Dar actividad a lo que no la tenía o aumentar la actividad intrínseca: *el carbón activado o negro animal absorbe los vapores de benzol.* ‖ Irradiar algo con neutrones para conferirle radiactividad: *el fósforo activado en un reactor nuclear se convierte en radiofósforo.*

ACTIVIDAD f. Propiedad que tienen ciertas substancias y radiaciones de obrar unas sobre otras.
— *Atom. Actividad alfa, beta* o *gamma,* v. RADIACTIVIDAD.
— *Fís.* y *Quím. Actividad óptica,* propiedad de los cuerpos que hacen girar el plano de polarización * de la luz que los atraviesa.

ACTIVO, VA adj. Que tiene u obra con energía. ‖ En estado de ejercer alguna acción física o química: *carbón activo.*
— *Atom.* Radiactivo. ‖ Físil.
— *Electr. Corriente activa,* v. CORRIENTE. ‖ *Potencia activa,* v. POTENCIA.
— *Ópt.* Dícese de la substancia que, al ser atravesada por la luz, hace girar el plano de polarización de la misma: *los cuerpos activos pueden ser dosificados con el polarímetro.*
— *Quím.* Dícese de ciertos metales cuando se les ha conferido la forma más apropiada para obtener su máxima eficacia como catalizadores. Son activos el hierro esponjoso, el níquel reducido, la espuma de platino, etc.

ACTUAL adj. *Geol.* Dícese de las capas sedimentarias y accidentes del relieve que se han formado durante los tiempos históricos, y, en general, de todos los fenómenos geológicos acaecidos en este período.

Ac U, símbolo químico del *actinouranio*.

ACUA, ACUI, ACUO, prefijo derivado del latín *aqua* que entra en la composición de muchas palabras con el significado de *agua*.

ACUARELA f. *Art. gráf. Tinta acuarela,* v. TINTA.

— *Pint.* Mezcla de pigmentos finos y de goma que, disuelta en agua, da una pintura transparente: *los colorantes de acuarela no deben confundirse con los de aguada que, por emplear pigmentos espesos, dan pinturas opacas.*

ACUARIO m. Depósito de cristal o con un lado acristalado, en el cual se conservan vivos animales y plantas acuáticos.

— Toda la técnica del *acuario* estriba en crear su equilibrio biológico: las plantas, en cantidad requerida, absorben el gas carbónico que eliminan los peces y ceden al agua el oxígeno que éstos necesitan para respirar; los detritos más finos penetrarán en el fondo de tierra arcillosa y de arena y cederán sus principios nutritivos a las raíces de los vegetales.
No solamente no se ha de cambiar el agua, sino que ésta se vuelve mejor con el tiempo. Ni siquiera es necesario airearla si se tiene el cuidado de eliminar las inmundicias y si la vegetación es suficiente y goza de buena iluminación.

calentador termostático de acuari

Muchos peces tropicales no toleran los cambios de temperatura, pero es fácil obtener la estabilidad térmica con un calentador de agua provisto de termóstato.

ACUASTATO m. *Calef.* Termóstato especial para regular la temperatura del agua en una instalación de calefacción central.

ACUATUBULAR adj. Acuotubular.

ACUEDUCTO m. *Obr. públ.* Canal o conducto para llevar agua de un sitio a otro y que puede ser subterráneo o construido al aire libre, en cuyo caso salva las depresiones profundas del terreno sobre puentes especiales. ‖ Nombre dado a estos puentes.

ACUERDO m. *Arq.* Enlace de dos líneas o de dos superficies mediante una tercera línea curva o una superficie alabeada, respectivamente. ‖ Moldura que sirve para disimular la junta de dos superficies que no se hallan alineadas en un mismo plano.

ACUESTO m. *Arq.* Inclinación del muro u otra construcción que se desvía de la vertical: *el acuesto de la torre de Pisa.*

ACUICULTURA f. Arte de multiplicar animales y plantas acuáticos.

— *Agr.* Cultivo de plantas sin necesidad de suelo.

— Las semillas se siembran en la arena contenida en unos cajones metálicos que tienen el fondo perforado. Periódicamente se sumergen estos bastidores en un tanque lleno de solución fertilizante (disolución de abonos en agua). Las raíces se nutren con la humedad aprisionada entre los granos de arena y la planta crece y fructifica en buenas condiciones. Esta técnica, también llamada *hidropónica,* permite disponer de verduras y fruta en lugares donde su cultivo por los métodos normales es imposible (desierto, regiones polares, etc.) con tal de que la iluminación natural o artificial de las plantas sea suficiente.

ACUIDAD f. Agudeza, calidad de lo que es agudo.

— *Ópt. Acuidad visual,* agudeza * visual.

ACUÍFERO, RA adj. Que contiene agua o que sirve para llevarla.

— *Hidr. Capa acuífera* o *estrato acuífero,* terreno impregnado de aguas subterráneas y situado

acueducto

encima de una capa impermeable y generalmente cóncava (salvo si se trata de aguas corrientes). Cabe distinguir las *capas freáticas, superficiales* o *libres* —que no están separadas del suelo superficial por ningún estrato impermeable— de las *capas cautivas* o *profundas,* situadas éstas entre dos estratos impermeables y a las cuales se deben los pozos artesianos.

ACUMETRÍA f. *Fís.* Audiometría.

ACÚMETRO m. *Fís.* y *Metr.* Audiómetro.

ACUMULACIÓN f. *Tecn.* Acción de acumular o de acopiar la energía para restituirla o suministrarla posteriormente con arreglo a las necesidades del momento: *el embalse del agua en una presa es una acumulación de energía hidroeléctrica.* (V. ACUMULADOR.)

— *Calef.* y *Electr. Calefacción* o *caldeo por acumulación,* sistema de calefacción doméstica que consiste en calentar por la noche una masa importante, sólida o líquida, y en utilizar durante el día las calorías así conservadas en el *acumulador de calor.* (Este procedimiento requiere el uso de un contador especial y está previsto para los países donde la electricidad es cara. Ésta suele facturarse con un descuento importante si se utiliza fuera de las horas de mucho consumo. Los *calientabaños* y *termosifones de acumulación* se distinguen de sus similares ordinarios por calentar el agua lenta y continuamente, independientemente del consumo que de ella se hace.) ‖ *Central de acumulación,* v. CENTRAL *eléctrica.*

— *Radiot. Aparato receptor de acumulación,* superheterodino.

ACUMULADOR m. Aparato o instalación apropiada para acumular energía con objeto de cederla ulteriormente con arreglo a las necesidades del momento: *los gasómetros son acumuladores de gas.*

— *Calef.* Los *acumuladores de calor* consisten en una masa sólida (hierro colado, ladrillos refractarios, etc.) o líquida (depósito de agua), rodeados de algún aislante térmico, que se calienta en horas de consumo reducido o nulo y que cede sus calorías cuando el consumo rebasa la producción calorífica o cuando ésta se interrumpe accidentalmente o por razones económicas. (V. ACUMULACIÓN.) Así, utilizando el calor de una pequeña resistencia eléctrica durante un tiempo

acuicultura

Fot. Larousse, Pref. Sena, C. C. A.

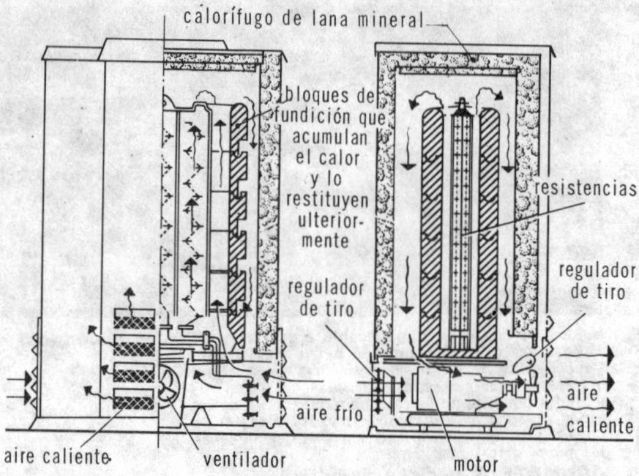

acumulador de calor

suficiente, se puede disponer instantáneamente de agua caliente para llenar una bañera, y, calentando por la noche un *acumulador de calor* o *estufa de acumulación* eléctrica, se asegura la calefacción de una habitación durante toda la jornada. (V. más abajo *Acumulador de vapor,* en *Mec.*)

— *Electr.* El *acumulador eléctrico* puede ser considerado como una pila reversible, o sea capaz de recargarse un número indefinido de veces por un fenómeno contrario al de la descarga.

Hasta ahora el tipo de uso más generalizado, sobre todo en los automóviles, es el *acumulador de plomo,* cuyo funcionamiento se explica esquemáticamente en la figura. Cada uno de sus elementos consiste en dos placas de plomo que bañan en una solución de ácido sulfúrico de densidad comprendida entre 24 y 28° Baumé. Cuando estas placas se conectan con los dos polos de un manantial de corriente continua, la placa positiva absorbe oxígeno y se forma en ella peróxido de plomo, mientras que la negativa recibe hidrógeno que elimina el oxígeno por reducción, quedando solamente plomo esponjoso. Cuando el oxígeno y el hidrógeno suben a la superficie del líquido en forma de burbujas, es señal de que el acumulador está ya cargado. Al conectar una bombilla, motor o cualquier aparato eléctrico con los polos del acumulador, éste se descarga: tanto la placa positiva como la negativa transforman su peróxido y su plomo esponjoso en sulfato y, al tener ambas el mismo revestimiento químico, no existe ningún cambio de corriente entre ellas.

acumuladores
(electr.)
1. De plomo; 2. De electrólito solidificado; 3. Alcalino

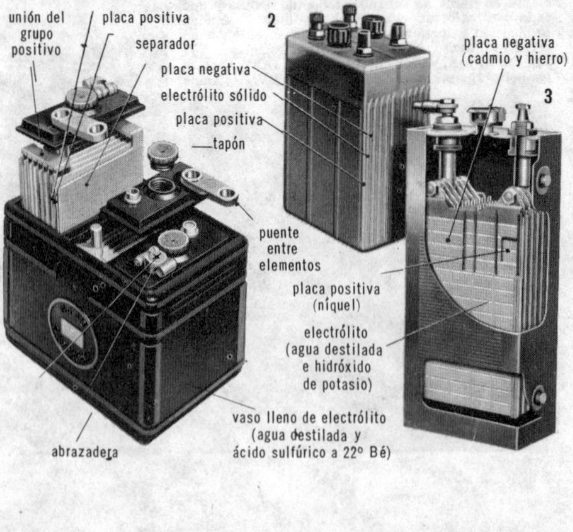

Una nueva carga rompe el equilibrio, como ya se ha indicado, y el acumulador se halla de nuevo en condiciones de suministrar energía.

Un acumulador simple da una corriente de dos voltios y tiene una capacidad de unos 30 Ah (amperios/hora) por kilogramo de peso. La corriente restituida representa 90 % de los amperios cargados, pero prácticamente la corriente utilizable sólo representa de 60 a 70 % de la energía gastada en cargarlo. Se utilizan los acumuladores acoplados en *baterías* de varios elementos. Para automóviles se usan baterías de tres (6 voltios) o seis (12 voltios) elementos montados en serie.

En los *acumuladores alcalinos* o *de ferroníquel,* las placas positivas son de níquel y las negativas de cadmio y hierro, mientras que el electrólito es una solución de potasa. Son estos acumuladores mucho menos pesados y voluminosos que los de plomo y requieren pocos cuidados. Cargan 45 Ah por kilogramo de peso, pero su tensión es solamente de 1,25 voltios por elemento.

En otros acumuladores alcalinos el electrodo positivo es de plata pulverulenta y el negativo de cinc. La tensión de los elementos es de 1,5 voltios y la energía recuperable es dos o tres veces superior a la que dan los acumuladores de plomo.

— *Mec. Acumulador neumático* o *de aire comprimido,* depósito resistente en el que se comprime aire a presiones bastante grandes, con objeto de utilizar ulteriormente su presión para hacer funcionar motores y herramientas.

Acumulador hidráulico, depósito reforzado, a modo de cilindro cerrado herméticamente por un émbolo muy pesado. El depósito se llena lentamente de agua con una bomba apropiada. La energía así acumulada en forma de agua bajo presión puede ser utilizada para mover una prensa de forjar, abrir y cerrar la puerta de una es-

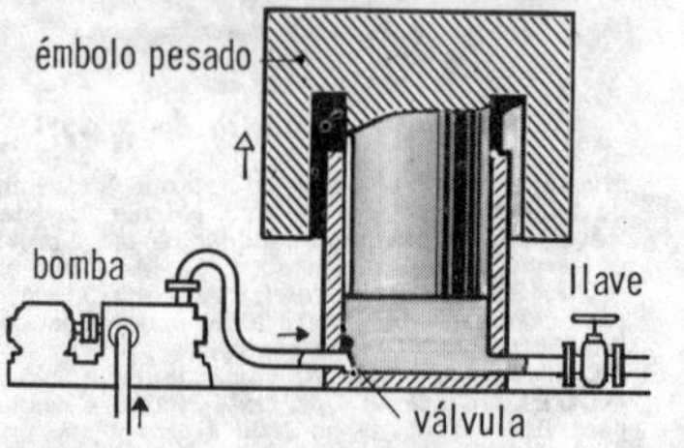

clusa, elevar un ascensor hidráulico, etc. Los embalses constituyen otra forma de acumulador hidráulico y suministran sobre todo energía hidroeléctrica.

Acumulador de energía mecánica, las pesas (utilizadas en los relojes antiguos y todavía en algunos faros), los resortes de dar cuerda y los volantes lanzados a gran velocidad, que permiten acumular energía en pequeñas cantidades.

Acumulador de vapor, depósito que sirve para regular el suministro de vapor a las turbinas y otras máquinas térmicas. Consiste en un depósito casi lleno de agua que comunica con las calderas y con las turbinas. En funcionamiento normal, el vapor producido en exceso por la caldera se escapa por la válvula y pasa al acumulador, donde se mezcla con el agua y aumenta la temperatura y la presión. Si la turbina ha de suministrar momentáneamente un esfuerzo suplementario, se abre una válvula del acumulador y éste le cede automáticamente un complemento de vapor (puesto que baja la presión en el depósito y que entonces hierve el agua). [V. EBULLICIÓN.] Inversamente, si se reduce el trabajo de la turbina, el vapor excedentario pasa al acumulador. Éste también puede, en caso de avería de un caldera, asegurar el funcionamiento de la turbina durante los breves instantes necesarios para poner en marcha la caldera de socorro.

— *Min.* Coladero.

— *Ofic.* Órgano que, en las máquinas de calcular perfeccionadas, permite conservar ciertos resultados parciales hasta el momento en que intervendrán en los cálculos efectuados ulteriormente.

— *Petr.* Depósito en el que se acumula, bajo presión, alguno de los productos que resultan de la destilación fraccionada del petróleo.

Fot. Tudor

ACUÑADOR, RA adj. Que acuña o sirve para acuñar. ‖ Prensa de acuñar monedas y medallas.
ACUÑAR v. *Art. gráf.* Cerrar o sujetar la forma* apretando las cuñas.
— *Mec.* Fijar o asentar con cuñas: *acuñar un cubo de rueda con chavetas.*
— *Metal.* Estampar medallas y fabricar monedas * con matrices y troqueles.
ACUOSO, SA adj. Que contiene agua: *vapor acuoso.*
— *Meteor. Meteoro acuoso,* hidrometeoro.
— *Quím.* Dícese de la disolución para la cual se ha utilizado el agua como solvente: *las lejías suelen ser soluciones acuosas de sosa y de potasa.*
ACUOTUBULAR adj. *Mec. Caldera acuotubular.* (V. CALDERA.)
ACUSAR v. *Arq.* Hacer resaltar con molduras o por cualquier otro medio algún detalle o elemento de una construcción.
ACÚSTICA f. *Fís.* Ciencia relativa a la producción, transmisión y recepción de sonidos. ‖ *Intensidad, potencia, presión acústica,* v. SONIDO.
— *Arq.* La *acústica arquitectónica* estudia y aplica las técnicas más indicadas para facilitar la propagación de los sonidos sin ecos ni distorsiones (acústica de las salas de espectáculos y de conciertos) o, por el contrario, para evitar la transmisión de los ruidos (insonorización * de los locales).
ACÚSTICO, CA adj. *Fís.* Relativo o perteneciente a la acústica. ‖ *Tubo acústico,* tubo que sirve para hablar o transmitir señales sonoras (producidas por un silbato) entre dos lugares apartados; por ej., entre el puente de un barco y la sala de máquinas. ‖ *Prótesis acústica,* v. PRÓTESIS. ‖ *Aislamiento acústico,* v. INSONORIZACIÓN.
ACUT, prefijo derivado del gr. *acutus,* puntiagudo, y que entra en la composición de muchas palabras a las cuales confiere dicho sentido.
ACUTANGULAR adj. *Geom.* Que forma un ángulo agudo.
ACUTÁNGULO m. *Geom.* Dícese del triángulo cuyos tres ángulos son agudos: *un triángulo isósceles siempre es acutángulo.*
ACUTÓMETRO m. *Fís.* Audiómetro.
ACHAFLANAR v. *Arq.* y *Art y of.* Biselar, cortar o construir un canto en forma de bisel o de chaflán: *las esquinas achaflanadas facilitan la visibilidad en los cruces de las calles; matar los cantos de una tuerca con la fresadora de achaflanar.*
ACHAGRINAR v. *Curt.* Curtir a imitación o semejanza del chagrén.
ACHAROLAR v. *Curt.* Charolar.
ACHATAMIENTO m. *Astr.* Acortamiento del diámetro polar de un astro respecto a su diámetro ecuatorial.
— El *achatamiento* del globo terrestre, medido con satélites artificiales, resulta ser de 1/298,37. El diámetro ecuatorial es, pues, 42,751 km más largo que el diámetro polar. (El achatamiento de los demás planetas se indica en los artículos correspondientes.)
ACHICADOR, RA adj. y s. Que achica o sirve para achicar: *bomba achicadora.*
— *Mar.* Utensilio en forma de pala para achicar el fondo de las embarcaciones pequeñas.
— *Méc.* Máquina de achicar. ‖ *Achicadora holandesa,* rosca * holandesa.
ACHICADURA f. y **ACHICAMIENTO** m. Achique.
ACHICAR v. Desaguar, agotar el agua que se acumula en las minas, barcos, zanjas y otros sitios: *las principales máquinas de achicar son las bombas, las roscas, las ruedas de paleta y las norias.*
ACHICHICLE m. *Geol. Amer.* Estalactita.
ACHIFLONADO, DA adj. *Min. Amer.* Aplícase a los piques que tienen inclinación.
ACHIOTE m. *Bot.* Bija*. (Tb. se dice *achote.*)
ACHIQUE m. Desagüe, acción de achicar lo que está inundado por el agua: *una bomba de achique.*
ACHIRITA f. *Miner.* Variedad de dioptasa.
ACHOTAR v. *Text. Amer.* Teñir con bija*, achote o achiote.
ACHOTE m. *Bot.* Bija*. (Tb. se dice *achiote.*)
ACHUBASCARSE v. *Mar.* y *Meteor.* Ponerse la atmósfera borrascosa cubriéndose el cielo de nubarrones de los que dan chubascos.

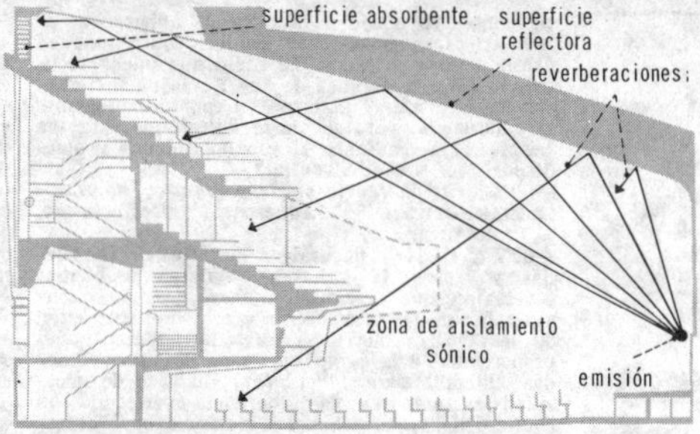

acústica de una sala de espectáculos

ADALA f. *Mar.* Otro nombre que se da a la *dala.*
ADAMANTINO, NA adj. *Miner.* Aplícase a los minerales que tienen el brillo del diamante.
ADAMASCAR v. *Text.* Fabricar una tela con textura o aspecto de damasco.
ADAMASCO m. *Text.* Damasco.
ADAPTACIÓN f. Acción de adaptar una cosa a otra o de adaptarse un órgano a las condiciones del medio ambiente.
— *Ópt. Adaptación visual,* acomodación * visual.
ADAPTADOR, RA adj. Que adapta o permite adaptar una cosa a otra. ‖ — M. Dispositivo o aparato que, acoplado a otro, permite extender su uso en aplicaciones para las cuales no había sido previsto, como las tomas de corriente que se fijan en un portalámparas, los dispositivos que posibilitan la utilización en un aparato fotográfico de placas, de las emulsiones en carretes, etc.
— *Lumin.* Especie de reflector de vidrio opal, en forma de copa, que sirve para distribuir racionalmente la luz en ciertas lámparas de mesa y de pie.
ADAPTAR v. Aplicar una cosa a otra de modo que ajusten ambas y formen un todo: *adaptar un grifo a un caño.* ‖ Modificar una cosa para que pueda servir o funcionar en condiciones diferentes de aquellas para las cuales había sido prevista: *adaptar un receptor ordinario para que capte las ondas cortas.* ‖ Aclimatar.
ADARAJA f. *Constr.* Cada uno de los dientes o partes salientes de sillares, ladrillos u otros materiales que se dejan lateralmente en un muro para prolongarlo ulteriormente sin que aparezca ninguna discontinuidad estructural.
ADARCE m. *Quím.* Costra o concreción formada sobre cualquier objeto mojado por el agua del mar o por aguas minerales ricas en sales calizas.
ADAZAL m. *Text.* Soga fina, hilo de esparto.
ADELANTADOR m. *Electr.* y *Mec.* Dispositivo que sirve para adelantar un mecanismo o un fenómeno eléctrico: *un adelantador de fase.*
ADELANTAR v. *Mec.* Funcionar con demasiada rapidez algún mecanismo de relojería: *un buen cronómetro no adelanta ni retrasa.* ‖ Poner en hora el reloj que se ha retrasado, o regularlo para que indique la hora con cierta anticipación.
ADEME m. *Min.* Estemple *, puntal para entibar.
ADENTELLAR v. *Art. gráf.* Morder con agua fuerte.
— *Constr.* Dejar dientes o adarajas en un muro para que sirvan de enlace con otra pared que se construya ulteriormente.
ADEREZADOR m. *Carp.* Otro nombre de la garlopa llamada *juntera**.
ADEREZAR v. *Art. y of.* Remendar, reparar o restaurar alguna cosa.
— *Text.* Aprestar los tejidos.
ADHERENCIA f. Cualidad del cuerpo que puede permanecer íntimamente pegado con otro, como el agua al objeto mojado con ella y la correa a sus poleas. ‖ Cualidad de los vehículos cuyas ruedas no patinan sobre el suelo, los rieles, cables u otros soportes.
— *Autom.* La *adherencia* resulta de las acciones entre las fuerzas de contacto, pero depende de muchos otros factores como son el peso sorportado por las ruedas motrices, la rugosidad, dureza y humedad del suelo y de las ruedas, etc. Muchos

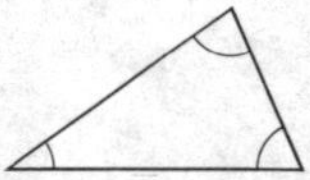
acutángulo

achicador

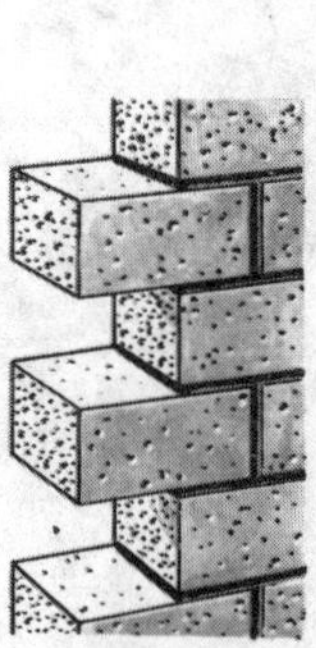
adarajas

accidentes se deben a la falta de adherencia de neumáticos excesivamente usados, sobre todo en firmes lisos y mojados. El hielo que puede recubrir la calzada después de una lluvia de invierno, así como la nieve, disminuyen considerablemente la adherencia, pero se puede lograr que ésta sea satisfactoria mediante el uso de cadenas y otros dispositivos *antideslizantes* *.
— *Electr. Adherencia electromagnética*, v. ELECTROMAGNETISMO. || *Adherencia electrostática*, v. ELECTRICIDAD.
— *F. c.* Dada la naturaleza metálica de las ruedas y rieles, la *adherencia* platea problemas especiales, que se resuelven merced al peso considerable de las locomotoras y a la multiplicación de las ruedas motrices (pues la adherencia es proporcional a la carga soportada por dichas ruedas, llamada *peso adherente*). En caso de necesidad se aumenta la alherencia vertiendo un chorrito de arena sobre los rieles, a cuyo objeto se utiliza un *arenero* de que van provistas las locomotoras. Cuando la pendiente es excesiva, los *ferrocarriles de adherencia* son reemplazados por los *de cremallera* o por los *funiculares*.
— *Fís. La adherencia* o *adhesión* es la fuerza que se opone a la separación de dos cuerpos puestos en contacto íntimo y se debe a la atracción mutua de las moléculas. Cuando se trata de dos cuerpos sólidos, aumenta con el pulido y las dimensiones de la superficie de contacto. (V. tb ROZAMIENTO.)
— *Magn.* La adherencia de los imanes se debe al magnetismo.

ADHERENTE adj. *F. c. Peso adherente*, v. ADHERENCIA.

ADHESIVO adj. y s. Dícese del cuerpo que, aplicado fuertemente contra otro, permanece unido al mismo.
— *Fot.* Papel cebolla plastificado por ambas caras que, interpuesto entre una fotografía y su soporte, permite colarlos en seco en una prensa caliente que funde la materia plástica.
— *Gom.* Dícese del papel, tela o cualquier otra materia flexible con una de sus caras cubierta por una substancia pegajosa que le permite adherirse a una superficie lisa sin necesidad de ser mojada: *la cinta aislante es un adhesivo*.

ADHESIÓN f. Adherencia.

ADHESIVIDAD f. Cualidad de los cuerpos adhesivos y de todo cuanto tiene adherencia.

ADIABÁTICO, CA adj. *Fís.* y *Meteor.* Impenetrable al calor o que se opone a su transmisión. || Aplícase a los fenómenos que se desarrollan en un sistema termodinámico sin ninguna transmisión de calor.
— Un gas, al dilatarse adiabáticamente, se enfría, pues la cantidad de calor que contiene se reparte en un volumen mayor; por el contrario, la *compresión adiabática* de dicho gas tiene por efecto un aumento de su temperatura. Si se cuenta en ordenada la presión del gas y en abscisa el volumen que ocupa, y se parte del principio de que

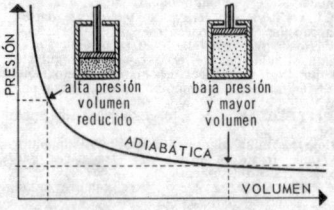

dicho gas no recibe ni cede ningún calor exterior al sistema, se obtiene un punto representativo. Haciendo cambiar progresivamente la presión se logrará una sucesión de puntos, o sea una *curva adiabática característica*. Estas curvas representan importante papel en termodinámica *.

ADIABATISMO m. *Fís.* Estado de un sistema termodinámico que no recibe ni cede ninguna cantidad de calor.

ADICIDAD f. *Quím.* Valencia.

ADICIÓN f. Acción de agregar una cosa a otra: *la pintura espesa se aclara mediante adición de aceite de linaza y aguarrás.*
— *Mat.* Operación aritmética, también llamada *suma*, que tiene por objeto reunir en un solo número todas las unidades o fracciones contenidas en varios otros números llamados *sumandos*.
— *Petr. Producto de adición*, aditivo.
— *Quím. Compuesto de adición*, compuesto formado por la combinación de dos o más moléculas, una de las cuales es orgánica: *el cloruro de etileno* ($C_2H_4Cl_2$) *es un compuesto de adición del etileno* (C_2H_4) *y del cloro* (Cl_2).

ADICIONAL adj. Aplícase a lo que se añade o adiciona: *el papel se fabrica con celulosa y materias adicionales*.
— *Acúst. Sonido adicional*, v. SONIDO.

ADICIONAR v. Agregar, añadir.
— *Mat.* Sumar, efectuar adiciones.

ADICIONADORA f. *Mat.* Otro nombre de la *sumadora* o *máquina de sumar*. (V. CALCULAR.)

ADINTELADO, DA adj. *Arq.* Aplícase a la arquitectura que se funda en el uso del dintel y de columnas o pies derechos: *el arco * adintelado está constituido por líneas rectas*.

ADINTELAR v. *Arq.* Poner los dinteles de los arcos u otras aberturas. || Construir a semejanza del arco a base de rectas llamado *arco * adintelado*.

ADIP, ADIPO, prefijo de origen latino que significa *grasa* y entra en la composición de muchas voces de medicina y química.

ADÍPICO adj. *Quím.* Diácido obtenido por oxidación del ciclohexanol o por síntesis a partir del acetileno: *la condensación del ácido adípico en presencia de hexametilenodiamina da Nylon*.

ADIPÍNICO adj. *Quím.* Adípico.

ADIPOCERITA f. *Miner.* Cera fósil del país de Gales, también llamada *sebo mineral*.

ADIPOSO, SA adj. *Quím.* Graso, constituido de materias grasas o rico en ellas: *con los tejidos adiposos de las reses se elaboran jabones*.

ADIPONITRILO m. *Quím.* Uno de los productos intermediarios de la fabricación del Nylon a partir del ciclohexano o del butadieno. (Sinón. DINITRILO ADÍPICO.)

ADITAMENTO o **ADITAMIENTO** m. Añadidura, adición.

ADITIVO, VA adj. *Fot. Procedimiento aditivo* o *síntesis aditiva*, v. COLOR.
— *Mat.* Cantidad que puede o debe agregarse a otra. || *Segmentos aditivos*, v. SEGMENTO.
— *Petr.* M. Nombre dado a diversas substancias que se agregan a la gasolina, el aceite lubricante, etc., con objeto de mejorar sus cualidades: *el tetraetilato de plomo es un aditivo que hace la gasolina antidetonante*.

ADJETIVO, VA adj. *Text.* Dícese de los colores que solamente pueden ser fijados a una tela en presencia de otras substancias llamadas *mordientes*.

ADMISIÓN f. Entrada de un fluido en un cilindro.
— *Autom.* En el motor de explosión, nombre dado al primer tiempo, durante el cual el émbolo aspira en el cilindro la mezcla carburante procedente del carburador. (V. MOTOR.)
— *Mec.* Orificio graduable por el que penetra el vapor en el cilindro: *el maquinista puede graduar en marcha la admisión de las locomotoras*.

ADMISOR, RA adj. *Mec.* Relativo o perteneciente a la admisión: *válvula admisora*.

ADMITANCIA f. *Electr.* Relación entre la intensidad y la tensión de una corriente alterna, que se obtiene dividiendo la primera por la segunda y que caracteriza la facilidad con que dicha corriente atraviesa el conductor o circuito: *la admitancia, que se expresa en mho o siemens, es lo contrario de la impedancia*.

A.D.N., abrev. de *ácido desoxiribonucléico* *

ADOBAR v. Aderezar, componer o preparar algo para que se conserve.
— *Curt.* Curtir las pieles.

ADOBE m. *Cerám.* Ladrillo tosco y poco resistente, que se obtiene secando al sol la arcilla amasada con paja para conferirle mayor solidez.

ADOBERA f. *Cerám.* Molde para hacer adobes. || Adobería.

ADOBERÍA f. *Cerám.* Tajo o lugar donde se hacen adobes.
— *Curt.* Tenería.

ADOBÓN m. *Cerám. Amer.* Adobe grande y, por ext., ladrillo de 33 × 16 cm.
— *Constr.* y *Mar.* Emplenta.

ADOCENAR v. Agrupar o separar alguna cosa por docenas: *adocenar los paquetes para embalarlos.*
ADONIS, asteroide muy pequeño (unos tres km) notable por la excentricidad de su órbita, pues llega tan cerca del Sol como el planeta Mercurio: *en 1936 Adonis pasó a dos millones de km de la Tierra.*
ADOQUÍN m. *Constr.* Piedra labrada groseramente, en forma de paralelepípedo, que se usa para pavimentar las calles. ‖ Tarugo de madera o bloque de escorias utilizado con el mismo fin.
ADOQUINADO m. *Obr. públ.* Acción de adoquinar. ‖ Pavimento hecho con adoquines.
— Los adoquines se disponen sobre una *capa de asiento,* que puede ser de grava apisonada o de hormigón. Las *hiladas* se apisonan para enrasarlas y luego se rellenan las juntas o llagas con arena, mortero o asfalto. Se considera que un *adoquinado de madera* dura 10 años, y uno *de piedra* bien realizado más de 25 años. Los *adoquinados de caucho, planchas de acero, emparrillado metálico* y otros no se usan sino en raras ocasiones y en calzadas poco extensas. (V. FIRME.)
ADOQUINAR v. *Obr. públ.* Pavimentar con adoquines.
ADOSAR v. Apoyar o arrimar una cosa sobre otra por su parte posterior.
ADOVELADO, DA adj. *Art. y of.* Dícese de lo que está hecho con dovelas.
ADRAGANTE adj. *Gom. Goma adragante,* tragacanto.
ADRAL m. Varillaje lateral de los carros, que sirve para contener la carga.
ADRIZADO m. *Mar.* Conjunto de drizas de un barco.
ADRIZAR v. *Mar.* Poner derecho o vertical, o sea enderezar: *adrizar un puntal.*
ADSORBENTE m. *Fís.* Cuerpo en el cual se efectúa la adsorción: *el carbón en polvo y la tierra de infusorios o trípoli son usados como adsorbentes.*
ADSORBER v. *Fís.* Concentrar un cuerpo sólido en su superficie las substancias disueltas en otro líquido: *el carbón de leña pulverizado adsorbe toda la materia colorante de una solución de fucsina.* (V. ADSORCIÓN.)
ADSORCIÓN f. *Fís.* Retención, adhesión o concentración en la superficie de un sólido de substancias disueltas o dispersas en un fluido.
— Por lo general, cuando un sólido se halla en contacto con una disolución, la substancia disuelta tiende a concentrarse en la superficie de contacto. Lo mismo ocurre con los gases que llevan alguna substancia en suspensión.
Este fenómeno se explota en muchas aplicaciones industriales: la separación del alquitrán de los gases se efectúa por adsorción y las tierras adsorbentes se usan en las refinerías para purificar aceites, gasolina y otros productos derivados del petróleo.
ADUCCIÓN f. *Obr. públ.* Traída de aguas.
ADUCTO m. *Quím.* Adyuvante, aditivo.
ADUJA f. *Mar.* Cada una de las vueltas de lo que está adujado.
ADUJAR v. *Mar.* Enroscar o apilar en forma de rosca las cuerdas y cables, las velas, redes, etc.
ADÚJAR adj. y s. m. *Text.* Primera hebra que segrega el gusano de seda y que es la más exterior y basta del capullo. ‖ Capullo ocal *. ‖ Tela de textura irregular que se teje con la *seda * adújar* y con la de ocal.
ADULZAR v. Ablandar en todas sus acepciones.
ADVECCIÓN f. *Meteor.* Traslación horizontal de una masa de aire: *en invierno la llegada de aire templado procedente del océano provoca nieblas y lluvias de advección.*
ADVENTICIO o **ADVENTIVO** adj. *Geol.* Dícese de los cráteres y de los conos secundarios que se forman en las laderas de un volcán.
ADYACENTE adj. Contiguo.
— *Geom. Ángulos adyacentes,* v. ÁNGULO.
ADYUVANTE adj. y s. m. Que ayuda o refuerza.
— *Constr.* Producto que se agrega al hormigón para mejorar alguna de sus características: *el cloruro de calcio es un adyuvante que acelera el endurecimiento del cemento.*
— *Petr.* Aditivo.
— *Quím.* Catalizador, activador.

Æ. Para todas las voces que empiezan con estas letras véase E: *ædelita, edelita.*
AER (O), prefijo de origen griego, que significa *aire* y entra en la composición de muchas voces científicas.
AERACIÓN f. Aireación.
AERADOR m. Aireador.
AERÁULICA f. *Tecn.* Ciencia que trata de las aplicaciones del aire en la ventilación, el acondicionamiento y secado de las materias, la aspiración y separación de polvos y el transporte.
AERAR v. Airear o ventilar.
AERAUTO m. *Aeron.* Vehículo que puede marchar por el suelo como un automóvil y volar como un helicóptero o un avión. (Sinón. AEROCOCHE., AUTOAVIÓN, PLATAFORMA VOLADORA.)
AÉREO, A adj. Relativo o perteneciente al aire. ‖ Que está situado en el aire a una altura más o menos grande del suelo: *funicular aéreo.*
— *Aeron.* Relativo o perteneciente a la aeronáutica: *navegación * aérea; línea * aérea.*
— *Constr. Cal aérea, mortero aéreo,* v. CAL y MORTERO.
— *Electr. Línea aérea,* v. LÍNEA.
— *Geom. Perspectiva aérea,* v. PERSPECTIVA.
— *F. c. Ferrocarril* o *tranvía aéreo,* v. FUNICULAR, MONORRIEL y TELEFÉRICO.
AERIFORME adj. *Fís.* Que tiene el aspecto o las propiedades físicas del aire: *una mezcla de gases aeriforme.*
AERIAL adj. Aéreo: *metropolitano aerial.*
AERÍFERO, RA adj. *Tecn.* Que lleva aire de un lado a otro o lo distribuye.
AEROBIO, BIA adj. Dícese de los organismos que no pueden vivir sin absorber el oxígeno del aire.
— *Aeron.* Dícese de los motores que solamente pueden funcionar en la atmósfera, en la cual hallan el oxígeno indispensable para la combustión del carburante: *los motores de explosión, los turborreactores, turbopropulsores y estatorreactores son aerobios, mientras que el motor cohete es anaerobio.*
— *Quím. Fermentación aerobia,* v. FERMENTACIÓN.
AEROBÚS m. *Aeron.* Avión de grandes dimensiones para el transporte de pasajeros (es voz anticuada.)
AEROCABLE m. *Obr. públ.* Blondín * o grúa funicular.
AEROCLASIFICADOR m. *Tecn.* Aparato para clasificar o separar las materias pulverulentas arrastradas por una corriente gaseosa.
— Según el tipo de aparato la separación se efectúa por filtrado, por el propio peso de las partículas *(aeroclasificador gravimétrico)* o bien por la fuerza centrífuga *(ciclones*),* por percusión con mamparos húmedos, captación electrostática, etc. (V. SEPARADOR.)
AEROCOCHE m. *Aeron.* Aerauto.
AEROCONDENSADOR m. *Mec.* Condensador en el cual el agua refrigerante es reemplazada por aire frío.
AEROCRETO m. *Obr. públ.* Hormigón * esponjoso y liviano en el cual la adición de polvo de aluminio provoca el desprendimiento de hidrógeno y la formación de burbujas en la masa: *la densidad del aerocreto es sensiblemente la misma que la del agua.*
AERODESLIZADOR m. *Aeron.* V. ANFIBIO.
AERODINAMICIDAD f. *Fís.* Cualidad de los cuerpos que penetran bien en el aire o que ofrecen poca resistencia al paso del aire.
AERODINÁMICA f. *Fís.* Ciencia que trata de todos los fenómenos engendrados por el movimiento relativo del aire y de un cuerpo fijo o móvil en su seno.
— La acción del aire sobre un cuerpo cualquiera es absolutamente idéntica si el cuerpo permanece fijo y se halla sometido a un viento de velocidad determinada, o si dicho cuerpo se mueve con la misma velocidad en el seno de un aire estacionario. De ahí se desprende que ciertas construcciones fijas tengan perfiles semejantes a los que se usan en las construcciones aeronáuticas. Por lo demás, en esta similitud reside el principio de los *túneles aerodinámicos,* en los cuales un modelo reducido de avión es sometido a la acción de violentas corrientes de aire para reproducir en el laboratorio las condiciones reales del vuelo.

Esencialmente la *aerodinámica* permite estudiar las formas más adecuadas para que el móvil que se proyecta construir venza la resistencia del aire en las mejores condiciones. Si se trata de un avión, los estudios y ensayos aerodinámicos determinarán las formas que, garantizando la seguridad del vuelo, permitirán transportar la mayor carga posible o bien transportar una carga determinada en las condiciones más económicas o con la mayor rapidez. Las características aerodinámicas de un ala de avión dependen de muchos factores (superficie, *flecha, diedro,* forma en plano, etc.) pero resultan sobre todo del *perfil* adoptado. De la forma del perfil depende la fuerza de sustentación y la *estela* o *resistencia al avance* (V. ALA). Ahora bien, el perfil que se adoptará es el que corresponderá a las condiciones normales del vuelo de crucero a una altura óptima prevista de antemano y no convendrá a otras fases del vuelo. Así el ala prevista para sustentar el avión cuando vuela a 1 000 km/h no podrá sustentarlo durante el despegue y el aterrizaje a velocidades muy inferiores. La aerodinámica permite dotar el ala de *dispositivos hipersustentadores* apropiados para subsanar esa deficiencia. Otros problemas han planteado los aviones de reacción: admisión del aire por los motores a velocidades supersónicas, fenómenos sónicos (*muro del sonido*) y térmicos (*muro del calor*). El paso de las velocidades subsónicas a las velocidades supersónicas ha causado no pocos accidentes antes de que los aerodinamistas hayan logrado descubrir las leyes en virtud de las cuales las formas aerodinámicas que convienen al régimen subsónico (durante el cual el aire es compresible y se desvía al pasar el avión) no son las mismas que requiere el vuelo sónico (durante el cual el aire es como incompresible y forma *ondas* de choque* que permanecen pegadas al aparato). Incluso en ciertos casos las formas son exactamente opuestas (V. TOBERA).

Los nuevos problemas que estudia la aerodinámica conciernen al vuelo hipersónico, durante el cual la velocidad se cuenta en miles de kilómetros por hora y tiene por efecto un calentamiento excesivo de la superficie de los aparatos por las moléculas del aire (V. MURO TÉRMICO).

El cálculo representa un papel importante en aerodinámica. Todos los perfiles empiezan por ser diseñados a partir de las cotas determinadas teóricamente. Así se establecen las formas posibles del futuro aparato. A continuación se construyen maquetas de madera o metálicas que, a una escala observada con la mayor precisión, prefiguran

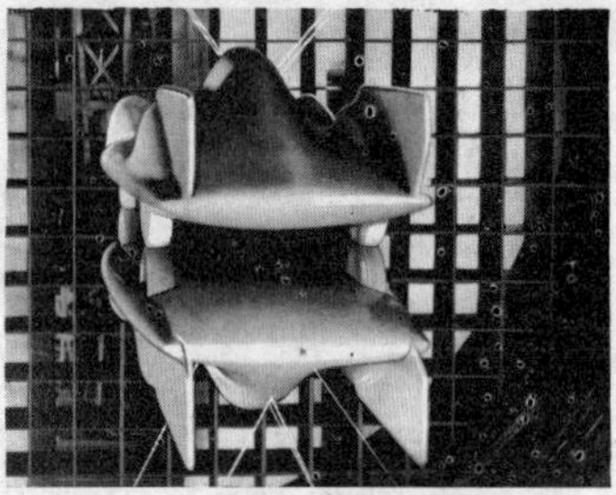

ensayo de una maqueta de coche en el túnel **aerodinámico**

el futuro aparato y permiten estudiarlo en los túneles aerodinámicos. Los resultados que así se obtienen pueden extrapolarse con arreglo a leyes determinadas por Reynolds (V. TÚNEL) para que correspondan a los que daría el vuelo de un aparato de dimensiones normales. Generalmente obligan a retocar el proyecto teórico y hasta a modificarlo profundamente (o a abandonarlo) y a emprender nuevos ensayos de maquetas. Finalmente, cuando los resultados son satisfactorios, se procede a la fabricación de uno o varios prototipos con los cuales se proseguirán los estudios aerodinámicos en las condiciones reales del vuelo, hasta que los resultados obtenidos permitan subsanar todos los defectos y pasar a la fabricación en serie.

Aunque sin tener la misma importancia que en aeronáutica, la aerodinámica representa un papel importante en muchas otras aplicaciones. Un automóvil que marcha a 100 km por hora gasta hasta 30 % de la potencia del motor para vencer la resistencia del aire y, como esta resistencia aumenta como el cuadrado de la velocidad (cuando la velocidad dobla, la resistencia es multiplicada por cuatro), es obvio insistir sobre la utilidad de estudiar el aerodinamismo de la carrocería.

En los paquebotes modernos la aerodinámica rige las formas del casco y de las superestructuras, suministra deflectores de perfil apropiado para que la pasarela esté exenta de viento y para que el humo y los gases de las chimeneas no puedan abatirse sobre los puentes, etc.

Incluso en el campo de los deportes es útil la aerodinámica, no solamente en las regatas de barcos de vela, sino también para determinar, merced a los túneles aerodinámicos, la postura más eficaz de los esquiadores.

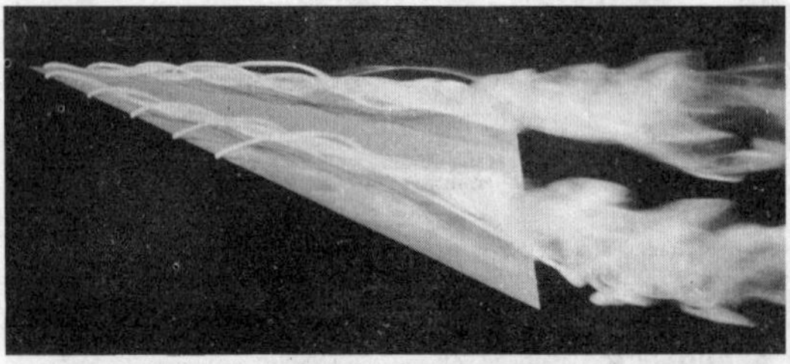

dos aspectos del estudio **aerodinámico** de un proyecto de avión: *arriba,* derrame turbulento de los hilillos de aire; *abajo,* derrame regularizado por un alerón hipersustentador

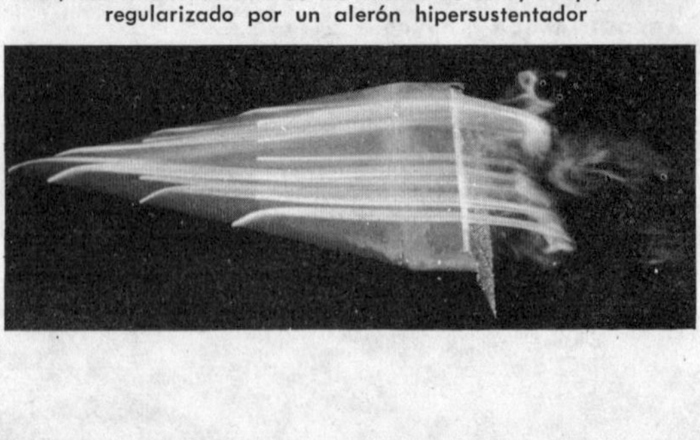

AERODINÁMICO, CA adj. *Fís.* Relativo a la acción que ejerce el aire sobre los cuerpos que se mueven en su seno: *el vuelo de un avión obedece a leyes aerodinámicas.* || Que tiene formas adecuadas para limitar la resistencia del aire: *no solamente los perfiles de aviones, sino también las carrocerías de automóviles y las superestructuras de las naves son hoy aerodinámicos.* || Dícese abusivamente, y por ext., de los objetos ahusados o que por sus contornos curvados y lisos se asemejan a los cuerpos aerodinámicos: *maquinilla de afeitar aerodinámica.* || *Balanza aerodinámica,* V. TÚNEL *aerodinámico.* || *Freno aerodinámico* o *aerofreno,* V. FRENO. || *Túnel aerodinámico,* V. TÚNEL y AERODINÁMICA.

AERODINO m. *Aeron.* Nombre genérico de las máquinas volantes más pesadas que el aire: *los aviones, helicópteros, autogiros, cohetes y planeadores son aerodinos, mientras que los globos libres y los dirigibles son aeróstatos.*

AERODISTORSIÓN f. *Aeron.* Deformación pasajera de las alas y otras partes del avión que se produce especialmente a velocidades muy elevadas.

AERÓDROMO m. *Aeron.* Terreno especialmente preparado y dotado de instalaciones anejas que sirve para el despegue y aterrizaje de los aviones y otras máquinas voladoras.

— Las características del *aeródromo* dependen del uso a que se le destine. Los campos de aviación de interés local utilizados por los aeroclubs,

Fot. O. N. E. R. A., Publifoto

las empresas agropecuarias y otros particulares, consisten las más de las veces en un terreno apisonado o cubierto de césped. La dirección del viento se indica con el humo de una fogata o con una *manga*. La infraestructura suele reducirse a los hangares o cobertizos, el puesto de avituallamiento, talleres rudimentarios y un equipo de primeros socorros. Pero el aeródromo moderno destinado al tráfico de aviones de todas clases constituye una instalación mucho más compleja. (V. AEROPUERTO.)

AEROELASTICIDAD f. *Aeron.* Ramo de la aerodinámica que trata de los fenómenos de aerodistorsión.

AEROELÉCTRICO, CA adj. *Tecn.* Dícese de los aparatos que funcionan por la acción conjugada del aire comprimido y de la electricidad: *dispositivo aeroeléctrico para accionar una máquina a distancia.*

AEROELECTRÓNICA f. Electrónica aplicada a las máquinas volantes. (Sinón. AVIÓNICA.)

AEROESPACIAL adj. Relativo a la aeronáutica y la astronáutica o al aire y al espacio extraterrestre.

AEROESTACIÓN f. *Aeron.* Estación aérea, o sea el conjunto de los servicios públicos de un aeropuerto *, y también la estación terminal del mismo ubicada en el centro urbano de la ciudad a que pertenece.

AEROFILTRO m. *Tecn.* Instalación depuradora de aguas negras, en la cual la acción filtrante de los materiales que atraviesan el líquido por gravedad se mejora mediante la inyección de aire por debajo. (V. DEPURACIÓN y FILTRO.)

AEROFOTOGRAFÍA f. *Fot.* Vista fotográfica tomada desde el aire.

AEROFOTOGRAMETRÍA f. *Topogr.* Fotogrametría fundada en el uso de cámaras fotográficas instaladas a bordo de aviones.

AEROFRENO m. *Aeron.* Freno * aerodinámico.

AEROGENERADOR m. *Electr.* Generador de energía eléctrica constituido por un aeromotor o

turbina de viento acoplado con una dinamo o un alterador: *las centrales eólicas se fundan en el uso de aerogeneradores de potencia muy grande.*

AEROGRAFÍA f. *Pint.* Arte de pintar o dibujar con el aerógrafo.

AERÓGRAFO m. *Pint.* Aparato pulverizador de pinturas o colores líquidos mediante la acción de un chorro de aire comprimido. (Sinón. PISTOLA NEUMÁTICA.)

AEROLÍNEA f. *Aeron.* Línea * aérea.

AEROLÍTICO, CA adj. *Astr.* Relativo o perteneciente al aerolito.

AEROLITO m. *Astr.* Masa mineral caída en la Tierra desde el espacio interplanetario. (V. METEORITO.)

Fot. Contacts électriques

AEROLOGÍA f. *Fís.* y *Meteor.* Ciencia que trata de la atmósfera libre, o sea de la atmósfera en general salvo las capas situadas a menos de 3 000 m que se hallan influidas por el relieve del suelo.
— El estudio y la observación de la atmósfera se efectúa mediante globos de pequeñas dimensiones (cuya ascensión se sigue con teodolitos) y globos sonda provistos de equipo radioeléctrico, así como con el radar. Los cohetes y los satélites artificiales han permitido conocer las características físicas de las capas más altas de la atmósfera. La aerología determina la temperatura y la presión del aire, así como su composición química, en función de la altura y de la latitud y longitud geográficas; también estudia las corrientes aéreas y los movimientos de las grandes masas de aire que fluctúan entre las zonas frías y cálidas del Globo. El conocimiento constante de éstos y otros datos constituye la base de la meteorología * y permite la previsión del tiempo. (V. también ATMÓSFERA.)

AEROMARÍTIMO, MA adj. Relativo a la aeronáutica y a la marina: *el sistema Decca facilita la navegación aeromarítima.*

AEROMODELISMO m. *Aeron.* Técnica y deporte consistentes en construir y hacer volar modelos * reducidos de aviones.

AEROMODELO m. *Aeron.* Maqueta de avión o de otro aparato volador utilizada en aerodinámica * para estudiar sus características. ‖ Modelo * reducido destinado a la práctica del aeromodelismo.

AEROMOTOR m. *Mec.* Cualquier máquina accionada por la fuerza del aire.
— Prácticamente pueden clasificarse los *aeromotores* en *aerogeneradores* *, que aprovechan la fuerza del viento para producir corriente eléctrica, y *molinos* * *de viento*, que, a pesar de su nombre, no sirven ya para moler, sino para elevar el agua.
También se da este nombre, por ext., a los motores de aire * comprimido.

AERONÁUTICA f. *Aeron.* Ciencia que trata de la navegación aérea: *la aeronáutica naval se halla constituida por el conjunto del personal y el material aéreo utilizado por la marina militar.*
— La *aeronáutica* comprende la *aerostación*, fundada en el uso de aparatos más ligeros que el aire (globos y dirigibles); *la aviación*, que utiliza aparatos más pesados que el aire sustentados por planos fijos (aviones) o por hélices horizontales (helicópteros y autogiros), y la *astronáutica*, cuyos cohetes, por desarrollar una fuerza superior a la gravedad, se elevan sin necesidad de planos sustentadores, con todo y tratarse de aparatos más pesados que el aire.
La aerostación tiene hoy escasa importancia. Los *globos libres* constituyen un deporte cada vez más raro; aunque se siguen usando en contadas ocasiones para estudios científicos, han sido reemplazados en este aspecto por los cohetes y por los globos sonda. En cuanto a los *dirigibles*, han perdido todo interés como medio de transporte dada su lentitud y su fragilidad. Su enorme estructura es fácil presa para el aire y, salvo raras excepciones, todos los grandes dirigibles han sido destruidos por accidente. Los dirigibles pequeños, en razón precisamente de su lentitud, podían servir para operaciones de socorro y salvamento; mas en esos menesteres han sido reemplazados ventajosamente por los helicópteros.
La aeronáutica abarca un sinnúmero de actividades en todos los campos de la ciencia y de la técnica, entre los cuales merecen ser citados: La *aerodinámica* estudia los futuros aparatos voladores en relación con la atmósfera en que han

globo sonda para **aerología**

aerógrafo

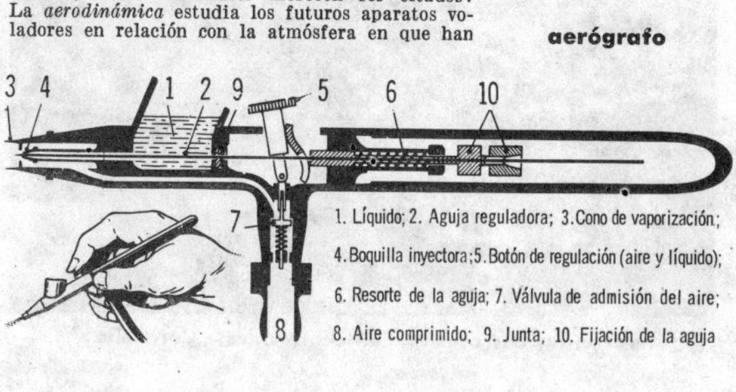

1. Líquido; 2. Aguja reguladora; 3. Cono de vaporización;
4. Boquilla inyectora; 5. Botón de regulación (aire y líquido);
6. Resorte de la aguja; 7. Válvula de admisión del aire;
8. Aire comprimido; 9. Junta; 10. Fijación de la aguja

aeropuertos

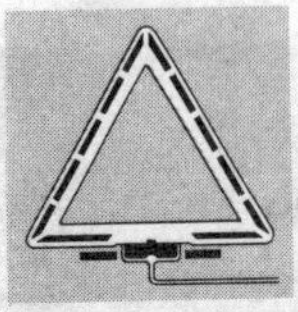

triangular

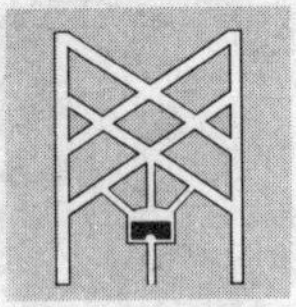

de pistas paralelas

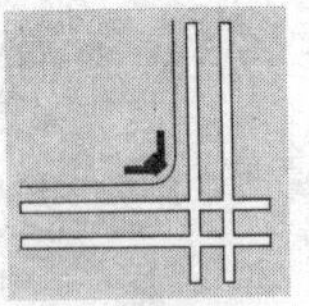

de pistas a escuadra

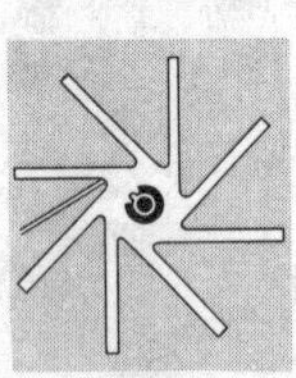

de pistas tangenciales

de moverse y les confiere las debidas cualidades de sustentación y de eficacia (máximo de velocidad y de seguridad con el mínimo de consumo). También resuelve los graves problemas que plantea la velocidad creciente de los aparatos (*muro * del sonido, muro * térmico*, etc.).

La *ingeniería aeronáutica* es sumamente compleja, pues raro es el ramo industrial que no participa de cerca o de lejos a la construcción de un avión moderno. Después de haber utilizado la madera y la tela en los primeros aparatos, fueron adoptadas las aleaciones livianas a base de aluminio. Hoy, el calor que engendran las velocidades supersónicas, obliga a adoptar otros metales como, por ejemplo, el titanio, que antes ni siquiera se fabricaban industrialmente. También es de notar la importancia creciente de la electrónica en el campo de la aeronáutica, no solamente en los servicios propios del avión, sino también como base de todas las formas de *radionavegación:* una red tupida de radiofaros, estaciones de radiogoniometría y de radar, emisoras de partes meteorológicos, dispositivos radioeléctricos de aterrizaje, etc., asisten a la tripulación desde el despegue hasta el aterrizaje del aparato.

La *infraestructura* tiene, pues, una importancia considerable. Los modernos aeropuertos * cuentan con instalaciones complejas y eficaces que les permiten regular el tráfico en el espacio próximo para evitar los accidentes, dirigir las evoluciones de los aviones y asegurar el tráfico de viajeros y mercancías con toda rapidez.

Al margen de la aviación comercial existe una *aeronáutica militar* en la cual no es raro que muchos factores, incluso el de la seguridad, se sacrifiquen con objeto de obtener la mayor eficacia (velocidad y radio de acción, altura, carga de bombas o de tropas, etc.).

Por último, procederá citar la importante rama aeronáutica constituida por la *aviación particular,* que abarca los aviones y helicópteros de una o varias plazas utilizados para viajes de negocios o de recreo, los *vuelos deportivos,* el *vuelo sin motor,* el *paracaidismo* y, en cierto modo, el *aeromodelismo,* pues, aunque no se trate de navegación aérea, los modelos reducidos funcionan con arreglo a los mismos principios y técnicas que los verdaderos aviones.

En torno a la aeronáutica se ha creado una medicina especial. Al aumentar la altura del vuelo de los aviones surgieron problemas planteados por la baja temperatura (—55º a 11 000 metros) y la rarefacción del aire que, por su pobreza en oxígeno y por su baja presión, provoca anoxemia y otros desórdenes fisiológicos. Estos problemas se han resuelto cerrando herméticamente las cabinas y creando dentro de ellas una atmósfera artificial de aire acondicionado, o bien, en aviones pequeños, utilizando caretas individuales para respirar oxígeno comprimido en botellas.

Al aumentar la velocidad de los aviones los pilotos, especialmente los de aparatos de caza, experimentaron graves desórdenes debidos a las fuertes aceleraciones *. Los primeros vuelos cósmicos han demostrado que existen soluciones eficaces para estos efectos de la aceleración. Mas otros problemas se habrán de resolver aún, cuales el de la permanencia prolongada de los astronautas en un medio desprovisto de gravedad, su nutrición y, en general, el cumplimiento de todas sus funciones biológicas fuera de las condiciones naturales que imperan en la superficie de la Tierra.

La *propulsión por reacción* ha permitido lograr velocidades supersónicas y, merced al motor cohete, abrir la era de los viajes cósmicos. Las condiciones nuevas y tan singulares que imperan en dichos viajes (ausencia de atmósfera y de gravedad; propulsión inicial poderosa y breve, seguida de larguísimos recorridos balísticos por inercia y aprovechando la atracción de los astros) hacen que la *astronáutica* constituya una ciencia particular más bien que una rama de la aeronáutica.

AERONAVAL adj. *Aeron.* y *Mar.* Relativo a la navegación aérea. ‖ Que concierne a la vez la aeronáutica y la marina: *batalla aeronaval.* ‖ Relativo o perteneciente a la aeronáutica naval.

AERONAVE f. *Aeron.* Cualquier aparato utilizado para la navegación aérea. ‖ Barbarismo por *astronave.*

AERONOMIA f. *Fís.* Parte de la aerología que trata de las regiones más altas de la atmósfera, en las cuales son intensos los fenómenos de disociación * y de ionización * del aire.

AEROPLANO m. *Aeron.* Nombre dado primitivamente al *avión.*

AEROPORTADO, DA adj. *Aeron.* Transportado por vía aérea. (Sinón. AEROTRANSPORTADO.)

AEROPOSTA f. Correo * neumático.

AEROPOSTAL adj. *Aeron.* Relativo al correo aéreo: *la primera línea aeropostal entre Europa y América fue la de París a Buenos Aires.*

AEROPUERTO m. *Aeron.* Aeródromo destinado al servicio regular de pasajeros y mercancías. ‖ Conjunto formado por el aeródromo y sus instalaciones, la estación terminal y otros servicios urbanos, los medios de transporte y, en general, todos los servicios que contribuyen al tráfico del aeródromo, sea cual fuere su ubicación. ‖ En ciertas capitales, conjunto de aeródromos de la ciudad dedicados al tráfico de pasajeros y mercancías, así como sus servicios auxiliares y oficinas urbanas.

— Los *aeropuertos* se dividen en varias categorías, determinadas por acuerdos internacionales: *Clase A:* pistas para aviones de líneas intercontinentales, de 2 100 a 3 000 m, capaces de resistir a un peso de 45 toneladas por rueda, y una superficie de 13 500 m² para permitir el aparcamiento y evoluciones de los aviones y de los vehículos dedicados a su servicio.

Clase B: pistas de 1 500 a 2 100 m, resistentes a una presión de 20 t por rueda; 6 500 m² de superficie de aparcamiento.

Clase C: pistas de 800 a 1 500 m, para cargas de 9 t por rueda; 2 800 m² de superficie de aparcamiento.

Clase D: pistas de 600 a 800 m y resistencia de 2,5 t por rueda. Prácticamente estos aeropuertos sólo pueden atender a los aviones de turismo, los que utilizan las escuelas de vuelo, etcétera.

Por lo general un aeropuerto dispone de varias pistas orientadas diferentemente y, de preferencia, en la dirección de los vientos dominantes. La organización más racional es la de *pistas tangenciales,* pero requiere un terreno sumamente extenso.

La pista no es solamente el firme de hormigón: comprende muchas instalaciones anejas, especialmente un sistema de señales luminosas de radiobalizas * y de aterrizaje * sin visibilidad, que permiten al piloto, además de orientar el aparato, entrar en contacto con la pista en las debidas condiciones (ver los art. G. C. A. e I. L. S.).

Las *pistas de rodadura* enlazan las *pistas de vuelo* con los *terraplenes de aparcamiento,* contiguos a la estación y provistos de equipos de avituallamiento rápido de los aviones, servicios de seguridad contra los accidentes y material móvil para el transporte de pasajeros y mercancías entre la estación y los aviones.

Los edificios del aeropuerto llenan tres cometidos diferentes: la *estación* y sus servicios anejos (aduanas, restaurantes, tiendas, oficinas de las compañías aéreas, etc.) atienden a los viajeros; los *hangares,* provistos de instalaciones

aeronáutica: construcción de aviones « Caravelle »

Fot. Sud Aviation

adecuadas, donde se revisan y reparan rápidamente los aviones, y, por último, la *torre de mando*, que constituye el cerebro que lo dirige todo y cuya jurisdicción se extiende fuera del ámbito de aeropuerto.
En efecto, merced a instalaciones de *radar*, emisoras de *radionavegación*, equipo de *aterrizaje a ciegas*, *servicio meteorológico*, etc., el piloto de un avión entra en contacto con el aeropuerto mucho antes de llegar sobre el mismo y debe seguir las instrucciones que se le den (cambio de altura o de rumbo, espera en el aire, etc.) hasta posarse, en las condiciones precisas, en la pista que se le ha reservado. Incluso una vez en el suelo, el piloto sigue las órdenes del responsable que se ha encargado de su aparato.
Se concibe, pues, que un aeropuerto sea una instalación sumamente costosa. Por otra parte, tiende a ocupar una superficie desmesurada a proximidad de las grandes ciudades, donde los terrenos escasean y son caros. Por lo demás, mientras que los vuelos son cada vez más rápidos, la densidad del tráfico automovilístico hace cada vez más largo el trayecto del aeropuerto al centro urbano. Todas estas razones confieren mucha importancia a las investigaciones tendentes a lograr el *despegue * vertical* de los aviones, que así podrían utilizar terrenos exiguos disponibles a proximidad de los centros urbanos.
Los aeropuertos especialmente dedicados al tráfico de helicópteros se llaman *helipuertos* *.

AERORRUTA f. *Aeron.* Línea * aérea. (Sinón. AEROVÍA.)

AERÓSFERA f. *Fís.* Nombre que se da a la *atmósfera* en geofísica.

AEROSKÍ m. *Autom.* Aerosquí.

AEROSOL m. *Quím.* Dispersión de un líquido en forma de minúsculas gotitas que permanecen suspendidas en el aire o en algún gas.
— Los *aerosoles* se obtienen merced a una bomba que proyecta violentamente un chorrito de líquido contra una superficie adecuada, en la cual se divide, por efecto del choque, en gotitas que apenas miden una milésima de milímetro, tan livianas que pueden permanecer en el aire a imagen de las de una nube. Los aerosoles se usan para introducir medicamentos en las vías respiratorias. En agricultura sirven para pulverizar insecticidas, hormonas vegetales, etc.

AEROSQUÍ m. *Autom.* Vehículo especial, provisto de patines o esquíes, que se desliza sobre la nieve o el hielo propulsado por una hélice.

AEROSONDA f. *Meteor.* y *Radiot.* Radiosonda.

AEROSONDEO m. *Meteor.* Sondeo de la atmósfera efectuado por un globo sonda, cohete u otro aparato.

AEROSTACIÓN f. *Aeron.* Estudio, construcción y pilotaje de los aparatos de la navegación aérea que se fundan en el uso de gases más ligeros que el aire.
— La *aerostación* ha perdido casi toda su importancia en el triple aspecto militar, deportivo y científico. Tanto los globos cautivos de observación como los zepelines destinados al transporte de pasajeros, han sido reemplazados ventajosamente por los aviones y helicópteros; los globos estratoesféricos solamente se usan en contadas ocasiones para trabajos científicos especiales. Por el contrario, los globos sonda siguen utilizándose a diario por centenares de estaciones meteorológicas. (V. AERÓSTATO, DIRIGIBLE y GLOBO.)

AEROSTÁTICA f. *Fís.* Parte de la física que trata del equilibrio del aire y de los gases en general en estado de reposo.

AEROSTÁTICO, CA adj. *Aeron.* Relativo o perteneciente a los aeróstatos: *globo aerostático.*
— *Fís.* Relativo a la aerostática.

AERÓSTATO m. *Aeron.* Globo lleno de un gas más ligero que el aire que lo eleva y sustenta en la atmósfera.
— Los *aeróstatos* se fundan en el principio de Arquímedes *. Constan esencialmente de una envoltura impermeable que se llena con un gas más ligero que el aire. La diferencia del peso específico de ambos, multiplicada por el volumen del gas que llena la envoltura determina la *fuerza* ascensional*, o sea el peso total que podrá elevarse.
También depende esta fuerza de la temperatura respectiva del gas y del aire, puesto que el calor tiene por efecto dilatarlos y, consiguientemente, reducir el peso por unidad de volumen. (Así se comprende que el mismo aire caliente pueda reemplazar el gas de relleno y bastar para elevar un globo, el cual descenderá en cuanto se enfríe el aire que contiene.) Los gases más empleados son el hidrógeno, que tiene el inconveniente de ser inflamable, y el helio, que es ininflamable, pero resulta caro.
Los aeróstatos pueden agruparse en las siguientes categorías: *globos * libres* y *cautivos*, *globos sonda* y *dirigibles**.

AEROTAXI m. *Aeron.* Taxi aéreo, o sea avión de alquiler, generalmente de poca capacidad.

AEROTECNIA f. *Aeron.* Aerotécnica.
— *Tecn.* Ciencia relativa a las aplicaciones industriales del aire.

AEROTÉCNICA f. *Aeron.* Ramo de la técnica, fundado en la aerodinámica y la ingeniería aeronáutica, que trata del estudio y construcción de máquinas voladoras.
— *Tecn.* Aerotecnia.

AEROTÉRMICO, CA adj. *Aeron.* Relativo a la aerotermodinámica.

AEROTERMO m. *Calef.* Aparato de calefacción consistente en un órgano calorífero y un ventilador que inyecta directamente el aire caliente en el local que se ha de caldear. ‖ *Horno aerotermo*, el que se caldea con aire caliente.

AEROTERMODINÁMICA f. *Aeron.* Parte de la aerodinámica que estudia los fenómenos caloríferos provocados por el aire a velocidades supersónicas: *el muro* térmico o muro del calor constituye el problema esencial de la aerotermodinámica.*

AEROTERRESTRE adj. Que guarda relación, a la vez, con el aire y el suelo: *coordinación aeroterrestre del tráfico de un aeropuerto.*

AEROTRANSPORTADO, DA adj. *Aeron.* Aeroportado.

AEROTRANSPORTE m. *Aeron.* Avión de transporte: *aerotransporte propulsado por reacción.*

AEROTRIANGULACIÓN f. *Topogr.* Método de triangulación fotométrica, en el cual unos puntos comunes a dos fotografías sucesivas del terreno permiten trasladar las coordenadas ya calculadas para una de ellas a la otra, y así sucesivamente.

AEROTURBINA f. *Mec.* Turbina accionada por la fuerza del viento, también llamada, aunque impropiamente, *molino de viento.* (V. AEROGENERADOR y AEROMOTOR.)

AEROVÍA f. *Aeron.* Línea* aérea. (Sinón. AERORRUTA.)

A. F., siglas de *alta frecuencia**.

AFANITA f. *Miner.* Nombre dado a las rocas cuyos minerales no son visibles a simple vista.

AFECTADO, DA adj. *Mat.* Dícese del número o cantidad que va acompañado de un exponente, o signo cualquiera: 236^2 *y* $\sqrt{28}$ *están afectados, respectivamente, del exponente 2 y del radical* $\sqrt{\ }$.

control del tránsito en la torre de un aeropuerto

aerotermo
Ch. Chimenea; A. Aire acondicionado; T. Termóstato; V. Válvula regulada por el termóstato; G. Llegada del gas; H. Hogar

Fot. Air France

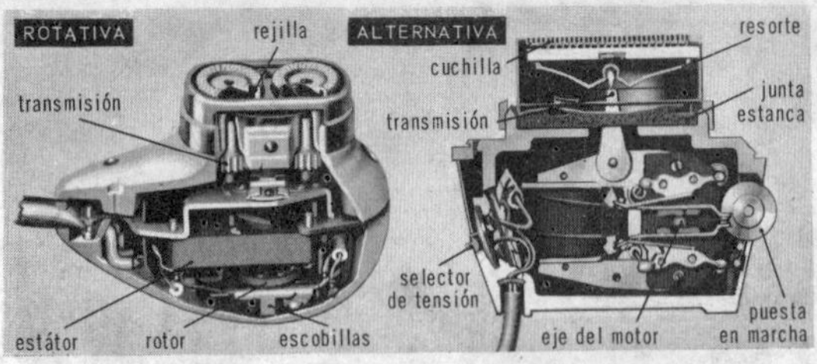

maquinillas de afeitar de cuchillas rotativas y de movimiento alternativo

AFECTAR v. *Mat.* Acompañar una cantidad o expresión de algún signo que modifica su valor: *una cantidad afectada del exponente* ² *se ha de multiplicar por sí misma.*
AFEITADORA f. Maquinilla de afeitar*.
AFEITAR v. Raer el pelo con algún instrumento cortante manual o mecánico.
— Las *navajas de afeitar* son cuchillos* especiales caracterizados por la finura de su filo.
El principio de las maquinillas de seguridad inventadas por Gillette reside en combar una fina hoja de afeitar entre un soporte y un peine, de tal forma que el filo se halle dirigido contra la base del pelo con inclinación apropiada para cortarlo sin penetrar en la piel. Si se inclina peligrosamente el aparato, los dientes del peine impiden que la cuchilla llegue hasta la piel. Las hojas de dos filos son de acero especial y se fabrican automáticamente a partir de una cinta.
Las maquinillas eléctricas son de cuchillas rotativas o de movimiento alternativo. En las primeras el órgano cortante es un disco estrellado, cada una de cuyas puntas constituye una cuchilla que, al pasar con gran rapidez detrás de una finísima rejilla, corta los pelos que la atraviesan. En las máquinas de movimiento alternativo la cuchilla es rectilínea o de forma de peine y está animada por un movimiento de vaivén que la hace pasar, ante las luces de la rejilla, una vez en cada sentido, según el mismo principio que las maquinillas de cortar el pelo.
AFELIO m. *Astr.* Punto de la órbita en el cual un planeta o un cometa se hallan más distantes del Sol: *la Tierra alcanza su afelio hacia el 3 de julio.* (V. ÓRBITA.)
OBSERV. No debe confundirse el *afelio* con el *apogeo*, que es equivalente, pero que sólo se aplica a las órbitas seguidas por la Luna y los satélites artificiales en torno de la Tierra.
AFELPADO, DA adj. y s. *Text.* Semejante o parecido a la felpa y, en general, cualquier tejido de superficie pilosa obtenida por tisaje o acabado.
AFELPAR v. *Text.* Tejer a modo de felpa o conferir aspecto aterciopelado a un tejido por algún procedimiento de acabado, generalmente mediante perchado.
AFELTRAR v. *Text.* Imbricar las fibras de lana, sin textura, para convertirlas en fieltro. (Sinón. AFIELTRAR, ENFELTRAR, FIELTRAR.)
AFIANZAR v. *Art. y of.* Afirmar, consolidar o asegurar una cosa con otra: *un poste afianzado por tirantes resiste a los esfuerzos laterales.*
AFIELTRAR v. *Text.* Afeltrar. (Sinón. ENFELTRAR.)

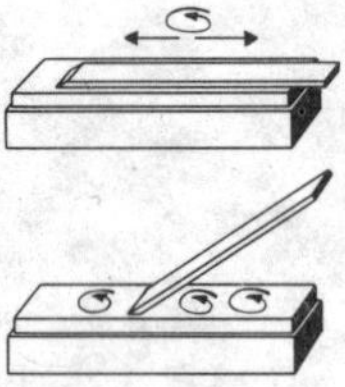

afilado

afilado de una sierra circular y de un útil de máquina herramienta

como se han de **afilar** las herramientas de carpintería ▶

AFILADERO, RA adj. *Art. y of.* Dícese de lo que tiene la propiedad de afilar: *piedra afiladera.*
AFILADO m. *Art. y of.* Operación consistente en sacar filo a las herramientas cortantes frotándolas contra una superficie abrasiva.
— *Carp.* y *Metal.* El *afilado* tiene una importancia capital en las modernas máquinas herramienta. No se trata simplemente, como en los cuchillos, de renovar el filo de la herramienta, sino de hacerlo con la máxima precisión, conservando los ángulos de incidencia y de corte*. Por otra parte, la herramienta se ha de aplicar ligeramente sobre la muela, pues, en caso contrario, el roce engendraría bastante calor para alterar las características mecánicas del acero. Por eso se efectúa esta operación en afiladoras* especiales.
AFILADOR m. Afilón de correa, para navajas de afeitar.
AFILADORA f. *Art. y of.* Máquina de afilar instrumentos cortantes.
— La más simple de las *afiladoras* es la moladera clásica de manubrio, accionada por pedal o mecánicamente. Hoy tiende a ser reemplazada por máquinas especialmente adaptadas a un uso determinado: afilado de útiles de torno, fresas, cuchillas de acepilladora, platos de cuchillas, brocas, etc.
Las muelas utilizadas son de asperón y otras piedras naturales o bien de abrasivos* aglomerados. Tienen formas diferentes adaptadas a las de los filos que se han de aguzar. (V. MUELA.)
Las afiladoras perfeccionadas permiten dar a los *ángulos de incidencia* y *de corte** su valor exacto. En ellas el avance de la cuchilla que se afila es automático y su presión contra el abrasivo per-

afiladora de sierras de cinta

manece constante durante toda la operación. Los dientes de ciertas sierras tienen su filo alternativamente en ambos lados de la cinta, y en las afiladoras que se usan para aguzarlo, la muela (o la lima que también se usa con dicho fin) gira, mientras pasa de un diente a otro, para orientarse convenientemente.
AFILALÁPICES m. *Ofic.* Cualquier aparato para sacar punta a los lápices: *el afilalápices mecánico consiste en dos fresas cónicas cuyos dientes cortantes raen la madera girando sobre sí mismos y en torno al lápiz.*
AFILAR v. *Art. y of.* Sacar filo a los instrumentos cortantes: *los cuchillos se afilan con muelas de asperón.* ‖ *Máquina de afilar*, afiladora*.
AFILIGRANAR v. *Art. y of.* Labrar con filigrana o a imitación de ella. ‖ Adornar con filigrana. ‖ Perfeccionar, retocar una labor para darle mayor finura o aumentar la riqueza de detalles.
AFILÓN m. *Art. y of.* Correa para afilar o suavizar el filo de las navajas de afeitar y otras cuchillas.
AFÍN adj. Semejante.
— *Geom.* Dos figuras son afines cuando una de ellas permite obtener la otra por proyección paralela.
AFINADOR m. *Mús.* Templador o cualquiera otra llave o aparato para afinar los instrumentos de música.
AFINAMIENTO m. *Mar.* Nombre dado a varios coeficientes que determinan las cualidades de un buque. ‖ *Coeficiente de afinamiento de la carena,* el que se obtiene dividiendo el *desplazamiento* D por el producto EMC (de la *eslora* E por la *manga* M y el *calado* C): *el coeficiente de afinamiento* $\frac{D}{EMC}$ *es menor en los paquebotes que en los buques mercantes.*
AFINAR v. Retocar, pulir, dar la última mano a una cosa para hacerla más perfecta. ‖ Regular

Fot. Norton, Avodeo

un dispositivo cualquiera con mucha precisión: *afinar el inyector de un motor Diesel.*
— *Art. gráf.* Centrar las tapas de un libro para que sobresalgan igualmente por los tres lados libres de las hojas.
— *Metal.* Efectuar el *afino** o purificación de los metales.
— *Mús.* Acordar, poner a tono los instrumentos de música: *los pianos se afinan con el afinador.*
— *Radiot.* Sintonizar una emisora con la mayor precisión permitida por el receptor.
— *Vidr.* Prolongar la fusión del vidrio hasta que desaparezcan sus burbujas.

AFINERÍA f. *Metal.* Instalación siderúrgica en la cual se afina el arrabio.

AFINIDAD f. *Quím.* Tendencia que tienen dos o mas cuerpos a combinarse para formar un compuesto. || Fuerza que mantiene unidos los átomos de los compuestos químicos.
— *Tecn. Refrigerador por afinidad,* refrigerador* de absorción.

AFINO m. *Metal.* Operación consistente en purificar el metal bruto que se ha extraído de un mineral.
— El *afino* puede practicarse por varios procedimientos: el hierro fundido se trata con una corriente de aire que oxida las impurezas (v. ACERO); el oro se purifica con ácido sulfúrico concentrado que disuelve las impurezas y se combina con ellas; el cobre de alta calidad se obtiene por electrólisis*, que permite recoger en el cátodo *cobre electrolítico* con una pureza de 99,95 %.
— *Vidr.* Supresión, mediante fusión prolongada, de las burbujas presentes en la masa de vidrio.

AFIRMADO m. *Obr. públ.* Firme. || Acción de pavimentar un suelo. (V. CARRETERA y FIRME.)

AFLECHADO, DA adj. Que tiene forma de flecha: *un avión de ala aflechada.*

AFLORADOR, RA adj. *Obr. públ. Cuchara afloradora.* (V. EXCAVADORA.)

AFLORAMIENTO m. *Geol.* Parte de una capa geológica presente en la superficie del suelo.
— *Min.* Salida a la superficie de alguna mena o filón.

AFLORAR v. *Geol.* y *Min.* Asomar a la superficie una capa geológica, una mena o un filón.

AFLUENTE m. *Hidr.* Arroyo o río que vierte sus aguas en otro, por lo general más importante, en un punto llamado confluencia.

AFLUJO m. Irrupción de algún fluido: *el aflujo del agua puede comprometer la explotación de una galería de mina.*
— *Electr.* Corriente de cargas eléctricas que siguen la misma dirección.
— *Electrón. Aflujo catódico,* corriente de iones positivos atraídos por el cátodo de un tubo de gases enrarecidos.

AFOLLAR v. *Art. y of.* Dar al fuelle. || Plegar a modo de fuelle.
— *Constr.* Ahuecarse o formar ampollas las paredes o pavimentos. (Sinón. ABOLSARSE.)

AFORADOR, DA adj. *Metr.* Que afora o sirve para aforar: *verter el producto, a medida que se fabrica, en un depósito aforador.*

AFORAR v. *Metr.* Calcular la capacidad de un recipiente o depósito. || Medir el caudal de una corriente de agua o la cantidad de líquido o de gas que pasa por una cañería. (V. AFORO.)

AFORO m. *Metr.* Capacidad total de un depósito, recipiente, etc. y, por ext., capacidad de una sala de espectáculos, estadio o cualquier otro recinto donde se admite al público. || Caudal de un curso de agua; cantidad de fluido que pasa en un tiempo dado por alguna tubería.
— El *aforo de los líquidos* y *de los gases* corrientes puede efectuarse de numerosas y muy variadas maneras: en los ríos y canales se mide la velocidad del agua con molinetes* y se multiplica por el perfil o sección transversal de la corriente. También se puede disolver un colorante concentrado y medir su dilución más abajo, o bien utilizar vertederos calibrados.
En las tuberías puede medirse la velocidad del agua y del gas con contadores*, boquillas o diafragmas calibrados, tubos de Pitot* y de Venturi*, etc.
— *Min.* El *aforo de la ventilación* en las galerías de las minas se hace con anemómetros y catatermómetros*.

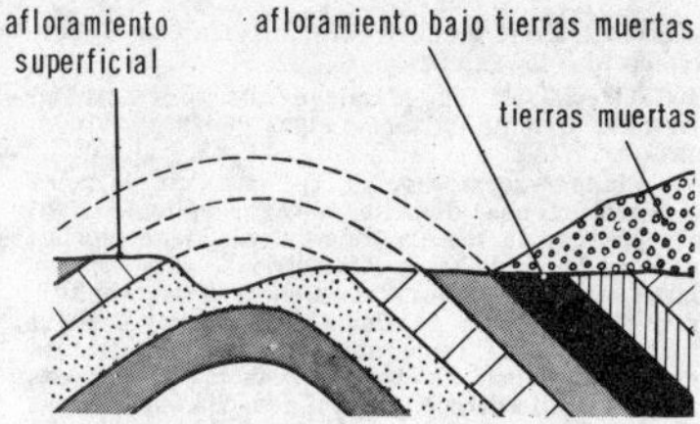

afloramiento (min.)

AFÓTICO, CA adj. *Ocean.* Desprovisto de luz. || *Región afótica,* parte de las aguas marítimas situadas a más de 200 m de profundidad y a las cuales no llegan los rayos solares.

AFRAILADO, DA adj. *Art. gráf.* Dícese del impreso que, por tener arrugas el papel o por hallarse plegado, presenta frailes.

AFRANELADO, DA adj. *Text.* Semejante o parecido a la franela.

AFRECHO m. *Ind. alim.* Salvado.

AFRENILLAR v. *Mar.* Fijar o sujetar con frenillos u otros cabos.

AFRÓMETRO m. *Metrol.* Manómetro especial para medir la presión del gas carbónico en las botellas de vinos espumosos.

AFRONATRÓN m. *Miner.* Eflorescencia constituida por cristales de carbonato de sodio.

AFRONITRO m. *Quím.* Eflorescencia de nitro que se forma en las paredes alternativamente húmedas y secas.

AFTONITA f. *Miner.* Mineral de cobre, variedad de panabasa.

Ag, símbolo químico de la *plata.*

AGAFITA f. *Miner.* Turquesa* oriental.

AGALMATOLITA f. *Cerám.* y *Miner.* Silicato de alúmina, especie de arcilla utilizada en China para fabricar figurillas y otros objetos de cerámica.

AGALLA f. *Bot.* Excrecencia provocada sobre algún órgano de una planta herida por un animal, especialmente por ciertos insectos que ponen sus huevos en los tejidos vegetales: *las agallas suministran tanino.*
— *Curt.* y *Text.* Las *agallas* se usan por su tanino, que es curtiente; su calidad, también, de mordiente permite la utilización en tintorería. Las más comunes provienen de distintas especies de encina, y en Extremo Oriente se exportan igualmente las de zumaque. Unas y otras, suelen contener alrededor de 30 % de tanino. Más ricas son las llamadas *takaut,* producidas en la flor de un tamarindo marroquí, que dan hasta 50 % de tanino.

AGALLADO, DA adj. *Text.* Dícese del tejido que, antes de ser teñido, se ha tratado con un mordiente constituido por una solución de agallas molidas.

AGALLATO m. *Quím.* Sal o éster del ácido agállico.

AGÁLLICO, CA adj. Relativo o perteneciente a la agalla.
— *Fot.* Se dice de un ácido que, con sus derivados, entra en la composición de reveladores.
— *Pint.* El *ácido agállico* sirve de base para la fabricación de colorantes, especialmente la agallocianina y el agallato de hierro, que es el pigmento de muchas tintas negras.
— *Quím.* Dícese de un ácido que se extrae principalmente de las agallas (por hidrólisis del tanino), aunque también lo contienen las plantas de té, las raíces del granado, etc. Está constituido por cristales que se funden a 220° y que son solubles en el alcohol y el éter. Es un reductor eficaz.

aforo

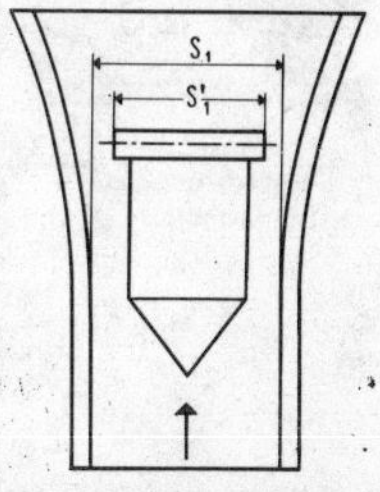

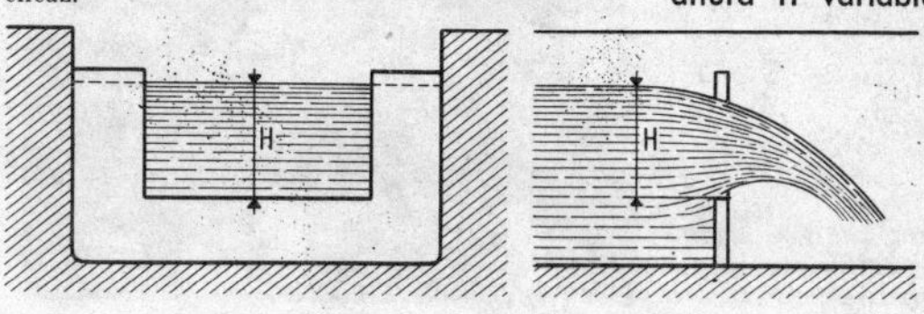

el obturador corredizo permite regular la luz entre S_1 y S'_1; *abajo*: vertedero de anchura fija y de altura H variable

uniones por **agarrotamiento**

muro de **aglomerados** *(constr.)*

AGAMUZAR v. *Curt.* Curtir las pieles a imitación de la gamuza.

AGAR-AGAR m. Mucilago que se extrae en Extremo Oriente de varias algas marinas. (Sinón. GELOSA.)

— El *agar-agar* se vende en forma de pajuelas o canutillos que, disueltos en agua caliente, dan. al enfriarse la mezcla, una jalea. Tiene muchos usos en las industrias alimenticias, para espesar jarabes y salsas, dar consistencia a las confituras, etc. Sirve en papelería para encolar y en la industria textil como apresto. También se usa para inmovilizar el electrólito de las pilas secas y es un medio de cultivo común en los laboratorios bacteriológicos

AGARGANTADO, DA adj. *Art. y of.* Que tiene gargantas o canales.

AGARRAFEO m. *Carp. Amer.* Arrancaclavos.

AGARROTAMIENTO m. *Mec.* Acción y efecto de agarrotar o agarrotarse: *el agarrotamiento se evita asegurando el engrase permanente de las superficies de rozamiento.* || *Unión por agarrotamiento,* dícese de la unión de dos piezas cuando el rozamiento basta para mantenerlas fijas, como en los ejemplos de la figura.

AGARROTAR v. Apretar una atadura retorciendo las cuerdas con un garrote.

— *Mec.* Quedar una pieza frenada fuertemente por otra por falta de engrase: *agarrotarse un émbolo.* Cuando falta el aceite, el frotamiento de las dos superficies engendra un calor excesivo y se desprenden partículas metálicas de la pieza móvil que rayan la superficie fija y hasta imposibilitan por completo el movimiento.

ÁGATA f. *Miner.* Variedad de cuarzo constituido por capas concéntricas de colores diferentes. || *Ágata de Islandia,* la obsidiana. || *Ágata negra,* el jade.

— Las distintas variedades de *ágata* se distinguen por su colorido general, la disposición y la forma de las capas silíceas: la calcedonia es de color blanco azulino; la sardónice, anaranjada; la cornalina, roja; la crisoprasa y el heliotropo, verdes; la zafirina, azul.

La ónice es un ágata de capas espesas y regulares. En cambio, son irregulares y de contornos caprichosos las ágatas arborescentes y musgosas. El ágata se esmerila con vidrio pulverizado y adquiere un pulido perfecto. Con ella se fabrican objetos de arte y algunos instrumentos de laboratorio. También se usa para bruñir el oro.

— *Papel.* y *Text.* Procedimiento común para satinar o lustrar cartones duros y tejidos, es el frotarlos, mientras pasan lentamente por los cilindros, con una piedra de ágata animada por un movimiento transversal.

AGATÍFERO, RA adj. *Miner.* Que contiene ágata.

AGATINO, NA adj. *Miner.* Semejante o parecido al ágata.

AGATIZARSE v. *Pint.* Cobrar una pintura, con el tiempo, un pulido y un brillo comparables a los que se confieren a la ágata por pulimento.

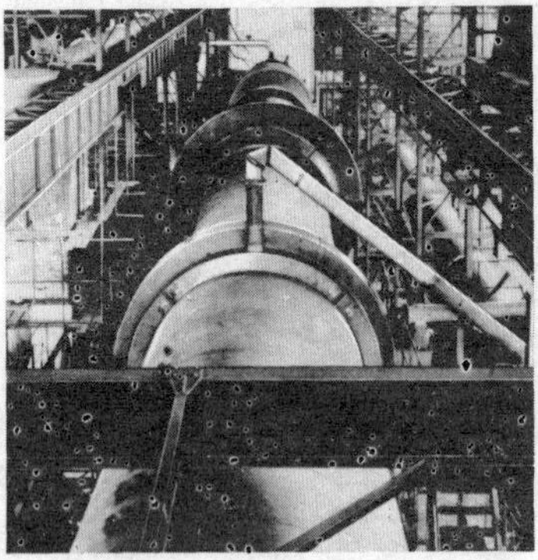

horno para la **aglomeración** previa del mineral en una acería

AGAVE com. *Bot.* Género de plantas amarilidáceas cuya principal especie es la pita, sisal o maguey, explotada por sus fibras y su zumo. (V. PITA y PULQUE.)

AGAVILLADORA f. *Agr.* Máquina, acoplada a una segadora, que agrupa las espigas, las ata en forma de gavillas y las deposita alineadas en el suelo.

AGENTE m. Todo cuanto obra, actúa u opera: *se desencadenaron los agentes atmosféricos.*

— *Fís.* y *Quím.* Cuerpo que produce un efecto químico o físico. Hay agentes frigoríficos o refrigerantes, térmicos o de caldeo, catalíticos, oxidantes y reductores, de absorción, de hidratación, etcétera.

AGFACOLOR m. *Cin.* y *Fot.* Marca registrada de un procedimiento de fotografía en colores naturales por síntesis substractiva. (V. COLOR y FOTOGRAFÍA.)

AGITACIÓN f. Movimiento regular y prolongado en forma de sacudidas que se repiten frecuentemente.

— *Art. y of.* Sacudidas o remoción a que se somete una materia en el curso de un proceso de fabricación: *la agitación permite homogeneizar las mezclas.* (V. AGITADOR.)

— *Fís. Agitación térmica,* movimiento desordenado e ininterrumpido de las moléculas, tanto más enérgico cuando más elevada es la temperatura. En este movimiento se funda la cinética * de los gases.

— *Radiot.* Movimiento desordenado de los electrones libres debido al calentamiento de los electrodos en los tubos de radio, que se traduce por un ruido de fondo en los aparatos receptores.

AGITADOR, RA m. *Art. y of.* Máquina o dispositivo cualquiera destinado a remover, mezclar, amasar u homogeneizar las materias líquidas o pastosas.

— Existe gran variedad de *agitadores* adaptados a aplicaciones diferentes: remoción de materias en un baño químico, homogenización de una mezcla, emulsionamiento de materias insolubles, batido destinado a espesar una mezcla, disgregación de los componentes de una materia, circulación de líquidos espesos, amasado de pastas, etc. Los más comunes son los *agitadores mecánicos* de paletas rotativas o de movimiento alternativo. A veces son huecos y se aprovechan como calorífero para evitar que se enfríe la materia batida. Por el contrario, los que se utilizan en los hogares para que no se apelmace la masa de hulla se refrigeran interiormente con agua. Los *agitadores neumáticos* se fundan en la inyección de aire en el seno del líquido. La ascención de las burbujas, que arrastran las partículas sólidas, puede servir para depurar el líquido o separar las materias que contiene en suspensión. (V. FLOTACIÓN.)

— *Quím.* Varilla de vidrio para remover los líquidos en los laboratorios.

AGLOMERACIÓN f. *Art. y of.* Acción y efecto de aglomerar.

— Según sea la naturaleza de las materias y el producto que se desea obtener, la *aglomeración* se efectúa en frío o en caliente, y con frecuencia bajo presión, en prensas o con moldes adecuados.

AGLOMERADO m. *Art. y of.* Objeto compacto constituido por fragmentos o materias pulverulentas unidos por una cola, cemento o cualquier otra substancia aglomerante.

— *Constr.* Losas, ladrillos y bloques huecos y otros materiales de construcción de formas variadas, a base de arena, piedras, escorias, etc., amasadas con cemento, cal, yeso, etc., y vaciadas en moldes. Para que sean más compactos pueden fabricarse en moldes bajo presión o se les somete a vibraciones después de ser vaciados.

— *Min. Aglomerados de lignito, de hulla* y *de semicoque,* V. BRIQUETA.

AGLOMERANTE m. *Art. y of.* Materia de trabazón que sirve para unir o aglomerar los sólidos de pequeñas dimensiones: *la resistencia de una muela artificial depende de las propiedades del aglomerante.*

— *Constr.* El cemento, la cal y el yeso son *aglomerantes* que, con los áridos, forman morteros y hormigones.

— *Metal.* Aglutinante.

— *Min.* Brea, pez de alquitrán de hulla y materias similares con que se aglomera el carbón pulverulento para fabricar briquetas *.

Fot. P. Martial

— *Obr. públ.* Asfalto o betún con que se fijan las materias granuladas de los firmes.
— *Pint.* Substancia que, en una pintura seca, forma la película que contiene los pigmentos: *el aceite de linaza es un aglomerante común.*
AGLUTINANTE adj. y s. Que pega o aglutina.
— *Metal.* Substancia con que se aglomera la arena de los moldes * para vaciar metales. (Sinón. AGLOMERANTE.)
— *Tecn. Poder aglutinante,* característica determinante del grado de coquefacción que puede alcanzar un carbón.
AGLUTINAR v. Aglomerar, pegar o reunir en un solo elemento compacto.
AGLUTINADOR, RA adj. Aglutinante.
AGNESITA f. *Miner.* Esteatita.
AGOGÍA o **AGOJÍA** f. *Min.* Acequia para el dseagüe de las minas.
AGÓMETRO m. *Metr.* y *Electr.* Diagómetro.
AGÓNICO, CA adj. *Magn.* Dícese de los puntos de la superficie terrestre donde la aguja magnética no experimenta ninguna declinación (e indica, pues, exactamente el Norte geográfico) y de las líneas que se obtienen uniendo dichos puntos: *las líneas agónicas pasan por todos los puntos donde coincide un meridiano geográfico con el respectivo meridiano magnético.*
AGOTAMIENTO m. Acción y efecto de agotar.
— *Hidr.* Interrupción del caudal de un manantial o de un pozo.
— *Min.* Achique del agua que se acumula en las galerías o pozos: *el agotamiento se efectúa con bombas de gran potencia.* ‖ Estado de la mena o filón que ha dejado de proporcionar mineral en cantidades rentables.
— *Quím.* Estado de las materias cuando se ha extraído de ellas la mayor parte de alguna substancia que contenían: *se procura obtener el agotamiento máximo de las cosetas en la fabricación de azúcar de remolacha.*
AGOTAR v. Extraer lo más completamente posible el líquido de algún sitio, la substancia de alguna materia, el mineral de una mena o filón. (V. AGOTAMIENTO.)
ÁGRAFE m. *Art. y of.* Galicismo por *grapa,* que es como debe decirse.
AGRAJA f. *Constr.* Adaraja.
AGRAMADERA o **AGRAMADORA** f. Máquina para agramar.
AGRAMAR v. *Text.* Machacar los tallos de cáñamo o de lino, el esparto, etc., para separar sus fibras.
AGRAMADURAS f. pl. *Text.* Desperdicios que dejan los tallos agramados.
AGRAMILADO adj. *Constr. Ladrillo agramilado,* v. AGRAMILAR y LADRILLO.
AGRAMILAR v. *Constr.* Raspar toscamente los ladrillos para igualarlos. ‖ Simular hiladas de ladrillos pintando éstos en una pared lisa o sobre un revocado de estuco que reproduzca el relieve de dichas hiladas.
AGRAMIZA f. *Text.* Agramadura.
AGRANELAR v. *Curt.* Imitar el aspecto granulado de la zapa o piel de lija.
AGRANITAR v. *Constr.* Conferir el aspecto o alguna cualidad del granito.
AGREGACIÓN f. *Constr.* Fraguado de los aglomerantes: *cemento de agregación rápida.*
— *Fís.* y *Quím.* Reunión íntima de las moléculas en los cuerpos sólidos: *los cristales constituyen el ejemplo más perfecto de la agregación.*
— La fuerza de *agregación* determina las características mecánicas de un sólido, cuales son su dureza y maleabilidad, la fragilidad, elasticidad, etcétera.
AGREGADO m. *Constr.* Árido* de un mortero.
— *Mat.* Resultado total que, en estadística, sintetiza un conjunto de resultados parciales. Así, el total de los asalariados de un país es la agregación de los resultados obtenidos por profesiones.
AGREMÁN m. *Text.* Adorno de pasamanería, en forma de cinta calada, lisa o con abalorios, que se pone a los vestidos y adorna ciertos muebles.
AGRICULTURA f. Cultivo de la tierra, y, por ext., conjunto de los trabajos efectuados con dicho fin y de los que requiere la crianza de los animales con que se nutre el hombre.
— La *agricultura moderna* se caracteriza por:
1.º El conocimiento profundo de las características químicas y biológicas del suelo (V. PEDOLOGÍA), de las condiciones meteorológicas y de las necesidades del mercado;
2.º La mejora constante de las plantas por selección * e hibridación *;
3.º El uso de abonos * y de productos químicos destinados a proteger las cosechas contra los insectos y las malas hierbas, a adelantar o retrasar la madurez de los frutos y a conservarlos después de haber sido cosechados;
4.º La mecanización de las faenas.
Cuando se utilizan todos los recursos de la agricultura moderna, los rendimientos aumentan considerablemente. En los Estados Unidos, las faenas y cuidados que requiere el cultivo de una hectárea de maíz —desde el laboreo del suelo hasta la cosecha de las mazorcas—, solamente representan 10 horas de trabajo.
La monocultura es un sistema fundado en el cultivo de una sola planta (maíz, viña, café, caña de azúcar, etc.), mientras que la policultura supone la utilización de una misma finca para cultivos variados.
Por otra parte, se distingue el cultivo extensivo (poco rendimiento pero vastas superficies) del cultivo intensivo que procura obtener el máximo rendimiento con el mínimo de terreno.
Practicada de modo excesivo en un pequeño país, la monocultura es con frecuencia la causa de crisis económicas. Además, en algunas partes la capa fértil ha sido arrastrada por el viento al desaparecer el arbolado y los setos. Pero hoy se conocen medios técnicos adecuados para luchar victoriosamente contra la erosión del viento y de las aguas torrenciales. (V. CONSERVACIÓN.)
AGRIETAMIENTO m. Acción y efecto de agrietar o agrietarse alguna cosa.
AGRIETAR v. Abrir grietas. ‖ Formarse grietas: *los terremotos agrietan profundamente el suelo.*

agramaderas de lino

agricultura: investigaciones sobre el uso de hormonas para formar las raíces de las plantas

Fot. Cine Donat, C. C. A.

AGRIMENSOR m. *Topogr.* Persona que practica la agrimensura y cuya profesión consiste en medir tierras. ‖ *Cadena de agrimensor,* v. CADENA y AGRIMENSURA.

AGRIMENSURA f. *Topogr.* Arte de medir las tierras y de reproducir sus contornos en los planos.
— Prácticamente la *agrimensura* se reduce a operar tres clases de medidas:
1.ª La superficie de un terreno poligonal, que se obtiene dividiéndolo en triángulos y cuadriláteros y sumando las superficies de los mismos;
2.ª La superficie de un terreno de contorno curvilíneo, que se calcula dividiéndolo en un número suficiente de trapecios para que el lado curvilíneo de éstos pueda ser asimilado a una recta sin incurrir en un error mayor que el que se estipula;
3.ª La proyección horizontal de un terreno en declive, que se obtiene subdividiendo el terreno en polígonos y midiendo horizontalmente la distancia entre los vértices con la ayuda de una plomada que, en el nivel inferior, prolongará el extremo del decámetro hasta el suelo.
Los instrumentos principalmente utilizados en agrimensura son la cinta de acero (20 m), la cadena de agrimensor (10 m), los jalones y piquetes, la escuadra óptica, el grafómetro, la brújula de agrimensor, la plancheta, etc. (V. tb. el artículo TOPOGRAFÍA.)

AGRIO, A adj. *Metal.* Quebradizo, frágil.
— *Quím.* Tratándose de zumos vegetales, ácido.

AGRISETADO, DA adj. *Text.* Semejante o parecido a la tela llamada griseta.

AGRISETAR v. *Text.* Labrar a imitación o semejanza de la griseta.

AGRO, prefijo derivado del griego *agros,* que significa *campo* y entra en la formación de muchas palabras relativas al suelo y a su cultivo.

AGROGEOLOGÍA f. *Agr.* Ciencia que trata de la constitución fisicoquímica del suelo en relación con la agricultura.

AGROLOGÍA f. *Agr.* Estudio del suelo en sus relaciones con la agricultura.

AGRONOMETRÍA f. *Agr.* Ciencia que estudia la capacidad productiva de un suelo y el incremento o disminución de su fertilidad debidos al uso de abonos o al agotamiento provocado por las cosechas.

AGRONOMÍA f. *Agr.* Conjunto de las ciencias y técnicas que se aplican en agricultura.
— La *agronomía* suministra a la agricultura las bases de una utilización racional del suelo fundada en el estudio de las reacciones químicas que se desenvuelven en el mismo y en las plantas bajo la acción de agentes físicos (agua, aire, temperatura), químicos (agua, aire y abonos) y biológicos (fermentos).

AGROPECUARIO, RIA adj. *Agr.* Que concierne a la vez a la agricultura y la ganadería.

AGROQUÍMICA f. *Agr.* y *Quím.* Ciencia relativa a las aplicaciones de la química en agricultura.

AGRUMACIÓN f. Coagulación en forma de grumos de substancias disueltas en los líquidos.

AGRUMAR v. Coagular o coagularse en forma de grumos.

AGUA com. Líquido incoloro, inodoro e insípido compuesto de dos volúmenes de hidrógeno y uno de oxígeno. ‖ — Pl. Visos o reflejos irisados de las gemas, telas, plumas de ave, burbujas, aceites minerales, etc., provocados por fenómenos de interferencia *.
— El *agua* pasa constantemente del mar a la atmósfera y se precipita al suelo, donde alimenta el caudal de los lagos y ríos y entretiene las reservas subterráneas. Una parte de éstas corre por lechos del subsuelo, se infiltra por los intersticios de las rocas y se carga más o menos, antes de brotar en las fuentes y manantiales o de ser extraída de los pozos, de substancias disueltas. Así, según la naturaleza del terreno atravesado, su temperatura y el tiempo que ha durado su contacto con substancias minerales, las aguas pueden adquirir diversas propiedades con arreglo a las cuales son designadas con calificativos diferentes, especialmente los que a continuación se indican: *Agua acídula* o *agua agria,* la mineral rica en ácido carbónico. ‖ *Agua blanda,* la que, por contener poca caliza, forma abundante espuma con el jabón. ‖ *Agua cruda,* la rica en yeso, que endurece las legumbres y se digiere mal. ‖ *Agua delgada,* la que lleva escasa cantidad de sales en disolución. ‖ *Agua dulce,* agua continental, por oposición a la del mar, y con más propiedad agua potable, sea cual fuere su origen. ‖ *Agua dura,* la que contiene exceso de sales, especialmente calcáreas, y que forma poca espuma con el jabón. ‖ *Agua gorda,* agua cruda. ‖ *Agua mineral,* la que se ha cargado de sales minerales en el interior de la corteza terrestre, especialmente la que se usa como agua de mesa o con fines terapéuticos ‖ *Agua potable,* agua que, por carecer de principios nocivos y no tener mal olor ni sabor, puede servir para la bebida y utilizarse en la elaboración de alimentos. ‖ *Agua salobre,* la que, por contener muchas sales disueltas, no sirve para usos alimenticios.
— *Agr. Aguas negras,* aguas residuales de las ciudades, ricas en principios nutritivos para las plantas, que se usan como abono, ya directamente en forma de riego, ya dejándolas clarificar en fosas y utilizando solamente el lodo que se posa en el fondo.
— *Arq.* Cada una de las pendientes de un tejado: *cubierta de dos aguas.*
— *Calef. Calentador de agua,* v. CALENTADOR.
— *Comb. Gas de agua,* v. GAS.
— *F. c. Caja de agua,* tanque del ténder que

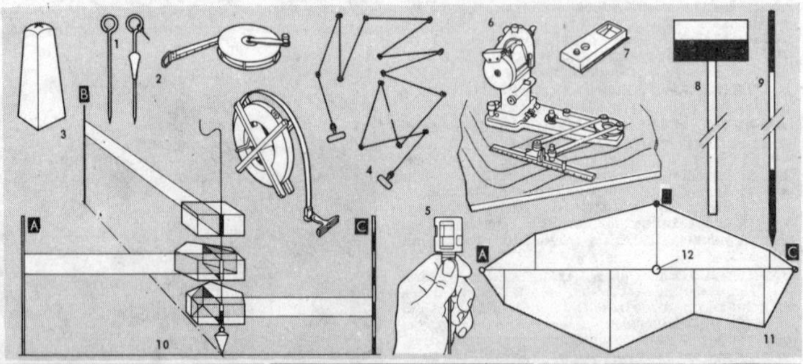

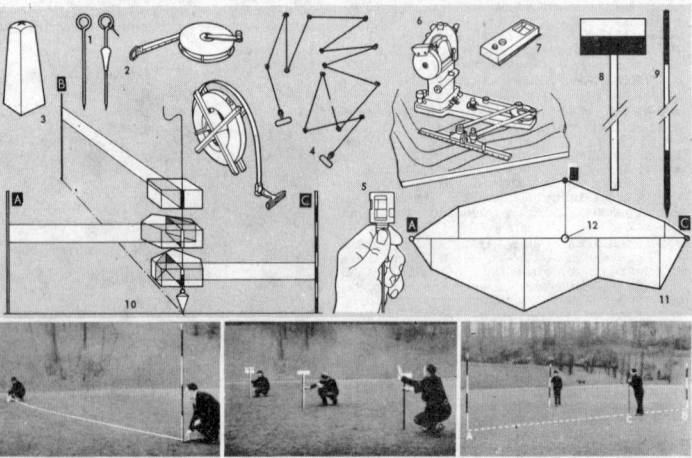

agrimensura
1. Piquetes; 2. Decámetros dobles; 3. Mojón; 4. Cadena; 5. Escuadra óptica; 6. Alidada; 7. Declinatorio; 8. Mira; 9. Jalón; 10. Funcionamiento de la escuadra óptica; 11. División del terreno en polígonos con la escuadra óptica
Las fotografías representan: una medición de distancias, una alineación y la operación indicada en el esquema (nº 10 y 11)

contiene la reserva de agua para la locomotora.
— *Fís.* El *agua*, bajo la presión normal de 760 mm de mercurio y entre las temperaturas de 0 y 100°, es un líquido transparente, inodoro e incoloro (tiene en realidad un color azul verdoso cuando forma masas importantes). Su densidad es máxima a la temperatura de 4° y, por definición, es igual a uno, puesto que un decímetro cúbico de agua a 4° y a la presión normal constituye la unidad con que se mide la densidad y el peso de los cuerpos. Lo mismo ocurre con su calor específico, pues la caloría representa la cantidad de calor necesario para que la temperatura de un gramo de agua pase de 14,5° a 15,5°.
Por lo demás, el calor específico y los calores latentes de fusión y de vaporización del agua son lo bastante grandes para que la masa de los océanos no permita cambios bruscos en la temperatura de la superficie terrestre. El agua no puede alcanzar, en estado líquido y presión normal, una temperatura superior a 100°: sea cual fuere la temperatura del hogar con que se caliente, se convierte en vapor, gas incoloro cuya densidad es solamente de 0,6 respecto a la del aire. A 1 300° los dos constituyentes del agua se disocian. A 0° el agua se congela o hiela, convirtiéndose en un sólido formado por cristales hexagonales y cuya densidad es inferior a la del agua.
— *Hidr. Aguas abajo,* posición de lo que, por referencia a una obra hidráulica, se halla situado en el lado o dirección por donde se va el agua. || *Aguas alumbradas,* las de los pozos y manantiales creados artificialmente por la mano del hombre. || *Aguas arriba,* posición de lo que, respecto a una obra hidráulica, se halla situado en el lado o dirección de donde viene el agua. || *Agua artesiana,* la que mana de un pozo artesiano. || *Aguas continentales,* las que brotan del suelo y las que, procedentes de precipitaciones atmosféricas, corren o se acumulan en la superficie. || *Agua corriente,* la que se derrama libremente por gravedad. || *Aguas falsas,* las que fluyen momentáneamente en un sondeo, pozo o excavación y que se agotan al cabo de cierto tiempo. Se oponen a las *aguas firmes* de los manantiales y pozos inagotables. || *Agua manantial,* la que brota de fuentes naturales. || *Agua meteórica,* agua pluvial. || *Agua muerta,* el agua que no corre y se corrompe más o menos por efecto de su estancamiento. || *Agua de pie,* la que mana de fuentes y manantiales. || *Agua pluvial,* el agua de lluvia, y, por ext., la que proviene de cualquier precipitación atmosférica. || *Aguas subálveas,* las que corren o se acumulan en el subsuelo del cauce de un río seco, y que se alumbran con pozos y sondas. || *Aguas vertientes,* aguas que corren por las laderas de las montañas, los pendientes de los tejados y otros declives. || *Toma de agua,* lugar donde se desvía una parte de la corriente de agua para llevarla a donde se ha de utilizar. También significa acometida, o sea, parte de un caño donde se enchufa o acopla otro secundario.
— Las *aguas subterráneas* impregnan el suelo y las rocas porosas o bien corren por redes de galerías hasta brotar en alguna fuente o manantial. Cuando llenan una cuenca porosa limitada por un lecho inferior impermeable, tienen un nivel horizontal que es el que alcanzan los pozos. También ocurre que se acumule el agua en una masa porosa situada entre dos capas impermeables de forma cóncava: si se perfora entonces la capa superior y si la presión del agua es suficiente, el agua puede surtir. (V. POZO *artesiano.*)
El agua que corre representa una energía potencial que es proporcional al producto de su caudal por la altura de su caída y que se aprovecha en los saltos de las centrales hidráulicas.
— *Ind. Aguas amoniacales,* las que provienen de la condensación y el lavado del gas y que contienen amoniaco producido por la destilacion de la hulla. Con ellas se fabrica amoniaco y otros productos derivados del mismo (sulfato de amonio, etc.). || *Agua fuerte,* nombre común del *ácido nítrico comercial,* que tiene la propiedad de atacar y disolver casi todos los metales y se utiliza en artes gráficas para grabar las planchas. (V. AGUAFUERTE.) || *Agua de Javel,* disolución floja de hipoclorito de sosa o de potasa que se usa como agente de blanqueo. || *Aguas madres,* las aguas residuales que quedan después de haberse cristalizado las substancias contenidas por una disolución salina. || *Agua regia,* mezcla de tres partes de ácido clorhídrico y una de ácido nítrico, que tiene la propiedad de disolver todos los metales, incluso el oro, que no es soluble en ninguno de dichos ácidos utilizados separadamente. || *Aguas residuales,* las que, después de haber sido utilizadas en un proceso industrial,

TABLA DE LAS CONSTANTES FÍSICAS DEL AGUA

Peso específico del agua a 0°	0,99987 kg/dm³
Peso específico del agua a 4°	1,00000 kg/dm³
Peso del oxígeno que contiene	88,81 %
Peso del hidrógeno que contiene	11,19 %
Coeficiente de dilatación cúbica (a 20°) . . .	0,00018
Compresibilidad: se reduce en 50 millonésimas de su volumen a la presión de	1 kg/cm²
Viscosidad a 20°	0,0101 poise
Resistencia eléctrica a 20°	60 000 ohmios/cm³
Conductibilidad calorífica a 20°	140 × 10⁻⁵
Velocidad del sonido a 15°	1 447 m/s
Presión crítica	218 atmósferas
Densidad crítica	0,31
Temperatura crítica . . .	374,2°
Temperatura de ebullición	100°
Tensión de vapor del agua a 20°	17,53 mm de mercurio
Calor latente de vaporización	539 cal/g
Peso del vapor a 100° y a la presión de 760 mm de mercurio . . .	0,597 g
Punto de solidificación.	0°
Peso específico del hielo a 0°	0,9167 kg/dm³
Calor de solidificación a 0°	79,15 kcal/kg
Calor latente de fusión del hielo	79,7 kcal/kg
Tensión de vapor del hielo a 0°	4,58 mm de mercurio

estación depuradora de **aguas** negras

abastecimiento de **aguas:** sala de bombas y esterilización por el ozono

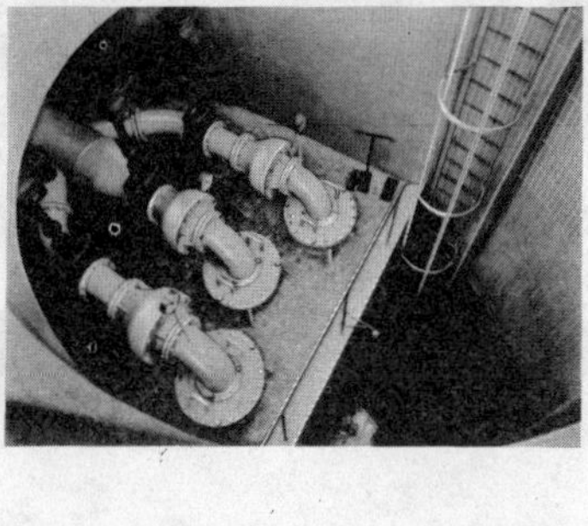

Fot. Brown-Boveri, S. T. E., X

conservan substancias disueltas o materias en suspensión (aguas de lavado, aguas madres, aguas negras, etc.). ‖ *Aguas suras,* aguas en las cuales se ha hecho fermentar alguna substancia.

— El agua representa un papel importante y cómodo en calidad de vehículo transportador de calorías (agente calorífero o refrigerante), como en los condensadores, radiadores y máquinas de absorción.

El arrastre por aguas permite transportar económicamente las materias al mismo tiempo que las lava, como, por ej., la remolacha en las azucareras.

— *Ind. alim.* Por extensión, se da el nombre de agua a las bebidas hechas a base de ella: *agua de cebada, agua de limón.* ‖ *Agua gaseosa,* la que contiene mucho gas en disolución, especialmente la que, como el *agua de Seltz,* contiene gas carbónico a presión y que, al cesar ésta, se desprende en forma de burbujas. (V. SIFÓN.)

— El *agua potable* ha de ser limpia e inodora; debe cocer las legumbres sin endurecerlas y formar una buena espuma con el jabón No ha de contener nitratos, amoniaco ni microbios patógenos. Por otra parte, debe tener poca cantidad de materias orgánicas. Como son raras las aguas que llenan éstos y otros requisitos, es preciso tratarlas antes de distribuirlas.

Una red de *abastecimiento de aguas* comprende las obras de captación (pozos, galerías, pantanos, etc.), las instalaciones de filtración (tanques clarificadores, filtros), los dispositivos depuradores (correctores del exceso de hierro, de manganeso, etc., de la acidez y de la dureza) y las instalaciones de esterilización (para eliminar los gérmenes nocivos).

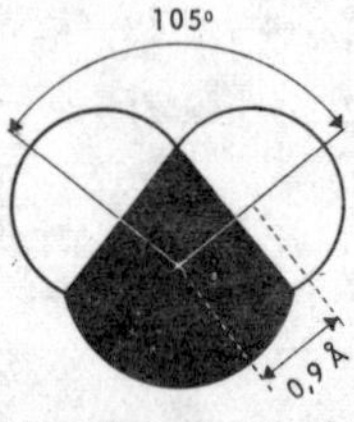

los dos átomos de hidrógeno y el átomo de oxígeno en una molécula de **agua**

— *Joy. Agua de afinar,* mezcla de vitriolo, salitre y alumbre usada por los orfebres para atacar los metales.

— *Mar. Agua* es sinónimo de *marea.* ‖ *Aguas de creciente,* movimiento ascendente de la marea. ‖ *Aguas llenas,* la pleamar. ‖ *Aguas mayores,* las mareas más importantes del año, o sea las de equinoccio. ‖ *Aguas de meguante,* reflujo de la marea. ‖ *Aguas vivas,* las mareas de equinoccio y, también, las más importantes de cada ciclo lunar.

— *Agua* significa asimismo *grieta, agujero* o *rotura* del casco por donde ella penetra y que, según la altura a que se halle será *agua alta* o *baja.* Llámase *agua muerta* la que rezuma el casco en pequeñas cantidades, *agua viva* la que penetra continua y abundantemente, y *agua de plan* la que, por no poder correr hasta la caja de bombas, se acumula en alguna parte del casco. Por lo demás, un buque *bebe agua* por encima de la borda (por ir muy tumbado); *embarca agua* por la violencia de las olas que pasan sobre la borda; *hace agua* por las grietas y por las vías abiertas accidentalmente. *Tomar el agua, un agua* o *las aguas* es cortar la entrada del líquido calafateando el casco o tapando de cualquier manera las grietas o boquetes por donde penetra.

También se llama agua la estela que deja el barco tras de sí, y *aguas muertas* los remolinos formados por el agua, que fluye lateralmente para llenar la depresión que crea el casco por la popa. Otras acepciones: *agua de fondo,* la que, por su color característico indica la presencia de un fondo poco profundo. ‖ *Línea de agua,* v. LÍNEA. ‖ *Vía de agua,* v. VÍA. ‖ *Entre dos aguas,* entre la superficie y el fondo.

— *Mec. Agua de circulación,* la que circula por una camisa, serpentín o haz tubular para refrigerar une máquina o condensar el vapor. ‖ *Cortina* o *parrilla de agua,* conjunto de tubos de una caldera * tubular dispuestos a cada lado de la misma a modo de revestimiento que protege la mampostería y aumenta la vaporización.

Tubo de agua, elemento tubular de una caldera *.

— *Meteor. Tromba de agua,* v. TROMBA.

— *Ocean.* Los mares cubren las 7/10 partes de la superficie terrestre. El agua del mar contiene, por término medio, y por litro, 27,3 g de cloruro de sodio, 3,4 g de cloruro de magnesio, 2 g de sulfato de magnesio, 1,3 g de sulfato de calcio, 0,6 g de cloruro de potasio, 0,1 g de carbonato de calcio, etc., pues todos los cuerpos se hallan disueltos en ella.

La salinidad de los océanos es de 35 p. 1 000 (36 en los trópicos y 30 en las regiones polares). [V. tb. MAR.]

— *Perf.* Líquido obtenido mediante infusión, maceración o emulsión de materias vegetales y que contiene en disolución principios aromáticos: *agua de rosas, agua de espliego* o *de alhucema* (y no de lavanda, galicismo común en América). ‖ *Agua de Colonia,* alcohol rebajado con agua y perfumado con una mezcla de esencias de flores. ‖ *Agua dentífrica,* v. DENTÍFRICO.

— *Petr. Agua de yacimiento,* agua salada que suele encontrarse junto al petróleo y cuya aparición en el curso de un sondeo constituye un índice favorable.

— *Quím.* El agua u óxido de hidrógeno (H_2O) disuelve gran número de substancias sólidas, líquidas y gaseosas. Cuanto más elevada fuere su temperatura, mayor será la solubilidad de los sólidos y menor la de los gases.

— El *agua* es, químicamente, muy estable, pero puede ser descompuesta por muchas substancias ávidas de alguno de sus dos componentes: el fluor, el cloro y el bromo fijan el hidrógeno y liberan el oxígeno, mientras que el fósforo, el carbono y el silicio se unen al oxígeno y liberan el hidrógeno.

Los metales alcalinos y alcalinoterrosos la descomponen en frío y forman hidróxidos.

Otras formas de descomposición constituyen la hidrólisis*. En cuanto a las reacciones por adición, dan hidratos *. En los hidratos cristalizados se llama *agua de cristalización* *, porque de eliminarse el agua desaparecería el cristal, mientras que en los oxácidos y en las bases es *agua de constitución,* cuya presencia modifica profundamente las propiedades de los cuerpos.

Agua destilada, agua pura que se obtiene mediante destilación * de cualquier agua que no lo es por llevar materias disueltas (para aumentar su pureza se destila una segunda vez y se llama entonces *agua bidestilada* o *agua cohobada*). Teóricamente el agua de lluvia es agua destilada; prácticamente sólo puede considerarse como tal en contadas aplicaciones.

Agua oxigenada, solución de bióxido de hidrógeno de fórmula H_2O_2. El bióxido de hidrógeno puro es un líquido espeso (d = 1,46) e incoloro, de olor nitroso y sabor metálico, que se congela a — 1°.

El agua oxigenada comercial a 2 ó 3 % se llama también de 10 a 12 volúmenes porque puede desprender 10 ó 12 veces su propio volumen de oxígeno. La solución llamada perhidrol contiene 100 volúmenes, y el bióxido de hidrógeno puro, 475 volúmenes.

El agua oxigenada puede fabricarse de varias maneras: acción del bióxido de bario sobre el ácido clorhídrico; tratamiento de persulfato de potasa con agua; electrólisis del ácido sulfúrico concentrado, etc.

El agua oxigenada se usa principalmente por sus propiedades oxidantes (blanqueo, etc.). *Agua pesada,* líquido análogo al agua común, pero en cuyos átomos el hídrogeno común es reemplazado por su isótopo llamado deuterio*. Su fórmula es D_2O.

Sus características físicas difieren ligeramente de las del agua: su densidad es de 1,106 (de ahí

embotellado del **agua** mineral

Fot. Perrier

su nombre). Hierve a 101,43° y se congela a 3,81°.

El agua pesada existe en el agua ordinaria y en la proporción de una parte por cada 4 700. Para extraerla se aprovecha la circunstancia de que se hidroliza con menor rapidez. Así se concentra en los residuos de las cubas de electrólisis *.

El agua pesada se usa como moderador * o frenador de neutrones en ciertos reactores * nucleares.

— *Text. Agua de almidón,* agua con almidón disuelto usada para endurecer por planchado alguna parte de las prendas de vestir, especialmente los cuellos, puños y pecheras de las camisas.

AGUABRESA f. *Constr.* Conducto de desagüe de una letrina.

AGUACAL m. *Pint.* Lechada de cal, a la cual se agrega un poco de yeso, que sirve para blanquear los muros.

AGUADA f. *F. c.* Toma de agua para las locomotoras en una línea férrea.

— *Min.* Masa de agua que irrumpe y anega las galerías en una mina.

— *Pint.* Pintura a base de colores disueltos en agua. ‖ Ligero tinte que se da a una pared enlucida para rebajar la blancura excesiva del yeso.

AGUADERO m. *Carp.* En las explotaciones forestales, lugar de la orilla de un río o lago por donde se echan al agua los troncos que se han de transportar a flote.

AGUAFUERTE f. *Art. gráf.* Procedimiento de grabado en hueco que sólo se emplea hoy para ediciones de arte.

— En una plancha metálica cubierta con una capa de substancia resistente a los ácidos, se traza el dibujo con un punzón que elimina dicha substancia y pone el metal al descubierto. Expuesta entonces la plancha a la acción del agua fuerte (hoy se emplea el cloruro férrico), el metal será atacado y mostrará en hueco los detalles del dibujo. Al entintar la plancha, la tinta llenará los huecos y éstos la cederán a continuación al papel. Este procedimiento tiene la ventaja, sobre la impresión en relieve, de permitir un entintado regulable a voluntad del artista, pero, por ser caro y poco práctico, se ha ido abandonando en provecho de los procedimientos fotomecánicos.

AGUAGOMA f. *Pint.* Solución acuosa de goma arábiga para desleír los colores y darles más cuerpo.

AGUAJE m. *Mar.* Flujo de las mareas importantes, y, por ext., corriente debida a las mareas o a cualquier otro fenómeno periódico. ‖ *Aguaje del timón,* remolinos que se forman detrás del barco a causa de la depresión que su avance crea en el agua.

AGUAMARINA f. *Miner.* Variedad común de esmeralda de ligero tinte verde azulino. ‖ *Aguamarina oriental,* topacio del mismo color de la aguamarina, pero que es una gema diferente procedente de Siberia.

AGUAMIEL f. *Ind. alim.* Agua endulzada con miel o con papelón de caña. ‖ *Amér.* Zumo de maguey que, por fermentación, da pulque.

AGUARDIENTE m. *Ind. alim.* Bebida alcohólica que se elabora por destilación * del vino, melaza, mezcal y otros zumos fermentados.

AGUARRÁS m. *Pint.* Esencia de trementina *.

AGUATINTA f. *Art. gráf.* Variedad de grabado al agua fuerte en el cual el mordiente se aplica con un pincel. ‖ Láminas obtenidas por este procedimiento, parecidas a los dibujos lavados o aguadas.

AGUDEZA f. *Ópt. Agudeza visual,* poder separador expresado por la inversa del ángulo que tiene por vértice un ojo y cuyos lados pasan por los bordes del objeto más pequeño que pueda ser distinguido a simple vista.

AGUDO, DA adj. Puntiagudo, acerado, sutil.

— *Arq.* Apuntado, ojival.

— *Geom. Ángulo agudo,* el que vale menos de 90°.

— *Radiot.* Ajuste de una sintonización: *con una sintonización aguda se captan las emisiones más intensamente y con menos distorsión.*

AGÜERA f. *Agr.* Acequia.

ÁGUILA m. *Papel.* Nombre que se da a dos formatos de papel: el *águila mayor,* que mide 74 × × 105 cm, y el *águila menor,* de 60 × 94 cm.

AGUILÓN m. *Constr.* Caño de sección rectangular: *una chimenea de aguilones.* ‖ Teja o pizarra con el extremo superior sesgado para que ajuste con la lima * tesa del tejado. ‖ Madero que, en una armadura de faldón, une diagonalmente el cuadral con una de las esquinas del edificio. ‖ *Muro de aguilón,* hastial.

— *Mec.* Brazo de una grúa.

AGUJA f. Punzón delgado, con un extremo acerado y el otro provisto de un ojo por el cual se pasa un hilo, que sirve para coser, bordar y otras labores y que, según su tamaño, forma y uso a que se destina, recibe nombres diferentes: *aguja capotera, colchonera, de enjalmar, espartera, saquera,* etc. ‖ Nombre dado por ext. a numerosos estiletes, punzones y otros instrumentos u objetos, que por su forma de púa o por su cometido, se asemejan a la aguja de coser: *aguja de media, aguja de gancho, aguja de gramófono, almidón de agujas.*

— Las *agujas* se fabrican a partir de un alambre de acero grueso que se pasa por hileras hasta alcanzar el diámetro deseado (0,35 mm para las agujas más finas) y que se corta para fabricar las agujas de dos en dos (unidas por la cabeza). La máquina aguza los extremos del alambre y una prensa estampa los dos ojos. Otra máquina separa ambas agujas, labra los lados del ojo y redondea la cabeza. Finalmente las agujas son templadas, pulidas y niqueladas.

— *Arq.* Chapitel muy alto y apuntado que remata un campanario o cualquier otra torre. ‖ Obelisco.

— *Art. gráf.* Arruga larga y estrecha que se forma en el papel y produce frailes.

— *Carp.* Cada una de las barras que, por medio de agujeros y pasadores, sirven para mantener paralelas las tablas de un tapial.

— *Constr.* Nombre dado a varios instrumentos para medir la consistencia de los morteros, que

fábrica de **agua** pesada (Rjukan, Noruega)

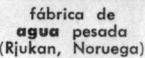

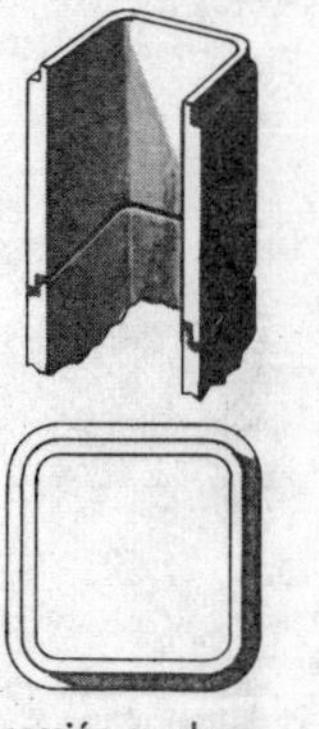

sección y plano de un **aguilón** de chimenea

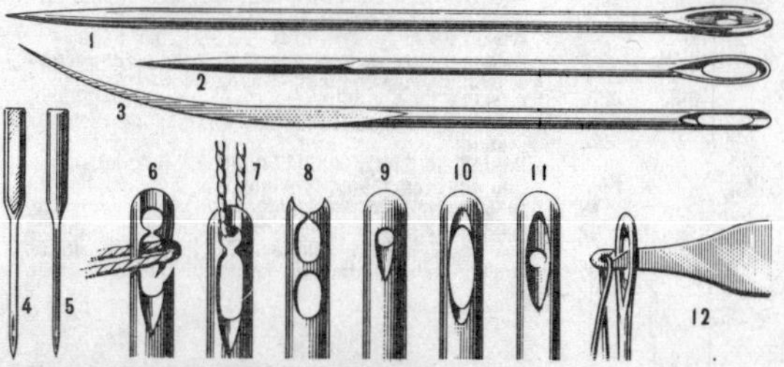

agujas de coser 1 a 3. Saqueras; 4 y 5. De máquina de coser; 6 a 8. Para ciegos; 9 a 11. Ojos ordinarios; 12. Ganchillo de enhebrar

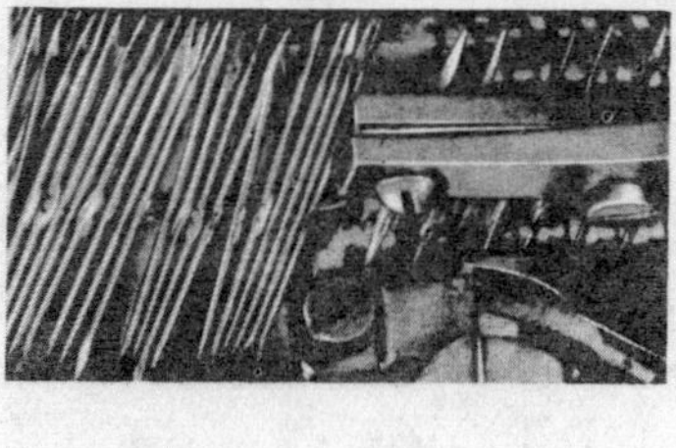

fabricación de las **agujas**

Fot. Kit Robbins, G. Barraud

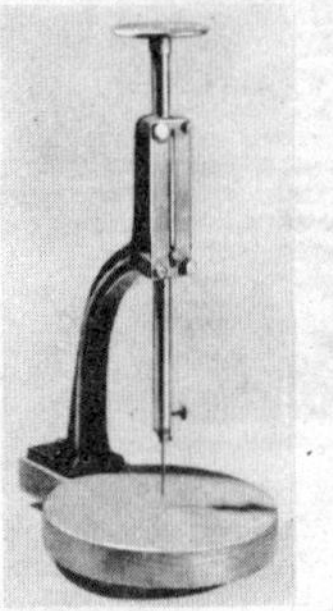

aguja de Vicat

ahumador de apicultura

se fundan generalmente en la mensura de la resistencia que opone la masa a la penetración de una aguja o vástago (*aguja de Proctor, aguja de Vicat*, etc.).
— *F. c.* Dispositivo para reunir dos vías de ferrocarril en una sola o para permitir que los trenes pasen de una vía a otra.
— La *aguja* propiamente dicha es el riel aguzado, con un extremo fijo (*aguja elástica*) o articulado (*aguja de pivote*) y el otro libre, que se desliza lateralmente sobre placas o cojinetes y puede aplicarse así contra el riel o separarse de él. Por extensión se da este nombre al cambio de vía que, además de las agujas, consta de contraagujas, cruceros o corazones, contracarriles, patas de liebre y cerrojos.
En las líneas modernas de mucho tráfico las agujas se manejan desde una torre de mando por medio de cables o de dispositivos eléctricos. Un gráfico luminoso indica constantemente cuales son las vías enlazadas.
Aguja aérea, dispositivo que, en las líneas electrificadas, corresponde a los cambios de vía y permite al trolley pasar de un cable a otro.
— *Hidr. Presa de aguja*, v. PRESA.
— *Inf.* Cada uno de los punzones que, en las máquinas de tarjetas, penetran en las perforaciones de éstas durante los procesos de clasificación o de tratamiento de la información.
— *Joy. Aguja de toque*, instrumento en forma de estrella hecho con una liga de oro, plata y cobre, en proporciones diferentes para cada punta, que se usa con la piedra de toque* para apreciar la ley de un metal precioso.
— *Magn. Aguja magnética*, la de la brújula. || *Aguja de declinación, aguja de inclinación, aguja estática*, v. DECLINACIÓN, INCLINACIÓN y BRÚJULA.
— *Mar. Aguja de bitácora o de marear, aguja giroscópica, aguja loca*, v. BRÚJULA. || *Cuartear la aguja*, v. ROSA.
— *Méc.* V. VÁLVULA DE AGUJA.
— *Metr.* Fiel de la balanza*.
— *Min.* Barrena * de perforar.
— *Tecn.* Saeta, laminilla en forma de púa o aguja que en los relojes sirve para indicar la hora y en las esferas de los contadores y otros aparatos señala la magnitud de lo que se está midiendo.
— *Topogr.* Bastón con azuche o varilla metálica que se plantan en el suelo para efectuar medidas con la cadena o las cintas de agrimensor. || *Aguja de marcar*, instrumento constituido por una alidada y una brújula, que sirve para efectuar marcaciones.
AGUJERO m. Abertura u orificio que se practica en alguna parte. || *Agujero de hombre*, abertura prevista en las calderas, tanques y otras construcciones con objeto de permitir la entrada al hombre encargado de revisarlas o de repararlas.
— *Astr. Agujero negro*, v. ESTRELLA.
— *Mec. Agujero de forma*, todo agujero no circular que se labra en una pieza mecánica.
AGUJETA f. *Art. gráf.* Aguja* del papel.
— *Curt.* Tira de piel que sirve para coser correas de transmisión y otros objetos de cuero.
AGUJETEAR v. *Curt.* Coser con agujetas.
AGUJUELA f. *Art. y of.* Especie de tachuela grande.
AGUZADERO, AGUZADOR, RA adj. y s. Que sirve para aguzar o amolar. || — F. Piedra de asperón para amolar.
AGUZAR v. *Art. y of.* Hacer o sacar punta a una cosa: *aguzar una lezna.* || Por ext., afilar, amolar, labrar algo en forma de ángulo agudo.
Ah, símbolo del *amperio/hora.* (V. AMPERIO.)
AHECHADURA f. *Ind. alim.* Desperdicios que deja la limpieza del grano en los molinos harineros.
AHECHAR v. *Ind. alim.* Limpiar el trigo y otros granos antes de molerlos.
AHERRUMBRARSE v. Tomar alguna cosa el color o el sabor del hierro: *aherrumbrarse el agua en un tanque.* || Oxidarse, cubrirse de herrumbre.
AHILAMIENTO m. *Mec.* Relación entre la altura de una pieza sometida a compresión y la superficie de su sección transversal: *el grado de ahilamiento o de esbeltez interviene en los cálculos de resistencia de materiales.*
AHILARSE v. *Carp.* Criarse los árboles muy juntos, con lo cual se obtienen troncos altos, rectos y con pocas ramas que dan la madera* de hilo.
AHOGADERO m. *Text.* Caldera exprofeso para ahogar en agua caliente las ninfas encerradas en los capullos de seda.
AHOGADIZO, ZA adj. *Carp.* Aplícase a la madera que no puede flotar en el agua por tener mayor densidad que ella.
AHOGADO, DA adj. *Text.* Dícese de la seda del capullo después de haber sido ahogada la ninfa.
AHORMAR v. *Art. y of.* Amoldar, ajustar a su horma o molde.
AHORQUILLAR v. *Art. y of.* Dar a alguna cosa la forma de horquilla o proveerla de ella: *biela ahorquillada.*
AHUECADERA f. *Carp.* Ahuecador de tornero.
AHUECADOR, RA adj. Que ahueca.
— *Carp.* M. Formón acodado que sirve para tornear piezas huecas.
AHUEHUETE m. *Bot.* y *Carp.* Árbol conífero americano (*Taxodium mexicanum*) que alcanza comúnmente de 30 a 40 m de altura: *la madera del ahuehuete, utilizada en México, tiene aproximadamente las mismas características que la del ciprés.*
AHULADO, DA adj. *Text. Amer.* Aplícase a la tela o a la prenda de vestir impermeabilizada con una capa de hule.
AHUMADERO m. *Art. y of.* Sitio o instalación que sirve para ahumar alguna cosa: *ahumadero de arenques.*
AHUMADO, DA adj. Que ha sido sometido a la acción del humo.
— *Ópt.* Dícese de los cristales de color obscuro que absorben el exceso de luz solar y protegen los ojos: *gafas de lentes ahumadas.* || Dícese también del vidrio ordinario ennegrecido con el hollín de una llama: *observar un eclipse de sol con un cristal ahumado.*
AHUMADOR m. Aparato para ahumar o producir humo, especialmente el que se usa en apicultura y que consiste en un depósito donde se queman trapos, paja o materias orgánicas y en un fuelle que proyecta el humo por una boquilla.
AHUMAR v. Curar al humo carnes o pescados. || Echar humo a las abejas para ahuyentarlas o imposibilitarlas de picar al apicultor que abre su colmena. || Ennegrecer algo con el humo u hollín de una llama.
AHUSAR v. *Art. y of.* Dar forma de huso a alguna cosa.
AIRE m. Mezcla de gases que constituye la atmósfera. || *Aire viciado*, el que, por no haberse renovado, se ha empobrecido en oxígeno, al par que se ha cargado de ácido carbónico y otras emanaciones.
— *Aeron. Bache de aire*, v. BACHE. || *Manga de aire*, v. MANGA. (V. tb. AERODINÁMICA y EFECTO.)

aguja *(f. c.)* detalles de un cambio de vía y sala de agujas de una estación

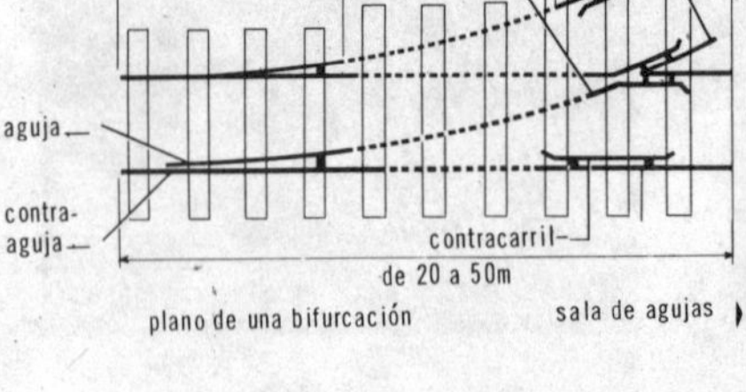

plano de una bifurcación

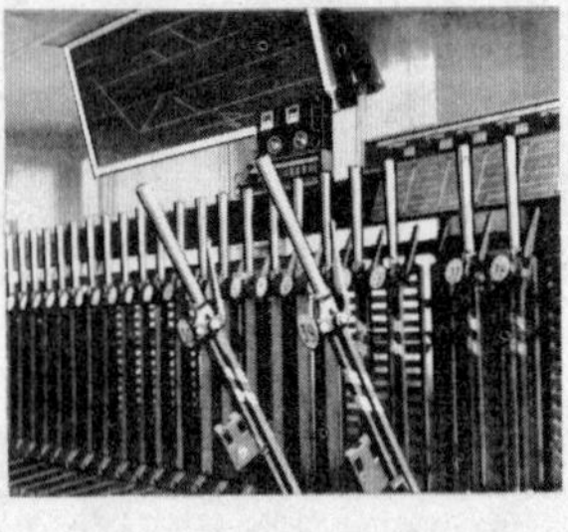
sala de agujas

Fot. Larousse, S. N. C. F.

fábrica de **aire**, oxígeno y nitrógeno líquidos

— *Fís.* y *Quím.* El *aire puro* es un fluido compuesto de 78,08 % de nitrógeno, 20,95 % de oxígeno, 0,93 % de argón, 0,0018 % de neón, 0,0005 % de helio, y 0,0001 % de criptón. Contiene, entre otras impurezas, 0,03 % de gas carbónico, 0,01 % de hidrógeno y una proporción variable de vapor de agua que depende de su humedad * relativa.

Un litro de aire a la temperatura de 0° y bajo la presión normal de 760 mm de mercurio, pesa 1,293 g y sirve de unidad para medir la densidad y el peso específico de los gases.

El aire puro no tiene olor ni sabor, y su color azulado solamente es apreciable en capas muy espesas.

Es mal conductor de electricidad, salvo cuando se halla ionizado (v. IONIZACIÓN). También conduce mal el calor, pero sus movimientos de convección * permiten utilizarlo como agente calorífero (v. CALEFACCIÓN).

A la presión atmosférica, el aire se licua a la temperatura de — 193°. Como el punto de ebullición es diferente para cada uno de sus componentes, éstos se separan industrialmente por destilación * fraccionada del aire líquido.

Las bajas temperaturas del aire líquido se aprovechan en física y en química para estudiar las propiedades de los cuerpos; en metalurgia, para el temple de aceros especiales, etc. Enriquecido en oxígeno y mezclado con substancias porosas, constituye un explosivo * eficaz.

El aire es un elemento indispensable, tanto biológicamente como para el entretenimiento de las combustiones y el funcionamiento de motores (combustión y refrigeración). Su constituyente esencial es el oxígeno, al cual se deben prácticamente todos los efectos químicos del aire (v. COMBUSTIÓN y OXIDACIÓN) salvo los que son provocados por el vapor de agua y el gas carbónico.

— *Mar. Bomba de aire,* v. BOMBA. ‖ *Caja de aire,* v. CAJA.

— *Mec.* El *aire comprimido* es un fluido motor de uso universal. Se obtiene con compresores * y se vende en botellas metálicas a la presión de 150 y hasta 250 kg/cm². En París y otras ciudades existe un servicio urbano de abastecimiento de aire comprimido por cañerías, semejante a los del agua y del gas.

Los motores neumáticos, entre otras numerosas aplicaciones, accionan la maquinaria de las minas, pues no producen chispas y contribuyen a la aireación de las galerías donde se usan. Estos motores, insubstituibles para el trabajo por percusión (perforadoras y martillos neumáticos), son robustos y simples, pero tienen un rendimiento muy malo, pues solamente restituyen 10 % de la energía consumida por los compresores.

También se usa el aire comprimido para remachar roblones, pulverizar pintura y abrasivos, metalizar las piezas, inyectar cemento y otras materias pastosas, soplar vidrio, transportar grano y materias pulverulentas, activar la combustión en los hornos, afinar el arrabio, etc., y como agente motor en los frenos * de aire comprimido, gatos neumáticos y otros aparatos.

A cada uso conviene una presión apropiada, que es de 0,5 a 2 kg/cm² (sopladoras de hornos), 2 a 5 kg (pulverización de pintura y de abrasivos), 5 a 7 kg (herramientas neumáticas), 30 a 80 kg (arranque de motores) y hasta 1 000 kg en ciertos procesos químicos.

— *Min.* En una mina cabe distinguir el *aire viciado,* empobrecido por la respiración y las emanaciones, del *aire nocivo,* adulterado por la presencia de gases tóxicos y de las mofetas, que son mezclas explosivas de aire y grisú. El suministro constante de aire fresco hasta los tajos más profundos y avanzados, condición esencial para el beneficio de una mina, se obtiene con el uso de ventiladores * especiales de gran potencia y mucho caudal.

— *Tecn. Aire acondicionado,* aire tratado en una instalación apropiada, con el cual se ventila un local o un recinto cualquiera para crear en el mismo una atmósfera sana de temperatura, humedad y presión constantes. (V. CLIMATIZACIÓN.) ‖ *Esclusa de aire,* v. ESCLUSA. ‖ *Máquina de aire frío,* v. REFRIGERACIÓN.

AIREACIÓN f. Ventilación por simple exposición al aire o creando un tiro sin usar medios mecánicos, por oposición a la que se obtiene con ventiladores, turbinas y otros aparatos: *de la buena aireación de la madera apilada depende la rapidez y perfección del secado.*

AIREADO m. Ventilación natural. (V. AIREACIÓN.)

AIREADOR m. Ventilador.

AIREAR v. Ventilar.

AIRESTATO m. *Tecn.* Regulador automático de la temperatura del aire. (V. TERMOSTATO.)

AISLADOR, RA adj. Que aisla, separa o protege contra algún agente exterior.

— *Electr.* Aislante. ‖ — M. Pieza de cerámica, bakelita, vidrio u otra materia que sirve para mantener los conductores eléctricos perfectamente aislados de la tierra y entre ellos.

— La superficie lisa y brillante de los *aisladores* tiene por objeto evitar que se acumule en ella

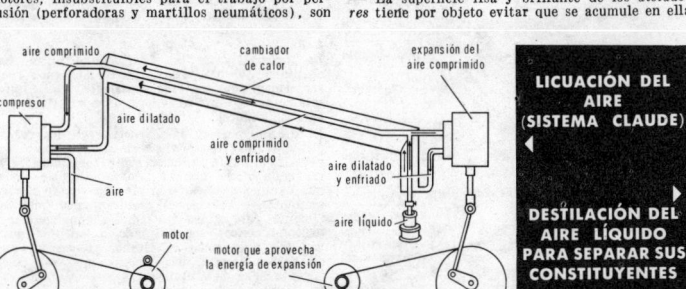

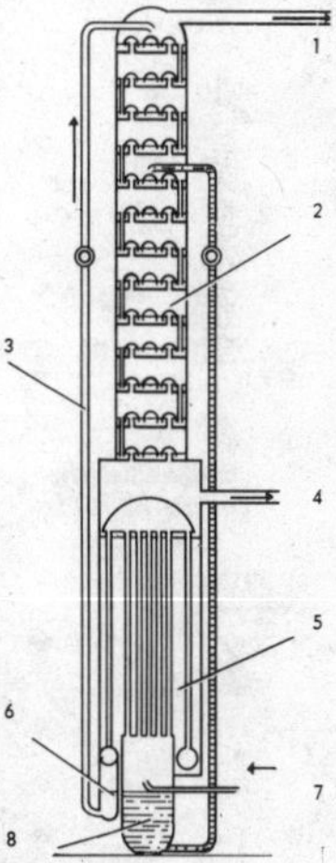

1. Nitrógeno; 2. Columna de platillos; 3. Nitrógeno líquido; 4. Oxígeno; 5. Oxígeno líquido; 6. Condensador de nitrógeno; 7. Aire a 5 atm.; 8. Aire líquido

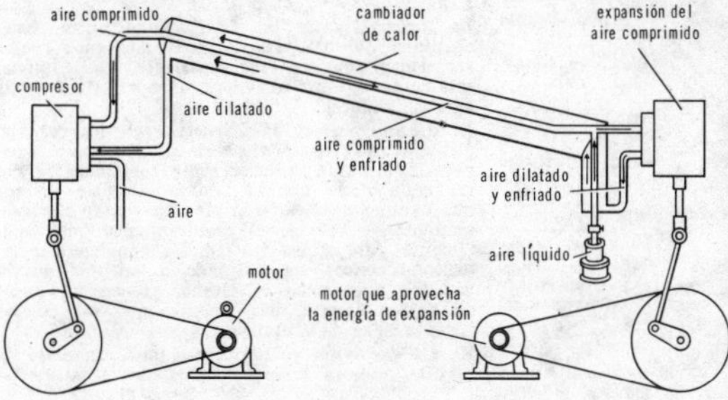

LICUACIÓN DEL AIRE (SISTEMA CLAUDE) ◄

► **DESTILACIÓN DEL AIRE LÍQUIDO PARA SEPARAR SUS CONSTITUYENTES**

Fot. C. Lacheroy

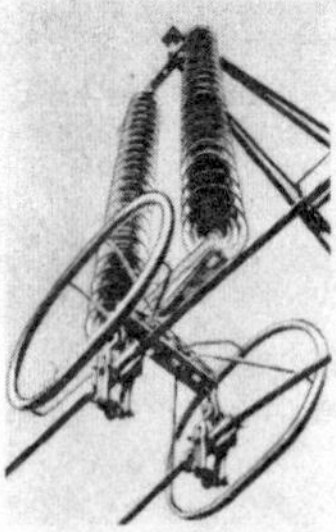

aislador eléctrico de alta tensión (380 000 V)

la humedad. Sus formas tienden a lograr la máxima distancia entre el conductor y el soporte metálico, con el fin de reducir las pérdidas por convección superficial.

AISLAMIENTO m. Acción y efecto de aislar. ‖ Protección contra el ruido, el calor, el frío, las vibraciones, la humedad, etc.

AISLANTE adj. Que aisla o impide la propagación de algún fenómeno o agente físico.
— *Constr.* Substancia hidrófuga * que, mezclada con el mortero o aplicada sobre un muro, impide el paso de la humedad.
— *Electr.* Nombre genérico de las materias que, por su gran resistencia eléctrica, pueden ser utilizadas como no conductoras. Las principales son el vidrio, la cerámica, la mica y el amianto; el caucho, la ebonita, la gutapercha y las resinas sintéticas; la cera, el alquitrán, la resina, la laca y el betún; el petróleo, la parafina, las materias grasas animales y vegetales; la madera, la celulosa y sus derivados (papel seco, celuloide, etc.).
— Un conductor puede ejercer acciones electrostáticas sobre otro conductor próximo del cual se halle separado por un *aislante*. Éste se llama entonces *dieléctrico* * y el conjunto forma un condensador.
— *Tecn.* Los *aislantes térmicos*, también llamados *calorífugos*, son materias poco conductoras del calor que, utilizadas en la pared de un recipiente o recinto cualquiera, impiden —hasta cierto punto— que éste ceda sus calorías al medio exterior (caso de una habitación caldeada en invierno) o que los reciba del mismo (caso de una nevera). Los aislantes térmicos más corrientes son la lana de vidrio, el corcho, el amianto, el caucho, la madera, el cartón, el hormigón celular, las escorias, las resinas sintéticas porosas, etc.
Los mismos materiales sirven con frecuencia para proteger contra la transmisión de los ruidos. (V. INSONORIZACIÓN.)

AISLAR v. *Fís.* Impedir la propagación de algún fenómeno o agente físico interceptándolo con materias aislantes *.

AISLÓMETRO m. *Electr.* Especie de electroscopio adaptado para descubrir los defectos de los aisladores en las líneas de alta tensión.

AJALEADO, DA adj. Que tiene el aspecto o la consistencia de una jalea.

AJEDREZADO, DA adj. *Arq.* Dícese del enlosado y de la decoración mural de cuadros claros y obscuros, como los del tablero de ajedrez. (Sinón. ESCAQUEADO.)

AJENJO m. *Bot.* Planta compuesta (*Artemisia absinthium*) y licor que se obtiene macerándola con anís y otras hierbas y destilando la mezcla: *el ajenjo es aún peor para el organismo que el aguardiente.*

AJIMEZ m. *Arq.* Ventana compuesta, dividida en dos por una columna que forma así arcos gemelos.

AJUSTADOR, RA adj. y s. *Art. gráf.* Mesa metálica o cualquier otro mueble en que se efectúa el ajuste de las páginas.
— *Art. y of.* Que ajusta o sirve para ajustar.

AJUSTAR v. Adaptar una cosa a otra con cierta precisión.
— *Art. gráf.* Formar planas con las galeradas.
— *Mec.* Dar la última mano a una pieza para que tenga las dimensiones exactas y se adapte a otra u otras en un mismo conjunto mecánico.
— *Radiot.* Obrar sobre la capacidad o la inductancia de un circuito oscilante para ponerlo en exacta sintonía o resonancia con otro.

AJUSTE m. *Art. y of.* Acción y efecto de ajustar. ‖ Acoplamiento, enchufe: *ajuste de bayoneta.*
— *Mec.* Grado de libertad entre dos piezas, una de las cuales (macho) penetra en la otra (hembra). Los *ajustes* difieren según la precisión que se requiera del órgano mecánico y la tolerancia que se ha admitido en la fabricación de las piezas que lo constituyen. Un *ajuste de rodamiento* o de *deslizamiento* puede ser holgado (juego exagerado), ligero (juego apenas excesivo) o rígido (sin juego apreciable). El *ajuste fijo* es natural cuando las piezas entran a mano, *suave* cuando requiere la acción ligera del mazo, *fuerte* si obliga a golpear y *forzado* cuando se ha de efectuar con una prensa (*ajuste a presión*). En ciertos casos el elemento macho tiene mayores dimensiones que el elemento hembra. El ajuste se efectúa entonces calentando el elemento hembra para que se dilate (*ajuste en caliente*).
Para obtener el ajuste requerido de dos piezas es indispensable que las dimensiones previstas se hayan observado con la mayor precisión, lo cual se comprueba con calibres, galgas, micrómetros y otros instrumentos.

a. l., símbolo de *año* de luz.*

Al, símbolo químico del *aluminio.*

ALA f. *Aeron.* Plano principal de sustentación de un avión, así llamado por su analogía con el

ala articulada de un avión embarcado

ala de las aves. ‖ *Ala giratoria,* la hélice sustentadora de los autogiros y aparatos similares. ‖ *Ala voladora,* avión sin fuselaje.
— Desde el punto de vista aerodinámico, el *ala* se caracteriza principalmente por la fuerza de sustentación que desarrolla al ser arrastrada y por la resistencia que el aire opone a su avance. Ambas características dependen de la forma del ala, especialmente de su perfil * o sección transversal: el mejor perfil es el que, para un ángulo de ataque determinado, da el máximo de sustentación con un mínimo de resistencia al avance, o sea el que tiene la mejor finura o coeficiente de deslizamiento. (V. POLAR.)
La figura ilustra las formas que puede tener el plano del ala. Los aviones modernos suelen ser monoplanos de *alas cantilever.* Los biplanos solamente se utilizan para el aprendizaje y la acrobacia aérea.
El dibujo muestra la estructura clásica del ala. En aparatos supersónicos de perfiles poco espesos, la armazón interna suele reemplazarse por un relleno de panal *, masa alveolar liviana que da mucha cohesión al ala. En cuanto al revestimiento se refiere, el calentamiento que experimenta éste a las velocidades supersónicas (v. MURO *térmico*) ha obligado a adoptar nuevos metales que, como el titano, tienen un punto de fusión mucho más elevado que los de las ligas a base de aluminio.
El ala de avión es un órgano más complejo de lo que pudiera creerse. Calculada su sustenta-

aislamiento contra el ruido y el calor

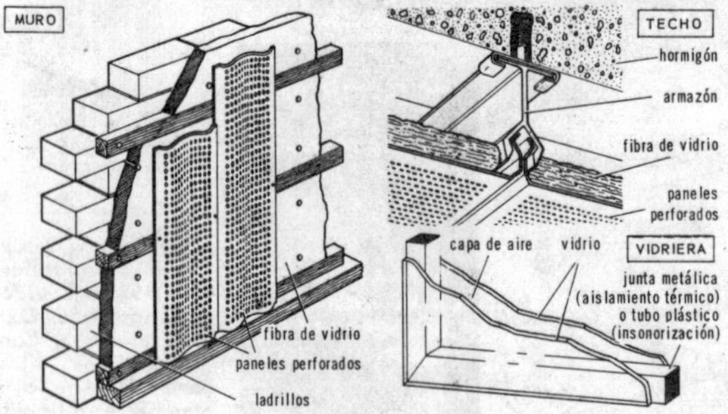

Fot. S. E. I. V., Larousse

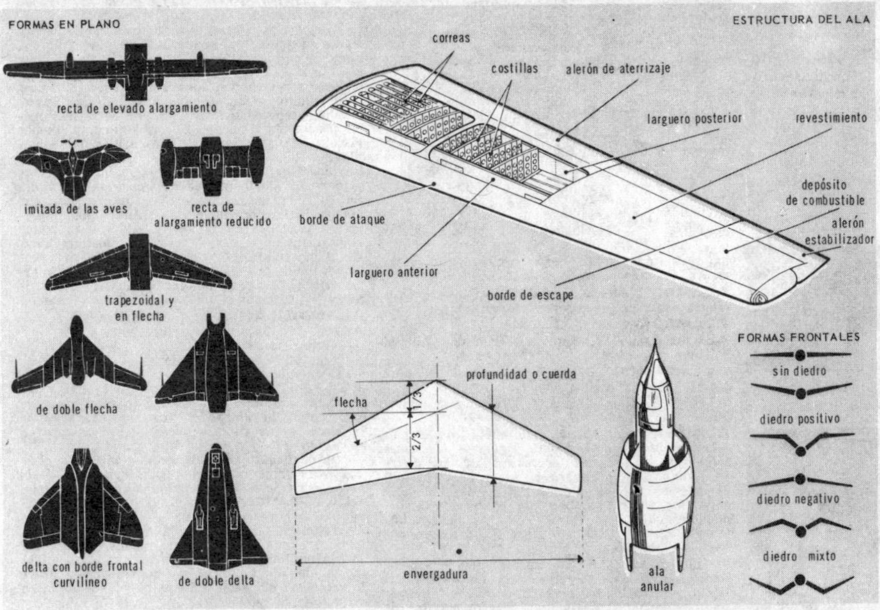

alas de avión

ción para el vuelo normal, es preciso dotarla de dispositivos hipersustentadores (v. HIPERSUSTENTACIÓN), como son los alerones, ranuras, etc., que evitan su desplome a las velocidades inferiores durante el aterrizaje y permiten el despegue. A estos dispositivos se suman los alerones estabilizadores utilizados para facilitar los virajes. Además dispone el ala de algún dispositivo térmico o mecánico de descarchar * o descongelar, abriga depósitos de carburante y, con frecuencia, los motores o una parte de sus órganos, así como las ruedas principales del tren de aterrizaje.

A medida que aumenta la velocidad de los aviones, el ala es a la vez más reducida y menos espesa, con lo que aumenta la carga alar (500 kg por metro cuadrado). Como los dispositivos hipersustentadores no pueden suplir completamente la deficiencia del ala a velocidades reducidas, el aterrizaje se efectúa cada vez con mayor velocidad (más de 300 km/h en ciertos aparatos). La evolución actual tiende a aproximar las formas del avión a las del cohete.

— *Art. gráf. Ala de mosca,* nombre de un carácter de imprenta de tres puntos hoy poco usado. (Sinón. BRILLANTE, DIAMANTE.)

— *Arq.* Cada una de las partes construidas a ambos lados del cuerpo principal de un edificio. ‖ Alero de tejado.

— *Mec.* Aspa de un aeromotor. ‖ Pala de hélice. ‖ Cada una de las hojas o planos de un hierro perfilado: *hierro de te de ala estrecha.*

ALABAMINIO o **ALABAMIO** m. *Quím.* Astatio.

ALABASTRAR v. Conferir el aspecto o las propiedades del alabastro.

ALABASTRINO, NA adj. De la naturaleza del alabastro, o que tiene su aspecto o sus cualidades.

— *Constr.* F. Hoja translúcida de alabastro para claraboyas.

ALABASTRITA f. *Miner.* Alabastro yesoso con el cual se labran vasos, figurillas y otros objetos.

ALABASTRO m. *Miner.* Piedra caliza de color blanco amarillento, transluciente, que toma un hermoso pulido realzado por las vetas que le confiere su estructura concrecionada.

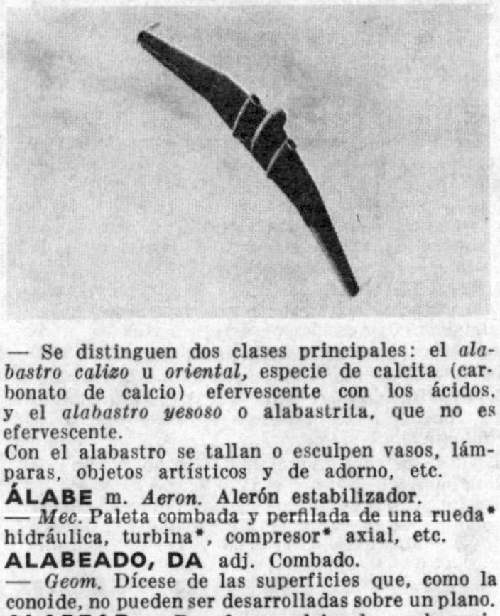

ala voladora

— Se distinguen dos clases principales: el *alabastro calizo* u *oriental,* especie de calcita (carbonato de calcio) efervescente con los ácidos, y el *alabastro yesoso* o alabastrita, que no es efervescente.

Con el alabastro se tallan o esculpen vasos, lámparas, objetos artísticos y de adorno, etc.

ÁLABE m. *Aeron.* Alerón estabilizador.

— *Mec.* Paleta combada y perfilada de una rueda* hidráulica, turbina*, compresor* axial, etc.

ALABEADO, DA adj. Combado.

— *Geom.* Dícese de las superficies que, como la conoide, no pueden ser desarrolladas sobre un plano.

ALABEAR v. Dar forma alabeada o abarquillada a una superficie.

— *Carp.* Abarquillarse o combarse las tablas, muebles u obras de carpintería, cosa que ocurre cuando se han labrado con madera imperfectamente secada.

ALABEO m. Defecto de la cosa plana que se ha combado o abarquillado.

— *Aeron.* Inclinación de los alerones para facilitar el viraje *del avión (v. ALERÓN).

ALABOR m. Escarpa.

ALAMBIQUE m. *Quím.* Aparato que sirve para la destilación, especialmente la de mostos fermentados.

— Los órganos esenciales del *alambique* son la caldera (cucúrbita), dispuesta sobre el hogar, y, separado de ambos, un dispositivo condensador consistente en un serpentín sumergido en un

álabes de turbina

Fot. I. N. P., C. E. M.

alambique para destilar a domicilio

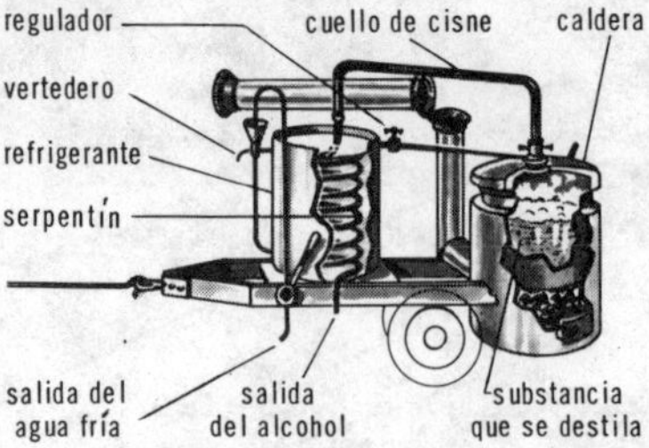

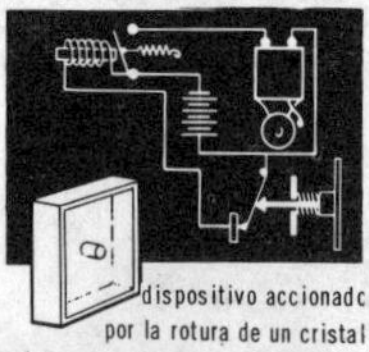

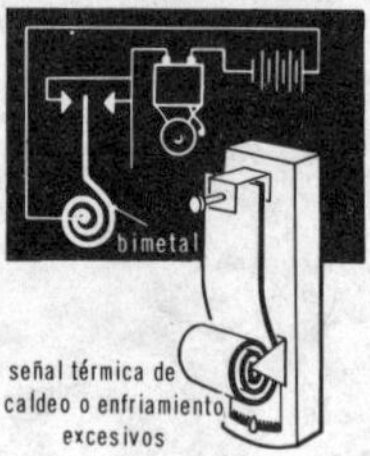

dispositivos de **alarma**
arriba: para escaparates; *abajo:* de cambio de temperatura (incendio, helada, frigoríficos, etc.)

alavante

fabricación del **alambre** en el banco de estirar

baño de agua fría que se renueva constantemente. (V. DESTILACIÓN.)

ALAMBIQUERÍA f. *Ind. alim. Amer.* Destilería, fábrica de licores alcohólicos.

ALAMBOR m. *Arq.* Falseo.

ALAMBRADA f. Cerco de alambre espinoso. ‖ *Alambrada eléctrica,* cerca* eléctrica.

ALAMBRADO, DA adj. Provisto de alambre o hecho con alambre: *malleta alambrada.*

ALAMBRAR v. *Art. y of.* Cercar, atar o precintar con alambre.

ALAMBRE m. *Metal.* Hilo metálico: *ciertos alambres de tungsteno para lámparas eléctricas solamente miden una centésima de milímetro de diámetro.* ‖ *Alambre espinoso* o *de espino,* el que se hace con un cordón de dos alambres entre los cuales se fijan, de trecho en trecho, pequeños alambres torcidos de púas aceradas. (Sinón. ESPINO ARTIFICIAL.) ‖ *Calibre de alambres,* V. CALIBRE.

— Los *alambres* se fabrican en frío o en caliente, según sea su grosor, la naturaleza del metal y la calidad que se desea obtener. Los de acero se obtienen hasta un diámetro máximo de 5 mm en el banco de estirado* haciéndolos pasar sucesivamente por los orificios cada vez más pequeños, de una serie de hileras. Los más gruesos se obtienen por laminado. Además de los alambres cilíndricos se fabrican alambres perfilados de sección ovalada, rectangular, semicircular, etc.

El alambre se somete a tratamientos térmicos (recocido) y puede ser galvanizado (líneas telegráficas), estañado (cuerda de piano) o esmaltado (bobinados eléctricos).

Varios alambres torcidos forman un cordón; la colchadura de varios cordones da un cable y la de varios cables, una maroma.

ALAMBRECARRIL m. *F. c.* Funicular rústico, constituido por un cable aéreo, utilizado en las explotaciones forestales para transportar los troncos hasta el embarcadero. (Sinón. LANZADERO FUNICULAR.)

ALÁMBRICO, CA adj. Que utiliza alambres para funcionar: *el teléfono es alámbrico y la radiofonía inalámbrica.*

ÁLAMO m. *Bot.* Árbol salicáceo muy alto, de crecimiento rápido, del cual se conocen unas cincuenta especies, entre las que, por su importancia económica, se destacan las llamadas *álamo blanco (Populus alba), chopo* o *álamo negro (P. nigra), álamo temblón (P. tremula)* y *álamo del Canadá (P. marilandica).*

— *Carp.* Los *álamos* suministran una madera ligera (densidad comprendida entre 0,40 y 0,60), blanda, poco elástica, cuyo color varía de una especie a otra, pero es generalmente blanco amarillento y a veces grisáceo. Esta madera suele ser poco nudosa y se trabaja con facilidad, pero, como es poco resistente y duradera, solamente puede usarse para construcciones ligeras y apenas vistosas (en el interior de los muebles, por ejemplo).

Sin embargo, se consumen grandes cantidades de madera de álamo porque su tronco se desenrolla con facilidad en forma de chapa de poco espesor, que se utiliza en numerosas aplicaciones: fabricación mecánica de cajones y cestos para frutas y hortalizas, madera * cruzada, fósforos, etc. El álamo suministra también puntales para entibados y es una de las maderas utilizadas como materia prima para la fabricación de pastas de papel y productos celulósicos.

ALANGUILÁN m. *Perf.* Ilang ilang.

ALAR adj. Relativo o perteneciente al ala.
— *Aeron. Carga alar,* V. ALA.
— *Arq.* M. Alero de tejado.
— *Obr. públ. Amer.* Acera.

ALARGADERA f. Pieza que se intercala entre otras dos para alargar un aparato o alguna estructura: *la alargadera de compás, montada en una de sus piernas, permite trazar arcos y circunferencias de radio muy grande.*
— *Quím.* Tubo que prolonga la retorta: *la alargadera refrigerante, de destilar, tiene doble pared para permitir la circulación del agua fría.*

ALARGAMIENTO m. Acción y efecto de alargar o alargarse una cosa.
— *Aeron.* Relación de los lados del ala de avión expresada por el cociente de su envergadura por su profundidad (anchura) media: *el alargamiento ha de ser tanto mayor cuanto menor fuere la velocidad del avión (20 en un planeador, 3 en un avión supersónico).*
— *Mec. Alargamiento elástico,* el que puede soportar una pieza sometida a algún esfuerzo (la pieza recobra su longitud primitiva al cesar la fuerza). ‖ *Alargamiento permanente,* el de una pieza que después de haber sido alargada por una fuerza, no recobra sus dimensiones primeras. ‖ *Alargamiento de rotura,* el que puede soportar una pieza hasta el momento en que se rompe.

ALARIA f. *Cerám.* Especie de regla, con cuyos extremos, doblados en direcciones opuestas, o sea en forma de zeta, los alfareros alisan las vasijas y otras labores de torno.

ALARMA f. Señal o aviso que se da en caso de peligro.
— Los aparatos de *alarma* (timbres, sirenas, cargas explosivas, señales luminosas, emisiones hertzianas, etc.) pueden ser de accionamiento manual, pero hoy se tiende a usarlos de tipo automático y cada vez más complejos. Así, en los grandes almacenes, la elevación local de la temperatura en caso de incendio, acciona automáticamente las señales acústicas y, al propio tiempo, funde un tapón de las cañerías y abre el paso al agua que, en forma de cortinas protectoras caerá del techo por todas partes para retrasar los progresos de las llamas hasta la llegada de los bomberos. En ciertos faros automáticos la opacidad de la atmósfera, registrada con una célula fotoeléctrica, basta para poner en marcha las sirenas que previenen a los barcos de la presencia de un peligro.

Los dispositivos de alarma contra el robo se fundan en principios muy variados: intercepción de un haz de luz por el cuerpo de los ladrones (la luz visible suele reemplazarse por rayos infrarrojos); instrumentos que establecen o rompen un contacto eléctrico al ser sometidos a alguna vibración (se fijan a las lunas de los escaparates); hilos disimulados en las puertas y ventanas o bajo las alfombras, etc.

ALAROZ m. *Carp.* Armazón de madera con que se reduce la abertura de un marco grande para montar en ella una puerta de pequeñas dimensiones.

ALATONADO, DA adj. *Metal.* Hecho parcial o totalmente con latón.

ALAVANTE m. *Mar.* Guía que sirve para pasar cabos, provista de un rolete horizontal y dos laterales dispuestos verticalmente.

Fot. P. Genest

ALB, prefijo derivado del latín *albus*, que significa *blanco*.

ALBA *(Dugue de). Obr. públ.* V. DUQUE.

ALBÁN m. o **ALBANA** f. *Quím.* Resina blanca que se extrae de la gutapercha.

ALBANDO, DA adj. *Metal.* Al rojo blando, hablando de un hierro candente.

ALBANECAR m. o **ALBANEGRA** f. *Arq.* y *Carp.* Triángulo rectángulo que forma el toral con la lima tesa y la solera. ‖ Por ext., cualquier triángulo formado por tres piezas de una armadura. ‖ Enjuta o pechina de un arco o bóveda

ALBAÑAL m. *Arq.* Conducto o canal para el desagüe de las aguas sucias.

ALBAÑILERÍA f. *Constr.* Arte de construir obras de fábrica con piedra, ladrillo o bloques diversos, unidos y revocados con morteros, hormigones o argamasas de cemento, cal o yeso, puros o amasados con arena, grava u otros áridos: *la albañilería moderna se caracteriza por la mecanización del trabajo y por el uso creciente del hormigón armado y de los elementos prefabricados en serie.*

ALBAR adj. *Carp.* De madera blanca: *espino albar.*

ALBAR v. *Metal.* Blanquear, bruñir o limpiar la moneda antes de ponerla en circulación.

ALBARDA f. *Agr. Pulverizador de albarda,* v. PULVERIZADOR.

ALBARDILLA f. *Arq.* Caballete que, a modo de tejado saledizo protege un muro contra la lluvia.

— *F. c.* Prominencia, de pendientes convenientemente calculadas, desde lo alto de la cual se sueltan uno a uno los vagones de un tren para que, por gravedad y maniobrando las agujas de los haces de vías, se clasifiquen por direcciones o por estaciones. (V. ESTACIÓN* *de clasificación.*)

ALBARDÍN m. *Bot.* y *Text.* Planta gramínea *(Ligeum apartum)* de tallos muy parecidos a los de esparto y usada en las mismas aplicaciones que éste.

ALBARDÓN m. *Constr. Amer.* Albardilla o caballete de un muro. ‖ Dique.

ALBARICOQUERO m. *Bot.* Árbol rosáceo *(Prunus armeniaca)* cuyos frutos dan lugar a una activa industria conservera. Su madera se usa en ebanistería.

ALBARRADA f. *Constr.* Muro de piedras en seco, sin trabazón de mortero, como los que se hacen en el campo para contener las tierras.

ALBAYALDE m. *Quím.* Carbonato básico de plomo, también llamado *cerusa* y *blanco de plomo*

— *Pint.* El *albayalde* se obtiene oxidando el plomo en presencia de ácido acético y tratando el acetato con gas carbónico. Constituye un pigmento blanco, particularmente resistente a las intemperies, pero es también un veneno violento. Por esta razón se ha prohibido su uso en muchos países, donde ha sido reemplazado por pigmentos de cinc y de titano, por cierto menos resistentes.

ALBEDO m. *Astr.* y *Ópt.* Relación entre la energía, especialmente la de los rayos luminosos, recibida por un cuerpo y la parte de la misma por él reflejada o difundida.

— La noción de *albedo* tiene una importancia considerable: por una parte, expresa la cantidad de energía absorbida por los cuerpos y, en el caso de la Tierra, es determinante en meteorología; por otra parte, depende de la naturaleza de las superficies reflectoras o difusoras, y, al conocer el albedo de un cuerpo, se pueden deducir aproximadamente la naturaleza y la rugosidad de su superficie.

ALBEDOS

Nieve reciente	86 %
Nubes más brillantes (estratos)	78 %
Planeta Venus	64 %
Nubes (promedio)	50 %
La Tierra (vista desde el espacio)	39 %
Océanos	31 %
Desiertos	26 %
Suelo sin vegetación	de 7 a 20 %
Bosques	de 3 a 10 %
Terreno volcánico, meteoritos	de 3 a 10 %
Luna	7 %

albardilla *(f. c.)*

Se observará la similitud de albedo entre Venus y las nubes y entre la Luna y los meteoritos. El frío que reina en las regiones polares resulta del albedo considerable de la nieve y del hielo, que, por lo demás, es acentuado por la oblicuidad de los rayos solares en aquellas latitudes.

— *Atom.* Proporción de neutrones reflejados por una superficie: *el reflector de un reactor nuclear que deja pasar 60 neutrones por cada 100 que lo hieren, tiene un albedo de 0,4.*

ALBENSE adj. y s. *Geol.* Albiense.

ALBERCA f. Balsa hecha con muros de fábrica.

— *Cerám.* Balsa para remojar la arcilla antes de amasarla.

— *Constr. En alberca,* sin techo (aplícase a los edificios mientras dura la construcción de los muros).

— *Text.* Balsa o estanque para macerar cáñamo, lino, esparto y otras fibras vegetales.

ALBERTIPIA f. *Art. gráf.* Primer nombre que se dio a la *fototipia,* también llamada *autotipia.*

ALBERTOL m. *Quím.* Copal sintético que se obtiene al tratar la bakelita con colofonia y cuyas aplicaciones son las del copal natural.

ALBETO m. *Joy.* Barniz anacarado con el que se imitan las aguas de la perla en la fabricación de perlas falsas.

— Las primeras materias del *albeto* son las escamas del alburno común que, después de haber sido trituradas, sueltan su pigmento en el agua. Éste se aplica a la superficie interior de las perlas de cristal, en suspensión con un líquido gelatinoso.

albardilla *(arq.)*

ALBIENSE adj. y s. *Geol.* Dícese del piso más reciente, o sea de la capa superior, de los que componen el terreno cretáceo inferior: *el albiense data de 90 a 95 millones de años.* (V. ESTRATIGRAFÍA.)

ALBÍN m. *Pint.* Nombre poco usado de un color carmesí, para pintar al fresco, que se extrae del mineral de hierro llamado hematites.

ALBITA f. *Expl.* Mezcla explosiva compuesta de 61 % de nitrato de amonio, 24 % de nitrato de guanidonio y 15 % de nitroguanidina.

— *Miner.* Aluminosilicato de sodio o feldespato sódico, propio de las rocas primitivas, que se presenta en forma de pajuelas cristalinas y también de hermosos cristales, generalmente translucientes, de color blanco lechoso.

ALBORNOZ m. *Text.* Variedad de estambre basto tejido con hilos de lana muy torcidos, con ligamento de tafetán, que se emplea para capas y abrigos. ‖ Rizo* de algodón, tejido empleado para albornoces o capas de baño y toallas.

ALBRICIAS f. pl. *Metal.* Respiraderos o huelgos de un molde * de fundición por los que salen los gases al vaciar el metal.

ALBUFERA f. *Geol.* Laguna de agua salada que se forma en las depresiones de las costas bajas.

ALBUMATO m. *Quím.* Albuminato.

ALBÚMETRO y **ALBUMÍMETRO** m. *Metr.* y *Quím.* Albuminímetro.

ALBÚMINA f. *Quím.* Substancia blanca y viscosa, constituyente de la clara del huevo, uno de los principios esenciales de los tejidos animales y vegetales (en este último sentido suele dársele el nombre de *proteína*).

— La *albúmina* es un compuesto complejo (v. PROTEÍNA) que se coagula por la acción del calor a partir de 45°.

— *Art. gráf. Procedimiento a la albúmina,* v. FOTOGRABADO.

— *Fot. Papel de albúmina,* papel fotográfico en cuya emulsión se ha utilizado albúmina como aglutinante de las sales de plata.

— *Gom. Cola de albúmina,* cola consistente en una disolución de albúmina de sangre a la cual se agrega un poco de cal y de amoniaco.

— *Tecn.* Muchos líquidos, especialmente los mostos fermentados, tienen la propiedad de coagular la albúmina. Ésta aglutina entonces las impurezas que se hallan en suspensión y forma con ellas un precipitado que cae al fondo del recipiente. El uso de la clara de huevo batida, y de las albúminas en general, es muy corriente como agente clarificador en la industria vinícola.

ALBUMINATO m. *Quím.* Combinación de la albúmina con un metal: *en ciertos casos de envenenamiento (mercurial, por ejemplo) se administra albúmina que, al combinarse con el veneno, forma un albuminato innocuo.*

ALBUMINÍMETRO m. *Metr.* y *Quím.* Instrumento para medir la cantidad de albúmina que contiene un líquido: *en el albuminímetro de Esbach el líquido se vierte, junto con un reactivo, en un tubo graduado que indica la altura de la albúmina coagulada y precipitada.*

ALBUMINOIDE adj. *Quím.* Albuminoideo. ‖ — M. Proteína.

ALBUMINOIDEO, A adj. *Quím.* Aplícase a los cuerpos que tienen la misma naturaleza que la albúmina.

ALBUMINÓMETRO m. *Quím.* Albuminímetro.

ALBUMOIDE adj. y s. *Quím.* Nombre dado a ciertas proteínas que, como la gelatina, la queratina y la fibrina, tienen una estructura diferente de la de la albúmina y no pueden dar lugar a las mismas reacciones que ésta.

ALBURA f. *Carp.* Parte clara y blanda de un tronco, entre el corazón y la corteza.

— La *albura* se halla constituida por las capas que, a razón de una por año, se forman en la periferia del tronco. Esta madera, de formación reciente, es la menos resistente del tronco y resulta tan fofa en algunas especies maderables, que se suprime, al mismo tiempo que la corteza, antes de poner los troncos en venta.

ALBURENTE adj. *Carp.* Dícese de la madera de mala calidad que tiene la textura, floja y poco resistente, propia de la albura.

ALBURNO m. *Zool.* Género de peces ciprínidos de agua dulce, cuya especie común *(Alburnus alburnus)* suministra las escamas con que se elabora el albeto *.

ALCACHOFA f. *Mec.* Rejilla o pieza hueca provista de numerosos orificios montada en el extremo de los tubos de las bombas para que éstas no aspiren los cuerpos sólidos presentes en el líquido. (Sinón. CEBOLLA.)

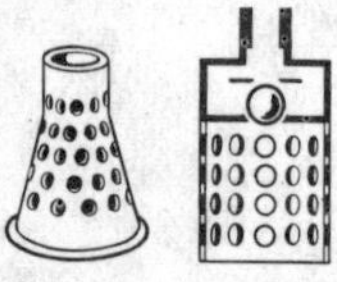

alcachofa

ALCADIENO m. *Quím.* Nombre genérico con que se designan ciertos carburos acíclicos dietilénicos: ***polimerizando los alcadienos con sodio y peróxidos, se obtienen cauchos artificiales.*** (Sinón. DIENO.)

ALCALESCENCIA f. *Quím.* Estado de las substancias en las cuales se produce amoniaco espontáneamente.

ALCALESCENTE adj. *Quím.* Dícese de los cuerpos que tienen propiedades alcalinas o que las están adquiriendo espontáneamente: *los cuerpos orgánicos pueden volverse alcalescentes si contienen nitrógeno.*

ÁLCALI m. *Quím.* Hidróxido de amonio o de algún metal alcalino. ‖ óxido de los metales alcalinos. ‖ Amoniaco.

— Los *álcalis* son el resultado de la combinación del hidróxido OH con el sodio (Na), el potasio (K) u otros metales alcalinos, o con el amonio (NH_4). Las fórmulas correspondientes a los tres casos citados son, pues: NaOH, KOH y NH_4OH, respectivamente. Todos son muy solubles en el agua y sus disoluciones son básicas (coloran de azul el papel de tornasol). Las soluciones acuosas de los dos primeros casos son lejías cáusticas y la del último, álcali volátil.

Hoy suele hacerse extensivo el nombre de álcali a los óxidos de los metales alcalinos.

Los óxidos e hidróxidos de los metales alcalinotérreos se llaman tierras alcalinas.

ALCALICELULOSA f. *Quím.* Producto que se obtiene al hacer obrar una lejía alcalina sobre la celulosa y que, mediante lavado, se convierte en celulosa mercerizada.

ALCALICIDAD f. *Quím.* Alcalinidad.

ALCALIFICANTE adj. y s. *Quím.* Dícese de la substancia que tiene la propiedad de alcalinizar.

ALCALIFICAR v. *Quím.* Alcalinizar.

ALCALÍMETRO m. *Quím.* Aparato para medir el grado de alcalinidad de las substancias.

ALCALIMETRÍA f. *Quím.* Determinación de la cantidad de base que contiene una disolución alcalina.

— Consiste esta operación en agregar a un volumen determinado de la solución alcalina un indicador coloreado y verter en el líquido, gota a gota, una disolución ácida hasta que vire el indicador. La cantidad de licor ácido utilizada determina la cantidad de base que ha sido neutralizada por el mismo.

ALCALINIDAD f. *Quím.* Calidad, opuesta a la acidez, de los cuerpos que tienen las propiedades de los álcalis.

ALCALINIZAR v. *Quím.* Conferir las propiedades alcalinas a alguna substancia. (Sinón. ALCALIZAR.)

ALCALINO, NA adj. Relativo o perteneciente a los álcalis: *la acidez del estómago se trata con medicamentos alcalinos.*

— *Agr. Suelo alcalino,* aquel cuyo análisis arroja un pH superior al de 7,5.

— *Miner. Rocas alcalinas,* rocas cuya riqueza en sosa y potasa (más de 10 %) da lugar a la presencia de piroxenos, anfíbol sódico y otros minerales característicos de estas rocas.

— *Quím. Metales alcalinos,* los seis de la primera columna vertical de la tabla de Mendeleev (v. ELEMENTO) que se distinguen por tener átomos electropositivos provistos de un sólo electrón periférico (v. VALENCIA). [Los *metales alcalinos* son blandos, poco densos, se combinan fácilmente con los metaloides y descomponen el agua en frío. Sus hidróxidos (álcalis) son bases fuertes.] ‖ *Tierras alcalinas,* óxidos e hidróxidos de los metales alcalinotérreos.

ALCALINOTÉRREO, A adj. *Quím.* Nombre dado a los metales que tienen propiedades químicas semejantes a las de los metales alcalinos.

— Los *metales alcalinotérreos* —así llamados por su analogía con los alcalinos, y por el aspecto de sus óxidos (por ej., la cal y la barita) — son el calcio, el estroncio, el bario y el radio. Blandos y poco densos, figuran en la segunda columna de la tabla de Mendeleev, son electropositivos, tienen dos electrones de valencia *, se combinan fácilmente con los halógenos y el oxígeno, poseen propiedades reductoras y descomponen el agua. Sus hidróxidos, como los de los metales alcalinos, son bases fuertes.

ALCALINOTERROSO, SA adj. *Quím.* Alcalinotérreo.

ALCALIZAR v. *Quím.* Alcalinizar.

ALCALOIDE m. *Quím.* Substancia nitrogenada de origen vegetal que, por contener en su molécula uno o varios átomos salificables, presenta ciertas propiedades de los álcalis.

— Los *alcaloides* se extraen exclusivamente de plantas dicotiledóneas. Salvo contadas excepciones (nicotina, por ejemplo, que es líquida) son substancias sólidas, de color blanco, amargas, que obran poderosamente sobre el sistema nervioso y son muy venenosas (atropina, cafeína, codeína, cocaína, estricnina, morfina, etc.). Hoy se fabrican sintéticamente muchos alcaloides desprovistos de propiedades estupefacientes y alucinantes.

ALCALOIDEO, A adj. *Quím.* Aplícase a los principios orgánicos que tienen la propiedad de formar sales con los ácidos.

ALCALÓIDICO, CA adj. *Quím.* Relativo o perteneciente a los alcaloides.

ALCALLERÍA f. *Cerám.* Alfarería.

ALCANA f. *Bot.* Planta borragínea *(Alkanna tinctoria)* de cuyas raíces se extrae la alcanina*.

ALCANCE m. Distancia a que llega el brazo o un instrumento manual, un proyectil o una radiación: *el alcance de un radiofaro es muy superior al de un faro óptico.*

— *Art. gráf.* Parte del manuscrito que se da al tipógrafo para su composición o ajuste.

ALCANFENO m. *Quím.* Carburo terpénico de consistencia sólida y color blanco, derivado del pineno, que es un producto intermediario de la fabricación del alcanfor sintético a partir del aguarrás.

ALCANFOL m. *Quím.* Borneol.

ALCANFOR m. *Quím.* Substancia aromática que se extrae de ciertas plantas, especialmente del alcanforero. ‖ *Alcanfor anísico,* anetol. ‖ *Alcanfor de bergamota,* bergapteno. ‖ *Alcanfor de blumea,* también llamado *alcanfor ngai,* el que se extrae

de la planta tropical llamada *Blumea balsamífera*. (V. BORNEOL.)
— Existen dos clases de *alcanfor*, cetonas cíclicas de fórmula idéntica ($C_{10}H_{16}$): una, bastante rara, es levógira, mientras que el alcanfor común es dextrógiro. Éste es un sólido blanco, blando, muy volátil, que funde a 178° y hierve a 204°. Se extrae destilando la madera del alcanforero en presencia de vapor de agua. También se fabrica sintéticamente tratando con ácido clorhídrico un constituyente del aguarrás llamado pineno.
El alcanfor tiene una importancia considerable en muchos procesos industriales: fabricación de celuloide, pólvoras sin humo, medicamentos, etc. También constituye la materia prima de una infinidad de productos químicos.

ALCANFORADO, DA adj. *Quím.* Que contiene alcanfor.

ALCANFORATO m. *Quím.* Sal o éster del ácido alcanfórico. (Sinón. CANFORATO.)

ALCANFORERO m. *Bot.* Árbol lauráceo (*Laurus camphora*), muy abundante en el Japón y Formosa, de cuya madera se extrae el alcanfor.

ALCANFÓRICO adj. m. Dícese de un diácido que se elabora oxidando el alcanfor y que sirve a su vez para fabricar numerosos productos químicos. (Sinón. CANFÓRICO.)

ALCANINA f. *Quím.* Colorante rojo que se extrae de la raíz de la alcana y que, tratada con los álcalis, cobra un hermoso color azul.

ALCANO m. *Quím.* Nombre de los hidrocarburos saturados de la serie grasa. (Sinón. PARAFINA.)

ALCANTARILLA f. *Obr. públ.* Galería abovedada que da paso al agua bajo una carretera, camino o edificio. ‖ Canal subterráneo que, a lo largo de las calles recibe las aguas sucias y los detritos domésticos e industriales, así como las aguas llovedizas, y que lleva las inmundicias hasta instalaciones depuradoras o las vierte en un río o en el mar: *las alcantarillas principales de las grandes ciudades son verdaderos ríos subterráneos.*

ALCANTARILLADO m. *Obr. públ.* Red de alcantarillas.

ALCAPARROSA f. *Quím.* Caparrosa.

ALCARRAZA f. *Cerám.* Vasija de arcilla porosa, poco cocida y sin barnizar, que conserva la bebida fresca, porque la evaporación del líquido que rezuma hace bajar su temperatura.

ALCATIFA f. *Constr.* Relleno que se aplica al suelo o al tejado para asentar las losas o las tejas, respectivamente.
— *Text.* Alfombra de calidad, comparable, por su fineza, a un tapiz.

ALCAYATA f. *Art. y of.* Escarpia para colgar o suspender alguna cosa.

ALCÁZAR m. *Mar.* Espacio de la cubierta de un buque situado entre el palo mayor y la borda de la popa: *el alcázar de muchos barcos tiene una cubierta ligera o volante llamada toldilla.*

ALCE m. *Art. gráf.* Operación consistente en alzar los pliegos impresos.

ALCENO m. *Quím.* Nombre de los hidrocarburos monoetilénicos de la serie grasa. (Sinón. OLEFINA.)

ALCINA f. *Quím.* Denominación genérica de los hidrocarburos acetilénicos que tienen tres enlaces

ALCLAD m. *Metal.* Duraluminio cubierto por una capa de aluminio puro que lo protege contra la corrosión.

ALCOBA f. *Arq.* Aposento para dormir que da a una sala por un vano y que no tiene puertas ni ventanas. ‖ Por ext., cualquier aposento que sirva para dormir.
— *Metr.* Caja o jaula dentro de la cual se mueve el fiel de la romana o de una balanza.

ALCOHOL m. *Quím.* Líquido obtenido por destilación de las bebidas fermentadas. ‖ Por ext., cuerpo químico análogo procedente de la destilación de otras materias orgánicas o fabricado sintéticamente: *ciertos alcoholes poco comunes son sólidos.*
— Los *alcoholes* son compuestos derivados de hidrocarburos en los que uno o varios hidroxilos reemplazan a otros tantos átomos de hidrógeno ligados a un carbono saturado. Así, por ejemplo, el metano CH_4, al perder un átomo H y ganar un grupo OH, se transforma en metanol CH_3OH, o sea en *alcohol metílico, alcohol de madera* o *espíritu de madera.* Se obtiene atacando la viruta

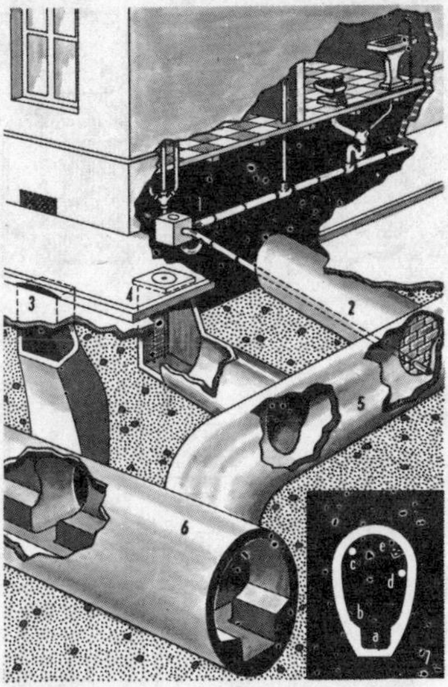

alcantarilla
1. Aguas negras; 2. Acometida; 3. Imbornal; 4. Boca de servicio; 5. Alcantarilla; 6. Colector; 7. Sección de un colector: *a*, solera; *b*, banqueta; *c*, agua potable; *d*, aire comprimido u otras canalizaciones; e, cables telefónicos

de la madera y destilando el líquido que rezuma por efecto del calor. Es un líquido incoloro que hierve a 64,6° y se utiliza como disolvente en muchas industrias y, en razón de su toxicidad, para desnaturalizar el *alcohol de vino.*
El *alcohol amílico* o *pentanol* existe en ocho formas isómeras, de las cuales sólo reviste interés el *alcohol isoamílico comercial.* Éste se extrae del aceite de fusel, hierve a 131,4° y se utiliza como disolvente.
También se elaboran alcoholes utilizando como materia prima el almidón de la patata y de los cereales o materias azucaradas, tales como las melazas y hasta el azúcar de remolacha en épocas de superproducción. La extracción se opera por destilación de las pulpas o mostos fermentados. A materias primas tan variadas conviene sumar también el etileno procedente de la coquefacción del carbón o del cracking del petróleo que, mediante hidratación, da alcohol.
Pero el más importante de todos los alcoholes es el *etanol, alcohol etílico, espíritu de vino* o *alcohol ordinario* ($CH_3 — CH_2OH$). Las bebidas fermentadas lo contienen en proporciones más o menos grandes: de 2 a 5 % en la cerveza; 8 a 15 % en los vinos y hasta 60 % en los aguardientes. Se suele elaborar destilando los vinos más flojos o que se hallan en vías de descomposición.
La destilación del vino da un alcohol que contiene de 4 a 5 % de agua. Es un líquido incoloro y poco oloroso, combustible, que hierve a 78,15° y se solidifica a —132. Su densidad es de 0,806.
Para obtener alcohol absoluto, o sea puro, se trata con alguna substancia (cal viva, carburo de calcio, etc.) inerte respecto al alcohol, mas, ávida de agua, de la cual se apodera. Otro procedimiento consiste en efectuar una nueva destilación después de haberle agregado benceno: los primeros vapores son una mezcla de benceno, agua y alcohol, y finalmente queda alcohol absoluto.
El alcohol es un disolvente usado para preparar barnices, algodón pólvora, medicamentos, etc. Es también primera materia en la producción de vinagre, éter, cloroformo, acetato de etilo, etc.
Como el alcohol absoluto es miscible con los hidrocarburos, se aprovecha a veces el exceso de producción para mezclarlo con gasolina en un carburante menos calorífero que ésta, pero apto a soportar compresiones mayores que ella en los cilindros de los automóviles.
El *alcohol desnaturalizado* o *alcohol de quemar* consiste en una mezcla de alcohol etílico con 5 % de alcohol metílico y alguna otra substancia que,

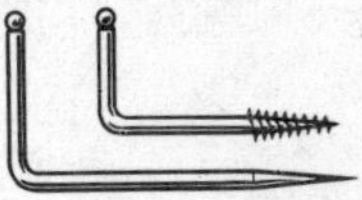

alcayatas

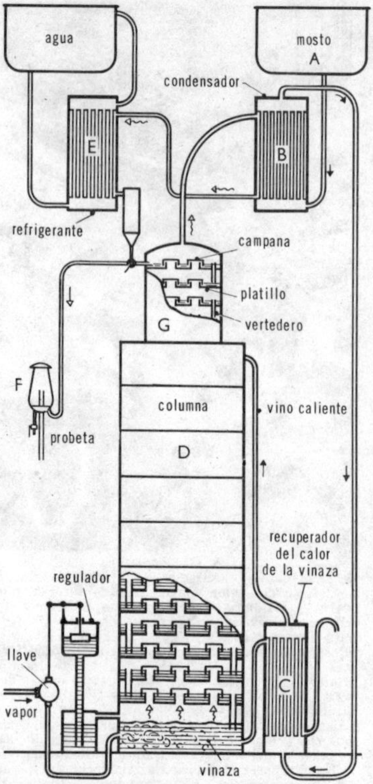

alcohol
El mosto A, calentado en B y C e introducido en la columna D, pierde su alcohol por evaporación, mientras desciende, hasta convertirse en vinaza. El vapor ascendente, después de haberse cargado de alcohol en los platillos de la columna, se enfría en B y se condensa en E. Si la muestra tomada en F no tiene el grado deseado, el alcohol pasa de nuevo a G y vuelve a recorrer el circuito G, B, E

por su color, olor o sabor lo convierten en un líquido impropio para ser bebido. Tiene usos industriales y se utiliza también como combustible para hornillos pequeños.
También se usa como combustible el *alcohol solidificado,* que es alcohol de quemar amasado con jabón o acetato de sosa.
ALCOHOLAR v. *Quím.* Extraer el alcohol que contiene una substancia: *alcoholar un mosto.* — *Mar.* Embrear las uniones, cabezas de los clavos y otras irregularidades del casco que se ha calafateado.
ALCOHOLATO m. *Quím.* Cuerpo que se forma al reemplazar por un metal el hidrógeno de la función alcohol: *los alcoholatos alcalinos son agentes de síntesis de la industria química.*
ALCOHOLERO, RA adj. *Ind.* Relativo a la industria y comercio de alcoholes: *las autoridades controlan toda la producción alcoholera del país.*
ALCOHOLICIDAD f. *Quím.* Proporción de alcohol que contiene un líquido en disolución.

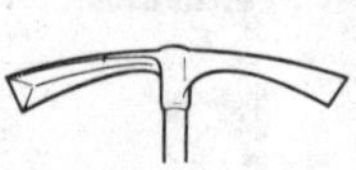

alcotana

alcoholímetro
en una destilería de whisky

ALCOHÓLICO, CA adj. *Quím.* Relativo o perteniente al alcohol. ‖ Que contiene alcohol. *Fermentación alcohólica,* v. FERMENTACIÓN. ‖ *Radical alcohólico,* alcoilo.
ALCOHOLIFICACIÓN f. *Quím.* Fermentación alcohólica. (Sinón. ALCOHOLIZACIÓN.)
ALCOHOLÍGENO, NA adj. *Quím.* Que da alcohol: *los mostos fermentados son alcoholígenos.*
ALCOHOLÍMETRO m. *Quím.* Areómetro especial para medir el grado de alcohol de un líquido. (Sinón. ALCOHOLÓMETRO.)
ALCOHÓLISIS f. *Quím.* Substitución del alcohol de un éster por otro alcohol mediante acción catalítica del ácido clorhídrico.
ALCOHOLIZACIÓN f. *Quím.* Alcoholificación.
ALCOHOLÓMETRO m. *Quím.* Alcoholímetro.
ALCOILACIÓN f. *Quím.* Acción y efecto de reemplazar un átomo de hidrógeno de una molécula orgánica por un radical alcoilo: *la alcoilación tiene importancia en química industrial.*
ALCÓILICO, CA adj. *Quím.* Alifático.
ALCOILO m. *Quím.* Radical obtenido al eliminar el hidroxilo de los alcoholes.
ALCORNOQUE m. *Bot.* y *Carp.* Árbol fagáceo *(Quercus suber),* oriundo de la región mediterránea, cuya corteza espesa y fofa es el corcho* y que da también una madera compacta y pesada apreciada en carpintería.
ALCOTANA f. *Constr.* Herramienta de albañil, con mango y dos bocas o filos: uno dispuesto a modo de hacha y el opuesto, en forma de azuela, o sea perpendicular al primero.
ALDABA f. *Carp.* Pieza de metal articulada sobre una puerta que, golpeando otra pieza fija, sirve para llamar. (Sinón. PICAPORTE.) ‖ Barra o travesaño con que se aseguran las puertas y ventanas después de haberlas cerrado.
ALDABÍA f. *Constr.* Madero que, empotrado horizontalmente en las paredes —en las de un pasillo, por ejemplo— sostiene un tabique colgado.
ALDABÓN m. *Carp.* Aldaba.
ALDACINA f. *Quím.* Cuerpo que resulta de la acción de la hidracina sobre un aldehído.
ALDEHIDATO m. *Quím.* Compuesto obtenido por combinación de un aldehído con el amoniaco o las aminas.
ALDEHÍDICO, CA adj. *Quím.* Relativo o perteneciente a los aldehídos.
ALDEHIDINA f. *Quím.* Base que resulta de la acción de los aldehídos aromáticos sobre las ortodiaminas aromáticas.
ALDEHÍDO m. *Quím.* Cuerpo obtenido por oxidación del alcohol.
— La oxidación resulta de la deshidrogenación del alcohol, o sea de la eliminación del hidrógeno, que deja un exceso de oxígeno. Si se oxigena nuevamente el aldehído éste se convierte en ácido. Inversamente se puede obtener un aldehido por desoxidación parcial de un ácido.
El *aldehído ordinario,* también llamado *acetaldehído, aldehído acético* y *etanal,* se obtiene a partir del agua y del acetileno, en presencia de un catalizador mercúrico. Líquido incoloro, que hierve a 20,8°, es miscible en el agua, alcohol y éter.
Los aldehídos constituyen el punto de partida de combinaciones químicas que permiten fabricar numerosos compuestos orgánicos.
ALDEHIDOALCOHOL m. *Quím.* Cuerpo que posee a la vez las funciones aldehídica y alcohólica.
ALDEHIDOAMONIACO m. *Quím.* Compuesto sólido que resulta de la acción del gas amoniaco seco sobre el aldehído. (Sinón. ALDEHIDATO DE AMONIACO.)
ALDEHIDOFENOL m. *Quím.* Cuerpo que posee, además de la función aldehído, una o varias funciones fenólicas: *la vainillina es un aldehidofenol.*
ALDOL m. *Quím.* Aldehído alcohol que se obtiene a partir del aldehído acético en presencia de ácido clorhídrico diluído.
ALDOSA f. *Quím.* Hidrato de carbono que, como la glucosa y la galactosa, tiene propiedades de aldehído y de alcohol: *las aldosas abundan en la naturaleza.*
ALDREY m. *Metal.* Aleación de aluminio con 0,5 % de magnesio, 0,5 % de silicio y 0,33 %

Fot. McCann-Erickson

de hierro: *los alambres de aldrey, mecánicamente mucho más resistentes a la tracción que los de aluminio, se usan en las líneas eléctricas de alta tensión.*

ALE f. *Ind. alim.* Cerveza inglesa fabricada con malta ligeramente torrefactada y lúpulo crudo.

ALEACIÓN f. *Metal.* Mezcla de dos o más metales que se obtiene generalmente por fusión de sus componentes: *las aleaciones que contienen mercurio se llaman amalgamas.*
— Es raro que un metal simple posea todas las propiedades que se requieren en una aplicación determinada. Así, un metal para caracteres de imprenta ha de tener un punto de fusión bastante bajo, se ha de adherir bien al molde para dar contornos netos, no ha de ser quebradizo y ha de resistir las presiones repetidas de la prensa. Ningún metal simple reúne ese conjunto de cualidades, pero sí una liga de 60 % de plomo, 30 % de antimonio y 10 % de estaño en la cual cada metal aporta una cualidad (por ej., la presencia del antimonio tiene por efecto dilatar el metal en el curso de su solidificación y asegura su perfecta adherencia al molde).
Es, pues, necesario mezclar varios metales en proporciones convenientes para obtener un nuevo metal que reúna las características deseadas. La mezcla puede efectuarse por cementación*, fritaje* y electrólisis*, pero estos procedimientos especiales son poco usados y, generalmente, se procede por fusión de los componentes en un crisol.
Desde el punto de vista químico cabe distinguir en las aleaciones dos fenómenos diferentes: la disolución y la combinación. En la primera, los metales que se agregan al metal de base forman con éste una disolución sólida y las moléculas de los distintos componentes se mezclan en la masa, pero no cambian de naturaleza. Por el contrario, la combinación se traduce por la formación de nuevas moléculas diferentes de las de los componentes.
La disolución da un producto generalmente maleable y de dureza siempre superior a la del metal de base, mientras que los productos de la combinación suelen ser frágiles y muy duros. En las aleaciones corrientes la masa combinada es muy pequeña en relación con la masa disuelta.
Las aleaciones son más duras y menos maleables que los metales que entran en su composición. Tienen siempre un punto de fusión más bajo que el de su componente menos fusible, e incluso existen aleaciones cuyo punto de fusión es inferior al del metal más fusible. Así, la temperatura de fusión del bismuto, el plomo y el estaño es, respectivamente, de 264°, 335° y 228°, y, sin embargo, la aleación constituida por 8 partes del primero, 5 del segundo y 3 del tercero, funde a 94,5° solamente.
Aleación eutéctica es aquella cuyo punto de fusión es el más bajo que pueda obtenerse mezclando los mismos componentes en todas las proporciones posibles.
Las aleaciones de uso más corriente en la industria son las que tienen por base el hierro (aceros) y el cobre (bronce, latón); las *aleaciones pesadas* de bajo punto de fusión (plomo, estaño, etc.); las *aleaciones ligeras* (a base de aluminio); las *aleaciones refractarias* (con níquel, cobalto y cromo); las *aleaciones duras* (que contienen carburo de tungsteno y de otros metales; las *aleaciones antifricción* (de metales fritados con silicio); las *aleaciones fusibles* (a base de bismuto, plomo, estaño y cadmio), etc.
Los problemas metalúrgicos planteados por la industria atómica, la aviación supersónica y la astronáutica obligan a estudiar nuevas aleaciones en cuya composición entran metales que antes eran poco usados: berilio, circonio, hafnio y titanio.

ALEAR v. *Metal.* Fundir o mezclar varios metales en uno solo. (V. ALEACIÓN, FRITAJE y CEMENTACIÓN.)

ALEATORIO, RIA adj. Cuyo resultado depende de algún factor incierto y, por consiguiente, puede ser positivo o negativo: *un experimento aleatorio.*
— *Mat. Magnitud aleatoria,* v. MAGNITUD.

ALEFRIZ m. *Mar.* Ranura de la quilla en que se encaja el primer tablón del casco o tablón de aparadura.

ALEGAMAR v. *Agr.* Beneficiar el suelo con cieno o légamo. ‖ Cubrirse o llenarse de légamo alguna cosa: *las aguas torrenciales alegaman los pantanos.*

ALEGRA f. *Mar.* Barrena grande, hoy poco usada, con que se taladraban maderos para hacer con ellos los tubos de las bombas de achique.

ALEGRADOR m. *Art. y of.* Punzón para marcar en las piezas los puntos en que se han de efectuar los taladros. ‖ Papel retorcido utilizado para encender: *los gases que desprende el metal vaciado en los moldes se encienden con alegradores.*

ALEGRAR v. *Constr.* Ensanchar la grieta abierta en un muro o en un pavimento, al objeto de que penetre mejor en ella la argamasa con que se ha de tapar.
— *Mar.* Ensanchar un taladro u orificio cualquiera.

ALEGRE adj. *Pint.* Dícese de los colores vivos e intensos.

ALEGRÍA f. *Mar.* Luz o abertura total de una porta.

ALEJAMIENTO m. Travelling* hacia atrás en cinematografía y televisión.

ALEMANISCO m. *Text.* Tela de mantelería, de lino o algodón, con dibujos geométricos adamascados.

ALENO m. *Quím.* Hidrocarburo gaseoso, también llamado *propadieno.*

ALEPÍN m. *Text.* Tejido con trama de lana, urdimbre de seda y ligamento de sarga, que se suele teñir de negro: *los alepines de seda fina sirven para vestidos y, tratados con caucho, para impermeables; los de calidad común se usan para forros.*

ALERCE m. *Bot.* Género de árboles coníferos y abietíneos, que consta de unas 15 especies entre las cuales merece especial mención el *alerce europeo (Larix europaea),* que llega a medir 30 m de altura. ‖ *Alerce africano,* la tuya articulada.
— *Carp.* El *alerce* da una madera rojiza y dura, muy resinosa y poco hendible, compacta (densidad comprendida entre 0,55 y 0,70) y duradera, que tiene la propiedad de endurecerse en el agua. Sólo resulta de calidad mediocre cuando proviene de árboles que han crecido en tierras bajas, pues es el alerce árbol de monte.
Se usa para traviesas, armaduras, entarimados y carpintería en general.
— *Curt.* La *corteza del alerce* es curtiente.
— *Gom.* De la madera del *alerce europeo* se extrae la resina llamada *trementina* de Venecia.*
— *Papel.* El *alerce* suministra una fibra excelente para la fabricación de pastas de papel.

ALERO m. *Arq.* Parte del tejado que rebasa los muros y los protege.
— El *alero corrido* prolonga el tejado sin solución de continuidad y el *alero de mesilla* tiene la forma de una cornisa horizontal. ‖ *Alero de chaperón,* el de madera que se dispone debajo del alero principal para apoyar los canalones.
— *Autom.* Aleta, guardabarros.

ALERÓN m. *Aeron.* Cada una de las partes articuladas que lleva el ala del avión en su margen posterior o borde de escape.
— Los *alerones estabilizadores* o *álabes* sirven para inclinar el aparato en los virajes (alabeo). Para accionarlos, el piloto inclina la palanca de mando o gira el volante, en los aviones grandes, hacia el lado del viraje, lo cual tiene por efecto inclinar hacia arriba el alerón de dicho lado

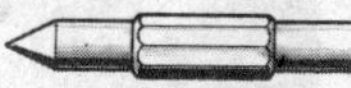

alegrador

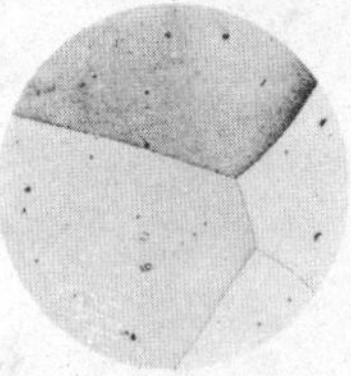

cristales de cobre y de cinc en una aleación

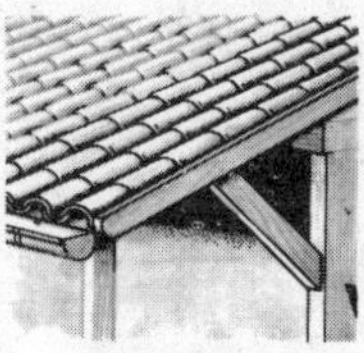

alero *(arq.)*

maniobra de los alerones

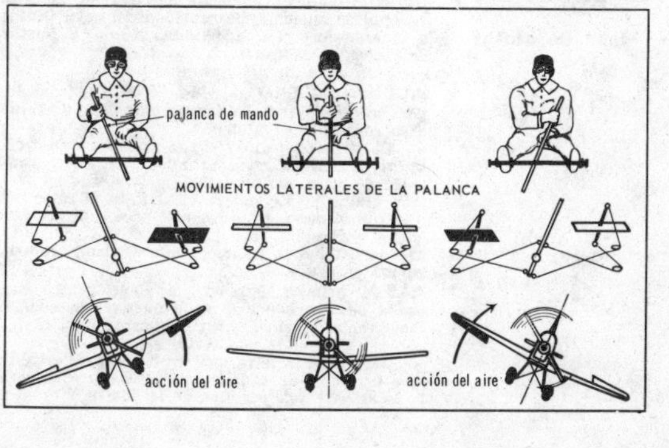

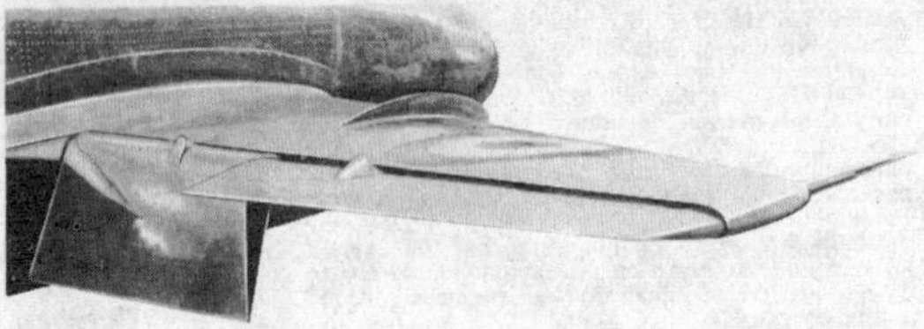

alerones de alabeo *(a la der.)* y **alerones** hipersustentadores *(a la izq.)*

y hacia abajo el del lado opuesto. La fuerza del aire contra ambos alerones provoca entonces la inclinación del avión y el piloto puede efectuar el viraje orientando el timón de dirección con los pies. Para volver a la posición horizontal se procede en el sentido contrario.
En suma, la acción de los alerones corresponde a la del peralte de una carretera para los coches o a la inclinación que se da con el cuerpo a una motocicleta para girar, mientras que el timón del avión equivale al mecanismo de la dirección del coche o al manillar de la motocicleta.
El esfuerzo necesario para contrarrestar el empuje del aire al inclinar los alerones puede ser reducido dotando a éstos de compensadores*.
El alerón de alabeo puede inclinarse hacia ambos lados del ala, circunstancia que lo distingue de los *alerones de aterrizaje,* situados también en la parte posterior del ala (entre aquellos y el fuselaje) y solamente articulados hacia abajo, que sirven para aumentar la fuerza sustentadora, especialmente durante el despegue y el aterrizaje. Con el mismo objeto se usan también *alerones de ranura* dispuestos en el borde de ataque del ala. (V. HIPERSUSTENTACIÓN.)
— *Mar.* Cada uno de los extremos del puente de navegación situados a ambos costados del buque. ‖ Plano retráctil que, en caso de mar gruesa, se hace sobresalir de los costados del buque, por debajo de la línea de flotación y que, orientado cíclicamente con arreglo a la frecuencia de las olas, permite estabilizar la nave. (V. ESTABILIZACIÓN.)

ALETA f. Nombre dado con frecuencia a las cosas que, por su forma o cometido, se asemejan a las aletas de los peces.
— *Aeron.* Alerón. ‖ Compensador de alerón.
— *Arq.* Machón o refuerzo visible a ambos lados de una columna o pilar adosados. ‖ Cada una de las paredes que arrancan de un puente o que prolongan la boca de un canal o alcantarilla y que sirven para contener los terraplenes.
— *Autom.* Guardabarros.
— *Mar.* Palma* de bucear. ‖ *Quilla de aletas,* v. QUILLA.
— *Mec.* Álabe. ‖ Ala de una barra de metal perfilada, especialmente las que constituyen los dos planos horizontales de una viga* de doble te. (V. PERFILADO.) ‖ Lámina dispuesta alrededor de un tubo, a veces enrollada helicoidalmente, con objeto de aumentar su superficie y con ella la cantidad de calor que puede ceder o recibir: *los tubos de aletas se usan en calefacción a modo de radiadores.* ‖ Láminas o pestañas que forman cuerpo con el cilindro de un motor refrigerado por aire y permiten aumentar la cantidad del calor cedido a la atmósfera. (V. REFRIGERACIÓN.) ‖ *Bomba de aletas,* v. BOMBA.
— *Text. Huso de aleta,* v. HUSO.

tubo de **aletas**

ALEURÓMETRO m. *Ind. alim.* Instrumento para medir el grado de panificación de una harina o su contenido en gluten.
— El *aleurómetro* más simple consiste en un cilindro dentro del cual se comprime cierta cantidad de masa con un émbolo provisto de un vástago graduado. Se somete el aparato al calor del horno y, la masa, al hincharse, hace subir el émbolo y sobresalir más o menos el vástago, cuya graduación indica en qué grado es panificable la harina ensayada.

ALFA, primera letra del alfabeto griego (α) usada, lo mismo que la *a* de nuestro abecedario, como símbolo científico, generalmente para designar lo primero de una serie.
— *Astr.* Con la letra *alfa* se designa la estrella más brillante de cada constelación: *α Centauro es la estrella más próxima de la Tierra.*
— *Fís. Rayos o partículas alfa,* v. RADIACTIVIDAD y RAYO.
— *Geom.* Símbolo de *ángulo.*
— *Quím.* La letra *alfa,* unida o no por un guión al nombre de un cuerpo orgánico, indica el primero de sus isómeros: *el α—naftol o naftol alfa es el primero de la serie.*

ALFA m. *Bot.* y *Text.* Esparto.

ALFABETO m. Sistema de signos gráficos con que se escriben las palabras de una lengua.
— *Telec.* Véase el art. CÓDIGO. ‖ *Alfabeto Morse,* v. TELÉGRAFO.

ALFANUMÉRICO, CA adj. *Ofic.* Dícese de la máquina contable* constituida por el acoplamiento de una calculadora y una máquina de escribir.

ALFAQUES m. pl. *Geol.* Bancos de arena o barras que se forman a lo largo de la costa en el delta de un río.

ALFAR m. *Cerám.* Alfarería.

ALFARDA f. *Arq.* y *Carp.* Par de una armadura. (V. CUBIERTA.)

ALFARERÍA f. *Cerám.* Arte del alfarero, o sea fabricación de objetos de arcilla cocida y, en particular, de vasijas.
— La *alfarería* constituye un ramo particular de la cerámica, caracterizado por la producción de objetos sin vitrificar, porosos y ásperos, de color entre amarillo y rojo obscuro (cántaros, botijos, macetas, etc.) mientras que la loza y la porcelana son blancas. Ahora bien, en artículos más finos, se cubre el color natural con esmaltes opacos o se barnizan los objetos antes de cocerlos (cazuelas, azulejos, etc.)
El uso de amasadoras, prensas mecánicas para la fabricación en serie y otras máquinas no se ha traducido todavía por una mecanización integral de la alfarería y muchas labores, especialmente las vasijas y recipientes redondos, siguen modelándose a mano. La pella de barro se trabaja sobre el torno de alfarero, mesita circular que se hace girar con los pies o bien con un motorcito. El alfarero ahueca la masa y la estira y,

en virtud del movimiento giratorio, cada deformación radial de la misma se reproduce en toda la superficie de revolución del objeto modelado. Las piezas de alfarería se cuecen a temperaturas próximas de 1 000°; las de loza requieren temperaturas superiores (unos 1 200°). [V. tb. el art. CERÁMICA.]

ALFARJE m. *Carp.* Techo de mosaico hecho con numerosas tablitas de formas y colores diferentes, artísticamente combinadas.
— *Mec.* Solera de un molino de rulos.

ALFARJÍA f. *Carp.* Madero, de dimensiones apropiadas para construir marcos de puertas y ventanas, cuya sección es de 14 × 10 cm: *la media alfarjía, de 10 × 7 cm, es de uso más corriente.*

ALFÉIZAR m. *Arq.* Derrame de la pared en el hueco de una puerta o ventana.

ALFÉNIDE f. *Metal.* Aleación de cobre, níquel y cinc con 20 % de plata, que se utiliza principalmente para fabricar cubiertos de mesa.

ALFILER m. Aguja sin ojo y provista de una cabecilla redondeada, que sirve para sujetar prendas de vestir, adornos, papeles, etc. ‖ *Alfiler de gancho* o *de nodriza,* imperdible.
— La fabricación moderna de *alfileres* es completamente automática y se efectúa a partir de rollos de alambre de calidad apropiada para el

Fot. Larousse

uso a que se destinan. El alambre es reducido a su diámetro definitivo por estirado con hileras; su extremo es golpeado tres veces con una matriz hueca que forma la cabeza; el alfiler es cortado y cae en una ranura inclinada que deja pasar su cuerpo pero no la cabeza; así suspendido, las vibraciones lo hacen bajar hasta una muela rápida que forma su punta; tras un pulido de ésta, se someten los alfileres a diversos tratamientos de acabado (niquelado por electrólisis, templado, etc.).
— *Carp. Alfiler de París,* v. CLAVO.

ALFOMBRA f. *Text.* Tejido grueso hecho con hilos de lana de varios colores anudados por puntos en un tejido de basamento y cortados a la misma altura, como en el terciopelo: *las mejores alfombras se anudan a mano.* ‖ Tejido hecho a máquina, con lana u otras fibras, que imita los dibujos o la textura del anterior y que sirve para los mismos usos.
— La *alfombra* sirve para cubrir el suelo con objeto de adornarlo o de resguardar de su frío, y se distingue del tapiz verdadero, que se aplica contra los muros y suele reproducir cuadros y motivos puramente artísticos.
Entre las muchas clases de alfombras destacan las siguientes: la *anudada a la aguja,* labor casera de dimensiones reducidas hecha con cabos de lana pasados con una aguja en un cañamazo y cortados después a la misma altura: la *anudada a mano,* que se hace con un telar * de alto lizo, anudando cabos de lana de colores correspondientes a los del modelo y cortándolos a la misma altura; la *anudada mecánicamente,* tipo de alfombra hecha con un telar especial que reproduce mecánicamente los nudos manuales. (Prácticamente no existen telares capaces de competir con la labor manual y las alfombras de tisaje mecánico no son sino tejidos afelpados o aterciopelados.)
Ciertas alfombras tienen textura tan fina y delicada que pueden usarse como tapices y es difícil distinguirlas de éstos. En las alfombras hechas por el procedimiento de la manufactura francesa de La Savonnerie (v. *figura*) se hacen varias pasadas con la lana alrededor de una especie de lezna que, al ser retirada corta los bucles con su punta afilada y forma otros tantos puntos. En este tipo de alfombra los hilos de la trama son invisibles.

ALGA f. *Bot.* Familia de plantas talofitas, generalmente acuáticas y de las cuales la mayor parte vive en las aguas marinas, hasta profundidades adonde llega la luz solar (unos 200 m).
— *Ind.* Las *algas* se utilizan en agricultura como abono. Sus cenizas suministran sosa, potasa y yodo. También se obtiene con ellas agar-agar y otros mucilagos usados en pastelería y para elaborar conservas, así como cola para clarificar los líquidos turbios, aprestar los tejidos, etc. Ciertas algas son comestibles y algunas de ellas constituyen manjares delicados, particularmente apreciados en el Japón.

ALGALIA f. *Perf.* Líquido espeso y untuoso extraído de una glándula que tiene el gato de algalia en el perineo, y que por su olor fuerte de almizcle se usa para componer perfumes.

ALGARROBILLA f. *Bot.* y *Curt.* Fruto seco del algarrobillo *(Cesalpina brevifolia),* arbusto leguminoso de Chile: *la algarrobilla es uno de los mejores curtientes naturales, pues contiene 43 % de tanino.*

ÁLGEBRA f. *Mat.* Parte de las matemáticas fundada en la substitución de las cantidades por letras y el uso adecuado de los signos + y — con arreglo a fórmulas algebraicas que simplifican notablemente los cálculos más complejos.
— Las dos características principales del *álgebra* consisten en el uso de letras para simbolizar las cantidades (*a, b, c,* etc., para los *datos* o cantidades conocidas; *x, y, z* para las *incógnitas*) y de la noción de número negativo. Además de estas simplificaciones existen numerosas reglas que permiten resolver problemas complicadísimos.
Una igualdad algebraica consta de dos miembros, cada uno de los cuales puede contener cantidades conocidas y desconocidas. Ambos miembros constituyen una igualdad, pues arrojan el mismo resultado cuando se atribuye a las incógnitas el exacto valor que representan. Dada esta igualdad y conociendo el valor numérico de los datos, se desprende el de las incógnitas. El cálculo consiste esencialmente en transferir y agrupar todas las incógnitas en uno de los miembros de la igualdad y las cantidades conocidas en el otro. En virtud de una regla esencial, el paso de uno a otro se traduce por una inversión del signo, o sea que al pasar de un lado a otro del signo = una cantidad positiva se convierte en negativa, y viceversa. Por otra parte, la suma de dos números iguales con signo opuesto (o sea uno negativo y otro positivo) es igual a cero y se traduce, consiguientemente, por la eliminación de ambos números o de las letras que los representan. Otra simplificación consiste en la posibilidad de multiplicar o dividir cualquiera de las cantidades de la ecuación por un número, con tal de que todas las demás cantidades sean multiplicadas o divididas a su vez por el mismo.
Supongamos que se trata de resolver el problema siguiente: La suma de un número al cual se agrega tres veces su mitad más 5 es igual a 6 veces dicho número menos 23.
La igualdad es:

$$x + 5 + \frac{3x}{2} = 6x - 23.$$

Empecemos por reunir las x en el primer miembro de la igualdad, pasando al mismo los $6x$ del otro miembro y cambiando su signo:

$$x + 5 + \frac{3x}{2} - 6x = -23.$$

Recíprocamente agrupemos las cantidades conocidas en el segundo miembro (sin olvidar el cambio de signo):

$$x + \frac{3x}{2} - 6x = -23 - 5.$$

Como — 23 y — 5 suman — 28, tendremos:

$$x + \frac{3x}{2} - 6x = -28.$$

Prosiguiendo las simplificaciones suprimiremos el denominador 2. El numerador $3x$ queda multiplicado por dos y en ese caso todas las cantidades deben multiplicarse por el mismo número para conservar la igualdad:

$$2x + 3x - 12x = -56.$$

Sumemos las x. Como tenemos 12 de menos y 5 de más, el total será negativo:
$-7x = -56$ y, cambiando el signo de ambos miembros, tendremos que:

$$7x = 56.$$

fabricación de **alfombras** en Marruecos

textura de una **alfombra**

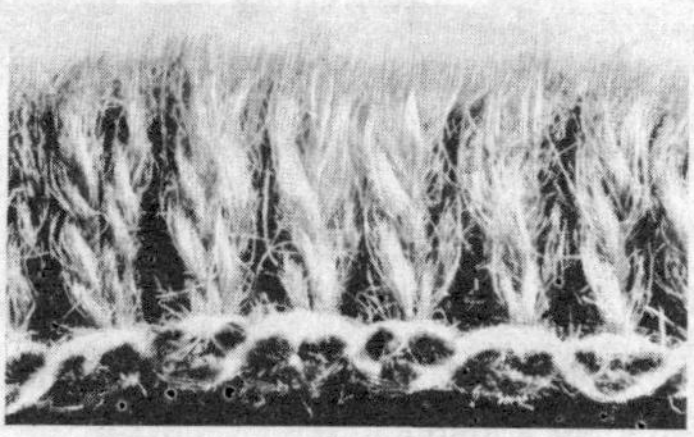

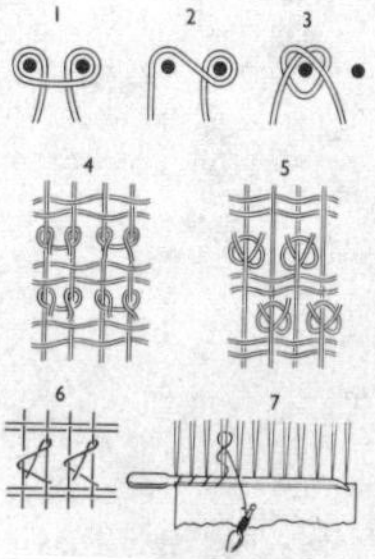

alfombra
1. Nudo de Esmirna; 2. Nudo persa; 3. Nudo español; 4. Pasada de nudo persa; 5. Pasada de nudo español; 6. Nudo de La Savonnerie; 7. Uso de la lezna en La Savonnerie

Fot. O. M. T., M. F. T. C.

Si 7 veces x equivale a 56, bastará con dividir este número por 7 para averiguar el valor de x:

$$\frac{56}{7} \text{ o bien } 56:7 = 8.$$

Claro está que el interés del álgebra estriba en resolver problemas más complicados en los cuales se trata de hallar varias incógnitas y también aquellos en que intervienen potencias de las mismas. (V. ECUACIÓN.)

ALGEBRAICO, CA adj. Relativo o perteneciente al álgebra. ‖ *Cantidad algebraica,* v. CANTIDAD. ‖ *Curva algebraica,* v. CURVA. ‖ *Ecuación algebraica,* v. ECUACIÓN. ‖ *Función algebraica,* v. FUNCIÓN. ‖ *Número algebraico,* v. NÚMERO. ‖ *Superficie algebraica,* v. SUPERFICIE.

ALGECERÍA f. *Min.* Yesería.

ALGEZ m. *Miner.* Piedra o mineral de yeso, sulfato de cal hidratado. (Sinón. ALJEZ, GIPSO.)

ALGINA f. *Quím.* Substancia coloidal, viscosa e incolora formada por la disolución acuosa del mucilago de ciertas algas del género *laminaria,* y que se extrae tratando las mismas con carbonato de sodio: *las alginas constituyen la materia primera de los alginatos.*

ALGINATO m. *Quím.* Sal del ácido algínico obtenido a partir de la algina.

— *Ind.* El *alginato de sosa* sirve para emulsionar aceites y como aislante eléctrico. También se usa para elaborar barnices y como aglutinante de las briquetas de carbón.

— *Text.* Con el *alginato sódico* se fabrican fibras e hilos artificiales que tienen la propiedad de disolverse completamente en el agua caliente. La industria textil aprovecha esta particularidad, por ejemplo, hilando una mezcla de fibras de lana y de alginato y disolviendo éste a continuación para obtener un hilo de lana pura, tan delgado que habría sido imposible hilarlo directamente. También se bordan mecánicamente sobre tejidos de alginato motivos que, al ser disuelta la tela, constituyen labores a imitación de puntillas. Los hilos de algilato se usan asimismo para los puntos de sutura hechos en intervenciones quirúrgicas, pues tienen la ventaja de ser disueltos por los humores del organismo.

ALGÍNICO, CA adj. *Quím.* Dícese de un ácido cuya sal sódica o algina abunda en las algas del género laminaria.

ALGODÓN m. *Bot.* Planta malvácea (*Gossypium*), propia de las regiones tropicales, cuyas semillas se hallan envueltas en el fruto por una borra hecha de fibras largas que constituyen la materia prima más importante de cuantas utiliza la industria textil: *la cosecha de las cápsulas de algodón se efectúa aspirándolas con una máquina especial.*

— *Quím.* El *algodón* es celulosa pura con ínfimas cantidades de cera y grasa. Generalmente se reservan para la producción de celulosa y de sus derivados las fibras menos apreciadas por la industria textil, que son las más cortas. Éstas se tratan con ácidos nítrico y sulfúrico y dan nitrocelulosa *, materia primera para la elaboración de celuloide, de fibras sintéticas, explosivos, etc. El *algodón colodión* es nitrocelulosa con menos de 12 % de nitrógeno, soluble en una mezcla de alcohol y éter. La nitrocelulosa con más de 12 % de nitrógeno es explosiva y constituye el *algodón pólvora* o *algodón fulminante,* el cual, si prende fuego, arde fulgurosamente sin explotar, pero si se hace estallar un detonante en su seno, la masa explota con gran violencia y poder destructivo.

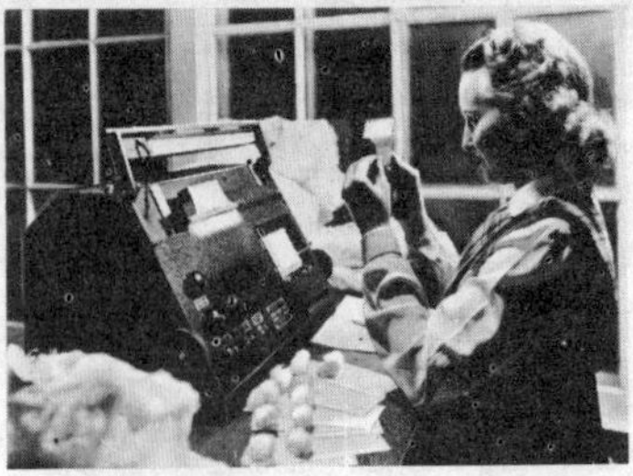

medición de las fibras de algodón

Las semillas de algodón contienen de 20 a 25 % de un aceite que se usa para fabricar jabones, caucho sintético y otros productos industriales. Cuidadosamente refinado y mezclado con algún otro aceite también sirve para elaborar margarina. Con el nombre de *algodón mineral* se designa una guata que se obtiene sometiendo un chorro de vidrio, silicato, escorias u otras materias fundidas, a la acción de una corriente de vapor que lo reduce a fibras muy finas. Los algodones minerales, el más común de los cuales es la lana de vidrio, se usan como aislantes térmicos, para la insonorización de locales y como fibras textiles.

— *Text.* La *fibra de algodón* tiene la forma de una minúscula cinta torcida, de unas 20 micras de espesor y de 10 a 50 mm de largo, y es capaz de sostener un peso de cinco a ocho g. Se separan las fibras de las semillas con máquinas desgranadoras * y, antes de ser hiladas se limpian, peinan, seleccionan y mezclan con arreglo a la clase de hilos que se desea obtener (v. HILATURA). La mercerización * les confiere un brillo casi tan intenso como el de la misma seda.

ALGODONIZAR v. *Text.* Tratar químicamente el lino o el cáñamo para que sus fibras tengan un aspecto parecido a las del algodón.

ALGOL, estrella de la constelación de Perseo caracterizada por las variaciones de su magnitud

— La estrella* variable *Algol* se halla constituida en realidad por un sistema de dos astros tres o cuatro veces mayores que el Sol — uno de ellos es mucho más brillante que el otro — que dan vueltas alrededor de un eje de gravedad común situado entre ambos. Las variaciones de la magnitud se deben a los eclipses parciales provocados por el paso, durante unas nueve horas, del astro que podríamos llamar obscuro frente al más brillante. La magnitud del sistema es sensiblemente constante, e igual a 2,3, durante las 60 horas que median entre dos eclipses. Al producirse cada uno de éstos pasa rápidamente, en cuatro horas y media, a ser de 3,5 y luego aumenta el brillo de Algol con la misma rapidez hasta volver a ser su magnitud de 2,3. Este ritmo difiere del de otras estrellas variables e incluso del de otras clases de binarias de eclipses y es característico de las variables llamadas precisamente del tipo Algol.

ALGONQUIANO o **ALGONQUINO, NA** adj. y s. m. *Geol.* Nombre que se da a la parte superior del terreno precambriano y cuya formación corresponde al período geológico compren-

algodón
recolección mecánica, y *(a la der.)* pulverización de insecticidas en una hacienda peruana

Fot. Rankin, C. C. A.

dido entre 800 y 500 millones de años antes de nuestra era (v. ESTRATIGRAFÍA).

ALGORITMO m. *Mat.* Conjunto de símbolos y de procedimientos usados en los cálculos: *el algoritmo de la raíz cúbica es el método empleado para extraerla de un número.*

ALGRAFÍA f. *Art. gráf.* Procedimiento de grabado * que consiste en reemplazar la piedra litográfica por una plancha de aluminio.

ALHAMBRILLA f. *Cerám.* Baldosín rojo, de forma cuadrada.

ALHUCEMA f. *Bot.* y *Perf.* Espliego.

ALIAJE m. *Metal.* Galicismo innecesario por *aleación* o *liga.*

ALICATADO m. *Constr.* Revestimiento de pared hecho con azulejos o baldosas finas. ‖ *Amer.* Por ext., pared hecha con ladrillos puestos de canto.

ALICATAR v. *Constr.* Efectuar alguna labor de alicatado. (Sinón. AZULEJAR.) ‖ Cortar azulejos a las dimensiones requeridas antes de colocarlos.

ALICATE m. o **ALICATES** m. pl. *Art. y of.* Tenacillas metálicas, de las cuales existe una gran diversidad de modelos caracterizados por la forma dada a su boca según su uso. ‖ *Alicates universales,* los de boca complicada especialmente estudiada para usos múltiples, como son aferrar

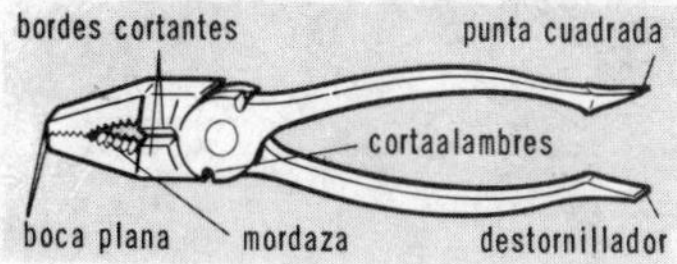

los objetos, torcer y cortar los alambres, enroscar las tuercas, etc.

ALICUANTA adj. *Mat.* Dícese de la cantidad parcial que no se halla contenida un número exacto de veces en el todo: *tres es parte alicuanta de 14 y parte alícuota de 12.*

ALÍCUOTA adj. *Mat.* Cantidad que se halla comprendida un número exacto de veces en otra: *cuatro es parte alícuota de 20 y alicuanta de 18.*

ALIDADA f. *Topogr.* Regla provista de pínulas en los extremos, articulada sobre una plancheta o instrumento cualquiera de modo que, al dirigir la visual, uno de sus extremos indique sobre una escala graduada el ángulo formado con la visual de otro punto o con cualquier dirección que sirva de referencia. ‖ Instrumento más perfeccionado (*alidada holométrica*), en el que la regla y las pínulas se hallan reemplazadas por el tubo, el objetivo y el ocular de un anteojo. (V. AGRIMENSURA Y TOPOGRAFÍA.)

ALIFÁTICO, CA adj. *Quím.* Relativo o perteneciente a los compuestos orgánicos de cadena abierta, entre los que figuran los hidrocarburos y cuerpos derivados. ‖ *Serie alifática, serie acíclica* o *serie grasa* la serie formada por los referidos compuestos.

ALIGATOR m. *Curt.* y *Zool.* V. COCODRILO.

ALIGERADO, DA adj. *Constr.* Dícese de los muros y paredes más gruesos en su base que por arriba.

ALIJADOR m. *Mar.* Especie de barcaza para cargar y descargar los buques que no pueden atracar por falta de muelle o por tener excesivo calado.

ALIJAR v. *Mar.* Descargar un buque total o parcialmente.
— *Mec.* Lijar o alisar con lija.

ALIJO m. *Mar.* Acción de descargar un buque. ‖ *Amer.* Alijador, barcaza.

ALILENO m. *Quím.* Hidrocarburo acetilénico homólogo del acetileno. (Sinón. METILACETILENO.)

ALÍLICO, CA adj. *Quím.* Que contiene en su molécula el radical alilo: *el alcohol alílico es un líquido incoloro, algo lacrimógeno, que hierve a 96º y se elabora a partir del petróleo.*

ALILO m. *Quím.* Radical monovalente de fórmula $CH_2 = CH - CH_2-$ que forma parte de muchos éteres o ésteres.

ALIMENTACIÓN f. *Tecn.* Acción de suministrar a una máquina o dispositivo cualquiera la energía o las materias necesarias para que fun-

alimentador
(emisora de radio de la torre Eiffel)

cione o llene su cometido: *el circuito de alimentación de una emisora; hormigonera con bomba y tolva de alimentación; la alimentación automática de un alto horno.*

ALIMENTADOR, RA adj. y s. *Tecn.* Nombre del dispositivo regulador que mantiene constante el nivel de agua de una caldera, del conductor o circuito que suministra la corriente a un aparato eléctrico, y de muchos otros instrumentos, canalizaciones o dispositivos destinados a alimentar una máquina: *las canalizaciones de alimentación se designan frecuentemente por su nombre inglés, que es "feeder".*
— Se utilizan, entre otros *alimentadores,* las tolvas, cintas sin fin y roscas; las bombas y compresores; los circuitos eléctricos y los dispositivos mecánicos especiales (como los que cargan las armas de fuego), etc.
— *Radiot. Alimentador de antena,* conductor que transfiere a la antena la energía de alta frecuencia engendrada por el emisor.

ALIMENTAR v. *Tecn.* Suministrar a los dispositivos eléctricos o mecánicos la energía necesaria para su funcionamiento o las primeras materias que se han de elaborar, piezas que se han de labrar, etc.

ALIMENTO m. Substancia nutritiva para el hombre, los animales o las plantas.
— Los *alimentos* suministran al organismo los materiales necesarios para que éste pueda desarrollarse y reparar sus pérdidas; al propio tiempo constituye el combustible consumido por el cuerpo en tanto que motor. Por término medio el valor energético de las raciones ingeridas y asimiladas ha de corresponder al total de calorías gastadas, el cual depende, a su vez, de las actividades y esfuerzos cumplidos por el individuo: un anciano inactivo gasta 1 800 calorías por día; un adulto sedentario, 2 200; un adolescente, de 2 400 a 3 000; una mujer encinta, de 2 800 a 3 000; un trabajador, de 2 700 a 4 500. Conociendo el valor en calorías de cada alimento es, pues, fácil determinar las cantidades de cada uno de ellos que han de constituir la ración.
En realidad, no basta con suministrar al cuerpo las calorías necesarias. El organismo requiere también cierto equilibrio entre alimentos de naturaleza diferente. Éstos se dividen en prótidos * (albúminas) necesarios para reparar los tejidos; glúcidos (hidratos de carbono) y lípidos (materias grasas) y se admite que la ración del hombre adulto ha de contener aproximadamente 120 g de prótidos, 500 de glúcidos y 40 de

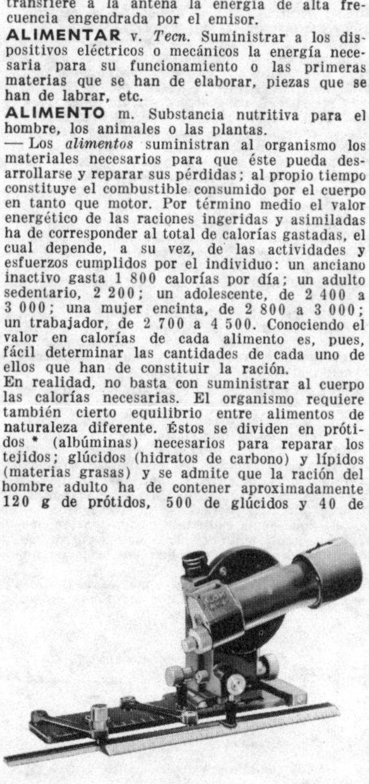

alidadas
de pínulas y de anteojo

Fot. C. Gle, T. S. F., S. O. M.

POR 100 GRAMOS DE ALIMENTOS	AGUA	PRÓTIDOS	GLÚCIDOS	LÍPIDOS	CALORÍAS	ELEMENTOS MINERALES	VITAMINAS
	g	g	g	g			
ALIMENTOS RICOS EN MATERIAS ALBUMINOIDES (PRÓTIDOS)							
Carne de vaca	69	20	0	10	170	Azufre — Fósforo	**A** y **B**
Caseína seca	10	88	0	0	352	Fósforo — Calcio	—
Pescadilla	82	16	0	0,6	71	Azufre — Fósforo — Potasio	**B**
Huevos de gallina . .	75	13	0,4	10	144	Azufre — Fósforo — Hierro	**A** y **B**
Quesos (gruyere) . .	36	30	1,5	29,7	560	Azufre — Fósforo	**A** y **B**
ALIMENTOS RICOS EN HIDRATOS DE CARBONO (GLÚCIDOS)							
Pan	35,3	8	54	1	257	Azufre — Fósforo — Potasio — Calcio	**B, A** y **E**
Pastas secas	11	12	73	1,6	354	Azufre — Fósforo — Potasio — Calcio	**B, A** y **E**
Papas o patatas . .	76	2	20	0,1	90	Potasio	**A, B** y **C**
Legumbres secas . .	12,5	23	58	1,5	336	Azufre — Fósforo — Potasio	**B** y **A**
Arroz	13	8	78	0,3	347	Azufre — Fósforo	**B**
ALIMENTOS RICOS EN GRASAS (LÍPIDOS)							
Leche	86	3,4	4,9	3,7	65	Azufre — Fósforo — Calcio	**A** y **B**
Manteca	13	0,8	0,5	84	740	Azufre — Fósforo — Potasio — Calcio	**A** y **B**
Aceite de maní . . .	0	0	0	100	900	Vestigios	—
Margarina	15,5	1,4	0	83	753	Vestigios	—
ALIMENTOS RICOS EN CELULOSA							
Espinacas	88	3	4	0,4	32	Potasio — Calcio — Hierro	**A, B** y **C**
Repollo	82	1,8	6	0,3	34	Azufre — Potasio — Calcio	**A, B** y **C**
Zanahorias	87	1	9	0,3	42	Potasio	**A, B, C, E**
Tomates	94	1,9	4	0,3	22	Potasio	**A, B** y **C**
Lechugas	91	1,1	3	0,3	20	Potasio	**A, C** y **E**
Manzanas	78	0,3	14	0,3	58	Potasio	**B** y **C**

composición de los principales alimentos

lípidos, mientras que para una mujer las cantidades necesarias son, respectivamente, de 90, 400 y 40 g. Por otra parte, el organismo necesita diariamente numerosas substancias minerales: de 5 a 6 g de sodio, 4,2 de cloro, 1,5 de potasio, 1 de fósforo, 1 de azufre, 1 de calcio, 0,3 de magnesio y cantidades menores de flúor, cobre, cinc, manganeso, hierro, yodo, etc. Por último, existen ciertos principios, las vitaminas, cuya carencia provoca graves desórdenes en el organismo.

De todo lo antedicho se desprende, pues, la importancia, para el perfecto desarrollo y la salud del hombre, de una alimentación verdaderamente equilibrada.

La *conservación de los alimentos* tiene una importancia capital. Los métodos que se aplican con dicho fin son dos: el primero consiste en encerrarlos en recipientes herméticos que se esterilizan seguidamente por el calor para destruir las bacterias que puedan contener (v. CONSERVA); en el otro método se crean condiciones desfavorables para la existencia de bacterias en los alimentos, sin ninguna necesidad de ponerlos al abrigo del aire (refrigeración, vacío, salmueras, ahumado, etc.).

ALINEACIÓN f. Acción de alinear o disponer en línea dos o más cosas.

— *Arq.* Límite impuesto a la fachada de un edificio en el plano de una vía pública.

— *Radiot.* Operación de ajuste de un circuito eléctrico, especialmente de un aparato emisor o receptor de radio o televisión, que consiste en hacer coincidir exactamente la frecuencia de sus distintos circuitos oscilantes. Se efectúa una sola vez, después de la construcción del aparato, mediante tanteos, obrando sobre una serie de pequeños condensadores variables en forma de tornillos.

ALINEAR v. Disponer dos o más cosas en línea recta: *alinear los ejes de dos máquinas acopladas.* ‖ Igualar, armonizar el rendimiento o la producción de las instalaciones que trabajan en serie: *en las fábricas de automóviles se alinean las producciones de bastidores, carrocerías y motores para trabajar en cadena sin necesidad de almacenar grandes reservas.*

ALIOS m. *Geol.* Roca constituida por una aglomeración compacta de arena, partículas finas de mantillo y óxido de hierro.

ALISADOR, RA adj. y s. *Tecn.* Nombre dado a muchas herramientas, máquinas y dispositivos usados para igualar o alisar la superficie de las cosas: *cilindro alisador de papeles.*

ALISAR v. *Tecn.* Igualar, poner lisa la superficie de alguna cosa: *los objetos de cerámica se alisan antes de cocerlos para suprimir las rebajas que dejan las juntas de los moldes.*

ALISIO adj. y s. Dícese de los vientos que soplan regularmente en el Atlántico y el Pacífico, de las zonas tropicales hacia el ecuador: *los alisios facilitaron el descubrimiento de América.*

— La presión atmosférica reinante en el ecuador es inferior a la de los trópicos. El aire tiende, pues, a circular en la dirección Norte-Sur (hemisferio boreal) y Sur-Norte (hemisferio austral). Pero el movimiento de rotación de la Tierra se combina con el del aire y —lo mismo que las gotas de agua en la ventanilla de un tren en marcha— la dirección de los vientos alisios resulta inclinada respecto al ecuador y soplan realmente en las direcciones de Nordeste a Suroeste, en el hemisferio boreal, y de Sudeste a Noroeste en el austral. Su velocidad es de unos 20 km/h y entre ambos media una zona de calmas ecuatoriales. El sistema así descrito se traslada periódicamente hacia el Norte o el Sur, durante el verano. Este fenómeno es sobre todo sensible en el hemisferio boreal, en el cual penetran entonces los alisios australes (monzones).

A partir de 3 000 m de altura empieza a invertirse la dirección de los alisios y, más arriba, existen vientos de sentido exactamente opuesto llamados *contraalisios.*

ALISO m. *Bot.* Árbol betuláceo (*Alnus*) del cual existen unas 35 especies propias de las márgenes de los ríos y terrenos húmedos.

— *Carp.* La especie común (*A. glutinosa*), da una madera blanca, con venas rojizas, ligera (densidad = 0,550), de textura fina y apretada, desprovista de albura. Esta madera tiene el defecto de pudrirse rápidamente a causa de la humedad.

alisios
1. Representación general; 2. Corrimiento hacia el N

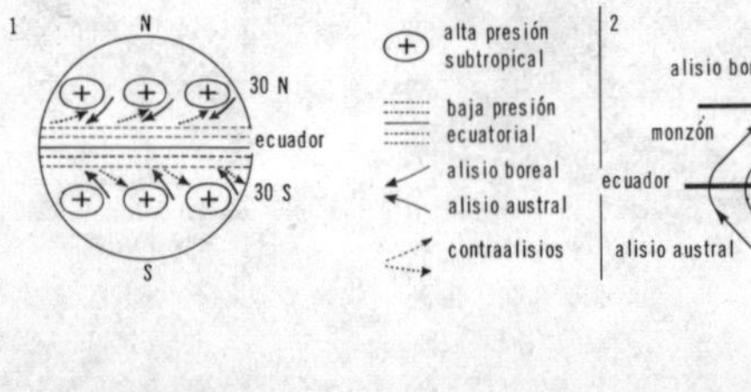

En cambio es una de las más duraderas cuando se halla sumergida en el agua, por cuya razón se usa para los pilotes de amarre de las embarcaciones, y en la construcción de pozos, muelles, puentes y otras obras hidráulicas.
También se usa en carpintería general y da lugar, en la U. R. S. S. y en Finlandia, a una industria de madera cruzada muy activa.
ALISTADO, DA adj. Que forma listas o está provisto de ellas.
ALITACIÓN f. *Metal.* Aluminiado.
ALIVIADERO m. Vertedero para dar salida a las aguas sobrantes antes de que éstas se derramen por el borde superior de los depósitos, canales y presas: *los aliviaderos de los grandes embalses han de poder dar salida a las mayores avenidas sin causar erosiones perjudiciales en la base de las presas.* || Aliviador.
ALIVIADOR, RA adj. y s. Que sirve para aliviar o alivia.
— *Mec.* Palanca que, en ciertos molinos, permite reducir la presión de las muelas sobre la solera y obtener así diferentes grados de moltura.
ALIVIAR v. Disminuir de algún modo la carga soportada por alguna pieza o elemento de una construcción: *aliviar una viga deficiente apuntalándola.*
ALIZAR m. *Constr.* Friso de azulejos que se pone, como adorno y protección, en la parte baja de las paredes interiores. || Azulejo apropiado para esta clase de revestimiento.
ALIZARI m. Nombre comercial de la raíz de rubia *.
ALIZARINA f. *Quím.* Substancia colorante roja, antes extraída de la rubia y hoy fabricada sintéticamente, como los demás colorantes antracénicos, a partir del alquitrán.
— *Text.* La *alizarina* funde a 289°, es poco soluble en el agua y solamente se fija bien en las fibras tratadas con un mordiente. Por lo demás, el tinte final depende de la naturaleza del mordiente usado y así pueden obtenerse todos los matices, desde el rojo hasta el violado casi negro.
ALJECERÍA f. *Min.* Algecería, yesería.
ALJEZ m. *Constr.* Algez.
ALJIBE m. Cisterna en que se recoge y conserva el agua de lluvia. || *Amer.* Pozo.
— *Mar.* Depósito de agua dulce a bordo de un barco. (Sinón. TANQUE.) || Barco especial para el transporte de líquidos.
ALMA f. Parte central o principal de una cosa.
— *Carp.* Parte central que sirve de núcleo de relleno a la madera cruzada.
— *Constr.* Pie derecho de un andamio *, que se empotra o asegura con mortero en el suelo.
— *Metal.* Parte principal entre las alas de una barra perfilada, como son el plano vertical de una viga de hierro, el que une la cabeza y el patín de un riel, etc. || Alambre o cable alrededor del cual se corchan tres ramales para constituir un cable grueso.
— *Mil.* Hueco, en general cilíndrico, del canón de un arma de fuego: *el arma rayada de un fusil.*
— *Papel.* Cartón basto al que se da buen aspecto pegándole papel en ambas caras.
— *Text.* Hilos de relleno, núcleo sólido, etc., alrededor de los cuales se arrollan hilos metálicos para hacer labores de pasamanería.
ALMACÉN m. Órgano de una máquina o depósito para contener una reserva suficiente de alguna cosa que necesitará durante su funcionamiento: *el almacén de papel de una multicopista.*
— *Art. gráf.* Caja que contiene todas las matrices de linotipia * de un solo cuerpo y que consta de 90 canales correspondientes a otros tantos signos, letras y espacios que figuran en el teclado. Ciertas linotipias disponen de cuatro almacenes, lo cual permite componer simultáneamente en varios cuerpos o caracteres diferentes.
— *Fot.* Dispositivo, hoy poco usado, que, en los aparatos fotográficos de placa, permite hacer varias fotografías sucesivas sin necesidad de recargarlos cada vez con un chasis diferente.
ALMADANA y **ALMÁDENA** f. *Obr. públ.* Mazo de 500 a 1 000 g, provisto de un mango muy largo, que sirve para machacar piedra.
ALMADRABA f. *Mar.* Arte de pescar de grandes dimensiones que se fija en el litoral para capturar atunes. || Por ext., cualquier red para pescar atunes.
— Las *almadrabas* son verdaderos laberintos hechos con redes sólidas aseguradas por numerosas anclas. Los atunes que siguen el litoral en su migración anual penetran en ellas hasta el buche, cámara central de la cual ya no podrán salir. Su captura y embarque se efectúa asiendo los peces vivos con un garfio y tirándolos fuertemente a bordo, operación que requiere tanta fuerza como destreza.

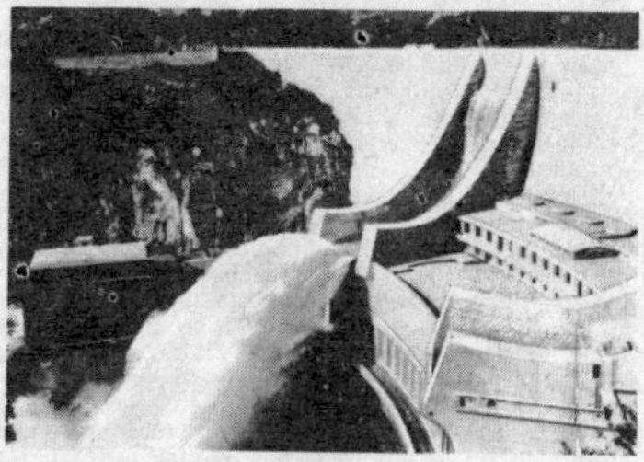
aliviadero

ALMAGRA f. o **ALMAGRE** m. *Miner.* Óxido de hierro aluminoso, arcilla rojiza usada —con el nombre de *ocre rojo*— para pulir el vidrio y también, por los carpinteros y albañiles, para trazar líneas con el cordel. (Sinón. ÓXIDO ROJO.)
— *Pint.* El *almagre* finamente pulverizado es un pigmento de acuarela y pintura al óleo, y se usa asimismo en la fabricación de minas blandas para lápices rojos de dibujar.
ALMAGRERA f. *Min.* Lugar donde se beneficia el almagre.
ALMANDINA f. *Miner.* Variedad de granate, constituida por silicatos de aluminio y hierro, que suministra gemas apreciadas en joyería. (Sinón. CARBÚNCULO.)
ALMARBATAR v. *Carp.* Unir o ensamblar dos piezas de madera.
ALMASILLO m. *Metal.* Aleación ligera a base de aluminio, con 1 % de magnesio y de 1 a 2 % de silicio: *el almasilio se usa, sobre todo, por su alta resistencia a la corrosión.*
ALMAZARA f. *Ind. alim.* Molino de aceite.
ALMELEC m. *Metal.* Aleación ligera a base de aluminio, con 0,6 % de magnesio y 0,6 % de silicio.
— *Electr.* El *almelec* conserva sensiblemente la excelente conductibilidad del aluminio con todo y ser mecánicamente más resistente. De ahí su uso casi exclusivo en la fabricación de conductores.
ALMENADO, DA adj. *Arq.* Rematado por almenas, a semejanza de las que coronaban los muros de las fortalezas antiguas.
ALMENARA f. *Obr. públ.* Zanja o canal para dar salida a las aguas sobrantes.
ALMENDRA f. Nombre dado a muchos objetos que tienen forma más o menos parecida a la de una almendra, como cierto adorno de moldura que se hace en arquitectura, los cristalitos tallados que cuelgan de las arañas y candelabros, etc.
ALMENDRILLA f. *Obr. públ.* Piedra machacada de pequeño calibre que se usa para reparar los firmes.
ALMICANTARAT m. *Astr.* Círculo * de altura.
ALMIDÓN m. *Quím.* Substancia de reserva blanca que las plantas acumulan en distintas partes y también presente en las semillas, en forma de granos finísimos.
— El *almidón* está constituido esencialmente por hidratos de carbono. Su fórmula es $C_6H_{10}O_5$. Es

captura de los atunes en el copo de una **almadraba**

Fot. H. Baranger, O. M. T.

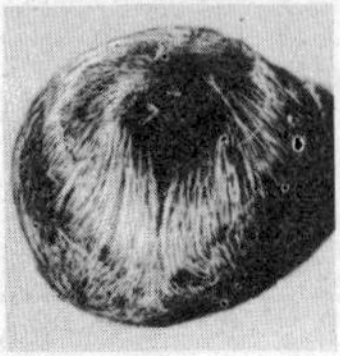

almizcle (glándulas al estado bruto)

1

2

3

4

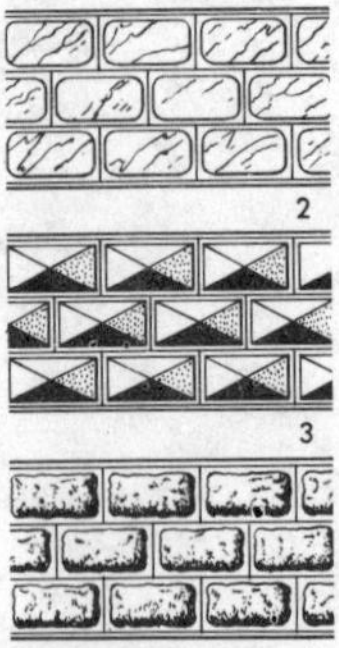

almohadillados
1. Redondeado; 2. Puntas de diamante; 3. Rústico; 4. Vermiculado

áloe

insoluble en el alcohol, el éter y el agua fría, pero en el agua caliente forma una masa gelatinosa: el *engrudo*. Se caracteriza por virar al azul en presencia de yodo. La amilasa lo descompone en maltosa, la cual puede transformarse a su vez en glucosa.
El almidón se extrae de la patata y, principalmente, de los cereales. El grano se pone a remojo en agua acidulada, que lo ablanda y destruye su envoltura. Luego se machaca y agita en el agua, para separar los gérmenes. Después de efectuar la verdadera molienda se elimina el salvado y se procede a separar el gluten aprovechando la diferencia de densidad que existe entre éste y el almidón. El almidón se escurre entonces en filtros especiales y se seca en un secador rotativo o por medio de una corriente de aire caliente.
El almidón tiene una importancia considerable en la elaboración de alimentos, colas y aprestos, cosméticos, etc.

ALMILLA f. *Carp.* Espiga del madero que se ha de ensamblar con otro.

ALMIZCATE m. *Arq.* Patio pequeño que se deja en medio de una manzana para dar luz y ventilación a los aposentos interiores.

ALMIZCLE m. *Perf.* Substancia fuertemente olorosa, de color obscuro segregada por el almizclero.
— El *almizcle comercial* se presenta en forma de masa granulosa, lenticular, de unos 5 cm de anchura y 2 de espesor, que contiene alrededor de 8 % de substancia aromática. Ésta tiene la propiedad de conservar gran parte de sus principios incluso en el alcohol y se usa en perfumería porque, al introducirla en una mezcla de esencias, las fija y evita la disipación rápida de sus principios volátiles.
Dados sus orígenes, el almizcle es una materia rara y cara, pero los químicos obtienen hoy almizcles artificiales —generalmente derivados nitrados de la serie bencénica— mucho más baratos.

ALMIZCLERO m. *Zool.* Especie de corzo (*Moschus moschiferus*) propio de China y de la India, cuyo aparato genital contiene una glándula que suministra el almizcle *, substancia usada en perfumería y farmacia.

ALMOCÁRABE m. *Arq.* Adorno de lazos y de líneas entrelazadas propio de las construcciones árabes o imitado de ellas.

ALMOHADILLA f. *Arq.* Parte de los sillares que resalta o sobresale del paramento. ‖ Cojinete del capitel* jónico.

ALMOHADILLADO, DA adj. y s. *Arq.* Que tiene almohadillas o sillares saledizos. ‖ Aparejo de sillería en el que los bordes de las piedras, convenientemente labrados, dejan en las juntas surcos anchos y profundos.

ALMOHADÓN m. *Arq.* Sillar superior del estribo, que sirve de asiento a la primera dovela del arco* o salmer.

ALMOJAYA f. *Constr.* Madero tranversal del andamio* que sirve de apoyo a los tablones del piso.

ALNICO m. *Metal.* Nombre genérico de aleaciones a base de hierro con 15 a 25 % de níquel y 8 a 12 % de aluminio, a los cuales se agregan en ciertos casos pequeñas proporciones de cobalto, cobre, titanio, etc.: el *alnico, previamente endurecido por un tratamiento término, sirve para fabricar imanes permanentes.*

ALNO m. *Bot.* y *Carp.* Aliso.

ALOBARO m. *Atom.* y *Quím.* Mezcla de los isótopos de un elemento en proporciones diferentes de las del elemento natural.

ALOCLASA f. *Miner.* Mineral de cobalto que también contiene bismuto, aunque en proporciones mucho menores.

ALOCROÍTA f. *Miner.* Especie de granate constituido por melanita compacta.

ALÓCTONO, NA adj. *Miner.* Aplícase a la roca formada por constituyentes procedentes de lugares diferentes de aquél en que se halla. (Sinón. ALOTÍGENO.)

ÁLOE m. *Bot.* Género de plantas liliáceas, con frecuencia arborescentes, de hojas carnosas que suministran fibras textiles y un zumo medicamentoso llamado acíbar.
— *Text.* Las *fibras del áloe* tienen aproximadamente las mismas características y aplicaciones que las del agave o magüey, descritas en el artículo PITA.

ALÓFANA f. *Miner.* Arcilla coloidal constituida por una mezcla de silicatos de aluminio hidratados. (Sinón. ALLÓFANA.)

ALOFÁNICO, CA adj. *Quím.* Relativo a la alófana. ‖ Aplícase especialmente a un ácido hasta ahora solamente conocido por sus sales, ésteres y otros derivados, algunos de los cuales permiten identificar el alcohol en los compuestos químicos.

ALOTÍGENO, NA adj. *Miner.* Alóctono.

ALOTROPÍA f. *Quím.* Diversidad de estados y formas que puede presentar un mismo cuerpo químico, por ej., en razón de una cristalización diferente de sus moléculas, y que se traduce a menudo por la existencia de propiedades diferentes.
— La *alotropía* existe tanto en los sólidos cristalinos (por ej., fósforo blanco y fósforo rojo) como en los líquidos (helio I y helio II) y los gases (oxígeno y ozono). El carbono constituye su ejemplo más impresionante, puesto que, en estado puro y según su cristalización, puede adoptar la forma de grafito (sistema cúbico) o bien la del diamante (sistema hexagonal). Generalmente es posible hacer pasar un cuerpo de una forma alotrópica a otra, y hoy se fabrican diamantes artificiales de pequeñas dimensiones sometiendo el grafito a la acción conjugada del calor y de inmensas presiones. (V. CRISTALIZACIÓN.)

ALOXANA f. *Quím.* Substancia blanca, muy ácida, que se obtiene oxidando el ácido úrico y sirve de materia primera para la fabricación de ácido barbitúrico y otros compuestos químicos.

ALOXITA f. *Miner.* Alundo.

ALPACA f. *Text.* y *Zool.* Mamífero rumiante del Perú (*Lama glama pacos*) cuya lana, más fina, larga y brillante que la de la llama común, es muy apreciada en la industria textil. ‖ Nombre que se da a los tejidos elaborados con esta lana.
— El vellón de un animal adulto da tres o cuatro kilos de fibras sedosas y largas (hasta 15 cm), generalmente rubias o negras, comparables por su calidad a las de la lana de casimir. Con los mejores hilados de alpaca se elaboran telas muy ligeras, de aspecto sedoso, especiales para trajes de verano. También se teje con urdimbre de algodón para hacer forros de calidad. Con el mismo nombre de alpaca se venden forros de imitación fabricados con rayón, algodón mercerizado y otras fibras lustrosas.

ALPACA f. *Metal.* Aleación para cubiertos y orfebrería constituida por una mezcla de cobre, níquel y cinc en proporciones variables (por ej., 8 partes de cobre, 3,5 de cinc y 3 de níquel) que imita el color y aspecto de la plata: *la alpaca es una variedad de argentán o plata nueva.*

ALPAX m. *Metal.* Aleación de aluminio con 13 % de silicio, afinada con sodio.
— El *alpax* es uno de los mejores metales para la obtención de piezas por vaciado, por su punto de fusión bastante bajo (577°), su resistencia a la corrosión, sus características mecánicas y la poca contracción que experimenta al solidificarse en los moldes. En cambio se trabaja bastante mal con las herramientas de corte.

ALQUID m. *Quím.* Nombre genérico de las materias plásticas que se obtienen por combinación de un polialcohol con un poliácido.

ALQUIFOL m. *Cerám.* Galena pulverizada usada por los alfareros para vidriar vasijas.

ALQUILACIÓN f. *Petr.* y *Quím.* Combinación de una olefina con un hidrocarburo aromático o parafínico en presencia de un catalizador. (Sinón. ALCOILACIÓN.)
— La *alquilación* permite fabricar sintéticamente isoctano a partir de isobutileno o isobutano, y en consecuencia, producir gasolina de índice de octano superior a 100 consumida por los motores de avión.

ALQUILATO m. *Quím.* Producto que resulta de una alquilación: *el isoctano sintético es un alquilato que entra en la composición de gasolina de avión.*

ALQUILENO m. *Quím.* Olefina.

ALQUILO m. *Quím.* Radical químico constituido por un alquilato combinado con otro cuerpo. ‖ Alcoilo.

ALQUITRÁN m. *Quím.* Substancia resinosa y empireumática que se saca principalmente por

Fot. R. Schall

destilación de la hulla, turba, esquistos, lignito y madera.
— El *alquitrán*, producto de la destilación seca de substancias orgánicas, es un líquido con aspecto de aceite, de color negro o pardo muy obscuro. Es más denso que el agua e insoluble en ella y arde despidiendo mucho humo.
El *alquitrán de hulla* o *coaltar* es un producto secundario de la fabricación del gas de alumbrado. Tiene una importancia considerable, pues, mediante destilación fraccionada, se extrae del mismo toda una serie de productos: benceno, tolueno, xileno, fenol, naftaleno, antraceno, cresol, etc. El residuo es la brea.
Con el alquitrán de lignito se obtiene aceite de gas (gasoil), aceite de quemar, parafina, pez, etc.
El *alquitrán de madera* proviene de la carbonización o de la destilación de la madera. En el primer caso contiene naftalina; en el segundo, parafina. El *alquitrán de haya* da creosota.
El *alquitrán animal* es un producto de la destilación de los huesos.
El alquitrán y sus derivados se usan para la fabricación de colorantes, materias plásticas, perfumes sintéticos, medicamentos, cartón cuero; la protección de la madera, la construcción de firmes especiales, etc.

ALQUITRANAR v. Pintar o impregnar una cosa con alquitrán para protegerla contra la humedad y los roces: *las cuerdas alquitranadas son muy duraderas; alquitranar el puente de un barco.*

ALTACIMUT m. *Astr.* y *Topogr.* Instrumento que permite medir a la vez la altura y el acimut de un punto, o sea ángulos horizontales y verticales: *el altacimut es una variante de teodolito**.

ALTANOS m. pl. *Meteor.* Dícese de los vientos que soplan alternativamente de la tierra al mar y de éste a aquélla.

ALTAR m. *Metal.* En los hornos* de reverbero, piedra que separa el hogar de la solera.

ALTAVOZ m. *Radiot.* Aparato electroacústico propio para reproducir y amplificar la voz y los sonidos en general.
— Un *altavoz* funciona en cierto modo como un micrófono, pero en sentido inverso: la corriente eléctrica modulada por el micrófono obra sobre una membrana que, al oscilar, hace vibrar las moléculas del aire; éstas crearán en el tímpano las sensaciones de los sonidos correspondientes.
Consta de tres órganos esenciales: un motor que transforma las modulaciones de la corriente en vibraciones mecánicas; un difusor, accionado por el motor, que vibra y transmite sus vibraciones al aire; un amplificador, generalmente cónico, que concentra y orienta las vibraciones.
Los altavoces actuales son *electrodinámicos*. Su motor consiste en un imán permanente o en un electroimán entre cuyos polos se mueve una bobina fijada a la membrana vibratoria y atravesada por la corriente modulada. Las fluctuaciones de esta corriente (determinadas por los sonidos captados en otra parte por el micrófono) tienen por efecto modificar el equilibrio establecido entre el imán y la bobina, y ésta se mueve repetidamente con la frecuencia propia de los sonidos, transmitiendo sus vibraciones a la membrana.
Los *altavoces electromagnéticos*, hoy poco usados, constan de un cono que lleva en su vértice una paleta de acero dulce. La corriente modulada tiene por efecto imantar la paleta y ésta reacciona entonces con el imán permanente y hace vibrar el cono. La reproducción de los sonidos con estos altavoces es bastante imperfecta y tanto más si se aumenta su potencia.
También existen altavoces de cristal o piezoeléctricos en los cuales la membrana se halla fijada en cristales que se dilatan y contraen proporcionalmente a la corriente que los atraviesa (V. PIEZOELECTRICIDAD.)

ALTERNADOR m. *Electr.* Máquina generadora de corriente alterna, por oposición a la dinamo, que produce corriente continua.
— Si se introduce un imán en la espira formada por un conductor, aparece en éste una corriente eléctrica que se opone a dicha introducción. Por el contrario, al sacarlo, cambia la corriente de sentido en el conductor y tiende a retenerlo. En estos fenómenos de inducción* se funda el alternador. En vez de una sola espira, imaginemos una bobina, enrollada en torno de un núcleo de hierro dulce, y dispongamos frente a ella un imán

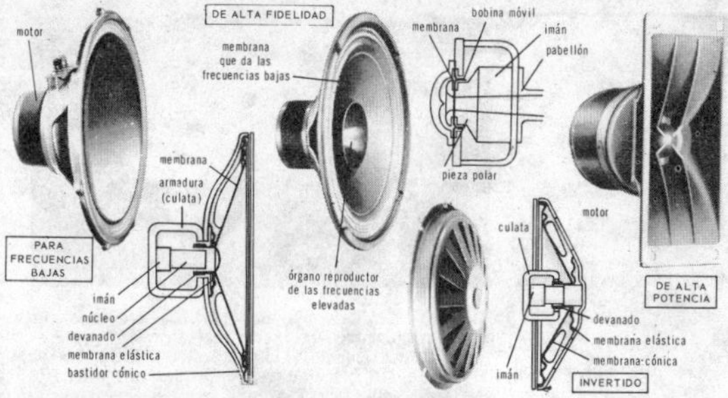

altavoz

rotativo cuyos dos polos pasarán alternativamente a proximidad de la bobina. Pues, bien; al acercarse el polo Norte a la bobina, la corriente inducida en ésta irá aumentando hasta que el referido polo pase exactamente ante ella, después de lo cual se irá alejando y disminuirá la corriente, que cambiará entonces de signo al ser el polo Sur el que se acerque a la bobina, y así sucesivamente. En vez de ser continua como en la dinamo, la corriente experimenta fluctuaciones periódicas durante las cuales cambia de sentido: es una corriente alterna, y si se conectan dos conductores con los bornes de la bobina, éstos serán alternativamente positivos y negativos. El imán giratorio y la bobina son respectivamente el rotor o inductor y el estator o inducido de un alternador elemental.
Como los imanes resultan demasiado pesados, se les reemplaza por electroimanes alimentados por una pequeña dinamo, la excitatriz, especialmente acoplada al árbol del alternador.
El rotor de un alternador tiene numerosos electroimanes dispuestos en torno de un volante que gira en el hueco de una armazón cilíndrica, el estator, revestida interiormente de bobinas (tantas bobinas como polos de imán cuenta el rotor). Todas las bobinas se hallan acopladas y suman su corriente en los terminales del generador. La corriente cambia de sentido 100 veces por segundo en Europa y 120 en América y la frecuencia es respectivamente de 50 y 60 períodos.
El sistema que acabamos de describir es monofásico. Como en los alternadores grandes queda bastante espacio libre entre dos bobinas o electroimanes contiguos, se aprovecha para montar otros dos juegos rigurosamente iguales al primero y conectados separadamente. El mismo generador produce entonces tres corrientes idénticas pero cuyas fases no coinciden. Esta corriente trifásica ofrece grandes ventajas para su distribución y permite el funcionamiento de electromotores sumamente simples y potentes (v. CORRIENTE y ELECTROMOTOR).
Ciertos alternadores de centrales térmicas dan una potencia útil de 125 000 y hasta 250 000 kW. Giran a razón de 3 000 rpm y son refrigerados por hidrógeno.

alternador

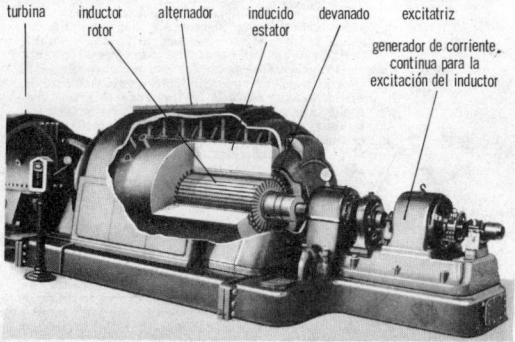

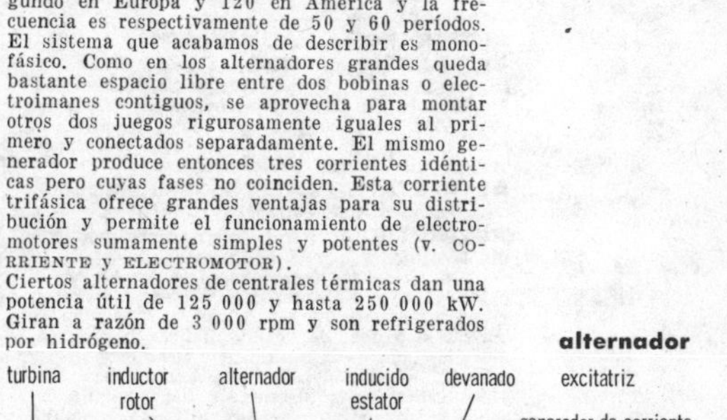

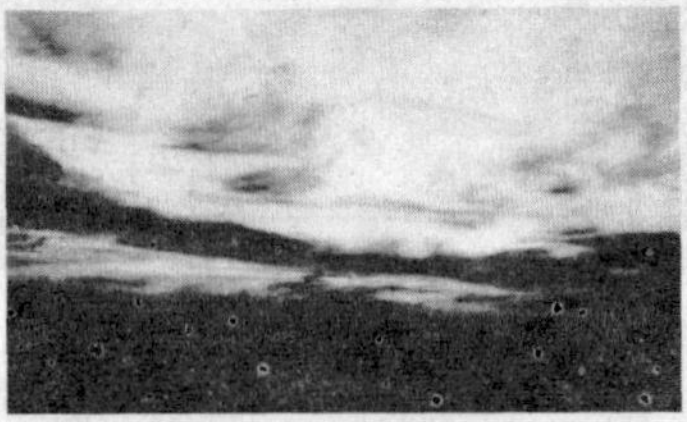
altoestrato

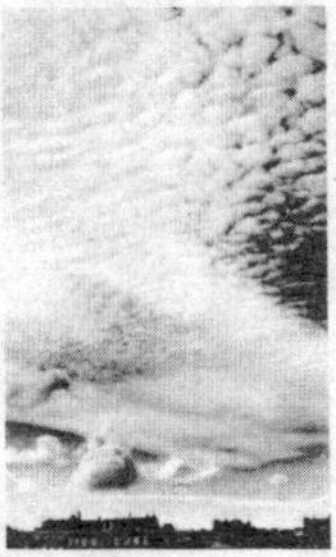
altocúmulo

El grupo formado por una turbina acoplada con un alternador se llama turboalternador*.
— *Radiot.* Las ondas entretenidas utilizadas en telegrafía sin hilos son engendradas por circuitos oscilantes que producen una corriente sinusoidal semejante a la del sector eléctrico, pero de frecuencia mucho más grande. En otro tiempo se producía dicha corriente con alternadores especiales de muy alta frecuencia, que se distinguían de los generadores ordinarios por tener el inductor y el inducido inmóviles, rodando entre ambos, a gran velocidad, un disco provisto de dientes que producían las alternancias de la corriente.

ALTERNANCIA f. Sucesión de dos cosas o fenómenos que se repiten regularmente uno después del otro: *la alternancia del día y la noche*
— *Fís.* En un fenómeno alternativo, medio período durante el cual no existe cambio de sentido.
— *Geol.* En un terreno formado por múltiples capas paralelas, sucesión regular de dos tipos de roca: *alternancia de gres y caliza.*

ALTERNATIVO, VA adj. Que se produce con alternancia.
— *Electr. Corriente alternativa,* corriente alterna, que es como suele decirse. (V. ALTERNADOR.)
— *Mec. Movimiento alternativo,* el que se repite regularmente, primero en una dirección, luego en la opuesta y así sucesivamente, como el del émbolo en un cilindro.

ALTERNO, NA adj. Alternativo.
— *Electr. Corriente alterna.* v. ALTERNADOR y CORRIENTE.
— *Geom. Ángulos alternos,* v. ÁNGULO.

ALTERNOMOTOR m. *Electr.* Electromotor de corriente alterna.

ALTÍGRAFO m. *Metr.* Barógrafo.

ALTIMETRÍA f. *Aeron.* y *Topogr.* Ciencia de la medida de las alturas accesibles e inaccesibles. ‖ Conjunto de signos convencionales utilizados en un mapa o plano para reproducir o indicar el relieve, como son las curvas de nivel y los sombreados que figuran en las montañas.

ALTIMÉTRICO, CA adj. Relativo a la altimetría y a los altímetros: *sonda altimétrica.*

ALTÍMETRO m. *Aeron.* Instrumento para medir la altura a que se halla un avión.
— Los *altímetros barométricos* se fundan en el principio de que la presión atmosférica disminuye proporcionalmente con la altura. Consisten en barómetros* que, en vez de indicar la presión, dan directamente la altura, pero como ésta cuenta a partir del nivel del mar, el piloto no tiene ninguna noción de la distancia a que se halla del suelo y las indicaciones del altímetro resultan peligrosas en terreno accidentado. Por el contrario los *altímetros de sondeo ultrasonoro* (sonda altimétrica) o *de radar* indican constantemente la distancia efectiva que media entre el avión y el suelo. Ambos se fundan en el mismo principio: la emisión por el aparato de ondas dirigidas hacia el suelo y que, al ser reflejadas por éste, vuelven al avión. El altímetro cuenta el tiempo invertido por las ondas en su trayecto de ida y vuelta y lo convierte en distancia efectiva indicada directamente por la aguja del aparato en pies y en metros. (V. RADAR.)

ALTITUD f. Altura de un punto respecto al nivel del mar: *la presión y la temperatura del aire cambian con la altitud.* (V. ATMÓSFERA.)
— *Aeron.* Llámase *altitud-presión* a la altitud calculada a bordo de las aeronaves a partir de una medida de la presión atmosférica, o sea con el altímetro* barométrico (esta noción es interesante para conocer la potencia real de los motores de explosión, cuyo rendimiento es influido por la presión). La *altitud-densidad* es otra estimación diferente hecha a partir de la altitud-presión, pero teniendo en cuenta la corrección impuesta por la temperatura local.

ALTO, TA adj. OBSERV. Para todos los nombres compuestos de un substantivo precedido por este adj., véase dicho subst., es decir, para *alto bordo, alta frecuencia, alto horno, alta presión, alta tensión,* v. respectivamente BORDO, FRECUENCIA, HORNO, PRESIÓN, TENSIÓN. En el habla propia de un oficio, o profesión, se suprime con frecuencia el substantivo. Así, entre fogoneros, el *cilindro de alta* sobreentiende el *de alta presión.*

ALTOCÚMULO m. *Meteor.* Nubes medianamente altas y separadas unas de otras.
— Los *altocúmulos* se hallan a una altura media de 4 000 m. Se distinguen de los cirrocúmulos por ser mayores que ellos y por su forma, que evoca la de una sombrilla invertida.

ALTOESTRATO m. *Meteor.* Nube en forma de velo grisáceo, presente entre 2 000 y 6 000 m: *el Sol y la Luna aparecen como manchas brillantes y sin contornos a través de un altoestrato, mientras que su disco es perfectamente visible a través de un cirroestrato.*

ALTOPARLANTE m. *Radiot.* Sinónimo, poco usado, de *altavoz.*

ALTROSA f. *Quím.* Osa.

ALTOSTRATO m. *Meteor.* Altoestrato.

ALTURA f. Máxima dimensión vertical de una cosa. ‖ Distancia entre una cosa elevada y el suelo y, en general, entre un punto y una base cualquiera de referencia. ‖ Altitud, altura sobre el nivel del mar.
— *Acúst. Altura de un sonido,* cualidad que distingue un sonido grave de otro agudo y que depende de su frecuencia, o sea del número de vibraciones emitidas por segundo. (V. SONIDO.)
— *Aeron.* La *altura de crucero* de los aviones es aquella para la cual han sido previstos y que permite obtener el máximo rendimiento. Depende no solamente de las características del avión, sino también de la longitud de las etapas, de factores meteorológicos, etc.
Todos los aviones, helicópteros y aeróstatos tienen una altura máxima que, por una u otra razón no pueden o no deben sobrepasar. Cuando un avión de motores aerobios se eleva continuamente llega un momento en que la ascensión se hace cada vez más difícil y acaba por ser imposible. Este *techo* resulta de la rarefacción del aire, a la cual se debe una alimentación insuficiente del motor en oxígeno, así como una disminución de la acción dinámica del aire contra el ala, o sea de la fuerza de sustentación.
Los aviones con motor cohete no necesitan el oxígeno atmosférico para funcionar y, por otra parte, alcanzan velocidades tan grandes que el aire más tenue puede permitir su sustentación, mientras que la potencia de sus motores les permite incluso elevarse verticalmente sin ningún apoyo del ala en la atmósfera.
La altura máxima de los aeróstatos es limitada por la dilatación del gas que suministra la fuerza ascensional. (V. GLOBO.)
— *Art. gráf.* La *altura* o *árbol* de un tipo o carácter de imprenta es la distancia que media entre su base (sobre la que se apoya en la prensa) y la superficie del ojo, o sea la superficie de la letra o signo que producirá la impresión. (V. TIPO.)
— *Astr.* La *altura de un astro* es el ángulo formado por el rayo visual que pasa por el mismo y la proyección de este rayo sobre el horizonte. ‖ *Altura meridiana,* la altura sobre el horizonte de un astro que pasa por el meridiano del observador.
— *Fís. Altura barométrica,* altitud de un punto calculada a partir de la presión barométrica.
— *Geom.* Longitud de la perpendicular trazada desde el vértice hasta la base de una figura geométrica. ‖ Distancia que media entre el ojo del observador y el plano geométrico (v. PERSPECTIVA).
— *Hidr. Altura viva del agua,* profundidad de la vena de un curso de agua.
— *Mar. Altura metacéntrica,* v. METACENTRO. ‖ *De altura,* que tiene lugar en aguas profundas y, por ext., en alta mar, lejos de la costa: *pesca de altura, remolcador de altura.* ‖ Hallarse *a la altura* de algún sitio significa en el mismo paralelo.
— *Radiot.* Una antena* emisora no es eficaz en toda su longitud. Su rendimiento se mide compa-

Fot. Archivos, X.

rándolo al de una antena vertical teóricamente perfecta y se designa por *altura efectiva* o *altura eficaz* la que debería tener dicha antena ficticia para radiar la misma fuerza electromagnética que la antena dada.

— *Topogr. Altura accesible,* la que se puede medir desde su pie (árboles, muros, acantilados). ‖ *Altura inaccesible,* la que se ha de medir indirectamente por no poder acceder a su pie.

— Para conocer una altura accesible, se miden la base BO y el ángulo α formado en O por AO y la base. Un método empírico consiste en alejarse o acercarse del pie hasta que el ángulo α sea de 45°. En este caso la altura AB será igual a la base BO. Para todos los demás ángulos la altura se calculará sabiendo que

$$AB = BO \times \text{tangente de } \alpha.$$

Cuando el pie no es accesible, se procede en dos tiempos. En primer lugar se mide en el terreno

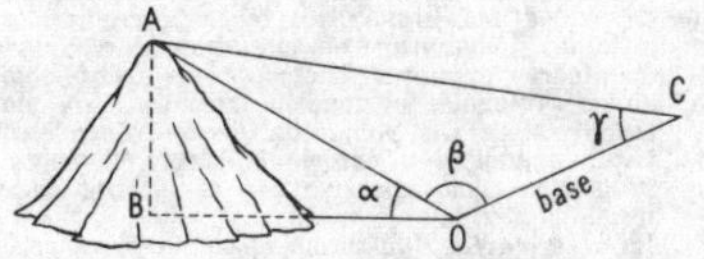

una base OC y, por trigonometría, se determina la longitud de AO con arreglo a la fórmula:

$$AO = \frac{\text{base} \times \text{seno de } \gamma}{\text{seno de } (B + \gamma)}.$$

Después se calcula la altura como sigue:

$$AB = AO \times \text{seno de } \alpha.$$

ALUD m. Masa de nieve que se desprende en la ladera de una montaña y se desliza por la pendiente con gran fuerza destructiva.

— Los factores propicios para el desencadenamiento de un *alud* son los siguientes: formación de capas de nieve muy espesas, sobre una nieve anterior endurecida, un suelo liso y una pendiente excesiva; falta de cohesión de la nieve mojada, aumento de la temperatura después de nevadas abundantes, cambio brusco de la presión atmosférica. A veces, cuando existe un estado subcrítico de la nieve y condiciones meteorológicas propicias, el trueno, el paso de un esquiador o un simple ruido bastan para provocar un alud. La potencia destructiva de un alud depende de la masa que se desploma, de la pendiente y de la longitud recorrida, que determinan su velocidad. Las medidas preventivas contra los aludes consisten en dar un apoyo a la nieve en forma de puntales que se hincan en el suelo, vallas especiales, muros, etc. En ocasiones, cuando la acumulación de nieve alcanza un nivel crítico, se provocan artificialmente desprendimientos a cañonazos. Por lo demás, los servicios meteorológicos indican en qué momento existen riesgos de aludes.

ALUDEL m. *Metal.* y *Quím.* Caños de alfarería enchufados unos con otros, usados en aparatos de sublimación y vaporización: *prácticamente los aludeles sólo se usan hoy para condensar los vapores producidos por la tostación del cinabrio en el proceso de extracción del mercurio y, también, para condensar los vapores de yodo.*

ALUDUR o **ALUDURO** m. *Metal.* Marca registrada de una aleación de aluminio con 1 % de silicio, 0,43 % de manganeso y 0,27 % de hierro: *el aluduro se usa para conductores eléctricos.*

ALUMAG m. *Metal.* Aleación de aluminio con 5 a 7 % de magnesio

— El *alumag* es una aleación ligera (densidad comprendida entre 2,65 y 2,60), notable por sus características mecánicas, comparables con las de los aceros semidulces. Además resiste bien a la acción corrosiva del aire húmedo y salino. Es muy empleada en construcciones aeronáuticas y navales y sirve para infinidad de otros usos.

ALUMAJE m. *Autom.* Galicismo innecesario por *encendido* o *ignición.*

ALUMBRADO m. *Lumin* Acción y efecto de alumbrar o iluminar algo con manantiales de luz artificial: *los faroles de gas desaparecen del alumbrado público.* ‖ *Gas de alumbrado,* v. GAS.

— El artículo LÁMPARA muestra cuán diferentes pueden ser los manantiales de luz artificial: quinqués de petróleo, lámparas de petróleo gasificado, de gas de alumbrado y mechero Auer, de acetileno, etc. Prácticamente esas clases de alumbrado han desaparecido o están llamadas a desaparecer. Solamente consideraremos, pues, aquí el *alumbrado eléctrico,* principalmente el que se efectúa con lámparas de incandescencia (bombillas de filamento) y con lámparas fluorescentes.

— El mejor *alumbrado* es el que nos dispensa la luz del Sol. Se caracteriza por la composición espectral de la luz solar —a la cual se ha adaptado el ojo humano—, la difusión de esta luz por la atmósfera y la intensidad del flujo luminoso recibido por unidad de superficie. (V. LUMEN y LUX.)

El mejor *alumbrado artificial* es aquel cuyas características más se acercan a las del alumbrado natural. Los progresos de la luminotecnia* permiten incluso obtener un alumbrado que, por ser constante, supera al natural. En primer lugar se fabrican lámparas de radiaciones perfectamente dosificadas, próximas de las de la luz solar (v. LÁMPARA). Por otra parte se han estudiado las bases científicas y prácticas que permiten utilizar las lámparas en las mejores condiciones para la vista y, así, no solamente se han determinado las formas y estructura de los aparatos o lámparas cenitales, murales y de mesa, sino también la potencia más conveniente y la mejor disposición de los mismos, al igual que el colorido de los muros.

La primera característica de un buen alumbrado reside en el grado de difusión de la luz. Se obtiene excelente difusión con el *alumbrado indirecto,* o sea dirigiendo la luz hacia el techo que la difunde y refleja por toda la estancia, aunque, al mismo tiempo, absorbe buena parte de ella, circunstancia que requiere lámparas potentes y costosas. Por eso se recurre más bien al *alumbrado semidirecto* y a las soluciones mixtas representadas en la figura.

Prácticamente este *alumbrado ambiente* ha de completarse con un *alumbrado local* constituido por lámparas de pie o de mesa, apliques, etc., que aportan un suplemento de luz allí donde se ejerce alguna actividad (lectura o escritura, labores, comida, etc.).

El flujo total ha de ser suficientemente grande. Es erróneo creer que un exceso de luz daña la vista. Cuando se sabe que en una habitación normalmente alumbrada el flujo luminoso es de 100 lux y que durante el día, el flujo solar a la sombra es de 10 000 lux, se comprende que un alumbrado artificial resulte raramente excesivo. Lo que sí es peligroso y puede cansar la vista es el uso irracional de las lámparas, especialmente el deslumbramiento.

A continuación se indica el número de lámparas necesarias para alumbrar una habitación segúnsean sus dimensiones:

SUPERFICIE	NÚMERO DE LÁMPARAS 1	2	3	4	5
hasta 5 m²	75 W	40 W			
de 5 a 8 m²	100 W	60 W	40 W		
de 8 a 10 m²	150 W	75 W	60 W	60 W	40 W
de 10 a 15 m²	200 W	100 W	75 W	60 W	60 W
de 15 a 20 m²	300 W	200 W	150 W	100 W	75 W
de 20 a 30 m²	500 W	300 W	200 W	150 W	100 W

alud

ÉCLAIRAGE

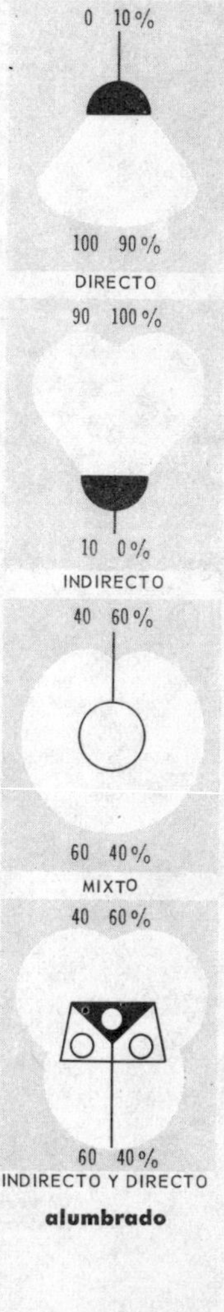

alumbrado

Las lámparas fluorescentes dan un flujo más intenso con el mismo número de watios. De ahí la necesidad de utilizar otra tabla:

SUPERFICIE	NÚMERO DE LÁMPARAS 2	4	6
0 a 6 m²	20 W		
6 a 12 m²	40 W	20 W	
12 a 22 m²		40 W	
22 a 30 m²			40 W

Se observará que las lámparas fluorescentes se consideran por pares, con objeto de evitar el centelleo propio de estas lámparas cuando se usan solas. (V. FLUORESCENCIA.)
También existen fórmulas nuevas de alumbrado consistentes en el uso de paneles luminiscentes. Éstos emiten un flujo moderado de luz, pero por toda su superficie. Así, en una habitación revestida con dichos paneles no se distingue ningún foco, sino una luz perfectamente difusa.
— *Cin.* y *Fot.* A pesar de la gran rapidez de las emulsiones sensibles, la toma de vistas requiere flujos luminosos muy importantes. Éstos se obtienen mediante lámparas* sobrevoltadas, arcos* eléctricos y lámparas de vapor de mercurio. Con el aumento de la rapidez de las emulsiones se ha ido reduciendo la potencia de los proyectores y hoy son de uso corriente los de 750 y hasta 500 watios.

ALUMBRADO, DA adj. *Art. y of.* Que tiene alumbre o ha sido tratado con él.

ALUMBRAR v. *Curt.* Tratar las pieles con alumbre de cromo para curtirlas.
— *Hidr.* Descubrir aguas subterráneas y sacarlas a la superficie.
— *Lumin.* Iluminar con luz artificial.
— *Text.* Tratar con alumbre los tejidos que se han de teñir.

ALUMBRE m. *Quím.* Sulfato doble de potasio y aluminio hidratado. ‖ Cualquier otro sulfato doble de un metal trivalente (aluminio, hierro o cromo) y de un metal alcalino (amonio, cesio, potasio o rubidio).
— El *alumbre* propiamente dicho es un sólido incoloro, de sabor azucarado, que, al ser calentado, funde en su propia agua de cristalización a la temperatura de 91°. Se fabrica industrialmente tratando arcillas puras con ácido sulfúrico o bien calcinando ligeramente la alunita.
El alumbre se usa en tintorería como mordiente. Tiene también la propiedad de proteger las materias animales contra la putrefacción y se utiliza pues, como curtiente. También sirve, industrialmente, para endurecer el yeso, encolar la pasta de papel, etc., y, en farmacia, como astringente.

ALUMBRERA f. *Min.* Mina o cantera donde se beneficia el alumbre natural.

ALUMBRERÍA f. *Quím.* Fábrica de alumbre.

ALUMBRÍFERO, RA adj. *Miner.* Que contiene alumbre: *la alunita es un sulfato alumbrífero.*

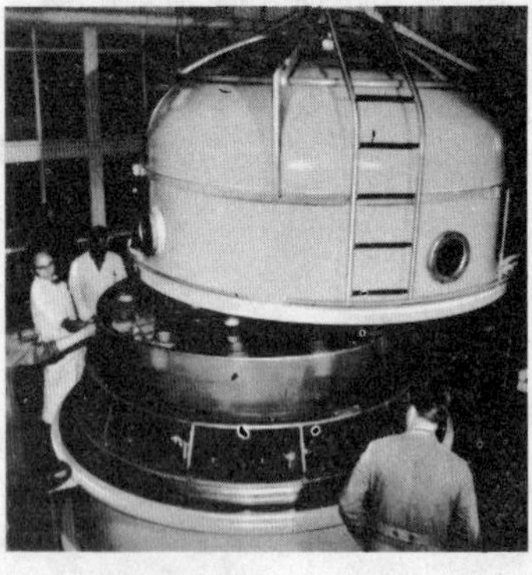

aluminiado de un espejo de telescopio

ALUMBROSO, SA adj. *Quím.* Semejante o parecido al alumbre.

ALUMEL m. *Metal.* Marca registrada de una aleación de níquel con 2 % de aluminio, 2 % de manganeso y 1 % de silicio, particularmente resistente a la corrosión oxidante incluso a temperaturas de más de 1 000°.

ALUMETACIÓN f. *Metal.* Aluminiado.

ALÚMINA f. *Quím.* Óxido de aluminio. ‖ *Alúmina activada,* óxido de aluminio particularmente puro y tan poroso que puede absorber grandes volúmenes de gas. ‖ *Silicato de alúmina,* v. SILICATO.
— La *alúmina anhidra* (Al_2O_3) es un polvo blanco, insoluble en el agua, que funde a 2 050°. Cuando cristaliza tiene una densidad de 4 y una dureza apenas inferior a la del diamante. Si es pura, los cristales son transparentes y constituyen el corindón. Si contiene impurezas en forma de óxidos metálicos, éstos le confieren hermosos coloridos y constituye entonces una gran variedad de piedras preciosas, cuales son: el rubí (rojo), el zafiro (azul), el topacio (amarillo), la amatista (violeta), la esmeralda (verde). Cuando contiene magnetita u óxidos de hierro es negra y se utiliza como abrasivo con el nombre de *esmeril.*
La *alúmina fundida* forma al enfriarse un cristal que, si es transparente, da el corindón artificial, más duro que el esmeril natural y, por consiguiente, propio para fabricar muelas y otros abrasivos. Si se añade algún colorante a la masa se obtienen piedras preciosas sintéticas, como, por ejemplo, los rubíes de los relojes.
La *alúmina hidratada* tiene la propiedad de fijar las materias colorantes. Se usa como mordiente y, también, para fabricar lacas que luego se pulverizan finamente y constituyen pigmentos de pinturas al óleo.
— *Metal.* La alúmina representa un papel importante en la industria metalúrgica, pues con ella se fabrica el aluminio. El principal mineral utilizado con dicho fin es la bauxita, que contiene 55 % de alúmina anhidra mezclada con sílice. La bauxita se trata en caliente y bajo presión (en autoclave) con lejía de sosa y da aluminato de sosa que, en disolución muy diluida, forma un precipitado, por hidrólisis, de alúmina hidratada. Ésta se lava y se calcina a 1 300° para deshidratarla. (V. ALUMINIO.)
Entre otros muchos usos de la alúmina citemos los abrasivos empleados para pulir metales, labrar los lentes y espejos ópticos, etc. La *alúmina activada* es un absorbente especialmente usado en el material eléctrico para eliminar la humedad.

ALUMINAJE m. *Text.* Operación consistente en tratar una tela con un mordiente que cubre las fibras de alúmina y les permite fijar el tinte.

ALUMINAR v. *Quím.* Mezclar con alúmina o tratar algo con ella.

ALUMINARIO, RIA adj. *Miner.* Aplícase a las piedras de origen volcánico que tienen alumbre.

ALUMINATO m. *Miner.* Nombre dado a ciertos minerales que contienen alúmina.
— *Quím.* Combinación de la alúmina hidratada con un óxido metálico: *los aluminatos se fabrican calcinando la mezcla de alúmina y óxido.*
El *aluminato de sodio* se usa como mordiente; el *de calcio* sirve para fabricar cementos aluminosos. Los aluminatos verdes (de cromo), azules (de cobalto) y de otros colores, finamente pulverizados se usan como pigmentos en cerámica.

ALUMINIADO y **ALUMINIAJE** m. *Metal.* Operación consistente en cubrir con una delgada capa de aluminio alguna superficie de cristal, de materia plástica o de otro metal.
— El *aluminiaje* permite conferir a una pieza de hierro las cualidades anticorrosivas del aluminio, pero, para obtener una adherencia perfecta de los dos metales, es indispensable que no exista entre ambos ningún óxido o impureza. Así, después de haber limpiado cuidadosamente la superficie del hierro, el baño de aluminio se aplica en una cámara de atmósfera inerte. (V. METALIZACIÓN.)
— *Ópt.* La superficie reflectora del espejo de los telescopios se halla constituida por una película de aluminio. El *aluminiaje* se efectúa en una cámara en cuyo interior se practica el vacío, después de lo cual se hace pasar una corriente por unos hilos finos de aluminio que quedan volati-

Fot. VEB Carl Zeiss

lizados y cuyos vapores se condensan sobre el cristal pulido formando una capa de aluminio muy brillante.

ALUMINIAR v. *Metal.* Cubrir con una capa de aluminio. (V. ALUMINIADO.)

ALUMÍNICO, CA adj. Dícese de las sales de aluminio y de las que se obtienen por la combinación de los ácidos con la alúmina.

ALUMINÍFERO, RA adj. Que contiene alúmina o aluminio.

ALUMINILITA f. *Miner.* Alunita.

ALUMINIO m. *Metal.* y *Quím.* Metal blanco y ligero, de símbolo Al, número atómico 13 y masa atómica 26,97. || *Bronce de aluminio,* v. CUPROALUMINIO.

— El *aluminio* es el segundo metal, por orden de importancia, de cuantos usa el hombre, y el más ligero entre los que se producen en gran escala. Admite un buen pulido y tiene la ventaja de cubrirse, en presencia del aire, con una delgada capa de alúmina amorfa que lo protege eficazmente contra la corrosión. Resiste a la acción de los cuerpos orgánicos y al ácido nítrico concentrado, pero arde en el oxígeno y el cloro, y se disuelve en la sosa y la potasa en forma de aluminatos.

CARACTERÍSTICAS DEL ALUMINIO

Abundancia en la corteza terrestre	8,13 %
Densidad	2,702
Punto de fusión	659,7º
Punto de ebullición	2 057º
Calor específico a 0º	0,210 cal/por ºC
Calor latente de fusión	94,4 cal/g
Dilatación lineal por grado de temperatura	24×10^{-6}
Resistividad eléctrica a 20º	2,850/cm²/cm
Módulo de elasticidad	6 700 kg/mm²
Carga de ruptura	16 a 20 kg/mm²

El aluminio puede extraerse de muchos minerales, pero, prácticamente, sólo se benefician la bauxita y la criolita. La primera fase de su fabricación consiste en separar la alúmina de la ganga (v. ALÚMINA). La preparación propiamente dicha del metal se opera por electrólisis que descompone en aluminio y oxígeno la alúmina disuelta —en la proporción de 10 %— en criolita fundida. La operación se efectúa en hornos electrolíticos cuyo crisol de hierro, revestido interiormente con bloques de antracita, constituye el cátodo, mientras que los ánodos son barras de coque aglomerado. El calor que se desprende por *efecto Joule* entre los eléctrodos eleva la temperatura del baño hasta 950º. La electrólisis separa lentamente el aluminio, que se acumula en el fondo de la cuba y se extrae periódicamente. Al mismo tiempo, el horno se rellena agregándole alúmina por arriba.

Los ánodos se consumen durante la operación y, para evitar las pérdidas del tiempo que se invertiría en reemplazarlos, se han ideado electrodos continuos constituidos por tubos de aluminio en los cuales se inyecta constantemente, y a presión, coque pulverizado y aglomerado con brea.

Los hornos trabajan con tensiones muy bajas (unos 5 voltios) pero con intensidades de hasta 100 000 amperios. La fabricación de aluminio solamente es rentable en las comarcas donde la energía eléctrica abunda y es barata.

Para fabricar una tonelada de aluminio se necesitan 4 toneladas de bauxita, o sea 2 toneladas de alúmina, 17 000 kWh, 450 kg de coque de petróleo y 100 kg de criolita.

El aluminio así fabricado tiene una pureza de 99,5 y hasta 99,8 %. La refinación electrolítica del mismo permite pasar de 99,99 %.

El aluminio se usa raramente puro, pues es demasiado blando. Ligándolo con otros metales, generalmente con pequeñas proporciones de éstos, se obtiene una infinidad de aleaciones que, por sus cualidades particulares, responden a las necesidades de otras tantas aplicaciones. (V. ALCLAD, ALDREY, ALMASILIO, ALMELEC, ALPAX, ALUMAG, y DURALUMINIO.)

Incluso puede afirmarse que ramos tan importantes como el de la industria aeronáutica deben su prestigioso desarrollo a las aleaciones ligeras, especialmente al Duraluminio. La aviación consume 40 % de la producción total de aluminio.

La industria eléctrica usa el 16 % de dicha producción, pues el aluminio tiene una conductibilidad eléctrica igual a 62 % de la del cobre y, sin embargo, pesa tres veces menos que éste. Así, las líneas de alta tensión y gran parte del material eléctrico se construyen con aleaciones de aluminio. También usa estas aleaciones en cantidades crecientes la industria del automóvil (bloques de motores, émbolos, etc.). En el ramo de la construcción sirven para decorar aposentos y locales públicos, así como para las cubiertas de los edificios y para reemplazar la madera en las puertas y ventanas, muebles etc. (carpintería metálica). El 14 % de la producción de aluminio se invierte en la fabricación de utensilios de cocina y de envases para alimentos especialmente *papel de aluminio.*

Con el *aluminio pulverizado* se obtienen temperaturas elevadas propias para reducir los óxidos metálicos, o sea para separar los metales de su ganga y también para soldarlos. (V. ALUMINOTERMIA.)

La *soldadura del aluminio,* largo tiempo considerada como imposible a causa de la película de alúmina que se forma instantáneamente en su superficie, se practica hoy corrientemente (v. SOLDADURA). Además, el aluminio, sobre todo en chapas, se presta a la unión de piezas sin soldadura ni roblones, pegándolas simplemente con colas especiales que aseguran una gran resistencia de las uniones así efectuadas.

ALUMINO, prefijo que, en química, sirve para indicar la presencia de aluminio en un compuesto.

ALUMINOCLORURO m. *Quím.* Nombre genérico de las sales cuya fórmula comprende un átomo de algún metal univalente y el grupo $AlCl_4$. (Sinón. CLOROALUMINATO.)

ALUMINOFLUORURO m. *Quím.* Nombre genérico de las sales cuya fórmula comprende tres átomos de metal univalente y el grupo AlF_6. (Sinón. FLUOALUMINATO.)

ALUMINOSILICATO m. *Quím.* Sal que se obtiene cuando la sílice y la alúmina obran a modo de ácidos: *el feldespato es un aluminosilicato alcalino.*

ALUMINOSO, SA adj. *Miner.* y *Quím.* Que contiene alúmina u otro compuesto de aluminio.

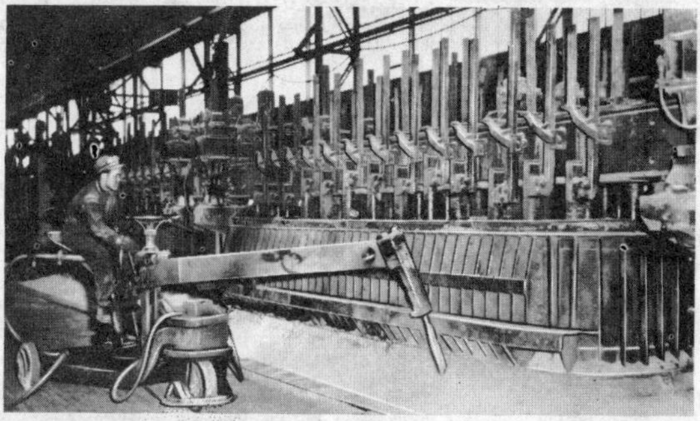

aluminio
carga del horno con bauxita

extracción del **aluminio** por electrólisis

Fot. Pechiney

ALUMINOTERMIA f. *Metal.* Técnica fundada en la combustión del aluminio como medio de obtener las temperaturas elevadas que requieren ciertas operaciones metalúrgicas.
— El aluminio finamente pulverizado es un reductor poderoso, capaz de combinarse instantáneamente con el oxígeno con desprendimiento de mucho calor (7 140 cal/kg), pues la reacción eleva la temperatura hasta más de 3 000°. Esta propiedad se aprovecha en metalurgia para reducir óxidos metálicos: basta inflamar con un hilo de magnesio una mezcla de óxido y de aluminio en polvo para que, instantáneamente, éste se combine con el oxígeno y forme una escoria de corindón debajo de la cual aparece el metal fundido. El mismo principio se usa para soldar y reparar piezas de máquinas y rieles. La mezcla pulverulenta de aluminio y de óxido de hierro se deposita en la junta de los rieles y se inflama con magnesio. El calor funde el extremo de los rieles, que se unen con el hierro reducido.
Citemos también el uso que se hace de la *aluminotermia* en las bombas incendiarias, y las cargas destinadas a perforar, por fusión, los blindajes resistentes a los proyectiles. El mismo principio ha sido puesto en práctica por los ladrones para perforar instantáneamente las cajas de caudales.

ALUNAJE m. *Astron.* Alunizaje.

ALUNAR v. *Astron.* Alunizar.

ALUNDO m. *Quím.* Alúmina cristalizada obtenida por fusión de la bauxita en el horno eléctrico.
— El *alundo* se usa como abrasivo en polvo (para esmerilar cristales) o aglomerado en forma de muelas (usadas en metalurgia). También entra en la composición de cerámicas refractarias. (Sinón. ALOXITA.)

ALUNÍFERO, RA adj. *Miner.* Alumbrífero.

ALUNITA f. *Miner.* Sulfato natural de aluminio y potasio, de color blanco, gris o rojizo, cuyos yacimientos se hallan en las regiones volcánicas: *la alunita suministra gran parte del alumbre comercial.* (Sinón. PIEDRA DE ALUMBRE.)

ALUNIZAJE m. *Astron.* Acción de posarse una astronave sobre el suelo de la Luna. (Sinón. ALUNAJE.)
— El *alunizaje* es una operación delicada, muy diferente del aterrizaje. En la Tierra, la presencia de la atmósfera permite planear, como lo hacen los aviones, o bien frenar la caída vertical con el uso de paracaídas. Ambos métodos utilizan la resistencia del aire a modo de freno y son, pues, impracticables en la Luna, que carece de atmósfera. La única forma posible de alunizaje consiste en frenar el aparato por retropropulsión, o sea dirigiendo hacia el suelo el chorro de los motores cohetes y regulando la potencia de éstos de manera que su empuje hacia arriba sea apenas inferior al peso del aparato, es decir, a la fuerza de atracción o gravedad lunar. Es la misma técnica puesta en práctica por ciertos aviones de despegue vertical capaces de orientar verticalmente el chorro de sus turborreactores.

ALUVIAL adj. *Geol.* Formado por aluviones: *los extensos llanos aluviales del delta amazónico.*

ALUVIÓN m. *Geol.* Acumulación de sedimentos acarreados por las aguas corrientes.
— Los *aluviones* se hallan constituidos por fragmentos arrancados a la roca por las aguas corrientes. La acción mecánica y química del agua modifica sus formas y hasta su estructura química. La sedimentación obedece a ciertas leyes (por. ej., los guijarros planos se depositan en el fondo perpendicularmente a la corriente) lo cual permite deducir datos interesantes del estudio de capas sedimentarias, particularmente en la prospección de minerales, pues existen aluviones auríferos, diamantíferos, etc. Por lo demás, la identificación de un mineral interesante presente en los sedimentos puede permitir, siguiendo un cauce antiguo, el descubrimiento de la roca madre de donde proviene, y viceversa.
El conocimiento de la formación de los aluviones en un río, estuario, etc., puede tener mucha importancia para la navegación fluvial y la construcción de un puerto o una presa. Los laboratorios de hidráulica aplicada estudian estos fenómenos por medio de modelos reducidos, que los reproducen con mucha exactitud y cuyos resultados se tienen en cuenta antes de adoptar definitivamente los proyectos de obras públicas muy importantes. En muchos parajes navegables la formación de bajos por los aluviones obliga a efectuar operaciones periódicas de dragado *.

ALUVIONAL adj. *Geol.* Aluvial.

ÁLVEO m. *Geol.* Cauce natural que puede llenar un curso de agua en su crecida máxima y que comprende, por consiguiente, todo el lecho seco del mismo.

ALVEÓGRAFO m. *Ind. alim.* Instrumento para medir las cualidades plásticas de la harina.
— Este aparato funciona como sigue: se amasa la harina y se insufla en la masa aire, que forma una burbuja en su seno. Periódicamente se mide la presión del aire en dicha burbuja a medida que se infla y hasta que estalle. Se obtiene así una curva que permite deducir la tenacidad de la masa y su elasticidad.

ALVÉOLO m. Cada una de las celdillas construidas por las abejas en sus panales. ‖ Por ext., cada una de las depresiones o divisiones yuxtapuestas en gran número en alguna cosa: *ciertos separadores de cereales tienen cilindros con alvéolos a los que se adaptan los granos que se han de seleccionar y no las impurezas ni los granos demasiado grandes.*
— *Aeron.* Terraplén circular, de hormigón, que, al margen de una pista de rodadura, sirve para aparcar un avión.
— *Electr.* Enchufe hembra con el que se establece contacto con una clavija.
— *Geol.* Hoyuelo formado en la roca, ya por erosión, ya por la acción química del agua o la acción mecánica del hielo. ‖ Depresión de varios kilómetros excavada en las zonas áridas de los trópicos por la acción química de la humedad que se acumula en su fondo.

ALZA f. Cuña, taco, tarugo o espesor de cualquier forma y materia que sirve para alzar una cosa o separarla de otra. ‖ Bastidor amovible de ciertas colmenas *.
— *Arm.* Dispositivo montado sobre el cañón de un arma, con el cual se gradúa la inclinación del mismo, adaptando así la puntería a la distancia a que se halla el blanco.
— *Art. gráf.* Pedazo de papel que se usa, solo o en capas superpuestas, entre los tipos y clisés y su soporte, o bien entre el cilindro y el papel, con objeto de lograr un contacto más perfecto entre éste y aquéllos. (V. ARREGLO.)
— *F. c.* Calce dispuesto debajo de una traviesa para ponerla al nivel de las otras sin necesidad de componer el balasto.
— *Hidr. Presa de alza, puerta de alza,* v. PRESA y PUERTA.
— *Transp. Carretilla de alza,* carretilla muy baja, de cuatro ruedas pequeñas y provista de un gato, que se utiliza con unas tarimas especiales: la carga se apila o dispone encima de la tarima, que es hueca; la carretilla se introduce en el hueco y, bajando entonces su vara, se acciona el gato, que levanta del suelo la tarima y su contenido. La operación inversa permite depositar la carga en el suelo y dejar la carretilla disponible para otro viaje.

ALZADA f. *Art. gráf.* Alzado de los pliegos.

ALZADO m. *Arq.* Dibujo que representa la proyección de la fachada en un plano vertical, o sea el edificio visto por uno de sus lados: *el alzado puede ser frontal, posterior o lateral, según sea la fachada representada.* (V. DIBUJO.)
— *Art. gráf.* El *alzado* de los pliegos es la operación consistente en reunir por orden de signatura todos los que constituirán un tomo: *los errores de alzado se evitan imprimiendo en el lomo de los pliegos un filete escalonado entre la primera y la última signatura.*
— *Art. y of.* Una de las tres proyecciones con que se diseña una pieza o un conjunto de piezas con objeto de permitir su construcción o montaje: *el alzado es la proyección geométrica y vertical del objeto; dibujar una tuerca en alzado y planta.*

ALZADORA f. *Art. gráf.* Máquina que alza los pliegos en los talleres de encuadernación.

ALZAPRIMA f. *Art. y of.* Palanca sólida, de grandes dimensiones, para remover cosas muy pesadas.
— *Carp.* y *Transp. Amer.* Carro alto, de dos ruedas, para el transporte de troncos que se elevan y aseguran debajo de su bastidor con cadenas tiradas por un torno.

alza (*arm.*)

carretilla de alza

Fot. Slingsby

ALZAR v. *Art. gráf.* Colocar los pliegos por el orden de su signatura para formar los tomos que se han de encuadernar.
— *Art. y of.* Dar materiales un peón al oficial albañil o de cualquier otro oficio que trabaje más arriba que él.
ALLANADOR m. *Joy.* Libro en que los batidores de oro guardan los panes forjados intercalándolos en las hojas.
ALLANITA f. *Miner.* Silicato natural muy complejo, pues contiene aluminio, hierro, calcio, magnesio, cerio, lantano, neodimio y praseodimio. (Sinón. ORTITA.)
ALLÓFANA f. *Miner.* Alófana.
Am, símbolo químico del *americio.* ‖ Símbolo químico con que se designa a veces el radical *amonio* NH_4.
a. m., abrev. de las palabras *ante meridiem* (antes del medio día) que se enuncia después de las horas en algunos países donde no se acostumbra a contarlas de 0 a 24: *las 11 a. m. son las 11 de la mañana, mientras que las 11 p. m.* (post meridiem) *son las 23, o sea las 11 de la noche.*
AMACHAMBRAR v. *Carp. Amer.* Machihembrar.
AMAINAR v. *Art. y of.* Aflojar una cuerda demasiado tirante.
AMALGAMA f. *Metal.* Aleación o mezcla de mercurio con otro metal.
— El mercurio forma *amalgamas* con el oro y la plata, el sodio y el potasio, el plomo, el estaño, el cobre, etc. Las amalgamas con otros metales se obtienen indirectamente, por ej., haciendo obrar una *amalgama de sodio* sobre sus sales.
La *amalgama de cobre* se usa como mástique metálico para reparar piezas de porcelana; la de dos partes de estaño con una de plata o cadmio es de uso corriente para empastar los dientes; las de estaño y plata se usaban para azogar espejos.
— *Miner.* La *amalgama de plata* existe en estado natural (por ej., en el cinabrio de Almadén). Es un mineral de color argentino y brillo metálico que, al ser calentado, suelta el mercurio y deja una masa esponjosa que contiene la plata.
AMALGAMACIÓN f. *Metal.* Operación consistente en amalgamar el mercurio con un metal.
— La *amalgamación industrial* puede tener uno de los dos objetos siguientes: extraer el oro o la plata de su ganga; combinar el mercurio con otro metal para formar una aleación.
En el primer caso sólo se justifica si los minerales son bastante ricos. El mercurio se deposita en mesas ligeramente inclinadas sobre las cuales pasa el mineral molido. El oro se amalgama entonces con el mercurio y éste, de vez en cuando, se recoge y se prensa entre pieles de gamuza, cuyos poros dejan pasar el mercurio, pero no el oro. Éste se afina después en retortas de fundición.
AMALGAMADOR, RA adj. y s. *Metal.* Que amalgama. ‖ Máquina para efectuar la amalgamación.
AMALGAMAR v. *Metal.* Alear el mercurio con otro metal.
AMALTEA, satélite de Júpiter*.
AMANZANAR v. *Arq.* Dividir el terreno en lotes, diseñándolos en un plano de conjunto con las calles y manzanas.
AMARAJE m. *Aeron.* Acción de amarar.
AMARANTITA f. *Miner.* Sulfato natural de hierro hidratado.
AMARANTO m. Colorante azoico rojo, barato, que se usa para teñir vestidos y para dar color a muchos alimentos y bebidas (mas, al comprobarse que es cancerígeno, ha sido prohibido su uso en varios países).
AMARAR v. *Aeron.* Posarse una aeronave sobre el agua: *los helicópteros pueden amarar sobre flotadores en aguas tranquilas.* (V. HIDROAVIÓN.)
AMARILLITA f. Sulfato natural de hierro y de sodio hidratado.
AMARILLO m. Nombre de los colores que, en el espectro luminoso, se hallan situados entre el verde y el anaranjado.
— *Fís.* El *color amarillo* es la sensación engendrada en el ojo por los cuerpos que emiten o reflejan radiaciones luminosas de longitud de onda próxima de 5 500 angstroems. La Comisión Internacional de Alumbrado ha adoptado como patron del amarillo la radiación de 5 460 angstroems. Una de las rayas más características del espectro amarillo es la raya doble D del sodio, de longitud de onda igual a 5 890 y 5 896 angstroems.
— *Quím.* Los principales *colorantes amarillos* de origen mineral son el *amarillo de cromo,* que es cromato de plomo; el *amarillo de cinc* (cromato de cinc), el cromato de varita, etc. Los *ocres amarillos* son arcillas pigmentadas por el hidrato férrico que contienen. El *amarillo de cadmio* es sulfuro de cadmio y el de *Cassel, París* o *Verona,* oxicloruro de plomo. Éste, mezclado con antimoniato, da el *amarillo de antimonio* o *de Nápoles.*
No pocos vegetales suministran colorantes amarillos: la gualda, el quercitrón, la cúrcuma, el azafrán, el fustete, la zanahoria, etc.
También tienen origen orgánico los siguientes colorantes artificiales: ácido pícrico y *amarillo de naftol* (nitrados); crisoína, crisoidina, crisofenina, etc. (azoicos); tartracina (pirazolónico): *amarillo directo* (estilbínico).
Entre otros muchos colorantes amarillos figuran los siguientes: auramina, fluoresceína, flavantreno y los amarillos de acridina, cloramina, quinoleína, etc.
De entre todos los colorantes citados, contados son los que pueden servir para avivar los colores de las bebidas y alimentos: auramina, crisoína y amarillo naftol S.

OBSERV. Los nombres latino y griego del amarillo son, respectivamente, *flavus* y *xanthos* y las primeras letras de ambas palabras entran como prefijo en la formación de muchos nombres de cosas que guardan alguna relación con el color amarillo (v. FLAV y XANT).

AMARINA f. *Quím.* Compuesto nitrogenado isómero de la hidramida, elaborado a partir de ésta.
AMARIZAJE m. *Aeron.* Amaraje.
AMARIZAR v. *Aeron.* Amarar.
AMARRA f. *Mar.* Cable, maroma o cadena con que se afirma un barco a un muelle, a otro barco o a cualquier punto fijo: *los reglamentos determinan el número y la fuerza de las amarras que ha de tener un barco mercante.*
AMARRADERO m. Argolla, poste, bita y toda cosa apropiada para amarrar algo.
— *Mar.* Atracadero, sitio donde se pueden amarrar las embarcaciones.
AMARRADURA f. Acción de amarrar. ‖ Vuelta, lazo o nudo con que se afirman las sogas, cables y maromas en un amarradero. (Sinón. AMARRE.)
AMARRAR v. Atar o sujetar alguna cosa con sogas o amarras.
— *Mar.* Afirmar un barco a su amarradero con cables, maromas o cadenas.
AMARRE m. Amarradura. ‖ *Amer.* Amarra.
— *Aeron. Mástil* o *poste de amarre,* torre metálica muy resistente, situada al aire libre, a la cual se amarra un dirigible por el morro, de modo que pueda orientarse en la dirección del viento para que no le oponga mucha resistencia.
— *Arq.* Anclaje.
AMASADERA f. *Art. y of.* Artesa para amasar alguna pasta. ‖ Amasadora o máquina de amasar.
AMASADERO m. *Art. y of.* Sitio donde se amasa algo: *el amasadero de una alfarería.*
AMASADORA f. *Tecn.* Máquina de amasar: *las amasadoras de hormigón se llaman hormigoneras.* (Sinón. MALAXADORA y MEZCLADORA.)

poste de **amarre** *(aeron.)*

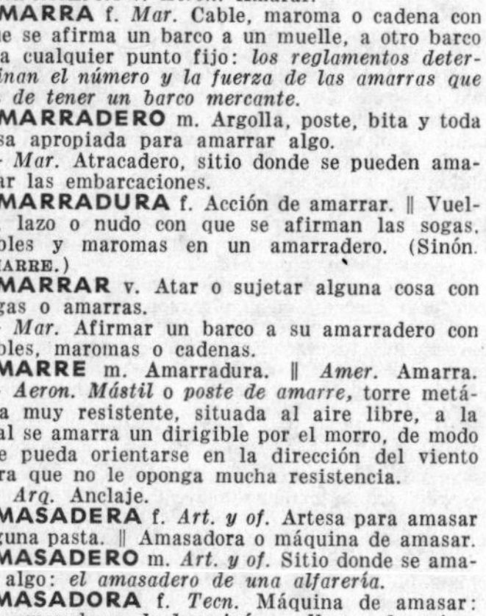

amasadoras de productos químicos *(izq.)* y de panadería *(abajo)*

Fot. Archivos X, Nobécourt, Mahot

— Existe gran variedad de *amasadoras.* En panadería se usa principalmente la de *artesa móvil,* en la cual unos brazos giran en el seno de la masa y la baten tanto más eficazmente por cuanto ésta es arrastrada por la rotación propia de la artesa, cuba metálica de forma más o menos semiesférica. La amasadora corriente está prevista para amasar un saco de harina (100 kg) en cinco o seis minutos.
En cerámica se usan *amasadoras de cuba longitudinal* dentro de las cuales gira un árbol que lleva numerosas cuchillas dispuestas helicoidalmente. Las cuchillas dividen constantemente la masa y la trasladan al mismo tiempo hacia la salida del aparato, calculándose los distintos factores para que el barro llegue a la misma perfectamente a punto.
Muchos molinos pueden considerarse al mismo tiempo como amasadoras, pues dan el producto de la molienda en forma de pasta suficientemente homogénea para que no requiera un amasado ulterior.

AMASADURA f. *Art. y of.* Pasta amasada.

AMASAR v. *Art. y of.* Formar una masa pastosa y homogénea mezclando materias pulverulentas con algún líquido.

AMATISTA f. *Joy.* y *Miner.* Variedad de cuarzo en forma de cristales más o menos violáceos, cuyo tinte se atribuye a la presencia de ínfimas cantidades de óxido de manganeso: *la amatista es una piedra preciosa.* ‖ *Amatista basaltina,* especie de apatita violácea. ‖ *Amatista oriental,* corindón de color violeta, que es la amatista más apreciada en joyería.

AMATOL m. *Expl.* Mezcla de cuatro partes de nitrato de amonio y una de tolita, usada como explosivo.

AMAZONITA f. *Miner.* Variedad de feldespato del tipo microclino u ortosa, de hermoso color verde.

inclusión de insectos en el **ámbar**

ÁMBAR m. *Miner.* Resina fósil transparente, de color amarillo. (Sinón. SUCCINO.) ‖ *Ámbar negro,* azabache. ‖ *Ámbar líquido,* estoraque.
— El *ámbar* es una resina de la misma naturaleza que el copal. Los árboles que lo produjeron en tiempo remoto constituyen hoy unas capas de lignito que afloran en el litoral del mar Báltico, donde el oleaje lo disgrega y lo arroja a las playas en medio de las algas. También existe otro yacimiento en Birmania.
Para los antiguos era una materia tan preciosa como el marfil. Su nombre griego era *elektron,* del cual deriva *electricidad,* pues los primeros efectos eléctricos se apreciaron al frotar el ámbar con un tejido de lana para atraer con él los cuerpos ligeros. Al solidificarse, el ámbar encerraba a veces insectos, semillas, plumas, y otros objetos que, conservados perfectamente en su masa al abrigo de agentes exteriores, son fósiles sumamente útiles en paleontología.
El ámbar se usa para fabricar boquillas, puños de bastones y paraguas, joyas y otros objetos, así como para elaborar ciertos barnices.
— *Perf.* Se da el nombre de *ámbar gris* a ciertas concreciones intestinales de los cachalotes y géneros afines, procedentes de la transformación por el jugo gástrico de la tinta que segregan los calamares con que se nutren estos cetáceos. Suele descubrirse en forma de masas grisáceas, cerúleas, que se separan de los excrementos del cachalote y flotan en la superficie del mar. Se halla constituido esencialmente por ambarina y tiene olor de almizcle*. Se usa como éste, en perfumería, y alcanza precios tan elevados que, con frecuencia, se falsifica con mezcla de ceras y resinas.

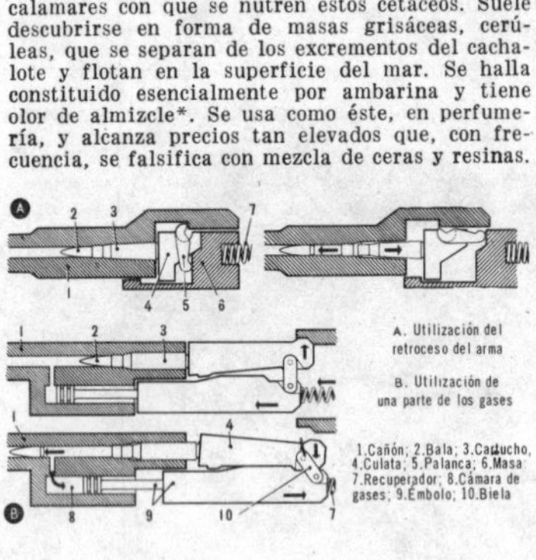
A. Utilización del retroceso del arma
B. Utilización de una parte de los gases
1.Cañón; 2.Bala; 3.Cartucho, 4.Culata; 5.Palanca; 6.Masa; 7.Recuperador; 8.Cámara de gases; 9.Émbolo; 10.Biela

mecanismos de las **ametralladoras** y armas automáticas

AMBARINA f. *Perf.* y *Quím.* Alcohol triterpénico que se extrae del ámbar gris y se usa en perfumería. (Sinón. AMBREÍNA.)

AMBARINO, NA adj. Dícese de lo relativo al ámbar o que guarda parecido con él.

AMBARITA f. *Miner.* Resina fósil y traslúcida, de color gris amarillento.

AMBAY m. *Bot.* y *Carp.* Árbol moráceo (*Ambaida peltata*), común en la República Argentina, cuya madera se usa en carpintería general.

AMBIENTE adj. y s. Dícese de la atmósfera material que rodea a las personas y las cosas, y, por ext., la atmósfera moral y el conjunto de factores que contribuyen a crear una situación o estado particular alrededor de una persona.
— *Cin.* y *Radiot.* Reproducción, lo más exacta posible, de los ruidos, movimientos de personas y toda suerte de detalles con objeto de que una escena dé la impresión de la realidad que finge o reproduce: *crear el ambiente de un café de París.*
— *Pint.* Perspectiva aérea que da profundidad y realce a los distintos planos con objeto de sugerir el relieve verdadero de lo que se reproduce.
— *Tecn.* Acondicionamiento del aire y armonización racional de las pinturas, cortinas y alumbrado de un aposento o local cualquiera con objeto de crear un bienestar o un estado psicológico y material que corresponda al uso que se hace de los mismos.

AMBLIGONIO, NIA adj. *Geom.* Obtusángulo.

AMBLIGONITA f. *Miner.* Fluofosfato de aluminio y litio, que se beneficia como mena de este último.

AMBLÍGONO, NA adj. *Geom.* Obtusángulo.

AMBREÍNA f. *Perf.* y *Quím.* Ambarina.

AMBRITA f. *Miner.* Ambarita.

AMBULANCIA f. *Autom.* Vehículo especial, generalmente provisto de camillas y de material sanitario de urgencia, propio para el transporte de enfermos y heridos. ‖ *Ambulancia de correos,* oficina postal de los buques y trenes.

AMECHAR v. *Art.* y *of.* Poner mechas a las velas, lámparas y otros objetos.

AMERAR v. *Constr.* Embeber con agua los ladrillos, baldosas, azulejos, etc., antes de colocarlos en la obra; mojar el muro que se ha de revocar y, en general, la obra de fábrica que se ha de proseguir o reparar. (Sinón. ABREVAR.)

AMERICIO m. *Quím.* Elemento químico de símbolo Am y número atómico 95.
— El *americio* es un transuranio que no existe en la naturaleza. Se obtiene artificialmente bombardeando el uranio con partículas alfa y transmutándolo en plutonio 241, elemento inestable que emite una partícula beta y se convierte a su vez en *americio,* del cual se conocen ocho isótopos de masa comprendida entre 237 y 244. El americio 241 es muy radiactivo y se desintegra con emisión de rayos alfa y gamma. Su período es de 475 años.

AMERIZAJE m. *Aeron.* Galicismo inútil por *amaraje* o *amarizaje.*

AMERIZAR v. *Aeron.* Galicismo por *amarar.*

AMESITA f. *Miner.* Aluminosilicato hidratado de magnesio y de hierro, variedad de clorita lameliforme de color verde claro.

AMETISTA f. *Joy.* y *Miner.* Amatista.

AMETRALLADORA f. *Arm.* Arma automática que permite tirar numerosos proyectiles de hasta 20 mm de calibre a una cadencia muy grande. ‖ *Ametralladora cinematográfica,* v. CINEAMETRALLADORA.
— El funcionamiento de la *ametralladora* se funda en la utilización de una parte de la energía libertada por el disparo de un cartucho para accionar los mecanismos que expulsarán la vaina, introducirán un nuevo cartucho en la cámara y lo dispararán.
En uno de los tipos corrientes, se aprovecha el retroceso del cañón y de la culata para expulsar el cartucho. Luego el cañón vuelve rápidamente a su posición normal y se separa de la culata, que ha sido frenada. Queda así un hueco entre ambos que permite a la culata enganchar un cartucho nuevo de la cinta e introducirlo en el cañón, con lo cual es armada la ametralladora, y así sucesivamente.
En otro método se saca partido de los gases que desprende la explosión de la carga. Su presión se transmite por un orificio del cañón hasta un

ametralladoras antiaéreas gemelas montadas en torrecilla giratoria

ametralladora de infantería

cilindro provisto de un émbolo que hace retroceder la culata y comprime al mismo tiempo el resorte que ha de volver a proyectarla hacia adelante, en cuyo movimiento de retorno cargará de nuevo el arma como ya se ha indicado.
Las cintas con que se cargan las ametralladoras contienen 250 cartuchos.
Las *ametralladoras pesadas* disparan unos 500 tiros por minuto. Las *ametralladoras ligeras* de los aviones tiran 1 200.

AMEYAL m. *Amer.* Pozo que se excava a proximidad de un estanque o alberca para filtrar su agua a través del terreno.

AMIANTÁCEO, A adj. Semejante o parecido al amianto.

AMIANTO m. *Miner.* Silicato hidratado de calcio y magnesio en forma de fibras textiles.
— El *amianto* presenta el aspecto de haces de fibras blancas y brillantes. Se da el nombre de *asbesto* al que las tiene grisáceas o verdosas en razón de la presencia de impurezas tales como alúmina u óxido de hierro.
Las *fibras del amianto* se separan machacando el mineral con muelas de fundición. Después se someten a un batido, se cardan y se hilan de modo parecido a la lana cardada. A veces se hilan en torno a un alma de alambre que aumenta su resistencia.
La principal característica del amianto es su resistencia a la acción del fuego. Soporta las llamas y solamente puede fundirse con sopletes. De ahí su uso para la confección de prendas incombustibles, decorados de teatro, revestimientos calorífugos de tuberías, filtros y forros de frenos. También se usa mezclado con cemento, constituyendo así el *fibrocemento* *, con el que se pueden moldear tubos, placas onduladas y otros objetos de poco espesor.

AMIATITA f. *Miner.* Hialita.

AMIDA f. *Quím.* Compuesto derivado del amoniaco mediante substitución de átomos de hidrógeno por radicales acilos.
— La fórmula del amoniaco es NH_3 y la del radical acilo R-CO-. Si se reemplaza un átomo del primero por el radical, se tendrá una *amida* de fórmula H-CO-NH_2 llamada *formamida*.
Las *amidas* son cuerpos neutros pero se unen con los ácidos fuertes para formar sales muy hidrolizadas.

AMIDÁCEO, A adj. *Quím.* Amiláceo.

AMIDADO, DA adj. *Quím.* Dícese de los compuestos que poseen la función amídica.

AMÍDICO, CA adj. *Quím.* Perteneciente o relativo a la amida o parecido a ella: *función amídica.*

AMIDINA f. *Quím.* Nombre de los cuerpos derivados de las amidas al substituir el oxígeno por el radical iminógeno = NH.

AMIDO, prefijo derivado de *amida* y que, con frecuencia, se usa incorrectamente en química, en vez del prefijo *amino,* derivado de *amina.*

AMIDOÁCIDO m. *Quím.* Aminoácido.

AMIDOAZOBENCENO y **AMIDOAZOBENZOL** m. *Quím.* Aminoazobenceno.

AMIDOAZOICO, CA adj. *Quím.* Aminoazoico.

AMIDOBENZOICO, CA adj. *Quím.* Aminobenzoico.

AMIDOFENOL m. *Quím.* Aminofenol.

AMIDÓGENO m. *Quím.* Radical univalente de fórmula -NH_2, amoniaco privado de un átomo de hidrógeno.
— Es verdaderamente *amidógeno* cuando reemplaza al hidroxilo de una función ácida, pues crea entonces una amida. En cambio, es aminógeno cuando, combinado con un radical carbonado, da una amina.

AMIDOL m. *Fot.* y *Quím.* Diaminofenol que funde a 78° y se usa como revelador fotográfico sin adición de álcali.

AMIDOXIMA f. *Quím.* Cualquiera de los compuestos que se obtienen haciendo actuar la hidroxilamina sobre los nitrilos, amidinas y tioamidas.

AMIDURO m. *Quím.* Compuesto derivado del amoniaco al reemplazar uno de sus átomos de hidrógeno por otro átomo de un metal: *el amiduro de sodio NH_2Na es un sólido blanco, inflamable, que sirve para preparar amidas, aminas y añil sintético.*

AMIGDALOIDE adj. *Miner.* Aplícase a las rocas volcánicas que contienen calcitas, ceolitas u otros cuerpos o concreciones en forma de almendras.

AMIL, prefijo que, en la nomenclatura química, indica que un compuesto contiene *almidón* o guarda alguna relación con él.

AMILÁCEO, A adj. *Quím.* Semejante o parecido al almidón. ‖ Que contiene almidón.

AMILASA f. *Quím.* Enzima o fermento que transforma el almidón en azúcar: *la amilasa se halla presente en la saliva, la secreción del páncreas, la levadura de cerveza, los granos germinados, etc.*

AMILENO m. *Quím.* Hidrocarburo que se obtiene deshidratando el alcohol amílico con ácido sulfúrico o cloruro de cinc y que consiste realmente en una mezcla de tres isómeros de fórmula C_5H_{10}.

AMÍLICO, CA adj. *Quím.* Calificativo que se aplica a ocho alcoholes isómeros de fórmula $C_5H_{11}OH$: *el alcohol isoamílico es alcohol amílico de fusel.*

AMILO m. *Quím.* Radical hidrocarbonado monovalente, de fórmula C_5H_{11}.

AMILOBÁCTER m. *Quím.* Bacteria anaerobia muy común que descompone los hidratos de carbono con desprendimiento de ácido butírico.

AMILOCELULOSA f. *Quím.* Uno de los constituyentes del almidón: *el yodo tiñe de rojo la amilocelulosa.*

AMILOIDEO, A adj. *Quím.* Dícese de las substancias que cambian de color al entrar en contacto con una disolución yodada.

AMILÓLISIS f. *Quím.* Proceso de descomposición del almidón por hidrólisis durante su conversión en glucosa: *la amilólisis resulta de la acción del agua, los ácidos y álcalis, los fermentos y otros agentes hidrolizantes.*

AMILOLÍTICO, CA adj. *Quím.* Que produce la amilólisis. ‖ *Poder amilolítico,* cantidad de una diastasa necesaria para transformar en azúcar un gramo de almidón durante un tiempo dado.

Fot. S. C. A., Larousse

AMILOMICETO m. *Quím.* Hongo mucoráceo que convierte el almidón sucesivamente en azúcar y alcohol, utilizado con éxito en la producción industrial del alcohol: *los vietnamitas se sirven del amilomiceto para preparar bebidas alcohólicas a partir de arroz fermentado.*

AMILOPECTINA f. *Quím.* Uno de los constituyentes del almidón, que se distingue por no cambiar de color con los reactivos yodados: *la amilopectina da consistencia de jalea al engrudo.* (V. AMILOSA.)

AMILOSA f. *Quím.* Uno de los constituyentes del almidón: *si se moja almidón con una disolución acuosa de sosa al 1 %, los granos de fécula estallan y se derrama su contenido, que es amilosa, mientras que la envoltura es de amilopectina.*

AMILSULFÚRICO, CA adj. Sulfoamílico.

AMINA f. *Quím.* Compuesto derivado del amoniaco al reemplazar total o parcialmente sus átomos de hidrógeno por otros tantos radicales hidrocarbonados, o sea alcohólicos.
— La fórmula del amoniaco es NH_3. Si se suprime un átomo H de su molécula y se le reemplaza por el radical CH_3, se tendrá una *amina primaria* de fórmula CH_3NH_2: la metilamina. Sería una *amina secundaria* o *terciaria* si se hubieran reemplazado, respectivamente, dos o tres átomos de hidrógeno en vez de uno sólo.
Las *aminas* se obtienen industrialmente mediante la reducción de compuestos nitrosos o desintegrando aminoácidos. Con los radicales hidrocarburados aromáticos se fabrican aminas utilizadas en la elaboración de colorantes y de las cuales la más conocida es la anilina *.

AMINADO, DA adj. *Quím.* Que contiene aminas o guarda alguna semejanza con ellas: *ácido aminado.*

AMÍNICO, CA adj. *Quím.* Relativo o perteneciente a la amina: *función amínica o amina.*

AMINO, prefijo empleado en química y que, en el nombre de un compuesto orgánico, indica la presencia de la función amínica.

AMINOÁCIDO m. *Quím.* Nombre genérico de los ácidos amínicos, cuerpos que reúnen las funciones de ácido y de amina y que son constituyentes esenciales de los tejidos orgánicos: *la glicocola es un aminoácido (formado por el desdoblamiento de proteínas) así como el ácido aminocaproico, que se polimeriza y da las fibras textiles artificiales de la marca Perlón.* (Sinón. ÁCIDO AMINADO.)

AMINOALCOHOL m. *Quím.* Nombre de los cuerpos que, como las etanolaminas, poseen a la vez las funciones amínica y alcohólica.

AMINOAZOBENCENO m. *Quím.* Nombre de tres compuestos isómeros llamados comercialmente *amarillo de anilina.*
— El *isómero para*, el más importante de los tres, funde a 127° y se fabrica industrialmente a partir del diazoaminobenceno. Es el tipo de los colorantes azoicos.

fabricación del amoniaco a partir del gas natural

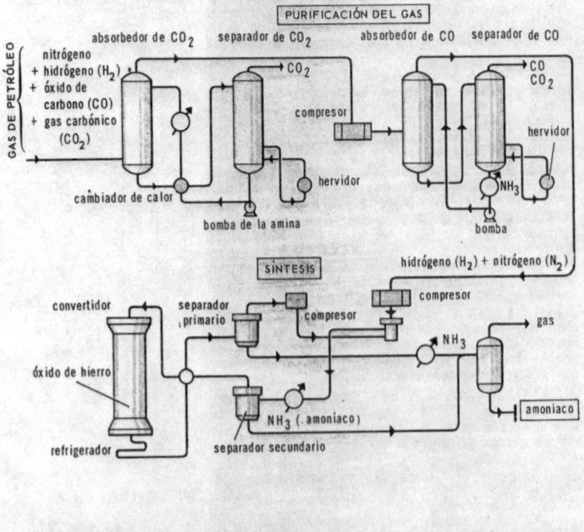

AMINOAZOICO, CA adj. *Quím.* Derivado que resulta de la copulación de un compuesto diazoico con la anilina: *los colorantes aminoazoicos tienen mucha importancia industrial.*

AMINOBENCENO m. *Quím.* Anilina.

AMINOBENZOICO, CA adj. *Quím.* Nombre de tres ácidos isómeros derivados del benceno por doble substitución. (Sinón. ANTRANÍLICO.)

AMINOFENOL m. *Quím.* Nombre de tres compuestos en cuyas moléculas se hallan combinadas las funciones amínica y fenólica.
— Los tres *aminofenoles* derivan del benzol por substitución de átomos de hidrógeno por el grupo amino NH_2. Son reductores enérgicos y con ellos se obtienen rodaminas y otros colores sintéticos. El derivado *para* (para-aminofenol) entra en la composición de reveladores fotográficos, especialmente del metol.

AMINOFENÓLICO, CA adj. *Quím.* Relativo a los aminofenoles.

AMINÓGENO m. *Quím.* V. AMIDÓGENO.

AMINOGUANIDINA f. *Quím.* Base obtenida por reducción de la nitroguanidina o de la nitrosoguanidina, que, combinada con aldehídos, cetonas y azúcares, da compuestos cristalizados.

AMINOPIRIDINA f. *Quím.* Combinación de un aminógeno con el núcleo de la piridina: *algunos derivados de la aminopiridina dan colorantes.*

AMINOPLASTA f. *Plást.* y *Quím.* Resina sintética cuyas moléculas contienen el grupo amina y un aldehído.
— Las *aminoplastas*, aunque es fácil colorearlas, son incoloras, resisten perfectamente a las bases fuertes y a los ácidos y son insolubles en los líquidos corrientes (agua, alcohol, acetona) y en los aceites. Pertenecen al grupo de resinas sintéticas termorresistentes que, una vez endurecidas, no se ablandan con el calor. (V. PLÁSTICO.)

AMINOPLÁSTICO, CA adj. Relativo y perteneciente a la aminoplasta: *aislador de materia aminoplástica.* ‖ — M. Aminoplasta: *un juguete de aminoplástico.* (V. PLÁSTICO.)

AMOJONAR v. *Topogr.* Delimitar con mojones una extensión de terreno.

AMOLADERA f. *Art. y of.* Asperón y otras piedras para amolar.

AMOLADOR, RA adj. y s. *Art. y of.* Que amola o sirve para amolar.

AMOLADURA f. *Art. y of.* Acción de amolar. ‖ Barro o polvillo que se forma con la arenilla arrancada a la muela al amolar o afilar.

AMOLAR v. *Art. y of.* Aguzar o sacar filo con la muela.
— *Metal.* Alisar, rectificar o labrar el metal con muelas: *las piezas de fundición se amolan para suprimir las rebabas de los moldes y desbastarlas.*

AMOLDAR v. *Art. y of.* Ajustar algo a la forma de un molde: *la máquina de amoldar usada en las fábricas de calzado da la forma del pie a las palas de una sola pieza.*

AMONAL m. *Expl.* Mezcla explosiva compuesta de nitrato de amonio (95 %), polvo de aluminio (3 %) y tolita o carbón, según los casos, a razón de 4 %.

AMONEDAR v. *Metal.* Convertir el metal en moneda.

AMONI, prefijo usado en la designación de los compuestos químicos que guardan alguna relación con el *amoniaco* o lo contienen: *la gelatina amónica es un explosivo utilizado en las minas.*

AMONIACADO, DA adj. *Quím.* Que contiene amoniaco.

AMONIACAL adj. *Quím.* Relativo o perteneciente al amoniaco: *colores amoniacales.*

AMONIACATO m. *Quím.* Compuesto que se obtiene cuando se agrega una sal al amoniaco y que es comparable a los hidratos salinos.

AMONIÁCEO, A adj. *Quím.* Amoniacal.

AMONIACO o **AMONÍACO** adj. y s. *Quím.* *Sal amoniaca* o *amoniaco*, cloruro de amonio. ‖ *Gas amoniaco*, gas que resulta de la combinación del hidrógeno con el nitrógeno: *el gas amoniaco es uno de los constituyentes principales de la atmósfera de los grandes planetas.* ‖ Solución acuosa de dicho gas. (Sinón. ÁLCALI VOLÁTIL.)
— Con el nombre de *amoniaco* se designan tres cuerpos diferentes. El que merece este calificativo con más propiedad es el gas amoniaco, mezcla de hidrógeno y nitrógeno de fórmula NH_3.
Es un gas incoloro, de sabor cáustico y olor penetrante, que pica en los ojos.

Se licua a —33° a la presión ordinaria y a 10° a 6 atmósferas; es tan soluble en el agua que ésta puede contener 1 000 volúmenes de gas a 0°. Una mezcla de amoniaco con hidrógeno, en presencia de un catalizador de platino, desprende óxido nítrico (NO) que, por oxidación e hidratación, se convierte en ácido nítrico. Los compuestos amoniacales experimentan una transformación semejante en el suelo, donde su oxidación da nitratos, útiles para las plantas.
El *gas amoniaco* es un producto secundario de la destilación de la hulla en las fábricas de gas de alumbrado. También se fabrica industrialmente mezclando, en presencia de un catalizador de hierro y bajo presiones muy elevadas, hidrógeno (procedente de la coquefacción del carbón) y nitrógeno (obtenido por destilación del aire líquido). Pero la mayor parte del *amoniaco sintético* proviene del gas natural o del que se produce en las refinerías de petróleo.
Representa este gas importante papel en la fabricación de abonos, ácido nítrico, urea, sosa, etc. También se usa licuado como solvente y es un agente frigorífico, tanto en la producción de hielo y en las neveras y cámaras frigoríficas, como en la congelación del suelo (obras públicas en terrenos acuíferos).
Además, el amoniaco, por substitución de átomos de su molécula, da infinidad de compuestos, especialmente los nitruros, las amidas y las aminas.
El *álcali volátil*, igualmente llamado amoniaco, es una disolución acuosa que contiene 20 % de gas amoniaco. Su densidad es de 0,92 y, al calentarse, pierde todo el gas disuelto.
La *sal amoniaca*, también conocida con el nombre de amoniaco, es el cloruro de amonio de fórmula NH_4Cl, polvo blanco, inodoro, soluble en el agua. Se obtiene tratando el gas amoniaco con ácido clorhídrico diluido. Constituye el electrólito de la pila Leclanché, se usa para desoxidar los metales antes de soldarlos y sirve para preparar numerosos compuestos químicos.

AMÓNICO, CA adj. *Quím.* Aplícase a las sales de amonio. (Sinón. AMONIACAL.)

AMONIO m. *Quím.* Radical monovalente de fórmula NH_4, que, en las sales amoniacales, representa el mismo papel que un metal alcalino.
— Cuando el gas amoniaco se combina con los ácidos, da sales cristalizadas análogas a las que se obtienen con metales alcalinos. Esta similitud se debe a la presencia en el gas de un grupo, el *radical amonio*, comparable, por sus propiedades, al potasio y metales afines.
Aunque no ha sido aislado se sabe que el amonio es un compuesto blando, de aspecto metálico, pues se observa transitoriamente, en forma de amalgama, al hacer obrar la amalgama de sodio sobre una solución de cloruro de amonio.
El *carbonato de amonio* se usa para hacer más esponjosa y ligera la miga de los panes de lujo y de los pasteles. El *cloruro de amonio* ha sido descrito en el art. AMONIACO. El *fosfato de amonio* es un abono doble, pues actúa a la vez por el fósforo y el nitrógeno que contiene. El *nitrato de amonio* es un abono exclusivamente nítrico; también se usa como explosivo en las minas, pues tiene la propiedad de estallar sin inflamar el grisú. En cuanto al *sulfato de amonio*, abundantemente fabricado por síntesis, es el más usado de todos los abonos nitrogenados.

AMONITRATO o **AMONITRO** m. *Agr.* y *Quím.* Abono constituido por nitrato de amonio, al cual se suele agregar carbonato de calcio que, además de ser fertilizante, impide el apelmazamiento del nitrato por la humedad.

AMONIURO m. *Quím.* Cada uno de los compuestos que se obtienen al combinar el amoniaco con un óxido metálico.

AMONIZACIÓN f. *Agr.* Transformación del estiércol, detritos vegetales y otros restos orgánicos en un compuesto amoniacal: *la amonización se debe a la acción de microorganismos presentes en el suelo.* (V. NITRIFICACIÓN.)

AMONPULVER m. *Expl.* Pólvora propulsiva para cohetes a base de nitrato de amonio y carbón de leña pulverizado.

AMORFO, FA adj. Que carece de formas regulares. || Cuyas formas no obedecen a ningún orden o ley.
— *Quím.* Al estado cristalino se opone el *estado amorfo* de los cuerpos cuyas moléculas no se unen regularmente en alguna de las formas de cristalización geométricamente definidas. Todos los fluidos son *amorfos*, pues sus moléculas, independientes unas de otras, se hallan en movimiento constante dentro de la masa. También existen *sólidos amorfos*, entre los cuales descuella el vidrio, que, en este aspecto, puede ser considerado como un líquido en estado de sobrefusión.

AMORTIGUACIÓN f. Acción de amortiguar. (Sinón. AMORTIGUAMIENTO.)

AMORTIGUADOR, RA adj. Que amortigua o aminora. || Que reduce progresivamente los efectos de algún fenómeno periódico.
— *Aeron.* Dispositivo hidráulico u oleoneumático del tren de aterrizaje, que sirve para atenuar la fuerza del choque al tomar las ruedas contacto con el suelo durante el aterrizaje. (V. *Mec.*)
— *Arm. Amortiguador de fogonajo*, v. FOGONAZO.
— *Autom.* Mecanismo que tiene por objeto abreviar y anular las oscilaciones engendradas por la elasticidad de los dispositivos de suspensión al pasar una rueda sobre alguna irregularidad del suelo (v. más abajo *Mec.*).
— *Electr.* Devanado conductor destinado a evitar la formación de chispas en ciertos motores eléctricos.
— *Mec.* Todo órgano sometido a choques se halla provisto de algún medio que reduce sus efectos. Generalmente el dispositivo adoptado goza de cierta elasticidad que le permite absorber momentáneamente una parte de la energía del choque. Si se trata, por ejemplo, de un muelle fijado entre el eje de las ruedas y el bastidor de un vehículo, el paso de una rueda sobre una piedra, en vez de elevar totalmente la carrocería, tendrá por efecto comprimir enérgicamente el resorte. Pasado el obstáculo el resorte se distenderá, levantando la carrocería cuya caída contribuirá a comprimirlo de nuevo. Se distenderá entonces otra vez, aunque en menores proporciones, etc. El choque soportado por el resorte dará, pues, lugar a una serie de oscilaciones que se amortiguarán lentamente, prolongando así el desequilibrio del vehículo y la molestia que experimentan los pasajeros. El *amortiguador* tiene por objeto abreviar el fenómeno y hacer que los movimientos alternos del resorte cesen rápidamente.
El *amortiguador hidráulico* o *telescópico* suele montarse en el interior mismo del resorte. Consiste en un cilindro, lleno de aceite, articulado en la carrocería y provisto de un émbolo cuyo vástago es solidario del eje de la rueda. El aceite, al ser empujado por el émbolo, sólo puede salir del cilindro o entrar en el mismo, por uno o varios orificios pequeños. El funcionamiento del amortiguador es como sigue: el golpe fuerte provocado por alguna irregularidad del terreno es absorbido por una compresión correspondiente del resorte y por la salida de aceite del cilindro, pero las oscilaciones ulteriores del resorte serán dificultadas por la lentitud con que puede pasar el aceite por los orificios demasiado pequeños del cilindro, y no tardarán en ser amortiguadas totalmente. (V. OLEONEUMÁTICO y SUSPENSIÓN.)
En los *amortiguadores de fricción* se frenan las oscilaciones aprovechando el roce de dos discos, uno fijado en el bastidor y otro solidario del puente.

AMORTIGUAMIENTO m. Acción y efecto de amortiguar o amortiguarse. (Sinón. AMORTIGUACIÓN.)
— *Fís.* y *Mec.* El *amortiguamiento* es la reducción progresiva de la magnitud de algún fenómeno o movimiento oscilatorio. Resulta de una disminución en la amplitud de una alternancia respecto a la alternancia precedente, como lo ilustran las oscilaciones de un péndulo abandonado a sí mismo después de haberle dado un impulso inicial.
— *Radiot.* El *amortiguamiento de las oscilaciones electromagnéticas* se debe a la pérdida de la energía radiada en el espacio a cada descarga del condensador. La energía disponible en el circuito es cada vez menor, lo cual —sin afectar a la frecuencia, que permanece constante— reduce la amplitud de las ondas y éstas acaban por extinguirse. En radiotecnia se evita el amortiguamiento suministrando constantemente al circuito oscilante energía eléctrica, en forma de corriente alterna de período rigurosamente igual al de las oscilaciones de dicho circuito, lo cual permite producir ondas entretenidas.

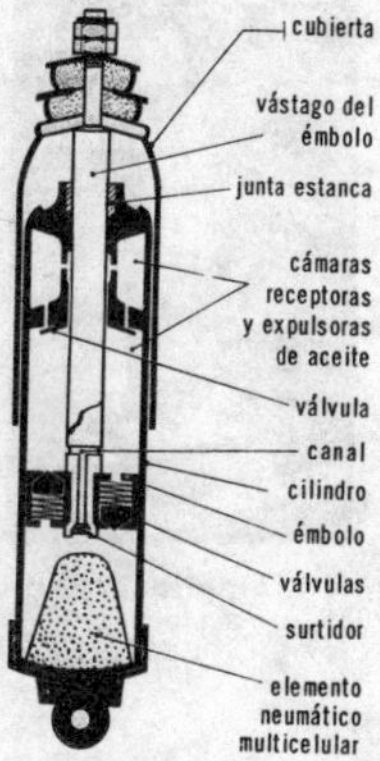

amortiguador
(autom.)

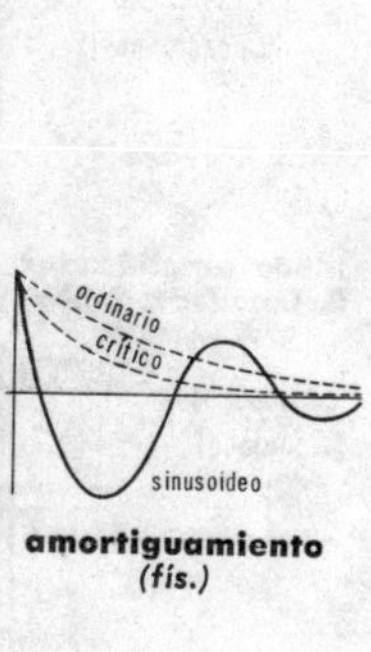

amortiguamiento
(fís.)

ampliadora *(fot.)*

amperímetros

electromagnetico

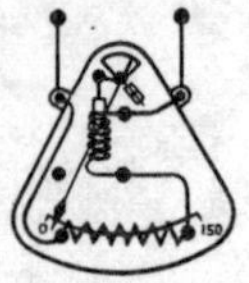

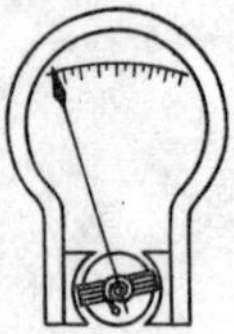

de cuadro móvil

AMORTIGUAR v. Disminuir la violencia de un choque. ‖ Reducir progresivamente, hasta anularla, la amplitud de un fenómeno periódico.
— *Aeron.* y *Autom.* Disminuir la intensidad de los choques soportados por las ruedas y abreviar la duración de los movimientos oscilatorios que engendran. (V. AMORTIGUADOR.)
— *Radiot.* Disminuir, hasta extinguirse, la amplitud de las ondas emitidas por un circuito oscilante. (V. AMORTIGUAMIENTO.)

AMOVIBLE adj. *Tecn.* Dícese de la pieza u órgano que se puede desmontar o separar fácilmente de alguna máquina o conjunto: *aparato fotográfico de objetivo amovible.* (Sinón. DESMONTABLE.)

AMPELITA f. *Miner.* Especie de esquisto carbonoso, de color negro: *las ampelitas que contienen pirita pueden servir de abono para las viñas, pues, al descomponerse, dan sulfato de hierro.*

AMPER m. *Electr.* Forma censurable de la voz *amperio.*

AMPERAJE m. *Electr.* Intensidad de una corriente eléctrica expresada en amperios.

AMPÈRE m. *Electr.* Nombre oficial del *amperio* en la nomenclatura internacional. ‖ *Leyes de Ampère,* v. ELECTROMAGNETISMO.

AMPERHORA m. *Electr.* Amperio hora.

AMPERÍMETRO m. *Electr.* Instrumento graduado en amperios, que se usa para medir la intensidad de las corrientes eléctricas.
— Los *amperímetros electromagnéticos* se fundan en el uso de un solenoide provisto de un núcleo —en el cual va articulada la aguja indicadora— que es atraído con mayor o menor fuerza por la bobina, según la intensidad de la corriente que pasa por ella. El *amperímetro de cuadro móvil* es un galvanómetro constituido por una bobina en la cual se fija la aguja indicadora, que gira entre los polos de un imán proporcionalmente a la corriente. En el *amperímetro térmico* la corriente pasa por un hilo metálico que, al calentarse, se dilata proporcionalmente a la intensidad de la corriente. En un punto de dicho conductor se fija un alambre rígido de latón, que arrastra a su vez un hilo de seda arrollado en torno al eje de la aguja. Así, la dilatación producida por la corriente se transmite, considerablemente amplia da, hasta la aguja.

AMPERIO m. *Electr.* Unidad con que se mide la intensidad de las corrientes eléctricas (símbolo A). ‖ *Amperio hora,* cantidad de electricidad que pasa por un circuito durante una hora, cuando la intensidad de la corriente es de un amperio: *el amperio hora, cuyo símbolo es Ah, equivale a 3 600 culombios.* (Sinón. AMPERHORA.) ‖ *Amperio vuelta,* fuerza magnetomotriz de una bobina, que se expresa por el producto de la intensidad (en amperios) multiplicada por el número de espiras del carrete. (Sinón. AMPERVUELTA.)
— Según la primera definición oficial, el *amperio* es la intensidad de la corriente necesaria para depositar 1,118 mg de plata por segundo por electrólisis de una solución acuosa de nitrato de plata. La nueva definición estipula que el amperio es la intensidad de la corriente constante que, al pasar por dos conductores rectilíneos, paralelos y de longitud infinita, engendra entre ambos conductores una fuerza igual a 2×10^{-10} estenio (o sea 2×10^{-7} newton) por metro de longitud. El amperio es, pues, la intensidad de una corriente constante que transporta un culombio de electricidad por segundo.
Los múltiplos y submúltiplos más corrientes del amperio son: el kiloamperio (kA), el miliamperio (mA) y el microamperio (μA).

AMPERIÓMETRO m. *Electr.* Amperímetro.

AMPERVUELTA m. *Electr.* Amperio vuelta.

AMPEX m. *Radiot.* Marca registrada de un magnetoscopio* para imágenes de televisión.

AMPLIACIÓN f. *Cin.* y *Fot.* Operación consistente en tirar una prueba de mayores dimensiones que el clisé original. ‖ Copia que se obtiene mediante dicha operación: *muchas películas cinematográficas de 35 mm son ampliaciones de originales rodados con cámaras de 16 mm.*

AMPLIADOR, RA adj. y s. Que amplía o sirve para ampliar.
— *Fot.* La *ampliadora fotográfica* no es sino un proyector especialmente previsto para que solamente deje pasar la luz por el objetivo y cuya pantalla se halla constituida por la emulsión sensible. Consta de una lámpara eléctrica, un condensador, un bastidor portaclisé, una cámara obscura y un objetivo. Las más de las veces tiene también un dispositivo mecánico que regula automáticamente la distancia focal entre el clisé y el objetivo, en función de la distancia que separa a éste de la emulsión sensible (y que depende, a su vez, del aumento deseado).

AMPLIAR v. *Cin.* y *Fot.* Reproducir las fotografías a un tamaño mayor que el del original.

AMPLIDINO m. *Electr.* Generador de corriente continua con el cual se obtiene una potencia eléctrica determinada con una potencia de excitación menor que la requerida en la dinamo equivalente de tipo ordinario.
— En este generador se combina la dinamo propiamente dicha con un sistema de excitación, de modo que, con una corriente de control poco intensa, se pueda provocar un aumento casi instantáneo de la corriente producida. El *amplidino* permite conservar la velocidad de rotación, aunque cambien los esfuerzos que se aplican a su árbol, y también parar el motor, ponerlo rápidamente en marcha o invertir bruscamente su sentido de rotación.

AMPLIFICACIÓN f. Acción de aumentar las dimensiones de una cosa o la intensidad de un fenómeno.
— *Radiot.* Dispositivo propio para aumentar la amplitud de las corrientes en los aparatos emisores y receptores de ondas electromagnéticas. (V. AMPLIFICADOR.)

AMPLIFICADOR, RA adj. y s. Lo que sirve para amplificar.
— *Fot.* Nombre que se da a una ampliadora fija, o sea que amplía siempre con el mismo aumento.
— *Mec.* Cualquier dispositivo destinado a amplificar movimientos excesivamente reducidos de una pieza (v., por ej., el mecanismo del AMPERÍMETRO * *térmico*).
— *Radiot.* Los circuitos radioeléctricos son recorridos por corrientes que, de tan débiles, serían inutilizables si no se las amplificara. Así, por, ej., de toda la energía radiada por una emisora, la parte captada por un receptor de radio es del orden de la millonésima de vatio, mientras que la energía que disipa el altavoz del aparato se cuenta en vatios. Es, pues, evidente que la corriente que entra en el aparato se ha de amplificar considerablemente, aunque sin desnaturalizarla, o sea conservando su modulación. En un *circuito amplificador,* una corriente débil, pero modulada. o sea portadora de informaciones, obra sobre una corriente fuerte no modulada a la cual imprime su propia modulación, de modo que se recoja a la salida una corriente a la vez fuerte y modulada. La figura permite comprender cómo funciona un tríodo amplificador: el cátodo y el ánodo del tubo se hallan conectados con los polos de una pila o de cualquier manantial de corriente eléctrica. Los electrones saltan del cátodo al ánodo en un flujo continuo y regular. Ahora bien; si se electriza el otro electrodo (rejilla) que existe entre ambos, aplicándole la corriente débil captada por la antena, el flujo de electrones será modificado al pasar con arreglo a las fluctuaciones de dicha corriente. Así, a la salida del ánodo se recogerá una corriente modulada como la de la rejilla, pero decenas de veces más fuerte que ella. Bastará con aplicar esa corriente ya amplificada a la rejilla de otro tubo para obtener una nueva amplificación, y así sucesivamente. Esta sucesión constituye un *amplificador en cascada* y en ella el

tríodo **amplificador**
C. Cátodo; R. Rejilla;
A. Ánodo

Fot. Larousse

tríodo puede ser reemplazado por un transistor*. Otro dispositivo llamado maser * permite obtener amplificaciones increíblemente grandes. Con uno de ellos se han podido identificar señales de radar emitidas desde la Tierra y reflejadas por el planeta Venus: ¡la energía que tenían las señales al ser captadas por el receptor, expresada en vatios, se representa por un número decimal que lleva 26 ceros después de la coma!
El *amplificador de brillo* es un dispositivo que se adapta a la pantalla de los aparatos de radiología. Los rayos X hieren un fotocátodo del amplificador y le arrancan numerosos electrones que son proyectados contra una pantallita fluorescente. En ésta se forma una imagen radioscópica pequeña, pero que tiene la ventaja de ser mil veces más luminosa y contrastada que las imágenes radiológicas comunes. Esa imagen luminosa puede ser observada directamente con un instrumento óptico, pero lo más práctico es fotografiarla, cinematografiarla o bien captarla con una cámara de televisión que permitirá verla cómodamente fuera de la sala de rayos X. (V. CONVERTIDOR y MULTIPLICADOR.)
Los *amplificadores audiométricos* aumentan la intensidad de los sonidos y permiten corregir, hasta cierto punto, la sordera. Constan de un micrófono que capta los sonidos, un circuito de transistores que los amplifica y un vibrador que los restituye, ya sea por vía aérea (vibrador emplazado en el pabellón o en el conducto auditivo), ya por conducción ósea (vibrador aplicado sobre el hueso mastoides, detrás del pabellón). Estos aparatos se distinguen por la extraordinaria miniaturización de sus elementos.

AMPLIFICAR v. Aumentar las dimensiones de una cosa, la magnitud de un movimiento, la intensidad o amplitud de un fenómeno vibratorio, etc. (V. AMPLIFICADOR.)

AMPLITUD f. *Astr.* Arco del horizonte que se extiende desde el punto por donde sale o se pone un astro y el punto que corresponde al Este o al Oeste geográfico (llámase respectivamente *amplitud ortiva* y *amplitud ocaso*).
— *Fís.* La *amplitud* es el valor máximo alcanzado por una magnitud en el curso de un período. Ahora bien, en ciertos casos (*amplitud alternativa simétrica*) se considera solamente la *amplitud máxima* de una fase o semiperíodo y en otros la *amplitud total* de la oscilación, o sea la suma de las amplitudes extremas registradas en las dos fases del período.
— *Geol. Amplitud de un pliegue,* máxima desnivelación entre el punto más alto y el más bajo de una capa de terreno.
— *Geom.* Distancia que media entre los dos extremos de un arco.
— *Mec.* Tratándose de oscilaciones pendulares, mitad α del ángulo formado por el eje suspensor del péndulo cuando se halla en las dos posiciones extremas a y c de una misma oscilación.
— *Meteor.* Diferencia entre la presión, temperatura, etc., más alta y más baja de un período de tiempo determinado. Así la *amplitud de la variación anual de la temperatura* es la diferencia entre la temperatura media del mes más cálido y la del mes más frío. Según la escala de Baldit dicha amplitud es de menos de 10° en los climas regulares: de 10 a 20° en los climas moderados y de más de 20° en los climas rigurosos.
— *Ocean. Amplitud de las olas,* v. OLA.
— *Radiot.* Valor máximo que alcanza la tensión o la intensidad de una corriente alterna en el curso de un semiperíodo. (V. ONDA.) ‖ *Modulación de amplitud,* v. MODULACIÓN.

AMPOLLA f. *Electr.* Globito de cristal fijado a un casquillo, que contiene el filamento de una lámpara, los electrodos de los tubos electrónicos, los metales que se volatilizan en las lámparas relámpago de fotografía, etc. ‖ Por ext., lámpara eléctrica de incandescencia. (Sinón. BOMBILLA.)
— *Fís.* y *Quím.* Nombre dado a ciertas vasijas de cristal usadas en los laboratorios, caracterizadas por tener un cuerpo voluminoso y el cuello largo y estrecho.
— *Metal.* Vejiga de una pieza moldeada debida a la retención de una burbuja de gas en el seno del metal vaciado.
— *Vidr.* La fabricación de *ampollas* para lámparas eléctricas y de las que se usan en farmacia para contener los medicamentos, se efectúa mecánicamente y por varios procedimientos. Citemos como ejemplo la máquina Corning, en la cual una tira continua de vidrio fundido es arrastrada por una cinta sin fin, metálica, provista de orificios. Paralelamente a la misma circulan, a idéntica velocidad, otras dos cintas sin fin: una, situada encima, lleva unas boquillas sopladoras que se aplican sobre el vidrio exactamente en coincidencia con los orificios del transportador metálico; la otra está provista de moldes huecos que se ajustan por debajo contra los mismos orificios. El funcionamiento se desprende fácilmente de lo antedicho: las boquillas superiores soplan la masa de vidrio y ésta forma una ampolla, cada vez mayor, que acaba por aplicarse sobre las paredes del molde inferior. Una máquina de este tipo puede producir 15 000 y hasta 20 000 ampollas por hora y puede bastar para cubrir las necesidades de todo un país de mediana importancia.
Las ampollas requieren vidrio de buena calidad y de gran resistencia a la tracción. Además, el que se usa para envasar medicamentos ha de responder a ciertos requisitos químicos, pues no ha de ceder a los líquidos ni a la alcalinidad o los metales pesados que podrían combinarse con los medicamentos o alterarlos. Las más de las veces estas ampollas se fabrican a partir de un tubo continuo cuya punta se estira después de haberla reblandecido por el calor. Una vez llenas se cierran, sometiendo su extremo puntiagudo a una llama que, rápidamente, la funde y forma una gotita en ella.

AMURA f. *Mar.* La parte más curva del casco, entre la proa y los costados. (V. CASCO.)

AMURADA f. *Mar.* Parte curva del casco entre el costado y el pantoque. (V. CASCO.) ‖ *Amurada estanca,* cajas de aire herméticamente cerradas y dispuestas interiormente, contra las amuradas, para asegurar la flotabilidad de las embarcaciones de salvamento.

An, símbolo químico del *actinón.*

AN, prefijo privativo, usado en vez de *a* antes de vocal y de h (véase A).

ANA, voz cuyo símbolo *aa* se aplica entre un corchete, que reúne el nombre de varios cuerpos químicos, y una cantidad, para significar que se ha de tomar esta de cada uno de los cuerpos para formar una mezcla, especialmente un medicamento. Así:

Citrato de sodio Bicarbonato de sodio Sulfato de sodio	} aa 20 g

significa que se han de preparar 60 gramos de polvo mezclando 20 gramos de cada uno de los tres componentes.

ANABÁTICO, CA adj. *Meteor.* Dícese del viento que es desviado hacia arriba por alguna corriente de aire ascendente, como las que existen sobre un suelo intensamente caldeado por el sol.

ANACARADO, DA adj. Semejante o parecido al nácar: *perlas de vidrio anacaradas.*

ANACARDO m. *Bot.* Género de árboles terebintáceos entre los cuales figura el marañón *, también llamado *anacardo común,* acajú y acajaiba. ‖ *Goma de anacardo* o *de acajú,* v. MARAÑÓN.

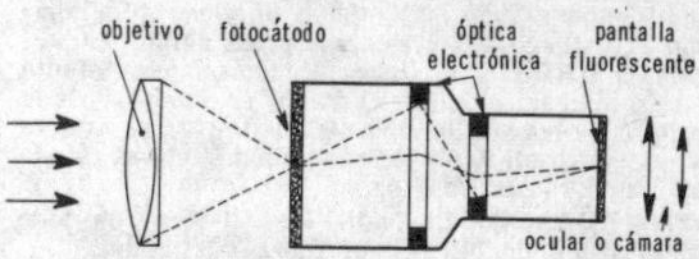

amplificador de brillo radiográfico y explicación de su funcionamiento

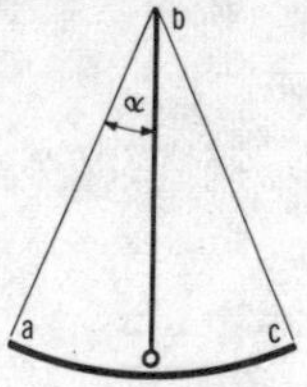

amplitud de un péndulo *(fís.)*

máquina de llenar y obturar **ampollas** farmacéuticas

fabricación de **ampollas** eléctricas

Fot. Philips, Ets Meyer, Mazda.

ANACROMÁTICO, CA adj. *Fot.* Dícese del objetivo que no ha sido corregido de la aberración cromática, ya por la baratura del aparato a que se destina, ya con objeto de obtener efectos artísticos, especialmente en retratos.

ANADÓN m. *Carp.* Tronco que, por su mucha densidad o a consecuencia de una inmersión prolongada, se hunde al ser transportado por flotación.

ANAEROBIO adj. y s. m. *Aeron.* y *Astron.* Dícese de los motores en los cuales la combustión se efectúa sin ninguna necesidad de aire.

— Los cohetes químicos tienen la ventaja de poder funcionar fuera de la atmósfera, pues además del carburante llevan una provisión de comburente * que reemplaza el oxígeno del aire. Se distinguen así de los motores que, por funcionar con el oxígeno del aire, se llaman aerobios.

ANAFORESIS f. *Quím.* Fenómeno consistente en la migración hacia el ánodo de las partículas coloidales cuando la suspensión líquida se somete a un campo eléctrico (la migración hacia el cátodo se llama cataforesis).

ANAFÓRICO, CA adj. *Mec.* Dícese de todo mecanismo movido por la fuerza del agua.

ANAFRENTE m. *Meteor.* Superficie de contacto entre dos masas de aire —una cálida y otra fría— cuando una de ellas está animada de mayor velocidad que la otra y tiende, pues, a aplastarla contra el suelo (masa caliente rápida) o a levantarla (masa fría rápida). En este último caso suelen producirse chubascos.

ANAGLIFO m. *Cin.* y *Fot.* Procedimiento fotográfico para restituir el relieve por superposición de dos imágenes de colores complementarios.

— Como en todos los procedimientos estereoscópicos, en el *anaglifo* se sacan dos vistas diferentes que corresponden a la perspectiva del objeto visto con cada uno de los dos ojos. Ahora bien, la solución simple adoptada en este caso consiste en imprimir ambas vistas, ligeramente separadas, sobre un mismo papel. Una se imprime en rojo y la otra en verde azulado. Si se mira el anaglifo con unas gafas provistas de filtros de los mismos colores, el ojo que tiene el filtro verde no verá la imagen impresa en verde, que corresponde al otro ojo, pero sí la roja, y viceversa. Así, cada ojo ve la imagen con la misma perspectiva que en la visión directa del objeto, con lo cual se reproduce mentalmente el efecto de relieve. Por otra parte, como ambos colores son complementarios, su integración en la retina por síntesis aditiva se traduce por una imagen negra. Las ventajas de este procedimiento son principalmente las siguientes: no requiere el uso de aparatos ópticos para observar las imágenes; proyectando diapositivas o películas cinematográficas sobre una pantalla, pueden ser vistas por un público numeroso y no por una persona a la vez, como ocurre con el estereoscopio.

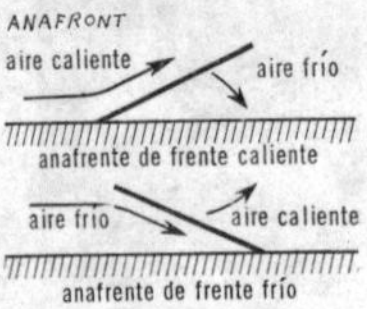

anafrente

ANAGLÍPTICO, CA adj. y s. f. *Art. gráf.* Dícese de un procedimiento especial de impresión en relieve para uso de ciegos.

— La *impresión anaglíptica* es un grabado obtenido con caracteres usados a modo de matrices que estampan el papel. Otro procedimiento consiste en utilizar caracteres que dejan sobre el papel un espesor grande de tinta especial que, al secarse, conserva un relieve pronunciado.

ANALÁTICO, CA adj. *Fot.* y *Ópt.* Nombre dado impropiamente a los objetivos * de focal variable.

— *Topogr.* Dícese del instrumento dotado de analatismo.

ANALATISMO m. *Topogr.* Propiedad óptica que tienen los estadímetros * y taqueómetros * que dan directamente, por simple lectura y sin efectuar cálculos, la distancia del centro del aparato a la mira visada.

ANALEMA f. *Astr.* Especie de planisferio que permite hallar la altura de un astro correspondiente a un momento dado, la hora de su paso por el meridiano y otros datos.

ANÁLISIS amb. Descomposición de un todo en sus distintos elementos constitutivos.

— *Astr.* El *análisis espectral* de la luz procedente de las estrellas y de la luz solar reflejada por los planetas permite calcular la temperatura y la composición química de los astros, y la velocidad con que éstos se acercan o se alejan de nosotros, así como muchos otros datos interesantes que no pueden ser revelados por la observación telescópica. (V. ESPECTRO.)

— *Fís. Análisis dimensional,* aplicación del álgebra a la física, consistente en adoptar como magnitudes de las ecuaciones las dimensiones o unidades físicas. (V. DIMENSIÓN.)

— *Mat. Análisis armónico,* descomposición de una función en la forma de una serie trigonométrica, especialmente en el estudio de las funciones * periódicas. || *Análisis combinatorio,* parte del cálculo de probabilidades que trata de los arreglos *, combinaciones * y permutaciones *. || *Análisis infinitesimal,* cálculos * diferencial e integral. || *Análisis matemático,* parte de las matemáticas relativa al cálculo infinitesimal y al cálculo de las variaciones. || *Análisis matricial,* conjunto de las operaciones efectuadas con magnitudes representadas por matrices *. || *Análisis tensorial,* conjunto de las operaciones efectuadas con los tensores *. || *Análisis vectorial,* el que se funda en operaciones hechas con las magnitudes vectoriales.

— El *análisis matemático* es el arte de resolver los problemas partiendo de la suposición de que se conocen las incógnitas buscadas, lo cual permite desarrollar las consecuencias de estas hipótesis hasta llegar a un hecho matemático, que podrá ser conforme o contrario a los hechos ya conocidos. Prácticamente es la parte de las matemáticas que trata del cálculo infinitesimal en particular, y, en general, de las funciones.

— *Metal. El análisis térmico,* consiste en determinar un diagrama que indica en qué condiciones precisas se efectúan los cambios de estado de un metal puro o de una aleación. Si se deja enfriar una aleación fundida y se anota la temperatura en función del tiempo, no se obtiene una línea regular, sino quebrada en algunas partes que corresponden a las temperaturas de transformación de cada componente. Así, comparando el diagrama de la muestra con los diagramas característicos de que disponen los metalúrgicos, se puede determinar la composición de una aleación.

— *Quím.* Descomposición de las substancias en sus elementos constituyentes con objeto de determinar la naturaleza de éstos (*análisis cualitativo*) o las proporciones en que se hallan mezclados (*análisis cuantitativo*). || *Análisis inmediato,* el que tiene por objeto separar los constituyentes de una mezcla, mientras que el análisis elemental se efectúa con cuerpos químicamente puros para determinar la fórmula del compuesto analizado.

— Los *análisis* son con frecuencia operaciones largas y complicadas para las cuales se recurre a una infinidad de procedimientos mecánicos (machacado, precipitación, filtrado, centrifugado, lixiviación, etc.), físicos (disolución, destilación, absorción, cromatografía, evaporación, electrólisis, electroforesis, espectrografía, etc.), químicos (combustión, reacciones con las bases y los ácidos, hidrólisis, etc.).

El *análisis espectroscópico* representa un papel importante, pues el espectro de una substancia es tan característico como lo son las huellas dactilares de una persona.

En el *análisis colorimétrico* se coloran las substancias con proporciones determinadas de reactivos. El tinte de la substancia se compara a continuación con el de un espesor igual de disoluciones diversamente coloreadas y perfectamente dosificadas. La comparación se efectúa con colorímetros o con células fotoeléctricas.

El *análisis gravimétrico* es cuantitativo y consiste en tratar la substancia con un reactivo que la transforma en otra substancia, generalmente un precipitado perfectamente conocido y apropiado para ser separado, purificado y pesado fácilmente

ejemplos de **análisis** químicos

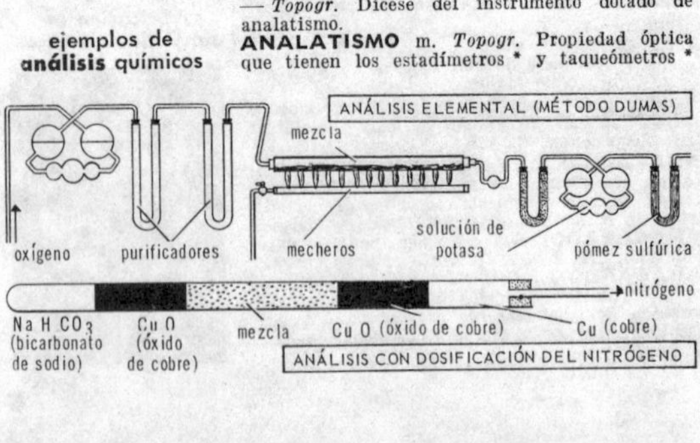

En cambio, en el *análisis volumétrico* la dosificación se efectúa midiendo el volumen del reactivo necesario para provocar un cambio de color de la substancia, como se hace en acidimetría *.
— *Radiot.* Descomposición de las imágenes que se han de transmitir, sobre todo en televisión, en elementos separados —generalmente líneas horizontales— recorridos uno a uno, en un orden determinado, por un dispositivo electrónico que transforma la intensidad luminosa de cada punto en una corriente de amplitud proporcional. Esta corriente modulada será radiada por la antena y permitirá reconstruir la imagen, línea por línea, en el receptor. (V. EXPLORACIÓN.)

ANALISTA com. *Inf.* Especialista de la informática encargado de analizar los problemas y de determinar el proceso a seguir para que sean resueltos por los medios del tratamiento automático de la información.

ANALÍTICO, CA adj. Que procede por análisis.
— *Geom. Geometría analítica,* v. GEOMETRÍA.
— *Quím. Química analítica,* v. QUÍMICA.

ANALIZADOR, RA adj. y s. Que analiza o sirve para analizar.
— *Electrón. Analizador de sonido,* instrumento que permite determinar la estructura espectral de un sonido complejo.
— *Electr. Analizador de onda,* instrumento para controlar la tensión y la intensidad de la corriente en las redes de distribución, así como las armónicas * introducidas en dicha corriente por las máquinas de soldar, electromotores y otros aparatos e instalaciones.
— *Fís.* Cualquier sistema óptico destinado a medir el grado de polarización* de la luz, como, por ejemplo, los prismas de Nicol, las películas polaroides, etc.
— *Inf. Analizador diferencial,* máquina de calcular analógica, propia para resolver ecuaciones diferenciales. (V. CALCULADORA.)
— *Radiot.* Nombre dado a los tubos electrónicos que analizan las imágenes de televisión en la cámara electrónica: *los principales tubos analizadores son el iconoscopio* y el supericonoscopio; el orticón* y superorticón*; el vidicón*, etc.*

ANALIZAR v. Descomponer un todo en sus constituyentes. ‖ Efectuar un análisis *.

ANALOGÍA f. Relación de semejanza entre dos cosas que tienen algo común. ‖ Por analogía, fundándose en lo que dos cosas tienen de común.
— *Mat.* Proporción*. ‖ En matemáticas experimentales, correspondencia que existe entre las magnitudes físicas de naturaleza diferente y merced a la cual se pueden, por ejemplo, resolver ciertos problemas de aerodinámica experimentando, no ya una corriente de aire, sino una corriente eléctrica convenientemente utilizada para que surta en un circuito efectos comparables a los que produciría el aire en torno a un cuerpo.

ANALÓGICO, CA adj. Que se funda en la analogía.
— *Electrón. Calculadora analógica,* v. CALCULADORA.

ANÁLOGO, GA adj. Que tiene analogía o parecido con alguna otra cosa.
— *Electr.* Dícese del polo que, en los cuerpos piroeléctricos *, es positivo al elevarse la temperatura y negativo cuando baja ésta.

ANAMESITA f. *Miner.* Roca granitoidea, dolerita con granos de menos de un milímetro.

ANAMÓRFICO, CA adj. Relativo a la anamorfosis*. ‖ Que produce anamorfosis: *los espejos anamórficos se usan en los parques de atracciones; los objetivos * anamórficos permiten obtener imágenes muy anchas en el cinemascopio*.*

ANAMORFOSADOR, RA adj. *Ópt.* Anamórfico, tratándose de objetivos cinematográficos.

ANAMORFOSIS f. Deformación óptica que tiene por objeto restablecer las exactas proporciones de un dibujo o imagen previamente deformados, y, por ext., deformación provocada exprofeso y no corregida, como en el caso de los espejos curvos destinados a producir efectos grotescos. ‖ Reconstitución policíaca de la fotografía de un delincuente mediante montaje de los distintos detalles reconocidos por los testigos: pelo, frente, ojos, nariz, orejas, barbilla, bigote, etc. (V. FOTOGRAFÍA *robot.*)
— *Cin.* El principio de la *anamorfosis* se aplica en algunos de los sistemas de cinematografía panorámica o de pantalla ancha. (V. CINEMASCOPIO.)
— *Fot.* La perspectiva hace que, en la fotografía tomada desde el suelo, las esquinas de un edificio no sean paralelas y tiendan a converger hacia arriba; esta deformación puede corregirse por anamorfosis al sacar copias con una ampliadora, pues entonces se inclina la emulsión sensible para producir el efecto contrario, o sea de modo que por el lado de la imagen correspondiente a la parte alta del edificio el papel esté más cerca del objetivo que por el extremo correspondiente a la calle.
— *Geom.* Transformación de una figura cuando las ordenadas y las abscisas (o sea las longitudes verticales y horizontales) se multiplican o se dividen por dos factores diferentes.

ANARANJADO, DA adj. y s. Color que, en el espectro solar, figura entre el rojo y el amarillo y que se obtiene en pintura mezclando pigmentos de ambos colores.
— *Fís.* En el espectro luminoso corresponden al *anaranjado* las radiaciones de longitud de onda comprendida entre 5 850 y 6 470 angstroems (V. lámina COLORES).
— *Quím.* Los principales *colorantes anaranjados* pertenecen a la familia de los colorantes azoicos y se usan especialmente para teñir la lana. Para el algodón se usan, entre otros, el *anaranjado de acridina,* obtenido por condensación del fenol con una diamina, y el *anaranjado de alizarina,* que se fabrica tratando la alizarina con ácido nítrico. El *anaranjado de metilo* se usa como indicador en acidimetría*, pues su color natural, que es amarillo, se vuelve rojo en presencia de disoluciones ácidas.

ANASCOPIO m. *Fot.* Nombre, poco usado, del dispositivo que, en ciertos aparatos fotográficos, invierte las imágenes para que aparezcan derechas en el cristal deslustrado. (V. VISOR.)

ANASTÁLTICO, CA adj. *Art. gráf.* Aplícase a los procedimientos de impresión, grabado y calco que, mediante transporte químico, permiten reproducir los textos y grabados ya impresos.

ANASTIGMAT adj. *Fot.* Anastigmático. ‖ — M. Objetivo desprovisto de astigmatismo *.

ANASTIGMÁTICO, CA adj. *Fot.* y *Ópt.* Relativo al anastigmatismo. ‖ Que carece de astigmatismo * o ha sido corregido de esta aberración *, especialmente si se trata de objetivos.

ANASTIGMATISMO m. *Ópt.* Propiedad de los sistemas ópticos que carecen de astigmatismo.

ANCA f. *Mar.* Parte convexa del casco en la popa, junto al codaste y debajo de la bovedilla. (V. CASCO.)

ANCICLITA f. *Miner.* Carbonato hidratado natural de cerio y estroncio.

ANCLA f. *Aeron.* Instrumento de hierro provisto de ganchos terminales que, largado desde un globo, llena el mismo cometido que el ancla de los barcos al aferrarse en algún accidente del terreno y retener el aeróstato.
— Hoy no suelen usarse *anclas,* pues el aterrizaje del globo, ya próximo del suelo, se efectúa tirando de una cuerda que arranca la banda de desgarre y da salida al gas. (V. GLOBO.)

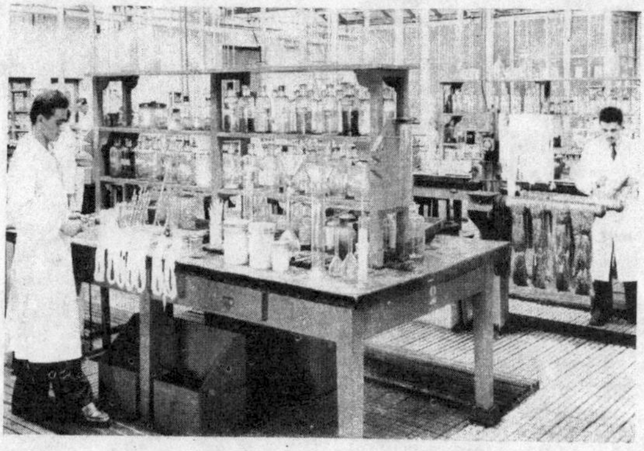

laboratorio de **análisis** de tintes para tejidos

Fot. La Photothèque

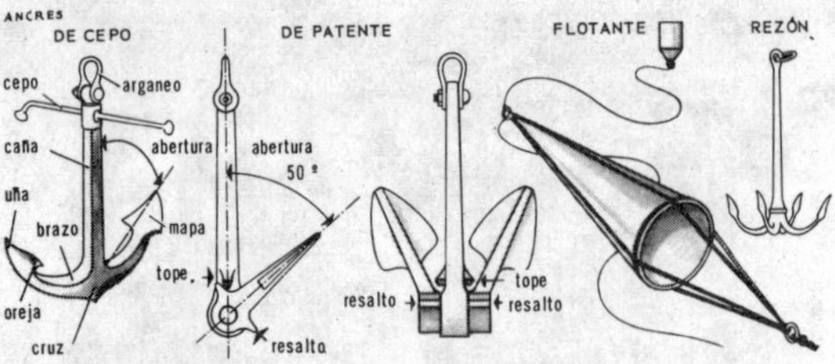

anclas *(mar.)*

anclas *(constr.)*

ancla de patente *(mar.)*

andamios
de tubos *(abajo)*
suspendido *(der.)*

— *Constr.* Pieza de hierro, generalmente en forma de S, T, X o Y, que, situada en el exterior o en el seno de un muro y fijada a un tirante, asegura la pared y la alivia. ‖ Pieza metálica que se engasta en dos sillares contiguos para encadenarlos y asegurar la trabazón del muro.
— *Mar.* Instrumento de hierro forjado constituido por una barra sujeta a un cable o cadena por un extremo y provista en el otro extremo de dos, tres o cuatro brazos terminados por uñas que, al hincarse en el fondo o engancharse en las rocas, retienen el barco en el fondeadero. ‖ *Ancla de capa* o *ancla flotante,* cualquier dispositivo flotante o sumergido en aguas superficiales que, por no ser hidrodinámico, ofrece mucha resistencia al avance del agua y tira del cabo amarrado a la proa de la embarcación, con lo cual resiste ésta mejor a los embates de las olas.
— Existen muchas clases de *anclas,* pero todas han de tener una cualidad común: la de poder hincar por lo menos una de sus uñas en el fondo, sea cual fuere la posición en que cayeron sobre el mismo. El anclote, que tiene tres o cuatro brazos fijos responde a esta condición sin necesitar ningún cepo, pero, dada su forma, no es práctico izarlo y mantenerlo en los escobenes, y solamente se usa para las embarcaciones pequeñas, donde puede ser embarcado a mano.
El cepo es una barra que, al adaptarse al fondo horizontal, permite que una de las dos uñas del ancla muerda el suelo verticalmente; pero las *anclas de cepo* presentan defectos equivalentes al del anclote y tampoco se usan para los barcos grandes. Éstos utilizan hoy casi exclusivamente distintos tipos de anclas de escobén, las cuales tienen dos brazos en forma de una sola pieza articulada en la base de la caña, de tal modo que ambas uñas se agarren al fondo. La ausencia de cepo en estas anclas hace que, al ser izadas, la caña penetre directamente en los escobenes y quede así asegurada.
Los reglamentos internacionales estipulan el número, tipo y peso de las anclas que corresponde llevara un barco determinado, así como la posición que han de ocupar a bordo y la longitud y calibre que corresponde tener a las cadenas.

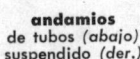

Las anclas flotantes son bastidores de hierro en forma de embudo, hongo, etc., forrados con lona y provistos de un lastre suficiente para asegurar su inmersión. También pueden improvisarse con un bastidor de madera, cuadrado o triangular, en el que se clava o fija una lona y se amarra un anclote para mantenerlo vertical en el agua.
— *Mec.* Áncora de un mecanismo de escape.
ANCLADERO m. *Mar.* Fondeadero.
ANCLAJE m. *Constr.* Sujeción de los muros y otras partes de una construcción con anclas, tirantes, cables y pernos que los inmovilizan y alivian.
— *F. c.* Consolidación e inmovilización de una una vía con tirantes, tensores u otros dispositivos que la afianzan y eliminan todo juego lateral.
— *Mar.* Fondeadero.
— *Obr. públ.* Empotramiento en macizos de fábrica de los cables de un puente colgante, de un teleférico, etc.
ANCLAR v. *Arq.* y *Constr.* Aliviar, asegurar con anclas * un muro o cualquier otra parte de una construcción.
— *Mar.* Sujetar la nave con anclas.
ANCLOTE m. *Mar.* Toda ancla pequeña que, como los rezones, pueda manejarse sin recurrir a molinillos.
ANCO m. *Miner. Amer.* Mena de plata, también llamada *plomo ronco,* caracterizada por su grano grueso.
ANCÓN m. *Arq.* Nombre de las ménsulas que sostienen la cornisa a ambos lados de un vano.
ÁNCORA f. Ancla.
— *Mec.* Pieza en forma de ancla, órgano esencial de ciertos mecanismos de escape *.
ANCORCA f. *Pint.* Arcilla amarilla, muy fina y limpia, que puede usarse como pigmento.
ANCOREL m. *Mar.* Piedra o cualquier otro cuerpo usado a modo de ancla para sujetar una boya.
ANCHO, CHA adj. y s. ***F. c. Ancho de vía,*** v. VÍA.
— *Radiot. Ancho de la banda de frecuencias,* v. BANDA y FRECUENCIA.
ANCHURA f. V. ANCHO.
ANCHURÓN m. *Min.* Hueco grande, de forma irregular, que se abre en el seno de los yacimientos importantes, cuales los de sal gema, potasa, etc. ‖ *Anchurón de enganche,* ensanchamiento de una galería horizontal junto al pozo por donde se da salida al mineral. ‖ *Labores en anchurón,* las que se efectúan al explotar yacimientos de mucha potencia abriendo en ellos huecos regulares (cámaras) o irregulares (anchurones) y asegurando así la sustentación permanente del techo con los macizos de mineral que se dejan entre los mismos.
ANDALUCITA f. *Miner.* Silicato anhidro de aluminio, de densidad 3,15, en forma de cristales opacos de color rosado o pardo, que se usa como materia refractaria.
ANDAMIADA f. *Constr.* Conjunto de andamios de una obra o andamio de dimensiones muy grandes. ‖ Altura de la obra que puede construirse desde cada uno de los pisos de un andamio (o sin elevar el andamio, si éste es colgado).
ANDAMIAJE m. *Constr.* Andamiada.
ANDAMIAR v. *Constr.* Montar los andamios necesarios para la construcción de una obra.
ANDAMIO m. *Constr.* Armazón provisional de rodillos y tablones o de tubos metálicos, con plataformas desde las cuales se ejecutan las obras de un edificio, la pintura o limpieza de la fachada, etc. ‖ Tablado, tarima u otra construcción provisional que se hace con madera en sitios públicos con ocasión de fiestas o ceremonias importantes.
ANDANA f. *Text.* Estantería para criar gusanos de seda.
ANDANADA f. *Obr. públ.* Serie de golpes seguidos que se dan con el martinete: *hincar un pilote en tres andanadas de a 15 golpes.*
ANDARAJE m. Rueda vertical y mayor de la noria, de la cual cuelgan los cangilones.
ANDARIVEL m. *Mar.* Nombre dado a muchos cabos tendidos para usos muy variados, especialmente los que sirven para trasladar una cosa de un sitio a otro y entre los cuales figuran los siguientes: el que se tiende sobre un río para facilitar el paso de las embarcaciones de una orilla a la otra; el que sirve de pasamanos en los

Fot. Larousse, Entrepose

barcos; el que se tiende entre dos puntos y sostiene un aparejo que, después de haber izado una carga, puede correr longitudinalmente hasta el lugar donde ha de depositarla. También se da este nombre a un funicular elemental para atravesar los ríos, consistente en un cable tendido del que cuelga una cesta o barquilla suspendida por dos argollas que le permiten deslizarse a lo largo del mismo.

ANDÉN m. *F. c.* Acera grande, junto a la vía, que, en las estaciones de ferrocarril, se destina al tráfico de viajeros y a la carga y descarga de los equipajes, correo y mercancías.

— *Obr. públ.* Acera de un puente, y, por ext., pretil, antepecho. ‖ En los puertos marítimos, parte de un muelle que se reserva para la circulación. ‖ *Amer.* Acera de la calle.

ANDINO, NA adj. Relativo o perteneciente a los Andes.

— *Geol. Pliegue andino,* pliegue del terreno que tuvo lugar en el jurásico superior y que alcanzó su mayor importancia en América del Sur, por cuya razón se ha derivado su nombre del de los Andes.

ANDIRA m. *Bot.* y *Carp.* Género de árboles papilionáceos de América, entre cuyas 20 especies, muchas de ellas explotadas por su madera, figura el angelín *, pangelín o yaba.

ANDIROBA m. *Bot.* y *Carp.* Árbol meliáceo (*Carapa guianensis*) de la América meridional, común en Guayana, cuya madera semiblanda y fina se usa chapeada en labores de carpintería. (Sinón. NANDIROBA.)

ANDRADITA f. *Miner.* Silicato natural de hierro y calcio, variedad de granate.

• **ANDRÓMEDA,** constelación del hemisferio boreal, desprovista de estrellas de primera magnitud, pero en la cual se halla el objeto celeste más lejano de entre todos los que pueden observarse a simple vista o con gemelos de poco aumento: la gran nebulosa de Andrómeda.

— La *Gran nebulosa de Andrómeda,* también designada por el símbolo M. 31 (nº 31 del catálogo de Messier) es el prototipo de las nebulosas extragalácticas. Dista de nosotros unos 2 millones de años de luz, o sea 231 kiloparsecs, y tiene un diámetro de 12,9 kiloparsecs. Es una nebulosa espiral y brilla en el cielo como una estrella de 5ª magnitud.

ANDUNG m. *Bot.* y *Carp.* Árbol leguminoso (*Monopetalanthus heitzii*) que se explota y exporta en la Guinea española y el Gabón.

— La *madera del andung,* blanda y fibrosa, es de color rosado obscuro y se emplea para construcciones navales.

ANEGADIZA adj. f. *Carp.* Dícese de la madera que no flota.

ANELACIÓN f. *Carp.* Operación consistente en interrumpir la corteza de un árbol con objeto de mejorar la calidad de la madera. (Sinón. DECORTICACIÓN O DESCORTEZADURA ANULAR.)

— La *anelación* se practica en primavera y consiste, después de haber hecho dos cortes paralelos en torno del tronco, en quitar un anillo de corteza lo bastante ancho para que los bordes de la herida no puedan juntarse de nuevo. Como consecuencia de esta operación, la albura de la parte del tronco situada debajo del corte pierde su almidón en unos 15 meses (y en menos de un año si se practica otra anelación en la base del tronco). Como la carcoma y otros insectos sólo apolillan la madera en las partes que contienen almidón, esta operación previa permite (al utilizar también la albura que, en muchas especies maderables, se suele suprimir) sacar mayor provecho de la madera y asegurar la conservación de los muebles y otras labores de carpintería.

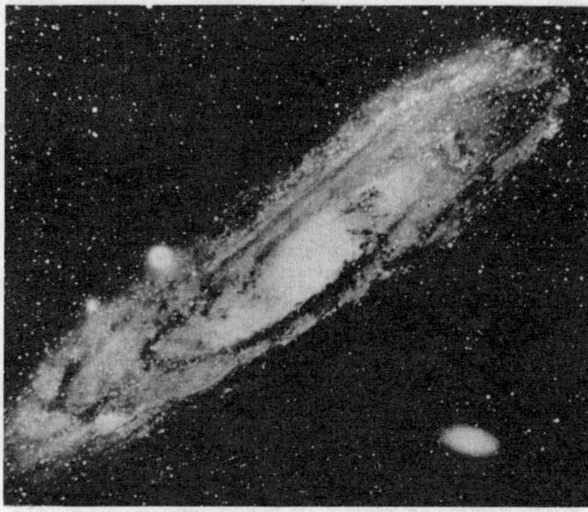

nebulosa de Andrómeda

ANELÉCTRICO, CA adj. *Electr.* Sinónimo, muy poco usado, de *conductor,* por oposición a dieléctrico.

ANEMO, prefijo derivado del griego *anemos,* que significa *viento* y entra, con este mismo sentido, en la formación de voces científicas.

ANEMOGRAFÍA f. *Meteor.* Aerología.

ANEMÓGRAFO m. Anemómetro * registrador.

ANEMOGRAMA m. *Fís.* Gráfico registrado con el anemógrafo y que indica de modo continuo la velocidad del viento durante un período que suele ser de 24 horas.

ANEMOMETRÍA f. *Fís.* Estudio de la velocidad de los gases, especialmente la del viento.

ANEMÓMETRO m. *Fís.* Instrumento para medir la velocidad con que se mueven los gases, especialmente el aire.

— *Tecn.* El *anemómetro de rotación* o *de molinete* es el más común de todos, pues se ha generalizado su uso en meteorología. Es un molinete de cuatro aspas hemisféricas que gira con velocidad proporcional a la del viento. Su árbol acciona un tacómetro* cuya aguja, en vez de indicar las revoluciones, da directamente la velocidad del viento en la esfera especialmente graduada del indicador. En el tipo más perfeccionado de este aparato, el eje lleva un pequeño inductor que gira entre unas bobinas dispuestas a modo de estator. El conjunto forma, pues, un minúsculo generador eléctrico que producirá una corriente tanto más intensa cuanto mayor sea la velocidad del viento. El indicador es un galvanómetro graduado en metros por segundo, que puede disponerse lejos del anemómetro. Incluso se puede combinar con una pequeña emisora de radio para transmitir sus indicaciones desde algún lugar desierto o inaccesible.

Los *anemómetros de presión,* cuales se usan en aeronáutica —a veces llamados *velocímetros*—, se fundan en la medida de la presión frontal del viento contra una membrana elástica cuyo movimiento, amplificado por un juego de palancas, se transmite a la aguja del indicador. (V. MACHMETRO, MANÓMETRO *diferencial* y PITOT.)

El *anemómetro de hilo candente* consiste en un filamento de níquel o platino calentado por el

anemómetro de molinete

anemogramas y anemómetros

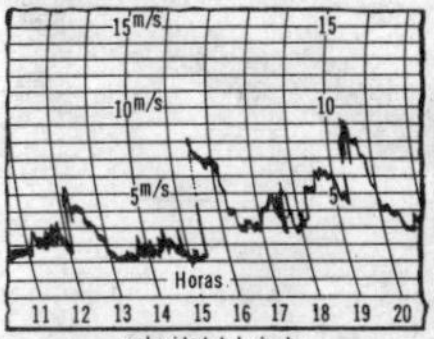

velocidad del viento

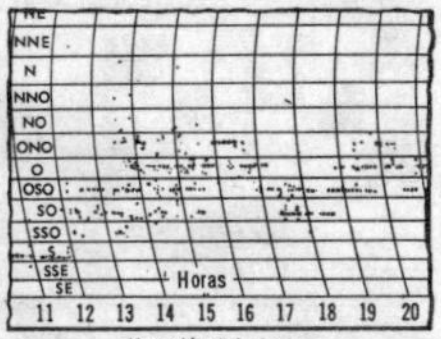

dirección del viento

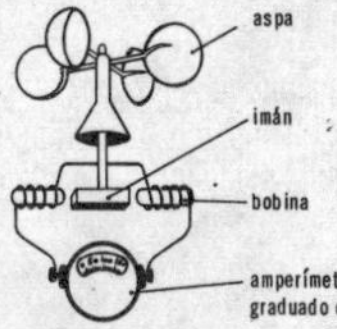

anemómetro de molinete

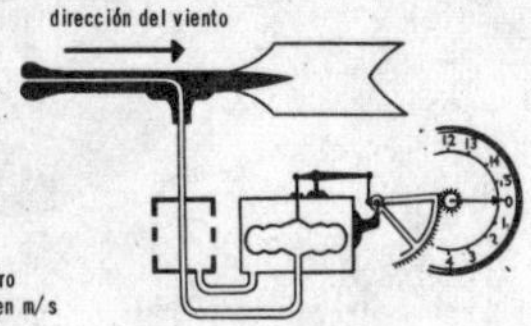

anemómetro a presión

Fot. Obs. del Monte Wilson, Larousse

paso de una corriente eléctrica. El viento tiene por efecto enfriar este hilo y en proporciones tanto más grandes cuanto mayor fuere su velocidad. Como al cambiar la temperatura del hilo varía también su resistencia eléctrica, bastará con medir la corriente que lo atraviesa para deducir la velocidad del viento. Estos aparatos se caracterizan por su escasa inercia y pueden registrar los cambios muy bruscos de la velocidad del viento, cuales se producen en el seno de las turbulencias.
Los anemómetros pueden convertirse en anemógrafos transformando la aguja del indicador en un estilete entintado o capaz de imprimir su traza en una tira de papel fijada sobre un tambor. El papel lleva una graduación doble: vertical y en metros por segundo para la velocidad del viento; horizontal y en horas, para el tiempo. El tambor, accionado por un mecanismo de relojería da una vuelta completa en 24 horas.

ANEMOMETRÓGRAFO m. *Fís.* Anemógrafo.

ANEMOPLUVIÓMETRO m. *Meteor.* Estación simple de meteorología que sólo consta de un anemómetro y un pluviómetro.

ANEMOSCOPIO m. *Meteor.* Nombre científico de la *veleta.*

ANEMOTROPO m. Sinón. poco usado de *aeromotor.*

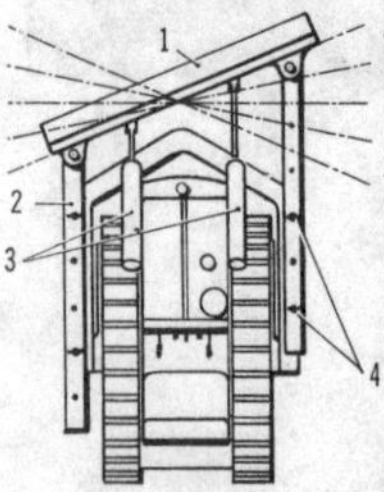

angledozer
1. Reja orientable; 2. Correderas; 3. Gatos hidráulicos; 4. Clavijas

ANEROIDE adj. *Meteor.* Que funciona sin líquido, palabra solamente aplicada al *barómetro aneroide.* (V. BARÓMETRO.)

ANETOL m. *Quím.* Substancia cristalizable presente en la esencia de anís.
— El *anetol* forma cristales de fuerte olor anisado; funde a 20° y hierve a 233°. Químicamente es el éter óxido metílico del parapropenilfenol. Se usa en la preparación de licores, confites, perfumes y medicamentos.

ANFI, prefijo derivado del griego *amphi,* que significa *ambos,* y en muchas voces científicas indica dualidad en la composición de una cosa o en el uso que de ella puede hacerse.

ANFIBIO, BIA adj. y s. Dícese de los vehículos y de cualquier material que según las necesidades, pueden ser acuáticos o terrestres.
— *Aeron. Avión anfibio, helicóptero anfibio,* los que pueden posarse indistintamente en el suelo y en el agua, por disponer de ruedas y de flotadores (o de casco).
— *Mil.* Aplícase a las barcazas, camiones, tanques y otros vehículos especialmente previstos para poder atravesar los ríos por sus propios medios y participar en las operaciones de desembarco a partir de los buques que los transportan, o sea alcanzando las playas por sí mismos.

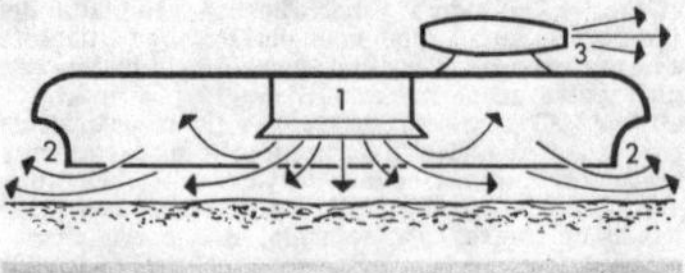

anfibio de sustentación neumática
1. Turbina; 2. Escape del aire; 3. Propulsión

— *Transp.* Los *anfibios de sustentación neumática,* también llamados *aerodeslizadores,* son vehículos propulsados por reacción a escasa altura del suelo o del agua merced a una capa de aire comprimido que se interpone entre su borde inferior y la superficie sólida o líquida. En su amplia cavidad inferior se inyecta un flujo potente de aire comprimido que, al escaparse por todo el perímetro del aparato —entre éste y el suelo o el agua— lo levanta y mantiene en el aire. Una vez sustentado el aparato, bastará con propulsarlo por reacción para que adquiera grandes velocidades horizontales.

ANFIDRÓMICO, CA adj. *Mar.* Dícese de aquellos puntos de los mares donde, por reunirse dos ondas de marea, ésta es nula.

ANFÍDROMO, MA adj. *Mar.* Dícese del barco que tiene exactamente iguales la proa y la popa.
— Las barcas para pasar los ríos y las embarcaciones que se dedican al transporte de pasajeros en los puertos son, con frecuencia, *anfídromas* y pueden atracar en los muelles terminales sin necesidad de dar la vuelta. Las hay que tienen incluso una hélice y un timón en ambos extremos.

ANFÍGENO m. *Miner.* Silicato de alúmina, potasio y sodio, de color blanco, que se halla cristalizado en las rocas volcánicas. (Sinón. LEUCITA.)

ANFÓLITO m. *Quím.* Cuerpo que, como los aminoácidos, puede obrar como ácido y base y, en consecuencia, experimenta simultáneamente dos disociaciones electrolíticas diferentes.

ANFÓTERO, RA adj. *Quím.* Dícese de un cuerpo que lo mismo puede combinarse con un ácido que con una base.
— El hidróxido de aluminio constituye el ejemplo característico de un *cuerpo anfótero*: combinado con la sosa, que es una base, da aluminato de sodio y agua; disuelto en ácido clorhídrico, da cloruro de aluminio y agua.
También son anfóteras las soluciones coloidales, pues sometidas a un campo eléctrico, pueden dirigirse sus gránulos hacia el ánodo o el cátodo, según la naturaleza del líquido que las tiene en suspensión.

ÁNGARO m. *F. c.* Disco de señales* para el tráfico de ferrocarriles.

ANGASO m. *Mar.* Rastrillo para sacar las ostras enterradas en la arena y recoger las algas en las playas.

ANGÉLICA f. *Bot.* y *Carp.* Nombre dado a la madera de dos árboles leguminosos de América (*Dycorynia paraensis* y *D. guianensis*).
— Esta madera, de color rojo violáceo, es particularmente resistente a los ataques de los teredos y se utiliza, pues, para construcciones navales y pilotes sumergidos. También se usa para pipería destinada a contener productos químicos, pues resiste a la acción de los ácidos no muy fuertes.

ANGELÍN m. *Bot.* y *Carp.* Árbol leguminoso (*Andira inermis*) de América, común en Cuba y Guayana, cuya madera rojiza se usa en carpintería y ebanistería. (Sinón. PANGELÍN y YABA.)

ANGLEDOZER m. *Obr. públ.* Máquina para efectuar obras de desmonte y terraplenes, rozar y nivelar los suelos de tierra, etc. (Sinón. NIVELADOR.)
— El *angledozer* se distingue del bulldozer por tener su reja dispuesta diagonalmente, lo cual permite dirigir la tierra hacia el lado deseado, como, por ejemplo, para llenar una zanja o para quitar la que se amontona al pie de un muro, talud, etc. (V. BULLDOZER.)

ANGLESITA f. *Miner.* Sulfato de plomo natural, generalmente asociado a la galena.

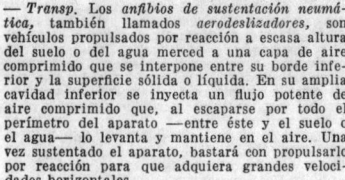

vehículo militar y avión **anfibios**

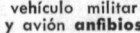

Fot. Britten-Norman, U. S. I. S., S. N. C. A. N.

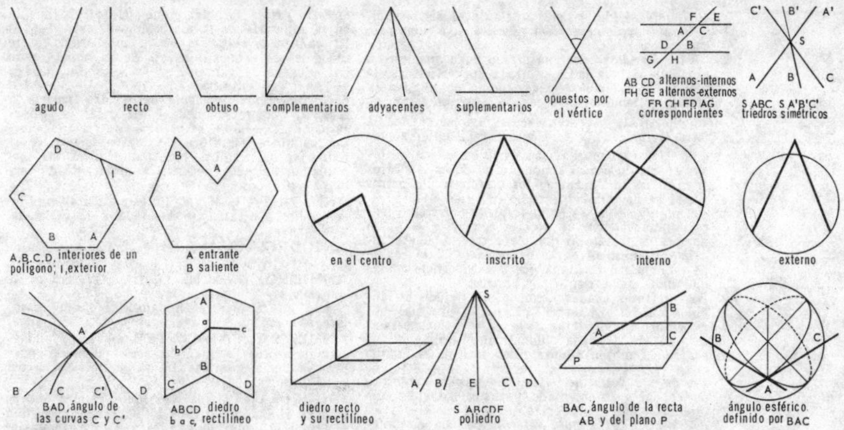

ángulos *(geom.)*

ANGORATINA f. *Text.* Tela suave hecha con pelos de conejo de Angora, que se usa para ropa interior, entretelas, etc.

ANGOSTURA f. *Min.* Disminución del espesor de un filón.

ANGRELADO, DA adj. y s. *Arq.* Remate decorativo a base de dientes, como en el *arco * angrelado.*

ANGSTRÖM y **ANGSTRŒM** m. *Metr.* Unidad de longitud, de símbolo Å, que vale una diezmillonésima de milímetro y se usa especialmente para medir la longitud de onda de las radiaciones luminosas, así como las dimensiones atómicas: *el angstrœm es 10 000 veces menor que el micrón.*

ANGUILA f. *Mar.* Cada uno de los dos maderos sobre los cuales resbala la embarcación que se bota.

ANGULAR adj. Relativo o perteneciente al ángulo. ‖ En forma de ángulo.
— *Arq.* Aplícase a los sillares que forman la esquina de un edificio.
— *Fot. Gran angular,* v. OBJETIVO.
— *Mec. Aceleración angular,* variación de la velocidad angular de un punto móvil alrededor de un eje fijo, o sea cambio de velocidad experimentado por un punto que describe una circunferencia. ‖ *Velocidad angular,* velocidad de un punto que describe una circunferencia: *la velocidad angular se mide en grados, radianes o revoluciones por minuto.*
— *Metal. Barra angular,* la de hierro u otro metal que tiene dos o más alas y sección en forma de L, T, I, H, etc. (úsase también como substantivo: *un angular de hierro dulce*).
— *Ópt. Distancia angular de dos puntos,* ángulo formado por los dos rayos visuales que unen el ojo con los mismos.

ANGULIFORME adj. En forma de ángulo.

ÁNGULO m. Abertura formada por dos líneas o dos superficies que se cortan.
— *Aeron. Ángulo de ataque,* ángulo formado por la cuerda del ala y la dirección seguida por el avión. ‖ *Ángulo de calado,* v. HÉLICE. ‖ *Ángulo de incidencia,* v. INCIDENCIA. ‖ *Ángulo de Mach,* v. ONDA *de choque.* ‖ *Ángulo de ruta,* ángulo que forma con la dirección Norte la dirección seguida por un barco o aeronave.
— El ala se fija al fuselaje con un *ángulo de incidencia ** determinado por el cálculo y los ensayos aerodinámicos —que corresponde al mejor rendimiento, o sea al máximo de sustentación con el mínimo de resistencia al avance—. Pero el piloto puede, merced a los alerones hipersustentadores, cambiar la forma del ala y modificar dicho ángulo que, en tal caso, se llama con más propiedad *ángulo de ataque.* El valor más o menos grande de este ángulo repercute en las cualidades del avión: velocidad, fuerza ascensional, carga útil, etc. (V. ALA, PERFIL y POLAR.)
— *Astr. Ángulo horario,* ángulo diedro cuya arista es el eje de la Tierra y sus dos lados el plano meridiano local y el círculo horario de una estrella: *los ángulos horarios suelen medirse en el ecuador y tomando la hora por unidad* (v. COORDENADA). ‖ *Ángulo paraláctico de un astro,* el que forman en su centro el plano vertical y su círculo paraláctico. ‖ *Ángulo de posición,* v. figura.
— *F. c. Ángulo de declividad,* v. DECLIVIDAD.
— *Fot. Ángulo de campo de un objetivo,* v. OBJETIVO.
— *Geom.* Figura formada por dos líneas, llamadas lados, que parten de un mismo punto llamado vértice. ‖ *Ángulos adyacentes,* los que tienen un lado común y cuyos lados no comunes forman una sola recta. ‖ *Ángulo agudo,* el menor o más cerrado que el recto, que mide, pues, menos de 90°. ‖ *Ángulos alternos,* los que se forman a ambos lados de una secante que corta dos líneas rectas y que pueden ser alternos internos y alternos externos (v. *figura*): cuando la secante corta dos líneas paralelas, los *ángulos alternos internos* son iguales entre sí, como lo son también los *ángulos alternos externos.* ‖ *Ángulo en el centro,* el que tiene su vértice en dicho punto de la circunferencia. ‖ *Ángulos complementarios,* aquellos cuya suma vale un ángulo recto. ‖ *Ángulos correspondientes,* son, entre los que forman dos paralelas y una secante, los que están a un mismo lado de ésta pero sin ser adyacentes: *los ángulos correspondientes son iguales.* ‖ *Ángulo curvilíneo,* el que tiene los lados curvos y, con más propiedad, el formado por las tangentes de dos curvas en su punto de intersección. ‖ *Ángulo diedro* o simplemente *diedro,* figura formada por dos planos (caras) cuya intersección es una línea llamada arista: *el ángulo diedro es recto cuando sus dos caras son perpendiculares.* ‖ *Ángulo entrante,* el que forma una concavidad en el contorno de una figura y que está abierto hacia el exterior de la misma. ‖ *Ángulo exterior de un círculo,* el que tiene el vértice fuera del círculo y corta la circunferencia con sus lados. ‖ *Ángulo exterior de un polígono,* el formado por un lado del mismo y la prolongación del lado adyacente. ‖ *Ángulo inscrito de un círculo,* el que forman dos cuerdas que parten de un mismo punto de la circunferencia. ‖ *Ángulo interior de un círculo,* el que tiene su vértice dentro del mismo. ‖ *Ángulo interior de un polígono,* el ángulo formado por dos lados adyacentes. ‖ *Ángulo mixtilíneo,* el que tiene un lado recto y otro curvo. ‖ *Ángulo obtuso,* ángulo mayor o más abierto que el recto y que mide, pues, más de 90°. ‖ *Ángulos opuestos,* los que tienen el vértice común y los lados de uno de ellos en la prolongación de los del otro. ‖ *Ángulo plano,* ángulo en el cual un lado prolonga el otro y forma con él una sola recta: *el ángulo plano vale 180°, o sea dos rectos.* ‖ *Ángulo recto,* el que tiene un lado perpendicular al otro: *el ángulo recto vale 90°.* ‖ *Ángulo saliente,* ángulo interior.

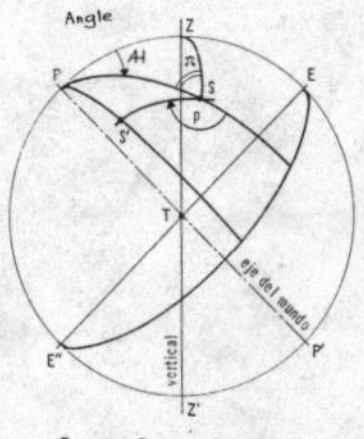

ángulos *(astr.)*
, horario
π, paraláctico
p, de posición
S y S', astros

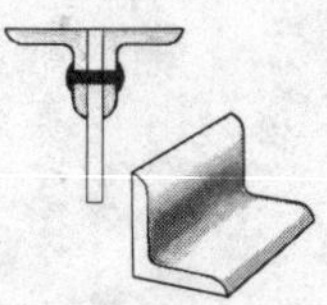

angular *(metal.)*

‖ *Ángulo sólido,* v. más adelante el art. encicl. ‖ *Ángulos suplementarios,* aquellos cuya suma vale dos rectos.

— Un *ángulo* se designa atribuyendo una letra a cada uno de sus lados y otra a su vértice, escribiendo las referidas letras (con la del vértice en medio) y rematándolas con un signo en forma de ángulo: $\widehat{BAC}$. A veces se atribuye al vértice la letra O (origen) y se tiene, por ejemplo, el ángulo $\widehat{AOB}$. En muchas ocasiones basta con designar el ángulo por el símbolo α y, de existir otros ángulos en la figura, se les atribuyen las letras sucesivas del alfabeto griego (β, γ, etc.).

Un *ángulo sólido* se halla formado por tres o más planos que tienen un vértice común, y se da el nombre de triedro al que tiene tres. Llámase ángulo sólido en un punto del espacio, a la región de este último limitada por una superficie cónica que tiene dicho punto por vértice.

Las distintas unidades con que se miden los ángulos son las siguientes: el *grado* (°) y sus submúltiplos *minuto* (′) y *segundo* (″) sexagesimales; el grado y sus submúltiplos decimales; el *radián.* También se usa como unidad el ángulo recto (90°).

Un *ángulo rectilíneo* tiene la misma magnitud que el arco interceptado por sus lados en una circunferencia cuyo centro se halla en el vértice del ángulo. El *ángulo interior* de una circunferencia se mide tomando la semisuma de los dos arcos que abarcan sus lados y la prolongación de los mismos; el *ángulo inscrito* en la circunferencia tiene la misma magnitud que la mitad del arco interceptado; el *ángulo exterior* a la circunferencia mide la mitad de la diferencia entre los dos arcos interceptados por sus lados. La magnitud de un ángulo sólido es igual a la superficie esférica limitada por sus caras en una esfera de radio igual a la unidad y con centro en el vértice del ángulo.

— *Mar. Ángulo calado,* v. HÉLICE. ‖ *Ángulo de ruta,* v. lo dicho más arriba en *Aeron.*

— *Mec. Ángulos de corte,* v. CORTE. ‖ *Ángulo de rozamiento,* v. ROZAMIENTO. ‖ *Hierro de ángulo,* v. ANGULAR y PERFILADO.

— *Mil. Ángulo de tiro* y otros *ángulos balísticos,* v. TRAYECTORIA.

— *Ópt. Ángulo de incidencias,* v. INCIDENCIA. ‖ *Ángulo de polarización,* v. POLARIZACIÓN. ‖ *Ángulo de refracción,* v. REFRACCIÓN.

ANGULODOZER m. *Obr. públ.* Angledozer.

ANGULOSO, SA adj. Que tiene ángulos, picos o aristas salientes.

ANHÍDRICO, CA adj. *Quím.* Anhidro.

ANHÍDRIDO m. *Quím.* Cuerpo derivado de un ácido oxigenado por eliminación de agua. ‖ *Anhídrido carbónico,* v. CARBÓNICO *(Gas).*

— En química mineral los *anhídridos* son óxidos de metaloides sólidos, líquidos o gaseosos. Muchos de ellos se fabrican mediante simple combustión del metaloide, que se combina con el oxígeno. Así:

S (azufre) + O_2 (oxígeno) $\longrightarrow$ SO_2 (anhídrico sulfuroso).

Si en vez de dos átomos de oxígeno, se combinan tres, se obtiene anhídrido sulfúrico SO_3.

Cuando el anhídrido se combina con agua, se obtiene el ácido correspondiente:

SO_3 (anhídrido sulfúrico) + H_2O (agua) $\longrightarrow$ SO_4H_2 (ácido sulfúrico).

Algunos anhídridos, como el fósforo, tienen tanta avidez por el agua que, con ellos, la reacción anterior sirve para deshidratar, pues absorben la humedad presente cuando se los dispone dentro de un recinto cerrado herméticamente.

— En química orgánica los anhídridos son el resultado de la eliminación de una molécula de agua entre dos moléculas de un monoácido. Así:

$CH_3 — CO_2H$ es la fórmula del ácido acético y la unión de dos moléculas del mismo pueden expresarse como sigue:

$$CH_3 — CO_2 — H — H — CO_2 — CH_3.$$

Al suprimir una molécula de agua (o sea dos H y un O) entre las dos moléculas del ácido quedarán:

$$CH_3 — CO — O — CO — CH_3,$$

o sea $(CH_3 — CO)_2O$, que es *anhídrido acético,* materia prima esencial empleada principalmente en la industria de la acetocelulosa.

El *anhídrido sulfuroso* es el más usado entre todos los de origen mineral. Es un gas incoloro que pica en la garganta y los ojos. Se licua a —10° y se solidifica a —72,7°. Una presión de 3 atmósferas solamente basta para licuarlo y, como al evaporarse puede hacer bajar la temperatura hasta —50°, se utiliza este ciclo en ciertas máquinas frigoríficas. También se usa en las refinerías de petróleo, pues, al disolver los carburos no saturados, permite separarlos de los carburos saturados.

ANHIDRITA f. *Miner.* Sulfato natural anhidro de calcio, generalmente asociado a la sal gema y al gipso.

ANHIDRIZACIÓN f. *Quím.* Transformación de un cuerpo en anhídrido.

ANHIDRO, DRA adj. *Quím.* Aplícase a las substancias, tanto líquidas como sólidas o gaseosas, que no contienen agua: *el alcohol absoluto es anhidro.*

ANHISTER o **ANHYSTER** m. *Metal.* Aleación de acero y níquel, en partes iguales, cuyas propiedades magnéticas son comparables a las del permalloy *.

ANILEÍNA f. *Quím.* Colorante violeta que se obtiene al disolver anilina en ácido sulfúrico flojo y oxidar la solución con bicromato de potasio. (Sinón. MALVEÍNA.)

ANILIDA f. *Quím.* Nombre dado a las amidas obtenidas a partir de la anilina.

ANILINA f. Compuesto orgánico de la serie aromática y de fórmula $C_6H_5 — NH_2$. (Sinón. AMINOBENCENO y FENILAMINA.)

— *Art. gráf. Procedimiento de impresión por anilina,* método consistente en utilizar colores de anilina disueltos en alcohol.

— En este procedimiento de impresión se usan clisés de caucho dispuestos sobre un cilindro. El entintado se efectúa con dos rodillos: uno que baña en el tintero y otro que transporta la tinta de éste al cilindro impresor. El solvente, a base de alcohol, es muy volátil y asegura un secado sumamente rápido. Este método es muy simple y resulta económico. Se emplea para estampas baratas y sirve también para imprimir sobre materias plásticas y papel de metal.

— *Petr. Punto de anilina,* reacción fundada en la miscibilidad de la anilina con un combustible líquido y practicada para medir su riqueza en aromáticos (índice Diesel*).

— *Quím.* La *anilina* es la más simple de todas las aminas aromáticas. Se obtiene a partir del benceno reemplazando uno de sus átomos de hidrógeno por el radical NH_2. Es un líquido espeso, incoloro, poco soluble en el agua. Se solidifica a —6° y hierve a 184°. Es, por lo demás, un veneno violento, de olor desagradable.

Se fabrica por reducción del nitrobenceno, haciéndolo hervir en presencia de ácido clorhídrico y limadura de hierro. Luego se agrega cal a la masa y se extrae la anilina arrastrándola con una corriente de vapor de agua.

La anilina es una materia primera de importancia considerable en la fabricación de colorantes. Si se oxida con un compuesto sulfocrómico, da *negro de anilina,* con el cual se tiñe el algodón sin mordiente. Reacciona o se combina con muchos otros cuerpos para dar otros tantos colores de anilina.

En la industria de materias plásticas * se usa también, especialmente combinada con formol, para fabricar resinas sintéticas. La anilina sirve asimismo para elaborar no pocos productos farmacéuticos y constituye un ergol* combustible.

ANILLA f. Anillo.

ANILLO m. Todo objeto o adorno en forma de circunferencia.

— *Arq.* Collarino y otras molduras que forman anillos en torno al fuste de las columnas. ‖ Cornisa circular en la cual se asienta una cúpula.

— *Astr. Anillos de Saturno,* v. SATURNO.

— *Bot.* y *Carp.* Cada una de las capas de madera nueva que se forma anualmente debajo de la corteza de los árboles.

— *Electr.* Colector* de forma anular. ‖ *Anillo de Gramme,* núcleo anular en el que se enrolla el devanado para formar el inducido de ciertos motores eléctricos.

— *Geom.* Superficie comprendida entre dos círculos concéntricos. ‖ *Anillo esférico,* sólido engendrado por la rotación de un segmento de círculo como se indica en la figura.
— *Mat. Anillo de Mobius,* v. MOBIUS.
— *Mec. Anillo de fijación,* el que tienen los árboles y gorrones para impedir su deslizamiento y soportar los empujes longitudinales.
— *Ópt. Anillo* o *círculo ocular,* tratándose de telescopios y microscopios, imagen real del objetivo dada por el ocular (la visión exacta del anillo ocular indica que la pupila se halla en la posición óptima para abarcar la mayor parte posible del campo óptico del instrumento). ‖ *Anillos de difracción,* v. DIFRACCIÓN. ‖ *Anillos de Newton,* anillos irisados y concéntricos que se ven en las burbujas de jabón, en las capas finas de aceite que flotan sobre el agua sucia y en las láminas o capas finísimas de muchas otras materias.
— Este fenómeno se produce cuando la luz hiere una lámina sólida o una capa líquida de espesor variable pero inferior a dos micrones. Se estudia experimentalmente por medio de una lente planoconvexa, de gran diámetro y poco espesor, aplicada por su cara convexa sobre un cristal perfectamente plano (en este caso la capa material de los ejemplos citados anteriormente se halla constituida por el espesor de aire que llena el espacio entre ambos cristales).
La formación de *anillos concéntricos* se debe a la interferencia* de los rayos luminosos reflejados

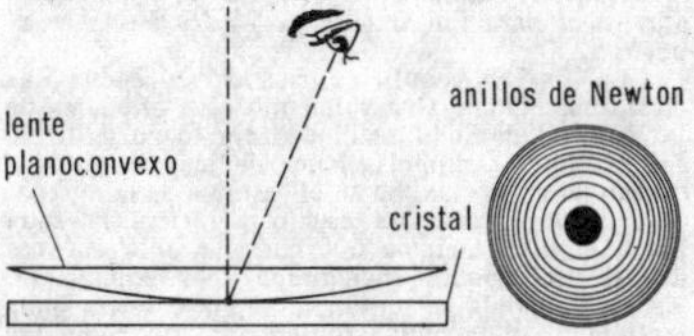

por ambas caras de las láminas delgadas. La suma de las ondas procedentes de las mismas se traduce por una onda resultante de longitud equivalente a la de una radiación del espectro luminoso. Pero, al variar progresivamente el espesor de la lámina, disminuye o aumenta, al mismo tiempo, la longitud de la onda resultante y, por consiguiente, el color correspondiente. Si en vez de luz blanca se usa luz monocromática, las franjas concéntricas serán alternativamente claras y obscuras.
La separación de los anillos permite medir espesores increíblemente delgados con una aproximación equivalente a una onda, o sea a un micrón.
— *Tecn.* Abrazadera o zuncho para evitar que se astille un pilote, el mango de una herramienta, etc. ‖ Parte por donde se agarra una llave con la mano. ‖ *Huso de anillo,* v. HUSO. ‖ *Separador de anillos,* v. SEPARADOR.

ÁNIMA f. *Tecn.* Alma.

ANIMACIÓN f. *Cin.* Técnica consistente en dar a las cosas y personajes dibujados o a muñecas articuladas movimientos parecidos a los de las personas, vehículos y otras cosas reales.
— La *animación* se resume en estudiar un movimiento real de duración determinada y descomponerlo —desde la postura inicial hasta la final— en tantas veces 24 dibujos (o movimientos de muñecas y objetos articulados) como dura en segundos. Así, si una muñeca ha de llevar sus manos a la cabeza en dos segundos, se tomarán 48 vistas entre cada una de las cuales y la siguiente se alzarán los brazos a razón de 1/48 de la amplitud del movimiento real. La proyección rápida y sucesiva de la serie de imágenes restituye el movimiento en la pantalla. (V. DIBUJO *animado.*)

ANIMADO, DA adj. *Cin. Dibujos animados,* v. ANIMACIÓN y DIBUJO.

ANIMAL adj. Aceite * animal, el que se extrae de los tejidos animales. ‖ *Carbón animal,* carbón pulverizado que resulta de la calcinación de los huesos al abrigo de la atmósfera: *el carbón animal se usa como absorbente de los gases y como descolorante.* (Sinón. NEGRO ANIMAL.)
— *Mec. Fuerza animal,* v. MOTOR.
— *Text. Fibras animales,* v. FIBRA.

ANIME m. *Pint. Amer.* Copal del curbaril.

ANIÓN m. *Fís* y *Quím.* Ion* de carga eléctrica negativa, opuesto al catión, que la tiene positiva.
— En el curso de la electrólisis los *aniones* se dirigen hacia el ánodo. Si se trata de la electrólisis de un ácido o una sal, el anión es el radical ácido; en la de una base, es el radical hidroxilo —OH.

ANIÓNICO, CA adj. *Quím.* Dícese de la resina * sintética que tiene la propiedad de fijar los iones y sirve, entre otras cosas, para desalar * el agua de mar.

ANIORRESINA f. *Quím.* V. RESINA.

ANIQUILACIÓN f. *Atom.* Fenómeno que tiene por resultado la transformación completa de la masa de una o varias partículas en energía electromagnética. (Sinón. DESMATERIALIZACIÓN.)
— La energía de rayos gamma muy intensos puede convertirse en materia y engendrar un electrón positivo y otro negativo (fenómeno llamado materialización). Inversamente, cuando un electrón positivo choca con otro negativo, ambos desaparecen y se crean rayos gamma. Este fenómeno es la *aniquilación* o *desmaterialización* y puede producirse con otras partículas cada vez que éstas encuentran la antipartícula * correspondiente.

ANÍSICO, CA adj. *Quím.* Dícese de un ácido, un aldehído y un alcohol derivados del anetol: el *aldehído anísico se usa en perfumería.*

ANISIDINA f. *Quím.* Nombre de tres compuestos isómeros, éteres óxidos metílicos de un amidofenol: *con las anisidinas se preparan colorantes azoicos y productos farmacéuticos.*

ANISILO m. *Quím.* Radical monovalente de fórmula $CH_3OC_6H_4$.

ANISO, prefijo derivado del griego *anisos,* que significa *desigual* y entra en la composición de muchas voces científicas.

ANISOTROPÍA f. *Fís.* Propiedad de las substancias que, como los cristales*, presentan características diferentes según la dirección que se considere.
— La cristalización, al orientar las moléculas con arreglo a un orden determinado, crea una estructura que rara vez tiene las mismas propiedades mecánicas y físicas en todas las direcciones. De ahí diferencias sensibles en los resultados que se obtienen cuando se experimentan en un mismo cristal, pero en direcciones diferentes, la dilatación lineal, la resistencia a la tracción, la velocidad de propagación de la luz, la resistencia eléctrica, etc.

ANISÓTROPO, PA adj. *Fís.* Dícese del cuerpo que no posee idénticas propiedades físicas y mecánicas en todas sus direcciones. (V. ANISOTROPÍA y CRISTAL.)

ANO, sufijo con que terminan los nombres de los hidrocarburos saturados o parafinas: *butano, etano, metano* y *propano.*

ANÓDICO, CA adj. *Electr.* Relativo o perteneciente al ánodo: *tensión anódica.*
— *Metal. Tratamiento anódico,* v. ANODIZACIÓN.

ANODIZACIÓN f. *Metal.* Protección de las superficies metálicas con una finísima capa de óxidos aplicada por procedimientos electroquímicos.
— Las piezas que se han de tratar se sumergen en una disolución salina de composición variable, según el metal que se ha de proteger, y constituyen ánodos en cuya superficie se forma una capa de óxido. Las dos terceras partes de éste penetran en el interior del metal.
Los metales anodizados pueden ser pintados por el mismo procedimiento con colorantes orgánicos que, así aplicados, son notables por su brillo metálico y su perfecto acabado.

ÁNODO m. *Electr.* Electrodo que se halla conectado con el polo positivo de un generador de corriente eléctrica y por el cual penetra ésta en un circuito.
— *Electrón.* En los tubos electrónicos, el *ánodo* o *placa* atrae los electrones emitidos por el cátodo o filamento, que es el electrodo negativo.

ANOLITO m. *Fís.* La parte del electrólito que se halla más próxima del ánodo. (V. ELECTRÓLISIS.)

ANOMALÍA f. *Astr.* Ángulo formado por la dirección de un planeta y la dirección de su perihelio. ‖ *Anomalía media,* la del punto que ocuparía el planeta si su velocidad fuera constante

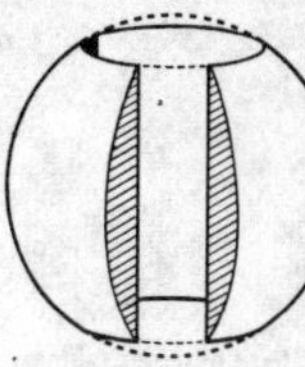

anillo esférico (*geom.*)

en toda la órbita. ‖ *Anomalía verdadera,* valor exacto de la anomalía cuando se tienen en cuenta las irregularidades del movimiento del planeta a lo largo de su órbita.
— *Geof.* Variación importante de una magnitud geofísica debida generalmente a la presencia en el subsuelo de determinadas estructuras del terreno.
— La industria petrolífera estudia las anomalías que, por su forma y extensión, constituyen a veces índices probables de la existencia de anticlinales * petrolíferos.
— *Meteor.* Diferencia entre la temperatura, la presión, etc., y las magnitudes medias correspondientes consideradas como normales: *la anomalía térmica de Oslo es de + 6º, pues la temperatura media es, en dicha ciudad, de 5,1º, mientras que la normal o media del paralelo correspondiente es de — 0,9º.*

ANÓRTICO, CA adj. *Miner.* Dícese de los cristales que no tienen ningún eje ni plano de simetría. (V. CRISTALOGRAFÍA.)

ANTA f. *Arq.* Pilastra empotrada en un muro, junto a una columna situada delante de ella. ‖ Pilastra para decorar y reforzar un muro.

ANTAGONISTA com. *Mec.* Fuerza que se opone a otra.
— Cuando la fuerza que comprime un muelle o resorte cesa, la *fuerza antagonista* los vuelve a su posición primera: de ahí el nombre de *muelle antagonista* y de *resorte antagonista* que suele darse a estos órganos mecánicos.

ANTE m. *Curt.* Piel curtida del *ante* o *anta* (alce). ‖ Piel de otros animales curtida a modo de ante.

ANTE, prefijo latino que significa *anterior* y equivale a *pre* (como en *antecambriano* o *precambriano,* o bien indica que una cosa se halla situada delante de otra (como en *antecámara*).

ANTECÁMARA f. Vestíbulo desde el cual se accede a una o más habitaciones. ‖ Por ext., se da este nombre a las oquedades o cámaras que preceden a otra cámara mayor, como son: la que recibe el carburante en los motores Diesel antes de que lo aspire el émbolo en el cilindro; los recintos que, en los almacenes frigoríficos, sirven para enfriar parcialmente los alimentos antes de introducirlos en las cámaras; las prolongaciones que tienen ciertas esclusas y que permiten cerrarlas con puertas provisionales, etc.

ANTECAMBRIANO, NA adj. *Geol.* Precambriano.

ANTECEDENTE adj. y s. *Geol.* Dícese del cauce de un río que, en una parte de su curso, ha sido levantado por los movimientos del terreno y se caracteriza por su estrechez y su perfil accidentado.
— *Mat.* Primer término de una proporción: en el caso de

$$\frac{2}{3} = \frac{4}{6}$$

los *antecedentes* son 2 y 4, mientras que 3 y 6 son consecuentes. ‖ En el álgebra moderna, punto que se deduce de otro mediante una transformación. (El punto M' obtenido a partir de M, es el consecuente de este.)

ANTECO, CA adj. y s. Dícese de los habitantes del Globo que se hallan sobre un mismo meridiano, a ambos lados del ecuador y a la misma distancia de éste: *los habitantes del Estado de Nueva York y los de la provincia chilena de Llanquihue son antecos.*

ANTECRISOL m. *Metal.* Crisol secundario situado ante el crisol principal de ciertos hornos, con el cual comunica por su parte inferior.
— Entre otras ventajas el *antecrisol* permite disponer de un orificio de cierre automático (el metal fundido), por el cual pueden introducirse hasta el crisol atizadores y otros instrumentos para obrar sobre la masa en fusión.

ANTEFIJA f. o **ANTEFIJO** m. *Arq.* Adornos dispuestos sobre el alero de una cubierta para ocultar las tejas.

ANTEHOGAR m. *Arq.* Parte de la solera de un hogar que sobresale de la chimenea.

ANTELIA f. o **ANTELIO** m. *Meteor.* Antihelio.

ANTEMA f. o **ANTEMIO** m *Arq.* Cualquier adorno arquitectónico inspirado en las formas de los órganos vegetales.

ANTEMERIDIANO, NA adj. Anterior al mediodía. (V. el artículo A. M.)
— *Astr.* Antimeridiano.

ANTE MERIDIEM, palabras latinas que significan *antes del mediodía.* (V. el artículo A. M.)

ANTENA f. *Aeron. Antena anemométrica* o *antena de Pitot,* tubo de Pitot * que sirve para deducir la velocidad de un avión —o la del viento en un túnel aerodinámico— a partir de la diferencia entre las presiones dinámica y estática.
— *Mar.* Entena.
— *Radiot.* Conductor o sistema de conductores apropiado para radiar o captar ondas electromagnéticas.
— La *antena* amplifica considerablemente las ondas hertzianas. Generalmente mide el cuarto de la longitud de onda de la emisora (o un múltiplo del mismo). Las oscilaciones de la corriente alcanzan su valor máximo en el extremo de la antena, el cual obra como un espejo y refleja la onda hacia el otro extremo que constituye la entrada de las oscilaciones engendradas por la emisora. En esta entrada se juntan, pues, la primera onda (reflejada) y la onda siguiente. Como ambas se hallan en fase, se suma su amplitud y la nueva onda que se dirige hacia el extremo tiene una intensidad doble. Será reflejada a su vez y volverá a la entrada para sumarse a una onda nueva y adquirir una intensidad triple, y así sucesivamente, hasta ciertos límites determinados por las pérdidas. Así existen en las antenas ondas estacionarias muy intensas que se propagan en el espacio.
Es considerable la variedad de antenas existentes, de forma, dimensiones y propiedades adaptadas a una infinidad de usos. Unas son *omnidireccionales* o *no directivas,* y emiten las ondas en todas direcciones (emisoras de radiodifusión); otras son *directivas* y pueden propagar un haz de ondas en una dirección preferencial (radiofaros, relevos de televisión, etc.).
La forma de las antenas depende esencialmente de la longitud de las ondas emitidas. Para las ondas kilométricas se usan grandes antenas en forma de red tendida entre dos o más postes. Las emisoras de radiodifusión de ondas medias (hectométricas) usan un *poste de media onda* (de longitud igual a la mitad de la de las ondas). Las *antenas de televisión* (ondas métricas) suelen ser del tipo Yagi, constituidas por varias barritas

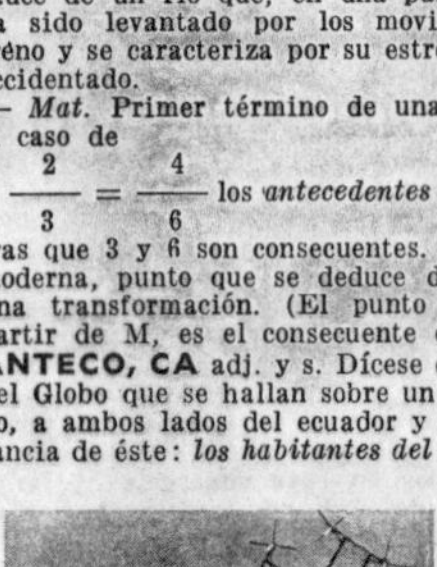
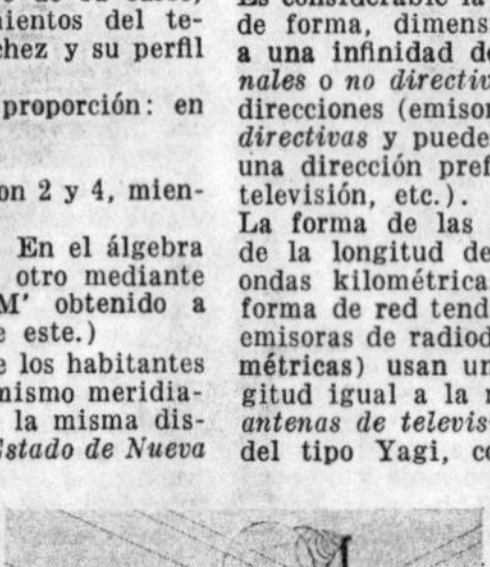
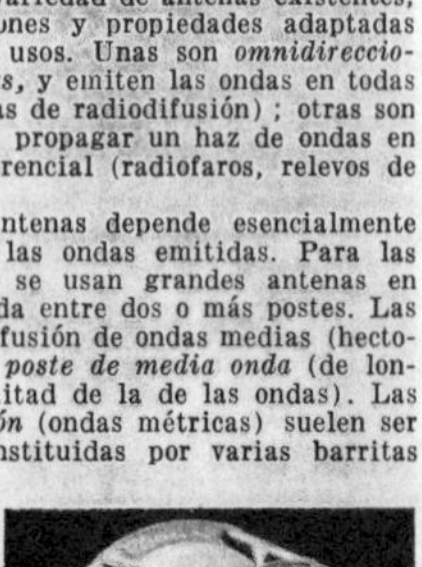

antenas *(radiot.)*
de izq. a der.:
Yagi de televisión
emisora de televisión
emisora
de radiodifusión
parabólica
de cable hertziano

Fot. Portenseigne, C. S. F., R. T. F., T. R. T

paralelas —situadas en un mismo plano horizontal o vertical (según sea la polarización * de las ondas)— una de las cuales, llamada *dipolo*, es la antena propiamente dicha (de longitud igual al cuarto de la de las ondas), otra es un elemento reflector y las demás —si las hay—, en número más o menos grande, son elementos reflectores (estas antenas son tanto más eficaces cuanto más elementos cuentan). También se usan en televisión *antenas helicoidales, en forma de V*, etc. Con frecuencia una misma *antena colectiva*, provista de dispositivos apropiados, permite alimentar todos los televisores de un mismo inmueble.
Las ondas más pequeñas tienen propiedades cada vez más parecidas a las de la luz: no se difunden, sino que se propagan en línea recta, como los haces luminosos.
Las antenas utilizadas en este caso se parecen a los reflectores parabólicos de los proyectores luminosos: en el centro del reflector y a determinada distancia del mismo se halla una guía de ondas que las dirige sobre el "espejo", el cual las refleja y proyecta en forma de un haz estrecho. (V. RELEVO y RADAR.)
Las *antenas de abanico* constan de una serie de antenas elementales en forma de hilos que convergen en una misma toma de tierra.
Las *antenas de cuadro* solamente pueden captar las emisiones en una dirección determinada y esta propiedad se aprovecha en radiogoniometría * para deducir la posición geográfica de los barcos y

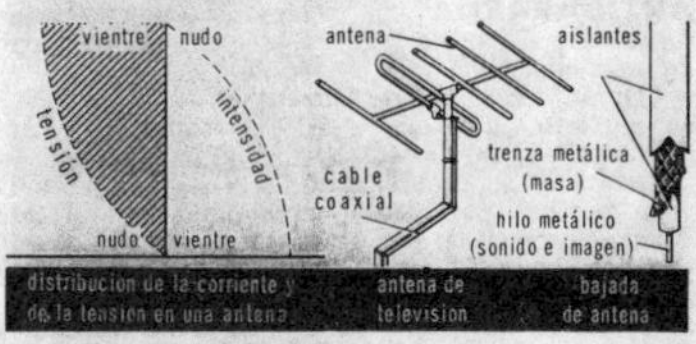

los aviones. También se usan las propiedades directivas de las antenas en las distintas clases de radiofaros *.
Los radiotelescopios * son esencialmente antenas de grandes dimensiones capaces de recoger en su enorme superficie, y en cantidad suficiente, la energía muy débil de ondas electromagnéticas engendradas en el espacio cósmico.
Los aparatos radiorreceptores modernos están provistos de una antena incorporada, constituida por un núcleo de ferrita alrededor del cual se devanan las bobinas de sintonización.
Las *antenas de látigo*, cuales se usan en los automóviles y en ciertos radiorreceptores portátiles, constan de varios tubos de diámetro decreciente que entran uno en el otro cuando no se utiliza el receptor.

ANTEOJERA f. *Ópt.* Pieza de goma fijada en el ocular de los anteojos y prismáticos para amoldarlos a la forma de la órbita del ojo.

ANTEOJO m. Instrumento provisto de un objetivo y un ocular, para ver los objetos lejanos con un aumento que depende esencialmente del diámetro del objetivo.
— *Astr. Anteojo astronómico*, el de grandes dimensiones que se usa para observar los astros, descrito en el artículo TELESCOPIO, que es como suele llamársele.
— *Ópt.* En un *anteojo astronómico*, la lente convergente del objetivo forma dentro del tubo, y a una distancia focal *f*, una imagen invertida del objeto. Dicha imagen se halla en el plano focal de la lente o sistema de lentes del ocular, que obra como una lupa con la cual se ve la referida imagen considerablemente aumentada. El hecho de que el objeto aparezca invertido no tiene importancia en astronomía, mas, para observaciones terrestres se ha perfeccionado el instrumento añadiéndole un tercer elemento óptico. En estos *anteojos terrestres*, la imagen invertida por el objetivo es invertida de nuevo por una lente convergente intermediaria y el ocular amplía así una imagen directa.
En el *anteojo de Galileo* no se requiere ningún elemento intermediario para invertir la imagen dada por el objetivo. El ocular utilizado es divergente y se halla montado delante del punto donde

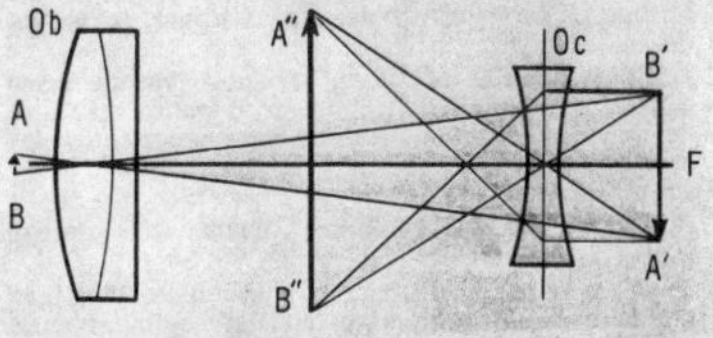

anteojo de Galileo
Ob, objetivo convergente
Oc, ocular divergente
AB, objeto
B'A', imagen invertida
A''B'', imagen corregida y ampliada

se forma aquella imagen real. No es, pues, ésta la que se ve, sino una imagen virtual derecha. Dos anteojos de este tipo unidos en una montura para que correspondan uno a cada ojo, constituyen los gemelos. Éstos han dado paso a los prismáticos, en los cuales un sistema de prismas dispuestos entre el objetivo y el ocular invierte las imágenes y permite obtener aumentos mayores, un campo de visión más amplio e imágenes más luminosas. El *anteojo de tijera* es un prismático de tubos largos y acodados con el que se puede ver por encima de los obstáculos, y cuyas aplicaciones son específicamente militares (observación del enemigo, desde las trincheras, sin exponerse a su tiro).
Muchos aparatos de topografía se fundan en el uso de anteojos provistos generalmente de retículos y montados sobre ejes, que permiten orientarlos vertical u horizontalmente para medir ángulos cuyo valor es indicado por los limbos o círculos graduados de que están provistos esos aparatos, el más corriente de los cuales es el *teodolito**. (V. AUTOCOLIMADOR.)

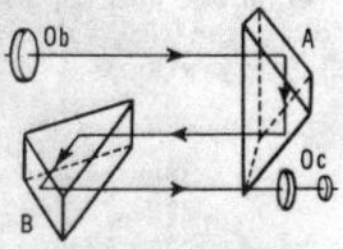

anteojo prismático
Ob, objetivo convergente
Oc, ocular convergente
A y B, prismas de doble reflexión

ANTEPECHO m. *Arq.* Pretil o muro protector de una azotea, malecón, puente, etc., para evitar caídas.
— *Mar.* Borda del casco y baranda de los puentes y castillos.

ANTEPORTA y **ANTEPORTADA** f. *Art. gráf.* La hoja que precede a la portada del libro y en la cual solamente se suele imprimir el título.

ANTEPROYECTO m. *Tecn.* Proyecto provisional de una obra, máquina o construcción cualquiera, que suele establecerse sobre la base de realizaciones anteriores y de estudios preliminares.

ANTEPUERTO m. *Mar.* Zona contigua al puerto, fuera de su boca, generalmente protegida contra el oleaje por la prolongación de uno de los malecones.

ANTERO, prefijo que significa *delante de.*

ANTEROINFERIOR adj. Situado delante y en la parte baja de alguna cosa.

ANTEROLATERAL adj. Situado delante de una cosa y hacia un lado de la misma.

ANTEROPOSTERIOR adj. Que se extiende de delante atrás.

ANTEROSUPERIOR adj. Situado delante y hacia arriba, respecto de alguna cosa.

ANTETRÉN m. *Agr.* Parte del arado formada por dos ruedas independientes, con la que se asegura la estabilidad del instrumento y se facilita la regulación de la profundidad del surco.

ANTHELIO m. *Meteor.* Antihelio.

ANTI, prefijo griego que significa *contra* y se usa en muchas palabras en el sentido de *oposición* (como en *anticiclón*) o de *protección* (como en *anticongelante*).

> OBSERV. Son tan numerosas las voces que pueden formarse con *anti* y tan evidente su sentido, que solamente indicaremos a continuación las poco conocidas o que pueden prestarse a confusión y, sobre todo, las que merecen un artículo ampliatorio o enciclopédico.

ANTIABRASIÓN f. *Fot.* Capa de gelatina o de otras substancias con que se cubre la emulsión sensible para protegerla contra los roces que podrían arañarla.

ANTIÁCIDO, DA adj. y s. m. *Quím.* En farmacia, sinónimo de *alcalino*, aplicado a las substancias capaces de neutralizar los ácidos.

ANTIAÉREO, A adj. *Mil.* Aplícase a la artillería, proyectiles, cohetes y otros medios de lucha contra los aviones, cohetes y proyectiles enemigos. (V. CAÑÓN.)

ANTIÁLCALI m. *Quím.* Antialcalino.

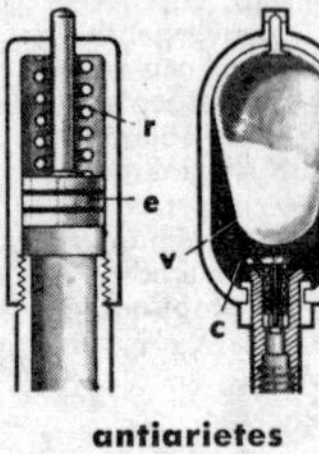

antiarietes
r, resorte
e, émbolo
v, vejiga
c, válvula
(el muelle y la vejiga absorben la sobrepresión)

ANTIALCALINO, NA adj. y s. *Quím.* En farmacia, acidificante para neutralizar la acción de los álcalis.

ANTIARIETE m. *Tecn.* Dispositivo mecánico o neumático que se dispone en el punto más alto de una canalización de agua para amortiguar los efectos (golpes de ariete*) de los cambios bruscos de la presión.

ANTIATÓMICO, CA adj. *Atom.* Que protege contra las radiaciones atómicas.

— La protección contra las radiaciones emitidas por los cuerpos radiactivos consiste esencialmente en rodearlos de materias opacas suficientemente espesas: hormigón de las pilas atómicas y de los aceleradores de partículas, agua de los reactores de piscina, plomo con que se envasan los isótopos radiactivos, etc. A pesar de estas precauciones es indispensable multiplicar los medios de detección: contadores de Geiger, y de centelleo; placas fotográficas llevadas por el personal y reveladas diariamente, etc. En efecto, las radiaciones atómicas constituyen un peligro engañoso, invisible y que no causa momentáneamente ninguna sensación aun cuando penetran profundamente en los tejidos orgánicos.

Todos los reactores nucleares cuentan con dispositivos de seguridad para impedir que se acelere la reacción en cadena y se vuelva explosiva. Al alcanzar una temperatura límite fijada de antemano, se desprenden automáticamente unas barreras opacas a los neutrones, que se interponen entre los elementos de combustible y detienen la reacción. Los locales o recintos que contienen los reactores suelen hallarse en estado de depresión respecto a la atmósfera. Así, en caso de no ser herméticos sería el aire el que penetraría en los mismos, en vez de escaparse de ellos gases que podrían ser radiactivos.

Por otra parte se filtran cuidadosamente los humos y gases expulsados en la atmósfera, así como las aguas usadas que las instalaciones atómicas vierten en los ríos. En cuanto a los desperdicios, piezas usadas o averiadas y basuras y otros materiales radiactivos, se reducen por diversos procedimientos hasta concentrar su radiactividad en el menor volumen posible. Después se encierran en bidones herméticos que son depositados en subterráneos profundos o bien se amasan en el seno de bloques de cemento que se dejan caer al fondo de los mares en aguas profundas.

Uno de los mayores problemas que tiene planteados la naciente industria atómica es el de ¿qué hacer con los desperdicios, cuya radiactividad no sabe todavía el hombre anular y que pueden constituir un terrible peligro durante miles de años? Las soluciones antes indicadas no son, desde luego, las verdaderas.

Por otra parte se están efectuando estudios con vistas a descubrir substancias que, introducidas en el organismo de un hombre irradiado, puedan eliminar los elementos radiactivos presentes en el mismo o bien aminorar sus efectos. Hasta ahora solamente se han logrado descubrir substancias preventivas que, ingeridas antes de la irradiación, atenúan considerablemente sus efectos, pero no verdaderos remedios para curar a los irradiados. El único método con que se han salvado ya casos desesperados consiste en injertar al paciente médula espinal procedente de una persona sana. Uno de los principales efectos de la irradiación es precisamente la destrucción de la función medular generadora de glóbulos rojos, lo cual no tarda en producir la muerte. Merced al injerto de médula la producción de glóbulos queda asegurada durante cierto tiempo, al cabo del cual el injerto desaparece absorbido por el organismo, pero no sin haber dado tiempo a éste para reconstituir su propia materia medular.

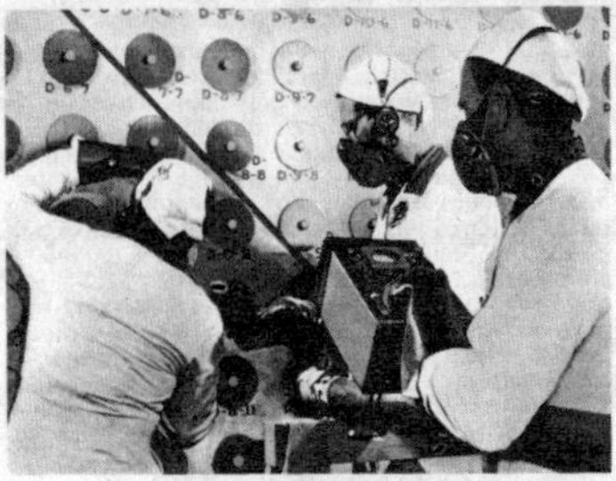

protección **antiatómica**
junto a un reactor nuclear

ANTIÁTOMO m. *Atom.* Átomo de antimateria* formado por antipartículas.

ANTIBALANCE adj. *Mar.* Aplícase a los dispositivos que sirven para contrarrestar el balanceo de los buques, como son las quillas* laterales, los estabilizadores giroscópicos y los de aletas. (V. ESTABILIZACIÓN.)

ANTIBARRENA adj. *Aeron.* Dícese de todo dispositivo capaz de detener la caída en barrena de un avión.

— Durante la caída en barrena el avión se halla en perfecto estado de equilibrio mecánico. Por eso resultan ineficaces los mandos (timones y alerones) y se ha de recurrir a alguna acción exterior. Los paracaídas y reactores dispuestos en el extremo de las alas permiten romper el equilibrio rotatorio del avión, y entonces los mandos del aparato recobran su eficacia. Por lo demás, la caída en barrena * es un accidente rarísimo en los aviones modernos.

ANTICARBONILLA o **ANTICARBONO** adj. y s. m. *Autom.* Dícese de las substancias que, disueltas en el carburante, limitan la formación de carbonilla en los cilindros de los motores.

— El alcohol y el benzol son aditivos *anticarbono*, pero los modernos procedimientos de refinación permiten obtener gasolinas que, prácticamente, no producen carbonilla.

ANTICATÁLISIS f. *Quím.* Inhibición.

ANTICATALIZADOR, RA adj. y s. *Quím.* Dícese de la substancia que dificulta o imposibilita la acción de un catalizador y que puede usarse para detener ciertas reacciones químicas de tipo catalítico: *el arsénico es un anticatalizador del platino.*

ANTICÁTODO m. *Electrón.* Placa metálica que, en el interior de un tubo electrónico, se interpone en la trayectoria de los rayos catódicos para detenerlos: *los rayos X se producen al chocar con el anticátodo un haz de rayos catódicos.*

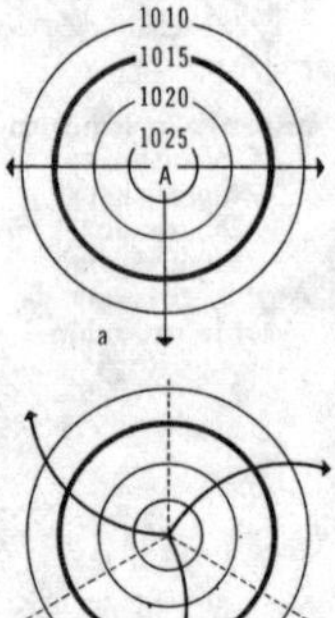

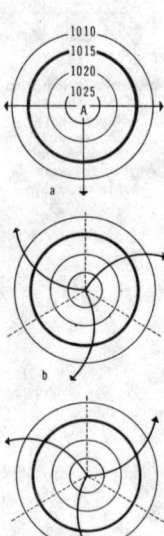

anticiclón (a) y desviación del viento en los hemisferios Norte (b) y Sur (c)

ANTICICLÓN m. *Meteor.* Extensa zona atmosférica de altas presiones y de características opuestas a las del ciclón*. (Sinón. MAXIMO.)

— El *anticiclón* puede ocupar una zona de forma más o menos elíptica, generalmente de 1 000 a 3 000 km de anchura, en la cual la presión —superior a la normal de 1 013,25 milibares—, disminuye desde el centro hasta la periferia.

Dada su presión, el aire tiende a alejarse del centro —disminuyendo el espesor del anticiclón— pero el movimiento de rotación de la Tierra desvía el viento y el sistema adquiere así un movimiento giratorio. En el hemisferio boreal el anticiclón gira en el mismo sentido que las agujas de un reloj, mientras que en el septentrional tiene el movimiento contrario.

La presencia de un anticiclón importante impide la progresión de un ciclón y se caracteriza, en toda la zona por él cubierta, por la suavidad o inexistencia de los vientos, la limpidez del cielo y una elevación de la temperatura. No obstante, cuando el aire es muy húmedo, la presencia de un anticiclón puede traducirse por la permanencia de nubes (estratos) muy bajas generadoras de lloviznas.

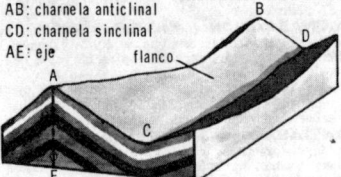

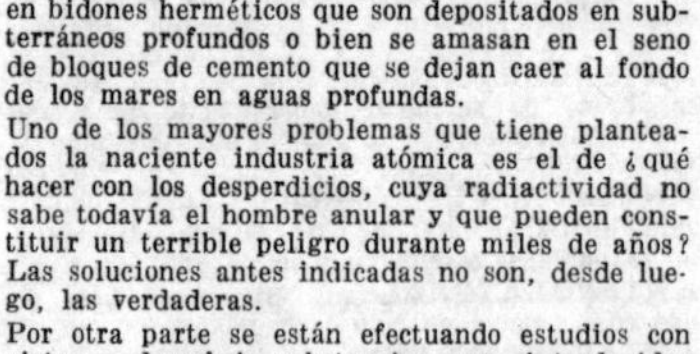

anticlinal

Fot. U. S. I. S.

ANTICLINAL adj. y s. m. *Geol.* Pliegue en forma de cúpula de las capas o estratificaciones. (El *anticlinal* es la estructura geológica contraria del sinclinal *. El eje o arista del pliegue se llama *charnela* y sus dos pendientes, *flancos.*)
— *Petr.* La detección y localización de *anticlinales* en los terrenos sedimentarios que fueron en tiempos geológicos el fondo de lagunas, tiene una importancia considerable. El petróleo y los gases que allí se formaron, empujados por la presión hidrostática del agua con frecuencia presente en dichos terrenos, han ascendido lentamente hacia la superficie y, al tropezar con un anticlinal impermeable, se han acumulado, gota a gota, en los depósitos naturales donde se hallan hoy bajo presión. Basta perforar el anticlinal con un trépano o sonda para que los hidrocarburos líquidos o gaseosos suban a la superficie. (V. PETRÓLEO.)
ANTICLORO m. *Text.* Substancia que, como el hiposulfito de sosa, sirve para eliminar el cloro que conservan las telas después de haber sido blanqueadas con el mismo.
ANTICOHETE adj. *Mil.* Dícese del sistema de defensa o del proyectil* autopropulsado destinados a interceptar o a neutralizar un cohete estratégico (Ú.t. el anglicismo ANTIMISIL).
ANTICOINCIDENCIA f. *Atom. Montaje de anticoincidencia,* dispositivo detector de radiaciones atómicas en el cual varios detectores se combinan de tal forma que cada partícula que penetre en el aparato solamente puede ser registrada por uno de ellos.
— Cuando se requiere una cuenta exacta de las desintegraciones atómicas que se producen en una materia radiactiva, no sirven las indicaciones obtenidas con un simple contador de Geiger, pues éste cuenta también los impactos de los rayos cósmicos que en él penetran durante el experimento. El método por *anticoincidencia* consiste en rodear el contador con otros detectores en número suficiente para que lo cubran por completo. Las conexiones se efectúan de modo que la entrada de un rayo cósmico en un contador periférico suprima durante una millonésima de segundo la sensibilidad del contador central. Por consiguiente, éste no tiene cuenta del paso de dicho rayo y reanuda acto seguido su actividad para seguir contando las desintegraciones de la materia analizada, previamente dispuesta en el interior de su tubo.
ANTICOLISIÓN adj. *Aeron.* Dícese de los instrumentos, especialmente del radar, que se usan a bordo de los aviones para evitar las colisiones con otros aparatos.
ANTICONGELANTE adj. y s. Substancia que, disuelta en un líquido, hace bajar su punto de congelación. ‖ Dícese también de lo que puede soportar temperaturas bajas sin helarse: *dinamita anticongelante.*
— *Aeron.* Dícese impropiamente por *descongelador* *.
— *Autom.* En los países expuestos a heladas invernales se agregan *anticongelantes* al agua del radiador para evitar que se hiele su contenido y estallen las células. El alcohol puede utilizarse con dicho fin, pero tiene el inconveniente de evaporarse al subir la temperatura del agua. Por eso se usan preferentemente los glicoles.
ANTICORROSIVO, VA adj. y s. *Metal.* y *Pint.* Tratamiento o revestimiento que protege las superficies metálicas contra la corrosión.
— La protección de los metales se obtiene aislando su superficie de los agentes corrosivos mediante parkerización, galvanización, metalización, etc. Ciertas pinturas impiden químicamente la formación de orín, especialmente las de minio de plomo, que son rojas. Se aplican como primera mano y se cubren después con pinturas más finas o vistosas, del color deseado. (V. ANTIORÍN y ANTIOXIDANTE.)
ANTIDEFLAGRANTE adj. Dícese de los aparatos que pueden funcionar en una atmósfera inflamable sin provocar su deflagración.
— *Min.* El *material antideflagrante* se usa especialmente en las minas que desprenden grisú. Los motores eléctricos, lámparas y otros aparatos han de tener los órganos susceptibles de provocar chispas encerrados en un cárter lo bastante sólido para resistir a toda deflagración que pudiera producirse por inflamación del grisú en su interior. Esto no significa que el cárter sea hermé-

detectores de Geiger en **anticoincidencia**

tico. Antes al contrario, se necesita una comunicación con el exterior para que puedan enfriarse los gases encerrados. Tiene, pues, unas rendijas de una anchura máxima de medio milímetro, por las cuales, como lo demuestra el cálculo y la experiencia, no pueden pasar las llamas.
ANTIDESLIZANTE adj. y s. *Autom.* Dispositivo que, al aumentar la adherencia del neumático al suelo, le impide resbalar. (Sinón. ANTIPATINADOR.)
— Todo neumático en buen estado es *antideslizante* merced a las estrías que lleva labradas en su superficie de rodadura. Para circular por carreteras nevadas o heladas, se aumenta la adherencia forrando el neumático con una red de cadena o bien utilizando neumáticos especiales provistos de púas metálicas.
ANTIDETONANTE adj. y s. *Quím.* Compuesto organometálico que, disuelto en la gasolina, aumenta su índice de octano y suprime o reduce la detonación o golpeteo del motor.
— *Autom.* Los motores de automóviles funcionan con compresiones cada vez mayores que requieren carburantes con índice de octano * superior al de las gasolinas ordinarias, pues en el caso contrario la combustión no se efectúa progresivamente en los cilindros y éstos detonan. Para evitar este fenómeno, se agregan a la gasolina determinadas substancias cuya presencia, aun en ínfimas proporciones, tiene por efecto aumentar sensiblemente el índice de octano del carburante. El ioduro de etilo y la anilina son *antidetonantes,* pero el que más se usa es el tetraetilato de plomo, disuelto en la gasolina a razón de 1 %.
ANTÍDOTO m. *Quím.* V. ENVENENAMIENTO.
ANTIELECTRÓN m. *Atom.* Positrón, electrón positivo. (V. ANTIPARTÍCULA.)
ANTIESCARCHA adj. *Aeron.* V. DESCONGELADOR.
ANTIFADING adj. y s. *Radiot.* Dispositivo que se usa en los aparatos emisores y receptores para limitar los efectos del fenómeno de fading o desvanecimiento de las ondas.
— Estos dispositivos, no siempre eficaces, se fundan en la existencia de dos circuitos amplificadores, uno de los cuales entra automáticamente en acción cuando la amplificación del primero es insuficiente.
ANTIFLUCTUADOR m. *Tecn.* Aparato que atenúa los cambios bruscos de presión provocados en una canalización de gas por el consumo de un motor muy grande.
— Cuando un motor de gas de grandes dimensiones es alimentado directamente por una canalización del servicio urbano, sus emboladas pueden provocar cambios de presión lo bastante fuertes para que los efectos repercutan en los aparatos de gas instalados a su alrededor. El *antifluctuador* que se interpone entre el motor y la acometida, opone un obstáculo a la propagación de los cambios de presión sin afectar sensiblemente a la alimentación del motor.
ANTIFRICCIÓN adj. y s. *Metal.* Metal o aleación que disminuye el rozamiento entre órganos mecánicos, especialmente entre un árbol y sus cojinetes.
— Las *aleaciones antifricción* contienen generalmente un componente duro, apropiado para resistir al desgaste, y otro plástico de bajo punto de fusión, que se adapta rápida y perfectamente a

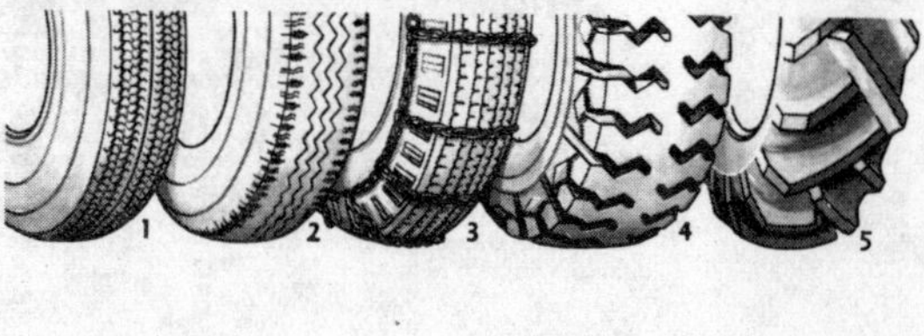

estrías **antideslizantes**
1 a 3. Neumáticos de turismo (el 3 con cadena antideslizante); 4. De camión; 5. De tractor

Fot. Endeavour

pruebas de un vestido **anti-g**

la forma de la pieza en movimiento y en cuya masa pueden engastarse las partículas abrasivas —arrancadas por el roce— que, de no ser así, podrían agarrotar el sistema mecánico.
Las mejores *antifricciones de cojinete* son a base de estaño (de 80 a 92 %), antimonio (de 3 a 12 %) y cobre (de 3 a 10 %). En otras, más baratas, se reemplaza el estaño por plomo y se conservan el antimonio y el cobre. Unas y otras se llaman aleaciones blancas. También se usan bronces especiales, aleaciones de cadmio, etc.
Las *antifricciones autolubricantes*, porosas, se obtienen por fritado de bronce o de hierro pulverulento (al cual se agrega grafito).

ANTI-G adj. *Aeron.* y *Astron.* Dícese de lo que sirve para contrarrestar los efectos de un peso excesivo, y con más propiedad, de las fuertes aceleraciones de la gravedad.
— Las grandes aceleraciones a que se hallan sometidos momentáneamente los pilotos de aviones rápidos y los astronautas, tienen por efecto vaciar de sangre ciertas partes del cuerpo y agolparla en otras (v. ACELERACIÓN). Los *vestidos anti-g* constituyen un paliativo contra tan peligrosos trastornos de la circulación. Son de doble pared —con la exterior reforzada— y herméticos. Se hallan enchufados a una botella de aire comprimido y, cuando sobreviene una aceleración que tiende a vaciar de sangre la cabeza y el tronco, se hincha en la parte inferior del cuerpo para impedir que afluya a ella la sangre que irriga el cerebro.

ANTIGIRATORIO, RIA adj. Antirrotatorio.

ANTIGOLPEANTE adj. *Autom.* Antidetonante.

ANTIGORITA f. *Miner.* Serpentina laminar de color verde. (Sinón. BOWENITA.)

ANTIGRISÚ o **ANTIGRISUTOSO, SA** adj. *Min.* Que puede utilizarse sin correr el riesgo de inflamar el grisú: *explosivo antigrisutoso* (dícese más comunmente *antideflagrante* *).

ANTIGUO, GUA adj. y s. *Art. gráf.* Dícese de los caracteres de imprenta que, como el grotesco o palo seco, tienen el asta de espesor uniforme y carecen de los adornos llamados gracias.

ANTIHALO adj. y s. *Fot.* Dícese de una substancia colorada que se aplica al dorso de las placas y películas fotográficas para evitar el halo *. (La *protección antihalo* es tanto más necesaria cuanto más espeso es el soporte de la emulsión sensible.

ANTIHELIO m. *Meteor.* Fenómeno consistente en la aparición de una mancha luminosa, imagen difusa del Sol, opuesta en el cielo a la dirección por él ocupada.
— El *antihelio*, como los fenómenos similares (halo, parhelio, etc.) se debe a la reflexión de la imagen del Sol por las facetas de minúsculos cristales hexagonales de hielo presentes en la atmósfera.

ANTIHEMIEDRÍA f. *Geol.* Hemiedría con uno o varios planos de simetría pero sin centro de simetría.

ANTIHERRUMBRE adj. y s. *Pint.* Antiorín.

ANTIHORARIO adj. *Mec. Sentido antihorario*, el de la máquina que, vista de frente, gira con movimiento opuesto al de las agujas de un reloj.

ANTIINCRUSTANTE adj. *Mar.* Dícese de una pintura especial para fondos de buques que, por su composición química, se opone al arraigo de las algas, moluscos y otros organismos.

ANTIINDUCCIÓN f. *Electr.* Método de transposición metódica de los conductores eléctricos muy próximos, con objeto de eliminar los efectos inductivos con los que podrían perturbarse unos a otros.

ANTIKÁ m. *Atom.* V. MESÓN.

ANTIKSI m. *Atom.* V. KSI.

ANTILAMBDA m. *Atom.* V. LAMBDA.

ANTILOGARITMO m. *Mat.* Función inversa de un logaritmo, o sea número que corresponde a un logaritmo dado.

ANTILOGO, GA adj. *Electr.* Dícese del polo que, en los cuerpos piroeléctricos, se carga negativamente cuando el cristal se calienta y positivamente si se enfría. (V. PIROELECTRICIDAD.)

ANTIMACULADOR m. *Art. gráf.* Dispositivo que, en ciertas prensas, cubre el pliego impreso con una ligera capa de polvo secante para que la tinta no manche o repinte la hoja siguiente.

ANTIMAGNÉTICO, CA adj. Que está exento de la influencia magnética.

ANTIMATERIA f. *Atom.* Materia hipotética constituida como la materia ordinaria, pero con las antipartículas de ésta.
— Puede concebirse la existencia de átomos en los cuales el núcleo sería constituido por antineutrones y antiprotones (o sea protones negativos) y cuyos electrones planetarios serían antielectrones (positivos). Si estos átomos hipotéticos entraran en contacto con los átomos de la materia ordinaria, el resultado sería la aniquilación * de ambos, cuyas partículas se convertirían en radiaciones electromagnéticas.
Si la existencia de antipartículas * ha sido perfectamente demostrada, no ocurre lo mismo con los átomos de *antimateria*, y la posibilidad o no de que existan éstos es uno de los problemas importantes que tiene planteados la física atómica.

ANTIMERIDIANO, NA adj. y s. Dícese, respecto al meridiano de un lugar, de la mitad de dicho meridiano comprendida entre los polos y situada en el lado opuesto del Globo: *al atravesar el antimeridiano de Greenwich se adelanta o retrasa la fecha de un día, según se vaya del Este al Oeste o viceversa.*

ANTIMONIATO m. *Quím.* Sal de un ácido antimónico.

ANTIMÓNICO, CA adj. *Quím.* Dícese del anhídrido de fórmula Sb_2O_5 y de los ácidos correspondientes.

ANTIMONILO m. *Quím.* Radical monovalente de fórmula SbO.

ANTIMONIO m. *Metal.* y *Quím.* Cuerpo simple (Sb) de número atómico 51 y masa atómica de 121,76, que es un sólido de propiedades parecidas a las del arsénico.
— El *antimonio* es intermediario entre los metales y los metaloides. Ordinariamente presenta el aspecto de un sólido blanco, plateado, de apariencia metálica, pero de consistencia terrosa, pues se fragmenta y pulveriza con facilidad. Funde a 630° y se vaporiza a 1 380°. Su densidad es igual a 6,7. Existen variedades alotrópicas, entre las cuales figuran el *antimonio gris* y el *antimonio amarillo.*
El principal *mineral de antimonio* es la estibina, la cual se trata primeramente por fusión hasta que su contenido en *sulfuro de antimonio* alcance la proporción de 90 %. Luego se tuesta en un horno de cuba en el que se produce *óxido de antimonio* volátil que es condensado. El óxido se reduce después en un horno de reverbero, y el *antimonio bruto* se afina mediante fusión con fundentes apropiados (carbonatos y sulfatos alcalinos, carbón, etc.).
El antimonio casi no se usa puro. En cambio entra en la composición de gran número de aleaciones y su presencia tiene por efecto endurecerlas. Úsase especialmente con el plomo y el estaño para fabricar caracteres tipográficos; también figura corrientemente en las aleaciones antifricción.
Los numerosos derivados del antimonio entran en la composición de medicamentos, colorantes y otros productos químicos.

ANTIMONIOSO, SA adj. *Quím.* Dícese del anhídrido de fórmula Sb_2O_3 y de los ácidos correspondientes.

ANTIMONITA f. *Miner.* Sesquisulfuro de antimonio natural, variedad de estibina.

ANTIMONITO m. *Quím.* Cada una de las sales del ácido antimonioso.

ANTIMONIURO m. *Quím.* Combinación del antimonio con otro cuerpo simple.

ANTIMUÓN m. *Atom.* V. MUÓN.

ANTINEUTRINO m. *Atom.* V. NEUTRINO.

ANTINEUTRÓN m. *Atom.* Antipartícula del neutrón, desprovista, como éste, de carga eléctrica, pero diferente del mismo por sus características internas (momentos).

ANTINODO m. *Ópt.* Cada uno de los dos puntos del eje de un sistema óptico, dispuestos de modo que todo rayo luminoso que pasa por uno de ellos dé otro rayo que pase por el segundo y que ambos rayos formen con el referido eje ángulos iguales, aunque de sentido opuesto.

ANTIORÍN adj. y s. *Pint.* Substancia que impide la oxidación del hierro o que permite desoxidarlo.
— Las *pinturas antiorín* se componen de aceite de lino, de óxido de cinc, grafito micáceo, grafito,

Fot. C. C. A.

polvo de aluminio u otros pigmentos, y de disolventes, diluyentes y secantes. Son tanto mejores cuanto menor fuere su contenido en disolvente y en secante.
También se asegura la protección del hierro con pinturas bituminosas, barnices celulósicos y, sobre todo, con revestimientos metálicos: cadmiado, cromado, galvanización, niquelado, etc. (V. ANTICORROSIÓN.)

ANTIOXIDANTE adj. y s. Dícese de la substancia que se opone a la formación de óxidos. (No se confunda con *anticorrosivo.*)
— *Autom.* y *Petr.* Aditivo que, disuelto en la gasolina, evita la formación de gomas en los cilindros de los motores.
— *Pint.* Substancia que se agrega a los aceites y a las pinturas de aceite para reducir su oxidación, con lo cual se obtienen películas que, al desecarse lentamente, son más duraderas.
— La oxidación del aceite de lino y otros líquidos grasos usados en pintura puede retardarse considerablemente agregándoles fenol, hidroquinona, pirogalol u otros compuestos orgánicos. En algunos casos el pigmento puede servir de *antioxidante,* como ocurre con el negro de carbono.

ANTIOXÍGENO adj. y s. *Quím.* Dícese del compuesto que, agregado en pequeñas cantidades a una substancia, impide su oxidación espontánea.
— Los fenómenos de oxidación * interesan prácticamente todos los ramos de la industria y tienen tanta importancia económica que el uso de *antioxígenos* no cesa de extenderse. Estas substancias, orgánicas o sintéticas, imposibilitan las combustiones, impiden el endurecimiento del caucho, retrasan considerablemente la enranciadura de las materias grasas, etc.

ANTIPAR adj. *Aeron. Hélice antipar,* pequeña hélice montada en la cola de ciertos helicópteros y cuyo empuje lateral contrarresta el par de rotación del fuselaje.
— En virtud del principio de la acción y reacción, el movimiento giratorio del rotor imprime al motor y, por consiguiente, al fuselaje, una lenta rotación de sentido contrario. La *hélice antipar* se opone a este movimiento y estabiliza así el fuselaje. Por otra parte, acelerando o frenando su velocidad se puede girar el aparato en la dirección deseada.
Este dispositivo es inútil en los helicópteros de dos rotores, pues al par engendrado por uno de ellos se opone el par del otro, que gira en sentido contrario. También resulta inútil en los helicópteros de reacción, pues en este caso la propulsión se efectúa por toberas situadas en el extremo de las palas del rotor y éste gira libremente sobre su eje, contra el cual no puede, por consiguiente, engendrar ninguna reacción.

ANTIPARA f. *Arq.* Especie de mampara fijada exteriormente en las ventanas, de forma que, todo y dando paso a la luz, impida ver desde el interior.

ANTIPARALELO, LA adj. *Geom.* Dícese de dos rectas que, sin ser paralelas, forman ángulos iguales con una tercera, como ocurre, por ejemplo, con los dos lados iguales de un triángulo isósceles respecto a su base. (Las rectas AB y A'B' de la figura son *antiparalelas* porque los ángulos OBA y OA'B' son iguales.) [V. SIMEDIANA.]

ANTIPARÁSITO adj. y s. *Radiot.* Dícese de los dispositivos que impiden la producción o la detección de los parásitos * naturales o artificiales que perturban la recepción de las emisiones radioeléctricas: *antena antiparásita.*
— Como los parásitos tienen su origen en la formación de chispas (motores eléctricos, chispa de los motores de explosión, etc.) que se propagan como verdaderas emisiones radioeléctricas de frecuencia determinada, lo más práctico es suprimirlos en su propia fuente, cual prescribe la ley. Bastará en este caso con introducir en el circuito perturbador una resistencia o un condensador que le den al parásito una frecuencia no perturbadora. También pueden usarse conductores de cordón (torcidos) que evitan la propagación del parásito, o blindar una parte del circuito con el mismo fin. Cuando estas precauciones elementales no son observadas, es preciso disponer de algún medio que, durante la recepción, elimine los efectos del parásito (ruidos en el altavoz, manchas en las pantallas de los televisores, etc.). Los *dispositivos antiparásitos* pueden consistir: en situar la antena a la mayor altura posible (para alejarla de los parásitos terrestres de poco alcance) y usar un conductor blindado desde la misma hasta el receptor; en montar condensadores apropiados en la línea eléctrica de la casa, en la toma de corriente del contador; en equipar los receptores radioeléctricos con filtros que eliminan las señales parásitas.
Los parásitos naturales se deben principalmente a los relámpagos y a fenómenos radioeléctricos engendrados por la actividad solar. Ésta da lugar a verdaderas tormentas magnéticas que perturban considerablemente, y hasta imposibilitan, las radiocomunicaciones con ondas cortas.

ANTIPARRAS f. pl. *Art. y of.* Anteojos o gafas grandes de forma y cristales apropiados para proteger los ojos en trabajos peligrosos para los mismos: *es imprudente manipular ácidos o efectuar soldaduras autógenas sin antiparras.*

ANTIPARTÍCULA f. *Atom.* Partícula gemela de otra, pero de la cual se distingue por la inversión de su carga eléctrica o de su momento magnético.
— Según el principio de la transformación de la materia en energía y de ésta en aquélla, las *partículas atómicas* pueden, en determinadas condiciones, desaparecer y dar paso a una emisión de ondas electromagnéticas. Recíprocamente, estas ondas pueden materializarse y crear partículas. Así, los rayos gamma muy enérgicos sometidos a la acción del campo electromagnético de un núcleo o de un electrón, pueden transformarse en un par de electrones: uno de ellos digamos normal, o sea negativo, y otro absolutamente igual pero con la particularidad de tener carga positiva. Éste se llama *antielectrón* y es la *antipartícula del electrón.*
También existe un antiprotón (negativo) y un antineutrón, desprovisto de carga eléctrica pero con momento magnético inverso del que tiene el neutrón. (V. ANTIMATERIA.)

OBSERV. Es erróneo creer que un antielectrón, por tener carga positiva, es un verdadero protón, y que un protón negativo o antiprotón no es ni más ni menos que un electrón. No se olvide que, entre una partícula electrizada y su antipartícula solamente cambia el signo de la carga, pero no las demás constantes, cuyos valores difieren considerablemente entre el antielectrón y el protón, por una parte, y el antiprotón y el electrón, por la otra.

ANTIPATINADOR adj. y s. *Autom.* Antideslizante.

ANTIPELÍCULA adj. *Pint.* Antitela.

ANTIPIÓN m. *Atom.* V. PION.

ANTIPLÁSTICO, CA adj. *Cerám.* Desgrasante

ANTÍPODA adj. y s. Lugar de la Tierra opuesto diametralmente a otro: *las regiones de Buenos Aires y Nankín son antípodas.* ‖ Dícese de los habitantes de ambos lugares.
— *Quím. Antípodas ópticos,* v. INVERSO.

ANTIPODAL adj. Relativo o perteneciente a los antípodas: *dos puntos antipodales se hallan opuestos diametralmente.*

ANTIPODARIA f. *Geom.* Curva que tiene por podaria otra curva determinada: *la antipodaria del caracol * de Pascal es una circunferencia.*

ANTIPOLILLA adj. y s. *Text.* Dícese del producto cuyo olor ahuyenta las polillas (naftalina), del insecticida que las destruye (D.D.T.) y de un tratamiento que se aplica a la lana para protegerla contra dichos insectos y que consiste en impregnarla con otros productos químicos.

ANTIPROTÓN m. *Atom.* Antipartícula del protón, de carga negativa. (V. ANTIMATERIA y ANTIPARTÍCULA.)

ANTIPULSADOR m. *Mec.* Dispositivo que se acopla a un motor de gas con objeto de mantener constante la presión en las tuberías que lo alimentan. (V. ANTIFLUCTUADOR.)

ANTIRRADAR adj. *Mil.* Dícese de los dispositivos utilizados para engañar al enemigo perturbando las indicaciones que le suministran sus aparatos de radar.
— Los métodos *antirradar* constituyen uno de los múltiples aspectos de la "guerra de las ondas". Los hay de dos clases: activos y pasivos. Los primeros consisten en emisiones parásitas, de igual longitud de onda que la del radar, con objeto de

hélice antipar

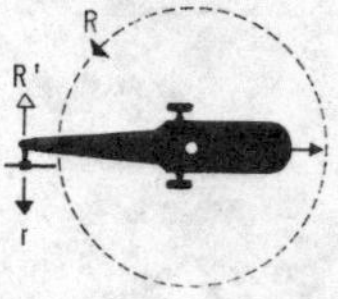

r = R' (estable)

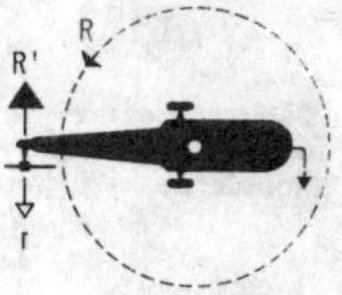

r menor que R''
(viraje hacia la derecha)

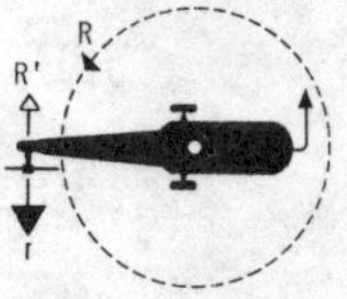

r mayor que R'
(viraje hacia la izquierda)

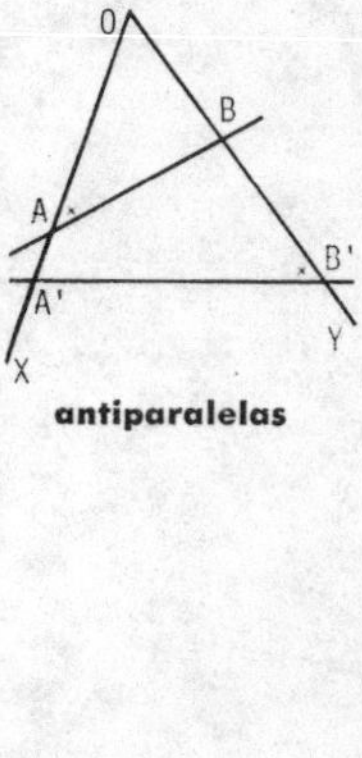

antiparalelas

que en la pantalla de éste aparezcan imágenes ininteligibles: los segundos se fundan en principios muy diferentes y, claro está, son secretos. Durante la última guerra mundial los aviones aliados esparcían en el aire grandes cantidades de cintas de papel metalizado que, al reflejar las ondas de los radares alemanes, daban imágenes de aviones inexistentes. Por su parte, los alemanes embadurnaban los submarinos con revestimientos a base de hierro pulverulento y de dieléctricos plásticos que tenían la propiedad de absorber las ondas de radar y de suprimir así el eco que podría revelar su presencia.

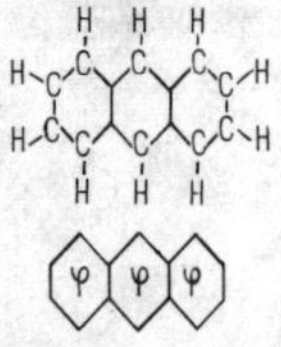

antraceno
fórmula estructural y símbolo de la misma

ANTIRREFLECTOR, RA adj. *Fot.* y *Ópt.* Dícese de la finísima capa de fluoruro que se aplica sobre los lentes para disminuir las reflexiones de luz.
— La superficie de los lentes refleja una parte de la luz incidente y, en el caso de objetivos de varios lentes, este fenómeno presenta dos inconvenientes: por una parte, la luminosdad del objetivo disminuye sensiblemente; por la otra se da el caso de que la luz reflejada hacia el exterior por un lente, vuelve a serlo hacia el interior por otro y la suma de las reflexiones múltiples vela ligeramente la imagen y reduce su contraste.
Estas reflexiones parásitas desaparecen casi por completo cuando se cubren los lentes con una capa transparente de espesor tal —del orden de 0,1 micrón— que las ondas luminosas reflejadas por una de sus caras provoquen, con las de la otra, interferencias que las destruyen mutuamente. La capa *antirreflectora* o *antirreflejo* se aplica mediante la disposición de los lentes en una cámara, practicando el vacío en la misma e introduciendo en ella vapores de fluoruros que se condensan en la superficie del cristal. Esta operación se llama también *azulado*, porque la capa fluorada tiene, las más de las veces, este color, aunque los mejores resultados se obtienen cuando dicha capa es de color purpúreo.

ANTIRREFLEJO adj. *Fot.* y *Ópt.* Antirreflector.

ANTIRROBO adj. y s. m. *Autom.* Todo dispositivo para impedir el robo de un coche.
— Nada puede impedir el robo de un coche si los ladrones disponen de medios eficaces (batería de repuesto, vehículo provisto de grúa, etc.). Pero las más de las veces basta proteger el coche mediante la aplicación de alguno de los dispositivos *antirrobo* ordinarios: cerradura* de seguridad, que corta el contacto o que inmoviliza la dirección con su pestillo, o bien interruptor de cerradura dispuesto en la batería.

ANTIRROTATORIO, RIA adj. *Tecn.* Dícese de todo lo que se opone a un movimiento rotatorio. (Sinón. ANTIGIRATORIO.)
— Los *cables antirrotatorios* se usan en las minas y en todos aquellos casos en que sea necesario que no giren las cargas o cosas que de ellos se suspenden. Unos son planos, constituidos por varios cables menores (torones) ligados entre sí con alambres o cordones: otros son redondos, como los cables ordinarios, pero se distinguen de éstos por constar de varias capas de torones cada una de las cuales se halla enrollada en sentido inverso de la siguiente, con lo cual se anulan las fuerzas que tienden a hacer girar los cables corchados en un solo sentido.

ANTISIGMA m. *Atom.* V. SIGMA.

ANTISÍSMICO, CA adj. *Arq.* Dícese de las construcciones especialmente previstas para que puedan resistir a los movimientos sísmicos.
— No existe ningún método que permita a un edificio resistir a los terremotos de cierta importancia. Sin embargo, en zonas de intensa actividad sísmica, han dado buenos resultados las casas pequeñas, sin pisos, ligeras, hechas con un buen cemento armado, asentadas sobre una losa del mismo material y formando cuerpo con ella.

ANTITELA adj. *Pint.* Agente que se agrega a las pinturas y barnices grasos para retardar o evitar la formación de telas o películas en su superficie. (Sinón. ANTIPELÍCULA.)

ANTITÉRMICO, CA adj. *Tecn.* Que opone resistencia al paso del calor: *las calderas acuotubulares modernas tienen ventanillos antitérmicos desde los que puede observarse su interior con cámaras de televisión.*

ANTIVELO m. *Fot.* Substancia que, como el bromuro de potasio, se agrega a un revelador para atenuar o eliminar completamente cierto velo de la imagen que se forma durante el revelado.

ANTIVIBRÁTIL adj. *Acúst.* Dícese de las materias poco sensibles a los choques y vibraciones, algunas de las cuales se usan para insonorizar.

ANTOXANTINA f. *Quím.* Principio colorante de las flores amarillas.

ANTRAC, prefijo derivado del griego *anthrax, antrakos,* que significa *carbón,* y cuya presencia en una palabra indica que la cosa designada guarda alguna relación con el carbono.

ANTRACENO m. *Quím.* Carburo aromático, de fórmula $C_{14}H_{10}$.
— El *antraceno* es un sólido blanco, cristalizado, que funde a 217º y hierve a 351º. Se fabrica a partir del alquitrán de hulla, separando en primer lugar la fracción de aceites antracénicos, que hierve alrededor de 350º. Éstos se tratan con diversos solventes para eliminar los demás constituyentes y el residuo, después de haber sido sublimado, contiene 98 % de antraceno.
El antraceno es la materia primera de no pocos productos químicos. Tuvo importancia considerable en la fabricación de antraquinona y de sus numerosos colorantes. La antraquinona suele prepararse hoy a partir del naftaleno.

ANTRÁCIDOS m. pl. *Quím.* Familia de compuestos que tienen por tipo el carbono. (Sinón. CARBÓNIDOS.)

ANTRACÍFERO, RA adj. *Miner.* Que contiene antracita: *los yacimientos antracíferos son raros.*

ANTRACITA f. *Miner.* El más antiguo y denso de los carbones minerales y el que más calor desprende.
— La *antracita* verdadera es un carbón relativamente raro. Tiene una densidad de 1,6 (en vez de 1,35 en la hulla ordinaria) y el aspecto brillante, las caras cóncavas o convexas y las aristas cortantes de los fragmentos de vidrio negro. Como contiene pocas materias volátiles (generalmente menos de 6 %), arde con una llama muy corta, sin humo, pero desprende intenso calor (8 000 kcal/kg).
De estas características resulta que la antracita se enciende difícilmente, respecto a los otros carbones, y requiere un buen tiro en las chimeneas. Pero, una vez que ha prendido, puede arder lentamente con poquísimo aire, por cuya razón se usa en estufas y hogares de fuego continuo.
Como los yacimientos importantes de verdadera antracita son raros, el precio de este carbón es elevado y justifica la fabricación industrial de combustibles destinados a los mismos usos, como son las briquetas* y la antracita artificial, que se obtiene eliminando una parte de las substancias volátiles de carbones ordinarios mediante destilación parcial de los mismos.

ANTRACITOSO, SA adj. *Miner.* Parecido a la antracita. ‖ *Carbón antracitoso,* carbón algo menos duro que la antracita y un poco más rico que ésta en substancias volátiles.

ANTRACOLÍTICO, CA adj. y s. *Geol.* Voz, poco usada, con que se designa el conjunto formado por los sistemas carbonífero y pérmico. (V. ESTRATIGRAFÍA.)

ANTRAFLÁVICO, CA adj. *Quím.* Dícese de un ácido preparado a partir de la antraquinona.

ANTRAFLAVONA f. *Quím.* Materia colorante amarilla obtenida por oxidación de un derivado metílico de la antraquinona.

ANTRAGALOL m. *Quím.* Colorante pardo que puede obtenerse por condensación del ácido ftálico y del pirogalol, o bien por la del ácido agállico sobre el ácido benzoico.

ANTRAMINA f. *Quím.* Amina derivada del antraceno.

ANTRANILATO m. *Quím.* V. ANTRANÍLICO.

ANTRANÍLICO, CA adj. *Quím.* Dícese de un ácido nitrogenado que se prepara tratando la ftalamida con bromo y sosa. (Sinón. CARBANÍLICO.)
— Este ácido, al ser calentado, se descompone en anilina y gas carbónico. Tratándolo con ácido cloracético se obtiene la síntesis del índigo. Uno de sus derivados, el antranilato de metilo, es el constituyente de la esencia de la flor del naranjo.

ANTRAQUINONA f. *Quím.* Compuesto de fórmula $C_{14}H_8O_2$, obtenido por oxidación del antraceno, a partir del cual se fabrican colorantes.
— La *antraquinona* se presenta en forma de cristales amarillos que funden a 285º y son subli-

mables. Puede fabricarse por oxidación del antraceno con una mezcla sulfocrómica o por condensación entre el benceno y el anhídrido ftálico. La antraquinona se fabrica en grandes cantidades, pues de ella se derivan numerosos productos químicos, especialmente toda la serie de colorantes antraquinónicos *, entre los cuales figura en primer lugar la alizarina.

ANTRAQUINÓNICO, CA adj. *Quím.* Aplícase a los compuestos derivados de la antraquinona.
— *Colorantes antraquinónicos.* Cuando se combina la antraquinona con los radicales auxocromos OH, NH_2, NR_2, se pueden obtener tres series de colorantes: las *hidroxiantraquinonas* (alizarina, anaranjado de alizarina, azul de alizarina, antragalol, purpurina, etc.); las *aminoantraquinonas* (verde de alizarina, cianina, indantreno, etc.) y las *hidroxiaminoantraquinonas.*

ANTROPOQUÍMICA f. *Quím.* Parte de la química que trata de los tejidos y humores del cuerpo humano.

ANUDADOR m. *Mec.* Dispositivo automático para hacer nudos, como el que tienen ciertas segadoras para atar las gavillas.

ANULADOR m. *Tecn.* Aparato eléctrico, mecánico, neumático o de otra índole que sirve para anular o borrar alguna señal o indicación.

ANULAR adj. Que tiene forma de anillo o que guarda relación con él.
— *Aeron. Ala anular,* v. ALA.
— *Astr. Eclipse anular,* v. ECLIPSE.

ANVERSO m. *Art. gráf.* La primera cara que se imprime en un pliego y la forma o plancha con que se efectúa su impresión, también llamada *impresión del blanco.*

ANZOLADO, DA adj. Que tiene forma de anzuelo, está provisto de anzuelos o se ha cogido en ellos.

ANZUELO m. *Mar.* Ganchillo con la punta arponada que sirve para pescar.
— Según los peces que se pesquen y las modalidades de la pesca, se usan *anzuelos* de tipos muy diferentes. Ateniéndose a la forma, los hay planos y combados (o sea torcidos, de modo que cuando se ponen sobre una superficie plana su punta forma un ángulo con ésta); de curvatura redonda o cuadrada; de sección filiforme o forjados (que tienen el alambre aplastado en la parte curva, lo cual les confiere mayor rigidez). También se usan anzuelos dobles, triples y cuádruples. Los anzuelos empleados para pescar presas muy grandes, especialmente atunes y géneros afines, tienen un grillete giratorio para impedir que se enrolle excesivamente el sedal.

AÑADIDO m. *Art. gráf.* Lo que el autor añade al original o las pruebas.

AÑAFE f. *Papel. Amer.* Añafea.

AÑAFEA f. *Papel.* Nombre, poco usado, del *papel de estraza.*

AÑIL m. *Bot.* y *Text.* Género de plantas papilionáceas entre las cuales figuran los arbustos llamados científicamente *Indigofera tinctoria* e *I. anil,* respectivamente originarios de África y de América, que suministran una materia colorante azul llamada *añil* o *índigo.* ‖ Indigotina.
— La *extracción del añil* se obtiene por métodos muy simples, puesto que basta con dejar macerar en agua el tallo y las hojas de las plantas, y batir después el líquido, para que se deposite en el fondo de la cuba un precipitado de añil.
No obstante, la fabricación de añil natural ha perdido todo su interés desde que se produce industrialmente por síntesis. (V. ÍNDIGO.)

AÑILAR v. *Text.* Teñir con añil.

AÑINA f. *Text.* Lana del cordero que se esquila por primera vez.

AÑINO, NA adj. y s. *Curt.* Dícese de las pieles procedentes de corderos que no tenían más de un año.

AÑO m. *Astr.* Tiempo que dura la revolución completa de un planeta alrededor del Sol: *el año marciano dura 687 días y 23 horas terrestres.* ‖ En el caso de la Tierra, período de tiempo, más o menos diferente del que acaba de definirse, fundado en algún otro criterio astronómico, económico, religioso o social. ‖ *Año de luz,* distancia recorrida por la luz en un año y en el vacío, igual a 9,461 billones de km o a 0,307 parsec: *el año de luz es la unidad de distancia usada en astronomía estelar, conjuntamente con el parsec.*
— Para medir el tiempo que dura una revolución completa de la Tierra alrededor del Sol, es preciso determinar un punto que sirva de referencia inicial y final. Como los movimientos relativos entre el Sol y la mayor parte de las estrellas son aparentemente nulos, se puede adoptar como punto de partida y llegada de la Tierra la prolongación de una línea que pase por una estrella y el centro del Sol. Cada vez que la Tierra dé una vuelta completa alrededor del Sol, los tres astros se hallarán de nuevo exactamente alineados. El tiempo que transcurre entre dos pasos sucesivos por dicha posición se llama *año sideral* o *sidéreo* y es igual a 365 días, 6 horas, 9 minutos y 9 segundos (365,25636 días).
En el *año trópico* se adopta como referencia el paso de la Tierra por el equinoccio de primavera y, como este punto retrocede mientras dura la revolución del planeta, el año así definido es más corto que el sideral y es igual a 365 días, 5 horas, 48 minutos y 46 segundos (365,2422 días). El año trópico ha servido de base para fijar la duración del segundo en tanto que unidad internacional de tiempo. Como este año se reduce de 0,53 segundo por siglo, se ha convenido en tomar como base el valor que tuvo en 1900.
El *año anomalístico* es el tiempo que transcurre entre dos pasos consecutivos del Sol por el perigeo de su órbita aparente. Ahora bien, el plano de esta órbita gira a razón de 11'' por año en el mismo sentido que la Tierra. Por consiguiente, al alcanzar de nuevo dicho punto el planeta cumple más de una revolución y el año anomalístico es más largo que el año sideral, pues dura 365 días, 6 horas, 13 minutos y 53 segundos (valor que tenía en 1900, pues este año aumenta de 0,27 segundo por siglo).
Se da el nombre de *año astronómico* al año trópico que, por convención, empieza cuando la longitud media del Sol es de 280°. Gracias a la existencia de años bisiestos, dicho momento cae siempre en la misma fecha, que es la del primero de enero.
El año trópico no comprende un número entero de días, lo cual es incompatible con las exigencias de las actividades humanas. De ahí la institución de un *año civil* o *año gregoriano* cuya duración media es de 365 días, 5 horas, 49 minutos y 12 segundos y que resulta de la existencia de tres años comunes y sucesivos de 365 días, seguidos de un año bisiesto de 366 días (cuyo día suplementario es el 29 de febrero). No se consideran como bisiestos los años seculares indivisibles por 400 (1900 no fue pues bisiesto, pero el año 2000 lo será). Con este sistema han de pasar 4 000 años antes de que el año civil y el año trópico difieran de un día entero.
El año civil de los musulmanes es un *año lunar* cuyos 12 meses, fundados en otras tantas lunaciones, duran alternativamente 29 y 30 días, con

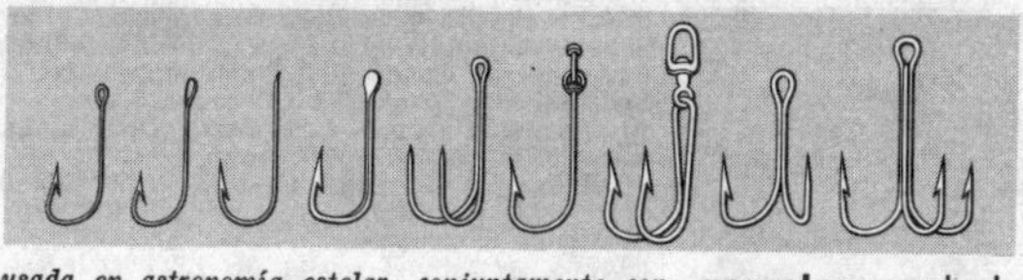

anzuelos y modo de fijarlos al sedal

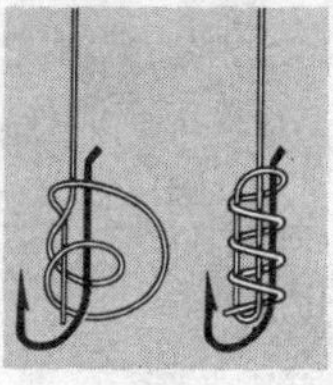

años

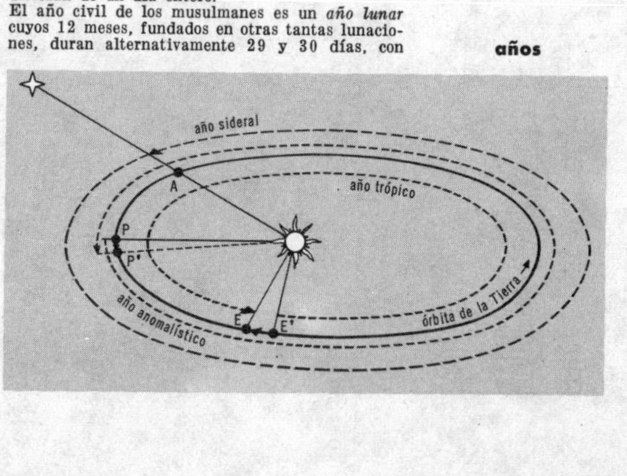

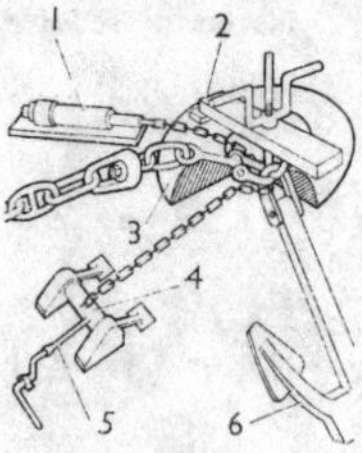

aparejo del ancla *(mar.)*
1. Tensor; 2. Travesaño; 3. Escobén; 4. Disparador; 5. Palanca; 6. Ancla

un total de 354 días. No obstante, cuando el año llega a su término el día que precede a la Luna nueva, se le da un día suplementario, con lo cual, de cada 30 años, 11 tienen 355 días.
El año común del calendario israelita consta también de 12 meses lunares, con meses de 29 ó 30 días, y puede contar un número variable de días: 353 (año defectivo), 354 (año regular) o 355 (año abundante).
El *año embolismal* consta de 13 lunaciones y también puede ser defectivo (383 días), regular (384) o abundante (385). [V. CALENDARIO.]

AOVADO, DA adj. En forma de huevo.

AOVILLAR v. Enrollar en forma de ovillo. ‖ Encogerse y formar ovillo.

APAGADO, DA adj. y s. Que ha cesado de arder. ‖ Operación consistente en apagar alguna cosa.
— *Acúst.* Pieza forrada de lana, fieltro u otras materias que, al ser aplicada contra las cuerdas de un piano *, hace cesar sus vibraciones.
— *Constr. **Cal apagada,*** v. APAGAR y CAL.
— *Pint.* Dícese de los colores bajos de tono.

APAGAR v. Extinguir lo que arde o alumbra.
— *Constr.* Apagar la cal, hidratar la cal * viva para transformarla en cal apagada propia para hacer morteros.
— *Metal. Apagar el hierro,* sumergirlo en el agua, después de haberlo labrado en caliente, para que se enfríe.
— *Pint.* Bajar el tono de los colores demasiado vivos.

APAINELADO, DA adj. *Arq. Arco apainelado,* el de carpanel. (V. ARCO.)

APAISADO, DA adj. *Art. gráf. Casado apaisado,* v. CASADO.

APALANCAR v. *Art. y of.* Ejercer un esfuerzo sobre una cosa sirviéndose de palancas.

APALEAR v. *Art. y of.* Sacudir, varear una cosa. ‖ Remover una materia con pala.
— *Agr.* Aventar el grano echándolo al aire con palas.

APANALADO, DA adj. Dícese de lo que forma celdillas yuxtapuestas, a modo de panal de abejas: *las alas de ciertos aviones modernos tienen interiormente una estructura apanalada.* (V. PANAL.)

APANTANAR v. Anegar o encenagar un terreno.

APAÑADO, DA adj. *Text.* Dícese de los tejidos semejantes o parecidos al paño.

aparejos *(arq.)*
1. Pelásgico; 2 y 3. Micenios; 4. Lidio; 5 a 7. Griegos ordinarios; 8. Emplecton; 9. De juntas engastadas; 10. Holandés; 11. Encadenado; 12. Mixto; 13. Chino; 14. De ladrillos; 15. Romano de llaves; 16. De dovelas

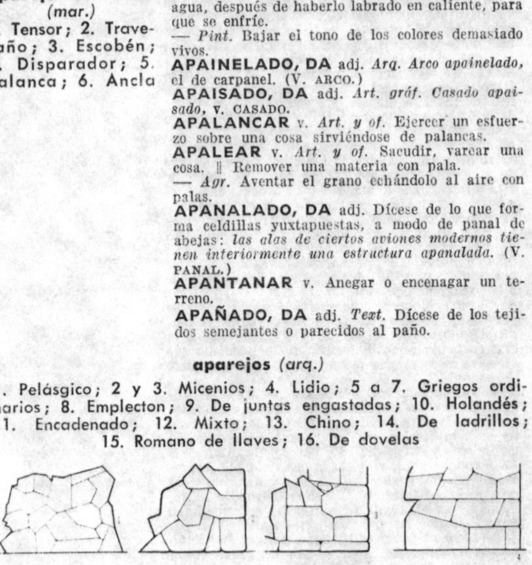

APARADURA f. Acción y efecto de aparar.
— *Mar.* Operación consistente en aparar * los tablones del barco. ‖ *Tablón de aparadura,* el primero del casco, a partir de la quilla, que encaja en el alefriz.

APARAR v. Igualar, aparejar dos cosas.
— *Curt.* Coser todas las piezas de la pala y caña del calzado antes de ponerle la suela.
— *Mar.* Igualar las juntas de los tablones, con azuelas y cepillos, para que el forro, o la cubierta, tengan una superficie lisa.

APARATO m. *Mar. Aparato de gobierno,* TIMÓN.
— *Mec.* Máquina, conjunto de mecanismos que sirve para hacer alguna cosa: *el aspirador de polvo es un aparato electrodoméstico *.* ‖ Familiarmente, el instrumento o máquina implicado en una circunstancia u ocasión, y así, tratándose de aviación, el aparato es el avión; en fotografía y cinematografía es la cámara; en el curso de una conversación telefónica se sobreentiende que es el teléfono, etc. ‖ *Aparato de alarma,* v. ALARMA.

APAREAR v. *Art. y of.* Ajustar, igualar dos cosas. ‖ Juntar o disponer las cosas de dos en dos.

APAREJAR v. *Art. y of.* Preparar o disponer lo necesario para efectuar una obra.
— *Mar.* Dotar a un barco de mástiles, jarcias y pertrechos necesarios para que pueda hacerse a la mar.
— *Pint.* Imprimar.

APAREJO m. *Art. y of.* Preparación o disposición de lo necesario para efectuar una obra o trabajo.
— *Arq.* Modo de disponer los sillares, ladrillos o mampuestos de una obra de fábrica.
— Los *aparejos* más corrientes son los que a continuación se indican: *aparejo belga,* el de ladrillos dispuestos alternativamente en una hilada a soga y otra a tizón, con las juntas de cada una de ellas situadas entre las de la otra; *aparejo ciclópeo,* el de piedras grandes e irregulares; *aparejo de cítara,* el de soga; *aparejo diatónico,* el que, en una misma hilada, tiene los sillares dispuestos alternativamente a soga y a tizón; *aparejo flamenco* o *gótico,* aparejo que, en cada hilada, tiene ladrillos a soga en alternancia con ladrillos a tizón (es *sencillo* cuando sólo se ve esta disposición en la fachada, y *doble* cuando aparece en los dos paramentos); *aparejo holandés,* aparejo de ladrillo con una hilada a tizón y la siguiente a soga y tizón; *aparejo inglés,* el de ladrillos con hiladas alternativamente a soga y a tizón dispuestas de tal forma que se corresponden verticalmente todas las juntas de las sogas y, por otra parte, todas las de los tizones: *aparejo isódomo* o *regular,* el que se hace con sillares iguales; *aparejo de llaves,* el de sillares a tizón; *aparejo a soga,* el que tiene todos los sillares o ladrillos dispuestos con el largo paralelo a la pared; *aparejo a tizón,* aparejo hecho con ladrillos o sillares dispuestos con su largo perpendicular al paramento.
— *Mar.* Conjunto de palos, vergas, jarcias y velas característicos de cada tipo de barco velero. (V. BERGANTÍN, BALANDRA, FRAGATA, GOLETA y VELA.) ‖ Conjunto de aparatos para echar y levar las anclas. ‖ Sistema de poleas para aumentar una fuerza (v. más abajo, *Mec.*).
— *Mec.* Sistema de poleas, también llamado *polispasto,* con el cual se multiplica la fuerza ejercida sobre una cuerda.
— Las *poleas del aparejo* forman dos grupos —uno fijo y otro móvil— y giran dentro de las cajeras de dos motones o cuadernales. La multiplicación de la fuerza que tira de la cuerda es proporcional al número de guarnes o ramales de cuerda entre roldanas que tiene el aparejo. El *aparejo de lanteón,* constituido por un motón fijo y una cuerda con ambos extremos libres, no da ninguna multiplicación y solamente sirve para invertir el sentido de un movimiento (p. ej., para izar una cosa hasta un punto inaccesible). El *aparejo sencillo* o *palanquín* tiene dos motones y dos guarnes y dobla, pues, la fuerza de tracción. El *aparejo de combés* consta de un cuadernal fijo de dos roldanas y un motón de una sola: la fuerza es multiplicada por tres, pues hay tres guarnes. Los *aparejos reales* se hallan constituidos por cuadernales de dos o más roldanas y, como en los ya citados, la multiplicación es proporcional al número de guarnes.

En suma, la resistencia R que se ha de vencer (p. ej., el peso de una carga) con un aparejo de *n* roldanas en el motón o cuadernal móvil queda reducida con arreglo a la fórmula $\frac{R}{2n}$ y, aplicando esta fórmula al aparejo real de cuatro guarnes, tendremos para levantar una carga de 160 kg:

$$\frac{160}{2 \times 2} = 40 \text{ kg.}$$

En realidad, todos los valores indicados son teóricos. Prácticamente el esfuerzo requerido es ligeramente mayor, pues se han de compensar los roces de las poleas y de la cuerda con las cajeras y el peso del motón o cuadernal móvil.
Los *aparejos diferenciales* se fundan en otro principio. El de Weston consta de un mecanismo superior formado por dos ruedas dentadas, de diámetro diferente, montadas sobre un mismo eje, y de una polea inferior que soporta la carga. La cadena pasa por la polea y engrana en las dos ruedas, de tal forma que, al mismo tiempo, se enrolla en una de ellas y se desenrolla en la otra. Por consiguiente, la carga sólo puede subir o bajar en una distancia igual a la diferencia existente entre el arco de circunferencia de que han girado. La reducción del peso de la carga puede ser muy grande, pues resulta de la fórmula:

$\frac{R - r}{2R}$ en la cual R es el radio de la polea mayor y *r* el de la menor.
El *aparejo helicoide* o *de tornillo sin fin* consta de una rueda dentada que engrana en una rosca sin fin. En el eje de la rueda va una polea por la que pasa la cadena que arrastra la carga, mientras que otra polea fija en el eje del tornillo sin fin sirve para pasar la cadena, menos fuerte, con que se maniobra. Un mecanismo de frenado impide que baje la carga por su propio peso.
Los aparejos de diferencial más potentes levantan cargas de hasta 20 toneladas. No obstante, para cargas tan importantes se usan generalmente grúas de puente.
— *Pint.* Imprimación * e ingredientes que sirven para hacerla.

APARENTE adj. *Electr. Potencia aparente,* v. POTENCIA. ‖ *Resistencia aparente,* v. IMPEDANCIA.
— *Mec.* Relativo *.
— *Ópt. Diámetro aparente,* v. DIÁMETRO.

APARTADERO m. *F. c.* Ramal que parte de una vía principal, en la cual se aparta un tren para dejar paso libre a otro, y que también puede servir para apartar vagones o para el servicio particular de alguna fábrica o instalación industrial o comercial.

APARTADO m. *Metal.* Extracción y afino del oro contenido en la amalgama *.

APARTADOR, RA adj. y s. *Art. y of.* Nombre de diversos aparatos que sirven para apartar o separar unas cosas de otras. ‖ Recipientes que se usan para afinar el oro y la plata tratándolos con ácidos.

APARTAMIENTO m. *Astr. Apartamiento de meridiano,* longitud de la parte de un paralelo terrestre comprendido entre dos meridianos.

APARTAR v. Separar, dividir: *apartar las distintas clases de lana de un vellón.*
— *Metal.* Separar el oro amalgamado con mercurio o mezclado con otros metales.

APATITA f. o **APATITO** m. *Miner.* Fosfato de calcio natural mezclado con pequeñísima proporción de flúor o de cloro.
— La *apatita,* que también existe en los tejidos óseos, se halla presente en las rocas eruptivas, cristalizada o en estado terroso. Algunas de sus variedades, llamadas fosforitas, se usan como abono.

APEADERO m. *F. c.* Punto donde se paran los trenes de viajeros, pero que carece de las instalaciones y servicios de una verdadera estación: *los trenes rápidos no suelen detenerse en los apeaderos.*

APEAMIENTO m. *Constr.* Apeo.

APEAR v. *Carp.* Talar un árbol.
— *Constr.* Sostener una construcción, el terreno, etc., con alguna armazón u obra provisional.
— *Topogr.* Deslindar o medir los edificios, tierras y propiedades en general.

APEINAZAR v. *Carp.* Ensamblar una obra de carpintería con peinazos.

APELAMBRAR v. *Curt.* Tratar las pieles con pelambre * para que pierdan los pelos antes de ser curtidas.

APELMAZAR v. Apiñarse, ponerse muy compacta o formar grumos una materia pulverulenta, granular o fibrosa: *el algodón se apelmaza en las balas, el azúcar en los sacos y la carbonilla en los hogares.*

APEO m. *Constr.* Armazón, obra de fábrica y todo sostén provisional con que se apea una construcción o terreno.
— *Carp.* Tala o corta de un árbol por su pie.
— *Topogr.* Acción de deslindar o medir los edificios, fincas rústicas y terrenos en general.

APERGAMINARSE v. Acartonarse, tomar consistencia o aspecto del pergamino.

APERIÓDICO, CA adj. *Fís.* Dícese de los fenómenos que llegan a ser estables sin haber experimentado oscilaciones y de los aparatos cuyos órganos móviles alcanzan su régimen sin oscilar en torno de él: *en un voltímetro aperiódico, la aguja indicadora pasa directamente del cero al número que expresa el voltaje de la corriente sin rebasarlo ni volver atrás.*
— *Radiot.* Para suprimir las oscilaciones de un circuito periódico, basta con intercalar en el mismo una resistencia de valor suficiente. Como el *circuito aperiódico* no tiene una frecuencia determinada, puede adaptarse a la recepción de gran número de emisoras radiotelegráficas.

APERTURA f. Abertura en todas sus acepciones.

APESANTEZ f. *Astron.* Ingravidez.

ÁPEX m. *Astr.* Punto del espacio, situado en la constelación de Hércules, hacia el cual parecen dirigirse el Sol y los astros que en torno de él gravitan.
— El Sol sigue un movimiento que, aparentemente, lo dirige hacia la estrella Vega a la velocidad de 19,5 km/s. En realidad, si en vez de determinar este movimiento en relación con las estrellas vecinas del Sol, se considera el conjunto de la galaxia, se comprueba que la dirección efectiva del sistema solar forma un ángulo de unos 30º con la del *ápex.*

APICIFORME adj. *Miner.* Dícese de los cristales formados por agujas convergentes.

APICULTURA f. Arte de criar abejas con objeto de explotar sus productos. (V. AHUMADOR, CERA, COLMENA, DESOPERCULAR y EXTRACTOR.)

APILADO m. Acción de apilar.
— El *apilado de las materias granuladas* se efectúa mecánicamente con transportadores de correa sin fin o de cangilones, grúas de cuchara, proyectores de aire comprimido, funiculares, etc. La forma y dimensiones de los montones no siempre son empíricas, pues en ciertos casos conviene tener cuenta del talud* natural propio de cada materia y en otros de los inconvenientes que pueden resultar de apilarlas en montones demasiado grandes (apelmazamiento, calentamiento interno de la masa, incendio). Tratándose, por ejemplo, de lignito y de ciertos carbones muy fragmentados es prudente no formar montones de más de cinco metros, pues no es raro que los apilamientos mayores prendan fuego espontáneamente. Este riesgo disminuye cuando se trata de carbones geológicamente viejos (que se encienden difícilmente) o de fragmentos gruesos, que confieren cierta porosidad al montón y permiten su aireación.
— *Carp.* El *apilado de la madera* responde a dos necesidades, pues se trata no solamente de almacenarla sino también de asegurar su secado natural. No obstante, las exigencias de la industria moderna no siempre son compatibles con la lentitud de esta operación y hoy se recurre cada vez en mayor escala al secado artificial. (V. SECADO.)
— *Radiot. Antena apilada,* la que consta de varios elementos sobrepuestos.
— *Transp.* El *apilado* y transporte de pilas de productos en forma de hojas (papel, palastro, madera cruzada, etc.), barras (listones, perfilados metálicos, etc.), cubos, etc., se efectúa con vehículos especiales cuya plataforma puede elevarse altura bastante grande. (V. CARRETILLA.)

APILADOR, RA adj. y s. *Art. y of.* Dícese de todo aparato utilizado para formar pilas o montones de materias a granel o productos manufacturados. (V. APILADO.)

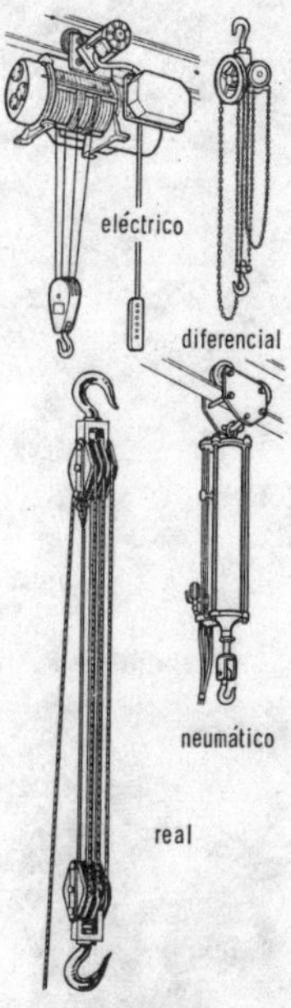

aparejos
(mec.)

APILAR v. Formar pilas o montones con las materias a granel o los productos manufacturados. (V. APILADO.)

APILO m. *Art. y of. Amer.* Montón.

APILONAR v. *Amer.* Apilar, amontonar.

APIQUE m. *Amer.* Pozo vertical de una mina.

APIREAR v. *Transp. Amer.* Acarrear, transportar mercancías de un lado a otro.

APIRITA f. *Miner.* Variedad de turmalina que debe su color rojizo a su excesivo contenido en manganeso.

APIRO, RA adj. *Fís.* Difícilmente fusible o alterable por la acción del fuego: *el cristal de roca es notablemente apiro.*

APISONADOR, RA adj. y s. *Obr. públ.* Dícese de la máquina que sirve para apretar los materiales del suelo y hacer que éste sea más compacto y resistente. ‖ Pisón.

— Las *apisonadoras de cilindros* son vehículos automóviles en los cuales las ruedas se hallan reemplazadas por dos *(apisonadora francesa)* o cuatro *(apisonadora inglesa)* rodillos de acero. También se usan de un sólo rodillo pequeño (rulo), que pueden ser automóviles o de tracción animal y hasta manual, para trabajos ligeros.

Las apisonadoras usadas para comprimir y alisar el firme de las carreteras pesan de 10 a 20 toneladas y cubren una superficie de unos dos metros de anchura. El número de pasadas necesarias para consolidar el firme depende de la naturaleza de éste. Cuando se trata de grava dura, se considera como terminado el apisonamiento desde el instante en que la apisonadora machaca una grava de cuatro o cinco centímetros, puesta sobre el firme, sin hundirla en éste.

Existen apisonadoras especiales, con los rodillos erizados de púas gruesas (pies de carnero), que sirven para efectuar una forma particular de compresión del suelo no pedregoso. (V. COMPACTAR.)

También pueden considerarse como apisonadoras los pisones neumáticos que se usan para apretar el hormigón y otros materiales por vibración *.

APISONAR v. *Obr. públ.* Comprimir, apretar las piedras, gravas, hormigón u otros materiales de un firme para dar a éste la necesaria consistencia y dureza. (V. APISONADORA.)

APITONAR v. *Mec. Amer.* Adelgazarse por el uso los extremos de los ejes que rozan con el cubo de las ruedas: *los ejes se apitonan y los cubos se abocinan.*

APIZARRADO, DA adj. *Miner.* Semejante o parecido a la pizarra.

APLANADERA f. *Art. y of.* Herramienta que sirve para aplanar o alisar alguna superficie plástica. ‖ Aplanadora.

— *Constr.* Herramienta con una zapata plana, a modo de pisón, para aplanar el suelo.

— *Metal.* Llana especial para alisar las paredes de los moldes de arena en que se ha de vaciar el metal.

APLANADOR, RA adj. y s. *Art. y of.* Dícese de las herramientas que sirven para aplanar, como el *aplanador de los herreros,* que es un martillo pesado para labrar superficies planas en el hierro candente, y el *de los plomeros,* que sirve para aplanar la hoja de plomo. ‖ Aplanadera.

— *Obr. públ.* Toda máquina utilizada para nivelar el terreno. (Sinón. NIVELADORA.)

APLANAMIENTO m. Acción y efecto de aplanar o aplanarse una cosa.

— *F. c.* Hundimiento del balasto, que se traduce por una desnivelación de la vía.

— *Geol.* Nivelación del terreno por los agentes externos (erosión del viento y del agua, sedimentación, abrasión por los heleros, etc.).

APLANAR v. *Art. y of.* Allanar, alisar una superficie. ‖ Aplastar una cosa para conferirle una forma plana.

APLANAT m. *Fot.* Objetivo aplanético.

APLANÁTICO, CA adj. *ópt.* Aplanético.

APLANATO m. *Fot.* Objetivo aplanético *.

APLANÉTICO, CA adj. *ópt.* Dícese de las lentes, espejos, objetivos, etc., que no presentan las aberraciones geométricas llamadas aberración esférica, astigmatismo y coma: *los objetivos aplanéticos también se llaman aplanatos y objetivos rectilíneos.* (V. APLANETISMO.)

APLANETISMO m. *Ópt.* Calidad de los sistemas ópticos aplanéticos.

— El acromatismo elimina las aberraciones debidas a la diferencia de longitud de onda que existe entre las distintas radiaciones de la luz, mientras que el *aplanetismo* significa la corrección de las aberraciones de tipo geométrico, cuales son la aberración de esfericidad, el astigmatismo y la coma. Un sistema aplanético reúne las dos condiciones siguientes: todos los rayos luminosos procedentes de un punto del objeto situado en el eje óptico, han de converger en un mismo punto del propio eje; la convergencia puntual de los rayos debe producirse también cuando los puntos de la imagen se hallan fuera del eje óptico.

El aplanetismo ha de ser riguroso en los objetivos de microscopio. En cambio, siempre resulta imperfecto en los espejos parabólicos. Por eso los grandes telescopios reflectores solamente dan una imagen puntual de las estrellas situadas en su zona central, y tanto más deformada por la coma cuanto más periférica es su posición.

APLANETO m. *Fot.* Aplanat o aplanato.

APLANTILLAR v. *Art. y of.* Diseñar las plantillas que han de servir para labrar las distintas piezas de una obra de fábrica, zapato u otras construcciones u objetos. ‖ Labrar o construir algo con arreglo a las plantillas o patrones preparados con dicho fin.

APLASTADOR, RA adj. y s. *Art. y of.* Instrumento o máquina usado para aplastar alguna materia.

APLAUDÍMETRO o **APLAUSÓMETRO** m. *Electrón.* Aparato registrador de la intensidad y duración de los aplausos, que permite a los empresarios y realizadores de espectáculos sacar deducciones sobre el éxito de los mismos.

APLICABLE adj. Dícese de lo que puede ser pegado o aplicado contra una cosa.

— *Geom.* Dícese de dos superficies cuando se pueden hacer corresponder todos sus puntos dos a dos y que por cada arco infinitamente pequeño de una de ellas, exista un arco igual en el punto correspondiente de la otra: sobre una esfera de rayo R, cuya curvatura es, por consiguiente, de $\frac{1}{R^2}$, son aplicables todas las superficies que tienen la misma curvatura total, o sea cuyas dos curvaturas principales arrojan un producto igual a $\frac{1}{R^2}$.

APLICACIÓN f. *Art. y of.* Acción de cubrir una superficie con una capa de pintura o barniz, o de fijar sobre ella alguna otra materia, un aplique o cualquier otro adorno.

— *Carp. Madera de aplicación,* madera fina en chapa usada en ebanistería y labores de taracea.

APLIQUE m. *Art. y of.* Toda pieza que se fija sobre un muro, puerta y otras superficies y que, independientemente de su utilidad práctica, siempre es más o menos decorativa: *una puerta adornada con apliques de bronce; una habitación alumbrada por apliques.*

APLITA f. *Miner.* Granito a base de cuarzo y feldespatos alcalinos, cuyos granos son tan pequeños que no se distinguen a simple vista.

APLOMAR v. Lastrar, aumentar el peso de una cosa. ‖ Poner a plomo o vertical.

— *Constr.* Comprobar con la plomada la verticalidad de la obra que se está haciendo.

— *Mar.* Colocar perpendicularmente a la quilla las cuadernas del barco que se empieza a construir.

APLOMO m. *Constr.* Plomada de albañil.

APOASTRO m. *Astr.* Punto de una órbita en que un astro se halla a la mayor distancia posible de otro astro principal alrededor del cual

apisonadoras

de neumáticos

de rulo vibratorio

de cilindros y de púas

Fot. A. Dumay, J. Dumontier, H. Baranger

gravita: *el apoastro de los planetas se llama afelio y el de la Luna y los satélites artificiales, apogeo.*

APOCROMÁTICO, CA adj. y s. *Ópt.* Dícese del objeto parcial o totalmente corregido de sus aberraciones cromáticas. (Sinón. ACROMÁTICO.)
— Un objetivo de microscopio se considera como *apocromático* cuando tiene corregidas por lo menos tres radiaciones dferentes. En cambio, los objetivos fotográficos han de tener corregidas todas las radiaciones del espectro, especialmente para impresionar emulsiones en colores.

APÓFIGE f. *Arq.* Parte curva que, en una columna, enlaza el fuste con el capitel o la basa.

APOGEO m. *Astr.* Punto de la órbita de la Luna o de un satélite artificial en que ambos cuerpos se hallan a la máxima distancia de la Tierra. (V. SATÉLITE.) ‖ Punto en que el Sol se halla lo más lejos posible de la Tierra.
— El Sol describe un movimiento de revolución aparente en torno de la Tierra y de ello se desprende que su *apogeo* corresponde a lo que, para nuestro planeta, es el afelio.

APOJOVIO m. *Astr.* Apoastro de los satélites de Júpiter, opuesto al perijovio.

APOLUNIO m. *Astr.* Apoastro de un satélite de la Luna. (Sinón. APOSELENIO.)

APOMAZAR v. *Art. y of.* Frotar, alisar o pulir algo con la piedra pómez.

APONTAJE m. *Aeron.* y *Mar.* Apontizaje.

APONTAR v. *Aeron.* y *Mar.* Apontizar.

APONTIZAJE m. *Aeron.* y *Mar.* Toma de contacto del avión con el puente del portaaviones. (Sinón. APONTAJE.)
— El *apontaje* sigue siendo una operación delicada incluso en los portaaviones mayores y más

modernos, pues la plataforma de éstos no deja de ser mucho menor que las pistas de aterrizaje y de acceso considerablemente más difícil. El piloto del avión, después de haber alineado la trayectoria del aparato con el eje de la plataforma, se dispone a aterrizar y observa las indicaciones que le da desde el portaaviones un hombre que agita dos señales manuales en forma de raquetas. Si la velocidad, la trayectoria o el ángulo de vuelo del avión parecen peligrosos, el *oficial de apontizaje* ordena al piloto que prosiga el vuelo y proceda a efectuar una nueva tentativa. Cuando el avión ha aterrizado es frenado enérgicamente, por lo general, mediante un gancho que lleva debajo del fuselaje, hacia la cola, y que se engancha en alguno de los cables de caucho dispuestos transversalmente a escasa altura del puente. Según se ha demostrado experimentalmente el apontizaje podría ser automático. Merced a un aparato de radar y a radiofaros que indicaran al piloto, con toda exactitud, la dirección y la pendiente que ha de seguir el aparato, éste podrá posarse con relativa seguridad. Incluso se han probado con éxito pilotos electrónicos capaces de accionar automáticamente los mandos de acuerdo con las indicaciones suministradas por una calculadora electrónica que integra los datos del radar encargado de seguir al aparato.

APONTIZAR v. *Aeron.* y *Mar.* Aterrizar el avión sobre el puente del portaaviones. (Sinón. APONTAR.)

APOPAMIENTO m. *Mar.* Exceso de calado de la popa respecto a la proa.

APORCADOR m. *Agr.* *Arado aporcador,* v. ARADO.

APOREO m. *Mat.* Problema cuya solución se considera como imposible: *la cuadratura del círculo es un aporeo.* ‖ Por ext., problema muy difícil.

APORTADERA f. *Agr.* Recipiente de pipería, en forma de medio tonel ovalado, provisto de dos asas, usado principalmente para la vendimia y el transporte de la uva al lagar.

APORTICADO, DA adj. En forma de pórtico.

APORTILLAR v. *Constr.* Abrir un portillo o una brecha en una pared. ‖ Desplomarse en parte una pared, abrirse en ella un boquete o brecha.

APOSAFRANINA f. *Quím.* Colorante derivado de la fenosafranina por pérdida de un radical aminógeno NH_2. (Sinón. BENCINDULINA.) ‖ Nombre genérico dado a los colorantes del mismo tipo, como son las rosindulinas e isorosindulinas.

APOSAFRANONA f. *Quím.* Colorante que se obtiene tratando la aposafranina con ácido sulfúrico: *la aposafranona, también llamada bencindulona, tiñe de rojo el algodón en presencia de mordientes.*

APOSELENIO m. Astr. Apolunio.

APOSTURAJE m. *Mar.* Última pieza de la varenga. (Sinón. BARRAGANETE.)

APOTEMA f. *Geom.* Perpendicular trazada desde el centro de un polígono regular a uno de sus lados. ‖ Altura de las caras triangulares de una pirámide regular, o sea perpendicular trazada desde el vértice de la misma hasta uno de los lados de la base.

APOYO m. Todo lo que mantiene algo en equilibrio, lo sostiene o asegura su solidez. ‖ *Altura de apoyo,* la altura del codo, que sirve de base para fijar la de una ventana, un mueble, pretil y otras construcciones.
— *F. c. Placa* o *zapata de apoyo,* placa metálica dispuesta debajo del riel en las uniones, los cruces y otros puntos donde la vía se halla sometida a algún esfuerzo particular.
— *Mec.* Punto en que una viga cede al muro o a una columna una parte de los esfuerzos que soporta. ‖ Arranque del pie de una armadura metálica, de un puente, etc.: *un pórtico de acero con apoyos de rótula.* ‖ *Punto de apoyo,* v. PALANCA.
— El *apoyo* es un punto fijo en torno al cual la fuerza motriz y la resistencia tienden a ponerse en equilibrio contra el movimiento. Existen cuatro clases de dispositivos de enlace que permiten el apoyo entre los elementos de un sistema mecánico: *apoyo simple, empotramiento, articulación* y *suspensión.*

APPERTIZACIÓN f. *Ind. alim.* Procedimiento de conservación de los alimentos por esterilización en caliente dentro de recipientes cerrados herméticamente. (V. CONSERVA.)

APRESTADO m. *Text.* Acción y efecto de aprestar los tejidos. (Sinón. APRESTO.)

APRESTAR v. *Art. y of.* Efectuar las operaciones de apresto *.

APRESTE m. *Autom.* Perno con que se fija el bastidor de uno de los extremos de la ballesta * de suspensión.

APRESTO m. *Art. y of.* Operación consistente en preparar un objeto parcialmente manufacturado antes de someterlo a una nueva manipulación o trabajo. ‖ Acabado que se da a los tejidos, cueros y otros productos industriales para mejorar su presentación o conferirles alguna propiedad. ‖ Substancias empleadas con dicho fin.
— *Curt.* Los *aprestos para cueros y pieles* son mezclas líquidas de albúminas, gomas, liquen de Islandia y otras substancias, a las que a veces se agregan pigmentos. Los *aprestos celulósicos* son disoluciones de nitrocelulosa.
— *Papel.* Operación consistente en alisar, satinar, gofrar o dar un acabado al papel. (V. ÁGATA, CALANDRIA, PAPEL Y CARTÓN.)
— *Pint.* El *apresto* es una capa intermediaria especial que asegura la adherencia, fineza y duración de las pinturas, especialmente las usadas en carrocería de automóviles.
— *Text.* El *apresto de los tejidos* tiene una importancia considerable y hasta constituye una industria particular. Abarca una serie de operaciones, especialmente las siguientes: eliminación de los pelos y defectos de los tejidos de algodón (chamuscado, tundido y desmotado); modificación del aspecto de los tejidos de algodón (mercerización) o de lana (enfurtido o batanado, perchado, acepillado, etc.); tratamientos para mejorar la presentación de los tejidos (deslustrado, prensado o calandrado, frisado, etc.); *apresto químico,* mediante impregnación con líquidos a

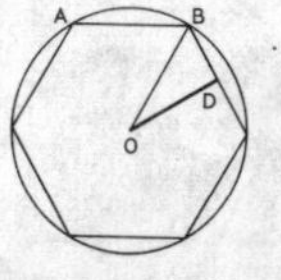

apotema OD
del hexágono regular
de lado AB

Fot. U. S. I. S.

base de fécula, almidón, dextrina y otras substancias que dan cuerpo a las telas; acabados especiales para que los tejidos sean inarrugables, indeformables, impermeables, etc. También se consideran incluidas en las operaciones de apresto el enrollado y plegado de los tejidos.

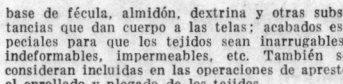

APRETADOR, RA adj. y s. *Art. y of.* Dícese de todo objeto o instrumento que sirve para apretar.

APRIETAPAPEL m. *Ofic.* Barra provista de rodillos que, merced a unos resortes, aprietan el papel sobre el cilindro de la máquina de escribir.

apuntalamiento

APRISIONAR v. *Art. y of.* Atar, sujetar. ‖ Quedar una cosa atascada, enclavada o aferrada dentro de otras: *la sierra poco tensa queda aprisionada en la madera.*

APROAMIENTO m. *Mar.* Exceso de calado de la proa respecto a la popa.

APROCHE m. *Aeron.* Conjunto de maniobras que efectúa un avión antes de posarse en la pista de aterrizaje. (Sinón. ACERCAMIENTO.) ‖ *Radar de aproche,* el que, como los del sistema C. G. A.*, se usa para facilitar dichas maniobras.

APROVISIONADOR m. *Mar. Amer.* Botellas de aire comprimido que llevan los buzos * autónomos.

APROXIMACIÓN f. *Aeron.* Fase final del vuelo de un avión, cuando éste se acerca al aeródromo en que ha de aterrizar. ‖ *Canal de aproximación,* línea de vuelo materializada por un haz radioeléctrico. ‖ *Control de aproximación,* servicio del aeródromo encargado de seguir los aviones por radar y de dirigirlos por radio hasta que entren en contacto con la pista de aterrizaje. ‖ *Luz de aproximación,* cada una de las que prolongan el eje de una pista para orientar al piloto durante el aterrizaje nocturno. (V. AEROPUERTO, ATERRIZAJE y RADIONAVEGACIÓN.)
— *Mat.* Evaluación o cálculo empírico que arroja un resultado inexacto, pero lo bastante próximo del resultado verdadero para que, en muchos casos, pueda considerarse como suficiente. ‖ *Método de aproximaciones sucesivas,* proceso fundado en una serie infinita de aproximaciones que permiten hallar un resultado cada vez más próximo de la solución teórica.

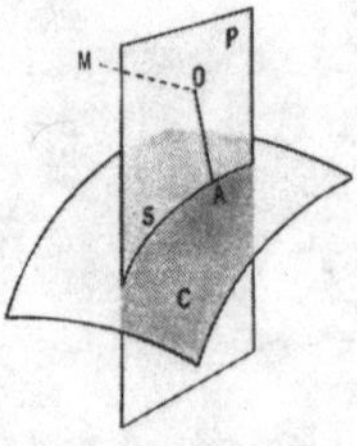

apsidal

APSIDAL adj. *Geom.* Dícese de la curva que se deriva de otra, como sigue: en el punto O se traza un plano secante P y la línea OA perpendicular a la curva C (que es la intersección del plano con la superficie S); en O, y perpendicularmente al plano se traza la línea OM de igual longitud que OA. El lugar del punto M es la superficie apsidal de la superficie dada. Citemos como ejemplo de esta clase de curvas el toro *, que es la superficie apsidal de una esfera relativamente a un punto del espacio.

ÁPSIDE m. *Astr.* ***Línea de los ápsides,*** eje mayor de la órbita * elíptica de un astro.

APTENSE adj. y s. *Geol.* Capa del cretáceo inferior, entre el barremiense y el albiense, compuesta de margas arcillosas y de calizas: *el aptense data de un centenar de millones de años.* (V. ESTRATIGRAFÍA.)

APULSO m. *Astr.* Contacto del borde de un astro y el retículo del instrumento con que se observa. ‖ Momento en que dos astros parecen entrar en contacto en la bóveda celeste.

APUNCHAR v. *Art. y of.* En la fabricación de peines, operación consistente en abrir las púas o dientes.

APUNTADO, DA adj. De forma puntiaguda, terminado en punta.
— *Arq.* ***Arco apuntado,*** v. ARCO.

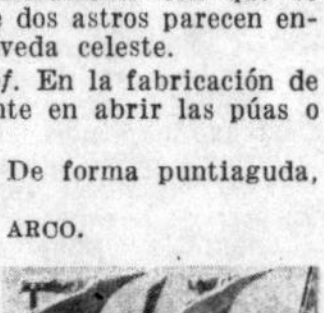

arados
1. De brabante; 2. De balancín; 3. Múltiple; 4. De discos

APUNTALAMIENTO m. *Constr.* Obra de puntales con que se sostiene un muro que amenaza ruina o la parte de un edificio que se ha de reparar o transformar. ‖ Obra semejante que sirve para sostener la pared de una excavación y que se designa más propiamente con los nombres de apeo y entibación.

APUNTALAR v. Sostener o reforzar algo con puntales. (V. APEO, APUNTALAMIENTO y ENTIBACIÓN.)

APUNTAR v. Dirigir un arma o instrumento en una dirección determinada. ‖ Esbozar o dibujar algo rápidamente. ‖ Sacar punta. ‖ Fijar provisionalmente, como la tabla que se asienta con unas puntas antes de clavarla completamente
— *Art. gráf.* Enganchar en las punturas de la prensa el pliego que se ha de imprimir.

APURAR v. Depurar, purificar. ‖ Agotar.

APURE m. *Metal.* Sinónimo, poco usado, de *afino.*

Aq, símbolo químico de la *molécula de agua.*

AQUILATAR v. *Joy.* Determinar los quilates que tiene el oro y las piedras preciosas.

AQUILLADO, DA adj. *Mar.* Dícese del buque o embarcación que tiene mucha quilla, o sea que es muy largo proporcionalmente a sus otras dimensiones.

AQUITANIENSE adj. y s. *Geol.* Dícese del piso o capa superior del terreno oligoceno, que data de unos 30 millones de años. (V. ESTRATIGRAFÍA.)

Ar, símbolo químico del radical *arilo* en las fórmulas de los compuestos orgánicos.

ARABANA o **ARABANO** s. *Quím.* Arabina.

ARABESCO m. *Arq.* Motivo ornamental de los zócalos, frisos y cenefas consistente en líneas entrelazadas que forman dibujos geométricos más o menos complicados.

ARÁBIGO, GA o **ARÁBICO, CA** adj. *Quím.* Dícese de un ácido que es el constituyente principal de la *goma * arábiga.* (Sinón. ARABINA.)

ARABINA f. *Quím.* Ácido arábigo, principio que constituye hasta 95 % de la goma arábiga y otras gomas suministradas por las acacias.

ARADO m. *Agr.* Máquina para labrar la tierra excavando surcos en ella.
— El *arado* corta una capa de tierra por un lado del tajo y la deposita sobre el otro, ya aplicándola con un movimiento basculante de la misma, ya invirtiendo el prisma de tierra. Las partes esenciales del arado son las siguientes: las *estevas* o *manceras,* bastidor en forma de V que sirve para guiarlo y que lleva en su parte anterior los reguladores de tracción y de dimensión; la *reja,* que corta la tierra horizontalmente; la *cuchilla,* que la corta verticalmente; la *vertedera,* que bascula o invierte el prisma de tierra cortado por la reja y la cuchilla; la *escarda,* especie de reja y de cuchilla pequeñas que sirve para cortar la costra superficial destinada a ser enterrada bajo el caballón.
Entre las muchas clases de arados que se usan citemos las siguientes: *arado abridor,* el que corta la tierra sin removerla; *arado aporcador,* el de doble vertedera; *arado de balancín* o *basculante,* el de dos cuerpos en forma de V articulada por su base en el eje de las ruedas y que, al bascular sobre dicho eje, permite labrar en direcciones opuestas sin necesitar dar la vuelta; *arado brabante,* el de doble vertedera y cama articulada, que también permite labrar surcos en ambos sentidos; *arado de desfonde,* el que abre surcos muy profundos; *arado de disco,* arado en el que unos discos o sectores esféricos giratorios de bordes cortantes reemplazan la cuchilla, la reja y la vertedera; *arado múltiple,* el de varios cuerpos, que abre otros tantos surcos a la vez; *arado de vertedera,* el que invierte el prisma de tierra; *arado de vertedera fija,* el que vierte la tierra a un solo lado; *arado de vertedera móvil,* el que vierte la tierra alternativamente a ambos lados; *arado de doble vertedera,* el que distribuye la tierra a ambos lados del surco; *arado viñador,* el concebido especialmente para labrar los viñedos y recalzar las viñas. Entre los arados especiales citemos el *arado patatero* y el *remolachero,* que sirven para arrancar estos tubérculos. (V. ARRANCADORA.)

ARAGONITA f. y **ARAGONITO** m. *Miner.* Carbonato de calcio cristalizado de fórmula $CaCO_3$.
— El carbonato de calcio puede adoptar dos formas de cristalización diferentes: el espato de

Fot. S. Lebrun, Bajac, Carrière

Islandia o calcita, de cristales romboédricos, y la *aragonita*, que los tiene ortorrómbicos. Los *cristales de aragonita* son de aspecto vítreo y color anacarado blanquecino. Las conchas de los moluscos se hallan constituidas de aragonita en unos casos y de calcita en otros.

ARALDITA f. *Plást.* Marca registrada de una resina epóxida que funde a 100º y que, polimerizada a 200º, ya no vuelve a fundirse.
— La *Araldita* da materias plásticas por moldeo y tiene la propiedad de adherirse muy bien a los metales, lo cual permite usarla como junta entre el casquillo y la ampolla de instrumentos electrónicos.

ARAN m. *Quím.* Compuesto oxigenado alotrópico del ozono *.

ARANDELA f. *Mar.* Hojas con que se cierra la abertura de una porta para que el buque no embarque agua por ella.
— *Mec.* Chapa en forma de corona, que se pasa por el extremo de un eje, perno, tornillo y piezas similares para evitar el roce directo de las tuercas con las ruedas o las piezas entre las cuales se interpone.
En otros casos, por el contrario, la *arandela* contribuye a asegurar la inmovilidad relativa de las dos piezas entre las que se interpone, una de las cuales es generalmente una tuerca. Las arandelas empleadas con dicho fin suelen tener formas especiales apropiadas para frenar o imposibilitar el desenroscamiento de las tuercas: *arandela de muelle* o *Grover*, partida y helicoidea, también llamada por dicha razón *arandela de resorte; arandela cónica; arandela de abanico*, etc. Otras veces la arandela sirve de junta. Ciertas calderas de vapor tienen un dispositivo de seguridad consistente en unas chapas o arandelas de bajo punto de fusión calculado de tal forma que, en caso de temperatura excesiva debida a un accidente, funden y dan paso al vapor.

ARAÑA f. *Art. y of.* Nombre de muchas cosas y dispositivos de toda índole así llamados por tener brazos o ramales múltiples, que evocan las patas de la araña: *los cubos caídos al fondo de un pozo se sacan con una araña de hierro formada por la unión de varios ganchos.*
— *Lumin.* Candelabro con varios brazos, generalmente adornado con perlas y lágrimas de cristal, que se cuelga del techo.
— *Mar* Haz de cordeles que se abre a modo de abanico para sostener por sus extremos una hamaca o un toldo.
— *Mec.* Sistema de ranuras practicadas en la superficie de rozamiento de un cojinete con objeto de facilitar la distribución del aceite que a ellas llega por el orificio del engrasador.
— *Text.* El hilo de ciertas arañas es una seda que nada tiene que envidiar a la de bómbice, y los intentos que se han hecho para aprovecharla industrialmente sólo han fracasado por las dificultades que representa la crianza de las arañas y su alimentación. Para extraer la seda, las arañas se disponen en una especie de casillero en número apropiado y, después de haber reunido el extremo de sus hilos en uno sólo, se devana éste continuamente hasta que cesa la segregación. Con ciertas arañas de Madagascar se han llegado a obtener hilos de hasta mil metros, con los cuales se tejen telas finas y sólidas de alta calidad.

ARAÑADO, DA adj. y s. *Art. y of.* Dícese de la superficie provista adrede o accidentalmente de rayas poco profundas.
— *Art. gráf.* Plancha grabada superficialmente con punzones especiales, muy finos.
— *Cerám.* Resquebraduras que se forman sobre los objetos de loza y porcelana durante la cochura y que se deben a la mala calidad o preparación del esmalte.

ARÁQUIDA f. *Bot.* Planta leguminosa *(Arachis hypogea)* —más bien conocida por su nombre común de *cacahuete* *—, que suministra aceite comestible.

ARAROBA f. *Bot.* y *Carp.* Angelín.

ARAUCARIA f. *Bot.* Género de plantas coníferas de América del Sur y Oceanía, del cual se conocen 15 especies.
— Las dos especies americanas *Araucana angustifolia* y *A. araucana* suministran una madera escasamente resinosa que se labra fácilmente, pero tiene el defecto de ser poco duradera. Se usa para armaduras y carpintería ordinaria y para fabricar madera cruzada.

ÁRBOL m. *Art. gráf.* Altura de un tipo * de imprenta.
— *Autom. Árbol de Cardán* o *de transmisión*, v. ACOPLAMIENTO, ARTICULACIÓN y, más abajo, *Mec.* ‖ *Árbol de dirección*, el eje del volante. (V. DIRECCIÓN.) ‖ *Árbol de distribución* o *de levas*, v. DISTRIBUCIÓN.
— *Carp.* Núcleo de una escalera de caracol.
— *Expl. Árbol de fuego*, armazón de madera en que se fijan numerosos cohetes y otros artefactos pirotécnicos en los fuegos de artificio.
— *Mar.* Sinónimo, poco usado, de *palo: árbol mayor*, palo mayor. ‖ *Árbol de la hélice*, v. HÉLICE.
— *Mec.* Eje metálico que sirve para transmitir o transformar un movimiento. ‖ *Árbol de ruedas*, eje de las ruedas de reloj.
— En primer lugar cabe distinguir el *árbol motor*, que es el que recibe directamente la energía mecánica engendrada en la máquina motriz. Son árboles motores el cigüeñal de un motor de automóvil, el eje del inducido de un electromotor y el de la rueda motriz de una noria.
El árbol motor suele comunicar su movimiento al *árbol mandado* o *receptor* del órgano que se ha de mover.
Entre el árbol motor y el árbol receptor se intercala a veces otro árbol intermediario o de transmisión que, como el de Cardán, puede ser acodado, así como embragues y cambios de marcha. Éstos suelen contar tres árboles, provistos de engranajes, llamados *primario, intermediario* y *secundario*.
Los árboles se fijan de trecho en trecho por medio de cojinetes. Cuando su longitud pasa de cinco o seis metros se forman de varios tramos unidos por medio de acoplamientos *.
Llámase *potencia en el árbol* a la potencia efectiva que se puede aprovechar, siempre menor que la potencia bruta del motor, pues una parte de ésta se pierde, sobre todo, en roces.
— *Petr. Árbol de Navidad*, conjunto de grifos y llaves, manómetros y tuberías que forman un armazón en la boca de un pozo petrolífero y en el cual arrancan los oleoductos.
— *Quím.* Nombre dado a diversos precipitados metálicos que forman arborizaciones: *árbol de Diana*, precipitado de la amalgama hecha con disoluciones de nitrato de plata y nitrato de mercurio; *árbol de Júpiter*, arborizaciones que se forman sobre una hoja de cinc sumergida en una sal de estaño; *árbol de Marte*, precipitado de silicato de hierro que resulta al sumergir un cristal de sulfato ferroso en un silicato alcalino; *árbol de Saturno*, precipitado de plomo sobre una hoja de cinc sumergida en una sal de plomo. (V. ARBORIZACIÓN.)

ARBOLADURA f. *Mar.* Conjunto formado por todos los árboles o mástiles de un barco.

ARBORIZACIÓN f. *Fís.* Ramificaciones, parecidas a las de los vegetales, que forman ciertos cuerpos al cristalizarse.
— La humedad que se condensa en invierno sobre los cristales de las ventanas y que se hiela en ellos si la temperatura es suficientemente baja, constituye un ejemplo corriente de *arborización*. Este fenómeno no es característico del agua, pues el oro, la plata y el cobre, así como muchos minerales, presentan a veces ramificaciones semejantes que se formaron al cristalizarse esos cuerpos. Son, por ejemplo, corrientes las dendritas de los óxidos de manganeso, así como las arborizaciones de óxido de hierro que contienen algunas ágatas. (V. ÁRBOL.)

ARBOTANTE m. *Arq.* Medio arco que, en el exterior de un edificio, transmite a un contrafuerte una parte del empuje de la bóveda: *sin arbotantes no se hubieran podido construir naves tan altas como las de las iglesias góticas.*
— *Mar.* Todo apéndice que sobresale del casco de un buque y sirve para sostener algo: *los buques con dos hélices tienen arbotantes laterales a popa para dar paso a los árboles y sostenerlos.*

ARCADA f. *Arq.* Serie de columnas y arcos que sostienen un edificio, rodean un patio o se han construido separadamente como adorno o con algún otro fin.

ARCADUZ m. Cañería para llevar el agua de un sitio a otro. ‖ Caño grueso de arcilla o cemento. ‖ Cangilón de noria.

arandelas

arbotante *(arq.)*

araucaria

ARCAICO, CA adj. *Geol.* Sinón. de arqueano.
ARCANSÓN m. *Quím.* Colofonia.
ARCATIFA f. *Constr.* Mezcla de cal y arena muy fina que se puede usar a modo de estuco.
ARCATURA f. *Arq.* Arcada voladiza, figurada sobre un muro para sostener el alero del tejado.
ARCE m. *Bot.* Género de árboles aceráceos (*Acer*) algunas de cuyas ochenta especies se explotan por su madera.
— *Carp.* El *arce blanco* o *plátano falso* (*Acer pseudoplatanus*), también llamado *sicomoro*, suministra una madera blanca y poco compacta, ligera o semidensa (densidad comprendida entre 0,55 y 0,75), muy apreciada en ebanistería, lutería y tornería. Puede colorearse con tratamientos ácidos para hacer labores de taracea. La madera de las raíces gruesas, rica en venas o aguas, sirve para labrar objetos de lujo.
El *arce común* (*A. campestre*), menor que el anterior, da una madera de color blanco amarillento, parecida a la del limonero, muy dura, que admite un hermoso pulimento y se usa para hacer culatas de armas, obras de torno, mangos de herramientas y pipas de fumar.
— *Ind. alim.* El *arce del azúcar* (*A. saccharinum*) del Canadá tiene una savia dulce que se usa como jarabe y para elaborar azúcar. Su cosecha se efectúa como la de la resina de pino, o sea practicando en los troncos y en época oportuna unas incisiones por las cuales fluye la savia que, gota a gota, cae en recipientes convenientemente dispuestos. Cada árbol da anualmente unos tres kg de azúcar.
ARCICHE m. *Constr.* Aciche.
ARCIFORME adj. En forma de arco.
ARCILLA f. *Cerám.* Tierra grasa y blanda que, con agua, da una masa plástica usada por los escultores, y cocida endurece y sirve para fabricar artículos de cerámica.
— Desde el punto de vista de su trabajo se distinguen las *arcillas grasas* (muy plásticas y untuosas) y las *arcillas magras* (poco plásticas, arenosas y quebradizas). Considerando su cochura se clasifican en *arcillas refractarias* o *infusibles* y *arcillas vitrificables* o *fusibles*.
Las verdaderas arcillas refractarias contienen pocos óxidos metálicos y álcalis y pueden resistir a temperaturas elevadas sin desagregarse, por cuya razón se usan en la construcción de hornos, crisoles, estufas y obras similares. El grupo de las arcillas infusibles comprende, además, las que se usan para fabricar loza fina y los caolines. Con el nombre de arcillas fusibles o vitrificables se designan las que, por contener grandes proporciones de álcalis y de óxidos ferrosos, se vitrifican a las temperaturas comprendidas entre 1 000 y 1 300°. Por lo demás, una arcilla refractaria se transforma en arcilla fusible si se le agrega un fundente feldespático.
Las *arcillas calizas*, ricas en carbonato de cal, son las menos refractarias y se cuecen entre 800 y 1 300°.
— *Metal.* Ciertas arcillas ricas en alúmina pueden explotarse para producir aluminio, pero en el estado actual de la técnica esta operación no es rentable.
— *Min.* La arcilla suele formar capas sedimentarias de colores diferentes. La más pura es blanca, pero las más abundantes son grises, amarillas y anaranjadas. Es un mineral que —salvo las calidades muy especiales— abunda en todas partes y cuyos yacimientos suelen beneficiarse a cielo abierto con máquinas modernas de alto rendimiento (aunque sigue conservando alguna importancia la explotación de artesanía, principalmente en los ladrillares, tejares y alfarerías de interés local).
— *Ocean.* Los fondos submarinos de más de 4 500 m se hallan cubiertos con una capa de arcilla roja, silicato de alúmina constituido por sedimentos arrastrados por los ríos y el viento y por la disolución de finísimos detritos de animales calcáreos. La superficie total de los fondos arcillosos es mayor que la de todos los continentes reunidos.
— *Petr.* Ciertas *arcillas activadas químicamente* se usan en las refinerías para depurar y descolorar los productos derivados del petróleo.
— *Pint.* Las arcillas muy magras y finas, ricas en óxido de hierro, constituyen los pigmentos llamados ocres.
— *Quím.* Las arcillas son silicatos de alúmina hidratados más o menos mezclados con impurezas que les confieren propiedades particulares (calcita, feldespato, mica, óxidos de hierro y de manganeso, cuarzo, etc.). Provienen de la descomposición —por efecto del agua, el calor y el gas carbónico— de granitos, gneis, feldespatos y otros minerales silicoaluminosos.
— *Text.* Las *arcillas esmécticas* servían para desengrasar los tejidos, especialmente la tierra de batán. Hoy han sido reemplazadas ventajosamente por productos químicos. (V. DESENGRASADO.)
ARCIÓN m. *Arq.* Dibujo ornamental que imita las mallas de una red.
ARCO m. Todo lo que tiene la forma curva parecida a la del arma primitiva del mismo nombre. ‖ Porción de una línea geométrica curva.
— *Aeron. Arco de círculo máximo*, v. CÍRCULO.
— *Arq.* Estructura cóncava que limita por arriba el vano de un muro o la luz de dos pilares y cuya forma, así como la de las piedras o elementos que la constituyen, es calculada —salvo raras excepciones— para que el peso que soporta se resuelva en empujes laterales ejercidos en los apoyos.
— En un *arco* se distinguen las *jambas* o elementos verticales, apoyados en el suelo, que lo sostienen; los *arranques*, que marcan la transición entre la jamba y el arco, las *dovelas*, piedras o ladrillos de sección en forma de cuña, de los cuales el que se apoya en la jamba se llama *salmer* y el más alto, *clave*. La superficie interior, cóncava, del arco es su intradós, mientras que la superficie exterior y convexa, generalmente invisible, es el extradós o trasdós y los paramentos son sus archivoltas. Llámase luz a la máxima anchura del vano entre los arranques, y flcha la altura, respecto a la línea de los arranques, de la base de la clave, que constituye el vértice del arco.
A continuación se indican por orden alfabético los nombres dados a las principales clases de arcos: *arco abocelado, abocinado* o *aboquillado*, el que tiene la abertura mayor en un paramento que en el otro, con objeto de que deje pasar más luz sin que se aumente el vano; *arco adintelado*, el de forma rectangular y con intradós horizontal, pero formado por dovelas radiales; *arco agudo*, el arco apainelado apuntado; *arco angrelado*, el que forma ondas o lóbulos y que, según el número de éstos, se llama también *arco trebolado, quinquefoliado*, etc.; *arco angular*, el que tiene el intradós en forma de ángulo rectilíneo, pero con dovelas radiales; *arco apainelado*, el arco carpanel; *arco apainelado apuntado*, el que se halla formado por dos arcos de círculo unidos por dos rectas que forman un ángulo en la clave (las dos rectas pueden ser reemplazadas por dos arcos de círculo de radio mayor que los de los lados); *arco aparejado*, todo arco con intradós de dovelas; *arco apuntado*, aquel en el que el intradós forma un ángulo en la llave; *arco árabe*, el de herradura; *arco botarel*, otro nombre del *arbotante*; *arco carpanel*, el de forma de elipse que se diseña con un número impar de arcos de circunferencia; *arco cegado* o *ciego*, el que tiene su luz tapiada; *arco cimbrado*, el de medio punto; *arco cojo*, el arco por tranquil; *arco conopial*, arco apuntado constituido por cuatro arcos de circunferencia, dos cóncavos y dos convexos (tiene la forma de una cuaderna de barco invertida);

beneficio de la arcilla

Fot. Fédér. Briqueterie

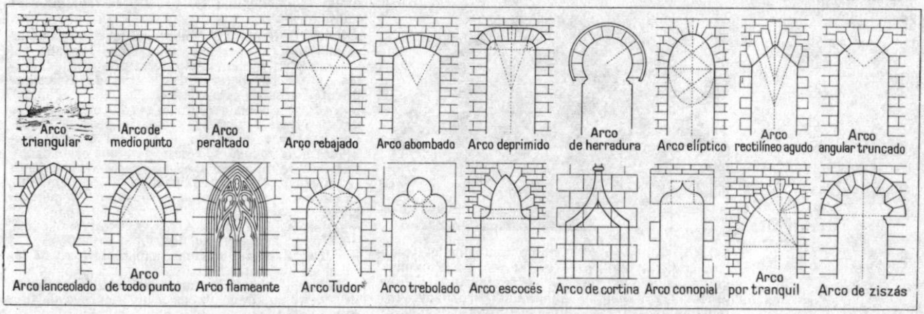

arco de cortina, el arco festoneado simple; *arco de crucero,* el que une diagonalmente dos ángulos de una bóveda; *arco deprimido,* arco formado por dos cuadrantes unidos por un intradós horizontal; *arco de descarga,* el que se construye en plena fábrica, por encima del dintel, para aliviarlo; *arco elíptico,* arco en forma de semielipse; *arco enviajado,* el que tiene los lados o jambas inclinados respecto al suelo; *arco escarzano,* arco rebajado que mide 60º; *arco festoneado,* el que tiene el vano recortado por varios arcos en forma de ondulaciones convexas; *arco flamígero,* el conopial; *arco en gola,* arco como el conopial, pero con las concavidades de los arcos invertidas; *arco de herradura,* el que mide más de una semicircunferencia; *arco lanceolado,* variante del arco túmido con sus centros situados fuera del vano; *arco lobulado,* arco angrelado; *arco de medio punto,* el que se halla formado exactamente por media circunferencia; *arco a nivel,* arco adintelado; *arco ojival,* arco apuntado constituido por dos arcos de círculo; *arco ojivo árabe,* el de herradura apuntado; *arco peraltado,* arco de medio punto prolongado a ambos lados de modo que su altura sea mayor que su radio; *arco realzado,* el que tiene los arranques más altos que las impostas y se prolonga hasta ellas verticalmente; *arco rebajado,* aquel cuya flecha es menor que la mitad de la luz; *arco rústico,* el que se construye con ladrillos ordinarios no adovelados; *arco torcelete,* braguetón; *arco por tranquil,* arco disimétrico, con el arranque de un lado más alto que el del otro; *arco trebolado* o *trilobado,* el angrelado de tres lóbulos; *arco Tudor,* variedad de arco conopial achatado, apuntado en la clave, rebajado y construido con cuatro centros; *arco túmido,* arco apuntado, con los centros de sus dos arcos situados por encima de la línea de impostas y con los tercios hinchados; *arco zarpanel,* el de carpanel. (V. otros arcos en la *figura.*)

— *Astron. Arco de elipse, de parábola* o *de hipérbola,* formas que puede adoptar la trayectoria * de un ingenio espacial en vuelo balístico.

— *Carp.* Armadura curva de una cubierta.

— *Electr. Arco eléctrico* o *arco voltaico,* descarga luminosa entre dos electrodos, y a través de un gas a la presión atmosférica, de una corriente eléctrica de gran intensidad y poco voltaje.

— Si, después de haberlos puesto en contacto, se separan poco a poco los polos de un manantial de corriente continua suficientemente intensa, aparece entre los mismos una especie de chispa permanente, de luz muy viva, a la cual se ha dado el nombre de arco eléctrico. Físicamente, éste se explica por la volatilización de los electrodos debida a la temperatura elevadísima que alcanzan: el vapor de estos cuerpos conductores llena el espacio entre los mismos y, siendo también conductor, permite el paso de la corriente.

Los electrodos usados comúnmente son de carbón. El extremo del carbón positivo se desgasta y ahueca en forma de cráter, alcanza una temperatura de 4 000º y emite una luz muy intensa. El carbón negativo se desgasta en forma de cono.

La estabilidad del arco se obtiene con el uso de electrodos especiales constituidos por un cartucho de carbón que se llena de grafito, tierras céricas y otras materias minerales.

Los arcos voltaicos se usan en gran variedad de aplicaciones en las cuales se aprovecha su luz

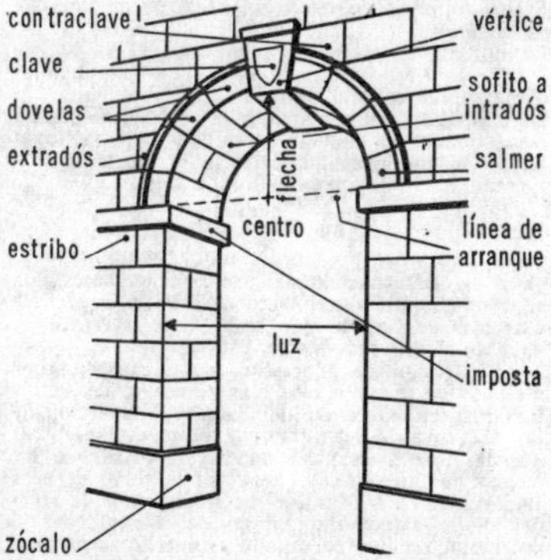

(fotograbado, proyectores usados en fotografía y cinematografía, etc.), o su calor (soldadura autógena, fusión de metales en los hornos de arco.)

— *Geom.* Trozo limitado de una línea curva. ‖ *Arco de círculo,* denominación corriente, aunque impropia, del arco de circunferencia (como el círculo es una superficie, una expresión tal como "arco de círculo de 60º" tiene el mismo significado que si se dijera, por ejemplo, "siete metros de rectángulo"). ‖ *Arco de circunferencia,* porción limitada de la misma. ‖ *Arco complementario,* el que, sumado con otro adyacente, forma un cuadrante. ‖ *Arcos concéntricos,* los de todas las circunferencias que tienen el mismo centro. ‖ *Arco subtendido por una cuerda,* v. más abajo el art. enciclop. ‖ *Arco suplementario,* el que, sumado con otro adyacente, da una semicircunferencia.

— Un arco limitado en dos puntos A y B de la circunferencia se designa con el nombre de *arco AB* y se escribe $\widehat{AB}$. La recta que une los extremos del arco se llama cuerda y se dice indiferentemente que la cuerda subtiende el arco o que éste se halla subtendido por ella. La distancia máxima del arco a la cuerda es la flecha del arco. En los arcos de circunferencia la flecha es la perpendicular trazada desde la mitad del arco hasta la de la cuerda y que, prolongada, pasaría por el centro de la circunferencia.

En una misma circunferencia la longitud de los arcos es proporcional a la abertura de los respectivos ángulos en el centro. Ello permite substituir la medida de los ángulos por la de los arcos, y viceversa.

Los arcos de circunferencia pueden medirse con varios sistemas de unidades. En el sistema sexagesimal la circunferencia se halla dividida en 360º (grados) de 60′ (minutos) y cada minuto en 60″ (segundos); así, el arco de 217º 31′ 9″ es aquel cuyos extremos forman con el centro de la circunferencia un ángulo de 217 grados, 31 minutos y 9 segundos. En este sistema el cuadrante o cuarta parte de la circunferencia, mide 90º.

En el sistema centesimal la circunferencia se

arcos *(arq.)*

detalles de un arco

arco de descarga (1) y dintel (2)

arco eléctrico

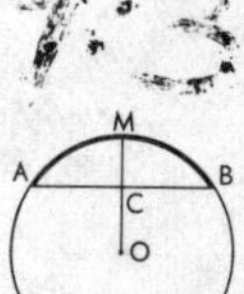

arco *(geom.)*
AB, cuerda
OM, radio perpendicular a AB
CM, flecha

archivolta

halla dividida en 400 grados centesimales (adjetivo indispensable para evitar confusiones con el grado ordinario, que es el sexagesimal) y los grados (gr) cuentan 10 decigrados (dgr), 100 centigrados (cgr) y 1 000 miligrados (mgr). Un cuadrante mide, por consiguiente, 100 gr o grados centesimales.

La unidad adoptada en trigonometría es el radián*, arco cuya longitud es igual a la del radio de la circunferencia respectiva.

La longitud L de un arco de n^{o} o bien m grados centesimales de una circunferencia cuyo radio es R, se obtiene aplicando la fórmula siguiente:

$$L = \frac{\pi Rn}{180} \text{ o bien } \frac{\pi Rm}{200}$$

en la cual π (pi) es igual a 3,1416.

— *Mar.* Deformación del casco de un barco que se comba longitudinalmente de tal forma que sus extremos se hallan más bajos que su centro. || *Arco de círculo máximo*, v. CÍRCULO.

— El *arco* puede deberse a varias causas, especialmente a un exceso de carga en las calas extremas respecto al centro del barco y a la acción de las olas que lo levantan por el medio mientras que la proa y la popa quedan voladizas en los huecos de las mismas. Esta deformación es poco importante en los buques metálicos, dada la rigidez de su estructura. En los de madera, por el contrario, es muy acentuada y contribuye no poco a abrir las juntas del forro.

— *Mat.* La *longitud de un arco* puede evaluarse por el cálculo integral. La fórmula compleja aplicada en este caso se funda en considerar el arco como el perímetro de un polígono inscrito en el mismo y formado por un número de lados que llega a ser infinito y que, por consiguiente, tienen una longitud infinitamente pequeña.

— *Mec.* Instrumento primitivo para imprimir movimiento giratorio a las brocas y a las piezas que se han de tornear. || *Sierra de arco*, v. SIERRA.

— El *arco para taladrar* o *tornear* consta, como el de tirar saetas, de una vara o montura flexible curvada por una tripa de gato o un bramante, pero éste da una o más vueltas en torno del taladro o de la pieza que se tornea y transforma así en movimiento rotativo de las mismas el movimiento alternativo de vaivén que se le imprime con la mano o con un pedal.

— *Meteor. Arco iris*, v. IRIS.

— *Radiot.* Un *arco eléctrico* montado en derivación en un circuito oscilante (bobina y condensador en serie conectados en sus carbones) puede oscilar y convertir la corriente continua que lo alimenta en corriente alterna de alta frecuencia. Este montaje se usó en las emisoras de radiotelegrafía antes de que se inventaran los tubos electrónicos, pero hoy no pasa de ser una curiosidad.

ARCÓN m. *Arq.* Artesón.

ARCOSA f. *Constr.* y *Geol.* Piedra arenisca constituida por granos de cuarzo, feldespato y mica, usada como piedra de construcción, y para adoquines y empedrados.

ARCTURO o **ARCTURUS**, nombres que se dan a la estrella *Arturo**.

ARCUACIÓN f. *Arq.* Moldura que se aplica en lo alto de los muros y que simula arcos o arcadas.

— *Geom.* Curvatura de un arco.

ARCHIVOLTA f. *Arq.* Conjunto de molduras y adornos que tiene un arco en su paramento.

ARDILLA f. *Zool.* Género de roedores esciúridos (*Sciurus*) de los cuales se aprovechan las pieles en peletería y los pelos para fabricar pinceles.

ÁREA f. Superficie comprendida dentro de un perímetro. || Superficie del terreno ocupado por un edificio. || Superficie reservada que se destina a un fin determinado: *área de almacenamiento; área de aparcamiento.*

— *Aeron.* En un aeródromo se distingue el *área de aterrizaje* o terreno necesario para el despegue y aterrizaje de los aviones, el *área de maniobra* o *de rodadura*, reservada a sus evoluciones, y el *área de estacionamiento* o *aparcamiento*, donde se efectúan las operaciones de avituallamiento, embarque y desembarque de pasajeros y mercancías.

— *Astron. Ley de las áreas*, v. ÓRBITA.

— *Geom. Área de una figura*, su superficie.

— *Mar. Área del velamen*, superficie total de las velas de un barco.

— *Metr.* Unidad de superficie equivalente a un decámetro cuadrado, o sea a un cuadrado de diez metros de lado.

— El área vale 100 metros cuadrados. Tiene por múltiplo la hectárea (o hectómetro cuadrado), que vale 100 áreas, y por submúltiplo, la centiárea, que es el metro cuadrado. (V. UNIDAD.)

AREAJE m. *Metr.* Medición de tierras en áreas.

ARECA f. *Bot.* Género de plantas palmáceas del Sur asiático, entre las cuales figura la llamada científicamente *Areca catechu*, cuya nuez suministra cachú, y su corteza, fibras textiles.

AREICO, CA adj. Aplícase a las zonas que, por la sequedad de su clima y la porosidad de su suelo (desiertos de arena) no tienen aguas corrientes: *las regiones areicas representan el 17 % de la superficie total del globo terrestre.*

AREL m. *Art. y of.* Cedazo de grandes dimensiones.

ARENA f. Materia mineral pulverulenta cuyos granos provienen de la desagregación de las rocas silíceas y calizas. || Por ext, limaduras de los metales y partículas finas de otros cuerpos sólidos: *arena de acero, arena de vidrio.*

— *Constr.* La *arena* para hacer morteros no ha de contener tierra ni detritos animales que, combinados con la cal, podrían constituir carbones que retardarían la solidificación de los morteros. Para las obras de hormigón se estipula su composición granulométrica y generalmente se admite que ha de contener entre 20 y 70 % de granos de diámetro inferior a un milímetro.

Un metro cúbico de arena pesa entre 1 600 kg, si está seca, y 2 000 kg. si está empapada de agua. Los montones de arena seca tienen un talud de 30 a 35º.

— *Geol.* La *arena* forma depósitos sedimentarios, de los cuales existen enormes bancos en lo que fueron lechos de antiguos ríos y mares. Su color y su granulometría son índices seguros de sus orígenes y de cómo se han desagregado las rocas.

Con el nombre de *arena movediza* se designan, no sin confusión, varios estados diferentes de la arena: el de la arena poco consistente, fina y de grano liso, cuya masa cede y se ahonda bajo los cuerpos pesados (p. ej., al marchar sobre ella una persona); el de la arena libre y fina que puede ser arrastrada de un lado a otro por el viento, como la de las dunas y desiertos; el de la arena que baña en el agua, por ejemplo en el fondo de un pozo, y que, al ser extraída, es reemplazada acto seguido por otra masa casi equivalente de arena; por último, el de las arenas movedizas que —en determinadas condiciones y en playas de arena fina— ceden bajo el peso hasta el extremo de que las personas y los animales, al hundirse, pueden ahogarse y desaparecer en ellas por completo. Este fenómeno se explica por el poco peso remanente que tienen ciertas arenas después de haber sido aligeradas por el agua (en virtud del principio de Arquímedes). Si el agua en que bañan se halla animada por un movimiento ascendente, éste contribuye a crear un estado de casi flotabilidad de la arena, la cual forma entonces como una suspensión en el agua y no puede soportar los pesos. El mejor método que puede emplear una persona presa de la arena movediza, consiste en extenderse horizontalmente, procurar mantenerse a flote y avanzar lentamente con el mínimo de gestos, pues

Fot. D. Milsom

la menor agitación precipita el hundimiento del cuerpo.

— *Metal.* Los fundidores llaman *arena de moldeo* o, simplemente, *arena,* a las mezclas de arena, arcilla y otros ingredientes con que hacen los moldes. La proporción y el grado de finura de los componentes dependen de la índole de las piezas que se han de vaciar y de la naturaleza del metal. La *arena verde* es aquella cuyos moldes se usan sin necesidad de someterlos a un secado previo, mientras que los de *arena de estufa* se han de desecar en caliente.
Chorro de arena, v. ABRASIÓN y CHORRO.

— *Vidr.* La *arena cuarzosa pura* es una de las materias primeras esenciales del vidrio* y de la porcelana.

ARENAL m. *Geol.* Extensión de terreno arenoso.

ARENAR v. **Enarenar.**

ARENERO m. Recipiente o recinto para almacenar arena con algún fin.

— *F. c.* Depósito que tienen las locomotoras y ciertos tranvías con una provisión de arena que sueltan sobre los rieles, delante de las ruedas, en los tramos de vía donde existe el riesgo de que patinen.

ARENÍFERO, RA adj. Que contiene arena.

ARENILLA f. Arena muy fina. ‖ Materia pulverulenta de aspecto parecido al de una arena fina.

ARENISCA f. *Geol.* Roca sedimentaria constituida por granos de arena aglomerados por un cemento natural.

— Según la índole de los granos y la naturaleza del cemento la *arenisca* puede ser cuarzosa, caliza, arcillosa, feldespática, ferruginosa, etc.
La arenisca suministra piedras para la construcción, muelas de molino y de afilar, adoquines y grava.

ARENIZACIÓN f. *Geol.* Desagregación de las rocas cristalinas que se transforman en una arena caracterizada por sus granos no usados, de formas poliédricas, en vez de ser redondeados como en la arena ordinaria.

AREOFÍSICA f. *Astr.* Física del planeta Marte.

AREOGRAFÍA f. *Astr.* Descripción del planeta Marte equivalente a la geografía de nuestro globo.

ARÉOLA f. *Astr.* Aureola.

AREOMETRÍA f. *Metr.* Técnica relativa a la medición de la densidad de los líquidos con los areómetros.

AREÓMETRO m. *Metr.* Instrumento cuya mayor o menor flotabilidad en un líquido depende de la densidad de éste y que, convenientemente graduado, permite medir no solamente la densidad, sino también el grado de concentración de una disolución, la fuerza de un alcohol, etc.

— Los *areómetros de peso constante* se fundan en el principio de Arquímedes. Consisten esencialmente en un flotador rematado por un vástago graduado. Cuanto más espeso es un líquido, mayor es la flotabilidad y más baja es la graduación indicada por la línea de flotación.
En los areómetros para líquidos más pesados que el agua, la línea de flotación en el agua pura se halla en el extremo superior de la escala, mientras que los que sirven para medir líquidos más ligeros que ella tienen dicha graduación en la base de la escala. La graduación adoptada en cada caso depende del uso a que se destina. En los densímetros la escala indica directamente la densidad del líquido respecto a la del agua pura; en los alcoholímetros da la fuerza del alcohol en grados; en los pesaácidos, la proporción de un ácido determinado contenido por una solución, etcétera.
En el *areómetro de Baumé* se emplea una escala, graduada en grados Baumé, que es convencional, pero tiene la ventaja de servir para toda clase de líquidos.
Existe otro tipo de instrumentos de uso poco corriente: los *areómetros de volumen constante,* en los cuales el flotador soporta un platillo sobre el cual se van poniendo pesos pequeños hasta que el nivel del líquido corresponda con la única línea de flotación del aparato. La densidad del líquido se desprende del peso puesto sobre el platillo.

AREÓSTILO adj. y s. m. *Arq.* Columnada en la cual el espacio entre dos columnas representa tres veces y media el diámetro de las mismas.

ARFADA f. y **ARFEO** m. *Mar.* Cabeceo de un barco.

ARGALLERA f. *Carp.* Instrumento constituido por un soporte de madera provisto de una hoja cortante dentada como una sierra, usado para abrir canales en obras de madera curvas, cuales son las pipas. (Sinón. JABLADERA.)

ARGAMASA f. *Constr.* Mortero * de cal y arena.

ARGAMASAR v. *Constr.* Preparar argamasa. ‖ Hacer obra de fábrica con argamasa.

ARGANEO m. *Mar.* Argolla del ancla *, en el extremo de la caña, que sirve para sujetarla a la cadena o al cable.

ARGAYO m. *Geol.* Corrimiento del terreno consecutivo a un régimen de lluvias persistentes.

ARGENT, prefijo procedente del latín *argentum,* que significa *plata* y entra en voces relativas a este metal.

ARGENTÁN m. *Metal.* Aleación de la cual existen varias fórmulas, especialmente la que es a base de cobre (60 %), cinc (20 %) y níquel (20 %), de color y aspecto parecido al de la plata y usado para reemplazar a ésta en la fabricación de cubiertos, vajilla y obras de orfebrería. (Sinón. ARGENTÓN.)

ARGENTAR v. *Metal.* Platear.

ARGENTAURO m. *Metal.* Mezcla nativa de plata y oro.

ARGÉNTICO, CA adj. *Quím.* Dícese de las combinaciones químicas de la plata: *cloruro argéntico.*

ARGENTÍFERO, RA adj. *Miner.* Dícese de los minerales que contienen plata: *una mena de plomo argentífero.*

ARGENTITA f. *Miner.* Sulfuro de plata natural. (Sinón. ARGIRITA, ARGIROSA.)

— La *argentita* (Ag_2S) es la mejor mena de plata. Es un mineral de color de plomo negruzco, de densidad comprendida entre 7 y 7,4, cuyos cristales son tan maleables que hasta se pueden cortar con un cuchillo.

ARGENTÓN m. *Metal.* Argentán.

ARGILA y **ARGILLA** f. *Miner.* Arcilla.

ARGÍRICO, CA adj. Perteneciente o relativo a la plata. ‖ Que contiene plata.

ARGÍRIDOS m. pl. *Miner.* Familia de minerales de la cual es tipo la plata.

ARGIRITA f. *Miner.* Argentita.

ARGIRITROSA f. *Miner.* Sulfoantimoniuro de plata que se presenta en forma de cristales rojizos. (Sinón. PIRARGIRITA, PLATA ANTIMONIAL.)

ARGIRODITA f. *Miner.* Sulfuro natural de plata y germanio, una de las mejores menas de germanio.

ARGIROSA f. *Miner.* Argentita.

ARGO m. *Quím.* Argón.

ARGOL m. *Quím.* Tártaro * del vino.

ARGÓN m. *Quím.* Cuerpo simple, de símbolo A y número atómico 18, uno de los gases raros de la atmósfera. (Sinón. ARGO.)

— El *argón* es un gas incoloro, inodoro e insípido, de peso atómico 39,948, constituido por una mezcla de tres isótopos de peso atómico 36, 38 y 40, con predominancia de este último (99,6 %). Su densidad es de 1,784 y sus temperaturas de fusión y de ebullición, de —189,2º y —185,7º, respectivamente. La atmósfera contiene, en volumen, 0,9323 % de argón.
El argón se extrae de la atmósfera, industrialmente, por destilación fraccionada del aire líquido. Se usa principalmente en las lámparas eléctricas, en las cuales su presencia tiene por efecto reducir la vaporización del metal que constituye el filamento. También se llena con argón el cárter de ciertos motores y otros recintos en los que se requiere la presencia de una atmósfera inerte (como los demás gases raros, el argón carece absolutamente de actividad química y no puede combinarse con otros cuerpos).

ARGÓNIDOS m. pl. *Quím.* Nombre genérico de los gases raros del aire, cuya familia química se llama así por ser el argón el más abundante de ellos.

ARGOS m. *Vidr.* Espejo semitransparente a través del cual se puede ver sin ser visto.

— El *argos* consta de dos cristales, uno de los cuales solamente sirve para proteger la capa de

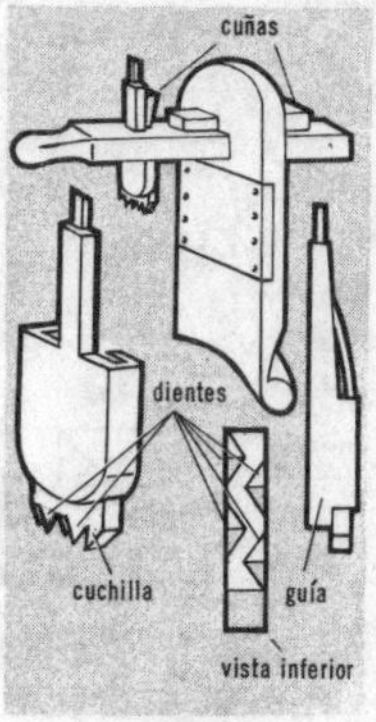

argallera

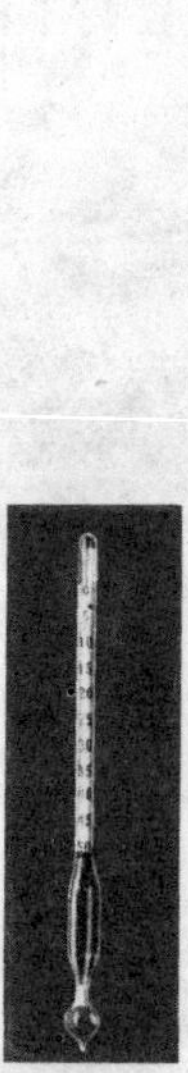

areómetro

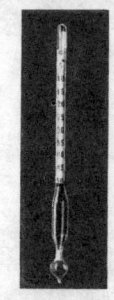

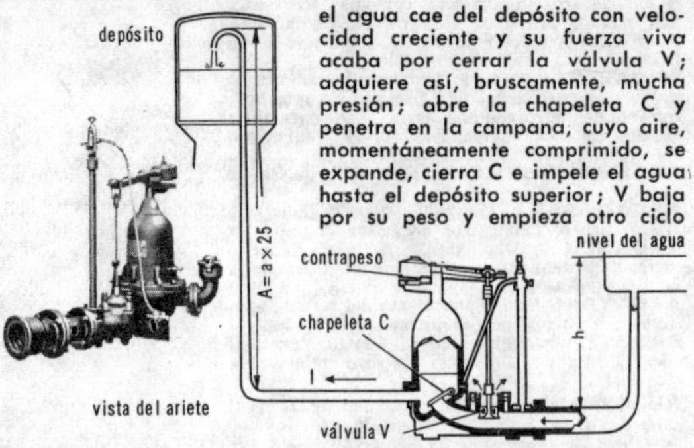
depósito
el agua cae del depósito con velocidad creciente y su fuerza viva acaba por cerrar la válvula V; adquiere así, bruscamente, mucha presión; abre la chapeleta C y penetra en la campana, cuyo aire, momentáneamente comprimido, se expande, cierra C e impele el agua hasta el depósito superior; V baja por su peso y empieza otro ciclo
A=a×25
nivel del agua
contrapeso
chapeleta C
h
I
vista del ariete
válvula V

ariete hidráulico

azogue del otro, que es finísima y transparente. Cuando el argos se dispone en una abertura de la pared, entre dos habitaciones desigualmente alumbradas, permite ver desde la más obscura el interior de la más iluminada, pero constituye en ésta un verdadero espejo reflector y opaco.

ARGOVIENSE adj. *Geol.* Parte más antigua del lusitanio inferior: *el argoviense data de unos 120 millones de años.*

ARGÜE m. *Mec.* Cabrestante.

ARGUMENTO m. *Astr.* Cantidad de la cual dependen una desigualdad, una ecuación o algún elemento relativo al movimiento de un astro.
— *Mat.* Número que, en una tabla o ábaco sirve para encontrar otro: *la fecha es el argumento que, en las tablas solares, da la hora de la salida y puesta del Sol.* ‖ Sinónimo de *variable* * *principal.* ‖ *Argumento de una cantidad compleja,* v. AFIJO.

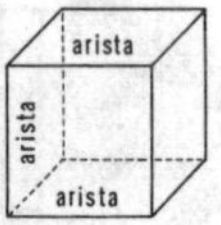
arista
arista
arista

arista

ÁRIDO, DA adj. y s. *Constr.* Arena, grava, piedras y todo material de relleno que se mezcla con cal o cemento para hacer morteros y hormigones. ‖ *Cal árida* o *magra,* v. CAL.
— *Metr.* Toda materia pulverulenta o granulada que se mide con medidas de capacidad. (V. UNIDAD.)

ARIEL, uno de los cinco satélites de Urano*.

ARIES, constelación del hemisferio austral desprovista de estrellas de primera magnitud, que ha dado su nombre al primer signo del Zodíaco.
— El Sol entra en el *signo de Aries* el 21 de marzo. En tiempos de Hiparco este signo coincidía con la constelación del mismo nombre. Como consecuencia de la precesión de los equinoccios*, esta constelación casi coincide ahora con el signo del Toro.

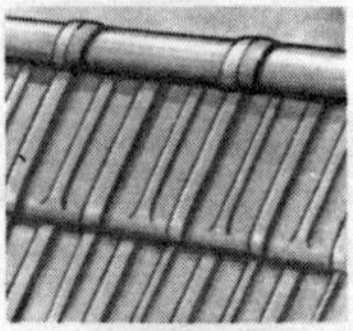

aristón

ARIETE m. *Hidr.* El cierre brusco de una tubería, al cortar la corriente, provoca un aumento instantáneo de la presión del agua. Esta zona de presión se propaga rápidamente (con la velocidad del sonido) en la tubería y puede hacerla estallar si tiene alguna junta o punto de menor resistencia. Este fenómeno, llamado *golpe de ariete,* reviste mucha importancia en las obras hidráulicas, especialmente en las presas hidroeléctricas. Las canalizaciones de estas obras comunican, por unos pozos o chimeneas de equilibrio, con un depósito de agua: como éste tiene su nivel al aire libre, puede absorber todo aumento brusco de la presión en las tuberías.
Este fenómeno de onda de presión debido al estrangulamiento de la vena de agua, se aprovecha en el *ariete hidráulico,* que es una máquina simple para elevar agua de un depósito a otro sin consumir más energía que la fuerza viva del agua. Su funcionamiento se explica en la figura.

ARILADO, DA adj. *Quím.* Arílico.

ARILAMINA f. *Quím.* Toda amina aromática nuclear del mismo tipo que la anilina.

ARÍLICO, CA adj. *Quím.* Dícese de los compuestos orgánicos de la serie aromática.

ARILO m. *Quím.* Radical aromático derivado de un fenol por pérdida de su hidroxilo, o de un carburo por pérdida de uno de los átomos de hidrógeno unidos al núcleo (como el fenilo y el naftilo).

ARÍMEZ m. *Arq.* Resalto que, en una fachada, sirve de adorno o refuerzo.

ARISTA f. Cada uno de los bordes de un sólido.
— *Aeron. Arista de ataque* o *de entrada,* borde de ataque. ‖ *Arista de salida,* borde de escape. (V. PERFIL.)
— *Arq.* Línea de intersección de una bóveda con otra o con un muro. ‖ Esquina de una obra de fábrica. ‖ Borde de un sillar, madero u otro elemento usado en obras de albañilería.
— *Curt.* Línea mediana de una piel, correspondiente al espinazo del animal. Es la parte de la piel que tiene el pelaje más obscuro y más apreciado.
— *Geol.* Línea divisoria de las vertientes de una montaña.
— *Geom.* Línea formada por la intersección de dos planos que constituyen un ángulo diedro.
— *Obr. públ.* Cada uno de los dos bordes de un camino o carretera.

ARISTÓN m. *Arq.* Arista. ‖ Fila de dovelas que forma una moldura en las aristas de las bóvedas. ‖ Chapa en forma de canal invertida o hilera de tejas de medio cañón con que se cubren las aristas formadas por los planos de un tejado.

ARISTOTÍPICO adj. *Fot.* Dícese de un papel fotográfico poco sensible que se usa para tirar copias a la luz del día.
— El *papel aristotípico,* papel al citrato o de ennegrecimiento directo, no necesita revelado. Da una imagen directamente visible, que sólo requiere ser fijada. (V. EMULSIÓN.)

ARITM, prefijo derivado del griego *arithmos,* que significa *número* y entra en la composición de voces relativas a las matemáticas.

ARITMÉTICA f. *Mat.* Ciencia de los números y arte de calcular con ellos. ‖ *Aritméticas binaria, decimal* y *duodecimal,* las que se fundan, respectivamente, en el uso de las numeraciones binaria, decimal y duodecimal. (V. NUMERACIÓN.)
— Prácticamente la *aritmética* es la parte de las matemáticas que trata de las cuatro operaciones fundamentales (suma *, resta *, multiplicación * y división *), las fracciones * y el cálculo de potencias *, raíces * y logaritmos *. Se funda en el uso de las diez cifras o guarismos —a los cuales, además de su valor * absoluto, se atribuye un valor relativo— y de numerosos signos, entre los que figuran los siguientes:

$+$ (suma)
$-$ (resta)
$\times$ (multiplicación)
$:$ (división)
$>$ (mayor que)
$\geqq$ (igual o mayor que)
$<$ (menor que)
$\leqq$ (igual o menor que)
$\equiv$ (igual a)
$\simeq$ (aproximadamente igual a)
$\sim$ (equivalente a)
$\neq$ (diferente de)
$\surd$ (raíz de)
% (por ciento)

Véase también el art. NÚMERO.

ARITMÉTICO, CA adj. *Mat.* Relativo o perteneciente a la aritmética: *el cálculo aritmético se efectúa únicamente con números, mientras que el algebraico admite el uso de letras y otros signos.* ‖ *Máquina aritmética,* la de calcular, de funcionamiento mecánico, que sólo permite ejecutar operaciones aritméticas. ‖ *Media aritmética,* v. MEDIA. ‖ *Progresión aritmética,* v. PROGRESIÓN. ‖ *Proporción aritmética,* v. PROPORCIÓN. ‖ *Razón aritmética,* v. RAZÓN.

ARITMOGRAFÍA f. *Mat.* Uso de signos convencionales para expresar las cantidades conocidas.

ARITMÓGRAFO m. *Mat.* Instrumento para efectuar mecánicamente las operaciones aritméticas. (V. CALCULAR [*Máquina de*].)

ARITMOLOGÍA f. *Mat.* Ciencia de los números y de la medición de las magnitudes, según Ampère.

ARITMÓMETRO m. *Mat.* Máquina de calcular. ‖ Regla de cálculo.

ARMA f. *Mil.* Todo instrumento o máquina que sirve para atacar o defenderse. ‖ *Arma absoluta,* aquella contra la cual no existe defensa específica posible. ‖ *Arma atómica,* v. BOMBA *atómica.* ‖

Arma automática, la que, aprovechando la energía de los gases que desprende la explosión de la carga, expulsa el cartucho vacío, introduce otro cartucho en la cámara y lo dispara, así sucesivamente, sin ninguna intervención del tirador. (V AMETRALLADORA.) ‖ *Arma bacteriológica,* la que sirve para propagar en zona enemiga los microbios de alguna enfermedad. ‖ *Arma especial,* la que se funda en el uso de cohetes. ‖ *Arma de fuego,* la que aprovecha la deflagración de la pólvora. ‖ *Arma nuclear,* arma atómica. ‖ *Arma química,* la que arroja sobre el enemigo gases que obran contra su aparato respiratorio o atacan su piel. ‖ *Arma de repetición,* v. FUSIL.

ARMADERA f. *Mar.* Todo madero usado para armar el casco de un barco.

ARMADÍA f. *Carp.* Balsa de troncos o maderos usada para navegar en los ríos. ‖ Conjunto de troncos o maderos reunidos a modo de grandes balsas para transportarlos por flotación.

ARMADIJO m. *Carp.* Armazón de palos.

ARMADO, DA adj. y s. Acción y efecto de armar, montar o aprestar las cosas o de proveerlas de algo: *en el taller de armado se preparan las barras de hierro que han de armar el hormigón; la cadena armada de dientes de una máquina de arrancar carbón.*

— *Constr.* Provisto de una armadura: *cemento u hormigón* armado.*

— *Electr.* Dícese del conductor eléctrico protegido con plomo y blindado con cintas de metal o alambres arrollados en hélice.

— *Vidr.* Dícese del vidrio que contiene una tela metálica en su masa. (V VIDRIO.)

ARMADORA f. *Electr.* Máquina que efectúa el armado* de los cables eléctricos.

ARMADURA f. Armazón, estructura que sirve para mantener unidas las distintas partes de alguna cosa compleja.

— *Arq.* Conjunto de varillas y barras de hierro que constituyen el esqueleto de una obra de hormigón armado. ‖ Cada una de las estructuras triangulares, de madera o metálicas, que soportan la hilera y las correas de un tejado y transmiten el peso de éste a los muros. (V. CUBIERTA.)

— *Electr.* y *Magn. Armadura de condensador,* v. CONDENSADOR. ‖ *Armadura de un imán,* pieza de hierro dulce que, aplicada contra los dos polos del mismo, cierra el circuito magnético y asegura la conservación de la imantación. ‖ *Armadura de dinamo,* núcleo del inducido.

— *Mar.* Pieza metálica con que se refuerzan algunas partes del casco: *armadura de codaste.*

— *Mec.* Bastidor de un reloj en el que se asienta su mecanismo.

ARMAMENTO m. Conjunto de piezas para armar o mantener unidas las cosas.

— *Mar.* Todo lo que necesita un barco para hacerse a la mar.

ARMAR v. Montar las piezas de un conjunto: *es más fácil desarmar un mecanismo que armarlo.*

— *Mar.* Pertrechar, preparar lo necesario para que un barco pueda hacerse a la mar.

— *Min.* Yacer un mineral entre gangas o rocas estériles que dificultan su extracción.

ARMARIO m. *Tecn.* Cámara, recinto o mueble en forma de armario usado con diversos fines. ‖ *Armario estufa,* o *estufa de armario,* armario provisto de resistencias eléctricas, lámparas infrarrojas u otra fuente de calor, que se usa para secar pequeños objetos, deshidratar frutas y legumbres, etc. ‖ *Armario frigorífico,* nevera.

ARMAZÓN f. Estructura sobre la cual se montan los distintos elementos de un conjunto, una máquina, etc. (Se usa tb. como m. : *la carrocería, las ruedas y el motor de un coche se hallan fijados en un armazón llamado bastidor.*) [Sinón. ARMADURA.]

ARMELLA f. Anillo metálico prolongado por una espiga que sirve para clavarlo o atornillarlo. ‖ Cada uno de los tornillos fijos en el marco en que enganchan las puntas de la falleba.

ARMILAR o **ARMILLAR** adj. *Astr. Esfera armillar,* aparato constituido por varios círculos correspondientes a los de la esfera celeste y en el centro de los cuales la Tierra se halla figurada por una bola: *la esfera armillar servía para efectuar observaciones después de haberla orientado convenientemente.*

ARMIÑO m. *Curt.* y *Zool.* Mamífero mustélido (*Mustela erminea*) propio del Norte de Europa y Asia, cuya piel de pelo finísimo, parda en verano y blanca en invierno, es una de las más apreciadas.

ARMONÍA f. Combinación de una serie de colores, motivos ornamentales, etc. dispuestos de modo que formen un conjunto agradable y no sean discordantes.

— Existen reglas elementales para obtener efectos armoniosos de los colores yuxtapuestos: en la *armonía de colores análogos* se usan colores vecinos en el espectro; la *armonía de constraste* se obtiene, por el contrario, oponiendo colores que se hallan muy separados en dicho espectro; la *armonía de tonos* consiste en yuxtaponer un color vivo con el mismo color apagado con blanco. (V. lám. COLORES.)

— *Mat.* Véase ARMÓNICO.

ARMÓNICO, CA adj. y s. Hecho con armonía: *combinación armónica de los colores.*

— *Acúst.* Dícese del sonido cuya frecuencia (número de vibraciones por segundo) es un múltiplo del sonido fundamental: *raros son los sonidos que se emiten sin armónicos.*

— *Electr.* Magnitud sinusoidal de frecuencia múltiplo de la frecuencia fundamental de la corriente o de la tensión.

— *Fís.* Todo movimiento ondulatorio que se superpone a otro llamado fundamental y que tiene una frecuencia múltiplo de la suya. ‖ *Armónica química,* instrumento de laboratorio en el cual una llama de hidrógeno hace vibraciones y produce un sonido musical en un tubo de vidrio.

— *Geol. Pliegue armónico,* aquel en el cual todas las capas son igualmente deformadas y conservan su paralelismo en todas las direcciones.

— *Geom. División armónica.* Dos puntos P y Q dividen armónicamente el segmento AB cuando se tiene la razón:

$$\frac{PA}{PB} = \frac{QA}{QB}.$$

‖ *Haz armónico,* el formado por cuatro rectas trazadas desde un punto S hasta los puntos A y B, por una parte, y P y Q por otra, que dividen ar-

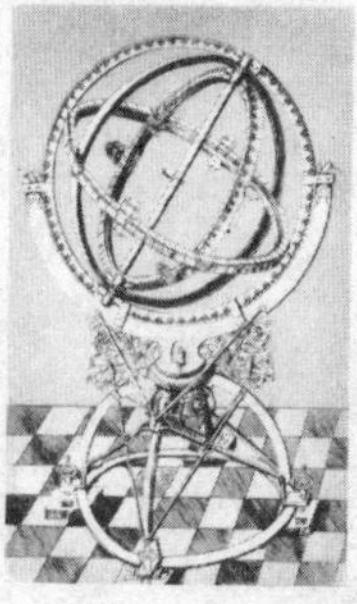

esfera **armilar**

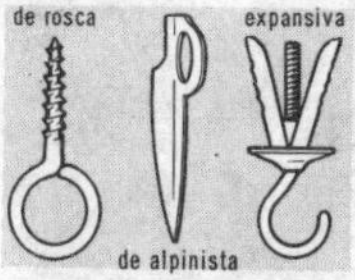

armellas

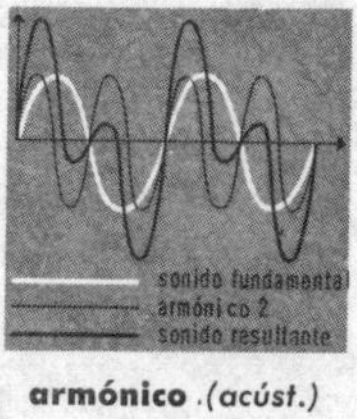

armónico *(acúst.)*

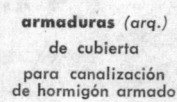

armaduras *(arq.)*
de cubierta
para canalización de hormigón armado

Fot. Fichet-Schwartz, H. Baranger

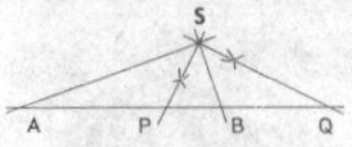

haz **armónico** *(geom.)*

aro *(mec.)*

arpón *(mar.)*

mónicamente la recta AB. Toda línea transversal que corta el haz es dividida armónicamente por éste en los cuatro puntos de intersección.
— *Mat. Proporción, serie armónicas,* v. PROPORCIÓN y SERIE, respectivamente.
— *Telec. Telegrafía armónica,* v. TELEGRAFÍA.

ARMORICENSE adj. y s. *Geol.* Ordoviciano.

A.R.N., sigla química de *ácido ribonucleico**.

ARNÉS m. *Aeron.* Correaje del paracaídas, que se ajusta al cuerpo.

ARO m. Cerco de metal, madera u otra materia que se pone en torno de alguna cosa para sujetar sus partes o como adorno: *un tonel suele tener cuatro aros por lo menos.*
— *Mec.* Anillo partido, de sección rectangular, que se engasta en unas canales abiertas en torno a un émbolo y sirven de junta entre éste y el cilindro. (Sinón. SEGMENTO.)

AROMA m. *Quím.* Principio oloroso que emana de alguna substancia.
— Toda substancia volatilizada que excita los órganos del olor es *aroma.* Las más de las veces se trata de aceites esenciales (v. ESENCIA) elaborados por las plantas, pero también existen aromas químicos producidos artificialmente, como los ácidos benzoico y cinámico. Estas substancias pueden obrar directamente o ser arrastradas hasta los órganos olorosos por vapores acuosos, alcohólicos (perfumes), etc.

AROMADENDRO m. *Bot.* y *Carp.* Árbol magnoliáceo javanés que da buena madera de construcción.

AROMÁTICO, CA adj. Dícese de lo que exhala un olor agradable.
— *Petr. Hidrocarburos aromáticos,* v. HIDROCARBURO.
— *Quím. Serie aromática,* serie cíclica. (V. CÍCLICO.)

AROMATIZACIÓN f. Acción de perfumar o dar aroma a alguna cosa.
— *Quím.* Reacción que, en el curso del refinado del petróleo, transforma un hidrocarburo* de cadena abierta en otro aromático. (Sinón. CICLIZACIÓN.)

ARPA f. *Constr.* Hierro a escuadra con que se afirman los tabiques en la obra maestra.

ARPEL m. *Min.* Raedera o azadilla de dientes.

ARPEO m. *Mar.* Especie de bichero de uno o varios garfios.

ARPILLAR v. *Amer.* Cubrir o embalar con arpillera.

ARPILLERA f. *Text.* Harpillera.

ARPÓN m. *Carp.* y *Constr.* Grapa para unir dos maderos.
— *Mar.* Instrumento de mango provisto de una punta acerada, en forma de saeta, atado a un cabo largo, que se arroja a mano para clavarlo en un pez grande y, las más de las veces, en un cetáceo. ‖ Instrumento parecido —pero de forma apropiada para poder ser lanzado con un cañón, y provisto de un cable muy largo y sólido— que se usa para cazar los cetáceos mayores. (V. BALLENA.) ‖ *Arpón submarino,* el de uno o más dientes, pequeño, que se dispara con fusil* submarino.

ARPONAR o **ARPONEAR** v. *Mar.* Arrojar el arpón y clavarlo en el cuerpo de la presa.

ARQUEADO, DA adj. En forma de arco.
— *Arq.* Dícese de la construcción, o parte de ella, cuya concepción estructural se ha fundado en torno al uso del arco: *planta baja arqueada.*

ARQUEANO, NA adj. *Geol.* La primera capa del precambriano, o sea el más antiguo de los terrenos geológicos. (V. ESTRATIGRAFÍA.)

ARQUEAR v. Dar forma de arco a una cosa.
— *Mar.* Medir la capacidad de un barco. (V. ARQUEO.)

ARQUEO m. Acción de arquear o dar forma de arco a alguna cosa.
— *Mar.* El *arqueo* —que no debe confundirse con el desplazamiento*— es el volumen o capacidad de un barco y se mide con la *tonelada de arqueo* o tonelada Moorsom de 2,83 metros cúbicos (100 pies cúbicos ingleses). Cabe distinguir el *arqueo bruto,* que es la capacidad total de todos los espacios cerrados del buque, del *arqueo neto,* que es la capacidad útil reservada para el transporte de flete y pasajeros. La diferencia entre ambos arqueos representa el volumen ocupado por la tripulación, las máquinas, los pertrechos y provisiones, etc.

ARQUEOLOGÍA f. Estudio de las antiguas civilizaciones por medio de los monumentos y otros vestigios materiales que de ellas han llegado hasta nosotros.
— La ciencia moderna aporta su valiosa colaboración a la *arqueología.* Los distintos métodos de sondeo* y prospección* contribuyen a descubrir ruinas enterradas profundamente, mientras que los detectores* electromagnéticos permiten localizar los objetos metálicos bajo dos o tres metros de tierra. La espectrografía* y el análisis químico pueden determinar los orígenes de un fragmento de cerámica según la naturaleza de su arcilla. En cuanto a la antigüedad de los vestigios, no faltan hoy medios de delatarla: datación* por el carbono 14, imantación termorremanente contenido en flúor de los huesos, palinología* (análisis del polen presente en las excavaciones), estudio de los sedimentos, etc.

ARQUERÍA f. *Arq.* Arcada o conjunto de arcos.

ARQUILLO m. Arco pequeño.
— *Mec.* Arco de taladrar de pequeñas dimensiones.

ARQUÍMEDES *(Principio de),* uno de los principios fundamentales de la hidrostática, en virtud del cual todo cuerpo sumergido en un fluido parece como si perdiera una parte de su peso igual al peso del fluido que desaloja. Si el fluido es agua, cada metro cúbico desalojado disminuye de una tonelada el peso del cuerpo sumergido; si es aire, 1 293 gramos, etc.
Este principio se aplica a todos los problemas de flotación y de aerostación. En marina determina la carga que pueden llevar los buques, su calado y otras características. (V. DESPLAZAMIENTO.)

ARQUÍMEDES *(Rosca de).* V. ROSCA.

ARQUITECTÓNICO, CA adj. *Arq.* Relativo o perteneciente a la arquitectura: *planos arquitectónicos.*

ARQUITECTURA f. Arte de proyectar y construir los edificios y monumentos de acuerdo con las reglas de la mecánica, las disposiciones legales y las leyes de la estética. ‖ Por ext., ingeniería, arte de diseñar y construir buques, presas y otras obras importantes: *los grandes transatlánticos son obras maestras de arquitectura naval; la arquitectura hidráulica permite el aprovechamiento de las aguas corrientes.*
— La *arquitectura moderna* se propone más bien satisfacer necesidades materiales que crear obras

arquitectura
la Casa de la Radio
y el Palacio
de Exposiciones
(París)

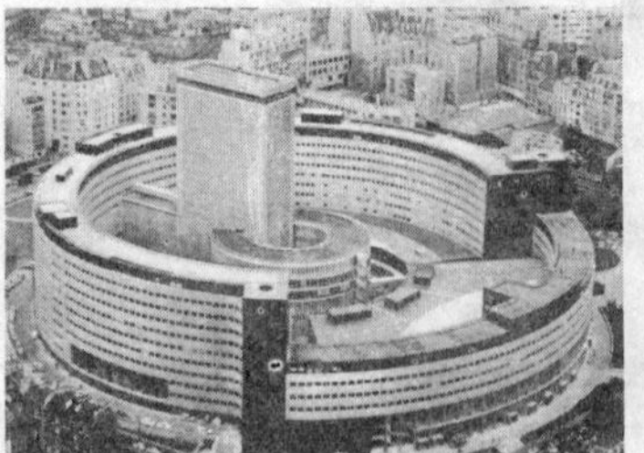

Fot. G. Hansson, Spirale, O. R. T. F.

arquitectura
construcciones metálicas, fachadas de cortina con elementos metálicos prefabricados y enormes acristalados de doble planta

de arte: es una arquitectura funcional, esencialmente práctica, en la cual se sacrifica poco dinero y trabajo a la estética pura. Ésta resulta de la aplicación a todas las partes del edificio de un módulo* que se toma como unidad.
Las formas exteriores tienden a uniformizarse. Antes el clima determinaba la forma del tejado, el número y dimensiones de las ventanas, el espesor de los muros y la naturaleza de los materiales empleados. Hoy, con el uso del acero y del hormigón armado y, por otra parte, merced a la calefacción central, los grandes edificios modernos de Buenos Aires y Madrid no se distinguen de los de Oslo, Dakar o Quebec. Todos se caracterizan por una predominancia de la altura sobre las demás dimensiones, la proporción considerable de superficie acristalada en las fachadas, el uso de materiales ligeros, con frecuencia constituidos por elementos prefabricados*, que se montan rápidamente sobre una armazón o esqueleto de vigas de acero, y la substitución creciente de la madera por los perfilados de metal (carpintería metálica).
En las construcciones de piedra, éstas se hallan talladas y unidas, con arreglo a un aparejo* determinado, cuyas dos caras se llaman paramentos. Estas paredes de carga o paredes maestras sirven de arranque a los tabiques y soportan el envigado de cada piso y la cubierta. En ciertos edificios públicos donde se requieren locales muy grandes desprovistos de apoyos —por lo menos en una amplia superficie central— la construcción de un techo plano presenta tales dificultades que es más práctico recurrir a la bóveda. Ésta, en razón de su forma, transforma el peso de cada uno de sus elementos en un empuje que se ejerce lateralmente o, mejor dicho, oblicuamente, mientras que en un techo plano el empuje es vertical y en la parte central, lejos de los apoyos, requeriría para soportarlo una armadura excesivamente complicada.

ARQUITRABE m. *Arq.* Parte inferior del entablamiento, que es la que se aplica sobre los capiteles de las columnas y otros apoyos.
— *Carp.* Marco moldurado en torno a una puerta* o ventana.

ARQUIVOLTA f. *Arq.* Archivolta.

ARRABÁ m. *Arq.* Paramento ornamental, de forma rectangular, en el que se recorta el arco en las puertas y ventanas de estilo árabe.

ARRABIO m. *Metal.* Hierro bruto, de primera fusión, tal y como sale del alto horno, o sea sin afinar.

ARRACADA f. *Art. gráf.* Porción de líneas que se acortan para permitir la inserción de un grabado en la columna. (Sinón. LADILLO.)
— *Mar.* Raca.

ARRAMBLAR v. Quedar el suelo cubierto por una capa de arena o de limo después de una avenida.

ARRANCACLAVOS m. *Carp.* Palanca, martillo y otros instrumentos provistos de una uña hendida o de una pinza que permite arrancar los clavos. (Sinón. DESCLAVADOR.)

ARRANCADA f. Arranque de un vehículo.

ARRANCADOR, RA adj. y s. Que arranca o sirve para arrancar: *martinete* arrancador de pilotes.* ‖ Motor especial que sirve para poner en marcha otro más importante. (V. ARRANQUE.)
— *Agr.* Las *arrancadoras* son máquinas usadas para cosechar los tubérculos, los cacahuetes, y ciertos tallos (lino). Las máquinas más simples son arados especiales (arado patatero, arado remolachero) que levantan una capa del suelo y la desmenuzan para poner los tubérculos al descubierto. Las *arrancadoras de patatas* más perfeccionadas recogen los tubérculos, los sacuden para limpiarlos y después los dejan alineados en el suelo, los cargan en otro vehículo (*arrancadora cargadora*) o los ponen en sacos (*arrancadora ensacadora*).
Más complicadas aún son las *arrancadoras de remolacha*, pues, además de los órganos ya citados, tienen un aparato descabezador, disco cortante

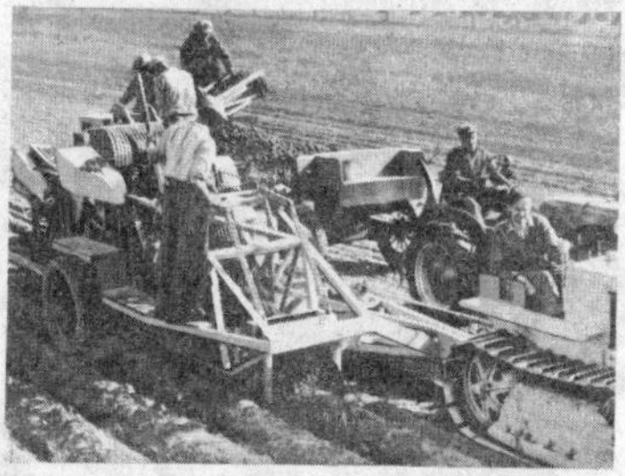

arrancadora
de patatas

que secciona la parte aérea de la planta que proyecta lateralmente otro mecanismo. (Sinón. COSECHADORA, RECOLECTORA.)

ARRANCAMIENTO m. *Atom.* Fenómeno producido por la partícula muy rápida que, al chocar con un conjunto de partículas (átomo, nudo, etc.), le arranca alguna de éstas (electrón, nucleón, etc.).

ARRANCAR v. Extraer lo que se halla inserto o metido en el seno de otra cosa: *arrancar un árbol, los clavos de una tabla, el mineral del filón*, etc. ‖ Tomar una cosa su origen en un punto de otra: *la tubería principal de la red distribuidora de gas arranca del gasómetro.* ‖ Ponerse en marcha un motor. ‖ Por ext., aumentar bruscamente la velocidad de un motor y, con ella, la del vehículo que propulsa. (V. ARRANQUE.)

ARRANQUE m. Acción de arrancar en todas sus acepciones. ‖ Arrancador.
— *Aeron.* El *arranque* es la puesta en marcha de los motores, y también se da elípticamente este nombre a los aparatos usados con dicho fin. Éstos

carretilla
de **arranque**
(aeron.)

Fot. O. T. U. A., O. R. T. F., Air France

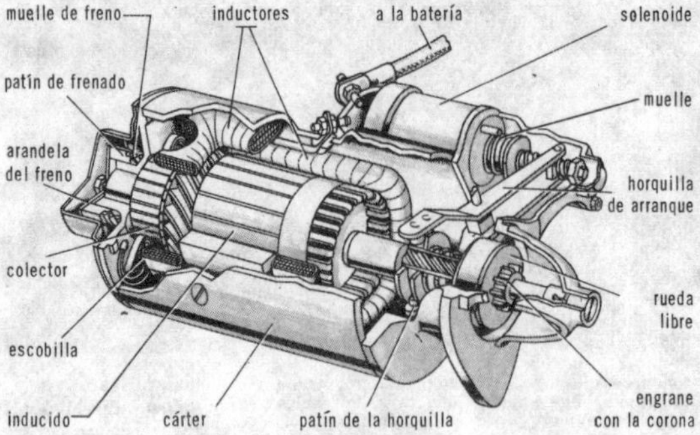

motor de arranque (autom.)

consisten en un motor auxiliar (generalmente eléctrico o de aire comprimido) o en una turbina pequeña. El *carro* o *carretilla de arranque* es un vehículo pequeño provisto de baterías o de un grupo electrógeno, que se usa en los aeródromos para poner en marcha los turborreactores. En los motores cohetes de propergol* líquido, el arranque suele efectuarse automáticamente al entrar en contacto el carburante y el comburente en la cámara de combustión y reaccionar ambos químicamente.

— *Arq.* Punto de transición donde se termina la jamba y empieza el arco. || Principio, a partir del apoyo, de una bóveda, puente, presa y otras obras abovedadas o arqueadas.

— *Autom. Arranque* o *motor de arranque,* pequeño electromotor relativamente potente que, alimentado con la corriente de la batería, sirve para poner en marcha el motor de un automóvil.

— El *arranque* empieza por girar libremente y, al cabo de un breve instante arrastra un piñón que, deslizándose por una ranura helicoidal del árbol del inducido, llega al extremo de éste y engrana con la corona dentada de que está provisto el volante del motor del automóvil. Cuando éste se pone en marcha, el referido piñón, llamado bendix, se retira de la corona.

Conviene saber que, en terreno llano y en caso de necesidad y si se dispone de una batería suficientemente cargada, el motor de arranque puede arrastrar un coche, con la primera marcha, durante unos centenares de metros.

En muchos casos el arranque de los camiones pesados se efectúa en los garajes merced a un motor de arranque de aire comprimido.

El *mecanismo de arranque* de las motocicletas *(kick starter)* consiste en un pedal que acciona el árbol motor por medio de un sector dentado y de un trinquete.

— *Electr.* Durante el *arranque de los electromotores* potentes se regula la corriente de alimentación con un *reóstato de arranque* (combinador) que aumenta su intensidad progresivamente. Si no se toma esta precaución, se produciría como un cortocircuito por ser excesivamente pequeña la resistencia del inducido cuando está parado o gira lentamente.

— *Mec.* El *arranque de los motores* y *de los vehículos* plantea problemas particulares, cuales los ya señalados más arriba. En general se requiere una potencia mayor que en el funcionamiento o régimen normal, pues se han de vencer fuerzas de inercia y coeficientes de rozamiento y de rodadura mucho mayores. Así, el *arranque de un tren* impone a la locomotora un *esfuerzo de arranque* considerablemente mayor que el necesario para arrastrar el tren ya lanzado. A un automóvil que necesita 70 caballos para alcanzar la velocidad de 100 km/h le basta una potencia de 20 caballos para mantenerla.

— *Min.* Dislocar la masa de un filón o de una cantera para beneficiar el mineral o aprovechar la piedra. (V. CANTERA y MINA.)

ARRASADO, DA adj. *Text.* Semejante o parecido al raso o tejido a modo de raso.

ARRASTRADERO m. Camino o construcción que sirve especialmente para arrastrar algo: *los troncos se extraen del bosque por arrastraderos.*

ARRASTRAR v. Tirar de una cosa llevándola por el suelo. || Llevarse una corriente líquida o gaseosa los cuerpos sólidos caídos o vertidos en ella. || Comunicar un mecanismo su movimiento a otro directamente o merced a un órgano intermediario. (V ARRASTRE.)

— *Min. Amer.* Converger varias venas para formar un solo filón.

ARRASTRE m. Acción de arrastrar en todas sus acepciones.

— *Mar.* Remolque: *las barcazas de proa achatada ofrecen gran resistencia al arrastre.* || *Pesca de arrastre,* la que se efectúa con una red que se lleva a remolque. (V. ARTE y BOU.)

— *Mec.* El *arrastre* de un órgano o máquina puede efectuarse directamente si ambos elementos tienen un árbol común, dos superficies de contacto aplicadas con fuerza suficiente *(arrastre por adherencia* o *por fricción),* dos ruedas que engranan, etc. En el *arrastre indirecto* existe un órgano intermediario. (V. TRANSMISIÓN.)

— *Min.* Talud o pendiente de un pozo de mina.

— *Transp.* Los fluidos constituyen un vehículo excelente para el transporte de materias a granel. El grano se descarga de los barcos y almacena en los silos merced a aspiradores que lo arrastran por tuberías de perfil convenientemente estudiado. El mismo procedimiento se usa para alimentar en carbonilla ciertos hogares industriales. También se usa la depresión neumática para transmitir el correo urgente (v. CORREO). Citemos asimismo el uso que se hace de ciertos gases (por ej., los gases absorbentes) para separar y arrastrar determinadas substancias en las refinerías de petróleo y otras industrias químicas.

El *arrastre de la madera por flotación** es de sobra conocido; el mismo *arrastre hidráulico* por canales más o menos estrechas se usa en las fábricas de papel para transportar los rollos de madera que se han de desfibrar y en las del azúcar para llevar al trapiche —al par que se lavan— las remolachas azucareras.

ARRASTRERO m. *Mar.* Barco que se dedica a la pesca de arrastre. (V. ARTE y BOU.)

ARREBAÑADERAS f. pl. Instrumento con varios ganchos que, atado con una cuerda, se arroja al fondo de un pozo para sacar los cubos u otros objetos caídos en los mismos.

ARREBOLADA f. *Meteor.* Conjunto de nubes altas que enrojecen al ponerse el sol.

ARREGLO m. *Art. gráf.* Operación consistente en aumentar la presión de la forma sobre el pliego para corregir un defecto de impresión o hacer que un detalle se destaque más que el resto al ser impreso.

— El *arreglo* consiste esencialmente en interponer calas de papel (alzas) entre el cilindro y el pliego que se imprime, con lo cual aumenta la presión de éste. Se empieza por tirar varias pruebas, una de las cuales se fijará sobre el cinlindro y servirá de patrón; se recortan en las otras los detalles demasiado claros y se pegan los recortes en la parte correspondiente del patrón; luego se cubre el cilindro con un pliego y se tira una prueba que, de no ser satisfactoria, obligará a pegar nuevas alzas en los puntos correspondientes del patrón, como ya se ha indicado.

ARREPISTAR v. *Papel.* Picar y desfibrar los trapos para elaborar pasta de papel de tina.

ARRIAR v. *Mar.* Bajar las velas. || Aflojar o largar un cabo para hacer bajar lo que con él se sostiene: *los botes salvavidas se arrían con tornos.*

ARRIBA adv. *Hidr. Aguas arriba,* posición de lo que, por referencia a una obra hidráulica, se halla situado en la dirección de donde viene el agua.

ARRIMADA f. *Min.* Cantidad de mineral que se trata en una sola hornada.

ARRIMADILLO m. *Constr.* Revestimiento de madera decorativa que se aplica sobre la parte inferior de las paredes en las habitaciones.

ARRIMAR v. *Mar.* Disponer adecuadamente la carga en las calas de los barcos.

— *Arrimar* cargas muy variadas y destinadas a diversos puertos, descargarlas en cada escala y cargar otras sin comprometer la estabilidad del barco y sacando el máximo provecho del volumen de las calas, es un cometido delicado que asume el segundo de a bordo.

ARRIOSTRAR v. *Tecn.* Aumentar la resistencia y rigidez de una estructura por medio de riostras.

ARROBA f. *Metr.* Peso de símbolo @, que aún se sigue usando en algunas comarcas, por cierto con valores que difieren de una a otra: 11,502 kg en Castilla, 12,5 kg en Aragón, etc. || Medida de capacidad para vinos cuya equivalencia métrica oscila entre 15,66 y 16,72 litros. || Medida de capacidad para aceite, de valor comprendido entre 12,24 y 12,70 litros, según las regiones.

ARROCABE m. *Arq.* Conjunto de maderos que, en la parte superior de un edificio, une los muros entre sí y con la armadura del tejado. || Adorno a modo de friso.

ARROCERÍA f. *Ind. alim.* Fábrica en la que se limpia y descascarilla el arroz y en la que también se suelen preparar productos derivados del mismo.

— En una *arrocería* moderna se efectúan, entre otras, las siguientes operaciones: descascarillado de los granos, limpieza y selección de los mismos, envasado y acondicionamiento con máquinas llenadoras de paquetes; molienda del grano para elaborar fécula y, también, polvo de arroz, de grano finísimo que sirve para cosméticos y otros usos.

ARROLLADOR m. Tambor de los tornos, grúas, cabrestantes y otros aparatos en el que se arrolla la cuerda que ejerce la tracción.

ARROLLAMIENTO m. *Electr.* Devanado de bobinas o carretes, inductores y otros elementos de circuitos eléctricos.

ARROLLAR v. Formar rollos o carretes: *máquina de arrollar películas fotográficas.* (V. BOBINADORA y DEVANADERA.)

— *Electr.* Devanar las bobinas o carretes, los inducidos de electromotores, etc.

ARRONZAR v. Ronzar, mover con palancas.

ARROW-ROOT m. Nombre inglés del *arrurruz.*

ARROZ m. *Agr.* y *Bot.* Planta gramínea (*Oryza sativa*) propia de las tierras muy húmedas.

— El cultivo moderno del *arroz* en tierras anegadas plantea problemas de hidráulica (circulación regular y renovación constante del agua) y de conservación del suelo, pues se ha de evitar que el agua arrastre el limo o forme bancos de sedimentos en los arrozales.

— *Tecn.* La *paja de arroz* se usa en algunas partes para fabricar celulosa o pasta de papel, pero se da el nombre de *papel de arroz* a papeles amarillos que, con frecuencia, nada tienen que ver con esta planta. (V. PAPEL.)

ARRUFADURA f. *Mar.* Arrufo.

ARRUFAR v. Combar, arquear, dar curvatura.

ARRUFO m. *Mar.* Curvatura longitudinal de la cubierta de barco que es más alta en la popa y

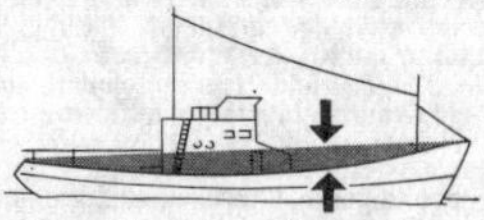

la proa que en el centro. (Sinón. ARRUFADURA.)

— La línea de *arrufo* varía entre el 2 y el 4 % de la eslora *. Su punto más bajo suele hallarse hacia atrás, a dos tercios de la proa y uno de la popa. Muchos barcos fluviales, así como los de guerra no tienen arrufo o lo tienen negativo (quebranto *).

ARRUMA f. *Mar.* División, compartimiento que se hace en las calas para arrimar la carga.

ARRUMAR v. *Mar.* Arrimar.

ARRUMBAR v. *Aeron.* y *Mar.* Marcarse, determinar el rumbo que se sigue o al que se debe navegar.

ARRURRUZ m. Fécula que se extrae de las raíces de varias plantas: *Maranta arundinacea,* de las Antillas; *Curcuma angustifolia,* de Australia; *Manihot utilissima,* o sea la mandioca, del Brasil; *Arum vulgare,* o aro común, etc.

— El *arrurruz* es una fécula comestible, pero se usa mucho industrialmente en la preparación de colas y aprestos, así como para espesar líquidos.

ARSEN, prefijo usado en las voces compuestas relativas al arsénico.

ARSENAL m. *Mar.* Astillero naval, establecimiento e instalaciones para construir, reparar y pertrechar los barcos. (OBSERV. El nombre de *arsenal* suele aplicarse hoy exclusivamente a las instalaciones de los puertos militares).

ARSENAMINA f. *Quím.* Hidrógeno arseniado (AsH_3).

ARSENIADO, DA adj. *Quím.* Que contiene arsénico.

arroz y arrocería segadoras trilladoras; sala de descascarillado en Barinas (Venezuela)

ARSENIATO m. *Quím.* Sal producida por la combinación de un ácido arsénico con una base: *los arseniatos de calcio y de plomo son insecticidas.*

ARSENICAL adj. *Quím.* Relativo o perteneciente al arsénico. || Que contiene arsénico o se deriva de él: *las substancias arsenicales orgánicas e inorgánicas suministran gran número de medicamentos.* (OBSERV. También se usa substantivamente: *los arsenicales antisifilíticos.*)

ARSÉNICO, CA adj. *Quím.* Relativo o perteneciente al arsénico: *anhídrido arsénico, ácido arsénico.* || — M. Cuerpo simple (As), de número atómico 33, que tiene el aspecto de los metales y suele ir asociado con ellos en los minerales metalíferos. || Nombre que suele darse al anhídrido arsenioso.

— El *arsénico,* cuyo peso atómico es de 74,92, presenta mucha analogía con el fósforo y tiene propiedades intermediarias entre las de los metales y de los metaloides. Es un sólido del cual existen varias calidades alotrópicas.

La más común es el *arsénico gris* o *metálico,* cristalizado en escamas, de densidad igual a 5,727 y que se sublima sin fundir a unos 610° (a la presión atmosférica). Es insoluble en los disolventes ordinarios.

El *arsénico negro* o *arsénico amorfo,* cuya densidad es de 3,7 se transforma, al calentarse, en arsénico gris.

Los *vapores de arsénico* son amarillos y se hallan formados por la molécula AS_4. Su condensación en la obscuridad a temperaturas inferiores a 0° da *arsénico amarillo,* de densidad igual a 2,0.

El arsénico se inflama en presencia de halógenos y se combina con el azufre y con algunos metales.

El más importante de todos los compuestos arsenicales es el *anhídrido arsenioso* (AS_2O_3) impropiamente llamado *arsénico blanco* o, simplemente, arsénico. Es un polvo blanco, veneno violento, poco soluble en el agua, cuyas soluciones tienen las propiedades de un ácido arsenioso y dan arsenitos. Como se parece a la harina, carece de olor y apenas tiene sabor característico, es uno de los venenos predilectos de ciertos criminales. Su antídoto es la magnesia calcinada, que da con él un compuesto insoluble, y, por consiguiente, inasimilable por el organismo.

El *anhídrido arsénico* es un polvo blanco que difiere del anterior por tener dos átomos suplementarios de oxígeno en su molécula (As_2O_5).

El *ácido arsénico* ordinario u ortoarsénico (H_3AsO_4) se prepara por oxidación del anhídrido arsenioso. Presenta mucha analogía con el ácido fosfórico.

El arsénico constituye $5{,}5 \times 10^{-4}$ de la litosfera y la hidrosfera. Se halla presente en casi todos los sulfuros metálicos naturales, pero principalmente en el realgar (As_2S_2), el orpimento (As_2S_3) y el mispíquel (FeAsS). No obstante, se obtiene principalmente a partir del anhídrido arsenioso que se forma en la tostación de los sulfuros metálicos.

El *arsénico puro* apenas tiene aplicaciones prácticas (bronces especiales, plomo para perdigones de caza). En cambio sus compuestos tienen mucha importancia industrial, particularmente en farmacia y en odontología (pastas para matar los nervios de los dientes que se han de empastar). El trisulfuro (orpimento) se usa en pintura como pigmento amarillo. El anhídrido arsenioso da venenos para ratas, se usa para blanquear el vidrio y sirve también para preparar colorantes verdes (acetoarsenito de cobre) y gases asfixiantes

Fot. SOCEMA, SOCAM

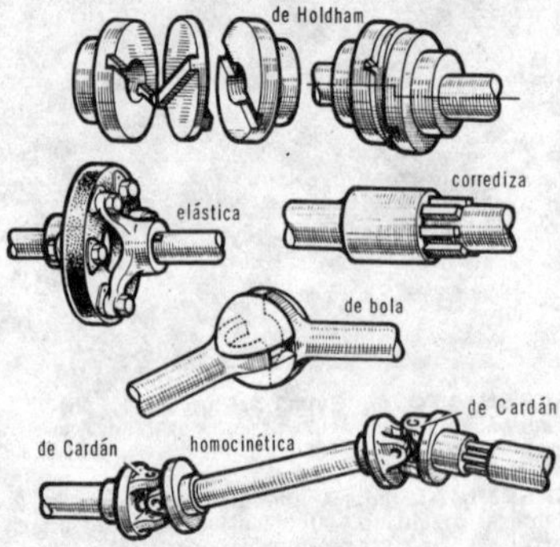

articulaciones o juntas de transmisión

articulación en el apoyo de una armadura

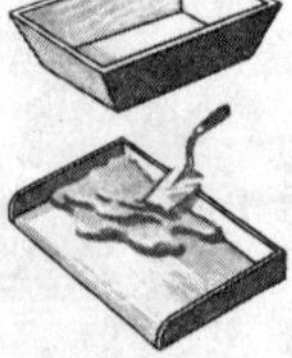

artesas de albañil

(clorarsinas). Los arseniatos entran en la preparación de insecticidas.

ARSENICÓXIDOS m. pl. *Miner.* Nombre genérico de los minerales que contienen anhídrido arsenioso.

ARSENÍFERO, RA adj. Que contiene arsénico.

ARSENIOFOSFATO m. *Quím.* Combinación de un arseniato y de un fosfato.

ARSENIOMOLIBDATO m. *Quím.* Sal derivada del ácido arsénico y del anhídrido molíbdico, que se usa para dosificar el arsénico.

ARSENIOSO, SA adj. *Quím.* Aplícase a ciertos compuestos arsenicales. (V. ARSÉNICO.)

ARSENIOSULFURO m. *Quím.* Combinación de arsénico y azufre con un metal.

ARSENÍQUEL m. *Metal.* Niquelina.

ARSENITO m. *Quím.* Sal de ácido arsenioso, que se distingue del arseniato por derivarse éste del ácido arsénico.

ARSENIURO m. *Quím.* Combinación del arsénico con un cuerpo simple: *en los arseniuros de metales la presencia del arsénico aumenta la dureza de los mismos y disminuye su conductibilidad eléctrica.*

ARSENOICO, CA adj. *Quím.* Dícese de los compuestos orgánicos arseniados análogos a los compuestos azoicos.

ARSENOPIRITA o **ARSENOSIDERITA** f. *Miner.* Mispíquel.

ARSINA f. *Quím.* Nombre dado a todos los cuerpos que se obtienen al reemplazar los átomos de hidrógeno del hidrógeno arseniado por otros tantos radicales carbonados.

— Las *arsinas* tienen una constitución análoga a la de las aminas, pero, salvo una sola excepción, no son básicas.

Con el nombre de arsinas se designan varios tóxicos, que, al ejemplo de la lewisita, se usaron como armas agresivas durante la primera guerra mundial y que, en realidad, solían ser clorarsinas.

ARSONIO m. *Quím.* Radical análogo al amonio, constituido por arsénico unido con cuatro átomos de hidrógeno (AsH_4).

ARSONVALIZACIÓN f. *Electr.* y *Med.* Uso terapéutico de las corrientes de alta frecuencia y tensión elevada, pero de escasa intensidad, generadoras de calor en el interior del organismo. (Sinón. DIATERMIA.)

ARTE amb. *Mar.* Aparatos usados para la pesca, especialmente las redes.

— Los *artes principales* pueden clasificarse como sigue: *artes de cerco,* los que, después de haber sido localizados los peces, forman alrededor de ellos un muro de red de diámetro cada vez más reducido; *artes de copo* o *de arrastre,* los que, como el bou * se hallan constituidos por redes en forma de bolsa cuya boca permanece abierta mientras las arrastra el barco; *artes de deriva,* los constituidos por paños rectangulares muy largos que, por tener un lado lastrado y el otro provisto de corchos, flotan verticalmente a la deriva mientras se enganchan en sus mallas las sardinas y otros peces; *artes fijos,* los de redes que se fijan en una posición determinada por medio de anclas y rezones, como las almadrabas *.

ARTEFACTO m. *Mec.* Etimológicamente significa obra de arte; hoy se suele emplear esta palabra en el sentido de mecanismo único en su género y poco común, generalmente ideado por su constructor.

ARTESA f. *Art. y of.* Recipiente de madera o metálico, de forma rectangular, que se estrecha en la base, usado para preparar morteros o amasar diversas materias. || Nombre dado, por ext., a las cubas o tinas fijas usadas en algún proceso industrial para lavar, amasar o tratar substancias líquidas o pastosas.

ARTESIANO, NA adj. *Hidr. Pozo artesiano,* v. POZO.

ARTESILLA f. Cajón de la noria en que vierten su agua los cangilones.

ARTESÓN m. *Arq.* Cada uno de los recuadros que forman las vigas aparentes en el artesonado.

ARTESONADO m. *Arq.* Techo cuyas vigas aparentes y cruzadas constituyen motivos ornamentales rehundidos (artesones), en forma de alvéolos poligonales, generalmente rectangulares. (Se usa tb. como adjetivo.)

ARTESONAR v. *Arq.* Construir en forma de artesón. || Adornar con artesones.

ARTICULACIÓN f. *Mec.* Enlace de dos piezas, de tal forma que puedan existir movimientos angulares de una de ellas respecto a la otra.

— La *articulación* es una de las cuatro formas de apoyo * clásicas. Entre las muchas formas que pueden adoptar citemos las siguientes: la *de biela y cigüeñal;* la *de Cardán;* la *de nuez* o *de bola;* la *de cruceta,* etc. (V. *figura.*)

ARTICULADO, DA adj. *F. c. Locomotora articulada,* tipo de locomotora provista de varios ejes motores, todos los cuales, salvo uno que se halla fijo respecto al bastidor, pueden oscilar merced a una articulación y gozan así de cierta libertad para adaptarse a la vía.

— *Mec. Sistema articulado,* conjunto de piezas unidas unas con otras, de tal modo que el movimiento de una de ellas se traduce por un cambio de la forma geométrica del sistema, como ocurre, por ej., con los pantógrafos * y el mecanismo de la balanza * de Roberval.

ARTICULAR v. *Art. y of.* Unir dos cosas con bisagras, armellas y otros enlaces que permitan a una de ellas girar sobre la otra. || Proveer de articulación el mecanismo rígido que carece de ella: *la máquina funcionará mejor si se articula su árbol de transmisión.*

ARTIFICIAL adj. Producido por el hombre y no por la naturaleza. || *Horizonte artificial, lluvia artificial, radiactividad artificial,* etc., v. HORIZONTE, LLUVIA, RADIACTIVIDAD, etc.

— *Artificial* se confunde frecuentemente con sintético *: todo caucho fabricado químicamente con diversas substancias que no tienen nada que ver con el latex es artificial; pero un caucho artificial que tiene exactamente la misma composición química que el natural y sus moléculas igualmente dispuestas es, además, sintético.

Tampoco es raro que se atribuya a este calificativo un sentido despectivo o peyorativo, aunque no todo lo artificial sea de calidad inferior a lo natural. Así, el Nylón, fibra textil artificial, es de calidad superior a la de las fibras naturales, y una cámara de neumático de butilcaucho es mucho más resistente y 10 veces más impermeable que una de caucho natural.

ARTIFICIO m. *Expl. Fuego de artificio,* v. FUEGO.

ARTILLERÍA f. V. AMETRALLADORA y CAÑÓN.

ARTIMÓN m. *Mar. Palo de artimón,* el que hoy se llama de mesana *. || *Vela de artimón,* la que lleva dicho palo.

ARTURO, estrella principal de la constelación boreal del Boyero, de luz amarilla.

— La estrella *Arturo,* cuya magnitud es de 0,2, ocupa el sexto lugar entre las más brillantes del cielo. Es una estrella gigante, de diámetro 25 veces mayor que el del Sol, situada a unos 41 años de luz de nosotros. También se distingue por la importancia de su movimiento propio. (V. ESTRELLA.)

As, símbolo químico del *arsénico.*

ASA, sufijo empleado en química, con que terminan los nombres de los fermentos llamados enzimas o diastasas.

A.S.A., siglas de *American Standard Association,* que designan uno de los sistemas con que se mide la sensibilidad de las emulsiones foto-

Fot. O. T. U. A.

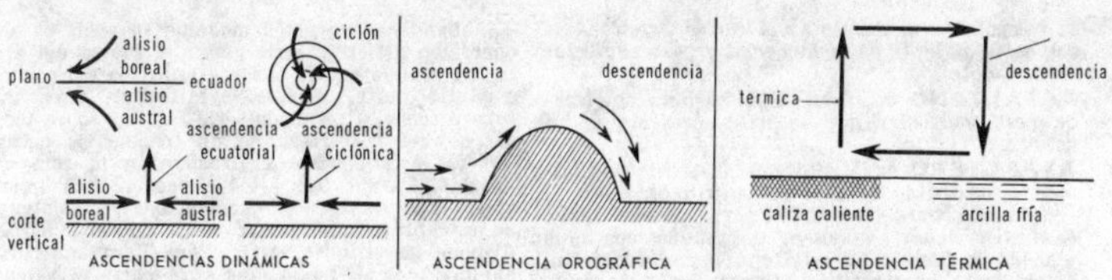

ascendencias
(meteor.)

gráficas: *una película de 100 grados A.S.A.* (V. SENSITOMETRÍA.)

ASALMERAR v. *Arq.* Dar forma inclinada a la parte superior de los estribos de la cual arrancan los arcos o bóvedas.

ASARDINADO, DA adj. *Constr.* De sardinel, hecho con piedras o ladrillos puestos de canto.

ASARGADO DA, adj. *Text.* Parecido a la sarga por su aspecto, o tejido como ella.

ASBESTINO, NA adj. *Miner.* Relativo o perteneciente al asbesto: *roca asbestina.*

ASBESTO m. *Miner.* Variedad de amianto*. ‖ Toda clase de amianto.

ASBOLANA o **ASBOLITA** f. *Miner.* Óxido hidratado de manganeso mezclado con óxido de cobalto, mena de este metal, en forma de masas terrosas y negras que tiznan los dedos.

ASCENDENCIA f. *Aeron.* y *Meteor.* Movimiento ascendente de las masas de aire atmosférico en el cual se funda el principio del vuelo* a vela o sin motor.
— Las *ascendencias* pueden tener varias causas, especialmente las siguientes: convergencia de masas de aire a proximidad del suelo (*ascendencias dinámicas*) ; presencia de accidentes del relieve que desvían habia arriba las corrientes horizontales (*ascendencias orográficas*) ; calentamiento del aire en el suelo y substitución del mismo por aire fresco, cuyo fenómeno provoca la subida del aire caliente (*ascendencias térmicas*) ; existencia de un régimen atmosférico inestable (*ascendencias de inestabilidad*), etc.

ASCENDENTE adj. Que sube o asciende.
— *Aeron.* Dícese del aire que permite a un planeador elevarse. (V. ASCENDENCIA.)
— *Astr.* Dícese del astro que sube por encima del horizonte: *cometa ascendente.* ‖ Dícese del planeta que atraviesa el plano de la eclíptica en la dirección del Sur al Norte por el nodo* ascendente.
— *Hidr. Aguas ascendentes,* las que, por hallarse entre dos capas impermeables de perfil cóncavo, pueden ascender si se les da salida por algún orificio de la capa impermeable superior. (V. POZO *artesiano.*)
— *Mat. Progresión ascendente,* v. PROGRESIÓN.

ASCENSIÓN f. Acción de subir o elevarse.
— *Aeron.* Acción de despegar del suelo y elevarse en el aire un aeróstato.
— *Astr. Ascensión recta de un astro,* coordenada* astronómica, equivalente a la longitud geográfica, que es el ángulo diedro γOA formado en el ecuador por el círculo horario del punto de Aries (punto equinoccial de primavera) y el círculo* horario del astro. (V. EQUINOCCIO.)
— *Fís.* Subida de los líquidos en los tubos, bombas, canales, etc.

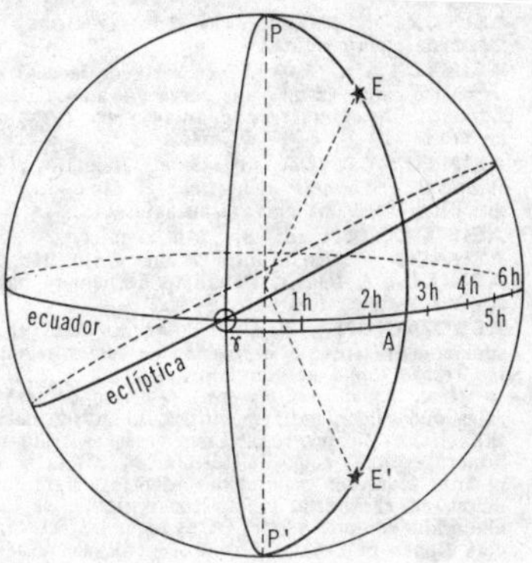

Doc. OTIS

ASCENSIONAL adj. Relativo a la ascensión de una cosa: *indicador de velocidad ascensional.*
— *Aeron. Fuerza ascensional,* v. FUERZA: ‖ *Velocidad ascensional,* v. VELOCIDAD.

ASCENSOR m. *Art. gráf.* En el marcador* automático, mesa donde se pone la pila de papel que se ha de imprimir.
— *Mec.* Aparato elevador para subir a los pisos de los edificios o bajar de ellos.
— Los primeros *ascensores hidráulicos* consistían en un larguísimo cilindro hundido verticalmente en el suelo y provisto de un émbolo cuyo vástago llevaba fijada en su extremo la jaula o cabina. Al abrirse una válvula automática, el agua penetraba en el cilindro y empujaba hacia arriba el émbolo y la cabina, hasta que ésta alcanzaba la altura del piso deseado. Para bajar se abría otra válvula en el fondo del cilindro por la cual se vaciaba el agua.
En el ascensor hidráulico de cabina suspendida, la jaula pende de cables que pasan por unas poleas situadas en lo alto de la caja de la escalera y que se enrollan en un torno accionado por un sistema hidráulico de cilindro-émbolo de dimensiones más reducidas que en el caso anterior.
Hoy son de uso general los *ascensores de torno* movido por un motor eléctrico. El *ascensor eléctrico* es una instalación bastante compleja. La cabina está sustentada por una armazón pendiente de los cables y provista de zapatas gracias a las cuales se desliza en las guías verticales de acero. El torno tiene tambores con ranuras helicoidales para guiar los cables y aumentar su adherencia. El motor está provisto de frenos electromagnéticos que permiten la parada de la cabina al nivel exacto del piso.
La seguridad es absoluta en los ascensores modernos y se consigue por la imposibilidad de funcionar el ascensor si las puertas no están perfectamente cerradas, la multiplicación de los cables, la regulación automática de la velocidad, la acción segura de un paracaídas que detiene la cabina en los casos de velocidad excesiva o de rotura de los cables, etc.
Los ascensores no destinados al uso de personas se llaman montacargas. Los ascensores de barcos son montacargas muy grandes utilizados en los canales para pasar los barcos de un plano de agua a otro cuando el desnivel entre ambos es tan grande que no permite la construcción de una esclusa.

ASCIO, CIA adj. Aplícase a los habitantes de la zona comprendida entre los trópicos, donde, dos veces por año, el Sol se halla exactamente en la prolongación de una línea vertical.

ASCÓRBICO, CA adj. *Quím.* Dícese de un ácido, de fórmula $C_6H_8O_6$, que constituye la vitamina C.

ASDIC m. *Mar.* Aparato emisor y receptor de ondas ultrasonoras usado para descubrir la presencia de submarinos y bancos de peces, y también como sonda. (V. SONDA.)

ASEISMICIDAD f. *Geof.* Ausencia de fenómenos sísmicos: *no existe ningún punto de la Tierra donde la aseismicidad pueda ser absoluta.*

ASEÍSMICO, CA adj. *Geof.* Dícese de aquellos puntos en los que casi no existe ninguna actividad sísmica.

ASERRADO, DA adj. Cortado con la sierra. ‖ En forma de dientes, como una sierra.

ASERRADURA f. *Art. y of.* Corte hecho con la sierra. ‖ — Pl. Aserrín.

ASERRAR v. Serrar.

ASERRÍN m. Serrín.

ASFALTAR v. Cubrir con asfalto las calzadas, aceras y otros pavimentos. ‖ Impregnar o embadurnar con asfalto lo que se desea proteger contra

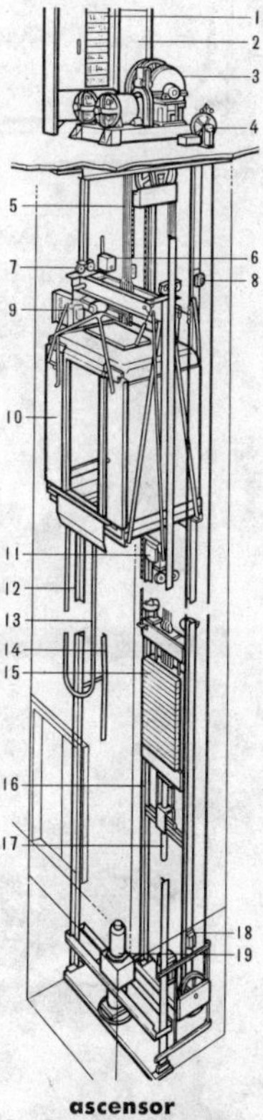

ascensor
1. Circuitos de control; 2. Selector de plantas; 3. Torno; 4. Mando del paracaídas; 5. Cables suspensores; 6. Interruptor de planta; 7. Rodillos; 8. Interruptor terminal; 9. Mando automático de la puerta; 10. Cabina; 11. Paracaídas; 12. Guía de la cabina; 13. Ramal libre; 14. Mando del interruptor de planta; 15. Contrapeso; 16. Guía del contrapeso; 17. Amortiguador; 18. Interruptor terminal; 19. Amortiguador de la cabina

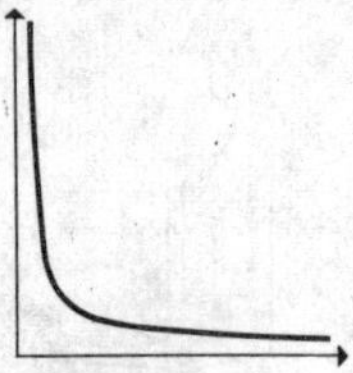

asíntota

asiento proyectable *(aeron.)*

la humedad o el desgaste: *el cartón asfaltado se usa como aislante de la humedad y para cubiertas provisionales.*

ASFALTENO m. *Quím.* Hidrocarburo de elevado peso molecular que se halla presente en el asfalto.

ASFALTERO m. *Mar.* Buque cisterna especialmente construido para el transporte de asfalto.
— Cuando un petrolero ordinario navega vacío, se pueden llenar algunos de sus tanques con agua a modo de lastre. El *asfaltero,* por el contrario, ha de tener unos compartimientos laterales especialmente reservados con dicho fin, pues sería perjudicial la introducción de agua en los tanques de asfalto.

ASFÁLTICO, CA adj. Que contiene asfalto: *hormigón asfáltico.*

ASFALTITA m. *Miner.* Mezcla natural de betún asfáltico y de materias orgánicas.

ASFALTO m. Mezcla sólida y negra de hidrocarburos naturales. || Preparación de composición variable usada en los firmes de carreteras. || *Asfalto de petróleo,* fracción residual de la destilación del petróleo.
— El *asfalto,* o *betún de Judea,* es un sólido que se ablanda entre 50 y 100° y cuya densidad es próximamente igual a la del agua. Se encuentra en los parajes donde afloran terrenos petrolíferos. Por lo demás el petróleo bruto lo contiene en proporciones bastante grandes. Con más propiedad, el asfalto es la masa de hidrocarburos presente en ciertos terrenos calizos que lo contienen a razón de 6 a 10 %. No obstante, se da también este nombre a los que impregnan esquistos y de los cuales se extraen combustibles líquidos, así como a los betunes industriales fabricados a base de asfalto.
En obras públicas se usa con arena o gravilla para revestir las calzadas, ya en forma de pasta (en cuyo caso se llama *betún*), ya en estado pulverulento (llamado entonces *asfalto*). En este último caso es apisonado en caliente, para que funda (V. FIRME). También se usa para impermeabilizar los muros de las presas, diques, canales y otras construcciones.
El asfalto repele el agua, propiedad que se aprovecha de diversos modos (cuerdas y cartón asfaltados, revestimiento de cañerías enterradas, pintura para proteger el hierro contra la corrosión, etcétera).

ASFÉRICO, CA adj. *Ópt.* Dícese de una superficie curva no esférica, como las de muchas lentes usadas para corregir aberraciones esféricas: *la fabricación de lentes asféricas de precisión es muy delicada.*

ASIDERITO m. *Astr.* Meteorito* que carece de hierro metálico.

ASÍDERO, RA adj. *Meteorito asídero,* asiderito.

ASIENTO m. Mueble, construcción apropiada para sentarse. || Sitio de una cosa sobre el cual se apoya o descansa otra: *el asiento cónico de las válvulas.* || Parte inferior de una cosa, con la cual se mantiene estable sobre una superficie plana: *el fondo de los platos tiene un reborde que les sirve de asiento.* || Poso que abandona un líquido en el fondo de la vasija.
— *Aeron. Asiento eyectable* o *proyectable,* asiento amovible de que están provistos los aviones de caza y los prototipos de aviones rápidos y que, en caso de peligro, es proyectado fuera de la cabina, con su ocupante, por una carga explosiva.

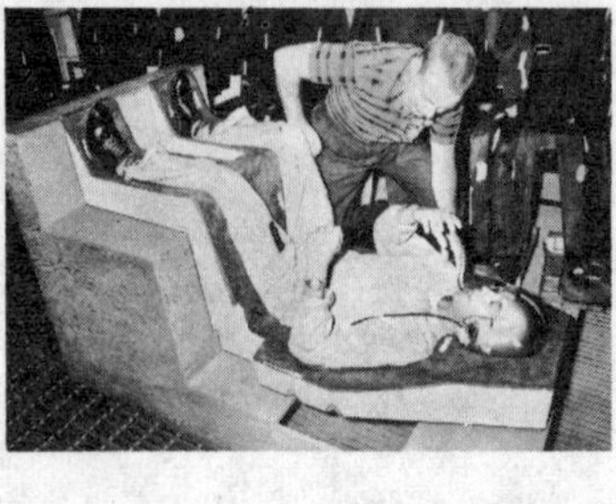

modelado de un **asiento** de astronauta *(astron.)*

— Abandonar un avión moderno en vuelo es una operación difícil y arriesgada: la fuerza del aire es tan grande que se opone a la salida del piloto; por otra parte, si éste logra saltar, el choque brusco con el aire puede serle fatal, y sobre todo, existe casi la certeza de que choque su cuerpo con los estabilizadores situados en la cola del aparato. Para evitar estos riesgos se han creado *asientos de emergencia* que funcionan como sigue: en la cabina, y formando cuerpo con el avión, se dispone un cilindro vertical que lleva una carga explosiva en el fondo; por otra parte el asiento lleva en su parte posterior, fijado verticalmente, un vástago, que penetra en el referido cilindro a modo de émbolo; por último, en la parte superior del respaldo va una cortinilla enrollada y provista en su borde libre de dos asas.
Cuando el piloto se ve obligado a abandonar el avión, abre la cúpula de la carlinga, fija bien sus pies en el estribo del asiento y, asiendo la cortinilla la baja hasta el pecho, quedando así protegido su rostro. Una vez que la cortinilla se ha desenrollado por completo, dispara automáticamente la carga del cilindro, y la explosión proyecta en el aire al asiento con su ocupante. Protegido por la cortinilla y el asiento y lanzado fuera del alcance de las estructuras de la cola del avión, el piloto abre después su paracaídas, a menos de estar provisto de uno de abertura automática.
— *Art. gráf.* Operación consistente en igualar el zócalo de madera de los clisés y en darle la altura conveniente (por medio de alzas) para que los grabados reciban la tinta uniformemente y la apliquen sobre el papel con la necesaria presión.
— *Astron.* El *asiento de los astronautas* en los ingenios cósmicos es un lecho moldeado sobre su mismo cuerpo y ofrece un perfecto apoyo dorsal, con la cabeza ligeramente levantada y las piernas en flexión, sostenidas a mayor altura que el cuerpo. (V. ACELERACIÓN.)
— *Constr.* Capa de mortero u hormigón sobre la cual se fijan las baldosas y otros pavimentos. || Compresión de las obras de fábrica y del terreno en que se apoyan, que se traduce por una ligera disminución de la altura de las construcciones.
— *Mar.* Diferencia del calado entre la proa y la popa. (V. APOPAMIENTO y APROAMIENTO.)
— Para lograr la estabilidad adecuada del barco se procura darle el mejor asiento teórico mediante una distribución apropiada de la carga y llenando convenientemente los tanques de lastre.
— *Min. Amer.* Territorio ocupado por las instalaciones superficiales de una mina, con todos sus edificios y las viviendas del personal.

ASIMETRÍA f. Falta de simetría.

ASIMÉTRICO, CA adj. Carente de simetría.

ASINCRÓNICO, CA o **ASÍNCRONO, NA** adj. Que carece de sincronismo.
— *Electr. Máquina asíncrona,* la de corriente alterna en la cual la frecuencia de las fuerzas electromotrices inducidas no es proporcional a la velocidad. || *Motor asíncrono,* motor que no gira en sincronismo con el campo magnético producido por la corriente alterna polifásica de alimentación.

ASINCRONISMO m. Falta de sincronismo, es decir, de simultaneidad.

ASÍNTOTA f. *Geom.* Línea recta de la cual se aproxima cada vez más una curva que nunca llega a tocarla: *la asíntota es tangente a una curva en un punto situado en el infinito.*

ASINTÓTICO, CA adj. *Geom.* Relativo a la asíntota. || *Espacio asintótico,* el espacio comprendido entre una curva y su asíntota.

ASÍSMICO, CA adj. *Arq.* Antisísmico.

ASNADO m. *Min.* Puntal de una entibación.

ASNILLA f. *Constr.* Caballete de madera para apear o sostener una pared.

ASOCIACIÓN f. Reunión de varias cosas para sumar sus efectos: *la asociación de varios acumuladores se llama acoplamiento.*
— *Geol. Asociación mineral,* conjunto de minerales que suelen hallarse unidos, al estado natural, en una misma roca. Unas veces se trata de minerales que, como la blenda, la pirita y la galena, requieren condiciones idénticas para formarse en el terreno y, por consiguiente, se han elaborado conjuntamente. Otras veces las substancias tienen orígenes diferentes, pero, después de

Fot. S. N. C. A. S. O., U. S. I. S

haber sido arrastradas, se han depositado en un mismo sitio mezcladas en forma de sedimento.
ASOCIAR v. Acoplar, unir varios elementos para sumar sus efectos.
ASOLAPARSE v. *Constr. Amer.* Afollarse o formar ampollas los muros y pavimentos o los enlucidos, pinturas y otros revestimientos.
ASOLEAR v. Exponer algo a los rayos solares para secarlo, blanquearlo u obtener otros efectos.
ASOLEO m. *Art. y of.* Operación consistente en exponer las cosas al sol para secarlas, blanquearlas u obtener algún otro efecto.
ASOMBRAR v. *Pint.* Obscurecer una pintura agregándole pigmentos u otra pintura de tonos más subidos.
ASOTANADO, DA adj. *Arq.* A modo de sótano : *una planta baja asotanada.*
ASOTANAR v. *Arq.* Proveer de sótanos.
ASPA f. *Carp.* Conjunto de maderos que forman una cruz.
— *Mec.* Riostras cruzadas de dos en dos. ‖ Cada uno de los brazos de una rueda de molino, y, también, conjunto de todos ellos. ‖ Álabe o paleta de una rueda hidráulica, agitador, etc. ‖ Cada uno de los brazos o palancas que sirven para hacer girar los cabrestantes y máquinas similares.
— *Min.* Intersección de dos vetas.
— *Text. Aspa* o *devanadera de aspas,* v. ASPAR y DEVANADERA.
ASPADERA f. y **ASPADOR** m. *Text.* Devanadera* de aspas, también llamada *aspa.*
ASPAR v. *Text.* Hacer madejas con el aspa o devanadera* de aspas.
ASPE m. Galicismo por *aspa, aspadera* o *aspador.*
ASPECTAR v. *Arq.* Dar, estar orientado hacia un punto: *la escuela nueva aspecta el Norte.*
ASPECTO m. *Arq.* Orientación de una fachada respecto a uno de los puntos cardinales.
ASPERÓN m. *Geol.* Arenisca silícea, de grano abrasivo, con la que se hacen piedras de amolar.
ASPERONAR v. *Constr.* Alisar con asperón los mármoles y otras piedras.
ASPERSIÓN f. Acción de asperjar: *riego por aspersión.*
ASPERSOR m. Rociador, aparato para asperjar o rociar: *aspersor extintor de incendios.*
ASPILLERA f. *Arq.* Abertura de un muro larga y muy estrecha. (Sinón. TRONERA.)
ASPIRACIÓN f. Acción de aspirar: *chimenea de tiro por aspiración.* ‖ *Desecador de aspiración,* v. DESECADOR.
— *Art. gráf.* En los marcadores automáticos, operación consistente en tomar mecánicamente el primer pliego de la pila y depositarlo sobre las cintas transportadoras. (V. ASPIRADOR.)
— *Aeron. Aspiración de la capa límite,* v. CAPA.
— *Autom.* Admisión*, tiempo durante el cual el émbolo aspira la mezcla carburante en el cilindro.
— *Mec.* Acción de aspirar con bombas y otros aparatos los fluidos, polvos y materias granuladas. (V. BOMBA.) ‖ *Altura de aspiración,* v. BOMBA. ‖ *Válvula de aspiración,* v. VÁLVULA.
— *Metal.* Procedimiento moderno para tostar minerales metalíferos.
— El mineral se dispone sobre un transportador de tela metálica, pasa frente a unas llamas que lo encienden y ante una boca que aspira violentamente el aire y activa la tostación*.
— *Tecn.* Captación y transporte por tuberías —en las cuales se crea una depresión— de polvos industriales, serrín, virutas, etc.
— La *aspiración* permite sanear la atmósfera de los talleres y disminuir los riesgos de incendio. Además, constituye un método de transporte cómodo de las materias pulverulentas o granuladas, fibras textiles, etc. (V. ASPIRADOR.)
ASPIRADO adj. Dícese del tiro de un aparato de calefacción cuando se debe a la acción de un ventilador dispuesto entre el mismo y la chimenea.
ASPIRADOR, RA adj. y s. Aparato para aspirar los líquidos o los gases, solos o cargados de sólidos ligeros (polvos, granos, fibras, etc.).
— Las *aspiradoras de polvo domésticas* constan esencialmente de una turbina que aspira el aire exterior por una boquilla barredera (aplicada sobre la superficie que se limpia) y lo inyecta en una cámara provista de un filtro que detiene las partículas sólidas.
— *Art. gráf.* Aparato consistente en una barra hueca provista de una hilera de boquillas que se aplican sobre la pila de papel y, al ser aspirado el aire que contienen, levantan un pliego y lo conducen al transportador de la máquina, sobre el cual lo dejan caer al cesar la aspiración en los tubos. (V. MARCADOR.)
— *Constr. Aspirador estático,* caperuza de chimenea de formas especialmente estudiadas para que la fuerza del viento aumente el tiro.
— *Fís.* Instrumento para aspirar los gases.
— La figura representa un *aspirador* simple de laboratorio. El depósito superior se llena de agua y se pone en comunicación con el recipiente del gas que se ha de aspirar. Al abrir el grifo B, el agua cae en el depósito inferior y, por consiguiente, aspira el gas en el superior. Cuando toda el agua se ha vaciado, puede proseguirse la operación invirtiendo el aparato (de modo que el depósito lleno pase arriba) y enchufando en el mismo el tubo colector de gas.
Los laboratorios usan preferentemente aparatos más cómodos y de funcionamiento continuo, cuales son las trompas* de aspiración.
— *Ind. alim. Aspirador de sangre,* bomba provista de mangas que, en los mataderos importantes, se enchufan en los vasos sanguíneos del cuello de las reses para desangrarlas.
— *Tecn.* Los *aspiradores industriales* constan de turbinas más o menos potentes y de un ciclón* u otro dispositivo terminal que reduce la turbulencia del aire y permite la separación de las partículas sólidas. (V. SEPARADOR.) Las operaciones de carga, descarga y almacenamiento en silos de los cereales a granel se efectúan rápida y económicamente con aspiradores de esta clase.
ASPIRANTE adj. Que aspira.
— *Mar. Draga aspirante,* v. DRAGA.
— *Mec. Bomba aspirante, bomba aspirante impelente,* v. BOMBA. (Véase también ASPIRADOR.)

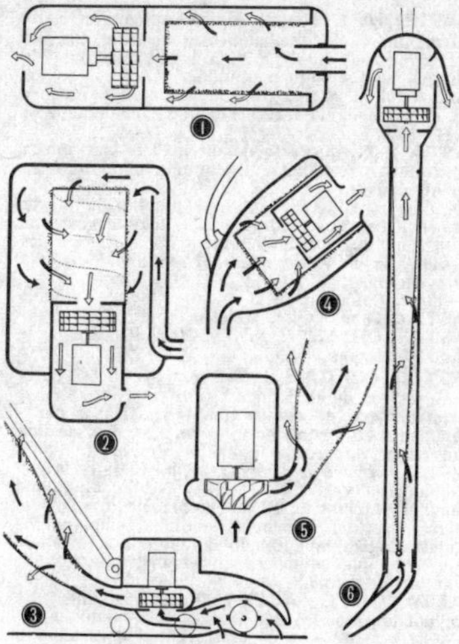

aspiradoras de polvo
1. Cilíndrica horizontal; 2. Dorsal o de mochila; 3. Batidora de alfombras; 4 y 6. Barrederas; 5. De bolsa permeable

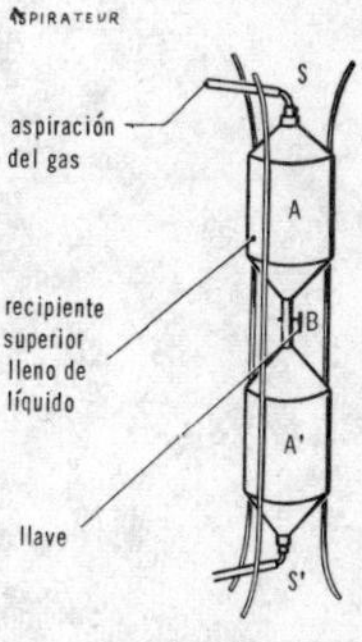

aspirador *(fís.)*

ensilado del arroz por **aspiración**

Fot. SOCEMA

ASPIRINA f. *Med.* y *Quím.* Ácido acetilsalicílico, uno de los medicamentos más antiguos de la terapéutica moderna y, sin embargo, uno de los que más se siguen usando.

ASSACU m. *Carp.* Uno de los nombres que se da en el comercio internacional de maderas a la del *jabillo** o *salvadera.*

ASTA f. *Carp.* Parte de un madero que queda en relieve por haberse hecho una entalladura a su alrededor.
— *Constr.* Espesor de pared igual a la mayor dimensión de sus piedras o ladrillos: *la pared de asta tiene en su espesor un ladrillo a tizón o dos a soga; la de asta y media tiene uno a tizón y otro a soga.*
— *Mar.* Caña del ancla.

ASTACIO m. *Quím.* Astatio.

ASTATICIDAD f. *Fís.* y *Mec.* Propiedad de los sistemas astáticos.

ASTÁTICO, CA adj. *Fís.* y *Mec.* Que se halla en el estado de equilibrio* indiferente. ‖ *Agujas astáticas,* par de agujas imantadas fijadas paralelamente en un mismo eje, con los polos de una invertidos respecto a los de la otra.
— Los *sistemas astáticos,* sea cual fuere su orientación, son perfectamente insensibles al campo magnético terrestre. El mismo principio se aplica, para evitar la influencia de dicho campo, a los galvanómetros muy sensibles, merced a un imán ajustable que se monta en el instrumento. (V. GALVANÓMETRO.)

ASTATINA f. y **ASTATIO** m. *Quím.* Elemento de número atómico 85. (Sinón. ALABAMIO.)
— El *astatio* (At) no existe en la naturaleza y se obtiene experimentalmente bombardeando bismuto con rayos alfa. Su peso atómico es 211. Uno de sus isótopos (^{215}At) se desintegra con emisión de rayos alfa y tiene un período de una diezmilésima de segundo, mientras que el otro (^{218}At) emite rayos alfa y beta con un período de 2 segundos. El astatio es, por consiguiente, un cuerpo muy inestable, circunstancia a la cual debe su nombre (del gr. *astatos,* instable).

ASTENOSFERA f. *Geol.* Zona limítrofe entre la corteza terrestre y la parte más externa del núcleo central del Globo, en la cual los esfuerzos contrarios crearían un estado de tensión nula: *la profundidad de la astenosfera se calcula en unos 60 km.*

ASTER, prefijo griego que significa *estrella,* usado en las voces compuestas relativas a las estrellas o a las cosas que guardan algún parecido con ellas.

ASTERIA f. *Ópt.* Punto centelleante que se observa a veces en las láminas cristalinas talladas perpendicularmente al eje del cristal y que se debe a la reflexión de la luz por estrías microscópicas.

ASTERIO m. *Meteor.* Parhelio.

ASTERISMO m. *Astr.* Constelación, o sea figura imaginaria que se forma con un grupo de estrellas: *los astrónomos han reemplazado los asterismos por zonas de la bóveda celeste definidas por límites matemáticos.* (V. CONSTELACIÓN.)
— *Ópt.* Fenómeno luminoso que se traduce por la formación de asterias* en los cristales expuestos a una luz muy viva.

ASTERITA f. *Miner.* Madrépora agatina. ‖ Toda piedra en forma de estrella.

ASTEROIDE m. *Astr.* Cada uno de los numerosos y diminutos planetas que gravitan alrededor del Sol entre las órbitas de Marte y Júpiter.
— Los *asteroides* son verdaderos planetas sometidos a las mismas leyes de mecánica celeste que la Tierra. Gravitan por consiguiente alrededor del Sol, siguiendo cada uno de ellos su propia órbita. Hasta ahora se han catalogado unos 1 600, de los cuales el 80 % han sido descubiertos fotográficamente. Basta para ello con comparar dos fotografías de una misma región del cielo tomadas con un intervalo de tiempo: las estrellas ocuparán el mismo sitio pero los planetas se habrán movido sobre el fondo de las estrellas. O bien se toma una fotografía con un tiempo de exposición lo bastante largo para que el planeta deje en la placa una raya luminosa en medio de los puntos de las estrellas. (V. ESTEREOCOMPARADOR.)
Estos cuerpos celestes son tan pequeños que el mayor de ellos tiene una magnitud visual de 6, o sea igual a la de las estrellas menos brillantes que pueden verse a simple vista en el cielo.
Las órbitas de casi todos los asteroides se hallan comprendidas entre las de Marte y Júpiter formando como un anillo entre 1,7 y 4,3 veces la distancia de la Tierra al Sol. No obstante, se observa una concentración de dichas órbitas en dos zonas correspondientes a 2,7 y 3,2 veces la referida distancia.
Varios asteroides se caracterizan, no obstante, por sus órbitas aberrantes, especialmente la de Adonis*, que llega tan cerca del Sol como Mercurio, y la de Hermes* que, en 1937, pasó a 600 000 km solamente de la Tierra.
Asteroides notables son también los 15 que constituyen el grupo de los *troyanos.* Tienen sensiblemente el mismo tiempo de revolución que Júpiter y se caracterizan por formar con este planeta y el Sol triángulos equiláteros.

PRINCIPALES ASTEROIDES
(Más de 250 km de diámetro)

N.º de orden	Nombre	Diámetro calculado
1	Ceres	955 km
4	Vesta	650 -
2	Palas	560 -
10	Higia	380 -
15	Eunomia	340 -
511	Davida	340 -
3	Juno	325 -
6	Hebe	285 -
7	Iris	285 -
16	Psique	270 -
617	Patroclo	270 -
39	Leticia	260 -
349	Dembowska	260 -

La mayor parte de los asteroides que se siguen descubriendo son peñascos que pueden medir a lo sumo dos o tres kilómetros.
Los astrónomos no han logrado descubrir con certeza los orígenes de estos astros minúsculos. Unos creen que son restos de materia cósmica que no pudo condensarse en un cuerpo único cuando se formaron los demás planetas. Otros atribuyen sus orígenes a la explosión de un planeta que habría existido entre Marte y Júpiter, y se fundan en que, según la ley de Bode, falta un planeta en la zona ocupada actualmente por los asteroides. (V. PLANETA.)

ASTIENSE adj. y s. *Geol.* Piso mediano del plioceno, cuyos terrenos arenosos, ricos en fósiles, datan de tres a cinco millones de años.

ASTIGMATISMO m. *Fot.* y *Ópt.* Aberración* que presentan ciertos objetivos y otros sistemas ópticos y que se traduce por una diferencia de nitidez entre las líneas verticales de la imagen y las horizontales.
— Esta aberración es tanto más sensible cuanto más lejos se halla un punto del eje óptico. Los rayos de luz de un punto de la imagen, en vez de converger en otro punto del plano focal, convergen primero en un segmento de recta; luego pasan por una sección circular (círculo de menor difusión) y convergen en otro segmento de recta perpendicular al primero. En ese haz no existe, pues, ninguna convergencia puntual; por consiguiente la imagen dará netos los detalles verticales cuando sean deficientes los horizontales y viceversa (según se coloque la emulsión sensible en la primera o segunda focal). Cuanto más oblicuo

astigmatismo

fuere el rayo luminoso, tanto mayor será la distancia entre las dos focales.
El *astigmatismo* se corrige multiplicando los lentes y usando cristales de composición diferente: como mínimo se requieren en los objetivos anastigmáticos tres lentes independientes o bien cuatro agrupados.

ASTIL m. *Art. y of.* Mango largo de las azadas, hachas, palas y otros instrumentos que se tienen con las dos manos.
— *Metr.* Brazo de la balanza, cuyos extremos sostienen los platillos. ‖ Brazo de la romana.

ASTILA adj. *Arq.* Dícese de la fachada que carece de columnas y pilastras.

ASTILLERO m. *Carp.* Depósito o almacén de maderas. ‖ *Amer.* Tajo del bosque en que trabaja una cuadrilla de leñadores.
— *Mar.* Factoría donde se construyen, reparan y pertrechan los barcos.
Los barcos se construyen en gradas y, en menor escala, en diques secos. Éstos, así como los diques flotantes, se usan más bien para carenar.
La grada es un plano inclinado, con pendiente de 6 a 8 %, que se prolonga debajo del agua. La solera de la grada, particularmente resistente, lleva de trecho en trecho, perpendicularmente a su eje, una serie de picaderos, sobre los cuales se pone la quilla, con que se principia la construcción del casco.
Actualmente, los *astilleros* importantes disponen de varios talleres en los que se construyen fragmentos del casco. Estos elementos prefabricados se llevan a la grada y se montan con la ayuda de grúas potentes. Así, la construcción de un barco muy grande sólo ocupa la grada durante un tiempo relativamente corto. La botadura * se efectúa libertando el casco de los lazos que lo retienen y dejándolo deslizarse por la grada sostenido por las basadas, hasta que flota en el agua. Generalmente los barcos se botan antes de que estén completamente terminados y se arriman a un muelle junto a los talleres indicados para acabar sus instalaciones internas y pertrecharlos.

ASTRACÁN m. *Curt.* Piel del cordero de raza caracul, originario de Asia y hoy criado en otras partes.
— El *astracán* puede ser de color gris, castaño, pardo con manchas, negro, etc. En los dos primeros casos las pieles conservan su color natural; en otros casos se tiñen o se lustran con procedimientos especiales. Las mejores pieles (*breitschwanz*) son las de corderos nonatos.
— *Text.* Tejido rizado que imita el pelaje de la piel de astracán.
— Este tejido se fabrica como el terciopelo, pero los hilos que se usan son más gruesos y se han preparado especialmente torciéndolos y fijando sus rizos por el calor húmedo (de la misma manera, en suma, que se hacen las ondulaciones permanentes para señoras). Así, al cortar los lazos de la urdimbre, los dos hilos libres forman rizos.

ASTRÁGALO m. *Arq.* Moldura convexa, de sección semicircular. ‖ *Astrágalo embutido*, el que se halla dentro de una canal y no sobresale del paramento.

ASTRAKÁN m. *Curt.* Astracán.

ASTRAL adj. *Astr.* Relativo o perteneciente a los astros.
— *Lumin.* Lámpara que da su luz verticalmente y que, por tener sus apoyos fuera del haz luminoso, no proyecta ninguna sombra.

ASTRALEJA f. *Art. y of.* Especie de zapa usada por los minadores para excavar el terreno.

astillero
construcción del transatlántico « France »

ASTRO, prefijo derivado del gr. *astron*, que significa *astro*.

ASTRO m. *Astr.* Cuerpo celeste, que puede ser estrella, planeta, satélite o cometa.
— Sólo las estrellas emiten luz propia; los demás *astros* reflejan la luz de las estrellas. Otros cuerpos que brillan en el cielo se denominan objetos celestes: son los cúmulos * de estrellas y las nebulosas.
Los *astros mayores* alcanzan dimensiones asombrosas, pues la estrella Epsilon del Cochero tiene un diámetro 2 000 veces mayor que el de nuestro Sol y podría contener en su seno todo el sistema solar menos Urano y Plutón. En cuanto a los *astros más pequeños*, no existe ningún límite inferior: sabido es que los asteroides * descubiertos con los instrumentos más potentes apenas miden dos o tres kilómetros. Incluso los satélites y planetoides lanzados por el hombre pueden ser considerados como *astros artificiales*.

botadura

ASTROBALÍSTICA f. *Fís.* Estudio de los fenómenos que se producen cuando un meteorito o un ingenio espacial atraviesan la atmósfera con velocidades que provocan su ablación*.

ASTRODOMO m. *Aeron.* Cúpula transparente que constituye el techo del puesto de pilotaje.
— El *astrodomo* es corredizo o amovible, con objeto de permitir la entrada y la salida del piloto. Sirve para ver otros aviones y observar las estrellas con el fin de orientarse.

ASTROFÍSICA f. *Astr.* Parte de la astronomía que estudia los cuerpos celestes por métodos físicos diferentes de la observación ocular. ‖ Ciencia análoga a la geofísica*, que trata de los fenómenos físicos que se producen en los astros.
— La *astrofísica* estudia la composición de los astros, los fenómenos químicos y físicos que en ellos se producen, los orígenes de la energía estelar, las radiaciones cósmicas, etc.
Los principales métodos aplicados con dicho fin son la fotometría * y la espectroscopia *. Una de las ramas más recientes de la astrofísica es la radioastronomía * que, en vez de estudiar las radiaciones luminosas, como en los métodos citados

tres fases sucesivas de la construcción del « France » con elementos prefabricados de hasta 60 t

Fot. Ch. Synd. Constr. Navales, Chantiers de l'Atlantique

astrolabio de prisma

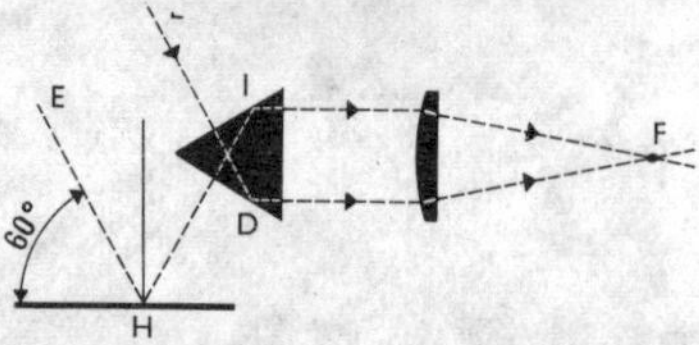

trayectorias directa EDF e indirecta EHIF de los rayos de la estrella E

los rayos directo (D) e indirecto (I) coinciden en F cuando la altura de la estrella es de 60°

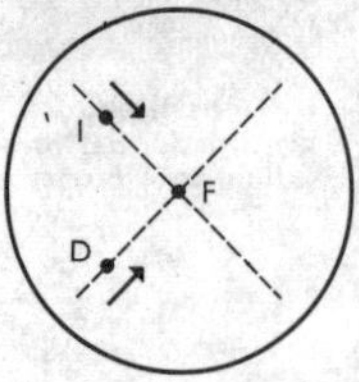

más arriba, se funda en el análisis de las ondas hertzianas engendradas en el Universo y captadas con aparatos especiales. Por otra parte, las ondas electromagnéticas más cortas, cuales las del radar, emitidas desde la Tierra permiten efectuar estudios astrofísicos, particularmente relativos a la Luna. (V. ASTRONOMÍA.)

ASTROFOTOGRAFÍA f. *Astr.* y *Fot.* Aplicación de la fotografía a las ciencias astronómicas.

ASTRÓGRAFO m. *Astr.* Telescopio especialmente usado para tomar fotografías, constituido en muchos casos por la unión en un mismo cuerpo de dos instrumentos diferentes: uno para la observación ocular y otro fotográfico.

ASTROIDE f. *Geom.* Epicicloide.

ASTROLABIO m. *Astr.* Instrumento usado antiguamente para observar la posición de los astros y resolver aproximadamente problemas elementales de astronomía y navegación. ‖ Instrumento moderno para medir con precisión el instante en que una estrella alcanza una altura determinada. — El *astrolabio de prisma* es un instrumento en el cual la superficie perfectamente horizontal de un baño de mercurio refleja el punto luminoso de una estrella y constituye una base segura para medir su altura (generalmente se mide la hora exacta en que la estrella pasa por un círculo de altura determinado, que suele ser el de 60°). Este aparato ha sido mejorado merced a un dispositivo óptico que elimina los errores debidos a la apreciación personal del observador. Por dicha razón el nuevo instrumento se llama *astrolabio impersonal.*

ASTROMETEOROLOGÍA f. *Meteor.* Estudio de la influencia que pueden ejercer los astros, especialmente el Sol, sobre el clima de la Tierra. (V. ATMÓSFERA y METEOROLOGÍA.)

ASTROMETRÍA f. *Astr.* Rama de la astronomía relativa a la determinación de los movimientos de los astros y de las posiciones que ocupan.

entrenamiento de un **astronauta** para poder andar en las condiciones que resultan del escaso valor de la gravedad en la Luna: suspendido horizontalmente, el hombre « anda » sobre un muro contra el cual es aplicado por una fuerza correspondiente a la sexta parte de su peso

ASTRONAUTA com. *Astron.* Navegante o viajero de un cohete cósmico. (Sinón. COSMONAUTA.) — En el estado actual de la técnica los viajes cósmicos quedan reservados a una minoría de hombres cuidadosamente seleccionados en razón de sus cualidades físicas y mentales. El *astronauta* es sometido durante largo tiempo a un entrenamiento especial y penoso que lo acostumbra a resistir a las fuertes aceleraciones y a conservar el uso de sus facultades en un medio desprovisto de gravedad. Cuando se inventen nuevos motores que permitan reducir las aceleraciones y crear una gravedad artificial en los cohetes, a todos les estará prácticamente dado ser astronautas, como hoy son, en cierto modo, aeronautas quienes utilizan el avión como medio de transporte. (V. ACELERACIÓN, ASTRONÁUTICA y ASTRONAVE.)

ASTRONÁUTICA f. Ciencia de la navegación en el espacio cósmico. (Sinón. COSMONÁUTICA.) — La *astronáutica* se distingue de la navegación aérea por una serie de particularidades entre las cuales citaremos: la ausencia de atmósfera en el espacio cósmico; la anulación de la gravedad; el carácter balístico de los vuelos; la magnitud de las velocidades alcanzadas por las astronaves; la reclusión de los astronautas en los habitáculos durante un tiempo más o menos largo, la presencia en el espacio cósmico de meteoritos y de radiaciones ionizantes; las aceleraciones y deceleraciones experimentadas a la salida y llegada de las astronaves; los fenómenos térmicos que se manifiestan al penetrar en la atmósfera, etcétera.

(Sólo trataremos aquí de los viajes interplanetarios. Todo lo concerniente a los satélites artificiales se hallará en el art. SATÉLITE.)

La ausencia de atmósfera tiene una primera consecuencia: al no disponer del oxígeno del aire para sus motores, la aeronave deberá llevar, además del combustible, la provisión de comburente necesario para consumirlo. El único motor anaerobio usado hasta ahora es el cohete *.

El arranque de la astronave se ha de efectuar progresivamente, de modo que la aceleración del movimiento —es decir, el aumento que experimenta su velocidad— no sea demasiado grande y permanezca dentro de los límites tolerados por el organismo. (V. ACELERACIÓN.)

El vuelo puede efectuarse con arreglo a dos modalidades diferentes: por aceleración constante o con velocidad constante.

Para comprender mejor estas nociones es preciso insistir sobre el hecho de que no porque un fenómeno nos sea familiar lo habremos de erigir en ley aplicable en todas las circunstancias y lugares. Consideremos el caso de un avión: la energía de sus motores le sirve para sustentarse y para vencer la resistencia del aire; si penetrara repentinamente en un espacio hipotético desprovisto de atracción terrestre y parara sus motores, observaríamos que no caería, por carecer entonces de peso, y veríamos cómo la resistencia del aire lo frenaría poco a poco. Ahora bien, si el espacio hipotético careciera también de atmósfera, el avión, a pesar de tener sus motores parados, proseguiría eternamente su vuelo, sin caer ni ser frenado, siempre con la misma velocidad que tenía al cesar la propulsión.

El avión y el espacio hipotéticos representan en nuestro ejemplo la astronave y el espacio interplanetario. Y ese vuelo con los motores parados y una velocidad adquirida que se mantiene indefinidamente es un caso de vuelo con velocidad constante.

Si basta con la energía inicial para volar indefinidamente a la velocidad adquirida, es evidente que todo suplemento de energía durante el vuelo se traduciría por un aumento de la velocidad. Cuando aceleramos progresivamente un coche llega un momento a partir del cual ya no aumenta su velocidad, porque toda la energía suministrada por el motor es gastada para vencer las fuerzas de rozamiento y la resistencia que opone el aire. Si no existieran los frotamientos ni la atmósfera la velocidad podría seguir aumentando. Consideremos el avión de nuestro ejemplo moviéndose con los motores parados, por inercia, en un espacio libre de fuerzas externas y a la velocidad de 500 km/h. Dado que en esas condiciones toda velocidad adquirida se mantiene permanentemente, se desprende que si durante unos instantes pone-

Fot. Obs. de París, C. C. A.

mos en marcha los motores y llevamos la velocidad a 600 km/h, al pararlos de nuevo esta velocidad se conservará. Un nuevo período de propulsión permitirá llevarla a 700 km y luego a 800, 900... etc. Si en vez de proceder por cortos períodos de propulsión, se hacen funcionar los motores permanentemente, la velocidad aumentará también constantemente. En este caso tendremos un vuelo por aceleración constante, durante el cual la velocidad ganada cada segundo merced a la propulsión de los motores se suma a la velocidad ya adquirida, y así sucesivamente mientras dure la propulsión. Se pueden alcanzar así velocidades astronómicas, que son perfectamente toleradas por el organismo si se toma la precaución de llegar a ellas con un tiempo suficientemente grande para evitar las aceleraciones demasiado importantes. (V. ACELERACIÓN.)

Los cohetes actuales funcionan al principio con aceleración constante, pero como consumen todo su combustible en unos minutos solamente, esta fase es de corta duración y se prosigue el vuelo a velocidad constante, o sea por inercia. Mientras dure la era actual de propulsión química no se podrán efectuar vuelos con aceleración constante.

Más arriba hemos imaginado un espacio ideal en el cual no se manifiesta ninguna fuerza exterior. En realidad, un cuerpo lanzado libremente en el espacio interplanetario se halla sometido a las fuerzas de atracción, débiles pero inexorables, de los astros. Por ejemplo, un cohete lanzado desde la Tierra hacia la Luna describe una trayectoria compleja influida por la rotación y la traslación de la Tierra (como lo es la persona que salta de un tren en marcha), por la atracción decreciente de la Tierra y la atracción creciente de la Luna, y también por la atracción del Sol. Como la posición que ocupan en el espacio el cohete, la Tierra y la Luna cambia constantemente, la influencia respectiva de ambos astros varía también. La trayectoria resultante es, pues, sumamente compleja y ha de ser rigurosamente calculada antes de efectuar el lanzamiento, considerando por anticipado las posiciones respectivas que ocuparán durante el vuelo tanto el vehículo como los astros que lo atraen.

Puede afirmarse que, sin disponer de calculadoras electrónicas, no habría podido existir una astronáutica balística.

Las calculadoras siguen representando un papel importantísimo durante el vuelo. Periódicamente determinan la posición real de la astronave y la comparan con la posición teórica. Si la astronave dispone de cohetes correctores de velocidad y de dirección, los técnicos obran por radio sobre los mandos y pueden rectificar la trayectoria (o bien comunican los datos necesarios a los astronautas para que éstos efectúen dichas rectificaciones). Si el cohete no dispone de medios para corregir su trayectoria, las indicaciones de las calculadoras permiten saber pocos instantes después del lanzamiento si el objetivo será o no será alcanzado y puede anunciarse así anticipadamente el éxito o el fracaso del vuelo.

En esta clase de vuelos el factor esencial de éxito es la velocidad alcanzada por el cohete al finalizar la combustión. Si tiramos un proyectil con un cañón rigurosamente fijo y acertamos en el blanco la primera vez, bastará que el cartucho siguiente tenga un exceso mínimo de pólvora para que el proyectil vaya más allá del blanco. De ser deficiente la carga de pólvora, la velocidad inicial del proyectil sería menor y el tiro quedaría corto. Lo mismo ocurre, por ejemplo, con un cohete cósmico si se trata de alcanzar la Luna: independientemente de la "puntería", si su velocidad final es excesiva, pasará más o menos lejos del satélite y si no es lo bastante grande volverá a caer a la Tierra. El método más práctico consiste en imprimirles una velocidad ligeramente insuficiente y en afinarla por tanteos, comunicándole débiles impulsiones con los pequeños cohetes reguladores. Con objeto de facilitar estas operaciones, el lanzamiento se efectúa en dos tiempos. Primeramente se sateliza el ingenio, se determina el punto de la órbita desde el cual se le puede conferir la dirección óptima y, habida cuenta de su velocidad en dicho punto, se calcula el suplemento de velocidad necesario para que alcance su objetivo; luego, cuando el aparato llega a dicho punto de la

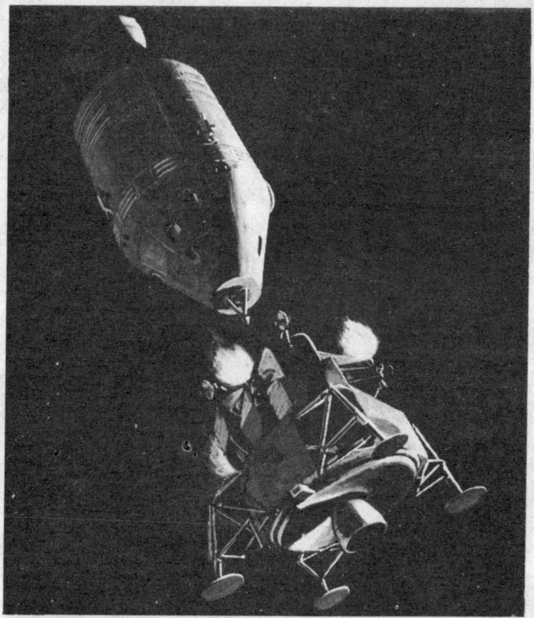

Arriba, el módulo lunar se separa de la nave espacial « Apollo » y, mediante frenado, iniciará su descenso; al llegar cerca del suelo y, ya en posición vertical, el empuje hacia arriba de su motor le permitirá aterrizar suavemente. *Abajo*, para regresar a la nave espacial, el módulo lunar utiliza su etapa inferior a modo de plataforma de lanzamiento; se eleva entonces hasta situarse detrás del ingenio « Apollo » y, acercándose progresivamente, atracará en el mismo escotilla contra escotilla.

Fot. C. C. A.

astronáutica vista parcial de la base de Cabo Kennedy (Florida, Estados Unidos)

orbita, se vuelven a poner en marcha los motores para conferirle el suplemento de velocidad en la dirección prevista.

Al alejarse de la Tierra la astronave disminuye rápidamente la gravedad o fuerza de atracción terrestre y, por consiguiente, el peso de las cosas. El fenómeno es tanto más sensible para los astronautas por cuanto que éstos han experimentado antes —mientras duraba la propulsión de los motores— el fenómeno exactamente contrario, o sea una aceleración que, durante unos minutos, ha aumentado su peso de cuatro, cinco o más veces. Al pararse los motores se manifiestan en la cabina los efectos de la ingravidez *, que no presentan dificultades insuperables para los astronautas previamente entrenados. Las molestias de este estado particular no existirán cuando las aeronaves vuelen por aceleración constante, puesto que la aceleración crea un peso artificial al aplicar las cosas y las personas contra el piso de la cabina. Y si la aceleración adoptada fuera de 1 g (9,81 m/s por s) la sensación de peso sería exactamente la misma que en la Tierra.

A medida que el cohete se aleja de la Tierra, su velocidad inicial disminuye progresivamente. Al cesar la propulsión disponía de una reserva de energía cinética (en forma de velocidad) que va consumiendo poco a poco para vencer la atracción terrestre. Si la velocidad inicial es insuficiente, el cohete acabará por usar toda su energía a una altura en la cual —aunque muy débil— todavía se ejerce la atracción terrestre. En este caso iniciará su caída hacia el suelo recobrando entonces su energía primitiva en forma de velocidad creciente.

Si su velocidad inicial es igual a la de un proyectil tirado desde el nivel del mar —en ausencia de atmósfera— a la velocidad de 11,2 km/s, el cohete no volverá a la Tierra porque, aunque vaya disminuyendo progresivamente su velocidad, la energía cinética que le quedará a cualquier distancia de la Tierra siempre será superior a la fuerza de la atracción terrestre a dicha distancia.

Esta velocidad se llama velocidad de evasión o de liberación o segunda velocidad cósmica. (V. VELOCIDAD.)

Ahora bien, si con la velocidad de liberación la astronave tiene suficiente energía para alejarse indefinidamente de la Tierra, se desprende que la velocidad necesaria para efectuar un viaje a la Luna es menor. Teóricamente sería inferior de 1 %. Prácticamente es menor aún. No se olvide que, al mismo tiempo que va disminuyendo la fuerza de atracción terrestre, aumenta la de la Luna y llega un momento en que ambas atracciones antagonistas se equilibran exactamente. Este punto * muerto se halla por término medio a 57 000 km del centro de la Luna. Todo cuerpo lanzado desde la Tierra en dirección de la Luna y que rebasa el punto muerto, aunque sea con velocidad casi nula, entra en la zona de atracción lunar y, de no contrarrestarla por algún medio, cae a la superficie del satélite.

Para alunizar, o sea para posarse más o menos suavemente en la Luna es, por consiguiente, necesario frenar la aeronave. Ahora bien, como la Luna carece de atmósfera, no se pueden utilizar con dicho fin alas para planear ni paracaídas. El único método de frenado posible es la retropropulsión tal y como se aplica en ciertos aviones de despegue vertical, o sea dirigiendo el chorro de los motores hacia el suelo y graduando su potencia de tal forma que el empuje ejercido hacia arriba sea ligeramente inferior al peso del aparato.

Claro está que, para volver a la Tierra, las condiciones no serán las mismas. En primer lugar bastará con una velocidad inicial de 2,38 km/s para alcanzar el punto muerto, desde el cual la astronave se precipita en caída libre hacia la Tierra, y, al llegar a las capas densas de la atmósfera, en vez de descender verticalmente (en cuyo caso el roce del aire volatilizaría el aparato) contorneará el Globo descendiendo con una pendiente ligerísima para dar tiempo a que el aparato sea frenado por el aire sin calentarse sobremanera. En la última fase del vuelo se puede frenar el aparato por retropropulsión o con paracaídas.

Si se exceptúa la posibilidad de vuelos planeados (lo cual requiere la presencia de una atmósfera), la energía necesaria para vencer la atracción de un astro alejándose de su superficie es exactamente igual a la que se requiere para frenar la caída desde el espacio interplanetario hasta su suelo y aterrizar en el mismo a velocidad nula. Teóricamente, en el curso de un viaje de ida y vuelta a un planeta, los motores han de funcionar cuatro veces: la primera para imprimir a la astronave la velocidad de liberación; la segunda para frenar la caída del aparato cuando éste entra en la zona de atracción del astro hacia el cual se dirige; la tercera para alcanzar la velocidad de liberación al abandonar el referido astro; la cuarta para frenar su caída hasta el suelo de la Tierra. Llámase *velocidad característica* la suma de estas cuatro velocidades, pues desde el punto de vista de la propulsión, la energía total necesaria para las cuatro fases del vuelo es la misma que se necesitaría para imprimir al aparato, en curso de un vuelo único, la velocidad arrojada por dicha

Fot. C. C. A.

suma. Así, la velocidad característica correspondiente al viaje de la Tierra a la Luna y regreso es igual a 11,1 + 2,38 + 2,38 + 11,1 = 26,86 km/s. Prácticamente, dado que el frenado final en la atmósfera se obtiene sin consumo de propergol, puede reducirse la velocidad característica a unos 19 km/s. Pero, incluso así, es excesiva, pues se traduce por un consumo tan considerable de propergol que la carga útil resulta finalmente irrisoria respecto a la masa inicial del cohete lanzador. Concretamente, para permitir el retorno a la Tierra de una modesta cápsula de 5 a 6 t, el vuelo directo, de suelo a suelo, requeriría un cohete de 5 000 a 6 000 t cuya carga útil sería, pues, 1 000 veces menor. Subsiste, no obstante, la posibilidad de reducir considerablemente el consumo necesario para un viaje lunar recurriendo al método de la satelización intermediaria, ya en torno de la Tierra ya alrededor de la Luna, o ambas a la vez.
La variante adoptada por los norteamericanos para su programa « Apollo » se funda en el empleo de un solo cohete lanzador de 2 900 t y en la satelización de la astronave, primero alrededor de la Tierra y luego en torno de la Luna. Consumada esta operación, se desprende del ingenio un pequeño vehículo: el *módulo lunar*, a bordo del cual una parte de la tripulación desciende al suelo. Luego, tras haber cumplido su misión, regresa este aparato a la astronave que le espera gravitando en órbita lunar y que emprende entonces — dejando abandonado al referido módulo lunar — el regreso a la Tierra. Con este método, fundado en una separación y una atracada circumlunares, se economiza el propergol — y el correspondiente peso muerto de cohete — que hubiera sido necesario para: 1º frenar la astronave y la masa de su reserva de propergol durante su descenso hasta la Luna y 2º lanzar la masa restante desde el suelo lunar. No se trata de economías menores; ya que la masa inicial del cohete queda dividida por dos.
Para ir a Marte la trayectoria más económica no es la más corta, puesto que consiste en describir no ya una línea más o menos recta, sino una enorme media *elipse de transferencia* (V. TRAYECTORIA). Así como una expedición lunar puede efectuarse en una semana, el viaje de ida y vuelta a Marte, aprovechando condiciones muy favorables, duraría un año, con lo cual resulta por ahora prohibitivo el peso de todo cuanto sería necesario abarrotar en la astronave para entretener la vida de los hombres durante ausencia tan prolongada: alimentos, agua, oxígeno, etc.
En realidad, nada obliga a lanzar desde el suelo un cohete cuyas dimensiones plantearían problemas muy arduos. Cabe, en efecto, la posibilidad de concebir una nave espacial a base de elementos prefabricados. Estos podrían ser satelizados en torno de la Tierra y a baja altitud por otros tantos cohetes de los mayores que existen actualmente. Cada cohete atracaría en el espacio al ingenio en construcción y le agregaría un nuevo tramo o elemento hasta constituir una astronave de la capacidad requerida y en todo caso de tonelaje superior al que habría podido ser lanzado por un solo cohete directamente desde el suelo. Resulta así posible disponer de astronaves tan grandes como se desee sin ninguna necesidad de construir exprofeso gigantescos cohetes lanzadores de masa proporcional.
La astronave marciana una vez montada, pertrechada y con su tripulación partiría desde la órbita terrestre rumbo a Marte, lo cual no constituiría una novedad, ya que todos los ingenios planetarios son obligatoriamente satelizados en torno de la Tierra antes de ser lanzados hacia la Luna o los planetas.

ASTRONAVE f. Vehículo para navegar por el espacio cósmico o trasladarse de un astro a otro. (Sinón. COSMONAVE.)
— Las primeras *astronaves* han sido satélites artificiales y dado el carácter orbital de su trayectoria, que los mantiene prisioneros de la Tierra, no pueden ser considerados como vehículos cósmicos. (V. SATÉLITE.)
La astronave verdadera es un aparato muy diferente del avión. Se distingue por el carácter anaerobio de sus motores, que han de poder funcionar en el vacío interplanetario; por la potencia de los mismos, pues han de imprimir al pesado vehículo y en breves instantes la velocidad de liberación (equivalente a unos 40 000 km/h); por la índole especial de su cabina, capaz de asegurar la existencia, durante un tiempo más o menos grande, de los astronautas; por el uso, en vez de timones y alerones, de cohetes auxiliares capaces de modificar la velocidad o la trayectoria y, en fin, por la substitución de los planos sustentadores y de los paracaídas de aterrizaje por la retropropulsión en los astros desprovistos de atmósfera.
Sin duda alguna la característica más original de la astronave es su estructura en forma de apilamiento de elementos independientes que funcionan sucesivamente y se separan del aparato cuando ya no tienen utilidad. (V. COHETE.)

astronáutica
el buque « Kingsport », estación flotante para el telemando de ingenios espaciales y la determinación de sus trayectorias

Fot. C. C. A.

También son muy diferentes las condiciones que rigen el vuelo de la astronave y del avión. La primera fase, durante la cual el funcionamiento de los motores somete a los astronautas a aceleraciones * más o menos penosas, se caracteriza por la inactividad absoluta de éstos. Tanto el lanzamiento como las primeras maniobras se efectúan por radio desde el suelo.
En la segunda fase del vuelo los motores cesan de funcionar y los astronautas, así como todo lo que contiene la astronave, se hallan en estado de ingravidez *. El aparato sigue entonces una trayectoria balística y no necesita ser guiado. Pero, de acuerdo con las indicaciones que se le darán por radio desde el suelo, el piloto deberá rectificar la trayectoria provocando, durante cortos instantes, el funcionamiento de alguno de los cohetes o chorros de gas, de que dispone el aparato. (V. ASTRONÁUTICA y COHETE.)
Los problemas que plantea la vida de los astronautas en un medio desprovisto de gravedad y herméticamente cerrado son muy variados, y tanto más graves cuanto más se prolonga el viaje. Como las cosas carecen de peso, flotan en el aire y en el lugar en que se las deja. Si reciben el menor impulso inicial, no se detienen hasta que tropiezan con un obstáculo. Así, un vaso de agua puesto boca abajo y abandonado en el aire permanecerá en el sitio donde se le deja y no perderá ni una gota de líquido.
Los astronautas han sido entrenados, no solamente para soportar las aceleraciones, sino también para aprender a vivir, desenvolverse y conservar el uso de sus facultades en un medio tan singular. Por lo que a la alimentación se refiere, la comida puede ingerirse en ciertos casos normalmente y en otros en forma de pasta dispuesta en tubos que, por presión, se vacían en la boca. La bebida se absorbe aspirándola con un tubito (como hacemos con los refrescos) o bien con una bota o recipiente similar capaz de proyctarla en la boca. Para viajes largos se estudian varias posibilidades, algunas de las cuales no dejan de ser insólitas: producción de minúsculas algas comestibles (clorella) a bordo de la aeronave, regeneración de los detritos fisiológicos, etc.
Por extrañas que puedan parecer las soluciones apuntadas, será necesario descubrir nuevos métodos para ganar peso. En efecto, se considera que, por hombre y por día, el aparato ha de llevarse de la Tierra:

0,700	kg de	alimentos
2,000		agua
0,700		oxígeno.

Si se calcula la ración total para el viaje y se tiene en cuenta la relación de masas, resulta excesivamente grande el peso que habría de tener la astronave al partir de la Tierra.
Al acercarse la astronave al astro hacia el cual se dirige, la atracción de éste empieza a manifestarse y, cuando cesa el frenado, los astronautas vuelven a sentir progresivamente la sensación de peso, con lo cual la noción de suelo y de techo vuelve a tener un sentido en la cabina.
Después del viaje interplanetario, la llegada a un astro constituye otra fase delicada del vuelo, en la cual el piloto —contrariamente a lo ocurrido al salir de la Tierra— dirige las maniobras que habrán de permitir al aparato el tomar contacto con el suelo suavemente. (V. ASTRONÁUTICA.)
Ya posado en la superficie de otro mundo, la astronave llena un cometido que no se requiere de los aviones: servir de habitación a los astronautas y ofrecerles una microatmósfera terrestre sin la cual no podrían sobrevivir.
Al regresar la astronave a la Tierra —después de haber abandonado el último elemento motor que le ha permitido libertarse de la atracción del astro—, queda reducida a su mínima expresión. Es entonces, al llegar a la atmósfera terrestre, un planeador que cede progresivamente su exceso de energía al aire y reduce así su velocidad, al par que su altura, hasta permitir que lo abandonen en paracaídas su o sus ocupantes. La misma cabina puede llegar intacta al suelo, también en paracaídas. Pero no tardará el tiempo en que el aparato pueda posarse en el suelo, aterrizando sobre patines como lo hacen hoy ciertos aviones muy rápidos.

ASTRONOMÍA f. Ciencia que estudia los astros y el Universo en general, su constitución, sus movimientos, sus orígenes y su evolución pasada, presente y futura. || Rama particular de esta ciencia: *el público se interesa mucho por la astronomía planetaria.*
— La *astronomía* es la más antigua de todas las ciencias y, hasta nuestros días, no ha dejado de ocupar un puesto preeminente, aunque sólo fuera por el papel que ha representado y representa para la medida del tiempo, la navegación y la regulación de las faenas agrícolas.
Los métodos de la *astronomía moderna* se fundan en el uso de:
1º Instrumentos ópticos, especialmente telescopios * reflectores, de gran potencia;
2º Procedimientos fotográficos capaces de multiplicar considerablemente —por acumulación de los efectos luminosos durante largos tiempos de exposición— la potencia visual de los instrumentos; cámaras de Schmidt o telescopios especialmente adaptados para la fotografía, y emulsiones especiales para el infrarrojo, ultravioleta, etc.;
3º Espectroscopios y aparatos similares con los cuales se determina, no solamente la composición de los astros, sino también su temperatura y sus movimientos;
4º Radiotelescopios para el estudio de las ondas hertzianas procedentes de los astros o de la materia interestelar;
5º Coronógrafos *, celostatos *, astrolabios *, polarímetros * y otros instrumentos especiales;
6º Dispositivos electrónicos, especialmente multiplicadores *, que, adaptados a un instrumento óptico, aumentan considerablemente su potencia;
7º Calculadoras electrónicas merced a las cuales se han podido abordar problemas dejados hasta entonces en suspenso (por ej., cierto cálculo que hubiera ocupado a dos personas durante 80 años ha podido efectuarse en unos minutos);

astronomía
interferómetro constituido por varios radiotelescopios dispuestos en forma de T

Fot. Obs. de París

8º. Los cohetes y los satélites artificiales que han abierto un nuevo campo de investigación a los astrónomos, al permitir efectuar observaciones fuera de la atmósfera (que constituye un filtro sumamente perjudicial) y, por otra parte, al establecer una plataforma desde la cual se puede estudiar la Tierra.

Hoy sabemos que la Tierra es un astro de ínfimas proporciones y que el Sol es una estrella modesta, una de las que en número aproximado de 80 000 millones constituyen la Galaxia (de la cual nos ofrece una vista en perspectiva la Vía Láctea). A pesar de lo que tiene de impresionante este número de estrellas, la astronomía nos enseña que nuestra galaxia no es sino una de tantas entre los centenares de millones que pueblan el Universo.

La *astronomía descriptiva* o *cosmografía* se limita a describir los astros y otros cuerpos celestes. La astrometría estudia la mecánica celeste, las posiciones y movimientos de los astros y sus aplicaciones para medir el tiempo (v. HORA) y para la navegación * astronómica. La astrofísica abarca todos los problemas relativos a la constitución de los astros y de la materia interestelar y ha registrado éxitos considerables merced al provecho que ha podido sacar de las nuevas teorías de física atómica y al uso de radiotelescopios de extraordinaria sensibilidad. La cosmogonía, por último, se propone averiguar el pasado del Universo, empezando por los orígenes de la Tierra y del sistema solar, la génesis de las galaxias, hasta determinar su evolución y su futuro. En cosmogonía representan un papel importantísimo las teorías de la relatividad, de las cuales se desprende la noción de expansión del Universo. Si la astronomía saca provecho substancial de las teorías físicas, éstas hallan en la astronomía las pruebas que permiten convertirlas en leyes y a los astrónomos se debe la confirmación de no pocas previsiones relativistas. Lo mismo puede decirse respecto a la astronáutica, ciencia naciente que tanto debe a la astronomía, pero que mañana será el instrumento que permitirá un adelanto prodigioso de ésta.

No obstante, y pese a los progresos considerables que la ciencia registra a diario, la humanidad tardará mucho tiempo aún en obtener una respuesta satisfactoria a las muchas preguntas que se hace con relación al Universo. ¿Existen otros mundos comparables al nuestro, o sea poblados por organismos animales o vegetales? Desde el punto de vista específicamente astronómico, lo único que puede afirmarse hoy es que nuestro sistema solar no constituye un fenómeno extraordinario. A pesar de las dificultades que representa, dada la distancia, el descubrimiento de planetas alrededor de las estrellas, sabemos que algunas de éstas se hallan acompañadas de planetas y hasta se conoce la masa aproximada de éstos. (V. CISNE, OFIUCO y PLANETA.) Ahora bien, si se considera que estos descubrimientos solamente han podido efectuarse en las estrellas muy próximas a nosotros y si se tiene en cuenta el número colosal de estrellas que cuenta el Universo, podrá admitirse que los planetas existen también en número incalculable.

Según muchos sabios sería cosa extraordinaria que entre tantos planetas no existiera una pequeña proporción de éstos semejantes a la Tierra por sus orígenes y sus condiciones físicas, en cuyo caso la vida no sería un fenómeno único. Pero la prueba de esta teoría quedará aún, durante largo tiempo, fuera del alcance de la ciencia.

ASTRONÓMICO, CA adj. Relativo o perteneciente a la astronomía. ‖ *Año astronómico*, v. AÑO. ‖ *Crepúsculo astronómico*, v. CREPÚSCULO. ‖ *Unidad astronómica*, unidad de longitud correspondiente al diámetro de una órbita circular recorrida por un planeta idealmente desprovisto de masa (y que, por consiguiente, no experimentaría ninguna perturbación), cuya revolución sideral sería de 365,256 898 días medios: *la unidad astronómica es aproximadamente igual a la distancia media entre la Tierra y el Sol, o sea 149,5 millones de km.*

ASTROSONDA f. *Astron.* Sonda* espacial.

el observatorio astrónomico del Monte Wilson (California, Estados Unidos)

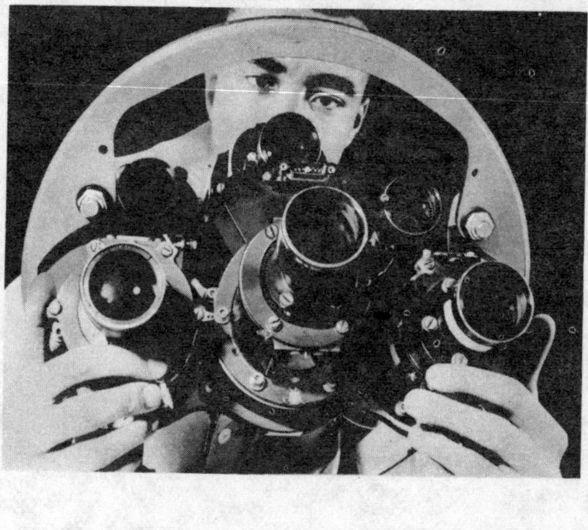

astronomía
batería de 6 cámaras fotográficas de la sonda «Ranger» destinada a fotografiar el suelo lunar

Fot. Obs. del Monte Wilson, C. C. A.

A. S. V., siglas de *aterrizaje sin visibilidad.* (V. ATERRIZAJE.)
at, símbolo de *atmósfera* técnica.*
At, símbolo químico del *astatio* o *astatina.*
ATABE m. *Art. y of.* Pequeña abertura que el fontanero deja exprofeso en una cañería para permitir la salida del aire o con objeto de cerciorarse del paso del agua.
ATACADERA f. *Min.* Atacador.
ATACADOR, RA adj. y s. *Min.* Que ataca o sirve para atacar la carga de barrenos y armas de fuego.
ATACAMITA f. *Miner.* Oxicloruro de cobre hidratado, de hermoso color verde esmeralda, que se beneficia como mena de cobre, especialmente en Chile.
ATACAR v. Batir, golpear, adelantarse una cosa hacia otra: *las palas de la hélice atacan el agua con un ángulo determinado por la hidrodinámica.* ‖ Corroer, ejercer una acción química una substancia sobre otra que es destruida o transformada: *la humedad ataca el hierro.*
— *Min.* y *Obr. públ.* Apretar o atiborrar el taco en el fondo de un barreno. ‖ Comenzar una obra de minería o de desmonte: *atacar una nueva galería.*
ATADERO m. *Art. y of.* Gancho, argolla u otra cosa en la que puede atarse algo.
ATADOR, RA adj. y s. Que ata o sirve para atar alguna cosa.
— *Agr.* Mecanismo que, en las *segadoras atadoras,* rodea la gavilla con un cordel, lo anuda y lo corta. ‖ Aparato para atar las balas de paja de que están provistas las trilladoras perfeccionadas.
ATAFETANADO, DA adj. *Text.* Parecido al tafetán o tejido de la misma manera que él.

ataguía

ATAGUÍA f. Muro más o menos estanco con que se aisla del agua una parte del terreno sumergido para construir o reparar las obras hidráulicas. (Sinón. TABLESTACADO.)
— Con las *ataguías* se contiene provisionalmente el agua para poner en seco las pilas de los puentes, la base de los diques, muelles, presas y otras obras sumergidas. Las *ataguías ordinarias,* constituidas por dos paredes de tablestacas de madera con relleno intermediario de arcilla, son reemplazadas ventajosamente por tablestacas de hierro de perfiles machihembrados.
ATAIRE m. *Carp.* Moldura que, en los peinazos de las puertas *, sirve de marco a los cuarterones.
ATAJADERO m. *Agr.* e *Hidr.* Compuerta portátil, montón de tierra apoyado en un haz de sarmientos y todo obstáculo de otra naturaleza que se opone al agua en las acequias y regueras para dirigirla y distribuirla a donde convenga.
ATALUDAR y **ATALUZAR** v. Dar declive o talud a un paramento, terreno o montón de materiales.
ATANASIA f. *Art. gráf.* Tipo de imprenta del cuerpo 14.
ATANOR m. *Constr.* Canalización para agua y cada uno de los caños de alfarería o cemento que la constituyen.
ATAQUE m. Acción de atacar en todas sus acepciones.
— *Aeron. Ángulo de ataque,* v. ÁNGULO.
— *Carp.* y *Metal. Ángulo de ataque de un instrumento cortante,* v. CORTE.
— *Min.* y *Obr. públ.* Acción de comenzar un trabajo: *ataque de un sondeo.* ‖ *Punto de ataque,* sitio donde se inicia un trabajo: *los túneles se atacan por las bocas y, a veces, por algún pozo o punto de ataque intermediario.*
— *Quím.* Acción de un reactivo contra un metal u otro cuerpo.
ATAR v. *Tecn. Máquina de atar,* v. ATADOR.
ATARACEA f. *Art. y of.* Taracea.
ATARJEA f. *Constr.* Canal de ladrillo con que se protege una cañería. ‖ Conducto de desagüe que aboca en el sumidero. ‖ *Amer.* Depósito de agua para el abastecimiento de una ciudad.
ATARQUINAMIENTO m. Acción de atarquinar. ‖ Operación destinada a elevar el nivel de un terreno sujeto a inundaciones y que consiste en anegarlo con aguas turbias que depositan su légamo sobre el mismo.
— El *atarquinamiento,* también llamado *colmataje,* se facilita dividiendo el terreno con diques. En los casos más favorables, la capa de limo que se deposita eleva el nivel del terreno hasta 50 cm por año.
ATARQUINAR v. Cubrir con limo o tarquín, efectuar la operación llamada atarquinamiento. (Sinón. COLMATAR.)
ATARRAYA f. *Mar.* Esparavel.
ATARUGAR v. *Carp.* Asegurar las ensambladuras con tarugos o clavijas.
ATASCAR v. *Art. y of.* Obstruirse un conducto. ‖ Agarrotarse una cosa dentro de otra: *atascarse el émbolo de una bomba.*
— *Carp.* Colmar, llenar las grietas o hendeduras de las tablas.
ATAUJÍA f. *Joy.* Labor de platería consistente en embutir o engastar hilos de metales pre-

ciosos en los dibujos ranurados de una pieza de orfebrería.
ATENDER v. *Art. gráf.* Seguir con la vista en el original el texto que lee el corrector en la prueba impresa, con objeto de indicarle las faltas u omisiones que pueda haber hecho el tipógrafo.
ATENIO m. *Quím.* Nombre que se dio primitivamente al elemento de número atómico 99, hoy llamado *einstenio.*
ATENUADOR m. *Radiot.* Dispositivo para reducir la intensidad de las señales radioeléctricas.
— El *atenuador* puede servir para reducir la amplitud de las ondas captadas por una antena y procedentes de una emisora demasiado cercana o potente; también se usan estos dispositivos —constituidos por varias resistencias— para reducir el factor de amplificación de un circuito amplificador: *los potenciómetros son atenuadores.*
ATERCIOPELADO, DA adj. Dícese de todo tejido piloso parecido al terciopelo. ‖ Por ext., que tiene la superficie afelpada o suave al tacto.
ATERMANCIA f. *Fís.* Propiedad de los cuerpos que no dejan pasar los radios infrarrojos.
ATERMANEIDAD o **ATERMANIDAD** f. *Fís.* Carácter de los cuerpos atérmanos.
ATÉRMANO, NA adj. *Fís.* Dícese del cuerpo que no deja pasar los rayos infrarrojos.
ATÉRMICO, CA adj. *Quím.* Dícese de las reacciones que no son exotérmicas ni endotérmicas, o sea que ni desprenden ni absorben calor.
ATERRAJAR v. *Constr.* Hacer molduras valiéndose de terrajas.
— *Mec.* Labrar roscas con la terraja. (Sinón. ROSCAR.)
ATERRAJE m. *Aeron.* y *Mar.* Acción de llegar un avión al suelo o un barco a la costa.
OBSERV. El *aterraje* puede ser violento e involuntario, circunstancia que lo distingue del aterrizaje, que suele ser una maniobra normal : *todo aterrizaje es un aterraje, pero éste no siempre es un aterrizaje.*
ATERRAR v. Bajar hasta el suelo. ‖ Derribar algo, echarlo por tierra. ‖ Llenar de tierra una cosa o cubrirla con ella.
— *Aeron.* y *Mar.* Efectuar un aterraje*.
— *Min.* Esparcir los escombros por el suelo o formar terraplenes con ellos. (Sinón. ATERREAR y ATERRERAR.)
ATERREAR y **ATERRERAR** v. *Min.* Aterrar.
ATERRIZADOR m. *Aeron.* Tren de aterrizaje*.
ATERRIZAJE m. *Aeron.* Acción de aterrizar: *el aterrizaje vertical de los helicópteros puede*

Fot. Vernacci

efectuarse en terrenos exiguos. ‖ *Aterrizaje sin visibilidad* o *a ciegas,* v. el art. encicl. ‖ *Pista de aterrizaje,* v. AEROPUERTO y PISTA. ‖ *Tren de aterrizaje,* dispositivo provisto de ruedas, y rara vez de patines, merced al cual pueden despegar y aterrizar los aviones. (Sinón. ATERRIZADOR.)

— El *aterrizaje* ha sido siempre una operación delicada sobre todo de noche o cuando la visibilidad es mala. Una proporción importante de los accidentes de aviación se producen durante esta fase final del vuelo, cuando a la proximidad del suelo y de sus obstáculos (árboles, líneas eléctricas, montañas, etc.) se suma el hecho de que el avión vuela a velocidades cada vez más reducidas que —al contrario de lo que ocurre con los automóviles— hacen más difícil su gobierno.

No obstante, el *aterrizaje de los aviones de línea modernos* se efectúa con tal lujo de precauciones en los grandes aeropuertos que, salvo imprudencia del piloto o condiciones meteorológicas particularmente desfavorables, no presenta ningún peligro.

El *aterrizador* o *tren de aterrizaje* de los aviones consiste en unas estructuras muy resistentes que, apoyadas en la armazón del fuselaje o de las alas, se terminan por abajo en unos patines (caso de ciertos aviones, especialmente militares, que se han de posar en cualquier terreno desprovisto de pistas), en esquíes (aparatos usados en las comarcas cubiertas de nieve) o, en el caso general, en ruedas de neumáticos.

El *aterrizador de ruedas* puede ser del tipo monotraza, en cuyo caso todas las ruedas del tren se apoyan en el fuselaje y el aparato se mantiene en equilibrio merced a unos balancines o ruedecillas dispuestas en el extremo de las alas. (El *tren monotraza* se usa en aquellos aviones cuya rapidez impone el uso de alas muy delgadas, en las cuales no hay sitio para alojar las ruedas durante el vuelo.) Pero el tipo de aterrizador más corriente es el llamado *tren triciclo* que, como su nombre lo indica, se compone de tres elementos: uno situado debajo de cada ala, detrás del centro de gravedad del aparato, que soportan la mayor parte del peso del avión, y otro mucho más pequeño fijado en la parte delantera del fuselaje. Esta disposición tiene la ventaja de mantener el fuselaje horizontal en el suelo y de impedir, merced a la rueda delantera, el capotaje del avión durante el aterrizaje.

Los distintos elementos del tren triciclo son retráctiles, o, como también se dice, escamotables, o sea que un ingenioso y complicado sistema de articulaciones accionado hidráulicamente los recoge y mantiene dentro del fuselaje o del ala en unos huecos que, durante el vuelo, permanecen cerrados con trampas. Las ruedas tienen neumáticos especiales que, a pesar de su extraordinaria resistencia, deben de cambiarse frecuentemente en razón del desgaste que provoca el choque con el suelo y a gran velocidad de masas tan pesadas cuales son los grandes aviones.

He aquí el procedimiento seguido para efectuar un *aterrizaje con instrumentos sin visibilidad:* una vez observadas las instrucciones recibidas por radio desde el aeropuerto*, el piloto orienta el aparato en dirección axial de la pista que se le ha reservado y que, si hace viento, es la más adecuada para que aterrice de cara al mismo (con el fin de evitar que el aparato sea arrastrado lateralmente fuera de la pista). Después de haberse cerciorado de que el tren ha bajado, el piloto es guiado por el sistema I.L.S.* que materializa por radio una línea de bajada hasta la pista y advierte al piloto cada vez que el aparato se aleja lateralmente o verticalmente de la trayectoria ideal. Por lo demás, dicha trayectoria se halla balizada con hileras de señales luminosas y con balizas radioeléctricas. (V. tb. DESNEBULACIÓN.)

Para tomar contacto con la pista, el piloto endereza el timón de profundidad (previamente orientado para efectuar la bajada), pone el aparato en vuelo horizontal casi a ras del suelo y disminuye la velocidad hasta que la sustentación sea insuficiente y el aparato se desplome. Una vez en el suelo se reduce la rodadura haciendo obrar a los frenos de discos de las ruedas. Ciertos aviones de reacción pueden ser frenados por inversión del chorro; otros, de hélices, por inversión del paso de las palas (v. HÉLICE). En los aviones militares se recurre a veces a uno o varios paracaídas muy resistentes amarrados a la cola; por último, en los portaaviones se usan cables elásticos puestos de través en el suelo y en los cuales se engancha el aparato por la parte inferior del fuselaje. (V. APONTIZAJE.)

El *aterrizaje de los helicópteros* no presenta grandes dificultades: es seguro incluso en caso de accidente, pues, si las palas están intactas, en estado de autorrotación*, el aparato, aunque entra bruscamente en contacto con el suelo, no se aplasta o estrella en el mismo.

El *aterrizaje con globo libre* o *paracaídas* es peligroso si se efectúa a más de cuatro metros por segundo. Si hace viento, el primer cuidado para evitar el ser arrastrado por el suelo ha de ser de desgarrar el globo* o de desequilibrar el paracaídas mediante tracción de los tirantes de un solo lado.

— *Astron.* Acción de aterrizar la astronave.

ATERRIZAR v. *Aeron.* Posarse en el suelo el avión y demás máquinas voladoras, así como los paracaídas. (V. ATERRIZAJE.)

— *Astron.* Posarse las astronaves sobre el suelo del globo terrestre o en el de cualquier otro astro.

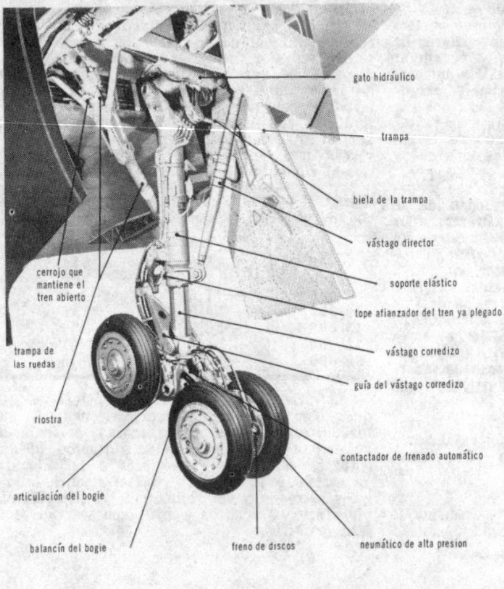

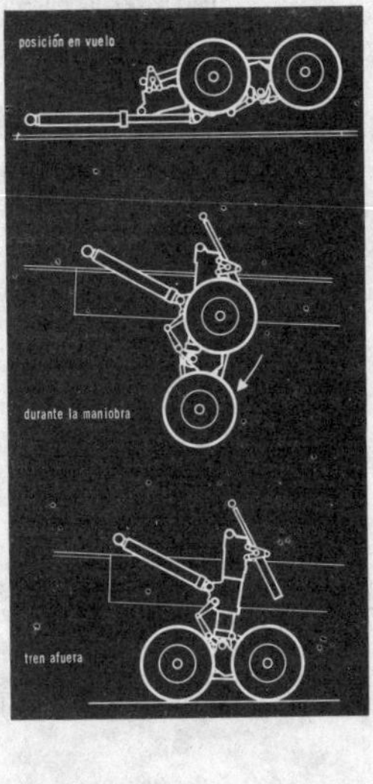

tren de **aterrizaje**

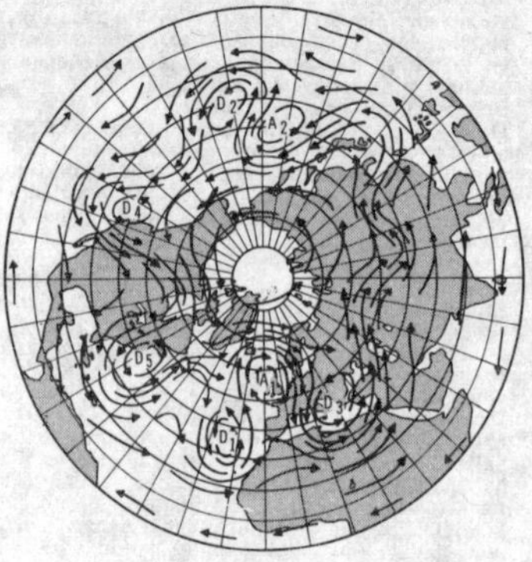

circulación general en el hemisferio Norte y a 12 000 m de altura

atmósfera

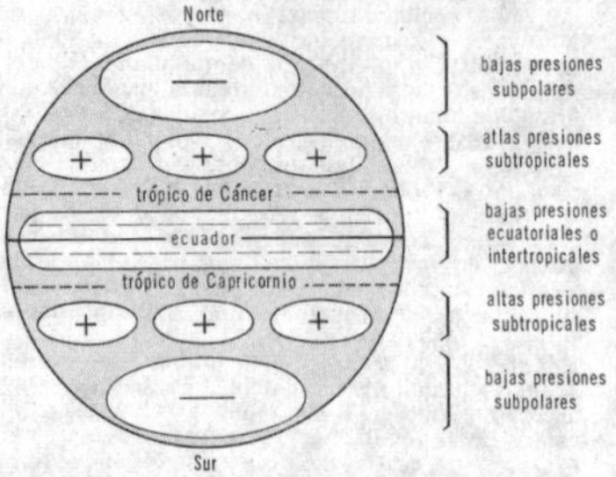

campo de presiones al nivel del mar

OBSERV. En el caso de la Luna también se dice *alunizaje,* pero es superfluo crear una voz diferente para cada astro. (V. ASTRONÁUTICA.)

— *Mar.* Atracar los barcos en los puertos o en algún punto de la costa.

ATIBACIÓN f. *Min.* Operación consistente en rellenar con zafras las galerías y excavaciones que quedan después de haber arrancado el mineral. (Sinón. ATIVACIÓN.)

— La *atibación,* que no debe confundirse con la entibación, tiene por objeto evitar el desplome del techo en las partes de la mina que se abandonan definitivamente después de haber beneficiado el mineral. En otros casos, cuando se trata de yacimientos muy potentes, que se explotan en forma de cámaras entre las que se dejan pilares de mineral, la atibación ulterior permite beneficiar estos pilares o macizos. También existe un sistema (laboreo a la inglesa) en el cual el arranque se efectúa con asiento progresivo del techo por ativación: a medida que avanza el tajo se va rellenando el hueco, aunque conservando los corredores necesarios para el paso de los hombres y la evacuación del mineral.
La atibación se efectúa con las zafras que se separan del mineral, las cuales provienen de la excavación de pozos y galerías auxiliares y los demás escombros disponibles en el fondo de la mina, los cuales se completan con tierras, escorias y escombros procedentes del exterior.
En la *atibación hidráulica,* las tierras, arenas, cenizas, etc. son arrastradas por el agua de una cañería que los deposita en la excavación, mientras que el agua clarificada es devuelta al exterior. En la *atibación neumática* el aire comprimido reemplaza el agua como fluido transportador.

ATIBADERO m. *Min.* Excavación atibada o que se está atibando.

ATIBAR v. *Min.* Rellenar con zafras y tierras las galerías y otras excavaciones abiertas al beneficiar el mineral. (Sinón. ATIVAR.) [V. ATIBACIÓN.]

ATIBORRAR v. Rellenar con borra.

ÁTICO m. *Arq.* Último piso de una casa, por lo general más bajo de techo que los demás.

ATIERRE m. Acción y efecto de aterrar.
— *Min* Atibación mediante relleno con tierra. ‖ Derrumbamiento que llena de tierra o escombros una galería u otra excavación de la mina.

ATIFLE m. *Cerám.* Cada una de las calas de barro, de forma variada, que se interponen entre las piezas frescas para que al apilarlas en el horno para cocerlas, no se peguen unas con otras. (Sinón. CABALLETE.)

ATÍNCAR m. *Quím.* Bórax.

ATINCONAR v. *Min.* Apuntalar los hastiales con estemples.

ATIRANTAR v. Poner tirantes. ‖ Asegurar una armazón con tirantes: *una viga atirantada.*

ATIRELADO, DA adj. *Text.* Tratándose de tejidos, listado.

ATIVACIÓN f. *Min.* Atibación.

ATIVAR v. *Min.* Atibar.

ATIZADERO m. En ciertos hornos, portillo para atizar el fuego en el hogar e introducir el combustible.

ATIZADOR m. Instrumento para atizar y avivar el fuego o para arrastrar las escorias que salen de un horno metalúrgico.

ATIZONAR v. *Constr.* Disponer piedras o ladrillos a tizón para dar mayor solidez a un muro. ‖ Empotrar un madero en el espesor de una pared u otra obra de fábrica.

ATLANTE m. *Arq.* Estatua usada a modo de columna para soportar el entablamento.

ATLÁNTICO, CA adj. Aplícase a un período del cuaternario que transcurrió de los años 5 000 y 2 500 antes de nuestra era y durante el cual reinó en las zonas templadas un clima algo más cálido que en los tiempos actuales.

ATLASITA f. *Miner.* Mezcla de atacamita y azurita, abundante en Chile.

atm, símbolo de *atmósfera* física.*

ATMIDÓMETRO m. *Fís.* Instrumento que permite medir la cantidad de líquido evaporada de un recipiente en un tiempo dado. (Sinón. ATMÓMETRO.)

ATMISMÓMETRO m. *Fís.* Evaporómetro.

ATMÓLISIS f. *Fís.* Separación de los distintos componentes de una mezcla aprovechando las diferentes velocidades de difusión de los mismos a través de una membrana porosa.

ATMÓMETRO m. *Fís.* Atmidómetro.

ATMÓSFERA f. Capa de aire que rodea el globo terrestre. ‖ Capa gaseosa de composición diferente en torno de cualquier otro astro. ‖ *Atmósfera residual* o *remanente,* la que queda en un recinto después de haber practicado en él un vacío más o menos perfecto (pues nunca es éste absoluto).

— *Aeron. Atmósfera standard,* atmósfera cuya presión y temperatura teóricas, en función de la altura, han sido determinadas por acuerdos internacionales.

— Como la *presión* y la *temperatura atmosféricas* cambian constantemente, ha sido necesario determinar un valor fijo de las mismas con objeto de disponer de una base universal para el cálculo de los aviones y de sus características durante un vuelo determinado. El patrón así adoptado se funda en una atmósfera cuya temperatura y presión al nivel del suelo son respectivamente de 15° y 760 mm de mercurio (o 1013 milibares) y que al aumentar la altura, evoluciona como sigue:

ALTURA en metros	TEMPERATURA en grados C	PRESIÓN en mm de mercurio
0	15,0	760
1 000	8,5	674
2 000	2,0	596
5 000	—17,5	403
10 000	—50,0	198
15 000	—56,5	90
20 000	—56,5	41
30 000	—56,5	8

— *Astr.* Solamente caracen de atmósfera los astros que, como la Luna y Mercurio, tienen una masa insuficiente para conservarla: las moléculas del gas, en su estado de perpetua agitación, alcanzan entonces velocidades superiores a la velocidad* de escape o liberación —relativamente baja en estos astros— y se disipan en el espacio interplanetario. Así acaba por desaparecer su atmósfera primitiva.

Cada planeta, según la naturaleza de su globo y las circunstancias de su formación y su evolución posterior, tiene una atmósfera de composición química y características físicas diferentes de las que imperan. en los demás. Así la atmósfera de Venus es tan espesa que impide ver el menor detalle del globo, mientras que la de Marte es muy diáfana y poco densa. Por otra parte, la atmósfera de los planetas mayores contiene metano, amoniaco y otros gases asfixiantes. (Véanse los art. de cada uno de los planetas.)
— *Cerám.* y *Metal.* Se da el nombre de *atmósfera* al gas presente en el interior de un horno. La composición química del mismo influye considerablemente en la calidad de los productos que se obtendrán. De ahí el interés de conocerla y de modificarla en caso de necesidad. La atmósfera es *reductora* cuando contiene exceso de carbono, hidrocarburos y otros gases reductores; es *oxidante* cuando tiene exceso de oxígeno, y *neutra* cuando no es ni reductora ni oxidante.
En metalurgia se practican tratamientos especiales en *atmósfera controlada,* ya con objeto de evitar la oxidación superficial del metal fundido (creación de una atmósfera inerte), ya, por el contrario, para provocar reacciones superficiales con el metal (procedimientos de nitruración y de cementación gaseosa), introduciendo en este caso en el horno gases apropiados para el efecto que se desea obtener.
— *Meteor.* Según las normas internacionales generalmente adoptadas, la atmósfera se divide en varias capas que, a partir del suelo, son las siguientes: la *troposfera,* en la cual, al alejarse del suelo, la temperatura desciende de 0,6° cada 100 m; la *estratosfera,* en la cual la temperatura permanece prácticamente constante, sea cual fuere la altura; la *mesosfera,* en la cual la temperatura empieza por aumentar y luego baja de nuevo; la *termosfera,* en la que la temperatura vuelve a elevarse progresivamente con la altura. El límite superior de cada una de las primeras capas se designa respectivamente con los nombres de *tropopausa, estratopausa* y *mesopausa.*
Ateniéndose a la composición química de la atmósfera (V. AIRE), se distingue: la *homosfera,* capa situada entre el suelo y 10 km de altura, en la cual el oxígeno y el nitrógeno conservan proporciones constantes; después, y hasta la altura aproximada de 1 000 km, la *heterosfera* se caracteriza por una predominancia de los gases más ligeros (nitrógeno, hidrógeno y helio); en la *exosfera,* a partir de 1 000 km de altura, las moléculas más ligeras se disipan lentamente en el espacio interplanetario. (V. lo dicho en *Astr.*)
La atmósfera contiene muchos cuerpos que no son constituyentes normales del aire. El ozono se halla sobre todo presente en la parte superior de la estratosfera. El vapor de agua, el gas carbónico y todas las impurezas procedentes de los hogares, evaporadas o arrastradas por el viento, permanecen en la troposfera, especialmente en los primeros kilómetros de ella. Las tres cuartas partes del vapor de agua atmosférico se hallan presentes en los primeros 4 000 m de la atmósfera y prácticamente no existe ninguna humedad por encima de la tropopausa. En la atmósfera se engendran, por consiguiente, los hidrometeoros que determinan los fenómenos meteorológicos. También constituye una barrera que regula la temperatura del Globo, pues si bien deja pasar las radiaciones solares, no permite, por el contrario, el paso de los rayos infrarrojos emitidos por el suelo e impide, en consecuencia, que se disipe en el espacio una parte del calor recibido del Sol.
La acción filtrante de la atmósfera es vital. Sin ella, los rayos cósmicos primarios y los rayos ultravioletas* duros destruirían los organismos vivientes. Además, al rozar con el aire, los meteoritos se vuelven incandescentes y la mayor parte de ellos se volatilizan, con lo cual sólo llegan al suelo en forma de cenizas inofensivas.
Por último se han agrupado con el nombre de *ionosfera** unas capas, designadas por las letras D, E, F y G, en las cuales la ionización de los gases por los rayos solares da lugar a fenómenos radioeléctricos que tienen mucha importancia en el campo de las telecomunicaciones.
El aire atmosférico se halla en estado de perpetuo movimiento. Cabe distinguir las corrientes y fenómenos locales y pasajeros, debidos a concursos de circunstancias siempre diferentes, de los grandes movimientos designados con el nombre de *circulación general* y que resultan de la existencia de regiones polares frías y ecuatoriales cálidas, así como del movimiento de rotación de la Tierra y de la sucesión de las estaciones. Tales son los alisios, los ciclones y anticiclones, las ascendencias ecuatoriales, el flujo general del viento hacia el Este, las corrientes de chorro (*jet stream*), etc. (V. METEOROLOGÍA.)
— *Metr.* Unidad de presión igual a la presión que ejerce una columna de mercurio de 76 cm de altura o 0° cuando la aceleración de la gravedad es igual 9,8066 m/s por s. La unidad así definida corresponde a un peso de 1,033 kg/cm y se designa a veces con el nombre de *atmósfera física* o *normal* (atm) para distinguirla de la *atmósfera técnica, métrica* o *industrial* (at) igual a la presión de 73,5556 cm de mercurio equivalente a 1 kg/cm² y, por consiguiente, de uso más práctico. (V. PRESIÓN.)

ATMOSFÉRICO, CA adj. Relativo o perteneciente a la atmósfera: *electricidad atmosférica.*
— *F. c. Ferrocarril atmosférico,* el que adopta exactamente la forma de un túnel y se mueve en el mismo sin motores propios, por la acción conjugada de la presión atmosférica que existe detrás del mismo y de la depresión creada delante con bombas de vacío.
— *Fís. Presión atmosférica,* la que ejerce el aire sobre las cosas. (V. ATMÓSFERA.)
— *Mec. Máquina atmosférica,* máquina de vapor de simple efecto. (V. MOTOR.)
— *Meteor. Descarga atmosférica,* V. DESCARGA.
— *Radiot.* Dícese de los parásitos* naturales que tienen su origen en la atmósfera. (Úsase también como substantivo.)

ATO, sufijo con que terminan los nombres de muchos compuestos químicos y que designa las sales de aquellos ácidos cuyo nombre termina en *ico.* (De ello se desprende, por ejemplo, que un *acetato* sea una sal del ácido *acético.*)

atmósfera
principales divisiones y datos físicos

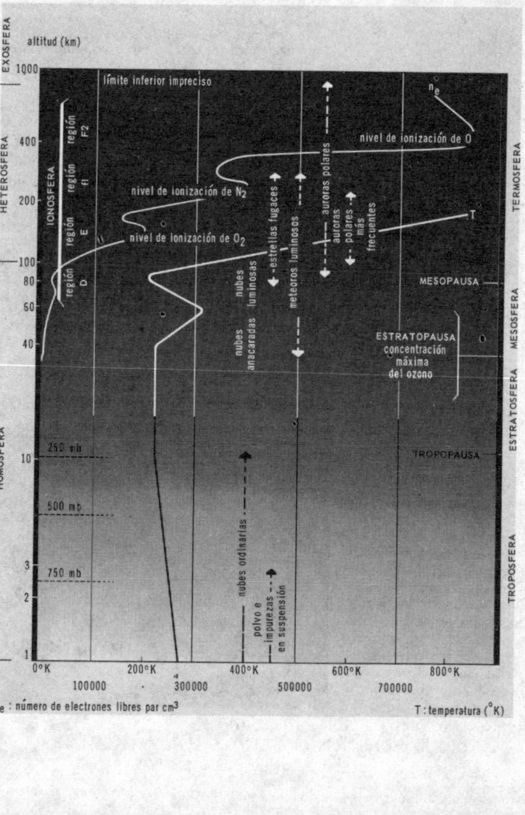

n_e : número de electrones libres par cm³
T : temperatura (°K)

atoaje

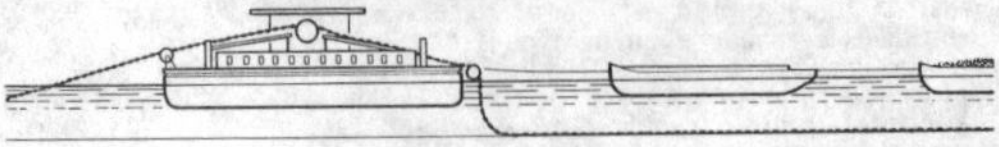

ATOAJE m. *Mar.* Procedimiento de navegación fluvial en el cual el barco avanza tirando por la proa de un cable o una cadena fijos dispuestos en el lecho del río o canal, en el cual vuelven a caer por la popa. (Sinón. TOAJE.) ‖ Por ext., aunque impropiamente, arrastre de una o varias barcazas por un remolcador.

ATOAR v. *Mar.* Navegar o remolcar por el procedimiento llamado atoaje.

ATOCHA f. *Bot.* y *Text.* Esparto.

ATOCHAR v. *Art. y of.* Atiborrar con esparto u otras materias. ‖ Sufrir un cabo, al pasar por algún sitio, una presión excesiva que le impide deslizarse.

ATOLÓN m. *Geol.* Islote de coral, con una laguna central, propio de los mares tropicales.

— El *atolón* forma una faja de tierras bajas en torno a un lagón o laguna central de poca profundidad (100 m a lo sumo), que comunica con el mar por uno o varios puntos. El litoral exterior es una plataforma de escasa profundidad que, sin transición, forma un precipicio casi vertical. Dadas las exigencias biológicas de los minúsculos organismos cuyo esqueleto forma los atolones, estos islotes solamente existen en aguas tropicales de temperatura comprendida entre 25 y 30°, poco profundas (pues los corales viven en simbiosis con las algas) y en las cuales exista un soporte submarino de rocas apropiadas.

ATOLL m. *Geol.* Anglicismo por *atolón.*

ATOMICIDAD f. *Quím.* Número de átomos que cuenta la molécula de un cuerpo simple en estado gaseoso: *la atomicidad del oxígeno es igual a dos.*

ATÓMICO, CA adj. Perteneciente o relativo al átomo.

— *Atom. Energía atómica* o *nuclear,* v. ÁTOMO y ENERGÍA. ‖ *Pila atómica,* v. REACTOR *nuclear.*

— *Mec.* Aplícase a los medios de transporte movidos por la energía de un reactor nuclear: *existen rompehielos, submarinos y buques atómicos.*

— *Quím.* Dícese de un gas constituido por átomos aislados y no por moléculas compuestas de varios atomos, cual ocurre con el oxígeno y el nitrógeno en la ionosfera (mientras que en las capas bajas de la atmósfera ambos gases se hallan formados por moléculas de dos átomos). ‖ *Masa atómica, número atómico, peso atómico,* v. MASA, NÚMERO y PESO.

ATOMÍSTICA f. Parte de la ciencia que trata de los átomos y de sus propiedades.

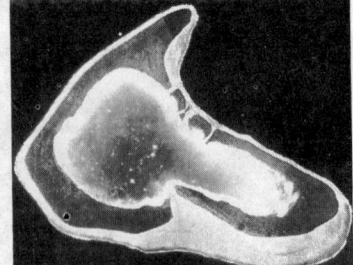

ATOMIZACIÓN f. Acción y efecto de atomizar ‖ Pulverización*, proyección de un líquido en gotas muy finas.

— *Ind.* Muchos productos se obtienen en forma de polvo por *atomización* en el vacío de una disolución líquida o de una masa pastosa. Las gotitas proyectadas sobre la pared caliente del recinto en que se efectúa la operación, se evaporan instantáneamente y quedan entonces otras tantas partículas sólidas de polvo seco que caen al fondo del mismo o son aspiradas.

— *Metal.* La *atomización* de un metal se efectúa dejándolo caer fundido, en forma de hilillo, sobre un chorro de agua, vapor u otro gas apropiado, con lo cual se obtiene la solidificación brusca de las partículas metálicas. Así se fabrican industrialmente muchos polvos metálicos.

ATOMIZADOR m. Pulverizador* de líquidos.

ATOMIZAR v. Reducir a finísimas gotas o partículas sólidas una substancia líquida o pastosa. (V. ATOMIZACIÓN.)

ÁTOMO m. *Fís.* y *Quím.* Partícula químicamente indivisible de un cuerpo simple y que, por consiguiente, es la menor cantidad posible de un elemento que pueda combinarse con otro.

— Toda materia*, sea cual fuera su estado, se compone de tres partículas* elementales: *protón, neutrón* y *electrón.* En ciertos casos, especialmente bajo temperaturas y presiones elevadísimas —cuales existen en el seno de las estrellas— estos tres componentes pueden hallarse mezclados desordenadamente en forma de plasma*. No obstante, en la generalidad de los casos, o sea cuando la materia no se halla sometida a condiciones físicas tan rigurosas, las tres partículas, en número determinado, se agrupan con arreglo a ciertas leyes y forman así *átomos* diferentes y característicos de cada cuerpo simple.

El protón es un corpúsculo cargado de electricidad positiva y cuya masa equivale a $1{,}660 \times 10^{-24}$ gramos (o sea la fracción decimal representada por cero gramos y en la cual el uno de 1,660 ocupa el 24° lugar detrás de la coma, precedido por 23 ceros). El neutrón carece de carga eléctrica y su masa es de $1{,}6627 \times 10^{-24}$ g. Los físicos prefieren reemplazar el gramo por la unidad de masa atómica. Como el oxígeno tiene 8 protones y 8 neutrones, o sea 16 partículas en su núcleo, han decidido dividir la masa de éste por 16 y utilizar el cociente como unidad para medir la masa de las partículas y núcleos de otros átomos. Así, en unidades de masa atómica las masas del protón y del neutrón son respectivamente de 1,008 14 y 1,008 98.

Los protones y los neutrones, fuertemente unidos unos con otros, forman el núcleo del átomo y se llaman también, por dicha razón, nucleones. La fuerza que los mantiene unidos no se conoce aún perfectamente, pues no puede asimilarse a ninguna de las fuerzas de la física ordinaria, pero sí sabemos de dónde proviene. Recordemos que la energía* puede transformarse en materia* y viceversa. Así, la unidad de masa atómica es equivalente a 931,162 megaelectronvoltios. Ahora bien, si se mide la masa atómica de un núcleo de helio formado por dos protones y dos neutrones, se observa que arroja un total de 4,003 87. Como la suma de la masa de las cuatro partículas —consideradas separadamente— es de 4,034 24 unidades de masa, la unión de las partículas en un núcleo ha dado lugar a la desaparición de 0,030 37 unidad de masa. que se ha convertido en energía con arreglo a la fórmula $E = mc^2$. (V. ENERGÍA.) Este defecto de masa (equivalente a $0{,}030\,37 \times 931{,}162$ MeV $= 28{,}28$ MeV) ha suministrado la energía de unión que asegura la cohesión de las partículas constitutivas del núcleo. Un núcleo se caracteriza por dos constantes, de las cuales la primera es su *número atómico,* expresado por el símbolo Z, que es el número de sus protones y, como se verá más abajo, el de sus electrones. Este número es diferente para cada cuerpo simple y ha permitido la clasificación de los elementos* en la tabla de Mendeleev. El número atómico del elemento más ligero, el hidrógeno, es igual a 1, mientras que el del cuerpo más pesado que existe en la naturaleza, el uranio, es igual a 92 y el del elemento más pesado creado artificialmente, el laurencio de 103. De la noción del número atómico depende la naturaleza de un elemento. Así, el oxígeno tiene 8 protones en su núcleo. Si, por cualquier medio, se suprime o separa uno de éstos, el núcleo deja

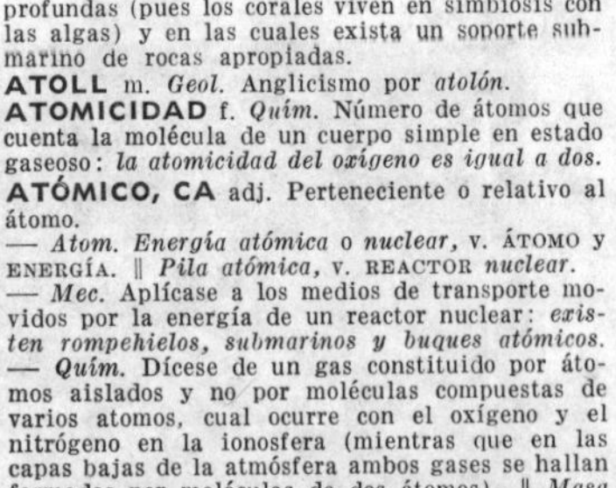

atolón
vista aérea, en la cual se distinguen: 1° las tierras emergentes en forma de cerco obscuro entrecortado por las mangas de agua que dan paso al lagón central; 2° los bajos fondos de la plataforma de coral, que forman un borde claro

Fot. Larousse, I. G. N.

de ser oxígeno y pasa a ser nitrógeno, cuyo número atómico es igual a 7. Por el contrario, si se agrega un protón al oxígeno, éste se transmuta en flúor (Z = 9).

La otra constante esencial del núcleo es su *número de masa* simbolizado por la letra A, y casi igual a la suma de los protones y neutrones que contiene. Un elemento siempre tiene el mismo número de protones, pero puede tener un número diferente de neutrones y sus variantes se distinguen entonces con el nombre de *isótopos*. Así, el plomo tiene siempre en su núcleo 82 protones (Z = 82) pero existen 9 isótopos diferentes que contienen 122, 124, 125, 126, 128, 129, 130, 132 ó 133 neutrones. En el plomo ordinario, los diferentes isótopos figuran en proporciones muy desiguales y la masa atómica de su mezcla es igual a 207,21. Por consiguiente, y contrariamente de lo que ocurre con los protones, el aumento o disminución de los neutrones de un átomo no cambia la naturaleza del mismo: no por tener más o menos neutrones un núcleo de plomo deja de ser plomo. Y, si se conocen solamente un centenar de elementos, el número de isótopos catalogados es de un millar.

Los símbolos Z (número atómico) y A (número de masa) dispuestos junto al símbolo químico del elemento, permiten definirlo sin ambigüedad: el primero se escribe como si fuera un índice y el segundo como un exponente. Así, ${}^{16}_{8}O$ designa el oxígeno, cuyo núcleo contiene 16 partículas de las cuales 8 son protones.

Las dimensiones del núcleo son pequeñísimas. El uranio, que es el mayor de todos los núcleos naturales, apenas mide cinco cienmilmillonésimas de milímetro, pero la masa de la materia contenida en espacio tan reducidísimo es asombrosa. Joliot-Curie calculó que si pudiera constituirse un núcleo con toda la materia del cuerpo de un hombre, o sea agrupando todas sus partículas sin dejar ningún espacio entre ellas, el referido núcleo apenas sería visible con un microscopio ordinario.

De la constitución del núcleo se desprende que éste tendrá una carga eléctrica positiva. Como todo átomo es normalmente neutro, se comprenderá que existan en el mismo cargas de electricidad negativa rigurosamente iguales y opuestas a las de los protones, que son las de los electrones. Si se considera un núcleo algo así como un Sol minúsculo, los electrones son como planetas que gravitan en torno del mismo. Un electrón es un corpúsculo de masa 1 840 veces menor que la del protón y de carga eléctrica igual que la de éste, pero de signo contrario. Como dos cuerpos diferentemente electrizados se atraen, el electrón debería precipitarse sobre el núcleo del átomo. No ocurre así porque, al girar en torno de aquél, engendra una fuerza centrífuga exactamente opuesta a la fuerza de atracción eléctrica. (En cierto modo, aunque con fuerzas de índole diferente, se reproduce el caso de la Tierra respecto al Sol o de un satélite artificial respecto a la Tierra: la velocidad adquirida sobre la órbita engendra una fuerza centrífuga que se opone a la atracción del astro central.)

Resulta de lo antedicho que el átomo consta de un núcleo —compuesto de protones y neutrones— y de electrones planetarios, en número normalmente igual al de los protones.

Los electrones no pueden girar en torno al núcleo a cualquier distancia de éste, sino a ciertas distancias perfectamente determinadas, llamadas niveles de energía o capas, que, a partir de la más próxima al núcleo se designan con la letras K, L, M, N, O, P y Q. Por otra parte, cada uno de estos niveles no puede contar sino cierto número de electrones: el primero (K) sólo puede tener 2 como máximo, el segundo (L) ocho, y los otros 18 (M), 32 (N), 50 (O), 72 (P), y 98 (Q). Un electrón necesita tanta más energía para mantenerse en una órbita cuanto más grande fuese ésta. Si se halla en una órbita o nivel determinado y recibe energía suficiente (en forma de un rayo de luz, por ejemplo), absorbe esta energía y pasa a un nivel superior. Si, por el contrario, pasa de un nivel a otro inferior —donde exista un sitio disponible— contiene un exceso de energía del cual se desprende en forma de ondas electromagnéticas. Tal es, por ejemplo, el origen de la luz*: en los cuerpos luminosos hay paso de electrones de algún nivel a otro inferior.

LAS TRES PARTÍCULAS ELEMENTALES

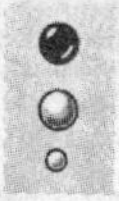

el protón (positivo)

ambos constituyen el núcleo

el neutrón (neutro)

el electrón (negativo) gira alrededor del núcleo

En un átomo hay normalmente el mismo número de electrones y de protones, y un número igual, o superior, de neutrones.

EL ÁTOMO MÁS SIMPLE Y SUS TRES ISÓTOPOS

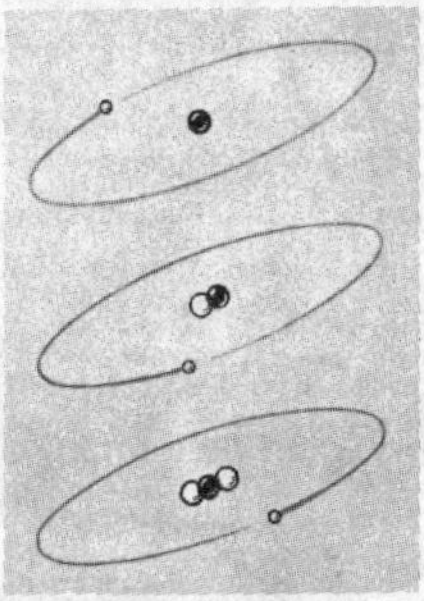

El hidrógeno (H) está constituido por una mezcla de tres isótopos:

99,98 p. 100 de hidrógeno ligero

${}^{1}_{1}H$ (1 protón) (1 electrón)

0,02 p. 100 de hidrógeno pesado, o deuterio

${}^{2}_{1}H$ (1 protón, 1 neutrón) (1 electrón)

0,000 000 1 p. 100 de triterio

${}^{3}_{1}H$ (1 protón, 2 neutrones) (1 electrón)

Los isótopos difieren solamente por el número de neutrones del átomo.

EL ÁTOMO NATURAL MÁS PESADO

El uranio (U) está constituido por la mezcla de tres isótopos:

99,30 p. 100 de ${}^{238}_{92}U$ 0,70 p. 100 de ${}^{235}_{92}U$

0,006 p. 100 de ${}^{234}_{92}U$

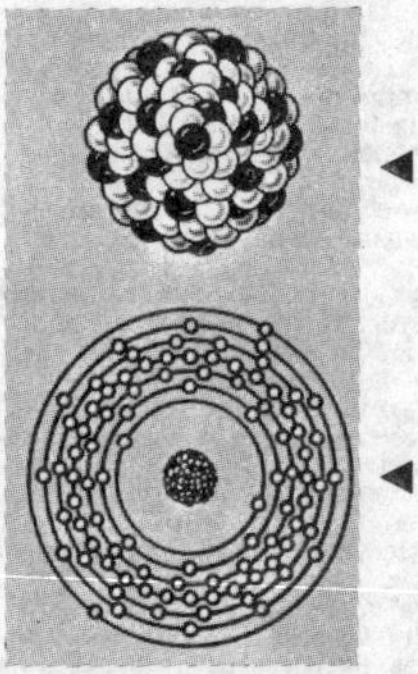

Significación del símbolo ${}^{238}_{92}U$

núcleo compuesto de 238 partículas → 92 protones, 146 neutrones

${}^{238}_{92}U$ → uranio

número atómico: número de protones o de electrones

DIMENSIONES ATÓMICAS (tamaño en milímetros):

diámetro de los átomos: entre 0,000 000 1 mm (hidrógeno) y 0,000 000 5 mm (cesio);

de los núcleos: entre 0,000 000 000 000 002 mm (hidrógeno) y 0,000 000 000 02 mm (uranio);

del electrón: 0,000 000 000 004 mm;

del protón y del neutrón: 0,000 000 000 000 002 mm

En 1 milímetro se podrían alinear entre dos y diez millones de átomos.

Las dimensiones del electrón son, con respecto al diámetro del átomo, lo que las dimensiones de la Tierra al diámetro de su órbita alrededor del Sol.

99,95 p. 100 de la masa del átomo está concentrada en su núcleo: un núcleo hipotético, del grosor de una cabeza de alfiler, pesaría 117 000 toneladas. Si no hubiera espacio entre la materia, todo el género humano cabría en un dedal.

Señalemos, en fin, el papel importante que representan en química los electrones de la última capa o electrones de valencia*, pues ellos son los que permiten que los átomos se enlacen unos con otros para formar moléculas.
Como ya se ha dicho, el átomo normal, eléctricamente neutro, tiene exactamente tantos electrones planetarios como protones cuenta su núcleo. Cuando no es así, se dice que el átomo está *ionizado* y se le designa con el nombre de *ion*. Si tiene electrones en exceso, su carga eléctrica es negativa y se llama *anión;* si los tiene en número insuficiente, su carga es positiva y es un *catión*.
La cohesión de los electrones en la capa periférica es tanto mayor cuanto más numerosos son y resulta perfecta cuando son ocho los que la constituyen. El átomo tiende a aumentar el número de sus electrones de la capa exterior cuando el número de éstos es superior a 4, y a perderlos cuando los tiene en número inferior. Así, el sodio solamente tiene un átomo periférico, mientras que el cloro tiene siete. Aquél cederá, pues, a éste el referido electrón y se volverá así catión, mientras que el cloro pasará a ser un anión. Como dos electricidades de signo opuesto se atraen, los dos atomes permanecen unidos y constituirán el compuesto químico llamado cloruro de sodio, que no es sino la sal común. Los cuerpos que, como el helio, el argón, etc. tienen su capa periférica completa (con 2, 8, etc. electrones en la misma) no se pueden combinar químicamente con otros y no dan reacciones químicas. Por eso se les llama gases inertes.
Las mismas razones explican la diferencia entre cuerpos conductores de electricidad y aislantes: los primeros tienen pocos electrones en su capa periférica y los sueltan fácilmente (una corriente eléctrica no es sino una corriente de electrones), mientras que los aislantes, como el azufre, tienen muchos electrones en la capa periférica y tienden a completarla, con lo cual fijan los electrones e impiden su circulación. (V. ELECTRICIDAD.)
El diámetro de la esfera ocupada en el espacio por los electrones de un átomo es unas 100 000 veces superior al del núcleo y oscila entre una y cinco diezmillonésimas de milímetro.
El átomo o, con más propiedad, su núcleo, contiene mucha energía potencial, que, en ciertos casos, puede ser desprendida y utilizada. Cuando un núcleo pesado se fragmenta en dos o más pedazos, éstos forman otros tantos núcleos de átomos medianos, pero la energía total necesaria para mantener unidos los protones y neutrones de todos estos átomos es inferior a la que mantenía la cohesión de las mismas partículas en el átomo primitivo. La diferencia puede recuperarse en forma de calor. (V. DEFECTO *de masa.*)
En las partículas muy ligeras, especialmente el hidrógeno, la fusión de varios núcleos en otro mayor se traduce también por una pérdida de masa acompañada de desprendimiento de calor.
En el primer caso (reacciones de fisión*) la energía puede aprovecharse como manantial de calor en centrales eléctricas, para la propulsión de barcos, etc. (V. ENERGÍA *nuclear.*) También puede usarse la energía de fisión libertándola bruscamente y constituye entonces un potente explosivo. (V. BOMBA *atómica.*)
Por lo que se refiere a la energía de fusión, hasta ahora han resultado infructuosos los estudios para aprovecharla con fines pacíficos y solamente se aplica en la construcción de terribles bombas* termonucleares.
La radiactividad* consiste en otra forma de energía procedente del núcleo de los átomos que, por contener un número anormal de partículas, son inestables y, al expulsar una o varias de ellas, emiten también radiaciones. (V. ALFA, BETA y GAMMA.) La radiactividad, primitivamente usada con fines terapéuticos, tiene hoy infinidad de aplicaciones merced a la producción en gran escala de radioelementos* artificiales.
— *Quím. Átomo gramo de un elemento,* masa característica del mismo.
— El *átomo gramo* es una unidad que se obtiene convirtiendo en gramos la masa* atómica de un elemento: *el átomo gramo del oxígeno vale 16 gramos.* También se da este nombre al producto del átomo gramo así definido, por el número de Avogadro*. El átomo gramo representa un papel importante en tanto que unidad empleada en los cálculos relativos a las reacciones químicas.

ATORNILLADOR m. *Art. y of. Amer.* Destornillador.
ATORNILLAR v. *Art. y of.* Hacer girar un tornillo para introducirlo en una pieza. || Sujetar algo con tornillos.
ATRACADA f. *Mar.* Acción de arrimarse un barco a otro o a un atracadero. || *Astron.* Unión orbital de dos satélites artificiales.
ATRACADERO m. *Mar.* Sitio natural o especialmente preparado en el cual pueden atracar las embarcaciones.
ATRACCIÓMETRO m. *Fís.* Especie de dinamómetro con el cual se mide la fuerza de atracción de los imanes.
ATRACCIÓN f. Fuerza con la cual un cuerpo obra sobre otro, de tal forma que éste se acerca o tiende a acercarse a aquél: *los imanes ejercen una atracción sobre el hierro.*
— *Electr. Atracción eléctrica,* v. ELECTRICIDAD.
— *Fís.* Propiedad en virtud de la cual todos los cuerpos se atraen mutuamente. || *Atracción molecular,* v. COHESIÓN y MOLÉCULA.
— Todos los cuerpos se atraen proporcionalmente a su masa y en razón inversa del cuadrado de la distancia que los separa. Lo que nosotros llamamos peso no es sino manifestación de la atracción del globo terrestre. La Tierra también atrae a la Luna y si ésta no se precipita sobre nuestro globo es porque su rotación en torno al mismo engendra una fuerza centrífuga exactamente opuesta a dicha atracción. Por su parte la Luna ejerce sobre la Tierra una atracción 80 veces menor que la que ella experimenta, pero lo bastante intensa para levantar la masa líquida de los océanos y dar así lugar al fenómeno de las mareas. (V. GRAVITACIÓN.)
— *Magn. Atracción magnética,* v. IMÁN y MAGNETISMO.
— *Mar. Atracción local,* desvío que experimenta la aguja imantada a causa de la presencia de masas metálicas en el barco y que puede compensarse adecuadamente en los compases perfeccionados. (V. COMPÁS.)
ATRACCIONÓMETRO m. *Fís.* Atracciómetro.
ATRAPAONDAS m. *Radiot.* Dispositivo antiparásito*.
ATRIO m. *Arq.* Patio generalmente rodeado de pórticos que constituye la entrada de ciertos edificios.
ATROMARGINADO, DA adj. *Art. gráf.* Orlado de negro y, por ext., con las márgenes impresas en color.
ATRONADURA f. *Carp.* Hendedura o grieta profunda en el tronco de un árbol.
ATRONAR v. *Ind. alim.* Aturdir a una res antes de matarla. || Sacrificarla en el matadero*.
ATRUCHADO, DA adj. *Art. y of.* Provisto de pintas diversamente coloreadas, como la piel de la trucha: *muro de piedra atruchada.*
— *Cerám.* Agrietamiento decorativo de las porcelanas orientales, coloreado diferentemente del tono que tiene el fondo.
atto, prefijo de símbolo *a* que, antepuesto a la unidad, la divide por 10^{-18}, o sea la sitúa en 18º lugar detrás de la coma decimal.
ATUNARA f. *Mar.* Almadraba.
ATUNERO adj. y s. *Mar.* Dícese del barco que se dedica a la pesca de atunes.
ATURBONARSE v. *Meteor.* Cubrirse el cielo de nubarrones y ponerse la atmósfera bochornosa.
ATURQUESADO, DA adj. De color azul semejante o parecido al de la turquesa.
ATWOOD (*Máquina de*), instrumento para experimentar el principio fundamental de la dinámica, según el cual un cuerpo sobre el que se ejerce una fuerza de magnitud y dirección constante, adquiere un movimiento uniformemente acelerado.
— Consiste esencialmente en dos pesas suspendidas por los extremos de un hilo que pasa en torno de una polea. Al disponer una carga suplementaria sobre una de las pesas, ésta baja a lo largo de una regla graduada durante un tiempo que es cronometrado con precisión. De la distancia recorrida en un tiempo determinado se desprende el valor de la aceleración. También puede demostrarse con este aparato el principio de la inercia.
Au, símbolo químico del *oro*.
AUDIBILIDAD f. Carácter del sonido que puede ser oído. || *Límite de audibilidad,* intensidad mínima que ha de tener un sonido para que pueda ser percibido. (V. AUDIÓMETRO.)

AUDIBLE adj. *Acúst.* Dícese de los sonidos que pueden ser, no solamente percibidos, sino también soportados.
— El individuo normal percibe los sonidos cuya frecuencia se halla comprendida entre 16 y 20 000 períodos por segundo y los soporta cuando su intensidad fisiológica no pasa de unos 130 fonos.
Los sonidos inaudibles de menos de 16 Hz se llaman infrasonidos y los de más de 20 000 Hz ultrasonidos *.

AUDICIÓN f. *Acúst.* Percepción de los sonidos. (V. AUDIBLE y AUDIÓMETRO.)

AUDÍFONO o **AUDIÓFONO** m. *Acúst.* Instrumento consistente en una placa de caucho, cartón duro u otra materia que, a modo de pantalla, recoge los sonidos y cuyo borde se aplica sobre algún hueso de la cabeza que transmite las vibraciones acústicas al oído. ‖ Por ext., cualquier aparato de corrección o prótesis* auditiva.

AUDIOFRECUENCIA f. *Telec.* Frecuencia de las corrientes alternas que pueden reproducir los sonidos audibles en los teléfonos y otros aparatos: *las audiofrecuencias se hallan comprendidas entre 50 y 10 000 períodos por segundo.* (Sinón. BAJA FRECUENCIA y FRECUENCIA MUSICAL.)

AUDIOGRAMA m. Gráfico en el que se representan las variaciones del límite inferior de audibilidad de una persona en función de la frecuencia de los sonidos. (V. AUDIÓMETRO.)

AUDIOMETRÍA f. Mensuración de la acuidad auditiva de una persona a las diferentes frecuencias de los sonidos. (V. AUDIÓMETRO.)

AUDIÓMETRO m. *Acúst.* Instrumento para medir la sensibilidad del aparato auditivo.
— El *audiómetro* es un oscilador que produce sonidos de frecuencia variable, que el paciente escucha con un casco telefónico (conducción aérea) o con un vibrador u osteófono (conducción ósea) aplicado contra el hueso mastoides.
Para obtener el audiograma de una persona, el operador empieza por regular el aparato para una frecuencia dada y a continuación aumenta la intensidad del sonido hasta que lo perciba el paciente. Después de haber anotado este límite de audibilidad, cambia la frecuencia del sonido y se procede de la misma manera, hasta haber medido la sensibilidad en toda la gama de frecuencias audibles.

AUDIÓN m. *Radiot.* Nombre que se dio primitivamente al *tríodo.*

AUDIOVISUAL adj. Relativo al oído y a la vista: *los métodos de enseñanza audiovisual se fundan en la proyección de imágenes o películas acompañadas de comentarios adecuados para aprovechar la especial sensibilidad auditiva y visual del niño.*

AUDITIVO m. *Telec.* Auricular de radio o de teléfono.

AUER *(Mechero).* V. MECHERO.

AUGELITA f. *Miner.* Fosfato de aluminio natural, de color verde claro y mena de fósforo.

AUGITA f. *Miner.* Variedad negra de piroxeno presente en las rocas volcánicas: *la augita es, con el feldespato, el principal constituyente de los basaltos.*

AUMENTO m. *Ópt.* Relación entre las dimensiones de un objeto y las dimensiones mayores de la imagen amplificada que se obtiene del mismo mediante un instrumento óptico.
— El *aumento* puede considerarse de dos maneras diferentes: en los instrumentos que, como la lupa y el microscopio, sirven para ver objetos pequeños, el aumento es la relación entre el diámetro del objeto visto con el instrumento y a simple vista a unos 25 cm del ojo (o sea a la menor distancia posible compatible con una buena visión). En los anteojos, telescopios y otros aparatos para ver cosas lejanas, el aumento es la relación entre los ángulos con los cuales se ve el objeto con el aparato y a simple vista.
Es difícil precisar los aumentos que pueden obtenerse con un sistema óptico, pues dependen de la calidad que se requiere de las imágenes y éstas resultan tanto más borrosas y deformadas cuanto mayor es la amplificación. No obstante pueden admitirse, a título de indicación, los siguientes aumentos: lupa, de 3 a 10; gemelos, de 8 a 16; microscopio óptico, 2 000; microscopio electrónico, 75 000; telescopios, de una o dos veces tantos aumentos como milímetros de abertura tiene el objetivo.

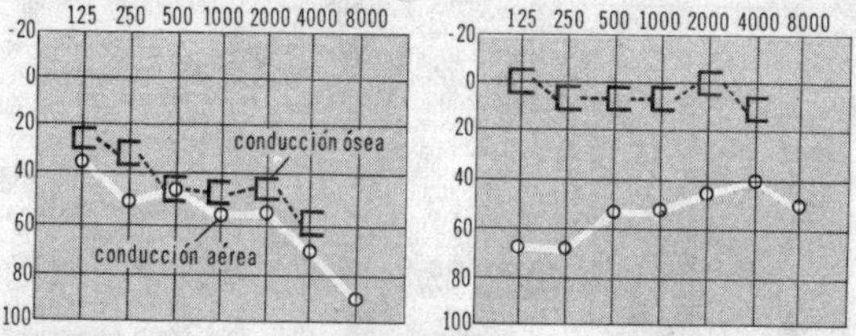

audiogramas
1. Sordera de transmisión; 2. Sordera de percepción

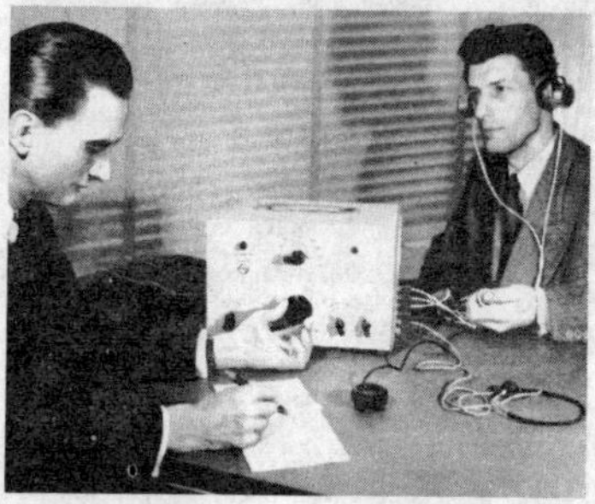

audiómetro

AURAMALGAMA f. *Miner.* Amalgama de oro natural, en forma de granos o prismas, que también contiene 3 % de plata.

AURAMINA f. *Quím.* y *Text.* Materia colorante derivada del fenilmetano.
— La *auramina* se prepara industrialmente a partir de la dimetilanilina y, entre otros usos, sirve para teñir de amarillo los tejidos tratados con un mordiente de tanino.

AURANCIA f. *Fot.* y *Quím.* Sal amoniacal derivada de la difenilamina, materia colorante anaranjada usada en fotografía para hacer filtros, barnices de retocar y desensibilizadores.

AURATO m. *Quím.* Sal de ácido áurico: *el aurato de amonio es muy detonante.*

ÁUREO, A adj. De oro. ‖ Notable, transcendente.
— *Art. gráf. Canon áureo, línea áurea,* v. NÚMERO *de oro.*
— *Astr. Áureo número,* v. NÚMERO *de oro.*

AUREOLA f. *Fot.* Halo.
— *Min.* Llama azulina que aparece en torno a la llama de las lámparas de seguridad cuando el aire de la mina contiene grisú *.
— *Ópt. Aureola accidental,* círculo aparente en torno del objeto que se fija con la vista y que, por un efecto de contraste creado por la retina, es obscuro alrededor de un objeto claro, anaranjado si éste es azul, etc.

AURI, prefijo empleado en química, que indica la presencia de oro trivalente en un compuesto complejo.
— Con *auri* y las voces *bromuro, cianuro, cloruro, ioduro, nitrato,* etc., se designan sales complejas en cuya fórmula general figura un metal monovalente y el oro trivalente. Así, el *auricloruro de sodio* tiene por fórmula $NaAuCl_4$.

AURIBROMURO m. *Quím.* V. AURI.

AURICIANURO m. *Quím.* V. AURI.

AURICLORURO m. *Quím.* V. AURI.

AURICO, prefijo usado en química para las sales dobles que contienen oro: *la sal auricobarítica contiene oro y bario.*

ÁURICO, CA adj. *Mar.* Dícese de la vela fijada en el eje longitudinal del barco y orientada como el mismo, por oposición a la vela cruzada: *con la vela áurica se puede ajustar mejor la navegación a la dirección del viento.*
— *Quím.* Dícese de los compuestos a base de oro y, con más propiedad, de los de oro trivalente. ‖ Úsase también para designar un ácido que hasta ahora no ha podido ser aislado.

AURICULAR m. *Radiot.* y *Telec.* Aparato que se aplica al oído y transforma en sonidos audibles

Fot. Larousse

granos de **austenita** y agujas de martensita en un acero al cromo

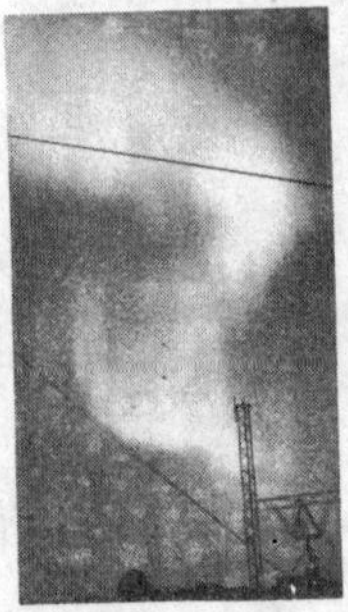

aurora boreal

autocar

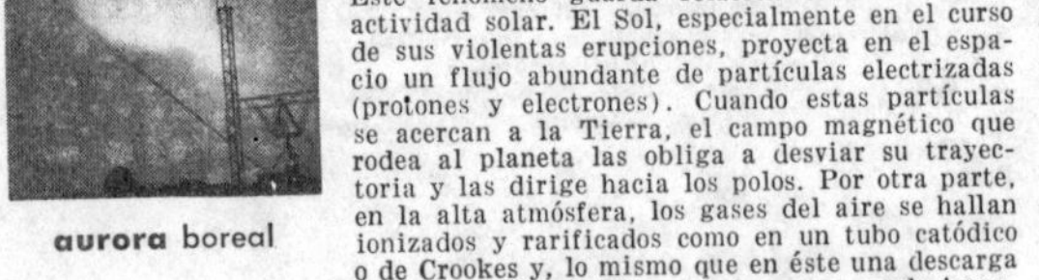

la corriente modulada suministrada por el teléfono o por un receptor de radio.

— El *auricular* consiste en un electroimán cuyo núcleo, diversamente excitado por la corriente, hace vibrar un diafragma o membrana de acero con la frecuencia propia de los sonidos originales registrados por el micrófono en la emisora de radio o en el aparato del interlocutor telefónico. En telegrafía sin hilos suelen usarse acoplados (uno para cada oreja) en una armazón flexible, llamada casco, que se adapta a la cabeza.

ÁURIDOS m. pl. *Miner.* Grupo de minerales que comprende el oro y sus combinaciones naturales.

AURÍFERO, RA adj. *Miner.* Que contiene oro*: *muchos ríos arrastran arenas auríferas.*

AURILO m. *Quím.* Radical monovalente de fórmula AuO.

AURINA f. *Quím.* Colorante amarillo del grupo del trifenilmetano.

AURINITRATO m. *Quím.* V. AURI.

AURISULFATO m. *Quím.* V. AURI.

AURIYODURO m. *Quím.* V. AURI.

AURO, prefijo empleado en química, que indica la presencia de oro monovalente en un compuesto complejo.

— Con *auro* y las voces *cianuro, cloruro, sulfito,* etc., se designan sales complejas en cuya fórmula general figura un metal monovalente y el oro también monovalente. Así, el *aurocloruro de sodio* tiene por fórmula $NaAuCl_2$.

AUROCIANURO m. *Quím.* V. AURO.

AUROCLORURO m. *Quím.* V. AURO.

AURORA f. *Geof. Aurora polar,* meteoro luminoso que se observa en las regiones polares: *las auroras boreales son más frecuentes que las australes.*

— Las *auroras polares* son sobre todo visibles entre 20 y 25° de los polos magnéticos, pero pueden observarse en latitudes mucho más inferiores. Son resplandores, con frecuencia en forma de cortinas o guirnaldas, que a partir de unos 100 km del suelo alcanzan una altura de 20 a 100 km y hasta 1 000. Cambian rápidamente de forma pero pueden durar varios días. Su luz puede ser blanca, verde amarillenta y roja.
Este fenómeno guarda relación estrecha con la actividad solar. El Sol, especialmente en el curso de sus violentas erupciones, proyecta en el espacio un flujo abundante de partículas electrizadas (protones y electrones). Cuando estas partículas se acercan a la Tierra, el campo magnético que rodea al planeta las obliga a desviar su trayectoria y las dirige hacia los polos. Por otra parte, en la alta atmósfera, los gases del aire se hallan ionizados y rarificados como en un tubo catódico o de Crookes y, lo mismo que en éste una descarga eléctrica hace luminiscentes los gases, en la ionosfera la corriente de partículas electrizadas provoca un fenómeno semejante. Por lo demás, estos fenómenos originan anormalidades en la absorción y reflexión de las ondas de radio y perturban, en consecuencia, las telecomunicaciones.

AUROSULFITO m. *Quím.* V. AURO.

AUROTELURITA f. *Miner.* Telururo natural de oro y plata, también llamado *silvanita.*

AURURO m. *Metal.* Aleación de oro con otro metal.

AUSCULTACIÓN f. *Mec.* Examen de la integridad de una pieza metálica fundado en la manera como transmite los ruidos: *la auscultación de las ruedas de los vagones se efectúa golpeándolas con un martillo.* ‖ Observación de los ruidos de un motor como medio de descubrir algún defecto en su funcionamiento.

AUSCULTADOR m. *Mec.* Instrumento fundado en el uso de ultrasonidos que, al atravesar anormalmente una pieza, traducen la existencia en el interior de la misma de alguna burbuja, grieta u otro defecto. (V. ULTRASONIDO.)

AUSOL m. *Amer.* Géiser o simple hervidero de agua o lava en las grietas de los terrenos volcánicos.

AUSTENITA f. *Metal.* Carburo de hierro presente en los aceros templados.

— La *austenita* es una solución sólida de hierro y de carbono. Solamente es estable a temperaturas muy elevadas, pero, mediante un templado muy enérgico, se logra que permanezca artificialmente en equilibrio en ciertos aceros especiales (particularmente en los aceros al manganeso) llamados por dicha razón *aceros austeníticos.* Estos aceros se caracterizan por su extrema dureza y su grado elevado de resiliencia. En los aceros ordinarios la austenita siempre se halla mezclada con martensita.

AUSTENÍTICO, CA adj. *Metal.* Perteneciente o relativo a la austenita. ‖ *Acero austenítico,* el que contiene austenita.

AUSTRAL adj. Dícese de todo lo relativo al hemisferio Sur de la Tierra, de los astros en general y de la esfera celeste.

— *Astr. Constelación austral,* la que se halla situada en el hemisferio austral, o sea entre el ecuador y el polo Sur o austral.

AUSTRALENO m. *Quím.* Nombre que se dio primitivamente al *pineno.*

AUTÍGENO, NA adj. *Miner.* Dícese, por oposición a alóctono, de los constituyentes de una roca que se han formado en la misma.

AUTO, prefijo derivado del gr. *autos,* que significa *uno mismo* y entra en la composición de muchas voces con el sentido de *por sí mismo, sin intervención ni ayuda exterior*: *los cohetes autodirigidos cumplen su misión sin necesidad de ser guiados desde el suelo.* ‖ Prefijo que no es sino la forma familiar de *automóvil* y que se usa en palabras relativas a estos vehículos o a usos especiales que de ellos se hace, como en *autódromo* y *autoametralladora.* ‖ *Auto oruga,* v. ORUGA.

AUTOACOPLADOR m. *Electr.* Dispositivo para acoplar automáticamente dos circuitos o aparatos eléctricos.

AUTOAGLOMERACIÓN f. *Tecn.* Aglutinación que se obtiene sin ninguna necesidad de aglomerantes, por simple acción del calor o de la presión.

AUTOALARMA m. *Radiot.* Receptor especial de telegrafía sin hilos que registra las señales S O S de petición de auxilio y pone automáticamente en marcha un timbre de alarma.

— Los receptores del tipo *autoalarma* sintonizan permanentemente la frecuencia reglamentaria de 500 kilohertzios reservada a las llamadas de auxilio. Son obligatorios en todo buque de más de 1 600 toneladas que no tenga servicio permanente de escucha.

AUTOAMETRALLADORA m. *Mil.* Vehículo automóvil blindado, provisto de una ametralladora: *el autoametralladora se distingue de los tanques por el carácter ligero de su blindaje y por tener ruedas de neumáticos en vez de orugas.*

AUTOARRANQUE m. *Mec.* Puesta en marcha espontánea de una máquina sin usar de ninguna precaución ni dispositivo especiales ajenos a la misma.

AUTOATIBACIÓN f. *Min.* Relleno de la excavación, a medida que avanza el tajo, mediante desprendimiento de las capas de roca del techo: *la autoatibación es característica del método para beneficiar minas llamado explotación a la inglesa.*

AUTOAVIÓN m. *Aeron.* y *Autom.* Uno de los nombres que se han dado a vehículos mixtos capaces de volar como un avión y, llegados al suelo, de plegar sus alas y circular por las carreteras como los automóviles.

AUTOBLINDADO m. *Autom.* y *Mil.* Vehículo automóvil ligero protegido con chapas de blindaje.

AUTOBÚS m. *Autom.* Vehículo automóvil de gran capacidad para el transporte público de viajeros. ‖ *Autobús eléctrico,* trolebús.

AUTOCAMIÓN m. *Autom.* Sinónimo, poco usado, de *camión automóvil.*

AUTOCAR m. *Autom.* Vehículo automóvil de gran capacidad que se distingue del autobús por su mayor comodidad y visibilidad apropiadas para efectuar viajes largos, especialmente turísticos.

Fot. IRSID, SOMUA

AUTOCARRIL m. *F. c. Amer.* Autorriel.

AUTOCATÁLISIS f. *Quím.* Fenómeno que se manifiesta cuando una reacción engendra un producto catalizador de la misma y cuya presencia tiene por efecto acelerarla o activarla.
— La descomposición del ácido nítrico por el hierro constituye un ejemplo de *autocatálisis*, pues en el curso de la misma se forman óxidos de nitrógeno que contribuyen a activar dicha descomposición.

AUTOCEBADOR, RA adj. *Mec.* Dícese de la bomba * centrífuga que se ceba por sí misma.

AUTOCENTRADO, DA adj. *Mec.* Que se centra por sí mismo.

AUTOCICLETA f. *Autom.* Motocicleta con motor de pequeña cilindrada.

AUTOCLAVE adj. Que se cierra por sí mismo. ‖ En el caso de un recipiente que contiene un fluido bajo presión, designa una tapa construida de tal forma que la misma presión la aplica contra los bordes de la abertura y asegura así un cierre hermético : *los agujeros de hombre y otros registros de calderas y recintos bajo presión se cierran generalmente con autoclaves* ‖ — F. Recipiente provisto de esta clase de cierre.
— Las *autoclaves* tienen infinidad de usos, tales como desinfección o esterilización en las clínicas y hospitales, impregnación de maderas y otras aplicaciones en las que se precisa someter alguna cosa a presiones elevadas o calentarlas por encima de su punto de ebullición *.

AUTOCOCEDOR m. *Ind. alim.* Olla o marmita muy resistente, con tapa de cierre hermético, en cuyo interior la vaporización del agua crea una presión que eleva la temperatura de ebullición y, por consiguiente, permite cocer los alimentos con mucha mayor rapidez que al aire libre. (Sinón. OLLA DE PRESIÓN.)
— Los *autococedores* están provistos de una válvula de seguridad que da paso al vapor a partir de una presión determinada. Este escape del vapor se usa también como señal que permite medir el tiempo necesario para la cocción de los alimentos.

AUTOCOLIMADOR adj. *Tecn.* Dícese de los instrumentos ópticos provistos de un retículo que puede orientarse perpendicularmente a la superficie de un espejo para medir el ángulo de reflexión de los rayos luminosos: *los índices de refracción pueden medirse con un anteojo autocolimador.*

AUTOCONDUCCIÓN f. *Electr.* Inducción * de corrientes eléctricas en el seno de los cuerpos colocados dentro de un solenoide por el que pasan corrientes de alta frecuencia.

AUTOCOPIA f. *Art. gráf.* Procedimiento para sacar varias copias de un escrito o dibujo. ‖ Cada una de las copias así obtenidas.

AUTOCORRECTOR, RA adj. *Tecn.* Dícese del dispositivo capaz de efectuar por sí mismo la corrección de una magnitud: *ciertos cohetes espaciales están provistos de medios autocorrectores de la velocidad.*

AUTOCROMO, MA adj. y s. *Fot.* Marca registrada de un procedimiento de fotografía en colores por síntesis aditiva. (V. COLOR y FOTOGRAFÍA.)

AUTODEPURACIÓN f. *Obr. públ.* Sistema de depuración de las aguas residuales de una ciudad sin recurrir al uso de productos químicos, en el cual la destrucción de las bacterias patógenas se obtiene por la acción germicida de la luz o de otras bacterias.

AUTODESEMBRAGUE m. *Autom.* Aparato que acciona automáticamente el desembrague cuando se cambia de marcha y cuando se para el automóvil. (V. EMBRAGUE *automático.*)

AUTODINO m. *Radiot.* Circuito emisor de oscilaciones eléctricas muy débiles que tienen por objeto entretener las de la lámpara detectora en un receptor de radio.

AUTODIRECCIÓN f. *Aeron.* Procedimiento que permite a un avión sin piloto, cohete u otro móvil provistos de instrumentos previamente regulados, efectuar un vuelo dirigiéndose por sí mismos sin la intervención de ningún operador.
— La *autodirección* no debe confundirse con la teledirección. Mientras que el aparato teledirigido es gobernado desde el suelo por medio de señales de telegrafía sin hilos que accionan los mecanismos de a bordo, el aparato autodirigido no recibe ninguna orden durante el vuelo. Muchos y muy diferentes son los métodos que pueden aplicarse con dicho fin. Éstos se fundan generalmente en tres principios: orientación del móvil respecto a una señal fija que sirve de referencia (estrella, emisión radioeléctrica, etc.) ; comparación de la posición del móvil en cada punto de su trayectoria y de la posición teórica inscrita en el programa del vuelo; rectificación de la dirección mediante servomecanismos que obran sobre los mandos del aparato. Por ejemplo, un sistema óptico fija una estrella, un compás giroscópico determina el acimut y un horizonte giroscópico la altura respecto al horizonte. Con las indicaciones suministradas permanentemente por estos instrumentos, una máquina de calcular electrónica determina la posición exacta del aparato, la compara con la posición teórica y obra sobre los mandos hasta que ambas posiciones coincidan.
En el sistema de *autodirección por inercia* el aparato dispone de tres giroscopios muy precisos que conservan rigurosamente la dirección de su eje orientado cada uno de ellos según una coordenada. El menor desvío del móvil lateral o verticalmente y la menor aceleración o deceleración son registradas por los giroscopios e interpretadas por dos calculadoras, una de las cuales determina las velocidades y la otra las direcciones. En caso de necesidad éstas hacen actuar los mandos para rectificar el rumbo o la altura.
Exisen otros métodos de autodirección en los cuales los mecanismos de a bordo, en vez de obrar de acuerdo con un programa fijado de antemano, disponen de un órgano detector que adapta las maniobras a alguna circunstancia exterior y variable. Así, pues, existen *proyectiles autodirigidos* que llevan en el morro una célula sensible a los rayos infrarrojos emitidos abundantemente por los motores de los aviones. Cuando el proyectil registra la presencia de un manantial de rayos, se orienta exactamente en dirección de los mismos y uno de sus dispositivos actúa sobre los timones cada vez que la célula deja de recibirlos de frente y empieza a captarlos lateralmente. El proyectil rectifica constantemente su trayectoria para seguir al avión hasta que choque con él.

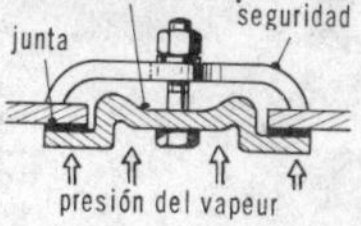

autoclave

baterías de cohetes **autodirigidos**

Fot. Larousse, C. C. A.

autogiro La Cierva

AUTODIRIGIDO, DA adj. *Aeron.* Que se dirige por sí solo merced a instrumentos previamente regulados para un vuelo determinado. (V. AUTODIRECCIÓN.)

AUTÓDROMO m. *Autom.* Pista especialmente construida, no solamente para efectuar carreras de automóviles, sino también para estudiarlos en plena acción con objeto de mejorarlos o de perfeccionar los prototipos.

— Muchos *autódromos para carreras,* constituidos por una pista con firme especial provista de peraltes en las curvas, suelen tener hoy, además de esa pista para altas velocidades, un circuito más o menos tortuoso y accidentado, con una calzada provista de trechos adoquinados, inundados, constituidos por chapa ondulada, etc. En esos circuitos se someten a pruebas muy rudas, de larga duración, los nuevos modelos de coches, se experimentan repetidamente sus frenos y suspensiones, se miden sus aceleraciones, y, en general, se determinan las deficiencias que habrán de ser subsanadas antes de iniciar su fabricación en serie.

AUTOENCENDIDO m. *Autom.* Inflamación intempestiva de la mezcla carburante comprimida en el cilindro. (Sinón. AUTOIGNICIÓN.)

— En vez de ser provocada en el instante oportuno por la chispa de la bujía, la inflamación se produce espontáneamente y a destiempo a causa de la temperatura anormalmente elevada que reina en algún punto de la cámara de combustión o de la presencia en la misma de carbonilla incandescente. El *autoencendido* se traduce por un golpeteo y un calentamiento excesivo del motor, así como por una disminución del rendimiento del mismo. Este autoencendido accidental y pernicioso no debe confundirse con el de los motores Diesel * que carecen exprofeso de sistema de encendido por chispa.

AUTOENGRASADOR, RA adj. *Mec.* Autolubricante.

AUTOESTABILIDAD f. Cualidad de lo que es autoestable *.

AUTOESTABLE adj. Que está dotado de estabilidad propia y se estabiliza por sí mismo.

— *Aeron.* Dícese del avión que tiende a volver a su posición de equilibrio cuando alguna turbulencia del aire lo ha apartado de ella. ‖ *Perfil autoestable,* perfil que confiere al ala mucha estabilidad contra el cabeceo y es apropiado para la construcción de alas voladoras y aviones sin cola, que carecen de planos estabilizadores.

AUTOESTRADA f. *Obr. públ.* Italianismo inútil por *autopista.*

AUTOEXCITACIÓN f. *Electr.* Propiedad de las máquinas autoexcitatrices.

AUTOEXCITADOR, TRIZ adj. *Electr.* Dícese de las dinamos cuyo propio inducido suministra la corriente necesaria para imantar sus inductores y de todo motor eléctrico provisto de excitación* (alternadores equipados de rectificadores, etc.).

AUTOEXPLOSIVO, VA adj. Dícese de los gases que son explosivos sin necesidad de que se les agregue un comburente: *el acetileno comprimido es un autoexplosivo.*

AUTOFOTOGRAFÍA f. *Atom.* y *Fot.* Autorradiografía.

AUTOFUNDENTE adj. *Metal.* Dícese del mineral cuya ganga goza de propiedades fundentes y que, por consiguiente, puede tratarse en los hornos sin necesidad de agregarle otras substancias para facilitar su fusión.

AUTÓGENO, NA adj. *Metal. Soldadura autógena,* v. SOLDADURA.

AUTOGIRO m. *Aeron.* Aeronave sustentada por un rotor libre movido por la fuerza del aire.

— El *autogiro* nada tiene que ver con el helicóptero — que hoy le ha reemplazado— pues es más bien un avión en el cual los planos sustentadores fijos, que son las alas, son reemplazados por planos giratorios. Cuando el aparato avanza propulsado por su hélice, el aire hace girar el rotor, y éste, dada la inclinación de sus palas, aligera el aparato y le permite despegar con una trayectoria de pendiente muy acentuada, aunque no vertical, como en el helicóptero. En cambio el

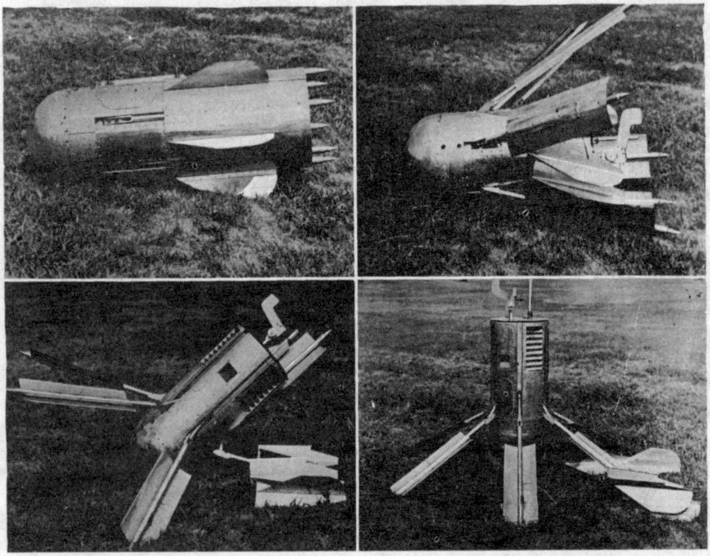

estación meteorológica **automática** (lanzada por avión en sitios inaccesibles, se abre y yergue por sí misma y emite periódicamente por radio datos sobre la temperatura, la presión, la humedad y la dirección del viento)

Fot. Mondial-Presse, C. C. A.

aterrizaje puede ser casi vertical merced a la autorrotación * del rotor.
En ciertos tipos de autogiro, para lograr un despegue muy corto, se embraga el rotor con el motor y la trayectoria será entonces la resultante del empuje ascensional de éste y de la tracción horizontal de la hélice.

AUTOGOBERNARSE v. *Cibern.* Gobernarse un sistema cibernético por sí mismo y cumplir todas las fases del programa para el cual ha sido previsto sin ninguna intervención externa.

AUTOGOBIERNO m. Autodirección.

AUTOGRABADO m. *Art. gráf.* Nombre genérico de los procedimientos químicos de grabado en hueco.

AUTOGRAFÍA f. *Art. gráf.* Procedimiento para reproducir documentos fundado en el reporte a una piedra litográfica o a una plancha de cinc de lo escrito o dibujado sobre papel especial con una tinta grasa. ‖ Reproducción obtenida por este procedimiento.
— *Atom.* y *Fot.* Autorradiografía.

AUTOIGNICIÓN f. *Autom.* Autoencendido.

AUTOINDUCCIÓN f. *Electr.* Inducción engendrada en un circuito por las variaciones que experimenta la propia corriente que por él pasa. (Sinón. SELFINDUCCIÓN.) [V. INDUCCIÓN.]

AUTOINFLAMACIÓN f. *Quím.* Inflamación espontánea de una substancia.
— Ciertas substancias se inflaman por sí mismas al entrar en contacto con el aire (v. PIRÓFORO); otras materias (paja, serrín, trapos grasos, etc.) al ser almacenadas en montones demasiado compactos, desprenden —en razón del calor o de las fermentaciones engrendrados en su seno— gases que provocan su *autoinflamación.* (V. APILAR.)

AUTOINFLAMABLE adj. *Astron. Propergol autoinflamable,* hipergol.

AUTOLUBRICACIÓN f. *Mec.* Lubricación por el propio metal de las piezas sometidas a rozamientos, sin ningún suministro de aceite ni grasa.

AUTOLUBRICANTE adj. *Mec.* Que se lubrica por sí mismo y no necesita ser engrasado.
— Las piezas fabricadas por fritaje de polvos metálicos pueden tener una porosidad muy grande (hasta 30 % de su volumen); si se impregnan de aceite de engrase, éste lubricará la pieza y, en caso de calentamiento excesivo de la misma, rezumará por los poros el aceite que contiene. También son *autolubricantes* los metales antifricción * con los cuales se fabrican cojinetes —silenciosos y que no requieren ningún engrase— apropiados para pequeños motores, cual los que se usan en los aparatos electrodomésticos.

AUTOMACIÓN f. *Cibern.* y *Mec.* Automática.

AUTÓMATA m. *Cibern.* y *Mec.* Máquina que, mediante la acción de mecanismos convenientemente regulados, puede efectuar gestos imitados de los que hacen las personas y los animales.
— A los ingeniosos y a veces complicadísimos juguetes capaces de imitar toda clase de gestos, tocar instrumentos de música, jugar al ajedrez, etc., suceden hoy *autómatas* mucho más útiles, como son los distribuidores automáticos, que hasta dan la vuelta o dinero sobrante y, sobre todo, las muchas máquinas que, en las fábricas, efectúan operaciones monótonas antes reservadas a los obreros y complicadísimas labores que requerían el trabajo de numerosos oficiales diversamente especializados. (V. AUTOMÁTICA, AUTOMATIZACIÓN y MÁQUINA.)

AUTOMÁTICA f. *Cibern.* y *Mec.* Ciencia que trata de los autómatas y conjunto de técnicas que permiten utilizarlos para reemplazar ventajosamente al hombre en las fábricas, talleres, oficinas y otros campos de la actividad laboral.
— Para evitar confusiones muy corrientes debe tenerse en cuenta que la *automática* es la ciencia general que abarca los principios (automatización *) y los mecanismos (automatismos *).
La automatización reemplaza al hombre pura y simplemente por una máquina capaz de efectuar las mismas operaciones que éste; la automática, por el contrario, se propone aprovechar esta substitución para reorganizar el proceso de fabricación en función de las nuevas posibilidades que presenta el automatismo respecto a las que imponía anteriormente el carácter manual del trabajo.

automatismo
los reactores nucleares figuran entre las instalaciones más automatizadas y las que menos personal requieren: sala de mandos del potente reactor G-2 (Marcoule, Francia)

Fot. Jahan-C. E. A.

Así, la automatización del cálculo permitió acelerar las operaciones con máquinas fundadas en el uso de las diez cifras (numeración decimal), mientras que en las modernas calculadoras electrónicas la automática saca un provecho considerablemente superior del sistema de numeración binaria. La fabricación de cubos constituye otro ejemplo: se puede efectuar la automatización de todas las operaciones (fabricación y fijación de los aros de refuerzo, el fondo, las anillas para el asa, etc.), pero la automática demuestra que es mucho más interesante suprimir todas estas operaciones y reducirlas a una sola con la adopción de cubos de materia plástica que se fabrican por moldeo.

AUTOMATICIDAD f. *Mec.* Cualidad del mecanismo que funciona automáticamente.
— La *automaticidad* no es solamente un medio de aumentar la producción con un mínimo de mano de obra; es también, en no pocos casos, una necesidad, como lo demuestra, por lo absurdo, el caso de un carburador de automóvil: ¿cómo dosificar manualmente la mezcla de aire y de combustible vaporizado y cómo introducirla en el cilindro, en el momento preciso y antes de cada explosión?

AUTOMÁTICO, CA adj. *Tecn.* Dícese de lo que obra por medio de mecanismos, sin necesitar la intervención de operadores: *en el teléfono automático la comunicación se establece entre los interlocutores sin intervención del personal del centro o central.*
— *F. c. Señales automáticas,* aquellas cuyo funcionamiento es regulado por el paso de los trenes por ciertos puntos de la línea y en condiciones determinadas. ‖ *Freno automático,* el que funciona inmediatamente, sin necesidad de ser maniobrado, cuando se rompe el acoplamiento entre dos vehículos del tren.
— *Arm. Arma automática,* v. AMETRALLADORA.

AUTOMATISMO m. Carácter de lo que es automático. ‖ Dispositivo con que se automatiza una máquina.
— Un *automatismo simple* funciona según el principio de todo o nada, como la célula fotoeléctrica que, al pasar un obstáculo ante ella, interrumpe o establece una corriente eléctrica sin modificarla. Ya más complejo es el automatismo que regula una acción de acuerdo con las informaciones variables recogidas por un órgano captador (véase el ejemplo de laminado automático citado en AUTOMATIZACIÓN). Por último, existen automatismos capaces de efectuar cálculos complicados, de conservar los resultados presentes en órganos de memoria *, y de utilizarlos en el momento oportuno integrándolos, por ejemplo, con

automotor *(mil.)*

nuevas informaciones. A este tipo de automatismos pertenecen las calculadoras electrónicas y los mecanismos encargados de gobernar ciertos cohetes. (V. AUTODIRECCIÓN.)

AUTOMATIZACIÓN f. *Cibern.* y *Mec.* Operación que, en un proceso de fabricación o en la maniobra de algún aparato, tiende a reemplazar al hombre por mecanismos más rápidos y precisos.
— La ciencia de la automática * se reduce en una primera fase a la *automatización simple*, o sea a crear máquinas capaces de reemplazar la mano de obra en operaciones elementales que no requieren ningún esfuerzo de imaginación del obrero ni —valga la comparación— de la máquina.
En la fase siguiente se dota a las máquinas de ciertos órganos (captadores *) que, al obrar en cierto modo como los órganos sensoriales del hombre, recogen algunas informaciones que les permiten modificar las condiciones de su trabajo o pasar de una operación a otra. Consideremos, por ejemplo, el caso de un laminador moderno capaz de fabricar chapa continua a la velocidad de 90 km/h. Si se dispone un manantial radiactivo debajo de la cinta de chapa y un contador por encima de ésta, los rayos medidos por el contador serán más o menos intensos según el espesor de la chapa. La corriente variable suministrada por el contador sirve, merced a un servomotor, para aumentar o disminuir la separación de los cilindros del laminador. Así, después de haber regulado el sistema para un espesor determinado del palastro, en cuanto el contador registra una anomalía de la radiactividad normal, obra sobre los cilindros y el laminador vuelve a dar a la chapa el espesor requerido. Muchas máquinas trabajan de acuerdo con un programa establecido de antemano en forma de tarjetas perforadas o de señales eléctricas registradas en cintas de magnetófono.
Las refinerías de petróleo constituyen un ejemplo admirable de automatización. La elaboración de numerosos derivados del petróleo bruto se efectúa, digámoslo así, sin ninguna intervención humana. Los captadores y aparatos de medida dispuestos en los puntos esenciales comunican las anomalías que empiezan a manifestarse en cuanto a la temperatura, la presión, la velocidad y hasta la composición de los disolventes, catalizadores y productos elaborados. Acto seguido, los dispositivos automáticos de regulación entran en funcionamiento y subsanan la deficiencia apuntada. Estas instalaciones automáticas son tanto más admirables por cuanto son capaces de adaptarse a las exigencias del mercado y que, instantáneamente, puede cambiarse el programa de la refinería y aumentar la producción de uno de los productos derivados del petróleo disminuyendo la de otro que, momentáneamente, presenta menor interés.
También merece citarse la automatización de las fábricas de automóviles *.
La *automatización integral* solamente puede concebirse en la fabricación de artículos en series muy importantes. La industria del vidrio nos ofrece un ejemplo de las dificultades que empiezan a manifestarse en este aspecto: existen hoy máquinas de fabricar ampollas para lámparas de incandescencia, botellas y otros objetos similares capaces de cubrir las necesidades de un país de importancia media. Cuando una sola máquina es capaz de alcanzar tales rendimientos, es obvio perfeccionarla para obtener una producción aún más importante. Otro aspecto que debe considerarse es el costo muy elevado de las instalaciones automáticas, que solamente pueden amortizarse con la venta largo tiempo prolongada y en grandes cantidades de los artículos fabricados. Por último conviene señalar el perjuicio considerable que puede representar la interrupción por avería —aunque sea de corta duración— del funcionamiento de instalaciones tan importantes.
No obstante, el proceso de automatización es irreversible y deberá ir de par con una planificación internacional de la producción de cada artículo y, por otra parte, con una reducción de las horas de trabajo del personal sin disminución de los salarios (antes bien el bajo precio de coste de los artículos fabricados en series importantísimas ha de permitir aumentarlos).
Existen casos en que la automatización es obligatoria y no se funda en criterios de rendimiento ni de calidad, sino en imperativos de seguridad o en otras consideraciones que imposibilitan el uso de mano de obra. Citemos, a título de ejemplo, las industrias y laboratorios atómicos (v. PLUTONIO, RADIACTIVIDAD y REACTOR *nuclear*) en los cuales la radiactividad obliga a confiar no pocas operaciones a mecanismos especiales.

AUTOMATIZAR v. *Mec.* Efectuar la automatización de las operaciones con objeto de aumentar el rendimiento o mejorar la calidad del trabajo.

AUTOMOCIÓN f. *Tecn.* V. INGENIERÍA.

AUTOMOTOR, RA o **TRIZ** adj. y s. Dícese de los vehículos, aparatos o máquinas que pueden trasladarse de un sitio a otro por sus propios medios : *grúa automotora.*
— F.c. Coche provisto de su propio motor.
— Todos los vehículos movidos sobre rieles por su motor son automotores; sin embargo, se tiende a dar el nombre de autovía* a los provistos de motor diesel, y se reserva el de automotor a los de propulsión eléctrica.
— *Mar.* Barcaza de navegación fluvial provista de motor propulsivo.
— *Mil.* Pieza de artillería montada en un automóvil de orugas pero al descubierto, es decir, sin torre de tiro, circunstancia que distingue este vehículo de los tanques, con los cuales tiene, por lo demás, mucho parecido.

AUTOMÓVIL adj. y s. Dícese del aparato o vehículo que posee su propio motor propulsivo. || Vehículo provisto de un motor propulsivo de cualquier índole, aunque generalmente suele reservarse esta denominación a los que sirven para el transporte por carretera y tienen motor de explosión y cuatro o más ruedas. || *Automóvil cisterna,* carricuba.
— El *automóvil moderno* es una máquina compleja que ha alcanzado gran perfección. Pocas son las diferencias verdaderamente esenciales que existen entre unos y otros, pues prácticamente todos se fundan en la misma estructura: bastidor * montado sobre cuatro ruedas independientes por medio de suspensiones* amortiguadores*; motor * de explosión fijado en el bastidor y que transmite su movimiento a dos ruedas por intermedio de un embrague *, un cambio * de velocidades, un árbol de transmisión * y un diferen-

automóvil
fabricación automática del bloque del motor

Doc. S. C. A., Renault

cial* ; carrocería* aerodinámica sólidamente unida al bastidor.
No obstante, los órganos motores pueden disponerse de tres modos diferentes: motor delante y tracción * por las ruedas de detrás, disposición adoptada las más veces, aunque tiene el defecto de necesitar un árbol de transmisión que obliga a elevar la carrocería y, en consecuencia, el centro de gravedad, o a imponer la presencia de un túnel en el piso de la carrocería; motor delante y tracción delantera, que asegura una gran estabilidad al vehículo y suprime los inconvenientes anteriores, pero introduce nuevas dificultades inherentes a la presencia de la tracción y de la dirección * en las mismas ruedas; motor y tracción traseros, que reúne, sin sus inconvenientes, las mismas ventajas que la disposición anterior, disminuye los ruidos y el calor proveniente del motor y facilita la adopción de líneas más aerodinámicas, pero que tiene el defecto de reducir peligrosamente la adherencia de las ruedas delanteras, especialmente en las subidas y, además, dificulta la refrigeración del motor. Ello explica que el motor sólo se disponga detrás en coches de poca cilindrada que pueden ser refrigerados por aire, y en vehículos especiales provistos de potentes turbinas.
Los coches de turismo suelen ir provistos de un motor de explosión de cuatro tiempos y encendido por chispa. Contados son los tipos de coches movidos por motor Diesel, el cual es, por el contrario, de uso corriente en los camiones, autocares, autobuses y otros automóviles pesados. Ambos motores se describen en el art. MOTOR. (V. tb. ARRANQUE, CARBURADOR y ENCENDIDO.)
Las tendencias actuales se inspiran, ante todo, en el logro de la mayor seguridad (centro de gravedad lo más bajo posible, frenos * de discos) y velocidad (aumento de la compresión *, aerodinamismo de la carrocería) y en el automatismo (embragues automáticos). A veces la evolución del automóvil es afectada más o menos profundamente por consideraciones ajenas a la mecánica: por ej., necesidad de construir coches pequeños en los países donde la gasolina es cara y el nivel de vida mediano. Paradójicamente, las condiciones exactamente opuestas pueden surtir los mismos efectos y en los países de alto nivel de vida y de bajos precios del combustible, la abundancia de los automóviles y las dificultades que ofrece el tráfico y, sobre todo, el aparcamiento, imponen una misma tendencia al uso de coches menos grandes.
Los motores de explosión han alcanzado tal perfección que es obvio esperar mejoras importantes. Más bien tienden las investigaciones a adoptar nuevos tipos, especialmente turbinas, pero los prototipos construidos hasta ahora no han permitido obtener resultados que hicieran adoptar definitivamente este tipo de propulsión.
En la evolución y mejora de los automóviles representan importante papel los coches de carreras, pues las innovaciones que en ellos se hacen, tendientes a mejorar sus características y a hacerlos más rápidos, seguros y eficaces, suelen aplicarse después a los coches de turismo. La transmisión, los frenos, la refrigeración y los neumáticos figuran entre esas mejoras surgidas de enconadas rivalidades deportivas.
Al margen de los coches de carreras existe una categoría especial de automóviles construidos generalmente a un solo ejemplar con el único objeto de ostentar la plusmarca mundial de velocidad. El 16 de noviembre de 1965, en los Estados Unidos, sobre el lecho de sal de un lago seco, Art Arfons alcanzó con su bólido de reacción la velocidad de 966 km/h. El problema esencial en esta clase de automóviles reside en las dificultades que presenta la obtención de neumáticos capaces de resistir a los esfuerzos que imponen velocidades tan considerables.
— *Ind.* La *industria del automóvil* es una de las primeras que adoptaron el sistema de fabricación en cadena y hoy una de las más automatizadas. La fabricación del bloque del motor, por ej., se efectúa, sin ninguna intervención humana, por máquinas * de transferencia. Cada una de éstas utiliza varias herramientas que trabajan simultáneamente y atacan la pieza por varios costados a la vez, efectuando así una serie de operaciones tras las cuales pasa el bloque a otra máquina. Ésta realiza otros trabajos, y así sucesivamente hasta que el bloque queda terminado, perfectamente taladrado, alisado, rectificado y provisto de roscas para fijar los elementos y piezas anexas.
El montaje final del coche se presta poco a la automatización. Sin embargo, se efectúa también con rapidez, de modo que una fábrica puede producir mil o dos mil coches del mismo modelo en un día de trabajo. En el cabezal de la cadena de montaje aparecen sobre un transportador sin fin los bastidores de los coches a los cuales, a medida que avanza el transportador, se van agregando diversos elementos: el motor (llegado por un transportador aéreo), la transmisión, las ruedas, la carrocería... Y es tal la precisión con que se han fabricado y montado las distintas partes, que el coche, al llegar al extremo de la cadena y ser provisto de combustible, puede abandonarla por sus propios medios.
Las instalaciones de esta clase solamente se justifican para la producción en gran serie y, cuando se abandona la construcción de un coche para pasar a la de un modelo nuevo, se han de rehacer casi por completo.

AUTONOMÍA f. *Aeron.* y *Mar.* Distancia que puede recorrer un avión o un barco con el combustible que lleva a bordo.
— La noción de *autonomía* no debe confundirse con la de radio * de acción. Esta última implica el retorno del avión o del buque a su base después de haber cumplido una misión.

AUTÓNOMO, MA adj. *Mar. Escafandro autónomo*, V. BUZO y ESCAFANDRO.

AUTOPISTA f. *Autom.* y *Obr. públ.* Carretera especialmente construida y reservada para el tráfico intenso de automóviles.

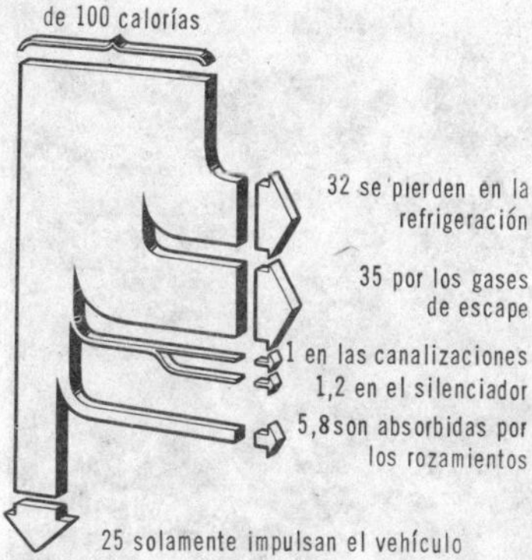

automóvil
cómo se aprovecha y disipa la energía del combustible

cadena de montaje de **automóviles** en serie

Fot. Renault

autopistas del aeropuerto de Buenos Aires y de las cercanías de Los Ángeles (California)

autorradiografía de una planta de tomate y de sus frutos, en la cual se aprecian las partes donde se efectúa la asimilación del fósforo

— Las *autopistas* se proyectan y construyen con vistas a permitir un tránsito a la vez intenso, rápido y seguro. Se fundan en los principios siguientes: existencia de dos calzadas, una para cada dirección, separadas por un obstáculo central y subdivididas en varias vías merced a las cuales los coches más rápidos pueden pasar sin peligro a los más lentos; máxima reducción del número de curvas y trazado de éstas con radios muy grandes y peraltes que permiten tomarlas sin peligro a gran velocidad; campo visual muy lejano, merced a la predominancia de los tramos rectos, a lo amplio de las curvas y a la ausencia de cuestas pronunciadas; supresión de los cruces y de los pasos a nivel mediante bucles, ochos, hojas de trébol y otros tipos de intersecciones a dos o más niveles; prohibición de detenerse en la autopista y de dar la vuelta en la misma. Ese conjunto de condiciones obliga a efectuar importantes movimientos de tierras y a construir numerosas obras que hacen mucho más caro el coste, ya de por sí elevado de una calzada de hormigón muy resistente y duradera. (V. CARRETERA.)

AUTOPRENSOR, RA adj. *Obr. públ. Cuchara autoprensora,* v. CUCHARA.

AUTOPROPULSADO, DA adj. Dícese del aparato propulsado por sus propios medios y, especialmente, de los proyectiles movidos por motores de reacción.

AUTOPROPULSIÓN f. Propiedad que tienen ciertos proyectiles, bombas volantes y cohetes de propulsarse en el aire sin piloto.

— Interpretado el exacto significado de la palabra, los aviones, automóviles y otros vehículos provistos de motor se mueven por *autopropulsión;* mas, en realidad, se sobreentiende *propulsión automática de aparatos sin piloto.* Prácticamente se trata de proyectiles de artillería disparados con lanzacohetes, bombas voladoras lanzadas desde rampas especiales, bombarderos sin piloto y cohetes. En todos estos aparatos la autopropulsión se obtiene con motores de reacción semejantes a los de los aviones o con simples cohetes de pólvora.

AUTOPROPULSOR adj. Dícese del motor que asegura automáticamente la propulsión de un proyectil o un cohete.

AUTORRADIOGRAFÍA f. *Atom.* y *Fot.* Imagen impresionada en una emulsión fotográfica por un objeto radiactivo.

— La impresión de las emulsiones sensibles por los rayos X (radiografía) es un fenómeno que se aprovecha desde hace largo tiempo, especialmente en medicina. Los rayos emitidos por los cuerpos radiactivos surten idénticos efectos fotoquímicos e impresionan igualmente las placas fotográficas. De ahí la importancia que ha alcanzado la *autorradiografía* desde que se producen y utilizan en gran escala radioelementos artificiales. Introducidos éstos en el organismo o absorbidos por una planta, se fijan electivamente —según sea su naturaleza— en determinados órganos. Bastará con aplicar una emulsión fotográfica contra éstos para obtener una imagen de la cual se podrán deducir no pocos detalles interesantes, apreciar el funcionamiento de una glándula, la existencia de un tumor, la asimilación de los medicamentos en el caso de las personas o de los abonos en el caso de las plantas, etc. (V. INDICADOR *radiactivo.*)

AUTORREDUCCIÓN f. *Topogr.* Propiedad de los taqueómetros y otros instrumentos que miden directamente la distancia horizontal entre dos puntos situados en una pendiente. (V. AUTORREDUCTOR.)

AUTORREDUCTOR, RA adj. *Topogr.* Dícese de los instrumentos que permiten efectuar la autoreducción: *un taqueómetro autorreductor.*

— Dado que la superficie del terreno es rara vez horizontal, las distancias que se miden entre dos puntos del mismo es mayor que la que mediaría entre ambos en un plano horizontal y la diferencia es tanto más grande cuanto mayor es la pendiente. Así, en los trabajos de cartografía, donde todas las dimensiones se han de reflejar en un mismo plano, es preciso reducir las medidas hechas sobre una pendiente a su proyección horizontal. Los taqueómetros y otros instrumentos *autorreductores* permiten prescindir de estos cálculos. Su anteojo está provisto de un estadímetro * cuyos dos retículos interceptan en una mira parlante, dispuesta verticalmente, una distancia que es proporcional a la distancia horizontal que se desea conocer.

AUTORREGENERADOR, RA adj. *Atom. Pila autorregeneradora* o *reactor autorregenerador,* v. REACTOR *nuclear.*

AUTORREGULACIÓN f. *Cibern.* Propiedad del aparato o instalación que, al ser perturbado su régimen de funcionamiento, vuelve al mismo por sus propios medios, sin ninguna intervención exterior.

AUTORREGULADOR, RA adj. *Electr.* y *Mec.* Dícese del circuito, transmisión, mecanismo y otros dispositivos capaces de adaptarse por sí mismos a un cambio de régimen o a una variación de los esfuerzos durante un trabajo determinado.

AUTORROTACIÓN f. Movimiento giratorio imprimido por la fuerza del aire a los cuerpos que caen.

Fot. X, C. C. A.

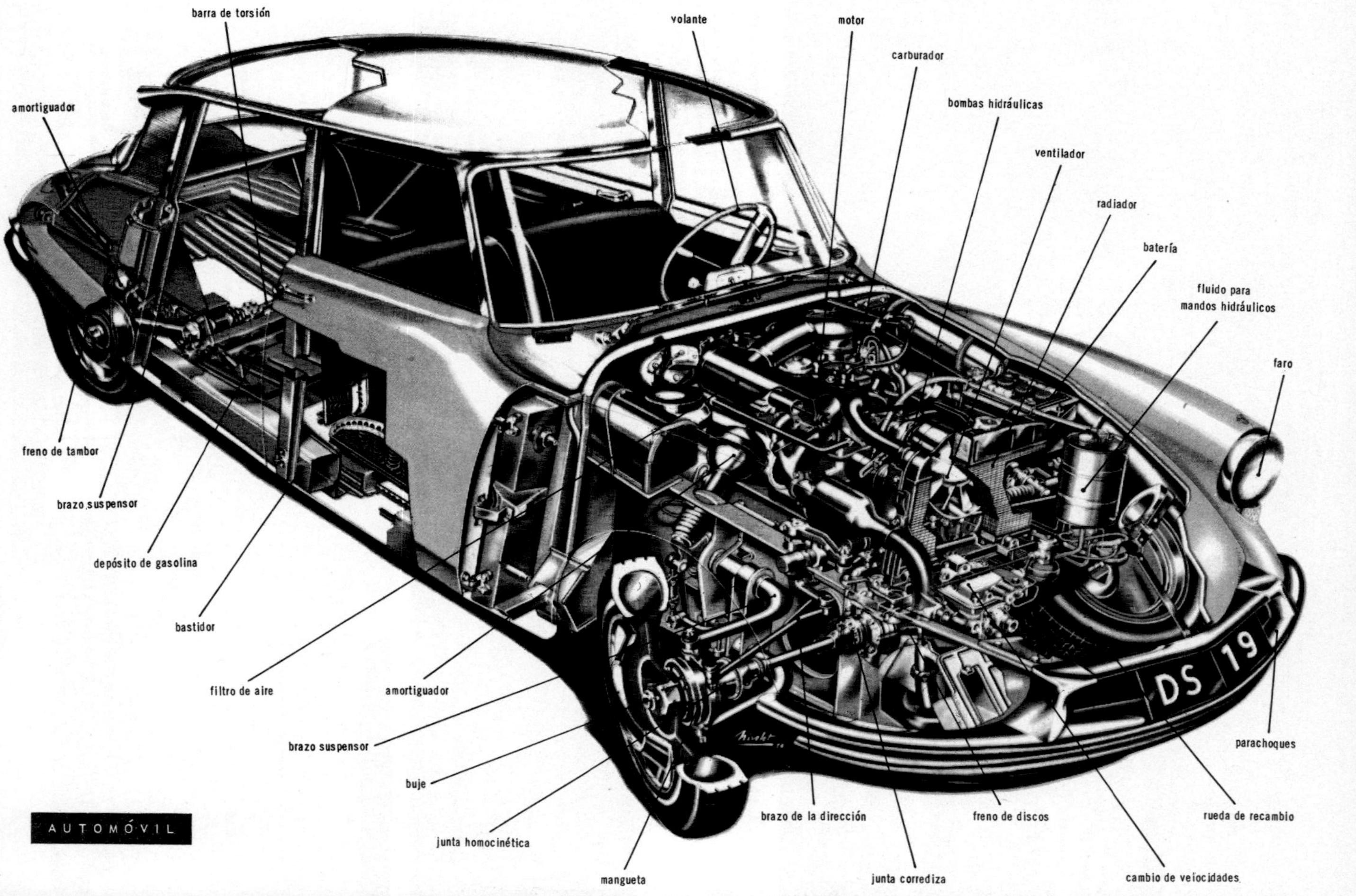
barra de torsión
amortiguador
freno de tambor
brazo suspensor
depósito de gasolina
bastidor
filtro de aire
amortiguador
brazo suspensor
buje
junta homocinética
mangueta
volante
motor
carburador
bombas hidráulicas
ventilador
radiador
batería
fluido para mandos hidráulicos
faro
parachoques
rueda de recambio
cambio de velocidades
freno de discos
junta corrediza
brazo de la dirección
DS 19

AUTOMÓVIL

sacudido en cribas apropiadas al mismo tiempo que se le somete a una corriente de aire que arrastra las impurezas ligeras. Estas máquinas forman hoy parte de las trilladoras.

— *Tecn.* Nombre genérico de los *centrifugadores, ciclones* y otros aparatos para separar polvos muy finos. (V. AEROCLASIFICADOR.)

AVENTAR v. Echar aire o someter una cosa a la corriente de aire para limpiarla, separar sus constituyentes, secarla, etc.

— *Agr.* Limpiar el grano sacudiéndolo en el aire o con aventadores * mecánicos. || *Amer.* Descascarillar el café.

— *Mar.* Aflojarse las estopas o las tablas del forro. || Reventar una bomba, caño o recipiente.

— *Tecn.* Separar los polvos finos con un dispositivo aventador *.

AVENTURINA f. *Miner.* Galicismo por *venturina.*

AVERAGE m. Anglicismo por *término medio* o *promedio.*

AVIACIÓN f. *Aeron.* Modo de locomoción fundado en el uso de aerodinos o aparatos más pesados que el aire. || Conjunto de técnicas mediante las cuales se proyectan, estudian y construyen los aerodinos.

— En los artículos AERODINÁMICA, AERONÁUTICA y AVIÓN se tratan los aspectos relativos al estudio y construcción de los aviones. La *aviación militar* representa un papel importante en la evolución de estos aparatos, pues en cierto modo, los aviones militares son respecto a los aparatos comerciales lo que los automóviles de carreras respecto a los coches de turismo. En efecto, el carácter preferente que se concede en los presupuestos nacionales a la aviación militar permite a ésta consagrar sumas importantísimas al estudio de nuevos aviones, cuyos constructores los adaptan después para usos civiles. Citemos a título de ejemplo el avión cuadrirreactor Boeing-700, que es la versión de transporte de un avión cisterna de la aeronáutica militar norteamericana.

La aviación militar sufre desde hace unos años una transformación radical, resultado de tendencias apuntadas ya en la última guerra mundial: la substitución de los aviones por cohetes, bombas voladoras y otros ingenios auto o teledirigidos.

La *aviación comercial* experimenta progresos tan considerables que el número de personas que se trasladan por vía aérea dobla aproximadamente cada cinco años. Las compañías aéreas disponen de aviones particularmente seguros y de una infraestructura perfeccionada que disminuye considerablemente los riesgos de accidente. (V. AEROPUERTO.) Para convencerse de ello bastará con saber que un avión de las líneas noratlánticas dispone aproximadamente de 25 sistemas de radionavegación* de largo alcance, 260 de corto alcance y 160 radiofaros de acercamiento a los aeropuertos. Por otra parte puede obtener informes meteorológicos de 75 centros especiales y comunicar por radio con 130 estaciones interconectadas entre ellas por circuitos especiales. Por último, en caso de necesidad, puede aterrizar en uno de los 35 aeropuertos regulares o de los 45 previstos para arribadas forzosas.

Merced a la alta calidad del material, a lo escrupuloso de las revisiones que se efectúan constantemente y al perfecto funcionamiento de las instalaciones de ayuda radioeléctricas, el número de los accidentes es reducidísimo. El carácter sensacional y catastrófico que confiere la prensa a los accidentes aéreos no puede poner en duda la elocuencia de las cifras: el riesgo de que una persona se caiga en una escalera es hoy mayor que aquel en el que incurre al viajar en un moderno avión de línea*.

Junto a la aviación comercial se desarrolla y prospera una *aviación ligera y deportiva.* Los aviones particulares de las empresas y hombres de negocios, los de los médicos y granjeros en zonas extensas desprovistas de medios de comunicación, los aerotaxis y aviones de flete constituyen una flota aérea importante que se suma a la de los que practican la aviación como mero deporte. En muchos países el Estado paga una parte del precio de los aviones ligeros y contribuye a sufragar los gastos de los clubs aéreos para estimular así la formación de pilotos, que pueden ser útiles al país tanto en tiempo de paz como en el de guerra. También abarca la aviación deportiva tres clases de actividades anexas que son: el paracaidismo*, el vuelo a vela* y el aeromodelismo*.

AVIADOR, RA adj. y s. Que avía o prepara algo.

— *Carp.* Barrena de calafate.

AVIAL m. *Metal.* Aleación ligera parecida al duraluminio, pero con cromo (de 0,5 a 1 %) y níquel (de 0,5 a 1,5 %).

AVIAR v. *Art. y of.* Aprestar, preparar los materiales antes de efectuar una labor.

— *Mar.* Dar la última mano al calafateado.

AVIATORIO, RIA adj. Relativo o perteneciente a la aviación o a los aviadores: *la industria aviatoria consume mucho metal ligero; equipo aviatorio para vuelos estratosféricos.*

AVICULTURA f. *Agr.* Arte de criar las aves, especialmente las que se destinan al consumo humano o a la producción de huevos.

— La *avicultura moderna,* practicada en gran escala, saca provecho de los recursos de la ciencia y de la técnica en campos tan variados cuales son la biología, la química, la electricidad, la dietética, etc. Ha dado lugar a una industria muy próspera que, en las comarcas más adelantadas, se halla subdividida en una serie de especialidades, a saber: criaderos de selección, que se dedican a mejorar las razas para obtener, según los casos, troncos de crecimiento más rápido, carne más tierna o abundante, huevos más gruesos o numerosos, etc.; criaderos de multiplicación, en los que se reproducen los sementales seleccionados; criaderos que se dedican a producir grandes cantidades de polluelos con incubadoras artificiales, y, por último, granjeros que crían los polluelos seleccionados con objeto de engordarlos o de producir huevos.

En las granjas modernas un pollo puede venderse a los tres meses y una gallina seleccionada, y convenientemente tratada, pone unos 300 huevos por año.

AVINAR v. *Ind. alim.* Empapar en vino las pipas nuevas.

AVIÓFONO m. *Aeron.* Tubo acústico merced al cual pueden conversar en pequeños aviones el piloto y su pasajero.

AVIÓN m. *Aeron.* Aerodino propulsado por uno o varios motores y sustentado en el aire por planos fijos. (Sinón. AEROPLANO.) || *Avión anfibio,* el que lo mismo puede despegar y posarse en la tierra firme que en el agua. || *Avión de asalto,* bombardero ligero que ayuda a las tropas terrestres en sus ataques contra el enemigo. || *Avión blanco,* pequeño avión sin piloto que, teledirigido desde el suelo, se usa como blanco para ejercicios de artillería antieaérea. || *Avión de bombardeo,* bombardero*. || *Avión de caza,* el de gran velocidad y armamento apropiados para perseguir y combatir los aviones enemigos. || *Avión cisterna,* el que tiene su fuselaje constituido por tanques y se dedica al transporte de combustible para las fuerzas aéreas. || *Avión cohete,* avión que es propulsado por motores de cohete y puede funcionar a grandes alturas en las zonas menos densas de la atmósfera. || *Avión compuesto,* acoplamiento de un avión grande de transporte y de otro pequeño que se separa del mayor a la altura oportuna para efectuar un vuelo planeado o bien propulsado por su propio motor. || *Avión convertible,* aerodino que puede despegar verticalmente como un helicóptero y trasladarse luego horizontalmente como un avión ordinario. || *Avión escuela,* avión provisto de doble mando que permite al profesor adiestrar al alumno piloto y evitar que su impericia pueda producir un accidente. || *Avión de intercepción,* avión de caza de poco radio de acción, pero de velocidad ascensional muy grande, que sale al paso de la aviación de bombardeo enemiga. || *Avión de línea,* el que efectúa un servicio regular de pasajeros y flete entre dos o más aeropuertos. || *Avión de observación,* avión especialmente concebido para efectuar misiones de reconocimiento y fotografía del terreno. || *Avión parásito,* el que puede ser elevado en el aire por otro mayor. || *Avión pato,* el que, contrariamente a la disposición clásica, tiene los estabilizadores y timones delante y el ala detrás. || *Avión de reacción,* avión propulsado por motores de reacción. || *Avión de reconocimiento,* el de observación. || *Avión sin motor,* planeador. || *Avión sin piloto,* aerodino de pequeñas dimensiones, sin cabina ni ocupantes, tele o autodirigido. || *Avión suicida,*

sacudido en cribas apropiadas al mismo tiempo que se le somete a una corriente de aire que arrastra las impurezas ligeras. Estas máquinas forman hoy parte de las trilladoras.
— *Tecn.* Nombre genérico de los *centrifugadores, ciclones* y otros aparatos para separar polvos muy finos. (V. AEROCLASIFICADOR.)
AVENTAR v. Echar aire o someter una cosa a la corriente de aire para limpiarla, separar sus constituyentes, secarla, etc.
— *Agr.* Limpiar el grano sacudiéndolo en el aire o con aventadores * mecánicos. ‖ *Amer.* Descascarillar el café.
— *Mar.* Aflojarse las estopas o las tablas del forro. ‖ Reventar una bomba, caño o recipiente.
— *Tecn.* Separar los polvos finos con un dispositivo aventador *.
AVENTURINA f. *Miner.* Galicismo por *venturina.*
AVERAGE m. Anglicismo por *término medio* o *promedio.*
AVIACIÓN f. *Aeron.* Modo de locomoción fundado en el uso de aerodinos o aparatos más pesados que el aire. ‖ Conjunto de técnicas mediante las cuales se proyectan, estudian y construyen los aerodinos.
— En los artículos AERODINÁMICA, AERONÁUTICA y AVIÓN se tratan los aspectos relativos al estudio y construcción de los aviones. La *aviación militar* representa un papel importante en la evolución de estos aparatos, pues en cierto modo, los aviones militares son respecto a los aparatos comerciales lo que los automóviles de carreras respecto a los coches de turismo. En efecto, el carácter preferente que se concede en los presupuestos nacionales a la aviación militar permite a ésta consagrar sumas importantísimas al estudio de nuevos aviones, cuyos constructores los adaptan después para usos civiles. Citemos a título de ejemplo el avión cuadrirreactor Boeing-700, que es la versión de transporte de un avión cisterna de la aeronáutica militar norteamericana.
La aviación militar sufre desde hace unos años una transformación radical, resultado de tendencias apuntadas ya en la última guerra mundial: la substitución de los aviones por cohetes, bombas voladoras y otros ingenios auto o teledirigidos.
La *aviación comercial* experimenta progresos tan considerables que el número de personas que se trasladan por vía aérea dobla aproximadamente cada cinco años. Las compañías aéreas disponen de aviones particularmente seguros y de una infraestructura perfeccionada que disminuye considerablemente los riesgos de accidente. (V. AEROPUERTO.) Para convencerse de ello bastará con saber que un avión de las líneas noratlánticas dispone aproximadamente de 25 sistemas de radionavegación* de largo alcance, 260 de corto alcance y 160 radiofaros de acercamiento a los aeropuertos. Por otra parte puede obtener informes meteorológicos de 75 centros especiales y comunicar por radio con 130 estaciones interconectadas entre ellas por circuitos especiales. Por último, en caso de necesidad, puede aterrizar en uno de los 35 aeropuertos regulares o de los 45 previstos para arribadas forzosas.
Merced a la alta calidad del material, a lo escrupuloso de las revisiones que se efectúan constantemente y al perfecto funcionamiento de las instalaciones de ayuda radioeléctricas, el número de los accidentes es reducidísimo. El carácter sensacional y catastrófico que confiere la prensa a los accidentes aéreos no puede poner en duda la elocuencia de las cifras: el riesgo de que una persona se caiga en una escalera es hoy mayor que aquel en el que incurre al viajar en un moderno avión de línea*.
Junto a la aviación comercial se desarrolla y prospera una *aviación ligera* y *deportiva.* Los aviones particulares de las empresas y hombres de negocios, los de los médicos y granjeros en zonas extensas desprovistas de medios de comunicación, los aerotaxis y aviones de flete constituyen una flota aérea importante que se suma a la de los que practican la aviación como mero deporte. En muchos países el Estado paga una parte del precio de los aviones ligeros y contribuye a sufragar los gastos de los clubs aéreos para estimular así la formación de pilotos, que pueden ser útiles al país tanto en tiempo de paz como en el de guerra.
También abarca la aviación deportiva tres clases de actividades anexas que son: el paracaidismo*, el vuelo a vela* y el aeromodelismo*.
AVIADOR, RA adj. y s. Que avía o prepara algo.
— *Carp.* Barrena de calafate.
AVIAL m. *Metal.* Aleación ligera parecida al duraluminio, pero con cromo (de 0,5 a 1 %) y níquel (de 0,5 a 1,5 %).
AVIAR v. *Art. y of.* Aprestar, preparar los materiales antes de efectuar una labor.
— *Mar.* Dar la última mano al calafateado.
AVIATORIO, RIA adj. Relativo o perteneciente a la aviación o a los aviadores: *la industria aviatoria consume mucho metal ligero; equipo aviatorio para vuelos estratosféricos.*
AVICULTURA f. *Agr.* Arte de criar las aves, especialmente las que se destinan al consumo humano o a la producción de huevos.
— La *avicultura moderna,* practicada en gran escala, saca provecho de los recursos de la ciencia y de la técnica en campos tan variados cuales son la biología, la química, la electricidad, la dietética, etc. Ha dado lugar a una industria muy próspera que, en las comarcas más adelantadas, se halla subdividida en una serie de especialidades, a saber: criaderos de selección, que se dedican a mejorar las razas para obtener, según los casos, troncos de crecimiento más rápido, carne más tierna o abundante, huevos más gruesos o numerosos, etc.; criaderos de multiplicación, en los que se reproducen los sementales seleccionados; criaderos que se dedican a producir grandes cantidades de polluelos con incubadoras artificiales, y, por último, granjeros que crían los polluelos seleccionados con objeto de engordarlos o de producir huevos.
En las granjas modernas un pollo puede venderse a los tres meses y una gallina seleccionada, y convenientemente tratada, pone unos 300 huevos por año.
AVINAR v. *Ind. alim.* Empapar en vino las pipas nuevas.
AVIÓFONO m. *Aeron.* Tubo acústico merced al cual pueden conversar en pequeños aviones el piloto y su pasajero.
AVIÓN m. *Aeron.* Aerodino propulsado por uno o varios motores y sustentado en el aire por planos fijos. (Sinón. AEROPLANO.) ‖ *Avión anfibio,* el que lo mismo puede despegar y posarse en la tierra firme que en el agua. ‖ *Avión de asalto,* bombardero ligero que ayuda a las tropas terrestres en sus ataques contra el enemigo. ‖ *Avión blanco,* pequeño avión sin piloto que, teledirigido desde el suelo, se usa como blanco para ejercicios de artillería antiaérea. ‖ *Avión de bombardeo,* bombardero*. ‖ *Avión de caza,* el de gran velocidad y armamento apropiados para perseguir y combatir los aviones enemigos. ‖ *Avión cisterna,* el que tiene su fuselaje constituido por tanques y se dedica al transporte de combustible para las fuerzas aéreas. ‖ *Avión cohete,* avión que es propulsado por motores de cohete y puede funcionar a grandes alturas en las zonas menos densas de la atmósfera. ‖ *Avión compuesto,* acoplamiento de un avión grande de transporte y de otro pequeño que se separa del mayor a la altura oportuna para efectuar un vuelo planeado o bien propulsado por su propio motor. ‖ *Avión convertible,* aerodino que puede despegar verticalmente como un helicóptero y trasladarse luego horizontalmente como un avión ordinario. ‖ *Avión escuela,* avión provisto de doble mando que permite al profesor adiestrar al alumno piloto y evitar que su impericia pueda producir un accidente. ‖ *Avión de intercepción,* avión de caza de poco radio de acción, pero de velocidad ascensional muy grande, que sale al paso de la aviación de bombardeo enemiga. ‖ *Avión de línea,* el que efectúa un servicio regular de pasajeros y flete entre dos o más aeropuertos. ‖ *Avión de observación,* avión especialmente concebido para efectuar misiones de reconocimiento y fotografía del terreno. ‖ *Avión parásito,* el que puede ser elevado en el aire por otro mayor. ‖ *Avión pato,* el que, contrariamente a la disposición clásica, tiene los estabilizadores y timones delante y el ala detrás. ‖ *Avión de reacción,* avión propulsado por motores de reacción. ‖ *Avión de reconocimiento,* el de observación. ‖ *Avión sin motor,* planeador. ‖ *Avión sin piloto,* aerodino de pequeñas dimensiones, sin cabina ni ocupantes, tele o autodirigido. ‖ *Avión suicida,*

— *Aeron.* Movimiento del rotor de helicóptero que gira libremente por la fuerza del aire.
— En el caso de un helicóptero que se desploma, si se han suprimido los lazos entre el motor y el rotor, éste empieza a girar movido por la fuerza del aire y obra como un freno aerodinámico que atenúa la caída, con lo que, las más de las veces, preserva a los ocupantes de accidentes graves y evita la destrucción del aparato. En el autogiro el rotor gira libremente sobre su eje y entra automáticamente en autorrotación. En el helicóptero, por el contrario, es necesario desembragarlo.

AUTORRUTA f. *Obr. públ.* Galicismo por *autopista.*

AUTOSINCRONIZADOR m. Sincromáquina.

AUTOSUSTENTADOR, RA adj. *Arq.* Dícese de la bóveda cuya forma o estructura basta para conferirle la necesaria rigidez y que, por consiguiente, no necesita ningún refuerzo ni nervio.

AUTOTANQUE m. *Autom.* Camión * cisterna.

AUTOTEMPLE m. *Metal.* Temple que adquieren ciertas aleaciones al enfriarse naturalmente al aire libre.

AUTOTIPIA f. *Art. gráf.* Fototipia.

AUTOTRANSFORMADOR m. *Electr.* Transformador en el cual pueden obtenerse dos tensiones diferentes con un solo devanado en vez de dos.

AUTOTRÉN m. *Autom.* Conjunto formado por un camión de gran potencia y capacidad y un remolque de dimensiones parecidas.

AUTOVÍA f. *F.c.* Coche automotor, especialmente propulsado por un motor diesel (pues los de propulsión eléctrica suelen designarse con el nombre de automotor*).
— Las autovías actuales, aunque provistas de un motor diesel, difieren por la índole de su transmisión, mediante la cual se ha de procurar obtener el mejor rendimiento del motor sea cual fuere la velocidad del vehículo. La transmisión puede ser dinámica (cambio de velocidades mediante engranajes), hidráulica (convertidores* de par) o hidromecánica (combinación de las dos anteriores). Otra solución consiste en acoplar el motor térmico con una dinamo para arrastrar las ruedas con motores eléctricos de fácil regulación.
Las primeras autovías tendían a reemplazar los trenes ómnibus, demasiado pesados, en trayectos relativamente cortos. Hoy también recorren itinerarios largos y, por otra parte, forman las más de las veces verdaderos trenes, ya a modo de locomotora, acoplándole varios coches, ya agrupando dos o más autovías. En el último caso pueden ser maniobradas por un solo conductor o bien conservar sus respectivos conductores si, para alcanzar mayor velocidad, han de ponerse a contribución los motores de varios coches del tren.

AUTOVIRADOR, RA adj. *Fot.* Dícese del papel fotográfico de ennegrecimiento directo cuya emulsión contiene, al mismo tiempo que las sales fotosensibles, las que requiere su viraje.
— Los *papeles autoviradores* permiten efectuar las dos operaciones de fijado y viraje con un solo baño (generalmente a base de hiposulfito de sosa).

AUTOZUNCHADO, DA adj. *Hidr.* V. ZUNCHADO.

AUTUNIENSE adj. *Geol.* Piso inferior del período pérmico representado por terrenos esquistosos que datan de 210 millones de años. (V. ESTRATIGRAFÍA.)

AUTUNITA f. *Miner.* Uranofosfato natural de calcio, también llamado *uranita,* de color verde amarillento, que es una de las menas de uranio: *la autunita es radiactiva y sus filones poco profundos pueden descubrirse con el contador de Geiger.*

AUXANÓMETRO m. *Bot.* Aparato registrador que mide el crecimiento de las plantas.

AUXINA f. *Agr.* Nombre genérico de ciertas substancias que, en los vegetales, representan el mismo papel que las hormonas en los animales.
— Las *auxinas* se fabrican hoy sintéticamente y sirven para eliminar las malas hierbas, adelantar o retrasar la época de la cosecha y conferir resistencia y otras cualidades a las plantas.

AUXOCROMO, MA adj. *Quím.* Dícese de un radical que, al combinarse con las moléculas de un cuerpo colorado (cromógeno), lo transforma en materia colorante.

AV, símbolo de *amperio vuelta.*

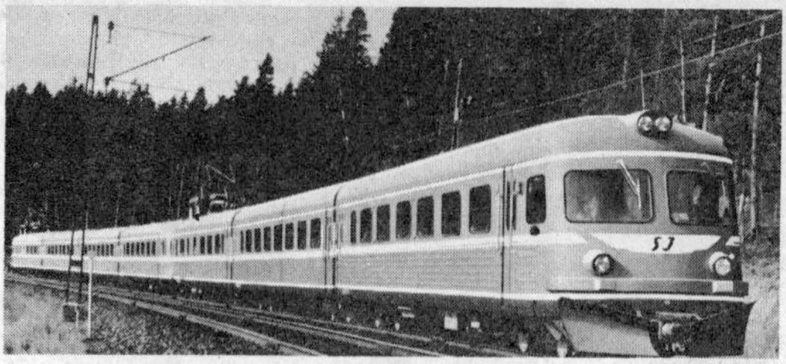

autorriel

AVALANCHA f. Galicismo muy común por *alud.*

AVANCE m. *Autom. Avance del encendido,* v. ENCENDIDO.
— *Electr. Avance de fase,* defasaje de una corriente alterna respecto a otra de igual frecuencia.
— *Mec.* Lado hacia el cual se ha de correr la aguja del regulador del espiral para corregir la marcha de un reloj que retrasa. ‖ En las máquinas herramientas, movimiento progresivo del filo que arranca la viruta.
— En las acepilladoras y máquinas similares el *avance* corresponde al espesor del metal arrancado en una pasada; en los tornos es el paso o distancia longitudinal recorrida por el útil mientras la pieza da una vuelta entera; por último, en las fresadoras y taladradoras es la distancia que el útil, en el curso de una vuelta, recorre en dirección de la pieza.
Llámase *avance de la corredera* a la regulación de una máquina de vapor de modo que el movimiento de la corredera preceda al del émbolo. Esta regulación tiene por objeto poner el motor en su punto y obtener la marcha más perfecta con el máximo de rendimiento. Con dicho fin y según los casos, se obtendrá mediante la corredera un avance de la admisión o un avance del escape.
— *Min.* y *Obr. públ.* Espesor de terreno excavado por unidad de tiempo: *en ciertas minas de sal se obtienen avances de un centenar de metros por relevo.*

AVANTE adv. *Mar.* Adelante: *marcha avante.*

AVANTRÉN m. Parte delantera de un carruaje que comprende la suspensión, los mecanismos de dirección y, en ciertos casos, los órganos motores o tractores.
— *Agr.* Antetrén del arado.

AVANZADILLA f. *Mar.* Muelle estrecho, a modo de pasarela montada sobre pilotes, que se adelanta hacia el mar para facilitar el atraque de los barcos .

AVANZADOR m. *Electr.* y *Mec.* Adelantador.

avdp, símbolo del sistema de pesos inglés *avoirdupois* *.

AVELLANADOR m. *Art. y of.* Barrena o broca provista en su extremo de un cuerpo cortante esférico o cónico, con la cual se ensancha la entrada de un taladro ya hecho o se labra una depresión para embutir en ella la cabeza de los clavos y tornillos.

AVELLANAR v. *Art. y of.* Ensanchar la entrada de un taladro, especialmente para embutir la cabeza de los tornillos y clavos con objeto de que no sobresalga aquélla.

AVELLANO m. *Bot.* y *Carp.* Árbol betuláceo (*Corylus avellana*) cuya madera se usa en carpintería.

AVEN m. *Geol.* Sima o pozo natural formado por la lenta disolución del terreno calizo en las aguas infiltradas.

AVENAMIENTO m. Acción y efecto de avenar: *excavar una red de avenamiento.* (Sinón. DRENAJE.)

AVENAR v. *Agr.* y *Obr. públ.* Agotar, dar salida al agua que llena una cavidad o inunda un terreno: *al avenar las marismas se mejora la salubridad local y se recuperan terrenos labrantíos.*

AVENTADOR, RA adj. y s. Que avienta o sirve para aventar.
— *Agr.* Máquina para aventar el grano.
— El *aventador* se funda en la diferencia de peso o de volumen que existe entre el grano y las impurezas que contiene. El grano a limpiar es

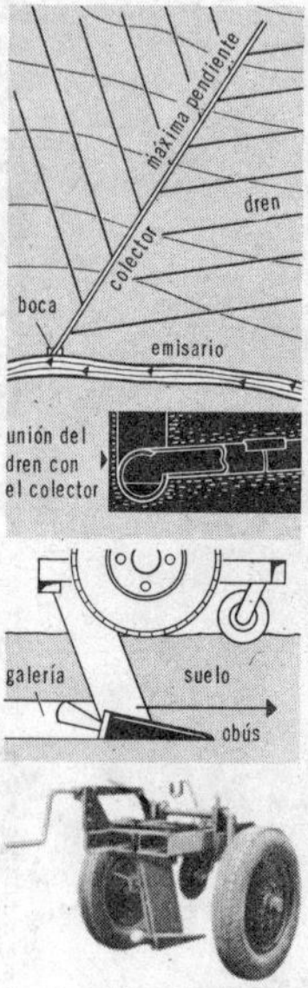

avenamiento y arado de avenar

Fot. A. S. E. A.

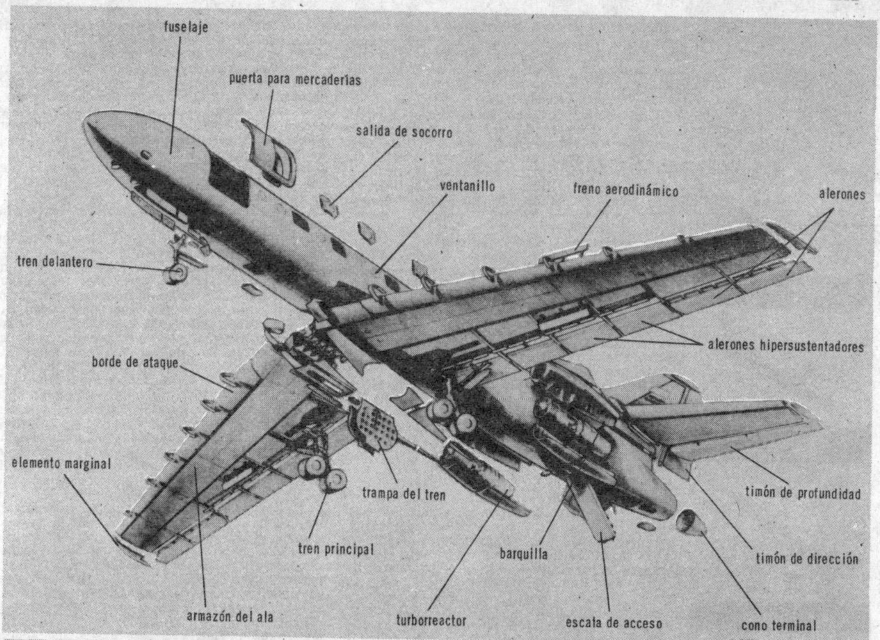

elementos principales del avión « Caravelle »

puesto de pilotaje

Fot. Sud-Aviation

pequeño avión provisto de una fuerte carga explosiva, con el cual se precipita el piloto hasta chocar con el objetivo. ‖ *Avión taxi*, el que se dedica al servicio público y efectúa viajes a petición de los clientes. ‖ *Avión torpedero*, el de bombardeo destinado a lanzar torpedos.

— Para poder sustentarse en el aire el *avión* ha de crear una fuerza de sustentación igual a la atracción terrestre y dirigida hacia arriba; para moverse horizontalmente ha de crear otra fuerza propulsiva superior a la resistencia que opone el aire. En vez de utilizar dos sistemas motores diferentes para vencer las referidas fuerzas, se aprovechan las fuerzas aerodinámicas engendradas por planos inclinados (alas) que sustentan el aparato con el mismo grupo motor que sirve para la propulsión. Por lo demás, las características aerodinámicas del ala, o sea su fuerza de sustentación y la resistencia al avance que le opone el aire, dependen esencialmente de su perfil*. (V. AERODINÁMICA y ALA.)

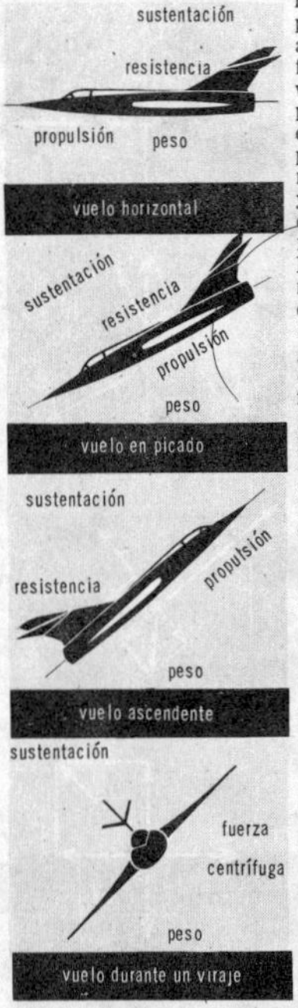

fuerzas que actúan sobre el avión en vuelo

Las leyes de la aerodinámica determinan las formas generales de la célula, y si éstas resultan ciertamente estéticas en los aviones modernos, no se crea que ello se debe al buen gusto de los ingenieros, sino a las mismas leyes de la mecánica de los fluidos que han forjado, con el tiempo, las formas perfectas de los delfines y otros veloces pobladores de los mares. Mas las necesidades propias de cada avión imponen ciertos retoques, de los cuales resulta una gran variedad de aparatos diferentes.

La célula de un *avión metálico* consta de varios elementos sólidamente unidos, cada uno de los cuales se construye en forma de armazón a base de largueros y cuadernas o nervios transversales. Sobre este esqueleto se fija un revestimiento de chapas cuyas uniones son cuidadosamente alisadas para que no perturben la pureza aerodinámica del perfil que se hallará en contacto con el aire. En ciertos *aviones supersónicos* de planos sustentadores y estabilizadores muy delgados, el esqueleto interior se simplifica y se reemplaza en su mayor parte por un relleno de panal*.

En la célula cabe distinguir el fuselaje, de forma más o menos ahusada, que contiene las cabinas de la tripulación y de los viajeros, los pañoles para la carga y, en ciertos aviones, el grupo motopropulsor, los tanques y el tren de aterrizaje*. Los aparatos que vuelan a gran altura tienen cabinas herméticas de sobrepresión (o sea con aire comprimido respecto al de la atmósfera enrarecida) y ello obliga a conferir una resistencia muy grande a la armazón y el revestimiento del fuselaje.

En el fuselaje se hallan fijados sólidamente los planos que sirven para sustentar y gobernar el avión. Casi todos los aparatos actuales son monoplanos provistos de alas simples del tipo cantilever, dispuestas en las partes superior, mediana o baja del fuselaje. El ala lleva alerones y dispositivos hipersustentadores, contiene tanques de combustible y, las más de las veces, soporta los motores y el tren de aterrizaje*. También se han construido prototipos de *aviones sin fuselaje* (alas voladoras) en los cuales todos los órganos del aparato, así como las cabinas, se hallan en el interior de un ala muy espesa.

Como el ala no basta para asegurar la estabilidad de los aviones corrientes, se disponen en la cola de éstos dos planos auxiliares: el estabilizador horizontal y el estabilizador vertical. Ambos sirven de soporte a los timones de profundidad y de dirección, respectivamente. En los *aviones sin cola* los timones se hallan dispuestos en el extremo del ala y entonces se llaman elevones. Rara vez se disponen en la parte delantera del aparato y cuando se da esta circunstancia, se trata de un *avión pato*.

El grupo motopropulsor se dispone en el morro de fuselaje en los aviones pequeños de hélice, en la cola y dentro del fuselaje en los aviones militares no muy grandes; debajo de las alas en los aparatos mayores, aunque se tiende cada vez más a montarlos en la cola, fuera del fuselaje. Esta disposición tiene dos ventajas: respeta la pureza aerodinámica del perfil del ala y reduce considerablemente los ruidos y vibraciones perceptibles en la cabina.

En cuanto a la índole del motor que se adopta en cada caso depende del uso a que se destine el avión y de las condiciones que han de regir su vuelo. Los motores de hélice pierden sus cualidades cuando la velocidad pasa de 700 km/h y la altura es superior a 8 000 m. El turborreactor no suministra potencias suficientes a los aviones ampliamente supersónicos. El estatorreactor resulta entonces utilísimo, pero requiere la presencia de otro motor para el despegue y el aterrizaje del avión. Por último, el motor de cohete suministra potencias enormes, aunque durante corto período de tiempo, por ser muy elevado su consumo; tiene la ventaja de ser actualmente el único motor capaz de funcionar en atmósfera muy enrarecida y hasta en el vacío.

La potencia de los motores actuales es tan grande que, si se dirige su chorro hacia abajo, la fuerza desarrollada puede traducirse por un empuje hacia arriba superior al peso del avión, el cual puede despegar así verticalmente. Se fundan grandes esperanzas en estos aviones de despegue* vertical que podrían resultar de uso tan cómodo como los helicópteros, pero que conservarían sobre éstos la ventaja de su gran velocidad y autonomía.

Aunque no tan aparentes como la célula y el grupo motopropulsor, los equipos auxiliares representan un papel importantísimo y han dado lugar a la creación de una serie de ramas industriales altamente especializadas. Citemos, entre otros órganos tan numerosos como importantes: el tren de aterrizaje*, el sistema de compresión y acondicionamiento del aire en las cabinas, el nutrido equipo de instrumentos necesarios para el gobierno del avión, los aparatos de radionavegación y radiotelefonía, los generadores de corriente eléctrica, los dispositivos anticongelantes, etc.

Las aleaciones ligeras han representado un papel importantísimo en el desarrollo de la aviación. Aunque el Duraluminio sigue siendo el metal más empleado en la construcción aeronáutica, su baja temperatura de fusión ha obligado a reemplazarlo por otros, especialmente titanio y acero inoxidable, en aquellos aparatos supersónicos cuyo revestimiento se calienta sobremanera. (V. MURO *de calor*). Ahora bien, el trabajo de esos metales es mucho mas difícil y costoso que el de las ligas a base de aluminio. Esta circunstancia explica que los diseñadores franceses del primer avión comercial supersónico, *Concorde*, hayan fijado su velocidad de crucero en 2,2 veces la celeridad del sonido, ya que ese es el límite superior que permita el uso del Duraluminio y el empleo del utillaje ordinario.

El estudio, construcción y puesta al punto de un modelo nuevo de avión de grandes dimensiones requiere capitales y medios materiales tan importantes que no puede concebirse sin la ayuda directa o indirecta del Estado (por ej., en forma de pedido para las fuerzas aéreas). Aun así, contadas son las empresas capaces de asumir tal responsabilidad, pues corren el riesgo de que el aparato no resulte técnicamente interesante o no tenga éxito entre la clientela, o bien que surjan modelos equivalentes construidos por otras empresas y resulten insuficientes las ventas para amortizar los capitales invertidos.

La tripulación de un avión grande se compone generalmente del primer piloto (y comandante de a bordo), del segundo piloto (que suele ser también el mecánico) y de un radiotelegrafista navegador, además del personal necesario para cumplir la misión a que se destina el aparato: azafatas y camareros, si es de línea; observador, ametrallador, etc., si se trata de un avión militar.

AVIONETA f. *Aeron.* Avión de pequeñas dimensiones, propulsado por un motor de escasa potencia.

AVIÓNICA f. *Aeron.* y *Electrón.* Aplicación de las técnicas electrónicas a la aviación. (Sinón. AEROELECTRÓNICA.)

AVISADOR, RA adj. y s. Que avisa de algo: *el avisador de heladas consta de un termómetro que, al bajar excesivamente la temperatura, cierra el circuito de un timbre.*

— Todo instrumento o dispositivo que sirve para transmitir una señal destinada a llamar la atención o a prevenir de algo es un *avisador*. Lo son por consiguiente los manómetros, amperímetros y niveles, lo mismo que las bocinas, timbres, sirenas y los aparatos de alarma*.

AVISO m. *Mar.* Barco de guerra ligero que antes servía para misiones de enlace en las escuadras y que modernamente se usa para escoltar convoyes de buques mercantes.

AVIVADO m. *Metal.* Pulimento de una pieza metálica.
— *Text.* Tratamiento químico a que se someten los tejidos después de teñidos con objeto de avivar o subir sus colores.

AVIVAR v. *Art. y of.* Aguzar una arista.
— *Metal.* Devolver su brillo a los metales.
— *Text.* Tratar los tejidos teñidos para volver sus colores más vivos.
— *Vidr.* Frotar con mercurio la hoja de estaño con que se ha de azogar un espejo.

AVODIRÉ m. *Bot.* y *Carp.* Madera de un árbol meliáceo africano (*Turraenthus africana*), de color blanco amarillento, que cobra un hermoso pulimento y es muy apreciada en ebanistería.

AVOGADRO (*Número de*), número de moléculas contenidas en una molécula gramo de materia y, por consiguiente, número de átomos contenidos en un átomo gramo.
— El *número de Avogadro* ha sido evaluado por una quincena de métodos diferentes, de los cuales se desprende el valor generalmente admitido, que es de $6{,}023 \times 10^{23}$. Éste es, por consiguiente, el número de átomos que contiene un gramo de hidrógeno, 16 g de óxigeno, 238 g de urario, etc.

AVOIRDUPOIS m. *Metr.* Sistema de pesos empleado en Gran Bretaña y Estados Unidos para todas las mercancías, salvo los metales, piedras preciosas y medicamentos, que se pesan con unidades del sistema troy.
— El *sistema avoirdupois* se funda en la libra de 16 onzas (453,592 g) llamada *pound avoirdupois.*

AXIAL o **AXIL** adj. Relativo al eje o situado en él: *trazar una línea axial; el conducto axial de una barrena hueca.*

AXINITA f. *Miner.* Borosilicato complejo en forma de cristales de aristas muy vivas que contienen aluminio, calcio, hierro y manganeso: *los cristales de axinita tienen propiedades piroeléctricas.*

AXIOMA m. *Lóg.* Sentencia clara y evidente por sí misma, que no necesita ser demostrada.
— *Mat.* Los *axiomas* se distinguen de las definiciones y postulados por su carácter universal, pues se aplican a toda clase de magnitudes. Por otra parte, la demostración del axioma es siempre tan simple que resulta inútil.
Se desprende de lo antedicho que de estas dos proposiciones: *la línea recta es la distancia más corta entre dos puntos* y *dos cantidades iguales a otra son iguales entre ellas,* sólo la última es un axioma.

AXIÓMETRO m. *Mar.* Instrumento que, en el puente de los buques, indica al piloto cuál es el ángulo de inclinación del timón.

AXONOMETRÍA f. Método convencional de perspectiva para representar objetos de tres dimensiones.
— La *axonometría* se funda en el uso de tres ejes de referencia que forman otros tantos ángulos de 120°. La altura de los distintos detalles del objeto se marca en el eje vertical, la anchura y el espesor, en los otros dos. (V. PERSPECTIVA.)

AYATE m. *Text.* Tejido grosero hecho a mano en México con las fibras más finas de la pita* o magüey.

AYUDA f. *Aeron. Ayuda a la navegación,* cada uno de los sistemas de radionavegación* con los que se asiste a un avión durante su vuelo.
— *Mar.* Aparejo o cabo que se sobrepone a otro para reforzarlo.

AYUSTAR v. *Mar.* Unir dos cosas por sus extremos, especialmente los cabos y maderos.

Az, símbolo químico con que se designaba al *ázoe* y que aún figura en obras relativamente recientes a pesar de que, desde hace ya largo tiempo, el ázoe o nitrógeno tiene como símbolo oficial la letra *N.*

AZABACHE m. *Miner.* Variedad de lignito particularmente negra, dura y brillante.
— El *azabache* se talla con facetas, como las piedras preciosas, y se usa en joyería, especialmente para lutos. También sirve para fabricar botones y gran número de objetos de adorno.
El azabache se imita perfectamente con vidrio teñido de negro. Al ser fragmentados, ambos dan superficies conchoidales. El fuego permite sin embargo distinguirlos, pues el primero arde (puesto que es carbón de piedra) mientras que el vidrio funde sin quemarse.

AZADA f. y **AZADÓN** m. *Art. y of.* Herramienta de astil con una pala más o menos cuadrangular que sirve para cavar la tierra y de la cual existe gran variedad de formas y dimensiones adaptadas a los usos que de ella se hace: *el nombre de azadón se reserva con más propiedad a las azadas grandes.* || *Azadón de peto* o *de pico,* zapapico.

AZAFRÁN m. *Mar.* Pala del timón.

AZAFRANINA f. *Quím.* Safranina.

AZANCA f. *Min.* Manantial subterráneo.

AZARBE m. *Agr.* Canal o zanja en el lindero inferior de un terreno de regadío y en el cual vierte éste las aguas sobrantes.

AZEOTROPÍA f. *Quím.* Propiedad de las mezclas azeotrópicas.

AZEOTRÓPICO, CA adj. *Quím.* Dícese de una mezcla de líquidos que tiene una temperatura de ebullición fija y conserva durante la misma una composición constante.
— Cuando se destila petróleo bruto, la temperatura de ebullición se halla comprendida entre la del constituyente más volátil y la del que lo es menos: la mezcla no es *azeotrópica* y las diferentes temperaturas de ebullición permiten separar sus componentes. Existen por el contrario mezclas azeotrópicas en las cuales, a una temperatura dada, ambos componentes se evaporan simultáneamente en proporciones determinadas. Tal ocurre con la de agua y alcohol, que, al ser destilada, da siempre una mezcla de 96 % de alcohol y 4 % de agua.

AZIDA f. *Quím.* Compuesto derivado del ácido nitrohídrico (N_3H) al reemplazar el hidrógeno por un radical: *las azidas pueden ser explosivas.*

AZIMIDA f. *Quím.* Compuesto que resulta de la acción del ácido nitroso sobre las ortodiaminas.

AZIMUT m. *Astr.* Acimut.

AZINA f. *Quím.* Nombre genérico de los compuestos heterocíclicos que se obtienen al hacer obrar los aldehídos o las acetonas sobre la hidrazina. || Colorante azínico*.

AZÍNICO, CA adj. Dícese de los colorantes derivados del núcleo de la fenacina o del de la naftofenacina y que, según la índole de las substituciones efectuadas, tienen colores diferentes comprendidos entre el rojo y el azul: *las safraninas y las indulinas son colorantes azínicos.*

AZO, prefijo empleado en química que indica la presencia en un compuesto del radical cromóforo —N = N—.

AZOADO, DA adj. *Quím.* Nitrogenado, que contiene ázoe o nitrógeno.

AZOAR v. *Quím.* Mezclar o combinar con ázoe o nitrógeno. (Sinón. NITROGENAR.)

AZOATO m. *Quím.* Nitrato.

AZOBENCENO o **AZOBENZOL** m. *Quím.* Cuerpo de fórmula $C_6H_5 - N = N - C_6H_5$, que constituye el prototipo de todos los derivados azoicos.
— El *azobenceno* se obtiene en una de las fases intermediarias del proceso químico de reducción que transforma el nitrobenceno en anilina. El azobenceno es un cromógeno (no un colorante) rojo.

AZOCARMÍN m. *Quím.* y *Text.* Colorante azínico del grupo de las rosindulinas, que se usa para teñir de rojo la lana y otras fibras.

AZOCOLORANTE m. *Color.* y *Quím.* Colorante azoico *.

AZOCOMPUESTO m. *Quím.* Compuesto azoico *.

ÁZOE m. *Quím.* Nombre que se daba antiguamente al *nitrógeno.*

AZÓFAR m. *Metal.* Aleación de cobre que contiene como mínimo 85 % de este metal, proporciones variables de estaño y cinc y, en ciertos casos, un poco de plomo. (Sinón. BRONCE ROJO.)

azadas

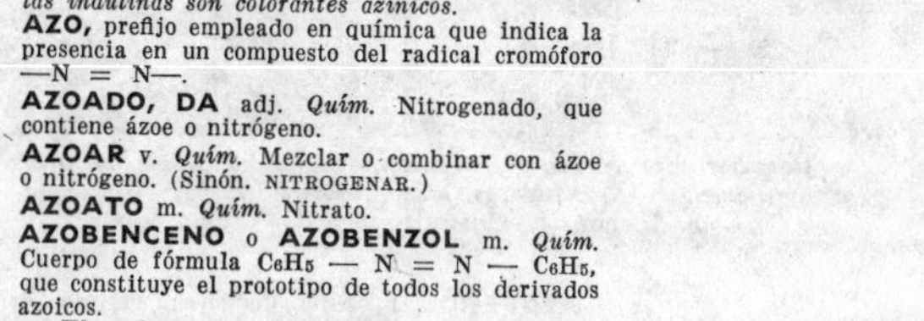

aviso

Fot. S. C. A.

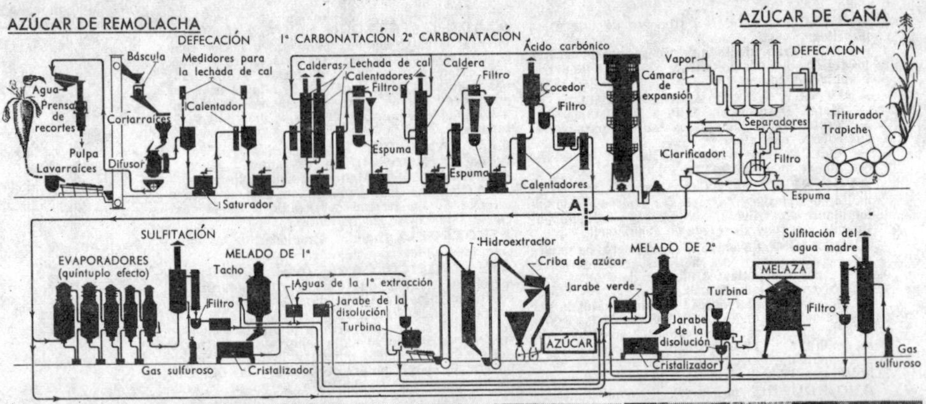

elaboración del azúcar e instalaciones principales de una azucarera : 1. Difusores; 2. Defecación; 3. Trapiche; 4. Tachos; 5. Cristalizador; 6. Turbina

AZOFENOL m. *Quím.* Compuesto derivado del azobenceno al substituir el hidrógeno por el grupo hidroxilo OH.
AZOFUCSINA f. *Quím.* y *Text.* Colorante azoico usado para teñir la lana sin mordiente.
AZOGADO, DA adj. Que contiene azogue o ha sido cubierto con él.
AZOGAR v. *Vidr.* Cubrir con azogue. (V. ESPEJO.)
AZOGUE m. *Quím.* Mercurio.
AZOICO, CA adj. *Geol.* Dícese del terreno que no contiene fósiles.
— *Quím.* Dícese de los compuestos cuya molécula contiene dos átomos de nitrógeno unidos por un enlace doble (—N = N—) y cuyo prototipo es el azobenceno *.
— El grupo —N = N— es cromóforo (es decir, confiere un color a los cuerpos que lo contienen). Por dicha razón los *compuestos azoicos* constituyen una de las familias de colorantes más importantes, no sólo por su variedad, sino también por la diversidad de sus aplicaciones: tintes para la industria textil, colorantes para papeles y materias plásticas, pigmentos para pinturas, barnices, etc.
Los *colorantes azoicos* son las más de las veces rojos o amarillos. Se fabrican en el curso de una reacción llamada copulación *, a partir de un diazo *, cuerpo que tiene la propiedad de unirse con los fenoles y las aminas aromáticas y cuya combinación constituye los preciosos colorantes.

AZOL m. *Quím.* Nombre genérico de compuestos heterocíclicos * en cuya cadena uno o varios átomos de carbono han sido substituidos por átomos de nitrógeno.
AZOLAR v. *Carp.* Desbastar un madero con la azuela.
AZOLITMINA f. *Quím.* Materia colorante pardo rojiza que constituye la parte esencial del tornasol.
AZOLVAR v. Obstruir, cegar una cañería o un conducto de agua.
AZORITA f. *Miner.* Tantalato de calcio natural.
AZOT, prefijo empleado en química, derivado del francés *azote,* que significa *nitrógeno.* Se usa en gran número de galicismos y equivale al prefijo español *nitr: azotilo.* (V. NITRILO.)
AZOTEA f. *Arq.* Terrado, cubierta accesible.
AZÓTICO, CA adj. *Quím.* Galicismo por *azoico, nitrogenado.*
AZOXIBENCENO o **AZOXIBENZOL** m. *Quím.* Compuesto que se obtiene reduciendo el nitrobenceno con una disolución alcohólica de potasa y que se emplea en la industria de las materias colorantes.
AZÚCAR m. y f. *Ind. alim.* Substancia blanca, de sabor dulce, que se extrae de zumos vegetales.
— El *azúcar* existe disuelto en muchísimos vegetales: caña de azúcar, remolacha, patata, zanahoria, maíz, trigo, sorgo, frutas de todas clases, savias del alerce, del abedul y de ciertas palmeras, etc. Si se exceptúan el alerce, explotado solamente en ciertas regiones septentrionales de América (Canadá y Estados Unidos) y los cereales y patatas, cuyo almidón y fécula dan glucosa, casi todo el azúcar es suministrado por la caña dulce en los

Fot. Fives-Lille

países cálidos y por la remolacha en la zona templada.
Una hectárea de tierra da anualmente de 50 a 100 toneladas de caña y, en Europa, de 20 a 40 toneladas de remolacha. La caña contiene de 13 a 15 % de azúcar, y la remolacha, de 12 a 17 %. Para obtener 100 kg de azúcar se tratan de 800 a 1 400 kg de caña o de remolacha. En ambos casos se emplean los mismos procedimientos; sólo difiere la elaboración inicial del jarabe. La caña se corta, se muele y se prensa en un trapiche. La *defecación* permite eliminar las heces del jugo y éste es clarificado antes de pasar a la verdadera elaboración del azúcar. La obtención del jugo purificado de remolacha es más complicada, pues raramente se practica el prensado de estas raíces. El procedimiento generalmente aplicado es el de la *difusión*: las remolachas, que son raíces muy sucias, se lavan enérgicamente y se reducen a virutas con el *cortarraíces*. Pasan a un *difusor*, caldera donde el agua, caliente y a presión, diluye el zumo azucarado. La pulpa es separada del jugo bruto y éste, después de filtrado, pasa a unas calderas en las cuales se le agrega de 1 a 3 % de cal para obtener la defecación. El jugo defecado se trata entonces con ácido carbónico (esta *carbonatación* tiene por efecto precipitar la cal y las heces) y es filtrado.
El jugo claro de caña o de remolacha se espesa en una serie de *evaporadores* que eliminan sucesivamente una parte del agua en que se halla disuelto el azúcar. El *melado* así obtenido está enturbiado por precipitados finos que se eliminan mediante carbonatación o bien por *sulfitación* (el gas sulfuroso tiene la ventaja de blanquear el jarabe, que es amarillo o pardo).
El melado contiene un exceso de agua que impide la cristalización del azúcar y la separación de las substancias residuales. Su *cocción* en un *tacho* tiene por objeto regular la evaporación del agua, de tal manera que el azúcar no pueda permanecer disuelto y forme cristales del tamaño y la dureza requeridos. La masa cocida se vierte en un *cristalizador* refrigerado en el cual su temperatura pasa de 80º a unos 40º. La *centrifugación* ulterior en una turbina tiene por efecto separar el azúcar de las aguas madres que contiene. Según la intensidad de la centrifugación, se obtiene *azúcar moreno de primera* o *de segunda*.
Las aguas madres de la cristalización, así como las que se condensan en la sulfitación y en la cocción, se mezclan con jugo claro y se tratan de nuevo para elaborar *azúcar de segunda*.
El *azúcar moreno* es cribado para separar los terrones. Si se destina al consumo doméstico ha de ser refinado (para convertirlo en *azúcar blanco*) y presentado en formas y calidades muy diferentes. En ciertos casos se obtiene una refinación suficiente por simple lavado de los cristales. Generalmente consiste el refinado en una redisolución del azúcar en agua, seguida de un filtrado y de una nueva elaboración (cocción, cristalización y centrifugado).
El *azúcar refinado* puede adoptar las siguientes formas comerciales:
1º *Melis*, cristales aglomerados en terrones, como el *azúcar en terrón* (de formas irregulares), el *azúcar de cuadradillo* (con formas cuadrangulares) y el *azúcar de pilón* (panes cónicos);
2º *Azúcar de cristal simple*, como el *azúcar fino* (cristales pequeños), el *azúcar granulado* (cristales mayores) y el *azúcar cande* (cristales grandes, con o sin agujas, obtenidos por evaporación lenta);
3º *Azúcar molido* (sin forma cristalina), más bien llamado *azúcar en polvo* o *azúcar de lustre*.
Las *aguas residuales*, el *bagazo*, las *melazas* y la *pulpa* tienen muchas aplicaciones, que se indican en los artículos correspondientes.
— *Miner. Amer.* Roca aurífera de color blancuzco.
— *Quím. Azúcar de fécula*, glucosa procedente de almidón. ‖ *Azúcar de gelatina*, glicocola. ‖ *Azúcar de hulla*, nombre dado a la *sacarina* que, con todo y endulzar intensamente los alimentos, no es, químicamente, un azúcar. ‖ *Azúcar de leche*, lactosa. ‖ *Azúcar de malta*, maltosa. ‖ *Azúcar de uvas*, glucosa. ‖ *Azúcar de plomo* o *de Saturno*, acetato de plomo neutro.
— Químicamente son *azúcares* todos los distintos glúcidos (hidratos de carbono) que elaboran las plantas por fotosíntesis. Prácticamente sólo se aplica esta denominación a la *sacarosa*, o sea al azúcar de caña, de remolacha o de alerce. Los

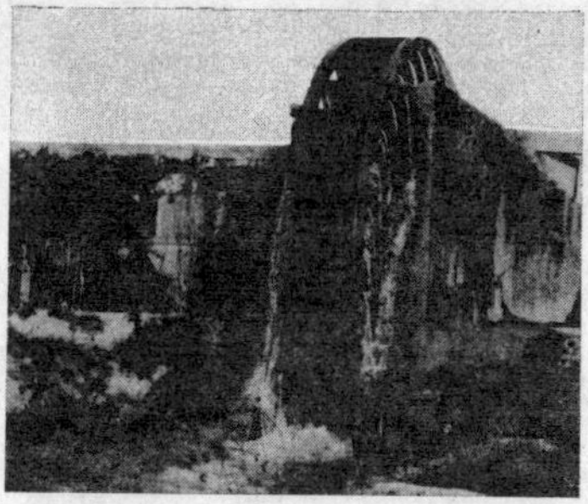

azud

glúcidos suministrados por otras plantas, por las frutas y la miel son designados con los nombres de *glucosa* o *dextrosa* y de *fructosa* o *levulosa*.
Todos los azúcares tienen la misma composición química (carbono, hidrógeno y oxígeno) y sólo se distinguen por la forma y dimensiones de sus moléculas (sacarosa: $C_{12}H_{22}O_{11}$; glucosa y fructosa: $C_6H_{12}O_6$). El *azúcar invertido* es sacarosa que, por efecto del calor (azúcar moreno almacenado en caliente), se transforma en partes iguales de glucosa y fructosa.

AZUCARERÍA f. *Ind. alim.* Fábrica de azúcar *.

AZUCHE m. *Obr. públ.* Hierro cónico fijado en la punta de un pilote de madera para que éste se hinque más fácilmente sin astillarse.

AZUD f. *Hidr.* Máquina primitiva para elevar el agua de los ríos, consistente en una especie de noria cuya rueda de cangilones, muy grande, es arrastrada por la fuerza de la corriente. ‖ Toda obra construida transversalmente en un curso de agua con objeto de hacer subir el nivel de la misma. (V. PRESA.)

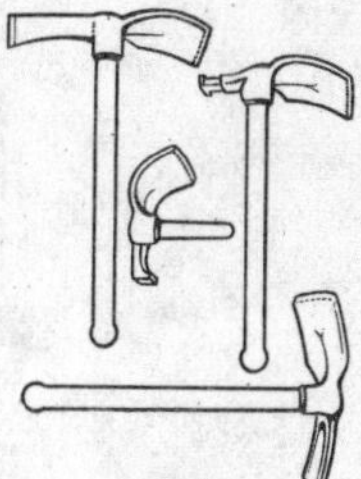

azuelas

AZUELA f. *Carp.* Instrumento en forma de azada pequeña, de mango corto y pala con el borde cortante, que sirve para desbastar la madera.

AZUFRADO m. Tratamiento de una cosa con azufre *.
— *Agr.* Sulfatado.

AZUFRADOR m. Aparato para sahumar azufre.
— *Agr.* Sulfatador *, pulverizador de líquidos sulfatados para proteger las plantas contra los parásitos vegetales y animales.

AZUFRAL m. *Miner.* Yacimiento de azufre sublimado.

AZUFRAR v. Tratar, impregnar o sahumar una cosa con azufre *.

AZUFRE m. *Quím.* Cuerpo simple de número atómico 16 y símbolo S perteneciente a la familia de los metaloides.
— El *azufre* es un sólido amarillo, poco conductor del calor y de la electricidad, de peso atómico 32,066 y de densidad 2,07, que funde a 112,8º y hierve a 444,6. La corteza terrestre contiene 0,05 % de azufre natural, mezcla de cuatro isótopos cuyos números de masa son 32 (95,06 %), 33 (0,74 %), 34 (418 %) y 36 (0,0136 %). El cuerpo humano contiene 0,196 % de azufre.
El azufre puede adoptar varias formas alotrópicas. Las características físicas dadas más arriba se refieren a la forma estable (*azufre alfa* o *romboédrico*), que arde con llama azulina y da gas sulfuroso. Al ser calentado a 95,5º se convierte en *azufre monoclínico*, de densidad 1,957, que funde a 119º. Al enfriarse rápidamente el *azufre líquido* se convierte en *azufre plástico* o *amorfo*.
Químicamente el azufre tiene mucha analogía con el oxígeno y puede reemplazarlo en no pocas combinaciones. Se combina con casi todos los cuerpos y representa el papel de combustible con los halógenos y el oxígeno y de comburente con los metales y los demás metaloides.
El azufre se halla presente: en los terrenos volcánicos, donde se acumuló por sublimación; en ciertas capas sedimentarias, como resultado de la descomposición del sulfato de cal (gipso); en forma de sulfuros, combinado con los metales (piritas, blenda, galena, etc.) o de sulfatos (gipso,

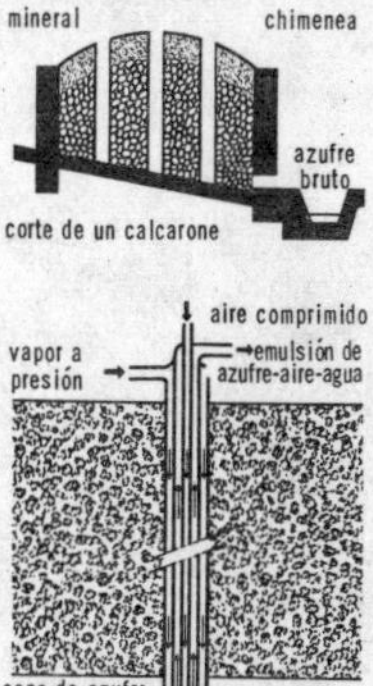

extracción del **azufre** por fusión del mineral al aire libre y en el subsuelo

Fot. Todegal

celestina, etc.); en las aguas minerales y en los hidrocarburos (hidrógeno sulfurado).
Se explota industrialmente de muchas maneras, y en particular de las que a continuación se indican.
Fusión de minerales azufrosos en pilas hechas al aire libre según el mismo principio que las carboneras para hacer carbón de leña. La combustión de una pequeña parte del azufre desprende bastante calor para fundir el resto, que se deposita en la solera.
Este azufre, bastante impuro, requiere ser refinado mediante destilación en hornos especiales provisto de una cámara en la cual los vapores se condensan en forma de un polvo llamado *flor de azufre.*
Los yacimientos profundos de azufre se explotan con un método sumamente práctico, que tiene la ventaja de dar azufre puro y, por consiguiente, no requiere operaciones ulteriores de refinado. Consiste este procedimiento en practicar un sondeo por el cual se introducen tres tubos concéntricos: por uno de ellos se inyecta vapor de agua sobrecalentado que funde el azufre; por otro, aire comprimido que ejerce su presión sobre la masa derretida y la obliga a subir por el tercer tubo.
El gas natural de ciertos yacimientos petrolíferos contiene una proporción muy grande de hidrógeno sulfurado o ácido sulfhídrico, que es separado por un procedimiento de desulfuración *, oxidado con aire en caliente, tratado en un convertidor con un catalizador (bauxita activada) y, finalmente, condensado en forma de azufre.
El azufre tiene una importancia considerable como materia primera. Sirve para fabricar ácido sulfúrico y sulfuros, materias colorantes y explosivas, fuegos de artificio, cerillas y una infinidad de productos químicos. También se usa para vulcanizar el caucho, proteger las plantas contra los ataques de organismos vegetales y animales, estabilizar el vino en las cubas, dorar el tabaco, etc.

AZUFRERA f. *Miner.* Mina de azufre.

AZUFROSO, SA adj. *Quím.* Que contiene azufre.

AZUL adj. y s. *Color.* Dícese de los colores comprendidos entre el verde y el violeta del espectro luminoso.
— El color *azul* resulta de las sensaciones engendradas en el ojo por los cuerpos que emiten, reflejan o refractan radiaciones luminosas de longitud de onda próxima de 4 500 angstroems. La Comisión Internacional de Alumbrado ha adoptado como patrón del azul la radiación de 4 360 angstroems.
Como el azul puede tener infinidad de matices que no es posible definir, se ha adoptado el método simple que consiste en designarlo con el nombre de la cosa cuyo color caracteriza un matiz determinado: *azul celeste, azul marino, azul turquí,* etc. En otros casos se designa por sus orígenes o con el nombre de la materia que lo suministra: *azul de Prusia, azul de cobalto, azul añil, azul de metileno,* etc.
Los *pigmentos azules* más corrientes en pintura son los siguientes: *azul de cobalto,* constituido por aluminatos, estannatos y silicatos de cobalto, muy resistentes a la luz, pero caros y reservados para pinturas artísticas, cerámica e impresión de billetes de banco; *azules de cobre,* usados casi exclusivamente para pinturas marinas: *azul de Prusia* o *azul Milori,* ferrocianuro potasoférrico, cuyo carácter ácido excluye los usos que lo pondrían en contacto con bases, pero que se emplea mucho, tanto en la elaboración de tintas de imprenta y de pigmentos para pinturas azules, como en la de mezclas con colorantes amarillos para fabricar colores verdes; el *azul de ultramar verdadero,* consistente en lapizlázuli finamente pulverizado, ya no se usa y, con el mismo nombre, se fabrican silicatos complejos de sodio y aluminio combinados con azufre, de color muy subido y muy resistentes al calor y a las bases, pero no tanto a los ácidos.
Los colorantes vegetales, entre los cuales figuraba el añil, han sido reemplazados por el índigo y otras substancias sintéticas. (V. COLORANTE.)

OBSERV. El nombre griego del *azul* es *kuanos,* cuyas primeras letras entran como prefijo en la formación de numerosas palabras que guardan alguna relación con dicho color. (V. CIAN.)

AZULADO, DA adj. De color azul. ‖ Que ha sido pintado o teñido de azul. ‖ Que tira a azul: *verde azulado.*
— *Fot. Objetivo azulado,* v. ANTIRREFLECTOR.

AZULAR v. Pintar o teñir de azul.
— *Metal.* Calentar un metal o frotarlo con una herramienta o producto apropiado hasta que se vuelva azul: *el acero templado se azula mediante recocido a 300º.*

AZULEJAR v. *Constr.* Revestir con azulejos un muro, pavimento u otra obra de fábrica. (Sinón. ALICATAR.)

AZULEJO m. *Cerám.* Baldosa pequeña de alfarería vidriada, más o menos ricamente decorada, que se usa como protección y adorno de paredes y para componer anuncios y motivos artísticos.

AZULENO m. *Quím.* Carburo isómero del naftaleno, de fórmula $C_{10}H_8$, presente en la manzanilla y en el alquitrán de hulla, pero fabricado sintéticamente.

AZULINA f. *Quím.* Colorante azul que se obtiene calentando una mezcla de aurina y anilina.

AZURITA f. *Miner.* Carbonato natural de cobre, de hermoso color azul.

carena de un **buque**

B

B f. Segunda letra del alfabeto, usada como sigla y símbolo para designar la segunda cosa de una serie que comprende varias. (V. art. A.)
— *Acúst.* B es el símbolo de *bel.*
— *Astr.* La lettra B designa un tipo espectral de estrellas. (V. ESTRELLA.)
— *Fís.* En el espectro de la luz solar se designa con la letra B la raya de absorción del oxígeno, mientras que b_1, b_2, b_4, son rayas de absorción del hierro y b_3 del magnesio.
— *Geom.* Con la letra *b* se representa la base de una figura y, en un triángulo, el lado opuesto al ángulo B.
— *Lumin.* y *Metr.* Símbolo de la *bujía nueva* o *candela* *.
— *Mat.* La letra *b,* como todas las primeras del alfabeto, se usa en álgebra para designar una cantidad conocida o dato.
— *Meteor.* La *b* es el símbolo de *bar.*
— *Quím.* La letra B se usa como símbolo de *boro* (cuerpo simple) y Baumé (grado de la escala usada en areometría).

OBSERV. Véase también el artículo BETA (β), cuya letra griega, equivalente a nuestra B, se emplea también como símbolo.

Ba, símbolo químico del *bario.*

BABILEJO m. *Constr. Amer.* Llana de albañil.

BABOR m. *Mar.* Lado izquierdo de un barco, cuando se sitúa uno en su eje mirando hacia la proa, por oposición al lado derecho, llamado estribor.

BACA f. *Art. y of.* Toldo de cuero o de lona impermeabilizada. ‖ Eslabón de cadena.
— *F. c. Amer. Dar baca,* dar marcha atrás. (Es un derivado del inglés *to back,* anglicismo innecesario.)
— *Mar.* Mala grafía de *vaca* *.

BACALADERO m. *Mar.* Pesquero especialmente construido o pertrechado para la pesca del bacalao.

BACALAO m. *Ind. alim.* y *Zool.* Pez gádico (*Gadus morrhua*), propio del Atlántico septentrional, origen de una industria activa de pesca, salazón y extracción del aceite medicinal que contiene su hígado.
— La *preparación del bacalao* se efectúa con máquinas de descabezar, hendir y desespinar, capaces de tratar más de mil peces por hora. El *aceite de hígado de bacalao* se prepara mediante cocción, fusión, prensado y extracción final. Después se refina para que pierda su mal olor. (V. ACEITE.)

BACILAR adj. *Miner.* En forma de prisma alargado y más o menos estriado: *cristal bacilar.*

BACISCO m. *Metal.* Mineral de cinabrio menudo y terroso que se amasa con agua y aglomera en adobes para cargarlo en el horno con el mineral grueso.

BACTERIA f. Organismo muy simple, constituido por una sola célula que se multiplica rápidamente (partiéndose en dos, y así sucesivamente) y representa importante papel en el equilibrio del mundo viviente, así como en no pocos procesos industriales.
— Las *bacterias* no pueden ser consideradas como plantas ni como animales. Viven a costa del medio ambiente o del organismo que las contiene y en condiciones muy diferentes, pues unas son *aerobias* y necesitan el oxígeno del aire, y otras, *anaerobias,* pueden vivir sin aire y se apoderan del oxígeno presente en las moléculas de diversas materias y, por consiguiente, las transforman. De ahí el uso que de ellas se hace en muchos campos de la actividad humana: producción de bebidas fermentadas, vinagres, alcoholes, quesos, etc.; utilización racional de abonos; depuración de las aguas sucias de las ciudades (atacando las bacterias patógenas con bacterias inofensivas para el

bacaladero

Fot. Fotowerken Fz. Cloes, Chalut. malouins

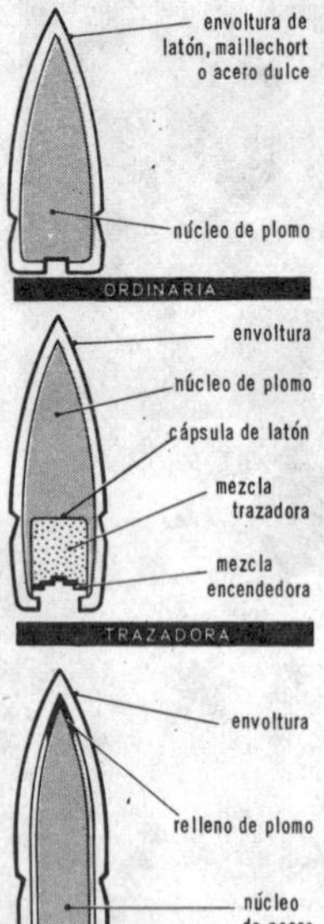

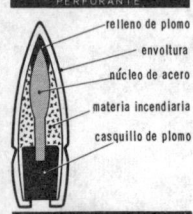

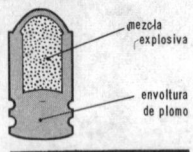

balas *(expl.)*

hombre) ; producción de gas combustible a partir de estiércol y otras materias putrefactas, etc. Recordemos, por lo demás, su utilidad en el campo de la medicina.

BACHE m. Hoyo que se forma en una carretera y que se extiende y ahonda si el tráfico es intenso.
— *Aeron. Bache de aire,* punto de la atmósfera en el que, por existir algún remolino o corriente de aire dirigida hacia abajo, el avión pierde altura bruscamente y durante muy cortos instantes. También producen el mismo efecto las ráfagas de viento violentas cuando soplan en la dirección seguida por el avión. Este fenómeno es poco común en los aviones muy rápidos.

BACHEAR v. *Obr. públ.* Colmar los baches en las carreteras y otras vías de comunicación.

BACHEO m. *Obr. públ.* Operación consistente en colmar los baches y roderas y, en general, en reparar los desperfectos sufridos por un firme.

BADAJO m. Pieza para tocar las campanas, que se halla pendiente en el interior de las mismas.

BADANA f. *Curt.* Piel de carnero o de oveja tratada con curtientes vegetales.
— La *badana* es suave, flexible y relativamente delgada. Se usa para fabricar carteras y objetos similares, y también para forrar el calzado.

BADANILLA f. *Curt.* Badana muy delgada procedente de animales jóvenes.

BADANO m. *Carp.* Formón ancho usado por los carpinteros de ribera y en otras labores de carpintería gruesa.

BADAZA f. Cada uno de los lacitos que se disponen en forma de hilera en el borde de una vela, lona o toldo para unirlo con el borde de otra tela provisto de ojales u ollaos.

BADÉN m. *Obr. públ.* Cauce empedrado que se hace transversalmente en una carretera para dar paso a las aguas torrenciales que podrían destruir el firme ordinario.

BADERNA f. *Mar.* Cabo trenzado para trincar y otros usos.

BADIÁN m. *Bot.* e *Ind. alim.* Árbol magnoliáceo (*Illicium verum*) cuyo fruto capsular en forma de estrella, llamado *anís estrellado,* se usa para elaborar licores y en confitería.

BADILEJO m. *Constr.* Llana de albañil.

BADÍN m. *Aeron.* Instrumento para medir la velocidad de un avión respecto al aire ambiente.
— El *badín* consta de un tubo de Venturi * o una toma similar de la presión dinámica y de un manómetro que indica la diferencia entre la misma y la presión estática. Como esta diferencia es proporcional a la velocidad relativa del avión respecto al aire, la esfera del instrumento se halla graduada directamente en kilómetros por hora o en nudos.

BAFFLE m. *Radiot.* Soporte provisto de un orificio al cual se ajusta el cono de un altavoz con objeto de que no interfieran las ondas acústicas engendradas a ambos lados de la membrana vibrante, con lo que se obtienen sonidos más puros.

BAFIA m. *Bot.* y *Carp.* Árbol leguminoso de África y Madagascar (*Baphia nitida*), cuya madera roja, más densa que el agua, admite un hermoso pulido.

BAGACERA f. *Ind. alim.* Era en que se pone a secar el bagazo para poder utilizarlo como combustible.

BAGASERO m. *Bot.* y *Carp.* Árbol moráceo de la América tropical (*Bagassia guianensis*) cuya madera amarilla se usa en carrocería y para hacer embarcaciones ligeras.

BAGAZO m. *Ind. alim.* Residuo de las frutas exprimidas para sacarlas el jugo. ‖ *Amer.* Por ext., residuo de las cañas de azúcar prensadas en el trapiche.
— El *bagazo de caña* se usa como combustible en la propia azucarera. También sirve para fabricar papel.

BAIBEL m. *Art. y of.* Baivel.

BAIDAR m. *Mar.* Canoa usada por los esquimales y constituida por una armazón de madera y una envoltura de piel de foca en la que sólo existen unos agujeros que ajustan al talle de los tripulantes.

BAILAR v. Oscilar, saltar o moverse una cosa sin salirse de su sitio.
— *Art. gráf.* Tener juego la composición tipográfica por estar más floja que las regletas.

BAILOTEO m. Movimiento desordenado de poca amplitud: *el bailoteo del haz de electrones en un televisor da imágenes borrosas.*

BAINITA f. *Metal.* Aglomeración microscópica de cristales de ferrita y de carburo de hierro.
— La *bainita* se forma durante el enfriamiento del acero a partir de la austenita y entre las temperaturas en que aparece la perlita y cristaliza la martensita.

BAIVEL m. *Constr.* Escuadra falsa para labrar las dovelas de un arco: *el baivel tiene un brazo recto, para los dos lados en que la dovela se ajusta con otras, y el otro curvo, correspondiente al intradós.*

BAJADA f. Camino o conducto por donde una cosa baja de un sitio a otro.
— *Autom. Bajada de bandera,* acción de bajar el banderín del taxímetro para poner en marcha el contador cuando el coche es ocupado por el viajero.
— *Constr. Bajada de aguas,* tubería vertical que lleva las aguas del tejado desde el canalón hasta la alcantarilla o el arroyo. (Sinón. BAJANTE.)
— *Radiot. Bajada de antena,* conductor eléctrico entre la antena y el aparato receptor.

BAJAMAR f. *Mar.* Nivel inferior que alcanza el mar al finalizar el reflujo. ‖ *Bajamar escorada,* la de las mareas * más importantes.

BAJAREQUE m. *Constr. Amer.* Pared y otras construcciones que se hacen con palos, cañas y barro.

BAJANTE m. *Constr.* Bajada * de aguas.

BAJERA f. *Tab.* Hoja de la parte inferior del tabaco, menos apreciada que las del resto de la planta. ‖ Por ext., tabaco de mala calidad.

BAJO, JA adj. *Art. y of.* OBSERV. Para todos los nombres compuestos de un substantivo precedido por este adjetivo, véase dicho subst. Por ej., *baja frecuencia, baja presión, bajo relieve,* v. respectivamente FRECUENCIA, PRESIÓN y RELIEVE. En el terreno profesional se suprime con frecuencia el substantivo: *entre fogoneros, el « cilindro de baja » sobreentiende el de baja presión.*

BAJOCIENSE m. *Geol.* Uno de los pisos medianos del período jurásico: *el terreno bajociense data de unos 125 millones de años.* (V. ESTRATIGRAFÍA.)

BAJORRELIEVE m. Grafía censurable de *bajo relieve* *.

BAJURA f. *Mar.* Paraje de aguas poco profundas. ‖ *Pesca de bajura,* v. PESCA.

BAKELITA f. *Plást.* Resina sintética obtenida por condensación de un fenol en presencia de formol. (Sinón. BAQUELITA.)
— La *bakelita* se fabrica calentando fenol o cresol en presencia de formol y de un catalizador Se obtiene así un líquido viscoso (*bakelita A*) que, calentado a 100° en autoclaves, da una materia plástica en caliente y dura en frío (*bakelita B*). Por último, calentada esta materia se obtiene una resina dura, insoluble y que resiste al calor sin derretirse (*bakelita C*).
La bakelita tiene infinidad de aplicaciones, especialmente como aislante eléctrico, ya sea pura, ya en forma de revestimiento. (V. BAKELIZAR.)

BAKELIZAR v. Revestir o impregnar con bakelita. (Sinón. BAQUELIZAR.)
— Una superficie puede *bakelizarse* sumergiéndola en un baño de bakelita * A, o bien embadurnándola de este líquido con una brocha o pistola de aire comprimido y sometiéndola después a un tratamiento térmico para dar lugar a la formación de bakelita C.
— *Electr.* La *madera bakelizada* es una materia muy usada en la construcción de aparatos eléctricos. Consiste en madera cruzada de haya impregnada de bakelita que se endurece en caliente con prensas apropiadas. Es un excelente aislante que se labra con facilidad.

BALA f. *Art. gráf.* Almohadilla para entintar la composición con objeto de sacar pruebas de la misma.
— *Carp. Bala enramada,* palanqueta para forzar puertas y cerraduras.
— *Com.* Fardo de algodón, lana, paja, caucho bruto, pieles, tabaco y otras materias primeras: *las balas suelen tener un peso determinado que depende de la índole de la mercancía y de la comarca de donde procede.* ‖ *Abridor de balas,* v. ABRIDOR.

— *Arm.* y *Expl.* Proyectil de las armas de fuego portátiles y que, según sus efectos, puede ser explosivo, incendiario, perforante, trazador, etc. (V. *figura.*) ‖ *Bala dumdum,* la explosiva. ‖ *Bala fría,* la que, por haber perdido velocidad, es poco penetrante. ‖ *Bala perdida,* bala que no da en el blanco pero puede ser peligrosa alrededor del mismo.

— *Papel.* Paquete de papel que contiene diez resmas, o sea 5 000 hojas.

BALAJE m. *Joy.* V. RUBÍ *balaje.*

BALANCE m. Balanceo, movimiento oscilatorio de un cuerpo que se inclina alternativamente de un lado a otro.

— *Aeron.* Oscilación del avión sobre su eje longitudinal.

— *Mar.* Movimiento de la nave que se inclina alternativamente hacia babor y estribor, alrededor del eje longitudinal que pasa por su centro de gravedad (se opone al cabeceo, que designa las oscilaciones de popa a proa, y viceversa).

— El *balance de un barco* se calcula en el anteproyecto y por las pruebas hechas con maquetas, lo cual permite reducirlo con un diseño apropiado de las formas del casco y de la distribución de la carga. En las embarcaciones menores se limitan las oscilaciones con *carenotes* o *quillas de balance.* En los buques mayores se utiliza *lastre* convenientemente dispuesto para que el centro de gravedad del barco se halle lo más cerca posible del plano de flotación. Los paquebotes modernos están provistos de *dispositivos antibalance.* (V. ESTABILIZACIÓN.)

— *Mec. Balance térmico,* estado recapitulativo de las cantidades de calor suministradas por el combustible y el comburente, así como de las que han sido utilizadas realmente y de las pérdidas, que arroja el rendimiento de una caldera o máquina térmica y permite subsanar sus deficiencias.

BALANCEAR v. Oscilar una cosa con movimiento de balance: *los buques se balancean mucho cuando se estiba mal su carga.* ‖ Equilibrar una balanza y, por ext., equilibrar cualquier cosa con un peso apropiado o con un resorte: *balancear* una válvula de seguridad.

BALANCEO m. Movimiento de balance *.

BALANCÍN m. Pieza animada por un movimiento oscilatorio usada generalmente para regularizar otro movimiento o bien para conferirle amplitud o sentido diferentes de los del primero.

— *Aeron.* Ruedecitas que tienen ciertos aviones en el extremo de las alas para mantenerlos en equilibrio en el suelo.

— *Autom.* Pieza que, accionada por una leva, transmite el movimiento de ésta a una válvula del cilindro. (V. *figura.*)

— *F. c.* Pieza horizontal, articulada en sus extremos sobre dos ejes de ruedas y que, al soportar los muelles de suspensión del bastidor, permite repartir el peso del vehículo sobre todas las ruedas. (V. BOGIE.)

— *Mar.* Cuerdas pendientes de una entena que sirven para fijarla y dar la orientación requerida a la vela.

— *Mec.* Brazo o palanca que, provisto en sus extremos de bolas pesadas, adquiere mucha fuerza de inercia. Se usa para accionar las prensas de husillo manuales. ‖ Órgano que, en ciertas máquinas de vapor, permite transformar, por conducto de una biela o manivela, el movimiento rectilíneo del émbolo en movimiento rotativo de la rueda.

— *Min.* Palanca articulada en un eje horizontal, uno de cuyos brazos es accionado mecánicamente hacia abajo para levantar el otro del cual pende una barrena o trépano que luego se deja caer para perforar la roca por percusión. (V. SONDA.)

— *Petr.* Palanca horizontal de las bombas * utilizadas para extraer el petróleo de los pozos en

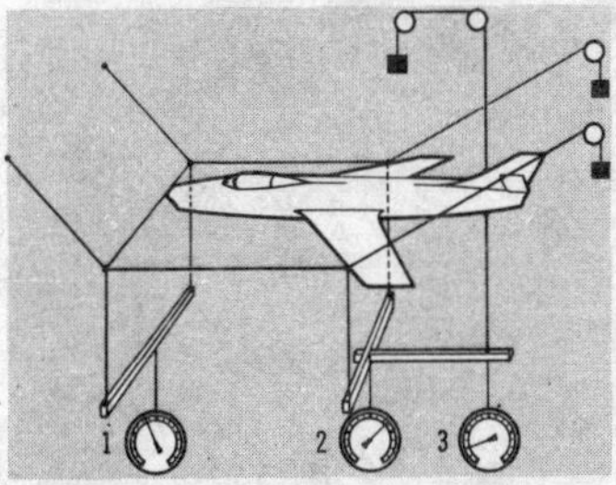

balanza aerodinámica
1. Resistencia al avance; 2. Fuerza sustentadora; 3. Estabilidad

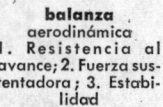

que, por falta de presión, no sube espontáneamente a la superficie.

— *Text.* Bastidor o carro portabobinas de ciertas máquinas de hilatura.

BALANDRA f. y **BALANDRO** m. *Mar.* Barco de cubierta con un solo palo y dos velas: un foque y una cangreja.

— El nombre de *balandro* se reserva más bien a las balandras pequeñas de recreo, en cuyo caso ambas velas pueden ser triangulares. (V. VELERO.)

BALANZA f. Aparato para medir masas o pesos. ‖ Por ext., aparato fundado en el principio de una balanza pero usado para medir las fuerzas.

— *Aeron. Balanza aerodinámica,* instrumento usado en los túneles aerodinámicos para medir la fuerza de sustentación, la resistencia al avance y los momentos * de las fuerzas que ejerce el aire sobre el avión o alguna de sus partes.

Esta balanza constituye una instalación en la cual se apoya el modelo o maqueta del avión u otro elemento que se ha de estudiar, de tal forma que todos los esfuerzos que soporta el modelo en la corriente de aire —sea cual fuere el sentido de los mismos— se transmiten a dinamómetros registradores cuyas indicaciones, debidamente interpretadas, permiten deducir las características aerodinámicas del futuro avión antes de que empiece su construcción.

— *Electr. Balanza electrodinámica,* electrodinamómetro especial en el que las acciones electrodinámicas se equilibran con pesas.

— *Fís. Balanza de Coulomb* o *de torsión,* instrumento para medir las atracciones y repulsiones de los imanes y las fuerzas electrostáticas.

— Las balanzas de este tipo constan de un hilo finísimo de metal en el cual se suspende una barrita horizontal, perfectamente equilibrada, que contiene una bolita en uno de los extremos y un contrapeso en el otro. Cuando la bolita es atraída por un imán, la barrita horizontal gira y tuerce el hilo proporcionalmente a la fuerza de atracción. Dadas las características mecánicas del hilo y el ángulo de la torsión, se desprende la intensidad de la fuerza. En geofísica se usa una balanza de torsión cuyo hilo soporta una barrita provista de dos esferas terminales rigurosamente equilibradas. Si se provoca una torsión determinada del hilo, las oscilaciones de las esferas tardarán un tiempo determinado en amortiguarse. Pero este tiempo será modificado si alguna anomalía de la densidad del subsuelo hace que una esfera sea atraída por la Tierra con más intensidad que la otra. Las variaciones registradas permiten, por consiguiente, descubir estas anomalías. La *balanza electromagnética* sirve para medir la intensidad de una corriente: la fuerza que ésta ejerce en un extremo de la cruz merced a una bobina, se equilibra en el otro brazo con pesas

CULBUTEUR

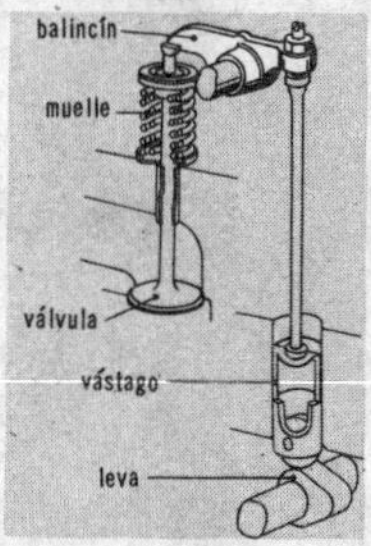

balancín *(autom.)*

balanzas *(fís.)*

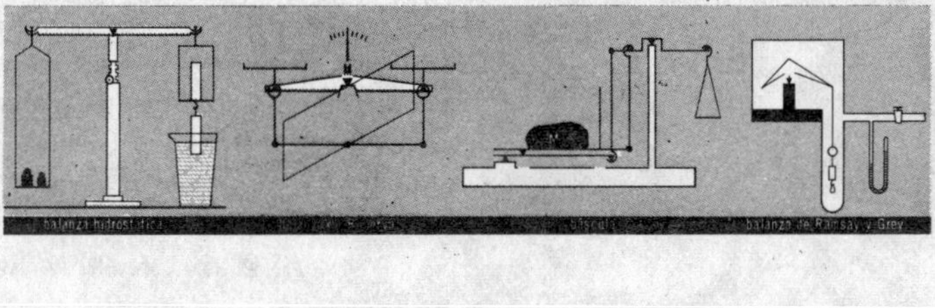

balanza hidrostática · báscula · balanza de Ramsay y Grey

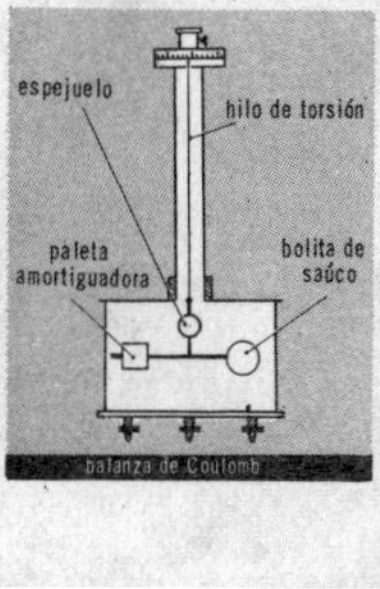

balanza de Coulomb

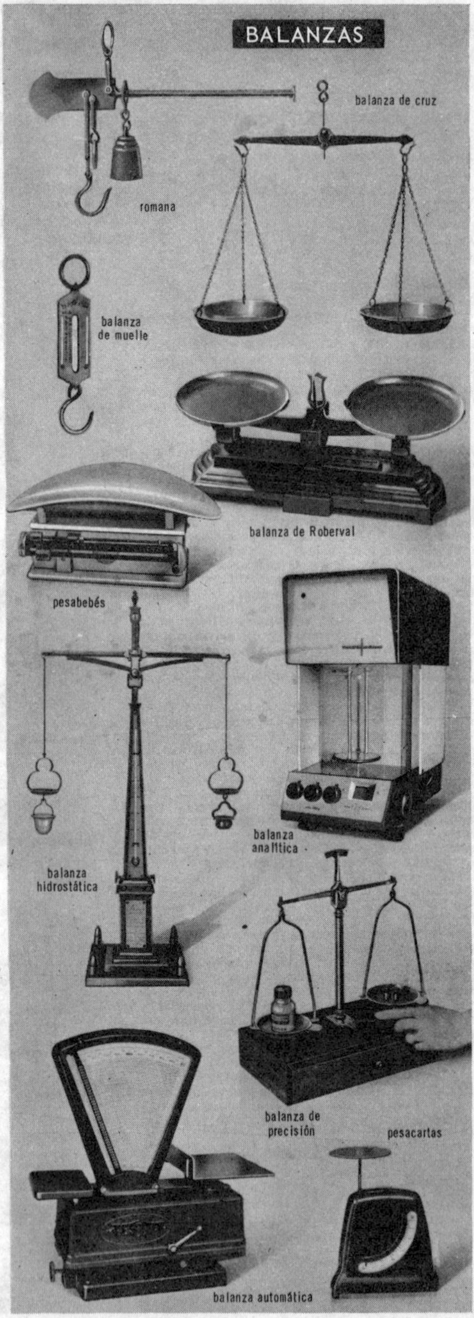

proporcionales a la intensidad de la corriente. Los electrodinamómetros también son balanzas electromagnéticas.
— *Metr.* La *balanza ordinaria* consta de una barra horizontal (*astil*) provista de tres prismas (*cuchillos*), uno de los cuales — dispuesto exactamente en el centro del astil— sirve para apoyarlo y articularlo sobre un pie o suspensión verticales y los otros dos, fijos en sus extremos, para suspender los *platillos*. El astil forma una cruz con una aguja fijada perpendicularmente al mismo a igual distancia de los cuchillos terminales. El *fiel* es, por consiguiente, rigurosamente vertical cuando el platillo que contiene las pesas se halla exactamente en equilibrio con el que contiene el objeto pesado.
Prácticamente todas las balanzas se fundan en el mismo principio, salvo las de *resorte* y las de *torsión*. Así, en la *balanza de Roberval*, la posición superior de los platillos obliga, para mantenerlos horizontales, a formar un paralelogramo con un astil auxiliar, pero el funcionamiento es el mismo que en la *balanza de cruz*. En la *balanza romana* los dos brazos del astil son desiguales, lo cual permite —según las leyes de la palanca* — equilibrar un peso muy grande suspendido en el brazo más corto con una pesa que se hace correr sobre las graduaciones del más largo. El principio de la romana se combina con el de la balanza de Roberval en las básculas para objetos muy pesados.
Las balanzas de resorte son dinamómetros constituidos esencialmente por un resorte, uno de cuyos extremos se halla fijado en el bastidor del aparato, mientras que el otro sostiene el objeto que se pesa y arrastra una aguja indicadora sobre una escala graduada. Así, el peso indicado es proporcional a la extensión del resorte por efecto de la carga que de él se ha suspendido.
Las *balanzas automáticas* indican el peso en una escala graduada o lo imprimen en una tarjeta, y también, en otros casos, pesan una cantidad determinada de un producto (empaquetadoras y ensacadoras pesadoras) sin suministrar ningún dato. La *balanza hidrostática* es una balanza de cruz cuyo pie tiene un mecanismo de cremallera apropiado para subir y bajar el astil y uno de cuyos platillos es reemplazado por un gancho del cual se suspende el cuerpo que se ha de pesar, o, mejor dicho, cuya densidad se quiere medir. Para ello se pesa en seco y luego sumergido en el agua, al par que se mide el volumen de agua que desaloja. De dicho volumen y de la diferencia de las dos pesadas se desprende el peso específico del cuerpo.
Una balanza es *justa* cuando se halla en posición exacta de equilibrio al poner dos masas rigurosamente iguales en sus platillos; es *fiel* cuando diferentes pesadas de una misma masa arrojan el mismo resultado aunque lo que se pesa no se haya dispuesto en el mismo sitio del platillo; es *sensible* cuando un peso muy pequeño dispuesto en el platillo basta para inclinar el astil.
Las *balanzas de precisión* se hallan protegidas en el interior de una urna. Pueden pesar 100 gramos con un error de una décima de miligramo. Más sensibles aún son las *microbalanzas*, utilizadas para pesar objetos de una millonésima de gramo con un error mil veces menor. A este tipo pertenece la *balanza de Ramsay y Gray* en la cual el astil sostiene con un hilo de cuarzo finísimo una cápsula sumamente ligera, un espejuelo y un soporte para el minúsculo objeto que se ha de pesar. Todo esto se halla en equilibrio dentro de un recinto hermético en el cual la presión obra sobre la cápsula y permite equilibrar la balanza. En este caso un rayo de luz dirigido hacia el espejo y reflejado en éste sirve de fiel al proyectarse en un punto fijo. Al introducir un peso en el sistema, el equilibrio se ha de restablecer obrando sobre la presión hasta que el haz de luz vuelva al punto fijo. El peso del objeto se deduce entonces de la diferencia entre las presiones reinantes en el recinto antes y después de la pesada.

BALANZÓN m. *Metr. Amer.* Platillo de la balanza.

BALASTAJE m. *F. c.* Operación consistente en tender e igualar el balasto * de una vía.

BALASTAR v. *F. c.* Tender el balasto.

BALASTO m. *F. c.* Piedra dura y machacada sobre la cual se asientan las vías de ferrocarril.

Fot. E. A. A., Kuhn et Fleighel

— Las *piedras de balasto* miden entre 4 y 10 cm. Son tanto mejores cuanto más regulares son sus dimensiones y más fácilmente se asientan unas sobre otras. Forman una capa de varios decímetros de altura en la cual quedan empotradas las traviesas de tal modo que, aun gozando de cierta flexibilidad, la vía no se deforme sensiblemente.

BALATA o **BALATÁ** f. *Bot.* Nombre común de varios árboles sapotáceos de América del Sur que suministran madera y substancias gomosas.
— *Carp.* Con el nombre de *balata blanca* se designa comercialmente una madera de color blanco rosado, apreciada en ebanistería, suministrada por la especie *Micropholis melinoniana.* La *balata roja* proviene de la llamada *Mimusops balata.*
— *Gom.* La especie *Mimusops* produce en cantidades abundantes un latex que, una vez seco, constituye la *goma de balata* o simplemente *balata,* gomorresina usada para substituir a la gutapercha en la fabricación de aislantes eléctricos, correas de transmisión, tejidos impermeables, etc.

BALAUSTRADA f. *Arq.* Serie de balaustres

dispuestos sobre una base común y rematados por una baranda.

BALAUSTRE m. *Arq.* Cada una de las columnas pequeñas adornadas con molduras que se disponen en serie (balaustrada *) a modo de cerramiento.

BALCÓN m. *Arq.* Plataforma voladiza estrecha, protegida por una barandilla, que prolonga el pavimento de un piso fuera de la fachada, a través de una abertura del muro.
— *F. c. Amer.* Plataforma exterior de un vagón.

BALCONAJE m. *Arq.* Conjunto formado por los balcones de una fachada.

BALDE m. *Mar.* Cubo de madera o lona con el fondo más ancho que la boca. ‖ Por ext., cubo ordinario de chapa galvanizada.

BALDEAR v. Achicar o agotar el agua de un sitio con cubos o baldes.
— *Mar.* Mojar o limpiar la cubierta regándola con baldes.

BALDÉS m. *Curt.* Piel delgada de oveja, curtida finamente, usada para hacer guantes y otras labores que requieren pieles suaves.

BALDOSA f. *Cerám.* Ladrillo de forma cuadrada o hexagonal que se usa para pavimentar.
— Las *baldosas corrientes* se fabrican con arcilla vitrificable que, después de cocida, es amarillenta o grisácea. Sobre una de las caras se aplica una capa delgada de otra arcilla que le conferirá el color deseado.
Su moldeo se efectúa con prensas automáticas provistas de dispositivos que alimentan el molde y expulsan las baldosas hechas.
Las *baldosas de granitoide,* usadas para pavimentar aceras, se fabrican con un mortero de cemento y granito finamente machacado.
Las *baldosas plásticas* son piezas cuadradas de resinas sintéticas laminadas. Miden unos milímetros solamente de espesor y se pegan sobre el suelo con colas apropiadas.

balanza automática de tiquet

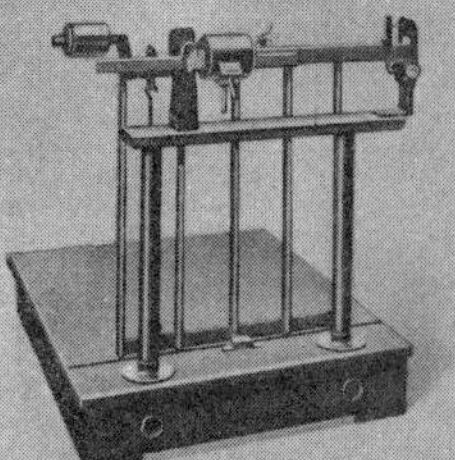

báscula

balanza automática cúbica

báscula romana para pipas

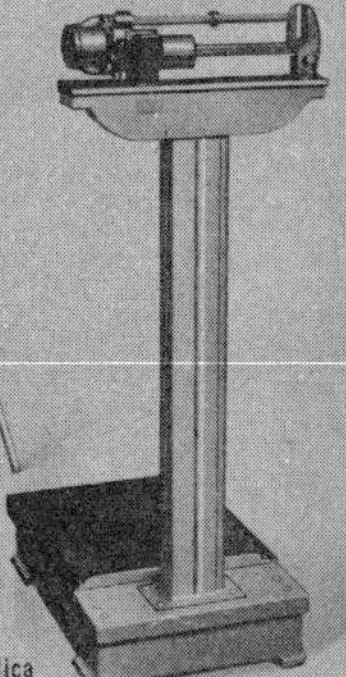

balanza médica

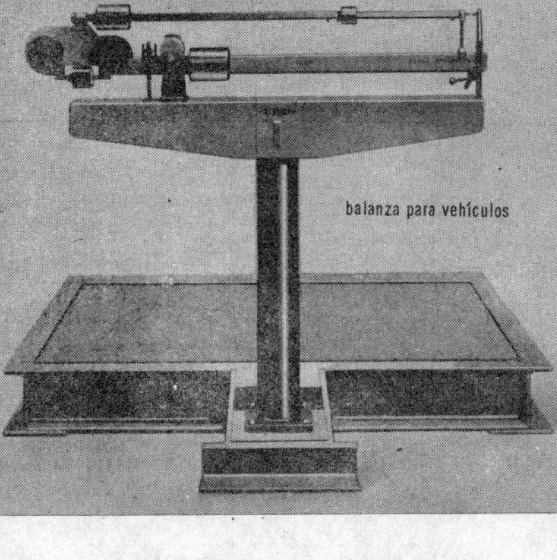

balanza para vehículos

Fot. Larousse, Testut

BALDOSILLA f. o **BALDOSÍN** m. *Cerám.* Baldosa pequeña de forma cuadrada y de calidad fina.

BALDUQUE m. *Text.* Cinta estrecha, generalmente encarnada, que se usa en oficinas para atar legajos y carpetas. ‖ Cinta de un centímetro de ancho, aproximadamente, muy aprestada y abrillantada, que sirve para atar piezas de tejidos y paquetes en general.

BALÉNIDOS m. pl. *Zool.* Familia de mamíferos cetáceos cuyo tipo es la ballena * común y que se distingue de la de los balenoptéridos por tener las aletas pectorales anchas y carecer de aleta dorsal y de estrías ventrales.

BALENOPTÉRIDOS m. pl. *Zool.* Familia de mamíferos cetáceos caracterizados por tener las aletas pectorales estrechas, una aleta dorsal de la cual carecen las ballenas * verdaderas, y el vientre estriado longitudinalmente.

BALERO m. *Metal.* Molde para fundir balas partido y con sus dos mitades fijas en los brazos de una tenacilla que se tiene cerrada para vaciar el plomo y se abre para sacar la bala.

BALÍSTICA f. Ciencia que trata de los movimientos de los cuerpos lanzados en el espacio.
— *Arm.* La *balística interior* estudia los movimientos del proyectil dentro del cañón del arma.

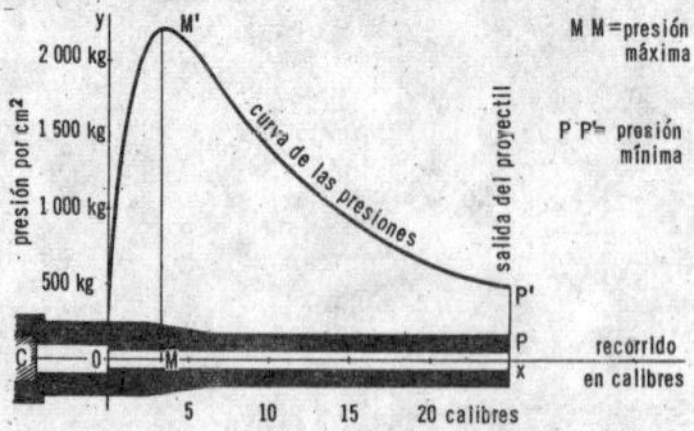

balística
curva de presiones en el cañón de un arma de fuego

Como la combustión de la pólvora no es instantánea, la presión de los gases que empujan el proyectil aumenta. Pero, al mismo tiempo, el avance del proyectil deja a los gases un volumen creciente que reduce la presión. El objeto que persigue la balística es conservar la presión lo más alta posible durante el tiempo más prolongado. De ahí el uso de pólvoras de combustión lenta y de cañones muy largos que aumentan la propulsión y permiten obtener grandes velocidades iniciales del proyectil.
La *balística exterior* estudia los movimientos de los proyectiles en la atmósfera. La trayectoria de éstos en el vacío sería una parábola de eje vertical, pero la resistencia del aire la modifica considerablemente, así como los fenómenos de nutación * y precesión * debidos al movimiento de rotación que, con objebo de estabilizarlo, es conferido al proyectil por las rayas del cañón. Los estudios balísticos relativos a un cañón y a un proyectil determinados permiten establecer las correspondientes tablas de tiro destinadas a los artilleros.
Las *leyes de la balística,* antes solamente aplicadas a los proyectiles de artillería, rigen hoy también el vuelo de proyectiles autopropulsados y de cohetes cósmicos. Prácticamente la fase inicial durante la cual son propulsados estos cohetes corresponde a la propulsión de un proyectil de artillería dentro del cañón. Al cesar la propulsión, ambos se hallan sometidos a las mismas leyes balísticas, si bien difieren las condiciones del vuelo dentro de la atmósfera terrestre y fuera de ella. (V. TRAYECTORIA.)

BALÍSTICO, CA adj. Perteneciente o relativo a la balística.
— *Arm. Cohete* o *ingenio balístico,* proyectil autopropulsado durante la primera fase ascendente de su trayectoria, la cual se prosigue después por inercia, como si al cesar la propulsión saliera el cohete de la boca de un cañón gigantesco.
— *Astron. Cohete balístico,* el que, después de una fase inicial de propulsión, se mueve por inercia como los proyectiles de artillería. (V. ASTRONÁUTICA.) ‖ *Vuelo balístico,* trayectoria que sigue el cohete o astronave una vez que han cesado de funcionar sus motores.
— *Electr. Galvanómetro balístico,* v. GALVANÓMETRO.
— *Expl. Pólvora balística,* pólvora * propulsiva.

BALISTITA f. *Expl.* Mezcla en partes iguales de dinitrocelulosa y nitroglicerina: *la balistita tiene el defecto de consumirse como una brasa si entra en contacto con el aire.*

BALIZA f. Dispositivo óptico, radioeléctrico, mecánico o sonoro con el cual se señala un peligro a los vehículos o se jalona una ruta aérea o marítima.
— *Aeron.* El nombre de *baliza* tiene en aeronáutica un sentido mucho más general que en marina y, prácticamente, designa todos los medios que, visible o invisiblemente, jalonan una ruta aérea. Abarca, pues, los *radiofaros * direccionales,* las *radiobalizas *,* las *balizas respondedoras* y las *señales ópticas* de los aeropuertos.
Las *balizas respondedoras* son estaciones receptoras emisoras dispuestas en el suelo a lo largo de la ruta que ha de seguir el avión. Cuando éste dirige una señal de radio hacia el suelo la baliza la capta, la amplifica y la retransmite. El radiotelegrafista identifica esta señal y puede comprobar la exactitud de la trayectoria que sigue el aparato.
Las *balizas luminosas* de los aeropuertos consisten generalmente en una sucesión de lámparas especiales (propias para que sus haces atraviesen la bruma) que prolongan la pista y se hallan dispuestas de tal forma que solamente son visibles desde el avión que se dirige hacia ellas. Por otra parte, el efecto de perspectiva hace que el piloto vea estas luces en forma de línea continua, pero solamente cuando la trayectoria descendente seguida por el aparato es la más conveniente para efectuar un aterrizaje correcto. En el caso contrario las luces forman una línea discontinua. Los bordes de la pista de aterrizaje se hallan jalonados con luces dispuestas en el suelo y estudiadas de tal forma que no puedan deslumbrar al piloto.
— *Autom.* Señal de ruta o poste indicador.
— *Mar.* Las *balizas* son cuerpos de forma, dimensiones y coloridos reglamentarios, fijados en el fondo o, las más de las veces, anclados en parajes peligrosos y en ciertos sitios donde conviene dar alguna indicación a los navegantes. Generalmente consisten en boyas pintadas con arreglo a un código de señales. En ciertos casos estas boyas pueden estar equipadas con señales luminosas que se alumbran automáticamente al llegar la noche. También las hay provistas de señales sonoras, útiles en los parajes brumosos, y de señales radioeléctricas.

BALIZAJE y **BALIZAMIENTO** m. Acción de poner balizas: *el balizaje de una ría elimina prácticamente los riesgos de embarrancamiento.* ‖ Conjunto de balizas que jalonan una ruta aérea o marítima.

BALIZAR v. Jalonar con balizas una ruta aérea o marítima. ‖ Señalar mediante balizas algún peligro momentáneo.
— *Mar.* Abalizar.

BALÓN m. Recipiente de goma o de materias plásticas de forma esférica que sirve para contener gases: *ciertos inhaladores de oxígeno tienen un balón regulador.* ‖ Recipiente esférico de vidrio provisto de un cuello largo. ‖ Bala o fardo de grandes dimensiones: *el balón de papel contiene 24 resmas.*
— *Mar.* Foque especial, en forma de triángulo esférico, que se hincha con el viento en forma de bolsa y contribuye poderosamente a empujar el barco. Se usa especialmente en los yates de regatas y también se designa corrientemente por su nombre inglés, que es *spinnaker.*

BALSA f. Estanque en el que se acumula agua para regar o para cubrir las necesidades de una industria, y también con objeto de que se decanten las materias que lleva en suspensión.
— *Bot.* y *Carp.* Árbol bombáceo (*Ochroma lagopus* o *boliviana*) propio de la América tropical, de crecimiento muy rápido, que suministra una madera ligerísima.
— La *madera de balsa* es tanto o más ligera que el corcho (d = 0,204). Su porosidad permite utilizarla como aislante contra el calor, los ruidos y las vibraciones. Sin embargo, la disposición regular de sus fibras le confiere una resistencia bastante grande a las fuerzas de compresión.

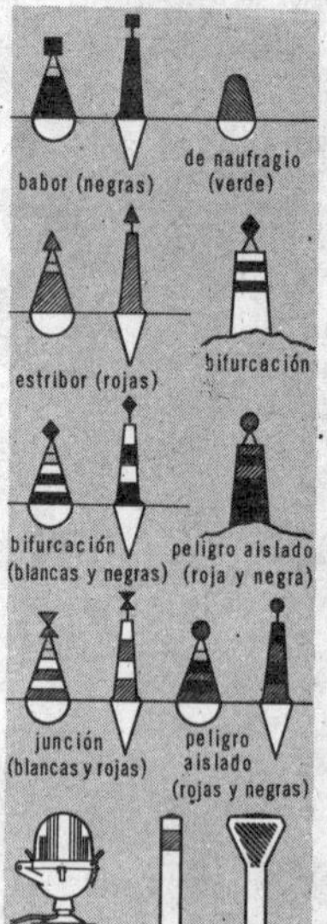

balizas

Por dicha razón puede usarse en los aviones, generalmente en forma de madera cruzada, de la cual la balsa constituye el núcleo. Es la madera universalmente empleada para la construcción de maquetas y modelos reducidos de aviones.
— *Mar.* Armadía, conjunto de maderos reunidos que constituye una embarcación de fortuna o sirve para transportar los troncos por flotación.
— *Text.* Charco o estanque para enriar * los tallos textiles (cáñamo, lino, esparto, etc.).

BÁLSAMO m. Substancia aromática, rica en ácidos benzoico o cinámico, que fluye por las incisiones practicadas en ciertos árboles y se usa en aplicaciones farmacéuticas.
— *Ópt. Bálsamo del Canadá,* resina del abeto canadiense *(Abies balsamifera).*
— El *bálsamo del Canadá,* contrariamente a la generalidad de estas substancias, permanece incoloro con el tiempo, incluso después de haber sido derretido o disuelto. Por otra parte, tiene sensiblemente el mismo índice de refracción que el crown *. Ambas propiedades permiten utilizarlo para pegar los lentes de los objetivos fotográficos y otros sistemas ópticos. También se usa para fijar las preparaciones microscópicas.

BÁLTEO m. *Arq.* Faja que ciñe a la voluta del capitel jónico.

BALLENA, constelación ecuatorial situada al sur de las de Aries y de los Peces.
— Esta constelación, que ocupa una zona extensa de la bóveda celeste, carece de estrellas de primera magnitud. Cuenta, sin embargo, con una estrella variable, *Mira Ceti,* que figura entre las más notables del cielo. Durante un período de once meses pasa su magnitud de 3 a 9 y es, por consiguiente, invisible a simple vista durante buena parte del año. Pero lo más curioso es la irregularidad —todavía inexplicada— de estas variaciones, pues en cierta ocasión, al aumentar su brillo, alcanzó la primera magnitud y en otros ciclos solamente llegó a la quinta.

BALLENA f. Mamífero cetáceo perteneciente a las familias de los balénidos* o a la de los balenoptéridos*.
— Las *ballenas* son mamíferos cetáceos misticetos, provistos de barbas en vez de dientes. Se dividen en *balénidos* o *ballenas comunes,* que carecen de aleta dorsal *(Balaena mysticetus, Eubalaena glacialis)* y en *balenoptéridos,* que tienen aletas dorsales y el vientre estriado longitudinalmente *(Balaenoptera musculus, B. physalus, B. borealis, Megaptera nodosa).*
El *rorcual* o *ballena azul (B. musculus)* es el mayor de todos los animales actuales. Alcanza una longitud de 25 a 30 m y un peso de 100 a 150 toneladas (o sea tanto como 1 500 personas o 25 elefantes adultos).
— *Ind.* y *Mar.* La captura y el tratamiento industrial de las *ballenas* y otros cetáceos constituyen hoy una misma actividad marítima, puesto que los modernos buques balleneros son verdaderas fábricas flotantes de 20 000 a 30 000 toneladas que aprovechan prácticamente todas las partes del cetáceo. De la grasa subcutánea —que mide hasta 50 cm de espesor—, la carne y las tripas se extraen diversas clases de aceite, usadas para elaborar jabón, margarina, adobar pieles, etc. El aceite de hígado, rico en vitamina A, se aprovecha en farmacia. Un rorcual da, por término medio, 15 toneladas de aceite. La carne de ciertas partes del cuerpo, convenientemente tratada para deshidratarla y eliminar una parte de su grasa, se consume en algunos lugares como si fuera carne de vaca. Con los desperdicios restantes (carne inferior, huesos, etc.) se fabrican harinas para alimentar a los animales domésticos, y abonos. Las barbas* se usaban en los corsés y su utilización presenta hoy escaso interés.
Cada buque ballenero constituye una base de operaciones que dispone de aparatos de radar y de hidroaviones para descubrir y localizar rápidamente las presas, así como de una flotilla de rápidos pesqueros o cazadores de ballenas. Estos barcos pequeños (unos 40 m de largo) tienen la proa especialmente reforzada y rematada por un cañón lanzador de arpones. Cuando un grupo de ballenas ha sido localizado, parten en pos de ellas dirigidos por radio y, después de haberlas arponado y rematado, les insuflan aire comprimido —para que floten— y las remolcan hasta el buque ballenero. Éste tiene en la popa un túnel cuyo plano inclinado, que baja a ras del agua, permite izar los cetáceos hasta un puente amplio y despejado, provisto de sierras mecánicas, para despedazarlos con la mayor rapidez. En el mismo puente existen unas trampas, que son los tragantes de las calderas en que se funde la grasa para extraer el aceite de ballena o las bocas de los conductos que permiten dirigir la carne hasta las calas frigoríficas.
Si métodos tan eficaces y medios tan potentes cuales se ponen hoy en práctica para capturar los cetáceos no estuvieran sujetos a una reglamentación internacional, estos animales tan útiles no tardarían en desaparecer de los mares. Afortunadamente existe un convenio internacional, rigurosamente aplicado, que delimita las zonas vedadas, la época del año en que se permiten las operaciones de caza y las dimensiones mínimas que habrán de tener las presas. En cada buque ballenero se halla presente un inspector. Además, diariamente se comunica por radio el número y la categoría de las presas capturadas y se reciben instrucciones para los días siguientes. Cuando la oficina central, que tiene su sede en Noruega,

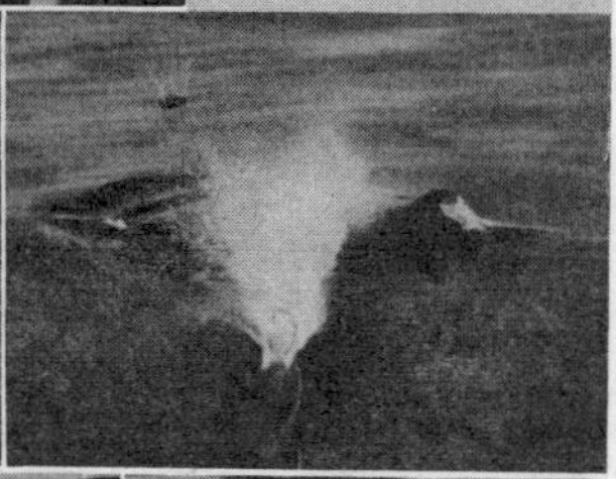
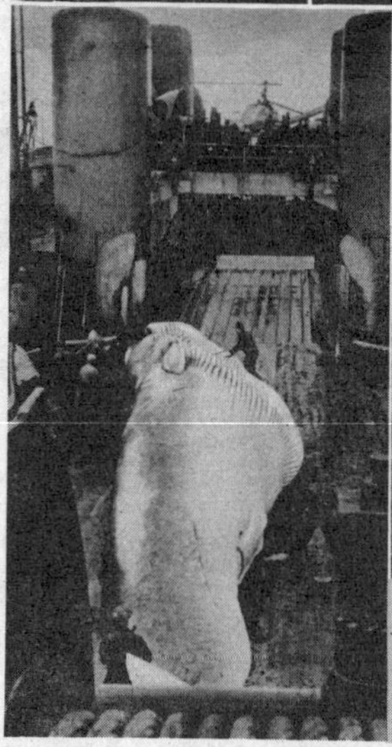

la **ballena** es arponeada, y, una vez muerta, remolcada hasta el buque ballenero; izada por el túnel de popa, la ballena es despedazada en el puente del buque

BALLENA

Fot. Statile-Rapho, Hansson-Rapho

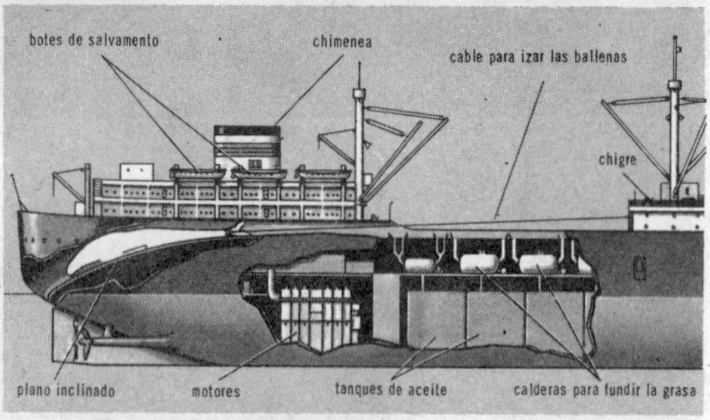

el buque **ballenero** « Willem Barentz » y corte esquemático de una parte del mismo

ha totalizado el número de presas que se había autorizado para la campaña, se da ésta inmediatamente por terminada y las flotillas balleneras regresan acto seguido a sus bases respectivas. La campaña oficial empieza el 15 de diciembre y puede durar hasta el 1º de abril. Prácticamente las 20 ó 30 000 ballenas autorizadas se capturan en un par de meses solamente.

BALLENERO, RA adj. y s. *Mar.* Relativo a la pesca de la ballena. ‖ *Buque ballenero,* el de grandes dimensiones especialmente estructurado y equipado para despedazar los cetáceos y tratar a bordo sus despojos para elaborar aceite, harina animal y otros productos. (V. BALLENA.) ‖ — F. Bote rápido, de dos proas, que antes servía para arponear las ballenas y hoy se usa para el servicio de los buques de guerra. ‖ Barco rápido, también llamado *cazador,* que persigue, arponea las ballenas y remolca sus cuerpos.

BALLESTA f. *Mec.* Muelle de suspensión para vehículos consistente en varias hojas de acero superpuestas.

— Las hojas tienen la forma de arcos de circunferencia concéntricos y se hallan unidas por bridas. La mayor de ellas (hoja maestra) tiene los extremos arrollados en forma de ojos que sirven para pasar los pernos de fijación. Una sección transversal de la ballesta soporta un esfuerzo tanto mayor cuanto más lejos se halla del ojo. Por eso el número de hojas que cuenta la misma es superior en la parte central de la ballesta. (V. RESORTE y SUSPENSIÓN.)

BALLESTEROSITA f. *Miner.* Variedad de pirita que contiene pequeñas proporciones de cinc y estaño.

BALLESTRINQUE m. Cierto *nudo* o *ligadura* representado en la figura del art. NUDO.

BALLING adj. y s. m. *Ind. alim.* Areómetro o densímetro de flotador, especial para líquidos azucarados.

— El *densímetro Balling* lleva una graduación que indica directamente la proporción de azúcar en el líquido considerado: *12,7º Balling significa que 100 g de disolución contienen 12,7 g de azúcar.*

BAMBÚ m. *Bot.* Nombre común que suele darse indistintamente a los centenares de especies de 25 géneros diferentes de plantas gramíneas arborescentes (*Arundinaria, Phyllostachys, Bambusa,* etcétera).

— Los *bambúes* son cañas gigantescas, algunas de las cuales alcanzan 45 m de altura (*Gigantochloa maxima*). Sirven para construcciones ligeras y para fabricar infinidad de objetos: bastones, cañas, estuches y recipientes, muebles, embalajes livianos, escalas, cestas. Ciertas especies se usan para fabricar papel.

BANALIZACION f. *F. c.* Método para aumentar la capacidad de tránsito en una línea de vía doble, consistente en hacer circular los trenes en las dos direcciones por cada vía, como si se tratara de dos líneas gemelas de vía única.

— La *banalización* permite aumentar considerablemente el rendimiento de una línea de vía doble, pero obliga a proveer cada vía de un sistema de señales suplementario, destinado al tráfico que se efectúa en el sentido contrario de la dirección normal. Es obvio insistir sobre la importancia que tienen los dispositivos de seguridad en una vía « banalizada ». Los mandos a distancia de todas las agujas y semáforos de un tramo de vía suelen hallarse reunidos en un *puesto de mando centralizado.*

BANANA f. *Radiot.* Toma de corriente o contacto eléctrico consistente en una clavija provista de unas laminillas elásticas que ejercen su presión en el interior de la hembrilla para evitar cue se desenchufe. (V. ENCHUFE.)

BANANERO m. *Mar.* Platanero, buque mercante especialmente construido y pertrechado para el transporte de bananas o plátanos. (V. FRUTERO.)

BANASTA f. *Carp.* Especie de cesto de lados rectangulares o trapezoidales que se hace con mimbre, y, más generalmente, con listas de madera muy delgadas y clavadas mecánicamente con grapas: *las banastas se usan especialmente para el transporte de productos agrícolas.*

BANASTO m. Banasta redonda.

BANCADA f. *Art. gráf.* Bastidor muy sólido y arriostrado, en forma de mesa o banco, que constituye la parte fija de las máquinas de imprimir de presión planocilíndrica. (V. IMPRENTA.)

— *Constr.* Parte de la obra de fábrica hecha en un período de tiempo determinado, y, por ext., cualquier trozo de la obra que se construye.

— *Mar.* Banco en el que se sientan los remeros.

— *Mec.* Bastidor o armazón de una máquina, especialmente el banco de las máquinas herramienta: *la bancada de los tornos es muy robusta.*

— *Min.* Escalón formado por la solera de una excavación.

BANCAZA f. *Mar.* Banco para sentarse en las embarcaciones menores.

BANCAZO m. *Amer.* Armazón sobre la cual descansan los mazos de los trapiches de percusión.

BANCO m. *Arq.* Sotobanco.

— *Art. y of.* Mesa robusta de madera o hierro, provista de tornillo para sujetar las piezas y demás dispositivos apropiados al uso que de ellas hacen los carpinteros, cerrajeros, mecánicos y otros oficiales. (V. CARPINTERÍA.)

— *Constr.* Cada hilada de mampostería que se pone en un muro u obra de fábrica.

— *Geol.* Estrato de terreno duro, de poco espesor, que separa las capas de roca en la cantera y permite explotarlas en forma de gradas. ‖ Acumulación de arena, grava y guijarros formada por la corriente en el lecho de un río o en el litoral (especialmente en los grandes estuarios).

banco de pruebas de un turborreactor

Fot. K. L. M.. S. N. E. C. M. A.

— *Mar.* Asiento de los botes. ‖ Paraje de escasa profundidad.
— *Mec.* Bastidor de las máquinas herramienta. ‖ *Banco de estirar,* v. ESTIRADO y TREFILADO. ‖ *Banco de pruebas,* bastidor provisto de todo lo necesario para hacer funcionar un motor o aparato que se fija provisionalmente en el mismo y cuyas características pueden ser determinadas con una serie de instrumentos de medida: *los motores de avión se estudian y ponen a punto en bancos de prueba.*
— *Min. Banco de piedra,* espesor de piedra que se beneficia en cada grada de las canteras.
— *Ópt. Banco de óptica,* aparato consistente en una regla graduada dispuesta horizontalmente, provista de soportes corredizos en los que se fijan los lentes y otros elementos ópticos para efectuar operaciones de focometría*.
— *Text. Banco de estirar,* manuar.

BANDA f. *Acúst. Banda magnética,* cinta de magnetófono*.
— *Aeron. Banda de desgarre,* v. GLOBO.
— *Carp. Amer.* Hoja de puerta o ventana.
— *Cin. Banda sonora,* sección estrecha de la cinta que se reserva para grabar el sonido entre la imagen y las perforaciones laterales. (V. CINEMATÓGRAFO.)
— *Fís. Banda de absorción,* raya obscura de anchura variable visible en un espectro* luminoso cuando alguna radiación del mismo ha sido absorbida por substancias interpuestas en la trayectoria de los rayos luminosos.
— *Mar.* Inclinación transversal del casco de un buque debida a la fuerza del viento, una mala estibación o cualquier otra causa. ‖ *Caer a una banda, dar a la banda,* inclinarse el buque sobre una de sus costados.
— *Radiot. Banda de frecuencias*,* conjunto de frecuencias, comprendidas entre los límites extremos que abarca una emisión de ondas radioeléctricas. (Sinón. GAMA.) ‖ *Banda de modulación,* v. MODULACIÓN.)

BANDAJE m. *Autom.* Cubierta del neumático*.

BANDALA f. *Text.* Fibras de abacá* bastas y resistentes, procedentes de la parte más externa de las pencas.

BANDERILLA f. *Art. gráf.* Papel que se pega o adhiere al original o a las pruebas para efectuar una corrección importante o agregar al texto.
— *Min.* Señal consistente en un cucurucho de papel que se deja junto a la mecha del barreno cargado para que la distinga fácilmente el encargado de prenderle fuego.

BANQUEO m. *Min.* Operación consistente en nivelar o igualar el piso de los bancos en las minas y canteras. ‖ Formación de banquetas o gradas en un terreno inclinado para que sirvan de asiento a un terraplén y eviten su corrimiento.

BANQUETA f. *Arq.* Retallo o zarpa.
— *Obr. públ.* Acera pequeña que se construye a lo largo de las alcantarillas. ‖ *Amer.* Acera de las calles.

BANQUISA f. Hielos flotantes que se forman por congelación del agua superficial en los océanos polares.
— La *banquisa* no debe confundirse con los bancos de hielo flotantes y los icebergs procedentes de los heleros que desembocan en las costas. Es una capa de hielo formado por el propio mar. Primeramente, al descender la temperatura bajo cero se forma un velo superficial de hielo que, con la marejada, constituye placas redondeadas. Más tarde, éstas acaban por fundirse en témpanos de 5 a 20 cm de espesor que, al llegar el invierno, se multiplican, entrechocan, superponen y forman una capa de varios metros, de perfil caótico, de la cual descuellan montículos irregulares. La banquisa del Océano Antártico es mucho más espesa que la del Ártico, pues alcanza hasta 10 m.

BAÑERA f. *Mar.* Escotilla grande de los balandros y otros barcos de recreo.

BAÑO m. Líquido que sirve para mojar una cosa o aplicarle un tratamiento. ‖ Capa de un líquido que se da a una superficie.
— *Fot.* Compuesto líquido usado en alguno de los tratamientos a que se someten las emulsiones sensibles : *baño de revelado*; baño de fijado*.*
— *Metal. Baño galvánico,* electrólito usado en galvanoplastia. ‖ *Baño de temple,* líquido usado para el temple por inmersión. ‖ *Baño de sales,* mezcla de sales derretidas en las que se sumerge una pieza, ya para ponerla a una temperatura determinada, al amparo de reacciones químicas, ya para efectuar un tratamiento termoquímico (cementación o nitruración, por ejemplo).
— *Pint.* Última mano de color que se da para avivar una superficie ya pintada.
— *Quím.* Líquido en el cual se sumerge un cuerpo para provocar una reacción o transformación en la superficie del mismo. ‖ Masa gaseosa, líquida o pulverulenta cuyo calor sirve para calentar una cosa sin someterla directamente a la acción del fuego: *caldeo por baño de aceite.*
— El método consistente en usar baños intermedios de agua, vapor, aceite, arena, etc., para calentar indirectamente un cuerpo se llama *baño de María.* Con este nombre se designa también un recipiente de doble fondo que contiene agua entre sus paredes y, en el recipiente central, la substancia que se ha de calentar.
— *Text.* Disolución de materias colorantes para teñir las fibras textiles.

BAO m. *Mar.* Cada uno de los maderos transversales que cierran y sujetan las cuadernas por arriba y sostienen la cubierta. (V. BARCO.)

BAQUELITA f. Bakelita.

BAQUELIZAR v. Bakelizar.

BAQUETA f. *Arq.* y *Carp.* Baquetilla.
— *Arm.* Escobillón para limpiar el cañón de las armas de fuego.

BAQUETILLA f. *Arq.* Pequeña moldura redonda.
— *Carp.* Listón moldurado que separa vertical u horizontalmente dos cristales de una ventana. (Sinón. BAQUETA.)

BAQUETÓN m. *Arq.* y *Carp.* Moldura mayor que la baqueta o baquetilla.

BAR m. *Metr.* Unidad de presión (b) especialmente usada para medir la presión atmosférica.
— El *bar* equivale a un millón de dinas por centímetro cuadrado, o sea a una hectopieza, 750,06 mm de mercurio o 1,0197 kg/cm² (atmósfera técnica). Los meteorólogos usan más bien el milibar (mb).

BARANDA f. *Arq.* Moldura gruesa que constituye la parte superior de una balaustrada o se dispone en el alféizar de una ventana para servir de protección y apoyo. (Sinón. BARANDILLA.)
— *Obr. públ. Amer. Baranda guardavías,* construcción de fábrica, talud o macizo de flores o arbustos que se dispone en medio de la autopista para evitar accidentes entre los vehículos que siguen direcciones opuestas.

BARANDAL m. *Arq.* Baranda, moldura superior de la balaustrada. ‖ Barandilla.

BARANDILLA f. *Arq.* Balaustrada de los balcones y escaleras.

BARBA f. Conjunto de pelos o filamentos de ciertas cosas. ‖ Rebaba. ‖ *Barba de ballena,* cada una de las láminas córneas que tienen estos cetáceos en la mandíbula superior. (Sinón. BALLENA.) ‖ *Barba de choclo, barba de maíz,* penacho de filamentos sedosos que rematan la mazorca de maíz. ‖ *Barba española,* planta bromeliácea (*Tillandsia usneoides*) de América, cuyas fibras se usan como crin* vegetal. ‖ *Barbas de coco,* fibras que rodean la nuez del coco. ‖ *Papel de barba,* v. el art. PAPEL.

banquisa

Fot. Atlas-Photo (P. Popper)

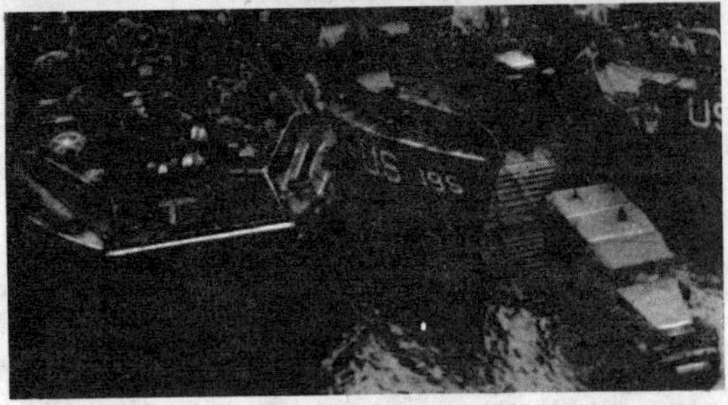

barcazas de puerto, de transporte fluvial y de desembarco con borda abatible

BARBACANA f. *Arq.* Ventana alta y muy estrecha, a modo de tronera. ‖ Abertura muy estrecha que, en un muro de sostenimiento, da salida a las aguas que se infiltran en el terreno.

BARBATO adj. *Astr.* Dícese del cometa que se aleja del Sol y en el cual la cabellera precede al núcleo.

BARBELADO, DA adj. *Alambre barbelado,* alambre doble torcido y provisto de púas que sirve para cercar terrenos y formar alambradas.

BARBETA f. Cordel, meollar o filástica con que se liga una cosa.

BARBILLA f. *Carp.* Corte dado oblicuamente en la cara de un madero para que encaje en él el extremo de otro.

BARBOTÍN m. *Mar.* Corona de hierro del cabrestante* provista de huecos y dientes en los que engranan los eslabones de la cadena.
— *Mec.* Polea fijada en el eje de transmisión cuyo movimiento transmite a la oruga en los carros de asalto y vehículos similares.

BARBOTINA f. *Cerám.* Masa para moldear por colada, o sea por vaciado en moldes huecos, consistente en arcillas o caolines que, al ser mezclados con silicato de sodio, tienen la propiedad de licuarse con muy poca agua.

BARCA f. *Mar.* Embarcación pequeña usada con diversos fines en los puertos y ríos y para la pesca costanera. ‖ *Barca de pasaje,* la de fondo plano que se usa para atravesar los ríos, generalmente por medio de un andarivel.

BARCAZA f. *Mar.* Lancha grande para cargar y descargar los buques que no pueden atracar. ‖ Barco de fondo plano y de formas paralelepípedas que sirve para el transporte de mercancías en las vías fluviales. ‖ *Barcaza de desembarco,* barco de guerra provisto de artillería de mediano calibre, que transporta tropas, vehículos y pertrechos y los desembarca en la misma playa merced a su escaso calado y a su borda* abatible.

BARCENITA f. *Miner.* Antimoniato natural de mercurio y calcio.

BARCO m. *Mar.* Construcción hueca, de paredes estancas, que flota en virtud del principio de Arquímedes y, provista de algún medio propulsivo, sirve para transportar por el agua pasajeros o mercancías.
— Entre las muchas clases de *barcos* cabe distinguir: los *botes* y otras embarcaciones menores; los *barcos de regatas y de recreo;* los *pesqueros de bajura y de altura;* los *barcos de cabotaje;* los *barcos mercantes,* que son *de carga* (carbonero, frigorífico, frutero, mineralero, cisterna o tanque, petrolero, tramp, etc.), *de pasaje* (paquebote, transatlántico, ferryboat, etc.) o *mixtos;* los *barcos especiales* (ballenero, cablero, barcos meteorológicos y oceanográficos, remolcadores, rompehielos, etc.); y, por último, construcciones flotantes que no se han hecho para navegar, pero que, en razón de su principio, se han de considerar como barcos, cuales son los *barcos puerta* o *compuerta* (para cerrar un dique seco o mantener constante el nivel de un curso de agua), los diques flotantes, las dragas y los *barcos faros**.
A esta enumeración se ha de añadir la de los *barcos de guerra:* acorazados, barcazas de desembarco, cazatorpederos, cruceros, destructores, dragaminas, *barcos escuela* (para el adiestramiento de los futuros oficiales), fragatas, lanchas antisubmarinas, minadores, nodrizas o madrinas, portaaviones, submarinos, torpederos, transportes de tropas, etc.

ESTRUCTURA Y FORMA DEL CASCO

Las embarcaciones con casco de madera son construidas en las playas por carpinteros llamados de ribera. Los barcos metálicos se construyen en los astilleros* donde, para reducir el tiempo durante el cual se ocupará la grada, existen importantes talleres de prefabricación*.
Esencialmente un barco consta de una *quilla* —algo así como una espina dorsal—, que se prolonga más o menos verticalmente en sus extremos con la *roda* y el *codaste,* elementos constitutivos de la *proa** y la *popa**, respectivamente. Sobre la quilla se fija un *costillaje* que corresponde a las cuadernas de los barcos de madera. Cada uno de sus elementos consta de una viga más o menos horizontal *(varenga)* que arranca de la quilla y, después de constituir el fondo del casco, se incurva hacia arriba (en el *pantoque*) y se prolonga por la *bulárcama,* que forma el costado del mismo. Las dos bulárcamas de una misma varenga se hallan unidas por varias vigas transversales, llamadas *baos,* que, a su vez, son enlazadas unos con otras por medio de vigas longitudinales llamadas *esloras.* Baos y esloras se apoyan en puntales fijados en la quilla y sirven de asiento a las planchas que constituyen el piso de los puentes y de la cubierta.
Sobre esta armazón se fija el forro del casco, constituido por chapas unidas con roblones o por soldadura autógena. Todas las planchas de una hilada longitudinal constituyen una *traca.* La primera hilada, lindante con la quilla, se llama *traca de aparadura,* las siguientes son las *tracas del fondo,* las del *pantoque* y las del *forro* del costado. Estas últimas se llaman *cintas* cuando, por hallarse unidas al nivel de los baos, contribuyen a la solidez de la armazón, mientras que las *entrecintas* se hallan entre dos puentes o cubiertas. La hilada superior constituye la *borda.*
La plataforma interior del casco se asienta y fija en las varengas. Constituye con el forro un doble fondo dividido en compartimientos estancos que pueden servir de tanques de combustible o de agua dulce y de tanques de lastre para estabilizar el barco. De trecho en trecho se divide el casco en compartimientos estancos por medio de mamparos unidos herméticamente con el fondo, las bulárcamas y el bao correspondiente. Cuando se abre una vía de agua, se cierran las aberturas de los mamparos y, a menos de averías muy grandes, el barco puede seguir flotando con los compartimientos no anegados.
Las partes del barco construidas encima de la cubierta principal se llaman *superestructuras* y consisten generalmente en un *castillo* a proa, un *puente* o *alcázar* en la parte central y una *toldilla* a popa. El *barco de cubierta corrida* carece de superestructuras, salvo el puente y las chimeneas; en el *barco de pozos* el puente interrumpe la cubierta de una borda a otra y forma dos pozos (con el castillo y la toldilla); el *barco de saltillo* tiene un castillo y una toldilla reducidos al mínimo necesario para las faenas de amarre; el *barco de spardeck* lleva unas cubiertas volantes y ligeras sobre las cuales se disponen los botes; los *barcos de cubierta continua* están provistos de un toldo o cubierta ligera por encima de la cubierta normal.
La forma general del casco difiere de un barco a otro y constituye siempre un compromiso entre

Fot. Inform. Soviet., U. S. I. S.

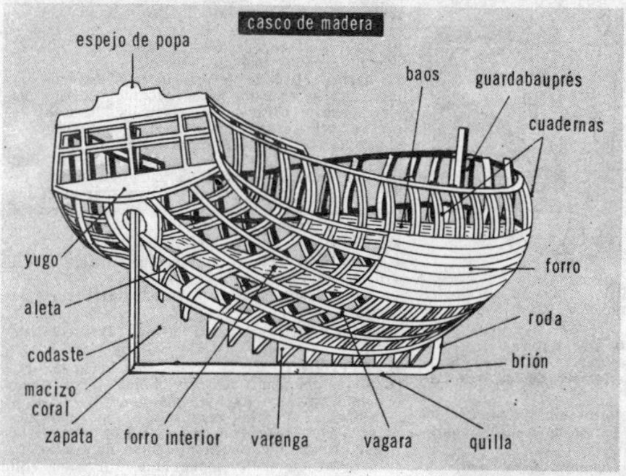

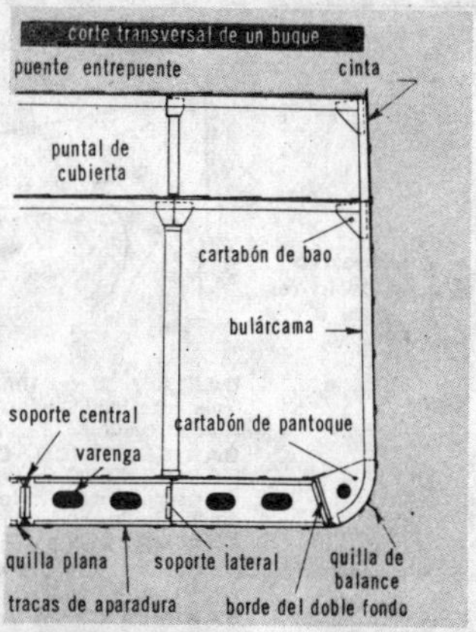

elementos de un casco de madera y estructura transversal de un casco metálico

las leyes de la hidrodinámica y las exigencias prácticas de la construcción y explotación de los mismos. Resulta, en definitiva, de los estudios experimentales efectuados con modelos reducidos en los estanques de laboratorios especiales.

PROPULSIÓN

Las embarcaciones menores se mueven a remo, a vela o con motores de explosión fijados interiormente o fuera de bordo. Los barcos mercantes de velas han desaparecido casi por completo y los que quedan se dedican al cabotaje. También se hallan en vías de desaparición los vapores antiguos con máquinas alternativas (de émbolos) que consumían carbón.
Los barcos modernos son propulsados por turbinas de vapor o por motores Diesel de aceites pesados. En muchos casos, especialmente cuando se trata de turbinas, se acopla un generador eléctrico y los árboles de las hélices son arrastrados por electromotores: se suprimen así los reductores y se aprovecha la ventaja que tienen los motores eléctricos de funcionar a velocidades muy variadas.
La propulsión nuclear presenta no pocas ventajas, especialmente el peso reducidísimo de la carga de combustible, que basta para asegurar el funcionamiento de los motores durante años enteros. Por ahora todos los barcos de propulsión nuclear son buques de guerra o pertenecen a la marina nacional de los países en que se han construido. Pero este modo de propulsión no ha de tardar en extenderse a los buques mercantes.

GOBIERNO Y NAVEGACIÓN

Los barcos se gobiernan con un *timón*, que puede ser accionado directamente mediante una caña o con una rueda y una cadena que transmite el movimiento de ésta a aquél. En los barcos grandes la rueda del timón se halla en el puente y se usan servomotores para amplificar su fuerza y transmitirla al timón. Otras máquinas, llamadas molinetes o chigres, sirven para las maniobras de anclas.
La navegación, que antes se fundaba en el uso del *compás* y del *sextante* y en la observación de las estrellas y los faros, se efectúa hoy casi automáticamente. El piloto dispone de sondadores* acústicos y las estaciones de radiogoniometría, las redes de los sistemas *decca* y *loran* permiten conocer constantemente la posición del barco; los radiofaros trazan rutas seguras; el radar permite dirigirse entre los obstáculos mientras que las cartas y los partes meteorológicos transmitidos por radio posibilitan la adopción de las medidas necesarias para evitar no pocos peligros.
La capacidad de carga de un barco es definida por su *arqueo** y su *desplazamiento**, nociones con frecuencia confundidas por los profanos en esta materia. Los reglamentos obligan a llevar en los costados del barco una señal de *franco bordo* que indica el nivel máximo que puede alcanzar la línea de flotación en verano y en invierno y según se navegue en aguas dulces o saladas.

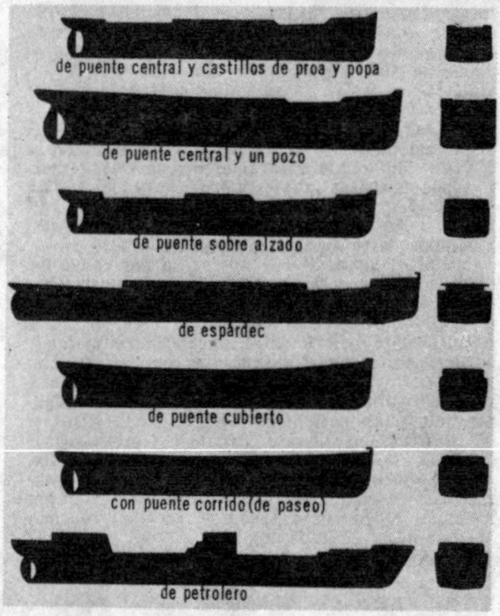

formas longitudinales y transversales

La distribución de la carga es de importancia considerable, y, cuando el centro de gravedad del barco se halla en el plano de flotación, el buque se gobierna mejor y es más estable, pues el cabeceo y, sobre todo el balanceo, tienen entonces menor amplitud. Ciertos paquebotes están provistos de dispositivos estabilizadores* que reducen considerablemente la amplitud del balanceo.
En los últimos tiempos han ido extendiéndose las aplicaciones de barcos aéreos, en los cuales la presión hidrodinámica del agua sobre unos alerones inclinados aligera el casco y lo levanta fuera del agua. Se reduce así considerablemente la resistencia al avance y el barco adquiere velocidades mucho mayores que cuando su casco corta el agua. También han surgido unos vehículos anfibios en los cuales el aire comprimido en una cavidad inferior, al escaparse entre el borde del mismo y la superficie del agua, permite mantenerse a poca distancia de ésta y marchar así sobre el mar o el suelo sin tocarlos.

BAREQUEAR v. *Min. Amer.* Explorar empíricamente un placer sin más medios técnicos que la batea.

BARHIDRÓMETRO m. *Hidr.* Instrumento que permite medir la presión ejercida por el agua a distintas profundidades.

BARI, prefijo derivado del gr. *barus,* que significa *pesado* y entra la formación de distintas voces científicas.

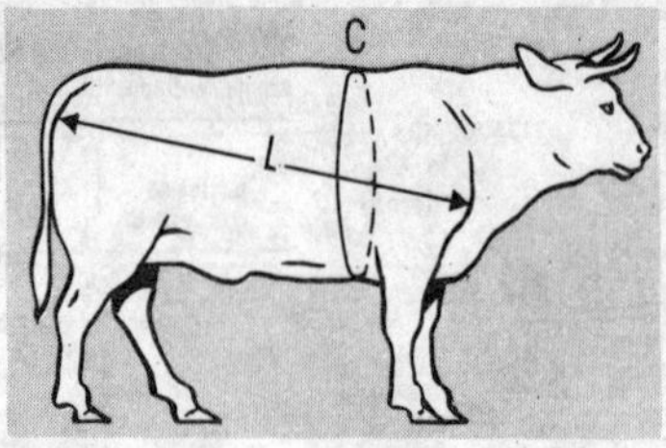

barimetría
el peso de la res
es igual a :
$88C^2 \times L$

BARIA f. *Metr.* Unidad de presión en el sistema cegesimal*, equivalente a una dina por centímetro cuadrado.

BARICÉNTRICO, CA adj. Barocéntrico.

BARICENTRO m. *Fís.* Centro de gravedad.
— *Geom.* Punto de intersección de las tres medianas de un triángulo.

BARIMETRÍA f. Determinación aproximada del peso de los animales a partir de medidas tomadas en su cuerpo.

BARÍMETRO m. Instrumento para medir la intensidad de los ruidos : *en el barímetro, la corriente suministrada por un micrófono mueve la aguja de un galvanómetro sobre una escala graduada en fonos.*

BARIO m. *Quím.* Cuerpo simple (Ba) de número atómico 56, alcalinotérreo y parecido al calcio.
— El *bario*, cuyo peso atómico es igual a 137,36 y su densidad a 3,5, funde a 850° y hierve a 1 140°. En estado natural es una mezcla de seis isótopos de masas iguales a 130 (0,103 %), 132 (0,096 %), 135 (6,56 %), 136 (7,74 %), 137 (11,25 %) y 138 (71,83 %). Es un metal plateado que se oxida fácilmente en el aire y descompone el agua. Puede obtenerse por reducción de la baritina o de la witherita a temperaturas elevadas y en el vacío, en cuyo tratamiento se produce la destilación del metal. Esta operación es puramente experimental, pues el *bario metálico* no tiene aplicaciones industriales, pero sí sus sales y compuestos: cloruro (reactivo del ácido sulfúrico y de los sulfatos), sulfuro (que sirve para preparar industrialmente otras sales de bario), sulfato (V. BARITINA), nitrato (usado en pirotecnia), óxido (V. BARITA), carbonato, carburo, cianuro, etc. El *platinocianuro de bario* es un polvo amarillo que se vuelve luminiscente al ser herido por los rayos X, por cuya razón se usa para fabricar las pantallas de radioscopia.

BARIÓN m. *Atom.* Toda partícula* elemental de masa igual o superior a la del protón.

BARISFERA f. *Geof.* Núcleo central del globo terrestre que, en razón de su densidad elevada, se considera compuesto de níquel (Ni) y hierro (Fe), y se designa también con el nombre de *nife*, formado por el símbolo de ambos metales. (V. TIERRA.)

BARITA f. *Miner. Barita carbonatada*, witherita. ‖ *Barita sulfatada*, baritina.
— *Quím.* La *barita anhidra* u *óxido de bario* (BaO) es un sólido grisáceo y pesado (d = 4,2) ; se combina con el agua, desprendiendo mucho calor, y se convierte en *hidróxido de bario* o *barita hidratada*, de fórmula $Ba(OH)_2$, que es una base fuerte análoga a la cal.
La barita calentada en presencia del óxigeno atmosférico se transforma en bióxido (BaO_2) que sirve para preparar agua oxigenada. También se usa la barita en pirotecnia y entra en la composición de vidrios y cerámicas refractarias.

BARITAJE m. *Fot.* Operación consistente en dar una capa de gelatina cargada con sulfato de bario a los papeles demasiado transparentes, los cuales, así opacificados, se cubren después con la emulsión fotosensible ordinaria.

BARITEL m. *Min.* Malacate.

BARÍTICO, CA adj. *Miner.* Que contiene barita o bario.
— *Quím.* Perteneciente o relativo al bario o la barita.

BARITÍFERO, RA adj. *Miner.* Que contiene barita.

BARITINA f. *Miner.* Sulfato de bario natural ($BaSO_4$) abundante en los filones metalíferos. (Sinón. BARITITA, ESPATO PESADO.)
— *Quím.* La *baritina* es un sólido blanco y pesado (d = 4,70). Esta densidad elevada y su perfecta insolubilidad, incluso en presencia de ácidos, se aprovechan en aplicaciones muy diferentes. Su polvo se usa como carga en la fabricación de pinturas (blanco fijo, litopón, etc.), pasta de papel y otras materias; entra en la composición del lodo utilizado en sondeos* profundos (pozos de petróleo*) y sirve para dosificar el ácido sulfúsico y sus sales.
La baritina purificada, insoluble en los humores, es inasimilable por el organismo. Como, en razón de su densidad, es también opaca a los rayos X, se usa en forma de papilla gelatinosa para obtener en radioscopia y radiografía una imagen de las cavidades digestivas.

BARKANA f. *Geol.* Duna de arena movediza en forma de media luna modelada por el viento sobre un suelo desnudo o rocoso: *el viento hace avanzar la barkana al proyectar los granos de arena de la pendiente anterior y hacerlos caer en el talud frontal.*

BARLOA f. *Mar.* Cable o maroma para amarrar los buques unos con otros o a un muelle.

BARLOTE m. *Carp.* Barrilete.

BARLOVENTO m. *Mar.* Dirección de donde viene el viento, opuesta al sotavento.

BARLOW (*Rueda de*). V. RUEDA.

BARN o **BARNIO** m. *Atom.* Unidad de superficie usada en física nuclear para evaluar la sección* eficaz de los núcleos atómicos : *el barnio vale* 10^{-24} *cm²*.

BARNIZ m. Substancia que se aplica a una superficie y que, al secarse naturalmente o después de cocida en un horno, le da lustre o la protege.
— *Art. gráf.* Con el nombre de *barniz* se designa, por una parte, al vehículo o soporte de los pigmentos en la tinta de imprimir, que suele ser aceite de linaza, y, por otra parte, a las substancias que sirven para modificar las tintas con objeto de conferirles mayor brillantez, adherencia u otras cualidades.
— *Cerám.* Substancias con que se embadurnan las piezas de cerámica y que, después de ser cocidas en el horno, se vitrifican y adquieren un brillo perfecto: *los barnices corrientes se elaboran a base de plomo* (albayalde, galena, litargirio y minio).
— *Pint.* Los *barnices* se distinguen de las pinturas por ser transparentes y dar, al secarse, una película mucho más brillante, dura y resistente que ella. Pueden ser de colores muy variados merced a colorantes solubles, pero nunca contienen pigmentos opacos. La base o soporte que constituye la *película de barniz* es una resina disuelta en solventes apropiados a los cuales se agregan a veces substancias plastificantes. Éstas, al evaporarse los solventes, evitan que la resina se vuelva demasiado quebradiza. Se distinguen las siguientes clases de barnices: *barnices grasos* (resina disuelta en aguarrás con aceite secante) ; *barnices celulósicos* (nitrocelulosa y resina disueltas en un solvente celulósico) ; *barnices alcohólicos* (a base de goma laca y alcohol) *barnices bituminosos* (hechos con alquitrán o brea), y

barkanas

Fot. I. F. A. N.

barnices sintéticos (de resinas sintéticas, especialmente gliceroftálicas, con aceite secante y solvente bencénico o bien de aguarrás).

BARNIZADORA f. Máquina de barnizar.

BARNIZAR v. Dar barniz a una superficie.

BARO, otra forma del prefijo *bari* *.

BAROCÉNTRICO, CA adj. Relativo al centro de gravedad.

— *Astr.* y *Mat. Curva barocéntrica,* curva determinada en un plano meridiano por las intersecciones de todas las verticales al meridiano.

— En una esfera perfecta, la intersección de todas las verticales se hallarían en el centro. No ocurre así en los astros, en los cuales la curva barocéntrica es el lugar geométrico de los centros de todas las curvas que constituyen un meridiano y el lugar de los centros de atracción de la gravedad del mismo.

BARÓGRAFO m. Barómetro registrador.

— *Aeron.* Como son conocidas las presiones que reinan a distintas alturas, el *barógrafo* permite comprobar la altitud alcanzada por un avión, helicóptero o aeróstato. De ahí el nombre de *altímetro registrador* que también se le da en aeronáutica. Cuando se trata de un vuelo deportivo o de una prueba oficial, se precinta el instrumento para garantizar la exactitud de sus indicaciones.

BAROGRAMA m. Gráfico trazado por el barógrafo.

BAROLOGÍA f. Teoría de la pesantez.

BAROMETRÍA f. *Fís.* y *Meteor.* Parte de la física que trata de los barómetros y de la medida de la presión atmosférica.

BAROMÉTRICO, CA adj. Relativo o perteneciente al barómetro: *nivelación* * *barométrica.*

BARÓMETRO m. *Fís.* Instrumento para medir la presión atmosférica.

— Si se llena de mercurio un largo tubo de cristal y, volviéndolo boca abajo sin que se vierta su contenido, se sumerge el extremo libre en el mercurio de una cubeta, se observará que, a pesar de que el tubo estaba completamente lleno, baja su nivel y se inmoviliza a unos 760 mm de la superficie libre del mercurio en la cubeta. Como el tubo está cerrado herméticamente por arriba, la columna de mercurio no se halla sometida a la menor presión atmosférica de arriba abajo. Por el contrario, la presión atmosférica, o sea el peso del aire sobre la superficie libre de la cubeta, empuja el mercurio y lo hace subir en el tubo. Si en vez de efectuar el experimento en el nivel del mar lo hacemos en una cima, a varios miles de metros de altura, habremos dejado por debajo de nosotros una parte de la atmósfera y el peso de la capa de aire que queda por encima de la cubeta resultará mucho menor: la columna de mercurio será, por consiguiente, inferior de unos centímetros a la de 76 cm observada al nivel del mar.

Dado que la densidad del mercurio es 13,59, el peso de una columna de mercurio de un centímetro cuadrado de sección será, al nivel del mar, de $13{,}59 \times 76 = 1\,033$ g/cm^2. (V. ATMÓSFERA.)

En los *barómetros de sifón* el tubo de mercurio tiene su extremo inferior curvado hacia arriba y esta rama corta sirve de cubeta.

La familia de *barómetros aneroides* se funda en la elasticidad de las paredes de una cápsula de metal vaciada y cerrada herméticamente. En el *barómetro de Vidie* la cápsula tiene entre sus dos paredes un resorte que cede más o menos a la presión y se distiende cuando ésta disminuye. Así, mientras una de las paredes se halla sólidamente fijada al bastidor del aparato, la otra se acerca o aleja de ella proporcionalmente a las variaciones de la presión y arrastra un vástago que, por intermedio de un mecanismo multiplicador, transmite el movimiento a una aguja que corre sobre la escala graduada de la esfera.

En el *barómetro de Bourdon* la cápsula es un tubo de latón, de paredes muy elásticas y de sección elíptica, torcido en forma de circunferencia casi completa. Los cambios de presión tienen como consecuencia modificar el aplastamiento de la elipse que constituye la sección del tubo, lo cual provoca a su vez una deformación de éste, uno de cuyos extremos se halla fijo y el otro arrastra un mecanismo que transmite sus movimientos a la aguja indicadora.

de Fortin

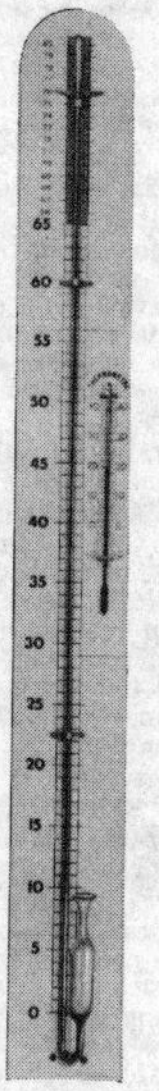

de sifón

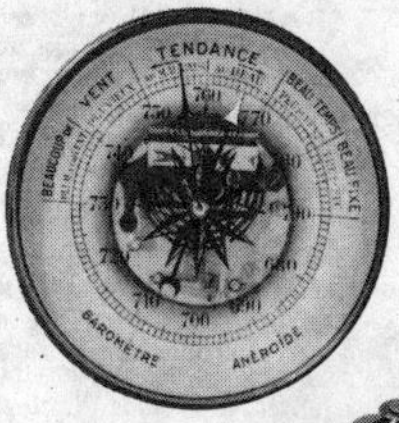

aneroïde

vista exterior

vista interior

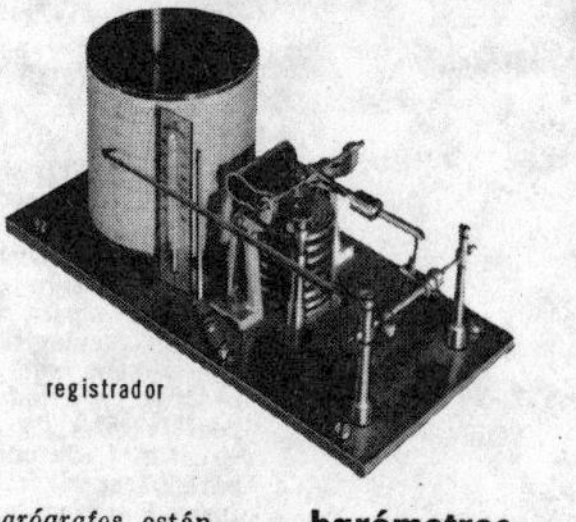

registrador

barómetros

Los *barómetros registradores* o *barógrafos* están provistos de un mecanismo de relojería que hace girar un tambor en el que se fija diariamente — o, en ciertos casos, una vez por semana — un papel graduado. En el *barómetro registrador de Richard* se superponen varias cápsulas de Vidie, con lo cual la membrana superior transmite al vástago la suma de las flexiones experimentadas por todos los elementos. El movimiento del referido vástago es multiplicado por un sistema de palancas y se transmite al estilete inscriptor que se desliza sobre el tambor.

Las indicaciones suministradas por el barómetro, para ser exactas, han de someterse a ciertas correcciones. Al objeto de que puedan compararse las medidas tomadas en diversas partes y a alturas diferentes, se han de reducir todas ellas al valor que tendrían al nivel del mar; por otra parte, se ha de efectuar la reducción a una misma temperatura (0°). Ambas reducciones se obtienen rápidamente con el uso de tablas especialmente editadas con dicho fin.

El barómetro permite determinar la altura de un lugar sobre el nivel del mar, y en aeronáutica se usan *altímetros* * *barométricos* y *barógrafos* * para conocer la altura alcanzada por los aviones y aeróstatos. Pero el uso principal de estos instrumentos se hace en meteorología * para prever la evolución del tiempo.

BAROSCOPIO m. *Fís.* Instrumento para demostrar la existencia del empuje de Arquímedes sobre los cuerpos bañados en el aire.

— El *baroscopio* consiste en una balanza, situada dentro de una campana, cuyo astil se equilibra con una bola maciza en un brazo y una bola hueca, de mayores dimensiones, en el otro. Al practicar el vacío en la campana, el astil se inclina hacia el lado de la esfera mayor, pues sobre ella se ejercía con mayor intensidad el empuje del aire.

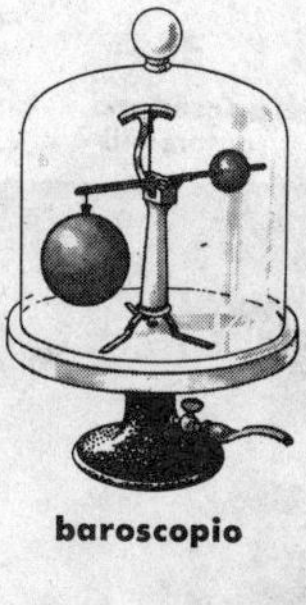

baroscopio

BAROSEÍSMO o **BAROSISMO** m. Movimiento ligerísimo del suelo que se observa en un lugar cuando pasa por el mismo una fuerte depresión barométrica.

Fot. Larousse, X.

BARQUEAR v. *Mar.* Cargar o descargar con barcas el buque que no dispone de atracadero o no puede atracar por cualquier circunstancia.

BARQUILLA f. *Aeron.* Cesto de mimbre o esfera metálica en que van los ocupantes de un globo libre. ‖ Armazón de forma ahusada que contiene un motor por debajo de la estructura de un dirigible, y también fuera de las alas o del fuselaje de un avión.

BARQUÍN m. *Art. y of.* Fuelle de la fragua.

BARRA f. Pieza de metal o de madera rígida, recta y mucho más larga que ancha: *almacén de aceros en barra.* ‖ Palanca de hierro para mover objetos pesados. ‖ Pieza larga que, en una máquina, soporta una serie de elementos: *la barra aspiradora de papel de una máquina de imprimir planocilíndrica; barra de agujas de una máquina para hacer géneros de punto.*

— *Aeron. Barra del timón,* palanca articulada en su centro y en cuyos brazos apoya el piloto sus pies para accionar el timón de dirección del avión.

— *Atom. Barra de control,* barra constituida por una materia absorbente de neutrones y que, al penetrar más o menos profundamente en los elementos combustibles de un reactor nuclear, permite regular la reacción en cadena. Las barras de control suelen contener uno de los materiales siguientes: cadmio, berilio, boro, hafnio, gadolinio, etc. (V. REACTOR *nuclear.*)

— *Autom. Barra de acoplamiento,* v. DIRECCIÓN. ‖ *Barra de torsión,* v. SUSPENSIÓN.

— *Constr. Barra de antepecho,* la que sirve de protección y apoyo en el vano de una ventana.

— *Electr. Barras colectoras,* conductores rígidos a los que se acoplan todos los generadores de una central y de los cuales parte la red de distribución de la corriente.

— *F. c. Barra de acoplamiento* o *de tracción,* dispositivo para acoplar dos vagones con el mínimo de choques o sacudidas: *las barras de tracción suelen tener un tensor de rosca u otro dispositivo apropiado para que quede el menor juego posible entre los dos carruajes acoplados.*

— *Mar.* Cada uno de los brazos en que se empuja para hacer virar el cabrestante. ‖ Banco arenoso formado en un estuario por el encuentro de las olas con la corriente del río.

— *Mec. Barra portaherramienta* o *portaútil,* la que sirve para fijar la herramienta cortante en ciertas escariadoras, fresadoras y otras máquinas. ‖ *Barras de transmisión,* las que, combinando sus acciones, sirven para transmitir un movimiento a distancia.

— *Min.* Herramienta de hierro con un extremo aguzado que se hinca con fuerza en el suelo para excavar un hoyo.

— *Text.* Defecto en forma de lista o rayadura.

BARRADO, DA adj. *Text.* Dícese del tejido que presenta defectos en forma de listas.

BARRAGÁN m. *Text.* Tela de pelo de camello tupida e impermeable, que sirve para hacer prendas de abrigo. ‖ Tejido de estambre muy apretado a imitación de barragán verdadero.

BARRAGANETE m. *Mar.* La pieza superior de una cuaderna *.

BARREAR v. Cerrar o afianzar con barras. ‖ Barretear.

— *Min.* Arrancar con barras la roca partida por los barrenos.

BARREDERA f. Máquina que sirve para barrer mecánicamente a semejanza de la escoba, circunstancia que la distingue del aspirador de polvo.

— Las *barrederas públicas* son, generalmente, vehículos automóviles provistos de un tanque de agua, un dispositivo rociador del suelo y, situada detrás de éste, una escoba cilíndrica o rulo de fibras de piasava dispuesto oblicuamente para que todas las barreduras queden alineadas junto a los bordillos de la acera, donde pueden ser recogidas a mano o arrastradas hasta el alcantarillado por una corriente de agua. También existen *barrederas automáticas* que recogen y transportan las barreduras por sí mismas.

barredera automóvil

Fot. Berliet

BARREDERO, RA adj. Que barre o arrastra cuantas cosas encuentra en su camino.

— *Mar. Red barredera,* la que tiene su relinga inferior provista de plomos, y es arrastrada por el fondo. (V. BOU.)

BARREDURAS f. pl. Inmundicias recogidas con la escoba o la barredera. ‖ Residuos, desperdicios o recortes: *las barreduras de algodón se aprovechan en hilaturas mezcladas con fibras nuevas.*

— *Min. Amer.* Conjunto de operaciones manuales que se efectúan para beneficiar un placer.

BARREL m. *Metr.* y *Petr.* Anglicismo por *barril* *.

BARREMIENSE adj. y s. *Geol.* Piso del cretáceo inferior, cuyos terrenos datan de un centenar de millones de años. (V. ESTRATIGRAFÍA.)

BARRENA f. *Aeron.* Movimiento del avión que pierde su estabilidad y cae girando sobre sí mismo. (V. ANTIBARRENA.)

— *Art. y of.* Útil para taladrar.

— *Carp.* La *barrena de mano,* provista de una manija, tiene una punta cónica que se enrosca y penetra en la madera, seguida de una parte más ancha cuyo filo corta las fibras y forma el taladro cilíndrico. Con el berbiquí se emplean barrenas de este tipo y, para taladros de diámetro superior a 7 u 8 mm, barrenas de tres puntas.

— *Metal.* Las *barrenas para metales* se llaman con más propiedad *brocas* *.

— *Min.* Para sondar y abrir barrenos se usan varias clases de *barrenas* o *sondas de mano giratorias* (barrenas ordinarias, de cuchara y de saco)

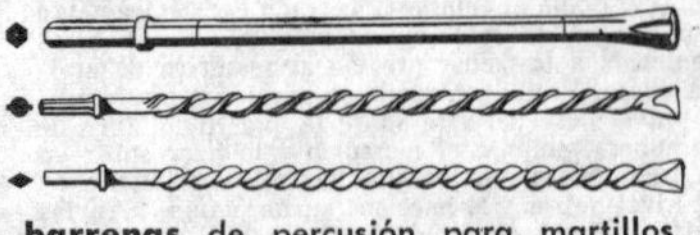

barrenas de percusión para martillos neumáticos

y *de percusión* (de sección llena, helicoidales o huecas, por cuyo taladro se inyecta aire comprimido o agua para arrastrar el polvo arrancado a la roca). Su boca puede tener filo simple o doble, o bien en forma de corona, de cruz o de zeta. Para los sondeos profundos (pozos de petróleo, por ej.), se usan barrenas especiales: coronas de diamantes, trépanos de rodillos estriados, etc. Las *barrenas sacamuestras* tienen corte anular y un taladro en el centro, en el cual penetra un cilindro de la roca a medida que avanza el sondeo. Esta muestra se sube a la superficie y sirve de probeta.

BARRENAR v. Taladrar o sondar con barrena.

BARRENEAR v. *Amer.* Barrenar.

BARRENO m. Barrena para taladrar madera. ‖ Agujero hecho con la barrena.

— *Min.* Agujero talatrado en el terreno y en el cual se hace estallar una carga explosiva para dislocar la roca y facilitar el arranque: *los barrenos se disparan con explosores *.*

BARRERA f. Valla articulada o corrediza que sirve para cerrar un recinto o impedir el paso por un camino. ‖ Obstáculo de cualquier índole que imposibilita o dificulta el acceso a algún sitio: *una barrera de hielo rodea las costas de la Antártida.*

— *Atom. Barrera de potencial,* campo electrostático engendrado por los protones de un núcleo atómico. Este campo se opone tanto a la salida de las partículas del núcleo como a la entrada en el mismo de partículas poco energéticas, pero no ejerce ninguna acción sobre los neutrones y

no puede impedir que éstos se integren al núcleo o bien lo desintegren. (V. TRANSMUTACIÓN.)
— *Cerám.* Terreno de donde se extrae el barro usado en un alfar.
— *F. c.* Las *barreras de los pasos a nivel* pueden consistir en simples cadenas o en vallas corredizas montadas sobre ruedas. Las más de las veces se recurre hoy a las *barreras de golpe* o *de báscula,* constituidas por un travesaño que bascula de la oposición vertical a la horizontal y del cual penden unas varillas verticales. Estas barreras se accionan a mano o bien son automáticas, en cuyo caso son cerradas por un contacto que establece el propio tren a unos kilómetros de ellas; el mismo tren, en cuanto ha pasado el cruce, establece otro contacto que provoca la abertura de la barrera.

BARRETA f. Barra pequeña. ‖ Palanca pequeña de formas diferentes usada para demoler muros, separar dos piezas y otros casos en los que conviene multiplicar la fuerza de los brazos. ‖ Refuerzo interior del calzado.

BARRETEAR v. Reforzar o afianzar algo con barras. ‖ *Amer.* Abrir hoyos con la barra.

BARRETÓN m. *Min. Amer.* Pica o piqueta de minero.

BARRICA f. Tonel * para líquidos de capacidad variable y generalmente comprendida entre 200 y 250 litros.

BARRIDO m. *Electrón.* Galicismo por *exploración* *.
— *Mec.* Expulsión de los gases contenidos por un recinto. ‖ En los motores * de combustión de dos tiempos, fase del ciclo durante la cual se produce el escape de los gases de combustión y su reemplazamiento por mezcla carburante.

BARRIGA f. Parte más abultada de una vasija. ‖ Abultamiento o comba de un muro o de otra obra de fábrica vertical.

BARRIL m. *Carp.* Recipiente de madera para envasar líquidos o materias sólidas. (V. TONEL.)
— *Petr.* Medida de capacidad norteamericana (*barrel*) equivalente a 158,98 litros.

BARRILAJE o **BARRILAMEN** m. y **BARRILERÍA** f. Conjunto de barriles.

BARRILERÍA f. *Carp.* Tonelería.

BARRILETE m. *Carp.* Instrumento en forma de 7 que, en el banco del carpintero, sirve para asegurar el madero que se está labrando.
— *Comb.* Depósito por el cual pasa el gas de hulla al salir de los hornos de destilación y en el que, al enfriarse, desprende aguas amoniacales y la mayor parte del alquitrán que contiene.
— *Mar.* Especie de nudo complicado que se hace en torno de un cabo o de una pala para evitar que se corran.
— *Mec.* Pieza hueca que contiene el resorte de los relojes y mecanismos de relojería.

BARRILLA f. *Bot.* Nombre común de varias plantas salsoláceas (*Salsola soda,* y otras variedades) propias de los terrenos salados, cuyas cenizas, ricas en carbonato sódico, se usaban para producir sosa. ‖ Ceniza de estas plantas.
— *Min. Amer.* Mineral machacado y concentrado. ‖ Cobre nativo.

BARRO m. Masa de tierra y agua.
— *Cerám.* Masa con que se fabrican labores bastas de alfarería y loza: *el barro blanco es la arcilla figulina.* ‖ Cacharro o vasija hecho con la referida masa.

BARROTE m. Barra relativamente gruesa y corta. ‖ Barra o riostra para afianzar o asegurar algo.
— *Arq.* Balaustre delgado de los balcones y barandillas de escalera.
— *Calef.* Cada una de las barras de una parrilla que, en los hogares industriales, suelen ser amovibles.
— *Carp.* Palo que se pone entre los pies de una silla, mesa y otros muebles para afianzarlos y evitar que tomen juego en su asiento. ‖ Palo atravesado sobre las tablas de un tablero para darle a éste mayor cohesión. (V. ABARROTAR.)

BARROTÍN m. *Mar.* Traviesas dispuestas de bao a bao.

BARRUECO m. *Joy.* Perla de forma irregular.

BARTONENSE adj. y s. *Geol.* Dícese de un piso del eoceno que data de unos cincuenta millones de años, constituido esencialmente por una capa de un centenar de metros de arcilla.

BASA f. Base o fundamento que sirve de apoyo a una cosa.
— *Arq.* Asiento de una columna. ‖ Pedestal de una estatua.

BASADA f. *Mar.* Armazón dispuesta debajo del casco y sobre la cual baja el buque por la grada al ser botado.

BASAL adj. Relativo o perteneciente a la base.

BASÁLTICO, CA adj. *Geol.* De basalto. ‖ Semejante o parecido al basalto.

BASALTINA f. *Constr.* Pavimento muy resistente al desgaste mecánico y a la corrosión hecho con basalto machacado.

BASALTO m. *Geol.* Roca volcánica compuesta de feldespato, augita, olivina, magnetita y otros minerales obscuros.
— El *basalto* es una roca pesada (d = 3) y negra, que, al alterarse con el tiempo, se vuelve verdosa, parda o rojiza. Proviene de lavas que, por ser muy fluidas, se han extendido en capas extensas. Durante la solidificación, esta lava tiende a dividirse en prismas verticales que en algunos sitios han formado espléndidas columnatas.
El basalto constituye una piedra de construcción excelente, muy apropiada también para el empedrado en que se asientan los firmes y como balasto.

columnas prismáticas de **basalto**

BASAMENTO m. *Arq.* Planta baja con la fachada construida a modo de zócalo. ‖ Parte inferior de un edificio. ‖ Toda obra de sillares o de fábrica situada por debajo de la caña de las columnas.

BASAR v. Asentar una cosa sobre otra que le sirve de base.
— *Topogr.* Efectuar una serie de mediciones relacionándolas con una base de referencia.

BÁSCULA f. *Mec.* Dispositivo mecánico consistente en una palanca articulada de tal forma que sus brazos pueden levantarse y bajarse alternativamente, como en el balancín *: *mecanismo de báscula; movimiento de báscula.*
— *Metr.* Balanza de brazos desiguales, el más pequeño de los cuales soporta el peso de la carga puesta sobre una plataforma mientras que el otro tiene una pesa (cursor) que corre sobre una escala graduada en kilogramos e indica el peso de la carga cuando el astil se halla en equilibrio. En la balanza decimal el brazo mayor tiene un platillo en el cual se ponen pesas hasta obtener el equilibrio: el peso de la carga es diez veces mayor que el que representan las pesas.
Existen básculas impresoras que inscriben automáticamente el peso en un ticket y pueden pesar hasta vagones cargados.

BASCULADOR m. Dispositivo mecánico de los volquetes, vagones y otros vehículos que se descargan de una sola vez al bascular su caja sobre un eje horizontal. ‖ *Basculador circular,* bastidor cilíndrico dentro del cual se introduce y afianza una vagoneta cargada y con la cual gira, vertiendo así su contenido. ‖ *Basculador de vagones,* plataforma que, despues de haber sido afianzado en ella un vagón descubierto, se inclina con él hasta vaciar su contenido.

BASCULAR adj. Perteneciente o relativo a la báscula: *movimiento bascular.*

BASCULAR v. Bajar o subir, al cambiar el equilibrio, como los brazos de una balanza.

basculador circular

basculador de camión

Fot. Bouvry, Berliet, Lawrence

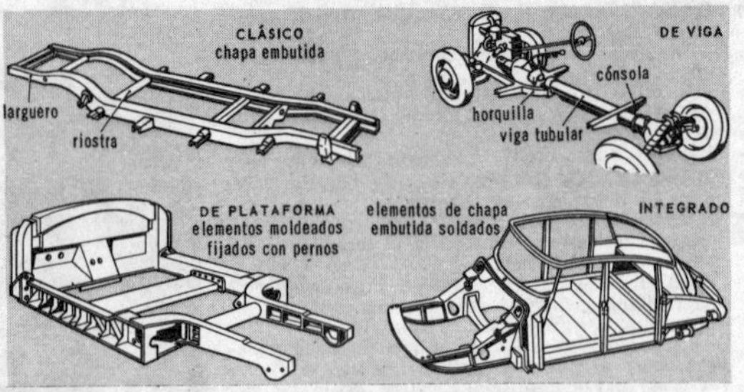

bastidor *(autom.)*

BASE f. Asiento definitivo sobre el cual descansa una cosa: *el zócalo sirve de base a la estatua.* ‖ Parte inferior de un cuerpo con la cual descansa sobre su soporte. ‖ Fundamento o principio en que estriba o se apoya una cosa.
— *Arq.* Basa, elemento inferior de una construcción: *la forma de la base de las columnas difiere de un estilo a otro.*
— *Art. gráf.* Pie de tipo * de imprenta. ‖ *Base de lámpara,* composición de un párrafo cuyas líneas, cada vez más cortas, centradas, le confieren la forma de trapecio invertido.
— *Electr.* En los enchufes de pared, el zócalo o parte que se fija al muro, provisto de dos o mas hembrillas en las que penetran las tomas de corriente de la clavija.
— *Expl.* Cada uno de los constituyentes esenciales de una pólvora sin humo, o sea de los que entran en su composición en proporción superior a 10 %.
— *Geom.* En una figura geométrica, cara o lado considerado como el más importante de todos y representado las más de las veces horizontalmente en el pie de la figura.
— Suelen considerarse como *bases* el lado desigual de los triángulos isósceles, los dos lados paralelos del trapecio, la cara de las pirámides que no es triangular, la cara que no es paralelogramo en un prisma, la superficie plana de los conos y cilindros, etc.
— *Mat. Base de un sistema de logaritmos,* v. LOGARITMO. ‖ *Base de un sistema de numeración,* v. NUMERACIÓN. ‖ *Base de una potencia,* cantidad afectada de un exponente y que se ha de tomar por factor tantas veces como lo indican las unidades del mismo.
— *Petr.* Tipo de petróleo bruto de composición característica: *se distinguen las bases aromática, asfáltica, nafténica y parafínica.*
— *Quím.* Cuerpo capaz de neutralizar un ácido al combinarse con él. ‖ *Base alcalina* o *alcalinotérrea,* aquella en la cual el metal es alcalino (litina, sosa, potasa) o alcalinotérreo (barita, cal, estronciana).
— La *función base* se caracteriza por un conjunto de propiedades: sabor de lejía, acción sobre los reactivos colorados (la base colora de azul el papel de tornasol rojo, de rojo la ftaleína y de amarillo el helianto), combinación con los ácidos acompañada de eliminación de agua, desprendimiento de calor y formación de una sal. La disolución de las bases da electrólitos y, por ionización, iones OH—. (V. ÁCIDO). Si la ionización es total se tienen *bases fuertes,* como la sosa, potasa y barita; si es parcial, son *bases flojas.*
— *Radiot. Base de tiempo,* dispositivo regulador de la exploración de la imagen de televisión por el tubo analizador de la cámara tomavistas y por el tubo catódico del aparato receptor: *sin base de tiempo no existiría sincronismo entre ambas exploraciones y la recepción de imágenes coherentes sería imposible.*
— *Topogr.* Segmento rectilíneo y sensiblemente horizontal que se mide directamente en el terreno con sumo cuidado y precisión, pues sirve de referencia y punto de partida para una serie de medidas de triangulación o agrimensura efectuadas con métodos menos precisos.
— Las *bases* suelen medirse con una precisión del orden de la millonésima parte de la distancia con hilos o cintas de invar * de 24 m fuertemente tendidos por un contrapeso de 10 kg.

BASICERINA f. *Miner.* Fluocarbonato natural de cerio y lantano. (Sinón. BASTNAESITA.)

BASICIDAD f. *Quím.* Propiedad de los cuerpos que actúan como bases en las combinaciones químicas.

BÁSICO, CA adj. *Miner.* Dícese de la roca endógena que contiene menos de 55 % de sílice.
— *Metal.* Dícese de los hornos y convertidores revestidos con cal, dolomía o magnesia. (V. CONVERTIDOR.)
— *Quím.* Relativo o perteneciente a las bases. ‖ Dícese de las sales que, comparadas con las sales normales, contienen exceso de base por haber entrado en su formación mayor cantidad de esta que la que correspondía a la del ácido presente.

BASIFICACIÓN f. *Quím.* Paso de un cuerpo al estado de base.

BASTARDA f. *Art. y of.* Lima para alisar usada por los cerrajeros.

BASTARDILLO, LLA adj. y s. *Art. gráf.* Dícese de la letra de imprenta que imita a la de mano.

BASTIDOR m. *Autom.* Armazón que soporta la carrocería del automóvil y en el cual se fija el motor. ‖ Vehículo automóvil en estado de funcionar, pero desprovisto de carrocería. (OBSERV. En este sentido se le da comúnmente el nombre de *chasis.*)
— *Carp.* Armazón de maderos que sirven de apoyo o soporte a otros elementos: *el bastidor de un ventanal, de un tabique, etc.* ‖ *Sierra de bastidor,* v. SIERRA.
— *Mec.* Estructura metálica, rígida y resistente, que sirve de apoyo y asiento a los distintos órganos de una máquina. ‖ Bancada de una máquina herramienta.

BASTNAESITA o **BASTNESITA** f. *Miner.* Basicerina.

BASUCA f. o **BASUCO** m. *Mil.* Bazooka.

BASURA f. Inmundicias o desperdicios caseros, urbanos o industriales.
— Las *basuras industriales* consisten muchas veces en desperdicios de materias primas o manufacturadas que pueden aprovecharse de nuevo. Las *basuras domésticas* de las grandes ciudades han planteado problemas higiénicos que hoy tienen soluciones prácticas. Existen instalaciones que constan de separadores de materias orgánicas e inorgánicas y de hornos en los que la combustión de las primeras, previamente trituradas, produce energía térmica aprovechable y cenizas que se venden como fertilizante o se usan para fabricar abonos compuestos.

BATALLA f. Distancia que media entre los ejes delantero y trasero de un vehículo de cuatro ruedas.

BATALLOL m. *Mar.* Botalón de foque de los faluchos y embarcaciones similares.

BATÁN m. Máquina para batir cueros, paños y otras materias. ‖ *Amer.* Muela para trigo. ‖ *Amer.* Tintorería.
— *Curt.* Los *batanes* son unos bombos o tambores giratorios, provistos interiormente de clavijas, en los cuales la remoción enérgica de las pieles en presencia de materias curtientes reduce considerablemente el tiempo necesario para consumar su curtición. Para engrasar las pieles o aplicarlas algún tratamiento se usan estos mismos aparatos, o bien batanes de mazos movidos mecánicamente

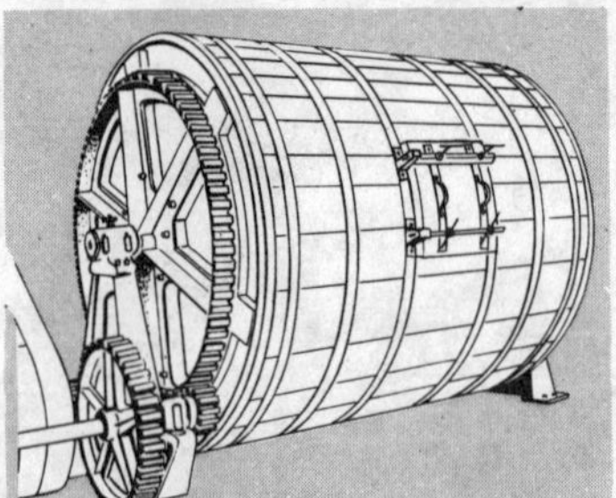

batanes
de tambor
y de mazos
(curt.)

y que, por percusión, hacen penetrar el aceite en todo el espesor del cuero.
— *Text.* En los *batanes primitivos,* generalmente movidos por la fuerza hidráulica, unos mazos pesados golpean el paño empapado de agua con tierra de batán (greda). Hoy se usan *batanes de mazos pequeños* solamente para tratar en reducida escala tejidos delicados. Consisten en una cuba de madera que contiene el tejido y la solución jabonosa y una serie de mazos movidos por excéntricas que los levantan y los dejan caer alternativamente sobre la tela.
El tipo de máquina generalmente adoptado en la actualidad es el *batán de cilindros,* constituido por una caja dentro de la cual giran dos cilindros de madera fuertemente apoyados uno contra el otro. Con varias piezas de paño cosidas por sus extremos se forma una tela sin fin que, embebida de producto jabonoso, es arrastrada y prensada por los cilindros. (V. BATANADO.)
También se llaman batanes unas máquinas que completan la acción de las abridoras * y reúnen en rollos de guata las fibras textiles limpias y peinadas.

BATANADO m. o **BATANADURA** f. *Curt.* y *Text.* Tratamiento de los cueros y tejidos en los batanes. (V. BATÁN.)
— El *batanado* se funda en la propiedad que tienen las fibras de lana de afeltrarse, es decir, de unirse entre sí al imbricarse sus escamas. Esta unión es facilitada por el calor, la presión y la fricción, sobre todo en presencia de agentes químicos apropiados.
Durante el batanado, las fibras se juntan, los hilos se aprietan y el tejido, que es por naturaleza laxo, se encoge en todos los sentidos y cobra así cuerpo y consistencia. Las fibras superficiales se entrecruzan y, al aplastarse, forman una capa más o menos tupida que cubre la trama del tejido, transformándolo en paño.
Si el tejido que se abatana es mojado simplemente con agua, se obtiene un enfeltrado imperfecto, que es el del género llamado franela. Con el empleo de soluciones jabonosas y según la duración del batanado, se elabora todo un surtido de paños medios y gruesos. Las soluciones ácidas dan paños tan enfeltrados que más bien son fieltros que tejidos. (V. BATÁN.)

BATANAR v. Golpear o batir cueros o tejidos en los batanes. (V. BATÁN Y BATANADO.)

BATE m. *F. c.* Zapapico de punta y martillo que sirve para apretar el balasto debajo de las traviesas.

BATEA f. *F. c.* Vagón descubierto con la plataforma provista de un borde muy bajo.
— *Mar.* Bote de formas angulosas usado en los puertos y canales.

BATEAGUAS m. *Carp.* Todo dispositivo destinado a impedir la entrada del agua de lluvia por los intersticios de una obra de carpintería. (V. VENTANA.)

BATEL m. *Mar.* Bote, embarcación pequeña.

BATERÍA f. Serie de aparatos que se completan o suman sus acciones: *una batería de filtros.*
— *Art. gráf. Batería de rodillos,* serie de rulos, de diámetros diferentes, que sirven para distribuir uniformemente la tinta a la forma.
— *Electr. Batería eléctrica, batería de acumuladores,* v. ACUMULADOR Y ACOPLAMIENTO. ‖ *Batería seca,* v. PILA *seca.* ‖ *Batería solar,* v. FOTOELECTRICIDAD Y FOTOVOLTAICO.

BATHOLITO m. *Geol.* Batolito.

BATHONIENSE adj. y s. *Geol.* Batoniense.

BATI, prefijo derivado del gr. *bathus,* que significa *profundo* y entra con este sentido en muchas voces científicas, especialmente en oceanografía.

BATIAL adj. *Ocean.* Dícese de las profundidades correspondientes al talud continental, de 200 a 2 000 ó 3 000 m, entre las abisas y la región nerítica.

BATIC m. Procedimiento para decorar tejidos, cueros y otras materias cubriendo su superficie con cera y grabando en ella el dibujo en forma de surcos por los que el tinte llega hasta las fibras (la cera sobrante se disuelve con bencina).

BATIDERA f. *Art. y of.* Pala de hierro que forma un ángulo agudo con su mango y sirve para mezclar los componentes de un mortero, remover tierras y otros usos.

BATIDERO m. *Mar.* Refuerzo cosido en una vela, y, en general, refuerzo de madera u otra materia que se pone en los puntos donde una cosa se halla repetidamente golpeada o batida por otra.

BATIDO, DA adj. y s. Acción y efecto de batir.
— *Metal. Oro batido,* v. BATIR.

BATIDOR, RA adj. y s. Que bate o sirve para batir: *un batidor de oro; máquina batidora.*

BATIENTE m. *Carp.* Parte del marco en que baten las puertas y ventanas al ser cerradas. ‖ Hoja de la puerta.
— *Mar.* Parte de la costa, de un malecón u otras construcciones que es batida por las olas.

BATIMETRÍA f. *Ocean.* Arte de medir las profundidades marinas. (V. SONDEO Y OCEANOGRAFÍA.)

BATIMÉTRICO, CA adj. *Ocean.* Relativo o perteneciente a la batimetría. ‖ *Carta batimétrica,* carta que representa el fondo submarino y en la cual las cotas de las curvas de nivel se expresan en valores negativos a partir de la superficie del mar.

BATÍMETRO m. *Ocean.* Instrumento propio para medir la profundidad del mar.

BATIR v. Golpear repetidamente una cosa. ‖ Agitar o remover algo para mezclar sus componentes u obtener algún otro efecto.
— *Art. gráf.* Ajustar las resmas de papel que acaban de hacerse. ‖ Golpear los pliegos de un

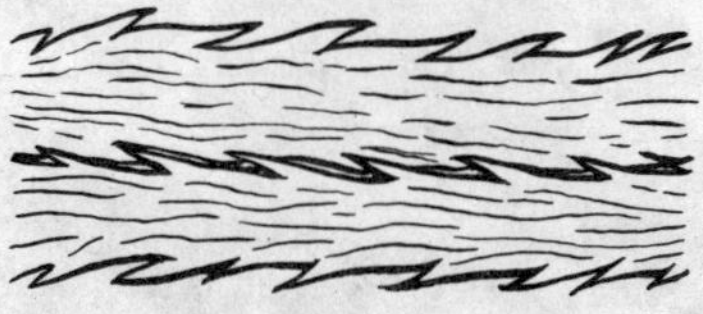

batanado
de las fibras de lana

volumen antes de encuadernarlo para hacer desaparecer el resalto de la impresión y obtener un tomo menos grueso.
— *Constr.* Golpear el ladrillo para asentarlo convenientemente antes de que endurezca el mortero.
— *Metal.* Acuñar moneda. ‖ Martillar en frío los metales para reducirlos a chapa. ‖ Batir el oro, reducirlo a hojas finísimas que se usan para dorar.
— El batidor de oro parte de una cinta de un milímetro de espesor obtenida por laminado. Superpone 24 trozos de la misma y bate la pila hasta reducir el espesor de las hojas al del papel de seda. Vuelve a constituir una nueva pila con 56 hojas de éstas, separadas por pergaminos, y la golpea sobre un bloque de mármol pulido. Cuando las hojas de oro, al estirarse, sobresalen del pergamino, las corta en cuatro partes y vuelve a constituir otra pila de 112, y así sucesivamente. Finalmente, se obtienen panes de oro que solamente miden una diezmilésima de mm de espesor.

BATIREÓMETRO m. *Ocean.* Instrumento que mide y registra continuamente la dirección y velocidad de las corrientes submarinas.

BATÍSCAFO m. *Ocean.* Aparato autónomo de exploración submarina con el cual se pueden efectuar observaciones en las abisas más profundas de los océanos.
— Aparentemente el *batíscafo* difiere poco de un submarino. En realidad ambos se fundan en principios muy diferentes y su estructura nada tiene de común. Esencialmente el batíscafo funciona en el seno del agua como un globo en la atmósfera y, lo mismo que éste, consta de una envoltura llena de un fluido (gasolina), más ligero que el fluido ambiente (agua) y de una barquilla esférica, para los tripulantes, capaz de resistir a las enormes presiones que reinan en las abisas.
La maniobra se efectúa como sigue: dado que la gasolina es mucho menos densa que el agua, el batíscafo tiende, naturalmente, a ascender en ésta y flota en su superficie. Para descender, el piloto provoca la expulsión de una pequeña cantidad de gasolina: como ésta es reemplazada automáticamente por agua, el batíscafo aumenta de peso, hasta que inicia lentamente su descenso. A medida que aumenta la presión ésta comprime la masa de gasolina de la envoltura y el agua ocupa

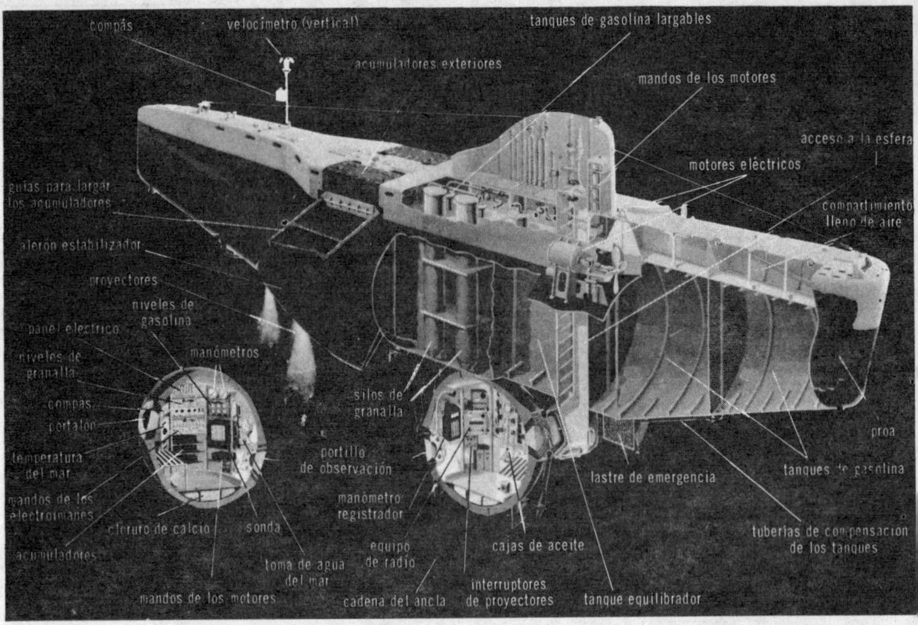

batíscafo

un volumen mayor en ella, con lo cual se acelera el movimiento de descenso. Para frenarlo, el piloto interrumpe la corriente de los electroimanes, que mantienen cerradas unas tolvas llenas de limaduras de hierro, y al caer la cantidad requerida de este lastre, se aligera el batíscafo. Así puede no solamente frenarse su descenso, sino también inmovilizarlo entre dos aguas y, soltando bastante lastre, volver a la superficie. Por lo demás, en caso de interrumpirse accidentalmente la corriente eléctrica que alimenta los electroimanes, todo el lastre se pierde y el aparato sube automáticamente a la superficie.

La envoltura del batíscafo, contrariamente a la de los submarinos, es de chapa delgada, pues los depósitos de gasolina comunican con el mar por su parte inferior y, por consiguiente, la presión que reina en el interior de los mismos y en el agua es siempre la misma y las paredes no soportan ningún esfuerzo en este sentido. Por el contrario, la barquilla ha de poder resistir a presiones de hasta 1 100 kg/cm². Dentro de esta estrecha esfera se hallan todos los mandos del batíscafo, instrumentos científicos, equipo fotográfico, etc., así como la reserva de oxígeno y de substancias absorbentes de la humedad y del gas carbónico espirado por los tripulantes. Varios dispositivos de seguridad sueltan automáticamente la limadura de las tolvas y otros lastres de socorro en caso de peligro (inmersión demasiado duradera, entrada de agua por las juntas de la esfera, avería en el circuito eléctrico, etcétera).

batitermógrafo

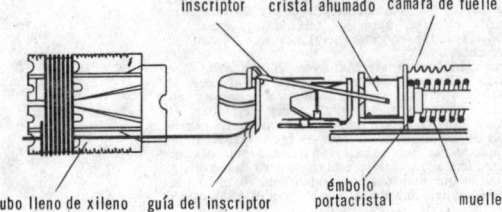

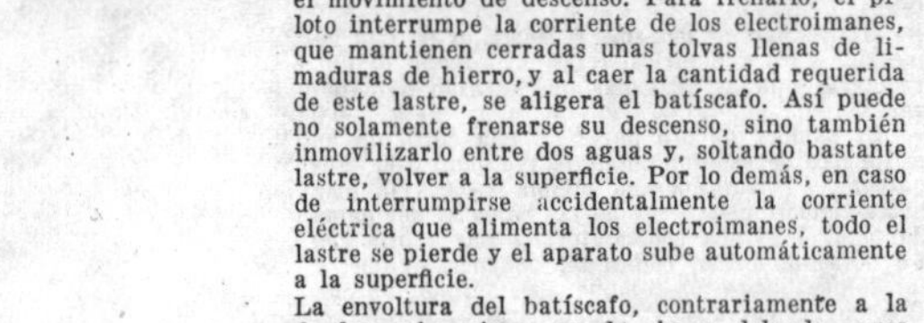

La propulsión horizontal del batíscafo se obtiene con dos motores eléctricos de poca potencia. El batíscafo es el único aparato que permite al hombre estudiar directamente, a través de su espesa portilla, el seno de los océanos y la inmensidad de los fondos vírgenes.

BATISFERA f. *Ocean.* Barquilla esférica provista de una portilla y capaz de resistir presiones muy fuertes, que, sujeta con un cable, se bajaba hasta un millar de metros de profundidad, ocupada por un observador para efectuar estudios oceanográficos: *la batisfera ha sido reemplazada ventajosamente por el batíscafo.*

BATISTA f. *Text.* Tela de lino blanca y brillante, la más fina y tupida que se fabrica con esta fibra, usada para pañuelos y ropa interior. ‖ *Batista de algodón,* tela de algodón, tupida y mercerizada, que imita la batista verdadera y tiene los mismos usos. ‖ *Batista de seda,* tejido especial de seda, a imitación de la *batista de lino,* usado para fajas, sostenes y ropa interior para señoras.

BATITERMÓGRAFO m. *Metr.* y *Ocean.* Instrumento para medir la temperatura del agua hasta unos 200 ó 300 m de profundidad.

— El *batitermógrafo* consta de dos elementos: una cámara en forma de fuelle, que se contrae más o menos, según la presión, y cuyo fondo arrastra un cristalito ahumado; un tubito lleno de xileno, que se dilata o contrae con los cambios de temperatura y obra sobre un estilete que se mueve sobre la superficie ahumada del cristal. El estilete traza, por consiguiente, una huella con una ordenada longitudinal correspondiente a la profundidad y otra transversal que indica la temperatura.

BATOCHAR v. *Art. y of.* Efectuar la mezcla de pelos que se ha de utilizar en la fabricación de una clase determinada de sombreros.

BATOLITO m. *Geol.* Masa de magma o roca fundida que se ha solidificado en el subsuelo en forma de cúpula: *la erosión deja al descubierto los batolitos poco profundos.*

BATÓMETRO m. *Ocean.* Batímetro.

BATONIENSE adj. y s. *Geol.* Uno de los pisos intermediarios del período jurásico, cuyos terrenos datan de unos 125 millones de años. (Sinón. BATHONIENSE.) [V. ESTRATIGRAFÍA.]

BAUD m. *Telec.* Unidad de velocidad que se toma como referencia en las comunicaciones telegráficas correspondiente a la transmisión de un intervalo o punto Morse por segundo.

BAUDOT m. *Telec.* Aparato telegráfico que permite multiplicar considerablemente el número de telegramas transmisibles por un solo hilo. (V. TELÉGRAFO.)

BAUMÉ m. Areómetro* de Baumé. ‖ *Grado Baumé,* v. AREÓMETRO.

BAUPRÉS m. *Mar.* Palo más o menos horizontal, fijado en la proa del barco y prolongado por el botalón.
— El *bauprés* puede ser horizontal o hallarse inclinado de hasta 25° y sirve para asegurar los foques y otras velas dispuestas entre éstos y el primer mástil del barco.

BAUXITA f. *Miner* Sesquióxido hidratado de aluminio, mena explotada casi exclusivamente para fabricar dicho metal.
— La *bauxita* es más bien una mezcla compleja de minerales que difiere de un yacimiento a otro y se compone esencialmente de hidratos de alúmina, boehmita, diásporo, gibbsita, etc.
Además de su uso principal, que es la producción de aluminio (v. ALÚMINA), se emplea, previamente calcinada, como materia refractaria, pues funde a 2 050°. También se usa en las refinerías para purificar ciertos derivados del petróleo.

BAUZA f. *Carp.* Madero sin labrar, de unos tres metros de largo.

BAYADERA f. *Text.* Nombre genérico de los tejidos que tienen listas de través, o sea en el sentido de la trama, de colores más o menos vistosos.

BAYETA f. *Text.* Tela de lana de textura floja y grosera que se usa para fregar suelos, hacer filtros y muchas otras aplicaciones industriales.

BAYETÓN m. *Text.* Especie de bayeta gruesa y de mucho pelo que sirve para prendas de abrigo.

BAYOCIENSE adj. y s. *Geol.* Dícese de un piso del terreno jurásico que data de unos 130 millones de años. (Sinón. BAJOCIENSE.)

BAYÓN m. *Text.* Especie de espadaña* que se teje con fibras de buri* y sirve para hacer embalajes y esteras.

BAYONA f. *Mar.* Espadilla.

BAYONETA f. Arma blanca que se afianza en el cañón del fusil.
— *Electr. Casquillo de bayoneta, portalámparas de bayoneta,* v. CASQUILLO y PORTALÁMPARAS.

BAZOOKA, BAZUCA o **BAZUCO** m. *Arm.* Lanzacohetes* de corto alcance usado contra los tanques, constituido por un simple tubo provisto de un órgano que dispara eléctricamente proyectiles autopropulsados de carga hueca.

Be, símbolo químico del *berilio* o *glucinio.*

Bé, símbolo que, precedido del símbolo de grado (°), corresponde al *grado Baumé*: el electrólito de los acumuladores de plomo mide entre 24 y 28° Bé.*

BEATRIZ f. *Text.* Tela de algodón de brillo intenso por una cara fuertemente calandrada, que se usa como forro de sastrería. ‖ Tejido con trama de algodón y urdimbre de rayón que tiene los mismos usos y ha reemplazado casi por completo al anterior.

BEAUFORT (*Escala de*), escala universalmente adoptada en meteorología para medir la fuerza del viento.

BEBEDERO m. *Agr.* Vasija especial para que beban los animales. ‖ Abrevadero*.
— *Metal.* Agujero ensanchado a modo de embudo que se deja en los moldes para vaciar en ellos el metal fundido.

BEBIDA f. V. AGUA, DESTILACIÓN, EMBOTELLADO y los artículos que, en su nombre respectivo, corresponden a las principales bebidas fabricadas industrialmente.

BECERRO m. *Curt.* Piel curtida de la res bovina de menos de dos años.
— La mayor parte de las *pieles de becerro* se curten hoy al cromo. Su flor es teñida y acabada de acuerdo con el uso a que se destina la piel (también llamada comercialmente *box-calf*), aunque generalmente se emplea para fabricar palas y cañas de zapatos.

BECQUERELITA f. *Miner.* Óxido natural del uranio hidratado.

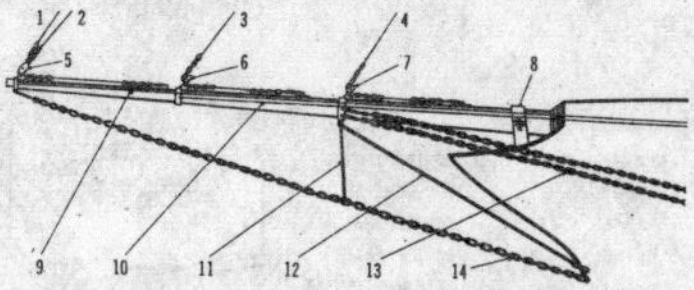

bauprés. 1 a 4. Maniobras durmientes; 5 a 7. Fijación de los foques; 8. Ligazón con el espolón; 9 y 10. Mostachos; 11. Moco; 12. Barbiquejo; 13. Mostachos; 14. Maniobras durmientes del botalón

BEDANO m. *Art. y of.* Escoplo más espeso que ancho.
— *Carp.* Los *bedanos* son más estrechos que los formones y tienen un mango más duro. Úsanse especialmente para labrar muescas o cajas de espiga.

BEGOHMIO m. *Electr.* Unidad de resistencia eléctrica equivalente a mil millones de ohmios.

BEIDELLITA f. *Miner.* Silicato natural de aluminio hidratado, variedad de arcilla.

BEIGE adj. y s. *Text.* Galicismo, muy común en el ramo textil, por *crudo*: *seda beige* (por cruda); *vestido beige* (o sea crudo, del color amarillento de la lana bruta).

BEL m. *Acúst.* Unidad para medir las variaciones de la potencia sonora: *dos potencias difieren de un bel cuando una de ellas es diez veces superior a la otra.*

BELGA adj. *Arq. Aparejo belga,* v. APAREJO.
— *Obr. públ. Método belga,* v. TÚNEL.

BELINÓGRAFO m. *Telec.* Aparato que permite la transmisión por hilo telefónico o por radio de fotografías, dibujos, textos y otras imágenes fijas.
— El *belinógrafo* funciona como sigue: el documento que se ha de transmitir se arrolla en un cilindro que, además de girar lentamente, se mueve longitudinalmente. Sobre dicha imagen se proyecta un finísimo haz luminoso que, reflejado por ella, hiere una célula fotoeléctrica. En virtud de los dos movimientos del cilindro, el haz luminoso barre o explora todos los puntos de la imagen: cuando pasa por un punto negro, la luz no es reflejada y la célula no da ninguna corriente; por el contrario, cuando es blanco, la célula da una corriente relativamente intensa. Se desprende de lo antedicho que las medias tintas o grises de la imagen darán una corriente intermediaria, proporcional a su matiz.
La corriente de la célula, debidamente amplificada, es transmitida por una línea telefónica, o bien por radio, hasta el aparato receptor. Éste consta de un cilindro idéntico al primero y animado de los mismos movimientos, sobre el cual se ha enrollado un papel fotográfico virgen. Con la corriente recibida se obtiene un haz luminoso de intensidad variable que impresiona la emulsión proporcionalmente a los matices del original. Una fotografía de 13 × 18 cm se transmite en cinco minutos, pero se puede obtener

bazuco

escala de Beaufort

GRADO BEAUFORT	VELOCIDAD km/h	EFECTOS DEL VIENTO
0	hasta 1	Calma. El humo se eleva verticalmente
1	1 a 5	Brisa. El viento inclina el humo
2	6 a 11	Flojito. Percepción del viento en el rostro
3	12 a 19	Flojo. Agitación de las hojas
4	20 a 28	Bonancible. El viento levanta polvo
5	29 a 38	Fresquito. Formación de olas en los lagos
6	39 a 49	Fresco. Agitación del ramaje
7	50 a 61	Muy fresco. El viento dificulta la marcha
8	62 a 74	Frescachón. El viento quiebra ramas
9	75 a 88	Duro. El viento arranca tejas
10	89 a 102	Muy duro. Tempestad con daños importantes
11	103 a 117	Huracanado. Graves estragos
12	más de 117	Huracán. Tempestad catastrófica

Fot. U. S. I. S.

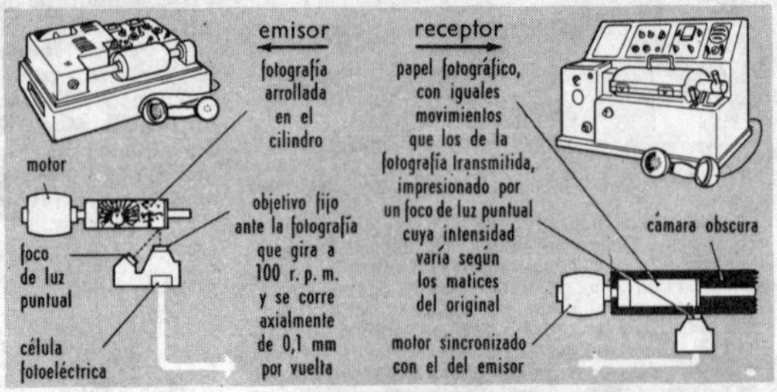

funcionamiento del **belinógrafo**

belinógrafo emisor

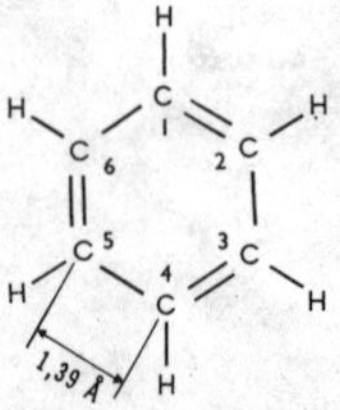

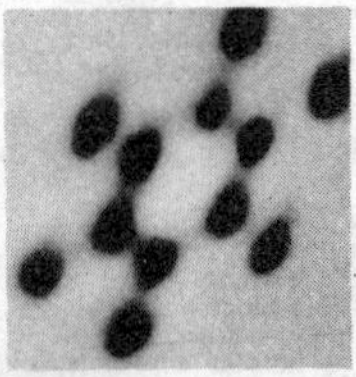

representación de la molécula de **benceno** y núcleo **bencénico** en la molécula de hexametilbenceno (diagrama obtenido con rayos X)

una transmisión mucho más rápida mediante la reducción de su tamaño.
Existen distintas técnicas inspiradas en este mismo principio y designadas con nombres diferentes: facsímile *, fototelegrafía *, etc. Estas técnicas se usan principalmente en la prensa (transmisión rápida de fotografías de actualidad o *belinogramas*), la difusión de cartas meteorológicas, etc.

BELINOGRAMA m. *Telec.* Imagen transmitida con el belinógrafo* por una línea telefónica o por ondas hertzianas.

BELIO m. *Acúst.* Bel.

BELITA f. Silicato bicálcico, con pequeñas proporciones de alúmina o de magnesia, uno de los constituyentes de las clincas de cemento portland artificial.
— *Expl.* Mezcla explosiva de nitrato de amonio (80 %) y *di* o *trinitrobenceno* (20 %).

BELVEDERE m. *Arq.* Mirador en lo alto de un edificio. ‖ Construcción ligera hecha en un jardín o en otros sitios desde los cuales se goza de una vista hermosa sobre el paisaje.

BELLOTE m. *Carp.* Clavo grande de cabeza en forma de cascabillo de bellota.

BENCEÍNA f. *Quím.* Nombre genérico de los compuestos que se obtienen haciendo obrar el fenilcloroformo sobre los fenorles: *las benceínas tienen brillo metálico y color rojo.*

BENCÉNICO, CA adj. *Quím.* Dícese de los compuestos que guardan alguna relación o semejanza con el benceno: *el núcleo bencénico conserva su integridad en el curso de muchísimas reacciones químicas.* ‖ *Carburos bencénicos,* v. HIDROCARBURO.

BENCENO m. *Quím.* Carburo de hidrógeno de fórmula C_6H_6, que es el más sencillo de todos los hidrocarburos cíclicos. (Sinón. BENZOL y BENCINA.)

OBSERV. El uso de *benzol* y *bencina* como sinón. de *benceno* se presta a no pocas confusiones, pues ambas voces designan con más propiedad dos hidrocarburos diferentes.

— El *benceno* es un líquido incoloro, menos denso que el agua (d = 0,884), que hierve a 80,4° y se solidifica a 5,4°. Es casi insoluble en el agua, soluble en el alcohol y el éter, y disuelve muchísimas substancias, especialmente las materias orgánicas. Es inflamable y sus vapores forman una mezcla detonante con el aire.
El benceno es un carburo de cadena cerrada: su molécula tiene la forma de un hexágono regular, llamado núcleo bencénico, constituido por seis átomos de carbono (de cuyos seis enlaces tres son dobles) y seis átomos de hidrógeno fijados en los del carbono. Cada átomo de hidrógeno puede ser reemplazado por un átomo diferente o bien por un grupo de átomos: así, en torno al núcleo bencénico se puede formar una infinidad de compuestos químicos, muchos de los cuales tienen importancia considerable.
El benceno se extrae del alquitrán de hulla (v. BENZOL) y del petróleo (v. BENCINA). Por lo demás, la misma refinería lo usa como solvente o base en la elaboración de la gasolina de aviación. La industria petroquímica lo usa también como primera materia de una infinidad de productos, entre los cuales figuran los siguientes: Nylón, caucho sintético, detergentes, colorantes, insecticidas, etc.

BENCENOSULFÓNICO, CA adj. *Quím.* Dícese de un ácido, obtenido por la acción del ácido sulfúrico sobre el benceno, cuya sal de sodio permite fabricar fenol.

BENCIDINA f. *Quím.* Base orgánica, derivada del bifenilo, de fórmula $NH_2 — C_6H_4 — C_6H_4 — NH_2$.
— La *bencidina* se fabrica tratando con ácido el hidrazobenceno. Es una substancia importante, pues, combinada con una amina o un fenol, da un colorante que tiñe el algodón sin mordiente: rojo Congo, amarillo Congo, crisamina, etc. (V. AZOICO.)

BENCIL, prefijo químico que indica la presencia del radical bencilo en una molécula.

BENCILAMINA f. *Quím.* Amina que se obtiene al reemplazar uno o varios átomos de hidrógeno del amoniaco por otros tantos radicales bencilo.

BENCÍLICO, CA adj. *Quím.* Dícese de un ácido alcohol de fórmula parecida a la de la benzoína.

BENCILIDENO m. *Quím.* Radical bivalente de fórmula $C_6H_5 — CH =$.

BENCILO m. *Quím.* Radical monovalente de fórmula $C_6H_5 — CH_2 —$. ‖ Dicetona obtenida por oxidación nítrica de la benzoína.
— El *radical bencilo* da muchos compuestos, especialmente *cloruro de bencilo* (que sirve para fabricar ácido benzoico); *bromuro de bencilo* (uno de los gases de guerra lacrimógenos), *yoduro, cianuro, sulfuro, acetato.* El *benzoato de bencilo* se usa en perfumería para disolver los almizcles artificiales.

BENCINA f. *Quím.* Mezcla de hidrocarburos que se obtiene mediante rectificación del benzol*. ‖ Fracción ligera de la destilación del petróleo, también llamada *ligroína* y *benzol de petróleo.* ‖ Nombre que se dio primitivamente al *benceno**. ‖ Nombre que se da también a la *gasolina.* (OBSERV. El uso de la voz *bencina* en estos dos últimos sentidos es censurable, pues induce a errores.)
— La *bencina* se usa como solvente, quitamanchas y combustible para motores de explosión.

BENCINDULINA f. *Quím.* Aposafranina.

BEN-DAY m. *Art. gráf.* Procedimiento de fotograbado que permite sombrear un dibujo de pluma con puntos, rayas, etc., mediante placas de gelatina que los tienen en relieve.

BENEFICIABLE adj. *Min.* Dícese del yacimiento que puede ser explotado industrialmente.

BENEFICIAR v. *Min.* Extraer los minerales de un yacimiento.

BENEFICIO m. *Min.* Acción de beneficiar o explotar un yacimiento de minerales útiles: *beneficio por retroceso y atierre.* (V. MINA.)

BENGALA f. *Expl.* Fuego de artificio consistente en una mezcla de azufre, nitrato de potasio, sulfuro de antimonio y otras substancias, que arde con una llama viva, de hermosos colores.

BENGALINA f. *Text.* Tela suave con urdimbre de seda cruda y trama de algodón o lana.

BENJUÍ m. Substancia balsámica, rica en ácidos benzoico y cinámico, que se extrae de varias plantas estiracáceas: *el benjuí se usa como medicamento, y en perfumería, para fijar los olores.*

BENTO, prefijo derivado del griego *benthos,* que significa *profundidad* y entra en la composición de voces relativas al fondo de los océanos.

BENTÓGENO, NA adj. *Ocean.* Dícese de los sedimentos marinos constituidos esencialmente por la acumulación de algas y los restos de animales sedentarios (pólipos, ostras, etc.).

BENTÓGRAFO m. *Ocean.* Esfera resistente a presiones muy grandes, que permite obtener fotografías en las profundidades abisales.

Fot. Ets Belin, X.

BENTONITA f. *Miner.* Arcilla esméctica dotada de gran poder descolorante.
— La *bentonita* es descolorante y absorbente (absorbe hasta 10 veces su propio volumen de agua). Se usa en metalurgia, en las refinerías de petróleo, fábricas de jabón, y en la preparación de colores y barnices, etc.

BENZALDEHÍDO m. *Quím.* Aldehído de fórmula C_6H_5 — CHO presente en las almendras amargas pero fabricado industrialmente por varios procedimientos, especialmente por combinación del óxido de carbono con el benceno. (Sinón. ALDEHÍDO BENZOICO.)
— El *benzaldehído* se emplea en perfumería y en la industria de materias colorantes (especialmente para preparar el verde malaquita). Es muy oxidable y, puesto en contacto con el aire, da ácido benzoico.

BENZAMIDA f. *Quím.* Amida del ácido benzoico preparada a partir del cloruro de benzoilo: *la benzamida da benzonitrilo por deshidratación y anilina mediante acción del bromo y de la sosa.*

BENZAURINA f. *Quím.* Colorante perteneciente al grupo del trifenilmetano, que, disuelto en los álcalis, toma un color rojo subido.

BENZAZURINA f. *Quím.* Colorante derivado de la ortoanisidina, que tiñe el algodón de azul.

BENZILO m. *Quím.* Bencilo.

BENZO, prefijo químico que indica una relación entre un compuesto y el benceno (*benzoquinona*, por ej.) o el ácido benzoico (*benzofenona*). || Prefijo que señala la substitución de dos átomos de hidrógeno en un núcleo bencénico: *el naftaleno es un benzobenceno.*

BENZOATO m. *Quím.* Sal producida por la combinación del ácido benzoico con una base: *los benzoatos son muy usados en medicina.*

BENZOFENONA f. *Quím.* Cetona del ácido benzoico obtenida por la acción del cloruro de benzoilo sobre el benceno.

BENZOFLAVINA f. *Quím.* Colorante amarillo del grupo de la acridina, que se usa para teñir fibras textiles.

BENZOFURANO m. *Quím.* Cumarona.

BENZOICO, CA adj. *Quím.* Dícese de un ácido de fórmula C_6H_5 — CO_2H presente en el benjuí y fabricado a partir del benzaldehído*, cloruro de bencilo u otros compuestos.

BENZOILACIÓN f. *Quím.* Operación consistente en introducir el radical benzoilo en una molécula.

BENZOILO m. *Quím.* Radical monovalente de fórmula C_6H_5 —CO— derivado del ácido benzoico por supresión del hidroxilo: *el cloruro de benzoilo se usa para preparar muchos compuestos bencénicos.*

BENZOÍNA f. *Quím.* Cetona alcohol del benzaldehído: *la condensación de la benzoína tratada con ácido agállico da el colorante llamado amarillo de benzoína.*

BENZOL m. *Quím.* Producto de la destilación del alquitrán de hulla, constituido por la mezcla de todas las fracciones que se evaporan a menos de 170°. || Nombre que también se da al *benceno**.
— El *benzol bruto* contiene benceno, tolueno y xileno. Es uno de los productos secundarios de la fabricación del gas de alumbrado, y se extrae no solamente del propio gas, sino también de su alquitrán. El benzol bruto se lava y se rectifica para separar sus componentes. El *benzol rectificado,* también llamado *bencina,* es un combustible muy bueno y energético (10 000 calorías por kilogramo).

BENZOPURPURINA f. *Quím.* Nombre genérico de los colorantes azoicos substantivos obtenidos por copulación a partir de la anisidina o la tolidina.

BERBIQUÍ m. *Art. y of.* Taladro de mano a modo de manubrio, en el cual pueden montarse diversas clases de barrenas, especialmente para madera. (V. TALADRADORA.)
— *Autom.* Instrumento de forma parecida al berbiquí de taladrar, que, en vez de barrena, tiene una llave y sirve para aflojar o asegurar las tuercas, especialmente al desmontar y montar las ruedas de los automóviles.

BERGAMIOL m. *Perf.* y *Quím.* Nombre dado al *acetato de linalilo,* perfume de bergamota artificial.

BERGAMOTA f. *Bot.* y *Perf.* Fruto del bergamoto (*Citrus bergamia*).
— La *bergamota* es una especie de lima pequeña, muy aromática, de cuya pulpa se extrae la *esencia de bermagota* usada en la elaboración de agua de Colonia y otros productos de perfumería.

BERGANTÍN m. *Mar.* Barco de dos palos con velas en cruz, estayes y foque. || *Bergantín goleta,* barco que tiene en el primer palo (trinquete) velas cruzadas, y en el segundo, que suele ser el palo mayor, un aparejo de goleta *. (V. VELERO.)

BERGINIZACIÓN f. *Petr.* Procedimiento para obtener gasolina a partir de hidrocarburos pesados.
— La *berginización* consiste en calentar los hidrocarburos pesados a la temperatura de 400° en presencia de hidrógeno y de un catalizador (óxido de hierro).

BERILIO m. *Quím.* Elemento químico de número atómico 4 y símbolo Be. (Sinón. GLUCINIO.)
— El *berilio* es un metal ligero (d = 1,85) que funde a 1 278° y hierve a 2 970°. Su número atómico, que es 9,013, resulta de la presencia, con el ^{9}Be, de ínfimas proporciones del isótopo radiactivo ^{10}Be, emisor de rayos beta.
Tiene afinidad muy grande por el oxígeno, pero la formación de una finísima capa de óxido superficial lo protege contra la corrosión atmosférica.
El berilio se fabrica por electrólisis del *cloruro de berilio* o bien por reducción del *fluoruro de berilio.* La mayor parte de la producción sirve para fabricar *bronce de berilio* (v. CUPROBERILIO.) En la industria atómica se usa como moderador de neutrones térmicos. Es muy permeable a los rayos X, por cuya razón sirve también para cerrar con él la abertura que da salida a los mismos en las lámparas de radiología.
El trabajo del berilio se hace con gran lujo de precauciones, pues la ingestión de cinco centésimas de miligramo del mismo puede provocar una afección mortal.

BERILO m. *Miner.* Silicato natural de aluminio y berilio.
— El *berilo* se encuentra en forma de cristales hexagonales que alcanzan grandes dimensiones. Sus variedades más puras y transparentes son piedras preciosas incoloras, amarillas (margarita), rosadas y, sobre todo, verdes o azules, entre las cuales la esmeralda y el aguamarina son las más apreciadas.
Las formas petrificadas constituyen las menas de berilio.

BERKELIO m. *Quím.* Elemento químico de número 97 y símbolo Bk.
— El *berkelio* no existe en la naturaleza. Es producido artificialmente bombardeando americio* con partículas alfa, o bien curio con deutones. Es un elemento radiactivo, emisor de partículas alfa, con período de 4,6 horas. Sus isótopos ^{244}Bk y ^{245}Bk tienen respectivamente períodos de 5 horas y 4,95 días.

BERLINA f. *Autom.* Coche de cuatro o seis plazas provisto de cuatro puertas con un cristal en cada una.
— *F.c.* Departamento de vagón con una sola fila de asientos.

BERMA f. *Obr. públ.* Paso o plataforma estrecha que se deja entre el borde de un canal, foso o trinchera y el pie del talud hecho con las tierras de su excavación: *la berma evita el desmoronamiento del talud.*

BERMELLÓN m. *Pint.* Pigmento rojo constituido por cinabrio* pulverizado. || Pigmento del mismo color obtenido artificialmente, como el que resulta de la combinación del mercurio con azufre o tratando el cloruro de antimonio con hiposulfito de sosa.

BERRE m. *Mar.* Garfio para enganchar peces grandes e izarlos a bordo: *el berre es de uso corriente en las almadrabas.*

BERROQUEÑO, ÑA adj. *Constr.* Dícese de la piedra de cantería muy dura.

BERTHIERITA o **BERTIERITA** f. *Miner.* Sulfuro natural de antimonio y de hierro.

BESSEMER m. *Metal.* Convertidor para transformar la fundición o arrabio en acero * por insuflación de aire comprimido. (V. CONVERTIDOR.)

BETA f. Segunda letra (β) del alfabeto griego, correspondiente a nuestra b.

tratamiento de un tumor con el **betatrón** oscilante

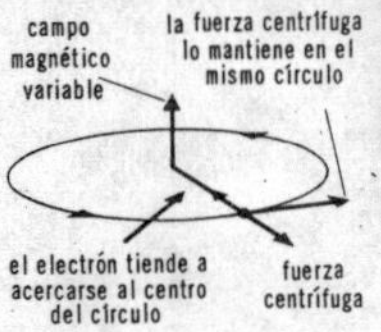

principio de funcionamiento del **betatrón**

aplicación de **betún** a un pavimiento

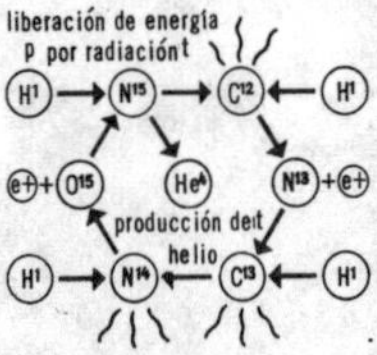

ciclo de **Bethe**

bicicleta
[v. ilust. p. siguiente]

— *Astr,* La segunda estrella, en el orden de su brillo aparente, de una constelación. ‖ También se designa con esta letra el segundo cometa que aparece en el año.

— *Atom. Rayos beta,* flujo de electrones rápidos emitidos por ciertos cuerpos radiactivos. (V. RADIACTIVIDAD.)

— *Mar.* Cuerda de esparto.

— *Mat.* La letra beta se usa, con alfa, gamma, y otras, para designar ángulos, funciones, etc.

— *Quím.* Letra que, en una serie de varios productos, sirve para designar el que se obtiene después del producto alfa. ‖ La *letra beta* indica también que dos funciones químicas se hallan separadas en una molécula por un átomo de carbono.

BETAFITA f. Mena de uranio, que contiene tántalo y niobio.

BETASINCROTRÓN m. *Atom.* Acelerador de partículas constituido por un sincrotrón que se alimenta con partículas previamente aceleradas por una especie de betatrón *, con lo cual pueden reducirse considerablemente las dimensiones del sincrotrón.

BETATRÓN m. *Atom.* Acelerador de partículas que sirve para producir haces de electrones animados de alta energía cinética.

— El *betatrón* se funda en el mismo principio que el ciclotrón, pero en él las partículas se hallan sometidas a una aceleración continua y no a impulsiones cíclicas. Los electrones se inyectan en un toro hueco, sometido al vacío, y situado entre los polos de un electroimán excitado por una corriente alterna. Sometidos a la acción de un campo magnético creciente, los electrones giran con un movimiento rápidamente acelerado, hasta alcanzar velocidades próximas de la de la luz. El haz así acelerado sale por la tangente de su trayectoria y es proyectado sobre un blanco apropiado al uso que se hace del aparato.

El betatrón se usa para investigaciones de física nuclear (por ej., desintegraciones atómicas). También sirve para estudiar las propiedades de los rayos gamma, engendrados cuando los electrones rápidos hieren violentamente la materia. En medicina se usa para destruir los tejidos cancerosos, precisamente con los referidos rayos, los cuales sirven también industrialmente para obtener gammagrafías * de piezas metálicas.

BETELGEUSE, estrella principal (α) de la constelación de Orión y la decimocuarta entre las más brillantes del cielo.

— *Betelgeuse* es una estrella variable que pasa de la magnitud 0,4 a la de 1,3 y vuelve a su brillo primitivo en 196 días. Se halla a 300 años luz de nosotros y es 40 000 veces más luminosa que el Sol. Estrella supergigante, su diámetro es 400 veces mayor que el del Sol.

BETHE *(Ciclo de),* ciclo de transformaciones termonucleares que permite explicar los orígenes de la energía colosal radiada por las estrellas.

— El *ciclo de Bethe* comprende esencialmente cuatro series de reacciones: el hidrógeno y el carbono 12 dan carbono 13; el hidrógeno y el carbono 13 dan nitrógeno 14; el hidrógeno y el nitrógeno 14 dan nitrógeno 15; por último, el hidrógeno y el nitrógeno 15 dan un átomo de helio y el carbono 12 inicial.

La fusión de los cuatro núcleos de hidrógeno (protones) en un núcleo de helio (helión) se traduce por una pérdida de masa que se convierte en energía. De ser cierta esta teoría, el Sol perdería 4 millones de toneladas de materia por segundo, pero es tal su masa, que necesitaría mil millones de años para que 1 % solamente del hidrógeno solar se convirtiera en helio.

BETÓN m. *Constr.* Galicismo por *hormigón.*

BETUMINIZAR v. Bituminizar.

BETUMINOSO, SA adj. Bituminoso.

BETÚN m. Nombre genérico de substancias naturales ricas en carbono e hidrógeno, que, al arder, despiden un humo espeso y un olor fuerte característico. ‖ *Betún de Judea,* el de calidad superior que proviene de la antigua Judea.

— Los *betunes* —que pueden ser líquidos, pastosos o duros y cuya densidad se halla comprendida entre 0,7 y 1,2— se clasifican en cuatro grupos: nafta (o petróleo bruto), asfalto, elaterita (caucho mineral) y malta (betún glutinoso). Los esquistos bituminosos están impregnados de hidrocarburos que más bien son petróleo bruto. Los verdaderos betunes se hallan separados de la roca que los contenía primitivamente y abundan en Judea y en la isla de la Trinidad (Lago de Brea).

— *Curt.* Producto a base de cera y aguarrás que sirve para dar lustre a las pieles curtidas, especialmente al calzado.

— *Obr. públ.* Compuesto a base de asfalto y de residuos de la refinación del petróleo, que se ablanda con el calor y sirve para revestimientos de carreteras, impermeabilización de cartones y cubiertas, aglomeración del carbón en briquetas, protección de cañerías enterradas, fabricación de másticos, barnices y pinturas, etc.

BeV m. *Atom.* Unidad de energía usada en física atómica, equivalente a mil millones de electronvoltios (eV) y a la cual debe preferirse la de símbolo GeV (gigaelectronvoltio.)

OBSERV. La B inicial significa billón con el valor que éste tiene en los Estados Unidos (mil millones) y no con el valor universalmente adoptado —y conforme a la etimología— de un millón de millones. (V. BILLÓN.)

BEVATRÓN m. *Atom.* Nombre dado a los aceleradores del tipo sincrotrón* capaces de conferir a las partículas atómicas energías superiores a un BeV (mil millones de electronvoltios). [Sinón. COSMOTRÓN.]

BEVERAGE m. *Radiot.* Antena muy larga, fijada cerca del suelo, que, graduando convenientemente el valor de la resistencia que la une a la tierra, permite recibir emisiones de varias emisoras situadas en la misma dirección, pero de longitud de onda diferentes.

B. F., abreviatura de *baja frecuencia.*

Bi, símbolo químico del *bismuto.*

BI, pref. de origen latino que indica repetición o existencia simultánea de dos objetos semejantes.

— *Quím.* El *prefijo bi* indicaba, en el nombre de un compuesto, la presencia de un componente en cantidad doble de la que contienen normalmente otros compuestos. En este sentido *bi* ha sido reemplazado por *di,* y, por ej., ya no se dice un *biácido* sino un *diácido.*

BIÁCIDO m. *Quím.* Diácido.

BIATÓMICO, CA adj. Diatómico.

BIBÁSICO, CA adj. Diácido.

BIBENCILO m. *Quím.* Dibencilo.

BIBLIOTECNIA f. *Art. gráf.* Ciencia general del libro, que comprende su composición, impresión y encuadernación, así como el arte de elegirlos.

BICABLE adj. y s. Que tiene dos cables o funciona con ellos: *teleférico bicable.*

— *Min.* V. MULTICABLE.

BICALCITA f. *Miner.* Bióxido de calcio.

BICARBONADO, DA adj. *Quím.* Que contiene dos átomos de carbono: *el etileno se llamó primitivamente hidrógeno bicarbonado.*

BICARBONATADO, DA adj. *Quím.* Que contiene bicarbonato: *agua mineral bicarbonatada.*

BICARBONATO m. *Quím.* Sal que conserva un átomo de hidrógeno ácido. (Sinón. CARBONATO ÁCIDO.)

BICICLETA f. *Mec.* Velocípedo de dos ruedas iguales, de las cuales la trasera, provista de uno o varios piñones, es movida —mediante una transmisión de cadena— por una rueda de dientes (plato) accionada con los pies.

BICÍCLICO, CA adj. *Quím.* Aplícase a los compuestos orgánicos cuya fórmula contiene dos cadenas * cerradas.

Fot. SOCEMA, Schostal

BICKFORD m. *Expl.* V. MECHA.
BICLORURO m. *Quím.* Cloruro que contiene en su fórmula dos átomos de cloro.
BICOLOR adj. De dos colores.
— *Papel.* Cartón cuyas dos caras son de fibras diferentes y no tienen el mismo color.
BICÓNCAVO, VA adj. *Geom.* Dícese del cuerpo que tiene dos superficies cóncavas.
— *Ópt.* Dícese de la lente que tiene sus dos caras cóncavas: *las lentes bicóncavas son divergentes.*
BICÓNICO, CA adj. En forma de dos conos unidos por sus vértices o sus bases.
BICONVEXO, XA adj. *Geom.* Aplícase al cuerpo que tiene dos superficies convexas.
— *Ópt.* Dícese de la lente que tiene sus dos caras convexas: *las lentes biconvexas son convergentes.*
BICROMATO m. *Quím.* Sal derivada del ácido crómico: *los bicromatos de amonio y de potasio se usan en fotografía para insolubilizar la gelatina.*
BICROMÍA f. *Art. gráf.* Impresión a dos tintas, generalmente con colores suplementarios.
BICUADRÁTICO, CA adj. *Mat.* Que es de cuarto grado: *ecuación bicuadrática.*
BICUARZO m. *Ópt.* Yuxtaposición de un cuarzo dextrógiro y otro levógiro que permite determinar el poder polarizante de las substancias.
BICHERO m. *Mar.* Asta rematada por un gancho y una punta, usada para facilitar el atraque y desatraque de las embarcaciones.
BIELA f. *Arq.* Pieza de una armadura metálica de cubierta * que trabaja por compresión, especialmente entre el par y el tirante.
— *Mec.* Pieza que transmite los esfuerzos de un órgano a otro o que transforma un movimiento rectilíneo en movimiento circular continuo o viceversa. || *Biela de acoplamiento,* la que —como en las locomotoras— reparte igualmente los esfuerzos entre varios ejes motores. || *Fundir una biela,* tratándose de un automóvil, calentarse excesivamente una biela hasta agarrotarse, accidente que se debe generalmente a una lubricación defectuosa.
— La *biela* transforma un movimiento rectilíneo en circular en las máquinas de vapor, motores de explosión, etc. Por el contrario, convierte en rectilíneo el movimiento circular en las bombas de émbolo, las sierras alternativas y otras máquinas. Los rudos esfuerzos de tracción y compresión soportados alternativamente por las bielas requieren de estos órganos una gran solidez y una estructura exenta de defectos. Las bielas de motores de explosión se hacen de aleaciones especiales de aluminio o bien de acero forjado.
BIÉLIDAS f. pl. *Astr.* Enjambre de estrellas fugaces visibles hacia el 27 de noviembre y que, según se cree, proviene de la desintegración del cometa de Biela, a mediados del siglo pasado.
BIERGOL m. *Astron.* Propergol* que consta de dos ergoles líquidos: uno combustible y otro comburente.
BIÉS m. Sesgo.
BIFÁSICO, CA adj. *Electr.* Sistema de dos corrientes alternas iguales, pero de signo contrario, o sea desfasadas de medio período.
BIFENILO m. *Quím.* Hidrocarburo sólido presente en el alquitrán de hulla, preparado industrialmente a partir del bromobenceno. (Sinón. DIFENILO.)
BIFILAR adj. Que consta de dos hilos o que se funda en el uso de dos hilos.
— *Electr.* Línea de dos conductores por los cuales pasa la corriente en sentido opuesto.
— *F. c.* Dícese de la transmisión para agujas, semaforos y señales que se accionan con dos cables: uno para hacerlos funcionar y otro para volverlos a su posición primitiva, por oposición a los de un solo cable y contrapeso.
— *Fís. Suspensión bifilar,* v. SUSPENSIÓN.
BIFOCAL adj. *Ópt.* Que tiene dos focos o distancias focales. || Dícese de los cristales para lentes que tienen la mitad superior tallada para ver lejos y la inferior para la visión de lo cercano.
BIFORME adj. Que puede adoptar dos formas diferentes: *la cristalización biforme de la barita.*
BIGEMINADO, DA adj. *Arq.* Dícese del vano dividido en cuatro partes por tres montantes.

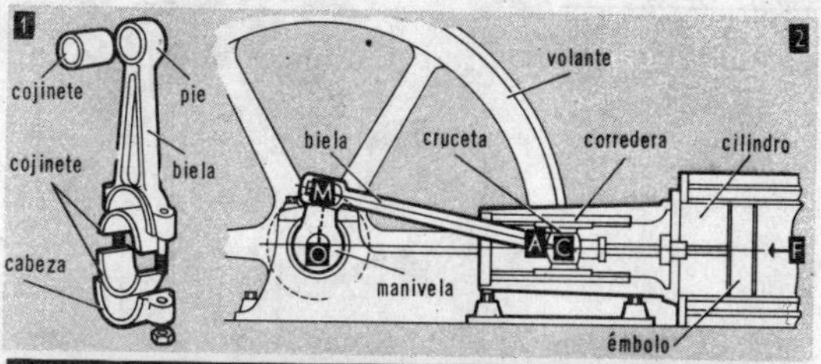

bielas de motor de explosión, de máquina de vapor y de locomotora

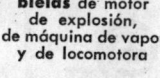

BIGORNIA f. *Art. y of.* Yunque con dos puntas opuestas cónicas, piramidales o de forma adaptada a las necesidades de un oficio.
BIGOTE m. *Art. gráf.* Adorno horizontal, más ancho en el centro que en los extremos, que sirve para separar el título del texto siguiente.
— *Metal.* Bigotera de un horno.
BIGOTERA f. *Curt.* Pieza que se pone en la punta del calzado como refuerzo o adorno.
— *Geom.* Compás pequeño cuyos brazos, labrados a modo de muelle, tienden a abrirse y llevan un tornillo que permite regular su abertura.
— *Min.* Aberturas del horno por las cuales se sangran las escorias, situadas, consiguientemente, más arriba que las piqueras, por las que sale el metal fundido.
BIJA f. *Bot.* y *Col.* Árbol bixáceo (*Bixa orellana*) propio de las regiones cálidas de América, de cuyas semillas se extrae una substancia roja usada como tinte. (Sinón. ACHIOTE.)
BILABARQUÍN m. *Carp. Amer.* Berbiquí.
BILÁMINA f. V. BIMETAL y TERMÓSTATO.
BILINEAL adj. *Mat.* Dícese del polinomio que es a la vez lineal * y homogéneo respecto a dos grupos diferentes de variables.

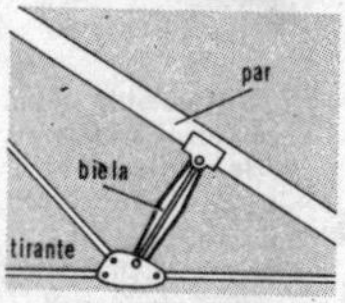

biela *(arq.)*

bicicleta : 1. Sillín; 2. Portaequipaje; 3. Herramientas; 4. Luz roja; 5. Guardabarros; 6. Piñón de 3 velocidades; 7. Cambio de piñón; 8. Llanta; 9. Cadena; 10. Pedal; 11. Manivela; 12. Plato; 13. Cárter; 14. Cuadro; 15. Bomba; 16. Cambio de velocidad; 17. Suspensión del sillín; 18. Manillar; 19. Palanca del freno; 20. Faro; 21. Freno; 22. Dinamo; 23. Horquilla; 24. Cubo; 25. Mariposa; 26. Radios

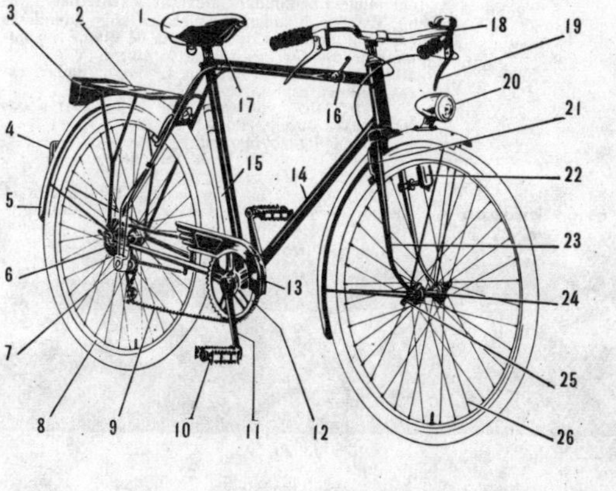

Fot. X.

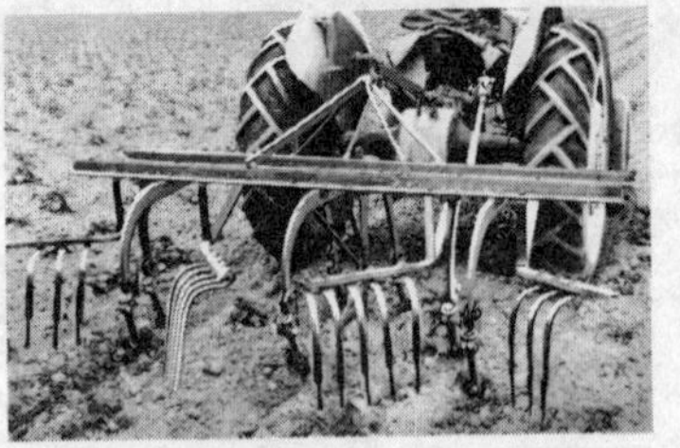

binadora

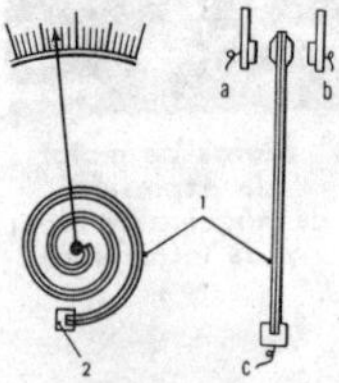

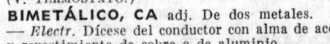

bimetales de termómetro y de termóstato 1. Chapa bimetálica; 2. Fijación; a, b. Contactos; c. Conductor

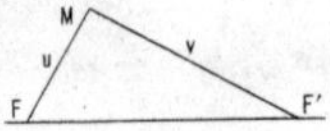

bipolar *(mat.)*

BILLARDE m. *Carp.* Instrumento usado para combar las duelas de los toneles.

BILLÓN m. *Mat.* Un millón de millones.

OBSERV. En algunas partes, especialmente en los Estados Unidos, se persiste en dar al *billón* el valor de mil millones, lo cual es contrario a la etimología e induce a no pocos errores en las relaciones con otros países.

BILLONÉSIMO, MA adj. *Mat.* Cada una de las partes que resultan al dividir un todo por un billón. (OBSERV. Véase lo dicho en BILLÓN.)

BIMBALETE m. *Carp. Amer.* Rollizo, madero redondo usado como puntal.

— *Hidr. Amer.* Especie de cigoñal* para sacar agua.

BIMETAL m. *Metal.* Marca registrada de un metal de base cubierto por una capa de otro metal que lo protege contra los agentes externos o le confiere nuevas propiedades eléctricas. ‖ Dispositivo constituido por dos hojas de metales diferentes soldadas por laminado y que, al cambiar la temperatura, se dilatan diferentemente, con lo cual se curva la chapa mixta, y, si tiene un extremo fijo, puede usarse el otro para establecer o suprimir automáticamente un contacto eléctrico, cerrar una llave en una canalización de gas, etc. (V. TERMÓSTATO.)

BIMETÁLICO, CA adj. De dos metales.

— *Electr.* Dícese del conductor con alma de acero y revestimiento de cobre o de aluminio.

BIMOLECULAR adj. *Quím.* Dícese de la reacción química en la cual intervienen dos moléculas.

BIMOTOR, RA adj. y s. Provisto de dos motores.

— *Aeron.* Avión de dos motores dispuestos simétricamente a ambos lados del fuselaje y, rara vez, en el plano axial del mismo.

— Los reglamentos internacionales relativos a los *bimotores* imponen —de par con características aerodinámicas apropiadas de la célula— el uso de motores tales que, en caso de parada de uno de ellos, el otro baste para permitir el vuelo del avión, incluso si la avería se produce durante el despegue. Los *bimotores de reacción* se llaman más bien *birreactores.*

BINADERA f. o **BINADOR,** m. *Agr.* Máquina para dar una labor superficial al suelo con objeto de desagregar la costra que se ha formado después del laboreo profundo y arrancar las hierbas.

— Existen *binadoras de rastrillos* y *binadoras rotativas* provistas de una serie de discos con numerosos dientes que rascan la tierra.

BINARIO adj. Compuesto de dos unidades, caras, lados o aspectos.

— *Astr.* Dícese de cada uno de los astros que constituyen una estrella * doble.

— *Col. Colores binarios,* v. COLOR.

— *Expl.* Dícese de la mezcla de dos constituyentes en la pólvora negra.

— *Mat. Numeración binaria,* v. NUMERACIÓN. ‖ Relativo o perteneciente al sistema de numeración * binaria: *aritmética binaria, calculadora binaria.*

— *Quím.* Que contiene dos elementos : las *combinaciones binarias son numerosísimas.* (V. QUÍMICA.)

BINAURALIDAD f. *Acúst.* Carácter y circunstancias propias de una sensación auditiva considerada en relación con su percepción por ambos oídos.

BINOCULAR adj. *Ópt.* Dícese del instrumento óptico provisto de un ocular para cada ojo.

BINOMIAL adj. *Mat.* Relativo al binomio.

BINOMIO m. *Mat.* Expresión algebraica de dos términos separados por los signos + o —: *a* + *b es un binomio, así como* $4a\sqrt{b} - 2c$. ‖ *Binomio de Newton,* fórmula mediante la cual se calculan las diferentes potencias a que puede elevarse un binomio.

BINORMAL f. *Geom.* Perpendicular al plano osculador en cualquier punto de una curva.

BIODEGRADABLE adj. *Quím.* Dícese de la materia artificial que, abandonada en la naturaleza, es destruida por las bacterias, lo cual impide su acumulación perniciosa: *en muchos países la ley obliga a que los detergentes domésticos e industriales sean biodegradables.*

BIOENERGÉTICA f. Parte de la fisiología que trata de las transformaciones experimentadas por la energía en los seres vivientes y que se traduce por la producción de energía mecánica, calor, electricidad, luz, etc.

BIOFÍSICA f. Física biológica, o sea estudio de los fenómenos físicos que intervienen en los organismos vivientes.

BIOGEOGRAFÍA f. Parte de la geografía que trata de la distribución de las plantas y de los animales en la superficie del Globo.

BIOLOGÍA f. Ciencia de la vida que estudia los seres actualmente vivientes y los que han vivido en el pasado más o menos remoto de la Tierra, que nos son conocidos por sus vestigios fósiles.

BIOLUMINISCENCIA f. Fenómeno consistente en la emisión de luz fría por ciertos seres vivientes (bacterias, luciérnagas, peces abisales, etc.).

BIOQUÍMICA f. *Quím.* Parte de la química consagrada al estudio de las substancias que constituyen la materia viviente. (Sinón. QUÍMICA BIOLÓGICA.)

BIOSFERA f. Parte de la esfera terrestre en la cual existen seres vivientes.

— La *biosfera* se reduce a una capa superficial en los continentes, pero alcanza un espesor de once km en los océanos, puesto que se han observado animales en las fosas más profundas.

BIOTITA f. *Miner.* Mica negra, de composición ferromagnética, presente en el granito y otras rocas eruptivas.

BIÓXIDO m. *Quím.* V. ÓXIDO. ‖ *Bióxido de hidrógeno,* v. AGUA *oxigenada.*

BIPALA adj. Que tiene dos palas: *hélice bipala.*

BIPARTICIÓN f. *Atom.* Fisión* en el curso de la cual el núcleo es dividido en dos.

BIPIÉ m. *Arm.* Armazón en forma de V invertida constituida por dos pies que sirven para soporte al cañón de ciertas ametralladoras, morteros y otras armas.

BIPIRAMIDAL adj. Aplícase a la estructura cristalográfica constituida por dos pirámides.

BIPLANO adj. y s. *Aeron.* Avión cuyas alas sustentadoras forman dos planos paralelos unidos con riostras o tirantes.

BIPLAZA adj. y s. Vehículo de dos plazas, especialmente tratándose de aviones o helicópteros.

BIPOLAR adj. Que tiene dos polos o se funda en ellos.

— *Electr.* Dícese de las máquinas y aparatos eléctricos que tienen dos polos magnéticos principales de signo contrario : *una dinamo bipolar.* ‖ Dícese del interruptor, conmutador y otros aparatos montados sobre los dos conductores de una línea en los cuales se interrumpe y se restablece simultáneamente la corriente.

— *Mat. Coordenadas bipolares,* sistema de coordenadas en el cual un punto M (v. la fig.) es determinado por las distancias *u* y *v* que lo separan de los otros puntos fijos F y F' llamados polos o focos. La ecuación de la elipse es en este caso: u + v = constante; de la hipérbola; u — v = v constante.

BIPRISMA m. *Ópt.* Instrumento constituido por dos prismas* unidos por su base, con el cual se

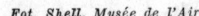

avión **biplano**

Fot. Shell, Musée de l'Air

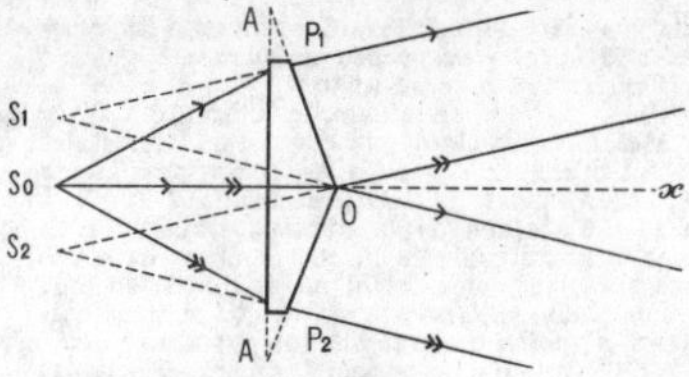

biprisma

estudian los fenómenos de interferencia* de los rayos luminosos.

BIRIQUÍ m. *Carp. Amer.* Berbiquí, que es como debe decirse.

BIRLI m. *Art. gráf.* Blanco que queda en la última página al terminarse con ella el texto de un capítulo.

BIRREACTOR adj. y s. *Aeron.* Dícese del avión propulsado por dos motores de reacción.

BIRREFRINGENCIA f. *Ópt.* Cualidad de birrefringente.

BIRREFRINGENTE adj. *Ópt.* Dícese de los cuerpos que producen una refracción doble, o sea que de un rayo incidente dan dos rayos refractados.

BIRREJILLA f. *Radiot.* Lámpara o tubo electrónico consistente en un tríodo provisto de una rejilla suplementaria destinada a acelerar los electrones: *la birrejilla permite cambiar una frecuencia o bien obtener una amplificación mayor que con el tríodo.*

BIRRIEL adj. y s. Sistema de transporte aéreo constituido por dos rieles sobre los cuales rueda el carro de una grúa corredera.

BIRROTOR adj. y s. *Aeron.* Dícese del helicóptero que funciona con dos rotores.

BISAGRA f. *Carp.* Dispositivo constituido por una pieza fijada en una puerta o ventana y otra fijada en el marco y ambas unidas por un eje común, con el cual constituyen una articulación que sostiene la puerta o ventana y permite abrirlas y cerrarlas. (Sinón. CHARNELA.)

BISAZOICO m. *Quím.* Colorante que contiene dos veces el grupo cromóforo —N=N—. (Sinón. DISAZOICO.)

BISCHOFITA f. *Miner.* Cloruro hidratado natural de magnesio.

BISECCIÓN f. *Geom.* División geométrica en dos partes iguales.

BISECTAR v. *Geom.* Dividir en dos partes iguales por medio de una recta: *bisectar un ángulo.*

BISECTOR, TRIZ adj. y s. *Geom.* Dícese de la línea o del plano que dividen una superficie o un espacio en dos partes iguales: dividir un diedro con un plano bisector.

— La *bisectriz de un ángulo* es la recta que, partiendo de su vértice, lo divide en otros dos ángulos iguales. Las bisectrices de los ángulos de un triángulo se cortan en un mismo punto que es el centro del círculo inscrito en el triángulo.

BISEGMENTAR v. Dividir en dos segmentos.

BISEL m. Corte que suprime la arista formada por dos superficies perpendiculares y la reemplaza por un chaflán oblicuo: *los biseles de una luna.*

— *Art. gráf.* Cuña de madera usada para apretar los caracteres de imprenta en la forma.

— *Geol. Bisel estratigráfico*, extremo de una capa geológica aprisionada entre otras dos formaciones: *los biseles son a veces petrolíferos.*

BISELADO, DA adj. y s. Que tiene biseles. ‖ Bisel o chaflán. ‖ Acción y efecto de biselar: *el biselado de las lunas y espejos se efectúa por abrasión de las aristas.*

BISELADOR, RA adj. y s. Que hace biseles o sirve para biselar.

— *Art. gráf.* Cuadrante * para hacer biseles en los filetes de plomo.

BISELAR v. Hacer biseles.

BISIESTO adj. Dícese del año que tiene un día suplementario: el 29 de febrero. (V. AÑO.)

BISMUTILO m. *Quím.* Radical monovalente de fórmula BiO.

BISMUTINA f. *Miner.* Sulfuro de bismuto (Bi_2S_3) que es la mena más común de este metal.

BISMUTO m. *Quím.* Cuerpo simple (Bi) de número atómico 83 y masa atómica 209.

— El *bismuto* es un metal quebradizo de color blanco amarillento. Su densidad es de 9,8; funde a 271,3°, hierve a 1 560°, tiene propiedades parecidas a las del antimonio y, como éste, puede ser reducido a polvo con un mortero. No es alterado por el aire y se disuelve fácilmente en el ácido nítrico.

El bismuto se extrae principalmente de la bismutina: este sulfuro se transforma, por tostación, en óxido que se reduce con carbono. El metal así obtenido no se usa solo, sino aleado. Tiene la propiedad de disminuir notablemente la temperatura de fusión de los demás metales ligados con él. Así, en el art. ALEACIÓN se cita una mezcla de bismuto, estaño y plomo que funde a 94,5° solamente. Esta propiedad se aprovecha para elaborar metales fusibles, moldes, etc. Los derivados del bismuto se usan principalmente en farmacia; el *oxicloruro* sirve como pigmento para pinturas y el *óxido* entra en la composición de cristales muy refringentes.

BISMUTURO m. *Quím.* Combinación de bismuto con otro cuerpo simple.

BISTRE m. *Pint.* Color pardo amarillento que se obtiene disolviendo hollín en agua gomosa y sirve, en particular, para hacer dibujos a la aguada.

biselado
de una luna

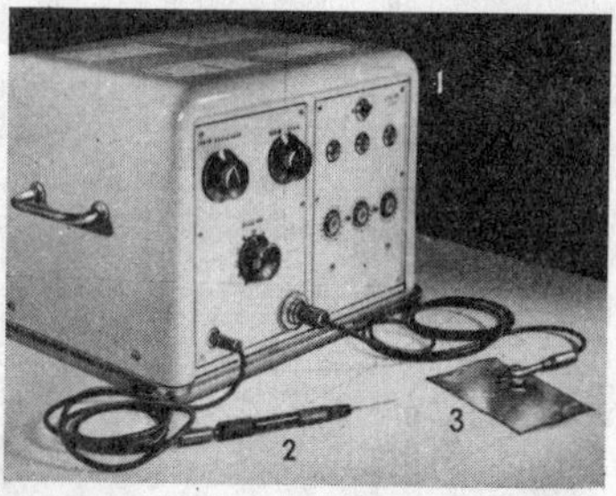

bisturí eléctrico
1. Generador; 2. Mango universal; 3. Electrodo

BISTURÍ m. Cuchillo de filo muy acerado usado en cirugía para practicar incisiones en los tejidos. ‖ *Bisturí eléctrico*, el que, para cortar los tejidos, se funda en la acción destructora de la electricidad.

— Las corrientes de alta frecuencia (entre 10 y 200 megaciclos), aplicadas con electrodos finos, tienen la propiedad de seccionar los tejidos, y, al propio tiempo, de coagular los bordes de la incisión. Esta última circunstancia es preciosa, no solamente porque así se evitan hemorragias, sino también, en el caso de tumores malignos, porque se impide que células enfermas sean arrastradas por la circulación sanguínea y puedan proliferar en otras partes del organismo.

BISUBLIMADO, DA adj. *Quím.* Que ha sido sublimado dos veces para obtener mayor pureza.

BISULFATO m. *Quím.* Sulfato ácido.

BISULFITO m. *Quím.* Sulfito ácido.

BISULFURO m. *Quím.* Nombre de los sulfuros cuya molécula contiene dos átomos de azufre.

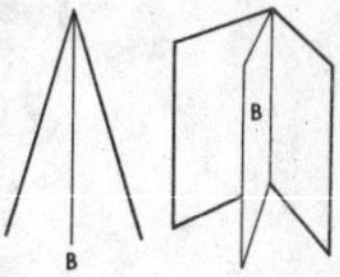

bisectriz (B)

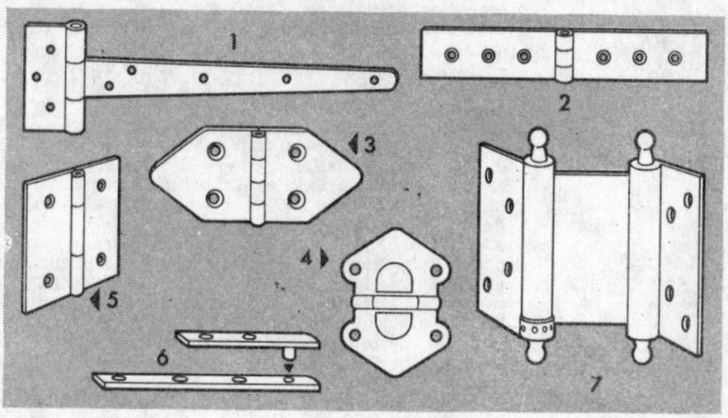

bisagras
1. Para ojas pesadas; 2. Para cajas y cofres; 3. Para muebles; 4. De chapa embutida; 5. Para cajitas y armarios; 6. De pivote, para muebles; 7. De resorte, para puertas de doble sentido

Fot. Henrot, Larousse.

bitangente

BISUTERÍA f. Baratijas, joyería de imitación. || Quincallería. || Galicismo por *joyería*.
BIT m. *Cibern.* Unidad de información.*
BIT m. Anglicismo por *sonda* o *trépano rotativo*.
BITA f. *Mar.* Pieza muy resistente, a veces gemela, que, sólidamente fijada en la cubierta del barco, sirve para afianzar un cable o una cadena.
BITÁCORA f. *Mar.* Caja o recinto de forma especial que sirve de abrigo al compás * o aguja náutica.
BITANGENTE f. *Geom.* Línea tangente a una curva en dos puntos distintos. || *Plano* o *superficie bitangente,* plano o superficie tangentes a otra en dos puntos diferentes.
BITARTRATO m. *Quím.* Tartrato ácido.
BITELÉFONO m. *Telec.* Casco * telefónico.
BITERCIARIO, RIA adj. *Quím.* Dícese de los compuestos que tienen en su fórmula dos funciones terciarias.
BITERNARIO, RIA adj. *Mat.* Dícese de los polinomios que son al mismo tiempo lineales * y homogéneos * respecto a dos grupos de tres variables.
BITONES m. pl. *Mar.* Bitas gemelas, pequeñas, generalmente hechas de una sola pieza de fundición.
BITONO adj. y s. *Art. gráf.* Impresión obtenida con dos tiradas de un mismo color, vivo en una de ellas y rebajado en la otra.
BITTERN m. *Quím.* Mezcla de sales restantes después de haber destilado el agua del mar y extraído el cloruro de sodio o sal común: *el bittern da magnesio, bromo y yodo.*
BITUMACADAM m. *Obr. públ.* Gravilla revestida de un aglomerante a base de betún que se usa para firmes.
BITUMINAR v. *Obr. públ.* Revestir de betún, asfaltar. (V. CARRETERA.)
BITUMINÍFERO, RA adj. *Miner.* Que suministra betún: *los esquistos no son las únicas rocas bituminíferas.*
BITUMINITA f. *Miner.* Variedad de asfalto.
BITUMINIZAR v. Transformar en betún.
BITUMINOSO, SA adj. Semejante o parecido al betún. || Que contiene betún. || *Carbón, esquisto y petróleo bituminosos,* v. CARBÓN, ESQUISTO y PETRÓLEO.
— Las *materias bituminosas* pueden ser de tres clases: betunes naturales y asfaltos, breas de petróleo, y alquitranes y breas obtenidas por destilación de la hulla y otras materias orgánicas.
BIVALENCIA f. *Quím.* Carácter de los cuerpos bivalentes.
BIVALENTE adj. *Quím.* Dícese del cuerpo cuya valencia * es igual a 2: *el oxígeno es bivalente, pues se une con dos átomos de hidrógeno en la molécula de agua.*
BIZCOCHO m. *Cerám.* Pieza de porcelana o de otra pasta fina cocida sin haber sido esmaltada ni barnizada.
Bk, símbolo químico del *berkelio.*
BLACBANDA o **BLACKBAND** f. *Miner.* Mena de hierro arcilloso (siderosa) presente en los esquistos de hulla, por cuya razón puede tratarse este mineral en el horno sin adición de combustible.
BLANCARTE m. *Miner.* Ganga * de la mena.
BLANCO, CA adj. y s. Dícese de las cosas que, por reflejar todas las radiaciones simples del espectro luminoso, no tienen el color de ninguna de ellas, como ocurre con la nieve y la leche. (V. COLOR.)
— *Art. gráf.* Partes que, en un pliego impreso, quedan vírgenes, o sea sin ningún texto, grabado o adorno. || *Página blanca,* la que se deja sin imprimir con objeto de que lo que sigue (prefacio, capítulo, índice u otra parte de la obra) comience en página impar. || — M. pl. Cuadrados, espacios, interlíneas, lingotes e imposiciones de menor altura que los tipos, que sirven para llenar los espacios de las páginas. || *Imprimir* o *tirar el blanco,* imprimir la primera cara del papel, por oposición a retirar, que es imprimir el revés del papel ya impreso por la otra cara.
— *Atom.* Materia sobre la cual se proyecta un haz de partículas aceleradas con objeto de estudiar las desintegraciones, interacciones y otros sucesos que este bombardeo provoca en su seno. (Sinón. PANTALLA.)
— *Carp.* Dícese del mueble o labor de carpintería que está sin pintar ni barnizar: *los muebles más baratos se venden en blanco.*
— *Constr. Cal blanca,* v. CAL.
— *Curt. Curtido en blanco,* v. CURTIDO.
— *Metal.* Color claro que adquieren los metales candentes cuando, después de haber pasado por el rojo, alcanzan la temperatura de 1 300°. || *En blanco,* estado de la pieza que, después de haber sido tratada con un chorro de arena o con otros abrasivos, muestra el metal limpio en toda su superficie, desprovista de óxidos y otras costras. || *Aleación* o *metal blanco,* v. METAL.
— *Mil.* Objeto fijo o móvil contra el cual se tira con armas de fuego para probarlas o bien para que se ejercite el personal en la puntería. Los *blancos* usados por la aviación son mangas remolcadas por un avión, aunque hoy se prefieren aparatos teledirigidos desde el suelo. En marina se usan barcos viejos o bien embarcaciones o pontones sobre los cuales se montan amplios paneles verticales. En artillería se usan numerosos blancos, muchos de los cuales móviles y animados de movimientos oscilatorios.
— *Perf. Blanco de ballena,* espermaceti *.
— *Pint.* Pigmento que refleja en todas las direcciones la casi totalidad de las radiaciones luminosas que lo hieren.
— El mejor *pigmento blanco* es el albayalde * o *blanco de plomo,* substancia muy venenosa cuyo uso se ha prohibido en muchos países. Ha sido reemplazado por el *blanco de cinc* (óxido de cinc), el *blanco de titanio* (dióxido de titanio), el *blanco de barita* o *blanco fijo* (sulfato de bario) y el *litopón.* El *blanco de cal* es una lechada de cal apagada que sirve para blanquear paredes.
— *Quím.* Nombre dado a diversas substancias de color blanco: *blanco de bismuto* (subnitrato de bismuto), *blanco de huevo* (galicismo por *clara*), *blanco de España* (carbonato de calcio usado para pulir metales y como carga de pinturas), etc.
— *Radiot.* En televisión, parte de la señal video reservada a la transmisión de los detalles blancos de la imagen.
— *Text.* Designación comercial de la ropa blanca de lino y algodón, y, por ext., ropa interior y géneros de uso doméstico sin distinción de color: *los precios han sido reducidos durante la quincena de blanco.*
— *Vidr.* Imitación de porcelana hecha de vidrio opacificado con óxido de titanio.
BLANDO, DA adj. Tierno, poco consistente, pastoso: *jabón blando.* || Menos duro que en la calidad ordinaria: *el cobre recocido es blando.* || *Agua blanda,* v. AGUA.
— *Cerám. Porcelana blanda,* v. PORCELANA.
— *Fís.* Dícese de los rayos menos penetrantes de un espectro electromagnético, o sea aquellos que tienen la frecuencia más baja y la mayor longitud de onda: *los rayos ultraviolados blandos son útiles, mientras que los duros son peligrosos.*
BLANQUEADOR, RA adj. y s. Que blanquea. || Máquina de blanquear tejidos.
BLANQUEAR v. Poner blanca una cosa limpiándola de lo que cubre su blancura natural o bien dándole una capa de algún revestimiento blanco o atacándola químicamente para descolorarla.
— *Art. gráf.* Aumentar la proporción de blancos * en la forma por razones estéticas o para alargar la composición.
— *Curt.* Descarnar * las pieles.
— *Ind. alim.* Pasar rápidamente las frutas o legumbres por un baño de vapor o de agua hirviente, con objeto de destruir las diastasas oxidantes y evitar que estos alimentos cambien de color durante su conservación.
— *Metal. Blanquear la fundición,* afinar la fundición gris para obtener la proporción requerida de azufre, fósforo y manganeso. || Afinar la fundición para convertirla en acero. || *Blanquear un metal,* limpiarlo mediante recocido y baño de agua acidulada.
— *Papel.* Tratar las celulosas y pastas de papel para hacerlas más blancas.
— Las *pastas de papel* se blanquean primeramente con cloro y, después de haber eliminado los compuestos que éste forma con la lignita, se someten a la acción de reactivos de blanqueo (cloruro de cal, bióxido de cloro, agua oxigenada, etc.).
— *Pint.* Pintar de blanco y, especialmente, con lechada de cal.

blindaje *(min.)*

— *Text.* Descolorar las fibras textiles mediante eliminación química de las substancias colorantes que contienen.
— Las técnicas empleadas para *blanquear los tejidos* difieren según la naturaleza de las fibras y la calidad del producto final. Generalmente consisten en una serie de operaciones: chamuscado del vello, lavado con sosa cáustica, blanqueo con hipoclorito de sosa o agua oxigenada y acabado.
BLANQUEO m. Acción de blanquear *.
BLANQUICIÓN f. *Metal.* Acción de blanquear * los metales.
BLANQUIMENTO o **BLANQUIMIENTO** m. *Text.* Disolución para blanquear las fibras textiles.
BLENDA f. *Miner.* Sulfuro natural de cinc (ZnS), una de las menas principales de este metal. (Sinón. ESFALERITA.)
— La *blenda* se presenta en forma de cristales negros o pardos que, al ser pulverizados, toman un color amarillento. Tiene propiedades piezoeléctricas, triboluminiscentes y fosforescentes.
La blenda contiene de 30 a 50 % de cinc y pequeñas proporciones de cadmio, germanio, hierro y manganeso. Por lo demás, suele hallarse asociada con el plomo y la galena en filones complejos generalmente designados por las siglas B. P. G. *.
BLENDOSO, SA adj. *Miner.* Que contiene blenda: *plomo blendoso.*
BLEQUE m. *Amer.* Anglicismo por *alquitrán.*
BLINDA f. *Mec.* Bastidor constituido por dos montantes unidos por dos travesaños.
BLINDAJE m. Acción de blindar o acorazar.
— *Arm.* El *blindaje de los carros de asalto,* como el de los barcos de guerra, se hace con espesas chapas de aleaciones especiales (acero de níquel y cromo, con adición de molibdeno, silicio, etc.) laminadas o moldeadas. En un tanque grande, el espesor del blindaje alcanza hasta 300 mm.
— *Electr.* Envoltura de metal no magnético (aluminio o cobre rojo, por ej.) con que se cubren las válvulas radioeléctricas, transformadores, bobinas y otros aparatos, ya para protegerlos contra la acción de campos eléctricos o magnéticos próximos, ya, por el contrario, con objeto de que el órgano blindado no ejerza ninguna influencia alrededor suyo.
El *blindaje* se halla aislado del aparato que protege y conectado con la masa, o bien puesto a la tierra. Obra, por consiguiente, como una jaula * de Faraday.
— *Mar.* El *blindaje de los acorazados modernos* mide 400 mm de espesor en la línea de flotación, 170 mm en el puente superior, 50 mm en los otros puentes. En total, los puentes de un acorazado representan un espesor de cerca de 300 mm de acero y los de un portaaviones, 450 mm. Estas corazas no bastan, sin embargo, para asegurar la invulnerabilidad contra la potencia de los proyectiles modernos. (V. más arriba *Arm.*)
— *Min.* y *Obr. públ.* Revestimiento, encofrado o entubado que protege un pozo, galería u otra excavación contra los desmoronamientos de sus paredes o las infiltraciones del agua.
BLINDAR v. Acorazar, proteger con chapas metálicas gruesas y resistentes.
— *Electr.* Proteger un aparato eléctrico con un blindaje *: *antena blindada.*
— *Min.* y *Obr. públ.* Revestir, encofrar o entubar sólidamente un pozo o excavación para evitar desmoronamientos o infiltraciones.

blondín

BLOCAO m. *Carp.* Entramado *, una vez lleno.
BLOCK-SYSTEM m. *F. c.* Bloqueo * por secciones.
BLONDA f. *Text.* Encaje de seda.
BLONDEL m. *Lumin.* Unidad equivalente a la luminancia uniforme de una superficie perfectamente difusora que emite un lumen por metro cuadrado: *un stilb vale 31 400 blondeles.*
BLONDÍN m. *Obr. públ.* Grúa funicular constituida por un sistema de cables, tendidos entre dos postes o torres, por los que corre un carrillo del cual pende una tolva cuya luz inferior puede abrirse desde el suelo: *los blondines son usados para verter el hormigón en los muros de las presas hidráulicas.*
BLOOM m. *Metal.* Lingote desbastado, o sea parcialmente laminado en el blooming.
BLOOMING m. *Metal.* Laminador * en el que se efectúa un laminado preliminar de los lingotes antes de pasarlos a los trenes de laminado fino.
BLOQUE m. Masa grande de una materia sin labrar: *los canteros arrancan bloques con barrenos; un bloque de cristal de roca.*
— *Art. gráf.* Composición especial en la cual todas las líneas de un párrafo, incluso la primera y la última, tienen exactamente la misma longitud. ‖ *Amer.* Taco de calendario o de papel para apuntes.
— *Autom. Bloque de cilindros,* pieza fundida que contiene todos los cilindros del motor y sus respectivas camisas de refrigeración. ‖ *Bloque motor,* reunión del motor, el embrague y el cambio de velocidades en un solo conjunto (a estos órganos conviene agregar el diferencial en los coches de tracción delantera).
— *Constr.* Sillar pequeño de hormigón, escorias u otras materias. ‖ Ladrillo o losa que se hace con fibra de madera, aglomerado de corcho, materias plásticas, etc., usado para el aislamiento térmico o la insonorización de los locales. ‖ Elemento prefabricado en el que se han reunido todas las instalaciones necesarias para un servicio determinado: *bloque baño, bloque ventana, bloque cocina.*
— *Expl.* Masa de pólvora de grandes dimensiones y forma apropiada, que se carga a modo de

fabricación automática de **bloques** de cilindros *(autom.)*

Fot. X, Ets Monziès, U. S. I. S.

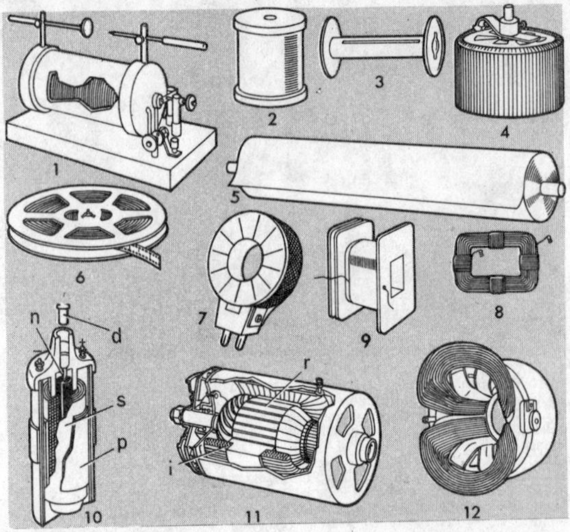

bobinas : 1. De Ruhmkorff; 2. De hilo de coser; 3. De película fotográfica; 4. De reóstato; 5. De papel; 6. De película cinematográfica; 7. De panal; 8 y 9. Inductoras; 10. Para el encendido de motores de explosión (*n*, núcleo; *d*, hacia el distribuidor; *s*, secundario; *p*, primario); 11. De dinamo (*r*, inductora; *i*, inducida); 12. Deflectora, de oscilógrafo catódico

combustible en ciertos ingenios autopropulsados. (V. PROPERGOL.)
— *Geol. Bloque continental,* unión de Eurasia y América en un solo continente si bajara de 200 m el nivel actual del Pacífico. ‖ *Bloque errático,* piedra grande o roca que, por haber sido arrastrada por un helero o glaciar, descansa sobre un terreno de naturaleza diferente de la suya.
— *Med. Bloque operatorio,* conjunto de instalaciones y materiales necesarios para practicar intervenciones quirúrgicas con la mayor comodidad y seguridad: *el bloque operatorio comprende la sala de operaciones, los servicios de esterilización, anestesia y radiología, el vestuario, el depósito de material,* etc.
— *Obr. públ.* Sillar artificial de grandes dimensiones que se usa en la construcción de puertos, puentes y obras hidráulicas.
— *Radiot.* Reunión en forma de elemento muy compacto de todos los circuitos, tubos o transistores, resistencias y condensadores, etc., que constituyen una parte autónoma de un aparato radioeléctrico (por ej., *bloque amplificador, bloque de sintonía,* etc.), lo cual permite la reparación rapidísima de las averías mediante simple substitución por otro bloque de repuesto.

BLOQUEAR v. *Art. gráf.* Poner una letra ojo abajo en la composición para reemplazar momentáneamente el tipo que falta en la caja, o por ser ilegible dicha letra en el manuscrito.
— *Autom.* Inmovilizar las ruedas con un frenado excesivo. (V. BLOQUEO.)
— *F. c.* Cerrar con señales a un tren la entrada a la sección o bloque de la línea ya ocupado por otro. (V. BLOQUEO.)
— *Mec.* Ajustar dos piezas —entre las cuales existe cierto juego normal— hasta impedir todo deslizamiento o rodadura de una de ellas respecto a la otra.

BLOQUEO m. Acción de bloquear.
— *Autom.* Agarrotamiento de las ruedas por un frenado brusco que las inmoviliza y las hace patinar sobre la calzada.
— *Electr.* Acción de impedir el paso de la corriente por un circuito. ‖ *Condensador de bloqueo,* el que deja pasar las corrientes alternas e interrumpe el paso de las continuas.
— *F. c. Bloqueo por secciones,* dispositivo de seguridad con el cual se impide que un tren alcance a otro tren menos rápido y choque con él.
— El *bloqueo por secciones* consiste en dividir la línea en bloques o cantones de varios kilómetros de longitud y en proveer de semáforos la entrada y salida de cada uno de ellos. Así, mientras un tren se halla dentro de una sección o bloque, el semáforo da orden de detenerse por completo *(bloque absoluto)* a todo tren que se apreste a entrar en la misma. En otros casos *(bloqueo permisivo)* se permite la entrada del segundo tren, pero queda advertido su maquinista para que se halle en condiciones de detenerlo en caso de necesidad. El *bloqueo condicional* es intermediario entre los dos anteriores: el segundo tren ha de detenerse durante unos minutos ante el semáforo cerrado y puede proseguir después su marcha con cautela. (V. CIRCUITO.)
En realidad, los horarios, las paradas en las estaciones y el espaciamiento entre los trenes se calculan de tal modo que siempre existan varias secciones libres delante de un tren y éste suele hallar abiertos todos los semáforos.

BLUEÍTA f. *Miner.* Pirita niquelífera.

Bo, símbolo químico del *boro.*

BOBINA f. Carrete o cilindro de madera, cartón, plástico u otras materias en el cual se arrollan hilos, alambres, películas, papel y muchos otros elementos flexibles.
— *Autom.* Carrete de inducción que, en el sistema de encendido * por batería, transforma la corriente de ésta en corriente de alta tensión necesaria para producir una chispa eficaz en las bujías (v. seguidamente *Electr.*).
— *Electr.* Devanado de hilo conductor en torno a un bastidor, o bien al aire, con el cual se obtienen efectos de inductancia. ‖ *Bobina inductora,* la que sirve para producir un flujo de inducción magnética. ‖ *Bobina inducida,* aquella en la cual se engendra una corriente inducida mediante una variación del flujo inductor.
— Cada espira de la *bobina* produce un campo magnético. Como estos campos elementales interfieren entre sí, se produce un fenómeno de autoinducción que tiene por efecto crear en la bobina una corriente inducida, la cual se opone en cierto modo al paso de la corriente principal. Así, al cerrarse el circuito de la bobina, la corriente sufre cierto retraso, en el cual se funda el principio de los circuitos oscilantes * de bobina y condensador usados en radiotecnia.
En una bobina toda interrupción de la corriente continua o alternancia (cambio de sentido) de la corriente alterna se traduce por la aparición de un campo magnético. Ocurre como si al ser detenidos bruscamente los electrones de la corriente, la energía cinética de éstos se disipara en el espacio en forma de campo magnético. Una parte de esta energía de la bobina inductora puede captarse con otra bobina inducida, propiedad que se aprovecha de muy variadas maneras en una infinidad de aplicaciones.
La introducción de un núcleo de hierro en el eje de la bobina aumenta considerablemente la inducción del campo magnético, como lo prueban los electroimanes *, electromotores *, generadores eléctricos y otros aparatos.
Por otra parte la bobina puede usarse como transformador *(bobina de inducción* o *carrete de Ruhmkorff):* el núcleo tiene dos devanados, de los cuales el primario, constituido por un número reducido de espiras de hilo grueso, es atravesado por una corriente continua de baja frecuencia, mientras que el secundario consta de numerosísimas espiras (20 000 en una bobina de automóvil) de hilo fino. La corriente primaria se interrumpe gran número de veces por segundo

bloqueo por secciones *(f. c.)*

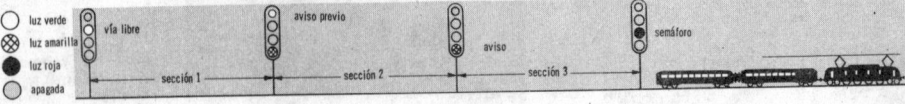

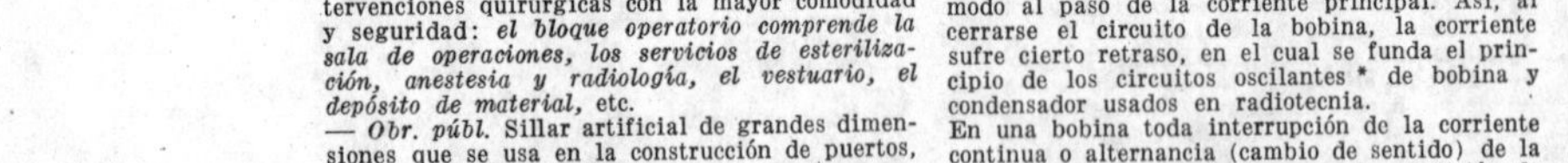

con un ruptor * y cada vez la desimantación súbita del núcleo engendra una corriente inducida de alta tensión en el devanado secundario.
— *Fot.* Carrete de película.
— *Papel.* Pieza de papel o cartón continuo, muy larga, arrollada sobre un eje, cuales se usan para las máquinas de imprimir rotativas, papeles de embalaje, etc. (el nombre de rollo se reserva con más propiedad a las bobinas de menos de 40 cm de anchura).
— *Radiot.* Aquella que se usa (v. *Electr.*) con diferentes objetos en los circuitos radioeléctricos: para acordar la frecuencia de dos circuitos oscilantes (sintonización), concentrar el haz de electrones en los tubos catódicos (bobina de concentración) o desviarlo (v. EXPLORACIÓN), etc. ‖ *Bobina de panal* o *de nido de abeja,* la de capas múltiples de pocas espiras cada una, devanadas oblicuamente respecto a las de las capas contiguas, cuya forma alveolar le confiere la escasa capacidad requerida para la recepción de ondas medias.
— *Telec. Bobina de carga* o *bobina Pupin,* bobina de inducción que se intercala de trecho en trecho en las líneas telefónicas para compensar las pérdidas que experimenta la corriente con la distancia.
— *Text.* Carrete de hilo de coser o bordar. ‖ Cada uno de los carretes grandes, devanados en forma de cono o de cilindro, con que se alimentan en hilo los telares: *las bobinas de urdimbre contienen todos los hilos de la misma en un solo carrete.*
BOBINADO m. Acción y efecto de bobinar o devanar hilos o alambres. (Sinón. DEVANADO.)

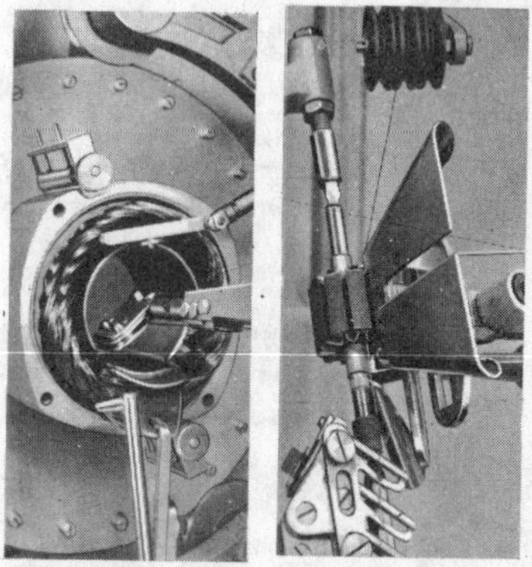

bobinado mecánico del estator y del rotor de un motor eléctrico

BOBINADOR, RA adj. Que bobina o sirve para bobinar o devanar. ‖ Máquina de bobinar. (Sinón. DEVANADERA.)
BOBINAR v. Devanar hilos textiles o metálicos. ‖ Hacer rollos de papel u otras materias laminadas.
— *Electr.* Hacer o instalar las bobinas de inducción de los motores y otros aparatos eléctricos.
BOCA f. Orificio por el que entra o sale alguna cosa: *las bocas del Amazonas; boca de riego; la boca de un cañón; boca de alcantarilla, de galería,* etc.
— *Art. y of.* Abertura de un compás. ‖ Abertura de una llave para tuercas. ‖ Filo de una herramienta: *aguzar la boca de un formón; barreno con boca de filo doble.*
— *Carp.* Espacio entre dos tablas mal unidas.
— *Mar.* Agujero de la cubierta que da paso a los mástiles. ‖ Anchura de la cubierta, o sea distancia que media entre las dos bordas del barco. ‖ Abertura de una escotilla. ‖ *Boca de barra,* bocabarra.
BOCABARRA f. Cada uno de los agujeros en que encajan las barras o brazos necesarios para hacer girar el cabrestante.
BOCACÍ m. *Text.* Bucarán.

BOCAINA f. *Mar.* Paso de fondo suficiente que permite a las embarcaciones llegar hasta la costa a través de la barra de un río.
BOCAL m. *Mar.* Bocana angosta.
— *Vidr.* Jarro de vidrio, de boca ancha y cuello corto. ‖ Galicismo por *tarro de vidrio y pecera.*
BOCALLAVE f. *Mec.* Ojo de la cerradura *.
BOCAMEJORA f. *Min. Amer.* Pozo * auxiliar.
BOCAMINA f. *Min.* Boca del pozo por el cual se accede a una mina.
BOCANA f. *Amer.* Boca, desembocadura de un río.
— *Mar.* Boca de un puerto, o sea la abertura que, entre dos malecones, permite la entrada y salida de los barcos. ‖ Paso angosto entre una isla y la costa por el que se ven obligados a pasar los barcos para entrar en ciertos puertos.
BOCARRENA f. *Miner.* Geoda.
BOCARTE m. *Ind.* y *Metal.* Máquina para machacar minerales granulosos, también usada para pulverizar finamente diversas materias.
— El *bocarte* consiste en un mazo (almadaneta) accionado por una leva que —de 30 a 100 veces por minuto—, después de haberlo levantado de 15 a 45 cm, lo deja caer sobre un yunque en el interior de un cazo que contiene las materias y en cuya salida un tamiz solamente deja pasar las partículas suficientemente finas. El molido se efectúa en seco o en presencia de agua que contribuya a arrastrar el polvo. Cuando se trata de minerales auríferos, el cazo se halla revestido de placas de cobre amalgamado que fijan el oro pero no la ganga.
Los bocartes suelen usarse por baterías de 5 a 10 montados en un mismo bastidor.
BOCARTEAR v. *Ind.* y *Metal.* Moler con bocarte.
BOCATEJA f. *Arq.* La primera teja de cada canal empezando por el alero.
BOCAZO m. *Min.* Barreno que falla al explotar y no surte efecto.
BOCEL m. *Arq.* Moldura cilíndrica. ‖ *Cuarto bocel,* moldura convexa cuya sección es un cuadrante. ‖ *Medio bocel,* moldura convexa de sección en forma de semicírculo.
BOCÍN m. Abertura por donde cae el agua al rodezno en los molinos de agua.
BOCINA f. *Acúst.* Aparato de forma cónica que sirve para amplificar los sonidos.
— *Autom.* Instrumento músico de lengüeta y pabellón cónico que se hace sonar soplándole aire con una pera de goma y se usa en los vehículos para avisar. ‖ Instrumento mecánico o eléctrico más perfeccionado que el anterior y usado con el mismo fin.
— Las *bocinas* usadas actualmente en los automóviles son de tres clases: *bocina eléctrica de alta frecuencia,* en la cual los sonidos son producidos por una membrana que vibra rápidamente merced a la acción de un electroimán; *bocina eléctrica de aire comprimido,* constituida por un motor eléctrico acoplado a un compresor que suministra el aire necesario para hacer vibrar la membrana sonora o soplar en un dispositivo parecido a una sirena *; *bocina mecánica,* enchufada en la tubería de admisión del motor, con lo cual se crea una depresión que aspira el aire exterior a través del dispositivo vibratorio.
— *Radiot.* Pabellón cónico o piramidal de los altavoces muy potentes.
BOCO m. *Bot.* y *Carp.* Panacoco.
BOCOY m. *Carp.* Barril grande.
BOCHORNO m. Aire cálido y sofocante que sopla en épocas de mucho calor. ‖ Por ext., calor intenso producido por el fuego.
BODE (*Ley de*). V. PLANETA.
BODEGA f. *F. c. Amer.* Almacén de mercancías de las estaciones.
— *Ind. alim.* Sótano u otro lugar donde se guarda el vino de la cosecha, y, por ext., donde se deja fermentar la cerveza, el queso y otros productos alimenticios.
— *Mar.* Espacio interior del casco de un barco, desde la quilla hasta la cubierta principal. ‖ Por ext., planta baja de un edificio usada como almacén de mercaderías en los puertos de mar.
BODONI com. *Art. gráf.* Cierta letra de imprenta (v. *figura*).
BOEHMITA f. *Miner.* Óxido natural de aluminio hidratado, uno de los constituyentes de la bauxita.
BOGA f. *Mar.* Acción de bogar o remar.

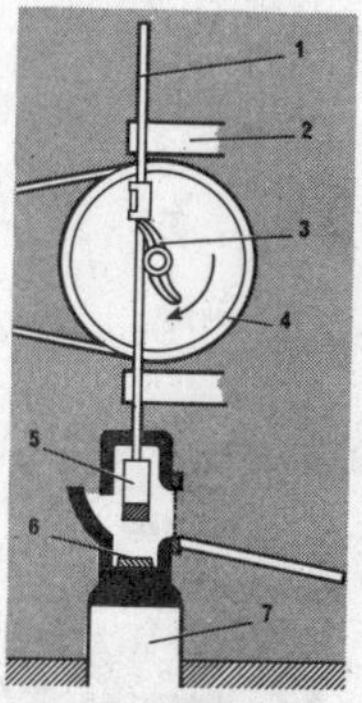

bocarte
1. Vástago; 2. Guía; 3. Leva; 4. Polea; 5. Pilón; 6. Caja; 7. Yunque

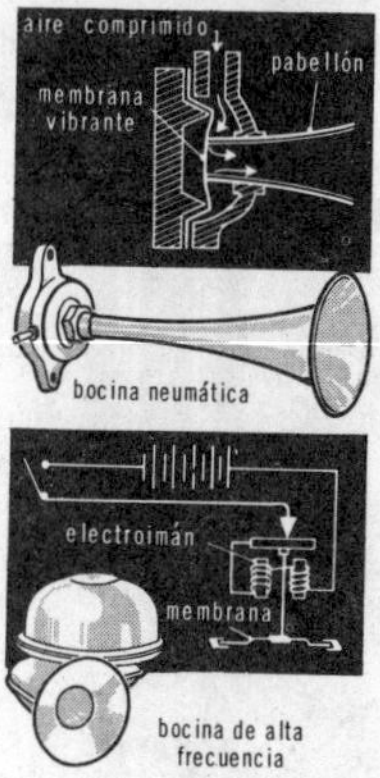

bocinas
de aire comprimido y de alta frecuencia

Quousque
iste tuus
CICERO
caracteres **Bodoni**

Fot. Micafil

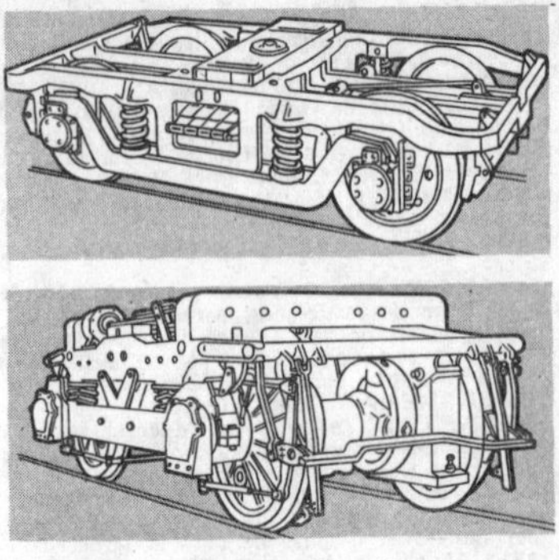

bogies de vagón y de locomotora eléctrica

bolardos

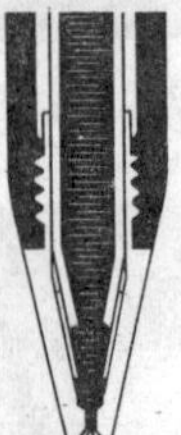

bolígrafo

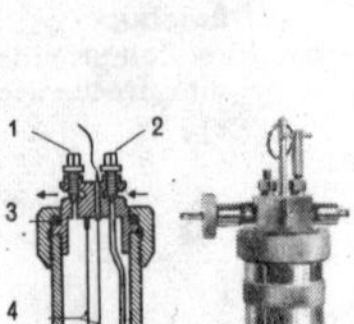

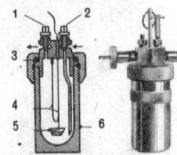

bomba calorimétrica
1. Grifo de purga; 2. Admisión del oxígeno; 3. Junta; 4. Electrodos para el encendido; 5. Cubeta; 6. Cuerpo de la bomba

BOGADA f. *Mar.* Trecho recorrido por una embarcación con un solo impulso de los remos.

BOGAR v. *Mar.* Remar.

BOGHEAD m. *Miner.* Hulla dura, constituida por algas diminutas, rica en materias volátiles.
— El *boghead* da demasiadas cenizas y no constituye un buen combustible. Por el contrario, calentándolo en retortas desprende hidrocarburos líquidos de la misma naturaleza que los que se extraen de los esquistos bituminosos.

BOGIE m. *F. c.* Cada uno de los carretones o armazones de dos o tres ejes y cuatro o seis ruedas, articulados independientemente en el bastidor principal de un vagón o locomotora con objeto de que las ruedas del vehículo puedan orientarse convenientemente al tomar las curvas o al cambiar de vía.
— Las locomotoras tienen un solo *bogie* generalmente en la parte delantera. Los vagones modernos tienen todas sus ruedas en bogies de dos o tres ejes. Las locomotoras eléctricas pueden tener sus ruedas motrices en forma de bogies.
El uso de bogies ha permitido aumentar considerablemente la velocidad de los trenes y reducir los ruidos en los vagones.

BOHR *(Átomo de)*. V. ÁTOMO.

BOJ m. *Art. gráf.* Grabado para impresiones artísticas, que se hace sobre una cara perpendicular a la fibra de la madera del mismo nombre, del Cáucaso.
— *Bot.* y *Carp.* Arbusto buxáceo, algunas de cuyas especies *(Buxus)* suministran una madera amarillenta, muy densa (d = 1) y dura, que se usa para hacer objetos artísticos y labores de torno.

BOL m. *Miner.* Nombre genérico de arcillas ferruginosas, ásperas, de color rojizo o amarillento.
— Las distintas variedades de *bol* no son plásticas. El *bol amarillo* da, mediante tostación, un pigmento ocre usado en pintura. El *bol de Armenia* se usa como soporte en el arte de dorar los libros.

BOLA f. Todo cuerpo de forma esférica.
— *Mar.* Uno de los cuerpos geométricos que se usan para hacer señales. ‖ Esfera hueca de vidrio que sirve de flotador en ciertas redes.
— *Mec. Articulación de bola,* articulación formada por un árbol cuyo extremo, en forma de bola, se asienta en una oquedad esférica de otra pieza y puede inclinarse en todos los sentidos. ‖ *Molino de bolas,* v. MOLINO. ‖ *Cojinete de bolas,* v. COJINETE. ‖ *Regulador de bolas,* v. REGULADOR. ‖ *Transportador de bolas,* v. TRANSPORTADOR.
— *Ofic. Lápiz* o *estilográfica de bola,* v. BOLÍGRAFO.

BOLACHA f. *Gom. Amer.* Bola de caucho bruto.

BOLAR adj. *Miner.* Dícese de la tierra arcillosa, de sabor áspero, rica en óxido de hierro. (V. BOL.)

BOLARDO m. *Mar.* Pieza de hierro hincada profundamente en el borde de un muelle para que se amarren en ella los buques.

BOLICHE m. *Mar.* Jábega pequeña.

BÓLIDO m. *Astr.* Nombre que se daba a los meteoritos * mayores que llegan hasta el suelo.

BOLÍGRAFO m. *Ofic.* Especie de estilográfica en la cual la tinta acuosa es reemplazada por tinta grasa de imprenta, y la pluma por una bola minúscula engastada en el extremo inferior del depósito, de tal forma que, al frotar con el papel, gira y se moja constantemente de tinta.

BOLINCHE m. *Mar.* Red de cerco que, después de haberse calado verticalmente en torno al banco de peces, se cierra en forma de bolsa merced a una jareta que lleva en su borde inferior. (V. RED.)

BOLO m. *Miner.* Bol.

BOLOMÉTRICO, CA adj. Dícese de las medidas obtenidas con el bolómetro.
— *Astr. Magnitud bolométrica,* v. MAGNITUD.

BOLÓMETRO m. *Fís.* y *Metr.* Detector térmico particularmente sensible que permite medir intensidades de radiación o ínfimas variaciones de la temperatura.
— El *bolómetro* se funda en la propiedad que tienen los metales, especialmente el platino, de variar su resistencia eléctrica al cambiar su temperatura. Consta de una tira finísima de platino (ennegrecida, para que absorba todas las radiaciones) conectada con un *puente * de Wheatstone.* Después de equilibrar el puente, se expone el platino a la radiación (por ej., la luz de una estrella) y la energía térmica de la misma, al calentar ligerísimamente el platino, rompe el equilibrio del puente en función de la energía absorbida, la cual es proporcional a la variación de la resistencia registrada por un galvanómetro sensible.
Ciertos bolómetros usados en astronomía son sensibles a una variación de la temperatura del orden de la diezmillonésima parte de un grado.

BOLSA f. *Aeron.* Bache * del aire.
— *Min.* Yacimiento de mineral en forma de una masa más o menos redondeada: *los criaderos pueden adoptar la forma de capas, filones y bolsas.* (Sinón. BOLSADA.)
— *Tecn. Filtro de bolsa,* v. FILTRO.

BOLSADA f. *Min.* Bolsa: *las bolsadas de potasa se descubren con la balanza de torsión.*

BOLSÓN m. *Geol. Amer.* Depresión del terreno desértico en la cual se acumulan las sales, arcillas y sedimentos arrastrados por las aguas pluviales.
— *Min. Amer.* Bolsa o bolsada.

BOLTZMANN *(Constante de),* relación que se observa en química entre la energía media de una molécula y su temperatura absoluta.
— La *constante de Boltzmann* es igual al cociente de la constante molar dividida por el número de Avogadro*. Su valor es, por consiguiente, igual a $1{,}381 \times 10^{-16}$ ergios por grado. Esta constante (k) caracteriza el estado de agitación molecular de un gas.

BOLLAR v. Precintar o poner sello de plomo o etiqueta con la marca de fábrica de una mercancía, especialmente en las piezas de tejidos.
— *Metal* Abollonar.

BOLLÓN m. *Art. y of.* Clavo cuya cabeza gruesa, dorada, plateada o niquelada, sirve de adorno. ‖ Abultamiento o relieve de una pieza abollonada.

BOMBA f. *Aeron. Amer.* Globo * aerostático.
— *Autom. Bomba de aceite,* bomba de engranajes (v. más abajo *Mec.*) que envía al motor el aceite lubricante del cárter. (V. ENGRASE.) ‖ *Bomba de agua,* la que hace circular el agua entre el motor y el radiador. (V. REFRIGERACIÓN.) ‖ *Bomba de aire,* bomba de émbolo que sirve para hinchar los neumáticos manualmente o con el pie (inflador). ‖ *Bomba de gasolina,* bomba de membrana o diafragma (v. *Mec.*), accionada por el árbol de levas, que aspira la gasolina del depósito y alimenta con ella el carburador. ‖ *Bomba de inyección,* la del motor Diesel que comprime fuertemente el combustible inyectado a cada embolada por el inyector en la cámara de combustión del cilindro.
— *Comb. Bomba calorimétrica,* aparato para medir el poder calorífero de un combustible.
— La *bomba calorimétrica* consiste en una cámara de combustión provista de una cubeta para el combustible, de un tubito que suministra el oxígeno necesario para la combustión y de un dispositivo de chispa para el encendido eléctrico. Este aparato se dispone en el seno de la masa de agua de un calorímetro * y el poder calorífero del combustible se deduce del aumento de la temperatura del agua consecutivo a la combustión del mismo en el interior de la bomba.

Fot. S. Lebrun

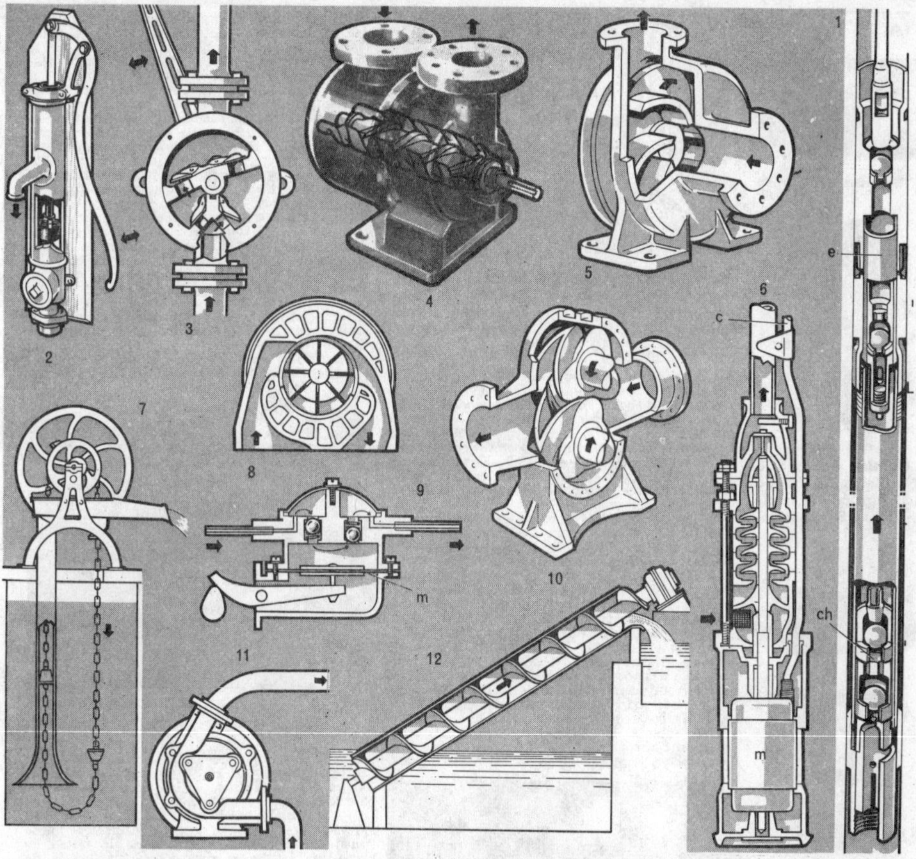

bombas *(mec.)* **:** 1. De émbolo *(e)* y chapeleta *(ch)*, para pozos de petróleo; 2. De émbolo; 3. Semirrotativa; 4. Helicoidal, para materias viscosas; 5. Centrífuga; 6. Centrífuga inmergida (*c*, cable eléctrico; *m*, motor); 7. De rosario; 8. De aletas; 9. De membrana (*m*); 10. De engranajes; 11. Volumétrica, para ácidos y líquidos alimenticios; 12. Rosca de Arquímedes

— *Expl.* Fuego de artificio consistente en una esfera lanzada por un mortero y que, al estallar en el aire, dispersa numerosas luces de colores. ‖ *Bomba manométrica,* aparato en forma de recipiente metálico muy resistente, en el cual se hace estallar un explosivo para registrar la presión y el calor producidos por la explosión.

— *Fís. Bomba de calor,* dispositivo que, fundado en el principio inverso del de las máquinas frigoríficas, permite calentar un cuerpo con las calorías extraídas de otro cuerpo más frío que él.

— Una máquina frigorífica tiene como objeto principal extraer las calorías que contienen las materias conservadas en ella. Estas calorías se disipan en el condensador, situado fuera de la cámara frigorífica. Por el contrario, en un sistema de calefacción por bomba de calor, el condensador, dispuesto en el interior del local, llena la función útil, mientras que la materia que cede sus calorías se halla fuera del recinto. Este manantial de calor puede ser el aire o bien el agua de un río o del mar. Tanto en un caso como en otro, se usa su calor para vaporizar un fluido intermediario de baja temperatura de ebullición (por ej., freón, que hierve a —30º). El gas absorbe así calorías y, al ser comprimido en el compresor, las cede a un circuito de agua o aire caliente provisto de radiadores. El gas enfriado se condensa y licua en el condensador y vuelve al manantial de calor donde es vaporizado de nuevo e inicia otro ciclo.

— *Geol. Bomba volcánica,* fragmento de lava proyectado en el aire por un volcán y que se solidifica con formas características.

— Las *bombas volcánicas de tipo fusiforme,* generalmente estriadas, toman esta forma durante su movimiento giratorio en el aire; otras bombas, de lava menos fluida, adoptan la forma grietada de la corteza del pan.

— *Lumin.* Globo de cristal para difundir la luz y evitar que el resplandor del filamento moleste a la vista. ‖ *Amer.* Bombilla o lámpara de incandescencia.

— *Mec.* Aparato para extraer, elevar o inyectar agua u otros fluidos líquidos o gaseosos.

— *Las bombas de émbolo de movimiento rectilíneo alterno,* que son las más comunes, constan de un cilindro o cuerpo de bomba en el cual se mueve un émbolo que aspira el agua a través de una válvula. En la *bomba simplemente aspirante,* durante el retorno del émbolo pasa el agua por una válvula del mismo. En la *bomba aspirante impelente,* el émbolo es macizo y durante su retorno impulsa con fuerza el agua de la embolada a través de una válvula del cilindro. Éstas son bombas de simple efecto. En las de doble efecto

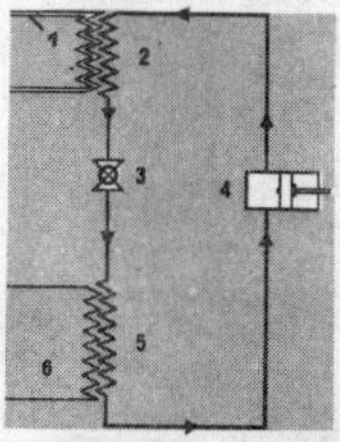

bomba de calor
1. Circuito de calefacción; 2. Condensador; 3. Válvula de expansión; 4. Compresor; 5. Evaporador; 6. Fluido frío

bomba volcánica

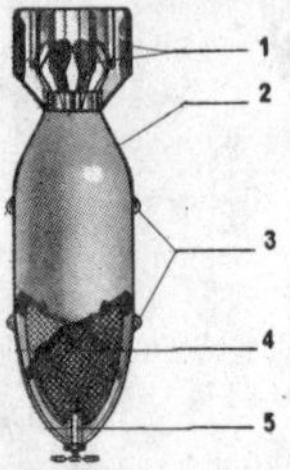

bomba de aviación
1. Aletas; 2. Cuerpo; 3. Fijación; 4. Explosivo; 5. Espoleta

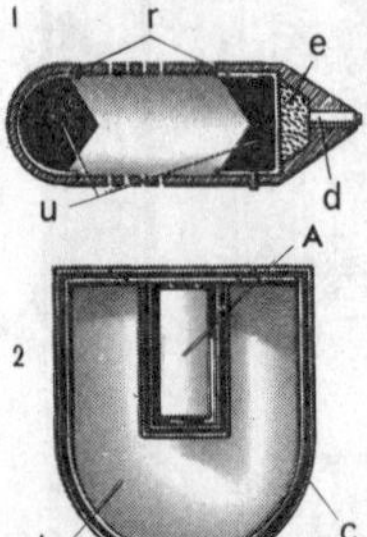

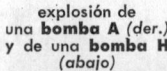

bombas atómicas A (1) y H (2)
r, reflector de neutrones; *e,* explosivo; *u,* uranio o plutonio; *d,* detonador; *A,* bomba A; *h,* hidrógeno licuado; *c,* calorífugo

explosión de una **bomba A** *(der.)* y de una **bomba H** *(abajo)*

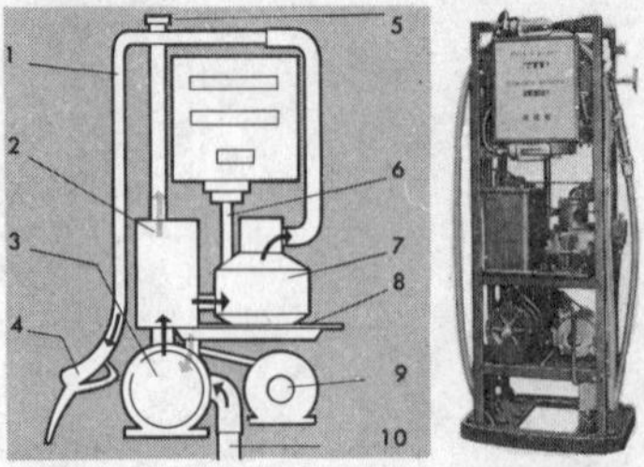

bomba de gasolina : 1. Flexible; 2, Separador de aire; 3. Bomba; 4. Grifo; 5. Respiradero; 6. Transmisión; 7. Contador volumétrico; 8. Colector de purga; 9. Motor; 10. Al tanque

no existe tiempo muerto y la elevación del líquido se efectúa tanto durante la ida como durante la vuelta del émbolo. Para pequeños caudales, especialmente de líquidos corrosivos, se usan *bombas de membrana,* con el émbolo constituido por una membrana elástica. En las *bombas de rosario,* para líquidos espesos, el émbolo es reemplazado por gran número de discos de caucho fijados regularmente y espaciados en una cadena sin fin arrastrada por una polea.
Son *bombas rotativas* aquellas en que el arrastre del líquido se opera con órganos rotativos que reemplazan al émbolo. En la *bomba de aletas* el cuerpo cilíndrico queda dividido en dos partes por dos paletas provistas de válvulas. Este sistema oscila accionado a mano por una palanca y admite el agua por la válvula de aspiración dispuesta en el cuerpo de la bomba y la impele alternativamente por las válvulas de impulsión montadas en las paletas. La *bomba capsular* o *de émbolo rotativo* carece de válvulas; el eje es excéntrico y las dos paletas tienen un resorte que las ajusta constantemente al radio variable del cuerpo cilíndrico: así, la cavidad que se llena con el agua aspirada disminuye de volumen e impele el agua sobrante. Las *bombas de engranajes,* especialmente usadas para la lubricación de motores, arrastran e impulsan el aceite entre sus dientes.

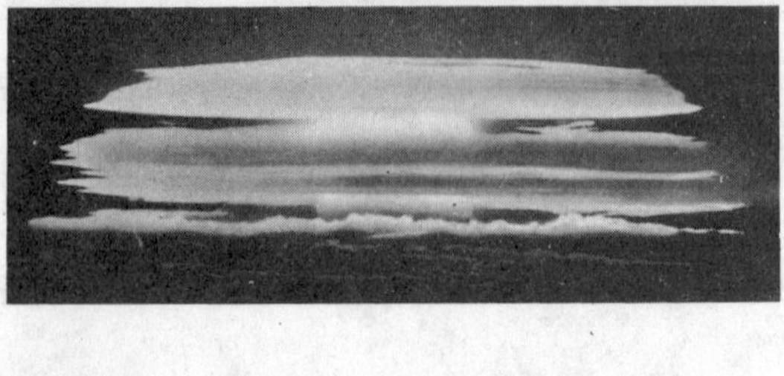

Las *bombas centrífugas* consisten en unas ruedas de álabes que funcionan con arreglo al principio de las turbinas. El agua es aspirada por la parte central de la rueda, arrastrada por los álabes y proyectada hacia el exterior del rodete por la fuerza centrífuga. Para caudales importantes se montan varios rodetes en el mismo eje. Antes de funcionar, estas bombas se han de cebar, es decir, se ha de hacer salir el aire de la tubería de aspiración: en las *bombas autocebadas,* esta operación se efectúa automáticamente.
Además de los tres grupos indicados existe gran número de dispositivos y aparatos fundados en otros principios, que pueden considerarse como bombas. La *bomba mamut* consiste en una cañería cuyo extremo inferior, sumergido en el fondo del líquido, tiene una cámara en la cual se inyecta aire comprimido: la mezcla de agua y burbujas tiene menor peso específico que el agua del pozo y, por consiguiente, asciende por el tubo a pesar de que el extremo inferior de éste se halla abierto. Estas bombas provocan la emulsión del fango y otras materias en suspensión, por cuya razón se llaman también *emulsores* y se usan para elevar aguas turbias o muy cargadas de materias sólidas. (V. también ARIETE *hidráulico,* NORIA, PULSÓMETRO y ROSCA *de Arquímedes.*)

bomba
de balancín para extraer el petróleo

La altura máxima de aspiración de una bomba es teóricamente de 10,33 m al nivel del mar. Ahora bien, si se reducen las pérdidas de carga, los fenómenos de cavitación, el desprendimiento del aire disuelto en el agua y del vapor de agua en el vacío, así como los ajustes deficientes, puede considerarse como altura práctica la mitad de la altura teórica y como altura máxima la de 7,50 u 8 m. (Concerniente a la *bomba de chorro de agua,* v. TROMPA; a la *bomba de chorro de vapor,* v. EYECTOR e INYECTOR y a la *bomba de mercurio, bomba neumática* y *bomba de vacío,* v. ASPIRADOR, COMPRESOR y VACÍO.)
— *Med.* Bomba de cobalto, v. COBALTO.
— *Mil.* Artefacto cilíndrico o ahusado, lleno de materia explosiva, provisto de aletas estabilizadoras y de una espoleta, arrojado por los aviones: *las mayores bombas de aviación pesan diez toneladas.*
— Existen numerosas clases de *bombas* de aviación: *de ejercicio* (para entrenamiento y simulacros), *explosivas* (de tolita y de melinita), *incendiarias* (de fósforo y de napalm), *de profundidad* (contra submarinos), etc. Las *bombas planeadoras* y las *bombas cohete* —también llamadas *bombas volantes*— al abandonar el avión prosiguen su vuelo, planeado o autopropulsado, dirigidas por radio. (V. COHETE *aire-suelo.*)
Las *bombas atómicas* se fundan en la liberación instantánea de la energía de fisión * o de fusión *. En el primer caso, *bomba A,* el principio es idéntico al que rige el funcionamiento de un reactor nuclear. Pero en éste se prolonga la reacción de cadena, es decir, se regulan y limitan voluntariamente las fisiones de los núcleos del combustible, mientras que en la bomba, por el contrario, se procura que la reacción sea lo más divergente * posible y que se produzca el máximo de desintegraciones en el brevísimo instante que dura la misma, pronto interrumpida por la

Fot. Hermès, S. A. T. A. M., U. S. I. S.

dispersión de la masa fisible. La bomba consiste esencialmente en dos o más fragmentos de uranio 235 o de plutonio, cada uno de los cuales tiene una masa subcrítica, o sea inferior a la que se requiere para que exista y se propague una reacción de cadena. La explosión de una carga explosiva proyecta estos fragmentos unos contra otros y, al hallarse reunidos, constituyen una masa crítica en la cual se desarrolla velocísimamente la reacción de fisión. Ésta desprende instantáneamente un calor de millones de grados que volatiliza la bomba. La terrible explosión, equivalente a la de decenas de millares de toneladas de trilita, obra entonces de tres maneras diferentes: mecánicamente, con una potente onda de choque muy destructora; térmicamente, por el elevadísimo calor que abrasa todo lo expuesto al paso de la onda; radiactivamente, por los efectos ionizantes de los rayos gamma y de los neutrones que, aun muchos años después de la explosión, pueden provocar la muerte de las personas irradiadas.
La *bomba de hidrógeno, bomba termonuclear* o *bomba H,* se funda en el desprendimiento de energía que acompaña la fusión del hidrógeno y otros átomos ligeros. Mientras que la fisión de una masa crítica es espontánea, la fusión del hidrógeno solamente puede efectuarse a temperaturas de millones de grados. Para obtenerlas se usa una bomba A como detonador. La fusión desprende mucha más energía que la fisión y permite construir bombas más grandes. Así, la potencia destructiva de la bomba H ya no se mide en kilotoneladas, sino en megatoneladas, y una sola de las bombas H más potentes, al estallar a unas decenas de kilómetros de altura, basta para sembrar la desolación y la muerte en todo un país.

BOMBARDEO m. *Aeron. Avión de bombardeo,* bombardero.
— *Atom. Bombardeo atómico,* emisión de partículas proyectadas por la desintegración de las substancias radiactivas. ‖ Proyección contra una materia que sirve de blanco, de partículas aceleradas (v. ACELERADOR) o del flujo de neutrones engendrado en un reactor * nuclear.
— *Electrón. Bombardeo catódico,* flujo de electrones que hieren el anticátodo de un tubo.

BOMBARDERO m. *Aeron.* y *Arm.* Avión de grandes dimensiones especialmente equipado para el transporte y lanzamiento de bombas ordinarias de aviación y de cohetes aire-suelo soltados a veces a 3 000 km. del objetivo: *la importancia de los bombarderos decrece a medida que progresa la técnica de los cohetes suelo-suelo de largo alcance.* (V. COHETE.)

BOMBASI m. *Text.* Tejido de algodón, blanco y a listas, con una de sus caras muy perchada, que se usa para ropa interior y forros de vestidos.

BOMBEO m. Convexidad, comba de una superficie: *el bombeo de la calzada facilita el desagüe de las carreteras.*

BOMBILLA f. *Lumin.* Lámpara eléctrica de incandescencia. (V. AMPOLLA y LÁMPARA.) ‖ *Amer.* Tubo de cristal del quinqué y otras lámparas.
— *Quím.* Pipeta.

BOMBILLO m. *Constr.* Sifón de excusado.
— *Lumin. Amer.* Bombilla eléctrica de filamento, y, por ext., cualquier lámpara eléctrica: *bombillo de neón.*
— *Quím.* Pipeta.

BOMBO m. *Curt.* Batán * de curtir.

BOMBONA f. *Cerám.* y *Vidr.* Recipiente de vidrio o loza, de cuerpo muy abultado y cuello corto y estrecho, usado para el transporte de líquidos.

BOMBONAJE m. *Text.* Planta ciclantácea (*Carludovica palmata*) de América, con cuyos tallos se hacen bastones y cuyas hojas reducidas a tiras sirven para tejer los sombreros de jipijapa*.

BONANZA f. *Min.* Bolsada o parte de un criadero de mineral muy rico: *las bonanzas se hallan las más de las veces a proximidad del nivel de las aguas subterráneas, a cuya presencia se debe el enriquecimiento del mineral.*

BONDERIZACIÓN f. *Metal.* Fosfatación rápida de una superficie ferrosa para protegerla contra el orín.
— La *bonderización* se efectúa mojando la pieza con una disolución fosfórica. La película de fosfato que se forma sobre el hierro evita su oxidación y facilita la adherencia de los esmaltes usados en carrocería automóvil, muebles metálicos, neveras eléctricas, etc.

BONDERIZAR v. *Metal.* Tratar una pieza de metal ferroso por el procedimiento de la bonderización.

BOOSTER m. *Arm.* y *Astron.* Motor auxiliar de gran potencia que sirve para el arranque y lanzamiento de los cohetes pesados.
— El *booster* solamente funciona en los primeros instantes de la ascensión durante los cuales comunica al aparato una velocidad suficiente para que éste pueda proseguir su vuelo con el motor principal. Después de haberse consumido su carga de combustible, el booster, vacío e inútil, se separa y cae al suelo. En los cohetes militares el booster consiste las más de las veces en un cohete de pólvora. En los aparatos cósmicos el booster debe considerarse como la primera etapa o escalón de un cohete múltiple.
— *Electr.* Transformador elevador de la tensión.
— *F. c.* Máquina de vapor auxiliar dispuesta debajo de ciertas locomotoras o de su ténder con objeto de facilitar el arranque.

BOOSTING m. *Tecn.* Bomba o compresor destinados a aumentar la presión de un líquido en una cañería sin modificar su caudal: *ciertos oleoductos tienen numerosas estaciones de boosting.*

BOOTES, otro n. de la constelacíon del *Boyero.*

BOQUETA f. *Min. Amer.* Pozo de ventilación de una mina.

BOQUETEAR v. *Min.* Comunicar las galerías de una mina con las de otra.

BOQUILLA f. *Acúst.* Pieza provista de una lengüeta o de otro dispositivo generador de sonidos en la que se sopla para tocar los instrumentos de viento.
— *Carp.* Muesca, taladro o escopladura que se hace en un madero para ensamblarlo con otro.
— *Cerám.* Cada una de las piezas de madera que, en la hilera, permiten la formación de los agujeros en los ladrillos huecos. (V. LADRILLO.)
— *Hidr.* Tobera * para aforar o regular un caudal. ‖ Tobera o inyector de turbina * Pelton. ‖ Boca de incendios, de riego y otras cañerías.
— *Lumin.* Mechero * de las lámparas de llama.
— *Metal.* Boca o mechero de los sopletes.

BORANO m. Nombre genérico de los compuestos de boro e hidrógeno análogos a los hidrocarburos saturados.

BORATADO, DA adj. *Quím.* Que se halla combinado con borato o ácido bórico.

BORATERA f. *Min. Amer.* Yacimiento de bórax.

BORATO m. *Quím.* Sal o éter del ácido bórico
— Con el *borato* de calcio natural se fabrica el bórax. El *perborato,* bórax tratado con agua oxigenada, es un agente de blanqueo y entra en la composición de muchos polvos para lavar la ropa.

BÓRAX m. *Quím.* Sal de sodio derivada del ácido bórico. (Sinón. BÓRRAJ y TINCAL.)
— El *bórax* ($Na_2B_4O_7$, $10H_2O$) se presenta en forma de cristales incoloros, solubles en el agua. Al ser calentado pierde su agua y funde. Tiene entonces la propiedad de disolver los óxidos metálicos y esta propiedad se aprovecha para el decapado de los metales que se han de soldar. Además, como al solidificarse toma el color del óxido, se usa también para decorar porcelana y vidrio y para ignifugar los telones de teatro. El bórax tratado con agua oxigenada da perborato. (V. BORATO.)
El bórax existe en la naturaleza, pero se fabrica industrialmente a partir del ácido bórico o del borato de calcio natural.

BORDA f. *Mar.* Parte superior del costado de un barco, que rebasa de la cubierta. ‖ *Borda abatible,* la que se halla articulada sobre un eje

el cohete « Atlas » impelido por sus dos boósteres

bombardero « Convair B-58 » cuadrirreactor

Fot. U. S. I. S.

horizontal y, bajada hacia el exterior, constituye una rampa o pasarela entre el barco y la tierra: *en las barcazas* de desembarco la borda abatible de proa permite el embarque y desembarque de los tanques y otros vehículos, por sus propios medios.*

BORDADO m. *Text.* Labor de motivos ornamentales sobre una tela que sirve de soporte.
— El *bordado* se distingue del encaje por la existencia de un fondo sobre el cual se aplica o entreteje aquél. Se efectúa mecánicamente con máquinas especiales en las cuales el tejido, muy tenso y dispuesto verticalmente, es atravesado con rápido movimiento de vaivén por una batería de agujas horizontales que trabajan de modo análogo a las de la máquina de coser.
Dase el nombre de *bordado químico* a una técnica consistente en bordar sobre una tela soluble que, al ser disuelta con una substancia apropiada, deja íntegro el bordado en forma de encaje.

BORDADOR, RA adj. y s. *Text.* Que borda o sirve para bordar. ‖ Máquina para efectuar bordados.

BORDAJE m. *Mar.* Tablones que constituyen el forro del casco * de un barco.

BORDAR v. *Text.* Efectuar labores de bordado *.

BORDE m. *Aeron.* Cada uno de los lados del ala y de los planos estabilizadores del avión.
— Cada plano sustentador o estabilizador tiene tres bordes: el *borde de ataque,* que es el *borde frontal,* o sea el primero que penetra en el aire; el *borde de escape* o *de salida,* opuesto al de ataque, y el *borde marginal,* en el extremo del ala. (V. ALA.)

BORDEAR v. *Art. y of.* Adornar o reforzar con un borde. ‖ Labrar el borde de una cosa.

BORDELÉS, ESA adj. *Agr. Caldo bordelés,* v. CALDO.
— *Carp. Barrica bordelesa,* la de 225 litros que se usa para vinos.

BORDETA f. *Min.* Pilar de mineral que se deja como refuerzo del entibado o para sostener el techo de la galería que se beneficia.

BORDILLO m. *Obr. públ.* Faja de sillares u otros materiales duros que limita una acera por el lado de la calzada o un andén por el de la vía, un muelle, etc. (Sinón. CINTA.)

BORDINGA f. *Mar.* Madero que se aplica longitudinalmente en alguna parte del forro del casco para reforzarlo o protegerlo.

BORDO m. *Aeron. A bordo,* en el mismo avión, situado en él: *la cocina de a bordo; radar de a bordo.*
— *Mar.* Bordaje. ‖ *A bordo,* dentro de la embarcación. ‖ *Al bordo,* al lado del barco. ‖ *De alto bordo,* dícese de los buques mayores: *un barco mercante de alto bordo.* ‖ *Fuera de bordo,* dícese de la embarcación que tiene el motor fijado en la borda de popa. (V. CANOA.)

BORDÓN m. *Arq.* Moldura cilíndrica del estilo gótico.
— *Art. gráf.* Omisión de una parte del texto durante su composición por el cajista o linotipista.

BORDONAL m. *Mar.* Compartimiento de la almadraba * en el cual se arponean y embarcan los atunes.

BOREAL adj. *Geogr.* Relativo o perteneciente al Norte, especialmente al extremo norte. (Sinón. SEPTENTRIONAL.) ‖ *Aurora boreal,* v. AURORA. ‖ *Océano boreal,* el océano Polar Ártico. ‖ *Polo boreal,* el Polo Norte.

BORICADO, DA adj. *Quím.* En farmacia, que contiene ácido bórico: *vaselina boricada.*

BÓRICO, CA adj. *Quím.* Dícese de un ácido y un anhídrido derivados del boro.
— El *ácido bórico* (H_3BO_3) es un sólido que se presenta en forma de escamas suaves al tacto, brillantes, de densidad igual a 1,5, poco solubles en agua fría y mucho más en la caliente. Cuando se calienta pierde su agua y se transforma finalmente en anhídrido bórico (B_2O_3). Éste forma, al solidificarse, una masa vítrea, incolora, ávida de agua con la cual restituye el ácido bórico.
El ácido bórico abunda en la naturaleza, especialmente disuelto en aguas minerales y en el vapor que emana de los terrenos volcánicos (por ej., en los *soffioni* de Toscana). También existe en forma de boratos de sodio (bórax *), de calcio y de magnesia.
Se extrae industrialmente tratando los boratos con ácido sulfúrico o condensando los vapores de los soffioni.
Además de su empleo como antiséptico, el ácido bórico tiene muchos usos, especialmente para la conservación de alimentos, colas, engrudos y otras materias orgánicas, la fabricación de esmaltes y vidrios especiales, la impregnación de la mecha de las bujías (que así se consumen y no necesitan ser despabiladas) y la fabricación industrial de bórax.

BORNE m. *Electr.* Pieza terminal de una línea o aparato eléctrico, que sirve para efectuar la conexión de los conductores sujetándolos con una abrazadera, tuerca o tornillo.

BORNEAR v. Mover una pieza pesada empujándola alternativamente por sus dos lados hasta que quede perfectamente alineada en el lugar que ha de ocupar: *bornear un sillar.* ‖ Cerrar un ojo y mirar con el otro la arista de un madero, para comprobar que no está torcido el plano de un muro, para ver si los sillares están bien alineados, etc.

BORNEOL m. *Quím.* Alcohol hidroterpénico cuya cetona es el alcanfor *.
— El *borneol dextrógiro,* también llamado *alcanfor de Borneo,* se extrae del *Dryobalanops camphora;* el *borneol levógiro,* o *alcanfor de Ngai,* proviene de otro árbol: *Blumea balsamifera.*

BORNIL, prefijo químico que sirve para indicar la presencia del radical bornilo en una molécula.

BORNILO m. *Quím.* Radical $C_{10}H_{17}$ derivado del borneol por pérdida del hidroxilo.

BORO m. *Quím.* Cuerpo simple (B) de número atómico 5 y masa atómica igual a 10,82. Se compone de dos isótopos : ^{11}B (81,17 %) y ^{10}B (18,83 %).
— El *boro* es un metaloide muy duro que se presenta en forma de polvo negruzco, amorfo. Tiene una densidad igual a 2,45 (2,34 al estado cristalino), funde a 2 300° y es insoluble en los disolventes ordinarios. Tiene propiedades químicas parecidas a las del carbono; es el metaloide más electropositivo y tiende a combinarse en caliente con casi todos los cuerpos simples; es asimismo un poderoso reductor. Sus principales compuestos son los boruros, el cloruro, el fluoruro, el nitruro (que funde a 3 000° y sirve para fabricar crisoles) y los óxidos. (V. BÓRICO.)
El *boro puro* no tiene aplicaciones prácticas, pero sus aleaciones se usan en metalurgia como desoxidantes.

BOROFLUORHÍDRICO, CA adj. *Quím.* Fluobórico.

BOROFLUORURO m. *Quím.* Fluoborato.

BORONATROCALCITA f. *Miner.* Ulexita.

BOROSILICATO m. *Quím.* Sal doble que resulta de la combinación de un borato y un silicato: *los borosilicatos entran en la composición del vidrio * Pyrex.*

BOROSILICÍLICO, CA adj. *Miner.* Que contiene boro y silicio.

BOROTITANATO m. *Quím.* Combinación de un borato y un titanato.

BORRA f. *Text.* Pelo en bruto que se arranca de las pieles de cabra y de reses bovinas antes de curtirlas: *la borra se usa como relleno de talabartería y muebles, y también para fabricar fieltros.* ‖ Pelo producido al tundir el paño y, en general, todo desperdicio de fibras recuperado en alguna parte en los talleres de hilatura y tisaje. ‖ Pelusa o vello de las plantas: *la borra de la cápsula del algodonero es el algodón.*

BÓRRAJ m. *Quím.* Bórax.

BORRICO o **BORRIQUETE** m. *Carp.* Caballete en forma de trípode en que se apoya un madero para labrarlo.

BORT m. Diamante redondo, granuloso y amarillento. ‖ Por ext., todo diamante * inutilizable en joyería fuera del carbonado : *el bort se usa para labrar otros diamantes y para perforar la roca en los sondeos.*

BORURO m. *Quím.* Combinación de boro con un cuerpo simple: *boruro de magnesio.*

BOSÓN m. *Atom.* Nombre genérico dado a las partículas que, contrariamente a los fermiones, pueden hallarse en numero indeterminado en un mismo estado cuántico. (V. FERMIÓN.)

BOSQUEJAR v. Diseñar los rasgos principales de una obra. ‖ Labrar toscamente una cosa omitiendo intencionadamente los detalles secundarios.

BOTA f. *Carp.* Cuba o tonel de madera.
— *Curt.* Recipiente para vino hecho de cuero empegado interiormente y provisto de un brocal. ‖ Calzado * de cuero con caña.
BOTAAGUA m. *Carp. Amer.* Bateaguas.
BOTABARRO m. *Amer.* Guardabarros.
BOTADA y **BOTADURA** f. *Mar.* Operación consistente en echar un buque al agua.
—El barco, antes de efectuar la *botada* o *botadura,* descansa sobre una cuna que adopta la forma del casco y puede deslizarse sobre dos anguilas fijadas a lo largo de la grada que tiene una pendiente comprendida entre 1:12 y 1:24. Para botar el buque se quitan los puntales en que se apoya el casco sobre la grada y se cortan las maromas que retienen la cuna. Si el buque no inicia entonces su bajada por la grada, se empuja la cuna con gatos hidráulicos.
El barco arrastra por la grada un peso importante de cadenas que servirán para frenarlo y detenerlo una vez que esté a flote.
En los astilleros fluviales o que disponen de un plano de agua limitado, la botadura de barcos no muy grandes puede hacerse lateralmente, en vez de serlo longitudinalmente.
BOTAGUA f. *Carp. Amer.* Bateaguas.
BOTAL m. *Arq.* Medio arco usado como estribo *.
BOTALODO m. *Amer.* Guardabarros.
BOTALOMO m. *Art. gráf.* Instrumento usado por los encuadernadores para formar las pestañas en el lomo de los libros que han de encartonar.
BOTALÓN m. *Amer.* Puntal, estaca.
— *Mar.* Palo largo que prolonga el bauprés * y sirve para sujetar los primeros foques. ‖ *Botalón de carga,* pluma * de carga.
BOTALONEAR v. *Amer.* Jalonar con puntales o estacas llamados botalones.
BOTANA f. Remiendo que se hace a los pellejos u odres cubriendo el agujero con una rodaja y atando fuertemente el cuero alrededor de la misma. ‖ Tarugo con que se tapan los agujeros de las cubas o barriles.
BOTANERO m. Instrumento que sirve para poner botanas a los odres o pellejos.
BOTAR v. *Mar.* Echar al agua el buque que acaba de construirse o carenarse en una grada.
BOTAREL m. *Arq.* Arbotante, contrafuerte de un muro.
BOTAVARA f. *Mar.* Palo horizontal, articulado en el mástil por una horquilla, en la que se fija el borde inferior de la vela cangreja.
BOTE m. Vasija o envase pequeño de forma y materia tan variadas que lo mismo puede tratarse de un tarro que de una lata *.
— *Mar.* Barco pequeño sin cubierta, pero con unos bancos para sentarse, que se usa para el servicio de los puertos y barcos mayores, la pesca y como embarcación de recreo. (V. CANOA y LANCHA.)
— Cada buque ha de llevar un número suficiente de *botes* para el salvamento de la tripulación y de los pasajeros en caso de naufragio. Los *botes modernos* para salvamento de náufragos son lanchas de motor insumergibles.
Los aviones, ciertos pesqueros y yates disponen de *botes de caucho inflables* que ocupan poco espacio a bordo y pueden hincharse rápida y automáticamente merced a una botella de aire comprimido.
BOTELLA f. Recipiente de vidrio, plástico o barro cocido que sirve para contener bebidas y otros líquidos: *las botellas tienen ordinariamente un cuerpo cilíndrico alargado o fusiforme, rematado por un cuello largo y estrecho.* ‖ Por ext., vasija de forma parecida a la de la botella ordinaria o que sirve para reemplazarla.
— *Electr. Botella de Leiden,* condensador experimental constituido por una botella o un bocal de vidrio que sirve de dieléctrico y cuyas armaduras son un forro o revestimiento metálico exterior y un relleno de papel metálico interior. Éste se prolonga eléctricamente hasta el exterior por una varilla metálica que atraviesa un tapón de corcho. La botella de Leiden se carga teniéndola por una de sus armaduras y aplicando la otra al conductor de una máquina eléctrica. Si se toca después una de sus armaduras con la mano o con un conductor, se produce una chispa y la botella se descarga parcialmente. Para descargarla totalmente se usa un excitador *.
— *Tecn.* Recipiente de acero sin costuras, muy resistente y previamente sometido a pruebas para que ofrezca toda suerte de garantías, que se usa para transportar gases sometidos a presiones muy fuertes, especialmente aire comprimido, oxígeno y acetileno: *las botellas de acero resisten a presiones de centenares de atmósferas por* cm^2.
— *Vidr.* La fabricación manual de *botellas* por soplado de la masa de vidrio con la caña, no tiene ya ningún interés. En las máquinas semiautomáticas usadas en industrias de artesanía, el soplado se hace con una bomba accionada a mano con un manubrio. La fabricación industrial en gran escala se efectúa con máquinas automáticas que aspiran la masa de vidrio en un *molde preliminar* cilíndrico; éste se abre y el cilindro pastoso es introducido en otro molde —que tiene la forma exterior de la botella— en el cual se practica el vacío. El vidrio, previamente punzonado en la parte del cuello, admite entonces aire en esta cavidad y se ahueca y distiende hasta aplicarse perfectamente contra las paredes del molde, con lo cual queda terminada la botella.
Una *máquina de hacer botellas* consta de varios brazos giratorios provistos de moldes preliminares y de segundos moldes: su producción diaria puede ser de 150 000 botellas, o sea cubrir las necesidades de todo un país.
Antes de ser usadas, las botellas nuevas, así como las que ya han contenido algún líquido, se someten a un lavado pulcro para el cual se han

botaduras ordinaria y lateral

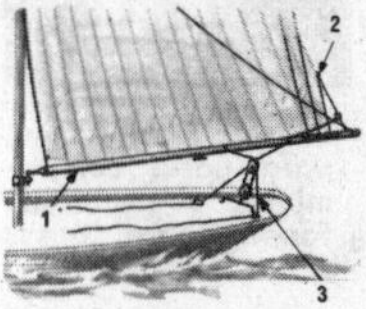

botavara (1)
2. Amantillo; 3. Escota

botella de Leiden

bote : 1. Caperol; 2. Boza; 3. Bancada 4. Regala; 5. Cámara; 6. Caña; 7. Chupeta; 8. Guirlanda; 9. Quilla de balance 10. Quilla; 11. Roda

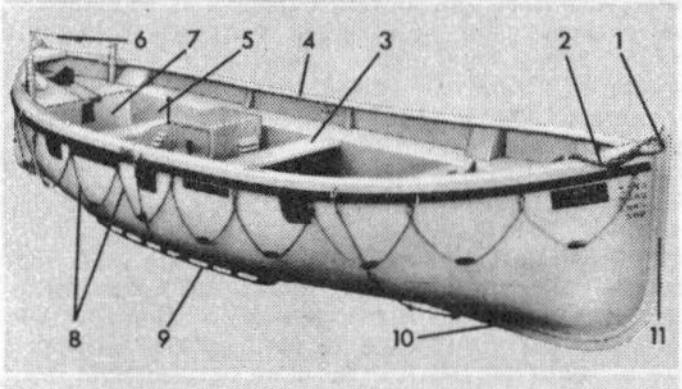

bote para el salvamento de náufragos

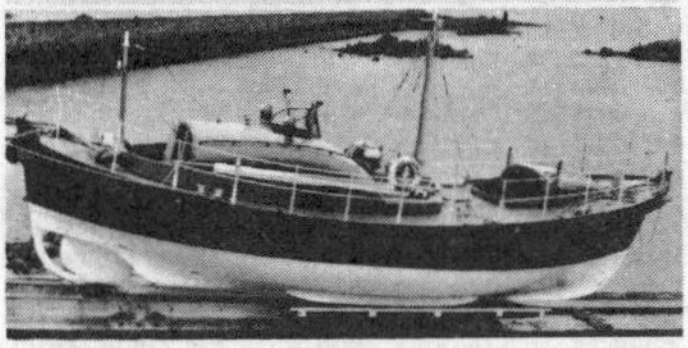

Fot. Orto, C. G. T., Christoffersen, Deirolle

fabricación de **botellas**

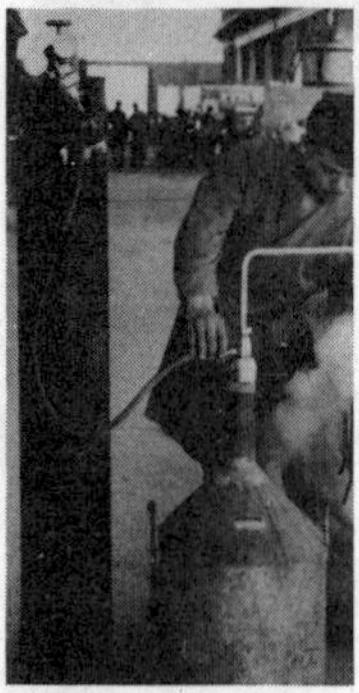

botella de acero, para gases comprimidos, y de doble fondo, para gases licuados

bóveda
[v. figura p. 173]

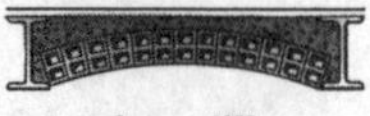

bovedilla

pesca al **bou**
1. Red; 2. Relinga con flotadores; 3. Relinga con plomos; 4. Puertas

concebido también máquinas lavadoras * de gran rendimiento. Se usan asimismo máquinas especiales para llenar, tapar y precintar las botellas, y para fijar en ellas etiquetas o imprimirlas.

BOTIJA f. *Amer.* Lechera o bidón grande para el transporte de la leche.
— *Cerám.* Vasija de barro de forma redondeada rematada por un cuello largo y estrecho.

BOTIJO m. *Cerám.* Vasija de barro de vientre abultado, con un asa en la parte superior y dos orificios laterales: uno para echar el agua y otro en forma de pitón para beber.

BOTÓN m. *Arq.* Motivo ornamental de forma circular o que figura el botón de las flores.
— *Carp.* Pieza en forma de disco o de bola que se fija en las puertas y cajones para abrirlos y cerrarlos.
— *Electr.* Pieza en forma de botón que, al ser empujada con el dedo, hace sonar un timbre, enciende una luz o cierra cualquier otro circuito eléctrico. ‖ Pieza que, fuera de un aparato eléctrico, prolonga el eje de un dispositivo (interruptor, conmutador o regulador) y sirve para accionarlo manualmente.
— *Mec.* Extremo del manubrio en el cual se articula el cabezal de la biela.
— *Text.* Cada una de las piezas que se fijan en un borde del vestido y que, introducidas en un ojal del borde opuesto, sirven para abrocharlo. ‖ Piezas análogas a las anteriores y fijadas a los vestidos como adorno.
— Los *botones* se fijan industrialmente con máquinas de *pegar botones*, que son máquinas de coser provistas de una o varias agujas, de un depósito de botones y una pinza que los mantiene durante el cosido. En ciertas máquinas la aguja se mueve transversalmente para situarse sucesivamente encima de cada agujero del botón; en otras corresponde a la pinza efectuar los movimientos.
También se usan *botones automáticos* con unos apéndices metálicos que atraviesan el tejido, pasan por las ranuras de una arandela y son doblados o remachados en el lado opuesto de la misma.

BOTONERA f. *Carp.* Caja o muesca que se hace en una basa, solera o madero horizontal para que entre en ella la espiga de un puntal o pie derecho.

BOU m. *Mar.* Arte de pesca de arrastre en forma de embudo aplastado : *la pesca al bou* (también se dice *a la vaca*) *es una pesca de altura.*
— El *bou* es arrastrado por el fondo o entre dos aguas. Primitivamente lo hacían dos barcos, tirando cada uno de una banda (de ahí el nombre de *pareja*, que también se le da) ; hoy se obtiene idéntico resultado con un solo barco merced a unos planos inclinados de madera (puertas) que, al ser alejadas del eje de la red por la presión del agua, la mantienen ampliamente abierta. En cuanto a la abertura vertical se obtiene fijando bolas de vidrio huecas en la relinga superior y plomos en la inferior. Cada lance o redada dura varias horas, durante las cuales el barco no cesa de arrastrar el bou.
La pesca del bou se ha perfeccionado con el uso de barcos cada vez más potentes, capaces de ir a buscar los peces en caladeros muy lejanos de sus bases, de descubrir los bancos con sondas * y de conservar el pescado en calas frigoríficas.

BOURNONITA f. *Miner.* Burnonita.

BÓVEDA f. *Arq.* Obra de fábrica, de sección arqueada, que se construye a modo de techo asentada sobre muros o pilares. ‖ *Bóveda de abanico,* la de contorno poligonal con tantos témpanos como lados tiene el polígono. ‖ *Bóveda Adela,* bóveda vaída. ‖ *Bóveda de aljibe,* la claustral. ‖ *Bóveda por arista,* la formada por la intersección de dos bóvedas de cañón. ‖ *Bóveda de cañón* o *cilíndrica,*

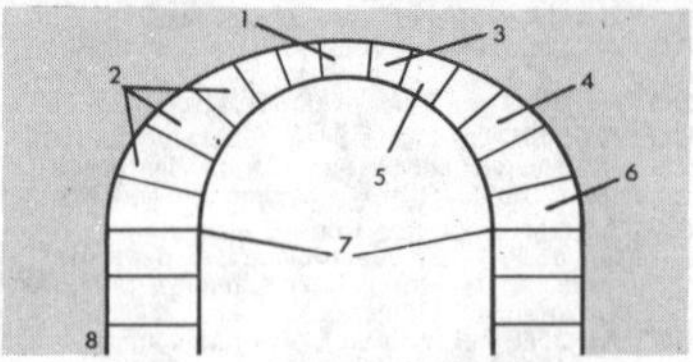

elementos de una **bóveda**
1. Clave; 2. Dovelas; 3. Contraclave; 4. Extradós; 5. Intradós; 6. Sálmer; 7. Arranque; 8. Estribo

la de intradós cilíndrico. ‖ *Bóveda claustral,* la de rincón de claustro. ‖ *Bóveda de crucería,* la que está adornada con molduras que se cruzan. ‖ *Bóveda de devanadera,* la estrellada. ‖ *Bóveda esférica, aquella* cuyo intradós es semiesférico y que se llama también *cúpula.* ‖ *Bóveda esquifada,* bóveda derivada de la de rincón de claustro por substitución del vértice con una línea o un plano. ‖ *Bóveda estrellada,* la que tiene en el intradós nervios u otros adornos en forma de estrella. ‖ *Bóveda de fondo de horno,* bóveda de cañón de medio punto con el testero cerrado por un cuadrante esférico. ‖ *Bóveda invertida,* cimientos de una construcción, en forma de bóveda invertida, que permiten edificar en terrenos anegados. ‖ *Bóveda nervada,* la que se halla sostenida por arcos que sobresalen del intradós. ‖ *Bóveda palmeada,* la de abanico. ‖ *Bóveda plana,* la de intradós plano aparejado con los arcos adintelados. ‖ *Bóveda en rincón de claustro,* la formada por la intersección de dos bóvedas de cañón con aristones entrantes en su intradós. ‖ *Bóveda tabicada,* bóveda hecha con ladrillos puestos de plano sobre la cimbra. ‖ *Bóveda vaída,* la esférica puesta sobre una planta cuadrada y que, por consiguiente, tiene la forma de un hemisferio cortado verticalmente por cuatro planos.
— *Astr. Bóveda celeste,* el firmamento.
— *Hidr. Presa de bóveda,* V. PRESA.

BOVEDILLA f. *Arq.* Bóveda tabicada o de elementos prefabricados que cierra el hueco entre cada dos viguetas y sirve de asiento al piso.
— *Mar.* Parte curva de la popa, por encima del timón, que da paso a la caña del mismo. (V. CASCO.)

BOX m. *Arq.* Anglicismo con que se designan diversas clases de compartimientos que, en una cuadra, garaje, etc., se reservan a un solo usuario y que son, por consiguiente, cuadras o garajes individuales.
— *Curt.* Tratándose de pieles, anglicismo por *becerro.* ‖ *Box calf,* piel de becerro curtida al cromo.
— *Fot.* Cámara fotográfica de cajón.

BOYA f. *Mar.* Cuerpo flotante que sirve para indicar la existencia de un peligro, para jalonar la ruta que han de seguir los barcos en los estuarios, rías y otros parajes donde la navegación es difícil, para señalar la presencia de un

Fot. Saint-Gobain, Air liquide

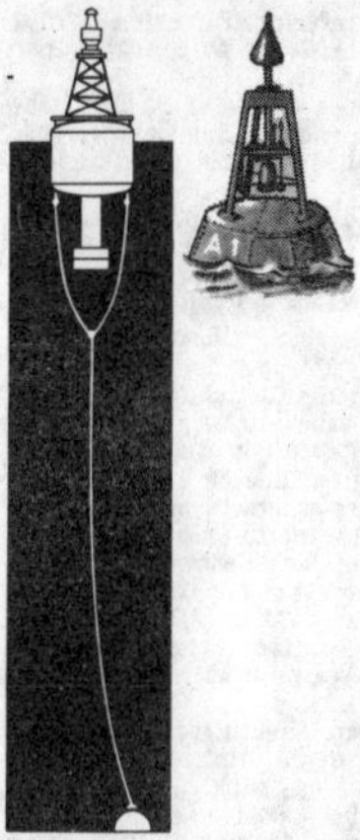

boyas
de campana
y luminosa

[v. también *baliza*]

ancla o una red, la pertenencia de un cetáceo muerto por una ballenera, etc.
— Existe una variedad muy grande de *boyas de corcho* y *madera* o *metálicas*. Las más importantes son *luminosas* y están provistas de señales acústicas (campanas, trompas, etc.). También las hay dotadas de planos entrecruzados propios para reflejar las ondas de radar emitidas por los barcos, con lo cual aparecen estas boyas con toda nitidez en la pantalla del aparato de a bordo. Ciertas boyas, por último, tienen una pequeña emisora de señales radioeléctricas.

BOYARÍN m. *Mar.* Boya de pequeñas dimensiones para amarrar embarcaciones menores, indican la presencia de artes de pesca, etc.

BOYERO, constelación boreal en la prolongación de la cola de la Osa Mayor. (Sinón. BOOTES.) ‖ *Amer.* El planeta Venus, estrella de la mañana.
— A la *constelación del Boyero* pertenece Arturo*, una de las estrellas más interesantes del firmamento, así como varias estrellas dobles, especialmente la designada con la letra ε, que consta de un componente amarillo (magnitud igual a 3) y otro azul (m = 6,3).

BOZA f. *Mar.* Cabo hecho firme en el barco por uno de sus extremos, mientras que el otro se usa en distintos fines: *la boza fijada en la proa de los botes sirve para amarrarlos.*

B.P.G., siglas de las palabras *blenda, pirita* y *galena* con las que, en minería, se designan los filones que contienen una mezcla de sulfuros de cinc, hierro y plomo, cuyas menas requieren la práctica de métodos de separación bastante complicados. (V. FLOTACIÓN y SEPARADOR.)

Br, símbolo químico del *bromo.*

BRABERA f. *Arq.* Bravera, respiradero.

BRACEAJE m. *Metal.* Nombre con el que se designa el conjunto de operaciones necesarias para acuñar la moneda. (Sinón. BRAZAJE.)
— *Mar.* Sondeo. ‖ Profundidad del mar sondeada o indicada por la carta de navegar. (Sinón. BRAZAJE.)

BRACEAR v. *Art. y of.* Remover, agitar una masa para homogeneizarla. (V. BRACEO.)
— *Mar.* Maniobrar las vergas con sus brazas.

BRACEO m. Acción de bracear o remover: *con el braceo de la masa de arcilla se eliminan las burbujas que contiene.*
— *Ind. alim.* Serie de operaciones que, a partir del grano de cebada germinado, permite obtener el mosto, aún no fermentado, que dará la cerveza.
— *Metal.* Remoción del metal fundido.

BRADI, prefijo griego que significa *lento* y entra en la composición de muchas palabras, especialmente en anatomía, fisiología y medicina.

BRADITA f. *Astr.* Estrella fugaz poco brillante y de movimiento aparentemente lento.

BRAGA f. Cuerda con los extremos empalmados o provistos de gazas que permite ceñir los cuerpos rápidamente para cargarlos y descargarlos con grúas. ‖ Lona muy resistente, de bordes reforzados y con gazas u ojetes en los ángulos, usada para cargar y descargar materias a granel, paquetes o bultos pequeños.

BRAGUETÓN m. *Arq.* Nervio que, en las bóvedas de crucería, va del ábaco del capitel hasta las cadenas.

BRAMANTE m. *Text.* Cordel delgado, o hilo grueso, de cáñamo o abacá.

BRANNERITA f. *Miner.* Óxido natural de titanio y uranio, y mena de este último metal.

BRANQUE m. *Mar.* Roda.

BRAQUI, prefijo derivado del griego *brakhus,* que significa *corto* y entra, con este sentido, en la formación de muchas voces, especialmente en ciencias naturales.

BRAQUIANTICLINAL m. *Geol.* Anticlinal apenas más largo que ancho.

BRAQUISINCLINAL m. *Geol.* Sinclinal un poco más largo que ancho.

BRAQUISTÓCRONA f. *Mec.* Curva que deberá seguir un cuerpo abandonado a sí mismo en un punto dado y con velocidad nula para que, por su propio peso o solicitado por otra fuerza, llegue a otro punto en el menor tiempo posible: *la braquistócrona es, según los casos, una cicloide * o una epicicloide *.*

BRASCA f. *Metal.* Revestimiento interior de ciertos crisoles consistente en una capa refractaria de arcilla y carbón pulverizados y amasados.

BRASCAR v. *Metal.* Revestir el crisol con una capa refractaria de brasca.

BRASERO m. Cubeta de metal en la cual se echaban ascuas y que servía para calentarse.
— El *brasero,* que se dejaba indiferentemente en cualquier parte del aposento, incluso en las piezas desprovistas de chimenea, ha causado no pocos casos de muerte por asfixia. Se usa en algunos oficios, por ejemplo, para secar habitaciones nuevas y para calentarse los obreros que trabajan al aire libre en invierno.

BRASIL m. *Bot.* y *Color.* Madera del árbol llamado científicamente *Hematoxylon brasiletto,* de la familia de las cesalpinias, rica en hematina, que es una materia colorante roja. (Sinón. PALO BRASIL.)
— El *brasil* —cuyo nombre, derivado de *brasa,* pasó a ser el de un gran país— ha perdido toda la importancia que tuvo como tinte, pues ahora es reemplazado por colorantes sintéticos.
El brasil se confunde a veces con otras maderas tintóreas de la misma familia. (V. CAMPECHE.)

BRASILADO, DA adj. *Color.* Teñido con brasil. ‖ Encarnado como el brasil.

BRASILEÍNA f. *Color.* Principio colorante extraído del brasil y otras maderas rojizas.

BRASILETE m. *Bot.* y *Color.* Nombre dado a varios árboles del género *Caesalpinia* que dan un palo de brasil menos colorante que el brasil verdadero.

BRAUNITA f. *Miner.* Silicato natural de manganeso que se beneficia como mena de este metal.

BRAVERA f. *Arq.* Respiradero de un sótano.
— *Tecn.* Respiradero de ciertos hornos.

BRAZA f. *Mar.* Cada uno de los cabos que tienen un extremo fijado en las vergas, mientras que el otro se amarra en las bordas para que aquéllas permanezcan orientadas convenientemente respecto al viento.
— *Metr.* Unidad de longitud equivalente, en principio, a la distancia que media entre los extremos de los dedos cuando se tienen los brazos abiertos en cruz.
— Como todas las medidas antiguas, la *braza* tiene una longitud variable en cada país e incluso en cada región. Hoy solamente se usa en marina y vale 1,6718 m o bien 1,8288 m *(braza inglesa o fathom).*

BRAZAJE m. *Mar.* y *Metal.* Braceaje.

BRAZAL m. *Mar.* Cerreta.

BRAZO m. Nombre dado, por analogía con el brazo humano, a numerosas piezas y dispositivos de forma alargada y con un extremo libre, como el larguero que sostiene las señales de un semáforo, cada una de las dos mitades de la cruz de la balanza, la aguja horizontal de ciertas grúas, etc.
— *Geogr.* Cada uno de los cursos, separados entre ellos por islas, en los que se subdivide un río: *los grandes ríos suelen tener varios brazos en su delta.* ‖ *Brazo de mar,* canal formado por el mar entre dos orillas próximas.

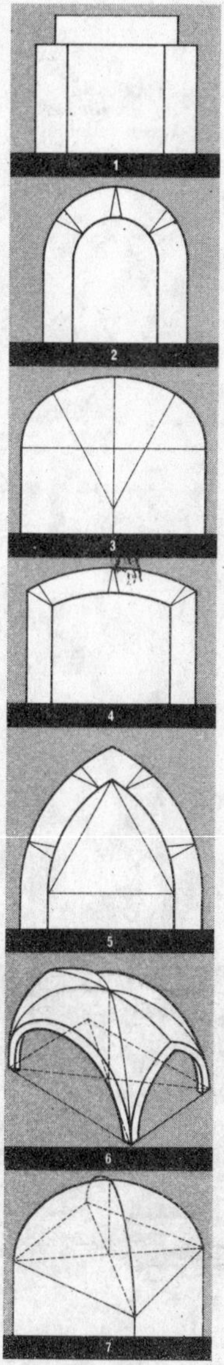

bóvedas
1. Adintelada; 2. De cañón; 3. De carpanel; 4. De arco de círculo; 5. De todo punto; 6. Por arista; 7. En rincón de claustro

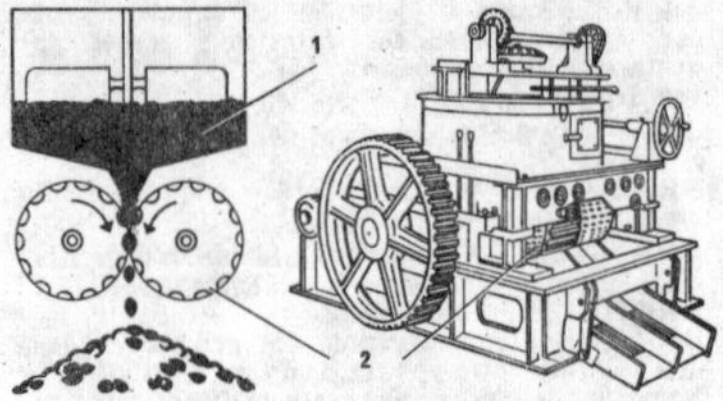

fabricación de **briquetas**
1. Masa caliente de carbón y brea; 2. Alvéolos del molde cilíndrico

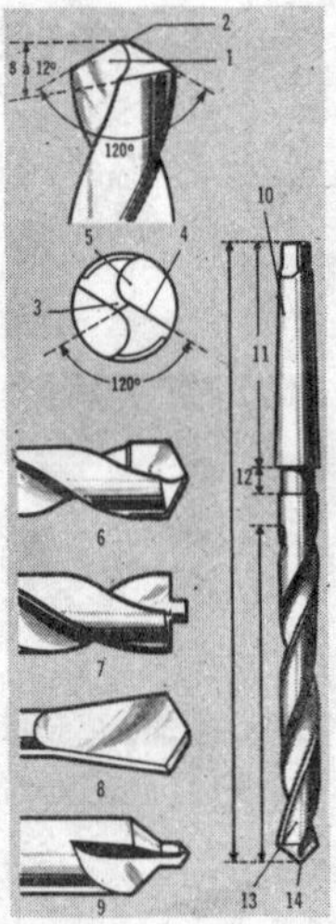

brocas
1. Cara de ataque; 2. Arista; 3. Ánima; 4. Corte; 5. Canal; 6. Con filo de tungsteno; 7. Con centrador; 8. De punta; 9. Cónica, de centrar; 10. Cono Morse; 11. Cola; 12. Garganta; 13. Cuerpo cortante; 14. Punta

— *Mec. Brazo de la palanca**, distancia que media entre la potencia y el punto de apoyo. ‖ *Brazo de la manivela ** o *del manubrio,* distancia entre sus dos ejes de articulación.

BRAZOLA f. *Mar.* Reborde vertical de las escotillas* que impide la entrada del agua a las calas.

BREA f. *Quím.* Substancia residual producida por la evaporación parcial o la destilación fraccionada del petróleo, en alquitrán y otras materias orgánicas. ‖ *Brea blanca,* elemí.

— La *brea* es un líquido de color pardo obscuro o negro espeso y bastante denso (la de alquitrán de hulla tiene una densidad del orden de 1,30). Es un compuesto que contiene sobre todo antraceno, betunes y carbono y que suele designarse comercialmente con el nombre de la materia original: *brea de petróleo, brea de alquitrán de hulla, brea de aceite de algodón, brea de madera,* etc.
La brea tiene infinidad de aplicaciones: aglomeración de la hulla (briquetas), fabricación de pinturas y barnices, impermeabilización de diversas materias, calafateado de barcos, etc.

BRECHA f. *Geol.* Conglomerado de piedras angulosas unidas con lava u otros cementos naturales.

BREEDER m. *Atom.* Reactor* autorregenerador.

BREITAUPTITA o **BREITHAUPTITA** f. *Miner.* Antimoniuro natural de níquel, o sea níquel antimonial (NiSb), mineral isomorfo de la niquelina.

BREMSSTRAHLUNG f. *Atom.* Radiación * de frenado.

BRESILEÍNA f. *Color.* Brasileína.

BREUNERITA f. *Miner.* Carbonato natural de magnesio y hierro.

BREVIARIO m. *Art. gráf.* Letra de nueve puntos, también llamada *romana chica.*

BREZO m. *Bot.* y *Carp.* Arbusto ericáceo entre cuyas especies figuran el *brezo albarino (Erica cinerea)* y el *brezo de escobas (E. scoparia),* cuyas raíces dan una madera nudosa y dura, de hermoso pulido, usada para hacer pipas y labores de tornería.

BRICBARCA m. *Mar.* Barco de vela derivado del bergantín por añadidura en la popa de un mástil pequeño con vela cangreja. (V. VELERO.)

BRICHO m. *Text.* Pan de oro o plata para labores de pasamanería. ‖ Hilo de metal precioso propio para briscar.

BRIDA f. Freno del caballo y conjunto de las correas necesarias para sujetarlo en la cabeza.
— *Art. y of.* Galicismo por *abrazadera*, estribo** y *platina**.

BRILLANTE m. *Art. gráf.* Ala* de mosca.
— *Joy.* Diamante de forma globulosa y superficie tallada en 57 ó 58 facetas. ‖ *En brillante,* dícese de la piedra preciosa de cualquier índole tallada como el brillante verdadero.

BRILLANTÉ m. *Text.* Tela de algodón con flores u otros motivos de adorno pequeños obtenidos por tisaje.

BRILLANTINA f. *Perf.* Cosmético para dar brillo al pelo.
— Las *brillantinas* se preparan de tres formas diferentes: líquidas (aceite de ricino disuelto en alcohol de 95º), semifluidas (aceite de vaselina con un excipiente pastoso) y sólidas (a base de vaselina).
— *Text.* Tela para forros, especialmente para los de sombreros, con urdimbre de seda cruda y trama de rayón. ‖ Percalina lustrosa que se usa para forros.

BRILLO m. Lustre o resplandor.
— *Ópt.* Cociente de la intensidad luminosa de una superficie —en una dirección dada— por el área proyectada de dicha superficie sobre un plano perpendicular a la referida dirección (v. el dibujo): *la unidad de brillo es la candela* por* cm^2 o *stilb.* (V. LUMINANCIA.)

BRIN m. *Text.* Tela hecha con hilos de lino bastos, a modo de lona fina, que se usa para forros, lienzos para pintar al óleo y velas de pequeñas embarcaciones.

BRINELL m. *Metal.* Instrumento para medir la dureza de los metales. (V. DUREZA.)

BRIOL m. *Mar.* Cada una de las cuerdas que sirven para recoger las velas del buque.

BRIÓN m. *Mar.* Pie de roda. (V. CASCO.)

BRIQUETA f. *Metal.* Masa de polvo metálico aglomerada en frío, mediante una compresión muy fuerte, en prensas especiales.
— *Min.* Conglomerado de carbón fino o pulverulento ligado con brea y prensado en caliente.
— El lignito verdadero se aglomera por sí mismo, si la presión es lo bastante fuerte (1 000 kg/cm^2) y da briquetas que arden fácilmente y no despiden humo. También se fabrican briquetas sin humo más baratas que las anteriores aglomerando la hulla, parcialmente destilada, con sémola de arroz o de mandioca, en vez de brea (que da humo al arder).

BRISA f. *Mar.* y *Meteor.* Viento fresco y ligero, particularmente el que sopla alternativa y periódicamente en sentidos opuestos.
— La *alternancia de las brisas en el litoral* se explica por las diferencias de temperatura entre el mar y la tierra. Durante el día el suelo se calienta y el aire dilatado se eleva sobre el mismo creando una depresión que atrae el aire marítimo aproximadamente entre las diez de la mañana y las ocho de la tarde. Durante la noche la tierra disipa rápidamente su calor: el aire se enfría y comprime, con lo cual tiende a circular hacia las zonas menos densas del mar, que conserva sensiblemente su temperatura diurna.
El mismo fenómeno se produce en los terrenos montañosos, entre el llano y las cimas.
(Véase BEAUFORT [*Escala de*] en lo que se refiere a la velocidad de las brisas.)

BRISCADO, DA adj. y s. *Text.* Dícese del hilo de oro o plata, a veces imitado con otros metales, rizado o simplemente torcido, propio para tejer brocados. ‖ Brocado u otra labor hecha con este hilo.

BRISCAR v. *Text.* Preparar el hilo briscado o efectuar alguna labor con el mismo.

BRISTOL m. *Papel.* Cartulina o cartón constituidos por varias capas de papel de dibujo por lo general fabricadas simultáneamente y reunidas en una prensa húmeda.

BRITISH THERMAL UNIT f. *Metr.* Unidad calorífica, usada por los ingleses y norteamericanos, que representa la cantidad de calor necesaria para elevar de un grado Fahrenheit la temperatura de una libra inglesa de agua: *la British Thermal Unit o B.T.U. equivale a 0,2522 kilocalorías.*

BRITOLITA f. *Miner.* Silicato y fosfato natural de calcio y cerio, del grupo de la apatita.

BRIX m. *Quím.* Densímetro de flotador que indica directamente en gramos la cantidad de azúcar que contiene una disolución a la temperatura de 15º. ‖ *Grado Brix,* cada una de las graduaciones del referido densímetro, correspondientes a un gramo de azúcar por 100 de líquido.

BROCA f. *Mec.* Barrena usada en las taladradoras, especialmente la helicoidal de boca cónica.
— La *broca helicoidal* tiene dos filos que forman un ángulo de 120º. Posee varias ventajas sobre las otras clases de barrenas: su forma cilíndrica, adaptada a la del taladro, la afianza y guía durante el trabajo; sus dos ranuras helicoidales permiten la lubricación y la salida de las virutas, y, por último, es fácil afilarlas. Para taladrar metales muy duros se usan brocas de acero* rápido o bien provistas de filos de carburo de tungsteno. A cada calidad del filo y de la materia que se taladra corresponde una velocidad óptima de rotación que es conveniente conocer y observar.

BROCADILLO m. *Text.* Brocado de calidad inferior.

BROCADO m. *Text.* Tela de seda entretejida con hilos briscados* de oro o plata que forman en la misma flores y otros motivos realzados.

BROCAL m. *Arq.* Antepecho que prolonga la boca de un pozo.
— *Art. y of.* Gollete de madera, cuerno o materia plástica que se fija en la boca de la bota

de cuero y permite cerrarla con un tapón de rosca.
— *Mil.* Refuerzo moldurado en la boca de ciertas piezas de artillería.
— *Min.* Boca de un pozo.
BROCATEL adj. y s. *Constr.* Dícese de un mármol muy veteado, constituido casi totalmente por conchas fragmentadas, que se usa en la decoración de edificios.
— *Text.* Tela que primitivamente era un brocado de motivos muy pequeños, pero en el cual se han suprimido los hilos metálicos y hoy se presenta como una especie de damasco policromo de seda y lino o cáñamo, usado para muebles y colgaduras.
BROCEARSE v. *Min. Amer.* Agotarse una mina.
BROCHA f. *Pint.* Escobilla de cerdas o de hilos de Nylón que se usa para pintar : *la brocha puede reemplazarse por el rodillo* de pintar en las superficies grandes y lisas.*
BROCHADO, DA adj. y s. *Metal.* Galicismo por *escariado.*
— *Text.* Tejido complejo en el cual el uso de varias tramas suplementarias permite efectuar motivos ornamentales que se destacan de la tela de fondo como si hubieran sido bordados con aguja. ‖ Dícese del tejido de seda adornado con alguna labor de hilo de brisca.
BROCHAL m. *Arq.* Viga transversal en la que se apoyan las viguetas del suelo que no pueden empotrarse en el muro allí donde éste da paso a una chimenea, montacargas, etc.
BROCHAR v. *Metal.* Galicismo por *escariar.*
— *Text.* Tejer una labor brochada.
BROCHE m. Conjunto formado por dos piezas, una de las cuales se engancha en la otra, usado para sujetar dos o más cosas y mantenerlas unidas, especialmente en las prendas de vestir, en las cuales el broche reemplaza un botón y su ojal. ‖ *Amer.* Sujetapapeles de pinza.
BROM, prefijo empleado en química que indica la presencia de bromo en un compuesto.
BROMA f. *Mar.* y *Zool.* Molusco teridínido que horada el casco de los barcos, los pilotes y otras obras de madera sumergidas: *la creosota y las pinturas navales protegen eficazmente la madera contra los ataques de la broma.*
BROMACETANILIDA f. *Quím.* Amida bromacética de la anilina que, en presencia del aire, se oxida en índigo por fusión alcalina.
BROMACÉTICO, CA adj. *Quím.* Dícese de un ácido que se obtiene haciendo obrar el bromo sobre el ácido acético y cuyo éster etílico se usa para efectuar ciertas síntesis. (Sinón. MONOBROMACÉTICO.)
BROMACIÓN f. *Quím.* Substitución, en una molécula orgánica, de un átomo de hidrógeno por otro de bromo.
BROMADO, DA adj. *Quím.* Que contiene bromo.
BROMALIZARINA f. *Quím.* Colorante que tiñe como la alizarina y se fabrica haciendo actuar el bromo sobre ella en presencia de sulfuro de carbono.
BROMANILO m. *Quím.* Compuesto de carbono, bromo y oxígeno en forma de cristales amarillos de propiedades semejantes a las del cloranilo*. (Sinón. TETRABROMOQUINONA.)
BROMATO m. *Quím.* Sal o éster del ácido brómico.
BROMHIDRATO m. *Quím.* Sal que resulta de la acción del ácido bromhídrico sobre una base orgánica nitrogenada.

brocado

Fot. Museo de Lyon

BROMHÍDRICO, CA adj. *Quím.* Dícese del ácido HBr formado por la combinación del bromo con hidrógeno, gas incoloro que se licua a —70°.
BRÓMICO, CA adj. *Quím.* Dícese de un ácido oxigenado, de fórmula $HBrO_3$, análogo al ácido clórico y poco estable, solamente conocido en forma de disolución.
BROMO m. *Quím.* Cuerpo simple de número atómico 35 y peso atómico 79,916, del cual se conocen dos isótopos; ^{79}Br (50,57 %) y ^{81}Br (49,43 %).
— El *bromo,* metaloide rojo de la familia de los halógenos, es, con el mercurio, uno de los dos cuerpos simples que se hallan al estado líquido a las temperaturas normales, pues se solidifica a —7,2° y hierve a 58,78° despidiendo entonces vapores sofocantes de color rojizo. Su densidad es igual a 3,119 al estado líquido y 7,59 al estado gaseoso.
El bromo se disuelve en el agua a razón de 35 g por litro (agua de bromo) y, en todas proporciones, en el éter, y el cloroformo. Es análogo al cloro por sus propiedades químicas; se combina con el hidrógeno y destruye, por consiguiente, el caucho y otras materias orgánicas.
El bromo se extrae de bromuros naturales, los cuales, después de haber sido concentrados en aguas madres, se tratan con cloro. Éste reemplaza al bromo en las moléculas y el bromo es arrastrado por el vapor de agua y se condensa.
A partir del bromo se obtienen numerosos medicamentos, así como gases lacrimógenos y materias colorantes. El bromuro de plata se usa en fotografía para elaborar emulsiones sensibles. La mayor parte del bromo fabricado sirve para preparar el tetraetilato de plomo que se agrega como antidetonante a la gasolina.
BROMOBENCENO o **BROMOBENZOL** m. *Quím.* Derivado bromado del benceno que se obtiene por la acción del bromo sobre el benceno en frío y en presencia de un catalizador. (Sinón BROMURO DE FENILO.)
BROMOCOLOGRAFÍA f. *Fot.* V. OLEOBROMÍA.
BROMOESTIROLENO m. *Perf.* y *Quím.* Compuesto de carbono, hidrógeno y bromo que es un líquido con olor de jacinto usado en perfumería y jabonería.
BROMOFORMO m. *Quím.* Cuerpo líquido de fórmula $CHBr_3$, análogo al cloroformo y, como éste, dotado de propiedades anestésicas.
BROMOPICRINA f. *Quím.* Líquido explosivo y lacrimógeno que se obtiene haciendo obrar el cloruro de cal sobre el ácido pícrico.
BROMOSTIROLENO m. *Perf.* y *Quím.* Bromoestiroleno.
BROMURACIÓN f. *Quím.* Acción de bromurar. ‖ Fijación de bromo sobre un compuesto. (V. HALOGENACIÓN.)
— *Metal.* Procedimiento de recuperación del oro que no puede ser amalgamado y que consiste en combinarlo con bromo en tambores rotativos: *la bromuración tiende a ser reemplazada por la cianuración*.*
BROMURAR v. *Quím.* Agregar bromuro a otra substancia. ‖ Transformar en bromuro.
BROMURO m. *Quím.* Sal o éter del ácido bromhídrico obtenidos al obrar éste sobre los metales u óxidos metálicos.
— Los *bromuros* tienen propiedades parecidas a las de los cloruros y, como éstos, se hallan presentes en el agua del mar y la sal gema. Los *bromuros orgánicos* se usan como agentes de síntesis. Los *bromuros alcalinos* suministran medicamentos. El *bromuro de plata* tiene la propiedad de ennegrecerse cuando es herido por la luz y se usa para la preparación de emulsiones fotográficas con gelatina. (V. GELATINOBROMURO.)
BRONCE m. *Metal.* Aleación de cobre y estaño en proporciones que son aproximada y respectivamente de dos tercios y un tercio. ‖ *Bronce de aluminio,* v. CUPROALUMINIO. ‖ *Bronce de berilio,* v. CUPROBERILIO. ‖ *Bronce rojo,* azófar.
— Los *bronces* se obtienen mediante la fundición, primero, del cobre, y agregando después el estaño. La proporción de estaño depende del uso a que se destina el bronce: hasta 8 % para las medallas acuñadas y joyería; 8 a 12 % para engranajes, grifos de aparatos químicos, etc.; 13

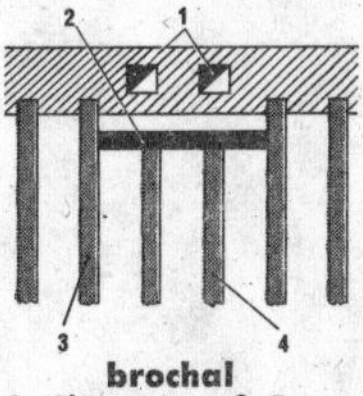

brochal
1. Chimeneas; 2. Brochal; 3. Viga; 4. Vigueta

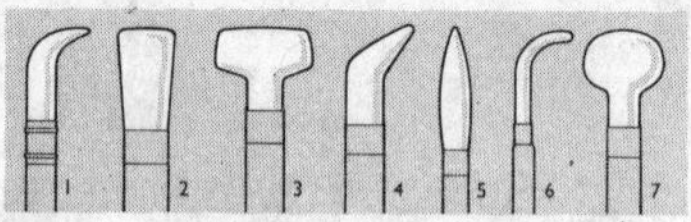

bruñidores
1 y 2. De ágata; 3. De arenisca; 4 a 7. De acero

a 20 % para cojinetes y correderas; 20 a 30 % para campanas y platillos; 30 a 40 % para los espejos metálicos.
Los *bronces especiales* contienen otros elementos: el cinc reduce el precio de la aleación, el plomo da mayor plasticidad a los cojinetes y correderas, el fósforo aumenta la dureza, etc.
— *Pint. Polvo de bronce,* pigmento metálico amarillo que se usa solo o con polvo de aluminio en pinturas para dorar.
BRONCEADO m. y **BRONCEADURA** f. Acción y efecto de broncear o dar color de bronce a una cosa.
— *Art. gráf.* Procedimiento consistente en espolvorear con bronce de aluminio el pliego recién impreso para que se adhiera el polvo metálico a la tinta aún fresca y la dore.
BRONCEAR v. Dar a una cosa el color de bronce. ‖ Dar aspecto de bronce a labores de madera, yeso y otras materias aplicando en su superficie panes de bronce.
— *Metal.* Dar color azulado o pardo a un metal por oxidación del mismo al calentarlo en presencia del aire. ‖ Cubrir una superficie metálica con una fina capa de bronce obtenida por galvanoplastia.
BRONCOSCOPIO m. *Ópt.* Instrumento para observar y fotografiar el interior de la tráquea y los bronquios mayores. (V. ENDOSCOPIO.)
BROOKS (*Cometa de*), cometa periódico cuya revolución en torno del Sol dura 6,931 años.
BROWNIANO, NA adj. *Fís. Movimiento browniano,* movimiento permanente y desordenado de las partículas de materia muy pequeñas (de unos micrones solamente) en el seno del agua y otros líquidos.
— El *movimiento browniano* se debe a los choques de las partículas con las moléculas del líquido, las cuales, según la teoría cinética * de la materia, se hallan sometidas constantemente a la agitación * térmica.
BROZA f. Bruza.
BROZADOR m. *Art. gráf.* Bruzador.
BROZAR v. Bruzar.
BRUJIDOR m. *Vidr.* Grujidor.
BRUJIR v. *Vidr.* Grujir.
BRÚJULA f. Sistema constituido por una aguja imanada que, en equilibrio sobre una púa, se orienta en la dirección Norte Sur, y por una esfera graduada o rosa de los vientos que permite hallar todas las direcciones a partir de la referencia indicada por la aguja.
— *Aeron.* Véase más abajo *Mar.*
— *Electr.* Con el nombre de *brújula de tangentes* se designa un instrumento para medir la intensidad de una corriente eléctrica. Consiste en una bobina plana dispuesta verticalmente en el plano del meridiano magnético y en una brújula situada en el centro de la bobina. La dirección de la aguja coincide, por consiguiente, con el plano de la bobina, pero cuando una corriente pasa por ésta, la aguja es desviada proporcionalmente a su intensidad. Bastará con medir el ángulo de desviación de la aguja para poder deducir de su tangente la intensidad de la corriente con exactitud y poder emplear el aparato como amperímetro.

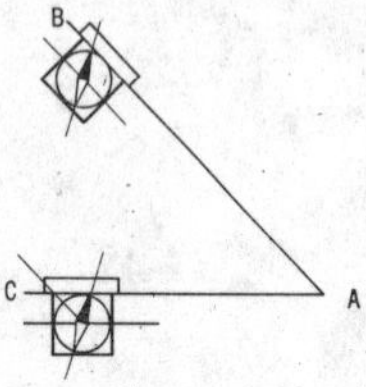

brújula *(topogr.)*

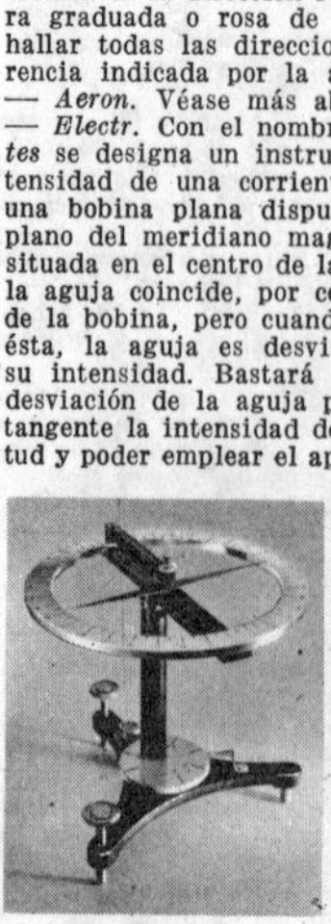

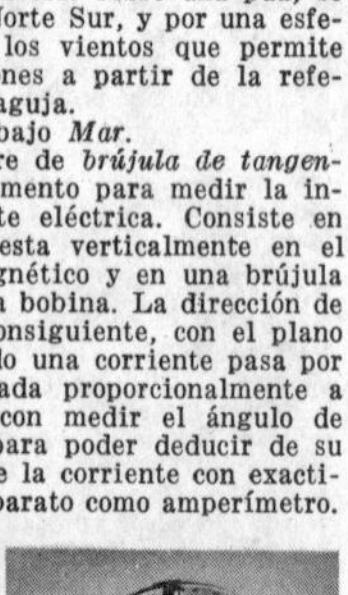

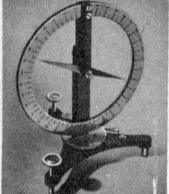

brújulas *(magn.)*
directriz *(arriba)*
de declinación y de inclinación

— *Magn.* La Tierra —a imagen y semejanza de un enorme imán— está rodeada por un campo magnético cuyos polos, aunque no coinciden con los polos geográficos, se hallan muy cerca de éstos. La aguja imanada se orienta en la dirección de las líneas de fuerza de dicho campo (v. MAGNETISMO) y forma un ángulo de declinación con la dirección del Norte geográfico (o sea con el meridiano del lugar) y un ángulo de inclinación con la horizontal. La *brújula de declinación* * y la *brújula de inclinación* * son instrumentos especialmente construidos para medir estos ángulos.
— *Mar.* La *brújula usada para navegar* va montada en un aparato llamado *bitácora* mediante una suspensión que la mantiene horizontal, a pesar de los movimientos del buque, y está provista de compensadores para corregir la influencia de las masas magnéticas. El conjunto se designa con el nombre de *compás* *.
— *Min. Brújula colgante* o *de minero,* v. ECLÍMETRO.
— *Topogr. Brújula de alidada* o *topográfica,* brújula acoplada con una alidada o un anteojo y con la cual puede medirse un ángulo BAC cuyo vértice A es inaccesible.
BRUMA f. *Mar.* y *Meteor.* Niebla, especialmente la que se forma sobre el mar. ‖ *Bruma seca,* la que no moja y se debe a la presencia de polvo, humos y otras impurezas en la atmósfera. ‖ *Señales de bruma,* señales acústicas emitidas por los buques y por los faros y balizas para evitar las colisiones en tiempo brumoso.
— En la nomenclatura internacionalmente adoptada, *bruma* es todo fenómeno atmosférico que disminuye la visibilidad aunque sin reducirla a menos de un kilómetro. Si la visibilidad es inferior a este límite el fenómeno se llama *niebla.*
BRUMAZÓN f. *Meteor.* Designación popular de una bruma * muy espesa: *técnicamente la brumazón se llama niebla.*
BRUMO m. *Art. y of.* Cera muy blanca, de calidad superior, que constituye la última capa dada por los cereros a las velas y los cirios.
BRUÑIDO, DA adj. y s. Acción y efecto de bruñir.
— *Joy.* Acción de frotar las piezas de orfebrería con el bruñidor para sacarle brillo al metal.
— *Mec.* Operación consistente en alisar las partes de una pieza que han de frotar contra otra.
— El alisado no es un pulimento, rectificación o acabado general de la pieza, sino una adaptación de las superficies que han de trabajar en contacto con otro elemento. Así, el *bruñido de los dientes de dos piñones* se efectúa en el taller haciéndolos rodar engranados hasta que se desgasten sus asperidades. El *bruñido de los taladros* se efectúa con bruñidores o bien con escariadores de diámetro ligeramente superior al del agujero. Los cojinetes así bruñidos permiten al árbol girar con mayor suavidad y se calientan menos.
— *Metal.* Tratamiento químico consistente en oxidar la superficie del metal para conferirle un aspecto más vistoso.
BRUÑIDOR m. Instrumento para bruñir y rascar superficies con objeto de alisarlas o pulirlas.
— *Art gráf.* Herramienta de grabador para quitar las rebabas e igualar el fondo de los huecos tallados en la plancha. ‖ Piedra de ágata provista de un mango, usada por el encuadernador para dorar el corte de los libros.
— *Joy.* Herramienta de ágata, hematita o acero usada para hacer brillar ciertas partes del dibujo en una obra de orfebrería y obtener así un efecto de relieve.
— *Mec.* Herramienta para repujar con torno. ‖ Herramienta para efectuar el bruñido * de un taladro.
BRUÑIR v. *Curt.* Teñir y lustrar el canto de una suela y de otras piezas de cuero.
— *Joy.* y *Metal.* Pulir la superficie de un metal al suprimir sus minúsculas asperidades con una herramienta dura llamada bruñidor. (V. BRUÑIDO.)
BRUS m. *Mar.* Cepillo de hebras vegetales muy duras que se usa durante el baldeo para limpiar la cubierta de los buques.
BRUSCA f. *Mar.* Flecha del arco que forma la sección transversal de la cubierta y que suele ser equivalente a las dos centésimas partes de la longitud del bao en los buques de comercio y

Fot. Larousse

menor en los de guerra y pasaje. ‖ Perfil longitudinal de las imadas *.

BRUTO, TA adj. y adv. Dícese de lo que conserva su estado natural y no ha sido labrado, afinado ni purificado: *los diamantes brutos no son transparentes; los aserraderos entregan madera en bruto.*
— *Ind.* Dícese de los productos que no han sido refinados: *alcohol en bruto; azúcar en bruto.*
— *Mar. Arqueo bruto,* v. ARQUEO.
— *Metal. Metal bruto,* el que no ha sido labrado ni se ha sometido a ningún tratamiento.
— *Metr. Peso bruto,* v. PESO.
— *Min.* Mineral tal y como sale de la mina, o sea con una proporción a veces muy grande de ganga.
— *Petr.* Dícese de los hidrocarburos naturales en el estado en que salen del yacimiento, por oposición a los productos refinados: *el petróleo de lámpara o queroseno se extrae del petróleo bruto.*

BRUZA f. *Art. y of.* Cepillo de cerdas tupidas y rígidas o de alambre que sirve para sentar el pelo en el paño cardado, limpiar los moldes de imprenta y acepillar otras cosas.

BRUZADOR m. *Art. gráf.* Mueble con un tablero inclinado que sirve para bruzar las formas.

BRUZAR v. Limpiar o peinar con la bruza.
— *Art. gráf.* Limpiar las formas y los grabados con la bruza y un disolvente de la tinta (bencina, por lo general).

B. T., siglas que, en electricidad, corresponden a *baja tensión.*

B. T. U., siglas de *British * Thermal Unit,* unidad calorífera: *una kilocaloría vale 3,9683 B. T. U.*

BUCARÁN m. *Text.* Tejido basto de algodón de aspecto lustroso, fuertemente aprestado con goma para darle mayor consistencia, que se usa para entretelas y para encuadernar libros.

BÚCARO m. *Cerám.* Tierra arcillosa que, por fumigación, cobra superficialmente el aspecto del bronce. ‖ Nombre dado por los alfareros, en algunas partes, a las arcillas que huelen bien al ser mojadas.

BUCETA f. *Mar.* Bote pequeño, de fondo plano, para el servicio auxiliar de los barcos mayores.

BUCLE m. *Cibern.* Circuito de retroacción. (V. CIBERNÉTICA.)
— *Transp.* Tramo curvo e inclinado que sirve para enlazar dos carreteras que se cruzan a dos niveles diferentes. (V. AUTOPISTA.)

BUCHOLTZ *(Relevo de).* V. RELEVO.

BUFADOR m. *Geol.* Grieta del suelo que, en terrenos volcánicos, despide vapores generalmente sulfurosos.

BUFADURA f. *Metal.* Sopladura * en las piezas obtenidas por vaciado.

BUFFETING m. *Aeron.* Vibraciones del estabilizador horizontal del avión producidas por torbellinos engendrados en el arranque del ala.
— El *buffeting* se evita usando el arranque de ala llamado *karman* * y, en los aviones muy rápidos, disponiendo el estabilizador horizontal en la parte superior del vertical, para que se halle fuera de la estela del ala.

BUGALLA f. Agalla.

BUHARDA y **BUHARDILLA** f. *Arq.* Ventana de caballete cubierto que sobresale de la pendiente del tejado y sirve para airear y dar luz a un desván. ‖ Aposento situado en el desván de una casa.

BUITRÓN m. *Metal. Amer.* Horno de manga para fundir mineral de plata. ‖ Cenicero de ciertos hornos metalúrgicos.

BUJARDA f. *Constr.* Escoda.

BUJE m. *Mec.* Cojinete de cubo de una rueda.

BUJÍA f. *Autom.* Órgano de los motores de explosión que produce la chispa en los cilindros e inflama la mezcla carburante en la cámara de combustión.
— La *bujía* consta esencialmente de dos electrodos metálicos, uno de los cuales recibe la corriente de alta tensión del distribuidor * mientras que el segundo está conectado con la masa por el casquillo con que se enrosca la bujía en la culata del motor. El aislante entre ambos electrodos ha de conservar buenas propiedades dieléctricas a las temperaturas elevadas a que funciona la bujía. Así, la parte de la porcelana que da hacia el interior del cilindro debe hallarse a más de 500° (para que pueda arder el carbono que se deposita sobre ella) y no pasar de 850°, pues, en este caso, se produciría el autoencendido de la mezcla. La distancia entre los electrodos de la bujía es de 0,4 a 0,8 mm.
La *bujía de arranque* de los motores Diesel no da chispas, pues estos motores carecen de encendido y su bujía consiste en un filamento que, calentado al rojo, permite la ignición de la mezcla durante el arranque, cuando el motor está frío y no puede inflamarse el carburante espontáneamente.
— *Lumin.* Vela de cera, esperma o estearina. ‖ *Bujía decimal,* antigua unidad de intensidad luminosa (símbolo: bd) que fue reemplazada por la *candela* * (cd) o *bujía nueva* (B).
— *Tecn. Bujía filtrante,* v. FILTRO.

BULÁRCAMA f. *Mar.* Refuerzo de las cuadernas. (V. BARCO.)

BULBO m. *Electr.* Grupo de bulbo, turboalternador cuyos elementos, salvo el rodete, se hallan dispuestos en un cárter hermético en forma ahusada o de bulbo y que se instala sumergido en el seno de la vena líquida que lo acciona.
— *Mar.* Abultamiento de la parte inferior de la proa*, que tiene por efecto mejorar la estela y reducir la resistencia que opone el agua al avance del buque. ‖ *Quilla de bulbo,* v. QUILLA.
— *Radiot.* Uno de los nombres dados a las *lámparas, válvulas* o *tubos electrónicos.*

BULGE m. *Mar.* Compartimiento que se forma al disponer un forro postizo sobre el casco de un buque de guerra, a lo largo de la línea de flotación, con objeto de que los torpedos exploten a cierta distancia del forro principal para limitar así sus efectos.

BULÓN m. *Mec.* Galicismo innecesario por *perno.*

BULLDOZER m. *Obr. públ.* Máquina automóvil de orugas, movida por un motor potente y provista de una pala frontal con la cual se efectúan labores de desmonte y nivelación de terrenos.
— El *bulldozer* arranca la tierra con el borde inferior de su pala, la empuja por delante o la nivela a la altura deseada mediante un mecanismo que permite regular la elevación de la referida pala. En el angledozer, ésta se halla dispuesta diagonalmente y, en vez de empujar los materiales por delante, los va dejando al lado.

BULLÓN m. *Art. gráf.* Cada uno de los clavos de cabeza abultada que, en las encuadernaciones antiguas, impiden que las tapas se desgasten al rozar con la mesa.

BUNA f. *Gom.* Caucho artificial fabricado a partir del butadieno, por polimerización del mismo con estireno (*buna S*) o nitrilo acrílico (*buna N*). [V. BUTADIENO.]

BUNSEN *(Calorímetro y mechero de).* V. CALORÍMETRO y MECHERO.

BUQUE m. *Mar.* Barco, especialmente el de alto bordo. (V. BARCO.)

BURATILLO m. o **BURATINA** f. *Text.* Tela fina y transparente, con urdimbre de seda y trama de estambre, que se usa principalmente para prendas de medio luto.

BURATO m. *Text.* Paño con urdimbre de seda y trama de lana muy fina, que se usa para lutos.

BURBUJA f. *Atom. Cámara de burbujas,* instrumento fundado en el mismo principio que la cámara de Wilson *, pero lleno de un líquido en cuyo seno se materializan en forma de burbujas las trayectorias de las partículas electrizadas.

buhardillas

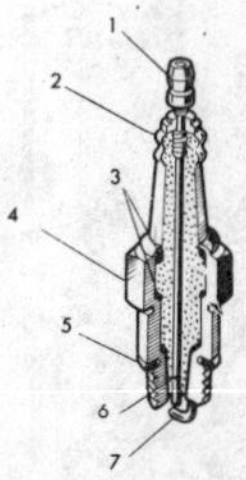

bujía *(autom.)*
1. Borne; 2. Porcelana; 3. Juntas estancas; 4. Cuerpo metálico; 5. Junta metaloplástica; 6. Electrodo central; 7. Electrodo de masa

bulldozer

Fot. H. Baranger

cámara de **burbujas** y fotografía de trayectorias de partículas obtenida con la misma

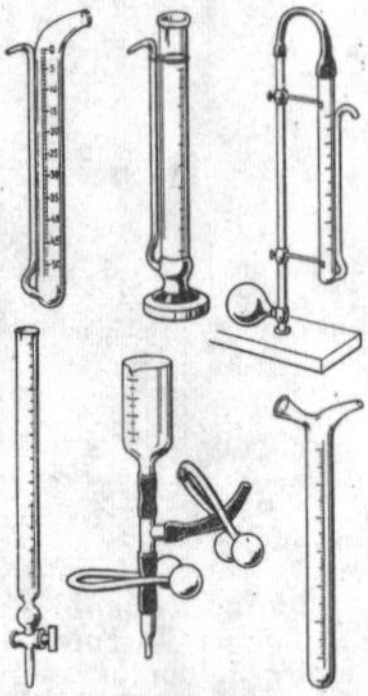

buretas

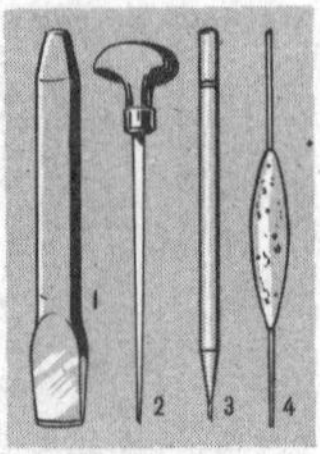

buriles
1. De mecánico; 2. De grabador para madera; 3. Íd. para piedra y cobre; 4. Íd. para acero

— La *cámara de burbujas* contiene un líquido (generalmente hidrógeno o propano) cuya presión y temperatura son tales, que bastaría un descenso de la presión para que entrara en ebullición. No obstante, entre el instante en que se provoca esta descompresión y el momento en que echa a hervir el líquido, transcurre un corto lapso de tiempo durante el cual el paso de una partícula en el seno del mismo tiene por efecto iniciar localmente la ebullición a lo largo de su trayectoria, que es jalonada así por una sucesión de minúsculas burbujas y puede ser fotografiada. Las partículas que entran en la cámara de burbujas interfieren en la misma con los átomos del líquido, y se producen así muy numerosos y variados *sucesos* que, grabados en los clisés fotográficos, permiten descubrir constantemente nuevas partículas y fenómenos desconocidos. La cámara de burbujas es el complemento casi indispensable de los aceleradores de partículas y, a pesar de su sencillez, constituye uno de los instrumentos más útiles entre los muchos de que dispone el físico para descubrir los secretos íntimos de la materia.
BURDA f. *Mar.* Cada uno de los cabos que sirven para sujetar los mástiles a la borda del barco y que, situados más a popa que los obenques, refuerzan la acción de éstos. (V. OBENQUE.)
BUREL adj. y s. *Text.* Buriel.
BURETA f. *Quím.* Tubos de cristal graduados, de forma y capacidad muy variada, que se usan en los laboratorios, especialmente para efectuar análisis químicos.
BURÍ m. *Bot.* Palma de las islas Filipinas con cuyas fibras se teje el bayón *.
BURIEL adj. y s. De color obscuro entre rojo y pardo.
— *Text.* Dícese de un paño tosco, parecido a la bayeta, sin apresto, del color pardo rojizo de la lana, con el que se hacen vestidos resistentes para los campesinos; también se visten con paño buriel los religiosos de ciertas órdenes. (Sinón. BUREL.)
BURIL m. *Art. y of.* Instrumento puntiagudo para grabar en los metales y otras materias. (V. GRABADO.)
BURILAR v. *Art. y of.* Grabar con buriles.
BURLADERO m. *Obr. públ.* Plataforma a modo de acera aislada que, en las calles anchas y plazas de mucho tráfico, sirve de refugio a los transeúntes. ‖ Huecos practicados de trecho en trecho en los muros de los túneles para que puedan abrigarse en ellos, cuando pasan los trenes, los que trabajan en la vía.
BURLETE m. Junta aplicada en las puertas y ventanas que ajustan mal para impedir la entrada del aire frío: *el burlete es una vaina plástica rellena de estopa o crin, con uno de sus bordes planos y que se introduce de canto en las rendijas.*
BURNONITA f. *Miner.* Antimoniosulfuro natural de cobre y plomo. (Sinón. BOURNONITA.)
BURRO m. *Carp.* Caballete para sostener el madero que se ha de aserrar. ‖ *Amer.* Escala de mano doble o de tijera.
BUSCADOR adj. y s. *Astr.* Anteojo pequeño que se fija a un telescopio, paralelamente a su eje óptico y que, por tener un campo óptico muy grande, facilita la búsqueda de los cuerpos celestes y los introduce en el campo del instrumento principal.
— *Electr.* Aparato para localizar las averías en los circuitos y dispositivos eléctricos, o para descubrir corrientes derivadas.
— *Mil. Cohete buscador,* v. AUTODIRECCIÓN.
— *Tecn.* Nombre dado a varios instrumentos usados para buscar averías, fugas en las canalizaciones, etc.
BUSCAFUGAS m. *Tecn.* Buscador.
BUSCAPOLOS adj. y s. *Electr.* Instrumento o substancia que permite identificar los polos positivo y negativo de un circuito de corriente continua.
— Cuando los dos conductores de un circuito se aplican sobre un *papel buscapolos,* el polo negativo deja en el papel una marca rojiza, mientras que el positivo no da ninguna reacción.
BUSTAMANTITA o **BUSTAMITA** f. *Miner.* Silicato natural de calcio y manganeso.
BUTADIENO m. *Quím.* Nombre de dos carburos isómeros de fórmula $CH_2=CH—CH=CH_2$.
— El más interesante de los dos *butadienos* es el llamado *eritreno, divinilo* o *pirrolileno,* gas que se licua a —5°. Se prepara industrialmente a partir del acetileno y por deshidrogenación de los butenos del cracking del petróleo.
Su polimerización da cauchos artificiales del tipo buna y, por copolimerización con el estiroleno, caucho del tipo G. R. S., muy parecido por sus propiedades al caucho natural.
BUTANERO m. *Mar.* Buque cisterna especial para el transporte de butano y otros gases licuados bajo presión.
BUTANO m. *Quím.* Carburo de hidrógeno saturado, cuya fórmula es C_4H_{10}.
— Existen dos *butanos isómeros*: el *butano normal,* gas licuable a la temperatura de 1°, y el *isobutano,* que se licua a —10°.
El producto que se vende con el nombre de butano, licuado bajo presión en botellas de acero, es una mezcla compleja de hidrocarburos obtenidos en la refinación del petróleo y, además de butano e isobutano, contiene butileno e isobutileno. Se usa principalmente como combustible doméstico en los hogares que no disponen de gas de alumbrado. Suele agregársele una substancia fuertemente olorosa que permite darse cuenta de la existencia posible de fugas debidas a un mal ajuste del enchufe.
BUTANOICO m. *Quím.* Ácido butírico.
BUTANOL m. *Quím.* Alcohol butílico.
BUTENO m. *Quím.* Nombre de dos carburos etilénicos, de fórmula C_4H_8, abundantes en el gas de cracking del petróleo, que entran en la composición del butano en botellas y constituyen la materia prima para preparar el butadieno.
BUTIL, prefijo que indica la presencia del radical butilo en una molécula.

Fot. C. E. R. N., Ecole polytechnique

BUTILCAUCHO m. *Gom.* Copolímero preparado a partir de isobutileno y de butadieno. (Sinón. BUTILO, CAUCHO, G. R. I.)
— El *butilcaucho* se desgarra difícilmente, es diez veces más impermeable al aire que el caucho natural y conserva estas propiedades durante muchos años, por cuya razón se usa para fabricar cámaras de neumáticos, tubos, etc.
BUTILENO m. *Quím.* Buteno.
BUTILENOGLICOL m. *Quím.* Dialcohol de fórmula $C_4H_8(OH)_2$, que sirve para fabricar textiles artificiales y celofán.
BUTILGLICOLÉTER m. *Quím.* Líquido que se obtiene por reacción del butanol sobre el óxido de etileno y que se usa como disolvente en pinturas y barnices.
BUTÍLICO, CA adj. *Quím.* Dícese de los compuestos que contienen el radical butilo en su fórmula.
— El *alcohol butílico* se prepara por hidrogenación del aldehído crotónico. Es un líquido espeso usado como materia primera y disolvente en la fabricación de pinturas, plásticos, etc.
El *alcohol isobutílico* se extrae del aceite de fusel. Sus ésteres son disolventes de las resinas celulósicas.
BUTILO m. Radical monovalente, de fórmula $—C_4H_9$, derivado de un alcohol butílico por supresión del hidroxilo. ‖ *Caucho butilo*, butilcaucho.
BUTINEDIOL m. *Quím.* Nombre de dos glicoles acetilénicos.
— El *butinediol ordinario* es un sólido muy soluble en el agua, que funde a 56° y se fabrica por condensación del formol con acetileno bajo presión y en presencia de acetiluro cuproso. Es una materia importante para la preparación de productos sintéticos, butadieno, Nylón, etc.
BUTINO m. *Quím.* Nombre de dos carburos acetilénicos de composición parecida a la del butadieno.
BUTIR, prefijo derivado del latín *butyrum*, que significa *manteca* y entra en la composición de muchas voces relativas a substancias químicas.
BUTIRATO m. *Quím.* Sal o éster del ácido butírico.
BUTÍRICO, CA adj. *Quím.* Dícese de un ácido y de un aldehído homólogos del ácido y del aldehído acéticos.
— El *ácido butírico* es un líquido espeso, de olor rancio, que hierve a 163°. Se halla presente en el sudor, en muchos frutos y en las materias orgánicas en estado de putrefacción. Se prepara por oxidación del alcohol isobutílico. Este ácido representa un papel importante en todos los procesos de *fermentación butírica*. (V. FERMENTATIÓN.)
BUTIRILO m. *Quím.* Radical monovalente de fórmula $C_3H_7—CO—$.
BUTIRINA f. *Quím.* Triéster butírico de la glicerina, una de las substancias constituyentes de la manteca.
BUTIROLACTONA f. *Quím.* Lactona isómera del butinediol, elaborada a partir de éste como materia intermediaria en la fabricación de resinas sintéticas.
BUTIRÓMETRO m. *Ind. alim.* Instrumento para determinar la riqueza de la leche en materias grasas.
— El *butirómetro* es un tubo graduado en el cual la leche, tratada con ácido sulfúrico y alcohol amílico, se descompone en suero y materias grasas. El espesor de éstas, que flotan en la parte graduada del tubo, permite apreciar directamente el porcentaje de grasa de la leche.
BUTIROSO, SA adj. Semejante o parecido a la manteca: *el cacao contiene una materia butirosa.* ‖ *Grado butiroso*, cantidad de materias grasas, expresada en gramos, que contiene un kg de leche.
BUYS-BALLOT (*Regla de*), regla empírica que se emplea en meteorología y según la cual el viento deja las zonas de bajas presiones a su izquierda en el hemisferio Norte y a su derecha en el hemisferio Sur; por otra parte, las isobaras se hallan tanto más apretadas cuanto más fuerte es el viento.
BUZAMIENTO m. *Min.* Inclinación del filón o de la capa de mineral respecto a la horizontal.
BUZAR v. *Min.* Inclinarse hacia abajo los filones o capas de mineral que se están beneficiando.

Fot. Ets Secrétan

BUZARDA f. *Mar.* Cada una de las piezas curvas que se fijan en la roda o la contrarroda para reforzar interiormente la proa del barco.
BUZO m. *Mar.* Hombre que permanece más o menos tiempo sumergido en el agua, generalmente en el fondo, con objeto de efectuar algún trabajo o por mero deporte.
— El *buzo* desprovisto de aparatos contiene su respiración durante un tiempo que, con la práctica, llega a prolongarse bastante. Los pescadores de perlas y esponjas trabajan ordinariamente hasta 20 m de profundidad y permanecen sumergidos de 60 a 90 segundos. Excepcionalmente bajan a 40 m y bucean durante tres minutos.
Las dos causas que limitan las posibilidades del buzo son: en cuanto al tiempo, la necesidad de respirar; en cuanto a la profundidad, el aumento de la presión a razón de un kg por cm^2 cada 10 m de profundidad. Los tejidos soportan perfectamente la presión, pues son prácticamente incompresibles. Por el contrario, la presencia de los pulmones, senos, oídos internos y otras cavidades plantea ciertos problemas: por ej., cuando las trompas de Eustaquio se hallan obturadas, la presión del agua no puede ser equilibrada por la del aire en el oído interno y el tímpano es desgarrado.
Al aumentar la presión del agua, y, por consiguiente, la del aire contenido en los pulmones, se disuelve en la sangre una parte del nitrógeno del aire. Si la subida se efectúa con excesiva rapidez, la descompresión se traduce por el desprendimiento de burbujas de nitrógeno en los vasos sanguíneos —exactamente como se desprenden en un vaso de bebida gaseosa descomprimida al abrir la botella que la contenía a presión— y este accidente puede tener consecuencias fatales (parálisis, embolia gaseosa).
La escafandra autónoma de los *hombres rana* permite aumentar considerablemente las posibilidades del buzo y su seguridad. Consiste en unas botellas de aire fuertemente comprimido que se llevan en el dorso, a modo de mochila, en una válvula reguladora de la presión y en una careta o simple boquilla respiratoria. Este aparato se completa con un vestido de goma que protege contra el frío y unas palmas o aletas que aumentan notablemente la fuerza propulsiva de los pies y permiten disponer de las manos para otros menesteres. Con estos aparatos se puede permanecer alrededor de una hora a 10 m, media hora a 30 m, etc. La profundidad que se puede alcanzar depende de la resistencia física del buzo: algunos, reemplazando el aire con mezclas de oxígeno

extracción del **butano** : 1. Pozo; 2. Separador de gas; 3. Desgasolinador; 4. Refinería; 5. Butano a 7,5 kg/cm^2; 6. Transporte a igual presión; 7. Envase; 8. Balanza; 9. Presión necesaria para que el butano permanezca líquido a las temperaturas indicadas

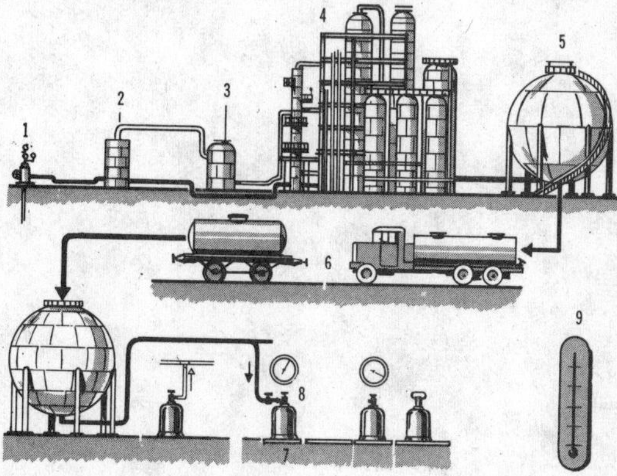

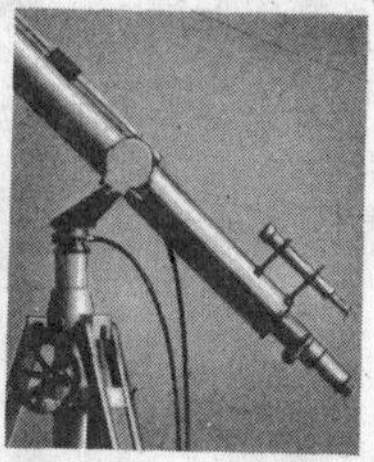

anteojo provisto de un **buscador**

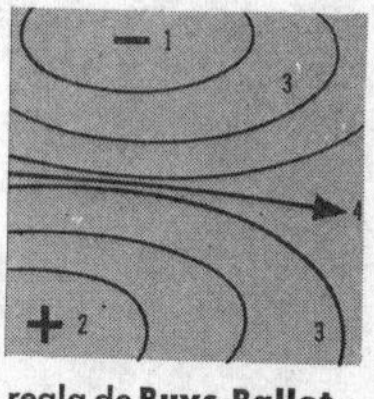

regla de **Buys-Ballot**
1. Bajas presiones; 2. Altas presiones; 3. Isobara; 4. Viento

buzos
con escafandras clásica, rígida y autónoma

y helio o hidrógeno, han bajado hasta profundidades de 300 metros.
El buzo clásico tiene una escafandra de casco metálico alimentada en aire desde una embarcación. Lleva un lastre que le permite andar y trabajar en el fondo, aunque no nadar, y, para volver a la superficie, es necesario que tiren de él desde la embarcación dedicada a su servicio. Con este aparato se puede trabajar a más de 100 m, sobre todo si se alimenta al buzo con mezclas de gases apropiadas. La subida ha de ser progresiva y, una vez efectuada, el buzo sufre una descompresión lenta en una cámara especial del barco. Esta cámara es a veces autónoma y se sumerge profundamente para que penetre en ella el buzo antes de ser izado a la superficie.
Por último, existen escafandras rígidas, verdaderas corazas que permiten trabajar a profundidades de 200 m.
Para penetrar en el mar a profundidades superiores el hombre dispone de batíscafos *, pero a bordo de éstos ya no puede considerarse como un buzo. Lo mismo puede decirse de los obreros que efectúan trabajos en el interior de las campanas * de buzo.

BUZÓN m. *Obr. públ.* Abertura para el desagüe de un estanque. ‖ *Amer.* Imbornal de la alcantarilla.

BUZZER m. *Electr.* Anglicismo por *vibrador* o *zumbador*.

BY-PASS m. Anglicismo por *derivación* * y por *llave * de tres pasos*.

Fot. Larousse, France-Reportage, B. P.

cristales de **calcopirita**

C f. Tercera letra del alfabeto, usada como sigla y símbolo para designar la tercera cosa de una serie que comprende varias. (Véase A.)
— *Atom.* La letra *c*, minúscula, es el símbolo de la unidad de radiactividad llamada *curio.*
— *Electr.* Con la letra C se simboliza el *culombio,* mientras que *c* es símbolo de capacidad.
— *Fís.* La *c* minúscula se usa como símbolo de *ciclo* y de *velocidad de la luz,* así como de una raya del espectro de absorción producida por el hierro. La C mayúscula designa una de las principales rayas del hidrógeno en el espectro anaranjado, y es también símbolo de *calor* y de *centesimal.*
— *Geom.* La letra *c*, minúscula, representa la mitad de la distancia focal en la elipse y la hipérbola. En un triángulo rectángulo se designa con C uno de los ángulos agudos y con *c* el cateto opuesto al mismo.
— *Mat.* En la numeración romana C equivale a 100. En álgebra, *c* es la tercera de las cantidades conocidas o datos; también se usa para representar una constante en análisis matemático.
— *Metr.* La letra *c*, minúscula, es el símbolo del prefijo *centi* y el de *quilate;* °C es el del *grado Celsio.*
— *Quím.* Símbolo del *carbono.*
ca, símbolo métrico de *centiárea.*
Ca, símbolo químico de *calcio.*
CABALLERO adj. y s. *Geom. Perspectiva caballera,* v. PERSPECTIVA.
— *Obr. públ.* Tierra sobrante que se dispone al lado de un desmonte.
CABALLETE m. *Arq.* Arista o lomo de un tejado a dos aguas.
— *Art. y of.* Armazón o banquillo sobre el cual se pone el objeto que se ha de labrar y cuya forma se adapta en cada caso a la índole del mismo. ‖ Trípode.
— *Mec.* Bastidor a modo de caballete sobre el cual se asienta un cojinete.
CABALLO m. *Mec. Caballo de vapor,* unidad de potencia, de símbolo CV, correspondiente a 75 kilográmetros por segundo, o sea a 0,736 kilovatios.

OBSERV. El *caballo de vapor* difiere ligeramente del *caballo inglés,* llamado *horse power* y simbolizado por las siglas HP: un HP vale 1,0138 CV.

— *Min.* Masa de roca estéril que interrumpe un filón.
CABECEADOR, RA adj. *Mar.* Dícese de los barcos que tienen cabeceo excesivo, ya en razón de la forma de su casco, ya por llevar la carga mal arrimada.
CABECEAR v. Oscilar un avión o vehículo terrestre de tal forma que sus partes delantera y trasera suben y bajan alternativamente.
— *Art. gráf.* Poner cabezadas al libro que se encuaderna.
— *Carp.* Abarrotar *, poner cabezas a los tableros.
— *Mar.* Oscilar el barco sobre su eje transversal, o sea hundiendo y levantando alternativamente la proa y la popa.
CABECEO m. Acción de cabecear.
— *Mar.* Movimiento oscilatorio del barco que cabecea.
— El *cabeceo máximo* se produce cuando el barco navega perpendicularmente a las olas. La amplitud y la duración de las oscilaciones dependen de varios factores: dimensiones y velocidad de las olas, carga y velocidad del buque, forma del casco, etc.
La proa de bulbo * tiende a frenar las oscilaciones. También se reduce el cabeceo adaptando la velocidad del buque a las características del oleaje. (V. ESTABILIZACIÓN.)
CABECERA f. Parte principal, origen o principio de una cosa: *la cabecera de una línea de tranvías.*
— *Arq.* Testero o parte principal de una iglesia.
— *Art. gráf.* Grabado que, en algunos libros, se pone al comienzo de cada capítulo (por ej., los que en este diccionario marcan el principio de cada letra del alfabeto). ‖ Cada uno de los extremos del lomo de un libro. ‖ Margen o blanco superior de la página impresa.
— *Mec.* En una cerradura, la cara de la caja por la cual sale el pestillo.
CABECERO m. *Carp.* Cabio * alto.
CABELLERA f. *Astr.* Nebulosidad luminosa que rodea el núcleo de un cometa y que se halla orientada en dirección opuesta a la del Sol.
CABESTRANTE m. Cabrestante.
CABEZA f. Parte superior o principal de una cosa.

Fot. Bariand

— *Arq. Cabeza de hongo,* capitel muy ensanchado de las columnas y pilares, propio para soportar las losas grandes que forman el suelo sin vigas.

— *Art. gráf.* Cabecera. ‖ *Cabeza de muerto,* tipo que se pone provisionalmente invertido en la composición por faltar en la caja caracteres de la letra correspondiente.

— *Carp.* Listón o barrote ensamblado o clavado en los extremos de un tablero para mantenerlo plano y que no se alabee.

— *Ind.* Primer producto que se obtiene al empezar la destilación de un líquido.

— *Mec.* Extremo de la biela que se acopla en el manubrio de la máquina de vapor o en el cigüeñal del motor de explosión: *las bielas tienen la cabeza partida con objeto de permitir su montaje en los motores.*

— *Tecn.* Nombre dado a ciertos órganos o dispositivos que ocupan lugar aparte en las máquinas: *la cabeza sonora es el órgano reproductor de los sonidos en un proyector cinematográfico.*

CABEZADA f. Cabeceo.

— *Art. gráf.* Cordel de uno o, las más de las veces, varios colores con que se cosen las cabeceras de los libros.

CABEZAL m. *Carp. Amer.* Cabio.

— *Mec.* Dispositivo que se adapta a una máquina herramienta para efectuar alguna operación especial. ‖ *Cabezal de roscar,* el que se monta en un torno o una taladradora para tallar roscas en las piezas. ‖ *Cabezal divisor,* el que permite hacer girar, según un ángulo determinado, la pieza que se labra; así, por ej., después de tallar un diente de piñón, el divisor hace girar la pieza bruta para que la herramienta ataque el metal en el punto exacto donde se ha de tallar el diente siguiente.

— *Transp.* Rueda o tambor giratorio terminal sobre el cual da la vuelta la cinta sin fin de un transportador, o bien el rosario de cangilones de una excavadora.

CABILLA f. *Mar.* Cada una de las piezas dispuestas radialmente en torno a la rueda * del timón y que sirven para manejarla asiéndolas con las manos. ‖ Escálamo para sujetar el remo. ‖ Estaquilla hincada en la borda u otras partes para amarrar en ella los cabos.

— *Mec.* Clavija * hendida.

CABINA f. *Aeron.* Departamento reservado a los pasajeros o al personal de a bordo en un avión, helicóptero, cohete o aeróstato. ‖ *Cabina de sobrepresión,* aquella en la cual la presión interior del aire se mantiene constante y es superior a la presión atmosférica que reina a las alturas normales de vuelo de los aviones de línea. (V. AVIÓN.)

— *Cin. Cabina de proyección,* sala donde se hallan los proyectores, cuyo haz luminoso es dirigido hacia la pantalla a través de unas lumbreras abiertas en la pared.

— *Mar.* Galicismo por *camarote.*

— *Telec. Cabina telefónica,* locutorio telefónico.

— *Transp.* Jaula del ascensor.

CABIO m. *Carp.* Cada uno de los maderos puestos de través sobre las vigas y que sirven de asiento al entarimado. ‖ Travesaño de un marco o bastidor de puerta o ventana, llamándose *cabio alto* el superior y *cabio bajo* el inferior. ‖ Cabrio.

CABLE m. Maroma, cuerda gruesa. ‖ Cuerda de alambres torcidos, de menor diámetro y mayor resistencia que la maroma de fibras vegetales.

— Las materias textiles más usadas para *cables* son el abacá, el cáñamo y la pita. En estos últimos tiempos también se extiende el uso de Nylón y otras fibras sintéticas. Los cables se fabrican corchando varios cordones sobre ellos mismos, o bien sobre un alma. Los *cables de fibras vegetales* resisten mal a las intemperies, salvo los de abacá *, que, por lo demás, tienen la ventaja de flotar en el agua.

Los *cables de acero* pueden ser simples cordones constituidos por la torsión de un haz de alambres, o bien *cables trenzados* de tres cordones o de seis cordones corchados en torno de un ánima de cáñamo o de metal. Generalmente los cordones del cable se hallan arrollados en sentido contrario del de sus alambres (colchadura cruzada), con lo cual se reduce la tendencia a girar que tienen los cables, en los cuales alambres y cordones se arrollan en el mismo sentido (ANTIRROTATORIO.) La galvanización de los alambres aumenta considerablemente la duración de los cables metálicos.

— *Electr.* Conductor eléctrico constituido por varios conductores retorcidos.

— Los conductores de alta tensión son cables de cobre, aluminio o aleaciones ligeras (Almelec, Aldrey, etc.) cuya resistencia mecánica se aumenta con un ánima de acero. Para tensiones muy elevadas se usan también *cables de resistencia disruptiva* muy grande, que tienen entre los conductores y la envoltura unas canales llenas de aceite fluido cuyo relleno se asegura con unos depósitos bajo presión dispuestos de trecho en trecho.

Son *cables aislados* los que tienen conductores centrales revestidos de materias aislantes (seda, algodón, goma, papel, etc,) sobre las cuales llevan a veces una armadura metálica (los que no la tienen se llaman vulgarmente *hilos eléctricos*).

— *F. c. Cable portante* o *sustentador,* el que soporta, mediante péndolas de longitud variable, el *cable conductor* que suministra la corriente al trolley o pantógrafo de los vehículos de tracción eléctrica. (V. CATENARIA.)

— *Mar.* Medida de longitud igual a 120 brazas *. ‖ *Cable de cadena,* cadena muy resistente con eslabones de contrete, que no puede enredarse ni formar codillos y se emplea para anclas grandes.

cables : 1. De cáñamo; 2 a 6. De acero (2. De ánima textil; 3. De ánima metálica; 4. Antigiratorio; 5. De un solo torón; 6. Cerrado); 7. Submarino (*y*, yute; *ce*, conductor central; *cc*, conductor concéntrico; *a*, aislante; *ar*, armadura); 8. De aceite (*t*, telas metalizadas; *e*, espiral de aluminio; *a*, aceite; *c*, conductor; *p*, plomo; *y*, yute; *r*, relleno); 9. Conductor para minas (*re*, revestimiento; *ar*, armadura; *ca*, caucho; *a*, aislante; *c*, conductor; *r*, relleno; *bt*, baja tensión); 10, 11 y 12. Bifilares (*re*, revestimiento; *tc*, trenza de cobre; *a*, aislante; *ap*, hélice de polietileno; *c*, conductor;) [los números 7 y 10 son coaxiales]

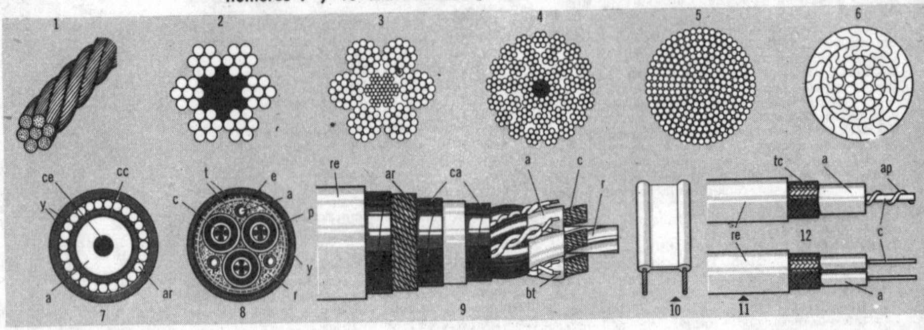

fabricación de **cables** : máquinas de reunir y torcer los alambres (*a la derecha*) y de tejer la trenza del forro (*a la izquierda*)

— *Mec.* Alambre o cordón de acero usado en transmisiones flexibles para ejercer una acción a distancia : *el cable de los frenos de bicicleta ha reemplazado el varillaje de los primeros frenos.*
— *Min. Cable de equilibrio,* cable pesado que pende libremente de sus dos extremos fijados en la parte inferior de las jaulas extractoras con objeto de compensar el peso del cable de extracción. || *Cable de extracción,* cable arrastrado por una polea Koepe*, con una jaula en cada ramal para extraer el mineral del pozo maestro.
— *Telec.* Cablegrama. || *Cable coaxial,* cable constituido por dos conductores: uno tubular y otro, filiforme, mantenido en el eje del primero por medio de discos aislantes o de una hélice de materia plástica (este cable deja pasar frecuencias de millones de períodos y, por consiguiente, permite transmitir programas de televisión, o bien centenares de conversaciones telefónicas simultáneas). || *Cable hertziano,* haz muy estrecho de ondas ultracortas que sirve para efectuar comunicaciones telegráficas o telefónicas y para interconectar las emisiones de televisión. (V. RELEVO.) || *Cable submarino,* cable coaxial muy resistente que se tiende en el fondo para establecer comunicaciones telefónicas y telegráficas entre dos continentes o dos puntos separados por el mar.
— Los *cables submarinos* tienen una estructura compleja y, de trecho en trecho, llevan intercalado un repetidor * de transistores que amplifica la corriente recibida y la retransmite al tramo de cable siguiente.
— *Transp.* En los transportes aéreos se usan *cables cerrados* en los cuales la capa exterior se halla constituida por elementos perfilados que encajan unos con otros y forman una superficie metálica lisa y flexible. (V. TELEFÉRICO.)

CABLECARRIL m. *Transp.* Alambrecarril.

CABLEGRAMA m. *Telec.* Telegrama transmitido por cable submarino. (Sinón. CABLE.)

CABLEO m. *Electr.* Operación consistente en efectuar todas las conexiones necesarias entre los distintos órganos de un aparato eléctrico: *el cableo de los televisores se hace en cadena.*

CABLERO adj. y s. *Mar.* y *Telec.* Dícese del buque especialmente construido y pertrechado para tender cables submarinos y repararlos.
— El *cablero* se distingue por la forma de la proa y la popa, provistas de poleas para largar o izar los cables, y también por la disposición especial de las calas, que llevan miles de toneladas de cable convenientemente arrollado para que pueda salir continuamente de las mismas sin ninguna dificultad. Asimismo posee el tipo especial de máquinas para poder propulsar el buque muy lentamente durante largos períodos de tiempo.
Los cableros disponen de un equipo apropiado para las misiones que han de cumplir, el cual les permite, en particular, localizar, enganchar y sacar desde los fondos más profundos del océano los cables que se han de reparar.

CABO m. Extremo de una cosa, especialmente el que sobra después de haberla utilizado: *un cabo de vela.*
— *Mar.* Cuerda. || *Cabo blanco,* cuerda sin alquitranar.
— *Text.* Cada uno de los hilos que, torcidos conjuntamente, forman un hilo más grueso, cordón, etc.

CABOTAJE m. *Mar.* Navegación costera que se efectúa a lo largo del litoral, de cabo en cabo, y, por ext., navegación entre los puertos del mismo país, aunque se pierda de vista la tierra.

CABRA f. *Carp.* Tentemozo. || Cabrilla.
— *Curt.* Las *pieles de cabra* ordinaria, especialmente las de pelo gris, se usan para alfombras; otras, más finas, sirven para confeccionar abrigos. Las pieles curtidas tienen infinidad de usos, en particular las de animales jóvenes, que, con el nombre de *cabritillas,* se usan para fabricar guantes y otras labores finas.
— *Mec. Pie de cabra,* v. PIE.
— *Text.* y *Zool.* El *pelo de las cabras* es generalmente grosero, pero algunas especies —especialmente las cabras de Angora y de Cachemira, hoy aclimatadas en otras partes— dan fibras más largas, lisas y resistentes que la lana, con las cuales se fabrican tejidos reputados.

CABRA, primera estrella de la constelación del Cochero y quinta entre las más brillantes del cielo (magnitud 0,2) ; la estrella *Cabra* se halla a 42 años de luz de nosotros. || Pl. *Cabrillas* o *Pléyades.*

CABRESTANTE m. *Mec.* Especie de torno de tambor vertical para halar o tirar de un cable.
— Después de haber dado con el cable unas vueltas al tambor del *cabrestante,* basta con mantener tenso el cabo libre para que el rozamiento permita arrastrar cargas muy pesadas sin que patine el cable en el tambor. Al aflojar el cabo, cesa el arrastre sin ninguna necesidad de detener el movimiento giratorio del tambor. Éste se hace girar a mano en los *cabrestantes primitivos,* mediante unas palancas horizontales que encajan en las bocabarras. En los *cabrestantes perfeccionados* el tambor es accionado por motores eléctricos.
Los cabrestantes se usan poco a bordo de los barcos, en los cuales han sido reemplazados por máquinas de tambor horizontal (chigres). En las playas sirven para sacar las embarcaciones del agua, y en las estaciones de ferrocarril, muelles y canales (esclusas) se usan para arrastrar los vagones y las barcazas.

CABRIA f. *Mec.* Nombre dado a varias clases de máquinas simples para levantar cargas pesadas.
— La *cabria* puede consistir en un trípode, formado por tres puntales, en cuyo vértice se dispone un aparejo de varias roldanas. Otros modelos

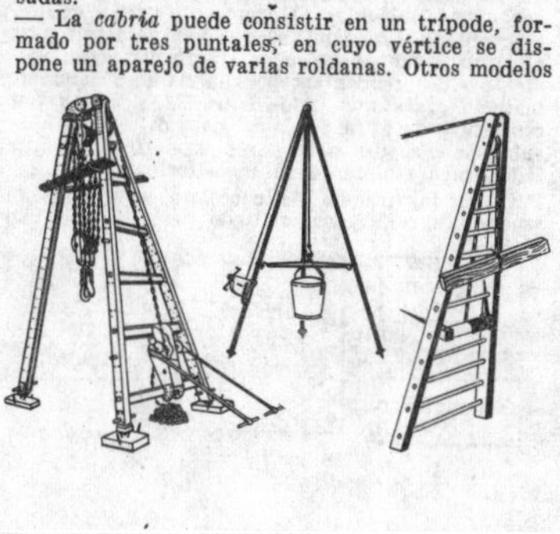

cabrias

cabrestante

buque **cablero** y disposición del **cable** en la bodega

Fot. Larousse, Genest, X., Direction des câbles

cachalote

más perfeccionados tienen una polea simple, pero la cuerda es halada por un torno.
En ciertas cabrias se suprime uno de los puntales; los otros dos forman una V invertida que se mantiene ligeramente inclinada sobre la carga mediante una amarra.

CABRIO m. *Carp.* Nombre dado a maderos de construcción de tamaño incierto, pues difieren considerablemente sus dimensiones de una comarca a otra (de 3 a 6 m de largo y de 10 a 15 cm de anchura). ‖ Madero paralelo a los pares de la armadura, que va del alero a la lima y sirve de asiento a la tablazón del tejado. (V. CUBIERTA.)

CABRIOLÉ m. *Autom.* Tipo de carrocería de capota rebatible y cristales de puerta retráctiles, que permite transformar rápidamente un coche cerrado en coche abierto.

CABRIOLET m. *Autom.* Cabriolé.

CABRITILLA f. *Curt.* Piel de cabra, especialmente la de los animales jóvenes, que, convenientemente curtida, cobra mucha suavidad y se usa para guantes y labores similares. ‖ Piel de diversos animales pequeños que tiene el aspecto y la suavidad de la cabritilla verdadera.

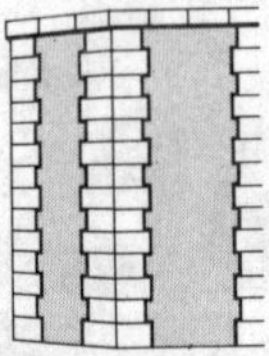

cadena *(arq.)*

CABUJÓN m. *Joy.* Piedra preciosa que se labra en forma redondeada, con la superficie pulimentada y desprovista de facetas.

CABUYA f. *Bot.* y *Text. Amer.* Nombre dado a la *pita* o *magüey*, a sus fibras y a las cuerdas que con ellas se hacen.

CACAHUETE m. *Bot.* e *Ind. alim.* Planta leguminosa *(Arachis hypogea)* cuya semilla suministra un aceite alimenticio. (Sinón. ARÁQUIDA.)
— Las *semillas del cacahuete* dan de 40 a 50% de aceite límpido que se cuaja a —5° y cuyo peso es de 916 g por litro a 15°. Este aceite carece de aroma y de sabor, cualidad apreciada por las personas que prefieren el aceite de mesa sin gusto. Se usa industrialmente en la elaboración de conservas de pescado (sardinas y atún), como sucedáneo del aceite de oliva y en la composición de ciertas margarinas.
— *Text.* La *semilla del cacahuete* sirve de materia prima para la obtención de fibras * sintéticas.

fruto del **cacao**

CACAO m. *Bot.* e *Ind. alim.* Árbol esterculiáceo *(Theobroma cacao)* de semillas alimenticias. ‖ *Manteca de cacao,* materia grasa de consistencia mantecosa, que se extrae de las semillas del cacao.
— Las *semillas del cacao* se hallan rodeadas por un tegumento o cascarilla. Su torrefacción tiene por efecto aumentar el aroma y facilita el descascarillado. Las semillas que han de servir para elaborar cacao en polvo se tratan con agua hirviente y desprenden entonces la manteca de cacao, materia grasa que funde entre 32 y 35° y que constituye de 50 a 55% del peso del cacao. Esta substancia se usa para hacer cosméticos y, sobre todo, como escipiente de supositorios.
Para la fabricación de chocolate se emplea el cacao integral, descascarillado pero con toda su manteca, la cual permite elaborar la pasta moldeable.

cadena de acción *(cibern.)*

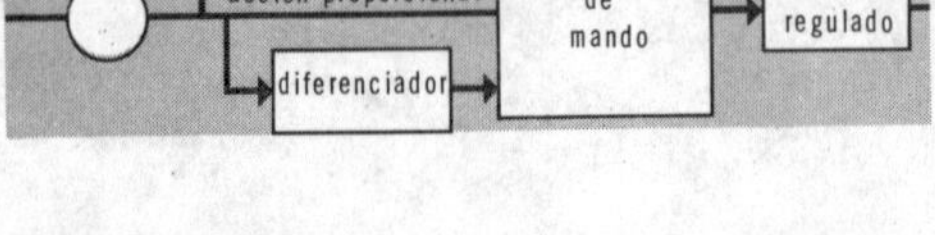

CACERA f. Zanja o acequia para regar o sanear los terrenos.

CACOCLOR m. *Miner.* Variedad de asbolana.

CACHADO adj. y s. *Carp.* Madero aserrado longitudinalmente en dos mitades.

CACHAGUA f. *Amer.* Sumidero, albañal.

CACHALOTE m. *Ind.* y *Zool.* Cetáceo carnívoro (*Physeter macrocephalus*) propio de los mares cálidos y templados.
— El *cachalote* alcanza 20 m de largo y un peso de más de 100 toneladas. Tiene una cabeza enorme que, a pesar del aspecto truncado del morro, mide un tercio de la longitud total del cuerpo. Este cetáceo —contrariamente a lo que ocurre con las ballenas —tiene dientes y es carnívoro; se alimenta de cefalópodos, especialmente de calamares, cuya tinta es transformada por el intestino del cachalote en una materia sólida llamada *ámbar* * gris, muy apreciada en perfumería. Otro producto precioso suministrado por el cachalote es el *espermaceti* o *esperma de ballena,* del cual contiene a veces hasta 5 t en su cabeza. En cuanto al resto del cuerpo, se aprovecha igual que el de las ballenas. Por lo demás es cazado como éstas. (V. BALLENERO.)

CACHAR v. Hacer cachos, fragmentar.
— *Carp.* Aserrar longitudinalmente un madero en dos mitades.

CACHEMIR m. o **CACHEMIRA** f. *Text.* Tejido hecho con lana de cabra de Cachemira. ‖ *Cachemir de Escocia,* tela de varios colores, para vestidos de señora, que se fabrica entrecruzando cuatro hilos de trama y cuatro de urdimbre
— El verdadero *cachemir* se teje con un hilo de lana hecho a base de los pelos finísimos y suaves que tiene en el lomo la cabra de Cachemira. Es el mismo pelo sedoso usado para fabricar los célebres chales de la India.

CACHETA f. *Mec.* Gacheta del pestillo.

CACHINA f. *Miner. Amer.* Alumbre natural.

CACHIZO, ZA adj. y s. *Carp.* Madero grueso aserradizo.

CACHOLONG m. *Miner.* Variedad de ópalo blanco de aspecto parecido al de la porcelana.

CACHÚ m. *Curt.* Catecú. (V. ACACIA.)

CADALSO m. *Carp.* Tablado provisional que se construye en la vía pública para celebrar certámenes, dar espectáculos y con otros fines.

CADARSO o **CADARZO** m. *Text.* Seda adúcar * ‖ Cinta muy estrecha tejida con la misma.

CADENA f. Sucesión de eslabones enlazados unos con otros para amarrar una cosa, tirar de ella o suspenderla. ‖ Objeto de adorno que tiene la misma estructura que la cadena o la imita. ‖ Sucesión de elementos articulados, como los de una cadena sin fin: *la cadena de cangilones de una draga; las cadenas de oruga de un tractor.*
— *Arq.* En las bóvedas de crucería, cada uno de los nervios que van de la clave central a la de los cuatro arcos laterales. ‖ Machón de sillares, generalmente almohadillados, que sirve de refuerzo y adorno a un muro de ladrillos o de otros materiales, y al cual se da el nombre de *cadena dentada* cuando lo constituyen sillares alternativamente horizontales y verticales.
— *Atom. Desintegración* o *reacción en cadena,* v. DESINTEGRACIÓN y REACTOR *nuclear.*
— *Autom. Cadena antideslizante,* v. ANTIDESLIZANTE.
— *Carp. Sierra de cadena,* v. SIERRA.
— *Cibern.* Conjunto de dispositivos o circuito que transmite señales desde el órgano encargado de medir o comparar, hasta la máquina o sistema regulado precisamente gracias a las indicaciones suministradas por las referidas señales (v. *figura*).
— *F. c. Cadena de seguridad,* cadena robusta con la que se enganchan los vagones unos con otros en previsión de una rotura de los dispositivos de acoplamiento.
— *Ind. Fabricación* o *trabajo en cadena,* organización racional en virtud de la cual el objeto que se fabrica pasa automáticamente, y con velocidad constante, por los puestos fijos de oficiales perfectamente utillados para realizar en el mismo lugar, con toda rapidez, una fase determinada del proceso de fabricación hasta que el producto sale acabado por el extremo de la cadena. (V. AUTOMÓVIL.)

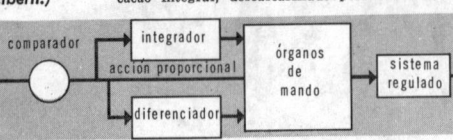

Fot. N. Y. T.

— *Mar.* La *cadena del ancla* se halla constituida por secciones de longitud determinada (variable según los países) llamadas *grilletes* *. Este nombre designa también los eslabones abiertos que sirven para unirlas, llamándose *grillete giratorio* el que se pone junto al ancla para evitar que la cadena tome vueltas si los cambios de dirección del viento hacen girar el barco. (V. GRILLETE.) Para efectuar las maniobras del ancla se usan chigres o cabrestantes provistos de barbotines * en los cuales engrana la cadena.
— *Mec.* Las cadenas se hallan formadas por la unión de eslabones de formas muy variadas, cada uno de los cuales se articula en el otro con un grado de libertad que suele ser de unos 30º y pasa rara vez de los 45º. Las cadenas que sirven para sujetar o sostener, o sea las que reemplazan ventajosamente a los cables, por tener mayor resistencia que éstos, gozan de libertad de movimientos en todos los sentidos. En cambio, las que sirven para transmitir el movimiento de una rueda (motriz) a otra (arrastrada) solamente suelen ser flexibles en un plano, que es el de las ruedas dentadas. En este caso se trata de *cadenas sin fin* cuyos eslabones se adaptan perfectamente a la forma de los dientes de ambas ruedas. Una transmisión de cadena es desmodrómica, lo cual constituye una ventaja respecto a la transmisión por correa. Además, contrariamente de lo que ocurre con ésta, las dos ruedas de la transmisión pueden aproximarse una de otra tanto como fuere necesario.
En la figura se representan los tipos más corrientes de cadenas de tracción y de transmisión.
— *Min.* En la minas se usan a veces cadenas sin fin para el arrastre de las vagonetas. El enganche de éstas se efectúa de trecho en trecho y la cadena se arrastra por el suelo entre los dos rieles (*cadena rastrera*). En otros casos (*cadena flotante*) la cadena se pone sobre las vagonetas, en unas muescas que llevan los bordes delantero y trasero, y su propio peso basta para asegurar el enganche.
— *Quím.* Los átomos se unen unos con otros, por sus electrones de valencia *, y constituyen moléculas. Esta propiedad se manifiesta particularmente en los átomos de carbono, que, al soldarse unos con otros, forman cadenas. En todos los cuerpos químicos de la serie acíclica o grasa, los átomos de carbono de una molécula forman una *cadena abierta*, mientras que los cuerpos de la serie cíclica forman *cadenas cerradas*. Las cadenas abiertas pueden ser del tipo recto o lineal o bien ramificadas o arborescentes. Los cuerpos de cadena cerrada pueden tener fijada a uno de sus átomos una cadena abierta.
En los compuestos no saturados se admite que dos átomos de carbono contiguos se hallan enlazados por dos o tres valencias en vez de una sola. Tales son las cadenas *etilénicas* y *acetilénicas*. (V. *figura*.)
— *Radiot.* Red * de emisoras.
— *Topogr.* *Cadena de agrimensor*, cadena de 10 m de largo, con eslabones de uno o dos decímetros, que se usa para medir terrenos. ‖ Decámetro de cinta que se usa con el mismo fin. ‖ Red * geodésica.
CADENEAR v. *Topogr.* Medir el terreno con la cadena de agrimensor.
CADENETA f. *Art. gráf.* Hilera de nudos formada en las cabeceras de los libros por los hilos con que se han cosido los pliegos.
— *Text. Punto de cadeneta*, v. PUNTO.
CADENILLA f. Cadena de eslabones muy pequeños o estrechos.
CADILLOS m. pl. Primeros hilos de la urdimbre, o sea los que quedarán en los bordes de la tela.
CADMIA f. *Metal.* Hollín verdoso que se forma en las paredes de los hornos metalúrgicos y en los filtros usados para depurar sus humos, y que consiste principalmente en óxido de cinc.
CADMIADO m. *Metal.* Tratamiento electrolítico con el cual se reviste y protege una superficie metálica con una finísima capa de cadmio.
— El *cadmiado* permite obtener una protección eficaz contra el ataque de las piezas metálicas por los agentes atmosféricos, especialmente contra la acción corrosiva de las sales arrastradas por el aire, y es muy usado en construcciones navales, automóviles, material cinematográfico, etc.
CADMIAR v. *Metal.* Efectuar el cadmiado de una pieza metálica.

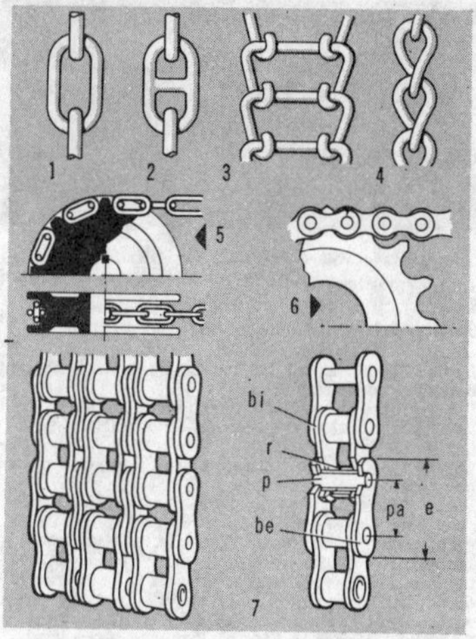

cadenas *(mec.)*
1. Calibrada; 2. De contrete; 3. De Vaucanson; 4. Torcida; 5 y 6. Transmisiones por cadena calibrada y cadena Galle; 7. De rodillos (*bi*, brida interior; *r*, rodillo; *p*, pasador; *be*, brida exterior; *pa*, paso; *e*, eslabón)

CÁDMICO, CA adj. *Quím.* Dícese de los compuestos del cadmio: *óxido cádmico*.
CADMÍFERO, RA adj. *Metal.* y *Miner.* Que contiene cadmio.
CADMIO m. *Quím.* Elemento simple (Cd), de número atómico 48 y masa atómica 112,41, del cual se conocen 8 isótopos.
— El *cadmio* es un metal blanco análogo al cinc en cuyos yacimientos es frecuente hallarlo. Su densidad es igual a 8,642, funde a 320º y hierve a 767º con emisión de vapores anaranjados. Es dúctil y maleable y, como el plomo, raya el papel.
El cadmio se obtiene como producto secundario de la metalurgia del cinc. La reducción de la mena de cinc cadmífera da, en primer lugar, cadmia, que contiene hasta 15% de cadmio. También se extrae de la cadmia recuperada en los hornos de plomo y de cobre. La cadmia se reduce calentándola con carbón y luego se extrae el metal por destilación fraccionada. También puede elaborarse por electrólisis.
El cadmio se usa para proteger los metales contra los agentes corrosivos (v. CADMIADO) y para fabricar las placas negativas de los acumuladores * alcalinos. Es un metal tóxico que no debe usarse para utensilios de cocina. Tiene la propiedad de disminuir el punto de fusión de ciertos metales (plomo, estaño, antimonio, bismuto y cinc) y forma con ellos aleaciones fusibles usadas para soldar. Da un metal antifricción con el níquel y mejora las propiedades mecánicas del cobre usado para líneas aéreas catenarias y otros conductores eléctricos. También se emplea como desoxidante durante el vaciado de ciertos metales, y, como es un poderoso absorbente de neutrones

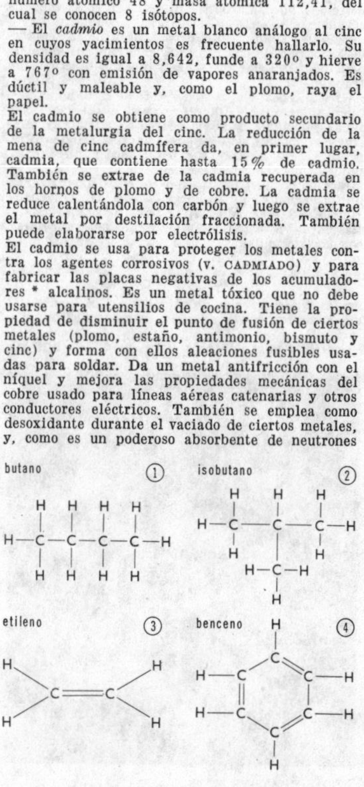

cadenas *(quím.)*
1. Abierta recta;
2. Íd. ramificada;
3. De enlace doble;
4. Cerrada

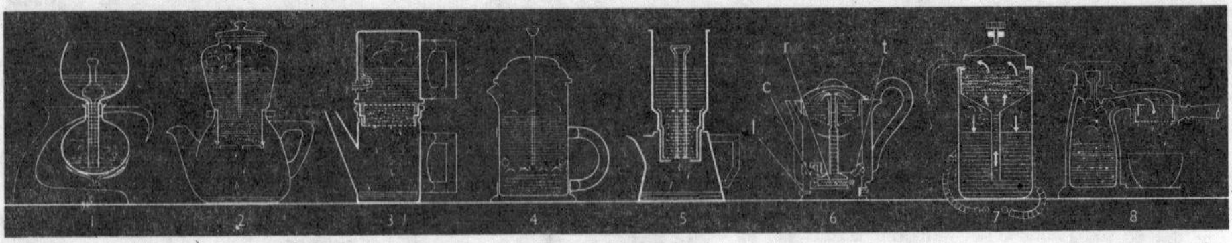

cafeteras : 1. De presión y descompresión; 2. De filtro y tamis; 3. Reversible; 4. De placa filtrante; 5. De bote filtrante; 6. Lixiviadora eléctrica (*l*, lámpara; *c*, caldera; *r*, resistencia; *t*, termóstato); 7. Percoladora eléctrica; 8. Para café al vapor

caja de guantes *(atom.)*

caja registradora *(com.)*

lentos, se utiliza en las barras de control de los reactores nucleares.
Los sulfuros de cadmio sirven para elaborar colores y sus sales se usan en fotografía y pirotecnia.

CAFETERA f. *Ind. alim.* Vasija o aparato para hacer café.
— La figura ilustra los tipos más corrientes de *cafeteras*. Las más de las veces se fundan en la percolación *; en otros casos *(cafeteras exprés)* los principios del café son arrastrados, a una temperatura ligeramente superior a la temperatura de ebullición del agua, por vapor a presión, que se condensa en la masa del café molido.

CAGAFIERRO m. *Metal.* Nombre, poco usado, de la *escoria de hierro*.

CAÍDA f. *Aeron. Caída libre*, la del paracaidista desde que salta del avión hasta el momento en que se abre el paracaídas.
— *Arq.* Pendiente del tejado.
— *Astron. Caída libre*, vuelo por inercia, de la astronave que deja de ser propulsada en el espacio cósmico. (V. ASTRONÁUTICA.)
— *Electr. Caída de potencial*, baja de la tensión en los bornes de una máquina eléctrica cuando ésta cesa de funcionar en vacío y pasa a efectuar un trabajo.
— *Fís.* Todos los cuerpos —sean grandes o pequeños, pesados o ligeros— caen en el vacío con igual velocidad, y si no ocurre lo mismo al aire libre es porque éste opone una resistencia diferente a cada cuerpo. Como el cuerpo que cae se halla sometido constantemente a la fuerza de la atracción terrestre, su movimiento experimenta uniformemente la aceleración de la gravedad, simbolizada por la letra g. (V. ACELERACIÓN.) Las leyes de este movimiento pueden expresarse con tres fórmulas:

$$v = gt \qquad e = \frac{1}{2}gt^2 \qquad v^2 = 2ge$$

en las cuales v es la velocidad final, e la distancia recorrida y t el tiempo transcurrido durante la caída.
— *Min. Sonda de caída libre*, v. el art. SONDA.

caja *(art. gráf.)*

CAIMÁN m. *Curt.* y *Zool.* Saurio de los ríos y lagos de América, parecido al cocodrilo, de unos 6 m de largo, cuya especie principal es el *jacaré (Caimán niger)*, y que hoy se cría en razón del precio elevado que alcanza su piel. (V. COCODRILO.)

CAINITA f. *Miner.* Sulfato de magnesio combinado con cloruro de potasio. (Sinón. KAINITA.)

CAIREL m. *Vidr. Amer.* Barrita de cristal en forma de pendiente, como las que sirven de adorno en las lámparas llamadas arañas.

CAITO m. *Text. Amer.* Hilo de lana muy basto.

CAJA f. Cofre o recipiente de forma, naturaleza y dimensiones muy variadas, que sirve para guardar las cosas o transportarlas y para contener o abrigar un mecanismo, efectuar en ella una operación u obtener algún otro efecto: *para elaborar cerveza se empieza por tratar la cebada en una caja de germinación; una balanza y su caja de pesas.*
— *Arq.* Hueco que se reserva a la escalera en la obra maestra de un edificio.
— *Art. gráf.* Cajón de madera que contiene los distintos signos tipográficos en una serie de compartimientos desiguales *(cajetines)* de los cuales los mayores y más accesibles corresponden a las letras de uso más frecuente.
— Toda imprenta importante dispone de gran número de *cajas* ordenadas en un mueble llamado *comodín* o *chibalete*. Las más corrientes son la *caja grande* (con los tipos usados en la composición ordinaria de textos corridos), la *caja mediana* (con mayúsculas y minúsculas de fantasía) y la *caja pequeña* (de mayúsculas grandes para títulos).
La caja grande española tiene 122 cajetines con otras tantas clases de tipos, signos, espacios, filetes, etc., dispuestos como se indica en la figura. Se divide en *caja alta* (parte superior izquierda) reservada para las mayúsculas; *caja baja* (toda la parte inferior) para minúsculas, signos de puntuación, números y espacios; *caja perdida* o *contracaja* (parte superior derecha) que contiene los signos menos usados.
— *Atom. Caja de guantes*, cámara o recinto para manipular substancias radiactivas.
— La *caja de guantes* consiste en un compartimiento empotrado en un muro impermeable a las radiaciones, como lo es también su fachada transparente. Ésta contiene en su parte inferior dos orificios redondos en los que se han ajustado herméticamente dos mangas de caucho especial terminadas en su extremo libre por dos guantes. Generalmente existe en la cámara una depresión ligera que, en caso de ajuste deficiente de sus elementos, impide la salida de vapores radiactivos. Así, el operador, después de haber introducido sus brazos en las mangas, puede manipular con toda seguridad las substancias irradiadas en un reactor nuclear.
— *Carp.* Embalaje rígido de forma paralelepípeda hecho con tableros reforzados con barrotes y a veces zunchados con flejes: *en la fabricación moderna de las cajas ligeras casi todas las operaciones son mecánicas, incluso el clavado.* ‖ Muesca hecha en un madero para que ajuste en ella la espiga de otro.
— *Carroc.* Parte superior de un vehículo, fijada al bastidor, en la cual van los viajeros.
— *Com. Caja registradora*, máquina sumadora para uso de comerciantes, que llena diversos cometidos, pues indica el importe de la compra al cliente, imprime un cupón justificativo del gasto, inscribe y suma el importe de las ventas, dificulta los desfalcos y permite guardar momentáneamente el dinero.
— *Electr. Caja de contactos*, armario o pupitre en el que se centralizan los interruptores y conmutadores de las luces de los teatros, fuentes

Fot. C. E. A., Larousse

luminosas y otras instalaciones complejas de alumbrado. ‖ *Caja de derivación,* cajita generalmente empotrada en los muros y dentro de la cual se efectúa el empalme de los hilos de un interruptor, una lámpara, un motor, enchufe, etc., con los de la línea. ‖ *Caja de resistencias,* v. RESISTENCIA.
— *F. c. Caja de agua,* depósito de agua del ténder. ‖ *Caja de grasa, caja de fuego, caja de humos,* v. más abajo *Mec.*
— *Mar. Caja de cadenas,* compartimiento que, junto a las gateras, sirve para estibar la cadena de las anclas.
— *Mec.* Armazón de madera o metálica, provista de cajeras para las roldanas de los cuadernales y otros aparejos. ‖ Cárter de un mecanismo: *caja de engranajes.* ‖ Armazón de chapa que contiene los órganos mecánicos de una cerradura. ‖ *Caja de caudales,* armario de metal blindado para guardar dinero, valores, documentos, joyas y otras cosas de mucho valor. ‖ *Caja de estopas,* prensaestopas. ‖ *Caja de grasa,* cárter del cojinete del gorrón o mangueta de los ejes, que contiene el lubricante. ‖ *Caja de fuego,* parte de la caldera donde arde el combustible. ‖ *Caja de humos,* parte de la caldera por donde pasa el humo del hogar antes de salir por la chimenea.
— Las *cajas de caudales* tienen generalmente doble pared —cada una de ellas hecha de una sola pieza de acero— con un relleno de materias incombustibles. En el espesor de la puerta llevan

caja de caudales de un banco

una cerradura compleja con numerosos pestillos en todos sus bordes. Son cerraduras * de combinaciones, en las cuales la llave representa un papel secundario. La caja de caudales ideal ha de conservar intacto su contenido después de un incendio de los locales en que se halla y ha de resistir a la sagacidad y experiencia de los ladrones, cuyos conocimientos técnicos son a veces sorprendentes. (V. ALUMINOTERMIA.)
— *Metal. Caja de aire,* cámara que distribuye el aire caliente y comprimido a las toberas del alto horno, a los convertidores y otros aparatos.
— *Min. Amer.* Salbanda.
— *Obr. públ. Amer.* Depósito para el abastecimiento de aguas.
— *Papel.* En la fabricación de *cajas de cartón* se usan numerosos y variados materiales: cartones flexibles simples o forrados con papeles o telas, cartulinas gruesas, hojas mixtas de cartón y metal, etc. Una misma máquina corta el cartón y marca con un surco los dobleces. Otra une las cuatro esquinas con grapas o corchetes. Siempre que ello sea posible se fabrican cajas plegables que facilitan su transporte y almacenamiento. También se fabrican cajas pequeñas de formas complicadas por embutido de cartones plásticos, como si se tratara de chapa de metal.

CAJEAR v. *Carp.* Abrir en un madero las cajas en que han de entrar las espigas de otros.

CAJERA f. *Mec.* Cada una de las aberturas en que se colocan las roldanas de los aparejos.

CAJETA f. *Text.* Trenza hecha con filástica.

CAJETÍN m. Caja pequeña.
— *Art. gráf.* Cada uno de los compartimientos o divisiones de la caja.
— *Electr.* Listoncillo de madera provisto de dos o tres ranuras longitudinales, en las que se alojan separadamente los hilos eléctricos de una instalación, y de una tapa que se clava sobre el mismo y da al conjunto el aspecto de una moldura.

CAJO m. *Art. gráf.* Reborde que forma el encuadernador, con los primeros y últimos pliegos del libro cosido, para compensar el espesor de las tapas.

CAJÓN m. Caja. ‖ Caja corrediza de un mueble que puede abrirse tirando de ella.
— *Arq.* Tramo de pared comprendido entre dos pilares o verdugadas más resistentes que ella.
— *Fot. Cámara de cajón,* v. CÁMARA.
— *Obr. públ. Cajón de aire comprimido* o *cajón neumático,* construcción metálica, a modo de campana de buzo, en cuyo interior se inyecta aire comprimido para impedir la entrada del agua y permitir el trabajo de los obreros. Su techo, muy resistente, soporta un recinto de tablestacas al abrigo del cual se construye una pila de puente u otra obra de fábrica. Al aumentar el peso de ésta y arrancarse los materiales del fondo, el cajón se va hundiendo progresivamente hasta que se considere su asiento satisfactorio. ‖ *Cajón flotante,* cajón grande, hecho generalmente de hormigón armado, que se remolca hasta el punto en que se han de construir cimientos y allí se llena de hormigón, piedras o simplemente arena hasta hundirlo. Debidamente asentado en el fondo constituye fundaciones de pilares, muelles, escolleras y otras construcciones.

CAJUELITA f. *Miner.* Variedad de rutilo.

CAL f. *Quím.* Óxido de calcio (CaO), constituyente esencial del mármol, la creta y la mayor parte de las piedras usadas en las obras de fábrica. ‖ Hidróxido de calcio de fórmula $Ca(OH)_2$. ‖ *Cal aérea,* cal hidratada que solamente fragua al aire. ‖ *Cal apagada,* la hidratada. ‖ *Cal árida* o *magra,* la que se prepar a partir de caliza impura. ‖ *Cal grasa,* cal hidratada preparada con caliza pura. ‖ *Cal hidráulica,* la que puede fraguar en el agua, al abrigo del aire. ‖ *Cal muerta,* cal apagada. ‖ *Cal viva,* óxido de calcio anhidro. ‖ *Lechada de cal,* masa muy fluida de cal apagada y agua que sirve para blanquear paredes, encalar los árboles y otros usos.
— La *cal viva* u *óxido de calcio* es un sólido blanco de densidad igual a 3,4, que funde a 2 580° y no se descompone con el calor. Es muy cáustica y tiene mucha afinidad por el agua que la transforma en hidróxido con abundante desprendimiento de calor; el agua se vaporiza entonces en sus poros y la cal hincha y se desagrega en forma de polvo, que es la cal apagada o hidratada.
La cal se prepara mediante descarbonatación de la caliza a una temperatura de 1 000° en hornos verticales o bien rotativos. Las cales magras e

caja de humos *(f. c.)*

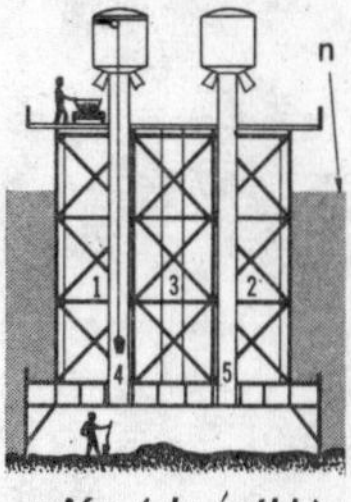

cajón *(obr. públ.)*
1 y 2. Depósitos flotantes; 4 y 5. Compuertas para materiales; 3. Chimenea de equilibrio; *n,* nivel del agua

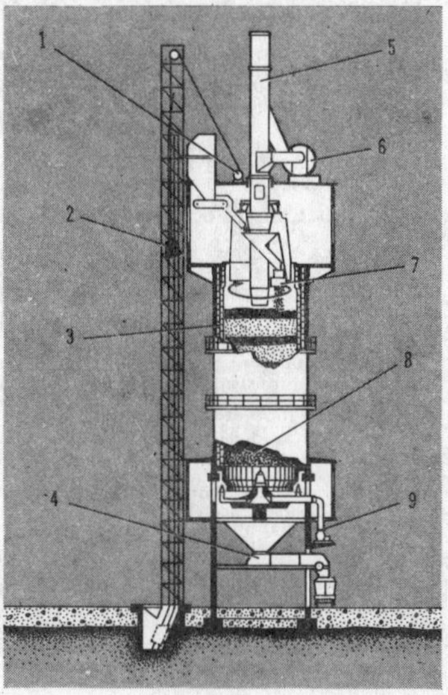

horno de **cal**
1. Torno; 2. Alimentación automática (combustible y caliza); 3. Ladrillos refractarios; 4. Aparato de desenhornar; 5. Chimenea; 6. Ventilador de tiro forzado; 7. Tolva rotativa; 8. Crisol; 9. Inyección de aire

Fot. Larousse

hornos de cal

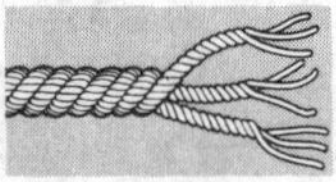

calabrote

calandria (papel.)

hidráulicas usadas en la construcción se preparan a partir de calizas arcillosas o piedras de cal: si tienen menos de 10 % de arcilla la cal que resulta es magra y aérea; entre 10 y 20 % la cal es hidráulica. La cal obtenida por calcinación del carbonato de calcio, también llamada *castina,* se usa como fundente en la metalurgia del hierro, especialmente cuando se trata de minerales fosforosos.

cal, símbolo de la *caloría.*

CALA f. Galicismo por *calce* o *cuña.*

— *Constr.* Agujero que se hace en una pared u obra de fábrica para reconocerla interiormente.

— *Mar.* Bodega.

CALABROTE m. *Mar.* Cable grueso de nueve cordones colchados separadamente de tres en tres y luego unidos por una corchadura de sentido contrario.

CALADA f. *Text.* Subida, en el telar, de una parte de los hilos de la urdimbre y bajada de los otros, quedando así entre ambos un hueco por el que pasa la lanzadera con la trama.

CALADERO m. *Mar.* Paraje apropiado para calar las redes. ‖ Sitio donde abundan los peces: *la pesca con redes de mallas demasiado pequeñas agota los caladeros.*

CALADO, DA adj. y s. Labor a modo de encaje que se hace suprimiendo hilos en ciertas partes de una tela y agrupando los restantes con la aguja. ‖ Motivo ornamental taladrado en cualquier materia: *el hermoso calado de una ventana gótica.*

— *Mar.* Profundidad que alcanza el borde inferior de la quilla del barco medida desde la superficie del mar: *los barcos fluviales tienen poco calado.* ‖ Altura del agua sobre el fondo: *los buques muy grandes no pueden atracar en muchos puertos por falta de calado.*

CALADOR m. *Com.* Instrumento tubular, con un extremo tallado en bisel y aguzado, que se introduce en los bultos cerrados para sacar muestras de la mercancía que contienen.

CALAFATEAR v. *Carp.* y *Mar.* Tapar con estopa y brea las juntas del forro de los barcos para que no dejen pasar el agua. ‖ Por ext., cerrar o tapar otras junturas con cualquier materia.

CALAÍNITA o **CALAÍTA** f. *Miner.* Fosfato hidratado natural de aluminio, variedad de turquesa.

CALAMINA f. *Metal.* Óxido que se forma en la superficie de las piezas metálicas tratadas con temperaturas elevadas en presencia del aire.

— *Miner.* Silicato hidratado natural de cinc. ‖ Smithsonita.

— En minerología se da el nombre de *calamina* al silicato de cinc, que es un mineral raro, mientras que la calamina de los geólogos y mineros es el carbonato de cinc, producido por una alteración de la blenda, que se beneficia como mena del referido metal.

CALAMINARSE v. *Metal.* Cubrirse de calamina: *el acero se calamina rápidamente en los hornos de atmósfera oxidante.*

CALAMITA f. *Miner.* Variedad de tremolita. ‖ Sinónimo, poco usado, de *brújula y piedra imán.*

CALAMOCHA f. *Miner.* Ocre amarillento de color muy claro.

CALANDRAR v. *Tecn.* Pasar una materia por la calandria para satinarla o laminarla.

CALANDRIA f. *Mec.* Torno grande para levantar pesos.

— *Tecn.* Máquina provista de varios cilindros entre los cuales se hace pasar una materia continua con objeto de darle un espesor uniforme (hasta con una precisión de 0,02 mm) o bien de alisarla o plancharla, lustrarla o darle otros acabados.

— *Papel.* En la industria papelera se usan calandrias de tambores calentados por el vapor, que comprimen el papel húmedo y lo alisan y satinan. Con cilindros convenientemente grabados se obtienen labores especiales, como son los graneados para imitar pieles curtidas y telas, las filigranas para papel moneda y sellos de correos, los papeles rizados o gofrados, etc.

CALANTAS m. *Bot.* y *Carp.* Acajú.

CALAPIÉ m. Galicismo por *calzapié.*

CALAR m. *Min.* Cantera de piedra caliza.

CALAR v. Penetrar el agua en un cuerpo poroso hasta empaparlo. ‖ Taladrar motivos ornamentales en chapas de metal, madera y otros materiales. (V. CALADO.) ‖ Sacar muestras de los fardos con el calador *.

— *Mar.* Tener un barco determinada altura del casco por debajo de la superficie del agua: *cuanto más cala un buque más numerosos son los puertos en que no puede atracar.* ‖ Arriar, bajar, y también, tratándose de redes, echarlas al agua, sumergirlas para pescar con ellas.

— *Text.* Efectuar el calado * de las telas para imitar labores de encaje.

CALAVERITA f. *Miner.* Telururo natural de oro con 3 % de plata.

CALAZÓN m. *Mar.* Calado de un barco.

CALC, prefijo derivado del griego *khalkos,* que significa *cobre* y entra en la composición de muchas palabras relativas a este metal y a sus derivados.

CALCANTITA f. *Miner.* Sulfato hidratado natural de cobre. (Sinón. CAPARROSA AZUL.)

CALCAR v. Copiar un grabado sobre un papel transparente aplicado contra el mismo. ‖ *Papel de calcar,* V. PAPEL.

CALCÁREO, A adj. Que contiene cal. (Sinón. CALIZO.)

— Las *rocas calcáreas* se designan con el nombre genérico de caliza. (V. esta pal.)

CALCARONE m. *Min.* Horno usado en Italia para separar el azufre * de su ganga.

CALCE m. Cuña o taco de cualquier forma que se pone entre dos piezas para afianzarlas, compensar la falta de longitud de una de ellas, llenar o ensanchar un hueco entre ambas o impedir que una se deslice o ruede sobre la otra. (Sinón. ALZA, CALZA, CUÑA.) ‖ Llanta de hierro usada en las ruedas de madera de los carruajes y carretillas. ‖ Metal que se agrega a la reja del arado y a los instrumentos cortantes para restaurar el filo desgastado.

CALCEDONIA f. *Miner.* Variedad de sílice constituida por cuarzo y ópalo de naturaleza fibrosa.

— Existen muchas variedades de *calcedonia* que, según su color y aspecto, reciben nombres diferentes. Así, la cornalina es roja; la crisoprasa, verde; el prasma, verde obscuro; la sardónice, parda; el ágata se halla constituida por capas concéntricas de colores diferentes, y los jaspes son sílices impuros y opacos.

CALCEDÓNICE o **CALCEDÓNIX** m. *Miner.* Variedad de calcedonia rayada.

CÁLCICO, prefijo que indica la combinación de una sal de calcio con otra sal cuya denominación se expresa en la segunda parte de la palabra: *un compuesto calcicopotásico.*

CÁLCICO, CA adj. *Quím.* Relativo o perteneciente al calcio o a la cal.

CALCÍFERO, RA adj. *Miner.* y *Quím.* Que contiene cal.

CALCIFICAR v. *Quím.* Convertir en sales de cal insolubles.

CALCÍMETRO m. *Quím.* Instrumento que sirve para dosificar rápidamente el gas carbónico y permite deducir la proporción de caliza que contiene un suelo arable o una materia cualquiera.

CALCIMORFO, FA adj. *Geol.* Designa en la clasificación internacional una de las diez clases principales de suelos : *los suelos calcimorfos se caracterizan por su gran riqueza en calcio.* (Sinón. CALCOMÓRFICO.)

CALCINA f. *Constr.* Hormigón compuesto de cal, arena y piedra menuda.

— *Cerám.* Polvo con que se prepara el esmalte blanco y opaco de la loza ordinaria: *la calcina se fabrica oxidando en presencia del aire una mezcla de plomo y estaño fundidos.*

CALCINACIÓN f. Acción y efecto de calcinar.

— *Metal.* Caldeo de los minerales sin que éstos lleguen a perder el estado sólido.

— La *calcinación simple* sirve para secar los cuerpos, desagregar los minerales o separar dos productos diferentes: la alúmina *, por ejemplo, se obtiene por calcinación simple del hidrato de alúmina. En otros casos la calcinación se efectúa en un medio especial que reacciona químicamente con las materias calcinadas. Así, la *calcinación reductora* se practica en la metalurgia del níquel y del cobalto y la *calcinación clorurante* en la de la plata (transformación de los sulfuros de plata en cloruros). En la *calcinación volatilizante* el

Fot. Neyret-Deylier, Allimand

níquel obtenido por calcinación reductora se trata con una corriente de óxido de carbono y se convierte en carbonilo de níquel volátil, que permite obtener el metal con mayor facilidad.
Muchos tratamientos de las superficies metálicas pueden considerarse como *calcinaciones de absorción* (cementación *, nitruración, sherardización *, etc.).

CALCINAMIENTO m. Calcinación.

CALCINAR v. Convertir los minerales calcáreos en cal viva sometiéndolos a temperaturas elevadas. ‖ Incinerar.
— *Quím.* Calentar un cuerpo hasta que pierda sus materias volátiles.

CALCIO m. Elemento químico (Ca) de número atómico 20 y masa atómica igual a 40,08.
— El *calcio* consta de seis isótopos, el principal de los cuales (^{40}Ca) constituye 96,92% de su masa. Es un metal —el más común de los alcalinotérreos— blanco y blando. Su blandura es tal, que puede cortarse con un cuchillo y presenta entonces un aspecto brillante, semejante al del plomo, aunque de corta duración, pues se oxida rápidamente en el aire. Su densidad es de 1,55, funde a 842° y hierve a 1 240°. Es muy electropositivo y arde con una llama muy brillante, convirtiéndolo la combustión en cal viva. Como absorbe en caliente el oxígeno y el nitrógeno, permite separar los gases raros del aire. Es muy reductor y separa la mayor parte de los metales de sus óxidos.
El calcio se halla solamente en la naturaleza combinado con otros cuerpos y constituye 3% de la corteza terrestre. El compuesto más abundante es el carbonato (principal constituyente de las piedras calizas); también se halla en forma de sulfato en el yeso y en la de fosfato tricálcico en importantes yacimientos.
El calcio se fabrica industrialmente por electrólisis de una mezcla fundida de cloruro y fluoruro de calcio.
Los *compuestos de calcio* tienen infinidad de aplicaciones: el *carbonato calcinado* se disocia en caliente para dar cal viva y gas carbónico; el *carburo de calcio* (CaC_2) se fabrica tratando cal con carbono en hornos eléctricos, se descompone en el agua con desprendimiento de acetileno * y, combinado con nitrógeno, da la cianamida, usada para componer abonos nitrogenados; el *cloruro,* producto secundario de la fabricación de la sosa, es un absorbente enérgico de la humedad y se usa para deshidratar los gases; el *fluoruro de calcio natural, fluorina* o *espato flúor,* se usa para preparar el flúor y sus derivados, y como fundente metalúrgico; el *fosfato tricálcico* es insoluble en el agua, pero tratado con ácido sulfúrico se convierte en fosfato ácido (superfosfato) perfectamente asimilable por las plantas; el *nitrato de calcio* se fabrica tratando el carbonato con ácido nítrico y se usa como abono nitrogenado; el *óxido* (cal viva) y el *hidróxido* (cal apagada) sirven para hacer morteros; el *sulfato de calcio natural* sirve para preparar yeso; el *bisulfito cálcico* se emplea en la fabricación de celulosa y pasta de papel; en cuanto al *sulfuro ácido* o *sulfhidrato,* que se obtiene tratando cal con hidrógeno sulfurado, se usa para elaborar pastas depilatorias. Los compuestos cálcicos tienen también no pocas aplicaciones farmacéuticas.

CALCITA f. *Miner.* Carbonato natural de calcio ($CaCO_3$) cristalizado.
— La *calcita* constituye la ganga de muchos filones y se halla presente en las estalagmitas y estalactitas, el mármol, la piedra litográfica, la creta, etc. Cristaliza de diversas maneras y ha permitido establecer las leyes fundamentales de la cristalografía.

CALCO m. Dibujo que se obtiene calcando por transparencia los detalles esenciales del original o mediante la reproducción íntegra de éstos. ‖ *Papel de calco,* v. PAPEL.

CALCOGRAFÍA f. *Art. gráf.* Arte de estampar láminas de cobre. Heliograbado.

CALCOGRAFIAR v. *Art. gráf.* Grabar láminas de cobre.

CALCOLITA f. *Miner.* Fosfato hidratado natural de cobre y uranio: *la calcolita es radiactiva.*

CALCOMANÍA f. *Art. gráf.* Procedimiento de impresión que permite reportar sobre una superficie lo que ha sido previamente impreso al revés sobre un papel especial.
— El dibujo en colores o el texto que se ha de reproducir se imprimen invertidos sobre un papel engomado. Como la goma es soluble en el agua, pero no la tinta, al mojar el papel y aplicarlo con fuerza sobre una superficie, la impresión quedará pegada en la misma, mientras que el papel se desprenderá fácilmente.
Las *calcomanías* se usan como diversión para niños, pero también tienen aplicaciones prácticas en cerámica (v. más abajo) y para imprimir instrucciones y otras inscripciones sobre las máquinas.
— *Cerám.* Las *calcomanías* impresas en offset o en prensas litográficas con tintas especiales, se usan para decorar la porcelana y otras labores de cerámica artística. Durante la cocción las tintas funden y se adhieren íntimamente a la masa como un esmalte.

CALCOMÓRFICO, CA adj. *Geol.* Calcimorfo.

CALCOPIRITA f. *Miner.* Sulfuro doble natural de cobre y hierro.
— La *calcopirita* ($CuFe_2$) es una mena de cobre muy abundante, pero pobre en metal y de tratamiento costoso. Tiene el color y brillo del latón y cristaliza en gran variedad de formas.

calcopirita
[v. frontispicio p. 181]

CALCOSIDERITA f. *Miner.* Fosfato hidratado natural de hierro y cobre, variedad cuprífera de la dufrenita.

CALCOSINA o **CALCOSITA** f. *Miner.* Sulfuro natural de cobre, uno de los minerales de cobre más ricos y puros, que se beneficia en Bolivia, Chile, España (Riotinto), etc.

CALCOSÓDICO, CA adj. *Miner. Feldespato calcosódico,* el que contiene calcio y sodio, pero no potasio.

CALCOURANITA f. *Miner.* Fosfato hidratado natural de uranio y calcio, variedad de uranita.

CALCULADOR, RA adj. y s. *Mat.* Que calcula o sirve para calcular. ‖ Dícese de las máquinas que permiten, mecánica o electrónicamente, efectuar cálculos.
— Las *máquinas calculadoras* pueden dividirse en cuatro grupos diferentes: 1.° *dispositivos de cálculo* (ábaco de bolas, regla de calculo, etc.); 2.° *calculadoras manuales* y *eléctricas,* que solamente pueden efectuar una operación a la vez; 3.° *calculadores electromagnéticos* de tarjetas perforadas y *calculadores electrónicos,* capaces de resolver problemas complejos que requieren numerosas operaciones aritméticas; 4.° *ordenadores* consistentes en un conjunto de máquinas que, a partir de un programa fijado de antemano, hallan las soluciones de los problemas y, en función de éstas, toman decisiones lógicas.
Por otra parte, las máquinas de calcular pueden ser *digitales* o *analógicas.* Son digitales cuando utilizan en sus cálculos números representados por los dientes de un engranaje, impulsiones eléctricas, etc. Son analógicas cuando los números son representados por el valor de una coordenación física (por ej., la tensión de una corriente eléctrica).
La calculadora más simple es la sumadora manual de 10 teclas (de 0 a 9), que también permite efectuar restas. En las calculadoras de teclado completo existen tantas veces 9 teclas (del 1 al 9) como casillas tiene el totalizador de la máquina. Las hay de accionamiento manual pero las más de las veces tienen motor eléctrico.

calcita

calculadora
electrónica

Fot. Bariand, I. B. M.

calculadoras manuales

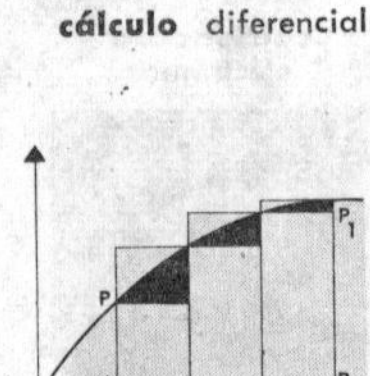

cálculo diferencial

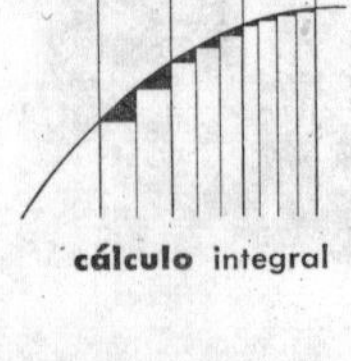

cálculo integral

El principio de funcionamiento de todas estas máquinas es el siguiente: al marcar un número mediante la tecla o la palanquita correspondiente no se hace sino limitar la carrera del órgano registrador. Éste puede consistir en un rodillo provisto de 10 pitones, clavijas o dientes engranados con los del contador que lleva inscritas las cifras visibles en el totalizador. Si marcamos el número tres, la carrera del primer rodillo quedará limitada a tres clavijas o dientes a pesar de que la manivela o el motor den una vuelta completa. El rodillo del totalizador dará, por consiguiente, tres décimas partes de vuelta.
Por otra parte, cuando un rodillo del totalizador pasa del 9 al 0, un diente que tiene lateralmente arrastra de una división el rodillo contiguo correspondiente a las unidades de orden superior. Si en el ejemplo anterior teníamos 8 decenas, al añadir otras tres, el 8, el 9 y el 0 habrán pasado por la ventanilla antes de que se fije en ella el 1 y durante el paso de 9 a 0 habrá aparecido el 1 en la ventanilla de las centenas.
Para restar se procede de la misma manera, pero la manivela o el motor giran en sentido inverso. La multiplicación y la división se reducen a una serie de sumas y de restas. Así, para multiplicar una cantidad por 23 se empieza por sumarla 3 veces; luego se mueve el carro hacia la derecha de modo que el rodillo de las unidades del marcador engrane con el de las decenas del totalizador y se suman entonces dos veces las cifras del multiplicando. Para dividir se efectúan las mismas operaciones en sentido inverso.
En las máquinas más perfeccionadas se marca el multiplicando y luego el multiplicador, se apoya en un botón y todas las operaciones, incluso los movimientos del carro, se efectúan automáticamente. Hay máquinas más complejas que extraen directa y automáticamente las raíces cuadradas.
En vez de marcar cada vez las cantidades en las teclas, de anotar el resultado de cada operación y de volverlo a marcar para efectuar la operación siguiente, se puede preparar un programa de todas las operaciones necesarias para llegar a un resultado final. Este programa puede consistir en tarjetas * perforadas en las cuales cada agujero representa una cifra determinada. En las calculadoras de tarjetas, las teclas son reemplazadas por un órgano lector. Éste consiste esencialmente en unas clavijas que se apoyan en la tarjeta, y, si caen sobre un agujero, establecen a través de éste un contacto eléctrico con el soporte metálico de la tarjeta y marcan así, electromagnéticamente, el número correspondiente en unos rodillos semejantes a los de las máquinas manuales.
En las calculadoras electrónicas de tarjetas o de cintas perforadas, los engranajes y contadores mecánicos son reemplazados por circuitos de válvulas electrónicas, transistores y resistencias. Estos órganos son capaces de emitir impulsos eléctricos y de contarlos, y así, cuando el circuito de las unidades, después de haber contado 9 impulsos recibe otro, envía un impulso al de las decenas y empieza a contar de nuevo a partir de cero. En realidad, se ha generalizado en estas máquinas el uso del sistema de numeración.* binaria en el cual pueden representarse todas las cifras con dos signos solamente: 0 y 1 (o sea: ausencia de corriente e impulsión). Transistores convenientemente conectados registran las sucesiones de 0 a 1, suman las impulsiones, o las restan, y, finalmente, traducen el resultado en cifras del sistema decimal.
Los progresos considerables registrados en materia de circuitos * integrados han permitido reducir cada vez más las dimensiones de las calculadoras electrónicas hasta el extremo de que a las máquinas portátiles de teclado para uso de oficinas hayan sucedido *calculadoras de bolsillo* cada vez más ricas en posibilidades. Las hay provistas de memoria electrónica e incluso programables. Los circuitos integrados de algunas de ellas reemplazan hasta 30 000 transistores y díodos y permiten efectuar instantaneamente cálculos complicadísimos.
Las máquinas que acabamos de describir son *digitales:* proceden aritméticamente y efectúan las operaciones sucesivas una por una. La calculadora *analógica,* por el contrario, resuelve las ecuaciones sin necesidad de cifras y sin efectuar el menor cálculo. Consiste su principio en simular con corrientes eléctricas los fenómenos a que se refiere el problema: el valor de la corriente que se obtendrá finalmente indicará el resultado. Si se tratara, por ejemplo, de calcular las fluctuaciones del caudal de un río en período de avenida, teniendo en cuenta el agua que puede ser embalsada en las presas, la crecida de ciertos afluentes, el menguante de otros, etc., se representarán los distintos cursos por corrientes eléctricas, y se harán intervenir resistencias, condensadores, potenciómetros, derivaciones, etc., correspondientes a todos los accidentes y fenómenos locales. La corriente eléctrica, sometida, digámoslo así, a las mismas vicisitudes que el curso de agua traducirá finalmente, por analogía, sin la intervención de ninguna fórmula ni cifra, el estado final del río.
En muchos casos la solución hallada es parcial y constituye apenas un ínfimo elemento que habrá de intervenir ulteriormente con muchos otros en el cálculo de una ecuación muy compleja. Es, pues, indispensable dotar a la calculadora de un órgano capaz de conservar los resultados parciales para utilizarlos en el curso de las operaciones ulteriores. A este órgano se le da el nombre de *memoria**.
Las calculadoras analógicas no solamente efectúan cálculos complicadísimos en unos segundos, sino que se usan también, acopladas con servomotores, en mecanismos automáticos en cuyo conjunto la calculadora reemplaza al hombre para tomar las decisiones que se imponen y hacerlas ejecutar. (V. AUTOMATISMO.)

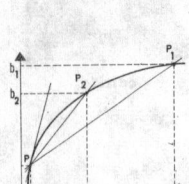

CALCULAR v. *Mat.* Hacer cálculos. ‖ *Máquina de calcular,* v. CALCULADOR.

CÁLCULO m. *Mat.* Cuenta que se hace para hallar el resultado de la combinación de varios números. ‖ *Cálculo algebraico,* v. ÁLGEBRA. ‖ *Cálculo aritmético,* el que se efectúa exclusivamente con números y sirviéndose de las cuatro reglas. ‖ *Cálculo diferencial,* el que se funda en la sucesión de pequeñas variaciones merced a las cuales se establece una relación entre dos magnitudes que, sin recurrir a este procedimiento, serían inconmensurables. ‖ *Cálculo infinitesimal,* parte de las matemáticas que comprende el cálculo diferencial y el cálculo integral. ‖ *Cálculo integral,* cálculo mediante el cual se vuelve de las diferenciales a las magnitudes finitas de donde provienen. ‖ *Cálculo gráfico,* nomografía. ‖ *Cálculo logarítmico,* v. LOGARITMO. ‖ *Cálculo mental,* el que se resuelve de memoria sin necesidad de escribir las cifras. ‖ *Cálculo de probabilidades* o *cálculo de la probabilidad,* v. PROBABILIDAD. ‖ *Cálculo tensorial,* v. TENSOR. ‖ *Cálculo vectorial,* v. VECTOR.
— Las operaciones fundamentales no permiten resolver problemas aparentemente tan simples cual el que se ha representado en la figura: hallar la pendiente de la tangente al punto P de una curva. Si trazamos una secante PP_1, su pendiente, igual a b_1/a_1, será inferior a la de la tangente buscada. Si, tomando como abscisa a_2 (igual a la mitad de a_1) trazamos otra secante PP_2, la pendiente de ésta (b_2/a_2) será mayor que la de la primera secante y se acercará a la de la tangente buscada. Es evidente que si seguimos procediendo de la misma manera, o sea dividiendo cada vez las abscisas por dos, obtendremos secantes de pendiente cada vez más próxima de la que tiene la tangente en P. La derivación de la ecuación de la curva es una operación que consiste en obtener la última división de la serie b_1/a_1, b_2/a_2, etc., es decir, aquella cuya diferencia, cada vez más pequeña, es infinitesimal y puede considerarse como nula. Así se obtendrá la tangente buscada. Conociendo la derivada de la curva, o sea la pendiente que corresponde a cada uno de sus puntos, se puede hallar una segunda derivada y efectuar cálculos aún más complejos.
La segunda figura ilustra la noción de cálculo integral. Se trata de hallar la superficie del polígono $PABP_1$, uno de cuyos lados (PP_1) es curvilíneo. Con dicho fin se subdivide el polígono en una serie de polígonos determinados por su base A y por la ordenada correspondiente de la curva. Así, la división de AB en cuatro partes iguales determina cuatro "escalones" a lo largo de la curva. Es evidente que la superficie buscada será superior a la que tendría el polígono limitado por escalones negros e inferior a la que daría el

Fot. Olivetti-Frieden

cálculo con los escalones blancos. Ahora bien, si se reduce de mitad el valor de a_3 tendremos 8 escalones en vez de 4. Lo esencial en este caso, es que habremos reducido considerablemente la diferencia entre el área del polígono de escalones negros y la del que los tiene blancos. De todos modos, el *cálculo infinitesimal* permite aumentar indefinidamente el número de los escalones hasta que la diferencia de ambas áreas sea prácticamente nula. Así se halla por el cálculo la suma integral de todos los rectángulos, y la operación efectuada es una integración.
Los dos ejemplos citados aquí nos han permitido simplificar considerablemente nociones matemáticas tan abstrusas para el profano, cuales son las de cálculo diferencial y cálculo integral. Es obvio precisar que las reglas y fórmulas del cálculo infinitesimal son mucho más complejas y más complicados también los problemas que permiten resolver.

CALCURANITA f. *Miner.* Calcouranita.

CALDA f. Acción de caldear. ‖ Acción de avivar el fuego de un hogar alimentándolo en combustible. ‖ — Pl. Baños de aguas minerales calientes.
— *Metal. Dar una calda,* calentar de nuevo el hierro que se está forjando y que se han enfriado durante el trabajo.

CALDASITA f. *Miner.* Silicato natural de hierro, titanio y circonio, que se beneficia como mena de este último metal.

CALDEAR v. Calentar intensamente.
— *Ind. alim. Amer.* Producir mucho caldo o zumo la caña de azúcar molida en el trapiche.
— *Metal.* Calentar un metal hasta ponerlo al rojo con objeto de forjarlo, soldarlo o someterlo a algún tratamiento.

CALDEO m. Acción de caldear.
— *Ind.* El *caldeo industrial* consiste en utilizar el calor para efectuar una operación, ya directamente, ya por medio de un fluido previamente caldeado. Las aplicaciones principales del caldeo son: 1.º vaporización de los líquidos, producción de vapor de agua, destilación, concentración de jugos, deshidratación y secado; 2.º licuación o reblandecimiento de materias sólidas; 3.º tratamiento térmico de los metales, polimerización de los plásticos, cochura de la cerámica, vitrificación; 4.º descomposición o transformación de materias primeras (por ej., descomposición de la hulla en coque y gas; fabricación de la cal, etc.).
El caldeo suele efectuarse en hornos de combustión o bien eléctricos. (V. HORNO.) También se usan en ciertos casos lámparas de rayos infrarrojos*.
— *Radiot.* Calentamiento previo del filamento de un tubo electrónico, necesario para que pueda empezar a funcionar como cátodo emisor de electrones: *el caldeo se efectúa al pasar una corriente por el filamento, o sea como en las lámparas de incandescencia.*

CALDERA f. Recipiente grande que sirve para calentar, hervir o cocer. ‖ *Caldera de vapor,* aparato en el cual se calienta agua con objeto de producir el vapor necesario para alimentar una máquina térmica, los radiadores de calefacción central, las estufas de esterilizar y otras instalaciones.
— Las *calderas más simples* consisten en un recipiente cilíndrico dispuesto encima de un hogar. Para aumentar la superficie de contacto con el fuego se han agregado al cuerpo principal unos tubos hervidores que comunican con el mismo. Las *calderas de hogar interior* tienen su cuerpo atravesado longitudinalmente por una o varias canales (tubos de llama) de gran diámetro, en cuyo interior se hallan los hogares. En las calderas tubulares, estos conductos interiores (tubos de humo) son más numerosos y de menor diámetro: no contienen el hogar, pero permiten el paso de los gases calientes en el seno de la masa de agua de la caldera.
La evolución tiende a aumentar la superficie eficaz de agua puesta en contacto con el calor del

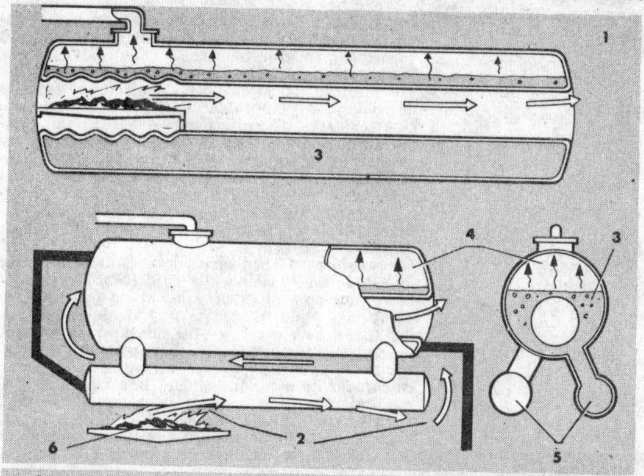

calderas de hogar interno *(arriba)* y de hervidores: 1. Hogar; 2. Trayecto seguido por los gases; 3. Agua; 4. Vapor; 5. Hervidores; 6. Hogar

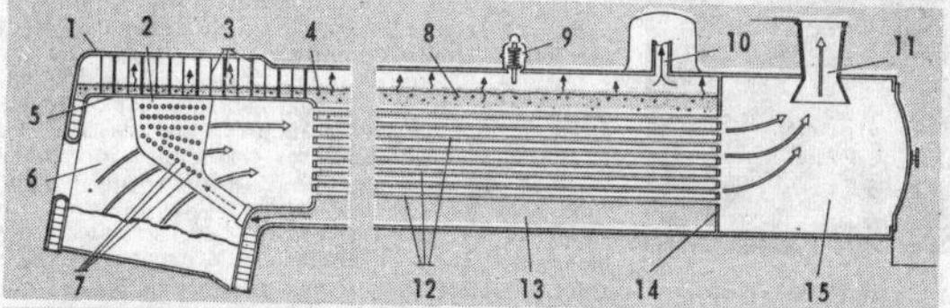

caldera de locomotora: 1. Caja de fuego; 2. Sifón; 3. Tirantes; 4. Agua; 5. Bóveda; 6. Hogar; 7. Travesaños; 8. Agua; 9. Válvula de seguridad; 10. Toma de vapor; 11. Chimenea; 12. Tubos de humos; 13. Agua; 14. Placa tubular; 15. Caja de humos

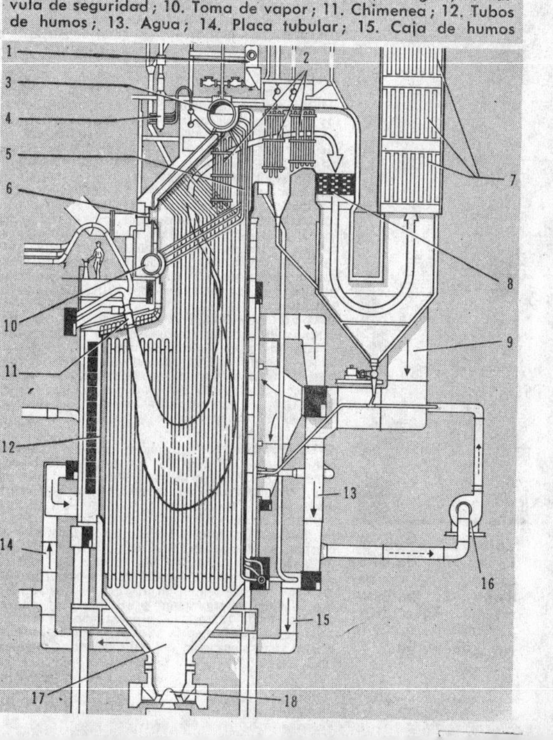

caldera de central eléctrica: 1. Desrecalentador del vapor; 2. Recalentadores; 3. Colector (agua y vapor); 4. Vapor recalentado; 5. Haz vaporizador; 6. Quemador auxiliar; 7. Recalentador de aire; 8. Economizador; 9. Aire caliente; 10. Colector; 11. Quemador; 12. Cortina de agua; 13, 14 y 15. Aire caliente; 16. Inyector de hollín; 17. Cenicero; 18. Descarga de las cenizas

hogar. En la caldera acuotubular, el cuerpo o depósito principal ha desaparecido y el agua es vaporizada en gran número de tubos delgados que reciben el líquido de un colector por un extremo y comunican con el otro con el colector o depósito de vapor. En las calderas importantes de este tipo (calderas de radiación), el hogar está constituido por una cámara de planta rectangular cuyos muros refractarios se hallan revestidos interiormente por cortinas de agua, o sea por tubos hervidores que protegen los muros contra el intenso calor del hogar y aprovechan el calor radiado por la combustión, además del calor propio de los gases.
Estas calderas tienen varios órganos auxiliares que aumentan su eficacia: *el recalentador de serpentines,* que seca el vapor y lo calienta a temperaturas más elevadas que la que tiene al salir de los tubos hervidores y sin aumentar la presión del mismo; *economizador,* para calentar previamente el agua con que se alimenta la caldera; *calentador de aire,* que mejora la combustión y el rendimiento de la caldera, y otros dispositivos visibles en la figura. El conjunto formado por la caldera y sus instalaciones auxiliares se designa también con los nombres de *generador de vapor* y *grupo evaporatorio.*
Las calderas importantes funcionan con hogares de carbón pulverizado o de aceites pesados. (V. PARRILLA y QUEMADOR.)
Para cada caldera se especifica oficialmente en kg/cm² la presión máxima admisible (timbre) a partir de la cual existe riesgo de explosión. Esta presión de timbre se indica en una placa. La ley exige que cuando el vapor alcance la presión del timbre, se abran automáticamente las válculas de seguridad de que están provistas las calderas.
Las calderas acuotubulares trabajan a presiones de más de 150 kg/cm² y pueden suministrar cada hora más de 400 toneladas de vapor.
— *Geol.* Cráter volcánico de grandes dimensiones, de boca en forma de cuenco.

caldera *(geol.)*

CALDERERÍA f. *Metal.* Oficio y taller del que hace calderas y labores similares. ‖ Por ext., taller metalúrgico en el que se labra la chapa o palastro con cualquier objeto: *la célebre estatua de la Libertad, en la entrada del puerto de Nueva York, es una obra de calderería hecha en Francia.*
CALDERILLA f. *Min.* Pozo interior por el que comunican dos galerías situadas a alturas diferentes.
CALDO m. *Ind. alim.* Todo alimento líquido, tanto el que proviene de un guiso como el que se obtiene por fermentación o por otros procedimientos: *España exporta sus mejores caldos* (vinos) *de Jerez.* ‖ Extracto de carne y verduras que se disuelve en agua hirviente para preparar caldos alimenticios: *cubito de caldo para una ración.*
— *Quím.* Compuesto caldoso: *con el tanino se preparan caldos curtientes.* ‖ *Caldo bordelés,* disolución acuosa de sulfato de cobre a 2 %, neutralizada con lechada de cal, que se pulveriza sobre la vid y otras plantas para protegerlas contra el mildeu y diversas enfermedades. ‖ *Caldo de cultivo,* caldo de carne hervida, disolución de gelatina u otro líquido nutritivo para los microorganismos que permite su multiplicación en los laboratorios.
CALEDONIANO, NA adj. *Geol. Pliegue caledoniano,* pliegue del terreno que se produjo entre el siluriano y el devoniano, hace 330 millones de años, y que ha sido identificado desde Escandinavia hasta Siberia pasando por Escocia, Groenlandia y Terranova, así como en el Brasil y en Australia: *al margen y a lo largo del pliegue caledoniano se encuentran yacimientos de hierro y de sal gema.*
CALEFACCIÓN f. Acción de calentar una cosa, especialmente el aire de los locales habitados, para preservar a sus ocupantes de los rigores del frío. ‖ *Calefacción por acumulación*, catálisis*, conducción*, convección** e *inducción**, véanse los art. correspondientes.
— *Autom.* La *calefacción de los automóviles* se efectúa por dos procedimientos; 1.º derivación de los gases de escape por una tubería que obra a modo de radiador; 2.º toma de aire exterior que se filtra, se calienta en un dispositivo auxiliar del radiador de refrigeración y se distribuye en el interior de la carrocería, especialmente por unas lumbreras situadas en la base del parabrisas (para evitar la condensación del vaho sobre el mismo).

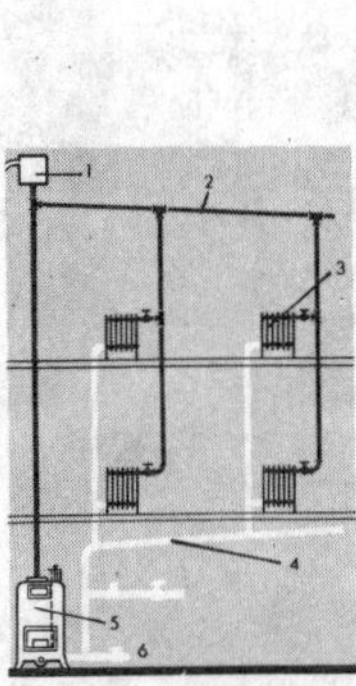

calefacción central
1. Depósito de dilatación; 2. Agua caliente; 3. Radiadores; 4. Agua fría; 5. Caldera; 6. Grifo de purga

— *Calef.* Generalmente un reflejo provocado por los rigores de la temperatura exterior induce a calentar excesivamente las habitaciones. Desde el punto de vista sanitario la temperatura ambiente ideal es de 12 a 14º si se está efectuando algún trabajo activo y de 16 a 18º en caso de inactividad corporal. Los muchos procedimientos existentes para mantener esta temperatura pueden agruparse como sigue:
1.º *Calefacción por combustión de leña o de carbón en hogares abiertos* (chimeneas). — La habitación se calienta únicamente por radiación y las tres cuartas partes del calor desprendido por el combustible se pierden con los humos;
2.º *Calefacción por aparatos amovibles.* — Se usan en este caso cocinas económicas y estufas de leña, carbón o aceites pesados; estufas de gasolina, petróleo, alcohol y butano; radiadores de gas y eléctricos. Se caracterizan estos aparatos por la comodidad que presenta su uso y que permite obtener muy buenos rendimientos;
3.º *Calefacción central por aire caliente.* — Consiste en un calorífero central que calienta aire y lo distribuye mediante bocas de distribución abiertas en las paredes de las habitaciones. Es un método de calefacción simple que tiene la ventaja de renovar y acondicionar completamente el aire, filtrándolo y dándole el grado de humedad necesario;
4.º *Calefacción central por vapor o agua caliente.* — Se utiliza una caldera, dispuesta generalmente en los sótanos o la planta baja, y una red de tuberías que llevan el vapor o el agua caliente a los radiadores de todas las habitaciones del edificio. Cada radiador está enchufado en dos ramales: uno que le suministra el fluido caliente y otro que lo devuelve a la caldera. La circulación por todo el circuito se efectúa espontáneamente por convección, puesto que el fluido caliente es menos denso que el frío y tiende a subir hasta el último piso. No obstante, en las instalaciones importantes se introducen en el circuito unas bombas llamadas aceleradores, que activan la circulación.
En las construcciones modernas se suprimen a veces los radiadores y se reemplazan por un serpentín o tubería en zigzag empotrados en la fábrica del suelo, y a veces en la de los muros y el techo. En otros casos se cubre el techo con elementos consistentes en serpentines soldados a unas placas metálicas que lo revisten por completo. Estas placas calientan la habitación uniformemente por radiación, y no por convección.
También merece citarse, por su economía, el uso —aún muy limitado— de las bombas* de calor.
— *F.c.* La *calefacción de los vagones* se efectúa mediante radiadores alimentados con vapor suministrado por la locomotora. En los trenes modernos la calefacción es de aire caliente: el aire fresco pasa por una batería de caldeo que puede ser de tubos (si la locomotora es de vapor) o de resistencias (si es eléctrica) y se inyecta en los vagones por bocas convenientemente dispuestas.
— *Fís.* Fenómeno en virtud del cual las gotas de agua que se dejan caer sobre una placa metálica muy caliente, en vez de hervir, conservan unos instantes su forma globulosa y permanecen en el aire porque una capa de vapor se interpone entre ellas y el metal (mientras que en una placa menos caliente la presión del vapor producido no basta para mantener la gota en el aire y ésta se vaporiza rápidamente al entrar en contacto con el metal).
— *Tecn.* V. CALDEO.
CALEFACTOR m. Nombre, poco usado, que se da a los aparatos de calefacción.
CALEFÓN m. *Amer.* Calentador de baño.
CALEIDOSCOPIO m. Calidoscopio.
CALENDARIO m. Sistema para contar los días, semanas, meses y años fundado en la periodicidad de los movimientos de los astros.
— Todos los *calendarios* usados en la actualidad se basan en la revolución aparente del Sol alrededor de la Tierra, o sea en la duración del año* trópico, que vale 365,242 2 días o 365 días 5 horas 48 minutos y 46 segundos. Se distinguen por el método empleado para resolver el problema que plantea la existencia de una fracción de día. El calendario universalmente adoptado es el *calendario gregoriano* con año de 365,242 5 días, tan próximo del año trópico que han de pasar unos 4 000 años antes de que ambos acumulen una diferencia de un día. (V. AÑO.)

Con el nombre de *calendario perpetuo* se designan unas tablas que permiten averiguar el día de la semana que corresponde a una fecha dada habida cuenta de las reformas que ha experimentado el calendario.

CALENTADOR, RA adj. y s. Dícese de lo que calienta o sirve para calentar. ‖ *Calentador de agua*, aparato para producir agua caliente.
— Los *calentadores de agua domésticos* pueden ser *de acumulación** o de *caldeo instantáneo*. Éstos son pequeños aparatos que se intercalan entre la cañería del agua corriente y el grifo. La simple apertura de éste basta para encender los mecheros de gas —o para conectar la resistencia si el calentador es eléctrico— y el calor intenso eleva rápidamente la temperatura del agua que pasa por las espiras del serpentín arrollado en el hogar del aparato. Al cerrar el grifo el usuario, se desconectan automáticamente las resistencias o se apagan los mecheros de gas, quedando en este caso solamente alumbrada la mariposa, llama pequeña necesaria para asegurar el encendido automático del calentador.

CALENTAR v. Elevar la temperatura de una cosa: *horno de calentar roblones*. (V. CALDEAR, CALDEO, CALEFACCIÓN, CALOR y HORNO.)

CALERA f. Cantera de piedra de cal. ‖ Horno de cal*.

CALERÍA f. Sitio donde se fabrica, muele y vende cal.

CALERO adj. Perteneciente o relativo a la cal. ‖ — M. Calera.

CALI m. *Quím.* Álcali. ‖ Carbonato de potasio suministrado por las cenizas de leña. (Sinón. KALI.)

CALIBRADOR m. Calibre*, instrumento para calibrar. ‖ Micrómetro.
— *Art. gráf.* Aparato para nivelar los grabados en la forma.
— Los grabados suelen entregarse a la imprenta con una altura inferior a la de los tipos. El espesor de las alzas necesarias para nivelarlos se aprecia con distintos *calibradores:* puentes*, simples bloques rectangulares de la altura de los tipos o bien calibradores perfeccionados de micrómetro*, que registran diferencias del orden de una centésima de milímetro.
— *Mar.* Calibre para medir las mallas de las redes.
— *Mec.* y *Metal.* Calibre*. ‖ Micrómetro*. ‖ *Calibrador de tubos,* instrumento consistente en dos varillas paralelas que se pueden separar al introducir entre ellas una cuña provista de un vástago graduado.
— Una vez que el *calibrador* se halla dentro del tubo, se empuja la cuña hasta que las varillas ajusten en la pared interior del mismo, cuyo diámetro es indicado entonces por la escala del vástago.

CALIBRAR v. Dar a una pieza el calibre deseado. ‖ Medir el calibre de una cosa.

CALIBRE m. Diámetro interior de un taladro o cilindro hueco. ‖ Instrumento usado para medirlo. ‖ Por ext., diámetro de la herramienta que labra un taladro y de lo que en él se introduce: *el calibre de una barrena y el de un perno son inferiores a los del taladro hecho con la primera para introducir el segundo.* ‖ Diámetro del alambre y otras cosas filiformes.
— *Cerám.* Plantilla de metal que lleva recortado en uno de sus bordes el perfil de la pieza que se ha de labrar al torno por *moldeo * con calibre.*
— *Constr.* Placa metálica en la que se ha recortado un perfil y que sirve para hacer molduras de yeso en las paredes o bien como plantilla para labrar molduras en los sillares.
— *Electr. Calibre de Washburn,* chapita de acero con una muesca en forma de V provista de 20 graduaciones en sus dos bordes y en el fondo de la cual se aplica un hilo eléctrico para apreciar su diámetro, indicado por la graduación correspondiente a la máxima profundidad que alcanza en la muesca.
— *Fot.* Plantilla o matriz para cortar las fotocopias a la forma y dimensiones deseadas.
— *Joy.* Barrita cónica graduada en la cual se introducen las sortijas para medir su diámetro.
— *Mec.* Plantilla perfilada que se aplica sobre

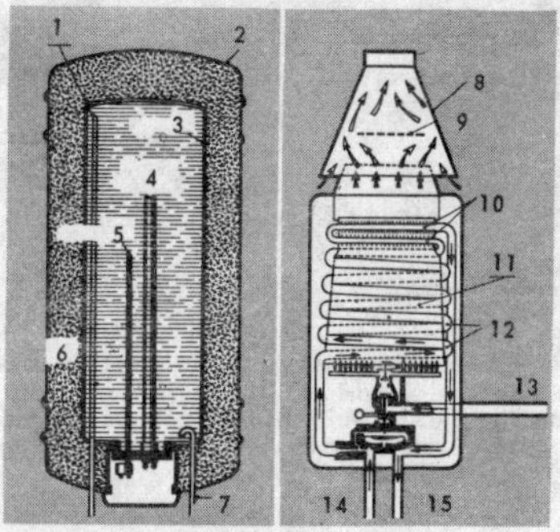

calentadores de agua
eléctrico (de acumulación) : 1. Agua caliente; 2. Cárter; 3. Depósito; 4. Resistencia; 5. Termóstato; 6. Calorífugo; 7. Agua fría; de gas : 8. Chimenea; 9. Pantalla contra el retorno de los gases; 10. Cambiador de calor; 11. Hogar; 12. Serpentín; 13. Gas; 14. Agua fría; 15. Agua caliente

calendario perpetuo

CALENDARIO PERPETUO

Para conocer el día de la semana que corresponde a una fecha dada, o viceversa, es indispensable efectuar largos cálculos, fundándose en una fecha ya conocida de antemano. Los calendarios perpetuos tienen por objeto presentar estos cálculos ya hechos en forma de tablas que permiten una lectura fácil y rápida.

Instrucciones para el uso del calendario perpetuo Moret. 1º Búsquese en la tabla I el número que corresponde a la intersección de la línea que contiene las cifras del siglo y de la columna que contiene las del año.

2º El número así hallado remite a la primera columna de la tabla II, y la intersección de la línea que lo contiene con la columna del mes nos da un nuevo número (si se trata de un año bisiesto, tómense para enero y febrero las columnas señaladas con la letra B).

3º Búsquese en la primera columna de la tabla III la línea correspondiente al número hallado en la tabla II. La casilla situada en la intersección de esta línea y de la columna en que figura el día del mes, contiene el día de la semana que se busca.

Ejemplo práctico : ¿En qué día de la semana descubrió Colón el Nuevo Mundo? (12 de octubre de 1492).

Tabla I. Línea del 14, columna del 92 : nº 2.

Tabla II. Línea 2, columna octubre: nº 2.

Tabla III. Línea 2, columna del 12 : VIERNES, día buscado. (El calendario se presta a investigaciones inversas : años que comienzan en jueves, viernes que caen el 13 del mes, etc.)

I

AÑOS (a)

00 *d*	01	02	03		**04**	05
06	07		**08**	09	10	11
	12	13	14	15		**16**
17	18	19		**20**	21	22
23		**24**	25	26	27	
28	29	30	31		**32**	33
34	35		**36**	37	38	39
	40	41	42	43		**44**
45	46	47		**48**	49	50
51		**52**	53	54	55	
56	57	58	59		**60**	61
62	63		**64**	65	66	67
	68	69	70	71		**72**
73	74	75		**76**	77	78
79		**80**	81	82	83	
84	85	86	87		**88**	89
90	91		**92**	93	94	95
	96	97	98	99		

SIGLOS ENTEROS CONTENIDOS EN EL AÑO DE REFERENCIA

0	7	14	**17**	**21**	6	0	1	2	3	4	5
1	8	15 *b*			5	6	0	1	2	3	4
2	9		**18**	**22**	4	5	6	0	1	2	3
3	10				3	4	5	6	0	1	2
4	11	**15**c	**19**	**23**	2	3	4	5	6	0	1
5	12	**16**	**20**	**24**	1	2	3	4	5	6	0
6	13				0	1	2	3	4	5	6

MESES

II	Mayo	Agos. Febr. B	Febr. Mar. Nov.	Junio	Sept. Dic.	Abril Julio Enero B	Enero Oct.
1	2	3	4	5	6	0	1
2	3	4	5	6	0	1	2
3	4	5	6	0	1	2	3
4	5	6	0	1	2	3	4
5	6	0	1	2	.3	4	5
6	0	1	2	3	4	5	6
0	1	2	3	4	5	6	0

DÍAS DEL MES (e)

III	1 8 15 22 29	2 9 16 23 30	3 10 17 24 31	4 11 18 25	5 12 19 26	6 13 20 27	7 14 21 28
1	D	L	m	M	J	V	S
2	L	m	M	J	V	S	D
3	m	M	J	V	S	D	L
4	M	J	V	S	D	L	m
5	J	V	S	D	L	m	M
6	V	S	D	L	m	M	J
0	S	D	L	m	M	J	V

OBSERVACIONES : *a.* Los siglos gregorianos y los años bisiestos se indican en negrillas. — *b.* Hasta el 4 de octubre de 1582 inclusive. — *c.* Después del 15 de octubre de 1582 inclusive. Las fechas del 5 al 14 de octubre de 1582 no existen en el calendario gregoriano. — *d.* Los años seculares siempre bisiestos en el calendario juliano, no lo son en el gregoriano más que cuando son divisibles por 400. — *e.* Abreviaturas : L, lunes; m, martes; M, miércoles; J, jueves; V, viernes; S, sábado; D, domingo.

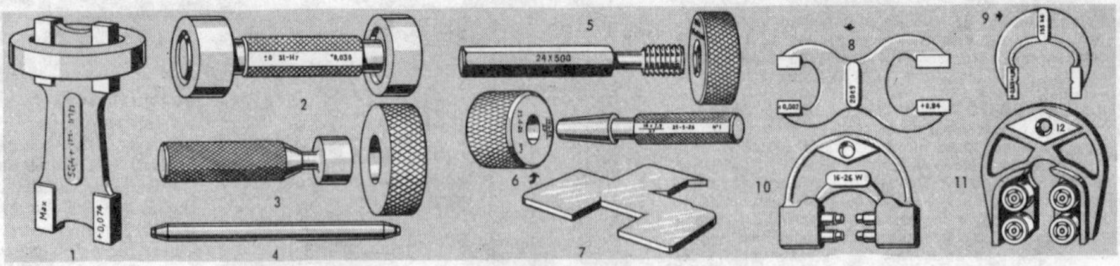

calibres *(mec.)*: 1. Galga plana y doble; 2. Calibre cilíndrico doble; 3. Macho y hembra cilíndricos; 4. Varilla cilíndrica; 5. Macho y hembra roscados; 6. Macho y hembra cónicos; 7. Para perfiles especiales; 8 y 9. De boca y límite; 10 y 11. De boca regulable

diversas materias para recortarlas. ‖ Instrumento de precisión para comprobar el diámetro de los taladros y de los machos que han de encajar en ellos. (Sinón. GALGA.)

— El *calibre* o *galga* es un instrumento destinado a apreciar una dimensión fija con la exactitud que en el mismo se indica. No es, por consiguiente, regulable como el pie de rey, el palmer y los micrómetros (aunque algunos aplican también el nombre de calibre a estos instrumentos).

La figura ilustra las principales formas de calibres. Los hay *de boca*, para apreciar el diámetro de los ejes y otras piezas cilíndricas, o bien *de macho*, para taladros. Los *calibres de límite* son dobles: una de sus bocas o machos corresponde a la dimensión mínima que puede tener la pieza y el otro a la máxima; su diferencia corresponde a la tolerancia admisible. Así, en vez de medir las piezas con un pie de rey u otro aparato micrométrico y de comparar las medidas, se procede rápidamente con el calibre fijo: toda pieza que entra en la boca mayor *(pasa)* y no en la menor *(no pasa)* es buena; la que entra en ambas es mala y la que no entra en ninguna es recuperable mediante una rectificación apropiada. (V. CALIBRADOR.)

— *Mil.* Diámetro interior del cañón de un arma de fuego. ‖ Unidad de medida para expresar la longitud del cañón de un arma de fuego, equivalente al diámetro del mismo: *un cañón antiaéreo de 40 calibres.* ‖ Diámetro que se atribuye por convención a un proyectil y que es, en realidad, el del cañón del arma con que se ha de disparar.

— *Obr. públ.* Plantilla de madera o de metal que sirve para apreciar el bombeo de las calzadas y otros perfiles.

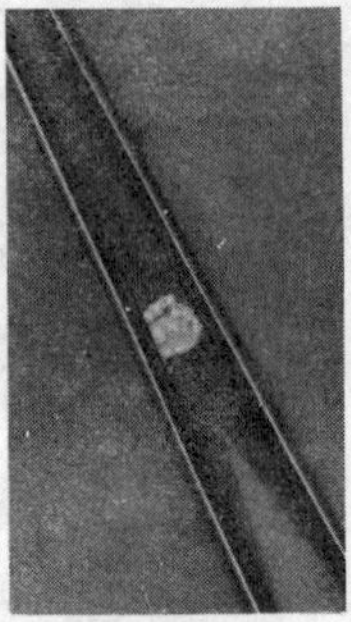

primera masa ponderable de **californio** producido artificialmente

CALICANTO m. *Constr.* Mampostería.

CALICATA f. *Constr.* y *Min.* Excavación o sondeo de prueba que se hace para reconocer la naturaleza del terreno.

CALICÓ m. *Text.* Tela de algodón comparable al percal, aunque menos fina que éste, usada para hacer prendas de ropa interior.

CALICHE m. *Cerám.* Piedrecilla caliza dejada por descuido en la masa de un ladrillo y que, al ser cocido éste, se transforma en cal viva: *los ladrillos con caliches se quiebran al ser mojados.*

— *Constr.* Escama de cal que se desprende de las paredes enlucidas.

— *Miner.* Nitrato * de sodio natural, también llamado *nitro* y *salitre de Chile.*

CALICHERA f. *Min. Amer.* Yacimiento de caliche.

CÁLIDO, DA adj. *Pint.* Dícese de los colores derivados del rojo y del amarillo.

CALIDOSCOPIO m. *Ópt.* Aparato consistente en un tubo opaco dentro del cual varios espejos dan una imagen compuesta y muy vistosa que cambia indefinidamente al mover el tubo.

— El *calidoscopio* tiene en uno de sus extremos un cristal esmerilado que da entrada a la luz y en el otro un orificio en el cual se aplica el ojo. Dentro del tubo, en el fondo de una cavidad formada por varios espejos, lleva unos fragmentos irregulares y pequeños de cristales de colores cuya imagen, al ser multiplicada simétricamente por los espejos, tiene la apariencia de un hermoso motivo ornamental, que se cambia en otro diferente en cuanto se agitan los granitos de vidrio. Los dibujantes utilizan a veces este juguete para descubrir nuevos motivos ornamentales.

CALIDUCTO m. *Arq.* y *Calef.* Tubería de calefacción central.

CALIENTABAÑOS m. *Calef.* Aparato para calentar el agua del baño, que no es sino un calentador * de agua instantáneo de mucha potencia o bien un calentador de acumulación *.

CALIENTAPIÉS m. *Calef.* Estufilla eléctrica para calentar los pies, que ha reemplazado al braserillo antes usado con dicho fin.

CALIENTAVINOS m. *Ind. alim.* Recipiente en el que se calienta previamente el vino antes de pasarlo a la cucúrbita para destilarlo.

CALIENTE adj. *Atom.* En la jerga de los laboratorios atómicos, radiactivo: *la caja* de guantes permite efectuar manipulaciones en una cámara caliente; es un problema deshacerse de los desperdicios calientes en los centros atómicos.*

— *Expl. Pólvora caliente,* v. PÓLVORA.

— *Metal. Fundición caliente,* v. FUNDICIÓN.

— *Pint.* Cálido.

CALÍFERO, RA adj. Que contiene cal.

CALIFORNIO m. *Quím.* Elemento químico (Cf), de número atómico 98 y del cual se conocen 11 isótopos de masas 244 a 254.

— El *californio* no existe en la naturaleza. Se obtiene artificialmente bombardeando uranio, plutonio o curio con distintas partículas, o por desintegración del berkelio. Pertenece al grupo de los actínidos y es muy radiactivo (emisor de partículas alfa muy energéticas).

CALIMA f. *Mar.* Sarta de corchos que se usa como boya.

CALINO, NA adj. *Min.* Calífero.

CALIPTOLITA f. *Miner.* Variedad de circón.

CALISTO m. *Astr.* Cuarto satélite de Júpiter.

CALIZA f. Roca compuesta principalmente de carbonato de calcio.

— Las *calizas* o *rocas calcáreas* se caracterizan por ser efervescentes en frío cuando se hallan en presencia de un ácido. Según sus orígenes, su estructura y composición se distinguen las siguientes clases de caliza: *calizas detríticas,* constituidas por rocas calcáreas desagregadas por la erosión y unidas ulteriormente por un cemento *(caliza litográfica)* y en ciertos casos cristalizadas por completo *(mármoles)*; *calizas organógenas,* formadas por los restos de organismos marinos reducidos a polvo más o menos fino en la creta, o bien constituidas por conchas enteras; *calizas de precipitación,* rocas particularmente resistentes, a cuyo tipo pertenecen las *dolomías* o *calizas lentas,* que contienen una proporción más o menos grandes de dolomita*.

Las calizas suministran gran variedad de piedras de construcción, desde las más blandas, para obras de fábrica ordinarias, hasta los mármoles más duros. Algunas variedades se usan como fundente en metalurgia (v. CASTINA); otras sirven para fabricar la cal *, para mejorar las tierras arables, etc.

— *Agr.* De la cantidad de caliza que contiene un suelo se deduce su aptitud para el cultivo de plantas determinadas. Un suelo es calizo cuando contiene más de 13 % de carbonato de cal. Las tierras ácidas, arcillosas, duras e impermeables se corrigen agregándoles caliza. Por lo demás, esta substancia favorece la nitrificación y constituye, consiguientemente, un complemento precioso de los abonos.

CALIZO, ZA adj. *Miner.* Dícese de la tierra o de la roca que contiene cal: *espato calizo.*

Fot. Universidad de California

CALMA f. *Mar.* Cesación casi total del viento. (V. BEAUFORT [*Escala de*].) ‖ *Calma chicha,* la que pone un velero al pairo por falta absoluta de viento.

CALOMELANO m. *Miner.* Cloruro mercurioso (HgCl) que se halla en la naturaleza en forma de cristales grises de brillo diamantino.
— *Quím.* Pl. Cloruro de mercurio preparado industrialmente en forma de polvo blanco que se usa en farmacia.

CALOMÓRFICO, CA adj. *Miner.* Calcimorfo.

CALÓN m. *Mar.* Pértiga para sondar en aguas poco profundas. ‖ Palo torneado que se fija en las bandas del bou * y otras redes para mantenerlas extendidas.
— *Min.* En ciertas minas de hierro, sección de un filón en la que la mena lleva mucha arena.

CALOPORTADOR, RA adj. *Mec.* Dícese del fluido que sirve para evacuar el calor producido por un generador térmico: *en ciertos reactores nucleares se usa sodio fundido como fluido caloportador.*

CALOR m. Forma de energía perceptible por las sensaciones que engendran en nosotros las acciones de los cuerpos calientes y fríos.
— *Aeron. Muro de calor,* v. MURO.
— *Calef. Acumulador de calor,* v. ACUMULADOR.
— *Fís.* Según la teoría molecular y cinética, el *calor* es la consecuencia de los movimientos incesantes de las moléculas, las cuales, en el seno de la materia, se entrechocan constantemente. Cuanto mayor es la energía cinética de las moléculas, mayor es también la violencia del choque entre ellas y el calor desprendido. Así, la temperatura de un cuerpo cuyas moléculas se hallaran en un estado total de reposo, sería la del cero absoluto (—273,15° C o bien 0° K). Al aumentar la energía cinética de las moléculas, los choques tienen por efecto separarlas unas de otras: de ahí la dilatación que experimentan los cuerpos al aumentar su temperatura. El calor también tiene por efecto cambiar el estado de los cuerpos y, al aumentar su temperatura, los sólidos se vuelven líquidos (fusión) y los líquidos hierven (ebullición) y se vaporizan. A partir de su temperatura crítica, un cuerpo solamente puede existir en estado de gas. Por último, cuando la materia se halla sometida a temperaturas elevadísimas, cuales existen en el seno de las estrellas —y que también pueden obtenerse artificialmente— se crea un cuarto estado en el que las partículas, en vez de constituir átomos y moléculas, se hallan mezcladas desordenadamente en forma de plasma *.
Todas las formas de energía pueden convertirse en calor: la energía mecánica, por choque o rozamiento (calentamiento de una máquina, de los frenos de un coche, del hierro batido); la energía eléctrica, por el paso de una corriente en un conductor (resistencia de calefacción, lámpara eléctrica); la energía química, mediante reacción de un cuerpo con otro (combustión del carbón en un hogar); las radiaciones visibles o invisibles, por absorción (calefacción por los rayos infrarrojos, calentamiento de un vestido negro por los rayos solares); la energía nuclear, por fisión o fusión de los átomos (centrales nucleares, bombas atómicas). A veces la energía adopta sucesivamente varias formas antes de convertirse en calor, que es una forma degradada de la energía *. (V. TERMODINÁMICA.)
Los cambios de calor entre los cuerpos explican esa degradación: el cuerpo más caliente cede calor al otro hasta que la temperatura de ambos se equilibre. Así, pasando de un cuerpo a otro más frío, la energía calorífera se disipa y acaba por ser inutilizable. Los cambios de calor entre los cuerpos pueden efectuarse por conducción *, convección * o radiación *.
El calor se mide con calorímetros * y la temperatura con termómetros. Las unidades empleadas corrientemente son la caloría *, la kilocaloría y la termia *, pero acuerdos internacionales propugnan el uso del julio *.
Llámase *calor específico,* al que es necesario para elevar de un grado la temperatura de la unidad de masa de una substancia. Es proporcional a la masa de los cuerpos. El calor específico del agua a 15° es, por definición, igual a una caloría, o sea a la cantidad de calor necesaria para que un gramo de agua pase de la temperatura de 14,5° a la de 15,5°. El calor específico de los demás cuerpos sólidos o líquidos es siempre inferior a la unidad. En el caso de los gases el calor específico puede tener dos valores diferentes: según se caliente, un volumen constante de gas admitiendo un aumento de su presión o bien calentándolo a presión constante con aumento de su volumen.
(En cuanto respecta al *calor latente de fusión* y *de vaporización,* v. FUSIÓN y VAPORIZACIÓN; al *calor de reacción,* v. TERMOQUÍMICA, y a la *bomba de calor,* v. BOMBA.)
— *Geof. Calor interno,* calor del globo terrestre que se aprecia en las minas y se traduce por un aumento de la temperatura a razón de un grado por cada 33 m de profundidad.
— Durante largo tiempo se ha creído que el *calor interno del globo terráqueo* se debía a la existencia de un fuego central. Hoy se sabe que en el centro del Globo existe un núcleo de materia muy densa y rígida y, teóricamente, se considera que el calor interno es originado por las transmutaciones radiactivas que se han producido en el seno de la Tierra desde sus orígenes.
— *Pint.* Cualidad que atribuyen los pintores a ciertos colores *cálidos* (anaranjado, colorado, verde azulado, etc.) y de la cual carecen los colores *fríos* (amarillo claro, verde esmeralda, etc.).
— *Quím. Calor de formación,* el que se desprende en una reacción al combinarse varios elementos y producirse la síntesis de un cuerpo compuesto.

CALORESCENCIA f. *Fís.* Absorción de las radiaciones luminosas por una superficie que las transforma en calor radiante.

CALORÍA f. *Fís.* Unidad física para medir las cantidades de calor, cuyo símbolo es *cal.*
— La *caloría* es la cantidad de calor necesaria para elevar la temperatura de un gramo de agua de 14,5° a 15,5° bajo la presión atmosférica de 760 mm de mercurio. También se llama *caloría gramo* y *pequeña caloría.* Las más de las veces se usa un múltiplo de esta unidad, la *kilocaloría* (kcal) o *caloría grande,* en la cual se toma como unidad de masa el kilogramo, y que vale, por consiguiente, mil calorías. Cuando se adopta la tonelada como unidad de masa, se tiene la *termia,* que vale un millón de calorías.
En virtud de convenios internacionales la caloría tiende a ser reemplazada, como unidad de cantidad de calor, por el julio: *una caloría vale 4,185 julios.*

CALÓRICO m. *Fís.* Calor.

CALORÍFERO adj. y s. Que conduce o propaga el calor: *para la calefacción de habitaciones se usan caloríferos de aire caliente.* (V. *figura* y art. CALEFACCIÓN.)

CALORÍFICO, CA adj. Que propaga o desprende calor: *los rayos infrarrojos son caloríficos.*
— *Fís. Capacidad calorífica,* producto de la masa de un cuerpo por su calor específico (también se llama valor equivalente en agua).

CALORIFUGAR v. *Calef.* Aislar térmicamente mediante un revestimiento calorífugo: *calorifugar una tubería de vapor enrollando en ella una cuerda de amianto.*

CALORÍFUGO, GA adj. y s. *Fís.* Dícese de las substancias poco conductoras del calor, algunas de las cuales se usan como aislante térmico para evitar las pérdidas de calor.

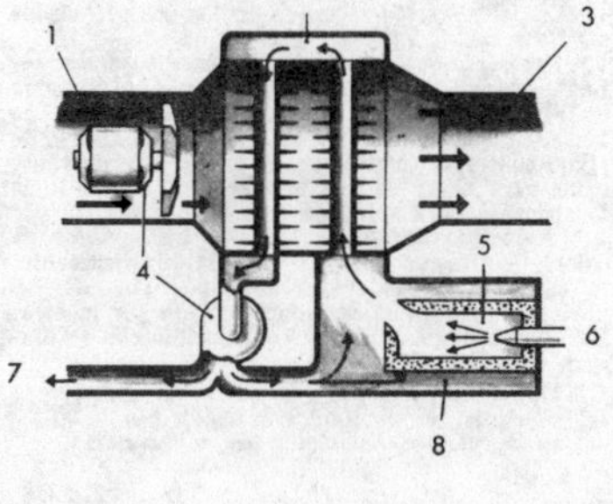

calorífero: 1. Aire frío; 2. Calentador; 3. Aire caliente; 4. Ventiladores; 5. Hogar; 6. Quemador; 7. Evacuación parcial de los gases; 8. Cámara de recuperación de calor

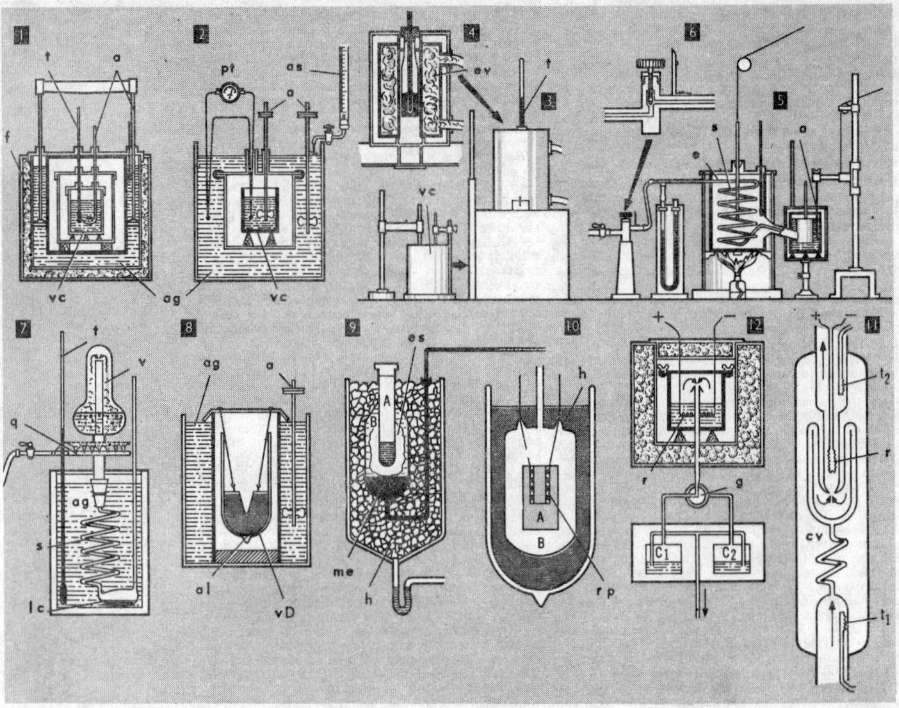

calorímetros: 1. De Berthelot (*t*, termómetro; *a*, agitadores; *f*, fieltro); 2. Adiabático (*pt*, par termoeléctrico; *as*, ácido sulfúrico; *a*, agitadores; *ag*, agua; *vc*, vaso calorimétrico); 3 y 4. Para medir el calor específico de los sólidos (*ev*, estufa de vapor; *t*, termómetro; *vc*, vaso calorimétrico); 5 y 6. Para gases (*s*, serpentín; *e*, estufa; *a*, agitador); 7. Para medir el calor latente de vaporización (*t*, termómetro; *v*, vapor; *q*, quemador; *ag*, agua; *s*, serpentín; *lc*, líquido condensado); 8. Calorímetro metálico (*ag*, agua; *a*, agitador; *al*, aluminio; *vD*, vaso de Dewar); 9. Calorímetro de hielo (*es*, escarcha; A, probeta; B, cámara calorimétrica; *me*, mercurio; *h*, hielo); 10. Calorímetro de Nernst (*h*, hidrógeno o helio líquidos; B, vacío; A, Cámara calorimétrica; *rp*, resistencia de platino); 11. Calorímetro de Scheel y Heusse (t_1 y t_2, entrada y salida del gas; R, resistencia; *cv*, cámara vacía); 12. Aparato de Henning (R, resistencia; *g*, grifo; C_1 y C_2, condensadores).

CALORIMETRÍA f. *Fís.* Parte de la física que trata de la medición de las cantidades de calor en los fenómenos térmicos.

— La *calorimetría* se funda en los dos principios siguientes:

1.º *Principio de las transformaciones inversas.* — Las cantidades de calor recibidas por un sistema en el curso de dos transformaciones —una de las cuales inversa de la otra— son iguales y de signo contrario (o sea que un cuerpo pierde tanto calor para bajar de una temperatura a otra como lo absorbió para subir de ésta a aquélla);

2.º *Principio de la igualdad de los cambios de calor.* — En un sistema aislado térmicamente, la cantidad de calor recibida por una de las partes es igual a la cantidad perdida por la otra. Los instrumentos usados en calorimetría se llaman calorímetros *.

CALORIMÉTRICO, CA adj. *Fís.* Relativo a la calorimetría: *medidas calorimétricas.*
— *Quím. Bomba calorimétrica,* v. BOMBA.

CALORÍMETRO m. *Fís.* Instrumento que sirve para medir las cantidades de calor absorbidas o cedidas por un cuerpo sometido a una influencia exterior.

— Todos los *calorímetros* pueden agruparse prácticamente en tres clases fundadas en otros tantos principios diferentes:

1.º *Método de las mezclas.* — El cuerpo se halla aislado en el seno de una masa de agua, aceite u otro líquido o por un sólido conductor de calor, del cual se conoce la masa exacta y la temperatura inicial. Midiendo su temperatura final se calcula la cantidad de calor cedida por el cuerpo analizado (tipos núms. 1 a 8 de la figura);

2.º *Método de los cambios de fase.* — El calor cedido por la muestra, en vez de provocar un cambio de temperatura en el cuerpo calorimétrico, determina el cambio de estado de una parte de su masa (fusión del hielo, vaporización de un líquido). Así, en el *calorímetro de hielo* o *de Bunsen* (núm. 9 de la figura) la probeta A se halla en el seno de un recipiente B cerrado herméticamente y lleno de agua, salvo en su fondo, que contiene mercurio. Este dispositivo está rodeado de hielo y también se ha formado una capa de hielo en torno a la probeta, por congelación del agua. Al introducir un cuerpo en el tubo de ensayo A, el calor que cede provoca la fusión de una parte del hielo del recipiente B, lo cual se traduce por una ligera disminución del volumen ocupado conjuntamente por el agua y el hielo y se produce entonces una admisión correspondiente de mercurio indicada por un tubito graduado. De esta indicación se desprende el valor de la cantidad de calor cedida por el cuerpo analizado;

3.º *Métodos eléctricos.* — Se fundan en la transformación de las unidades energéticas eléctricas en unidades de cantidad de calor. En el instrumento núm. 10 de la figura, un bloque de metal provisto de un conductor de platino se halla suspendido en un recinto en el que se practica el vacío. El conductor llena dos cometidos diferentes: su resistencia es proporcional a la temperatura del bloque; al pasar la corriente por el mismo sirve para calentar el metal. De las medidas de la resistencia inicial y final del hilo, así como de la energía que ha absorbido para calentarse a una temperatura dada, se desprenden las cantidades de calor absorbidas o cedidas. Con el núm. 11 se representa la medición del calor específico de un gas cuya temperatura se mide a la entrada (t_1) y a la salida (t_2), después de haber sido calentado por la resistencia *r*. Conociendo ambas temperaturas y la potencia libertada por *r*, así como la masa del gas, se desprende el valor buscado. En la figura 12 se representa la medición del calor latente de vaporización del agua. El líquido se calienta con una resistencia y, mientras no hierve, se acumula su vapor en el condensador C_1. Cuando entra en ebullición, se dirige el vapor hacia el condensador C_2. El calor latente de vaporización se calcula fácilmente conociendo la energía eléctrica consumida por la resistencia durante un tiempo dado y el peso del agua recogida en el segundo condensador. También se aprovechan en microcalorimetría los efectos termoeléctricos en virtud de los cuales el calor engendra una corriente eléctrica en un conductor constituido por la unión soldada de dos metales diferentes: las variaciones de esta corriente son proporcionales a los cambios de temperatura. (V. TERMOELECTRICIDAD.)

CALORIZACIÓN f. *Metal.* Método de cementación * consistente en provocar la difusión del aluminio en la superficie del acero.
— La *calorización* tiene por efecto conferir al acero una alta resistencia a la oxidación a temperaturas elevadas (850°). Se efectúa calentando las piezas de acero dulce cubiertas por una mezcla pulverulenta de alúmina, cloruro de amonio y aluminio o ferroaluminio. A unos 900° el aluminio penetra entre los cristales del acero en una capa superficial de un milímetro de espesor.

CALORIZADOR m. *Ind. alim.* En la fabricación del azúcar, recalentador del zumo, que se dispone entre dos difusores.

CALORIZAR v. *Metal.* Efectuar la calorización * de un metal.

CALOVIENSE adj. y s. *Geol.* Dícese de un piso del terreno jurásico, cuya formación data de cerca de 125 millones de años. (V. ESTRATIGRAFÍA.)

CALQUISTO m. *Miner.* Esquisto calcáreo que contiene a veces cuarzo y mica en su estructura pizarrosa.

CALUROSO, SA adj. *Pint.* Caliente *.

CALZA f. *Art. y of.* Cuña o tarugo para calzar o llenar un hueco. (Sinón. CALCE.)

CALZADA f. *Obr. públ.* Parte de una calle, camino o carretera revestida con un firme y destinada al tránsito de los vehículos.
— Las *calzadas* de las carreteras* modernas suelen tener un perfil constituido por dos pendientes casi planas unidas en la parte central por una sección curva de radio muy grande. Su asiento depende de la naturaleza del terreno: piedra machacada y grava si es duro (o simplemente arena si se trata de un adoquinado); hormigón si es poco seguro, etc. El revestimiento más común es el asfaltado, pero también existen calzadas de hormigón, de adoquines y hasta de piedra machacada. (V. FIRME.)

CALZADO m. Acción de calzar.
— *Curt.* En la *fabricación mecánica del calzado* se distinguen tres grupos de operaciones diferentes: corte, solaje y acabado.
Se da el nombre de corte a las palas y cañas. El cortado de las piezas que las constituyen se efectúa con máquinas cortadoras y sus bordes se labran a veces con máquinas de achaflanar y de orillar. Si la pala consta de una sola pieza de cuero, se da a ésta la forma del pie con una máquina de amoldar.
El cosido mecánico de las distintas piezas se completa con máquinas de rebatir la costura, de poner ojetes, de abrir y coser ojales, etc.
Los elementos de la suela se cortan con matrices de acero y prensas excéntricas. Si se trata de *calzado cosido,* se usa una máquina de hendir para practicar a lo largo del borde de la suela un corte superficial con objeto de disimular el hilo. La suela se labra entonces en una máquina de estampar que le da su forma concavoconvexa. El corte completo se monta en la horma —estirando su borde inferior con tenazas para que ajuste bien en ella— y se fija provisionalmente a la suela.
La unión definitiva del corte y del solaje puede efectuarse por clavado a mano o mecánico, pero generalmente se hace por cosido mecánico y, para calzado especial, cosido a mano. En el sistema de cosido de parte a parte, la palmilla, el borde del corte y la suela son cosidos conjuntamente con hilo encerado. En los sistemas de cosido vuelto y cosido con vira, se usa una cinta o cerco de piel, la vira, cuyo borde interior va cosido con el del corte y el exterior con la suela. Ambas estructuras se obtienen con máquinas de coser especiales. En otros casos la vira no se cose a la suela, sino que se fija en ella con cola.
Las operaciones de acabado —todas ellas mecánicas— tienen por objeto alisar, encerar y pulir los tacones; perfilar, pulir, embetunar y apomazar las suelas y, finalmente, sacar brillo al calzado terminado.

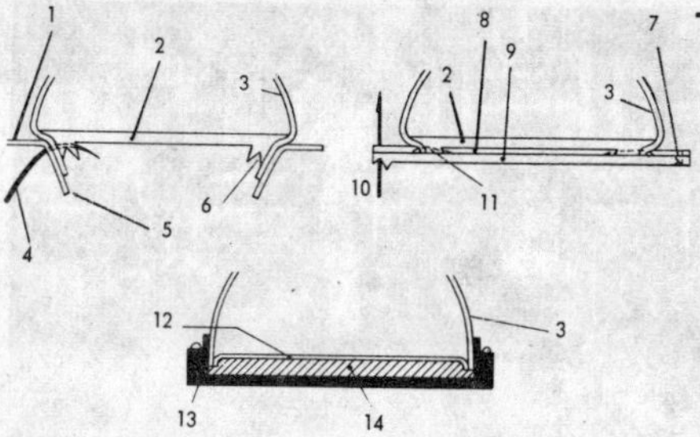

calzado: cosido con vira (1, vira; 2, suela interior; 3, caña; 4, aguja de coser; 5, borde superfluo cortado después del cosido; 6, hendido abierto; 7, hendido cerrado sobre la segunda costura; 8, relleno; 9, suela; 10, cosido de la vira con la suela; 11, primera costura); sin costuras o pegado (12, palmilla; 13, suela vulcanizada; 14, relleno)

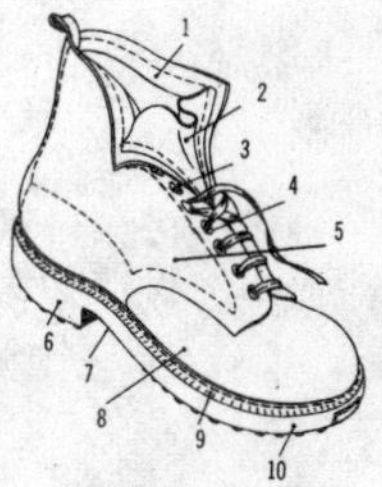

partes del **calzado:** 1. Caña; 2. Fuelle o lengua; 3. Corchete; 4. Ojete; 5. Cordón; 6. Tacón; 7. Puente; 8. Pala; 9. Vira; 10. Suela

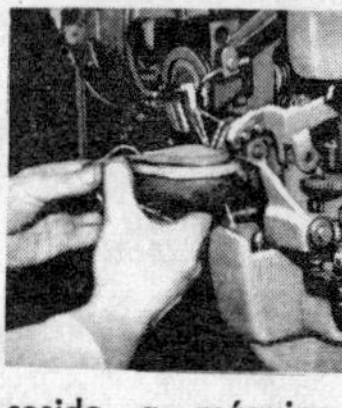

cosido a máquina del **calzado**

CALZAPIÉ m. Tope que sirve para afianzar el pie en los pedales de las bicicletas.

CALZAR v. Poner calces o calzas entre dos cosas para evitar que una de ellas se mueva respecto a la otra: *calzar una mesa que cojea.* ‖ Interponer cuñas entre el suelo y las ruedas de un vehículo, para que éste no pueda moverse. ‖ Poner un filo postizo a las herramientas cortantes: *calzar una barrena con carburo de tungsteno.*
— *Art. gráf.* Poner alzas a los grabados para que éstos alcancen en la forma la misma altura que los tipos.
— *Autom.* En la jerga de los automovilistas, poner neumáticos nuevos a las ruedas: *es prudente calzar las ruedas delanteras de preferencia a las traseras.*

CALZO m. Calce interpuesto entre dos cosas para afianzarlas, llenar un hueco o ensancharlo.

CALLAPO m. *Min. Amer.* Puntal que sirve en las minas para entibar y otros usos.

CALLE f. y **CALLEJÓN** m. *Art. gráf.* En la composición de un texto, coincidencia del espacio que media entre dos palabras con espacios de las líneas siguientes, cuya sucesión se traduce por la existencia de una franja blanca, vertical u oblicua, que produce un efecto antiestético, cual puede apreciarse en el presente texto, en el cual se ha formado una calle intencionadamente: *las calles o callejones se corrigen espaciando de nuevo las palabras.*

CALLO m. *Art. y of.* Cada uno de los extremos de la herradura *.

CAMA f. *Agr.* Pieza del arado * situada entre el avantrén y las estevas y en la cual se hallan fijados el dental y la cuchilla.
— *Art. gráf.* Capa de cartón o de papeles, con

Fot. Larousse

cámara sorda
(acúst.)

o sin mantilla * textil, que se pone alrededor del cilindro impresor para obtener una presión satisfactoria del papel contra la forma.

CAMADA f. Capa de cosas yuxtapuestas a nivel de modo que puede sobreponerse en ella otra capa similar.

— *Min.* Hilera de ademes con que se forma a veces el suelo de las galerías fangosas.

CAMAFEO m. *Joy.* Piedra preciosa de cualquier índole, pero constituida por dos capas de color diferente, de las cuales la superior es cincelada para esculpir figuras que se destacan así, por su relieve y colorido, del fondo constituido por la otra capa.

CAMALEÓN m. *Cerám.* Porcelana con granitos de rubí artificial que cambia de color según el ángulo con que se mira.

— *Quím.* V. MANGANESO.

CÁMARA f. Recinto en el que se efectúa alguna operación o se produce un fenómeno al abrigo de influencias exteriores.

— *Acúst. Cámara sorda,* local apropiado para efectuar mediciones acústicas, en el cual, además de haberse insonorizado las paredes, se las reviste de materias absorbentes para evitar los ecos y reverberaciones.

— *Arm.* Cavidad situada en el arranque del cañón de un arma de fuego y en la cual se introduce el cartucho.

— *Astr. Cámara de Schmidt,* v. TELESCOPIO.

— *Atom. Cámara de burbujas,* v. BURBUJA. ‖ *Cámara de chispas,* v. CHISPA. ‖ *Cámara de ionización, cámara de niebla* y *cámara de Wilson,* v. IONIZACIÓN.

— *Autom. Cámara de aire* o simplemente *cámara,* neumático.

— *Cin.* Aparato tomavistas. (V. CINEMATOGRAFÍA.)

— *Fot.* Aparato fotográfico. (V. FOTOGRAFÍA.)

— *Ind. Cámara de destilación,* la de fábrica refractaria que sirve para destilar la hulla. ‖ *Cámara de plomo,* la que tiene sus paredes forradas de plomo y se usa en la fabricación del ácido sulfúrico y de otros productos corrosivos.

cámara clara
(ópt.)

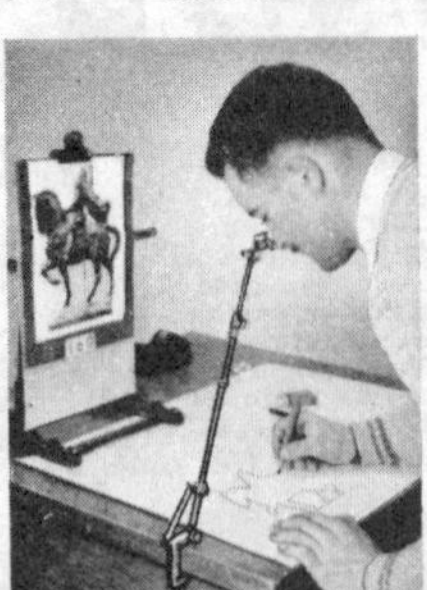

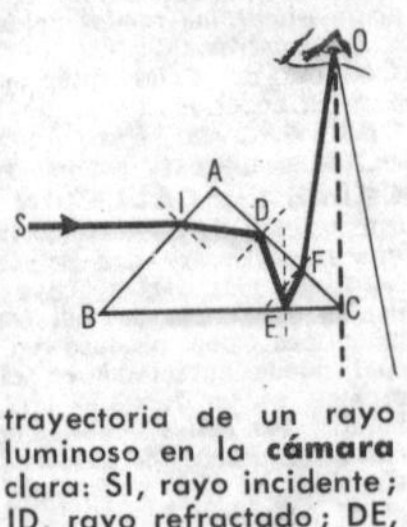

trayectoria de un rayo luminoso en la **cámara** clara: SI, rayo incidente; ID, rayo refractado; DE, rayo reflejado; EF, rayo reflejado por el espejo BC; FO, rayo refractado

— *Mar.* Cada uno de los compartimientos o salas reservados a una categoría de oficiales en los buques de guerra y a los oficiales o pasajeros en los mercantes. ‖ Espacio que en las embarcaciones pequeñas se reserva a popa a las personas que se transportan. ‖ *Cámara de calderas,* compartimiento del buque en el que se hallan instaladas las calderas y sus accesorios. ‖ *Cámara de descompresión,* v. BUZO. ‖ *Cámara de máquinas,* el compartimiento que lleva las máquinas del barco.

— *Mec. Cámara de combustión,* v. COMBUSTIÓN. ‖ *Cámara de vapor,* espacio que ocupa el vapor, por encima del agua, en los depósitos de los generadores y acumuladores de vapor.

— *Metal. Cámara de caldeo,* parte del horno en la cual se disponen las materias que se han de calentar. ‖ *Cámara de recuperación,* compartimiento anexo a un horno y destinado a recuperar una parte del calor que se lleva el humo.

— En la *cámara de recuperación* se disponen pilas de ladrillos o de bloques dejando huecos entre ellos. Primeramente se hace pasar el humo entre las pilas hasta que se calienten los ladrillos; después, se hace circular por la cámara el aire fresco o el gas combustible destinado al horno, el cual lo recibe así caliente y aumenta su rendimiento. Mientras tanto, el humo calienta otra cámara de recuperación, antes de ser dirigido de nuevo a la primera, o sea cuando los ladrillos de la misma hayan perdido demasiado calor.

— *Min.* Anchurón, hueco o excavación regular producido en los yacimientos muy potentes por el arranque del mineral. (V. MINA.) ‖ *Cámara de carga,* hueco que se obtiene haciendo explotar sucesivamente varias cargas pequeñas en el fondo de un barreno y que, suficientemente ensanchado, puede contener la carga más voluminosa necesaria para efectuar la voladura definitiva de la roca.

— *Obr. públ. Cámara de arrastre,* depósito de agua subterráneo que, al ser vaciado de una vez, arrastra las inmundicias acumuladas en algunas partes del alcantarillado. ‖ *Cámara de carga,* depósito en el que toman el agua las tuberías forzadas de las centrales hidroeléctricas. ‖ *Cámara de inspección,* pozo * de registro. ‖ *Cámara de puertas,* espacio en el que se mueven o alojan las puertas de las esclusas.

— *Ópt. Cámara clara,* instrumento merced al cual el dibujante puede ver la imagen del modelo proyectada sobre el papel en el que la ha de reproducir. ‖ *Cámara obscura,* v. FOTOGRAFÍA.

— Como lo muestra la figura, el órgano esencial de la *cámara clara* es un prisma con una de sus caras azogada que refleja hacia el ojo la imagen del original y una de sus aristas dispuesta de tal forma que corte en dos mitades el campo visual de la pupila. Así, el ojo ve la imagen del modelo superpuesta al papel, como si aquélla se hallara proyectada en éste, y, por consiguiente, puede seguir con el lápiz todos los detalles de la misma. El instrumento se completa con un juego de lentes que modifica la imagen reflejada por el prisma y permite obtener reducciones o amplificaciones del modelo. Este aparato puede adaptarse a los microscopios y otros instrumentos óptico para reproducir las imágenes dadas por los mismos.

— *Quím. Cámara de reacción,* recipiente especial usado para efectuar una reacción química. (Sinón. REACTOR.)

— *Radiot. Cámara electrónica* o *cámara de televisión,* v. TELEVISIÓN.

— *Refrig. Cámara fría,* v. NEVERA *eléctrica* y REFRIGERACIÓN.

CAMARETA f. *Mar.* Cámara pequeña de los buques menores.

CAMARÓN m. *Carp.* y *Transp. Amer.* Carro de ruedas grandes, entre las cuales, y sujetos al eje con cadenas, se transportan los troncos.

CAMAROTE m. *Mar.* Aposento pequeño a bordo de los barcos.

CAMAROTILLO m. *Mar.* Camarote o simple armario que llevan a veces los barcos sobre cubierta, a popa, y en el cual se guardan las banderas y señales, la sonda y la corredera, etc.

CAMBIADOR, RA adj. y s. Que cambia o sirve para cambiar.

— *Mec. Amer.* Horquilla con la que se hace pasar la correa de transmisión de una polea motriz a la polea loca, y viceversa.

Fot. C. C. A., Larousse

— *Quím. Cambiador de iones,* substancia sólida, natural o sintética, que tiene los caracteres de un ácido *(cambiador de cationes)* o de una base *(cambiador de aniones)* y que permite fijar los iones correspondientes: *los cambiadores de iones se usan en los aparatos depuradores de agua dura para fijar las sales calizas y magnésicas.*
— *Radiot. Cambiador de discos,* en ciertos tocadiscos que se cargan con una pila de discos, dispositivo que va reemplazandolos a medida que los toca el aparato. || *Cambiador de frecuencia,* órgano que permite cambiar la frecuencia de las señales en los receptores superheterodinos *.
— *Tecn. Cambiador de calor,* aparato usado para transmitir a un fluido el calor de otro más caliente.
— Existen numerosos *dispositivos cambiadores de calor,* como lo son el *evaporador* y el *condensador* de una nevera eléctrica. Esta denominación se aplica, sin embargo, casi exclusivamente a una categoría de aparatos en los cuales entran en contacto dos circuitos, de tal forma que el fluido caloportador de uno de ellos ceda su calor al otro. Por ejemplo, uno de los fluidos puede circular por un serpentín o un haz de tubos sumergidos en el seno del otro.
En las centrales nucleares se usan cambiadores de calor, entre otras razones porque el fluido que se calienta en el seno del reactor es muy radiactivo. Su calor sirve en el cambiador para vaporizar el agua del circuito secundario, cuyo vapor presenta entonces escasa radiactividad y puede utilizarse inocuamente en el exterior para accionar los turboalternadores.

CAMBIO m. *Aeron. Cambio de paso,* v. HÉLICE.
— *Autom. Cambio de marchas* o *de velocidades,* sistema de engranajes interpuesto entre el motor y las ruedas motrices de un automóvil con objeto de adaptar la fuerza de tracción a la pendiente de la calzada y que también permite invertir el movimiento (marcha atrás).
— Si el árbol del motor accionara directamente las ruedas, el vehículo no arrancaría, pues la potencia necesaria para ponerlo en movimiento sólo podría suministrarla el motor manteniendo una velocidad de rotación relativamente grande, cosa imposible si el coche está parado; incluso si se utilizara un embrague para permitir al motor que girara rápidamente, antes de acoplarlo con las ruedas, éste se pararía inmediatamente, incapaz de comunicar instantáneamente su velocidad a las mismas. También se manifestaría idéntico inconveniente en las cuestas, pues al ir disminuyendo la velocidad del coche bajaría la potencia del motor y éste acabaría por dar una potencia insuficiente para arrastrar el vehículo y se pararía. El *cambio de marchas* resuelve estos inconvenientes, pues permite que el motor gire a altas velocidades aunque el coche arranque o se mueva lentamente. Consta esencialmente de dos ejes paralelos provistos de ruedas dentadas, uno de los cuales, el árbol primario, se halla acoplado con el embrague, mientras que el secundario está unido con el árbol de transmisión. El árbol secundario tiene unas ranuras por las cuales pueden deslizarse algunos de sus piñones a voluntad del conductor cuando éste acciona la maneta de cambio de marchas que tiene junto al volante. Como las ruedas dentadas de los dos árboles no tienen el mismo número de dientes, se pueden obtener diferentes combinaciones o relaciones entre la velocidad del motor y la del árbol de transmisión. En la *primera velocidad,* que sirve para el arranque y para subir cuestas muy empinadas, un piñón pequeño del árbol primario engrana con una rueda mucho mayor del árbol secundario; cuando el coche ya ha arrancado o cuando disminuye la pendiente de una cuesta, el conductor pasa de la primera a la *segunda marcha,* engranando otro par de ruedas de las cuales la menor sigue siendo la del árbol motor, si bien la diferencia entre ambas no es tan grande como en el caso de la primera marcha. La tercera marcha se llama *directa* porque, en este caso, los dos árboles giran exactamente a la misma velocidad. En ciertos coches existe una cuarta marcha, llamada *sobremultiplicada* porque en ella la rueda dentada del árbol primario es mayor que la del secundario: el eje de transmisión gira entonces con mayor rapidez que el árbol motor y, a velocidad igual del coche, trabaja el motor más lentamente, con menor desgaste de sus piezas y menos consumo de combustible. En la *marcha atrás* la relación entre piñones es la misma que en la primera; solamente cambia el sentido de rotación del árbol secundario.
Además del mecanismo simple que se acaba de describir, existe gran variedad de cambios de marcha más o menos automáticos, como el de preselección, en el cual el conductor, al acercarse a un viraje o cualquier otra circunstancia que obligue a cambiar de marcha, marca anticipadamente con una manecilla la velocidad deseada y, al desembragar a fondo en el momento oportuno, el cambio de una marcha a otra se efectúa automáticamente. Los *cambios de marcha electromagnéticos* se fundan en el uso de coronas dentadas en el interior de las cuales engranan satélites planetarios; el sistema se completa con un disco que engrana también en los piñones planetarios y una serie de electroimanes que, al ser excitados por el conductor, inmovilizan uno de los elementos o bien lo acoplan con otro, lo cual permite obtener las cuatro marchas más la marcha atrás.
También existen *cambios de marcha hidráulicos* fundados en el principio del convertidor * de par.
— *F. c. Cambio de vía,* v. AGUJA.
— *Fís. Cambio de estado,* paso de un cuerpo de un estado a otro.
— Un sólido pasa al estado líquido por fusión y de éste al gaseoso por vaporización. Inversamente, el gas pasa al estado líquido por condensación y de éste al sólido por solidificación o congelación. El paso directo del estado gaseoso al estado sólido es la sublimación, nombre que también se da al fenómeno inverso.

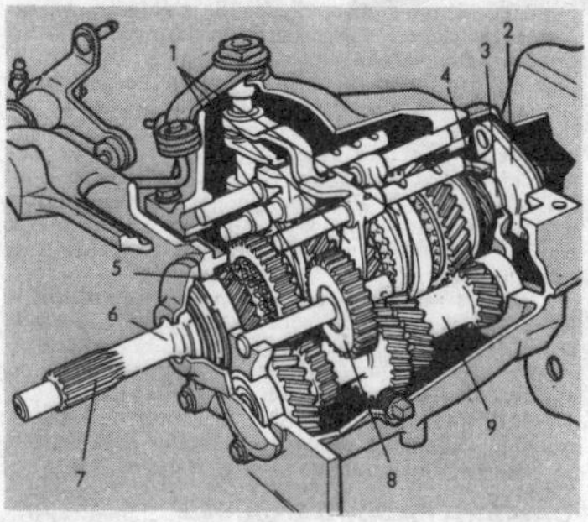

cambio de velocidades : 1. Horquillas; 2. Junta de transmisión; 3. Árbol secundario; 4. Tornillo del taquímetro; 5. Sincronizador; 6. Árbol primario; 7. Árbol para el embrague; 8. Piñón de marcha atrás; 9. Árbol intermediario

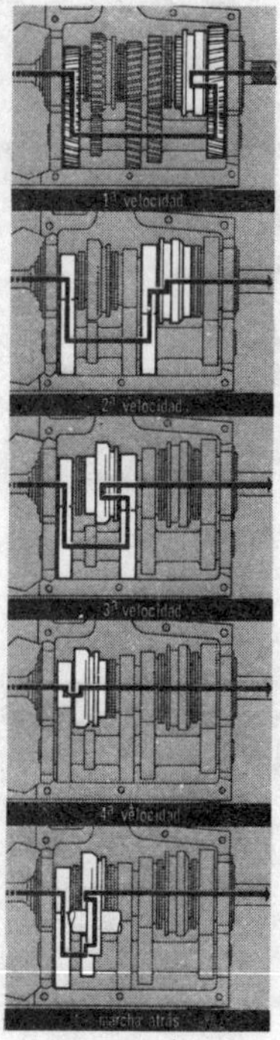

funcionamiento del cambio de velocidades

cambiador de calor : 1. Placa tubular; 2. Haz de tubos; 3. Tabiques; 4. Admisión; 5. Placa tubular; 6. Salida; 7. Junta; 8. Escape; 9. Cuerpo; 10. Tubos; 11. Caja de circulación; 12. Entrada

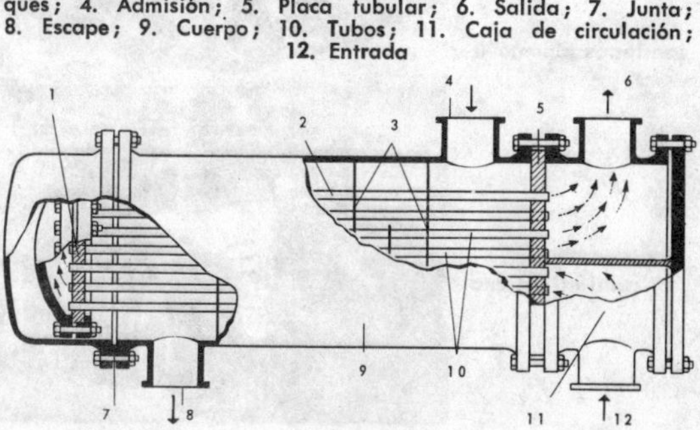

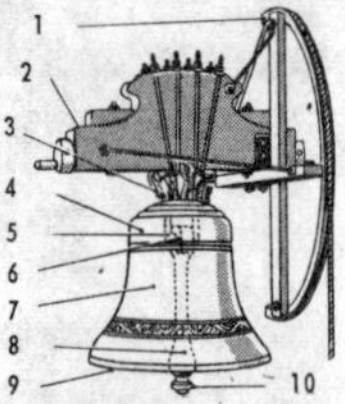

campana *(metal.)*
1. Rueda; 2. Yugo; 3. Corona; 4. Casquete; 5. Suspensión; 6. Articulación; 7. Cuerpo; 8. Badajo; 9. Telar; 10. Castigadera

— *Mec.* En los mecanismos de relojería, transformación de un movimiento en otro diferente. ‖ *Cambio de marcha,* mecanismo para invertir el movimiento del émbolo en las máquinas de vapor con objeto de permitir la marcha atrás de las locomotoras, barcos, etc.: *el cambio de marcha se efectúa con una palanca que modifica la distribución y da entrada al vapor en el cilindro por el otro lado del émbolo.* ‖ *Rueda* o *piñón de cambio,* aquellos cuyo eje forma un ángulo con el del piñón o rueda al que transmiten el movimiento.

— *Radiot. Cambio de frecuencia,* procedimiento que, en un receptor superheterodino *, permite transformar las señales de frecuencia excesivamente alta —muy difíciles de amplificar— en señales de frecuencia inferior.

CAMBRAI o **CAMBRAY** m. *Text.* Lienzo de algodón, blanco y delgado, parecido a la batista y usado especialmente para ropa interior de señoras.

CAMBRAYADO, DA adj. *Text.* Acambrayado.

CAMBRAYÓN m. *Text.* Lienzo tejido como el cambrai, pero menos fino que éste.

CAMBRIANO, NA adj. y s. *Geol.* Dícese del primer período de la era paleozoica. (V. ESTRATIGRAFÍA.)

— El *cambriano* abarca tres pisos principales (Georgiense, Acadiense y Postdamiense) y cubre un período de tiempo comprendido entre 500 y 400 millones de años antes de nuestra era.

CAMBRILLÓN¹ m. *Art. y of.* Relleno que se pone entre la plantilla y la suela al hacer los zapatos.

CAMELOTE m. *Text.* Tejido grosero de lana, mezclada a veces con pelo de cabra, que es muy sólido e impermeable, pero excesivamente basto: *el camelote se usa para muebles.*

CAMELOTINA m. *Text.* Camelote con trama y urdimbre de filadiz.

CAMELOTÓN m. *Text.* Todo tejido de lana o algodón grosero, de textura basta y mal hecho.

CAMELLO m. *Text.* y *Zool.* Género de mamíferos rumiantes *(Camelus),* cuyo pelo se usa como fibra textil.

— El *pelo del camello,* de color castaño, es fino y sedoso, especialmente en ciertas partes del cuerpo. Se usa para fabricar telas suaves, calientes e impermeables. Con el nombre comercial de « pelo de camello » se designan también ciertas clases de pelos procedentes de cabras del Próximo Oriente.

— *Mar.* Sistema constituido por dos pontones que se disponen a ambos lados de un barco unidos por unos cables que pasan por debajo de su casco y sirven para aligerarlo y disminuir su calado durante la navegación en aguas poco profundas.

camiones hipomóvil y automóvil

camión cisterna

CÁMERA f. *Cin., Fot.* y *Radiot.* Cámara.

CAMIÓN m. Carro grande y bajo, de cuatro ruedas, propio para transportar fardos voluminosos y cargas pesadas. ‖ *Camión cisterna,* el de tanque para el transporte de líquidos: *ciertos camiones cisternas tienen una capacidad de 30 m³.* (Sinón. AUTOTANQUE, CARRICUBA.)

— *Autom.* Vehículo automóvil para el transporte de cargas pesadas o voluminosas.

— El *camión automóvil* tiene los mismos órganos que un coche de turismo, aunque más grandes y resistentes. No obstante, muchos camiones necesitan dispositivos complementarios: desmultiplicación instalada en el puente trasero para doblar el número de marchas permitido por la caja de velocidades, freno suplementario montado en la transmisión, servomecanismos para reducir el esfuerzo del conductor en la dirección, etc.
Dada la economía que presenta el uso de aceites pesados en vez de gasolina, los camiones actuales suelen tener un motor Diesel.

CAMIONAJE m. Transporte con camiones.

CAMIONETA f. *Autom.* Camión pequeño, a veces constituido por un chasis de coche con carrocería especial, de carga útil inferior a 1 500 kg.

CAMISA f. Forro o revestimiento que protege una superficie, la calienta, enfría o ejerce sobre ella alguna otra acción: *pilote de madera con camisa de palastro.*

— *Arm.* Revestimiento metálico que se aplica a los proyectiles para aumentar su adherencia al ánima del cañón.

— *Constr.* Enlucido o capa de cal que se da a las paredes.

— *Lumin.* Manguito incandescente del mechero * Auer. (Sinón. CAMISETA.)

— *Metal.* Revestimiento refractario de un horno. ‖ *Camisa de agua,* revestimiento metálico de un horno con circulación de agua.

— *Mec.* Forro metálico que se dispone en el interior de un taladro o cilindro para aumentar su resistencia o compensar su desgaste: *la camisa de los cojinetes también se llama casquillo.* ‖ *Camisa de agua,* cavidad existente entre la pared del cilindro y la culata de los motores de explosión, por la cual circula el agua refrigerada en el radiador. ‖ *Camisa de vapor,* en las máquinas de vapor, espacio hueco alrededor del cilindro, en el cual existe una circulación de vapor que tiene por objeto evitar las condensaciones en la pared interna del mismo.

CAMISETA f. *Lumin.* Camisa.

CAMÓN m. *Arq.* Cada uno de los segmentos de madera con los que se construye una cimbra *. ‖ Balcón cerrado y acristalado, a modo de mirador.

— *Carp.* Cada una de las piezas con uno de sus bordes en arco de círculo, que forman una rueda de carruaje, de molino de agua o de otras labores de carpintería de forma circular.

CAMPANA f. Instrumento de bronce que, por percusión de un badajo interior o de un martillo externo, da sonidos de largo alcance. (V. más abajo en *Mús.*) ‖ Nombre dado a gran número de cosas que guardan algún parecido con la campana sonora.

— *Agr.* Pieza de vidrio en forma de campana que los horticultores ponen sobre las plantas en tiempo fresco para protegerlas contra el frío y concentrar el calor solar en torno de ellas.

— *Arq.* Parte de una chimenea que cubre el hogar por abajo y enlaza por arriba con el conducto que da salida al humo.

— *Comb. Campana de gasómetro,* v. GASÓMETRO.

— *Electr. Aislador de campana,* aislador de cerámica o de vidrio que se usa para suspender los cables de alta tensión, generalmente en forma de cadena compuesta por un número de aisladores tanto mayor cuanto más elevado fuera el voltaje de la línea.

— *Ind.* Cada uno de los elementos en forma de campana de las columnas * de platillos.

Fot. Berliet

— *Mar.* Tambor del cabrestante. ‖ *Campana submarina,* campana fijada en la parte inferior de una boya.
— El oleaje tañe la *campana submarina* y, como los sonidos se propagan mejor en el agua que en el aire, las vibraciones pueden ser percibidas a más de 20 km de distancia. No obstante, el uso de radiofaros y del radar tiende a hacer desaparecer esta clase de dispositivos acústicos.
— *Mat. Curva de campana,* curva bicornia o de Gauss. (V. CURVA.)
— *Metal.* y *Mús.* La *campana* emite un sonido fundamental y una serie de sonidos armónicos cuya exactitud depende del diseño de sus perfiles interno y externo. Como los especialistas saben en qué parte del perfil se engendra cada sonido armónico, pueden afinar la campana bruta rebajando su espesor, o sea suprimiendo metal en el punto correspondiente.
Para fabricar una campana se empieza por hacer un modelo torneando una materia blanda. Esta campana falsa permite efectual el molde, en el cual se vaciará el bronce, generalmente constituido por una mezcla de 78% de cobre y 22% de estaño.
Las campanas modernas se voltean con motor eléctrico. Si son campanas fijas, se acciona el badajo con un motor o un electroimán.
— *Obr. públ. Campana de buzo* o *campana neumática,* cajón sin fondo, lastrado, sostenido por un cable desde un barco y alimentado por éste en aire comprimido, dentro del cual pueden trabajar uno o varios hombres en el fondo y en seco, puesto que el aire comprimido supera ligeramente la presión del agua y la desaloja de la campana.
— *Quím.* Nombre dado a diversos recipientes de cristal usados en los laboratorios para recoger los gases que se desprenden en una reacción, aislar los cuerpos en una atmósfera gaseosa y efectuar análisis químicos.

CAMPANIL adj. *Metal.* Dícese del metal para campanas.
— *Min.* Mineral de hierro purpúreo, sonoro, bastante rico en manganeso, propio de las minas de Vizcaya.

CAMPANILLA f. Adorno en forma de campana pequeña.
— *Art. gráf.* Tipo que, por un defecto de justificación, se mueve en la forma y produce un tintineo al golpear la platina.

CAMPBELLITA f. *Miner.* Variedad de calipita.

CAMPECHE m. *Bot.* Árbol leguminoso y cesalpinieo *(Hœmatoxylon campechianum),* cuya madera se usa en tintorería y ebanistería con los nombres de *campeche* y *palo campeche.*
— *Carp.* La madera de *campeche,* bastante densa (d = 0,9), dura y de hermoso color rojo, es muy apreciada en ebanistería y para labores de taracea o marquetería.
— *Text.* El *campeche* se expide cada vez más a los curtidores y a la industria textil en forma de polvo o de extracto —masa negra parecida a la pez— que se obtiene tratando la madera con éter. El campeche da un color gris violado si se usan mordientes de alúmina y negro intenso con mordientes de hierro concentrados.

CAMPO m. Extensión de terreno consagrada a un fin determinado: *campo de tiro.*
— *Acúst. Campo acústico,* zona del espacio en la cual existen vibraciones acústicas.
— *Aeron. Campo de aviación,* aeródromo *.
— *Cin.* Parte de la escena encuadrada por el visor de la cámara tomavistas, correspondiente a la imagen que impresiona la película. (V. CONTRACAMPO.)
— *Curt.* Nombre comercial de ciertos cueros brutos de calidad inferior.
— Los *campos* provienen de las estancias o pueblos aislados de las regiones ganaderas de América del Sur, donde no es raro que las reses sean sacrificadas defectuosamente y que se conserven sus pieles en malas condiciones.
— *Electr. Campo eléctrico,* región del espacio en la cual un cuerpo electrizado se halla sometido a una fuerza de atracción o de repulsión engendrada a distancia por otro cuerpo cargado de electricidad *. (V. a continuación *Fís.*) ‖ *Campo giratorio,* campo magnético que se hace girar alrededor de un eje y que, combinado con un inducido rotativo, constituye el principio de los electromotores * de corriente alterna.
— *Fís. Campo de fuerzas,* región del espacio en cuyos diferentes puntos se manifiesta una fuerza engendrada a distancia.
— El *campo* es invisible, pero su fuerza ejerce acciones sobre la materia dotada de características físicas apropiadas, con lo cual es fácil comprobar su presencia, ponerlo de manifiesto y medir su intensidad. Esta, si se trata de un *campo newtoniano,* es inversamente proporcional al cuadrado de la distancia (los *campos de gravitación,* los *campos magnéticos* y los *campos eléctricos* son newtonianos).
Los campos son engendrados por ciertas propiedades de las partículas, las cuales experimentan a su vez la acción de los campos. Así, la materia de un astro engendra un campo de gravitación que atrae los cuerpos sumidos en éste. Esos cuerpos ejercen simultáneamente una fuerza de atracción sobre el mismo astro que los atrae. El electrón y todos los cuerpos electrizados tienen alrededor suyo un campo eléctrico cuya fuerza se manifiesta sobre todas las cargas eléctricas presentes en su ámbito. El campo eléctrico es inherente a la naturaleza del electrón e independiente de sus movimientos. Existe, por el contrario, otro campo, el magnético, engendrado solamente por los electrones en movimiento. (V. MAGNETISMO.)
El *campo electromagnético* es un campo alternativo de alta frecuencia engendrado por las oscilaciones eléctricas de un circuito y en el cual se combinan un campo eléctrico y otro magnético. (V. ELECTROMAGNETISMO.) También existen otros campos engendrados por los nucleones o partículas constitutivas de los núcleos atómicos.
Los campos son portadores de energía, como lo prueban los distintos efectos energéticos de la luz solar (campo electromagnético del Sol), el funcionamiento de los transformadores, la recepción de ondas hertzianas, etc.
Los físicos y matemáticos han determinado para cada campo una serie de ecuaciones que explican su propagación y sus efectos. Hoy se prosiguen las investigaciones de Einstein tendientes a reunir en una teoría del campo unitario los fenómenos gravíficos y los electromagnéticos, con objeto de explicarlos con una sola fórmula.
— *Magn. Campo magnético,* región del espacio en la cual las substancias magnéticas experimentan la acción de una fuerza engendrada por los imanes, las corrientes eléctricas, los globos de la Tierra o de otros planetas, etc. (V. MAGNETISMO y la acepción *Fís.* de este mismo artículo.)
— *Min.* Superficie de terreno correspondiente a una concesión minera.
— *Obr. públ. Campo de depuración,* terreno de cultivo provisto de un sistema de drenaje profundo, que se anega o riega abundantemente con las aguas residuales del alcantarillado urbano y las depura por filtración al mismo tiempo que se enriquece en materias orgánicas.
— *Ópt.* Espacio en el que se hallan situados todos los puntos visibles con un instrumento óptico: *prácticamente el campo está limitado por una superficie cónica que tiene por vértice el centro del objetivo y por base el diafragma.*
— *Petr. Campo petrolífero,* conjunto formado por los pozos de petróleo de un mismo yacimiento con todas sus instalaciones anexas.
— *Pint.* Fondo uniforme sobre el cual se graban o pintan figuras.
— *Radiot. Campo de una antena,* parte del éter por la que se propagan las ondas radioeléctricas emitidas: *ciertas antenas direccionales radian un campo muy estrecho, comparable al haz luminoso de los faros marítimos.* ‖ *Campo de la cámara de televisión,* v. más arriba en *Cin.*
— *Text.* En ciertos tejidos adornados, textura de trama y urdimbre simples que sirve de fondo a las labores bordadas o bien obtenidas por tisaje.

CAMUFLAJE m. Galicismo por *enmascaramiento.*

CAMUFLAR v. Galicismo por *enmascarar.*

CAN m. *Arm.* Gatillo de las armas de fuego.
— *Arq.* Cabeza de una viga del techo que sobresale al exterior de la fachada y sostiene la cornisa. ‖ Sillar, ladrillo o pieza de madera saledizos que sirven de asiento a una viga o a otra estructura. ‖ Modillón.
— *Astr. Can Mayor,* constelación del hemisferio austral, situada debajo y a la izquierda de la constelación de Orión, al borde de la Vía Láctea.

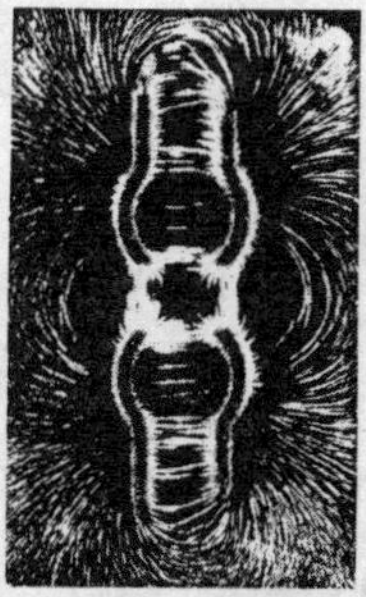

campo magnético

Fot. X.

(La *constelación del Can Mayor* tiene muchas estrellas brillantes y varios sistemas de estrellas dobles, especialmente el de Sirio, que constituye la estrella más luminosa del firmamento.)
Can Menor, constelación boreal muy próxima del ecuador celeste y lindante con la Vía Láctea y la constelación de Géminis. Sus estrellas son poco brillantes, salvo Proción, que es de la primera magnitud.

CANADÁ *(Bálsamo del).* V. BÁLSAMO.

CANAL com. *Aeron. Canal de aproximación,* v. CORREDOR.
— *Arq.* Conducto abierto que recoge y evacua el agua de los tejados y que se construye con tejas árabes o, como ocurre las más de las veces, con elementos metálicos, especialmente con chapa de cinc. (V. CANALÓN.)
— *Art. gráf.* Corte delantero y convexo de un libro, opuesto al lomo.
— *Astr. Canales de Marte,* v. MARTE.
— *Ind. alim.* Res muerta, abierta y completamente despojada. ‖ *Abrir en canal,* abrir longitudinalmente la res muerta.
— *Mar.* Paso angosto en un paraje de aguas poco profundas. ‖ La parte más profunda, generalmente balizada, que siguen los barcos para entrar en los puertos o navegar por las rías y estuarios. ‖ Comunicación natural o artificial entre dos mares que se distingue del estrecho por su mayor longitud.
— En los *canales abiertos,* cuales son el de Corinto y el de Suez, el agua conserva el mismo nivel desde un extremo al otro, como en los *canales naturales,* y los barcos no encuentran ningún obstáculo en su camino. Estos casos son, sin embargo, excepcionales y las más de las veces el relieve y la naturaleza del terreno obligan a dividir el canal en tramos de nivel diferente separados por esclusas * o elevadores de barcos. Ello impone la existencia de reservas de agua suficientes a una altura mayor que la que alcanza el agua en el tramo superior. Los *canales laterales* siguen el curso de un río que no es navegable, pero que suministra el agua necesaria.
Los canales suelen ser de desmonte, o sea, excavados en el terreno, aunque en algunas partes de su recorrido es preciso compensar las desnivelaciones del suelo y el canal se halla constituido entonces por dos diques o terraplenes paralelos. También existen acueductos para canales fluviales, cuando éstos han de franquear un valle estrecho o un río, así como túneles.
El perfil y el trazado del canal, lo mismo que las dimensiones de las esclusas, obedecen a ciertas reglas determinadas por las características de los barcos (inversamente los barcos se construyen teniendo en cuenta ciertas sujeciones impuestas por los canales: calado, longitud, anchura, etc.). Así, los canales han de ser más anchos en las curvas y se considera que éstas han de tener axialmente un radio por lo menos igual a 15 veces la longitud de los barcos.
Además de los canales de navegación se usan canales más pequeños para llevar el agua de un lado a otro con diferentes objetos y que pueden ser *canales abiertos* o *cerrados* (subterráneos) : *canales de riego* y *de desagüe,* para irrigar las tierras de cultivo y sanear los terrenos pantanosos; *canales para el abastecimiento* de las ciudades y de las fábricas; *canales de toma* (o *alimentación*) y *de evacuación* por los que, respectivamente, llega el agua a las turbinas de las centrales hidroeléctricas y sale de las mismas para volver a su cauce natural; y por último, la red del alcantarillado, algunos de cuyos canales alcanzan tales dimensiones en las grandes ciudades que su saneamiento y conservación se efectúa con lanchas de motor especiales.
— *Metal. Canal de colada,* excavación practicada en el suelo por la cual corre el metal fundido hasta los moldes, lingoteras o cucharas.
— *Radiot.* Banda * de frecuencias ocupada por una emisión de radio, de televisión o de telefonía. ‖ *Selector de canales,* dispositivo para escoger el canal deseado y, así, el de un televisor permite sintonizar automáticamente una de las distintas cadenas (corresponde al sintonizador o condensador variable de los radiorreceptores.)
— *Text.* Las fibras que se obtienen en la primera pasada del cáñamo por el rastrillo.
— *Transp. Canal de flotación,* canal en el que se aprovecha la corriente del agua para transportar las remolachas en las azucareras y la madera y otras materias en las fábricas.

CANALADO, DA adj. Acanalado.

CANALADURA f. *Arq.* Moldura hueca en línea vertical. (Sinón. ACANALADURA.)

CANALÉ m. *Text.* Acanalado.

CANALEJA o **CANALETA** f. Canal pequeña. ‖ *Chapa canaleta,* chapa ondulada de fibrocemento usada para cubiertas.
— *Mar. Amer.* Canalete.

CANALETE m. *Mar.* Remo provisto de una o dos palas anchas y de caña corta que se maneja con ambas manos, sin fijarlo en la borda, remando alternativamente a uno y otro lado de la embarcación, y que sirve también para gobernarla. (Sinón. CANALETA.)

CANALIZABLE adj. *Hidr.* Que puede ser canalizado: *muchos cursos de agua no navegables son canalizables.*

CANALIZACIÓN f. Acción de canalizar.
— *Electr.* Conjunto de conductores destinados a la distribución de la energía eléctrica.
— *Hidr.* Acción de mejorar la navegabilidad de un curso de agua mediante dragado del lecho, construcción de diques laterales y presas, y otros trabajos. ‖ Sistema de cañerías.
— *Tecn.* Conjunto de cañerías usado para distribuir agua, aire comprimido, gas de alumbrado, etc., especialmente en el interior de un edificio.

CANALIZAR v. Mejorar el cauce de un río para convertirlo en vía navegable. ‖ Construir una red de canales en una comarca: *Francia y Alemania han canalizado muchos cursos de agua.* ‖ Reunir aguas corrientes o estancadas para regularizar su curso y hacerlas más provechosas o menos peligrosas.

CANALIZO m. Canal o zanja de escasa anchura y profundidad usado para el desagüe en las minas, fábricas y otros lugares.

CANALÓN m. Canal colectora de las aguas de un tejado, que se fija en el alero y también en el encuentro de dos vertientes si se trata de un tejado múltiple. ‖ Por ext., canal parecida al canalón de tejado, pero destinada a otros usos.

CÁNCAMO m. Armella.

CANCEL m. *Arq.* Contrapuerta de tres lados y un techo adosada a una puerta con la cual forma un espacio cerrado que evita las corrientes de aire y amortigua los ruidos exteriores al entrar o salir las personas. ‖ *Amer.* Tabique * de panderete. ‖ *Amer.* Biombo, mampara.

CANCELA f. *Arq.* Verja con que se cierra el umbral de una casa. ‖ Verja de hierro labrada más o menos artísticamente, que separa el zaguán del patio.

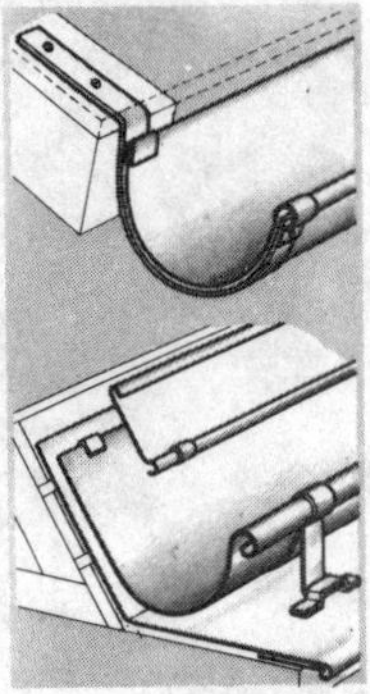

canalones

canal de colada *(metal.)*

canal fluvial y **canal** marítimo

Fot. Jolin, Goursat, Cia Canal de Suez

CÁNCER, constelación zodiacal situada en la parte más septentrional de la eclíptica : *la constelación de Cáncer carece de estrellas notables.* ‖ Cuarto signo del zodíaco que, en tiempos de Hiparco, correspondía a la constelación de Cáncer y que, en la actualidad, por efecto de la precesión de los equinoccios, coincide con la de Géminis. ‖ *Trópico de Cáncer,* paralelo de la esfera celeste cuya declinación es de 23° 27′ al norte del ecuador y con el cual coincide el curso del Sol en el solsticio de verano (21 de junio), al entrar en el signo de Cáncer. ‖ Por ext., paralelo de la esfera terrestre correspondiente a la latitud Norte de 23° 27′, que sirve de límite septentrional a la zona tropical.

CANCHAMINA f. *Min. Amer.* Patio donde se amontona el mineral extraído de la mina.

CANDADO m. *Mec.* Cerradura suelta provista de un pestillo en forma de gancho que se pasa por las armellas fijadas en las puertas o muebles que se han de cerrar. ‖ *Candado de combinación,* aquel en el cual se reemplaza la llave por una serie de discos con los cuales se compone un nombre o un número secreto que corresponde a la posición en la cual ningún disco impide la entrada o salida del pestillo.

CANDE adj. *Ind. alim.* Dícese del azúcar de cristales gruesos obtenido con un jarabe muy cocido que se deja cristalizar lentamente, durante varios días, en una estufa mantenida a la temperatura de 35°. (Sinón. CANDI.)

CANDEFACCIÓN f. *Metal.* Caldeo al blanco de un metal.

CANDELA f. *Lumin.* Unidad de intensidad luminosa, de símbolo cd. (Sinón. BUJÍA NUEVA.)
— La luminancia del cuerpo negro a la temperatura de solidificación del platino equivale a 60 *candelas* por centímetro cuadrado.

CANDELERO m. *Mar.* Cada uno de los barrotes verticales que sirven de apoyo a las barandillas o pasamanos en las bordas, pasarelas, etc.

CANDI adj. *Ind. alim.* Cande.

CANDIDACIÓN f. *Ind. alim.* Transformación del jarabe en azúcar cande *. ‖ Operación consistente en cubrir los frutos con una capa de azúcar cristalizado.

CANDRAY m. *Mar.* Bote de dos proas para el servicio de los puertos.

CANECA f. *Cerám.* Botella de barro vidriado, como las que se usan tradicionalmente para la ginebra y otras bebidas. ‖ *Amér.* Alcarraza. (Sinón. CANECO.)

CANECILLO m. *Arq.* Can.

CANECO m. *Cerám.* Caneca.

CANELA f. *Bot.* Canelo.
— *Ind. alim.* Segunda corteza del canelo, que se usa como tónico en farmacia y para aromatizar los alimentos. ‖ Corteza de otros árboles, de aroma parecido al de la canela verdadera: *la canela blanca de América es la corteza de la vinterana y la canela de China proviene del árbol llamado científicamente Cinnamomum cassia.*

CANELO m. *Bot.* Árbol lauráceo (*Cinnamomum zeylanicum*), propio de Ceilán, cuya corteza, despojada de su epidermis, es la canela. ‖ Por ext., se da este nombre a otros árboles de corteza aromática parecida a la del canelo de Ceilán; *el canelo blanco de América es la vinterana* *.
— *Carp.* Nombre dado a varios árboles lauráceos de América pertenecientes al género *Cotea* cuya madera blanda y fina se usa en carpintería.

CANELÓN m. Canalón.
— *Bot. Amer.* Canelo.
— *Text.* Labor de pasamanería de forma tubular.

CANEQUÍ m. *Text.* Caniquí.

CANEVA m. *Text. Amer.* Galicismo innecesario por *cañamazo.*

CANFANO m. *Quím.* Carburo de hidrógeno hidroterpénico, de fórmula $C_{10}H_{18}$, que se obtiene por reducción del clorhidrato de pineno.

CANFENO m. *Quím.* Carburo de hidrógeno terpénico no saturado, de fórmula $C_{10}H_{16}$.
— El *canfeno* es un sólido blanco que funde a 52° y hierve a 160°. Se obtiene a partir del clorhidrato de pineno y sirve para fabricar alcanfor sintético.

CANFOL m. *Quím.* Borneol, alcanfor de Borneo.

CANFORADO, DA adj. *Quím.* Alcanforado.

CANFORATO m. *Quím.* Sal o éster del ácido canfórico. (Sinón. ALCANFORATO.)

Fot. Obs. del Monte Wilson

CANFORERO m. *Bot.* Sinón. de alcanforero.

CANFÓRICO, CA adj. *Quím.* Dícese de varios ácidos derivados del alcanfor, especialmente del que se obtiene por oxidación del alcanfor dextrógiro y con el cual se fabrican numerosos derivados. (Sinón. ALCANFÓRICO.)

CANGILÓN m. Cada uno de los recipientes o cajones que se fijan a un soporte sin fin, flexible o articulado, para formar un rosario destinado a extraer el agua de un pozo (noria), transportar materias a granel (elevadores de cangilones), o excavar el suelo (dragas y excavadoras de cangilones).

CANGREJA adj. y s. f. *Mar.* Vela de cuchillo de forma trapezoidal. (V. VELA.)

CANGREJO m. *Aeron.* *Vuelo en cangrejo,* vuelo del avión que, por cualquier circunstancia, no tiene el fuselaje orientado en la dirección que sigue el aparato.
— *Astr.* Nebulosa n.° 1 del catálogo de Messier, cuya forma guarda cierto parecido con la de un cangrejo, caracterizada por cambios relativamente rápidos que permiten atribuir sus orígenes a una supernova que habría explotado hace unos cuantos siglos.
— *Mar.* Vela cangreja cuando no pertenece al palo de mesana: *cangrejo proel, cangrejo popel.*

CANÍCULA f. *Astr.* Época correspondiente al principio de verano.
— Los antiguos habían comprobado que el solsticio de verano (hacia el 23 de junio) coincidía con la salida u orto heliaco de la estrella Sirio, también llamada *Canícula.* La precesión de los equinoccios hace que tal coincidencia no exista ya y, actualmente, en el mismo Mediterráneo oriental, la salida heliaca de Sirio tiene lugar a principios de agosto. Así, el sentido de la palabra canícula ha cambiado y hoy designa, sobre todo, un período de mucho calor en pleno estío.

CANILLA f. Canuto de madera provisto de una llave que se pone en las cubas y barriles para sacar el líquido que contienen. ‖ *Amer.* Grifo.
— *Text.* Lista formada en un tejido por un hilo irregularmente grueso o coloreado. (Sinón. ACANILLADURA.) ‖ Carrete cilíndrico que se fija en un ojo de la lanzadera y contiene el hilo que constituirá la trama del tejido.

CANILLADO, DA adj. *Text.* Acanillado.

CANILLADORA o **CANILLERA** f. *Art. y of.* Espinillera.
— *Text.* Máquina de encanillar, devanadora * especial para preparar las canillas de lanzaderas.

CANILLERO m. *Carp.* Taladro hecho en las cubas para fijar la canilla.

CANIQUÍ m. *Text.* Tela fina de algodón fabricada en la India. (Sinón. CANEQUÍ.)

CANNABIFICIO m. *Text.* Elaboración de la fibra de cáñamo y aprovechamiento de la misma.

CANOA f. *Mar.* Embarcación estrecha y baja, de dos proas, de casco muy ligero y desprovisto de quilla, que se propulsa con un solo remo de una o dos palas y sirve para actividades turísticas y deportivas. ‖ Bote ligero o pequeña embarcación similar desprovista de puente: *canoa automóvil con motor fuera de bordo.* ‖ *Canoa neumática,* la de caucho u otra materia plástica que se conserva plegada en un espacio reducido y que toma su forma al ser inflada.
— *Canoa* es un término general que designa numerosos y muy variados tipos de barcos pequeños destinados al servicio de los buques o usados como embarcaciones de recreo o de regatas. Tam-

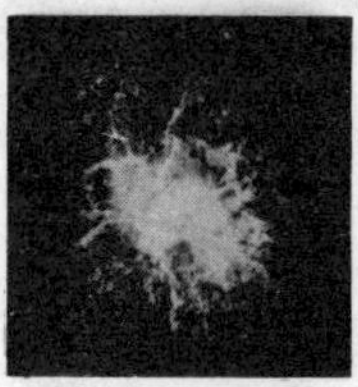

nebulosa del **Cangrejo** *(astr.)*

canilla para cubas

candados ordinario *(a la der.)* y de combinación (un sistema de dientes y ranuras permite escoger una combinación secreta de cifras o letras)

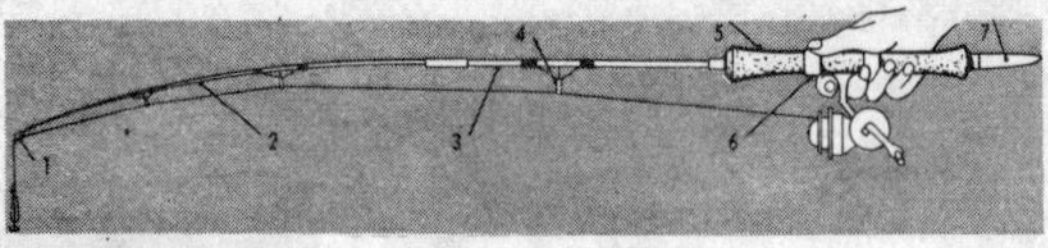

caña de pescar: 1 y 4. Guías del sedal; 2. Espigón; 3. Caña; 5. Puño; 6. Carrete devanador; 7. Espiga para hincar la caña en el suelo; *abajo* : **caña** de pescar de tiras de bambú

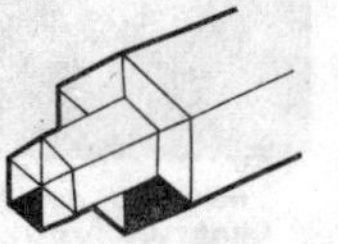

bién difieren las canoas por su propulsión, que puede ser de remos, a vela o de motor. Las canoas grandes de motor interno fijo se llaman lanchas *; las más pequeñas se propulsan con motores amovibles de fuera de bordo, fijados en la borda de popa. Cuando estas canoas se construyen con fines deportivos su casco se diseña especialmente con arreglo a las leyes de la hidrodinámica para obtener el máximo rendimiento de los motores. Éstos se dividen en varias categorías según su embolada: junior o JU (hasta 175 cm^3), clase A (de 176 a 250 cm^3), clase B (de 251 a 350 cm^3), clase C (de 351 a 500 cm^3) y clase X (de 501 a 1 000 cm^3). Las velocidades que alcanzan estas embarcaciones son del orden de 60 a 130 km/h.

CANON m. *Art. gráf.* Letra de imprenta de 24 puntos, también llamada *palestina* o *doble cícero.* ‖ *Gran canon,* letra de 40 a 44 puntos. ‖ *Doble canon,* letra de 48 a 56 puntos. ‖ *Triple canon,* letra de 72 puntos. ‖ *Canon áureo,* v. NÚMERO *de oro.*

CANOPO, estrella principal de la constelación de la Nave, en el cielo austral, que es la más brillante después de Sirio.

— La *estrella Canopo* es una supergigante que se halla a unos 100 años de luz de nosotros. Su luminosidad intrínseca es 2 000 veces superior a la del Sol.

CANSON m. *Papel.* Papel *de acuarela.

CÁNTARO m. *Cerám.* Vasija grande de barro, de pie y cuello estrechos y barriga ancha, provista generalmente de dos asas.

CANTEADO, DA adj. *Constr.* Dícese del ladrillo, sillar u otro material puesto de canto en la obra de fábrica.

CANTEAR v. *Art. y of.* Labrar los cantos de las piedras, tablas y otros materiales. ‖ *Amer.* Labrar la piedra el picapedrero.

CANTERA f. *Constr.* y *Min.* Terreno de donde se saca alguna de las clases de piedra empleadas en la construcción de edificios y obras públicas (sillares, cantos, pizarra, adoquines, piedras para fabricar cal y yeso, etc.). ‖ *Amer.* Cantería.

— El arranque suele efectuarse en las *canteras* con barrenos, ya siguiendo un frente único, ya —cuando la roca forma estratos— por gradas. En este caso la piedra se corta con sierras filiformes. (V. MÁRMOL.)

cantera

CANTERÍA f. *Constr.* Arte de labrar los sillares y otras piedras para construcciones. ‖ Obra hecha de sillares o piedras labradas.

CANTIAO m. *Carp.* Cabio.

CANTIDAD f. Todo lo que puede ser medido o contado, lo que es susceptible de aumento o disminución.

— *Electr. Cantidad de electricidad,* producto de la intensidad de una corriente por el tiempo durante el cual pasa por el circuito considerado.

— *Mat.* Expresión de una magnitud.

— *Fís. Cantidad de calor,* energía calorífica que absorbe un cuerpo al elevarse su temperatura.

CANTILEVER adj. y s. *Aeron.* Dícese del ala de avión empotrada en el fuselaje de modo tan sólido que no necesita tirantes ni riostras.

— El uso del *ala cantilever* se ha generalizado en los aviones modernos. La solidez de su estructura permite prescindir de apoyos externos que aumentarían considerablemente la resistencia opuesta por el aire al avance de los aviones muy rápidos.

— *Autom.* Dícese de cierta suspensión en la cual la ballesta se halla fijada al bastidor por su extremo delantero y por el centro, mientras que el otro extremo se articula en el eje de las ruedas traseras.

— *Obr. públ.* Tipo de puente en el cual las vigas principales se prolongan en voladizo más allá de sus pilares y soportan con sus extremos otra viga más corta desprovista de pilar.

— Además de suprimir pilares en medio de los cursos navegables, el *sistema cantiveler* permite tender un puente por encima de un río sin necesidad de construir un andamiaje, o sea prolongando sus estructuras desde las dos orillas.

puente de **cantilever** (los pilares A soportan un tramo cantilever B que tiene afianzado un extremo en C y soporta una viga D con el otro tramo)

CANTO m. Extremidad, esquina o arista de una cosa. ‖ Dimensión menor de una escuadría:

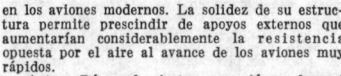

canoa con motor fuera de bordo

las vigas se asientan de canto en los muros. ‖ *Canto rodado,* piedra alisada a fuerza de frotar con otras en el lecho de un río o en las playas.

CANTÓN m. *Text.* Sarga * de algodón de textura muy apretada: *el cantón es un tejido pesado y resistente.*

CANTONERA f. Refuerzo con que se protegen o adornan las esquinas de los muebles y de las tapas de los libros, los bordes de las palas de hélices de madera, la culata de los fusiles y los cantos de muchas otras cosas.

CANTONERO m. *Art. gráf.* Instrumento usado por los encuadernadores para dorar los cantos de los libros.

CANUTILLO m. *Text.* Tejido acanalado, con sus bordones o canales en el sentido de la urdimbre.

— Además del ligamento del tafetán con hilos de trama que pasan alternativamente por encima y por debajo de cada hilo de urdimbre, la figura muestra otros hilos de trama que dejan libres varios hilos de urdimbre y cuya tensión hace que éstos se comben y formen el bordoncillo.

CAÑA f. *Arq.* Fuste de la columna.

— *Art. y of.* Parte del calzado que ciñe el talón, el tobillo y hasta la pantorrilla, según su altura.

— *Bot.* Nombre común de muchas plantas gramíneas de las cuales se aprovechan los tallos tubulares. ‖ Por ext., nombre dado a muchas cosas de forma parecida a una caña: *la caña de una válvula.*

— *Carp.* Los *tallos de las cañas comunes,* de la *caña de Indias* y del *bambú* sirven para fabricar bastones, labores de cestería, muebles y construcciones ligeras.

— *Ind. alim.* A pesar del incremento que ha tomado la fabricación del azúcar de remolacha, el cultivo de la *caña de azúcar (Saccharum officinarum)* sigue teniendo una importancia considerable. Las *cañas* alcanzan su madurez unos tres meses después de la floración. Se cortan entonces a ras del suelo y se arrancan sus hojas antes de enviarlas al trapiche. (V. AZÚCAR.) Cada hectárea de terreno da de 50 a 100 toneladas de tallos deshojados que representan una producción de 10 a 20 toneladas de azúcar refinado. Las hojas tiernas se aprovechan como forraje y el bagazo sirve de combustible o como abono.

— *Mar.* Parte del ancla que arranca en la cruz y lleva la argolla en el otro extremo. ‖ *Caña del timón,* palanca que encaja en una muesca de la cabeza del timón y que permite manejarlo. ‖

Fot. Boudot-Lamotte, L. Sääf

Caña de pescar, serie de tramos de caña de diámetro decreciente que entran unos en otros y permiten tener el sedal más o menos lejos de la orilla.
— Los pescadores disponen hoy de cañas de pescar bastante complejas por su estructura o por su atuendo. En ciertos casos consisten en tiras de bambú, generalmente de sección triangular, encoladas para formar una vara maciza, flexible y resistente. Las mismas propiedades se obtienen en otros tipos de cañas combinando fibra de cristal, materias plásticas, madera bakelizada, acero, aleaciones ligeras y otras materias.
— *Min.* Galería.

CAÑAMAZO m. *Text.* Estopa de cáñamo. ‖ Tela tejida muy clara, con estopa o hilos de cáñamo, o bien con hilos de algodón muy aprestados, que sirve de soporte a una labor de bordado. ‖ *Cañamazo Penélope,* tela de la misma índole y para los mismos usos que la anterior, pero cuyas retículas se hallan limitadas por hilos de urdimbre y trama dobles.

CAÑAMIZA f. *Text.* Agramaduras de cáñamo.

CÁÑAMO m. *Bot.* Planta cannabácea anua *(Cannabis sativa)* que alcanza hasta cuatro metros de altura en las comarcas cálidas y de la cual se aprovechan los filamentos del tallo como fibras textiles y las semillas o cañamones *, que dan aceite y sirven para alimentar los pájaros.
— *Text.* Fibra textil suministrada por el tallo del cáñamo. ‖ Se da abusivamente este nombre a muchas otras fibras más o menos parecidas a la del cáñamo verdadero, pero procedentes de plantas muy diferentes. Así, el *cáñamo de Manila* es el abacá, el *cáñamo de Mauricio* y el *cáñamo sisal* consisten en fibras de pita, el *cáñamo de ananás* proviene de la misma planta que da la piña de América, etc.
— Los *tallos del cáñamo,* después de haber eliminados sus hojas y ramificaciones, se someten al enriado, maceración durante la cual el bacilo *Amilobacter* desagrega la trabazón de las fibras. Después de haber sido desecados se someten al machacado o agramado, operación que separa las fibras flexibles de la parte quebradiza del líber (agramiza). El espadado y un rastrillado o peinado final permiten obtener la fibra pura.
Las *hebras del cáñamo,* menos finas que las del lino, son amarillentas. Existen varios procedimientos químicos para cotonizarlas, es decir, para dividirlas en fibras finas y rizarlas con objeto de darles el aspecto y las propiedades textiles del algodón.
Con las fibras más finas del cáñamo se elaboran paños de cocina, telas para toldos y velas y otros tejidos bastos. La hilaza se usa para hacer cuerdas y cordeles, hilos para atar y para fabricar redes y otras labores. En muchos casos se prefiere el abacá, más ligero e imputrescible, y en otros el sisal, más barato.

CAÑAMÓN m. Semilla del cáñamo.
— *Pint. El aceite de cañamones* tiene propiedades secantes parecidas a las del aceite de lino y, como éste, se usa para preparar pinturas y barnices.

CAÑERÍA f. Canalización, conducto de tubos o caños para el transporte y distribución de gases o líquidos.

CAÑIZA adj. f. *Carp.* Dícese de la madera que tiene la veta a lo largo.

CAÑIZO m. *Constr.* Tejido de cañas unidas con cordeles que sirve para varios usos, especialmente como toldo y, clavado en las vigas, como sostén del yeso en los cielos rasos.

CAÑO m. *Constr.* Tubo corto: *hacer una canalización de agua con caños de barro.* ‖ Albañal.
— *Mar.* Canal estrecho en la entrada de un puerto o bahía.
— *Min.* Galería.

CAÑÓN m. Nombre con el cual se designa a gran número de objetos huecos de forma cilíndrica.
— *Agr. Cañón granífugo* o *cañón paragranizo,* v. GRANIZO.
— *Arm.* Pieza de artillería para lanzar proyectiles de más de 20 mm con ángulos de caída relativamente pequeños, circunstancia que le distingue del obús, que puede tirarlos casi verticalmente. ‖ Tubo de cualquier clase de arma de fuego.
— Los *cañones modernos* se caracterizan por la longitud creciente del tubo, que alcanza 70 calibres * y por su alto grado de automatismo. Los *cañones largos* permiten prolongar la propulsión del proyectil y guiarlo más eficazmente, con lo cual se obtiene mayor alcance y precisión y se aumenta el poder perforante del mismo.
El máximo automatismo se aplica a los *cañones antiaéreos,* provistos de aparatos de puntería eléctricos, capaces de disparar automáticamente de 60 proyectiles por minuto en el calibre de 120 mm a 1 000 proyectiles en el calibre de 20 mm. Las velocidades iniciales son de 1 000 y hasta 1 500 m/s. Estos cañones funcionan estrechamente asociados con las estaciones de radar, completadas por calculadoras electrónicas que determinan la trayectoria y las posiciones previsibles de los aviones enemigos.
Las velocidades iniciales muy grandes inutilizan rápidamente el ánima de los cañones. De ahí la adopción de camisas amovibles que permiten renovarla con el menor gasto y pérdida de tiempo.
El disparo del proyectil provoca un retroceso del cañón, que requiere el uso de un freno potente y de un sistema de anclaje. La necesidad de disponer de cañones ligeros, aunque capaces de tirar proyectiles relativamente gruesos, ha dado lugar a la aparición de cañones sin retroceso cuyo principio consiste en proveer a la culata de unos orificios por los cuales pueden salir los gases de la explosión. Así se pierde una parte de la energía propulsiva de la carga y estos cañones tienen un alcance limitado prácticamente a 1 000 m. Son, sin embargo, muy eficaces para el tiro de proyectiles de carga hueca: con un modesto cañón sin retroceso de 105 mm de calibre se puede perforar a 1 000 m un blindaje de acero de 400 mm de espesor.
Los cañones de los mayores buques de guerra alcanzan calibres de más de 400 mm y pueden tirar un proyectil de una tonelada a 40 km de distancia. No obstante, la tendencia actual se caracteriza por una reducción de los calibres y la

cañones *(arm.)*

cañón para proyectiles atómicos de 280 mm y obús de 155 mm

Fot. U. S. I. S.

arranque y preparación del **caolín**

substitución de las piezas mayores por instalaciones lanzadoras de cohetes autopropulsados.
La enorme potencia destructiva de los proyectiles fundados en la energía nuclear hace que los cañones atómicos sean también de calibre mediano (175 mm en los modelos recientes). [V. AMETRALLADORA, CALIBRE, COHETE, OBÚS y PROYECTIL.]
— *Arq. Cañón de chimenea,* obra de fábrica que contiene los conductos * de humo de un edificio o parte de ellos y que, después de haber atravesado todos los pisos y la cubierta, sobresale del tejado.
— *Electrón. Cañón electrónico* o *cañón de electrones,* dispositivo usado para producir un haz de electrones en los oscilógrafos catódicos y tubos similares. (V. OSCILÓGRAFO.)
— *Mar. Cañón de marina,* v. más arriba *Arm.* ‖ *Cañón lanzacabos,* cañón pequeño para tirar proyectiles especiales que llevan atado un cabo delgado merced al cual puede tenderse un cable para el salvamento de la tripulación de un barco; también se usan cañones parecidos para arponear los cetáceos desde la proa de las balleneras.

CAÑONERO, RA adj. y s. Dícese de los barcos de guerra pequeños y rápidos, armados de cañones.
— Los *cañoneros* o *lanchas cañoneras* desempeñan misiones de enlace y de observación, así como de escolta. A esta categoría pertenecen los modernos avisos, corbetas, escoltas, patrulleros y otros barcos pequeños poco diferentes unos de otros.

CAÑUTILLO m. *Text.* Canutillo *. ‖ Tubito o cuentecilla de vidrio para adornar vestidos, hacer flecos de lámparas y otras labores. ‖ Hilo de oro o plata rizado propio para bordados.

CAÑUTO m. Parte de la caña comprendida entre dos nudos sucesivos. ‖ Por ext., tubito de cualquier materia.

CAOBA f. *Bot.* y *Carp.* Árbol meliáceo de América *(Swietenia mahogany)* de tronco recto, muy grueso, que alcanza 20 m de altura y cuya madera es una de las más apreciadas en ebanistería. ‖ Nombre dado a muchos árboles tropicales cuya madera, más clara que la de la caoba verdadera, guarda cierto parecido con ella, aunque sin igualar su calidad y aspecto.
— La *caoba verdadera* da una madera de hermoso color rojo tostado, a veces veteado de amarillo y blanco, que obscurece con el tiempo y se contrae muy poco. Tiene una densidad variable (de 0,6 a 0,8) y adquiere un hermoso pulimento. Los ebanistas distinguen las tablas por su veteado que, según su dibujo, son de caoba lisa, moaré, moteada, zarza, etc.
La *caoba maciza* se usa para muebles de lujo. Dado el precio que éstos alcanzan y la rareza relativa de la caoba, ésta se utiliza generalmente en forma de chapeados.
El valor considerable alcanzado por la exportación e importación de la caoba, así como su consumo creciente, indujeron a utilizar la madera de otros árboles pertenecientes a la misma familia, aunque de géneros diferentes: *Cedrela (caoba hembra* o *blanca, acajú), Khaya (caoba de África, caoba blanca), Entrandrophragma* (cuyas varias especies son también africanas), etc.
También se han comercializado a veces con el nombre de caoba maderas ordinarias de producción local teñidas y pulimentadas a imitación de la caoba.
La generalidad de los muebles de serie vendidos con el nombre comercial de caoba son de caoba falsa (caracterizada por su color claro) o bien de madera ordinaria chapeada con una hoja muy delgada de caoba verdadera.

caoba

CAOBANA f. y **CAOBO** m. *Bot.* Caoba.

CAOLÍN m. *Miner.* y *Cerám.* Arcilla refractaria, blanca y quebradiza, que entra en la composición de la porcelana.
— El *caolín* resulta de una alteración del feldespato presente en los granitos y pegmatitas de mica blanca, y contiene los granos de cuarzo que constituyen uno de los elementos de dichas rocas. Es un silicato hidratado puro, áspero al contacto de la lengua; con el agua, forma una mezcla plástica que no encoge al ser cocida.
El caolín abunda en la naturaleza, y, además de su empleo principal, que es la fabricación de objetos de porcelana y loza, se usa para clarificar líquidos, satinar papeles, etc.

CAOLINITA f. *Miner.* Silicato de alúmina hidratado que se presenta en forma de masas terrosas, generalmente blancas, y es el principal constituyente del caolín *.

CAOLINIZACIÓN f. *Geol.* y *Miner.* Alteración de las rocas cristalinas por las aguas infiltradas que transforman el feldespato en caolín *.

CAOLINIZAR v. *Geol.* y *Miner.* Convertirse el feldespato en caolín.

CAPA f. Espesor delgado de una cosa que se aplica sobre otra para cubrirla o bañarla: *las joyas de plaqué son de metal ordinario cubierto por una delgadísima capa de oro.* ‖ Extensión de una cosa distribuida con espesor sensiblemente uniforme: *los adoquines se asientan sobre una capa de arena.* ‖ Serie de cosas yuxtapuestas: *bobina de hilo con devanado de capas cruzadas.*
— *Aerod. Capa límite,* la parte del aire contigua a la superficie de un cuerpo que se mueve en la atmósfera.
— Por ser el aire viscoso —como todos los fluidos— la *capa límite* se adhiere a la superficie del móvil (como lo prueba el hecho de que un coche o un avión polvorientos no pierden el polvo fino por grande que sea su velocidad), pero, a medida que se alejan sus moléculas de ésta, adquieren una velocidad creciente respecto a ella y, en un punto distante de unos milímetros solamente de la misma, las moléculas no son arrastradas por el móvil y conservan su posición en el aire. Esta delgada capa de aire representa un papel importante en aeronáutica: mientras permanece pegada a la superficie del ala de un avión, el derrame del aire es perfecto y éste opone escasa resistencia a la penetración del aparato; cuando se separa de ella da lugar a la formación de torbellinos que aumentan la resistencia al avance y se traducen por una pérdida de velocidad y de la fuerza de sustentación o por un aumento del consumo de combustible. Los estudios aerodinámicos de un proyecto de avión, permiten determinar el perfil * del ala en el cual el punto de transición entre el derrame laminar y el derrame turbulento se hallará lo más atrás posible del ala. Esta cualidad intrínseca del perfil se mejora, especialmente durante el despegue y el aterrizaje, aspirando el aire de la capa límite en la zona turbulenta. (V. HIPERSUSTENTACIÓN.)
— *Astr. Capa inversora,* v. FOTOSFERA.
— *Atom. Capas K, L, M,* etc., v. ÁTOMO.
— *Fot. Capa sensible,* v. EMULSIÓN.
— *Geol.* Formación sedimentaria y homogénea: *los tejares explotan capas superficiales de arcilla.*
— *Hidr. Capa límite,* fenómeno idéntico al que se ha descrito más arriba en *Aerod.*, debido a la viscosidad de los líquidos. ‖ *Capa acuífera, capa freática,* v. ACUÍFERO.
— *Meteor. Capas D, E* y *F, capa de Heaviside,* v. IONOSFERA.
— *Min.* Carbón o mineral comprendido entre dos estratos sedimentarios. ‖ Yacimiento plano formado primitivamente por sedimentos estratificados horizontalmente.

Fot. L'Aérotopographie, Popper-Atlas-Photo

— Las *capas* se distinguen de los filones por ser más extensas, espesas y homogéneas que éstos.
— *Obr. públ.* Espesor uniforme de cada uno de los materiales que entran en la construcción de una calzada: *los firmes suelen asentarse sobre una capa de piedra machacada y apisonada.*
— *Ocean. Capa difusora,* v. SONDA.
— *Ópt. Capa antirreflejo* o *antirreflectora,* v. ANTIRREFLECTOR.
— *Pint.* Cantidad de barniz o pintura que se aplica de una vez. (Sinón. MANO.)
— *Radiot.* V. más arriba *Meteor.*

CAPACETE m. *Carroc. Amer.* Capota.
— *Radiot.* Enchufe que tienen ciertas lámparas electrónicas en el cabezal de la ampolla para conectar la rejilla o la placa y evitar las pérdidas por capacidad que se producirían si se conectaran en el casquillo a proximidad de los demás bornes de la lámpara.

CAPACIDAD f. Cabida de un recipiente, local u otro espacio vacío: *la capacidad de un pantano es tanto mayor cuanto menor es la pendiente del lecho aguas arriba.*
— *Calef. Capacidad de un acumulador* de calor,* cantidad de calor aprovechable que puede restituir.
— *Electr.* Cantidad de electricidad que puede restituir un acumulador* eléctrico. ‖ Cociente de la carga de un condensador por la diferencia de potencial que existe entre sus armaduras.
— La *capacidad de un conductor simple* no depende ni de su naturaleza ni de su peso, pero sí de su forma y dimensiones, así como del medio que lo rodea, y se expresa por la fórmula $C = \frac{Q}{V}$ en la cual Q es una carga y V su potencial.
La *capacidad de un condensador* tiene por fórmula: $C = \frac{Q}{V_1 - V_2}$ cuyo denominador es la diferencia de potencial entre las dos armaduras.
La capacidad de un condensador aumenta proporcionalmente a la superficie de sus armaduras y es tanto mayor cuando más delgado es el dieléctrico que las separa. (V. CONDENSADOR.)
La *unidad de capacidad* es el faradio*, y su submúltiplo más empleado, el microfaradio.
— *Fís. Capacidad calorífera,* v. CALOR *específico.*
— *Metr. Medida de capacidad,* v. MEDIDA.

CAPACÍMETRO m. *Electr.* Instrumento para medir la capacidad de los condensadores eléctricos. (Sinón. CAPACITÓMETRO.)

CAPACITANCIA f. *Electr.* Reactancia.

CAPACITIVO, VA adj. *Electr.* Dotado de capacidad eléctrica. ‖ Fundado en la capacidad eléctrica.
— Dícese que una medida es *capacitiva* cuando se efectúa indirectamente haciendo que la magnitud que se ha de medir obre sobre la armadura móvil de un condensador variable, cuya capacidad, indicada por un frecuenciómetro, permitirá deducir el valor buscado.

CAPACITÓMETRO m. *Electr.* Capacímetro.

CAPADURA f. *Tab.* Hoja de tabaco con que se hace la tripa de los cigarros* puros.

CAPARROSA f. *Quím.* Nombre común de varios sulfatos hidratados. (Sinón. ACECHE, ACIJE.) ‖ *Caparrosa amarilla,* copiapita. ‖ *Caparrosa azul,* sulfato de cobre. ‖ *Caparrosa blanca,* sulfato de cinc. ‖ *Caparrosa verde,* sulfato de hierro.

CAPASÉLFMETRO m. *Electr.* Aparato polivalente para medir capacidades, inductancias e impedancias.

CAPELLINA f. *Metal.* Aparato para destilar amalgamas, provisto de una cámara en forma de campana en la cual se condensa el mercurio, mientras que la ganga u otros metales quedan en el crisol: *la capellina se usa aún en ciertas partes para depurar el mercurio y para separar la plata de su ganga mediante amalgamación previa.*

CAPEROL m. *Mar.* Extremo superior de la roda de las embarcaciones. ‖ — Pl. Barandillas de los buques.

CAPERUZA f. *Arq.* Remate de chimenea o de conducto de ventilación de forma apropiada para impedir la entrada del agua de lluvia y facilitar la salida del humo o del aire viciado.
— *Art. y of.* Tapón, enchufe, guardapolvo u otra pieza hueca que se aplica sobre otra a modo de funda o sombrerete.

CAPIALZADO, DA adj. *Arq.* Dícese del arco, puerta o ventana que tiene un frente alzado y forma un derrame que aumenta su abertura.

CAPIALZAR v. *Arq.* Ensanchar un arco, puerta o ventana por uno de sus frentes para formar un derrame abovedado.

CAPIALZO m. *Arq.* Derrame o declive del intradós de una bóveda.

CAPILAR adj. Delgado como un cabello: *tubos capilares.*
— *Fís.* Perteneciente o relativo a la capilaridad. ‖ *Acción capilar,* acción que se manifiesta entre las moléculas de un líquido y de un sólido que se hallan en contacto. (V. CAPILARIDAD.) ‖ *Constante capilar,* tensión superficial. (V. CAPILARIDAD.) ‖ *Fuerza capilar,* fuerza engendrada por los fenómenos capilares. (V. CAPILARIDAD.)

CAPILARIDAD f. *Fís.* Conjunto de propiedades de los tubos capilares que contienen un líquido: *el agua empapa el suelo de abajo arriba por capilaridad.*
— Los fenómenos de *capilaridad* se observan siempre que existe contacto entre un líquido y una pared sólida: ascensión de la tinta en un secante y del petróleo por la mecha del quinqué; atracción o repulsión de los cuerpos ligeros que flotan en el agua; formación de burbujas, etc. Si se sumerge un tubito de cristal en un líquido, se observa que éste alcanza dentro de aquél un nivel más alto que el que tiene fuera del mismo. Todo lo contrario ocurre si el líquido no moja la pared del tubo (caso del mercurio), pues en este caso existe una depresión dentro del tubo. La superficie del líquido contenido en el tubo no es plana: forma un menisco cóncavo en el primer caso y convexo en el segundo.
Estos fenómenos se deben al hecho de que los líquidos no son fluidos perfectos y su superficie se comporta como si fuera un sólido elástico. La superficie líquida debería formar con la pared del tubo un ángulo recto; pero las moléculas limítrofes del líquido tienden a suprimir el ángulo para establecer el enlace más corto posible. Llámase *tensión superficial* o *constante capilar* a la fuerza que sería necesario aplicar al líquido para evitar este redondeamiento de la superficie líquida allí donde debería existir un vértice. Así, por ejemplo, la tensión superficial en la superficie de separación del agua y del aire es de 81 dinas por cm². Un gramo de agua reducida a una capa de 1/20 000 mm de espesor sería capaz de soportar una carga de 3 300 toneladas. La membrana elástica ejerce, por consiguiente, una presión capilar sobre el líquido.
Además de los fenómenos ya citados, existen movimientos capilares, por ejemplo: en el interior de un tubito cónico una gota de líquido se dirige hacia la cúspide si moja la pared y hacia la base en el caso contrario.

CAPILARÍMETRO m. *Fís.* Instrumento para medir las fuerzas capilares.

CAPILLA f. *Art. gráf.* Cada uno de los pliegos sueltos del libro que se está imprimiendo.

CAPILLO m. *Art. y of.* Puntera del zapato. ‖ Colador de lienzo para filtrar la cera.
— *Tab.* La primera hoja de tabaco con que se envuelve la tripa para hacer el cigarro* puro.

CAPITAL adj. y s. *Art. gráf.* Dícese de la letra mayúscula.

CAPITEL m. *Arq.* Parte superior de una columna, que soporta el arquitrabe del entablamento o el arranque de un arco.
— El *capitel* descansa sobre el astrálago y se halla rematado por el ábaco. Generalmente tiene esculpidos unos motivos característicos de su estilo (corintio, dórico, compuesto, jónico, etc.): *las hojas de acanto* de un capitel corintio* (v. *figura* [pág. 208].)
— *Tecn.* Tapadera de la cucúrbita de un alambique.

CAPITELADO, DA adj. *Arq.* Adorno con capiteles.

CAPITOLIO m. *Arq.* Edificio alto y majestuoso generalmente destinado a servir de centro administrativo, parlamento, etc.

CAPITONÉ adj. y s. Galicismo por *acolchado.*

caperuza de chimenea

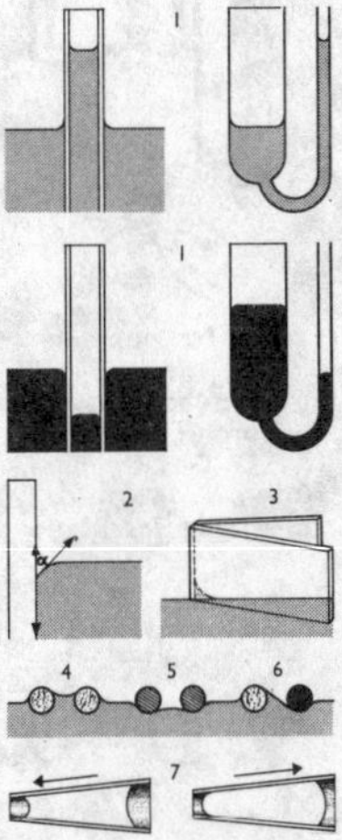

capilaridad: 1. Ascensión del agua y depresión del mercurio en los tubos capilares; 2. Contacto de un sólido, un líquido y un gas; 3. Ascensión de un líquido entre dos láminas; 4. Bolas de corcho mojadas; 5. Bolas de cera mojadas; 6. Corcho mojado y cera seca; 7 y 8. Gotas líquidas en tubos cónicos

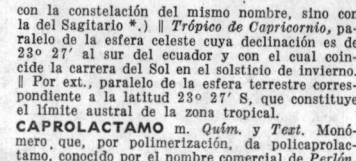

capitel
1. Ábaco; 2. Hélice; 3. Cáliz foliado; 4. Astrágalo

— *Transp.* Vehículo de mudanzas propio para ser transportado con su carga por ferrocarril: *el capitoné permite efectuar mudanzas entre dos ciudades sin transbordos.*

CAPÓ m. *Autom.* Parte de la carrocería que constituye una cubierta articulada del motor y permite acceder al mismo. (Sinón. CAPOT.)
— En los coches modernos el *capó* está provisto de bisagras de eje horizontal que permiten levantarlo para descubrir el motor. Para evitar su abertura intempestiva —que impediría al conductor ver la carretera— tiene un cierre de seguridad tanto más eficaz cuanto mayor es la presión del aire que pugna por abrirlo.

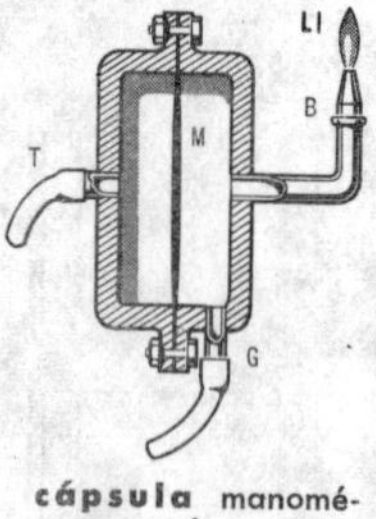

cápsula manométrica
T. Ondas sonoras; M. Membrana de caucho; G. Gas combustible; B. Mechero; Ll. Llama oscilante

CAPOC m. o **CAPOCA** f. *Text.* Borra de fibras vegetales que llena los frutos de ciertos árboles bombáceos. (Sinón. KAPOC y KAPOK.)
— El *capoc común* proviene de los frutos del capoquero o ceiba* (*Ceiba pentendra* o *Erodendron anfractuosum*). Como cada uno de los filamentos forma una cavidad hermética, la *borra de capoc* tiene una flotabilidad extraordinaria, puesto que un solo kilogramo de la misma puede mantener a flote en el agua un peso de 19 kg. Por eso se usa para relleno de aparatos salvavidas.

CAPOQUERO m. *Bot.* Ceiba.

CAPOT m. *Autom.* Capó.

CAPOTA f. *Carroc.* Cubierta de coche montada con un varillaje de cerchas que permite ponerla o recogerla rápidamente: *los coches del tipo cabriolé tienen capota.*

CAPOTAJE m. *Aeron.* y *Autom.* Acción de capotar: *los capotajes de aviones son cada vez más raros a medida que se generaliza el uso de pistas de hormigón y de trenes de aterrizaje triciclos.*

CAPOTAR v. *Aeron.* y *Autom.* Dar el automóvil o el avión media vuelta sobre su parte delantera y quedarse ruedas arriba. (Los coches *capotan* cuando las ruedas delanteras chocan bruscamente con un obstáculo o cuando la ruptura del eje delantero detiene el vehículo en marcha.)

CAPOTERA adj. *Text.* Dícese de la aguja grande que se usa para coser prendas de paño grueso.

CAPRICORNIO, constelación zodiacal que carece de estrellas muy brillantes: la estrella α del *Capricornio* es una de las raras estrellas dobles cuyos componentes pueden verse separadamente a simple vista cuando las circunstancias meteorológicas son favorables. ‖ Décimo signo del zodíaco en el cual entra el Sol en el solsticio de invierno. (A causa de la precesión de los equinoccios, el signo de Capricornio ya no coincide con la constelación del mismo nombre, sino con la del Sagitario *.) ‖ *Trópico de Capricornio,* paralelo de la esfera celeste cuya declinación es de 23° 27′ al sur del ecuador y con el cual coincide la carrera del Sol en el solsticio de invierno. ‖ Por ext., paralelo de la esfera terrestre correspondiente a la latitud 23° 27′ S, que constituye el límite austral de la zona tropical.

CAPROLACTAMO m. *Quím.* y *Text.* Monómero que, por polimerización, da policaprolactamo, conocido por el nombre comercial de *Perlón,* que es una fibra sintética comparable al Nylón.

CÁPSULA f. Tapa de metal, celofana u otras materias con que se cubre la boca de las botellas: *las cápsulas de metal suelen tener una rodaja de corcho que reemplaza el tapón ordinario.*
— *Acúst. Cápsula manométrica,* aparato con el cual las vibraciones sonoras son estudiadas merced a las oscilaciones que engendran en una llama.
— *Arm.* Alvéolo cilíndrico de cobre lleno de fulminante*, que, al ser golpeado por el percutor del arma de fuego, inflama la carga del cartucho.
— *Astron.* Habitáculo o cabina largable que ocupan los astronautas en el morro del cohete.
— *Quím.* Vasija semiesférica, de metal o materia refractaria, que se usa en los laboratorios para fundir y vaporizar las substancias analizadas.
— *Telec. Cápsula microfónica,* elemento amovible que contiene todos los órganos del micrófono en un teléfono y otros aparatos, y que en caso de avería, puede ser reemplazado rápidamente por otro de recambio.

CAPSULADORA f. Máquina de capsular botellas.

CAPSULAR v. Poner cápsulas a las botellas.

CAPTACIÓN f. Acción de captar.

CAPTADOR, RA adj. y s. Que sirve para captar: *el trolley es un captador de energía eléctrica.*
— *Cibern.* Órgano que, partiendo de una magnitud física, elabora una señal que regulará el funcionamiento de una máquina: *el cuarzo piezoeléctrico es un captador de presión usado para regular máquinas eléctricamente, cuando el funcionamiento de éstas ha de hallarse subordinado a las fluctuaciones de la presión que reina en algún punto.*

CAPTANO m. *Agr.* y *Quím.* Fungicida orgánico sintético, desprovisto de elementos metálicos, que se obtiene a partir de derivados del petróleo y se usa en viticultura y arboricultura.

CAPTAR v. Recoger con aspiradores especiales el humo, serrín, polvo y otros desperdicios o emanaciones industriales.
— *Electr.* Tomar un vehículo eléctrico la corriente con el trolley, pantógrafo u otros dispositivos.
— *Obr. públ.* Recoger, canalizar y conducir las aguas de un manantial.
— *Radiot.* Recibir las ondas hertzianas con un receptor: *captar las emisiones de un satélite artificial.*

CAPTURA f. Desvío natural y progresivo del cauce de un río que acaba por verter sus aguas en otro, en cuyo caso se dice que éste lo ha capturado.
— *Atom.* Fenómeno consistente en la absorción por un núcleo atómico de una partícula o radiación: *en las pilas atómicas el uranio 238 se convierte en uranio 239 por captura de un neutrón.* ‖ *Captura K,* forma de radiactividad consistente en la captura por el núcleo de un electrón de la capa K y reemplazamiento de éste por otro electrón que, al caer de otra capa superior, emite un exceso de energía en forma de rayos X. (V. ÁTOMO.)

CAPULLO m. *Text.* Envoltura sedosa hilada por el gusano de seda y en cuyo interior efectúa la metamorfosis que lo transforma en crisálida. (V. SEDA.) ‖ *Capullo ocal,* el que ha sido hilado por dos gusanos juntos. ‖ Tela de seda basta hecha con los hilos de filadiz o borra de capullo.

CAQUI m. *Text.* Tela de algodón o de estambre especialmente usada para uniformes de campaña. ‖ Color pardo aceitunado de esta tela.
— El *caqui* se caracteriza por su solidez. Para que no se descolore con el uso se emplean tintes especiales que se aplican, las más de las veces, a la fibra antes de ser hilada.

CARA f. Cada uno de los lados o superficies exteriores de una cosa: *el cuero puede aprovecharse por la cara de la carne o la cara de la flor*
— *Carp.* La hoja superficial y aparente de entre

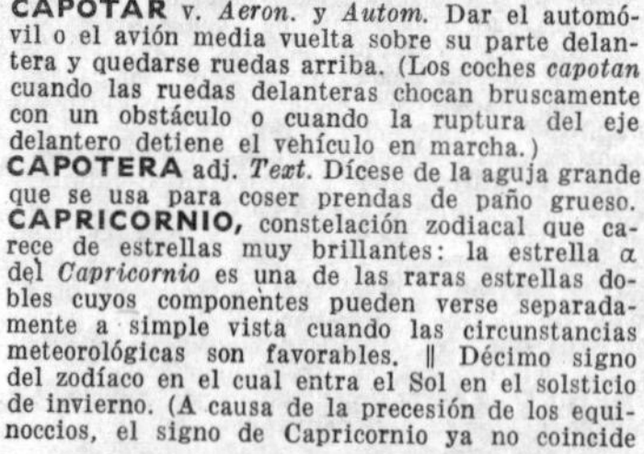

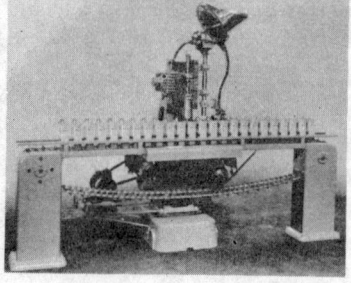

capsuladoras
mecánica de latas y manual de botellas

Fot. Koruna

todas las que constituyen la madera cruzada: *la cara es de mejor calidad y aspecto que las chapas de relleno.* || *Máquina de moldurar por cuatro caras*, v. ACEPILLADORA.
— *Electr. Cara polar*, en los motores eléctricos, superficie de la pieza polar que se halla frente al entrehierro.
— *Geom.* Cada uno de los planos de un ángulo diedro. || Cada uno de los polígonos planos que forman o limitan un poliedro u otro cuerpo sólido.
— *Text. Doble cara*, tejido formado por tres elementos —dos tramas y una urdimbre o dos urdimbres y una trama— que carece de revés.
— En la *cara doble* uno de los elementos es común a ambas caras tisadas idénticamente con los dos otros elementos. Así se obtienen tejidos con ambas caras idénticas, aunque en muchos casos —especialmente en telas para vestidos de señora— se les da un color o una textura diferentes.

CARABINA f. *Arm.* Especie de fusil corto y ligero, de cañón generalmente rayado.
— Las *carabinas* son armas de pequeño calibre, pues, si se exceptúa las de 7,62, usadas por el ejército norteamericano, casi todos los modelos tiran proyectiles de menos de 6 mm. Estas armas se usan para el tiro al blanco, pero algunas de ellas permiten matar un animal de 25 kg a 1 500 m de distancia.

CARACOL m. *Carp. Escalera de caracol*, v. ESCALERA.
— *Geom.* Espiral. || *Caracol de Pascal*, podaria de la circunferencia.
— El *caracol de Pascal* es la curva que se obtiene al unir los pies de las perpendiculares trazadas desde un punto fijo O a un gran número de tangentes de la circunferencia. Tiene tres formas diferentes, según se halle el punto O fuera de la circunferencia, en ella o dentro de la misma.
— *Mec.* Rueda que, por medio de dientes, muescas u otro artificio, regula las horas que ha de sonar la campanilla o el carillón de un reloj. || Rosca de Arquímedes.
— *Tecn.* Espiras de paso muy grande que separan dos grabaciones sucesivas de un disco microsurco.

CARÁCTER m. *Art. gráf.* Letra de imprenta (Sinón. TIPO.)
— La *unidad de medida de los caracteres* es el punto* tipográfico. La fuerza del cuerpo es siempre un múltiplo del punto, mientras que los blancos se miden en múltiplos o submúltiplos del cícero *. Los caracteres se designan con varios nombres correspondientes a su fuerza expresada en puntos. Cada familia de letras tiene varias clases de caracteres: *versales* (máyusculas grandes), *versalitas* (mayúsculas pequeñas), *redondos* (minúsculas ordinarias), *negrilla, cursiva* o *itálica.*
Además de los caracteres de uso corriente en la prensa y la edición, existe una infinidad de *caracteres de fantasía* usados para membretes, impresos comerciales y de propaganda, etc. También existen *caracteres especiales para ciegos* constituidos por combinaciones de seis puntos que se imprimen en relieve en el papel.
Los textos corrientes suelen componerse mecánicamente en máquinas que componen y funden líneas enteras (v. LINOTIPIA) o de signos separados (v. MONOTIPIA). [V. tb. TIPO.]

CARACTERÍSTICO, CA adj. y s. Peculiar, propio de una cosa o fenómeno: *el personal de los aeropuertos se halla acostumbrado al ruido característico de los turborreactores.*
— *Cibern.* Tratándose de un sistema eléctrico, hidráulico o mecánico, correspondencia existente entre el valor de una magnitud a la entrada del sistema y a la salida del mismo.
— *Electr.* Curva que representa la evolución de una magnitud en función de otra: *en muchos casos es útil conocer la curva característica de la velocidad de un electromotor en función de la corriente que absorbe.*
— *Fís. Función y superficie características de un fluido*, v. FUNCIÓN y TERMODINÁMICA.
— *Fot. Curva característica*, v. SENSITOMETRÍA.
— *Mat.* Sigla o signo adoptado para abreviar: *d es la característica de las diferenciales.* || *Característica de un logaritmo*, v. LOGARITMO.
— *Radiot. Característica de una lámpara* o *de un transistor*, curva que representa las variaciones de la intensidad de la corriente anódica en función del potencial aplicado a la rejilla.

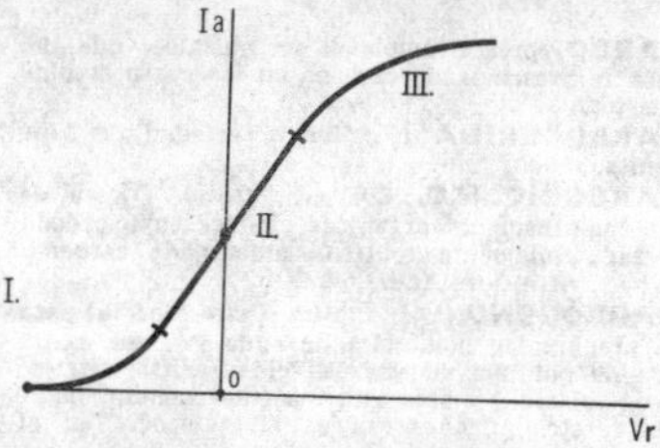

característica *(radiot.)*
Ia. Intensidad de la corriente anódica; Vr. Potencial de la rejilla; I. El potencial de rejilla anula la corriente anódica; II. Zona lineal útil; III. Límite superior de la corriente anódica

— *Tecn. Característica de una máquina*, curva que representa la evolución de uno de sus elementos en función de otro: *la curva característica de la velocidad en función del consumo permite elegir la velocidad más económica para efectuar un trabajo dado.*

CARACUL adj. y s. *Zool.* Raza ovina del Asia occidental, hoy aclimatada en otras partes, que da la piel llamada astracán*.

CARÁMBANO m. Hielo largo y puntiagudo que se forma verticalmente en los aleros de los tejados y en otros sitios donde gotea o chorrea el agua durante las heladas.

CARAMELIZAR v. *Ind. alim.* Convertir en caramelo un jarabe, melaza o azúcar. (Sinón. ACARAMELAR.)

CARAMELO m. *Ind. alim.* Azúcar cocido con agua que toma el aspecto de una pasta parda y, al enfriarse, se vuelve sólido y quebradizo. || Masa negruzca y amarga que se obtiene calentando azúcar entre 180 y 200°.

CARAMIDA f. *Quím.* Óxido de hierro magnético.

CARAT m. *Joy.* Galicismo por *quilate.*

CARAVANA f. *Autom.* Vehículo grande que se lleva a remolque con un coche y que está provisto de instalaciones para que puedan alojarse y cocinar en él varias personas, especialmente con fines turísticos.

CARBAGEL m. *Quím.* Carbón activado que, previa eliminación de los gases que contiene, se impregna de cloruro de calcio anhidro y sirve para desecar o deshidratar.

CARBAMATO m. *Quím.* Sal o éster del ácido carbámico.

CARBÁMICO, CA adj. *Quím.* Dícese de un ácido que no se conoce al estado libre y que es la monamida del ácido carbónico.

CARBAMIDA f. *Quím.* Urea.

CARBAMILO m. *Quím.* Radical NH_2—CO— derivado del ácido carbámico.

CARBANÍLICO, CA adj. *Quím.* Antranílico.

CARBAZIDA f. *Quím.* Compuesto explosivo cristalizado y volátil, derivado de la carbohidracida *.

CARBAZOL m. *Quím.* Substancia presente en el antraceno bruto del alquitrán de hulla: *el carbazol tiene bastante analogía con la difenilamina.*

CARBI, prefijo empleado en química. (V. CARBO.)

CARBILAMINA f. *Quím.* Isonitrilo.

CARBINOL m. *Quím.* Alcohol * metílico.

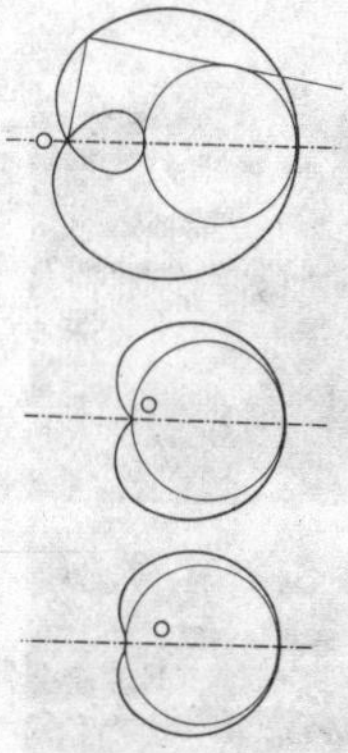

caracol de Pascal *(geom.)*

caravana

Fot. Ets S. E. M. M.

CARBO, prefijo empleado en química, que indica la presencia de carbono en los cuerpos compuestos.

CARBOCERINA f. *Miner.* Variedad de lantanita.

CARBOCÍCLICO, CA adj. *Quím.* Dícese de las combinaciones orgánicas cíclicas cuya cadena cerrada solamente contiene átomos de carbono. (Sinón. HOMOCÍCLICO.)

CARBÓGENO m. *Ind. alim.* Polvo especial para la preparación doméstica de agua gaseosa, constituido por una substancia ácida (ácidos cítrico, tártrico, etc.) y otra alcalina (bicarbonato, magnesia, etc.) que entran en efervescencia en él agua.

CARBOHIDRACIDA f. *Quím.* Cuerpo sólido que resulta de la acción de la hidracina sobre el carbonato de etilo. (También se escribe *carbohidrazida.*)

CARBOHIDRATO m. *Quím.* Hidrato de carbono.

CARBOHIDRAZIDA f. *Quím.* Carbohidracida.

CARBOHIELO m. *Quím.* Marca registrada del anhídrido carbónico* solidificado, que, al sublimarse, produce un frío intenso.

CARBÓLICO, CA adj. *Quím.* Fénico. ‖ *Aceite carbólico,* substancia que, al destilarse la hulla, se separa entre 150 y 210°.
— Al enfriarse el *aceite carbólico* da cristales de naftaleno y un líquido pardo que contiene ácidos carbólicos y, sobre todo, fenol. Este líquido se usa en farmacia y como insecticida para proteger los árboles y la madera. En esta aplicación se conoce con el nombre de *carbolíneo.*

CARBOLÍNEO m. *Quím.* Aceite carbólico *.

CARBOLITA f. Carburo complejo de aluminio, silicio y calcio que se obtiene al reducir el carbono de las escorias de hierro en el horno eléctrico.

CARBOLOY m. *Metal.* Acero especial al níquel, cobalto y tungsteno, en el cual la presencia de carburo de tungsteno se traduce por una dureza muy pronunciada: *con el carboloy se fabrican herramientas cortantes que conservan sus cualidades a temperaturas elevadas.*

CARBÓMETRO m. *Quím.* Aparato para dosificar el ácido carbónico que contienen los carbonatos.

CARBÓN m. Combustible sólido, de color negro y de origen vegetal que contiene una proporción importante de carbono. ‖ Carboncillo de dibujo. ‖ *Carbón activado,* carbón de leña o de turba especialmente tratado para aumentar la propiedad que tiene de absorber los gases. (V. más abajo el art. encicl.) ‖ *Carbón animal,* el que se obtiene mediante la calcinación de huesos, usado principalmente en farmacia. (Sinón. NEGRO ANIMAL.) ‖ *Carbón aglomerado,* v. AGLOMERADO y BRIQUETA. ‖ *Carbón de canutillo,* el de leña que proviene del ramaje más delgado. ‖ *Carbón de huesos,* carbón animal. ‖ *Carbón de leña,* residuo sólido de la carbonización de leña. ‖ *Carbón mineral* o *carbón de piedra,* combustible sólido, de color negro, consistente en vegetales fosilizados que hoy forman importantes yacimientos y que, según su naturaleza, se designa con los nombres de *antracita, hulla* y *lignito.* ‖ *Carbón de retorta,* carbono casi puro que se obtiene al carbonizar gases de destilación de la hulla y que se usa para fabricar electrodos *. ‖ *Carbón vegetal,* el de leña.
— *Carbón de leña.* La carbonización de la leña a una temperatura de más de 400° da un residuo negro, consistente en carbonato casi puro cuya combustión desprende 8 000 calorías por kilogramo y produce de 2 a 3 % de ceniza y de 12 a 15 % de materias volátiles.
El método primitivo de carbonización de la leña en carboneras aún se sigue practicando en muchas regiones del Globo. Consiste en formar una pila de ramas en medio de la cual se deja una chimenea para da• salida a los gases. La leña se cubre con una capa de hojarasca y de tierra o arcilla con objeto de que no pueda arder. El carbonero prende fuego a la chimenea y gradúa la combustión mediante agujeros abiertos en la capa de la tierra, de tal forma que la leña disponga del oxígeno necesario para irse carbonizando desde el centro de la pila hacia la periferia, y que la entrada de aire no sea en ningún momento suficiente para provocar su combustión completa. La operación puede durar unos días solamente en las carboneras de 20 estéreos y hasta un mes en las mayores, que llegan a contener 200 estéreos de leña.
La carbonización en hornos portátiles (carbonizadores) es más práctica y segura. Consisten estas instalaciones simples en una serie de elementos de palastro que se montan rápidamente para formar una cámara provista de una chimenea central y de entradas de aire laterales y en cuyo interior se carboniza la leña como en la carbonera.
La carbonización de la leña es muy útil, pues permite aprovechar aquellas partes de los árboles que, en los países de alto nivel de vida, no tienen ningún uso y, en general, los muchos árboles que no son maderables ni utilizables por la industria papelera. Desgraciadamente, las carboneras y los hornos portátiles de carbonizar dejan perder importantes cantidades de materias y substancias aprovechables. De ahí la necesidad de extender el uso de la carbonización industrial en retortas o túneles que permiten recuperar todos los productos e incluso hacer variar las proporciones de los mismos, según las necesidades, mediante regulación apropiada de la temperatura. La destilación de la leña da, por término medio, de 25 a 30 % de carbón, de 18 a 25 % de gases combustibles, 5 % de alquitrán (hasta 25 % en las maderas resinosas) y de 35 a 50 % de líquido piroleñoso o vinagre de leña bruto que contiene acetona, alcohol metílico, ácido piroleñoso y otras substancias usadas industrialmente.
El carbón de leña es un combustible apreciado por la escasa cantidad de ceniza que deja, el poco humo que desprende y la facilidad con que se alumbra y arde. Se usa industrialmente como reductor metalúrgico, combustible de gasógenos, pigmento de pinturas, y también en la fabricación de pólvoras * y como absorbente. En este último caso suele someterse previamente a un caldeo intenso (a más de 1 000°, en presencia de una atmósfera oxidante) que elimina el resto de sus materias volátiles y lo convierte en carbón activado. Pero no todo el carbón activado proviene de la madera. También se elabora mediante la calcinación de turba con ácido fosfórico a 1 200°: se obtiene así ácido fosfórico y carbón activado.
Con los nombres de *carbón de piedra* o *carbón mineral* se suelen designar todos los carbones fósiles, por oposición a los de la leña, aun cuando, con toda propiedad, solamente pueden aplicarse a la *antracita* y la *hulla,* presentes, salvo raras excepciones, en el terreno carbonífero * de la era primaria. Los combustibles minerales sólidos geológicamente más recientes que los del carbonífero, se hallan incompletamente carbonizados: son los *lignitos* con más de 40 % de materias volátiles, excesivamente húmedos y ricos en oxígeno, cuyo poder calorífero es inferior al de la hulla. Más reciente aún, puesto que su formación se prosigue actualmente, es la *turba,* que contiene, al estado seco, 35 % de oxígeno y, recién extraída, cuatro quintas partes de agua. (V. ANTRACITA, COMBUSTIBLE, HULLA, LIGNITO y MINA.)
— *Electr.* Electrodo central que constituye el polo positivo de las pilas secas y que consiste en una barrita de carbón de retorta o de carbón aglomerado en caliente. ‖ Escobilla * de carbón o de grafito. ‖ Electrodo de las lámparas de arco.
— En las lámparas de arco se usan distintas clases de carbones: *carbón homogéneo,* cuya masa se caracteriza por la regularidad de su densidad y de su composición granulométrica: *carbón de mecha,* que es un electrodo tubular con relleno de carbono y substancias especiales apropiadas para estabilizar el arco; *carbón mineralizado,* constituido por una mezcla de carbón y de sales metálicas, que tiene por efecto aumentar la intensidad lumínica del arco.
— *Fot. Papel al carbón,* v. PAPEL.

CARBONADO, DA adj. y s. *Miner.* Diamante * negro: *los carbonados solamente tienen usos industriales.*
— *Quím.* Que contiene carbón. ‖ Carburado.

CARBONAJE m. *Art. gráf.* Procedimiento de impresión con una tinta especial que después se puede calcar en seco aplicando simplemente el impreso sobre un papel blanco y raspándolo por

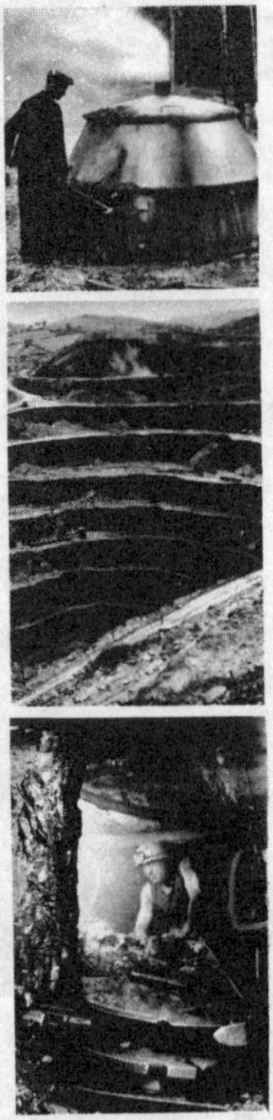

carbón
(de arriba abajo): elaboración del carbón de leña y arranque del carbón de piedra a cielo abierto y con rozadora

Fot. Craven, Lavitte, Boyer

el dorso para facilitar la adherencia de la tinta: *merced al carbonaje, los dibujantes evitan la labor fastidiosa que representa dibujar las letras en los anuncios, folletos y otros trabajos artísticos.*

CARBONATACIÓN f. *Ind. alim.* En la fabricación del azúcar, operación consistente en tratar el jarabe con ácido carbónico para precipitar la cal que se le ha agregado previamente para defecarlo o depurarlo.
— *Quím.* Acción de transformar en carbonato.

CARBONATADO, DA adj. *Quím.* Convertido en carbonato: *cal carbonatada.*
— *Miner.* Dícese de las rocas constituidas principalmente por carbonato de calcio o de magnesio, como la caliza, el mármol, la dolomía, etc.

CARBONATAR v. *Quím.* Transformar en carbonato.

CARBONATO m. *Quím.* Sal o éster del ácido carbónico, o sea combinación del mismo con una base.

CARBÓN BLACK m. *Gom.* Anglicismo muy corriente por *negro * de humo.*

CARBONCILLA f. *Comb.* Carbón menudo. (Sinón. PICÓN.)

CARBONCILLO m. *Pint.* Bastoncillo para dibujar consistente en un carbón de canutillo ligero suministrado por la parte leñosa de ciertos arbustos, especialmente del bonetero o evónimo (*Evonymus europaea*).

CARBONEAR v. Quemar leña para convertirla en carbón *. ‖ *Mar.* Abastecerse de carbón un buque de vapor.

CARBONEO m. *Comb.* Acción y efecto de carbonear. (V. CARBÓN.)

CARBONERA f. *Comb.* Pila de leña que se carboniza al abrigo del aire cubriéndola con una capa de hojarasca y tierra. (V. CARBÓN *de leña.*) ‖ Compartimiento especial en el que se guarda el carbón, a proximidad de los hogares, en los buques, centrales eléctricas y otras industrias.
— *F. c. Amer.* Ténder.
— *Min. Amer.* Mina de hulla.

CARBONERO adj. y s. m. *Mar.* Buque especializado en el transporte de carbón.

CARBÓNICO, CA adj. *Quím. Ácido carbónico,* ácido muy flojo, de fórmula CO_3H_2, que no se ha podido obtener al estado libre porque, al formarse en una reacción química, se descompone instantáneamente en agua (H_2O) y en gas o anhídrido carbónico de fórmula CO_2.
— El *anhídrido carbónico* es un gas incoloro e inodoro, de densidad 1,52, que se licua fácilmente por compresión (36 atmósferas bastan a la temperatura de 0°). Su transporte y venta se efectúa al estado líquido, en botellas de acero. Si se abre la llave de la botella y se proyecta el chorro dentro de un saquito de tela, se recoge en éste un polvo blanco de nieve carbónica, que es anhídrido solidificado. A la presión atmosférica la nieve carbónica se sublima, sin fundir, a —79°. Se usa como refrigerante.
El *gas carbónico* es bastante soluble en el agua, que, a 15°, puede disolver su propio volumen del mismo. Las gaseosas y el agua de Seltz son disoluciones de esta clase. Las soluciones acuosas de gas carbónico tienen los caracteres de un ácido flojo y tiñen de rojo el tornasol. Obran sobre las bases para dar carbonatos, sales del ácido que no se ha logrado aislar hasta ahora.
El gas carbónico presente en la atmósfera a razón de 3 volúmenes por 10 000 proviene de las combustiones, la respiración de los animales, las fermentaciones, emanaciones volcánicas, etc. Las plantas lo absorben y descomponen (fotosíntesis *) merced a la clorofila * y a la acción de la luz. (V. CARBONO [*Ciclo del*].) Industrialmente es un producto secundario de la combustión del coque, la fabricación de la cal por calcinación del carbonato de calcio, la fermentación del mosto en las fábricas de cerveza, etc.
Los principales usos del gas carbónico son los siguientes: elaboración de bebidas gaseosas, refrigeración, extintores de incendios, fabricación del azúcar y de la sosa, tratamientos metalúrgicos, etc.
El gas carbónico no es venenoso, aunque determina la muerte si el aire contiene más de 30%, pues entonces no puede desprenderse el gas carbónico disuelto o combinado en el plasma sanguíneo. Sin embargo, no es raro que se lo confunda con el óxido de carbono *, que es muy tóxico.

CARBÓNIDO m. *Quím.* Cada uno de los cuerpos simples de la familia del carbono. ‖ — Pl. Grupo de substancias que comprende el carbono y sus compuestos. (Sinón. ANTRÁCIDOS.)

CARBONÍFERO, RA adj. y s. *Geol.* Dícese de un período de la era paleozoica comprendido entre el devoniense y el pérmico, de —280 a —210 millones de años, caracterizado por la formación de la hulla en lo que fueron sus bosques pantanosos. (V. ESTRATIGRAFÍA.)
— *Miner.* Que contiene carbón: *subsuelo carbonífero.*

CARBONILO m. *Pint.* Mezcla de creosotas y aceites antracénicos con que se impregna la madera para protegerla contra la podredumbre.
— *Quím.* Óxido de carbono * considerado en tanto que radical bivalente: *el niqueltetracarbonilo se usa para extraer el níquel de su ganga.*

CARBONILLA f. *Pint.* Carboncillo de dibujar.
— *Autom.* Residuo carbonoso producido en el cilindro por una mala combustión del carburante: *la carbonilla provoca el autoencendido *.* ‖ Residuo de la combustión del aceite de engrase que, por ajustar mal los segmentos del émbolo, pasa entre éste y el cilindro hasta la cámara de combustión.
— *Comb.* Carbón menudo.

CARBONITRURACIÓN f. *Metal.* Procedimiento de cementación del acero por el carbono y el nitrógeno.
— La *carbonitruración* se efectúa entre 700 y 850° en atmósfera de óxido de carbono, hidrocarburos y amoniacos. La capa cementada es más dura que en la cementación * ordinaria.

CARBONITRURAR v. *Metal.* Efectuar la carbonitruración de las piezas de acero.

CARBONIZACIÓN f. *Carp.* Operación consistente en flamear los maderos con objeto de que se forme en la superficie tostada una capa de creosota que los proteja contra los insectos y la humedad: *la carbonización de los pilotes de roble los hace muy duraderos.*
— *Comb.* Operación consistente en transformar las materias orgánicas en carbón: *la carbonización de los árboles da carbón de leña.* ‖ Llámase también así, aunque impropiamente, la *coquefacción* o *destilación* del carbón por el calor al abrigo del aire.
— Durante la *carbonización* los combustibles desprenden materias volátiles en forma de vapor de agua y de gases combustibles que arrastran otras substancias condensables y permiten recuperarlas, mientras que en la combustión completa se consumen. Por otra parte, el combustible carbonizado se enriquece en carbono, como lo muestra la comparación de la leña y del carbón que con ella se obtiene.
La *carbonización de la hulla* se efectúa industrialmente en hornos especiales. (V. COQUEFACCIÓN y DESTILACIÓN.)
— *Text.* Tratamiento a que se somete la lana, o los tejidos hechos con ella, con objeto de eliminar las impurezas vegetales que quedan entre las hebras.
— La *carbonización* consiste generalmente en dar a la lana un baño ácido que transforma la celulosa de los fragmentos vegetales en hidrocelulosa. Basta con someterla después a una temperatura de 100° en una cámara apropiada para que la hidrocelulosa se carbonice y pueda ser eliminada mediante un batido.

CARBONIZADOR, RA m. y f. *Comb.* y *Quím.* Aparato propio para efectuar la carbonización de

buque carbonero

Fot. Skyfotos

alguna materia: *los carbonizadores de leña son hornos portátiles que suprimen las carboneras.*
— *Text.* Máquina para efectuar la carbonización * de la lana.

CARBONIZAR v. Reducir una materia a carbón: *carbonizar huesos para fabricar negro animal.* ‖ Destilar carbón, leña u otras materias orgánicas. (V. CARBÓN, CARBONIZACIÓN y DESTILACIÓN.)

CARBONO m. *Atom. Método del carbono 14*, procedimiento para averiguar la edad o época de que data un vestigio orgánico (esqueleto prehistórico, madera, cenizas, restos de tejidos, etc.) fundado en la cantidad de carbono radiactivo que contiene.
— Las radiaciones solares transmutan regularmente nitrógeno en *carbono 14.* El gas carbónico de la atmósfera contiene, por consiguiente, una proporción perfectamente determinada de dicho isótopo de carbono. También se mantiene constante dicha proporción en los organismos animales y vegetales, puesto que éstos absorben directa o indirectamente gas carbónico de la atmósfera. Esta absorción cesa al morir el organismo, ya sea un árbol, ya una persona, cuyos restos, por mucho tiempo que pase, conservarán su carbono. Ahora bien, como el isótopo 14 es radiactivo y se desintegra regularmente, la materia muerta irá perdiéndolo proporcionalmente al tiempo transcurrido. Bastará con medir la radiactividad presente de un pequeño fragmento de momia egipcia o de las cenizas descubiertas en una gruta prehistórica para saber qué proporción de átomos de carbono 14 se ha desintegrado desde que murió el personaje de la primera o fue cortada la leña de las segundas, y de ahí se deducirá el tiempo transcurrido, puesto que se sabe que cada 5 570 años disminuye de la mitad, por desintegración, la cantidad de átomos de carbono 14 presentes en la materia orgánica.
— *Quím.* Cuerpo simple (C), de número atómico 6 y masa atómica 12,01.
— El *carbono* es un metaloide compuesto de tres isótopos: ^{12}C (98,892 %), ^{13}C (1,108 %) y ^{14}C, que es radiactivo. Es un sólido del cual existen diversas variedades alotrópicas, dos de ellas cristalinas (diamante y grafito) y las otras amorfas cuando se halla mezclado con otros elementos en los carbones naturales y artificiales. (V. CARBÓN.)

La densidad del grafito es de 2,13 y la del diamante, de 3,52. A partir de 1 500° este último se convierte en grafito, cuya temperatura de fusión es de 3 600° (la de ebullición es aproximadamente de 4 200°). Es buen conductor del calor y de la electricidad, por cuya razón se usa como electrodo en los arcos eléctricos (v. ARCO y CARBÓN) y en las pilas secas y para hacer escobillas de electromotores. Es insoluble en todos los disolventes ordinarios, pero se disuelve en ciertos metales fundidos, especialmente el hierro. (V. ACERO.)

El carbono tiene cuatro átomos de valencia y puede ser electronegativo o electropositivo; combustible o reductor. Así, es considerable el número y la diversidad de sus reacciones. Sus combinaciones con el hidrógeno, el oxígeno y el nitrógeno forman la mayor parte de los organismos animales y vegetales, por cuya razón se ha dado el nombre de *química orgánica* al estudio de todos los compuestos de carbono. Se admite que en las moléculas orgánicas el carbono ocupa el centro de un tetraedro regular en cuyos vértices se hallan los cuatro átomos o radicales que con él forman la molécula. En el carbono asimétrico, dichos átomos o radicales son todos diferentes. El carbono arde en el oxígeno y en el aire y da respectivamente gas carbónico * y óxido de carbono. El último, también llamado *carbonilo*, es un gas incoloro e inodoro, de densidad 0,97, poco soluble en el agua. Al ser respirado da, con la hemoglobina de la sangre, una combinación estable que provoca asfixia mortal si su proporción en el aire alcanza 1 %.

El carbono y sus derivados tienen una importancia considerable, no solamente en la industria química, sino también en la metalurgia, fabricación de gas de alumbrado y otros combustibles, elaboración de materias sintéticas, industrias alimenticias, etc.

Llámase *ciclo del carbono* a la serie de combinaciones que efectuá el carbono atmosférico a través de los organismos vivientes antes de volver de nuevo a la atmósfera.

La atmósfera contiene 0,03 % de gas carbónico *. Las plantas absorben este gas y lo fijan en forma de hidratos de carbono y de cuerpos grasos. Los animales, por el contrario, disipan el carbono ingerido en forma de alimentos vege-

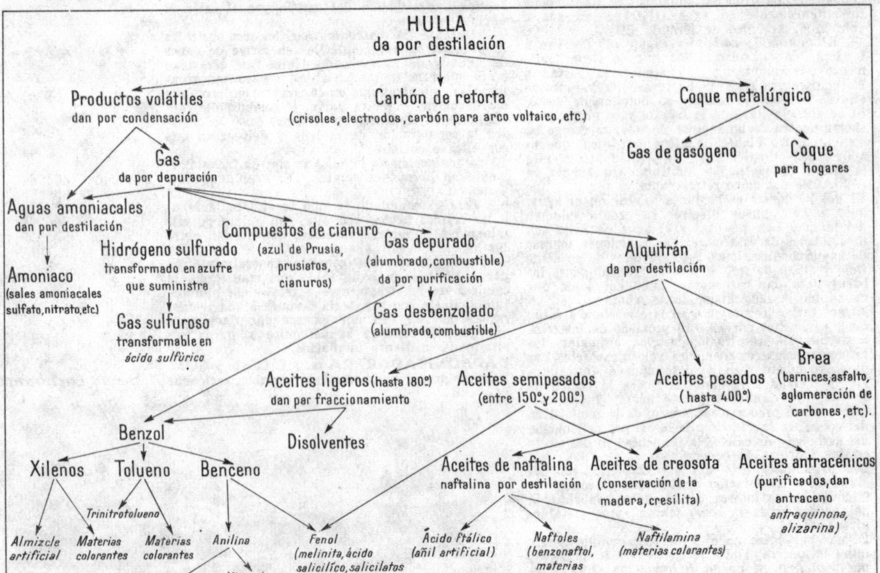

productos importantes de la **carboquímica**

tales o animales. Otra parte del carbono fijado primitivamente por las plantas vuelve a la atmósfera al efectuarse la combustión del carbón, la leña, el petróleo u otros combustibles en los hogares industriales y domésticos, los motores de combustión, etc. El único carbón que no participa en este ciclo es el fijado por las rocas calizas durante los tiempos geológicos.

CARBONOSO, SA adj. Que tiene carbón. ‖ Semejante o parecido al carbón.

CARBOQUÍMICA f. *Ind.* Ramo de la química industrial dedicado a la producción de compuestos y derivados del carbón de piedra.

CARBORUNDO o **CARBORUNDUM** m. Marca registrada de un abrasivo artificial a base de carburo de silicio.
— El *Carborundo* se fabrica calentando una mezcla constituida esencialmente por coque y arena silícea. El producto final se machaca y se clasifican sus granos, que, aglomerados con un cemento especial, permitirán fabricar muelas de todas las formas, dimensiones y características granulimétricas. El *Carborundum* es, después del diamante, el abrasivo de mayor dureza y se usa para labrar los metales màs duros, especialmente las herramientas de carburo de tungsteno.

CARBOXILO m. *Quím.* Radical monovalente —CO_2H característico de los ácidos orgánicos.

CARBUNCLO o **CARBÚNCULO** m. *Miner.* Almandina.

CARBURACIÓN f. Acción de carburar.
— *Autom.* Preparación en el carburador de la mezcla gaseosa inflamable y combustible con que se alimenta el motor de explosión. ‖ *Carburación interna,* V. DIESEL e INYECCIÓN.
— Teóricamente, la combustión de 100 g de gasolina requiere unos 350 g de oxígeno y, por consiguiente, unos 15,3 kg de aire por cada kg de gasolina. Prácticamente se necesitan 20 kg, o sea 11 000 litros de aquél por cada litro de ésta. Si la mezcla contiene proporciones superiores de gasolina, aumenta la potencia del motor, pero la combustión incompleta da lugar a la formación de carbonilla en el cilindro. Cuando es excesivamente rica, el motor funciona anormalmente y experimenta sacudidas. Si, por el contrario, la mezcla es pobre, disminuye la potencia y el consumo del motor. Cuando la proporción de gasolina es netamente insuficiente, el motor se calienta y se manifiestan fenómenos de autoencendido. (V. CARBURADOR.)
— *Metal.* Enriquecimiento de un metal en carbono: *la cementación del hierro o del acero dulce produce una carburación de las capas superficiales y las transforma en acero duro.*

CARBURADO, DA adj. Que contiene carbono. (Sinón. CARBONADO.) ‖ *Aire carburado,* mezcla combustible de aire y carburante usada para el alumbrado y en los motores de explosión.

CARBURADOR m. Aparato que produce automáticamente una mezcla de aire y de hidrocarburos vaporizados, en las proporciones que requiere el funcionamiento de un motor de explosión.
— El órgano esencial del *carburador* es una tobera que comunica con los cilindros por las tuberías de admisión y en la cual desembocan las canalizaciones de alimentación en aire filtrado y en gasolina. Al bajar el émbolo en el cilindro, ejerce una aspiración que puede ser regulada con una válvula de mariposa accionada por el pedal del acelerador. La depresión así creada se traduce por la aspiración del aire y de un chorrito de gasolina, ambos en proporciones exactamente determinadas por el calibre de los surtidores u orificios que dan paso a los mismos. La fuerza y la turbulencia del aire vaporizan la gasolina y se forma una mezcla carburante relativamente homogénea.
Además de los órganos básicos ya indicados, el carburador tiene varios circuitos especiales para la gasolina y el aire, que permiten el funcionamiento del motor en condiciones diferentes de las de la marcha normal del mismo. Como la mezcla se inflama difícilmente en un motor frío, el carburador tiene un dispositivo de arranque a modo de pequeño carburador suplementario que entra en funcionamiento al arrancar, enriquece la mezcla y dispone de un termostato que lo cierra automáticamente en cuanto se ha calentado el motor. La marcha lenta es otro circuito especial que permite la alimentación del motor, aunque esté cerrada la mariposa del carburador, o sea cuando el automóvil está parado y siempre que el conductor no accione el acelerador. La depresión creada por la abertura brusca de la mariposa no basta para que el surtidor normal permita una aceleración instantánea del vehículo. De ahí la necesidad de una bomba de aceleración consistente en una cavidad dividida en dos por una membrana impermeable: en funcionamiento normal existe una depresión detrás de la misma y la membrana comprime un muelle y aspira gasolina en la cavidad opuesta. Al acelerar y abrirse la mariposa, las presiones se equilibran en ambos lados de la membrana y el resorte la impele, dando así salida a un suplemento de gasolina que se suma a la que suministra el surtidor ordinario.
Todos los circuitos de gasolina del carburador parten de una cubeta de nivel constante provista de un flotador que, al subir, cierra automáticamente la entrada de la gasolina procedente del tanque.

CARBURANTE adj. y s. *Metal.* Que carbura: *las atmósferas carburantes para el hierro y sus aleaciones contienen óxido de carbono.* ‖ Substancia usada para aumentar la proporción de carbono que contiene un metal: *el carbono de leña es el carburante de hierro más antiguo que se conoce.*
— *Petr.* Que contiene carburo de hidrógeno: *los motores de explosión funcionan con una mezcla carburante.* ‖ Combustible líquido o gaseoso pro-

estructura y funcionamiento de los principales tipos de **carburadores**: 1. Surtidor de aire; 2. Gasolina pulverizada; 3. Mezcla de aire y gasolina; 4. Mariposa; 5. Mezcla carburante hacia los cilindros; 6. Pulverizador; 7. Tobera; 8. Surtidor de gasolina; 9. Flotador; 10. Cuba; 11. Válvula de aguja; 12. Gasolina; 13. Aire; 14. Cable accionado por el puño del manillar; 15. Aguja de la válvula; 16. Hacia el cilindro; 17. Válvula; 18. Flotador; 19. Cubeta; 20. Filtro de aire; 21. Aire; 22. Surtidor de aire; 23. Surtidor de gasolina (marcha lenta); 24. Regulación de la marcha lenta; 25. Primer tiempo; 26. Depresión; 27. Segundo tiempo (aceleración)

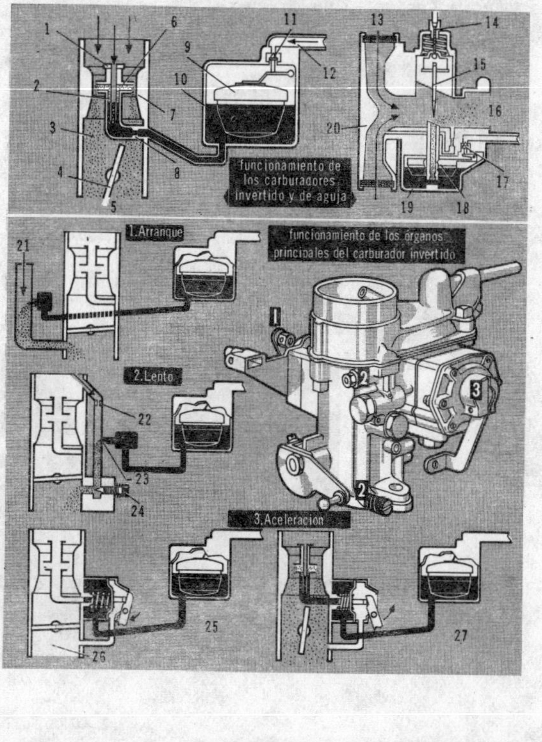

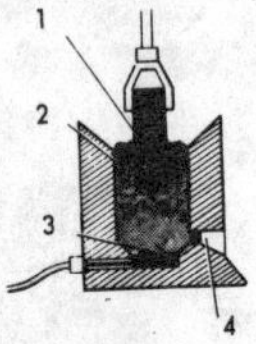

fabricación del **carburo** de calcio : 1. Electrodo; 2. Cal y carbón; 3. Segundo electrodo (solera de grafito); 4. Piquera

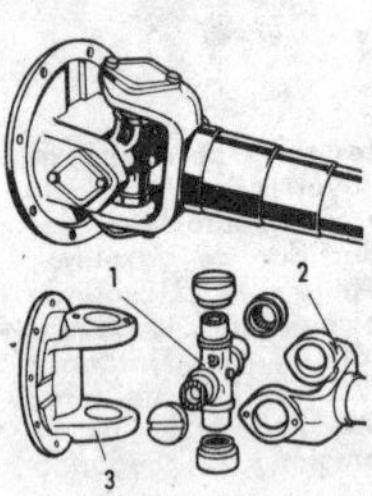

junta de **Cardán** 1. Cruceta; 2 y 3. Horquillas

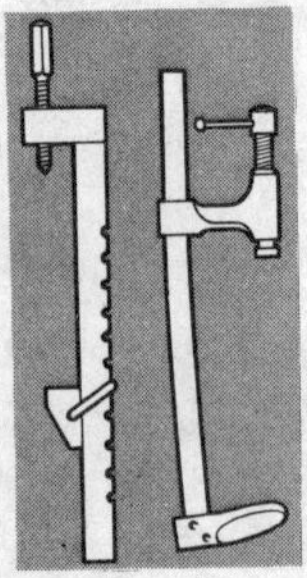

cárceles

pio para motores de explosión: *la gasolina es el carburante común de los coches.*
— El *carburante* es un líquido o un gas lo bastante volátil para que, mezclado con aire y comprimido en un cilindro, se inflame al saltar una chispa entre los dos electrodos de la bujía de ignición y proporcione, al expandirse los gases de combustión, la energía necesaria para arrastrar el cigüeñal. Dado que el combustible consumido por los motores Diesel no es, con toda propiedad, un carburante, y que el benzol y el alcohol solamente suelen usarse como aditivos, el único carburante universal para automóviles es la gasolina *. Pero este derivado del petróleo tiene un índice de octano * demasiado bajo (0,80) para los motores modernos, en los cuales el volumen de la mezcla carburante se reduce por compresión 7,5 y hasta 10 veces. Es, pues, indispensable agregarle algún antidetonante *. Los *supercarburantes* son mezclas binarias de gasolina con benzol o alcohol o bien ternarias (gasolina, benzol y alcohol) de índice de octano más elevado (0,90) que el de la gasolina pura. Ciertos carburantes especiales para aviones y coches de carreras tienen un índice de octano superior a 100. Por el contrario, los motores de tractor pueden funcionar con un carburante, especie de queroseno muy volátil, de índice de octano muy bajo. Los turborreactores y turbopropulsores consumen productos especiales designados con el nombre genérico de *carburreactores* *.

CARBURAR v. *Metal.* Aumentar la proporción de carbono contenida por un metal.
— *Tecn.* Mezclar un carburante líquido o gaseoso con la proporción de aire necesaria para que sea inflamable. (V. CARBURACIÓN y CARBURADOR.)

CARBURO m. *Quím.* Combinación del carbono con otro cuerpo simple.
— Los *carburos de hidrógeno* o *hidrocarburos* constituyen uno de los grupos más importantes de la química orgánica. (V. HIDROCARBURO.) También son importantes los *carburos metálicos*, caracterizados por su dureza y su temperatura elevada de fusión, especialmente el *carburo de tungsteno*, que funde a 3 140° y se usa para los útiles de corte rápido de los tornos, fresadoras y otras máquinas herramienta. El *carburo de silicio* se usa como abrasivo. (V. CARBORUNDO.) El *carburo de calcio* (CaC_2), que se prepara haciendo obrar el carbono sobre la cal en el horno eléctrico, sirve para producir acetileno *.

CARBURREACTOR m. *Aeron.* y *Comb.* Carburante especial para turborreactores y turbopropulsores.
— Los *carburreactores* son querosenos o mezclas de gasolina y queroseno caracterizados por su punto de congelación muy bajo (entre —40 y —60°) requerido por las temperaturas de este orden que reinan en las alturas normales de vuelo.

CARCAVO m. *Mec.* Hueco que sirve de chumacera a las ruedas de los molinos de agua.

CÁRCEL f. *Carp.* Especie de gato de madera para mantener apretadas las piezas encoladas hasta que se hayan pegado.

CÁRCOLA f. *Text.* Pieza del telar * manual que el tejedor acciona con el pie para hacer subir y bajar la viadera.

CARCOMA f. Nombre común con el que se designan los insectos xilófagos, especialmente los del género anobio.
— *Carp.* Las *carcomas* viven en los árboles muertos o la madera, y también en los libros. Sus larvas, una vez introducidas en una viga o un mueble, lo horadan en todas las direcciones, pues cada una de ellas practica una galería a medida que se va alimentando y deja detrás de sí un polvo característico de la madera carcomida.

carda

CARDA f. *Text.* Cabeza espinosa de la cardencha, usada para afelpar, peinar y sacar el pelo a los tejidos. ‖ Peine para cardar a mano consistente en un tablilla armada de púas y provista de un mango para asirla. ‖ Máquina de cardar.
— Todas las *cardas* se fundan en el mismo principio: los mechones de materia textil pasan entre una serie de tambores provistos de púas que los deshacen, extienden las hebras en forma de velo ancho, eliminan sus impurezas, peinan las fibras y finalmente las aprietan paralelamente hasta formar una cinta que se enrolla dentro de un bote.

CARDÁN m. *Mec.* Articulación que permite transmitir la rotación de un árbol a otro árbol cuya posición respecto al primero es variable.
— La *articulación, acoplamiento* o *junta de Cardán* se funda en el principio de la *suspensión* del mismo nombre, especialmente usada en los compases de navegar. (Esta suspensión consiste en tres aros: el aro interior soporta el estilo de la brújula y se articula por dos puntos opuestos en el aro central; éste se halla articulado a su vez en el aro exterior, que lo está en la caja del instrumento. Como el eje de la articulación de cada aro es perpendicular al del aro siguiente, la brújula se mantiene horizontal, sean cuales fueren los movimientos del soporte exterior, es decir, del barco.)
La junta de Cardán constituye un acoplamiento de uso corriente en los automóviles. Dos árboles, cuyos ejes convergen en un punto, se hallan terminados por una horquilla. Las dos horquillas se articulan en una misma cruceta gracias a la cual el movimiento de un árbol se transmite al otro, aunque ambos formen un ángulo y aunque este ángulo experimente variaciones durante el funcionamiento. En los coches de tracción delantera, el ángulo formado por los dos árboles sería demasiado grande y se producirían vibraciones molestas, por cuya razón se interpone un árbol intermediario. El sistema así constituido tiene dos articulaciones de Cardán y se llama *junta homocinética.*

CARDAR v. *Text.* Afelpar o sacar pelo a los tejidos con la carda. ‖ Limpiar y peinar las fibras textiles que se han de hilar. (V. CARDA.)

CARDATIPO m. *Ofic.* Combinación de un lector de tarjetas perforadas y de varias máquinas de escribir que, a partir de los datos comunes registrados en una tarjeta, imprimen documentos diferentes (por ej.: una, la factura; otra, las etiquetas; otra, las salidas del almacén, etc.).

CARDENCHA f. *Text.* Planta dipsácea (*Dipsacus sylvestris*) cuya cabeza espinosa es la carda *. ‖ Carda * para peinar las fibras textiles.

CARDENILLO m. *Quím.* Hidrocarbonato de cobre que, en presencia de la humedad, se forma sobre los objetos de dicho metal bajo la influencia del anhídrido carbónico. ‖ Acetato de cobre.

CARDERÍA f. *Text.* En las fábricas de hilados, sección donde se cardan las fibras textiles.

CARDINAL adj. *Astr. Puntos cardinales,* puntos del horizonte que sirven para orientarse respecto a un plano vertical que pasa por los polos.
— El eje de rotación aparente de la esfera celeste pasa aproximadamente por la estrella Polar. El Polo Norte de dicho eje es, para un observador situado a lo largo del mismo, el punto próximo de la Polar en torno del cual parecen girar todas las estrellas con un movimiento inverso del de las agujas de un reloj. El Polo Sur se encuentra en dirección diametralmente opuesta. El Este se halla perpendicularmente a la dirección N.-S. y a la derecha del observador que mira hacia el Norte. La dirección del Oeste es diametralmente opuesta a la del Este.
— *Ópt.* Llámanse *puntos cardinales* los dos puntos principales y los dos focos de un sistema óptico con los cuales se definen perfectamente las características y propiedades del mismo.

CARDIÓGRAFO m. Aparato registrador de la actividad cardiaca. (V. ELECTROCARDIÓGRAFO.)

Fot. C. C. A.

CARENA y **CARENADURA** f. *Mar.* Limpieza y compostura del casco de un barco.
CARENAJE m. *Mar.* Galicismo por *carena.*
CARENAR v. *Mar.* Limpiar, componer y pintar el casco de los barcos.
CARENERO m. *Mar.* Cala o varadero donde se carenan los barcos.
CARENOTE m. *Mar.* Cada uno de los dos tablones que se fijan en el casco de las embarcaciones menores, paralelamente a la quilla, para que puedan mantenerse derechas al sacarlas a tierra.
CARETA f. Mascarilla usada para respirar en atmósferas rarificadas sofocantes, asfixiantes o cargadas de partículas nocivas para el organismo.
— Las *caretas* o *máscaras antigás* ajustan perfectamente en el rostro, de modo que todo el aire inspirado pase obligatoriamente por un filtro poroso que, en ciertos casos solamente, sirve para retener partículas sólidas o gotitas en suspensión (por ej., pintura con el aerógrafo) y en otros tiene varios productos capaces de neutralizar químicamente los gases nocivos del aire. Existe otro tipo de careta destinado simplemente a suministrar oxígeno o aire a la presión normal a las personas que se hallan en una atmósfera enrarecida, cuales son los pilotos de aviones con habitáculo no provisto de instalación compresora y acondicionadora de aire. Todas las caretas tienen una válvula que permite la salida de los gases expirados.
CAREY m. Nombre dado a varias tortugas de mar cuya concha se usa para fabricar gafas, peines, estuches, cepillos y otros objetos, así como para obras de marquetería. ‖ Materia córnea suministrada por la concha de estas tortugas.
— El *carey verdadero* proviene de la tortuga llamada científicamente *Caretta caretta,* pero también es muy apreciado el de la especie *Eretmochelys imbricata.*
Las distintas escamas de la concha se separan calentando ésta cuidadosamente. Pueden labrarse con instrumentos cortantes, o bien moldearse, ablandando la pieza en bruto, con agua caliente, y comprimiéndola en moldes metálicos.
El carey se imita y reemplaza perfectamente con materias plásticas de síntesis.
CARGA f. Acción de cargar. ‖ Peso que lleva una persona, bestia o vehículo (en este caso también se llama *carga útil,* para distinguirla de la tara o peso propio del vehículo). ‖ Peso y, por ext., presión soportada por una cosa: *la carga de una viga, de una cañería.* ‖ Cantidad de materia primera con que se alimenta de una vez una máquina, de película que se carga en una cámara, de productos necesarios para una hornada o calderada, etc.
— *Aeron.* Peso soportado teóricamente por la superficie sustentadora: *la carga alar de un avión se calcula dividiendo su peso total por la superficie de las alas en metros cuadrados.* En los aviones supersónicos de alas reducidas la carga alar pasa de 500 kg e impone velocidades de aterrizaje muy grandes (300 km/h). ‖ *Carga de pago,* peso que puede transportar un avión en forma de pasajeros o mercancías. ‖ *Factor de carga,* coeficiente de seguridad exigido oficialmente durante las pruebas a que se somete un avión: si el factor de seguridad del ala es de 6, el ala habrá de resistir durante las pruebas a un peso seis veces mayor que el que deberá soportar durante el vuelo normal del aparato.
— *Arm.* V. más abajo *Expl.*
— *Atom. Carga elemental,* unidad mínima de electricidad, que es la carga eléctrica del electrón y del protón, igual a $1{,}602 \times 10^{-19}$ culombios.
— *Electr.* Acción de acumular electricidad en una botella de Leiden, un acumulador u otro dispositivo. ‖ *Carga eléctrica,* cantidad de electricidad que lleva un conductor: *la carga eléctrica se mide en culombios.* ‖ *Carga de una máquina* o *red de distribución,* potencia aparente suministrada o absorbida por las mismas. ‖ *Carga residual,* cantidad de electricidad que conserva un condensador después de una descarga brusca o un cable subterráneo después de haber cortado la corriente. ‖ *Coeficiente de carga,* cociente de la carga media de una máquina dividida por su potencia nominal.
— *Electrón. Carga de espacio* o *carga espacial,* carga en un punto del espacio debida a la presencia de electrones o de iones.
— *Expl.* Cantidad de pólvora que contiene un cartucho de arma de fuego o un barreno. ‖ *Carga hueca,* carga dispuesta en el proyectil de forma que los efectos de la explosión se manifiesten hacia delante.
— La *carga hueca* consiste en disponer el explosivo de modo que quede en su centro una cavidad cónica. Al explotar junto al blanco, las ondas procedentes de todas las partes de la carga convergen sensiblemente en un punto del mismo, sobre el cual se concentra, por consiguiente, toda la fuerza explosiva. Merced a estas cargas, se pueden perforar blindajes muy espesos con armas relativamente ligeras, incluso portátiles.
— *Hidr.* Conjunto de materias transportadas por una corriente de agua, ya sean disueltas, ya en suspensión o arrastrándolas por el fondo. ‖ Presión que ejerce el agua sobre las paredes que la contienen: *la carga de una tubería o de una presa.* ‖ *Carga de agua,* altura vertical del agua por encima de un punto determinado de una obra hidráulica.
— *Ind.* Materia que se agrega a un producto, mezcla o compuesto con objeto de reducir su precio de coste o bien de conferir alguna propiedad particular al producto manufacturado.
— Así, los óxidos metálicos aumentan el peso del jabón mientras que el caolín y el espato dan peso y blancura al papel. Sin embargo, las mismas industrias usan cargas para mejorar las propiedades detersivas del jabón o la calidad de los papeles.
— *Mar. Barco* o *buque de carga,* el que transporta mercancías. ‖ *Botalón de carga,* pluma * de carga. ‖ *Línea de carga,* v. FRANCOBORDO.
— *Mec.* Potencia que da un motor en el curso de su funcionamiento para efectuar el trabajo que se le impone: *muchas veces se sobrecargan los motores, o sea se les impone una carga mayor que la correspondiente a su potencia nominal.* ‖ *Carga de rotura,* esfuerzo de tracción necesario para romper una barra, que se mide en kilogramos por milímetro de sección de la misma.
— *Min. Cámara de carga,* v. CÁMARA.
— *Text.* Operación consistente en aumentar el peso de la seda para compensar las pérdidas que representan los desperdicios: *la carga se practica precipitando un silicofosfato de estaño sobre las fibras.*
CARGADERA f. *Mar.* Cada uno de los cabos que sirven para cargar o recoger las velas.
CARGADERO m. Sitio donde se carga o descarga una cosa. ‖ Tragante o abertura por donde se alimenta un horno.
— *Arq.* Viga o dintel que soporta el peso de la pared encima del vano de una puerta o ventana de gran abertura.
CARGADOR m. y **CARGADORA** f. Nombre de los dispositivos o máquinas que sirven para cargar: *cargadora de patatas.*
— *Arm.* Dispositivo para cargar las armas de fuego: *cargador de pistola de seis cartuchos.*
— *Arq.* Cargadero.
— *Art. gráf.* En ciertas máquinas de imprimir, rodillo que recibe la tinta del tomador y la cede al distribuidor.
— *Cin.* V. más abajo *Fot.*
— *Electr.* Aparato para cargar los acumuladores.
— El *cargador alimentado en corriente continua* consta de un reóstato *, un cortacircuito y un instrumento para controlar la carga. El *cargador de corriente alterna,* tiene, además, un rectificador *.
— *Fot.* y *Cin.* Caja opaca, adaptable a la cámara, que contiene una provisión de película o de placas fotográficas. (Sinón. ALMACÉN.)

careta antigás

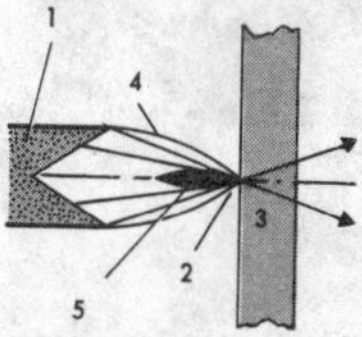

carga hueca
1. Explosivo; 2. Foco; 3. Blindaje; 4. Falsa ojiva; 5. Núcleo metálico

cargador de acumuladores para lámparas de minero

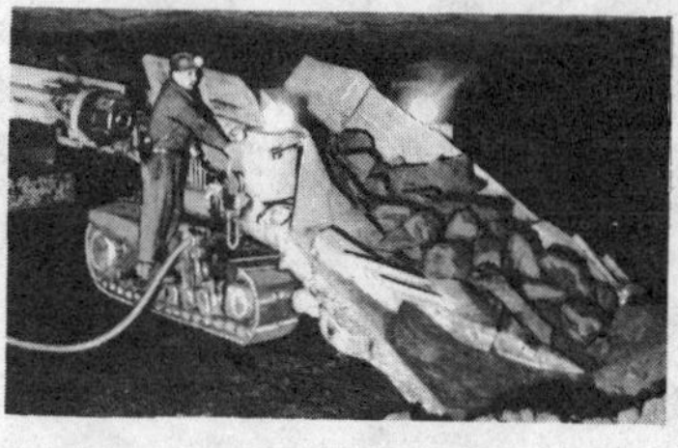

cargadoras de alto horno y de mina

Fot. S. C. A., Ets Boyer, Jolin, Joy

— *Metal.* Máquina para cargar los hornos: *la cargadora del horno Martín consta de un brazo largo provisto de pinzas o de una cuchara.*
— *Min.* Aparato que recoge el mineral arrancado en el tajo y lo carga en las vagonetas.
CARGAR v. Poner una carga sobre el animal, vehículo o barco que la ha de transportar. ‖ Aprovisionar, alimentar un aparato o máquina: *cargar la máquina de retratar con un carrete.*
— *Arm.* Introducir un cartucho en la cámara de un arma de fuego.
— *Electr.* Acumular electricidad en un aparato: *cargarse un condensador.*
— *Ind.* Agregar una carga * a las materias usadas para elaborar un producto.
— *Mar.* Recoger, cerrar las velas un barco.
— *Metal.* *Cargar un horno,* introducir en el mismo los productos que se han de tratar.
— *Min.* *Cargar un barreno,* depositar en el fondo del mismo la carga de explosivo.
CARGO m. *Mar.* Anglicismo por *carguero.*
CARGUERO m. *Mar.* Barco* de carga.
CARIÁTIDE f. *Arq.* Estatua que representa una mujer vestida con traje talar y sirve de columna o pilastra en un cuerpo arquitectónico.
CARIE o **CARIES** f. *Metal.* *Caries verde,* corrosión seca, a alta temperatura, que, al formarse en la misma compuestos verdosos ricos en cromo, destruye la superficie de ciertas aleaciones: *la caries verde se debe a la presencia de atmósferas oxidantes y sulfurosas.*

carillón

CARILLÓN m. Grupo de campanas acordadas que se tañen desde un pupitre provisto de teclas y pedales. ‖ *Carillón automático,* el que tañe las campanas por sí mismo merced a unos cilindros provistos de dientes, convenientemente espaciados, que enganchan en las cuerdas, tiran de ellas y las sueltan finalmente, provocando así la caída del martillo sobre la campana. (También existen *carillones eléctricos* que accionan los martillos con electroimanes).
CARLINGA f. *Aeron.* Cabina del avión.
— *Mar.* Hueco de la sobrequilla en que encaja el extremo inferior de un mástil.
CARMELINA f. *Text.* Lana de vicuña.
CARMENADOR m. *Text.* Carda.
CARMENAR v. *Text.* Cardar o peinar las fibras.
CARMESÍ adj. y s. Dícese del color de grana procedente del quermes animal. ‖ Pigmento o colorante químico del mismo color grana del quermes.
CARMÍN m. Materia de color rojo subido que se extrae de la cochinilla. ‖ Pigmento o tinte del mismo color que el carmín de cochinilla, pero de origen químico.
— El *carmín de cochinilla* ya no se fabrica industrialmente, pues si su color es vivo y brillante, el agua y los álcalis descoloran rápidamente los tejidos teñidos con él.

banco de **carpintero** con las siguientes herramientas: 1. Escoplos; 2. Formones; 3. Cepillo; 4. Metro; 5. Gatos; 6. Limas; 7. Barrilete; 8. Serruchos; 9. Mazo; 10. Berbiquí; 11. Barrenas; 12. Plana; 13. Martillo; 14. Tenazas; 15. Destornilladores; 16. Caja de ingletes; 17. Serrucho

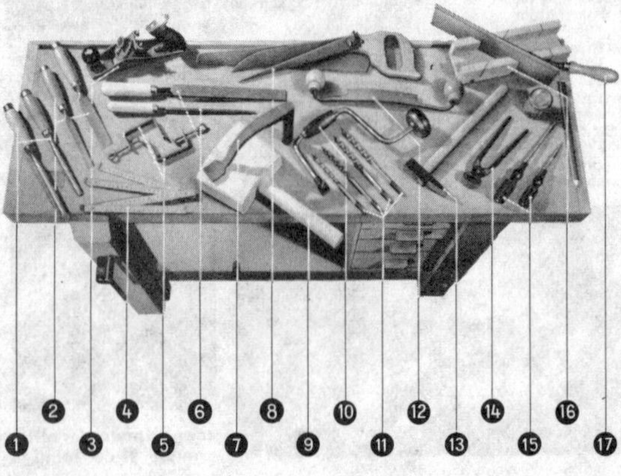

CARNALITA f. *Miner.* Cloruro hidratado de potasio y magnesio que constituye una de las menas más apreciadas para la extracción del magnesio y se usa también para la elaboración de abonos.
CARNAUBA f. *Bot.* Palmera de América del Sur (*Copernicia cerifera*) que suministra una cera, también llamada *carnauba,* utilizada industrialmente en la fabricación de velas, encáusticos, betunes para el calzado y otros productos.
CARNAZA f. *Curt.* Parte de una piel en contacto con la carne, opuesta a la flor.
CARNE f. *Carp.* *Carne de gallina,* defecto de la madera que se manifiesta aparentemente en forma de capas de fibras blancuzcas y fofas.
— *Ind. alim.* Masa muscular y comestible de los animales. (V. MATADERO.) ‖ *Carne congelada,* v. CONGELACIÓN. ‖ *Carne de membrillo,* pulpa de membrillo espesada, cocida con azúcar y vertida en moldes.
— *Miner.* *Carne mineral* o *fósil,* asbesto.
CARNERO, constelación zodiacal. (V. ARIES.)
CARNERO m. *Curt.* *Piel de carnero,* v. OVEJA.
— *Text.* *Lana de carnero,* v. LANA.
CARNOT (*Ciclo de*). V. CICLO.
CARNOTITA f. *Miner.* Vanadato hidratado de uranio y potasio que también puede contener radio.
CAROBRONCE m. *Metal.* Bronce fosforoso compuesto de 92 % de cobre, 8 % de estaño y 0,3 % de fósforo: *con el carobronce se fabrican cojinetes antifricción.*
CARPA f. *Carp.* *Cola de carpa,* v. COLA.
CARPANEL adj. *Arco carpanel,* v. ARCO.
CARPE m. *Bot.* y *Carp.* Género de árboles maderables constituido por una docena de especies entre las cuales figuran el *carpe común de Europa* (*Carpinus betulus*), de madera blanda y dura, propia para labores de torno, hormas de zapato, tornillos, etc., y el *carpe americano* (*C. americana*), mayor que el de Europa, de madera muy apreciada.
CARPINTERO m. *Art. y of.* El que tiene por oficio trabajar y labrar la madera.
— El *carpintero de blanco* termina sus labores en el taller y si se traslada a una obra es simplemente para colocarlas o ajustarlas (caso de una puerta, por ej.), mientras que el *carpintero de armar* ensambla y monta fuera de su taller (armaduras de cubierta, entarimados, etc.). El *carpintero de ribera* es el que labra los maderos para construir barcos, y al cual se da también el nombre de *calafate.* El carpintero especializado en la construcción de muebles finos se llama *ebanista.*
CARQUESA f. *Vidr.* Horno de escasa altura que sirve para diversos usos, especialmente para recocer las lunas de cristal y para calentar la masa de vidrio en crisoles.
CARRACA f. *Mec.* Trinquete de que están provistas ciertas taladradoras y otras herramientas para que puedan girar en un solo sentido. ‖ Taladradora * de trinquete.
CARRASCA f. *Bot.* y *Carp.* Encina * común.
CARRERA f. *Aeron.* *Carrera de despegue* y *carrera de aterrizaje,* recorrido que el avión efectúa en el suelo antes de alzarse en vuelo y después de haber entrado en contacto con el suelo.
— *Arq.* Madero superior de entramado * en el cual se apoyan las viguetas del suelo. ‖ Viga fijada a lo largo de una pared para que sirva de asiento a los cabezales de las vigas del techo o a las armaduras de la cubierta.
— *Astr.* Curso o trayectoria seguida en el firmamento por un astro: *la corta carrera del Sol en invierno*
— *Mec.* Distancia que recorre un órgano de máquina animado por un movimiento de vaivén: *la carrera de una barrena de percusión; los ascensores tienen un limitador de carrera; la carrera del émbolo y su diámetro permiten calcular la embolada.*
— *Text.* Amplitud del movimiento de la lanzadera *.
CARRETA f. *Text. Amer.* Carrete de hilo.
— *Transp.* Carro rústico, bajo, de dos ruedas de madera generalmente desprovistas de rayos y de llanta. ‖ *Amer.* *Carreta de mano,* carretilla.

Fot. W. W., Larousse

CARRETAL m. *Constr.* Bloque de piedra escuadrado toscamente.
CARRETE m. Cilindro de madera, cartón, plástico u otras materias propio para devanar hilos y alambres, o para arrollar papel u otras materias flexibles. (Sinón. BOBINA.)
— *Electr. Carrete de inducción, de Ruhmkorff,* bobina de inducción, de Ruhmkorff.
— *Fot.* Rollo de película para cargar las cámaras fotográficas. (V. tb. CARGADOR.)
— El *carrete* permite cargar el aparato en plena luz. Con dicho fin la película se halla fijada sobre un soporte de papel opaco mucho más largo que ella. El exceso de papel en un extremo permite la fijación en el carrete vacío o receptor y, en el otro, protege la película ya impresionada hasta que sea revelada.· Por otra parte, el dorso del papel lleva impresos los números que, al aparecer en el ventanillo posterior de la cámara, permiten centrar la película virgen a cada vista y contar las fotografías hechas y las que quedan disponibles en el carrete. Los aparatos de formato pequeño se cargan con cartuchos * que permiten suprimir el soporte de papel opaco.
Un carrete se caracteriza por el número de fotografías que permite tomar y las dimensiones de éstas, así como por la índole de la emulsión *.
— *Mec.* Cubo en forma de carrete de las ruedas de bicicleta y de motocicleta.
— *Radiot.* y *Telec.* Bobina.
CARRETERA f. *Obr. públ.* y *Transp.* Vía pública especialmente construida para el tránsito de vehículos.
— Según el interés que presenta —determinado generalmente por la intensidad del tráfico— una carretera puede ser de *primer orden* o de *interés nacional* (calzada para 4 hileras de vehículos), de *segundo orden* o de *interés regional* (calzada para 3 vehículos), y de *tercer orden* o de *interés provincial* (para 2 hileras de vehículos). Cuanto más importante es su categoría mayores suelen ser también las comodidades que presenta para el tránsito: calzada más ancha; rampas menos grandes; curvas menos numerosas y más anchas y abiertas; pavimento esmerado; semáforos y otras señales más completas y eficaces.
Las mejores carreteras y las más rápidas y seguras son las *autopistas* *.
La construcción de una carretera empieza por el estudio de su trazado más conveniente y la determinación de los perfiles longitudinales y transversales. Después de haber efectuado los desmontes y terraplenes, se prepara el perfil transversal, que comprende los taludes, bermas y cunetas, además de la calzada. El bombeo * es tal que la flecha en el centro de la calzada representa la quincuagésima parte aproximadamente de la cuerda trazada entre sus dos bordes.
Sobre el terreno así preparado se dispone un pavimento. El adoquinado, efectuado sobre capa de arena, se practica rara vez en las carreteras modernas. En las autopistas son de uso corriente los pavimentos de hormigón vaciado directamente sobre el suelo en losas grandes entre las cuales se dispone una junta elástica (cartón asfaltado, relleno de betún, etc.) para que no se agrieten al dilatarse o encogerse. Estos pavimentos, muy caros, son los más duraderos y no requieren ningún trabajo para su conservación. Las carreteras ordinarias suelen llevar un revestimiento o firme * de materiales finos alquitranados o asfaltados dispuesto sobre un lecho de piedra y grava previamente apisonadas o de hormigón. (V. ASFALTO y APISONADOR.)
La construcción de una carretera moderna es obra costosa e importante, para la cual se dispone afortunadamente de una maquinaria especial —muy perfeccionada— que desmonta, allana y comprime el terreno, prepara los materiales y los extiende e iguala con gran rapidez y regularidad. Algunas de estas máquinas de funcionamiento continuo abarcan la anchura total de la calzada o la mitad de ella, si es muy ancha.
CARRETERÍA f. *Transp.* Taller donde se hacen y reparan carros y carretas. ‖ Cochera para carros y carretas.
CARRETIL adj. *Art. y of. Hierro carretil,* el que sirve para hacer llantas de carro.
CARRETILLA f. *Transp.* Carrito de mano, con una sola rueda y dos varas. ‖ Cualquier carretón pequeño de dos o más ruedas y de forma variada con el cual un hombre puede transportar una carga pesada.· ‖ Por ext., vehículo pequeño, provisto de un motor o remolcado, para el transporte de cargas en el interior de una fábrica, almacén, estación, puerto, etc.
— Las *carretillas tractoras* no llevan ninguna carga y sirven para remolcar las que no tienen motor. Las *carretillas automotoras* pueden ser propulsadas por motor de combustión o eléctrico. Llámanse *carretillas elevadoras* las que permiten elevar la carga, ya solamente para arrancarla del suelo con objeto de levantarla, ya para alzarla y depositarla sobre otro vehículo o para formar pilas.
CARRETÓN m. Carro pequeño de dos ruedas. ‖ Banco del afilador, provisto de una rueda que permite llevarlo de un lado a otro.
— *Text. Amer.* Carrete de hilo.
CARRICUBA f. *Transp.* Carro de tracción animal provisto de una cuba grande para el transporte de agua o el riego de las calles. ‖ Camión automóvil con caja en forma de tanque, propio para regar las calles y transportar líquidos (en este caso se llama también *camión cisterna*).
CARRIL m. Barra metálica que, en una máquina, sirve de guía a un mecanismo.
— *F. c.* Riel. ‖ *Amer.* Ferrocarril.
CARRILERA f. *F. c. Amer.* Vía férrea. ‖ *Amer.* Apartadero de una vía férrea.
CARRILLAR m. Aparejo pequeño de uno o dos motones, para levantar cosas de poco peso.
CARRILLO m. Garrucha o polea de aparejo.
CARRO m. *Aeron.* Carro de despegue, armazón

carretillas automotora de plataforma *(arriba)* y elevadora

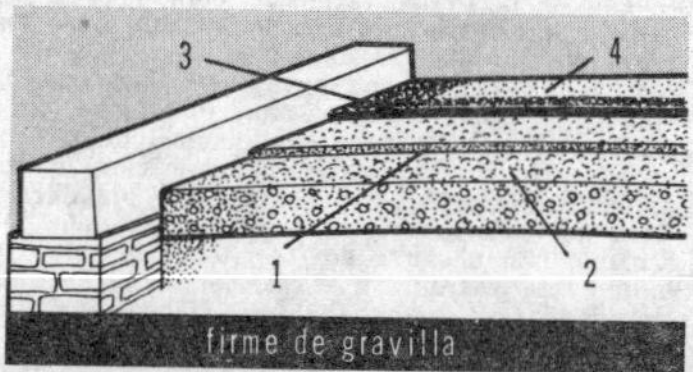

estructura de una **carretera** de firme asfaltado : 1. Asiento de hormigón; 2. Bínder; 3. Asfalto; 4. Gravilla embadurnada

construcción de la calzada de hormigón de una **carretera** y *(abajo)* fases de la construcción de la misma : 1. Nivelación; 2. Arena compactada; 3. Hormigón compactado; 4. Alquitranado; 5. Vibración del hormigón; 6. Nueva capa de hormigón; 7. Provisión de materiales a la hormigonera móvil; 8. Fresado de ranuras para las juntas de dilatación

Fot U. S. I. S.

fabricación del cartón

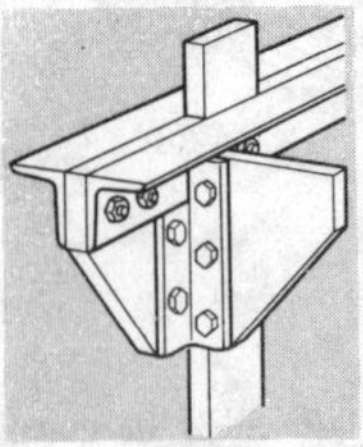

cartabón (constr.)

con dos ruedas que permite despegar a los aviones desprovistos de tren de aterrizaje.
— La supresión del tren de aterrizaje permite aumentar la carga útil o el radio de acción de los aviones de caza. El fuselaje descansa sobre un *carro* —verdadero tren de aterrizaje amovible— que le permite rodar sobre la pista y del cual se separa al despegar. Para aterrizar, el fuselaje lleva unos patines con los cuales puede posarse el avión en cualquier terreno, hecho que en tiempo de guerra constituye una ventaja suplementaria.
— *Art. gráf.* En las máquinas de impresión planocilíndricas, plancha de hierro, montada sobre rodillos, que lleva la forma y, con movimiento de vaivén, la aplica por debajo del cilindro contra el papel arrastrado por el mismo.
— *Astr. Carro Mayor,* Osa Mayor. ‖ *Carro Menor,* Osa Menor.
— *Cin.* Especie de vagoneta sobre la cual se dispone la cámara para hacerla avanzar sobre dos rieles durante un travelling *.
— *F. c. Amer.* Coche o vagón de ferrocarril; tranvía. ‖ *Carro transbordador,* plataforma para cambiar de vía los vagones y locomotoras.
— El *carro transbordador* se mueve sobre rieles perpendicularmente a las vías. Su plataforma lleva un tramo de vía sobre el cual se coloca el vehículo. En el *carro de foso,* todas las vías se hallan interrumpidas y el carro establece su continuidad. Los carros sin foso tienen una vía con los extremos de los rieles en forma de rampa, que se aplica sobre los rieles de las vías para embarcar o desembarcar los vagones.
— *Mec.* Armazón o plataforma corrediza de una máquina, como el de la máquina de escribir, que arrastra el papel. ‖ órgano móvil que, en una máquina herramienta, soporta el útil o bien la pieza. (V. ACEPILLADORA, FRESADORA y TORNO.)
— *Mil. Carro de asalto, carro de combate,* v. TANQUE.
— *Min.* Plataforma funicular para elevar las vagonetas por los planos * inclinados.
— *Transp.* Vehículo de madera, tirado por caballerías, para el transporte de materiales y mercancías. ‖ Carretilla *: *carro elevador.* ‖ *Carro cuba,* carricuba.

CARROCERÍA f. Taller y oficio de carrocero.
— *Autom.* y *Carroc.* Caja * de un automóvil.
— La *carrocería* puede consistir en una caja independiente, soportada por el bastidor o chasis, o bien constituir con éste una sola estructura (*carrocería portante* o *monocasco*) montada sobre las ruedas mediante la suspensión. Dada su rigidez, la carrocería de este último tipo es mucho más segura en caso de accidente.
Hoy se tiende a designar la carrocería de un coche según el número de puertas y de cristales que tiene lateralmente: el *cupé* tiene dos puertas y dos cristales; el *coach,* dos puertas y cuatro cristales; la *berlina,* 4 puertas y 4 cristales; la *limousine,* 4 puertas y 6 cristales.
Ciertas carrocerías tienen en el techo una lumbrera de cierre corredizo; otras son descapotables y pueden convertirse rápidamente en carrocerías de torpedo.

CARROMATO m. *Transp.* Carro grande provisto de dos varas, una o dos bolsas de cuerdas debajo de la caja y un toldo.

CARRÓN m. *Constr.* Cantidad de ladrillos o de tejas que puede arrimar el peón de una vez.

CARRUAJE m. *Transp.* Vehículo.

CARRUCO m. *Constr.* Carrón.

CARSELA f. *Arq.* Cartela.

CÁRSICO, CA o **CÁRSTICO, CA** adj. y s. *Geol.* Calizo, calcáreo.

CARTA f. Mapa.
— *Mar. Carta de navegar,* v. MAPA.
— *Ofic. Carta perforada,* galicismo por *tarjeta * perforada.*

CARTABÓN m. Instrumento en forma de triángulo rectángulo usado para dibujar: *los cartabones más corrientes son el isósceles, con dos ángulos de 45°, y aquel cuyos ángulos agudos miden 30 y 60°*
— *Arq.* Ángulo que forman las dos vertientes de un tejado.
— *Art. y of.* Especie de pie de rey grande, de madera, usado por los zapateros para medir la longitud del pie.
— *Carp.* Brochal oblicuo propio de los suelos de enrayado *.
— *Constr.* y *Mec.* En las armaduras de cubiertas y otras estructuras metálicas, refuerzo de chapa que enlaza con pernos o remaches varias piezas concurrentes en un nudo *.
— *Metr. Amer.* Marca * para medir la talla de las personas.
— *Topogr.* Escuadra * de agrimensor.

CARTELA f. *Arq.* Ménsula de más altura que vuelo que sirve de sostén a los balcones y otras estructuras saledizas.
— *Mec.* Cada uno de los hierros empotrados en el muro que sirven de asiento a los cojinetes de un árbol de transmisión.

CÁRTER m. *Mec.* Cubierta rígida con la cual se protegen los engranajes y otras piezas de movimiento rápido contra la introducción de cuerpos extraños.
— El *cárter* puede consistir en una cubierta simple y ligera, pero generalmente constituye a la vez un recipiente hermético que contiene el aceite de engrase y una armazón para las piezas en movimiento, como, por ejemplo, en el motor y el cambio de velocidades de los automóviles.

CARTESIANO, NA adj. *Mat. Coordenadas cartesianas,* v. COORDENADAS.

CARTIVANA f. *Art. gráf.* Tira de tela o de papel que se pega en el borde interior de las làminas u hojas sueltas para encuadernarlas.

CARTOGRAFÍA f. Arte y técnica de la preparación y realización de mapas a partir de los datos suministrados por las ciencias geográficas. (V. MAPA.)

CARTOGRAMA m. Esquema cartográfico usado en estadística y en el cual los países pueden ser representados por figuras rectangulares o de cualquier otra forma, de área proporcional a la magnitud que arroja la estadística.

CARTÓN m. *Papel.* Hoja espesa y más o menos rígida constituida por una o varias capas de pasta de papel húmedas fuertemente comprimidas. (V. PAPEL.) ‖ *Cartón alquitranado,* cartón cuero. ‖ *Cartón de amianto,* el que contiene fibras cortas de amianto y se usa como aislante térmico y eléctrico. ‖ *Cartón asfaltado,* cartón cuero. ‖ *Cartón blanco,* el que tiene una capa superficial, o toda su masa, de pasta de celulosa blanca. ‖ *Cartón bristol,* bristol. ‖ *Cartón compacto,* cartón espeso, formado por varios cartones ordinarios encolados y prensados, que sirve para hacer cajas de embalaje muy resistentes o de grandes dimensiones. ‖ *Cartón cuché,* cartón al cual se ha dado una capa superficial de barniz apropiado para mejorar su presentación, impermeabilizarlo o facilitar su impresión. ‖ *Cartón de cubierta,* cartón cuero. ‖ *Cartón cuero,* cartón impregnado con

carrocerías
1. Descapotable; 2. Cupé; 3. Coach; 4. Berlina; 5. Limousine; 6. Comercial; 7. De carreras

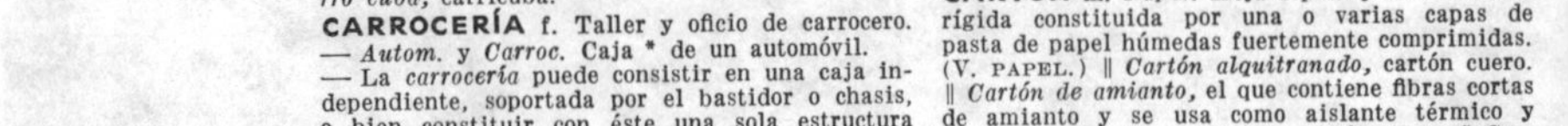

Fot. C. E. M.

alquitrán *(cartón alquitranado)*, con asfalto *(cartón asfaltado)* o con betún *(cartón embetunado)*, propio para cubiertas ligeras. También se llama *cartón cuero* el de buena calidad provisto de un barniz sintético y estampado con un relieve que imita el de las pieles. ‖ *Cartón duplex,* el que consta de dos hojas de papel o de cartón pegadas. ‖ *Cartón duro,* cartón muy espeso hecho con fibras de madera prensadas en caliente, con el cual se reemplaza la madera en construcciones ligeras. ‖ *Cartón gris,* el de calidad ordinaria que se fabrica con papel viejo. ‖ *Cartón de madera,* cartón a base de pasta mecánica. ‖ *Cartón ondulado,* cartón de embalaje constituido por un papel de estraza finamente ondulado pegado a otro papel liso. ‖ *Cartón de paja,* el de color amarillo fabricado con fibras de paja. ‖ *Cartón pasta,* mezcla de pasta de papel y de materias plásticas con la cual se fabrican objetos moldeados. ‖ *Cartón piedra,* mezcla de pasta de papel, yeso, aceite de linaza y otros ingredientes que endurecen mucho al secarse y sirve para hacer molduras.
— *Text.* Rectángulo de cartón provisto de perforaciones que determinan los movimientos de lizos necesarios para obtener los dibujos del modelo. (V. TELAR.) ‖ Patrón de cartón que se pone detrás de la urdimbre para hacer una labor de tapicería. (V. TAPIZ.)

CARTONÉ (En) m. adv. *Art. gráf.* Barbarismo por *encartonado.*

CARTOON m. *Cin.* Cada uno de los dibujos que se fotografían en orden para obtener una película de dibujos animados. (V. DIBUJO *animado.*)

CARTUCHO m. Carga de pólvora o de otro explosivo dispuesta en un estuche de tela, papel, cartón o metal y presta para ser inflamada: *cargar un barreno con tres cartuchos de dinamita.* ‖ Conjunto constituido por la carga antes descrita y un proyectil (bala u obús) o grupo de proyectiles (balines o perdigones).
— *Fot.* Cajita cilíndrica y estanca a la luz, con una rendija longitudinal que da paso a la película del carrete contenido en su interior: *los cartuchos reemplazan a los carretes * de papel en las cámaras de formato 24 × 36 mm.*
— *Tecn.* Carga o recambio de una cosa, así llamados por tener la forma del cartucho de las armas de fuego o por usarse de forma parecida: *cartucho de cortacircuito,* que es un fusible dispuesto en una montura cilíndrica; *cartucho para filtro,* que es una carga filtrante de repuesto; *cartucho de tinta,* para estilográficas, etc.

CARTULINA f. *Papel.* Cartón delgado, terso y duro, que se usa para tarjetas de visita, invitaciones y otros impresos de calidad. ‖ Bristol.

CASA f. *Arq.* Edificio que sirve de habitación. (V. ARQUITECTURA y PREFABRICACIÓN.) ‖ *Casa solar,* casa cuyo sistema de calefaccion aprovecha la energía calorífica del sol.

CASADO m. *Art. gráf.* Operación consistente en disponer las páginas de composición en la forma, de tal modo que, una vez plegada la hoja impresa, se sucedan sus páginas en el orden de los folios.
— En el *casado regular* los dobleces del pliego se efectúan de derecha a izquierda, siendo cada uno de ellos perpendicular al anterior. Llámase diferentemente, según el número de páginas de que consta: *en folio,* cuando tiene 4; *en cuarto,* si tiene 8; *en octavo,* si tiene 16; *en dieciseisavo,* si tiene 32, y *en treintaidosavo,* si tiene 64.

CASAMATA f. *Mil.* Abrigo subterráneo que forma parte de un fuerte y sirve para proteger al personal y guardar las municiones. ‖ Fortín enterrado, del cual solamente sobresalen las torrecillas de la artillería.

CASCA f. Hollejo de la uva. ‖ Cáscara.
— *Curt.* Corteza de varios árboles, especialmente del roble y la encina, usada como curtiente: *la casca contiene de 12 a 18% de tanino.*

CASCABEL m. *Art. gráf.* Campanilla.

CASCADA f. Salto de agua natural o artificial.
— Los materiales arrastrados por el agua socavan la base de las cascadas y éstas retroceden. Este fenómeno es, sin embargo, mucho menos erosivo en los trópicos porque los cursos de agua llevan pocas partículas abrasivas. Por eso son más numerosas las cascadas entre los trópicos que en las regiones templadas.
— *Electr. Acoplamiento en cascada,* acoplamiento * en serie de las pilas, condensadores y máquinas eléctricas.
— *Expl.* Conjunto de fuegos artificiales dispuestos convenientemente para que la caída de sus elementos inflamados imite la forma de una cascada de agua.
— *Mat. Método de las cascadas,* procedimiento para resolver las ecuaciones difíciles de grado elevado, consistente en transformarlas sucesivamente en una serie de nuevas ecuaciones de grado cada vez menor.
— *Radiot.* Montaje de varios elementos en serie, por ejemplo, varios tubos o transistores amplificadores, cada uno de los cuales amplifica la corriente ya amplificada por el anterior, y así sucesivamente.
— *Tecn.* Sucesión de aparatos o de reacciones que, al repetir el mismo proceso, suman sus efectos: *la evaporación en cascada de líquidos cada vez más fríos permite conseguir la solidificación del helio.*

CASCAPIEDRAS m. *F. c.* Quitapiedras. (Sinón. MIRIÑAQUE.)

CASCARÓN m. *Arq.* Bóveda en forma de cuarto de esfera que remata un nicho.

CASCO m. *Aeron.* Parte del fuselaje de un hidroavión * situada por debajo de la línea de flotación. ‖ *Casco antichoque,* el que llevan los pilotos de los aviones rápidos para atenuar los riesgos en caso de choque accidental.
— *Arq. Casco de casa,* la obra de fábrica del edificio, sin adornos, obra de carpintería ni instalaciones accesorias. ‖ *Casco de población* o *casco urbano,* aglomeración formada por los edificios sin contar con las construcciones diseminadas o agrupadas en las afueras.
— *Autom.* Conjunto rígido formado por la fusión en una estructura única del bastidor y la carrocería de un coche. (V. CARROCERÍA.)
— *Carp.* Tonel, pipa.
— *Mar.* Cuerpo de un barco considerado separadamente sin sus mástiles, su velamen ni sus máquinas.
— Las distintas partes del *casco* se designan por su nombre en el dibujo inserto en el art. BARCO. El uso de aceros muy resistentes y la substitución del roblonado por la soldadura eléctrica han permitido reducir considerablemente el peso de los cascos que, en los buques modernos, representa de 25 a 40% del desplazamiento en plena carga.
— *Radiot.* Conjunto formado por dos auriculares conectados en serie y fijados en las orejas por un

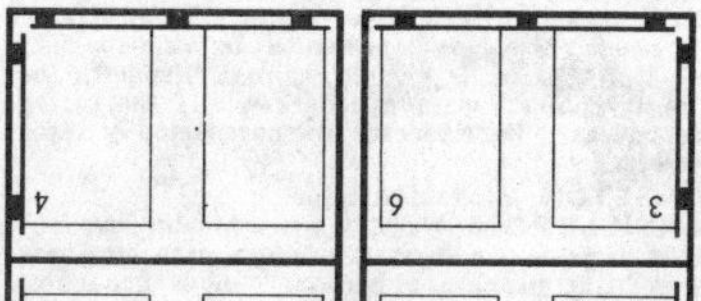

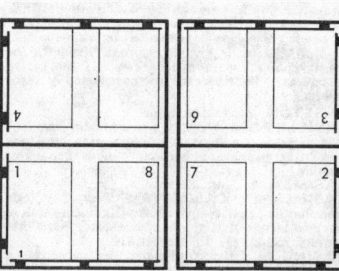

casados en cuarta *(arriba)* y en dieciseisava *(abajo)*

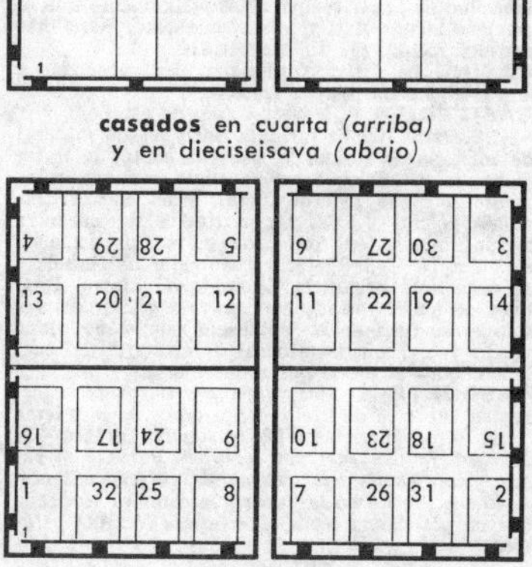

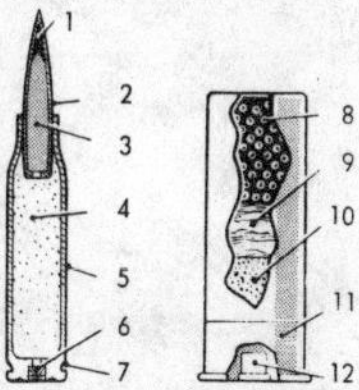

cartuchos de guerra *(izq.)* y de caza: 1. Plomo duro; 2. Ojiva de latón; 3. Bala de plomo; 4. Pólvora; 5. Funda; 6. Cebo; 7. Garganta; 8. Perdigones; 9. Borra; 10. Pólvora; 11. Funda; 12. Cebo

casco *(radiot.)*

Fot. A. G. I. P.

castillete *(min.)*

fleje que pasa sobre la cabeza: *el casco deja las manos libres durante la escucha.*

CASCOTE m. *Constr.* Escombro, fragmento de una obra arruinada que se usa a veces para otra construcción.

CASEÍNA f. *Quím.* Materia albuminoidea que constituye la mayor parte de la substancia nitrogenada presente en la leche de los mamíferos.
— La *caseína* es uno de los principales productos secundarios de la elaboración de la manteca, pues se obtiene mediante coagulación de la leche desnatada. Se usa industrialmente para encolar papeles, fabricar galalita y otras materias aislantes, aprestos, pinturas, cola de ebanistería, cola para clarificar vino, alimentos, etc.

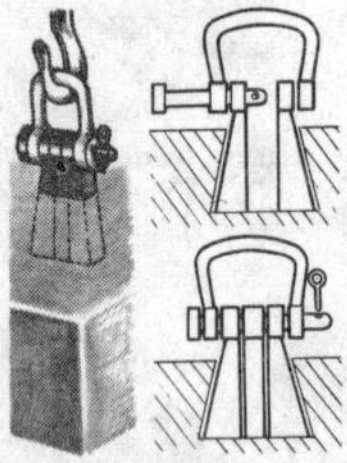

castañuela *(constr.)*

CASETA f. Construcción ligera y pequeña, de forma apropiada para el uso a que se destina: *los baños públicos alquilan casetas a los bañistas; la caseta de un transformador de alta tensión.*
— *Mar. Caseta de derrota,* cámara dispuesta sobre la cubierta para guardar en ella las cartas de navegar, instrumentos de navegación y otros enseres.

CASETÓN m. *Arq.* Artesón.

CASILLERO m. *Carp.* y *Ofic.* Mueble con muchas divisiones o compartimientos para clasificar o archivar papeles, almacenar objetos pequeños, etcétera.

CASIMBA f. *Mar.* Salabre.

CASIMIR m. y **CASIMIRA** f. *Text.* Tejido de lana fino de igual composición y ligamento que el merino, menos fino y suave que éste, pero más denso y sólido. (V. tb. CACHEMIR.)

CASING m. *Petr.* Anglicismo por *entubado.*

CASIOPEO m. *Quím.* Lutecio.

CASITERITA f. *Miner.* Óxido de estaño.
— La *casiterita,* de fórmula SnO_2, es un mineral de color pardo rojizo, y, prácticamente, la única mena de estaño que se beneficia, aunque solamente contiene 2 % de metal, y en ciertos aluviones apenas 0,5 %. La casiterita se concentra mecánicamente en forma de polvo que contiene de 65 a 70 % de metal y cuyo color de chocolate se debe a la presencia de óxido de hierro. Después de haber tostado este polvo y eliminado las impurezas (una de las cuales, el tungsteno, tiene mucho valor) queda mineral de estaño * del cual se obtendrá el metal por reducción.

CASQUETE m. *Astr.* y *Geogr. Casquete polar,* región cubierta de hielo en los polos de la Tierra o de otros planetas: *los casquetes polares de Marte * funden casi por completo durante el verano del hemisferio marciano correspondiente*
— *Geom.* Parte de la superficie esférica limitada por un plano que corta la esfera. (V. ZONA *esférica.*)

CASQUIJO m. *Constr.* Piedra menuda para afirmar carreteras y preparar hormigones.

CASQUILLO m. *Arm.* Vaina o estuche del cartucho * con que se cargan las armas de fuego.
— *Art. y of.* Zuncho, abrazadera que se pone a los bastones, mangos de instrumentos y otras piezas de madera para que no se partan o astillen.
— *Electr.* Pieza metálica de las bombillas y otras lámparas eléctricas que se enchufa en el portalámparas para sostenerlas y dar paso a la corriente. || Portalámparas * en que se enchufa el casquillo.
— Los *casquillos* de las lámparas de incandescencia más corrientes son de rosca *(casquillo Edison)* o de bayoneta *(casquillo Swan).*

CASTAÑO m. *Bot.* Género de árboles fagáceos de 20 a 30 metros de altura, entre los cuales figuran el *castaño común* de Europa *(Castanea vulgaris),* notable por su longevidad, y el *castaño de América (C. dentada).*
— *Carp.* La *madera de castaño* es dura y comcompacta (d = 0,600). Sumergida en el agua se conserva casi indefinidamente, pero se resquebraja en el aire, se corrompe en la mampostería y es carcomida por los gusanos. Se usa para entarimados y, como es muy fibrosa y elástica, la utilizan los toneleros para labores de pipería.
— *Curt.* La *leña de castaño* seca contiene de 7 a 10 % de tanino y constituye, junto con el quebracho, una de las materias curtientes más usadas, generalmente en forma de extracto líquido o sólido.

CASTAÑUELA f. *Constr.* Gancho especial que se pone a las grúas para izar sillares.
— La *castañuela* suprime las amarras, pues encaja en una cola de milano labrada en la piedra Tiene una o dos piezas móviles que sirven para el ajuste y facilitan su extracción una vez subido el sillar.
A veces se da también el nombre de *castañuela* a las tenazas * universales usadas con el mismo objeto.

CASTILLEJO y **CASTILLETE** m. *Carp.* y *Constr.* Andamio provisto de un aparejo o de un montacargas que se construye provisionalmente en una obra para levantar materiales pesados.
— *Min.* Torre de hierro o de cemento armado instalada sobre los pozos de las minas para servir de soporte a las poleas de la máquina de extracción *.
— *Petr.* Torre metálica de las sondas * rotativas para perforar pozos petrolíferos. (También se designa por su nombre inglés, que es *derrick.*)

CASTILLO m. *Carp. Amer.* Pila de maderos que se hace dejando una luz entre ellos para que pase el aire y se sequen con mayor rapidez y regularidad.
— *Expl. Castillo de fuego,* armazón en la que se montan varios fuegos artificiales.
— *Mar.* Parte de la cubierta de un buque comprendida entre la proa y el primer palo. || Superestructura a modo de cubierta que tienen ciertos barcos a la altura de la borda, a proa, por oposición al alcázar, situado a popa.

CASTINA f. *Metal.* Fundente calcáreo usado en la elaboración del hierro a partir de minerales ácidos.
— En el alto horno, la *castina* se descompone en gas carbónico y cal, que sirven, respectivamente, para reducir el mineral y constituir la escoria. (V. HIERRO.)

CASTOR m. Mamífero roedor del cual existen dos especies, una propia del antiguo continente *(Castor fiber)* y otra de la América boreal *(C. canadensis),* que suministran castóreo, fibras textiles y pieles. || *Aceite de castor,* aceite de ricino.
— *Miner.* Castorita.
— *Text.* El *pelaje del castor,* de color pardo rojizo, es muy fino y tupido, pero tiene unas cerdas largas y bastas que sobresalen del mismo y se eliminan mediante tundición de las pieles que se han de usar en peletería. También se aprovecha su pelo para hacer sombreros y otras labores de fieltro. Con el nombre de *castor* se designa igualmente un paño de lana, fuerte y tupido, con textura y acabado a propósito para imitar la piel del roedor.

CASTÓREO m. *Perf.* Substancia de aspecto resinoso y olor almizclado suministrada por las glándulas prepuciales del castor y usada para fijar los perfumes.

Fot. Dugué

CASTRAR v. *Ind. alim.* Cosechar la miel de las colmenas no dejando en ellas más que los panales necesarios para que puedan subsistir las abejas hasta que elaboren nuevas reservas.

CATA f. Calicata*, reconocimiento del terreno.

CATABÁTICO, CA adj. *Astr.* Dícese del fenómeno que está en curso de decrecencia o disminución.

CATACÚSTICA f. *Acúst.* Parte de la acústica que tiene por objeto el estudio de los ecos. (Sinón. CATAFÓNICA.)

CATADIÓPTRICA f. *Ópt.* Parte de la física que trata de los efectos combinados de la reflexión y de la refracción de la luz.

CATADIÓPTRICO, CA adj. *Autom.* y *Ópt.* Dícese del sistema óptico constituido por un espejo que refleja la luz, y uno o varios lentes que la refractan.

— El *sistema catadióptrico* permite reflejar los rayos luminosos incidentes en la misma dirección de donde provienen. Por eso se usa en la luz o farol trasero de los coches que, cuando está apagado, refleja hacia atrás una luz roja al ser herido por el haz luminoso de los faros del vehículo que se acerca. Algunos dan a este dispositivo los nombres de *catafaro* y de *faro catadióptrico.*

CATAFARO m. *Autom.* Faro catadióptrico.*.

CATAFÓNICA f. *Acúst.* Catacústica.

CATAFORESIS f. *Fís.* Especie de electrólisis que se opera en las suspensiones coloidales.

— Las partículas contenidas en suspensiones coloidales tienen una carga eléctrica que suele ser negativa. En este caso, el paso de la corriente eléctrica por la suspensión tiene por efecto atraer las partículas hacia el ánodo, mientras que cuando son positivas, las atrae el cátodo. En ambos casos los granitos en suspensión se comportan como si fueran iones*. También se da el nombre de *cataforesis* a la *electroforesis* *.

CATALEJO m. *Ópt.* Anteojo* de larga vista.

CATALINA f. *Mec.* Rueda dentada de dientes puntiagudos.

CATALÍQUIDOS m. *Quím.* Pipeta.

CATÁLISIS f. *Quím.* Modificación de la velocidad de una reacción química provocada por la simple presencia de una substancia (catalizador) que se halla perfectamente intacta al terminar la reacción.

— *Catálisis homogénea.* El hidrógeno y el oxígeno, mezclados a 300°, se combinan muy lentamente en forma de agua. Si, a la misma temperatura, se introduce cobre en el recipiente, el agua se forma rápidamente. El cobre provoca la catálisis como sigue: se combina fácilmente con el oxígeno y da con él óxido cúprico, substancia que tiene la propiedad de reaccionar con el hidrógeno y de dar con éste agua y cobre.

En la *catálisis heterogénea,* el catalizador no se combina con ninguno de los cuerpos que se hallan en presencia, pero tiene la propiedad de disociar las moléculas (por adsorción*) de uno de ellos en átomos que reaccionan vivamente con las moléculas del otro.

La acción de los catalizadores es específica, o sea que para cada reacción se necesita un catalizador diferente. Así, los vapores de alcohol dan etileno y agua en presencia de alúmina calentada a 300°, mientras que a la misma temperatura, pero con cobre en vez de alúmina, da aldehído acético e hidrógeno.

También existe una catálisis negativa en la cual la presencia del catalizador tiene por efecto moderar la reacción en vez de acelerarla.

La industria química practica la catálisis en gran escala para obtener preparaciones orgánicas, y, en la síntesis del ácido sulfúrico, el gas amoniaco, el ácido nítrico y muchos otros productos importantes. Las estufas de calefacción doméstica por catálisis aprovechan la propiedad que tiene la esencia de petróleo de consumirse sin llama ni humo a 320° en presencia de un catalizador de esponja de platino y amianto.

La catálisis es un fenómeno corriente en biología, merced a la presencia en el organismo de catalizadores naturales llamados *diastasas* o *enzimas.*

CATALÍTICO, CA adj. *Quím.* Relativo o perteneciente a la catálisis: *cracking catalítico.* ‖ *Estufa catalítica,* v. CATÁLISIS.

CATALIZADOR m. *Quím.* Cuerpo dotado de propiedades catalíticas, o sea capaz de acelerar una reacción química sin descomponerse ni combinarse. (V. CATÁLISIS.) [Sinón. ACELERADOR.] ‖ *Catalizador negativo,* el que en vez de acelerar una reacción la retarda.

CATÁLOGO m. *Astr. Catálogo de estrellas, catálogo de nebulosas,* v. ESTRELLA y NEBULOSA.

CATAMARÁN o **CATAMARÓN** m. *Aeron.* y *Mar.* Catimarón.

CATAPULTA f. *Aeron* Máquina para lanzar aviones y permitir su despegue desde la plataforma de un barco o desde un terreno exiguo.

— *Las catapultas* se usan casi exclusivamente a bordo de los portaaviones y consisten en una plataforma unida por un cable y una polea a un dispositivo tractor que funciona merced al escape brusco del vapor o aire comprimido previamente en unos depósitos. La acción del gas sobre un émbolo o una turbina provoca una tracción enérgica del cable y, con él, de la plataforma sobre la que se halla el avión. A la velocidad propia de éste, que parte con toda la fuerza de sus motores, se suma la del carro portador y el aparato puede alcanzar así, al llegar al extremo de la plataforma, una velocidad suficiente para sustentarse en el aire. (V. PORTAVIONES.)

CATAPULTAJE m. *Aeron.* Lanzamiento de un avión con la catapulta.

CATAPULTAR v. *Aeron.* Lanzar un avión con la catapulta.

CATARATA f. Salto de agua natural, de más altura y caudal que la cascada*.

CATATERMÓMETRO m. Instrumento para medir el poder refrigerante del aire ambiente, o sea la cantidad de calor cedida al mismo por el cuerpo humano.

— El *catatermómetro* consta de dos termómetros iguales. Después de haberlos calentado a 50° se dejan en el aire, uno de ellos seco y el otro mojado por una gasa húmeda. Se mide el tiempo que invierten en pasar de la temperatura de 38° a la de 35° y del mismo se deduce, mediante el uso de unas tablas, el poder refrigerante del aire ambiente. (V. FRIGORÍMETRO.)

CATATIPIA f. *Fot.* Procedimiento para tirar positivas fundado en el mismo principio que la ozobromía *, aunque utilizando las propiedades catalíticas de una imagen fotográfica al platino.

CATAVIENTO m. Banderín o manga que, expuestos al viento, permiten apreciar su dirección.

CATAVINO m. *Ind. alim.* Bombillo o pipeta para sacar muestras de vino de las pipas.

CATEADOR m. *Min. Amer.* Martillo de geólogo, de punta y mazo a propósito para arrancar muestras de la roca y partirlas para examinarlas.

CATEAR v. *Min. Amer.* Prospectar.

CATECÚ m. V. ACACIA.

CATECÚTICO, CA adj. *Curt. Taninos catecúticos,* v. TANINO.

CATEDRAL adj. *Vidrio catedral,* v. VIDRIO.

CATENARIA adj. y s. f. *F.c.* Sistema de suspensión merced al cual el cable conductor que ali-

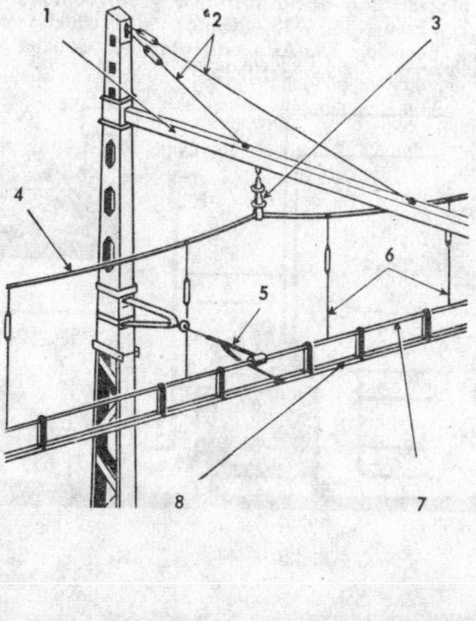

catenaria *(f. c.)*
1. Travesaño; 2. Tirantes; 3. Aislador; 4. Cable portante principal; 5. Estabilizadores; 6. Péndolas; 7. Cable portador auxiliar; 8. Cable conductor

catetómetro
1. Columna graduada; 2. Niveles; 3. Nonio regulador; 4. Volante regulador

catimarón *(mar.)*

menta en energía eléctrica las locomotoras y tranvías se mantiene a una altura sensiblemente uniforme respecto a la vía.
— La *suspensión catenaria* consta de un cable portante o sustentador tendido entre los postes y de un cable conductor o hilo de contacto suspendido del primero por medio de péndolas de altura variable que compensan el seno del cable portador y aseguran el paralelismo del conductor con la vía. A veces se interpone un cable portador auxiliar entre el principal y el conductor.
— *Geom.* Curva formada por una cadena, hilo o cable flexible sostenidos por sus extremos y curvados por su propio peso.
— *Obr. públ.* La *suspensión catenaria* fundada en los mismos principios que las de las líneas eléctricas (v. más arriba *F.c.*) se usa en los puentes colgantes.

CATENOIDE f. *Geom.* Superficie engendrada por una catenaria de revolución alrededor de su base.

CATERGOL m. *Aeron.* y *Comb.* Nombre genérico de los propergoles constituidos por un solo líquido cuya descomposición exotérmica se efectúa en presencia de un catalizador. (V. PROPERGOL.)

CATERPILLAR m. *Autom.* Anglicismo por *oruga.*

CATERRIEL m. *F. c.* Sistema de monorriel de suspensión catenaria*.

CATETO m. *Geom.* Cada uno de los dos lados que forman el ángulo recto de un triángulo rectángulo.

CATETÓMETRO m. *Metr.* Instrumento de física para medir la distancia vertical entre dos puntos, especialmente entre dos superficies líquidas.
— El *catetómetro* se usa sobre todo cuando los dos niveles cuya diferencia se ha de medir no se hallan en una misma vertical. Consiste en un anteojo de precisión que puede deslizarse a lo largo de una columna vertical provista de una escala graduada.

CATIFA f. *Text.* Alcatifa.

CATIMARÓN m. *Aeron.* Dícese del sistema de flotación para hidroaviones que consta de dos barquillas o flotadores gemelos. (Sinón. CATAMARÁN, CATAMARÓN.)
— *Mar.* Embarcación constituida por dos cascos paralelos unidos por una armazón.
— El *catimarón* es más rápido y mucho más estable que el barco ordinario de igual longitud, pero menos manejable. (V. tb. TRIMARÓN.)

CATIÓN m. *Fís.* Ion que en la electrólisis de una disolución se dirige hacia el cátodo. ‖ Átomo o grupo de átomos que, por haber perdido una parte de sus electrones, tiene carga positiva.

CATIÓNICO, CA adj. *Fís.* Dícese de una resina sintética que tiene la propiedad de fijar los cationes. (V. RESINA *cambiadora.*)

CATIVO m. *Bot.* y *Carp.* Árbol leguminoso de América Central *(Prioria copaifera)* cuya madera se exporta y sirve para labores de carpintería y ebanistería.

CATÓDICO, CA adj. *Electrón.* Relativo o perteneciente al cátodo. ‖ *Tubo* u *oscilógrafo catódico,* v. OSCILÓGRAFO. ‖ *Rayos catódicos,* v. RAYOS.

CÁTODO m. *Electr.* Electrodo que se halla conectado con el polo negativo de un generador de corriente eléctrica y por el cual sale ésta del circuito.
— *Electrón.* En los tubos electrónicos el *cátodo* es un manantial primario de electrones atraídos por el ánodo.
— El *cátodo de caldeo directo* o *filamento* es calentado directamente por el paso de una corriente continua o rectificada, mientras que en los tubos de caldeo indirecto alimentados por una corriente alterna, ésta pasa por un filamento incandescente que calienta el cátodo sin tocarlo.

CATÓPTRICA f. *Ópt.* Parte de la óptica que trata de la luz reflejada.

CAUCE m. Lecho de una corriente de agua. ‖ Acequia o canal descubierto para llevar el agua de un sitio a otro: *abrir cauces de desagüe para sanear un terreno pantanoso.*

CAUCHIL m. *Obr. públ.* Depósito regulador del abastecimiento de agua, del cual parten los caños de la red de distribución.

CAUCHO m. *Gom.* Goma elástica producida por la coagulación de la savia de varias plantas generalmente propias de las regiones tropicales. ‖ *Caucho artificial,* materia similar al caucho fabricada por síntesis química. ‖ *Caucho celular,* espuma de caucho con alvéolos independientes, por oposición al *caucho esponjoso,* cuyos alvéolos co-

fabricación del **caucho** artificial: 1. Catalizador; 2. Agente modificador; 3. Activador; 4. Disolución jabonosa; 5. Butadieno y estireno; 6. Polimerización; 7. Limitador de polimerización; 8. Decantación; 9. Materias no polimerizadas; 10. Látex; 11. Coagulación con ácido sulfúrico y sal común; 12. Escurrido; 13. Copos de caucho; 14. Secado; 15. Aire caliente; 16. Caucho artificial

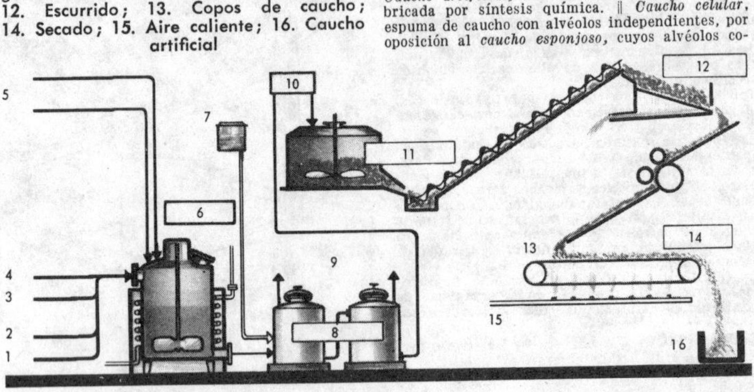

Fot. X., Cahiers du Yachting

TIPO	NATURALEZA QUÍMICA	APLICACIONES
Buna S o G. R. - S	copolímeros del butadieno y del estireno	neumáticos, mecánica, pavimentos y usos generales
Buna N o G. R. - N	copolímeros del butadieno y del acrilonitrilo	productos resistentes al calor y a las acciones químicas
Butilo o G. R. - I	copolímeros del isobutileno y del isopreno	cámaras de neumáticos, piezas impermeables a los gases
Neopreno	polímeros del cloropreno	productos muy duraderos, resistentes a los hidrocarburos y a las acciones químicas
Vinilo	cloruro de polivinilo y alcohol	usos generales
Poliuretanos	poliésteres o poliéteres enlazados por diisocianatos	espuma de caucho, colchones, cojines, juntas, calzado
Silicones	clorosilanos (reacción de la sílice con el cloruro de arilo)	juntas para altas temperaturas y presiones, construcciones mecánicas
Polisulfuros	productos de la reacción de dicloruros orgánicos y polisulfuros alcalinos	tubos para hidrocarburos, rodillos de imprenta
Acrílicos	derivados de la clorhidrina etilénica o del acetileno	productos muy duraderos, resistentes a los hidrocarburos calientes
Diversos	poliisopreno polibutadieno	neumáticos, aislantes eléctricos, piezas sometidas a esfuerzos mecánicos

principales **cauchos** artificiales

munican entre sí y forman galerías abiertas. ‖ *Caucho sintético,* con toda propiedad, caucho exactamente igual al caucho natural pero fabricado artificialmente (en realidad se da este nombre a todo caucho artificial, aunque su composición química y sus propiedades difieran de las del caucho natural). ‖ *Espuma de caucho,* caucho ligero, de estructura alveolar.

— *El caucho natural* proviene sobre todo del *Hevea brasiliensis* y del *H. guyanensis,* pero también se aprovecha la savia de muchas otras plantas: *Manihot Glaziovii* y *M. dichotoma,* que dan el caucho de Ceará; *Euphorbia Intisy* del caucho de Madagascar; ciertas castillas o hules de América Central *(Castilloa ulei* y *C. elastica);* la higuera del caucho *(Ficus elastica)* propia de Asia; varias especies africanas del género *Landolphia;* el guayule *(Parthenium argentatum),* que se cultiva en México; un taraxacón cultivado en la Unión Soviética *(Taraxacum Kok-Saghyz),* etc. La selección y el cultivo científicos del hevea han permitido aumentar el rendimiento de 350 kg por hectárea a cerca de mil y es probable que se alcance una producción del orden de dos toneladas. El método más eficaz para cosechar el látex es la incisión espiral, que se rasca cada cuatro días para suprimir la película del látex que se coagula sobre la herida.

El látex, previamente filtrado y diluido, pasa a unas pilas donde la adición de ácidos fórmico o acético provoca su coagulación en forma de placas que son sucesivamente lavadas, prensadas, ahumadas y comprimidas en balas para su exportación. Este caucho bruto, amarillento y translúcido, sirve para hacer suelas de zapatos y colas. Para las demás aplicaciones es necesario agregarle diversas substancias: agentes de vulcanización*; cargas para aumentar su resistencia mecánica, pigmentos, etc. La mezcla final puede ser moldeada, laminada o aplicada al estado líquido sobre telas u otros soportes. En todos los casos es necesario insensibilizar el caucho contra los cambios de la temperatura mediante la vulcanización*.

Hace ya varios años, las necesidades económicas (penuria de divisas) y estratégicas (imposibilidad de abastecimiento en caso de guerra) incitaron a producir *caucho artificial.* Los progresos efectuados por la industria química en este aspecto han permitido, no solamente satisfacer aquellas necesidades nacionales, sino también crear una gran diversidad de elastómeros dotados de propiedades determinadas para cada uso y algunos de los cuales muy superiores al caucho natural. Así, los *cauchos acrílicos* y los de *polisulfuros* resisten a la acción de los hidrocarburos que disuelven el caucho natural; las cámaras de neumáticos hechas con *caucho butilo* son diez veces más impermeables al aire que las de caucho de hevea, etc.

CAUCHOTAR v. Impermeabilizar o reforzar con caucho: *en los transportadores o conveyores se usan telas sin fin cauchotadas.*

CAUDAL m. *Fís.* Gasto, cantidad de fluido líquido o gaseoso suministrada por un aparato durante la unidad de tiempo.
— *Hidr.* Cantidad de agua que mana de una fuente o que lleva un canal o un río: *el caudal se expresa en metros cúbicos por segundo.*

CAUSTICIDAD f. Carácter de lo que es corrosivo: *la causticidad de los ácidos.*

CÁUSTICO, CA adj. y s. Que ataca o corroe los tejidos vegetales o animales: *sosa cáustica.*
— *Ópt.* Envolvente de los rayos luminosos refractados o reflejados por una superficie curva (v. *figura*).

CAUSTIFICAR v. *Quím.* Conferir propiedades cáusticas a una substancia.

CAVETO m. *Arq.* Moldura cóncava que tiene por perfil la cuarta parte del círculo: *el caveto tiene la forma exactamente contraria del cuarto bocel, que es convexo.*

CAVITACIÓN f. *Hidr.* Formación de cavidades llenas de vapor o de gas en el seno de un líquido en movimiento.
— La *cavitación* se produce cuando, en razón del movimiento del líquido, su presión llega a ser localmente inferior a su tensión de vapor. Este fenómeno es importante al formarse las cavidades junto a las palas de las hélices de barco o de las turbinas hidráulicas. La presencia de las cavidades gaseosas disminuye el rendimiento de las máquinas y el oxígeno que contienen corroe el metal de las palas, que también acaban por ser averiadas por el choque repetido de las burbujas. La cavitación solamente puede evitarse mediante el ensayo previo de las hélices y rodetes hidráulicos y la modificación de su perfil hasta que deje de manifestarse este fenómeno.

CAVO, VA adj. *Astr. Año cavo,* año lunar de 353 días. ‖ *Luna cava* o *mes cavo,* lunación *.

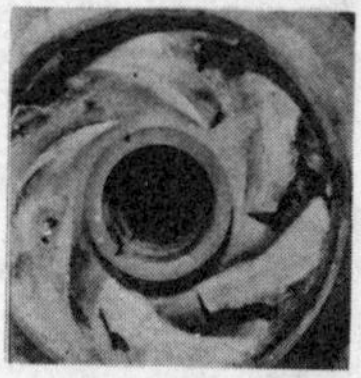

corrosión de un rodete de bomba debida a la **cavitación**

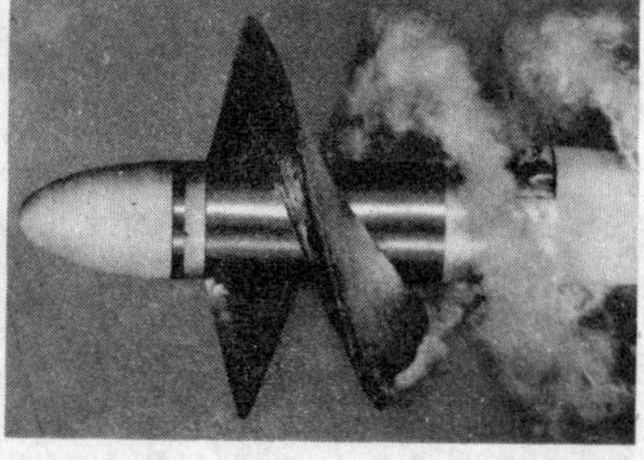

hélice especialmente diseñada para obtener mayores velocidades de propulsión aprovechando la **cavitación**

Fot. U. S. I. S., Worthington

avión de **caza**

CAZ m. *Hidr.* Canal o sangría para tomar agua de un río.
CAZA m. Abreviación corriente por *avión de caza.*
— El *avión de caza* se destina a la destrucción de los aviones enemigos en el aire. Sus características son, por consiguiente: una velocidad horizontal y ascensional suficiente para dominar al enemigo; manejabilidad perfecta que le permita efectuar rápidos movimientos de acrobacia*; estabilidad en su trayectoria para que no comprometa la puntería de las armas y, por último, resistencia excepcional para soportar las aceleraciones muy bruscas. El armamento difiere mucho, según se trate de un pequeño interceptor o un potente avión de caza capaz de efectuar bombardeos ligeros. Llevan armas de tiro rápido (calibre de 20 a 30 mm) además de cohetes.
Al aumentar la velocidad de los aparatos de bombardeo, la misión de los de caza es cada vez más difícil, pues en el curso de sus evoluciones, durante el combate, los pilotos se hallan sometidos a aceleraciones sumamente peligrosas. Así, el avión de caza se limita ahora, las más de las veces, a disparar sus cohetes autodirigidos y autopropulsados, a los cuales incumbe la misión de derribar al enemigo. La evolución ineluctable de la guerra aérea condena a los cazas a desaparecer, y ya los cohetes lanzados desde el suelo representan un papel importante en la defensa antiaérea de las grandes potencias.
CAZACLAVOS m. *Art. y of.* Arrancaclavos.
CAZADORA f. *Autom. Amer.* Camioneta.
CAZASUBMARINOS m. *Mar.* Barco de guerra pequeño y rápido especialmente equipado y armado para la detección y destrucción de los submarinos con granadas de profundidad.
CAZO m. *Art. y of.* Vasija metálica de poca capacidad, provista de un mango, que sirve para diferentes usos: *los carpinteros preparan la cola en un cazo.*
— *Metal.* Crisol pequeño o cuchara, llevado por uno o dos fundidores merced a una armadura o una tenaza especial, y utilizado para vaciar el metal en los moldes.
CAZOLETA f. *Mec.* Nombre dado a varias piezas pequeñas, redondas y cóncavas, como la que contiene las bolas en los cojinetes.
CAZUELA f. *Art. gráf.* Componedor alto que puede contener ocho líneas del cuerpo 12.
CAZUMBRAR v. *Carp.* Reparar con cazumbre las cubas que pierden por las juntas de las duelas.
CAZUMBRE m. *Carp.* Cordel de estopa que se usa para calafatear las juntas de las cubas que pierden.
Cb, símbolo del *colombio,* que ha sido reemplazado por Nb desde que se dio universalmente el nombre de *niobio* a este elemento químico.

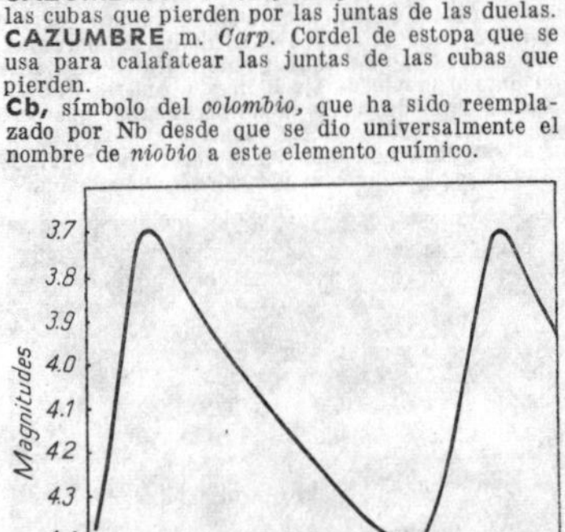

cefeidas
como varía la magnitud de δ Cefeo

Cd, símbolo químico del *cadmio.*
cd, símbolo de la *candela** o *bujía nueva.*
Ce, símbolo químico del *cerio.*
CEARÁ m. *Gom.* Nombre comercial del caucho producido por ciertas plantas euforbiáceas de América, especialmente la mandioca de la especie *Manihot Glaziovii.*
CEBADERO m. *Tecn.* Tragante o abertura del horno para introducir las materias.
CEBADOR m. *Lumin.* Interruptor térmico o contacto de bimetal que sirven para cebar los tubos de fluorescencia hasta que los filamentos de los electrodos se hallan calentados al rojo y que entonces interrumpen automáticamente el circuito inductivo constituido por dichos electrodos y el dispositivo de alimentación. (V. LÁMPARA.)
CEBAR v. *Arm.* y *Expl.* Poner cebo a un cartucho o a cualquier otra carga explosiva.
— *Fís.* Colocar un germen cristalino en una solución sobresaturada para que provoque la cristalización.
— *Ind. alim.* Poner hojas de cera gofrada en las alzas de la colmena* para incitar a las abejas a que hagan el panal y facilitarles su trabajo.
— *Mec.* Poner una máquina en estado de funcionar: *ciertas bombas necesitan ser cebadas, pues solamente funcionan si se llena su cuerpo previamente de líquido.*
CEBELLINA f. *Curt.* y *Zool.* Especie de marta (*Mustela zibellina*) del norte de Europa y Asia.
— La *cebellina* se considera como la más noble de las pieles. Su pelo es tupido, suave, brillante, de color pardo, con el extremo más obscuro que el resto. Tanto el pelo como el cuero son muy sólidos y las prendas hechas con esta piel son de gran duración.
Dado el precio elevadísimo que alcanzan estas pieles, no se ha tardado en imitarlas, especialmente tiñendo y recortando las pieles de martas americanas. También se ha obtenido por cruce un *conejo cebellina* que permite fabricar en serie imitaciones muy baratas, aunque groseras.
CEBO m. *Arm.* y *Expl.* Masa pequeña de material detonante que sirve para provocar la explosión de un cartucho, barreno u otras cargas: *los cebos de los cartuchos para armas de fuego deflagran por percusión, los de barrenos se inflaman eléctricamente por un hilo que se pone al rojo al pasar la corriente.*
— *Ind. alim.* Placa de cera que lleva estampado el arranque de las celdillas y que, puesto en el alza de una colmena*, facilita la construcción del panal por las abejas.
CEBOLLA f. *Carp.* Defecto de la madera en la cual se han separado o despegado las capas formadas anualmente en el tronco.
— *Mec.* Alcachofa *. ‖ Boquilla o tobera divergente que se pone en el orificio de salida de un fluido para aumentar el gasto.
CEDAZO m. *Art. y of.* Bastidor cilíndrico con un fondo de tejido claro, de tela metálica o de chapa perforada, propio para separar a mano las partículas de diferente grosor que constituyen una materia pulverulenta o granulada. (Sinón. CRIBA.) ‖ Tambor de movimiento mecánico usado industrialmente con el mismo fin. (Sinón. CERNEDOR.) ‖ *Cedazo* o *criba oscilante,* planchíster.
CEDRO m. *Bot.* y *Carp.* Árbol grande, de la familia de las pináceas, del cual existen tres especies poco diferentes entre el territorio de Marruecos y el Himalaya. ‖ Madera de este árbol.
— Los *cedros* alcanzan 40 m de altura y su tronco puede medir tres metros de diámetro. El *cedro del Atlas* (*Cedrus Atlantica*) es el principal árbol maderable del norte de África y ha sido introducido en Europa; el *del Líbano* (*C. Libani*), propio de una reducida región del Oriente Medio, es más raro; el *del Himalaya* (*C. deodora*) se ha introducido en Occidente como árbol de adorno.
La *madera de cedro* es blanda, ligera (densidad comprendida entre 0,500 y 0,600), de color entre blanco y rojizo, agradablemente olorosa. Se sitúa por su calidad entre la del pino y la del abeto. Endurece en el agua y es prácticamente incorruptible. Se usa en carpintería general, ebanistería, para hacer traviesas, etc.
Fuera de estas tres especies ningún otro árbol es cedro verdadero: el *cedro bastardo* o *de las Barbadas* es el acajú* hembra; los *cedros amargo* o *blanco, colorado* o *dulce, hembra* o *jaspeado,*

Fot. U. S. I. S.

son árboles americanos del género cedrela. El *cedro canadiense, rojo* o *de Virginia (Juniperus Virginica)* es una especie de enebro cuya madera blanda, ligera y olorosa es la mejor para hacer lápices*. En cuanto al *cedro de España,* es la sabina albar *(Juniperus thurifera),* otra especie de enebro.

CEDROL m. *Quím.* Alcanfor de cedro.

CEFEIDAS f. pl. *Astr.* Dícese de las estrellas que, como la δ Cefeo, son variables con un período regular y perfectamente determinado que puede hallarse comprendida entre unas horas o varios días.

— *El período de las cefeidas* es proporcional a su magnitud * o luminosidad intrínseca y, al conocer su período, se sabe también cuál es su magnitud. Por otra parte, una estrella de magnitud intrínseca determinada tiene una magnitud aparente más o menos grande, según la distancia a que se halle de nosotros. Por consiguiente, dado el período de una cefeida se conoce su magnitud y dada la magnitud aparente se determina su distancia. De ahí la importancia que tienen estas estrellas en astronomía, pues basta descubrirlas en una nebulosa para saber a qué distancia se halla ésta de nuestra Galaxia.

cefeidas
[v. ilustr. p. 224]

CEFEO, constelación boreal, lindante con la de la Osa Mayor, que, aunque carece de estrellas muy brillantes, posee una, δ. *Cefeo,* que tiene mucha importancia como prototipo de las cefeidas *.

CÉFIRO m. *Meteor.* Viento del poniente.

— *Text.* Tela de algodón muy fina y suave, listada en colores, que se usa para vestidos de señora, especialmente blusas, camisolas y prendas similares.

CEGAR v. *Art. gráf.* Llenarse de tinta o de suciedad el ojo de una letra.

— *Constr.* Tapar, macizar un hueco.

CEGESIMAL adj. *Metr.* Relativo al sistema C. G. S. *

CEIBA f. *Fot.* y *Text.* Árbol bombáceo de América *(Ceiba pentandra* o *Eriodendron anfractuosum)* que suministra el capoc *.

CEILANITA f. *Miner.* Variedad de espinela * azul o verde.

CELAJE m. *Arq.* Claraboya o ventana y, en ciertos casos, parte superior de las mismas.

CELAR v. Esculpir o cincelar una superficie de cualquier índole.

— *Art. gráf.* Grabar el metal, la madera o la piedra para imprimir imágenes.

CELDA o **CELDILLA** f. Cada uno de los alvéolos del panal de las abejas. ‖ Alvéolo en las construcciones y aparatos que guardan parecido con el panal de las abejas, como son los radiadores de automóvil, ciertas bobinas usadas en radiotecnia, etc. (V. PANAL.)

CELERIDAD f. Prontitud o rapidez con que se hace una cosa o se cumple un fenómeno: *los catalizadores aumentan la celeridad de una reacción química.* ‖ Velocidad con que se propaga un fenómeno físico: *la celeridad del sonido es cuatro veces mayor en el agua que en el aire.* (V. VELOCIDAD.)

CELESTE adj. *Astr.* Relativo o perteneciente al firmamento. ‖ *Esfera celeste,* v. ESFERA.

CELESTINA f. *Miner.* Sulfato de estroncio natural.

CELGATAL m. Paja artificial de rayón para sombreros de señora.

CELITA f. *Quím.* Uno de los constituyentes del cemento portland artificial.

CELOFÁN m. o **CELÓFANA** f. *Quím.* Marca registrada del hidrato de celulosa puro en forma de película.

— La *Celófana* se prepara vertiendo viscosa, por una rendija larga y estrecha, en un baño coagulante de ácido sulfúrico que regenera la celulosa al estado hidratado. La capa de gel así formada pasa sucesivamente por una serie de pilas que eliminan su azufre, la blanquean y le agregan plastificante. Por último, es secada progresivamente al pasar por unos rodillos metálicos.

A pesar de su semejanza aparente con las películas de resinas sintéticas, la Celófana no es una materia plástica, pues no puede ser fundida ni moldeada.

La Celófana se usa sobre todo para embalajes transparentes.

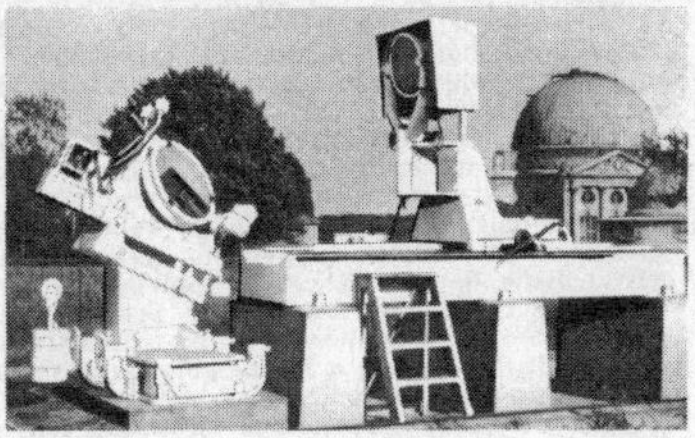

celostato

CELOIDINA f. *Fot.* Papel* fotográfico de ennegrecimiento directo con emulsión de colodión.

CELOSÍA f. *Arq.* Enrejado que se pone a una ventana para ver sin ser visto y que consiste en dos series cruzadas de listones pequeños o de barritas de hierro paralelos. ‖ *De celosía,* de elementos cruzados a modo de celosía de ventana: *tabique de celosía.* ‖ Triangulación: *viga, torre o armadura de celosía, significan viga, torre o armadura trianguladas.*

CELOSTATO m. *Astr.* Aparato consistente en un espejo arrastrado por un mecanismo de relojería que contrarresta el movimiento de rotación de la Tierra y le permite reflejar hacia un instrumento óptico una imagen fija del cielo.

— El *eje del celostato* es paralelo al eje de la Tierra. El espejo refleja la imagen en una dirección que depende de la declinación del astro observado, pero con uno o varios espejos ordinarios convenientemente orientados se pueden dirigir los rayos luminosos en la dirección del eje óptico de un telescopio, espectrógrafo u otro instrumento de observación.

CELSIO *(Grado)*, nombre oficial que, en virtud de acuerdos internacionales, se ha dado en 1948 al *grado de la escala centesimal* antes llamado *centígrado* y cuyo símbolo es C: *todas las temperaturas indicadas en este diccionario lo son en grados Celsio.* (V. TERMÓMETRO.)

CELTIO m. *Quím.* Hafnio.

CÉLULA f. *Aeron.* Conjunto formado por las estructuras del fuselaje y del ala del avión.

— *Electr. Célula electrolítica,* célula en la cual se producen reacciones electroquímicas por efecto de una corriente eléctrica *(célula de electrólisis)* o bien célula en la cual las reacciones electroquímicas producen corriente eléctrica (pila eléctrica o elemento de acumulador). ‖ *Célula fotoeléctrica,* órgano convertidor de la luz en corriente eléctrica, fundado en las propiedades de ciertos metales alcalinos (cesio, selenio, potasio) que emiten o liberan electrones al ser heridos por la luz. (V. tb. FOTOVOLTAICO.)

— La figura representa una *célula fotoeléctrica.* El metal alcalino se halla en el fondo de una ampolla sometida al vacío. Los electrones que le son arrancados por la luz son atraídos por un anillo metálico eléctricamente positivo, y así se establece una corriente eléctrica del cátodo (metal) al ánodo (anillo), proporcional al flujo lumínico que hiere el metal. En este caso se aprovecha el efecto fotoeléctrico * externo y el dispositivo descrito es una *célula fotoemisiva.* Cuando se aprovecha el efecto fotoeléctrico interno se tiene una fotopila *.

También existen *células fotorresistentes* o *fotoconductoras* fundadas en el efecto fotoconductor *: miden las variaciones que experimenta la resistencia del selenio y otras substancias, según la intensidad de la luz que las ilumina o excita.

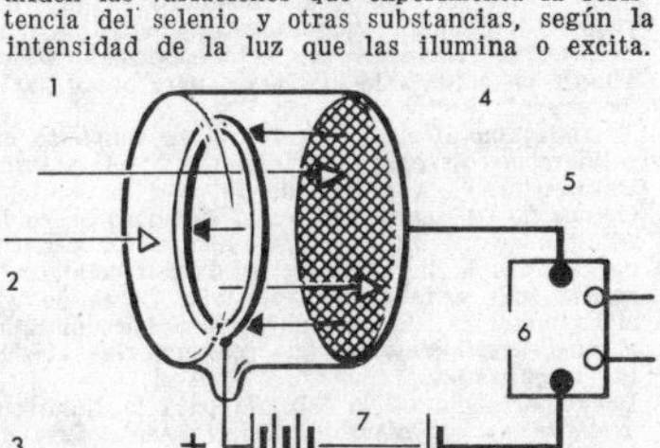

célula fotoeléctrica 1. Ánodo; 2. Luz; 3. Ampolla; 4. Electrón; 5. Cátodo de metal alcalino; 6. Amplificador; 7. Manantial eléctrico

Fot. Obs. de Meudon

La célula fotoeléctrica tiene numerosas aplicaciones: medición del tiempo de exposición en fotografía; televisión; abertura automática de puertas (al pasar una persona entre la célula y una lámpara encendida frente a ella); mecanismos de seguridad en las máquinas peligrosas, etc. La *célula de Kerr* funciona con arreglo a un principio muy diferente del de las células fotoeléctricas. Consiste en un pequeño recipiente de cristal lleno de nitrobenceno y provisto de dos electrodos fijados en dos paredes opuestas. Al atravesar un haz luminoso este dispositivo transparente, la luz es más o menos polarizada según las fluctuaciones de la tensión que existe entre los dos electrodos. Si éstos se alimentan con la corriente de un micrófono y si el rayo de luz que atraviesa el aparato es destinado a grabar la pista sonora de una película, las variaciones de la voz o de los ruidos se traducirán por una opacidad proporcional de la pista sonora impresionada en la emulsión fotográfica.

CELULAR o **CELULARIO, RIA** adj. Que contiene muchas celdillas o alvéolos: *filtro celular.* ‖ Esponjoso, poroso: *el hormigón celular es muy ligero.*

CELULOIDE m. Marca registrada de una materia plástica a base de nitrocelulosa y alcanfor.
— El *Celuloide* se fabrica a partir de una pasta de nitrocelulosa seca con 30 % de alcanfor amasada con alcohol a la temperatura de 60°. Una vez filtrada, la pasta es laminada por cilindros calientes y cortada en forma de placas, que, al ser superpuestas y prensadas, se sueldan. Se obtiene así una masa que será cortada en bloques o placas de las dimensiones usuales. También pueden fabricarse tubos pasando la pasta por una hilera.
El Celuloide, incoloro e inodoro (aunque huele momentáneamente a alcanfor si es frotado), es insoluble en el agua y resiste bien en frío a los ácidos diluidos. Su densidad es de 1,5. Es mal conductor del calor y de la electricidad.
El Celuloide es muy elástico. Se trabaja en frío como la madera y puede ser utilizado en una infinidad de aplicaciones. Sin embargo, ha sido reemplazado en muchas de esas aplicaciones por otras materias plásticas, pues tiene el grave inconveniente de ser excesivamente inflamable. Así, por ejemplo, las películas cinematográficas ya no son de celuloide, sino de acetato de celulosa.

CELULOSA f. *Quím.* Hidrato de carbono, isómero del almidón, que es el constituyente fundamental del esqueleto de los vegetales. ‖ *Acetato de celulosa,* v. ACETATO. ‖ *Nitrato de celulosa,* v. NITROCELULOSA.
— La *celulosa* se presenta en forma de fibras constituidas por fibrillas compuestas de gran número de moléculas lineares. Cada una de estas macromoléculas consta de una cadena de 2 000 a 3 000 moléculas de glucosa anhidrizadas (o sea desprovistas de un grupo H_2O). Como la fórmula de la glucosa es $C_6H_{12}O_6$, la de la celulosa puede expresarse como sigue: $(C_6H_{10}O_5)_n$, siendo *n* el número de moléculas de la cadena.
La celulosa es el constituyente esencial de la membrana de la célula vegetal. La borra más fina del algodón se halla constituida por 99,9 % de celulosa y la proporción es de 99 % en las fibras más largas usadas por la industria textil. La madera contiene de 40 a 50 % de celulosa.
La celulosa pura es blanca, inodora e insípida. Su densidad es de 1,55 y su resistencia mecánica puede ser comparada a la de ciertos aceros (pues las fibras de algodón llegan a soportar un peso de 80 kg/mm²). Es insoluble en los solventes ordinarios y soluble en el licor de Schweitzer (amoniaco con ácido cúprico). Basta añadir un ácido a la disolución para precipitarla de nuevo.
Tratada con álcalis, la celulosa se convierte en *celulosa mercerizada* (v. ALCALICELULOSA y MERCERIZACIÓN), a partir de la cual se obtiene viscosa *. La acción del ácido sulfúrico sobre la celulosa se utiliza en la fabricación del papel * pergamino; la del ácido nítrico da *nitrocelulosa* *, con la cual se fabrican explosivos, Celuloide * y otras materias; la del anhídrido acético permite obtener *acetilcelulosas*, que son materias plásticas muy usadas.
La importancia de la celulosa para la industria moderna es considerable, especialmente para la fabricación de papel, explosivos, materias plásticas, tejidos sintéticos y otros productos esenciales.
La industria de la celulosa se confunde generalmente con la del papel y la celulosa pura no es sino la pasta química usada para fabricar papel. Para obtenerla, a partir de la paja o de la madera, se puede recurrir a varios procedimientos. El más corriente se funda en el uso del bisulfito para separar la celulosa de las fibras leñosas: los troncos se cortan en rodajas poco espesas, las cuales son desintegradas y desmenuzadas por un molino desintegrador; los fragmentos de madera pasan a una caldera donde son cocidos con lejía de bisulfito cálcico; la masa resultante se lava para eliminar la lejía y pasa por unas pilas desfibradoras donde cilindros armados de púas la abren y desintegran para separar sus componentes; diluida con agua, atraviesa un desmotador y un desarenador antes de ser tamizada, espesada y secada, en forma de cartón continuo, entre una serie de cilindros calientes. El producto final se corta en hojas que, apiladas y prensadas, dan las balas comerciales de celulosa o pasta química.

CELULÓSICO, CA adj. Relativo o perteneciente a la celulosa. ‖ Que contiene celulosa.
— Los *barnices celulósicos* se fabrican a base de nitrato o acetato de celulosa disueltos en un solvente volátil (alcohol y éter, acetona, acetato de amilo, etc.). Como fueran demasiado quebradizos, se les agregan resinas. Estos barnices, que pueden aplicarse a toda clase de materias, tienen la ventaja de secarse rápidamente y de ser muy duraderos.

CELLO m. *Carp.* Cada uno de los aros de las cubas y toneles.

CEMENTACIÓN f. *Geol.* Enriquecimiento de un yacimiento situado a proximidad del nivel hidrostático con las sales disueltas por las aguas de infiltración y precipitadas por éstas al llegar al referido nivel: *ciertos yacimientos de cementación pueden ser beneficiados.*
— *Metal.* Caldeo de una pieza metálica, en presencia de un producto llamado *cemento* * que, al penetrar por difusión en la capa superficial del metal, le confiere nuevas propiedades.
— La *cementación* más corriente es la de los engranajes, árboles y otros órganos mecánicos que, por razones de comodidad y economía, se hacen con acero dulce. La cementación de estas piezas con carbono tiene por objeto aumentar la proporción de este elemento en la capa superficial y hacerla más dura y resistente.
Según sea el estado físico del cemento, la cementación puede ser sólida, líquida (también llamada *cianuración* *) o gaseosa. Esta última se presta muy bien al tratamiento en serie de las piezas con un cemento de óxido de carbono o hidrocarburos. La *cementación electrolítica* permite cementar una pieza montada como cátodo en un baño caliente (950°) de carbonatos alcalinos. Además de la *cementación por el carbono*, se pueden endurecer y proteger las piezas contra la corrosión con otros cementos: nitrógeno (nitruración * y carbonitruración *); cromo (cromización *); cinc (sherardización *); boro, silicio, etcétera.
— *Miner.* Transformación en sulfatos de las piritas oxidadas.

CEMENTAR v. *Metal.* Someter las piezas metálicas a un tratamiento de cementación *.

CEMENT GUN m. *Constr.* Proyector * neumático.

CEMENTITA f. *Quím.* Carburo de hierro (Fe_3C).
— El acero y la fundición blanca contienen carbono en forma de *cementita.* El recocido tiene por efecto transformar la cementita de la fundición en grafito (fundición gris), pero no la del acero. La cementita contiene 6,7 % de carbono. Es dura, magnética y muy quebradiza.

CEMENTO m. Materia pulverulenta que, amasada con un líquido, sirve para unir cuerpos sólidos.
— *Constr.* Mezcla de arcilla y caliza, cocida y pulverizada, que, amasada con agua, tiene la propiedad de endurecer hasta tomar consistencia pétrea: *el cemento suele usarse en forma de hormigón.* ‖ Producto de composición diferente de la antes indicada, pero utilizado también para trabar los materiales en obras de fábrica. ‖ Hormigón: *un puente de cemento armado.* ‖

Cemento de altos hornos, v. más adelante *cemento metalúrgico*. ‖ *Cemento de alúmina* o *aluminoso*, mezcla de bauxita y piedra caliza, cocida hasta obtener su fusión y pulverizada: *el cemento de alúmina fragua rápidamente y es muy resistente a las acciones químicas y mecánicas, por cuya razón se usa para hormigones refractarios.* ‖ *Cemento antiácido*, masa de cuarzo pulverizado y silicato de sosa, resistente a los ácidos; polvo a base de resinas sintéticas dotado de las mismas propiedades. ‖ *Cemento artificial*, cemento hidráulico fabricado mediante cocción a temperaturas elevadas de una mezcla de arcilla y caliza, y moltura de la clinca así obtenida. ‖ *Cemento blanco*, el que se fabrica con materias primeras desprovistas de óxido de hierro y que se cuece al abrigo de las cenizas ferruginosas. ‖ *Cemento dental*, masa para obturar los dientes cariados o para fijar en ellos los aparatos de prótesis: *los cementos dentales de fosfato de cinc consisten en una mezcla de óxido de cinc con una solución compleja de ácido fosfórico.* ‖ *Cemento de escorias*, mezcla de cal apagada, escorias de alto horno pulverizadas y agua. ‖ *Cemento de escorias* y *clinca*, v. más abajo *cemento metalúrgico*. ‖ *Cemento expansivo*, el que, merced a la adición de sulfato de calcio y otras substancias, aumenta ligeramente de volumen al fraguar. ‖ *Cemento fundido*, cemento de alúmina. ‖ *Cemento hidráulico*, el que fragua con el agua y dentro de ella. ‖ *Cemento de hierro*, cemento metalúrgico con un contenido máximo de 30 % de escorias. ‖ *Cemento lento*, el que empieza a fraguar una hora solamente después de haber sido amasado. ‖ *Cemento magnésico* o *de magnesia*, óxido de magnesio amasado con una solución de cloruro de magnesio, usado como aglomerante en la fabricación de muelas abrasivas y de placas de fibra de madera. ‖ *Cemento metalúrgico* o *siderúrgico*, el que se obtiene mediante la mezcla de clinca de cemento artificial, escorias de alto horno y un poco de sulfato de calcio: *el cemento metalúrgico, según la proporción creciente de escorias que contiene se llama cemento de hierro, cemento metalúrgico mixto, cemento de alto horno y cemento de escorias y clinca.* ‖ *Cemento natural*, cemento hidráulico obtenido mediante cocción a temperaturas moderadas de caliza margosa y moliendo el producto final. ‖ *Cemento portland*, cemento artificial (v. seguidamente el art. encicl.). ‖ *Cemento puzolánico*, el de cal apagada y puzolana, que tiene propiedades hidráulicas. ‖ *Cemento rápido*, el que fragua en unos minutos solamente. ‖ *Cemento siderúrgico*, cemento metalúrgico. (V. también SUPERCEMENTO.)

— Entre todos los *cementos* usados en la construcción de edificios y de obras públicas descuella el *cemento portland artificial*, universalmente adoptado. Puede fabricarse por vía húmeda o por vía seca. En el primer caso, las primeras materias (piedra caliza y arcilla) son machacadas y desleídas en agua hasta que formen un fango con el

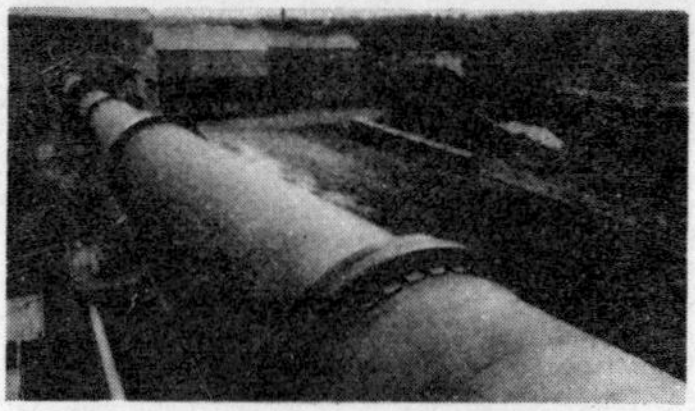

fábrica de **cemento** con su horno giratorio en primer término

cual se ha de cargar el horno, mientras que en el procedimiento por vía seca los materiales son reducidos a un polvo fino que se introduce directamente en el horno después de haberlo humedecido ligeramente. En ambos casos la mezcla se cuece a una temperatura de 1 450º, que permite la combinación integral de sus componentes (cal, sílice, alúmina y óxido de hierro). Los hornos generalmentes usados son giratorios y alcanzan dimensiones gigantescas: 150 m de largo, 4 m de diámetro y una producción de 1 000 a 1 500 t de cemento por día. El caldeo se efectúa con carbón pulverizado o con aceites pesados. La cocción da clincas que, una vez enfriadas, se muelen con un poco de yeso destinado a regularizar el fraguado. El producto final es ensacado automáticamente, salvo cuando se ha de usar a granel en alguna obra muy importante.

— *Geol.* Materia de trabazón solidificada que mantiene unidos los minerales de una roca.

— *Joy.* Pasta hecha con ladrillo molido, resina y un ácido, y utilizada como soporte de la pieza que se ha de labrar.

— *Metal.* Materia que se aplica en caliente contra un metal para efectuar su cementación * superficial.

— Los *cementos* pueden ser de muchas clases: *cementos sólidos*, constituidos por polvos a base de carbón de leña, carbonatos, ferricianuros, etc.; *cementos líquidos* a base de sales alcalinas y cianuros (por ej., mezcla de carburo y de cianuro

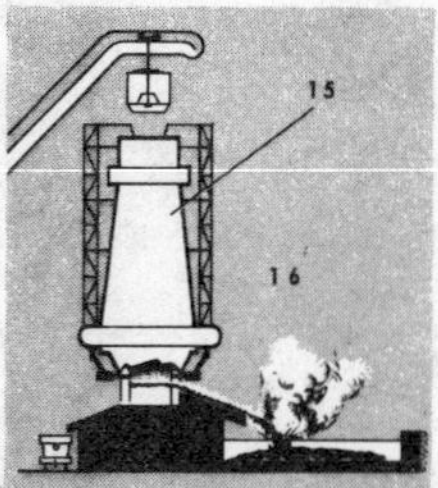

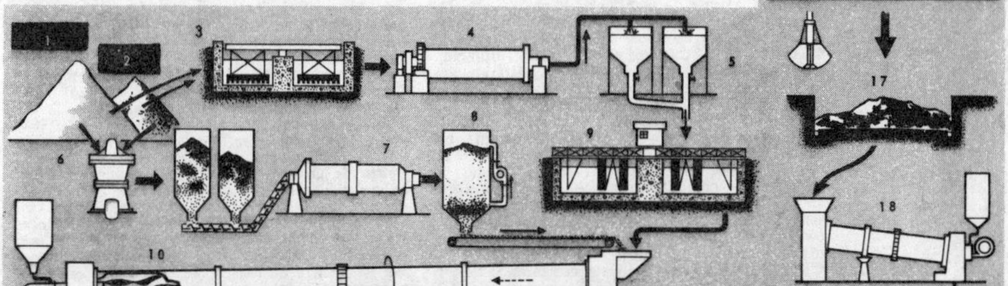

fabricación del **cemento** Portland
1. Caliza; 2. Arcilla; 3. Desleimiento; 4. Desmenuzamiento; 5. Dosificación; 6. Machacado; 7. Pulverización; 8. Homogeneización; 9. Pasta; 10. Horno; 11. Enfriamiento; 12. Clinca; 13. Gipso; 14. Dosificación; 15. Alto horno; 16. Granulación de las escorias en el agua; 17. Escurrido; 18. Secado; 19. Machacado; 20. Silos; 21. Ensacado

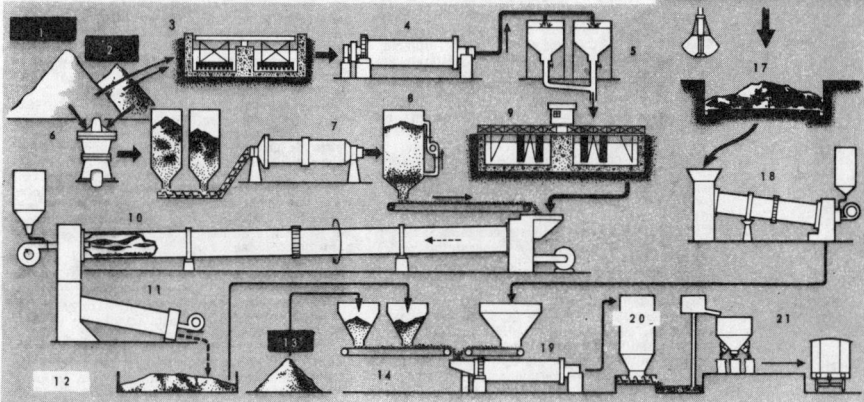

Fot. Fives-Lille-Cail

luz cenicienta

de sodio), y *cementos gaseosos* que tienden a reemplazar a los cementos sólidos (óxido de carbono, gas de alumbrado, propano, gas amoniaco).

CENCERREAR v. *Mec.* Hacer ruidos molestos las máquinas y vehículos viejos o mal ajustados.

CENDRA o **CENDRADA** f. *Metal.* Pasta a base de ceniza de huesos usada para hacer copelas *.

CENIA f. *Hidr.* Azud. ‖ Noria.

CENICERO m. *Calef.* Cavidad o recipiente que tienen los hogares en su parte inferior, generalmente debajo de una parrilla, para ecoger la ceniza.

CENICIENTO, TA adj. De color de ceniza.
— *Astr. Luz cenicienta*, claridad que ilumina la parte del disco lunar que no recibe la luz del Sol. (Se debe a la luz solar reflejada por la Tierra en dirección de la Luna.)

CENIT m. *Astr.* Punto de la esfera celeste situado verticalmente encima de la cabeza del observador, en la prolongación del rayo terrestre que pasa por sus pies. (Sinón. ZÉNIT.)

CENITAL adj. *Astr.* Relativo al cenit. ‖ *Distancia cenital* de un astro, ángulo que forma la visual del mismo con la vertical del observador.
— *Lumin. Alumbrado cenital*, el que se efectúa desde el techo de las habitaciones, para distinguirlo del que se obtiene con apliques murales, lámparas de sobremesa y de pie, etc.

CENIZA f. Residuo pulverulento que deja la combustión de muchas materias sólidas: *las cenizas de leña son grises.* ‖ Residuo mineral producido por la combustión completa de los productos derivados del petróleo: *la proporción de las cenizas (índice de cenizas), permite determinar la calidad de los betunes, parafinas y grasas de petróleo.*
— Las *cenizas de combustibles vegetales* se deben a la presencia de substancias minerales que entran en la composición de las plantas. Contienen principalmente carbonato de potasio (y de sodio, si se trata de vegetales marinos), carbonatos y fosfatos de calcio y de magnesio, sílice (especialmente en las gramíneas) y óxidos de hierro y de manganeso, a los cuales se debe el color de las cenizas. Éstas constituyen un abono excelente para las tierras arcillosas. También se usan como abono las *cenizas rojas del lignito.*
Las *cenizas de la hulla* consisten esencialmente en silicato de aluminio.
Las cenizas de ciertas algas suministran yodo y las de los huesos, fosfato tricálcico.
— *Geol.* y *Miner. Ceniza azul*, polvo de cobre nativo usado en pintura. ‖ *Ceniza negra*, variedad terrosa de lignito. ‖ *Ceniza verde*, carbonato de cobre natural. ‖ *Cenizas volcánicas*, polvo arrojado por los volcanes, de composición análoga a la de la lava.

CENOLOGÍA f. *Fís.* Voz caída en desuso para designar la parte de la física que trata del vacío.

CENOMANENSE o **CENOMANIENSE** adj. y s. *Geol.* Dícese de uno de los pisos del cretáceo superior, cuyos terrenos datan aproximadamente de 90 millones de años. (V. ESTRATIGRAFÍA.)

CENOZOICO, CA adj. y s. *Geol.* Terciario.

CENTAURO, constelación austral, sensiblemente equidistante del polo y del ecuador, particularmente rica en estrellas muy brillantes.
— La *estrella principal del Centauro*, llamada *Rigil*, es en realidad una estrella doble que, por su magnitud (0,3 y 1,7) es la tercera entre las más brillantes del cielo. Es, por lo demás, la estrella más cercana de nosotros, aun cuando tarda su luz 4,3 años en franquear la distancia que la separa de la Tierra. *Agena*, otra estrella de esta constelación, es la décima del cielo por su magnitud aparente (0,9).

CENTELLEAR v. Producir centelleo *.

CENTELLEO m. Sucesión de centellas o destellos.
— *Astr.* Variaciones rápidas y constantes del brillo o del color de las estrellas, que parecen despedir destellos.
— El *centelleo* se debe a la turbulencia de la atmósfera, cuyo índice de refracción en la trayectoria de los rayos procedentes de la estrella cambia constantemente. Es menos sensible en el caso de los planetas porque éstos, en razón de su proximidad, reflejan un haz de luz aparentemente más amplio e intenso. Es más pronunciado cuando el aire, tras un período seco, empieza a cargarse de humedad.
— *Atom.* Emisión de destellos por ciertos cuerpos al ser bombardeados por los rayos alfa.
— Cuando una partícula alfa hiere una pantalla de sulfuro de cinc en la obscuridad, puede apreciarse en ésta un destello de corta duración. Los primeros contadores de partículas ionizadas, llamados *espintariscopios*, se fundaban en este fenómeno. Hoy, considerablemente perfeccionados, los modernos contadores * de centelleo se usan junto con los de Geiger.
— *Cin.* y *Radiot.* Efecto molesto que provocan las imágenes de televisión o de cinematografía cuando, por sucederse con insuficiente rapidez, existe entre ellas una pausa perceptible.

CENTELLÓMETRO m. *Atom.* Contador * de centelleo. (Sinón. CINTILÓMETRO.)

CENTESIMAL adj. *Mat.* Dícese de las fracciones cuyo denominador es ciento.
— *Metr. Escala centesimal*, escala dividida en 100 partes iguales: *el termómetro Celsio se funda en la escala centesimal.* ‖ *Grado centesimal*, cada una de las divisiones de la escala centesimal.

CENTI, prefijo del sistema métrico que, en los vocablos compuestos, tiene el significado de *centésima parte* y cuyo símbolo es *c*.

CENTIÁREA f. *Metr.* Centésima parte del área: *la centiárea (ca) equivale a un metro cuadrado.*

CENTÍGRADO m. *Geom.* Centésima parte del grado usado para medir ángulos (símbolo: *cgr*).
OBSERV. En 1948 la Conferencia general de Pesos y Medidas decidió reemplazar *centígrado* —cuando es adjetivo— por *Celsio*: en vez de *grado centígrado* y *termómetro centígrado* debe decirse *grado Celsio* y *termómetro Celsio.*

CENTIGRAMO m. *Metr.* Centésima parte del gramo (símbolo: *cg*).

CENTILITRO m. *Metr.* Centésima parte del litro (símbolo: *cl*).

CENTIMÉTRICO, CA adj. *Metr.* Relativo al centímetro. ‖ Que se mide o expresa en centímetros.
— *Radiot. Antena centimétrica*, aquella cuyas emisiones se efectúan con ondas centimétricas. ‖ *Ondas centimétricas*, microondas de longitud comprendida entre uno y diez centímetros: *los aparatos de radar suelen funcionar con ondas centimétricas.*

CENTÍMETRO m. *Metr.* Centésima parte del metro (símbolo: *cm*).
— *Text.* Nombre dado abusivamente por las costureras y sastres a la cinta de medir dividida en centímetros.

CENTINORMAL adj. *Quím.* Dícese de una disolución cien veces menos concentrada que la disolución normal.

CENTRACIÓN f. Centrado.

CENTRADO, DA adj. y s. Dícese de la cosa situada en el centro de otra. ‖ Operación consistente en hallar o determinar el centro de una cosa o en situar una pieza exactamente en el centro de otra.
— *Aeron.* Determinación del centro de empuje * del avión según la disposición de su carga.
— *Arm.* Coincidencia del eje del proyectil con el del cañón del arma: *los cañones rayados aseguran un centrado satisfactorio.*
— *Mec.* Operación consistente en determinar el centro de una pieza. ‖ Operación que tiene por objeto disponer en una misma línea recta el eje de la pieza que se ha de labrar y el de los dos soportes que la mantienen en el torno: *el centrado, operación delicada, consiste en determinar el eje de la pieza, en cuyos extremos se practican con un taladro de centrar dos hoyuelos destinados a las puntas del torno.*

CENTRAJE m. Galicismo por *centrado.*

CENTRAL adj. y s. Que se halla en el centro. ‖ Que constituye el centro de una cosa.
— *Calef. Calefacción central*, v. CALEFACCIÓN.
— *Electr.* Conjunto de instalaciones de una fábrica generadora de energía eléctrica.
— Una *central eléctrica* produce electricidad por medio de alternadores que aprovechan la forma de energía más cómoda o barata o bien la única clase de energía disponible en una comarca. Toda central eléctrica consta de un manantial de ener-

gía, uno o varios aparatos motores (generalmente turbinas), uno o varios alternadores y una estación transformadora que eleva la tensión de la corriente para facilitar su transporte.
El criterio esencial que determina el tipo de central más interesante en cada caso es el precio de coste del kilovatio hora, que se calcula teniendo en cuenta el coste inicial de la central, el precio del combustible, los salarios y otros gastos. Para una misma potencia, la construcción de una central térmica es dos o tres veces más barata que la de una central hidroeléctrica o nuclear. No obstante, la central térmica consume un combustible costoso y la central nuclear acarrea muchos gastos. Por consiguiente, en el estado actual de la técnica, la central hidroeléctrica es la más rentable.
A continuación se indican las características esenciales de las distintas clases de centrales:
— *Central eólica*. Se funda en el mismo principio que los molinos de viento. Consiste en un aerogenerador * cuya energía es proporcional al cubo de la velocidad del viento. Por consiguiente, sólo es interesante cuando el viento es suficientemente fuerte (más de 20 km/h) y sopla con regularidad. Si se exceptúan las instalaciones experimentales construidas en la Unión Soviética, los Estados Unidos, Francia y otros países, no existen verdaderas centrales eólicas, sino instalaciones de escasa potencia usadas en lugares desprovistos de red de energía eléctrica. Estos aerogeneradores disponen de acumuladores eléctricos que permiten almacenar energía cuando el viento es insuficiente, cosa prácticamente imposible en el caso de centrales eólicas capaces de producir millares de kilovatios hora.
— *Central geotérmica*. Es una central térmica movida por los vapores subterráneos de las regiones volcánicas. Las centrales de este tipo funcionan principalmente en Italia (Larderello) y Nueva Zelandia: los vapores se captan con tuberías y se inyectan directamente en las turbinas a la temperatura de 200°. Teóricamente sería posible instalar centrales de este tipo en cualquier parte donde se disponga de agua. Bastaría con perforar pozos lo bastante profundos para que, al llegar el agua al fondo, fuera ésta vaporizada por el calor de la roca que, como se sabe, aumenta constantemente con la profundidad. (V. GEOTÉRMIA.)
— *Central heliotérmica*. La energía solar que llega al suelo cuando el cielo se halla despejado, es considerablemente grande: un kilovatio por metro cuadrado. Incluso contando los días nublados, la potencia disponible en las regiones cálidas del Globo —generalmente las menos ricas en manantiales de energía— es, por término medio, de 0,2 kW/m²; sin embargo, la conversión de esta energía en electricidad con rendimientos suficientes para justificar la construcción de centrales sigue planteando problemas difíciles. Las instalaciones actuales, fundadas en el uso de semiconductores y otros convertidores fotoeléctricos *, tienen escasa potencia. Otro método consiste en concentrar los rayos solares mediante enormes espejos que los proyectan sobre una caldera para producir vapor con qué mover un grupo turboalternador. Las instalaciones de este tipo hoy existentes son puramente experimentales.
— *Central hidráulica* o *hidroeléctrica*. En estas centrales se aprovecha la energía cinética del agua dejándola caer sobre los álabes de una turbina hidráulica. Como su potencia es aproximadamente igual al caudal del agua multiplicado por la altura de la caída, se desprende de ello que tan interesantes son una central de poco caudal y mucha altura y otra de mucho caudal y poca altura como otra de altura y caudal medianos. Para cada uno de estos casos existe un tipo apropiado de turbina *.
Según se utilice el agua, la central puede ser *de agua fluente* o *de acumulación*. En el primer caso no se dispone de ninguna reserva: el embalse de la central solamente tiene por objeto aumentar en lo posible la altura de la caída (hasta 10 m) y la central puede ser inutilizable durante el estiaje, mientras que durante las avenidas se pierde el exceso de agua que no puede pasar por las turbinas. Las centrales de acumulación disponen, por el contrario, de una presa que permite compensar las irregularidades del caudal de los ríos: el agua se acumula en un lago artificial,

ya en verano (deshielo en las sierras nevadas), ya en otoño o primavera, durante las lluvias anuas. No solamente la central puede funcionar en época de sequía, sino también las reservas permiten dar abasto de energía en invierno, cuando el consumo alcanza valores críticos. También existe un tipo intermedio de central que permite atender al aumento de la demanda en las horas de mayor consumo de la jornada. En estas centrales, el agua que se embalsa en las horas calmas de la noche se utiliza para sacar la máxima potencia de las turbinas durante las dos o tres horas críticas de la jornada, cuando mayor es el consumo.
— *Central hidrotérmica*. Toda máquina térmica se funda en la caída de temperatura de un cuerpo entre un manantial caliente y otro frío. En una central hidrotérmica se aprovechan como manantial caliente las aguas superficiales del mar, en la zona ecuatorial, y como manantial frío, las aguas del fondo. Como el calor disponible no basta para vaporizar el agua, se usa un líquido de temperatura de ebullición muy baja (por ej., cloruro de etilo), cuyo vapor acciona un turboalternador, como en las centrales térmicas ordinarias, antes de ser licuado por el agua fría. La aplicación de este principio no ha dado hasta ahora resultados satisfactorios.
— *Central mareotriz*. Es una central hidráulica movida por el agua del mar en los parajes de mareas bastante grandes. Si se cierra una ría con una presa hidroeléctrica, bastará con abrir sus compuertas durante la creciente y cerrarlas en la pleamar para disponer de un caudal de agua o embalse que puede ser renovado a cada marea. Al bajar el nivel del mar existirá un desnivel que puede ser aprovechado con turbinas especiales para caídas de poca altura. La falta de altura queda compensada por la posibilidad de consumir todas las reservas de agua (puesto

central hidroeléctrica de La Viña (Argentina)

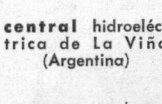

central térmica de Porcheville (Francia)

central atómica de Calder Hall (G. B.)

mandos de una central hidroeléctrica

Fot. B. Lipnitzki, H. Baranger, X., La Photothèque

central geotérmica de Larderello (Italia)

que éstas se renuevan a cada marea). Además, cuando el embalse se halla vacío y sube el nivel del mar, éste representa el papel de embalse y, al entrar el agua por las compuertas, mueve las turbinas. Éstas son, por consiguiente, de doble efecto y una misma masa de agua se usa dos veces para producir corriente. La primera central importante de este tipo es la del estuario de la Rance (Francia). Entre las pocas regiones que se prestan a la instalación de centrales de esta clase figuran la costa sudeste de Patagonia y la desembocadura del río Colorado, en México.
— *Central nuclear.* Es una central térmica en la cual el calor necesario para vaporizar el agua proviene de la desintegración de los átomos de uranio en un reactor nuclear (v. ÁTOMO, ENERGÍA y REACTOR). Consta esencialmente de: 1.º un reactor nuclear; 2.º un circuito primario recorrido por un fluido que se calienta en el núcleo del reactor; 3.º un cambiador de calor, en el cual el fluido del circuito primario (que es radiactivo y peligroso) cede su calor al fluido de otro circuito secundario y lo vaporiza; 4.º un turboalternador, movido por el vapor, generador de corriente eléctrica.
Las primeras centrales nucleares, dado su carácter experimental y las exigencias militares (necesidad de producir plutonio *) no son rentables por lo que a producción de corriente eléctrica se refiere. No cabe ninguna duda de que, al perfeccionarse las técnicas, se obtendrá corriente tan barata como la de las centrales térmicas de carbón o de aceites pesados. La ventaja de las centrales nucleares en las comarcas desprovistas de combustibles naturales y de saltos de agua reside en el escaso volumen del combustible nuclear, o sea la cantidad de uranio consumido, pues cada carga puede durar varios años. Además, ciertos reactores producen más materia físil que la que consumen. (V. REACTOR *autorregenerador*.)
— *Central térmica.* Central que produce energía eléctrica a partir de la energía calorífica desprendida por la combustión de carbón, gas, aceites pesados u otros combustibles. El calor desprendido en el hogar se aprovecha en la caldera * para producir vapor a más de 500º, cuya expansión entre los álabes de una turbina permite arrastrar el generador de energía eléctrica.
Una central térmica suele tener varios grupos turboalternadores cuya alimentación en combustible —especialmente en las calderas que funcionan con carbón pulverizado— requiere importantes instalaciones auxiliares (v. *figura*). Las centrales de esta clase se construyen preferentemente junto a las minas de carbón (para limitar los gastos de transporte del combustible), en los arrabales de las grandes ciudades o en los centros industriales (para evitar las pérdidas durante el transporte de la corriente).
— *Fot. Obturador central,* v. OBTURADOR.
— *Geof. Fuego central,* v. FUEGO.
— *Obr. públ. Central de hormigón,* fábrica que se construye a proximidad de obras muy importantes, especialmente las presas, para asegurar la producción continua de grandes cantidades de hormigón. Las más de las veces éste se transporta y vierte sobre la obra por medio de teleféricos y blondines.
— *Telec. Central telegráfica,* oficina en la cual convergen las líneas telegráficas de una zona geográfica. ‖ *Central telefónica,* estación urbana de donde parten las líneas de todos los abonados y en la cual se establecen manual o automáticamente las conexiones entre los mismos o con los abonados que dependen de otra central.

centrifugadora *(aeron.)*

centrifugadora de azucarera *(mec.)*

CENTRALILLA o **CENTRALITA** f. *Telec.* Central telefónica privada merced a la cual basta con una o varias líneas urbanas para satisfacer las necesidades de todos los teléfonos de una empresa comercial o industrial, hotel, etc., que una telefonista conecta con las referidas líneas a medida que va recibiendo las llamadas.
CENTRAR v. Acción de efectuar el centrado * en todas sus acepciones.
CENTRÍFUGA f. *Mec.* Centrifugadora.
CENTRIFUGACIÓN f. Acción de centrifugar.
CENTRIFUGADOR, RA adj. y s. Que centrifuga o sirve para centrifugar.
— *Aeron.* Máquina con la cual se puede someter experimentalmente una persona a aceleraciones tan fuertes como las que se manifiestan a bordo de los aviones más rápidos y de los cohetes.
— La *centrifugadora* consiste en una especie de tiovivo de brazo giratorio movido por un sistema motor capaz de alcanzar grandes velocidades en un tiempo muy corto. La barquilla puede ser orientada en todas las direcciones y, además del asiento ocupado por el paciente, y de numerosos instrumentos de control y de medida, lleva una cámara de televisión que permite observar las reacciones de aquél desde el puesto de mando.
La centrifugadora se usa con dos objetos diferentes: entrenamiento de los pilotos de cohetes y de prototipos de aviones rápidos; estudio del comportamiento humano y resistencia de los materiales (equipo de a bordo) ante los efectos de las aceleraciones: las centrifugadoras permiten someter a los pilotos a aceleraciones de cerca de 20 g. (V. ACELERACIÓN.)
— *Tecn.* Aparato en el cual un motor rapidísimo, de eje vertical, imprime gran velocidad a uno o varios recipientes cuyo contenido se halla así sometido a una fuerza centrífuga considerable.
— Las *centrifugadoras,* sirven para separar instantáneamente un líquido de las partículas que contiene en suspensión o en emulsión (v. SEPARADOR *centrífugo*), para deshidratar o desecar, etcétera.
CENTRIFUGAR v. Someter a la acción de la fuerza centrífuga. ‖ Tratar las materias con el centrifugador * o centrifugadora para depurarlas, deshidratarlas o separar sus componentes.
— *Metal.* Vaciar el metal fundido en un molde animado por un rápido movimiento de rotación.
— La fuerza centrífuga crea en el seno del metal una presión que permite obtener piezas homogéneas, exentas de burbujas y otros defectos, incluso cuando tienen paredes delgadas y de contornos

Fot. P. Belzeaux, C. S. F., Fives-Lille-Cail

muy complicados. También se usa este método para fabricar cojinetes de bimetal: en el interior del cojinete bruto de acero ya solidificado, se centrifuga metal antifricción fundido, el cual se solidifica en forma de revestimiento homogéneo y perfectamente adherido al acero.

CENTRÍFUGO, GA adj. *Mec.* Que tiende a alejar del centro: *la fuerza centrífuga se opone a la fuerza centrípeta.* || Dícese de los aparatos cuyo principio se funda en la fuerza centrífuga: *bomba * centrífuga, separador centrífugo, desnatadora centrífuga.*
— La *aceleración* y la *fuerza centrífugas* son respectivamente iguales y diametralmente opuestas a la aceleración y la fuerza centrípetas *. (V. FUERZA.)

CENTRÍPETO, TA adj. *Mec.* Que tiende a acercar al centro. || *Fuerza centrípeta,* v. CENTRÍFUGO y FUERZA.

CENTRO m. Punto medio o central de una cosa, más o menos equidistante de sus extremos o bordes. || Punto de convergencia o de partida: *centro distribuidor de energía eléctrica.* || Lugar donde se concentran oficinas, laboratorios y otras instalaciones de un mismo ramo para desplegar actividades conjuntas: *el centro atómico americano de Oak Ridge.*
— *Geom.* Punto equidistante de todos los de la circunferencia o de los de la superficie de una esfera. || Punto de intersección de los diámetros de una curva cerrada o de las diagonales de ciertos polígonos: *el centro de una elipse o de un rombo.*
— *Mar. Centro de carena,* centro de gravedad del volumen desplazado por un barco. || *Centro vélico,* resultante de las fuerzas que obran sobre todas las velas de un barco.
— *Mec. Centro de empuje,* v. EMPUJE. || *Centro de gravedad,* v. GRAVEDAD. || *Centro de presión,* v. PRESIÓN.
— *Meteor. Centro de acción,* anticiclón o depresión relativamente fijos y duraderos que determinan la circulación atmosférica y el tiempo en una región más o menos extensa: *los dos centros de acción del continente europeo son el anticiclón de las Azores y la depresión de Islandia.*
— *Ópt. Centro óptico de una lente,* punto de la misma en el cual un rayo luminoso la atraviesa sin experimentar ninguna desviación.

CENTUPLICAR v. Multiplicar por ciento.

CÉNTUPLO adj. y s. Producto de la multiplicación de una cantidad por ciento.

CENTURIO m. *Quím.* Nombre que se dio provisionalmente al elemento de número atómico 100, hoy llamado *fermio.*

CEOLITA f. *Miner.* Nombre genérico de los silicatos hidratados, generalmente aluminíferos, presentes en las rocas amigdaloides.
— Las *ceolitas* son cambiadores de iones y permiten depurar el agua dura: la ceolita que contiene iones de sodio los cambia por los iones de calcio del agua. Inversamente, bastará con lavar la ceolita con agua muy salada para que abandone el calcio y se vuelva a cargar de sodio.
— *Quím.* Substancia preparada artificialmente y dotada de las mismas propiedades que la ceolita natural: *las ceolitas se usan en los aparatos depuradores de aguas calcáreas.*

CEPA f. *Arq.* En los puentes y arcos, parte del machón comprendida entre la imposta y la superficie del suelo o terreno.

CEPILLADURA f. Acepilladura, viruta *.

CEPILLAR v. Acepillar.

CEPILLO m. *Art. gráf.* Barra provista de cerdas suaves, dispuesta paralelamente al cilindro de ciertas máquinas de imprimir, con objeto de aplicar el papel contra el mismo para que no forme bolsas ni arrugas.
— *Art. y of.* Utensilio consistente en un gran número de cerdas fijadas en un soporte apropiado, generalmente por manojitos o haces, que sirve para quitar el polvo, estregar las cosas sucias, lustrar, decapar los metales y otros usos: *la enceradora eléctrica suele tener varios cepillos giratorios.*
— *Carp.* Herramienta para rebajar y alisar la madera.
— El *cepillo ordinario* tiene un hierro o cuchilla ancha de filo recto. Para evitar que la misma penetre excesivamente en la madera se le yuxtapone un contrahierro que rompe la viruta y la

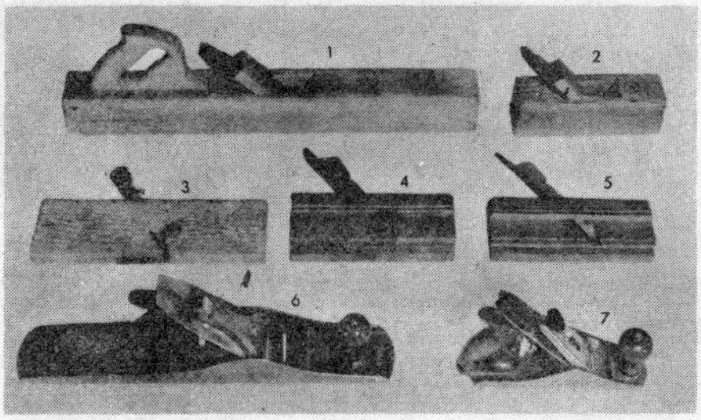

cepillos *(carp.)*
1. Garlopa; 2. Cepillo ordinario; 3. Guillame; 4 y 5. De machihembrar; 6 y 7. Metálicos

dirige por la boca hacia la lumbrera. Una cuña de madera mantiene ambos hierros fijos en la debida posición, y la cuchilla será tanto más salediza cuanto más espesa fuere la viruta y tanto menos cuanto más fino deba ser el acabado de la superficie acepillada. El cepillo muy largo y provisto de empuñadura se llama *garlopa.* Dando una forma apropiada al filo y al asiento de la cuchilla, se labran en los maderos ranuras y muy variados perfiles (*cepillos acanalador, de embarrotar* o *machihembrar, moldurador,* etc.). Los *cepillos de hoja estrecha (guillames)* no tienen lumbrera abierta por arriba y en ellos la salida de las virutas se efectúa por los lados.
En los *cepillos metálicos,* el taco de madera que sirve de soporte a la cuchilla es reemplazado por un bastidor metálico provisto de una empuñadura y un asidero en forma de bola.
El acepillado mecánico de la madera se efectúa con la acepilladora *.

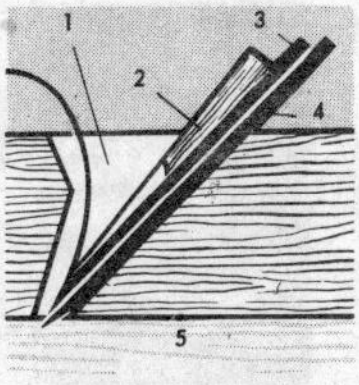

cepillo *(carp.)*
1. Lumbrera; 2. Cuña; 3. Contrahierro; 4. Hierro; 5. Asiento

CEPO m. *Arq.* Sistema de dos vigas paralelas entre las cuales se abarrotan o sujetan otras piezas perpendiculares a ellas, como, por ejemplo, una hilera de pilares hincados en el suelo.
— *Art. y of.* Tronco o madero grueso que sirve de asiento al yunque y otros instrumentos de herrero.
— *Carp.* Conjunto formado por dos maderos que abrazan un tercero para constituir con él una ensambladura.
— *Mar.* Pieza larga del ancla de dos brazos, pasada por un ojo de la caña o fijada en ella perpendicularmente al plano de las uñas, con objeto de que una de las mismas pueda prender en el fondo.
— *Text.* Devanadora usada para devanar la seda de los capullos antes de torcerla.

CERA f. Materia amarilla y blanda, que endurece y se vuelve quebradiza con el frío, mediante la cual construyen sus panales las abejas. || Substancia de aspecto y propiedades parecidas a las de la cera de abeja, suministrada por ciertas plantas.
— La *cera animal* es segregada por unas glándulas que ciertos himenópteros, especialmente las abejas domésticas, tienen entre los anillos abdominales. La secreción forma unas escamitas que el animal recoge con sus patas y lleva a las mandíbulas para amasarlas antes de aplicarlas en el panal (v. COLMENA). Para recuperar la cera, los panales, ya vaciados de su miel, se funden en agua caliente, a cuya superficie sube la cera y en la cual se solidifica al enfriarse.
Desde el punto de vista químico, la cera constituye una mezcla de ésteres, alcoholes y ácidos alifáticos. Su densidad es de 0,966 y su temperatura de fusión próxima de 62 ó 63°. Es insoluble en el agua y el alcohol y soluble en el sulfuro de carbono y el cloroformo. La *cera virgen,* o sea la que no ha servido aún para ningún uso, es amarilla. Para convertirla en *cera blanca* se hace caer derretida en el agua fría y se expone a la acción del sol y del aire.
La cera sirve para fabricar encáusticos, lacre, pinturas, figuras o estatuitas, velas y cirios, cosméticos, betunes para el calzado, etc.
Muchos vegetales, especialmente palmas, tienen tejidos superficiales impermeabilizados con una capa de cera parecida a la de la abeja. En ciertos casos, esta cera se cosecha. Las más comunes son la *cera de carnauba* *, procedente de las hojas de una palmera brasileña, y la *cera de palma* suministrada por el ceroxilo *.

Fot. Larousse

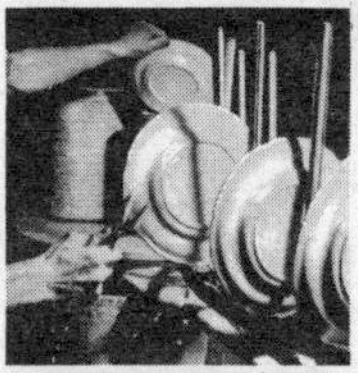

cerámica
1. Amasado; 2 a 4. Moldeado; 5. Decoración; 6. Esmaltado; 7. Cochura

— *Lumin. Amer.* Sinón. común de *vela, bujía.*
— *Metal. Vaciado con cera perdida,* procedimiento que consiste en hacer un molde sirviéndose de un modelo de cera que reproduce las formas de la pieza, y también en calentar dicho molde para que se derrita la cera y deje el hueco en que se vaciará el metal: *la mayor parte de las estatuas de bronce han sido vaciadas en moldes obtenidos por el procedimiento de la cera perdida.*
— *Miner. Ceras minerales* o *ceras fósiles,* hidrocarburos sólidos, parcialmente oxidados, que, como la *ozocerita* *, se encuentran cristalizados en la naturaleza y provienen de árboles resinosos.
— *Petr.* Las *ceras de petróleo* o *parafinas microcristalinas* son parafinas de estructura cristalina muy fina y poco aparente. Se obtienen por fusión y nueva cristalización de la parafina. Se usan en aquellos casos en que se requiera una parafina parecida a la cera (industrias alimenticia y farmacéutica, fabricación de cosméticos, impregnación de papeles y tejidos, etc.).
— *Pint. Pintura a la cera,* la que se obtiene al emplear como soporte de los pigmentos una mezcla de cera derretida y de esencia.
— *Tecn.* Mezcla de ceras vegetales y animales que se utiliza para la grabación del disco de gramófono usado como patrón.

CERÁCEO, A adj. Que tiene la consistencia o el aspecto de la cera.

CERALUMINIO m. *Metal.* Aleación ligera a base de aluminio, cobre, níquel, hierro, silicio y magnesio, que contiene también 0,2 % de cirio y es uno de los metales ligeros de alta resistencia usados para construcciones aeronáuticas.

CERÁMICA f. Arte de fabricar vasijas y otros objetos de barro, fundado en la propiedad que tienen las arcillas de dar con el agua una masa plástica que, por cochura, se vuelve dura, sólida e inalterable.
— Las distintas variedades de productos cerámicos pueden clasificarse, según sean porosos o impermeables, en dos categorías principales :
1.º Los productos permeables dejan pasar por sus poros los gases, líquidos y grasas. Cuando se quiebran, los bordes presentan un aspecto terroso. A esta categoría pertenecen los vasos y recipientes amarillos o rojizos (por contener óxido de hierro) con barniz transparente de plomo, la loza * cubierta por esmalte blanco y opaco de estaño, los productos refractarios (ladrillos, etc.), la loza fina, etc. (V. ALFARERÍA.)
2.º Los productos impermeables deben su propiedad al ablandamiento y la vitrificación de la pasta durante su cochura a temperaturas elevadas. Al romperse presentan bordes lisos de corte vivo. A esta categoría pertenecen: el gres, de pasta grisácea y dura, con el cual se hacen caños, jarras y otras vasijas barnizadas, baldosines, etc.; la porcelana de pasta blanca, dura y translúcida (V. PORCELANA), y la loza sanitaria, intermediaria entre el gres y la porcelana.
La base de todas las pastas cerámicas es la *arcilla* *, cuya clase más fina es el *caolín* *. A la arcilla se agregan elementos desgrasantes o exentos de plasticidad: arena, cuarzo, cemento, feldespato, creta, etc. El feldespato y la creta son también fundentes y provocan la vitrificación de la pasta a temperaturas elevadas.
Las materias finamente pulverizadas se amasan mecánicamente y se elimina su exceso de agua por medio de filtros prensa o por desecación parcial. Los objetos se obtienen mediante prensado, vaciado en moldes o moldeado en tornos. La cochura se efectúa en una o varias veces (V. PORCELANA). Los objetos ordinarios se exponen directamente a los gases calientes del horno *, mientras que las piezas finas se protegen con cápsulas de arcilla refractaria.
Las piezas cocidas sin esmaltar se llaman *bizcochos.* Los esmaltes y barnices usados para el acabado o decoración de los objetos de cerámica son compuestos metálicos, especialmente los siguientes: los de cobre para el verde, el azul turquesa y el rojo; los de cobalto para el azul obscuro; los de manganeso para el violado; los de cromo para el verde, el rosado y el coral; los de antimonio y uranio para el amarillo; los de hierro para el rojo y el pardo; los de estaño para el blanco, etc.
— *Metal. Cerámica de metales,* v. CERMET y METALURGIA *de polvos.*

CERÁMICO, CA adj. Relativo o perteneciente a la cerámica: *horno* * *cerámico.* ‖ *Gres cerámico,* v. GRES.

CERAMITA f. *Cerám.* Baldosa o ladrillo de dureza comparable a la del granito.

CERAPEZ f. *Art. y of.* Cerote.

CERARGIRA o **CERARGIRITA** f. *Miner.* Cloruro de plata.

CERASINA f. *Miner.* Clorocarbonato de plomo, también llamado *fosgenita* y *plomo córneo.*

CERASITA f. *Miner.* Cordierita * que contiene inclusiones carbonosas.

CERCA f. y **CERCADO** m. *Arq.* Tapia, valla. ‖ *Cerca eléctrica,* cerca de alambres recorridos por una corriente de alta tensión.
— Las *cercas eléctricas* usadas para contener el ganado en el espacio por ellas delimitado son muy eficaces a pesar de lo ligero de su construcción. La corriente eléctrica es suministrada directamente por el sector o bien por una batería de acumuladores. Se transforma en corriente de alta tensión que recorre periódicamente el alambre y basta para alejar a las reses con todo y ser inofensiva para las mismas.

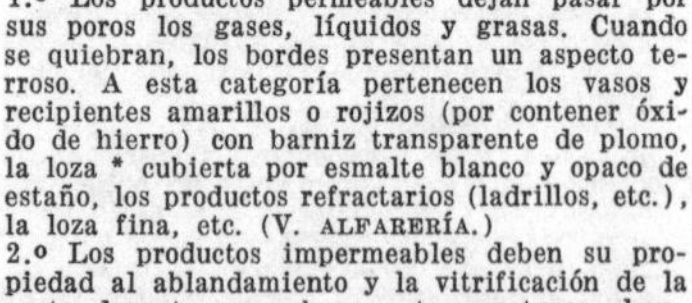

cerca eléctrica y dispositivo electrizador

CERCADOR m. *Metal.* Instrumento de hierro con uno de sus bordes en forma de letra, dibujo o motivo ornamental y en el otro un cabezal propio para golpearlo, con lo cual se puede estampar el referido dibujo en una chapa delgada para rehundirla y que aparezca en relieve por el lado opuesto.

CERCENAR v. *Art. y of.* Cortar los extremos de una cosa. ‖ Acortar.

CERCO m. Marco, aro que ciñe o circunda una cosa: *el cerco de un tambor.*
— *Astr.* Halo.
— *Carp.* Aro de madera de las cubas, cedazos, ruedas y otras labores de carpintería. ‖ Marco de puerta o ventana.
— *Mar. Cerco de jareta,* o simplemente *cerco,* red grande propia para la pesca de sardinas,

Fot. Séguy, Vannier

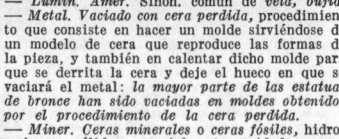

caballas, bogas, agujas y otros peces que forman bancos.
— El *cerco* es una red en forma de rectángulo muy alargado que se mantiene vertical en el agua por tener su borde o relinga inferior lastrado con plomos y la superior provista de corchos. En cada uno de los bordes laterales y en el inferior lleva una serie de anillas por las cuales pasan tres cabos. El cerco se cala en forma de semicírculo en torno al banco de peces y, al cobrar los tres cabos desde el barco, forma una bolsa grande en la cual queda aprisionada la pesca. Esta red, que es la más importante después del bou, se usa en todas partes con ligeras diferencias en su estructura y con nombres variados, a saber: *don, luz, traíña, tarrafa*, etc.

CERCHA f. *Arq.* Armadura * de cubierta. ‖ Regla flexible para medir superficies curvas. ‖ Plantilla usada por los picapedreros para labrar superficies curvas en los sillares. ‖ *Amer.* Cimbra para construir arcos y bodegas.
— *Carp.* Armazón de segmentos de círculo de madera ensamblados para constituir una labor redonda, como la mesa o la rueda del timón, o bien semicircular, como el abanico * que remata ciertas puertas.

CERCHÓN m. *Arq.* Cimbra * para construir arcos y bóvedas.

CERDA f. Pelo recio que tienen los mamíferos en la cola, el lomo y otras partes del cuerpo y que se aprovecha para hacer cepillos, brochas y otras labores. (Sinón. CRIN.)

CERDAMEN m. *Art. y of.* Mechón o manojillo de cerdas limpias y peinadas, prestas para fabricar brochas o cepillos.

CEREALOSA f. *Ind. alim.* Glucosa que se prepara a partir del almidón de los cereales y sirve para aumentar el grado alcohólico de la cerveza.

CEREBRO m. *Electrón. Cerebro electrónico*, nombre dado abusivamente a ciertos aparatos capaces de efectuar operaciones de cálculo, traducción, gobierno de máquinas, etc., sin intervención del cerebro humano.
— Los aparatos llamados *cerebros electrónicos* resuelven los problemas más intrincados *(calculadoras * electrónicas)* y son capaces de "asumir responsabilidades" en el gobierno de máquinas *(cohetes autodirigidos *)*, la interpretación de estadísticas, la traducción de textos elementales de una lengua a otra, etc. Su eficacia es sorprendente. Sin embargo, cada uno de estos aparatos solamente puede cumplir misiones limitadas estipuladas en un programa previsto de antemano por el *cerebro humano*. Éste es universal en cuanto a sus conocimientos y posibilidades merced a la capacidad de un sistema de 80 000 millones de neuronas. Por eso resulta excesivo calificar de cerebro un sistema provisto a lo sumo de unos millares de órganos electrónicos. (V. CIBERNÉTICA, AUTOMATISMO, REGULADOR y AUTODIRECCIÓN.)

CÉREO, A adj. De cera.

CEREOLITA f. *Miner.* Serpentina de color blanco amarillento. (Sinón. CEROLITA.)

CERES, nombre de un asteroide * que, por ser el primero que fue descubierto, lleva el núm. 1 en el catálogo de estos cuerpos celestes. Su diámetro se ha calculado entre 650 y 760 km, según el método empleado. Es, por consiguiente, 20 veces menor que el de la Tierra. *Ceres* gravita a una distancia media del Sol del orden de 414 millones de kilómetros y describe una vuelta completa en torno al mismo de 4,6 años terrestres. La distancia que separa Ceres de la Tierra y lo pequeño de su globo hacen que éste sea invisible a simple vista.

CERESINA f. *Quím.* Substancia que se obtiene tratando ozocerita con ácido sulfúrico: *la ceresina es análoga a la cera y se usa como sucedáneo de ésta.*

CEREZA f. *Metal.* Color rojo obscuro que toma el hierro candente.

CEREZO m. *Bot.* Género de árboles frutales (*Cerasus*) algunas de cuyas especies dan frutos comestibles y madera.
— *Carp.* La madera de los *cerezos*, muy apreciada en ebanistería y para labrar pipas y objetos torneados, tiene color rojizo, con un veteado ligero, es fina y densa ($d = 0{,}700$) y admite un hermoso pulimento.
— *Ind. alim.* La destilación de los frutos del cerezo (cerezas) da el licor llamado *kirsch* *.

CERI, prefijo derivado de *cera* y usado en palabras compuestas para designar cosas que guardan alguna relación con dicha materia. (También se usa la forma *cero.*)

CÉRICO, CA adj. *Quím.* Dícese del óxido de cerio que tiene por fórmula $Ce\ O_2$, para distinguirlo del óxido ceroso * y se aplica también a las sales del cerio cuadrivalente. (V. CERIO.) ‖ *Tierras céricas*, grupo de metales que comprende, además del cerio, el lantano, el praseodimio, el neodimio, el prometeo y el samario, o los óxidos de los mismos.

CÉRIDOS m. pl. *Quím.* Lantánidos.

CERÍFERO, RA adj. Que produce cera: *planta cerífera.*
— *Miner.* Que contiene cerio.

CERIFICADOR m. *Art. y of.* Aparato para recuperar la cera pura de los fragmentos de panales mediante la acción calorífera de los rayos solares.

CERILLA f. Palillo de madera, tira pequeña de cartón o mecha impregnada de cera que tiene en uno de sus extremos una gota solidificada de una materia que se inflama al ser frotada con una superficie apropiada y que sirve para encender.
— Todas las clases de *cerillas* fabricadas actualmente pertenecen —sea cual fuere su fórmula— a uno de los dos tipos siguientes: *cerillas de seguridad*, que solamente se encienden cuando se raspa con ellas una superficie de composición especial; *cerillas de sesquisulfuro*, para uso doméstico, que se inflaman al raspar cualquier superficie rugosa.
En las cerillas de seguridad, la substancia aplicada sobre el palillo u otro soporte previamente parafinado consiste en una mezcla de clorato de potasa, bióxido de manganeso, bicromato de potasio, sulfuro de antimonio y polvo de vidrio. Solamente se inflaman al ser frotadas contra un raspador compuesto de fósforo amorfo y de un abrasivo, aglomerados con goma.
Las cerillas de sesquisulfuro son generalmente de madera previamente impregnada de azufre, y la composición de la substancia inflamable es la siguiente: sesquisulfuro de fósforo, clorato de potasio y polvo de vidrio.
La fabricación de las cerillas se efectúa con máquinas automáticas de elevadísimo rendimiento (cada máquina produce varios millones de cerillas por jornada de trabajo).

CERINA f. *Miner.* Variedad de alanita de color pardo rojizo.

CERIO m. *Quím.* Elemento químico (Ce) de número atómico 58, cuya masa atómica igual a 140,13 resulta de la mezcla de sus cuatro isótopos de masas 136, 138, 140 (84,45 %) y 142 (11,10 %).
— El *cerio* es un metal duro, de aspecto parecido al del hierro. Su densidad es de 6,8 y sus temperaturas de fusión y ebullición, de 804 y 3 600°, respectivamente. Se oxida fácilmente en el aire, descompone el agua lentamente y se disuelve en los ácidos flojos o diluidos.
Es el metal más común de entre todos los del grupo de las tierras * raras y se encuentra mezclado con ellos. Su mena principal es la monacita *, pero también se extrae de la gadolinita * y la cerita *.
El cerio da sales cerosas con su óxido ceroso ($Ce_2\ O_3$) y sales céricas con el óxido cérico ($Ce\ O_2$). En las sales del primer grupo, que son incoloras, el cerio es trivalente; en las del segundo, que son amarillas o anaranjadas, es cuadrivalente.
El cerio sirve para fabricar *ferrocerio* *. También se usa el sulfato en fotografía. Los manguitos del mechero Auer contienen un poco de óxido cérico que aumenta el brillo de su luz.

CERMET m. *Metal.* Material dotado de las propiedades de un metal sumamente refractario y constituido por compuestos cerámicos conglomerados con un metal.
— Los *cermets* son productos obtenidos por la metalurgia * de polvos y se obtienen mediante fritado *. Los más corrientes son los de alúmina (70 %) y cromo (30 %), los basados en boruros de cromo, titanio o circonio, y, por último, los de carburo de titanio fritado con cobalto.
Los cermets, sin ser metales, se usan como tales en gran número de aplicaciones cuyas temperatu-

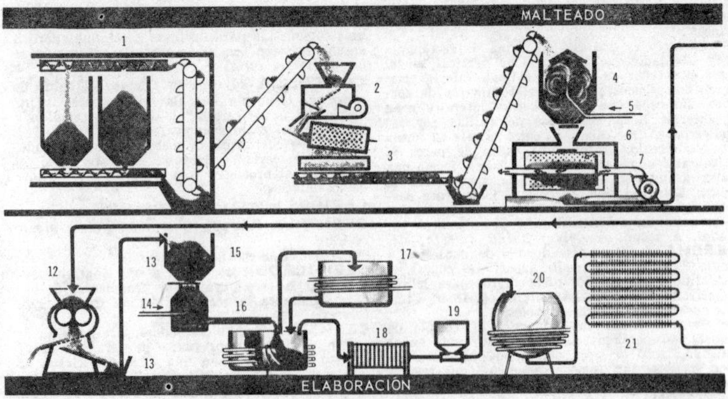

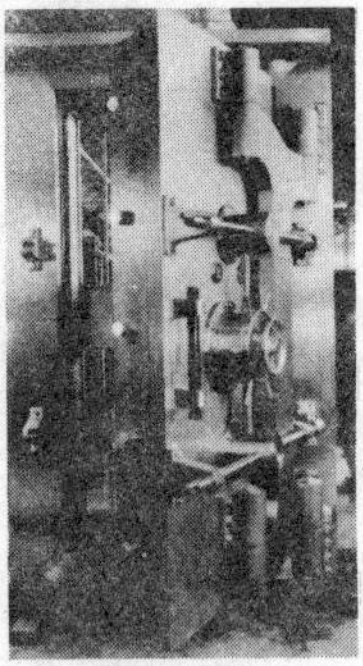

cerradura
de caja de caudales

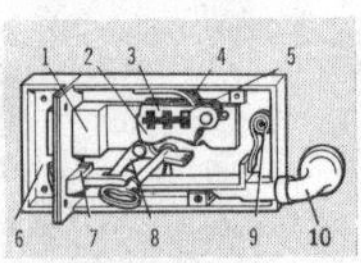

cerradura
1. Pestillo; 2. Estribo de enclavamiento; 3. Enclavamiento; 4. Muelles; 5. Perno; 6. Cerradero; 7. Picaporte; 8. Palanca del picaporte; 9. Muelle; 10. Tirador

ras son tan elevadas, que aquéllos no pueden soportarlas sin perder sus características mecánicas. Citemos, entre otros ejemplos, las toberas y los álabes de las turbinas de los motores de reacción, constantemente sometidas a la acción de los gases de combustión, y las herramientas de corte rápido, cuyo filo alcanza también temperaturas muy elevadas.

CERNE m. *Carp.* Cerno.

CERNEDOR m. *Ind. alim.* Criba * mecánica para cerner la harina.

CERNER v. *Ind.* Pasar una materia pulverulenta por el cedazo para eliminar las impurezas o separar los granos finos de los gruesos: *cerner la harina para separarla del salvado.* (V. CRIBA.)

CERNIDO, DA adj. *Ind.* Tamizado. ‖ Acción y efecto de cerner.

CERNIDOR m. *Amer.* Cernedor.

CERNIDURA f. Acción de cerner. ‖ — Pl. Residuos que quedan en el tamiz después de haber cernido harina u otras materias pulverulentas.

CERNIR v. Cerner.

CERNO m. *Carp.* Parte central del tronco, que da la madera más dura y compacta. (Sinón. CERNE.) ‖ *Amer.* Nudo.

CERO, prefijo. V. CERI.

CERO m. Valor nulo: *la suma algebraica de dos números iguales de signo contrario es cero.* ‖ Origen de las escalas o coordenadas en nomografía.

— *Fís. Cero absoluto,* v. TEMPERATURA.

— *Mar.* Punto a partir del cual se cuentan las profundidades del mar que figuran en las cartas de navegar.

— Generalmente, el *cero* de las cartas corresponde al nivel de la bajamar más importante que pueda darse en el paraje considerado. Así se evitan los accidentes que podrían resultar del desconocimiento de las mareas locales o de una falta de atención si las cartas indicaran la altura media.

CEROGRAFÍA f. *Art. gráf.* Procedimiento de grabado * a la cera o al encausto.

CEROIDEO, A adj. Dícese de lo que tiene aspecto de cera.

— *Miner.* Dícese del mineral que se quiebra como la cera, o sea formando numerosas escamas en los bordes de la fractura.

CEROPLÁSTICA f. Arte de modelar la cera.

CEROSO, SA adj. *Quím.* Dícese del óxido de cerio que tiene por fórmula Ce_2O_3, para distinguirlo del óxido cérico *, y se aplica igualmente a las sales de cerio trivalente. (V. CERIO.)

CEROTE m. *Art. y of.* Mezcla de pez y cera, como la que usan los zapateros para encerar los hilos con que cosen la suela de los zapatos a la caña.

CEROXILINA f. Cera vegetal de ceroxilo *. (Sinón. CERA *de palma.*)

CEROXILO m. *Bot.* Género de palmeras compuesto de cinco especies caracterizadas por tener el estípite cubierto por una capa de cera.

— El *ceroxilo andino (Ceroxilon andicola),* común en Perú, Colombia y Ecuador, es el más importante: alcanza 60 m de altura y segrega una substancia cérea (la ceroxilina o cera * de palma) que forma sobre el tallo una capa de hasta un centímetro de espesor.

CERQUILLO m. *Art. y of.* Vira del zapato.

CERRADA f. *Curt.* En una piel, parte correspondiente al cerro o lomo del animal.

CERRADERO m. Pieza de chapa atornillada o empotrada en el marco de la puerta, ventana o mueble y provista de un orificio en que se introduce el pestillo o pasador de la cerradura *. ‖ Caja o taladro hecho en el marco con el mismo fin.

CERRADO, DA adj. *Electr.* Dícese del circuito que no presenta ninguna interrupción.

— *Meteor.* Dícese del cielo cubierto de nubes.

— *Quím. En vaso cerrado,* al abrigo del aire. (V. HORNO y VASO.)

— *Transp. Cable cerrado,* v. CABLE.

CERRADOR, RA adj. y s. Que cierra. ‖ Todo mecanismo usado para cerrar una cosa.

— *Ofic. Cerradora de sobres,* máquina que, aprovisionada con un paquete de sobres, levanta la cubierta de los mismos, humedece su borde engomado, lo pega y prensa el sobre antes de depositarlo en un almacén.

— *Text.* Tarugo de madera de forma cónica, provisto de orificios o canales por los cuales pasan los cabos torcidos que se colchan y forman una cuerda cuando el cordelero hace correr el cerrador.

CERRADURA f. Mecanismo para cerrar puertas, tapas de cofres, cajones de muebles, etc., de modo que solamente puedan ser abiertas por quienes disponen de la llave correspondiente. ‖ *Cerradura aparente,* cerradura entabicada. ‖ *Cerradura embutida,* la que encaja en un hueco hecho en el espesor de la puerta y sólo es aparente en el canto de la misma. ‖ *Cerradura entabicada,* la que se atornilla sobre la puerta y queda aparente. ‖ *Cerradura entallada,* la que se fija en un rebajo practicado en uno de los lados de la puerta y muestra su palastro al ras de la misma.

— Las tres partes de una *cerradura* son la cerradura propiamente dicha, que contiene el o los pestillos con su mecanismo, el cerradero y la llave con que se hace pasar el pestillo al cerradero. En la cerradura ordinaria el pestillo tiene en uno de sus bordes unas muescas o dientes en los que engrana el paletón de la llave, y en el borde opuesto posee otras muescas en las que penetra un estribo mantenido por un muelle. Este enclavamiento impide todo movimiento del pestillo, sea cual fuere la posición de éste (cerrado o abierto). Pero el estribo se prolonga en la dirección del

cerradura
de cilindro
1. Cerrada (los pernos *p* impiden la giración); 2. Abierta (*r*, resorte; *p*, pernos igualados por la llave; *v*, vástago de arrastre del pestillo)

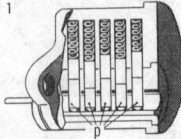

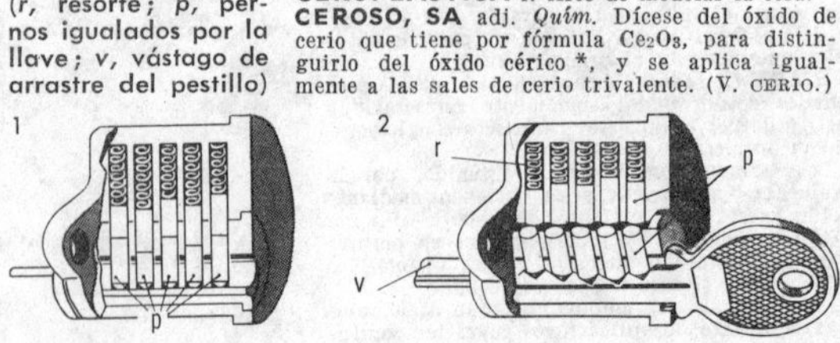

Fot. Fichet-Schwartz

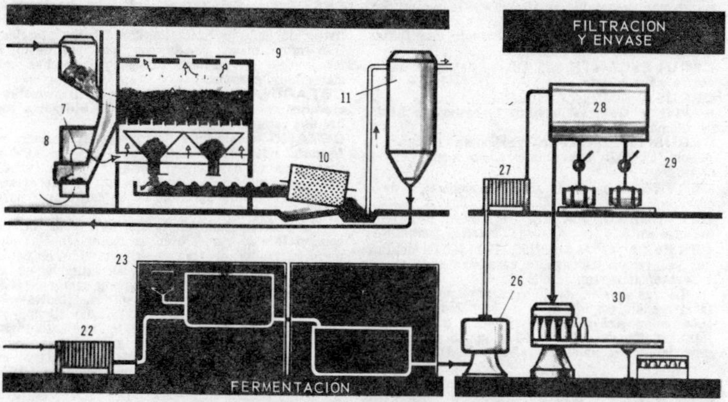

elaboración de la cerveza
1. Aeración de la cebada; 2. Limpieza; 3. Calibrado; 4. Humectación; 5. Agua; 6. Germinación; 7. Aire caliente; 8. Caldera; 9. Tostado; 10. Separación de los gérmenes; 11. Malta; 12. Moltura; 13. Harina de malta; 14. Agua; 15. Hidratación; 16. Pasta; 17. Cocción; 18. Filtro; 19. Extractor de lúpulo; 20. Cocción del mosto; 21. Refrigeración; 22. Filtrado; 23. Levadura; 24. Fermentación; 25. Fermentación secundaria; 26. Centrifugación; 27. Filtración; 28. Cuba; 29. Trasiego; 30. Embotellado

ojo de la cerradura, de tal forma que, al hacer girar la llave, ésta empieza por vencer la resistencia del resorte y levantar el estribo. El pestillo queda libre de correr al seguir girando la llave, cuando ésta engrana con el mismo.
En otros casos, el mecanismo de enclavamiento se halla constituido por varias placas superpuestas al perno y provistas de una ranura central de bordes dentados. La anchura de cada una de estas placas difiere de las otras y corresponde a uno de los escalones del paletón de la llave, de tal forma que una ganzúa es incapaz de abrir esta cerradura, pues solamente el escalonamiento de las placas por la llave hace coincidir los bordes de la ranura central de las mismas y permite el avance del pestillo.
En la *cerradura de golpe,* el pestillo tiene su extremo biselado y se halla mantenido fuera de la caja por un resorte. Así, basta con empujar la puerta para que el bisel, apretado por el borde del cerradero, haga entrar el pestillo en la caja, hasta que, una vez cerrada la puerta completamente, el mismo pestillo se halle frente al orificio del cerradero y penetre en él impulsado por el resorte. La cerradura de golpe puede ser cerrada sin llave, pero la necesita para poder abrirla. Por lo demás, muchas cerraduras de puerta son mixtas (cerradura de golpe y llave).
El tipo de cerradura que más se usa en la actualidad es la *cerradura inglesa* o *de cilindro.* Consta de un bloque hueco en el cual encaja un cilindro que acciona el pestillo. El bloque lleva varios taladros que se prolongan en el cilindro, y cada taladro tiene un muelle y dos barritas. Cuando la llave se halla fuera de la cerradura, todas las barritas de la hilera inferior encajan simultáneamente en los taladros del bloque y en los del cilindro, e impiden así la rotación de éste. Mas, al introducir la llave, los dientes irregulares de la misma empujan más o menos las barritas, y éstas, por tener longitudes variadas complementarias de la de los dientes, alcanzan la misma altura y tienen su extremo superior lindante con la superficie de contacto del cilindro y del bloque. El cilindro puede girar entonces y, por medio de un vástago, arrastra el pestillo de la cerradura.
En las cajas de caudales se usan *cerraduras de combinaciones:* los pestillos se hallan trabados por varios enclavamientos y éstos se accionan desde el exterior mediante unos botones o ruedas que giran sobre una esfera provista de letras o cifras. Al componer con estos botones determinada combinación secreta, se sueltan los enclavamientos de todos los pestillos y puede abrirse la puerta. Las cerraduras suelen montarse en las puertas, mientras que el cerradero se fija en el marco. Las cerraduras sueltas, para cerrar con armellas, se llaman *candados* *.
— *Autom. Cerradura antirrobo,* nombre dado a varios dispositivos destinados a evitar el robo de los automóviles.
— La *cerradura antirrobo* más común tiene un pestillo que penetra en una ranura del eje del volante y traba la dirección.

CERRAJA f. *Mec.* Otro nombre de la *cerradura.*
CERRAJERÍA f. *Mec.* Oficio y taller del cerrajero.
CERRAMIENTO m. Cerrador, lo que sirve para cerrar una cosa.
— *Arq.* Lo que remata y cierra un edificio por arriba.
— *Constr.* División de un local hecha con tabiques.
CERRAR v. *Electr. Cerrar un circuito,* establecer la necesaria comunicación entre sus conductores para permitir el paso continuo de la corriente por el mismo. ‖ *Cerrar un interruptor,* establecer el contacto entre sus bornes para dar paso a la corriente.
— *Fot. Cerrar el diafragma* *, reducir su abertura para que la emulsión sensible reciba menos luz.
— *Ind. Máquina de cerrar latas,* v. LATA.
— *Ofic. Máquina de cerrar sobres,* cerradora * de sobres.
— *Vidr. Cerrar a la lámpara,* obturar el extremo de una ampolla, tubo o cualquier otro objeto de vidrio ablandándolo con el calor de una llama hasta que se forme una gota que cierra el orificio.
CERRETA f. *Mar.* Madero arqueado que abraza el tajamar y lo afianza a las bandas del casco. (Sinón. BRAZAL.)
CERRILLA f. *Metal.* Máquina para cerrillar la moneda *.
CERRILLAR v. *Metal.* Labrar el cordoncillo de las monedas.
CERRILLO m. *Metal.* Hierro que lleva grabado el cordón de la moneda y sirve para cerrillarla.
CERROBEND m. *Metal.* Aleación a base de bismuto, plomo, estaño y antimonio. (Sinón. CERROMATRIX.)
— El *cerrobend,* cuyo punto de fusión es inferior a 100°, tiene la propiedad de solidificarse sin aumentar ni disminuir de volumen. Se usa para clisés tipográficos o moldes, y también se hacen con él matrices para fabricar pequeñas series de piezas.
CERROJO m. *Arm.* Vástago que, accionado por una maneta lateral, sirve para cargar el fusil * y armas similares.
— *Mec.* Barrita de hierro con un extremo en forma de asidero o provista de una manija perpendicular a la misma y con la cual se hace correr, a modo de pestillo, por unas armellas para cerrar puertas o ventanas. ‖ Enclavamiento para inmovilizar una pieza.
— *Min.* Unión en forma de T de dos galerías, cuando una de ellas desemboca perpendicularmente en la otra.
CERROMATRIX m. *Metal.* Cerrobend.
CERULEÍNA f. *Quím.* Colorante verde, también llamado *verde de alizarina* o *de antraceno,* usado para estampar tejidos.
CERÚLEO, A adj. Azulado en general y, en particular, de color azul celeste.
— *Pint.* Mezcla de óxidos de estaño y de cobalto, muy apreciada en pintura artística como pig-

mento por su notable resistencia a la acción descolorante de la luz. (Sinón. AZUL CELESTE.) || Arseniato básico de cobre, substancia muy tóxica, usada también como pigmento.

CERULESCENTE adj. Dícese del color que se vuelve azul celeste.

CERUSA f. *Miner.* Cerusita.

— *Pint.* y *Quím.* Albayalde *, carbonato básico de plomo.

CERUSITA f. *Miner.* Carbonato natural de plomo ($PbCO_3$) beneficiado como mena de este metal.

CERVECEO m. *Ind. alim.* Fermentación de la cerveza.

CERVECERO, RA adj. *Ind. alim.* Relativo o perteneciente a la cerveza: *botellas cerveceras.*

CERVEZA f. *Ind. alim.* Bebida fermentada que se prepara con granos germinados de cebada y se aromatiza con lúpulo.

— La *fabricación de la cerveza* comprende tres fases esenciales: malteado u obtención del malta, elaboración del mosto (con malta o lúpulo) y fermentación del mismo. El esquema permite seguir las operaciones sucesivas, desde la preparación del grano hasta la fermentación. Ésta se debe a una levadura (*Saccharomyces cerevisiae*) que transforma los azúcares fermentescibles en alcohol y gas carbónico. La fermentación se efectúa en dos tiempos: fermentación principal y fermentación secundaria. En ciertos casos —fermentación baja—, la primera se efectúa a la temperatura de 8° y dura de ocho a diez días, mientras que la segunda se prolonga de dos a tres meses entre 0 y 2°. En otros casos —fermentación alta—, la temperatura es primero de 15 a 20°, durante cuatro o cinco días, y luego de 4 a 5°.

cerveza
calderas para la cocción del mosto
[v. ilustr. p. 236]

El envase en botellas, toneles, bidones, etc., se hace con grifos isobarométricos. Éstos ajustan herméticamente en el envase y permiten llenarlo y taparlo sin que baje la presión del líquido, pues de no hacerlo así la cerveza perdería una parte de su gas carbónico.

La cerveza contiene por término medio 12 % de extracto (dextrina, maltosa, pentosana, etc.), 9 % de materias nitrogenadas, 5 % de alcohol, 3 % de materias minerales (fosfatos, etc.), 0,25 % de gas carbónico, 0,25 % de glicerina y pequeñas cantidades de tanino, ácidos orgánicos, materias colorantes, etc.

CESINA f. *Quím.* Hidróxido de cesio que es una base análoga a la sosa, aunque más fuerte que ella.

CESIO m. *Quím.* Elemento químico (Cs) de número atómico 55 y masa atómica 132,91.

— El *cesio* es un metal ligero alcalino (de la familia del potasio), blando y amarillento, cuya densidad es de 1,9. Hierve a 690° y funde a 28,5°. Se extrae principalmente de la polucita, mena que lo contiene a razón de 30 %. Tiene propiedades fotoeléctricas *: cuando lo hiere la luz emite electrones y éstos engendran una corriente que puede ser utilizada con diversos fines (v. CÉLULA *fotoeléctrica*). La introducción de vapores de cesio en una lámpara de incandescencia permite usar ésta como manantial generador de rayos infrarrojos.

El cesio es muy oxidable y es más reductor aún que el potasio. Su hidróxido (CsOH) es la más fuerte de todas las bases de que disponen los químicos.

CESTA f. y **CESTO** m. *Art. y of.* Envase que se hace entretejiendo mimbre, varillas de sauce, listas de caña o canutillo de materia plástica. (La forma masc. se da con más propiedad a las labores de mayores dimensiones hechas con materiales groseros.)

CETACINA f. *Quím.* Cada una de las substancias que resultan al hacer obrar la hidracina sobre una cetona.

CETANO m. Carburo de hidrógeno saturado de fórmula química $C_{16}H_{34}$, que funde a 19° y constituye el hexadecano normal. (Sinón. DIOCTILO.) || *índice de cetano,* magnitud que caracteriza el poder de ignición de un carburante para motores Diesel.

— Para determinar el *índice de cetano* de un combustible se usa éste en un motor especial que permite medir el tiempo transcurrido entre la inyección del combustible y su ignición en el cilindro. Luego se usa en el mismo motor cetano, al cual se agrega progresivamente metilnaftaleno, hasta que la mezcla tarde el mismo tiempo en inflamarse que el combustible analizado. El índice de cetano de éste es igual al porcentaje de cetano presente en la mezcla comparativa: en muchos países la ley impone un índice de cetano igual o superior a 50 para los aceites pesados de motor Diesel.

CETENO m. *Quím.* Carburo etilénico ($C_{16}H_{32}$) obtenido por deshidratación del alcohol cetílico. || Pl. Compuestos que contienen el grupo $= C = C = O$ y se obtienen por pirogenación de ciertos ácidos: *los cetenos son líquidos poco estables que se polimerizan fácilmente.*

CETIL, prefijo que indica la presencia del radical cetilo en una molécula.

CETÍLICO, CA adj. *Quím.* Dícese de un alcohol primario, también llamado *etal* y *hexadecanol.*

— El *alcohol cetílico* es un sólido blanco que funde a 49° y hierve a 344° sin descomponerse. Da por oxidación el ácido palmítico.

CETILO m. *Quím.* Radical monovalente de fórmula $C_{16}H_{33}$, derivado del alcohol cetílico * por supresión del hidroxilo.

CETIMINA f. *Quím.* Todo compuesto derivado de la cetona al substituir oxígeno de la misma por uno de los grupos bivalentes NH o NR.

CETINA f. *Perf.* Espermaceti * o blanco de ballena.

CETO, prefijo químico que indica la presencia de una función cetona.

CETOHEXOSA f. *Quím.* Hexosa con función de cetona.

CETOL m. *Quím.* Cetona alcohol.

CETONA f. *Quím.* Nombre genérico de numerosos compuestos que se obtienen por oxidación de alcoholes secundarios y cuya fórmula general es r — CO — r, en la cual las *r* representan dos radicales hidrocarbonados idénticos o diferentes: *la cetona más simple es la acetona* (CH_3 — CO — CH_3).

— Las *cetonas* son líquidos que tienen muchas de las propiedades de los aldehídos, pero son menos reactivas que ellos y no se polimerizan. Son muy comunes en las esencias vegetales y el mismo alcanfor no es sino una *cetona terpénica.* Suelen tener un olor agradable y algunas de entre las que se fabrican sintéticamente se usan en perfumería.

CETONA-ALCOHOL f. *Quím.* Cuerpo que posee al mismo tiempo las funciones de cetona y alcohol. (Sinón. CETOL.)

— Las *cetonas* tienen las propiedades de las dos funciones que las componen. Las *cetonas polialcoholes* se llaman *cetosas* *.

CETONA - IMINA f. *Quím.* Cetimina.

CETÓNICO, CA adj. *Quím.* Relativo a las cetonas. || Que posee la función cetona: *existen varios ácidos cetónicos.*

CETOPENTOSA f. *Quím.* V. PENTOSA.

CETOSA f. *Quím.* Nombre genérico de los azúcares que contienen una función cetónica en su molécula.

— Las propiedades fisicoquímicas de las *cetosas* son análogas a las de las aldosas. La cetosa más importante es la *fructuosa* o *levulosa* que, combinada con la glucosa, da sacarosa.

CETOXIMA f. *Quím.* Oxima correspondiente a una cetona.

CETRINO, NA adj. Dícese del color verde amarillento característico de la cidra.

Fot. Larousse

CEVIANA f. *Geom.* Tranversal * angular.
Cf, símbolo químico del *californio.*
C. F. R., siglas de la expresión inglesa *Contact Flight Rule* (regla del vuelo por contacto) con que se designan, en aeronáutica, las reglas simples a que se ha de atener el piloto particular cuando las condiciones meteorológicas le permiten navegar por observación visual del suelo.
— El reglamento de *C. F. R.* autoriza al piloto a seguir el itinerario de su conveniencia —sin necesidad de autorización previa—, pero le impone la necesidad de visar su rol a la salida y a la llegada de cada vuelo.
cg, símbolo del *centigramo.*
cgr, símbolo del *centígrado.*
C. G. S., sistema de medidas * también llamado *cegesimal,* fundado en el uso de tres unidades fundamentales: centímetro (longitud), gramo (masa) y segundo (tiempo).
CIAMÉLIDA f. *Quím.* Polímero del ácido isociánico. (V. CIÁNICO.)
CIAN m. *Fot.* Color azul verdoso complementario del rojo, que se usa en los procedimientos de fotografía en color por síntesis substractiva.
CIAN y **CIANO,** prefijos químicos que indican la presencia en una molécula del radical monovalente — C $\equiv$ N.
CIANACÉTICO, CA adj. *Quím.* Dícese de un ácido poco estable cuyo éster etílico se usa como agente de síntesis.
CIANACETONA f. *Quím.* Nitrilo cetónico correspondiente al ácido acetilacético.
CIANALQUINA f. *Quím.* Cuerpo de cadena cerrada formado por la condensación de tres moléculas de un nitrilo.
CIANAMIDA f. *Quím.* Cuerpo derivado del amoniaco al reemplazar uno de sus átomos de hidrógeno por el grupo — CN.
— La *cianamida* ($NC — NH_2$) se presenta en forma de cristales incoloros que funden a 40°, tienen propiedades básicas y dan sales con los ácidos fuertes. En los derivados metálicos de la cianamida el hidrógeno es reemplazado por un metal. El más importante de todos es la *cianamida cálcica* (NC — NCa) fabricada industrialmente tratando en el horno eléctrico carburo de calcio con una corriente de nitrógeno. La cianamida cálcica tratada con agua en la autoclave da amoniaco. También se usa como abono —pues se descompone con la humedad y da sales amoniacales en el suelo— y para preparar cianuros.
CIANANTRENO m. *Quím.* y *Text.* Colorante azul derivado de la antraquinona.
CIANATO m. *Quím.* Sal o éster del ácido ciánico. (Sinón. ISOCIANATO.)
CIANEA f. *Miner.* Lazulita.
CIANHÍDRICO, CA adj. *Quím.* Ácido de fórmula HCN, que es una combinación de cianógeno e hidrógeno y constituye el nitrilo del ácido fórmico. (Sinón. PRÚSICO.)
— El *ácido cianhídrico* es un líquido incoloro que huele a almendras amargas (las cuales lo contienen naturalmente, así como los huesos de cereza y de albaricoque). Hierve a 26° y se solidifica a —13°. Es soluble en el agua y constituye uno de los venenos más violentos que se conocen.
El ácido cianhídrico se prepara destilando ferrocianuro de potasio con ácido sulfúrico diluido; con los álcalis diluidos da las sales llamadas cianuros *; por hidrogenación da metilamina, y por hidratación, ácido fórmico.
CIANHIDRINA f. *Quím.* Nombre de los compuestos que resultan de la unión del ácido cianhídrico con un aldehído.
CIÁNICO, CA adj. *Quím.* Dícese de un ácido isómero del ácido fulmínico y que, con más propiedad, debiera llamarse *ácido isociánico.*
— El *ácido ciánico* es un líquido incoloro, volátil e inestable a más de 0°. Se obtiene calentando su polímero, el ácido cianúrico. Se polimeriza a su vez en ciamelida y da cianatos o isocianatos con los metales.
CIANINA f. *Quím.* Nombre dado a varias materias colorantes azules del grupo de los indofenoles y de la quinoleína, cuyos numerosos derivados suministran una gama extensa de sensibilizadores cromáticos para emulsiones fotográficas. (Sinón. AZUL DE QUINOLEÍNA.)
CIANIZACIÓN f. *Quím.* Transformación en cianuro.
CIANOFÉRRICO, CA adj. *Quím.* Ferrocianhídrico.
CIANOFERRO m. *Quím.* Ferrocianuro de potasio.
CIANOFÓSFORO m. *Expl.* Fulminante de fórmula $P(CN)_3$, obtenido por la acción del fósforo sobre el cianuro de mercurio.
CIANÓGENO m. *Quím.* Combinación de nitrógeno y de carbono (C_2N_2) que constituye el dinitrilo del ácido oxálico. ‖ *Sulfuro de cianógeno,* V. SULFOCIANICO.
— El *cianógeno* es un gas tóxico incoloro, de olor fuerte y de densidad igual a 1,8, que se licua a —21° y es soluble en el agua. Combinado con hidrógeno da ácido cianhídrico y con los metales forma cianuros. Se obtiene calentando cianuro de mercurio.
CIANOSA o **CIANOSITA** f. *Miner.* Sulfato hidratado natural de cobre, también llamado *calcantita* y *caparrosa azul.*
CIANOTIPIA f. *Fot.* Reproducción de documentos con cianotipo.
CIANOTIPO m. *Fot.* Papel sensible para tirar copias de planos industriales, cuyas líneas aparecen en blanco sobre fondo azul: *el cianotipo ha sido reemplazado ventajosamente por los papeles diazotípicos* *.
CIANURACIÓN f. *Metal.* Procedimiento para extraer el oro y la plata de su ganga, consistente en disolver el mineral en soluciones de cianuros alcalinos, en presencia del oxígeno atmosférico, y en precipitar el metal precioso con cinc o por electrólisis. ‖ Cementación * del acero por inmersión en un baño a base de cianuro alcalino.
— La *cianuración* es un procedimiento de cementación cómodo y rápido apropiado para piezas de dimensiones reducidas (tornillos, pernos, ejes pequeños, etc.). El cemento líquido es una mezcla de cianuro de sodio (75 %) y carbonato de sosa (25 %), que se usa a la temperatura de 875°. Esta cementación deja las piezas lisas y limpias. Además tiene la ventaja de reforzar la cementación con un endurecimiento secundario del metal debido a la penetración en el mismo de cantidades apreciables de nitrógeno del baño.
CIANURAR v. *Metal.* Cementar acero dulce por el procedimiento de la cianuración *.
CIANÚRICO, CA adj. *Quím.* Dícese de un ácido que es un polímero del ácido isociánico y se obtiene por destilación en seco de la urea.
CIANURO m. *Quím.* Sal que resulta de la combinación del ácido cianhídrico con su radical: *los cianuros son muy venenosos.* ‖ Éster del ácido cianhídrico. (V. NITRILO.)
CIAR v. *Mar.* Remar hacia atrás: *para que un bote dé la vuelta rápidamente se boga con un remo y se cía con el otro.*
CIBERNÉTICA f. Ciencia del control y gobierno automáticos.
— En el sistema representado por la figura, una máquina posee órganos que recogen y transmiten informaciones sobre el funcionamiento de la misma, y también tiene otro órgano capaz de comparar las informaciones recogidas con el programa de trabajo establecido de antemano y dispositivos propios para modificar el funcionamiento

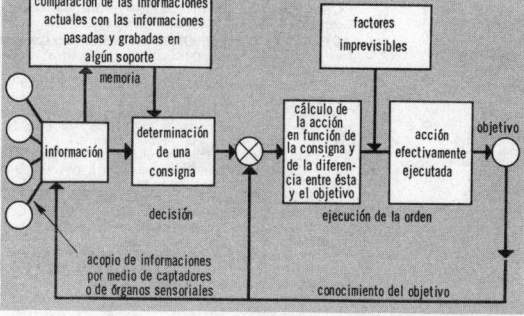

cibernética

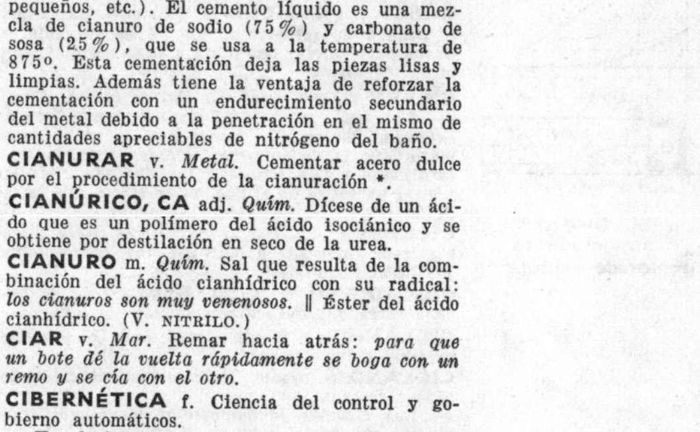

de la máquina con objeto de suprimir las diferencias entre sus acciones efectivas y el programa. (V. AUTOMATISMO.)
Ese sistema, fundado en la retroacción *, no hace sino reproducir el mismo proceso que rige las acciones en el hombre y el animal. En ambos casos la información * representa un papel importante: el calor excesivo que reina en una habitación es una información que el hombre aprovecha para disminuir el tiro de una estufa o apagar un radiador; el mismo proceso se cumple automáticamente cuando la información "exceso de temperatura" es captada por un termóstato que la traduce en cierre automático de la alimentación del aparato de calefacción (interrupción de la corriente eléctrica o de gas). Cuando una pelota ha sido tirada por su contrario el jugador de tenis la sigue con su vista y, aunque rápidamente, sus piernas y su brazo van modificando progresivamente la posición de la raqueta de acuerdo con las informaciones que el órgano de la vista transmite constantemente al cerebro. Éste compara la trayectoria de la pelota con la posición que ocupa la raqueta y ordena a los músculos los necesarios ajustes para que la pelota y la raqueta coincidan, en un momento dado, en la misma región del espacio. También opera así, por aproximaciones sucesivas, el cohete autoguiado * de cabeza buscadora, lanzado en pos de un avión.
Por eso, la cibernética es algo más que una ciencia de la automatización y de la autorregulación. Sus reglas y principios se aplican también al hombre y explican ciertos aspectos de su comportamiento, tanto en lo fisiológico como en lo social. Como los fenómenos sociales son el resultado de cambios de informaciones, muchos cibernéticos confían en que máquinas perfeccionadas puedan contribuir un día de modo muy eficaz a gobernar la sociedad.

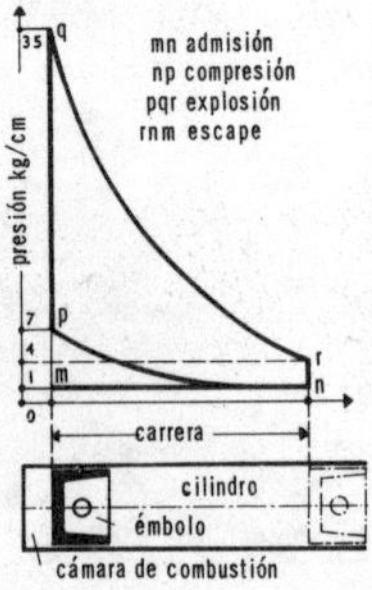

ciclo termodinámico (motor de explosión)

CIBICA f. y **CIBICÓN** m. *Art. y of.* Barra que se pone como refuerzo al eje de un carruaje. ‖ Grapa para sujetar una pieza a otra, especialmente en los barcos.

CÍCERO m. *Art. gráf.* Unidad de medida igual a 4,512 mm, que vale 12 puntos tipográficos. ‖ Letra de cuerpo 12, menor que la atanasia y mayor que la de entredós, también llamada *lectura gorda* y *San Agustín.* (OBSERV. En Francia y otras partes se da el nombre de *cícero* a la letra de *lectura chica,* que tiene 11 puntos.)

CICLABLE adj. *Obr. públ.* Dícese de la acera o calzada reservada a las bicicletas, ciclomotores y vehículos similares.

CICLADIENO m. *Quím.* Hidrocarburo de cadena cerrada y dos enlaces dobles.

CICLÁNICO, CA adj. *Quím.* Relativo o perteneciente a los ciclanos.

CICLANO m. *Quím.* Hidrocarburo saturado de cadena cerrada.
— Los *ciclanos fundamentales* o *polimetilenos* constan de varios grupos de metileno CH_2 en forma de cadena cerrada (ciclopropano *, ciclohexano *, etc.). En los *ciclanos substituidos,* uno o varios átomos de carbono del ciclo llevan una cadena lateral.

CICLANOL m. *Quím.* Nombre genérico de los alcoholes secundarios derivados de los ciclanos.

CICLANONA f. *Quím.* Nombre genérico de las cetonas derivadas de los ciclanos.

CICLENO m. *Quím.* Hidrocarburo de cadena cerrada y de doble enlace etilénico.

CÍCLICO, CA adj. Dícese de los fenómenos que se reproducen a intervalos regulares en el curso de un ciclo.
— *Aeron. Variación cíclica del paso,* v. HELICÓPTERO.
— *Mat. Curvas cíclicas,* curvas * de cuarto orden, que son, respecto a la esfera, lo que las cónicas son respecto al plano.
— Las *curvas cíclicas* se obtienen cortando con una esfera una superficie cualquiera del segundo orden.
— *Quím. Serie cíclica* o *aromática,* conjunto formado por los compuestos orgánicos cuya molécula contiene una o varias cadenas * cerradas, por oposición a la serie acíclica.
— En la *serie cíclica* cabe distinguir los cuerpos carbocíclicos, cuyos ciclos se hallan constituidos exclusivamente por átomos de carbono, y los cuerpos heterocíclicos en cuyo ciclo figuran uno o más átomos que no son de carbono (generalmente se trata de oxígeno, azufre o nitrógeno).

CICLIZACIÓN f. *Quím.* Acción de ciclizar. (Sinón. AROMATIZACIÓN.)

CICLIZAR v. *Quím.* Transformar las cadenas abiertas en un compuesto de cadenas cerradas.

CICLO, prefijo derivado del griego *kuklos,* que significa *círculo,* usado en los nombres químicos para indicar que la molécula forma una cadena * cerrada.

CICLO m. *Astr.* Intervalo de tiempo que transcurre entre la reproducción sucesiva de un mismo fenómeno celeste. ‖ *Ciclo de Bethe,* v. BETHE. ‖ *Ciclo caldeo* o *saros,* v. ECLIPSE. ‖ *Ciclo lunar,* período de 19 años julianos al cabo del cual las fases de la Luna vuelven a producirse en los mismos días del año, aunque con un adelanto de 1 h 28 mn. ‖ *Ciclo solar,* período de 28 años julianos al cabo del cual los días de la semana caen en las mismas fechas del mes. (En el calendario gregoriano se ha de tener en cuenta el día que se suprime en los años seculares que no se consideran como bisiestos.)
— *Autom. Ciclo de dos, de cuatro tiempos,* v. MOTOR.
— *Fís.* Transformación de un cuerpo que, después de haber experimentado cambios físicos, vuelve a su estado inicial. ‖ Fenómeno que se produce durante un período *.
— *Geol. Ciclo geológico,* sucesión aparente de tres fases: surrección o emersión del terreno, erosión y sedimentación.
— En realidad no existe tal ciclo, puesto que las tres fases pueden acaecer simultáneamente.
— *Mec. Ciclo de dos, de cuatro tiempos,* v. MOTOR. ‖ *Ciclo termodinámico,* serie de transformaciones experimentadas en una máquina térmica por el agente que sirve para transformar el calor en energía mecánica.
— En el curso de un *ciclo* el fluido puede experimentar variaciones en su volumen, presión y temperatura. Prácticamente se representa el ciclo por una curva, que se traza con la presión como ordenada y el volumen como abscisa. El área delimitada por la curva es proporcional al trabajo efectuado por la máquina durante un ciclo completo. Dícese que el ciclo es *reversible* cuando puede cumplirse indiferentemente en sentido directo y en sentido retrógrado, como ocurre con el *ciclo de Carnot,* cuyo gráfico consta de dos tramos adiabáticos * y de otros dos isotermos *. En la primera fase de expansión isotérmica el fluido absorbe calor y entrega trabajo; sigue una expansión adiabática con entrega de trabajo sin intercambio de calor; en la compresión isotérmica recibe trabajo y entrega calor, y en la compresión adiabática recibe trabajo sin intercambio de calor.
En una máquina de vapor el trabajo se efectúa entre un manantial caliente (la caldera) y otro frío (el condensador) en el cual se licua el fluido antes de volver a la caldera. El ciclo de Carnot da el rendimiento máximo que la máquina puede dar teóricamente, o sea la relación entre el trabajo que se obtiene y el equivalente mecánico del calor utilizado.
Si T_1 y T_2 son respectivamente las temperaturas * absolutas de los manantiales caliente y frío, el referido rendimiento r se halla con una de las fórmulas siguientes:

$$r = \frac{T_1 - T_2}{T_1} \text{ o bien } 1 - \frac{T_2}{T_1}.$$

Pero la energía disipada por frotamiento, irradiación y otras pérdidas hace que este rendimiento teórico no pueda ser alcanzado.
— *Quím.* Cadena * cerrada de átomos de carbono presente en las moléculas de los compuestos orgánicos cíclicos *. ‖ *Ciclo del carbono,* v. CARBONO. ‖ *Ciclo del nitrógeno,* v. NITRÓGENO.
— *Radiot.* Hertzio.

CICLOBUTANO m. *Quím.* Carburo de hidrógeno ciclánico, de fórmula C_4H_8. (Sinón. TETRAMETILENO.)

CICLOBUTANOL m. *Quím.* Alcohol secundario derivado del ciclobutano y de fórmula C_4H_7OH.

CICLOCAR m. *Autom.* Uno de los nombres dados a los cochecitos automóviles ligeros de tres o cuatro ruedas.

CICLOCITRAL m. *Quím.* Aldehído isómero del citral obtenido por ciclización de este cuerpo.

CICLODIATOMÍA f. *Arm.* Cálculo de las direcciones e inclinaciones de las trayectorias balísticas.

CICLOESTEREOSCOPIO m. *Cin.* Procedimiento para crear la ilusión de relieve en cinematografía. (V. RELIEVE.)

CICLOGÉNESIS f. *Meteor.* Conjunto de circunstancias y fenómenos que contribuyen a la formación de los ciclones *.

CICLOGRAMA m. *Ind.* Gráfico mural para representar el estado de los trabajos manuales en una fábrica, consistente en un alambre blanco que puede hacerse correr sobre un fondo negro provisto de una escala apropiada.

CICLOHEPTADIENO m. *Quím.* Carburo cíclico dietilénico que tiene por fórmula $C_7\ H_{10}$.

CICLOHEPTANO m. *Quím.* Carburo ciclánico fundamental cuya fórmula es $C_7\ H_{14}$. (Sinón. HEPTAMETILENO, SUBERANO.)

CICLOHEPTATRIENO m. *Quím.* Carburo trietilénico de fórmula $C_7\ H_8$: *el cicloheptatrieno es un líquido que hierve a 116º y se prepara a partir del ácido subérico.* (Sinón. TROPILIDENO.)

CICLOHEXADIENO m. *Quím.* Carburo cíclico de fórmula $C_6\ H_8$ cuya molécula tiene dos enlaces etilénicos.

CICLOHEXANEDIOL m. *Quím.* Nombre de dos alcoholes derivados del ciclohexano.

CICLOHEXANEDIONA f. *Quím.* Nombre de dos cetonas derivadas del ciclohexano.

CICLOHEXANETRIOL m. *Quím.* Nombre de tres alcoholes, entre los cuales figura la *floroglucita*, derivados del ciclohexano.

CICLOHEXANETRIONA f. *Quím.* Nombre de tres cetonas derivadas del ciclohexano.

CICLOHEXANO m. *Quím.* Ciclano fundamental de fórmula $C_6\ H_{12}$. (Sinón. HEXAHIDROBENCENO, HEXAMETILENO.)
— El *ciclohexano* existe en las esencias producidas por la refinación del petróleo. Se obtiene por hidrogenación catalítica del benceno. Es un líquido de olor etéreo y de densidad 0,778, que hierve a 81º y se congela a 7º. Se usa como disolvente y materia primera del Nylón.

CICLOHEXANOL m. *Quím.* Alcohol secundario ($C_6\ H_{11}\ OH$) derivado del ciclohexano. (Sinón. HEXAHIDROFENOL.)
— El *ciclohexanol* es un líquido de olor alcanforado, que se prepara hidrogenando catalíticamente el fenol.

CICLOHEXANONA f. *Quím.* Cetona obtenida por oxidación del ciclohexanol.

CICLOHEXENO m. *Quím.* Carburo etilénico de cadena cerrada y fórmula $C_6\ H_{10}$ obtenido por deshidratación del ciclohexanol.

CICLOHEXENOL m. *Quím.* Alcohol derivado del ciclohexeno.

CICLOHEXENONA f. *Quím.* Cetona derivada del ciclohexeno.

CICLOHEXILAMINA f. *Quím.* Base obtenida por hidrogenación catalítica de la anilina.

CICLOHEXILO m. *Quím.* Radical monovalente de fórmula $C_6\ H_{11}$, derivado del ciclohexanol por supresión del hidroxilo.

CICLOIDAL adj. *Mar.* Propulsor cicloidal, v. HÉLICE.
— *Mat.* Relativo a la cicloide.

CICLOIDE f. *Mat.* Curva descrita por un punto de una circunferencia cuando ésta rueda, sin deslizarse, sobre una recta.
— La longitud de la *cicloide* es igual a 8 veces el radio R de la circunferencia que la ha engendrado, y su área es igual a $3\pi\ R^2$. La cicloide tiene propiedades mecánicas notables (v. BRAQUISTOCRONO, PÉNDULO Y TAUTOCRONO). Cuando la circunferencia rueda, no ya sobre una recta, sino sobre otra circunferencia, sea exterior o interiormente, un punto de la misma engendra dos curvas diferentes llamadas respectivamente epicicloide * e hipocicloide *.

CICLOIDEO, A adj. *Mat.* Cicloidal.

CICLOLISIS f. *Meteor.* Conjunto de los procesos meteorológicos que tienen por efecto la destrucción de un ciclón.

CICLOMETRÍA f. *Geom.* Arte de medir los círculos.

CICLÓMETRO m. *Metr.* Instrumento propio para medir círculos.

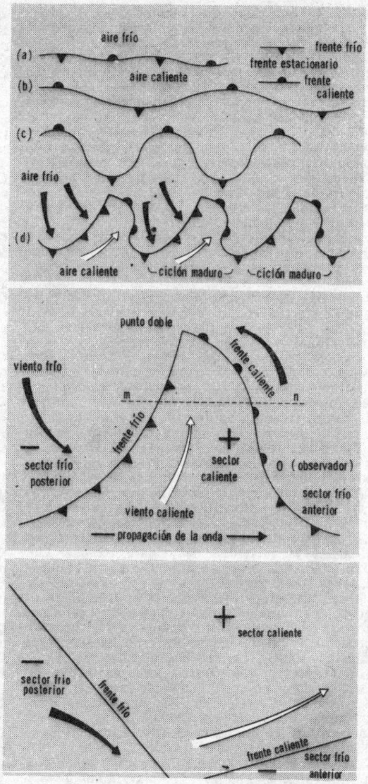

ciclón *(meteor.)*
de *arriba abajo*: acentuación del movimiento ondulatorio del frente estacionario; formación de dos frentes y tres sectores; corte *m-n* de la figura anterior, que muestra cómo se suceden las perturbaciones para el observador situado en un punto O

CICLOMOTOR m. Bicicleta provista de un motorcito de poca potencia, pues su embolada no suele pasar de 50 cm³.

CICLÓN m. *Meteor.* Masa atmosférica animada por un movimiento de rotación y acompañada de precipitaciones, vientos muy fuertes y un descenso de la temperatura y la presión.
— Los *ciclones* se producen en el frente o superficie de contacto entre las masas frías de aire polar y de aire cálido, cuando en el frente estacionario se manifiestan ondulaciones de amplitud creciente (véase *a*, *b* y *c* en la *fig.* 1) hasta que el dinamismo del aire frío lleva a la fase *d* (*fig.* 2) generatriz del ciclón. La *fig.* 3 representa una sección vertical *m* — *n* de la *fig.* 2: el aire frío, por ser más denso, penetra en forma de cuña debajo del aire cálido y por ambos lados del mismo. La ascensión del aire cálido conjugada con la propagación horizontal de la onda se efectúa en forma de espiral y engendra un inmenso torbellino en el centro del

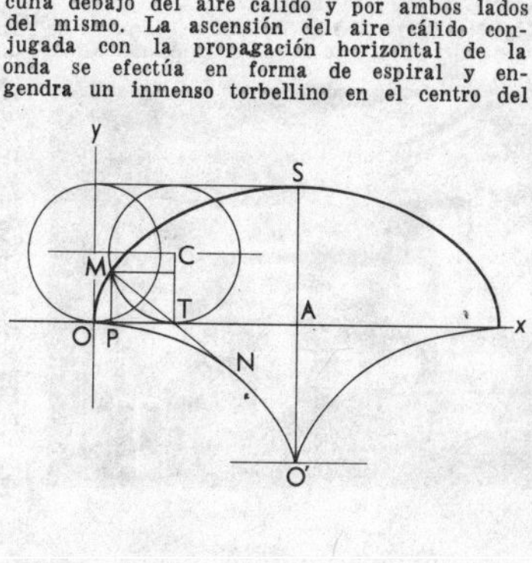

cicloide
Ox. Recta; C. Centro de la circunferencia; M. Punto, partido de O; MT = OT; MN es el doble de MT; ONO'. Envolvente de la cicloide OSx

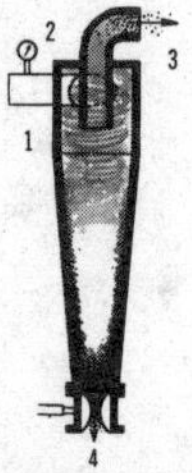

ciclón *(tecn.)*
1. Alimentación; 2. Manómetro; 3. Salida de partículas finas (vórtice); 4. Salida de partículas densas (ápex)

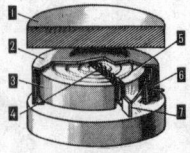

ciclotrón
1. Masa polar; 2. Cámara de vacío; 3. Electrodo hueco (de); 4. Manantial de iones; 5. Trayectoria de las partículas; 6. Deflector; 7. Pantalla

cual existe una depresión barométrica. El viento más fuerte se produce en el borde interno del torbellino, cerca del centro del ciclón.
Cuando un ciclón se acerca y pasa sobre un punto determinado se observan sucesivamente los siguientes fenómenos: buen tiempo al pasar el sector frío anterior; precipitaciones y nubosidad progresivamente más densa y baja al pasar el frente cálido; calma relativa, escasas nubes y lloviznas durante el paso del sector cálido; mal tiempo al pasar el frente frío, con nubarrones, tormentas o chubascos. Sin embargo, estas perturbaciones del frente frío son de 4 a 8 veces menos duraderas que las que ocasiona el paso del frente cálido.
El sector cálido se va estrechando cada vez más, hasta que los dos sectores fríos entran en contacto y repelen el aire cálido hacia arriba, con lo cual muere el ciclón. Los ciclones se forman en familias de cuatro o cinco, cuyo paso por un lugar se efectúa en una semana, durante la cual reina en el suelo una depresión atmosférica. Al pasar el último ciclón, el aire frío se extiende y cesa la ascensión del caliente, con lo cual sube la presión de nuevo y vuelve el buen tiempo, constituyéndose así un *anticiclón* * o zona de altas presiones (puesto que el aire frío, por ser más denso, tiende a bajar y a comprimirse).
El ciclón descrito más arriba es el tipo propio de las zonas templadas, que rige el tiempo en las mismas. En las zonas tropicales existe otro tipo de ciclón —llamado *huracán* en América, *tifón* en China, *baguío* en Filipinas, etc.—, caracterizado por dimensiones mucho menores y por su gran violencia. Son torbellinos de un centenar de km de diámetro, aproximadamente, en los cuales la velocidad del viento alcanza 200 km/h. Estos ciclones nacen en los mares tropicales, cuya temperatura pasa de 25°, cuando la humedad atmosférica es bastante grande. Como el torbellino es iniciado por la fuerza de Coriolis*, estos ciclones no pueden formarse a latitudes de menos de 5° en las cuales la referida fuerza es demasiado débil. Una vez engendrados se dirigen en la dirección Este-Oeste, pero no tardan en describir una parábola que recorren con gran velocidad en dirección de las zonas templadas, sembrando la desolación en las costas, pues si penetran en el interior de los continentes se desintegran en seguida.
— *Min.* Aparato para lavar el carbón menudo y los minerales granulosos. (V. más abajo *Tecn.*)
— *Tecn.* Aparato usado para separar las partículas sólidas arrastradas por un fluido.
— El *ciclón* consiste en un recipiente en cuya parte superior se inyecta tangencialmente y bajo presión, el fluido cargado de partículas sólidas. La fuerza centrífuga proyecta estas partículas contra las paredes del recipiente, por las cuales van descendiendo, sin dejar de girar, hasta el fondo del aparato. En el eje del recipiente, especialmente en su parte más ancha, el fluido se halla más o menos clarificado —según sea el objeto de la operación— y sale del ciclón merced a un tubo buzo llamado *vórtice*. Los ciclones tienen numerosas aplicaciones: saneamiento de la atmósfera en los talleres, recuperación de las partículas sólidas arrastradas por los humos; separación de materias de diferente tamaño o densidad; lavado de minerales, etc.

CICLONAJE m. *Miner.* Lavado o separación de los minerales por medio de ciclones. (V. CICLÓN.)

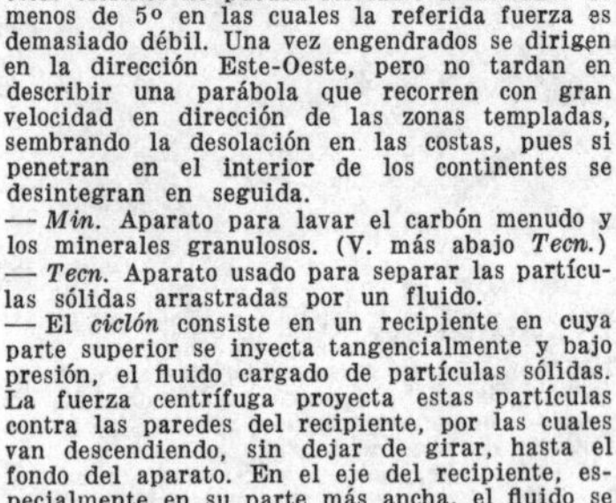

CICLONAL o **CICLÓNICO, CA** adj. *Meteor.* Relativo o perteneciente a los ciclones: *evolución ciclonal del tiempo.*

CICLONITA f. *Expl.* y *Quím.* Potente explosivo constituido por la trimetilenotrinitramina $(CH_2\ NNO_2)_3$. (Sinón. HEXÓGENO.)
— La *ciclonita* se prepara a partir de la hexametilenotetramina. Es 50 % más potente que el trinitrotolueno y mucho más estable. Mezclado con él merced a un aceite especial se puede moldear. (V. PLÁSTICO.)

CICLOOCTADIENO m. *Quím.* Carburo dietilénico de fórmula $C_8\ H_{12}$, obtenido por destilación de ciertos hidróxidos de amonio, que se polimeriza fácilmente.

CICLOOCTANO m. *Quím.* Carburo ciclánico fundamental, de fórmula $C_8\ H_{16}$, obtenido por hidrogenación del ciclooctadieno. (Sinón. OCTAMETILENO.)

CICLOOCTATETRAENO m. *Quím.* Carburo cuatro veces etilénico, de fórmula $C_8\ H_8$, que se prepara polimerizando acetileno en presencia de cloruro de níquel.

CICLOPARAFINA f. *Quím.* Nombre genérico de los hidrocarburos cíclicos saturados cuyo tipo es el ciclohexano.

CICLOPENTADIENO m. *Quím.* Carburo dietilénico de cadena cerrada y fórmula $C_5\ H_6$, presente en el alquitrán de hulla.

CICLOPENTANO m. *Quím.* Hidrocarburo ciclánico fundamental, de fórmula $C_5\ H_{10}$, que se obtiene haciendo obrar el cinc sobre el bromuro de pentametileno. (Sinón. PENTAMETILENO.)

CICLOPENTANOL m. *Quím.* Alcohol de fórmula $C_5\ H_9\ OH$ obtenido por reducción de la ciclopentanona.

CICLOPENTANONA f. *Quím.* Cetona de fórmula $C_5\ H_8\ O$ presente en el alquitrán de madera.

CICLOPENTENO m. *Quím.* Carburo etilénico de cadena cerrada y de fórmula $C_5\ H_8$, obtenido por deshidratación del ciclopentanol.

CICLOPROPANO m. *Quím.* Hidrocarburo ciclánico y gaseoso, de fórmula $C_3\ H_6$, obtenido por la acción del cinc sobre el bromuro de trimetileno: *el ciclopropano se usa como anestésico en cirugía.* (Sinón. TRIMETILENO.)

CICLOSTEREOSCOPIO m. *Cin.* Cicloestereoscopio.

CICLOSTILO m. *Art. gráf.* Multicopista *.

CICLOTRÓN m. *Atom.* Acelerador * de resonancia magnética que permite imprimir velocidades muy grandes a las partículas electrizadas, especialmente a los protones.
— El principio del *ciclotrón* se funda en dos fenómenos elementales: cuando una partícula de carga eléctrica pasa entre los polos de un imán, su trayectoria se curva y tiende a adoptar la forma de una circunferencia de radio tanto mayor cuanto más grande es su velocidad; una partícula electrizada es atraída por los cuerpos de signo eléctrico contrario y repelida por aquellos cuya carga eléctrica es del mismo signo que la suya.
Un ciclotrón consta de cuatro órganos principales: un manantial de partículas (generalmente protones), un electroimán entre cuyos polos giran las partículas, un sistema de electrodos que, al atraerlas, las acelerará, y un electrodo periférico que, una vez aceleradas las hará salir del aparato para proyectarlas contra un blanco o pantalla experimental.
El manantial de partículas se halla en el centro del aparato. Consiste en un filamento incandescente que emite electrones y en un ánodo que los atrae con fuerza, ambos situados en un espacio que contiene hidrógeno. Cuando estos electrones rápidos tropiezan con los átomos de hidrógeno, les arrancan sus electrones periféricos y los separarán así de los protones. Éstos, bajo la influencia del campo magnético del electroimán, describen trayectorias circulares en el centro de la cámara del ciclotrón. En esta cámara se mantiene el vacío porque las moléculas del aire no tardarían en detener las partículas. Interiormente se halla forrada como por una caja metálica partida en dos mitades, separadas, cada una de las cuales conectada con uno de los polos de un generador de corriente alterna de alta frecuencia. Por consiguiente, estos electrodos —también llamados *des* (D) en razón de su forma— serán alternativamente positivos y negativos, sucediéndose las alternancias a razón de varios millares de veces en un segundo.

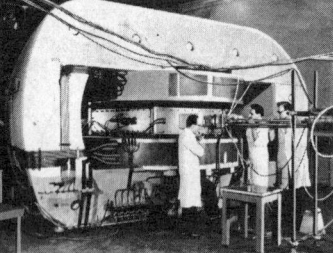

Fot. C. E. A.

El funcionamiento del ciclotrón se desprende de lo antedicho: los protones que giran en el centro de la cámara, por ser partículas positivas, serán atraídos por la D negativa y esta atracción tendrá por efecto aumentar su velocidad, y en consecuencia, su fuerza centrífuga, con lo cual aumenta también el radio de su trayectoria. Ahora bien, en razón de la alternancia de la corriente, apenas un protón ha sido atraído por un electrodo, que ya éste pasa a ser positivo y entonces es el otro electrodo quien lo atrae y le confiere una nueva aceleración, antes de ser atraído nuevamente por el primero al cambiar el sentido de la corriente. La velocidad de los protones aumenta constantemente y su trayectoria, de radio creciente, es una espiral que los lleva hasta la periferia de la cámara. Allí, un electrodo negativo llamado *deflector* los atrae hacia el exterior y, desviando su trayectoria, los hace salir tangencialmente por una lumbrera y los proyecta contra la materia que se ha de experimentar o bombardear para desintegrarla, transmutarla, producir radioelementos artificiales o un flujo de neutrones necesarios para otros experimentos.
Con los ciclotrones más potentes se llega a conferir a las partículas energías de varias decenas de MeV (millones de electronvoltios). Al adquirir las partículas velocidades próximas de la de la luz, su masa aumenta considerablemente, en virtud de las teorías de la relatividad *, y es entonces prácticamente imposible sincronizar sus movimientos con las alternancias de la corriente. De ahí la necesidad de recurrir a otros tipos de aceleradores cuando se desea obtener velocidades y energías superiores. (V. SINCROCICLOTRÓN y SINCROTRÓN.)

CIEGO, GA adj. Cerrado por uno de sus extremos: *el taladro ciego no atraviesa la pieza por completo.*
— *Aeron. Vuelo ciego,* v. VUELO.
— *Arq.* Dícese del arco y otras aberturas cuya luz ha sido tapiada. (Sinón. CONDENADO.)
— *Ind. alim.* Dícese del pan y del queso que no tienen ojos.
— *Mec. Tuerca ciega,* la que solamente se halla taladrada en parte y sirve para ser roscada en el extremo de los tornillos, ejes y otras piezas.
— *Min. Pozo ciego,* pozo interior de la mina.

CIELO m. *Arq. Cielo raso,* techo liso o sin vigas aparentes.
— *Astr.* Espacio infinito en el cual se mueven los astros. ‖ Parte de dicho espacio que se extiende sobre nuestras cabezas en forma de bóveda circunscrita por el horizonte.
— El *color azul del cielo* no es sino el de la atmósfera que rodea la Tierra y cuyas moléculas difractan preferentemente los rayos azules de la luz solar. Por encima de las capas más densas de la atmósfera, a unas decenas de kilómetros de altura, el cielo es negro y las estrellas lucen permanentemente incluso a proximidad del Sol.
Todos los astros parecen hallarse en el cielo a la misma distancia de nosotros, como si se deslizaran por una verdadera bóveda celeste. Esta impresión se debe a un efecto de perspectiva, pero aún hay quien cree que las constelaciones son grupos de estrellas próximas entre ellas, cuando en realidad una estrella puede hallarse más próxima de nosotros o de la constelación vecina que de todas las demás estrellas de su propia constelación.
La posición de los astros en el cielo se determina merced al uso de todo un sistema de coordenadas * celestes.
— *Min.* Bóveda de una cantera o excavación: *empotrar un puntal entre el cielo y la solera.* ‖ *A cielo abierto,* v. MINA.
— *Obr. públ. Cielo estrellado,* v. HIDRÁULICA.

CIENO m. *Obr. públ. Cienos activados,* procedimiento para depurar las aguas residuales. (V. DEPURACIÓN.)
— *Petr.* V. LODO.

CIERRE m. Cerrador, lo que sirve para cerrar. ‖ Tapón o cápsula con que se cierran las botellas y otros envases. ‖ *Cierre magnético,* cierre constituido por un imán y una chapita de acero, uno de cuyos elementos se fija en la puerta y el otro en su marco, quedando aquélla adherida a éste sin pestillos ni cerrojos.
— *Arm.* Pieza con que se cierra la recámara de ciertas armas de fuego y que en el fusil es el cerrojo.
— *Arq. Cierre metálico,* puerta de chapa ondulada, barras articuladas, metal desplegado o de otra índole, usado a modo de puerta que, al abrirse, se enrolla o pliega en el dintel de la misma o en sus jambas.
— *Art. gráf. Cierre de la forma,* operación consistente en apretar los distintos elementos de la forma (letras, grabados y blancos) antes de empezar la impresión.
— *Constr. Cierre hidráulico,* altura de agua que impide el paso de los gases por un sifón *. ‖ Sifón.
— *Mec.* Acoplamiento de dos piezas que han de permanecer inmóviles una respecto a la otra. (V. UNIÓN.) ‖ *Cierre de puerta,* aparato que cierra automáticamente las puertas que se han dejado abiertas al pasar por ellas.
— El *cierre automático* de puerta puede consistir en un simple resorte tenso con uno de sus extremos fijado en el marco y el otro en la puerta, y cuya fuerza la mantiene cerrada, aunque sin impedir su abertura. En otro tipo más perfeccionado, la acción del resorte se completa con un freno hidráulico: al abrir la puerta ésta tira del vástago de un émbolo que aspira aceite en un cilindro a través de una válvula; al cerrarse, la tracción del muelle obliga al émbolo a expulsar el aceite, pero éste solamente puede salir del cilindro por un orificio de escaso diámetro, lo cual se traduce por un cierre suave de la puerta.
— *Text.* Cualquier dispositivo para juntar dos bordes en un vestido y mantenerlos unidos.
— Son *cierres* comunes : los botones con sus ojales, los corchetes de gancho y de presión y el cierre de cremallera, también llamados *Relámpago,* que es una marca registrada.
El *cierre de cremallera* consta de dos cintas provistas en uno de sus bordes de una hilera de pequeñas grapillas cuyo extremo libre es de perfil concavoconvexo, de tal forma que, si se engranan las grapillas de una de las cintas con las de la otra, se mantienen apretadas y aprisionadas unas con otras. El engrane se obtiene por medio de una corredera provista de dos canales, por los que entran las cremalleras, y que, al reunirse en uno sólo, obligan a las grapillas de ambos lados a penetrar alternativamente en él.

CIFOÍTA f. *Miner.* Silicato hidratado de magnesio, variedad de serpentina.

CIFRA f. Escritura criptográfica hecha de acuerdo con una clave secreta. (V. CRIPTOGRAMA.)
— *Mat.* Guarismo, cada uno de los signos con que se representan el cero y los nueve primeros números. ‖ Por ext., número.

CIFRAR v. En criptografía *, escribir un texto en cifra con objeto de que sea ininteligible para quienes no poseen la clave.

CIGALA f. y **CIGALO** m. *Mar.* Arganeo del ancla.

CIGARRILLO m. *Tab.* Cilindro pequeño de picadura o hebras de tabaco envuelto con papel de fumar. (Sinón. CIGARRO DE PAPEL.)
— El picado del tabaco * se efectúa con unas máquinas provistas de rodillos alimentadores que empujan las hojas por una boquilla en cuya salida las corta una cuchilla accionada por un rápido

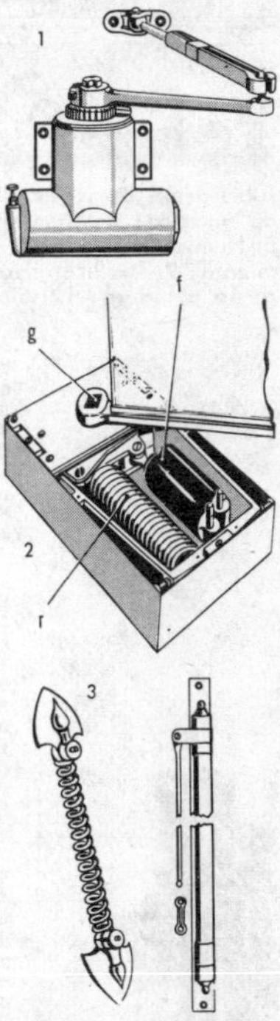

cierres de puerta 1. Hidráulico; 2. Hidráulico con gozne en el suelo (*f*, freno; *g*, gozne; *r*, resorte); 3. De muelle

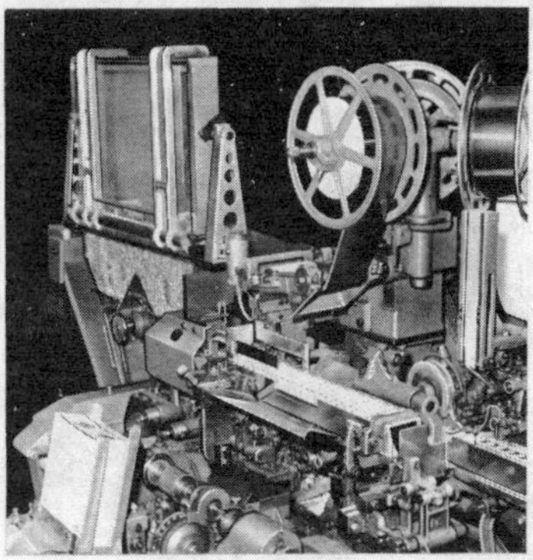

empaquetadora de cigarrillos

Fot. Richard-Blin

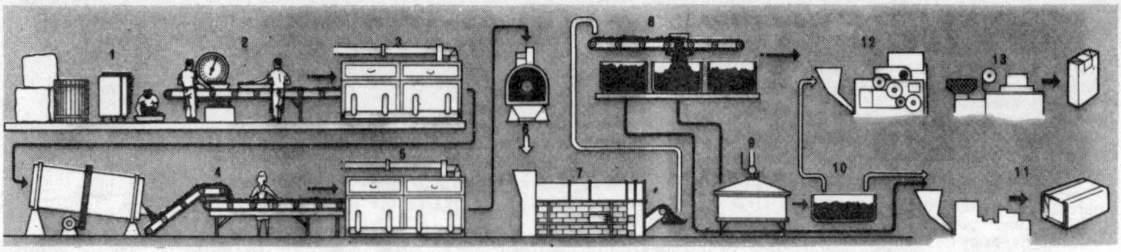

fabricación de cigarrillos : 1. Tabaco en rama; 2. Preparación de mezclas; 3. Humidificación a 80°; 4. Arreglo de las hojas; 5. Humidificación a 50°; 6. Picado; 7. Torrefacción; 8. Almacenamiento; 9. Desnicotinización; 10. Tabaco suave; 11. Empaquetado de la picadura; 12. Elaboración de cigarrillos; 13. Empaquetado

movimiento de vaivén. Después de haber sido limpiadas en separadores de polvo, las hebras pasan a una máquina *continua* que las comprime con unos rodillos y forma con ellas una barrita compacta que es depositada sobre una cinta de papel de fumar, de 25 a 30 mm de anchura. Mientras el papel avanza con su contenido, es engomado, enrollado y apretado, formándose así un *cigarrillo* continuo que, después de ser alisado al frotar con unos hierros calientes de forma apropiada, es cortado a la longitud normal de los cigarrillos por una cuchilla tan veloz como acerada.

Estas máquinas continuas son notables por su automatismo, la perfección de su trabajo y su rendimiento (100 000 cigarrillos por hora).

Los *cigarrillos emboquillados* se fabrican por otro procedimiento: una máquina elabora previamente las fundas de papel con su correspondiente boquilla; otra va colocando las fundas frente a la barrita de tabaco prensado, que es introducida en las mismas por un dispositivo apropiado y cortada a las dimensiones del cigarrillo.

Los cigarrillos ya fabricados suelen someterse a una desecación antes de alimentar con ellos las máquinas empaquetadoras que los cuentan, los envuelven con papel, los empaquetan y precintan.

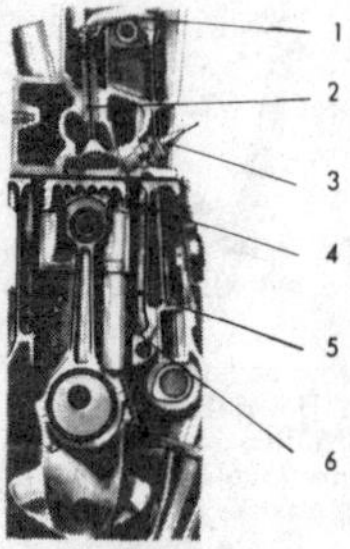

cilindro de motor de explosión
1. Balancín; 2. Válvula; 3. Bujía; 4. Embolo; 5. Camisa de agua; 6. Cilindro

CIGARRO m. *Tab.* Rollo de hojas de tabaco apretadas y envueltas con otras hojas desprovistas de nervios, a propósito para ser fumado. ‖ Por ext., cigarrillo. ‖ *Cigarro puro,* el cigarro verdadero, para distinguirlo del cigarrillo. ‖ *Cigarro de papel,* cigarrillo.

— La *fabricación de los cigarros,* especialmente la de calidad, ha sido durante largo tiempo el privilegio de hábiles cigarreras. Hoy existen máquinas que permiten obtener un acabado tan perfecto como el de las labores manuales. Con fragmentos alargados de la hoja de tabaco o bien con picadura gruesa —obtenida como se indica en el art. CIGARRILLO— que constituyen la *tripa* del cigarro, se forma un haz apretado por un juego de rodillos estriados. Por otra parte, se prepara el *capillo* (hojas seleccionadas, desprovistas de nervios y recortadas mecánicamente con arreglo a la forma y dimensiones del cigarro). El capillo y la tripa se disponen sobre una cinta de goma que, mediante un movimiento apropiado, enrolla el primero en torno del segundo, formando así el *tirulo.* A continuación, y por el mismo procedimiento, se arrolla la *envuelta* u hoja exterior del cigarro, de mejor calidad y superficie más lisa que el capillo. Finalmente, el cigarro es alisado por unos rodillos metálicos.

CIGOÑAL m. Máquina primitiva para sacar agua de los pozos poco profundos, canales y ríos, consistente en una pértiga articulada en un soporte, a modo de balancín, y provista de un recipiente suspendido en uno de sus extremos y de un contrapeso en el otro.

cigüeñal

CIGÜEÑA f. *Mec.* Manubrio con que se accionan los tornos y otros aparatos.

CIGÜEÑAL m. *Mec.* Árbol provisto de uno o varios codos en cada uno de los cuales se articula una biela.

— El *cigüeñal* puede transformar en movimiento rotativo el movimiento alternativo de la biela, como ocurre en los motores de explosión, o bien, por el contrario, si es motor, convertir su propio movimiento circular en movimiento alternativo del órgano arrastrado por la biela.

El cigüeñal de un automóvil es una pieza esencial del motor, sometida a un trabajo intenso, puesto que gira a razón de unas 60 revoluciones por minuto. Se construye y rectifica con mucha precisión y se fija en el cárter por medio de cojinetes en número variable según sea su longitud. En los motores de automóvil de cuatro cilindros bastaría con dos apoyos en los extremos del árbol acodado, pero se suelen poner tres para prevenir las vibraciones. Con este mismo objeto lleva el cigüeñal unos contrapesos que lo equilibran y un volante que regulariza su movimiento. Además de ser el árbol motor que arrastra al vehículo, el cigüeñal mueve una serie de órganos auxiliares (dinamo, ventilador, bomba de refrigeración, distribuidor, árbol de levas).

CIJO m. *Amer.* Cisco, carbón menudo.

CILINDRADA f. *Mec.* Embolada.

CILINDRADO m. Acción y efecto de cilindrar *.

CILINDRAR v. Comprimir una cosa con rodillos o cilindros para hacerla más compacta, reducir su espesor o bien alisarla o lustrarla.

— *Carp.* Labrar en forma de cilindro: *para cilindrar mecánicamente los maderos se usan acepilladoras * provistas de cuchillas de filo cóncavo.*

— *Curt.* Ciertas calidades de pieles se comprimen y alisan con *máquinas de cilindrar* entre cuyos rodillos se hallan sometidas a presiones de hasta 30 000 kg.

— *Obr. públ.* Los materiales duros de las calzadas (piedra machacada, escorias, grava) se cilindran con apisonadoras para formar un asiento compacto y relativamente liso sobre el cual se aplica el firme. (V. APISONADORA y CARRETERA.)

— *Text.* Los tejidos de algodón, lino y yute se cilindran haciéndolos pasar entre dos rodillos o tambores, uno de los cuales es caldeado por una corriente de vapor. El calor y la presión tienen por efecto aplastar el grano de los tejidos y darles lustre.

CILINDRICIDAD f. Calidad de cilíndrico.

CILÍNDRICO, CA adj. Relativo o perteneciente al cilindro. ‖ Que tiene forma de cilindro: *avión de fuselaje cilíndrico.* ‖ Fundado en el uso de cilindros: *máquina de imprimir planocilíndrica.*

— *Geom.* Dícese de la superficie engendrada por una recta, llamada *generatriz,* que, sin dejar de ser paralela a una dirección fija, describe una curva llamada *directriz.*

CILINDRIFORME adj. En forma de cilindro.

CILINDRÍMETRO m. *Mec.* Instrumento que permite fabricar con precisión las piezas cilíndricas de los mecanismos de relojería.

CILINDRO m. *Art. gráf.* Rodillo que, con la cuchilla, constituye el tintero * de las máquinas de imprimir. ‖ Pieza cilíndrica que hace la impresión en las máquinas rotativas y planocilíndricas.

— El *cilindro* puede arrastrar el papel y, rodando sobre la forma entintada, aplicarlo sobre ésta;

en otros casos lleva él la forma o moldes y rueda sobre el papel.
— *Autom.* V. más abajo *Mec.*
— *Electr.* *Cilindro de Faraday,* cilindro hueco de metal conectado con un electroscopio que permite determinar las cargas eléctricas de los cuerpos que en él se introducen.
— *Electrón.* *Cilindro de Wehnelt,* v. OSCILÓGRAFO *catódico.*
— *Geom.* Sólido limitado por una superficie cilíndrica y dos planos paralelos o bases.
— El *cilindro es recto* cuando su eje es perpendicular a las bases, y *oblicuo* en el caso contrario. Llámase *cilindro de revolución* al cilindro recto cuya superficie es engrendrada por una recta generatriz animada por un movimiento de rotación alrededor de un eje paralelo a la misma. La superficie lateral del cilindro de revolución —que puede ser asimilada a la de un prisma regular— es igual al producto de la circunferencia de la base por la altura *h*. (πRh.).
La fórmula para hallar la superficie total es $2\pi R.h$ y la del volumen $\pi R^2.h$.
— *Mec.* Cuerpo de una bomba. ‖ Cavidad cilíndrica en cuyo interior se mueve el émbolo de una máquina. ‖ *Cilindro de alta presión, cilindro de baja presión,* v. MÁQUINA *de vapor.*
El cilindro es el órgano principal de los motores de explosión, las máquinas de vapor de émbolo, las bombas, ciertas prensas, etc. Son piezas resistentes, generalmente de fundición o acero, que constituyen una cámara de volumen variable en la cual el fluido motor puede dilatarse y suministrar trabajo al empujar el émbolo.
En los motores de explosión es necesario disipar el calor absorbido por las paredes del cilindro merced a una camisa de agua o a un sistema de aletas que aumentan la superficie radiante. (V. REFRIGERACIÓN.) Los cilindros suelen hallarse taladrados en un bloque * y dispuestos verticalmente en línea recta en dos hileras e inclinados (cilindros en V) o bien opuestos en un mismo plano horizontal.
— *Metal.* Los *cilindros lisos* o *bien perfilados,* de fundición templada o acero, son las piezas esenciales de los laminadores usados para fabricar palastro y perfilados metálicos. (V. LAMINADOR.)
— *Obr. públ.* Apisonadora.
— *Papel.* *Cilindro desfibrador,* tambor provisto de aletas que baten la pasta de papel en las pilas para afinarla y homogeneizarla. (V. PAPEL.) ‖ *Cilindro secador,* cada uno de los tambores con circulación interna de vapor que sirven para secar la tira de papel o de cartón continuo en las máquinas de fabricar papel *.
— *Tecn.* Tambor, rodillo usado en muchas máquinas para alisar, estirar, lustrar, prensar, secar, etcétera.

CILINDROCÓNICO, CA adj. De forma a la vez cilíndrica y cónica: *un proyectil cilindrocónico.*

CILINDROIDEO, A adj. Cilindriforme.
— *Miner.* *Cristales cilindroideos,* cristales prismáticos que, por alguna causa, han pasado a tener una forma más o menos cilíndrica.

CILINDROOJIVAL adj. *Arm.* Dícese de la forma universalmente adoptada para los proyectiles de las armas de cañón rayado, cuyo cuerpo cilíndrico se halla rematado por una ojiva.

CIMA f. *Arq.* Moldura cuyo perfil se halla constituido por dos curvas superpuestas y que se llama *cima recta* cuando la curva superior es cóncava y la inferior convexa y *cima reversa* en el caso contrario. (Sinón. GOLA.)

CIMACIO m. *Arq.* Parte superior y moldura de la cornisa. ‖ Por ext., cima recta o gola.

CIMBORIO o **CIMBORRIO** m. *Arq.* Cuerpo cilíndrico que soporta la cúpula en ciertas iglesias y otras construcciones, e ilumina el interior del edificio con sus vanos.

CIMBRA f. *Arq.* Curvatura del intradós o superficie interior de un arco o bóveda. ‖ *Plena cimbra,* la que forma un semicírculo, como en el arco * de medio punto.
— *Mar.* Alabeo o curvatura previa que se da a la tabla o plancha antes de fijarla sobre las cuadernas para construir el forro del casco.
— *Obr. públ.* Armazón provisional de madera o metal sobre la cual se construyen los arcos, puentes y bóvedas.
— Las *cimbras* suelen hacerse de madera, por ser este material ligero, fácil de labrar y utilizable de nuevo al finalizar la obra. Las cimbras metálicas se usan en casos especiales o bien cuando sus elementos pueden utilizarse para construir sucesivamente varias obras de las mismas características.
Los apoyos de la cimbra, en vez de aplicarse directamente en el suelo, se hacen generalmente en unas cajas de arena que, una vez terminada la obra, se vacían para que se separe de ésta la armazón y pueda ser desmontada.

CIMBRADO, DA adj. *Arq.* *Arco cimbrado,* v. ARCO. ‖ — M. *Obr. públ.* Acción de construir las cimbras: *el cimbrado de un puente puede ser una operación larga y delicada.*

CIMBRAR v. Sacudir una cosa larga y flexible teniéndola por un extremo. ‖ Dar forma de cimbra. (Sinón. CIMBREAR.)
— *Obr. públ.* Montar las cimbras de una obra.

CIMBREANTE adj. Flexible, que se cimbrea.

CIMBREAR v. Cimbrar.

CIMBREO m. Acción de cimbrar.

CIMBRÓN m. *Amer.* Cimbra grande.

CIMENO m. *Quím.* Carburo bencénico líquido y aromático, presente en varias esencias vegetales y obtenido por deshidrogenación del pineno. (Sinón. PARACIMENO.)

CIMENTACIÓN f. *Constr.* Acción y efecto de cimentar. ‖ Cimiento.

CIMENTAR v. *Constr.* Echar los cimientos * de los edificios y otras construcciones.

CIMENTO m. Cemento.

CIMIENTO m. *Arq.* Obra enterrada que sirve de base y fundamento a los edificios y otras construcciones. (Sinón. CIMENTACIÓN, FUNDACIÓN y FUNDAMENTO.)
— La construcción de un edificio no puede efectuarse sin un reconocimiento previo del terreno —practicado mediante zanjas o sondeos— que permita determinar la índole de los *cimientos* necesarios. Si el terreno es bueno, los cimientos son poco profundos y se reducen a una zapata de hormigón de anchura mayor que las de las paredes maestras del edificio. En el caso contrario se recurre a la construcción de otra forma de cimientos apropiada a la naturaleza del suelo: zampeado con una losa de hormigón que cubre toda la planta del edificio; pozos excavados hasta el terreno seguro y rellenados con hormigón; pilotes hincados o bien vaciados en el propio suelo; consolidación del terreno con inyección de lechadas químicas o de cemento, etc. En los edificios destinados a fábricas y talleres se interpone a veces asfalto, caucho, corcho u otras materias entre los cimientos y los muros para limitar la transmisión de las vibraciones engendradas por las máquinas. En terrenos acuíferos se pueden construir los cimientos en

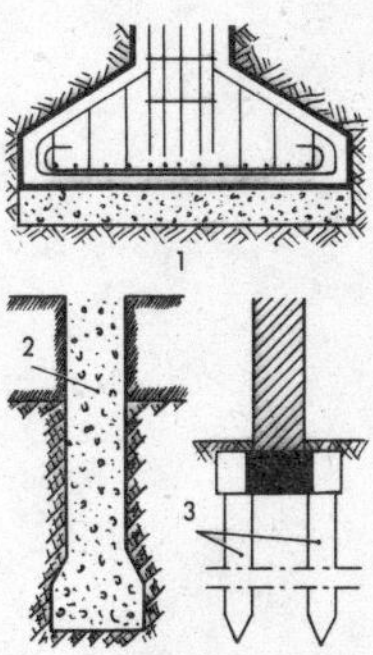

cimientos
1. Zapata de hormigón armado; 2. Pozo relleno de hormigón; 3. Asiento sobre pilotes

cimbras: 1. Radial, de pie derecho central; 2. De pares (*m*, maderos del forro; *pl*, plantillas; *ps*, pares secundarios; *t*, tirante; *p*, par; *ca*, caja de arena para descimbrar); 3. Metálica, de arco marinero (*t*, tornapuntas metálicos)

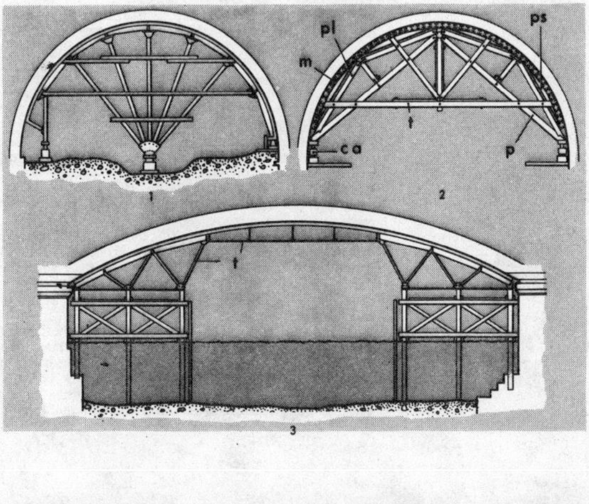

seco, después de haber congelado el suelo con una circulación de líquido frigorífico por una serie de tubos hincados alrededor de la obra.
Los cimientos de las obras portuarias, canales, presas y otras construcciones situadas bajo el agua se construyen en seco al amparo de un tablestacado *. De ser la profundidad excesiva se recurre a las campanas de buzo, los cajones flotantes o de aire comprimido o neumáticos. (V. CAJÓN y CAMPANA.)
CIMOFANA f. *Miner.* Aluminato natural de berilio. (Sinón. CRISOBERILO.)
CIMOLETA o **CIMOLIA** f. *Art. y of.* Tierra de cuchilleros, polvo rico en óxido de hierro que se obtiene al secarse el lodo formado en las cubetas de agua de las muelas de afilar.
CIMÓMETRO m. *Radiot.* Instrumento para medir la longitud de onda de las ondas electromagnéticas. (Sinón. ONDÁMETRO.)
CIMOSCOPIO m. *Radiot.* Cimómetro * en el que, cuando entra su circuito detector en resonancia con la onda que se ha de medir, se alumbra una lámpara eléctrica.
CINABARINO, NA adj. Cinabrino.
CINABARITA f. *Miner.* Cinabrio.
CINABRÍFERO, RA adj. *Miner.* Que contiene cinabrio.
CINABRINO, NA adj. Que tiene el aspecto o el color rojo del cinabrio.
CINABRIO m. Sulfato natural de mercurio. (Sinón. ACEMASOR.) ‖ Bermellón. ‖ Color rojo del cinabrio.
— *Miner.* El *cinabrio* (HgS) se presenta en forma de cristales translucientes de hermoso color rojo y brillo diamantino. Es un mineral denso (d = 8) que contiene 85 % de mercurio y constituye la principal mena de este metal. Cuando se halla adulterado por substancias bituminosas constituye una masa parda y maloliente llamada *cinabrio hepático.*
CINAMATO m. *Quím.* Éster del ácido cinámico: *los cinamatos confieren un olor intenso y agradable a los bálsamos naturales.*
CINAMENO m. *Quím.* Estiroleno.
CINÁMICO, CA adj. *Quím.* Dícese de un ácido, un aldehído y un alcohol aromáticos derivados del propenilbenceno y presentes en el bálsamo del Perú, el estoraque, el bálsamo de Tolú, etc.
— El *ácido cinámico* se obtiene calentando cloruro de bencilideno con acetato de sodio. Los óxidos lo convierten en ácido benzoico. Por pirogeneración da estiroleno.
El *aldehído cinámico,* aceite de agradable olor, es el principal constituyente de la esencia de canela. Se prepara industrialmente por crotonización entre benzaldehído y acetaldehído.
El *alcohol cinámico* tiene olor de jacinto.
CINAMILO m. *Quím.* Radical monovalente (C_9H_9), que es el alcohol cinámico* desprovisto de su hidroxilo: *el cloruro de cinamilo es un líquido muy tóxico.*
CINAMOILO m. *Quím.* Radical monovalente (C_9H_7O) derivado de ácido cinámico por pérdida del hidroxilo.
CINC m. *Quím.* Elemento químico de número atómico 30 y peso atómico 65,38, mezcla de cinco isótopos de masa 64, 66, 67, 68 y 70. (Sinón. ZINC.)
— El *cinc (Zn)* es un metal blanco azulino que funde a 419,47° y hierve a 907°. Su densidad es de 7,133. Es quebradizo y cristalino en frío, pero se vuelve dúctil y maleable entre 100° y 150°. La humedad atmosférica lo cubre de una capa tenue de óxido que impide una oxidación más profunda.
Los principales *minerales de cinc* son la *blenda* (sulfuro de cinc) y la *calamina* o *esmitsonita* (carbonato de cinc). El mineral es tostado y luego se reduce en hornos de muflas aprovechando su gran volatilidad. Se recoge en ellos vapor de cinc que se licua y da metal bruto. Éste se refina por redestilación. También se puede extraer el cinc por electrólisis de una disolución sulfúrica del mineral.
El cinc se usa para hacer objetos moldeados, planchas para fabricar recipientes y tuberías, para cubrir tejados y hacer fotograbados, etc. También se usa para galvanizar el hierro y entra en la composición del latón y otras aleaciones importantes, pues forma ligas con todos los metales ordinarios salvo con el plomo y el bismuto, de los cuales se separa al estado líquido.
Entre los principales *compuestos del cinc* figuran el *óxido de cinc (blanco* de cinc),* que es un pigmento usado para pinturas; el *cloruro de cinc,* que sirve para proteger la madera contra la humedad y como anticorrosivo para metales; el *cromato de cinc,* pigmento amarillo para pinturas; el *sulfuro de cinc,* que sirve para hacer pantallas fluorescentes para radioscopia, etc.
CINCADO m. *Metal.* Galvanización.
CINCEL m. *Art. y of.* Herramienta de acero provista de un filo para labrar la piedra y los metales golpeándola con un martillo.
CINCELAR v. *Art. y of.* Labrar la piedra o el metal con el cincel.
— *Text. Cincelar el terciopelo,* cortar una parte de sus bucles para crear un efecto de flores, ramajes y otros motivos. (V. TERCIOPELO.)
CINC-ETILO m. *Quím.* Cincoetilo.
CÍNCICO, CA adj. *Quím.* Dícese de un óxido de cinc y de las sales formadas por el mismo.
CINCÍFERO, RA adj. Que contiene cinc.
CINCITA f. *Metal.* y *Miner.* Óxido de cinc que existe al estado natural y que se forma a veces en ciertas partes de los hornos donde se reducen minerales de cinc.
CINCMETILO m. *Quím.* Derivado organometálico que resulta de la acción del cinc sobre el yoduro de metilo.
CINCOETILO m. *Quím.* Compuesto organometálico líquido que se obtiene haciendo obrar el cinc sobre el yoduro de etilo y sirve para efectuar síntesis orgánicas.
CINCOGRABADO m. *Art. gráf.* Grabado en cinc obtenido por cincografía.
CINCOGRAFÍA f. *Art. gráf.* Procedimiento análogo a la litografía en el cual la piedra litográfica es reemplazada por una plancha de cinc. (V. FOTOGRABADO.)
CINCOMETILO m. *Quím.* Cincmetilo.
CINCÓNICO, CA adj. *Rojo cincónico,* substancia de color rojo obscuro suministrada por el tanino de la corteza del quino.
CINCONISA f. *Miner.* Hidrocarbonato hidratado natural del cinc, mineral térreo de composición bastante parecida a la de la calamina.
CINCOTIPIA f. *Art. gráf.* Cincografía.
CINCHA f. *Art. y of.* Faja que ciñe el cuerpo de la caballería y sirve para asegurar la silla o la albarda.
CINCHO m. *Arq.* Parte del arco que, en la bóveda de cañón, sobresale en el intradós. ‖ Cada una de las molduras corridas que, en la fachada de una casa, corresponden a las líneas divisorias de los pisos.
— *Art. y of. Amer.* Cincha.
— *Carp.* Aro de chapa con que se ciñen los barriles, ruedas y otras labores de madera para reforzarlas.
CINE m. Apócope con el cual suele designarse el *cinematógrafo** o la *cinematografía**, y en particular, la sala o establecimiento dedicado a la proyección de películas cinematográficas. ‖ *Cine mudo,* el que reproduce las escenas pero no los sonidos. ‖ *Cine sonoro,* el que, por haberse grabado las imágenes y los sonidos, reproduce las escenas con sus correspondientes palabras, música y ruidos ambientes.
CINEAMETRALLADORA f. *Arm.* Aparato que permite registrar en una película cinematográfica los resultados del tiro hecho con armas automáticas, usado en los aviones militares.
— La *cineametralladora* es una cámara cinematográfica sincronizada con el gatillo de las armas: cuando éstas tiran, la cámara impresiona une película del blanco, que, al ser revelada y proyectada, permite apreciar los defectos del tiro y mejorar la puntería de los tiradores.
CINECROMÍA f. *Cin.* Ramo de la cinematografía que trata de la coloración de las películas.
CINEENDOSCOPIA f. Toma de vistas cinematográficas del interior del cuerpo merced a una cámara acoplada con un endoscopio* provisto de una minúscula lámpara que ilumina las cavidades (bronquios, estómago, abdomen, etc.).
CINEFACCIÓN f. Reducción a cenizas.
CINEFICAR v. Reducir a cenizas.
CINEFOTO m. *Cin.* Cámara tomavistas especial para obtener efectos de acelerado*.

cinemascopio : 1. Imagen obtenida con un objetivo normal; 2. Imagen anamorfosada en una película de igual anchura; 3. Restitución en la pantalla de las proporciones correctas de la imagen núm. 2

CINEM, prefijo derivado del gr. *kinêma,* que significa *movimiento* y entra en la composición de voces científicas.

CINEMA m. Cinematógrafo, cine.

CINEMASCOPIO m. *Cin.* Marca registrada de un procedimiento cinematográfico con el que se obtienen proyecciones panorámicas sobre pantallas curvas de grandes dimensiones longitudinales.
— El *Cinemascopio* se funda en la anamorfosis* de la imagen mediante lentes cilíndricas (objetivo hipergonar*) usadas en el aparato tomavistas y en el proyector. El ángulo que abarca la vista desde el ojo hasta los bordes de la imagen es de 50°, o sea un poco más del doble que el de las imágenes cinematográficas ordinarias.

CINEMÁTICA f. *Mec.* Parte de la mecánica que estudia el movimiento de los cuerpos en función del tiempo, pero haciendo abstracción de las causas o fuerzas que lo provocan.
— La *cinemática* estudia las trayectorias, velocidades y aceleraciones de los puntos o de los cuerpos respecto a un referencial o sistema de referencia. Dícese que el movimiento es absoluto cuando el referencial se halla en estado de reposo absoluto, pero la *cinemática relativista* solamente admite la existencia de movimientos relativos, dado que no pueden existir referenciales que no se hallen afectados por algún movimiento, por ínfimo que éste sea. Por otra parte, para la *cinemática clásica* todas las velocidades son posibles, aunque no para la cinemática relativista, que considera la existencia de una velocidad límite *c* que es la velocidad de la luz en el vacío (300 000 km/s). De ahí se desprende que la regla de la adición de las velocidades no sea la misma en ambos casos. En cinemática clásica la velocidad relativa de dos puntos es la suma vectorial de sus velocidades: si dos coches se acercan en direcciones opuestas por una autopista y a la velocidad de 100 km/h, la velocidad de uno de ellos respecto al otro es de 200 km/h. Por el contrario, en mecánica relativista la suma vectorial de las velocidades no puede ser superior a *c*: si dos cohetes hipotéticos volaran en direcciones opuestas a la velocidad de 160 000 km/s, la velocidad relativa de cada uno respecto al otro no sería de 320 000 km/s, sino de 300 000 km/s, como se ha confirmado experimentalmente. (V. RELATIVIDAD.)
En realidad, la cinemática clásica es inexacta, pero, a las velocidades ordinarias —comprendiendo en éstas las de los cohetes más rápidos— el error puede considerarse como nulo. Por el contrario, en astronomía y física atómica, donde las velocidades son muy grandes, es preciso atenerse a la cinemática relativista.

CINEMÁTICO, CA adj. Relativo al movimiento.
— *F.c. Vaivén cinemático,* movimiento de oscilación transversal de los vehículos provocado por la forma troncónica de las ruedas.

CINEMATOGRAFÍA f. Conjunto de métodos y procedimientos que permiten reproducir sobre una pantalla los movimientos previamente registrados por la fotografía o el dibujo. (V. CINEMATÓGRAFO.)

CINEMATOGRAFIAR v. *Cin.* Impresionar una película cinematográfica con las escenas que se han de reproducir en la pantalla. (Sinón. FILMAR, RODAR.)

CINEMATÓGRAFO m. Aparato proyector de series de fotografías o dibujos que, al sucederse con gran rapidez en una pantalla, permiten reconstituir los movimientos merced a la persistencia de las imágenes luminosas en la retina. ‖ Local destinado a la proyección de películas cinematográficas y comúnmente designado por el apócope *cine**.

— La *cinematografía* se funda en el siguiente fenómeno: cuando una imagen fugaz excita las células nerviosas de la retina, éstas permanecen excitadas durante un lapso de tiempo (entre 1/10 y 1/15 de segundo) de tal forma que el ojo sigue viéndola aunque haya desaparecido. Por consiguiente, para ver una imagen continua no es necesario que ésta sea permanente: si por cualquier circunstancia se interrumpe la imagen durante una fracción de tiempo inferior a 1/10 de segundo, el restablecimiento acaecerá antes de que la misma imagen se haya borrado de la retina y el ojo no se apercibirá de la discontinuidad, o sea de la falta de imagen durante un corto lapso de tiempo. Si una lámpara se apagara 25 veces por segundo no nos apercibiríamos de ello y la veríamos siempre encendida (a condición que los períodos de obscuridad fueran más cortos que los de iluminación). Esto es precisamente lo que ocurre en el cine, donde vemos el haz del proyector de modo permanente, cuando en realidad es interrumpido por completo numerosas veces por segundo: lo esencial es que cada imagen aparezca en la pantalla antes de que se borre en la retina la imagen anterior, y así sucesivamente.
Las imágenes proyectadas consisten en una serie de fotografías impresionadas en una cinta de película* fotosensible provista de perforaciones en las que encajan los dientes de los mecanismos de arrastre de la cámara tomavistas y del proyector. *Cámara tomavistas.* La película virgen del almacén o rollo dador es arrastrada a velocidad constante, o sea sin ninguna interrupción, por un tambor de arrastre provisto de dientes. Forma un

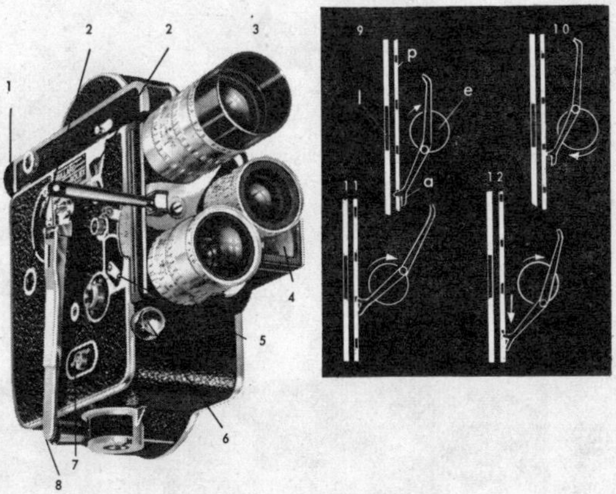

cámara tomavistas de **cinematografía :** 1. Anteojo visor; 2. Contadores (en metros y en imágenes); 3. Revólver de 3 objetivos; 4. Lente del visor; 5. Dispositivo para impresionar imágenes una a una; 6. Disparador; 7. Enchufe para el disparador de flexible; 8. Manivela del muelle; 9 a 12. Funcionamiento del mecanismo de arrastre (*l,* lumbrera del objetivo; *p,* película; *e,* excéntrica; *a,* púas de arrastre)

Fot. S. O. P. L., Paillard

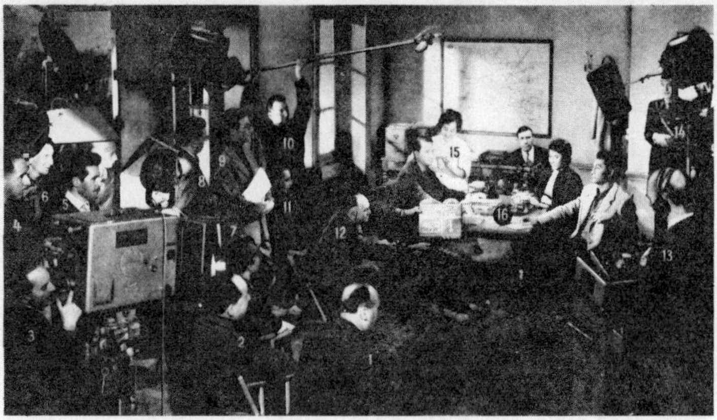

cinematografía (toma de vistas): 1. Productor; 2. Realizador; 3. Jefe operador; 4. Jefe electricista; 5. Ayudante del operador; 6. Tramoyista; 7. Secretaria (script); 8. Director de la fotografía; 9. Asistente del realizador; 10. Tomador de sonido; 11. Encargado de accesorios; 12. Encargado de la claqueta; 13. Ingeniero del sonido; 14. Comparsa; 15. Maquilladora; 16. Actores

bucle y pasa después por una guía frente al objetivo, en el fondo de la cámara obscura del aparato fotográfico propiamente dicho, junto al cual se halla el mecanismo de avance intermitente. En éste, una leva obra sobre un vástago provisto de púas, las cuales sobresalen periódicamente, de la superficie de la guía, penetran en la película y la hacen avanzar longitudinalmente de una distancia que corresponde a la altura de una imagen; después, la forma de la leva hace que las púas desaparezcan nuevamente en el interior de su ranura y retrocedan hacia el objetivo hasta su punto de partida, desde el cual volverán a salir para arrastrar de nuevo la película. Este movimiento por sacudidas, va combinado con el del obturador* rotativo del aparato fotográfico, de tal forma que mientras las púas arrastran la película, el objetivo permanece cerrado y que, durante el retorno de las mismas, mientras la película permanece fija, se efectúa la impresión de una imagen fotográfica. A continuación, la película impresionada, después de formar otra ondulación o bucle, es arrastrada con movimiento continuo por el tambor de dientes y se enrolla en la bobina receptora. Todos los mecanismos (tambor de arrastre, tractor intermitente y obturador) son accionados por un motor eléctrico o de cuerda.

En el cine comercial, la cámara toma 24 vistas por segundo. En el de aficionados, la frecuencia suele ser normalmente de 16 imágenes, mientras que las cámaras especiales de la cinematografía científica pueden tomar una vista cada varias horas o bien millares de vistas por segundo, según

cinematografía (obtención de la película): 1. Grabación del sonido; 2. Control del sonido; 3. Micrófono; 4. Cámara; 5. Revelado del negativo; 6. Selección de las secuencias; 7. Medición de la opacidad del negativo; 8. Copia de las secuencias seleccionadas; 9. Revelado del positivo; 10. Proyección; 11. Diálogos; 12. Ruidos; 13. Música; 14. Mezcla de los sonidos; 15. Tiradora; 16. Trucos; 17. Montaje del negativo original con trucos y títulos; 18. Montaje del positivo de trabajo; 19. Proyección de control; 20. Original montado; 21. Transformación del sonido magnético en sonido óptico; 22. Revelado de la banda del sonido; 23. Reproducción en una sola de las películas de la imagen y del sonido; 24. Revelado de la copia positiva; 25. Proyección; 26. Primera copia; 27. Copias comerciales

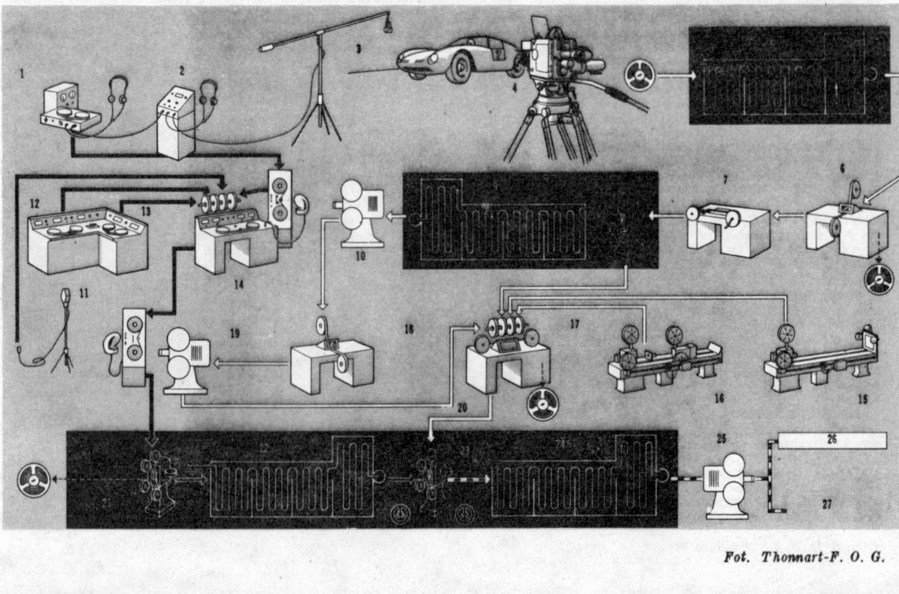

Fot. Thonnart-F. O. G.

se trate de fenómenos muy lentos o muy rápidos. Por lo general, la cámara tomavistas dispone de varios objetivos apropiados para diferentes usos. Las más de las veces estos objetivos son montados en un soporte giratorio o revólver que permite cambiarlos instantáneamente sin necesidad de desmontar uno para montar el otro. También existe un tipo de objetivo* de focal variable con el cual se reemplazan todos los del revólver.
Impresión del sonido. Muchos aficionados sonorizan sus películas por el procedimiento simple que consiste en registrar los sonidos con un magnetófono y utilizar este mismo aparato para reproducirlos durante la proyección. Existen dispositivos que permiten sincronizar las velocidades de la cinta magnética y de la película. En otros casos, la película, ya montada definitivamente, es sometida a un tratamiento con el cual se aplica en uno de sus bordes una estrecha pista de materia magnética que permite la grabación del sonido mediante un pequeño magnetófono acoplado al proyector y que, por consiguiente, sirve también para restituir el sonido durante la proyección.
En las películas de cine profesional el sonido se impresiona en la misma película (en una faja estrecha disponible lateralmente entre las perforaciones y el borde de las imágenes) por procedimientos ópticos. Los distintos elementos sonoros (palabra, música, ruidos) registrados separadamente, se traducen por una corriente eléctrica modulada que puede utilizarse de diversas maneras. Por ejemplo, puede dirigirse un haz luminoso muy fino hacia un espejuelo que lo refleja sobre la pista virgen de la película (v. OSCILÓGRAFO). Si el espejo se halla situado —con un grado de libertad conveniente— entre los polos de un electroimán excitado por la corriente modulada, vibrará según la naturaleza de los sonidos y el haz luminoso impresionará en la película una pista de opacidad variable. En la proyección se opera como sigue: un haz de luz es dirigido a través de la pista sonora sobre una célula fotoeléctrica, y ésta, más o menos iluminada, según sea la opacidad de la pista, produce una corriente eléctrica exactamente modulada como la que dieron originalmente los micrófonos, aunque mucho más débil. Una vez aplicada esta corriente, se lleva a los altavoces situados en la sala (generalmente detrás de la pantalla), que reproducen los sonidos en perfecto sincronismo con las imágenes proyectadas.
En los procedimientos cinematográficos de pantalla ancha la impresión y restitución del sonido presenta ciertas particularidades. (V. CINERAMA.)
Proyector. El aparato utilizado para proyectar las imágenes cinematográficas tiene órganos análogos a los de una cámara tomavistas, y, además, un potente manantial luminoso cuyo haz atraviesa la película y es proyectado sobre la pantalla.
Para pantallas de dimensiones reducidas, dicho manantial consiste en una lámpara de incandescencia de tipo especial (v. LÁMPARA). En los demás casos se usan lámparas de arco*. En el proyector, el movimiento de arrastre de la cinta por sacudidas se obtiene mediante un mecanismo de cruz* de Malta.
(Véanse también los artículos CINEMATOGRAFÍA, CINEMASCOPIO y CINERAMA, para la cinematografía de pantalla ancha; COLOR y FOTOGRAFÍA, para la de color; PANTALLA, RELIEVE y TRUCO, así como ANIMACIÓN y DIBUJO, para las películas de marionetas y dibujos animados.)
Cinematografía científica. El cinematógrafo es un útil precioso en el campo de las ciencias. Sus numerosas aplicaciones se desprenden de las cualidades que a continuación se enuncian: la toma de vistas, con ritmo más lento o rápido que el de la proyección, permite acelerar o frenar los movimientos (v. ACELERADO y LENTO o RALENTI); permite también descomponer un movimiento u otro fenómeno en tantas fases como imágenes se han tomado en el curso del mismo; sirve para conservar las imágenes de un fenómeno raro y reproducirlo cuantas veces sea necesario; amplifica las imágenes microscópicas y hace que puedan ser vistas simultáneamente por muchos observadores. Este procedimiento, con el uso de emulsiones* especiales para infrarrojo, ultraviolado, rayos X (cinerradioscopia) registra y nos muestra fenómenos que el ojo no puede percibir; también toma vistas en aquellos lugares donde el hombre no puede hallarse presente, como, por ejemplo, en el caso de explosión experimental de una bomba; sirve para el estudio de la temperatura que puede soportar una tobera de cohete antes de fundirse, así como para observar el comportamiento de un animal en un ingenio cósmico, y hasta penetra su objetivo en el interior del cuerpo humano para filmar las vísceras con vistas a su estudio o al diagnóstico de las enfermedades (v. CINEENDOSCOPIA), etc.
Recordemos, para concluir, que el menor de los beneficios que se pueden sacar del cinematógrafo no es ciertamente su alto poder de difusión de la ciencia por medio de copias distribuidas por todo el mundo. La televisión, que mucho perjudica al cine en tanto que espectáculo, ha acrecentado la difusión de películas científicas merced al telecinematógrafo*.

CINEMODERIVÓMETRO m. *Aeron.* Instrumento mixto compuesto de un cinemómetro* y un derivómetro que permite apreciar la velocidad de un avión respecto al suelo.

CINEMÓGRAFO m. *Mec.* Instrumento para medir y registrar las velocidades.

CINEMÓMETRO m. Cualquier instrumento indicador de velocidad.
— *Aeron.* En aviación se usan cinemómetros consistentes en un visor óptico combinado con un cronógrafo. El observador dirige el anteojo hacia un punto fijo del suelo y mide el corrimiento de dicho punto al cabo de un intervalo de tiempo definido por el cronógrafo. Conociendo la altura de vuelo y el movimiento aparente del punto visado, se deduce la velocidad del avión.

CINERAMA m. *Cin.* Marca registrada de un procedimiento de *cinematografía de pantalla ancha* fundado en el uso de una cámara triple y tres proyectores.

Cinerama
[v. ilustr. p. 248]

— En el *Cinerama,* la toma de vistas se efectúa por medio de un grupo de tres cámaras con sus objetivos, orientados de tal forma que cada uno de ellos abarca un tercio del campo total, que es de 146°, o sea casi tres veces el campo normal de las películas ordinarias. La toma del sonido se efectúa con varios micrófonos dispuestos en diversas partes del campo, cada uno de los cuales impresiona una pista sonora diferente. La proyección se hace con tres proyectores convenientemente orientados para que las tres imágenes se yuxtapongan en la pantalla (en realidad sus bordes se sobreponen ligeramente). La pantalla es muy curva y de anchura tan considerable, que el espectador parece como si se hallara en el centro de la acción que se desarrolla en la misma. Se obtiene así una falsa sensación de relieve acrecentada por el color de las imágenes, la habilidad de los realizadores en la toma de vistas y los efectos estereofónicos producidos por la disposición en diferentes puntos de la sala de altavoces de orientación conforme a la que tenían los micrófonos durante la toma de vistas.

CINERRADIOGRAFÍA f. Procedimiento de cinematografía científica en el cual la película es impresionada directamente por los rayos X que han atravesado el objeto filmado.
— Como los rayos X no pueden ser desviados por las lentes, la cámara usada en *cinerradiografía* no tiene objetivo y los referidos rayos hieren directamente la película. Como ésta es de dimensiones reducidas, solamente se pueden filmar así objetos pequeños, como la punta del corazón, un insecto, etc. Por eso se prefiere a este método el llamado *cinerradioscopia**.

CINERRADIOSCOPIA f. Cinematografía de las imágenes dadas por los rayos X en la pantalla fluorescente de los aparatos radioscópicos.
— La *cinerradioscopia* se distingue de la cinerradiografía* porque se funda en filmar —con una cámara ordinaria provista de un objetivo óptico de abertura muy grande— la imagen luminosa visible en la pantalla de un aparato de rayos X. Cuando la luminosidad de la imagen no es suficiente se reemplaza la pantalla fluorescente por un amplificador de brillo.

CINESCOPIO m. *Radiot.* Nombre hoy poco usado del *oscilógrafo* catódico* o *tubo de Braun,* empleado en los receptores de televisión. ‖ Procedimiento para registrar emisiones de televisión con objeto de permitir nuevas difusiones de las mismas.
— El *cinescopio* consiste simplemente en el acoplamiento de un buen televisor y de una cámara

Cinerama : 1 y 3. Toma de vistas (*rm*, registro magnético; *ct*, cámara triple; *m*, micrófonos); **2.** Proyección (*cs*, control del sonido; *a*, altavoces; *cis*, control imagen y sonido; *as*, altavoz para efectos suplementarios; *p*, proyectores); **4.** Además de las tres películas existe una cuarta cinta con las ocho pistas sonoras

cinematográfica que filma su pantalla durante una emisión difundida en directo y permite repetir ulteriormente la emisión en telecinematógrafo*. Este procedimiento da, sin embargo, imágenes muy borrosas y ha sido reemplazado ventajosamente por el registro* magnetoscópico de las imágenes.

CINET, prefijo derivado de la voz griega *kinêtos*, que significa *móvil*.

CINETECA f. *Cin.* Cinemateca.

CINETECNIA f. *Cin.* Técnica cinematográfica.

CINÉTICO, CA adj. y s. *Fís.* Dícese de lo que tiene al movimiento por base o principio: *la energía* cinética de una masa es la que ésta ha adquirido con su movimiento y que cede al cesar el mismo.* ‖ Teoría que permite explicar diversos fenómenos y se funda únicamente en los movimientos de las partículas materiales: *según la teoría cinética los gases se hallan constituidos por moléculas que, moviéndose en el espacio con gran rapidez, chocan constantemente unas con otras.* (V. GAS.)

— *Quím. Cinética química,* parte de la química que trata de la velocidad de las reacciones.

— Ciertas reacciones químicas son instantáneas, como, por ejemplo, la del cloro y del hidrógeno que, a 300°, se combinan de modo explosivo; otras, por el contrario, son lentas y la combinación del bromo con el hidrógeno a 300° duraría varios meses. La *cinética química* permite determinar la rapidez de cada reacción con objeto de acelerarla, o bien de prolongarla mediante la influencia : 1.° de la temperatura (salvo raros casos las velocidades de las reacciones aumentan al subir la temperatura); 2.° de las radiaciones cuya energía, al ser absorbida por los átomos, activa las reacciones (así la referida reacción explosiva del cloro y del hidrógeno puede efectuarse a la temperatura ordinaria por fotocatálisis* si se somete la mezcla a una luz intensa) ; 3.° de los catalizadores. (V. CATÁLISIS.)

CINGLADO m. *Metal.* Acción de cinglar.

CINGLADOR m. *Metal.* Prensa para cinglar el hierro pudelado.

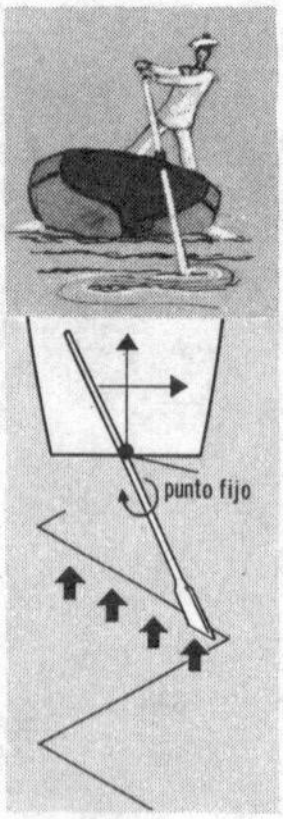

cinglar *(mar.)*

CINGLAR v. *Mar.* Hacer avanzar un bote con un solo remo articulado en la popa.

— *Metal.* Batir o forjar la masa porosa de hierro pudelado para eliminar las escorias y hacerla más compacta al suprimir los poros y burbujas. (Esta operación se efectúa con el martillo pilón, y también mediante una prensa especial llamada *cinglador.*)

CINILO m. *Quím.* Nombre dado primitivamente al *cinamilo.*

CINÓMETRO m. Ondámetro.

CINQUILLO m. *Joy.* Conjunto de cinco piedras preciosas montadas en una misma joya.

CINTA f. Tira plana, larga y estrecha de tela, papel, resinas sintéticas y otras materias.

— *Arq.* Filete de moldura en forma de lista estrecha. ‖ Motivo ornamental que figura una cinta enrollada, ya en forma en hélice, ya formando bucles o plegada de otro modo a lo largo de una moldura estrecha.

— *Art. gráf.* Cada una de las *cintas* o *hilos* que, en ciertas máquinas de imprimir, mantienen el papel adherido al cilindro durante la impresión y, con el sacapliegos, lo llevan a la mesa receptora.

— *Atom. Generador de cinta,* acelerador * de Van de Graaf.

— *Carp. Sierra de cinta,* v. SIERRA.

— *Cin.* Película cinematográfica positiva, generalmente ya revelada y presta para ser proyectada.

OBSERV. Mientras que la voz *película* se aplica indiferentemente a la emulsión virgen y al positivo que se proyecta, *cinta* suele usarse entre profesionales en el último sentido solamente: *no es raro que se gasten 20 000 m de película para obtener una cinta de 2 000 m.*

— *Constr.* Bordillo de acera.

— *Electr. Cinta aislante,* cinta textil impregnada de chatterton* que se usa para cubrir los conductores en los empalmes.

— *Mar.* Madero fijado longitudinalmente sobre el forro del casco para reforzar la tablazón de las embarcaciones menores.

— *Mec. Freno de cinta,* v. FRENO.

— *Metr. Cinta métrica,* cinta graduada de acero, hule u otras materias que sirve para medir longitudes y que, según la importancia de éstas, tiene de uno a 50 m de largo.

— *Ofic.* Tira de tela entintada que se interpone entre el tipo y el papel en las máquinas de escribir e imprime en el segundo la huella del

primero. || *Cinta adhesiva,* cinta de papel o de materia plástica que tiene una de sus caras embadurnada con una composición pegajosa y sirve para pegar papeles y cartones. || *Cinta perforada,* cinta en la cual se registran datos en forma de agujeros dispuestos según un código (tiene los mismos usos que la tarjeta* perforada.
— *Radiot. Cinta magnetofónica,* v. MAGNETÓFONO.
— *Text.* Tela estrecha usada para atar o ceñir, y también como adorno.
— Las *cintas* se hacen en telares mecánicos fundados en el mismo principio de los telares para tejidos ordinarios, pero especialmente adaptados para poder tejer varias cintas a la vez. (V. TELAR.) La anchura de las cintas se sigue midiendo en muchos casos por el sistema de líneas que tiene por base la antigua pulgada francesa. Las anchuras más corrientes, convertidas en mm, son las siguientes: 9, 13,5, 27, 40,5, 72, 90 y 108.
— *Transp. Cinta transportadora,* v. TRANSPORTADOR *de cinta.*

CINTAR v. *Arq.* Disponer en las construcciones adornos en forma de cintas o fajas.

CINTEL m. *Arq.* Cintra. || Cintrel.

CINTERO m. *Art. y of.* Cuerda o soga con que se ciñe a una cosa.

CINTILÓMETRO m. *Atom.* Centellómetro.

CINTÓN m. *Mar.* Cinta * más gruesa que ancha.

CINTRA f. *Arq.* Curvatura de una bóveda o del intradós de un arco.

CINTRADO, DA adj. Encorvado como una cintra. || Sostenido por cimbras.

CINTREL m. *Constr.* Regla o cuerda que, fijada por un extremo en el centro de un arco o bóveda, refleja la dirección que han de tener los lados de las dovelas o la orientación que se ha de dar a los ladrillos.

CINTURA f. *Arq.* Parte de la chimenea * donde se termina la campana y empieza el conducto de humos.
— *Geof. Cinturas de Van Allen,* v. CINTURÓN.
— *Mar. Cintura magnética,* dispositivo constituido por varios circuitos alimentados en corriente continua y convenientemente distribuidos en el interior de un buque para que anulen el campo magnético del casco, con lo cual el buque no ejerce ninguna acción sobre el detonador de las minas * magnéticas.

CINTURÓN m. Cintura grande para ceñir alguna cosa.
— *Aeron.* y *Autom. Cinturón de seguridad,* cintura muy resistente, provista de una hebilla sin pasador, sólidamente fijada en el asiento de los aviones y a veces de los automóviles, que evita la proyección del cuerpo hacia adelante en caso de colisión o choque del vehículo con algún obstáculo.
— *Geof. Cinturones de Van Allen,* nombre dado a dos zonas concéntricas de intensa radiactividad que rodean al globo terrestre.
— Los *cinturones de Van Allen* son dos regiones de la alta atmósfera terrestre en las cuales la presencia de numerosas partículas atómicas muy energéticas constituye un peligro para la astronáutica. Estas partículas —algunas de ellas procedentes del Sol y otras engendradas por los rayos cósmicos al chocar con neutrones atmosféricos— siguen trayectorias orientadas según las líneas de fuerza del campo magnético terrestre y, en razón de su energía, son muy ionizantes, especialmente las de la cintura interna. Una exposición de 45 horas a la acción directa de las radiaciones engendradas en el seno de estas cinturas, podría matar a un hombre. No obstante, se puede considerar que no existe ningún peligro para el astronauta que atraviesa rápidamente estas cinturas en una cabina provista de una envoltura que absorba o atenúe los rayos más perniciosos. Por lo demás, las cinturas solamente se extienden hasta la latitud de 70°.

CIPO m. Mojón, hito. || Poste que en las carreteras indica la dirección o las distancias.

CIPOLINO m. *Miner.* Mármol de fondo verdoso y venas, a veces concéntricas, que contiene con frecuencia grafito o minerales silicatados.

CIPRÉS m. *Bot.* y *Carp.* Árbol conífero (*Cupressus sempervirens*) oriundo del Sur de Europa, que alcanza 30 m de altura y suministra una madera dura casi imputrescible, de color amarillento con vetas rojas.
— *Perf.* La destilación de la *madera de ciprés* da un líquido aromático usado en perfumería.

CIPRITA f. *Miner.* Calcosina.

CIRCA f. *Min.* Acción y efecto de circar.

CIRCAR v. *Min.* Excavar un descalce estrecho y profundo en uno de los lados del filón para facilitar el arranque ulterior del mineral.

CIRCLIPS m. *Mec.* Marca registrada de una pieza en forma de arandela abierta y elástica que se introduce a presión en una ranura circular de un árbol o de un taladro para impedir los movimientos de las piezas en el sentido longitudinal.

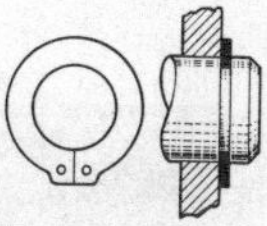

circlips

CIRCO m. *Astr.* Accidente crateriforme característico del suelo lunar. (V. CRÁTER y LUNA.)
— *Geol.* Valle o depresión semicircular, de paredes abruptas, cuya formación se debe a la erosión de la roca por un helero en las glaciaciones.

CIRCÓN m. *Miner.* Silicato natural de circonio. (Sinón. ZIRCÓN.)
— El *circón* se halla en la naturaleza bajo distintas formas, algunas de las cuales son piedras preciosas usadas en joyería (circonita, jacinto, jargón, malacón, etc.) y en relojería (para reemplazar los rubíes en los cojinetes). También se usan estos silicatos para hacer cámaras de combustión, toberas y otras piezas refractarias capaces de resistir sin deformarse a temperaturas de más de 1 500° (su temperatura de fusión es de 2 580°).

CIRCONA f. *Miner.* y *Quím.* Óxido de circonio de fórmula ZrO_2. (Sinón. ZIRCONA.)
— La *circona* se presenta en forma de polvo blanco refractario que funde a 2 700° y que, aglomerado, raya el cristal. Al calentarla, la circona da una luz muy brillante, propiedad que se usa en lámparas especiales. También sirve la circona para fabricar recipientes refractarios de laboratorio y vidrios especiales.

CIRCONATO m. *Quím.* V. CIRCONIO. (Sinón. ZIRCONATO.)

CIRCÓNICO, CA adj. *Quím.* Relativo o perteneciente al circonio. (Sinón. ZIRCÓNICO.)

CIRCONILO m. *Quím.* Radical ZrO que entra en la composición de ciertas sales de circonio. (Sinón. ZIRCONILO.)

CIRCONIO m. *Metal.* y *Quím.* Cuerpo simple de número atómico 40 y peso atómico 91,22, del cual existen cinco isótopos de masas 90, 91, 92, 94 y 96. Su símbolo es Zr. (Sinón. ZIRCONIO.)
— El *circonio* es un metal parecido al titanio, de densidad 6,49 y temperaturas de fusión y de ebullición respectivamente igual a 1 857° y superior a 2 900°. Presente en varios minerales raros, el circonio se extrae de la caldasita y, sobre todo, del circón. El metal se obtiene generalmente por reducción de sus óxidos con aluminio y suele contener niobio.
El circonio es un absorbente poderoso de los gases, propiedad que se aprovecha en la fabricación de tubos electrónicos, en los cuales un poco de este metal basta para absorber los gases residuales que no han podido ser extraídos por la bomba de vacío. También se usa en siderurgia para eliminar el oxígeno y el nitrógeno presente en el acero fundido. El *circonio puro,* o sea sin niobio, es muy permeable a los neutrones, por cuya razón se usa en los reactores nucleares.
El principal compuesto de circonio es la circona. La circona hidratada forma una jalea blanca que da sales orgánicas con los ácidos. Representa a su vez papel de ácido para dar circonatos con los álcalis.

CIRCONITA f. *Miner.* Nombre dado a ciertas variedades de circón gris o pardo, que son gemas empleados en joyería. (Sinón. ZIRCONITA.)

cinturones de Van Allen

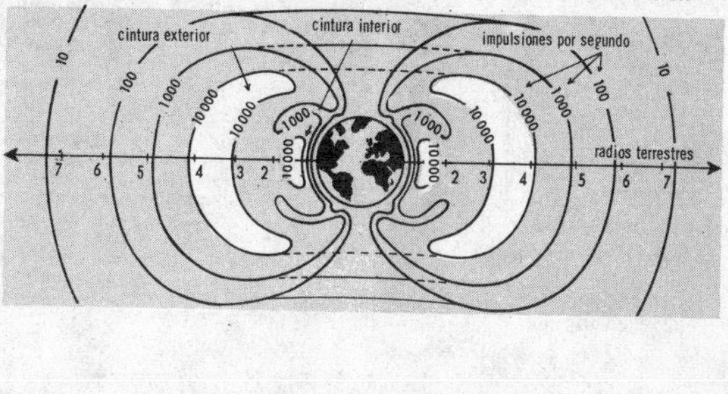

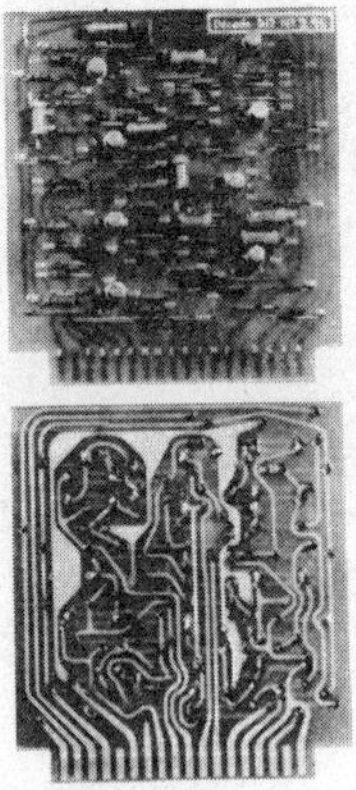

circuito impreso
(electrón.)

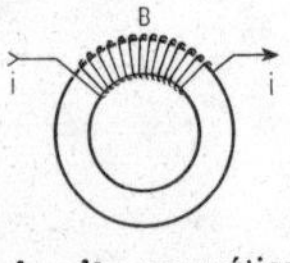

circuito magnético
(electr.)

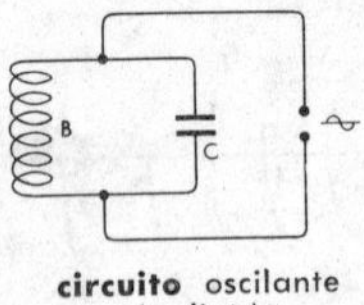

circuito oscilante
(radiot.)
c. Condensador; b. Bobina

CIRCUITO m. *Aeron.* Vuelo de espera que efectúan los aviones girando en torno al aeropuerto, entre dos radiobalizas, cuando no existe en el mismo ninguna pista disponible.
— Si un avión se acerca del aeropuerto y no se le puede atribuir una pista, la torre de control le ordena que espere a determinada altura, por ejemplo, a 2 500 m mediante la frase: "Altura 2 500, circuito". A medida que van aterrizando los otros aviones que esperan a alturas inferiores se le indican circuitos de espera más bajos (por ej., 2 000 m, 1 500 m, etc.), hasta que le toque su turno. (V. ATERRIZAJE y AEROPUERTO.)
— *Cibern. Circuito de mando,* instalación general que comprende todos los dispositivos detectores, comparadores y reguladores que permiten el funcionamiento automático de una máquina o de un conjunto mecánico sometido a condiciones de funcionamiento variables. (V. CIBERNÉTICA.)
— *Electr. Circuito eléctrico,* sistema de conductores por el cual puede pasar una corriente eléctrica. ‖ *Corto circuito* y *circuito magnético,* v. más abajo, en el art. enciclopédico.
— Dícese que el *circuito* está *cerrado* cuando puede dar paso a la corriente y *abierto* en el caso contrario, por existir alguna solución de continuidad que la interrumpe. *Poner en circuito* un elemento conductor es intercalarlo en el mismo; ponerlo *fuera de circuito* es desconectarlo, sin que ello pueda impedir el paso de la corriente en el mismo.
El *corto circuito* es un fenómeno eléctrico que se manifiesta cuando dos puntos de un circuito, entre los cuales existe una diferencia de potencial V, son conectados por un conductor de resistencia eléctrica R poco importante. En efecto, la energía consumida en el conductor es igual a $\frac{V^2}{R}$ y se desprende de esta fórmula que si R es muy pequeña, la energía será considerable, en cuya caso la energía eléctrica se convierte en calor y el conductor se calienta hasta el extremo de fundir y volatilizarse. No pocos incendios tienen su origen en un corto circuito. Para prevenir éstos y otros accidentes se insertan en los circuitos fusibles * y disyuntores * que interrumpen automáticamente el paso de la corriente.
El calor intenso producido por un corto circuito puede aprovecharse útilmente en algunos casos, especialmente para alumbrar las lámparas de arco * y en ciertos procedimientos de soldadura * eléctrica.
El *circuito magnético* es el conjunto constituido por las líneas de inducción del campo magnético engendrado por un circuito eléctrico.
Un ejemplo simple de circuito magnético es el de un aro de hierro dulce imantado por una bobina *B*, de *n* espiras, recorrida por una corriente de intensidad *i*. Las líneas de inducción son canalizadas por el hierro, y el flujo de inducción Φ que pasa por el mismo es constante. La ecuación de un circuito magnético se expresa por la relación $Ni = R\Phi$, en la cual Ni es la fuerza magnetomotriz y R la reluctancia *.
Los generadores y motores eléctricos tienen uno o varios circuitos magnéticos, en los cuales el núcleo de hierro se halla cortado y forma entrehierros. Esta abertura es indispensable para separar la parte fija del motor (estator) de la parte móvil (rotor) que gira en el entrehierro de aquélla.
— *Electrón.* En los circuitos ordinarios los distintos componentes (tubos electrónicos, condensadores, resistencias, etc.) se hallan fijados en un bastidor y conectados entre sí por medio de hilos conductores soldados por sus extremos. En un *circuito impreso,* esos hilos y sus soldaduras son reemplazados por una fina capa metálica que reproduce el plano de cableo * sobre una placa aislante. Se suprime así mano de obra especializada y se ocupa menos espacio.
Un progreso ulterior ha sido constituido por el *circuito integrado,* en el cual los componentes tienen dimensiones microscópicas y se fabrican todos al mismo tiempo, yuxtapuestos por millares en una laminilla de silicio de unos milímetros de lado. Uno de esos circuitos basta para hacer funcionar una pequeña calculadora o reemplaza todo le equipo electrónico que llenaba antes un armario en los ordenadores u otras instalaciones. (V. SEMICONDUCTOR y TRANSISTOR.)
— *F. c. Circuito de vía,* dispositivo eléctrico que regula automáticamente el tráfico en las líneas férreas del bloqueo * por secciones y métodos similares.
— En cada sección, los dos rieles aislados de las secciones o tramos contiguos, forman un *circuito eléctrico abierto.* Cada uno de los rieles se halla conectado por un extremo a un manantial de electricidad y por el otro a un dispositivo magnético provisto de un relevo * que se halla bajo tensión. Cuando un tren penetra en un tramo, el eje de sus primeras ruedas establece el contacto entre los dos rieles y cierra así el circuito eléctrico. El relevo deja de recibir la corriente que mantenía un resorte y éste cierra entonces otro circuito que acciona todos los semáforos y otras señales de seguridad indicadoras de que la vía está ocupada. Al salir el tren del tramo, los rieles vuelven a hallarse aislados, la corriente llega al relevo, atrae el resorte y se corta el circuito alimentador de las señales, con lo cual vuelven éstas a la posición de vía libre.
— *Geom.* Línea continua, cerrada.
— *Radiot. Circuito filtro,* filtro *. ‖ *Circuito impreso,* v. más arriba *Electrón.* ‖ *Circuito oscilante,* circuito dotado de inductancia y capacidad, en el cual, cuando existe una diferencia de potencial entre dos elementos se iguala la tensión de ambos al cabo de una serie de oscilaciones.
— El *circuito oscilante* representado por la figura consta de un condensador y de una bobina montados en serie. Cuando el condensador se halla cargado existe una diferencia de tensión entre sus dos armaduras y tiende entonces la corriente a pasar desde la armadura que se halla al potencial superior hasta la de potencial inferior. Mas la presencia de la bobina hace que, cuando la última armadura haya alcanzado el mismo potencial que la primera, siga recibiendo la corriente retrasada y acabe por tener un potencial superior. Ello provoca una nueva descarga del condensador en el sentido contrario, cargándose otra vez la primera armadura, y así sucesivamente hasta que la resistencia que halla la corriente acabe por amortiguar las oscilaciones.
Este fenómeno es comparable al que se observa con dos depósitos unidos mediante una tubería por su parte inferior. Si se llena de agua uno de ellos y se abre la llave, el agua subirá en el otro y, en vez de detenerse al alcanzar su mismo nivel, seguirá subiendo por efecto de la fuerza de la corriente; entonces volverá el exceso de agua al primer depósito, aunque rebasando el nivel del primero, y así sucesivamente hasta que la resistencia que halla la corriente acabe por estabilizar el agua al mismo nivel en ambos depósitos.
Un circuito oscilante se caracteriza por su frecuencia propia *, pues todas las oscilaciones, aunque vaya disminuyendo su amplitud, duran exactamente el mismo tiempo. Cuando la resistencia del circuito puede considerarse como nula, la frecuencia se obtiene por la fórmula:

$$f = \frac{1}{2\pi\sqrt{LC}}$$

en la cual L es la autoinductancia* del circuito y C su capacidad*.
Los circuitos oscilantes constituyen la base esencial de la emisión y recepción de ondas hertzianas. Un montaje apropiado permite evitar su amortiguamiento. Se obtiene así la producción de ondas * entretenidas que sirven de vehículo para difundir por el espacio las señales procedentes de los micrófonos, tocadiscos, magnetófonos, cámaras de televisión, etc.
Se llama *circuito tapón,* al usado en los receptores de ondas radioeléctricas para eliminar o atenuar las ondas emitidas por estaciones de longitud de onda muy próxima de la de la emisora que se desea recibir.
El circuito tapón consta de una bobina montada en paralelo con un condensador. Al ser intercalado en el trayecto de las señales captadas por el receptor, solamente permitirá que den una tensión suficiente las ondas de frecuencia igual a la frecuencia propia de dicho circuito, quedando prácticamente eliminadas las otras frecuencias próximas de aquélla.
— *Tecn.* Camino completo que recorre un fluido en una instalación. ‖ Esta instalación: *el circuito hidráulico de un automóvil.*

Fot. C. R. C

— *Telec. Circuito apropiado,* dispositivo que permite utilizar los hilos del telégrafo para establecer comunicaciones telefónicas.

CIRCULACIÓN f. Movimiento con arreglo a una trayectoria circular o bien por un circuito de forma cualquiera. ‖ Tránsito de vehículos o de peatones.

— *Aeron. Circulación aérea,* movimiento o tránsito de aeronaves, tanto en el espacio aéreo como en las pistas de los aeródromos.

— Prácticamente, un avión se halla controlado radiofónicamente o por radar durante todo su vuelo, ya por uno o por varios centros encargados de regular la *circulación aérea,* con objeto de: evitar que choque con otro aparato o con un obstáculo natural; suministrar al comandante de a bordo los informes necesarios para que se efectúe el vuelo con toda seguridad, y permitir, en caso de necesidad, la rápida localización y auxilio de un aparato averiado.
Los reglamentos aplicados a la circulación aérea difieren de un país a otro, pero sus principios generales suelen ser los mismos. La altura impuesta para volar sobre las aglomeraciones urbanas, es tanto mayor cuanto más importancia tienen éstas y hasta puede existir prohibición absoluta de volar sobre una capital. Cada aeródromo se halla en el centro de una zona circular de hasta 20 km de diámetro reservada a los aparatos que salen del mismo o llegan a él. A partir de esta zona existen unas vías o canales perfectamente delimitados por radiofaros *, radiobalizas * y otros equipos de radio, de tal forma que los choques en estas aerorrutas son prácticamente imposibles Además de esta regulación territorial existe una atribución de las alturas de vuelo: zona de libre circulación para aviones de turismo y helicópteros entre el suelo y 300 m de altura; zona de 300 a 3 000 m sometida a control; zona de más de 3 000 m generalmente reservada a los aviones de línea. Por otra parte, en las regiones de mucho tráfico aéreo las estaciones de control atribuyen por radio alturas de vuelo precisas y diferentes a los aparatos que podrían chocar, especialmente a los que se dirigen al mismo aeródromo. (V. AEROPUERTO, ATERRIZAJE, CIRCUITO y RADIONAVEGACIÓN.)

— *Autom.* V. más abajo *Obr. públ.*

— *Fís.* Movimiento de un fluido en un circuito cerrado: *la circulación puede ser natural* (como en un termosifón) *o forzada* (activada u obtenida con una bomba, ventilador o por otro medio mecánico).

— *Mat.* y *Mec.* La *circulación* de un vector *v* a lo largo de una curva es el producto escalar *vds* del mismo por la longitud *ds* de un elemento de curva. La definición de la circulación en un campo de velocidades es idéntica a la definición del trabajo * en un campo de fuerzas.

— *Meteor. Circulación atmosférica,* v. ATMÓSFERA.

— *Obr. públ.* El aumento constante de la *circulación automovilística* en carreteras y vías urbanas, que, por lo general, no han sido previstas para un tránsito tan intenso, plantea graves problemas a los cuales pueden aportarse soluciones o paliativos por métodos científicos fundados sobre todo en la estadística. Los elementos esenciales son el conocimiento profundo del parque automóvil y el del modo como se usan los vehículos. Los contadores automáticos montados en un punto de la vía permiten establecer curvas del tráfico que revelan la existencia de horas críticas y de variaciones semanales y anuales. La capacidad de una calzada existente o proyectada se determina teniendo en cuenta todos los factores apuntados y, además, la velocidad de los vehículos y el espacio que ocupan (contando el que se deja como margen de seguridad entre un vehículo y el que lo sigue en la fila o que lo dobla). Si se atribuye a la superficie de calzada así ocupada por un coche el coeficiente 1, los valores para los demás vehículos son de 1,2 para un carretón de mano, 2 para un camión, 3,5 para un tranvía. Sin embargo, el carretón tiene un coeficiente de 4 en las calles de una ciudad y un camión el de 8 en terreno montañoso. Otras estadísticas permiten calcular las necesidades de una ciudad en superficie total de aparcamiento, así como la influencia del aparcamiento en una vía pública sobre la capacidad del tráfico de la misma.

circulación en París (sala de control de los semáforos y otras señales luminosas)

De todos los datos se desprenden las mejoras posibles en cada caso. He aquí algunos ejemplos relativos a París: la prohibición de girar a la izquierda en ciertos cruces céntricos permite aumentar el tránsito de 30 a 60 %; con la dirección única aumenta el tránsito en un 30 %; la prohibición del aparcamiento en las calzadas puede aumentar su capacidad de 60 a 80 %.

CIRCULADOR m. *Calef.* Acelerador *.

CIRCULAR adj. De forma semejante o parecida a la del círculo. ‖ Que describe una circunferencia o círculo.

— *Mat. Función circular,* expresión trigonométrica de una línea o del arco correspondiente o función que da los valores de las líneas trigonométricas a partir de los del ángulo correspondiente. (V. TRIGONOMETRÍA.)

— *Mec. Movimiento circular,* v. MOVIMIENTO.

CÍRCULO m. *Astr.* Cada una de las líneas imaginarias que se supone trazadas en la bóveda celeste y sirven para determinar la posición de los astros y sus movimientos. ‖ *Círculo de altura,* curva trazada sobre la superficie terrestre por todos los puntos desde los cuales se puede ver un astro al mismo instante y a la misma altura. ‖ *Círculo de declinación* u *horario,* círculo máximo de una estrella, que pasa por la misma y por la línea de los polos. ‖ *Círculo diurno de una estrella,* trayectoria aparente de una estrella en torno al eje polar: *el círculo diurno de una estrella es un paralelo de la esfera celeste.* ‖ *Círculo horario,* círculo de declinación. ‖ *Círculo meridiano,* especie de círculo mural portátil. ‖ *Círculo mural,* instrumento consistente en un anteojo o telescopio para observar el paso de los astros por el meridiano local.

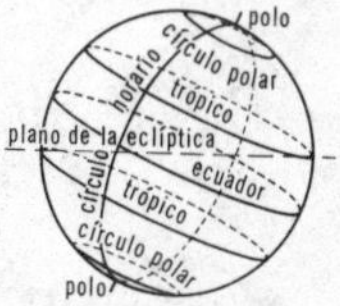

círculo celeste

— En el *círculo mural* el anteojo se halla articulado sobre un eje horizontal perpendicular al plano del meridiano, de tal forma que su eje óptico se mueva en dicho plano sea cual fuere la altura del astro observado. Las más de las veces existe un muro paralelo a este plano, que sirve de soporte al eje de articulación del instrumento y lleva un círculo graduado que permite apreciar la altura de los astros con mucha precisión. La altura de un astro al pasar por el meridiano define su declinación; la hora exacta del paso permite determinar su ascensión recta. Si estas observaciones se refieren a estrellas cuyas coordenadas

círculo mural

Fot. Préf. de police, Larousse

círculo de alineación (topogr.)

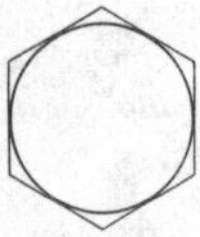

circunscribir

son conocidas, constituyen un medio para hallar la latitud y la hora local del lugar de la observación, de cuyos datos se deduce la longitud.
— *Electr. Círculo de protección*, zona eficazmente protegida por un pararrayos.
— *Geogr.* Línea imaginaria que se supone trazada en la esfera terrestre. ‖ *Círculo polar*, cada uno de los dos círculos menores, paralelos al ecuador y cuya distancìa a los polos es la misma (23° 27') que la que media entre los trópicos y el ecuador: *los círculos polares ártico y antártico corresponden, respectivamente, a los hemisferios Norte y Sur.* ‖ *Círculo de los trópicos*, v. CÁNCER y CAPRICORNIO.
— *Geom.* Superficie plana que tiene por límite una curva cuyos puntos son equidistantes de un punto fijo interior llamado centro. ‖ Por ext., aunque impropiamente, circunferencia * o curva que limita al círculo. ‖ *Arco de círculo*, porción de la circunferencia del círculo. ‖ *Círculo de los nueve puntos*, aquel cuya circunferencia pasa por los pies de las alturas de un triángulo, los pies de las medianas y los puntos medios de las líneas que unen cada vértice con el ortocentro. ‖ *Círculo máximo de una esfera*, sección de la esfera cortada por un plano que pase por su centro. ‖ *Círculo menor de una esfera*, sección de la misma por un plano que no pase por su centro. ‖ *Cuadratura del círculo*, v. CUADRATURA. ‖ *Podaria del círculo*, v. PODARIA.
— El término *círculo* se emplea frecuentemente como sinónimo de *circunferencia*, a pesar de que ésta es una línea y aquél una superficie por ella limitada. Sin embargo, nunca se designa el círculo con el nombre de circunferencia.
(En lo concerniente a las propiedades del círculo, v. ARCO, CIRCUNFERENCIA, CUERDA, DIÁMETRO, RADIO, SECANTE, SECTOR, SEGMENTO.)
La superficie del círculo es igual a πR^2 (o sea al radio multiplicado por sí mismo y luego por 3,1416).
La ecuación del círculo en coordenadas rectangulares x e y con origen en el centro del mismo es la siguiente: $(x - a)^2 + (y - b)^2 = R^2$.
— *Topogr.* Nombre genérico de instrumentos utilizados en topografía y geodesia caracterizados por la existencia de un solo limbo y destinados, por consiguiente, a la medida de ángulos exclusivamente verticales o bien horizontales, según los instrumentos. ‖ *Círculo acimutal*, especie de teodolito sin limbo vertical que se usa para medir ángulos horizontales con precisión del orden de dos segundos centesimales. ‖ *Círculo de alineación*, anteojo topográfico con limbo horizontal, propio para medir ángulos acimutales, comprobar las alineaciones en agrimensura y jalonarlas con una precisión de un centígrado. ‖ *Círculo cenital*, instrumento usado en geodesia astronómica para medir la altura de un astro por encima del horizonte. ‖ *Círculo de reflexión*, variedad de sextante provisto de un círculo completo usado en el mar para medir ángulos horizontales.

CIRCUM, prefijo latino que significa *en derredor* y entra en la composición de muchas palabras. (Antes de consonante que no sea *b* o *p* cambia la *m* en *n*, como en circunferencial.)

CIRCUMPOLAR adj. *Astr.* Que rodea los polos o se halla cerca de ellos: *los mares circumpolares.*
— Llámanse *estrellas circumpolares* las que se hallan lo bastante cerca del polo celeste para permanecer constantemente por encima del horizonte, sin ponerse nunca. Son tanto más numerosas y lejanas del polo cuanto mayor es la latitud a la cual se halla el observador: *en los polos todas las estrellas son circumpolares; en el ecuador, ninguna.*

CIRCUN, prefijo latino. V. CIRCUM.

CIRCUNDUCCIÓN f. *Mec.* Todo movimiento de rotación en torno de un eje o de un punto.

CIRCUNFERENCIA f. *Geom.* Línea curva cerrada y plana que limita una superficie: *la circunferencia de una elipse.* ‖ Salvo indicación contraria, línea que limita el círculo* y cuyos puntos son, todos, equidistantes del centro.
— La recta que va del centro de la *circunferencia* a cualquiera de sus puntos se llama radio (R) y la que une un punto de la circunferencia con otro pasando por el centro es el diámetro (D), equivalente a dos radios alineados. Si la referida línea no pasa por el centro de la circunferencia es una cuerda. Un diámetro o una cuerda que se prolongan y cortan la circunferencia se llaman secantes, y una línea externa que toca a la circunferencia en un solo punto es una tangente.
La longitud de una circunferencia es siempre proporcional a su diámetro. Entre ambos existe una relación que se expresa con la letra griega pi (π), símbolo del número 3,14159. Así, basta con multiplicar el diámetro por π para calcular la longitud de la circunferencia.
— *Mec. Circunferencia primitiva*, v. ENGRANAJE.

CIRCUNFERENCIAL adj. *Geom.* Relativo o perteneciente a la circunferencia.

CIRCUNLUNAR adj. En torno de la Luna: *el espacio circunlunar ha sido explorado por satélites artificiales de la Luna.*

CIRCUNMERIDIANO, NA adj. *Astr.* Aplícase al astro que se halla muy próximo del meridiano local.

CIRCUNSCRIBIBLE adj. *Geom.* Que puede ser circunscrito: *todos los polígonos regulares son circunscribibles al círculo.*

CIRCUNSCRIBIR v. Trazar los límites en derredor de una cosa: *circunscribir un espacio.*
— *Geom. Circunscribir* un polígono a una curva o un poliedro a una superficie es construir un polígono cuyos lados sean tangentes a la curva o un poliedro, de modo que todas sus caras sean tangentes a la superficie. Dícese que un polígono se halla circunscrito a otro (o que éste se halla inscrito en aquél) cuando los vértices del segundo se hallan en los lados del primero.

CIRCUNSCRIPCIÓN f. *Geom.* Acción y efecto de circunscribir una figura a otra.

CIRCUNTERRESTRE adj. En torno de la Tierra: *satélite artificial circunterrestre.*

CIRCUNVOLUCIÓN f. Rodeo, vuelta de una cosa: *escalera de doble circunvolución.*
— *Arq.* Cada una de las vueltas que dan las molduras en una columna salomónica y de las que tiene la voluta jónica.
— *Geom.* Revolución.

CIRIO m. *Lumin.* Vela* muy grande.

CIROSITA f. *Miner.* Variedad de marcasita que contiene arsénico y cobre.

CIROSO, SA adj. Que tiene aspecto semejante al de la cera.

CIRRIFORME adj. Enroscado en forma de cirro.

CIRRO m. *Meteor.* Nube alta, de aspecto filamentoso u ondulado que precede a los ciclones.
— Los *cirros* se forman entre 6 000 y 10 000 m de altura. Se hallan constituidos por finísimos cristales de hielo y resultan de la congelación de las ascendencias ciclónicas que preceden a los frentes y anuncian la llegada del mal tiempo (v. CICLÓN). Los cirros propiamente dichos tienen la forma de filamentos; los *cirroestratos*, la de un velo tenue que forma un halo en torno de la Luna y del Sol; los *cirrocúmulos*, por último, adoptan la forma de copos o de pequeñas ondulaciones (cielo aborregado).

CIRROCÚMULO m. *Meteor.* V. CIRRO.

CIRROESTRATO m. *Meteor.* V. CIRRO.

CIRROGRÁFICO, CA adj. *Miner.* Dícese de una variedad de hierro oxidado que da un color bistre usado como pigmento en pintura artística.

CIRROSTRATO m. *Meteor.* Cirroestrato.

cirrocúmulos y cirros

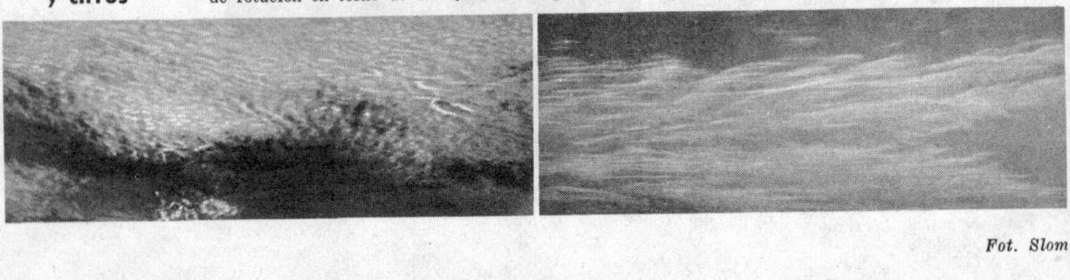

Fot. Slom

CIRRUS m. *Meteor.* Otro nombre dado al *cirro.*
CIRUELO m. *Bot.* y *Carp.* Árbol rosáceo (*Prunus doméstica*) cultivado por sus frutos y cuya madera se utiliza en carpintería.
CISCO m. Carbón muy menudo.
CISCÓN m. Carbonilla, restos de la combustión de la leña o del carbón consistentes en cisco mezclado con ceniza.
CISNE, constelación boreal cuyas estrellas principales forman una cruz grande en plena Vía Láctea. Consta de 50 estrellas observables a simple vista, entre las cuales figura una de primera magnitud: Deneb *. La estrella núm. 61 de esta constelación es una estrella doble cuyos componentes siguen trayectorias anormales. Estas perturbaciones han sido explicadas por la presencia en torno de una de las estrellas de un planeta cuya masa equivale, según los cálculos, a 16 veces la de Júpiter. También se ha calculado la órbita de este planeta cuya distancia mínima a la estrella es igual a las siete décimas partes de la de la Tierra al Sol.
CISOIDE f. *Geom.* Curva de tercer grado derivada del círculo, como se indica en la figura: la distancia de A al punto M de la cisoide es igual a la porción CD de la secante ACD. Usando otras secantes se determinan otros tantos puntos que permitirán trazar la cisoide.
CISQUERO m. Muñequilla de lienzo llena de polvo de carbón que se usa para estarcir *.
CISTEÍNA f. *Perf.* y *Quím.* V. CISTINA.
CISTERNA f. Depósito subterráneo para almacenar agua y otros líquidos: *la cisterna de un surtidor de gasolina.*
— *Autom. Camión, vagón cisterna,* V. CAMIÓN y VAGÓN.
— *Constr.* Depósito subterráneo donde se recoge y conserva el agua potable, generalmente la de lluvia.
— La figura muestra un ejemplo de *cisterna moderna.* La primera agua de lluvia procedente del tejado, que arrastra el polvo y las suciedades, cae en un depósito pequeño provisto de un flotador de bola que cierra la entrada al llenarse la cavidad. El agua, ya más limpia, que sigue llegando pasa a otra cavidad y atraviesa un filtro de carbón, arenilla u otras materias granulosas antes de caer en la cisterna. Ésta tiene un agujero de hombre, u orificio de derrame, para cuando esté llena y otro en el fondo para poder vaciarla por completo y efectuar su limpieza.
— *Mar.* Tanque de combustible de un buque. ‖ Cada uno de los compartimientos o depósitos grandes en que llevan su carga los petroleros y otros barcos dedicados al transporte de líquidos. ‖ *Barco* o *buque cisterna,* aquel cuyas calas se hallan constituidas por depósitos estancos propios para el transporte de líquidos, especialmente de productos petrolíferos (v. PETROLERO), aunque también los hay que transportan vino, agua y productos químicos.
CISTINA f. *Perf.* y *Quím.* Aminoácido presente en numerosas proteínas, como en la lana y los cabellos.
— La *cistina* es una molécula larga compuesta de dos partes iguales unidas por átomos terminales de azufre. En presencia de un reductor, las dos partes se separan y dan dos moléculas de cisteína. Éstas vuelven a unirse en presencia de un oxidante.
Esta doble reacción se aprovecha en las ondulaciones permanentes: la reducción, al dividir las moléculas de cistina del cabello, lo vuelve muy suave y permite ondularlo según la forma deseada; se practica seguidamente la oxidación que restituye las moléculas, aunque soldando sus partes según la forma dada al cabello por el plisado.
CITARA f. *Arq.* Media asta, o sea espesor de pared correspondiente al ancho del ladrillo. ‖ *Pared de citara,* la que se construye con hiladas de ladrillos puestos a soga.
CITARÓN m. *Arq.* Zócalo de obra de fábrica que sirve de asiento a un entramado de madera.
CITOQUÍMICA f. Parte de la química que trata de las células animales.
CITRAL m. *Perf.* y *Quím.* Aldehído dietilénico, constituyente principal de la esencia de lemon gras. (Sinón. GERANIAL, LEMONAL y NERAL.)
— El *citral* es un líquido que huele a limón y del cual existen dos formas isómeras llamadas

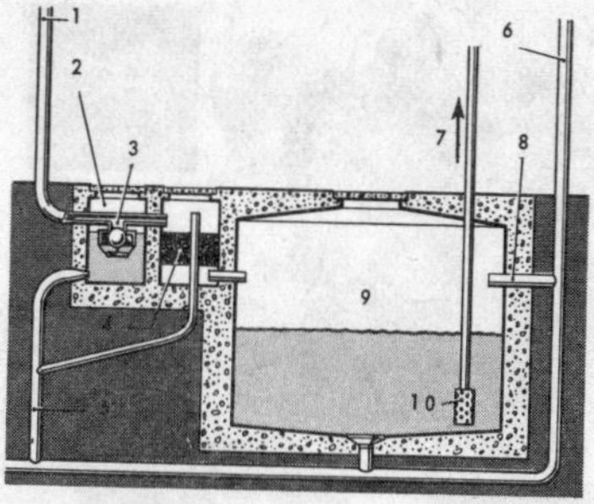

cisterna : 1. Llegada del agua; 2. Cámara para las primeras aguas sucias; 3. Válvula de bola; 4. Filtro; 5. Aguas sucias o sobrantes; 6. Ventilación; 7. A la bomba; 8. Vertedero; 9. Cisterna; 10. Alcachofa

geranial y neral que, por hidrogenación, dan geraniol y nerol. Tratado con acetona da ionona, substancia que huele a violeta.
El citral se usa en perfumería para reforzar el olor de las esencias de limón y para preparar esencia de violeta sintética.
CITRATO m. Sal o éster del ácido cítrico *.
— *Fot.* El *citrato de plata* sirve para fabricar papeles fotográficos de ennegrecimiento directo. (V. ARISTOTÍPICO y FOTOGRAFÍA.)
CÍTRICO, CA adj. Relativo al limón.
— *Quím.* Dícese de un ácido que se extrae del zumo de limón y cuya fórmula es $HOCO—CH_2—C(OH)CO_2H—CH_2—CO_2H$.
— El *ácido cítrico* existe, al estado libre o en forma de sal, en numerosos frutos y en otras partes de muchos vegetales. Se extrae industrialmente del zumo de limón hirviente por medio de carbonato de calcio. Se forma un precipitado de citrato tricálcico del cual se separa el ácido por descomposición con ácido sulfúrico. El ácido cítrico forma con una molécula de agua cristales incoloros de sabor agradable que funden a 153°. Sus principales usos son: elaboración de limonadas y medicamentos; supresión del mordiente en la parte de los tejidos que se ha de estampar y substitución de los ácidos acético y tartárico.
CITRINA f. *Joy.* y *Miner.* Cuarzo amarillo, también llamado *falso topacio* *, que, calcinado en determinadas condiciones, da gemas de hermosos matices.
CITRINO, NA adj. Del color del limón.
CIVETA f. *Zool.* Gato de algalia *.
CIVETO m. *Perf.* Algalia.
CIZALLA f. *Art. gráf.* Guillotina * de accionamiento manual que se usa para cortar pequeños espesores de papeles y cartones.
— *Metal.* Tijeras grandes y robustas para cortar metales. ‖ Máquina para cortar metales.
— En las *cizallas de guillotina,* que alcanzan grandes dimensiones, la pieza puesta sobre la bancada es cortada por una potente cuchilla cuyo filo tiene una ligera inclinación con el fin de que el corte se haga progresivamente —desde un lado de la pieza hasta el otro—, pues de lo con-

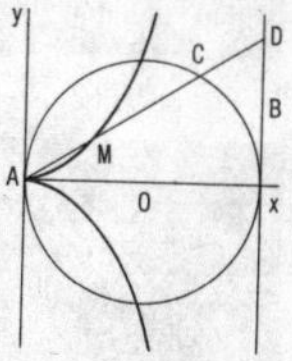

cisoide

cizallas manuales : 1 y 2. Para cortes rectos y curvos; 3. De banco; 4. De encuadernador; 5. De agricultor, para setos

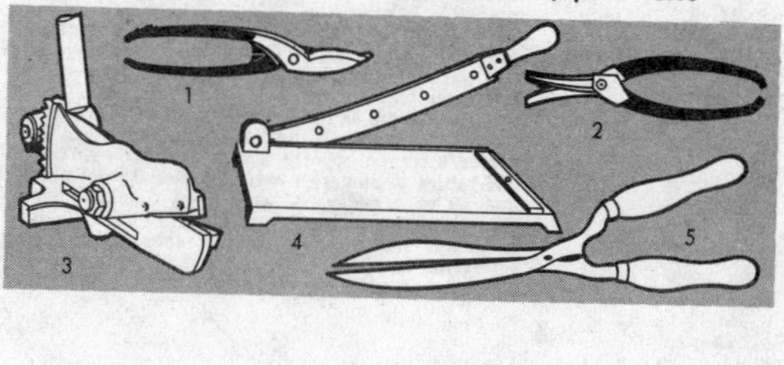

cizallas mecánicas: 1. De guillotina; 2. De aire comprimido; 3. Para perfiles; 4. Para barras y lingotes; 5. De cuchillas circulares

trario se requeriría una potencia considerable. Para palastros de poco espesor se usan *cizallas rotativas*.

CIZALLAMIENTO m. *Mec.* Efecto de tijera que se produce en una estructura cuando dos piezas unidas por otra ejercen sobre la misma dos fuerzas de sentido opuesto: *si un roblón que une dos placas no tiene suficiente resistencia al cizallamiento, puede ser cortado por las mismas.* (V. *fig.* CIZALLA.)

CIZALLAR v. Cortar algo con la cizalla.

Cl, símbolo químico del *cloro*.

CLAPATELA f. Válvula * usada en el cilindro de las bombas de émbolo.

CLAPÓN m. *Text.* Máquina para lavar las telas antes de someterlas a los tratamientos de acabado.
— El *clapón* consta esencialmente de una cuba, un cilindro lavador y un par de cilindros escurridores. La tela se abre en el baño, da la vuelta al cilindro y luego se arrolla y pasa entre los cilindros escurridores, para volver al baño, donde se despliega de nuevo, y así sucesivamente hasta que esté limpia.

CLAQUETA f. *Cin.* Instrumento que permite reconocer y ordenar las escenas rodadas y, por otra parte, sincronizar las imágenes y los sonidos correspondientes.
— La *claqueta* se halla constituida por dos piezas articuladas mediante una charnela. La pieza superior sirve de soporte a una tablilla o pizarra que indica el número y otras referencias del plano que se va a rodar. Al entrar en funcionamento las cámaras, lo primero que filman es la claqueta, accionada por un hombre que, acto seguido, se retira del campo filmado, empezando entonces los actores a representar la escena correspondiente. Al revelar el rollo de película, podrán cortarse los planos valiéndose de la imagen de la claqueta. Además, como ésta produce un chasquido al cerrarse, también permite efectuar la misma operación con la banda sonora y sincronizarla con las imágenes. (V. CINEMATOGRAFÍA.)

CLARA f. *Mar.* Distancia o hueco entre dos cuadernas sucesivas.
— *Text.* Parte del tejido en la que éste es trasluciente a causa de algún defecto del tisaje.

CLARABOYA f. *Arq.* Parte vidriada de un suelo, que permite iluminar la planta inferior. ‖ Abertura vidriada de una cubierta, que sigue la pendiente del tejado o sobresale ligeramente del mismo.

CLARIDAD f. Efecto producido por la luz al iluminar una cosa. ‖ Limpidez de la atmósfera o del agua u otros líquidos.
— *Ópt.* Razón entre las cantidades de luz que hieren la retina cuando se mira un objeto con un instrumento y a simple vista: *la claridad de un telescopio es grande porque, dado su diámetro, el instrumento obra como si fuera un embudo, que recoge muchos rayos solares por el objetivo y los concentra en la sección reducida del ocular.*

CLARIFICACIÓN f. Operación consistente en aclarar o clarificar un líquido por filtración, centrifugación u otros procedimientos.

CLARIFICADOR, RA adj. y s. Que clarifica o sirve para clarificar. ‖ Depósito usado en las azucareras para clarificar el guarapo.

CLARIFICANTE adj. y s. Que clarifica: *la sal de cocina es un buen clarificante de los aceites comestibles.*

CLARIFICAR v. Depurar un líquido turbio eliminando las partículas que contiene en suspensión. ‖ Aclarar * lo espeso.

CLARIÓN m. Barrita de yeso y greda para escribir en los encerados y pizarras.

CLARO, RA adj. Dícese del líquido poco espeso o consistente. ‖ De color poco subido. ‖ Dícese de las cosas poco tupidas o apretadas, separadas por huecos o espacios libres. ‖ Límpido, transparente. ‖ — M. Luz o abertura: *los tamices para harina tienen claros muy pequeños.*
— *Arq.* Vano.
— *Ind. alim. Amer.* Espuma que se forma al depurar el zumo de caña en la elaboración del azúcar y que se recoge en una caldera también llamada *claro*.

CLASIFICACIÓN f. Acción de distribuir o agrupar las cosas por clases, calidades, tamaños o según otros criterios: *clasificación hidráulica de los minerales; clasificación por tamizado.*
— *Quím. Clasificación periódica de los elementos,* v. ELEMENTO.

CLASIFICADOR, RA adj. y s. Que clasifica o sirve para clasificar. (V. CRIBA y SEPARADOR.)
— *Min.* Aparato que recoge los fragmentos demasiado grandes a la salida de una machacadora y vuelve a introducirlos en la misma para quebrarlos de nuevo.
— *Ofic.* Máquina que sirve para clasificar las tarjetas perforadas, alfabéticamente o con arreglo a calquier otro orden.
— La *clasificadora* consta de un depósito de tarjetas mezcladas, un peine contactor para la lectura eléctrica de las perforaciones, un mecanismo transportador de las tarjetas y un distribuidor que las clasifica en 13 compartimientos receptores. (V. TARJETA *perforada.*)

CLAUSIO o **CLAUSIUS** m. *Metr.* Unidad de entropia en el sistema C. G. S.*, equivalente a una caloría por grado Kelvin.

CLAUSTALITA o **CLAUSTHALITA** f. *Miner.* Seleniuro natural de plomo.

CLAUSTRA f. *Arq.* Pared calada, de hormigón o ladrillos, que se usa en la arquitectura moderna, especialmente para dar luz a las escaleras, y en instalaciones industriales (secaderos, etc.).

CLAUSTRAL adj. *Arq. Bóveda claustral,* v. BÓVEDA.

CLAUSTRO m. *Arq.* Galería cubierta que rodea el patio interior de un edificio y se halla separada de éste por arcadas o columnatas: *los claustros son comunes en los monasterios, catedrales y universidades antiguas.*

CLAVA f. *Mar.* Cada una de las aberturas que, en ambos costados de las embarcaciones, permiten la salida del agua embarcada o baldeada sobre la cubierta.

Fot. Colin, Larousse, X., Pels

CLAVADIZO, ZA adj. *Carp.* Dícese de las puertas, muebles y otras labores de madera adornadas con clavos.

CLAVADO m. *Art. y of.* Acción y efecto de clavar.

— El *clavado* tiene una importancia grande en la fabricación de cajas de madera para embalajes y otros usos, puesto que la resistencia de las mismas depende de la que oponen los clavos al arranque. Esta resistencia es a su vez dependiente de la forma del clavo y de la calidad de la madera. La fabricación de cajas en serie permite abreviar el clavado con el uso de máquinas clavadoras *.

— *Curt.* En el calzado barato, la pala y la suela se montan mediante *clavado*. Los clavitos utilizados suelen carecer de cabeza y tienen una punta aguzada. En vez de estas puntas se emplean también estaquillas de madera. El clavado manual va siendo progresivamente eliminado por el clavado mecánico. (V. CLAVADORA.)

CLAVADOR, RA adj. y s. Que clava o sirve para clavar.

— *Carp.* Las *máquinas clavadoras* se usan especialmente para la fabricación de cajas de embalaje y labores afines. En su parte superior tienen un almacén de clavos desde el que parten unos canales estrechos, regularmente espaciados, por cada uno de los cuales van bajando los clavos —a medida que éstos se van utilizando— hasta situarse encima del banco de fundición donde se ponen los maderos o la caja que se ha de clavar. Un sistema de mandos permite al operario hacer bajar hasta la madera el número de clavos necesarios (según sea la distancia deseada entre éstos), después de lo cual le basta con apoyar el pie sobre un pedal para que se efectúe el clavado automático de los mismos. Existen máquinas capaces de clavar varias decenas de clavos de una sola vez. Otras, cuales se usan para embalar los rollos de cables, pueden hundir en la madera clavos de 20 cm de largo y de un diámetro de 7 u 8 mm. Hay también clavadoras para ensamblar embalajes de madera ligeros y, en vez de clavos, usan grapillas de alambre y grapillas onduladas que la misma máquina corta de un rollo.

— *Constr.* El problema de hundir clavos en las materias duras, especialmente en el hormigón, ha sido resuelto con pistolas de aire comprimido provistas de un almacén de clavos, una recámara y un cañón cuya boca se aplica contra la superficie en que se ha de hundir el clavo. Al apretar el gatillo con el dedo, la presión del aire introducido en la recámara empuja el clavo con mucha fuerza y como éste no puede torcerse dentro del extremo del cañón, penetra en la materia dura y queda clavado en ella.

claustro

— *Curt.* Las *clavadoras de calzado* se fundan en el mismo principio que las de madera. Las que utilizan estaquillas las cortan automáticamente de un rollo con que se carga la máquina.

CLAVAR v. *Art. y of.* Fijar una cosa a otra con clavos. ‖ Introducir a presión una cosa puntiaguda en otra: *clavar una cuña.* ‖ *Máquina de clavar,* clavadora *.

— *Min.* Atascarse una barrena en la roca o el entubado en el pozo de sonda.

CLAVAZÓN f. *Carp.* Conjunto de clavos con que se han ensamblado dos o más elementos o se han clavado en una cosa con otro fin: *la clavazón de un barco de madera representa una parte importante del peso de su casco.*

CLAVE f. Código, fórmula o explicación que sirve para redactar un criptograma o permite descifrarlo.

— *Arq.* Dovela central de un arco y la última que se pone para cerrarlo. ‖ Piedra central y la más alta de una bóveda.

CLAVERA f. *Art. y of.* Molde usado en artesanía para formar las cabezas de los clavos. ‖ Taladro que se hace para que penetre el clavo.

CLAVETA f. *Art. y of.* Estaquilla de madera usada para clavar. (V. CLAVADO y CLAVADORA.)

CLAVETEAR v. *Art. y of.* Clavar todos los clavos necesarios para hacer una caja, ensamble u otras labores de madera. ‖ Guarnecer con clavos.

CLAVIJA f. *Carp.* Pieza en forma de cilindro o, las más de las veces, de pirámide o cono truncados, que se clava en un taladro a través de varios elementos de un ensamble para fijarlos y mantenerlos unidos, como refuerzo del encolado.

— *Constr.* Taco * de madera o metálico que se ajusta a un agujero hecho en la pared dura o quebradiza y permite clavar o atornillar cosas en ella.

— *Electr.* Cada uno de los vástagos metálicos que sobresalen de una funda aislante y sirven para enchufar un conductor con otro provisto de un elemento hembra. ‖ Por ext., parte macho de un enchufe *, aunque cuente con varias clavijas correspondientes a otros tantos polos: *clavija tripolar para corriente trifásica.*

— *Mec.* Chaveta *. ‖ *Clavija ranurada* o *hendida,* elemento mecánico que se suele montar en un taladro hecho a través de una pieza para evitar que otra pieza se salga de la misma.

Un tipo corriente de *clavija hendida* es el que se usa pasándola a través de un perno para evitar que las vibraciones puedan desenroscar la tuerca. Tiene la forma de una horquilla cuyos dos extremos se doblan, una vez pasados por el taladro del perno.

CLAVILLO m. *Art. y of.* Pasador en que se hallan articuladas las varillas de un abanico o las hojas de las tijeras. ‖ Cada uno de los pasadores fijados en la charnela de una hebilla o articulados en ella, que atraviesan la correa o la cinta para sujetarla.

CLAVO m. *Art. gráf.* Impresión defectuosa, debida a una excesiva presión de la forma sobre el papel, que es gofrado por los tipos.

— *Carp.* Barrita de metal con un extremo aguzado y en el otro una cabeza en la cual se golpea con un martillo para hincarlo en la madera y otros cuerpos. ‖ *Clavo cortado,* el que se fabrica cortándolo de una plancha o fleje. ‖ *Clavo forjado,* el que, como las escarpias * para fijar rieles, se fabrica aún forjando una barrita de hierro. ‖ *Clavo ondulado,* grapa * ondulada. ‖ *Clavo romano,* el de adorno que tiene roscada una cabeza de latón. ‖ *Clavo de rosca,* tornillo. ‖ *Clavo tablero,* el que sirve para clavar tablas. ‖ *Clavo trabal,* el usado para trabar y clavar las vigas.

OBSERV. Véanse, además de los clavos representados en la *fig.*, los art. siguientes: BELLOTE, CALAMÓN, CHILLÓN, ESTACA, ESTAQUILLA y TABAQUE.

— Existe gran diversidad de *clavos,* de formas adaptadas a los distintos usos que de ellos se hace, y de dimensiones comprendidas entre 3 y

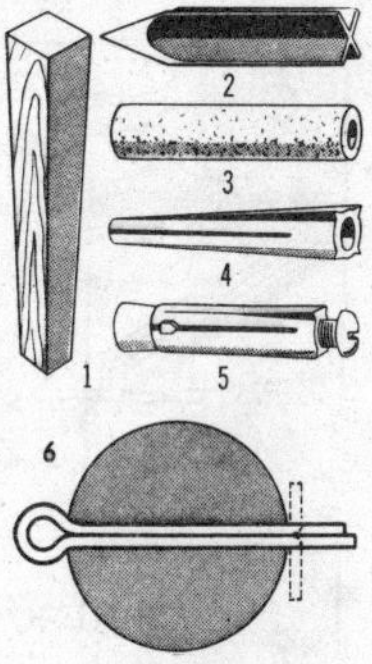

clavijas
1 y 2. De carpintería; 3 a 5. Murales, respectivamente de fibra, expansible de plomo y de cono expansor; 6. Hendida

clavos : 1 a 3. Comunes, de cabezas diferentes; 4. Tachuela; 5. Falso tornillo; 6. Para cristales de ventanas; 7 a 10. Para muebles y decoración; 11. De albañil; 12. Punta de París; 13 a 16. Calamones; 17. Para cuadros; 18. Mural, para colgar; 19. De herradura de caballería; 20. De calafate

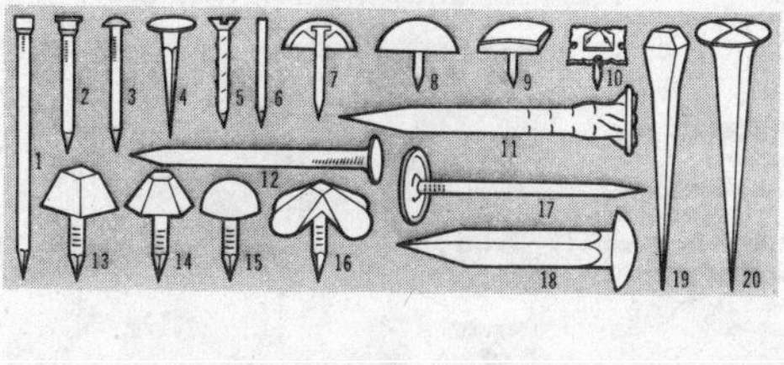

Fot. Arch. Phot.

máquina de hacer **clavos**

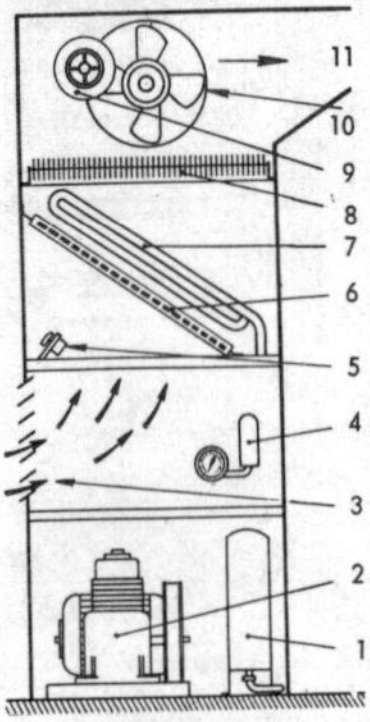

climatización
1. Condensador; 2. Grupo frigorífico; 3. Boca de aspiración; 4. Válvula de expansión termostática; 5. Regulador del termóstato; 6. Filtro; 7. Batería frigorígena; 8. Batería de calefacción; 9. Motor; 10. Ventilador; 11. Aire acondicionado

280 mm, mientras que su diámetro varía de 0,5 a 7,6 mm. Los clavos pueden ser cortados en una chapa o bien forjados, especialmente si son grandes, pero la mayor parte de los clavos ordinarios que hoy se usan son fabricados mecánicamente a partir de alambre en rollos. La *máquina de hacer clavos* empieza por enderezar el alambre entre unos rodillos y luego lo inmoviliza con unos pinzas estriadas (cuya huella se puede observar junto a la cabeza de un clavo). Una matriz de forma acorde con la que se desea obtener golpea el extremo libre del alambre y forja así la cabeza. A continuación el alambre avanza de una longitud igual a la del futuro clavo y unas cuchillas con perfil de V cortan el alambre en forma ya de punta, que no requiere ninguna operación ulterior. Una máquina de este tipo puede fabricar de 60 a 600 y más clavos por minuto. Las máquinas de hacer tachuelas funcionan de la misma manera, pero, antes de fabricar el clavo, dan una forma piramidal al cuerpo mediante trefilado progresivo del alambre.
— *Constr. Hacer clavo,* trabarse con la necesaria dureza los materiales de una obra de fábrica, calzada u otras construcciones.

CLAXON m. *Autom.* V. KLAXON.

CLEVEÍTA f. Mineral parecido a la pechblenda que, además del uranio, contiene cerio, erbio, itrio y torio.

CLICHAJE m. *Art. gráf.* Galicismo por *clisado.*

CLICHAR v. *Art. gráf.* Galicismo por *clisar.*

CLICHÉ m. *Art. gráf.* y *Fot.* Galicismo por *clisé.*

CLICHERÍA f. *Art. gráf.* Galicismo por *clisería.*

CLIMA m. *Meteor.* Conjunto de las condiciones meteorológicas que suelen darse en una región más o menos extensa del Globo. ‖ Por ext., condiciones físicas de temperatura, presión y humedad que reinan en un local. ‖ *Clima artificial,* el que se obtiene en un local mediante climatización * del mismo.
— El *clima de una región* resulta de la combinación de varias propiedades físicas de la atmósfera (temperatura, humedad, viento, radiaciones, estado eléctrico, etc.) que suelen concurrir en la misma y que perduran durante largo período de tiempo, a pesar de las modificaciones frecuentes provocadas por fenómenos atmosféricos transitorios. (Estas perturbaciones pasajeras constituyen lo que llamamos *tiempo,* noción que muchos confunden con la de clima. Cuando cesa el buen o mal tiempo se manifiestan de nuevo las condiciones físicas que determinan el clima del lugar.) Un mismo clima puede darse en una superficie más o menos grande del Globo. Así, los *climas zonales* determinados por la circulación general de la atmósfera *, afectan vastas superficies del Globo (clima cálido y seco a lo largo del paralelo 30, fresco y lluvioso a lo largo del paralelo 60, donde circulan los ciclones, etc.); los *climas regionales* que se aprecian en toda una parte de un continente son determinados por factores geográficos (por ej., las Montañas Rocosas, al detener las masas de aire templado del Pacífico y canalizar hacia el Sur las masas polares, determinan en buena parte de los Estados Unidos un clima muy frío que contrasta —en la misma latitud— con el del Noroeste de Europa, más benigno, porque ningún obstáculo detiene en esta última región los vientos templados del Atlántico); los *climas locales* resultan también de factores geográficos (litoral, montañas, bosques, etc.). Dentro de los límites interesados por un clima zonal pueden existir climas regionales y en el interior del espacio abarcado por éstos, climas locales. (V. ATMÓSFERA, CICLÓN y MICROCLIMA.)

CLIMATIZACIÓN f. *Meteor.* Conjunto de las operaciones mediante las cuales se crea en el interior de un local un clima ideal, sean cuales fueren las condiciones atmosféricas que reinan en el exterior. (Sinón. ACONDICIONAMIENTO DEL AIRE.)
— La *climatización* permite crear y mantener una atmósfera ambiente de características perfectamente determinadas y constantes. Se obtiene mediante una serie de aparatos —a veces reunidos en un solo bloque, si se trata de climatizar locales pequeños— que filtran el aire aspirado en el exterior, lo humedecen o desecan, conforme sea su estado higrométrico, lo calientan o refrigeran, según el caso, y lo insuflan en el local climatizado.
La *climatización industrial* permite obtener las condiciones atmosféricas más favorables para el tratamiento o elaboración de las distintas materias.
— *Tecn.* Estudio y construcción de una máquina, dispositivo u objeto cualquiera capaz de resistir a las condiciones climáticas del lugar donde se ha de utilizar.
— La *climatización* permite obtener, por ejemplo, material de radio tropicalizado cuyas piezas puedan resistir perfectamente a la triple acción del calor, la humedad y los mohos destructores que, en los trópicos, no tardarían en averiar los aparatos ordinarios previstos para funcionar en las zonas templadas.

CLIMOGRAMA m. *Meteor.* Gráfico en el que se representa la evolución de la temperatura y de las precipitaciones a lo largo de un año.

CLINCA f. *Constr.* Producto en forma de granulado que resulta de la cochura en el horno de una mezcla de caliza y arcilla y que, machacado, constituye el cemento *. ‖ Ladrillo de arcilla rica en óxidos de hierro, cocido hasta que se produzca la vitrificación de su superficie, que se usa para fachadas y obras de fábrica sin revocar.

CLINO, prefijo derivado del griego *klinein,* que significa *inclinar* y entra en la composición de muchas voces científicas.

CLINOCLORO m. *Miner.* Silicato hidratado natural de aluminio y magnesio parecido a la clorita.

CLINOÉDRICO, CA adj. *Miner.* Dícese de las formas cristalinas en las cuales los planos del prisma primitivo son oblicuos entre ellos.

CLINÓMETRO m. *Aeron.* Instrumento que permite medir la inclinación de un avión, particularmente útil cuando las nubes o la bruma impiden ver el horizonte.
— *Mar.* Instrumento para medir la inclinación de la quilla de un buque y, por consiguiente, la diferencia de calado existente entre la proa y la popa.
— *Min.* y *Topogr.* Aparato para medir la pendiente del terreno, los ángulos de buzamiento de los filones y otras desnivelaciones.

CLINORRÓMBICO, CA adj. *Miner.* Dícese en cristalografía del prisma oblicuo con base rombal. (Sinón. MONOCLÍNICO.)

CLINOSCOPIO m. Clinómetro.

CLINÓSTATO m. *Agr.* Aparato que se usa en experimentos de botánica para, con un movimiento rotatorio de la planta estudiada, evitar que ésta sea atraída hacia el suelo por la gravedad.

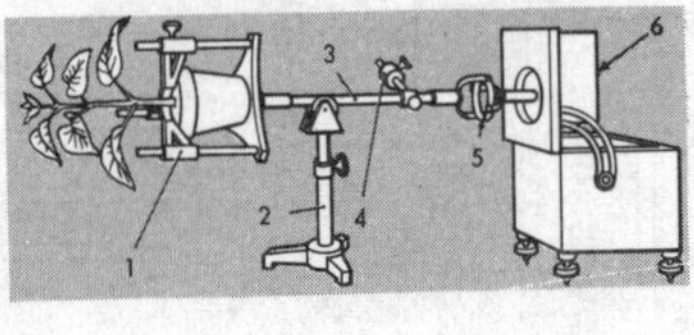

clinóstato
1. Fijación; 2. Soporte; 3. Eje giratorio; 4. Contrapeso; 5. Rótula; 6. Mecanismo de relojería

Fot. C. A. F. L.

CLIP m. *Ofic.* Sujetapapeles de alambre. — *Radiot.* Capacete.

CLISADO m. *Art. gráf.* Acción de clisar.
— El *clisado* consiste en reproducir el texto compuesto, los grabados o un clisé ya existente al objeto de obtener las planchas o clisés que se utilizarán para la impresión y que pueden ser planos, para máquinas planas o planocilíndricas, o bien combados, si se han de adaptar al cilindro de una rotativa. (V. ESTEREOTIPIA, FOTOGRABADO, GALVANOTIPIA y PLASTOTIPIA.)

CLISAR v. *Art. gráf.* Preparar un clisé, y, en particular, estereotipar *.

CLISÉ m. *Art. gráf.* Plancha metálica en cuya superficie se han reproducido en relieve las imágenes y los textos compuestos y que se usa para la impresión tipográfica. (V. ESTEREOTIPIA, FOTOGRABADO, GALVANOTIPIA y PLASTOTIPIA.) ‖ Plancha de metal, madera, piedra u otras materias destinada a la impresión de estampas.
— *Fot.* Negativo fotográfico que sirve para tirar las copias, ampliaciones o reducciones positivas.

CLISÍMETRO m. *Topogr.* Instrumento simple para apreciar la pendiente del terreno.
— El *clisímetro* consta de un pequeño colimador que se mantiene horizontal, suspendido de un anillo: la pendiente se lee en una graduación contenida por el anteojo del aparato. Mide las direcciones por medio de su tangente, circunstancia que lo distingue del eclímetro, que mide en grados el ángulo formado con la horizontal.

CLISTRÓN m. *Radiot.* Tubo electrónico generador de ondas ultracortas. (Sinón. KLYSTRÓN.)
— El *clistrón* se funda en la modulación de la velocidad de los electrones emitidos por un cátodo y repelidos por un ánodo de carga negativa. Los electrones son primeramente acelerados o frenados al pasar por rejillas excitadas por una corriente alterna. Así, el flujo de partículas que se dirige hacia el ánodo es discontinuo y consta de grupos de electrones rápidos alternando con otros de electrones lentos. Al acercarse unos y otros del ánodo, como éste se halla sometido a un potencial negativo, los repele hasta una cavidad situada entre ambos electrodos, en la cual la interferencia de estos electrones con los que vienen del cátodo se traduce por fenómenos de resonancia * generadores de oscilaciones de alta frecuencia.
Se usa para la emisión de ondas ultracortas y como amplificador y cambiador de frecuencia.

CLIVADO o **CLIVAJE** m. *Miner.* Galicismo por *crucero* *.

CLOACA f. *Obr. públ.* Sumidero para aguas sucias e inmundicias. (V. ALCANTARILLA.)

CLOANTITA f. *Miner.* Arseniuro de níquel.

CLOQUE m. *Mar.* Pértiga provista de un gancho en uno de sus extremos, que sirve para arrimar los botes, apresar los atunes en las almadrabas y otros usos.

CLOQUÉ adj. y s. *Text.* Galicismo con que se designan ciertos tejidos acolchados * por tisaje.

CLOR, prefijo que indica la presencia de cloro en una molécula.

CLORACETAL m. *Quím.* Derivado del acetal que se forma al obrar el cloro sobre el alcohol.

CLORACETALDEHÍDO m. *Quím.* Cloraldehído.

CLORACÉTICO, CA adj. *Quím.* Dícese de un ácido derivado del ácido acético por substitución de un átomo de hidrógeno por otro de cloro. (Sinón. CLOROETANOICO y MONOCLORACÉTICO.)
— El *ácido cloracético* (CH_2Cl —CO_2H) se prepara industrialmente tratando el ácido acético hirviente con cloro, en presencia de azufre. Se extrae después del producto final por destilación. Se presenta en forma de cristales cáusticos que funden a 63° y, calentado con agua, da ácido glicocólico. Se usa en la síntesis del índigo.

CLORACETILENO m. *Quím.* Derivado clorado del acetileno, de fórmula $CH \equiv CCl$: *el cloracetileno es un gas que se inflama espontáneamente.*

CLORACETILO m. *Quím.* Radical monovalente (CH_2Cl —CO—) derivado del ácido cloracético por supresión del hidroxilo.

CLORACETONA f. *Quím.* Derivado clorado de la acetona, que es un líquido lacrimógeno.

CLORACIÓN f. *Ind. alim.* Depuración del agua tratándola con cloro.

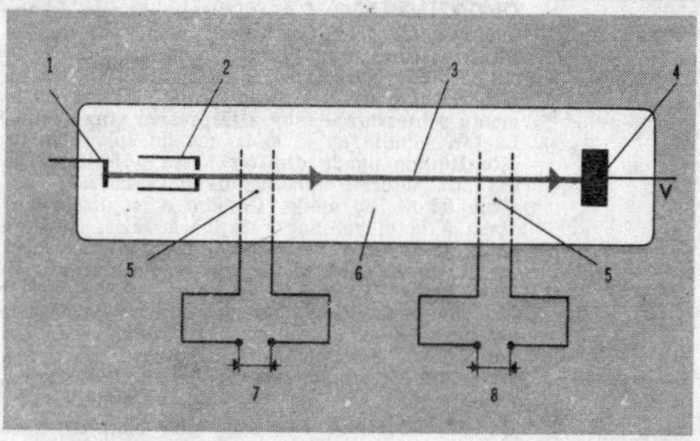

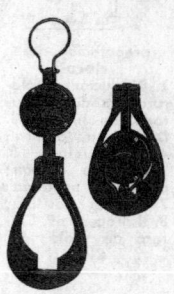

clistrón
1. Cátodo; 2. Cañón de electrones; 3. Haz modulado; 4. Ánodo; 5. Rejillas; 6. Cavidad resonante; 7. Cable de entrada; 8. Cable de salida

— *Quím.* Substitución de un átomo de hidrógeno de las moléculas orgánicas por otro de cloro.

CLORADO, DA adj. *Quím.* Que contiene cloro.

CLORALDEHÍDO m. *Quím.* Derivado del acetaldehído que se obtiene tratando cloracetal con ácido oxálico en presencia de gas carbónico. (Sinón. CLORACETALDEHÍDO.)

CLORAMINA f. *Quím.* Amina clorada: *la cloramina T sirve para esterilizar el agua, en la cual desprende cloro.*

CLORANILINA f. *Quím.* Cada uno de los tres derivados monoclorados isómeros de la anilina.

CLORANILO m. *Quím.* Substancia que se obtiene tratando anilina, fenol y otros derivados aromáticos con clorato de potasio y ácido sulfúrico y que se usa en los laboratorios como oxidante.

CLORAR v. *Quím.* Clorurar.

CLORARSINA f. *Quím.* Derivado clorado de una arsina.

CLORATADO, DA adj. Que contiene clorato. ‖ Hecho a base de clorato: *explosivo * cloratado.*

CLORATO m. *Quím.* Sal derivada del ácido clórico: *el clorato de sodio sirve para destruir las malas hierbas.*
— Los *cloratos* se presentan en forma de cristales y son descompuestos por el calor con producción de cloruro, oxígeno y perclorato. Con el azufre y el carbón forman pólvora * usada en los cebos y para hacer petardos. (V. EXPLOSIVO.)

CLORDANO m. *Quím.* Nombre comercial de un poderoso insecticida cuya denominación química es *octacloroendometiltetrahidroindano.*
— El *Clordano* puede compararse por sus efectos con el D.D.T., y su eficacia se manifiesta particularmente contra las hormigas y langostas, así como en la desinfección de suelos.

CLORETANO m. *Quím.* Cloruro de etilo.

CLORETILENO m. *Quím.* Gas licuable a —18° derivado del etileno. (Sinón. CLORURO DE VINILO y ETILENO CLORADO.)

CLORHIDRATO m. *Quím.* Sal derivada del ácido clorhídrico y de una base nitrogenada: *muchos clorhidratos se usan en farmacia.*

clisímetro

fabricación del ácido **clorhídrico**: 1. Salida del ácido, al estado de vapor, hacia las cámaras de condensación; 2. Bóveda del horno; 3. Calcina; 4. Sal común; 5. Solera de plomo; 6. Aire caliente; 7. Sal ya quemada en A

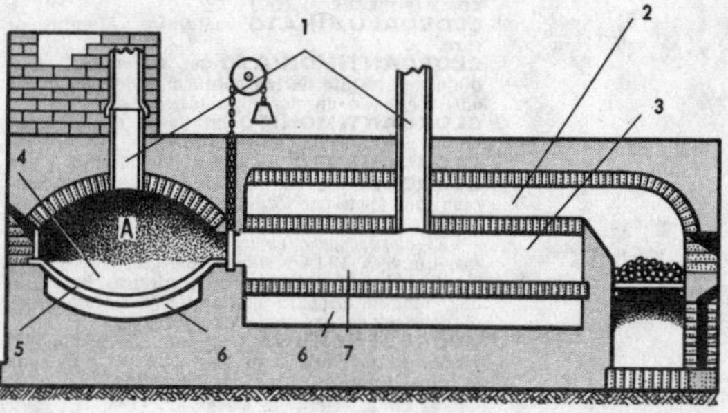

Fot. S. O. M.

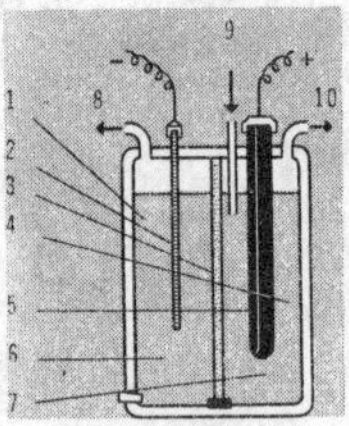

preparación del **cloro**
1. Disolución del cloruro de sodio; 2. Cátodo de hierro; 3. Diafragma poroso; 4. Disolución; 5. Ánodo de carbón; 6. Célula negativa; 7. Célula positiva; 8. Hidrógeno; 9. Cloruro de sodio; 10. Cloro

CLORHÍDRICO, CA adj. *Quím.* Dícese de una combinación ácida del cloro y del hidrógeno. (Sinón. ÁCIDO MURIÁTICO.)
— El *ácido clorhídrico,* de fórmula HCl, es un gas incoloro, de olor picante, que se licua fácilmente y hierve a —85° a la presión atmosférica. Es tan soluble en el agua que un solo litro de este líquido puede disolver hasta 500 litros de gas. La solución concentrada del comercio contiene 37 % de ácido. Gaseoso o en disolución, ataca a la mayor parte de los metales, salvo el oro y el platino; pero éstos pueden disolverse si se mezcla el ácido clorhídrico con ácido nítrico (agua regia).
El ácido clorhídrico se fabrica tratando en hornos especiales la sal común con ácido sulfúrico o bien por síntesis a partir del hidrógeno y del cloro; sirve para fabricar cloruros y descapar los metales, y tiene otros usos en no pocas industrias.

CLORHIDRINA f. *Quím.* Éter clorhídrico de los polialcoholes.

CLÓRICO, CA adj. *Quím.* Dícese del ácido cuya fórmula es $HClO_3$. (Sólo se conoce en disolución, pues se descompone al intentar aislarlo. Sus sales se llaman *cloratos.*)

CLORIDO m. *Quím.* Halógeno.

CLORINIDAD f. Cantidad de cloro contenida por un litro de agua del mar: *la clorinidad es muy baja en el mar Báltico.*

CLORITO m. *Quím.* Sal derivada del ácido cloroso.

CLORO m. *Quím.* Elemento de número atómico 17 y masa atómica 35,46, constituido por dos isótopos de masas 35 (a razón de 75,5 %) y 37 (24,5 %). Su símbolo es *Cl.*
— El *cloro* es un metaloide gaseoso de la familia de los halógenos *. Su densidad es de 3,21 y su temperatura de ebullición, de —34,6° a la presión ambiente. Por consiguiente, es fácil licuarlo para conservarlo y transportarlo bajo presión en botellas de acero. El cloro gaseoso es sofocante. Es soluble en el agua a razón de tres litros de gas por uno de líquido y la disolución que se obtiene se llama *agua de cloro.*
El cloro no existe en la naturaleza sino en forma de cloruros, el más importante de los cuales —el cloruro de sodio o sal común— constituye la materia primera de toda la industria del cloro y de sus compuestos.
El cloro es muy reactivo y se combina con la mayor parte de los cuerpos simples, salvo el carbono, el nitrógeno y el oxígeno. Destruye los compuestos hidrogenados, descompone numerosos hidrocarburos, especialmente el acetileno, ataca a la mayor parte de los metales. Disuelto en agua, reacciona lentamente bajo la acción de la luz y da *ácido clorhídrico* y *ácido hipocloroso,* el cual se descompone a su vez y desprende oxígeno. Así se explican las propiedades oxidantes del agua de cloro. Con sosa diluida el cloro da la lejía llamada *agua de Javel.*
El procedimiento más común para la producción industrial de cloro es la electrólisis de una disolución acuosa de cloruro de sodio: el cloro se desprende en un ánodo de carbón inatacable.
El cloro se usa como desinfectante, descolorante y como agente de blanqueo para materias de origen vegetal (fibras textiles, papel, etc.). También sirve para preparar ácido clorhídrico, cloruros metálicos, tetracloruro de carbono y muchas otras substancias cloradas. (V. CLORATO, CLORURO, HIPOCLORITO, etc.)

CLOROALUMINATO m. *Quím.* Aluminocloruro.

CLOROANTIMONIATO m. *Quím.* Sal compleja que resulta de la combinación del cloruro de antimonio con un cloruro metálico.

CLOROANTIMONITO m. *Quím.* Combinación de un cloruro y un antimonito.

CLOROAURATO m. *Quím.* Auricloruro.

CLOROBENCENO m. *Quím.* Derivado del benceno, que tiene por fórmula C_6H_5Cl. (Sinón. CLORURO DE FENILO.)
— El *clorobenceno* es un líquido de olor etéreo que hierve a 131° y se usa como solvente y para fabricar fenol, anilina, ácido pícrico, insecticidas, etc. Se prepara por acción del cloro sobre el benceno en presencia de hierro.

CLOROBENCIDINA f. *Quím.* Substancia utilizada en la industria de los colorantes y llamada por los químicos ortodiclorobencidina.

CLOROBROMURO m. *Quím.* Combinación de un cloruro y un bromuro.

CLOROCIANURO m. *Quím.* Combinación de un cloruro y un cianuro.

CLOROCRÓMICO, CA adj. *Quím.* Dícese de un ácido de fórmula $HCrO_3Cl$.

CLOROESPINELA f. *Miner.* Espinela de color verde pardo.

CLOROETANOICO, CA adj. *Quím.* Cloracético.

CLOROFANA f. *Miner.* Variedad de fluorina de color violado, que tiene la propiedad de emitir luz verde al ser calentada.

CLOROFENOL m. *Quím.* Derivado clorado del fenol.

CLOROFILA f. *Bot.* y *Quím.* Pigmento que da el color verde a las hojas y otras partes de los vegetales y que, bajo la influencia de la luz, elabora hidratos de carbono con el gas carbónico del aire, fijado por ella, y el agua absorbida en el suelo por la planta. (V. FOTOSÍNTESIS.)

CLOROFLUORURO m. *Quím.* Combinación de un cloruro y un fluoruro.

CLOROFORMIATO m. *Quím.* Sal o éster del ácido clorofórmico, algunos de cuyos derivados (palita y surpalita) se han usado como gases asfixiantes en la primera guerra mundial.

CLOROFÓRMICO, CA adj. *Quím.* Relativo o perteneciente al cloroformo. ‖ Dícese de un ácido $Cl—CO_2H$ desconocido al estado libre y que constituye un monocloruro del ácido carbónico.

CLOROFORMO m. *Quím.* Compuesto orgánico halogenado de fórmula $CHCl_3$. (Sinón. TRICLOROMETANO.)
— El *cloroformo* es un líquido incoloro de olor aromático y sabor dulce que hierve a 61° y se solidifica a —70°. Su densidad es de 1,485. Es miscible con los solventes ordinarios. El aire y la luz lo descomponen en ácido clorhídrico y fosgeno. Se prepara por acción del hipoclorito de calcio sobre el alcohol etílico o la acetona.
El cloroformo, antes muy usado como anestésico, es hoy casi eliminado por otros anestésicos menos peligrosos. Industrialmente se usa como disolvente de resinas y otras substancias.

CLOROMETANO m. *Quím.* Cloruro de metilo.

CLOROMETRÍA f. *Quím.* Determinación de la cantidad de cloro activo que contiene un cloruro descolorante.

CLOROMÉTRICO, CA adj. *Quím.* Relativo a la clorometría. ‖ *Grado clorométrico,* unidad equivalente al número de litros de cloro activo contenido por un litro de agua de Javel o un kilogramo de cloruro de cal.

CLORONAFTALENO m. Derivado monoclorado del naftaleno, de fórmula $C_{10}H_7Cl$.

CLORONITROBENCENO m. *Quím.* Derivado clorado del nitrobenceno.

CLOROPICRINA f. Substancia que se obtiene tratando ácido pícrico con cloruro de cal. (Sinón. TRICLORONITROMETANO y NITROCLOROFORMO.)
— La *cloropicrina* es un líquido espeso e incoloro, que se ha usado durante la primera guerra mundial por sus propiedades lacrimógenas y sofocantes. Se emplea como insecticida en agricultura.

CLOROPLATINATO m. *Quím.* Sal de ácido cloroplatínico: *el cloroplatinato de amonio sirve para fabricar espuma de platino*.*

CLOROPLATÍNICO, CA adj. *Quím.* Dícese de un ácido compuesto de adición de cloruro platínico y ácido clorhídrico: *con el ácido cloroplatínico se prepara el negro de platino *.*

CLOROPRENO m. *Gom.* y *Quím.* Derivado clorado del butadieno, cuya polimerización da el caucho sintético llamado *neopreno ** o *dupreno.*

CLOROSILICATO m. *Quím.* Combinación de un cloruro con un silicato.

CLOROSO, SA adj. *Quím.* Dícese del anhídrido Cl_2O_3 y del ácido $HClO_2$.
— El *ácido cloroso* existe en solución acuosa. Sus sales son cloritos, sólidos cristalizados.

CLOROSPINELA m. *Miner.* Cloroespinela.

CLOROSULFATO m. *Quím.* Sal o éster del ácido clorosulfúrico: *el clorosulfato de metilo ha sido empleado como gas sofocante en la primera guerra mundial.*

CLOROSULFÚRICO, CA adj. *Quím.* Dícese de un ácido que se obtiene por combinación del anhídrido sulfúrico con el gas clorhídrico.

CLOROSULFURO m. *Quím.* Combinación de un cloruro con un sulfuro.

CLOROTOLUENO m. *Quím.* Derivado clorado del tolueno.

CLOROYODURO m. *Quím.* Combinación de un cloruro con un yoduro.

CLOROZAFIRO m. *Miner.* Variedad de corindón verde.

CLORURACIÓN f. Contenido en cloruro y, en particular, contenido en cloruro de las aguas marinas. ‖ Acción de clorurar o transformar en cloruro.

— *Metal.* Aun cuando la *cloruración del oro* ha sido reemplazada por la cianuración *, la de la plata se sigue practicando: el sulfuro de los minerales argentíferos se ataca con cloruro cuproso y se obtiene así cloruro de plata. También se obtiene la cloruración tostando el mineral con cloruro de sodio. (V. PLATA.)

— *Quím.* Acción de fijar átomos de cloro a una molécula no saturada.

CLORURADO, DA adj. *Quím.* Que ha sido transformado en cloruro: *plata clorurada.* ‖ Que contiene cloruro de sodio: *aguas minerales cloruradas.*

CLORURAR v. *Quím.* Combinar con cloro. ‖ Transformar en cloruro.

CLORURO m. *Quím.* Combinación del cloro con un cuerpo simple o compuesto excepto el oxígeno y el hidrógeno.

— Los *cloruros metálicos* son sales del ácido clorhídrico. Los de sodio, potasio y magnesio se hallan en la naturaleza y son aprovechados por las industrias del cloro y de los referidos metales. Los demás cloruros se preparan mediante acción del cloro o del ácido clorhídrico sobre un metal o su óxido. El *cloruro de sodio* se emplea como condimento, el *de potasio* como abono; el *de cobre* como fungicida; los *de oro* y *plata* se usan en fotografía, y los *de cinc* y *mercurio*, en farmacia. Entre los *cloruros metaloides* citemos el *de azufre*, que se usa en la vulcanización del caucho, y los *de fósforo*, que sirven para preparar cloruros de ácidos.

Los *cloruros alcohólicos* son éteres del ácido clorhídrico.

Los *cloruros de ácidos* son derivados de oxácidos, cuya fórmula se obtiene reemplazando uno o varios grupos hidroxilo OH por otros tantos átomos de cloro.

El *cloruro de polivinilo* es una de las resinas sintéticas o materias plásticas más importantes. (V. PLÁSTICO y POLIVINILO.)

cm, símbolo de *centímetro.* ‖ *cm^2*, símbolo de *centímetro cuadrado.* ‖ *cm^3*, símbolo de *centímetro cúbico.* ‖ *cm/s*, símbolo de *centímetro por segundo.* ‖ *cm/s/s* o *cm/s^2*, símbolo de *centímetro por segundo por segundo.*

Cm, símbolo químico del *curio.*

Co, símbolo químico del *cobalto.*

COACERVACIÓN f. *Quím.* Separación de una disolución coloidal en dos capas de concentración diferente en coloides.

— Lo substancia coloidal muy concentrada, llamada *coacervato*, baña en la otra, pobre en coloides, que constituye la disolución propiamente dicha. En virtud del fenómeno de *coacervación*, se establece un equilibrio que impide la disolución del coacervato y la formación de una disolución homogénea.

COACERVATO m. *Quím.* Substancia coloidal que se mantiene concentrada a pesar de hallarse en suspensión en un disolvente que contiene una proporción menor de la misma substancia. (V. COACERVACIÓN.)

COACH m. *Autom.* Carrocería de automóvil cerrada, con dos puertas y cuatro cristales y en la cual el respaldo del asiento delantero se ha de bajar para permitir el acceso al asiento trasero.

COAGULABILIDAD f. Propiedad de las substancias que se coagulan.

COAGULABLE adj. Que se puede coagular: *la albúmina es coagulable.*

COAGULACIÓN f. Paso del estado líquido al de coágulo o cuajo. ‖ Acción de un agente físico (como el calor) o químico (ácido, alcohol, sal mineral) en virtud de la cual una substancia coloidal se agrega y solidifica.

— La *coagulación* parece ser un fenómeno de deshidratación y se distingue de la floculación * en que no es reversible como ésta. Permite separar las materias coloidales por coagulación del líquido que las contiene. Las disoluciones de coloides liófilos son coaguladas por adición de un líquido soluble en el disolvente, pero que no es absorbido por el coloide (la gelatina disuelta en agua es coagulada por adición de alcohol; el caucho disuelto en benceno es coagulado por adición de acetona, etc.). Las disoluciones acuosas de coloides liófobos son coaguladas por adición de pequeñas cantidades de sales minerales.

COAGULANTE adj. y s. *Quím.* Que tiene la propiedad de coagular. ‖ Substancia empleada para coagular otra: *el tanino es un coagulante de la gelatina.*

COAGULAR v. *Quím.* Provocar la coagulación de una disolución coloidal: *el calor coagula la albúmina.* ‖ Formarse un cuajo o coágulo en una disolución coloidal.

COÁGULO m. Masa de substancia coagulada.

COALCAR m. *Comb.* Carro alimentador de los hornos de coque, consistente en una o varias tolvas llenas de carbón menudo que se mueven por unos rieles dispuestos sobre los hornos y que se ajustan en las bocas de carga de éstos.

COALESCENCIA f. *Quím.* Acción mediante la cual las partículas en suspensión coloidal o las gotitas de una emulsión se unen para formar respectivamente gránulos o gotas mayores.

COALESCENTE adj. *Quím.* Dícese de las partículas o gránulos distintos aunque aglomerados en una sola masa. (V. COALESCENCIA.)

COALTAR m. Anglicismo con que se designaba el *alquitrán * de hulla.*

COAXIAL adj. Dícese de los cuerpos que tienen un eje común.

— *Aeron. Hélices coaxiales*, sistema de dos hélices yuxtapuestas, la primera de las cuales se halla montada sobre un eje macizo que pasa por el interior del árbol hueco de la segunda: *las hélices coaxiales son contrarrotativas *.*

— *Mec.* Dícese de los árboles concéntricos que permiten transmitir simultáneamente y en la misma dirección dos movimientos rotativos de velocidades o de sentido diferentes.

— *Radiot.* y *Telec. Cable coaxial*, v. CABLE.

COBALTAJE m. *Metal.* Operación consistente en depositar electrolíticamente una capa de cobalto sobre una pieza de metal para protegerla contra la oxidación.

COBÁLTICO, CA adj. *Quím.* Dícese de los compuestos del cobalto trivalente.

COBÁLTIDOS m. pl. *Miner.* Familia de minerales que comprende el cobalto y sus combinaciones.

COBALTÍFERO, RA adj. *Miner.* Que contiene cobalto.

COBALTINA f. *Miner.* Arseniosulfuro natural de cobalto (CoAsS), que se beneficia como mena de este metal.

COBALTO m. Elemento químico (Co) de número atómico 27 y de masa atómica 58,94.

— *Atom.* y *Arm. Bomba de cobalto*, bomba termonuclear en la cual la envoltura de acero es reemplazada por otra de cobalto.

— El *cobalto* tiene la propiedad de absorber muchos neutrones desprendidos por la reacción nuclear y se convierte entonces en isótopo radiactivo. Así, durante varios años después de la explosión de la bomba, los fragmentos de radiocobalto esparcidos por el terreno siguen constituyendo, por su radiactividad perniciosa y hasta mortífera, un peligro que el enemigo no puede afrontar sino provisto de medios de protección especiales. Tanto mayor es el peligro que representa el hongo o nube de partículas radiactivas producidas por la explosión y arrastradas por el viento.

También se da el nombre de *bomba de cobalto*, aunque muy impropiamente, a un dispositivo consistente en una carga de cobalto 60 dispuesta en el seno de un bloque de plomo que intercepta sus radiaciones, salvo por una estrecha lumbrera que permite dirigirlas sobre los tumores y otros tejidos enfermos con objeto de irradiarlos para destruirlos. (V. COBALTOTERAPIA.)

— *Miner. Cobalto arseniatado*, eritrina. ‖ *Cobalto arsenical*, esmaltina. ‖ *Cobalto gris*, cobaltina. ‖ *Cobalto oxidado negro*, variedad de asbolana * rica en óxido de cobalto.

— *Quím.* y *Tecn.* El *cobalto* es un metal próximo del hierro y del níquel y de color parecido al de

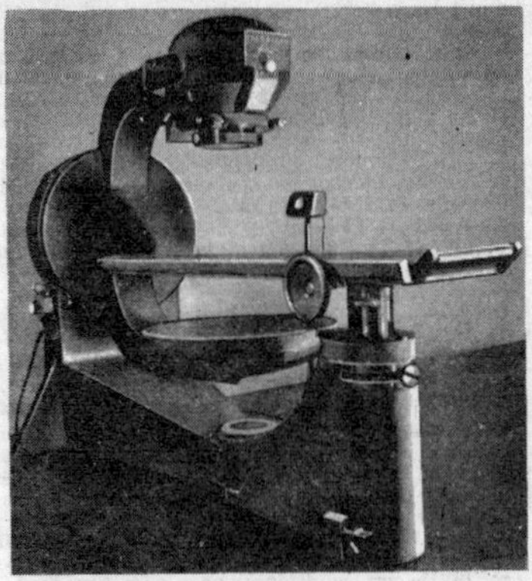

cobaltoterapia
la bomba de cobalto *(arriba)*, equilibrada por un contrapeso *(abajo)*, da vueltas lentamente alrededor del paciente, describiendo una circunferencia en cuyo centro se halla la lesión tratada

la plata. Su densidad es de 8,9; sus temperaturas de fusión y de ebullición son, respectivamente, de 1 495° y aproximadamente 2 900°. Es inalterable a las temperaturas ordinarias y solamente se oxida a unos 300°.
Los principales minerales de cobalto son arseniuros ricos en plata (*esmaltinas*), sulfuros dobles de níquel y cobalto y arseniosulfuros (*cobaltinas*). Los distintos procedimientos de extracción del metal se fundan en la obtención de óxidos que luego se reducen en presencia de carbono o de aluminio. También se pueden aplicar métodos electrolíticos que permiten obtener una pureza de 99,5 %.
El cobalto solamente se usa puro en contadas aplicaciones (industria atómica, cobaltaje, etc.). Sus aleaciones con otros metales tienen una importancia considerable: los aceros de corte rápido suelen contener 10 % de cobalto y las aleaciones llamadas estelitas * contienen hasta 60 % de este metal.
Otro campo de aplicaciones del cobalto es el de los pigmentos de hermosos colores suministrados por muchas de sus sales y usados tanto en pintura (*azules de cobalto*), como para colorear el cristal (*aluminato de cobalto azul, cincato de cobalto verde*, etc.).

COBALTOCRE m. *Miner.* Eritrina.

COBALTOSO, SA adj. *Quím.* Dícese de los compuestos de cobalto bivalente.

COBALTOTERAPIA f. *Atom.* y *Med.* Utilización terapéutica de las radiaciones emitidas por el cobalto radiactivo contenido en la bomba de cobalto.
— La *cobaltoterapia* se funda en el uso del radiocobalto 60, isótopo del cobalto, cuya radiactividad es utilizable durante varios años. Se usa principalmente para destruir los tumores malignos. (V. COBALTO.)

COBERTIZO m. *Arq.* Cubierta ligera. ‖ Tejadillo *. ‖ Abrigo de cubierta ligera, con uno o varios lados completamente abiertos, para proteger contra las intemperies las mercaderías, vehículos, etc.

COBIJA f. *Constr.* Teja que se pone con su lado cóncavo hacia abajo, para que abrace dos canales del tejado.

COBLENCIENSE adj. y s. *Geol.* Dícese de uno de los pisos inferiores del período devónico, cuyo terreno data de unos 351 millones de años. (V. ESTRATIGRAFÍA.)

COBOLT m. *Quím.* Polvo de arsénico metálico, parcialmente oxidado por el aire.

COBRAR v. Tirar de una cuerda o cable para recogerlos en el sitio desde donde se tira: *cobrar el cable que se había largado.*

COBRE m. *Metal.* y *Quím.* Elemento químico (Cu) de número atómico 29. ‖ *Cobre amarillo*, latón y otras aleaciones amarillas a base de cobre. ‖ *Cobre azul*, variedad azul de carbonato de cobre. ‖ *Cobre blanco*, aleación de cobre, cinc y arsénico. ‖ *Cobre gris*, tetraedrita y otros sulfuros de cobre antimoniosos. ‖ *Cobre negro*, el que no ha sido purificado. ‖ *Cobre rojo*, cuprita * y también cobre puro (por oposición al latón o cobre amarillo). ‖ *Cobre verde*, *malaquita* *.
— El *cobre* es un metal de color rojo característico, de densidad 8,9 y masa atómica 63,54, constituido por dos isótopos de masas 63 (69,09 %) y 65 (30,91 %), que funde a 1 083° y hierve a 2 336°. Si se exceptúa la plata, es el metal que mejor conduce el calor y la electricidad. Es maleable y dúctil, pero no se presta al moldeo o vaciado y se trabaja difícilmente. Su superficie adquiere un hermoso y brillante pulimento, pero el aire húmedo la cubre de una capa delgada de pátina o cardenillo que, por ser impermeable, protege el resto del metal. El ácido nítrico, incluso diluido, lo ataca rápidamente, propiedad que se aprovecha en ciertos procedimientos de grabado *.
El cobre existe al estado nativo, especialmente en la región de Corocoro (Bolivia), pero se extrae en su mayor parte de minerales oxidados (*atacamita*, de Chile y Bolivia; *azurita, crisocola, cuprita, malaquita, melaconita*, etc.) y, sobre todo, minerales sulfurados, entre los cuales ocupa lugar preponderante la *calcopirita*, que contiene 4 % de cobre, aunque también se explotan la *bornita*, la *calcosina*, la *enargita*, la *tetraedrita* y las *piritas de hierro cupríferas*.
El metal se obtiene por diversos procedimientos, según la índole y riqueza de los minerales. Los minerales oxidados se funden en hornos donde se reduce el metal en presencia de carbono y de fundentes (alúmina o cal) que facilitan la transformación de la ganga en escorias, y permiten eliminarla.
Los minerales sulfurados se suelen tratar por el método ilustrado en la figura y en el cual se aprovecha la afinidad que tienen el cobre por el azufre y el hierro por el oxígeno. El mineral, previamente molido y enriquecido, es *tostado*, operación que transforma el sulfuro de hierro en óxido. Pasa después a un horno donde el hierro, en presencia de sílice, forma con ésta una escoria, y queda entonces una *mata*, masa de cobre bruto que contiene 40 % de metal. La mata, tratada en un *convertidor*, da un metal (*cobre de convertidor*) que contiene hasta 98 % de cobre. Este grado de pureza no es suficiente en ciertas

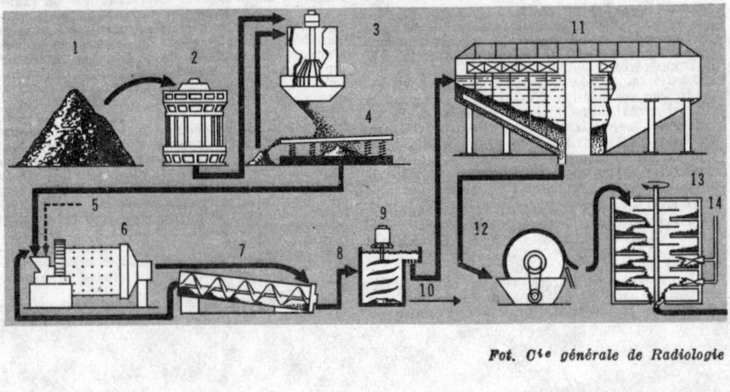

Fot. Cie générale de Radiologie

aplicaciones (conductores eléctricos, por ejemplo) y el cobre se afina en un horno que oxida sus impurezas, o bien por electrólisis, obteniéndose así *cobre refinado* y *cobre electrolítico,* productos con 99,5 % o 99,95 % de cobre, respectivamente. Las numerosísimas aplicaciones del cobre se desprenden de sus cualidades: conductibilidad eléctrica (hilos y cables, motores y otro material eléctrico); conductibilidad térmica (alambiques, calderas y utensilios); resistencia a la corrosión atmosférica (tejados, canalizaciones, etc.).
La *aleación del cobre* con otros metales disminuye su conductibilidad térmica y eléctrica, pero le confiere nuevas propiedades y facilita su uso para la fabricación de piezas por vaciado. Entre las aleaciones principales merecen citarse las siguientes: bronce *, latón *, maillechort * y otros metales blancos, etc.
También tienen mucha importancia los compuestos del cobre, que son *cuprosos* si el cobre es monovalente y *cúpricos* si es bivalente. Citemos, entre los principales, los siguientes: *óxidos cuproso* Cu_2 (que sirve para teñir de rojo el vidrio) y *cúprico* CuO (que tiñe el vidrio de verde); *cloruros cuproso* CuCl y *cúprico* (usado en galvanoplastia); *sulfato de cobre* $CuSO_4$ *(caparrosa azul)*, la más importante de todas las sales de cobre. El sulfato se fabrica con desperdicios de cobre que, previamente oxidados por tostación, son tratados con ácido sulfúrico. Se presenta en forma de hermosos cristales azules que tienen infinidad de usos: tintorería, electrometalurgia, galvanoplastia, lucha contra las plagas en agricultura (caldo* bordelés), etc.

COBRIZO, ZA adj. De color de cobre.
— *Miner.* Que contiene cobre. (Sinón. CUPRÍFERO.)

COCA f. Vuelta que forman las cadenas y los cabos al ser retorcidos.

COCCIÓN f. *Cerám.* Operación consistente en exponer los objetos de barro al calor de un horno para endurecerlos.
— *Constr.* La cocción de los materiales de construcción tiene por objeto provocar su deshidratación (yeso*) o descarbonatación (cal*), facilitar las combinaciones (cemento*) u obtener la vitrificación (vidrios* y esmaltes*).

COCEDOR m. *Ind.* Instalación para cocer o concentrar una substancia.

COCER v. Tratar los alimentos por el calor para que puedan comerse o conservarse. ‖ Calcinar y, en general, transformar una materia mediante la acción del calor. (V. COCCIÓN.)

COCIDO adj. y s. Acción y efecto de cocer. ‖ Calcinación.
— *Text.* Dícese de la seda* que ha sido sometida a una cocción para hacerle perder su goma natural.

COCIENTE m. *Mat.* Resultado de la división*.

COCINA f. Hornillo. ‖ Aparato provisto de uno o más hornillos y a veces de un horno y un calentador de agua, que sirve para preparar las comidas y que también puede calentar las habitaciones: *existen cocinas de hornillos eléctricos, de hogar para combustibles sólidos y de quemadores para gas o para combustibles líquidos.* ‖ *Cocina económica,* la de fundición, de hogar especialmente diseñado para que consuma poco carbón o leña.

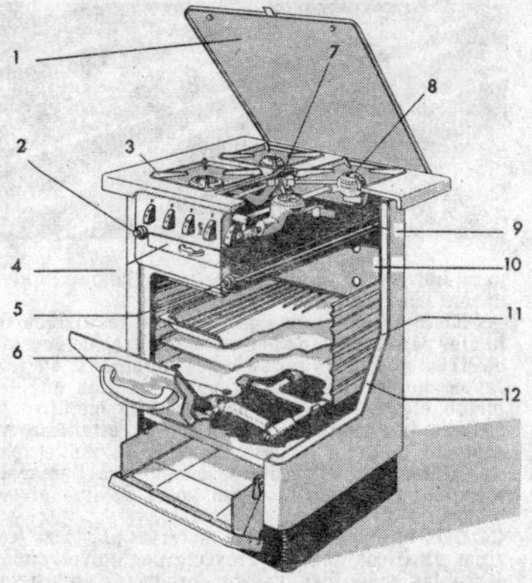

cocina de gas
1. Tapa; 2. Regulador de la llama de encendido; 3. Parrilla; 4. Fondo amovible; 5. Regulador del termóstato; 6. Encendido del horno; 7. Llama de encendido; 8. Quemador; 9. Placa radiante; 10. Pantalla amovible; 11. Solera del horno; 12. Paredes calorífugadas

COCKCROFT-WALTON *(Acelerador electrostático de).* V. ACELERADOR.

COCKPIT m. *Aeron.* Habitáculo reservado al piloto en los aviones pequeños.
— *Mar.* Pozo o compartimiento situado a popa de ciertos yates, lanchas y otras embarcaciones para servir de abrigo al timonero y otros tripulantes.
— El fondo y las paredes del *cockpit* son estancas con objeto de que el agua embarcada no penetre en el interior de la embarcación.

COCLEA f. Rosca* de Arquímedes.

COCO m. *Bot.* Palma tropical *(Coccus nucifera)*, de hasta 25 m de altura. (Sinón. COCOTERO.)
— El fruto o *nuez del coco* tiene una pulpa a la cual se da el nombre de *copra,* materia primera de aceites y otros cuerpos grasos utilizados en el ramo de la alimentación (fabricación de vegetalina) y para elaborar jabones. Prácticamente, todas las partes de la planta son aprovechadas: el tronco permite reemplazar árboles maderables; con las fibras del mesocarpio del fruto se hacen cuerdas y tejidos bastos; el espádice de la flor da un zumo dulce que permite elaborar vino de palma, alcohol y vinagre; las hojas sirven para cubiertas y labores de cestería, y el cogollo es comestible.

COCOBOLO m. *Bot.* y *Carp.* Nombre de varios árboles del género *Dalbergia,* cuya madera es muy apreciada en ebanistería. ‖ Nombre que se da también en algunas partes a la madera de *granadillo**.

COCODRILO m. Reptil saurio de hasta 10 m de largo, representado por distintos géneros en las regiones cálidas de África, América y Asia.
— *Curt.* La *piel del cocodrilo,* especialmente la del vientre y parte de la del lomo, es una de las más preciadas para hacer carteras, cinturones, zapatos para señora y otras labores de cuero.
— *Electr. Pinzas de cocodrilo,* v. PINZA.
— *F.c.* Aparato fijado entre los rieles de una vía

resistencias de **cocina** eléctrica

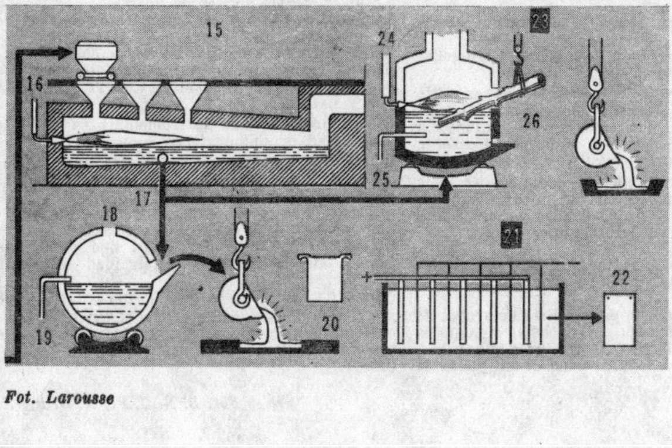

obtención del **cobre**: 1. Mineral; 2. Machacadora; 3. Moltura; 4. Cribado; 5. Agua; 6. Trituración; 7. Clasificación; 8. Fango; 9. Separación; 10. Ganga; 11. Concentración; 12. Filtración; 13. Horno de tostación; 14. Combustible; 15. Horno de reverbero; 16. Combustible; 17. Mata; 18. Afino en el convertidor; 19. Aire; 20. Vaciado de los ánodos; 21. Afino electrolítico; 22. Cátodo de cobre; 23. Afino ígneo; 24. Combustible; 25. Aire; 26. Leña verde

Fot. Larousse

cocodrilo *(f. c.)*

para indicar al conductor del tren la proximidad de un semáforo.
— El *cocodrilo* es una pieza metálica aislada de la vía, pero conectada con un manantial de energía eléctrica y con las señales o semáforos. A su vez, la locomotora tiene en la parte inferior un elemento eléctrico en forma de cepillo metálico, y cuando éste frota el cocodrilo, se establece un contacto que, en el caso de estar la vía ocupada, acciona un dispositivo sonoro para llamar la atención del conductor poco antes de que el semáforo se presente a su vista.

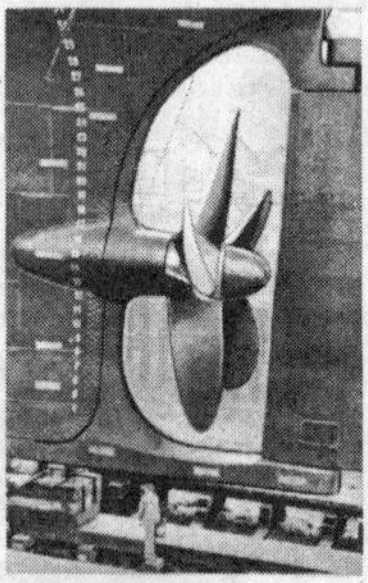

codaste

COCOON m. *Ind.* Capa de materias plásticas (resinas vinílicas) que se proyecta por pulverización sobre las máquinas y otros productos industriales para protegerlos contra la humedad y demás agentes atmosféricos durante su transporte o almacenaje.
COCOTERO m. *Bot.* Coco.
COCHE m. *Autom.* V. AUTOMÓVIL.
— *F.c.* V. VAGÓN.
COCHERA adj. *Arq.* y *Carp.* Dícese de la puerta que permite la entrada y salida de coches.
— *Transp.* Lugar donde se guardan o encierran los coches.
COCHERO, constelación del hemisferio boreal que solamente cuenta con una estrella de primera magnitud: Cabra*. La estrella E del *Cochero,* es una variable supergigante excepcionalmente grande : su diámetro equivale a 2 000 veces el del Sol.
COCHINILLA f. *Zool.* Familia de insectos cóccidos entre los cuales figura la *cochinilla del nopal (Coccus cacti),* propia de Méjico, aunque introducida en las Islas Canarias, la Península Ibérica, la India y otras partes: *la cochinilla seca y pulverizada constituye un hermoso colorante.* ‖ Materia tintórea de color de grana suministrada por la cochinilla. (V. CARMÍN.)
COCHURA f. *Ind.* Cocción.
CODA f. *Carp.* Taruguito de madera, en forma de prisma triangular, que se encola en el ángulo entrante formado por dos tablas, para reforzar su unión.
CODAL m. *Carp.* Cada uno de los maderos que se disponen horizontalmente entre dos elementos verticales para evitar el acercamiento de los mismos. ‖ Aguja* de un tapial. ‖ Barrote* de un tablero. ‖ Cada uno de los dos listones que sujetan la hoja de la sierra* y la mantienen tensa.
CODASTE m. *Mar.* Pieza que limita el casco de un barco a popa y en la cual se articula el timón.
— El *codaste* de los barcos propulsados por hélice consta de dos partes: *codaste popel* (que sostiene el timón) y *codaste proel* (fijado en el casco y taladrado para dar paso al árbol de la hélice). Ambas partes forman como un marco dentro del cual gira la hélice.
CODEAR v. *Carp.* Medir la madera para cubicarla.
CODERA f. *Mar.* Cabo o maroma con que se amarra una embarcación.
CODIFICACIÓN f. Transcripción de un texto en una serie de signos gráficos (letras, cifras, etc.) o eléctricos que carecen de significación para quienes no disponen de la clave que permite restituir el texto primitivo. (V. CRIPTOGRAFÍA.)
CÓDIGO m. Documento que da la equivalencia de los signos ordinarios (letras, cifras, impulsiones eléctricas, etc.) y de aquellos por los cuales se los reemplaza en los mensajes cifrados. (V. CRIPTOGRAFÍA.)
— *Aeron. Código Q,* código adoptado internacionalmente para las comunicaciones en alfabeto Morse.
— El *código Q* consiste en una lista de grupos de tres letras —la primera de las cuales siempre es una Q— característicos de una pregunta o respuesta (según vaya seguido o no de un punto de interrogación). Así, QFO? significa *¿Puedo aterrizar inmediatamente?,* y QFO *Puede aterrizar.*
— *Inf.* Sistema de símbolos con que se representa la información que ha de ser tratada por los ordenadores o las calculadoras.
— *Mar. Código de señales,* catálogo de señales hechas con banderas o por otros medios y adoptado internacionalmente para comunicar de un barco a otro o con los semáforos terrestres.
— *Telec.* Combinación de impulsiones eléctricas para la transmisión de mensajes. ‖ *Código telegráfico,* conjunto de señales utilizadas en telegrafía y clasificadas según su naturaleza eléctrica (corriente positiva, negativa, etc.) o según el modo como se suceden en el mensaje.
— En los *códigos bivalentes* (Morse-Wheatstone, Baudot, teletipos) se usa el paso y la interrupción de una corriente, la transmisión de las señales en corriente negativa con pausas en corriente positiva, etc. En el *código trivalente* se utilizan dos corrientes (positiva y negativa) más la interrupción de las mismas (caso del código Morse-Recorder).
CODILLO m. Coca o ángulo vicioso que forman a veces dos eslabones sucesivos de una cadena: *los eslabones de contrete* no pueden formar codillos.*
CODO m. Tubo o caño de eje curvado o angular, que permite cambiar la dirección de una canalización.
COEFICIENTE m. *Fís.* Valor numérico o factor que caracteriza una propiedad específica de una materia dada y que es constante si las condiciones son las mismas que han servido para calcular el coeficiente: *el coeficiente de dilatación* del invar es muy pequeño.*
— *Mat.* Número o parámetro que suele escribirse como primer factor ante una incógnita o una variable y la multiplica.
— En la expresión $2x^3$, el coeficiente de x^3 es 2, y en la expresión $\frac{2}{3}ax^2$ el coeficiente es $\frac{2}{3}a$.
— *Quím.* Factor numérico que, en una ecuación química, indica el número de moléculas-gramo de cada especie que aparecen o desaparecen en el curso de una reacción.
COERCIBILIDAD f. Calidad de lo que es coercible.
COERCIBLE adj. Que puede ser reducido o comprimido: *los gases son muy coercibles y el agua muy poco.*
COERCITIVIDAD f. *Magn.* Facultad del imán que conserva su imantación, especialmente cuando se halla sometido a la acción de un campo magnético contrario.
COERCITIVO, VA adj. *Magn. Campo coercitivo,* valor mínimo del campo magnético necesario para anular la imantación de un imán*.
COFA f. *Mar.* Plataforma situada en lo alto de los palos y utilizada como puesto de observación. (En los barcos de vela servía para asegurar la unión del palo macho con el mastelero, para facilitar la maniobra de las velas altas y como puesto del vigía.)

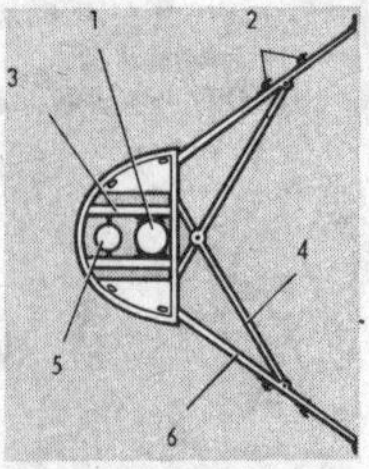

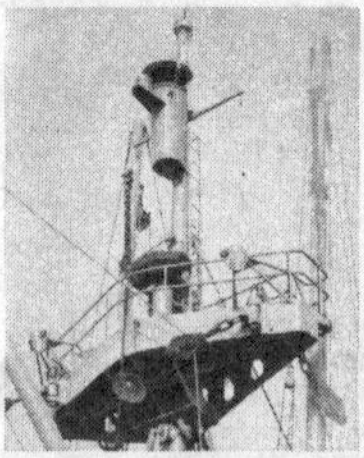

cofa
1. Mástil; 2. Burda; 3. Cacholas; 4. Refuerzo; 5. Mastelero; 6. Barra de telégrafo

CÓFERDAM o **COFFERDAM** m. *Mar.* Compartimiento de seguridad constituido por dos mamparos estancos, que separa transversalmente las cisternas de las demás partes de un petrolero. ‖ Bulge* de los buques de guerra.
COGOLLA f. *Carp.* El extremo más delgado de un rollizo.
COHERENTE adj. *ópt.* Dícese de dos rayos luminosos cuando la diferencia de fase entre los mismos permanece constante. (V. INTERFERENCIA LUZ y LASER.)
COHESÍMETRO m. Instrumento para medir la cohesividad de una materia.
COHESIÓN f. Adherencia, fuerza que une las moléculas de un cuerpo: *la cohesión del cemento hidráulico aumenta dentro del agua.*
— *Mec.* Resistencia que una película de lubricante opone a la presión que la aplasta.
COHESIVIDAD f. Propiedad que posee una materia de conservar su estabilidad merced a sus fuerzas internas.
COHETE m. Artefacto propulsado en el espacio por la reacción de los gases que engendra la combustión de pólvoras y combustibles líquidos, o por otras reacciones químicas. (V. MOTOR y REACCIÓN.)

Fot. S. N. C. F., A. D. P., X.

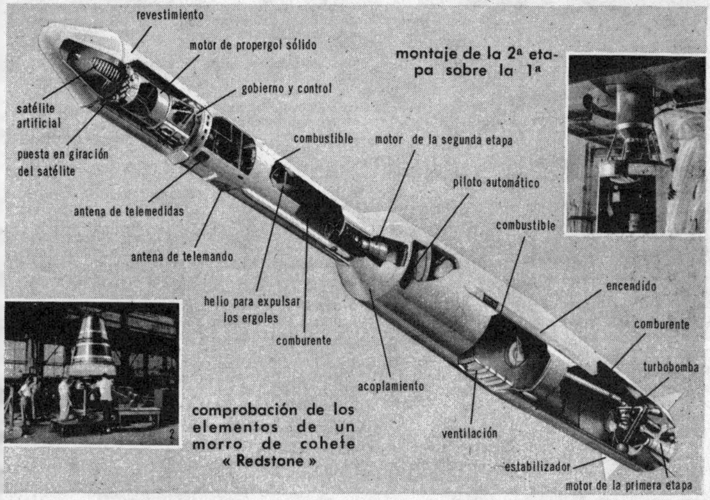

cohete de 3 etapas « Thor-Delta »

montaje de la 2ª etapa sobre la 1ª

comprobación de los elementos de un morro de cohete « Redstone »

— *Aeron. Cohete de despegue,* el de combustible sólido que se usa —generalmente por pares— para obtener un complemento de energía durante los cortos instantes que dura el despegue de un avión y permite reducir su carrera en el suelo (despegue en pistas insuficientemente largas) o bien aumentar la carga útil o el radio de acción (mayor provisión de combustible). [V. DESPEGUE.] || *Avión cohete,* v. AVIÓN. || *Motor cohete,* motor de reacción que se distingue de los demás por ser anaerobio* y que, por consiguiente, puede funcionar en las zonas enrarecidas de la atmósfera e incluso fuera de ella. (V. AVIÓN, MOTOR y REACCIÓN.)

— *Agr. Cohete granífugo* o *cohete paragranizo,* v. GRANIZO.

— *Arm.* Ingenio. || *Cohete aire-aire, aire-suelo, suelo-aire* y *suelo-suelo,* v. INGENIO.

— *Astron. Cohete cósmico* o simplemente *cohete,* ingenio espacial constituido por uno o varios motores cohete, los depósitos de combustible y comburente, los instrumentos necesarios para su funcionamiento y la carga útil (cabina — con sus ocupantes —, satélite o estación cósmica, aparatos de medida y de radiocomunicaciones, etc.). || *Cohete de etapas, de escalones* o *de pisos,* cohete compuesto de varios elementos independientes, cada uno de los cuales es capaz de propulsar a los restantes y se separa automáticamente de ellos, al cesar de funcionar sus motores, por haberse agotado las reservas de propergol.

— La velocidad final que puede alcanzar un *cohete* después de haber consumido sus reservas de propergol*, depende de la masa de éste, de la del cohete y de la velocidad de escape de los gases. Los mejores propergoles usados actualmente dan gases cuya velocidad de escape es de 2,5 a 3 km/s. Mientras dura la combustión, la eyección de estos gases imprime al ingenio una aceleración* constante. La velocidad del cohete aumenta así progresivamente y puede llegar a ser superior a la velocidad de escape de los gases. Ahora bien, el consumo de propergol es tan grande que las reservas se agotan en unos minutos solamente y, en todo caso, antes de que el aparato haya podido alcanzar la primera velocidad* cósmica.

De lo antedicho se infiere el papel determinante que representan la velocidad de eyección de los gases (V_e) y la relación de las masas* inicial y final del cohete (R_m). La velocidad final (V_e) es igual al producto de la velocidad de eyección por el logaritmo* neperiano de la relación de masas:

$$V_f = V_e \times \log R_m \times 2,3$$

Para mejorar la relación de masas se han aligerado considerablemente las estructuras de los cohetes, hasta el extremo de que su reserva de propergol representa de 80 a 95 % de su peso inicial. Puede considerarse al *cohete cósmico,* ante todo, como un enorme apilamiento de depósitos de combustible y comburente, de paredes tan tenues que, para que no se plieguen cuando están vacíos, se mantienen bajo presión con un gas inerte. Si el propergol constituye 80 % de la masa inicial del cohete, la relación de masas será de 5. Admitiendo una velocidad de escape de los gases igual a 2,5 km/s, se desprende de la fórmula indicada más arriba que la velocidad final del ingenio, después de haber agotado todo su combustible, será teóricamente de unos 4 km/s (prácticamente es sensiblemente menor a causa de las pérdidas en la fase de despegue y durante la travesía de las capas densas de la atmósfera, que oponen una resistencia al avance del aparato). En todo caso, la velocidad alcanzada será insuficiente para satelizar un ingenio cerca de la Tierra, y, más aún, para substraerlo definitivamente a la atracción terrestre. Por consiguiente, en el estado actual de la técnica propulsiva, serían imposibles los vuelos

cohete sonda « Veronique »

Fot. C. C. A., S. C. A.

El **cohete** soviético « Vostok », notable por lo original de su estructura y la abundancia de sus medios propulsivos, cuenta nada menos que 20 toberas

cósmicos de no existir la fórmula de los *cohetes de etapas* compuestos de varios elementos de masa decreciente, cada uno de los cuales dispone de sus propios motores y depósitos de propergol. Consideremos un cohete compuesto de tres elementos de relación de masa y velocidad de escape indicados más arriba. Al iniciarse el vuelo solamente funcionan los motores del elemento inferior, cuya fuerza propulsiva es suficiente para elevar la carga útil constituida por los dos elementos superiores. Al consumirse todo el propergol del primer elemento, éste se separa automáticamente del resto del ingenio y cae al suelo, al mismo tiempo que empiezan a funcionar los motores del segundo elemento. El cohete ha alcanzado la velocidad de 4 km/s, y, como ha perdido buena parte de su masa inútil, el segundo elemento, con todo y ser de menor potencia que el primero, podrá doblar esta velocidad. Así, al desprenderse el mismo a su vez, la velocidad teórica será de 8 km/s y seguirá aumentando mientras dure la

cojinetes *(mec.)*: 1. Ordinario; 2. De empuje bilateral; 3. Tejuelo; 4. De empuje lateral; 5. Para árbol vertical; 6. De rótula (*ba*, baño de aceite); 7. Tejuelo con rodamiento de bolas; 8. Cojinete de fricción (*t*, tapa; *c*, cuerpo; *a*, revestimiento antifricción)

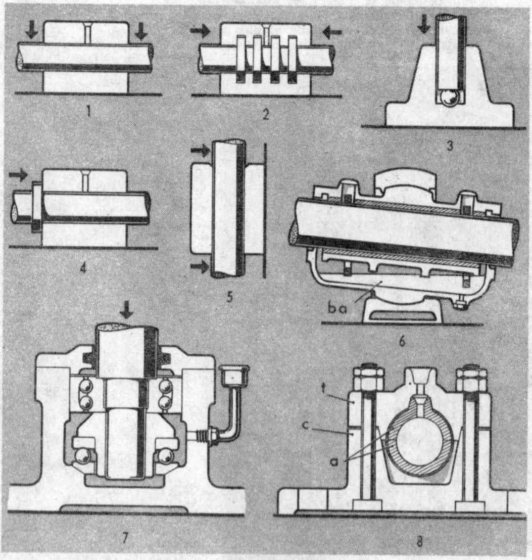

propulsión de los motores del tercer elemento. Finalmente se alcanzará una velocidad suficiente para satelizar el ingenio que el último elemento lleva en su morro —y del cual se separa por la simple acción de un resorte— o para lanzarlo hasta la Luna o substraerlo definitivamente a la atracción terrestre.

Sin embargo, los progresos de la técnica no pueden reducir indefinidamente la relación de masas. Por otra parte, no se ha logrado descubrir materiales para construir cámaras de combustión y toberas que puedan de resistir a las temperaturas elevadas engendradas por propergoles capaces de suministrar gases animados de velocidades dos y tres veces superiores a las de las mezclas usadas actualmente. Por grandes que fueran los progresos realizados en ambos aspectos, el *cohete de propulsión química* no puede constituir una solución satisfactoria para los viajes interplanetarios. No obstante, las investigaciones efectuadas hasta ahora para la propulsión* de los cohetes cósmicos con motores atómicos, iónicos o de otra índole, no permiten vislumbrar una solución próxima de estos problemas. El cohete « Saturn V » que ha permitido al hombre hollar et suelo de la Luna mide 111 m de altura y 10 de diámetro máximo. Su peso al despegar es de unas 2 950 t y se decompone asi : 2 240 t para su primera etapa (de las cuales 2 106 de propergol constituido por queroseno y oxígeno líquido) ; 485,5 t para la segunda etapa (con 447 t de hidrógeno y de oxígeno líquidos) ; 131,5 para la tercera etapa (con 120 de oxígeno e hidrógeno). El número de motores propulsivos de las tres etapas es, respectivamente, de 5,5 y 1. El cohete cuenta además con otros 30 motores auxiliares para su estabilización, los cambios de trayectoria o, simplemente, para acelerar la separación de las etapas una vez que han llenado su cometido. Los 5 motores de la primera etapa consumen más de doce toneladas y media de propergol por segundo. Ese verdadero torrente de comburente y de combustible arde en las cámaras de combustión a la temperatura de 3 900 °C.

La potencia qui impulsa al « Saturn V » es colosal: 35 millones de caballos.

(Consúltense también los art. ASTRONÁUTICA, ASTRONAVE, MOTOR, PROPULSIÓN y REACCIÓN.)

— *Expl.* Artificio propulsado por la reacción de los gases producidos por la combustión de pólvora y que se usa para regocijo (v. FUEGOS *artificiales*) o como señal, para lanzar amarras (v. seguidamente *Mar.*), iluminar el suelo o con otros fines.

— *Mar. Cohete lanzacabos,* cohete que lleva un hilo ligero y resistente hasta un barco inaccesible, o de éste a la tierra, y que, mediante dicho hilo, permite cobrar una amarra para el salvamento de la tripulación o un cable que facilite el remolque de la nave.

— *Meteor. Cohete sonda,* el que se eleva a alturas mayores que las que alcanzan los globos* sonda, provisto, como éstos, de instrumentos registradores que permiten estudiar las características físicas y químicas de la alta atmósfera: ciertos cohetes sonda transmiten por radio los resultados de las mediciones efectuadas; otros llevan paracaídas merced a los cuales pueden recuperarse los gráficos registrados en el vuelo.

COHETEAR v. *Min. Amer.* Barrenar.

COHOBACIÓN f. *Quím.* Acción de cohobar.

COHOBAR v. *Quím.* Destilar una substancia repetidas veces para obtener un producto más concentrado.

COI m. *Mar.* Coy.

COIGUÉ y **COIHUÉ** m. *Bot.* y *Carp.* Árbol de América, común en los Andes chilenos y argentinos, llamado científicamente *Notofagus dombeyi,* cuya madera, aunque inferior, se parece mucho a la del roble y se utiliza en carpintería y ebanistería como sucedánea de aquélla.

COJINETE m. *Arq.* Parte lateral de la voluta jónica.

— *F.c.* Pieza de acero o de fundición que se fija en las traviesas y sujeta los rieles, agujas y otros elementos que no pueden descansar directamente sobre la traviesa.

— *Mec.* Fresa movible de la terraja* cerrada que labra la rosca de los tornillos y otras piezas. ‖ Pieza cilíndrica y hueca que sirve de apoyo a los ejes y gorrones y les permite girar con un rozamiento muy suave.

— Los *cojinetes rozantes, de rodadura* o *de fricción*, son de metal (bronce o latón) más blando que el de los árboles y tienen a veces un revestimiento de metal antifricción*. Su forma es generalmente la de un manguito partido longitudinalmente (lo cual permite ajustar con tornillos las dos mitades a medida que se van usando). Las superficies del árbol y del cojinete no se hallan en contacto. Media entre ellas una película de aceite lubricante distribuido por unas ranuras de la superficie interna del cojinete, que comunican con el exterior por un orificio de engrase. Si un exceso de presión o cualquier otra circunstancia hacen desaparecer la película de lubricante, el árbol y el cojinete entran en contacto y, al aumentar su rozamiento, se calienta excesivamente este último, deformándose entonces su superficie y produciéndose un agarrotamiento que impide la rotación del árbol. No obstante, en los motores muy pequeños se usan *cojinetes autolubricantes**.
También se usan *cojinetes de bolas, de rodillos y de agujas*, que ocupan poco espacio y tienen un coeficiente de rozamiento muy reducido. (V. RODAMIENTO, CHUMACERA Y TEJUELO.)

CÓKING m. *Petr.* Tratamiento de una fracción* de petróleo en un horno especial y a la temperatura de 600°.

COLA f. Por analogía con la cola de los animales, parte terminal, libre o pendiente de una cosa.
— *Aeron.* Extremo posterior del fuselaje de un avión, en el cual se hallan los estabilizadores, timones y, en ciertos casos, los motores.
— *Arq.* Tratándose de un sillar salidizo, parte del mismo empotrada en el muro. (Sinón. ENTREGA.)
— *Astr.* Apéndice luminoso que sigue o precede a los cometas según sea la dirección de la trayectoria de éstos respecto al Sol. (V. COMETA.)
— *Carp. Cola de milano*, v. ENSAMBLADURA.

COLA f. Substancia que se aplica entre dos cosas y que, una vez endurecida, las mantiene unidas.
— Las diferentes clases de *colas* utilizan las propiedades adhesivas de muy variadas substancias: resinas sintéticas, derivados del caucho, gelatina, dextrina, silicato de sosa y almidón (engrudo*).
— *Carp.* Las *colas animales*, de pieles y huesos, que aún se usan en carpintería, no resisten a la humedad. Mejores son las de *caseína*, que se preparan en frío, y las de *albúmina de sangre* y de *resinas artificiales*.
— *Papel.* Las *colas* que se usan para el encolado* de papeles son preparadas a base de colofonia*.
— *Pint. Pintura a la cola*, pintura* al temple.

COLADA f. Acción de verter una materia en fusión: *la colada del vidrio* sobre una mesa metálica es la primera fase de la fabricación de las lunas.*
— *Geol.* Masa de lava solidificada a lo largo de las pendientes de un volcán.
— *Metal.* Sangría de hierro fundido hecha en los altos hornos. ‖ Vaciado del metal fundido en los moldes o lingoteras. (V. FUNDICIÓN Y MOLDEO.) ‖ *Canal de colada*, cada uno de los orificios que se dejan en un molde para verter el metal.

COLADERA f. Colador.

COLADERO m. Colador.
— *Min.* Pozo interior y estrecho, a veces en forde zigzag (para frenar la caída), que sirve para evacuar los minerales de un tajo a una galería inferior provista de medios de transporte.

COLADO, DA adj. *Metal.* Dícese del hierro fundido tal y como sale del alto horno, sin haber sido afinado. (Sinón. FUNDICIÓN.)

COLADOR m. Alcachofa*, rejilla u otros dispositivos provistos de una tela metálica o de una chapa perforada, que sirve para dar paso a un líquido y retener sus impurezas o inmundicias. (Sinón. COLADERA, COLADERO.)

COLADORA f. *Text.* Aparato lixiviador propio para lavar o blanquear la ropa.

COLÁGENO, NA adj. y s. Dícese de las substancias con las cuales puede hacerse cola, especialmente de los tejidos animales (piel, huesos, etc.).

COLAINA f. *Carp.* Cebolla* de la madera.

COLANILLA f. *Carp.* Pestillo o pasador pequeño para cerrar puertas o ventanas.

COLAÑA f. *Arq.* Tabique de poca altura que sirve de antepecho a una escalera o para formar divisiones en una cuadra, un almacén, etc.

COLAPEZ f. Cola de pescado.

COLAR v. Pasar un líquido por un colador* para retener las materias sólidas que arrastra.
— *Text.* Blanquear la ropa por lixiviación.

COLATERAL adj. *Geogr. Puntos colaterales*, cada uno de los puntos intermediarios equidistantes de dos puntos cardinales, o sea el nordeste, el noroeste, el sudeste y el suroeste.

COLATITUD f. *Astr.* Complemento de latitud de un lugar, o sea distancia angular desde el mismo hasta el polo correspondiente.

COLCÓTAR m. *Miner.* Óxido natural de hierro, a veces usado como pigmento rojo.
— *Quím.* Óxido férrico que se obtiene calcinando sulfato de hierro y sirve como abrasivo para pulir cristales ópticos.

COLCHA f. *Text.* Acción de colchar o corchar*. ‖ Labor de acolchado* para cubrir las camas.

COLCHADO m. *Text.* Acolchado*. ‖ *Amer.* Acción de colchar.

COLCHADURA f. *Text.* Acción de colchar. ‖ Colcha.

COLCHAR v. *Text.* Efectuar la labor de acolchado*. ‖ Corchar* cabos.

COLD CREAM m. *Perf.* Cosmético compuesto de cera, espermaceti y aceite de almendras, que se usa como afeite y para cuidar el cutis.

COLECTOR, RA adj. y s. m. *Aeron.* Tobera por la cual entra el aire en la cámara experimental de un túnel* aerodinámico.
— *Autom. Colectores de admisión* y *de escape*, los que, respectivamente, sirven para llevar la mezcla carburante del carburador a los cilindros y los gases de combustión, de los cilindros al tubo de escape.
— *Electr.* Parte del rotor de una máquina de corriente continua sobre la cual frotan las escobillas. ‖ *Barra colectora*, v. BARRA.
— El *colector* se halla constituido por la yuxtaposición, en forma de cilindro, de numerosas chapitas de cobre (*delgas*) aisladas unas de otras y, también, del árbol del inducido. Todas las chapas se hallan conectadas con el devanado del inducido en otros tantos puntos equidistantes. El colector rectifica la corriente alterna inducida en las dinamos* y convierte aquélla en corriente continua.
— *Obr. públ.* Conducto principal que recoge las venas de un fluido de las ramificaciones o conductos secundarios que en él desembocan: *los colectores del alcantarillado suelen desembocar en el mar o en un río.*
— *Radiot.* y *Telec. Colector de ondas*, antena. ‖ *Colector de tierra*, toma de tierra*. ‖ Electrodo del transistor * que suministra la corriente amplificada.
— *Tecn.* Conducto o canalización principal que sirve para distribuir un flúido a otras tuberías de sección inferior o bien para recoger el flujo procedente de las mismas.

COLEMANITA f. *Miner.* Borato hidratado natural de calcio.

COLETÓN m. *Text. Amer.* Harpillera.

COLGADERO m. Gancho, escarpia u otra cosa en la que se cuelga algo. ‖ Anilla o asa por la cual se cuelga una cosa.

COLGADIZO m. *Arq.* Tejadillo.

COLGADO, DA adj. Dícese del elemento o estructura suspendidos.
— *Arq. Suelo, tabique colgados*, v. SUELO y TABIQUE.

COLGANTE adj. y s. *Arq.* Colgado. ‖ Adorno a modo de festón o guirnaldas.
— *Obr. públ. Puente colgante*, v. PUENTE.

COLIMACIÓN f. *Ópt.* Acción de visar un objeto con precisión merced al colimador o a un sistema cualquiera de retículos.

COLIMADOR adj. y s. *Ópt.* Dícese del instrumento óptico provisto de un sistema de retículos que permite visar con precisión: *anteojo colimador*. ‖ Dispositivo consistente en una lente convergente y una rendija situada en su plano focal.
— El *colimador* da una imagen al infinito de

colada de vidrio

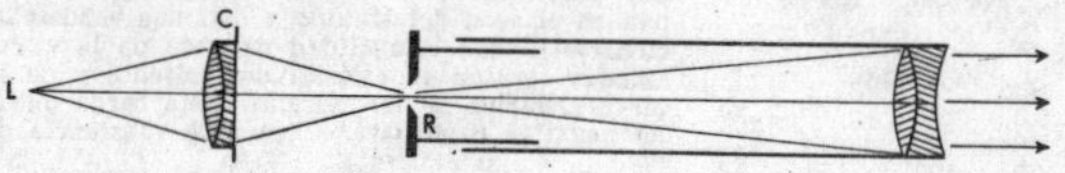

colimador
L. Luz; C. Condensador; R. Rendija

Fot. La Photothèque, Lacheroy

la rendija, la cual, vista en el ocular del instrumento, permite orientarlo con precisión hasta que el punto visado coincida con ella.

COLISA f. *Mec.* Galicismo por *corredera.*

COLMATAJE m. *Obr. públ.* Acción y efecto de colmatar.

COLMATAR v. *Obr. públ.* Atarquinar.

COLMENA f. *Ind. alim.* Habitación que se hace a una colonia de abejas para que construyan en ella sus panales y se puedan explotar así la miel y la cera de los mismos.

— La *colmena fijista* o *de panales fijos* es una construcción simple (cajón, tronco hueco, cesta de paja, etc.) en cuya pared interna fijan las abejas sus panales, lo cual obliga a cortarlos cuando se efectúa la recolección. Las *colmenas desmontables* son más perfectas, pues en ellas las abejas construyen los panales en unos cuadros amovibles provistos de una hoja de cera gofrada que ya lleva estampado en hueco el fondo de las celdillas. Esta disposición permite aumentar o disminuir la capacidad de la colmena, inspeccionarla cómodamente y efectuar la recolección con gran rapidez, pues basta con levantar los cuadros de panales llenos y reemplazarlos por otros nuevos. Además, los cuadros facilitan la extracción de la miel por centrifugación en el extractor*.

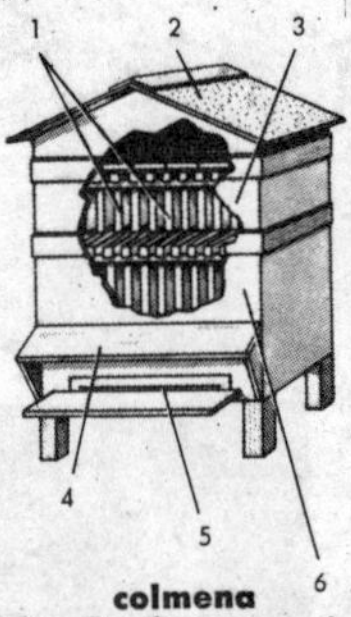

colmena

1. Cuadros amovibles; 2. Cubierta; 3. Alza; 4. Alero; 5. Piquera; 6. Cuerpo

COLODIÓN m. *Quím.* Disolución de algodón pólvora en una mezcla de alcohol y éter. ‖ Por ext., solución de otros productos celulósicos en un solvente orgánico: *colodión de acetato de celulosa.*

— El *colodión* es un líquido espeso e incoloro que, extendido sobre una superficie, se fragua al evaporarse el éter y el alcohol.

El colodión entra en la preparación de explosivos, se usa para preparar polvos coloidales y, estirado en membranas tenues, constituye ultrafiltros.

En fotografía se usan emulsiones de colodión sensibilizadas con nitrato de plata. Las placas se utilizan inmediatamente después de su preparación, antes de que seque la emulsión (procedimiento del *colodión húmedo*) y permiten obtener fotograbados de mucho contraste y fineza de los detalles.

La capa sensible, tratada con tanino y seca (procedimiento del *colodión seco*) se usa para fabricar gratículas y micrómetros fotográficos.

COLÓFANA f. *Miner.* Fosfato hidratado de calcio.

COLOFÓN m. *Art. gráf.* Nota que, al final de un libro, indica la fecha y lugar de su impresión, así como el nombre del impresor.

COLOFONIA f. *Quím.* Resina amarilla y transparente que se obtiene como residuo de la destilación de la trementina.

— La *colofonia* se disuelve fácilmente en el alcohol, el éter y muchos otros solventes, aunque no en el agua. Entra en la fabricación de colas esmaltes, barnices, aislantes eléctricos y soldaduras, y constituye la materia primera de numerosos derivados: sales alcalinas incorporadas a los jabones, sales de manganeso usadas como secante, ésteres para fabricar copal sintético, baquelita, etc.

COLOGARITMO m. *Mat.* V. LOGARITMO.

COLOIDAL adj. De la misma naturaleza que la cola o la gelatina: *disolución coloidal de albúmina.* ‖ *Estado coloidal,* estado del cuerpo que tiene la consistencia y el aspecto de la cola de gelatina. (V. COLOIDE.)

— *Expl. Pólvora coloidal,* v. PÓLVORA.

COLOIDE m. *Quím.* Dícese de un sistema en el cual las partículas de una substancia pueden hallarse en suspensión en un líquido —sin tender a acumularse en la superficie ni en el fondo— merced a un equilibrio llamado estado coloidal. ‖ Substancia cuyas partículas tienen propiedades coloidales.

— Las partículas de todas las substancias coloidales se hallan cargadas eléctricamente y no pueden atravesar las membranas de colodión, mientras que las sales disueltas en soluciones ordinarias (cristaloides) pueden atravesar dichas membranas.

Las partículas coloidales (*micelas*) se emulsionan en el seno del líquido y dan una seudosolución (*sol*) cuya estabilidad depende de la viscosidad y tensión superficial del solvente y de la carga eléctrica de las micelas. Esta carga puede ser negativa o positiva —según la substancia de que se trate— pero siempre del mismo signo para todas las micelas. Por consiguiente, éstas se repelen y no pueden aglomerarse.

Una gran parte de los tejidos vegetales y animales son de naturaleza coloidal. Además, los coloides constituyen el punto de partida de importantes procesos industriales, cuales son la fabricación del caucho, de la seda artificial, del celuloide y otras materias.

La suspensión de partículas líquidas en un medio gaseoso es un aerosol*.

COLOMBIO m. *Quím.* Niobio.

COLOMBITA f. *Miner.* Columbita.

COLOR m. Impresión que produce en la vista la luz y que varía según su naturaleza propia y el modo como es difundida o reflejada por los cuerpos. ‖ Materia colorante *. ‖ Producto a base de pigmentos con el que se da color a una cosa. ‖ *Colores interferenciales,* v. INTERFERENCIAL.

— *Metal. Color de recocido* o *revenido,* color que cobra un acero después de haber sido templado y recocido y que depende de la temperatura alcanzada en esta última operación.

— *Ópt.* El *color* no es una cualidad intrínseca de la materia (que carece de él) por sí misma. Su color varía según el de la luz que la baña y como ésta hiere nuestra retina reflejada por la superficie de los cuerpos, se desprende que el color es determinado por las propiedades reflectoras o difusoras de dicha superficie.

La luz del Sol es una mezcla de luces monocromáticas de longitudes de onda diferentes (v. LUZ). Una superficie que, bañada por esa luz, refleja todas las radiaciones de la misma, engendrará en la retina la sensación de *color blanco.* Si las absorbe todas y no refleja ninguna, la retina no será excitada y experimentaremos la sensación de *negro.* Entre estos dos casos extremos se sitúa toda una gama de superficies capaces de reflejar electivamente un reducido grupo de radiaciones afines por su longitud de onda: si la superficie absorbe todas las radiaciones, salvo las azules, diremos que tiene el *color azul;* si solamente refleja las amarillas, será *amarillo;* si refleja a la vez radiaciones azules y amarillas, diremos que es *verde,* etc.

Así, el color no es sino el modo como una substancia trata a las diversas radiaciones de la luz. Los *colores simples* son engendrados por radiaciones de las cuales cada una está caracterizada por una longitud de onda intrínseca comprendida entre 0,4 micrones para el violado extremo y 0,8 para el rojo obscuro. Las más de las veces se hallan asociadas varias radiaciones diferentes y constituyen *colores compuestos.* En cuanto a los *colores complementarios,* son aquellos que, mezclados, reconstituyen la sensación de blanco, lo cual puede obtenerse con dos colores solamente: el violeta y el amarillo verdoso; el añil y el amarillo; el azul y el anaranjado; el azul verdoso y el rojo.

Los colores, lo mismo que las notas de música, se ordenan con arreglo a una gama determinada por la naturaleza y reproducida por la luz cuando atraviesa un prisma: violeta, añil, azul, verde, amarillo, anaranjado y rojo. De estos siete colores tres son *primarios* o *fundamentales* (o sea permiten mediante una mezcla apropiada, reconstituir los demás): amarillo, rojo y azul. La mezcla de dos colores primarios constituye un color *binario.*

Los colores pueden descomponerse o combinarse por *síntesis substractiva* y *síntesis aditiva,* respectivamente. La mezcla de tres pigmentos de colores primarios constituye teóricamente el negro, porque cada uno de ellos absorbe los otros dos; prácticamente, no subsisten rayos luminosos de ningún color. Si se mezcla un pigmento azul (que absorbe el rojo, el anaranjado y el amarillo del espectro) con otro amarillo (que absorbe el azul, el índigo y el violado), la mezcla dará el color verde, que es el único del espectro que no habrá sido absorbido. El mismo resultado se obtendrá sobre una pantalla si se proyecta un haz de luz blanca a través de dos cristales: uno azul y otro amarillo. En ambos casos se trata de síntesis substractivas, así llamadas porque los pigmentos o los cristales substraen o eliminan una parte de las radiaciones del espectro.

Por el contrario, en la síntesis aditiva se suman radiaciones para obtener un espectro más extenso. Los mismos cristales azul y amarillo permiten obtener una síntesis aditiva. Bastará con utilizar dos proyectores: cada uno de ellos dará en la pantalla un haz en el que faltarán las radiaciones que proyectará el otro, y la mezcla de ambos, por contener todas las radiaciones del espectro, dará luz blanca. (V. la lámina COLORES.) Las síntesis representan un importante papel para la reproducción de los colores en artes gráficas (v. IMPRESIÓN), fotografía * y televisión *.

— *Pint.* La elección de los colores que convienen en cada caso y la yuxtaposición o combinación de los mismos obedecen no solamente a consideraciones estéticas (v. *Armonías* en la lámina COLORES), sino también a reglas físicas, fisiológicas y psicológicas. Así, la yuxtaposición de un color y del blanco o negro se traduce por la visión de una aureola del color complementario de aquél. Por otra parte, existen *colores fríos* (los de menor longitud de onda, cuales son el azul y el verde, por ejemplo), que surten efectos sedativos, mientras que los *colores cálidos* (en los que dominan el rojo o el amarillo) ejercen una acción excitante.

En las instalaciones industriales se aconseja emplear el color rojo para el material contra incendios y órganos de efecto instantáneo; el verde, para los dispositivos de seguridad de las máquinas y otras instalaciones; el amarillo anaranjado, para indicar un peligro; las listas alternativamente negras y blancas o negras y amarillas, para jalonar un recorrido entre las máquinas o materias almacenadas; por último, también se usa el azul para llamar la atención sobre una cosa.

— *Radiot. Televisión en colores,* v. TELEVISIÓN.

COLORACIÓN f. Acción de colorar o dar color. ‖ Aspecto de una cosa colorada. ‖ Matiz de un color: *las múltiples coloraciones del follaje.*

COLORADO, DA adj. Que tiene color. ‖ Cuyo color tira a rojo.

— *Miner. Amer.* M. Hidrato de carbono natural que contiene plata nativa o compuestos de este metal.

COLORADOÍTA f. *Miner.* Telururo de mercurio, mena de este metal.

COLORANTE adj. Que colora o tiñe.

— M. Materia colorada susceptible de conferir su color a una substancia incolora, de tal forma que ambas materias primitivas no pueden ser separadas, condición que distingue los colorantes (que sirven para teñir fibras animales y vegetales) de los colores (que son pigmentos minerales). Así, al teñir un tejido de caqui se forman sobre el mismo pigmentos de manganeso que son un color, mientras que con el índigo natural o sintético, se constituye una combinación molecular que es un colorante.

Toda substancia colorada *(cromógeno)* contiene en su molécula uno o varios grupos de átomos característicos *(cromóforos)* a los cuales debe su color. Para que un cromógeno se convierta en colorante, se ha de introducir en su molécula otra clase de grupos *(auxocromos)*. Por ejemplo, el azobenceno es una substancia anaranjada, un cromógeno con el cual puede teñirse una tela, pero bastará un buen lavado para que la misma pierda su color. Ahora bien, si se combina el azobenceno con un auxocromo tendremos, por ejemplo, el aminobenceno, colorante amarillo que se fijará en las fibras del tejido y resistirá al lavado.

Los *colorantes naturales* (añil, cochinilla, grana, índigo, etc.) han sido prácticamente reemplazados por *colorantes sintéticos* derivados del alquitrán de hulla. Los colorantes pueden clasificarse en las siguientes categorías: *colorantes ácidos* (que tiñen la lana en baño ácido y no tiñen el algodón) o *básicos* (que tiñen la lana en baño neutro y el algodón con mordiente de tanino); *colorantes substantivos* o *directos* (que tiñen directamente el tejido) y *colorantes para mordientes* (que tiñen el algodón y la lana previamente tratados con un mordiente); *colorantes de tina,* poco solubles en el agua, que, convertidos en leucoderivados poco colorados, son solubles en soluciones alcalinas (el tejido embebido de estas soluciones se expone al aire, cuyo gas carbónico neutraliza el álcali, mientras que el oxígeno, al combinarse con el leucoderivado, reconstituye con el mismo el colorante primitivo, como es el caso del índigo); *colorantes de azufre,* que se vuelven substantivos mediante solubilización por el sulfuro de sodio.

La industria de los colorantes tiene una importancia considerable, pues estas substancias no sólo se usan en la industria textil; también se fabrican colorantes especiales para los productos siguientes: papeles, pieles, tintas, barnices, ceras y materias grasas, caucho, jabones, etc. Existen, además, colorantes inofensivos cuyo uso se autoriza para mejorar el aspecto de los alimentos.

COLORAR o **COLOREAR** v. Teñir o dar de color.

COLORIDO m. Arte de colorar bien y de distribuir acertadamente los colores. ‖ Efecto que resulta de una buena distribución de los colores. (V. COLOR.)

COLORIMETRÍA f. Medida de la intensidad de la coloración de las superficies difusoras, los líquidos y los cristales coloreados. ‖ Método para determinar el pH de las disoluciones.

COLORÍMETRO m. Instrumento con el que se determinan los colores primarios que constituyen un color compuesto.

— En el *colorímetro* se superponen tres haces de luz monocromáticos fundamentales (rojo, amarillo y azul). En cada uno de ellos puede interponerse una cuña absorbente para reducir su intensidad, hasta que la mezcla de los tres haces dé un color semejante al que se está analizando.

También se da este nombre a un *fotómetro* * *fotoeléctrico* para apreciar la concentración de substancia absorbente en una materia colorada.

COLORÍSTICA f. Estudio de los colores, de los fenómenos que los producen y de los efectos fisiológicos y psicológicos que engendran.

COLORIZACIÓN f. *Ind.* Acción de colorear, teñir o aplicar colores sobre un cuerpo por cualquier otro procedimiento.

COLOXILINA f. *Quím.* Mezcla de celulosas tetranitrada y pentanitrada que, por ser poco explosiva, se utiliza en la fabricación del colodión.

COLPA f. *Metal.* Colcótar que se usaba para extraer la plata de su ganga por amalgamación.

— *Min. Amer.* Corpa.

COLUMBIO m. *Quím.* Niobio.

COLUMBITA f. *Miner.* Niobotantalato natural de hierro y manganeso, que es beneficiado como mena del niobio. (Sinón. COLOMBITA, NIOBITA.)

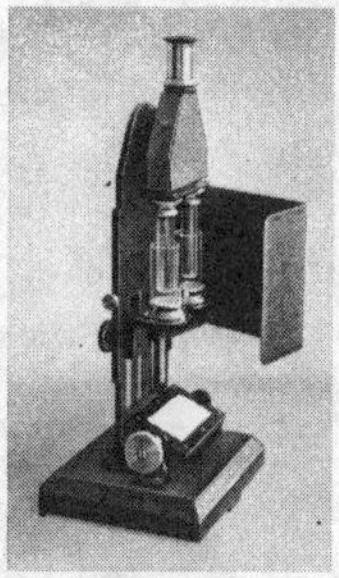

colorímetro

columnas *(arq.)*

Fot. Larousse

COLUMNA f. *Arq.* Pilar o apoyo vertical, generalmente cilíndrico, que sirve de sostén a una parte de la fábrica o bien como elemento ornamental. ‖ *Columna adosada,* la que está empotrada en una pared, de la cual sobresale por lo menos la mitad de su diámetro. ‖ *Columnas agrupadas,* las que, con sus fustes yuxtapuestos, forman un solo pilar y tienen una base y un capitel común. ‖ *Columna de cabeza de hongo,* v. CABEZA. ‖ *Columna cóclida,* la columna de ciertos monumentos, que es hueca y tiene en su interior una escalera o un ascensor. ‖ *Columna embebida* o *entregada,* columna adosada. ‖ *Columna entorchada,* columna salomónica. ‖ *Columna geminada,* conjunto formado por dos columnas yuxtapuestas o muy próximas una de otra. ‖ *Columna nervada,* columnas agrupadas. ‖ *Columna salomónica,* la que tiene el fuste en forma de rosca o espiral que, por lo general, da seis vueltas.

— La *columna* consta de tres partes principales: *base, fuste* y *capitel,* cuya forma y ornamentación son características de cada estilo u orden *, como puede apreciarse en la figura (v. pág. anterior).

— *Art. gráf.* Cada una de las partes en que se divide verticalmente una plana por medio de filetes o blancos: *las páginas del presente diccionario tienen dos columnas.*

— *Autom. Columna de dirección,* árbol que el conductor hace girar con el volante para accionar la dirección *.

— *Fís.* Líquido contenido por un tubo o recipiente cilíndrico dispuesto verticalmente: *la columna barométrica registra las variaciones de la presión atmosférica.*

— *Tecn.* Nombre dado a muchas instalaciones y aparatos cilíndricos y altos, dispuestos verticalmente, a modo de columna: *columna refrigerante, columna concentradora.* ‖ *Columna destiladora, de platos, platillos o campanas,* v. DESTILACIÓN.

COLUMNATA f. *Arq.* Hilera o conjunto de columnas de un edificio.

COLURO m. *Astr.* Nombre dado a dos meridianos de la esfera celeste, uno de los cuales contiene los dos solsticios * y el otro los dos equinoccios *: *los planos de los dos coluros son perpendiculares entre sí.*

COLZA f. *Bot.* e *Ind. alim.* Planta crucífera *(Brassica campestris)* cuyas semillas dan un aceite * comestible.

COLLAR m. Pieza de forma generalmente anular que se usa para sujetar otras piezas y mantenerlas unidas entre sí. ‖ Abrazadera. ‖ Cabeza de biela de gran diámetro, en cuyo ojo gira una excéntrica.

COLLARÍN o **COLLARINO** m. *Arq.* Moldura anular de la columna, entre el fuste y el capitel.

COMA f. *Ópt.* Aberración de los sistemas ópticos, que es una forma de astigmatismo y se manifiesta por la transformación de un punto luminoso del objeto en una manchita luminosa deformada a modo de coma.

— Cuando un objetivo u otro sistema óptico han sido corregidos eficazmente contra la aberración de esfericidad, todos los rayos luminosos procedentes de un punto situado en el eje óptico convergen en otro punto del mismo eje. Pero no ocurre siempre lo mismo con los rayos procedentes de un punto situado fuera del eje, los cuales se dispersan y dan una imagen del punto deformada, cuyo contorno es el de una coma o el de la cola de un cometa. Esta aberración es muy importante en los espejos parabólicos de los telescopios. En los objetivos fotográficos se corrige al mismo tiempo que el astigmatismo *, combinando varios lentes de propiedades diferentes.

COMANDO m. *Aeron., Mar.* y *Mec.* Mando.

COMBA f. Convexidad, alabeo de una superficie.

COMBADURA f. Acción de combar.

COMBAR v. Alabear, encorvar o hacer convexo.

COMBÉS m. *Mar.* Parte de la cubierta de un buque comprendida entre el castillo de proa y el palo mayor.

COMBINACIÓN f. *Mat.* Cada una de las maneras diferentes de disponer los objetos o números de una serie.

— La *combinación* consiste en cada una de las posibilidades de ordenar *n* veces uno u otro de *m* objetos. El número de combinaciones simples que se pueden formar con *m* objetos dispuestos *n* a *n* se obtiene por la fórmula:

$$C = \frac{m\,(m-1)\ \dots\ (m-n+1)}{n!}.$$

Si se trata de combinar dos a dos las cinco letras *a, b, c, d, e* la aplicación práctica de la fórmula será:

$$C = \frac{5 \times (5-1)}{1 \times 2} = 10.$$

En efecto, las combinaciones simples son las siguientes: *ab, ac, ad, ae; bc, bd, be; cd, ce; de.* Supongamos que se dan a un jugador cinco cartas de una baraja de 32. ¿Cuántas combinaciones diferentes pueden corresponderle? La aplicación de la fórmula es como sigue:

$$C = \frac{32 \times 31 \times 30 \times 29 \times 28}{1 \times 2 \times 3 \times 4 \times 5} = 201\ 376.$$

Llámanse combinaciones completas las que admiten la repetición del mismo objeto *n* veces. Así, en el ejemplo precitado de las letras *a, b, c, d, e,* a las diez combinaciones simples se sumarán las cinco siguientes: *aa, bb, cc, dd, ee.* La fórmula general para hallar el número de combinaciones completas es la siguiente:

$$C = \frac{m\,(m+1)\ \dots\ (m+n-1)}{n!}$$

y en el caso de las 5 letras dispuestas dos a dos, tendremos:

$$C = \frac{5\,(5+1)}{1 \times 2} = 15.$$

La misma fórmula permite averiguar de cuántas fichas consta un juego de dominó sabiendo que en esas fichas se combinan dos a dos unas series de puntos que van del cero (ficha blanca) hasta el seis, o sea siete figuras posibles en cada media ficha. La fórmula da:

$$C = \frac{7 \times 8}{1 \times 2} = 28 \text{ fichas.}$$

(Véanse los art. FACTORIAL, PERMUTACIÓN y VARIACIÓN.)

— *Quím.* Acción y efecto de unir dos o más cuerpos químicamente para formar un compuesto dotado de propiedades diferentes.

— Las *combinaciones químicas* obedecen a ciertas leyes, según las cuales un compuesto químico contiene siempre los mismos elementos combinados en las mismas proporciones; cuando dos elementos simples pueden dar varias combinaciones, las masas de uno de ellos que, en los distintos compuestos, se combinan con una masa igual del otro, guardan siempre una relación que se expresa en números enteros; si *a* y *b* son las masas de dos elementos A y B que se combinan con la misma masa *c* de otro elemento C, cuando A y B se combinan entre sí, la razón de sus masas es a/b o bien am/bn (en cuyo caso *m* y *n* son dos números enteros). [V. COMPUESTO, QUÍMICA y REACCIÓN.]

— *Tecn.* Dispositivo mecánico complejo de las cajas de caudales, cuyos elementos solamente permiten la apertura de la misma si se disponen previamente en un orden determinado. (V. CAJA y CERRADURA.)

COMBINADO, DA, adj. y s. Aplícase a la reunión de varios elementos en uno solo:

— *Aeron.* Aeronave cuya concepción y funcionamiento participa a la vez de los del avión y del giroplano.

— El *combinado* se propulsa horizontalmente como los aviones (a hélice o por reacción) y se sustenta a la vez mediante alas y rotores. Tanto en el vuelo vertical (permitido por el rotor) como en el horizontal, no cambian las posiciones de los órganos propulsores ni de la célula, circunstancia que permite distinguir este aparato del convertible *.

— *Carp.* Máquina herramienta múltiple que, con un solo bastidor, puede funcionar como sierra, acepilladora, molduradora, etc.

— *Telec.* Microteléfono.

COMBINADOR m. *Electr.* Conmutador múltiple, en forma de tambor o de levas, que se usa para conectar máquinas y aparatos eléctricos con arreglo a diversas combinaciones.

— *F. c.* Conmutador que permite regular la marcha de los vehículos eléctricos mediante diversas combinaciones de los circuitos o de los motores. ‖ Tablero en el cual se centralizan los mandos de un sector ferroviario, especialmente en las estaciones importantes, y que permite regular automáticamente el tráfico.
— El *combinador* consta de un tablero luminoso en el que figuran las vías con sus agujas y semáforos, y de una serie de manijas y botones, cada uno de los cuales corresponde a un itinerario posible. Al accionar una manija, el operador provoca el cierre de todas las agujas y el funcionamiento de todas las señales y dispositivos de seguridad a lo largo del itinerario escogido.
— *Telec.* órgano que, en ciertos telégrafos *, traduce las señales convencionales recibidas en forma de impulsos eléctricos y las imprime en caracteres ordinarios.

COMBINAR v. *Quím.* Unir dos o más elementos químicos en determinadas proporciones para obtener un compuesto dotado de propiedades diferentes.
— *Tecn.* Agrupar o unir dos elementos dispares para constituir un todo polivalente: *combinar una taladradora y una fresadora en un mismo banco.*

COMBINATORIO, RIA adj. *Mat. Análisis combinatorio* o *teoría combinatoria,* parte de las matemáticas que trata de los grupos que pueden formarse con varios elementos combinándolos de diversas formas en el interior de cada grupo. Ú. t. c. s. f. (V. COMBINACIÓN, PERMUTACIÓN y VARIACIÓN.)

COMBO m. *Art. y of. Amer.* Mazo de herrero.
— *Min.* Almadana.

COMBURENTE m. *Quím.* Dícese del cuerpo que, al combinarse con otro, provoca la combustión del mismo: *el oxígeno es comburente, pero no combustible.*
— Los motores de explosión y los de reacción aerobios * aprovechan como *comburente* el oxígeno del aire. El único motor químico anaerobio * es el cohete * que puede consumir diversos comburentes: oxígeno líquido, agua oxigenada, ácido nítrico, etc. (V. PROPERGOL.)

COMBURÍVORO adj. *Quím. Poder comburívoro,* cantidad de aire necesaria para obtener la combustión de un combustible.

COMBUSTIBILIDAD f. *Quím.* Propiedad de los cuerpos combustibles. (V. COMBUSTIBLE y COMBUSTIÓN.)

COMBUSTIBLE adj. y s. Dícese de las materias que, al combinarse con el oxígeno, arden con desprendimiento de calor. (V. COMBUSTIÓN.) ‖ Aplícase, por ext., a toda substancia capaz de desprender calor utilizable, en el curso de una reacción química (v. PROPERGOL) o física (v. FISIÓN.)
— *Aeron.* Los *combustibles* consumidos por los aerodinos son de tres clases: *gasolina * de aviación* para los motores de explosión; *carburreactor ** para los turborreactores, turbopropulsores y estatorreactores; *propergol ** para los motores de cohete.
— *Astron.* El *combustible de los cohetes cósmicos* consiste en propergoles * en los cuales un carburante reacciona con un comburente.
— *Atom.* Con el nombre de *combustible* se designan los cuerpos físiles capaces de producir una reacción en cadena en las pilas o reactores nucleares. Entre ellos el principal es el *uranio ** en sus distintas formas (uranio natural, uranio enriquecido en ^{235}U, óxido de uranio, etc.). También son combustibles el *plutonio ** y el *torio ** previamente transmutado en uranio de masa 233. En las reacciones de fusión * el combustible utilizado es el *hidrógeno.*
Ciertos reactores nucleares, al provocar transmutaciones en el seno del combustible, producen un combustible de otra índole y en cantidades mayores que las que han consumido. (V. REACTOR *autorregenerador.*)
— *Electr. Pila de combustible,* v. PILA.
— *Miner. Combustibles minerales,* nombre dado por los mineralogistas no solamente a la *hulla,* la *antracita,* el *lignito* y la *turba,* sino también a otras substancias a base de carbono, cuales son el *petróleo* y los *betunes,* las *ceras* y *resinas fósiles* (ozocerita, ámbar, etc.), el *jade,* la *do plerita,* etc.
— *Quím.* El combustible más antiguamente conocido, la *leña,* ha sido reemplazado en los hogares industriales por otros combustibles a la vez más abundantes, energéticos y prácticos. Estos son:
1.º Los *combustibles minerales* (antracita, hulla, lignito, coque —obtenido por destilación seca de la hulla—, briquetas —fabricadas por aglomeración de hulla pulverulenta con brea—, etc.); combustibles líquidos (petróleo y sus derivados, alcohol);
2.º *Combustibles gaseosos* (gas de alumbrado, procedente de la destilación de la hulla; gas natural, propano y butano extraídos del petróleo bruto en las refinerías, acetileno, etc.).
El carbón de piedra, que había empezado a substituir a la leña en el siglo pasado, tiende a ser reemplazado a su vez por los hidrocarburos líquidos y gaseosos, más cómodos y baratos. En cuanto a los combustibles nucleares, su interés no ofrece ninguna duda y se impondrán rápidamente una vez que se haya obtenido mayor experiencia en el campo de los reactores nucleares.
En un motor aerobio * el combustible consiste en un carburante que reacciona en la cámara de combustión con el oxígeno del aire. En los motores anaerobios, por el contrario, el combustible consta de un carburante y de un comburente. (V. PROPERGOL.)
La característica principal de un combustible es su poder calorífico expresado por un número que corresponde a las kilocalorías desprendidas por la combustión completa de un kilogramo del mismo. A continuación se indica el poder calorífico de los principales combustibles:

Acetileno	11 600	kcal.
Alcohol de 95º	6 740	"
Antracita	8 300	"
Butano	11 000	"
Carbón de leña	7 500	"
Coque	7 800	"
Gas de alumbrado	9 250	"
Gasolina	11 000	"
Gasoil	10 250	"
Hulla	4 000	"
	a 8 000	"
Leña seca	2 400	"
	a 3 600	"
Lignito	4 800	"
Mazut	9 600	"
Petróleo de alumbrado	10 500	"
Propano	11 000	"
Turba	4 700	"

COMBUSTIÓN f. Acción de quemar o de consumirse una cosa por el fuego.
— *Autom.* y *Mec.* Tercero de los cuatro tiempos de que consta el ciclo de un motor * de combustión. ‖ *Cámara de combustión,* recinto de un motor * en el cual se efectúa la combustión.
— La extrema rapidez de la *combustión* en el cilindro hace que se haya dado a este tiempo el nombre de explosión y que, prácticamente, se designen estas máquinas térmicas con el nombre de *motor de explosión,* con cierta tendencia a reservar el de *motor de combustión* a los que consumen aceites pesados. En realidad se trata de una combustión que, al ser inflamada por la bujía la mezcla carburada, se propaga en el seno

combinador
(f. c.)

Fot. S. N. C. F.

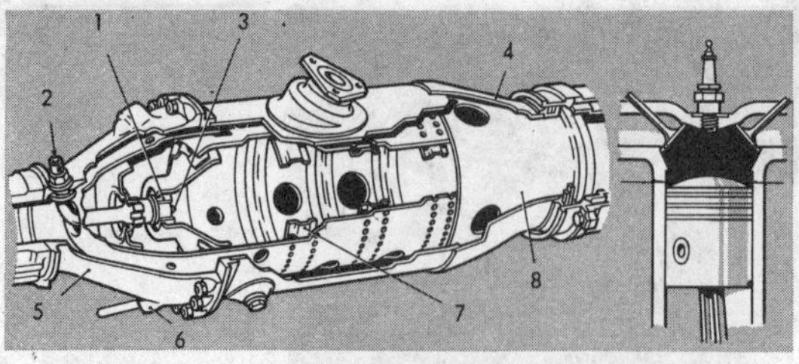

cámaras de **combustión** de un turborreactor y de un motor de explosión: 1. Mezclador por turbulencia; 2. Enchufe del quemador; 3. Quemador; 4. Cárter; 5. Cámara de expansión; 6. Combustible; 7. Refrigeración; 8. Escape de los gases

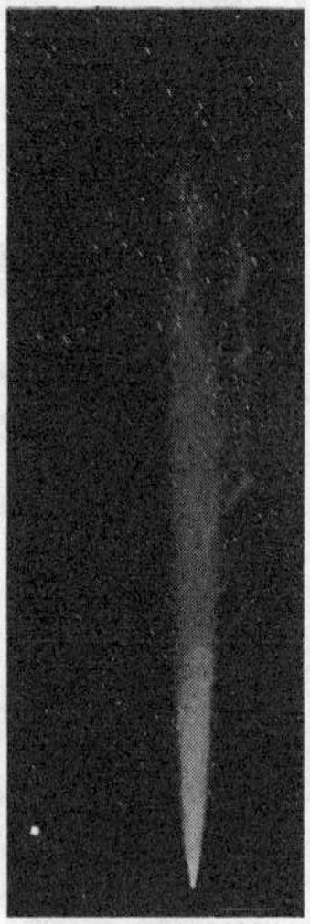

cometa de Halley en 1910

orientación de la cola de un **cometa**

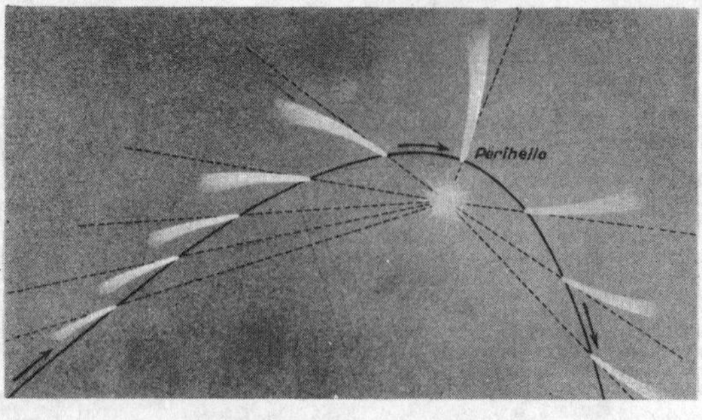

de ésta por ondas sucesivas. El tiempo que transcurre entre la emisión de la chispa y la combustión se compensa adelantando la primera (avance del encendido *).

— *Min. Velocidad de combustión,* velocidad con que se consume la mecha para hacer explotar los barrenos, que suele ser del orden de 60 a 90 cm por minuto.

— *Quím.* Conjunto de fenómenos a que da lugar la combinación de un cuerpo con el oxígeno. ‖ *Combustión espontánea,* la del combustible que no requiere ser inflamado y la de ciertos cuerpos que, en determinadas condiciones (fermentación, calor, etc.) prenden fuego naturalmente. (V. APILAR.) ‖ *Índice de combustión,* relación entre los volúmenes de óxido de carbono y de gas carbónico presentes en los gases de la combustión. ‖ *Velocidad de combustión,* rapidez con que se efectúa una combustión, tanto mayor cuanto más elevada es la temperatura.

— La *combustión lenta* es un fenómeno de oxidación tan prolongado, que el calor desprendido se disipa sin calentar el cuerpo combustible, como ocurre con la oxidación del hierro en presencia de aire húmedo. En la *combustión viva,* la reacción se efectúa con rapidez y el calor desprendido provoca la incandescencia del combustible (caso del carbono y de los hidrocarburos inflamados en presencia del oxígeno atmosférico). Mucho más rápidas aún son otras combustiones, como la del magnesio en el oxígeno.

Las combustiones más comunes son las de los compuestos de carbono e hidrógeno en presencia del aire. Para que sean completas, el aire suministrado al combustible ha de contener la cantidad de oxígeno (comburente) suficiente para transformar todo el carbono en gas carbónico y todo el hidrógeno en agua. En realidad, siempre es necesario suministrar un exceso de aire, aunque no demasiado porque las calorías necesarias para calentarlo disminuyen el rendimiento de la combustión.

Cuando la reacción desprende gases abundantes, se forma una llama * cuyo color depende de la temperatura y de la índole de los gases. La mayor parte de los combustibles orgánicos desprenden gas carbónico al arder y, si la proporción de aire es insuficiente, dan óxido de carbono. (Como este óxido es combustible, el fenómeno se aprovecha en los procesos de gasificación de combustibles sólidos y líquidos). El *índice de combustión* determina la proporción de óxido de carbono presente en los gases producidos por una combustión incompleta.

El nombre de combustión se da, por extensión, a las reacciones químicas en las que no interviene el oxígeno pero que, como en la combustión verdadera, desprenden luz y calor. Así, el hidrógeno, el fósforo y el arsénico "arden" en presencia de cloro. Ciertas combustiones sin oxígeno se aprovechan para la propulsión de los cohetes. (V. PROPERGOL.)

COMERCIAL adj. Relativo o perteneciente al comercio. ‖ Dícese de las substancias, materias y productos de calidad o dimensiones apropiadas a las necesidades del comercio: *el ácido clorhídrico comercial solamente contiene 37 % de ácido químicamente puro; los maderos comerciales tienen dimensiones fijas.*

COMETA m. *Astr.* Astro nebuloso que describe alrededor del Sol una elipse muy alargada y suele tener un apéndice luminoso que le confiere la forma general de una coma.

— El *cometa* consta de un núcleo luminoso de pequeñas dimensiones (unos centenares de metros), rodeado por una aureola, la cabellera, de gases luminiscentes, que suele medir entre 50 000 y 250 000 km de diámetro, y prolongado por un apéndice luminoso, impropiamente llamado cola, siempre orientado en dirección opuesta a aquella en la cual se halla el Sol (sigue al cometa cuando éste se acerca al Sol y lo precede cuando se aleja del mismo). Por lo demás, la cola solamente se desarrolla cuando el cometa se halla relativamente cerca del Sol, pues consta de moléculas y partículas finas muy ionizadas, que son repelidas no solamente por la presión de radiación *, sino también por la acción del campo magnético. La cola siempre es curva, aunque el efecto de perspectiva la haga aparecer recta, y su curvatura resulta de la combinación del movimiento propio de las partículas expulsadas del núcleo y del movimiento del cometa en su órbita.

Las *órbitas de los cometas* son, en principio, elípticas, pero su excentricidad * puede alcanzar un valor igual a la unidad, y entonces la órbita se vuelve parabólica, y hasta hiperbólica. No es raro que las órbitas sean modificadas al pasar los cometas a proximidad de los planetas mayores, especialmente Júpiter. Merced a esta acción, un cometa de órbita casi parabólica puede pasar a ser cometa elíptico de corto período, mientras que un cometa periódico puede dejar de serlo en virtud de las mismas influencias planetarias. Pero un cometa de corto período no puede subsistir en el sistema solar lo mismo que un planeta: al perder materia —como lo atestigua su cola— cada vez que pasa cerca del Sol, acaba por desagregarse. Así, el *cometa de Biela,* observado en 1846 y 1852, desapareció. Desde entonces se observa una lluvia de estrellas fugaces (las Biélidas *) de igual período que el que tenía el referido cometa.

Los cometas visibles a simple vista son rarísimos. Con los instrumentos ópticos se observan por término medio de cuatro a seis por año. De todos los cometas observados hasta ahora, se conocen unos 600 cuya órbita ha sido determinada y entre los cuales figuran 70 de período inferior a 10 años (pero solamente la mitad de éstos han podido ser observados en el curso de varios retornos regulares).

COMINGTONITA f. *Miner.* Cumingtonita.

COMODÍN m. *Art. gráf.* Véase CHIBALETE.

COMPACIDAD f. Compactibilidad.

— *Constr.* y *Obr. públ. Compacidad del hormigón,* relación entre el volumen que ocupa finalmente la masa de hormigón y el volumen primitivo de sus constituyentes sólidos.

COMPACTADO, DA adj. y s. Acción y efecto de compactar.

— *Obr. públ.* Operación que tiene por objeto aumentar la densidad del suelo mediante expulsión del aire que contiene la tierra.

— El *compactado* consiste en amasar el suelo con útiles capaces de vencer la resistencia opuesta por el frotamiento de las partículas, lo cual permite aplastarlas y apretarlas suprimiendo la porosidad natural de la tierra. Se efectúa gene-

Fot. Obs. Lowell

ralmente con apisonadoras * especiales, provistas de rodillos erizados de púas de forma apropiada (pies de carnero).

COMPACTADOR, RA adj. *Obr. públ.* Dícese de las máquinas que sirven para compactar: *cilindro compactador.*

COMPACTAR v. Hacer que una cosa sea más compacta.
— *Obr. públ.* Efectuar el compactado * de un suelo.

COMPACTIBILIDAD f. Calidad de compacto.
— *Obr. públ.* Compacidad.

COMPACTO, TA adj. Dícese de las materias poco porosas, de textura apretada.
— *Art. gráf.* Dícese de los caracteres que ocupan menor espacio que los comunes en la composición, ya sea por tener muy corto el palo de las letras b, d, f, g, etc., ya por haberse reducido el espesor del ojo (letra chupada). ‖ Dícese de la impresión apretada que, a espacio igual, da mayor lectura que una composición ordinaria.
— *Papel. Cartón compacto,* v. CARTÓN.

COMPAGINACIÓN f. *Art. gráf.* Operación consistente en disponer los fragmentos de galeradas, los grabados correspondientes y los blancos para formar las páginas del pliego que se ha de imprimir: *la compaginación de obras ilustradas empieza con la preparación de una maqueta y se termina por el casado * de las páginas.*

COMPAGINAR v. *Art. gráf.* Efectuar la compaginación *.

COMPAÑERO m. *Astr.* Acólito. ‖ Nombre dado a los astros que gravitan alrededor de una estrella a semejanza de los planetas en torno al Sol.
— Los *compañeros* son planetas o estrellas de escaso brillo, generalmente invisibles, incluso con los instrumentos más potentes, que gravitan en torno a una estrella principal. Ésta, en vez de seguir una trayectoria recta, tiene un movimiento sinuoso que permite descubrir la presencia del compañero y calcular aproximadamente su masa y los elementos de su órbita. (V. PLANETA.)

COMPARABLE adj. Dícese de la cosa digna de ser comparada con otra.
— *Mat. Magnitudes comparables,* las de la misma especie que pueden ser comparadas para establecer la razón * existente entre las mismas.

COMPARADOR m. *Astr.* V. ESTEREOCOMPARADOR.
— *Metr.* Instrumento amplificador que sirve para comparar las dimensiones de una pieza con las del patrón o modelo, midiendo ambas sucesivamente.
— El *comparador mecánico* o *de reloj* consta de un punzón móvil que, al correr en su soporte para ser aplicado sobre la pieza que se ha de medir, arrastra una aguja que indica la longitud con una precisión del orden de una centésima de milímetro.
En el *comparador neumático* el punzón que se aplica en la pieza es el vástago de una válvula que da salida al aire de una vena de presión y caudal rigurosamente constantes. El mayor o menor espesor de la pieza harán variar la luz de la válvula y se traducirán por cambios de la presión en la vena. Un manómetro de precisión permite medir esta presión, proporcional a la distancia medida.
En el *comparador óptico* el punzón obra mecánicamente sobre el dispositivo proyector o reflector de un finísimo haz de luz que corre sobre una escala graduada, en la cual puede leerse —con una precisión del orden de la milésima de milímetro— la distancia buscada.
Otro tipo de comparador óptico consiste en dos microscopios montados sobre un banco y cuyos oculares, provistos de retículas, permiten comparar la longitud de una regla con la de un patrón merced a las divisiones muy precisas que éste lleva en sus extremos.
Por último, el punzón del *comparador electrónico* se mueve dentro de una bobina y provoca una variación del campo eléctrico de la misma. Un galvanómetro permite transformar estas variaciones en movimientos de una aguja sobre la esfera indicadora de las distancias medidas. (V. también CALIBRE y MICRÓMETRO.)
— *Topogr.* V. ESTEREOCOMPARADOR.

COMPARTIMENTO y COMPARTIMIENTO m. Cada una de las secciones de una superficie que resultan al dividirla mediante un sistema regular de líneas dispuestas simétricamente: *los compartimientos de un tablero de ajedrez.* ‖ División o subdivisión de un local, carruaje, recinto, etc., por medio de tabiques.
— *Carp. Entarimado* de compartimientos,* v ENTARIMADO *de taracea.*
— *F. c.* Cada uno de los departamentos en que se divide un vagón de viajeros.
— *Mar. Compartimiento estanco,* departamento de un buque delimitado por mamparos * estancos.

COMPÁS m. *Aeron.* V. más abajo *Mar.* y *Aeron.*
— *Geom.* Instrumento constituido por dos varillas articuladas en uno de sus extremos, en forma de ángulo que, más o menos abierto, permite medir y transportar la distancia entre dos puntos y trazar arcos, circunferencias y otras figuras geométricas. ‖ Instrumento de forma diferente a la del anterior y apropiada para mediciones o trazados especiales (v. figura): *los compases de punta fija o seca no llevan lápiz ni tiralíneas y sirven más bien para transportar longitudes que para trazar figuras.* ‖ *Geometría del compás, geometría de la regla y del compás,* v. GEOMETRÍA.
— *Mar.* y *Aeron. Compás magnético,* o simplemente *compás,* brújula * convenientemente suspendida y protegida para que indique con precisión la dirección seguida por el aerodino o la nave respecto al norte magnético, sea cual fuere la inclinación de los mismos y la acción magnética de sus masas metálicas. ‖ *Compás acimutal,* compás especialmente constituido para determinar el acimut * magnético mediante la observación del Sol o de otro cuerpo celeste. ‖ *Compás electrónico,* dispositivo electrónico intercalado entre un compás magnético y un piloto* automático para regular el funcionamiento de éste de acuerdo con el rumbo indicado por el primero. ‖ *Compás giroscópico,* el que se funda en la estabilidad direccional del giroscopio, puramente mecánica, y, por consiguiente, insensible a las influencias magnéticas.
— El *compás magnético* consta de una cubeta metálica o mortero tapado con un cristal y montado en la bitácora con una suspensión de cardán *, para que permanezca horizontal cuando se ladean o cabecean el barco o el avión. El *mortero* tiene en su centro una púa vertical sobre la cual se mantiene en equilibrio la rosa * de los vientos provista de varias barritas imantadas dispuestas paralelamente.
En el compás magnético los movimientos rápidos del casco, especialmente el balanceo *, engendran oscilaciones que se amortiguan lentamente. Los *compases de líquido* permiten obviar este inconveniente. En ellos la rosa de los vientos se halla en el seno de un líquido (mezcla de agua y de alcohol) que, sin impedir su orientación magnética, frena rápidamente las oscilaciones.
Estos compases indican perfectamente el norte magnético en los barcos de madera, pero no en los de acero, pues la presencia de metal modifica considerablemente las líneas del campo magnético

comparador de reloj

compases

de embarcación

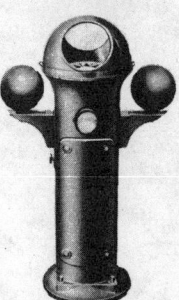

con compensadores

de avión

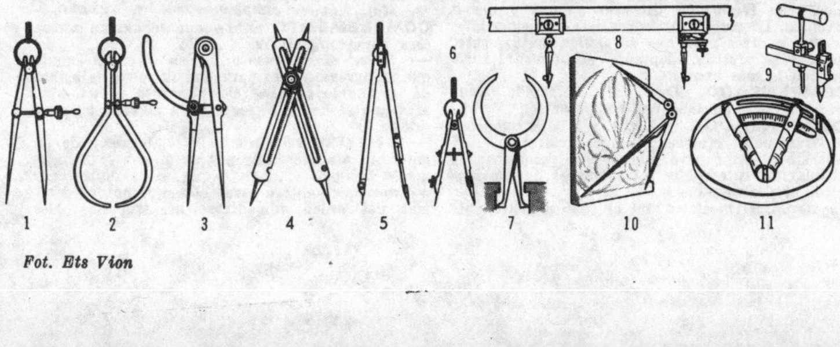

compases *(geom.)*
1. De mecánico; 2. De espesores; 3. De sector; 4. De proporciones; 5. De dibujar; 6. Bigotera; 7. De diámetros externos e internos; 8. De vara; 9. De cortar rodajas; 10. De tres puntas; 11. De sombrerero

Fot. Ets Vion

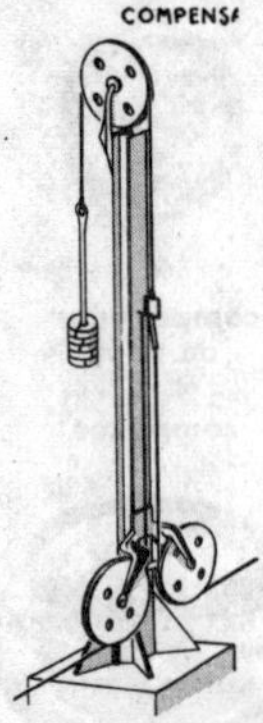

compensador
(f. c.)

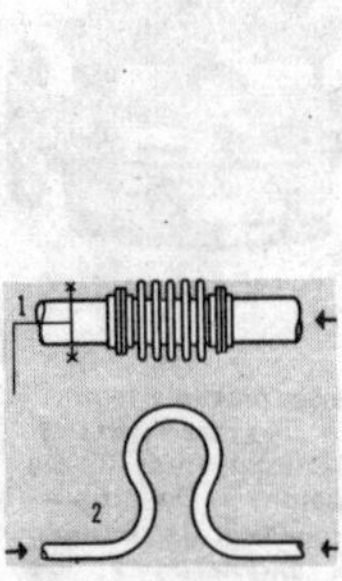

compensadores
(calef.)
1. De fuelle; 2. De lira

terrestre y desvía la aguja. De ahí la necesidad de compensar o contrarrestar la influencia del casco, máquinas y cargamento de naturaleza metálica. (V. COMPENSACIÓN.)
— El *compás giroscópico* consiste en un giroscopio que, suspendido por su centro de gravedad y mantenido en rapidísima rotación, conserva su eje horizontal y en la dirección del norte geográfico. Dispositivos electrónicos miden exactamente el ángulo formado por el eje giroscópico con el del barco o del avión e indican el rumbo seguido. Esta indicación puede transmitirse a cuantos puntos se desee (pasarela, radar, radiogoniómetro, etc.) con el uso de otros tantos repetidores *. (V. también GIROCOMPÁS.)

COMPASAR v. Dividir o medir con el compás. || Medir o trazar con exactitud o simetría.

COMPATIBLE adj. Dícese de lo que es apto para existir, concurrir o acordarse con otra cosa.
— *Acúst. Disco compatible,* v. DISCO.
— *F. c. Itinerarios compatibles,* los que, en una estación, pueden ser recorridos simultáneamente por dos trenes sin riesgo de que se produzca una colisión entre ambos.
— *Mat. Condiciones compatibles,* dícese de dos condiciones cuando ninguna de ellas impide cumplir la otra.
— *Radiot.* Calidad de un sistema de televisión en colores cuando sus emisiones pueden ser captadas en blanco y negro por los televisores ordinarios y que, recíprocamente, sus propios receptores pueden captar las emisiones efectuadas en blanco y negro.

COMPENSACIÓN f. Acción de compensar. (V. también COMPENSADOR y COMPENSADO.)
— *Aeron.* Reducción del esfuerzo necesario para maniobrar los timones y alerones de un avión oponiendo a la reacción de éstos sobre los mandos una fuerza aerodinámica (*flettner* * y dispositivos equivalentes) o mecánica (servomotores, contrapesos, etc.). || *Compensación del compás,* v. más abajo *Mar.* y *Aeron.*
— *Arq.* y *Carp. Compensación de escalera,* v. ESCALERA *compensada.*
— *Constr. Compensación de tierras,* nivelación de un terreno mediante desmonte y terraplenado, o sea utilizando la tierra sobrante en un sitio para rellenar las hondonadas en otro hasta alcanzar el mismo nivel común.
— *Electr.* Operación que consiste en contrarrestar una acción perturbadora (eléctrica o magnética mediante una reacción de efectos antagonistas. (V. COMPENSADOR.)
— *Geof. Compensación isostática,* v. ISOSTASIA.
— *Mar.* y *Aeron.* Protección de un compás contra la influencia magnética de las masas metálicas del buque o del avión. || *Compensación del timón,* v. TIMÓN *compensado.* || *Tablas de compensación o de desviación,* tablas que indican las desviaciones que tiene para cada rumbo un compás no compensado.
— En un compás * compensado la rosa de los vientos no es desviada sea cual fuere el rumbo seguido. La *compensación* se obtiene oponiendo a la acción perturbadora de los metales férreos de a bordo otras acciones equivalentes, pero opuestas. Con dicho fin se disponen a distancia conveniente de la rosa de los vientos unos compensadores consistentes en imanes que anulan el magnetismo permanente y en masas de hierro dulce que anulan a su vez el magnetismo temporal.
— *Mec.* Corrección de las variaciones que experimentan los péndulos y espirales de los relojes bajo el efecto de los cambios de temperatura y otras causas. (V. PÉNDULO y ESPIRAL.)
— *Metr.* y *Topogr.* Operación consistente en corregir las medidas para limitar los errores.
— Una magnitud observable es medida varias veces, lo cual permite obtener otros tantos resultados con frecuencia dispares y más o menos erróneos. La *compensación* consiste en oponer unos errores a otros para que se anulen mutuamente, lo cual se efectúa adoptando el promedio como medida la más exacta.

COMPENSADO, DA adj. Corregido, contrarrestado o anulado por compensación*.

COMPENSADOR, RA adj. y s. Que compensa o sirve para efectuar una compensación *. || Aparato o dispositivo que permite compensar o atenuar las diferencias o variaciones de una longitud, esfuerzo, etc.
— *Aeron.* Dispositivo con el cual se obtiene la compensación * de los timones y alerones. || *Compensador del compás,* v. COMPENSACIÓN.
— *Calef. Compensador de dilatación,* dispositivo que permite absorber los cambios de longitud de una tubería sometida a las variaciones de la temperatura del fluido o a las del aire ambiente.
— *Electr.* Dispositivo con el cual se restablece el equilibrio de un circuito eléctrico perturbado, mediante un efecto antagonista del que causa la perturbación. || Electromotor sin carga activa que sirve solamente para suministrar o absorber potencia reactiva: *existen compensadores síncronos y asíncronos.* || *Compensador de dilatación,* en las catenarias y otras líneas de transporte aéreo de energía eléctrica, tensor u otro dispositivo que permite compensar el alargamiento o acortamiento del cable debidos a los cambios de temperatura. || *Devanado compensador,* bobinado auxiliar que, en una máquina eléctrica, permite atenuar ciertos efectos reactivos de la corriente que circula por otros arrollamientos.
— *F. c. Compensador de dilatación,* contrapeso que permite absorber los cambios de longitud de los cables que accionan las agujas a distancia.
— *Fot. Filtro compensador,* v. FILTRO.
— *Mar. Compensador magnético,* v. COMPENSACIÓN *del compás.*
— *Mec. Espiral compensadora, péndulo compensador,* v. ESPIRAL y PÉNDULO.
— *Radiot.* Condensador variable que permite equilibrar la capacidad propia de un cuadro * respecto a la del suelo y evitar así que los radiogoniómetros * y aparatos similares den indicaciones erróneas.

COMPETENCIA f. *Geol.* Aptitud del agua y del viento para arrastrar partículas sólidas.
— La *competencia* depende de la densidad del fluido (es mayor en el agua cenagosa que en el agua clara), de la pendiente que tiene el cauce y del gasto de la corriente. Las dimensiones granulométricas de los aluviones son tanto mayores cuanto mayor es la competencia del curso del agua que los forma.

COMPLEJO, JA adj. Que contiene diversos elementos o se compone de ellos. || Complicado. || Conjunto, grupo de elementos asociados o interdependientes.
— *Acúst. Sonido complejo,* v. SONIDO.
— *Astron. Complejo de lanzamiento,* conjunto de instalaciones necesarias para el lanzamiento de un cohete. (V. COSMODROMO.)
— *Ind.* Conjunto de industrias que contribuyen a una misma producción: *un complejo siderúrgico consta de minas de hierro y carbón, fábricas de coque y de gas, altos hornos, acerías, forjas, laminadores,* etc.
— *Mat. Cantidad compleja,* cantidad imaginaria *. || *Número complejo,* v. NÚMERO.
— *Quím.* Combinación que tiene la fórmula química de un compuesto doble, pero que no da las reacciones propias del mismo porque las dos clases de iones, en vez de conservar su individualidad, se han fundido en un nuevo ion complejo. (Así, el ferrocianuro de potasio no tiene las propiedades de los cianuros ni las de las sales de hierro.)

COMPLEMENTARIDAD f. *Atom.* y *Fís. Principio de complementaridad,* principio según el cual los dos aspectos corpuscular y ondulatorio de la luz y de las partículas en movimiento son dos formas complementarias de una misma realidad. (Por esta razón no se puede, por ejemplo, utilizando dos instrumentos apropiados, observar simultáneamente un mismo electrón en tanto que onda y en tanto que corpúsculo.) [V. MECÁNICA *ondulatoria.*]

COMPLEMENTARIO, RIA adj. Dícese de la cosa que sirve de complemento a otra.
— *Fís. Colores complementarios,* v. COLOR.
— *Geom. Ángulos complementarios,* v. ÁNGULO.
— *Mat. Número complementario,* v. NÚMERO.

COMPLEMENTO m. Lo que se agrega a una cosa para completarla.
— *Geom. Complemento de un ángulo,* ángulo que se agrega a otro para que la suma de ambos dé un ángulo recto. || *Complemento de un arco,* arco que se ha de agregar para obtener un cuadrante.
— *Mat. Complemento algébrico,* menor * de un determinante precedido por su signo. || *Complemento aritmético,* número que se ha de agregar a otro número entero para obtener la unidad decimal del orden inmediatamente superior: *los*

complementos aritméticos de 12 y de 327 son respectivamente, 88 *y* 673 (porque 12 + 88 = 100 y 327 + 673 = 1 000).

COMPLETAR v. *Topogr.* Agregar, sobre el mismo terreno, a un mapa obtenido por fotometría * todos los detalles que no aparecen en las fotografías (líneas eléctricas, estado de las carreteras, nombres de los lugares, etc.).

COMPLETO, TA adj. *Mat. Cociente completo,* v. FRACCIÓN.

COMPONEDOR m. *Art. gráf.* Herramienta usada por el cajista para componer renglones con los caracteres y espacios que va tomando uno a uno en la caja.

— El *componedor* consta de una regla metálica de perfil angular, provista de un tope en uno de sus extremos y de un cursor que permite determinar el largo del renglón. En el *componedor estrecho* solamente cabe una línea del cuerpo 12; en el *ancho* caben cuatro, y en el llamado *cazuela,* ocho.

COMPONENTE adj. y s. Que entra en la composición de una cosa o sirve para componerla: *identificar los componentes de una mezcla química.*

— *Fís.* y *Mec. Fuerzas, velocidades componentes,* o simplemente *componentes,* fuerzas y velocidades cuya acción simultánea sobre un cuerpo equivale a la de una fuerza o velocidad única llamada *resultante.*

— *Mat.* Proyección de un vector sobre uno de los ejes o planos de un sistema de coordenadas.

COMPONER v. *Art. gráf.* Reunir caracteres y espacios para formar las líneas y palabras, ya sea con el uso de un componedor, ya con máquinas de componer. (V. COMPOSICIÓN.)

— *Mec.* Buscar la resultante de varias fuerzas, velocidades o aceleraciones.

COMPOSICIÓN f. Acción y efecto de reunir para formar un todo con varias cosas. ‖ Naturaleza de las cosas que constituyen un todo *.

— *Art. gráf.* Acción y efecto de ordenar los caracteres y espacios por palabras, renglones galeradas y páginas.

— La *composición manual* se efectúa con el componedor *. Como todas las líneas han de tener rigurosamente la misma longitud, el cajista las iguala aumentando o disminuyendo con espacios los blancos que median entre las palabras, operación llamada *justificación.* Cada vez que el componedor se halla lleno es vaciado en una *galera* * hasta totalizar el número de líneas que han de constituir la *galerada.* Ésta se ata luego con un cordel hasta que se efectúe la imposición * de la forma.

Para los trabajos de cierta importancia se recurre a la composición mecánica (v. LINOTIPIA y MONOTIPIA) y a la composición fotográfica (v. FOTOSETTER y LUMITIPIA).

— *Mec. Composición de fuerzas, movimientos, velocidades,* etc., operación o cálculo que permite determinar su resultante.

— *Papel.* Mezcla de las fibras, cargas y otras materias primas que entran en la composición de una calidad determinada de papel o cartón.

— *Quím.* Proporción de elementos que constituyen un cuerpo compuesto: *es necesario determinar la composición de una substancia antes de fabricarla sintéticamente.*

COMPOTA f. *Ind. alim.* V. CONFITURA.

COMPOUND adj. Voz inglesa que significa *compuesto* y con la cual se designan diversos acoplamientos o combinaciones de aparatos.

— *Aeron. Motor compound,* motor clásico de combustión y hélice al cual se acopla una turbina que permite recuperar parte de la energía de los gases: *en el motor compound se obtiene de 15 a 20 % de potencia suplementaria sin aumentar el consumo.*

— *Electr. Barniz compound,* mezcla de brea y resina para proteger los devanados de los motores, las pilas secas, condensadores y demás material eléctrico contra la acción del aire. ‖ *Arrollamiento compound,* combinación de dos devanados: uno en serie * y otro en shunt *. ‖ *Excitación * compound,* la que se efectúa a la vez en serie y en paralelo.

— En una *dinamo compound* la diferencia de potencial es igual en carga o en vacío, por cuya razón se usa este tipo de generador para la soldadura * eléctrica al arco.

Fot. Larousse

componedor

— *Mec. Máquina compound,* máquina de vapor en la cual el vapor, después de haber producido trabajo en un cilindro de alta presión, se expande de nuevo en otro cilindro de baja presión, pero de mayor diámetro, lográndose así 10 % de potencia suplementaria. (V. MÁQUINA.)

COMPRESIBILIDAD f. *Aerod.* y *Aeron.* V. TRANSÓNICO.

— *Fís.* y *Mec.* Propiedad de la materia a la cual se debe que todos los cuerpos disminuyan de volumen cuando se les comprime o somete a una presión.

— Los sólidos se comprimen muy poco. Un sólido isótropo sometido a una presión regularmente aplicada en toda su superficie conserva su forma, pero su volumen experimenta una disminución que desaparece al cesar la presión (si ésta no ha rebasado el límite de compresibilidad). Llámase *coeficiente de compresibilidad* (K) a la disminución de volumen (V — V′) que corresponde a la unidad de presión (P). La relación entre estas magnitudes se expresa por la fórmula: $V' = V (1 - KP)$.

Si se aplica una presión creciente sobre una de las caras de un paralelepípedo, éste acaba por romperse. El conocimiento de este límite es indispensable en arquitectura e ingeniería. (V. COMPRESIÓN y RESISTENCIA.)

La compresibilidad de los líquidos, con todo y ser pequeña, es mayor que la de los sólidos. A presión constante, su coeficiente de compresibilidad aumenta con la temperatura, salvo en el caso del agua, cuya compresibilidad va disminuyendo hasta la temperatura de 55°, a partir de la cual vuelve a aumentar.

Los gases son muy compresibles. En el caso de un gas * perfecto, el producto de la presión por el volumen de una masa gaseosa es constante a temperatura constante *(Ley de Boile o de Mariotte).* En realidad, todos los gases, salvo el helio y el hidrógeno, se comprimen más que lo que indica dicha ley entre 1 y 27 atmósferas de presión.

COMPRESIBILIDAD DE ALGUNOS CUERPOS (disminución del volumen al aumentar la presión en una atmósfera)	
Agua	0,000 042
Alcohol etílico	0,000 112
Éter	0,000 166
Aluminio	0,000 001 4
Cobre	0,000 000 8
Hierro	0,000 000 6
Mercurio	0,000 003 9
Caucho vulcanizado	0,000 095
Vidrio	0,000 001 5

COMPRESIBLE adj. Que puede ser comprimido: *los gases son muy compresibles.*

— *Aerod.* y *Aeron. Vuelo en atmósfera compresible,* v. TRANSÓNICO.

COMPRESÍMETRO m. Instrumento para medir la compresión de los cuerpos.

— *Obr. públ.* Aparato utilizado para medir la resistencia de los suelos que han de soportar los cimientos de una construcción.

— El *compresímetro* consiste en una aguja mantenida verticalmente en el suelo y sobre la cual se deja caer un peso desde una altura determinada. Unas tablas permiten deducir la resistencia superficial del terreno según la porción de la aguja que se ha hincado en el mismo.

COMPRESIÓN f. Acción mecánica que tiene por efecto reducir el volumen de un cuerpo al disminuir la distancia entre las partículas que lo componen.

— *Autom.* Primer tiempo del ciclo de un motor de dos tiempos y segundo del de un motor de cuatro tiempos. (V. MOTOR.)

— En los motores Diesel la *compresión* tiene por efecto calentar el aire a tal temperatura que el combustible se inflama espontáneamente al ser inyectado en la cámara de combustión. En los

turbocompresor

compresor de émbolo

motores de carburación previa el aumento de temperatura modifica las condiciones químicas de la combustión de los gases, pues una mezcla que no sea inflamable a la temperatura ambiente lo es bajo presión. La compresión acelera la combustión y aumenta el rendimiento térmico y la velocidad del émbolo. De ahí la necesidad de obtener el mayor *grado de compresión* posible. Con este nombre se designa la relación entre la capacidad máxima del cilindro (incluyendo la de la cámara de combustión) cuando el émbolo alcanza el punto muerto inferior y la capacidad mínima cuando se halla en el punto muerto superior. El grado de compresión es de 15 a 20 en los motores Diesel y del orden de 7 a 8 en los de gasolina. No se adoptan valores superiores porque, a menos de consumir combustibles especiales de elevado índice de octano, se producirían fenómenos de golpeteo o detonación. No obstante, en los coches de carreras se aumenta el grado de compresión por medio de un compresor instalado entre los carburadores y los cilindros y accionado por el motor. (V. SOBREALIMENTACIÓN.)

— *Fís.* La compresión puede ser *isoterma* * (a temperatura constante) o *adiabática* * (sin que existan cambios de calor con el exterior). En el último caso la entropía * permanece constante. (V. COMPRESIBILIDAD, FUSIÓN, GAS y TERMODINÁMICA.)

— *Mec.* Una pieza experimenta un esfuerzo de compresión cuando se halla sometida a la acción de dos fuerzas iguales y dirigidas una en dirección de la otra. Su deformación es elástica hasta cierto límite determinado por su resistencia * a la compresión o al pandeo * (si la pieza es relativamente larga). ‖ *Bomba de compresión*, máquina neumática para comprimir gases manualmente, como la que usan los ciclistas para inflar los neumáticos. (V. COMPRESOR.)

— *Metal.* En metalurgia * de polvos, aglomeración del polvo en el molde o matriz por efecto de la presión del émbolo de una prensa mecánica o hidráulica. (V. FRITAJE.)

— *Refrig. Máquina, nevera* o *refrigerador de compresión*, v. REFRIGERADOR.

COMPRESOR adj. y s. Que comprime o sirve para comprimir: rodillo *compresor*.

— *Autom. Motor de compresor*, v. SOBREALIMENTACIÓN.

— *Mec.* Máquina para comprimir los gases que funciona con arreglo a uno de los principios siguientes:

1.º *Compresor de émbolo*, que consta de un cilindro provisto de dos válvulas y de un émbolo y funciona con arreglo a un ciclo de tres fases: aspiración del aire por el émbolo a través de la primera válvula; compresión del aire; expulsión del aire comprimido, por la segunda válvula. La presión obtenida suele ser de unos 7 kg/cm². Para aumentar la presión se usan compresores múltiples en los cuales el aire, ya comprimido por un cilindro, pasa al cilindro siguiente para sufrir una nueva compresión, y así sucesivamente. En el compresor de émbolos libres, dos émbolos compresores se hallan acoplados rígidamente a los de un motor de émbolos libres (v. MOTOR).

2.º *Compresor rotativo volumétrico*, que puede ser *de aletas* o *de engranajes* y funciona, respectivamente, como la bomba capsular de émbolo rotativo y la bomba de engranajes (v. BOMBA). El compresor de aletas es muy liviano y carece prácticamente de tiempos muertos.

compresor de émbolos libres: 1. Aire comprimido; 2. Inyector; 3. Émbolos motores; 4. Émbolo compresor; 5. Cilindro compresor; 6. Émbolo compresor; 7. Válvulas; 8. Cilindro motor; 9. Escape; 10. Masa de aire elástica; 11. Válvula

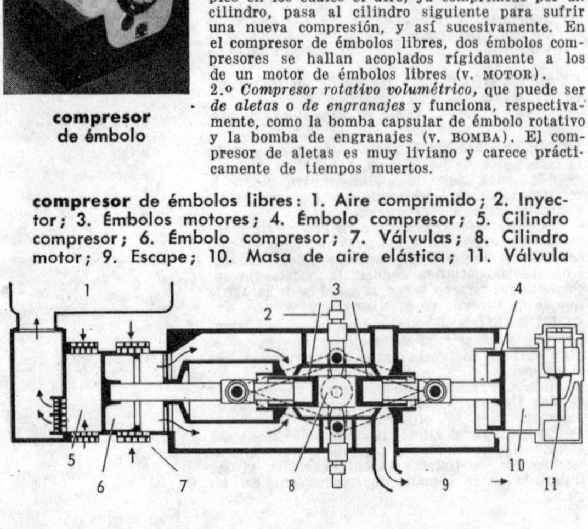

3.º *Turbocompresores.* El aire es aspirado por una rueda de álabes que, al girar rápidamente, aumenta su presión en virtud de la fuerza centrífuga (compresor centrífugo). En otros casos el aire es arrastrado por una turbina y adquiere así una velocidad que se transforma después en aumento de la presión. Generalmente un compresor de este tipo (compresor axial) consta de varias ruedas de álabes separadas por coronas de álabes fijos. (V. TURBORREACTOR.)

— *Obr. públ. Cilindro compresor*, v. APISONADORA.

— *Refrig. Compresor frigorífico*, v. REFRIGERADOR.

COMPRIMIDO, DA adj. y s. Dícese de la materia cuyo volumen ha sido reducido por compresión: *el aire * comprimido se vende en botellas de acero.* ‖ Aplastado.

— *Expl. Pólvora comprimida*, pólvora negra prensada en forma de cartuchos cilíndricos provistos de un canal axial.

— *Metal.* Briqueta *. (V. METALURGIA *de polvos.*) ‖ *Acero comprimido*, el que, inmediatamente después de haber sido vaciado el lingote, ha sufrido una compresión en una prensa, tratamiento que mejora sus propiedades.

COMPROBADOR, RA adj. y s. *Tecn.* Nombre genérico de los instrumentos que sirven para comprobar las dimensiones de las piezas (calibres, micrómetros, etc.), el funcionamiento de los aparatos (comprobador de lámparas eléctricas, cuentarrevoluciones, etc.), las características de un circuito eléctrico (amperímetros, voltímetros, galvanómetros, etc.), la calidad de un producto químico en curso de fabricación, la temperatura y la presión (termómetros y manómetros), etc. (Sinón. CONTROLADOR.)

COMPTON *(Efecto).* V. EFECTO.

COMPUERTA f. *Hidr.* Puerta que se desliza verticalmente entre dos ranuras y sirve para detener las aguas, dejarlas correr o regular su gasto en los canales, presas y otras instalaciones hidráulicas. ‖ *Compuerta de admisión*, la que sirve para regular el caudal en las acequias de regadío, molinos hidráulicos, fábricas, etc. ‖ *Compuerta de embalse*, la que cierra una presa para que se acumule el agua en ella. ‖ *Presa de compuertas*, v. PRESA.

— *Mar.* Puerta de mamparo estanco que se cierra como una compuerta de canal.

— *Obr. públ. Compuerta de lavado*, la que, montada verticalmente en la popa de un bote o en un bastidor de ruedas, se usa para limpiar alcantarillas.

— *Tecn. Llave* o *válvula de compuerta*, v. LLAVE.

COMPUESTA f. *Art gráf. Amer.* Número de líneas que se pueden formar de una vez en el componedor.

COMPUESTO, TA adj. y s. Dícese de lo que se halla mezclado o formado por elementos diferentes. ‖ Producto de la reunión o combinación de varios elementos en uno solo.

— *Aeron. Avión compuesto*, v. AVIÓN.

— *Arq. Orden compuesto*, v. ORDEN. ‖ *Viga compuesta*, v. VIGA.

— *Expl. Pólvora compuesta*, v. PÓLVORA.

— *Fot. Fotografía compuesta*, v. FOTOGRAFÍA.

— *Mat. Función compuesta, intereses compuestos número compuesto*, v. respectivamente FUNCIÓN, INTERÉS y NÚMERO.

— *Mec. Máquina compuesta*, v. MÁQUINA.

— *Min. Filón compuesto*, v. FILÓN.

— *Quím. Cuerpo compuesto*, o simplemente *compuesto*, substancia química en cuya composición entran dos o más cuerpos simples: *el agua es un compuesto binario de oxígeno e hidrógeno.* (V. CUERPO y QUÍMICA.)

COMPUTADOR m. *Electrón.* y *Mat.* Ordenador.

COMÚN adj. Dícese de la cosa que, entre todas las de su especie, es la más abundante o la que se encuentra con mayor frecuencia: *el cloruro de sodio se usa como condimento con el nombre de sal común.* ‖ De calidad ordinaria o mediocre.

— *Astr. Año común*, v. AÑO.

— *Mat. Común divisor*, v. DIVISOR. ‖ *Denominador común*, v. DENOMINADOR. ‖ *Medida común*, v. CONMENSURABLE.

COMUNICACIÓN f. Acción de comunicar o transmitir una cosa de una parte a otra: *las comunicaciones ferroviarias han sido suspendidas accidentalmente.* ‖ Acceso o paso de un lugar a

Fot. Sulzer, X.

otro: *establecer la comunicación entre dos galerías por medio de un pozo.*
— *Electr.* y *Telec.* Enlace entre dos o más puntos por medio de dispositivos eléctricos, neumáticos, telegráficos o radioeléctricos.

COMUNICADOR adj. y s. Que comunica o sirve para comunicar.
— *Mec.* Dispositivo transmisor del movimiento motor a una máquina.
— Los *comunicadores* sirven, no solamente para transmitir el movimiento, sino también para modificarlo mediante el uso de rodillos, engranajes, cremalleras, bielas, excéntricas, balancines, cadenas, correas, etc. Su estudio constituye la principal aplicación de la cinemática.

COMUNICANTE adj. Que comunica.
— *Fís. Vasos comunicantes,* v. VASOS.

COMUNICAR v. Transmitir una fuerza, efecto o propiedad de una cosa a otra: *el émbolo comunica su movimiento a la biela; el imán comunica su magnetismo al hierro.* ‖ Dar paso de un lugar a otro: *la cabina del piloto comunica con la de los pasajeros del avión.*
— *Electr.* y *Telec.* Establecer un enlace o comunicación * entre dos puntos. ‖ Estar ocupada una línea telefónica: *es difícil hablar con él telefónicamente porque siempre está comunicando.*

CONCAVIDAD f. Calidad de cóncavo: *la concavidad de los espejos de telescopio es poco pronunciada.* ‖ Depresión, cavidad: *los sedimentos se acumulan en las concavidades del suelo.*

CÓNCAVO, VA adj. De superficie ahuecada, más deprimida en el centro que en los bordes
— *ópt. Espejo cóncavo,* v. ESPEJO. ‖ *Lente cóncava,* v. LENTE.
— *Min.* Ensanche que se hace en la boca de los pozos interiores para instalar los tornos y facilitar su manejo.
— M. Concavidad o depresión.

CONCAVOCONVEXO, XA adj. Que tiene una de sus superficies cóncava y la otra convexa.
— *ópt. Lente concavoconvexa,* v. LENTE.

CONCENTRACIÓN f. Acción y efecto de concentrar.
— *Min.* Tratamiento del mineral bruto por procedimientos físicos que aumentan su riqueza al eliminar una parte mayor o menor de la ganga.
— *Quím.* Masa de un cuerpo disuelto por unidad de volumen de la disolución *. ‖ *Concentración molar* o *molecular,* número de moles de un cuerpo contenido por un litro de disolución.
— *Radiot.* Reducción de la abertura del ángulo descrito por el haz de electrones en un oscilógrafo catódico, receptor de televisión y aparatos similares: *las imágenes de televisión deformadas por un exceso de altura o de anchura se corrigen aumentando respectivamente la concentración vertical u horizontal.*
— *Tecn.* Acción de aumentar la riqueza de una substancia mediante eliminación de los líquidos menos densos, impurezas, etc.: *la concentración de la leche condensada se obtiene por cocción en un aparato de vacío.*

CONCENTRADO, DA adj. y s. Lo que ha sido sometido a concentración por reducción o eliminación de la parte acuosa: *ácido nítrico concentrado.*
— *Ind. alim.* Dícese de los productos alimenticios en que, por un proceso de evaporación, se ha suprimido parte del agua que contienen naturalmente, ya sea con objeto de reducir provisionalmente su peso o volumen (leche condensada, por ejemplo), ya para aumentar su gusto o aroma (jugos de frutas), ya con otros fines.

CONCENTRADOR, RA adj. y s. Que concentra o sirve para concentrar.
— *Tecn.* Aparato que sirve para concentrar líquidos. (V. EVAPORADOR.)

CONCENTRAR v. *Ind. alim.* Aumentar la riqueza en principios de un alimento líquido por supresión de una parte del agua que contiene.
— *Min.* Suprimir la mayor parte posible de la ganga para aumentar la riqueza del mineral antes de proceder a la extracción del metal u otra materia útil por él contenida.
— *Quím.* Enriquecer una disolución en materia disuelta, mediante eliminación parcial o total del solvente.

CONCÉNTRICO, CA adj. *Geom.* Dícese de dos o más figuras que tienen un mismo centro.

Fot. S. F. A. C.

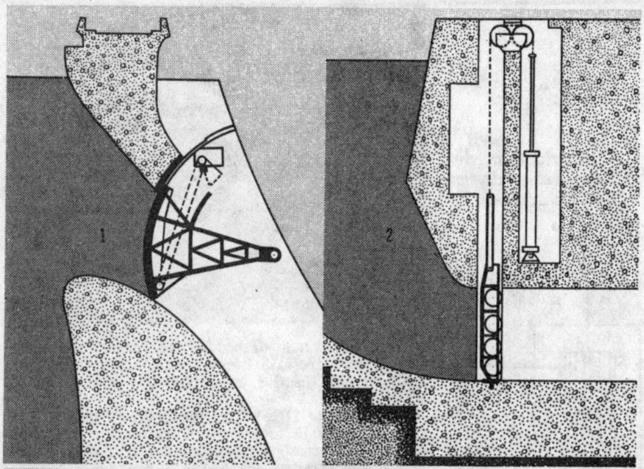

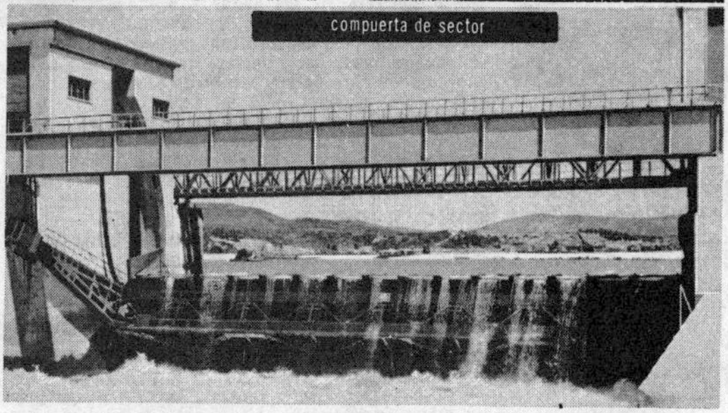

compuertas
arriba : 1. De sector; 2. Corrediza

CONCERTADO, DA adj. *Constr. Mampostería concertada,* v. MAMPOSTERÍA.

CONCOIDAL adj. Concoideo.

CONCOIDE adj. Concoideo. (En matemáticas ú. c. s. f.)

CONCOIDEO, A adj. De forma parecida a la de una concha. (Sinón. CONCOIDAL, CONCOIDE.)
— *Mat.* Relativo a la concoide: *perfil concoideo.*
— *Miner.* Dícese de la fractura de los minerales cuando la superficie de los fragmentos, por ser cóncava o convexa y hallarse estriada por curvas concéntricas, tiene el aspecto de una concha.

CONCOMITANTE adj. *Acúst. Sonidos concomitantes,* v. SONIDO.

CONCORDANCIA f. Conformidad o acorde entre dos o más cosas.
— *Fís.* Estado de dos fenómenos vibratorios que no presentan ninguna diferencia de fase.
— *Geol.* Sucesión regular de capas geológicas.

CONCORDAR v. Hallarse dos o más cosas en concordancia *.

CONCRECIÓN f. Precipitación química y agregación de partículas sólidas. ‖ Cuerpo sólido que resulta de dicha agregación.
— *Geol.* Porción de roca o del suelo diferente de la del resto de los mismos y caracterizada por su consistencia más dura.
— Todas las *concreciones* son resultado de un mismo fenómeno: precipitación de substancias disueltas en el agua y agregación progresiva de las mismas. Las concreciones más comunes se deben al carbonato de calcio disuelto por las aguas en las capas superficiales del suelo.

CONCRECIONADO, DA adj. *Geol.* y *Miner.* Que ha experimentado el concrecionamiento. ‖ Que tiene concreciones o se halla constituido por ellas.

CONCRECIONAMIENTO m. Acción generadora de concreciones.

CONCRETAR v. Espesar una cosa, solidificarla, hacerla concreta.

CONCRETO, TA adj. y s. Dícese de lo que no es fluido, de lo que está condensado o espeso:

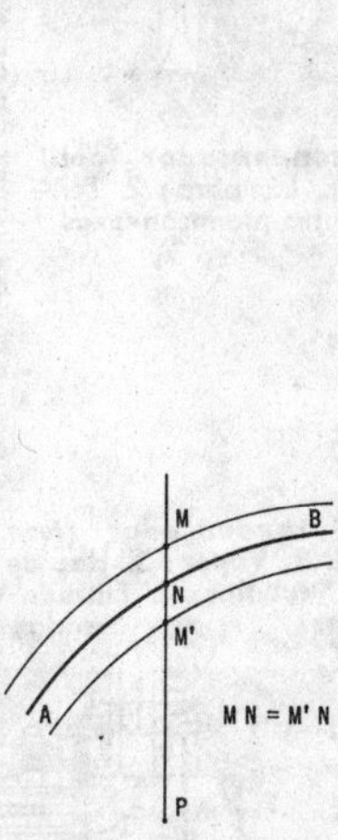

concoide: P es el polo fijo sobre el cual gira la secante PN; N describe la directriz AB; M y M', equidistantes de N, describen la concoide

fabricación de **condensadores** eléctricos

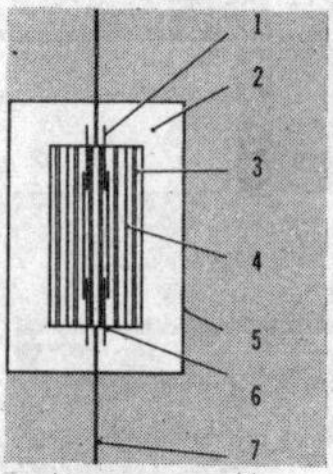

condensador eléctrico
1. Cobre estañado; 2. Aislante; 3. Papel; 4. Aluminio; 5. Tubo de vidrio; 6. Soldadura; 7. Conductor

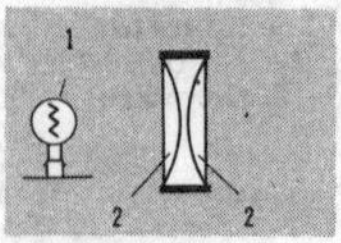

condensador *(ópt.)*
1. Lámpara; 2. Lentes planoconvexas

en las marismas desecadas se forma una capa salina y concreta. ‖ Lo que es concreto o sólido: *los concretos usados en perfumería son extractos sólidos.*
— *Ind. alim.* Dícese de los cuerpos grasos que son sólidos a la temperatura ordinaria: *el aceite de nuez de coco, líquido en los trópicos, es un aceite concreto en las zonas templadas.*
— *Mat. Número concreto,* v. NÚMERO.
— *Perf.* Las flores y otras materias vegetales usadas en perfumería se tratan en un baño de benceno, éter de petróleo u otros disolventes cuya evaporación ulterior deja un extracto sólido, llamado *esencia concreta,* que contiene todos los elementos odoríferos de la materia prima en la proporción de 0,25 a 0,30 % del peso de aquélla. A partir de este extracto se elaboran las esencias * absolutas.
CONCURRENTE adj. y s. *Astr.* Número de días transcurridos desde el último domingo de diciembre del año precedente hasta el primero de enero del año en curso.
— Los *concurrentes* o *días concurrentes* —que varían de 1 a 7— sirven para determinar el día de la semana por el cual empezará un año común.
— *Fís. Fuerzas concurrentes,* aquellas cuyas direcciones pasan por un mismo punto.
— *Geom. Rectas concurrentes,* las que pasan por un mismo punto.
CONCURRIR v. Dirigirse varias cosas hacia un mismo punto por el cual pasan todas ellas: *las tres alturas del triángulo concurren en un mismo punto.*
CONCURSO m. *Fís.* y *Geom. Punto de concurso,* punto de intersección.
CONCHA f. Caparazón caliza de los moluscos testáceos, tortugas y otros animales. ‖ Cualquier cosa o adorno en forma de concha.
— *Ind. alim.* Solera o muela fija de los molinos harineros y almazaras.
— *Joy.* Carey *. ‖ *Concha de perla,* madreperla.
— *Mar.* Ensenada profunda y muy cerrada.
— *Mec.* Cada una de las paletas o álabes cóncavos de la turbina* de Pelton.
— *Papel.* Formato de papel de 44 × 56 cm.
CONCHABAR v. *Text.* Disimular la lana de mala calidad dada por un animal mezclándola con la de más valor suministrada por el esquileo de los otros.
CONCHAL adj. *Text.* Dícese de la seda de calidad superior hilada con los mejores capullos. ‖ *Seda de medio conchal,* la de calidad inferior a la conchal por ser su peso específico aproximadamente la mitad del de ésta.
CONCHOIDAL adj. Concoideo.
CONDENADO, DA adj. *Arq.* Ciego.
CONDENAR v. Cerrar permanentemente una puerta o ventana mediante cierres o clavándolas a su marco. ‖ Tabicar * un pasillo o el vano de una puerta o ventana.
CONDENSACIÓN f. *Aeron. Estela de condensación,* v. ESTELA.
— *Electr. Condensación eléctrica,* incremento de carga eléctrica que se obtiene con un condensador *.
— *Fís.* Paso de un vapor a los estados líquido o sólido: *la condensación puede obtenerse por compresión o por refrigeración y en ambos casos produce calor de condensación.*
— *Meteor.* Para que el vapor de agua atmosférico se condense, no basta con que el aire se halle saturado (v. HUMEDAD y SATURACIÓN), sino que se requiere también la presencia de *núcleos * de condensación.* Según la naturaleza y la intensidad de la saturación y de la condensación, ésta determina la formación de nubes o provoca la precipitación acuosa de las mismas *(lluvia).*
— *Quím.* Unión de varias moléculas en una sola, generalmente acompañada de desprendimiento de agua.
— La *condensación* es una reacción de química orgánica que aumenta la complejidad de la molécula. En muchos casos la soldadura de dos moléculas sobre dos átomos de carbono se efectúa previa eliminación de una molécula simple e inorgánica (hidrógeno, agua, sales metálicas, etc.). Así, dos moléculas de ácido acético CH_3COOH dan por condensación una molécula de anhídrido acético $(CH_3CO)_2O$ y otra de agua H_2O. En otros casos las moléculas se unen sin eliminación de moléculas simples. (V. MACROMOLÉCULA, POLICONDENSACIÓN y POLIMERIZACIÓN.)
— *Tecn.* Fase de un ciclo termodinámico (máquina de vapor o refrigerador) en la cual el vapor pasa al estado líquido y cede calor al manantial frío. ‖ Operación consistente en volver al estado líquido el vapor de una fracción volátil: *la destilación seguida de condensación permite separar los constituyentes de una mezcla.* ‖ *Agua de condensación,* la que se inyecta en un condensador * para provocar la condensación del vapor.
— En las *máquinas de condensación,* el vapor que sale del cilindro o de la turbina vuelve al estado líquido en un condensador donde cede su calor de vaporización al agua fresca. El rendimiento de estas máquinas es tanto mayor cuanto más baja es la temperatura a la cual se efectúa la condensación.
CONDENSADO, DA adj. Dícese de la substancia cuya densidad ha sido aumentada mediante eliminación de una parte de su agua. (V. CONDENSACIÓN.) ‖ *Agua condensada,* la que proviene de la condensación de vapor acuoso.
— *Fís. Estados condensados,* v. ESTADO.
CONDENSADOR, RA adj. y s. *Comb.* En las fábricas de gas de alumbrado, aparato refrigerante del gas bruto que permite eliminar los productos fácilmente condensables. (V. GAS.)
— *Electr.* Sistema constituido por dos conductores o *armaduras* muy próximos y separados por una capa muy fina de aislante.
— El *condensador* tiene la propiedad de acumular en sus armaduras cargas eléctricas de signos opuestos (v. CAPACIDAD). Las principales clases de condensadores son las siguientes: *botella * de Leiden; condensador plano,* constituido por un apilamiento de hojas de estaño y de materia aislante (mica, papel parafinado o impregnado con materias aislantes); *condensador electrolítico,* formado por un recipiente de aluminio que contiene, aislada del mismo y bañando en una disolución de fosfato de sosa, una cinta de aluminio enrollada en forma de espiral (el dieléctrico es entonces la finísima capa de alúmina que se forma sobre el metal, por cuya razón la capacidad de estos condensadores es, a volumen igual, mayor que la de los condensadores de papel); *condensador variable,* también llamado *condensador de sintonía,* constituido por una armadura de placas móviles que pueden hacerse penetrar en los huecos que median entre las placas de otra armadura fija, con lo cual se hace variar a voluntad la

condensador *(tecn.)*: 1. Salida del agua refrigerante; 2. Vapor; 3. Haz de tubos; 4. Culata de fundición; 5. Placa tubular; 6. Entrada del agua refrigerante; 7. Agua condensada; 8. Revestimiento de acero

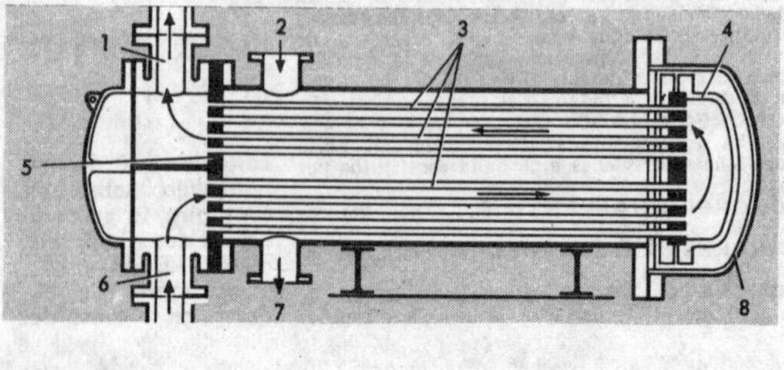

Fot. C. S. F.-Bouillot

superficie eficaz del condensador (los condensadores variables se usan en radiotecnia para el acorde de circuitos * oscilantes, especialmente la sintonización de las emisoras en los receptores de radio).
Cada conductor de una línea aérea forma un condensador con el suelo y con cada uno de los demás conductores de la línea. En los cables subterráneos el conductor forma un condensador con la envoltura metálica y con cada uno de los demás conductores del cable.
Los condensadores solamente dejan pasar corrientes alternas, por cuya razón se intercalan en los circuitos de alta frecuencia para protegerlos contra las corrientes parásitas, que son continuas.
— *Metal.* Vaso de arcilla cocida y barnizada en cuya superficie se condensa el cinc, en la producción de este metal, por reducción de su óxido.
— *Ópt.* Sistema óptico análogo a un objetivo invertido que sirve para concentrar la luz sobre el objeto que se observa por transparencia en un microscopio *. ‖ Dispositivo óptico, constituido generalmente por dos lentes planoconvexas, que sirve para concentrar la luz hacia el objetivo de las ampliadoras, proyectores de vistas fijas y aparatos similares.
— *Refrig.* En las instalaciones frigoríficas, aparato en el cual el fluido frigorígeno previamente comprimido pasa del estado de vapor al de agua por la acción del aire (refrigeradores domésticos) o del agua (refrigeradores industriales).
— *Tecn.* Aparato para condensar el vapor. (V. seguidamente el art. encicl. y CONDENSACIÓN.) ‖ *Condensador barométrico,* aquel en el cual la condensación del vapor por una corriente de agua fría provoca una depresión intensa.
— En los *condensadores de mezcla* el vapor es mezclado con el agua destinada a enfriarlo, mientras que en los *condensadores de superficie* los cambios de calor se efectúan a través de una pared metálica. Estos últimos se usan en los barcos y siempre que resulte pernicioso mezclar el agua destilada del vapor condensado con el agua impura destinada a la refrigeración.
El condensador de mezcla es un recipiente alimentado en agua fría y vapor: la primera cae en forma de lluvia fina que enfría el vapor y provoca su condensación. El condensador de superficie consiste en un depósito atravesado por un haz de tubos por los que circula el agua fría: el vapor que irrumpe en el depósito es refrigerado por los tubos y se condensa. Ambos tipos de condensador están provistos de dos bombas auxiliares: una para extraer el agua condensada (bomba de extracción) y otra para aspirar el aire disuelto en el agua y que se desprende en el circuito.

CONDENSAR v. Espesar una substancia mediante eliminación de una parte de su líquido. ‖ Reducir a menor volumen. ‖ Licuar un vapor. (V. CONDENSACIÓN y CONDENSADOR.)

CONDICIÓN f. *Fís. Condiciones normales,* la temperatura de 0° y la presión de 760 mm de mercurio, que se toman como referencia para indicar la magnitud de ciertas características físicas de los cuerpos.
— *Geom.* Cada uno de los elementos necesarios para determinar una figura. (Una recta es determinada por dos *condiciones* [dos puntos]: un triángulo, por tres [tres lados, tres alturas, tres puntos, etc.]; un círculo, por tres; una parabola, por cuatro; una elipse o una hiperbóla, por cinco, etcétera.)
— *Mat. Condición compatible,* v. COMPATIBLE.
— *Text.* Condicionamiento.

CONDICIONADOR adj. y s. Acondicionador *.
— *Com.* Todo aparato destinado al envase automático de mercancías (llenadoras de botellas, ensacadoras de cemento, empaquetadoras de cigarrillos, llenadoras de tubos dentífricos, etc.

CONDICIONAMIENTO m. Acondicionamiento.

CONDICIONAR v. Acondicionar.

CONDRÓMETRO m. *Metr.* Báscula especial para apreciar el peso de los granos y harinas.

CONDUCCIÓN f. Acción de conducir algo de un lugar a otro.
— *Acúst. Conducción aérea,* vía normal de transmisión de los sonidos por el aire hasta el tímpano. ‖ *Conducción ósea,* transmisión de los sonidos hasta el oído interno mediante propagación de sus vibraciones por los huesos que comunican con el mismo.
— *Art. gráf. Dispositivos de conducción,* las pinzas o uñas, guías y cintas que sujetan el papel durante su impresión y lo transmiten después al sacapliegos*.
— *Autom. Conducción interior,* carrocería completamente cerrada cuyo uso se ha generalizado en los coches modernos, mientras que en los antiguos el asiento delantero quedaba fuera de la caja ocupada por los viajeros que iban sentados detrás.
— *Calef. Calefacción por conducción,* sistema de calefacción fundado en la conductibilidad térmica de los cuerpos.
— *Constr.* Conjunto de tuberías que sirven para distribuir un fluido (gas, agua corriente, agua o vapor de la calefacción) en el interior de los edificios.
— *Electr. Conducción eléctrica,* propagación o transmisión de la energía eléctrica por contacto, o sea por medio de conductores. (V. CONDUCTOR, CONDUCTIBILIDAD y ELECTRICIDAD.)
— *Fís.* Paso del calor o de la electricidad a través de los cuerpos conductores. (V. CONDUCTIBILIDAD.)
— *Obr. públ. Conducción forzada,* tuberías de cemento armado (para bajas presiones) o de acero zunchado (altas presiones) por las que cae el agua desde una presa hasta las turbinas de una central eléctrica.
— *Tecn. Pérdidas por conducción,* v. PÉRDIDA.

CONDUCIDO, DA adj. *Mec.* Dícese del órgano o elemento mecánico que es arrastrado por otro calificado de conductor o motor: *acoplamiento del árbol conductor y del árbol conducido; el ramal conducido de una correa sin fin.*

CONDUCTANCIA f. *Electr.* Inversa* de la resistencia eléctrica, con la que se determina la conductibilidad de un cable, circuito, etc.: *la unidad de conductancia es el mho* o siemens.* (V. CONDUCTIBILIDAD.)

CONDUCTIBILIDAD f. *Fís.* Propiedad de los cuerpos que transmiten el calor (*conductibilidad térmica*) o la electricidad (*conductibilidad eléctrica* o *conductividad*).
— *Conductibilidad térmica.* Todos los cuerpos no transmiten igualmente el calor: unos, como los metales, lo propagan con facilidad; otros, como los metaloides, la madera, el caucho y el vidrio, son malos conductores.
La *conductibilidad térmica interna* concierne la propagación del calor en el seno del cuerpo considerado, mientras que la *conductibilidad térmica externa* se refiere a la cantidad de calor que el mismo cuerpo cede al ambiente por su superficie.
La conductibilidad térmica se expresa por medio del coeficiente K y de la fórmula

$$Q = KO \frac{s}{e} t$$

en la cual Q es la cantidad de calor (en calorías) que atraviesa un muro; K, el coeficiente de conductibilidad térmica del muro, propio de cada cuerpo; O, la diferencia de temperatura entre los dos lados de un muro de espesor e (en cm); s la superficie del muro en cm²; y t el tiempo (en segundos) durante el cual pasa el calor de uno a otro lado del muro. He aquí el coeficiente K de algunos cuerpos:

Acero	0,14
Aluminio	0,485
Cobre	0,93
Mercurio	0,02
Cinc	0,27
Madera	0,000 30 a 0,000 90
Ladrillos	0,002
Cemento	0,000 71
Fieltro	0,000 33
Corcho	0,000 71
Piedra caliza . . .	0,005 8
Cristal	0,001 6
Agua (a 20°) . . .	0,001 4
Aire	0,000 57

— *Conductibilidad eléctrica.* Es la conductancia de un cuerpo de 1 cm² de sección (s) y 1 cm de longitud (l), puesto que la conductancia (C) es igual a

$$C = \frac{\gamma s}{l}$$

y que en el caso de $s = 1$ y $l = 1$ se tendrá $C = \gamma$.

conducción forzada de la central de Los Cipreses (Chile)

Fot. Esso

Generalmente la conductibilidad se expresa por el valor de su inversa, que es la resistividad*. Los cuerpos que son buenos conductores del calor suelen serlo también de la electricidad. Pero ciertos cuerpos solamente dejan pasar la electricidad en un sentido, propiedad que permite utilizarlos para detectar, rectificar y amplificar las corrientes. (V. SEMICONDUCTOR.)

CONDUCTIBLE adj. Que puede ser conducido. — *Fís.* Dotado de la propiedad de transmitir el calor o la electricidad.

CONDUCTIMETRÍA f. *Electr.* Medición de la conductibilidad eléctrica de los cuerpos.

CONDUCTIVIDAD f. *Electr.* Inversa* de la resistividad*, cuyo símbolo es la letra griega gamma (γ).

— La *conductividad* se calcula por medio de la expresión

$$\gamma = \frac{1}{\delta},$$

en la cual δ representa la resistividad, y se expresa en mhos o siemens por centímetro de cuerpo conductor. (V. CONDUCTIBILIDAD y MHO.)

— *Fís. Conductividad térmica,* conductibilidad* térmica.

CONDUCTIVO, VA adj. *Electr.* Conductor.

CONDUCTO m. Canalización incorporada a la obra de fábrica o tubería exterior de la misma, que sirve en los edificios para la circulación de fluidos (alimentación en aire fresco o caliente, eliminación del aire viciado, vapores, etc.). ‖ *Conducto de humos,* cañón de la chimenea*, salvo la parte que sobresale del tejado: *los conductos de humos han de ser rigurosamente impermeables a los gases y poder soportar temperaturas de 1 000º en caso de que prenda fuego el hollín.*

CONDUCTOR, RA adj. Que conduce o sirve para conducir.

— *Electr.* Dícese del cuerpo que deja pasar la corriente eléctrica.

— Según sea su conductibilidad* eléctrica, los cuerpos se dividen en *aislantes** o *dieléctricos**, que se oponen más o menos intensamente al paso de la corriente, y *conductores,* que, según la facilidad con que la dejan pasar, pueden ser buenos o malos conductores (v. RESISTENCIA). Los malos conductores se electrizan fácilmente por frotamiento, mientras que los buenos conductores solamente pueden conservar la electricidad si se hallan en contacto con cuerpos aislantes.

Ciertos cuerpos dejan pasar la corriente en un sentido, pero no en el sentido opuesto. Son los *semiconductores**, cuyas propiedades se aprovechan en los transistores* y dispositivos similares. Los principales cuerpos conductores utilizados en electricidad son el cobre y el aluminio (hilos y cables), el tungsteno (filamentos de lámparas), las aleaciones de níquel y cromo (resistencias), el carbón de retorta (electrodos), etc. (V. CABLE e HILO.)

— *Fís.* Cuerpo susceptible de transmitir la electricidad o el calor de un punto a otro de su masa. ‖ Cuerpo o medio que sirve de vehículo para la transmisión de un fluido o de una acción física.

— *Mec.* Dícese del órgano o elemento mecánico que arrastra o comunica su movimiento a otro similar calificado de conducido*: *en una correa de transmisión el ramal conductor se halla más tenso que el ramal conducido.*

— *Radiot. Conductor hueco,* guía* de ondas.

CONDUTAL m. *Constr.* Conductor de desagüe para las aguas pluviales de una casa.

CONECTADOR adj. y s. Que conecta o sirve para conectar.

— *Electr.* Dispositivo de toma de corriente en una línea: *el conectador más corriente es el enchufe de base o zócalo fijo en la línea y clavija montada en el conductor del aparato que se ha de alimentar.* ‖ *Conectador automático,* el que establece automáticamente el contacto entre un aparato eléctrico y la línea: *los relojes conectadores permiten poner en marcha un aparato a horas fijas.*

— *Mec.* Pieza de enlace entre el órgano motor y el órgano movido.

— *Telec.* Aparato o circuito con el que se establece el contacto entre dos líneas de transmisión o entre dos aparatos telegráficos o telefónicos. (V. CONMUTADOR.) ‖ Conector.

CONECTAR v. Unir o poner en contacto.

— *Electr.* Establecer la comunicación entre dos o más líneas, circuitos, motores y otros dispositivos eléctricos.

— *Mec.* Enlazar dos órganos mecánicos.

— *Tecn.* Enchufar una tubería flexible.

— *Telec.* Poner en comunicación una línea telegráfica o telefónica con otra.

CONECTOR m. *Telec.* Condensador que se monta en las líneas telegráficas para establecer la derivación de cada estación intermedia.

CONEJO m. *Zool.* y *Curt.* Mamífero roedor (*Oryctolagus cuniculus*) cuya piel se aprovecha en peletería barata.

— La industria de las *pieles de conejo* ha alcanzado gran importancia al obtenerse por selección castas de conejos de pelo sedoso, tupido y desprovisto de cerdas, así como pelambres de colores utilizables para vestidos y que imitan a veces las pieles más nobles. Las principales variedades criadas por sus pieles son las siguientes: angora, azul, plateado, chinchilla (que nada tiene que ver con el animal del mismo nombre), rusa, castorex y otros tipos de rex, etc.

— *Text.* Con los *pelos de conejo* se tejen diversos géneros (v. ANGORATINA) y se elaboran fieltros*. Un conejo de angora, depilado periódicamente, da hasta 400 g de pelo por año.

CÓNEO, A adj. Cónico.

CONEXIÓN f. Enlace o trabazón entre dos cosas.

— *Electr.* Acoplamiento*. ‖ Unión establecida entre dos o más circuitos, aparatos o sistemas eléctricos. ‖ Dispositivo usado para efectuar dicha unión. — *Mec.* Enlace entre dos aparatos u órganos mecánicos, especialmente cuando no es permanente: *la conexión de una muela mediante transmisión flexible.* ‖ *Máquina de conexión directa,* aquella cuya acción motriz se transmite directamente a la rueda, hélice, etc., sin engranajes intermediarios.

CONFECCIÓN f. *Text.* Galicismo muy corriente por *ropa* hecha.*

CONFITAR v. *Ind. alim.* Cubrir frutas, almendras, fragmentos de canela, etc. con una capa de azúcar. ‖ Cocer frutas en almíbar hasta impregnarlas por substitución de una parte del agua que contienen.

— Las *frutas confitadas* se obtienen bañándolas repetidas veces en jarabes cada vez más concentrados y eliminando por evaporación el agua que contienen en exceso. Se mejora su presentación mediante un glaseado superficial.

CONFITURA f. *Ind. alim.* Fruta cocida con azúcar.

— La *confitura verdadera* es una preparación constituida exclusivamente por azúcar y fruta. Se llama *mermelada* cuando la fruta ha sido reducida al estado de puré, y *jalea* cuando consiste más bien en zumo coagulado. La *compota* se hace con fruta poco cocida y escasamente azucarada.

CONFLUENCIA f. ó **CONFLUENTE** m. Lugar donde confluyen o se reúnen dos cursos de agua, glaciares o corrientes marítimas. ‖ *Fís.* Convergencia de dos o más cosas.

— El cauce de un río suele ser más profundo después de la *confluencia* que aguas arriba, pero no tan ancho como la suma de su anchura anterior más la del afluente.

CONFLUIR v. Juntarse dos cursos de agua. (V. CONFLUENCIA.)

CONFORMADOR m. Instrumento provisto de múltiples piezas móviles que, aplicadas a otros tantos puntos de la superficie de un cuerpo, permiten conocer sus dimensiones y apreciar su forma: *los sombrereros usan un conformador para determinar los sombreros que convienen a la cabeza del cliente.*

— *Constr.* Instrumento constituido por numerosas laminillas que, convenientemente dispuestas y fijadas en un bastidor, permiten reproducir el perfil de una moldura compleja.

CONFORME adj. De forma semejante a la de otra cosa adoptada como modelo.

— *Geol. Falla conforme,* v. FALLA.

— *Mat. Representación conforme,* v. REPRESENTACIÓN.

— *Topogr.* Dícese de la representación en un plano de una superficie curva cuando a dos líneas que se cortan en la misma con determinado ángulo, corresponden en el plano otras dos líneas que se cortan con el mismo ángulo. (V. PROYECCIÓN.)

conformador de sombrero

conformador *(constr.)*

Fot. X.

CONGELABLE adj. *Fís.* Que puede ser congelado.

CONGELACIÓN f. *Fís.* Paso de un cuerpo del estado fluido (líquido o gaseoso) al estado sólido: *la temperatura de congelación del agua sirve de base a la escala del termómetro Celsio.* ‖ *Congelación fraccionada,* separación de los constituyentes de una mezcla líquida en el curso del enfriamiento de la misma, merced a la diferencia de sus respectivos puntos de fusión. ‖ *Punto de congelación,* punto de fusión*.
— *Min.* y *Obr. públ.* Procedimiento para excavar pozos, túneles y galerías en terrenos excesivamente acuíferos.
— La *congelación del agua* presente en el terreno se efectúa por medio de numerosos tubos de doble circulación que se hincan en el mismo. El agente frigorífico es inyectado a —20° en el menor de los dos tubos concéntricos y circula por el espacio anular que media entre ambos. Una vez que se ha formado un "muro" de hielo alrededor del tajo, se puede efectuar la excavasión al amparo de las infiltraciones excesivas.
— *Petr. Punto de congelación,* característica importante de los aceites minerales, gasoil, mazut y otros derivados del petróleo, que se determina sometiendo una muestra de los mismos a temperaturas decrecientes, y que corresponde a la temperatura límite a la cual el producto se derrama aún de una probeta puesta horizontalmente.
— *Refrig.* La *congelación de los alimentos* permite conservarlos durante largo tiempo. El agua que los mismos contienen forma cristales tanto más pequeños cuanto más rápida es la congelación. Como los cristales grandes rompen las membranas intercelulares y modifican la estructura de los tejidos, la congelación debe efectuarse lo más rápidamente posible, o sea en instalaciones frigoríficas muy potentes. La carne, los huevos destinados a la industria alimenticia, las frutas y otros alimentos se congelan dentro de túneles en los cuales reinan temperaturas de —25 a —35° Para su conservación ulterior la temperatura es de —10 a —20°. (V. REFRIGERACIÓN.)

CONGELADOR m. *Refrig.* Aparato frigorífico para congelar. (V. HIELO.)
— *Mar.* Pesquero provisto de instalaciones para la congelación del pescado.

CONGELAR v. Tratándose de un cuerpo líquido a la temperatura ordinaria, solidificarlo en frío: *el mercurio se congela a la temperatura de —39°.*
— *Ind. alim.* y *Refrig.* Someter los alimentos a temperaturas inferiores a los 0° para que puedan conservarse largo tiempo. (V. CONGELACIÓN.)

CONGELATIVO, VA adj. Congelante.

CONGLOMERACIÓN f. Acción y efecto de conglomerar.

CONGLOMERADO m. *Geol.* Roca sedimentaria detrítica formada por guijarros preexistentes que han sido unidos por un cemento natural.

CONGLOMERAR v. Reunir diversos materiales en una masa compacta: *las mareas conglomeran los sedimentos en las rías.*

CONGLUTINACIÓN f. Acción y efecto de conglutinar.

CONGLUTINANTE adj. y s. Que conglutina o sirve para conglutinar. (Sinón. CONGLUTINATIVO.)

CONGLUTINAR v. Dar a una substancia la densidad y viscosidad de la liga.

CONGLUTINATIVO, VA adj. y s. Conglutinante.

CONGRUENCIA f. *Mat.* Igualdad, coincidencia: *la congruencia de dos triángulos.*
— Dos números enteros a y b, negativos o positivos, son congruentes respecto a otro número M si su diferencia es divisible por el mismo. El divisor M se llama *módulo* y se dice que a y b son residuos uno del otro según el módulo M. Para expresar la congruencia de a y b según el módulo M se puede emplear una de las representaciones siguientes:
$a = b$ — múltiplo de M o bien $a \equiv b$ (mod. M).

CONGRUENTE adj. Que tiene congruencia.
— *Mat.* Dícese que dos números son *congruentes* cuando, divididos por un tercer número llamado módulo, arrojan restos iguales. (V. CONGRUENCIA.)

CONICALCITA f. *Miner.* Arseniofosfato natural hidratado de cobre y calcio.

CONICIDAD f. Calidad de cónico.
— *F.c.* Forma de cono truncado que tiene el perfil de la llanta en las ruedas del material ferroviario.
— La *conicidad de las llantas* tiene por efecto mantener cada eje perpendicular al eje de la vía y las dos ruedas equidistantes de éste. Cuando un eje se corre lateralmente, la circunferencia de la superficie de rodadura de una llanta es mayor que la de la otra y una de las ruedas gira con menos rapidez que la del lado opuesto, lo cual provoca un corrimiento del eje hacia la posición de simetría.

CÓNICO, CA adj. y s. Que tiene forma de cono: *piñón cónico.* ‖ Relativo o perteneciente al cono: *superficie cónica.* ‖ *Perspectiva cónica,* v. PERSPECTIVA.
— *Geom.* Sección que se obtiene al cortar un cono por un plano que no pasa por el vértice.
— Según sea la posición del plano se obtienen tres *cónicas* diferentes: elipse*, hipérbola* y parábola*. Estas curvas pueden ser consideradas como el lugar geométrico de los puntos cuya distancia a un punto fijo (foco) y a una recta fija (directriz) están en una relación constante (excentricidad). Si la excentricidad es igual a 1, la cónica es una *parábola;* si es inferior a la unidad, es *elipse,* y si es mayor, *hipérbola.* El círculo es una cónica de excentricidad igual a cero. Las cónicas representan un papel importante en astronomía y astronáutica (órbitas y trayectorias de ingenios cósmicos), física y otras ciencias.
— *Mec. Engranaje cónico,* v. ENGRANAJE.

cónicas

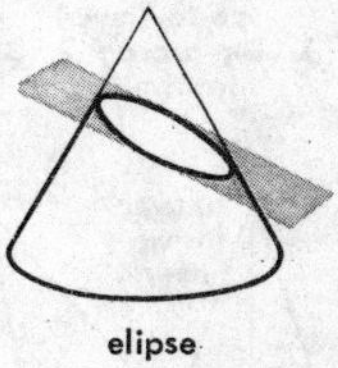

elipse

parábola

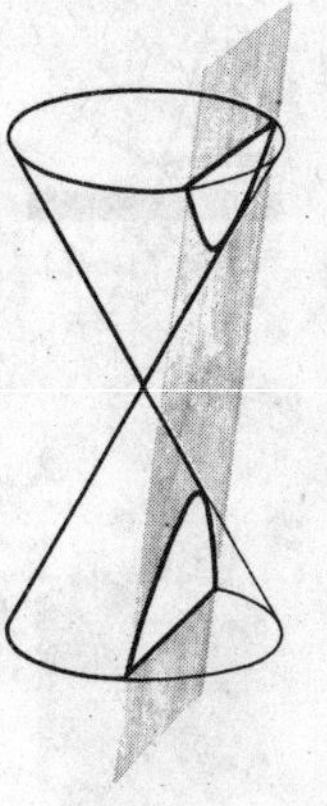

hipérbola

CONÍFERAS f. pl. *Bot.* y *Carp.* Grupo de árboles gimnospermos, de frutos en forma de cono y hojas persistentes generalmente reducidas a simples agujas, cuyas 400 especies abundan en las zonas templadas y en las montañas de las regiones tropicales.
— Las principales *coníferas* son las siguientes: abetos, alerces, araucarias, cedros, cipreses, pinos, pinsapos y secoyas.
Estos árboles dan gran variedad de maderas ordinarias y otras apreciadas en aplicaciones especiales. Unas especies dan resina* y otras diversas materias : bálsamo* del Canadá, curtientes, substancias medicinales, etc.

CONIFICAR v. Dar forma cónica a un cuerpo cilíndrico: *las ruedas mal ajustadas conifican los gorrones de los carros.*

CONIFORME adj. Cónico.

CONIMA o **CONIMENO** m. *Perf.* Resina aromática que se extrae de un árbol de Guayana (*Icica heptaphylla*) y que se usa para preparar incienso: *el conimeno es una variedad de elemí* *.

CONÍMETRO m. Instrumento para medir la cantidad de polvo que se halla en suspensión en la atmósfera de las minas, talleres y otros lugares donde ciertas partículas sólidas pueden originar enfermedades pulmonares.

CONITA f. *Miner.* Carbonato natural de magnesio, giobertita calcífera.

CONJUGADO, DA adj. Unido, enlazado. ‖ Dícese de dos o más cosas unidas para que se sumen o completen sus efectos.
— *Geol. Fallas conjugadas,* v. FALLA.
— *Geom. Diámetros conjugados,* v. DIÁMETRO.
— *Mec. Máquinas conjugadas,* v. COMBINAR.
— *Ópt. Puntos conjugados,* v. PUNTO.

CONJUNCIÓN f. *Astr.* Situación de dos o más astros que coinciden en una misma longitud* eclíptica.
— La *conjunción* de la Luna con el Sol se produce cuando la primera pasa entre éste y la Tierra, o sea en el novilunio. En el caso de los planetas, la conjunción reviste aspectos variables, según sea el astro considerado. Los planetas exteriores (de Marte a Plutón) se hallan en perspectiva (en la dirección P del dibujo), detrás del Sol, en el momento de la conjunción. Los planetas interiores (Mercurio y Venus) pueden hallarse en conjunción inferior (C′) cuando pasan entre la Tierra y el Sol, y en conjunción superior (C) cuando se hallan en la posición diametralmente opuesta. Como las órbitas de la Luna y de los planetas tienen cierta inclinación respecto a la de la Tierra, estos astros, en el momento de la conjunción, suelen pasar por encima o por debajo del Sol. No obstante, periódicamente, la conjunción inferior tiene lugar cuando el astro considerado se halla sensiblemente en la intersección del plano de su órbita con la nuestra. En dicha ocasión se produce un eclipse* (en el caso de la Luna) o un paso* (si se trata de Mercurio o

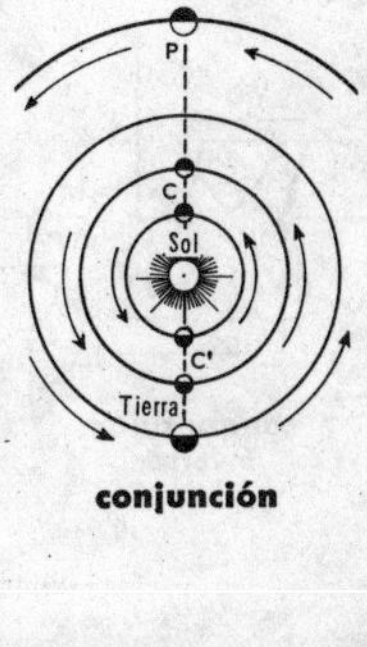

conjunción

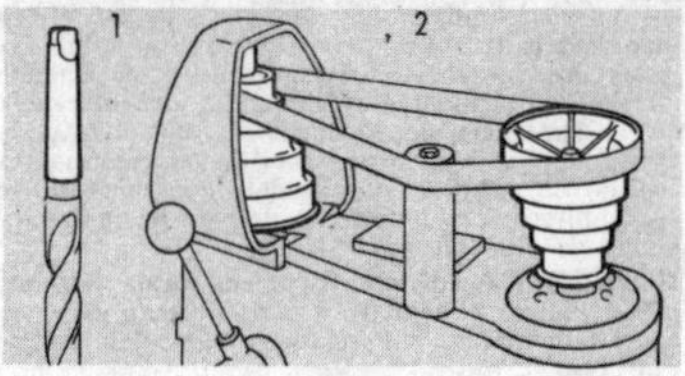

cono *(mec.)*
1. De broca; 2. De transmisión

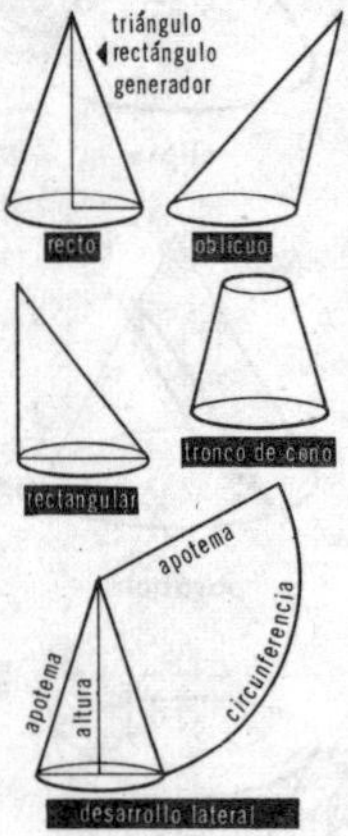

cono *(geom.)*

conmutador
para conectar un televisor con tres antenas diferentes

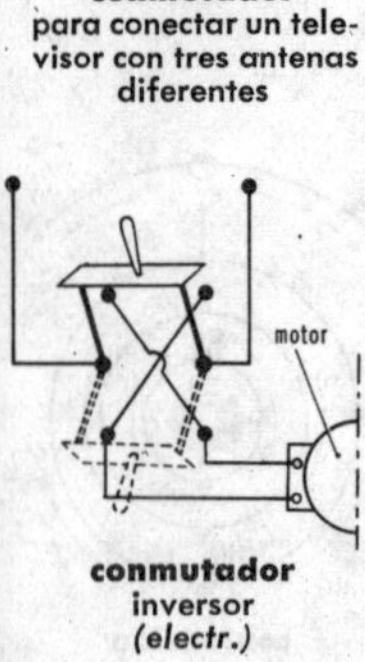

conmutador
inversor
(electr.)

Venus). En ambos casos el acontecimiento da lugar a importantes observaciones e investigaciones.

CONJUNTO m. Reunión de cosas que guardan alguna relación entre sí. ‖ Resultado de la combinación de varios elementos diferentes.

— *Mat.* Serie de elementos matemáticos definida por una propiedad característica que permite conocer si un elemento determinado pertenece o no a la referida serie o conjunto: *el conjunto de los divisores de un número es finito; el conjunto de sus múltiplos es infinito.* ‖ *Teoría de los conjuntos,* parte de las matemáticas que estudia las propiedades de los conjuntos y de las operaciones que pueden hacerse con ellos.

— *Mec.* Tratándose de una construcción complicada, conjunto de mecanismos enlazados entre sí y que, con la estructura que los contiene, forma un todo que puede proyectarse y construirse independientemente del resto de la máquina: *el ala de un avión es un conjunto diseñado y construido por equipos especializados.*

CONMENSURABILIDAD f. *Metr.* Calidad de conmensurable.

CONMENSURABLE adj. *Metr.* Dícese de dos o más magnitudes que pueden ser medidas con otra y, con más propiedad, que son múltiplos enteros de ésta: *la circunferencia y su radio no son conmensurables.*

CONMUTACIÓN f. *Electr.* Cambio de conexiones que se efectúa con un conmutador para modificar los circuitos: *la conmutación permite obtener cambios de colores en las fuentes luminosas.*

— *Telec.* Conjunto de operaciones manuales o automáticas que se requieren para establecer la comunicación entre dos líneas telegráficas o dos aparatos telefónicos.

CONMUTADOR m. *Electr.* Dispositivo de contactos múltiples con el cual se puede substituir una porción de circuito por otra o bien modificar sucesivamente las conexiones de varios circuitos. ‖ *Conmutador de acoplamiento,* el que se usa para acoplar diferentes dispositivos, aparatos o motores eléctricos, especialmente los que son idénticos. ‖ *Conmutador de cuchillos,* conmutador cuyos contactos móviles tienen la forma de un cuchillo que entra a presión entre las láminas de la base. ‖ *Conmutador cíclico,* v. *conmutador de tambor.* ‖ *Conmutador estrella y triángulo,* el que sirve para acoplar los tres circuitos de un sistema trifásico en estrella o en triángulo, según las necesidades. ‖ *Conmutador inversor,* el que permite invertir los dos polos del circuito. ‖ *Conmutador de tambor,* conmutador consistente en una serie de contactos montados sobre un tambor de tal forma que la rotación del mismo establezca las conexiones necesarias para efectuar sucesivamente distintas operaciones de acuerdo con un programa determinado previamente.

— Mientras que el interruptor sirve para abrir o cerrar un circuito, el *conmutador* permite pasar de un circuito a otro y, por ejemplo, en una lámpara grande de salón se puede pasar directamente de la iluminación moderada, con una sola bombilla, al encendido simultáneo de todas las demás. El conmutador puede conmutar uno, dos, tres o más hilos, a cuyos tipos corresponden respectivamente las denominaciones de *unipolar, bipolar, tripolar* y *multipolar.* (Véase también el artículo CONMUTATRIZ.)

— *Electrón. Conmutador electrónico,* dispositivo que, en los aparatos emisores y receptores de televisión en colores, selecciona una señal roja, otra amarilla, otra azul, otra roja, y así sucesivamente, con tanta rapidez que, en vez de distinguir estos colores elementales separadamente, el ojo ve una imagen completa con todos los matices del espectro.

— *Telec.* Dispositivo manual o automático con el cual se establece la comunicación entre dos líneas telegráficas o dos aparatos telefónicos.

CONMUTATRIZ f. *Electr.* Convertidor que sirve para transformar la corriente continua en alterna, y viceversa.

— La *conmutatriz* es un convertidor cuyo inductor fijo forma un solo devanado con el inducido rotor. Puede considerarse como la combinación en una sola máquina de los dos elementos de un grupo convertidor (motor síncrono y máquina de corriente continua) con los inductores de ambos fundidos en uno solo y los dos devanados de los inducidos reducidos a uno conectado por una parte con los anillos y por la otra con el colector.

CONO m. *Aeron. Cono de silencio,* v. SILENCIO.

— *Arm. Cono muerto,* zona cónica del espacio. con el vértice en el eje de la pieza, que queda fuera del alcance de un cañón antiaéreo, pues estas armas no pueden orientarse verticalmente y sólo apuntan hasta un ángulo de 80° con la horizontal.

— *Astr. Cono de sombra,* sombra de un planeta en el espacio y en dirección opuesta a la del Sol. (V. ECLIPSE.)

— *Constr. Cono de Abrams,* v. PLASTICIDAD.

— *Fot. Cono de agua clara,* cono metálico enchufado al objetivo fotográfico por su vértice y con un cristal en su base que, lleno de agua clara, permite tomar vistas en aguas turbias, aplicando la base del cono contra el objeto que se fotografía (por consiguiente, la longitud del cono es igual a la distancia para la cual se ha regulado el objetivo).

— *Geol. Cono volcánico,* relieve cónico en torno de un cráter, constituido por las lavas y cenizas que arroja el volcán *. ‖ *Cono de deyecciones,* v. DEYECCIÓN.

— *Geom.* Superficie engendrada por una recta móvil (*generatriz*) que pasa por un punto fijo (*vértice*) y se apoya en una curva cerrada (*directriz*). ‖ Sólido limitado por dicha superficie. ‖ *Cono oblicuo,* el que tiene por base un círculo y en el cual la recta que une el vértice con el centro del círculo no es perpendicular a éste. ‖ *Cono recto o de revolución,* sólido engendrado por la rotación de un triángulo rectángulo alrededor de uno de los lados de su ángulo recto. ‖ *Cono truncado* o *tronco de cono,* sólido que se obtiene cortando un cono por un plano paralelo al de la base y que queda limitado por ambos planos.

— En un *cono de revolución* o *cono recto,* el círculo descrito por el segundo lado es la *base.* El lado sobre el cual se efectúa la revolución es el *eje* o *altura* del cono, mientras que la hipotenusa del triángulo rectángulo es la *apotema.* El área de la superficie lateral es igual a la mitad del producto de la circunferencia de base por la apotema. El volumen se obtiene multiplicando el área de la base por el tercio de la altura.

El área lateral del tronco de cono se halla por la fórmula

$$A = \pi (R + r)\, a$$

en la cual R y r son los radios de la circunferencia de base y a es la apotema. La fórmula para calcular el volumen es la siguiente:

$$V = \frac{1}{3} \pi h (R^2 + r^2 + Rr)$$

en la cual h es la altura.

Las secciones del cono de revolución por planos diversamente inclinados se llaman cónicas *.

— *Mar.* Señal de forma cónica que se iza en los semáforos para anunciar el mal tiempo.

— *Mec.* Parte troncónica de las brocas y otras herramientas, que sirve para fijarlas en las máquinas. ‖ *Cono de fricción* o *de embrague,* sistema constituido por dos conos, uno de ellos solidario de un árbol motor y el otro de un árbol conducido; al penetrar uno en el otro, se agarrotan y constituyen un acoplamiento. ‖ *Cono de transmisión,* sistema parecido al anterior, pero en el cual los dos conos —uno de ellos metálico y el otro de cuero— son fuertemente aplicados uno contra otro por sus superficies exteriores. ‖ *Cono de poleas,* v. POLEA.

CONOIDE adj. y s. *Geom. Superficie conoide* o simplemente *conoide,* superficie engendrada por una recta que se apoya constantemente en una recta fija, permanece paralela a un plano fijo y satisface a una tercera condición: *la helicoide es una conoide.*

Fot. X.

conserva
1. Cribas clasificadoras de guisantes; 2. Cocción de sardinas en el horno continuo

autoclave continua de esterilizar conservas

— *Miner.* Dícese de los minerales que, al quebrarse, presentan una superficie cónica en hueco o en relieve.

CONOPIAL adj. *Arq. Arco conopial,* v. ARCO.

CONSECUENTE adj. y s. *Magn. Puntos consecuentes,* polos intermediarios que existen en ciertos imanes entre los dos polos principales.

— *Mat.* Segundo término de una razón. (V. ANTECEDENTE Y PROPORCIÓN.)

CONSERVA f. *Ind. alim.* Substancia alimenticia que se preserva contra la corrupción, por distintos procedimientos, para facilitar su transporte o permitir que sea consumida al cabo de un tiempo que puede ser muy largo. ‖ En particular, alimento esterilizado por el calor y conservado en latas.

— Los alimentos vegetales y animales se hallan sometidos naturalmente a la corrupción que resulta de alteraciones determinadas por los microorganismos. Transformarlos en *conservas* consiste en destruir los gérmenes que contienen y en mantenerlos al abrigo de los que pululan en el ambiente. Con dicho fin pueden incorporarse a los alimentos diversas substancias que modifican su aspecto y su sabor: azúcar (confituras), sal (salazones), vinagre, etc. Ciertos alimentos se conservan por simple deshidratación (frutas pasas, leche en polvo) o ahumándolos (arenques, cecina).

La esterilización en autoclave (*appertización*) es el método más generalizado, dada la comodidad que presenta el transporte, almacenamiento y conservación de latas herméticamente cerradas. Los vegetales, cuidadosamente lavados, suelen ser escaldados antes de introducirlos en las latas, ya sea con objeto de blanquearlos, ya para obtener una cocción final satisfactoria. El pescado y la carne se cuecen previamente.

Los tarros de vidrio se tapan con cierres herméticos provistos de una arandela de caucho. Durante la esterilización el calor desaloja el aire encerrado en el tarro. Al enfriarse éste, la presión atmosférica mantiene la tapadera apretada. Las latas son cerradas por máquinas que pliegan el reborde del bote y el borde de la tapa enrollándolos conjuntamente. La esterilización se obtiene sometiendo los tarros y botes ya cerrados al calor de una autoclave (de 100 a 120°) durante un tiempo variable (de 20 a 60 minutos).

La esterilización incompleta o el cierre imperfecto de los envases permiten la fermentación de su contenido y dan lugar a la formación de toxinas muy peligrosas para el organismo. Deben desecharse las latas de tapas bombeadas y las conservas que huelen mal.

La conservación por el frío ha adquirido hoy una importancia considerable y permite absorber un exceso momentáneo de producción para satisfacer las necesidades ulteriores del mercado. Con las técnicas actuales de congelación * se conservan y venden manjares ya guisados y aderezados, que, al ser calentados, no pierden su sabor ni su aspecto original (con tal de que se observen reglas elementales durante la descongelación). (V. FRIGORÍFICO y REFRIGERADOR.)

Ciertos frutos (manzanas), así como los huevos, pueden conservarse lavándolos cuidadosamente y dándoles una capa de parafina para aislarlos de los agentes exteriores.

La esterilización de los alimentos por irradiación ha sido y sigue siendo objeto de estudios muy activos: un elemento radiactivo dispuesto por encima de un transportador de correa sin fin puede destruir los gérmenes de putrefacción presentes en las substancias atravesadas por sus radiaciones. (V. RADIACTIVIDAD.)

CONSERVACIÓN f. Acción de conservar o mantener una cosa en su propio estado.

— *Agr. Conservación de los suelos,* conjunto de métodos aplicados para limitar o prevenir la erosión de los suelos.

— Las principales causas que favorecen la erosión son el desmonte sistemático y la extensión de la monocultura. Las consecuencias catastróficas de ambos excesos han inducido a practicar métodos de *conservación* apropiados a las características locales: escalonamiento de los bancales, labores efectuadas siguiendo las curvas de nivel del terreno, plantación de fajas forestales estrechas y espaciadas que frenan el viento y oponen una barrera de raíces a las aguas corrientes, etc.

— *Carp. Conservación de la madera,* v. PRESERVACIÓN.

— *Fís. Conservación de la masa y de la energía.* En la mecánica newtoniana la energía y la masa de un sistema aislado permanecen constantes. No ocurre lo mismo cuando se trata de velocidades muy grandes, de magnitud comparable a la de la luz, pues en dicho caso la masa varía con la velocidad: la suma de la energía y del producto mc^2 —en el cual m es la masa total y c la velocidad de la luz— permanece constante, sean cuales fueren las transformaciones experimentadas por el sistema. (V. más abajo *Quím.*)

— *Ind. alim. Conservación de los alimentos,* v. CONSERVA.

— *Mec. Conservación de las fuerzas vivas,* v. ENERGÍA y FUERZA *viva.* ‖ *Conservación del movimiento del centro de gravedad,* persistencia de la trayectoria del centro de gravedad de un cuerpo

conservación del suelo

Fot. C. I. C., Larousse, U. S. I. S.

aunque cambien las fuerzas internas del mismo durante el movimiento.

—Cuando un cuerpo se mueve, la trayectoria descrita por su centro de gravedad solamente puede ser modificada por fuerzas externas (la resistencia del aire, por ejemplo), pero no por sus fuerzas internas (cuando una bomba explota en el aire, el centro de gravedad de los fragmentos sigue describiendo su trayectoria).

— *Petr.* Método que se aplica en los yacimientos petrolíferos con objeto de obtener su máximo agotamiento y que consiste en coordinar la producción de los pozos y limitar la producción de unos respecto a otros de acuerdo con cálculos determinados por las características del yacimiento y la posición que ocupa cada pozo.

— *Quím. Principio de la conservación de la materia,* principio que puede subdividirse en dos leyes:

1.ª *Ley de conservación de los elementos :* todo sistema químico se halla constituido por los mismos elementos, sean cuales fueren las transformaciones que experimente (el agua, el hielo y el vapor acuoso pueden ser descompuestos por varios métodos, pero siempre se obtendrán los mismos elementos: oxígeno e hidrógeno);

2.ª *Ley de conservación de las masas :* en toda reacción química, la suma de las masas de los cuerpos nuevamente formados es igual a la suma de las masas de los cuerpos que los han originado. Ambas leyes se aplican a las reacciones químicas ordinarias, pero no a las de la química nuclear, pues las transmutaciones de elementos dan lugar a variaciones sensibles de la masa en virtud del principio de la conversión de la masa en energía. (V. más arriba *Fís.*)

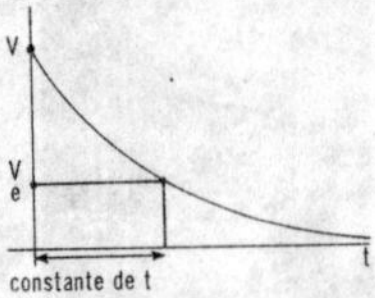

constante de tiempo

CONSERVADOR, RA adj. y s. Que conserva o sirve para conservar.

— *Aeron. Conservador de rumbo,* compás giroscópico que indica el rumbo a seguir con mayor precisión que el compás magnético (pues la aguja de éste oscila excesivamente en los virajes). No obstante, el conservador de rumbo requiere que cada cuarto de hora se ajuste su orientación para corregir los efectos de la precesión del giroscopio *.

CONSERVERÍA f. *Ind. alim.* Industria de conservas.

CONSERVERO, RA adj. *Ind. alim.* Relativo o perteneciente a la conservería: *la industria conservera.*

CONSISTENCIA f. Estado de un líquido que se vuelve espeso. ‖ Cohesión de las partes de un cuerpo sólido: *la cera tiene menos consistencia que la resina.*

— *Constr.* Compacidad * que tiene un hormigón antes de que empiece a fraguar. (Sinón. FLUIDEZ.)

— *Pint.* Cualidad que hace que una pintura no corra en forma de gotas sobre la superficie en que se ha aplicado: *la consistencia se mide con el consistómetro.*

CONSISTENTE adj. Espeso, viscoso, que tiene cohesión: *grasa consistente; los edificios requieren cimientos importantes en los terrenos poco consistentes.*

CONSISTÓMETRO m. *Pint.* Aparato que sirve para medir la consistencia de las pinturas y barnices. (V. VISCOSÍMETRO.)

carta de navegar consol

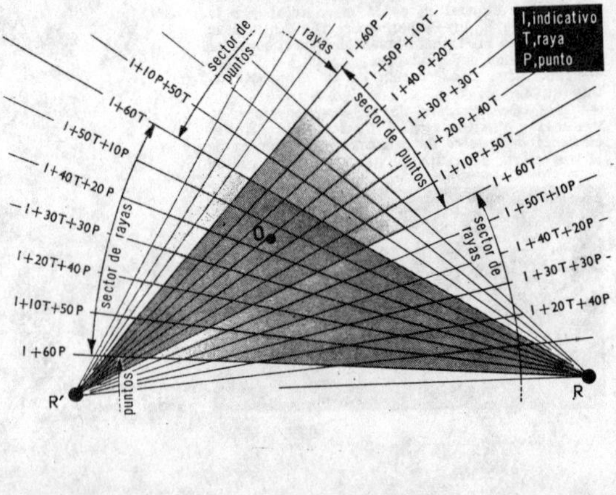

CONSOL m. *Aeron.* y *Mar.* Sistema de radionavegación fundado en la emisión de series de signos Morse (puntos y rayas) que son captados en proporciones variables según fuere la orientación del avión o del barco respecto a la emisora.

— El *consol* es un radiofaro que, en el curso de un ciclo, emite 60 signos Morse por series alternativas de puntos y de rayas. El navegante de a bordo dispone de una carta de navegar especial cubierta por tantas redes de rayas radiales como emisoras de consol existen en la zona considerada. La navegación por este sistema se limita a contar el número de puntos y de rayas que se suceden desde el silbido continuo que marca el comienzo del ciclo. Si se han contado 45 rayas y 15 puntos (caso de la figura), bastará con buscar en la carta la línea 45T + 15P para conocer la orientación respecto a la emisora R. Puede captarse entonces otro radiofaro consol (R') que indicará una nueva línea (por ejemplo, 29 puntos y 31 líneas). La intersección O de las dos rayas en la carta determina la posición geográfica del avión o del barco.

Los radiofaros del *sistema consol* tienen un alcance práctico de 2 500 km.

CONSOLA f. *Arq.* Sillar, viga u otro elemento que sobresale de una fachada para servir de sostén o adorno a los balcones, cornisas y demás elementos salidizos. (V. CAN, CARTELA, MÉNSULA y MODILLÓN.)

CONSOLIDACIÓN f. Acción y efecto de consolidar.

— *Obr. públ.* Operación consistente en inyectar —por múltiples taladros practicados en la roca— cemento caldoso o substancias químicas que penetran por las fisuras y las obturan: *la consolidación efectuada en terrenos consistentes, pero agrietados, permite cegar un pozo o evitar las infiltraciones de agua en el curso de labores de arranque del mineral, excavación para los cimientos de una obra, etc.*

CONSOLIDAR v. Aumentar la solidez de una cosa poco consistente o que amenaza ruina: *las fachadas agrietadas se consolidan provisionalmente con puntales.*

— *Min.* y *Obr. públ.* Efectuar la consolidación * del terreno.

CONSTANTÁN m. *Electr.* y *Metal.* Aleación de cobre (55%) y níquel (45%) que, dada su poca conductibilidad, se usa para fabricar resistencias eléctricas y elementos termoeléctricos (pares *cobre-constantán* y *hierro-constantán*). [V. PAR y TERMOELECTRICIDAD.]

CONSTANTE adj. y s. Continuo, invariable: *mantener constante la presión de una caldera.* ‖ Magnitud que representa una propiedad característica de un cuerpo o de un aparato.

— *Astron. Aceleración constante,* v. ASTRONÁUTICA.

— *Electr. Constante dieléctrica,* v. DIELÉCTRICO. ‖ *Constante de un galvanómetro,* desviación de la aguja producida por una corriente de intensidad igual a la unidad. ‖ *Constante de propagación,* constante que caracteriza la atenuación y el desfasaje de las corrientes en una línea imaginaria infinitamente larga. ‖ *Constantes voltaicas,* fuerza electromotriz y resistencia de una pila consideradas como constantes.

— *Fís. Constante radiactiva,* v. RADIACTIVO. ‖ *Constante capilar,* tensión superficial. (V. CAPILARIDAD.) ‖ *Constante de los gases perfectos,* v. GAS. ‖ *Constante de Planck,* v. PLANCK. ‖ *Constante de Rydberg,* v. RYDBERG. ‖ *Constante de Boltzmann,* v. BOLTZMANN.

— *Mat.* Cantidad que conserva siempre el mismo valor. ‖ Número que, en una ecuación, es independiente de las variables. ‖ Cantidad que se agrega a una función —posteriormente a la integración— y que permite generalizar la solución. ‖ *Constante de Euler,* v. EULER. ‖ *Constante de tiempo,* tiempo al cabo del cual la magnitud V de una función exponencial del tiempo t ha variado en razón de la base de los logaritmos neperianos ($e = 2{,}718$). [V. *figura.*]

— *Meteor. Constante solar,* cantidad de energía térmica recibida en el límite superior de la atmósfera por una superficie plana perpendicular a los rayos solares.

— La *constante solar* es igual a 1,94 calorías/

gramo/cm²/minuto, o sea equivalente a 0,135 vatios por centímetro cuadrado.

— *Quím.* Con el nombre de *constantes químicas* se designan ciertas magnitudes características de los cuerpos puros: *masa, punto de fusión, punto de ebullición, coeficiente de dilatación,* etc. En realidad, estas magnitudes no son constantes, puesto que varían con la presión, temperatura y otras condiciones.

CONSTELACIÓN f. *Astr.* Cada uno de los grupos de estrellas en que los antiguos dividieron la esfera celeste y a los cuales dieron, para distinguirlos unos de otros, nombres inspirados en la figura que sugiere la disposición de las mismas.

— Es error muy común el establecer entre las estrellas de una constelación una afinidad comparable a la existente entre los astros del sistema solar, que, físicamente, son miembros de un mismo sistema. En realidad, las constelaciones son el resultado de un simple efecto de perspectiva, y tal estrella que parece muy próxima de otra puede hallarse más lejos de ella que de la Tierra. Los astrónomos modernos han adoptado una delimitación de las constelaciones fundada en el uso de coordenadas celestes, pero que permite conservar en cada una de ellas las estrellas que tenía en los atlas celestes preexistentes. Dentro de cada constelación, las estrellas se designan por las letras del alfabeto griego, empezando por la de mayor brillo, que será la estrella α (alfa) de la constelación. Así, la estrella γ Centauri (gamma del Centauro) es, por orden de magnitud, la tercera de dicha constelación. No obstante, como el brillo de ciertas estrellas ha cambiado con el tiempo, existen varias excepciones, como en la Osa Mayor, cuya estrella más brillante ya no es α sino ε.

Existen 88 constelaciones: 35 en la zona ecuatorial hasta la latitud de 30°, 18 en el resto del hemisferio boreal y 35 en el resto del hemisferio austral.

CONSTELACIONES

BOREALES

Andrómeda
Casiopea
Cefeo
Cisne
Corona boreal
Cochero
Dragón
Hércules
Jirafa
Lagarto
Lebreles
León Menor
Lince
Lira
Osa Mayor
Osa Menor
Perseo
Triángulo

ECUATORIALES

Acuario
Águila
Balanza
Ballena
Boyero
Caballito
Cabellera de Berenice
Cangrejo (Cáncer)
Capricornio
Carnero (Aries)
Copa
Cruz del Sur
Cuervo
Delfín
Erídano
Escorpión
Escudo
Gemelos
Hidra
León
Liebre
Ofiuco
Orión
Peces
Pegaso
Can Mayor
Can Menor
Saeta
Sagitario
Serpiente
Sextante
Tauro
Unicornio
Virgen
Zorra

AUSTRALES

Altar
Ave del paraíso
Brújula
Buril
Camaleón
Carena
Centauro
Compás
Corona austral
Dorada
Escuadra
Escultor
Fénix
Grulla
Hidra
Horno químico
Indio
Lobo
Máquina neumática
Mesa
Microscopio
Mosca
Octante
Paloma
Pavo
Pez austral
Pez volador
Pintor
Popa
Reloj
Retículo
Telescopio
Triángulo austral
Tucán
Vela

CONSTITUYENTE adj. y s. Que entra en la composición o constitución de una cosa.

— *Quím.* Cada uno de los cuerpos que entran en la composición de una mezcla o compuesto.

CONSTRICCIÓN f. Encogimiento, disminución del diámetro de los cuerpos sometidos a una acción exterior.

CONSTRUCCIÓN f. Acción de construir. ‖ Lo que se ha construido. ‖ Cada uno de los grandes ramos de la industria constructiva. ‖ *Materiales de construcción, piedras de construcción,* materiales y piedras usadas en albañilería y obras públicas.

— *Aeron. Construcciones aeronáuticas,* v. AVIÓN.

— *Arq.* Parte de la arquitectura que consiste en emplear los materiales en razón de sus cualidades y de sus características de solidez y belleza. (V. ARQUITECTURA Y PREFABRICACIÓN.)

— *Autom. Construcción automovilística,* v. AUTOMÓVIL.

— *Geom.* Acción de dibujar una figura: *la construcción de un hexágono puede efectuarse con la regla y el compás.*

— *Mar. Construcciones navales,* v. ASTILLERO.

— *Mat.* Acto operatorio o gráfico mediante los cuales se puede hallar la solución de un problema

— *Mec. Construcciones mecánicas,* v. METALURGIA.

CONSUMO m. Cantidad de combustible necesario para que un vehículo recorra una distancia determinada: *el consumo de los automóviles suele medirse en litros por cien kilómetros.* ‖ Cantidad de combustible o de energía eléctrica necesarios para que un motor, lámpara o cualquier otro dispositivo funcione durante un tiempo determinado (generalmente una hora): *el consumo de un televisor es del orden de cien vatios por hora* (V. MOTOR.)

CONTABLE adj. *Ofic.* Dícese de las máquinas de calcular que se usan en contabilidad.

— Las principales *máquinas contables* pertenecen a una de las categorías siguientes: *máquinas numéricas* (sumadoras impresoras); *máquinas alfanuméricas,* que son una combinación de máquina numérica y máquina de escribir; *facturadoras,* que son máquinas alfanuméricas provistas de un dispositivo multiplicador. A pesar de sus numerosos perfeccionamientos —algunos tipos cuentan con dispositivos electrónicos— estas máquinas no pueden competir en rapidez con las que se fundan en el uso de tarjetas perforadas. (V. CALCULADOR Y TARJETA.)

CONTACTO m. Estado de los cuerpos que se tocan.

— *Electr.* Acción de tocarse dos conductores, que puede ser accidental (cortocircuito y contacto con la tierra) o provocada con el fin de cerrar un circuito (contactores, interruptores, conmutadores, enchufes, relevos, etc. ‖ Mecanismo usado con dicho fin: *los contactos pueden ser de frotamiento, de rodillo, líquidos (mercurio) y de presión.*

— *F. c. Contacto fijo,* cocodrilo *. ‖ *Hilo o línea de contacto,* cable de suspensión catenaria * que alimenta los vehículos de tracción eléctrica por medio del troley o pantógrafo.

— *Fís. Fuerza electromotriz de contacto,* diferencia de potencial que existe entre dos metales distintos puestos en contacto (*efecto Peltier*) y en la cual se funda el uso de pares termoeléctricos. (V. TERMOELECTRICIDAD.)

— *Fot.* Prueba fotográfica obtenida por contacto del negativo con el positivo *.

— *Geol.* Superficie por donde se tocan dos capas geológicas: *el contacto es normal si data del origen o formación de los terrenos y anormal si se debe a una falla o accidente tectónico.*

— *Geom. Contacto de primero o de segundo grado,* contacto de dos figuras que se tocan y tienen,

constelaciones de la Osa Mayor y de Tauro, según las figuras imaginadas antiguamente, y *(a la derecha)* nueva delimitación de la Osa Mayor

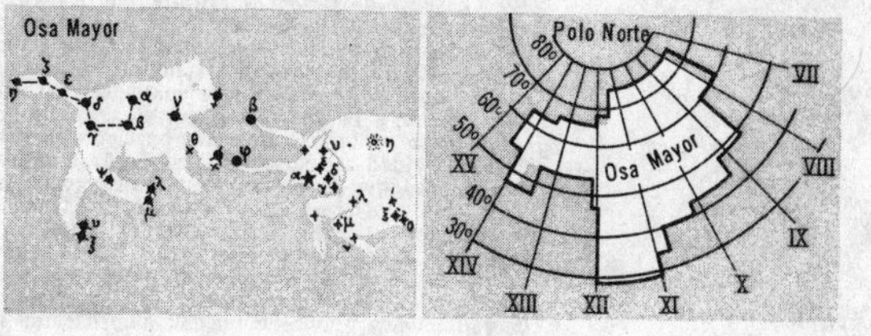

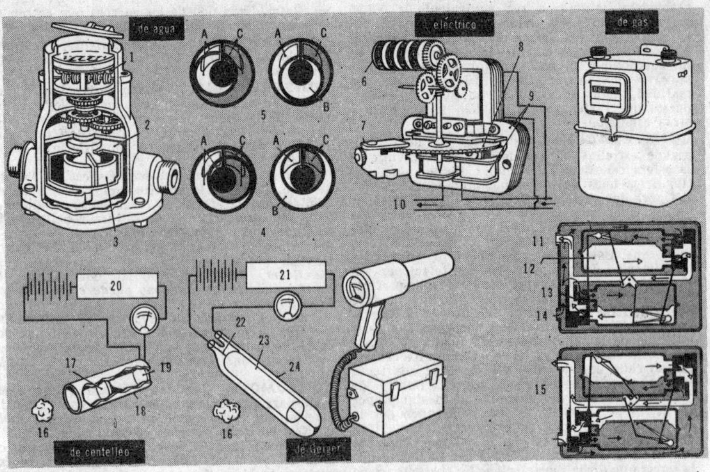

contadores : 1. Totalizador; 2. Cilindro; 3. Émbolo rotativo; 4. El compartimiento A se llena y el compartimiento C se vacía; 5. Compartimiento B, lleno; 6. Contador; 7. Imán regulable; 8. Disco motor; 9. Electroimanes; 10. Corriente contada; 11. Salida del gas; 12. Cámara de medición; 13. Corredera de distribución; 14. Llegada del gas; 15. Al llenarse la cámara, una corredera dirige el gas hacia la otra; 16. Mineral radiactivo; 17. Cristal de yoduro de sodio en el cual se producen los destellos; 18. Tubo opaco; 19. Célula fotoeléctrica; 20 y 21. Amplificadores; 22. Ánodo; 23. Cátodo; 24. Tubo de vidrio

contador
de centelleo

respectivamente, uno o dos elementos comunes. || *Punto de contacto,* aquel por el cual se tocan dos cuerpos o figuras: *el punto de contacto de dos circunferencias se halla en la recta que une sus centros.*

— *Ópt. Cristal* o *lente de contacto,* v. LENTE.

— *Telec. Contacto de recepción,* punto de apoyo del manipulador * Morse cuando se halla en estado de reposo. || *Contacto de transmisión,* punto donde el manipulador * de un aparato telegráfico entra en contacto con uno de los extremos del circuito de la pila.

CONTACTOR m. *Electr.* Interruptor automático de contactos móviles que se maneja a distancia por medio de un electroimán. || *Contactor disyuntor,* v. CONYUNTOR *disyuntor.*

— El *contactor* sirve para enlazar circuitos o aparatos eléctricos, especialmente motores potentes, cuando no resulta práctico ponerlos en marcha directamente con dispositivos mecánicos. También existen contactores accionados por aire comprimido.

— *Ind. quím.* Recipiente provisto de un agitador que sirve para poner en contacto dos o más productos y facilitar una reacción química.

CONTADOR m. Aparato que sirve para medir, contar o registrar el valor numérico de una magnitud: *las máquinas de imprimir tienen un contador de pliegos impresos.*

— *Atom. Contador de partículas,* instrumento para contar las partículas electrizadas de las radiaciones naturales o artificiales.

— Los *contadores* de partículas más comunes pertenecen a uno de los dos tipos siguientes:

1.º *Contador de Geiger y Muller,* que consta de un tubo herméticamente cerrado que contiene un gas enrarecido y, en su eje, un filamento longitudinal. Entre la pared del tubo y el filamento se crea una diferencia de potencial eléctrico apenas inferior a la que provocaría el salto de una chispa entre ambos. Cuando una partícula cargada de electricidad atraviesa el tubo, ioniza los átomos de gas que se hallan en su trayectoria. La ionización confiere cierta conductibilidad al gas y entonces salta una chispa entre el filamento y la pared. Esta impulsión eléctrica puede usarse de varias formas: si alimenta un casco telefónico, crepitará el auricular, aunciando así la presencia de radiaciones; también pueden amplificarse los impulsos suficientemente para que accionen una aguja indicadora del número de partículas por segundo; por último, en los aparatos más perfeccionados, la corriente amplificada mueve un contador numérico. Mediante combinaciones apropiadas se puede obtener que, en vez de registrar el paso de todas las partículas electrizadas, el aparato cuente solamente las de determinada especie.

2.º *Contador de centelleo* o *de destellos, centellómetro* o *espintariscopio,* que se funda en la propiedad que tienen ciertos cuerpos fluorescentes de iluminarse y producir un centelleo cuando una partícula electrizada choca con sus átomos. Si la capa centelleante se acopla con otra capa fotoeléctrica, ésta producirá un impulso eléctrico cada vez que se ilumina aquélla. Los impulsos se aprovechan como en el contador de Geiger y Muller.

Los contadores de partículas tienen un campo extenso de aplicaciones: investigaciones de física nuclear, prospección de menas uraníferas, comprobación de la radiactividad ambiente como medida de seguridad y de la radiactividad de los alimentos, detección de los radioelementos introducidos en el organismo con fines terapéuticos o para el diagnóstico, aplicaciones industriales de la radiactividad *, etc.

— *Autom.* Los *contadores de kilómetros* o *cuentakilómetros* consisten en un sistema de ruedas dentadas semejante al de una calculadora *, que es accionado por una rueda del vehículo mediante una transmisión flexible y que indica las unidades, decenas, centenas, etc., de km. El taxímetro * indica, además, el importe de la carrera, en el cual se comprende el valor de los kilómetros recorridos más el del tiempo transcurrido en paradas.

— *Calef.* Los *contadores de calor* se usan en instalaciones de calefacción central para determinar la parte de cada inquilino en el gasto de combustible. Consiste en la combinación de un contador de agua caliente, de dos termómetros (uno en la entrada y otro en la salida de las canalizaciones), de un dispositivo que da la diferencia de las temperaturas y de un mecanismo que multiplica el consumo de agua por la diferencia de las temperaturas de entrada y salida e indica las termias * consumidas.

Fot. Nuclear Chicago

— *Comb.* Los *contadores de gas* funcionan con arreglo a dos principios diferentes. En el contador húmedo o de agua, el gas penetra por el eje hueco de un tambor, dividido en compartimientos y que se halla medio sumergido en el agua de un recipiente hermético. Cada vez que uno de los compartimientos se llena de gas, la presión hace girar el tambor, y cuando el compartimiento emerge del agua, el gas se escapa por una hendidura del mismo hacia la canalización del usuario. Al mismo tiempo se llena de gas otro compartimiento vacío que ha sido sumergido por el movimiento rotatorio del tambor, y así sucesivamente. Estos contadores tienden a ser reemplazados por los contadores en seco constituidos por dos compartimientos, cada uno de los cuales se halla subdividido en dos cámaras por un tabique elástico (v. *figura*) enlazado mecánicamente con la corredera * de un distribuidor y con el mecanismo contador. La presión del gas tiene por efecto llenar la primera cámara del recinto y, al empujar el tabique elástico, expulsa el gas previamente admitido en la otra cámara, al mismo tiempo que provoca el deslizamiento de la corredera, con lo cual se invertirá la admisión : la segunda cámara se llenará a su vez y el movimiento del tabique vaciará la primera, y así sucesivamente.

— *Electr.* El *contador eléctrico* consta de un disco de aluminio que gira horizontalmente en el entrehierro de un electroimán conectado con el circuito (voltímetro), a ras de los polos de otro electroimán (amperímetro) montado en serie con un hilo de la línea y, por último, en el entrehierro de un imán permanente. La corriente inducida en el disco por los electroimanes engendra un par motor proporcional a la potencia consumida, mientras que la corriente inducida por el imán permanente engendra un par resistente proporcional a la velocidad del disco. Por consiguiente, el número de vueltas es proporcional a la energía absorbida por el circuito. El eje del disco transmite su movimiento a un cuentarrevoluciones que indica numéricamente el consumo en hectovatios y kilovatios. Existen contadores especiales que registran separadamente la energía consumida de día y de noche (cuando las compañías facturan ésta más barata que aquélla).

— *Hidr.* Existen numerosos procedimientos para registrar el consumo de agua o apreciar el gasto * de una corriente líquida. Además de los reseñados en el art. AFORO se usan diferentes dispositivos designados con los nombres de *contadores volumétricos* y *contadores de velocidad.*
Los *contadores volumétricos* constan de un émbolo de movimiento alterno o, las más de las veces, giratorio. La presión del agua hace que se llenen y vacíen alternativamente los dos compartimientos del émbolo, cuyo movimiento acciona el sistema contador que indica el consumo en metros cúbicos y fracción de metro.
Los *contadores de velocidad* se fundan en el uso de una turbina o rueda de paletas arrastrada por la fuerza de la corriente líquida. Son más prácticos que los contadores volumétricos, pero tanto menos exactos cuanto más lenta es la corriente.

— *Mec.* Los *contadores de vueltas* o *de revoluciones* (*cuentarrevoluciones*) sirven para medir el número de revoluciones que da el eje de una máquina en un minuto.

CONTAMINACIÓN f. Alteración de las aguas, del aire, los alimentos, etc. por las actividades del hombre. (*Sinón.* POLUCIÓN.)

— Los cursos de agua son contaminados por los detritos de las poblaciones, los detergentes domésticos, los insecticidas agrícolas y los productos químicos vertidos por las fábricas ribereñas. La atmósfera lo es por les humos de los hogares domésticos e industriales (monóxido de carbono, compuestos sulfurosos, etc.), los gases de escape de los automóviles (óxidos de nitrógeno y de carbono, hidrocarburos, derivados del plomo), los vapores de la industria química y de las refinerías de petróleo (disolventes, sulfuros, hidrocarburos). Al mar afluyen los contaminantes de los ríos, así como los de las fábricas costaneras (lodos con residuos metálicos) e inmensos tonelajes de hidrocarburos. Otra forma de polución es constituida por la radiactividad artificial (centrales y laboratorios atómicos). Los peligros que hacen correr a la humanidad las diferentes contaminaciones requieren medidas preventivas: tratamiento de las aguas y de los humos industriales, depuración de los gases de escape de los automóviles, prohibición de los detergentes no biodegradables *. Ahora bien, la insuficiencia de las medidas coercitivas hace que la contaminación haya progresado considerablemente en el curso de los últimos lustros, causando no pocas víctimas y cerniendo graves amenazas sobre la humanidad. Una de las consecuencias más patentes es la dificultad creciente que experimentan las grandes ciudades para su abastecimiento en agua potable.

CONTARIO o **CONTERO** m. *Arq.* Moldura en forma de sucesión de cuentas.

CONTENEDOR m. *Transp.* Embalaje metálico muy grande, recuperable, de dimensiones normalizadas, provisto de argollas para facilitar su carga y descarga, que simplifica el transporte de mercancías de domicilio a domicilio cuando existen transbordos .(V. PORTACONTENEDOR.)

CONTIGNACIÓN f. *Arq.* Trabazón de vigas o maderos que sirve para sostener o soportar parte de la construcción: *la contignación de un techo.*

CONTINENTAL adj. Relativo o perteneciente a los continentes.

— *Geol. Formaciones continentales,* sedimentos que no son de origen marítimo.

— *Meteor. Clima continental,* clima propio del interior de los continentes, en las latitudes medias, donde existen inviernos largos y rigurosos y veranos cálidos.

— El clima oceánico se caracteriza por cierta regularidad o persistencia de temperaturas templadas, la humedad y nebulosidad del aire y la violencia de los vientos. Estos caracteres se deben a la influencia dominante de las masas de aire marítimas. Ahora bien, cuando estas masas penetran en los continentes pierden progresivamente sus características, al mismo tiempo que van tomando las del aire continental, enfriándose, desecándose y frenándose por frotamiento contra los accidentes del terreno. Finalmente, lejos del mar, impera un régimen estacionario de masas de aire seco, demasiado frío o caliente, sobre las cuales ya no ejercen ninguna influencia moderadora las masas de aire oceánico. (V. ATMÓSFERA, CLIMA y METEOROLOGÍA.)

CONTINENTE m. *Geogr.* Extensión de tierra emergente que, por sus grandes dimensiones, no puede ser considerada como una isla: *el Antiguo Continente comprende Europa, Asia y África.* ‖ Subdivisión convencional de un continente verdadero: *el continente europeo.* ‖ La tierra firme respecto a las islas próximas.

— Se admite la existencia de seis *continentes:*

	SUPERFICIE en km²	HABITANTES en millones
África	30 300 000	335
América	42 078 000	382
Antártida ..	13 000 000	—
Asia	44 000 000	1 598
Europa	10 236 000	565
Oceanía	8 557 000	15

La superficie de todos los continentes representa solamente el 29% del área total del globo terrestre. Su distribución no es regular en torno del mismo, pues las tierras emergentes son mucho más extensas en el hemisferio boreal que en el

contenedor

Fot. Viguier

austral. Si el polo Norte se hallara en la costa occidental de Francia, todos los continentes quedarían prácticamente agrupados en un solo hemisferio. La altura media de los continentes es de 700 m, mientras que la profundidad del océano es por término medio de 3 800 m.
Según Wegener, los continentes flotan sobre una masa (sima) dotada de cierta fluidez y se alejan lentamente a partir de un punto donde, en un remoto pasado geológico, constituyeron un continente único. (V. DERIVA *de los continentes.*)

continua de hilar

CONTINUO, A adj. y s. Dícese de las cosas cuyas partes siguen unidas, sin solución de continuidad: *en el dibujo industrial se trazan líneas continuas, punteadas y mixtas.*
— *Electr. Corriente continua,* corriente que no cambia de sentido y conserva una intensidad constante. (V. CORRIENTE.)
— *F. c. Freno continuo,* freno que obra simultáneamente de un extremo a otro del tren.
— *Ind.* Dícese de lo que se fabrica de una vez en piezas o tiras muy largas (papel, vidrio, etc.). ‖ Aplícase también a los aparatos que no requieren ser parados periódicamente, por efectuarse sin interrupción la carga de las materias primeras, su tratamiento y la evacuación de los productos y residuos: *en las refinerías de petróleo se practica la destilación continua; horno continuo; transporte continuo por cinta sin fin.*
— *Mat. Fracción continua,* v. FRACCIÓN.
— *Text. Hiladora continua* o *continua de hilar,* máquina de hilar en la cual el torcido, estirado y devanado del hilo se efectúa continuamente, por oposición a la selfactina, en la cual el proceso es intermitente. (V. HILATURA.)

CONTINUUM m. *Fís.* Conjunto de elementos de índole diferente y tales que se pueda pasar de uno de ellos a otro de modo continuo. ‖ *Continuum espacio tiempo,* espacio de cuatro dimensiones —la cuarta es el tiempo— imaginado por Einstein como base de su teoría unitaria del universo. (V. ESPACIO y RELATIVIDAD.)

CONTORNEADO, DA adj. *Miner.* Dícese de las substancias cuyos cristales tienen sus planos plegados o desviados, como si sus caras hubieran experimentado inflexiones: *Aragonita contorneada.*

CONTORNO m. *Geom. Contorno aparente,* línea de contacto de un cuerpo con un cono cuyas generatrices serían tangentes a su superficie y cuyo vértice se hallaría en el ojo del observador: *los dibujos ordinarios o perspectivos figuran el contorno aparente.* ‖ *Contorno aparente de un cuerpo en relación con un plano,* proyección en el plano del cilindro, circunscrito al cuerpo y cuyas generatrices serían perpendiculares a éste. (Se confunde con el contorno anterior solamente cuando el punto de vista u ojo del observador se halla a una distancia infinita del plano o cuadro.)
— *Ópt. Campo de contorno,* límite extremo del campo de un instrumento óptico.
— El *campo de contorno* da una imagen muy poco luminosa y se suprime generalmente con el uso de un diafragma.

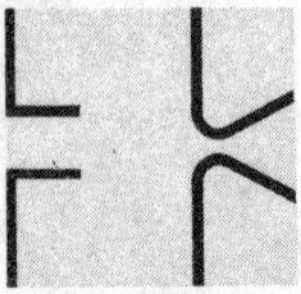

contracción de vena líquida y boquilla divergente

CONTRA, prefijo que, en unos casos, significa *oposición* (por ej., en *contracorriente*) y, en otros, *yuxtaposición.* (En el último sentido figura en muchísimos nombres de cosas que sirven para reforzar la acción de otras similares: *la contraescota es la segunda escota con que se refuerza la primera cuando sopla viento muy fuerte.*)

CONTRAAGUJA f. *F. c.* Riel contra el cual se aplica la aguja de un cambio de vías. (V. AGUJA.)

CONTRAÁLABE m. *Mec.* Cada uno de los álabes fijos orientados en sentido contrario de los del rodete de la turbina hidráulica, que desvían el agua y la alejan de la zona axial de la misma. (V. TURBINA.)

CONTRAALISIO adj. y s. m. *Meteor.* Viento que sopla a cierta altura, por encima de los alisios, y en dirección contraria de la que siguen éstos. (V. ALISIO.)

CONTRAÁNGULO m. Portafresa * de dentista en forma de ángulo.

CONTRAANTENA f. *Radiot.* Grupo de conductores que se disponen horizontalmente entre una antena y el suelo para reemplazar la toma de tierra.
— La *contraantena,* tendida a dos o tres metros del suelo y paralelamente al mismo, reemplaza ventajosamente la toma de tierra porque introduce una resistencia eléctrica menor que la del circuito antena-tierra.

CONTRAARCO m. *Mar.* Combadura longitudinal del casco de un buque debida a un exceso de carga en las calas centrales y que se produce también cuando dos olas levantan simultáneamente la proa y la popa.

CONTRAARMADURA f. *Carp.* Armazón que se agrega a una cubierta * de pares demasiado empinados, para obtener vertientes de más vuelo y menor pendiente.

CONTRABALANCEAR v. Compensar una fuerza con otra. ‖ Equilibrar el peso de un cuerpo en la balanza con pesas puestas en el otro platillo.

CONTRABASA f. *Arq.* Pedestal.

CONTRABOCEL m. *Arq.* Caveto.

CONTRABOMBEO m. *Obr. públ.* Depresión axial que se hace en un camino o calzada para que corran las aguas.

CONTRABRANQUE m. *Mar.* Otro nombre de la contrarroda.

CONTRACAJA f. *Art. gráf.* Caja * perdida.

CONTRACALCAR v. Calcar por el revés el calco de una figura con el fin de sacar una copia invertida del original.

CONTRACAMPO m. *Cin.* Disposición de la cámara cinematográfica que, después de haber fotografiado un campo *, pasa a la posición opuesta y fotografía el campo donde se hallaba precedentemente: *una escena entre dos interlocutores suele consistir en una sucesión de campos y contracampos.*

CONTRACANAL m. *Obr. públ.* Canal secundario derivado de otro principal.

CONTRACANDELA f. *Amer.* Contrafuego.

CONTRACAÑA f. *Min.* Excavación de una galería en sentido contrario del que se seguía anteriormente, o sea por el extremo opuesto al del tajo primitivo.

CONTRACARRIL m. *F. c.* Segundo riel que se dispone paralelamente al de la vía en las curvas, agujas, cruces, pasos a nivel, etc., con objeto de guiar la pestaña de las ruedas y disminuir el desgaste de los carriles ordinarios y los riesgos de descarrilamiento.

CONTRACCIÓN f. Acción de contraer o disminuir de volumen un cuerpo por reducción de la distancia que media entre las partículas que lo constituyen. (V. DILATACIÓN.)
— *Fís. Contracción de la vena flúida,* disminución que experimenta el diámetro o sección de un chorro al manar por un orificio practicado en el recipiente. (El gasto efectivo equivale a 62 % del gasto teórico correspondiente al mismo orificio si no existiera el fenómeno de contracción. Este porcentaje puede aumentarse con el uso de boquillas o toberas calculadas con arreglo a las leyes de la mecánica de los fluidos.) ‖ *Contracción de Lorentz,* hipótesis según la cual todos los cuerpos que se hallan en movimiento muy rápido respecto a un sistema de referencia, experimentan una contracción en el sentido de su movimiento.
— La *contracción de Lorentz* explica el fracaso de los experimentos de Michelson * y ha sido explicada ulteriormente, a su vez, por la relatividad * de Einstein.
— *Geol. Teoría de la contracción,* teoría según la cual la génesis de las montañas se debe a una contracción del globo terrestre por descenso progresivo de su temperatura y arrugamiento de la corteza.
— Según las investigaciones modernas, el globo terráqueo se halla actualmente por lo menos tan caliente como en el cambriano * inferior. Por lo demás, la supuesta contracción no habría podido engendrar pliegues y formaciones orogénicas tan importantes como los que se han producido desde aquellos tiempos remotos.

CONTRACLAVE f. *Arq.* Cada una de las dovelas que se hallan junto a la clave en los arcos y bóvedas.

CONTRACLAVIJA f. *Mec.* Segunda clavija que impide el aflojamiento de la clavija principal.

CONTRACODASTE m. *Mar.* Pieza que se aplica interiormente contra el codaste * para reforzarlo.

Fot. Sté Alsacienne de C. M

CONTRACORRIENTE f. Corriente de sentido opuesto al de la corriente principal.
— *Ocean. Contracorriente ecuatorial,* corriente que, en la zona ecuatorial del Pacífico y el Atlántico, se dirige del Oeste hacia el Este en el sentido inverso de las corrientes engendradas por los alisios.
— *Quím.* Procedimiento consistente en comunicar movimientos opuestos a dos cuerpos que han de obrar física o químicamente uno sobre el otro.
— El *método de la contracorriente* facilita la acción de un fluido sobre otro. Así, en la fabricación del ácido clorhídrico, el gas clorhídrico y el agua circulan en direcciones opuestas por una batería de recipientes montados en serie. De esta manera la disolución rica se halla en contacto con gas rico y puede aumentar su concentración, mientras que, en el extremo opuesto, el gas pobre puede ser absorbido fácilmente por el agua pura.
CONTRACTURA f. *Arq.* Disminución del diámetro de una columna en los dos tercios superiores de su altura.
CONTRACUADERNA f. Refuerzo de hierro o de madera que se pone a veces en el interior de las cuadernas.
CONTRACURVA f. *Arq.* Cada una de las curvas invertidas que forman el vértice del arco * conopial.
— *F. c.* Curva que sigue a otra en una vía, pero que tiene su centro en el otro lado de la misma, con lo cual forman ambas curvas una ese muy abierta.
CONTRACHAPADO, DA adj. y s. *Carp.* Procedimiento para obtener tableros de grandes dimensiones que no se alabean y están exentos de las luces o rendijas que se forman en los tableros ordinarios al viciarse las tablas.
— En vez de utilizar un solo tablero del espesor requerido, en el *contrachapado* se subdivide dicho espesor en dos o más tableros que se encolan cuidadosamente unos con otros cruzando sus fibras. Se obtiene así un tablero compuesto que no se contrae ni vicia con el tiempo. Además, el procedimiento permite economizar madera de calidad, pues solamente se usa ésta en chapa muy fina para una de las dos caras del tablero. El contrachapado, antes practicado solamente por los ebanistas, constituye hoy una industria próspera. (V. MADERA *cruzada* o *contrachapada.*)
CONTRACHAVETA f. *Mec.* Chaveta o clavija pequeña que se pasa por un taladro de la chaveta principal para evitar que ésta se salga de su sitio.
CONTRADIQUE m. *Obr. púb.* Dique secundario que se construye como refuerzo de otro principal.
CONTRAELECTROMOTOR, TRIZ adj. *Electr. Fuerza contraelectromotriz,* fuerza electromotriz inversa engendrada en ciertos aparatos por la corriente del circuito en que se hallan conectados: *la fuerza contraelectromotriz existe en todos los aparatos que transforman la energía eléctrica en otra forma de energía que no sea calor (motores, voltímetros,* etc.). [V. INDUCCIÓN.]
CONTRAER v. Estrechar, reducir el volumen de una cosa: *el frío contrae los cuerpos y el calor los dilata.* (V. CONTRACCIÓN.)
CONTRAESTAMPA f. *Metal.* Contramolde.
CONTRAESTAMPAR v. *Metal.* Hacer el molde de una pieza estampada.
CONTRAFASE f. *Fís. En contrafase,* en oposición de fase *.
CONTRAFIJA f. *Carp.* Espiga que, en una ensambladura, ocupa una misma caja con otra espiga principal.
CONTRAFILO m. *Art. y of.* Filo sacado en el lomo de un instrumento cortante.
CONTRAFOQUE m. *Mar.* V. FOQUE.
CONTRAFORJAR v. *Metal.* Forjar una barra de metal golpeándola alternativamente de plano y de canto.
CONTRAFUEGO m. Acción de quemar una franja de bosque ante el frente de un incendio para que se detenga éste por falta de materias combustibles al llegar a la misma. (Sinón. CONTRACANDELA.)
— *Metal.* Llamarada que se opone a la de un horno para atenuar su acción.
CONTRAFUERTE m. *Arq.* Macizo de obra que se construye contra un muro para reforzarlo, especialmente en el lado opuesto del que soporta el empuje de un arco o bóveda (a veces el empuje es transmitido al contrafuerte por un arbotante).
— *Art. y of.* Pieza de cuero que sirve de refuerzo interior a la parte trasera del calzado y contribuye a sujetar el pie.
— *Geol.* Sierra secundaria que arranca de una cordillera principal.
CONTRAHIERRO m. *Carp.* Hierro de los cepillos * y garlopas que se yuxtapone a la cuchilla para que no astille la madera y que dobla las virutas para facilitar su salida por la lumbrera.
CONTRAHILO m. Sentido o dirección contraria de la que siguen los hilos, venas o fibras de una cosa: *es difícil rasgar una tela a contrahilo; la madera cepillada a contrahilo se astilla.*
CONTRAHORADAR v. *Art. y of.* Horadar por un lado lo que ya ha sido horadado por el otro: *contrahoradar una viga.* ‖ Taladrar una pieza utilizando como guía de la broca o barrena los taladros ya hechos en otra pieza que se ha de montar con la primera.
CONTRAHUELLA f. *Arq.* y *Carp.* Cara o plano vertical de un escalón *. ‖ Altura del escalón.
— *Geol.* y *Tecn.* Reproducción de la huella dejada en relieve por un cuerpo sobre una materia plástica: *constantemente se descubren contrahuellas fósiles de las patas de animales prehistóricos.*
CONTRALATERAL adj. *Acúst.* Fenómeno acústico al cual se debe que la percepción por un oído de una señal de alto nivel sonoro, haga imperceptible la recepción simultánea por el otro oído de una señal de nivel sonoro inferior.
CONTRALECHO m. *Constr. A contralecho,* dícese de los sillares estratificados que se colocan en la hilada con sus capas de estratificación perpendiculares a la misma: *las construcciones de sillares a contralecho son menos resistentes y duraderas que las de sillares puestos a lecho.*
CONTRALUZ f. *Lumin.* Iluminación de un objeto por el lado opuesto de aquel desde el cual se observa.
CONTRAMALLA f. *Mar.* Claro que abraza una red de copo. ‖ Segunda red que va aplicada contra la red principal y sirve para contener los peces enredados en ésta.
CONTRAMANIOBRA f. *Art. y of.* Maniobra contraria de la que se ha efectuado precedentemente.
CONTRAMARCO m. *Carp.* Segundo marco que se clava sobre el marco principal de una puerta y que sirve para las vidrieras.
CONTRAMARCHA f. *Mec.* Sistema de poleas de diámetro diferente o de engranajes que, en las máquinas herramienta, transmite el movimiento del árbol motor al portaherramienta y permite invertir la marcha y efectuar cambios de velocidades. (V. TRANSMISIÓN.)
CONTRAMAREA f. *Mar.* Marea de dirección opuesta a la que sigue la marea ordinaria. ‖ *A contramarea,* a contracorriente, en el sentido contrario de la marea: *los barcos navegan frecuentemente a contramarea en los estuarios.*
CONTRAMATRIZ f. *Art. gráf.* Una de las dos planchas utilizadas para imprimir en relieve *:

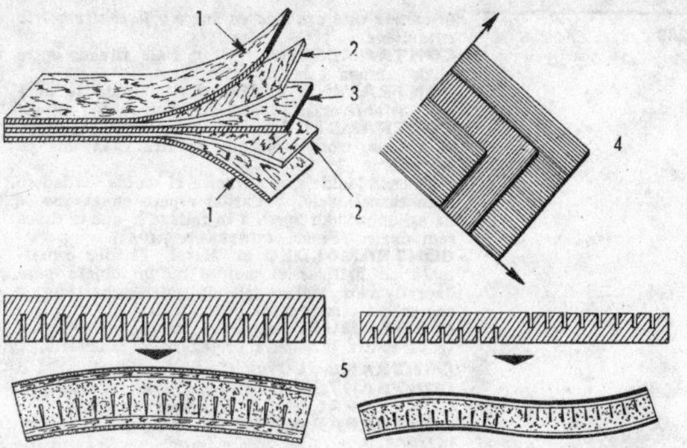

contrachapado
1. Chapa exterior; 2. Chapa interna; 3. Ánima; 4. Orientación de las fibras; 5. Ánimas para contrachapados combados

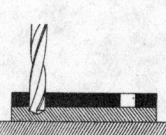

contrahoradar

contrafuertes

ot. Boulanger

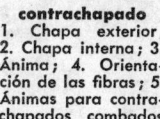

la matriz está grabada en hueco y la contramatriz en relieve.

CONTRAMESANA f. *Mar.* Palo situado entre el de mesana y la popa del barco.

CONTRAMINA f. *Min.* Galería que se abre para establecer la comunicación entre dos minas.

CONTRAMOLDE m. *Art. gráf.* En la impresión policroma, molde con que se tira cada uno de los colores.

— *Tecn.* Molde que envuelve el molde verdadero para consolidarlo. ‖ Cartón espeso en el que se ha estampado en hueco o en relieve lo que se desea reproducir. (Sinón. CONTRAESTAMPA.)

CONTRAMOLDEO m. *Metal.* Técnica consistente en utilizar el moldeo de un objeto para hacer varios moldes en un mismo bastidor y vaciar así otras tantas piezas a la vez.

CONTRAMURO m. *Arq.* Muro que se construye contra otro para protegerlo o reforzarlo.

CONTRÁNGULO m. Contraángulo.

CONTRANTENA f. *Radiot.* Contraantena.

CONTRAPALANCA f. Alzaprima doble.

CONTRAPAR m. *Arq.* y *Carp.* Cabio de cubierta *.

CONTRAPARTE f. *Art. y of.* Parte de una chapa de metal, una placa de carey o una lámina de madera preciosa, u otra materia, que sobra después de haber recortado en las mismas un motivo ornamental destinado a ser incrustado en labores de taracea o marquetería.

CONTRAPEADO, DA adj. *Carp.* Dícese de los maderos encolados, con sus vetas en cruz, para formar un tablero. (Sinón. CONTRACHAPADO.)

CONTRAPEAR v. *Carp.* Contrachapar, formar tableros encolando varias hileras de tablas, cada una de ellas con las fibras cruzadas respecto a la siguiente.

CONTRAPEDAL m. *Mec. Freno de contrapedal,* v. FRENO.

CONTRAPENDIENTE f. Pendiente opuesta a otra. ‖ Cambio de la pendiente de un camino que, sin transición, pasa a ser más empinada. ‖ Irregularidad del terreno que detiene las aguas en una pendiente y las desvía. ‖ Ligera inclinación que se da al suelo o a una calzada, en el sentido contrario del declive natural, para recoger las aguas en la cuneta y evitar la erosión de los taludes.

CONTRAPERFIL m. *Carp.* En una ensambladura de caja y espiga (cuando la superficie que lleva la caja es una moldura), moldura inversa labrada en la base de la espiga para permitir la unión perfecta de los dos elementos.

CONTRAPERFILAR v. *Carp.* Entallar un madero para que su perfil en hueco corresponda exactamente con el perfil en relieve de otro madero, de modo que no exista discontinuidad al ensamblarlos.

CONTRAPESO m. Peso utilizado para equilibrar otro peso o una fuerza: *el contrapeso de un ascensor baja cuando la jaula sube.*

— *Lumin. Lámpara de contrapeso,* lámpara que, merced a un contrapeso y a un sistema de dos poleas, puede ser subida o bajada y permanece en equilibrio a la altura deseada.

— *Mec.* Exceso de metal que se deja en determinadas partes de ciertas piezas para equilibrarlas, o bien para contrarrestar la acción de bielas y otros órganos (por ejemplo, en las ruedas de una locomotora o el cigüeñal de un motor de automóvil) o la presión de fluido (válvulas de seguridad).

CONTRAPILASTRA f. *Arq.* Resalto que encuadra la pilastra empotrada en un paramento. ‖ Pilastra situada frente a otra.

— *Carp.* Mediacaña u otra moldura que sobresale de la hoja de una puerta o ventana y sirve para impedir el paso del aire entre la misma y el marco.

CONTRAPILOTE m. *Carp.* Falso pilote.

CONTRAPLACADO, DA adj. y s. *Carp.* Galicismo por *contrachapado* * y por *madera * cruzada* o *contrachapada.*

CONTRAPLACAR v. *Carp.* Galicismo por *contrachapar.*

CONTRAPLAQUÉ adj. y s. *Carp.* Galicismo por *contrachapado.*

CONTRAPOLEA f. *Mec.* Polea loca para tensar o guiar una correa o un cable.

CONTRAPRESIÓN f. Presión opuesta a otra.

— *Mec.* Presión del fluido a la salida de una bomba, válvula o máquina: *la contrapresión influye sobre el rendimiento de una máquina.* ‖ Presión superior a la presión atmosférica que se mantiene a la salida de ciertas máquinas de vapor con el fin de que el fluido conserve suficiente energía para ser utilizado como agente de caldeo.

— Las *turbinas de contrapresión* y otras máquinas de vapor que funcionan con arreglo al mismo principio térmico, se usan en aquellos casos en que es necesario producir en un mismo sitio fuerza motriz y energía calorífera. El sistema de calefacción reemplaza entonces al condensador, y la cantidad de combustible consumido es inferior a la del que habrían requerido dos instalaciones separadas de fuerza motriz y calefacción.

CONTRAPRUEBA f. *Art. gráf.* Segunda prueba tipográfica.

— *Tecn.* Repetición de un experimento en sentido inverso para comprobar los resultados obtenidos la primera vez.

CONTRAPUERTA f. *Carp.* Segunda puerta situada detrás de otra. ‖ Portón *.

CONTRAPUNTA f. *Min.* Travesaño o codal dispuesto a cierta distancia de los extremos de dos estemples cuando éstos son muy altos o soportan una carga muy grande.

CONTRAPUNZÓN m. *Art. gráf.* Punzón que lleva grabado en hueco la letra o figura y sirve para marcarla en relieve.

— *Art. y of.* Punzón usado en cerrajería y otros oficios para contrahoradar * o para remachar una pieza que no puede ser golpeada directamente con el martillo.

CONTRAQUILLA f. *Mar.* Sobrequilla * ‖ Segunda quilla que llevan algunos barcos de madera sobre la quilla verdadera, para protegerla en el caso de que embarrancara la nave.

CONTRARRAYAR v. *Art. gráf.* Aumentar el contraste de un grabado trazando rayas perpendiculares a las ya talladas.

CONTRARREACCIÓN f. *Radiot.* Técnica que consiste en tomar una parte de la señal de salida de un circuito electrónico y en introducirla de nuevo en el mismo con la señal de entrada, aunque en oposición de fase con ésta: *la contrarreacción reduce la distorsión * en los amplificadores.*

CONTRARRIEL m. *F. c.* Contracarril.

CONTRARRODA f. *Mar.* Segunda roda que refuerza la primera por el interior del casco.

CONTRARROTATIVO, VA adj. *Mec.* Dícese de dos órganos acoplados que giran en direcciones contrarias: *avión de hélices * contrarrotativas.*

CONTRASALMER m. *Arq.* Dovela contigua del salmer. (V. ARCO.)

CONTRASTAR v. Presentar contraste * u oposición una cosa con otra.

— *Metr.* Comprobar oficialmente las pesas y medidas, la ley de los metales preciosos, la escala de un instrumento físico, etc.

CONTRASTE m. Oposición de dos cosas, una de las cuales hace resaltar la otra.

— *Fís. Contraste de los colores,* fenómeno de óptica en virtud del cual un color es diversamente apreciado por el ojo según sea el color que se le yuxtapone.

— *Fot. Contraste de una emulsión,* cualidad de la imagen fotográfica que con ella se obtiene, inversamente proporcional a la riqueza de los matices intermediarios entre el blanco y el negro.

— Un negativo o un positivo son tanto más contrastados cuanto más limitados son los matices que tiene. El *contraste* depende de la emulsión, del tiempo de exposición, de la composición del revelador y de cómo se lleva a cabo el revelado. Un negativo suave requiere ser reproducido en *papel de contraste,* pero no un negativo de por sí ya contrastado.

— *Metr.* Comprobación de las pesas y medidas por organismos especialmente habilitados.

— *Ópt. Contraste de una imagen,* diferencia relativa de luminosidad entre las diferentes partes de la misma. ‖ *Contraste de fase,* v. MICROSCOPIO.

— *Radiot.* Relación entre la luminosidad de los puntos más claros y más obscuros de una imagen de televisión: *los televisores tienen un botón para regular el contraste.*

— *Tecn. Substancia de contraste,* substancia que tiene la propiedad de ser opaca a los rayos X y que, introducida en el organismo, sirve para opacificar * las partes que se han de radiografiar.

CONTRATAJAMAR m. *Obr. públ.* Refuerzo de las pilas de un puente aguas abajo.
CONTRATECHO m. *Arq.* Segundo techo que sirve de refuerzo al techo principal o aumenta el aislamiento térmico y sonoro del local.
CONTRATENSIÓN f. *Electr. Hilo* o *línea de contratensión,* línea eléctrica que se dispone paralelamente a la catenaria de ciertas vías eléctrificadas de corriente alterna, y en oposición de fase con ésta, para evitar que la inducción tenga efectos molestos en las líneas telegráficas y otros circuitos eléctricos próximos de la vía.
CONTRATIPO m. *Fot.* Copia de un original fotográfico negatico o positivo: *las películas cinematográficas se tiran con contratipos, lo cual permite conservar el negativo original en perfecto estado.*
CONTRATIRANTE m. *Carp.* Tirante alto de una cubierta.
CONTRATORPEDERO m. *Mar. mil.* Barco de guerra pequeño (de 1 000 a 2 000 toneladas) provisto de artillería de escaso calibre, de lanzatorpedos y de diversas armas antisubmarinas: *los contratorpederos han desaparecido de las escuadras modernas en provecho de cruceros rápidos de 2 000 a 3 000 toneladas.* (Sinón. DESTRUCTOR.)
CONTRATUERCA f. *Mec.* Tuerca que se pone sobre otra para evitar que ésta se afloje.
CONTRAVAPOR m. *F. c.* Método de frenado de los trenes consistente en alimentar los cilindros a destiempo para que la fuerza del vapor se oponga al movimiento de los émbolos: *el frenado por contravapor solamente se practica hoy en caso de peligro, pues presenta, entre otros inconvenientes, el de repeler los gases de combustión hasta la caldera.*
CONTRAVENTANA f. *Carp.* Postigo con que se cierra una ventana por el paramento exterior o fachada, o bien por el interior: *la contraventana interior puede cerrarse sin abrir la ventana, pero no protege exteriormente los cristales.* ‖ *Contraventana de librillo,* la que se compone de varias hojas, tan estrechas que, una vez plegadas éstas, caben en la espesura del telar. ‖ *Contraventana de persiana,* la que en cada hoja tiene una persiana en vez de tablero.
CONTRAVIENTO m. *Arq.* y *Carp.* Refuerzo de una estructura con riostras para protegerla contra el viento y otros empujes laterales.
— *Autom. A contraviento,* dícese de las puertas de automóvil que, por tener bisagras delanteras, no pueden ser abiertas por el aire.
— *Metal.* En los hornos metalúrgicos, pared del crisol situada frente a la tobera por donde se sopla el viento. ‖ Placa de fundición con que se protege dicha parte del horno.
CONTRAVIESA f. *Geol.* Contrafuerte.
CONTRAVÍA f. *F. c.* Vía paralela a la que sigue un tren: *es peligroso subir o bajar de un tren a contravía.* ‖ *Circulación a contravía,* la que se efectúa en una vía doble en sentido inverso del normal.
CONTRAVOLUTA f. *Arq.* Voluta que duplica la voluta principal.
CONTRAZANCA f. *Carp.* Zanca de escalera que va adosada a la pared.
CONTRETE m. *Art. y of.* Cada uno de los puntales que se usan para mantener horizontal una cosa alargada.
— *Mec.* Refuerzo transversal que divide en dos un eslabón, impide su deformación y hace que la cadena no pueda formar cocas o codillos.
CONTROL m. Galicismo por *verificación, regulación* o *gobierno.* ‖ *Control remoto,* telemando.
— El uso de la palabra *control* es censurable cuando expresa claramente una de las tres nociones apuntadas. Debe, en cambio, considerarse como correcto cuando, en las técnicas modernas, designa un conjunto de acciones complementarias para el cual no existe denominación en la lengua castellana. Así, el *control del tránsito* en un aeropuerto es una operación compleja que reúne funciones de verificación, regulación y mando (identificación de los aviones, indicación de la ruta que han de seguir, de la altura a que han de volar, transmisión de las órdenes de aterrizaje o despegue, etc.). Asumir todas estas funciones a la vez equivale a *controlar* el tránsito.
También parece lógico admitir el galicismo cuando éste ha sido ya consagrado por el uso — cosa frecuente en el campo de las ciencias y técnicas— y resultaría difícil reemplazarlo por otra voz de nuestra lengua.
— *Aeron. Lista de control,* v. LISTA. ‖ *Torre de control,* v. AEROPUERTO y TORRE.
— *Atom. Barra de control,* v. BARRA y REACTOR.
— *Radiot. Control de volumen,* v. POTENCIÓMETRO.
— *Tecn. Control técnico,* serie de operaciones mediante las cuales se comprueban las características de las piezas, máquinas u otros objetos fabricados, antes de usarlos en un proceso de fabricación, de entregarlos al cliente o de ponerlos en servicio.
— El *control técnico* elimina todos los productos industriales que no corresponden a las normas oficiales o a las características especificadas por el cliente, como, por ejemplo, los que no tienen las dimensiones requeridas (v. CALIBRE), los que no resisten a determinados esfuerzos (v. ENSAYO), los motores que se calientan excesivamente, etc.
CONTROLADOR m. *Aeron. Controlador de vuelo,* conjunto formado por tres instrumentos de a bordo con que se aprecia la posición del avión: *anemómetro, indicador de viraje* e *indicador de pendiente* o *clinómetro.*
— *Tecn.* Galic. por *comprobador** y *regulador**.
CONTROLAR v. Verificar, regular, gobernar. (V. CONTROL.)
CONVECCIÓN f. *Calef. Calefacción por convección,* sistema en el cual el fluido calorífero se calienta por contacto con un foco de calor y, al dilatarse y disminuir su densidad, adquiere un movimiento ascendente y luego horizontal, antes de volver a descender cuando se ha enfriado, para reemplazar las masas fluidas nuevamente calentadas: *en el curso de su circuito la corriente de convección disipa sus calorías en el medio ambiente.* (V. CALEFACCIÓN y TERMOSIFÓN.)
— *Electr. Convección eléctrica,* paso de la electricidad a través de los cuerpos aislantes. ‖ *Corriente de convección,* corriente de cargas eléctricas que, en vez de circular separadamente por el propio movimiento de las partículas electrizadas, son arrastradas mecánicamente, por ejemplo, mediante una correa. (V. ACELERADOR *de Van de Graaff.*)
— *Fís.* Corriente que se establece entre dos puntos de una masa fluida cuando existe entre ellos una diferencia de temperatura.
— Cuando un líquido o un gas se calientan se establece una *corriente de convección* porque la masa calentada, al dilatarse y disminuir su densidad, se eleva en el seno del líquido o gas fresco y más denso. La ascensión del fluido provoca la llegada al contacto con el manantial de calor de nuevas masas de fluido fresco, y así sucesivamente. Como ejemplo de esta circulación —que tiende a igualar la temperatura en toda la masa del fluido— citemos el ciclo de vientos alisios y contraalisios, los termosifones usados en calefacción, la temperatura sensiblemente uniforme que alcanzan los líquidos puestos a calentar en un recipiente, etc. La convección no debe confundirse con la transmisión del calor por conducción * o por radiación *.
— *Meteor.* Movimiento vertical del aire, por oposición a la *advección* * o movimiento horizontal del mismo. (V. ASCENDENCIA.)
CONVERGENCIA f. Acción de converger o dirigirse dos o más cosas hacia un mismo punto.
— *Atom.* Acción y efecto de converger.
— *Autom.* Las ruedas delanteras de los automóviles se montan con una ligera *convergencia* en el sentido de la marcha (los bordes delanteros de las llantas se hallan más próximos que los bordes posteriores) con el fin de compensar la abertura provocada por la resistencia al avance. No obstante, en los coches de tracción delantera otro fenómeno obliga, por el contrario, a adoptar un ángulo de divergencia. (V. ABERTURA.)
— *Geom.* Propiedad de dos o más líneas que concurren en un mismo punto.

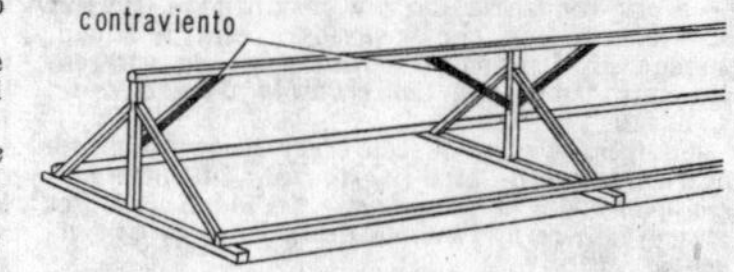

contraviento de cubierta

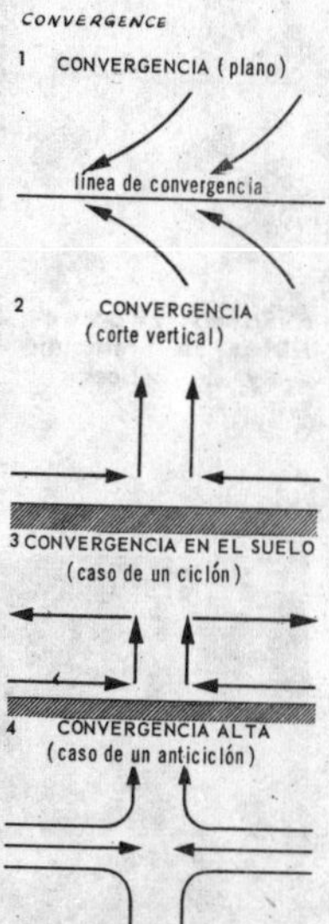

convergencias (meteor.)

grupo **convertidor** *(electr.)*

— *Mat.* Tendencia de una magnitud a igualar a otra, sin que jamás se logre esta igualdad, aunque sí disminuya infinitamente la diferencia entre ambas. ‖ *Convergencia de una serie,* v. SERIE.

— *Meteor.* Acción de converger horizontalmente dos corrientes de aire (v. *figura*): *la convergencia determina la ascendencia * dinámica de las masas de aire por encima de la línea de convergencia.*

— *Ocean.* Límite entre dos masas de agua que se hallan a temperaturas diferentes: *la convergencia es, en oceanografía, lo que el frente * es en meteorología.*

— *Ópt.* La *convergencia* de los rayos luminosos reflejados por un espejo cóncavo o refractados por los lentes y otros sistemas dióptricos, es igual a la inversa de la distancia focal expresada en metros. La *unidad de convergencia,* llamada *dioptría,* corresponde a la distancia focal de un metro. Así, la convergencia de un lente convergente de 2 m de distancia focal es agual a $\frac{1}{2}$ dioptría; la de un lente divergente de 20 cm de distancia focal será de $\frac{1}{0,2} = -5$ dioptrías, etc. La convergencia de un sistema complejo de lentes infinitamente delgados es la suma algebraica de sus convergencias respectivas. Por ejemplo, la convergencia de un sistema compuesto por un lente convergente de 5 dioptrías y un lente divergente de 5 dioptrías igualmente es nula (los rayos siguen siendo paralelos después de haber atravesado el sistema).

CONVERGENTE adj. y s. Dícese de las cosas que convergen o tienden a unirse en un mismo punto.

— *Aeron.* Tobera * cónica cuya sección disminuye en el sentido del movimiento del fluido.

— Al reducirse la sección del *convergente,* aumenta la velocidad del fluido y al aumentar ésta disminuye su presión. La depresión así creada es proporcional a la diferencia del cuadrado de las velocidades de entrada y salida del fluido: tal es el principio en que se funda el *tubo de Venturi* *. En los túneles aerodinámicos el convergente tiene por objeto aumentar la velocidad de la vena de aire.

Cuando el fluido alcanza velocidades supersónicas las propiedades del convergente cambian radicalmente, y entonces tiene por efecto reducir la velocidad y aumentar la presión. Por eso la tobera de un turborreactor subsónico es convergente, mientras que la de un cohete supersónico es divergente. (V. DIVERGENTE.)

— *Atom.* Que converge. ‖ *Reacción convergente,* v. REACCIÓN *en cadena.*

— *Hidr.* V. más arriba. *Aeron.*

— *Mat. Serie convergente,* v. SERIE.

— *Ópt.* Que tiene la propiedad de hacer converger los rayos luminosos: *lente convergente.* (V. CONVERGENCIA.) ‖ *Rayos convergentes,* los que siguen direcciones orientadas hacia un punto común o foco *.

CONVERGENTEDIVERGENTE adj. *Aeron.* e *Hidr.* Dícese de la tobera y otros dispositivos en los cuales se acoplan un convergente y un divergente para combinar sus efectos: *los motores cohete se hallan provistos de un sistema convergentedivergente.*

CONVERGER o **CONVERGIR** v. Tender a unirse las cosas que se dirigen hacia un mismo punto.

— *Atom.* Extinguirse una reacción * en cadena cuando disminuye constantemente el número de los neutrones capaces de provocar fisiones en el seno del combustible nuclear. (V. REACTOR.)

— *Mat.* Tratándose de una magnitud variable, acercarse la misma de otra magnitud fija sin jamás alcanzarla, como en el caso de una asíntota *.

CONVERSIÓN f. Acción de girar. ‖ Acción de transformar una cosa en otra. (V. CONVERTIR.)

— *Atom.* Transformación que experimenta en un reactor * nuclear una substancia no físil que, al absorber neutrones, se transmuta en otra substancia físil: así, en un reactor primario los átomos de uranio 238 —que no puede servir como combustible nuclear— absorben un neutrón y se convierten en átomos de plutonio, elemento físil utilizable en las bombas atómicas o como combustible en otro reactor.

— *Comb.* Oxidación de un hidrocarburo gaseoso (por medio del vapor de agua, el oxígeno, el aire u otros oxidantes) con objeto de producir óxido de carbono, hidrógeno y, en otros casos, carburos más ligeros. (Sinón. REFORMA.)

— *Mat. Conversión de una fracción,* v. FRACCIÓN. ‖ *Conversión de un número,* expresión del mismo en unidades de otra especie.

— *Mec. Centro de conversión,* punto convencional sobre el cual un cuerpo móvil gira o tiende a girar describiendo una curva.

CONVERTIBLE adj. y s. Que puede ser convertido.

— *Aeron. Avión convertible* o simplemente *convertible,* avión que, mediante un cambio de la configuración de los motores, puede elevarse verticalmente como un helicóptero y volar horizontalmente como un avión. El *convertible* se distingue del *combinado* * en que los mismos motores y las mismas hélices (si las hay) sirven para el vuelo vertical y horizontal. Para ello existen dos posibilidades. En la primera, los motores se hallan articulados en el ala: el piloto los orienta verticalmente para despegar y, ya en el aire, los inclina progresivamente hasta disponerlos horizontalmente (esta maniobra es delicada y plantea problemas técnicos muy difíciles de resolver). En los convertibles del segundo tipo, los turborreactores se hallan fijos en la misma posición horizontal que tienen en los aviones, pero su tobera está provista de dispositivos deflectores mediante los cuales el piloto desvía hacia abajo, verticalmente, el chorro de los gases de escape. Éstos engendran entonces, por reacción*, el mismo empuje vertical que se obtendría si el motor estuviera derecho. Cuando el avión ha alcanzado la altura deseada, el piloto suprime progresivamente la acción de los deflectores. (V. DESVIADOR *de chorro.*)

CONVERTIDOR, RA adj. y s. Que convierte o sirve para convertir.

— *Autom. Convertidor de par,* v. más abajo *Mec.*

— *Electr.* Máquina o dispositivo para cambiar

aviones **convertibles** de reacción y de hélices

Fot. SOCEMA, U. S. I. S., Bristol-Siddeley

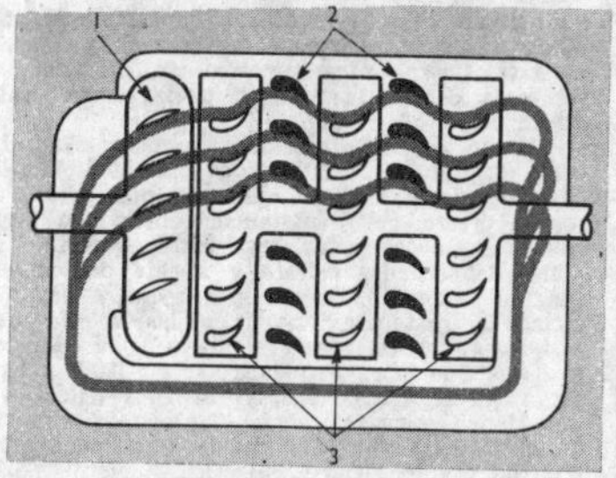

convertidor de par : 1. Bomba; 2. Álabes fijos; 3. Turbinas

un **conveyor** y su motor de arrastre

la índole de una corriente y adaptarla a diferentes usos.
— El *grupo convertidor* es un acoplamiento mecánico de un motor eléctrico de corriente alterna y una dinamo, y permite producir corriente continua a partir de corriente alterna, si el primero arrastra al segundo, y corriente alterna a partir de corriente continua en el caso contrario. La conmutatriz * es una combinación de ambos elementos (alternador y dinamo) en una sola máquina simplificada.
En el *convertidor de cascada,* la conmutatriz se halla montada en serie, en un árbol común, con un motor de inducción, de tal forma que la corriente inducida en el rotor de éste alimenta directamente el inducido de aquélla.
Los *convertidores de frecuencia* son máquinas o agrupaciones de máquinas que no cambian la naturaleza alterna de la corriente, sino su frecuencia, mientras que el *convertidor de fase,* sin cambiar la frecuencia, da una corriente caracterizada por un número de fases diferente del de la corriente primitiva.
En los *convertidores estáticos,* la transformación de la corriente alterna en continua se obtiene por medio de órganos fijos. El tipo más común es el de vapor de mercurio. (V. RECTIFICADOR.)
— *Electrón. Convertidor de imagen,* dispositivo que convierte los puntos luminosos de una imagen poco brillante en un flujo de electrones que, proyectados enérgicamente contra una pantalla fluorescente, engendran en la misma otra imagen idéntica a la primera, pero más luminosa y contrastada. (V. AMPLIFICADOR y MULTIPLICADOR.)
— *Mec. Convertidor de par,* aparato para transformar el par motor entre el árbol conductor y el árbol conducido, o sea para hacer variar la desmultiplicación del esfuerzo que transmite el motor a la máquina por él accionada.
— El *convertidor de par* más común es un dispositivo hidráulico que sirve de cambio de velocidades progresivo, especialmente para automóviles. Consiste esencialmente en un cárter lleno de aceite, que contiene una rueda de álabes (bomba) fijada en el extremo del árbol motor, varias coronas de aletas fijas (reactores) y varias turbinas montadas sobre el árbol conducido (transmisión). Cuando el árbol motor arrastra la bomba, las paletas de ésta proyectan el aceite hacia las de las turbinas. Éstas entran, por consiguiente, en rotación, aunque lentamente, porque han de vencer la resistencia necesaria para poner el vehículo en marcha. Pero, a medida que va disminuyendo esta resistencia, las turbinas aumentan su velocidad y acaban por girar tan rápidamente como la bomba. La velocidad deseada se alcanza así, progresivamente, sin necesidad de cambiar las marchas, como en el sistema clásico de desmultiplicación por engranajes.
— *Metal.* Aparato usado para afinar metales, especialmente para convertir el hierro en acero.
— Los *convertidores* se distinguen de los *hornos* en que carecen de hogar, pues las calorías necesarias para tratar el metal provienen de la combustión de sus impurezas por el oxígeno inyectado en su masa. En los *convertidores de tostar,* especialmente usados para la galena, las materias son oxidadas al estado sólido al pasar, transportadas por una parrilla sin fin, frente a potentes bocas de aspiración que crean una corriente de aire muy fuerte. Los convertidores usados en la metalurgia del acero, del cobre y del níquel son grandes retortas metálicas provistas interiormente de un revestimiento refractario químicamente ácido (*convertidor Bessemer,* para arrabio desprovisto de fósforo) o básico (*convertidor Thomas,* para hierros fosforosos). El fondo del convertidor se halla constituido por una placa refractaria provista de numerosos orificios (entre 100 y 200) por los cuales se inyecta aire puro o enriquecido en oxígeno. El aire atraviesa la masa del metal en fusión y quema el silicio, manganeso, carbono, fósforo y otras impurezas, (V. ACERO). Al cabo de una media hora, cuando la reducción ha alcanzado la proporción requerida, se hace bascular el convertidor para vaciar el acero producido (unas 60 t) y se carga de nuevo.
— *Radiot.* Circuito electrónico que se acopla a un receptor de radio o televisión para permitirle captar emisiones de longitud de onda diferentes de aquellas para las cuales ha sido construido. (Sinón. ADAPTADOR.)

CONVERTIR v. Cambiar o transformar una cosa en otra. ‖ Efectuar una conversión *.
— *Mat.* Cambiar la forma de una expresión: *ciertas fracciones ordinarias no pueden ser convertidas en fracciones decimales exactas.* (V. FRACCIÓN.)
— *Metal.* Oxidar el hierro en el convertidor * para transformarlo en acero.

CONVEXIDAD f. Calidad de convexo.

CONVEXIÓN f. *Fís.* Convección.

CONVEXO, XA adj. Abombado exteriormente: *una superficie convexa es más prominente en el centro que en los bordes.*

CONVEXOCÓNCAVO, VA adj. Concavoconvexo.

CONVEYOR m. *Transp.* Aparato para el transporte aéreo por un circuito cerrado de materiales a granel o productos manufacturados. (Sinón. TRANSPORTADOR *aéreo.*) ‖ Transportador * de cinta.
— El *conveyor* consta de un riel aéreo, generalmente suspendido de la armadura del techo, que, después de haber pasado por todos los puntos de carga y descarga (terraplenes, almacenes, talleres, etc.) vuelve a su punto de partida. Por dicho riel circulan a intervalos regulares, tirados por una cadena o un cable sin fin, unos rodillos que, según la índole de la carga, soportan un cangilón, un platillo, un gancho o una pinza. El recorrido puede ser accidentado, o sea a base de curvas y pendientes. Los conveyores son muy prácticos para la producción en serie: permiten ganar espacio al eliminar las carretillas, y también

convertidor de imágenes

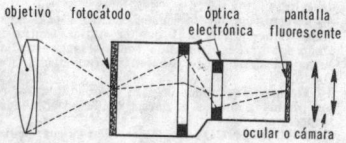

Fot. C.F.E.-SIETAM, Lacheroy-USINOR

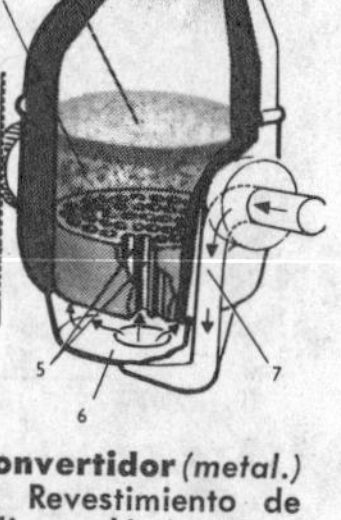

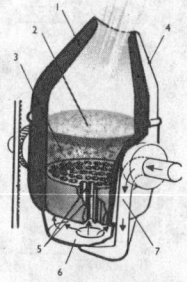

convertidor *(metal.)* 1. Revestimiento de sílice y alúmina (Bessemer) o de dolomía (Thomas); 2. Escorias; 3. Acero; 4. Chapa; 5. Inyección de aire; 6. Caja de aire; 7. Aire comprimido

convertidor Thomas *(metal.)*

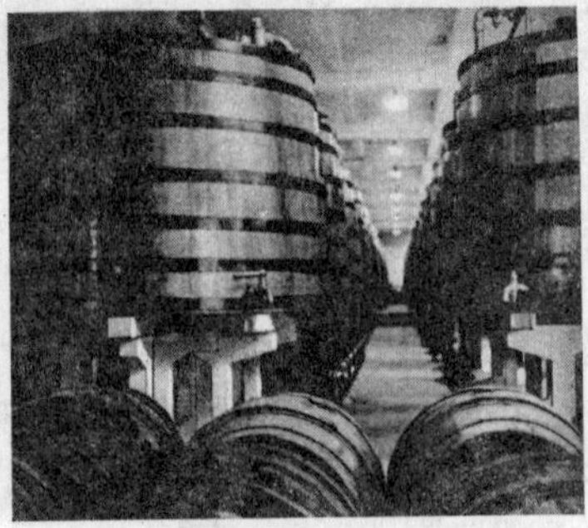

maduración del **coñac** en cubas de roble

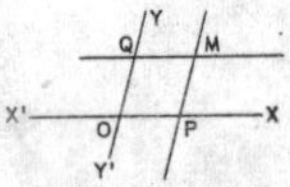

rectilíneas en el plano

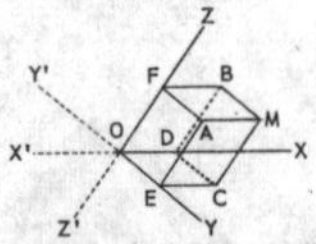

rectilíneas en el espacio

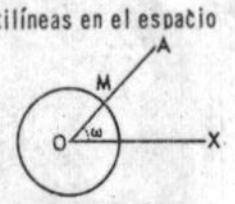

polares en el plano

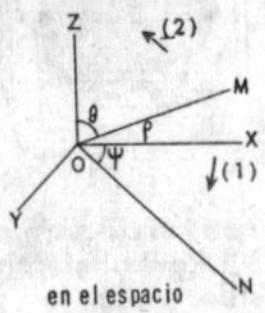

en el espacio

coordenadas *(mat.)*

por el almacenamiento suplementario que representan los elementos constantemente suspendidos en todo el trayecto. Además pueden depositar su carga sobre la propia máquina que se está montando (v. *figura*), con lo cual evitan el uso de una grúa o aparato especial.

CONYUNTOR DISYUNTOR m. *Electr.* Disyuntor * de máxima y de mínima que interrumpe y restablece la corriente de modo que la tensión eléctrica en el circuito protegido no pueda experimentar variaciones muy grandes. (Sinón. CONTACTOR DISYUNTOR.)
— El *conyuntor disyuntor*, conectado entre una dinamo y una batería de acumuladores, permite que las fluctuaciones de la corriente suministrada por el generador no repercuta en las lámparas de alumbrado, máquinas y otros dispositivos alimentados por la batería.

COÑAC m. *Ind. alim.* Aguardiente que se elabora en la región de Cognac (Francia) mediante destilación de vinos flojos.
— Los vinos especiales con que se obtiene el coñac — que como vinos de mesa son de mala calidad —, se someten a una primera destilación a fuego lento que da un caldo impuro, mientras que el residuo se aprovecha para producir ácido tartárico. En la segunda destilación se elimina el primer alcohol obtenido, así como el último, y solamente se aprovecha la fracción intermediaria, que se deja madurar en toneles de roble. El alcohol disuelve entonces ciertos principios de la madera que confieren al coñac su color característico y contribuyen a darle sus demás cualidades. Los primeros y últimos productos de la destilación se agregan al vino antes de proceder a la destilación de una nueva carga.
Generalmente un buen coñac es la mezcla, efectuada por un especialista, de aguardientes de diferentes calidades, algunos de los cuales añejos.

COÑERA f. *Carp.* y *Mar.* Concavidad que se forma con el tiempo en torno de la cabeza de un clavo en un madero sometido a esfuerzos repetidos.

COOLIDGE *(Tubo de)* m. V. RAYOS X.

COORDENADA f. Cada uno de los elementos que sirven para determinar la posición de un punto en un plano o en el espacio.
— *Astr. Coordenadas astronómicas,* las que sirven para definir la posición de un astro en la esfera celeste.
— Según sea el plano de referencia adoptado, cabe distinguir : las *coordenadas horizontales,* cuyas referencias son el plano del horizonte y la vertical (acimut * y distancia cenital * o altura *) ; las *coordenadas ecuatoriales,* referidas al plano del ecuador celeste y al eje del mundo (ángulo * horario, ascensión * recta y declinación * o distancia * polar) ; las *coordenadas eclípticas,* con referencia al plano de la eclíptica y al eje que le es perpendicular (latitud y longitud * eclípticas) ; las *coordenadas galácticas,* que tienen como referencia el plano de simetría de la Galaxia y el eje que le es perpendicular (latitud * y longitud * galácticas), etc.
— *Geogr.* Llámanse *coordenadas geográficas* la latitud * y la longitud * de un punto situado en la superficie del globo terrestre. Estas coordenadas se transforman en *coordenadas rectangulares planas* por medio de un sistema de proyección * que permite representar en un plano topográfico o en un mapa la superficie curva del planeta. Existen tantos sistemas de coordenadas rectangulares como sistemas de proyección. Así, se da el nombre de *coordenadas Lambert* al cuadriculado rectangular de un mapa dibujado según la proyección de Lambert.
— *Mat.* Las *coordenadas* permiten determinar la posición de un punto sobre una superficie por medio de dos líneas que pasan por dicho punto y cuya distancia a dos ejes de referencia puede ser medida o calculada. Si el punto se halla en el espacio se necesitará otra línea y otro eje de referencia. En el sistema de *coordenadas cartesianas* o *coordenadas rectilíneas planas* los ejes se cortan perpendicular u oblicuamente en un punto O llamado *origen.* El eje horizontal es el eje de las abscisas * o de las X y el otro el eje de las ordenadas o de las Y. La posición de un punto M situado en el plano es determinada por dos magnitudes: la *abscisa* (símbolo X) o distancia OP que media entre el origen y la intersección en P de una línea que pasa por M y es paralela al eje de las ordenadas; la *ordenada* (símbolo Y) o distancia OQ existente entre el origen y la intersección en Q de la paralela al eje de las abscisas que pasa por M.
Para situar un punto en el espacio se completa el sistema anterior con un eje de ordenadas (eje de las Z) suplementario y se miden las distancias que median desde el punto hasta los planos XOY, YOZ y ZOX.
Coordenadas polares planas. Consideremos un punto fijo O, llamado polo, y un eje OX. La posición del punto M se determina por su distancia (radio vector) al origen O y por el argumento *w* (abertura del ángulo MOX). Las coordenadas polares en el espacio son una aplicación del método anterior a la determinación de un punto en el espacio. Se usa entonces un sistema de tres planos (OXYZ) que permite determinar una tercera ordenada: el ángulo que forman YO con N (proyección de M). Las coordenadas polares se usan en varios sistemas de radionavegación.

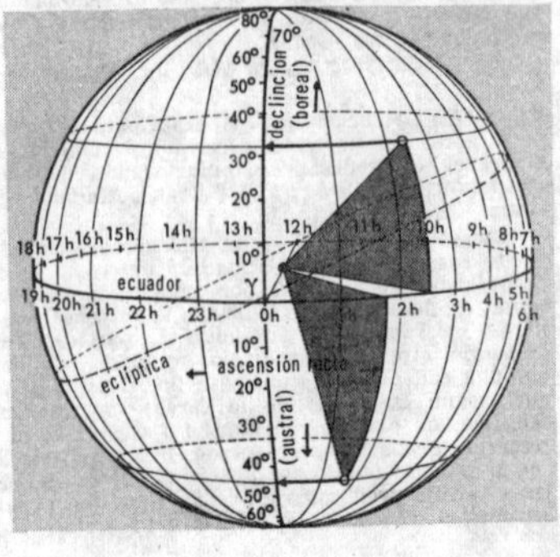

coordenadas celestes

COORDINACIÓN f. *Mat.* Conjunto de números dispuestos unos a continuación de los otros: *con los mismos números o elementos pueden formarse determinadas coordinaciones que, según las reglas o límites que rigen su ordenación, pueden ser combinaciones *, permutaciones * o variaciones *.*
— *Quím. Índice de coordinación,* coordinencia.

COORDINADO, DA adj. *Quím.* Dícese de los átomos y radicales enlazados con un átomo central por coordinencia.

COORDINATÓGRAFO m. *Astr.* Instrumento que permite determinar las coordenadas rectangulares de los astros en las fotografías de la bóveda celeste.
— El *coordinatógrafo* consiste en dos escalas grabadas sobre un cristal que se aplica contra la placa fotográfica, tomando como origen estrellas cuyas coordenadas se conocen ya con mucha precisión.
— *Topogr.* Instrumento para marcar puntos en los planos y mapas a partir de las coordenadas respectivas.

COORDINENCIA f. *Quím.* Forma particular

Fot. Boucher-Multiphoto

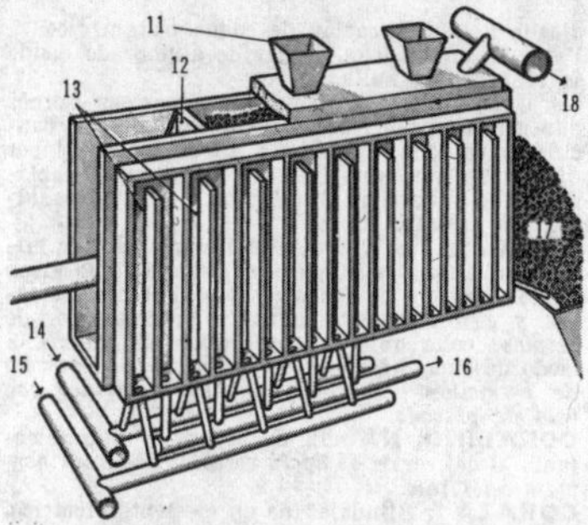

de valencia que explica la formación de un compuesto complejo por la unión de varias moléculas aparentemente saturadas. ‖ Número total de iones o moléculas que pueden agruparse en torno del elemento central de un ion complejo: *la coordinencia de los complejos cobálticos es igual a 6.*
— Mientras que en la covalencia ordinaria dos átomos tienen varios electrones comunes suministrados por ellos en cantidades iguales, en la *coordinencia* todos los electrones comunes provienen de uno de los dos átomos. El resultado es la formación de una molécula semipolar.
COPAL m. *Pint.* Resina suministrada por varios árboles papilionáceos de las regiones tropicales, que sirven para preparar lacas y barnices. (Sinón. ANIME.) ‖ *Amer.* Nombre de uno de dichos árboles *(Hymenoea courbaril)*, también llamado *curbaril* y *guapinol*, propio de América. ‖ *Amer.* Árbol burseráceo de México *(Protium copal)* cuya resina transparente, impropiamente llamada *copal*, nada tiene que ver con la substancia de este nombre.
— El *copal* proviene principalmente del África y de América. Independientemente de sus cualidades intrínsecas, determinadas por la especie del árbol productor, se distinguen tres calidades comerciales de copal: *copal verde*, de calidad inferior, cosechado en el árbol mediante incisiones practicadas en el tronco y las ramas gruesas; *copal semifósil*, que se halla al pie de los árboles, más o menos enterrado en el suelo, y *copal fósil*, el más apreciado de todos.
COPALINA f. *Miner.* Copal fósil.
— *Quím.* Substancia dura e incolora, rica en ácidos resínicos, que constituye el principio inmediato del copal.
COPE m. Parte más tupida de una red de pescar.
COPÉ m. *Amer.* Copey.
COPELA f. *Calef.* Parte de un mechero o quemador donde el combustible es gasificado.
— *Lumin.* Pieza en forma de casquete con que se protegen los filamentos emisivos de una lámpara fluorescente de cátodo caliente.
— *Metal.* Crisol pequeño hecho con cenizas de huesos calcinados, que se usa para efectuar la copelación. ‖ *Horno de copela*, horno * de reverbero que sirve para efectuar la copelación *.
COPELACIÓN f. *Metal.* Procedimiento para separar, por oxidación, los constituyentes de una mezcla líquida cuando no tienen la misma afinidad por el oxígeno.
— La *copelación* se aplica principalmente al tratamiento del plomo argentífero y se efectúa en un horno de reverbero provisto de una solera amovible (copela de huesos calcinados). El metal es oxidado por una violenta corriente de aire que provoca la formación de óxido de plomo. Este se elimina continuamente, al mismo tiempo que se agrega plomo argentífero, hasta que se obtiene una concentración suficiente de plata en la copela.
COPELAR v. Fundir o analizar algo en la copela.
— *Metal.* Efectuar la copelación. ‖ *Horno de copelar*, v. COPELACIÓN.
COPEY m. *Bot.* Nombre de varios árboles americanos del género *Clusia* que dan buena madera y una gomorresina que puede reemplazar la brea para calafatear y otros usos. (Sinón. COPÉ.)

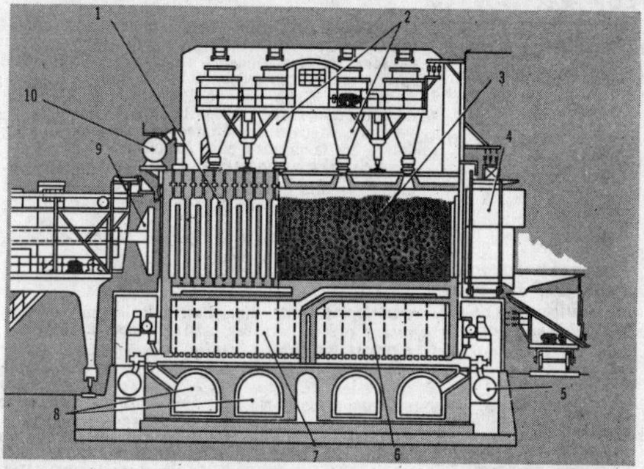

horno de **coque** : 1. Conductos donde arde el gas pobre; 2. Tolvas del carbón pulverizado; 3. Cámara del horno; 4. Instalaciones extractoras del coque; 5. Gas pobre para el caldeo del horno; 6. Caldeo del aire; 7. Caldeo del gas pobre; 8. Recuperador del calor de los humos; 9. Desenhornadora; 10. Gas de alumbrado producido por la coquefacción. *A la izq.*, esquema simplificado : 11. Tolva; 12. Émbolo de la desenhornadora; 13. Conductos de caldeo; 14. Gas pobre; 15. Aire caliente; 16. Humos; 17. Coque; 18. Gas rico

— *Miner. Amer.* Betún natural que se extrae del suelo en el Ecuador y otras partes de América.
COPIAR v. *Art. gráf.* y *Ofic. Máquina de copiar*, v. MULTICOPISTA.
— *Tecn. Máquina de copiar*, máquina herramienta que reproduce automáticamente la pieza modelo. (Sinón. MÁQUINA DE REPRODUCIR.)
— El principio de funcionamiento de estas máquinas (tornos, cepilladoras, fresadoras, etc.) estriba en la transmisión al portaherramienta de los movimientos de un punzón u otro órgano que tienta la superficie del modelo y sigue su contorno. Como el punzón y la herramienta se mueven sincrónicamente, ésta labra la pieza con arreglo al contorno del modelo explorado por aquél. (V. FRESADORA y TORNO.)
COPINA f. *Curt. Amer.* Piel copinada. (V. COPINAR.)
COPINAR v. *Curt. Amer.* Desollar un animal a partir de la cabeza o de las patas posteriores y tirando luego de la piel a lo largo del cuerpo para sacarla entera.
COPINOL m. *Bot. Amer.* Curbaril. (V. COPAL.)
COPLANAR adj. *Geom.* Dícese de los puntos que se hallan situados en un mismo plano, así como de los vectores paralelos a un mismo plano.

máquina de **copiar** que fresa un troquel para acuñar medallas, cuyo modelo, hecho a mayor escala, se ve a la derecha

Fot. Larousse

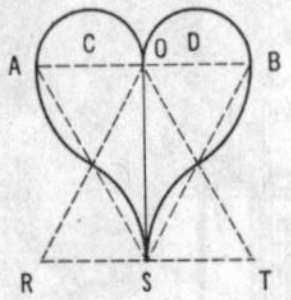

corazón *(geom.)*
ABS y ORT son ángulos equiláteros; C, D, O, R y T son los centros de los distintos arcos

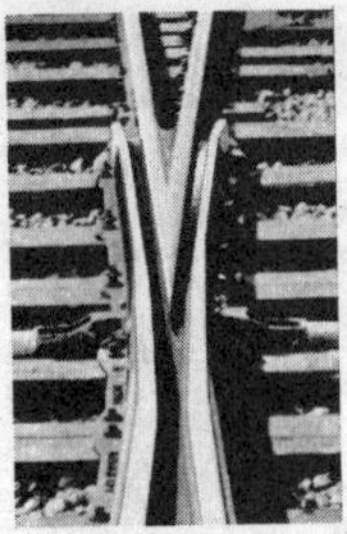

corazón *(f. c.)*

coque
[v. fig. p. 293]

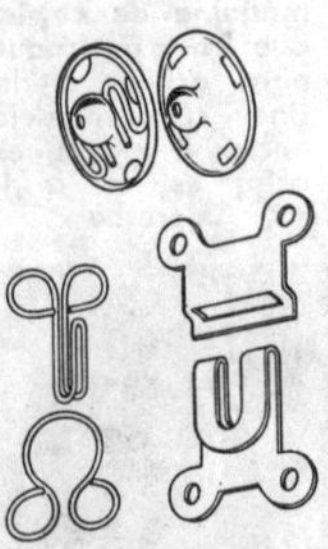

corchetes *(text.)*

COPO m. *Ind. alim.* Grano de cereales aplastado.
— *Mar.* Bolsa a donde va a parar el pescado capturado en ciertas redes.
— *Meteor.* Cada uno de los cristales complejos de agua congelada que constituyen la nieve *.
— *Text.* Mechón de cáñamo que se pone el cordelero en la cintura para hilarlo.

COPOLIMERIZACIÓN f. *Quím.* Polimerización * de una mezcla de compuestos no saturados que da por resultado la formación de macromoléculas *.

COPOLIMERIZAR v. *Quím.* Acción de efectuar la copolimerización.

COPOLÍMERO m. *Quím.* Cuerpo obtenido por copolimerización.

COPRA f. *Ind. alim.* Carne de la nuez de coco seca y presta para ser utilizada por la aceitería.

COPULACIÓN f. *Quím.* Condensación de un compuesto diazoico sobre un fenol o una amina aromática: *la copulación es una de las reacciones más importantes de la química orgánica, pues se traduce por la formación de colorantes azoicos* *.

COQUE m. *Comb.* Combustible sólido que se elabora destilando parcialmente la hulla para eliminar la mayor parte de sus materias volátiles. ‖ *Coque metalúrgico,* el que se obtiene con hulla de buena calidad y se usa en fragmentos grandes para alimentar los hornos metalúrgicos.
—La *fabricación del coque* se efectúa en baterías de hasta 100 cámaras reunidas por grupos de 20 a 30 (v. *figura*). Las cámaras se cargan con unas tolvas llenas de hulla que corren por el techo del horno. La cocción dura de 12 a 18 horas, al cabo de las cuales las cámaras son vaciadas mecánicamente y el *coque incandescente* cae en las vagonetas, donde es rociado para detener la combustión. Una tonelada de hulla da de 650 a 800 kg de *coque metalúrgico,* de 42 a 60 litros de alquitrán y benzol, de 2,25 a 4 litros de amoniaco y de 280 a 370 m³ de gas de alumbrado. En la fabricación del gas* de alumbrado la destilación se efectúa a temperaturas inferiores (de 600 a 700°) y entonces se obtiene *semicoque**.
El *coque,* cuyo poder calorífugo es de unas 8 000 calorías, se usa para la producción de hierro en los altos hornos y como combustible en los hogares de fuego continuo. Como desprende poco humo no forma hollín en las chimeneas.
— *Petr. Coque de petróleo,* materia a base de carbono, porosa, de color negruzco, de densidad igual a 1,2, que es un subproducto del cráckting* y sirve para fabricar electrodos, abrasivos, grafito artificial, pigmentos, etc. y como combustible. (V. PETRÓLEO y REFINERÍA.)

COQUEFACCIÓN f. *Comb.* Transformación de la hulla en coque* por destilación.
— *Petr.* Transformación de una fracción del petróleo que, calentada a 600°, da otra fracción más ligera y coque de petróleo.

COQUEFICABLE adj. *Comb.* Dícese del carbón que se presta a la obtención de coque.

COQUEFICAR v. *Comb.* Convertir la hulla en coque.

COQUERÍA f. *Comb.* Instalación industrial dedicada a la fabricación de coque metalúrgico. ‖ Parte de una fábrica de gas de alumbrado donde se coquefica la hulla.
— Una *coquería* dispone de numerosos hornos que permiten fabricar no solamente enormes cantidades de coque (de 500 a 4 000 toneladas por día) y de gas, sino también importantes cantidades de subproductos (alquitrán y benzol, sulfato de amonio, etc.).

coquería

CORAL m. *Joy.* y *Zool.* Nombre genérico de minúsculos animales *(Corallium rubrum)* que viven en colonias en los fondos rocosos del Mediterráneo y cuyo esqueleto calizo y arborescente, de hermoso color rojo, se aprovecha en joyería a modo de gema: *el coral se imita con una mezcla de bermellón y mármol en polvo amasados con cola de pescado.*

CORALINO, NA adj. De aspecto o color semejante al del coral: *el ágata coralina tiene un hermoso color rojo.*

CORAZA f. Blindaje* de un elemento eléctrico, barco de guerra o carro de asalto.

CORAZÓN m. Nombre dado a muchas cosas de forma más o menos parecida a la del corazón.
— *F.c.* En los cambios de vía, punta formada por la soldadura de dos rieles y situada entre dos contracarriles.
— *Geom.* Figura cerrada formada por seis arcos de circunferencia que se traza como indica el dibujo.
— *Mec.* Excéntrica de movimiento uniforme que transforma un movimiento circular continuo en otro movimiento rectilíneo alterno de velocidad constante.

CORBATO m. *Tecn.* Depósito de agua fría o cámara de agua corriente que contiene el serpentín del alambique* para refrigerarlo y activar la condensación de los vapores.

CORBETA f. *Mar.* Barco de guerra pequeño, provisto de defensas antiaéreas y antisubmarinas, que sirve para operaciones de escolta y otras misiones propias de los cañoneros*.

CORCHA f. Corcho bruto.
— *Text.* Acción de corchar.

CORCHAR v. *Text.* Torcer separadamente tres cordones y unirlos después para formar un cabo. (V. CUERDA.)

CORCHETA f. *Art. y of.* Parte hembra de los corchetes de ganchillo.
— *Carp.* Rebajo del marco, en el cual encaja el renvalso de las puertas y ventanas.

CORCHETE m. *Carp.* Instrumento de madera provisto de dientes metálicos, usado por los carpinteros para mantener fijo sobre el banco el madero que trabajan.
— *Constr.* Gancho de alambre que permite sujetar las pizarras de una cubierta sin necesidad de clavarlas.
— *Text.* Broche o cierre para prendas de vestir, toldos, objetos de cuero, etc., que puede adoptar muchas formas, aunque se reducen a los tres tipos representados en la figura.

CORCHO m. Parte exterior de la corteza de ciertos árboles, constituida por un tejido poroso, impermeable y muy ligero (d = 0,240): *el corcho común es suministrado por el alcornoque**. ‖ Tapón de corcho: *el corcho de una botella no debe utilizarse para tapar otra que contiene un líquido diferente.*
— El *corcho* es un tejido protector de los troncos y de las ramas y raíces gruesas. Sus células se hallan impregnadas de suberina, materia grasa que les confiere su impermeabilidad. El corcho más espeso se forma en el alcornoque, árbol que, al ser descortezado, tiene la propiedad de formar una nueva capa de corcho más fino y homogéneo. La cosecha se efectúa así en dos fases: 1.° pela del *corcho bornizo* o *virgen,* de escaso valor comercial; 2.° cosecha del *corcho segundero* cuando forma una capa de más de 25 mm. Las cosechas sucesivas se efectúan a intervalos que pueden ser de 5 a 10 años, según la naturaleza del suelo, la latitud y las condiciones meteorológicas.
Un alcornoque puede dar unas diez cosechas y, por término medio, 800 g de corcho por año.
El *corcho bruto* se somete a las operaciones siguientes: apilamiento bajo presión para desalabearlo o aplanarlo; desecación (con pérdida de 15 a 20% de su peso); tratamiento en caliente (agua hirviente o vapor) para conferirle mayor elasticidad; raspado mecánico para suprimir la

Fot. Dubruille, Craven, X.

capa superficial, dura y rugosa; acabado de los bordes.
El corcho se utiliza en infinidad de aplicaciones: fabricación de tapones, flotadores para redes, cinturones salvavidas, paneles para aislamiento térmico y la insonorización de locales, etc. Los residuos se utilizan para fabricar placas de corcho aglomerado, linóleo, salvavidas, losas o ladrillos de corcho, serrín para embalar o conservar los productos vegetales, etc.
— *Miner. Corcho fósil* o *de montaña*, nombre común de una variedad de asbesto.

CORCHOTAPONERO, RA adj. Relativo a la fabricación de tapones de corcho: *la industria corchotaponera es activa en la provincia española de Gerona.*

CORDADA f. *Metr.* Longitud medida de una sola vez con una cuerda tomada como unidad.

CORDAJE m. Conjunto de cuerdas y cables que se usan con algún fin: *el cordaje de un barco de vela se llama jarcia.*

CORDEL m. *Text.* Cuerda delgada o guita gruesa. ‖ *A cordel*, en línea recta: *hincar varios postes a cordel.*

CORDELLATE m. *Text.* Tejido basto de lana cuyo hilo de trama es mucho más grueso que el de urdimbre y da una textura de cordoncillos.

CORDERILLO m. *Curt.* Piel de cordero adobada con su lana.

CORDERINA f. *Curt.* Piel de cordero.

CORDERO m. *Curt.* y *Zool.* Cría de la oveja hasta la edad de un año. ‖ Piel de cordero.
— Las pieles curtidas de los *corderos ordinarios* se usan sobre todo en guantería. En peletería se confeccionan abrigos con las pieles de *corderos especialmente criados*, entre los cuales destaca el *caracul*. (V. ASTRACÁN.)

CORDIERITA f. *Miner.* Silicato natural de aluminio, hierro y magnesio cuya variedad azul es gema de joyería.

CORDILITA f. *Miner.* Fluocarbonato natural de bario que contiene también tierras* raras.

CORDILLERA f. *Geol.* Cadena de montañas en forma de una sucesión de sierras. ‖ Tipo particular de cordillera de origen geosinclinal* que, perdidas por erosión sus capas sedimentarias, muestra un relieve de bloques metamórficos (los Pirineos constituyen una cordillera de este tipo).

CORDITA f. *Expl.* Pólvora compuesta de nitrocelulosa (37%), nitroglicerina (58%) y vaselina (5%), que se utiliza en forma de bloques tubulares o multiperforados.

CORDOBÁN m. *Curt.* Piel de cabra curtida que se usa para carteras, encuadernaciones, etc.

CORDÓN m. *Arq.* Bordillo de acera. ‖ Bocel. ‖ Cada una de las dos barras que, enlazadas con riostras, constituyen una viga* de celosía.
— *Electr.* Conductor muy flexible, formado por numerosos hilos de cobre finos, torcidos y cubiertos por una capa de caucho u otra materia plástica, y a veces por una funda de hilo de algodón trenzado: *los cordones se usan especialmente para alimentar los aparatos electrodomésticos.*
— *Mar. Cordón litoral*, barra de guijarros y otros sedimentos arrastrados por las corrientes, que se forma en la boca de los golfos, la desembocadura de los ríos y otras partes del litoral.
— *Text.* Labor de trenzado redondo, especialmente el tubular, que se obtiene con telares redondos o cerrados. ‖ Cada uno de los tres elementos de fibras torcidas que se corchan para formar un cabo.

CORDONCILLO m. *Metal.* Resalto que, durante la fabricación de una moneda, se deja en el borde, y en ambas caras, para formar el listel*.
— *Text.* Cada una de las listas estrechas y abultadas de los tejidos acanalados: *los cordoncillos pueden ser muy gruesos en la pana de bordón.*

CORETE m. *Art. y of.* Rodaja o arandela de cuero que se interpone entre la cabeza de un clavo y la materia en que se hinca éste.

CORIÁCEO, A adj. Perteneciente o relativo al cuero. ‖ Parecido al cuero o duro como él.

CORINDÓN m. *Joy.* y *Miner.* Alúmina cristalizada de fórmula Al_2O_3.
— El *corindón natural* es el más duro —después del diamante— de todos los minerales conocidos (su grado de dureza es de 9 en la escala de Mohs). Forma cristales vítreos transparentes o translúcidos. Los más finos, diversamente coloreados por sus impurezas, se usan en joyería con el nombre de gemas orientales. Son los *corindones hialinos* (corindón rosado o rubí oriental, amarillo o topacio oriental, violado o amatista oriental, verde o esmeralda oriental, incoloro o zafiro blanco) o bien *corindones adiamantinos* (verdes, rojos, rosados, etc.). El *corindón férrico* o *esmeril*, de estructura finamente granulada, contiene óxido de hierro, que le confiere matices rojizos o pardos. El *corindón artificial* se fabrica en hornos eléctricos calentando a más de 2 000° una mezcla de bauxita y coque. La masa obtenida es machacada, lavada y purificada hasta obtener corindón pulverulento que, aglomerado con un cemento apropiado, sirve para fabricar muelas. (V. ABRASIVO y MUELA.)

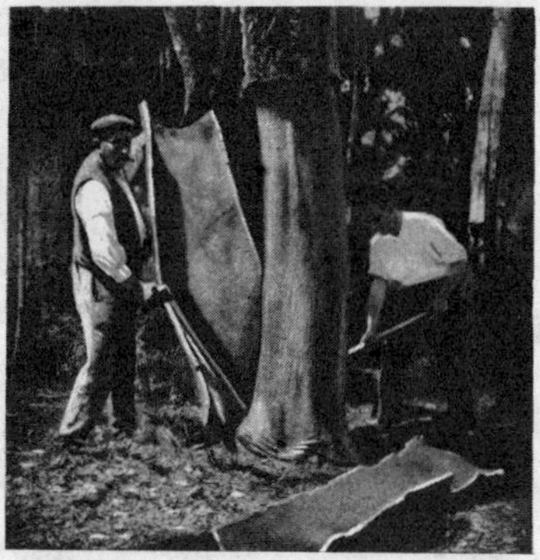

recolección del **corcho**

CORINTIO, TIA adj. y s. *Arq. Orden corintio*, v. ORDEN.

CORIOLIS (*Teorema de*), teorema según el cual la aceleración total de un cuerpo en movimiento es la resultante de tres aceleraciones diferentes: 1.° aceleración del mismo en función de su velocidad; 2.° aceleración propia del punto geométrico donde se halla el cuerpo en el instante considerado y perteneciente al sistema de referencia; 3.° aceleración de Coriolis. Esta aceleración complementaria es igual al doble del producto de la velocidad angular del sistema de referencia alrededor de su eje de rotación y de deslizamiento, multiplicado por la proyección de la velocidad relativa sobre un plano perpendicular a dicho eje. Todos los cuerpos que se mueven sobre el globo terrestre tienden a desviarse de su trayectoria hacia la derecha en el hemisferio Norte y hacia la izquierda en el hemisferio Sur y tanto más cuanto más lejos se hallan del ecuador. La figura ilustra esquemáticamente este fenómeno. Una persona P, situada sobre una plataforma giratoria, tira una pelota a otra persona Q, pero la trayectoria de P hace que, en realidad, la dirección imprimida a la pelota sea PE. Un instante

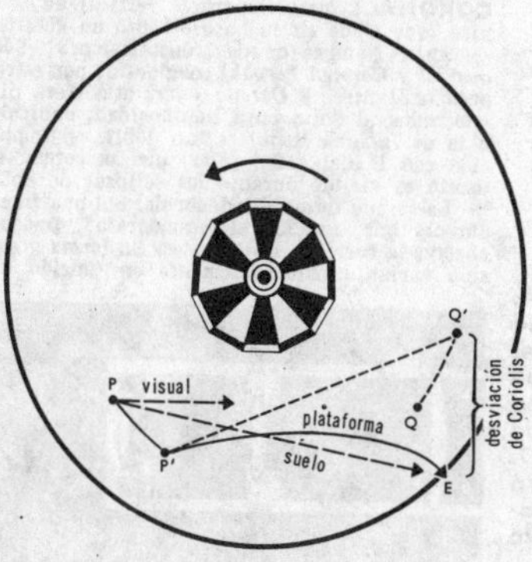

aceleración de **Coriolis**

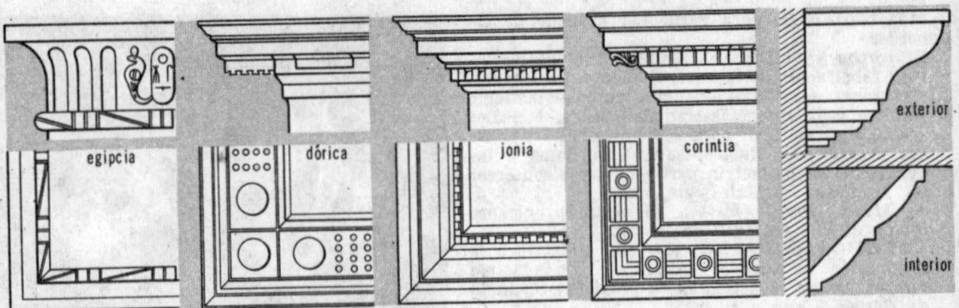

cornisas

más tarde P se halla en P' y Q en Q' y la pelota en E. Para los observadores que se hallan sobre la plataforma, la pelota ha descrito una trayectoria curva, desviándose así de acuerdo con el *teorema de Coriolis*. Los efectos de la fuerza de Coriolis se manifiestan en la dirección de los vientos, que son desviados, así como los proyectiles de largo alcance.

CORLADURA f. *Art. y of.* Barniz amarillo que se da a una pieza plateada cuando se quiere que parezca dorada.

CORNALINA f. *Joy.* y *Miner.* Variedad de ágata translúcida, de color rojo, que se usa en joyería.

CORNAMUSA f. *Mar.* Pieza arqueada que se fija por el centro en alguna parte del puente y sirve para amarrar cabos.

CORNELINA f. *Joy.* y *Miner.* Cornalina.

CÓRNEO, A adj. De cuerno. ‖ Semejante o parecido al cuerno.

— *Miner.* Dícese de ciertas piedras que tienen el aspecto de cuernos: *sílex córneo.*

CORNERINA f. *Joy.* y *Miner.* Cornalina.

CORNIJA f. *Arq.* Cornisa. ‖ Remate del cornijal.

CORNIJAL m. *Arq.* Esquina de un edificio u otras obras de fábrica. ‖ Pie derecho en los muros de entramado*.

CORNIJAMENTO o **CORNIJAMIENTO** m. *Arq.* Cornisamento.

CORNIJÓN m. *Arq.* Cornisamento. ‖ Cornijal.

CORNIOLA f. *Miner.* Cornalina.

CORNISA f. *Arq.* Cuerpo compuesto de molduras que sirve de remate a otro y sobresale del mismo. ‖ Parte superior y salediza del entablamiento, superpuesta al friso. ‖ Hilada sobresaliente en la parte más alta de un muro. ‖ Moldura con que se llena el ángulo formado por el cielo raso y la pared.

— Las *cornisas exteriores*, independientemente de su valor estético, sirven para proteger los muros contra las aguas pluviales, mientras que las *cornisas interiores* son puramente decorativas.

CORNISAMENTO o **CORNISAMIENTO** m *Arq.* Conjunto de molduras que coronan una obra y cuya forma y disposición suelen ser características de un estilo u orden* arquitectónico.

COROLARIO m. Proposición o consecuencia evidente que se deduce o infiere de otra proposición claramente demostrada.

CORONA f. *Arq.* Superficie vertical de la cornisa, que tiene en su base o sofito un goterón.

— *Astr.* Nombre de dos constelaciones (*Corona austral* y *Coronal boreal*) compuestas por estrellas poco brillantes. ‖ *Corona solar*, atmósfera difusa que rodea al Sol y cuya luminosidad, equivalente a la de la luna llena, es tan débil, en comparación con la del globo solar, que la corona solamente es visible durante los eclipses de Sol.

— La *corona* forma alrededor del Sol una inmensa aureola que, gracias al coronógrafo*, puede ser observada fuera de los eclipses. Su forma y extensión varían considerablemente en función de la actividad solar, pero se ha observado que, cuando esta actividad es reducida, la corona es más ancha en el plano ecuatorial del Sol. La corona se halla constituida por partículas (hierro, níquel, etc.) altamente ionizadas por la temperatura elevadísima que reina en el seno de la misma (del orden de un millón de grados).

— *Constr.* Canalización principal que da interiormente la vuelta a un edificio y de la cual parten las tuberías que llevan el agua a todas las partes del mismo.

— *Electr. Corona eléctrica*, efluvio engendrado por la corriente en torno de un conductor cuando existe una diferencia de potencial muy grande entre éste y el aire ambiente. ‖ *Efecto corona* o *de corona*, fenómeno luminoso producido por dichos efluvios, en forma de luminiscencia violada que rodea los cables eléctricos de tensión muy elevada.

— *Geom. Corona circular*, área comprendida entre dos circunferencias concéntricas.

— *Joy.* Conjunto de las facetas que tiene un brillante en torno del plano central.

— *Lumin.* Pieza metálica del quinqué, que sirve de soporte a su tubo de cristal.

— *Mar.* Pieza cilíndrica de hierro que, en los tornos y cabrestantes, lleva en hueco unas huellas que permiten obtener la adhèrencia absoluta de las cadenas o cables. ‖ Pieza que llevan los trinquetes del cabrestante. ‖ Copo del bou* y otras artes de pesca y red gruesa de mallas apretadas que sirve para hacerlo.

— *Mec.* Arandela. ‖ *Corona de álabes* o *paletas* pieza anular fijada en el cárter de un compreso axial, turbina y máquina similares y provista d álabes fijos que sirven para desviar el fluido orientarlo convenientemente hacia los álabes paletas rotatorios. ‖ *Corona dentada*, elemento d engranaje consistente en una pieza anular con lo dientes tallados en la superficie interior de misma.

Min. Trépano de sonda de forma anular, qu corta la roca con una o varias hileras de diente metálicos o de diamantes engastados en el metal *el sondeo con corona permite obtener una muestr cilíndrica del terreno perforado.* ‖ *Corona de poz* aro de hierro con su borde inferior biselado, qu en la perforación de pozos, soporta el peso d revestimiento de fábrica y se hinca progresiv mente en el terreno a medida que se constru éste y que se van extrayendo los materiales d fondo.

— *Papel.* Formato de papel de 37 × 47 cm.

CORONACIÓN f. *Arq.* Coronamiento.

CORONÁGRAFO m. *Astr.* Coronógrafo.

CORONAL adj. *Astr.* Relativo o perteneciente la corona solar.

CORONAMIENTO m. *Arq.* Adorno que sir de remate a un edificio.

— *Mar.* Remate de la borda en la popa de barco.

CORONDEL m. *Art. gráf.* Filete simple o dob que separa las columnas de una página.

— *Papel.* Filigrana en forma de líneas parale que tienen ciertos papeles.

CORONIO m. *Quím.* Elemento hipotético c se creía haber descubierto en el espectro de corona* solar y cuyas rayas corresponden en r lidad a un estado particular de elementos or narios (hierro, níquel, etc.) extremadamente io zados.

CORONÓGRAFO m. *Astr.* Instrumento pro para estudiar la cromosfera y la corona del mediante dispositivos que permiten ocultar el di solar.

— El *coronógrafo* es un sistema óptico provisto

corona solar

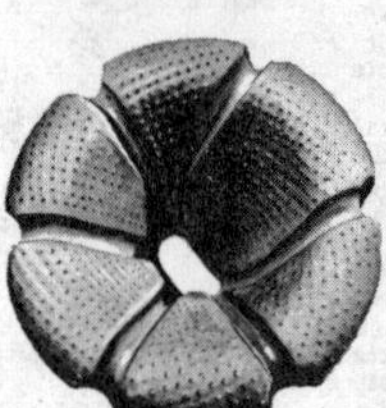

corona de diamantes (*min.*)

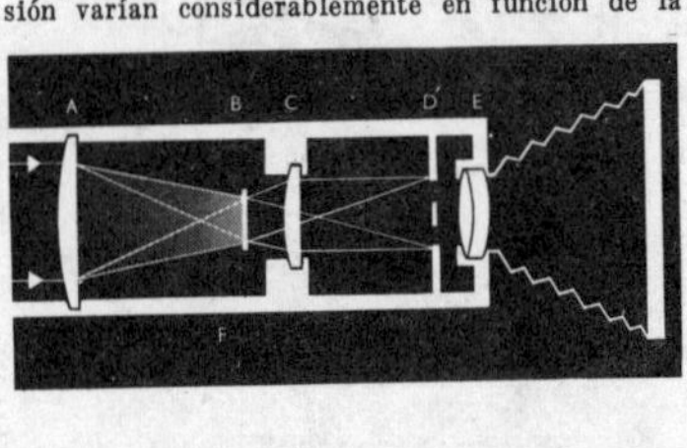

coronógrafo : A. Lente que da una imagen del Sol en el disco B; C. Lente que proyecta la imagen del disco rodeado por la corona; D. Diafragma para interceptar la luz parásita; E. Objetivo fotográfico

Fot. Audrain, E

un disco que, convenientemente colocado, intercepta la imagen del Sol y solamente deja pasar los rayos luminosos de su atmósfera. La disposición de los elementos del coronógrafo no solamente permite crear eclipses artificiales de Sol; sino que también excluye la difusión de luz parásita y puede utilizarse para otras observaciones astronómicas acoplado con espectroscopios, cámaras cinematográficas y demás aparatos.

CORPA f. *Min.* Fragmento de mineral en bruto.

CORPUSCULAR adj. *Fís.* Relativo o perteneciente a los corpúsculos.

CORPÚSCULO m. Cuerpo muy pequeño: *el rayo de luz que entra en una habitación obscura revela la existencia de miríadas de corpúsculos en el aire.*
— *Atom.* Partícula* elemental.

CORRASIÓN f. *Geol.* Ataque mecánico de la roca por las partículas sólidas arrastradas por el viento o las aguas torrenciales.

CORREA f. Tira de cuero, caucho, tejido trenzado u otras materias que sirve para transmitir un movimiento, transportar materias o productos manufacturados, ceñir o atar una cosa, etc. ‖ *Tener correa una cosa,* ser flexible o elástica.
— *Arq.* Vigueta que se apoya en la armadura, en las vigas o en los muros y que sirve a su vez de apoyo a los cabios de la cubierta.
— *Mec. Correa de transmisión,* correa sin fin que sirve para transmitir el movimiento de un eje motor a un eje conducido merced a dos poleas.
— La *correa* proporciona una transmisión caracterizada por su gran flexibilidad, un cambio de velocidades simple (con el uso de poleas de diámetros diferentes) y un método de embrague y desembrague fundado en el uso de poleas locas. Llámase *correa abierta* la que transmite el movimiento entre dos ejes paralelos que giran en igual sentido y *correa cruzada* la que invierte el movimiento del eje conducido respecto al del eje conductor. En una correa se distingue el *ramal conductor,* o *ramal tenso,* entre la polea arrastrada y la polea motriz, y el *ramal conducido* o *flojo,* que va de ésta a aquélla. La perfecta adherencia de la correa a las poleas depende de tres factores: adherencia intrínseca de la correa (por ejemplo, el cuero al cromo es más adherente que el cuero al tanino), valor del ángulo abrazado (o sea longitud del arco de contacto de la correa con la polea (generalmente suficiente cuando el cociente del diámetro de las poleas es inferior a 5) y, por último, distancia entre las dos poleas (la distancia entre las llantas ha de ser superior al diámetro de la polea mayor). No obstante, el uso de un tensor permite reducir esta distancia y aumentar hasta 12 el cociente del diámetro de una polea por el de la otra.
— *Transp.* Transportador* de cinta.

CORRECCIÓN f. *Art. gráf.* Operación consistente en indicar en las márgenes de una prueba impresa las faltas tipográficas, enmiendas y modificaciones que se han de efectuar antes de la tirada definitiva (también se dice *corrección en papel,* para distinguirla de la *corrección en el plomo,* que es la que hace el tipógrafo en la composición ateniéndose precisamente a las indicaciones anotadas en las pruebas).
— *Cibern. Corrección principal,* magnitud de la acción engrendrada por un regulador con objeto de corregir un defecto de funcionamiento, por ejemplo un exceso o defecto de velocidad.
— *Fís.* y *Mat.* Operación consistente en agregar o restar de un resultado fundado en medidas experimentales cierta cantidad que permite eliminar el error introducido por algún fenómeno extraño a la magnitud que se mide.
— En astronomía son corrientes las *Tablas de correcciones,* que eliminan los errores debidos a la aberración* de la luz, la nutación, la precesión de los equinoccios, etc. En muchas industrias, la corrección de las indicaciones de los manómetros tiene cuenta de la presión atmosférica. También se efectúa la corrección del tiro de los cañones en función de las circunstancias aerológicas, etc.
— *Radiot.* Conjunto de circuitos que, en un aparato receptor, compensa las distorsiones y permite la reproducción uniforme de todas las frecuencias musicales.
— *Telec.* En ciertos telégrafos* automáticos, dispositivo que regula la rueda de los tipos cuando ésta se aparta de su posición normal.

CORRECTOR, RA adj. y s. Que corrige o sirve para corregir.
— *Autom. Corrector de aire,* dispositivo regulado desde el manillar de una moto y montado en el carburador, que permite graduar manualmente la riqueza de la mezcla, operación que en los carburadores de los coches —mucho más complejos— se efectúa automáticamente.
— *Cibern.* Órgano creador de una acción o reacción suplementaria que, combinada con la acción principal, tiene por efecto modificarla y corregir un exceso o irregularidad de la misma.
— *Fís. Corrector gasométrico,* instrumento que permite conocer el volumen que tendría una cantidad de gas determinada si se hallara en las condiciones normales de temperatura y presión (0° y 760 mm de mercurio).
— *Radiot.* Nombre de diversos circuitos y dispositivos que se usan en radio y televisión para corregir las deformaciones de las señales radioeléctricas, especialmente en los amplificadores.
— *Telec. Rueda correctora,* rueda acoplada con la de los tipos que sirve para efectuar la corrección* en ciertos telégrafos automáticos.

CORREDERA f. *Arm.* Órgano móvil del alza* de un arma de fuego: *la corredera se desliza por una escala graduada y permite dar al cañón la inclinación correspondiente a la distancia a que se halla el blanco.*
— *Carp.* Tabla que se desliza entre dos ranuras y sirve para abrir y cerrar un orificio. ‖ *De corredera,* dícese de las puertas y ventanas que, en vez de estar abisagradas en el marco, se hallan montadas sobre carriles o guías y se abren y cierran lateralmente, deslizándolas sobre los mismos. (Las ventanas de guías verticales se llaman ventanas de guillotina.)
— *Ind. alim.* Muela superior de un molino, que corre sobre la solera o muela inferior fija.
— *Mar.* Instrumento para medir la velocidad aparente de un barco.
— La *corredera de barquilla* consiste en una tablilla triangular flotante, aunque lastrada en dos de sus ángulos con objeto de que se mantenga vertical y oponga la máxima resistencia al avance. Está sujeta por tres tirantes unidos a un cordel provisto de nudos regularmente espaciados de la 120ª parte de una milla marina. Para apreciar la velocidad del barco, se echa la corredera al agua por la popa y se cuentan los nudos del cordel que se desenrolla de un carrete en 30 segundos: la velocidad en millas por hora es igual al número de nudos contados.
En las *correderas de patente* la cuenta de la distancia recorrida se efectúa automáticamente por un contador mecánico o eléctrico. La tablilla y el cordel de nudos son reemplazados, respectivamente, por una hélice y un cable metálico que transmite el movimiento rotativo de la misma al contador. También existen *correderas neumáticas,* consistentes en una cápsula fijada en el casco del buque: la presión que ejerce el agua contra la cápsula es proporcional a la velocidad de la nave. Un dispositivo apropiado transforma esta presión en movimiento mecánico de una aguja indicadora sobre una escala graduada en millas por hora o nudos.
— *Mec.* Órgano mecánico de perfil generalmente prismático, que sirve para guiar un movimiento, por ejemplo el del carro de las máquinas herramienta. ‖ Dispositivo que, en las máquinas de vapor y de aire comprimido, distribuye alternativamente el fluido a ambos lados del émbolo. (V. DISTRIBUCIÓN.)
— *Text.* Doblez cosido en el borde de un objeto de tela y por el cual se pasa interiormente una beta o cordel para estrechar dicho borde.

CORREDERO, RA y **CORREDIZO, ZA** adj. Que corre o se desliza: *un nudo * corredizo.*
— *Carp. Puerta corrediza,* puerta de corredera *.
— *Mec. Eje corredero* o *corredizo,* el que puede deslizarse longitudinalmente: *los cambios de marcha mecánicos tienen generalmente un eje corredero.*
— *Transp. Grúa corredera,* v. GRÚA.

CORREDOR m. *Aeron. Corredor aéreo,* itinerario balizado que deben seguir obligatoriamente los aviones de transporte, especialmente en las cercanías de los aeropuertos y otras zonas de mucho tráfico. (V. CIRCULACIÓN *aérea.*)

CORREJEL m. *Curt.* Cuero graso propio para

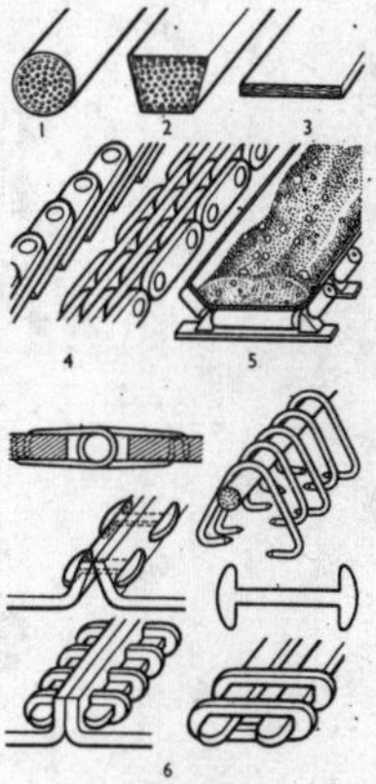

correas
1. Redonda; 2. Trapezoidal; 3. Plana; 4. De chapas; 5. Transportadora; 6. Gramas y otros herrajes para uniones de correas

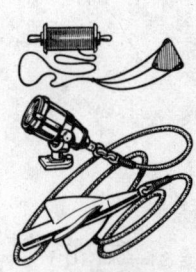

correderas
de barquilla *(arriba)* y de patente

suelas de zapatos, correas de transmisión y otros usos.

CORRENTÓGRAFO m. *Ocean.* Correntómetro que registra la velocidad y dirección de las corrientes marinas.

CORRENTÓMETRO m. *Hidr.* y *Ocean.* Todo aparato destinado a medir la velocidad y la dirección de las corriente de agua, especialmente de las corrientes marinas.

— Los *correntómetros* se fundan en uno de los principios siguientes: rotación de una hélice, proporcional a la velocidad relativa del líquido (v. MOLINETE *hidráulico*); inclinación de un péndulo por la fuerza de la corriente (el ángulo que forma el péndulo con la vertical depende de la velocidad de la vena líquida); presión del agua sobre un disco que, al vencer más o menos la resistencia de un resorte, permite determinar la velocidad a partir de la fuerza de la corriente. Los flotadores * no pueden ser considerados como verdaderos correntómetros, dada la influencia que ejercen en ellos el oleaje y la atmósfera.

CORREO m. Vehículo automóvil, barco o avión que transporta correspondencia.

— *Ofic. Máquina de despachar el correo,* v. CORRESPONDENCIA.

— *Telec. Correo neumático,* instalación urbana para el envío de correspondencia urgente entre las distintas oficinas de correos locales. (Sinón. AEROPOSTA.)

— El *correo neumático* consiste en una red de tuberías y unos cartuchos cilíndricos dentro de los cuales se disponen las cartas. Para enviar esta correspondencia de una oficina a otra basta introducir el cartucho en el tubo, donde es rápidamente aspirado por la depresión que crea en el tubo la oficina receptora o bien impelido por la compresión del aire efectuada detrás del mismo por la oficina expedidora. También existen instalaciones particulares para uso interno de los bancos, grandes almacenes, fábricas y oficinas importantes.

CORRESPONDENCIA f. *Geom.* Relación existente entre dos figuras reunidas cuando un elemento de una de ellas permite pasar a la otra.

— *Ofic. Máquina de despachar correspondencia,* nombre genérico de las máquinas que sirven para abrir los sobres (v. ABRECARTAS), plegar las cartas, introducirlas en los sobres y pegar éstos (v. CERRADORA), poner direcciones en las fajas y sobres (v. DIRECCIÓN) y franquear * la correspondencia. ‖ *Correspondencia cifrada,* v. CRIPTOGRAFÍA.

CORRESPONDIENTE adj. *Fís. Estados correspondientes,* v. ESTADO.

— *Geom. Ángulos correspondientes,* v. ÁNGULO.

CORRIDO, DA adj. y s. Continuo, ininterrumpido.

— *Arq. Meseta corrida,* v. MESETA. ‖ Tejadillo * que rodea un patio o un corral.

— *Min. Amer.* Afloramiento de un filón. ‖ Dirección que sigue un filón o veta de mineral.

CORRIENTE f. Flujo de las masas fluidas que se trasladan de un punto a otro más o menos rápidamente. ‖ Movimiento de partículas que siguen la misma dirección.

— *Aerod.* V. más abajo *Fís.*

— *Atom.* Movimiento de partículas que siguen la misma dirección: *irradiar un cuerpo sometiéndolo a la acción de una corriente neutrónica.*

— *Electr.* Paso de la electricidad * de un punto a otro de un medio conductor cuando existe entre ambos una diferencia de potencial. ‖ *Corrientes primaria* y *secundaria,* las que circulan respectivamente por los arrollamientos primario y secundario de un transformador o de una bobina de inducción. ‖ *Corrientes de Foucault,* corrientes parásitas que aparecen en las masas metálicas por efecto de la inducción y se traducen por una pérdida de energía eléctrica transformada en calor: *para impedir la formación de corrientes de Foucault, los núcleos macizos de los transformadores y electromotores han sido reemplazados por paquetes de chapas separadas por un aislante muy delgado.*

— La *corriente* es el movimiento de cargas eléctricas entre dos polos que no se hallan a la misma tensión por tener uno de ellos un exceso de electrones respecto al otro. Cuando entre ambos polos existe un medio conductor favorable al paso de iones o de electrones, éstos pasan del polo que los contiene en exceso al polo de tensión inferior, constituyendo así una corriente que se manifiesta por varios fenómenos, especialmente los siguientes:

— el conductor atravesado por la corriente desprende calor (efecto calorífero o efecto Joule);

— la corriente engendra en torno del conductor un campo magnético (como se puede apreciar aproximando del mismo una brújula, cuya aguja será desviada) y, recíprocamente, la presencia de un campo magnético (un imán, por ejemplo) provoca la aparición de fuerzas en el conductor (efecto electromagnético);

— si se usa como conductor una solución salina (por ejemplo, cortando un conductor metálico y sumergiendo los dos extremos en el líquido) el paso de la corriente provoca la descomposición química de la disolución (efecto electrolítico).

Estos fenómenos, que se caracterizan por un desprendimiento de energía, demuestran que la corriente eléctrica es un transporte de energía. Por otra parte, los efectos electromagnéticos y electroquímicos cambian de sentido cuando se invierten las conexiones en el generador, lo cual demuestra que existe un sentido de la corriente. Este sentido se puede determinar mediante la regla de Ampère: cuando una aguja imantada es desviada hacia la izquierda de un observador situado a lo largo del conductor, la corriente pasa en la dirección de los pies a la cabeza del mismo. En todo generador existen, por consiguiente, dos polos diferentes: el *polo positivo,* por el cual sale la corriente del generador, y el *polo negativo,* por el cual entra en el mismo.

Las corrientes que atraviesan los conductores metálicos se llaman *corrientes de conducción* y se deben a la presencia de electrones errantes. Los átomos ejercen una atracción tan débil sobre algunos de sus electrones, que éstos saltan constante y desordenadamente por los espacios interatómicos, hasta tal extremo que puede considerarse que los referidos espacios se hallan llenos de lo que pudiéramos llamar "gas" electrónico. Ahora bien, en cuanto se establece una diferencia de potencial entre dos puntos del metal, se engendra un campo eléctrico que orienta las trayectorias de estos electrones errantes en una misma dirección de sentido inverso al campo. Así, lo que llamamos sentido de la corriente es la dirección contraria de la que siguen las partículas negativas, y la corriente equivale a un movimiento de cargas positivas.

Llámase *corriente de convección* la que se debe al movimiento de cargas arrastradas por cuerpos materiales electrizados. Así, en un acelerador * de Van de Graaff, una correa sin fin toma cargas eléctricas por medio de un peine unido a un generador, y las transporta a otro punto del aparato, donde las cede a un electrodo por medio de otro peine. En la electrólisis * las cargas son transportadas por los iones, y en los tubos electrónicos de gas rarificado, por las moléculas electrizadas de dicho gas.

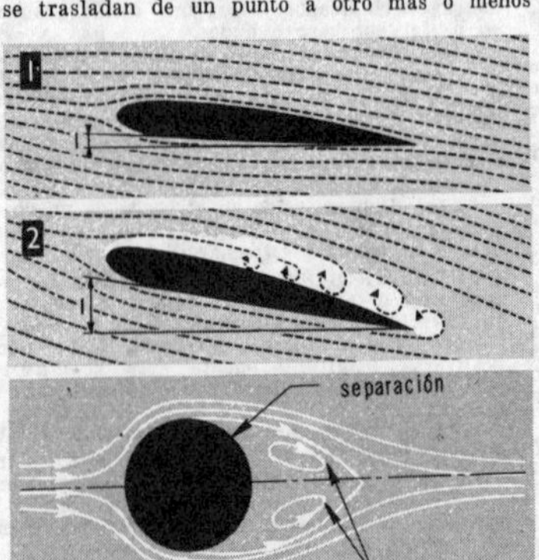

corriente *(fís.)* laminar (1) y turbulenta (2) en torno de un perfil de avión, y *(abajo)* de un cuerpo cilíndrico

Ciertas substancias pueden emitir electrones en el vacío cuando son excitadas por el calor (efecto termoelectrónico), por la luz (efecto fotoeléctrico) y otras causas. Si los electrones libertados se hallan cerca de un ánodo de potencial superior al del cátodo que los ha emitido, saltan de éste a aquél y constituyen una corriente de convección comparable a la que pasaría por un conductor material. (V. RAYOS *catódicos* y TUBO.)
Toda *corriente eléctrica* tiene siempre por causa la existencia de un campo electromotor * engendrado por inducción (generadores de inducción) o por hetereogeneidad (generadores electroquímicos, pares termoeléctricos, etc.) [V. ACUMULADOR, ALTERNADOR, DINAMO y PILA.]
La *corriente continua* (o *directa,* como también se dice en América) circula siempre en el mismo sentido del conductor y surte efectos constantes. Se caracteriza por su intensidad, que es la suma de las cargas eléctricas que atraviesan una sección del conductor por segundo. La intensidad *i* (en amperios) es igual al cociente de la cantidad de electricidad *c* (en culombios) dividida por el tiempo *t* (en segundos). Un amperio hora equivale a 3 600 culombios.
En las *corrientes alternas* el sentido del movimiento de las cargas se invierte periódicamente, o sea que un mismo polo es alternativamente positivo, negativo, otra vez positivo y así sucesivamente.
La intensidad de una corriente alterna parte de cero, pasa por un máximo positivo, correspondiente a su amplitud *, vuelve a bajar hasta cero, cambia de signo, pasa por un máximo negativo, disminuye de nuevo hasta ser nula y vuelve a ser positiva. El ciclo completo tiene una duración perfectamente determinada en cada caso. La frecuencia de la corriente es el número de ciclos que se suceden en un segundo. Así, la frecuencia de la corriente de uso doméstico suele ser de 50 ó 60 hertzios o ciclos por segundo, según los países, mientras que en las telecomunicaciones por microondas se usan corrientes alternas cuya frecuencia llega a ser de miles de millones de Hz.
Los efectos magnéticos y químicos de las corrientes alternas se invierten a cada alternancia de las mismas, mientras que los efectos caloríficos son constantes. Así, la corriente alterna no sirve para los procesos de electrólisis, pero una lámpara de incandescencia funciona igualmente en corriente alterna que en corriente continua. No obstante, como la intensidad es variable en el curso de un ciclo, la intensidad eficaz de una corriente alterna equivale solamente a 70% de la intensidad máxima. Así, por ejemplo, para que una corriente alterna surta los mismos efectos caloríficos que una corriente continua de 115 voltios, su amplitud máxima en el curso de una oscilación ha de ser de 163 voltios. En términos de física dícese que la intensidad eficaz es igual a 0,7 de la intensidad máxima, y también que la amplitud máxima es igual a 1,4 veces el valor eficaz de la fuerza electromotriz.
Una corriente alterna puede ser representada por una curva llamada sinusoide.
La *corriente sinusoidal* puede ser considerada como la resultante de una *corriente activa* (o *vatiada*), en fase con la diferencia de potencial que la produce, y de una *corriente reactiva* (o *desvatiada*), que se halla en cuadratura con dicha diferencia de potencial. Cuando varias fuerzas electromotrices engendran otras tantas *corrientes monofásicas* de igual período y amplitud, pero retrasadas por fracciones iguales de período, se tiene una *corriente polifásica.* La más común es la *corriente trifásica,* constituida por tres corrientes engendradas por un mismo manantial pero desfasadas de un tercio de período.
— *F. c. Corriente de retorno,* la que se establece (por los rieles, aunque también por el suelo) entre una locomotora eléctrica y la estación distribuidora y cierra el circuito de alimentación. || *Corriente de tracción,* la que sirve para alimetrar las locomotoras eléctricas.
— *Fís.* Materialización del movimiento en una misma dirección de una masa fluida de longitud prácticamente infinita y de sección circunscrita por límites relativamente precisos.
— En la *corriente laminar,* los hilillos en que se considera dividido el fluido permanecen constantemente paralelos, y la resistencia que el fluido opone al movimiento es directamente proporcional a la velocidad. Por el contrario, en una *corriente turbulenta,* los hilillos se incurvan y se mezclan desordenadamente en forma de torbellinos, en cuyo caso la resistencia que el fluido opone al avance es proporcional al cuadrado de la velocidad. Toda corriente laminar pasa a ser turbulenta cuando se alcanza una velocidad superior llamada velocidad crítica. Estos fenómenos son idénticos cuando se refieren al movimiento de un fluido respecto a un sólido fijo y cuando se trata del movimiento de un cuerpo en el seno de una masa fluida inmóvil. (V. AERODINÁMICA y TÚNEL *aerodinámico.*)
— *Geof. Corrientes telúricas,* corrientes eléctricas que circulan por el suelo y se deben a causas naturales (variaciones del magnetismo terrestre, descargas atmosféricas, etc.) o artificiales (retorno a la tierra de corrientes industriales y telegráficas, aislamiento defectuoso de las líneas, etc.).
— *Meteor. Corrientes aéreas,* v. ATMÓSFERA. || *Corriente de chorro,* v. VIENTO.
— *Ocean. Corriente marina,* movimiento del agua que se traslada de una parte a otra.
— Las olas y las mareas no son verdaderas corrientes, sino movimientos ondulatorios del agua. No obstante, el oleaje engendra corrientes en el litoral y las mareas pueden producirlas, incluso muy fuertes, en los estuarios y los estrechos. En los últimos se dan también corrientes provocadas por la diferencia de temperatura o de densidad de las aguas de dos mares diferentes (caso de los estrechos daneses, en los cuales una corriente superficial transporta agua poco densa del Báltico al Mar del Norte, mientras que una corriente profunda lleva en sentido contrario agua densa al Báltico). Las corrientes generales de los océanos son mucho más importantes por el caudal que arrastran y las distancias recorridas. Así, la *Corriente del Golfo* (Gulf Stream) transporta frente a la bahía de Chesapeake de 350 a 400 veces más agua que el río Amazonas en el curso de sus mayores avenidas. Estas corrientes pueden tener dos causas: el viento y la diferencia de densidad del agua en dos zonas contiguas (por hallarse el agua a temperaturas diferentes o por no tener la misma salinidad). En las zonas ecuatoriales, los vientos alisios *, al arrastrar el agua superficial, provocan la subida de agua fresca, que es arrastrada a su vez. Estas corrientes de agua, cuando su temperatura es inferior a la del continente próximo son catastróficas, pues a ellas se deben los fenómenos meteorológicos que acaban por convertir las costas occidentales de África y América en desiertos (por ejemplo, en Mauritania y California). Por el contrario, la Corriente del Golfo, en el Atlántico, y la del Kuro Shio, en el Pacífico, arrastran aguas cálidas que se dirigen hacia el Nordeste de ambos océanos y moderan considerablemente el rigor de los inviernos en las costas de Alaska y de Europa, respectivamente.
También existen en el fondo de los océanos corrientes provocadas por los seísmos.
— *Radiot. Corriente detectada,* v. DETECCIÓN. || *Corriente modulada,* v. MODULACIÓN. || *Corriente portadora,* v. ONDA. || *Corriente de dientes de sierra,* v. DIENTE *de sierra.* || *Corriente rectificada,* v. RECTIFICACIÓN.
— En los circuitos electrónicos usados en radiotecnia la *corriente* recibe distintos nombres, según el órgano o elemento de donde proviene: *corriente anódica* es la que sale de la placa de un tubo electrónico; *corriente de imagen* es la que, procedente de la cámara de televisión, permite reconstituir las imágenes en la pantalla del televisor, etc.

CORRIENTÓMETRO m. Correntómetro.

CORRIMIENTO m. Acción de correrse o desviarse una cosa deslizándose lateralmente: *corrimiento axial de un piñón.*
— *Astr. Corrimiento hacia el rojo,* v. DOPPLER (*Efecto*) y ESPECTRO.
— *Geol.* Corrimiento del terreno, deslizamiento de las capas superficiales del terreno, que se produce a veces sin que la arboleda ni las construcciones experimenten daños graves.
— El *corrimiento* no es un desprendimiento de masas de tierra que se desagregan, sino el deslizamiento sobre una capa de arcilla —que las aguas han convertido en lubricante— de un gran

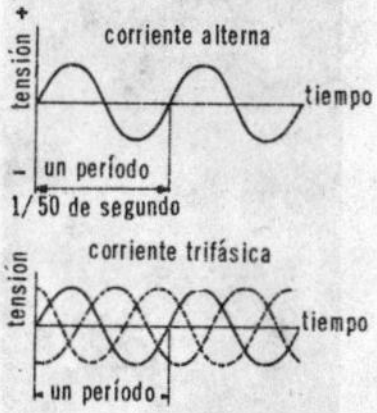

corrientes alternas *(electr.)*

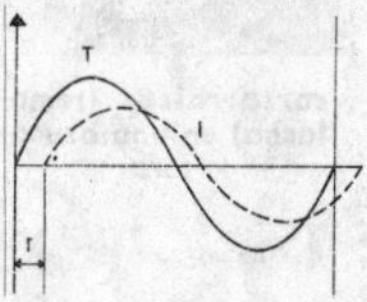

retraso *r* **de la intensidad I respecto a la tensión T de una corriente alterna**

cortadora de papel

cortarraíces (remolacha) en una azucarera

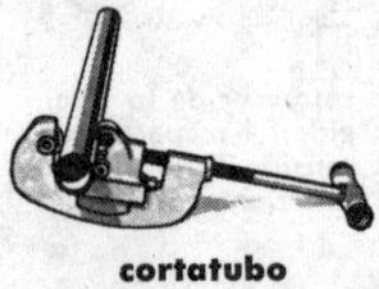

cortatubo

cortacéspedes

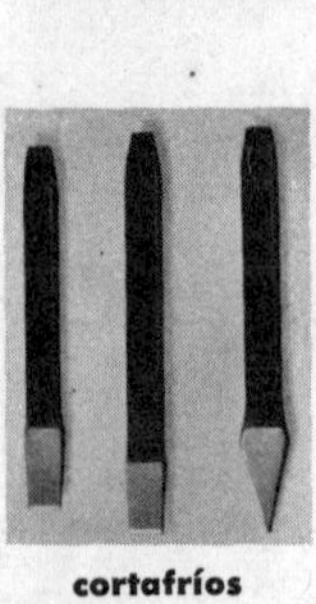

cortafríos

bloque que conserva sensiblemente su estructura. Se produce generalmente en las vertientes de las montañas.
— *Radiot. Corrimiento de frecuencia,* variación que experimenta la frecuencia de las ondas producidas por un generador de oscilaciones periódicas.
CORRIVACIÓN f. *Hidr.* Captación del agua de varios arroyos para obtener un caudal aprovechable.
CORROER v. Atacar una materia y destruirla progresivamente mediante una acción química: *los ácidos corroen los metales.*
CORROSIÓN f. Acción y efecto de corroer.
— *Geol.* Ataque superficial de las rocas por agentes químicos. (No se confunda con *corrasión.*)
— *Metal.* La *corrosión de los metales* alcanza proporciones insospechadas, pues se calcula que el tonelaje de metales ferrosos destruido anualmente por la corrosión representa la cuarta parte de la producción anual de los mismos. Los principales *agentes de corrosión* son la atmósfera de las ciudades y centros industriales, cargada de sulfuros desprendidos por la combustión en los hogares, las aguas de lluvia que arrastran las impurezas atmosféricas y contienen —aunque en ínfimas cantidades— ácidos nítrico y sulfúrico; por último, las aguas marítimas. La *corrosión galvánica,* que se caracteriza por su poder destructivo, resulta de un fenómeno de electrólisis entre dos metales de potencial eléctrico diferente que se hallan en contacto en presencia de humedad.
Los metales son protegidos por métodos anticorrosivos *. Algunos de ellos, al experimentar el primer ataque, se hallan protegidos automáticamente por la fina capa de compuesto que se forma en su superficie (por ejemplo, capa de alúmina en el caso del aluminio).
CORROSIVO, VA y **CORROYENTE** adj. Que tiene la propiedad de corroer.
— *Quím. Sublimado corrosivo,* nombre común del *cloruro mercúrico.*
CORROYERA f. *Bot.* y *Curt.* Variedad de zumaque * que suministra materia curtiente *.
CORTA f. *Carp.* Acción de cortar o talar los árboles.
CORTAALAMBRES m. *Art. y of.* Cortafrío o tenaza para cortar hilos metálicos.
CORTACÉSPEDES m. Segadora * doméstica, de dimensiones muy pequeñas, para cortar el césped en los jardines.
— Ciertos *cortacéspedes* tienen varias cuchillas de forma helicoidal dispuestas a modo de tambor que gira a ras del suelo. En otros, es una hélice horizontal, cuyas aspas son cuchillas, la que corta la hierba.
En los modelos simples el órgano cortador es movido por las ruedas al tirar del aparato. En otros se obtiene el movimiento con un motorcito eléctrico o de explosión. También existen *cortacéspedes automotores* provistos de un asiento para el conductor.
CORTACIRCUITOS m. pl. *Electr.* Dispositivo mediante el cual se intercala en un circuito un conductor fusible a baja temperatura que se funde e interrumpe la corriente en caso de sobrecarga o de corto circuito (pues ambos fenómenos tienen como consecuencia un calentamiento anormal de la línea). [V. FUSIBLE.]
CORTADERA f. *Metal.* Cuña de acero para partir el hierro candente a martillazos.
CORTADOR, RA adj. *Art. y of.* Instrumento o máquina para cortar: *las cortadoras eléctricas de sastrería pueden cortar un paquete de tejido de 15 cm de espesor.*
CORTADURA f. *Min.* Ensanche de las galerías en el punto de encuentro con el pozo de extracción.
CORTAFIERRO m. *Art.* y *of. Amer.* Cortafrío.
CORTAFRÍO m. *Art.* y *of.* Instrumento para cortar el hierro frío a martillazos. (Sinón. CORTAHIERRO.)
CORTAFUEGO m. *Agr.* Cada una de las veredas con que se subdivide un bosque para evitar la propagación de los incendios.
— *Arq. Muro cortafuegos,* pared destinada a evitar la propagación de los incendios: *el muro cortafuegos solamente tiene pequeños vanos con puertas metálicas y se prolonga por encima del tejado.*
CORTAGÁS m. *Calef.* Dispositivo de seguridad que cierra el paso del gas hacia el quemador cuando la presión es insuficiente para alimentar la llama.
CORTAHIERRO m. *Art. y of.* Cortafrío.
CORTALÁPICES m. *Ofic.* Afilalápices.
CORTANTE adj. Que corta.
— *Art. gráf. Filete cortante,* v. FILETE.
— *Mec. Esfuerzo cortante,* v. ESFUERZO.
CORTAPAJAS m. *Agr.* Máquina de cuchillas rotativas dispuestas sobre una rueda o un tambor, que sirve para reducir la paja o el heno del pienso a fragmentos de uno o dos centímetros de largo.
CORTAPRUEBAS m. *Fot.* Cuchilla especial para cortar el borde de las pruebas fotográficas.
CORTAR v. Tajar una cosa o dividirla con un instrumento cortante. ‖ Suspender el curso normal: *un interruptor sirve para cortar la corriente.* ‖ *Máquina de cortar,* cortadora.
— *Art. gráf.* Abrir el metal de las planchas con el buril: *un buen grabador conoce el arte de cortar el cobre.*
CORTARRAÍCES m. *Agr.* e *Ind. alim.* Máquina para reducir a fragmentos pequeños los tubérculos y raíces destinados a la alimentación del ganado o a las industrias alimenticias.
— El *cortarraíces* consta de una tolva que contiene los tubérculos o raíces y de un órgano cortador, constituido por cuchillas montadas en un disco o un cilindro rotativos. La forma de las cuchillas determina la de los pedazos y depende del uso a que se destinan las raíces (pienso, fabricación de azúcar de remolacha, elaboración de legumbres deshidratadas, etc.).
CORTATIRO m. *Calef.* Dispositivo para regular automáticamente el tiro de una chimenea.
— El *cortatiro común* consiste en una válvula de mariposa dispuesta en la tubería de escape del aparato de calefacción, entre éste y la chimenea. La válvula lleva un contrapeso dispuesto de forma que una disminución del tiro provoca su abertura y viceversa.
CORTATUBO m. *Art. y of.* Cizalla especial para cortar tubos.
CORTAVIDRIO m. Diamante * de vidriero.
CORTAVIENTO m. *F. c.* Dispositivo de chapa en forma de V que llevan ciertas locomotoras para reducir la resistencia del aire.
CORTE m. *Arq.* Dibujo de arquitectura que representa el interior de un edificio u otra obra de fábrica, como si hubiera sido cortado por un plano vertical: *los planos de un edificio contienen numerosos cortes.* ‖ *Corte a pluma,* bisel con que se termina una moldura o resalto.
— Los *cortes longitudinales* y *transversales* completan las indicaciones dadas por las vistas en plano y en elevación, pues permiten apreciar la distribución interna del edificio, el espesor de los muros, tabiques, suelos, la estructura de las escaleras, etc. (V. PLANO.)
— *Art. gráf.* Margen lateral de una página, opuesto al del lomo. ‖ Superficie lisa que representa las hojas cortadas en el canto opuesto al lomo de un libro. ‖ *Medianil de corte,* v. MEDIANIL.
— *Art. y of.* Acción de cortar las piezas de tela de un vestido, las de piel y cuero de un zapato y, en general, los distintos elementos con que se ha de confeccionar una cosa. ‖ Cantidad de

Fot. T. L. H., Fives-Lille, Wolf

tela, cuero u otra materia necesaria para hacer un vestido, zapato y otras labores.
— *Carp.* Modo de disponer la unión o superficie de contacto entre dos piezas de una ensambladura * o empalme *.
— *Electr.* Interrupción voluntaria de la corriente en una red de distribución.
— *Geol.* Dibujo del terreno tal y como aparecería si estuviera cortado por un plano vertical: *el corte muestra la estructura geológica, la naturaleza, espesor y orden de sucesión de las capas, así como los pliegues, fallas y otros accidentes.*
— *Metal.* Operación consistente en cortar un metal. ‖ *Herramienta de corte,* la que se usa en las máquinas herramienta para labrar los metales con arranque de virutas.
— El *corte de los metales* puede efectuarse de muy diversas maneras: a martillazos con el cortafrío *, mediante cizallas *, con sierras * o por el calor. Cuando se trata de piezas muy gruesas se funde el metal con la llama de un soplete * oxiacetilénico o con un arco * eléctrico.
Las herramientas de corte usadas actualmente en los tornos, fresadoras, taladradoras y otras máquinas herramienta son el resultado de largas y costosas investigaciones impuestas por los problemas de resistencia que plantean las altas velocidades de rotación de la herramienta o de la pieza, la dureza de ésta y la precisión cada vez mayor que se requiere en las dimensiones de la pieza labrada. Estos problemas se han resuelto por una parte con el uso de aceros * rápidos y de filos de carburos * metálicos y de cermets *, y, por otra parte, mediante el estudio científico de las formas del filo. Como puede observarse en la figura, el ángulo recto formado por la tangente a la superficie labrada y por la perpendicular a la misma abarca tres ángulos: ángulo de la viruta, que permite a la misma deslizarse sobre el útil y enrollarse sobre sí misma; ángulo del filo, formado por las dos caras de éste, y ángulo de incidencia, que tiene por objeto evitar que la cara libre del filo roce con la pieza. La suma de los dos últimos ángulos forma el *ángulo de corte.* Cuando la suma de los tres ángulos es igual o inferior a 90°, el corte es positivo; si pasa de 90°, es negativo. Llámase *profundidad de corte* al espesor de la viruta arrancada por la herramienta; se designa por *velocidad de corte* la velocidad relativa entre la pieza y el útil, y es conocido por *avance* el movimiento de traslación de la herramienta a lo largo de la superficie labrada.
— *Min.* Sangría o sondeo que se hace en una mina para buscar un filón. ‖ Boca de las barrenas.
— *Papel.* Acción de cortar el papel o el cartón continuos para formar ramas.
— *Petr.* Cada uno de los productos que se obtienen por fraccionamiento * de una mezcla de hidrocarburos.
— *Topogr.* Dibujo del perfil de terreno a lo largo de una línea recta: *en un corte, la exageración de las alturas * respecto a las distancias permite destacar las particularidades del relieve.*
CORTEZA f. *Bot.* Capa superficial de los tallos y ramas de los árboles y arbustos, así como la parte exterior de ciertos frutos.
— La *corteza* de muchos árboles es rica en tanino y se usa para curtir pieles, ya al estado natural, ya en forma de extractos. (V. CURTIENTE.)
Las distintas industrias alimenticias y farmacéuticas aprovechan numerosas *cortezas vegetales*: canela, naranja (para elaborar licores y confituras), quina (que es un remedio contra la fiebre), etc. Citemos como importante *corteza industrial,* la del alcornoque. (V. CORCHO.)
— *Geol. Corteza terrestre,* capa superficial de nuestro planeta. (Sinón. LITOSFERA.)
— La *corteza terrestre* se halla constituida por rocas ligeras (densidad comprendida entre 2,7 y 3) y tiene un espesor relativamente muy pequeño, puesto que por término medio mide 35 km y que en el fondo de las principales simas de los océanos es de menos de 10 km. (V. TIERRA.)
CORTINA f. *Fot. Obturador de cortina,* v. OBTURADOR.
— *Mil. Cortina de ocultación,* nube de humo densa producida por los barcos de guerra o los aviones para disimular al enemigo los movimientos de las fuerzas propias, con fines ofensivos o defensivos. (V. FUMÓGENO.)

— *Min.* Mamparo dispuesto a lo largo de una galería con objeto de reservar una parte de la misma a la circulación del aire destinado a la ventilación.
— *Obr. públ.* Muro de sostenimiento de un talud junto al mar, a un río o una carretera.
— *Radiot. Antena de cortina,* antena constituida por numerosos hilos paralelos dispuestos con arreglo a un plano generalmente vertical y a veces inclinado.
CORTINILLA f. *Fot. Obturador de cortinilla,* v. OBTURADOR.
CORTOCIRCUITAR v. *Electr.* Poner una línea eléctrica en corto circuito * uniendo sus dos conductores.
— Cuando la diferencia de potencial entre dos conductores unidos por otro conductor de escasa resistencia es poco importante, la introducción de este último solamente tiene por efecto derivar la mayor parte de la corriente, sin causar ningún accidente. Esto es lo que ocurre precisamente en los amperímetros y, de modo general, entre los bornes de todos los aparatos montados en serie, de los cuales se dice entonces que han sido cortocircuitados o puestos en corto circuito.
CORTOCIRCUITO m. *Electr.* Corto circuito *. (V. CIRCUITO [*corto*].)
CORUBIS m. Corindón artificial, muy duro, uno de los subproductos de la preparación del cromo.
CORUNDO m. *Miner.* Corindón.
CORVADURA f. *Arq.* Parte curva de las bóvedas y los arcos.
CORVILLO m. *Text.* Cuchillo en forma de hoz para cortar los lazos de hilo obtenidos por tisado y formar así los mechones del terciopelo *.
cos, símbolo de *coseno.*
COSALITA f. *Miner.* Sulfuro natural de bismuto y plomo, propio de la región de Sinaloa (México).
COSBIOL m. *Perf.* Substancia oleosa que se extrae del aceite de hígado de tiburón y entra en la fabricación de cosméticos.
COSCOJA f. *Bot.* y *Curt.* Árbol fagáceo (*Quercus coccifera*), encina pequeña, propia de la región mediterránea, en la cual produce el quermes la agalla llamada *coscojo.*
COSCOJO m. *Curt.* Agalla que forma el quermes al poner sus huevos en la coscoja: *el coscojo, rico en tanino, es una materia curtiente.*
cosec, símbolo de *cosecante.*
COSECANTE f. *Mat.* Ordenada del punto de intersección del eje de las Y con la tangente al extremo del arco considerado (símbolo, *cosec*).
— La *cosecante* del arco AM o del ángulo AOM es la ordenada del punto H. El valor de la cosecante es un número recíproco del seno: así, la cosecante del ángulo AOM es igual al cociente de la unidad dividida por el seno del mismo ángulo. (V. SENO y TRIGONOMETRÍA.)
COSECHADORA f. *Agr.* Nombre genérico de las máquinas que sirven para efectuar la recolección o cosecha de los frutos de la tierra.
— Existen numerosas clases de *cosechadoras,* cada una de las cuales funciona con arreglo a la índole de lo que se ha de recolectar. Las cosechadoras de patatas y remolachas han sido descritas en el art. ARRANCADORA y las de cereales, en el art. SEGADORA. El maíz se cosecha con unas máquinas provistas de un peine entre cuyos dientes se deslizan y pasan los tallos y las hojas, pero no las mazorcas, que quedan separadas de

afilado de una herramienta de **corte** (*metal.*)

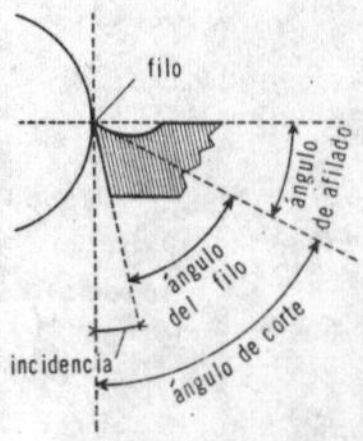

herramienta de **corte** (*metal.*)

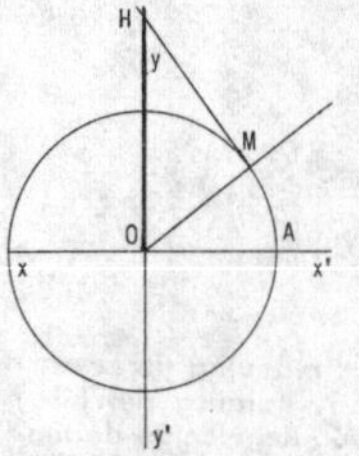

cosecante

cosechadora de algodón

Fot. C. C. A., X.

cosedora (art. gráf.)

la planta y almacenadas en la caja de la cosechadora o vertidas en otro vehículo por una correa sin fin. Las cosechadoras de algodón son máquinas provistas de turbinas que pasan entre las plantas y aspiran el aire con la fuerza necesaria para que éste arranque y arrastre los copos, pero no el ramaje. Existen máquinas cosechadoras de hortalizas, tan complejas que hasta permiten lavarlas, seleccionarlas y acondicionarlas mientras avanzan por la plantación. Por el contrario, la recolección de los frutos no ha podido ser mecanizada satisfactoriamente, dada la forma diferente de cada árbol y la disposición irregular de los frutos en medio del ramaje.

COSEDORA f. *Art. gráf.* Máquina provista de varios cabezales, alimentados en hilo vegetal o metálico, que sirve para unir los pliegos de un libro cosiéndolos o engrapándolos.
— *Text.* Máquina de coser *.

COSEISMAL adj. *Geof.* Sismal.

COSENO m. *Electr. Coseno fi* (cos ϕ), factor* de potencia.
— *Mat.* Seno del complemento de un ángulo (símbolo, *cos*). ‖ *Coseno hiperbólico* (cosh), función de la variable x:

$$\frac{e^{x} + e^{-x}}{2}.$$

(V. HIPERBÓLICO.)
— El *coseno* de un arco AM o del ángulo AOM es igual al valor de la abscisa OP del extremo del arco AM. (V. TRIGONOMETRÍA.)

COSER v. *Art. gráf.* Unir los pliegos de un libro con puntadas de hilo pasadas por cada uno de ellos manualmente o con una cosedora*. ‖ Por ext., engrapar los pliegos o coserlos con alambre.
— *Curt.* y *Text.* Unir dos o más telas, pieles o piezas de alguna otra materia por medio de puntadas de hilo dadas con una aguja manual o mecánicamente. ‖ *Máquina de coser,* la que efectúa mecánicamente las labores de aguja.
— El funcionamiento de una *máquina de coser* ordinaria es el siguiente: la aguja vertical desciende y pasa el hilo superior a través de las telas; a continuación sube ligeramente —con lo que el hilo forma un lazo debajo de aquéllas— y se inmoviliza un corto instante durante el cual la lanzadera pasa el hilo inferior por el referido lazo; la aguja sale entonces del tejido y vuelve a su posición superior, cerrándose el lazo y formando los dos hilos un punto; el transportador hace correr las telas en una distancia igual a la longitud de la puntada y, a continuación, baja otra vez la aguja para iniciar un nuevo ciclo. Ciertas máquinas efectúan millares de puntadas por minuto. Las máquinas de coser especialmente construidas, y también las de tipo ordinario provistas de accesorios intercambiables, permiten efectuar gran variedad de labores de cosido y bordado, zurcido (puntos en zigzag), pegar botones, etc. Algunas de estas máquinas tienen varias agujas que trabajan simultáneamente.

máquina de coser
1. Palanca del hilo; 2. Regulación de tensión del hilo; 3. Portaaguja; 4. Aguja; 5. Prensatela; 6. Devanadora; 7. Volante; 8. Regulador de longitud del punto; 9. Regulador de la bobina; 10. Portabobina

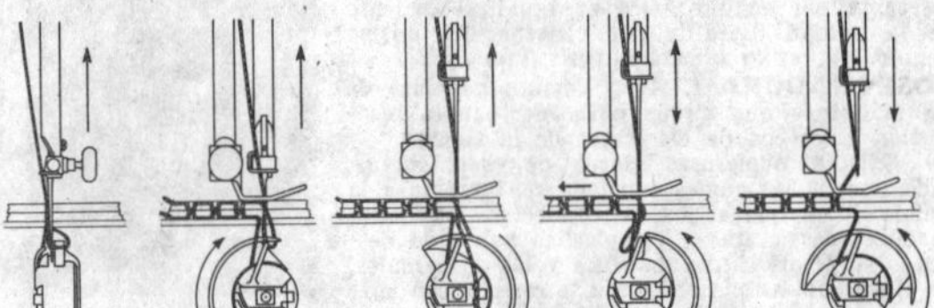

como hace los puntos la máquina de coser

COSETA f. *Ind. alim.* Recorte o viruta a que se reduce la remolacha en las azucareras para facilitar la extracción de su zumo dulce. (V. AZÚCAR.)

cosh, símbolo de *coseno * hiperbólico.*

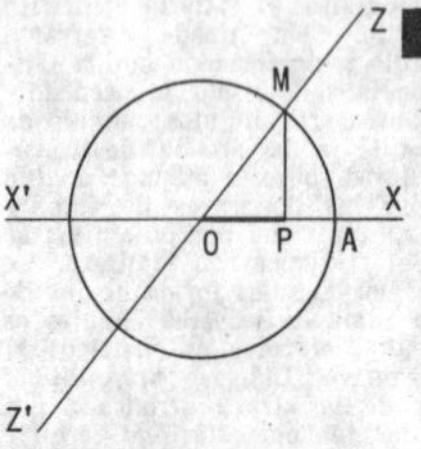

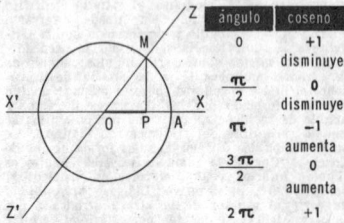

ángulo	coseno
0	+1
	disminuye
$\frac{\pi}{2}$	0
	disminuye
π	−1
	aumenta
$\frac{3\pi}{2}$	0
	aumenta
2π	+1

COSIDO, DA adj. Acción y efecto de coser: *el cosido a mano resulta caro en guantería y zapatería.*

COSISMAL adj. *Geof.* Sismal.

COSISTA f. *Geof.* Que pasa por todos los puntos donde se ha registrado simultáneamente un mismo terremoto.

COSMÉTICO adj. y s. *Perf.* Dícese de las composiciones químicas que se usan con fines higiénicos y, más especialmente, para hermosear la tez o el cabello o para conservar su buen aspecto.
— Los *cosméticos* pueden clasificarse como sigue: *detersivos* (champú, jabón, sales para el baño, etc.), *emolientes* (cold cream, cremas y leches de tocador), *fijativos* (brillantina, fijador, etc.), *colorantes* (polvos, rojo para labios, etc.), *depilatorios* y *astringentes* (vinagres para el baño), así como *barnices* y disolventes para las uñas.

COSMETOLOGÍA f. *Perf.* Estudio de todo lo concerniente a los productos cosméticos, desde su preparación hasta los efectos que surten.

CÓSMICO, CA adj. *Astr.* Relativo al universo. ‖ *Materia cósmica,* la materia constituyente de los astros y otros cuerpos celestes, así como la que se halla presente, en forma extremadamente tenue, en los espacios intersiderales.
— *Astron. Ingenio cósmico,* dícese de los satélites artificiales, cohetes y astronaves que el hombre sustrae a la acción de la gravedad terrestre. (V. ASTRONÁUTICA.) ‖ *Nave cósmica,* cosmonave o astronave *.
— *Fís. Rayos cósmicos,* rayos de origen hipotético que, procedentes de los espacios intersiderales, penetran constantemente en la atmósfera terrestre.
— La placa fotográfica, las cámaras de burbujas y de Wilson y los contadores de Geiger-Muller han permitido estudiar la naturaleza de los *rayos cósmicos.* Son protones y núcleos atómicos de elementos ligeros que, proyectados en el espacio y potentemente impulsados por un mecanismo de

Fot. Larousse, Singer

aceleración que todavía no ha podido ser elucidado, penetran en la atmósfera terrestre, donde sus choques con los átomos del aire provocan desintegraciones que se traducen por la formación de radiaciones secundarias, más nutridas, pero menos energéticas. Solamente 1 % de los rayos primarios llegan al suelo. Según su energía los rayos cósmicos se califican de *blandos* (constituidos principalmente por electrones que son detenidos por una pared de 10 cm de plomo) o de *duros*, entre los cuales figuran corpúsculos capaces de atravesar varios metros de plomo. La energía de los rayos cósmicos duros es, por consiguiente, incomparablemente mayor que la de todas las radiaciones radiactivas, pues llega a ser de millares de billones de electronvoltios.

COSMO, prefijo derivado del griego *kosmos*, que significa *mundo*, y entra en la composición de muchas voces científicas.

COSMÓDROMO m. *Astron.* Base de lanzamiento de cohetes espaciales.
— Los *cosmódromos* se hallan ubicados geográficamente de modo que, durante los primeros millares de kilómetros de su trayectoria, los cohetes no sobrevuelen regiones muy pobladas. Cada cohete requiere un conjunto de instalaciones hechas exprofeso: talleres para el montaje de sus elementos prefabricados, plataforma de lanzamiento con sus torres a medida para facilitar el acceso a las distintas partes del ingenio, equipos para avituallarlo y pertrecharlo, blocao en el cual se hallan centralizados los instrumentos de control y los mandos para el lanzamiento, estación de seguimiento y telemando, etc. El conjunto de las instalaciones constituye un complejo de lanzamiento, al cual se atribuye un número de orden.

COSMOGENIA f. *Astr.* Formación del universo.

COSMOGONÍA f. *Astr.* Ciencia de la formación de los cuerpos celestes agrupados por afinidades: *la cosmogonía planetaria trata de la formación del sistema solar.*
— La *cosmogonía* trata solamente de la génesis de los astros, mientras que la cosmología estudia el universo ya formado, tal y como existe actualmente, y su posible evolución.
La cosmogonía planetaria no puede explicarse con todos sus detalles por una teoría admitida universalmente. Sin embargo, a pesar de las divergencias que subsisten, se admiten generalmente las siguientes hipótesis. En un pasado que, según la radiactividad de las rocas primitivas y de los meteoritos, data de cuatro o cinco mil millones de años, empezaron a formarse los elementos constituyentes de los astros del sistema solar a partir de una nebulosa primitiva, nube lenticular de gas y de polvo en rotación. La materia difusa se fue concentrando sobre los núcleos de mayor masa y éstos se aglomeraron hasta formar los planetas al ser captados unos por otros en virtud de la gravitación o atracción recíproca. Como la presión y la temperatura variaban con la distancia al centro de la nebulosa (ocupado por el Sol), los fenómenos fisicoquímicos siguieron una evolución diferente en la periferia de la misma y en su zona central. Así, los mismos fenómenos que, a partir de los elementos químicos iniciales, dieron lugar a la formación de los materiales constitutivos de Mercurio, Venus, la Tierra, la Luna y Marte, no podían reproducirse en los planetas exteriores (Júpiter, Saturno, Urano y Neptuno), cuya naturaleza es muy diferente. (V. PLANETA.)

COSMOGRAFÍA f. *Astr.* Simple descripción del universo sin explicar física ni matemáticamente los distintos aspectos que se consideran.

COSMOLOGÍA f. *Astr.* Ciencia de las leyes generales que rigen el universo y determinan su evolución.

COSMONAUTA com. *Astron.* Voz que algunos consideran preferible a su sinónima *astronauta* *, por efectuarse los viajes en el cosmos y no siempre de un astro a otro.

COSMONAVE f. *Astron.* Sinón. de *astronave.* (V. COSMONAUTA.)

COSMONOMÍA f. *Astr.* Conjunto de las leyes fisicoquímicas que rigen el universo.

COSMOS m. *Astr.* El universo y sus leyes. ‖ El espacio extraterrestre: *las sondas espaciales exploran el cosmos cada vez más profundamente.*

COSMOTRÓN m. *Atom.* Sincrotrón *.

COSPE m. *Carp.* Cortes de azuela o de hacha que se hacen en un madero de trecho en trecho, ya para facilitar su desbaste, ya para indicar el espesor de la madera que se ha de quitar.

COSPEL m. *Metal.* Disco de metal que sirve para acuñar una moneda.

COSTA f. *Art. y of.* Instrumento que usa el zapatero, después de haberlo calentado, para alisar y pulir el borde de las suelas. (Sinón. PULIDOR.)
— *Geol.* y *Mar.* Zona de contacto de la tierra y el mar comprendida entre el límite interior de

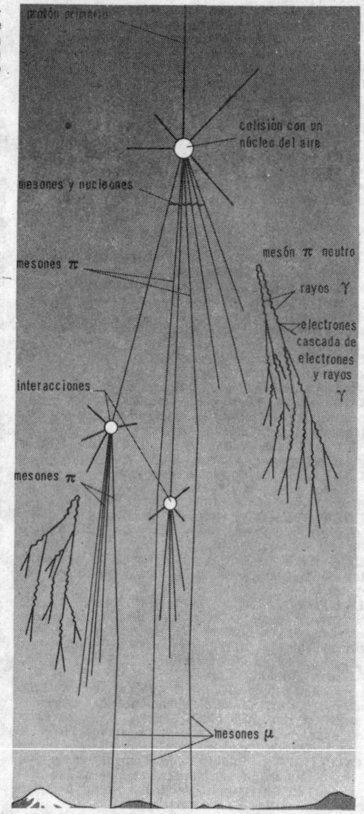

rayos cósmicos
fenómenos provocados por un protón cósmico

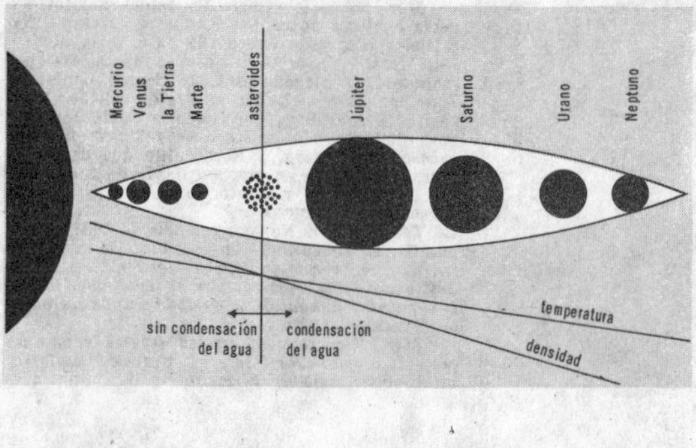

cosmogonía
formación probable de dos grupos de planetas de características diferentes a partir de una masa de gases lenticular

la influencia marítima (formación de dunas) y el nivel extremo de la bajamar.
— Las *costas* son modificadas perpetuamente por diversos factores: cambio de nivel de las aguas (especialmente debido a las glaciaciones y a la fusión del hielo en los períodos interglaciares); erosión litoral y acumulación de materiales arrastrados por los ríos o por el oleaje (v. ACANTILADO y PLAYA) y, por último, movimientos del suelo, como el de elevación que se prosigue actualmente en Escandinavia a consecuencia de la fusión de los glaciares (v. ISOSTASIA). A estas causas principales se suman otras secundarias, principalmente las heladas que desagregan la roca de las costas de las regiones frías y la formación de escollos y arrecifes por los esqueletos calizos de animálculos marinos.
Las costas occidentales del continente americano son mucho más entrecortadas y elevadas que las costas orientales y la asimetría es casi la regla general en todos los continentes e islas importantes. La isostasia * y la deriva * de los continentes son teorías que se proponen explicar esa asimetría.

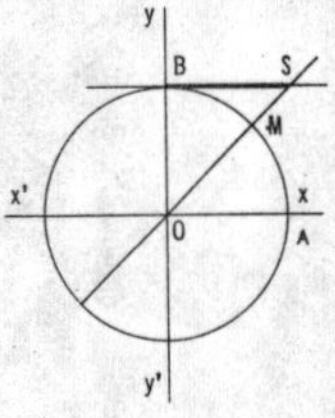

cotangente

COSTADO m. *Art. gráf.* Cada uno de los dos márgenes blancos, llamados *lomo* y *corte,* que quedan a ambos lados verticales de la página.
COSTAL m. *Carp.* Cada uno de los dos listones con que se apuntalan los tapiales por sus dos lados para mantenerlos verticales.
— *Text.* Saco de harpillera, pita u otro tejido grosero. ‖ *Amer.* Alfombra hecha con pita o sisal.
COSTANA f. Cuesta o pendiente.
— *Mar.* Cuaderna *, costilla del casco de un barco.
COSTANERA f. Cuesta o pendiente.
— *Carp.* Cuarterón que carga sobre el caballete de una cubierta.
COSTEAR v. *Art.* y *of. Amer.* Alisar y pulir los cantos de la suela de los zapatos con la costa *.
COSTERO, RA adj. y s. *Carp.* Cada uno de los cuatro maderos exteriores de sección planoconvexa que se quitan de un tronco al escuadrarlo con la sierra: *los costeros suelen ser inutilizables en carpintería.*
— *Min.* Hastial.
— *Papel.* Dícese del papel que ha sufrido algún deterioro durante su fabricación: *las máquinas modernas dan poco papel costero.* ‖ — F. Capa de papel costero que se pone a ambos lados de una resma de papel de tina.
COSTILLA f. Nombre dado a muchas cosas que, por su forma o por la manera como se hallan dispuestas en un conjunto, guardan algún parecido con las costillas de los vertebrados.
— *Aeron.* Elemento estructural que, en el fuselaje y el ala de un avión, corresponde a las cuadernas del casco de un barco.
— *Arq.* Correa * de una armadura de cubierta. ‖ Nervio * de una bóveda.
— *Mar.* Cuaderna.
COSTILLAJE m. Conjunto de costillas * de la cubierta de un edificio, el casco de un barco, el fuselaje de un avión, etc.
COSTRA f. Capa dura que se forma sobre algunas cosas.
— *Curt.* Parte del cuero * desdoblado correspondiente al lado de la carne.
COSTURA f. *Art. gráf.* Margen interior de una página, también llamado *lomo.*
— *Mar.* Intersticio entre las tablas del forro o de la cubierta de un barco, que se calafatea con estopa y brea para que no dé paso al agua.
— *Metal.* Unión * de chapas metálicas por rebordeado y plegado conjunto de sus bordes. ‖ Zona por donde se hallan unidas dos o más piezas mediante soldadura, roblonado o cualquier otro procedimiento: *la embutición permite fabricar envases sin costura.* ‖ Bordoncillo que dejan las juntas del molde en ciertas piezas de fundición.
— *Text.* Acción y efecto de coser *. ‖ *Puntos de costura,* v. PUNTO.
COTA f. *Geom.* Número con que se indica cada una de las dimensiones en el dibujo de una figura: *las cotas son indispensables en los planos destinados a la construcción de edificios, piezas y elementos mecánicos y de toda suerte de objetos manufacturados.*
— *Mar.* Número que, en las escalas adoptadas por el *Lloyd's Register,* el *Bureau Veritas* y otras organizaciones de seguros y de control técnico, define el estado de conservación y el valor de un buque.
— La *cota* expresa el grado de confianza que inspira el buque a los peritos. El *Bureau Veritas* atribuye la cota 3/3 al barco que se halla en perfecto estado, la de 5/6 a aquel cuyo estado es menos satisfactorio, etc. En la escala del *Lloyd's Register* la mejor cota es igual a 100. La cota disminuye al envejecer el buque. También cambia en caso de accidente, reparación, transformación importante, etc.
— *Topogr.* Número que, en un plano o en un mapa, indica la diferencia entre dos niveles, uno de los cuales sirve de referencia y suele ser el del mar.
COTANA f. *Carp.* Caja pequeña hecha a escoplo en un madero para que entre en ella la espiga de otro. ‖ Formón o escoplo con que se abre dicha caja.
COTANGENTE f. *Geom.* Tangente del complemento de un ángulo, representada por la abscisa BS en la cual B es la tangente al círculo trigonométrico y S la intersección de la misma con el diámetro que pasa por el extremo del arco considerado, que, en nuestro ejemplo, es AM: *la cotangente, cuyo símbolo es cotg (preferible a ct), se expresa por el número recíproco del de la tangente* *. (V. TRIGONOMETRÍA.) ‖ *Cotangente hiperbólica,* v. HIPERBÓLICO.
COTAR v. *Geom.* y *Topogr.* Acotar.
COTE m. *Art. y of.* Nudo que se hace dando una o más vueltas a una cosa y pasando el extremo de la cuerda entre los senos y la superficie de lo que se ata.
COTENSE y **COTENSIO** m. o **COTENSIA** f. *Text. Amer.* Tela muy basta, generalmente de cáñamo.
cotg, símbolo de *cotangente,* preferible a *ct.*
coth, símbolo de *cotangente hiperbólica* *.
COTIDAL adj. *Ocean.* Dícese de la curva que se obtiene al unir todos los puntos donde la marea se produce a la misma hora.
COTILLO m. *Art. y of.* En los martillos y herramientas similares, parte con que se golpea.
COTONÍA f. *Text.* Especie de lona de algodón, de textura en forma de cordoncillos.
COTONIFICIO m. *Text.* Industria algodonera.
COTONINA f. *Text.* Tela basta hecha con hilos gruesos de algodón de mala calidad, sin apresto ni blanqueo, usada en las mismas aplicaciones que la lona.
COTONIZAR v. *Text.* Algodonizar.
COTTERITA f. *Miner.* Coterita.
COUCHÉ adj. *Papel.* Cuché.
COULOMB m. *Electr.* Culombio. ‖ *Ley de Coulomb,* ley de las atracciones y repulsiones que experimentan los cuerpos electrizados según su carga y la distancia que media entre ellos.
— Dos cuerpos cargados de electricidad contraria se atraen, mientras que si la electricidad es de igual signo en ambos, se repelen: según la *ley de Coulomb,* la atracción o la repulsión es directamente proporcional al producto de sus respectivas cantidades de electricidad e inversamente proporcional al cuadrado de su distancia.
COUPÉ m. *Autom.* Cupé.
COVADERA f. *Min. Amer.* Criadero de guano, especialmente el que se está beneficiando.
COVALENCIA f. *Quím.* Forma particular de unirse los átomos en las moléculas cuando cada uno de ellos pone en común uno de sus electrones para constituir el enlace. (V. VALENCIA.)
COVARIACIÓN f. Relación existente entre dos magnitudes o series estadísticas, de tal forma que todo aumento o disminución de una de ellas con el tiempo, se traduce por un aumento o disminución de la otra, ya inmediatamente, ya con cierto retraso: *el descubrimiento de una covariación permite elucidar efectos y repercusiones que anteriormente pasaban desapercibidos.*
COVERCOAT m. *Text.* Tejido de estambre, parecido a la gabardina, que, por haber sido tisado con hilo muy retorcido, presenta un relieve fino y es muy sólido: *con el covercoat se hacen prendas de abrigo.*
COVOLUMEN m. *Expl. Covolumen de un explosivo,* suma del covolumen de los gases engendrados por su explosión y del volumen propio de las materias sólidas y líquidas también producidas por la misma.
— *Fís.* El menor volumen posible que podría

ocupar una masa gaseosa sometida a una presión infinitamente grande.

COWPER m. *Metal.* Recuperador de calor usado en los altos hornos para calentar el aire antes de insuflarlo en los mismos. (V. HORNO [*alto*].)

COY m. *Mar.* Hamaca de lona que todavía se usa como cama a bordo de ciertos buques, especialmente en la Armada.

COYOTÉ m. *Text.* Algodón de Filipinas, el más obscuro de todos los conocidos, pues sus fibras son de color de canela y de blanqueo tan delicado que muchas veces se teje crudo.

COZ f. *Arm.* Culata de un arma de fuego. ‖ Retroceso de un arma al dispararse.
— *Carp.* El extremo más grueso de un tronco o rollizo y, en general, de cualquier madero: *en los mástiles y puntales la coz se halla debajo.*

cps, siglas de *ciclos por segundo* equivalentes a Hz (hertzio), que es el símbolo adoptado oficialmente.

Cr, símbolo del *cromo.*

CRACAR v. *Petr.* Efectuar el cracking de las fracciones pesadas del petróleo.

CRÁCKING m. *Petr.* Procedimiento de refinación que permite aumentar la proporción de gasolina y otras fracciones ligeras extraídas del petróleo bruto. (V. REFINERÍA.)

CRAN m. *Art. gráf.* Muesca que tiene la letra de imprenta en una de sus caras.
— Merced al *cran,* el cajista puede colocar rápidamente los tipos en el componedor en el sentido correcto. Además el cran permite descubrir la presencia de una letra de igual cuerpo pero de otra familia, pues en cada una de éstas el cran se halla a una altura diferente.

CRÁQUING m. *Petr.* Crácking.

CRÁTER m. *Astr.* Nombre dado, conjuntamente con el de *circo,* a un tipo de depresión aparentemente circular muy común en la superficie de la Luna y de los planetas Mercurio y Marte.
— La superficie de la Luna se halla cubierta por millones de formaciones circulares o poligonales (generalmente hexagonales), cuya anchura, muchas veces de unos decímetros solamente, llega a pasar de 200 km, y que tienen un fondo llano, a veces con uno o varios picachos centrales. Los primeros observadores dieron el nombre de *cráter* a estas formaciones por la analogía que, vistas con los anteojos primitivos, presentaban con los cráteres de los volcanes terrestres y las atribuyeron a un origen volcánico. Posteriormente, al aumentar la potencia de los instrumentos, esta teoría fue perdiendo adeptos y muchos astrónomos explicaron la formación de los cráteres por la caída y explosión de meteoritos. Por una parte, como la Luna carece de atmósfera, los meteoritos que caen sobre ella no explotan en el aire, como ocurre con los que capta la Tierra. Por otra parte, la misma inexistencia de atmósfera y de agua, al excluir los fenómenos de erosión, ha permitido la conservación de los cráteres lunares, mientras que las formaciones similares engendradas en la Tierra por los meteoritos en un remoto pasado geológico, han sido arrasadas por la erosión y los sedimentos.
Estas teorías no pueden explicar ciertas características de los cráteres lunares: su aspecto hexagonal, su distribución irregular en la superficie de la Luna, la forma como se yuxtaponen (además de ser raro que un cráter se sobreponga parcialmente a otro y que sus bocas sean secantes, jamás un cráter grande corta a uno pequeño), y el hecho de que el fondo del cráter se halle a un nivel muy inferior al que tiene el terreno fuera del mismo (por lo general la altura del cinturón de montañas es dos veces mayor por la vertiente interior que por la exterior).
Las sondas automáticas que han sobrevolado Marte y Mercurio han transmitido fotografías en las cuales el suelo de ambos planetas aparece también como acribillado, con cráteres de todas dimensiones, como lo es el suelo lunar. Fobos y Deimos, los minúsculos planetas de Marte, muestran igualmente la huella de impactos de otros tantos proyectiles celestes. Así, la Luna no es una excepción sino el caso general de los planetas y satélites de tipo telúrico (a base de roca) y carentes de atmósfera o bien provistos de una muy tenue. Si el suelo de la Tierra no presenta semejantes acumulaciones de cráteres es porque nuestra atmósfera frena los meteoritos y, calentándolos excesivamente, puede hacerlos estallar en el aire.
Por otra parte, la erosión ha borrado las huellas del impacto de aquellos meteoritos que explotaron en el suelo.

cráter del Vesubio

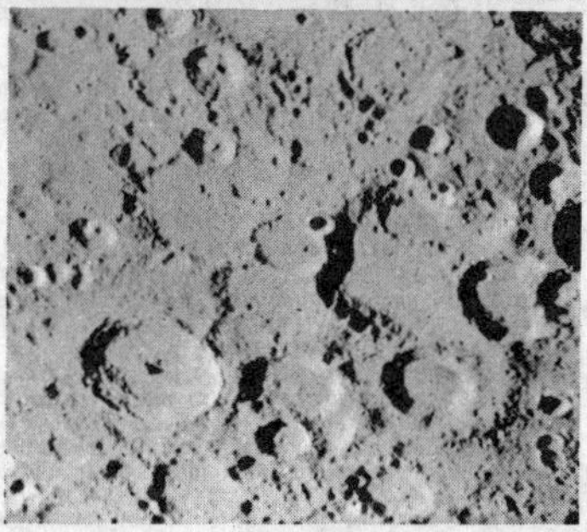

cráteres lunares

Fot. Air France, Obs. del Monte Wilson

PRINCIPALES CRÁTERES LUNARES

a) *por su diámetro*

Maurolico	241	km
Grimaldi	238	"
Clavio	220	"
Schickard	215	"
Schiller	180	"
Walter	161	"
Maginus	160	"
Petavio	160	"
Hiparco	156	"
Langrenus	145	"

b) *por su profundidad*

Newton	7 250	m
Casatus	6 800	"
Curtius	6 760	"
Calipo	5 660	"
Teófilo	5 560	"
Kircher	5 440	"
Clavio	5 270	"

— *Electr.* Cavidad que se forma en el carbón positivo de un arco eléctrico de corriente continua. (V. ARCO.)
— *Geogr. Cráter volcánico,* boca de un volcán.
— La chimenea del volcán desemboca en una oquedad, el *cráter,* situada en lo alto del mismo. Durante la actividad del volcán, el cráter se halla abierto en su fondo, a veces cubierto por un lago de lava fundida. En período de inactividad la chimenea se halla obturada por la lava solidificada y los escombros caídos de las pendientes del cráter, tanto más verticales cuanto más violentas son las erupciones. En otros casos las aguas pluviales llenan la depresión y forman lagos en los cráteres de los volcanes apagados.
Además de este tipo de cráter central, existen cráteres situados en las laderas o en la base del cono (cráter lateral, cráter parásito o adventicio).

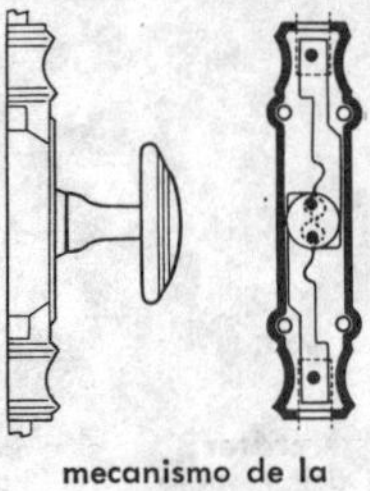

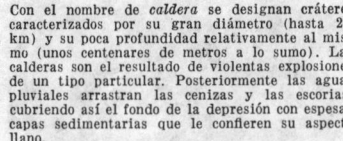

mecanismo de la **cremona**

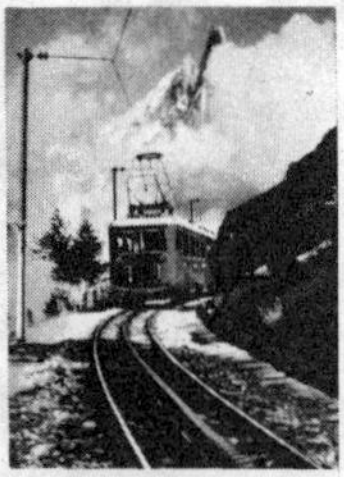

ferrocarril de **cremallera** y detalle de la vía

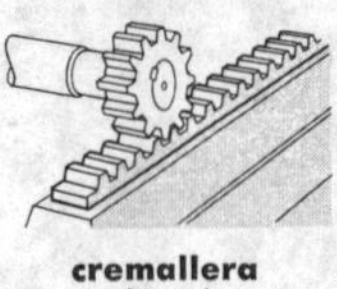

cremallera *(mec.)*

Con el nombre de *caldera* se designan cráteres caracterizados por su gran diámetro (hasta 20 km) y su poca profundidad relativamente al mismo (unos centenares de metros a lo sumo). Las calderas son el resultado de violentas explosiones de un tipo particular. Posteriormente las aguas pluviales arrastran las cenizas y las escorias, cubriendo así el fondo de la depresión con espesas capas sedimentarias que le confieren su aspecto llano.

— *Geol. Cráter meteórico,* depresión creada en el suelo por la caída de un meteorito * de grandes dimensiones.

CRATERIFORME adj. En forma de cráter de volcán.

CRATÍCULA f. *Geom.* Cuadrícula.

CRATICULACIÓN f. *Geom.* Cuadriculación.

CRATICULAJE m. *Topogr.* Procedimiento para dibujar los detalles del terreno fundado en el uso de fotografías oblicuas, cuyas deformaciones por efecto de perspectiva se corrigen aproximadamente valiéndose de una cuadrícula trazada en el papel.

CRATOXILO m. *Bot.* y *Carp.* Género de árboles tropicales del sudeste asiático que suministra una madera muy apreciada en ebanistería, en cuyo ramo se usa en forma de contrachapados.

CRAYÓN m. Galicismo por *carboncillo de dibujar.*

CREITONITA o **CREITTONITA** f. *Miner.* Aluminato natural, variedad ferrífera de ganita.

CREMA f. *Color.* Matiz blanco amarillento como el de la nata que sube a la superficie de la leche.

— *Curt. Crema para el calzado,* betún.

— *Ind. alim.* Nata de la leche cruda: *la manteca se fabrica batiendo la crema para separar la grasa del suero.* ‖ Nombre dado a ciertos licores en los que predomina el gusto y aroma de alguna otra bebida que no es ordinariamente espirituosa: *crema de café.*

— *Perf.* Cosmético para el cutis en forma de pomada blanda constituida esencialmente por agua y materias grasas y exenta de polvos en suspensión.

CREMALLERA f. *Carp.* Cada uno de los listones provistos de muescas o dientes, que se fijan en los cuatro ángulos de un mueble o alacena y soportan los travesaños amovibles que permiten disponer los anaqueles a la altura deseada. ‖ Pieza metálica provista de dientes con que se mantiene entreabierta una claraboya o la hoja de los ventanillos y otros vanos. ‖ *Zanca de cremallera,* v. ZANCA.

— *F. c.* Tercer riel dentado que se dispone entre los dos de una vía ordinaria y en el cual engrana un piñón de la locomotora: *los ferrocarriles de cremallera son comunes en países montañosos.*

— Las *locomotoras* y *tranvías de cremallera* se usan cuando —como consecuencia de un declive excesivo de la vía— la adherencia de las ruedas motrices no es suficiente para vencer los esfuerzos normales de tracción y frenado. Generalmente se recurre a la cremallera cuando la pendiente es de 100 mm por metro y en Suiza existen tramos (en la línea del Monte Pilatos) en los cuales la pendiente es de 400 mm. El riel dentado se halla sólidamente fijado a las traviesas. En él engranan uno o varios piñones accionados por los motores de la locomotora. Ésta puede ser únicamente de cremallera o bien mixta, en cuyo caso arrastra al tren por adherencia en los tramos de perfiles normales.

— *Mec.* Órgano mecánico constituido por una barra dentada en la cual engrana un piñón que permite transformar un movimiento rotativo en movimiento rectilíneo y viceversa.

— El sistema de *cremallera y piñón* tiene una infinidad de aplicaciones en las cuales la cremallera se mueve y hace girar el piñón o bien éste es motor y provoca la traslación de aquélla. Es mecanismo de uso general en las máquinas herramienta (acepilladoras, fresadoras, etc.), los gatos para levantar o empujar cargas, las máquinas de imprimir, las compuertas de los canales y presas, etc. En la dirección de cremallera de los automóviles, el piñón es accionado por el volante y obliga a correrse a la cremallera que es solidaria de las barras que gobiernan las ruedas.

— *Text. Cierre de cremallera,* v. CIERRE.

CREMONA f. *Carp.* Falleba para ventanas cuyo pomo hace girar una placa en la que se hallan articulados dos pestillos verticales que son empujados por la misma hasta que penetran en los cerraderos por su extremo libre. (También existe otro tipo de *cremona* con pestillos de cremallera accionados por un piñón fijado en el eje del pomo.)

CREOSOTA f. *Quím.* Líquido aceitoso, de olor fuerte, que se obtiene en el proceso de destilación de los alquitranes de hulla y de madera de haya.

— La *creosota de haya* se usa en medicina. Las *creosotas de hulla* son mezclas de fenoles y cresiloles utilizadas industrialmente para impregnar los maderos enterrados, con objeto de protegerlos contra la humedad y los insectos. (V. PRESERVACIÓN.)

CREOSOTADO y **CREOSOTAJE** m. *Carp.* Acción y efecto de creosotar la madera.

CREOSOTAR v. *Carp.* Tratar la madera con creosota para asegurar su conservación. (V. PRESERVACIÓN.)

CREPÉ m. *Text.* Hilo muy retorcido (hasta 4 000 vueltas por metro si es de seda) propio para tejer crespones. ‖ Tejido de hilo o algodón que, merced a un ligamento muy irregular, presenta un relieve parecido al del crespón: *los crepés se usan mucho en mantelería.*

CREPUSCULAR adj. *Astr.* Relativo o perteneciente al crepúsculo. ‖ *Círculo crepuscular,* círculo de la esfera celeste paralelo al horizonte y en cuyo plano se halla el Sol cuando cesa el crepúsculo.

CREPÚSCULO m. *Astr.* Luminosidad que persiste después de haberse puesto el Sol. ‖ Por analogía, llámase *crepúsculo matutino* la luminosidad que precede a la salida del Sol.

— El *crepúsculo* se debe a la presencia de la atmósfera, cuyas partículas reflejan la luz solar por encima de los obstáculos naturales (redondez de la Tierra, montañas, etc.) y es tanto más duradero cuanto más densos son los vapores del aire y más altos se hallan. En astronomía se consideran varios crepúsculos: el *crepúsculo civil,* que corresponde a la posición del Sol a menos de 6° por debajo del horizonte; el *crepúsculo astronómico,* que corresponde a una posición del Sol a menos de 18° por debajo del horizonte y permite distinguir las menores estrellas visibles a simple vista; el *crepúsculo náutico,* en el cual el Sol se halla a menos de 12° del horizonte, situación que permite observar la línea de éste al mismo tiempo que las estrellas de segunda magnitud.

En los astros desprovistos de atmósfera no existe fenómeno crepuscular. Así, en la Luna, el paso del día a la noche se efectúa en cuanto desaparece el Sol detrás del horizonte.

CRESIL m. *Quím.* Cresyl.

CRESILATO m. *Quím.* Sal del trinitrometacresol.

CRESILENO m. *Quím.* Radical bivalente de fórmula CH_3—C_6H_3 = que entra en la composición de la cresilenodiamina, base usada en la preparación de numerosos colorantes.

CRESILITA f. *Expl.* Nombre que se da al *trinitrometacresol* cuando esta substancia se usa como explosivo.

CRESILO m. *Quím.* Radical monovalente derivado de un cresol por supresión del hidroxilo.

CRESILOL o **CRESOL** m. *Quím.* Nombre de tres fenoles isómeros derivados del tolueno. (Sinón. METILFENOL.)

— Los tres *cresoles orto, meta* y *para* CH_3—C_6H_4—OH se extraen del alquitrán y del gasoil obtenido por cráking. Huelen a fenol y como éste, son antisépticos. Sirven también para fabricar baquelita, explosivos, desherbantes, insecticidas y otros productos químicos.

CRESPÓN m. *Text.* Tejido que presenta un efecto de ondulado o gofrado irregular obtenido con el uso de hilos muy torcidos.

— El principio de fabricación de los *crespones* y telas afines es el siguiente: se usan hilos de crepé previamente sometidos a una torsión muy fuerte y a un tratamiento de apresto que les permite conservar su torsión sin que se ensortijen. Así, al salir del telar, el tejido presenta un aspecto normal, pero al someterse a ulteriores operaciones de tinte y acabado, se disuelve la cola del apresto (o la sericina, si se trata de

Fot. Broncard

hilos de seda) y los hilos se tuercen al desenrollarse parcialmente sus fibras, con lo cual, y como resultado de la alternancia y cruzamiento de hilos normales y de crepé, se riza la tela en forma de ondulaciones pequeñas e irregulares características de esta clase de tejidos.

CRESPONAR v. *Text.* Fabricar hilo de crepé o tejerlo para elaborar crespones y telas similares.

CRESTA f. *Electr.* Potencia de cresta, valor máximo que puede alcanzar la potencia * durante breves instantes.

— *Ocean.* Relieve submarino, largo y estrecho: *el fondo del Atlántico se halla dividido en dos cuencas principales por una cresta central orientada en la dirección Norte a Sur.*

— *Radiot.* La potencia de un emisora radioeléctrica es caracterizada por la potencia de las ondas portadoras y la amplitud que alcanza su modulación. Esta amplitud no puede ser de igual magnitud que la de las ondas portadoras, pues entonces se produciría una distorsión *. Normalmente es de 60% y rara vez pasa de 90%. No obstante, puede alcanzarse el valor máximo de 100% durante un instante brevísimo. Si se representa la modulación gráficamente, la curva de la potencia aparece entonces con unos picos correspondientes a esos breves instantes de potencia máxima: de ahí el nombre de *potencia de cresta* que se da a la misma.

— *Topogr. Cresta topográfica,* línea que pasa por los puntos más elevados del terreno.

CRESTERÍA f. *Arq.* Adorno de calados que se dispone como coronamiento de los tejados a lo largo de las aristas o caballetes.

CRESTÓN m. *Min.* Parte de un filón o yacimiento que aflora y se eleva sobre el nivel general del suelo.

CRESYL m. Marca registrada de una mezcla de cresoles, aceites pesados y jabón emulsionante, que se usa en emulsión acuosa como desinfectante de suelos, cuadras y otros locales. (Sinón. ZOTAL.)

CRETA f. *Miner.* Roca caliza y terrosa, de color blanco, que se desagrega fácilmente, mancha los dedos y deja una capa pulverulenta sobre los cuerpos contra los cuales es frotada.

— La *creta* puede contener un poco de arcilla, pero se halla constituida esencialmente por miriadas de conchas de foraminíferos y otros minúsculos animales acuáticos. Sus capas actuales han sido, por consiguiente, lechos de lagos o mares de un antiguo período geológico (el cretáceo). Se emplean sus distintas variedades en la fabricación de cal y cemento, como tiza para escribir en los encerados, blanco * de España y otros usos.

CRETÁCEO, A adj. y s. *Geol.* y *Miner.* Relativo o perteneciente a la creta. ‖ Que contiene creta. ‖ Que data de los tiempos geológicos en que se formó la creta.

— El *período cretáceo* o, simplemente, el *cretáceo,* es el tercero y último período de la era mesozoica o secundaria, cuyos límites se sitúan a —110 y —65 millones de años de nuestra era. Debe su nombre a la índole de las capas geológicas que se formaron en aquel pasado remoto, constituidas esencialmente por creta. El estudio de la *flora cretácea* —por medio de sus restos fosilizados— revela, entre otros detalles, la existencia de higueras en Groenlandia, circunstancia que solamente puede explicarse admitiendo que los polos de la Tierra se hallaban localizados muy diferentemente de su posición actual.
El cretáceo se subdivide en nueve pisos de naturaleza y duración diferentes. (V. ESTRATIGRAFÍA.)

CRETONA f. *Text.* Tela de algodón espesa y de calidad ordinaria que suele estamparse y se usa para cortinas, muebles y decoración.

CRIADERO m. *Bot.* Vivero para la cría de árboles.

— *Min.* Yacimiento.

CRIAR v. *Ind. alim.* Cuidar y tratar adecuadamente el vino ya fermentado con objeto de obtener el mejor caldo posible.

CRIBA f. Cedazo. ‖ Aparato mecánico provisto de uno o varios depósitos con fondo de tela metálica o de plancha agujereada, que sirve para separar por dimensiones las partículas o fragmentos de materias pulverulentas o granulosas. (Sinón. CERNEDOR, CRIBADORA.)

— Las *cribas oscilantes* para harinas se llaman *planchísteres,* y las de *tambor rotativo* para piedra machacada y otras materias similares, *trómeles* (V. PLANCHÍSTER y TRÓMEL). El fondo agujereado de las cribas tiene una ligera pendiente y es agitado mecánicamente para permitir la circulación de los fragmentos mayores y la caída de los menores por los orificios *(criba de sacudidas).* Cuando las sacudidas son muy rápidas se tiene una *criba vibratoria.* Todas estas cribas pueden separar más de dos categorías de materias. Basta para ello con que se superpongan o yuxtapongan telas metálicas o planchas perforadas de orificios cada vez menores. En minería se usan *cribas hidráulicas* para separar el mineral de su ganga. (V. SEPARADOR.)

— *Mat. Criba de Eratóstenes,* método para hallar los números primos, que consiste en escribir tantos números como se quiera de la serie 1, 2, 3, 4, 5... y en ir tachando después todos los que son múltiplos de 2 (salvo el 2), los múltiplos de 3 (salvo el 3), los múltiplos de 4 y así sucesivamente. Todos los números de la serie no tachados son números primos.

CRIBADOR, RA adj. Que criba o sirve para cribar. ‖ — M. y f. Criba.

CRIBAR v. Pasar materias a granel a través de las mallas u orificios de un cedazo o criba con objeto de eliminar las impurezas mezcladas a ellas o para separar sus fragmentos por grosores diferentes.

— *Text. Amer.* Hacer calados en las telas.

CRIBO m. *Text. Amer.* Labor consistente en deshilar una tela para formar calados en la misma.

CRIC m. *Mec.* Galicismo por *gato.*

CRICHTONITA o **CRICTONITA** f. *Miner.* Sesquióxido de hierro y titanio, variedad de ilmenita.

CRIERGIA f. *Geol.* Acción que ejercen en el suelo las heladas y deshielos sucesivos.

CRIN f. Cerda* de los animales: *las crines del caballo miden unos 25 cm en el cuello y unos 70 en la cola.* ‖ *Crin artificial,* hilos recios de rayón que imitan la crin del caballo. ‖ *Crin vegetal,* fibras de pita, palmito, barba española y otras plantas, que reemplazan las crines de los animales en ciertas aplicaciones.

CRINITA f. *Metal.* Marca registrada de un acero de corte rápido, al tungsteno, especialmente previsto para ser aplicado por fusión sobre la parte útil de una herramienta. (V. CRINITAJE.)

CRINITAJE m. *Metal.* Operación consistente en aplicar sobre una herramienta de acero ordinario una capa de acero * rápido que constituirá el filo de la misma.

— El *crinitaje* se efectúa fundiendo crinita con el soplete oxiacetilénico o el arco eléctrico sobre la parte activa de la herramienta. Tiene por objeto economizar acero de corte rápido y los gastos suplementarios de fabricación que, en razón de su dureza, resultarían si se hicieran piezas macizas de este metal.

CRINITO m. *Astr.* Dícese del cometa que tiene la cabellera dividida en ramales dispuestos radialmente, como las varillas de un abanico.

CRINOL m. *Text.* Crin artificial de rayón.

CRINOLINA f. *Text.* Tela de crin sola o mezclada con algodón.

— La *crinolina* se teje con crines de caballo —enteras y atadas entre sí para formar hilos largos— en telares especiales que dan piezas de escasa anchura (24 cm a lo sumo). Se usa para hacer cribas, reforzar solapas y confeccionar otros rellenos de sastrería.

CRIO, prefijo derivado del griego *kruos,* que

criba
de sacudidas

Fot. Stein et Roubaix

significa *frío* y entra con este significado en la composición de voces científicas.

CRIOCONITA f. *Geol.* Polvillo arrastrado por el viento y acumulado por éste sobre los glaciares, especialmente en las regiones polares.

CRIODESECACIÓN f. *Fís.* y *Quím.* Método de desecación en el vacío, a temperaturas inferiores de la de 0º y en presencia de cloruro de calcio calcinado: *la criodesecación permite extraer de una solución aquellos componentes que son alterados rápidamente por el calor.*

CRIÓFORO m. *Fís.* Instrumento en el cual el agua llega a helarse por su propia evaporación.
— El *crióforo de Wollaston* consta de dos bolas de vidrio huecas, en la primera de las cuales (A) se hace hervir agua para que el vapor expulse el aire de las mismas antes de cerrar el orificio inferior de la bola (B) con la llama de una lámpara. Si se sumerge la bola B en una mezcla refrigerante, toda el agua de A es destilada y se congela en B.

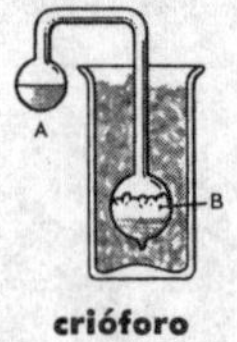

crióforo

CRIOGENIA f. *Fís.* Producción de temperaturas muy bajas.

CRIÓGENO m. *Fís.* Cualquier mezcla refrigerante *: *el hielo machacado y la sal común constituyen un criógeno de uso corriente.*

CRIOHIDRATO m. *Quím.* Hidrato que se forma por congelación de una disolución salina.

CRIOLITA f. *Metal.* y *Miner.* Fluoruro doble de aluminio y sodio, de fórmula Na_3AlF_6, que se usa como fundente de la alúmina en la preparación del aluminio *.

CRIOLUMINISCENCIA f. *Fís.* Emisión de luz por ciertos cuerpos cuando son sometidos a temperaturas muy bajas, como, por ejemplo, el alcohol y el sulfuro de carbono enfriados con aire * líquido.

CRIOLUMINISCENTE adj. *Fís.* Dícese de los cuerpos que producen la crioluminiscencia.

CRIOMAGNETISMO m. *Fís.* Conjunto de las propiedades magnéticas que se manifiestan cuando los cuerpos se hallan sometidos a temperaturas muy bajas.

CRIOMETRÍA f. *Fís.* Medida de las temperaturas muy bajas. || Medida de las temperaturas de congelación.

CRIÓMETRO m. *Fís.* Instrumento para medir las temperaturas muy bajas.

CRIOPEDOLOGÍA f. *Geol.* Estudio de la conformación del suelo por el frío y las heladas. (V. CRIOTURBACIÓN.)

CRIOPEDÓMETRO m. Aparato que permite medir la profundidad de la capa de tierra que se ha helado en el suelo.

CRIOSCOPIA f. *Fís.* Determinación de las temperaturas de congelación de las disoluciones.
— Cuando una disolución es enfriada progresivamente, el solvente se congela antes que los cuerpos disueltos y a una temperatura inferior a la de congelación normal del mismo disolvente al estado puro. La diferencia entre ambas temperaturas es proporcional a la concentración de la disolución e inversamente proporcional a la masa molecular del cuerpo disuelto (ley de Raoult).
La *crioscopia* es utilizada en química, para determinar los pesos moleculares: conociendo la constante crioscópica del solvente y la baja que experimenta su temperatura de congelación, se determina fácilmente la masa molecular de cualquier cuerpo disuelto en el mismo.

criostato desmontado (el recipiente exterior contiene helio u otro fluido frigorígeno, y el interior, lo que se ha de enfriar o conservar a baja temperatura)

CRIOSCOPIO m. *Fís.* Criómetro.

CRIOSTATO m. *Fís.* Aparato que se usa para mantener una temperatura muy baja y constante mediante el uso de gases licuados.

CRIOTRÓN m. *Electrón.* Dispositivo amplificador o conmutador fundado en la superconductividad de ciertos metales sometidos a temperaturas muy bajas.
— Un hilo de tántalo sometido a una temperatura suficientemente baja —próxima del cero absoluto— será un superconductor exento de resistencia eléctrica. Bastará con devanar sobre el mismo otro conductor (de niobio, por ejemplo) por el cual pasará una corriente o señal, para que ésta, por débil que fuere, provoque con su campo magnético la aparición de una resistencia variable en el tántalo.
La aplicación del *criotrón* a las grandes calculadoras electrónicas permitiría reducir considerablemente sus dimensiones.

CRIOTURBACIÓN f. *Geol.* Movimiento de las partículas del suelo por efecto de las heladas. (Sinón. GELITURBACIÓN.)
— La *crioturbación* se debe a la alternancia de las heladas y los deshielos, pues las dilataciones y contracciones respectivas del suelo no engendran movimientos simétricos y opuestos. Con el tiempo se forman en el suelo polígonos de guijarros, redes, también poligonales, de grietas y otras estructuras características.

CRIPTADOR, RA adj. *Radiot.* Dispositivo que deforma — según una regla secreta — la modulación de las ondas de modo que éstas no puedan engendrar sonidos coherentes en los receptores ordinarios, pero sí en los que se hallan provistos de otro dispositivo complementario (descriptador), que restituye a las ondas su forma primitiva. (Sinón. CRIPTOR.)

CRIPTIDINA f. *Quím.* Substancia homóloga de la quinoleína, que se extrae del alquitrán de hulla.

CRIPTOGRAFÍA f. Arte de cifrar y descifrar los mensajes con el fin de que permanezcan secretos.
— Todos los sistemas de *criptografía* se reducen a los siguientes: método alfabético de substitución (a cada letra o signo del mensaje corresponde otra letra o signo convencional) y de transposición (las letras o signos de texto pasan a ocupar un puesto diferente del suyo y determinado por una clave); sistema de léxicos o códigos (cada corresponsal dispone de un diccionario especial cuyas palabras y locuciones corresponden cifras o grupos de cifras).
Estos sistemas, enumerados rápidamente, han sido suplantados por máquinas de cifrar de tipos diferentes: unas son máquinas de escribir con teclado normal, pero tipos en clave; otras constan de dos discos yuxtapuestos, uno de los cuales lleva en su periferia los signos del texto normal y el otro los signos cifrados. Para evitar que pueda descifrarse el criptograma fundándose en la frecuencia de los signos, el disco cifrador, después de cada letra, se mueve respecto al disco de signos ordinarios. La restitución del mensaje primitivo se opera efectuando la operación contraria con una máquina idéntica.
Más eficaces son los métodos actuales usados en telecomunicaciones y que consisten generalmente en alterar la frecuencia de las señales transmitidas, con arreglo a una clave que transforma los sonidos graves en agudos, y viceversa, con lo cual la audición es ininteligible. Un dispositivo complementario usado a la recepción permite restituir su verdadera frecuencia a las señales y recibir correcta y directamente el mensaje sin necesidad de efectuar fastidiosas operaciones de descifre.

CRIPTOGRAFIAR v. Cifrar un mensaje.

CRIPTOGRÁFO m. Máquina para cifrar y descifrar textos. (V. CRIPTOGRAFÍA.)

CRIPTOGRAMA m. Texto cifrado.

CRIPTOMETALINO, NA adj. *Miner.* Dícese de los minerales que contienen un metal sin que éste sea aparente.

CRIPTÓN m. *Quím.* Elemento químico (Kr) de número atómico 36 y peso atómico 83,8, uno de los gases raros presentes en la atmósfera.
— El *criptón* es una mezcla de 6 isótopos naturales cuyos números de masa y proporciones son los siguientes: 78 (0,35 %), 80 (2,27 %), 82 (11,56 %), 83 (11,55 %), 84 (56,90 %) y 86 (17,37 %). Su densidad es de 3,708, su punto de ebullición de —152,9º y su punto de fusión de —156,6º. Es un gas incoloro e inodoro del cual contiene la atmósfera 1 cm³ por m³ de aire. Se extrae fácilmente por destilación fraccionada del aire líquido. Como es mal conductor del calor, se usa en la atmósfera inerte de lámparas * eléctricas de incandescencia, así como en las lámparas de descarga.
El criptón emite luces monocromáticas muy puras, especialmente en el espectro anaranjado. Una de estas radiaciones ha sido adoptada oficialmente en 1961 para definir la longitud del metro * internacional.

CRIPTOR, RA adj. *Radiot.* Criptador.

CRIS o **CRISO,** prefijo derivado del griego *khrusos,* que significa *oro* y entra en la composi-

Fot. C. N. E. T.

ción de muchas voces relativas a este metal o a su color.

CRISAMINA f. *Quím.* Nombre dado a varios colorantes amarillos derivados de la bencidina y de la tolidina.

CRISANILINA f. *Quím.* Colorante que es el principal constituyente de la fosfina comercial. (La *crisanilida* es un colorante acridínico. Sus sales son rojas y tiñen de amarillo la seda y la lana.)

CRISITA f. *Miner.* Nombre genérico de los minerales que contienen pepitas de oro.

CRISOBERILO m. *Miner.* Cimofana.

CRISOCAL y **CRISOCALCO** m. *Metal.* Bronce especial con menos de 8 % de estaño, al cual se agrega a veces un poco de cinc, que, por ser de color parecido al del oro, se usa en la fabricación de joyería barata y elementos decorativos.

CRISOIDINA f. *Quím.* Nombre dado a las materias colorantes que se obtienen haciendo obrar los derivados diazoicos de la anilina o de la ortotoluidina sobre el metafenileno o la metatoluylenodiamina.
— Las *crisoidinas* son derivados diaminados del azobenceno o del azotolueno. Son colorantes básicos que dan hermosos matices entre amarillos y anaranjados. Tiñen al algodón previamente tratado con mordiente de tanino y se usan para estampar telas, teñir cueros y dar color a los barnices a base de alcohol.

CRISOL m. *Tecn.* Vaso hecho con materias refractarias o metales de elevado punto de fusión, que se usa para fundir o calcinar materias en los laboratorios y en ciertas industrias. || Parte inferior de un alto horno * en la cual se acumula el hierro fundido. || *Acero de crisol,* acero * fino elaborado en un crisol.
— Las principales materias usadas para hacer los *crisoles* son las siguientes: arcillas refractarias amasadas con cemento (crisoles de laboratorio y para fabricar vidrio); platino y porcelana (análisis químicos, huesos calcinados para copelas *); grafito amasado con arcilla (fundición de metales en un medio reductor); cal (para fundir platino); plata (para fundir sosa y potasa cáusticas); corindón, circonio, grafito, magnesia, cuarzo, etc. (para usos especiales y altas temperaturas), etc.

CRISOLADA f. *Tecn.* Cantidad de materias que pueden fundirse o calcinarse de una vez en el crisol.

CRISOLAR v. *Metal.* Acrisolar.

CRISOLITA f. *Joy.* y *Miner.* Variedad de peridoto de brillo vítreo y color verde amarillento, cuyos cristales más puros se usan en joyería. (Ú. t. c. s.) || *Crisolita del Brasil,* cimofana. || *Crisolita de España,* fosfato de cal verdoso. || *Crisolita ordinaria,* apatita.

CRISOPACIO m., **CRISOPRASA** f. o **CRISOPRASIO** m. *Miner.* Variedad de calcedonia que debe su color verde a la presencia de níquel. || *Crisoprasa oriental,* topacio de color amarillo verdoso.

CRISORINA f. *Metal.* Variedad de crisocal constituida por un latón de cobre y cinc fundidos en presencia de bórax.

CRISPITA f. *Miner.* Variedad de rutilo, también llamada *sagenita.*

CRISTAL m. *Electrón. Cristal líquido,* materia orgánica líquida que se comporta ópticamente como si fuera cristalina. Úsase contenida entre dos láminas transparentes que llevan metalizados trazos para formar números o letras. Los trazos son eléctrodos que, cuando se les aplica una tensión, modifican las propiedades ópticas del cristal líquido con lo cual se hacen visibles las cifras o letras. Así son indicados los números en las calculadoras electrónicas de bolsillo, ciertos relojes eléctricos, etc. y los avisos luminosos en los aviones.
— *Fot. Cristal esmerilado,* cristal mate que, en ciertos aparatos fotográficos, se pone momentáneamente en el plano focal para centrar y enfocar la imagen.
— *Miner.* Forma poliédrica de las substancias minerales que resulta de su estructura, o sea de la disposición natural de los átomos y del modo como se unen las moléculas (v. más abajo *Quím*). || *Cristal de roca,* cuarzo hialino muy duro y límpido.
— El *cristal de roca* constituye prismas hexagonales con sus dos extremos en forma de pirámide de seis caras, pero se halla en la naturaleza en forma de masas o aglomeraciones de cristales en los que no siempre es aparente la estructura característica. Existe en todas partes, pero los principales países exportadores son el Brasil y Madagascar. Se usa en joyería y platería para tallar copas y vajilla, y también en óptica.
— *Ópt.* Lente. || *Cristal de contacto,* lente* de contacto.
— *Papel. Papel de cristal,* v. PAPEL.
— *Quím.* Un *cristal elemental* se halla constituido por la unión de varios átomos dispuestos con arreglo a una forma geométrica propia de cada substancia. La repetición de este motivo geométrico confiere a cada materia una estructura cristalina característica, que unas veces solamente aparece al ser fragmentada, mientras que, en otras, únicamente puede ser apreciada con el microscopio o revelada por la difracción de los rayos X. Los cristales pueden clasificarse en varias categorías ateniéndose a la naturaleza de las fuerzas de cohesión: *cristales de estructura atómica,* como en el diamante, cada uno de cuyos átomos se halla unido a otros cuatro por enlaces de covalencia *; *cristales de estructura molecular,* como, por ejemplo, el del yodo, en el cual los dos átomos de la molécula son unidos por covalencia, pero no las moléculas entre sí, con lo cual resultan cristales de poca cohesión y volátiles; *cristales de estructura iónica,* como los de la sal común, cuyos constituyentes son iones enlazados por la atracción electrostática. En los metales y otros cuerpos duros y difícilmente fusibles, los cristales suelen ser del primer tipo descrito (estructura atómica) aunque con ligeras variantes. De la estructura de los cristales dependen no pocas características físicas y químicas de los cuerpos, las cuales constituyen uno de los aspectos de la cristalografía *.
— *Radiot.* En la emisión y recepción de ondas radioeléctricas se aprovechan ciertas propiedades de los cristales, especialmente la piezoelectricidad * (osciladores, reguladores de frecuencia, micrófonos, altavoces, etc.) y la conductividad asimétrica de los semiconductores * (amplificadores, díodos, detectores, transistores).
— *Vidr.* Hoja de vidrio * ordinario que se pone en las ventanas y otros vanos acristalados. || Vidrio * muy límpido que se usa especialmente para labores talladas: *vajilla de cristal de Bohemia.* || *Cristal esmerilado,* el que tiene una de sus caras deslustrada y difunde la luz: *el cristal esmerilado es translúcido y permite la formación de imágenes ópticas en su cara mate.* (V. ESMERILAR.) || *Cristal hilado,* lana * de vidrio. || *Cristal inastillable* y *cristal de seguridad* v. VIDRIO.

CRISTALERA f. *Carp.* Mueble con una o varias caras acristaladas. || Puerta de cristales.
— *Min.* Yacimiento de cristal de roca.
— *Vidr.* Máquina para labrar o tallar los cristales.

CRISTALERÍA f. *Vidr.* Fábrica de objetos de cristal. (Sinón. VIDRIERÍA.)

CRISTALÍFERO, RA adj. *Miner.* y *Quím.* Que contiene cristales.

CRISTALINO, NA adj. *Miner.* Perteneciente o relativo a los cristales. || Cristalizado, de la naturaleza de los cristales: *esquitos cristalinos.* || *Macizo cristalino,* importante extensión de terreno constituido por granito y otras rocas endógenas de estructura granitoidea. || *Red cristalina* y *sistemas cristalinos,* v. CRISTALOGRAFÍA.

CRISTALITA f. *Miner.* Elemento microscópico que marca el comienzo de la cristalización de una substancia, especialmente en las rocas volcánicas.

CRISTALÍTICO, CA adj. *Miner.* Dícese de las rocas vítreas ricas en cristalita.

CRISTALIZABLE adj. Susceptible de cristalización.

CRISTALIZACIÓN f. Acción y efecto de cristalizar o cristalizarse: *ciertas grutas contienen hermosas cristalizaciones.*
— *Ind. alim.* Fase de la fabricación del azúcar* consistente en extraerlo, en forma de cristales, del jarabe previamente espesado.
— *Quím.* La *cristalización artificial* de muchas substancias puede obtenerse por alguno de los métodos siguientes: fusión del cuerpo en un crisol y enfriamiento lento del mismo, en el curso

crecimiento de un **cristal** microscópico de alumbre de amonio

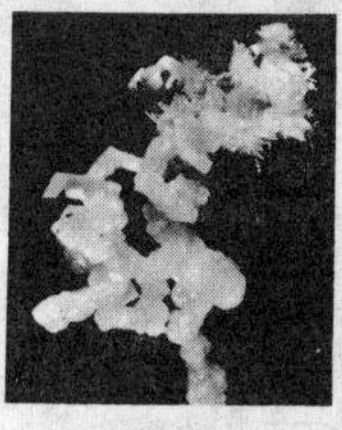

cristales de calcita con agujas de aragonita

crisol de porcelana

Fot. Inst. d'Optique, C. N. R. S., Larousse

del cual empieza la cristalización por la periferia de la masa líquida (caso del azufre); sublimación de la substancia y condensación de los vapores en una superficie fría (yodo); disolución y evaporación ulterior (sal común en el agua); disolución en caliente seguida de enfriamiento (caso del nitrato de potasio y de las sales que son más solubles en caliente que en frío); electrólisis (las substancias que se depositan en los electrodos se hallan las más veces cristalizadas), etc.
La *cristalización fraccionada* es una operación consistente en separar los cuerpos disueltos en un líquido aprovechando sus diferencias de solubilidad. Así, a medida que se va evaporando el solvente, van cristalizando los componentes separadamente y en el orden inverso de su solubilidad (el más soluble cristaliza en último lugar).
Agua de cristalización, es la presente en ciertas substancias cristalizadas y en determinada proporción: en un cristal de sulfato de cobre ($CuSO_4$), por cada molécula del mismo existen cinco moléculas de agua (H_2O), de donde resulta que su fórmula es la siguiente : $CuSO_4, 5H_2O$.

CRISTALIZADO, DA adj. Que se presenta en forma de cristales: *azúcar cristalizado.*

CRISTALIZADOR m. *Tecn.* Recipiente a propósito para efectuar la cristalización de algún cuerpo disuelto.

CRISTALIZANTE adj. *Quím.* Que cristaliza o determina la cristalización.

CRISTALIZAR v. Tomar forma cristalina una substancia. || Efectuar la cristalización* de un cuerpo.

CRISTALOELÉCTRICO, CA adj. *Fís.* Relativo a las propiedades eléctricas de los cristales: *la piezoelectricidad y la piroelectricidad son fenómenos cristaloeléctricos.*

CRISTALOFILINO, NA adj. y s. *Geol.* y *Miner.* Dícese de las rocas metamórficas en las cuales los minerales se hallan finamente estratificados (gneis, micasquistos, etc.).

CRISTALOFÍSICO, CA adj. *Fís.* Relativo a las propiedades físicas de los cristales.

CRISTALOGENIA f. *Miner.* Ciencia que trata de la formación de los cristales.

CRISTALOGRAFÍA f. *Miner.* Ciencia que trata de la materia cristalizada y de la formación y propiedades físicas, métricas y químicas de los cristales.

— La solidificación de los cuerpos en cristales poliédricos da lugar a gran variedad de formas exteriores. En realidad, si se considera la estructura de los cristales todos pueden reducirse a un número limitado de sistemas cristalinos, como se verá más adelante. Independientemente de las formas que adopte, el medio cristalino tiene ciertas propiedades fundamentales, especialmente la *homogeneidad* y la *anisotropía*. Es homogéneo porque cada una de sus propiedades se manifiesta a través del mismo en toda su extensión. Lo prueba, por ejemplo, la existencia en muchos cristales de *planos de crucero*. En todos los puntos de uno de estos planos la fuerza de cohesión es idéntica. Dicha fuerza es inferior a la que mantiene unidas las moléculas próximas del plano pero situadas fuera del mismo. De ahí que cuando se golpea un cristal, se parta en fragmentos de superficies lisas y orientadas en direcciones preferentes. En esta clase de cristales y en virtud de la homogeneidad de los mismos, no existe ningún punto por el cual no pase un plano de crucero.
El medio cristalino es anisótropo*. Dícese con más propiedad que su anisotropía es discontinua: un cristal tiene determinada propiedad física en una dirección y carece de ella en otra dirección apenas diferente de la primera. La orientación de las facetas o caras de un cristal es ya un ejemplo de anisotropía discontinua, como lo es la existencia de planos de crucero y la difracción* de los rayos X por los cristales. Caras exteriores, planos de crucero y planos reflectores de rayos X se hallan orientados con arreglo a determinadas leyes. Consideremos tres aristas de un cristal convergentes en un vértice O. Pues bien; a lo largo de cada arista existirán, regularmente espaciados, otros puntos de convergencia o nudos semejantes a O. Por otra parte, la translación de los puntos de un eje o arista según las paralelas que pasan por los puntos de otro, materializa la existencia de otros tantos nudos en el seno del cristal. Así, los nudos constituyen hileras y éstas planos reticulares *(redes cristalinas)* paralelos y equidistantes. La superposición de los planos constituye las *mallas* del cristal y el contenido atómico de la malla es el *motivo cristalino.*
Los cristales pueden tener simetría respecto a sus ejes, planos o centros (si bien existen cristales amorfos y asimétricos). Ateniéndose a estos elementos de simetría, pueden distinguirse siete sistemas cristalinos:
Sistema cúbico (fig. 4). Tres ejes de simetría cuaternarios que pasan por el centro de las caras; cuatro ejes que pasan por los vértices opuestos y seis ejes determinados por el centro de dos aristas opuestas. Tiene un solo centro y nueve planos de simetría. Formas principales: cubo, octaedro regular y dodecaedro romboideo.
Sistema cuadrático o *cuaternario* (fig. 5). Un eje que une los centros de las bases; cuatro ejes situados en el plano mediano. Tiene un centro y cinco planos de simetría. Formas principales: prisma recto de base cuadrada y octaedro cuadrático.
Sistema ortorrómbico (fig. 6). Tres ejes rectangulares. Un centro y tres planos de simetría. Formas típicas: prismas rectos de base rectangular o romboidal.
Sistema hexagonal o *senario* (fig. 7). Un eje entre los centros de las bases y seis ejes entre los centros de las aristas y de las caras opuestas. Un centro y siete planos de simetría. Tipo: prisma recto de base hexagonal.
Sistema romboédrico o *ternario* (fig. 8). Un solo eje ternario y tres ejes correspondientes a las diagonales del hexágono que se obtiene al cortar el romboedro por un plano perpendicular al centro del eje ternario. Un centro y tres planos de simetría. Tipo: el romboedro.
Sistema clinorrómbico o *binario* (fig. 9). Un centro, un eje y un plano de simetría. Tipo: prisma oblicuo con base de rombo.
Sistema triclínico, asimétrico o *anórtico*. Característico del prisma oblicuo de base en forma de paralelógramo, que carece de ejes y planos de simetría.
Las formas fundamentales que han sido descritas experimentan a veces modificaciones por apuntamiento o truncadura de los vértices (*fig.* 10, 11 y 12) y biselamiento o troncadura de las aristas (*fig.* 14 y 15). En ciertos casos, el apuntamiento solamente se produce en cuatro de los ocho vértices (*fig.* 13). La figura 16 muestra la troncadura en pirámide doble de un prisma de base hexagonal (caso del cuarzo). [V. DIMORFISMO e ISOMORFISMO.]

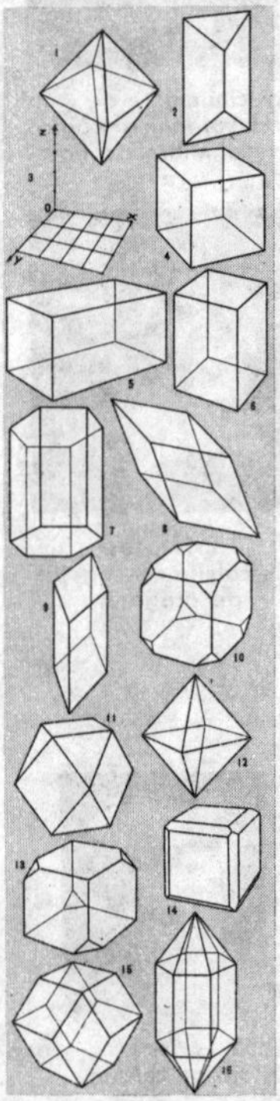
cristalografía
(sistemas cristalinos)

CRISTALOIDE adj. y s. Semejante o parecido a un cristal.

— *Quím.* Nombre dado a las substancias que forman soluciones ordinarias, o sea las que, una vez disueltas, pueden atravesar la membrana de un osmómetro, por oposición a los coloides*.

CRISTALOIDEO, A adj. *Quím.* Relativo o perteneciente a los cristaloides.

CRISTALOLUMINISCENCIA f. *Fís.* Emisión de luz por ciertas substancias en el curso de su cristalización.

— La luz emitida en la *cristaloluminiscencia* es muy débil y pertenece las más de las veces al espectro ultraviolado.

CRISTALOMETRÍA f. *Miner.* Ciencia que trata de las formas geométricas de los cristales y de las medidas a que dan lugar.

CRISTALOTECNIA f. *Tecn.* Arte de fabricar cristales artificiales.

CRISTALOTOMÍA f. *Miner.* Acción de dividir los cristales por sus planos de crucero.

CRITERIO m. *Mar.* Coeficiente que se obtiene atribuyendo empíricamente un número a diversos factores (dimensiones del buque, volumen ocupado por las máquinas, espacio reservado a los pasajeros, etc.) y sumándolos.

— El *criterio* es de 23 en un buque mercante y de 123 en un paquebote dedicado exclusivamente al transporte de pasajeros. Sirve principalmente para determinar la disposición de los mamparos y las dimensiones de los compartimientos en los buques mixtos que, además de mercancías, transportan un número limitado de pasajeros.

CRÍTICO, CA adj. Aplícase a las condiciones a partir de las cuales se produce un cambio en

alguna propiedad de un cuerpo o en el desarrollo de un fenómeno.
— *Aeron. Velocidad crítica,* velocidad inferior a partir de la cual el aire alcanza —relativamente a ciertas partes de la superficie de un avión— la velocidad del sonido, aun cuando el aparato no vuele todavía a esta velocidad. (V. MURO *del sonido* y SUBSÓNICO.)
— *Atóm. Masa crítica,* masa mínima que debe tener un cuerpo físil para que una reacción en cadena pueda producirse en el mismo.
— Los neutrones liberados por la desintegración de un átomo poseen energía cinética que les permite atravesar cierto espesor de la materia físil (plutonio o uranio) antes de desintegrar otro átomo de la misma, y así sucesivamente. Ahora bien, si el fragmento de materia físil es demasiado pequeño, la mayor parte de los neutrones saldrán del mismo antes de haber podido provocar ninguna fisión, y la reacción se detendrá. Por el contrario, si el fragmento de plutonio o de uranio es bastante grande en relación con el recorrido medio de los neutrones, la mayor parte de éstos producirán una desintegración. Para cada materia físil existe, por consiguiente, una *masa crítica* a partir de la cual la reacción en cadena es posible. (V. BOMBA y REACTOR.)
— *Fís. Estado crítico, presión crítica, punto crítico, temperatura crítica* y *volumen crítico,* v. ESTADO, PRESIÓN, PUNTO, TEMPERATURA y VOLUMEN.

CRIZNEJA f. *Text.* Soga de esparto o de otras fibras bastas.

CROCEICO, CA adj. *Quím.* Dícese de cierto ácido, producto intermediario en la fabricación de colorantes sintéticos.

CROCEÍNA f. *Color.* Nombre genérico de varios colorantes poliazoicos, derivados de la anilina o de la toluidina, que sirven para teñir de amarillo o rojo, y sin mordiente, tanto la lana como la seda.

CROCINA f. *Color.* Principio colorante del azafrán.

CROCHÉ y **CROCHET** m. *Text.* Labor de ganchillo *.

CROM, prefijo derivado del griego *khrôma,* que significa *color* y entra en la composición de muchas palabras.

CROMADO, DA adj. y s. *Curt.* Dícese del cuero curtido con sales de cromo.
— *Metal.* Que contiene cromo: *acero cromado.* ‖ Dícese de lo que ha sido protegido contra la corrosión mediante aplicación superficial de una capa de cromo: *los parachoques cromados tardan muchos años en oxidarse.* ‖ Operación consistente en cubrir una pieza metálica con una capa electrolítica de cromo. ‖ *Cromado térmico* o *cromado a fondo,* cromización.
— El *cromado* se obtiene por electrólisis de disoluciones de *ácido crómico* y *sulfato de cromo* calentadas a 50°. Según como se efectúe la operación pueden obtenerse revestimientos de cromo mate, brillante o duro. Como el cromo es caro, las piezas suelen ser niqueladas primeramente y a continuación se cubre la capa espesa de níquel con una capa tenue de cromo. El cromado tiene por objeto proteger las superficies metálicas contra la corrosión (industria automóvil, instrumentos de cirugía, etc.), aunque también se practica con fines puramente decorativos. En ciertos casos se aplica una capa espesa de cromo duro para restaurar las superficies desgastadas por el roce en los árboles y otras piezas mecánicas. (V. GALVANOPLASTIA.)
— *Text.* Tratamiento de un tejido en un baño de sales de cromo utilizado como mordiente o para fijar los colores ya aplicados.

CROMAJE m. *Metal.* Galicismo por *cromado.*

CROMAMINA f. *Quím.* Combinación de cromo y amonio.

CROMAMÓNICO, CA adj. *Quím.* Dícese de los compuestos de amonio y cromo.

CROMAR v. *Metal.* Efectuar el cromado * de los metales.

CROMÁTICO, CA adj. Relativo a los colores. ‖ *Armonía cromática,* relación de dos o más colores cuya yuxtaposición produce un efecto agradable. (V. ARMONÍA.)
— *Ópt. Aberración cromática,* v. ABERRACIÓN.

CROMATISMO m. Coloración.
— *Ópt.* Defecto de los sistemas ópticos que adolecen de aberración * cromática.

CROMATIZAR v. Dar reflejos de matices irisados a una superficie.

CROMATO m. *Quím.* Sal derivada del ácido crómico. (V. CROMO.)

CROMATÓGENO, NA adj. *Color.* Que produce materia colorante.

CROMATOGRAFÍA f. *Quím.* Método de análisis fundado en la separación de las materias colorantes de una mezcla al ser éstas diversamente absorbidas por un sólido poroso o pulverulento.
— Si se mezclan varias tintas de escribir y se absorbe una gota de la mezcla con un papel secante, se observa la formación de franjas o círculos concéntricos, cada uno de los cuales corresponde a uno de los colores disueltos. La *cromatografía* se funda en el mismo principio: la mezcla que se ha de analizar es absorbida por un polvo fino (alúmina, almidón, magnesia, sílice, etc.) contenido en un tubo de cristal. La observación directa permite, si se trata de colorantes, distinguir los constituyentes de la mezcla. En el caso contrario se lava la columna con disolventes apropiados que acentúan la separación y la revelan cuando era invisible. La cromatografía es utilísima para dosificar o descubrir la presencia de pequeñísimas cantidades de una substancia.

CROMATOGRÁFICO, CA adj. *Quím.* Relativo a la cromatografía. ‖ *Análisis cromatográfico,* v. CROMATOGRAFÍA.

CROMATÓMETRO m. Colorímetro.

CROMEL m. *Metal.* Nombre comercial de una aleación de níquel que contiene de 10 a 20% de cromo.
— El *Cromel* constituye con el Alumel un par termoeléctrico corrientemente usado para medir las temperaturas comprendidas entre 500 y 1 100°.

CROMIAMINA f. *Quím.* Cromamina.

CROMICLORURO m. *Quím.* Sal compleja, en cuya fórmula m_3CrCl_6, la letra m representa el símbolo de un metal monovalente.

CRÓMICO, CA adj. *Quím.* Dícese de las sales del cromo trivalente. ‖ Aplícase también al anhídrido CrO_3 y a los ácidos correspondientes.

CRÓMIDOS m. pl. *Miner.* Familia de minerales cuyo tipo es el cromo.

CROMÍFERO, RA adj. *Miner.* Que contiene cromo.

CROMILO m. *Quím.* Radical bivalente CrO_2.

CROMITA f. *Miner.* Cromito de hierro, también llamado *cromoferrita.*
— La *cromita* es una espinela en forma de pequeños cristales con frecuencia acompañados de serpentina. Contiene de 44 a 64% de óxido crómico, de 19 a 38% de óxido férrico y de 0 a 18% de magnesia. Es el más importante de todos los minerales de cromo beneficiados y se usa también como materia refractaria, pues es muy poco fusible.

CROMITO m. *Quím.* Sal derivada del anhídrido Cr_2O_3. (V. CROMO.)

CROMIZACIÓN f. *Metal.* Cementación * con cromo. (Sinón. CROMADO TÉRMICO, CROMADO A FONDO.)
— La *cromización* se obtiene por contacto directo y en caliente (1 000°) de polvo de cromo con

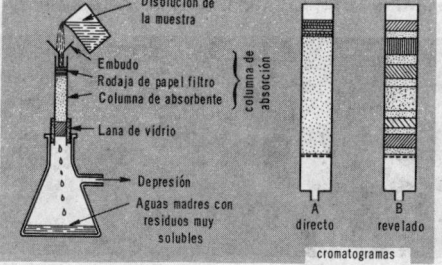

cromatografía

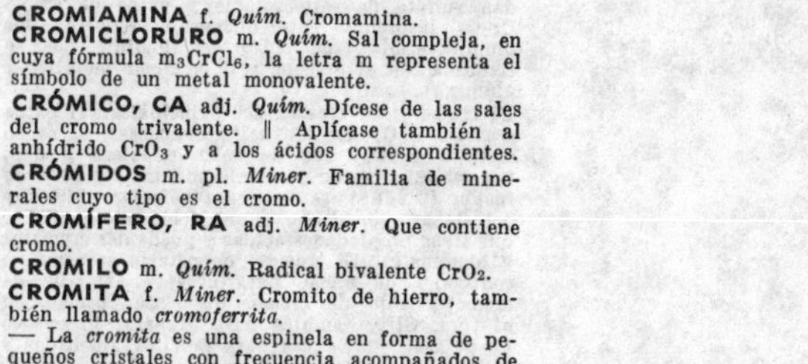

la superficie del metal cementado, o bien por intermedio de un fluido líquido o gaseoso que permite la difusión del cromo en las capas superficiales del metal (por ejemplo, vapores de fluoruro de cromo). También se efectúa sumergiendo las piezas en baños de sales de cromo fundidas. La cromización aumenta considerablemente la dureza de las superficies tratadas y las protege contra la humedad y otros agentes corrosivos.

CROMIZAR v. *Metal.* Tratar una pieza metálica por el procedimiento de la cromización *.

CROMO m. *Art. gráf.* Cromolitografía.
— *Curt. Curtido al cromo,* v. CURTIDO.
— *Metal* y *Quím.* Elemento químico de número atómico 24 y peso atómico 52,01, cuyo símbolo es Cr.
— El *cromo* es una mezcla de cuatro isótopos, cuyas masas y proporciones son las siguientes: 50 (4,41%), 52 (83,46%), 53 (9,54%) y 54 (2,61%). Es un metal de color blanco azulino que, al ser pulido, adquiere un brillo magnífico. Su densidad es 7,19 y sus puntos de fusión y de ebullición, 1 890 y 2 480°. En razón de su alta resistencia a los agentes corrosivos, se usa para proteger los demás metales (v. CROMADO). También entra en la composición de aceros especiales duros (hasta 6% de cromo), inoxidables (hasta 14% de cromo) o rápidos (aceros al cromo y al tungsteno). Por otra parte, las aleaciones de cromo y níquel se caracterizan por su elevada resistencia eléctrica y por su inoxidabilidad, incluso cuando se hallan calentadas al rojo, por cuyas razones se usan para fabricar resistencias eléctricas, reóstatos y aparatos similares.
El proceso de extracción del cromo es el siguiente: el mineral (cromita) es calcinado con cal viva y carbonato de sosa. Se obtienen así óxido férrico y cromatos de calcio y sodio. Éstos se tratan con bisulfito de sosa, que los convierte en bicromatos de sosa soluble, los cuales, mediante reducción en caliente con azufre u otro reductor, dan sulfato de sosa soluble y óxido de cromo Cr_2O_3 insoluble. Este último es reducido por aluminotermia (con polvo de aluminio que se combina con el oxígeno y deja cromo metálico y alúmina).
El cromo tiene tres óxidos principales: el óxido cromoso CrO, que da sales cromosas; el óxido crómico Cr_2O_3, que da sales crómicas y que, por su color verde y su elevada temperatura de fusión (2 200°) se usa para colorear vidrios y porcelanas; por último, el anhídrido crómico CrO_3, que tiene propiedades ácidas y puede dar cromatos y bicromatos. El cromato de potasio se combina con sales de plomo para obtener amarillo de cromo y rojo de cromo, pigmentos usados en pintura. Sirve también para preparar bicromato de potasa, que se usa para fabricar aldehídos y cetonas, para preparar telas que se han de teñir, como curtiente, para insolubilizar la gelatina en fotografía (v. PAPEL *al carbón*), etc. El cromato de cinc se usa como el minio, o sea para dar la primera capa de pintura al acero.

CROMOFERRITA f. *Miner.* Cromita.

CROMÓFORO, RA adj. y s. *Quím.* Aplícase a ciertos grupos de átomos que confieren color a los cuerpos que los contienen.
— Los principales *cromóforos* son los grupos nitrado —NO_2, nitrosado —NO, azoico —N=N—, tiocetona C=S, cetona C=O, y etilénico C=C. Los cuerpos que los contienen, llamados cromógenos, se hallan coloreados, pero no son colorantes. Para que lo sean es necesario agregar a sus moléculas uno de los radicales auxocromos*.

análisis de la carrera por cronofotografía

CROMOFOTOGRABADO m. *Art. gráf.* Fotograbado destinado a la impresión policroma.

CROMOFOTOGRAFÍA f. *Fot.* Fotografía en colores.

CROMÓGENO, NA adj. Que produce substancias coloreadas o hace aparecer colores en una cosa. (V. CROMÓFORO.)
— *Fot. Reforzador cromógeno, revelador cromógeno, virador cromógeno,* v. REFORZADOR, REVELADOR y VIRADOR.

CROMOLITOGRAFÍA f. *Art. gráf.* Procedimiento de reproducción en colores fundado en el uso de varias planchas litográficas.
— La *cromolitografía* se usa principalmente para la impresión de carteles y estampas. Con dicho fin se utilizan tantas piedras litográficas o planchas metálicas como colores se han de tirar. Dado que este procedimiento no produce medias tintas, éstas se obtienen punteando o rayando a mano las partes correspondientes en cada piedra o plancha, de modo que la superposición de las tintas se traduzca por una serie de matices más o menos claros.

CROMOMETRÍA f. Colorimetría.

CROMÓMETRO m. Colorímetro.

CROMONÍQUEL m. *Metal. Acero al cromoníquel,* acero especial que contiene cromo y níquel en proporciones variables. (V. ACERO.)

CROMOPICOTITA f. *Miner.* Variedad de cromita que contiene 56% de óxido de cromo y 12% de alúmina.

CROMORRADIÓMETRO m. Instrumento usado para medir la intensidad de los rayos X. (Sinón. RADIOCROMÓMETRO.)

CROMOSCOPIO m. *Radiot.* Tubo catódico especial para la recepción de imágenes de televisión * en colores.

CROMOSFERA f. *Astr.* Parte de la atmósfera de una estrella situada al exterior de la fotosfera.
— La *cromosfera solar* únicamente es visible directamente en el curso de los eclipses totales de Sol, pero el coronógrafo, el espectroheliógrafo y el helioscopio permiten estudiarla constantemente. La cromosfera tiene un color rojizo y se halla muy ionizada. En ella se manifiestan importantes fenómenos, cuales son las protuberancias * y las erupciones * solares.

CROMOSO, SA adj. *Quím.* Dícese de los compuestos del cromo bivalente.

CROMOTIPIA o **CROMOTIPOGRAFÍA** f. *Art. gráf.* Impresión tipográfica en colores con clisés obtenidos por fotograbado.

CROMOTRÓPICO, CA adj. *Quím.* Dícese de un ácido sulfónico que tiene mucha importancia en la industria de los colorantes sintéticos.

CROMOTUNGSTENO m. *Metal. Acero al cromotungsteno,* acero especial para herramientas de corte rápido, que contiene proporciones variables de cromo y tungsteno.

CROMURGIA f. *Quím.* Parte de la química que trata de las materias colorantes y de sus aplicaciones.

CRON, prefijo derivado del griego *khronos,* que significa *tiempo,* y entra en la composición de numerosas palabras.

CRONOFOTOGRAFÍA f. *Fot.* Análisis de los movimientos por medio de fotografías.
— Existen dos modalidades de *cronofotografía.* En la primera de ellas el aparato fotográfico, con su objetivo abierto, se halla fijo frente a un objeto luminoso que se mueve ante un fondo negro. La trayectoria del objeto quedará inscrita en la placa en forma de línea continua. Si se obtura repetidas veces el objetivo, aparecerá en la placa una serie de imágenes que mostrarán las posiciones sucesivas y el espacio recorrido entre dos obturaciones consecutivas. En vez de una placa fija se han usado también películas móviles, arrastradas por sacudidas, entre las cuales permanecían fijas durante un instante suficientemente largo para que se abriera el objetivo e impresionara una imagen. Este mismo principio es el que se había de aplicar más tarde al cinematógrafo.

CRONÓGRAFO m. Reloj que, además de su movimiento propio, tiene un mecanismo que permite medir intervalos de tiempo con mucha precisión. ‖ Aparato que registra gráficamente la hora exacta a que empieza y se termina un

Fot. Boyer

fenómeno: *el cronógrafo es indispensable para efectuar ciertas observaciones astronómicas.*
— El *cronógrafo* tiene una o varias agujas que indican el tiempo con una aproximación por lo menos igual a un quinto de segundo y que pueden entrar en funcionamiento y detenerse independientemente de la marcha del mecanismo del reloj propiamente dicho. También tiene un totalizador que cuenta las vueltas de las referidas agujas y, a veces, un mecanismo que inscribe las indicaciones en un gráfico convenientemente graduado.
Los cronógrafos se usan en astronomía, balística (para contar el tiempo transcurrido entre el disparo y la llegada del proyectil al blanco), la industria, los experimentos de física, los deportes, etc.

CRONOMETRAJE m. Acción y efecto de cronometrar.
— *Ind.* Medida del tiempo que se invierte para efectuar un trabajo determinado.
— El *cronometraje* tiene importancia considerable en las fábricas modernas, donde se practica con distintos fines: conocer el tiempo que requiere cada operación y poder coordinar la producción cuando ésta comprende varias operaciones diferentes; poner de manifiesto las fases más largas del trabajo con objeto de buscar métodos más rápidos; calcular una remuneración objetiva del trabajo pagado a tanto por pieza; establecer los precios de coste con la máxima exactitud, etc.
Muchas veces el cronometraje determina la producción normal del oficial u obrero y éste percibe una prima suplementaria por las piezas fabricadas en suplemento de las que prescriben las normas adoptadas.

CRONOMETRAR v. Medir con el cronómetro el tiempo que dura un fenómeno, trabajo o cualquier otra acción y, en general, el tiempo que transcurre entre dos instantes precisos.
— *Ind.* Medir el tiempo que se invierte en cada una de las operaciones necesarias para fabricar un objeto. (V. CRONOMETRAJE.)

CRONOMETRÍA f. *Mec.* Parte de la mecánica que trata de la medida del tiempo. ‖ Fabricación de cronómetros.

CRONÓMETRO m. Reloj que da la hora con mucha precisión sea cual fuere la posición en que se ponga y la temperatura ambiente.
— El *cronómetro* es un reloj de alta calidad, cuyos órganos especiales son prácticamente insensibles a la temperatura, la humedad, el magnetismo y el desgaste. Tienen varias agujas suplementarias, especialmente una, de eje central, que da la vuelta a la esfera en un minuto, segundo por segundo, y otra que totaliza las vueltas de la anterior. Generalmente ambas agujas pueden ser puestas en marcha y detenidas instantáneamente con un botón completado por un mecanismo que vuelve las agujas a su punto de partida. Un buen cronómetro no ha de adquirir un adelanto o un retraso diario superior a unas décimas de segundo.
Los *cronómetros de marina* se hallan montados sobre una suspensión de cardán y tienen una aguja suplementaria que indica el estado de distensión del resorte, o sea los días transcurridos desde la última vez que se le dio cuerda.

CRONOSCOPIO m. *Arm.* Dispositivo para medir la velocidad de un proyectil en el interior del cañón de las armas de fuego.
— El *cronoscopio* consiste en dos redes de hilos conductores de electricidad dispuestas en el alma del cañón y conectadas con un órgano que mide el tiempo con toda precisión, el cual entra en funcionamiento al romper el proyectil los hilos de la primera red y se detiene al ser rota la segunda.
— *Electrón. Cronoscopio electrónico,* dispositivo electrónico provisto de un galvanómetro graduado en milisegundos, que se usa industrialmente y en la investigación científica para medir la duración de fenómenos mecánicos y físicos en general.

CRONOTACÓMETRO m. Cronotaquímetro.

CRONOTAQUÍMETRO m. *Mec.* Nombre dado al *tacómetro * de fuerza centrífuga* y al *tacómetro eléctrico.* (Sinón. CRONOTACÓMETRO.)
— *Transp.* Mecanismo de relojería que indica la velocidad horaria de un vehículo.
— Existen *cronotaquímetros de bolsillo,* que no son sino cronómetros especialmente graduados. En los automóviles se usan cronotaquímetros fundados en el acoplamiento de un tacómetro * y de un mecanismo que convierte en kilómetros o millas por hora la magnitud de su movimiento. Los cronotaquímetros de las locomotoras son instrumentos complejos, pues además de indicar permanentemente la velocidad del tren, suelen tener un dispositivo registrador que deja constancia de ella, así como de la posición de los semáforos (mediante contactos entre la vía y la locomotora) y hasta de la alimentación del hogar de la caldera.

CROOKES (*Tubo de*), tubo catódico emisor de rayos X. (V. RAYOS X.)

CROQUIS m. *Geom.* Plano o diseño que se hace provisionalmente a ojo y en el cual se suelen indicar las cotas o dimensiones para dibujar ulteriormente el plano definitivo.

CROTÓNICO, CA adj. *Quím.* Dícese de un ácido y de un aldehído etilénicos, el primero de los cuales se halla al estado natural en la semilla del crotón tiglio *(Croton tiglium)* y en el alquitrán de madera, mientras que el aldehído se forma por crotonización del aldol.

CROTONIZACIÓN f. *Quím.* Deshidratación de los aldoles que se forman durante la condensación de los aldehídos.

CROWN o **CROWN GLASS** m. *ópt.* y *Vidr.* Vidrio de muy buena calidad, propio para lentes, prismas * y otros elementos ópticos que, combinados con los de flint *, permiten obtener sistemas exentos de aberraciones. (V. ABERRACIÓN.)
— El *crown* no contiene plomo y en su fórmula se reemplaza el sodio por potasio y calcio. Es muy fusible y poco dispersivo. Su índice de refringencia varía de 1,5 a 1,6.

CRUCE m. Acción de cruzar una cosa. ‖ Punto donde se cruzan dos líneas.
— *Electr.* Corto circuito * originado por el contacto accidental entre dos hilos conductores.
— *F. c.* Paso. ‖ *Cruce de carriles,* corazón.

CRUCERÍA f. *Arq.* Moldura en las intersecciones de ciertas bóvedas *, especialmente las góticas, que sirve de refuerzo y adorno.

CRUCERO m. *Aeron. Velocidad de crucero,* v. VELOCIDAD.
— *Arq.* Espacio de una iglesia, junto al ábside, en el que la nave principal se cruza con otra transversal. ‖ Arco * crucero. ‖ *Cubierta de crucero,* v. CUBIERTA.
— *Art. gráf.* Barra de hierro que, en la imposición, divide la forma en dos partes iguales.
— *Carp.* Vigueta o madero de sierra.
— *F. c.* Corazón.
— *Mar.* Buque de guerra de dimensiones muy variables (entre 2 000 y 30 000 t), inferior, en cuanto a su artillería y blindaje, al acorazado, pero mucho más rápido que éste.
— Los *cruceros* se dedican a misiones diversas que requieren mucha velocidad: servicios de exploración o descubierta al frente de una escuadra, ataque de los convoyes enemigos y protección del tráfico propio, etc. En muchas de estas misiones los *cruceros ligeros* han reemplazado a los antiguos destructores o contratorpederos. Los *cruceros pesados* tienen un tonelaje de más de 10 000 t y artillería de mediano calibre, mientras que los *cruceros de batalla* pueden compararse con los acorazados en cuanto a su desplazamiento y a la potencia de su artillería, aunque se distinguen de ellos por su mayor velocidad y menor protección del blindaje. También existen *cruceros antiaéreos* —en los cuales hasta la artillería principal (más de 200 mm de calibre) puede tirar contra los aviones— y *cruceros portahelicópteros* *.
— *Miner.* Dirección de los planos por donde se parten o exfolian preferentemente los cristales.

cronómetro de marina

crucería

crucero *(mar.)*

Fot. Larousse, Boudot-Lamotte, Marius Bar

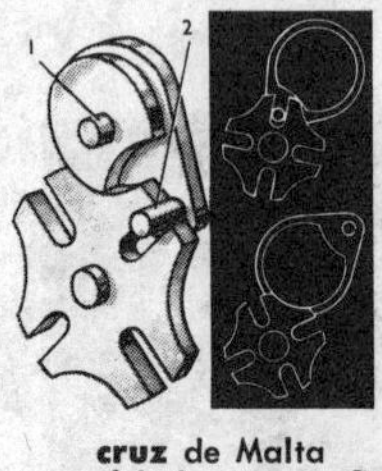

cruz de Malta
1. Árbol motor; 2. Clavija de enclavamiento

cuadernas

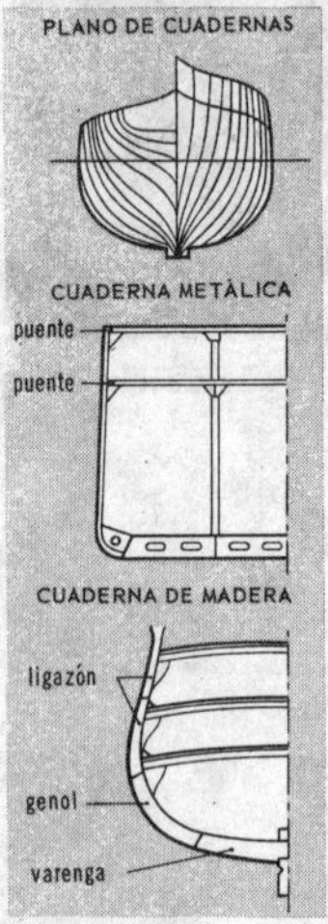

secciones transversales

disposición general de las **cuadernas**

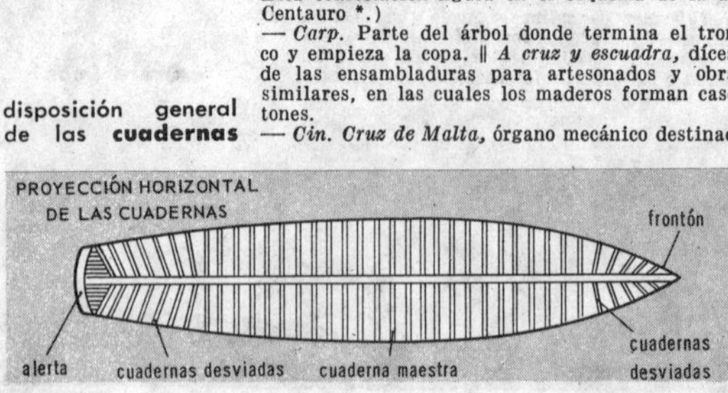

— La existencia de *planos de crucero* es una de las características del estado cristalino. (V. CRISTALOGRAFÍA.) || Superficie por la cual suelen partirse las rocas.

— Las rocas se parten las más de las veces con arreglo a planos paralelos orientados generalmente en tres direcciones dominantes. En las rocas sedimentarias una de estas direcciones es paralela a los estratos, pero se ignora aún cuál es la causa que determina la existencia de las otras (compresión, torsión, desecación, etc.). Los *planos de crucero* facilitan el arranque de la piedra en las canteras.

CRUCETA f. *Amer.* Torniquete * para dejar pasar las personas una a una.

— *Mar.* Plataforma que se pone a modo de cofa en la unión del mástil con su mastelero.

— *Mec.* Pieza en forma de cruz que se usa para articular la biela con el vástago del émbolo (máquinas * de vapor) o los dos árboles de una junta de Cardán*. || Eje en forma de cruz de los piñones satélites del diferencial *.

— *Telec.* Travesaños que, en los postes de las líneas telegráficas y telefónicas, sostienen los hilos por medio de aisladores.

CRUCIFORME adj. En forma de cruz.

CRUCITA f. *Miner.* Óxido férrico seudomorfo del mispíquel. || Andalucita.

CRUDILLO m. *Text.* Tela fuerte de lino o cáñamo propia para entretelas y bolsillos. || Tela de algodón hecha a imitación de la anterior y destinada a los mismos usos.

CRUDO, DA adj. *Agua cruda,* v. AGUA.

— *Petr. Petróleo crudo,* anglicismo por *petróleo bruto.*

— *Text.* Dícese de la seda y otras fibras que no han sido lavadas ni teñidas: *la tela de lino cruda se usa para forros.*

CRUJÍA f. *Arq.* Espacio que media entre dos muros de carga. || En general, cada una de las naves o partes principales en que la obra maestra divide la planta de un edificio.

CRUSHER m. *Tecn.* Cilindro pequeño de cobre u otro metal maleable que se usa como probeta para medir esfuerzos intensos de corta duración.

— La técnica del *crusher* consiste en aplicar sobre el mismo el esfuerzo que se desea medir y en deducir el valor de éste del aplastamiento que experimenta la probeta. Así, para medir la presión engendrada por una explosión, se efectuará ésta en el interior de un cilindro provisto de un émbolo que, empujado por la expansión de los gases, aplastará el crusher.

CRUZ f. Unión de dos maderos, hierros, etc., en forma de cruz, o sea con uno de ellos perpendicular al otro.

— Las principales formas de *cruces* usadas para ensambladuras * son las siguientes: *cruz griega,* de brazos iguales, uno de ellos vertical y el otro horizontal; *cruz latina,* la de forma corriente, cuyo brazo menor y horizontal (travesaño) divide el brazo mayor vertical en dos partes desiguales; *cruz de San Andrés,* aspa o cruz cuyos dos brazos forman una X.

— *Astr. Cruz del Sur* o *Cruz de Mayo,* constelación del hemisferio austral, cuyas cuatro estrellas principales forman una cruz.

— El brazo mayor de la *Cruz del Sur,* formado por las estrellas α y γ se halla orientado en la dirección del polo Sur. La estrella principal (α), de magnitud 1,11, es una estrella doble. (OBSERV. Esta constelación figura en el esquema de la del Centauro *.)

— *Carp.* Parte del árbol donde termina el tronco y empieza la copa. || *A cruz y escuadra,* dícese de las ensambladuras para artesonados y obras similares, en las cuales los maderos forman casetones.

— *Cin. Cruz de Malta,* órgano mecánico destinado al arrastre intermitente de la película en los proyectores cinematográficos.

— Para efectuar la proyección cinematográfica es indispensable no solamente que las imágenes se sucedan a una cadencia determinada (24 por segundo en el cine profesional), sino también que cada una de ellas permanezca inmóvil durante el corto instante necesario para proyectarla en la pantalla. Con dicho fin se usa la *cruz de Malta,* mecanismo consistente en una pieza provista de cuatro ranuras radiales en las cuales engrana una clavija solidaria del árbol motor, que gira con movimiento constante. A cada vuelta la clavija penetra en una ranura y sale de ella después de haber dado un cuarto de vuelta a la cruz de Malta. Ésta arrastra así una imagen de la película (en 1/96 de segundo) y se detiene después durante 3/96 de segundo, al mismo tiempo que se abre el obturador y que la imagen es proyectada en la pantalla.

— *Joy. Puesta en cruz,* primera fase de la talla * de una piedra preciosa.

— *Mar.* Parte del ancla donde se une la caña con los brazos. || *Vela de cruz,* v. VELA.

— *Mec. Cruz de Malta,* mecanismo utilizado para transformar un movimiento circular continuo en otro movimiento circular intermitente. (V. más arriba *Cin.*)

— *Metr.* Palanca horizontal que soporta los dos platillos de una balanza *.

— *Radiot. Cruz térmica,* par termoeléctrico que se usa en radiotecnia para medir corrientes de alta frecuencia muy débiles y que se halla sometido al vacío en el interior de una ampolla de vidrio, para sustraerlo o la influencia del calor.

CRUZADO, DA adj. Dícese de las cosas que se cortan o superponen en forma de cruz: *bobina de arrollamientos cruzados.*

— *Carp. Madera cruzada,* v. MADERA.

CRUZAMEN m. *Aeron.* Envergadura.

— *Mar.* Longitud de las vergas que sostienen las velas de cruz.

CRUZAMIENTO m. Cruce.

Cs, símbolo químico del *cesio.*

Ct, símbolo químico del *celtio.*

ctg, abreviatura matemática de *cotangente,* a la cual debe preferirse la forma *cotg.*

Cu, símbolo químico del *cobre.*

CUADERNA f. *Mar.* Cada uno de los pares de costillas simétricas que, dispuestos en el sentido transversal de la quilla, encajan en ésta y sirven de soporte al forro del casco. || *Cuaderna maestra,* la que abarca con su contorno mayor superficie que todas las demás del barco y que suele ser la más ancha del casco.

— La *cuaderna* consta de varengas *, genoles *, ligazones y barraganetes *.

CUADERNAL m. Elemento de aparejo constituido por varias poleas montadas paralelamente en una misma armadura.

CUADERNILLO m. *Papel.* Conjunto de cinco pliegos de papel.

CUADERNO m. *Art. gráf.* Conjunto formado por cuatro pliegos metidos uno dentro del otro.

— *Carp.* Madero de escuadría de 28 × 30 cm.

— *Papel.* Conjunto de varios pliegos de papel doblados y cosidos a modo de libro.

CUADR, prefijo que significa *cuatro* o *cuádruple.*

CUADRA f. *Arq. Amer.* Manzana * de casas. || Distancia de una esquina a otra de una manzana de casas.

— *Mar.* Anchura del casco de un barco en la cuarta parte de su longitud a partir de la proa. || *Vela cuadra,* v. VELA.

CUADRADILLO m. *Geom.* Regla de sección cuadrada usada para dibujar y para rayar papel de escribir.

— *Metal.* Barra de hierro poco gruesa y de sección cuadrada: *hacer un balcón con barrotes de cuadradillo.*

CUADRADO, DA adj. y s. Dícese de lo que tiene forma de cuadrilátero de lados iguales y ángulos rectos: *una mesa cuadrada.* || Aplícase también, por ext., a las superficies prismáticas de cuatro lados que forman ángulos rectos: *una viga cuadrada.*

— *Art. gráf.* Pieza de metal que tiene el cuerpo de las letras, la altura de los espacios y una longitud variable, y que sirve para completar las líneas cortas.

— *Geom.* Cuadradillo. ‖ Cuadrilátero plano que tiene sus lados iguales y sus cuatro ángulos rectos: *el área de un cuadrado es igual al producto de su base por su altura.*
— *Mat.* Segunda potencia de un número: *el cuadrado de 5 es 25.* ‖ *Elevar al cuadrado,* multiplicar un número por sí mismo. ‖ *Raíz cuadrada,* v. RAÍZ. ‖ *Cuadrado mágico,* ábaco * mágico.
— El *cuadrado de un número* se indica por medio de un 2 pequeño (exponente) dispuesto a la derecha y en lo alto del mismo. Así, el cuadrado de 12 se escribe 12^2 y se enuncia "12 al cuadrado" o "12 potencia 2".
El *cuadrado de una fracción* se obtiene elevando al cuadrado sus dos términos. El *cuadrado de una expresión algebraica* se indica poniéndola entre paréntesis y escribiendo el exponente 2 a la derecha; se obtiene multiplicando la expresión por sí misma, como en el ejemplo siguiente:

$$\left(\frac{7^3 \times 4}{6}\right)^2 = \frac{7^6 \times 4^2}{6^2}$$

El *cuadrado de un polinomio* se compone de la suma de los cuadrados de sus términos (atribuyendo a dichos cuadrados el signo +) y de la suma de sus dobles productos (con el signo + si proviene de dos términos de igual signo y — si se trata de términos de signos contrarios).
— *Metr.* Dícese de las medidas de superficie, que, en el sistema métrico tienen por unidad el *metro cuadrado,* o sea el área de un cuadrado cuyo lado mide un metro lineal.

CUADRAL m. *Arq.* Madero con que se arriostra el ángulo entrante formado por otros dos.

CUADRANGULAR adj. Que forma cuatro ángulos: *tubo cuadrangular.*

CUADRÁNGULO, LA adj. y s. *Geom.* Que tiene cuatro ángulos. ‖ Cuadrilátero. ‖ *Cuadrángulo ortocéntrico,* cuadrángulo formado por los tres vértices de un triángulo y su ortocentro.

CUADRANTAL adj. *Geom.* Dícese del triángulo esférico que tiene uno o varios lados constituidos por cuadrantes.

CUADRANTE m. *Arq.* Cuadral.
— *Art. gráf.* Máquina provista de una cuchilla horizontal, que se usa para cortar interlíneas, filetes y blancos.
— *Astr.* Cuarta parte de un meridiano.
— *Geom.* Cuarta parte de la circunferencia o del círculo, limitada por dos radios perpendiculares. (V. ARCO.) ‖ En geometría analítica, cada una de las cuatro partes comprendidas entre dos semiejes de ordenadas.
— *Mar.* Cada una de las cuatro partes en que se halla dividida la rosa de los vientos por los puntos cardinales y que, en el sentido de las agujas de un reloj, se llaman primero, segundo, tercero y cuarto cuadrante: los vientos del tercer cuadrante son los que, procedentes de direcciones comprendidas entre el Sur y el Oeste, soplan hacia puntos situados entre el Norte y el Este.

CUADRAR v. Dar forma cuadrada o de cuadro. ‖ Escuadrar.
— *Carp.* Escuadrar los maderos.
— *Geom.* Transformar una figura cualquiera en un cuadrado de área equivalente: *es imposible cuadrar un círculo.* (V. CUADRATURA.) ‖ Cuadricular un dibujo para reproducirlo a escala diferente.
— *Mat.* Elevar un número al cuadrado.

CUADRÁTICO, CA adj. Relativo al cuadrado.
— *Fís. Velocidad cuadrática media,* v. VELOCIDAD.
— *Mat. Ecuación cuadrática,* v. ECUACIÓN. ‖ *Residuo cuadrático,* v. RESIDUO.
— *Miner.* Dícese del cristal de caras sensiblemente cuadradas. ‖ Sistema de los cristales que tienen la misma simetría que el prisma recto de base cuadrada. (V. CRISTALOGRAFÍA.)

CUADRATÍN m. *Art. gráf.* Unidad para medir la longitud de los cuadrados y espacios, equivalente al cuerpo de las letras.

CUADRATURA f. *Astr.* Posición relativa de dos astros cuando la línea que los une forma un ángulo recto con la que va de uno de ellos al Sol: *la Luna se halla en cuadratura en los cuartos creciente y menguante.*
— *Electr.* y *Fís.* Dícese que dos magnitudes alternas y sinusoidales de igual frecuencia se hallan *en cuadratura* cuando entre ambas existe una diferencia de fase igual a la cuarta parte de un período: *la cuadratura de las corrientes difásicas* *.
— *Geom.* Reducción de una figura geométrica a un cuadrado de área exactamente igual.
— La *cuadratura del círculo* es un problema, planteado desde la Antigüedad, que no puede tener solución exacta, dado que la superficie del círculo es determinada en función del número π (pi) y que este número es irracional, o sea no puede expresarse por una fracción exacta.
— *Mar. Marea de cuadratura,* v. MAREA.
— *Mat.* Cálculo de un área por medio de una integral.

CUADREAR v. *Art. y of.* Escuadrar o dar forma cuadrada.

CUADRICABLE adj. y s. Que tiene cuatro cables: *un montacargas cuadricable.*
— *Obr. públ.* Acueducto constituido por una tubería suspendida a modo de puente colgante por dos cables, mientras que otros dos la afianzan y mantienen lateralmente para contrarrestar la fuerza del viento y evitar los movimientos transversales que la romperían.

CUADRICICLO m. *Autom.* Vehículo ligero de cuatro ruedas, accionado por pedales o por un motorcito de los que se usan para motocicletas.

CUÁDRICO, CA adj. y s. *Geom.* Dícese de las superficies representadas matemáticamente por ecuaciones de segundo grado.

CUADRÍCULA f. *Geom.* Red de cuadrados con que se cubre una figura para reproducirla cómodamente a otra escala en una superficie provista de cuadros mayores o menores, y que también sirve a los pintores para guiarse en su trabajo y dar las debidas proporciones a las figuras.

CUADRICULACIÓN f. *Geom.* Acción de cuadricular.

CUADRICULAR v. *Geom.* Cubrir una superficie con cuadrados obtenidos al trazar perpendicularmente dos series de rectas paralelas.

CUADRIDIMENSIONAL adj. *Fís.* Que tiene cuatro dimensiones: *el espacio relativista es cuadridimensional.* ‖ Perteneciente o relativo a la cuarta dimensión.

CUADRIENIO m. Período de tiempo que dura cuatro años.

CUADRILÁTERO, RA adj. y s. *Autom.* V. DIRECCIÓN.
— *Geom.* Que tiene cuatro lados. ‖ Polígono de cuatro lados. ‖ *Cuadrilátero circunscrito,* aquel cuyos lados son tangentes a una circunferencia. ‖ *Cuadrilátero completo,* figura formada por cuatro rectas que se cortan dos a dos. ‖ *Cuadrilátero esférico,* cuadrilátero trazado sobre una superficie esférica y cuyos lados son arcos de círculos mayores de la esfera. ‖ *Cuadrilátero inscriptible,* aquel por cuyos vértices puede pasar una circunferencia.
— El *cuadrilátero regular* se llama *cuadrado* y los *cuadriláteros irregulares* más comunes son el rectángulo, el rombo, el romboide, el trapecio y el trapezoide. En ciertos casos, lo más práctico para calcular el área de un cuadrilátero irregular es descomponerlo en dos triángulos por medio de una diagonal y sumar el área de los mismos.

CUADRILONGO, GA adj. Rectangular. ‖ Relativo o perteneciente al rectángulo.

CUADRIMOTOR, RA adj. y s. Que tiene cuatro motores. (OBSERV. Cuando se trata de propulsión por reacción se dice *cuadrirreactor.*)

CUADRIPALA adj. Aplícase a la hélice de cuatro palas.

cuadriláteros

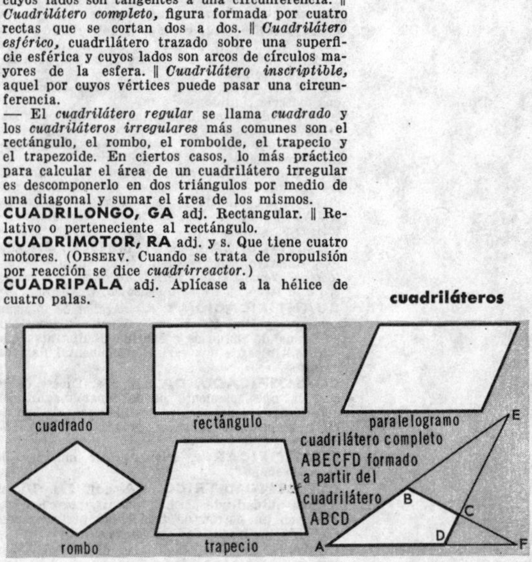

cuadro
(radiot.)

CUADRIPOLAR adj. Que tiene cuatro polos.
CUADRIRREACTOR adj. y s. *Aeron.* Propulsado por cuatro reactores.
CUADRIVALENCIA f. *Quím.* Cualidad de los elementos químicos y de los radicales cuadrivalentes *. (Sinón. TETRAVALENCIA.)
CUADRIVALENTE adj. *Quím.* Dícese de los cuerpos cuya valencia * es cuádruple. (Sinón. TETRAVALENTE.)
CUADRO, DRA adj. Cuadrado. || Cuadrangular. || — M. Rectángulo. || Cerco, marco de una cosa. || *Amer.* Encerado.
— *Electr. Cuadro de distribución,* en las centrales eléctricas, las estaciones transformadoras, los terminales urbanos de las líneas de transporte de energía eléctrica, las fábricas, etc., conjunto de instrumentos de comprobación, regulación y seguridad que permiten establecer comunicaciones entre los generadores, conservar constantes la tensión y la frecuencia y distribuir la corriente eléctrica regularmente y con arreglo a las necesidades de cada circuito. || *Cuadro indicador,* aparato mural acoplado con un timbre eléctrico y provisto de varias casillas en las cuales, al tocar el timbre, aparece un número que permite saber desde dónde se ha llamado. || *Cuadro moderador* o *amortiguador,* cuadro de cobre dispuesto junto a la aguja indicadora de un instrumento con objeto de amortiguar rápidamente sus oscilaciones, lo cual se obtiene merced a la corriente inducida por las mismas en el cuadro.
— *Mec.* Conjunto de tubos que forman el bastidor de una bicicleta o motocicleta.
— *Radiot. Antena de cuadro,* o simplemente, *cuadro,* antena * constituida por una bobina de una o varias espiras, que es más selectiva que las antenas comunes, pero capta menos energía que ellas (la energía es proporcional a la superficie abarcada por el cuadro y al cuadrado del número de sus espiras). Las propiedades directivas del cuadro se usan en radiogoniometría *.
— *Telec.* Conjunto de dispositivos que, agrupados en mesas o tableros apropiados, se usan en las centrales manuales para establecer las comunicaciones entre abonados de una red telefónica.
CUÁDRUPLE adj. Que consta de cuatro cosas semejantes. || Que se repite cuatro veces: *máquina de cuádruple efecto para practicar el vacío.*
CUADRUPLEX m. *Telec.* Sistema de telegrafía que permite transmitir simultáneamente cuatro mensajes por un mismo hilo. (V. TELÉGRAFO.)
CUAJADA f. *Ind. alim.* Parte caseosa y sólida de la leche, que se separa del suero y sirve para elaborar queso y para extraer caseína.
CUAJANÍ m. *Bot.* y *Carp.* Árbol rosáceo *(Prunus occidentalis),* propio de las Antillas, cuya madera, parecida a la del cerezo, se usa para labores de carpintería.
CUAJAR v. Coagular o transformar en cuajo * una materia líquida.
— *Art. gráf.* Tomar una forma la tinta por igual, o sea entintarse regularmente toda su superficie.
CUAJO m. Acción y efecto de cuajar. || Substancia propia para cuajar un líquido.
— *Ind. alim.* Substancia procedente de una de las cavidades del estómago de los rumiantes que sirve para cuajar la leche y se usa en quesería.
CUALITATIVO, VA adj. *Quím. Análisis cualitativo,* v. ANÁLISIS.
CUÁNTICO, CA o **CUANTÍSTICO, CA** adj. *Fís.* Relativo o perteneciente a los cuantos *: *las teorías cuánticas han permitido abrir una nueva era a la física.* || *Número cuántico,* v. NÚMERO.
CUANTIFICACIÓN f. *Fís.* Acción de imponer a una magnitud física una variación discontinua en forma de impulsos o cantidades distintas que son múltiplos de una variación elemental llamada *cuanto* *.
CUANTIFICADO, DA adj. *Fís.* Dícese de la energía que solamente puede tener magnitudes determinadas, sin que sea posible pasar de una de ellas a otra continua y progresivamente. (V. CUANTO.)
CUANTIFICAR v. *Fís.* Aplicar una ley de cuantificación *.
CUANTITOMÉTRICO, CA adj. *Fís.* Dícese de una unidad que permite definir, por comparación con un patrón de intensidad perfectamente conocida, la intensidad de los rayos X.
CUANTO m. *Fís.* Cada una de las pequeñas cantidades en que son emitidas y se propagan la luz y la energía de los demás campos ondulatorios. (Sinón. QUANTUM y su plural lat. QUANTA.)
— *Teoría de los cuantos* o *los quanta,* teoría según la cual la energía es emitida, se propaga y es absorbida por los átomos y moléculas, no en forma continua, sino discontinuamente, en forma de impulsos o paquetes de energía llamados *cuantos* o *quanta.* Cada cuanto o quantum es portador de una cantidad de energía que depende de la frecuencia de la emisión y es igual al producto h γ, en el cual h es la constante de Planck * y γ la frecuencia de la radiación. En el caso de la luz, el cuanto recibe el nombre particular de *fotón* *. (V. MECÁNICA *ondulatoria* e INDETERMINACIÓN.)
CUARCÍFERO, RA adj. *Miner.* Que contiene cuarzo.
CUARCIFORME adj. *Miner.* Semejante o parecido al cuarzo.
CUARCINA f. *Miner.* Elemento fibroso del cuarzo, que, al intervenir estructuralmente en las calcedonias y ágatas, da lugar a la formación de variedades diferentes.
CUARCITA f. *Miner.* Roca metamórfica constituida esencialmente por granos de cuarzo —procedentes de una cristalización del gres— trabados unos con otros sin cemento: *la cuarcita se usa para empedrar calzadas.*
CUARENTÉN m. *Carp.* Madero de escuadría de 60 × 40 cm.
CUARTA f. Cada una de las cuatro partes iguales en que se puede dividir un todo.
— *Astr.* Cuadrante.
— *Mar.* Cada una de las 32 divisiones de la rosa de los vientos.
— *Mat. Cuarta proporcional,* cada uno de los cuatro términos de la proporción considerado respecto a los otros tres.
CUARTEAR v. Dividir una cosa en cuatro partes iguales.
— *Mar. Cuartear la aguja* o *cuartear la rosa,* enunciar el orden de sucesión de las cuartas de la rosa de los vientos, cuyo conocimiento permite expresar correctamente el rumbo seguido o bien la dirección de los vientos.
— La rosa empieza a *cuartearse* como sigue: Norte, Norte cuarta al Nordeste, Nornordeste, Nordeste cuarta al Norte, Nordeste, Nordeste cuarta al Este, Estenordeste, Este cuarta al Nordeste, Este, etc.
— *Min.* y *Quím.* Método para tomar una muestra pequeña de un mineral de modo que todos los elementos constitutivos de la roca se hallen presentes en sus respectivas proporciones.
— Como la composición de las rocas no es homogénea, si se tomara un fragmento pequeño de ellas se incurriría en error, por ejemplo, al analizar la riqueza de una mena. Para poder efectuar un análisis más justo se opera como sigue: la masa de roca machacada o pulverizada es removida, se extiende sobre una mesa y se divide en cuatro porciones, de las cuales se eliminan dos opuestas; después de haber removido la materia restante, se extiende de nuevo y se eliminan otros dos cuartos de la misma, y así sucesivamente hasta reducir el montón a la cantidad necesaria para los análisis.
CUARTEL m. Cuarta parte de una cosa.
— *Mar.* Tableros o armazones metálicos que se usan para cerrar las escotillas de los barcos.
CUARTELADA f. *Mar.* Cada uno de los tramos en que la tripulación — para referirse a aquéllos al efectuar ésta sus faenas — considera dividida arbitrariamente una embarcación.
CUARTERÓN m. *Arq.* Pilarejo * de una armadura.
— *Carp.* Postigo de ventana. || Cada uno de los tableros de una puerta o ventana encuadrados por los peinazos y montantes.
— *Constr. Amer.* Madero dispuesto diagonalmente, como refuerzo, entre los pies derechos de los tabiques entramados. (Sinón. RIOSTRA.)
— *Metal.* Librillo de papel que sirve para acondicionar entre sus hojas los panes de oro batido, de los cuales suele contener 25.
CUÁRTICO, CA adj. *Geom.* Dícese de las curvas de cuarto grado: *la concoide y la cardioide son curvas cuárticas.*
CUARTILLA f. *Art. gráf.* Cada una de las hojas sueltas del manuscrito. || Parte de la forma correspondiente a cuatro páginas separadas entre

Fot. C. G. S.

sí por la cabecera y el medianil de lomo. (V. CASADO y FORMA.)
— *Papel.* Hoja suelta de papel de escribir.

CUARTIZO m. *Carp.* Cuartón.

CUARTO, TA adj. y s. m. Cada una de las cuatro partes iguales en que se divide un todo.
— *Arq. Cuarto bocel,* v. BOCEL.
— *Art. gráf. En cuarto,* dícese del pliego de papel impreso que ha sido plegado dos veces. ‖ Por ext., formato de libro correspondiente a la cuarta parte de un pliego de papel de marca ordinaria: *lujosa colección de libros en cuarto.*
— *Astr.* Cada una de las cuatro fases * de la Luna.
— *Mat. Cuarta dimensión,* v. DIMENSIÓN.
— *Metr.* Nombre de antiguas medidas de capacidad, de magnitud muy variable de un punto a otro y de las cuales solamente ofrecen interés las que siguen usando los países anglosajones con el nombre de *quart,* y que son el *cuarto americano* (U. S. quart), equivalente a 0,946 litros, y el *cuarto británico* (qt), que vale 1,136 litros.
— *Min.* Cada una de las secciones o bloques en que se divide un filón o criadero para facilitar su explotación y el arranque del mineral.
— *Técn.* Local en el que se concentran todos los órganos similares de una instalación industrial: *cuarto de calderas, cuarto de máquinas, cuarto de compresores,* etc. (Sinón. SALA.)

CUARTÓN m. *Arq.* Pieza que, en una cubierta, une la limatesa a la carrera. (Sinón. PAR DE FALDÓN.)
— *Carp.* Uno de los cuatro maderos que resultan al aserrar longitudinalmente una pieza mediante dos cortes dados en cruz. ‖ Madero de construcción, especialmente el de sección cuadrada.

CUARZO m. *Miner.* Nombre que se da a distintas variedades de sílice más o menos pura.
— El *cuarzo,* cuya fórmula es SiO_2, tiene un peso específico comprendido entre 2,5 y 2,8 y una dureza igual a 7. Se halla en la naturaleza en forma de masas amorfas o de cristales incoloros, o bien en filones, donde presenta aspecto lechoso, translúcido y a veces opaco. En otros casos, la presencia de impurezas confiere al cuarzo delicados colores y los cristales más perfectos se usan como gemas con distintos nombres. Los *cristales de cuarzo* suelen ser prismas hexagonales rematados por pirámides de seis caras. En el cristal completo existen dos pirámides terminales; en otros no existe el prisma y ambas pirámides se hallan unidas por su base. También se encuentra el cuarzo en forma de arenas generalmente blancas, que se usan para fabricar vidrio. Entre las muchas variedades de cuarzo merecen ser citadas las siguientes: *cuarzo ahumado,* teñido de color pardo por las impurezas carbonosas o ferrosas que contiene; *cuarzo azul* o *cuarzo zafiro,* también llamado *falso zafiro; cuarzo citrino,* o *falso topacio,* de color amarillo; *cuarzo hematoideo, jacinto de Compostela* o *falso jacinto,* de color rojo; *cuarzo hialino,* diáfano e incoloro, que es el cristal * de roca; *cuarzo prasio,* o *verde; cuarzo rosado; ojo de gato,* que es un cuarzo tornasolado y contiene fibras de amianto; *ágata, amatista, calcedonia, jaspe, venturina,* etc.
— *Electr.* El *cuarzo* tiene propiedades piezoeléctricas que se aprovechan en los generadores de ultrasonidos * y para regular la frecuencia de las ondas entretenidas en las emisoras de ondas hertzianas.
— *Lumin.* y *Ópt.* El *cuarzo* es birrefrigente y se caracteriza también por su transparencia a los rayos infrarrojos y ultraviolados. Por eso se usa fundido, a modo de vidrio, para reemplazar a éste en la fabricación de las ampollas para lámparas especiales emisoras de dichos rayos.
— *Vidr.* Las arenas cuarzosas entran en la fabricación de vidrios. El cristal de roca se funde en hornos eléctricos o con sopletes para obtener el vidrio de cuarzo que, además de ser transparente a los rayos ultraviolados, tiene un coeficiente de dilatación tan pequeño que puede resistir sin quebrarse a los cambios de temperatura muy bruscos. Se usa principalmente para fabricar ampollas especiales (de lámparas de vapor de mercurio, por ejemplo), termómetros, crisoles, cápsulas para laboratorios y numerosas piezas para instrumentos científicos.

CUARZOSO, SA adj. Relativo al cuarzo. ‖ Que contiene cuarzo: *arenas cuarzosas.*

CUATERNARIO, RIA adj. y s. Que se halla constituido por cuatro elementos diferentes.
— *Geol. Era cuaternaria,* o simplemente *cuaternario,* la era más moderna de los tiempos geológicos.
— El *cuaternario* abarca dos series de pisos: unos, inferiores, constituyen el *pleistoceno* o *cuaternario antiguo;* otros, que llegan hasta el suelo actual, forman el *holoceno* o *cuaternario reciente* (v. ESTRATIGRAFÍA). Los orígenes del cuaternario datan aproximadamente de un millón de años y este período de tiempo relativamente corto en la escala geológica difiere, sin embargo, profundamente de la era anterior (terciario *), sobre todo por las glaciaciones y períodos interglaciales, que tuvieron profundas repercusiones (avances y retrocesos alternos de los mares, cambios profundos del clima que determinaron nuevas distribuciones de la fauna y de la flora, etc.). El fenómeno biológico más importante del cuaternario es la aparición del género humano.
— *Mat. Número cuaternario,* o simplemente *cuaternario,* total de los cuatro primeros números.
— *Metál.* Dícese de las aleaciones de cuatro metales.

CUATERNIO o **CUATERNIÓN** m. *Mat.* Número formado por la sucesión de cuatro números ordinarios *a, b, c* y *d* — también llamados *números reales* o *escalarios*— que se combinan con arreglo a determinadas leyes.
— Se puede representar al *cuaternión* (q) como una función lineal de tres variables (i, j, k), de tal forma que:

$$q = s + ai + bj + ck.$$

Si a, b y c son nulos, el cuaternión q es asimilable al escalario s; si solamente son nulos b y c, el cuaternión se identifica con el número complejo $s + ia$.
Los cuaternarios son útiles en aritmética, mecánica y física, especialmente para estudiar los espacios de cuatro dimensiones.

CUATR, prefijo equivalente a *cuadr,* que significa *cuatro.*

CUATRICROMÍA f. *Art. gráf.* Tricromía en la cual se refuerzan los negros con una cuarta tinta, que puede ser negra o de un color obscuro (gris, verde, violeta, etc.).

CUATRILLÓN m. *Mat.* Un millón de trillones.
OBSERV. El *cuatrillón* se representa con la unidad seguida de 24 ceros, de acuerdo con la etimología (cuatro veces tantos ceros como el millón); pero en algunas partes, especialmente en los Estados Unidos designan con esta misma palabra el número constituido por la unidad seguida de 15 ceros, lo cual induce a errores en las relaciones con otros países.

CUATRIMOTOR, RA adj. Cuadrimotor.

CUATRIPALA adj. Cuadripala.

CUATRIRREACTOR, RA adj. *Aeron.* Cuadrirreactor.

CUBA f. *Art.* y *of.* Recipiente de madera, a modo de tonel muy grande asentado verticalmente y con un solo fondo, que sirve para almacenar o conservar productos líquidos. ‖ Tina o pila de obra de fábrica, metal o madera que tiene diferentes usos en las instalaciones industriales. ‖ Cubeta.
— *Autom. Cuba* o *cubeta de nivel constante,* depósito de gasolina que tiene el carburador*.

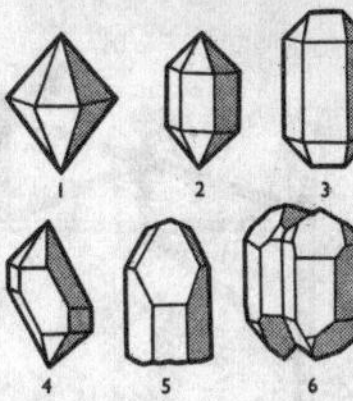

cuarzo hialino y diferentes formas de cristalización del **cuarzo**

cubas de vino metálicas

Fot. Larousse

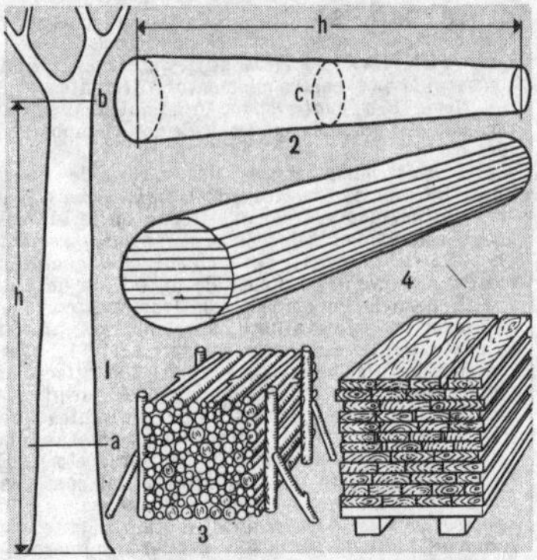

cubicación de la madera
1. Árbol (*a*, altura de hombre; *b*, circunferencia superior; *h*, altura); 2. Rollo (*c*, sección media; *h*, altura); 3 y 4. Cubicación de la leña y de la madera de sierra

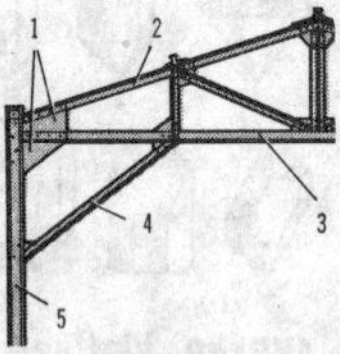

cercha de **cubierta**
1. Cartabones; 2. Par; 3. Tirante; 4. Tornapunta; 5. Pie derecho

armadura de **cubierta**
1. Faldón; 2. Hoya; 3. Cercha; 4. Hilera; 5. Ejión; 6. Lima tesa; 7. Pendolón; 8. Contraviento; 9. Enlistonado; 10. Correa; 11. Cabio de faldón; 12. Cuadernal; 13. Par; 14. Carrera; 15. Lima hoya; 16. Tornapunta; 17. Cabios; 18. Tirante

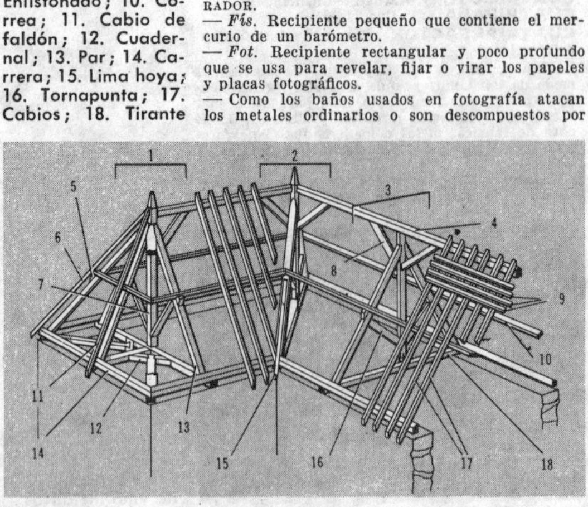

— *Fot.* Recipiente cerrado herméticamente para que no entre en él la luz, que sirve para revelar placas, películas o papeles fotográficos en pleno día, o sea sin necesidad de laboratorio obscuro. ‖ Cada una de las pilas usadas en un laboratorio fotográfico. (V. CUBETA.)
— *Ind. alim. Cuba de fermentación,* aquella en la cual fermenta el mosto para convertirse en vino. ‖ *Cuba de levadura,* recipiente, de pared doble o camisa de agua caliente, usado para la elaboración industrial de levaduras para panadería. ‖ *Cuba materia,* cuba en la cual se efectúa la mezcla del malte con el agua, primera fase de la elaboración de la cerveza *.
— *Metal.* Parte principal de ciertos hornos metalúrgicos, comprendida entre la tobera por donde se insufla el aire y el tragante, en la cual se efectúa la fusión: *la cuba del alto horno tiene la forma de un cono truncado.* (V. HORNO *de cuba.*)
— *Quím.* Cubeta que contiene agua y mercurio y sirve para recoger los gases desprendidos en ciertas reacciones y trasegarlos a otros recipientes en que se han de guardar o utilizar.
— *Transp. Camión cuba, vagón cuba* o simplemente *cuba,* camión *, cisterna y vagón * cisterna, respectivamente.

CUBACIÓN f. y **CUBAJE** m. *Mat.* Cubicación.
CUBAR v. *Mat.* Cubicar.
CUBATURA f. *Geom.* Transformación de un cuerpo de forma cualquiera en un cubo de volumen equivalente. ‖ Construcción del lado de un cubo equivalente a un volumen dado.
CUBETA f. *Art. y of.* Cuba pequeña.
— *Autom. Cubeta de nivel constante,* v. CARBURADOR.
— *Fís.* Recipiente pequeño que contiene el mercurio de un barómetro.
— *Fot.* Recipiente rectangular y poco profundo que se usa para revelar, fijar o virar los papeles y placas fotográficos.
— Como los baños usados en fotografía atacan los metales ordinarios o son descompuestos por ellos, las cubetas que más se usan suelen ser las de materia plástica, vidrio o hierro esmaltado, pero también las hay de acero inoxidable y de níquel.
— *Geol.* Sinclinal poco más o menos tan largo como ancho. ‖ Depresión del terreno sin ningún vertedero que dé salida a las aguas.
— *Mec.* Cazoleta.
— *Metal. Horno de cubeta,* horno * de cuba.

CUBICACIÓN f. Acción de cubicar.
— *Carp.* La *cubicación de la madera* puede efectuarse para árboles en pie, troncos en rollo o escuadrados y maderos de sierra. Para árboles en pie se empieza por medir la altura del tronco con un dendrómetro * o por trigonometría. Luego se mide la circunferencia inferior a altura de hombre (de 1,30 a 1,50 m del suelo) y se aplica un coeficiente de conicidad empírico que difiere de una región a otra, y varía también con las especies vegetales. Prácticamente se admite que la circunferencia media del tronco es igual al producto de la circunferencia inferior por 0,85. El volumen bruto del tronco se obtiene multiplicando el área de la sección *c* por la altura del tronco. En el caso de un tronco en rollo se asimila el mismo a un cilindro de circunferencia *c* y bastará con medir la circunferencia media y la longitud para poder efectuar la cubicación. En ambos casos se expresa en metros cúbicos un volumen bruto superior al de la madera de sierra que se obtendrá. Para apreciar el volumen útil del tronco escuadrado se recurre a cálculos empíricos. Así, en la *cubicación al cuarto* se asimila el volumen de la madera al de un prisma de base cuadrada con lados iguales al cuarto de las circunferencias. El volumen así calculado representa 78,5 % del volumen real. No obstante, se admite que en algunas especies las aristas del prisma darían demasiada corteza y albura. De ahí las cubicaciones al *décimo deducido,* al *sexto deducido,* etc., que se obtienen como acaba de indicarse, pero reduciendo previamente las circunferencias en una décima, sexta o cualquiera otra parte. La madera aserrada y apilada se cubica asimilándola a un prisma y multiplicando el área de la sección de la pila por su longitud. En cuanto a la leña, su cubicación se evalúa empíricamente admitiendo que, por cada 100 m^3 de madera de obra, la copa da 25 estéreos de leña en el abeto y el pinabete, 50 en el abedul y el pino, 75 en la encina, el fresno y el roble, etc. Cuando no se admite dicha evaluación, la leña se corta y se apila para cubicarla en estéreos *.
— *Mat.* Acción de elevar a la tercera potencia un número o cantidad, o sea de tomarlo tres veces por factor.
— *Obr. públ.* La *cubicación de los materiales de construcción* (arena, piedra machacada, grava, etcétera) se facilita disponiéndolos en montones de forma prismática, generalmente con sección trapezoidal.

CÚBICO, CA adj. Semejante o parecido a un cubo geométrico.
— *Geom.* Relativo o perteneciente al cubo. ‖ Dícese de las curvas de tercer grado, entre las cuales figuran la cisoide * y la estrofoide *.
— *Metr.* Dícese de las medidas que sirven para evaluar el volumen de los cuerpos, con objeto de distinguirlas de las medidas lineales y de las cuadradas.
— El *metro cúbico* es un cubo geométrico cada una de cuyas tres dimensiones vale un metro lineal. Al multiplicar una de ellas por otra se obtiene la superficie de una cara del cubo que será su base. Para obtener el volumen se multiplicará dicha superficie por la tercera dimensión o altura. De ahí que el volumen del cubo sea igual a la tercera potencia de uno de sus lados y que la tercera potencia de un número se llame *cubo.*
— *Miner. Sistema cúbico,* uno de los siete sistemas cristalinos. (V. CRISTALOGRAFÍA.)

CUBICHETE m. *Mar.* Cubierta metálica de la bitácora, provista de un ventanillo de cristal que permite ver la rosa. (V. COMPÁS.) ‖ Cubierta acristalada de una escotilla.

CUBIERTA f. Lo que se pone encima de una cosa para cubrirla o protegerla.
— *Arq.* Techumbre de un edificio constituida generalmente por una armadura que, por medio de un entramado, soporta el revestimiento.

— Existe infinidad de cubiertas diferentes adaptadas a la naturaleza del edificio, al clima local y a la índole de los materiales disponibles o de los más prácticos o económicos. La pendiente del tejado es tanto mayor cuanto más importante es la pluviosidad y requiere, para asegurar una evacuación suficiente de las aguas, el uso de materiales diferentes para cada declive. A continuación se expresa la pendiente mínima, en grados, que debiera tener un tejado para cada uno de los materiales comunes:

Plomo con uniones estancas . .	hasta 0°
Cemento y cartón alquitranado	5 %
Cinc	10 %
Palastro galvanizado	15 %
Teja plana	20 %
Pizarra, tejas laminares y fibrocemento ondulado	30 %
Teja árabe o lomuda	35 %
Paja y fibras vegetales	60 %

La pendiente del tejado es determinada por la de las cerchas que constituyen la armadura. Las *cerchas* son armazones de madera o de hierro de las cuales existe infinidad de formas. Constan generalmente de los siguientes elementos: dos *pares* inclinados según la pendiente del tejado, en forma de un ángulo que tiene como mediatriz un puntal llamado *pendolón*, fijado por su extremo inferior en una pieza horizontal (*tirante*) y que une los extremos inferiores de los pares y forma un triángulo con éstos. Los *jabalcones* son dos piezas inclinadas mediante las cuales los pares transmiten al pendolón una parte del peso que soportan. Cuando la distancia entre apoyos es muy grande, los pares se refuerzan con un *falso tirante* y el ángulo que forman con éste se refuerza con riostras o por medio de escuadras de hierro. Además de este tipo común, existen cerchas de estructura más complicada, algunas de las cuales se representan en la figura. Todas las cerchas de una cubierta descansan por los extremos de su base en los muros de apoyo y se hallan unidas entre sí por piezas perpendiculares a las mismas que van de uno a otro extremo del tejado: la *hilera*, fijada sobre el vértice de los pares, y las *correas*, dispuestas horizontalmente a diferentes alturas de los mismos, apoyadas en unos tacos triangulares llamados *ejiones* (ya aplicados directamente sobre los mismos, ya tendidos sobre una *falsa cubierta* de tablas). Las correas soportan a su vez los *cabios*, que constituyen el asiento del revestimiento del tejado. Los límites superior e inferior de cada vertiente son respectivamente el *caballete* y el *alero*. La intersección de dos vertientes en un ángulo del edificio se llama *lima* y, con más propiedad, *lima tesa* en el caso de una esquina y *lima hoya* si los muros forman un rincón. La parte de una fachada paralela a las cerchas de la cubierta y que reemplaza a una de ellas es el *frontón*.

Los revestimientos de las cubiertas, o *cubiertas* propiamente dichas, se hacen con los materiales siguientes: cartón asfaltado y enarenado; chapas de diversos metales soldadas, unidas con costuras herméticas o tendidas longitudinalmente con sus bordes superpuestos; pizarras (que requieren una fijación individual, siempre costosa); placas de fibrocemento planas (a modo de pizarras), conformadas diversamente (en cierto modo como las tejas), o bien onduladas en chapas de grandes dimensiones; tejas de diversas formas; azoteas de hormigón en losas grandes con juntas de dilatación de betún para evitar su agrietamiento por efecto de los cambios de temperatura, etc. También existen cubiertas total o parcialmente acristaladas.

— *Art. gráf.* Forro de papel grueso o cartulina de los libros encuadernados en rústica. (V. ENCUADERNACIÓN.)

— *Autom.* Envoltura espesa de caucho reforzado con telas y alambres que, con la cámara de aire, y a veces sin ella, constituye el neumático de las ruedas de automóviles, bicicletas y otros vehículos.

— *Mar.* Puente de un buque, especialmente el superior, que se halla total o parcialmente descubierto. ‖ *Cubierta de abrigo*, v. ABRIGO.

CUBILOTE m. *Metal.* Horno de cuba que se usa para refundir lingotes de hierro.

— El *cubilote* es un horno de forma cilíndrica con revestimiento interior de materia refractaria. En su parte superior tiene un tragante por el cual se cargan los lingotes de arrabio, así como coque, castina (para absorber el azufre) y, en ciertos casos, chatarra. Entre el crisol y la cuba existen unas toberas que insuflan el aire necesario para obtener la oxidación de los cuerpos que se han de eliminar, especialmente el carbono. La fundición líquida sale por una piquera y se vacía las más de las veces en moldes.

CUBO m. *Arq.* Adorno en relieve, de forma cúbica, que tienen ciertos techos artesonados.

— *Art. y of.* Recipiente cilíndrico o, las más de las veces, en forma de tronco de cono invertido, de chapa galvanizada, madera o materia plástica, provisto de un asa y propio para contener o transportar líquidos o materias a granel.

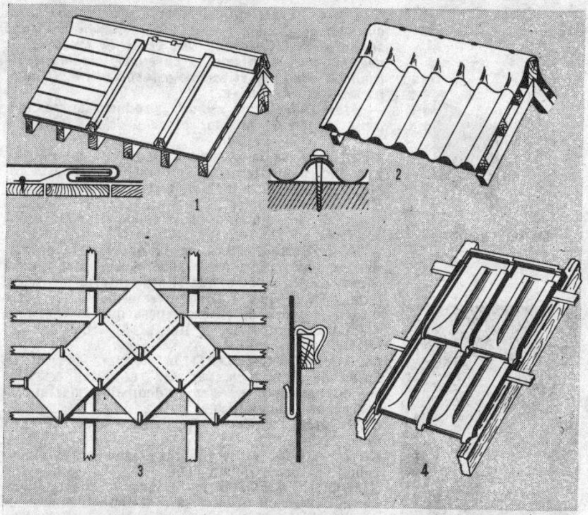

revestimientos de **cubiertas** 1. De cinc; 2. De chapa ondulada; 3. De pizarra; 4. De tejas

armadura de **cubierta** metálica de mucho vuelo

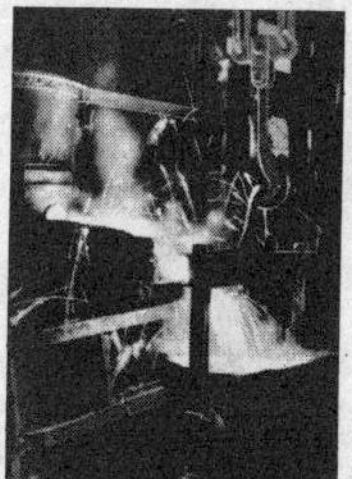

colada de **cubilote**

principales tipos de **cubiertas** : 1. De una sola pendiente; 2. Simétrica de dos aguas; 3. De dientes de sierra; 4. Mansarda; 5. Cónica; 6. De domo

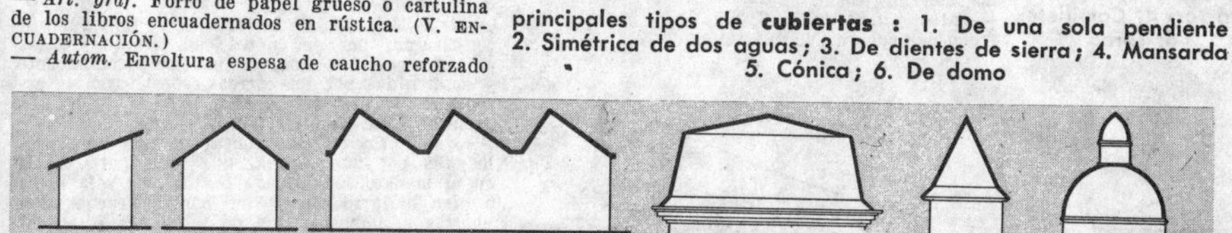

Fot. Aluminium français, Graffenstaden

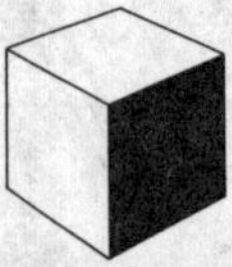

cubo *(geom.)*

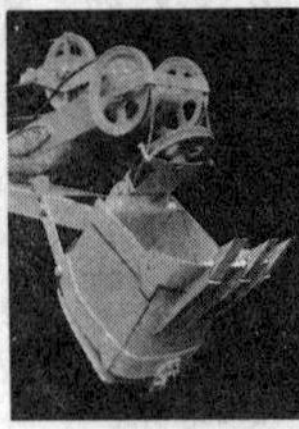

cuchara de excavadora

cucharas autoprensoras

cuchara de arrastre
1. Cable sustentador; 2. Cuchara; 3. Cable tractor; 4. Castillete; 5. Torno

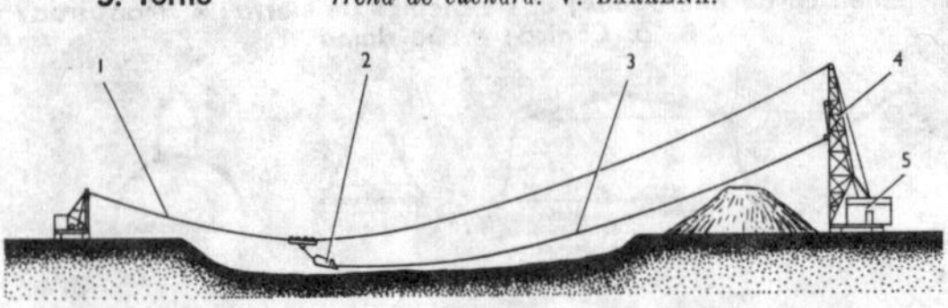

— *Geom.* Paralelepípedo rectángulo de seis caras que son cuadrados iguales: *el volumen del cubo se halla multiplicando dos veces la longitud de un lado por sí misma, y su superficie multiplicando el lado por sí mismo y luego por 6.* (Sinón. HEXAEDRO REGULAR.)

— *Mat. Cubo de un número,* producto de tres factores iguales al mismo: *el cubo de 5 es igual a* $5 \times 5 \times 5 = 625$.

— El *cubo* es la tercera potencia de un número y se indica mediante un 3 pequeño dispuesto como exponente de aquél, a su derecha y en lo alto. El ejemplo anterior se represenará así: 5^3. Los cubos de los números enteros se llaman *cubos perfectos.*

— *Mec.* Parte hembra en la que encaja el macho de una unión de bayoneta, enchufe, etc. ‖ Pieza de la rueda que lleva interiormente el buje y en la que se fijan exteriormente los rayos o bien la pieza de chapa gruesa que la mantiene fija en el centro de la llanta. ‖ Árbol del barrilete de un reloj.

CUBODODECAEDRO m. *Miner.* Cristal en forma de cubo cuyas aristas se hallan cortadas por planos que, de ser prolongados, darían un dodecaedro romboideo.

CUBOIDE m. *Geom.* Romboedro poco diferente de un cubo.

CUBOIDEO, A adj. Que tiene aproximadamente la forma de un cubo.

CUBOOCTAEDRO m. *Miner.* Cristal de forforma cúbica en el cual se combinan las caras de un cubo y las del octaedro regular.

CUBRECADENA m. *Mec.* Cárter con que se cubre una cadena de transmisión para protegerla o para no ensuciarse con ella: *un cubrecadena de bicicleta.*

CUBREJUNTA f. *Art. y of.* Pieza que se pone sobre otras dos unidas a tope y que sirve para tapar la junta o reforzar la unión: *una valla de tablas con cubrejuntas.*

CUBREOBJETO m. *Opt.* Delgadísima plaquita de cristal que se pone sobre las preparaciones microscópicas para que se conserven mejor y no se estropeen durante las manipulaciones.

CUBRERRADIADOR m. *Autom.* Cortinilla que se tiende frente a un radiador de automóvil y que, al reducir la parte de aquél expuesta al aire, permite que el motor funcione a una temperatura normal aunque la atmósfera se halle a temperaturas muy bajas.

CUBRIENTE adj. Dícese de las tintas y pinturas de colores opacos.

CUBRIR v. *Arq.* Poner la cubierta a un edificio o construcción cualquiera.

— *Art. gráf.* Poner las tapas al libro que se encuaderna.

— *Pint.* Hacer desaparecer la textura de una superficie bajo una capa de pintura espesa.

CUCARDA f. *Constr.* Escoda. (Sinón. BUJARDA y MARTELLINA.)

CUCÚRBITA f. *Tecn.* Retorta en general, y, en particular, la del alambique, donde se depositan las materias que han de ser destiladas.

CUCHARA f. *Art. y of.* Nombre de numerosas herramientas y dispositivos que se usan en diferentes industrias, ya para sacar materias líquidas o pastosas de algún sitio, ya para rascar o ahuecar la madera, el suelo, etc.

— *Constr. Amer.* Llana.

— *F. c.* Toma de agua de ciertas locomotoras, consistente en un tubo que desciende hasta penetrar en una canal situada entre los rieles y en la cual aspira el líquido durante la marcha del tren.

— *Mar.* Achicador *.

— *Metal.* Extremo de una cargadora * de hornos metalúrgicos.

— *Min.* y *Obr. públ.* V. más abajo *Tecn.* ‖ *Barrena de cuchara.* V. BARRENA.

— *Petr.* Recipiente cilíndrico que se usa para vaciar el lodo y los detritos de un pozo petrolífero antes de empezar a beneficiar el yacimiento.

— *Tecn.* Mecanismo o recipiente de que están provistas las grúas, excavadoras, dragas, etc., que sirve para excavar y, sobre todo, para tomar materias y llevarlas de un sitio a otro o transbordarlas (por ej., de la cala de un buque a los vagones de un tren). El tipo más común es la *cuchara prensil, prensora* o *autoprensora,* que consta de dos partes principales: el órgano prensil y el sistema de cierre y abertura. El primero consiste en dos o más piezas articuladas que pueden ser garfios (para levantar piedras), o bien mandíbulas que, al cerrarse, forman un recipiente capaz de contener hasta varios metros cúbicos de materias a granel. La abertura y el cierre se efectúan con un sistema de cables, y pueden ser manuales o automáticos. La cuchara pende de cuatro cables dispuestos de tal forma que, cuando la sostienen dos de estos ramales, su propio peso abre en las mandíbulas, mientras que, por el contrario, en la suspensión con los otros dos cables, el peso las mantiene apretadas una contra la otra. La cuchara se deja caer abierta sobre el montón de tierras u otras materias, en el cual se hinca por su propio peso. Luego, al tirar la grúa de los otros dos ramales, se cierran las mandíbulas y aprisionan las materias que se hallan entre ambas.

La *cuchara de arrastre, cuchara funicular* o *de raedera,* es una máquina a la vez excavadora y transportadora que se usa para dragar el lecho de los ríos, beneficiar los bancos de arena y de gravas, arrancar tierras sueltas, nivelar suelos y otros usos. Consiste esencialmente en un cable funicular, a lo largo del cual puede circular, mediante una suspensión de poleas, una cuchara de fondo articulado tirada por otro cable. Aflojando convenientemente el cable portador, la cuchara baja hasta tocar el suelo. Entonces tira de ella el cable tractor y el borde de su fondo semiabierto rae el suelo y le arranca una capa superficial que se acumula en el interior de la cuchara y acaba por llenarla. Maniobrando convenientemente el cable se lleva a continuación la cuchara hacia el sitio donde ha de vaciar su contenido (depresión del terreno que se quiere nivelar, montón, camión, etc.).

CUCHARÓN m. *Art. y of.* Cuchara grande: *un cucharón para fundir plomo y verterlo en los moldes.*

CUCHÉ adj. *Art. gráf. Papel cuché.* V. PAPEL.

CUCHILLA f. Cuchillo grande, de hoja más ancha que en los cuchillos ordinarios.

— *Art. gráf.* Una de las dos piezas principales del tintero * de las máquinas de imprimir: *la cuchilla sirve para regular el entintado de los rodillos.*

— *Tecn.* Órgano cortante de las guillotinas, cizallas, segadoras y otras máquinas. ‖ Por analogía, barra larga y delgada como una cuchilla, aunque desprovista de filo: *las máquinas plegadoras tienen cuchillas para doblar el papel.*

— *Text.* Barra del telar * Jacquard que sirve para levantar los hilos de la urdimbre.

CUCHILLERO adj. y s. *Arq.* Estribo de hierro que une el extremo inferior del pendolón con el tirante de la armadura. (V. CUBIERTA.)

— *Mec.* Estribo, abrazadera u otra pieza metálica para sujetar o afianzar una cosa o fijarla a otra.

CUCHILLO m. Instrumento cortante constituido por un mango provisto de una hoja con uno de sus bordes afilados. ‖ Nombre dado en los distintos artes y oficios a ciertas cosas que se terminan en forma de ángulo agudo, como el filo del cuchillo de cortar.

— *Arq.* Cada una de las armaduras triangulares, constituidas por dos pares, un tirante y otras piezas accesorias, que, dispuestas paralelamente y mantenidas por las correas, constituyen la estructura de una cubierta*.

— *Mar. Vela de cuchillo.* V. VELA.

— *Metal.* Un *cuchillo* consta de una hoja prolongada por una espiga, que sirve para fijarla en el mango. Este puede ser de una sola pieza o bien hallarse constituido por dos cachas dispuestas a ambas partes de la espiga y unidas con la misma por medio de remaches. En las navajas, la hoja cortante se halla articulada en

Fot. J. Dumontier, BENOTO, S. N. C. F.

el mango y éste forma una caja o hendedura en la cual penetra aquélla cuando no se usa el instrumento. El extremo articulado de la hoja está provisto de una o varias muescas en las que encaja un gatillo del mango que impide el cierre accidental de la navaja. Las navajas de afeitar carecen de dicho enclavamiento y se distinguen por la alta calidad de su acero, el temple del mismo y el perfil cóncavo de las caras de la hoja. Los buenos cuchillos y navajas se hacen con aceros al cromo y al tungsteno. Las distintas fases de su fabricación son: el laminado, estampado y forjado de una barrita de acero hasta obtener la forma de la hoja, el temple y afilado de la misma y el montaje de los mangos.

CUDRIA f. *Text.* Soga delgada hecha de esparto trenzado.

CUELLO m. Parte más estrecha de una cosa, que une dos secciones más anchas de la misma. ‖ Parte superior, larga y estrecha, de las botellas y otros recipientes.
— *Arq.* Garganta de una columna, balaustre u otro elemento arquitectónico. ‖ Tubo en forma de S que enlaza el canalón del alero con el bajante de la fachada. ‖ Codo de doble curvatura que forma la unión entre dos tramos sucesivos de pasamanos de escalera.

CUENCA f. Hortera o escudilla de madera.
— *Geol.* Depresión topográfica poco profunda, pero muy extensa.
— *Hidr.* Todo el territorio cuyas aguas afluyen a un mismo río: *en algunas partes es difícil delimitar exactamente las cuencas del Amazonas y del Orinoco.*
— *Min.* Yacimiento muy importante o grupo de yacimientos que forman una misma unidad geográfica o geológica.

CUENCO m. *Cerám.* Vasija ancha, honda y desprovista de asas.
— *Obr. públ.* Cámara de la esclusa * comprendida entre sus dos cabezas.

CUENTA f. Acción de contar. ‖ Cálculo aritmético.
— *Astron. Cuenta atrás,* lista* de control.
— *Text.* Número de hilos que tiene la urdimbre por cada centímetro de tejido.

CUENTAGIROS m. *Metr.* Tacómetro.

CUENTAGOTAS m. Tapón acanalado, pipeta o cualquier otro dispositivo propio para verter líquidos gota a gota con objeto de dosificarlos.
— En los *cuentagotas* para medicamentos la boquilla ha de tener un diámetro exterior de 3 mm y un orificio de 6/10 de mm. Con estas medidas se obtienen, por cada gramo de líquido, 20 gotas de agua, 23 de amoniaco, 25 de glicerina, 64 de alcohol de 95°, 93 de éter, etc.

CUENTAHÍLOS m. *Text.* Lupa especialmente montada para situarla a la distancia conveniente de un tejido y poder contar cómodamente los hilos de la trama y urdimbre.

CUENTAIMÁGENES m. *Cin.* Dispositivo que tienen ciertas cámaras cinematográficas, merced al cual se sabe el número de imágenes ya impresionadas y se pueden obtener efectos especiales (sobreimpresión, superposición de títulos, etc.).

CUENTAKILÓMETROS m. *Autom.* Contador * de kilómetros.

CUENTAPASOS m. *Metr.* Podómetro.

CUENTARREVOLUCIONES o **CUENTAVUELTAS** m. *Mec.* Tacómetro.

CUENTO m. *Art. y of.* Puntal. ‖ Pie derecho.

CUERDA f. *Acúst.* Hilo muy resistente, de metal, tripa, Nylón, seda u otra materia, tendido entre dos puntos fijos, que se hace vibrar en los instrumentos de cuerda para producir los sonidos musicales.
— Cuando, según los instrumentos, se pulsa, raspa o golpea una *cuerda,* ésta vibra y describe en el aire un huso cuyos extremos son los puntos de fijación de la misma. Emite entonces un sonido fundamental cuya frecuencia * es, según los casos: 1.° inversamente proporcional a su longitud (los sonidos son tanto más graves cuanto más largas son las cuerdas); 2.° proporcional a la raiz cuadrada de la tensión (de dos cuerdas iguales la más tensa da el sonido más agudo), y 3.° inversamente proporcional a la raíz cuadrada de su masa por unidad de longitud (las cuerdas para notas graves son las más gruesas del instrumento). En determinadas condiciones la cuerda puede vibrar formando dos o más husos entre sus extremos y el sonido emitido (sonido parcial) difiere del sonido fundamental.
— *Aeron. Cuerda de un perfil* *, línea que une su borde de ataque con el de escape. ‖ *Cuerda de desgarre,* v. GLOBO.
— *Arq.* Línea de arranque de un arco * o bóveda. ‖ *Amer.* Viga o vigueta que soporta el suelo de un piso y el techo del piso inferior.
— *Geom.* Línea recta que une dos puntos de una curva. ‖ *Cuerda de los contactos,* la que une los puntos de contacto de dos tangentes que concurren en un punto exterior a una cónica: *la cuerda de los contactos es la polar * del punto exterior respecto a la cónica considerada.*
— *Mec. Dar cuerda,* dar tensión al muelle real o subir las pesas, según los casos, para que, al distenderse aquél o bajar éstas por gravedad, accionen los engranajes de un reloj o de cualquier otro mecanismo de relojería.
— *Metal. Cuerda de piano,* alambre de acero muy resistente (200 kg/mm²) que se usa para hacer cables y resortes y tiene numerosas aplicaciones en artes y oficios.
— *Tecn.* y *Text.* Conjunto formado por varios hilos o cordones torcidos sobre sí mismos y luego corchados (rara vez trenzados) para que constituyan un solo elemento más grueso y resistente.

cuentahilos

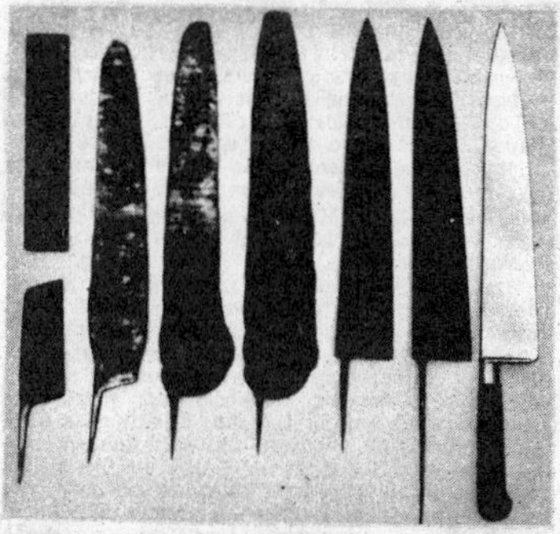

fases diversas de la fabricación de un **cuchillo**

diferentes clases de **cuchillos** : 1. Para queso; 2. De mesa; 3. Cuchilla; 4. Para manteca; 5. De mango redondo; 6. De bolsillo, para seis usos; 7. De espátula; 8. Mondador; 9. Navaja; 10. De cortar pan; *abajo* : detalles de un cuchillo (11. Hoja; 12. Tope; 13. Espiga; 14. Virola; 15. Mango)

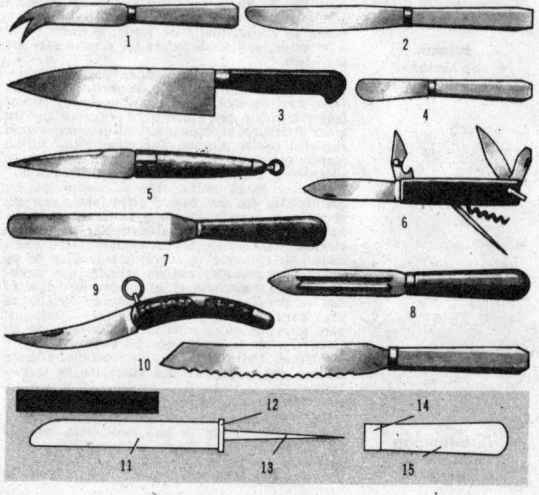

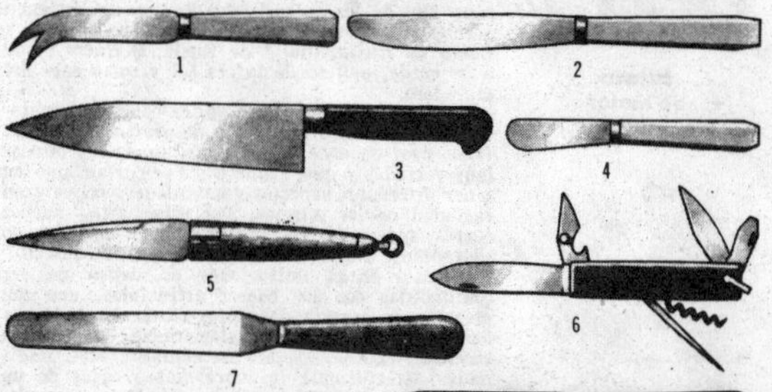

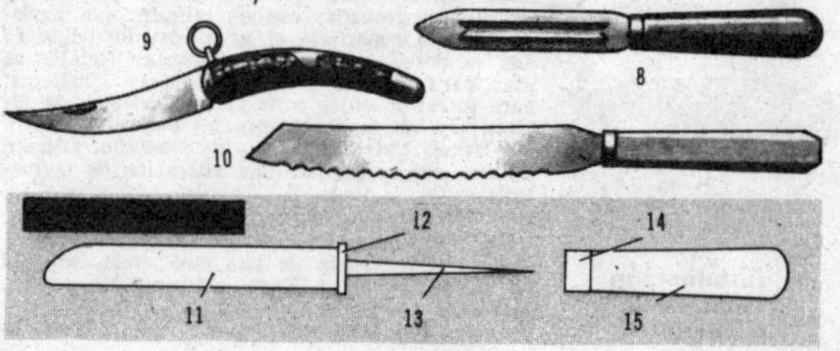

Fot. Boyer

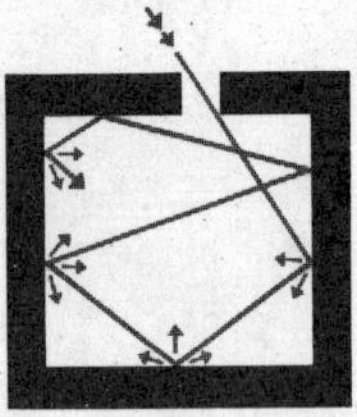

cuerpo negro
(fís.)

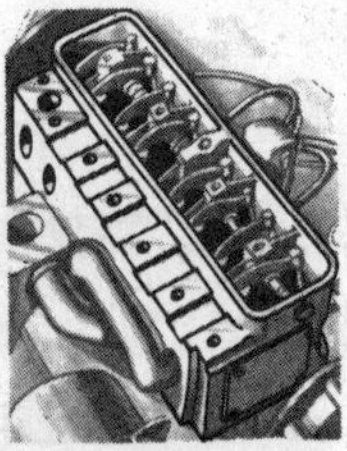

culata
de motor
de automóvil

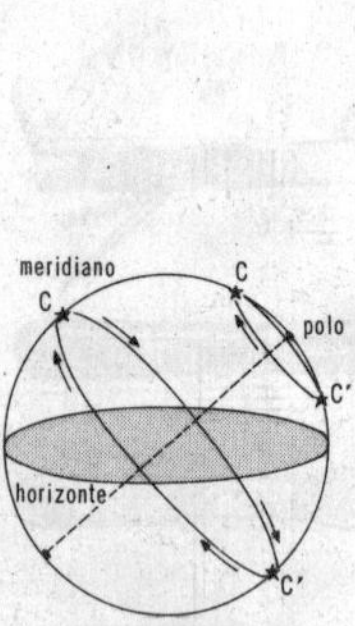

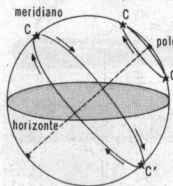

culminación
superior C
e inferior C′

— Las *cuerdas* se hacen con diferentes fibras textiles, especialmente las siguientes: cáñamo, abacá, pita, yute, esparto, algodón, lino y fibra de coco. Para fabricar una cuerda simple se tuercen separadamente tres espesores relativamente grandes de fibras para formar otros tantos cordones gruesos que luego serán corchados. Las cuerdas más complejas se obtienen fabricando primero hilos con la fibra, y luego cordeles de a tres hilos antes de corchar tres o más cordeles para constituir la cuerda. Las máquinas modernas se cargan con carretes de hilo, forman los cordeles y luego los corchan, fabricándose así la cuerda de una sola vez. Cuando se trata de maromas, la preparación de los cabos y la corchadura constituyen dos operaciones que se efectúan separadamente. También se usan cuerdas muy resistentes de fibras sintéticas, especialmente de Nylón. En cuanto a las que se hacen con hilos metálicos, se las suele dar el nombre de *cables* *.
Las cuerdas de tripa, que se usan en las raquetas de tenis, los instrumentos de música y otras aplicaciones, se fabrican con intestinos (especialmente de reses ovinas) que, después de haberse tratado con lejía, se cortan en tirillas, se tuercen manualmente y se aprestan con aceite antes de secarlas.

CUEREAR v. *Curt.* e *Ind. alim. Amer.* Desollar las reses y secar sus cueros.

CUERNO m. *Astr.* Cada una de las dos puntas que presenta la parte iluminada de la Luna entre el cuarto menguante y la luna llena y entre ésta y el cuarto creciente. ‖ Cada una de las dos puntas que presentan los planetas Mercurio y Venus cuando, en el curso de su revolución, se hallan en una fase equivalente a las que se han indicado para la Luna y presentan un aspecto idéntico.
— *Tecn.* y *Zool.* Materia suministrada por las capas externas de las astas de los animales. ‖ *Cuerno artificial,* galalita.
— Las astas se dejan macerar en agua para facilitar la separación de la materia córnea y del núcleo óseo; luego se asierran longitudinalmente y se ablandan con agua caliente para poder extenderlas y aplanarlas. Una vez secas es posible exfoliar el *cuerno* en hojas delgadas y transparentes que pueden ser teñidas. También se moldea fundiéndolo mediante un calor húmedo. Se usa para hacer mangos de cuchillos, incrustaciones, objetos de adorno, etc. Con los desperdicios se fabrica azul de Prusia y cianuro de potasio. Por lo demás, sus cenizas constituyen un abono excelente. El cuerno se imita muy bien con resinas sintéticas.

CUERO m. *Curt.* Pellejo de los animales, especialmente cuando ha sido adobado para volverlo inalterable. ‖ *Cuero artificial,* materia sintética hecha a imitación del cuero. ‖ *Cuero desdoblado,* cada uno de los cueros delgados que se obtienen partiendo con una máquina un cuero espeso. ‖ *Cuero de Rusia,* piel * de Rusia. ‖ *Cuero verde* o *en verde,* pellejo de la res tal y como sale del matadero.
— El nombre de *cuero* se aplica con más propiedad a los pellejos curtidos y desprovistos de pelo. Como provienen de animales de especies y edades muy variadas y que, según como se curtan, pueden tener diferentes aspectos y cualidades, existe gran variedad de los mismos. Por otra parte, muchos cueros apreciados se imitan dando un acabado conveniente a otros cueros ordinarios. (V. CURTIDO y PIEL.) Estas imitaciones no deben de ser confundidas con los cueros artificiales, que son mezclas de aserrín de cuero, fibras de fieltro y hasta de papel, etc., aglomeradas con aceites secantes, caucho, acetato de celulosa, etc., laminadas directamente (o sobre ambas caras de un soporte) y grabadas con un cilindro que reproduce en su superficie el grano propio del cuero que se desea imitar. Los cueros artificiales se usan para fabricar estuches, carteras o maletas, para forrar muebles y hasta como relleno de los tacones y suelas de los zapatos baratos.
— *Miner. Cuero mineral* o *de montaña,* silicato natural que resulta de una alteración de la tremolita.
— *Papel. Cartón cuero,* v. CARTÓN.

CUERPO m. Objeto o substancia material. ‖ Grueso, consistencia de una cosa: *tela, pintura de mucho cuerpo.* ‖ Parte principal de muchas cosas: *el cuerpo de una estufa.*
— *Arq.* Parte de un edificio limitada por dos cornisas. ‖ Obra maestra de un edificio sin la cubierta ni las puertas y ventanas.
— *Art. gráf.* Tamaño de la letra de imprenta, también llamado *fuerza.* (V. CARÁCTER.)
— *Astr. Problema de los tres cuerpos,* v. más abajo *Mec.*
— *Fís. Cuerpo negro,* cuerpo que tiene la propiedad de absorber completamente las radiaciones que lo hieren sin reflejar ni transmitir por conductibilidad la menor parte de ellas. (SINÓN. RADIADOR INTEGRAL.)
— El *cuerpo negro* puede ser representado aproximadamente por una cavidad practicada en una masa de materia perfectamente calorífuga y provista de un orificio muy pequeño. Cuando un haz de radiaciones —un haz luminoso, por ejemplo— penetra en la cavidad, experimenta múltiples reflexiones, y acaba por ser totalmente absorbido. La cavidad o cuerpo negro puede restituir entonces una energía radiante que depende únicamente de la temperatura que ha adquirido. Por consiguiente, un cuerpo negro puede servir de unidad para determinar la intensidad de las radiaciones de cualquier otro cuerpo, y cuando se dice que el factor de absorción o de emisión de una substancia es de 0,5, se sobreentiende que es igual a 0,5 de la radiación de un cuerpo negro que se hallara a la misma temperatura.
— *Geom.* Sólido limitado por superficies planas, como los poliedros *, por curvas, como la esfera, o planas y curvas, como el cilindro.
— *Mar. Cuerpo muerto,* conjunto formado por dos o más anclas grandes unidas por una cadena, que sirve para fondear en las radas o bahías. ‖ Boya a la cual se amarra a veces el cuerpo muerto en vez de fondearlo.
— *Mec. Problema de los tres cuerpos,* problema consistente en determinar las posiciones respectivas que ocuparán en un momento dado tres cuerpos que se atraen mutuamente dos a dos y de los cuales se conoce la masa, la velocidad y la dirección de su trayectoria: *el problema de los tres cuerpos tiene una importancia transcendental en mecánica celeste.*
— *Quím. Cuerpo simple,* el que solamente contiene un elemento * químico y, por consiguiente, no puede descomponerse en dos o más cuerpos diferentes: *el hidrógeno es el más ligero de todos los cuerpos simples.* ‖ *Cuerpo compuesto,* cuerpo constituido por la unión de varios elementos.
— La infinidad de materias existentes de origen natural o artificial se hallan constituidas por un número relativamente reducido (menos de un centenar) de *cuerpos simples* o *elementos* * *químicos.* La agrupación de los mismos con arreglo a determinadas proporciones y estructuras da lugar a la formación de *cuerpos compuestos.* Así, el hidrógeno y el oxígeno son cuerpos simples, mientras que la unión en una molécula de dos átomos del primero con uno del segundo da agua, que es un cuerpo compuesto. Cuando una substancia se halla constituida por una sola clase de moléculas —por complejas que éstas sean— se tiene un cuerpo puro. Por lo general las substancias naturales son mezclas de varios cuerpos y carecen de propiedades particulares. (V. COMBINACIÓN, COMPUESTO, ELEMENTO, QUÍMICA y REACCIÓN.)
— *Tecn.* Parte principal de una instalación, máquina u órgano mecánico: *el cuerpo de una bomba es el cilindro en el cual se mueve el émbolo.*
— *Text.* Grupo de lizos que obran conjuntamente en una parte de la tela que se está tejiendo.

CUESCO m. *Metal.* Masa de escorias de los hornos de cuba. ‖ *Amer.* Trozo de mineral muy grande y de forma más o menos redondeada.

CUESTA f. *Geol.* Forma de relieve que presenta por uno de sus lados un talud (frente) de mucha pendiente y de perfil cóncavo y, por el otro, una meseta ligeramente inclinada en sentido inverso del frente.

CUEVA f. *Arq.* Sótano de una casa.

CUÉVANO m. *Art. y of.* Cesto grande, como el que se usa para la vendimia.

CUEZO m. *Constr.* Artesa pequeña especialmente usada para amasar yeso.

CULATA f. Parte posterior de ciertas cosas.
— *Arm.* Pieza muy resistente que sirve para abrir y cerrar la cámara de las armas de fuego. ‖ Parte posterior de las armas de fuego portátiles que, para apuntar y tirar, suele aplicarse contra el hombro.
— *Arq. Amer.* Hastial. ‖ Cobertizo.

— *Autom.* Véase más abajo *Mec.*
— *Electr.* Pieza de metal ferromagnético que sirve para unir los núcleos de un electroimán, los de un transformador o los polos de una máquina.
— *Joy.* Parte inferior o base de una gema tallada.
— *Mec.* Cubierta de un cilindro o cubierta común de todos los cilindros de un motor de explosión o de combustión interna.
— La *culata,* fijada con pernos al bloque del cilindro, tiene una cavidad que forma encima del émbolo la cámara donde se efectuará la compresión y la explosión de la mezcla carburante. Sirve de soporte a la bujía y, en el caso de distribución superior, tiene orificios para las válvulas de admisión y escape. La culata se halla expuesta a temperaturas muy elevadas. En los motores pequeños refrigerados por aire se halla cubierta de aletas, y en los grandes baña en el agua de refrigeración * merced a una doble pared.
— *Min.* Fondo de un barreno.

CULATÍN m. Culata pequeña.
— *Arm.* Culata postiza, a veces constituida por un alambre grueso, que se pone a las pistolas ametralladoras.

CULMINACIÓN f. *Astr.* Cada uno de los dos puntos de intersección del meridiano de un lugar con el círculo de declinación * descrito por un astro.
— La *culminación superior* corresponde al momento en que el astro alcanza su máxima altura sobre el horizonte y la *culminación inferior* a su posición más baja respecto al mismo. Sin embargo, las estrellas circumpolares *, que jamás se ponen, se hallan por encima del horizonte en el momento de sus dos culminaciones.

CULMINANTE adj. *Astr.* Dícese del punto más alto que puede alcanzar un astro en el cielo por encima del horizonte de un lugar.

CULO m. Parte inferior o posterior de ciertas cosas: *los marineros dan familiarmente el nombre de culo a la popa del barco.*
— *Arq. Culo de saco,* callejón sin salida.
— *Art. gráf. Culo de lámpara,* base * de lámpara. ‖ Filete artístico o viñeta que se pone al final de una parte o capítulo del libro cuando las últimas líneas no forman una base de lámpara.

CULOMBÍMETRO m. *Electr.* Instrumento para medir la cantidad de electricidad que pasa por un conductor, constituido las más de las veces por un amperímetro regulado en amperios hora.

CULOMBIO m. *Electr.* Unidad para medir la cantidad de electricidad, usada especialmente en el sistema M.K.S.A. *, cuyo símbolo es C.
— El *culombio* es la cantidad de electricidad transportada en un segundo por una corriente de un amperio. El *culombio internacional* se define como la cantidad de electricidad que, por electrólisis de un baño de nitrato argéntico, permite depositar en el cátodo 1,118 25 mg de plata. El amperio hora, que es la unidad práctica usada industrialmente, equivale a 3 600 culombios.

CULOTE m. *Arm.* Parte posterior de los proyectiles, cuya forma de tronco de cono aumenta el alcance de los mismos. ‖ Parte posterior del cartucho, que lleva el fulminante en su centro.
— *Electr.* Casquillo * de las lámparas.

CULTELADO, DA y **CULTELAR** adj. De forma de cuchillo.

CULTIVADOR m. o **CULTIVADORA** f. *Agr.* Máquina agrícola para efectuar labores superficiales.

CULTIVO m. *Agr.* Trabajo de la tierra para hacer crecer las plantas y cuidados que se prodigan a las mismas. ‖ *Cultivo sin suelo,* acuicultura.
— *Quím.* Multiplicación de las bacterias, levaduras y microorganismos necesarios en ciertos procesos industriales (elaboración de bebidas fermentadas, vinagre, quesos y productos lácteos, etc.) y para investigaciones científicas.

CUMÁLICO, CA adj. *Quím.* Dícese de un ácido que se obtiene calentando una mezcla de ácidos málico y sulfúrico.

CUMARINA f. *Perf.* y *Quím.* Lactona presente en el haba tonca y otros vegetales, que es un principio oloroso usado en perfumería: *la cumarina se fabrica sintéticamente haciendo obrar el aldehído salicílico sobre el acetato de sodio y el anhídrido acético.*

CUMARONA f. *Plást.* y *Quím.* Substancia líquida de fórmula C_8H_6O, que se extrae del alquitrán de hulla. (Sinón. BENZOFURANO.)
— La *cumarona* se polimeriza fácilmente en presencia de ácido sulfúrico y de cloruro de aluminio y da entonces resinas sintéticas amarillas, termoplásticas e insensibles a la acción de los ácidos, así como a la de las bases. Estas materias plásticas se usan en la fabricación de tintas de imprenta, barnices, para encolar papeles y como plastificantes de polvos para moldear.

CUMBRERA f. *Arq.* Caballete del tejado. ‖ Parhilera.

CÚMEL m. *Ind. alim.* Licor alcohólico que se bebe como digestivo.
— El *cúmel* se obtiene a partir de un alcohol en el cual se ha dejado macerar durante un mes una mezcla de comino, hinojo y canela. Se destila después esta preparación y se agrega al producto de la destilación un jarabe de azúcar que ha experimentado una cocción prolongada.

CUMENO m. *Quím.* Carburo bencénico que constituye el isopropilbenceno, de fórmula C_6H_5—$CH(CH_3)_2$.
— El *cumeno* es un líquido que hierve a 152° y tiene las mismas propiedades químicas que el benceno. Se obtiene por la acción del cloruro de isopropilo o del butileno sobre el benceno, en presencia de cloruro de aluminio. Sirve para fabricar disolventes, lacas y muchos otros productos químicos. Como tiene un alto índice de octano, se usa en la gasolina para aviones.

CÚMULO m. *Astr.* Agrupación de numerosas estrellas de un mismo sistema en un núcleo más o menos denso. ‖ *Cúmulo de galaxias,* v. GALAXIA.
— Los *cúmulos globulares* se hallan formados por decenas de millares de estrellas agrupadas en un espacio esferoideo en cuya parte central son tan numerosas que es imposible distinguirlas separadamente. Estos cúmulos se hallan situados en la periferia de la Galaxia y pueden ser considerados algo así como satélites de la misma. Por el contrario, los cúmulos abiertos se hallan en el seno de la Galaxia y no presentan la misma densidad de estrellas que los anteriores ni sus formas regulares.
— *Meteor.* Nube blanca, de contornos netos, con su base plana y el resto constituido por protuberancias redondeadas: *los cúmulos son nubes de buen tiempo formadas por convección térmica.*

CUMULOESTRATO m. *Meteor.* Estratocúmulo.

CUMULONIMBO m. *Meteor.* Masa de nubarrones obscuros que avanzan en un frente muy alto (de 400 a 10 000 m) y provocan violentas tormentas y granizadas: *los cumulonimbos se deben a la existencia de fuertes corrientes verticales (frentes * fríos, ciclones * tropicales o convergencias * ecuatoriales).*

CUMULOSTRATO m. *Meteor.* Estratocúmulo.

CUNA f. *Mar.* Basada. ‖ Cada uno de los camarotes o compartimientos que tienen a veces las embarcaciones pequeñas.
— *Obr. públ.* Pasarela hecha con dos maromas suspendidas, sobre las cuales se asientan y atan transversalmente las tablas.
— *Tecn.* Armazón de forma conveniente para servir de asiento a una máquina, motor u otro órgano mecánico y provista de pernos que permiten montarlo y desmontarlo con rapidez y afianzarlo con toda seguridad: *los aviones pequeños tienen la cuna del motor en el morro del fuselaje.*

CUNETA f. *Obr. públ.* Zanja de desagüe junto al borde de una calzada.

CUÑA f. *Arm. Culata de cuña,* v. el dibujo del art. CULATA.
— *Art. gráf.* Dispositivo extensible por medio de tornillos que se interpone entre la rama y la forma y sirve para apretar esta última y afianzarla.
— *Art. y of.* Pieza de hierro o madera dura en forma de prisma cuya base es un triángulo isósceles muy agudo.
— La *cuña* tiene múltiples aplicaciones derivadas de las propiedades del plano * inclinado: si se interpone entre dos piezas que no se tocan, inmoviliza cada una de ellas respecto a la otra y soporta sin deslizarse las fuerzas que tienden a acercarlas (caso de la cuña utilizada como calce). En razón de su forma, toda fuerza aplicada

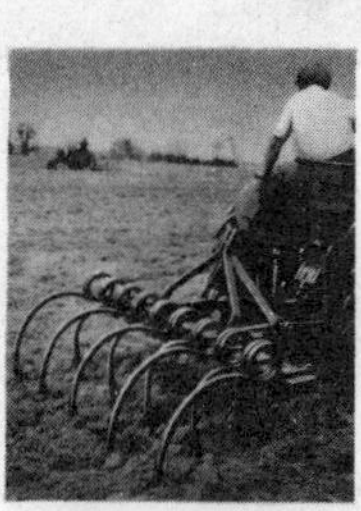

cultivador

cúmulo *(meteor.)*

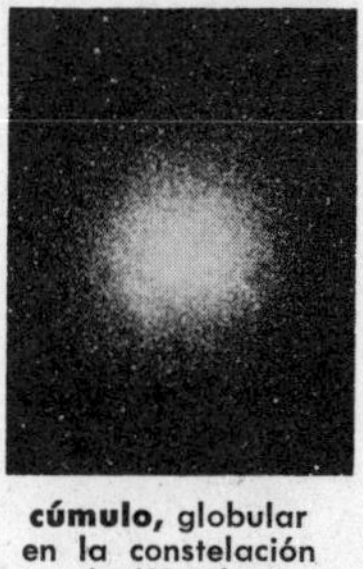

cúmulo, globular en la constelación de Hércules

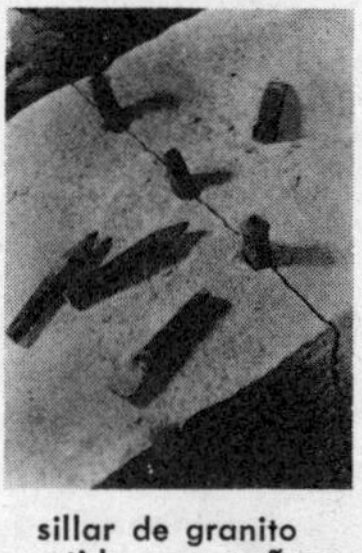

sillar de granito partido con **cuñas**

Fot. Schall, G. W. Ritchey, Obs. del Monte Wilson, O.N.M., Esso

sobre la base de la cuña es descompuesta en otras dos fuerzas perpendiculares a sus dos caras inclinadas (de ahí que, introducida en una hendedura o abertura, y golpeada con fuerza suficiente, separe los bordes de la misma y permita apretar dos o más elementos situados entre dos topes, o bien separar una cosa de otra, henderla o partirla).
— *Constr.* Adoquín o ladrillo en forma de pirámide truncada.
— *F. c.* Junta de madera o chapa doblada en forma de resorte, que se interpone entre el cojinete y el alma del riel para que éste se mantenga en una posición fija determinada por el ancho de la vía.
— *Fot.* ***Cuña sensitométrica,*** prisma * sensitométrico.
— *Geom.* Sólido ya descrito más arriba en *Art. y of.* || ***Cuña esférica,*** sólido que es la parte de la esfera limitada por dos planos que la cortan y convergen en un mismo diámetro formando un ángulo diedro de menos de 180º: *una raja de sandía tiene aproximadamente la forma de cuña esférica.*
— *Mec.* ***Cuña de aceite,*** v. ENGRASE.
— ***Ópt.*** **Prisma.**

CUÑAR v. *Metal.* Acuñar.

CUÑERO m. *Carp.* Corte hecho con el escoplo en el sentido transversal de las fibras.

CUÑO m. *Metal.* Troquel de acero para acuñar monedas * y medallas.

CUOCIENTE m. *Mat.* Cociente.

CUPAL m. *Metal.* Chapa de aluminio protegida por una finísima capa de cobre.

CUPÉ m. *Carroc.* Coche cerrado con asiento para dos personas solamente.

CUPIAL m. *Arq. Amer.* Cobertizo.

CUPLA f. *Mec.* Galicismo por *par * de fuerzas.*

CUPR, prefijo que indica la presencia de *cobre* en un compuesto.

CUPRALUMBRE m. *Miner.* Alumbre natural de cobre.

CUPRATO m. *Quím.* Sal formada por el óxido cúprico con otro óxido metálico.

CUPRENO m. *Quím.* Masa fibrosa de hidrocarburos condensados que se obtiene a partir del acetileno.
— Si se hace pasar una corriente de acetileno (calentado a 180º) entre placas de cobre, se condensa en la superficie de éstas un carburo complejo, el cupreno, con aspecto de yesca, que reemplaza ventajosamente al corcho para rellenos aislantes, pues es insensible a la humedad y resiste a la acción de muchos productos químicos.

CÚPRICO, CA adj. De cobre. || Que contiene cobre.
— *Quím.* Dícese del óxido CuO y de todas las sales en las cuales el cobre * es bivalente.

CÚPRIDOS m. pl. *Miner.* Familia de minerales que contienen cobre o alguno de sus compuestos.

CUPRÍFERO, RA adj. Que contiene cobre.

CUPRÍMETRO m. *Quím.* Probeta graduada que, con el uso de un reactivo apropiado, permite comprobar por colorimetría la riqueza de las disoluciones de sulfato de cobre usadas industrialmente.

CUPRITA f. *Miner.* Óxido cuproso natural Cu_2O, que cristaliza en forma de hermosos cristales rojos y constituye una mena de cobre muy apreciada.

CUPROALUMINIO m. *Metal.* Aleación a base de cobre que contiene de 6 a 12 % de aluminio.
— Los *cuproaluminios* más comunes contienen 10 % de aluminio y, en ciertos casos, 4 % de hierro. Estas aleaciones, impropiamente llamadas *bronce de aluminio,* son de color amarillo y además de sus excelentes características mecánicas, resisten muy bien a la corrosión. Se usan en joyería y decoración, en la fabricación de monedas y medallas, la industria química, las construcciones navales (hélices) y mecánicas (válvulas, engranajes, bombas, etc.).

CUPROAMONIACAL adj. *Quím.* Dícese de soluciones amoniacales de óxido cúprico.
— Los *licores cuproamoniacales* disuelven la celulosa. Se usan en la fabricación de cartones y de fibras textiles artificiales y sirven también para impermeabilizar papel y lonas y para preservar de la putrefacción las cuerdas y la madera.

CUPROBERILIO m. *Metal.* Aleación de cobre y berilio que, de todas las ligas de cobre, es la más dura y elástica: *el cuproberilio se llama también, aunque impropiamente, bronce de berilio y cuproglucinio.*
— El *cuproberilio* contiene generalmente 2 % de berilio (aunque en ciertos casos la proporción puede llegar a ser de 10 %) y 0,4 % de níquel o cobalto que sirve para afinar el grano. Después de templarlo en el agua a 750º es blando y se labra fácilmente, pero al recocerlo durante cuatro horas en un baño de sales a 320º, se vuelve muy duro y elástico. Esta elasticidad, así como su alta conductibilidad eléctrica (22 % de la del cobre) y el hecho de carecer de propiedades magnéticas, determinan sus principales usos: espirales para los relojes (más duraderos que los de acero e insensibles a las influencias magnéticas); cuchillos de interruptor y otras piezas eléctricas sometidas a frotamientos; herramientas para minas, refinerías de petróleo y fábricas de pólvora (pues la percusión de dichas herramientas no hace saltar chispas), etc.

CUPROCROMO m. *Metal.* Aleación de cobre y cromo.
— Los *cuprocromos* con menos de 1 % de cromo conservan 80 % de la conductibilidad eléctrica del cobre y tienen una resistencia mecánica muy superior a la de este metal. Se usan en la construcción de material eléctrico y como electrodo para soldaduras. En ciertas aleaciones se aumenta la proporción de cromo hasta 10 %, lo cual tiene por efecto afinar el grano de la liga.

CUPROFÓSFORO m. *Metal.* Aleación de cobre y fósforo.
— El *cuprofósforo* con 15 % de fósforo se usa para desoxidar aleaciones cúpricas y permite la elaboración de bronces fosforosos.

CUPROGLUCINIO m. *Metal.* Cuproberilio.

CUPROMAGNESIO m. *Metal.* Aleación de cobre con 15 % de magnesio, que se usa como desoxidante en la fundición del cuproaluminio.

CUPROMANGANESO m. *Metal.* Aleación de cobre con 30 % de manganeso.
— El *cupromanganeso* se usa en la preparación de otras aleaciones cúpricas. Su resistividad eléctrica permite utilizarlo para fabricar resistencias. (V. MANGANÍN.)

CUPRONÍQUEL m. *Metal.* Aleación de cobre y níquel.
— Todos los cuproníqueles se caracterizan por su alta resistencia mecánica, que conservan hasta los 500 ó 600º, y su resistencia a la corrosión incluso alcalinosódica. Los que contienen de 25 a 30 % de níquel son maleables y se usan en maquinaria naval, para estampar monedas y medallas, etc. Las aleaciones con 45 % de níquel son poco conductoras de electricidad y se usan para hacer reóstatos. (V. CONSTANTÁN.) Los *cuproníqueles complejos* contienen un tercer metal que les confiere alguna propiedad particular, y así existen cuproníqueles al hierro (v. MONEL), al cromo, al silicio, al estaño, al berilio, etc.

CUPROPLOMO m. *Metal.* Liga de cobre y plomo, que no es una verdadera aleación, pues ambos metales no son miscibles, y, al solidificarse la mezcla, el plomo se concentra en granos o aglomeraciones diseminadas en la masa de cobre.
— El *cuproplomo* se usa como metal antifricción, pues en caso de calentamiento exagerado del cojinete, el plomo obra como lubricante.

CUPROSILICIO m. *Metal.* Aleación de cobre y silicio.
— Los *cuprosilicios* con menos de 5 % de silicio pueden ser comparados, por sus propiedades, a los bronces ordinarios. Con 10 % de silicio constituyen agentes de depuración usados en la elaboración de bronces y latones al silicio.

CUPROSO, SA adj. *Quím.* Dícese del óxido de cobre Cu_2O y de las sales en las cuales el cobre * es monovalente.

CUPROTITANIO m. *Metal.* Aleación de cobre y titanio usada como desoxidante y para afinar el grano de aleaciones cúpricas.

CUPROURANITA f. *Miner.* Calcolita.

CUPROVANADIO m. *Metal.* Aleación de cobre y vanadio obtenida por aluminotermia.

CUPRÓXIDO m. *Quím.* Óxido cuproso. (V. COBRE.)

CÚPULA f. *Arq.* Bóveda hemisférica. || *Cúpula gallonada* o *lobulada,* la que está formada por elementos en forma de medio huso yuxtapuestos como los gajos de una naranja.
— Con toda propiedad, la *cúpula* es la bóveda interior, mientras que el nombre de *domo* sólo debiera aplicarse a la parte exterior. Por lo demás, ambas partes difieren mucho, en ciertos edificios, tanto por su forma como por su estructura.
— *Astr.* La *cúpula* de los observatorios astronómicos es giratoria y, una vez apuntado el instrumento óptico hacia la región del cielo que se desea observar, entran en marcha unos motores que la mueven automáticamente y a la velocidad requerida para que, contrarrestando la rotación de la Tierra, se mantenga su lumbrera siempre abierta en la misma dirección de la esfera celeste.
— *Mec. Cúpula de vapor,* cavidad en forma de bóveda que prolonga por arriba la cámara de vapor de una caldera y en la cual se halla la toma de vapor, lejos de la superficie del agua en ebullición, para que el vapor que va a los cilindros no pueda arrastrar el líquido. (Sinón. DOMO DE VAPOR.)
— *Radiot.* Radomo.

CUPULINO m. *Arq.* Cúpula pequeña de una estructura superpuesta al domo principal.

CURADO m. *Text.* Tela de algodón blanqueado en madejas, que se usa para hacer sábanas, ropa interior y otras labores de lencería.

CURAR v. Preparar una materia para que pueda servir a determinado uso.
— *Carp.* Dejar que la madera cortada se seque y fije su forma antes de labrarla.
— *Curt.* Adobar o curtir las pieles con arreglo al uso que se ha de hacer de ellas.
— *Ind. alim.* Salar o ahumar carnes o pescados para que puedan conservarse.
— *Text.* Blanquear los hilos y tejidos.

CURASAO o **CURAZAO** m. *Ind. alim.* Licor hecho con aguardiente, azúcar y corteza de naranja.

CURBARIL m. *Bot., Carp.* y *Pint.* Árbol cesalpinio *(Hymenoea courbaril)* de grandes dimensiones, propio de la América tropical, que, además de suministrar el copal *, da una madera dura y sólida, de color rojizo y grano fino, usada en ebanistería, construcciones navales y para labores de torno. (Sinón. GUAPINOL.)

CÚRCUMA f. *Bot.* Género de plantas cingiberáceas algunas de cuyas especies se cultivan para aprovechar el arrurruz * y la curcumina * que contienen en sus rizomas.

CURCUMINA f. *Col.* Materia tintórea de color amarillo anaranjado que se extrae de las raíces de la cúrcuma. || Colorante azoico de la serie del estilbeno.

CUREÑA f. *Arm.* Bastidor que soporta un cañón y lleva los mecanismos necesarios para su funcionamiento (cargador, suspensión sobre dos ejes para apuntar en las distintas direcciones, etc.) y, en ciertos casos, para su transporte.

CURIE m. *Atom.* Curio.
— *Fís. Punto de Curie,* temperatura por encima de la cual las substancias ferromagnéticas pierden sus propiedades características y se vuelven bruscamente paramagnéticas: *el punto de Curie es de 360° para el níquel, 775° para el hierro, 1 100° para el cobalto,* etc.

CURIO m. *Atom.* Unidad de radiactividad expresada como la cantidad de substancia radiactiva en la cual se producen 37 000 millones de desintegraciones por segundo.
— *Quím.* Elemento químico de número atómico 96 y peso atómico 242, del cual se conocen ocho isótopos de masas comprendidas entre 238 y 245, todos ellos radiactivos y con períodos comprendidos entre dos horas y media y más de 500 años.
— Como todos los transuranios, el *curio,* cuyo símbolo es Cm, no existe en la naturaleza. Se obtiene bombardeando el plutonio de masa 239 con núcleos de helio.

CURITA f. *Miner.* Óxido hidratado de plomo y uranio, mena de este metal.

CURSIVO, VA adj. y s. f. *Art. gráf.* Carácter de imprenta inclinado y que, por dicha razón, sugiere cierto parecido con la escritura manual: *la cursiva, también llamada itálica, se usa para hacer destacar los ejemplos en el presente diccionario.*

CURSO m. Movimiento continuo de un cuerpo en el espacio, de un fluido o del tiempo: *aforar un curso de agua.*

CURSOR m. *Astr.* Hilo móvil que atraviesa todo el campo de un micrómetro y cuyo movimiento respecto a otro hilo fijo permite medir el diámetro aparente de un astro.
— *Mec.* Pieza corredera que, a modo de índice, se desliza sobre otra graduada y sirve de referencia: *el cursor de la regla * de cálculo es transparente.* || Pieza hendida por la cual pasa el espiral de un reloj y que, movida ligeramente a lo largo de éste, permite corregir los adelantos o retrasos.

CURTICIÓN f. Curtido.

CURTICONO m. *Geom.* Cono truncado de bases paralelas.

CURTIDERO m. *Curt.* Curtiente en polvo.

CURTIDO, DA adj. y s. Dícese de los pellejos que han sido tratados con materias curtientes y convertidos en cueros o pieles adobadas. || Acción y efecto de curtir. || Curtiente.
— El pellejo de un animal se halla constituido por varias capas de tejidos putrescibles. Son, del exterior hacia el interior: la epidermis, en la cual se hallan plantados los pelos; la dermis, capa espesa de fibras entrecruzadas, y el tejido subcutáneo, de naturaleza adiposa, que se halla en contacto con la carne. El *curtido* consiste en una serie de operaciones que tienen por objeto esencial transformar la masa fibrosa de la dermis en un compuesto imputrescible y compacto que es el cuero propiamente dicho, o bien una piel (si se conserva el pelaje).
Los pellejos de animales recién muertos se tratan directamente; los de importación, secos o salados, requieren un ablandado preliminar. El curtido comprende generalmente las siguientes operaciones: *encalado,* o desagregación de la epidermis con una lechada de cal; *depilación* *, o eliminación de la dermis y de la masa pilosa; *descarnado,* o sea raspado por la cara opuesta para arrancar los restos de carne y el tejido subcutáneo; *adobo* preliminar, en el curso del cual los cueros permanecen cierto tiempo en una sucesión de ñoques que contienen un baño cada vez más rico en tanino; curtido final, en bombos o batanes de curtir, cuyo movimiento rotativo se invierte periódicamente (v. BATÁN). El uso de curtientes muy ricos en tanino y un tratamiento enérgico en los batanes permiten acelerar notablemente el curtido de las pieles ordinarias.
Procedimientos de curtido mineral. En el *curtido en blanco* el tanino es reemplazado por baños de alumbre y sal común y las pieles se suavizan después con una pasta de harina de trigo y yema de huevos. Para hacer cueros al cromo —blandos, pero muy resistentes a la tracción— los pellejos

cúpula *(astr.)*

cúpula gallonada *(arq.)*

curtido
1. Ablandado; 2. Depilación; 3. Descarnado; 4. Curtido en bombos

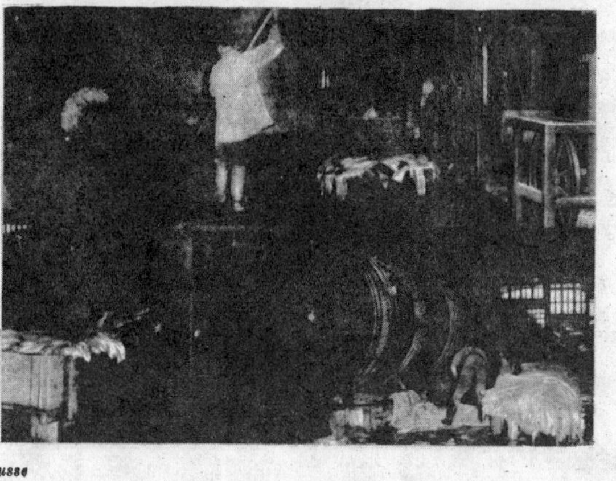

Fot. Arch. Phot., Obs. del Monte Palomar, Larousse

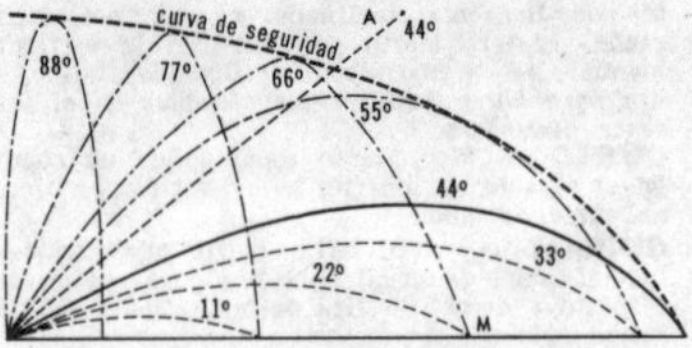

curva de seguridad de un cañón (velocidad inicial del proyectil: 1 000 m/s)

se tratan con sales de dicho metal disueltas en agua con cierta porción de sosa. Cuando existe penuria de cromo se emplean sales de hierro (*curtido al hierro*).

La gamuza y labores similares se obtienen por *curtido al aceite,* batiendo las pieles enérgicamente en presencia de un cuerpo graso, secándolas y repitiendo la misma operación varias veces hasta que se impregnen de aceite. Después se dejan en una estancia caldeada hasta que empiecen a fermentar, y, finalmente, se desengrasan. También se practica el *curtido graso* para las pieles de abrigo. Éstas empiezan por ser impregnadas de un cuerpo graso. Después de ser batidas para que penetre la grasa en sus poros, se mojan para descarnarlas, se desengrasan frotándolas con aserrín, arcilla, yeso, etc., se iguala el pelaje y se les da lustre.

Los cueros y pieles ya curtidos se someten a distintas operaciones de acabado, casi todas efectuadas mecánicamente en máquinas de zurrar, abrillantar, estirar, cilindrar, etc. El teñido y la estampación de dibujos o granos apropiados permiten utilizar pieles ordinarias para imitar otras de más valor. (V. CUERO.)

CURTIENTE adj. y s. Dícese de las materias usadas para curtir.

— Toda materia capaz de hacer imputrescible y compacta la piel de los animales, y de conferirles un buen aspecto sin afectar su resistencia mecánica, es un *curtiente.* No obstante, muy pocas son las substancias utilizables industrialmente con dicho fin, puesto que se reducen a cuatro: el *tanino,* el *alumbre,* las *sales de cromo* y las *materias grasas.* El tanino proviene de la corteza, las agallas * o la madera de numerosos vegetales (abeto, algarrobilla, castaño, encina, eucalipto, mangle, mimosa, mirabolano, quebracho, valonea, zumaque) que se usan al estado natural o en forma de extractos para preparar los caldos curtientes. El *curtiente vegetal* es tanto mejor cuanto mayor es la proporción de tanino que contiene, pero a veces —como ocurre con la corteza de mangle (40 % de tanino)— los curtientes ricos contienen substancias que perjudican al aspecto y calidad del cuero.

Los *curtientes minerales* son el alumbre ordinario y el alumbre de cromo o sulfato doble de cromo y potasio, el bicromato potásico, el óxido de cromo, etc.

Las materias grasas usadas como curtiente son los aceites de ballena, de foca y de pescado (especialmente el de hígado de bacalao).

CURTIR v. *Curt.* Adobar los pellejos para volverlos imputrescibles y someterlos a tratamientos apropiados con objeto de conferirles el aspecto o las cualidades requeridas en los distintos usos que se hacen de los cueros y pieles. (V. CURTIDO.)

CURVA f. Línea o trayectoria que se desvía constantemente de su dirección y no contiene ninguna porción de línea recta.

— *Arm. Curva de seguridad,* curva envolvente de todas las trayectorias posibles de los proyectiles tirados por un arma con la misma velocidad inicial pero haciendo variar el ángulo de tiro: *los puntos situados fuera de la curva de seguridad no pueden ser alcanzados con el arma y el tipo de proyectil considerados.*

— *F. c.* Cambio de dirección progresivo de una vía *.

— *Geom.* Llámase *curva* al lugar geométrico de las posiciones sucesivas que ocupa un punto que

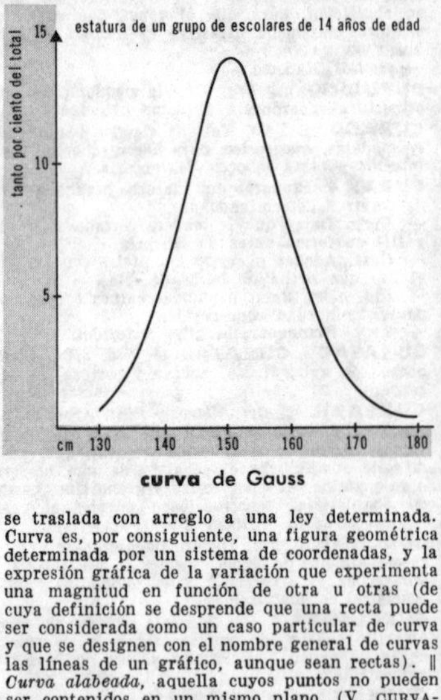

curva de Gauss

se traslada con arreglo a una ley determinada. Curva es, por consiguiente, una figura geométrica determinada por un sistema de coordenadas, y la expresión gráfica de la variación que experimenta una magnitud en función de otra u otras (de cuya definición se desprende que una recta puede ser considerada como un caso particular de curva y que se designen con el nombre general de curvas las líneas de un gráfico, aunque sean rectas). || *Curva alabeada,* aquella cuyos puntos no pueden ser contenidos en un mismo plano. (V. CURVATURA.) || *Curva algebraica* y *curva aritmética,* v. art. encicl. || *Curva bicornia, curva de campana,* v. art. encicl. || *Curvas cónicas,* v. CÓNICA. || *Curva de curvatura doble,* curva alabeada. || *Curva de frecuencia* o *curva de Gauss,* v. art. encicl. || *Curva logarítmica,* v. art. encicl. || *Curva plana,* la que tiene todos sus puntos situados en un mismo plano. (V. CURVATURA.) || *Curva semilogarítmica* y *curva transcendente,* v. art. encicl.

— En una *curva plana* trazada con arreglo a un sistema de coordenadas *, el paso de un punto M a la posición M′ o M″ hace variar simultáneamente las dos coordenadas, pero a cada magnitud de la abscisa corresponde siempre un valor determinado de la ordenada, y viceversa. Al hallarse así definida la curva geométricamente, es posible establecer una relación matemática entre x e y para cada punto de la misma. Recíprocamente, esta relación —llamada *ecuación de la curva*— expresada numéricamente permite traducir de manera gráfica la variación que experimenta una magnitud cualquiera, representada por una de las ordenadas, en función de otra magnitud variable representada por la otra. Una *curva algebraica* es la expresión de una ecuación también algebraica y si ésta es, por ejemplo, de segundo grado, se tendrá asimismo una curva de segun-

curvas aritmética y logarítmica

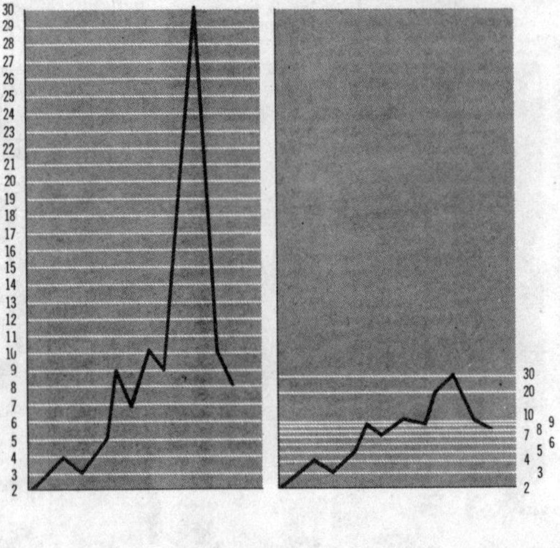

do grado. En la *curva aritmética,* las abscisas y las ordenadas tienen una longitud proporcional a las magnitudes que representan, mientras que en la *curva logarítmica,* éstas son representadas por sus logaritmos. En ciertos casos la curva es *semilogarítmica,* o sea con una escala logarítmica para las ordenadas y otra aritmética para las abscisas. Esta disposición es indispensable cuando a una pequeña variación de una magnitud corresponde una variación muy grande de la otra, pues entonces la curva no cabría en las dimensiones del gráfico.
La *curva de frecuencia,* también llamada *de Gauss, bicornia* o *de campana,* tiene una importancia considerable en estadística y cálculo de probabilidades. Se obtiene tomando como abscisa un criterio cualquiera (por ej., la estatura expresada en centímetros) y como ordenada la frecuencia en función de dicho criterio (el número de individuos que tienen la misma estatura en el grupo considerado). La curva presenta siempre el perfil de una campana o bicornio, simétrico respecto al eje que pasa por el máximo valor de la ordenada.
— *Topogr. Curva de nivel,* línea que, en un plano, une todos los puntos que tienen la misma cota o altura en el terreno.

CURVAR v. *Art. y of.* Dar forma curva a lo que es recto o plano.
— *Metal. Máquina de curvar,* máquina para doblar o torcer tubos y barras sirviéndose de palancas o gatos hidráulicos, y también máquina para combar o alabear chapas por medio de un sistema de cilindros.

CURVATURA f. Inflexión de una línea o desviación de la misma respecto a una recta.
— *Astr. Curvatura del universo.* Un rayo de luz procedente de una estrella, al pasar cerca del Sol es desviado y sigue una trayectoria curva. Este fenómeno se debe al hecho de que los fotones pueden ser asimilados a minúsculos granos materiales sometidos a la acción de la gravitación y, por consiguiente, atraídos por los astros. Así, contrariamente a lo que podemos admitir en el ámbito de nuestras actividades terrestres, la luz no se propaga en línea recta en el universo, en el cual la presencia de materia crea una curvatura tanto más pronunciada cuanto mayor es la densidad de materia. Según la teoría de la relatividad, debe deducirse de lo antedicho que la materia interestelar y la de los astros obliga al espacio * tiempo a incurvarse sobre sí mismo, hasta llegar a contener todos los objetos celestes en el interior de una superficie esférica que tiene cuatro dimensiones y un radio determinado. (V. RELATIVIDAD.)
— *Geom.* Desviación de los puntos de una curva respecto a los de una recta de referencia: *la curvatura de la circunferencia es uniforme y es inversamente proporcional a su radio.*
— Todo arco comprendido entre dos límites muy próximos puede ser asimilado al arco de una circunferencia cuyo radio se llama *radio de curvatura.* Se designa con el nombre de *círculo de curvatura* o *círculo osculador* la circunferencia trazada con dicho radio, que es la que mejor se ajusta a la forma de la sección de la curva dada y cuyo *centro de curvatura* se determina con el cálculo integral. Hasta aquí solamente hemos considerado las curvas planas. En las curvas alabeadas existe una segunda curvatura de torsión o alabeo, que es, por ejemplo, la desviación axial del alambre de un muelle, concurrente con la curvatura de sus espiras alrededor de un espacio cilíndrico.

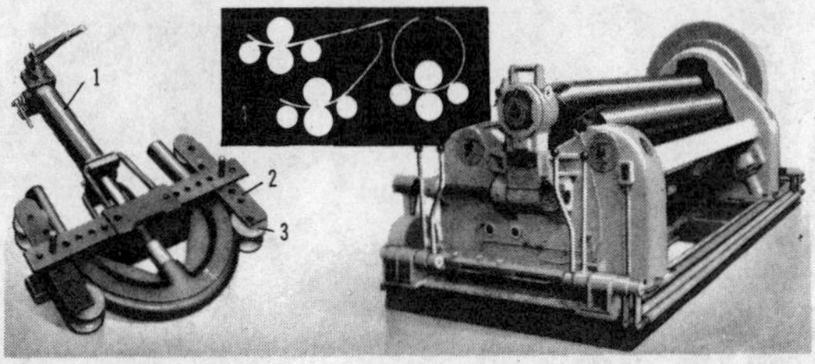

máquinas de **curvar** tubos y chapas : 1. Gato hidráulico; 2. Bastidor; 3. Guía acanalada; 4. Funcionamiento de la máquina de curvar chapa

Líneas de curvatura. Por cada punto de una superficie curva pasan dos líneas de curvatura definidas matemáticamente por ecuaciones diferenciales. En una superficie de revolución las líneas de curvatura son los paralelos y los meridianos.
— *Ópt. Curvatura del campo,* v. ABERRACIÓN *de curvatura.*

CURVIGRAFÍA f. *Geom.* Arte de trazar curvas.

CURVÍGRAFO m. *Geom.* Instrumento mecánico para trazar curvas. || Plantilla para empalmar dos líneas con otra línea curva o para trazar una curva que una varios puntos previamente marcados en el papel. (Sinón. ACORDADA.)

CURVILÍNEO, A adj. *Geom.* Formado por líneas curvas: *triángulo curvilíneo.*

CURVÍMETRO m. *Geom.* Instrumento para medir la longitud de las líneas curvas trazadas en un papel.
— El *curvímetro* consiste en una ruedecilla con la cual se sigue la curva haciéndola rodar sobre ésta y cuyo movimiento es transmitido por otras ruedas dentadas a una aguja que indica la longitud de la curva sobre la esfera del instrumento.

CURVO, VA adj. Que se desvía constantemente de la dirección seguida por una recta tomada como referencia.

CÚSPIDE f. Extremo superior y puntiagudo de una cosa: *la cúspide de una montaña, de una pila de carbón.*
— *Geom.* Vértice del cono o de las pirámides.

CÚTER m. *Mar.* Embarcación ligera que hoy solamente se usa para regatas y como yate.
— El *cúter* tiene un casco más bien corto, pero de formas muy finas e hidrodinámicas, y la quilla de aleta muy prolongada, a modo de orza. Su único mástil lo lleva plantado casi en el centro del casco. Tiene una vela trapezoidal y dos foques.

CUTIL m. *Text.* Tela tupida, hecha enteramente de lino, de algodón o bien con trama del primero y urdimbre del segundo, cuyo aspecto más común es el de listas generalmente blancas y grises obtenidas por tisaje: *con el cutil rayado se hacen colchones y con el liso, ropa para trabajadores.* || Tela para colchones de textura adamasquinada. || *Cutil de seda,* tejido muy sólido para corsés, con una de sus caras brillantes, que es un satín * de hilos muy apretados.

CV, símbolo de *caballo * de vapor.*

ángulos y triángulos **curvilíneos**

curvímetro

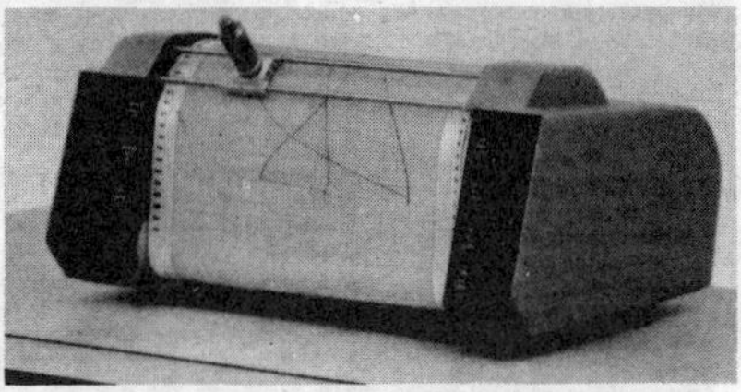
curvígrafo de calculadora electrónica

Fot. I.B.M., Morin

chimeneas del transatlántico « France »

CH

ch, uno de los dos símbolos geométricos de *coseno hiperbólico* (el otro es *cosh*). ‖ Símbolo francés de *caballo* (cheval), cuya magnitud no es la misma que la del HP inglés. (V. CABALLO.)

CHABACITA o **CHABASIA** f. *Miner.* Aluminosilicato de calcio, de la familia de las ceolitas.

CHABOTA f. *Metal.* Bloque grande de acero que sirve de asiento al yunque de un martillo pilón o a la matriz inferior de una prensa de estampar o máquina similar.

CHACONADA f. *Text.* Tela fina de algodón, tupida e intermediaria entre la muselina y el percal, que se usa, blanca o estampada, en la confección de lencería y vestidos de señora.

CHACURRUSCA f. *Metal. Amer.* Mezcla de minerales que se hace en las minas pequeñas para que resulte más fácil separar la plata de su ganga.

CHAFLÁN m. *Arq.* Esquina cortada por un plano que forma un ángulo de 45° con cada una de sus caras.

— *Art. y of.* Cara formada en una esquina matada por un corte diagonal: *el chaflán es, respecto a la piedra o la madera, lo que el bisel respecto al vidrio o el metal.*

CHAFLANAR v. *Art. y of.* Achaflanar.

CHAGRÉN m. *Curt.* Cuero de cabra de superficie granulosa, que se usa para hacer calzados, encuadernar libros, forrar estuches y otras labores. ‖ Imitación del chagrén verdadero hecha con pieles de otros animales que se prensan húmedas con el lado de la flor aplicado contra una placa de cobre que lleva grabado el grano característico de aquella piel.

— *Text.* Tela de algodón, tan ligera como la percalina, que, después de teñida, se somete a un tratamiento de gofrado para que tome el aspecto del crepé.

CHAGRÍN m. *Curt.* Chagrén.

CHAGRINADO, DA adj. y s. Acción y efecto de chagrinar. (Sinón. GRANEADO.)

CHAGRINAR v. *Curt.* Conferir a la flor de una piel el aspecto propio del de la piel de cabra llamada *chagrén* *.

— *Text.* Granear * un papel.

CHÁGUAR m. *Text. Amer.* Hilo o cordel de cáñamo.

CHAIRA f. *Art. y of.* Cuchilla sin mango que usan los zapateros para cortar la suela. ‖ Cilindro de acero que sirve para afilar cuchillos.

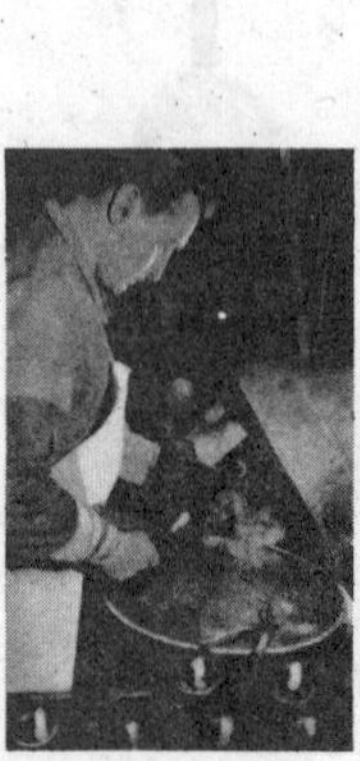

champaña
expulsión del poso

CHALANA f. *Mar.* Embarcación de fondo plano, popa cuadrada y bordas paralelas, salvo en la proa, donde forman un ángulo casi rectilíneo, que se usa en los puertos para la carga y descarga de buques y en parajes de aguas poco profundas para el transporte de mercancías. ‖ *Amer.* Canoa o chalupa. ‖ Galicismo por *barcaza.*

CHALCO, prefijo derivado del griego *khalkos,* que significa *cobre,* cuya forma en castellano es *calco: chalcopirita.* (V. CALCOPIRITA.)

CHALECO m. *Mar. Chaleco salvavidas,* v. SALVAMENTO.

CHALET m. *Arq.* Casa rural típica de los Alpes, construida con madera y provista de una cubierta de dos vertientes poco inclinadas. ‖ Por ext., quinta ó villa construida originariamente a imitación del chalet verdadero, y actualmente de cualquier estilo arquitectónico.

CHALUPA f. *Mar.* Embarcación cubierta, de dos palos, que puede ser considerada como una goleta muy pequeña. (Se usa aún en algunas partes para la pesca costanera.) ‖ Lancha o canoa, especialmente las embarcaciones mayores entre las que llevan a bordo los barcos de guerra.

CHAMBILLA f. *Arq.* Cerco de piedra en el cual se empotran las patillas de una reja.

CHAMBRANA f. *Arq.* y *Carp.* Adorno o moldura de piedra, madera u otras materias con que se orlan las chimeneas, los marcos de las puertas y ventanas y otros vanos.

CHAMELOTE m. *Text.* Camelote.

CHAMOISITA o **CHAMOSITA** f. *Miner.* Aluminosilicato de hierro de aspecto granuloso, con ganga caliza, que se beneficia como mena de dicho metal.

CHAMOTA f. *Cerám.* y *Metal.* Arcilla cocida y luego pulverizada que se agrega a la arcilla cruda para elaborar la masa de los productos refractarios. ‖ Producto refractario, resistente a temperaturas de 1 600°, que se obtiene con una mezcla de arcilla ya cocida y pulverizada, arcilla plástica y arena silícea y que sirve para el revestimiento de hornos industriales y de moldes para vaciar el acero.

CHAMPAÑA f. *Ind. alim.* Vino blanco espumoso propio de la región de Champaña (Francia)

Fot. C.G.T., C.I.V.C.

y cuyo nombre es la forma castellana de la voz francesa *champagne.* (Sinón. familiar CHAMPÁN.)
— La preparación de este vino selecto empieza en el lugar mismo de la vendimia por una eliminación cuidadosa de todos los granos defectuosos. Después de prensada la uva, el mosto se clarifica durante un día y se trasiega en cubas de 200 litros para que se efectúe en la bodega su fermentación alcohólica. Cuando ésta llega a su término, los especialistas proceden a una mezcla de varios caldos de fuerzas y características diferentes en las proporciones debidas para la obtención de productos finales conformes con los gustos de la clientela. Esta operación requiere amplios conocimientos y experiencia, y a ella se debe el que las imitaciones de champaña hechas fuera de Francia, e incluso en este mismo país, no alcancen nunca la calidad del producto original. Al finalizar el invierno se procede a un nuevo trasiego y mezcla de caldos. El producto será encolado, trasegado en la primavera y filtrado. Se le agrega una proporción más o menos grande de jarabe de azúcar de caña y de levaduras que provocarán una segunda fermentación del vino una vez embotellado. Las botellas especiales, capaces de resistir a una presión de 10 atmósferas, se conservan a unos 10° puestas verticalmente sobre el cuello (para que se acumule el poso en el mismo) y se mueven periódicamente. Ulteriormente se destapan las botellas para expulsar el poso y antes de taparlas de nuevo se agrega un jarabe cuya proporción conferirá al champaña el carácter de bruto, seco o dulce.

CHAMPAÑIZACIÓN f. *Ind. alim.* Serie de operaciones a que se somete el mosto y luego el vino para elaborar el champaña.

CHAMPAÑIZAR v. *Ind. alim.* Convertir un mosto en champaña *.

CHAMPÚ m. *Perf.* Composición jabonosa para la limpieza del cuero cabelludo.
— Existen varias clases de *champú* seco, consistente en polvos que obran mecánicamente: la suciedad y el producto de las secreciones se pegan a sus granos y éstos se eliminan con un cepillo, o son arrastrados por el agua, en la cual son insolubles. Pero las más de las veces el champú es un producto soluble, generalmente líquido o pastoso que se usa en forma de fricciones. Estos cosméticos contienen derivados sulfonados a los cuales deben su poder humectador, espumante y detergente.

CHAMUSCADO m. *Text.* Acción y efecto de chamuscar.

CHAMUSCAR v. Quemar superficialmente.
— *Ind. alim.* Quemar los pelos del cerdo sacrificado para que su piel quede bien depilada.
— *Text.* Eliminar la pelusa de ciertos hilos, antes de tejerlos, sometiéndolos al calor de una resistencia eléctrica o de una llama.

CHANCA f. *Amer.* Acción y efecto de triturar los minerales y otras materias.

CHANCADORA f. *Miner. Amer.* Machacadora.

CHANCAR v. *Amer.* Triturar o machacar.

CHANCLO m. *Art. y of.* Calzado de goma o madera, de dimensiones lo suficientemente holgadas para que pueda penetrar en él el pie ya calzado con zapatos ordinarios y que se usa para preservar éstos de la humedad, el lodo o cualquier otra materia esparcida por el suelo.

CHANTILLÓN m. Escantillón.

CHANTUNG m. *Text.* Tela fina tejida con hilos de sedas silvestres que, por ser irregulares, le dan un aspecto granuloso característico. ‖ *Chantung de rayón,* tela de rayón, imitación grosera del verdadero chantung.

CHAPA f. *Art. y of.* Placa delgada de metal, madera, plástico, cuero u otras materias laminadas. ‖ *Chapa canaleta,* chapa ondulada de fibrocemento que se usa para cubiertas de tejado, cobertizos, cercas, así como para contener los montones de materias a granel, etc.
— *Constr.* y *Mec. Chapa de nudo,* cartabón. ‖ *Amer.* Cerradura.
— *Metal.* Placa que se obtiene laminando repetidas veces un lingote de metal. (V. LAMINADOR.)
— La *chapa,* en tanto que producto intermediario entre el lingote de metal y el artículo manufacturado, representa un papel importantísimo en todas las industrias, tanto mayor por cuanto su fabricación, transporte y transformación ofrecen grandes ventajas y se prestan a la aplicación de los métodos más modernos y eficaces de fabricación más o menos automática en grandes series. De ahí la gran variedad de chapas, desde las más delgadas, cuales se usan para acondicionar productos alimenticios, hasta las más gruesas y resistentes utilizadas en los buques de guerra, las calderas industriales, los hornos y otras construcciones pesadas. Ciertas chapas que antes se usaban poco por su precio elevado o por las dificultades que presentaba su fabricación o transformación en objetos de formas variadas, tienen hoy un amplio campo de aplicaciones, como ocurre con las de aleaciones de aluminio *. Por otra parte, el desarrollo de nuevas industrias, cuales las de la energía atómica y la de los cohetes e ingenios cósmicos, han motivado la fabricación de chapas de circonio, berilio, titanio y otros metales y aleaciones que antes apenas se usaban.
Las chapas pueden clasificarse ateniéndose a varios criterios: la naturaleza intrínseca del metal (aleaciones ligeras de aluminio o magnesio, chapa negra de hierro bruto, chapas de acero, de cinc, plomo, cobre, latón, titanio, circonio y otros metales poco corrientes); el tratamiento o revestimiento superficial destinado a conferirles determinadas propiedades anticorrosivas o de otra índole (chapa emplomada, galvanizada, miniada, anodizada, etc., chapa cupal o de aluminio revestida con cobre, hojalata, etc.); las características mecánicas que las hacen apropiadas para ciertos usos e impropias para otros (así, la chapa de embutir ha de ser dúctil para que soporte las deformaciones del moldeo sin agrietarse; la chapa para resortes de reloj ha de ser flexible y carecer de propiedades magnéticas, etc.), y, por último, la forma especial que ya se da a ciertas chapas en los propios talleres de laminado (chapa ondulada, chapa estriada o provista de dibujos estampados a modo de adorno o bien utilitarios —como en las chapas antideslizantes para pavimentos—, chapas perforadas para hacer cribas o para que resulten menos pesadas y también para que dejen pasar la luz, el aire, el agua y otros fluidos, etc.).

CHAPOTE o **CHAPOPOTE** m. *Petr. Amer.* Asfalto cuyos depósitos superficiales se benefician en las Antillas. ‖ Cualquier asfalto o alquitrán.

CHAPEADO adj. y s. *Art. y of.* Cubierto con chapas. ‖ Revestimiento de una superficie con una chapa fina de otra materia más vistosa, resistente o dotada de alguna propiedad particular: *existen chapeados aislantes para que no penetre la humedad en un muro.*
— *Carp.* Labor de ebanistería que consiste en colar una chapa de madera preciosa sobre un tablero de madera ordinaria, con objeto de reducir el precio con todo y conservar el mueble la misma apariencia que si fuera de madera maciza. (V. CONTRACHAPADO.)
— *Metal.* Unión íntima, bajo presión y en caliente, de una chapa de metal ordinario y de una finísima hoja de otro metal (aluminio, cobre, níquel, etc.) que mejora su aspecto y la protege contra la corrosión.

CHAPEAR v. Cubrir con chapas. ‖ Efectuar el chapeado * de las maderas, metales, etc.

CHAPELETA f. *Mec.* Válvula.

CHAPERA f. *Constr.* Plano inclinado hecho con tablas gruesas o tablones, provisto de unos listones o travesaños en los que puede afianzarse el pie para utilizar dicho plano a modo de escalera en obras de albañilería.

CHAPERÓN m. *Arq.* Alero de madera que en ciertos tejados sirve de soporte a los canalones.

CHAPETA f. *Mec.* Chapeleta. ‖ Chapita cuadrada con un agujero central, que, embutida en la madera u otra materia blanda a modo de arandela, evita su deformación por un perno cuando éste transmite esfuerzos muy grandes.

CHAPITEL m. *Arq.* Remate cónico o piramidal de una torre. ‖ Capitel.
— *Mec.* Ágata u otra piedra dura fijada en el centro de la aguja magnética y provista de una cavidad cónica merced a la cual puede mantenerse dicha aguja en equilibrio sobre la punta del estilo y orientarse.

CHAPLE adj. *Art. y of. Buril chaple,* el que tiene la punta biselada a modo de escoplo.

CHAPUCERÍA f. *Art. y of.* Labor tosca o imperfecta hecha con excesiva rapidez o por manos

champaña
adición de jarabe

Fot. C.I.V.C.

inexpertas. ‖ Trabajo de poca importancia: *el oficial confía las chapucerías al aprendiz.* (Sinón. CHAPUZ.)

CHAPUPO y **CHAPURO** m. *Petr. Amer.* Chapapote.

CHAPUZ m. y **CHAPUZA** f. Chapucería.

CHARCUTERÍA f. Galicismo por *salchichería.*

CHARLATA f. *Carp. Amer.* Listoncillo usado como junta para rellenar el hueco entre dos tablas de madera, entre el marco de una puerta y la pared o entre dos elementos cualesquiera.

CHARNELA f. *Carp.* Bisagra.
— *Geol.* Arista o región donde se doblan las capas del terreno en los pliegues.
— *Geom.* Intersección de dos planos que se usan como eje para abatir los puntos de uno de ellos sobre el otro.

CHAROL m. *Curt.* Barniz de aceite de linaza y negro de humo para teñir calzados y otras labores de cuero: *el charol permite obtener un abrillantamiento perfecto.* ‖ Cuero de becerro teñido con charol.

CHAROLAR v. *Curt.* Barnizar con charol.

CHARQUEAR v. *Ind. alim. Amer.* Desecar la carne o la fruta para conservarla en forma de charqui.

CHARTREUSE f. *Ind. alim.* Licor alcohólico de color entre verde y amarillo, elaborado por los monjes de la cartuja francesa llamada *Grande-Chartreuse.*
— La *chartreuse* se obtiene por maceración de una mezcla de plantas en alcohol, seguida de su destilación y rectificación. Al aguardiente que resulta de estas operaciones se agrega jarabe de azúcar.

CHASIS m. *Autom.* Vehículo automóvil en estado de funcionar, pero desprovisto de carrocería.
— *Carp.* y *Constr.* Bastidor.
— *Fot.* Bastidor que contiene una o dos placas fotográficas al abrigo de la luz y sirve para cargar los aparatos de placas.
— *Mec.* Bastidor.
— *Radiot.* Soporte de chapa sobre el cual se montan los elementos constitutivos de un aparato de radio, televisor u otro órgano electrónico.

chigre

CHATA f. *Transp. Amer.* Embarcación, carro o vagón planos.

CHATARRA f. *Metal.* Hierro viejo, virutas, sobras y desperdicios de hierro y acero que se agregan al hierro de primera fusión para elaborar fundiciones y aceros. ‖ Desperdicios y residuos de cualquier metal. ‖ Nombre que se da impropiamente a ciertas escorias de alto horno que contienen pequeñas proporciones de hierro.
— *Vidr. Chatarra blanca,* nombre comercial de los desperdicios de vidrio y del vidrio quebrado que entran en la fabricación de vidrios de mala calidad.

CHATÓN m. *Joy.* Parte de una joya que sirve para el asiento y fijación, por medio del engaste, de una piedra preciosa. ‖ Nombre dado erróneamente a la misma piedra.

CHATTERTON m. *Electr.* Compuesto pegajoso a base de alquitrán, resina y gutapercha, con el cual se impregna la cinta * aislante.

CHAVETA f. *Mec.* Clavija cónica o prismática que se introduce entre dos piezas, merced a ranuras (chaveteros) practicadas en las mismas, y sirve para fijarlas y permitir el arrastre de una de ellas por la otra: *las poleas y las ruedas de engranajes se fijan a sus árboles con chavetas.*

CHAVETERO m. *Mec.* Caja o ranura que se hace en una pieza para que encaje en ella la chaveta.

CHAYA f. *Art. y of. Amer.* Roseta de la regadera.
— *Min. Amer.* Batea de hierro redonda y de borde poco elevado que sirve para lavar arenas auríferas en los placeres poco importantes.

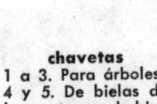

chavetas
1 a 3. Para árboles; 4 y 5. De bielas de locomotora y de bicicleta

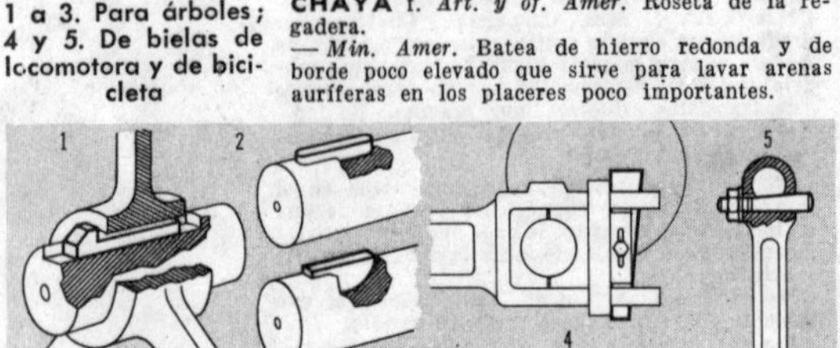

CHAZA f. *Amer.* Vano de una puerta o ventana.
— *Carp.* Instrumento en forma de cuña sobre el cual se golpea con el mazo para llevar progresivamente, hasta el sitio que han de ocupar, los zunchos de un tonel.

CHECK-LIST f. *Aeron.* Lista * de control.

CHEDDITA o **CHEDITA** f. *Expl.* Explosivo cloratado en el cual los granos de clorato se hallan cubiertos por una capa de aceite o de otra materia de consistencia oleosa.

CHEURÓN o **CHEURRÓN** m. *Arq.* Moldura o motivo ornamental en forma de zigzag.
— *Mec. Diente de cheurón,* diente de engranaje * de forma angular.
— *Text.* Estambre con ligamento de espiga *.

CHEVIOT m. *Text.* y *Zool.* Casta de carneros escoceses que dan una lana abundante y fina. ‖ Esta lana, también llamada *cheviot.* ‖ Tela ligera, flexible y suave al tacto que se teje con dicha lana.

CHEVRÓN m. Cheurón.

CHIASTOLITA f. Quiastolita.

CHIBALETE m. *Art. gráf.* Mueble provisto de correderas para guardar las cajas que contienen los caracteres de imprenta y rematado por un pupitre inclinado sobre el cual se pone la caja para efectuar el trabajo de composición o distribución manual. (Cuando carece de pupitre se llama *comodín.*)

CHICLE m. *Ind. alim.* Látex de ciertas especies de zapote, especialmente del chicozapote, que se usa para fabricar pastas masticatorias. ‖ Goma de mascar elaborada con dicho látex.

CHICOTE m. *Mar.* Extremo de una cuerda o cabo. ‖ Trozo corto de cuerda.

CHICOZAPOTE m. *Bot.* e *Ind. alim.* Árbol sapotáceo de América (*Achras sapota*), cuyo látex sirve para elaborar la goma de mascar llamada *chicle.*

CHICHA adj. *Mar. Calma chicha,* v. CALMA.

CHICHARRA f. *Electr.* Zumbador. (V. TIMBRE.)
— *Mec.* Taladradora * de trinquete. (Sinón. CARRACA.)

CHIFLA f. *Art. y of.* Instrumento cortante usado por los encuadernadores y guanteros para raspar las pieles.

CHIFLADORA f. *Art. y of.* Máquina de chiflar *.

CHIFLAR v. *Art. y of.* Raspar las pieles con la chifla o con una esmeriladora especial llamada *chifladora* o *máquina de chiflar.*

CHIGRE m. *Mar.* Cabrestante de eje horizontal movido a vapor o eléctricamente, que suele hallarse provisto de tambores propios para virar cabos y de barbotines en los que engranan las cadenas. (Sinón. MAQUINILLA y MOLINETE.)

CHILLA f. *Carp.* Tabla delgada de mala calidad y sin cepillar, que se usa para embalajes, techos chillados y otras obras en las cuales dicha tablas no son aparentes.

CHILLADO m. *Arq.* y *Carp.* Cubierta ligera de chillas sobre la cual suele aplicarse cartón alquitranado o chapa metálica. ‖ Cielo raso. ‖ Valla, forro de tablas y otras labores constituidas por la yuxtaposición de chillas.

CHILLÓN m. *Carp.* Clavo de cabeza plana dimensiones apropiadas para clavar chillas. *Chillón real,* el clavo de dimensiones mayore que sirve para clavar tablas más gruesas que la chillas.

CHIMENEA f. Conducto para dar salida a humo de un hogar doméstico, a los gases resi duales de una reacción química o a los producto de una combustión industrial. ‖ Parte de dich conducto que sobresale de una construcción o edi ficio.
— *Aeron.* Orificio circular que tiene el para caídas * en su centro y que, al dar lentament salida al aire, asegura la estabilidad del mism
— *Arq.* Con el nombre de *chimenea* se designa n solamente el conducto de humos de un hogar su parte salediza, sino también el conjunto fo mado por el hogar y la construcción hecha e torno al mismo, a veces con fines puramente orna mentales. En este caso se suele llamar tambié *chimenea francesa,* cuyos distintos component se detallan en la figura. (V. más abajo *Tecn.*
— *Geol. Chimenea volcánica,* canal simple o mú tiple por el cual suben hasta el cráter la lava otras materias expulsadas por el volcán *.
— *Ind.* Véase más adelante *Tecn.*

Fot. S. Lebr

— *Mar.* Los buques modernos solamente tienen una *chimenea* para evacuar los gases de combustión. En ciertos casos la chimenea posee un perfil semejante al del ala de un avión. Se aprovecha así un fenómeno aerodinámico, ya conocido en aeronáutica, para provocar la formación por el aire de un torbellino * marginal que arrastra horizontalmente el humo o los gases e impide que puedan bajar hasta los puentes o cubiertas. La chimenea de ciertos barcos fluviales se halla articulada en su base y tiene en la misma una junta de fuelle que permite abatirla para pasar bajo los puentes de los ríos y canales.

— *Min.* Pozo interior excavado de abajo arriba en el cielo de una galería. || En los yacimientos de mucha pendiente, galería inclinada, desprovista de vía férrea, por la cual trepan los mineros o se evacua el mineral o las tierras dejándolas caer por gravedad. || Yacimiento en forma de columna cuyo tipo más característico es el de *chimeneas diamantíferas.*

— *Obr. públ. Chimenea de equilibrio,* v. ARIETE.

— *Tecn.* Una *chimenea* es tanto más eficaz cuanto mayor es su altura. Ésta puede ser determinada por dos criterios. En primer lugar las reglas de higiene imponen la necesidad de verter los gases a altura suficiente para evitar, en la medida de lo posible, que puedan ser respirados o causen algún daño a la vegetación, edificios, etc. Con dicho fin se tratan también el humo y los gases con filtros o separadores, para eliminar las partículas sólidas que arrastran. Por otra parte, el tiro depende de la diferencia de las presiones que reinan a la entrada y salida de las chimeneas y, en el caso de tiro natural, dicha diferencia resulta de la pérdida de temperatura que experimentan los gases entre ambos extremos de la chimenea. Por lo demás, el tiro no es solamente un medio de mejorar la evacuación de los gases, sino también de activar la combustión en los hogares, puesto que la ascensión del humo por la chimenea produce una depresión que se traduce por la aspiración de aire fresco a través de la parrilla del hogar. Cuando alguna razón impide construir chimeneas bastante grandes se recurre a activar la corriente de los gases haciendo que los arrastre una vena de aire comprimido (por ejemplo, en los buques) o de vapor (como en las locomotoras). Las chimeneas grandes tienen una sección circular, que es la que mejor resiste al empuje de los vientos de dirección variable y, las más veces, una forma cónica que confiere mayor estabilidad a su estructura y permite obtener un tiro superior al de la vena cilíndrica.

CHINA f. *Constr.* Piedrecita usada para chinar.
— *Papel. Papel, tinta de China,* v. PAPEL y TINTA.

CHINADO, DA adj. *Text.* Dícese del tejido que tiene muchos colores entremezclados.

CHINAPO m. *Miner. Amer.* Obsidiana.

CHINAR v. *Constr.* Revestir un muro con grava o piedrecitas embutiéndolas en el mortero del revoque.

CHINCHE m. y **CHINCHETA** f. *Ofic.* Clavito de cabeza muy ancha y plana que se usa para fijar papeles en las paredes, sujetarlos en las mesas de dibujo, etc.

CHINCHILLA f. *Curt.* y *Zool.* Mamífero roedor (*Chinchilla laniger*) propio de Bolivia y Perú, cuya piel es una de las más apreciadas para abrigos de señora. || Piel de dicho roedor.

— El pelaje de la *chinchilla,* de color gris claro, es muy fino y delicado. Dadas las pequeñas dimensiones de estos animales y el gran número de piezas que se necesita para confeccionar un solo abrigo, así como el precio elevado que alcanzan, la caza de las chinchillas ha sido tan activa que casi se las ha exterminado. Para abrigos baratos se imita la chinchilla con pieles de *conejo * de chinchilla* convenientemente trabajadas.

CHINCHORRO m. *Mar.* Bote muy pequeño, el menor de los que llevan los barcos a bordo.

CHINÉ m. *Text.* Tejido chinado *. || Tela fina, generalmente de seda, que tiene la particularidad de que su urdimbre es estampada antes de ser tejida y, como después del tisado los hilos no coinciden exactamente, los dibujos tienen contornos difuminados o imprecisos, característicos de estas labores.

CHIQUERE m. *Art. y of.* Aparejo * que consta de un cuadernal y un motón. || Cada uno de los cabos, provistos de una gaza, que se pasa sobre un hombro, y cuyo extremo se fija provisionalmente a una maroma para que puedan tirar de ella varios hombres a la vez.

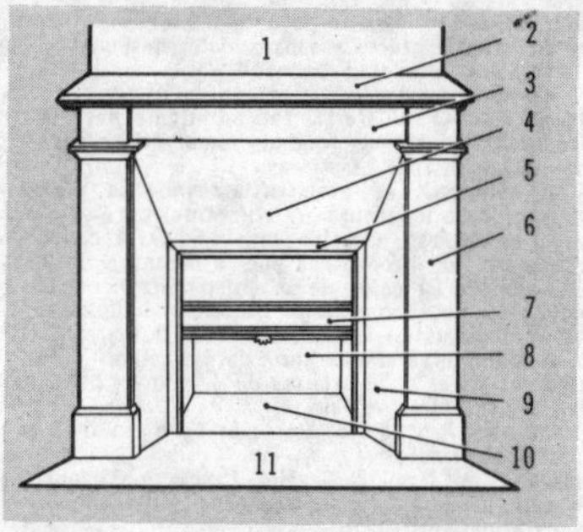

chimenea
1. Campana; 2. Mesilla; 3. Dintel; 4. Derrame; 5. Marco; 6. Jamba; 7. Pantalla; 8. Trashogar; 9. Derrame; 10. Asiento; 11. Hogar

CHISCARRA f. *Miner.* Roca caliza poco sólida que se parte y desmenuza con facilidad.

CHISPA f. Partícula incandescente que se desprende de un cuerpo inflamado, salta de un cuerpo electrizado a otro o resulta del choque de dos cuerpos.

— *Atom. Cámara de chispas,* instrumento para fotografiar las trayectorias de las partículas.

— La *cámara de chispas* consta de una serie de placas conductoras y paralelas acopladas con un contador * de centelleo. Cuando éste detecta el paso de una partícula, se establece entre las placas una tensión de millares de voltios produciéndose entonces descargas entre las mismas en aquellos puntos donde la partícula ha ionizado el aire al pasar. La fotografía de las chispas muestra su trayectoria y la de las partículas electrizadas que resultan de las colisiones eventuales. Se determina así la posición ocupada por las partículas a un instante dado con la precision de una milmillonésima de segundo y de un milímetro.

— *Autom.* Encendido.

— *Electr.* Luz viva que se produce en las descargas eléctricas, entre dos conductores suficientemente próximos, cuando existe entre ambos una diferencia de potencial muy grande.

— La *chispa eléctrica* es un fenómeno luminoso, semejante al relámpago, acompañado de un chisporroteo o chasquido característico. Se produce cuando dos conductores de potencial eléctrico suficiente se acercan lentamente uno de otro. La distancia a partir de la cual empieza a saltar la chispa, llamada *distancia explosiva,* depende de varios factores: diferencia de potencial entre los dos cuerpos, forma de los mismos, naturaleza del medio dieléctrico que los separa y, por último, temperatura y presión de dicho dieléctrico. Las chispas cortas son rectilíneas, mientras que las largas adoptan formas sinuosas que se deben a los remolinos del aire (v. RELÁMPAGO). La chispa eléctrica resulta de la ionización de los gases; su luz se debe a la excitación de las moléculas, que emiten entonces radiaciones de frecuencia comprendida en el espectro visible y ultraviolado (v. LUZ). La chispa, lo mismo que el efluvio, transforma en ozono el oxígeno del aire.
Una chispa eléctrica se distingue de un arco

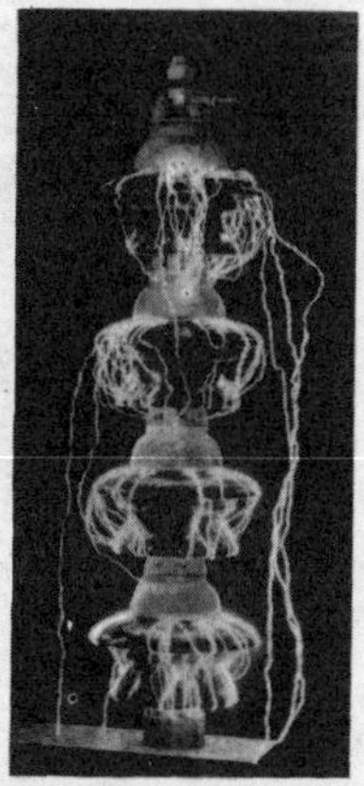

chispas eléctricas (pruebas de aisladores de alta tensión)

cámara de **chispas**: un mesón pi negativo penetra por la derecha, da un pion neutro, el cual se desintegra en dos rayos gamma que, a su vez, dan pares de electrones

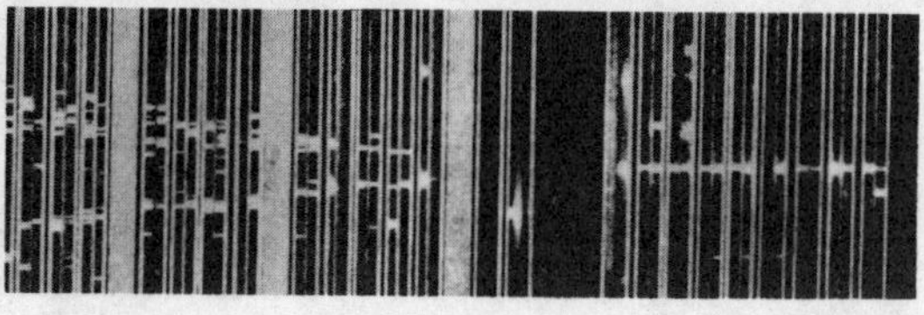

Fot. Alsthom, C.E.R.N.

eléctrico en que éste se produce poniendo los dos electrodos en contacto y separándolos después.
— *Joy.* Diamante muy pequeño.
— *Metal. Fabricación por chispa,* v. CHISPEADO.

CHISPEADO m. *Metal.* Procedimiento para labrar piezas metálicas fundado en el poder abrasivo de las chispas eléctricas.
— El *chispeado* se practica atacando la pieza (sumergida en un líquido refrigerante) para evitar un calentamiento excesivo con chispas eléctricas de alta tensión producidas por la descarga de un condensador. El calor de la chispa arranca partículas de metal y permite practicar orificios de formas diversas en las materias más duras, afilar las herramientas de carburo de tungsteno y fabricar matrices para prensas de estampar, hileras para estirar alambre, etc.

CHOCLEAR v. *Vidr.* Remover la masa de vidrio en el crisol.

CHOCOLATE m. *Ind. alim.* Producto alimenticio compuesto de cacao y azúcar generalmente aromatizado con vainilla y canela.
— El *chocolate* es una pasta de semillas de cacao * torrefactas, descascarilladas, molidas y batidas con azúcar. Dicha pasta, después de haber sido aromatizada, se amasa de nuevo y se corta en pedazos correspondientes al peso de las tabletas. Éstas se obtienen disponiendo el chocolate en un molde caliente y dejando los moldes sobre una mesa batidora sometida a un movimiento vibratorio que tiene por efecto repartir uniformemente la masa. Los moldes llenos pasan a una cámara fría, y las tabletas, una vez endurecidas, son empaquetadas por máquinas automáticas.
Además del chocolate simple se elaboran chocolates con leche a los cuales se agregan a veces avellanas o almendras.

CHONT m. *Electr.* Shunt.

CHONTA f. *Bot.* y *Carp.* Palmera de América tropical *(Bactris ciliata)* cuyo tallo, muy duro y resistente, parecido a una caña, se usa para hacer bastones, muebles y objetos de adorno.

CHONTAR v. *Electr.* Shuntar.

CHOPA f. *Mar.* Cobertizo que tienen ciertas embarcaciones pequeñas en la popa.

CHOPO m. *Bot.* y *Carp.* Álamo * negro.

CHOQUE m. Encuentro de dos cuerpos cuando uno de ellos, o los dos, se hallan animados de cierta velocidad.
— *Aeron. Choque de abertura,* frenazo brusco provocado por la abertura de un paracaídas. ‖ *Onda de choque,* v. ONDA.
— El *choque de abertura* corresponde al paso repentino de la velocidad de caída * libre del cuerpo humano (unos 50 a 60 m/s) a la velocidad de caída del paracaídas abierto (de 6 a 7 m/s).
— *Fís.* Acción que un cuerpo en movimiento, en razón de su masa y velocidad, ejerce sobre otro cuerpo al entrar en contacto con él.
— Durante el breve instante del *choque* o *percusión,* los dos cuerpos se deforman. La deformación persiste en los cuerpos blandos y desaparece en los cuerpos elásticos. Los efectos de un choque son considerables: cuando un martillazo, dado con un mazo de un kilogramo y con velocidad final de 10 m/s, hace penetrar un milímetro de clavo en una materia dura, la fuerza correspondiente es de una tonelada.
En todo choque suele existir pérdida de energía cinética, ya sea a causa de las deformaciones permanentes, ya por la oscilación de las moléculas apartadas momentáneamente de su posición de equilibrio por el golpe. Estas pérdidas dan lugar a la producción de sonidos y de calor.
— *Metal. Ensayo de choque,* ensayo que se efectúa para comprobar la solidez de los metales.
— Los *ensayos de choque* permiten determinar la resiliencia de los metales, o sea el número de kilográmetros por centímetro cuadrado necesarios para provocar la rotura de una barra. En otros casos se experimenta la probeta sometiéndola a choques repetidos regularmente hasta su ruptura, y la resistencia se expresa entonces por el número de los referidos golpes.
— *Meteor. Choque de retorno,* efecto o daños que produce el rayo en un punto más o menos distante de aquel en el cual ha caído, y que se debe a una electrización a distancia del referido punto por la nube cargada de electricidad y a una brusca modificación de dicha electrización al descargarse aquélla.

CHORRAR v. *Mar.* Sacar del agua la red con los peces capturados.

CHORRO m. Movimiento de un líquido o un gas que se escapa con fuerza por un orificio.
— *Aeron.* Masa de gases calientes proyectados hacia atrás por un motor de reacción. ‖ *Avión de chorro, motor de chorro,* avión, motor de reacción. ‖ *Desviador de chorro,* v. DESVIADOR.
— *Constr.* y *Mec. Chorro de arena,* chorro de aire comprimido que arrastra arena y la proyecta contra las piezas de metal oxidadas o los sillares de las fachadas ennegrecidas para limpiarlas por abrasión *.
— *Meteor. Corriente de chorro,* v. CHORRO.

CHORRÓN m. *Text.* Fibras de cáñamo que se obtienen limpias en el rastrillo a partir de la estopa ya rastrillada la primera vez.

CHUA f. *Miner.* Especie de batea usada en los placeres para examinar arenas y ver si contienen pepitas de oro.

CHUBASCO m. *Meteor.* Tormenta de corta duración que sobreviene y se termina bruscamente: *los chubascos suelen dar lugar a precipitaciones acompañadas de ráfagas de viento.*

CHUCHO m. *Electr. Amer.* Conmutador.
— *F. c. Amer.* Aguja. ‖ Ramal o derivación que enlaza una instalación industrial, plantación, etcétera, con la línea férrea principal.

CHULETA f. *Art. y of.* Pieza con que se cubre un defecto, se rellena un hueco o se repara algo.

CHUMACERA f. *Mar.* Pieza asentada en la borda de una embarcación y en la cual se fija el escálamo. ‖ Dispositivo que reemplaza el escálamo mediante un rebajo en el cual entra la caña del remo.
— *Mec.* Jaula o soporte de un cojinete *. ‖ *Chumacera de empuje,* cojinete provisto de collarines o topes que impiden el juego longitudinal del árbol que soportan. (V. TEJUELO.)

CHUNT m. *Electr.* Shunt.

CHUNTAR v. *Electr.* Shuntar.

CHUPETA f. *Mar.* Pequeño compartimiento o cámara que llevan a popa ciertas embarcaciones menores. (V. BOTE.)

CHUPETILLA f. *Mar.* Cubierta acristalada que se pone sobre una escotilla para dar paso a la luz sin embarcar agua.

CHUPÓN m. *Mec.* Émbolo de una bomba aspirante.

máquina para labrar metales por chispeado

Fot. Qualitex

draga de cangilones

D f. Quinta letra del alfabeto, usada como sigla y símbolo, y también muchas veces para designar la cuarta cosa de una serie que comprende varias. (V. el artículo A.)
— *Atom.* Cada uno de los electrodos huecos de un ciclotrón *.
— *Fís.* Raya del espectro solar, la principal del sodio, situada entre el anaranjado y el amarillo *.
— *Mat.* La letra *d*, como todas las primeras del alfabeto, se usa para designar una cantidad conocida o dato. ‖ La *d*, puesta ante una variable, es el símbolo de la diferencial * de la misma. ‖ En la numeración romana D significa 500.
— *Meteor. Capa D*, región de la ionosfera * situada entre 60 000 y 80 000 m.
— *Metr.* En el sistema decimal *d* es el símbolo del prefijo *deci* y D el de *deca*, aunque hoy se tiende a reemplazar este último por *da*. (V. ABREVIATURA.)
— *Quím.* La letra D es el símbolo del *deuterio* y *d* la abreviatura de *dextrógiro*.
OBSERV. Véase también el art. DELTA, cuya letra del alfabeto griego (Δ y δ) se usa también como símbolo en vez de D y d.

da, símbolo del prefijo *deca*, que tiende, en metrología, a reemplazar el símbolo D aún usado en ciertas partes. (Así, *dag* y *Dg* significan igualmente *decagramo*.)

DACRÓN m. *Text.* Marca registrada de una fibra sintética a base de poliésteres obtenidos por la acción de un ácido sobre un alcohol.

DACTILOGRAFÍA f. *Art. gráf.* Mecanografía o arte de escribir a máquina.

DACTILOGRAFIAR m. *Art. gráf.* Escribir a máquina.

DACTILÓGRAFO m. *Art. gráf.* Nombre que se dio primitivamente a la máquina de escribir.

DADO m. Pieza de forma cúbica.
— *Arq.* Piedra cúbica que sirve de pedestal a una columna o de asiento a un poste.
— *Mar.* Contrete. ‖ Refuerzo rectangular de lona que se pone a las velas.
— *Mec.* Manguito de bronce o de metal antifricción en el cual gira el gorrón de un árbol. ‖ Pieza metálica utilizada en los cuadernales y motones, así como en sus poleas para soportar el eje de las mismas y evitar que desgaste la madera.

DADOR, RA adj. Que da o suministra alguna cosa.
— *Art. gráf. Rodillos dadores*, rodillos que, en el sistema distribuidor de la tinta de las máquinas de imprimir, entintan la forma.
— *Electrón.* Dícese de los átomos que se introducen como impureza entre los de un semiconductor para que cedan a los mismos uno de sus electrones. (V. TRANSISTOR.)

DAFNITA f. *Joy.* y *Miner.* Piedra usada en joyería y en cuya masa figuran unos dibujos naturales en forma de hojas de laurel. ‖ Variedad de clorita presente en el cuarzo y el mispíquel.

dag, símbolo de *decagramo* que, en metrología, tiende a reemplazar al símbolo *Dg* aún usado en ciertos países. (V. ABREVIATURA.)

DAGA f. *Cerám.* Cada una de las hileras de ladrillos con que se carga el horno para cocerlos.

DAGUERROTIPIA f. *Fot.* Primer método utilizado para impresionar fotografías.
— La obtención de una fotografía por *daguerrotipia* requería una placa de cobre plateada y pulimentada, la cual era sometida a la acción de vapores de yodo que tenían por efecto formar en su superficie yoduro de plata, substancia sensible a la luz. Después de haber impresionado esta placa durante un tiempo muy largo en la cámara obscura, se trataba con vapores de mercurio y se fijaba con hiposulfito de sodio. El daguerrotipo así obtenido era un positivo del cual no se podían tirar copias, como en el caso de los clisés actuales.

DAGUERROTIPO m. *Fot.* Imagen fotográfica obtenida por daguerrotipia.

DAH m. *Text.* Kenaf.

dal, símbolo del *decalitro*, que tiende, en metrología, a reemplazar al símbolo *Dl* aún usado en ciertos países. (V. ABREVIATURA.)

DALARNITA f. *Miner.* Mispíquel.

DALLE y **DALLO** m. *Agr.* Guadaña.

DAMA f. *Metal.* Altar * de un horno.

DAMAJUANA f. *Vidr.* Recipiente de vidrio de mucha capacidad, de forma redondeada y cuello largo y estrecho, forrado con una labor de cestería que lo protege y facilita su transporte por medio de dos asas.

damajuana

Fot. V. Meeussen, Larousse

datación de objetos arqueológicos por el carbono 14

DAMAR m. *Pint.* Resina de la damara, que se quiebra y pulveriza fácilmente y sirve para fabricar lacas y barnices. (Sinón. DAMMAR.)

DAMARA f. *Bot.* y *Pint.* Árbol araucariáceo muy grande *(Dammara australis)*, propio de Indonesia y Nueva Zelandia, que se cultiva por su resina, llamada *damar* *, aprovechándose accesoriamente su madera, aunque es de mala calidad. (Sinón. DAMMARA.)

DAMASANA f. *Amer.* Damajuana.

damasco

DAMASCO m. *Text.* Tela de seda pura o mezclada, hecha con hilos de un solo color y que, sin embargo, presenta hermosos dibujos merced a la oposición de ligamentos (en uno de éstos predomina la trama, mientras que en el otro se impone la urdimbre).

— Según sea el ligamento positivo o negativo, el *damasco* refleja diferentemente la luz. De ahí dos consecuencias: aparición de dibujos formados por zonas mates y brillantes; repetición de los mismos en la cara opuesta de la tela, con inversión de los tonos (las zonas brillantes pasan a ser mates). Por consiguiente, el damasco no tiene prácticamente derecho ni revés.

DAMASQUILLO m. *Text.* Tela hecha como el damasco, o sea con dibujos obtenidos por el mismo tejido, pero de calidad inferior y con motivos ornamentales simples y pequeños: *el damasquillo más común se llama « brillanté »* *.

DAMASQUINADO m. *Metal.* Ataujía.

DAMASQUINAR v. *Metal.* Incrustar en ranuras practicadas, a modo de dibujo, en una pieza de orfebrería, hilos de oro, plata o cobre para obtener una labor de ataujía.

DAMESANA y **DAMEZANA** f. *Amer.* Damajuana.

DAMMAR m. *Pint.* Damar.

DAMMARA f. *Bot.* y *Pint.* Damara.

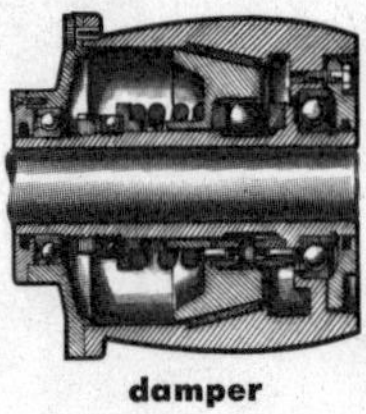

damper

DAMPER m. *Mec.* Amortiguador pequeño que se dispone en el extremo de un cigüeñal con objeto de anular las vibraciones de torsión.

— El *damper* consiste en dos pequeños volantes, uno de los cuales gira con el cigüeñal y arrastra al otro por fricción. Cuando se produce un cambio brusco en el régimen del motor, la rotación del segundo volante experimenta, respecto a la del primero, un retraso que, por ligero que sea, basta generalmente para anular las vibraciones de torsión que podrían deformar peligrosamente el cigüeñal.

DANAÍTA f. *Miner.* Mispíquel cobaltífero.

DANIENSE adj. y s. *Geol.* Dícese del piso más reciente del terreno cretáceo, que data de unos 70 millones de años. (V. ESTRATIGRAFÍA.)

DARCET *(Aleación* o *metal de)*, aleación constituida por 50% de bismuto, 25% de plomo y 25% de estaño, que funde a 95° solamente y se usa en la fabricación de elementos fusibles de seguridad y de ciertas piezas moldeadas.

DARCY m. *Petr.* Unidad de permeabilidad usada por la industria petrolera.

— El *darcy* corresponde a la permeabilidad de una probeta de 1 cm que, cuando se establece entre sus dos extremos una diferencia de presión de 1 kg/cm^2, deja pasar por cada centímetro cuadrado de superficie 1 cm^3 por segundo de un líquido cuya viscosidad es de un *poise*.

DARDO m. *Arq.* Adorno en forma de saetas que alternan con ovos.

DÁRSENA f. *Mar.* Cada una de las partes interiores de un puerto de mar limitadas por los muelles y malecones.

DASÍMETRO m. *Fís.* Baroscopio.

DATA f. *Hidr.* Orificio calibrado que, en un depósito o red de distribución, da salida a un gasto o caudal de líquido determinado.

DATACIÓN f. *Atom. Datación por medio del carbono 14*, procedimiento para averiguar la edad o época de que data un vestigio orgánico (esqueleto prehistórico, madera, cenizas, restos de tejidos, etc.) fundado en la medición de la radiactividad perdida por dichos objetos desde sus orígenes. ‖ *Datación por el flúor*, determinación de la edad relativa de los vestigios óseos según la proporción de flúor que contienen.

— Las radiaciones solares transmutan regularmente nitrógeno en carbono 14. El gas carbónico de la atmósfera contiene, por consiguiente, una proporción perfectamente determinada de dicho isótopo del carbono. También se mantiene constante dicha proporción en los organismos animales y vegetales, puesto que éstos absorben regularmente gas carbónico de origen atmosférico. Esta absorción cesa al morir el organismo —ya se trate de una persona o de una planta— cuyos restos, por mucho tiempo que pase, seguirán conservando su carbono. Ahora bien, como el isótopo 14 es radiactivo y se desintegra con regularidad, la materia muerta irá perdiéndolo proporcionalmente al tiempo transcurrido. Bastará con medir la radiactividad actual de un pequeño fragmento de momia egipcia o las cenizas descubiertas en una gruta prehistórica, para saber qué proporción de átomos de carbono 14 se han desintegrado desde que murió el personaje de la primera o fue cortada la leña de las segundas y de ahí se deducira el tiempo transcurrido. En efecto, sabiendo que la radiactividad del carbono se reduce a su mitad al cabo de 5 880 años, se desprende que si un fragmento de leña verde da lugar a 8 000 desintegraciones por día y una muestra equivalente de leña sólo da 4 000, será porque ésta última data precisamente de unos 5 880 años. Como en el caso de muchos vestigios se poseen datos cronológicos bastante precisos, ha sido posible comprobar la exactitud de las medidas hechas por el procedimiento del carbono 14.

La *datación por el flúor* se aplica a los huesos conservados en las aguas subterráneas. Éstas siempre contienen flúor que se combina con el fosfato cálcico de los huesos y la cantidad de flúor contenida por los mismos es proporcional al tiempo durante el cual se han hallado expuestos a su acción.

DATADOR m. *Ofic.* Fechador.

DATO m. Antecedente incontestable, o considerado como tal, en el cual puede fundarse una investigación o razonamiento.

— *Mat.* Cada una de las magnitudes que se citan en el enunciado de un problema y que permiten hallar el valor de las incógnitas: *en álgebra los datos se designan con las primeras letras del alfabeto y las incógnitas con las últimas.*

DAVIDA, asteroide n° 511, cuyo diámetro se ha calculado en 342 km y que, por sus dimensiones, es el sexto de su especie.

DAVIDSONITA f. *Miner.* Variedad de berilo bacilar *.

DAVY *(Lámpara de)*. Véase LÁMPARA.

dB, símbolo de *decibel.*

D. D. P., abreviatura de *diferencia de potencial*, usada por los electricistas.

D. D. T., siglas de *diclorodifeniltricloretano*, insecticida muy eficaz obtenido haciendo obrar el cloral sobre el clorobenceno.

DE m. *Atom.* Cada uno de los dos electrodos huecos en forma de D que tiene el ciclotrón *.

DEAMBULATORIO m. *Arq.* Conjunto de naves o galerías que rodean la capilla mayor de una iglesia.

DEBACLE f. Galicismo por *deshielo.*

DÉBIL adj. Que tiene poca solidez, fuerza, potencia o resistencia: *los amplificadores modulan una corriente fuerte con la corriente débil captada por la antena.* (Sinón. FLOJO.)

— *Quím.* Dícese de un electrólito, base o ácido cuyo grado de ionización es poco importante: *el ácido carbónico es un ácido débil.*

Fot. U.S.I.S., Larousse

DEBILITACIÓN f. Disminución gradual de una magnitud física.
— *Electr.* Disminución progresiva de la magnitud de un campo o de cualquier fenómeno eléctrico al propagarse por el espacio.
— *Fot.* Atenuación del contraste o la intensidad de una imagen sometiéndola a la acción de un debilitador.
— *Radiot.* Desvanecimiento.

DEBILITADOR m. *Fot.* Baño que sirve para atenuar la opacidad de un clisé o mejorar las pruebas fotográficas ligeramente veladas: *el debilitador de Farmer consiste en una disolución de ferricianuro de potasio y otra de hiposulfito de sodio que se mezclan inmediatamente antes de utilizar el baño.*

DECA, prefijo derivado del griego *deka,* que se usa para indicar que una unidad del sistema métrico es multiplicada por diez.
— El símbolo primitivo de *deca,* la letra D, sigue usándose en algunas partes, pero tiende a ser reemplazado por *da.* Así, decalitro puede expresarse por los símbolos *dal* y *Dl.* (V. ABREVIATURA.)

DECAEDRO m. *Geom.* Sólido de diez caras.

DECAGONAL adj. Relativo o perteneciente al decágono: *un prisma de base decagonal.*

DECÁGONO m. *Geom.* Polígono que tiene diez ángulos y, por consiguiente, diez lados.
— En una circunferencia pueden inscribirse dos *decágonos regulares:* el *decágono regular convexo,* cuyo lado subtiende un arco de 36°, y el *decágono regular estrellado,* formado por lados cruzados que subtienden arcos de 108°. Ambas figuras pueden ser trazadas con la regla y el compás, dividiendo el radio de la circunferencia en su media y extrema razón *. En el radio OC, perpendicular al diámetro AB, se traza la circunferencia que tiene su centro en I (equidistante de O y C). Por último, se traza en dicha circunferencia un diámetro que, prolongado, pase por A. El segmento AD es el lado del decágono regular convexo, mientras que el segmento AE lo es del decágono regular estrellado.

DECAGRAMO m. *Metr.* Medida de masa que vale 10 gramos y cuyo símbolo es *dag,* aunque también se usa en varias partes el antiguo símbolo *Dg.* (V. ABREVIATURA.)

DECAHIDRATADO, DA adj. *Quím.* Que contiene diez moléculas de agua: *Na_2CO_3, $10H_2O$ es la fórmula del carbonato de sodio decahidratado.*

DECAHIDRONAFTALENO m. *Quím.* Decalina, carburo de hidrógeno.

DECAIMIENTO m. *Fís.* Pérdida progresiva de radiactividad que experimenta una masa de materia radiactiva a medida que va aumentando la proporción de sus átomos estables y disminuyendo el número de los que se desintegran. (V. RADIACTIVIDAD.)

DECALADO m. Galicismo por *adelantado* o *atrasado.*
— *Electr.* Defasaje.
— *Tecn.* Distancia que media entre dos piezas cuando una de ellas ha sido corrida, o se ha corrido, respecto a la otra.

DECALABLE adj. *Tecn.* Galicismo por *corredizo.*

DECALAR v. *Tecn.* Galicismo por *adelantar* o *retrasar* y por *correr* o *correrse* una pieza respecto a otra.

DECALCO m. Acción y efecto de calcar un dibujo.

DECALESCENCIA f. *Metal.* Irregularidad en el calentamiento de ciertos metales a cuyo fenómeno se debe que, después de haberse calentado progresivamente hasta cierta temperatura, aumente bruscamente la absorción de calor en el interior de su masa, hasta el extremo de provocar un enfriamiento relativo de las capas superficiales.

DECALINA f. *Comb.* y *Quím.* Nombre comercial del *decahidronaftaleno,* carburo de hidrógeno cuya fórmula es $C_{10}H_{18}$.
— La *Decalina* hierve a 188° y se obtiene por hidrogenación del naftaleno en presencia de níquel. Se usa disuelta en benzol para aumentar el poder calorífero del mismo cuando ha de servir de combustible en los motores de explosión.

DECALITRO m. *Metr.* Medida de capacidad equivalente a 10 litros y cuyo símbolo es *dal,* aunque también se sigue usando en algunas partes el antiguo símbolo *Dl.* (V. ABREVIATURA.)

DECÁMETRO m. *Metr.* Medida de longitud equivalente a 10 metros cuyo símbolo es *dam* y, en ciertos países, *Dm.* (V. ABREVIATURA.)
— *Topogr.* Cadena o cinta de 10 m de largo que se usa para tomar medidas en el terreno.

DECANO m. *Quím.* Nombre de varios carburos de hidrógeno saturados, cuya fórmula es $C_{10}H_{22}$.

DECANTACIÓN f. Separación por gravedad de dos o más cuerpos no miscibles, de densidad diferente, cuando uno de ellos por lo menos es líquido.
— Para efectuar la *decantación* de un líquido que contiene materias sólidas en suspensión se deja que éstas se acumulen en el fondo por su propio peso y se vierte el líquido inclinando el recipiente, o bien se aspira con una pipeta. Los recipientes usados industrialmente tienen varios grifos dispuestos a diferentes alturas, lo cual permite recoger la parte del líquido perfectamente clarificada. También se usa la decantación para separar dos líquidos de peso específico diferente cuando uno de ellos no es soluble en el otro, como ocurre con el agua y el aceite.
En muchos casos se recurre a la centrifugación, que permite separar las materias con mucha mayor rapidez y perfección que decantándolas.

DECANTADOR, RA adj. y s. Que decanta o sirve para decantar: *balsa decantadora de las aguas fangosas.*
— Los *decantadores* de aguas turbias consisten en balsas grandes en forma de cono invertido. El agua turbia fluye por un surtidor en el centro de la balsa y el agua clara desborda de la misma y es recogida por una canal periférica. Durante su trayecto del centro al borde de la balsa la masa acuosa abandona sus partículas sólidas, las cuales, en razón de la pendiente del fondo, tienden a acumularse en la parte central. En los *decantadores mecánicos* unos rastrillos barren el fondo muy lentamente y activan la concentración de las materias sólidas.

DECANTAR v. Transvasar un líquido de un recipiente a otro para separarlo de su poso. ‖ Separar por decantación dos líquidos que no son miscibles, como el agua y el aceite. (V. DECANTACIÓN.)

DECAPADO, DA adj. y s. Acción y efecto de decapar.
— *Metal.* Los metales se hallan con frecuencia cubiertos por una costra de óxidos, sales, grasas, pinturas u otras materias que dificultan ciertas operaciones e imposibilitan otras (soldadura, metalización, etc.). El *decapado* tiene por efecto suprimir dicha costra y poner al descubierto la superficie limpia del metal. Esta operación puede efectuarse química o mecánicamente.
El *decapado químico* se obtiene por uno de los procedimientos siguientes: inmersión de las piezas en un baño de algún ácido diluido (ácidos clorhídrico para el hierro y el aluminio, nítrico para bronces y latones, sulfúrico para aleaciones ferrosas y cuprosas, etc.); tratamiento en baño alcalino, generalmente solución de sosa (aleaciones de aluminio, así como las de cinc); electrólisis en disolución alcalina (sosa, carbonato, etc.) o ácida (electrólitos clorhídrico o sulfúrico); inmersión rápida, durante unos segundos, en hidruro de sodio disuelto en sosa fundida, a la temperatura de 400°; exposición a vapores ácidos (clorhídrico y fluorhídrico); etc.
El *decapado mecánico* consiste en la desincrustación por martilleo, raspadura con cepillos metálicos o proyección de un chorro * de arena etc.

decágonos

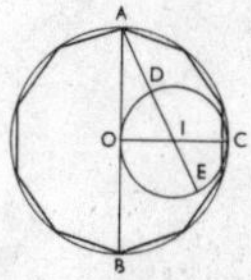

regular convexo

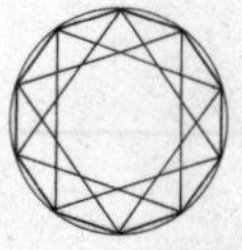
regular estrellado

decapado
con soplete

Fot. Soudure Aut. Fse

Otro procedimiento de decapado muy eficaz consiste en quemar la costra con el soplete oxiacetilénico.
— *Pint.* El *decapado de pinturas viejas* se obtiene mediante un lavado con lejías alcalinas (sosa cáustica). Para suprimirlas completamente se opera con una lámpara de soldar, que las ablanda, y una paleta con que se las arranca.

DECAPANTE m. *Tecn.* Cuerpo que, por sus propiedades químicas o físicas, sirve para eliminar los óxidos formados en la superficie de un metal, las pinturas y barnices viejos, etc. (V. DECAPADO.)

DECAPAR v. Eliminar la costra de impurezas que se forma en la superficie de ciertos cuerpos, especialmente sobre los metales. (V. DECAPADO.) ‖ Por ext., quitar la capa de materias que cubre una cosa, como la de tierras encima de un yacimiento poco profundo, la de barniz opacificado en un cuadro viejo, y la de asfalto en una calzada.

DECÁPODO, DA adj. *F. c.* Dícese de ciertas locomotoras de vapor muy potentes, para el arrastre de trenes de mercancías, que tienen cinco ejes acoplados.

DECARBONACIÓN f. *Quím.* Descarbonización.

DECARBONATAR v. *Quím.* Descarbonatar.

DECARBURACIÓN f. *Quím.* Descarburación.

DECARBURANTE m. *Quím.* Descarburante.

DECARBURAR v. *Quím.* Descarburar.

DECÁREA f. *Metr.* Medida de superficie que vale 10 áreas y cuyo símbolo es *daa* o *Da.* (V. ABREVIATURA.)

DECÁSTILO m. *Arq.* Pórtico o fachada adornado con diez columnas.

DECATIR v. *Text.* Deslustrar.

DECATISADO m. *Text.* Deslustre.

DECATISADOR m. *Text.* Deslustrador.

DECAUVILLE *(Ferrocarril).* V. FERROCARRIL y VÍA.

DECCA m. *Radiot.* Sistema de radionavegación fundado en el uso de cuatro emisoras que funcionan en sincronismo* y cuyas interferencias, registradas por un receptor especial, permiten determinar, merced al uso de cartas apropiadas, la posición de un avión o de un barco.
— La estación principal del *sistema decca* emite ondas entretenidas que son retransmitidas por tres emisoras subordinadas a la misma. Si un buque se halla exactamente en un punto equidistante de dos emisoras, una misma onda procedente de ambas será captada simultáneamente a bordo. Al alejarse el buque de dicha posición ideal, la onda procedente de una emisora será recibida con cierto retraso respecto a la que ha emitido simultáneamente la otra estación. Si prosigue su marcha, llegará un momento en que el retraso será exactamente de una onda, o sea que el receptor captará simultáneamente una onda determinada y la onda siguiente procedente de la otra estación. Aparecerá después un nuevo retraso hasta que vuelvan a coincidir dos ondas, y así sucesivamente. Si se unen con una línea todos los puntos geográficos donde una onda procedente de una estación coincide con determinada onda procedente de la otra, se obtiene una hipérbola. Para cada par de estaciones existe una red de hipérbolas posibles, o sea tres redes para el sistema, las cuales se hallan impresas en colores diferentes (rojo, verde y azul) sobre una carta de navegación. Por otra parte el aparato receptor de a bordo tiene tres fasímetros, dispositivos que cuentan las veces en que las ondas de un par de estaciones se hallan en fase (es decir, llegan simultáneamente al aparato). Para hallar la posición del barco o del avión basta entonces con leer las indicaciones de un fasímetro (el rojo, por ejemplo) y con buscar la curva del mismo número en la red roja de la carta. El piloto sabe que se halla en ese instante en un punto de dicha hipérbola y para determinarlo con precisión observa las indicaciones de otro fasímetro (por ejemplo, el de color verde) y busca la hipérbola correspondiente. La posición exacta del avión o del buque es determinada entonces por la intersección de las líneas roja y verde indicadas por los fasímetros de dichos colores.
Los cables submarinos para el transporte de energía eléctrica entre Francia e Inglaterra se han tendido según una de las hipérbolas del sistema decca. Así, en caso de avería, el barco cablero podrá localizarlos con toda rapidez.

DECELERACIÓN f. *Mec.* Aceleración * negativa, o sea disminución por unidad de tiempo de la velocidad de un cuerpo animado por un movimiento uniformemente retrasado.

DECELERAR v. *Transp.* Disminuir progresivamente la velocidad de un vehículo.

DECENARIO o **DECENIO** m. Período de diez años.

DECENO m. *Quím.* Decileno.

DECI, prefijo que indica la división por diez de las unidades del sistema métrico, como en *decigramo*, y cuyo símbolo es *d*.

DECIÁREA f. *Metr.* Medida de superficie (*da*) que vale la décima parte del área.

DECIBEL o **DECIBELIO** m. *Acúst.* Unidad de la atenuación de los sonidos, igual a la décima parte del bel *, cuyo símbolo es *dB*.

DECIESTÉREO m. *Metr.* Decistéreo.

DECIGRADO m. *Geom.* Medida de ángulo que vale la décima parte del grado (símbolo *dgr*).

DECIGRAMO m. *Metr.* Medida de masa que vale la décima parte del gramo (símbolo *dg*).

DECILENO m. *Quím.* Nombre genérico de los hidrocarburos etilénicos cuya fórmula general es $C_{10}H_{20}$. (Sinón. DECENO.)

DECILITRO m. *Metr.* Décima parte del litro (símbolo *dl*).

DECILO m. *Mat.* Décima parte de un conjunto de datos estadísticos clasificado en un orden determinado.

DECIMAL adj. y s. *Mat.* Que tiene el número diez por base. ‖ *Cálculo decimal,* el que se efectúa con números decimales. ‖ *Fracción decimal,* v. FRACCIÓN. ‖ *Logaritmos decimales,* v. LOGARITMO. ‖ *Numeración decimal,* aquella cuya base es 10. (V. NUMERACIÓN.) ‖ *Número decimal,* número compuesto de una parte entera, que puede ser nula, y de otra *parte decimal,* inferior a la unidad y expresada por cifras llamadas *decimales:* 7,65 m es un número decimal; su segunda decimal es igual a 5. ‖ *Sistema decimal,* v. SISTEMA MÉTRICO.

DECIMALIDAD f. Carácter de lo que es decimal.

DECIMALIZACIÓN f. *Metr.* Reducción de todas las medidas al sistema decimal.

DECIMALIZAR v. Reducir al sistema decimal.

receptor **decca**

funcionamiento del sistema **decca** : M, emisora principal; S_1 y S_2, estaciones subordinadas; MS_1, red de hipérbolas formadas por el par de estaciones M y S_1; MS_2, red de curvas de las estaciones M y S_2. La posición del avión es indicada por los dos fasímetros

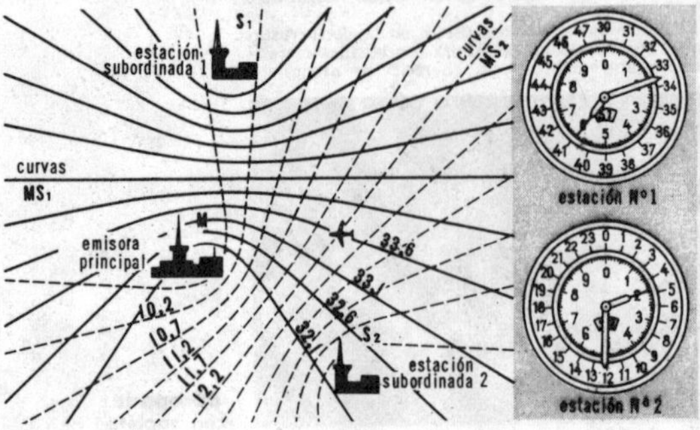

Fot. C.S.F.

DECÍMETRO m. *Metr.* Medida de longitud que vale la décima parte del metro y cuyo símbolo es *dm.* ‖ Regla de igual longitud graduada en centímetros y milímetros. ‖ *Decímetro cuadrado,* medida de superficie (dm^2) equivalente a un cuadrado cuyo lado mide un dm. ‖ *Decímetro cúbico,* medida de volumen (dm^3) equivalente a un cubo cuya arista mide un dm.

DECIMILI, prefijo que indica la división de una magnitud por 10 000.

DÉCIMO adj. *Quím. Licor décimo,* disolución de sal común cuya concentración es la necesaria para que un litro de la misma pueda precipitar un gramo de plata.

DECIMONORMAL o **DECINORMAL** adj. *Quím.* Dícese de las disoluciones cuya concentración es diez veces menor que la de los licores normales. (V. NORMAL.)

DECISTÉREO m. *Metr.* Medida usada para cubicar la leña, equivalente a la décima parte del estéreo.

DECLINACIÓN f. *Astr.* Distancia de un astro, o de un punto cualquiera del cielo, al ecuador.
— La *declinación* se expresa por el valor en grados (de 0 a 90) del arco —perpendicular al ecuador—, del círculo mayor que pasa por el astro, llamado *círculo de declinación.* Todos los puntos situados en un mismo paralelo de la esfera celeste tienen la misma declinación. La declinación y la ascensión * recta son las dos coordenadas que permiten determinar la posición de un astro en el cielo.
— *Magn. Declinación magnética,* ángulo formado por el meridiano magnético y el meridiano geográfico en un punto de la superficie terrestre. ‖ *Brújula de declinación,* v. BRÚJULA.
— La dirección de la aguja imantada no coincide con el meridiano local. El plano vertical que pasa por los polos de la aguja se llama meridiano magnético y el ángulo que éste forma con el meridiano local es la declinación magnética. Así como los meridianos convergen en los polos geográficos, los meridianos magnéticos convergen en los polos * magnéticos. No obstante, estos meridianos no pueden ser considerados como arcos, pues las anomalías de la estructura del Globo hacen que si se unen todos los puntos de igual declinación se obtiene una línea isógona cuyo trazado es sinuoso. Además, la declinación en un punto determinado experimenta variaciones diurnas, anuas y seculares, así como otras que no son periódicas.

DECLINAR v. *Astr.* Bajar un astro hacia el horizonte después de haber pasado por el meridiano. ‖ Alejarse un astro del ecuador al ir variando su declinación: *el Sol declina entre los trópicos alternativamente hacia el Norte y hacia el Sur.*
— *Magn.* y *Topogr.* Orientar un instrumento hacia el Norte geográfico utilizando la aguja imantada y conociendo previamente la declinación local.
— El declinatorio * fijado en el aparato se regula previamente para tener cuenta de la declinación del lugar. Bastará después con hacer girar el teodolito, o el instrumento de que se trate, hasta que la aguja vuelva a su posición normal, para que se halle el mismo orientado automáticamente en la dirección del Norte geográfico.

DECLINATORIO m. *Topogr.* Aguja imantada muy larga, de caja rectangular, que se usa montada convenientemente en un instrumento para orientarlo en la dirección del Norte geográfico. (V. DECLINAR.)

DECLINÓMETRO m. *Magn.* Brújula propia para medir la declinación magnética, y también instrumento que registra continuamente las variaciones de dicha declinación.

DECLIVE m. y **DECLIVIDAD** f. Rampa o pendiente. ‖ Estado de lo que forma pendiente.
— *F.c.* y *Obr. públ.* Inclinación del perfil de una vía férrea o una carretera: *la declividad se llama rampa si con ella aumenta la altura a que se halla el vehículo, y pendiente en el caso contrario.* (V. CREMALLERA.)

DECOCCIÓN f. Acción de sumergir un cuerpo en un líquido frío que luego se calienta hasta que hierva, prolongándose la ebullición durante un tiempo más o menos largo.

DECOLAJE m. *Aeron.* Galicismo por *despegue.*

DECOLAR v. *Aeron.* Galicismo por *despegar.*

DECOLORACIÓN f. Descoloración.

DECOLORANTE adj. y s. Descolorante.

DECOLORAR v. Descolorar.

DECOLLAJE m. *Aeron.* Galicismo por *despegue.*

DECOLLAR v. *Aeron.* Galicismo por *despegar.*

DECONTAMINACIÓN f. *Atom.* Descontaminación.

DECONTAMINAR v. *Atom.* Descontaminar.

DECORATIVO, VA adj: Hecho con vistas a la decoración o adorno: *la cubierta decorativa de un chalet.*

DECORTICACIÓN f. *Carp.* Anelación.

DECREMENTO m. Disminución.
— *Radiot.* Disminución de la amplitud de las oscilaciones sucesivas o de las ondas amortiguadas de un sistema. (V. AMORTIGUAMIENTO y ONDA.)

DECRÉMETRO m. *Radiot.* Instrumento para medir el decremento de las corrientes alternas o de las ondas electromagnéticas.

DECREPITACIÓN f. *Quím.* Chasqueteo o crepitación que producen ciertas sales al ser calentadas bruscamente. ‖ Operación consistente en decrepitar la sal común.
— La *decrepitación* puede ser debida, como en la sal común, a la vaporización brusca del agua presente en los intersticios de los cristales, pero en otros casos es producida por la rotura de los cristales cuando, como consecuencia de su poca conductibilidad, ciertas partes de los mismos se calientan con mayor rapidez que otras.

DECREPITUD f. *Hidr.* Estado de los ríos cuyas aguas se pierden en sus propios aluviones.

DEDAL m. *Art. y of.* Funda de metal o de materia plástica que se ponen las costureras y los sastres en los dedos medio o anular para empujar la aguja sin lastimarse la piel: *los dedales de sastre se hallan abiertos por ambas bases del tronco de cono.*

DEDIL m. *Art. y of.* Funda de cuero o de otra materia que se pone en uno o varios dedos para efectuar ciertos trabajos.

DEDO m. *Astr.* Cada una de las doce fajas paralelas en que se considera dividido el disco lunar para expresar cómodamente la importancia de un eclipse: *cuando la sombra de la Tierra se extiende sobre un tercio de la anchura de la Luna, el eclipse es de cuatro dedos.* (Sinón. DÍGITO.)
— *Electr. Regla de los tres dedos,* regla práctica para hallar el sentido de la fuerza electromagnética en un conductor recorrido por una corriente eléctrica y situado en un campo magnético.
— Si se consideran los dedos *índice, medio* y *pulgar* de la mano izquierda (enunciados por orden alfabético) y se les asocian en el mismo orden las nociones de *campo, corriente* y *fuerza,* el sentido de ésta corresponde al pulgar.
— *Mec.* Pieza de dimensiones y forma variables, cuyo extremo puntiagudo o redondeado sirve para empujar otra pieza.

DEFASAJE m. *Fís.* Diferencia de fase entre dos fenómenos alternos de igual frecuencia, como, por ejemplo, entre una diferencia de potencial y la corriente producida por la misma. (Sinón. DESFASE y DESFASAJE.) ‖ *Ángulo de defasaje,* ángulo formado por los dos vectores representativos de dos funciones alternas de igual frecuencia.
— Si se admite que el adelanto o retraso de una función respecto a la otra es igual a un período completo, y que el *defasaje* vale entonces una circunferencia, todo adelanto o retraso menor será representado por un ángulo proporcional llamado *ángulo de defasaje.* En el caso de defasaje de una corriente alterna respecto a la diferencia de potencial que la ha producido, ese ángulo tiene por coseno un número llamado *factor de potencia.* La potencia activa transmitida por una corriente alterna es proporcional a dicho factor. (V. FASE y CORRIENTE.)

DEFECACIÓN f. *Ind. alim.* Coagulación de una parte de las materias en suspensión en el zumo de manzana y otros jugos naturales con

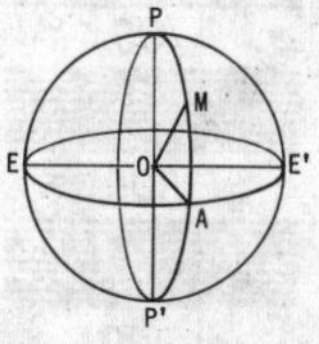

declinación *(astr.)*
PP', línea de los polos; EE', ecuador; PMP', círculo de declinación; AM, declinación del astro M

regla de los tres **dedos** *(electr.)*

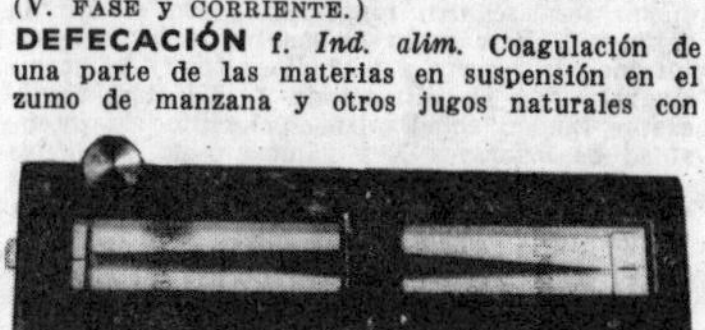
declinatorio

Fot. Larousse

definición

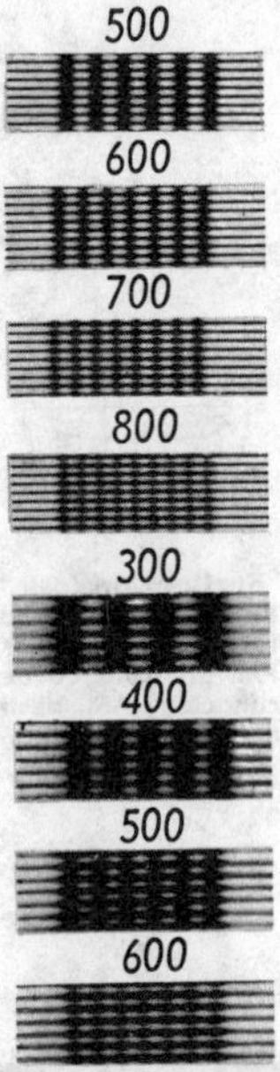

fotografía de una mira de televisión en la cual se aprecia la fineza de las **definiciones** de 300 a 800 líneas; *a la derecha:* motivo alegórico de una mira en una emisión de 441 líneas (mitad inferior) y en otra de 819 (mitad superior)

objeto de obtener un líquido claro. ‖ Operación consistente en dejar que se deposite el precipitado que se forma durante la calcificación y carbonatación del zumo de caña o de remolacha en la fabricación del azúcar.
— *Quím.* Separación de las heces o sedimentos que contiene un líquido, dejándolo simplemente en reposo.

DEFECADOR m. *Quím.* Aparato para efectuar la defecación.

DEFECAR v. *Ind. alim.* y *Quím.* Efectuar la defecación de un líquido que contiene materias en suspensión.

DEFECTO m. Imperfección de una obra o labor: *hoy se dispone de medios eficaces para descubrir los defectos internos de las piezas.* ‖ Tara o deficiencia de una materia: *la madera para ebanistería no ha de tener defectos visibles.*
— *Art. gráf.* Pliegos que sobran o faltan para obtener el número de libros completos que constituye la tirada.
— *Atom. Defecto de masa,* diferencia entre la masa del núcleo de un átomo y la suma de las masas de sus partículas consideradas separadamente.
— Las masas del protón y del neutrón son respectivamente iguales a 1,00814 y 1,00898 unidades de masa atómica. Como el núcleo de un átomo de helio consta de dos protones y dos neutrones, su masa debería ser igual a 4,03424. En realidad, es de 4,00387. Existe, por consiguiente, una pérdida de masa de 0,03037 correspondiente a la cantidad de materia que se ha convertido en energía de enlace necesaria para mantener unidas las partículas en el núcleo, según la fórmula de la equivalencia de la masa y la energía. Dicha energía de enlace representa también la cantidad de energía que se necesitaría para separar las distintas partículas del núcleo. Bastará con multiplicar esta magnitud por el cuadrado de la velocidad de la luz para obtener su equivalencia en energía.
Por otra parte, cuando el núcleo de un átomo pesado se divide natural o artificialmente para dar dos núcleos de elementos más ligeros, la suma de la masa de los fragmentos es inferior a la masa inicial del núcleo pesado y la materia perdida se convierte en energía, también recuperada en forma de calor.
En el desprendimiento de calor, al unirse partículas ligeras o al partirse núcleos pesados, reside el principio de la producción de energía atómica de fusión * y de fisión *.
— *Metal.* Deformación, agrietamiento, burbuja u otras imperfecciones externas o internas de las piezas metálicas.
— Los *defectos* debidos a un error en las dimensiones se descubren rápidamente con el uso de calibres *. Para poner de manifiesto los defectos internos se recurre a la radiografía *, la gammagrafía * y los ultrasonidos *. Las tres técnicas se fundan en el mismo principio: la intensidad de los rayos X y gamma o de las ondas ultrasonoras difiere según hayan atravesado la pieza por una parte sana y homogénea o por una sección que contiene alguna grieta o burbuja.

DEFENSA f. Obra o dispositivo usado como protección: *las defensas de los barcos son neumáticos viejos, labores de cordería y otros bultos que cuelgan de la borda en los costados del casco y sirven para resguardarlo de los choques con los muelles o con otros barcos.*

DEFICIENTE adj. *Mat.* Dícese del número cuyos divisores arrojan una suma inferior al mismo: *8 es un número deficiente puesto que la suma de sus divisores (1, 2 y 4) es igual a 7.*

DEFINICIÓN f. *Radiot.* Descomposición en líneas y puntos de la imagen de televisión que se ha de transmitir: *la definición se opera en la cámara tomavistas.* ‖ Número de líneas y de puntos de que consta una imagen de televisión: *una imagen es tanto más nítida y rica en detalles cuanto mayor es la definición de la emisora.*
— La imagen de televisión puede ser comparada a una reproducción en similigrabado, y así como ésta es tanto más perfecta cuanto más puntos impresos contiene por unidad de superficie, también la calidad de la imagen dada por el televisor depende del número de puntos luminosos que la constituyen. Éstos forman líneas horizontales. De ahí que exista una *definición vertical,* expresada por el número de líneas de que consta la imagen, y una *definición horizontal,* expresada por el número de puntos que cuenta cada línea. La definición de los sistemas actuales de televisión es la siguiente: 405 líneas en Gran Bretaña, 525 líneas en América, 625 líneas en la Europa continental. En Francia existe también una alta definición de 819 líneas que da imágenes muy perfectas.
No basta con multiplicar el número de líneas por el de los puntos de cada una de ellas para obtener el número total de puntos de la imagen. Diversos factores (imperfecciones de las pantallas, tiempo perdido por el haz de electrones cada vez que, al terminar la exploración de una línea, ha de volver a situarse al principio de la siguiente, etc.) hacen que el número teórico de puntos sea superior en un 25 ó 30 % al número real de los mismos. (V. EXPLORACIÓN y TELEVISIÓN.)

DEFLAGRACIÓN f. *Expl.* y *Quím.* Reacción química muy activa, acompañada de llamas o chispas: *la deflagración del salitre.* ‖ Por ext., combustión muy viva en forma de explosión.
— La *deflagración* es un tipo de explosión que se distingue de la detonación * por el hecho de que la propagación de la reacción química en el seno de la substancia explosiva se efectúa principalmente por conductibilidad térmica. La velocidad con que progresa la deflagración es de menos de un milímetro a varios centímetros por segundo en los explosivos sólidos y de varios decámetros en los gases explosivos.

DEFLAGRADOR m. *Expl.* Explosor.

DEFLAGRANTE adj. *Expl.* Dícese de las materias que tienen la propiedad de deflagrar: *la pólvora negra es un explosivo deflagrante.*

DEFLAGRAR v. *Quím.* Arder rápidamente un cuerpo combustible despidiendo llamas acompañadas de un chisporroteo: *las materias que deflagran con excesiva rapidez pueden explotar.* (V. DEFLAGRACIÓN.)

DEFLECTÓMETRO m. *Obr. públ.* Instrumento usado para medir la magnitud de la deformación de una calzada en función del peso de los vehículos.

DEFLECTOR, RA adj. y s. Dícese de todo dispositivo utilizado para producir una deflexión.
— *Aeron. Deflector de chorro,* v. DESVIADOR.
— *Autom.* Postigo de eje vertical que, en las puertas delanteras de los automóviles, sirve para orientar convenientemente la corriente de aire que penetra en el vehículo al bajar los cristales de dichas puertas.
— *Electrón. Bobinas deflectoras,* juego de dos bobinas anulares dispuestas alrededor de un oscilógrafo catódico para desviar horizontal y verticalmente el haz de electrones con objeto de que éste describa en la pantalla trayectorias conformes con la modulación de la corriente que alimenta las referidas bobinas. ‖ *Placas deflectoras,* juego de dos placas paralelas dispuestas horizontalmente y de otras dos verticales que, montadas en el interior del cuello de un oscilógrafo catódico, representan el mismo papel que las bobinas deflectoras.
— Las *bobinas* y *placas deflectoras* permiten que el haz de electrones procedente del cañón del oscilógrafo trace en la pantalla una representación

Fot. R.T.F.

luminiscente de las fluctuaciones que experimenta la corriente aplicada a los dispositivos deflectores. Si se trata simplemente de analizar una corriente alterna industrial, la expresión geométrica de la misma aparecerá en la pantalla en forma de línea sinusoide. En el caso de un televisor, los deflectores, alimentados por la misma corriente de dientes de sierra que regula la exploración de la imagen en la cámara tomavistas, harán que el haz electrónico del receptor recorra la pantalla punto por punto y línea por línea, en perfecto sincronismo con el del tubo analizador.
— *Mar.* Instrumento para medir el desvío del compás provocado por las masas metálicas del buque, con objeto de efectuar su compensación *.
— *Mec.* Dispositivo que, en una turbina Pelton, permite desviar instantáneamente el chorro de agua para que éste no arrastre el rodete cuando disminuye bruscamente la carga de la turbina y evitar así una aceleración peligrosa de la misma. (La acción del *deflector* solamente se ejerce durante el tiempo necesario para que la válvula reduzca la fuerza del chorro.) [Sinón. DESVIACIÓN.]

DEFLEXIÓN f. Desvío accidental o provocado que experimenta una corriente gaseosa, una vena líquida, un haz de electrones o de otras partículas sometidos —según el caso— a alguna acción aerodinámica, hidrodinámica, eléctrica o magnética. (Sinón. DESVIACIÓN.)

DEFLUVIACIÓN f. Cambio total de cauce de un río: *la defluviación del Río Amarillo en 1887 causó la muerte de millones de personas.*

DEFORMACIÓN f. Alteración de la forma normal de una cosa: *muchos accidentes de ferrocarril se deben a una deformación de la vía.*
— *Geom.* Transformación progresiva de una figura geométrica en otra diferente. (V. DEFORMAR.)
— *Radiot.* Alteración de las imágenes de televisión producida por parásitos de origen externo, por deficiencias y averías en los aparatos emisores o receptores, o bien por una regulación defectuosa de los televisores.
— Ciertas *deformaciones* pueden ser corregidas accionando los botones o tornillos especialmente instalados en el televisor. Son: la extensión o el encogimiento general de la imagen en los sentidos horizontal o vertical; la desproporción entre dos zonas de la imagen (por ej., cabeza de los personajes excesivamente alargada respecto a la longitud del cuerpo); corrimiento de unas líneas respecto a otras; deformación de la imagen en forma de cortina o de mosaico, etc. La desaparición de una imagen doble, o sombra, se obtiene haciendo variar la orientación de la antena. Antes de corregir una deformación se han de dejar pasar unos instantes con el fin de asegurarse que el televisor se ha calentado suficientemente y que el defecto no proviene de la emisora, en cuyo caso ésta suele corregirlo rápidamente o advertir a los telespectadores.
— *Tecn.* Todos los cuerpos sometidos a la acción de una fuerza experimentan una *deformación* más o menos grande. Según sean la intensidad de la fuerza, el modo como se aplica y las características mecánicas del cuerpo, la deformación puede ser *permanente* (como las que se obtienen por forjado, embutido, estampado, laminado, etc.) o *elástica*, en cuyo caso el cuerpo recobra sensiblemente su forma primitiva cuando cesa de obrar la fuerza. Todo proyecto de máquina, construcciones metálicas, obras públicas, etc., da lugar a cálculos cuidadosos sobre la resistencia de los distintos elementos a las fuerzas que han de soportar, con el fin de que en ningún caso se rebase el límite de las deformaciones elásticas.

DEFORMAR v. Alterar la forma de alguna cosa.
—*Geom.* Pasar progresivamente de una figura geométrica a otra introduciendo una variable en la ecuación de la primera: *se puede deformar una circunferencia hasta obtener una elipse.*

DEFOSFORACIÓN f. *Metal.* Desfosforación.

DEFOSFORAR v. *Metal.* Desfosforar.

DEGENERADO, DA adj. *Astr.* y *Atom.* *Materia degenerada*, v. MATERIA.

DEGOLLADURA f. *Arq.* Llaga * entre ladrillos.
— *Art. y of.* y *Metal.* Garganta.

DEGRADABLE adj. V. BIODEGRADABLE.

DEGRADACIÓN f. *Col.* Disminución gradual de la intensidad de un color a lo largo de una superficie pintada, tejido, etc. || Descoloramiento

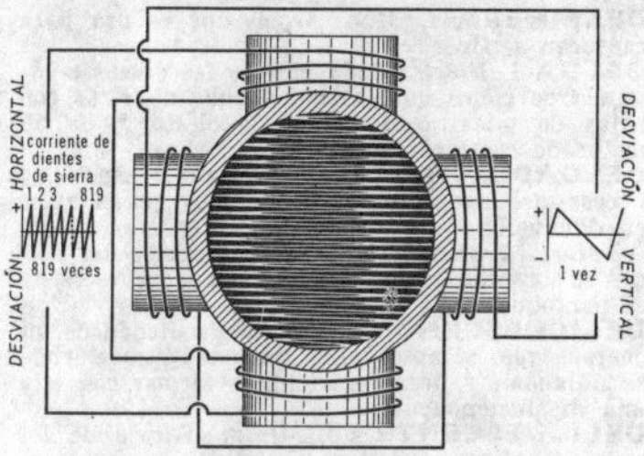

bobinas **deflectoras** en el cuello de un tubo receptor de televisión y representación de las respectivas corrientes de dientes de sierra

de las pinturas y tintes por efecto de la luz, el aire, los lavados repetidos y otros agentes.
— *Fís. Degradación de la energía*, pérdida de la aptitud a producir trabajo mecánico que experimenta la energía después de haber sufrido varias transformaciones en un sistema aislado.
— En principio, todas las formas de energía son equivalentes y, después de haber experimentado una transformación, la misma cantidad de energía subsiste, aunque en otra forma. Ahora bien, desde el punto de vista práctico, todas las formas de energía no son equivalentes en cuanto a su aptitud para suministrar trabajo mecánico. Así, la energía mecánica puede ser aprovechada íntegramente para producir calor, mientras que una parte solamente de la energía calorífica puede ser transformada en trabajo (v. CICLO). Como la energía de un sistema, si se somete a transformaciones sucesivas, acaba por convertirse en calor, se puede afirmar que, aún y subsistiendo la misma cantidad de energía, ésta ha experimentado una degradación puesto que finalmente no será utilizable. (V. ENTROPÍA.)
— *Quím.* Descomposición de un cuerpo orgánico con disminución del número de átomos de carbono contenidos por su molécula.

DEGRADADO m. Atenuación progresiva de los colores o de la luz sobre una superficie. || Esfumado.

DEGRADADOR m. *Fot.* Desvanecedor.

DEGRADAR v. Debilitar progresivamente los colores. || Esfumar.

DEGRESIVO, VA adj. Que disminuye.
— *Expl. Pólvora degresiva*, v. PÓLVORA.

DEHIDR, prefijo usado en química para indicar en el nombre de un cuerpo compuesto la eliminación de átomos de hidrógeno.

DEHIDROTIOTOLUIDINA f. *Quím.* Compuesto de fórmula compleja que se obtiene haciendo obrar el azufre sobre la paratoluidina hirviente, y a partir del cual se fabrican numerosos colorantes amarillos, especialmente la tioflavina, el amarillo de tiazol y el amarillo de cloramina.

DEIMOS, uno de los dos satélites de Marte *.

DELANTAL m. *Art. y of.* Mandil.

DELANTERA f. *Art. gráf.* Canal.

DE LAVAL (*Turbina*). V. TURBINA.

DELCO m. *Autom.* Marca registrada de un distribuidor * para el encendido de motores de explosión, con frecuencia usada como nombre genérico de esta clase de dispositivos.

DELE o **DELEATUR** m. *Art. gráf.* Signo tipográfico usado por los correctores en las pruebas para indicar que se ha de suprimir alguna letra, palabra o frase.

DELEBLE adj. Que puede borrarse: *en muchos artículos el precio se marca con tinta deleble.*

DELETÉREO, A adj. Perjudicial para la salud: *ciertos hogares despiden emanaciones deletéreas.*
— *Quím.* Dícese de los gases que pueden causar intoxicaciones.

DELEZNABLE adj. Quebradizo, poco consistente o que se desagrega con facilidad. || Dícese también de lo que es resbaladizo o se escurre de las manos.

DELFÍN m. *Zool.* Género de mamíferos cetáceos (*Delphinus*), que suelen medir de dos a tres metros de largo y viven en grupos numerosos en los mares templados y cálidos: *los delfines se capturan en grandes cantidades para extraer su aceite, comparable al de la ballena.*

juego de bobinas **deflectoras**

Fot. Transco

DELFINERA f. *Mar.* Arpón que se usa para capturar delfines.

DELGA f. *Electr.* Cada una de las placas o láminas de cobre que, aisladas unas de otras con hojas de mica, constituyen el colector * de un motor de corriente continua.

DELGADO, DA adj. Poco grueso o espeso. ‖ Dícese del agua que contiene muy pocas sales en disolución.
— *Mar.* M. Cada una de las dos partes del casco, en la proa y en la popa, donde se estrecha el pantoque.

DELICUESCENCIA f. *Quím.* Propiedad de los cuerpos que, al absorber la humedad atmosférica, se ablandan y desagregan hasta formar con ella una disolución acuosa.

DELICUESCENTE adj. *Quím.* Dícese de los cuerpos sujetos a delicuescencia *.

DELINEACIÓN f. o **DELINEAMIENTO** m. Acción de delinear.

DELINEAR v. Trazar las líneas de una figura y, en particular, dibujar un plano.

DELITESCENCIA f. *Quím.* Fenómeno en virtud del cual un cristal pierde su agua de cristalización y se disgrega en fragmentos menudos. (Sinón. EFLORESCENCIA.) ‖ Delicuescencia.

DELITESCENTE adj. *Quím.* Dícese de los cuerpos sujetos a delitescencia.

DELTA f. Cuarta letra del alfabeto griego (Δ, δ), correspondiente a nuestra *d* y usada, en vez de ésta, como símbolo para designar la cuarta cosa de una serie. ‖ Por ext., cualquier cosa de forma triangular parecida a la de la delta mayúscula.
— *Aeron. Ala delta,* ala de avión en forma de triángulo isósceles. (V. la figura del art. ALA.)
— *Astr.* La *letra δ* designa, en el orden decreciente de magnitud, la cuarta estrella de una constelación, así como el cuarto cometa que aparece en un año y el cuarto satélite o ingenio cósmico que se lanza durante el mismo. (V. ALFA.)
— *Atom. Rayos delta,* v. RAYOS.
— *Geogr.* Extensión de terreno aluvial formado por los sedimentos en la desembocadura de ciertos ríos generalmente divididos en varios brazos. (En esta acepción suele usarse como voz masculina.)
— Los *deltas,* así llamados por la forma triangular que suelen tener, solamente se forman en los mares cerrados (Mediterráneo, Caspio), los golfos (Golfo de México) y en algunas costas oceánicas protegidas contra las corrientes que podrían arrastrar los sedimentos. La misma razón impide la formación de deltas importantes en las costas donde el oleaje suele ser muy fuerte o las mareas muy importantes.
— *Mat.* La letra δ se usa como símbolo de *diferencia* *.
— *Metal. Metal delta,* aleación de cobre (55 %), cinc (43 %) y pequeñas cantidades de hierro u otros metales: *el metal delta es un latón especial para construir piezas de máquinas.*
— *Ópt.* La letra δ es el símbolo de *dioptría.*
— *Quím.* La voz *delta* o el símbolo δ se usan como prefijo para distinguir, en una serie de varios compuestos químicos, el que se obtiene después del compuesto gamma: *la deltacortisona o δ-cortisona es un medicamento más eficaz que la cortisona ordinaria.*

DELTAICO, CA adj. Relativo o perteneciente a la o al delta. ‖ En forma de delta mayúscula.

DELTOIDEO, A adj. En forma de delta mayúscula. (Sinón. DELTAICO.)

DEMANTOIDE f. *Joy.* y *Miner.* Gema verde, variedad de granate que se usa en joyería.

DEMARCAR v. *Topogr.* Señalar con marcaciones los límites de un terreno, especialmente los de una concesión minera.

DEMARREUR m. *Autom.* Galicismo por *arranque* *.

DEMBOWSKA, asteroide núm. 349, cuyo diámetro se ha calculado en 260 km y que, por sus dimensiones, es el décimotercero de la serie.

DEMODULACIÓN f. *Radiot.* Operación inversa de la modulación *. (Sinón. DETECCIÓN.)
— *Telec.* Reconstitución en el aparato receptor de la ley según la cual ha sido modulada, para su transmisión, la corriente portadora de un despacho telegráfico: *la demodulación permite restablecer el texto primitivo del telegrama.*

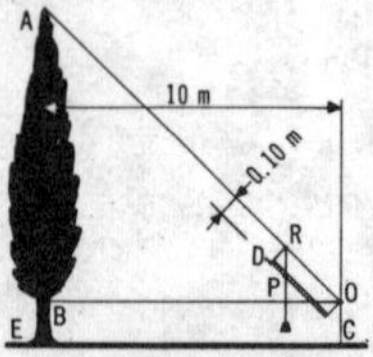

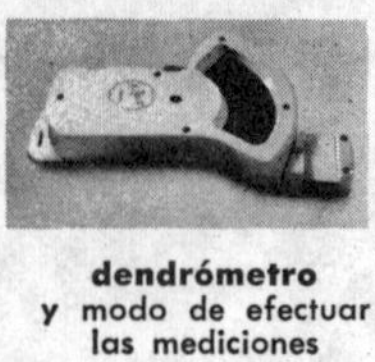

dendrómetro
y modo de efectuar las mediciones

DEMODULADOR m. *Radiot.* Dispositivo, también llamado *detector* *, que sirve para reconstituir una corriente moduladora de baja frecuencia a partir de la corriente de alta frecuencia por ella modulada. (V. MODULACIÓN.) ‖ Circuito de baja frecuencia en los receptores de modulación * de frecuencia.

DEMODULAR v. *Radiot.* Operar la demodulación. (Sinón. DETECTAR.)

DEMULTIPLICACIÓN f. *Mec.* Desmultiplicación.

DEMULTIPLICADOR, RA adj. Desmultiplicador.

DEMULTIPLICAR v. *Mec.* Desmultiplicar.

DENDRÁGATA f. *Miner.* Ágata de concreciones arborizadas.

DENDRIFORME adj. En forma de árbol. ‖ Que tiene ramificaciones arborescentes. (Sinón. DENDROIDEO.)

DENDRITA f. *Miner.* Incrustaciones de forma arborescente que se forman en las piedras. (V. ARBORIZACIÓN.)
— Las *dendritas superficiales* se hallan constituidas por una infinidad de pequeños cristales agrupados en líneas que forman ramificaciones parecidas a las de los árboles. Dichos cristales son con frecuencia invisibles y solamente se distingue entonces su conjunto en forma de dibujo de color diferente del de la piedra (dendritas de óxidos de manganeso o de hierro en las piedras calizas). Las *dendritas profundas* se prolongan en el interior de la piedra, como en ciertas ágatas a las cuales confieren mucho valor.

DENDRÍTICO, CA adj. Relativo o perteneciente a la dendrita. ‖ Dendriforme.
— *Hidr.* Dícese de las redes fluviales muy densas y ramificadas cuales se encuentran en las regiones húmedas y cubiertas por una vegetación abundante: *el Amazonas presenta una enorme red dendrítica.*

DENDROCLIMATOLOGÍA f. *Meteor.* Aplicación de la dendrocronología al estudio de los climas que reinaron hace millares de años: *la dendroclimatología demuestra que del IV° al II° milenio antes de nuestra era reinaba un clima cálido y seco en las regiones boreales del Globo* (*Escandinavia y Canadá*).

DENDROCRONOLOGÍA f. Método cronológico fundado en la observación de los anillos de crecimiento que se forman anualmente en los troncos de los árboles.
— La observación de la sección transversal de un tronco permite comprobar que las capas concéntricas no son regulares ni iguales entre sí. Hoy se tiene la explicación de esas irregularidades: unas capas excesivamente delgadas son el índice inequívoco de un año de sequía; otras capas repetidamente gruesas atestiguan una época de lluvias persistentes: las hay que son cicatrices dejadas por un incendio del bosque, etc. Remontando en el tiempo a partir de la última capa periférica y a razón de una por año, se pueden obtener detalles preciosos y perfectamente datados sobre un período de tiempo que se cifra en millares de años, pues tal es la vida que pueden alcanzar los secuoyas y otros árboles. (V. DENDROCLIMATOLOGÍA.)

DENDRÓGRAFO m. *Carp.* Dendrómetro registrador.

DENDROMETRÍA f. *Carp.* Medición de los árboles.

DENDROMÉTRICO, CA adj. *Carp.* Relativo o perteneciente a la medición de los árboles: *tablilla dendrométrica.*

DENDRÓMETRO m. *Carp.* Instrumento para medir las dimensiones de los árboles, especialmente su altura.
— Los *dendrómetros* se usan sobre todo para medir la altura de los troncos con objeto de cubicar la madera. (V. CUBICACIÓN.) El modelo más simple consiste en una tablilla de 10 cm de anchura provista de una plomada fijada en uno de sus ángulos, y, en la arista opuesta, una escala graduada en milímetros. La medición se efectúa a diez metros del árbol, tomando como línea de mira OR, la arista superior de la tablilla, y visando la cima del árbol. La altura medida es indicada por el hilo de la plomada en su intersección P con la escala graduada y será igual

Fot. Larousse

a tantos metros como centímetros indique la escala más la altura OC que medie entre el ojo del observador y el suelo (supuesto horizontal).
Existe otro tipo de dendrómetro para medir el crecimiento de los troncos. Consiste esencialmente en un bastidor indeformable —incluso por efecto de la temperatura— dispuesto en torno del tronco y provisto de una aguja corredera que, aplicada sobre el mismo, es empujada por él e indica el aumento de su diámetro o lo registra, si ha sido acoplada con un estilete inscriptor, en un gráfico.

DENEB, estrella principal de la constelación del Cisne (*α Cygni*), que, por orden de magnitud aparente (1,3) es la decimonona del firmamento.

DENEBULACIÓN f. *Aeron.* Desnebulación.

DENEGRECER v. Ennegrecer.

DENEGRIDO, DA adj. Negruzco, gris obscuro, que tira a negro.

DENEGRIR v. Ennegrecer.

DENIER m. *Text.* Unidad de medida empleada para definir la finura de las fibras textiles.
— El *denier* expresa el peso en gramos de 9 000 m de fibra o de hilo. El denier de la seda natural es, por término medio, de 2. Las fibras artificiales se obtienen de hasta 0,5 deniers. Pero esta unidad está en vías de ser reemplazada por otra llamada *tex* *.

DENOMINADO, DA adj. *Mat. Número denominado,* número * complejo.

DENOMINADOR m. *Mat.* Término de un quebrado que se pone debajo de la raya e indica en qué número de partes se divide la unidad: *en la fracción* $\frac{3}{4}$ *la unidad se considera dividida en cuatro partes iguales* (de las cuales se toman tres) *y la cifra 4 es el denominador.* || *Denominador común,* denominador que tiene el mismo valor en varias fracciones.
— Muchos cálculos con quebrados se facilitan considerablemente reduciendo todas las fracciones a un *común denominador.* Con dicho fin, cada fracción se transforma como sigue: el numerador se multiplica por los denominadores de las demás fracciones; todos los denominadores se multiplican entre sí. Por ejemplo, para reducir a un común denominador las fracciones

$$\frac{3}{4}, \frac{7}{10} \text{ y } \frac{2}{3}$$

se procederá como sigue:

$$\frac{3 \times 10 \times 3}{4 \times 10 \times 3}, \frac{7 \times 4 \times 3}{4 \times 10 \times 3} \text{ y } \frac{2 \times 4 \times 10}{4 \times 10 \times 3},$$

y se obtendrá

$$\frac{90}{120}, \frac{84}{120} \text{ y } \frac{80}{120}.$$

DENSI, prefijo derivado del latín *densus,* que significa *espeso* y entra en la composición de numerosas palabras.

DENSIDAD f. Calidad de lo que es denso.
— *Electr. Densidad de corriente,* cociente de la intensidad de una corriente en un conductor dividida por el área de la sección del mismo.
— *Fís.* Relación entre la masa de un cuerpo sólido o líquido y la masa de agua, a la temperatura de 4°, que ocupa el mismo volumen. || Relación entre la masa de un gas o vapor y la masa de aire que, en idénticas condiciones de temperatura y presión, ocupa el mismo volumen. || *Densidad absoluta,* masa * específica.
— Es frecuente confudir las nociones de *densidad* y de *masa * específica* porque, en las aplicaciones de la vida corriente, ambas tienen sensiblemente el mismo valor. Así, la masa específica del hierro es de 7,8 g por cm³. Para obtener su densidad se ha de dividir esta masa por la masa de 1 cm³ de agua a 4° y, por ser ésta muy próxima de 1 g, se obtiene finalmente como densidad del hierro el mismo valor práctico que para su masa, o sea 7,8.
La densidad de los sólidos se mide sobre todo con la balanza * hidrostática y el picnómetro *; la de los líquidos, con los mismos instrumentos y, también, los areómetros y otros densímetros; la de los gases requiere comparar las masas de un mismo recipiente lleno de aire y lleno de gas (método de Regnault), se mide al efecto la diferencia del tiempo necesario para que un volumen determinado de aire y del gas considerado pasen por un pequeño orificio, puesto que la duración, a volumen y presión iguales, es proporcional a la densidad (método de Bunsen), se vaporiza además en un aparato especial determinada cantidad de líquido de tal forma que el vapor producido expulse un volumen de aire igual al suyo y que, medido a la presión atmosférica, permitirá calcular la densidad del vapor (método de Mayer), etc.
— *Fot.* y *ópt. Densidad óptica,* logaritmo decimal de la opacidad en un punto de un negativo fotográfico o de cualquier medio absorbente: *a una opacidad de 100 corresponde una densidad de 2.*
— *Petr. Densidad A. P. I.* (*American Petroleum Institute*), densidad de los productos derivados del petróleo determinada con arreglo a la siguiente fórmula:

$$\text{densidad A.P.I.} = \frac{141{,}5}{\text{peso específico}} - 131{,}5.$$

(Así, por ejemplo, un producto cuya densidad ordinaria es de 0,850 mide 35° A.P.I.)

DENSIDAD DE ALGUNOS CUERPOS DE USO CORRIENTE *
(agua = 1 y, cuando se trata de un gas, aire = 1)

Aceites de colza y de oliva	0,92
Aceite de engrase semifluido	0,87
Acetileno	0,9056
Agua (a 4°)	1,00
Agua del mar	1,026
Aire	1,00
Aire líquido	0,931
Alcohol absoluto	0,834
Algodón	0,80
Amianto	2,60
Antracita	1,55
Arcilla	2,20
Asfalto	1,30
Benzol	0,899
Brea	1,07
Butano	2,0041
Cal apagada	1,20
Carbón de leña	0,36
Carbón de piedra	1,35
Caucho bruto	0,94
Caucho vulcanizado	1,50
Cemento Portland	1,30
Cera de abejas	0,97
Coque	1,40
Corcho	0,24
Cuero seco	0,86
Escorias de hierro	2,75
Gas de alumbrado	0,42
Gas carbónico	1,529
Gasoil	0,865
Gasolina	0,72
Hielo	0,917
Hormigón	2,10
Hulla	1,35
Lana seca	1,32
Leche	1,03
Lignito	1,20
Maderas: balsa	0,20
Maderas: pino	0,60
Maderas: roble	0,80
Maderas: guayaco	1,30
Metano	0,5544
Óxido de carbono	0,967
Papel	0,95
Parafina	0,88
Petróleo lampante	0,780
Piedras compactas	2,80
Piedras blandas	2,10
Propano	1,5626
Sal común	2,15
Salitre	2,03
Tierra ordinaria	1,50
Tierra vegetal	1,35
Trigo	0,75
Turba seca	0,40

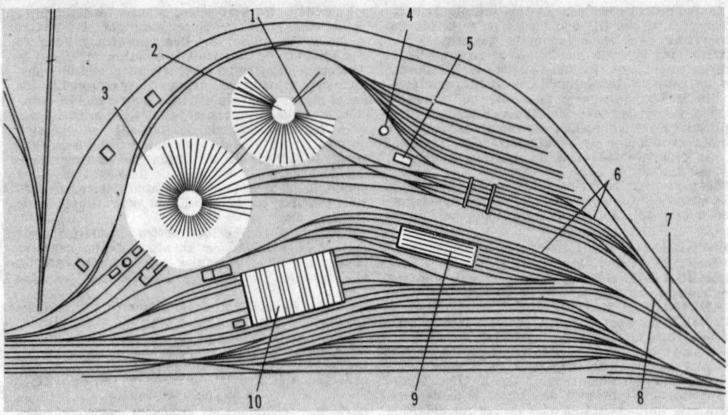

depósito de locomotoras
1. Rotonda descubierta; 2. Puente giratorio; 3. Rotonda; 4. Depósito de agua; 5. Depósito de combustible; 6. Bifurcaciones; 7. Vía de entrada; 8. Vía de salida; 9. Almacenes; 10. Talleres

Vapor de agua	0,622
Vidrio	2,60
Vino	0,99
Yeso	2,32

* Para los cuerpos de densidad variable el valor indicado representa un promedio. La densidad de los cuerpos simples figura en el art. ELEMENTO.

DENSIFICACIÓN f. *Carp.* Procedimiento para mejorar la calidad de la madera por compresión.
— Si un madero no tuviera poros ni huecos y se hallara constituido íntegramente por materia celulósica compacta, su densidad sería de 1,54 y sus propiedades superarían ampliamente las de todas las maderas conocidas. En realidad los poros ocupan gran parte del volumen de un madero (la mitad en el roble, cuya densidad es de 0,7) y reducen considerablemente su resistencia. La *densificación* consiste en someter la madera a presiones muy fuertes (de 200 a 300 kg/cm^2) con objeto de reducir los huecos y hacerla más compacta (el roble densificado alcanza una densidad de 1,3). A veces esta operación se combina con la impregnación *. Se obtiene así una madera durísima para usos industriales (cojinetes, soportes de órganos mecánicos, etc.).

DENSIFICADO, DA adj. *Carp.* Que ha sido sometido a la densificación: *engranaje de madera densificada.*

DENSIMETRÍA f. *Fís.* Determinación de las densidades.

DENSIMÉTRICO, CA adj. *Fís.* Relativo o perteneciente a la densimetría: *balanza densimétrica.*

DENSÍMETRO m. Areómetro especial para medir directamente la densidad de un líquido.
— Los *densímetros* son areómetros especialmente graduados que indican la densidad por simple lectura de la graduación de su escala alcanzada por el nivel del líquido en que flotan. El *densímetro de Rousseau* sirve para medir la densidad de líquidos cuando solamente se dispone de pequeñas cantidades de éstos. Es un areómetro rematado por una cubeta y graduado de tal forma que, cuando el instrumento flota en el agua destilada y tiene la cubeta llena del mismo líquido, el nivel coincide en la escala con el núm. 1, que es la densidad del agua. Cuando la cubeta contiene otro líquido, la escala indica la densidad correspondiente.

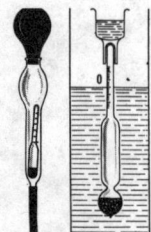

densímetros de pipeta y de Rousseau

DENSIRRESISTIVIDAD f. *Electr.* Producto de la resistividad de un metal por su densidad.

DENSITÓMETRO m. *Fot.* Opacímetro * para medir la densidad de una fotografía por transparencia (clisés) o por reflexión (papel).

DENSIVOLÚMETRO m. *Fís.* Instrumento para medir la densidad de un cuerpo mediante determinación previa de su volumen.

DENSO, SA adj. Espeso, compacto: *el tránsito se interrumpe en los aeropuertos cuando la niebla es muy densa.* ‖ Dícese de las cosas que son relativamente pesadas dado su volumen.

DENTADO, DA adj. y s. Dícese de las piezas provistas de órganos funcionales u ornamentales en forma de dientes: *engranaje de tres ruedas dentadas.*
— *Carp.* Ensambladura * de dos tablas, una de las cuales tiene unos dientes que encajan en los entrantes de la otra: *dentado a cola de milano.*

DENTAL adj. Relativo o perteneciente a los dientes.

DENTAR v. Labrar dientes en una pieza o ponérselos: *las sierras son dentadas automáticamente.*

DENTELO m. *Arq.* Dentellón.

DENTELLADO, DA adj. Dentado.

DENTELLÓN m. *Arq.* Dentículo. ‖ Cada uno de los salientes que tiene la adaraja *.

DENTICULADO, DA adj. y s. *Arq.* Que tiene dentículos: *cornisa denticulada.* ‖ Serie de dentículos: *el hermoso denticulado que adorna la fachada.*

DENTÍCULO m. *Arq.* Adorno de ciertas cornisas constituido por una hilera de elementos cúbicos (dientes) separados por huecos de iguales formas y dimensiones.

DENTÍFRICO, CA adj. y s. *Perf.* Compuesto líquido, pastoso o sólido para la higiene y cuidado de los dientes.
— Los *dentífricos líquidos* consisten en aguas y elixires que contienen distintas substancias, a veces medicamentosas, en disoluciones alcohólicas de esencias (menta, canela, clavo, etc.) y de tinturas (benjuí, cochinilla, etc.). Los *dentífricos sólidos* son mezclas de polvos abrasivos muy finos (piedra pómez, carbonato de cal, etc.) que pueden rayar el esmalte de los dientes, y de substancias que tienen alguna propiedad específica, como el perborato de sodio, que oxigena y blanquea.
La mayor parte de los dentífricos se usan en forma de pasta, que se obtiene amasando los polvos con miel y glicerina a las cuales se agrega en ciertos casos colorantes y perfumes.

DENTOIDE com. o **DENTOIDEO, A** adj. Que tiene forma de diente.

DEPILACIÓN f. *Curt.* Operación consistente en separar la lana o pelo del cuero de los animales. ‖ Supresión de las cerdas o crines que sobresalen del pelaje de ciertos animales. (V. DEPILADORA.)
— La *depilación* se obtiene tratando las pieles con pelambre *. Si éste contiene sulfuro de sodio, un lavado en batanes basta para eliminar los pelos semidisueltos. En el caso contrario, la acción del pelambre se completa mecánicamente raspando a mano la piel con una cuchilla o una máquina depiladora provista de cilindros raspadores.
Para las pieles de reses ovinas se sigue aplicando el antiguo método consistente en provocar un comienzo de putrefacción que suelta el pelo sin alterar la calidad de la piel.

DEPILADORA f. *Curt.* Máquina para arrancar el pelo de las pieles previamente tratadas con

pelambre. (V. DEPILACIÓN.) ‖ Máquina para mejorar el aspecto de ciertas pieles de abrigo mediante supresión de las cerdas que sobresalen del pelaje fino de algunas partes del cuerpo.
— La *depiladora* tiene unos cepillos rotativos que inclinan los pelos suaves hasta aplicarlos contra el cuero, mientras que las cerdas o crines, duras y elásticas, permanecen erguidas y son cortadas en su base por juegos de cuchillas que obran a modo de tijeras.

DEPILAR v. Arrancar o suprimir el pelo de las personas y animales. (V. DEPILACIÓN y DEPILATORIO.)

DEPILATORIO adj. y s. *Perf.* Cosmético para disolver los pelos en aquellas partes del cuerpo donde se consideran inestéticos o se quieren suprimir por alguna otra razón.
— Casi todas las cremas y líquidos *depilatorios* contienen como producto activo tioglicolato o tiolactato de calcio o de estroncio.

DEPÓSITO m. Lugar o recinto donde se almacena o conserva una reserva de alguna cosa. ‖ Almacén. ‖ Poso, materias sólidas que un líquido abandona en el fondo del recipiente que lo contiene.
— *Arm.* Pieza del fusil que contiene la reserva de cartuchos y el mecanismo elevador de los mismos.
— *Atom. Depósito activo,* substancia sólida radiactiva que cubre a veces los cuerpos sometidos a la acción de rayos radiactivos.
— *Constr. Depósito de descarga,* v. DESCARGA.
— *Expl.* Polvorín.
— *F. c. Depósito de locomotoras,* local que sirve de abrigo a las locomotoras y dispone de instalaciones y talleres para repararlas y mantenerlas en perfecto estado de funcionamiento. (Sinón. ROTONDA.)
— *Geol.* Acumulación de materiales por el viento o las aguas, cuales son los aluviones, deltas, playas, dunas, morenas de heleros, etc.
— *Metal. Depósito de protección,* revestimiento * que se aplica sobre una superficie metálica para mejorar su aspecto o protegerla contra la acción de algún agente corrosivo.
— Los *depósitos de protección* pueden ser químicos (como en la cromización * térmica) y electrolíticos obtenidos ya por baño metálico (como en la galvanización *), ya por metalización * o por aplicación de pinturas o esmaltes en frío o en caliente.
— *Ocean. Depósitos marinos,* capa sedimentaria que cubre el fondo de los mares.
— *Tecn.* Acumulación en las paredes de una caldera de sales y otros cuerpos contenidos por el agua o de cuerpos nuevos debidos a la transformación química de aquéllos. (V. INCRUSTACIÓN.)

DEPRESIÓN f. Descenso de la presión. ‖ Hundimiento o concavidad de una superficie.
— *Aeron.* Forma de explosión compleja que se produce cuando la cabina * de sobrepresión de un avión que vuela a gran altura pierde bruscamente su presión interna, por ejemplo, al romperse un cristal de ventana.
— El paso brusco de un estado de sobrepresión a otro estado de vacío relativo provoca un fenómeno comparable a una explosión que desintegra el fuselaje.
— *Astr.* Altura * negativa, o sea ángulo que formaría con el horizonte del lugar la visual de un astro situado por debajo del mismo.
— *Autom.* Vacío parcial creado en el cilindro y las tuberías de admisión del motor por el movimiento descendente del émbolo.
— La *depresión* que produce el émbolo durante el tiempo llamado *admisión* * tiene por efecto aspirar en el carburador la mezcla carburante e introducirla en el cilindro. Esta depresión puede utilizarse con otros fines: basta enchufar un tubito en la tubería de admisión para que la fuerza de aspiración permita hacer funcionar una bocina, el limpiaparabrisas y otros dispositivos.
— *Fís.* Distancia vertical que media entre la superficie libre de un líquido y el nivel que alcanza el mismo en el interior de un tubo capilar al cual no moja.
— *Meteor. Depresión barométrica,* masa atmosférica de presión inferior a la presión normal (o sea inferior a 1 015 milibares) y en cuyo seno se producen movimientos ascendentes del aire. (Sinón. MÍNIMO *barométrico.*)
— En las *depresiones barométricas* la presión del aire disminuye desde la isobara periférica hacia el centro. La dirección seguida por el viento obedece al mecanismo inverso del de los anticiclones: en el hemisferio Norte se dirige en el sentido inverso del de las agujas de un reloj, mientras que en el hemisferio Sur sigue la dirección contraria. Las *depresiones fijas* miden 2 000 y hasta 3 000 km. Las *depresiones móviles,* mucho más pequeñas, no son sino ciclones *. Éstos, en número más o menos grande, giran a veces en torno de aquéllas (v. *figura*). En cuanto a las causas de las depresiones, son de la misma índole que las de los anticiclones * o sea dinámicas, térmicas o mixtas.
— *Topogr. Depresión del horizonte,* ángulo formado por los planos del horizonte verdadero y del horizonte aparente cuando el observador ocupa una posición elevada respecto a la superficie terrestre. (Para la determinación de dicho ángulo se tiene en cuenta la refracción atmosférica, que tiene por efecto alejar el horizonte aparente.)

DEPRESOR o **DEPRIMENTE** m. *Tecn.* Reactivo que se usa en el procedimiento de separación por flotación * en razón de sus propiedades humectantes *: *el silicato de sodio es un depresor de ganga.*

DEPRIMÓGENO, NA adj. Que engendra variaciones de la presión.

DEPRIMÓMETRO m. *Metr.* Instrumento para medir las variaciones de la presión.

DEPURACIÓN f. Toda operación consistente en eliminar las impurezas contenidas por una substancia o materia cualquiera. (Sinón. AFINO y REFINACIÓN.)
— *Comb. Depuración del gas de alumbrado,* v. GAS.
— *Ind.* Las aguas negras del alcantarillado y las de ciertas instalaciones industriales han de ser depuradas antes de verterlas en el mar o en los ríos. Esta *depuración* puede comprender una serie de operaciones complementarias: rastrillado de las materias gruesas, desarenado, despumación y sedimentación en balsas decantadoras * en las cuales se deposita un lodo. Éste puede utilizarse para el regadío de campos * de depuración o se trata por el procedimiento de la digestión biológica. En este caso se somete el lodo a una fermentación en depósitos cerrados, en el curso de la cual los microorganismos anaerobios rompen las moléculas orgánicas y las transforman en moléculas más simples de gases combustibles y substancias solubles. Los gases desprendidos se aprovechan como combustible y el lodo digerido, inodoro y muy fluido, se utiliza para el riego o se seca para elaborar abonos. En cuanto a las aguas clarificadas en las balsas, se someten a

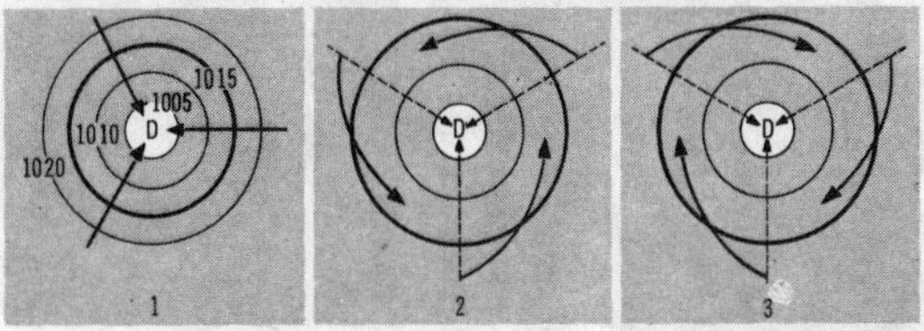

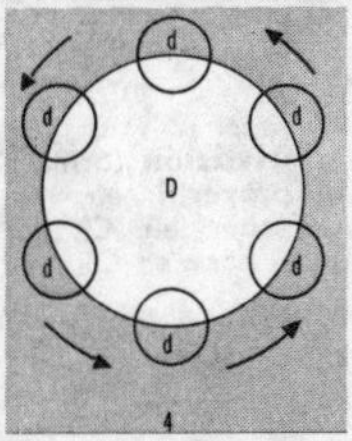

depresión *(meteor.)*
1. Vientos teóricos; 2 y 3. Vientos reales en los hemisferios N. y S. respectivamente; 4. Depresión fija y depresiones móviles

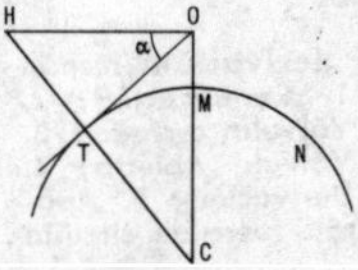

depresión del horizonte
O. Observador; NMT. Nivel del mar; C. Centro de la Tierra; OH. Horizonte racional; OT. Horizonte sensible; HOT. Ángulo de la depresión

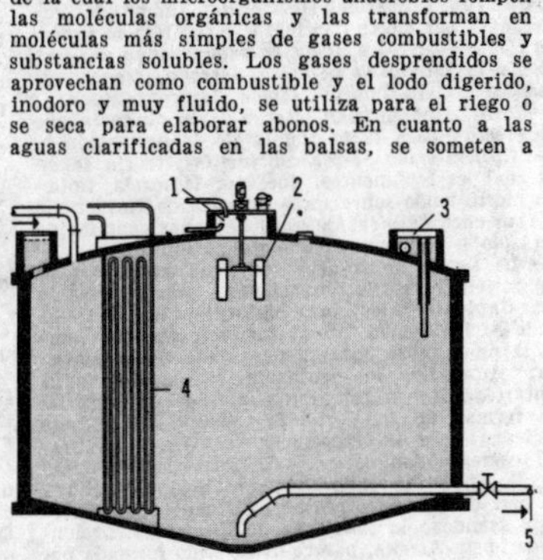

depuración de aguas negras por digestión biológica: 1. Gasómetro; 2. Agitador; 3. Derrame; 4. Tubos de caldeo; 5. Aspiración de cienos (el lodo previamente posado en las balsas, al ser calentado, sufre una fermentación alcalina con desprendimiento de metano, gas carbónico y nitrógeno; pierde así una parte de su volumen y se seca sin despedir malos olores)

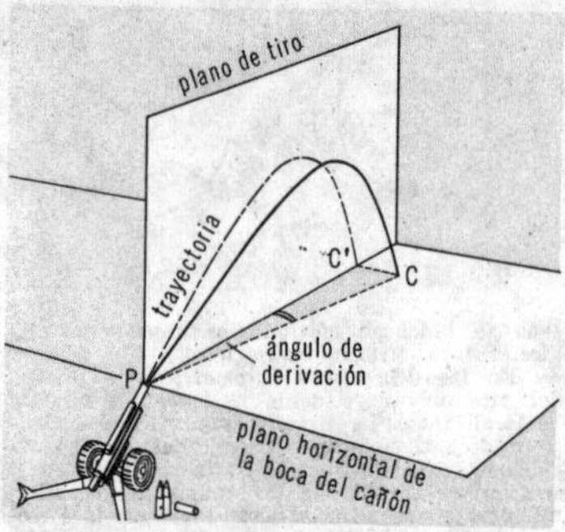

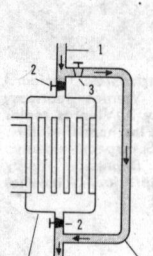

derivación *(arm.)* el proyectil, en vez de caer en C', lo hace en C

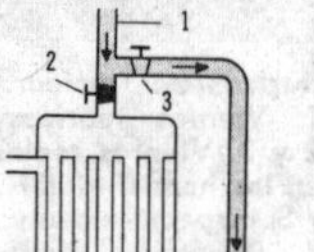

derivación *(tecn.)* 1. Canalización; 2. Válvula cerrada; 3. Válvula abierta; 4. Derivación; 5. Aparato fuera del circuito

una fermentación aerobia en estanques de aireación grandes y poco profundos llamados *percoladores* * o se tratan por el procedimiento de cienos activados. Con dicho fin, las bacterias oxidantes se concentran en gran número sobre copos de lodo mucilaginoso y éstos se vierten en las aguas residuales, que son rápidamente clarificadas.
En ciertas industrias las aguas residuales se depuran con reactivos apropiados ya con objeto de recuperar materias útiles (grasas, glicerina, azufre, etc.), ya para neutralizar los efectos tóxicos de las substancias que llevan disueltas.
— *Ind. alim.* y *Obr. públ.* Las aguas potables se depuran por filtración y esterilización. La filtración se efectúa en estanques cuyo fondo se halla constituido por varias capas de arena a través de las cuales pasa el agua. A esta filtración lenta se prefiere la filtración rápida con adición de floculantes (sulfato de alúmina, aluminato de sodio, etc.) productores de coágulos que arrastran las impurezas. Una vez perfectamente filtradas, las aguas son esterilizadas para destruir los microorganismos que contienen. Los procedimientos más comunes de esterilización son la cloración y la ozonización.

DEPURADOR, RA adj. y s. Que depura o sirve para depurar. (V. DEPURACIÓN.) ‖ Aparato o instalación propios para eliminar las impurezas de un producto: *depurador de gas.*
— *Mec.* Filtro * que purifica el aceite de una máquina o motor antes de introducirlo de nuevo en el circuito de engrase.

DEPURANTE adj. *Comb. Materia depurante,* materia sólida, a base de óxido de hierro, que se usa para eliminar químicamente el hidrógeno sulfurado presente en el gas de alumbrado.

DEPURAR v. Hacer que una cosa sea más pura. ‖ Eliminar los cuerpos extraños e impurezas presentes en una materia o substancia cualquiera. (V. DEPURACIÓN.)

DEPURATORIO, RIA adj. Que sirve para depurar: *filtro depuratorio.*

DERIVA f. *Aeron.* Desvío del rumbo de una aeronave por efecto de vientos laterales: *la deriva se llama positiva o negativa según venga el viento de la izquierda o de la derecha, respectivamente.* ‖ Galicismo por *timón de profundidad.*
— *Arm.* Modificación lateral de la puntería que se efectúa para tener cuenta de la derivación *.
— *Geol. Deriva de los continentes,* teoría según la cual los continentes, que, por isostasia, flotan en cierto modo sobre rocas dotadas de fluidez, se alejan unos de otros después de haber constituido un solo e inmenso continente primitivo.
— La teoría de la *deriva de los continentes* se funda en varias observaciones, particularmente las siguientes: las costas atlánticas de América y de África tienen formas complementarias, como si la primera se hubiera desgajado de la segunda; Australia, la península indomalaya y la Antártida tienen también contornos susceptibles de formar un todo con las costas del sudeste africano; ciertas estructuras geológicas del Brasil corresponden con las del África ecuatorial; en la Antártida existen yacimientos de hulla y se han descubierto troncos fosilizados de árboles muy grandes; la cordillera de los Andes, prolongada hasta Alaska, parece haber sido formada por la resistencia encontrada por el avance del continente americano hacia el oeste. Lo mismo ocurre con la Antártida, mientras que en Australia la cordillera correspondiente bordea las costas orientales, etc.
El descubrimiento de la tectónica * de placas, de la regeneración y corrimiento de los fondos oceánicos ha confirmado la realidad del desplazamiento de los continentes a razón de varios centímetros por año.
— *Mar.* Desvío del rumbo de un barco por efecto del viento, el oleaje o las corrientes. (Sinón. GARETE.) ‖ Galicismo por *orza.*
— *Ocean.* Corriente lenta de velocidad inferior a 12 millas por día.
— *Radiot.* Variación que experimenta la frecuencia de sintonía de un televisor.

DERIVACIÓN f. Acción de derivar.
— *Arm.* Desvío lateral de los proyectiles tirados con un arma de cañón rayado.
— El cañón rayado permite estabilizar el proyectil en su trayectoria al comunicarle un movimiento de rotación sobre sí mismo. La resistencia que el aire opone a dicha rotación tiene por efecto desviar lateralmente el proyectil en el sentido que siguen las rayas helicoidales del cañón. Esta derivación se compensa aproximadamente al apuntar el arma, desviándola hacia el lado opuesto del de la derivación y según un ángulo equivalente al de la misma.
— *Electr.* Comunicación establecida por un segundo conductor entre dos puntos de un circuito eléctrico. ‖ En los acoplamientos * en paralelo, cada uno de los ramales entre los que se divide la corriente total. ‖ Comunicación accidental de un conductor con la tierra, con pérdida por la misma de una parte de la corriente. ‖ Toma de tierra.
— *Mat. Derivación de una función,* operación con la cual se halla la derivada de una función.
— *Obr. públ.* Vena de agua que se toma en un río para abastecer una ciudad, alimentar un canal o una fábrica hidráulica, regar las tierras, etc.
— *Tecn.* Toma, canalización secundaria que arranca de otra principal para llevar a alguna parte agua, gas, hidrocarburos, aire comprimido y otros fluidos. ‖ Tubería enchufada en una cañería principal inmediatamente antes y después de un aparato alimentado por ésta, con objeto de poder ponerlo fuera de servicio sin interrumpir la circulación del fluido. (El sinón. *by-pass* es un anglicismo de uso corriente entre profesionales.)

DERIVADO, DA adj. y s. *Electr. Circuito derivado,* conductor que constituye una derivación. ‖ *Corriente derivada,* corriente que circula por una derivación.
— *Geol. Roca derivada,* roca formada a partir de otra.
— *Mat. Derivada de la función de una variable,* límite hacia el cual tiende la razón entre el incremento de la función y el que se atribuye a la variable cuando este último tiende a cero. (V. CÁLCULO.)
— *Metr. Unidad derivada,* v. UNIDAD.
— *Quím.* Cuerpo obtenido a partir de otro mediante una o varias transformaciones: *el nitrobenceno es un derivado nitrado del benceno.*

DERIVADOR m. *Mar.* Galicismo por *orza.*
— *Telec.* Dispositivo que se usa en ciertos sistemas telegráficos para evitar que los despachos puedan ser captados ilícitamente por un teléfono conectado con la línea aérea.

DERIVAR v. Desviar de su curso o dirección normal: *derivar un arroyo; los vientos laterales hacen derivar los aviones.*
— *Arm.* Desviarse el proyectil de su plano de tiro.
— *Electr.* Establecer una comunicación por medio de un conductor derivado.
— *Mat. Derivar una función,* buscar su derivada.

DERIVÓMETRO m. *Aeron.* Instrumento que se usa a bordo de las aeronaves para medir la deriva respecto al suelo.

DERRAMADERO m. Aliviadero, vertedero y, en general, boca o sitio por donde se derrama o vierte un líquido.

DERRAMAR v. Verter o desparramarse los líquidos y, por ext., las materias pulverulentas o granuladas que puedan caer a chorro.

DERRAME m. *Arq.* Corte oblicuo o sesgo del muro merced al cual se aumenta la entrada de

luz por las puertas y ventanas: *el derrame de un arco capialzado.*
— *Fís.* Corriente *, movimiento de un fluido. || Gasto.
DERRAPAR v. Galicismo por *patinar.*
DERRETIDO m. *Constr.* Hormigón, argamasa.
DERRETIMIENTO m. Acción de derretir.
DERRETIR v. Liquidar los cuerpos sólidos por medio del calor. (Sinón. FUNDIR.)
DERRIBAR v. *Constr.* Demoler o echar abajo los edificios y otras construcciones.
DERRIBOS m. pl. *Constr.* Conjunto de materiales procedentes de la demolición de edificios, y también algunos de esos materiales que pueden ser utilizados en nuevas construcciones o como materia prima para fabricar otros materiales.
DERRICK m. *Petr.* Castillete * de sonda.
DERROTA f. *Aeron.* y *Mar.* Rumbo.
DERROTERO m. *Aeron.* y *Mar.* Derrota. || Itinerario o rumbo trazado en la carta de marear y seguido por el buque o aeronave.
DERRUBIAR v. Retroceder poco a poco la orilla de un río por efecto de la erosión de las aguas corrientes que arrancan y se llevan la tierra.
DERRUBIO m. Acción de derrubiar. || Tierra que se desmorona al ser socavada la orilla por el agua.
DES, prefijo que denota *privación*: *desgaseado.*
DESABEJAR v. Quitar el enjambre de una colmena.
DESABOLLAR v. *Art. y of.* Quitar las abolladuras a alguna cosa.
DESABRIDO, DA adj. *Arm.* Dícese de las armas que dan demasiada coz o retroceso.
DESABRILLANTAR v. Quitar el brillo a una cosa.
DESACEITAR v. Separar el aceite que se halla mezclado con otra materia o presente en algún producto manufacturado.
— *Mec.* En las máquinas de vapor, separar el aceite con que se carga el vapor al pasar por los cilindros.
DESACELERACIÓN f. *Mec.* Deceleración.
DESACELERAR v. *Mec.* Decelerar.
DESACERACIÓN f. *Metal.* Acción y efecto de desacerar.
DESACERAR v. *Art. gráf.* y *Metal.* Suprimir la aceración de una pieza para conferirle las propiedades del hierro exento de carbono.
— El hierro acerado se *desacera* descarburándolo mediante recocido o calentándolo suficientemente. En el procedimiento de grabado con planchas de acero, la plancha es calentada en presencia de limadura de hierro, lo cual tiene por efecto desacerar su superficie y permite grabarla con buril; después se somete la plancha a una cementación que le vuelve a conferir su dureza primitiva.
DESACIDIFICACIÓN f. *Quím.* Acción de desacidificar.
DESACIDIFICAR v. *Quím.* Suprimir la acidez de una substancia: *desacidificar el zumo de limón.*
DESACOPLAMIENTO m. *Tecn.* Acción y efecto de desacoplar.
DESACOPLAR v. *Tecn.* Separar lo que está unido por medio de un acoplamiento *.
DESACORDAR v. *Radiot.* Desajustar *, alterar la sintonía.
DESACTIVADOR m. *Gom.* Agente protector que se agrega al caucho y que obra a modo de catalizador de la desoxidación: *el mercaptobencimidazol es el más común de los desactivadores.*
DESACTIVAR v. Suprimir la actividad propia de una substancia.
— *Atom.* Eliminar los elementos radiactivos presentes en un cuerpo.
— *Petr.* Agregar un inhibidor a un producto derivado del petróleo para neutralizar sus propiedades corrosivas.
DESACUÑADOR m. *Art. gráf.* Instrumento para sacar las cuñas de la forma.
DESACUÑAR v. Quitar las cuñas a lo que estaba sujeto o calzado con ellas.
DESACUÑE m. Acción de desacuñar.
DESACHIGUAR v. *Amer.* Enderezar o allanar lo que está combado o alabeado: *desachiguar una tabla.*
DESADOQUINAR v. *Obr. públ.* Quitar los adoquines de una calzada.
DESAFILAR v. *Art. y of.* Embotar el filo de un instrumento cortante.
DESAGITADERA f. *Ind. alim.* Instrumento que sirve para separar los panales de la colmena.
DESAGITAR v. Separar los panales de la colmena.
DESAGREGACIÓN f. Acción y efecto de desagregar.
— *Geol. Desagregación granular,* desmenuzamiento de una roca cristalina y de la arenisca, debido a una dilatación desigual de sus componentes, a la alternancia de períodos secos y húmedos, las heladas, etc.: *la desagregación del granito da cristales de cuarzo, mica y feldespato; la de la arenisca da arena.*
— *Metal.* Tostación a que se someten ciertos minerales muy compactos para facilitar la extracción ulterior del metal.
DESAGREGAR v. Descomponer una cosa, separar sus distintos constituyentes: *la humedad basta para desagregar muchos cuerpos.*
DESAGUADERO m. Canalización para evacuar las aguas sobrantes.
DESAGUADOR m. *Hidr.* Canal que lleva las aguas desde la presa o embalse hasta las acequias de regadío.
DESAGUAMIENTO m. Desagüe.
DESAGUAR v. Extraer el agua de un sitio: *desaguar una galería de mina.* || Vaciarse el agua acumulada en un sitio: *desaguarse un pantano.* || Desembocar las aguas de un río en el mar, en un lago o en otro río: *el Paraná desagua en el Río de la Plata.*
DESAGÜE m. Acción de desaguar. || Desaguadero.
— *Carp. Garganta de desagüe,* canal que se hace en la peana de las ventanas para evacuar el agua que se condensa en los cristales.
DESAHUMADO, DA adj. *Ind. alim.* Dícese de los licores espirituosos que han perdido fuerza por evaporación de una parte de su alcohol.
DESAHUMAR v. Desalojar el humo de un sitio.
DESAIREACIÓN f. Acción de desairear.
DESAIREAR v. Purgar el aire de una cañería o depósito. || Eliminar el aire presente en un líquido o materia pastosa: *desairear el hormigón.*
DESAJUSTAR v. Deshacer el ajuste que existía entre dos o más elementos: *desajustar una máquina.*
— *Radiot.* Hacer variar la frecuencia de un circuito oscilante hasta que no corresponda con la de las ondas que se emiten o captan: *desajustar es lo contrario de sintonizar.*
DESAJUSTE m. Acción de desajustar.
DESALABEAR v. Poner planas las tablas y otras cosas alabeadas o encorvadas. || Labrar una superficie para dejarla plana.
DESALABEO m. Acción de desalabear.
DESALACIÓN f. Acción de desalar. (Sinón. DESALADURA.)
— *Agr.* Operación consistente en reducir la proporción de sales solubles (de potasio, sodio, magnesio, etc.) contenidas por ciertos terrenos, con objeto de dedicarlos a la agricultura: *la desalación se efectúa mediante lavado superficial del terreno y, de preferencia, mediante anegación y avenamiento.*
— *Petr.* Operación que consiste en eliminar el agua salada que contiene con frecuencia el petróleo bruto: *la desalazón se practica calentando el petróleo a 100º y sometiéndolo a la acción conjugada de la presión de un agente desemulsionante y, en ciertos casos, de un campo electrostático.*
— *Quím.* La *desalazón del agua del mar* tiene importancia considerable, no solamente en las comarcas desérticas y desprovistas de red hidrográfica, sino también en muchas regiones altamente industrializadas y muy pobladas, en las cuales los recursos de agua dulce resultan cada vez más insuficientes (caso de la California estadounidense, por ejemplo). Los principales métodos de desalazón son los siguientes: destilación, separación de los iones por electrodiálisis o fijación de los mismos con resinas aniónicas, congelación (el hielo que se forma en aparatos especiales es de agua dulce, mientras que la sal se concentra en las aguas sobrantes), etc.
DESALADURA f. Acción de desalar. (Sinón. DESALACIÓN.)
DESALAR v. Quitar la sal contenida por un alimento o por una substancia cualquiera. (V. DESALACIÓN.)

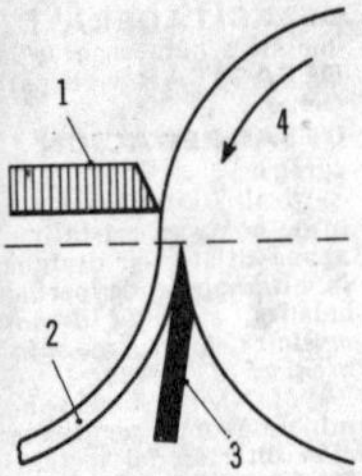

desarrolladora
(carp.)
1. Barra compresora; 2. Chapa continua; 3. Cuchilla; 4. Sentido de rotación del rollo

DESALCOHOLIZACIÓN f. Acción de desalcoholizar.
DESALCOHOLIZAR v. Eliminar el alcohol contenido por una substancia.
DESALINEACIÓN f. Acción y efecto de desalinear.
DESALINEAR v. Hacer perder la alineación.
DESALISAR v. *Papel.* En las fábricas de papel, escoger uno a uno los trapos o los pliegos.
DESALMIDONAR v. Quitar el almidón.
— *Text.* Desgomar.
DESALOJAMIENTO m. Acción de desalojar: *cuando el petróleo no puede fluir de un pozo por falta de presión natural, su desalojamiento se efectúa inyectando gas o aire comprimido por otros pozos del mismo yacimiento.*
— *Aeron.* V. DESPEGUE.
— *Quím.* Reacción en el curso de la cual un cuerpo reemplaza a otro en las moléculas de un compuesto. ‖ Método para recoger los gases desprendidos en una reacción y que consiste en introducir el extremo del tubo abductor en un frasco puesto normalmente (si el gas es más pesado que el aire) o boca abajo (si es más ligero), de modo que los gases desalojen el aire del recipiente.
DESALOJAR v. Sacar o expulsar de un sitio la materia o cosa que lo ocupa: *los cuerpos que flotan desalojan un volumen de líquido correspondiente a su propio peso.* (Sinón. DESPLAZAR.)
DESALQUITRANADO m. Acción y efecto de desalquitranar.
— *Comb.* Operación consistente en separar el alquitrán que, en forma de gotas finísimas, se halla en suspensión en el gas de alumbrado bruto.
DESALQUITRANADOR m. *Comb.* Aparato para desalquitranar el gas de alumbrado: *los desalquitranadores obran por choque, lavado o acción electrostática o centrífuga.*
DESALQUITRANAR v. Quitar a un cuerpo el alquitrán que contiene.
DESAMARRAR v. Soltar lo que estaba amarrado.
DESAMINACIÓN f. *Quím.* Operación consistente en suprimir el amoniaco o una amina de un compuesto orgánico. ‖ Pérdida por los ácidos aminados del grupo NH_2.
DESANCLAR o **DESANCORAR** v. *Mar.* Levar anclas.
DESANDAMIAR v. *Constr.* Desmontar los andamios utilizados en una construcción.
DESAPLOMAR v. *Constr.* Desplomar.
DESAPRENSAR v. *Text.* Quitar el lustre que adquieren ciertos tejidos en los cilindros de las máquinas con que se tratan.
DESAPUNTALAR v. Quitar los puntales que se habían puesto para sostener una cosa.
DESARBOLAR v. *Mar.* Quitar los mástiles a un buque.
DESARENACIÓN f. o **DESARENADO** m. Acción y efecto de desarenar.
DESARENADOR m. Dispositivo para eliminar la arena presente en alguna materia.
— *Obr. públ.* Foso, balsa o filtro para retener la arena y otras materias pesadas arrastradas por el agua.
DESARENAR v. Quitar la arena de un sitio.
— *Metal.* Deshacer el molde de arena en el que se ha vaciado una pieza: *desarenar una estatua.*
DESARGENTAR v. *Metal.* Separar la plata de su ganga, del plomo argentífero o del oro con el cual se halla mezclado. ‖ Quitar el revestimiento de plata aplicado sobre los objetos de otros metales. (Sinón. DESPLATEAR.)

DESARMABLE adj. Desmontable.
DESARMAR v. Desmontar.
DESAROMATIZACIÓN f. *Petr.* Extraer los hidrocarburos aromáticos contenidos por ciertos derivados del petróleo.
— Los carburos aromáticos producen mucho hollín al arder. Por eso es necesario eliminarlos del queroseno usado para el alumbrado. La *desaromatización* se obtiene tratando el queroseno con ácido sulfúrico concentrado o con anhídrido sulfuroso.
DESAROMATIZAR v. *Petr.* Efectuar la desaromatización * de los derivados del petróleo.
DESARROLLABLE adj. Que puede ser desarrollado.
— *Geom. Superficie desarrollable,* superficie curva que puede ser extendida sobre un plano sin que ello requiera cortarla o plegarla: *las superficies cónicas y cilíndricas son desarrollables, pero no las superficies esféricas.*
DESARROLLADA adj. *Carp. Madera desarrollada,* madera en forma de chapa obtenida a partir de un tronco con la máquina desarrolladora *.
— La *madera desarrollada* de okumé, plátano, haya, abedul, caoba, etc., se usa principalmente para fabricar madera cruzada; la de álamo sirve para hacer embalajes ligeros, fósforos, etc.
DESARROLLADOR, RA adj. y s. Que desarrolla: *cilindro desarrollador del telar.*
— *Carp.* Máquina que reduce un rollo de madera a una chapa fina y continua cortándola de tal forma que parece como si ésta hubiera sido enrollada previamente sobre sí misma.
— La *desarrolladora* obra como un torno grande en el cual el tronco representa el papel de la pieza que se labra, mientras que la chapa que de él se arranca no es sino una viruta continua y muy ancha. Esta operación se facilita sometiendo previamente los rollos a la acción del vapor, en una estufa, para ablandar la madera. Ciertas desarrolladoras admiten troncos de hasta 3,50 m de largo y 1,70 de diámetro. Su velocidad de rotación es de 50 a 100 vueltas por minuto y la velocidad linear de la chapa de 75 a 150 m por minuto. En una jornada de trabajo una sola máquina puede producir 20 000 m^2 de chapa.
DESARROLLAR v. Deshacer un rollo, desenvolver lo que está arrollado.
— *Fot.* Galicismo por *revelar.*
— *Geom.* Representar en un plano las distintas caras de un objeto: *desarrollar las fachadas de un edificio.* ‖ Situar en un mismo plano todos los puntos de una superficie curva o todas las caras de un poliedro.
— *Mat. Desarrollar un cálculo,* efectuar las operaciones indicadas de modo que cada resultado parcial destinado a servir en nuevas operaciones sea lo más simple posible. ‖ *Desarrollar una función en serie,* transformar una función compleja en una serie de funciones más simples.
DESARROLLO m. Acción de desarrollar.
— *Carp.* Procedimiento para cortar la madera que permite obtener una chapa fina y continua a partir de un tronco. (V. DESARROLLADA y DESARROLLADORA.)
— *Geom.* Operación gráfica que consiste en situar en un mismo plano todos los puntos de una superficie desarrollable o todas las caras de un poliedro.
— *Mat. Desarrollo en serie,* transformación mediante operaciones apropiadas de una función en una serie indefinida de funciones más simples.
— *Mec.* Distancia que recorre un velocípedo por cada vuelta dada al plato con los pedales.
— El *desarrollo de una bicicleta* se calcula con la fórmula siguiente, en la cual N y *n* son, respectivamente, el número de dientes que cuentan el plato y el piñón, y D el diámetro de la rueda:

$$\frac{N}{n} \times D.$$

Los desarrollos pequeños se usan para subir las cuestas con el esfuerzo mínimo; los desarrollos grandes permiten alcanzar velocidades considerables en terreno llano.
DESARTICULAR v. Separar las piezas de un mecanismo.
DESASFALTADO, DA adj. y s. Acción de desasfaltar los residuos de la destilación del petróleo bruto.
— El *desasfaltado* se efectúa precipitando el asfalto con propano. Se obtienen así dos productos:

Fot. Larousse

asfalto y *aceite desasfaltado.* Este sirve para elaborar lubricantes pesados o se somete al cráking * catalítico para fabricar fracciones ligeras. (V. REFINACIÓN.)

DESASFALTAR v. Separar el asfalto de una materia.
— *Obr. públ.* Arrancar el firme de asfalto de una calzada.
— *Petr.* Separar el asfalto que contienen los residuos de la destilación del petróleo bruto, para obtener aceite desasfaltado *.

DESATAR v. Soltar lo que estaba atado. || Desleir, disolver, derretir una cosa para que sea menos dura o espesa: *desatar una pintura para que cunda más.*

DESATASCAR v. Eliminar lo que obstruye una canalización. || Restablecer el libre juego de una pieza agarrotada.

DESATERRAR v. *Min.* y *Obr. públ. Amer.* Evacuar los escombros y tierras de las minas. || Quitar la tierra que cubre u obstruye una cosa.

DESATIBAR v. *Min.* y *Obr. públ.* Quitar tierras o escombros en las minas y otras excavaciones. (Sinón. DESATORAR.)

DESATIERRE m. *Min.* y *Obr. públ. Amer.* Acción de desaterrar. || Escombrera.

DESATORAR v. *Min.* y *Obr. públ.* Desatibar.

DESATORNILLADOR m. *Art. y of. Amer.* Destornillador.

DESATORNILLAR v. *Art.* y *of.* Destornillar.

DESATRACAR v. *Mar.* Separarse la embarcación de donde está atracada.

DESATRAMPAR v. Desatascar.

DESAYUSTAR v. *Carp.* Desunir las maderas empalmadas de una ensambladura.
— *Mec.* Desajustar.

DESAZOGAR v. Quitar el azogue: *desazogar un espejo.*

DESAZUFRAMIENTO m. Acción de desazufrar.
— *Text.* Operación que tiene por objeto eliminar el anhídrido sulfuroso que conservan las mantas y otros tejidos de lana después de haber sido blanqueados con dicho agente químico: *la simple exposición de los tejidos al aire suele bastar para obtener su desazuframiento.*

DESAZUFRAR v. Eliminar el azufre contenido en una substancia o producto manufacturado.
— *Text.* Efectuar el desazuframiento.

DESBABADERO m. *Ind. alim. Amer.* Tina o depósito donde se deja el cacao para que pierda su baba.

DESBABAR v. *Ind. alim. Amer.* Perder el cacao la baba o jugo pegajoso que tiene.

DESBAGAR v. *Ind.* Extraer la linaza de las cabezuelas del lino.

DESBARATAR v. *Mec.* Descomponer o averiar un mecanismo.

DESBARBADO m. Acción de desbarbar.
— *Metal.* Suprimir la rebaba de las piezas de fundición o estampadas.
— Según sea la importancia de las rebabas y la naturaleza del metal, el *desbarbado* se efectúa con la lima, el cortafrío o la muela.

DESBARBADOR, RA adj. y s. Dícese de las máquinas que sirven para desbarbar.
— *Metal.* Las *desbarbadoras* para metales son muelas portátiles movidas por un motorcito eléctrico mediante una transmisión flexible.

DESBARBADURA f. Desbarbado.

DESBARBAR v. Cortar o suprimir por cualquier medio las barbas o rebabas que sobresalen del borde de una cosa.
— *Metal.* Efectuar el desbarbado de las piezas fundidas o estampadas.

DESBASTADOR, RA adj. y s. Que desbasta o sirve para desbastar. || Buril o cualquier instrumento usado para desbastar.

DESBASTAR v. Preparar la obra que se ha de hacer, labrándola groseramente, suprimiendo las partes más bastas y sin detenerse en la ejecución de los detalles: *para desbastar un diamante se tallan groseramente sus primeras facetas.*

DESBENZOILACIÓN f. *Quím.* Supresión del radical benzoilo en un compuesto orgánico.

DESBENZOLAR v. *Comb.* Quitar el benceno presente en el gas de hulla.
— El gas de hulla contiene de 20 a 40 g de benzol por m^3. Para *desbenzolarlo* se lava con aceite o se hace pasar por una masa de carbón activo que retiene el benzol por adsorción. Así se recuperan unos 10 a 12 kg de benzol por tonelada de hulla gasificada.

DESBIELAR v. *Mec.* Desmontar una biela.

DESBLOQUEAR v. *Art. gráf.* Reemplazar en la composición las letras bloqueadas, o sea puestas ojo abajo.
— *F. c.* Soltar los frenos que estaban bloqueados. || Abrir la señal que da el paso libre a los trenes por una sección de vía previamente bloqueada. (V. BLOQUEO.)
— *Mec.* Aflojar una tuerca y, en general, toda pieza bloqueada.

DESBLOQUEO m. Acción y efecto de desbloquear.

DESBOBINAR v. Desarrollar lo que está bobinado.

DESBOCADO, DA adj. Dícese de lo que tiene la boca mellada, ensanchada o deformada: *la llave desbocada no puede aferrar bien las tuercas.*

DESBORNIZAR v. *Art. y of.* Arrancar el corcho * bornizo del alcornoque.

DESBORRADOR, RA adj. y s. Que desborra o sirve para desborrar.
— *Text.* Cilindro de púas, peine u otro dispositivo que, en las cardas y máquinas similares, retiene la borra * separada de las fibras textiles.

DESBORRAR v. Quitar la borra *.

DESBUTANIZACIÓN f. Operación consistente en separar el butano que contiene la gasolina o algún otro derivado del petróleo: *la desbutanización se obtiene por fraccionamiento* *. (Sinón. ESTABILIZACIÓN.)

DESBUTANIZAR v. *Petr.* Efectuar la desbutanización. (Sinón. ESTABILIZAR.)

DESCABEZAMIENTO m. Acción y efecto de descabezar.

DESCABEZAR v. Cortar la cabeza o parte superior de una cosa: *la industria conservera dispone de máquinas que descabezan y abren los pescados.*

DESCACHAZAR v. *Ind. alim.* Quitar la cachaza o espuma al guarapo.

DESCAFEINACIÓN f. *Ind. alim.* Operación que tiene por objeto eliminar la mayor parte de la cafeína que contiene el café para permitir el consumo de esta bebida a las personas nerviosas o sujetas a insomnios y a las que padecen de ciertas enfermedades en las cuales está contraindicada la cafeína.

DESCAFEINAR v. *Ind. alim.* Efectuar la descafeinación.

DESCAFEINIZACIÓN f. *Ind. alim.* Descafeinación.

DESCAFEINIZAR v. *Ind. alim.* Descafeinar.

DESCAFILAR v. *Constr.* Alisar los cantos de las baldosas o ladrillos antes de ponerlos en la obra, especialmente cuando provienen de derribos y tienen mortero adherido.

DESCALAMINADO m. *Metal.* Acción y efecto de descalaminar.

DESCALAMINAR v. *Metal.* Eliminar la calamina de una superficie metálica: *el acero se descalamina mediante inmersión en una disolución de ácido sulfúrico o por abrasión con chorro * de arena o de granalla.*

DESCALCADOR m. *Carp.* Instrumento que usa el calafate para descalcar.

DESCALCAR v. *Carp.* Quitar la estopa vieja de las costuras de los barcos para reemplazarla por estopa nueva.

DESCALCIFICACIÓN f. *Geol.* Eliminación de la caliza de un terreno, disuelta por el gas carbónico de las aguas corrientes o infiltradas y arrastrada por éstas. || *Arcillas de descalcificación,* masa arcillosa producida por la descalcificación de las rocas calizas.

DESCALZAMIENTO m. Acción de descalzar.

DESCALZAR v. Quitar la cuña o cala puesta en un sitio para calzar algo. || Socavar en la base de una cosa o por debajo de ella: *en las minas se descalzan los bloques de carbón para que se desplomen y facilitar así su arranque.*

DESCAMACIÓN f. *Geol.* Disgregación superficial de una roca, en forma de escamas concéntricas arrancadas por las tensiones que resultan de las diferencias de temperatura entre la superficie y el interior. (Sinón. EXFOLIACIÓN.)

DESCAMISAR v. *Metal.* Retirar el molde exterior o camisa después de haber vaciado una campana o pieza similar.

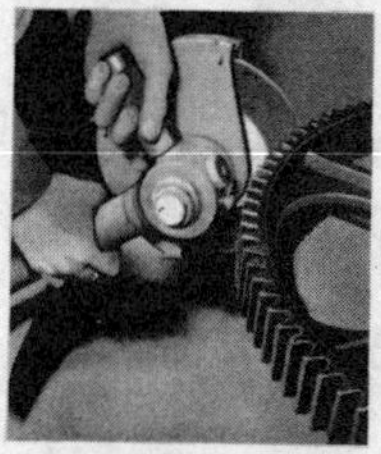

desbarbado
(metal.)

Fot. Huard

DESCANSILLO m. *Arq.* Rellano de una escalera * situado al nivel de un piso, que enlaza dos tramos de la misma.

DESCANSO m. *Arq.* Descansillo.
— *Mec.* Cojinete.

DESCANTAR v. Eliminar los cantos y guijarros: *descantar la arena para hacer mortero.*

DESCANTEAR, DESCANTILLAR o **DESCANTONAR** v. Quitar o romper los cantos o esquinas de una cosa.
— *Art. gráf.* Suprimir las dos aristas de la cara superior de un filete.

DESCAPADO m. Decapado.

DESCAPANTE m. Decapante.

DESCAPAR v. Decapar.

DESCAPOTABLE adj. *Autom.* Dícese de la carrocería cuya capota puede ser plegada para convertir rápidamente un coche cerrado en coche abierto, y viceversa.

DESCAPSULADOR m. Instrumento o aparato para abrir los recipientes tapados con cápsulas. (Sinón. DESTAPADOR.)

DESCAPSULAR v. Abrir o destapar las botellas u otros recipientes tapados con cápsula.

DESCARBONATACIÓN f. *Quím.* Acción de descarbonatar.

DESCARBONATAR v. *Quím.* Quitar a una substancia el anhídrido carbónico con el cual se halla combinada.

DESCARBURACIÓN f. Acción de descarburar.
— *Metal.* Operación consistente en eliminar el carbono de un producto metalúrgico.
— En la transformación del arrabio en acero, la *descarburación* se efectúa en los convertidores Thomas y Bessemer, en los cuales el carbono es arrastrado, en forma de óxido de carbono, por una corriente de aire —a veces enriquecido en oxígeno— que atraviesa la masa líquida; en el horno Martín el metal es descarburado merced a la adición de mineral oxidado.
El caldeo de piezas de fundición en un medio oxidante (óxido de hierro pulverizado) permite obtener la descarburación al estado sólido.

DESCARBURANTE m. *Quím.* Que tiene la propiedad de eliminar el carbono combinado con otras substancias en un cuerpo.

DESCARBURAR v. Eliminar el carbono presente en un cuerpo, especialmente en los productos metalúrgicos: *descarburar la fundición.*

DESCARCHADOR m. *Aeron.* y *Autom.* Descongelador.

DESCARGA f. Acción de descargar.
— *Aeron. Descarga rápida,* dispositivo que permite vaciar instantáneamente y en vuelo, los depósitos de combustible de un avión.
— La *descarga rápida* es accionada en los siguientes casos de necesidad: 1.º para aligerar un avión cuando, por cualquier circunstancia, tiende a perder altura; 2.º reducir los riesgos de incendio si se inflama un motor o en el caso de verse obligado a efectuar un aterrizaje anormal; 3.º facilitar la flotación del avión cuando el piloto se ve obligado a posarlo en el mar.
La descarga rápida se obtiene ya por medio de válvulas o llaves de gran diámetro dispuestas en la base de los depósitos, ya inyectando aire comprimido para obligar al combustible a salir bajo presión por un tubo que forma sifón.
— *Arm.* Acción de disparar un arma de fuego o de quitarle la carga con que se ha cargado.
— *Arq.* Modo de construcción consistente en aligerar ciertas partes del edificio (por ejemplo, encima de un vano o abertura), calculando debidamente las estructuras para que el peso de la obra se ejerza sobre estribos o apoyos laterales (por ejemplo, por medio de un arco de descarga).
— *Art. gráf.* Hoja de papel que se pone sobre la forma de vez en cuando en el curso de la tirada para que absorba el exceso de tinta y evitar así el repintado de los pliegos.
— *Constr. Depósito de descarga,* depósito de agua cuya descarga rápida sirve para arrastrar las deyecciones en las letrinas (*v. figura*).
— *Electr.* Paso de una carga eléctrica de un conductor a otro o anulación de la misma: la descarga es *conductiva* cuando se efectúa a través de un conductor y *disruptiva* cuando atraviesa un cuerpo aislante, como el aire, en cuyo caso va acompañada de fenómenos sonoros y luminosos. (V. DISRUPTIVO.) || *Descarga de un acumulador,* uso que se hace de la energía almacenada en un acumulador gastándola en un circuito exterior al mismo: el voltaje permanece sensiblemente constante durante la mayor parte de la descarga de un acumulador y al final baja rápidamente. || *Descarga atmosférica,* descarga que se produce entre dos puntos de la atmósfera de potencial diferente, generalmente entre dos nubes, o entre una nube y el suelo: el rayo es una descarga atmosférica de tipo disruptivo. || *Descarga de un condensador,* operación que tiende a igualar el potencial de las dos placas o armaduras de un condensador y, por consiguiente, a hacer desaparecer su carga. || *Descarga en los gases,* paso de la corriente entre dos electrodos con una diferencia de potencial de millares de voltios, en el interior de un tubo que contiene un gas rarificado. || *Descarga oscilante,* tipo particular de descarga eléctrica que se produce cuando la corriente es alterna y amortiguada, en cuyo caso las chispas oscilan alternativamente de uno a otro polo con intensidad gradualmente decreciente.
— El campo eléctrico creado por la diferencia de potencial tiene por efecto poner en movimiento los iones y electrones presentes en el gas. El choque de éstos con las moléculas provoca la formación de nuevos iones, con lo cual se mantiene la corriente. La recombinación de los iones de signos contrarios hace aparecer en el tubo luminiscencias de aspecto variable. A este fenómeno se deben, entre otros, el descubrimiento del electrón y de los isótopos.
— *Hidr. Canal de descarga,* canal que permite derivar y evacuar el agua de alimentación de un motor hidráulico cuando éste no funciona. || Tubería o instalación propia para vaciar una balsa. || Aliviadero.
— *Mec. Descarga de una válvula de seguridad,* disminución de su carga que se obtiene por modificación del contrapeso, del brazo de la palanca en que se suspende el mismo o de la tensión del resorte regulador, según el tipo de válvula. || *Tubería de descarga,* la que, en las máquinas de vapor, lleva el agua condensada al depósito de alimentación de la caldera.
— *Meteor.* Invasión de aire frío de origen polar que sucede al paso de una familia de ciclones *.
— *Ocean. Corriente de descarga,* corriente producida por el paso del agua en la boca de bahías y golfos muy cerrados, de atolones, albuferas, etc., y que, en muchos casos, es impetuosa.
— *Telec. Aparato de descarga,* dispositivo que permite conectar una línea telegráfica con la tierra durante los breves instantes en que el transmisor, después de haber emitido una señal, vuelve a su posición de reposo.
— *Transp.* Acción de quitar la carga a un vehículo, barco, etc.: *la descarga de los barcos cargados de cereales se efectúa por aspiración del grano.*

DESCARGADERO m. *Transp.* Sitio apropiado para descargar una cosa.

DESCARGADOR, RA adj. y s. Que descarga o sirve para descargar.
— Los *descargadores* o *descargadoras* son máquinas de tipos variados, especialmente adaptadas para la descarga de una categoría cualquiera de materias o productos. En los ferrocarriles y en las minas se usan *basculadores* * que permiten volcar los vagones de una sola vez, así como aparatos hidráulicos que evacuan la carga del vehículo arrastrándola con un potente chorro de agua. Los cereales y otras materias a granel finamente granuladas se descargan con *aspiradores* * o con *roscas * de Arquímedes.*
— *Electr.* Aparato consistente en dos electrodos cuya distancia puede ser regulada, separados por un dieléctrico líquido o gaseoso y dispuestos de tal forma que una chispa salte de uno a otro cuando la diferencia de potencial alcance un valor determinado. || *Descargador de protección,* el que se usa para proteger las instalaciones eléctricas contra las sobretensiones.
— *Radiot.* Dispositivo constituido por dos piezas metálicas, entre las cuales salta la chispa eléctrica, usado en los aparatos de radar y en las emisoras de ondas radioeléctricas amortiguadas.

DESCARGAR v. Quitar la carga que pesa sobre una persona, animal o cosa.
— *Arm.* Disparar un arma de fuego o extraer el cartucho con que se ha cargado.
— *Art. gráf.* Eliminar el exceso de tinta de la forma por medio del papel llamado *descarga.*

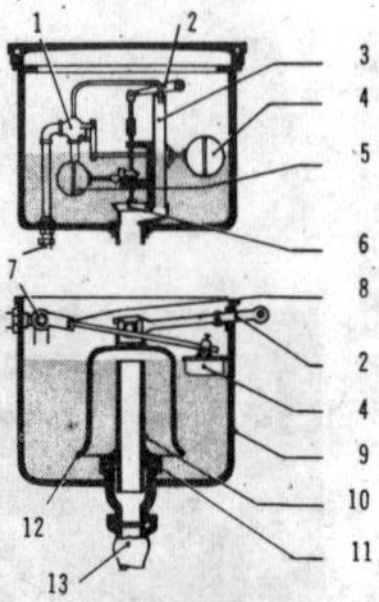

depósitos de **descarga** *(constr.)* de válvula *(arriba)* y de campana *(abajo)*: 1. Válvula alimentadora; 2. Palanca tirada por la cadena; 3. Derrame; 4. Flotador de nivel; 5. Flotador para mantener la válvula abierta una vez tirada la cadena; 6. Válvula; 7. Llegada del agua; 8. Regulación del nivel; 9. Depósito; 10. Tubo sifón; 11. Junta; 12. Campana; 13. Bajada

— *Electr.* Anular una carga eléctrica. ‖ Acción de efectuar una descarga *.
— *Meteor.* Resolverse las nubes en lluvia, nieve o granizo.
— *Text.* Descolorarse los tintes de una tela.
— *Transp.* Vaciar los vehículos y los barcos cargados.

DESCARNACIÓN f. o **DESCARNADO** m. *Curt.* Operación consistente en eliminar el tejido subcutáneo y los restos de carne adheridos al pellejo que se ha de curtir. (Sinón. DESCARNADURA.)

DESCARNADOR, RA adj. y s. *Curt.* Que descarna o sirve para descarnar los cueros.
— El *descarnador* es una cuchilla sin filo provista de dos mangos, y la *descarnadora* es una máquina en la cual las pieles pasan entre varios cilindros, uno de los cuales se halla provisto de varias cuchillas, fijadas helicoidalmente, que raspan la piel.

DESCARNADURA f. *Curt.* Descarnación.

DESCARNAR v. *Curt.* Efectuar la descarnación de los pellejos que se han de curtir. ‖ *Máquina de descarnar*, v. DESCARNADORA.

DESCARRILADURA f. y **DESCARRILAMIENTO** m. Salirse un vehículo de su carril. ‖ *Aguja de descarrilamiento*, aguja que sirve para hacer descarrilar un vehículo como medio de evitar que pueda causar un accidente mayor.

DESCARRILAR v. *F. c.* Salirse un vehículo de sus carriles: *las deformaciones importantes de la vía pueden hacer descarrilar los trenes.*

DESCARTES *(Leyes de).* V. REFLEXIÓN y REFRACCIÓN.

DESCASAR v. *Art. gráf.* Permutar dos o más planas de la forma para subsanar un error de casado.

DESCASCAR o **DESCASCARAR** v. *Ind.* Quitar la casca.

DESCASCARILLADO m. *Ind.* Acción de descascarillar.

DESCASCARILLADORA f. *Ind.* Máquina de descascarillar.
— Las *descascarilladoras* para granos y semillas se hallan constituidas por cilindros o discos que ruedan en sentido inverso unos de otros y rompen los tegumentos exteriores, pero no su contenido.

DESCASCARILLAR v. *Ind.* Quitar la cascarilla. ‖ *Máquina de descascarillar*, descascarilladora *.

DESCASCARO m. *Constr. Amer.* Desconchado.

DESCASPAR v. *Metal.* Decapar.

DESCASQUE m. *Art. y of.* Acción de descortezar los árboles, y, en particular, los alcornoques.

DESCEBAR v. *Arm.* Quitar el cebo a las municiones o el detonador de un cartucho.
— *Tecn. Descebar una bomba*, vaciar el agua que contiene el cuerpo de una bomba: *las bombas se desceban solas cuando entra aire en las mismas por el lado de la aspiración, como consecuencia de un ajuste defectuoso.*

DESCENDENCIA f. *Atom. Descendencia radiactiva*, serie de elementos químicos producidos por desintegraciones sucesivas y espontáneas a partir de un radioelemento hasta la transmutación en un elemento estable. (V. RADIACTIVIDAD.)

DESCENDENTE o **DESCENDIENTE** adj. *Astr. Nodo descendente*, nodo * por el cual pasa un planeta del hemisferio Norte al hemisferio Sur de la esfera celeste. ‖ *Signos descendientes*, signos del zodíaco por los cuales pasa el Sol desde el solsticio de verano hasta el de invierno.
— *Mar. Marea descendente*, v. MAREA.
— *Mat. Progresión descendente*, v. PROGRESIÓN.

DESCENSO m. Acción de bajar o descender. (Sinón. BAJADA.)
— *Aeron.* Pérdida regular de altura: *trayectoria de descenso determinada por radiobalizas.*
— *Constr.* Bajada.
— *Mec.* Dispositivo que, en una taladradora vertical, hace bajar la broca para que penetre en el metal.
— *Min.* Galería inclinada para el suministro a la mina de madera de entibar y otros materiales.
— *Radiot.* Bajada * de antena.

DESCENSOR m. *Transp.* Aparato para descender personas o cosas de un piso a otro inferior.
— Los toboganes helicoidales son *descensores* que se usan en los almacenes para hacer bajar los paquetes por su propio peso y en las minas para evacuar el carbón de una galería secundaria en curso de explotación hasta la galería de extracción situada a un nivel inferior; también existen instalaciones similares para el salvamento de personas en caso de incendio.

DESCENTRACIÓN f. Acción y efecto de descentrar.
— *Fot.* La *descentración* del objetivo en las máquinas de fuelle especiales permite, hasta ciertos límites, fotografiar desde el suelo un monumento o edificio sin inclinar el aparato fotográfico, reduciendo así las deformaciones por efecto de perspectiva.

DESCENTRADO, DA adj. y s. *Ópt.* y *Tecn.* Que tiene su centro fuera de la posición normal. ‖ Descentración.

DESCENTRAR v. Hacer que el centro de una cosa no ocupe su posición normal.
— *Ópt.* Suprimir la coincidencia de los ejes de los lentes en un sistema óptico. (V. DESCENTRACIÓN.)

DESCEPADO m. *Art. y of.* Acción y efecto de descepar. (Sinón DESCUAJO.)
— El *descepado* puede efectuarse de varias maneras: arranque mecánico de las cepas con un descepador *; voladura de las mismas con dinamita o, de no tener ningún interés su leña, por combustión lenta después de haberlas cubierto de leña seca y de una capa de barro.

DESCEPADOR, RA adj. y s. *Art. y of.* Que descepa o sirve para descepar.
— Las *máquinas descepadoras* son de tres tipos: *diablos* *, que se fundan en el uso de la palanca; *cabrias*, de torno; *tractores* especialmente equipados.

DESCEPAR v. *Art. y of.* Arrancar los árboles de cuajo. (Sinón. DESCUAJAR.)

DESCEREZADOR m. *Ind. alim.* Máquina para descerezar el café.

DESCEREZAR v. *Ind. alim.* Separar las semillas del café de la pulpa que las envuelve en la baya o cereza.

DESCERRAJADURA f. Acción de descerrajar.

DESCERRAJAR v. Forzar una cerradura; romperla o arrancarla.

DESCICLIZAR v. *Quím.* Transformar un compuesto cíclico en compuesto acíclico.

DESCIFRABLE adj. Que puede ser descifrado.

DESCIFRAMIENTO m. Acción de descifrar.

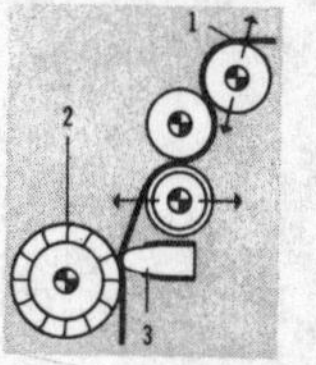

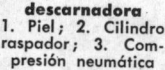

descarnadora
1. Piel; 2. Cilindro raspador; 3. Compresión neumática

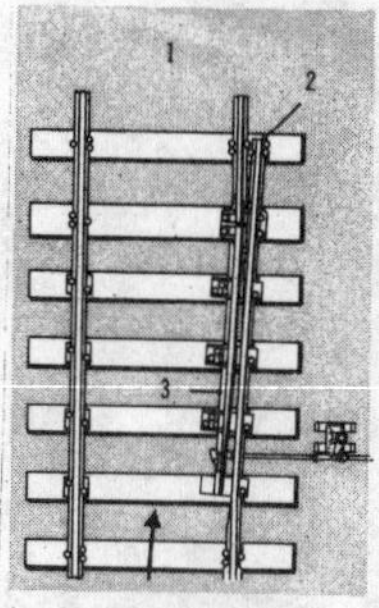

aguja de **descarrilamiento**
1. Vía protegida; 2. Riel descarrilador; 3. Aguja

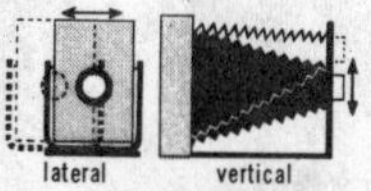

descentración (fot.)

descepado

Fot. Mercier, Bondy

DESCIFRAR v. *Telec.* Restablecer la forma primitiva e inteligible de un texto cifrado, utilizando con dicho fin en sentido inverso el procedimiento que sirvió para cifrarlo. (V. CRIPTOGRAFÍA.)

DESCIMBRADO y **DESCIMBRAMIENTO** m. *Constr.* y *Obr. públ.* Acción de descimbrar.
— El *descimbrado* puede efectuarse de dos modos diferentes. El primero de ellos consiste en provocar un descenso de las cimbras —para separarlas de la obra y poder desmontarlas o correrlas si se ha de prolongar ésta— por medio de las cuñas, cajas de arena y gatos hidráulicos interpuestos entre la cimbra y sus apoyos. En el segundo caso, especialmente en los puentes muy bajos y en los de mucha luz, el arco se halla partido por la clave y unos gatos previamente dispuestos permiten separar las dos mitades, lo cual tiene por efecto elevarlas y despegarlas así de la cimbra.

DESCIMBRAR v. *Constr.* y *Obr. públ.* Quitar las cimbras que se habían puesto para construir un arco, una bóveda o un puente. (V. DESCIMBRADO.)

DESCIMENTAR v. *Constr.* Demoler los cimientos de una construcción.

DESCINTRADO m. *Constr.* y *Obr. públ.* Descimbrado.

DESCINTRAR v. *Constr.* y *Obr. públ.* Descimbrar.

DESCLAVADOR m. *Art. y of.* Herramienta para desclavar. (Sinón. ARRANCACLAVOS.)

DESCLAVAR v. *Art. y of.* Soltar lo que está sujeto con clavos. ‖ Arrancar clavos.
— *Joy.* Desengastar las piedras de las joyas.

DESCLAVIJAR v. *Mec.* Quitar la clavija que mantiene unidas dos piezas.

DESCLORURACIÓN f. *Quím.* Acción y efecto de desclorurar.

DESCLORURAR v. *Quím.* Eliminar el cloruro contenido por una substancia.

DESCOAGULAR v. Licuar lo que estaba coagulado.

DESCOLCHAR v. *Text.* Deshacer un cabo separando los cordones que lo componen.

DESCOLORACIÓN f. o **DESCOLORAMIENTO** m. Acción o efecto de descolorar.
— *Ind. alim.* La *descoloración de las materias grasas* tiene por objeto eliminar los productos colorados engendrados por el calor durante las operaciones de extracción, y se efectúa químicamente (carbonización, oxidación o reducción) o por absorción (con tierras descolorantes o carbones activos).
— *Petr.* La *descoloración de los derivados del petróleo* se obtiene tratándolos con ácido sulfúrico y, sobre todo, con tierras adsorbentes, al estado natural o activadas.
— *Text.* La industria textil usa *agentes de descoloración* tanto para blanquear los tejidos como para purificar las disoluciones orgánicas. Por otra parte, existe un procedimiento de estampado fundado en la descoloración: el tejido se tiñe uniformemente y luego se imprimen los dibujos no ya con un tinte, sino con un reactivo que destruye la materia colorante sin atacar las fibras. Finalmente aparece el dibujo en blanco sobre fondo de color. Los reactivos empleados son oxidantes (cloratos de potasa o de sodio, hipocloritos, nitratos, etc.) o reductores (cloruro de cinc, glucosa, hidrosulfito de sodio).

DESCOLORANTE adj. y s. Que descolora o sirve para descolorar: *el ácido sulfúrico es un descolorante enérgico; la luz ejerce una acción descolorante sobre los tintes, especialmente los de anilina.* (V. DESCOLORACIÓN.)

DESCOLORAR o **DESCOLORIR** v. Perder o atenuar los colores de una cosa por medio de agentes físicos o químicos. (V. DESCOLORACIÓN.)

DESCOMPAGINAR v. *Art. gráf.* Deshacer la compaginación.

DESCOMPONER v. Separar los distintos constituyentes de una cosa: *analizar químicamente una substancia es descomponerla.* ‖ Corromperse, pudrirse las materias orgánicas.
— *Mec. Descomponer una fuerza o un movimiento*, reducirlos a sus fuerzas o movimientos elementales para simplificar su estudio.
— *Ópt. Descomponer la luz*, separar y hacer aparentes las radiaciones simples o monocromáticas de la luz por medio de un prisma *, de interferencias * o por otro método. (V. ESPECTRO.)
— *Text. Descomponer un tejido*, analizar las características de sus componentes (índole, número y grueso de los hilos de trama y urdimbre) y su textura, con objeto de reproducirlo.

DESCOMPOSICIÓN f. Acción y efecto de descomponer o descomponerse.
— *Mat. Descomposición en factores primos*, v. PRIMO.
— *Mec. Descomposición de fuerzas*, v. FUERZA.
— *Ópt. Descomposición de la luz*, v. ESPECTRO.
— *Text.* Acción de descomponer * un tejido.

DESCOMPRESIÓN f. Acción de descomprimir.
— *Mar.* y *Obr. públ.* Disminución accidental de la presión en el interior de un cajón* neumático. ‖ Modificaciones causadas en el organismo de un buzo* por la disminución de la presión durante su ascensión hasta la superficie del agua.

DESCOMPRESOR, RA adj. y s. *Tecn.* Aparato que sirve para volver poco a poco a la presión normal el vapor, el aire o algún otro gas contenido en un recinto herméticamente cerrado. ‖ Válvula * de reducción.

DESCOMPRIMIR v. *Tecn.* Disminuir o hacer cesar la compresión a que se halla sometido un cuerpo.

DESCONCHADO m. *Cerám.* Parte de una pieza de loza o porcelana de la cual ha saltado el esmalte o vidriado.
— *Constr.* Parte de la pared en la cual se ha desprendido el enlucido.

DESCONCHADURA f. *Constr.* Acción y efecto de desconchar.

DESCONCHAR v. *Constr.* Perder un muro una parte de su enlucido o quitárselo con algún fin.

DESCONECTAR v. *Tecn.* Desunir lo que está enlazado o acoplado con alguna conexión: *desconectar un aparato eléctrico.*

DESCONEXIÓN f. *Tecn.* Acción de desconectar.

DESCONGELACIÓN f. *Refrig.* Acción y efecto de descongelar: *los alimentos congelados se han de descongelar lentamente, pues en el caso contrario se corre el riesgo de romper las paredes celulares de los tejidos.* (V. CONGELACIÓN.)

DESCONGELADOR adj y s. *Aeron.* Dícese de los dispositivos que se usan en el borde de ataque de las alas y estabilizadores de los aviones, así como en ciertas hélices, para destruir la capa de escarcha que se forma en dichas partes. (Sinón. ANTIESCARCHA.)
— Los distintos *métodos descongeladores* son los siguientes: aspersión de líquidos anticongelantes * que impiden la formación de hielo; revestimiento de las partes expuestas con una materia especial por cuyos poros rezuman constantemente productos anticongelantes derivados del petróleo; tratamiento de dichas superficies con silicones que impiden la adherencia de la escarcha; uso de *descongeladores neumáticos* que, al hincharse y deshincharse periódicamente, quiebran la película de hielo a medida que se va formando (los fragmentos son arrastrados por el viento); por último, tienden a imponerse los *descongeladores térmicos* fundados en el paso, por el interior del borde de ataque, de una corriente de gases calientes que caldean el revestimiento e impiden la formación de hielo sobre el mismo.
— *Refrig. Descongelador automático*, dispositivo consistente en un conmutador acoplado con un mecanismo de relojería, que modera periódicamente el funcionamiento de un refrigerador para que la temperatura del evaporador suba a más de 0° y se funda así el hielo que lo recubre.
— *Transp.* Los *descongeladores de parabrisas* de los vehículos terrestres (automóviles, locomotoras eléctricas, etc.) consisten en limpiaparabrisas automáticos, rociadores de alcohol, deflectores de aire caliente (procedente del motor) o provistos de resistencias eléctricas que caldean los cristales.

DESCONGELAR v. Deshelar lo que está congelado. ‖ Romper y eliminar la capa de hielo que se forma sobre ciertas partes de los aviones y de los vehículos terrestres. (V. DESCONGELADOR.)

DESCONTAMINACIÓN f. *Atom.* Operación tendente a eliminar parcial o totalmente la actividad nociva de los cuerpos que han sido irradiados por elementos radiactivos.
— La *descontaminación* es una operación sumamente difícil dado que el hombre no conoce nin-

gún medio de anular la radiactividad adquirida por un cuerpo expuesto a la radiactividad de otro. Cuando el cuerpo contaminado consiste en polvo, vapores o aerosoles, que se depositan sobre una superficie, es posible eliminarlo de ésta mediante lavados con detergentes especiales muy enérgicos, que, si bien permiten —aunque difícilmente— descontaminar los locales y los vestidos, son excesivamente irritantes para la piel humana. Estas dificultades hacen que la descontaminación sea, ante todo, obra preventiva. En las industrias y laboratorios atómicos se adopta gran lujo de precauciones: numerosos aparatos filtran los gases expulsados al aire libre, precipitan las materias que se hallan en suspensión en las aguas sucias y miden constantemente la radiactividad de aquéllos y de éstas, así como la radiactividad ambiente, tanto en el interior de los edificios como en el exterior de los mismos. Por lo demás, el personal que trabaja en lugares expuestos lleva vestidos y caretas antiatómicas.

DESCONTAMINAR v. *Atom.* Efectuar la descontaminación.

DESCONTRAPESAR v. *Amer.* Desplazar el centro de gravedad de una carga para que ésta pierda su equilibrio.

DESCONTROLADO, DA adj. *Tecn.* Dícese de lo que, a causa de avería o por interrupción de la corriente eléctrica, queda momentáneamente fuera de todo control automático o humano: *es peligroso que un bloque o tramo de vía permanezca descontrolado.*

DESCORCHADO m. Acción y efecto de descorchar.

DESCORCHAR v. Destapar lo que tiene tapón de corcho: *descorchar una damajuana.*
— *Art. y of.* Descortezar el alcornoque para quitarle el corcho.

DESCORCHE m. *Art. y of.* Descasque del alcornoque.

DESCORNADOR m. Tenazas especiales para cortar los cuernos a las reses.

DESCORNAR v. Cortar o arrancar los cuernos a las reses.

DESCORTEZADOR, RA adj. y s. *Ind.* Que descorteza o sirve para descortezar.
— Las *máquinas descortezadoras* se usan para suprimir la corteza de los rollos que han de dar madera de sierra, pulpa de pasta de papel, postes, etc. Son de tres clases diferentes: unas imprimen al tronco o rollo un movimiento doble de rotación y de traslación a través de un juego de fresas rotativas que arrancan la corteza; otras raspan el tronco con unas cadenas pasadas en torno del mismo y movidas por un bastidor rotativo (v. *figura*); las hay, por último, que se fundan en el uso de un chorro violento de agua.

DESCORTEZADURA f. Corteza que se quita a una cosa. ‖ Parte de un tronco o de otra cosa que ha sido descortezada. ‖ *Descortezadura anular*, anelación *.

DESCORTEZAMIENTO m. *Ind.* Acción de descortezar.

DESCORTEZAR v. *Ind.* Quitar la corteza a los árboles, frutas u otras cosas: *los rollos de madera para hacer papel se descortezan con máquinas especiales llamadas descortezadoras* *.

DESCORTEZO m. Descortezamiento.

DESCOSTRADO m. *Mec.* Desincrustación.

DESCOSTRAR v. *Mec.* Desincrustar.

DESCREMADO m. *Ind. alim.* Galicismo por *desnate.*

DESCREMADORA v. *Ind. alim.* Galicismo por *desnatadora.*

DESCREMAR v. *Ind. alim.* Galicismo por *desnatar.*

DESCRIPTADOR m. *Radiot.* V. CRIPTADOR.

DESCRIPTIVO, VA adj. *Geometría descriptiva*, v. GEOMETRÍA.

DESCROMAR v. *Metal.* Eliminar el revestimiento de cromo de una pieza mediante disolución electrolítica del mismo.

DESCRUDAR v. *Text.* Tratamiento con una disolución de sosa cáustica a que se someten ciertos tejidos para facilitar las operaciones ulteriores de blanqueo y, eventualmente, tinte.

DESCUAJAR v. Descoagular.
— *Agr.* Arrancar las plantas de cuajo. (Sinón. DESCEPAR.)

DESCUERAR y **DESCUEREAR** v. *Curt.* e *Ind. alim. Amer.* Desollar, despellejar animales.

DESCUERNAR v. *Amer.* Descornar.

descontaminación de un depósito de materias radiactivas

Fot. C.E.A.

DESCULATAR v. *Arm.* Quitar la culata a un arma: *las pistolas ametralladoras de culata amovible se desculatan rápidamente.*

DESCHAPAR v. Descerrajar.

DESCHINADOR, RA adj. y s. Máquina de deschinar.

DESCHINAR v. *Agr.* Eliminar las piedrecitas y la tierra mezclada con el grano.

DESDAR v. Dar vueltas al revés a un manubrio, cuerda, carrete, etc., con objeto de desenrollar o deshacer la labor hecha anteriormente en el sentido normal.

DESDEVANAR v. *Text.* Deshacer el ovillo devanado.

DESDOBLADO, DA adj. y s. *Curt.* Operación consistente en cortar a máquina una piel gruesa para obtener dos de igual superficie, pero más delgadas. ‖ *Cuero desdoblado*, nombre que se da a las pieles así obtenidas una vez adobadas.

DESDOBLAMIENTO m. Acción y efecto de desdoblar.

DESDOBLAR v. Partir una cosa longitudinalmente para obtener dos. ‖ Extender o desplegar lo que estaba plegado.
— *Curt.* Efectuar el desdoblado de las pieles.
— *Joy.* Separar las distintas capas de una gema.
— *Ópt.* Distinguir visualmente, o por medio de la fotografía, dos elementos que a simple vista forman uno sólo: *desdoblar un sistema de estrellas binarias.*
— *Quím.* Desdoblar una substancia, descomponerla en otras dos.

DESECACIÓN f. Acción de desecar o desecarse.
— *Carp.* La madera recién cortada contiene la mitad de su propio peso de agua, mientras que para utilizarla convenientemente en carpintería no ha de contener más que de 15 a 20% de humedad. La *desecación natural* por aireación en pilas es muy larga (de seis meses a un año por centímetro de espesor, según la dureza de la madera), por cuya razón se recurre cada vez más a la *desecación artificial* por alguno de los procedimientos siguientes: secado, en locales cerrados, con aerocondensadores, por ventilación, en autoclave, por el vacío, por corriente de aire caliente y ozonificado. También puede disponerse la madera sobre parrillas metálicas y húmedas por las cuales pasa una corriente eléctrica. (V. SECADERO.)
— *Geol.* La *desecación del suelo* es particularmente sensible en las rocas arcillosas que, al perder una parte importante de su volumen, se resquebrajan y forman grietas de hasta 4 cm de anchura y 2 m de profundidad. Estas grietas dan

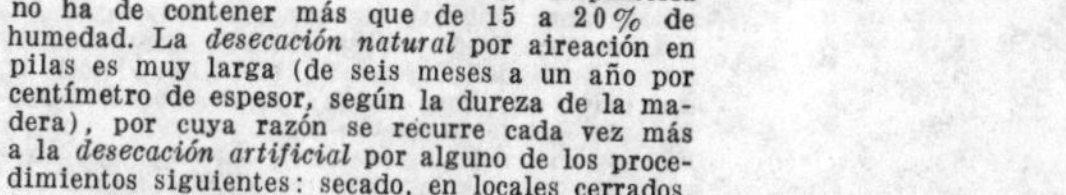

descortezadora de cadenas
1. Cadenas provistas de un muelle en uno de sus extremos; 2. Rodillos tractores; 3. Poleas motrices

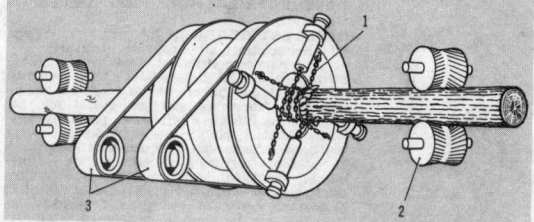

ulteriormente paso al frío y a la humedad y pueden ser causa de corrimientos del terreno.
— *Ind. alim.* La *desecación* permite conservar no pocas clases de fruta, así como residuos industriales (pulpas de las azucareras, cervecerías, etc.) que tienen distintos usos industriales o sirven de alimento para el ganado. Cuando el clima y la índole de las frutas o materias lo permiten, la desecación se efectúa espontáneamente al aire libre, generalmente al sol. En los demás casos se recurre a algún tipo de desecador * industrial o doméstico.
— *Quím.* La *desecación de materias* en los laboratorios se efectúa en campanas de vidrio dentro de las cuales se introducen substancias higroscópicas y se practica a veces el vacío (v. DESECADOR). Los gases se desecan haciéndolos pasar por tubos en forma de U que contienen los agentes higroscópicos.

DESECADOR, RA adj. y s. *Tecn.* Aparato o instalación para eliminar la humedad de las materias primas o productos industriales y alimenticios. (Sinón. DESHIDRATADOR.)
— Existen tres clases de *desecadores*, según sea el medio adoptado para eliminar la humedad: absorción por substancias higroscópicas (cloruro de calcio, cal viva, ácido sulfúrico, etc.); a reacción, y, por último, evaporación. Los *desecadores de aspiración*, los más comunes, funcionan por evaporación de la humedad en armarios, tambores, túneles y otros recintos en los cuales suele reinar una depresión que permite evaporar la humedad a temperaturas moderadas para no alterar las materias que se deshidratan.

DESECANTE adj. Que deseca o sirve para desecar.

DESECAR v. Secar una cosa, eliminar la humedad que contiene en su masa. ‖ Poner a seco los terrenos cubiertos por el agua.

DESECATIVO, VA adj. y s. Desecante.

DESECHITO m. *Tab. Amer.* Barbarismo usado en la jerga de la industria tabacalera para designar las hojas de tabaco de calidad inmediatamente inferior a las que constituyen el desecho *.

DESECHO m. *Ind.* Recortes, residuos o desperdicios sobrantes de la materia que se ha empleado con algún fin y que resultan directamente inútilizables en la misma operación.
— Raros son los *desechos* que, previamente tratados, no puedan aprovecharse. Las virutas y recortes metálicos son fundidos y regenerados o se agregan a los metales de primera fusión. El aserrín y las virutas de madera se usan como combustible —a veces en forma de briquetas—, así como para elaborar alcohol, ácido oxálico y dinamita, para depurar el gas de alumbrado y como relleno para embalaje de artículos frágiles.
Los desechos de la industria textil, convenientemente limpiados y peinados, se utilizan solos, o mezclados con fibra nueva, para elaborar hilos con que se tejerán nuevas telas.
El descarnado de las pieles da carnazas que sirven para hacer gelatina y cola. En cuanto a los recortes de los cueros y pieles adobadas, se aprovechan en la fabricación de juguetes, cueros artificiales y abonos.
Gracias a los progresos de la química, muchos otros desechos, en vez de ser tirados, permiten reemplazar grandes tonelajes de materias primas.
— *Tab. Amer.* Nombre dado paradójicamente a las mejores hojas de entre todas las que da la planta de tabaco y que, lejos de constituir un desecho en el verdadero sentido de la palabra, son las mayores y las que dan el tabaco más suave y de aroma más apreciado.

DESELECTRIZACIÓN f. *Electr.* Acción de deselectrizar.

DESELECTRIZADOR, RA adj. y s. *Tecn.* Que deselectriza o sirve para deselectrizar.
— El frotamiento tiene por efecto cargar muchos cuerpos de electricidad estática. Esta electrización es bastante intensa en los productos industriales de fabricación continua, cuales son, por ejemplo, los hilados y tejidos, el papel, las materias plásticas, etc., y presenta no pocos inconvenientes: adherencia —por atracción eléctrica— de las fibras textiles a los cilindros de las máquinas, repulsión de las mismas en el tejido, donde tienden a permanecer derechas y dificultan el acabado, descargas con chispa, generadoras de incendios, etc. Un método simple para deselectrizar aquellas materias consiste en crear una atmósfera húmeda en los talleres, pues la humedad facilita la descarga de los cuerpos electrizados. Otro método consiste en establecer un contacto entre éstos y la tierra, cosa no siempre fácil, dado que se trata de materias en movimiento y que, por añadidura, son a veces aislantes. Los *deselectrizadores* modernos se fundan en el hecho que la conductibilidad del aire es tanto mayor cuando más iones contiene. Como las radiaciones electromagnéticas de longitud de onda muy corta tienen la propiedad de ionizar, bastará con disponer un manantial de rayos ultraviolados o, mejor aún, de rayos X, a través de la banda de materia electrizada y muy cerca de ella, para que la misma se descargue en un aire relativamente conductor. No obstante, el uso de un generador de rayos X es costoso y presenta graves inconvenientes. Más práctico resulta el uso de elementos radiactivos dispuestos en el interior de una barra hendida longitudinalmente por una de sus caras, dirigida hacia la superficie electrizada. Este deselectrizador no requiere ningún cuidado, carece de piezas móviles, es muy eficaz —dada la energía considerable de las partículas alfa que emite— y sirve indefinidamente (unos 1 600 años en el caso de cierto modelo cuyo manantial radiactivo consiste en radio).

DESELECTRIZAR v. *Electr.* Descargar un cuerpo electrizado. (V. DESELECTRIZADOR.)

DESELECTRONACIÓN f. *Quím.* Acción de arrancar al átomo una parte de sus electrones. (V. OXIDACIÓN.)

DESEMBALDOSAR v. *Constr.* Arrancar las baldosas de un pavimento o revestimiento.

DESEMBARCADERO m. *Mar.* y *Obr. públ.* Lugar naturalmente apropiado para desembarcar o construcción hecha con dicho fin.

DESEMBOCADERO m. y **DESEMBOCADURA** f. Sitio por donde un río desemboca en otro, en un lago o en el mar: *el estuario y el delta son los dos tipos más corrientes de desembocadura.* ‖ Por ext., salida de una calle y cualquier abertura por donde se sale de un lugar para entrar en otro: *el jardín da al campo por un desembocadero.*

DESEMBOCAR v. Verter un río sus aguas en otro, en el mar o en un lago. ‖ Dar una calle salida a una vía pública o a otro lugar.

DESEMBOJAR v. *Text.* Quitar los capullos de seda del embojo o enramada.

DESEMBOQUE m. Desembocadero.

DESEMBORRAR v. *Text.* Quitar la borra a las fibras textiles.

DESEMBOTAR v. Aguzar o afilar lo que está embotado.

DESEMBRAGABLE adj. *Mec.* Que puede ser desembragado.

DESEMBRAGAR v. *Mec.* Suprimir el enlace previamente establecido entre un árbol motor o conductor y otro árbol conducido.

DESEMBRAGUE m. *Autom.* y *Mec.* Acción de desembragar.
— El *desembrague*, operación inversa del embrague *, consiste en separar dos árboles con objeto de que el árbol motor, sin dejar de girar, cese de arrastrar al árbol conducido. Así, en un automóvil, el desembrague permite detener el vehículo o cambiar de marcha sin parar el motor. (V. ACOPLAMIENTO.)

DESEMBRIDAR v. *Art. y of.* Desatar las cargas pesadas una vez subidas a algún sitio: *desembridar los sillares en lo alto de la cantera*

DESEMPAPELAR v. Quitar a una cosa el papel que la cubría: *los nuevos inquilinos suelen desempapelar todas las paredes para volverlas a empapelar.*

DESEMPASTELAR v. *Art. gráf.* Deshacer un pastel * disponiendo los tipos en el lugar que les corresponde en la caja.

DESEMPEDRAR v. *Obr. públ.* Deshacer un empedrado levantando las piedras del mismo.

DESEMPEGAR v. *Cerám.* Quitar la capa de pega que tienen ciertas vasijas.

DESEMPERNAR v. *Carp.* y *Mec.* Quitar los pernos de una ensambladura o unión.

DESEMPLOMAR v. *Metal.* Quitar la chapa de plomo o el revestimiento de este metal aplicado sobre otro.

DESEMPLUMAR v. *Ind. alim.* Desplumar.

DESEMPOLVAR o **DESEMPOLVORAR** v. Quitar el polvo *. (V. ASPIRADOR.)

DESEMPOTRAR v. *Constr.* Arrancar lo que está empotrado: *desempotrar las vigas de un techo.*
DESEMULSIONADOR m. *Quím.* Substancia que se agrega a un aceite o materia grasa para evitar que se emulsione o para separarlo de una emulsión.
DESEMULSIONAR v. *Quím.* Separar un aceite o materia grasa del agua con la cual ha sido emulsionado.
DESENCAJAMIENTO m. Acción de desencajar.
DESENCAJAR v. Sacar una cosa del hueco en que encaja con otra.
DESENCALAR v. Quitar la cal de los muros y otras cosas encaladas.
DESENCARTONAR v. Quitar el cartón a lo que ha sido encartonado.
DESENCASQUILLAR v. *Arm.* Desatascar el arma de fuego que tiene un cartucho encasquillado.
DESENCINTAR v. *Obr. públ.* Quitar la cinta o bordillo de una acera.
DESENCLAVIJAR v. *Mec.* Desclavijar.
DESENCOBRAR v. Quitar el cobre a lo que ha sido encobrado.
— *Arm.* Operación consistente en eliminar el cobre que se acumula en las rayas del cañón de las armas de fuego.
— A cada disparo quedan fuertemente adheridas a las rayas del cañón partículas de cobre del cerco de lós proyectiles. Como el depósito de cobre acaba por alterar la precisión del arma, es indispensable eliminarlo de vez en cuando. Para *desencobrar* el cañón se disparan unos cuantos cartuchos que contienen una aleación de plomo y estaño.
DESENCOFRADO m. *Constr.* y *Obr. públ.* Acción de desencofrar.
DESENCOFRAR v. *Constr.* y *Obr. públ.* Quitar el encofrado * una vez endurecido el hormigón armado.
DESENCOLAR v. Separar lo que estaba pegado con cola.
DESENCORVAR v. Desalabear.
DESENCHUFAR v. Suprimir el enlace entre dos cosas que estaban enchufadas. || Desconectar.
DESENDURECER v. *Quím.* Ablandar *, el agua.
DESENEJAR v. *Mec.* Desmontar o desencajar un eje.
DESENFOQUE m. *Fot.* y *Ópt.* Falta de enfoque de una cámara fotográfica u otro aparato óptico.
DESENGASTAR v. Desencajar las cosas engastadas.
DESENGOMAR v. Desgomar.
DESENGRANAR v. *Mec.* Separar las ruedas dentadas que estaban engranadas.
DESENGRASADO, DA adj. y s. Que ha perdido su grasa o le ha sido quitada por algún procedimiento. || Acción de desengrasar y, por ext., de limpiar los tejidos, las piezas metálicas y las materias que han de ser sometidas a ciertas manipulaciones. (Sinón. DESGRASADO.)
— *Cerám.* Acción de agregar materias desprovistas de plasticidad a una masa de arcilla para volverla menos plástica.
— *Metal.* Las piezas que se han de someter a tratamientos superficiales son objeto de una limpieza previa por alguno de los métodos siguientes: *desengrasado con solventes orgánicos* (benceno y otros hidrocarburos, tricloretileno y solventes clorados, etc.); *desengrasado en caliente* con lejías alcalinas (sosa cáustica, carbonatos, etc.) que saponifican las grasas o forman emulsiones con ellas; *desengrasado electrolítico,* con electrólitos a base de cianuro alcalino, sosa cáustica, carbonatos, etc.
El desengrasado con disolventes puede activarse mediante un haz de ondas ultrasonoras que comunican al líquido movimientos alternos de alta frecuencia y facilitan así el arranque de las partículas grasas y de la suciedad.
— *Text.* Para separar la grasa que contiene la lana en bruto, se somete ésta a un desengrasado en una batería de baños detergentes, cada uno de los cuales, más caliente que el anterior, contiene menos detergente que el mismo, hasta que las fibras llegan al último baño que, por ser de agua pura, sirve para enjuagarlas.
DESENGRASANTE adj. y s. Que desengrasa o sirve para desengrasar: *los álcalis son desengrasantes.* (Sinón. DESGRASANTE.)
DESENGRASAR v. Eliminar la grasa que ensucia, cubre o impregna una cosa. (Sinón DESGRASAR.)
— *Cerám.* Hacer que una arcilla sea menos plástica por medio del desengrasado *.
— *Metal.* Eliminar la grasa presente en la superficie de las piezas que se han de labrar o someter a ciertos tratamientos.
— *Text.* Separar la suarda de la lana. || Quitar a los tejidos las manchas de grasa y de otras impurezas.
DESENGRILLETAR v. *Mar.* Soltar un grillete de una cadena.
DESENHORNADOR, RA adj. y s. Aparato propio para desenhornar. (Sinón. DESCARGADOR.)
— *Comb.* Máquina para descargar los hornos de coquefacción. (La *desenhornadora* tiene un vástago que empuja el coque incandescente por un lado de la cámara de coquefacción y le obliga a caer por el otro en los vagones que lo han de evacuar.)
DESENHORNAR v. *Ind.* Extraer las materias previamente introducidas en el horno. (Sinón. DESHORNAR.)
DESENHUECAR v. *Amer.* Desalabear.
DESENLADRILLAR v. *Constr.* Arrancar los ladrillos de un pavimento.
DESENLOSAR v. *Constr.* Quitar las losas de un pavimento.
DESENROSCAR v. Destorcer las cosas enroscadas. || Aflojar o desmontar las tuercas y otras piezas roscadas.
DESENSAMBLAR v. *Carp.* Separar las piezas de una ensambladura.
DESENSIBILIZACIÓN f. *Fot.* Inmersión de las emulsiones fotográficas en un baño de desensibilizador *, cuya operación permite revelarlas después en un laboratorio alumbrado con luz anaranjada y no en la obscuridad.
DESENSIBILIZADOR f. *Fot.* Producto químico que permite reducir la sensibilidad de las emulsiones fotográficas ya impresionadas.
— La safranina, el verde y el amarillo de pinacianol en disolución acuosa limitan considerablemente —sin afectar a la imagen latente— la sensibilidad de los granos de sales de plata que no han sido impresionados por la luz durante la exposición.
DESENTABLAR v. *Carp.* Arrancar las tablas de una cosa. || Desmontar las construcciones a base de tablas.
DESENTEJAR v. *Constr.* Destejar.
DESENTORNILLAR v. *Art. y of.* Destornillar.
DESENTRAMAR v. *Constr. Amer.* Desandamiar.
DESENVELEJAR v. *Mar.* Quitar las velas a un barco.
DESENYESAR v. *Constr.* Quitar el enlucido de yeso. || Caerse el revoco de yeso de una pared o del techo.
DESEQUILIBRADO, DA adj. Que ha perdido su equilibrio.
— *Electr.* Dícese de un circuito polifásico cuando las corrientes que pasan por sus hilos no se hallan exactamente desfasadas o no tienen la misma intensidad eficaz.
DESEQUILIBRAR v. Hacer perder el equilibrio: *la respiración del operador basta para desequilibrar una balanza de precisión.*
DESEQUILIBRIO m. Estado de lo que ha perdido su equilibrio.
DESÉRTICO, CA adj. *Geogr.* Relativo o perteneciente al desierto.
DESERTIFICACIÓN f. *Geogr.* Transformación en desierto de una región relativamente húmeda,

desenhornadora de coque
1. Vástago; 2. Pala; 3. Cámara de coquefacción; 4. Guía; 5. Vagoneta; 6. Horno.

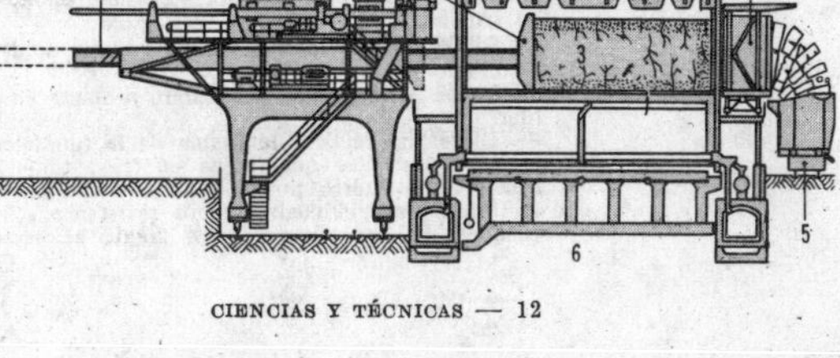

desfibradora para desintegrar cuatro rollos a la vez

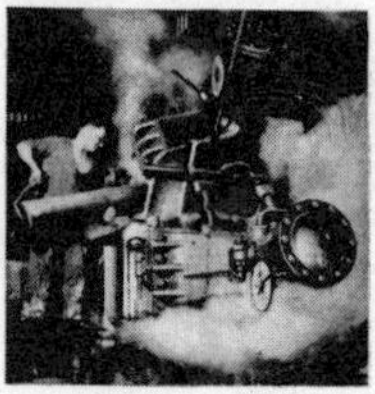

desfibradora *(papel.)*

como consecuencia de una evolución natural del clima. ‖ Empobrecimiento de una región semiárida por destrucción del suelo arable y de la vegetación debida a excesos o errores en la explotación de sus recursos.

DESESCOMBRAR v. Escombrar.

DESESLABONAR v. Deslabonar.

DESESTAÑAR v. *Metal.* Quitar el estaño aplicado a una superficie en forma de revestimiento o de soldadura.

DESFASAJE y **DESFASE** m. *Electr.* Defasaje.

DESFIBRADO, DA adj. y s. Acción y efecto de desfibrar.

— *Carp.* Acción de reducir la madera, con el desfibrador, a virutas largas y estrechas que se usan para embalar cosas frágiles y para fabricar madera aglomerada.

— *Ind. alim.* Operación consistente en quebrar la corteza de la caña de azúcar con objeto de facilitar la salida del zumo cuando la misma caña será prensada en el trapiche.

— *Papel.* Reducción de la madera a fibras en la fabricación de la pasta de papel *. (V. DESFIBRADOR.)

DESFIBRADOR, RA adj. y s. Que desfibra o sirve para desfibrar.

— *Carp.* Máquina para transformar los rollos de madera en fibras o virutas largas y estrechas que se usan para el embalaje y en la fabricación de madera aglomerada: *la desfibradora es una especie de acepilladora que puede desfibrar varios rollos a la vez.*

— *Ind. alim.* Molino que tritura la caña de azúcar antes de que la prense el trapiche.

— *Papel.* Máquina para reducir a fibras muy finas los rollos de madera con que se fabrica la pasta de papel. ‖ Máquina para desfibrar otras materias vegetales o la pasta de papel endurecida.

— Las *desfibradoras* para hacer pasta mecánica constan de muelas sobre las cuales unos mecanismos aplican a presión los rollos que se han de desfibrar. Las desfibradoras para pasta de papel prensada constan de dos discos giratorios de metal o de materia abrasiva, entre los cuales es desmenuzada la pasta.

DESFIBRAR v. *Ind.* Eliminar la materia fibrosa que rodea a ciertas cosas: *desfibrar caña de azúcar.* ‖ Separar las fibras elementales que constituyen una materia fibrosa: *la madera es desfibrada para fabricar pasta de papel.*

DESFLEMAR v. *Ind.* Eliminar la flema de un líquido alcohólico.

DESFLEXIÓN f. Deflexión.

DESFLOCULACIÓN f. Operación consistente en separar los granos, elementos o grumos de la materia floculada.

DESFONDAR v. Romper o quitar el fondo a una cosa: *desfondarse una damajuana.* ‖ Ahuecar o excavar profundamente el suelo.

— *Mar.* Abrir una vía de agua en el fondo de una embarcación.

DESFORESTAR v. *Agr.* y *Carp.* Talar árboles en gran escala, disminuir la superficie plantada de árboles.

DESFOSFORACIÓN f. Acción y efecto de desfosforar.

— *Metal.* Eliminación del fósforo presente en el hierro y el acero.

— El fósforo facilita la fusión de la fundición, pero la hace más quebradiza en frío; también hace que el hierro pueda laminarse con mayor facilidad, pero lo vuelve menos resistente a los choques, y, por último, hace frágil al acero. El fósforo puede ser eliminado por pudelado, pero, en general, el afinado de los arrabios ricos en fósforo se efectúa en el convertidor Thomas provisto de un revestimiento básico. El fósforo es oxidado por la corriente de aire insuflada en el convertidor y fijado por la base del revestimiento y forma un fosfato que es eliminado con las escorias. También puede efectuarse la desfosforación del arrabio en el horno Martin.

DESFOSFORAR v. Eliminar el fósforo de la materia que lo contiene: *desfosforar la fundición.*

DESGARGOLAR v. Sacar la pieza que encaja en un gárgol.

DESGARRE m. *Aeron.* *Banda de desgarre,* pieza de tela que forma parte de la envoltura de un aeróstato y que ha sido especialmente construida para que el aeronauta pueda desgarrarla, tirando de una cuerda, con objeto de deshinchar rápidamente el globo en el aterrizaje y evitar que el viento arrastre la barquilla por el suelo.

— *Papel.* *Resistencia al desgarre,* o simplemente *desgarre,* fuerza necesaria para desgarrar un papel o cartón y que permite determinar su solidez.

DESGASEADOR, RA adj. y s. Que desgasea o sirve para desgasear.

— *Electrón.* Substancia que se introduce en un tubo electrónico durante su fabricación y que, por su acción física o química sobre los gases residuales, acentúa el vacío practicado en el tubo.

— *Ind.* Aparato para extraer los gases disueltos en un líquido y, particularmente, en el agua de alimentación de las calderas de vapor.

— En el *desgaseador químico,* buena parte del oxígeno disuelto en el agua es absorbida al pasar ésta por unos cilindros llenos de virutas de hierro. El *desgaseador físico* consiste en un cilindro vertical en el cual se practica el vacío: el agua chorrea por la parte superior del cilindro sobre un haz de tubos calentados por el vapor, y, bajo la acción combinada del vacío y del caldeo, el agua pierde casi todo el oxígeno disuelto.

— *Petr.* Instrumento indicador que permite descubrir ínfimas huellas de hidrocarburos en el cieno y otros materiales extraídos durante el sondeo de un pozo petrolífero.

DESGASEAR v. Eliminar o extraer los gases presentes en algún sitio.

— *Ind.* Extraer los gases disueltos en un líquido o absorbidos por un sólido: *las aguas de las calderas de vapor son desgaseadas para limitar la corrosión del metal por el oxígeno y el anhídrido carbónico.*

— *Mar.* Extraer el gas y los residuos que quedan en las cisternas de los petroleros después de haber sido descargados éstos.

— Los buques petroleros suelen ser *desgaseados* en alta mar mediante aeración de sus cisternas, lavado de las mismas —a veces con vapor de agua bajo presión— y extracción de los residuos líquidos y de los sedimentos. Esta operación perjudica a la fauna marítima y ensucia las playas con los productos arrastrados por el viento. De ahí la necesidad de multiplicar las instalaciones portuarias que desgaseen estos buques y permitan recuperar los productos utilizados con dicho fin.

— *Min.* Colectar y extraer el grisú en las minas de carbón.

— Para *desgasear* los tajos ricos en grisú, se practica una serie de sondas desde galerías auxiliares situadas encima del tajo. Los orificios atraviesan las tierras estériles y alcanzan el filón. Como éste siempre es más o menos agrietado por las operaciones de arranque, el grisú puede ser aspirado mecánicamente por tuberías enchufadas en los taladros abiertos por la sonda. En ciertas minas es tal la cantidad de grisú que se extrae, que el uso de este gas rico en calorías permite efectuar ahorros substanciales de combustible.

— *Petr.* Extraer, con el fin de hacer bajar su tensión de vapor, los hidrocarburos gaseosos o volátiles presentes en el petróleo bruto o sus derivados. (Sinón. ESTABILIZAR.)

DESGASOLINAR v. *Petr.* Tratar un gas natural para separar los hidrocarburos líquidos que contiene en suspensión.

— El gas natural se *desgasolina* a proximidad del pozo petrolífero por absorción *. Se obtiene así un gas seco, propio para ser distribuido con mayor facilidad, y gasolina bruta, que da carburantes, butano y propano.

DESGASTAR v. Usar superficialmente un cuerpo por efecto de los roces repetidos.

Fot. Anthon, Ellebé

DESGASTE m. Pérdida de materia que experimentan superficialmente los cuerpos sometidos a frotamientos repetidos: *el desgaste de las piezas de un motor aumenta su consumo y disminuye su rendimiento.*
DESGAUSAMIENTO m. *Mar.* Acción y efecto de desgausar. (Sinón. DESMAGNETIZACIÓN.)
DESGAUSAR v. *Mar.* Neutralizar el magnetismo de un buque metálico por medio de una armadura de alambre, recorrida por una corriente eléctrica, que rodea el casco a modo de caja de Faraday: *los barcos desgausados no hacen estallar las minas * magnéticas.* (Sinón. DESIMANTAR y DESMAGNETIZAR.)
DESGLACIACIÓN f. *Meteor.* Regresión de los glaciares.
DESGOMADO m. Acción de desgomar.
— *Text.* Operación que se efectúa antes de blanquear los tejidos y que tiene por objeto eliminar las materias amiláceas que contienen (almidón, fécula, dextrina, etc.), sobre todo a causa de la goma con que se encolan los hilos de urdimbre.
— El *desgomado* se efectúa tratando primeramente el tejido en un baño tibio de extracto de malte que solubiliza los almidones y eliminando éstos a continuación mediante un lavado bajo presión en una solución floja de sosa cáustica.
DESGOMAR v. Eliminar la goma de una materia.
— *Text.* Efectuar el desgomado de las telas.
DESGRANADO, DA adj. y s. Acción y efecto de desgranar.
— *Mec.* Dícese del piñón, rueda u otra pieza dentada que ha perdido algún diente.
DESGRANADORA f. *Agr.* Máquina para desgranar el maíz, y las plantas textiles y forrajeras.
— En las *desgranadoras de maíz,* la mazorca es empujada por una canal cónica y pasa frente a un disco provisto de asperidades que empujan lateralmente los granos haciéndolos rodar sobre sí mismos hasta arrancarlos. En las de lino y cáñamo, las gavillas pasan entre cilindros rotativos provistos de dientes largos que obligan al grano a desprenderse de los tallos. Para el algodón se usan dos tipos de desgranadoras. En uno de ellos, el elemento esencial consiste en un tambor rotativo revestido de cuero estriado sobre el cual se aplica una barra, de tal forma que las fibras del algodón sean arrastradas por las estrías del cuero, y que las semillas sean detenidas por la barra. Otras desgranadoras tienen una tolva con uno de sus lados en forma de rejilla entre cuyos barrotes penetran de 60 a 80 sierras circulares de dientes muy finos. Al girar éstas arrastran las fibras fuera de la tolva, pero no los granos, que no pueden pasar entre los barrotes.
DESGRANAR v. *Agr.* Separar el grano de las espigas o racimos y, en el caso del algodón, separar las fibras de la semilla. (V. DESGRANADORA.)
— *Arm.* Desgastarse el oído de las armas de fuego.
DESGRASADO, DA adj. y s. Desengrasado.
DESGRASANTE adj. y s. Desengrasante.
DESGRASAR v. Desengrasar.
DESGRASE m. Desengrasado.
DESGUACE m. *Mar.* Acción de desguazar.
DESGUARNECER v. Desarmar un instrumento o una máquina. || Inutilizar una máquina desmontando sus órganos esenciales.
DESGUAZAR v. *Art. y of.* Comenzar a labrar la materia desbastándola y esbozando groseramente las formas que se le han de dar: *desguazar un madero para hacer una baranda.*
— *Mar.* Demoler un barco para sacar provecho de sus materiales.
DESHALOGENAR v. *Quím.* Eliminar un halógeno en un compuesto químico.
DESHEBRAR v. Desfibrar.
DESHELADOR m. Descongelador.
DESHELAR v. Derretir o liquidar lo que está helado. (V. DESHIELO.)
DESHERBADOR, RA o **DESHERBANTE** adj. y s. *Agr.* y *Quím.* Que deshierba o sirve para desherbar.
— Los *desherbaderos selectivos* son productos químicos que destruyen toda vegetación, salvo las plantas de una familia determinada. Así, por ejemplo, los colorantes nitrados eliminan las hierbas que crecen en los plantíos de cebollas, ajos y otras liliáceas sin causar el menor daño a éstas; los derivados del petróleo preservan las zanahorias, el perejil y otras umbelíferas, etc.
DESHERBAR v. *Agr.* Eliminar las malas hierbas que crecen entre las plantas cultivadas. (V. DESHERBADOR.)
DESHERRUMBAR v. *Metal.* Quitar el orín que se forma sobre el hierro por efecto de la humedad.
DESHIDRASA f. *Quím.* Grupo de enzimas que transportan el hidrógeno de una molécula a otra y representan un papel importante en los fenómenos de oxirreducción.
DESHIDRATACIÓN f. *Quím.* Eliminación del agua de los cuerpos hidratados. || Por ext., desecación.
DESHIDRATADOR m. Desecador o desecante.
DESHIDRATANTE adj. y s. Dícese de los cuerpos o medios que tienen la propiedad de deshidratar. || Por ext., desecante.
DESHIDRATAR v. *Quím.* Eliminar el agua de los cuerpos hidratados. || Por ext., desecar.
DESHIDRO, prefijo. V. DEHIDRO.
DESHIDROGENACIÓN f. *Petr.* y *Quím.* Acción de deshidrogenar.
— La *deshidrogenación* de los hidrocarburos permite transformarlos en productos muy importantes para la refinación y la petroquímica. Citemos como ejemplo el *reforming catalítico* que deshidrogena los naftenos y produce un carburante de índice de octano muy elevado, mientras que otras deshidrogenaciones suministran materias primas necesarias para fabricar caucho sintético.
DESHIDROGENADOR, RA y **DESHIDROGENANTE** adj. y s. *Quím.* Dícese de los cuerpos que sirven para deshidrogenar.
DESHIDROGENAR v. *Quím.* Eliminar el hidrógeno de una substancia.
DESHIELO m. Acción de deshelar. || Ruptura rápida y tumultuosa de la capa de hielo que cubre los ríos y las aguas polares, y que se produce en la primavera al estabilizarse la temperatura por encima de 0°.
— El *deshielo* provoca avenidas e inundaciones, las cuales son mucho más graves cuando aquél empieza por la parte superior del curso de agua, cual ocurre en los grandes ríos de Siberia.
DESHILACHAR v. *Text.* Reducir los trapos y los desechos de la hilatura de la lana a una borra destinada a ser hilada de nuevo. (Las *máquinas de deshilachar* tienen tambores giratorios cubiertos de púas que tiran de los hilos, los rompen y los deshacen, generalmente al cabo de varias pasadas.)
DESHILADURA f. Acción y efecto de deshilar.
— *Papel.* Operación consistente en triturar los trapos para desfibrarlos después y convertirlos en pasta de papel.
DESHILAR v. *Text.* Deshilachar. || Quitar hilos a una tela para efectuar una labor de calado.
DESHOLLINADERA f. Deshollinador.
DESHOLLINADOR, RA adj. y s. Que deshollina o quita el hollín. || Escoba, cepillo o cualquier utensilio para deshollinar los hornos y las chimeneas.
DESHOLLINAR v. Quitar el hollín de las chimeneas y otras partes.
DESHORNAR v. Desenhornar.
DESHUESADO m. *Ind. alim.* Acción de deshuesar.
DESHUESADOR, RA adj. y s. Que deshuesa o sirve para deshuesar: *una deshuesadora de aceitunas.*
DESHUESAMIENTO m. Deshuesado.
DESHUESAR v. *Ind. alim.* Quitar los huesos a la carne o a la fruta.
DESIERTO, TA adj. y s. Aplícase a vastas regiones inhabitadas del Globo.
— Los dos factores naturales que determinan la localización de los *desiertos* son el frío y la aridez. Las regiones circumpolares del hemisferio boreal son desérticas, y la del Polo Sur (la Antártida) constituye el desierto más absoluto del Globo, puesto que sus únicos habitantes son los miembros de las misiones científicas. El desierto más árido parece ser el de Chile, en el cual se han registrado 0,6 mm de precipitaciones acuosas en 19 años, mientras que el Sáhara recibe más de 20 mm de agua anualmente. Los desiertos de África, Arabia y Australia se caracterizan por la diferencia considerable que existe entre las temperaturas diurnas (ordinariamente superiores a 50°) y nocturnas (que descienden con frecuencia por debajo de 0°). La falta de

desierto de arena

vegetación y de tierra confiere una gran inestabilidad al suelo, constituido por arena que el viento amontona en forma de dunas. El proceso de desertificación se entretiene y prosigue merced a una doble erosión muy activa: la de las aguas corrientes que, aunque raras, son muy eficaces, dada la ausencia de vegetación, y la del viento, que modela sin cesar los perfiles de arena y ataca las rocas cargado de partículas abrasivas. La desertificación es tanto más lenta cuanto más seco es el clima, y es más activa en la periferia que en el centro.

DESIGUALDAD f. Calidad de desigual.
— *Astr.* Irregularidad de los movimientos de un astro debida a las variaciones de su velocidad, ya por excentricidad de la órbita, ya por otras causas periódicas.
— *Mat.* Expresión en la cual se comparan dos cantidades desiguales separadas por los signos $>$ (mayor que) o $<$ (menor que): $a > b$ *es una desigualdad que se enuncia diciendo « a mayor que b ».*

DESIMANACIÓN f. *Magn.* Desimantación.

DESIMANAR v. *Magn.* Desimantar.

DESIMANTACIÓN f. *Magn.* Acción y efecto de desimantar. (Sinón. DESIMANACIÓN.)

DESIMANTAR v. *Magn.* Destruir la imantación de un cuerpo previamente imantado. (Sinón. DESIMANAR.)

DESIMPONER v. *Art. gráf.* Deshacer la imposición.

DESINCRUSTACIÓN f. *Quím.* Acción y efecto de desincrustar.

DESINCRUSTANTE adj. y s. Que desincrusta.
— *Quím.* Dícese de la substancia que, agregada al agua dura, impide la formación de incrustaciones en las calderas, y también de la que permite desprender o disolver las incrustaciones ya formadas. (Sinón. TARTRÍFUGO.)

DESINCRUSTAR v. Desprender o disolver las incrustaciones que se han formado sobre una superficie.

DESINTEGRACIÓN f. Acción de desintegrar.
— *Atom.* Transformación en el curso de la cual los átomos de un elemento son transmutados en átomos de elementos más simples y ligeros como consecuencia de la emisión de partículas de su núcleo o de la fragmentación del mismo.
— La *desintegración* es un fenómeno espontáneo en los cuerpos radiactivos, en los cuales se repite varias veces hasta que los átomos del cuerpo primitivo se hayan convertido, por transmutaciones sucesivas, en átomos de plomo estable (v. RADIACTIVIDAD). También puede efectuarse artificialmente la desintegración de ciertos átomos bombardeándolos con partículas muy energéticas expulsadas por los radioelementos, producidas en los reactores * nucleares o aceleradas por algún procedimiento (v. ACELERADOR y REACTOR). La fisión es un caso particular de desintegración. Cuando alguno de los neutrones emitidos en la fisión de un átomo desintegra a su vez un nuevo átomo —con emisión de neutrones que provocan al menos otra fisión, y así sucesivamente— se tiene una *desintegración* o *reacción en cadena.* En un reactor nuclear, los mecanismos reguladores permiten controlar la reacción de modo que, por término medio, sólo uno de los neutrones emitidos por un átomo desintegrado produzca una nueva desintegración. La energía nuclear así libertada permanece entonces constante. Por el contrario, en una bomba atómica se procura dar eficacia a los neutrones, de modo que los que han sido proyectados por una sola fisión puedan provocar más de una desintegración. En esta *reacción divergente* el número de fisiones aumenta con tal rapidez que, en brevísimos instantes, el desprendimiento de energía es colosal y provoca los fenómenos relatados en el art. BOMBA.

desintegración *(atom.)* un mesón pi entra por la izquierda en la cámara de burbujas y desintegra un núcleo atómico en numerosas partículas, muchas de las cuales, por ser neutras, no impresionan su trayectoria en la emulsión

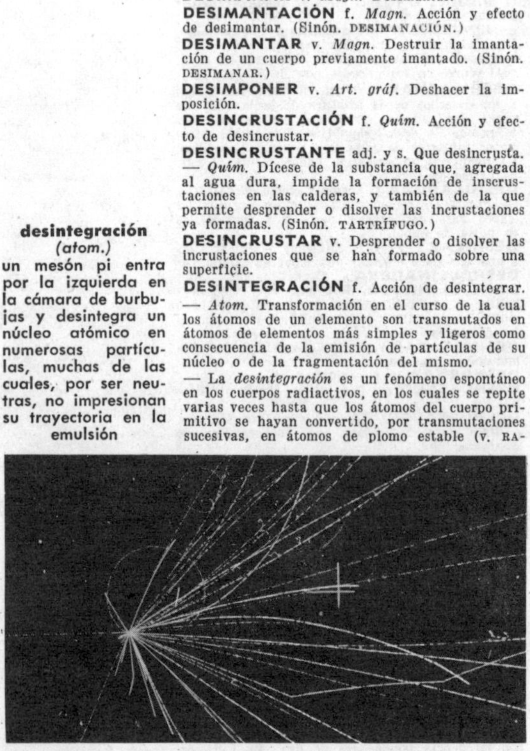

DESINTEGRADOR, RA adj. y s. Que desintegra o sirve para desintegrar.
— *Ind.* Máquina para desintegrar o pulverizar las materias primas.
— Los *desintegradores* son molinos de percusión en los cuales las materias son sometidas a acciones mecánicas mucho más enérgicas que el simple aplastamiento de los granos en el molino de muelas y solera. También se distinguen de las machacadoras porque éstas suelen dar productos relativamente gruesos. Los principales tipos de desintegradores son los siguientes: *desintegrador de martillos,* consistente en un cárter de hierro revestido interiormente de placas dentadas y en el cual gira con gran rapidez un cilindro armado de martillos que, al golpear los minerales, los fragmenta progresivamente por percusión y no por aplastamiento; *desintegrador de bolas,* en el cual las materias se introducen en un tambor que contiene también numerosas bolas de acero, las cuales son arrastradas por la pared interior del tambor —provista de alvéolos— y caen repetidamente sobre el mineral, fragmentándolo cada vez más finamente; *desintegrador de barrotes,* en el cual los minerales son divididos por percusión contra varias series de barrotes: *trituradora* o *desintegrador de rodillos,* en el que entre éstos —dispuestos verticalmente— y el cárter son apretados y quebrados los fragmentos de mineral; *desintegrador de cilindros acanalados,* que giran en sentido contrario y entre los cuales son desmenuzadas las materias previamente fragmentadas en una machacadora; etc. (V. también BOCARTE, MACHACADORA y MOLINO.)
— *Obr. públ.* Dispositivo rotativo provisto de aspas que se fija en la proa de las dragas y desagrega el fondo para que puedan morder en él los cangilones.
— *Papel.* Aparato para reducir las hojas de celulosa a pedazos menudos.

DESINTEGRAR v. Destruir la integridad de la cosa cuyos elementos formaban un todo.
— *Atom.* Provocar la desintegración * de los átomos.
— *Ind.* Desmenuzar, pulverizar o reducir las materias a partículas finas.

DESINTERLINEAR v. *Art. gráf.* Una de las operaciones que se hacen para desmontar las formas, que consiste en sacar las interlíneas de la composición interlineada.

Fot. Trampus, C.E.R.N.

DESIONIZACIÓN f. Acción de suprimir los iones.
— *Electr.* Eliminación de los iones que se producen entre dos electrodos de un interruptor y que podrían dar lugar a la formación de un arco entre los mismos.
DESJUARDAR v. *Text.* Quitar la juarda al paño.
DESJUARDE m. *Text.* Acción de desjuardar.
DESLABONAR v. Desunir los eslabones de una cadena.
DESLADRILLAR v. *Constr.* Desenladrillar.
DESLATAR v. *Carp.* Desentablar.
DESLECHAR v. *Ind. alim.* Escurrir la manteca recién fabricada con objeto de que suelte la leche que aún conserva superficialmente o entre sus grumos.
— *Text.* Quitar a los gusanos de seda las hojas de morera que no han utilizado, operación que se aprovecha para efectuar una limpieza general en torno a los mismos.
DESLEÍBLE adj. Que puede ser desleído.
DESLEIDOR, RA adj. *Ind.* Que sirve para desleir. ‖ Tina grande, a veces provista de agitadores mecánicos, que se usa para el desleimiento industrial de diversas materias.
DESLEIDURA f. y **DESLEIMIENTO** m. Acción de desleir.
DESLEIR v. *Quím.* Disolver un cuerpo sólido en otro líquido.
DESLIAR v. Soltar lo que estaba liado.
— *Ind. alim.* Quitar las heces al vino.
DESLIGAR v. Desatar lo que está ligado.
DESLIGNIFICACIÓN f. *Papel.* Acción de eliminar con agentes químicos la lignita que une entre sí las células y las fibras de la madera.
DESLINDAR v. *Topogr.* Señalar los límites de una finca, terreno o territorio.
DESLIÑAR v. *Text.* Desmontar el paño tundido.
DESLÍO m. *Ind. alim.* Acción de desliar el vino.
DESLIZADERA f. *Mec.* Corredera.
DESLIZAMIENTO m. Acción y efecto de correrse o deslizarse una cosa sobre otra.
— *Aeron.* Resbalamiento.
— *Autom.* Patinazo.
— *Electr.* En las generatrices y motores asíncronos, relación entre las velocidades de rotación del inducido y del campo magnético del inductor.
— El *deslizamiento* de un motor asíncrono en perfecto estado y en funcionamiento normal es de 0,02 a 0,05 y la diferencia entre estos valores y la unidad (0,95 a 0,98) indica el rendimiento del rotor.
— *Geol.* Corrimiento.
— *Mar. Deslizamiento de la hélice,* relación entre la distancia recorrida por un barco y la distancia teóricamente recorrida por la hélice.
— *Mec.* Corrimiento de dos superficies puestas en contacto, una de las cuales efectúa un movimiento respecto a la otra. ‖ Acción de patinar, resbalamiento: *es perjudicial el deslizamiento de las correas de transmisión mal tensadas.*
— *Radiot. Deslizamiento de frecuencia,* variación que experimenta la frecuencia de un magnetrón y de otros generadores de ondas. (Sinón. DERIVA.)
DESLIZANTE adj. Dícese de lo que corre o se desliza sobre otra cosa: *piñón deslizante.* (Sinón. CORREDIZO.)
DESLUSTRAR v. Quitar el lustre.
— *Text.* Suprimir el lustre de los tejidos, especialmente de los de lana.
— Los paños y otros tejidos de lana son *deslustrados* con objeto de hacerlos más afelpados (lo cual impide que se manchen si los salpica el agua) y lograr un estado de equilibrio para que luego no encojan. La misma operación permite fijar también las dimensiones definitivas de los tejidos de algodón y de lino, para lo cual basta disolver su apresto en un baño de agua jabonosa. En cuanto a los géneros de lana, se deslustran sometiéndolos a la acción del vapor de agua.
— *Vidr.* Quitar la transparencia al cristal o al vidrio, volviéndolos translúcidos.
— Los objetos planos se *deslustran* por medio de un chorro de arena o exponiéndolos a vapores de ácido fluorhídrico. Para deslustrar los globos de las lámparas y otros objetos similares se emplea el procedimiento consistente en verter en ellos una mezcla de arena cuarzosa, gravilla y agua, y en agitarlos hasta que se haya desgastado su superficie interna lo suficiente para hacerles perder su transparencia.
DESLUSTRE m. Acción de deslustrar.
DESMACADAMIZAR v. *Obr. públ.* Quitar el macadam de una calzada.
DESMAGNETIZACIÓN f. *Magn.* Acción de desmagnetizar. (Sinón. DESIMANTACIÓN.)
— *Mar.* Desgausamiento.
DESMAGNETIZANTE adj. *Magn.* Que tiende a suprimir la imantación de un cuerpo. ‖ *Campo desmagnetizante,* valor que se ha de deducir de un campo magnetizante de origen exterior para obtener el campo real en un punto determinado de una barra imanada.
DESMAGNETIZAR v. *Magn.* Destruir el magnetismo de un cuerpo. (Sinón. DESIMANTAR.)
— *Mar.* Desgausar.
DESMANGAR v. Quitar el mango a las herramientas, instrumentos o utensilios.
DESMANTELAR v. *Mar.* Quitar los mástiles, jarcias y velas a un barco.
DESMARGARINACIÓN f. Acción de desmargarinar.
DESMARGARINAR v. *Ind. alim.* Separar los glicéridos concretos de un aceite sometiéndolo a temperaturas muy bajas y centrifugándolo.
DESMATERIALIZACIÓN f. *Atom.* Aniquilación.
DESMENUZADOR, RA adj. y s. Que desmenuza o reduce a fragmentos menudos.
— *Agr.* Máquina para desmenuzar orujo, abonos y otras materias compactas o apelmazadas.
DESMINA f. Silicato hidratado de aluminio y calcio perteneciente al grupo de las ceolitas.
DESMOCHAR v. Quitar la parte superior de una cosa: *desmochar un árbol.*
— *Constr.* y *Obr. públ.* Cortar la cabeza de los pilotes que han de servir de asiento a una construcción: *los pilotes son desmochados, después de haberlos hincado en el suelo, para enrasarlos a la misma altura.*
DESMOCHE m. Acción de desmochar.
DESMODRÓMICO, CA adj. *Mec.* Dícese de los acoplamientos, transmisiones y otros enlaces entre dos puntos de un mecanismo, cuando a la velocidad de uno de ellos corresponde una velocidad perfectamente determinada del otro: *la transmisión por engranaje es desmodrómica, no la transmisión por correa, pues ésta puede patinar en las poleas.*
DESMODULACIÓN f. *Radiot.* Demodulación.
DESMODULADOR m. *Radiot.* Demodulador.
DESMODULAR v. *Radiot.* Demodular.
DESMOLDANTE m. *Tecn.* Substancia con que se untan los moldes para facilitar el desmolde: *el estearato de cinc es un desmoldante para materias plásticas.*

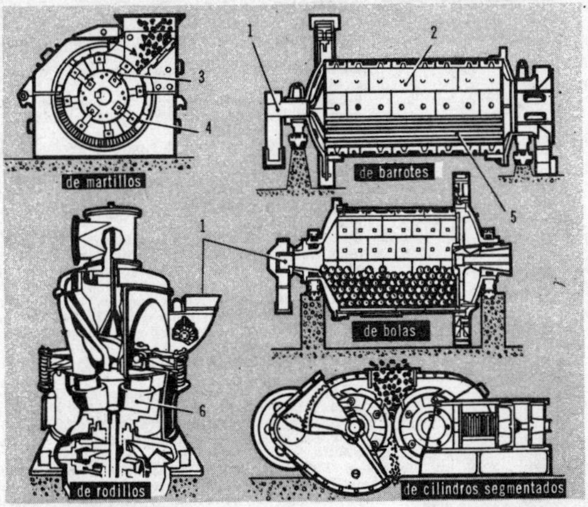

desintegradores *(ind.)*
1. Entrada del mineral; 2. Tubo desintegrador; 3. Martillos; 4. Placa de choque; 5. Barrotes; 6. Rodillos

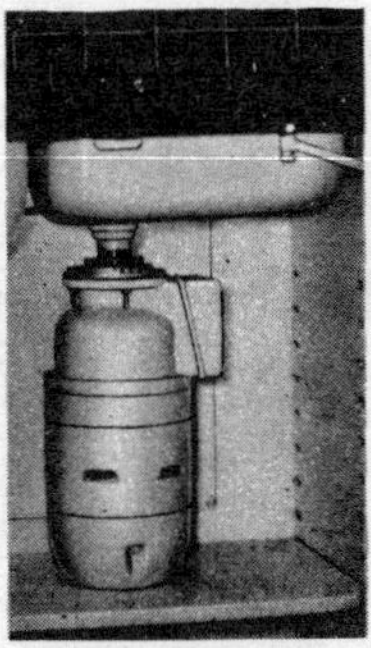
desintegrador doméstico de basuras

Fot. Larousse

DESMOLDAR v. *Tecn.* Sacar del molde la cosa que se ha moldeado: *las barras de hielo se desmoldan pasando los moldes por un baño de agua caliente.*

DESMOLDE m. *Tecn.* Acción y efecto de desmoldar.

DESMONTABLE adj. y s. Que puede ser desmontado: *los muebles grandes suelen ser desmontables.*
— *Autom.* Palanca especial para retirar el neumático de la llanta.

DESMONTADOR m. Instrumento o aparato propio para desmontar una cosa.

DESMONTADURA f. y **DESMONTAJE** m. Acción de desmontar una cosa.

DESMONTAR v. Talar la arboleda de un monte. || Desarmar o desunir las distintas piezas de un mecanismo o de cualquier construcción. || Deshacer un montón.
— *Obr. públ.* Rebajar el terreno, excavándolo, para ponerlo al nivel del camino u obra que se ha de construir: *desmontar es la operación inversa de terraplenar.*

DESMONTARRUEDAS (*Berbiquí*). V. BERBIQUÍ.

DESMONTE m. Acción de desmontar los montes y los montones.
— *Min. Amer.* Capa de tierras o materiales estériles que cubren el yacimiento explotado a cielo abierto.
— *Obr. públ.* Acción de desmontar un terreno.
— El *desmonte* es una operación corriente en la construcción de carreteras y vías de ferrocarril en terreno inclinado. Las más de las veces consiste en un corte de media ladera hecho con excavadoras o bien por voladura si se trata de rocas. Generalmente las tierras arrancadas en el desmonte sirven para hacer un terraplén en las inmediaciones del mismo. El desmonte es facilitado grandemente por el uso de máquinas modernas, especialmente las excavadoras, el bulldozer, el angledozer y las niveladoras en general.

DESMORONARSE v. Desagregarse, deshacerse lentamente el terreno o los materiales de una obra: *los edificios de piedra arenisca se desmoronan con relativa rapidez.*

DESMOTADERA f. *Text.* Pinzas usadas para desmotar.

DESMOTADORA f. *Text.* Máquina para desmotar. (Sinón. LOBO *de desmotar.*)

DESMOTAR v. *Text.* Quitar al paño y otros tejidos los nudos y cuerpos extraños que presenta su superficie.

DESMOTE m. *Text.* Acción de desmotar: *el desmote puede efectuarse a mano, mecánicamente y, en ciertos casos, por carbonización de las motas con una llama.*

DESMOTROPÍA f. *Quím.* Fenómeno que presentan ciertos compuestos cuyas moléculas existen en dos formas isómeras que se hallan en equilibrio, de tal modo que la eliminación de una de ellas provoca la transformación de una parte de las moléculas de la otra, por migración interna de un átomo, en moléculas de la primera, con lo cual se establece un nuevo equilibrio entre ambas.

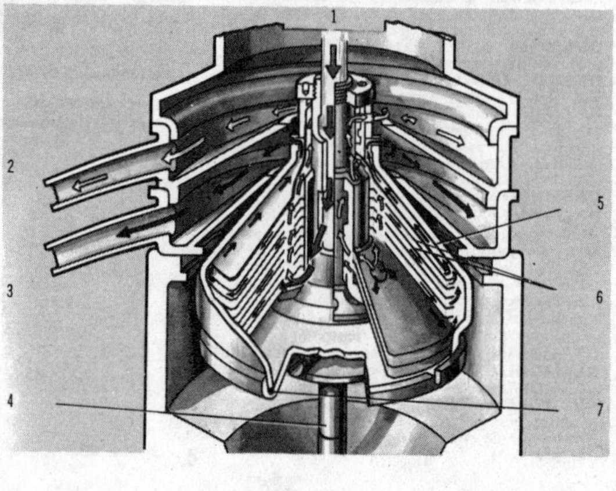

desnatadora
1. Leche natural; 2. Nata; 3. Leche desnatada; 4. Árbol motor; 5. Rotor cónico; 6. Platillos concéntricos; 7. Junta estanca

DESMOTRÓPICO, CA adj. *Quím.* Relativo o perteneciente a la desmotropía. || Desmótropo.

DESMÓTROPO, PA adj. *Quím.* Dícese del compuesto que presenta el fenómeno de la desmotropía.

DESMUCILAGINACIÓN f. *Ind. alim.* Eliminación de los mucilagos del aceite bruto.
— La *desmucilaginación* se obtiene agregando agua, vapor de agua o una disolución de electrólito al aceite para formar una emulsión de la cual se separan por centrifugación los mucilagos hinchados. De éstos se extraen ulteriormente lecitinas utilizadas por distintas industrias alimenticias, especialmente la de la margarina.

DESMUCILAGINAR v. *Ind. alim.* Efectuar la desmucilaginación de los aceites.

DESMUGRAR v. *Text.* Quitar la grasa al paño en los batanes.

DESMULTIPLICACIÓN f. *Autom.* V. CAMBIO *de marchas.*
— *Mec.* Reducción que experimenta la velocidad cuando el movimiento es transmitido por un mecanismo desmultiplicador. || Por ext., reducción o aumento de la velocidad al ser transmitido el movimiento de un órgano mecánico. (V. ENGRANAJE.)

DESMULTIPLICADOR, RA adj. *Mec.* Dícese de los sistemas de transmisión con los cuales se obtiene una reducción de la velocidad: *la rotación lenta de las saetas del reloj se logra con mecanismos desmultiplicadores.*

DESMULTIPLICAR v. *Mec.* Reducir la velocidad por medio de un sistema de transmisión: *una rueda dentada desmultiplica el movimiento del piñón que la arrastra.*

DESNATADORA f. *Ind. alim.* Máquina para concentrar las materias grasas de la leche en la nata.
— La *desnatadora* es una centrifugadora * que gira a más de 5 000 revoluciones por minuto. Por efecto de la fuerza centrífuga, la leche desnatada es impelida hacia la periferia del recipiente, mientras que los glóbulos de materia grasa, por tener menor densidad, se concentran en el centro y ascienden por un conducto axial hasta un vertedero situado encima del que da salida a la leche desnatada.

DESNATAR v. *Ind. alim.* Retirar la nata de la leche. || Extraer la materia grasa que contiene la leche. (V. DESNATADORA.)
— *Metal.* y *Vidr.* Quitar las escorias que flotan sobre el metal o vidrio en fusión.

DESNATE m. *Ind. alim.* Acción y efecto de desnatar.

DESNATURALIZACIÓN f. Operación a que se someten ciertos productos y que consiste en agregarles alguna substancia que, por el color, sabor u olor que les confiere, resultan impropios para ciertos usos, pero no para las aplicaciones a que se destinan.
— El alcohol ofrece un ejemplo corriente de *desnaturalización.* Para evitar los fraudes y la fabricación y venta clandestinas de licores espirituosos, el alcohol destinado a usos industriales es desnaturalizado con substancias que, como el metileno, imposibilitan su regeneración. (V. DESNATURALIZANTE.)

DESNATURALIZADO, DA adj. Dícese de los productos que han sido sometidos a desnaturalización.

DESNATURALIZANTE adj. *Ind.* Substancia usada para desnaturalizar un producto o materia prima.
— Los *desnaturalizantes* más corrientes del alcohol etílico son el metileno (generalmente mezclado con acetona), la piridina y el alcanfor. La sal común destinada a la fabricación de abonos se desnaturaliza en ciertos países con naftalina, alquitrán o cal.

DESNATURALIZAR v. Efectuar la desnaturalización * de algún producto para evitar que pueda usarse en ciertas aplicaciones.

DESNEBULACIÓN o **DESNEBULIZACIÓN** f. *Aeron.* Conjunto de procedimientos propios para disipar la niebla en los aeródromos.
— Las técnicas de la *desnebulación* pueden resultar útiles mientras no se generalice el uso de sistemas verdaderamente prácticos y seguros de

aterrizaje sin visibilidad. Todos los medios tendentes a mejorar la visibilidad se reducen a dos principios: evaporar el agua de los gotitas de niebla o bien hacer que éstas se unan entre sí en gotas mayores. Los métodos aplicados consisten en proyectar en la atmósfera finísimas partículas de sal común, en fusionar las gotitas de niebla por electrización y atracción recíproca de las mismas, en emitir sonidos o ultrasonidos cuyas vibraciones provocan dicha fusión, en dispersar líquidos frigorígenos y, sobre todo, en calentar el aire por medio de numerosos quemadores de aceites pesados dispuestos a lo largo de las pistas de aterrizaje.

DESNICOTINIZACIÓN f. *Tab.* Operación consistente en eliminar una parte o la totalidad de la nicotina que contiene el tabaco.

— Uno de los procedimientos comunes de *desnicotinización* consiste en tratar el tabaco con vapor acuoso al cual se ha agregado gas amoniaco que arrastra la nicotina. Después se barre el amoniaco residual sometiendo las hojas a una corriente de vapor de agua puro y finalmente se secan con otra corriente de aire. La nicotina puede ser recuperada y utilizada como insecticida en forma de sulfato.

DESNICOTINIZAR v. *Tab.* Efectuar la desnicotinización del tabaco.

DESNIQUELAR v. *Metal.* Eliminar el revestimiento de níquel de una superficie por disolución química o electrolítica.

DESNITRACIÓN f. *Ind. alim.* Tratándose de melazas destinadas a la destilación, operación consistente en hacerlas hervir en un medio ácido, antes de que fermenten, para eliminar los ácidos volátiles que contienen.

— *Quím.* Reacción química que consiste en suprimir radicales nitrados de algún cuerpo, como ocurre en la saponificación de un éster nítrico. ‖ Extracción del ácido nítrico de una mezcla sulfonítrica.

DESNITRADOR m. *Ind. alim.* Aparato en el cual se efectúa la desnitración de las melazas en las destilerías.

DESNITRANTE adj. *Quím.* *Columna desnitrante*, columna de gres para desnitrar mezclas ácidas dejándolas caer, desde la parte superior, a contracorriente y con aire caldeado o vapor ascendentes.

DESNITRAR v. *Quím.* Efectuar la desnitración.

DESNITRIFICACIÓN f. Acción y efecto de desnitrificar.

DESNITRIFICAR v. *Quím.* Quitar el nitrógeno de una substancia cualquiera.

DESNIVEL m. Diferencia de nivel entre dos puntos.

DESNIVELACIÓN f. Acción y efecto de desnivelar.

— *Mec.* Falta de horizontabilidad de los árboles de una máquina.

DESNIVELAR v. Sacar de nivel lo que estaba horizontal o, tratándose de dos puntos que se hallaban al mismo nivel, hacer variar la altura de uno de ellos respecto a la del otro.

DESNODAR v. *Carp.* Quitar los nudos de una tabla con una taladradora especial, para reemplazarlos por tacos de madera de igual forma y dimensiones.

DESNUDO, DA adj. *Electr.* Dícese de los conductores que carecen de revestimientos aislantes.

DESODORANTE adj. y s. *Perf.* Que suprime o disimula el mal olor de una cosa.

— Los *desodorantes* usados en cosmetología en forma de polvos, cremas, barritas o líquidos, limitan la transpiración y reducen así considerablemente el olor producido por la fermentación del sudor. Contienen cuerpos astringentes (acetato de aluminio, alumbre, formol, etc.) y perfumes. (Sinón. DESODORIZANTE.)

DESODORAR v. Suprimir, atenuar o disimular los malos olores. (Sinón. DESODORIZAR.)

DESODORIZACIÓN f. Acción y efecto de desodorar.

— *Ind. alim.* Operación destinada a suprimir el gusto y el olor demasiado fuertes de los aceites comestibles.

— La *desodorización* no se limita exclusivamente a suprimir olores francamente malos, sino también a adaptar el olor y sabor de un aceite al gusto de la clientela (en muchos países no aprecian, por ejemplo, el aroma de los mejores aceites de oliva). Consiste en tratar el aceite en presencia de vapor de agua sobrecalentado que arrastra los productos volátiles.

DESODORIZADOR m. *Ind. alim.* Aparato en el cual se efectúa la desodorización del aceite.

DESODORIZANTE adj. Desodorante.

DESODORIZAR v. Desodorar.

DESOJAR v. *Art. y of.* Romper el ojo de un utensilio o herramienta: *desojar una aguja.*

DESOLDAR v. *Art. y of.* Quitar una soldadura. ‖ Separar dos cosas que estaban soldadas.

DESOPERCULADOR m. *Ind. alim.* Cuchilla de desopercular los panales de miel.

DESOPERCULAR v. *Ind. alim.* Cortar los opérculos que cierran las celdillas de los panales, con objeto de extraer la miel de los mismos.

DESORCIÓN f. Fenómeno inverso de la absorción y de la adsorción.

DESORIENTACIÓN f. *Astron.* Estado fisiológico y psíquico provocado por la falta de pesantez en el espacio cósmico.

— La *desorientación* se debe principalmente a la falta de peso del líquido vestibulario que, en el oído interno, produce las sensaciones de alto y bajo y, en general, informa al cerebro sobre la posición de la cabeza. En las condiciones de impesantez, el líquido sigue los movimientos del cuerpo y no puede cumplir su cometido. El astronauta perdería el equilibrio y experimentaría vértigos de no haber sido sometido a un largo entrenamiento que, como ya ha sido demostrado, permite adaptarse a la impesantez y evitar trastornos graves.

DESOSAR v. *Ind. alim.* Deshuesar.

DESOX, prefijo usado en la formación de palabras relativas a ciertos compuestos químicos para indicar que éstos han perdido la totalidad o una gran parte de su oxígeno.

DESOXIDACIÓN f. Acción y efecto de desoxidar. (Sinón. DESOXIGENACIÓN.)

— *Metal.* Reducción de los óxidos presentes en un baño metálico. ‖ Tratamiento térmico de las piezas de metal en una atmósfera de gases reductores.

— El acero suministrado por los convertidores, en los cuales el hierro ha sido descarburado y ligeramente oxidado, se somete a la *desoxidación*. Un desoxidante * elimina el oxígeno y carbura de nuevo el metal hasta alcanzar el grado deseado. También se desoxidan los metales y aleaciones usados en fundición. La desoxidación de los metales en polvo —durante el fritado, por ejemplo—, se efectúa en una atmósfera muy caliente de hidrógeno o de óxido de carbono.

DESOXIDANTE adj. Que desoxida o sirve para desoxidar. (Sinón. DESOXIGENANTE.)

— *Metal.* Producto que absorbe el oxígeno del metal fundido.

Los *desoxidantes* son cuerpos más ávidos de oxígeno que los metales que han de desoxidar. Para desoxidar aceros se usa ferroaluminio, ferrosilicio o ferromanganeso agregado al metal en fusión. Para desoxidar aleaciones cúpricas se usa sobre todo el cuprofósforo, aunque también el cupromagnesio y el cuprosilicio, mientras que las aleaciones de aluminio se desoxidan con sodio.

DESOXIDAR v. Privar una cosa del oxígeno que contiene. (Sinón. DESOXIGENAR.)

— *Metal.* Eliminar el oxígeno contenido por un metal o aleación. (V. DESOXIDANTE.)

DESOXIGENACIÓN f. Desoxidación.

DESOXIGENANTE adj. y s. Desoxidante.

DESOXIGENAR v. Desoxidar.

DESOXIRIBONUCLEICO, CA adj. *Quím.* Dícese de un grupo de ácidos nucleicos que son los constituyentes esenciales del núcleo celular de los tejidos animales: *el ácido desoxiribonucleico se designa a veces por las siglas A.D.N.*

DESPAJAR v. *Agr.* Separar la paja del grano.

— *Min.* Cribar las tierras residuales de una explotación para buscar los minerales preciosos que puedan contener aún.

DESPALILLAR v. *Ind. alim.* Quitar los palillos del racimo a las pajas, dátiles y otras frutas pasas.

— *Tab.* Quitar los palillos o venas gruesas a las hojas del tabaco.

DESPALMAR v. *Mar.* Desbrozar, limpiar el casco de un barco.

DESPALME m. *Carp.* Chaflán. || Corte en forma de cuña que se da en la base del tronco para derribar un árbol.
— *Mar.* Acción de despalmar o carenar el casco.
DESPALOTAR v. *Tab. Amer.* Despalillar.
DESPARAFINAR v. *Petr.* Eliminar la parafina de los aceites derivados del petróleo.
— Los aceites suelen ser *desparafinados* por medio de un disolvente (propano o metiletilcetona) que modifica la estructura de los cristales de parafina y permite separarlos en un filtro de tela.
DESPATILLADO m. *Carp.* Rebajo que se hace en el extremo de una madera para formar la espiga.
DESPATILLAR v. *Carp.* Cortar en el extremo de un madero los rebajos necesarios para formar la espiga que ha de encajar en otro.
DESPAVONAR v. Quitar el pavón de una superficie de hierro o acero.
DESPEDRAR y **DESPEDREGAR** v. Limpiar de piedras la tierra, arena y otras materias. (OBSERV. No es correcto su uso como sinónimo de *desempedrar*.)
DESPEGAR v. Separar dos cosas pegadas.
— *Aeron.* Perder contacto con el suelo, el mar o el puente de un barco los aviones, helicópteros, cohetes o globos que se elevan para iniciar un vuelo. (V. DESPEGUE.)
DESPEGUE m. Acción y efecto de despegar.
— *Aeron.* El *despegue* se efectúa de cara al viento, no solamente para evitar los efectos de ráfagas laterales, sino también porque la velocidad necesaria para despegar es tanto menor cuanto mayor es la del viento frontal y porque el viento reduce también la distancia que ha de recorrer el aparato rodando por el suelo. El piloto, al mismo tiempo que aumenta progresivamente la potencia de los motores, efectúa las siguientes operaciones: inclinación de la palanca de mando hacia adelante para levantar la cola del avión; cuando la velocidad es suficiente para que la fuerza del aire mantenga el fuselaje horizontal, se hace retroceder lentamente la palanca y, como entonces aumenta el ángulo de ataque del ala y su fuerza de sustentación, el aparato se eleva ligeramente del suelo; el vuelo se prosigue a ras del suelo hasta que el avión alcance la velocidad requerida para elevarse (de no poder alcanzarla, la disposición del reglamento referente a la *aceleración * y parada* prevé una longitud de pista suficiente para que pueda posarse de nuevo); finalmente el piloto tira hacia atrás la palanca para que el aparato incie la subida definitiva.
El despegue de los hidroaviones se efectúa de la misma manera, pero como el agua opone una resistencia excesiva al avance del casco o de los flotadores, ambos tienen un rebajo o rediente que da paso al aire. Éste se interpone entre la superficie de aquéllos y el agua, cuyo fenómeno tiene como primer efecto elevar al aparato y, reducido así considerablemente su calado, le permite adquirir la velocidad necesaria para ultimar el despegue.
— *Despegue asistido.* El *despegue asistido* consiste en utilizar motores auxiliares que suman su potencia a la de los del avión, y puede tener los objetos siguientes: despegar de pistas insuficientemente largas; despegar con una carga mayor que la que corresponde a un avión del tipo considerado; despegar de aeródromos situados a mucha altura (en Bolivia los hay a más de 4 000 m), donde el enrarecimiento del aire disminuye el rendimiento de los propulsores. Los motores de despegue auxiliares son cohetes de combustible sólido. En los portaaviones el suplemento de energía necesario para el despegue es suministrado por una catapulta *.
— *Despegue corto.* En muchas partes no se dispone de pistas suficientemente largas para permitir el despegue de aviones pesados, y en algunos sitios es imposible construirlas en razón de la configuración del terreno. Por otra parte, el despegue asistido resulta muy caro. De ahí los estudios efectuados desde hace tiempo con objeto de construir aviones especialmente diseñados para que, a carga igual, requieran pistas menos largas que los aviones ordinarios. Estos aparatos se fundan en el uso de dispositivos hipersustentadores * o de alas de alargamiento * muy grande.
— *Despegue vertical.* El *despegue vertical* de los aviones representaría un progreso considerable, dado el coste elevadísimo de las pistas —cada vez más largas— de los modernos aeropuertos, pues permitiría disponer de los terrenos muy vastos que requieren esos aeródromos y suprimiría el fastidioso trayecto entre ellos y las ciudades, que, dado el tráfico automovilístico, resulta a veces más largo que el propio vuelo (caso del enlace aéreo entre Londres y París). Desgraciadamente, los helicópteros * no pueden, por razones técnicas, volar con rapidez, efectuar etapas largas y competir con los aviones en cuanto al precio del transporte. Estas consideraciones justifican las investigaciones activas que se efectúan para realizar aviones de despegue vertical de los tipos llamados *convertible* * y *combinado* *.
DESPELLEJAR v. *Curt.* e *Ind. alim.* Quitar el pellejo a las reses.
— Las más de las veces las reses se *despellejan* tirando de la piel con una mano y cortando con la otra los tejidos que mantienen la carnaza adherida al cuerpo del animal. La menor falta de atención da lugar a que el cuchillo lastime el pellejo y haga perder al cuero una parte de su valor. Por eso el cuchillo se reemplaza en los mataderos modernos por una hoja de acero de forma circular, provista de un mango, que gira con gran rapidez y permite separar del cuerpo de la res un pellejo perfectamente liso y sin cortaduras.
DESPENTANIZADOR m. *Petr.* Columna de platillos o cualquier otra instalación utilizada en las refinerías para despentanizar.
DESPENTANIZAR v. *Petr.* Separar el pentano contenido por un derivado del petróleo, con objeto de que éste sea menos volátil: *la gasolina se despentaniza por fraccionamiento* *.
DESPEPITAR v. *Ind. alim.* Operación consistente en quitar las pepitas o semillas a los frutos con que se han de elaborar conservas y otros productos alimenticios.
DESPERDICIO m. *Ind.* Residuo que no es aprovechable sino a costa de alguna transformación previa. (Sinón. DESECHO.)
DESPERTADOR, RA adj. Que despierta o sirve para despertar. || Dícese de ciertos dispositivos de seguridad que, en caso de funcionamiento anormal o avería de una instalación importante (faro marítimo, por ejemplo), despiertan a la persona encargada de su cuidado.
— *Mec.* Reloj que sirve para despertar a una persona a la hora prevista de antemano.
DESPEZAR v. *Arq.* Una vez diseñados los planos generales de un arco, bóveda, muro u otras construcciones, determinar cada una de las piedras o piezas que han de componerlas. (Sinón. DESPIEZAR.)
— *Art. y of.* Limar o rebajar por cualquier medio el extremo de un tubo que se ha de introducir en otro para enchufarlos.
DESPEZO m. *Arq.* y *Art. y of.* Acción y efecto de despezar. (Sinón. DESPIEZO.)
— *Carp.* Zoquete sobrante de un madero.

despegue vertical

despegue asistido de un bombardero

Fot. Bristol-Siddeley, X.

DESPIDIENTE m. *Constr.* Cada uno de los palos que se utilizan en un andamio colgado para mantenerlo separado de la pared que se está revocando o pintando. ‖ Vierteaguas y otros dispositivos propios para apartar el agua de lluvia e impedir que penetre en algún sitio.

DESPIEZAR v. Despezar.

DESPIEZO m. Despezo.

DESPILAR v. *Min.* Despilarar, que es como debe decirse.

DESPILARAMIENTO m. *Min.* Operación consistente en beneficiar los pilares de mineral que se habían dejado para sostener el techo de la mina en el curso de la primera fase de la explotación por galerías cruzadas. (V. MINA.)

DESPILARAR v. *Min.* Recuperar, retrocediendo, los pilares de mineral que se habían dejado en la mina al explotarla con un sistema de galerías cruzadas. (V. MINA.)

DESPINTE m. *Min. Amer.* Mineral muy pobre.

DESPINZADERA f. *Text.* Pinzas de desmotar el paño. (Sinón. DESPINZAS.)

DESPINZAR v. *Text.* Desmotar el paño con pinzas.

DESPINZAS f. pl. *Text.* Despinzadera.

DESPLATACIÓN f. *Metal.* Desargentación.

DESPLATAR o **DESPLATEAR** v. *Metal.* Desargentar.

DESPLAZABLE adj. *Tecn.* Galicismo por *corredizo* y por *amovible* o *desmontable.*

DESPLAZAMIENTO m. Acción y efecto de desplazar.

— *Mar.* Volumen de agua desalojada por el casco de un barco. ‖ Peso de dicho volumen de agua, que, en virtud del principio de Arquímedes, es el peso total del barco y de su contenido.

— El *desplazamiento* es una magnitud asociada a la noción de peso y no debe confundirse con el arqueo *, que se relaciona con el volumen del casco. Por otra parte, cabe distinguir el *desplazamiento máximo,* que es el peso del buque cuando lleva la carga máxima autorizada, y el *desplazamiento en rosca,* correspondiente al peso del barco completamente descargado, sin combustible ni pertrechos. La diferencia entre ambos desplazamientos es el peso muerto o porte del barco, o sea el peso que puede transportar incluyendo el combustible, los víveres y pertrechos necesarios para el viaje. En los buques de guerra la carga es sensiblemente constante y también lo es, por consiguiente, el desplazamiento. De ahí que la media de su tamaño no se exprese en unidades de arqueo o peso muerto, sino, simplemente, por su desplazamiento, considerado como una constante. Por lo demás, todas las formas de desplazamiento descritas más arriba se expresan, según los países, en toneladas métricas (1 000 kg) o en toneladas inglesas (1 016 kg). (V. TONELAJE.)

DESPLAZAR v. Galicismo por *correr, mover una cosa a lo largo de otra* o *cambiarla de sitio.*

— *Mar.* Desalojar el casco un volumen de agua de peso equivalente al peso total del barco. (V. DESPLAZAMIENTO.)

DESPLEGADO, DA adj. *Metal desplegado,* v. DESPLEGAR.

DESPLEGAR v. Desdoblar, extender lo que estaba plegado.

— *Metal.* Fabricar una tela metálica a partir de una chapa convenientemente perforada y estirada.

— Para *desplegar el metal* se empieza por cubrir mecánicamente la chapa de cortes paralelos, de longitud proporcionada al tamaño de las mallas que se han de obtener. La segunda fase de la fabricación consiste en estirar la chapa perpendicularmente al sentido de los cortes. Se obtiene así un enrejado o tela metálica de mallas romboideas que, según las dimensiones de éstas y la naturaleza del metal empleado, sirve para cerramientos y labores ornamentales, y también como armadura para losas de hormigón armado.

DESPLOMAR v. Perder la posición vertical los muros, edificios u otras construcciones. ‖ Derrumbarse una pared.

— *Min.* Beneficiar un filón por el método de desplome *.

DESPLOME m. Acción de desplomar o desplomarse.

— *Min.* Método de arranque del mineral consistente en descalzar o socavar el filón hasta que su parte salediza se derrumbe por su propio peso.

DESPLOMO m. Desviación de la posición vertical.

DESPLUMADOR, RA adj. y s. *Ind. alim.* Que despluma o sirve para desplumar.

— Las *máquinas desplumadoras* de aves obran por medio de dos rodillos erizados de protuberancias de caucho que aprietan las plumas y tiran de ellas como lo hacen los dedos en la desplumadura manual. En otros casos, las aves son sumergidas previamente en un baño de parafina derretida que, al secarse, forma una costra en la cual se hallan aprisionadas las plumas y el plumón. Basta con arrancar esta costra para que la desplumadura quede efectuada con gran rapidez y esmero. La parafina se recupera ulteriormente por fusión y filtrado.

DESPLUMADURA f. *Ind. alim.* Operación, hoy mecanizada, consistente en desplumar las aves. (V. DESPLUMADOR.)

DESPLUMAR v. *Ind. alim.* Quitar las plumas y el plumón a las aves. ‖ *Máquina de desplumar,* desplumadora.

DESPOJOS m. pl. *Constr.* Materiales aprovechables procedentes de la demolición de un edificio. (Sinón. DERRIBOS.)

— *Min.* Materiales muy pobres que ciertas minas venden a quien quiere tratarlos para extraer por su cuenta el escaso metal que contienen.

DESPOLARIZACIÓN f. Acción y efecto de despolarizar.

— *Electr.* Operación consistente en eliminar el hidrógeno que se forma sobre el electrodo positivo de una pila durante el funcionamiento de la misma.

— La *despolarización* se obtiene por procedimientos adaptados a cada tipo de pilas: agitación o cepilladura de los electrodos o insuflación de aire en el seno del electrólito líquido; protección del electrodo con espuma de platino; combinación del hidrógeno mediante acción de despolarizantes (ácido nítrico, cromatos, bióxido de manganeso, aire, etc.).

DESPOLARIZADOR, RA adj. y s. Despolarizante.

DESPOLARIZANTE adj. y s. Que despolariza o sirve para despolarizar.

— *Electr.* Dícese de las substancias que sirven para obtener la despolarización * de las pilas * secas.

DESPOLARIZAR v. Destruir la polarización *: *despolarizar un haz luminoso.*

— *Electr.* Efectuar la despolarización * de las pilas.

DESPOLIMERIZACIÓN f. *Quím.* Transformación de un polímero en un compuesto más simple, o sea operación inversa de la polimerización *.

DESPOLIMERIZAR v. *Quím.* Efectuar la despolimerización.

DESPOLVAR v. Desempolvar.

DESPRENDIMIENTO m. Acción de separarse y caer tierras o piedras de una montaña, de la fachada de un edificio, etc. (V. CORRIMIENTO.) ‖ Acción de emitir o despedir un cuerpo gases u olores.

— *Metal.* Caída brusca de las materias que se habían quedado atascadas en la parte superior de un horno.

DESPRENSAR v. *Art. y of.* Retirar de la prensa lo que ha sido prensado en ella.

DESPROPANIZACIÓN f. Eliminación, generalmente por fraccionamiento, del propano contenido por el butano y otros derivados del petróleo.

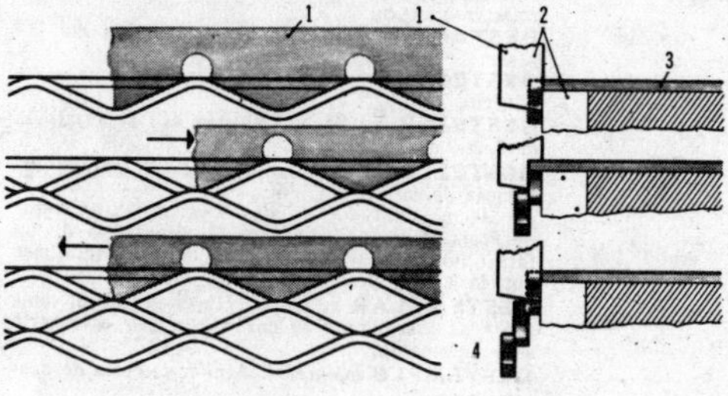

como se labra la chapa para hacer metal **desplegado**: 1. Cuchilla móvil; 2. Cuchilla y contrahierro; 3. Chapa; 4. Entre dos cortes, la chapa avanza lateral y longitudinalmente

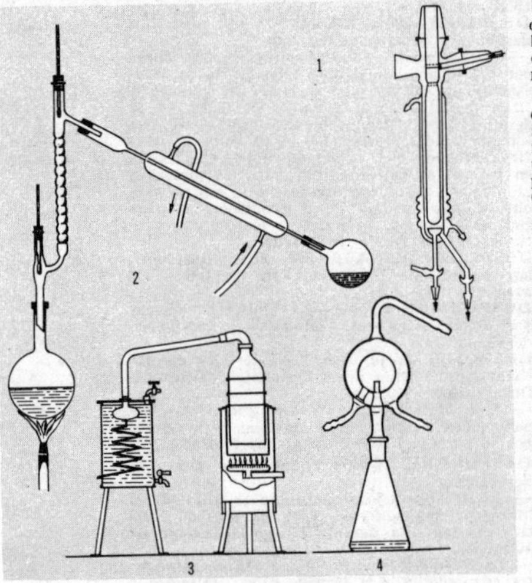

destilación
1. Destilador molecular; 2. Destilador de laboratorio; 3. Alambique simple; 4. Aparato para obtener agua destilada

destilación industrial, [v. ALCOHOL y ALAMBIQUE]

DESPROPANIZADOR m. *Petr.* Columna de platillos o cualquier otra instalación propia para despropanizar.
DESPROPANIZAR v. *Petr.* Eliminar el propano de los productos derivados del petróleo para que éstos sean menos volátiles.
DESPULIR v. Quitar el pulimento a una cosa.
DESPULPADOR m. *Ind. alim.* Máquina para despulpar. ‖ Aparato que, en las azucareras, separa la pulpa de remolacha del jarabe en bruto.
DESPULPAR v. *Ind. alim.* Extraer la pulpa de los frutos.
DESPUMACIÓN f. Espumadura.
DESPUMADERA f. Espumadera.
DESPUMAR v. Espumar.
DESPUNTAR v. Quitar la punta a una cosa, rompiéndosela o gastándola.
DESQUEMAR v. Desoxidar.
DESQUIJERAR v. *Carp.* Dar dos cortes con la sierra al extremo de un madero para hacer una espiga.
DESRECALENTADOR m. *Mec.* Dispositivo de una caldera que sirve para rebajar la temperatura del vapor recalentado a fin de que pueda ser empleado en los aparatos auxiliares.
DESRIELAMIENTO m. *F. c. Amer.* Descarrilamiento.
DESRIELAR v. *F. c.* Descarrilar. ‖ Quitar los rieles de una vía.
DESTACADORA f. *Ind. alim.* Disgregadora.
DESTACHONAR v. *Carp.* Arrancar los tachones claveteados en los muebles y otras labores.
DESTAJADOR m. *Metal.* Martillo grande usado por los herreros para batir el hierro candente y darle la forma deseada.
DESTAPADOR, RA adj. y s. Que destapa o sirve para destapar. ‖ Utensilio para abrir las botellas tapadas con cápsulas metálicas. (Sinón. DESCAPSULADOR.)
DESTAPIAR v. Derribar o desmontar las tapias.
DESTECHAR v. *Constr.* Quitar el techo a un edificio.
DESTEJAR v. *Constr.* Quitar las tejas de la cubierta de un edificio.
DESTELLO m. Resplandor efímero, ráfaga luminosa de corta duración.
— *Atom. Contador de destellos,* v. CONTADOR.
— *Mar.* Período de máxima luminosidad de un faro, que corresponde al paso del haz luminoso por la visual del observador.
DESTEMPLAR v. *Metal.* Hacer perder el temple * al acero, para lo cual basta con calentarlo suficientemente.
DESTEMPLE m. *Metal.* Acción y efecto de destemplar.
DESTEÑIR v. Perder su tinte las cosas teñidas o quitárselo. ‖ Descolorar.
DESTIERRE m. *Min.* Operación consistente en quitar la tierra que se ha arrancado con el mineral.
DESTILACIÓN f. *Ind.* y *Quím.* Separación por el calor de los principios contenidos por ciertas substancias sólidas, con objeto de recogerlos en forma de gas. ‖ Separación de los distintos constituyentes de una mezcla líquida mediante evaporación y condensación ulterior de los mismos. ‖ Operación consistente en extraer, por evaporación y condensación, el alcohol y los productos volátiles de los vinos y mostos fermentados.
— La *destilación* de pequeñas cantidades de líquidos en los laboratorios se efectúa con una instalación simple constituida por un mechero, una retorta o matraz y un tubo abductor de dos paredes, entre las cuales circula una corriente de agua fresca que provoca la liquidación de los vapores en un condensado que se acumula en un recipiente.
Para la destilación de vinos, y también en perfumería y otras aplicaciones, se usan alambiques * y, en las destilerías de mucha importancia, columnas de platillos que, además de su rendimiento elevado, tienen la ventaja de poder funcionar continuamente. En estas columnas los vapores ascendentes se ven obligados a atravesar en forma de burbujas el espesor de líquido que llena los platillos. El contacto íntimo entre el líquido y los vapores provoca la condensación de una parte de éstos —que, cayendo de platillo en platillo, volverán a la caldera— mientras que los vapores correspondientes a las substancias más volátiles atravesarán todos los platillos en su movimiento ascendente y se liquidarán en el condensador. En vez de recoger un solo producto en lo alto de la columna, se pueden efectuar tomas intermediarias a distintas alturas convenientemente calculadas para que en cada una de ellas se recoja una fracción o producto diferente. Esta destilación fraccionada se practica sobre todo en la refinación * del petróleo.
Ciertos líquidos poco volátiles pueden ser destilados a temperaturas inferiores a su punto de ebullición, por medio del procedimiento consistente en hacer que los arrastre una corriente de vapor de otro líquido más volátil. Cuando las substancias no son miscibles en el agua, se usa el vapor de ésta (por ej., en perfumería) para extraer esencias.
Otros cuerpos tienen el inconveniente de descomponerse al hervir a la presión atmosférica y se han de destilar a presiones inferiores (destilación al vacío). La destilación molecular se efectúa bajo un vacío aún más pronunciado y se aplica a las substancias poco volátiles.
La mezcla de ciertos cuerpos es tan íntima que resulta muy difícil separarlos por destilación, pues se vaporizan y condensan conjuntamente, como si formaran un solo cuerpo. (V. AZEOTRÓPICO.)
La destilación de la madera se efectúa calentándola en retortas o en hornos continuos durante más de 10 horas y a la temperatura de 430°. Se obtienen así, además del carbón de leña, varias clases de alquitrán, ácido acético, metileno y gases combustibles. La destilación de la hulla da coque * y gas * de alumbrado, así como alquitrán y otros subproductos. (V. CARBÓN.)
DESTILADERA f. Aparato para destilar. ‖ Vaso poroso para filtrar el agua. (Sinón. DESTILADOR.)
DESTILADO, DA adj. y s. *Ind.* Dícese del líquido formado por la condensación de los vapores producidos en la destilación: *los destilados de rosas se usan en perfumería.* (Sinón. CONDENSADO.)
— *Petr.* Cada uno de los productos que se obtienen por destilación del petróleo: *los principales destilados son la gasolina, el queroseno, el gasoil y los aceites lubricantes.*
DESTILADOR, RA adj. Que destila o sirve para destilar. ‖ Aplícase a lo que se destila, por oposición al producto que se obtendrá, llamado *destilado.* ‖ Alambique y otros aparatos utilizados para destilar. ‖ Vaso poroso para filtrar el agua destinada al consumo doméstico. (Sinón. DESTILADERA.)
DESTILAR v. Extraer los productos más volátiles de una mezcla transformándolos primeramente en vapores y liquidando luego a éstos por

refrigeración. ‖ Filtrar un líquido. ‖ Segregar o rezumar un líquido gota a gota.
DESTILATORIO m. Destilador. ‖ Destilería.
DESTILERÍA f. *Ind.* y *Quím.* Fábrica o lugar donde se destila. ‖ *Amer.* Destilador.
DESTORCER v. Desarrollar, deshacer o deshacerse las cuerdas cables y otras cosas torcidas. (Sinón. ENFUETARSE.)
DESTORNILLADOR, RA adj. *Art. y of.* Que destornilla o sirve para destornillar. ‖ Herramienta con la cual se hacen girar los tornillos para meterlos o sacarlos.
DESTORNILLAMIENTO m. *Art. y of.* Acción de destornillar.
DESTORNILLAR v. *Art. y of.* Sacar un tornillo deshaciendo con dicho fin las vueltas que se le habían dado para meterlo.
DESTRAL m. *Art. y of.* Hacha pequeña, de mango corto, propia para ser manejada con una mano.
DESTRENZAR v. Deshacer lo que había sido trenzado.
DESTRINA f. *Quím.* Dextrina.
DESTROSA f. *Quím.* Dextrosa.
DESTRÓYER m. *Mar.* Anglicismo por *destructor.*
DESTRUCTOR m. *Mar.* Contratorpedero.
DESUARDADORA f. *Text.* Máquina o batería de tintas para desuardar la lana.
DESUARDAR v. *Text.* Eliminar de la lana bruta la parte de suarda soluble en el agua caliente.
DESUERAR v. *Ind. alim.* Separar el suero de las materias que lo contienen: *desuerar la cuajada para elaborar queso.*
DESUERO m. *Ind. alim.* Acción de desuerar.
DESULFITACIÓN f. *Ind. alim.* Acción de desulfitar.
DESULFITAR v. *Ind. alim.* Extraer el sulfito del vino que ha sido sulfitado. (V. SULFITAR.)
DESULFURACIÓN f. *Petr.* y *Quím.* Acción de desulfurar.
— El gas natural, el petróleo y sus derivados contienen hidrógeno sulfurado y sulfuros orgánicos (mercaptanos) que son ácidos, huelen mal y poseen propiedades corrosivas. La *desulfuración,* efectuada en las refinerías por procedimientos catalíticos, no solamente permite eliminar estos inconvenientes, sino que también tiene por efecto aumentar el índice de octano * de la gasolina. La desulfuración del gas natural se obtiene con una amina orgánica que retiene el hidrógeno sulfurado y permite la recuperación del azufre. El interés comercial de esta operación salta a la vista cuando se sabe que un país como Francia, que importaba todo el azufre necesario para su industria, es hoy exportador merced al azufre recuperado en un solo yacimiento de gas natural: el de Lacq.
DESULFURANTE adj. *Quím.* Que tiene la propiedad de desulfurar.
DESULFURAR v. *Ind.* Quitar a una substancia el azufre que contiene: *la fundición se desulfura con cal, ferromanganeso o carbonato de sodio.*

instalaciones de **desulfuración**

Fot. S.N.P.A.

— *Petr.* Extraer el azufre y sus compuestos perniciosos del gas natural y de los derivados del petróleo que lo contienen. (V. DESULFURACIÓN.)
DESVAIR v. *Mar.* Abrirse o ensancharse las juntas de las tablas o tablones del forro del casco.
DESVÁN m. *Arq.* Planta más alta de ciertas casas inmediatamente debajo del tejado. ‖ *Desván gatero* o *perdido,* el que no es habitable, por ser insuficiente su altura.
DESVANECEDOR m. *Fot.* Plantilla de bordes dentellados o difuminados que se pone ante el objetivo de la cámara al tomar una fotografía o entre el clisé y el papel, al tirar el positivo, y sirve para degradar los bordes de la imagen.
DESVANECER v. Disminuir insensible y metódicamente la intensidad de un color, fotografía o grabado. ‖ Perder una parte de su alcohol, por evaporación, las bebidas espirituosas y otros líquidos que lo contienen.
— *Radiot.* Disminuir momentáneamente la intensidad de las ondas radioeléctricas hasta el extremo de volverse inaudibles las emisiones. (V. DESVANECIMIENTO.)
DESVANECIMIENTO m. *Radiot.* Fenómeno que provoca fluctuaciones considerables en la intensidad de las emisiones captadas por un radiorreceptor y hasta la desaparición momentánea de las mismas. (Sinón. DEBILITACIÓN.)
— El *desvanecimiento* es, sobre todo, importante durante la recepción de ondas de 100 a 200 m y se debe a cambios de forma de las capas electrizadas que reflejan las ondas en la ionosfera. Cuando las ondas que llegan al receptor por distintos caminos se hallan en fase, las señales captadas aumentan de intensidad. Al desfasarse disminuye la intensidad y, si las ondas llegan a la oposición de fase, las señales son completamente inaudibles, a menos de hallarse la emisora cerca del receptor, en cuyo caso recibe éste ondas directas que, aunque atenuadas, siempre son audibles.
DESVAPORIZADERO m. *Tecn.* Respiradero, colector u otro sitio por donde salen o se evacuan vapores.
DESVAPORIZAR v. Evaporar.
DESVATADO, DA adj. *Electr.* Devatiado.
DESVENAR v. *Min.* Arrancar el mineral de una vena.
DESVIACIÓN f. Acción de desviar. (Sinón. DESVÍO.)
— *Constr.* Despidiente.
— *Mar.* Desvío.
— *Min.* Vena que, en el cruce con otra, se desvía y sigue la dirección de la misma durante un trecho más o menos grande antes de volver a su orientación primitiva.
— *Ópt.* Ángulo formado por un rayo incidente con su correspondiente rayo refractado o emergente: *en un prisma, las variaciones de la desviación provocan la descomposición de la luz blanca en un espectro luminoso.*
— *Petr.* Operación consistente en desviar el trépano de la dirección vertical en el curso de un sondeo. (V. DESVIADOR.)
— *Radiot.* Acción de desviar el haz de electrones de un tubo catódico con objeto de que barra o explore cíclicamente toda la superficie de la pantalla fluorescente. (V. DEFLECTOR.)
DESVIADOR, RA adj. y s. Que desvía o sirve para desviar.
— *Aeron. Desviador de chorro,* dispositivo que se monta en la tobera de los motores de reacción para desviar los gases de escape. (Sinón. DEFLECTOR.)
— Los *desviadores de chorro* consisten en álabes y otros dispositivos deflectores que, interpuestos en la tobera, permiten al piloto modificar la orientación del chorro y, en virtud del principio de la acción y de la reacción, variar la dirección en que se ejercerá el empuje. Así, desviando el chorro hacia adelante, la dirección del empuje será invertida y los motores frenarán al avión que aterriza.
En los aviones convertibles * propulsados por reacción, el despegue vertical se obtiene merced a desviadores que dirigen el chorro de los motores hacia el suelo y crean, por reacción, una fuerza de sentido contrario que eleva al aparato.
— *Petr. Desviador de sonda,* dispositivo que modifica la trayectoria seguida por el trépano en el

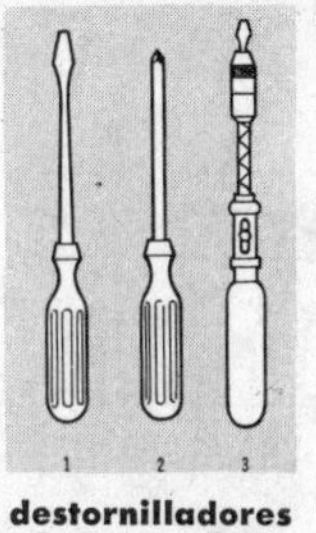

destornilladores
1. Ordinario; 2. Cruciforme; 3. Giratorio por presión

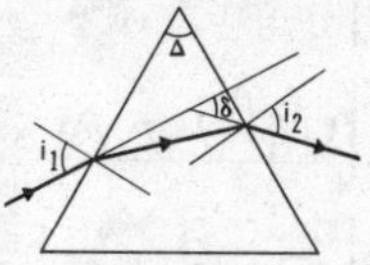

desviación
(Ópt.)

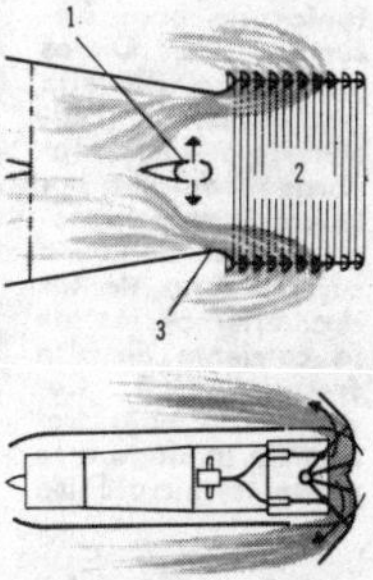

desviadores de chorro
1. Interceptor; 2. Reja de álabes; 3. Borde desviador

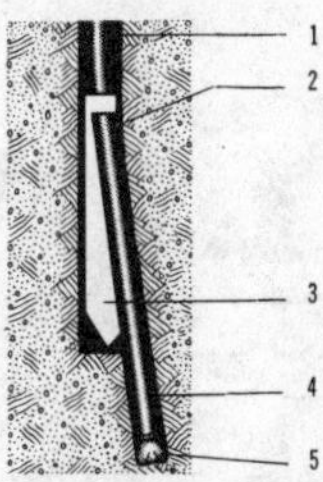

desviador de sonda
(petr.)
1. Pozo; 2. Vástago de la barrena; 3. Desviador; 4. Pozo desviado; 5. Trépano

curso de un sondeo * y permite perforar pozos inclinados.
— *Radiot. Bobina desviadora, placa desviadora,* v. DEFLECTOR.
DESVIAR v. Hacer que una cosa tome una dirección que la aparte de la trayectoria seguida hasta entonces: *el prisma desvía los rayos luminosos.*
DESVÍO m. Acción y efecto de desviar. (Sinón. DESVIACIÓN.)
— *Arm.* Diferencia entre la trayectoria real de un proyectil y su trayectoria teórica.
— El *desvío* se debe a causas múltiples: variaciones de la velocidad inicial —como consecuencia de diferencias cualitativas o cuantitativas en la carga del cartucho—, dirección y fuerza del viento, inclinación del eje, etc. Los efectos del desvío se suman a los de la derivación * del proyectil.
— *Constr.* Despidiente * de andamio.
— *F. c.* Cambio de vía. (V. AGUJA.) ‖ *Amer.* Apartadero.
— *Mar.* Ángulo formado, en un compás no compensado, por la aguja de la brújula y la dirección del meridiano magnético.
— El casco de los buques modernos, así como las masas metálicas que éstos llevan a bordo, inducen efectos magnéticos, independientes de la declinación *, que modifican la orientación de la aguja magnética. El desvío de ésta es variable según sea la orientación de las masas metálicas perturbadoras y, por consiguiente, varía con el rumbo seguido por el buque. De ahí la necesidad de una operación, llamada regulación del compás, que consiste en orientar el barco sucesivamente en todas las direcciones de la rosa de los vientos para anotar en una tabla los desvíos correspondientes. Esta tabla permitirá corregir ulteriormente las indicaciones del compás en el curso de los viajes que haga el buque.
— *Obr. públ.* Vía, camino o canal que dan un rodeo para evitar trabajos en curso, en cuyo caso son provisionales, o que se construyen para evitar definitivamente la travesía de las aglomeraciones urbanas u otros tramos donde el tránsito sería difícil o peligroso.
— *Ópt., Petr.* y *Radiol.* Desviación.
DESVIRAR v. *Art. gráf.* Recortar el libro que se está encuadernando.
— *Curt.* Recortar la parte de la vira * que rebasa de la suela del zapato.
— *Mec.* Hacer girar los tornos y cabestrantes en sentido contrario del adoptado anteriormente para virar el cable del cual se tiraba.
DESVITRIFICACIÓN f. *Vidr.* Modificación que experimenta el vidrio al ser expuesto largo tiempo a la acción del calor y que consiste en la cristalización de una parte de sus constituyentes: *la desvitrificación confiere al vidrio el aspecto de la porcelana.*
DESVITRIFICAR v. Destruir la vitrificación de una materia: *el calor desvitrifica el vidrio.*
DESVITRITA f. *Quím.* y *Vidr.* Silicato de sodio y calcio cuyos cristales se forman al desvitrificarse el vidrio ordinario.
DESVOLVEDOR m. *Mec.* Llave * universal para enroscar y aflojar tuercas y tornillos.
DESYERBANTE m. *Agr.* y *Quím.* Desherbante.
DESYERBAR v. *Agr.* Desherbar.
DESZAFRAR v. *Min.* Evacuar las zafras de la mina.
DESZUMAR v. *Ind. alim.* Extraer el zumo: *deszumar naranjas con la exprimidera.*
DETECCIÓN f. Acción y efecto de detectar. (V. DETECTOR.)
— *Aeron. Detección de los aviones,* acción de descubrir la presencia de aviones enemigos y de determinar su posición y la dirección que siguen, con objeto de adoptar las medidas defensivas que se impongan: *la detección de los aviones, antes hecha con grandes pabellones acústicos que captaban el ruido de sus motores, se efectúa hoy con aparatos de radar *.*

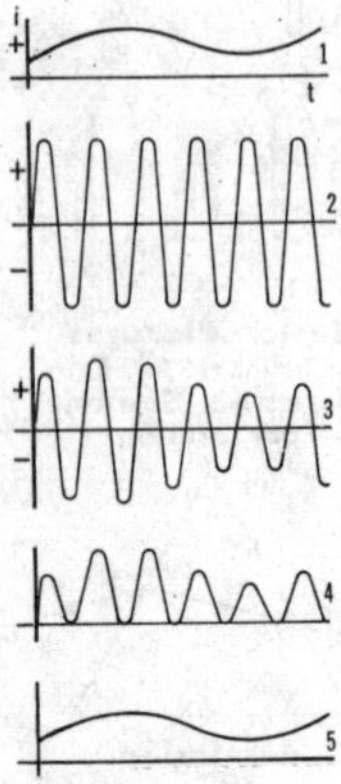

detección *(radiot.)* 1. Corriente microfónica de baja frecuencia; 2. Ondas portadoras de alta frecuencia; 3. Emisión de ondas portadoras moduladas por la corriente microfónica; 4. La detección suprime una de las dos alternancias de la corriente de alta frecuencia; 5. Corriente de baja frecuencia análoga a la corriente microfónica

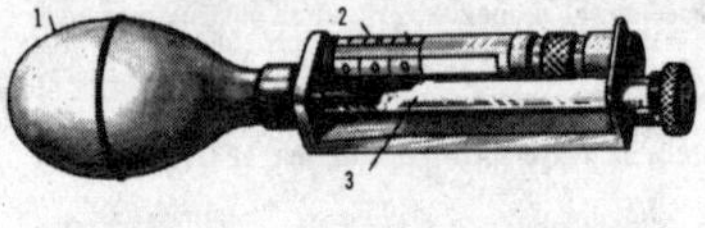

detector de grisú
1. Pera insufladora de aire; 2. Escala patrón de colores; 3. Tubo detector que enverdece si el gas contiene grisú

— *Mar. Detección de submarinos,* véase ASDIC.
— *Radiot.* Acción de detectar las ondas radioeléctricas.
— El micrófono y la cámara electrónica convierten los sonidos y las imágenes en corrientes eléctricas que, por su calidad de continuas, no pueden ser radiadas directamente por la emisora. Sirven para modular * otra corriente alterna, de frecuencia muy superior a la suya, propia para transportar sus señales por el espacio hasta los aparatos receptores. Recíprocamente, la corriente portadora, por ser alterna y de alta frecuencia, no puede restituir directamente los sonidos o las imágenes. En realidad, si en el curso de un ciclo la primera alternancia de la corriente ha de provocar en el altavoz un movimiento de la membrana hacia adelante, ésta —que es un órgano mecánico dotado de inercia— tarda en efectuar el movimiento lo bastante para que la segunda alternancia de la corriente, que sigue con gran rapidez a la primera, ejerza una acción contraria tendente a hacer retroceder la membrana, y así sucesivamente. En suma, el hecho de que la corriente pase con excesiva rapidez a ser alternativamente positiva y negativa tiene por efecto anular las acciones que ejerce en ambas alternancias y el altavoz permanece prácticamente inmóvil. El objeto de la *detección* no es sino suprimir una de las dos alternancias: se obtiene así una corriente de la misma índole que la suministrada por el micrófono, corriente de baja frecuencia, rectificada, de sentido único y capaz, por consiguiente, de ejercer en la membrana del altavoz acciones que no son contrariadas y que le permiten vibrar para reproducir los sonidos. Los dispositivos utilizados con dicho fin se llaman detectores *.
DETECTAR v. *Tecn.* Descubrir, poner de manifiesto las radiaciones, ondas, gases y otras cosas cuya presencia pasa inadvertida a nuestros sentidos: *detectar una radiactividad anormal en la atmósfera; existen aparatos para detectar las fugas de gases nocivos.*
— *Radiot.* Captar, rectificar las ondas radioeléctricas para desmodularlas y restituir con ellas los sonidos, imágenes u otras señales de que son portadoras. (V. DETECCIÓN y DETECTOR.)
DETECTOR, RA adj. y s. Que detecta o sirve para detectar. ‖ Todo aparato utilizado para descubrir la presencia de cuerpos o fenómenos invisibles.
— *Arm. Detector de minas,* aparato para descubrir la presencia de minas enterradas en el suelo.
— El *detector electromagnético* tiene un circuito oscilante que produce un zumbido. La presencia de una mina da lugar a fenómenos de inducción con las partes metálicas de la misma, los cuales se manifiestan en los auriculares de escucha por un silbido característico. Para evitar que el detector pueda descubrir las minas, éstas se hacen de madera, cristal, materias plásticas, etc. Pero aun en este caso suelen ser descubiertas mediante el empleo de otros instrumentos capaces de detectar su electricidad estática.
— *Atom. Detector de radiaciones nucleares,* contador.
— *Comb.* Instrumento que sirve para descubrir las fugas de gases combustibles, ya por medio de cuerpos que reaccionan con ellos, ya por ósmosis o por combustión catalítica.
— *Mar. Detector de submarinos,* v. ASDIC. ‖ *Detector de obstáculos,* v. RADAR.
— *Min. Detector de grisú y de óxido de carbono,* instrumento que se usa en las minas para revelar la existencia, en el aire de las mismas, de proporciones peligrosas de ambos gases.
— Los *detectores* son instrumentos más simples y menos precisos que los grisúmetros eléctricos, pero dan indicaciones suficientes merced a un tubo cuya pared tiene un revestimiento que cambia de color en función de la abundancia de gas nocivo en el aire analizado. El color resultante se compara con los de una escala colorimétrica del mismo instrumento, que indica aproximadamente el grado de contaminación del aire.
— *Petr.* Aparato que permite descubrir indicios de petróleo o de gas natural en el cieno o los materiales extraídos del fondo de un pozo en el curso del sondeo.
— *Radiot.* Dispositivo propio para detectar las ondas electromagnéticas. (V. DETECCIÓN.)
— Los *detectores* obran como válvulas capaces de dejar pasar la electricidad en un sentido, pero

no en el otro. Por consiguiente, sólo permiten el paso de una de las dos alternancias de la corriente alterna captada por la antena. Dicha corriente, así rectificada, corresponde a la del micrófono o la cámara utilizada para registrar los sonidos o las imágenes antes de emitirlos, y es, por consiguiente, apta para reconstituir dichos sonidos y dichas imágenes, respectivamente, en el altavoz o el oscilógrafo de los aparatos receptores de radio o televisión.
Dejando de lado los tipos que sólo tienen interés histórico, existen dos clases principales de detectores:
1.º *Detectores de cristal,* que se fundan en el fenómeno de conductibilidad unilateral de ciertos cristales y solamente dejan pasar las alternancias positivas o negativas de la corriente, pero no las dos a la vez, por cuya razón se llaman estos cuerpos *semiconductores* *. Los más utilizados son el germanio y el silicio. Al detector ya montado con sus conexiones se le da el nombre de *transistor* *;
2.º *Detectores termiónicos,* que son válvulas o tubos electrónicos (díodos, tríodos, etc.) en el interior de los cuales un haz de electrones puede pasar del cátodo al ánodo, pero no de éste a aquél. Se desprende de esta propiedad que, intercalada en un circuito de corriente alterna, la válvula solamente dejará pasar la corriente en un sentido y la rectificará.
— *Tecn. Detector de incendios,* dispositivo sensible a algunos de los fenómenos engendrados por el fuego y que, combinado con un aparato de alarma, da aviso en cuanto se inicia un incendio en su ámbito.
— Los *detectores de incendios* se fundan en alguno de los principios siguientes: fusión por el calor de elementos metálicos de bajo punto de fusión; dilatación de cuerpos sólidos, líquidos o gaseosos; producción de una corriente eléctrica (par termoeléctrico o célula fotoeléctrica); opacificación, por el humo, de la lámpara que excita una fotocélula; etc. Así, el calor, la luz y el humo bastan para cerrar un circuito eléctrico que, por medio de relevos *, pondrá en marcha los dispositivos de alarma *.

DETERGENCIA f. *Quím.* Propiedad que tienen ciertas substancias de separar las partículas de suciedad adheridas a un cuerpo y de conservarlas luego en disolución o en suspensión. (V. DETERGENTE.)

DETERGENTE adj. y s. Dícese de las substancias que provocan la detergencia.
— Muchas materias naturales son *detergentes* (palos de jabón, bilis, jabonera o saponaria, etc.) pero suele darse este nombre a los numerosos productos artificiales fabricados a partir de cuerpos grasos o de hidrocarburos tratados por saponificación y que, según las aplicaciones, se usan por sus propiedades emulsionantes, dispersantes, disolventes, humectantes o espumantes.
— *Mec.* y *Petr. Aceite detergente,* aceite de engrase al cual se han agregado detergentes, y que tiene la propiedad de dispersar y conservar en suspensión los depósitos sólidos y los residuos de la combustión: *los aceites detergentes reducen el desgaste de las piezas engrasadas con ellos.*

DETERMINACIÓN f. Acción de determinar.
— *Mat.* Acción de determinar las incógnitas de un problema. (V. DETERMINANTE y DETERMINADO.)

DETERMINADO, DA adj. *Mat.* Dícese del problema que solamente admite un número fijo de soluciones. ‖ Dícese de la ecuación cuya incógnita puede tener un número fijo de valores.

DETERMINANTE f. *Mat.* Suma algebraica de los productos que se obtienen a partir de números ordenados por líneas y columnas, en forma de cuadro o matriz, combinando cada vez un número de cada línea y de cada columna, efectuando tantas combinaciones como sea posible y cambiando de signo con arreglo al ejemplo siguiente:

$$\begin{vmatrix} a_1 & a_2 & a_3 \\ a_{11} & a_{12} & a_{13} \\ a_{21} & a_{22} & a_{23} \end{vmatrix}$$

cuya determinante se desarrolla como sigue: $a_1 a_{12} a_{23} + a_2 a_{13} a_{21} + a_{11} a_{22} a_3 - a_3 a_{12} a_{21} - a_2 a_{11} a_{23} - a_1 a_{13} a_{22}$. (Ú. t. c. m.)

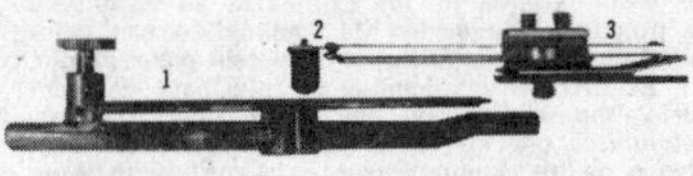

— Las *determinantes* constituyen un método práctico para resolver ciertas ecuaciones de primer grado, que pierden así gran parte de su complejidad.

DETERMINAR v. Hallar, establecer con la máxima precisión: *determinar la distancia de la Tierra al Sol.* ‖ Causar, provocar: *el frotamiento determina un desprendimiento de calor.*

DETERSIVO, VA o **DETERSORIO, RIA** adj. y s. Que limpia o purifica. ‖ Detergente.

DETERSIÓN f. Acción y efecto de deterger, de limpiar o purificar con detersivos.

DETONACIÓN f. Acción de detonar. ‖ Estampido producido por una explosión.
— *Autom.* Explosión que se produce en los cilindros del motor y que puede tener varias causas: exceso de compresión * de la mezcla carburante, autoencendido *, insuficiente índice de octano * de la gasolina, etc. (V. ANTIDETONANTE.)
— *Expl.* Ruido producido por una explosión. ‖ Explosión fuerte y breve. ‖ *Detonación por influencia,* detonación de una carga explosiva provocada a distancia por la onda de choque procedente de la explosión de otra carga.
— La *detonación* es una combustión que se propaga con gran rapidez (de 1 a 8 k/s) en el seno de las materias explosivas, acompañada de ondas de choque. La rapidez de la reacción química y la magnitud considerable que alcanza la presión (más de 200 000 kg/cm²) permiten comprender el poder destructivo de las cargas que detonan.

DETONADOR, RA adj. y s. Que detona.
— *Expl.* Artificio que sirve para provocar la detonación de un explosivo.
— Los *detonadores* son pequeñas cápsulas de cobre o aluminio que contienen un explosivo detonante y se hallan provistas de un orificio por el cual puede salir la llama para inflamar la pólvora del cartucho o del barreno u otras cargas explosivas. Los *detonadores mixtos,* hoy universalmente empleados, contienen dos capas de detonantes diferentes, uno de los cuales sirve de cebo (fulminato de mercurio, nitruro de plomo, etc.) y el otro de explosivo secundario (ácido pícrico, tetril, etc.). La inflamación o detonación se obtiene por percusión del detonador (como en las armas de fuego) o mediante caldeo de una resistencia eléctrica dispuesta en su interior (*detonadores eléctricos* usados en las minas y en obras públicas). En los *detonadores de retraso,* la interposición de una rodaja de materia combustible, pero no deflagrante, entre el inflamador y la carga del cebo, permite prolongar el ínfimo lapso de tiempo que transcurre entre el disparo y la detonación.

DETONANTE adj. y s. Que produce un estampido fuerte y breve, como el de un trueno. ‖ Que puede detonar o producir dicho efecto.

detector de incendios: la dilatación del aire por el calor deforma la membrana libre de una cápsula 1, la cual empuja el tope 2 de un relevo y abre el circuito de alarma en 3

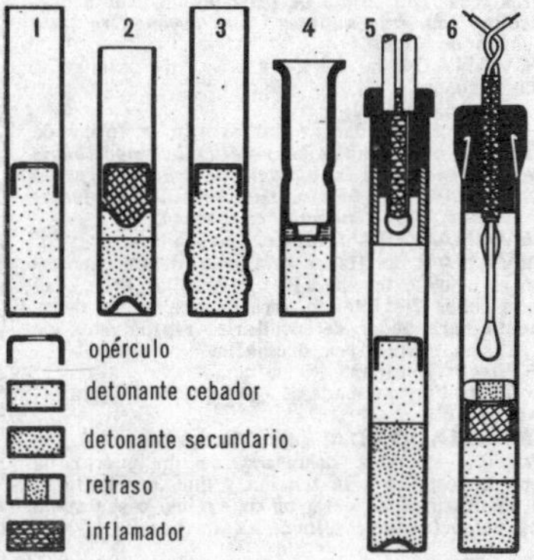

detonadores
1. Ordinario; 2. Mixto; 3. Reforzador; 4. De collarín; 5. Eléctrico, mixto; 6. Eléctrico de retraso

Fot. Detectofeu

— *Expl.* Dícese de los explosivos en cuyo seno se propaga la reacción de combustión con velocidad del orden de millares de metros por segundo.
— El nitruro de plomo y el fulminato de mercurio son explosivos que se comportan como *detonantes* por efecto de un calentamiento excesivo o de un choque, razón a la cual se debe su uso para fabricar cebos y detonadores. La dinamita y los explosivos cloratados y nitrados también son detonantes cuando experimentan una elevación brusca de la temperatura o un choque violento, o cuando son cebados con un detonador.
— *Quím. Mezcla detonante,* mezcla de dos gases que pueden explotar al combinarse.

DETONAR v. Producir una detonación *. ‖ Estallar, hacer explosión.

DETRÍTICO, CA adj. Relativo o perteneciente a los detritos. ‖ Compuesto de detritos.

DETRITO m. Residuo procedente de la desagregación de los cuerpos: *la hulla se ha formado a partir de detritos vegetales.* ‖ Por ext., desperdicios inutilizables.

DEUT o **DEUTER,** prefijo derivado del griego *deuteros,* que significa *segundo* y se usa en voces científicas.

DEUTERIO m. *Quím.* Isótopo del hidrógeno, de símbolo D y número de masa 2. (Sinón. HIDRÓGENO PESADO.)
— Mientras que el núcleo del átomo de hidrógeno (^1_1H) consta de una sola partícula (un protón), el núcleo de *deuterio* (^2_1H) tiene dos: un protón y un neutrón, por cuya razón la masa del deuterio es doble que la del hidrógeno. El deuterio existe en el agua combinado con el oxígeno y constituye entonces el *agua * pesada* u *óxido de deuterio* (D_2O). Es, sin embargo, un isótopo relativamente raro, pues el hidrógeno natural lo contiene solamente en la proporción de 0,0156 %. El deuterio se extrae del agua por electrólisis fraccionada. Sus núcleos (deuterón o deutón *) se usan en experimentos de física nuclear.

DEUTERÓN m. *Atom.* Deutón.

DEUTO, prefijo antes usado en química para designar los cuerpos del segundo grado y que ha sido reemplazado por los prefijos *bi* y *di*: *en vez de deutocloruro debe decirse bicloruro.*

DEUTÓGENO, NA adj. *Geol.* Detrítico.

DEUTÓN m. *Atom.* Núcleo del átomo de deuterio. (Sinón. DEUTERÓN, que es como debiera decirse.)
— El *deutón* consta de un protón y un neutrón. Es un corpúsculo que se usa, debidamente acelerado en los ciclotrones y otros aceleradores, como proyectil para desintegrar átomos y obtener transmutaciones.

DEUTÓXIDO m. *Quím.* Bióxido, que es como suele decirse. (V. DEUTO.)

DEVANADERA f. Bastidor giratorio hecho con varillas dispuestas paralelamente al eje de rotación, que forman como un tambor en el cual se pone la madeja para devanarla fácilmente tirando del hilo. (Sinón. ASPA.) ‖ Cualquier aparato usado para arrollar hilos, cuerdas, tubos flexibles y otras cosas con objeto de poderlas devanar o desenrollar con gran rapidez: *una devanadera para mangas de incendio.*

DEVANADO m. Acción y efecto de devanar. ‖ Bobinado.
— *Electr.* Bobina.
— *Text.* Acción de enrollar el hilo en forma de madejas: *el devanado ha perdido la importancia que tuvo cuando el teñido del hilo solamente podía hacerse bien en madeja. Hoy se tiñen perfectamente los hilos continuos en bobina.*

DEVANADORA f. *Amer.* Devanadera.

DEVANAR v. Hacer ovillos o llenar carretes con el hilo de las madejas. ‖ Arrollar hilos, cables, tubos flexibles u otras cosas en la devanadera para poder desenrollarlos rápidamente de la misma cuando sea necesario.
— *Electr.* Bobinar.
— *Text.* Formar madejas con el hilo. (V. DEVANADO.)

DEVATIADO, DA adj. *Electr.* Dícese de la corriente eléctrica desfasada de un cuarto de período respecto a la tensión y que, por hallarse en cuadratura con ésta, no da vatios, o sea tiene una potencia nula. (Sinón. REACTIVO.)

DEVITRITA f. *Quím.* y *Vidr.* Desvitrita.

DEVONIANO, NA adj. y s. *Geol.* Dícese del período de la era paleozoica comprendido entre el siluriano y el carbonífero: *el devoniano consta de seis pisos que datan de —330 a —280 millones de años.* (V. ESTRATIGRAFÍA.)

DEVONITA f. *Miner.* Vavelita.

DEWAR (*Frasco de*). V. FRASCO.

DEWARDA (*Aleación de*), liga de aluminio (50 %), cobre (45 %) y cinc (5%) usada en los laboratorios de química por lo intenso de sus propiedades reductoras, superiores a las de los metales (aluminio, cinc, etc.) usados ordinariamente como reductores.

DEXTRANA f. *Quím.* Polisacárido producido por ciertos microorganismos en el zumo de la remolacha, que es un subproducto de la fabricación del azúcar y se usa en medicina.

DEXTRINA f. *Quím.* Substancia gomosa, análoga a la goma arábiga, que resulta de la despolimerización del almidón: *la dextrina es dextrógira.*
— Las distintas clases de *dextrina* se obtienen por uno de los procedimientos siguientes: haciendo obrar una disolución muy floja de ácido nítrico sobre la fécula o de ácido sulfúrico sobre el almidón; por la acción en seco del calor sobre el almidón (a 160°) o por la de una diastasa sobre las materias amiláceas.
La dextrina se usa para encolar papeles, como espesante de líquidos y como apresto de telas.

DEXTRO, prefijo derivado del latín *dexter,* que significa *derecho* y entra en la composición de voces científicas.

DEXTRÓGIRO, RA adj. *Fís.* Dícese de las substancias que desvían hacia la derecha la luz polarizada. (V. POLARIZACIÓN.)

DEXTROSA f. *Quím.* Glucosa.

DEYECCIÓN f. Detritos, heces que resultan en la elaboración de ciertos productos.
— *Geol. Cono de deyecciones,* terreno cónico, de pendiente más o menos pronunciada, formado por los materiales arrastrados por un torrente cuando el cauce de éste experimenta una desnivelación brusca e importante, por ejemplo, al pie de una montaña.

DEYECTOR m. *Mec.* Dispositivo que, en ciertas calderas, tiene por objeto precipitar en forma de poso las sales y otros cuerpos que se hallan en suspensión en el agua y facilita su evacuación.

DI, prefijo que indica *duplicación* y que, en química, figura la presencia de dos átomos o grupos de átomos en una molécula.

Di, símbolo químico atribuido al *didimio* cuando se creía que éste era un cuerpo simple.

DIA, prefijo griego que significa *a través de* y entra en la composición de numerosas palabras.

DÍA m. *Astr.* y *Metr.* Tiempo que tarda la Tierra en dar una vuelta alrededor de su eje y cuya duración difiere ligeramente según la referencia adoptada para medir dicha revolución. (V. más abajo.) ‖ *Día astronómico,* día de 24 horas contadas a partir del paso superior por el meridiano del astro que sirve de referencia: *el día astronómico puede ser verdadero, sidéreo o medio.* ‖ *Día civil,* día de 0 ó 24 horas contadas a partir del paso inferior del astro de referencia por el meridiano, o sea contadas entre dos medias noches sucesivas. ‖ *Día sidéreo,* intervalo entre el paso dos veces consecutivas de una misma estrella por el meridiano del lugar: *el día sidéreo dura por término medio 23 h, 56 mn, y 4,09 s, y experimenta variaciones de hasta 0,01 s en más o en menos.* ‖ *Día solar verdadero,* intervalo entre dos pasos consecutivos del Sol por un meridiano.
— La duración del *día solar verdadero* varía según la posición de la Tierra en su órbita; de ahí la necesidad de adoptar el *día solar medio,* promedio de la duración del día solar en el curso de un año completo. (V. tb. NOCHE.)

OBSERV. La duración del *día* en la Luna y los planetas se indica en los artículos correspondientes.

DIABASA f. *Geol.* y *Miner.* Roca eruptiva de color verdoso y de textura granítica, cuyos cristales o granos son invisibles a simple vista.

DIABLA f. *Text.* Abridora * de lana. (Sinón. DIABLO.)

DIABLÁSTICO, CA adj. *Geol.* Dícese de cierta textura que pueden adoptar los esquistos cuando los cristales grandes del mineral retienen en los huecos e insterstícios inclusiones de otros minerales.

DIABLO m. *Carp. Amer.* Arrancaclavos.
— *Text.* Abridora *. (Sinón. DIABLA.)
— *Transp.* Carromato especial para transportar los troncos grandes. (V. *figura*).

DIÁBOLO m. *Aeron.* Nombre que se da a los pies del tren de aterrizaje cuando tienen dos ruedas gemelas: *en los aviones grandes el diábolo permite distribuir la carga sobre una superficie mayor de pista, así como reducir el diámetro de las ruedas y alojarlas en la célula durante el vuelo.*
— *Mec.* Pieza de madera en forma de dos conos unidos por el vértice que, en ciertas máquinas herramienta, baña en el aceite de un depósito y engrasa con el mismo las correderas, según se ve en la figura.

DIACETILÉNICO, CA adj. *Quím.* Dícese de los compuestos cuya molécula contiene dos enlaces acetilénicos triples.

DIACETONAALCOOL m. *Cin.* y *Quím.* Líquido incoloro que se obtiene polimerizando la acetona y se utiliza como disolvente de la nitrocelulosa en la fabricación de películas para cinematografía.

DIÁCIDO m. *Quím.* Cuerpo dotado de dos funciones ácidas: *en la fórmula de los diácidos orgánicos siempre figura dos veces el grupo CO_2H.* (Sinón. BIÁCIDO.)

DIACLASA f. *Geol.* Grieta o quebradura del terreno sin corrimiento relativo de los bordes.

DIACROMÍA f. *Fot.* Procedimiento de viraje por tintura de pruebas previamente tratadas con un mordiente.

DIACÚSTICA f. *Fís.* Parte de la acústica que trata de la refracción de los sonidos y de las modificaciones que éstos experimentan al atravesar los diferentes medios.

DIAFANIDAD f. *Fís.* Calidad de diáfano.

DIÁFANO, NA adj. *Fís.* Dícese de los cuerpos que, como el cristal esmerilado, dejan pasar la luz pero no son transparentes. (Sinón. TRANSLUCIENTE.)
— *Ocean.* Dícese de las aguas comprendidas entre el nivel del mar y la máxima profundidad a la cual llega la luz solar, que suele ser de unos 400 m.

DIAFANOGRAFÍA f. Reproducción de dibujos mediante calco de los mismos con papel translúcido.

DIAFONÍA f. *Radiot.* Transmodulación.
— *Tecn.* Defecto de grabación de un disco de gramófono, consistente en la deformación de un surco por los surcos contiguos, que se traduce por la percepción de sonidos parásitos.
— *Telec.* Fenómeno de inducción al cual se debe que en una línea telefónica se oiga la conversación sostenida en otra línea, aunque no exista el menor contacto entre ésta y aquélla.
— La *diafonía* se evita cruzando de vez en cuando los hilos paralelos de las líneas muy largas e intercalando en las mismas bobinas * de carga.

DIAFONÓMETRO m. *Telec.* Aparato eléctrico que sirve para apreciar los efectos de la diafonía en los circuitos telefónicos.

DIAFORITA f. *Miner.* Sulfoantimoniuro de plata y plomo.

DIAFOTIA f. *Radiot.* Aparición en la pantalla del televisor de una imagen parásita superpuesta a la imagen principal.

DIAFRAGMA m. *Electr.* Hoja porosa o tabique de cualquier materia impermeable a las moléculas, pero capaz de dejar pasar los iones, que se emplea en las pilas de dos líquidos y para dividir en compartimientos los recipientes usados en ciertas operaciones electroquímicas.
— *Fot.* y *Ópt.* Dispositivo para regular la entrada de luz en las cámaras de fotografía, cinematografía y televisión, así como en muchos instrumentos de óptica.
— Los *diafragmas* suelen hallarse dispuestos en la montura del objetivo y entre las lentes del mismo. El más simple, llamado *diafragma de compuerta*, consiste en una lámina de metal ennegrecido, provista de varios orificios de diámetro diferente, cuyo extremo sale de la montura del objetivo por una ranura y permite correr la lámina para situar en el eje óptico el orificio deseado. El tipo de diafragma más común en los aparatos fotográficos es el *diafragma iris*, constituido por una serie de laminillas en forma de guadaña y superpuestas de tal modo que obturan el objetivo, salvo en la parte central, donde los bordes internos de las laminillas dejan un orificio prácticamente circular. Cada laminilla tiene dos puntos de articulación: uno con la montura del objetivo y el otro con una corona reguladora de la abertura. Al hacer girar la corona, ésta inclina simultáneamente todas las laminillas hacia el centro o hacia el exterior y permite variar así el diámetro de la abertura. La corona lleva una graduación adoptada universalmente y cuyo significado se explica en el art. ABERTURA.
— *Tecn.* Membrana flexible de mica u otras materias, que, en los gramófonos, recibe las vibraciones de la aguja y las transmite a su vez al aire para reproducir los sonidos registrados en los surcos del disco. (V. GRAMÓFONO.) ‖ Tabique dispuesto transversalmente en un tubo para suprimir la comunicación entre dos tramos del mismo.
— Los tabiques elásticos de cuero, caucho y otras materias se usan a modo de émbolo en ciertas bombas especiales de escaso caudal y de carrera muy corta, en aplicaciones que requieren una estanqueidad absoluta. (V. BOMBA *de membrana.*)
— *Telec.* Disco de hierro dulce o de acero al silicio que constituye la membrana vibrante de los auriculares * usados en telefonía y radiocomunicaciones, y que también se usa en ciertos micrófonos y altavoces.

DIAFRAGMAR v. *Fot.* y *Ópt.* Reducir con el diafragma * el diámetro del haz luminoso que atraviesa un objetivo. (V. ABERTURA.)

DIAGÉNESIS o **DIAGENIA** f. *Geol.* Transformación de los sedimentos por el agua infiltrada u otros agentes externos que tienden a consolidarlos y petrificarlos.

DIAGOMETRÍA f. *Electr.* Medición de la conductibilidad eléctrica de los cuerpos.

DIAGÓMETRO m. *Electr.* Electrómetro propio para medir la conductibilidad eléctrica.

DIAGONAL adj. y s. *Carp.* Riostra, madero inclinado del entramado, que refuerza la unión de las carreras con los pies derechos.
— *F. c.* Tramo de vía que enlaza entre dos agujas, dos vías paralelas.
— *Geom.* Dícese de la recta que une dos vértices no contiguos de un polígono o dos vértices situados en distintas caras de un poliedro: *un polígono de* n *lados tiene* $\frac{n\,(n-3)}{2}$ *diagonales.*
— *Text.* Dícese de los tejidos cuyo ligamento presenta la forma de rayas oblicuas.

DIAGRAFÍA f. *Ópt.* Arte de dibujar con el diágrafo.
— *Petr.* Inscripción continua, en forma de gráfico, de las variaciones de una magnitud física en función de la profundidad de un sondeo, por ejemplo, la resistividad del terreno a lo largo del pozo.

DIÁGRAFO m. *Ópt.* Cámara * clara.

DIAGRAMA m. Figura gráfica que representa la evolución de un fenómeno o una función determinada, y también que ilustra datos estadísticos. (Sinón. GRÁFICO.)
— *F. c.* Representación de la marcha de los trenes que circulan por una misma vía, en la cual se adoptan las abscisas para figurar el tiempo y las ordenadas para las distancias, comprendiendo en éstas las bifurcaciones, estaciones y otros detalles de la línea.
— *Mec.* Representación gráfica de la evolución del fluido motor en los cilindros.
— En un *diagrama* las abscisas representan la carrera del émbolo y las ordenadas la presión instantánea correspondiente. La superficie limitada por el diagrama es proporcional al trabajo indicado, o sea al trabajo del fluido en el cilindro. Los diagramas son trazados merced a dispositivos llamados indicadores. (V. INDICADOR.)
— *Radiot.* Gráfico que indica en coordenadas polares la intensidad de la energía radiada por la antena en las distintas direcciones.

DIAGRAMÁGRAFO m. *Mec.* Instrumento que se adapta a una máquina de vapor y que traza sus diagramas *. (Sinón. INDICADOR.)

diablo *(transp.)*

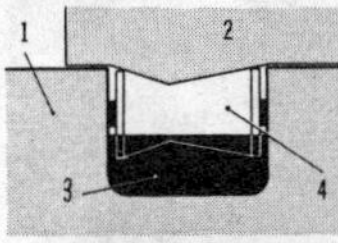

diábolo *(mec.)*
1. Bastidor; 2. Mesa; 3. Aceite; 4. Diábolo

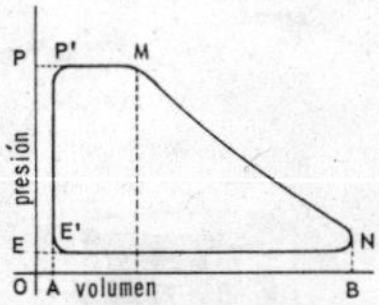

diagrama de máquina de vapor: AB. Carrera del émbolo; OP. Presión de admisión; OE. Presión de escape; E'P'. Período de admisión; P'M. Período de presión máxima; MN. Período de expansión; NE'. Período de escape

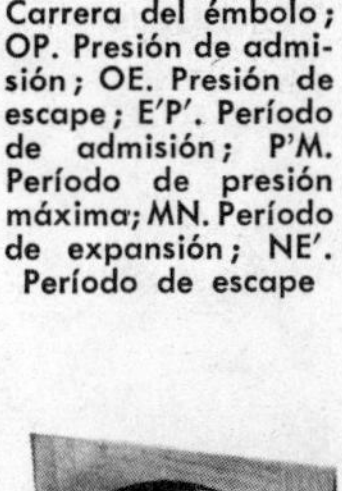

diafragma *(fot.)*

Fot. Larousse

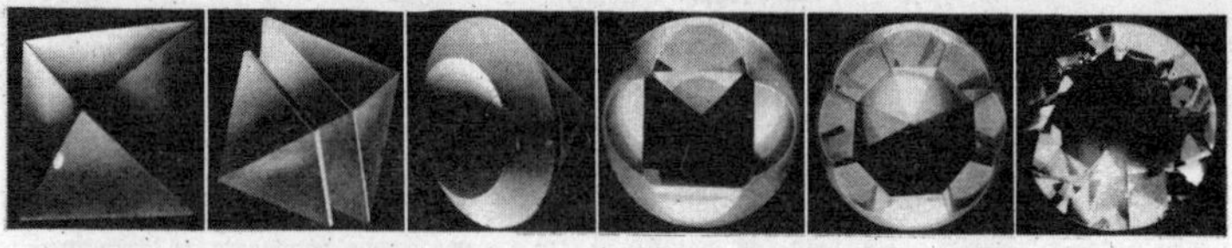

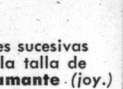

fases sucesivas de la talla de un **diamante** *(joy.)*

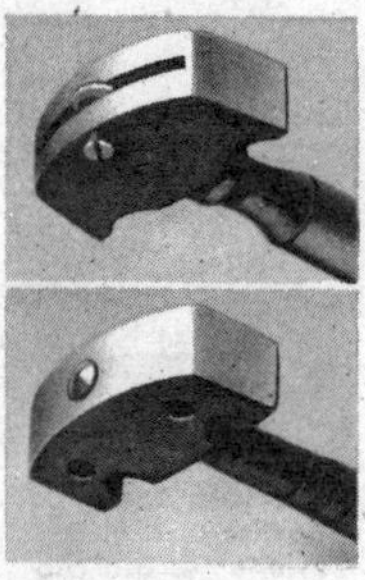

diamantes de disco y de gema *(vidr.)*

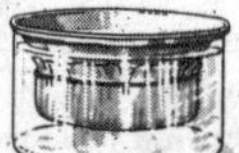

dializador

DIAL m. *Quím.* Dialdehído.
— *Radiot.* Escala graduada de los aparatos radiorreceptores que indica el nombre de las estaciones, su longitud de onda y su frecuencia.

DIALCOOL m. *Quím.* Cuerpo cuya molécula contiene dos radicales alcohólicos. (Sinón. DIOL y GLICOL.)

DIALDEHÍDO m. *Quím.* Cuerpo que contiene en su molécula dos grupos aldehídos. (Sinón. DIAL.)

DIALIL, prefijo usado en química para indicar la presencia en un compuesto de dos radicales alilo.

DIALISAR v. *Quím.* Dializar.

DIÁLISIS f. *Quím.* Método de análisis y de separación fundado en la propiedad que tienen ciertos cuerpos, con mayor facilidad que otros, de atravesar las membranas porosas.
— La vejiga de cerdo, el papel apergaminado, la celófana y otros cuerpos obran a modo de tamices de mallas tan pequeñas como las moléculas ordinarias y a través de las cuales pueden pasar las substancias cristalinas, pero no los coloides. La *diálisis* aprovecha dicha propiedad para efectuar la separación de las gomas y los azúcares, dosificar la urea de la sangre, descubrir la presencia de ciertos venenos disueltos, etc. Con dicho fin se utiliza el aparato llamado *dializador* *.

DIALIZABLE adj. *Quím.* Que puede ser dializado.

DIALIZADOR m. *Quím.* Instrumento propio para efectuar diálisis.
— El *dializador* consta de una cuba llena de agua en la cual se introduce el fondo —provisto de una membrana— de la cubeta que contiene la mezcla que se ha de dializar. Las substancias cristalinas atraviesan la membrana y pasan al agua, mientras que los coloides quedan en la cubeta.

DIALIZAR v. *Quím.* Purificar o separar por diálisis las substancias disueltas en una mezcla. (Sinón. DIALISAR.)

DIALOGITA f. *Miner.* Carbonato natural de manganeso generalmente adulterado por la presencia de hierro, calcio y magnesio.

DIAMAGNÉTICO, CA adj. *Magn.* Dícese de cuerpos que, al ser sometidos a campos magnéticos, se imantan muy poco, con la particularidad de hacerlo en el sentido inverso del campo inductor, por cuya razón estos cuerpos son repelidos por los imanes. (V. DIAMAGNETISMO.)

DIAMAGNETISMO m. *Magn.* Propiedad de las substancias cuya susceptibilidad * magnética es negativa.
— El *diamagnetismo* no es un fenómeno raro, dado que todos los cuerpos conocidos son magnéticos o diamagnéticos, y entre los últimos figuran el bismuto, el antimonio, el oro, el alcohol, el agua, etc. Cuando estas substancias son imantadas por influencia, sus polos * quedan invertidos y, en vez de ser atraídas por los imanes, como lo es el hierro, son repelidas por ellos.

DIAMANTADO, DA adj. Semejante o parecido al diamante: *brillo diamantado.* ‖ Provisto de diamantes: *muela diamantada.* ‖ Tratándose de plumas, provisto de una punta de metal duro (generalmente de iridio): *estilográfica con pluma de oro de punta diamantada.*
— *Metal. Metal diamantado,* v. METAL.

DIAMANTAR v. Conferir a una cosa el brillo u otra calidad del diamante.
— *Metal.* Rectificar con el diamante el perfil de una muela de afiladora.

DIAMANTE m. *Arq. Punta de diamante,* motivo ornamental en forma de pirámide de escasa altura que se labra principalmente en la cara aparente de los sillares y en las labores de almohadillado *.
— *Art. gráf.* Ala * de mosca.
— *Joy.* Cristal de carbono puro que, convenientemente tallado, constituye la más apreciada entre todas las gemas. (V. más abajo *Miner.* y *Quím.*) ‖ *Diamante bruto,* el que aún no ha sido tallado.
— Es errónea la creencia de que el *diamante* destella naturalmente. En realidad, esta propiedad, acentuada por su elevado índice de refracción, resulta de las facetas talladas en su superficie. La talla consta de tres operaciones principales: partición del cristal bruto rompiéndolo por planos de crucero * apropiados o bien aserrándolo por sus ejes de cristalización con discos de cobre y una pasta de polvo de diamante en aceite; desbastado, que consiste en darle forma cónica por desgaste recíproco con otra de las gemas que se han de labrar; por último, talla de las facetas. Para manipular fácilmente los cristales durante estas operaciones se engastan en un soporte llamado *dop* *. Las formas principales de tallar los diamantes son las siguientes: brillante, pendeloque, rosa y tabla. Para distinguir rápidamente un diamante de una imitación de cristal basta frotarlos con un lápiz de aluminio, el cual deja una marca en el cristal, pero no en la gema.
— *Mar.* Punta cónica que tiene el ancla * ordinaria en la unión de los dos brazos.
— *Min. Corona de diamantes,* v. CORONA.
— *Miner.* y *Quím.* Carbono puro que se halla cristalizado al estado natural y se beneficia principalmente en el Brasil, África del Sur e India.
— El *diamante* puede presentar tres formas diferentes: *diamante incoloro,* que es la piedra preciosa más apreciada de entre cuantas se usan en joyería; *bort* *, cuyos cristales translúcidos, de caras redondeadas, se usan para pulir los anteriores; *carbonado,* de color negruzco, que tiene usos industriales.
Los *diamantes* suelen hallarse en los aluviones. Los yacimientos de El Cabo son antiguas chimeneas de volcanes llenas de kimberlita, de la cual cada tonelada da por término medio 0,1 g de diamante.
La dureza del diamante corresponde al nº 10 de la escala de Mohs. Su densidad es de 3,5 y su índice de refracción, tan elevado que, convenientemente tallado, refleja casi toda la luz recibida. Al ser calentado a 1 850º al abrigo del aire se transforma en grafito.
Los diamantes se han formado por efecto conjugado de altas presiones y temperaturas. Hoy se fabrican industrialmente pequeños diamantes en prensas muy potentes. (V. seguidamente *Tecn.*)
— *Tecn.* La industria consume cantidades considerables de *diamantes industriales* (bort, carbonado) y de desechos suministrados por los talladores de gemas. También utiliza diamantes pequeños que ya se fabrican sintéticamente. No se trata de imitaciones, sino de verdaderos diamantes obtenidos sometiendo el grafito a presiones elevadísimas (entre 50 000 y 130 000 atmósferas) y a temperaturas de 1 400 a 2 400º, en prensas especiales cuya fuerza corresponde a una carga de 1 000 toneladas.
Los principales usos industriales de los diamantes son los siguientes: sondeo de pozos petrolíferos (v. CORONA), rectificación de muelas abrasivas, confección de hileras * para obtener alambres finísimos, y de herramientas para labrar metales; elaboración de muelas y polvos abrasivos, etc.
— *Vidr.* Instrumento utilizado por los vidrieros para cortar los cristales, así llamado porque primitivamente consistía en un diamante engastado en un mango, aunque hoy se suele reemplazar la piedra por una ruedecita de metal muy duro y de borde acerado. (Sinón. CORTAVIDRIO.)

DIAMANTÍFERO, RA adj. *Miner.* Que contiene diamantes: *una chimenea diamantífera.*

DIAMANTINA f. *Tecn.* Polvo para pulir a base de alúmina cristalizada.

DIAMETRAL adj. *Geom.* Relativo o perteneciente al diámetro.
— *Mar. Plano diametral,* el que divide al barco en dos mitades longitudinales.

Fot. Larousse

DIÁMETRO m. *Astr. Diámetro aparente de un astro,* ángulo bajo el cual se ve un astro cuando éste es suficientemente grande o se halla lo bastante cerca del observador para presentar un disco.
— El *diámetro aparente* del astro S es el ángulo AOB de las líneas visuales que, partiendo del observador O, son tangentes al astro en A y B. Prácticamente, y dadas las distancias que median entre los astros, la cuerda AB puede ser asimilada al diámetro efectivo del astro S. Así, conociendo el diámetro aparente, que es angular, y la distancia entre el observador y el astro, se puede deducir el diámetro lineal del mismo. Los diámetros aparentes de los astros del sistema solar y de ciertas nebulosas pueden medirse, ya directamente, ya en sus fotografías, por métodos micrométricos. Los de ciertas estrellas han podido ser medidos por interferometría.
— *Geom.* Línea recta que une dos puntos de una circunferencia, curva cerrada o esfera pasando por su centro. ‖ Tratándose de una curva dotada de un sistema de cuerdas paralelas, línea que atraviesa la figura cortando todas las cuerdas por la mitad. ‖ *Diámetros conjugados,* dícese de los diámetros cuando cada uno de ellos corta por la mitad las cuerdas paralelas al otro.
— *Mec.* En los planos de construcción el diámetro se designa con el símbolo ϕ que se lee *fi.*
DIAMIDA f. *Quím.* Cuerpo que posee dos funciones amidas.
DIAMIDO, prefijo usado incorrectamente en química en vez de *diamino,* que es como debe decirse.
DIAMIDOFENOL m. *Fot.* y *Quím.* Diaminofenol.
DIAMINA f. *Quím.* Cuerpo que posee dos funciones aminas.
DIAMINOFENOL m. *Fot.* y *Quím.* Substancia cristalina que se obtiene por reducción del dinitrofenol. (Sinón. incorrecto DIAMIDOFENOL.)
DIAMINORRESORCINA f. *Fot.* y *Quím.* Cuerpo que se obtiene por reducción de la dinitrorresorcina: *el clorhidrato de diaminorresorcina es un revelador fotográfico.*
DIAMÓNICO, CA adj. Dícese de los compuestos en los cuales dos átomos de hidrógeno han sido reemplazados por dos radicales amonio.
DIANISIDINA f. *Quím.* Substancia obtenida por reducción del ortonitroanisol y usada para preparar colorantes azoicos * de tipo sustractivo.
DIANTINA f. *Quím.* Colorante derivado de la fluoresceína: *la diantina es una diyodofluoresceína.*
DIAPASÓN m. *Acúst.* Instrumento vibrante que da un sonido de altura determinada y sirve para afinar los instrumentos de música o dar el tono a los cantantes.
— El *diapasón común* consiste en una barra de acero doblada en forma de U. Sea cual fuere el método empleado para hacer vibrar sus ramas, la cantidad de vibraciones por segundo es invariable y lo es, por consiguiente, el sonido engendrado. El *diapasón oficial* da el *la* normal o *la 3* (435 vibraciones por segundo). Algunos consideran que este diapasón da sonidos demasiado graves y otros demasiado agudos. Los primeros usan un diapasón de 440 períodos y los otros uno de 432 períodos. El *diapasón eléctrico* permite entretener las vibraciones indefinidamente merced a un electroimán y a un contacto semejantes a los que se usan en los timbres eléctricos. Los *diapasones de boca* son pitos que dan el *la* normal, aunque también los hay para otras notas.
DIAPIR m. *Geol.* Formación cilindroidea de rocas profundas y relativamente ligeras que, en lento movimiento ascendente, han atravesado las capas de rocas más recientes y densas.
DIAPOSITIVA f. *Fot.* Imagen positiva tirada sobre soporte transparente y fijada en un marco de cristales, plástico o cartón a propósito para ser observada por transparencia o proyectada sobre una pantalla: *las diapositivas de uso más corriente miden 18 × 24 mm, 24 × 36 mm, 60 × 60 mm y 85 × 100 mm.*
DIASCOPIO m. Proyector * de diapositivas.
DIÁSPERO m. *Joy.* y *Miner.* Diaspro.
DIASPORÁMETRO m. *Topogr.* Diastimómetro * de ángulo variable constituido por dos prismas cuya rotación se efectúa automáticamente.
DIÁSPORO m. *Miner.* Alúmina hidratada natural, de fórmula AlOOH.
DIASPORÓMETRO m. Diasporámetro.
DIASPOSITIVO m. *Fot.* Barb. por *diapositiva.*
DIASPRO m. *Joy.* y *Miner.* Nombre dado indistintamente a algunas variedades de jaspe. ‖ *Diaspro sanguíneo,* heliotropo.
DIASTASA f. *Quím.* Enzima de germen de cebada que transforma el almidón en maltosa. ‖ Por ext., cualquier enzima.
DIÁSTILO adj. y s. *Arq.* Dícese de los edificios entre cuyas columnas existe un claro de seis módulos o tres veces el diámetro de las columnas.
DIASTIMÓMETRO o **DIASTÓMETRO** m. *Topogr.* Instrumento para medir automáticamente distancias cortas en el terreno.
— La figura ilustra el principio en que se funda el *diastimómetro.* Éste consiste en un prisma muy agudo que desvía los rayos luminosos en 1 % y que se halla montado ante media parte del objetivo de un anteojo. Si se visa con éste la marcación de una mira, se observarán dos imágenes: una directa, en A, y otra refractada por el prisma en B. Una escala graduada da la distancia AB en cm y bastará con multiplicarla por 100 para obtener el valor de la distancia D en metros.

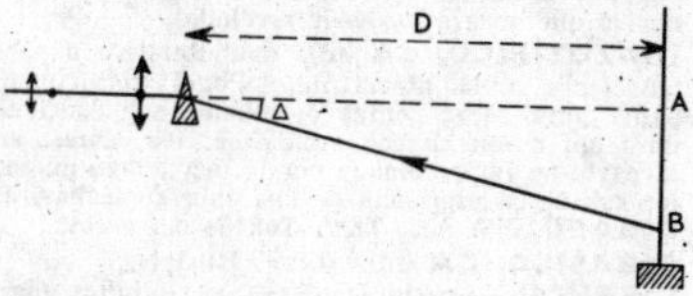

diastimómetro

DIATERMANCIA y **DIATERMANIDAD** f. *Fís.* Propiedad de los cuerpos diatérmanos.
— La *diatermancia* es respecto a los rayos infrarrojos lo que la transparencia respecto a la luz. No existe ningún cuerpo absolutamente diatérmano, pues todos absorben una proporción más o menos grande de los rayos caloríferos que los atraviesan, según sea la índole de la substancia, su espesor y la longitud de onda de las radiaciones.
DIATÉRMANO, NA adj. *Fís.* Dícese de los cuerpos que dejan pasar con facilidad el calor a través de su masa. (Sinón. DIATÉRMICO.)
DIATERMIA f. *Electr.* y *Med.* Arsonvalización.
DIATÉRMICO, CA adj. *Fís.* Diatérmano.
DIATÓMICO, CA adj. *Quím.* Dícese de las moléculas de cuerpos simples o compuestos que constan de dos átomos: *la molécula de oxígeno es diatómica.*
DIATÓNICO, CA adj. *Arq. Aparejo diatónico,* V. APAREJO.
DIAZINA f. *Quím.* Cada uno de los tres compuestos que se obtienen al reemplazar dos átomos de la molécula de piridina (uno de carbono y otro de hidrógeno) por uno sólo de nitrógeno.
DIAZO m. *Quím.* Abreviatura corriente de *diazoico* y de *diazonio.* ‖ Prefijo que indica la presencia del grupo diazonio en una molécula.
DIAZOACIÓN f. *Quím.* Operación consistente en transformar una amina aromática en un diazoico, haciendo obrar el ácido nitroso sobre la amina.
DIAZOAMINADO, DA adj. *Quím. Derivados diazoaminados,* dícese de los cuerpos cuyo prototipo es el diazoaminobenceno.
DIAZOAMINOBENCENO m. *Quím.* Cuerpo que resulta de la condensación del cloruro de benceno y diazonio sobre la anilina.
DIAZOAR v. *Quím.* Transformar una amina en derivado azoico. (V. DIAZOACIÓN.)
DIAZOBENCENO m. *Quím.* Radical monovalente de fórmula $C_6H_5—N\equiv N$.
DIAZODINITROFENOL m. *Expl.* y *Quím.* Compuesto obtenido mediante diazoación del ácido picrámico y usado como fulminante.
DIAZOICO, CA adj. y s. *Quím.* Dícese de los compuestos que contienen en su molécula un grupo de dos átomos de nitrógeno, uno de los cuales enlazado con un radical arilo y el otro con un grupo ácido: *los diazoicos o sales de diazonio representan un papel importante en la fabricación de los colorantes azoicos *.*

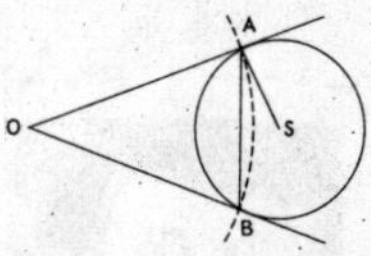

diámetro aparente *(astr.)*

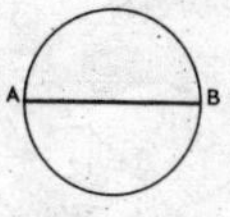

diámetro *(geom.)*

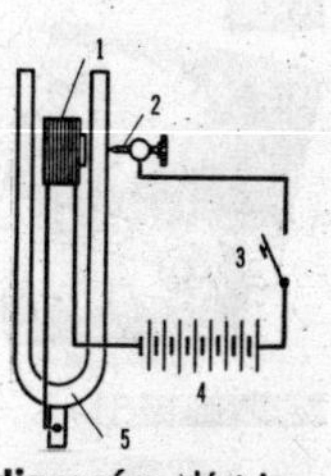

diapasón eléctrico
1. Electroimán; 2. Tornillo de contacto; 3. Interruptor; 4. Pila; 5. Diapasón

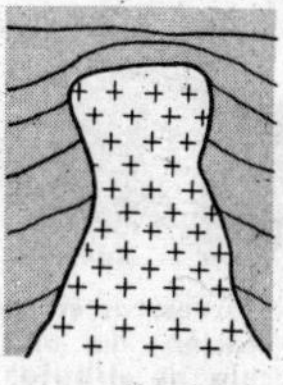

diapir

fases sucesivas en la realización de una película de dibujos animados

DIAZOL m. *Quím.* Núcleo heteróclito de cinco átomos, dos de los cuales son de nitrógeno.

DIAZOMETANO m. *Quím.* Gas tóxico y vesicante, de fórmula CH_2N_2, que es el más poderoso de todos los agentes de metilación *.

DIAZONIO m. *Quím.* Radical de fórmula arN_2 (en la cual *ar* es el símbolo de un arilo), presente en los derivados diazoicos, cuyas sales se llaman *sales de diazonio.*

DIAZOTACIÓN f. *Quím.* Diazoación, que es la forma correcta en castellano.

DIAZOTAR v. *Quím.* Diazoar, que es como debe decirse.

DIAZOTIPIA f. *Fot.* Procedimiento para sacar copias fotográficas fundado en la destrucción de los derivados azoicos por la luz.
— La *diazotipia* se usa principalmente para sacar copias de planos. En la parte no expuesta del papel diazotípico se forman derivados azoicos que toman un color intenso al ser sometido el papel a la acción del amoniaco u otro producto básico que obra a modo de revelador.

DIAZOTÍPICO, CA adj. *Fot.* Relativo o perteneciente a la diazotipia. ‖ *Papel diazotípico,* papel para sacar copias de planos que contiene un fenol o una amina aromática, los cuales, en la parte no impresionada por la luz, toman un color subido en presencia de una substancia básica.

DIBAFO, FA adj. *Text.* Teñido dos veces.

DIBÁSICO, CA adj. *Quím.* Bibásico.

DIBENCIL, prefijo empleado en química para indicar la presencia en una molécula de dos radicales bencilo introducidas en la misma por substitución.

DIBENCILAMINA f. *Quím.* Arilamina que se obtiene, en forma de líquido espeso, al hacer obrar el amoniaco sobre el cloruro de bencilo.

DIBENCILO m. *Quím.* Hidrocarburo sólido, que funde a 52° y resulta de la acción del sodio sobre el cloruro de bencilo, de la condensación del cloruro de etileno sobre el benceno o, finalmente, de la hidrogenación del estilbeno o de la benzoína. (Sinón. BIBENCILO.)

DIBENZOIL, prefijo empleado en química para indicar la presencia de dos radicales benzoilo en cada molécula.

DIBENZOILO m. *Quím.* Bencilo.

DIBETÚ m. *Bot.* y *Carp.* Árbol meliáceo *(Lovoa)* del África tropical, cuya madera es muy apreciada para labores de ebanistería.

DIBROM, prefijo usado en química para indicar la presencia de dos átomos de bromo en una molécula.

DIBROMÍNDIGO m. *Quím.* Substancia colorante que, según los análisis, ha resultado ser la misma contenida en la púrpura que los romanos extraían del múrice.

DIBUJO m. Representación sobre una superficie generalmente plana de las formas de un objeto, independientemente de sus colores. ‖ Plano. ‖ *Dibujo geométrico,* el que reproduce las exactas proporciones geométricas de un objeto. ‖ *Dibujo leucográfico,* dibujo hecho en blanco sobre fondo negro. ‖ *Dibujo lineal,* el que, por oposición al dibujo artístico, sirve para representar objetos industriales con fines técnicos, figuras de geometría, dibujos de arquitectura y topografía, etc. (V. más adelante *Tecn.*) ‖ *Dibujo en perspectiva,* v. PERSPECTIVA.
— *Arq. Dibujo de arquitectura,* representación de las vistas en plano, elevación, perfil y cortes de un edificio. (V. más adelante *Tecn.*)
— *Cin. Dibujos animados,* procedimiento fundado en la técnica de la animación *, merced al cual se realizan películas cinematográficas que, en vez de hallarse constituidas por una serie de fotografías, constan de una sucesión de dibujos. (V. ANIMACIÓN y CINEMATOGRAFÍA.)
— La única diferencia entre las películas ordinarias y las de *dibujos animados* reside en el hecho de que en éstas las distintas fases de un movimiento son reproducidas por otros tantos dibujos en vez de un número igual de fotografías. Los dibujos, llamados *fitas,* se hacen en planchas de celuloide convenientemente perforadas para que, al ser fijadas durante la toma de vistas, coincidan exactamente. El dibujante, después de haber estudiado cuidadosamente el movimiento que desea reproducir (por ejemplo, efectuándolo él mismo ante un espejo) dibuja la primera y última fitas, o sea las fases inicial y terminal del movimiento. Habiendo ya medido el tiempo que dura el movimiento y sabiendo que la película se proyectará a razón de 24 imágenes por segundo, calcula el número de fitas necesarias y divide por el mismo la amplitud del movimiento. Tiene así una indicación precisa de los cambios de posición que ha de introducir en un dibujo respecto al dibujo anterior y puede entonces ir haciendo las fitas, colocando cada vez un celuloide en blanco sobre la última fita. Para simplificar el trabajo, solamente dibuja los personajes y objetos. En efecto, es obvio reproducir cada vez el fondo a menos que en éste exista algún motivo animado. Cuando las fitas han sido terminadas se iluminan por el dorso con pintura al temple y, una vez dibujados los fondos aparte, se procede a la toma de vistas. Cada una de las fitas se dispone entre el fondo y los primeros planos fijos, si los hay, y una vez fotografiada es reemplazada por la fita siguiente. En ciertos casos (personaje en bicicleta, por ejemplo) el fondo consiste en un largo dibujo que avanza lateralmente entre las tomas de vistas para dar la ilusión de que la cámara sigue al protagonista.
Los dibujos animados no son solamente una mina inagotable de efectos cómicos en el campo de los espectáculos; también permiten demostrar esquemáticamente no pocos fenómenos científicos y divulgar con claridad técnicas muy complejas.
— *Tecn. Dibujo industrial,* dibujo lineal y a la escala de las instalaciones, máquinas, piezas mecánicas, productos fabricados y otros objetos.
— El *dibujo industrial,* así como las demás formas de dibujo lineal, suele hacerse con tinta china sobre papel translúcido especial, que puede ser raspado en caso de error sin que se corra luego la tinta al efectuar la enmienda y que permite sacar copias por heliografía.
De todos los instrumentos requeridos, las reglas graduadas, la regla de escuadra, los cartabones y el semicírculo graduado pueden ser ventajosamente reemplazados por el dispositivo mecánico de los modernos tableros de dibujo (v. TABLERO *mecánico*). Otros instrumentos usados son las plantillas para curvas (v. ACORDADA), los compases y bigoteras, las cámaras * claras, el pantógrafo, etc.
Para hacer un dibujo industrial se procede generalmente en tres tiempos. En primer lugar se hace un croquis a mano alzada, o sea sin regla ni compás, en el cual se representa groseramente el objeto, aunque indicando sus cotas exactas. Se han de dar tantas vistas diferentes y tantas cotas cuantas sean necesarias para que, siguiendo las indicaciones del dibujo, y sin tener necesidad de ver la pieza, el oficial pueda reproducirla. Generalmente se requieren tres vistas: elevación, plano y perfil. Si se trata de un objeto complicado, especialmente si es ahuecado, se agregan a las tres vistas cortes de la pieza en número suficiente para determinar sin error posible su forma exacta, incluso en sus partes internas.
A partir de los dibujos a mano alzada y, reduciendo o aumentando las cotas con arreglo a la escala adoptada, se trazan los dibujos a lápiz en el papel vegetal, pasándolos luego con tinta china después de haber comprobado cuidadosamente todas sus indicaciones.
— *Topogr.* El *dibujo topográfico* requiere conocimientos especiales, tanto de agrimensura como de las técnicas necesarias para figurar los accidentes del terreno. El relieve del suelo puede ser representado por medio de líneas de nivel acotadas o de rayitas yuxtapuestas de longitud y orientación determinadas por la escala y por la longitud de las desnivelaciones. Ambas representaciones, por hacerse a mano alzada, exigen mucha habilidad y un conocimiento suficiente de los tonos que figuran cada accidente del suelo.

DICÁLCICO, CA adj. *Quím.* Dícese de las sales que se obtienen al reemplazar dos átomos de hidrógeno de un ácido por dos átomos de calcio.

DICETO, prefijo usado para indicar que la molécula de un cuerpo tiene dos funciones cetona.

DICETONA f. *Quím.* Nombre dado a los compuestos cuya molécula contiene dos veces el grupo CO, propio de las cetonas.

DICLOR, prefijo usado en química para indicar la presencia de dos átomos de cloro en la molécula de un compuesto.

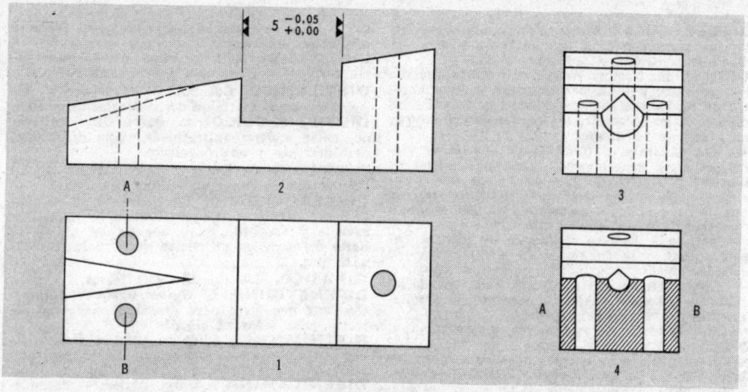

dibujo industrial
1. Plano; 2. Alzado o elevación; 3. Perfil; 4. Corte dado por AB; 5. Indicación de la tolerancia
[v. tb. PERSPECTIVA]

DICLORACÉTICO, CA adj. *Quím.* Dicloroacético.

DICLORADO, DA adj. *Quím.* Dícese del cuerpo derivado de otro en el que se han reemplazado dos átomos de hidrógeno por dos de cloro.

DICLORETILENO m. *Quím.* Dicloroetileno.

DICLOROACÉTICO, CA adj. *Quím.* Dícese de un ácido líquido y cáustico que se obtiene calentando cloral con cianuro de potasio y un poco de agua. (Sinón. CLORACÉTICO.)

DICLOROBENCENO o **DICLOROBENZOL** m. *Quím.* Substancia de fórmula $C_6H_4Cl_2$, derivada del benceno, que se usa como antiparasitario.

DICLORODIFENILTRICLOROETANO m. *Quím.* Nombre químico del insecticida designado comercialmente por las siglas D. D. T. *

DICLOROETILENO m. *Quím.* Derivado diclorado del etileno, de fórmula CHCl = CHCl, muy usado como disolvente porque es ininflamable.

DICONO m. *F. c.* Sólido, en forma de dos conos unidos por su base, que se obtiene prolongando el plano de rodadura de las llantas de las dos ruedas de un eje de vagón: *el dicono permite explicar el vaivén * cinemático.*

DICÓTICO, CA adj. *Acúst.* y *Radiot.* Dícese de la sensación auditiva que no es igual en los dos oídos. ‖ En estereofonía, aplícase a las instalaciones reproductoras del sonido que estimulan un oído con mayor intensidad que el otro.

DICÓTOMO, MA adj. *Astr.* Dícese de los astros que presentan la mitad de su disco iluminada por el Sol, como la Luna en sus cuartos creciente y menguante.

DICROICO, CA adj. *Fís.* Que presenta fenómenos de dicroísmo.
— *Fot. Velo dicroico,* v. VELO.

DICROÍSMO m. *Fís.* Propiedad de los cuerpos cuya coloración cambia según el ángulo con que son observados.
— El *dicroísmo* es un fenómeno propio de los medios birrefringentes * en los cuales un rayo incidente se desdobla en dos haces que siguen caminos diferentes. Así, el *circonio* aparece pardo en el sentido de su eje y gris azulino en el sentido perpendicular al mismo; la *cordierita,* por tener sus cristales varios ejes, puede verse, según el sentido de los mismos, azul subido, azul claro y gris amarillento. Estas variaciones se deben a la absorción de una parte de las radiaciones del espectro luminoso. La *turmalina* constituye un caso límite, puesto que sus cristales absorben por completo uno de los dos haces luminosos.

DICROÍTA f. *Miner.* Cordierita.

DICROMÁTICO, CA adj. *Fís.* Dicroico.

DICROMO, MA adj. *Fís.* Dícese de los cuerpos transparentes que, según su espesor, pueden presentar dos colores diferentes.

DICROSCÓPICO, CA adj. *Lupa dicroscópica,* v. LUPA.

DICTÁFONO m. Marca registrada de un magnetófono * para registrar de viva voz las cartas y otros textos que luego se han de escribir.

DICTAR v. *Ofic. Máquina de dictar,* v. MAGNETÓFONO.

DIDIMIO m. *Quím.* Tierra * rara, presente en ciertos minerales de cerio y lantanio, que es una mezcla de neodimio y praseodimio y no, como se creyó al principio, un elemento simple.

DIDODECAEDRO m. *Miner.* Dícese de los cristales constituidos por la unión de dos dodecaedros.

DIECISEISAVO, VA adj. *Art. gráf. En dieciseisavo,* dícese del libro o folleto de 15 a 20 cm de altura que se obtiene imprimiendo 16 páginas por cada cara del papel de marca y plegándolo para obtener 32 páginas. ‖ Dícese de todo casado * de 16 páginas por cara, sea cual fuere el tamaño del papel y el del libro que con el mismo se obtenga.

DIEDRO adj. y s. *Aeron.* Ángulo formado longitudinalmente por el ala de un avión con un plano horizontal.
— Las alas de casi todos los aviones tienen una ligera pendiente desde su extremo hasta el fuselaje. Las dos alas forman así una especie de V muy abierta, o *ángulo diedro,* que aumenta la estabilidad lateral del avión. En ciertos casos el *diedro* puede ser negativo y la V se halla entonces invertida.
— *Geom. Ángulo diedro,* v. ÁNGULO.

DIELÉCTRICO, CA adj. *Electr.* Dícese de los cuerpos que carecen de conductibilidad eléctrica pero en el interior de los cuales puede existir un campo eléctrico al estado estático. (V. AISLANTE.) ‖ *Absorción dieléctrica,* v. ABSORCIÓN. ‖ *Constante dieléctrica,* relación entre la capacidad de un condensador provisto de un dieléctrico determinado y la capacidad del mismo cuando sus armaduras solamente se hallan separadas por el aire. (V. art. encicl.) ‖ *Rigidez dieléctrica,* magnitud del campo eléctrico capaz de hacer saltar la chispa a través de un aislante. (La *rigidez dieléctrica* se expresa por la tensión en voltios que puede soportar el aislante sin riesgo de que se forme un arco.) ‖ *Pérdidas dieléctricas,* v. PÉRDIDA.
— La *constante dieléctrica* es el grado con que una substancia aislante transmite la inducción. La capacidad del condensador es proporcional a la constante de su dieléctrico. A continuación se indica el valor de la constante dieléctrica de algunos cuerpos:

aire	1,0
papel parafinado	1,9
petróleo y aceite	2,2
ebonita	2,6
vidrio	3,0
mica	5 a 8
porcelana	6,5

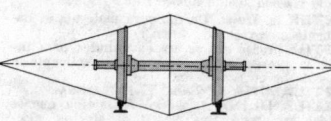

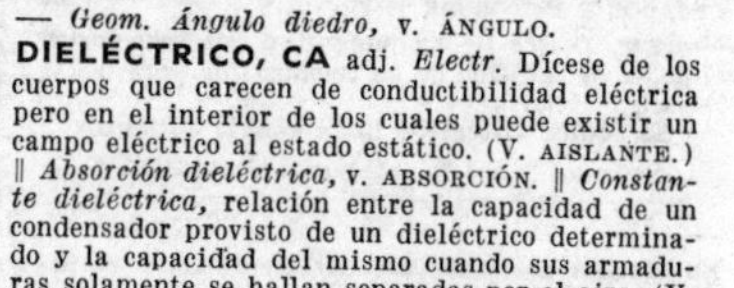

dicono

DIELECTRINA f. *Electr.* Materia aislante constituida por una mezcla de parafina y azufre.
DIENO m. *Quím.* Alcadieno.
DIENTE m. Nombre dado a numerosos apéndices, resaltos, puntas, herramientas y otros objetos de forma más o menos parecida a la de los dientes de los animales: *los dientes de una sierra; un piñón de 12 dientes.*
— *Arq.* Adaraja. ‖ *Cubierta de dientes de sierra,* cubierta generalmente usada para naves de fábricas y almacenes, que consta de una sucesión de cubiertas a dos aguas disimétricas, con una de sus vertientes, la menor y de más pendiente, acristalada. (V. figura CUBIERTAS.)
— *Art. gráf.* Defecto visible en los pliegos impresos cuando la impresión de ambas caras no coincide.
— *Electr.* En los electromotores, cada uno de los tabiques entre los cuales se devanan los arrollamientos del rotor o del estator.
— *Mec. Dientes de engranajes,* v. ENGRANAJE. ‖ *Dientes de sierra,* v. SIERRA.
— *Radiot. En* o *de dientes de sierra,* dícese de la corriente o la tensión cuya intensidad aumenta y disminuye periódicamente de un modo que gráficamente da una curva en forma de dientes de sierra.
— La corriente crece linealmente durante un tiempo determinado al cabo del cual decrece casi instantáneamente. Estas corrientes sirven para desviar el haz electrónico que explora las imágenes en los tubos de las cámaras de televisión y en los televisores. (V. EXPLORACIÓN.)
— *Tecn. Diente de lobo,* bruñidor de ágata usado por los doradores y en otros oficios.
DIERGOL m. *Astron.* Propergol en el cual el combustible y el comburente, contenidos en dos depósitos diferentes, reaccionan al ser mezclados en la cámara de combustión: *el alcohol y el oxígeno líquido constituían el diergol de los primeros cohetes construidos en serie.*
— Los *diergoles* constituyen la forma de propergol * de uso más corriente. Cuando la reacción de sus dos componentes se produce espontáneamente, sin ninguna necesidad de catalizadores o de encendido, el diergol se llama *hipergol* * (caso del ácido nítrico y de la anilina).
DIESEL adj. y s. *F. c. Locomotora Diesel eléctrica,* v. LOCOMOTORA.
— *Mec.* Motor de combustión interna, de compresión elevada, que consume aceite pesado o gasoil. (V. MOTOR.) [Sinón. MOTOR DE ACEITES PESADOS y MOTOR DE INYECCIÓN.]
— *Petr. Índice Diesel,* magnitud que caracteriza el poder de ignición de un combustible para motor Diesel.
— El índice Diesel se halla con la fórmula

$$\frac{\text{densidad * A.I.P.} \times \text{punto de anilina *}}{100}$$

En muchos países se usa preferentemente el índice de cetano *, que es más preciso.
DIESELIZACIÓN f. *F. c.* Transformación de una línea o red de ferrocarriles para adaptarla al tráfico de trenes movidos por locomotoras Diesel, e introducción integral de éstas en vez de las de vapor utilizadas anteriormente. (V. LOCOMOTORA.)
DIESELIZAR v. *F. c.* Reemplazar las locomotoras de una línea o red de ferrocarriles por locomotoras de motor Diesel.
DIESELOIL m. *Petr.* Combustible especial para motores Diesel pesados, cuales son los de rotación lenta usados para la propulsión de buques: *el dieseloil es una fracción del petróleo intermediaria entre el gasoil y el mazut.*
DIÉSTER m. *Quím.* Cuerpo que reúne en su molécula dos funciones de éster.
DIETANOLAMINA f. *Quím.* Líquido obtenido por reacción del amoniaco con el óxido de etileno, que se usa como disolvente del hidrógeno sulfurado y como agente humectante *.
DIÉTER m. *Quím.* Cuerpo cuya molécula es doblemente eteróxido. (V. ÉTER.)
DIETIL, prefijo que se usa en química para indicar la presencia de dos radicales etilo en la molécula de un compuesto.
DIETILAMINA f. *Quím.* V. ETILAMINA.
DIETILANILINA f. *Quím.* Arilamina que se obtiene calentando una mezcla de anilina, alcohol y ácido sulfúrico y que sirve para fabricar colorantes sintéticos.
DIETILCARBINOL m. *Quím.* Alcohol secundario derivado del pentano. (Sinón. PENTANOL-3.)
DIETILÉNICO, CA adj. *Quím.* Dícese de los compuestos que contienen dos moléculas de etileno.
DIETILENOGLICOL m. *Quím.* Glicol utilizado, entre muchas aplicaciones, como disolvente, deshidratante y anticongelante.
DIETILÉNICO, CA adj. *Quím.* Dícese de los puestos que contienen dos radicales de etilo.
DIFASADO, DA adj. *Electr.* Dícese de dos tensiones o de dos corrientes alternas de igual frecuencia y amplitud, pero una de las cuales se halla defasada en un cuarto de período respecto a la otra. *
DIFÁSICO, CA adj. *Electr.* Bifásico.
DIFENETIDINA f. *Quím.* Base de fórmula compleja que sirve para preparar colorantes directos para teñir el algodón.
DIFENIL, prefijo que se usa en química para indicar la presencia en una molécula de dos radicales fenilo en substitución de otros átomos.
DIFENILAMINA f. *Quím.* Arilamina secundaria de fórmula $(C_6H_5)_2NH$.
— La *difenilamina* es una substancia que funde a 53° y hierve a 310°, insoluble en el agua, pero soluble en el alcohol y el benceno. Tiene mucha importancia para la fabricación de colorantes y la estabilización de explosivos a base de nitrocelulosa y se produce industrialmente calentando anilina y clorhidrato de anilina en una autoclave.
DIFENILENO m. *Quím.* Radical bivalente de fórmula $—C_6H_4 — C_6H_4—$, cuyo nombre entra como prefijo en la designación de compuestos carbocíclicos o heterocíclicos de núcleos condensados.
DIFENILETANO m. *Quím.* Dibencilo.
DIFENILMETANO m. *Quím.* Carburo que se obtiene haciendo obrar el cloruro de bencilo sobre el benceno en presencia de cloruro de aluminio y con el cual se preparan materias colorantes.
DIFENILO m. *Quím.* Bifenilo.
DIFENOL m. *Quím.* Cuerpo que posee dos veces la función fenol: *la resorcina es un difenol derivado del benceno.*
DIFERENCIA f. *Electr. Diferencia de potencial,* tensión existente en los bornes de un generador de corriente eléctrica.
— *Mar.* Magnitud de apopamiento o aproamiento, según el caso, de un buque.
— *Mat.* Resultado de la sustracción de dos números o de dos expresiones algebraicas. ‖ Exceso de una cantidad respecto a otra. ‖ *Diferencia de una función* o *de una variable,* incremento de la función que corresponde a un incremento de la variable.
DIFERENCIACIÓN f. *Mat.* Operación mediante la cual se halla la diferencial de una función.
DIFERENCIAL adj. y s. Relativo a la diferencia que media entre dos o más cosas.
— *Acúst. Sonidos diferenciales,* v. SONIDO.
— *Autom.* Mecanismo que transmite a las ruedas el movimiento del árbol motor por medio de un sistema de engranajes tal que, en las curvas, la rueda exterior, que ha de recorrer un arco más largo, pueda girar con mayor rapidez que la rueda interior. (V. más abajo *Mec.*)
— *Electr.* Dícese de un sistema que comprende dos arrollamientos diferentes para dos corrientes cuyas acciones electromagnéticas se ejercen en sentido inverso unas de otras.
— *Fís.* V. más adelante *Metr.*
— *Mat.* Incremento infinitamente pequeño de una cantidad variable. (V. CÁLCULO.) ‖ Dícese del cálculo * en el que intervienen derivadas.
— *Mec.* Engranaje u otro mecanismo mediante el cual se hallan acoplados tres árboles, de tal forma que, al arrastrar uno de ellos a los otros dos, éstos pueden tener velocidades iguales o diferentes y, en el último caso, a cada vuelta dada de menos por uno de ellos corresponde una vuelta suplementaria dada por el otro durante el mismo tiempo. ‖ *Torno diferencial,* torno de tambor cónico o constituido por dos secciones de diámetro diferente, que permite, según el principio ilustrado por la figura correspondiente, multiplicar de modo considerable los esfuerzos aplicados en el manubrio.
— La figura muestra la estructura de un *diferencial de automóvil.* Cuando el vehículo sigue

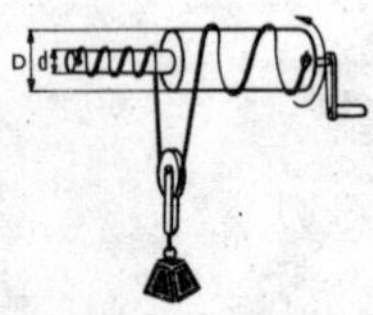

torno **diferencial**
el cable se enrolla en D y se desenrolla de *d*; una vuelta del manubrio eleva la carga de una altura igual al producto de π (o sea 3,14) por la diferencia D-*d* y, cuanto menor sea ésta, mayor es la carga elevada con el mismo esfuerzo

una trayectoria recta, los satélites son arrastrados por la armadura que los soporta, pero no giran sobre sí mismos, como si estuvieran soldados en aquélla. Por consiguiente, arrastran a los piñones planetarios como podría hacerlo una clavija o pieza fija y transmiten a las dos ruedas el mismo movimiento de rotación. Ahora bien, si se levanta con el gato una de las dos ruedas ocurrirá lo siguiente: la otra rueda, por hallarse en contacto con el suelo, no podrá girar; como su planetario permanece fijo y el motor hace girar la armadura del diferencial, los satélites se ven obligados a girar sobre sí mismos para compensar la inmovilidad de dicho planetario. Queda por analizar lo que ocurre con la otra rueda y cabe recordar que, en una recta, los satélites —con todo y no tener movimiento propio— arrastran las ruedas como consecuencia de la rotación de su soporte. Lo mismo ocurrirá en nuestro ejemplo, pero, en este caso, a la rotación normal así transmitida se sumará la que han adquirido los satélites como consecuencia de la inmovilización del planetario de la otra rueda, y la única rueda que gira dará el doble de revoluciones. Entre el caso de la rotación igual de ambas ruedas en una recta y el caso extremo de una rueda completamente parada, todas las diferencias de velocidad son posibles: cada vez que el vehículo sigue una trayectoria curva, la rueda situada al interior de la misma encuentra mayor resistencia que la otra, por ser menor el arco de su trayectoria; entonces entran en rotación los satélites y aumentan la velocidad de la otra rueda, de tal forma que el promedio de las revoluciones de ambas ruedas permanezca constante.
— *Metr.* Dícese de los instrumentos que sirven para medir la diferencia entre dos magnitudes y no el valor absoluto de una magnitud, como, por ejemplo, el *barómetro diferencial,* que, en vez de indicar la presión atmosférica total, da solamente la diferencia entre la presión al nivel del mar y la que reina a la altura en que se efectúa la medición, y el *manómetro diferencial,* que indica la diferencia de presión entre dos recipientes, etc.

DIFERENCIAR v. *Mat.* Resolver la diferencial de una función.

DIFERIDO, DA adj. *F. c. Parada diferida,* v. PARADA.
— *Radiot. Emisión diferida,* v. EMISIÓN.
— *Telec. Telegrama diferido,* v. TELEGRAMA.

DIFLUORADO, DA adj. *Quím. Derivado difluorado,* cuerpo derivado de otro por substitución de dos átomos de hidrógeno por dos de flúor.

DIFOSGENO m. *Quím.* Surpalita.

DIFRACCIÓN f. *Fís.* Fenómeno en virtud del cual las ondas luminosas, acústicas o radioeléctricas contornean los obstáculos como si no se propagaran en línea recta. ‖ *Retícula de difracción,* v. RETÍCULA.
— Cuando se ilumina un cuerpo opaco con un manantial luminoso muy fino, la sombra de dicho cuerpo presenta en su contorno una serie de franjas alternativamente claras y obscuras. Este fenómeno se debe al hecho de que la parte OP de la onda luminosa OO′, que no ha sido interceptada por el obstáculo, experimenta vibraciones que la convierten en cierto modo en un nuevo foco de luz. Así, un punto K situado detrás del cuerpo opaco podrá ser iluminado. En cuanto a la formación de franjas, resulta de fenómenos de interferencia *.
La *difracción* limita las posibilidades de los instrumentos de óptica. Así, un punto luminoso visto con el microscopio nunca es un verdadero punto sino una manchita (mancha de Airy), tanto mayor cuanto menor es la abertura del objetivo, o sea cuanto mayor es el aumento deseado, con lo cual resultan borrosas las imágenes muy ampliadas.
— *Metal.* y *Quím. Difracción cristalográfica,* estudio de la disposición de los átomos y las moléculas en los cristales por medio de la difracción.
— Los rayos X, así como los electrones y los neutrones, al atravesar la materia sólida o ser reflejados por ella, experimentan una *difracción* debida a la presencia de los átomos, y sus trayectorias son desviadas por los mismos. Si estas trayectorias son interrumpidas por medio de placas fotográficas, pantallas luminiscentes, etc., se obtiene un diagrama en el cual los átomos desviadores aparecen en forma de puntos. Estos diagramas permiten conocer la disposición exacta o arreglo de los átomos en el seno de la materia considerada y tienen mucha importancia en cristalografía.

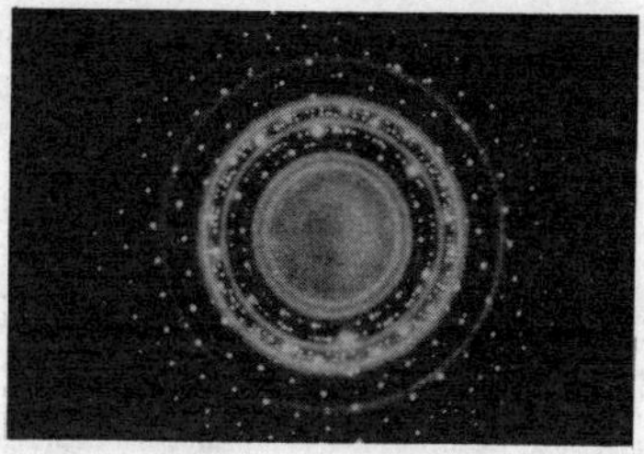

difracción de los electrones por un cristal

DIFRACTAR v. *Fís.* Operar alguna forma de difracción.

DIFRACTIVO, VA o **DIFRANGENTE** adj. *Fís.* Relativo a la difracción. ‖ Que produce fenómenos de difracción. (Sinón. DIFRINGENTE.)

DIFRIGE m. *Metal.* Escorias de cobre fundidas.

DIFRINGENTE adj. *Fís.* Difractivo o difrangente.

DIFUMAR y **DIFUMINAR** v. Esfumar.

DIFUMINO m. Esfumino.

DIFUNDIDOR, RA adj. Difusor.

DIFUNDIR v. Derramarse, extenderse un fluido.
— *Fís.* Extender, distribuir o proyectar en distintas direcciones: *las moléculas del aire difunden la luz en general y las radiaciones azules en particular, dando así su color característico al cielo.*

DIFUSIBILIDAD f. *Fís.* Propiedad de los cuerpos difusibles.

DIFUSIBLE adj. Que puede propagarse o esparcirse en todos los sentidos: *un olor muy difusible.*
— *Fís.* Dícese de las substancias fluidas que se mezclan espontáneamente por su superficie de contacto y cuya mezcla se extiende progresivamente.

DIFUSIÓMETRO m. *Fís.* Instrumento propio para medir la difusión.

DIFUSIÓN f. Acción de difundir: *la difusión del vapor de agua en la atmósfera.*
— *Acúst. Difusión acústica,* refracción o difracción irregular de una onda acústica en varias direcciones.
— *Atom. Difusión elástica,* colisión de una partícula incidente con un núcleo que la repele y queda intacto. ‖ *Difusión térmica,* v. seguidamente *Fís.*
— *Fís.* Fenómeno al cual se debe que los fluidos puestos en contacto se extiendan igualmente por todo el espacio común y formen una mezcla homogénea. ‖ Por ext., propagación en todas las direcciones de la luz reflejada por las superficies que no son perfectamente lisas.
— *Difusión de los gases.* Los gases se mezclan espontáneamente, distribuyéndose por igual las moléculas de uno entre las del otro sin que se produzca ninguna reacción química. Ahora bien, si existen diferencias de temperatura entre dos partes del recinto que los contiene, se produce el fenómeno de *difusión térmica:* las moléculas más pesadas tienden a concentrarse en las zonas más frías. Este principio se ha aplicado a la separación de isótopos de un cuerpo, especialmente a la del uranio 235 contenido en el uranio * natural. Por otra parte, cuando dos gases se hallan separados por una membrana porosa, la difusión es posible, pero entonces la velocidad de difusión de cada gas es inversamente proporcional a la raíz cuadrada de su densidad (ley de Graham). *Difusión de los cuerpos disueltos.* Las moléculas o los iones de las substancias disueltas tienden, como las moléculas de los gases, a extenderse y distribuirse regularmente por todo el volumen del solvente. Esta propiedad permite separar los cuerpos cristaloideos * de los coloides * presentes en la misma disolución, pues los primeros son difusibles a través de una membrana porosa, mientras que los otros no lo son. (V. ULTRAFILTRACIÓN.)

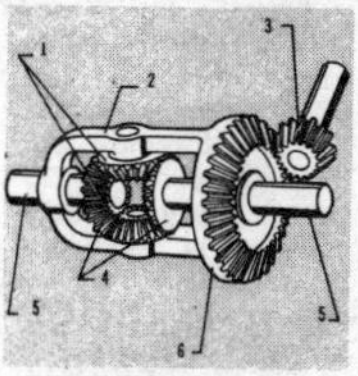

diferencial de automóvil
1. Satélites; 2. Bastidor; 3. Árbol de la transmisión; 4. Planetarios; 5. Eje de la rueda; 6. Corona

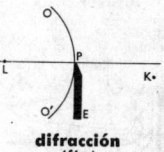

difracción *(fís.)*

Fot. Zeiss

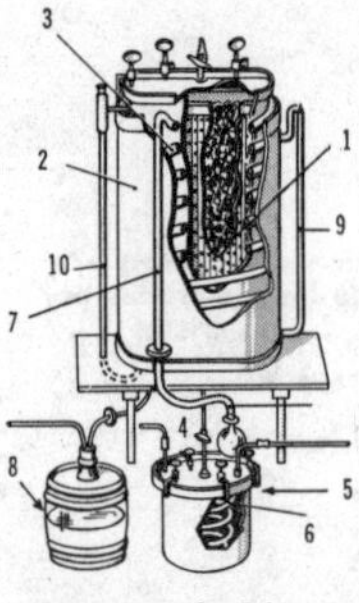

digestor de Bémont y Etard : las materias colocadas en el depósito de chapa perforada 1, bañan en el disolvente del depósito exterior 2, cuya pared doble contiene el serpentín 3 que sirve para condensar el disolvente; éste, cargado de materias disueltas, va por el tubo 4 al depósito 5, donde es calentado por un serpentín de vapor 6; sus propios vapores ascienden por el tubo 7, se condensan en el serpentín 3 y caen en el recipiente 8; 9 es un nivel para el disolvente y 10 el nivel del agua en la cavidad anular

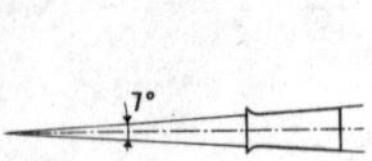

difusor *(fís.)*

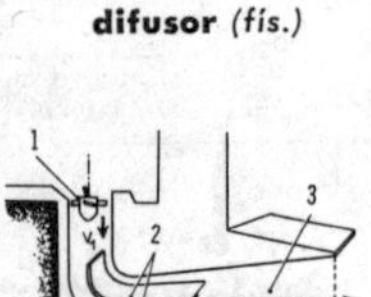

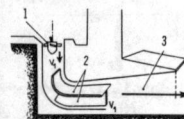

difusor *(hidr.)*
1. Turbina Kaplan; 2. Deflectores; 3. Difusor

difusor *(ind. alim.)*

Difusión de los cuerpos caloríferos y luminosos. Los cuerpos rugosos o simplemente mates tienen una superficie irregular que puede considerarse formada por infinidad de facetas. Cada una de éstas obra como si fuera un espejo minúsculo, pero son tantas y tan pequeñas las que componen la superficie que, cuando ésta es herida por un haz luminoso, lo descompone en infinidad de rayos reflejados en todas las direcciones, constituyendo así una luz difusa que alumbra todos los objetos presentes y nos permite verlos. También existe difusión por parte de los gases y los líquidos, o sea por sus moléculas, que obran como espejos elementales. Cuando las partículas son muy pequeñas (aire, humo del cigarrillo, etc.) predominan las radiaciones azules en la luz difusa. La difusión de la luz es prácticamente nula por parte de los cuerpos negros o perfectamente pulimentados.
Los mismos fenómenos ocurren con los rayos infrarrojos. En este caso existe una difusión de rayos invisibles que da lugar a un aumento general de la temperatura.
— *Ind. alim.* Extracción del zumo azucarado de la remolacha en el difusor *.

DIFUSIVO, VA adj. Que tiene la propiedad de difundir o de ser difundido.

DIFUSOR, RA adj. y s. Que difunde o sirve para difundir. (V. DIFUSIÓN.)
— *Aerod.* Tramo cónico del túnel * aerodinámico, situado inmediatamente después de la cámara en que se efectúan los ensayos. (V. más abajo *Fís.*) [Sinón. DIVERGENTE.]
— *Autom.* Parte del carburador * en la cual se opera la mezcla de aire y gasolina.
— *Fís.* Conducto que sirve para reducir la velocidad de un fluido y aumentar su presión.
— El *difusor* —salvo si el fluido es supersónico— es un tramo en el cual la sección transversal aumenta progresivamente en la dirección seguida por la vena. En un difusor cónico para aire, el ángulo suele ser de 7°. Los difusores se usan en los túneles aerodinámicos y en los compresores, así como en las turbinas hidráulicas, para recuperar en forma de presión una parte de la energía cinética que tiene el fluido después de haber efectuado su trabajo.
— *Hidr.* El *difusor de las turbinas hidráulicas* se halla situado entre el rodete y el canal de aguas abajo. El aumento de su sección tiene por efecto provocar una succión debajo de la rueda y aumenta así el rendimiento de la turbina.
— *Ind. alim.* Aparato que sirve para extraer el zumo de la remolacha en las azucareras.
— Los *difusores* son calderas herméticamente cerradas y generalmente acopladas en series de 10 a 16. Contienen la remolacha reducida a pequeños fragmentos y son atravesados por una corriente de agua caliente a la cual pasa progresivamente el azúcar de los fragmentos de remolacha hasta su agotamiento.
— *Lumin.* Aparato que permite difundir y esparcir la luz de una lámpara y evitar el deslumbramiento: *los globos de vidrio opal constituyen excelentes difusores para las lámparas de incandescencia.* (V. ALUMBRADO.)
— *Ocean. Capa difusora,* v. SONDA.
— *Papel.* Recipiente para lavar y enjugar la celulosa o la pasta de papel después de cocidas.
— *Radiot.* Conjunto formado por la membrana cónica y otras piezas móviles del altavoz. ‖ Altavoz.

DIGESTIÓN f. *Obr. públ.* V. DEPURACIÓN.
— *Quím.* Operación consistente en extraer los principios solubles de ciertos cuerpos por medio de un digestor.

DIGESTOR m. *Ind. alim.* Autococedor.
— *Obr. públ.* Instalación en la que se efectúa la digestión de los cienos. (V. DEPURACIÓN.)
— *Quím.* Aparato propio para extraer las partes solubles de ciertos cuerpos.
— El *digestor de Payen* extrae los principios de las substancias en frío, por medio de disolventes volátiles (éter, alcohol, etc.). El *digestor de Bémont y Etard* obra en caliente. (V. *figura.*)

DIGITAL adj. *Ofic. Máquina de calcular digital,* v. CALCULADOR.

DÍGITO, TA adj. y s. *Astr.* Dedo.
— *Mat.* Dícese de los números que constan de una sola cifra o guarismo, como 2 y 9.

DIGRESIÓN f. *Astr.* Distancia angular que separa a un astro de otro o de un plano de referencia. (Sinón. ELONGACIÓN.)

DIHEXAEDRO m. *Miner.* Dícese de los cristales con doce caras dispuestas de tal forma que, tomando dos grupos de a seis y prolongándolas hasta unir sus lados, constituirían dos hexaedros.

DIHIDRATO m. *Quím.* Compuesto que contiene dos moléculas de agua.

DIHIDRITA f. *Miner.* Fosfato hidratado de cobre.

DIHIDRO, prefijo usado en química para indicar la adición de dos átomos de hidrógeno a una molécula.

DIHIDROL m. *Quím.* V. HIDROL.

DIHIDROXI, prefijo usado en química para indicar la presencia en una molécula de dos substituciones por un radical hidroxilo.

DIHOLOSIDO m. *Quím.* Nombre genérico de los hidratos de carbono que resultan de la unión de dos osas: *la sacarosa, la maltosa y la lactosa son diholosidos.*

DIINDÓGENO m. *Quím.* Índigo azul.

DIISOPRENO m. *Quím.* V. ISOPRENO.

DILATABILIDAD f. *Fís.* Calidad de dilatable.

DILATABLE adj. *Fís.* Que puede dilatarse: *los gases son mucho más dilatables que los líquidos.*

DILATACIÓN f. *Arq. Junta de dilatación,* v. JUNTA. ‖ *Rodillo de dilatación,* v. RODILLO.
— *F. c. Junta* o *unión de dilatación,* unión formada por dos rieles cuyos extremos en forma de aguja se hallan yuxtapuestos y pueden correrse uno respecto al otro para compensar su alargamiento cuando son dilatados por el calor.
— *Fís.* Aumento de volumen de un cuerpo por efecto del calor que separa sus moléculas y disminuye su densidad.
— Los gases se dilatan mucho más que los líquidos y éstos más que los sólidos. El *coeficiente de dilatación lineal* es el alargamiento que experimenta un cuerpo por unidad de longitud al aumentar su temperatura de un grado. De dicho coeficiente se desprenden otros dos: el *coeficiente de dilatación superficial* y el de *dilatación cúbi-*

COEFICIENTE DE DILATACIÓN DE ALGUNOS CUERPOS (1)

acero	0,000 011 5
aluminio	0,000 022 38
azufre	0,000 079
cesio	0,000 097
cinc	0,000 035 4
cobre	0,000 016 7
cromo	0,000 008 11
diamante	0,000 000 6
estaño	0,000 020 9
grafito	0,000 003 2
hierro	0,000 011 7
invar	0,000 002
níquel	0,000 012 5
plata	0,000 018 27
plomo	0,000 027 26
tungsteno	0,000 004 28
vidrio	0,000 007 3
aceite de oliva	0,000 798
agua	0,000 18
alcohol etílico	0,001 041 4
mercurio	0,000 18

(1) Ejemplo: una barra de alumino de 1 m de longitud se alarga de 0,000 022 38 m cuando su temperatura aumenta de un grado.

Fot. Fives-Lille

ca cuya magnitud es, respectivamente, dos y tres veces mayor que la del coeficiente de dilatación lineal.
Dilatación de los líquidos. Como los líquidos se hallan contenidos en un recipiente sujeto asimismo a la dilatación, solamente puede observarse en ellos la dilatación aparente, es decir, el exceso de la dilatación absoluta del líquido respecto a la dilatación cúbica del vaso. El *coeficiente de dilatación* de todos los líquidos aumenta con la temperatura, salvo en el agua, cuya máxima densidad corresponde a la temperatura de 4º, y que se dilata tanto al aumentar como al disminuir dicha temperatura.
Dilatación de los gases. El volumen de un gas * perfecto aumenta en 1/273 cuando su temperatura pasa de 0 a 1º. La *magnitud de la dilatación* de los gases reales difiere poco del valor indicado y tanto menos cuanto menor es la presión. El paso de la corriente eléctrica provoca la dilatación o la contracción de ciertos cristales. (V. PIEZOELECTRICIDAD.)
— *Tecn. Compensador de dilatación,* elemento en forma de fuelle que se interpone en la unión de dos tubos para permitir su dilatación sin que se combe la tubería. ‖ *Lira de dilatación,* v. LIRA.

DILATAR v. *Fís.* Aumentar el volumen o la longitud de los cuerpos mediante una elevación de su temperatura y sin modificar su constitución química. (V. DILATACIÓN.)

DILATÓMETRO m. *Fís.* Instrumento para medir la dilatación de los cuerpos.
— Los *dilatómetros* pueden fundarse en distintos principios, a cada uno de los cuales corresponde un aparato de índole diferente: interferómetro *, comparador *, amplificador de palancas, etc. El método más sensible consiste en comparar la dilatación del cuerpo considerado con la de otro cuerpo patrón de dilatación perfectamente conocida y en registrar la diferencia entre ambas dilataciones. Para los líquidos se usan tubitos de cristal comparables a los de los termómetros de mercurio: al calentarse el líquido en la cubeta, sube la columna líquida por el tubo a lo largo de una escala convenientemente graduada.

DILUCIÓN f. Acción de diluir o desleir una substancia en un líquido. ‖ Substancia desleída en otra: *preparar una dilución.*

DILUENTE adj. y s. Que diluye o sirve para diluir. (Sinón. DILUYENTE.)
— *Pint.* Líquido que se agrega a una pintura, antes de aplicarla, para hacerla menos espesa y viscosa.

DILUIR v. Desleir o disolver un cuerpo en un líquido. ‖ Agregar líquido a una disolución para disminuir su grado: *diluir la lejía en agua.*

DILUVIO m. *Geol.* Conjunto formado por los terrenos sedimentarios, especialmente los de la era cuaternaria, a los cuales pertenecen la generalidad de las tierras arables.

DILUYENTE adj. y s. Diluente.

DIMAGNETITA f. *Miner.* Diamagnetita.

DIMENSIÓN f. Extensión de un cuerpo en un sentido determinado: *todo cuerpo tiene tres dimensiones, que son su longitud, su anchura y su altura.*
— *Geom.* y *Mat.* Cada una de las extensiones que se tienen en cuenta para determinar las áreas de las figuras planas y los volúmenes de los sólidos. ‖ *Espacio de cuatro dimensiones,* v. ESPACIO. ‖ *Geometría de dos dimensiones,* geometría * plana. ‖ *Geometría de tres dimensiones,* geometría * del espacio. ‖ *Cuarta dimensión,* dimensión constituida por el tiempo y necesaria, junto con las tres dimensiones espaciales, para poder representar el *continuum espacio * tiempo* de las teorías relativistas. (V. ESPACIO y RELATIVIDAD.)
— Las líneas solamente tienen una *dimensión,* las superficies tienen dos y los volúmenes tres. La ecuación de una figura geométrica tiene tantas variables como dimensiones. Consiguientemente las ecuaciones de una línea, una superficie y un volumen son, respectivamente, del primero, segundo y tercer grado.
— *Mec.* Las dimensiones de las piezas para mecanismos y construcciones metálicas se determinan con arreglo a los esfuerzos que han de transmitir o soportar. Esta determinación, antes fundada en la experiencia adquirida, resulta hoy de cálculos muy precisos que constituyen un ramo

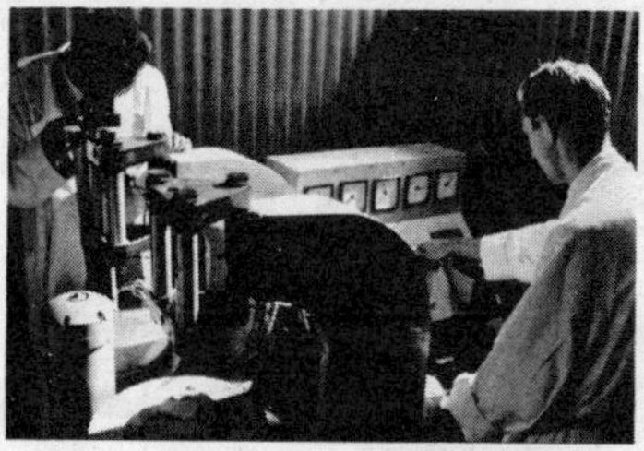

dilatómetro de precisión

unión de dilatación *(f. c.)*

importante de la mecánica aplicada: la resistencia * de materiales.
— *Metr.* Las magnitudes físicas pueden ser reducidas a un pequeño número de magnitudes fundamentales. Así, una velocidad es el cociente de una longitud por un tiempo y la unidad de velocidad varía en razón directa de la unidad de longitud y en razón inversa de la unidad de tiempo. Dícese que sus dimensiones son 1 en razón de la longitud L y —1 en razón del tiempo T. Existen asimismo dimensiones de las unidades de aceleración, fuerza, trabajo, etc. y, para cada una de ellas, una ecuación que permite los cambios de unidades en los cálculos que se hacen con las mismas.

DIMENSIONAL adj. Relativo o perteneciente a las dimensiones.

DÍMERO m. *Quím.* Molécula resultante de la combinación de dos moléculas idénticas. ‖ Por ext., substancia que tiene la misma composición química que otra y un peso molecular doble que el de la misma, sin que exista entre ambas ninguna filiación directa.

DIMETIL, prefijo usado en química para indicar que una molécula contiene dos substituciones de grupos monovalentes por dos radicales metilo.

DIMETILAMINA f. *Quím.* Amina que se obtiene industrialmente a partir de la trietilamina y del amoniaco: *la dimetilamina es un gas de olor muy fuerte.*

DIMETILAMINOFENOL m. *Quím.* Compuesto obtenido por fusión alcalina de un derivado de la dimetilanilina y usado en la preparación de las rodaminas.

DIMETILANILINA f. *Quím.* Substancia derivada de la anilina mediante calentamiento de la misma en autoclave con alcohol metílico y en presencia de ácido sulfúrico.
— La *dimetilanilina* es un líquido incoloro usado en la preparación de numerosos colorantes.

DIMETILBENCENO m. *Quím.* Xileno.

DIMETILCETONA f. *Quím.* Acetona.

DIMETILHIDRACINA f. *Quím.* Substancia derivada de la hidracina *, que se usa como combustible para cohetes. (V. PROPERGOL.)

DIMETÍLICO, CA adj. *Quím.* Que contiene dos radicales metilo. ‖ Derivado de dos moléculas de alcohol metílico.

DIMI, prefijo usado en metrología como sinónimo de *decimili.*

DIMORFISMO m. *Miner.* Calidad de dimorfo.

DIMORFO, FA adj. *Miner.* Dícese de las substancias cuyos átomos pueden ordenarse en dos formas diferentes de cristalización, que gozan, consiguientemente, de propiedades físicas también diferentes.
— El azufre constituye un ejemplo corriente de *cuerpo dimorfo.* Cristaliza por vía seca a 111º en prismas monoclínicos (azufre prismático), mientras que al estado natural o por vía húmeda adopta la forma octaédrica perteneciente al sistema de cristalización ortorrómbica. La densidad, el punto de fusión y otras características físicas difieren de una forma a otra.

D. I. N., iniciales de *Deutsche Industrie Normen* (normas industriales alemanas), con las cuales se designa un método para determinar la sensibilidad de las emulsiones fotográficas.
— Los *grados D. I. N.* siguen una progresión geométrica, de tal forma que cuando su número aumenta de tres unidades, la sensibilidad dobla: *una emulsión de 27º D. I. N. es dos veces más sensible que una de 24º D. I. N. y cuatro veces*

Fot. « Réalités », Bru-« Vie du rail »

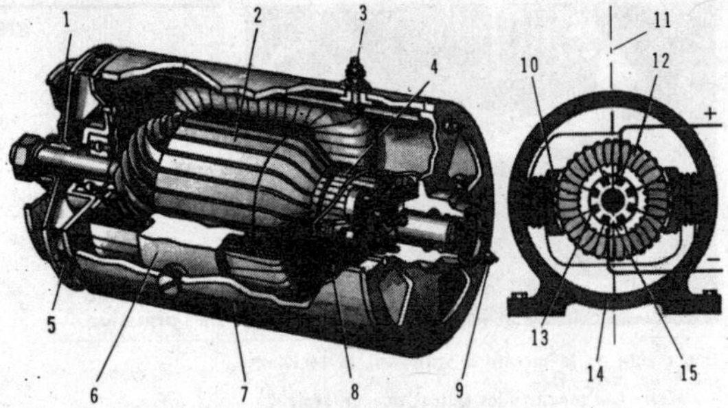

dinamo
1. Polea de arrastre; 2. Inducido; 3. Borne de excitación; 4. Colector; 5. Ventilador; 6. Núcleo del inductor; 7. Cárter; 8. Escobilla; 9. Borne de la masa; 10. Masa polar (inductor); 11. Línea neutra; 12. Rotor (inducido); 13. Colector; 14. Cárter; 15. Escobilla

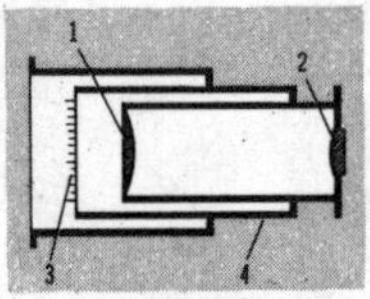

dinámetro
1. Lente de aumento; 2. Ocular; 3. Escala graduada; 4. Tubos

dinteles metálico y de piedra

menos sensible que una de 33º D. I. N. (V. SENSIBILIDAD y SENSITOMETRÍA.)

DINA f. *Constr.* V. LADRILLO *dina.*
— *Metr.* Unidad de fuerza en el sistema de medidas C. G. S.
— La *dina* es la fuerza que en un segundo aumenta en un cm por segundo la velocidad de una masa igual a un gramo.

DINAM, prefijo derivado del griego *dunamis,* que significa *fuerza* y entra en este sentido en la composición de voces científicas.

DINAMETAMORFISMO m. *Geol.* Conjunto de los procesos de transformación que experimentan las rocas como consecuencia de los movimientos del suelo y que consisten en trituraciones, aplastamientos, pliegues y otras deformaciones. (V. METAMORFISMO.)

DINÁMETRO m. *Ópt.* Instrumento para medir el aumento que dan los anteojos.

DINÁMICA f. *Acúst.* Diferencia, expresada en decibels, entre el mayor y el menor nivel de densidad sonora de una composición musical o de un instrumento de música.
— *Mec.* Parte de la mecánica que trata de las relaciones existentes entre las fuerzas y entre los momentos por ellas engendrados.
— La *dinámica,* opuesta a la cinemática (estudio de los movimientos) y a la estática (estudio del equilibrio de las fuerzas), introduce los conceptos de inercia * y de masa * y se funda en tres principios esenciales:
1.º *Principio de la inercia,* o sea que todo cuerpo que no se halla sometido a ninguna fuerza conserva indefinidamente su estado de movimiento;
2.º *Principio de la composición de los efectos de fuerza,* que significa que toda variación del movimiento es proporcional a la acción por ella experimentada y se dirige en la dirección de la misma;
3.º *Principio de la igualdad de la acción y de la reacción,* es decir, que a toda acción se opone una reacción igual y continua. (V. ACCIÓN.)

DINÁMICO, CA adj. Relativo a la fuerza.
— *Electr. Electricidad dinámica,* v. ELECTRICIDAD.
— *Geol. Geología dinámica,* geodinámica.
— *Mec. Estado dinámico,* estado de un cuerpo en movimiento.

DINAMITA f. *Expl.* Explosivo a base de nitroglicerina.
— La nitroglicerina pura es un explosivo muy potente, pero explota fácilmente por efecto de los golpes o de una elevación de la temperatura y, por consiguiente, presenta mucho peligro su transporte y manipulación. Estos inconvenientes son grandemente atenuados o desaparecen si se mezcla la nitroglicerina con una substancia pulverulenta y neutra (tierra de infusorios). A esta mezcla se le dio el nombre de *dinamita,* pero hoy se ha hecho extensiva esta denominación a todo explosivo a base de nitroglicerina. Así, el absorbente inerte constituido por la tierra de infusorios ha sido reemplazado por otros explosivos y materias combustibles (nitratos de amonio, potasio y sodio; dinitrotolueno, aserrín, polvos de aluminio, etcétera). Según su consistencia se dividen las distintas variedades en: *dinamitas de goma, gelatinadas, plásticas* y *pulverulentas.* También existen dinamitas especiales *anticongelantes* (en las cuales el nitroglicol reemplaza una parte de la nitroglicerina), *antigrisú* (con nitrato de amonio), etc.

DINAMITAR v. *Min.* y *Obr. públ.* Hacer saltar con dinamita: *dinamitar un edificio arruinado.*

DINAMO o **DÍNAMO** f. *Autom.* La *dinamo* (v. seguidamente *Electr.*) arrastrada por el cigüeñal suministra la corriente necesaria para alimentar el equipo eléctrico del automóvil y asegurar el encendido de la mezcla carburante en los cilindros. Se halla conectada con la batería por un circuito que comprende un amperímetro (para comprobar su funcionamiento), un regulador de intensidad y un conyuntor disyuntor que permiten regular la corriente según el estado de descarga de la batería.
— *Electr.* Máquina dinamoeléctrica que transforma la energía mecánica en energía eléctrica. ‖ Cualquier generador de corriente continua.
— Una *dinamo* consta de tres elementos esenciales: 1.º el *inductor,* órgano fijo consistente en un electroimán que produce el flujo magnético y que cuenta varios polos, en número par, excitados por bobinas magnetizantes y reunidos por una corona de acero llamada culata; 2.º el *inducido,* arrollamiento cerrado sobre sí mismo y devanado en las ranuras de una armazón cilíndrica; y 3.º un sistema para captar y rectificar las corrientes inducidas en la máquina, que comprende el colector (cilindro de cobre formado por chapas aisladas que prolonga el inducido) y las escobillas (elementos fijos que constituyen los bornes del generador).
Al hacer girar mecánicamente el inducido en el campo magnético del inductor, aparece en aquél una corriente. Si el inducido consistiera en un devanado simple, la corriente sería alterna, pues variaría su tensión según la posición del mismo en el campo magnético creado por el inductor y se invertiría la corriente dos veces en el curso de una vuelta del inducido. Para obtener una corriente continua, se devana el inductor de tal forma que equivale a dos grupos de generadores idénticos acoplados en paralelo. Así, sea cual fuere la posición del inducido en el curso de una vuelta, la fuerza electromotriz permanece constante y es sensiblemente igual a la de uno de los dos grupos citados. (V. MOTOR *eléctrico.*)
Antiguamente, el inductor era un imán permanente. Hoy consiste en un electroimán que, para funcionar, necesita ser excitado, o sea alimentado en corriente. Cuando esta corriente es la que produce la propia dinamo, se dice que ésta es *autoexcitada.* Por el contrario, llámase *dinamo de excitación independiente* si utiliza con dicho fin la corriente de un manantial diferente.
La dinamo, que, accionada por un motor, es un generador de corriente eléctrica, puede funcionar inversamente; alimentada en corriente eléctrica funciona como un electromotor.
Existe un tipo especial de dinamo, llamado *dinamo acíclica,* en el cual la fuerza electromotriz es engendrada no ya por dos grupos que suministran tensiones variables, aunque compensadas, sino por una infinidad de elementos dispuestos según las generatrices del rotor. La fuerza electromotriz de estas dinamos es débil (unos 10 voltios), pero la corriente es muy intensa (varios millares de amperios), características éstas muy apropiadas para ciertas aplicaciones industriales (electroquímica y electrometalurgia).

DINAMOELÉCTRICO, CA adj. *Electr.* Relativo a la electrodinámica. ‖ *Máquina dinamoeléctrica,* dinamo.
— *Min. Explosor dinamoeléctrico,* v. EXPLOSOR.

DINAMOFARO m. Conjunto formado por una dinamo y un faro de bicicleta acoplados.

DINAMÓGENO, NA adj. Que produce fuerza.

DINAMÓGRAFO m. *Mec.* Dinamómetro registrador especial para medir la fuerza muscular.

DINAMOLOGÍA f. *Mec.* Ciencia teórica de las fuerzas.

DINAMOMETRÍA f. *Mec.* Medición y comparación de las fuerzas con el dinamómetro.

DINAMÓMETRO m. *Mec.* Cualquier instrumento para medir una fuerza o un par.
— Un *dinamómetro* permite equilibrar la fuerza que se mide oponiéndole otra fuerza igual y de magnitud conocida. Las más de las veces esta última fuerza es la de un resorte. Los *dinamómetros registradores* dan en un gráfico las fluc-

tuaciones que experimenta la fuerza durante un tiempo determinado. Los *dinamómetros de tracción* se interponen, por ejemplo, entre una locomotora y un tren para medir la resistencia que opone éste al arrastre; los *dinamómetros de compresión*, por el contrario, miden la presión que un cuerpo ejerce sobre otro, y los *dinamómetros de torsión* sirven para medir un par. Los frenos dinamométricos, como el freno de Prony, permiten también calcular la potencia de un trabajo motor a partir de la medida del par.
DINAMOTOR m. *Autom.* Máquina eléctrica de un solo inducido, que funciona como motor de arranque para poner en marcha el motor del automóvil, y como dinamo durante la marcha de éste.
DINANTIENSE adj. y s. *Geol.* Dícese del piso inferior del sistema carbonífero: *los terrenos dinantienses datan de unos 280 millones de años.*
DINATRÓN m. Tubo electrónico generador de ondas ultracortas.
— El *dinatrón* es un tríodo en el cual la tensión de la rejilla es muy superior a la de la placa. Como ésta emite electrones secundarios, ocurre que los electrones procedentes del filamento o cátodo, después de haber atravesado la rejilla, son repelidos por la placa al acercarse a ella; luego vuelven hacia el cátodo, que los repele a su vez, y así sucesivamente. La frecuencia de estas oscilaciones corresponde a longitudes de onda del orden de unas decenas de centímetros.
DINERO m. *Text.* Denier.
DINIO m. *Fís.* Dina.
DINITRADO, DA adj. *Quím.* Dícese de los derivados que contienen dos veces el radical NO_2.
DINITRILO m. *Quím.* Cuerpo que contiene dos veces el grupo funcional nitrilo -CN.
DINITRO, prefijo usado en química con el nombre de un cuerpo para indicar que el compuesto resultante se ha obtenido substituyendo dos átomos de hidrógeno por dos grupos NO_2.
DINITROBENCENO m. *Quím.* Derivado dinitrado del benceno, que sirve para preparar colorantes y entra en la composición de explosivos.
DINITROBENZOL m. *Quím.* Dinitrobenceno, que es como debe decirse.
DINITROFENOL m. *Quím.* Derivado dinitrado del fenol, que se fabrica haciendo obrar la sosa sobre el dinitroclorobenceno y sirve para preparar colorantes y como explosivo (mezclado con melinita).
DINITRONAFTALENO m. *Quím.* Derivado dinitrado del naftaleno, que entra en la composición de explosivos.
DINITRONAFTOL m. *Quím.* Derivado dinitrado del naftol, cuya sal de sodio se usa para dar color amarillo a las pastas alimenticias.
DINITRORRESORCINA f. *Quím.* Colorante verde que se obtiene mediante acción del ácido nitroso sobre la resorcina.
DINITROTOLUENO m. *Quím.* Derivado dinitrado del tolueno usado por la industria química y para fabricar dinamita.
DINODO m. *Radiot.* Electrodo que, en un tubo electrónico, sirve esencialmente para producir una emisión de electrones secundarios.
DINSTATO m. *Mec.* Instrumento capaz de efectuar a la vez medidas dinámicas y estáticas, que sirve para apreciar la resistencia de un cuerpo sólido a la flexión y el choque.
DINTEL m. *Arq.* Parte superior de las puertas, ventanas y otros vanos que se apoya en las jambas. || Barbarismo por *umbral.* || *Falso dintel,* revestimiento de ladrillos a sardinel que se pone a un dintel.
DINTELAR v. *Arq.* Poner el dintel a un vano. || Dar forma de dintel.
DIOCTAEDRO m. *Miner.* Cristal formado por la combinación de dos octaedros diferentes.
DIOCTILO m. *Quím.* Cetano.
DÍODO m. *Radiot.* Válvula electrónica de dos electrodos usada como detector y rectificador. || *Díodo de cristal,* dispositivo rectificador fundado en el uso de un semiconductor. (Sinón. RECTIFICADOR DE CRISTAL.) || *Díodo de germanio* o *de silicio,* tubo para hiperfrecuencias usado en las calculadoras electrónicas y en los amplificadores.
— El *díodo* o *válvula electrónica* consiste esencialmente en un filamento incandescente (cátodo) y una placa (ánodo) conectada con el circuito de corriente alterna. El filamento emite electrones que, cuando la placa es positiva, son atraídos por ella, mientras que, por el contrario, cuando es negativa, son repelidos. Por consiguiente, si se intercala un díodo en un circuito de corriente alterna, solamente dejará pasar por el mismo una de las dos alternancias, convirtiendo así aquella corriente en corriente rectificada. Esta propiedad de dejar pasar la corriente en un sentido, pero no en el otro —a la cual debe el díodo el nombre de *válvula*— se aprovecha en numerosos aparatos electrónicos, especialmente para la detección en radiotecnia. (V. DETECTOR.)
DIOL m. *Quím.* Glicol.
DIONÉ, cuarto satélite de Saturno *.
DIOPTRA f. *Topogr.* Pínula. || Alidada.
DIOPTRIA (y no **DIOPTRÍA**) f. *Ópt.* Unidad de convergencia de las lentes, o de potencia de los instrumentos de óptica, cuyo símbolo es δ. (V. CONVERGENCIA.)
DIÓPTRICA f. *Ópt.* Parte de la física que trata de la acción que ejercen los medios sobre la luz que los atraviesa, por oposición a la *catóptrica,* que trata de la luz reflejada.
DIÓPTRICO, CA adj. y s. *Ópt.* Relativo o perteneciente a la dióptrica. || — M. Superficie de separación de dos medios transparentes de diferente índice de refringencia. || Sistema óptico formado por dos medios de índices de refracción diferentes, separados por una superficie plana o esférica de escasa abertura.
DIORITA f. *Miner.* Roca granuda constituida por una plagioclasa ácida y uno o varios minerales de anfíbol, mica o piroxeno. (Cuando contiene mucho cuarzo se llama *diorita cuarcífera.*)
DIOSPIRO m. *Bot.* y *Carp.* Género de plantas ebenáceas (*Diospyros*) al cual pertenecen las especies que dan el ébano.
DIÓSTILO m. *Arq.* Serie de columnas acopladas.
DIÓTICO, CA adj. *Acúst.* Dícese en electroacústica de una sensación auditiva que estimula igualmente los dos oídos. (V. BINAURALIDAD.)
DIOX, prefijo equivalente a *diceto,* que se usa, en vez de éste, en Alemania y otras partes.
DIOXANO m. *Quím.* Diéter obtenido por ebullición del glicol con ácido sulfúrico diluido: *el dioxano es un disolvente muy común.*
DIOXI, prefijo usado incorrectamente en vez de *dihidroxi.*
DIÓXIDO m. *Quím.* Bióxido.
DIOXIMO m. *Quím.* Cuerpo doblemente oximo.
DIPLEX m. *Telec.* Método de transmisión que permite cursar simultáneamente y en el mismo sentido dos mensajes por un solo hilo o antena, y que se funda en el uso de dos frecuencias diferentes (una para cada mensaje).
DIPLOEDRO m. *Miner.* Forma cristalina constituida por 24 caras trapezoidales.
DIPLÓGRAFO m. *Art. gráf.* Aparato con el cual se pueden sacar a la vez dos copias de un documento. || Máquina especial que imprime un texto a la vez en caracteres ordinarios y en signos en relieve para que también puedan leerlo los ciegos.

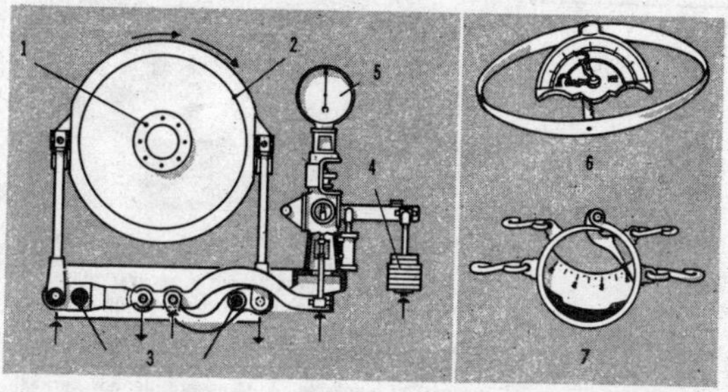

dinamómetro para ensayo de motores (*a la izq.*) : 1. Acoplamiento del motor probado; 2. Freno; 3. Articulación; 4. Pesas equilibradoras; 5. Indicador del complemento de peso; *a la derecha* : 6. Dinamómetro para medir la fuerza muscular; 7. Dinamómetro de tracción

dintel
[v. figura p. 376]

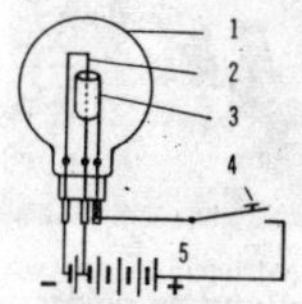

tubo díodo
1. Ampolla; 2. Filamento; 3. Placa; 4. Interruptor; 5. Pila

díodo de germanio
1. Montura del cristal; 2. Cristal de germanio; 3. Electrodo

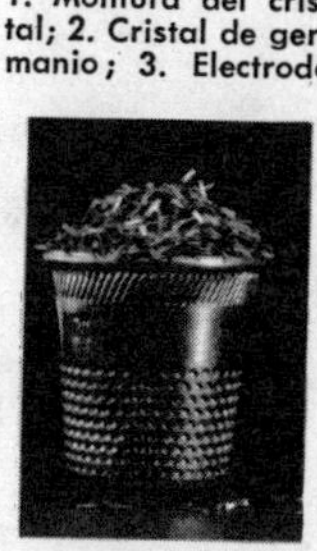

1 053 díodos de germanio en un dedal

Fot. T.R.W.

diplory

DIPLORY o **DIPLORRY** m. *F. c.* Vehículo ligero para el transporte de rieles y otros materiales, que se usa para tender y reparar vías.

DIPOLAR adj. *Fís.* Relativo o perteneciente al dipolo. ‖ Bipolar.

DIPOLO m. *Fís.* Conjunto formado por dos polos magnéticos infinitamente cercanos y de masas magnéticas opuestas. ‖ Conjunto de dos cargas eléctricas, una positiva y otra negativa, infinitamente próximas. ‖ Unión de circuitos eléctricos que solamente comunican con el exterior por dos bornes.
— *Radiot.* Antena * de media onda propia para la emisión y recepción de ondas métricas.

DIPROPIL, prefijo usado en química para indicar que en la molécula de un compuesto se han efectuado dos substituciones por radicales propilo.

DÍPTERO, RA adj. *Arq.* Dícese del edificio cuyo pórtico se prolonga a ambos lados por una doble hilera de columnas.

construcción de un **dique** de pólder *(obr. públ.)*

DIQUE m. *Mar. Dique flotante,* pontón de dimensiones muy grandes —constituido por cajones o tanques a modo de plataforma provista de superestructuras laterales—, que sirve para poner a seco los barcos que se han de limpiar o reparar. ‖ *Dique seco,* concavidad de un puerto donde puede agotarse el agua, después de haber introducido en ella un barco, para permitir la observación, limpieza o reparación de su casco.
— Los *diques flotantes* son grandes construcciones metálicas comparables a un buque tanque con sección en forma de U. Un sistema de bombas permite anegar sus compartimientos para sumergirlo hasta que su plataforma se halle por debajo del calado del barco que se ha de elevar. Éste puede situarse entonces entre las superestructuras laterales. A continuación es inmovilizado respecto a ellas por numerosos codales, al mismo tiempo que se achican los tanques para que suba la plataforma hasta que se apoye en ella la quilla del barco. Finalmente se prosigue el agotamiento de los tanques hasta que emerja la plataforma del agua, con lo cual queda completamente a seco el casco del buque que se ha de limpiar o reparar. La operación inversa —inundación de los tanques— permite volver a poner a flote el barco reparado.
Salvo casos excepcionales —se han construido diques flotantes capaces de levantar 60 000 toneladas— los buques de grandes dimensiones se entretienen y reparan en diques secos. Éstos son construcciones a modo de esclusas con una sola entrada, que puede ser cerrada por medio de un barco puerta. El buque entra a flote en la esclusa y ésta es cerrada con el barco puerta (anegando los tanques del mismo para que se hunda por su propio peso). A continuación se agota el agua con bombas potentes y se afianza el buque con codales y puntales. Para ponerlo de nuevo a flote bastará dar entrada al agua por las distintas bocas previstas con dicho fin.
— *Obr. públ.* Muro para contener las aguas marítimas o fluviales y regular el curso de éstas. ‖ *Dique de acompañamiento* o *de retroceso,* el que acompaña la margen de un afluente, aguas arriba, desde la confluencia, hasta que la orilla sea lo bastante alta para contener por sí misma la subida del nivel del agua durante las avenidas del río principal.
— Los *diques de los pólderes* son construcciones especiales en las cuales la obra de fábrica es escasa o nula, pues constan esencialmente de arena contenida marginalmente por fajinas y piedras y revestida superficialmente con arcilla.

dique flotante *(mar.)*

dique seco *(mar.)*

DIRECCIÓN f. Acción de dirigir. ‖ Línea o trayectoria seguida por un cuerpo en movimiento.
— *Aeron. Timón de dirección,* v. TIMÓN.
— *Arm. Dirección de tiro,* conjunto de instrumentos que, en un buque de guerra, permiten reunir los datos necesarios para obtener un tiro eficaz (posición, rumbo y velocidad propios y del enemigo; datos balísticos; observaciones deducidas de la salva tirada precedentemente, etc.) y explotarlos sin demora en el momento oportuno. ‖ *Radar para dirección de tiro,* radar especial aco plado con piezas de artillería y cuya misión consiste en indicar con la mayor precisión la posición del avión o buque enemigo sobre el cual se ha de dirigir el tiro.
— *Autom.* Conjunto de los mecanismos que, accionados con el volante, permiten orientar las ruedas delanteras de los automóviles. ‖ *Indicador de dirección* o *de viraje,* luz de funcionamiento intermitente o brazo luminoso que —merced a un bimetal— se alumbra o extiende en el lado del automóvil hacia el cual se apresta a dirigirse el conductor y que sirve para avisar de la maniobra a los demás vehículos.
— La *dirección* consta generalmente de un volante que, por intermedio de un árbol o *columna de dirección,* mueve un engranaje destinado a la vez a desmultiplicar el movimiento (o sea, a reducir el esfuerzo del conductor) y a obtener la irreversibilidad (impedir que las fuerzas de resistencia que obran sobre la rueda —al pasar un bache, por ejemplo— puedan hacer girar el volante). El engranaje transmite el movimiento a las ruedas por medio de una biela y una o dos barras articuladas en las manguetas.
Dentro de esta estructura general existen numerosos tipos que difieren principalmente por el mecanismo del engranaje adoptado. Los más corrientes son el de tornillo y sector y el de cremallera. Ambos pueden ser completados con un sistema hidráulico (servodirección) que facilita la maniobra y reduce los esfuerzos del conductor.
— *Geol.* Una de las dos características (la otra es el buzamiento), que permite definir la orientación de un filón, capa, estrato, etc., y que es la orientación de la línea de intersección de los mismos con un plano horizontal.
— *Mec. Dirección de una fuerza,* sentido del movimiento que dicha fuerza tiende a imprimir a un punto.
— *Ofic. Máquina de poner direcciones,* máquina que se carga con plaquitas metálicas o de materia plástica, cada una de las cuales lleva estampada una dirección en relieve, y que, por percusión a través de una cinta entintada, permite imprimirlas sucesivamente en las fajas, sobres o impresos dispuestos en otro cargador.

Fot. Geissmar, F. Claes, R. Viollet, Aerial Photography

DIRECCIONAL adj. Que tiene la propiedad de dirigir.
— *Radiot.* Que emite ondas en forma de un haz estrecho y en determinada dirección. ‖ *Antena direccional,* la que goza de directividad *.

DIRECTIVIDAD f. *Radiot.* Propiedad de las antenas que emiten las ondas en una dirección privilegiada y, si se trata de antenas receptoras, que captan con mayor intensidad las ondas procedentes de ciertas direcciones.

DIRECTIVO, VA adj. Que tiene la propiedad de dirigir.
— *Radiot. Efecto directivo;* efecto de la antena que emite o capta las ondas con mayor intensidad en una dirección determinada que en las otras.

DIRECTO, TA adj. Derecho o en línea recta: *movimiento directo.* ‖ Sin intermediarios: *comunicación directa.*
— *Art. gráf. Clisé* o *grabado directo,* clisé que se obtiene con una trama para imprimir fotograbados con medias tintas, por oposición a los de trazo, propios para dibujos de pluma.
— *Astr. Movimiento directo,* v. MOVIMIENTO.
— *Autom. Marcha* o *velocidad directa,* v. CAMBIO *de marchas.*
— *Electr. Corriente directa,* anglicismo por *corriente continua.*
— *F. c.* Dícese del tren rápido que solamente se detiene en las estaciones muy importantes.
— *Fot. Papel directo* o *de ennegrecimiento directo,* v. PAPEL.
— *Radiot.* Dícese de la emisión en que las imágenes y los sonidos se toman y transmiten simultáneamente sin grabación ni película intermediaria.

DIRECTOR, RA y **TRIZ** adj. y s. Que dirige o sirve para dirigir.
— *Autom. Ruedas directrices,* las que pueden ser orientadas con el volante para guiar el vehículo y que, salvo raras excepciones, son las delanteras.
— *Geom.* Línea sobre la cual se apoya constantemente otra para engendrar una superficie. ‖ Línea recta que, con el foco, permite definir una cónica.
— La *directriz de una superficie* es la línea sobre la cual se apoya constantemente la generatriz. Si la generatriz es una recta, la superficie es determinada por tres directrices, salvo en el cilindro y el cono, para los cuales basta una sola directriz.
— *Mec.* Cada una de las paletas fijas que, en una turbina, sirven para dirigir el fluido motor (agua, vapor, etc.) contra los álabes del rotor.
— *Radiot.* Uno de los elementos de la antena * Yagi.

DIRIGIBLE adj. y s. Que puede ser dirigido.
— *Aeron.* Aeróstato provisto de motores que permiten dirigirlo y volar en la dirección deseada, por oposición a los globos libres que vuelan arrastrados por el viento. (Sinón. GLOBO DIRIGIBLE.)
— El *dirigible* tiene, como todos los aeróstatos, una envoltura impermeable (tela cauchutada o materia plástica) llena de un gas más ligero que el aire (helio o hidrógeno). Su capacidad es lo bastante grande para que la fuerza ascensional permita elevar el peso de los motores, el combustible, la tripulación y, si se trata de dirigibles comerciales, la carga útil.
Para disminuir la resistencia del aire la envoltura tiene forma ahusada. En los *dirigibles deformables* dicha forma resulta de la presión que ejerce el gas en su interior. La barquilla, suspendida por cables, generalmente consiste en una viga liviana sobre la cual se montan la cabina del personal y los motores.
En los *dirigibles rígidos* la envoltura se ajusta sobre una armazón de vigas de Duraluminio. La capacidad disponible es dividida en numerosas células independientes que se inflan con helio o hidrógeno. Las barquillas sobresalen por debajo de la estructura ahusada, pero una parte de las cabinas (por ej., las que se destinan a los pasajeros) pueden hallarse en el interior.
Los mayores dirigibles construidos antes de la segunda guerra mundial medían 247 m de largo y 41,20 de diámetro. Pesaban 220 toneladas (un tercio aproximadamente para el combustible).

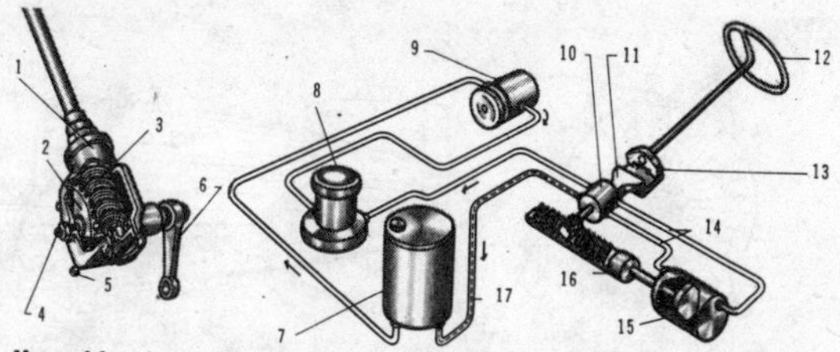

dirección de tornillo y sector : 1. Cárter; 2. Sector dentado; 3. Tornillo; 4. Regulador; 5. Tope del sector; 6. Biela del varillaje; *a la derecha,* servodirección : 7. Depósito; 8. Acumulador; 9. Bomba; 10. Distribuidor; 11. Macho del distribuidor; 12. Volante; 13. Acoplamiento; 14. Alimentación del cilindro; 15. Cilindro de doble efecto (giro a la derecha por un lado del émbolo y a la izquierda por el otro); 16. Cremallera; 17. Escape

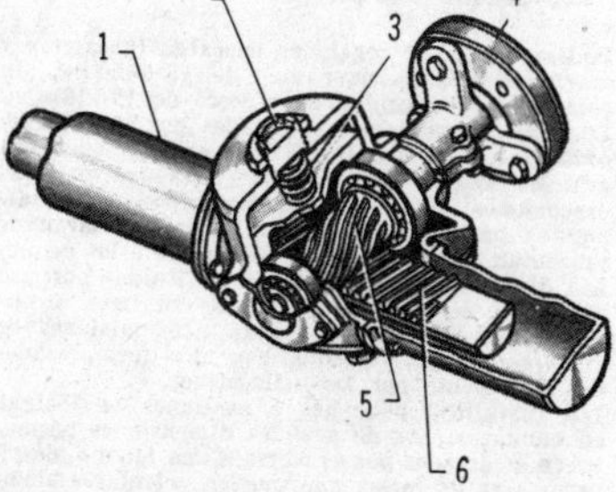

dirección de cremallera
1. Cilindro; 2. Regulador; 3. Muelle; 4. Acoplamiento de la columna; 5. Piñón; 6. Cremallera

varillaje de la **dirección**

dirigibles
semirrígido y rígido

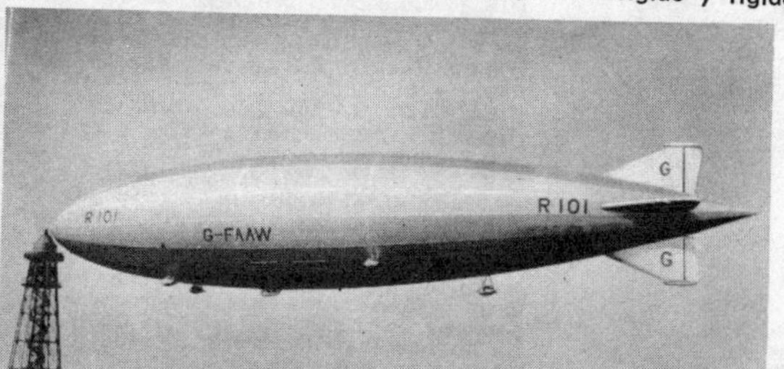

Fot. X., Wide World

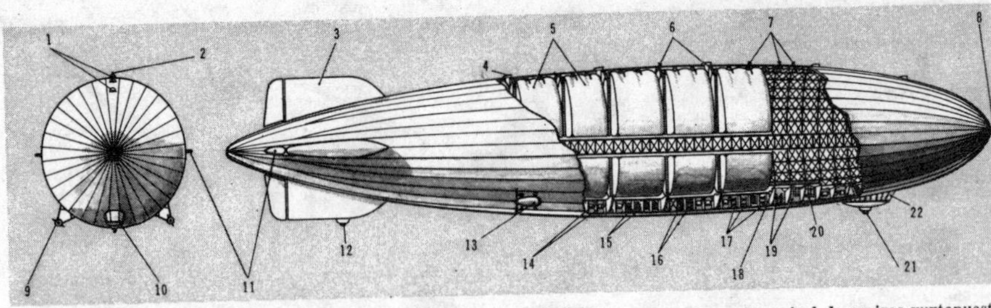

dirigible : 1. Ventilación; **2.** Timón de dirección; **3.** Estabilizador; **4.** Ventilación; **5.** Depósitos de helio; **6.** Costillas principales; **7.** Costillas secundarias; **8.** Sistema de amarre; **9.** Motor; **10.** Cabina de pilotaje; **11.** Timón de profundidad; **12.** Rueda de aterrizaje; **13.** Motor; **14.** Tanques; **15.** Flete; **16.** Central eléctrica; **17.** Tripulación; **18.** Puente superior; **19.** Pasajeros; **20.** Puente inferior; **21.** Rueda de aterrizaje; **22.** Cabina del piloto

Podían llevar 22 toneladas de carga (pasajeros y mercancías) y recorrer más de 15 000 km sin escalas a la velocidad de crucero de 125 km/h. Los rápidos progresos efectuados por la aviación comercial y la fragilidad de construcciones tan grandes cuales son los dirigibles (salvo raras excepciones todos han sido destruidos accidentalmente) han hecho que estos aparatos cesaran de presentar interés práctico. En cuanto a los pequeños dirigibles semirrígidos (constituidos por una envoltura deformable fijada por su base a una quilla rígida) que se usaban para misiones de exploración y salvamento, han sido reemplazados ventajosamente por los helicópteros.

Los dirigibles pequeños o medianos se abrigan en hangares. Los de grandes dimensiones permanecen amarrados por el morro a una torre o mástil de amarre de forma que puedan orientarse siempre en la dirección del viento y no le ofrezcan resistencia. Por lo demás, la torre de amarre sirve para efectuar las operaciones de avituallamiento, embarque de pasajeros y carga y descarga de mercancías.

DIRIGIDO, DA adj. Dícese de lo que en vez de funcionar, desenvolverse o propagarse libremente, sólo puede hacerlo en una dirección determinada.

— *Mat. Segmento dirigido,* v. VECTOR.

— *Radiot.* Dícese de los fenómenos que, merced a un dispositivo orientador, presentan el máximo de eficacia en una dirección determinada: *emisión dirigida de un aparato de radar.*

DIRRADIACIÓN f. *Fís.* Irradiación.

DIRRADIAR v. *Fís.* Irradiar.

DIRRAMACIÓN f. *Hidr.* División de un curso de agua en varios brazos.

DIRRUPCIÓN f. Disrupción.

DIRRUPTIVO, VA adj. Disruptivo.

DIRRUPTOR, RA adj. Disruptor.

DIS, prefijo derivado del griego *dus,* que entra en la composición de ciertas palabras para expresar la idea de privación, dificultad, etc.

DISARMÓNICO, CA adj. *Geol. Pliegue disarmónico,* v. PLIEGUE.

DISAZOICO, CA adj. *Quím.* Bisazoico.

DISCAR v. *Telec.* Marcar el número de un abonado en el disco del teléfono automático.

DISCO m. Objeto plano de forma circular.

— *Acúst.* Placa circular de materia plástica utilizada para grabar y reproducir los sonidos en los tocadiscos y gramófonos. ‖ *Cambiador de discos,* v. CAMBIADOR.

— La palabra, la música y otros sonidos de los discos actuales suelen ser registrados primeramente con un magnetófono, dadas las facilidades que presenta éste para suprimir las partes defectuosas y reemplazarlas por una nueva toma de sonidos. La reproducción de la cinta magnetofónica definitiva permite grabar el *disco original* de acetato o de neocera merced a un buril caliente montado en un dispositivo que lo acerca progresivamente del centro para que deje en el disco un surco en forma de espiral de espiras yuxtapuestas. A partir de este disco se obtienen por galvanoplastia las matrices que servirán para sacar por moldeo a presión las copias de materia plástica destinadas a la venta.

Los *discos comerciales* miden 17, 25 ó 30 cm de diámetro; para usos profesionales se utilizan también de 40 cm. La velocidad de rotación, que durante largo tiempo fue de 78 revoluciones por minuto, solamente es en los discos de microsurco actuales de 45, 33,3 y hasta 16,66 r. p. m. Los de 78 y 33,3 r. p. m. tienen un agujero central de 7,3 mm, mientras que el de 45 r. p. m. mide 38,5 mm. Por último, también difieren los discos por la anchura y el paso de los surcos. Los del tipo normal cuentan 35 surcos de 150 micrones de anchura por cm, mientras que los de microsurco pueden tener 100 surcos de 60 ó 70 micrones.

Los *discos estereofónicos* tienen una grabación doble en un mismo surco. Por ejemplo, los sonidos destinados a un oído son grabados en la vertiente derecha del surco y los del otro oído, en la vertiente izquierda; o bien una de las grabaciones talla el surco lateralmente y la otra profundamente. (V. ESTEREFONÍA.) Un *disco compatible* es estereofónico, pero puede ser tocado como monoaural por los discos ordinarios.

— *Agr.* Pieza de acero en forma de casquete esférico que, en los arados * de disco, reemplaza a la vez la cuchilla, la reja y la vertedera.

— *Astr.* Hemisferio visible de los astros, cuya forma aparente es la de un círculo.

— *Autom. Disco de embrague,* v. EMBRAGUE. ‖ *Freno de discos,* v. FRENO.

— *F. c. Disco de señales,* señal de forma circular y de color determinado por los reglamentos (generalmente rojo), a veces provisto de una luz del mismo color para el funcionamiento nocturno, que gira sobre un eje vertical en lo alto de un poste y sirve para indicar al maquinista del tren si la vía está o no está libre. (V. SEÑALES.)

— *Ofic. Memoria de discos,* v. MEMORIA.

— *Ópt. Disco de Newton,* v. ESPECTRO.

— *Radiot. Disco de Nipkow,* disco provisto de numerosos orificios perforados con arreglo a una espiral y que se usó para el análisis * de las imágenes de televisión anteriormente al descubrimiento de los analizadores electrónicos.

— En el *disco de Nipkow* el paso de la espiral correspondía a la altura de la imagen que se analizaba y la separación entre dos orificios sucesivos se calculaba de modo que ambos descubrieran ante una célula fotoeléctrica dos franjas yuxtapuestas de la misma. (V. TELEVISIÓN.)

— *Telec. Disco selector,* conmutador giratorio de que están provistos los aparatos telefónicos de la red automática para establecer la comunicación con los demás abonados. (V. TELÉFONO.)

DISCOIDAL y **DISCOIDEO, A** adj. Que tiene la forma de disco.

DISCONTINUO, A adj. Que se interrumpe o deja de ser continuo: *el transporte por vagonetas es discontinuo, mientras que el de los transportadores de cinta es continuo.*

— *Mat. Magnitud discontinua,* la que varía por saltos y no gradualmente.

DISCORDANCIA f. Falta de unidad, de proporción o armonía entre las partes de una cosa: *discordancia de los colores; discordancia de las partes de un edificio.*

— *Acúst.* Sucesión o simultaneidad de sonidos que resulta musicalmente ilógica o desagradable.

— *Geol.* Disposición del terreno en forma de

capas sobrepuestas a otras capas más antiguas que no son paralelas a las primeras.

DISCORDANTE adj. Que discuerda.

DISCORDAR v. Faltar de armonía. || Hallarse en discordancia *.

DISCRASA o **DISCRASITA** f. *Miner.* Antimoniuro de plata.

DISCRETO, TA adj. Discontinuo: *las rayas espectrales de un cuerpo forman una serie discreta.*

— *Mat. Magnitud discreta,* la que se compone de unidades físicamente distintas e indivisibles, por oposición a las magnitudes continuas: *los pasajeros de un avión son una magnitud discreta, mientras que la velocidad del aparato es una magnitud continua.*

DISCRIMINADOR m. *Cibern.* y *Radiot.* Instrumento que permite comparar el valor de una medida con una magnitud de referencia e indica la diferencia entre ambas. (Sinón. COMPARADOR.)

— Un *discriminador* se halla constituido generalmente por un circuito eléctrico provisto de un amplificador. Las tensiones de entrada y salida del circuito se hallan montadas en oposición, de tal forma que la diferencia de potencial en los bornes de entrada del amplificador sea la diferencia que media entre dichas tensiones. El discriminador se usa en radiotecnia como demodulador para las emisiones de modulación de frecuencia.

DISECTOR m. *Radiot. Disector de imágenes,* analizador.

DISEÑO m. Dibujo que se hace de una cosa.

DISEÑAR v. Delinear, trazar bosquejos o diseños de las piezas, construcciones, etc.

DISFUMAR v. Esfumar.

DISFUMINO m. Esfumino.

DISGREGABLE adj. Que puede ser disgregado: *tierras disgregables.*

DISGREGACIÓN f. Acción y efecto de disgregar.

— *Min.* y *Obr. públ. Disgregación hidráulica,* procedimiento de arranque de tierras y minerales sueltos por medio de un chorro violento de agua.

DISGREGADOR, RA adj. y s. Que disgrega o sirve para disgregar.

— *Ind. alim.* Máquina que sirve para desmenuzar las laminillas de harina y salvado apelmazados por las muelas del molino.

DISGREGAR v. Desmenuzar, separar los elementos aglomerados o apelmazados de una materia granulosa o pulverulenta.

DISIMETRÍA f. Falta de simetría.

— *Miner.* Defecto de simetría de ciertos cristales (por ej., la hemiedría * del cuarzo), al cual se deben la polarización * rotatoria de la luz y otras propiedades físicas de los mismos.

DISIMÉTRICO, CA adj. Que carece de simetría.

DISIMILAR adj. Dícese de la cosa que difiere de otra por su género o especie.

— *Miner.* Dícese del cuerpo que, reducido a polvo, tiene color diferente del que presentaba primitivamente la masa cristalina.

DISIPACIÓN f. Acción de disipar, de desaparecer progresivamente o perderse por evaporación o por otro fenómeno. || *Disipación de nieblas,* desnebulación.

DISIPAR v. Hacer desaparecer una cosa dispersándola en otra: *el humo de las chimeneas se disipa en la atmósfera.* || Desaparecer una cosa progresivamente, atenuarse un fenómeno hasta dejar de ser perceptible. || Reducir una materia en polvo y esparcirla.

DISLOCACIÓN f. Acción y efecto de dislocar.

— *Geol.* Separación de dos partes del terreno por una falla, o bien por desplome de un borde respecto al otro, consiguientemente a la ruptura del mismo por algún movimiento tectónico.

— *Miner.* Defecto que presentan ciertos cristales y que se caracteriza por la falta de átomos a lo largo de una línea de la red cristalina. (V. CRISTALOGRAFÍA.)

DISLOCAR v. Separar las cosas encajadas o ensambladas. || Romper, fragmentar violentamente: *los barrenos profundos dislocan mucho el terreno.*

DISMINUCIÓN f. Minoración, reducción que experimenta una magnitud.

— *Arq.* Reducción progresiva del diámetro de una columna a partir de la base o del primer tercio de su altura, según su estilo, hasta el capitel. || Diferencia entre el grueso de un muro y la anchura de su zarpa.

DISMUTACIÓN f. *Quím.* Reacción química en el curso de la cual, de un grupo de moléculas idénticas, unas son oxidadas y otras reducidas: *un ejemplo de dismutación consiste en tratar con potasa las moléculas de benzaldehído, de las cuales unas serán transformadas en benzoato de potasio y las demás en alcohol bencílico.*

DISOCIABILIDAD f. *Quím.* Calidad de disociable.

DISOCIABLE adj. *Quím.* Que puede ser disociado: *el vapor de agua es disociable por el calor.*

DISOCIACIÓN f. Acción y efecto de disociar.

— *Quím.* Descomposición de las moléculas de un compuesto en moléculas más sencillas por efecto del calor *(disociación térmica),* la electricidad *(disociación electrolítica)* o de otros agentes: *la disociación es reversible y las partículas disociadas vuelven a unirse cuando cesa la acción del agente que las separó.*

— *Ejemplos de disociación.* El vapor de agua sometido a la temperatura de 1 500° en presencia de platino es disociado en oxígeno e hidrógeno, pero se forma de nuevo al bajar la temperatura o en las paredes más frías del recipiente. Si en un recipiente cerrado se calienta espato a una temperatura constante T se desprende anhídrido carbónico hasta el momento en que éste alcanza la presión P. Si entonces se aspira dicho gas se producirá una nueva descomposición con desprendimiento de otro volumen equivalente de gas carbónico, hasta volver a la presión P. Si, por el contrario, se alimenta el recipiente en gas carbónico a una presión superior a P, el gas se combinará con la cal (reconstituyendo así el espato) hasta que la presión sea igual a P. Ambas reacciones se producen, por consiguiente, a la misma temperatura y su sentido depende de la presión del gas. Cuando ésta permite el equilibrio recibe el nombre de *tensión de disociación* correspondiente a la temperatura T. El calor necesario para disociar una molécula es su *calor de disociación.*

DISOCIAR v. *Quím.* Desagregar, romper la asociación de las moléculas sencillas que forman moléculas más complejas: *el cracking permite disociar los componentes de las fracciones pesadas del petróleo.* || Descomponer parcialmente un compuesto por una reacción química reversible. (V. DISOCIACIÓN.)

DISODADO, DA adj. *Quím.* Que contiene dos átomos de sodio en su molécula.

DISÓDICO, CA adj. *Quím.* Dícese de las sales derivadas de un ácido en el cual dos átomos de hidrógeno han sido reemplazados por dos de sodio.

DISOLUBILIDAD f. *Quím.* Calidad de disoluble. (Sinón. SOLUBILIDAD.)

DISOLUBLE adj. *Quím.* Dícese del cuerpo que puede disolverse en otro. (Sinón. SOLUBLE.)

DISOLUCIÓN f. *Autom.* Mezcla viscosa de caucho sin vulcanizar y benzol, que sirve para pegar los parches a las cámaras de los neumáticos.

— *Geol.* Corrosión o erosión química como la que se produce al disolver la caliza las aguas cargadas de gas carbónico, formándose entonces bicarbonato soluble.

— *Quím.* Acción y efecto de disolver o disolverse: *la disolución del azúcar en el agua es facilitada por el calor; una disolución de sulfato de cobre.* (Sinón. SOLUCIÓN.) || *Disolución normal, disolución decinormal,* v. NORMAL.

— Una substancia sólida, líquida o gaseosa se disuelve en un líquido cuando desaparece en su masa y forma con el mismo una mezcla homogénea. Si se evapora la disolución podrá recuperarse el cuerpo disuelto, como se comprueba fácilmente haciendo hervir agua azucarada. Por eso no pueden considerarse como *disoluciones simples* las de los metales en los ácidos, pues éstas constituyen verdaderas reacciones y la evaporación de la mezcla, en vez de restituir los componentes primitivos, da nuevos compuestos.

Una *disolución saturada* es la que tiene disuelta la máxima cantidad posible del cuerpo considerado. Si se aumenta su temperatura, disolverá nuevas cantidades del mismo; si se baja, las restituirá, por ejemplo, en forma de precipitado. No obstante, en ciertos casos la solidificación

no se produce al bajar la temperatura y entonces se tiene una *disolución sobresaturada.*
Generalmente la disolución de un sólido en un líquido suele ir acompañada de fenómenos térmicos, pues lo mismo que existe en los cuerpos un calor latente de fusión, también tienen un calor latente de disolución, como lo demuestra la existencia de mezclas refrigerantes. En ciertos casos, la disolución da lugar a una reacción química, cuyos efectos térmicos se suman a los de la disolución propiamente dicha (caso del cloruro de calcio disuelto en el agua, con formación de hidrato y desprendimiento de calor). [V. EBULLOSCOPIA y CRIOSCOPIA.]
Los gases se disuelven en los líquidos. Su solubilidad es igual a la masa en gramos del gas absorbido por 100 g de disolvente a la presión total (presión del gas + presión de vapor del líquido) de 760 mm de mercurio. El coeficiente de absorción de un líquido es el volumen de gas (a 0° y 760 mm) que absorbe la unidad de volumen de disolvente. Aproximadamente la cantidad de gas disuelto es proporcional a la presión de dicho gas. Cuando una mezcla gaseosa se halla en contacto con una superficie líquida, cada gas se disuelve independientemente, como si no existieran los demás.

DISOLVENTE m. *Perf.* Líquido de composición variable, en la cual suelen entrar la acetona y el alcohol amílico, que se usa para disolver el barniz aplicado a las uñas.
— *Quím.* Substancia que tiene la propiedad de disolver otra: *el agua regia es el disolvente del oro.* (Sinón. SOLVENTE.)

DISOLVER v. *Quím.* Efectuar la disolución de un cuerpo: *el alcohol disuelve la tinta de bolígrafo.*

DISONANCIA f. Combinación poco armónica de sonidos, colores u otros elementos.

DISPARADOR m. Dispositivo propio para disparar.

DISPARAR v. Hacer que un arma despida el proyectil. ‖ Por ext., hacer estallar un barreno. ‖ Soltar un mecanismo sujeto por un trinquete, resorte, etc.

DISPARIDAD f. V. PARIDAD.

DISPARO m. Acción de disparar.

DISPERSADOR, RA y **DISPERSANTE** adj. y s. Que dispersa o sirve para dispersar.
— *Agr.* Máquina que utiliza la fuerza centrífuga para dispersar abonos, estiércol y otras materias.
— *Pint.* Dícese de una substancia que entra en la composición de ciertas pinturas y cuya presencia facilita la dispersión de las partículas sólidas que las mismas contienen en suspensión: *el estearato de aluminio es un buen dispersante.*
— *Quím. Poder dispersante,* grado en que ciertas substancias provocan la suspensión de partículas sólidas en el seno de un gas, un líquido o un sólido en fase líquida.

DISPERSAR v. Diseminar, esparcir desordenadamente.

DISPERSIÓN f. Acción y efecto de dispersar.
— *Acúst.* Separación de las ondas elementales de una onda acústica compleja al atravesar ésta un medio en el cual las velocidades de aquéllas son diferentes.
— *Arm. Dispersión del tiro,* fenómeno al cual se debe que varios proyectiles tirados en las mismas condiciones y con el mismo cañón caigan en puntos diferentes: *la dispersión resulta de una irregularidad de la carga o de los cartuchos y también de variaciones aerológicas.*
— *Ópt.* Descomposición de la luz blanca en radiaciones de diversos colores: *la dispersión de la luz por los cristales es tanto más importante cuanto mejor absorben éstos los rayos ultravioladas.* (V. ESPECTRO.)
— *Quím.* Nombre dado a todo cuerpo sólido, líquido o gaseoso que contiene a otro cuerpo uniformemente repartido por toda su masa.
— El aire es una *dispersión* de oxígeno en el nitrógeno, la niebla una dispersión de agua en el aire, las disoluciones son dispersiones de un sólido en un líquido y los cristales de colores son dispersiones de metales o metaloides en el vidrio.

DISPERSIVO, VA adj. Que dispersa, especialmente cuando se trata de rayos luminosos: *los efectos dispersivos del prisma permiten descomponer la luz.* ‖ *Poder dispersivo,* grado de dispersión de los rayos luminosos expresado por la fórmula $\frac{\Delta n}{n-1}$, en la cual Δn representa el valor de la variación del índice de refracción de la substancia entre los dos límites del espectro visible y n el índice correspondiente a las radiaciones medianas de dicho espectro.

DISPERSOIDE m. Sistema coloidal en el cual una substancia se halla dispersada en forma de partículas en un medio sólido, líquido o gaseoso.
— Los *dispersoides moleculares* e *iónicos* entran en la composición de las disoluciones verdaderas; los *dispersoides coloidales* forman soles o disoluciones coloidales; los *dispersoides micro* y *macroscópicos* constan de partículas relativamente gruesas.

DISPONIBILIDAD f. *F. c.* Tiempo durante el cual una locomotora se halla disponible y podría, teóricamente, ser utilizada: *la disponibilidad de ciertas locomotoras eléctricas puede ser de 90%.*

DISPOSITIVO m. Modo particular de disponer los distintos órganos de un aparato para que cumplan una función determinada. ‖ Por ext., aparato, mecanismo: *un dispositivo de arranque automático.*

DISPROSIO m. *Quím.* Elemento químico de número atómico 66 y símbolo *Dy* que funde a 1 475° y hierve a 2 600°.
— El *disprosio* es un metal blanco del grupo de las tierras raras, presente en la holmina. Su masa atómica, igual a 162,46, resulta de la mezcla de siete isótopos cuyas masas y proporciones se indican a continuación: 156 (0,052%), 158 (0,09%), 160 (2,29%), 161 (18,88%), 162 (25,52%), 163 (24,97%), 164 (28,18%). El disprosio es un metal muy raro, cuya obtención al estado puro es muy complicada. Hasta ahora ha carecido de aplicaciones prácticas.

DISRUPCIÓN f. *Electr.* Apertura o interrupción brusca de un circuito eléctrico.

DISRUPTIVO, VA adj. *Electr.* Dícese de la descarga eléctrica que se efectúa con chispa. ‖ *Tensión disruptiva,* v. TENSIÓN.

DISRUPTOR adj. y s. *Electr.* Que provoca la disrupción en un circuito. ‖ Disyuntor.

DISTANCIA f. Intervalo que separa dos puntos en el espacio. ‖ Separación o espacio que media entre dos cosas.
— *Arq. Punto de distancia,* v. PERSPECTIVA.
— *Astr. Distancia angular de dos astros,* ángulo formado por los dos rayos visuales que van del ojo del observador a cada uno de los astros. ‖ *Distancia cenital de una estrella,* ángulo formado por la vertical del observador con la visual de su ojo a la estrella, medido en grados a partir del cenit. ‖ *Distancia polar de un astro,* arco que va del astro a uno de los polos por el círculo de declinación y que se mide en grados a partir del Polo Norte.
— *Autom. Distancia de paro,* distancia que recorre un coche desde el momento en que se accionan los frenos hasta que se detiene. (V. FRENO.)
— *Electr. Distancia explosiva,* distancia máxima a que salta la chispa entre dos electrodos cuando entre ambos existe una diferencia de potencial determinada a la cual se da el nombre de tensión * disruptiva.
— *Ópt. Distancia focal,* v. FOCO y OBJETIVO.
— *Topogr.* Las *distancias* pueden ser medidas directamente con alambres de invar *, cintas y cadenas de agrimensor o indirectamente con taqueómetros y teodolitos, y también calculadas por trigonometría.

DISTANCIÓMETRO m. Aparato para medi distancias fundado en el principio del telémetro *

DISTENA f. *Miner.* Silicato natural de alumi nio de fórmula Al_2SiO_5, de color azul o amari llento.

DÍSTILO m. *Arq.* Pórtico con dos columnas, un en cada lado.

DISTORSIÓMETRO m. *Acúst.* Instrument para medir la distorsión de los tocadiscos, mag netófonos y otros aparatos reproductores de soni dos.

DISTORSIÓN f. Acción y efecto de distorsiona
— *Acúst.* Nombre genérico de los defectos a lc cuales se debe que los sonidos registrados en dis cos o magnéticamente no sean reproducidos co fidelidad por los tocadiscos o magnetófonos, res pectivamente.

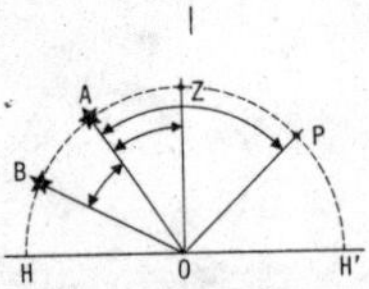

distancias *(astr.)*
H. Horizonte; Z. Cenit; P. Polo; HZH'. Esfera celeste; AOB. Distancia angular de los astros A y B; ZOA. Distancia cenital del astro A; POA. Distancia polar del astro A

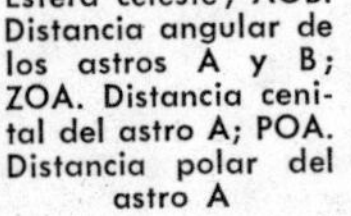

dispersión de la luz
1. Prisma; 2. Rayos luminosos; 3. Espectro compuesto, de arriba abajo, de los colores rojo, anaranjado, amarillo, verde, azul, añil y violado

— *Aeron.* V. AERODISTORSIÓN.
— *Electr.* Deformación que experimenta un campo magnético o eléctrico por interacción con otro campo.
— *Fot.* y *ópt.* Defecto de las lentes y sistemas ópticos que se traduce por una curvatura general de las imágenes dadas por los mismos.
— Al diafragmar una lente simple se produce una *distorsión* que puede manifestarse con dos aspectos diferentes, según la posición del diafragma, como es fácil demostrarlo fotografiando una cuadrícula: si el diafragma se halla frente a la lente, la imagen dada por ésta adolece de *distorsión en barrilete* y las rectas de la cuadrícula aparecen como curvas con su concavidad hacia el eje óptico; por el contrario, la posición del diafragma detrás de la lente, da una *distorsión en cojín* o *en media luna*, con las curvas hacia el exterior. Este defecto se corrige fácilmente combinando las lentes de los objetivos en dos grupos simétricos y situando el diafragma en el plano de simetría.
— *Radiot.* La *distorsión de los receptores de radio* se manifiesta por una desigualdad en la producción de los sonidos de frecuencias diferentes, que se traduce por una alteración de su timbre. La musicalidad de un receptor es tanto mayor cuanto menor es su distorsión, o sea cuanto más fielmente respeta las amplitudes y frecuencias de las vibraciones simples que constituyen los sonidos emitidos. Así, un altavoz que no vibra con la misma perfección al ser excitado por dos frecuencias diferentes, produce una distorsión (caso de los sonidos graves en los altavoces muy pequeños y de los sonidos agudos en los altavoces grandes). En los receptores de televisión la distorsión provoca deformaciones de la imagen que, las más de las veces, pueden ser corregidas con los botones reguladores del aparato.

DISTORSIONAR v. Deformar una cosa torciéndola.
— *Fís.* Deformar las ondas luminosas y sonoras. (V. DISTORSIÓN.)

DISTRIBUCIÓN f. Acción de repartir algo (materias primas, combustible, corriente eléctrica, etc.) y de llevarlo a los puntos en que se ha de utilizar.
— *Art. gráf.* Entintado. ‖ Operación inversa de la composición, consistente en volver a los cajetines los tipos que se han utilizado para efectuar la tirada de un texto.
— *Autom.* Arrastre por el motor de ciertos órganos auxiliares, como la bomba que lleva el agua refrigerante a las camisas, el árbol de levas que regula la apertura y cierre de las válvulas en los cilindros, el distribuidor que alimenta las bujías en corriente de alta tensión, etc.
— La alimentación de los cilindros en mezcla carburante y la evacuación de los gases de combustible, requieren un sincronismo que se obtiene mediante accionamiento de las válvulas por el propio cigüeñal. Éste arrastra un árbol de levas en las cuales se apoyan los vástagos de los balancines. Cada balancín abre o cierra la válvula respectiva con arreglo al ciclo del motor *.
— *Electr.* La producción de energía eléctrica en grandes cantidades con el mínimo de pérdidas y a precios moderados plantea importantes problemas de distribución, dado que: 1.º los turboalternadores producen la energía con tensiones del orden de 5 000 a 30 000 voltios; 2.º el transporte de la misma a grandes distancias solamente resulta económico para tensiones superiores a 60 000 voltios y tanto mayores cuanto más largas son las distancias (220 000, 380 000 y aún más voltios en las nuevas líneas); 3.º el consumidor suele usar la corriente con tensiones muy bajas, generalmente de 110 y 220 V. La adopción de la corriente alterna ha simplificado no poco estos problemas, pues su tensión puede ser elevada o reducida a voluntad y cómodamente con esos órganos simples y estáticos que son los transformadores. El transporte de la energía eléctrica se efectúa en líneas de alta tensión, generalmente aéreas, y en forma de corrientes trifásicas (líneas de 3 conductores) o hexafásicas (6 conductores). En las redes importantes existe una interconexión de líneas procedentes de las distintas centrales hidráulicas y térmicas y unos despachos regionales que ajustan el suministro a las necesidades momentáneas, estableciendo con dicho fin las conexiones oportunas y regulando la producción de cada central.

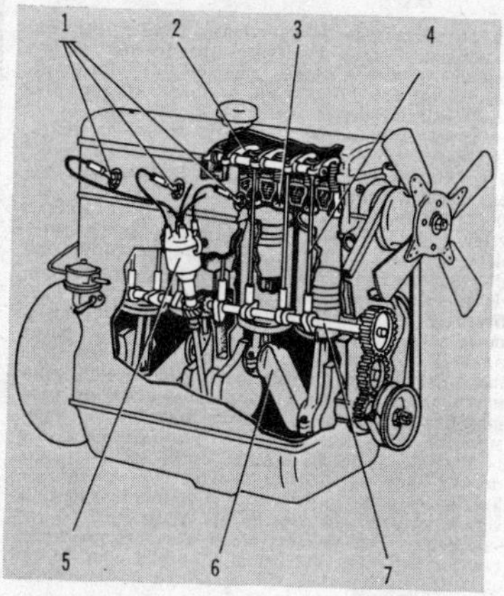

distribución *(autom.)*
1. Bujías; 2. Balancín; 3. Válvula; 4. Vástago; 5. Distribuidor; 6. Cigüeñal; 7. Árbol de levas

La corriente de alta tensión es transformada en las estaciones terminales y distribuida a los consumidores mediante una red de líneas de baja tensión, generalmente trifásicas (3 hilos para las fases y uno neutro para la tierra). La corriente continua solamente constituye en la actualidad redes de distribución de escasa importancia. La distribución propiamente dicha de la energía eléctrica se termina en los contadores de los consumidores, los cuales suelen ser propiedad de la empresa, que percibe un alquiler por ellos. En las distintas fases de la distribución, además de los transformadores, se usan numerosos aparatos de mando, regulación y protección de la red distribuidora y de las instalaciones de los clientes: conmutadores, disyuntores, pararrayos, seccionadores, etc.
— *Mec.* Manera como un fluido motor se reparte y obra en las máquinas de émbolo. ‖ Conjunto de los órganos reguladores de la admisión y escape del fluido motor. (V. MÁQUINA *de vapor*.)

DISTRIBUIDOR, RA adj. y s. Que distribuye o sirve para distribuir.
— *Agr. Distribuidora de abonos*, v. ABONADORA.
— *Art. gráf.* Mecanismo que, en las máquinas de componer, devuelve a los respectivos almacenes las matrices con las que ya se ha fundido la composición. (V. LINOTIPIA.) ‖ *Rodillos distribuidores*, v. ENTINTADO.
— *Autom.* Conmutador rotativo que distribuye la corriente de alta tensión a las bujías. (V. ENCENDIDO.)
— *Com.* Aparato para pesar, contar o medir la mercancía que se vende y que, en ciertos casos, indica también su importe, como, por ejemplo,

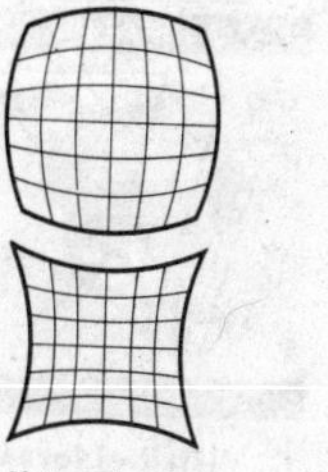

distorsiones de barrilete y de cojín *(fot.)*

distribuidores de golosinas y de gasolina

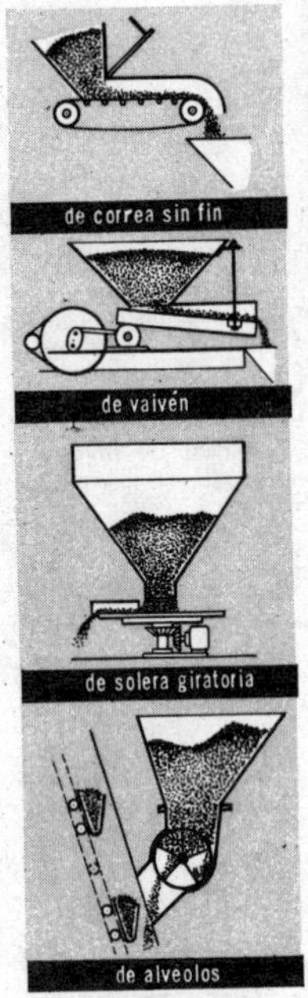

distribuidores
(ind.)

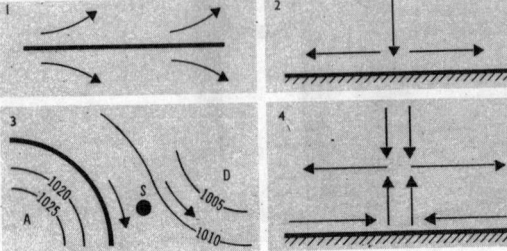

en los surtidores de gasolina. ‖ *Distribuidor automático,* el que, mediante introducción en una ranura de una o varias monedas, distribuye directamente al cliente un producto en cantidad y de calidad determinada de antemano.
— Prácticamente, los mecanismos de los *distribuidores* se reducen a los dos tipos siguientes: 1.º la moneda introducida en la ranura queda engastada en una corredera que se prolonga fuera del aparato por un tirador. Al tirar de éste el cliente, la moneda —que sobresale de la corredera—, arrastra el paquete inferior de la pila dispuesta en el almacén, y cae después, al quedarse sin fondo la corredera; 2.º la moneda hace bascular un interruptor de mercurio y éste pone en marcha un motor eléctrico que empuja el primer paquete de la pila y lo hace caer al alcance de la mano del cliente. Ciertos distribuidores perfeccionados, provistos de almacenes secundarios para monedas diferentes, admiten monedas de valor superior al de la mercancía y, junto con ésta, dan la vuelta o dinero sobrante. Todos los distribuidores tienen un dispositivo para que, en caso de agotamiento de los artículos distribuidos, devuelvan la moneda introducida en la ranura.
— *Electr.* Caja de derivación que permite conectar los circuitos derivados con cada uno de los circuitos principales, sin necesidad de desmontar los conductores.
— *Ind.* Dispositivo montado en la parte inferior de las tolvas y silos y que, convenientemente graduado, distribuye las materias a granel regularmente y con arreglo a las necesidades.
— *Mec.* Aparato que, en las máquinas * de vapor, establece alternativamente la comunicación entre la caldera y el cilindro por un lado del émbolo y entre el cilindro y el condensador (o la atmósfera) por el otro.
— *Telec.* En telegrafía, disco dividido en tantos sectores aislados como aparatos receptores existan y que, obrando como un conmutador giratorio, distribuye a dichos receptores las señales recibidas por una línea de un solo conductor. (V. TELÉGRAFO.)

DISTRIBUIR v. Repartir algo entre varios puntos. (V. DISTRIBUCIÓN y DISTRIBUIDOR.)
— *Art. gráf.* Devolver a los cajetines los tipos de las formas ya utilizadas.

DISTRIBUTOR, RA adj. y s. Distribuidor.

DISTURBIO m. *Radiot.* Perturbación experimentada en la recepción de una emisión de radio por interferencia de las ondas con las de otra emisora, ya por falta de selectividad o mala sintonía del receptor, ya por una superposición de las bandas de frecuencia de ambas emisoras. ‖ Emisión efectuada intencionadamente con la misma longitud de onda de la de otra emisora para hacer ininteligibles las palabras radiadas por la misma y evitar así que puedan ser captadas. ‖ Procedimiento análogo destinado a perturbar las ondas emitidas por los aparatos de radar, haciendo que en la pantalla de los mismos se confundan los ecos de los aviones enemigos con los de otras manchas que los disimulan.

DISUBSTITUIDO, DA adj. *Quím.* Dícese del compuesto en cuya molécula dos átomos han sido reemplazados por dos radicales o por dos átomos de otro cuerpo.

DISULFONADO, DA o **DISULFÓNICO, CA** adj. *Quím.* Dícese de los derivados doblemente sulfonados.

DISULFURO m. *Quím.* Bisulfuro, especialmente el de fórmula general R-S-S-R, en el cual R y S son, respectivamente, los símbolos de radical y de azufre.

divergencia
(meteor.)
1 a 3. En el suelo (A, anticiclón; D, depresión; S, punto de divergencia); 4. En altitud

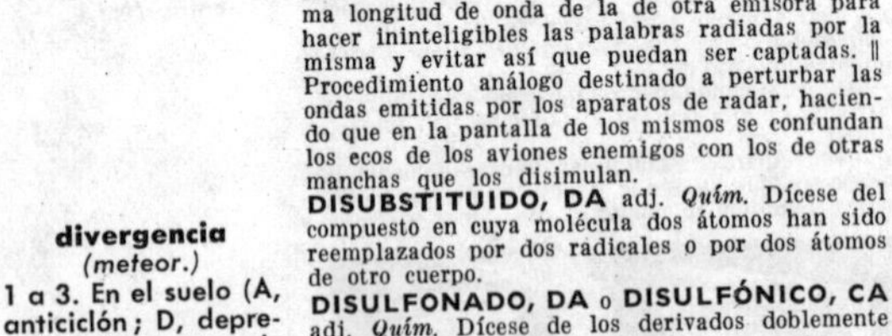

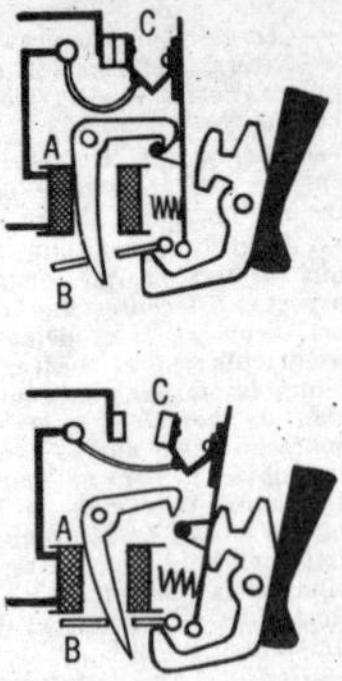

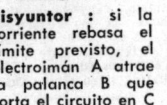

disyuntor : si la corriente rebasa el límite previsto, el electroimán A atrae la palanca B que corta el circuito en C

DISYUNCIÓN f. *Electr.* Acción y efecto de disyuncir.

DISYUNCIR v. *Electr.* Interrumpir instantáneamente la corriente para evitar las averías que podría provocar en el sector una sobretensión excesiva.

DISYUNTOR m. *Electr.* Interruptor que corta automáticamente la corriente cuando concurren las circunstancias para las cuales ha sido regulado. ‖ *Disyuntor de tensión insuficiente,* el que interrumpe la corriente cuando no hay tensión en la línea. ‖ *Disyuntor de máxima,* el que funciona cuando la corriente pasa de cierto límite para el cual ha sido regulado. ‖ *Disyuntor de mínima,* disyuntor que funciona cuando la corriente que por él pasa o la tensión que lo alimenta descienden por debajo de un límite previamente determinado.
— Un *disyuntor* consta esencialmente de un electroimán que, según la intensidad de la corriente, atrae o deja de atraer una palanquita que cierra o abre el circuito. Otro tipo de disyuntor consiste en una bobina y una cinta de bimetal * que, al calentarse dentro de la misma por efecto de la sobrecarga del circuito, se arquea, desapareciendo así el contacto entre su extremo libre y el borne del circuito. Al enfriarse el bimetal, vuelve a establecerse el contacto automáticamente.
En otros disyuntores se utiliza la acción de una bobina sobre un núcleo que es movido axialmente por las fluctuaciones de la corriente y empuja así el órgano interruptor.
Los *disyuntores de máxima* y *mínima* abren el circuito cuando la corriente rebasa los límites superior e inferior determinados de antemano, por ejemplo, cuando la tensión excede el valor de 120 % o no alcanza de 80 % de la tensión normal. (V. CONYUNTOR DISYUNTOR.)

DIURNO, NA adj. Que ocurre o se efectúa durante el día o en un día.
— *Astr. Movimiento diurno,* movimiento aparente de rotación del cielo en un día debido al movimiento de rotación de la Tierra alrededor de su eje: *el movimiento diurno es de sentido retrógrado, mientras que el de la Tierra es directo.*

DIVAGACIÓN f. *Hidr.* Cambio de cauce de un río cuyas aguas pueden seguir cursos diferentes dentro de un lecho muy ancho o adoptar un cauce nuevo fuera del mismo.

DIVALENTE adj. *Quím.* Bivalente, que es como debe decirse. (V. VALENCIA.)

DIVERGENCIA f. Acción y efecto de divergir.
— *Atom. Entrar en divergencia,* dícese del reactor * nuclear que, por eliminación progresiva de las barras de control interpuestas entre los elementos del combustible, produce un número de desintegraciones atómicas estable o que tiende a aumentar, pero no a disminuir, es decir, en el cual se produce una reacción en cadena.
— *Fís.* Aumento constante de la distancia que separa dos rayos a medida que éstos se alejan de su origen común.
— *Geom.* Estado de las líneas o planos que van apartándose, como los lados de un ángulo.
— *Mat. Divergencia de una serie,* v. SERIE.

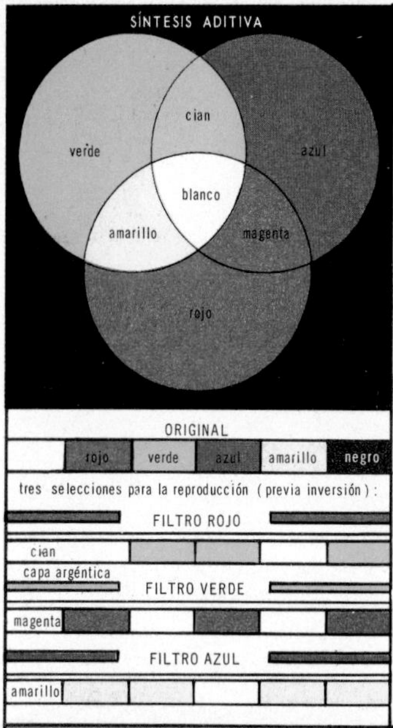

IMPRESIÓN POR TRICROMÍA

La síntesis substractiva obtenida mediante la interposición de filtros complementarios de cada uno de los tres colores fundamentales, da tres fotograbados que, con tinta transparente del correspondiente color y por sobreposición de las tres impresiones en el papel, restituyen los colores del original.

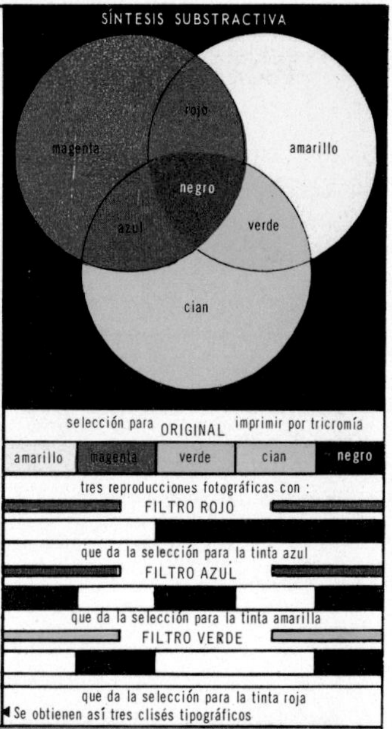

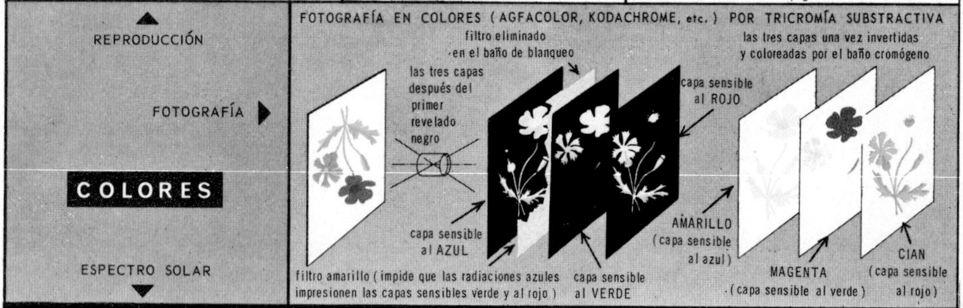

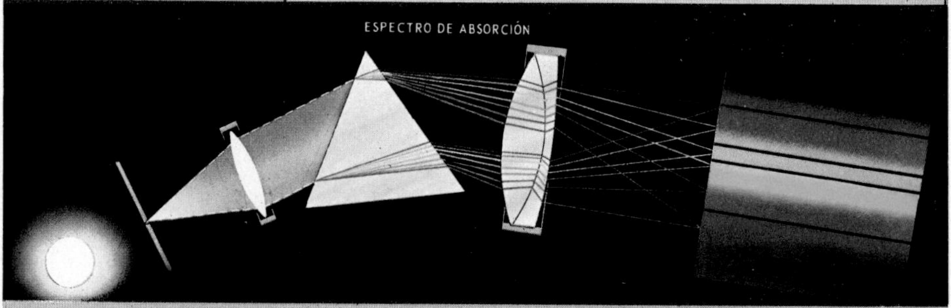

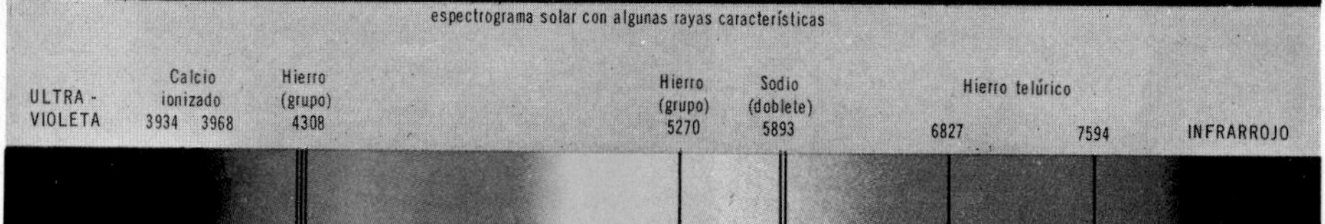

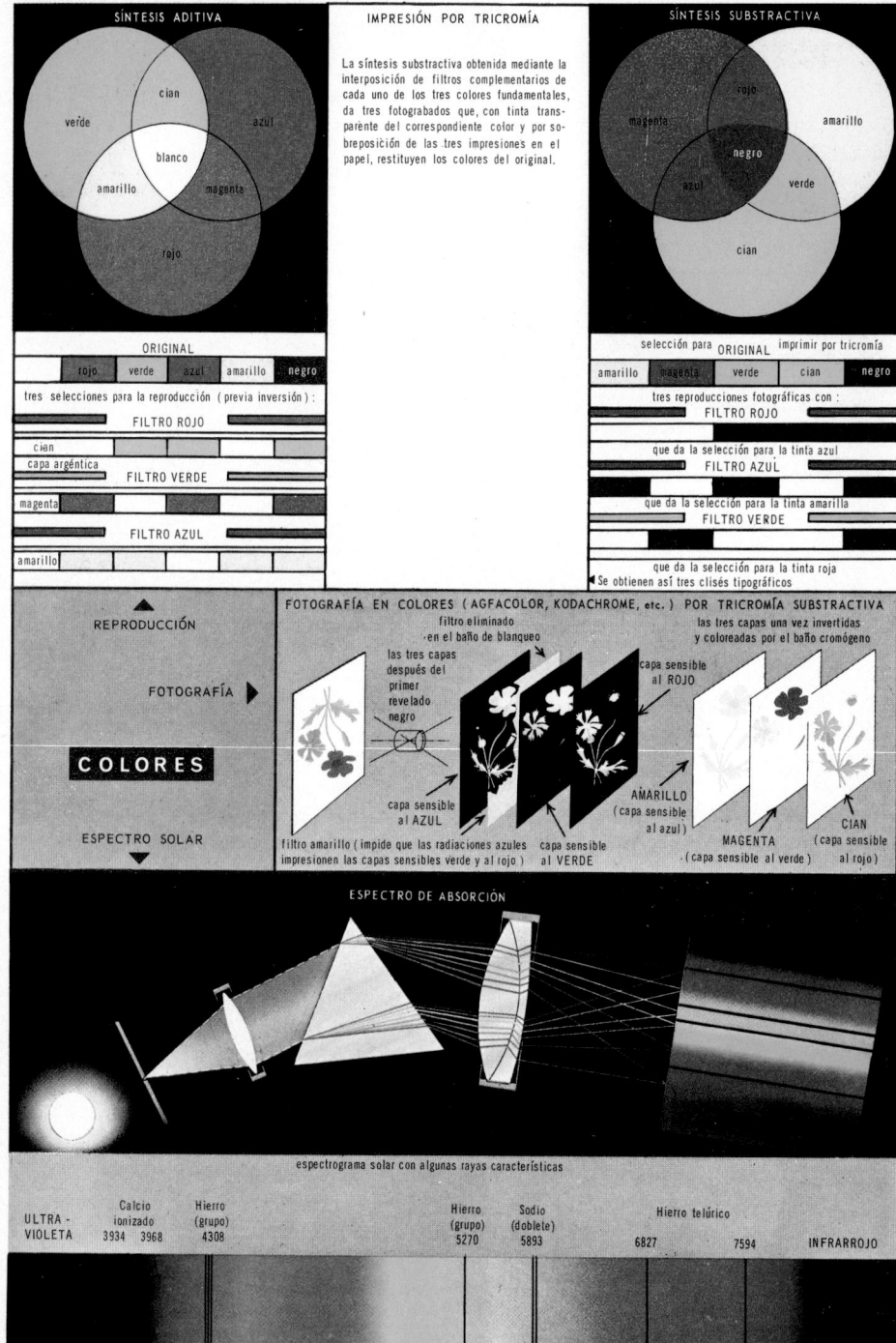

LOCOMOTORAS

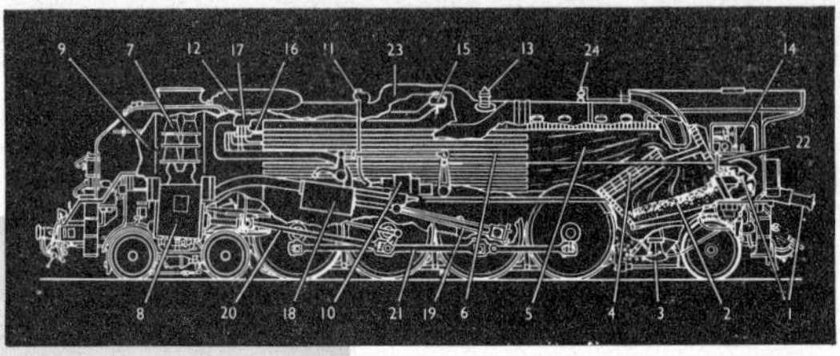

DE VAPOR

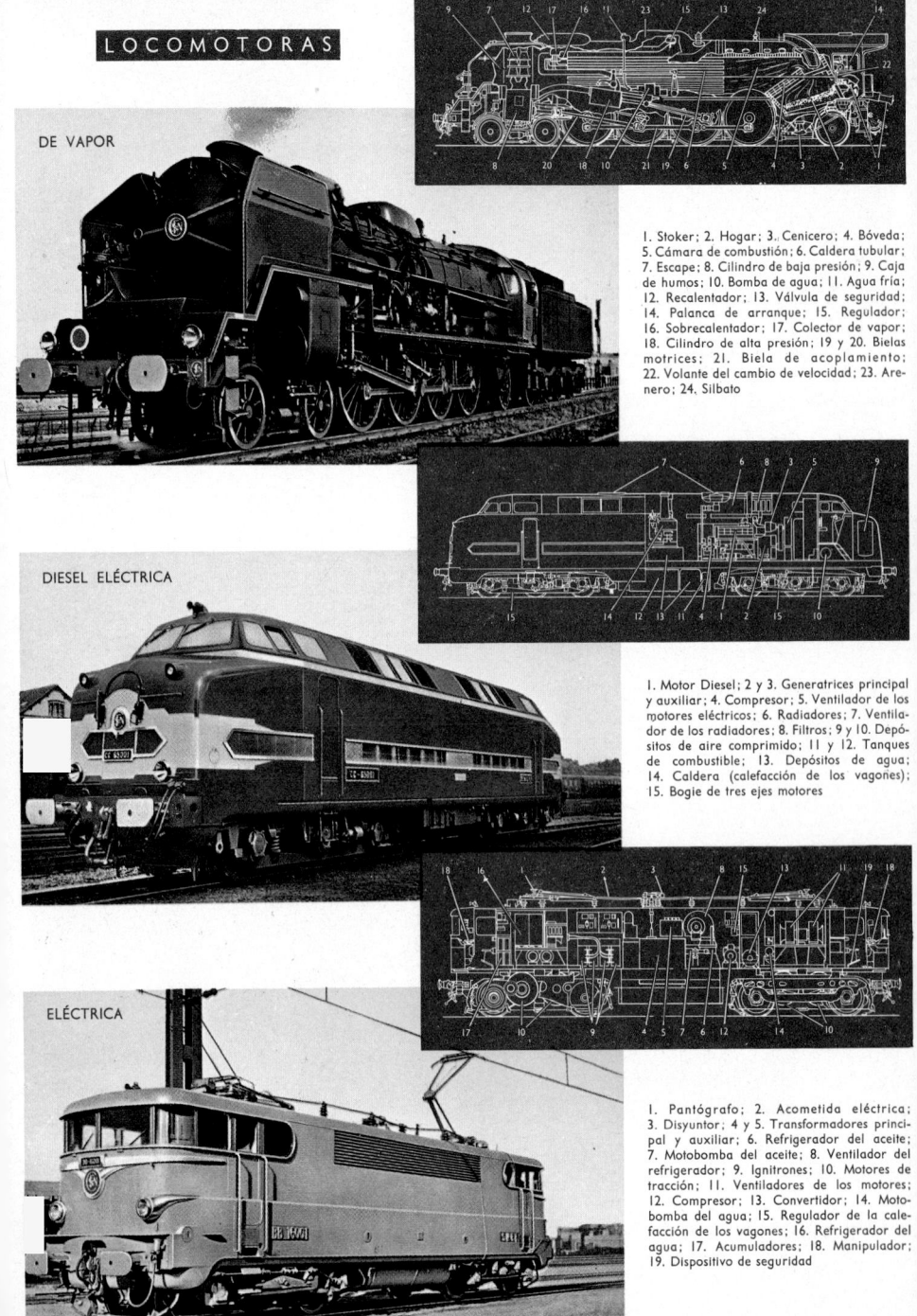

1. Stoker; 2. Hogar; 3. Cenicero; 4. Bóveda; 5. Cámara de combustión; 6. Caldera tubular; 7. Escape; 8. Cilindro de baja presión; 9. Caja de humos; 10. Bomba de agua; 11. Agua fría; 12. Recalentador; 13. Válvula de seguridad; 14. Palanca de arranque; 15. Regulador; 16. Sobrecalentador; 17. Colector de vapor; 18. Cilindro de alta presión; 19 y 20. Bielas motrices; 21. Biela de acoplamiento; 22. Volante del cambio de velocidad; 23. Arenero; 24. Silbato

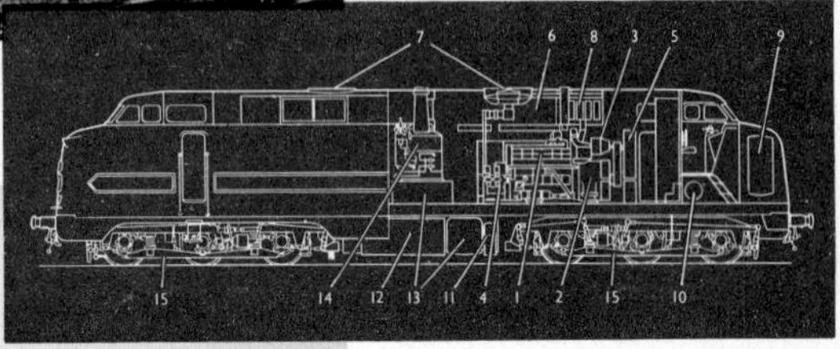

DIESEL ELÉCTRICA

1. Motor Diesel; 2 y 3. Generatrices principal y auxiliar; 4. Compresor; 5. Ventilador de los motores eléctricos; 6. Radiadores; 7. Ventilador de los radiadores; 8. Filtros; 9 y 10. Depósitos de aire comprimido; 11 y 12. Tanques de combustible; 13. Depósitos de agua; 14. Caldera (calefacción de los vagones); 15. Bogie de tres ejes motores

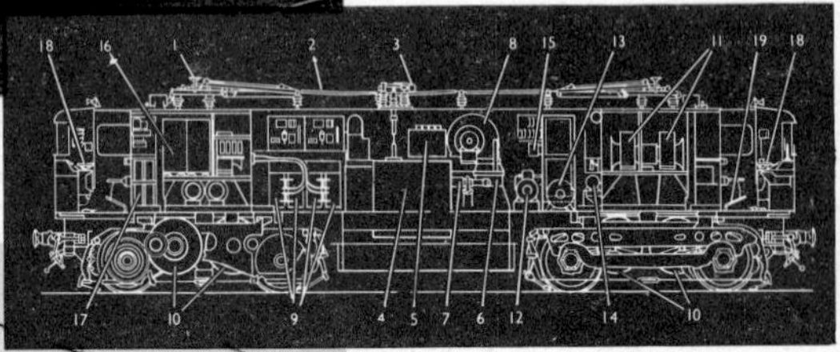

ELÉCTRICA

1. Pantógrafo; 2. Acometida eléctrica; 3. Disyuntor; 4 y 5. Transformadores principal y auxiliar; 6. Refrigerador del aceite; 7. Motobomba del aceite; 8. Ventilador del refrigerador; 9. Ignitrones; 10. Motores de tracción; 11. Ventiladores de los motores; 12. Compresor; 13. Convertidor; 14. Motobomba del agua; 15. Regulador de la calefacción de los vagones; 16. Refrigerador del agua; 17. Acumuladores; 18. Manipulador; 19. Dispositivo de seguridad

— *Meteor.* División de las corrientes de aire en dos flujos horizontales que se alejan uno del otro en direcciones diferentes y a veces opuestas.

DIVERGENTE adj. y s. Que diverge. (V. DIVERGENCIA.)

— *Aerod.* Difusor de un túnel * aerodinámico: *la velocidad del aire disminuye en el divergente si es subsónica y aumenta en el mismo si es supersónica.*

— *Atom. Reacción divergente,* v. DIVERGENCIA.

— *Mat. Serie divergente,* v. SERIE.

— *Mec.* En las máquinas de vapor, pieza en forma de embudo en la cual el chorro de agua del inyector pierde velocidad y adquiere una presión superior a la que reina en la caldera, lo cual le permite penetrar en la misma venciendo la presión del vapor.

— *Ópt. Lente divergente,* lente * más espesa en la periferia que en el centro, que tiene la propiedad de hacer divergir los rayos de luz paralelos.

DIVERGER y mejor **DIVERGIR** v. Tratándose de líneas, rayos y otras cosas anteriormente unidas o muy cercanas entre sí, acción de separarse progresivamente unas de otras a medida que se alejan de sus orígenes comunes: *las vías divergen después de una bifurcación.*

— *Atom.* Aumentar el número de desintegraciones producidas por las generaciones sucesivas de neutrones libertados por la fisión de los átomos en el curso de una reacción nuclear.

DIVIDENDO m. *Mat.* Cantidad o número que se ha de dividir por otro llamado divisor. (V. DIVISIÓN.)

DIVIDIR v. Separar una cosa o un conjunto de cosas en varias partes: *los grandes ríos se dividen en varios brazos en su delta.* ‖ Establecer una demarcación entre varias partes de un todo aunque sin deshacer el conjunto ni alejarlas unas de otras: *dividir un local con tabiques; dividir un ángulo en dos partes iguales con una bisectriz.*

— *Mat.* Efectuar una división *.

— *Tecn. Máquina de dividir,* divisor o divisora, según los casos.

DIVIDIVI m. *Bot.* y *Curt.* Árbol cesalpinio (*Caesalpinia coriaria*) de América del Sur, cuyo fruto contiene 40 % de tanino y se usa como curtiente. (Sinón. GARROBILLA, GUATAPANÁ, GUARANGO.)

DIVINILO m. *Quím.* Variedad de butadieno * también llamada *eritreno.*

DIVISIBILIDAD f. Calidad de divisible.

— *Fís. Divisibilidad de los cuerpos,* propiedad general de la materia en virtud de la cual los cuerpos pueden ser divididos en partículas.

— Ciertos cuerpos se dividen fácilmente en partículas pequeñísimas, como lo prueba el caso de que un grano de carmín apenas perceptible a simple vista pueda teñir de rojo una cantidad de agua diez millones de veces más voluminosa. La menor cantidad posible de un compuesto es la molécula *, y la de un cuerpo simple, el átomo *. Si un átomo es dividido en dos o más partes, no se obtienen fragmentos del elemento primitivo, sino otros tantos átomos nuevamente formados de elementos más ligeros que aquél. (V. FISIÓN.)

DIVISIBLE adj. Que puede ser dividido.

— *Mat.* Dícese del número que puede ser dividido exactamente por otro sin dejar ningún resto, o sea de la cantidad entera que puede contener a otra, también entera, un número exacto de veces.

— Dícese que un polinomio es *divisible* por otro cuando el cociente de su división puede expresarse por un tercer polinomio.

DIVISIÓN f. Acción y efecto de dividir. ‖ Cada una de las partes en que ha sido dividida una cosa: *en la rosa de los vientos cada división abarca un ángulo de 11,25°.*

— *Geom. División armónica,* v. ARMÓNICO.

— *Mat.* Una de las cuatro operaciones fundamentales de la aritmética consistente en hallar el número de veces que una cantidad llamada *dividendo* contiene a otra llamada *divisor.* El resultado es el *cociente de la división.* Cuando el dividendo no ,contiene al divisor un número exacto de veces, queda debajo del mismo, después de terminada la operación, una cantidad sobrante llamada *resto.* Para indicar que un número se ha de dividir por otro se escriben ambos separando el primero del segundo por el signo : o bien se sobrepone el dividendo al divisor interponiendo una línea horizontal entre ambos. Así, la división de 29 por 4 puede escribirse indistintamente 29 : 4 y $\frac{29}{4}$. En este ejemplo 29 es el dividendo y 4 el divisor, y si efectuamos la operación obtendremos 7 como cociente y 1 como resto.

DIVISOR, RA adj. y s. Que divide o sirve para dividir. ‖ Máquina para dividir, fragmentar o repartir en partes iguales: *en las panaderías modernas la divisora de masa corta la cantidad de la misma necesaria para cada pan.*

— *Mat.* Número por el cual se divide otro llamado dividendo. (V. DIVISIÓN.) ‖ *Común divisor,* número que puede dividir exactamente a varios otros: *3 es un común divisor de 6, 15 y 18.* ‖ *Máximo común divisor,* el mayor común divisor que pueden tener dos o más números dados: *5 es uno de los comunes divisores de 30 y 45, pero el máximo común divisor de estos números es 15.*

— Para hallar el *máximo común divisor* de dos números se efectúan, en el orden descrito, las siguientes divisiones: el mayor de los dos números por el menor; el menor por el resto de la división anterior; el resto de la primera división por el de la segunda; el de la segunda por el de la tercera, etc., deteniéndose en cuanto se obtiene una división sin resto, en cuyo caso el divisor de la misma es el máximo común divisor buscado.

— *Mec.* Dispositivo que, en las máquinas herramienta, permite que la pieza que se trabaja, una vez efectuada una operación, pueda ser girada de un número exacto de grados o fracción de grados para efectuar la operación siguiente en el sitio que le corresponde.

— La necesidad del *divisor* es evidente en la fabricación de un piñón. Si éste cuenta 24 dientes será necesario que los mismos sean tallados regularmente en toda la periferia de la pieza bruta, y que, una vez tallado uno de ellos, dicha pieza gire de 15° exactamente para que la herramienta muerda el metal en el sitio que corresponde al segundo diente, y así sucesivamente. El *divisor mecánico* es una pieza circular provista de varias series de taladros equidistantes, los de cada serie, a lo largo de una circunferencia. Por otra parte, el soporte de la pieza que se ha de labrar es giratorio y tiene un brazo provisto de un dedo que puede ser introducido en los taladros del divisor. Si una de las circunferencias del referido divisor tiene 24 taladros, el oficial —cada vez que la herramienta haya labrado un diente del piñón— pasará el dedo del portapieza al taladro siguiente, y así sucesivamente, hasta labrar los 24 piñones. Si se hubiera tratado de 10 piñones solamente, el oficial habría utilizado otra circunferencia del divisor: la que tiene 10 taladros. En el *divisor universal* la pieza se fija al divisor, y éste, movido por un tornillo sin fin, gira sobre una escala graduada, con lo cual puede obtenerse la división del círculo en cualquier número de partes y dar a la pieza el movimiento angular deseado. Un nonio y, en el divisor óptico, un dispositivo microscópico, permiten medir los ángulos con gran precisión.

divisores óptico *(arriba)* y de fresadora universal *(abajo)*

DIVISORIO, RIA adj. Que divide o sirve para dividir: *tabiques divisorios.*

— *Hidr.* Dícese de la línea que, siguiendo las crestas de las montañas, separa dos cuencas hidrográficas.

DIYODADO, DA adj. *Quím. Derivado diyodado,* cuerpo derivado de otro por substitución de dos átomos de hidrógeno por dos de yodo.

DIYODO, prefijo usado en química para indicar la presencia de dos átomos de yodo de substitución en una molécula.

dl, símbolo de *decilitro.*

dm, símbolo de *decimili.* ‖ Símbolo de *decímetro.* ‖ dm^2, símbolo de *decímetro cuadrado.* ‖ dm^3, símbolo de *decímetro cúbico.*

D. M. E. *(Sistema),* siglas de las palabras inglesas *Distance Measuring Equipment,* con las cuales se designa un sistema de radionavegación.

— El *sistema D. M. E.* consiste, por una parte, en captar las emisiones de un radiofaro omnidireccional, que permite averiguar la dirección del avión o barco respecto al mismo, y, por otra, las de una baliza * respondedora, de la cual se deduce la distancia a que se halla el avión o el barco del radiofaro.

Fot. S. A. G. E. M.

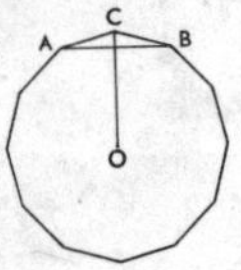

dodecágono

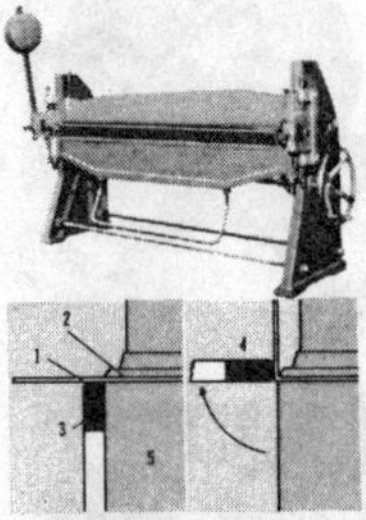

dobladora de chapas
1. Chapa; 2. Apoyo; 3 y 4. Posiciones inicial y final de la cuchilla plegadora; 5. Bastidor

doladera

domo (arq.)

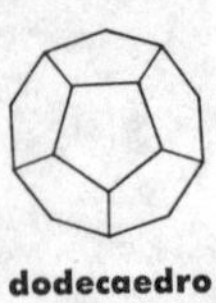

dodecaedro

dmh, abreviatura de *diezmilésima de hora,* unidad de tiempo equivalente a 0,36 s utilizada en ciertos cálculos sobre el trabajo.

D. N. A., abreviatura inglesa con que se designa el *ácido desoxiribonucleico,* y cuya forma correcta en español es *A. D. N.*

DOBLADILLO m. *Text.* Refuerzo marginal de la ropa que se hace doblando varias veces su borde y cosiendo después el último doblez. ‖ Hilo a propósito para efectuar esta labor.

DOBLADO, DA adj. y s. Acción y efecto de doblar.
— *Cin.* Doblaje.
— *Metal.* Nombre genérico de las operaciones que tienen por objeto labrar y dar forma al metal sin arranque de virutas con prensas de embutir *, máquinas de curvar *, etc.

DOBLADOR, RA adj. y s. Que dobla o sirve para doblar.
— *Art. gráf.* Plegadora. ‖ *Filete doblador,* v. FILETE.
— *Ind. alim.* Aparato que sirve para dar una segunda pasada por el trapiche a la caña ya prensada.

DOBLAJE m. *Cin.* Operación que consiste en traducir el diálogo de una película de forma que las palabras de la nueva versión correspondan lo más perfectamente posible a los movimientos de la boca de los actores y que parezca que son éstos quienes hablan la lengua de quienes los han doblado. (Sinón. DOBLADO.)
— El *doblaje* requiere una cuidadosa preparación: las palabras de la traducción tendrían que corresponder en la medida de lo posible con la mímica fonética de los actores y sin que en modo alguno fuese desvirtuado el diálogo original. Mas ello requeriría un trabajo arduo, largo y costoso, hecho por escritores que conocieran perfectamente ambas lenguas. Los distribuidores suelen considerar dichas condiciones como incompatibles con sus intereses económicos, y de ahí que el doblaje de las películas, salvo raras excepciones, deje mucho que desear.

DOBLAR v. Duplicar, hacer doble una cosa. ‖ Plegar una cosa plana dividiéndola en dos por un doblez y aplicando una de las dos partes contra la otra. ‖ Curvar, torcer una cosa recta.
— *Cin.* Efectuar el doblaje * de una película.
— *Metal. Máquina de doblar,* la de curvar *.

DOBLE adj. y s. Dos veces determinada cantidad: *doble decámetro de agrimensor.* ‖ Formado por dos cosas de la misma índole: *ventana doble.* ‖ De fuerza o efectos dobles que los normales o, en todo caso, muy superiores a los mismos: *la cerveza doble contiene más alcohol que la ordinaria.* ‖ *De doble fondo, de doble pared,* v. FONDO y PARED.
— *Art. gráf. Doble canon,* tipo de imprenta cuya fuerza es de 48 a 56 puntos. ‖ *Máquina doble,* la que con una sola forma imprime dos pliegos. (V. IMPRENTA.) ‖ *Tinta de doble tono,* v. TINTA.
— *Astr. Estrella doble,* v. ESTRELLA.
— *F. c. Doble tracción,* v. TRACCIÓN.
— *Mec. Doble efecto,* v. EFECTO.
— *Metr. Amer.* Medida de capacidad de dos litros: *un doble de alcohol.*
— *Quím. Doble ligadura* o *enlace,* v. ENLACE.

DOBLETE m. *Electr.* Dipolo.
— *Fís. Doblete electrónico,* par de electrones que efectúa el enlace de dos átomos en ciertas moléculas. (V. MOLÉCULA y VALENCIA.)
— *Joy.* Piedra falsa consistente en un cristal montado sobre una materia de color correspondiente al de la gema que se imita. ‖ Piedra preciosa que se monta sobre un zócalo de cristal para doblar su espesor.
— *Ópt.* Par de rayas muy próximas en el espectro luminoso: *el doblete del sodio consta de dos rayas cuya longitud de onda es de 5 890 y 5 896 angstroems.* ‖ Ocular compuesto de dos lentes y exento de aberración cromática.
— *Radiot.* Dipolo.

DOCK m. *Mar.* Anglicismo por *dársena, tinglado* y *dique.*

DODECA, prefijo derivado del griego *dôdeka,* que significa *doce* y entra en la composición de muchas palabras.

DODECAEDRO m. *Geom.* Sólido de 12 caras que, en el *dodecaedro regular,* son pentágonos regulares unidos dos a dos por 30 aristas y tres a tres en 20 vértices.
— *Miner.* Forma cristalina derivada del sistema cúbico por truncamientos paralelos a las aristas del cubo y perpendiculares al plano de simetría que pasa por éstas.

DODECÁGONO adj. y s. *Geom.* Polígono que tiene doce ángulos y, por consiguiente, doce lados.
— El *dodecágono regular* se dibuja trazando primeramente seis cuerdas AB que dividen la circunferencia en seis arcos iguales; luego se divide cada uno de éstos en dos partes iguales y se unen los puntos divisorios con doce cuerdas que son los lados del dodecágono. El ángulo formado por dos lados de este polígono vale 150°. Cuando se yuxtaponen dos lados de dos dodecágonos iguales y regulares, los dos lados siguientes forman un ángulo de 60° (v. *figura*). Consiguientemente, esta figura puede servir de baldosa combinada con baldosines en forma de triángulo equilátero.

DODECANO m. *Quím.* Carburo de hidrógeno saturado de fórmula $C_{12}H_{26}$, que funde a — 12° y hierve a 214°.

DOGGER m. *Geol.* Época geológica que abarca el bajociense* y el batoniense*.

DOLADERA f. *Carp.* Hacha especial que usan los toneleros para labrar las duelas.

DOLADURA f. *Art. y of.* Desbastadura producida al dolar alguna materia.

DOLAR v. *Art. y of.* Desbastar, labrar la madera con la doladera, la piedra con el dolobre, etc.

DOLINA f. *Geol.* Depresión o sima que se forma en terrenos calcáreos, ya por disolver progresivamente el suelo las aguas encharcadas, ya por haberse desplomado el techo de las cavernas subterráneas.

DOLOBRE m. *Art. y of.* Pico utilizado para labrar la piedra.

DOLOMÍA f. *Miner.* Carbonato natural de calcio y magnesio.
— La *dolomía* se presenta en forma de masas blancas de estructura granulada. La magnesia blanca o carbonato básico que se obtiene por carbonización de una mezcla de dolomía y coque constituye un excelente aislante térmico. La *dolomía activada,* obtenida por fritaje incompleto de la *dolomía bruta,* se usa para desacidificar el agua y como revestimiento de los convertidores Thomas y de las soleras de ciertos hornos metalúrgicos.

DOLOMITA f. *Miner.* Dolomía, especialmente en forma de cristales.

DOLOMÍTICO, CA adj. *Miner.* Que contiene dolomía. ‖ *Caliza dolomítica,* roca que contiene de 25 a 50% de dolomía. ‖ *Arena dolomítica,* residuo granuloso que queda cuando las aguas pluviales han disuelto el cemento de carbonato de calcio que une los granos de la dolomía.

DOLOMITIZACIÓN f. *Geol.* y *Miner.* Transformación de la caliza u otras rocas en dolomía.

DOMEYKITA f. *Miner.* Domeiquita.

DOMINANTE adj. y s. Que descuella, sobresale o se destaca de un conjunto.
— *Fot. Color dominante,* o simplemente *dominante,* color que, por haber impresionado excesivamente la emulsión, se impone a los demás, los altera y rompe la armonía cromática de una fotografía.
— Las fotografías tomadas en la nieve o junto al mar suelen tener una *dominante azul;* las que se impresionan poco después de salir el sol o poco antes de su puesta, tienen una *dominante roja,* etc. Estos defectos se subsanan midiendo la temperatura * de color antes de impresionar las fotografías y adoptando los filtros* correspondientes a la misma y a la emulsión usada.

DOMO m. *Arq.* Cubierta de una bóveda semiesférica u octogonal. ‖ Sinónimo incorrecto de *cúpula.* (V. esta palabra.)
— *Mec.* Cúpula.

DONADOR, RA adj. y s. *Electrón.* Dador, que es como debe decirse.

DOP m. *Joy.* Pieza metálica usada para soportar el diamante y otras piedras durante las operaciones de tallado y permitir su manipulación cómoda y exacta.

DOPE m. *Constr.* Adyuvante.
— *Petr.* Aditivo.

DOPPLER-FIZEAU *(Efecto),* cambio que experimenta la frecuencia de las ondas sonoras, luminosas o radioeléctricas cuando el manantial que las engendra se acerca o aleja del observador.
— Este fenómeno se explica fácilmente: trátese

Fot. Larousse, Viollet

de sonidos, de luz o de señales radioeléctricas, las ondas son emitidas a intervalos de tiempo regulares. Media entre ellas una longitud de onda determinada y, por consiguiente, el número de ondas emitidas por segundo es también fijo. Así, un diapasón que da la nota *la*, vibra 435 veces en un segundo y entre cada dos vibraciones las ondas recorren —en condiciones normales— 0,788 m. Ahora bien, si dicho diapasón vibra sobre un vehículo que se acerca a nosotros a la velocidad de 100 km/h, el coche adelanta de 0,064 m entre la emisión de una onda y la de la onda siguiente. Así las ondas llegarán al observador más apretadas y, a pesar de haber sido emitidas con igual frecuencia, serán captadas con una frecuencia mayor (480 en nuestro ejemplo). De haberse alejado el coche, la frecuencia habría sido reducida a la recepción. Ambos casos se producen cuando pasa ante nosotros un tren silbando: el silbido se torna bruscamente más grave en cuanto el tren, después de haberse acercado, se aleja de nosotros. Conociendo la frecuencia propia del manantial y midiendo exactamente la frecuencia de las ondas captadas, es fácil deducir la velocidad de aquél respecto al observador. Por ejemplo, el espectro de una estrella, cuando es comparado con el de un manantial luminoso inmóvil, presenta una reducción de la frecuencia de las rayas si la estrella se aleja de la Tierra y un aumento de la misma si se acerca. Midiendo este corrimiento de las rayas hacia el rojo o hacia el violado se puede evaluar la velocidad del astro respecto a la Tierra. Otra aplicación del *efecto Doppler-Fizeau* es la medición de la velocidad de los cohetes, satélites artificiales y otros ingenios cósmicos. También merece citarse, entre otras aplicaciones militares, la posibilidad de comprobar si los ecos captados por un radar provienen de aviones enemigos o de pantallas antirradar*: en el primer caso se observa un cambio de la frecuencia de las ondas del eco respecto a las de la emisión correspondiente, mientras que los papeles metalizados u otros engaños antirradar no tienen velocidad apreciable y no modifican la frecuencia de las ondas por ellos reflejadas.

DORADILLO m. *Art. y of.* Hilo de latón muy delgado para pasamanería y otros usos.

DORADO, DA adj. y s. De color de oro. ‖ Revestido por una fina capa de oro. ‖ Acción de dorar. (Sinón. DORADURA.)

— *Joy.* El *dorado* puede efectuarse por varios procedimientos, especialmente por electrólisis con baño cianurado y ánodos solubles, y también mediante aplicaciones de panes de oro.

DORADURA f. Dorado.

DORAR v. Cubrir una cosa con una capa de oro. (V. DORADO.) ‖ Dar a una cosa el color del oro.

DÓRICO, CA adj. y s. *Arq. Orden dórico,* v. ORDEN.

DORNAJO m. *Art. y of.* Cajón medio lleno de agua en la cual bañan por su parte inferior las muelas de afilar.

— *Constr.* Artesa pequeña de albañil.

DORSAL f. *Meteor. Dorsal barométrica,* cresta formada por las altas presiones en un mapa isobárico. (V. ISOBARA.)

— *Ocean.* Cresta formada por una elevación longitudinal del fondo de los océanos. (V. TECTÓNICA de placas.)

DORSO m. Superficie exterior de una cosa combada.

— *Arq.* Trasdós.

DOSAJE m. Galicismo por *dosificación.*

DOSAR v. Galicismo por *dosificar.*

DOVELA f. *Arq.* Sillar, ladrillo o bloque artificial en forma de cuña usado en la construcción de los arcos y bóvedas.

DOVELAJE m. *Arq.* Conjunto de las dovelas de un arco o bóveda.

DOVELAR v. *Constr.* Labrar una piedra en forma de cuña para hacer una dovela.

DOXOMETRÍA f. Estudio de la opinión pública mediante sondeos que consisten en plantear preguntas a cierto número de personas convenientemente seleccionadas para que el conjunto de las respuestas refleje la opinión general de la población de un país o de una categoría de la misma.

— Esencialmente, la *doxometría* consiste en reducir proporcionalmente la población que se desea consultar a unos miles de personas solamente, velando por que en dicha selección se hallen representados, en sus debidas proporciones, las distintas clases sociales, edades, niveles culturales, actividades profesionales, etc. La doxometría es sobre todo conocida por sus aplicaciones en política (para apreciar, por ejemplo, la popularidad de un gobierno, las tendencias del electorado, etc.), pero también representa papel importante en la industria y el comercio para pulsar los gustos o necesidades del público y asegurar así el éxito de los productos que se lanzan al mercado.

DOZAVO, VA adj. Duodécimo, doceava parte de una cosa.

— *Art. gráf. En dozavo,* dícese del libro o folleto cuyas páginas tienen un tamaño equivalente a la doceava parte del pliego en que se han impreso.

DRAGA f. *Mar.* Dispositivo propio para soltar de sus amarras las minas submarinas y para destruirlas. (V. DRAGAMINAS.)

— *Obr. públ.* Aparato para quitar la arena, la grava o el cieno del fondo del mar o de los cursos de agua. ‖ Por ext., pontón o barco que lleva la draga.

— Las *dragas de rosario* son barcos con el casco provisto de una abertura axial por la cual baja hasta el fondo una cadena sin fin provista de cangilones que rascan el fondo, se llenan de materiales sueltos y los vacían al dar vuelta sobre el torno o rueda superior de arrastre del rosario. Las *dragas de succión* o *dragas chuponas* consisten esencialmente en un potente aspirador que, por medio de tuberías bajadas hasta el fondo, aspira el cieno, la arena y otros materiales finos. En ciertos casos se desagrega primeramente el fondo por medio de una especie de hélice llamada desintegrador. Las *dragas de cuchara* no son sino grúas de cuchara montadas en barcos o pontones apropiados.

DRAGADO m. *Mar.* Operación consistente en quitar o destruir las minas marinas puestas en el mar en tiempo de guerra. (V. DRAGAMINAS.)

— *Obr. públ.* Acción de dragar el fondo en los puertos, ríos o canales. (V. DRAGA.)

DRAGAMINAS m. *Mar.* Barco especialmente construido y pertrechado para limpiar los mares de las minas dispuestas en ellos en tiempo de guerra.

— Los *dragaminas* pueden remolcar cables provistos de cizallas que cortan los cables de las minas* flotantes fondeadas entre dos aguas. Si se trata de minas acústicas, el dragaminas lleva por delante un generador de sonidos que las hace estallar. Para las minas magnéticas, el barco tiene casco de madera, que no ejerce ninguna acción sobre el detonador de las mismas y arrastra un circuito eléctrico que provoca su explosión a una distancia suficiente del dragaminas. Pero la técnica de las minas modernas, cuyos últimos modelos siempre son secretos, tiende a hacer que la misión de los dragaminas resulte cada vez más difícil.

DRAGAR v. *Obr. públ.* Excavar el fondo de los puertos, canales y otras vías navegables para aumentar la profundidad del agua o extraer las arenas o sedimentos que dificultan la navegación o reducen el caudal.

DRAGLINE f. *Obr. públ.* Anglicismo por *cuchara* de arrastre.*

DRAVITE f. *Miner.* Silicato natural, variedad de turmalina de color pardo y de naturaleza ferromagnésica.

DREN m. *Agr. y Obr. públ.* Caño de arcilla que se entierra con las juntas abiertas para que pue-

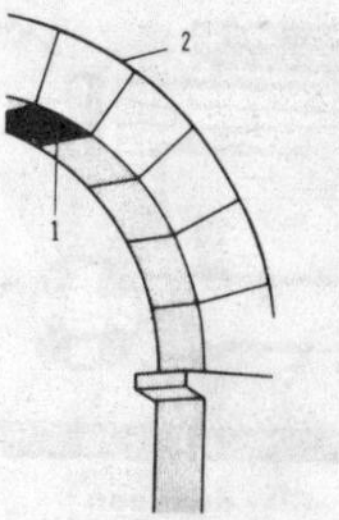

dovelas
1. Intradós; 2. Extradós

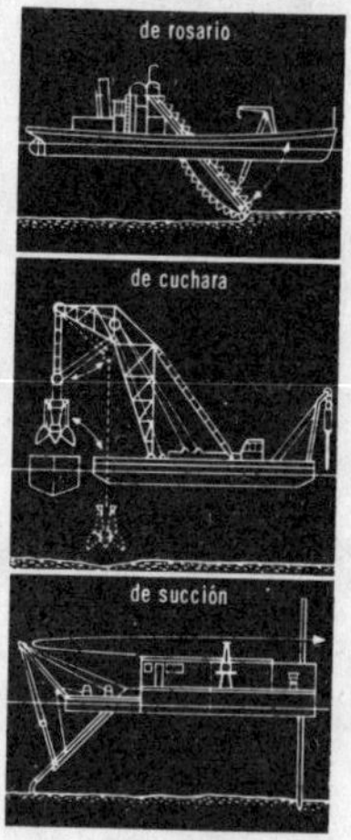

dragas

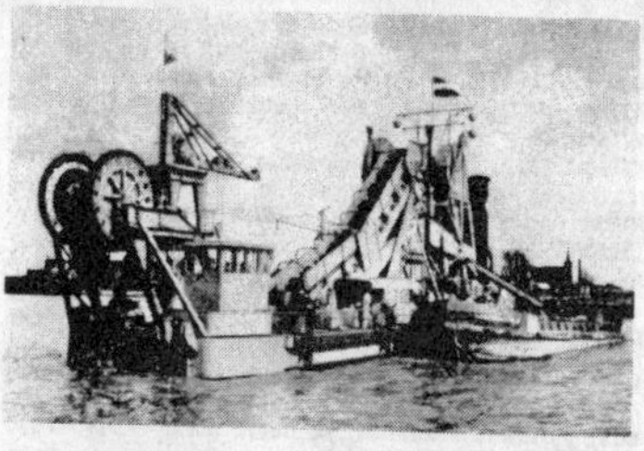

dragado

Fot. I. H. C. Holland

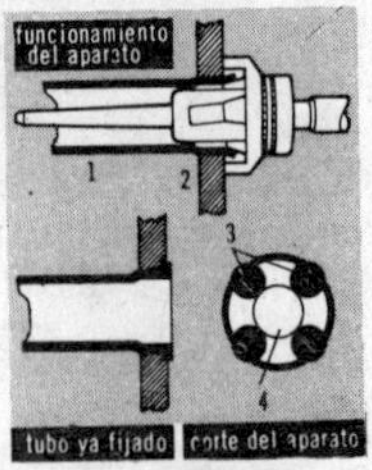

dudgeon
1. Tubo; 2. Placa; 3. Rodillos; 4. Vástago cónico

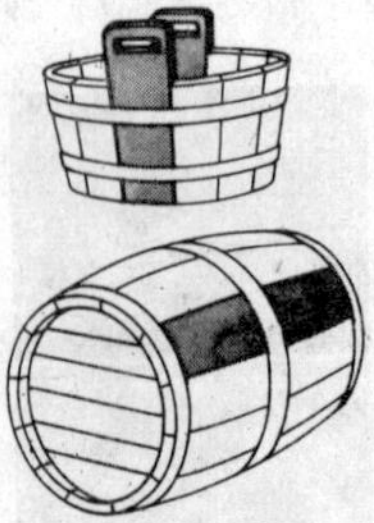

duelas

dumper

da penetrar por ellas el agua, usado en el avenamiento de terrenos.

DRENAJE m. *Agr.* y *Obr. públ.* Avenamiento.

DRIFT m. *Ocean.* Canal de agua libre entre las masas de hielo de la banquisa.

DRIL m. *Text.* Tela muy resistente, de lino y ligamento sarga, que es una variedad de cutil* usada para trajes de caballero. ‖ Tela de algodón hecha a imitación del dril verdadero.

DRIZA f. *Mar.* Cuerda para izar y arriar las velas, vergas, banderas u otras cosas.

DROGA f. Nombre que se suele dar de modo poco preciso a substancias minerales, vegetales o animales usadas industrialmente o en las artes y oficios.

DROGUETE m. *Text.* Tela de seda con un fondo de tafetán invisible cubierto por hilos de urdimbre, que trazan dibujos pasando de uno a otro por el revés, en bastas o puntadas a veces muy grandes.

DRUSA f. *Miner.* Cristalización incrustada en un mineral de naturaleza diferente. ‖ Cavidad tapizada de minerales en el seno de una roca.

DUBLÉ m. *Joy.* y *Metal.* Bimetal constituido por una finísima chapa de oro fuertemente adherida a otra de metal ordinario. ‖ Sinónimo censurable por *similor*.

— El *dublé* se fabrica sobreponiendo una chapa de oro a la chapa más espesa que le sirve de soporte y que suele ser de cobre, y pasando ambas entre los cilindros fuertamente apretados de un laminador especial. La adherencia entre ambos metales es perfecta y los joyeros y orfebres pueden recortar el dublé, repujarlo y efectuar otras labores sin que se separen las chapas. El dublé se llama también *plaqué*, en castellano, pero esta apelación es algo equívoca, dado que ambas voces son de origen francés y que en Francia la palabra « plaqué » designa un chapeado similar, pero con chapa de plata en vez de oro. Por lo demás, el dublé tiende a ser totalmente eliminado por la galvanoplastia, que permite obtener revestimientos de oro mucho más económicos.

DÚCTIL adj. *Metal.* Dícese de los metales que pueden ser aplastados, estirados, ensanchados y reducidos a chapas o a hilos sin romperse.

DUCTILIDAD f. *Metal.* Propiedad de los metales y aleaciones que pueden ser aplastados y estirados fácilmente sin que se rompan.

— La *ductilidad* permite el alargamiento permanente mediante tracción y una deformación en frío que, hasta cierto punto, se opone ulteriormente a otras deformaciones accidentales de las piezas. Los metales más dúctiles son el hierro, el cobre, el aluminio y el níquel. Otros metales, como el plomo y el estaño, con todo y ser blandos, carecen de ductilidad suficiente.

DUDGEON m. *Metal.* Herramienta para fijar el extremo de los tubos a las chapas en las calderas tubulares, cambiadores de calor, condensadores y otros aparatos.

— El *dudgeon* tiene unos rodillos cónicos en forma de corona que se introducen en el extremo del tubo. En el interior de la corona se hace penetrar progresivamente un vástago cónico que obliga a los rodillos a separarse y a deformar el tubo hasta asegurar una perfecta adherencia del mismo y de la chapa que lo ha de soportar.

DUELA f. *Carp.* Cualquiera de las tablas longitudinales que se yuxtaponen para construir los toneles, cubas y otras labores similares.

DUERNA f. *Art. y of.* Artesa.

DUERNO m. *Art. gráf.* Conjunto formado por dos pliegos impresos, uno de ellos metido dentro del otro.

DULCE adj. *Art. gráf. Talla dulce,* v. TALLA.

— *Ind. alim.* Dícese del agua que no es salobre.

— *Metal.* Dícese de los metales dúctiles, maleables, que se labran fácilmente. ‖ *Acero dulce,* v. ACERO.

DULCIR v. *Vidr.* Desbarbar las lunas y otros cristales, igualar su superficie frotando las irregularidades con abrasivos finos.

DUMPER m. *Obr. públ.* Especie de volquete automóvil.

— El *dumper* tiene una caja basculante en la parte delantera. El asiento del conductor, así como los órganos para conducir el vehículo se hallan montados sobre un dispositivo giratorio que permite orientarlos en el sentido de la marcha, ya hacia adelante, ya hacia atrás (v. *figura*).

DUNETA f. *Mar.* Toldilla.

DUNITA f. *Miner.* Roca granulosa compuesta esencialmente de olivino.

DÚO m. *Metal.* Laminador* que solamente consta de dos cilindros. ‖ *Dúo continuo,* aquel cuyos cilindros giran siempre en la misma dirección y entre los cuales la chapa solamente pasa una vez. ‖ *Dúo reversible,* aquel en el cual puede invertirse el sentido de la rotación de los cilindros para dar a la chapa diversas pasadas, alternativamente hacia adelante y hacia atrás.

DUODECAEDRO m. *Geom.* Dodecaedro.

DUODECÁGONO m. *Geom.* Dodecágono.

DUODÍODO m. *Radiot.* Tubo electrónico que consta de un filamento y dos placas con el cual pueden ser rectificadas las dos alternancias de una corriente alterna. (V. DÍODO y RECTIFICACIÓN.)

DUÓSTATO m. Termóstato* diferencial.

DÚPLEX m. *Metal.* Procedimiento para la obtención por vaciado de lingotes mixtos constituidos por la superposición de dos metales diferentes. ‖ Metal mixto así obtenido.

— Para elaborar el *dúplex* se empieza por vaciar uno de los dos metales o aleaciones en una lingotera especial. Cuando se ha solidificado, se vierte el segundo metal. El lingote mixto es laminado y se labra después como si fuera un metal homogéneo, aunque utilizando convenientemente las características de cada uno de los dos componentes. Así, en la construcción de cizallas, rejas de arado, herramientas de corte, etc., se tallará el filo en el metal más duro, mientras que el metal dúctil facilitará el trabajo de la pieza y reducirá su precio.

— *Papel. Cartón dúplex,* v. CARTÓN.

— *Tecn.* La voz *dúplex* se emplea frecuentemente como sinónimo de *doble: una bomba dúplex consta de dos bombas simples acopladas en un mismo cuerpo.*

— *Telec.* Dispositivo que permite transmitir señales simultáneamente por una misma línea y en sentido contrario.

— El *dúplex telegráfico* se utiliza para transmitir los despachos entre dos estaciones sin esperar que la línea quede libre, o sea cruzándose las señales enviadas en una dirección con las que vienen en dirección contraria. (Su principio se describe en el art. TELEGRAFÍA.) El dúplex utilizado en las radiocomunicaciones (radiotelegrafía, radiotelefonía, televisión, etc.) se funda en los siguientes principios: cada emisora utiliza una longitud de onda diferente; la emisión y la recepción se efectúan con dos antenas directivas diferentes y suficientemente separadas (generalmente de 20 a 30 km) para que no se produzcan interferencias. Merced al dúplex, el radioyente puede escuchar la conversación entre dos o más personas separadas unas de otras por millares de kilómetros, como, por ejemplo, el locutor de una emisora local y el corresponsal de la misma en una capital extranjera.

DUPLICACIÓN f. Acción de duplicar.

— *Geom. Duplicación del cubo,* problema consistente en hallar, con la regla y el compás, el lado de un cubo de volumen doble que el de otro cubo dado.

— *Ofic.* Reproducción con multicopistas *.

— *Telec.* Operación consistente en la transmisión simultánea en los dos sentidos por una misma línea. (V. DÚPLEX.)

DUPLICADOR, RA adj. y s. Que duplica o sirve para duplicar. ‖ Multicopista.

DUPLICAR v. Multiplicar por dos; hacer doble una cosa.

— *Ofic.* Sacar copias de los documentos.

— *Telec.* Equipar una línea con los dispositivos necesarios para que pueda funcionar en dúplex*.

DUQUE DE ALBA m. *Mar.* y *Obr. públ.* Robusto amarradero constituido por un haz de pilotes hincados en el fondo de una dársena o de un canal. ‖ Construcción semejante destinada a proteger cualquier obra contra el choque de los barcos.

DURABILIDAD f. Calidad de lo que es durable.

— *Carp.* Propiedad que tiene una madera de resistir más o menos bien a los ataques de los agentes destructores (hongos, insectos, bacterias, etc.).

Fot. Larousse

— La *durabilidad* depende de la composición química de la madera, especialmente de su contenido en resinas, taninos y otras substancias. Puede ser mejorada en muchos casos mediante impregnación* con líquidos apropiados (creosota, sulfato de cobre, etc.).
— *Pint.* La *durabilidad de una pintura* o *barniz* es su aptitud a proteger la superficie pintada durante un período de tiempo más o menos prolongado.

DURACIÓN f. Acción de durar una cosa, de persistir un fenómeno.
— *Metal. Ensayo* o *prueba de duración,* método de ensayo de las piezas mecánicas que consiste en someterlas a esfuerzos repetidos hasta que se rompan. La calidad de la pieza se deduce del número de choques, flexiones u otros esfuerzos soportados hasta su rotura.

DURAL m. *Metal.* Apócope de *Duraluminio.*

DURALUMINIO m. *Metal* Marca registrada de una aleación ligera de aluminio caracterizada por su excelente resistencia mecánica.
— El *Duraluminio* se compone de 94,5 % de aluminio, 4 % de cobre, 0,5 % de manganeso, 0,5% de magnesio y proporciones menores de hierro y silicio. Su densidad es aproximadamente de 2,8 y su temperatura de fusión de 650° C. Este metal puede ser vaciado, laminado, forjado, estirado, etc. con facilidad y también puede ser endurecido sometiéndolo a tratamientos térmicos.
El Duraluminio es la aleación ligera que más usos tiene en razón de su poco peso y de su resistencia elevada a los agentes químicos. Una de sus aplicaciones principales es la construcción aeronáutica, pero también se extiende su uso a la de automóviles (carrocerías, piezas del motor) y de vagones. Igualmente se usa el Duraluminio en la construcción de edificios, la fabricación de aparatos fotográficos, la industria química, etc.

DURALINOX m. *Metal.* Marca registrada de una variedad de Duraluminio en la que el cobre es reemplazado por magnesio, con lo cual se obtiene una mayor resistencia a los agentes corrosivos.

DURALOY m. *Metal.* Nombre comercial de una aleación de hierro con 20 % de cromo y 15 % de aluminio, que se utiliza especialmente para hacer piezas muy resistentes al calor, pues pueden trabajar hasta temperaturas de 1·110°.

DURAMEN m. *Carp.* La parte central del tronco, que da la madera * propiamente dicha y que se halla rodeada por una capa más o menos espesa de albura o falsa madera.

DURENO m. *Quím.* Hidrocarburo que se obtiene haciendo obrar el cloruro de metilo sobre el benceno en presencia de cloruro de aluminio: *el dureno es un sólido que funde a 79°.*

DUREZA f. Calidad de los cuerpos duros, de los materiales que no se rayan o dejan penetrar con facilidad.
— *Constr.* Existen varias escalas para determinar la *dureza* de las piedras y sillares. Generalmente se adoptan como criterios la densidad y la resistencia a la ruptura. Por ejemplo, a la piedra menos densa (d = 1,47) y resistente (50 kg/m²) se le atribuye el número 1 de la escala y a la más densa (d = 2,73) y resistente (1 820 kg/m²) el número 14.
— *Fís.* Poder de penetración de las radiaciones ionizantes.
— La *dureza* aumenta con la frecuencia de las ondas: los rayos gamma son más duros que los rayos X y éstos más que los rayos ultraviolados. Dentro de las mismas radiaciones existen rayos duros y blandos (por ej., los rayos ultraviolados más duros se unen en el espectro con los rayos X más blandos, mientras que los ultraviolados blandos lindan con los rayos violados de la luz).
— *Quím. Dureza del agua,* contenido del agua en magnesia y sales calizas.
— La *dureza* se expresa en grados, cada uno de los cuales equivale a la presencia de un gramo de cal por cien litros de agua.
— *Tecn.* Existen no pocos métodos para determinar la dureza de los cuerpos: la *escala* * *de Mohs* sirve para los minerales, y en metalurgia se ha generalizado el *método de Brinell:* por medio de una prensa se aplica contra la probeta una bola de acero durísimo, la cual penetra más o menos profundamente en la pieza —según sea la dureza de la misma— y deja en su superficie una oquedad de perfil esférico. Del diámetro de la huella se desprende, con la ayuda de ábacos apropiados, la dureza del metal. En el *método de Vickers,* la bola de acero es reemplazada por un diamante de forma piramidal.

DURIT m. *Tecn.* Marca registrada de un tubo constituido por varias capas de tela y de caucho, que se utiliza en los circuitos de agua caliente, especialmente en los motores de explosión (entre el radiador y el motor).

DURMIENTE m. *Carp.* Madero que se dispone horizontalmente en una construcción para que sirva de apoyo a otros maderos.
— *F. c. Amer.* Traviesa.

DURO, RA adj. Dícese del cuerpo denso dotado de una resistencia muy grande a la penetración de los instrumentos cortantes y a las fuerzas que tienden a deformarlo.
— *Cerám.* Dícese de la pasta poco fusible que requiere, para ser cocida, temperaturas relativamente elevadas.
— *Fís.* Dícese de los rayos penetrantes, o sea de los que tienen la menor longitud de onda, por oposición a los rayos blandos, menos energéticos. (V. DUREZA y RADIACIÓN.)
— *Fot.* Dícese del papel fotográfico que, por dar imágenes muy contrastadas, permite sacar provecho de los negativos débiles.
— *Mar.* Dícese del viento y del mar cuando dificultan la navegación.
— *Metal. Acero duro,* v. ACERO.
— *Quím. Agua dura,* agua excesivamente cargada de sales calizas e impropia para cocer los alimentos y disolver el jabón.
— *Radiot. Imagen dura,* v. IMAGEN.

DURÓMETRO m. *Metal.* Aparato para medir la dureza * de los metales.

DUROPLÁSTICO, CA adj. V. MATERIA *plástica.*

DUVETINA f. *Text.* Tejido de superficie aterciopelada que se obtiene con un ligamento en el cual la trama domina por un lado y la urdimbre por el otro.
— Al ser raspado el tejido, el hilo de la trama, más fino y menos retorcido que el de urdimbre, suelta las fibras que confieren a esta labor su aspecto afelpado.

Dy, símbolo químico del *disprosio.*

dureza
aparato de Brinell: 1. Vástago de la prensa; 2. Bola; 3. Pieza sometida a prueba; 4. Huella

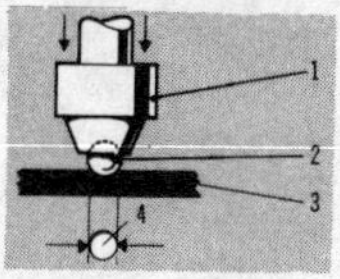

Fot. Malicet-Blin

excavadora afloradora

E

E f. Sexta letra del alfabeto, usada como sigla y símbolo, que muchas veces designa la quinta cosa de una serie. (V. art. A.)
— *Atom.* La *e* se utiliza como símbolo del *electrón.*
— *Electr. E* es el símbolo de *fuerza * electromotriz.*
— *Fís.* Una de las rayas del hierro en el espectro solar, en la zona verde amarillenta del mismo.
— *Mat.* Con la letra *e* se designa el número 2,718, base de los logaritmos * neperianos.
— *Meteor.* y *Radiot. Capa E,* región de la ionosfera * situada entre 80 y 200 km de altura. (Sinón. CAPA DE HEAVISIDE.)

ÉBANO m. *Bot.* y *Carp.* Nombre de varios árboles del género *Diospyros* (especialmente *D. ebernum*), propios del Asia meridional y Filipinas, que suministran una madera negra y dura (densidad igual o superior a 1). ‖ Dicha madera. ‖ Por ext., nombre dado a numerosos árboles de África y América cuya madera guarda parecido con el ébano verdadero: *el ébano americano, también llamado de Cuba o de Santo Domingo (Brya ebenus* y *B. buxifolia), da una madera muy apreciada en la fabricación de instrumentos de música, cepillos y otras labores finas.*
— El *ébano* alcanzó tal importancia en los siglos XVI y XVII, que dio su nombre al arte de fabricar muebles, es decir, la ebanistería. A partir del siglo XVII, la introducción en Europa de la caoba hizo perder paulatinamente a la madera negra del ébano la importancia que había tomado en el mobiliario de lujo. Hoy se usa principalmente en labores de taracea, como mango de cuchillos y cepillos, para esculpir figuras artísticas y hacer clarinetes u otros instrumentos de música.

EBONITA f. *Plást.* Materia plástica consistente en caucho endurecido por la adición de azufre.
— La *ebonita* es caucho vulcanizado, es decir, caucho al cual se ha agregado en caliente determinada proporción de azufre (generalmente 24 %). Es una materia negra y dura que se empleaba mucho como aislante en la industria eléctrica, pero hoy tiende a desaparecer en provecho de otras materias plásticas, las cuales, con todo y ser menos quebradizas, resultan mucho más baratas y pueden ser labradas con mayor facilidad.

EBULLICIÓN f. *Fís.* Evaporación rápida de un líquido por efecto del calor, cuyo fenómeno se manifiesta en forma de abundantes burbujas que, engendradas en el seno del líquido, suben a la superficie y desprenden el vapor.
— La *ebullición* es el paso rápido al estado gaseoso de un líquido cuya presión de vapor *, al aumentar la temperatura, llega a ser igual a la presión ambiente a que se halla sometido el líquido (la presión atmosférica en el caso de un recipiente abierto). A una presión dada, cada líquido entra en ebullición a una temperatura determinada que constituye su *punto de ebullición* y que se mantiene constante sea cual fuere el calor suministrado al líquido (si se activa el hogar, aumenta el desprendimieno de burbujas, pero no cambia la temperatura del líquido). Cuanto más elevada es la presión, mayor es también la temperatura necesaria para provocar la ebullición de un líquido (de ahí el uso de las ollas * a presión que permiten hacer hervir los alimentos a temperaturas de más de 100°). Inversamente, la escasa presión atmosférica en las cimas elevadas provoca la ebullición del agua antes de que ésta alcance la temperatura de 100° y dificulta la cocción de los alimentos.
Al calor necesario para evaporizar un gramo de líquido por ebullición se le llama *calor de vaporización *.*

TEMPERATURA DE EBULLICIÓN DE ALGUNOS CUERPOS
(a la presión de 760 mm de mercurio)

Cuerpos simples	V. ELEMENTO
Aceite de linaza	316°
Acetileno	—83,6°
Ácido nítrico	86°
Agua	100°
Alcohol etílico	78,5°
Amoniaco	—33°
Benceno	79,6°
Butano	0,6°
Éter	34,5°
Glicerina	290°
Propano	—44,5°

— *Metal.* Volatilización de un metal con objeto de separarlo de sus impurezas.

EBULLIÓMETRO m. *Fís.* Ebullómetro.

EBULLIOSCOPIA f. *Fís.* Ebulloscopia.

EBULLIOSCOPIO m. *Fís.* Ebullómetro.

EBULLÓMETRO m. *Fís.* y *Quím.* Aparato para medir la temperatura de ebullición de los líquidos. (Sinón. EBULLIÓMETRO, EBULLIOSCOPIO, EBULLOSCOPIO, EBULLÓSCOPO.)

— Los *ebullómetros* (v. *figura*) se usan industrialmente para medir, con mayor precisión que los densímetros, la riqueza alcohólica de los líquidos. Los químicos los utilizan para determinar las masas moleculares, pues la elevación de la temperatura de ebullición de un cuerpo disuelto es inversamente proporcional a la masa molecular del mismo y directamente proporcional a la concentración de la disolución.

EBULLOSCOPIA f. *Fís.* y *Quím.* Medición de la temperatura de ebullición de los cuerpos líquidos. ‖ Cálculo de la masa molecular de los cuerpos fundado en el uso del ebullómetro *. (Sinón. EBULLIOSCOPIA.)

EBULLOSCOPIO y **EBULLÓSCOPO** m. Ebullómetro.

ECLÍMETRO m. *Topogr.* Órgano que, en un instrumento topográfico, sirve para medir las pendientes. ‖ *Brújula de eclímetro,* brújula grande acoplada con un anteojo de eje horizontal y limbo vertical, en cuyo instrumento la brújula indica el acimut y el anteojo la pendiente.

ECLIPSABLE adj. *Aeron.* Escamotable, retráctil: *tren de aterrizaje eclipsable.*

ECLIPSAR v. *Astr.* Producir un eclipse, ocultar un astro a otro.

ECLIPSE m. *Astr.* Ocultación total o parcial de un astro que se produce al interponerse otro cuerpo celeste entre el mismo y el observador, como en los eclipses de Sol. ‖ Desaparición de un astro en el cono de sombra de otro, como en los eclipses de Luna.

— El fenómeno de los *eclipses* sería muy simple si todos los planetas y sus respectivos satélites tuvieran su órbita en un mismo plano. En tal caso, cada vez que un astro pasara entre otros dos, se produciría un eclipse. Como los planos de las órbitas se hallan diversamente inclinados unos respecto de otros, ocurre las más de las veces que cuando tres astros se encuentran situados en un mismo plano, no lo están en un plano perpendicular al primero y entonces no hay eclipse o el eclipse es parcial.

Los *eclipses de Luna* se deben al paso del satélite por el cono de sombra que proyecta en el espacio la Tierra alumbrada por el Sol. Si el globo lunar penetra completamente dicho cono, ocurre un *eclipse total de Luna;* si sólo penetra una parte del mismo habrá *eclipse parcial de Luna.* En ambos casos, los eclipses serán visibles simultáneamente desde cualquier punto del hemisferio terrestre opuesto al Sol. Durante los eclipses, el disco lunar no desaparece por completo, pues baña en la luz rojiza de los rayos solares que, al ser refractados por la atmósfera terrestre, penetran en el cono de sombra. Estos eclipses se reproducen periódicamente con arreglo a un ciclo (v. más abajo).

Los *eclipses de Sol* se producen cuando la Luna se interpone entre el Sol y la Tierra. Dada la pequeñez relativa del satélite, su cono de sombra solamente se proyecta sobre una parte reducida de la superficie del globo terráqueo, y a veces ni siquiera lo alcanza *(eclipse anular).* No obstante, el movimiento de la Tierra y la rotación terrestre hacen que la sombra se corra en la dirección Oeste-Este y que el eclipse sea visible a lo largo de una franja curvilínea. Como las órbitas de la Tierra y de su satélite son elípticas, el diámetro aparente del Sol visto desde la Tierra varía entre 31′ 30″ y 32′ 32″ y el de la Luna entre 29′ 20″ y 33′ 26″. De ello se desprende que, en ciertos casos, el disco lunar pueda ocultar completamente al del Sol *(eclipse total de Sol)* y en otros casos no *(eclipse anular de Sol).* Ahora bien, fuera del reducido cono de sombra lunar, el observador no puede ver un eclipse total o anular, sino un eclipse parcial, como lo muestra la figura. Generalmente un eclipse total solamente es visible dentro de una faja de la superficie terrestre de 216 km de anchura máxima y dura seis minutos en las latitudes medias y ocho en el ecuador.

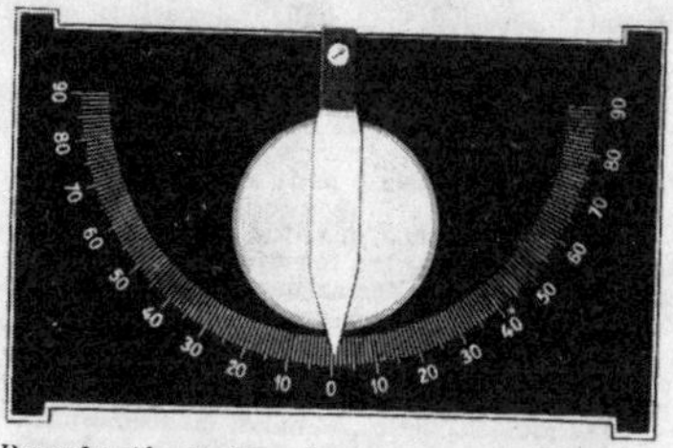

eclímetro

Reproducción de los eclipses. En un año pueden producirse de dos a siete eclipses (los dos de Sol en el primer caso; cuatro o cinco de Sol y dos o tres de Luna, en el segundo). Cada 18 años y 11 días —período llamado *Saros* por los caldeos— el Sol, la Tierra y la Luna vuelven a ocupar, aproximadamente, las mismas posiciones relativas y los mismos eclipses se reproducen, aunque no son visibles en los mismos lugares del globo. (V. SAROS.)

Cuando las dimensiones aparentes del astro eclipsado son muy pequeñas respecto a las del astro que lo eclipsa, el fenómeno se llama *ocultación* * y no eclipse.

ECLÍPTICA f. *Astr.* Círculo máximo que, en un año, parece describir el Sol en la bóveda celeste y que se confunde con el plano de la órbita terrestre, también llamado *plano de la eclíptica.*

— El *plano de la eclíptica* forma un ángulo de 23° 27′ con el plano ecuatorial del globo terrestre. Ambos se cortan por una *línea de los equinoccios* *. Al seguir la eclíptica, el Sol pasa aparentemente (en realidad es la Tierra la que se mueve) ante las doce constelaciones del Zodiaco *. Los eclipses, como lo indica su nombre, solamente pueden producirse cuando la Luna se halla en los nodos *.

ECLISA f. *F. c.* Cada una de las dos chapas de acero que se aplican con pernos en ambos lados de dos carriles y cuyo objeto consiste en inmovilizar los carriles, uno respecto del otro, y asegurar la continuidad de la vía.

ECLOGITA f. *Miner.* Roca primitiva muy pesada (su densidad llega a ser de 4,3), compuesta principalmente de onfacita, granate, anfíbol y rutilo.

ECO m. *Fís.* Repetición de los sonidos cuando las ondas sonoras son reflejadas por un obstáculo. ‖ Por ext., reflexión de ondas eléctricas o electromagnéticas cuando dan lugar a la repetición de las señales transmitidas.

— Lo mismo que un espejo refleja la luz, las superficies rígidas tienen la propiedad de reflejar las ondas sonoras. Si una persona da un grito a nuestro lado, el retorno de las ondas reflejadas nos permitirá oirlo por la segunda vez. Como las sensaciones auditivas persisten durante 1/10 de segundo (tiempo durante el cual las ondas recorren la distancia de 34 m), podrán producirse tres casos:

1.° Quien se halle a menos de 17 m de la superficie reflectora no podrá percibir separadamente el sonido y su eco; 2.° Si la distancia es apenas superior a 17 m, percibirá el sonido y su eco distintamente; 3.° Si la distancia es bastante grande podrá oír el eco de varias sílabas. Cuando existen varias superficies reflectoras a distancias diferentes, el eco de una misma sílaba o sonido breve se repite varias veces (hasta 20 repeticiones en ciertos casos), pero cuando las

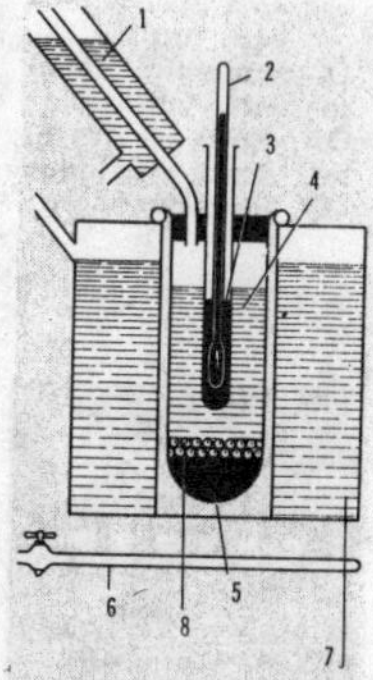

ebullómetro
1. Refrigerante; 2. Termómetro; 3. Mercurio; 4. Disolución; 5. Mercurio; 6. Caldeo; 7. Perlas de vidrio; 8. Disolvente en ebullición

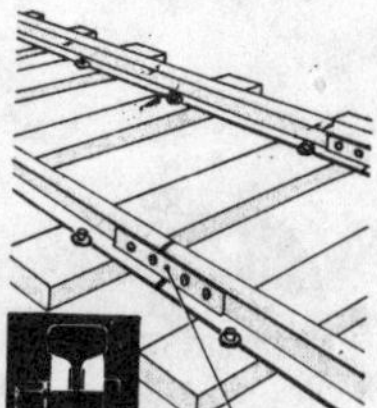

eclisa

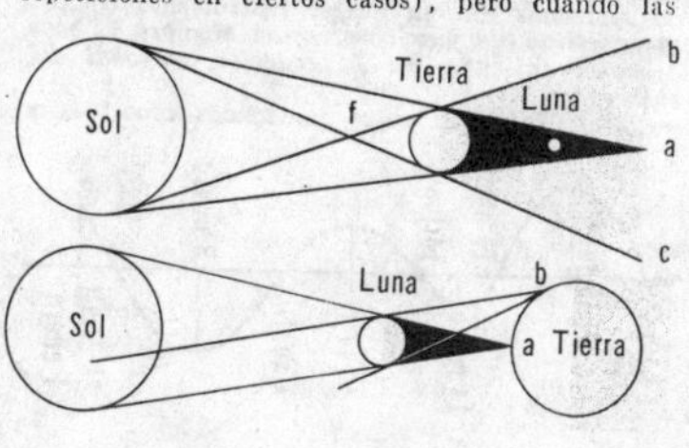

eclipses
de Luna (*a.* Cono de sombra; *bfc.* Cono de penumbra) y de Sol (*a.* El eclipse visible en este punto es total o anular; *b.* El eclipse observado es parcial)

Fot. Larousse

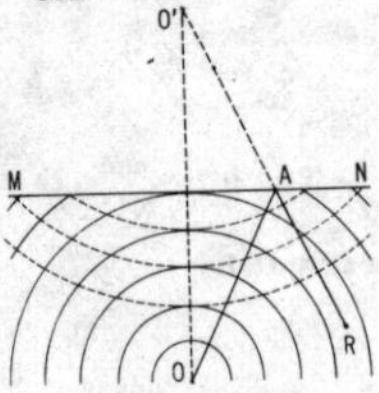

eco *(acúst.)*
O. Manantial sonoro; MN. Obstáculo; OA. Rayo incidente; AR. Rayo reflejado; O'. Imagen sonora

distintas superficies se hallan demasiado cerca unas de otras, sus ecos respectivos no pueden ser percibidos separadamente y parece entonces como si el sonido original se prolongara durante un lapso de tiempo más o menos largo. A este tipo particular de eco, común en las iglesias y en otros locales grandes, se le da el nombre de *reverberación* *.

— *Radiot.* Fenómeno en virtud del cual aparecen en la pantalla de los televisores una o varias imágenes parásitas ligeramente corridas hacia uno u otro lado de la imagen principal: *el eco se debe a la recepción de una onda indirecta que ha seguido un trayecto más largo que el de la onda directa.*

— Los radioaltímetros, el radar, las sondas ultrasonoras y otros aparatos se fundan en fenómenos de la misma índole que el *eco acústico*: la emisión de señales (ondas hertzianas, ultrasonidos) que, reflejadas por los obstáculos, vuelven al aparato; la distancia entre éste y el obstáculo es igual a la mitad del producto de la velocidad de las ondas por el tiempo transcurrido entre la emisión y la recepción.

ECOMETRÍA f. *Arq.* Arte de proyectar y construir los edificios teniendo en cuenta las ventajas o inconvenientes que puede presentar la reflexión de los sonidos, según el uso que se ha de hacer de los locales.

economizador

ECÓMETRO m. *Tecn.* Nombre genérico, poco usado, de los instrumentos de navegación aérea y marítima fundados en la recepción de ecos ultrasonoros o radioeléctricos (radioaltímetros *, sondas* ultrasonoras, etc.).

ECONOMIZADOR m. *Calef.* Dispositivo constituido por una serie de tubos en los cuales se aprovecha el calor residual de los gases de combustión para calentar previamente el agua con que se alimentan las calderas de vapor.

ECTIPO m. Reproducción de una medalla, cuño u otro objeto que deje su huella en relieve.

ECTIPOSCOPIO m. Instrumento óptico que invierte las imágenes y sirve a los grabadores que han de labrar cuños y matrices en los cuales el dibujo y su relieve aparecen al revés del original.

ECUACIÓN f. *Astr.* Corrección que se aplica a la posición efectiva de un astro para obtener la posición teórica que el mismo ocuparía si su movimiento fuera uniforme.

— La Tierra describe una elipse en torno del Sol y, por consiguiente, la distancia entre ambos astros varía constantemente. Ello tiene como consecuencia, según la ley de Keplero*, una variación de la velocidad de traslación (v. ÓRBITA) y una duración desigual de los días. A estas fluctuaciones se suma otra irregularidad suplementaria que resulta de la inclinación del plano ecuatorial respecto al de la eclíptica. Así, en el curso de un año, la hora solar verdadera (la de un reloj de sol) coincide con la hora solar media (la de los relojes) en cuatro instantes precisos del año: hacia el 16 de abril, el 14 de junio, el 1 de septiembre y el 24 de diciembre. Fuera de estas ocasiones es necesario agregar al tiempo solar verdadero, o restar del mismo, según la época del año, determinado número de minutos para que coincida con el tiempo medio. La diferencia entre ambos tiempos es la *ecuación del tiempo*.

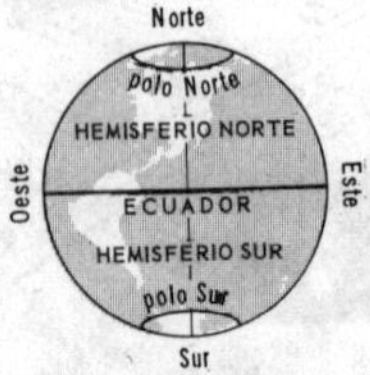

ecuador *(astr.)*

— *Fís. Ecuación de Einstein*, v. RELATIVIDAD. ‖ *Ecuación de estado*, v. ESTADO y GAS. ‖ *Ecuación personal*, intervalo de tiempo diferente de una persona a otra, que media entre el instante preciso en que acaece un fenómeno y el momento en que lo registra el cerebro. | Diferencia sistemática de las medidas u observaciones hechas por dos personas con un mismo instrumento óptico: *la exactitud de una observación siempre es más o menos falseada por la ecuación personal del observador.*

— *Mat.* Igualdad entre cantidades conocidas y desconocidas que solamente puede resolverse —o ser convertida en identidad— cuando los símbolos de las incógnitas han sido reemplazados por los números que corresponden a su exacto valor. ‖ *Ecuación algebraica*, aquella en la cual la incógnita puede ser hallada por las seis operaciones del álgebra: suma, resta, multiplicación, división, elevación a potencias y extracción de raíces. (V. ÁLGEBRA.) ‖ *Ecuación de una curva*, fórmula matemática que permite definir una curva y trazarla en un sistema de coordenadas: *la ecuación de la elipse es* $\frac{x^2}{a^2} + \frac{y^2}{b^2} = 1$. ‖ *Ecuación diferencial*, v. CÁLCULO. ‖ *Ecuación entera*, la que no tiene denominador. ‖ *Ecuación integral*, ecuación cuya incógnita es una función. ‖ *Ecuación irracional*, la que contiene radicales. ‖ *Ecuación racional*, la que no contiene radicales. ‖ *Ecuación transcendente*, la que no es algebraica: *las ecuaciones trigonométricas son transcendentes.*

— Las dos expresiones de la *ecuación* que se han de igualar y que se hallan separadas por el signo = son los *miembros de la ecuación*. Llámase *raíz* o *solución de la ecuación* cada uno de los valores de la incógnita que satisfacen a la igualdad. Así, la *ecuación idéntica* $(x - 3)(x + 2) = 0$ admite dos soluciones diferentes: la igualdad queda satisfecha tanto si $x = 3$ como si $x = 2$. Por el contrario, la *ecuación determinada* $4x = 2x + 4$ solamente admite la solución $x = 2$. Por último, en la *ecuación imposible* o *sistema incompatible* $4x + 3 = 3 + 5x$ ningún valor de x permite obtener la igualdad.

Las más de las veces, una ecuación, para ser resuelta, ha de ser transformada en otra ecuación equivalente: por ejemplo, añadiendo o restando una misma cantidad en ambos miembros, pasando un término de un miembro a otro con inversión de su signo, multiplicando o dividiendo los dos miembros por el mismo número, etc. (V. ÁLGEBRA.) Al cabo de estas transformaciones, se aplica para la resolución un método que depende del *grado* de la ecuación final: si la incógnita no tiene ningún exponente, la ecuación es de primer grado; si tiene el exponente ^{2} es de segundo grado, y así sucesivamente.

— *Quím.* Representación de las reacciones químicas a semejanza de las igualdades matemáticas, o sea indicando primeramente las fórmulas de los distintos cuerpos que intervienen en la reacción y, separadas de las mismas por el signo =, las fórmulas de los cuerpos engendrados por las reacciones. La ecuación siguiente:

$$S + O_2 = SO_2$$

significa que en la combustión del azufre (S) un átomo de este cuerpo se combina con dos de oxígeno (O_2) para constituir una molécula de anhídrido sulfuroso.

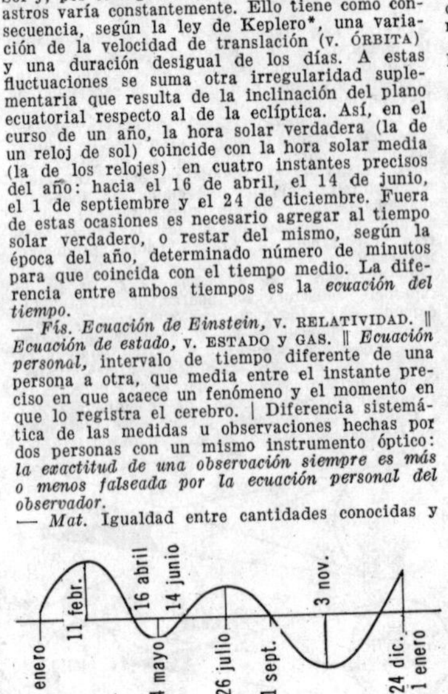

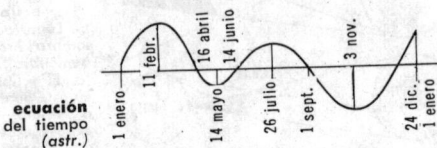

ecuación del tiempo *(astr.)*

ECUADOR m. *Astr.* Círculo imaginario que pasa por el centro de un astro y cuyo plano es perpendicular al eje de rotación del Globo. ‖ *Ecuador celeste*, intersección del plano del ecuador terrestre con la esfera celeste.

— El *ecuador terrestre*, círculo máximo equidistante de los polos, sirve de referencia para definir las coordenadas geográficas (latitud y longitud relativa a un meridiano de origen) de un punto cualquiera de la superficie del Globo. El *ecuador celeste* permite definir las coordenadas ecuatoriales de un astro: declinación*, ángulo* horario y ascensión* recta.

— *Magn. Ecuador magnético*, línea que une todos los puntos de la superficie terrestre en los cuales la inclinación es nula (la aguja imantada permanece entonces horizontal): *el ecuador magnético se aleja en ciertos puntos hasta 10° del ecuador geográfico.*

— *Mat.* El mayor paralelo que pueda trazarse en una superficie de revolución.

— *Meteor. Ecuador térmico*, línea que une los puntos del Globo donde las temperaturas medias del año son más elevadas.

— Dada la irregular distribución de los continentes, el *ecuador térmico* se halla situado en el hemisferio boreal, a uno 10° del ecuador geográfico. (V. ISOTERMA.)

ECUATORIAL adj. y s. *Astr.* Perteneciente o relativo al ecuador. ‖ Instrumento óptico provisto de una montura especial que permite medir la

Fot. Coméconomiseur

ascensión recta y la declinación de los astros.
— Un *telescopio ecuatorial* tiene libertad de movimientos sobre dos ejes que forman un ángulo de 90º. El primero de ellos, llamado *eje polar* u *horario*, es paralelo al eje del Globo y es accionado por un motor que contrarresta exactamente el movimiento de rotación de la Tierra. Así, el telescopio sigue automáticamente al astro observado en su movimiento aparente sobre la bóveda celeste. El segundo eje, sostenido por el primero, que le es perpendicular, se llama *eje de declinación* y soporta a su vez el telescopio. La rotación del eje horario es medida con precisión en un círculo graduado (círculo horario o de ascensión recta) dividido en horas, minutos y segundos, y cuya indicación 0º corresponde al paso por el meridiano del astro observado; el otro eje se halla provisto de un círculo que indica las distancias polares o las declinaciones.
La montura ecuatorial, al fijar y seguir los objetos celestes con exactitud, permite sacar provecho de los inmensos recursos de la fotografía y obtener clisés con tiempos de exposición que se cuentan en horas. (V. TELESCOPIO.)
— *Astron. Satélite ecuatorial*, v. SATÉLITE.
— *Meteor. Clima ecuatorial*, el que reina en las regiones de ambos hemisferios próximas del ecuador y que se caracteriza por la humedad elevada de la atmósfera, la abundancia de las precipitaciones acuosas y la permanencia de temperaturas elevadas durante las cuatro estaciones del año. He aquí, a título de ejemplo, los datos relativos a Pará (Brasil): 2 204 mm de lluvia por año, 25,7º de temperatura media, y 0,7º solamente de diferencia entre las distintas épocas del año.

ECHADO m. *Min.* Buzamiento de un filón.

ECHENO m. *Metal.* Canal excavada en el suelo para llevar el metal fundido hasta el molde.

ECHONA y **ECHUNA** f. *Agr. Amer.* Hoz.

EDAD f. *Astr. Edad de la Luna*, número de días transcurridos desde el último novilunio. (V. EPACTA.)
— *Atom.* La *edad* de los vestigios orgánicos (restos de animales y vegetales, objetos de hueso y madera, tejidos y otras labores) procedentes de la Antigüedad o los tiempos prehistóricos puede ser averiguada con el método de datación* por el carbono 14.
La *edad de Fermi* es la magnitud que interviene en el cálculo de reactores y que corresponde a la distancia que recorre un neutrón desde el punto en que es emitidio en la fisión de un núcleo hasta el instante en que, por haber sido frenado, se convierte en neutrón * térmico.
— *Bot.* y *Carp.* En las regiones de clima templado, el crecimiento de los árboles sigue un ritmo anuo: en invierno, el crecimiento es lento y se forma una delgada capa de madera relativamente dura y obscura; de la primavera al otoño, el crecimiento rápido da una capa espesa de madera más clara. Consiguientemente, bastará contar estas capas claras para conocer la *edad* en años del tronco. Este método no puede ser aplicado a los árboles de la regiones cálidas, pues en ellos las capas se forman a cada período de lluvias, y no anualmente.
— *Ocean. Edad de la marea*, tiempo que transcurre entre la Luna llena y la mayor marea del ciclo (unas 36 horas en el mar Cantábrico).

EDAFOLOGÍA f. Pedología.

EDÍCULO m. *Arq.* Caseta, edificio pequeño.

EDIFICACIÓN f. *Arq.* y *Constr.* Arte de construir los edificios. (V. ARQUITECTURA.) ‖ Acción de edificar. ‖ Conjunto de edificios.

EDIFICAR v. Construir un edificio.

EDIFICIO m. *Arq.* Casa, construcción arquitectónica, especialmente la que destaca por sus grandes dimensiones (fincas urbanas) o por el uso que de ella se hace (templo, palacio, servicio público, etc.).

EDISON n. pr. *Electr. Casquillo Edison*, v. CASQUILLO. ‖ *Efecto Edison*, v. EFECTO.

EDOMETRÍA f. *Constr.* Técnica que tiene por objeto medir la compresión del terreno bajo los cimientos de los edificios y otras construcciones.

EDÓMETRO m. *Obr. públ.* Instrumento que permite medir la compresión de un suelo por efecto de una carga (peso de una construcción, por ejemplo).
— El *edómetro* consta de un cilindro dentro del cual se somete a fuertes presiones la muestra del terreno. Una tubería de agua a presión permite medir la permeabilidad del suelo así comprimido.

EDREDÓN m. *Text.* Plumón del eidero (*Somateria mollissima*). ‖ Colcha o almohadón rellenos de plumón.

EDULCORANTE adj. y s. *Ind. alim.* Dícese de las substancias que, como el azúcar, se agregan a los alimentos y a los medicamentos para endulzarlos.
— *Quím.* Compuesto sintético que carece de valor alimenticio, pero que puede reemplazar al azúcar para endulzar: *un solo gramo de sacarina*, edulcorante activo, permite reemplazar 550 g de sacarosa.*

EDULCORAR v. *Ind. alim.* Endulzar las cosas insípidas o que tienen un gusto desagradable.

EFECCIÓN f. *Geom.* Solución geométrica de los problemas y ecuaciones.

EFECTO m. Lo que resulta de una causa: *las lluvias torrenciales producen efectos desastrosos.*
— *Aeron. Efecto de suelo*, cambio que experimentan las características aerodinámicas de los aviones y helicópteros cuando se hallan a proximidad del suelo.
— La circulación del aire entre las alas (o los rotores) y el suelo, tiene por *efecto* aumentar la sustentación; también contribuye a frenar el aparato que aterriza. Los aerodeslizadores son aparatos anfibios* cuyo funcionamiento se funda en el *efecto de suelo.*
— *Cin. Efectos especiales*, v. TRUCO. ‖ *Efectos sonoros*, ruidos y otros sonidos que se registran, aparte del diálogo y la música, generalmente simulados con artefactos insólitos.
— El galope de un caballo se simula golpeando sobre la mesa con nueces de coco partidas por la mitad; el trueno, sacudiendo una chapa de hoja de lata; la lluvia, haciendo girar un tambor de hoja de lata que contiene guisantes, etc. Los especialistas de efectos sonoros disponen, por lo demás, de archivos en los cuales tienen ya grabados los ruidos comunes o los más raros (calle animada, estación de ferrocarril, puerto mercante, maniobras de un buque, despegue de un avión, canto de las aves, etc.).
— *Electr.* y *Electrón.* V. más adelante *Fís.*
— *Expl. Pólvora de doble efecto*, la que se puede hacer detonar o, según las necesidades, deflagrar.
— *Fís.* Nombre que se da —asociándolo, en general, con el del físico autor del correspondiente descubrimiento— a numerosos fenómenos en el curso de los cuales se produce una emisión de calor, de luz, de partículas o bien algún cambio físico, modificación de la carga eléctrica, etc. He aquí los principales:
Efecto Compton, aumento de la longitud de onda de los rayos X cuando existe difusión de los mismos por los átomos ligeros: un cuanto* de los rayos choca con un electrón del átomo y le cede una parte de su energía; después del choque, el cuanto tiene menos energía cinética y, por consiguiente, su longitud de onda es menor que antes. La importancia de este fenómeno reside en el hecho de que confirma la naturaleza corpuscular de la luz: el efecto, perfectamente medido, resulta de una causa, el choque elástico de los rayos con los electrones, choque solamente explicable si los rayos se asimilan a granos de materia (fotones). ‖ *Efecto corona*, v. CORONA. ‖ *Efecto Doppler-Fizeau*, v. DOPPLER-FIZEAU. ‖ *Efecto Edison*, emisión de electrones por el filamento de las lámparas de incandescencia (en este fenómeno se fundan los tubos catódicos o termiónicos, o sea las lámparas de radio). ‖ *Efecto de eco* o *efecto de huella magnética*, reproducción parásita en varias espiras de una cinta magnetofónica de los sonidos grabados en una de ellas. ‖ *Efecto fotoeléctrico*, emisión de electrones por una superficie herida por los rayos de luz. (V. FOTOELECTRICIDAD.) ‖ *Efecto fotovoltaico*, caso particular de efecto fotoeléctrico que se manifiesta por la aparición de una fuerza electromotriz en el contacto de un electrodo con un electrólito o de un metal con un semiconductor. ‖ *Efecto Joule*, calentamiento de un conductor debido al paso de la corriente eléctrica. (Según la ley de Joule la cantidad de calor desprendido es proporcional a la resistencia del circuito y al cuadrado de la intensidad de la corriente.) ‖

anteojo **ecuatorial**

Fot. Larousse

Efecto Kelvin, o *efecto pelicular,* distribución irregular de las corrientes de alta frecuencia en los conductores, debida a que las variaciones del flujo magnético en el interior de éstos tiende a hacer circular dichas corrientes por la superficie de los mismos (se corrige reemplazando los cables gruesos por otros cables compuestos de varios hilos delgados, aislados unos de otros y entrelazados.) ‖ *Efecto Kerr,* fenómeno de refracción doble que experimenta un rayo de luz al atravesar ciertos dieléctricos transparentes (nitrobenzol, cloruro de metilo, etc.) sometidos a la acción de un campo eléctrico. (V. CÉLULA *de Kerr.*) ‖ *Efecto Peltier,* fenómeno en virtud del cual en un circuito compuesto de dos conductores de metales diferentes, el paso de la corriente hace variar la temperatura de la soldadura de ambos metales, que se calienta o enfría según sea el sentido de la corriente. (V. TERMOELECTRICIDAD.) ‖ *Efecto piezoeléctrico,* v. PIEZOELECTRICIDAD. ‖ *Efecto Raman,* variación que sufre la frecuencia de las ondas de luz monocromática al ser dispersada ésta por las moléculas de los medios transparentes: *el efecto Raman permite estudiar la estructura molecular de la materia atravesada por la luz.* ‖ *Efecto Seebeck,* producción de corriente eléctrica en un circuito compuesto de distintos metales cuando las soldaduras se hallan a diferentes temperaturas. (V. TERMOELECTRICIDAD.) ‖ *Efecto Stark,* desdoblamiento o descomposición de ciertas rayas del espectro * cuando los átomos que las producen se hallan sometidos a la acción de un campo eléctrico. ‖ *Efecto térmico,* fluctuación de la tensión de un conductor, debida a la agitación térmica de los electrones. ‖ *Efecto Thomson,* desprendimiento o absorción de calor que se produce al pasar una corriente eléctrica por los tramos de un conductor que se hallan a temperaturas diferentes. ‖ *Efecto Tyndall,* fenómeno en virtud del cual las finas partículas presentes en un líquido turbio o en la atmósfera brillan al difundir la luz, y, si son numerosas, permiten ver los haces de rayos luminosos, como ocurre cuando un rayo de sol atraviesa el aire de un local obscuro. ‖ *Efecto Zeeman,* desdoblamiento de las rayas de un espectro*, que se produce cuando la substancia que lo emite se halla sometida a la acción de un campo magnético: *el efecto Zeeman permite estudiar la estructura atómica de la materia.*

— *Mec.* Potencia* transmitida por una máquina o por una fuerza. ‖ *Efecto útil,* rendimiento*. ‖ *Máquina de simple efecto,* aquella en cuyo cilindro el vapor solamente obra sobre un lado del émbolo, por oposición a la máquina de *doble efecto,* en la cual el empuje del vapor actúa alternativamente sobre ambas caras del mismo. (Aplícase, por extensión, a toda clase de máquinas para distinguir las que ejercen el trabajo una sola vez por ciclo de las que lo dan dos o más veces: *máquinas de triple efecto, de cuádruple efecto,* etc.

— *Radiot. Efecto Larsen,* o *efecto microfónico,* oscilaciones engendradas por las vibraciones mecánicas de los tubos y otros componentes de un circuito electroacústico cuando la salida del mismo reacciona con su entrada. (Si el altavoz de un magnetófono o de un aparato amplificador se halla demasiado cerca del micrófono que se está utilizando, se percibe un silbido de frecuencia constante, cuya intensidad crece rápidamente y llega a ser ensordecedora.) ‖ *Efecto termoelectrónico* *, emisión de electrones debida a la agitación térmica de los mismos.

— *Text.* Elemento dominante o el más visible del ligamento: *tela de raso con efecto de urdimbre.*

EFEMÉRIDES f. pl. *Astr.* y *Mar.* Conjunto de tablas en las cuales se consignan datos relativos a los astros, especialmente las posiciones —indicadas en coordenadas celestes— que ocuparán día tras día en el cielo; las horas exactas a que saldrán y se pondrán; las horas en que se producirán los eclipses y ocultaciones, etc.

— Las *efemérides* suelen publicarse con tres años de antelación. Sus indicaciones son indispensables al astrónomo, que, gracias a ellas, puede localizar rápidamente en el cielo los astros estudiados o conocer el momento en que se producirán los fenómenos celestes que se propone estudiar. También se usan efemérides en la marina para la navegación y estima fundadas en la observación de los astros.

EFERVESCENCIA f. *Quím.* Desprendimiento tumultuoso, en el seno de un líquido, de burbujas que ascienden y dan salida al gas en la superficie: *los carbonatos entran en efervescencia con los ácidos.*

EFERVESCENTE adj. *Quím.* Que está en efervescencia o que puede provocarla: *disolviendo bicarbonato de sosa y ácido cítrico en agua azucarada se obtiene una bebida efervescente.*

EFICACIA f. Cualidad de eficaz.

EFICAZ adj. Que surte efecto y da buen resultado. ‖ Posición u otra condición necesarias para obtener dicho efecto o resultado: *existe una altura eficaz para la antena de una emisora de radio.*

— *Atom. Sección eficaz,* v. SECCIÓN.

— *Electr. Intensidad eficaz, tensión eficaz,* v. INTENSIDAD y TENSIÓN.

EFLORESCENCIA f. *Miner.* y *Quím.* Transformación de las sales que, al perder su agua de cristalización, se vuelven pulverulentas. ‖ Polvo que resulta de dicha transformación. ‖ Óxido metálico que se forma en la superficie de ciertos minerales. ‖ Sal, constituida generalmente por carbonatos o sulfatos alcalinos, que se forma en la superficie de los muros.

EFLORESCENTE adj. *Miner.* y *Quím.* Que se halla en estado de eflorescencia: *sal eflorescente.* ‖ Recubierto por eflorescencias salinas: *muro eflorescente.*

EFLUENCIA f. *Fís.* Emanación* de un fluido.

EFLUENTE adj. y s. Dícese del fluido que se derrama de una fuente, por oposición a los fluidos afluentes, cuyas corrientes desembocan y se reúnen en un mismo punto. ‖ Que despide efluvios.

— *Obr. públ.* Caudal de aguas negras y pluviales del alcantarillado.

EFLUVIO m. Emanación que exhalan los organismos vivientes.

— *Electr.* Descarga eléctrica en el aire que rodea a un conductor.

El *efluvio* no da chispa ni calienta al conductor. Se manifiesta en torno de éste, en forma de luminiscencia débil del aire, cuando la tensión no es lo bastante fuerte para provocar una descarga disruptiva. Al efluvio que aparece en las líneas de alta tensión se le da el nombre de *corona* * o de *efecto corona.*

EFTALEÍNA, y voces derivadas, v. FTALEÍNA.

EFUSIÓN f. *Quím.* Método para separar los gases de una mezcla fundado en el hecho de que la velocidad con que cada uno de los componentes atraviesa una membrana porosa depende de su densidad respectiva (la membrana obra como un filtro que, al principio, deja pasar preferentemente el gas más ligero y en último lugar el más denso).

EGIÓN m. *Carp.* Ejión.

EGIPCIO, CIA adj. y s. *Art. gráf.* Carácter de imprenta de asta uniforme y de gracia recta.

EGLOGITA f. *Miner.* Roca primitiva muy pesada (su densidad llega a ser de 4,3), compuesta principalmente de granate, anfíbol y rutilo.

EGUIÓN m. *Carp.* Ejión.

EICOSAEDRO m. *Geom.* Icosaedro.

EICOSANO m. *Quím.* Icosano.

EIDÓFORO m. Marca de un dispositivo que permite proyectar imágenes de televisión sobre pantallas de grandes dimensiones.

— La proyección directa de una imagen de televisión por medio de un objetivo sobre una pantalla grande daría una imagen demasiado débil. De ahí la necesidad de disponer de un manantial independiente de luz intensa cuyos rayos serán modulados por los rayos catódicos del receptor de televisión. En el *Eidóforo* la luz es reflejada por los barrotes de una rejilla que la dirigen sobre un espejo cóncavo cubierto por una capa fina de aceite y allí sufre una nueva reflexión en dirección del objetivo que la proyectará en la pantalla. La capa de aceite es barrida al propio tiempo por los mismos rayos catódicos que producen la imagen en los televisores ordinarios. Aquí, estos rayos electrizan más o menos al aceite, con lo cual las moléculas de éste son atraídas por el espejo. La capa de aceite reproduce entonces la imagen entera en relieve y deja, por consiguiente, de ser lisa en aquellas partes donde la imagen es blanca, mientras que sigue siéndolo en las zonas negras de la misma. La posición e inclinación de los barrotes ha sido calculada con precisión, de tal forma que cuando el haz hiere la superficie lisa del aceite (correspondiente al punto negro) queda un punto obscuro en la pantalla; por el contrario, la superficie del aceite deformada por un punto blanco de la imagen desvía el haz luminoso y le permite así pasar entre dos barrotes para dar un punto luminoso en la pantalla. La persistencia en la retina de todos los puntos claros, obscuros y medias tintas, permite ver la imagen íntegra.

EIFELIENSE adj. y s. *Geol.* Piso mediano del devoniense, que data de 310 millones de años.

EINSTEINIO m. *Quím.* Elemento químico (símbolo E), de número atómico 99, que no existe en la naturaleza y es obtenido artificialmente mediante irradiaciones sucesivas del uranio o en el curso de reacciones termonucleares. Hasta ahora se han identificado dos isótopos de peso atómico 253 y 254.

EJARRAR v. *Curt.* Arrancar las cerdas largas y duras que tienen las pieles de ciertos animales en algunas partes del cuerpo y que sobresalen allí del resto del pelaje, fino y regular.

EJE m. Línea que divide una figura o un cuerpo por la mitad: *el eje de una calzada.*
— *Astr.* Línea imaginaria que pasa por el centro de un astro y une los polos del mismo, y en torno de la cual se efectúa la rotación del globo. (V. PLANETA.)
— *Autom.* El *eje delantero ordinario* es una barra de acero que se apoya en las ruedas por medio de un sistema a base de mangueta y pivote y que tiene varios usos: soporta el bastidor del vehículo y el mecanismo de la dirección, mantiene las ruedas a una distancia determinada y fija también su abertura *, y su despunte * sostiene la parte fija de los frenos. En los coches de ruedas independientes se subdivide en dos *semiejes* o *ejes oscilantes* articulados en la parte central del bastidor. Al sistema formado por ambos ejes con su articulación se le da también el nombre de *tren delantero* o *tren trasero,* según el caso. En los coches ordinarios el *eje trasero,* que lleva el diferencial, se llama *puente trasero.* El término *eje* se usa también como sinónimo de *árbol: eje de levas, eje de Cardán,* etc. (V. ÁRBOL *de levas,* ÁRBOL *de Cardán,* etc.)
— *F. c.* En las locomotoras y vagones, las ruedas se hallan fijadas en su respectivo eje y éste gira con ellas. La imperfección de un eje puede tener consecuencias graves, por lo cual estas piezas son sometidas a constantes comprobaciones, tanto durante su fabricación como en el tiempo en que se hallan en servicio.
— *Geom.* Línea que divide una figura en dos partes por su mayor dimensión. ‖ *Eje de abscisas,* eje horizontal en el sistema de coordenadas * cartesianas. ‖ *Eje de coordenadas,* v. COORDENADA. ‖ *Eje de giro,* recta en torno de la cual se hace girar una figura para obtener otra por proyección o revolución. ‖ *Eje de homología,* v. HOMOLOGÍA. ‖ *Eje de ordenadas,* eje vertical en el sistema de coordenadas cartesianas. ‖ *Eje de revolución,* eje que pasa por el centro de un cuerpo y es caracterizado por el hecho de que todos los cortes del cuerpo efectuados por cualquier plano que contenga el eje de revolución dan secciones rigurosamente iguales: *todos los diámetros de una esfera son ejes de revolución.* ‖ *Eje de simetría,* recta que divide una figura en dos partes simétricas. (V. SIMETRÍA.)
— *Magn. Eje magnético de una aguja o barrita imantada,* recta que une sus dos polos magnéticos.
— *Mec.* Barra que pasa por el centro de una pieza giratoria, ya para servirle de soporte en torno al cual gira libremente, ya para arrastrarla con su propio movimiento rotatorio, en cuyo caso suele recibir el nombre de *árbol.* ‖ *Eje neutro,* v. FIBRA *neutra.*
— *Miner.* Cada una de las rectas que sirven para definir un cristal y determinar tanto su forma como sus propiedades. (V. CRISTALOGRAFÍA.)
— *Ópt. Eje de una lente,* recta que pasa por el centro de sus dos superficies esféricas. ‖ *Eje óptico,* recta que pasa por el centro del objetivo y del ocular de un instrumento óptico.

EJEMPLAR m. *Art. gráf.* Cada grabado, impreso, periódico o libro tirados de un original.

EJIÓN m. *Carp.* Zoquete o tarugo que se asegura en una pieza de madera para servir de apoyo a otra: *las correas de las cubiertas * son sostenidas por ejiones fijados en los pares.*

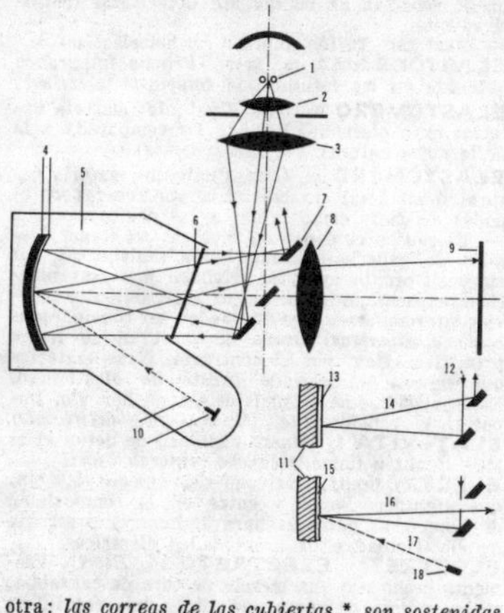

eidóforo
1. Lámpara; 2. Condensador; 3. Lente; 4. Espejo y capa de aceite; 5. Vacío; 6. Placa de vidrio; 7. Barras; 8. Objetivo; 9. Pantalla; 10. Cañón y haz electrónicos; 11. Espejo; 12. Luz; 13. Aceite sin electrizar; 14. Rayo no desviado; 15. Aceite electrizado; 16. Rayo desviado hacia la pantalla; 17. Haz de electrones; 18. Cañón

EJOO y mejor **EJU** m. *Text.* Fibras que ciertas palmas (especialmente la *Arena saccharifera*) tienen en la base de las hojas y que se usan para fabricar cuerdas, cepillos, esteras y otras labores.

EKTACHROME m. *Fot.* Marca registrada de una emulsión inversible para la fotografía en color por síntesis sustractiva. (V. FOTOGRAFÍA.)

ELATERÓMETRO m. *Tecn.* Instrumento para medir la presión de los vapores o mezclas gaseosas empleadas en los motores.

ELASTICIDAD f. *Fís.* Propiedad que tienen los cuerpos deformados por una fuerza exterior de recobrar su forma primitiva cuando cesa de obrar aquella fuerza.
— La *elasticidad* es muy diferente de un cuerpo a otro. Para cada sólido existe un límite de elasticidad a partir del cual, por ser excesiva la fuerza que le ha sido aplicada, la deformación persiste total o parcialmente.
— *Mec. Módulo de elasticidad,* relación existente entre la magnitud de las fuerzas externas que provocan el alargamiento elástico de un sólido y el valor que alcanza dicho alargamiento. En los cálculos de resistencia * de materiales, siempre se tiene en cuenta dicho módulo para que en ningún caso puedan alcanzar las piezas el límite de elasticidad que provocaría la deformación o la ruptura de las construcciones.

ELASTICIMETRÍA f. *Tecn.* Técnica de las medidas relativas a los esfuerzos mecánicos que soportan los cuerpos y a las deformaciones por ellos provocadas.
— La medida de las deformaciones puede efectuarse de muy variadas maneras. La más simple consiste en medir las variaciones de la distancia entre dos marcas hechas en el cuerpo antes de que le sean aplicadas las fuerzas. Con dicho fin pueden utilizarse también sistemas que amplifican la contracción o la dilatación por medios mecánicos, ópticos o eléctricos (v. EXTENSÓMETRO). Igualmente se puede cubrir la superficie de la pieza con un barniz en el que se producirán numerosas grietas perpendicularmente al sentido del alargamiento. Citemos por último los importantes métodos ópticos derivados de la *fotoelasticimetría* *.

ELASTICÍMETRO m. *Tecn.* Aparato o dispositivo para medir las deformaciones elásticas de los cuerpos. (V. ELASTICIMETRÍA.)

ELÁSTICO, CA adj. y s. Que tiene la propiedad de recobrar la forma o el volumen momentáneamente perdidos por comprensión o extensión. ‖ Hecho de materia elástica: *máquina montada sobre tacos elásticos.*
— *Fís. Fuerza elástica,* tensión*, presión de un gas.
— *Geom. Curva elástica,* la que resulta al curvarse una varilla flexible empotrada horizontalmente por un extremo y con un peso en el otro.
— *Mec. Límite elástico,* esfuerzo máximo que

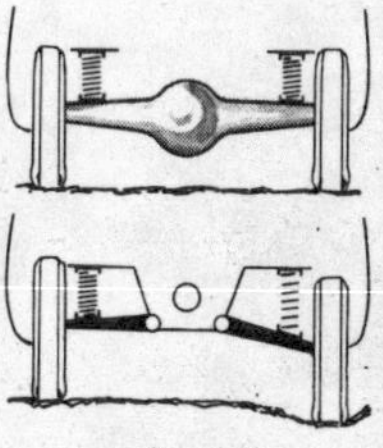

ejes
(autom.)
rígido *(arriba)*
y oscilante *(abajo)*

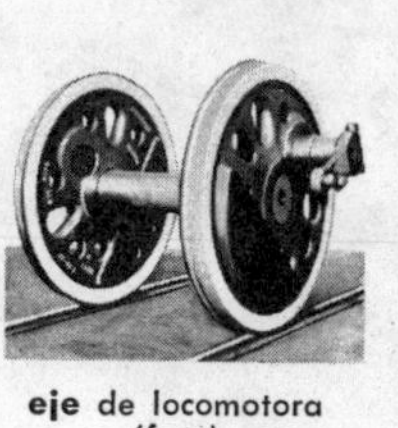

eje de locomotora
(f. c.)

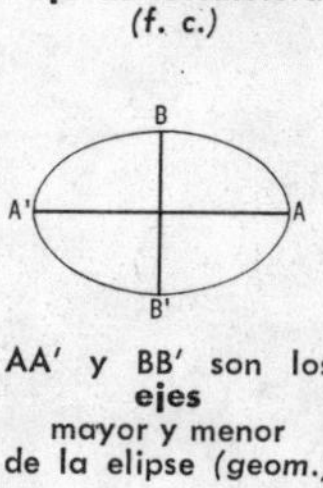

AA' y BB' son los **ejes** mayor y menor de la elipse *(geom.)*

Fot. S. N. C. F.

puede soportar un cuerpo sin deformarse definitivamente.
— *Text.* M. Tejido, cinta o cordón elásticos.

ELASTOGRAMA m. *Metr.* Prueba fotográfica obtenida en los estudios de fotoelasticimetría *.

ELASTÓMERO m. *Gom.* Cualquier materia naterias cuya elasticidad puede ser comparada a la de la goma natural. (V. ELASTÓMERO.)

ELASTÓMERO m. *Gom.* Cualquier materia natural o artificial caracterizada por tener propiedades elásticas comparables a las del caucho.
— El caucho es capaz de recobrar su forma después de haberlo estirado hasta multiplicar por cinco su propia longitud. Existen materias plásticas capaces de soportar un alargamiento superior sin romperse, pero no pueden ser consideradas como *elastómeros* porque no recobran su forma primitiva. Hay, por el contrario, otras materias que poseen un elevado límite de elasticidad. Estos elastómeros artificiales tienen hoy una importancia considerable. (V. CAUCHO *artificial.*)

ELATERITA f. *Miner.* Variedad de betún elástico, también llamada *caucho mineral* o *fósil.*

ELECTR, prefijo derivado del griego *elektron,* que significa *ámbar* y entra en la composición de numerosas palabras para indicar la presencia de electricidad o de propiedades eléctricas.

ELECTRET y **ELECTRETO** m. *Electr.* Elemento hecho con una mezcla de cera de carnauba, resina y cera de abeja que, si se deja solidificar en presencia de un campo eléctrico, permanece electrizado indefinidamente, con una de sus caras positiva y la otra negativa (consiguientemente, es a la electricidad lo que el imán es al magnetismo).

ELECTRICIDAD f. *Fís.* Una de las formas posibles de la energía, cuya existencia se manifiesta por numerosos y muy variados fenómenos.
— Materia tan amplia como la *electricidad* impone la necesidad de subdividirla en varias disciplinas: la *electrostática* trata de la *electricidad en equilibrio* o *electricidad estática* (v. más abajo), mientras que el magnetismo * estudia los fenómenos análogos propios de los cuerpos imantados; la *electrocinética* concierne la *electricidad cinética* (v. más abajo), o sea aquella cuyas cargas se hallan en movimiento, y el electromagnetismo trata de las acciones recíprocas entre corrientes e imanes (electrodinámica *, inducción *, imantación *, etc.); las *corrientes alternas* (v. CORRIENTE) constituyen otra división importante, no solamente por su utilización industrial, sino también por sus aplicaciones en forma de ondas hertzianas de alta frecuencia (radio, televisión, radar, etc.); la *electrónica* * estudia la estructura granular de la electricidad, o sea los movimientos de aquellas partículas electrizadas que no necesitan hilos ni otros conductores materiales para trasladarse de un punto a otro; la *electrotecnia* * abarca el transporte de la energía eléctrica (v. más abajo) y todas las aplicaciones de la misma: electromotores, calefacción eléctrica, alumbrado, electroquímica, electrometalurgia, aplicaciones de medicina, etc.); la *electricidad atmosférica* (v. más abajo), a pesar de sus repercusiones importantes (meteorología, telecomunicaciones) reserva aún muchas incógnitas.

ELECTRICIDAD ESTÁTICA

La materia se compone de átomos y éstos de partículas elementales, una parte de las cuales —los neutrones— son eléctricamente neutras (es decir, carecen de carga eléctrica) mientras que las demás llevan cargas de *electricidad positiva* (protones) o *negativa* (electrones). El átomo normal es neutro porque contiene igual número de partículas de carga positiva y negativa. Si un átomo tiene más electrones que los que le corresponden, es negativo; si tiene menos, positivo. Un cuerpo en el cual predominen los átomos negativos tiene electricidad negativa; si predominan los átomos positivos tiene electricidad positiva. Si se frotan una barrita de cristal con un paño de lana y otra de resina con una piel de gato, la primera quedará electrizada positivamente y la segunda negativamente. (En ninguno de los dos casos se habrá engendrado electricidad. La electrización se explica simplemente por el paso —provocado por la fricción— de cargas de un cuerpo al otro, pero la suma de las cargas elementales del cuerpo electrizador y de la barrita electrizada permanece constante.) Dos cuerpos cargados de igual clase de electricidad (positiva o negativa) se repelen al ser aproximados uno del otro. Se atraen, por el contrario, si uno de ellos es negativo y el otro positivo. (V. COULOMB [*Ley de*].) Todo cuerpo cargado de electricidad se halla rodeado por un campo * eléctrico cuya intensidad en un punto determinado del espacio es igual al cociente de la fuerza que actúa sobre el cuerpo dividida por la carga del mismo
Las cargas eléctricas engendradas en un cuerpo o que le han sido transmitidas por otro se concentran siempre en su superficie. En el interior de un conductor hueco no existen influencias eléctricas (v. JAULA *de Faraday*). Mas la distribución superficial de las cargas no es uniforme: la electricidad tiende a acumularse en las puntas y proeminencias, y es débil en las cavidades. Cuando la acumulación local de las cargas es muy grande puede ocurrir una descarga que se manifiesta en forma de chispa * o de efluvio *.
La carga de un conductor es proporcional a su potencial. (V. CAPACIDAD.)
Un cuerpo puede ser electrizado no solamente por contacto, sino también por influencia. Si se acerca a un conductor neutro un cuerpo cargado negativa o positivamente, las cargas negativas del conductor saltan sobre el cuerpo positivo, o bien las cargas positivas sobre el cuerpo negativo, según el caso. Este fenómeno explica la atracción de los cuerpos ligeros por los cuerpos electrizados (por ej., pedacitos de papel por un bolígrafo frotado contra la manga). También se deriva del mismo el principio del condensador *. Además de los condensadores existen máquinas electrostáticas que, por frotamiento o por influencia, suministran corrientes de alta tensión.
La electricidad estática plantea no pocos problemas en todas las industrias donde se fabrican o utilizan productos en forma de bandas continuas: fábricas de papel, imprentas, industria textil y de plásticos, etc. El frotamiento con los cilindros acumula cargas considerables en las bandas de papel o de tela, entre las cuales y el suelo pueden existir diferencias de potencial que se cuentan en decenas de millares de voltios. La consecuencia es que el papel se pega a los cilindros si la velocidad de las máquinas es demasiado grande y que los pelos de la lana no se dejan aplastar para obtener tejidos lisos. Una solución empírica consiste en mantener húmeda la atmósfera de los talleres, pues el aire húmedo es mejor conductor de electricidad y permite que se descarguen las materias electrizadas. También se utilizan proyectores de rayos X o ultraviolados que ionizan el aire y lo vuelven conductor. El método más reciente consiste en disponer cerca de los cilindros y a lo largo de los mismos unas barras que contienen un radioelemento * cuyas radiaciones ionizan poderosamente la capa de aire que media entre la barra y el cilindro.

ELECTRICIDAD CINÉTICA

Esta división de la electricidad trata de las cargas en movimiento. Si se unen con un alambre dos cuerpos diferentemente cargados de electricidad, se manifiestan en el conductor ciertos fenómenos (desprendimiento de calor [efecto * Joule], electrólisis de las soluciones salinas, desviación de la aguja imanada, etc.) que solamente pueden ser explicados admitiendo el paso por el mismo de una corriente * eléctrica. Como dichos fenómenos consumen energía, se desprende de ello que la corriente es un transporte de energía: la *energía eléctrica potencial* se convierte en *energía eléctrica cinética.*
Las corrientes continuas se obtienen por medio de dispositivos o máquinas que transforman otras formas de energía: las pilas y acumuladores convierten la energía química; las dinamos y las magnetos transforman la energía mecánica; los pares termoeléctricos aprovechan la energía calorífica; las células fotoeléctricas absorben energía radiante, etcétera.
Un generador * de energía eléctrica se caracteriza por su fuerza electromotriz, que es el cociente que resulta al dividir su potencia por la intensidad de la corriente producida.
(Véanse tb. los artículos INTENSIDAD, POTENCIAL, RESISTENCIA y TENSIÓN.)

ELECTRICIDAD ATMOSFÉRICA

La Tierra y su atmósfera constituyen un enorme condensador * cuyas armaduras son el suelo y la ionosfera (ambos buenos conductores de electricidad) y cuyo dieléctrico es el aire de la estratosfera y de la troposfera. En las regiones templadas la diferencia de potencial suele ser de unos 100 a 130 voltios por metro cuadrado. Este condensador se descarga constantemente, pero las nubes obran a modo de generador que lo recargan. En efecto, las nubes tormentosas de mucha altura ceden las cargas negativas de su base al suelo y las negativas de su parte más alta a las capas electrizadas de la atmósfera. Los rayos y los relámpagos son manifestaciones comunes de la electrización de la atmósfera.
Aun cuando queda mucho por conocer sobre la *electricidad atmosférica* se están realizando ya grandes progresos con la ayuda de cohetes ionosféricos y de satélites artificiales. Las capas electrizadas de la atmósfera (v. IONOSFERA) representan importante papel en el campo de las telecomunicaciones, oponiéndose a la propagación de ciertas ondas, mientras que, por el contrario, facilitan la de otras. De ahí el interés que tiene el perfecto conocimiento de estos fenómenos, algunos de los cuales ejercen una influencia segura sobre el tiempo.

UNIDADES ELÉCTRICAS

Las unidades empleadas en electricidad han sido descritas en su respectivo artículo. También figuran las principales unidades agrupadas en las tablas generales del artículo UNIDAD.

ENERGÍA ELÉCTRICA

La *energía eléctrica* tiene no pocas ventajas sobre las demás clases de energía: posibilidad de ser transformada fácilmente en cualquier otra forma de energía con un rendimiento satisfactorio; transporte limpio, cómodo y económico, por líneas aéreas, a grandes distancias; posibilidad ilimitada de dividirla y de usarla tanto en forma de corrientes muy fuertes como en las ínfimas corrientes de los dispositivos electrónicos, en los enormes electromotores como en el minúsculo motorcillo de una maquinilla de afeitar. Su único inconveniente es el de no presentar un medio cómodo de almacenarla.
Se puede obtener energía eléctrica a partir de cualquier otra forma de energía (v. CENTRAL). Prácticamente, se explotan la *energía hidráulica* de los saltos, ríos y embalses, y la *energía térmica* que desprenden la combustión de la hulla o de los hidrocarburos, o bien las reacciones en cadena de los cuerpos físiles. La *energía del viento* tiene escasas aplicaciones y la *energía de los rayos solares* se aprovecha casi exclusivamente para suministrar energía eléctrica a los ingenios espaciales.
En todo país adelantado se dispone generalmente de variados medios para producir energía eléctrica. Las centrales hidráulicas no consumen combustible y requieren poco personal, pero en años de pluviosidad deficiente su producción ha de ser compensada por la de las centrales térmicas. Algunas de éstas solamente funcionan en invierno, cuando mayor es la demanda de energía. Incluso existen pequeñas centrales movidas por turborreactores de avión que pueden entrar inmediatamente en servicio durante las horas de mayor consumo en pleno invierno (al atardecer, cuando se enciende el alumbrado y no se han cerrado aún las fábricas).
El transporte de la energía eléctrica se efectúa en líneas * de alta tensión. El rendimiento de estas líneas es tanto mayor cuanto más elevado es el voltaje (hoy son de uso corriente las líneas de 380 000 voltios). Las líneas se hallan conectadas entre sí y forman una red nacional, a veces interconectada con la de otros países. Así, las regiones que producen exceso de energía pueden cederla a las regiones deficientes. El sentido de estos cambios varía de una época del año a otra, e incluso de una hora a otra del día. Las regiones montañosas reciben corriente de los llanos industriales en invierno y se la devuelven en la primavera y el verano, cuando el calor derrite las nieves y llena las presas. Francia e Inglaterra tienen organizado un intercambio que resulta muy eficaz, sobre todo en invierno, pues entre ambos países existe una diferencia de dos horas en el ritmo de trabajo y en las horas de máximo consumo. Así, al atardecer, Francia suministra electricidad complementaria a Inglaterra, que, más tarde, ésta le devuelve a aquélla. Ambos países evitan de este modo la construcción de costosas centrales complementarias que, por funcionar solamente unas horas por día, jamás llegarían a ser amortizadas.
La energía eléctrica es transformada (v. TRANSFORMADOR) y suministrada al público en baja tensión (generalmente de 110 a 130 y de 220 a 380 voltios). En toda una red nacional suele distribuirse corriente alterna de igual frecuencia. En Europa es corriente la frecuencia de 50 Hz, mientras que en América predomina la de 60 Hz.

ELÉCTRICO, CA adj. Relativo o perteneciente a la electricidad. || Que funciona con corriente eléctrica: *nevera eléctrica.* || Dícese de lo que puede ser electrizado por frotamiento: *el lacre y el ámbar son eléctricos.* || *Atracción* y *repulsión eléctricas, influencia eléctrica,* v. ELECTRICIDAD. || *Corriente eléctrica,* v. CORRIENTE. || *Conductor eléctrico,* cuerpo que da paso fácilmente a la corriente eléctrica. || *Platillo eléctrico,* disco de vidrio o de resina, provisto de un mango, con el cual puede ser frotado contra un paño para cargarlo de electricidad estática.

ELECTRIFICACIÓN f. *Electr.* Transformación de una máquina o de una industria para que pueda funcionar con energía eléctrica: *la electrificación de un molino harinero.* || Extensión de la red de distribución de energía eléctrica: *la electrificación de un distrito aumenta su producción y el bienestar de sus pobladores.*
— *F. c.* La *electrificación* es la adaptación parcial o total de una red de ferrocarriles a la tracción por locomotoras eléctricas. (V. FERROCARRIL y LOCOMOTORA.)

ELECTRIFICAR v. Efectuar la electrificación *.

ELECTRIZABLE adj. *Fís.* Que puede ser electrizado.

ELECTRIZACIÓN f. Acción y efecto de electrizar. || *Electrización por influencia,* inducción * electrostática.

ELECTRIZADOR, RA y **ELECTRIZANTE** adj. Que electriza, que engendra electricidad: *el frotamiento electrizante del papel en los cilindros de las rotativas.*

ELECTRIZAR v. Engendrar electricidad en la superficie de un cuerpo: *electrizar una barrita de lacre.*

ELECTRO m. Ámbar.
— *Electr.* Apócope de *electroimán.*
— *Metal.* y *Miner.* Aleación natural de oro y plata. || Liga de oro (80 %) y de plata (20 %).

ELECTROACÚSTICA adj. y s. Relativo o perteneciente a la producción y reproducción de sonidos por medio de la electricidad. || — F. Conjunto de técnicas relativas a la producción, transmisión, grabación y reproducción de sonidos por medios eléctricos.
— La *electroacústica* ha alcanzado una importancia muy grande en el doble aspecto de la traducción de los sonidos en corrientes eléctricas (micrófonos) y de la conversión de las mismas en sonidos (altavoces), así como en el de la grabación eléctrica a partir de dichas corrientes (discos, cintas de magnetófono). También existen numerosos aparatos que producen oscilaciones eléctricas de frecuencias musicales y permiten crear música * electrónica.

ELECTROAFINIDAD f. *Quím.* Aptitud más o menos grande de un elemento químico para transformarse en ion *.
— Ateniéndose al orden decreciente de su *electroafinidad,* los principales metales se clasifican como sigue: potasio, calcio, sodio, magnesio, aluminio, cinc, hierro, níquel, plomo, cobre, plata, mercurio y oro.

ELECTROANÁLISIS m. *Quím.* Método para averiguar la proporción de un cuerpo presente en una disolución, y que consiste en efectuar la electrólisis * de la misma y en medir la capa de dicho cuerpo formada sobre el electrodo.

ELECTROBOMBA f. *Tecn.* Bomba * que forma cuerpo con su motor eléctrico.

ELECTROBÚS m. *Transp.* Trolebús.

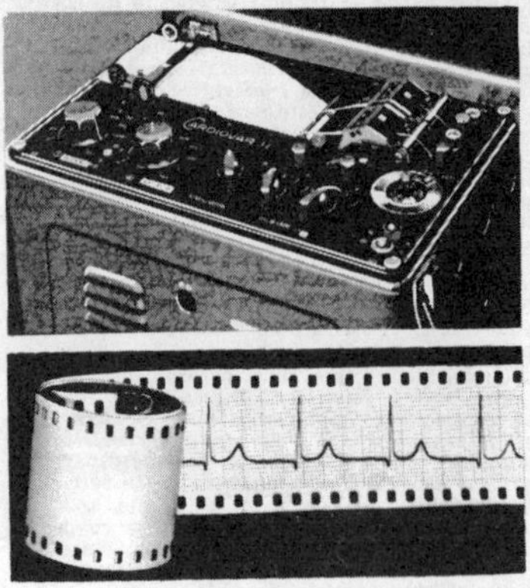

electrocardiógrafo y electro-cardiograma

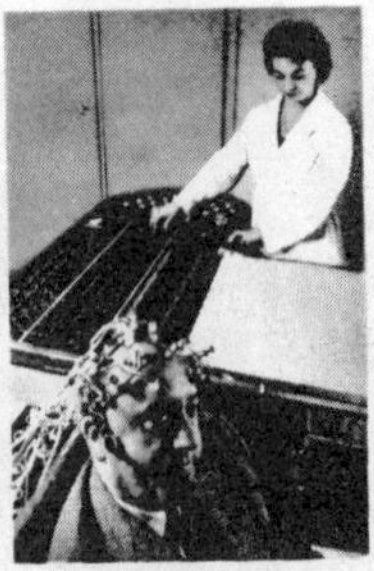

electro-encefalógrafo

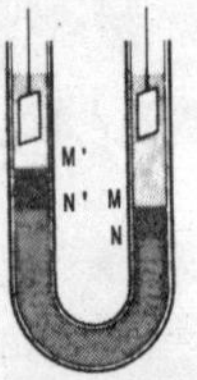

electroforesis (las partículas pasan de M a N y de M' a N')

electro-dinamómetro
B_1 y B_2. Bobinas recorridas en serie por la corriente i; M. Pesa

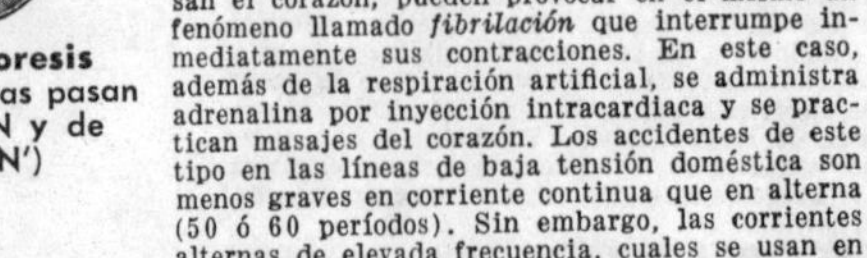

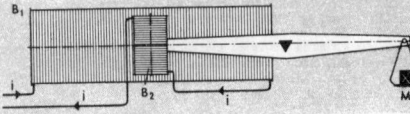

ELECTROCARDIÓGRAFO m. Aparato para estudiar el funcionamiento del corazón y diagnosticar sus afecciones por medio de corrientes eléctricas moduladas por dicho órgano.
— A la actividad muscular del corazón corresponde una actividad eléctrica. Si se aplican dos electrodos en dos partes apropiadas del cuerpo, se recoge una corriente muy débil cuya tensión varía a cada una de las fases que se suceden entre dos latidos. El *electrocardiógrafo* capta esta corriente, la amplifica y la traduce en forma de gráfico (cardiograma). La comparación de la curva así obtenida con la que da un corazón normal sugiere o confirma el diagnóstico del especialista.
ELECTROCARDIOGRAMA m. Gráfico de la actividad eléctrica del corazón obtenido por medio del electrocardiógrafo.
ELECTROCINÉTICA f. *Electr.* Rama de la física que trata de la electricidad en movimiento (corrientes eléctricas, electrónica, etc.) aunque no de los fenómenos magnéticos engendrados por dicho movimiento. (V. *Electrocinética,* en el art. ELECTRICIDAD.)
ELECTROCONTABLE adj. *Ofic.* Dícese de las máquinas eléctricas usadas para la contabilidad, especialmente de las de tarjetas perforadas.
ELECTROCUCIÓN f. Destrucción de la vida por las corrientes eléctricas.
— Una corriente puede ser peligrosa por su tensión, su intensidad o su frecuencia. Las corrientes de alta tensión son las más peligrosas, pues obran sobre el bulbo raquídeo y matan por asfixia sin afectar el corazón (de ahí la posibilidad de salvar a la víctima si se practica inmediatamente la respiración artificial). Por el contrario, las corrientes de baja tensión, especialmente si atraviesan el corazón, pueden provocar en el mismo un fenómeno llamado *fibrilación* que interrumpe inmediatamente sus contracciones. En este caso, además de la respiración artificial, se administra adrenalina por inyección intracardiaca y se practican masajes del corazón. Los accidentes de este tipo en las líneas de baja tensión doméstica son menos graves en corriente continua que en alterna (50 ó 60 períodos). Sin embargo, las corrientes alternas de elevada frecuencia, cuales se usan en terapéutica, son inocuas y solamente tienen por efecto calentar los tejidos.
El contacto con una línea de 110 a 130 voltios sin que exista transmisión de la corriente a la tierra por el cuerpo, no suele ser peligroso, pues a lo sumo se percibe una sacudida en el momento en que aumenta el potencial del cuerpo para igualar el que tiene el conductor. Pero la piel mojada pierde casi toda su resistencia y el contacto simultáneo en un cuarto de baño de un conductor eléctrico y de una tubería, grifo, radiador, etc., puede ocasionar la electrocución, porque entonces la intensidad de la corriente que atraviesa el cuerpo puede ser muy grande.
ELECTROCULTIVO m. o **ELECTROCULTURA** f. *Agr.* Uso de la electricidad para estimular el crecimiento de las plantas, la florescencia o la fructificación.
ELECTRODINÁMICO, CA adj. y s. *Electr.* Relativo a la acción dinámica de las corrientes eléctricas. ‖ — F. Rama de la electricidad que trata de dichas acciones. (V. ELECTROMAGNETISMO.)
— *F. c. Freno electrodinámico,* v. FRENO.
ELECTRODINAMÓMETRO m. *Electr.* Instrumento para medir la intensidad de una corriente.
— El *electrodinamómetro* es una balanza en la que uno de sus platillos es reemplazado por una bobina situada en el campo magnético creado por otra bobina montada en serie con ella. La intensidad de la corriente que atraviesa ambos carretes se desprende del peso opuesto en el otro platillo para vencer la fuerza electromagnética y equilibrar la balanza.
ELECTRODISOLUCIÓN f. *Quím.* Disolución de un electrodo en el electrólito.
ELECTRODO m. *Electr.* Cada uno de los elementos terminales de un circuito eléctrico que sirven para introducir la corriente en el medio donde se ha de utilizar, y para recogerla a la salida del mismo: *el electrodo que da entrada a la corriente se llama « ánodo » y el que le da la salida « cátodo ».* ‖ *Electrodo de carbono* o *de carbón,* el de grafito o de carbono amorfo.
— Existe gran diversidad de *electrodos* de naturaleza, forma y dimensiones adaptadas a otros tantos usos. Nada más que en la electrólisis * se usan electrodos de platino, de hierro, carbón, mercurio, etc. En cuanto a la forma se refiere, citemos los electrodos empleados en terapéutica, a modo de agujas, cintas, placas, compresas mojadas, etc.
— *Metal. Electrodos de soldadura autógena,* v. SOLDADURA. ‖ *Electrodos de hornos metalúrgicos,* v. HORNO. (V. tb. ELECTROMETALURGIA.)
— *Radiot.* Cada uno de los elementos terminales de un conductor, que, en los dispositivos electrónicos, sirven para emitir, captarro regular flujos de electrones o de iones.
— En los tubos electrónicos de los aparatos radioeléctricos se combinan varios *electrodos* de los tipos siguientes: el *cátodo* o *filamento,* que emite electrones; el *ánodo* o *placa,* que los capta; la *rejilla,* situada entre los dos anteriores, que modifica y modula el flujo de electrones entre ambos. (V. TRÍODO.)
ELECTRODOMÉSTICO, CA adj. *Electr.* Dícese de los aparatos eléctricos que se usan para mayor comodidad del hogar (nevera, lavadora, aspirador, plancha, maquinilla de afeitar, etc.).
ELECTROENCEFALÓGRAFO m. Aparato que, por medio de electrodos aplicados sobre el cuero cabelludo, de un circuito electrónico y un mecanismo inscriptor, capta las corrientes del cerebro, las amplifica y las traduce en gráficos utilizados para formular diagnósticos (por ej., la epilepsia) o para estudiar las funciones cerebrales.
ELECTROENDÓSMOSIS f. *Fís.* Electroósmosis.
ELECTROEROSIÓN f. *Metal.* Chispeado.
ELECTROESTÁTICO, CA adj. Electrostático.
ELECTROESTRICCIÓN f. Electrostricción.
ELECTRÓFONO m. *Electr.* y *Mús.* Aparato para la reproducción eléctrica de sonidos grabados en discos o en cintas magnéticas. (V. TOCADISCOS y MAGNETÓFONO.)
ELECTROFORESIS f. *Electr.* y *Quím.* Fenómeno consistente en la migración hacia los electrodos de las partículas coloidales sometidas a la acción de un campo eléctrico.
— El paso de la corriente continua por una suspensión de partículas provoca la migración de las mismas: las que tienen carga negativa se dirigen hacia el ánodo *(anaforesis)* y las de carga positiva hacia el cátodo *(cataforesis).*
La *electroforesis* solamente se distingue de la

Fot. Larousse, Doisneau-Rapho

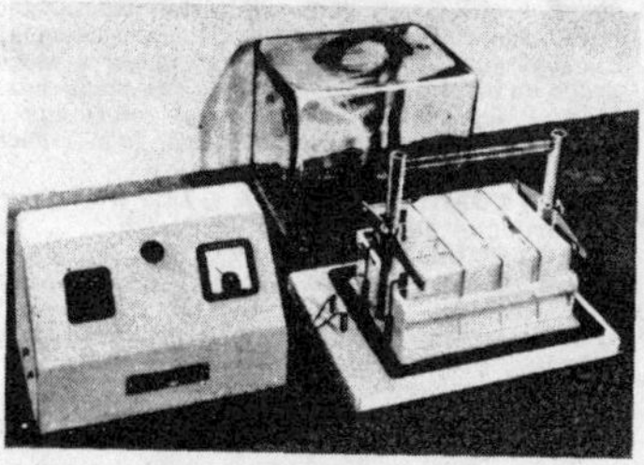

equipo de **electroforesis** (los tubos son reemplazados por papel absorbente)

electrólisis en que las partículas atraídas por los electrodos son considerablemente mayores que en el caso de la electrólisis. Así, con un baño de caucho como electrólito, pueden obtenerse objetos de goma por el mismo procedimiento que la galvanoplastia. Pero la electroforesis se usa principalmente para análisis, especialmente del suero sanguíneo, pues permite separar sus constituyentes coloidales e identificarlos rápida y fácilmente.

ELECTROFORMACIÓN f. *Metal.* Procedimiento para obtener piezas de forma complicada, consistente en producir por galvanoplastia una capa de metal relativamente espesa sobre el molde usado a modo de cátodo.

ELECTRÓFORO m. *Fís.* Instrumento de física consistente en un disco de resina u otra materia aislante que se frota contra una piel de gato para cargarlo de electricidad estática y efectuar experimentos de electroestática. (V. ELECTRICIDAD.)

ELECTROGALVÁNICO, CA adj. *Electr.* Engendrado por una pila eléctrica: *corriente electrogalvánica.*

ELECTROGALVANISMO m. *Electr.* Estudio de los efectos producidos por las pilas eléctricas.

ELECTROGENERADOR m. *Electr.* Generador * de corriente eléctrica.

ELECTRÓGENO, NA adj. *Electr.* Que produce electricidad. ‖ *Grupo electrógeno,* motor de explosión acoplado con una dinamo que convierte la energía mecánica en energía eléctrica.

ELECTROGRAFÍTICO, CA adj. *Electr.* Dícese de escobillas * especiales constituidas por una mezcla compleja (coque de retorta, grafito, negro de humo, brea, etc.) prensada y cocida a la temperatura de 3 000°.

ELECTROGRAMOLA f. Tocadiscos.

ELECTROHORMIGÓN m. *Constr.* Dase este nombre en los países fríos al hormigón que, después de haber sido vertido en la obra, se calienta eléctricamente para evitar los efectos de las heladas.

ELECTROIMÁN m. *Electr.* y *Magn.* Imán cuyo campo magnético es producido por el paso de una corriente eléctrica por un sistema de bobinas provistas de un núcleo de hierro dulce: *la acción atractiva del electroimán cesa en cuanto se interrumpe la corriente.*

— El *electroimán* consta esencialmente de una culata o armazón de hierro dulce que lleva dos núcleos o piezas polares en torno a los cuales se ha devanado el hilo de las bobinas. El paso de la corriente continua por las bobinas engendra alrededor de las piezas polares un campo magnético particularmente intenso en el entrehierro, o sea en el espacio que media entre ambos polos. El electroimán obra entonces como un imán ordinario y tiene la propiedad de atraer los metales ferrosos, el níquel y el cobalto, propiedad que ha dado lugar a un sinnúmero de aplicaciones. Muchas veces se usa para aprovechar su campo magnético: con los electroimanes del tipo 1 de la figura se obtienen campos magnéticos muy intensos, para investigaciones científicas; en un ciclotrón * el campo sirve para curvar la trayectoria de las partículas, que son aceleradas en una cámara situada en el entrehierro. Electroimanes de tipo parecido, aunque de menores dimensiones, sirven para desviar o focalizar los electrones en los tubos catódicos (por ej., en los televisores) y constituyen las lentes magnéticas de los microscopios electrónicos y otros instrumentos (v. el nº 2 de la figura).

En otros casos se aprovecha la conversión por el electroimán de la energía eléctrica en energía mecánica. A los dispositivos utilizados con dicho fin se les da el nombre genérico de *electroimanes de entrehierro variable,* porque el paso de la corriente por las bobinas tiene por efecto atraer una pieza móvil que cierra el circuito (v. los núms. 3 y 4 de la figura). Este tipo de electroimán tiene no pocas aplicaciones: grúas para la carga y descarga de chatarra, separadores magnéticos, etc.

Otras aplicaciones de los electroimanes son: los timbres eléctricos, el telégrafo, los relevos, ciertos interruptores de corriente eléctrica, etc.

ELECTRÓLISIS f. *Electr.* Descomposición química de compuestos líquidos al pasar por ellos una corriente continua. (V. *figura* p. 400.)

— La *electrólisis* se funda en la propiedad que tienen ciertos cuerpos, llamados *electrólitos,* de descomponerse cuando los atraviesa una corriente eléctrica. La cuba que contiene el electrólito se llama voltámetro y tiene en el fondo dos electrodos: uno positivo (el ánodo), por donde llega la corriente, y otro negativo (el cátodo), que es por donde sale. El paso de la corriente provoca la división de la molécula del electrólito en dos partes diferentemente electrizadas: el *cation,* que se acumula en la superficie del cátodo, y el *anión,* que aparece en ánodo. Si el electrólito es acidulado, el cation es su hidrógeno; si se trata de una base o de una sal, el cation es el metal contenido por las mismas. En ambos casos el resto de la molécula constituye el anión. La figura muestra cómo con un aparato simple y una pila de bolsillo se puede efectuar la electrólisis del agua previamente acidulada: el cátodo desprende burbujitas de hidrógeno y el ánodo de oxígeno. La masa total de electrólito descompuesto es rigurosamente proporcional a la cantidad de electricidad que ha atravesado el líquido (primera ley de Faraday). Sea cual fuere la índole del electrólito, se requieren 96 490 culombios para aislar una valencia gramo de cation (segunda ley de Faraday).

Las aplicaciones industriales de la electrólisis (electroquímica) son muy numerosas e importantes: refinación de metales, producción de cloro y cloruros, de sosa, hidrógeno y oxígeno, galvanoplastia, niquelado, preparación del aluminio, etc. Llámase *electrólisis ignea* la de un electrólito consistente en una sal fundida, cual es practicada en la producción del aluminio *, el sodio, el calcio y el magnesio.

ELECTRÓLITO m. *Quím.* Líquido que puede ser descompuesto por el paso de una corriente. (V. ELECTRÓLISIS.)

— Los *electrólitos* son exclusivamente ácidos, bases o sales fundidos o bien disueltos en agua u otros líquidos.

ELECTROLIZABLE adj. Que puede ser electrolizado.

ELECTROLIZADOR m. *Quím.* Voltámetro.

ELECTROLIZAR v. Descomponer por electrólisis.

ELECTROLOGÍA f. *Fís.* Parte de la física que trata de los fenómenos eléctricos, magnéticos y

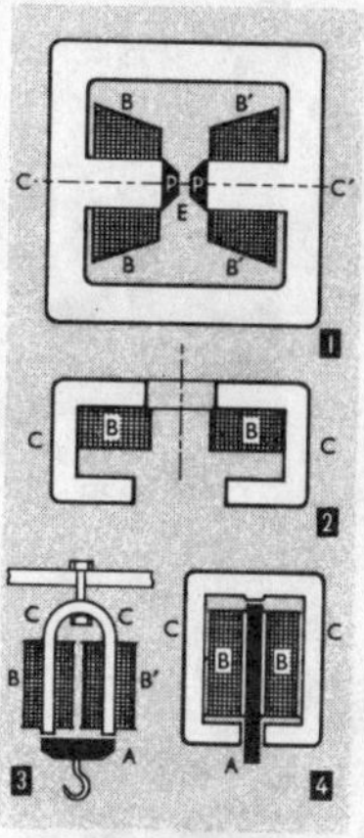

electroimanes
A. Armadura; B. Bobinas; C. Culata; E. Entrehierro; P. Piezas polares

electroimán para levantar cargas

grupo **electrógeno**

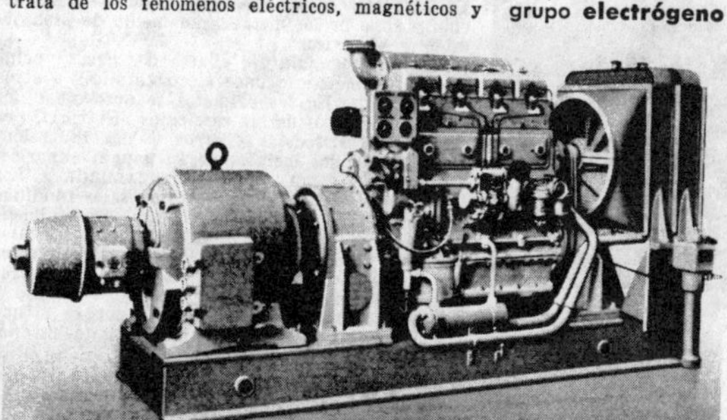

Fot. Prolabo, L'Electromagnétique, Aciéries du Nord

electrólisis
del agua

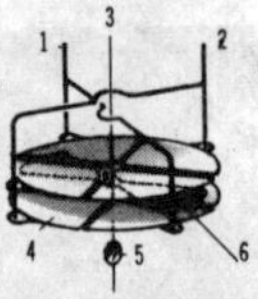

electrómetro
de Kelvin
1 y 2. Bornes; 3. Hilo suspensor; 4. Cuadrante; 5. Espejo; 6. Aguja

dos pares de
electrones
(negatón y positón) creados en una cámara de Wilson por un rayo cósmico

electromagnéticos, así como de otros fenómenos que guardan relación con ellos.

ELECTROLUMINISCENCIA f. *Electr.* y *Lumin.* Propiedad de los cuerpos que se vuelven luminosos bajo la influencia de una corriente, una descarga o simplemente un campo eléctrico.
— El fenómeno de la *electroluminiscencia* se aprovecha diversamente para el alumbrado, especialmente en forma de lámparas tubulares con un gas que, por efecto de la descarga entre los dos electrodos montados en los extremos del tubo, se vuelve éste luminoso y da luz de un color característico: violado si se trata de nitrógeno o de argón, rojo si es neón (muy usado éste para anuncios luminosos), etc. A veces el tubo no contiene gas, sino un metal que es vaporizado por un filamento candente, y el vapor de mercurio da una luz de color verde azulino; el de sodium, luz amarilla (usada para alumbrar autopistas, porque no deslumbra), el de cadmio, luz roja; el de cinc, verde, etc.
En los paneles electroluminiscentes, la luminiscencia es provocada por un campo magnético. Estos paneles constan de una placa de materia plástica mezclada con polvo fluorescente (sulfuro y sulfoseleniuro de cinc) en una de cuyas caras se aplica una capa metálica (plata o aluminio vaporizados) mientras que la otra es protegida por un cristal cubierto por una finísima capa transparente conductora de electricidad. Así, el conjunto forma como un condensador entre cuyas armaduras (las dos caras conductoras) queda la masa luminiscente a modo de dieléctrico. Cuando se aplica la corriente, el panel se vuelve uniformemente luminiscente. (V. ALUMBRADO.)

ELECTROMAGNÉTICO, CA adj. *Electr.* Relativo o perteneciente al electromagnetismo. ‖ Que funciona por medio de electroimanes: *relevo electromagnético.*
— *Fís. Ondas electromagnéticas,* v. ONDA. ‖ *Teoría electromagnética,* v. LUZ y ONDA.

ELECTROMAGNETISMO m. *Electr.* Conjunto de fenómenos que resultan de las acciones mutuas entre las corrientes eléctricas y los imanes.
— La corriente eléctrica engendra en torno de los conductores un campo magnético de propiedades análogas a la del campo creado por un imán (v. MAGNETISMO). Si se acerca una brújula a un conductor de corriente continua, la aguja pondrá en evidencia la existencia del campo al ser desviada y orientarse en la dirección de sus líneas de fuerza. Por otra parte, si un conductor es sometido a la acción de un campo magnético, obrará sobre él una fuerza perpendicular al campo y a la corriente. En fin, una corriente, por intermedio de su campo, puede obrar sobre otra corriente de un conductor próximo.
Se desprende de estos fenómenos que la energía eléctrica puede ser convertida en trabajo mecánico, especialmente en los motores eléctricos, y que, recíprocamente, la energía mecánica puede convertirse en electricidad merced a los fenómenos de inducción * magnética.

ELECTROMECÁNICO, CA adj. y s. *Tecn.* Dícese de los aparatos de gobierno o regulación, especialmente los que obran a distancia, constituidos por órganos mecánicos y eléctricos: *cambio de marchas electromecánico.* ‖ — F. Conjunto de las aplicaciones de la electricidad a la mecánica.

ELECTROMETALURGIA f. *Metal.* Extracción y afino de los metales por medio de procedimientos eléctricos.
— La *electrometalurgia* abarca dos grupos principales de métodos: unos electrotérmicos y otros electrolíticos. En los primeros se aprovechan los efectos caloríficos de las corrientes eléctricas, por medio de resistencias y arcos, o por inducción, para separar los metales de su ganga, afinarlos, etcétera (v. ACERO, HORNO y METALURGIA). Por los métodos electrolíticos se tratan sales fundidas o soluciones acuosas de las mismas, especialmente en la metalurgia del aluminio * (pero los mismos procedimientos no cesan de extenderse a otros metales: sodio, magnesio, calcio, etc.). En ciertos casos, el ánodo (v. ELECTRÓLISIS) es soluble y se halla constituido precisamente por el mismo metal que se trata de afinar (plomo, plata, estaño, cobre, etc.).

ELECTROMETRÍA f. *Fís.* Medición de las corrientes eléctricas con los electrómetros.

ELECTRÓMETRO m. *Fís.* Nombre dado a los aparatos que sirven para medir magnitudes eléctricas, especialmente las diferencias de potencial: *los electrómetros se fundan en el mayor o menor grado de atracción o repulsión de dos conductores, el cual depende precisamente del voltaje de la corriente y, si no existe corriente, de la diferencia de potencial entre los polos.*

ELECTROMICROMETRÍA f. *Fís.* Medición de las corrientes eléctricas muy débiles.

ELECTROMOTOR, RA y **TRIZ** adj. y s. *Autom. Electromotor de arranque,* v. ARRANQUE.
— *Electr.* Que engendra electricidad mediante acciones mecánicas o químicas, como la dinamo o las pilas. ‖ *Fuerza electromotriz,* v. FUERZA. ‖ — M. Motor eléctrico.

ELECTROMÓVIL m. *Autom.* Vehículo automóvil de motor eléctrico.

ELECTRÓN m. *Atom.* Partícula elemental dotada de la menor carga eléctrica que sea posible aislar. ‖ *Electrón voltio* y *electrón gramo,* v. ELECTRONVOLTIO y ELECTRONGRAMO.
— Para mayor comprensión de la estructura atómica, el *electrón* ha sido descrito en el artículo ÁTOMO (v. también NÚMERO *cuántico*). Nos limitaremos aquí a dar detalles complementarios.
El electrón es uno de los constituyentes universales de la materia y todos los átomos poseen una o varias capas de electrones. La más exterior de estas capas tiene gran importancia porque de ella dependen las propiedades químicas del elemento, especialmente su valencia *. Los electrones que la constituyen se llaman *electrones de valencia.*
La carga del electrón es negativa, pero existe una partícula de características físicas rigurosamente iguales que solamente se distingue por ser su carga positiva. A este electrón positivo se le ha dado el nombre de *positón* para distinguirlo del electrón ordinario o *negatón.* Por lo demás, el positón es rarísimo: su creación se debe a la materialización * de un fotón *, que engendra simultáneamente un electrón negativo y otro positivo. Pero, por término medio, su existencia solamente dura una diezmillonésima de segundo, pues en ese tiempo choca con un positón y se produce el fenómeno inverso (aniquilación *) y la transformación de ambos en un fotón.
Como todas las partículas electrizadas, los electrones, o mejor dicho, sus trayectorias y otras huellas pueden ser fotografiadas (v. IONIZACIÓN). Y, aunque sin verlos distintamente, se nos manifiestan también de diversas otras formas en todas nuestras actividades: la corriente * eléctrica en los metales no es sino un flujo de electrones; las lámparas de incandescencia emiten electrones; los tubos de radio se fundan en el salto de electrones entre dos electrodos; las imágenes de televisión las dibuja en la pantalla fluorescente del televisor un rápido haz de electrones emitido por el cañón de electrones, y, por último, la luz, al herir ciertas substancias, arranca a éstas electrones que pueden ser colectados en forma de corriente (células fotoeléctricas). Cuando son los propios electrones los que bombardean una superficie para arrancar otros, éstos se llaman *electrones secundarios* (v. MULTIPLICADOR *de electrones*).

PRINCIPALES CARACTERÍSTICAS FÍSICAS
DEL ELECTRÓN

Masa	9×10^{-28} gramos
Carga eléctrica	$1{,}6 \times 10^{-19}$ culombios
Spin.	1/2

— *Metal.* Aleación muy liviana a base de magnesio, que contiene entre 3 y 6 por ciento de aluminio y 1 y 3 por ciento de cinc: *el electrón, cuya densidad es de 1,8, se usa principalmente en construcción aeronáutica.*

ELECTRONACIÓN f. *Quím.* Fijación de electrones por parte de un átomo. (V. OXIDACIÓN.)

ELECTRONEGATIVIDAD f. *Quím.* Propiedad de los átomos que captan y fijan electrones libres: *el flúor y el celsio son, respectivamente, los elementos que tienen la mayor y la menor electronegatividad.*

ELECTRONEGATIVO, VA adj. *Quím.* Dícese de los elementos cuyos átomos tienden a captar electrones libres y a transformarse en iones negativos.

ELECTRONEUMÁTICO, CA adj. *Tecn.* Dícese de los frenos y otros dispositivos neumáticos en los cuales la acción del aire comprimido se obtiene y regula manejando las válvulas con electroimanes.

Fot. Larousse, Fowler y Lauritsen

ELECTRONGRAMO m. *Quím.* Masa total de los electrones contenidos en un átomo * gramo de hidrógeno, equivalente a 0,000 548 5 gramos, o sea al producto de la masa del electrón * por el número de Avogadro *.

ELECTRÓNICA f. Parte de la electricidad que trata de los electrones libres. ‖ Técnica de los dispositivos fundados en la utilización de haces de electrones libres, tanto en el vacío o en gases rareficados (tubos de radio, oscilógrafos catódicos, etc.) como en los semiconductores (transistores, fotocélulas, etc.).
— La *electrónica* ha engendrado una industria poderosa cuyas actividades interesan hoy todos los campos de las ciencias puras y aplicadas. Los principales fenómenos en que se fundan los dispositivos electrónicos son los siguientes: la ionización * y los rayos catódicos; la conducción en los sólidos cristalizados (v. SEMICONDUCTOR y TRANSISTOR); los efectos termoelectrónico * y fotoeléctrico *; las corrientes electrolíticas (v. ELECTRÓLISIS), etc.

ELECTRÓNICO, CA adj. *Electr.* Perteneciente o relativo a la electrónica. ‖ *Cámara electrónica, microscopio electrónico, telescopio electrónico,* etc., v. CÁMARA, MICROSCOPIO, TELESCOPIO, etc.
— *Mús. Música electrónica,* v. MÚSICA.

ELECTRONVOLTIO m. *Atom.* Unidad de energía empleada en física atómica y cuyo símbolo es *eV.*
— El *electronvoltio* es la energía cinética que adquiere un electrón al ser atraído por una diferencia de potencial de un voltio. Es equivalente a $1{,}6 \times 10^{-12}$ ergio, $1{,}6 \times 10^{-19}$ julio, $3{,}82 \times 10^{-20}$ caloría y $4{,}45 \times 10^{-26}$ kilovatio hora. Sus múltiplos son los siguientes: kiloelectronvoltio (KeV), que vale 1 000 eV; megaelectronvoltio (MeV), que vale 1 000 000 de eV, y gigaelectronvoltio (GeV), que vale 1 000 000 000 de eV (para esta última unidad es incorrecto usar el símbolo anglosajón BeV *).

ELECTROÓPTICO, CA adj. *ópt.* Dícese de aquellos fenómenos en los cuales las propiedades ópticas de un medio son modificadas por la presencia de un campo eléctrico, como en la célula * de Kerr.

ELECTROÓSMOSIS f. Fenómeno comparable a la electrólisis que provoca la precipitación de las suspensiones de materias coloidales.
— Si en un suelo arcilloso, en una turbera u otros terrenos húmedos de grano fino, se hincan unas sondas conectadas con el polo negativo de un circuito eléctrico y, cerca de ellas, unas placas de metal diferente conectadas con el polo positivo, el agua que empapa el terreno afluye a las sondas, de donde podrá ser extraída. La *electroósmosis* sirve para secar la turba y la madera, depurar caolines, consolidar los terrenos arcillosos que, por su humedad, podrían correrse bajo el efecto de cargas muy importantes, etc.

ELECTROPOSITIVO, VA adj. *Quím.* Dícese de los elementos cuyos átomos tienden a transformarse en iones positivos por la facilidad con que pierden uno o varios electrones: *en la electrólisis, los átomos electropositivos se dirigen hacia el cátodo.*

ELECTROQUÍMICO, CA adj. y s. Que participa de la electricidad y de la química.
— *Electr.* Dícese de la energía eléctrica producida por reacciones químicas, como en las pilas y acumuladores.
— *Ind.* y *Quím.* Dícese de la parte de la química que trata de las reacciones y otros procesos engendrados por la electricidad, y de las industrias que aplican tales procedimientos. (V. ELECTRÓLISIS, ELECTROMETALURGIA y ELECTROTERMIA.)

ELECTRORREFINACIÓN f. *Metal.* Afino de los metales por electrólisis, con un ánodo de metal impuro que se disuelve y acumula, ya purificado, en el cátodo.

ELECTROSCOPIO m. *Fís.* Instrumento que permite averiguar si un cuerpo está o no cargado de electricidad estática y que indica también el signo de dicha electricidad.
— El *electroscopio de panes* consta de un par de panes de oro, o de láminas finas de otro metal, suspendidos, uno contra otro, de un vástago rematado por una bola. Si se acerca de ésta un cuerpo cargado de electricidad, el vástago y las laminillas se cargarán por influencia * y, dado que dos cuerpos con carga de igual signo se repelen, se apartarán una de la otra. Para saber de qué signo es la electricidad de un cuerpo, se empieza por electrizar el aparato con cargas de signo ya conocido. Se acerca entonces de la bola el cuerpo considerado y, si éste es de igual carga, las laminillas se separan aún más; si es de signo contrario, se juntan.
En los electroscopios perfeccionados los movimientos de las laminillas son muy precisos y su medición por medio de una escala y una lupa permite medir las cargas.

ELECTROSIDERURGIA f. *Metal.* Conjunto de los procedimientos siderúrgicos fundados en el uso de la corriente eléctrica como manantial de calor. (V. ACERO, ELECTROMETALURGIA y HORNO.)

ELECTROSOLDADURA f. *Metal.* Soldadura * eléctrica.

ELECTROSTÁTICO, CA adj. *Electr.* Relativo o perteneciente a la electricidad estática. ‖ *Máquina electrostática,* v. MÁQUINA. ‖ — F. Parte de la física que trata de la electricidad * en estado de equilibrio sobre los cuerpos.

ELECTROSTRICCIÓN f. *Fís.* Variación de las dimensiones de un dieléctrico por efecto de un campo magnético. ‖ En galvanoplastia, contracción del electrodo por efecto de la presión que ejerce el metal que en él se deposita.

ELECTROTECNIA o **ELECTROTÉCNICA** f. *Electr.* Estudio de las aplicaciones técnicas de la electricidad.

ELECTROTERMIA f. *Electr.* Rama de la electricidad que trata de la transformación de la energía eléctrica en calor.
— *Metal.* Procedimiento de electrometalurgia * en el cual la corriente eléctrica solamente sirve para calentar las materias.

ELECTROTIPIA f. *Art. gráf.* Procedimiento para reproducir grabados o clisés tipográficos por galvanoplastia.
— La *electrotipia* consiste en sacar, primero, con materia plástica, un molde del clisé que se ha de reproducir, y, después de haber aplicado en su superficie una capa de grafito para que sea conductora de electricidad, supenderlo como cátodo en un baño electrolítico de cobre. Así se forma sobre el plástico una capa de cobre que es reproducción fiel del original.

ELECTROVALENCIA f. *Quím.* V. MOLÉCULA y VALENCIA.

ELECTROVÁLVULA f. *Tecn.* Válvula * accionada por un electroimán.

ELEMENTAL adj. Sencillo, de formas o estructuras poco complicadas. ‖ Que constituye uno de los elementos simples con los cuales se construirá algo más complejo: *las secciones elementales de una casa prefabricada.* (V. ELEMENTO.)
— *Atom. Partícula elemental,* v. PARTÍCULA.
— *Quím.* Relativo o perteneciente a uno de los elementos químicos. ‖ *Análisis elemental,* averiguación de los elementos que integran una combinación.

ELEMENTO m. Cada una de las cosas que se reúnen o combinan para formar otra más compleja: *antena de televisión de cinco elementos.*
— *Arq. Elemento complejo,* las vigas * de celosía, cerchas y otros elementos de la construcción hechos de varias piezas que ya llegan montadas a la obra. ‖ *Elemento funcional,* cada una de las partes que desempeña función propia en la construcción, como un tabique o el entarimado de una habitación.
— *Astr. Elementos orbitales,* v. ÓRBITA.
— *Atom. Elemento fértil,* elemento que no es directamente utilizable como combustible nuclear, pero que, al transmutarse en los reactores, se convierte en otro elemento físil: *el uranio 238 y el torio 232 son elementos fértiles que, por*

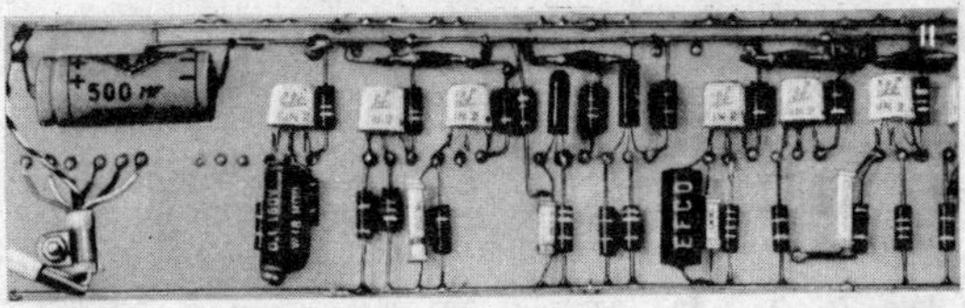

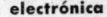

electrónica
circuito cableado con resistencias, condensadores y transistores

la hormiga nos da la escala de este microcircuito que contiene 8 transistores y 12 resistencias

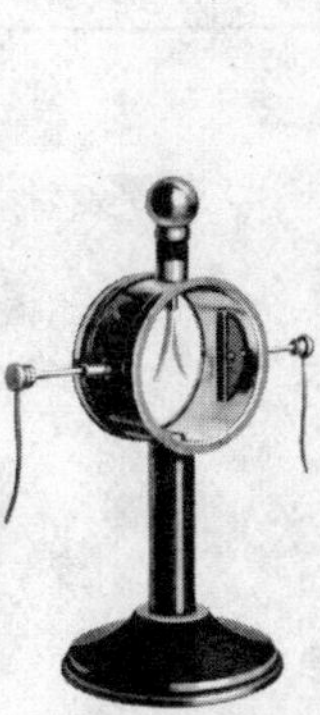

electroscopio

Fot. R. Le Goff, Fairchild, Larousse

ELEMENTOS QUÍMICOS Y SUS CONSTANTES

ELEMENTO	Símbolo	Número atómico (1)	Masa atómica (2)	Densidad (3)	Temperatura de fusión (4)	Temperatura de ebullición (5)
actinio	Ac	89	227		1050	3300
aluminio	Al	13	26,98	2,70	659,9	2450
americio	Am	95	241	13,67	995	?
antimonio	Sb	51	121,76	6,70	630	1380
argón	A	18	39,95	1,78	—189,2	—186
arsénico	As	33	74,92	5,73	814	(610)
(amorfo)				3,7		
(amarillo)				2,0	358	
astatio	At	85	211			
azufre	S	16	32,07	2,07	112,8	445
(monocl.)				1,96	119,1	445
bario	Ba	56	137,36	3,5	850	1140
berilio	Be	4	9,01	1,85	1278	2970
berkelio	Bk	97	249			
bismuto	Bi	83	209	9,80	271,3	1560
boro	B	5	10,8	2,45	2310	(2550)
bromo	Br	35	79,92	3,12	—7,2	59
cadmio	Cd	48	112,41	8,64	320	767
calcio	Ca	20	40,08	1,55	842	1240
californio	Cf	98	249			
carbono	C	6	12,01			
(diamante)				3,52		
(grafito)				2,13	3600	4200
cerio	Ce	58	140,13	6,8	804	3600
cesio	Cs	55	132,91	1,9	28,4	690
cinc	Zn	30	65,38	7,13	419,5	907
circonio	Zr	40	91,22	6,49	1857	2900
cloro	Cl	17	35,46	3,21	—102	—35
cobalto	Co	27	58,94	8,9	1495	2900
cobre	Cu	29	63,54	8,94	1083	2336
criptón	Kr	36	83,80	2,87	—156,7	—153
cromo	Cr	24	52,00	7,19	1890	2480
curio	Cm	96	243			
disprosio	Dy	66	162,5		1475	2600
einsteinio	E	99	253			
erbio	Er	68	167,26	9,06	1475	2600
escandio	Sc	21	44,96	3	1550	2750
estaño	Sn	50	118,69	7,30	231,9	2270
estroncio	Sr	38	87,62	2,54	800	1150
europio	Eu	63	152,0	5,17	900	1700
fermio	Fm	100	255			
flúor	F	9	19,00	1,53	—223	—188
fósforo	P	15	30,97			
(blanco)				1,85	44	290
(rojo)				2,20	(55)	
francio	Fr	87	223	2,5	20	590
gadolinio	Gd	64	157,25	7,87	1350	3000
galio	Ga	31	69,72	5,91	29,8	1983
germanio	Ge	32	72,59	5,36	959	2700
hafnio	Hf	72	178,49	13,3	1700	3280
helio	He	2	4,00	0,18	—272,2	—269
hidrógeno	H	1	1,01	0,07	—259,1	—253
hierro	Fe	26	55,85	7,86	1535	2730
holmio	Ho	67	164,94	8,80	2700	1475
indio	In	49	114,82	7,28	156,4	2000
iridio	Ir	77	192,2	22,65	2454	4400
iterbio	Yb	70	173,04	6,96	825	1800
itrio	Y	39	88,91	4,47	1490	2500
laurencio	L	103				
lantano	La	57	138,91	6,16	920	4515
litio	Li	3	6,94	0,54	186	1336
lutecio	Lu	71	174,97	9,85	1700	3500
magnesio	Mg	12	24,31	1,74	651	1107
manganeso	Mn	25	54,94	7,44	1260	1900
mendelevio	Mv	101	256			
mercurio	Hg	80	200,59	13,69	—38,9	357
molibdeno	Mo	42	95,94	10,2	2620	4800
neodimio	Nd	60	144,27	7,01	1024	3300
neón	Ne	10	20,18	0,9	—248,6	—246
neptunio	Np	93	237	20,45	640	
niobio	Nb	41	92,91	8,57	2500	3300
níquel	Ni	28	58,71	8.9	1455	3075
nitrógeno	N	7	14,00	0,97	—209,9	—196
nobelio	No	102	253			
oro	Au	79	196,97	19,3	1063	2600
osmio	Os	76	190,20	22,48	2700	5300
oxígeno	O	8	16	1,43	—218,8	—183
paladio	Pd	46	106,4	11,96	1536	4000
plata	Ag	47	107,87	10,50	960,5	1950
platino	Pt	78	195,09	21,44	1773	4500
plomo	Pb	82	207,19	11,34	327,4	1750
plutonio	Pu	94	239	19,82	635	3800
polonio	Po	84	210	9,20	225	947
potasio	K	19	39,10	0,87	62,3	760
praseodimio	Pr	59	140,91	6,77	1024	3450
prometeo	Pm	61	145			
protactinio	Pa	91	231	15,37	1600	
radio	Ra	88	226,05	4,45	700	1140
radón	Rn	86	222	9,73	—71	—61
renio	Re	75	186,2	21,02	3180	5870
rodio	Rh	45	102,91	12,41	1966	2500
rubidio	Rb	37	85,47	1,53	38,5	700
rutenio	Ru	44	101,07	12,45	2450	4500
samario	Sm	62	150,35	7,54	1052	1900
selenio	Se	34	78,96	4,8	220,2	688
silicio	Si	14	28,09	2,42	1420	2355
sodio	Na	11	22,99	0,97	97,5	880
talio	Tl	81	204,37	11,85	302	1457
tántalo	Ta	73	180,95	16,6	2900	5300
tecnecio	Tc	43	98,88	11,5	2150	
telurio	Te	52	127,60	6,24	452	1390
terbio	Tb	65	158,92	8,52	1400	2800
titanio	Ti	22	47,90	4,5	1668	3262
torio	Th	90	232,04	11,72	1750	3000
tulio	Tm	69	168,93	9,32	1500	2400
tungsteno	W	74	183,92	19.03	3655	6700
uranio	U	92	238,07	18,9	1133	3900
vanadio	V	23	50,94	5,96	1710	3000
xenón	Xe	54	131,30	5,85	—111,6	—108
yodo	I	53	126,90	4,93	113,5	184

NOTAS:

1. Número de protones o de electrones que tiene el átomo.
2. Es la masa del átomo (o sea prácticamente su peso) calculada tomando como unidad la doceava parte de la masa del isótopo 12 del carbono y no la dieciseisava parte del átomo de oxígeno, como antes se hacía (v. MASA).
3. Densidad respecto a la del aire si se trata de un gas; respecto a la del agua, en los demás casos.

4 y 5. La determinación de las temperaturas de fusión y sobre todo de ebullición de algunos cuerpos presenta no pocas dificultades, a las cuales se debe que los resultados, en ciertos casos obtenidos mediante cálculos, difieran de un autor a otro y que muchas veces se indiquen las referidas temperaturas en números redondos. Los valores entre paréntesis indican la temperatura de sublimación.

transmutación, dan respectivamente plutonio y uranio 233, ambos físiles. (V. REACTOR.) ‖ *Elemento físil,* aquel cuyos átomos pueden desintegrarse en una reacción en cadena y que, por consiguiente, puede ser utilizado como combustible en los reactores nucleares: *los principales elementos físiles son el uranio 235, el plutonio y el uranio 233.* (V. DESINTEGRACIÓN y REACTOR.)

— *Electr.* Cada uno de los pares de una pila o de un acumulador: *batería de tres elementos.*
— *Geom.* Cada una de las partes constitutivas de una figura: *los seis elementos de un triángulo son sus lados y sus ángulos.* ‖ Punto, parte infinitamente pequeña de una curva, superficie o volumen.
— *Quím.* Principio químico elemental que constituye las distintas variedades de un mismo cuerpo

ELEMENTOS : TABLA DE MENDELEEV

CLASIFICACIÓN DE LOS ELEMENTOS QUÍMICOS

El número atómico figura en la parte superior izquierda, y la masa o peso atómico en la parte superior derecha. Todos los elementos de una misma línea, o período, tienen igual número de capas de electrones : una el hidrógeno y el helio, dos el segundo período, comprendido entre el litio y el neón, y así sucesivamente. Los elementos que figuran en una misma columna vertical poseen igual número de electrones en la capa externa, desde I que tiene la columna del hidrógeno hasta 8 la del helio (si bien éste sólo tiene 2).

1 1 H HIDRÓGENO																	2 4 He HELIO
3 6,9 Li LITIO	4 9 Be BERILIO											5 10,8 B BORO	6 12 C CARBONO	7 14 N NITRÓGENO	8 16 O OXÍGENO	9 19 F FLÚOR	10 20,2 Ne NEÓN
11 23 Na SODIO	12 24,3 Mg MAGNESIO											13 27 Al ALUMINIO	14 28,1 Si SILICIO	15 31 P FÓSFORO	16 32,1 S AZUFRE	17 35,5 Cl CLORO	18 39,9 A ARGÓN
19 39,1 K POTASIO	20 40,1 Ca CALCIO	21 45 Sc ESCANDIO	22 47,9 Ti TITANIO	23 51 V VANADIO	24 52 Cr CROMO	25 54,9 Mn MANGANESO	26 55,8 Fe HIERRO	27 58,9 Co COBALTO	28 58,7 Ni NÍQUEL	29 63,5 Cu COBRE	30 65,4 Zn CINC	31 69,7 Ga GALIO	32 72,6 Ge GERMANIO	33 74,9 As ARSÉNICO	34 79 Se SELENIO	35 79,9 Br BROMO	36 83,8 Kr CRIPTÓN
37 85,5 Rb RUBIDIO	38 87,6 Sr ESTRONCIO	39 88,9 Y ITRIO	40 91,2 Zr CIRCONIO	41 92,9 Nb NIOBIO	42 96 Mo MOLIBDENO	43 96 Tc TECNECIO	44 101,7 Ru RUTENIO	45 102,9 Rh RODIO	46 106,7 Pd PALADIO	47 107,9 Ag PLATA	48 112,4 Cd CADMIO	49 114,8 In INDIO	50 118,7 Sn ESTAÑO	51 121,8 Sb ANTIMONIO	52 127,6 Te TELURIO	53 126,9 I YODO	54 131,3 Xe XENÓN
55 132,9 Cs CESIO	56 137,4 Ba BARIO	57 à 71 TIERRAS RARAS SERIE DE LOS LANTÁNIDOS	72 178,6 Hf HAFNIO	73 180,9 Ta TANTALIO	74 183,9 W TUNGSTENO	75 186,3 Re RENIO	76 190,2 Os OSMIO	77 193,1 Ir IRIDIO	78 195,2 Pt PLATINO	79 197,2 Au ORO	80 200,6 Hg MERCURIO	81 204,4 Tl TALIO	82 207,2 Pb PLOMO	83 209 Bi BISMUTO	84 210 Po POLONIO	85 210 At ASTATO	86 222 Rn RADÓN
87 221 Fr FRANCIO	88 226 Ra RADIO	89 à 102 ELEMENTOS RAROS SERIE DE LOS ACTÍNIDOS															

LANTÁNIDOS

57 138,9 La LANTANO	58 140,1 Ce CERIO	59 140,9 Pr PRASEODIMIO	60 144,3 Nd NEODIMIO	61 145 Pm PROMECIO	62 150,4 Sm SAMARIO	63 152 Eu EUROPIO	64 156,9 Gd GADOLINIO	65 159,2 Tb TERBIO	66 162,5 Dy DISPROSIO	67 164,9 Ho HOLMIO	68 167,2 Er ERBIO	69 169,4 Tm TULIO	70 173 Yb ITERBIO	71 175 Lu LUTECIO

ACTÍNIDOS

89 227 Ac ACTINIO	90 232,1 Th TORIO	91 231 Pa PROTACTINIO	92 238,1 U URANIO	93 237 Np NEPTUNIO	94 242 Pu PLUTONIO	95 243 Am AMERICIO	96 243 Cm CURIO	97 249 Bk BERKELIO	98 249 Cf CALIFORNIO	99 253 E EINSTEINIO	100 255 Fm FERMIO	101 256 Mv MENDELEVIO	102 No NOBELIO	103 L LAURENCIO

simple: *el carbono es el elemento común del diamante y del grafito.* ‖ Cuerpo * simple.
— En la naturaleza existen 92 *elementos* diferentes, el más ligero de los cuales es el hidrógeno (de número atómico 1) y el más pequeño el uranio (cuyo número atómico es 92). Las técnicas de la física nuclear han permitido prolongar la serie al obtener artificialmente los elementos de número atómico 93 hasta 102. (V. TRANSURANIOS.)
Un *elemento simple* se caracteriza por su masa * y su número atómicos. Si se disponen todos los elementos en el orden creciente de su masa atómica se observa en la lista una periodicidad de sus propiedades químicas: a partir del noveno hallamos elementos que guardan ciertas analogías con los primeros de la serie. Así, el décimo (neón) corresponde al segundo (helio), el undécimo (sodio) al tercero (litio), etc. En la tabla de Mendeleev —nombre del químico que hizo este descubrimiento—, los elementos se hallan clasificados en siete líneas horizontales y todos los de cada columna constituyen una familia de cuerpos químicamente análogos. En la primera columna figuran el hidrógeno y los metales alcalinos; en la segunda, los metales alcalinotérreos; en la tercera, el boro y los metales trivalentes * (v. VALENCIA); en la cuarta, el carbono y los metales cuadrivalentes; en la quinta, los metaloides trivalentes; en la sexta, el oxígeno y los metaloides; en la séptima, los halógenos, y en la columna O, los gases raros. Además de la clasificación de Mendeleev damos (página 402) una lista de los cuerpos simples con sus principales constantes. Las densidades de los líquidos y de los sólidos se expresan tomando como unidad la del agua a 4°; para los gases, la unidad es la densidad del aire. Las temperaturas de fusión y de ebullición se sobreentienden a la presión ordinaria de 760 mm de mercurio. En el caso contrario se indica entre paréntesis la presión a la cual corresponden las temperaturas indicadas.

ELEMÍ m. *Quím.* Resina blanda suministrada por el abilo y otras plantas del Brasil, Filipinas y Malasia, que se usa como plastificante de barnices, tintas, colores litográficos, etc.

ELEO, prefijo derivado del griego *elaion,* que significa *aceite* y entra en la composición de varias palabras.

ELEOLITO m. *Miner.* Variedad de nefelina grasa.

ELEONORITA f. *Miner.* Fosfato hidratado de hierro.

ELEVACIÓN f. Altura. ‖ *Ángulo de elevación* o simplemente *elevación,* ángulo formado por el suelo con la visual que va del observador al objeto observado: *radar provisto de indicación simultánea de distancia y elevación.* ‖ Acción de elevar: *la elevación del agua con molinos de viento.*
— *Arm.* Inclinación del cañón de un arma respecto al horizonte: *tirar con 25° de elevación.*
— *Geom.* Alzado*, proyección de un cuerpo sobre un plano vertical.
— *Mat. Elevación a potencia,* operación consistente en elevar un número a la potencia indicada por el exponente *: *la elevación de un número al cuadrado se obtiene multiplicándolo por sí mismo.*

ELEVADOR, RA adj. y s. Que eleva o sirve para elevar: *los automovilistas usan gatos elevadores para cambiar las ruedas de los coches.*
— *Aeron.* Timón * de profundidad.
— *Arm.* Pieza del fusil * que empuja los cartuchos del depósito hacia arriba para que el cerrojo pueda introducirlos en la recámara.
— *Autom.* Aparato que aspira la gasolina desde el depósito hasta la nodriza *.
— *Electr.* Transformador para aumentar el voltaje o tensión de una corriente eléctrica.

ELEVATEUR

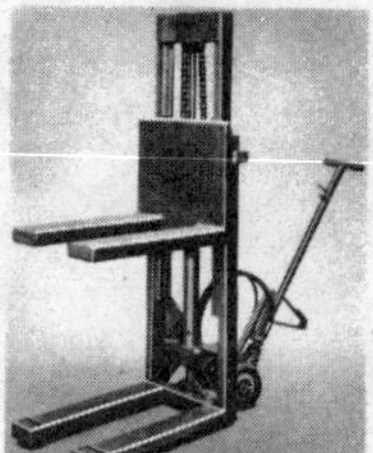

carretilla **elevadora** de accionamiento hidráulico y, *abajo,* **elevadores** de cinta sin fin y de cangilones

Fot. Slingsby, Sté Fse-Vierzon, Babbitless

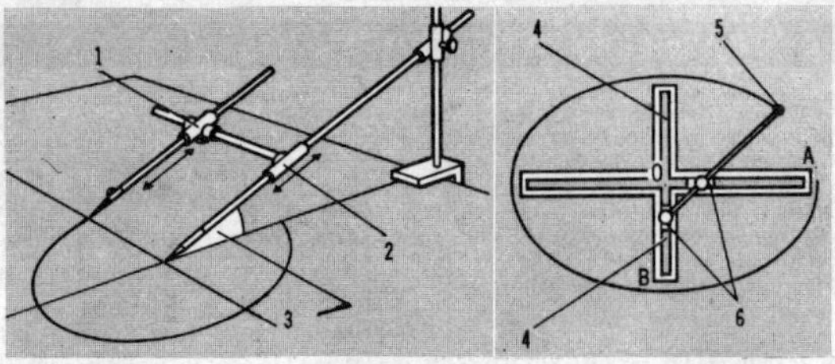

elipsógrafos : 1. Regulación del eje menor; 2. Manguito corredizo; 3. Ángulo dependiente de la longitud del eje mayor; 4. Ranura; 5. Lápiz o tiralíneas; 6. Correderas separadas por la distancia OA menos OB

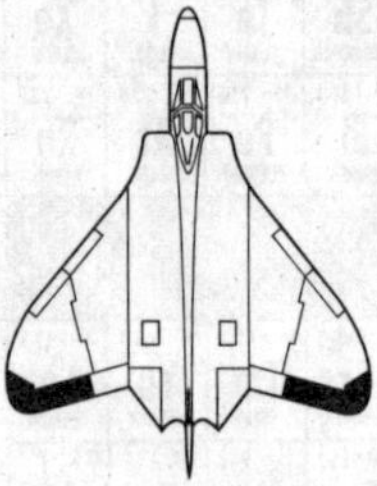

elevones

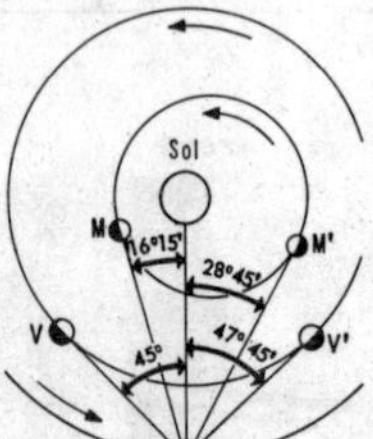

elongaciones máximas de Mercurio (M y M') y Venus (V y V')

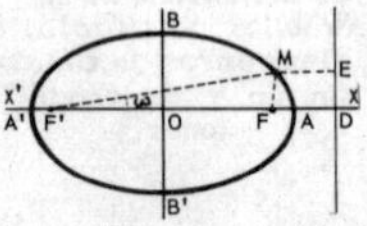

elipse
AA'. Eje focal; BB'. Eje menor; FF'. Focos; O. Centro de simetría (la distancia FMF' es constante, sea cual fuere la posición de M)

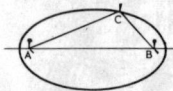

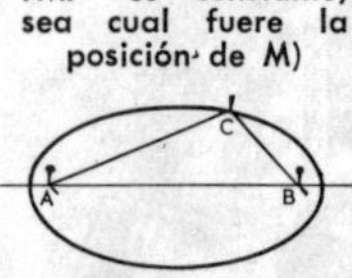

— *Obr. públ. Elevador de barcos,* ascensor * de barcos.

— *Transp.* Cualquiera de los aparatos utilizados para transportar verticalmente, o por una pendiente muy pronunciada, materias a granel y cargas de otra índole (montacargas *, aspiradores * de grano, carretillas * elevadoras, elevadores de cangilones, skips *, etc.).

ELEVAR v. Subir, transportar de un lugar a otro más alto.

— *Constr.* Hacer una construcción más alta de lo que es: *elevar un edificio agregándole dos pisos.* ‖ Construir: *elevar un monumento.*

— *Geom.* Trazar una perpendicular a una recta o a un plano partiendo de uno de sus puntos.

— *Mat.* Calcular la potencia de un número indicada por su exponente: *para elevar un número al cuadrado se multiplica por sí mismo; para elevarlo al cubo se toma tres veces como factor.*

ELEVATORIO, RIA adj. Que sirve para elevar. ‖ *Máquina elevatoria,* elevador.

ELEVÓN m. *Aeron.* Alerón que, en los aviones sin cola, hace también las veces de timón de profundidad.

ELIMINACIÓN f. *Mat.* Uno de los métodos que, en álgebra, permite simplificar las ecuaciones y que consiste en hacer desaparecer una o varias incógnitas de las mismas.

ELIMINAR v. *Mat.* Efectuar la eliminación * de una incógnita.

ELINVAR adj. y s. m. *Metal.* Aleación de hierro (45 %), níquel (40 %) y cromo (15 %) con una ínfima proporción de tungsteno: *el metal elinvar conserva su elasticidad aunque varíe la temperatura de —50° a 100°, y se usa especialmente para fabricar espirales de reloj.*

ELIPSE f. *Geom.* Curva plana y cerrada en la cual la suma de las distancias de cada uno de sus puntos a otros dos puntos interiores a la misma o focos es constante.

— La *elipse* es una sección cónica * que se obtiene al cortar un cono por un plano que no es paralelo a su base ni a su altura. Tiene dos ejes de simetría: el eje menor (BB') y el eje mayor (AA'), también llamado *eje focal* porque pasa por los focos. Éstos son algo así como el desdoblamiento del centro de la circunferencia, y cuanto más próximos se hallan, menos excéntrica es la elipse, o sea más redonda (v. EXCENTRICIDAD). Cuando los dos focos coinciden en un mismo punto, se obtiene una elipse de excentricidad nula, o sea una circunferencia. Una elipse puede ser trazada valiéndose de un sistema de coordenadas y aplicando la fórmula

$$\frac{x^2}{a^2} + \frac{y^2}{b^2} = 1.$$

Para trazar una elipse cuando no se requiere mucha precisión, puede procederse, como indica la figura, con un hilo cuyos extremos se fijan en los focos (AB) y contra el cual se desliza un lápiz (C) haciendo que éste mantenga tensos sus dos ramales. También existen varios instrumentos, llamados *elipsógrafos,* que permiten dibujar estas curvas con rapidez.

Todas las órbitas descritas por los astros son elipses, como lo son también las de los satélites y planetas artificiales. Llámase *elipse de transferencia* una órbita elíptica que, por los dos extremos de su eje mayor, es tangente a la órbita de la Tierra y a la de otro planeta. Así, el ingenio lanzado desde nuestro globo en fecha apropiada llega a la órbita del otro planeta al mismo tiempo que éste, ya para aterrizar en él, ya para acercarse suficientemente y efectuar investigaciones científicas. (V. TRAYECTORIA.)

ELIPSÓGRAFO m. *Geom.* Instrumento para trazar elipses.

ELIPSOIDAL adj. *Geom.* Semejante o parecido a la elipse.

ELIPSOIDE m. *Astron.* V. GEOIDE.

— *Geom.* Sólido cuyas secciones planas son siempre elipses, o bien, como caso particular, elipses y círculos, y que tiene tres ejes de simetría, cada uno de los cuales es perpendicular a los otros dos. Cuando dos ejes son iguales se tiene un *elipsoide de revolución,* o sea el sólido engendrado por una elipse alrededor de uno de sus ejes. Si los tres ejes del elipsoide fueran iguales se tendría una esfera.

— *Topogr. Elipsoide terrestre,* v. GEOIDE.

ELÍPTICO, CA adj. *Geom.* Relativo o perteneciente a la elipse. ‖ En forma de elipse.

— *Arq. Arco elíptico,* v. ARCO.

ELONGACIÓN f. *Astr.* Distancia angular entre el Sol y un planeta, o sea ángulo formado por las visuales de ambos astros que parten de un mismo punto de observación.

— *Fís.* En los cuerpos vibratorios u oscilantes, distancia a que se halla en cada instante un punto respecto a la posición de reposo: *la elongación máxima se llama amplitud* *.

ELPIDITA f. *Miner.* Silicato de circonio y sodio.

ELQUISMÓMETRO m. *Mec.* Dinamómetro especialmente utilizado para medir fuerzas de tracción.

ELUCIÓN f. *Quím.* Separación, por medio de un lavado progresivo con un líquido apropiado, de substancias absorbidas por un cuerpo: *la elución se practica para extraer el azúcar de la melaza, para depurar los minerales y también en cromatografía* *.

ELUVIACIÓN f. *Geol.* Migración de algún componente del suelo, que, arrastrado por el agua o disuelto en ella, se concentra en lugares más profundos.

ELUVIAL adj. *Geol.* y *Min.* Dícese de las capas o filones formados profundamente en el suelo por elución.

ELUVIO m. *Geol.* y *Min.* Capa o acumulación de mineral desagregado por los agentes atmosféricos. (Se distingue del *aluvión* por no haber sido, como éste, arrastrado y depositado a grandes distancias de la roca madre.)

ELUYENTE adj. y s. *Quím.* Dícese de los líquidos usados para practicar la elución.

ELVAN m. *Miner.* Microgranulita de muscovita.

ELZEVIRIANO, NA adj. y s. *Art. gráf.* Dícese de los caracteres de imprenta semejantes o parecidos a los que dibujó Van Dyck para Elzevir, célebre impresor holandés.

EMANACIÓN f. Substancia volátil que exhala o se desprende de un cuerpo. ‖ Vapores que despide el suelo de los terrenos volcánicos.

— *Quím.* Nombre que suele darse al elemento químico de número atómico 86, ya que el nombre de *radón* (Rn), con el cual figura en las tablas, solamente se aplica al isótopo 222, gas que se forma en la desintegración del radio. Los isótopos 219 y 220 son, respectivamente, gases producidos por la desintegración del actinio y el torio y se les da el nombre de actinón y torón. (V. RADIACTIVIDAD.)

EMBALAJE m. Acción y efecto de embalar: *el embalaje mecánico se efectúa con máquinas apropiadas a la índole de los artículos que se embalan.* ‖ Caja, envoltura con que se protegen las mercancías para su transporte y almacenamiento.

— *Mec.* Acción de dispararse un motor. (V. DISPARAR.)

— *Text. Tela de embalaje,* v. TELA.

EMBALAR v. Empaquetar, proteger con algún embalaje las mercancías que se han de transportar o almacenar.

— *Mec.* Disparar *.

EMBALDOSADO m. *Constr.* Acción de embaldosar. ‖ Pavimento de baldosas.

EMBALDOSAR v. *Constr.* Pavimentar con baldosas.
EMBALSAR v. *Obr. públ.* Recoger las aguas corrientes en las balsas y pantanos o en los lagos artificiales formados por las presas hidroeléctricas.
EMBALSE m. *Obr. públ.* Acción y efecto de embalsar. || Volumen de agua retenido por una presa *.
EMBANCADURA f. *Mar.* Conjunto de bancos en que se sientan los remeros de una embarcación.
EMBANQUETAR v. *Obr. públ. Amer.* Construir aceras en una calle: *embanquetar la nueva avenida.*
EMBARBILLAR v. *Carp.* Ensamblar a caja y espiga dos maderos, uno de los cuales inclinado respecto al otro.
EMBARCACIÓN f. *Mar.* Cualquier barco. || *Embarcación menor,* la de pequeño porte.
— La voz *embarcación* tiende cada vez más a designar las embarcaciones menores, desprovistas de puente, cuales se usan en los puertos, en la pesca costera y, sobre todo, para el servicio de los buques.
EMBARCADERO m. *F. c. Amer.* Andén.
— *Mar.* Muelle u otra construcción a propósito para el embarque de mercancías.
EMBARNIZAR v. *Pint.* Barnizar.
EMBARRADO m. *Constr.* Revoque de barro.
EMBARRAR v. Cubrir o revocar con barro. || Poner barras a alguna cosa.
EMBARRILAR v. Llenar barriles de alguna cosa.
EMBARROTAR v. Abarrotar.
EMBASAMIENTO m. *Arq.* Basa que sirve de cimiento a un edificio.
EMBASTAR v. *Text.* Hilvanar.
EMBAZAR v. *Text.* Teñir de color pardo.
EMBEBER v. Empapar, mojar con penetración profunda del líquido. || Absorber un líquido por capilaridad. (V. IMBIBICIÓN.)
EMBEBIDO, DA adj. Empapado de un líquido.
— *Arq. Columna embebida,* v. COLUMNA.
EMBEBIMIENTO m. *Fís.* Imbibición.
EMBELSA f. *Carp.* Pieza de la armadura de cubierta que arranca de una costilla y muere en la cornisa.
EMBERMEJAR o **EMBERMEJECER** v. *Pint.* y *Text.* Pintar o teñir de color bermejo.
EMBETUNADO, DA adj. Embadurnado con betún.
— *Papel. Cartón embetunado,* v. CARTÓN.
EMBETUNAR v. Dar de betún a una cosa o impregnarla de dicha substancia.
— *Tab.* En la fabricación de cigarros, humedecer la hoja de tabaco con una infusión de desperdicios de la misma planta.
EMBIDONAR v. Envasar algo en bidones.
EMBIELAR v. *Mec.* Montar o ajustar las bielas de un motor.
EMBOBINADO, DA adj. y s. *Electr.* y *Radiot.* Devanado.
EMBOBINAJE m. *Electr.* y *Radiot.* Embobinado, acción de devanar las bobinas. || Modo de disponer los arrollamientos y el inducido de los motores eléctricos.
EMBOBINAR v. *Electr.* y *Radiot.* Devanar.
EMBOCADURA f. Acción de introducir o hacer pasar algo por una entrada u orificio estrecho. || Sitio por donde las embarcaciones penetran en los canales y ríos navegables. || Por analogía, orificio o abertura estrecha que dan paso de un conducto o medio a otro: *la embocadura de un guía de ondas.*
EMBOCINADO, DA adj. Abocinado.
EMBODEGAR v. *Agr.* Meter la cosecha en la bodega.
EMBOLADA f. *Mec.* Cada uno de los movimientos de vaivén que hace el émbolo en el cilindro: *bomba de 30 emboladas por minuto.* || Volumen del hueco máximo que deja el émbolo en el cilindro durante la fase de admisión *.
— La *embolada* se expresa en centímetros cúbicos o en litros; en otros casos se indica la carrera y el diámetro del cilindro. Generalmente, en el caso de un motor de varios cilindros se considera la suma de sus respectivas emboladas. Así, en el motor de coche de cuatro cilindros con embolada de dos litros, la *embolada unitaria* es de 500 cm³.
ÉMBOLO m. *Mec.* órgano de forma cilíndrica que se ajusta y corre con movimiento de vaivén en el interior de un cilindro de motor, de un cuerpo de bomba, etc., y que, según los casos, transforma en energía mecánica la presión de un gas (máquina de vapor, motor de explosión) o aprovecha energía mecánica para comprimir un gas (compresores) o para impeler un líquido (bombas). || *Émbolo buzo,* émbolo largo que no roza con la pared del cilindro.
— Los *émbolos* de los motores de explosión tienen exteriormente unas ranuras en las que encajan los aros * o segmentos que sirven de junta. También llevan un perno transversal en el cual se articula la biela que transmite el movimiento del émbolo al cigüeñal. En todas las máquinas los émbolos tienen un movimiento de vaivén, mas, sin embargo, cabe distinguir las máquinas de simple efecto * (el émbolo solamente trabaja por uno de sus lados, a la ida o a la vuelta) de las de doble efecto (el émbolo trabaja tanto a la ida como a la vuelta). Llámase *carrera del émbolo* la distancia que el mismo recorre a lo largo del cilindro entre sus dos posiciones extremas. En ciertas bombas, compresores y motores las funciones del émbolo incumben a un órgano de movimiento giratorio y continuo, sin alternancia ni cambio de sentido. A dicho órgano se le da, por extensión, el nombre de *émbolo rotativo.* (V. BOMBA y MOTOR.)
EMBONAR v. *Mar.* Cubrir el casco de una embarcación con un nuevo forro de tablones clavados sobre los del forro verdadero.
EMBONO m. *Mar.* Forro de tablones con que se embona el casco de una embarcación.
EMBOQUILLADO m. Acción y efecto de emboquillar.
EMBOQUILLAR v. *Constr. Amer.* Rellenar las junturas o huecos que quedan en el muro hecho con ladrillos.
— *Min.* Ensanchar la boca de un barreno. || Abrir o ensanchar la entrada de una galería.
— *Tab.* Poner boquilla a los cigarrillos.
EMBORNAR v. *Electr.* Poner bornes a un dispositivo o aparato eléctrico. || Conectar un motor o aparato eléctrico sujetando los conductores a los bornes.
EMBORRADA f. *Text.* Cantidad de lana que se emborra de una vez en la carda.
EMBORRAR v. *Text.* Pasar la lana una segunda vez por la carda. || Llenar de borra una cosa.
EMBORRIZAR v. *Text.* Dar la primera carda a la lana que se ha de hilar.
EMBOTAR v. Acción de engrosar el filo o la punta de un instrumento cortante. || Usarse, desgastarse o hacerse grueso el filo: *las navajas de afeitar se embotan al menor descuido.* || Meter una cosa en botes.
EMBOTELLADO m. Acción y efecto de embotellar. (V. EMBOTELLADORA.)
EMBOTELLADORA f. Máquina de embotellar.
— Las *embotelladoras* usadas en las instalaciones más modernas e importantes son uno de los elementos de la serie de máquinas automáticas que descargan las botellas de los cajones sobre un transportador de cinta, las limpian y enjuagan, las secan, las llenan, tapan, precintan y etiquetan antes de completar de nuevo los cajones. El rendimiento puede ser de centenares de millares de botellas por día.
EMBOTELLAMIENTO m. Acción de embotellar.

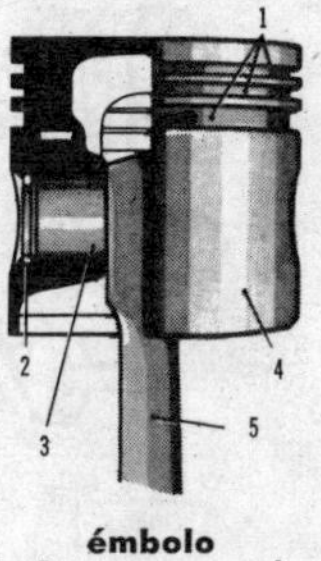

émbolo
1. Ranuras para los segmentos; 2. Fijación del eje; 3. Eje; 4. Cuerpo del émbolo; 5. Biela

motor de estrella
embielado

embotelladora

Fot. Air France, Sté G. Lesieur

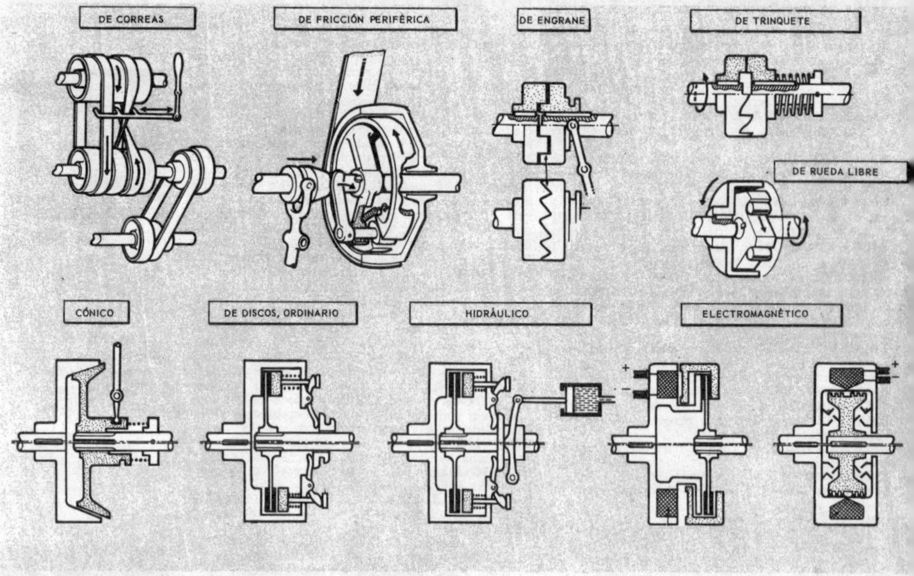

embragues

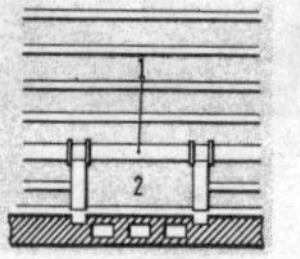

embrochalado
1. Brochal; 2. Chimenea

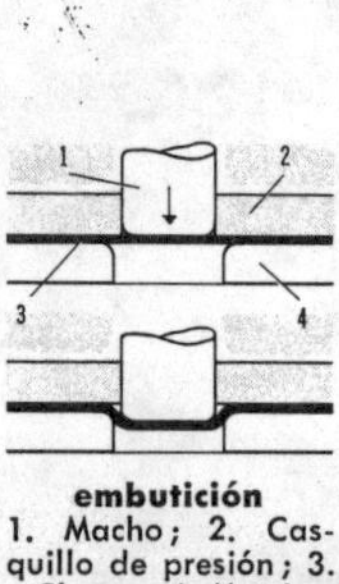

embutición
1. Macho; 2. Casquillo de presión; 3. Chapa; 4. Matriz

EMBOTELLAR v. Envasar líquidos en botellas, lo cual se hace industrialmente con la máquina llamada *embotelladora* *.

EMBOVEDADO, DA adj. De forma de bóveda. — *Arq.* Conjunto de bóvedas: *el magnífico embovedado de una catedral gótica.*

EMBOVEDAR v. *Arq.* Abovedar.

EMBRAGAR v. Abrazar o sujetar con bragas *. — *Mec.* Transmitir progresivamente el movimiento del árbol motor al árbol movido por medio de un mecanismo de embrague *.

EMBRAGUE m. *Mec.* Acción y efecto de embragar. ‖ Dispositivo que se intercala entre dos árboles con objeto de que uno de ellos pueda transmitir su movimiento de rotación al otro y cuyo acoplamiento puede ser interrumpido cuando se desea modificar el movimiento del segundo sin obligar a cambiar la velocidad del primero.
— El *embrague* permite el funcionamiento permanente del motor mientras se para o modifica la velocidad de la máquina u órgano arrastrado por el mismo. Así, en un automóvil, el desembrague tiene por efecto desacoplar el cigüeñal o árbol motor del árbol primario del cambio * de velocidades (que sigue girando, aunque cada vez más lentamente, arrastrado por las ruedas y el diferencial). El conductor puede parar entonces el coche, aun cuando el motor siga funcionando, o bien puede poner otra marcha en el cambio. Al embragar se efectúa de nuevo el acoplamiento del motor con el árbol que transmite el movimiento, pero como ambos árboles no tienen en ese instante la misma velocidad, es necesario establecer un contacto progresivo mediante el deslizamiento inicial de los platos, coronas o discos que materializan su unión.
Esencialmente, un embrague de automóvil consiste en un plato o volante solidario del árbol motor y en otra pieza circular o corona solidaria del árbol del cambio de marchas. En la posición de embrague ambas piezas son aplicadas una contra otra por medio de resortes (*embrague clásico*), de un gato hidráulico (*embrague hidráulico*) o de un electroimán (*embrague electromagnético*). El desembrague, o sea la separación de las dos piezas terminales, se obtiene apoyando en un pedal que comprime los resortes, hace pasar la presión hidráulica o corta la corriente del electroimán, según el caso. La figura permite comprender cómo funcionan las distintas clases de embragues de automóvil, así como los principales tipos de embragues utilizados en las instalaciones industriales. (V. tb. el art. ACOPLAMIENTO.)

EMBREADO, DA adj. Impregnado o untado de brea: *tela embreada.* ‖ Acción y efecto de embrear.
— *Papel. Cartón embreado,* v. CARTÓN.

EMBREADURA f. Acción y efecto de embrear.

EMBREAR v. Untar una cosa con brea o impregnarla de ella para impermeabilizarla.

EMBROCALAR v. *Art. y of.* Enchufar.

EMBROCHALADO m. *Carp.* Construcción que se hace con un brochal tendido entre dos vigas para dar paso a una chimenea a través del envigado de los pisos.

EMBROCHALAR v. *Carp.* Sostener con un brochal las vigas que no pueden apoyarse en la pared por existir chimeneas o algún otro hueco en el piso. ‖ Construir embrochalados.

EMBROMAR v. *Mar.* Obturar provisionalmente las costuras del forro que dejan entrar agua en el casco de una embarcación.

EMBUCHAR v. *Ind. alim.* Embutir carne picada y otros ingredientes en tripas convenientemente preparadas o en tubos de plástico.

EMBUDILLO m. *Metal.* Depresión cónica que tienen ciertos pernos en el extremo para que puedan ser remachados con facilidad.

EMBUDO m. Recipiente en forma de cono invertido, prolongado por un apéndice tubular, que sirve para trasegar líquidos. ‖ Nombre dado por extensión a las cosas que tienen una forma parecida a la del embudo.
— *Arq. Embudo de bajante,* parte superior en forma de embudo que tiene la bajada * de aguas.
— *Quím. Embudo separador,* el de cristal, provisto de una llave en su parte inferior, que sirve para separar líquidos no miscibles, dejándose pasar el más denso, que ocupa el fondo, y cerrando la llave antes de que pase el más ligero.

EMBURRAR v. *Ind. alim. Amer.* Cargar la caña en los carros que la han de transportar al trapiche. ‖ Meter la caña en el trapiche.

EMBUTICIÓN f. *Metal.* Labor de prensado que permite fabricar piezas huecas a partir de recortes de chapa.
— La *embutición* se opera con prensas especialmente adaptadas: en el vástago se fija un macho que reproduce la forma interior del objeto que se ha de fabricar; en la mesa se fija la matriz hueca

que reproduce la forma exterior de dicho objeto; un dispositivo llamado eyector facilitará la extracción del mismo.

Al bajar el macho, deforma la chapa más allá de su límite de elasticidad *, por cuya razón la deformación subsiste al retirarse aquél de la matriz. Pero, si la deformación fuera demasiado grande, se alcanzaría el límite de ruptura de la chapa y ésta se agrietaría. Así, para la embutición de piezas muy profundas o complicadas, se procede, progresivamente, en varias veces, recociendo y engrasando la pieza después de cada embutición. Los tubos de tabletas farmacéuticas, fabricados por embutición, permiten apreciar hasta qué extremo se llega a deformar una rodaja de chapa. Las piezas de grandes dimensiones se embuten con enormes prensas hidráulicas que someten el metal a presiones de centenares de toneladas. Las carrocerías de los automóviles constituyen elocuentes ejemplos de labores obtenidas por embutición con dichas prensas.

— *Plást.* Las hojas de policloruro de vinilo y de otras materias termoplásticas pueden ser embutidas en prensas especiales provistas de un sistema de caldeo eléctrico que permite dar su forma a la pieza y endurecerla.

EMBUTIDERA f. *Metal.* Tejo de hierro provisto de un hueco donde el calderero aplica la cabeza del roblón mientras lo remacha por el otro extremo.

EMBUTIDORA f. *Ind. alim.* Máquina para hacer embutidos.

— *Metal.* Prensa de embutir.

EMBUTIR v. *Metal.* Labrar con la prensa una placa de metal para darle forma hueca. (V. EMBUTICIÓN.)

EMENSITA f. *Expl.* Explosivo usado principalmente en América y caracterizado por su estabilidad y su elevado poder detonante: *la emensita se compone principalmente de nitratos de sodio o de amonio, y a veces se le agrega ácido pícrico.*

EMERALDINA f. *Quím.* y *Text.* Galicismo por *esmeraldina.*

EMERILITA f. *Miner.* Galicismo por *esmerilita.*

EMERSIÓN f. *Astr.* Reaparición del astro que ha sido eclipsado por otro.

EMISARIO m. *Obr. públ.* Desaguadero de un lago o estanque. || Conducto o canal que recoge las aguas del alcantarillado a la salida de una ciudad y las lleva a la estación depuradora o las vierte en un río o en el mar.

EMISIÓN f. *Electrón. Emisión secundaria,* emisión de electrones provocada en la superficie de un cuerpo por el choque de otros electrones.

— En un tubo electrónico la *emisión secundaria* es perjudicial, pues a ella se debe la emisión parásita de electrones por los electrodos fríos, en vez de producirse solamente en el cátodo caldeado. Por el contrario, este fenómeno es muy útil en otros dispositivos electrónicos, especialmente en los multiplicadores de electrones. (V. MULTIPLICADOR y TERMOIÓNICO.)

— *Comb.* Volumen de gas distribuido por una red durante un tiempo determinado.

— *Fís.* Producción por un cuerpo de radiaciones luminosas, ionizantes, caloríferas, etc.

— Una *emisión* se caracteriza por la frecuencia * o por la longitud de sus ondas *. Los cuerpos radiactivos emiten partículas alfa y beta, así como rayos gamma de longitud de onda pequeñísima (v. RADIACTIVIDAD). Los cuerpos incandescentes emiten radiaciones en un amplio espectro de longitudes de onda, tanto más pequeñas cuanto más elevada es la temperatura del cuerpo considerado. Si éste se encuentra a menos de 500°, la máxima intensidad de la emisión se hallará en el infrarrojo; a 600°, en el rojo; a 1 100°, repartida por todo el espectro luminoso; a las temperaturas superiores la máxima intensidad se da en el ultraviolado. (V. ESPECTRO y LUZ.)

— *Radiot.* Transmisión de sonidos, imágenes de televisión y otras señales por medio de ondas electromagnéticas. || *Emisión dirigida* o *direccional,* la que se efectúa con mayor intensidad en una dirección determinada. || *Emisión electrónica,* proyección de electrones por el cátodo de los tubos electrónicos. || *Emisión radioeléctrica,* radiación por una antena de ondas engendradas por un circuito oscilante. (V. EMISOR.)

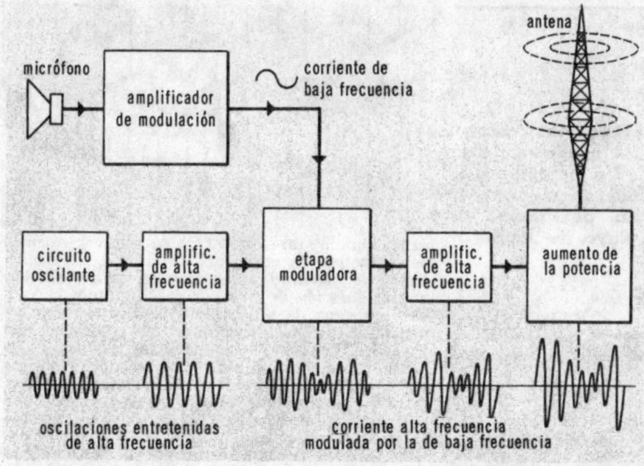

esquema técnico de una **emisora** de radiodifusión

EMISIVO, VA adj. *Fís.* Que tiene la propiedad de emitir radiaciones de alguna índole. || *Poder emisivo,* v. PODER.

EMISOR, RA adj. y s. Que emite.

— *Radiot.* M. Dispositivo que produce y radia ondas electromagnéticas.

— La figura representa esquemáticamente la estructura de una emisora de radiodifusión. En cuanto al emisor, he aquí su funcionamiento: sabido es que el micrófono *, el pick-up * y el magnetófono pueden traducir los sonidos en corrientes eléctricas de intensidad variable, propias para restituirlos por medio de altavoces. Ahora bien, no basta con dirigir dichas corrientes a una antena para que exista propagación de las mismas por el espacio. Esencialmente, la causa técnica que impide la emisión directa de una corriente microfónica es la incapacidad de una antena * para emitir toda clase de frecuencias * audibles: una antena solamente puede radiar con eficacia las señales cuya frecuencia es igual o muy próxima de su frecuencia propia, y como los sonidos audibles cubren una gama de 16 a 20 000 hertzios *, la antena transmitiría solamente una ínfima parte de los mismos. El remedio consiste en producir ondas * portadoras de frecuencia fija y superior a la de los sonidos más agudos. Cuando estas ondas son radiadas por la antena tal como las produce el emisor (v. CIRCUITO *oscilante*), llegan hasta los lejanos receptores, aunque sin engendrar en ellos el menor sonido. La *modulación* * tiene por objeto deformar las ondas portadoras, aplicando a la corriente que va del oscilador a la antena la corriente procedente del micrófono. Se obtienen así unas ondas que conservan su frecuencia propia —y que, por consiguiente, pueden ser emitidas por una antena—, pero cuya amplitud experimenta las mismas variaciones que la corriente microfónica de baja frecuencia. Los circuitos del receptor que capta estas ondas portadoras proceden en sentido inverso: eliminan las ondas portadoras de alta frecuencia y dejan solamente la corriente de baja frecuencia, que excitará el altavoz para que

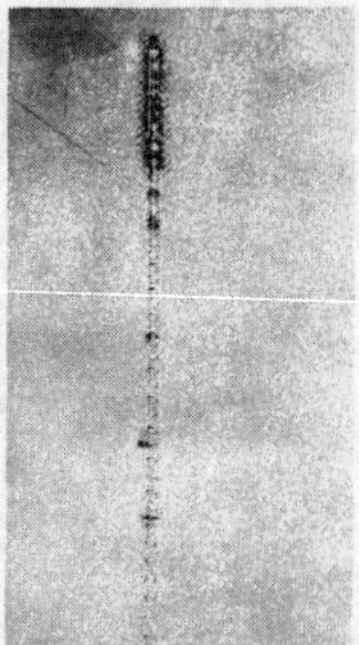

una **emisora** de televisión y su antena

Fot. C. G. S.

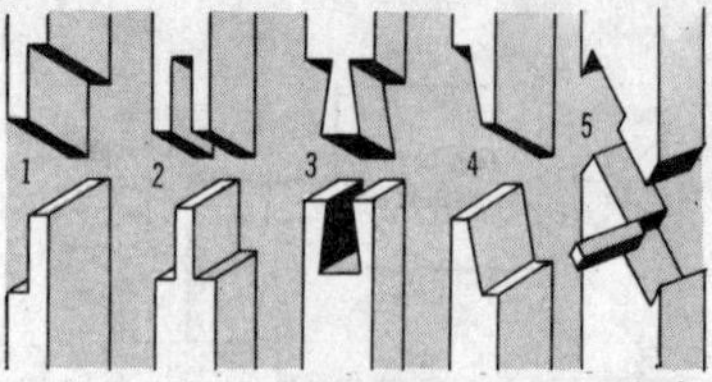

empalmes *(carp.)*
1. A media madera; 2. De horquilla; 3. Cola de milano; 4. Pico de flauta; 5. Rayo de Júpiter

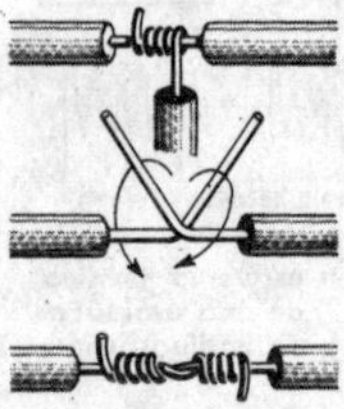

empalmes *(electr.)*

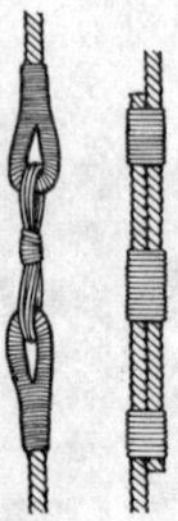

empalmes de cuerdas *(mar.)*

empaquetadora

su membrana vibre y restituya los sonidos. Además del principio generalmente aplicado de la *modulación de amplitud,* antes descrito, existe también una *modulación de frecuencia.* (V. MODULACIÓN.) Las emisoras de televisión * funcionan como las de radiodifusión. Constan de dos emisores, uno para los sonidos y otro para las imágenes. El último nada tiene de particular: simplemente, las ondas portadoras, en vez de ser moduladas por una corriente microfónica, lo son por la corriente que sale del tubo analizador * de la cámara electrónica que toma las vistas.
Una emisora se caracteriza por la frecuencia o la longitud de las ondas que emite y puede ser de ondas largas, normales, cortas y ultracortas (v. ONDA). Su alcance depende, por una parte, de la longitud de onda (las ondas cortas son reflejadas por la ionosfera * y llegan más lejos que las ondas medias) y, por otra parte, de la potencia de la corriente que alimenta a la antena (potencia que, por lo general, es tanto mayor cuanto más grande es la longitud de onda): una potencia de 50 W basta para una pequeña emisora local, mientras que las estaciones de ondas largas alcanzan potencias de 500 a 1 000 kW. Es posible prolongar el alcance de una emisora sin aumentar su potencia: en vez de radiar en todas las direcciones del espacio se utiliza una antena * directiva para concentrar su energía en la dirección deseada.
La multiplicación de las emisoras de toda índole (radar y radionavegación, policía y servicios militares y oficiales, aficionados, radiotelegrafía, radiodifusión, televisión, etc.) plantea no pocos problemas que los servicios nacionales y los organismos internacionales procuran resolver. Se trata, pues, de evitar que las emisiones de una estación puedan ser perturbadas por las de otra, y con dicho fin se ha procedido a un reparto de las frecuencias conforme a un criterio simple: en ondas medias, las mismas frecuencias pueden ser utilizadas en diversas regiones, dado el alcance limitado de esta clase de ondas; en ondas cortas, la banda * de frecuencias de una emisora es tan estrecha que basta atribuir a otra emisora una frecuencia ligeramente diferente para evitar que ambas se perturben.
La construcción de una emisora de escasa potencia está al alcance de cualquier neófito, como lo demuestra la figura. Pero raros son, sin embargo, los países donde tal construcción no se halla supeditada a la obtención previa de una licencia de radioaficionado.

EMITIR v. *Fís.* Producir y proyectar un cuerpo radiaciones de cualquier índole.
— *Radiot.* Transmitir mensajes telegráficos, música, imágenes de televisión o cualquier otra clase de signos por medio de ondas electromagnéticas.

EMITRÓN m. *Radiot.* Tubo analizador de televisión análogo al iconoscopio *.

EMMENSITA f. *Expl.* Emensita.

EMPACADOR, RA adj. y s. Que empaca o sirve para empacar. ‖ — F. Máquina de empacar.

EMPACAR v. Hacer pacas o fardos y, por extensión, empaquetar, embalar.

EMPAJAR v. Cubrir o rellenar con paja.
— *Constr. Amer.* Techar con paja.

EMPAJOLAR v. *Ind. alim.* Azufrar * los toneles.

EMPALIZADA f. *Carp.* Estacada, cerca de tablas.

EMPALIZAR v. *Carp.* Cercar un terreno con empalizadas.

EMPALMADURA f. Empalme.

EMPALMAR v. Unir por los extremos dos piezas que han de formar una sola. ‖ Enlazar una cosa con otra para que queden en prolongación: *empalmar dos cuerdas.* (V. EMPALME.)

EMPALME m. Acción de empalmar.
— *Carp.* Ensambladura que tiene por objeto prolongar un madero (v. *figura*).
— *Electr.* Conexión de dos conductores mediante torsión sobre uno de ellos del extremo del otro. ‖ Enchufe, toma de corriente: *un empalme de base y clavija.* ‖ *Caja de empalme,* caja * de derivación.
— *F. c.* Enlace de una línea de ferrocarril en otra.
— *Min.* Unión de una galería secundaria con otra principal.

EMPALMILLAR v. *Art. y of.* En la fabricación del calzado, pegar las palmillas.

EMPALMO m. *Carp.* Zapata * horizontal que remata un pie derecho.

EMPALOMADO m. *Obr. públ.* Espigón o presa de piedras sobrepuestas sin mortero, que sirve para elevar el nivel de un río con objeto de que penetre el agua en las acequias.

EMPALOMADURA f. *Mar.* Ligadura con que se une la vela a la relinga.

EMPANADO, DA adj. *Arq.* Dícese de la habitación que no recibe luz directa del exterior por hallarse rodeada de otras piezas del piso.

EMPANETADO m. *Mar.* Conjunto formado por todas las panas de una embarcación.

EMPANTANAMIENTO m. *Obr. públ.* Embalse de un pantano.

EMPANTANAR v. *Obr. públ.* Embalsar agua en el pantano.

EMPAÑETAR v. *Constr. Amer.* Enlucir.

EMPAPAR v. Mojar una cosa profundamente. ‖ Absorber un cuerpo cuanto líquido pueden contener sus poros. (Sinón. EMBEBER.)

EMPAPELADO m. Acción y efecto de empatar o hacer paquetes.

EMPAPELAR v. Envolver en papel. ‖ Forrar en papel: *empapelar un dormitorio.*

EMPAQUE m. Acción de empacar. ‖ Papel, arpillera y otros materiales con que se confecciona un paquete: *recuperar el empaque.*
— *Mec.* Empaquetadura.

EMPAQUETADO m. Acción y efecto de empaquetar.
— *Mec.* Empaquetadura.

EMPAQUETADORA f. Máquina de empaquetar o hacer paquetes.

EMPAQUETADURA f. *Mec.* Guarnición de amianto, cáñamo, cuero, etc., que se pone en los émbolos, prensaestopas, llaves, etc., para evitar escape de los fluidos por las juntas.

EMPAQUETAR v. Embalar o acondicionar las mercancías en forma de paquetes.
— *Mec.* Poner empaquetaduras a las uniones, émbolos u otras piezas.

EMPARCHAR v. Pegar parches.

EMPAREJAR v. *Constr.* Allanar y nivelar el suelo.

EMPARRILLADO m. *Constr.* En los terrenos flojos, armazón cuadriculada hecha con vigas y puesta sobre el suelo o apoyada en las cabezas de los pilotes para que sirva de cimientos al edificio. ‖ Por ext., zampeado.
— *Mec.* Conjunto de las parrillas de una caldera de vapor o de un horno.

EMPARRILLAR v. Construir un emparrillado *.

EMPASTADOR, RA adj. y s. Que empasta o sirve para empastar. ‖ Pincel para empastar.

EMPASTADURA f. *Art. gráf. Amer.* Encuadernación.

EMPASTAR v. Cubrir de pasta.
— *Art. gráf.* Encuadernar en pasta *.
— *Pint.* Dar una mano lo suficientemente espesa para cubrir la imprimación.

EMPASTE m. Acción y efecto de empastar.

EMPASTELAMIENTO m. *Art. gráf.* Acción y efecto de empastelar.

EMPASTELAR v. *Art. gráf.* Mezclar o mezclarse los tipos de la composición. ‖ Mezclarse tipos de diferentes fundiciones en una misma caja.

EMPATAR v. *Amer.* Empalmar.

EMPAVONAR v. *Amer. Pint.* Dar color a los cristales de las puertas o ventanas para que dejen de ser transparentes.

EMPECINAR v. Untar con pecina o con pez.

EMPEDRADO m. *Obr. públ.* Acción y efecto de empedrar. ‖ Pavimento de piedras, especialmente el de adoquines.

EMPEDRAR v. *Obr. públ.* Pavimentar con piedras. ‖ Adoquinar.

Fot. P. Boulant et Cie

EMPEGA f. Pega o cualquier otra substancia para empegar.
EMPEGADO m. Tela o piel untada de pez.
EMPEGADURA f. Preparación a base de pez derretida o de substancias parecidas con que se untan los pellejos y barriles para que no pierdan y que sirve también para impermeabilizar telas groseras.
EMPEGAR v. *Art. y of.* Untar con empegadura *.
EMPEINE m. *Art. y of.* Parte superior del calzado, desde la caña a la pala.
EMPELECHAR v. *Constr.* Pavimentar el suelo o revestir los muros u otras superficies con losas o chapas de mármol.
EMPELLA f. *Art. y of.* Pala * del calzado.
EMPELLAR v. *Art. y of.* Coser la empella al resto del corte de un zapato.
EMPENAJE m. *Aeron.* Galicismo por *estabilizador* *.
EMPENTA f. Puntal.
EMPENTAR v. *Min.* y *Obr. públ.* Unir unas con otras las galerías o las zanjas.
EMPERGAMINAR v. Forrar con pergamino.
EMPERNAR v. Asegurar con pernos.
EMPINO m. *Arq.* En la bóveda por arista, parte de la misma que queda a mayor altura que las claves de sus arcos.
EMPIREUMA m. Sabor y olor desagradables que adquieren las materias orgánicas cuando son sometidas a la acción de un fuego violento.
EMPIREUMÁTICO, CA adj. Relativo o perteneciente al empireuma. ‖ *Aceite empireumático*, v. ACEITE.
EMPIZARRADO m. *Arq.* Revestimiento de pizarra que se usa en techos de mucha pendiente.
EMPIZARRAR v. *Constr.* Techar con pizarras.
EMPLANTILLADO m. *Constr. Amer.* Relleno de barro y ripio para igualar el terreno y que sirve de plantilla sobre la cual se construyen los muros de una casa.
EMPLASTECER v. *Pint.* Plastecer o enmasillar las superficies que se han de pintar.
EMPLENTA f. *Arq.* y *Constr.* Parte de tapia que se hace de una vez con un tapial. ‖ Muro que se deja en bruto por un lado y se enluce por el otro.
EMPLOMADO, DA adj. y s. Revestido de plomo.
— *Arq.* Conjunto de chapas de plomo de una techumbre.
— *Metal. Chapa emplomada,* palastro de hierro que se protege contra la oxidación sumergiéndolo en un baño de plomo fundido.
— *Vidr. Cristal emplomado,* vidriera * emplomada.
EMPLOMAR v. Cubrir o revestir con plomo. ‖ Precintar con sellos de plomo.
— *Arq.* Verter plomo derretido en el hueco que queda entre la llave o ancla y la caja de los sillares para asegurar la unión perfecta de éstos. ‖ Cubrir con chapa de plomo los terrados o techumbres.
— *Vidr.* Unir los cristales de una vidriera con juntas de plomo.
EMPOBRECER v. Reducir la proporción del elemento activo de una mezcla, por ejemplo alargándola con disolvente.
EMPOLVILLAR v. *Constr. Amer.* Enlucir.
EMPOSTA f. *Arq.* Imposta.
EMPOTRAMIENTO m. Acción y efecto de empotrar.
EMPOTRAR v. Hincar una viga, puntal u otro elemento en el terreno o en la obra y asegurarlo en aquél o en ésta con un relleno de fábrica.
EMPOZAR v. Estancarse el agua en las depresiones del terreno.
— *Text.* Echar los tallos de lino o de cáñamo en las pozas donde han de macerar.
EMPRIMAR v. *Pint.* Imprimar.
— *Text.* Dar una carda suplementaria a la lana con que se ha de tejer paño más fino.
EMPUJE m. Acción de empujar.
— *Aeron.* y *Astron.* Fuerza propulsiva de los motores de reacción.
— La potencia * que desarrolla un motor de explosión resulta de la cantidad de mezcla combustible que admiten sus cilindros y no depende en ningún caso de la velocidad del vehículo (una misma cantidad de combustible engendra idéntica potencia cuando el coche está parado que cuando se mueve velozmente). Por el contrario, la potencia de un motor de reacción, especialmente de los cohetes, aumenta —a consumo igual— cuando sube la velocidad. De ahí la conveniencia de expresar la potencia de estos motores en *unidades de empuje* no sujetas a variaciones por efecto de la velocidad. El empuje de un motor de reacción, expresado en kilogramos, es el producto de la masa de los gases expulsados en un segundo, por la velocidad con que son proyectados. Para hallar la potencia (expresada en caballos) de un cohete, se multiplica su empuje por la velocidad alcanzada por el ingenio y se divide el producto por 75. Como los cohetes parten verticalmente, su despegue solamente es posible si el empuje de sus motores supera el peso del vehículo: se comprende fácilmente que un empuje de 100 000 kg ejercido hacia arriba no puede arrancar del suelo a un ingenio que pese 110 t (todo el propergol podría consumirse sin que se moviera el aparato).
— *Arq.* Esfuerzo oblicuo que las bóvedas y los arcos ejercen sobre los estribos en razón de su peso. ‖ Esfuerzo análogo de las tierras sobre los muros que las sostienen.
— *Fís.* Fuerza que se ejerce hacia arriba sobre todo cuerpo sumergido en fluido líquido o gaseoso en virtud del principio de Arquímedes *. (V. HIDROSTÁTICA.)
EMPULGUERA f. *Mar.* Costura que se hace en un cabo para formar una gaza *.
EMPUNTAR v. *Art. y of.* Operación consistente en formar las puntas de las agujas * y alfileres.
EMPURPURAR v. *Col.* Dar color de púrpura a los tejidos y otras cosas.
EMULSIÓN f. Líquido constituido por dos substancias no miscibles, una de las cuales se halla dispersada en la otra en forma de gotas finísimas: *la leche y el látex son emulsiones naturales.*
— *Atom.* V. seguidamente *Fot.*
— *Fot. Emulsión sensible* o simplemente *emulsión,* compuesto sensible a la luz que se extiende derretido, en capas poco espesas, sobre un soporte rígido o flexible y sirve para impresionar fotografías y sacar copias de las mismas. (V. FOTOGRAFÍA.) ‖ *Emulsión nuclear,* emulsión especial caracterizada por su gran espesor, que puede ser de varios milímetros, y que se usa en física nuclear para detectar el paso de partículas ionizantes, dado que éstas, al atravesar la emulsión, la impresionan a lo largo de su trayectoria.

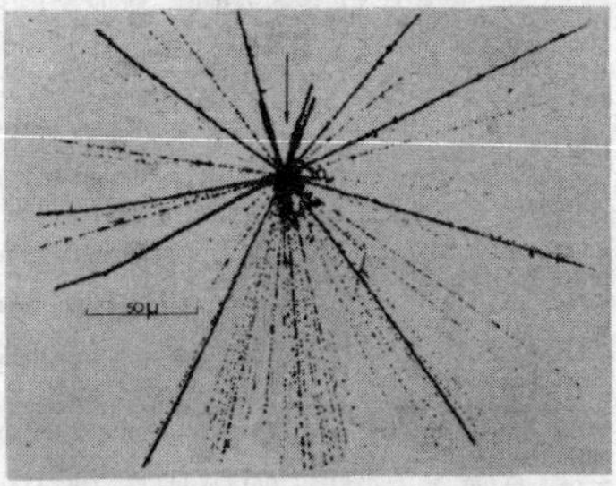

emulsión nuclear impresionada por un rayo cósmico que ha desintegrado un átomo de plata (cada raya es la trayectoria de una partícula electrizada)

Fot. Labor. phys. Ecole polytechnique

— *Quím.* Si se agita enérgicamente un frasco de agua que contenga un poco de aceite, éste se dispersa en aquélla y ambos líquidos forman una emulsión de aceite en el agua; por el contrario, si se agita un frasco de aceite con un poco de agua, se tendrá una emulsión de agua en el aceite. Esta clase de emulsiones no son estables, pero otras sí lo son, sobre todo si se agrega a la mezcla un tercer líquido, llamado *emulsionante,* que es un solvente de ambos.
EMULSIONANTE adj. y s. *Quím.* Dícese del agente que permite conseguir una emulsión, o estabilizarla. ‖ Substancia utilizada con dicho fin.
— Los *emulsionantes* son compuestos que hacen bajar la tensión interfacial * y que, además, forman alrededor de cada gotita de líquido una película protectora que tiende a estabilizar la emulsión.
EMULSIONAR v. *Fot.* Aplicar la emulsión sensible sobre su soporte de película, cristal o papel: *máquina de emulsionar.*

— *Quím.* Dispersar un líquido en un medio donde es insoluble, para obtener una emulsión *.

EMULSOIDE m. *Quím.* Nombre dado, por oposición a *suspensoide,* a una solución coloidal sumamente fina en la que las partículas en suspensión no pueden ser distinguidas con el microscopio.

EMULSOR m. *Quím.* Agitador mecánico para elaborar emulsiones. ‖ Emulsionante.

ENACEITAR v. *Mec.* Lubricar, engrasar con aceite o rellenar las aceiteras de los cojinetes.

ENANTÍLICO, CA adj. *Quím.* Dícese de distintos compuestos que contienen 7 átomos de carbono en su molécula (v. HEPTÍLICO), especialmente de un ácido cuyo éster etílico sirve para aromatizar las imitaciones de coñac.

ENARBOLADO m. *Arq.* Armadura de una linterna de torre o de bóveda.

ENARCAR v. *Carp.* Operación consistente en meter los aros a las cubas y obras de pipería.

ENARENACIÓN f. *Constr.* Mortero de cal y arena que se aplica a la pared para que sirva de soporte a la pintura.

ENARENADO, DA adj. Cubierto de arena.

— *Papel. Cartón cuero enarenado,* cartón alquitranado sobre el cual se espolvorea arena antes de que seque el alquitrán.

ENARENAR v. Cubrir de arena. (V. ENARENADO.) ‖ Agregar arena a un mortero. ‖ Agregar arena a un mineral en polvo para facilitar su tratamiento.

ENASTILAR v. *Art. y of.* Poner el mango a una herramienta: *enastilar un martillo.*

ENCABALGAMIENTO m. *Carp.* Armazón de maderos cruzados que sirve de apoyo a alguna cosa muy pesada.

ENCABALLADO m. *Art. gráf.* Descomposición de la forma o molde en los cuales se han confundido o mezclado las líneas u otros elementos.

ENCABALLAR v. *Art. gráf.* Pasar las letras de una línea a otra, desarreglándose así el molde y apareciendo las columnas torcidas.

— *Art. y of.* Colocar una serie de cosas de modo que de los dos extremos de cada una haya uno que se apoye en la pieza precedente y otro que sirva de apoyo a la pieza siguiente, como ocurre con las tejas.

ENCABAR v. *Art. y of. Amer.* Enastilar.

ENCABEZAR v. *Carp.* Unir dos vigas o tablones por sus extremos.

— *Ind. alim.* Aumentar la fuerza de un vino agregándole alcohol u otro vino más fuerte.

— *Mar.* Reparar el forro del casco de un barco poniendo ligazones sobre las partes averiadas de los tablones.

ENCABIADO m. *Arq.* Conjunto formado por todos los cabios de una cubierta.

ENCABIAR v. *Carp.* Montar los cabios de una cubierta.

ENCABILLAR v. *Carp.* Asegurar con cabillas.

ENCABRIAR v. *Carp.* Encabiar.

ENCABRITAR v. *Aeron.* Inclinarse rápidamente un avión, levantándose la parte delantera de su fuselaje.

— El avión se *encabrita* para elevarse con trayectoria muy empinada. La maniobra, inversa de la que se hace para picar, consiste en tirar rápidamente hacia atrás la palanca de mando.

ENCACHADO m. *F. c.* Empedrado entre dos rieles de una vía.

— *Obr. públ.* Pavimento empedrado con morrillos. ‖ Solera que se hace entre los estribos de un puente o una alcantarilla para evitar que la corriente de agua los socave.

ENCACHAR v. *Art. y of.* Poner las cachas a un cuchillo, pistola, etc.

— *Obr. públ.* Revestir con un encachado * el lecho de una corriente de agua.

ENCADENADO m. *Arq.* Anclaje * para evitar que se agrieten y separen los muros. ‖ Trabazón de maderos que afianza un edificio.

— *Min.* Conjunto formado por estemples y tornapuntas en una entibación.

ENCAJADO, DA adj. *Art. gráf.* Dícese de los pliegos que resultan cuando se imprimen varias signaturas con una sola forma.

— *Art. y of.* Dícese de las piezas que encajan: *silla de barrotes encajados.*

ENCAJADURA f. Acción y efecto de encajar. ‖ Caja, hueco de una pieza en que se ajusta el extremo de otra.

ENCAJAR v. Unir ajustadamente dos piezas, una de las cuales entra en la otra, a modo de caja y espiga.

ENCAJE m. *Art. gráf.* Modo de disponer los pliegos de los cuadernos y folletos, consistente en meterlos unos dentro de otros para coserlos juntos. ‖ Pliego incompleto, como lo es con frecuencia el último del libro, o el que se inserta para alargar un capítulo en las tiradas ulteriores de una obra.

— *Art. y of.* Encajadura. ‖ Ajuste de dos piezas que se adaptan entre sí de tal modo que ninguna de ellas pueda moverse respecto a la otra.

— *Text.* Tejido claro, de mallas y contornos complicados, que se obtiene entrelazando y retorciendo uno o varios hilos manualmente (con ganchillos o bolillos) o mecánicamente, mediante telares especiales. Los encajes a máquina imitan con tal perfección las labores manuales, que resulta difícil distinguirlos de las mismas.

ENCAJETILLAR v. Acondicionar los cigarrillos y otros artículos en cajetillas.

ENCAJONADO m. *Constr.* Tapia que se hace apisonando tierra entre dos tapiales paralelos.

— *Obr. públ.* Ataguía.

ENCAJONAR v. Meter o embalar algo en cajones.

— *Constr.* Construir los cimientos llenando con hormigón cajones abiertos. ‖ Reforzar un muro con machones dispuestos de trecho en trecho.

ENCALADO m. Acción de encalar.

ENCALADOR m. *Curt.* Fosa para encalar las pieles.

ENCALADURA f. Acción de encalar.

ENCALAR v. Dar de cal. ‖ Meter en cal o mezclar algo con ella.

— *Curt.* Meter las pieles en una lechada de cal para desagregar su epidermis. (V. CURTIDO.)

— *Pint.* Dar de cal, blanquear las paredes.

ENCALLADERO m. *Mar.* Paraje de escaso fondo donde pueden encallar los barcos.

ENCALLAR v. *Mar.* Dejar de flotar el barco por descansar el casco en el fondo.

ENCAMACIÓN f. *Min.* Tipo de entibación hecha con ademes delgados, pero más numerosos que en la entibación ordinaria.

ENCAMBRILLONADO m. *Art. y of.* Cambrillón.

ENCAMBRILLONAR v. *Art. y of.* Poner cambrillones al calzado.

ENCAMISAR v. *Mec.* Poner camisas * a los cilindros de un motor.

ENCAMONADO, DA adj. *Arq.* Hecho con camones: *cimbra encamonada.*

ENCAMONAR v. *Arq.* y *Carp.* Ensamblar camones.

ENCANAMENTO m. *Arq.* Hilera de canes o modillones en una fachada.

ENCANILLAR v. *Text.* Devanar el hilo en la canilla.

ENCANTARILLADO m. *Obr. públ. Amer.* Alcantarillado.

ENCAÑAR v. Dirigir el agua a los caños que la han de conducir a algún sitio. ‖ Enterrar una red de caños en un terreno húmedo para sanearlo. ‖ Apilar la leña de una carbonera.

— *Text.* Encanillar.

ENCAÑIZADA f. *Ind. alim.* Cerco de cañas que se planta en las lagunas, ríos y albuferas para capturar los peces.

ENCAÑIZAR v. Cubrir con cañizos.

— *Text.* Poner los gusanos de seda sobre estanterías de cañizo.

ENCAÑONAR v. *Art. gráf.* Hacer el encaje * de los pliegos.

— *Text.* Encanillar.

ENCAPACHADURA f. *Ind. alim.* Pila de capachos llenos de aceituna molida con que se carga la prensa para extraer el aceite.

ENCAPADO, DA adj. *Min.* Dícese del criadero que no aflora.

ENCAPILLAR v. *Min.* Ensanchar una galería en el sitio donde se ha de iniciar un nuevo tajo.

ENCARACOLADO m. *Arq.* Adorno de forma espiral.

ENCARCELAR v. *Carp.* Mantener fuertemente apretadas las piezas encoladas.

— *Constr.* Asegurar con yeso o mortero los maderos de un andamio, las reglas que sirven de guía al albañil, etc.

ENCARNACIÓN f. *Pint.* Color de carne (sobreentendiéndose que se trata del color que presenta el cuerpo humano exteriormente).
ENCARNADO, DA adj. y s. *Color.* De color de carne. (V. ENCARNACIÓN.) ‖ Por ext., rojo.
ENCARRILADERA f. *F. c.* Robusto aparato de acero que se monta sobre los rieles y sirve para encarrilar los vehículos que se han salido de aquéllos.
ENCARRILAR o **ENCARRILLAR** v. *F. c.* Colocar sobre los rieles las ruedas de los vehículos que han descarrilado.
— *Mec.* Salirse la cuerda de la garganta de la polea y atascarse entre ésta y la armadura del aparejo.
ENCARTONADO, DA adj. Protegido o reforzado con cartón.
— *Art. gráf.* Dícese de la encuadernación hecha con cartón empapelado. (V. ENCUADERNACIÓN.)
ENCARTONAR v. Reforzar o resguardar algo con cartones.
— *Art. gráf.* Encuadernar los libros con cartón sobre el cual se pega un papel impreso. (V. ENCUADERNACIÓN.)
ENCASAMENTO o **ENCASAMIENTO** m. *Arq.* Adorno de fajas y molduras en las paredes y bóvedas.
ENCASCOTAR v. *Constr.* Agregar cascotes al mortero. ‖ Rellenar un hueco con cascotes.
ENCASQUILLADO, DA adj. *Arm.* Dícese del arma que tiene un cartucho atascado.
ENCASQUILLAR v. Poner casquillos.
— *Arm.* Quedarse atascado el cartucho en la recámara de un arma de fuego.
ENCASTILLAR v. Apilar.
— *Constr.* Armar castillejos de maderos para facilitar la construcción de un edificio u otra obra.
ENCASTRAR v. Encajar, endentar. ‖ *Amer.* Empotrar.
ENCAUCHAR v. Cauchotar.
ENCAUSTICAR v. Dar encáustico a una superficie.
ENCÁUSTICO m. Compuesto a base de ceras disueltas o emulsionadas que sirven para preservar de la humedad y para dar brillo a los entarimados, linóleos, muebles y otras superficies.
— Los *encáusticos en pasta* son disoluciones de cera en aguarrás o en derivados del petróleo. (Éstos son preferibles porque tienen la propiedad de limpiar las superficies sobre las cuales se extiende la cera.) Los *encáusticos líquidos* son emulsiones de cera en agua y, una vez aplicados, brillan por sí solos sin necesidad de ser frotados.
ENCAUSTO m. *Pint.* Procedimiento de pintura fundado en el uso de ceras coloridas o de esmaltes que se aplican en caliente.
ENCAUZAMIENTO m. *Obr. públ.* Conjunto de diques y otras obras que permiten estrechar el cauce de un río y aumentar su profundidad.
ENCÉLADO m. *Astr.* Satélite de Saturno *.
ENCENDEDOR m. Aparato para encender. (Sinón. MECHERO.)
— Todos los aparatos capaces de producir fuego a voluntad son *encendedores*: *encendedor eléctrico*, en el cual el paso de una corriente pone candente un filamento; *encendedor catalítico*, que inflama el gas de alumbrado en presencia de platino (v. CATÁLISIS), etc. No obstante, los encendedores de uso corriente se fundan en la producción mecánica (ruedecilla dentada que raspa una barrita de ferrocerio) de chispas que inflaman un combustible. En el caso de los *encendedores de cocina*, la chispa enciende directamente el gas en los quemadores. Los *encendedores de bolsillo* llevan una reserva de combustible: gasolina que embebe el algodón y la mecha del depósito, o bien butano o propano liquefiados. En estos encendedores de gas, al levantar la cubierta para dar la chispa se abre automáticamente el depósito y sale el gas. Por lo demás, este depósito es intercambiable. Su duración —según el volumen y la frecuencia con que se use el encendedor— puede ser de tres meses a un año.

encendedores de bolsillo : 1. Yesquero ; 2. De gasolina ; 3. De gas liquefiado

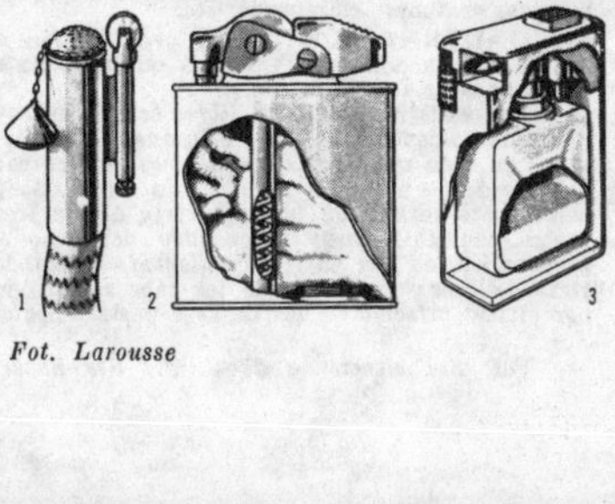

Fot. Larousse

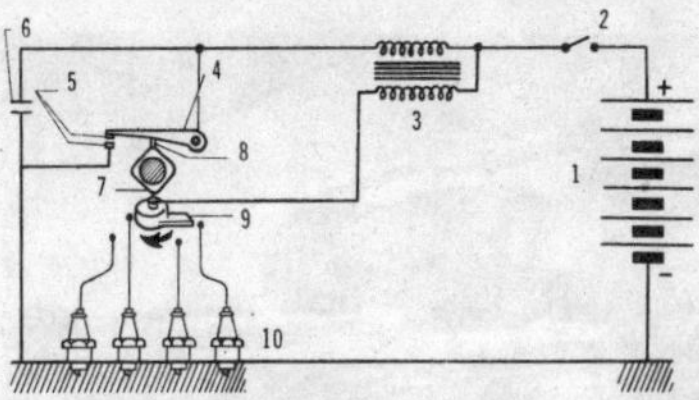

encendido
1. Batería ; 2. Contacto ; 3. Bobina ; 4. Ruptor ; 5. Contactos ; 6. Condensador ; 7. Leva ; 8. Vástago aislante ; 9. Distribuidor ; 10. Bujías

ENCENDIDO m. *Autom.* Inflamación de la mezcla carburante formada en el carburador y aspirada por los cilindros. ‖ Conjunto de dispositivos eléctricos que producen dicha inflamación.
— El principio en que se fundan los motores ordinarios de los automóviles es la explosión en el interior del cilindro de la mezcla gaseosa, cuya violenta expansión empuja entonces el émbolo y, con él, el cigüeñal y las ruedas motrices. El sistema complejo que provoca la explosión consta de: 1.º un manantial de energía eléctrica (generalmente la batería, aunque también puede ser una magneto) ; 2.º un carrete o bobina de inducción que transforma esa corriente en corriente de alta tensión (de 10 000 a 15 000 V) ; 3.º un distribuidor, conmutador que dirige sucesivamente la corriente a cada uno de los cilindros; 3.º un mecanismo de avance del encendido en que saltará la chispa en relación al movimiento del émbolo del cilindro correspondiente (el avance excesivo provoca el golpeteo del motor, y de un avance insuficiente resulta —por combustión incompleta de la mezcla— una baja de la potencia del mismo) ; 5.º un ruptor que tiene por efecto aumentar la energía de la chispa, y 6.º una bujía * que recibe la corriente del distribuidor y cuyos dos electrodos penetran en la cámara de combustión. La chispa salta entre estos electrodos 1/200 de segundo antes de que el émbolo que comprime la mezcla en el cilindro llegue a su punto muerto superior, y entonces se inflaman los gases. Pero ya el distribuidor ha dirigido la corriente a otro cilindro para una nueva explosión, y así sucesivamente.
En los motores Diesel no existe sistema de encendido, dado que el calor engendrado por la rápida y fortísima compresión de los gases en el cilindro basta para que se inflamen espontáneamente.
ENCENTRAR v. Centrar una cosa.
ENCEPAR v. *Carp.* Ensamblar o asegurar maderos por medio de cepos.
ENCERADO, DA adj. y s. De color de cera. ‖ Revestido de cera. ‖ — M. Capa de cera o de encáustico que se aplica sobre pavimentos, muebles y otras superficies.
— *Text.* Lienzo impermeabilizado en un baño de cera y, por extensión, de alguna otra substancia (aceite de linaza, líquidos bituminosos, etc.).
ENCERADORA f. Máquina electrodoméstica que tiene varios cepillos giratorios arrastrados por un motorcito eléctrico y que sirve para encerar los pavimentos y sacarles lustre.
ENCERAR v. Untar con cera. ‖ Impregnar lienzos, papel y otras cosas con cera.
— *Constr.* Espesar la cal, el mortero, etc.
ENCEROTAR v. *Art. y of.* Dar cerote a los hilos con que se han de coser las labores de cuero.
ENCIMA o **ENCIMO** m. *Quím.* Enzima.
ENCINA f. *Bot.* Árbol cupulífero (*Quercus ilex*), también llamado *carrasca*, de madera muy dura y corteza curtiente. ‖ Nombre dado impropiamente a otros árboles parecidos: *roble, quejigo, coscoja*, etc.
— *Carp.* La *madera de encina*, de color tostado y albura blanca, es muy dura y densa, pues puede pesar más que el agua. Se usa para hacer aperos de labranza y tiene pocas aplicaciones en carpintería.

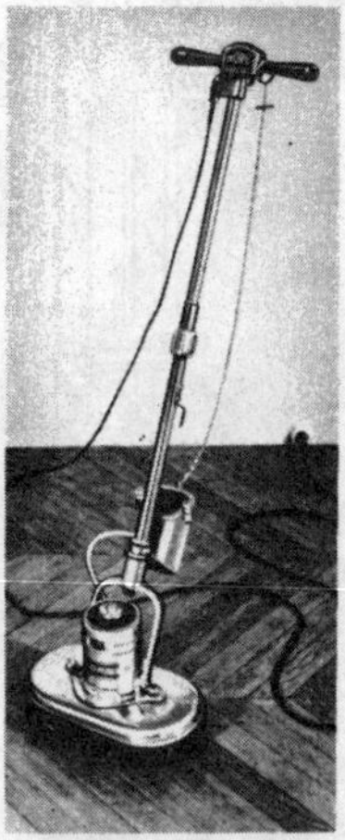

enceradora

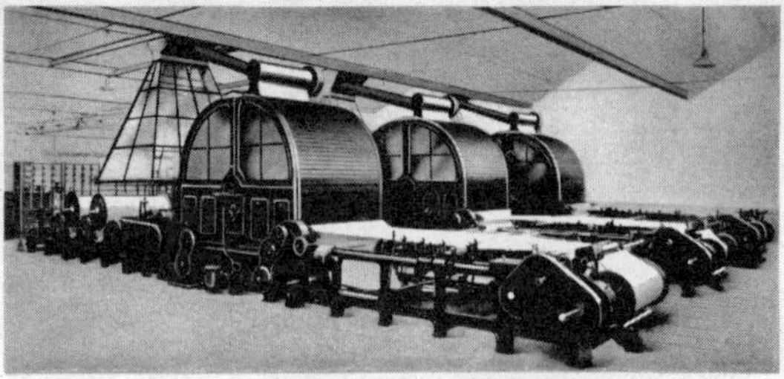

encoladora *(text.)*

encofrados

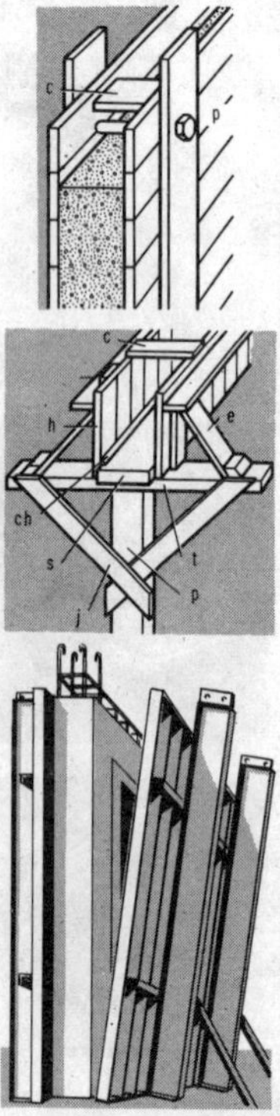

(de arriba abajo) De muro *(c,* codal ; *p,* perno) ; De viga *(c,* codal ; *e,* estemple ; *h,* tablas del hastial ; *ch,* chaflán ; *s,* solera ; *t,* travesaño ; *p,* pie derecho ; *j,* jabalcón) ; Deslizante ; De túnel *(der.)*

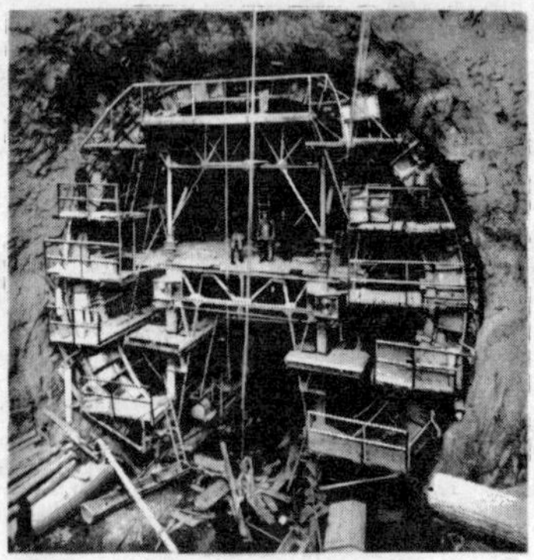

— *Curt.* La *corteza de la encina* contiene de 10 a 12% de materia curtiente; en los extractos del palo la proporción pasa de 25%.

ENCINGAR v. *Constr. Amer.* Techar con cinc.

ENCINTA f. *Mar.* La fila de tablones del forro que coincide con la línea de flotación del barco.

ENCINTADO m. *Obr. públ.* Bordillo de la acera.

ENCINTAR v. *Obr. públ.* Construir las cintas o bordillos de las aceras, andenes, etc.

ENCLAVADURA f. *Carp.* Clavadura. ‖ Caja, ranura o muesca por donde se unen dos maderos.

ENCLAVAMIENTO m. *Carp.* Acción y efecto de enclavar.
— *F. c.* En un sistema de agujas, dispositivo que, una vez fijado el itinerario del tren, impide la abertura o el cierre intempestivos de las agujas que lo harían salir del mismo y de las que permitirían el acceso de otro tren.
— *Mec.* Mecanismo destinado a mantener fijo, en determinada posición, un órgano móvil hasta que éste ejerza una presión suficiente para libertarse y proseguir su movimiento.

ENCLAVAR v. *Carp.* Fijar con clavos.

ENCLAVIJAR v. *Art. y of.* Trabar, unir dos piezas con clavijas. ‖ Empernar.

ENCLIQUETAJE m. *Mec.* Galicismo por *trinquete.*

ENCOBRADO, DA adj. Dícese del metal al cual se ha agregado cobre. ‖ Revestido de una capa de cobre: *alambre encobrado.*

ENCOBRAR v. *Metal.* Ligar un metal con cobre. ‖ Revestir de cobre: *muchos objetos que parecen de cobre son de hierro encobrado.*

ENCOFRADO m. *Constr.* Molde de madera o de palastro que sirve para dar la forma al hormigón y contenerlo hasta que fragüe.
— El *encofrado* permite acelerar la construcción de las obras, especialmente las de cemento armado. Consiste en armar un molde con tablones, tablas o chapas metálicas valiéndose, siempre que ello sea posible, de elementos estandardizados. Una vez que el hormigón ha endurecido, se desmonta el encofrado para utilizarlo de nuevo. Cuando se trata de construir un edificio, una presa u otras obras que presentan superficies continuas, se utilizan varias hileras de paneles sostenidos por puntales y travesaños, y a medida que va adelantando la construcción se desmonta la hilera inferior y se monta de nuevo por encima de la superior para vaciar una nueva capa de hormigón, y así sucesivamente. Cuando la obra es perfectamente lisa y prismática, se usan *encofrados deslizantes* combinados con una plataforma para los albañiles. El conjunto es elevado por unos gatos a razón de 10 a 15 cm por hora y va deslizándose por la obra recién hecha.
El encofrado ha adquirido tal importancia, que la mitad de las horas de trabajo que se invierten en una construcción de cemento armado se consagran a armar los hierros, al encofrado y al desencofrado.
— *Min.* y *Obr. públ.* Revestimiento de madera que, en los pozos y galerías, tiene por objeto impedir el derrumbamiento de la tierra.

ENCOFRAR v. *Constr.* Montar los moldes en que se ha de vaciar el hormigón. (V. ENCOFRADO.)
— *Min.* Revestir las galerías y los pozos con tablas para que no se derrumben.

ENCOLADO m. *Ind. alim.* Clarificación de los mostos turbios por substancias que, como la clara de huevo, la leche desnatada, la gelatina, la sangre y otras, arrastran las partículas en su descenso hasta posarse en el fondo con ellas.
— *Papel. Papel encolado,* v. PAPEL.

ENCOLADORA f. Máquina de encolar.
— *Art. gráf.* Máquina para encolar usada por los encuadernadores y consistente en un tambor de cobre en una cuba de cola.
— *Carp.* Máquina usada para pegar las hojas de la madera chapeada. Tiene dos series de rodillos que encolan ambas caras de la chapa a la vez.
— *Text.* Máquina para encolar * los hilos de urdimbre cuyos elementos principales son: la cuba de cola en la cual bañan los hilos arrastrados por un cilindro; los rodillos compresores que los escurren y un tambor caliente que los seca.

ENCOLADURA f. y **ENCOLAMIENTO** m. Acción y efecto de encolar.

ENCOLAR v. Dar cola a lo que ha de ser pegado: *encolar la caja y la espiga de un ensamble.*
— *Ind. alim.* Efectuar el encolado * de los vinos.
— *Papel.* Dar cola al papel para que no chupe la tinta.
— *Pint.* Echar una capa de cola a las paredes que se han de pintar al temple.
— *Text.* Pasar los hilos de la urdimbre por un baño a base de materias amiláceas, jabón, cera, etc., que les confiere mayor resistencia y suavidad. (V. ENCOLADORA.) ‖ Aprestar los tejidos con cola.

ENCORCHADORA f. Máquina de poner tapones de corcho a las botellas.

ENCORCHAR v. Tapar las botellas con corchos.
— *Mar.* Poner los corchos a un arte de pesca.

ENCORCHADURA f. Acción y efecto de encorchar.
— *Mar.* Conjunto de los corchos que tiene una red de pescar: *revisar la encorchadura.*

ENCORCHETAR v. *Arq.* Engrapar.
— *Art. y of.* Poner corchetes a una cosa ‖ Sujetar algo con corchetes.

ENCORDAR v. Apretar una cosa dándole varias vueltas con una cuerda. ‖ Proveer de cuerdas un instrumento de música: *encordar un piano.*

ENCORDELAR v. Poner cordeles a la cosa que los ha de tener con algún fin. ‖ Sujetar o forrar una cosa arrollando en ella un cordel.

ENCOSTILLADO m. Conjunto de costillas que refuerzan una construcción cilíndrica, como las que se ponen en ciertos tramos de galería, en las minas, para dar mayor solidez a la entibación.

ENCOSTRADURA f. *Arq.* Revestimiento con chapas de mármol. ‖ Encaladura.

ENCRISTALAR v. *Carp.* Poner cristales a las puertas, ventanas, claraboyas, etc.

ENCUADERNACIÓN f. *Art. gráf.* Acción y efecto de encuadernar. ‖ Cubierta que se pone a los pliegos de un libro.
— La *encuadernación de los libros* se efectúa hoy casi íntegramente a base de máquinas especializadas en cada una de las operaciones siguientes: *doblado* de los pliegos y *alzado* * de los mismos; *cosido* para formar un bloque; *corte* de los tres cantos con guillotina; *redondeado* del lomo y preparación de los cajos *; *enlomado* (pegando tiras de gasa) y fijación de las cabezadas *, y, por último, fijación de las tapas o pastas. Según

Fot. Sté alsacienne de C. M., Ets Boyer

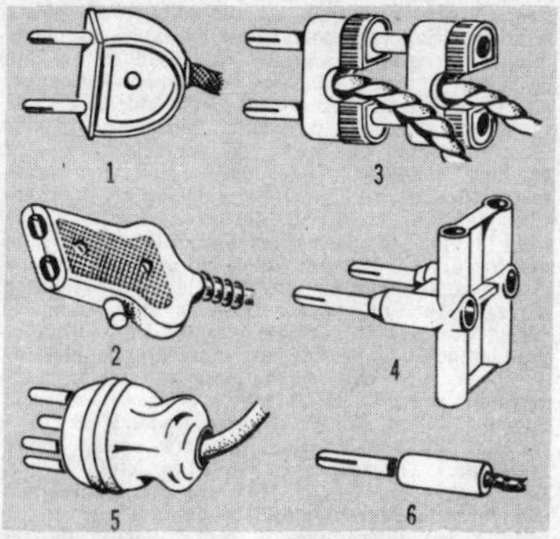

enchufes *(electr.)* : 1. Clavija bipolar; 2. Hembra con interruptor; 3 y 4. Clavijas con tomas de corriente; 5. Clavija tripolar; 6. Banana

la importancia del libro, se doran o tiñen los cortes * (especialmente el superior) y se reviste el cartón de las tapas con papel impreso, tela, piel o imitaciones de ésta (a base de materias plásticas). La *encuadernación en rústica* se hace en grandes series con labores groseras y tapas de papel espeso o cartulina; la *encuadernación a la holandesa* o *de media pasta*, más esmerada, tiene las cubiertas forradas de tela o buen papel, y el lomo de piel o materia plástica; en la *encuadernación inglesa*, las tapas, de piel o tela, son flexibles y tienen los ángulos redondeados; la *encuadernación en pasta española* es de cartón cubierto con piel bruñida; la *encuadernación en pasta italiana* tiene revestimiento de pergamino fino.

ENCUADERNAR v. *Art. gráf.* Unir los pliegos de un libro, coserlos y ponerles las tapas. (V. ENCUADERNACIÓN.)

ENCUADRADO m. *Cin., Fot.* y *Radiot.* Encuadre.

ENCUADRAR v. Meter algo en un cuadro o marco. ‖ Ajustar una cosa perfectamente en otra que la ciñe, cual se hace con el cuadro en su marco.
— *Cin., Fot.* y *Radiot.* Efectuar el encuadre * de las imágenes.

ENCUADRE m. *Cin., Fot.* y *Radiot.* Acción de orientar convenientemente la cámara hasta que el visor delimite el campo* exacto que se desea abarcar al tomar las vistas : *el encuadre permite componer la imagen y el enfoque obtenerla con nitidez.* ‖ En los televisores, sistema regulador que permite centrar la imagen en la pantalla.

ENCUBAR v. Meter un líquido en cubas.
— *Min.* Entibar un pozo en redondo.

ENCUENTRO m. *Arq.* Macizo de fábrica comprendido entre la esquina del edificio y el vano más próximo. ‖ Intersección de dos bóvedas, de una bóveda y un muro, y, en general, de dos cuerpos arquitectónicos. ‖ Ángulo formado por dos soleras o carreras.
— *Art. gráf.* Blancos que se dejan al imprimir el pliego para estampar en ellos letras o motivos de otro color.
— *Astron. Encuentro orbital,* acercamiento de dos satélites artificiales (el contacto material entre ambos contituye la *atracada*).

ENCURTIR v. *Ind. alim.* Conservar frutos y legumbres en vinagre.

ENCHAPAR v. Chapear.

ENCHAPINADO, DA adj. *Arq.* Construido sobre bóvedas.

ENCHAVETAR v. *Art. y of.* Asegurar una pieza con chavetas.

ENCHINAR v. *Obr. públ.* Revestir el suelo con una chapa de chinas. ‖ Pavimentarlo con guijarros.

ENCHUFAR v. *Constr.* Acoplar las partes salientes de una cosa con la entrantes de otra. ‖ Ajustar dos caños por sus extremos, introduciendo la boca más estrecha de uno en la más ancha del otro.
— *Electr.* Introducir la clavija en la base del enchufe * para conectar un aparato eléctrico.

ENCHUFE m. Acción y efecto de enchufar. ‖ Parte de una pieza que penetra en otra cuando ambas se enchufan.
— *Electr.* Dispositivo para conectar una lámpara o aparato eléctrico a los hilos del sector.
— Los *enchufes ordinarios* constan de dos elementos: la *base,* fijada en el muro y provista de dos manguitos (o tres, si el enchufe es tripolar) empalmados con los hilos de la línea eléctrica; la *clavija,* empalmada con el aparato que se ha de alimentar en corriente, y provista de dos vástagos. La introducción de éstos en los manguitos de la base establece el contacto. Es imprudente tocar los enchufes con las manos mojadas o los pies descalzos. (V. ELECTROCUCIÓN.)

ENDECÁGONO m. *Geom.* Polígono de once lados y otros tantos ángulos.

ENDEJAS f. pl. *Constr.* Adarajas.

ENDENTADURA f. Inserción de los dientes de una cosa entre los de otra: *la unión * por endentadura es común en los juguetes de hojalata.*

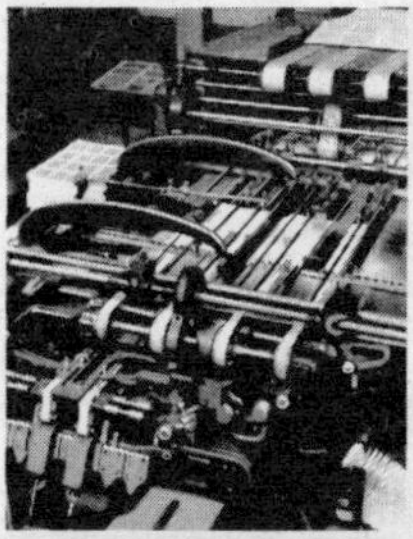

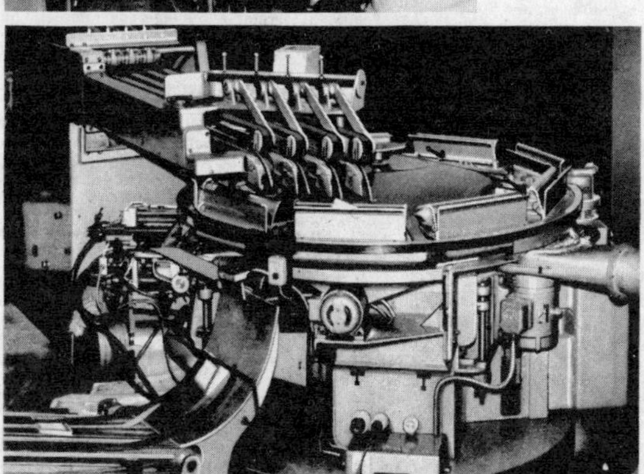

encuadernación industrial
de izq. a der. y de arriba abajo: plegadora, alzadora, cosedora y **encuadernadora** en rústica sin costuras

Fot. Larousse

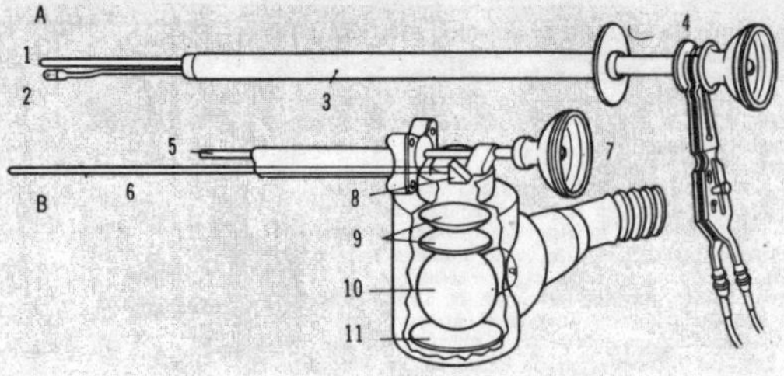

endoscopios de luz interna (A) y luz externa (B): 1. Óptica; 2. Lámpara; 3. Cánula; 4. Ocular; 5. Óptica; 6. Cuarzo; 7. Ocular; 8. Prisma; 9. Condensador; 10. Lámpara; 11. Reflector

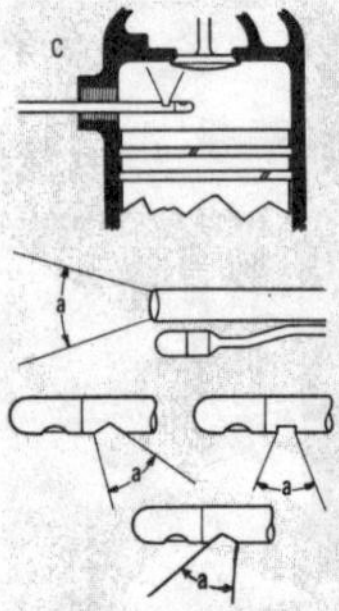

observación del interior de un cilindro con el **endoscopio** (C) y distintos campos de visión (*a*) que permite el instrumento

ENDENTAR v. Encajar los dientes de una cosa con los huecos de otra. (V. UNIÓN.)

ENDO, prefijo griego que significa *dentro* y entra en la composición de voces científicas.

ENDOMORFISMO m. *Miner.* Cambio de la composición química de una roca endógena en la zona periférica que está en contacto con el terreno por ella atravesado y que se debe a la influencia química de éste.

ENDORREICO, CA adj. *Hidr.* Dícese de las regiones cuyas aguas corrientes no van a parar al mar (aproximadamente el 10% de los continentes).

ENDOSCOPIO m. *ópt.* Instrumento óptico para alumbrar y examinar las cavidades naturales del cuerpo humano y ciertos órganos directamente inobservables de las máquinas.

— Los *endoscopios* son sondas provistas de minúsculas lámparas eléctricas y de sistemas ópticos generalmente complicados que permiten no solamente observar los bronquios, las vías digestivas, los órganos abdominales (mediante una pequeña perforación del vientre), etc., sino que también pueden fotografiar y hasta cinematografiar y televisar en su medio natural los tejidos normales o enfermos.

Industrialmente se utilizan endoscopios para inspeccionar las partes internas de las máquinas sin necesidad de desmontarlas, por ejemplo el interior de los cilindros de un coche (v. *figura*).

ENDÓGENO, NA adj. *Miner.* Dícese de las rocas cuya materia constituyente proviene de las zonas profundas del Globo.

— Las *rocas endógenas* resultan de la solidificación de magma que puede haber llegado pastoso a la superficie (caso del basalto y de todas las rocas volcánicas) o que se ha solidificado cerca de la superficie, al amparo de los agentes atmosféricos (granito y otras rocas plutónicas).

ENDOSMÓMETRO m. *Fís.* Instrumento para medir los fenómenos de endósmosis.

ENDÓSMOSIS f. *Fís.* V. ÓSMOSIS.

ENDOTÉRMICO, CA o **ENDOTERMO, MA** adj. *Quím.* Dícese de la reacción que se efectúa con absorción de calor. ‖ *Compuesto endotérmico,* aquel que, al formarse con cuerpos simples, ha absorbido calor y que, por consiguiente, da reacciones exotérmicas al descomponerse.

ENDUIR v. *Pint. Amer.* Aplicar una capa de masilla de yeso a una pared para corregir sus imperfecciones y evitar que beba la pintura.

ENDURECEDOR m. *Plást.* Substancia que se agrega a la masa de ciertas resinas sintéticas para favorecer su endurecimiento.

ENDURECIMIENTO m. *Constr.* Aumento progresivo de la cohesión de los morteros y hormigones.

— *Pint.* En el secado de la pintura, formación de una película dura por polimerización * u oxidación.

— *Quím.* Hidrogenación catalítica que transforma las grasas líquidas en grasas consistentes.

ENERGÉTICO, CA adj. *Fís.* Relativo o perteneciente a la energía.

ENERGÍA f. *Fís.* y *Mec.* Capacidad de los cuerpos o sistemas de cuerpos para efectuar un trabajo.

— Un resorte comprimido pugna por recobrar su forma primitiva, y una masa de agua embalsada tiende, por gravedad, a bajar hasta el nivel del mar. Mientras el metal y el líquido no gocen de libertad para efectuar sus movimientos, contienen almacenada *energía potencial* (también se dice *energía estática*). Al ser soltado el resorte o abrirse las compuertas del embalse, el movimiento transforma aquella capacidad de trabajo en fuerza * viva, o sea en *energía cinética* capaz, por ejemplo, de mover una rueda hidráulica. Al igual que el resorte o el agua, todo cuerpo o sistema material que pasa de un estado a otro produce fenómenos físicos que no son sino manifestaciones de alguna transformación de la energía. Así, las moléculas del agua corriente que baja de la presa por gravedad, al ser desviada por los álabes, pierden velocidad y les ceden una parte de su energía cinética, la cual, al hacer girar la turbina, se convierte en *energía mecánica.* A su vez la turbina arrastra un alternador cuya rotación engendra una corriente de electrones que, por haber cambiado de estado, desarrollan *energía eléctrica;* ésta se transforma en *energía radiante* y en *energía calorífica* cuando el filamento de una lámpara opone cierta resistencia al paso de la corriente, etc.

La energía cinética y la energía potencial son dos formas diferentes de la energía mecánica: cuando una disminuye, la otra aumenta de tal forma que la suma de ambas es constante. Una piedra tirada verticalmente, hacia arriba, recibe exclusivamente energía cinética de la mano; progresivamente, por efecto de la atracción terrestre, disminuye su velocidad y, consiguientemente, su energía cinética (ésta es igual a la mitad del producto de la masa del cuerpo que se mueve por el cuadrado de su velocidad), pero al mismo tiempo almacena energía potencial. Llega un momento en que toda la energía cinética se transforma, y la piedra inicia su descenso acelerado; entonces, la energía potencial disminuye a su vez, al par que, con la velocidad, aumenta la energía cinética. Finalmente, cuando la piedra vuelve a caer en la mano de quien la arrojó, su energía potencial y su energía cinética son iguales a las que tenía al ser lanzada. Tal es el principio de la conservación de la energía: en todo sistema aislado (que no reciba ni ceda energía exterior), sean cuales fueren las transformaciones de la energía, en número y en calidad, la cantidad total de energía es constante. Así, cuando un ciclista frena su bicicleta hasta detenerse, la energía cinética del hombre y de la máquina se convierte en energía calorífica que calienta los frenos y las llantas por una parte, y el neumático y el suelo por la otra parte. Llámase *energía interna* a la suma del trabajo mecánico y de la cantidad de calor que puede suministrar un sistema inmóvil (v. EQUIVALENCIA). Ahora bien, si la energía total se conserva, no puede decirse igual de la parte útil de la misma, que disminuye irremisiblemente a cada transformación. Si con la *energía química del carbón* se produce energía calorífica y con ésta energía mecánica (en una máquina de vapor), la última constituirá solamente una parte de la energía primitiva del carbón: la energía que falta subsiste, disipada en forma de calor que ya no es utilizable. (V. DEGRADACIÓN *de la energía,* ENTROPIA y TERMODINÁMICA.)

Las principales formas de energía se caracterizan por dos factores —calidad y cantidad— que son, respectivamente: la tensión y la intensidad en las corrientes eléctricas, la diferencia de las temperaturas y la capacidad calorífica en las máquinas térmicas; la altura del salto de agua y el caudal, en la energía hidráulica, etc.

Según la teoría de la relatividad *, la energía y la materia son dos aspectos de una misma realidad, y todo cuerpo de masa m contiene una energía propia E igual al producto de m por el cuadrado de la velocidad de la luz, c. De esta fórmula ($E = mc^2$) se desprende que un gramo de cualquier materia contiene una energía propia equivalente a 26 millones de kWh. Tal es, en efecto, la energía que produciría un gramo de agua, de leña, de aire o de uranio, pongamos por ejemplo, si toda su masa pudiera ser convertida en radiaciones. Pero, prácticamente, los cuerpos se prestan mal a dicha transformación: todo el calor (equivalente a 0,6 kWh) producido por la combustión de un kg de carbón en un hogar, proviene de la desaparición de 0,000 000 000 024 kg de materia (el resto no desaparece: queda convertido en cenizas y gas carbónico). La inmensa energía desarrollada por una explosión atómica

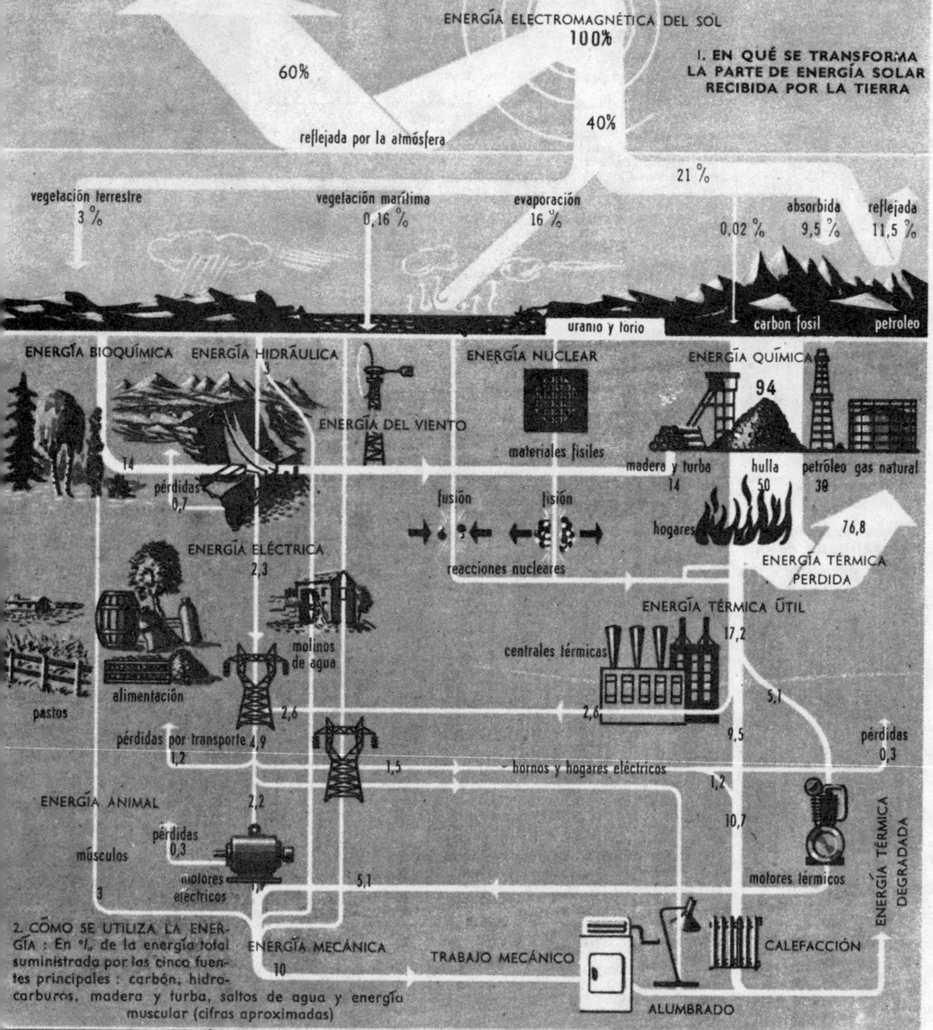

EQUIVALENCIA DE ALGUNAS UNIDADES PRÁCTICAS DE ENERGÍA

UNIDADES		KILOGRÁMETRO (kgm)	CABALLO-HORA (c. h.)	CABALLO DE VAPOR-HORA (HP. h.)**	KILOVATIO-HORA (kWh)	JULIO (J)	KILOCALORÍA (kcal)
1 kilográmetro	=	1	$*37,04 \times 10^{-7}$	$36,9 \times 10^{-7}$	$27,241 \times 10^{-7}$	9,806 65	$23,427 \times 10^{-4}$
1 caballo-hora	=	270 000	1	0,986 32	0,735 5	2 647 610	632,467
caballo de vapor-hora	=	273 745	1,013 87	1	0,745 70	2 684 340	641,240
1 kilovatio-hora	=	367 098	1,359 72	1,341 11	1	3 600 000	860,11
1 julio	=	0,101 97	$37,77 \times 10^{-8}$	$37,26 \times 10^{-8}$	$27,78 \times 10^{-8}$	1	$238,9 \times 10^{-6}$
1 kilocaloría	=	426,858	158×10^{-5}	156×10^{-5}	$11,63 \times 10^{-4}$	4 185,5	1

exponente de 10 se emplea para simplificar los números demasiado grandes. En el caso presente, 37,04 debe dividirse por la unidad seguida de e ceros. La razón kilográmetro / caballo-hora es, por lo tanto, 0,000 003 65. ** HP son las iniciales de HORSE POWER, en inglés, caballo de vapor.

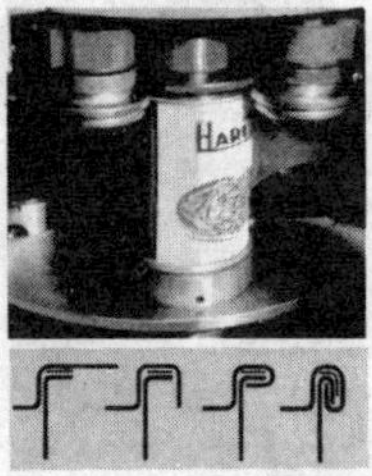

fases sucesivas del **engatillado** de una lata de conservas

máquina de **engatillar**

resulta de la desaparición de un gramo de uranio por cada kilogramo de este metal presente en la bomba.

PRINCIPALES MANANTIALES DE ENERGÍA

Energía solar. Cada centímetro cuadrado de superficie solar proyecta en el espacio radiaciones electromagnéticas, tanto luminosas como invisibles, que representan una potencia de 6 kW. A su llegada a la Tierra, el flujo es unas 500 000 veces menos intenso (v. CONSTANTE *solar*) y, sin embargo, casi toda la energía de que disponemos es de origen solar: la hulla proviene de vegetales que solamente han podido crecer merced al sol; la electricidad de origen hidráulico se debe en primer lugar a la evaporación por los rayos solares del agua que se precipitará en las montañas y llenará los embalses; el petróleo y el gas natural resultan de la descomposición de organismos animales, etc. (v. el diagrama).
Energía atómica o *nuclear.* Energía que mantiene unidas las partículas en el núcleo de cada átomo y que, al unirse dos núcleos ligeros para formar otro mayor (reacción de fusión *) o al partirse en dos o más fragmentos un núcleo muy pesado (reacción de fisión *) es libertada en forma de energía calorífica y radiante. (V. ÁTOMO, BOMBA, DEFECTO *de masa* y REACTOR *nuclear.*)
Energía eléctrica. V. CENTRAL y ELECTRICIDAD.
Energía eolia o eólica. Energía cinética del aire, que se aprovecha en los molinos * de viento, en los modernos aerogeneradores * y en las eolias *. Las principales dificultades que presenta el aprovechamiento de esta energía se deben a las fluctuaciones de la velocidad del viento y a la imposibilidad de asegurar un suministro regular.
Energía hidráulica. Fuerza viva de una corriente o de un salto de agua que se aprovecha en forma de energía mecánica (para mover la maquinaria de una fábrica) o eléctrica (v. CENTRAL). En ciertos casos (energía mareomotriz *) se aprovechan el flujo y el reflujo del agua del mar, cerrando con una presa —provista de turboalternadores— la entrada de una ría en parajes donde las mareas sean suficientemente importantes.
Energía química. Esta energía es suministrada por alguna reacción química y son ejemplos corrientes de ella los explosivos, las pilas eléctricas y los propergoles para ingenios espaciales.
Energía térmica. Energía calorífica producida por la combustión en las máquinas térmicas de hulla, petróleo, gas natural y otros combustibles.
Energía radiante. Se llama así la energía de las ondas electromagnéticas: rayos gamma, X y ultraviolados; rayos luminosos e infrarrojos; ondas hertzianas.
Las distintas formas de energía se miden con otras tantas unidades que figuran en la tabla del art. UNIDAD.
ENERGOL m. *Astron.* Propergol.
ENFAJAR y **ENFAJILLAR** v. *Amer.* Fajar, poner fajas a los impresos y otras cosas: *máquina de enfajillar periódicos.*
ENFAJINADO m. *Obr. públ.* Método de construcción de diques *, espigones y obras similares consistente en un sistema de pilotes hincados en el fondo, entre los cuales se sobreponen capas alternativas de fajinas * y piedras.
ENFARDADOR, RA adj. y s. Que enfarda o sirve para enfardar: *una enfardadora de pasto.*
ENFARDAR v. Hacer fardos o paquetes.
ENFARDELAR v. Hacer fardos o fardeles.
ENFELPAR v. *Text.* Afelpar.
ENFELTRAR v. *Text.* Afeltrar.
ENFIELAR v. Poner la balanza en el fiel.
ENFILAR v. Disponer las cosas en fila. ‖ Ensartar: *enfilar perlas.* ‖ Hacer coincidir dos o más cosas observadas desde un punto de vista situado en el mismo plano vertical que ellas.
ENFLORACIÓN f. *Perf.* Procedimiento para extraer las esencias olorosas de los vegetales.
— Para la *enfloración* se utilizan pilas de cristales untados con grasa por sus dos caras. Entre cada dos cristales se tiende una capa de pétalos de flores que se retiran dos o tres días después y son reemplazados por pétalos frescos, hasta que la grasa se haya saturado de perfume. La

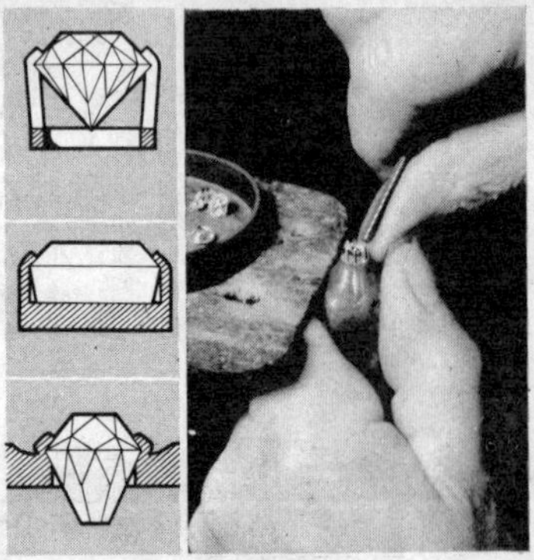

engastes de gemas en joyería

pomada perfumada se trata con un disolvente que permite obtener extracto destinado a la fabricación de perfumes y cosméticos.
ENFOCADOR m. *Fot.* Escala o dispositivo que, en las cámaras fotográficas, sirve para enfocar *.
ENFOCAMIENTO m. *Fot.* Acción de enfocar.
ENFOCAR v. *Ópt.* Hacer correr un sistema óptico a lo largo de su eje hasta que la imagen por él dada se forme en el punto deseado, como, por ejemplo, sobre la emulsión sensible si se trata de una cámara fotográfica. (V. FOCAR.)
— *Radiot.* Focalizar.
ENFOQUE m. *Ópt.* Acción y efecto de enfocar.
— *Radiot.* Focalización.
ENFOSCADO m. *Constr.* Revoque con que se iguala un muro antes de enlucirlo.
ENFOSCAR v. *Constr.* Cubrir con mortero las imperfecciones de los muros antes de enlucirlos.
ENFRANQUE m. *Art. y of.* Parte estrecha de la suela del zapato, prolongada por el talón.
ENFRASCAR v. Embotellar, meter en frascos.
ENFRENTAR v. *Carp.* Unir dos piezas a tope.
ENFRIADOR m. Grupo frigorífico, acoplado con un ventilador, que sirve para refrescar el aire en las habitaciones.
ENFRIAMIENTO m. *Fís.* Pérdida de calor de un cuerpo. ‖ Refrigeración.
— Cuando un cuerpo se halla a una temperatura más elevada que la del medio que lo rodea, cede calor al mismo y se enfría con rapidez tanto más grande cuanto mayor es la diferencia de las temperaturas. La *velocidad de enfriamiento* es igual al cociente de la variación de la temperatura dividida por el tiempo que dura dicha variación, y depende de la superficie del cuerpo, de su capacidad calorífica y de su poder emisivo.
ENFRIAR v. *Fís.* Bajar la temperatura de un cuerpo cuando se halla en medio más frío, al cual cede una parte de su calor. ‖ Refrigerar.
ENFUNDAR v. Poner algo en una funda.
ENFURGONAR v. *Amer.* Cargar en furgones.
ENFURTIDO m. *Curt.* y *Text.* Batanado.
ENFURTIR v. *Curt.* y *Text.* Batanar. ‖ *Batán de enfurtir*, v. BATÁN.
ENGAFAR v. *Mar.* Enganchar algo con gafas.
ENGALGAR v. *Mar.* Reforzar la acción de un ancla atando a su cruz otra ancla secundaria.
— *Transp.* Frenar la rueda de un carruaje con la galga o calzarla para que no gire.
ENGANCHAMIENTO y **ENGANCHE** m. Acción de agarrar algo con un gancho o de suspenderlo de un gancho.
— *F. c.* Acoplamiento.
— *Mec.* Dispositivo para acoplar dos piezas o elementos por medio de ganchos: *el capó de los coches modernos tiene enganche de seguridad.*
ENGARCE m. *Art. y of.* Acción y efecto de engarzar. ‖ Metal en que se engarza algo.
ENGARFIAR v. *Amer.* Agarrar con garfios.
ENGARGANTAR v. *Mec.* Engranar.
ENGARGANTE m. *Mec.* Engranaje, endentadura.

Fot. Larousse, Biaugeaud

ENGARGOLADO m. *Carp.* Ranura por la cual se desliza una pequeña puerta de corredera. ‖ Ensambladura * de ranura y lengüeta.

ENGARGOLAR v. *Carp.* Ajustar piezas por medio de gárgoles o de ranuras y lengüetas.

ENGARZADURA f. y **ENGARZAMIENTO** m. Engarce.

ENGARZAR v. Reunir varias cosas ensartándolas con un hilo metálico. ‖ Engastar.

ENGASTADURA f. Engaste.

ENGASTAR v. Encajar una cosa en otra sujetándola con un reborde o engaste de la misma.

ENGASTE m. Acción y efecto de engastar. ‖ Reborde o pestaña de una cavidad, que se dobla sobre la pieza que en ella encaja para afianzarla. ‖ Perla de forma irregular que, provista de una cara más o menos plana, puede ser engastada.

ENGATILLADO m. *Carp.* Trabazón de los maderos con gatillos de hierro. ‖ Ensamble de los extremos de las viguetas de un piso en las muescas hechas en las vigas.
— *Metal.* Procedimiento para unir chapas delgadas consistente en doblar conjuntamente sus bordes y en machacar el doblez: *el engatillado es de uso corriente en la fabricación de latas de conserva y otros envases de hojalata.*

ENGATILLAR v. *Carp.* Trabar los maderos con gatillos de hierro. ‖ Encajar los extremos de las viguetas en las muescas de las vigas.
— *Metal.* Unir chapas por engatillado *.

ENGAUCHAR v. *Arq.* Dar dirección inclinada a los cañones de las chimeneas, conductos de agua, etc.

ENGAZAR v. Engarzar.
— *Mar.* Poner gazas a los cuadernales.
— *Text.* Teñir los paños.

ENGELAMIENTO m. *Aeron.* Formación de escarcha * en alguna parte del avión.

ENGOMADO, DA adj. Untado con goma o impregnado de ella. (V. ENGOMAR.)

ENGOMAR v. *Papel.* Dar a los papeles una capa de goma que, al ser humedecida, permitirá pegarlos: *los sellos de correos son de papel engomado.*
— *Pint.* Desleír un color en goma acuosa para conferirle mayor adherencia y homogeneidad.
— *Text.* Aprestar los tejidos con goma desleída para darles lustre. ‖ Cauchutar.

ENGOMADOR, RA adj. y s. Que engoma o sirve para engomar: *rodillo engomador.*
— *Papel.* F. Máquina de engomar papeles.

ENGRANAJE m. *Mec.* Acción y efecto de engranar o endentar. ‖ Sistema de ruedas provistas de dientes que encajan y permiten transmitir el movimiento de un árbol a otro. ‖ *Engranaje diferencial, engranaje planetario,* v. DIFERENCIAL y PLANETARIO. ‖ *Módulo de un engranaje,* cociente que resulta de dividir el diámetro primitivo del mismo por el número de dientes, del cual depende su resistencia: *los módulos corrientes suelen ser múltiplos de 0,25 mm.*
— En los *engranajes cilíndricos,* que son los más corrientes, los árboles son paralelos. El movimiento de las ruedas es idéntico al de dos ruedas * de fricción, una de las cuales haría girar a la otra sin deslizarse sobre ella. La superficie de contacto de estas últimas ruedas se sitúa a la altura media de los dientes del engranaje, y la circunferencia correspondiente es la *circunferencia primitiva.* El número de revoluciones de las dos ruedas depende de su diámetro primitivo y está en razón inversa del número de sus dientes (por ej., si una de ellas tiene tres veces menos dientes que la otra, dará tres veces más vueltas). La forma de los dientes ha de ser tal que la transmisión del movimiento de uno a otro se efectúe sin deslizamiento. Esto se obtiene dando a sus flancos perfiles epicicloidales * o envolventes.
Los engranajes cilíndricos tienen los dientes paralelos al eje. Son ruidosos porque el punto de contacto entre dos dientes pasa de la base a la cúspide del diente, lo cual provoca vibraciones. Si al mismo engranaje se le talla un dentado helicoidal, se prolonga el contacto entre los dientes y se atenúa considerablemente el ruido, pero la inclinación de los dientes respecto al árbol engendra en el mismo un empuje longitudinal que ha de ser absorbido por chumaceras de empuje. Este defecto se subsana en el *engranaje de cheurones* oponiendo al dentado inclinado otro dentado gemelo, pero de inclinación contraria.
Para los árboles convergentes se utilizan *engranajes cónicos* cuyos dientes siguen la dirección de las generatrices que pasan por el punto donde convergen los ejes. En el *engranaje elíptico,* las ruedas son reemplazadas por elipses dentadas con objeto de transmitir el movimiento de rotación variable de un árbol a otro eje paralelo al mismo. Otras formas de engranaje son: el de *dentado glóbico,* el de *dentado hipoide,* el de *tornillo sin fin,* el de *cremallera,* etc. (v. *figura*).
La rueda dentada pequeña que engrana en otra mucho mayor se llama *piñón.*
Los engranajes corrientes se hacen de fundición o de acero, y sus dientes se tallan automáticamente con fresadoras especiales. Los piñones silenciosos, de alta velocidad, son de Nylón, baquelita o madera baquelizada, y también los hay de cuero, fibras o tejidos comprimidos.

ENGRANAR v. *Mec.* Endentar.
— *Text.* Teñir con grana o de color de grana.

engranajes : 1. Glóbicos ; 2. Helicoidales ; 3. Cilíndricos ; 4. De linterna ; 5. De tornillo sin fin ; 6. Cónicos ; 7. Cónico de dentado hipoide ; 8. De cheurones ; 9. Hipocicloides ; 10. De piñon y cremallera ; *abajo:* dos modos de tallar los dientes de los engranajes

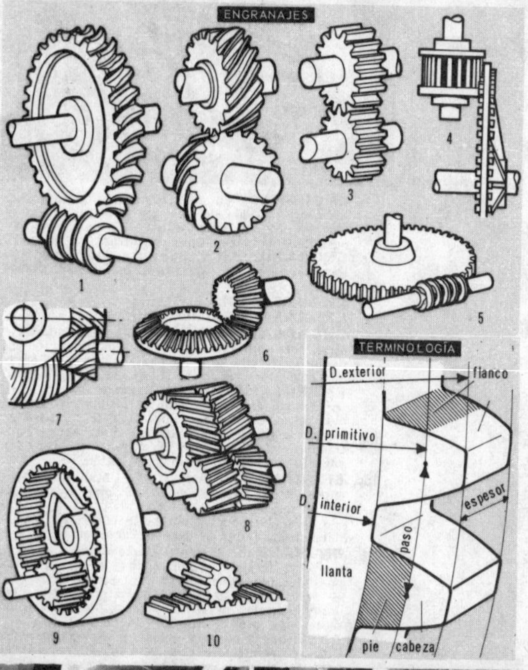

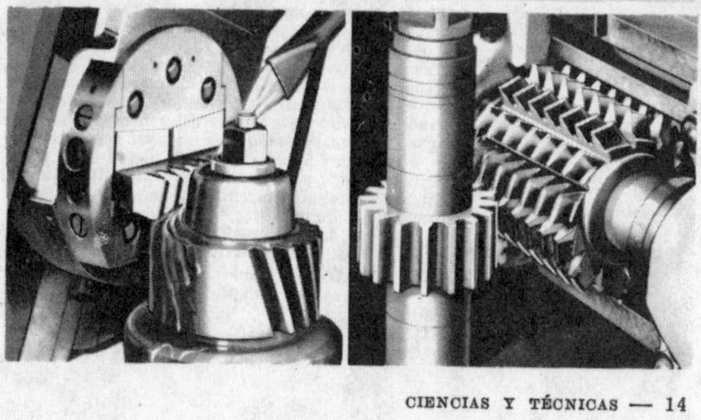

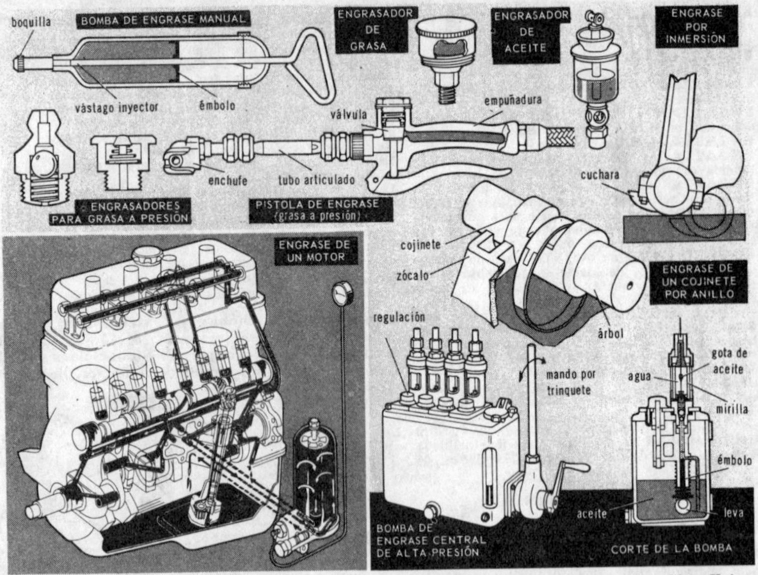

engrase

ENGRAPADO m. Acción y efecto de engrapar. — *Constr.* Modo de unir los sillares cuando se han labrado en ellos salientes y entrantes que permiten encajarlos unos con otros.

ENGRAPILLAR v. Sujetar o unir con grapillas: *máquina de engrapillar tablas para embalajes.*

ENGRASACIÓN f. Engrase.

ENGRASADO m. *Mec.* Engrase.

ENGRASADOR, RA adj. y s. Que engrasa o sirve para engrasar. ‖ — M. Cualquiera de los dispositivos que se usan para lubricar los órganos mecánicos. (V. lám. ENGRASE.)

ENGRASAMIENTO m. Engrase.
— *Autom. Engrasamiento de las bujías,* formación de carbonilla o acumulación de suciedad en los electrodos de las mismas, debida a una combustión defectuosa o a la entrada de aceite de engrase en la cámara de combustión.

ENGRASAR v. *Art. y of.* Untar de grasa: *engrasar las piezas metálicas que se han de almacenar.*
— *Mec.* Introducir lubricante entre dos superficies para evitar el roce de una con otra.

ENGRASE m. Acción y efecto de engrasar.
— *Curt.* Operación que consiste en dar grasa a una piel para que conserve su suavidad.
— *Mec.* Interposición de una materia grasa entre dos superficies para que puedan deslizarse una sobre otra con el mínimo de frotamiento.
— Muchas son las averías que se deben a un *engrase* insuficiente o defectuoso. El engrase es perfecto cuando la *cuña de engrase,* capa de lubricante * que separa las dos superficies, evita que entren en contacto sus rugosidades. El único frotamiento que subsiste entonces es el de las moléculas de lubricante entre sí (v. COJINETE, FLUIDO y VISCOSIDAD). Según la índole del órgano mecánico se adoptan diferentes formas de engrase: *engrase periódico* y *manual* con la aceitera o mediante engrasadores de goteo o de presión; *engrase permanente* y *automático,* por medio de bomba y circuito de aceite, etc. Los cojinetes autolubricantes *, hechos las más de las veces con metales antifricción *, no requieren engrase. (V. tb. LUBRICACIÓN.)

ENGRAVADO m. *Constr.* Capa de grava o cascote que sirve de asiento a un pavimento de hormigón.

ENGRENAJE m. *Mec. Amer.* Galicismo por *engranaje.*

ENGRILLETAR v. *Art. y of.* y *Mar.* Unir o asegurar cadenas u otras cosas con grilletes.

ENGRUDAR v. *Art. y of.* Untar con engrudo. ‖ Tomar una substancia la consistencia del engrudo.

ENGRUDO m. *Art. y of.* Cola que se hace con harina o fécula y agua, utilizada principalmente para pegar papeles.

ENGUATAR v. *Text.* Entretelar o acolchonar con guata.

ENGUILLAR v. *Art. y of.* Forrar una cuerda o un cable dándole vueltas con otro más delgado. ‖ Forrar un alambre para aislarlo.

ENGUJARRADO m. *Obr. públ.* Empedrado hecho con guijarros o chinas.

ENHEBRADOR m. *Art. y of.* Instrumento para enhebrar.

ENHEBRAR v. *Art. y of.* Pasar el hilo por el ojo de la aguja de coser. ‖ Ensartar.

ENHIDRO, DRA adj. y s. *Miner.* Dícese de ciertos minerales que contienen pequeñas cavidades llenas de agua. ‖ — M. Calcedonia enhidra.

ENHORNADORA f. Cargadora * de los hornos de coque.

ENHORNAR v. *Art. y of.* Meter algo en un horno.

ENINO m. *Quím.* Nombre genérico de los carburos que son a la vez etilénicos y acetilénicos. (Úsase también como sufijo: *el butenino o vinilacetileno sirve para preparar neopreno.*)

ENJABLAR v. *Carp.* Ensamblar el fondo de las cubas haciendo entrar las tiestas en el jable.

ENJALBEGAR v. *Pint.* Blanquear las paredes.

ENJAMBRE m. *Astr.* Grupo numeroso de meteoritos * que dan lugar a una lluvia de estrellas fugaces.
— *Atom.* Haz de trayectorias de las partículas engendradas por la desintegración de un átomo: *los rayos cósmicos, al desintegrar átomos del aire, producen complicados enjambres de partículas secundarias.*

ENJARCIAR v. *Mar.* Poner la jarcia a un barco.

ENJARETADO m. *Carp.* Celosía de madera hecha con listones diversamente cruzados y clavados.

ENJARETAR v. Hacer pasar algo por una jareta.

ENJARJE m. *Arq.* Adaraja.

ENJEBAR v. *Pint.* Blanquear con yeso.

— *Text.* Tratar con lejía de alumbre los paños que se han de teñir.
ENJEBE m. *Quím.* Alumbre o jebe.
— *Text.* Acción de enjebar y lejía usada con dicho fin.
ENJERRONAR v. *Carp.* Clavar los jerrones a los maderos que se han de transportar. (V. JERRÓN.)
ENJUGADOR m. *Art. y of.* Nombre dado a diversos utensilios e instalaciones que sirven para enjugar o escurrir.
ENJULIO m. *Text.* Tambor del urdidor en el que se arrolla la urdimbre.
ENJUNQUE m. *Mar.* Lastre de lingotes de plomo o de hierro. ‖ Estiba.
ENJUTA f. Cada uno de los triángulos que subsisten entre un cuadrado y el círculo inscrito en el mismo.
— *Arq.* Pechina. ‖ Tímpano.
ENJUTAR v. *Constr.* Enjugar o secar la cal y otras cosas. ‖ Rellenar las enjutas de las bóvedas.
ENLACE m. Unión, conexión entre dos cosas.
— *Electr.* Acoplamiento.
— *F. c.* Empalme.
— *Obr. públ. Rampa de enlace,* v. RAMPA.
— *Quím.* V. MOLÉCULA.
ENLADRILLADO m. o **ENLADRILLADURA** f. *Arq.* Pavimento de ladrillos.
ENLADRILLAR v. *Constr.* Pavimentar con ladrillos.
ENLAJADO m. *Amer.* Pavimento de lajas.
ENLAJAR v. *Amer.* Pavimentar con lajas.
ENLATADO m. *Arq.* y *Carp.* Entablado, enlistonado.
ENLATAR v. Envasar algo en latas.
— *Carp. Amer.* Techar con latas de madera.
ENLATONADO m. *Metal.* Revestimiento de latón que se aplica a un metal.
ENLEJIAR v. Meter algo en lejía o darle lejía. ‖ Preparar una disolución de álcali en agua.
ENLISTONADO m. *Carp.* Labor hecha con listones. ‖ Conjunto de listones: *las tejas descansan en el enlistonado de la cubierta.*
ENLISTONAR v. *Carp.* Hacer labor de enlistonado.
ENLIZAR v. *Text.* Poner lizos al telar.
ENLOMAR v. *Art. gráf.* Formar el lomo * del libro.
ENLOSADO m. *Arq.* Pavimento de losas.
ENLOSAR v. *Constr.* Pavimentar con losa.
ENLOZAR v. *Metal.* Dar una capa de barniz vítreo a los utensilios de hierro para que parezcan de loza, como se hace con las bañeras y las palanganas.
ENLUCIDO adj. y s. *Constr.* Revestimiento de yeso puro, estuco, cal o cemento con arena fina, etc., que se aplica a las paredes y techos.
— *Pint.* Blanqueado, enjalbegado.
ENLUCIR v. *Constr.* y *Pint.* Ejecutar un enlucido. ‖ Bruñir o abrillantar los objetos metálicos.
ENLLANTAR v. Poner su llanta a las ruedas.
ENMACHAMBRAR v. *Carp.* Machihembrar.
ENMADEJAR v. *Text. Amer.* Hacer madejas.
ENMADERACIÓN f. *Carp.* Enmaderamiento.
— *Min.* Entibación.
ENMADERADO m. *Carp.* Maderaje. ‖ Enmaderamiento.
— *Min. Amer.* Entibación.
ENMADERAMIENTO m. *Carp.* Obra de madera. ‖ Conjunto de maderos de una obra.
ENMADERAR v. *Carp.* Construir el maderaje de un edificio. ‖ Cubrir algo con maderos.
ENMALLE m. *Mar.* Nombre de las artes de pesca consistentes en redes que se calan verticalmente —merced a una relinga provista de flotadores y otra lastrada con plomo— y en cuyas mallas quedan prendidos los peces por las agallas.
ENMANGAR v. *Art. y of.* Poner mango a los instrumentos.
ENMARCAR v. *Art. y of.* Poner en un marco.
ENMASCARAMIENTO m. Técnica para ocultar el material de guerra y el personal, o para dificultar su observación, consistente en: cubrir los barcos, vehículos, uniformes, etc. con manchas que simulan el fondo; disimular las instalaciones con redes, los vehículos con ramaje, etc. (V. tb. ANTIRRADAR.)
ENMASILLADO m. *Art. y of.* Acción de enmasillar.
ENMASILLAR v. *Carp.* Cubrir con masilla los repelos de la madera y sus irregularidades para que quede lisa su superficie antes de pintarla. ‖ Sujetar los cristales a los bastidores de las vidrieras por medio de un reborde de masilla.
ENMECHAR v. *Carp.* Unir maderos por las mechas y cajas de sus extremos.
ENMONDAR v. *Text.* Desmontar el paño tundido.
ENO, prefijo derivado del griego *oinos,* que significa *vino* y entra en la composición de varias voces técnicas.
ENOL m. *Quím.* Forma tautomérica de una cetona o un aldehído. (V. ENOLIZACIÓN.)
ENÓLIDOS (*Ácidos*), nombre dado a una serie de materias colorantes presentes en el vino tinto.
ENOLIZACIÓN f. *Quím.* Transformación de un aldehído o una cetona en enol por migración de un átomo de hidrógeno que se fija en el radical CO.
ENOLOGÍA f. *Ind. alim.* Arte y técnicas de la elaboración y conservación de los vinos.
ENOMETRÍA f. *Ind. alim.* y *Quím.* Determinación de la riqueza alcohólica de los vinos.
ENOSCOPIO m. Ebulliscopio.
ENOTECNIA f. *Ind. alim.* Técnica vinícola.
ENQUICIAR v. *Carp.* Poner en su quicio las puertas y ventanas.
ENRAJONADO m. *Constr.* Enripiado.
ENRAJONAR v. *Constr.* Enripiar.
ENRAMADO m. *Mar.* Conjunto formado por las cuadernas de un barco.
— *Min.* Revestimiento de galería que se hace con ramaje en ciertas minas.
ENRAMAR v. *Mar.* Fase de la construcción de un barco durante la cual se plantan las cuadernas.
ENRARECIDO, DA adj. *Fís.* Dícese del gas dilatado o menos denso que en las condiciones normales: *en los altiplanos andinos se respira una atmósfera enrarecida.*
ENRARECER v. *Fís.* Disminuir la densidad de un gas por dilatación del mismo.
ENRARECIMIENTO m. *Fís.* Acción de enrarecer.
ENRÁS m. *Constr.* Lecho * de un sillar.
ENRASADO m. *Constr.* Fábrica con que se rellenan los riñones de una bóveda. (V. RIÑÓN.)
ENRASAMIENTO m. Enrase.
ENRASAR v. *Constr.* Alisar la superficie de una obra. ‖ Igualar una obra con otra para que tengan ambas la misma altura.
— *Fís.* Alcanzar el mismo nivel o magnitud dos o más elementos de un aparato.
ENRASE m. Acción y efecto de enrasar.
ENRASILLAR v. *Constr.* Hacer el forjado * del suelo colocando las rasillas entre las viguetas.
ENRAYADO m. *Carp.* Riostras horizontales con que se afianzan los cuchillos de una cubierta *.
ENRAYAR v. *Carp.* Ensamblar los rayos y el cubo de una rueda.
ENREDA f. Especie de trasmallo * que se cala a la deriva para pescar boquerones.
ENREHOJAR v. *Art. y of.* Revolver la cera * que se está blanqueando al sol.
ENREJADO m. Cerca de hierro. ‖ Conjunto de rejas de un edificio. ‖ Por ext., emparrillado, celosía hecha con listones, varas o cañas.
ENREJALAR v. Enrejar, en el sentido de apilar.
ENREJAR v. *Art. y of.* Apilar los maderos, ladrillos y otras cosas que se han de secar, cruzándolos o disponiéndolos de modo que queden entre ellos huecos para la circulación del aire.
— *Constr.* Poner rejas en los vanos. ‖ Cercar con verjas o rejas.
ENRIADO y **ENRIAMIENTO** m. *Text.* Acción y efecto de enriar.
ENRIAR v. *Text.* Dejar macerar en el agua los tallos de lino, cáñamo, esparto, etc., con objeto de destruir la materia gomosa que mantiene unidas las fibras y facilitar así la desfibración.
ENRIELADURA f. *F. c. Amer.* Conjunto de rieles.
ENRIELAR v. *F. c. Amer.* Encarrilar, meter las ruedas en los rieles.

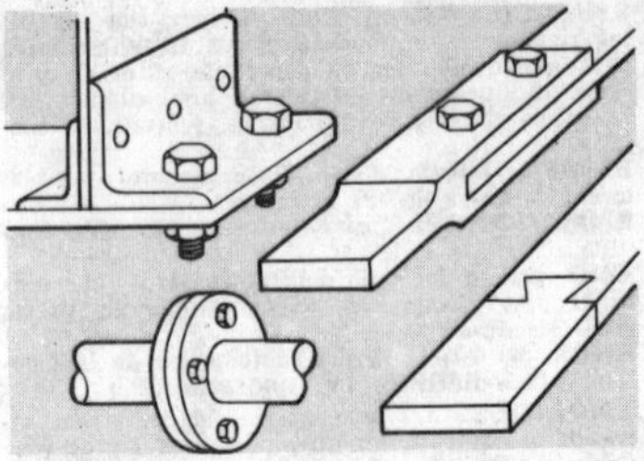

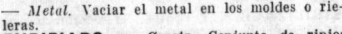

ensambladuras de piezas metálicas

— *Metal.* Vaciar el metal en los moldes o rieleras.

ENRIPIADO m. *Constr.* Conjunto de ripios con que se llenan los huecos entre los mampuestos.

ENRIQUECER v. Adornar una labor para mejorar su aspecto: *enriquecer una moldura con dibujos en relieve.* || Mejorar una materia o un producto mediante concentración * de sus principios útiles o agregándoselos, si carece de ellos o los tuviera en cantidad insuficiente: *un mineral se enriquece eliminando una parte de su ganga; el aire, aumentando su proporción de oxígeno; un alimento, agregándole vitaminas,* etc.

ensacadora

ENROCADO m. *Obr. públ.* Conjunto de bloques o piedras grandes de una escollera*. || Amontonamiento de piedras gruesas que se echan al pie de una obra para protegerla contra la acción socavadora del oleaje o de las aguas corrientes.

ENROLLAR v. *Obr. públ.* Empedrar con cantos.

ENROLLIZAR v. *Min.* Entibar con rollizos.

ENROÑAR v. *Metal.* Oxidarse el hierro.

ENROSCADURA f. y **ENROSCAMIENTO** m. *Art. y of.* Acción y efecto de enroscar.

ENROSCAR v. *Art. y of.* Torcer una cosa en forma de rosca: *enroscar el extremo de un alambre.* || Introducir una pieza en otra a vuelta de rosca.

ENSABANADO m. *Constr.* Primera capa de yeso que se aplica a las paredes antes de blanquearlas.

ENSABANAR v. *Constr.* Dar la capa de ensabanado *.

ENSACADOR, RA adj. y s. Que ensaca o sirve para ensacar.

— Las *ensacadoras modernas,* dispuestas en la boca de las tolvas, insuflan aire para mantener el saco inflado y no dejan entrar en el mismo más que el volumen o el peso de materia para los cuales han sido reguladas. Una ensacadora de cemento llena 1 200 sacos por hora, mientras que un obrero llena manualmente unos 20 sacos.

ENSACAR v. Meter en sacos las materias a granel. || *Máquina de ensacar,* v. ENSACADORA.

ENSALADA f. *Pint.* Yuxtaposición de colores hecha sin respetar la debida armonía *.

ENSAMBLADO m., **ENSAMBLADURA** f. o **ENSAMBLAJE** m. *Carp.* y *Metal.* Acción y efecto de ensamblar. || Unión, acoplamiento o empalme íntimo de dos piezas, especialmente las de madera. (Sinón. ENSAMBLE.)

— En la figura se han representado las principales *ensambladuras.* Ateniéndose a la disposición de los maderos, las ensambladuras se dividen en: *empalmes,* cuando una de las piezas ha de prolongar la otra; *acoplamientos,* cuando se trata de reforzar unos maderos con otros; *ensambles de cruce,* cuyos maderos se cruzan, y *ensambles de encuentro,* en los cuales una de las piezas, perpendicular a la otra o inclinada respecto a ella, no la cruza y se termina en el ensamble.

ENSAMBLAR v. *Carp.* y *Metal.* Unir, acoplar o empalmar las piezas encajando unas en otras.

ENSAMBLE m. *Carp.* y *Metal.* Ensambladura.

ENSANCHE m. *Min.* Lugar de la mina adecuado para acumular mineral o materiales.

— *Obr. públ.* Terreno que se destina a la extensión de una ciudad y parte del mismo en vías de urbanización.

ENSARDINADO m. *Constr. Amer.* Sardinel.

ENSARTAR v. *Art. y of.* Pasar por un hilo cuentas u otras cosas agujereadas. || Enhebrar.

ENSAYAR v. Probar, hacer el ensayo de una cosa para cerciorarse de su eficacia. || Someter una probeta, pieza o máquina a diversas pruebas físicas para determinar su resistencia, rendimiento, consumo o límites de su utilización. (V. ENSAYO.)

ENSAYO m. Acción de ensayar. || Prueba.

— *Aeron.* Son muy numerosos los *ensayos* efectuados desde que se adopta un proyecto de avión hasta que el aparato entra en servicio. Primeramente se someten diversas maquetas del avión a ensayos en túneles que permiten determinar sus principales características aerodinámicas (V. AERODINÁMICA y TÚNEL *aerodinámico*); los distintos órganos y elementos separados, así como el avión completo, son objeto de ensayos estáticos, o sea en el suelo, para comprobar su resistencia; el prototipo pasa por numerosos y minuciosos ensayos en vuelo bajo control de los servicios oficiales, de los cuales siempre se desprende la necesidad de efectuar alguna modificación o mejora en el aparato; por último, cada avión de serie es sometido a ensayos oficiales antes de que se autorice su entrada en servicio.

— *Mar.* En construcción naval existe un ciclo de *ensayos* comparable al de la construcción aeronáutica: ensayo de maquetas en laboratorios de hidrodinámica; ensayos del barco amarrado y en el mar libre; prueba de estabilidad, etc.

— *Min.* y *Quím.* Análisis rápido de un producto. || *Tubo de ensayo,* v. TUBO.

— *Tecn.* V. RESISTENCIA *de materias.* || *Ensayos de dureza, de plasticidad,* etc., v. DUREZA, PLASTICIDAD, etc. || *Banco de ensayos,* v. BANCO *de pruebas.*

ENSEBAR v. *Art. y of.* Untar con sebo: *ensebar un tornillo para que entre bien en la madera.*

ensambladuras de carpintería [v. tb. EMPALME]

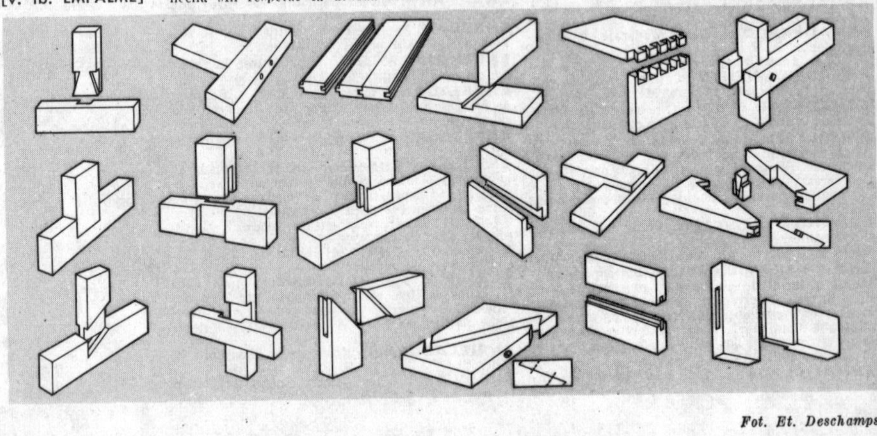

Fot. Et. Deschamps

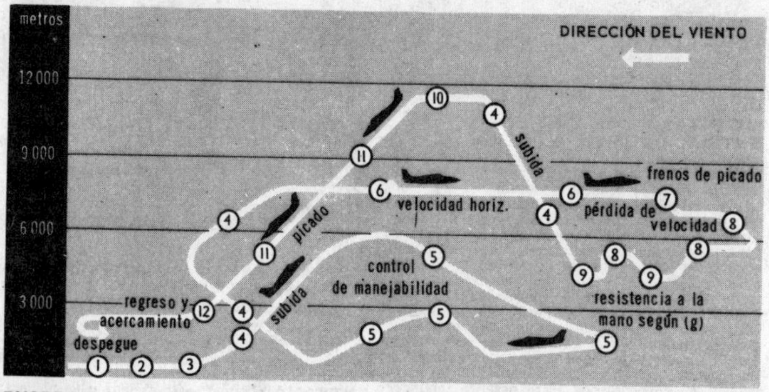

vuelo de **ensayo** de un prototipo de avión

ENSERAR v. Forrar una cosa con sera de esparto.
ENSILADO m. Acción de engranerar los cereales o de ensilar materias a granel.
ENSILADOR, RA adj. y s. Que ensila o sirve para ensilar. ‖ Máquina de ensilar.
ENSILAJE m. Ensilado.
ENSILAR v. *Agr.* Engranerar en silos *.
— *Ind.* Almacenar materias a granel en los silos.
ENSOBRAR v. *Ofic.* Meter en sobres los papeles u otras cosas. ‖ *Máquina de ensobrar,* cerradora de sobres.
ENSORTIJARSE v. Formar bucles o rizos los hilos o cuerdas excesivamente torcidos.
ENTABICADO m. Acción y efecto de entabicar *.
ENTABICAR v. *Constr.* Tabicar.
ENTABLACIÓN f. *Carp.* Acción de entablar. ‖ Entablado.
ENTABLADO m. *Carp.* Labor hecha con tablas yuxtapuestas. ‖ Pavimento de tablas. (Sinón. ENTARIMADO.) ‖ Revestimiento exterior de un muro, hecho con tablas solapadas para que no entre agua por las juntas.
ENTABLAMENTO y **ENTABLAMIENTO** m. *Arq.* Cornisamento.
— *Carp.* Techo construido con tablas.
ENTABLAR v. *Carp.* Afirmar, cubrir o cercar algo con tablas. ‖ Hacer un entablado.
ENTALINGADURA f. *Mar.* Nudo o armadura con que se fijan la cuerda o la cadena al ancla. ‖ Malla.
ENTALINGAR v. *Mar.* Asegurar la cuerda o la cadena al arganeo del ancla.
ENTALPIA f. *Fís.* Energía calorífica de un sistema termodinámico, cuya magnitud depende de los estados inicial y final del mismo.
— La *entalpia* es la suma $i = u + pv$, en la cual u es la energía interna del fluido, p su presión y v su volumen.
ENTALLA, ENTALLADURA y **ENTALLAMIENTO** f. *Art. y of.* Acción y efecto de entallar o esculpir. ‖ Incisión que se practica en el tronco del pino para extraer la resina y en el del caucho o siringa para que rezume el látex.
— *Carp.* Cotana.
ENTALLAR v. *Art. y of.* Tallar o esculpir una superficie. ‖ Practicar incisiones en la corteza del pino, del caucho o siringa y otros árboles para que mane la savia.
— *Carp.* Hacer en los maderos los cortes de las ensambladuras. ‖ Esculpir la madera.
ENTALLO m. *Art. y of.* Labor de entalladura.
ENTAPAR v. *Art. gráf. Amer.* Empastar o encuadernar libros.
ENTAPIAR v. Tapiar.
ENTAPIZAR v. *Art. y of.* Cubrir con tapices. ‖ Forrar los muebles con telas o revestir con ellas las paredes. ‖ Empapelar las paredes.
ENTAQUILLAR v. *Amer.* Estaquillar.
ENTARIMADO m. *Carp.* Entablado, pavimento de tablas, generalmente machihembradas y clavadas en ristreles. ‖ *Falso entarimado,* entablado de madera ordinaria que sirve de lecho a un entarimado.
ENTARIMAR v. *Carp.* Entablar pavimentos.

ENTARQUINAMIENTO m. *Agr.* y *Obr. públ.* Atarquinamiento.
ENTARQUINAR v. *Agr.* y *Obr. públ.* Atarquinar.
ENTARUGADO m. *Obr. públ.* Pavimento hecho con tarugos o bloques de madera.
ENTARUGAR v. *Obr. públ.* Pavimentar con tarugos de madera.
ÉNTAXIS m. *Arq.* Convexidad, aumento de diámetro que tiene el fuste de la columna para contrarrestar el efecto de óptica que hace ver cóncavo el fuste de las columnas cilíndricas.
ENTEJADO adj. y s. *Art. y of.* Dícese de las cosas solapadas, dispuestas como las tejas.
— *Constr.* Revestimiento de tejas verticales para proteger un paramento del agua. ‖ *Amer.* Cubierto con tejas.
ENTEJAR v. *Art. y of.* Solapar, como las tejas.
— *Constr. Amer.* Techar con tejas.
ENTELADO m. Acción y efecto de entelar.
ENTELAR v. Cubrir algo con tela.
— *Aeron.* Revestir la célula * del avión con una tela fina y resistente, impermeable y barnizada (los aviones modernos tienen revestimiento metálico o de madera).
— *Constr.* Forrar de arpillera los maderos de un entramado de tabique para que pueda adherirse en su superficie el enlucido.
ENTENA f. *Carp.* Madera en rollo.

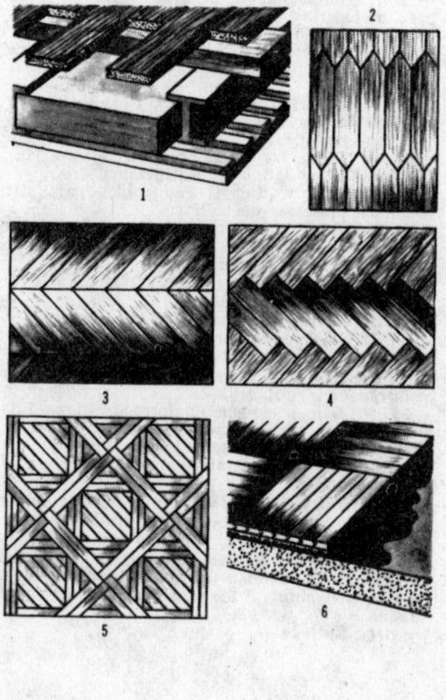

entarimados
1. A la inglesa; 2. Al sesgo; 3. De punto de Hungría; 4. A la francesa o de espinapez; 5. De taracea; 6. De mosaico, pegado con asfalto.

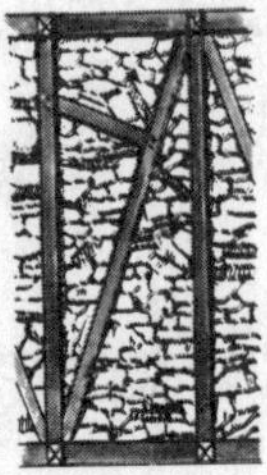

entramado

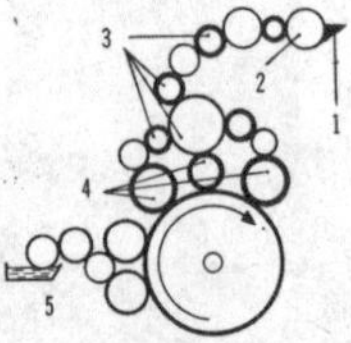

entintado
(art. gráf.)
1. Tintero; 2. Rodillo tomador; 3. Distribuidores; 4. Rodillos dadores; 5. Humectación

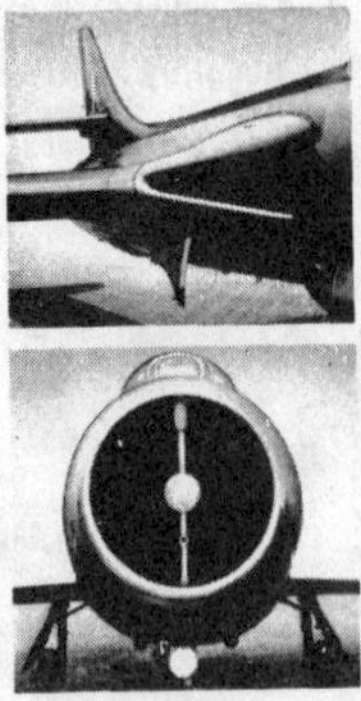

entradas de aire
(aeron.)

— *Mar.* Verga larga que sirve de percha a las velas latinas. (V. VELA.)

ENTENAL m. *Mar.* Gratil de la entena.

ENTENALLAS f. pl. Tornillo * de mano.

ENTERO, RA adj. *Mat. Expresión entera, número entero,* v. EXPRESIÓN y NÚMERO. ‖ — M. Número * entero.

ENTESTAR v. *Carp.* Encabezar.

ENTIBACIÓN f. *Min.* y *Obr. públ.* Acción y efecto de entibar. (Sinón. FORTIFICACIÓN.) ‖ Maderamen con que se afianzan las paredes y el techo de las excavaciones y galerías.

— La *entibación* tiene por objeto evitar el desplome de las paredes o el hundimiento del techo de las galerías, y al mismo tiempo proteger al personal que en ellas trabaja. Se hace con cuadros o portadas dispuestos de trecho en trecho (de 0,50 a 1,50 m), aunque excepcionalmente, en terrenos muy desfavorables, pueden tocarse. Cada portada consta de un par de estemples o puntales inclinados, rematado por un larguero o puente. Entre el hastial de la galería y las portadas se hace un revestimiento de rollizos o tablones, o un encofrado de tablas machihembradas. La entibación con elementos de acero permite fortificar progresivamente el frente de ataque de la mina con puentes voladizos que no requieren estemples en la zona de arranque del mineral.

ENTIBAR v. *Art. y of.* Apoyar una herramienta en una plancha, tablero, etc., para contrarrestar el empuje del martilleo que se da por el lado opuesto.

— *Min.* y *Obr. públ.* Apuntalar, fortificar las excavaciones y galerías para evitar que se hundan o desplomen las paredes. (V. ENTIBACIÓN.)

ENTIBO m. *Arq.* Estribo de una bóveda o arco. ‖ Contrafuerte de un muro.

— *Min.* y *Obr. públ.* Rollizo usado para entibar.

ENTICHELAR v. *Gom. Amer.* Recoger el látex en la tichela.

ENTINAR v. *Art. y of.* Meter en tina: *entinar la lana en el baño desengrasador.*

ENTINTACIÓN f. o **ENTINTADO** m. *Art. gráf.* Acción y efecto de entintar.

— El sistema de *entintado* o de distribución de tinta en las máquinas de imprimir consta esencialmente de un tintero y un sistema de rodillos. El primero de los rodillos (rodillo tomador), constituye una de las paredes del tintero, de modo que se moja constantemente de tinta, la cual pasa, por contacto, a los demás rodillos (rodillos distribuidores) hasta llegar a los rodillos dadores que entintan la forma. Por lo general, los rodillos son alternativamente de pasta y de metal.

— *Mar.* Teñido que se da a las redes de pesca para protegerlas de la podredumbre.

— *Text.* Acción de teñir.

ENTINTADOR, RA adj. Que entinta o sirve para entintar. ‖ *Rodillo entintador,* v. ENTINTACIÓN.

ENTINTADURA f. *Art. gráf.* Entintación.

ENTINTAR v. *Art. gráf.* Dar tinta a la forma. (V. ENTINTACIÓN.)

— *Text.* Teñir las fibras, hilos o tejidos.

ENTINTE m. *Art. gráf.* Entintación.

ENTOLDAR v. Cubrir con toldos para dar sombra o preservar de la lluvia.

ENTOMIZAR v. *Constr.* Cubrir con tomiza los maderos de los techos y paredes para que agarre en ellos el yeso del enlucido.

ENTONELADURA f. y **ENTONELAMIENTO** m. Acción de entonelar.

ENTONELAR v. Meter algo en toneles.

ENTONGAR v. Apilar cosas en forma de tongas o capas superpuestas.

ENTORCHADO, DA adj. y s. *Arq. Columna entorchada,* v. COLUMNA.

— *Text.* Hilo o cordoncillo forrado con un hilo de seda o de metal retorcido alrededor.

ENTORCHAR v. *Text.* Forrar un hilo con otro de seda o de metal retorcido alrededor del mismo.

ENTORNILLAR v. Dar a una cosa la forma de tornillo o disponerla como un tornillo.

ENTRADA f. *Aeron. Entrada de aire,* cada una de las bocas por las cuales entra el aire en los motores de reacción (salvo en el motor cohete, que es anaerobio). ‖ *Borde de entrada,* borde de ataque.

— *Arq.* Entrega.

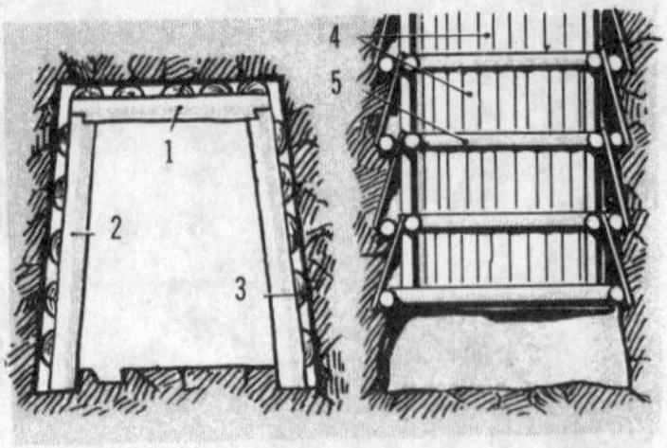

entibaciones de galería y de pozo: 1. Puente; 2. Estemple; 3. Encofrado; 4. Tablestacas; 5. Bastidores de rollos

— *Electr.* órgano por el cual penetra la corriente en un circuito o aparato eléctrico: *la entrada de antena de un televisor.*

ENTRAMADO m. *Constr.* Armazón de madera, hierro u hormigón armado que se rellena con obra de fábrica para hacer un tabique, una pared o el suelo. ‖ *Entramado lleno,* construcción de madera en la cual los muros se hallan constituidos por la superposición de maderos escuadrados o rollizos groseramente retocados. (Sinón. BLOCAO.)

ENTRANTE m. *Arq.* Pared situada más atrás de la alineación general: *una fachada que forma entrante.*

— *Geom. Ángulo entrante,* v. ÁNGULO.

ENTREARCO m. *Arq.* Pilastra o columna que sirve de apoyo a las extremidades contiguas de dos arcos.

ENTRECALLE f. *Arq.* Separación o hueco que media entre dos molduras.

ENTRECANAL f. *Arq.* Espacio que media entre dos estrías o canales contiguas de una columna.

ENTRECINTA f. *Carp.* Pieza de la armadura de cubierta * paralela al tirante.

— *Mar.* Cada una de las hiladas de tablas que, en el forro del casco, se hallan situadas entre las cintas.

ENTRECORTEZA f. *Carp.* Defecto de la tabla o madero que, por haberse pegado una rama al tronco o por tener éste un pliegue, contienen algo de corteza.

ENTRECUBIERTAS f. pl. *Mar.* Espacio entre dos cubiertas de un barco.

ENTREDÓS m. *Art. gráf.* Tipo de imprenta de 10 puntos.

ENTREGA f. *Arq.* Parte de un madero o de una viga empotrada en el muro. ‖ Cola * de un sillar.

— *Art. y of.* Alimentación de una máquina en la materia que ha de tratar: *las máquinas de imprimir suelen tener un dispositivo de entrega automática del papel.*

ENTREGADO, DA adj. *Arq.* Dícese de la columna embebida o que parece tener encastrada una parte de su fuste.

ENTREGAR v. *Arq.* Introducir el extremo de un sillar, viga o madero en la obra en que ha de quedar empotrado.

ENTREHIERRO m. *Fís.* Parte de un circuito magnético en la cual el flujo de inducción circula fuera del hierro. (V. ELECTROIMÁN.)

ENTREJUNTAR v. *Carp.* Ensamblar los elementos de una puerta o ventana (entrepaños, peinazos, travesaños, etc.).

ENTRELAZADO, DA adj. y s. *Arq.* Adorno de cintas entrelazadas que se usa en techos y paredes.

ENTRELAZAMIENTO m. *Radiot.* Método de análisis * utilizado en televisión y consistente en explorar y transmitir primero las líneas impares de la imagen (1, 3, 5, etc.) y luego las líneas pares (2, 4, 6, etc.), con lo cual se divide por dos el tiempo que transcurre entre dos iluminaciones sucesivas de una misma parte de la pantalla del televisor, supriméndose así o atenuándose considerablemente el efecto de parpadeo. (V. EXPLORACIÓN.)

ENTRELÍNEA f. *Art. gráf.* Interlínea.

ENTRELINEAR v. *Art. gráf.* Interlinear.

ENTRELISTADO, DA adj. y s. Dícese de la

Fot. Larousse

labor hecha a listas y de la que tiene algún dibujo o motivo entre lista y lista.

ENTRELISTAR v. Trazar, tejer o poner rayas o motivos ornamentales entre lista y lista.

ENTREMACHÓN m. *Arq.* Entrepaño comprendido entre dos machones.

ENTREMODILLÓN m. *Arq.* Espacio que media entre dos modillones.

ENTRENERVIOS m. pl. *Art. gráf.* Espacios que median entre los nervios en el lomo de un libro.

ENTRENZAR v. *Art. y of.* Trenzar.

ENTREPAÑO m. *Arq.* Parte de la pared comprendida entre dos pilastras o columnas, y también entre dos huecos.
— *Carp.* Anaquel. ‖ Cuarterón montado entre los peinazos de las puertas y ventanas.

ENTREPEINES m. pl. *Text.* Fibras que quedan en las cardas y en los peines después de haber cardado la lana u otras materias textiles.

ENTREPERFIL m. *F. c.* y *Obr. públ.* Distancia que media entre dos perfiles transversales de una vía o de un montón de materiales que se han de cubicar. ‖ Volumen del balasto o de los materiales comprendidos en el entreperfil.

ENTREPILASTRA f. *Arq.* Espacio entre dos pilastras.

ENTREPISO m. *Arq. Amer.* Entresuelo.
— *Min.* Espesor de terreno comprendido entre dos pisos de una mina.

ENTREPUENTES m. pl. Entrecubiertas.

ENTRERRIEL m. *F. c.* Entrevía.

ENTRESUELO m. *Arq.* Piso de menor altura que los restantes del edificio, situado entre la planta baja y el piso inmediatamente superior, llamado éste, generalmente, *principal.*

ENTRETALLA o **ENTRETALLADURA** f. *Art. y of.* Media talla o bajo relieve.

ENTRETALLAR v. *Art. y of.* Grabar, esculpir, especialmente a media talla.

ENTRETECHO m. *Arq. Amer.* Desván.

ENTRETEJER v. Trabar, enlazar los elementos de un armazón: *entretejer las viguetas del suelo.*
— *Text.* Tejer conjuntamente para obtener una labor compleja. ‖ Introducir hilos entre los de la trama y urdimbre para tejer alguna tela especial.

ENTRETELA f. *Text.* Lienzo fuerte que se pone entre la tela y el forro de un vestido para darle cuerpo a éste.

ENTRETELAR v. *Art. gráf.* Prensar entre cartones el pliego impreso para que desaparezca la huella de la impresión.
— *Text.* Poner entretelas a los vestidos.

ENTRETENIDO, DA adj. *Radiot. Ondas entretenidas,* v. ONDA.

ENTRETENIMIENTO m. Acción de mantener en buen estado de funcionamiento el material y las instalaciones: *máquina de fácil entretenimiento.*

ENTREVENTANA f. *Arq.* Parte de la pared comprendida entre dos ventanas.

ENTREVÍA f. *F. c.* Ancho de vía *.

ENTREVIGADO m. *Arq.* Distancia que media entre dos vigas del suelo.

ENTREVIGAR v. *Constr.* Rellenar con fábrica, madera o metal los huecos entre las vigas de un piso.

ENTRONCAR v. *Obr. públ.* Empalmar dos o más vías de ferrocarril, carreteras, etc.

ENTRONQUE m. *Obr. públ. Amer.* Acción y efecto de entroncar. ‖ Empalme, enchufe.

ENTROPIA o **ENTROPÍA** f. *Fís.* Magnitud usada en termodinámica para expresar el grado de desorden de la materia.
— A la degradación * de la energía corresponde un incremento de la *entropia.* Así, el vapor contenido a presión en la caldera puede, al ser dirigidas sus moléculas al cilindro, empujar un émbolo y producir trabajo. Por el contrario, si dicho vapor es disipado en la atmósfera aporta sus calorías a la misma, pero esta energía es desordenada e irrecuperable. También un pedazo de hulla representa cierto orden de la materia, mientras que sus gases de combustión diluidos en la atmósfera y sus cenizas esparcidas por el viento conducen al desorden. Constantemente la erosión desgasta las montañas y el Globo se nivela, el carbón y los hidrocarburos son consumidos y transformados en materias no utilizables. De ahí el segundo principio de la termodinámical, según el cual la entropia de un sistema aislado jamás puede disminuir: o se dan en el sistema transformaciones absolutamente reversibles, y permanece entonces constante, o las transformaciones son irreversibles (los restos de la combustión de la hulla no pueden volver a dar hulla; la piedra que cae de una cima al valle no puede remontar de éste a aquélla, etc.) y en dicho caso la entropia aumenta.

ENTRUESCA f. *Art. y of.* Rueda dentada de la tahona.

ENTUBACIÓN f. y **ENTUBAMIENTO** m. Acción y efecto de entubar.

ENTUBAR v. Poner algo en tubos. ‖ Canalizar un fluido por caños o tuberías.
— *Mec.* Montar los tubos de una caldera * de vapor o reemplazar los que tienen algún defecto.
— *Min.* y *Petr.* Forrar con tubos metálicos o de madera los pozos excavados en terreno blando o desmoronadizo. ‖ Forrar con tubos metálicos de diámetro decreciente el pozo petrolífero abierto con la sonda.

ENTUNICAR v. *Constr.* y *Pint.* Dar una o dos capas de cal y arena a la pared que se ha de pintar al fresco.

ENTUPIR v. *Art.* y *of.* Obturar, obstruir un conducto: *las impurezas entupen los filtros.*

ENUCLEAR v. *Ind. alim.* Deshuesar frutos.

ENVAGONAR v. *F. c.* Cargar en vagones.

ENVAINAR v. Envolver o forrar algo con vainas.

ENVARENGAR v. *Mar.* Armar las varengas de las cuadernas de un barco.

ENVASADOR, RA adj. y s. Que envasa o sirve para envasar. ‖ — M. Embudo de gran tamaño.

ENVASAR v. Meter un líquido en vasijas. ‖ Por ext., echar cualquier materia a granel en los envases que la han de contener.

ENVASE m. Acción y efecto de envasar. ‖ Vaso o vasija. ‖ Cualquier recipiente, lata, caja o envoltura propia para contener, embalar o empaquetar alguna materia o producto. ‖ *Envase irrellenable,* el que solo puede servir una vez.

ENVASIJAR v. *Amer.* Envasar.

ENVEJECER v. Precipitar el envejecimiento de una cosa o conferirle artificialmente alguna de las cualidades que sólo adquiere naturalmente cuando se hace vieja.

ENVEJECIMIENTO m. Acción de conferir artificialmente a una cosa nueva alguna de las cualidades a las cuales debe el valor que las cosas de su índole alcanzan cuando son viejas: *el envejecimiento de los vinos recientes permite hacerlos pasar por añejos; el envejecimiento de los muebles de estilo se hace con objeto de evitar el anacronismo que resultaría la visión de un mueble nuevo perteneciente a un estilo que cuenta uno o más siglos.*
— *Fís.* Fenómeno al cual se debe que los coloides y las suspensiones coloidales cambien espontáneamente de propiedades con el tiempo.
— *Metal.* Cambio que experimentan ciertas aleaciones de aluminio al pasar a la temperatura ambiente después de un temple a 500° ó 600° y que se traduce por un aumento de su resistencia a la ruptura y de su límite de elasticidad.
— *Plást.* Deterioración lenta de las materias plásticas debida a la acción del aire y demás agentes exteriores.

ENVERDUGAR v. *Constr.* Poner hiladas de ladrillos en una pared de otro material.

ENVERGADURA f. *Aeron.* Distancia entre los extremos de las alas de un avión. (V. ALA.)
— *Mar.* Longitud de una verga y anchura superior de la vela fijada en la misma. (Sinón. CRUZAMEN.) ‖ Por ext., anchura máxima del velamen de un barco.

ENVERGAR v. *Mar.* Sujetar una vela a su verga.

ENVERJADO m. Enrejado. ‖ *Amer.* Raja, verja.

ENVIAJADO, DA adj. *Arq.* Inclinado, sesgado. ‖ *Arco enviajado,* v. ARCO.

ENVIGADO m. *Arq.* Acción y efecto de envigar. ‖ Conjunto de vigas de una construcción.

ENVIGAR v. *Constr.* Poner las vigas de un techo u otra obra.

ENVOLVENTE f. *Geom.* Curva que envuelve a otra: *la evoluta * es una envolvente.*

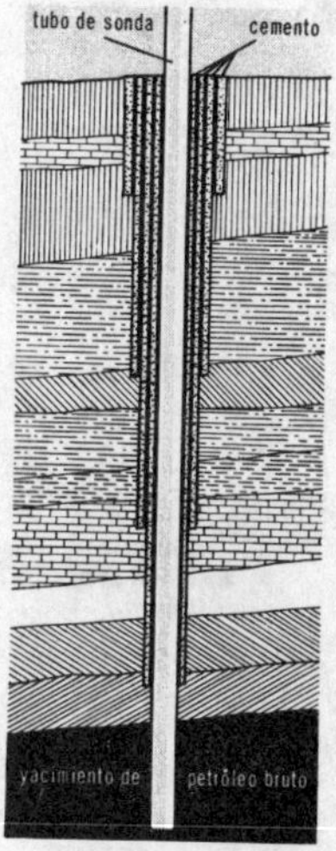

pozo **entubado**
(petr.)

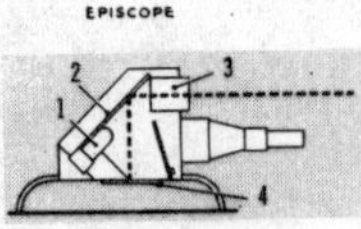

episcopio
1. Lámpara; 2. Espejo; 3. Objetivo; 4. Documento

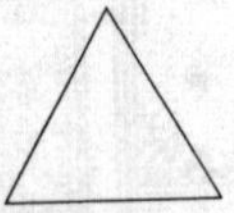

triángulo equilátero *(geom.)*

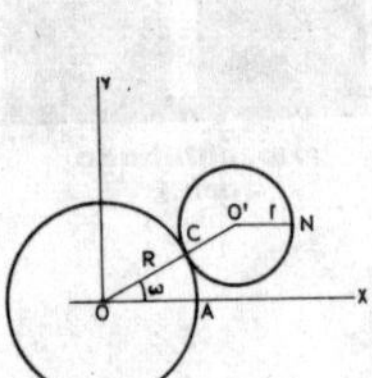

epicicloide

equilibración
1. Árbol flexible; 2. Pieza equilibrada

ENVUELTA f. *Mec.* Cárter o pieza con que se envuelve a otra o a un órgano mecánico para protegerlo.

ENYESAR v. Tapar, enlucir o tratar algo con yeso: *enyesar una pared; enyesar el vino.*

ENZIMA f. *Quím.* Fermento segregado por los organismos vivientes, que obra como un poderoso catalizador de reacciones químicas.
— Las *enzimas* son substancias de naturaleza proteica dotadas de la propiedad de catalizar una o varias reacciones específicas de cada una de ellas. Así, la amilasa hidroliza el almidón, la lipasa hidroliza los cuerpos grasos, etc. Son eficaces en cantidades ínfimas, puesto que una sola molécula de una de ellas, la catalasa, es capaz de descomponer cinco millones de moléculas de agua oxigenada en un minuto.

ENZUNCHAR v. *Art. y of.* Zunchar.

EOCENO m. *Geol.* Primer período de la era terciaria, comprendido entre el cretáceo y el oligoceno, que duró de —65 a — 45 millones de años: *la fauna y la flora del eoceno anuncian ya, con su evolución, el advenimiento de los géneros que han subsistido hasta nuestros días.* (V. ESTRATIGRAFÍA.)

EÓGENO m. *Geol.* División de los tiempos geológicos que abarca los períodos paleoceno, eoceno y oligoceno, desde —70 hasta —29 millones de años.

EÓLICO, CA adj. Relativo o perteneciente al viento. ‖ Movido por el viento. ‖ *Central eólica, energía eólica,* v. CENTRAL y ENERGÍA.

EOLIO, A adj. Eólico: *turbina eolia.* ‖ — F. Aeromotor *. (V. CENTRAL.)

EOSFORITA f. *Miner.* Fosfato hidratado de aluminio, manganeso y hierro.

EOSINA f. *Quím.* Materia colorante roja que se obtiene mediante la acción del bromo sobre la fluoresceína y sirve para fabricar tintas y como principio colorante de cosméticos.

EPACTA f. *Astr.* Edad de la Luna el primero de enero, o sea número de días transcurridos desde el último novilunio: *la epacta determina la fecha en que cae el día de Pascua.*

EPICENTRAL y **EPICÉNTRICO, CA** adj. *Geof.* Relativo o perteneciente al epicentro.

EPICENTRO m. *Geof.* Punto de la superficie del globo terráqueo donde se manifiesta con mayor intensidad un seísmo * o terremoto.

EPICICLOIDAL adj. *Geom.* Relativo o perteneciente a la epicicloide.

EPICICLOIDE f. *Geom.* Curva que describe un punto de una circunferencia cuando ésta rueda sobre otra sin resbalar. (Llámase también *epicicloide plana.*) ‖ *Epicicloide esférica,* curva engendrada por un punto de un círculo menor de la esfera que rueda sin resbalar sobre otro círculo de la misma esfera.
— *Mec.* Las *epicicloides* sirven para determinar el perfil de los dientes de los engranajes cónicos.

EPICLORITA f. *Miner.* Silicato hidratado de aluminio y magnesio parecido a la vermiculita.

EPIDIASCOPIO o **EPIDIÁSCOPO** m. *Ópt.* Instrumento mixto que permite proyectar en una pantalla tanto imágenes opacas (por reflexión) como diapositivas (por transparencia).

EPIGENIA f. *Miner.* Fenómeno en virtud del cual un mineral cambia de naturaleza química sin cambiar de forma: *en la petrificación *, que es una forma de epigenia, la sílice reemplaza a la materia orgánica de un tronco de árbol.*

EPIGÉNICO, CA adj. *Miner.* Epígeno.

EPÍGENO, NA adj. *Miner.* Dícese del mineral cuya substancia primitiva ha desaparecido y ha sido reemplazada por otra que adopta la forma de la primera. (V. EPIGENIA.)

EPIROGENIA f. *Geol.* Lenta deformación de la corteza terrestre que modifica el relieve en una zona bastante extensa.
— Mientras que en la orogenia la elevación o el hundimiento del terreno puede formar pendientes de 10 a 70°, en la *epirogenia* las pendientes son del orden de 1 a 2°. Un caso común de epirogenia es el de las montañas que, desgastadas por la erosión, pierden una parte de su peso, y, en virtud de la isostasia *, se elevan empujadas por el sima *. Pero el ejemplo actual más elocuente de epirogenia es la emergencia de Escandinavia, que, aligerada por la regresión de los glaciares, se eleva sobre el nivel del mar.

EPIROGÉNICO, CA adj. *Geol.* Relativo o perteneciente a la epirogenia. ‖ *Movimiento epirogénico,* movimiento vertical de la corteza terrestre.

EPISCOPIA f. *Ópt.* Proyección de cuerpos opacos por reflexión. (V. EPISCOPIO.)

EPISCOPIO m. *Ópt.* Instrumento de óptica que permite proyectar sobre una pantalla, por reflexión, la imagen de un cuerpo opaco, por oposición al diascopio, que proyecta imágenes transparentes. (El epidiascopio combina ambos instrumentos en uno sólo.)

EPISEÍSMO m. *Geof.* Episismo.

EPISISMO m. *Geof.* Terremoto de corto alcance producido por el hundimiento de cavidades subterráneas próximas de la superficie del Globo.

EPISTILO m. *Arq.* Arquitrabe.

EPOXI, prefijo usado en química para indicar la presencia en un cuerpo de la función epóxido *.

EPÓXIDO m. *Quím.* Función constituida por el enlace de dos átomos de carbono pertenecientes a una cadena con un átomo de oxígeno ajeno a la misma.

ÉPSILON f. Quinta letra del alfabeto griego (ε) empleada como símbolo en ciencias.

EPSOMITA f. *Miner.* Sulfato hidratado de magnesio, vulgarmente conocido por los nombres de *sal amarga, sal de la Higuera, sal purgante* y *vitriolo de magnesio.*

EPTÁGONO m. *Geom.* Heptágono.

EPTODO m. *Radiot.* Heptodo.

EPURACIÓN f. Depuración.

EQUI, prefijo derivado del latín *aequus,* que indica *igualdad.*

EQUIALTO, TA adj. *Topogr. Línea equialta,* curva * de nivel.

EQUIÁNGULO m. *Geom.* Dícese de las figuras geométricas y de los sólidos cuyos ángulos son iguales entre sí: *el triángulo equilatero es equiángulo.*

EQUIAXIAL adj. De ejes iguales.

EQUICÓNCAVO, VA adj. *Ópt.* Dícese de la lente cuyas dos caras tienen igual concavidad.

EQUICORRIENTE f. *Mec. Máquina de equicorriente,* máquina de vapor en la cual la admisión tiene lugar en los dos extremos del cilindro y el escape se efectúa por unas lumbreras centrales.

EQUIDISTANCIA f. Igualdad de distancia entre dos o más puntos.

EQUIDISTANTE adj. Que equidista.

EQUIDISTAR v. Hallarse dos cosas a igual distancia de otra.

EQUILÁTERO, RA adj. *Geom.* Dícese de la figura que tiene todos sus lados iguales. ‖ Dícese del cono cuya generatriz es igual al diámetro de la base.
— *Mat.* Dícese de una hipérbola cuyas asíntotas se cortan perpendicularmente.

EQUILIBRACIÓN f. Acción y efecto de equilibrar.

EQUILIBRADOR, RA adj. y s. Que equilibra o sirve para equilibrar. ‖ Contrapeso o cualquier otro dispositivo para equilibrar una cosa.

EQUILIBRAJE m. *Mec.* Galicismo por *equilibración.*

EQUILIBRAR v. Poner en equilibrio. ‖ Producir un estado de equilibrio.
— *Mec.* Corregir la distribución de las masas de un sistema mecánico hasta que se hallen en equilibrio. ‖ Hacer que el eje de rotación de un órgano giratorio pase por el centro de gravedad del mismo.

EQUILIBRIO m. *Atom. Equilibrio radiactivo,* tratándose de un cuerpo radiactivo que se transforma en otro por transmutación, estado que se alcanza cuando el número de átomos desaparecidos del primer cuerpo en un tiempo determinado, es igual al de los átomos del segundo que se han formado al mismo tiempo.
— *Fís.* y *Mar.* El *equilibrio de un cuerpo flotante* es posible si su centro de gravedad se encuentra en la misma vertical que el centro de gravedad del volumen de líquido desalojado. Se halla entonces aquel centro en un punto llamado *centro de empuje* y, en el caso de los barcos, *centro de carena.* Se obtiene la estabilidad cuando el centro de gravedad se halla por debajo del centro de empuje. Dícese que el equilibrio es indiferente cuando el metacentro * y el centro de gravedad del barco coinciden en un mismo punto.
— *Mec.* Estado de reposo que resulta cuando las fuerzas se destruyen entre sí y se anulan aparentemente.
— Cuando un cuerpo es ligeramente apartado de su posición, puede comportarse de tres modos diferentes que constituyen otras tantas formas de equilibrio: si vuelve por sí mismo a la posición primitiva es que se halla en *equilibrio estable;* si se queda inmóvil en la nueva posición, se halla en *equilibrio indiferente;* si sigue desviándose en el sentido en que se le ha apartado, se encuentra en *equilibrio inestable.* Una pieza u órgano giratorio se halla en *equilibrio estático* cuando el eje de rotación pasa por su centro de gravedad, y en *equilibrio dinámico* cuando existe, además, una simetría perfecta de las fuerzas centrífugas.
— *Meteor. Equilibrio vertical de la atmósfera,* v. ESTABILIDAD.
— *Min. Cable de equilibrio,* v. CABLE.
— *Obr. públ. Chimenea de equilibrio,* v. ARIETE.
— *Pint.* Armonía * de los colores.
— *Quím.* Estado de un sistema de cuerpos químicos cuya composición no sufre cambio alguno, ya por no existir ninguna reacción, ya por compensarse los efectos de dos reacciones inversas, en cuyo caso se dice que hay *equilibrio dinámico.*

EQUIMOLECULAR adj. *Quím.* Que contiene igual número de moléculas de dos o más cuerpos.

EQUIMÚLTIPLES m. pl. *Mat.* Dícese de los productos de varios números por un mismo número entero: *15 y 40 son equimúltiplos de 5.*

EQUINO m. *Arq.* Moldura que soporta el ábaco en el capitel del orden * dórico.

EQUINOCCIAL adj. *Astr.* Perteneciente o relativo al equinoccio. ‖ *Línea equinoccial,* el ecuador terrestre. ‖ *Puntos equinocciales,* puntos de intersección de la eclíptica con el ecuador.

EQUINOCCIO m. *Astr.* Cada uno de los dos momentos del año, separados por un intervalo de seis meses, en que el Sol, en su movimiento aparente sobre la eclíptica, cruza el ecuador terrestre: *en los equinoccios, el día y la noche tienen igual duración (el Sol sale entonces a las 6 y se pone a las 18).*
— El plano de la eclíptica y el del ecuador se cortan a lo largo de una línea llamada *línea de los equinoccios.* El Sol, al pasar del hemisferio austral al boreal, cruza dicha línea el 21 de marzo en un punto llamado *punto vernal* o *equinoccio de primavera;* seis meses después, en su movimiento descendiente, pasa el Sol por el punto opuesto, que es el *equinoccio de otoño.* La línea de los equinoccios gira muy lentamente sobre el centro de la Tierra y da una vuelta completa en 25 790 años, cuyo fenómeno es la *precesión * de los equinoccios.*

EQUIPAR v. Proveer de lo necesario una fábrica, laboratorio, barco, máquina, etc.: *modernizar una fábrica equipándola con nueva maquinaria.*

EQUIPO m. Conjunto formado por los indumentos y el material necesarios para ejecutar una tarea: *un equipo de hombre rana.* ‖ Maquinaria, utillaje e instalaciones de una industria, laboratorio, etc.: *el costosísimo equipo de una refinería moderna.*
— *Autom. Equipo eléctrico,* conjunto de instalaciones y dispositivos eléctricos de un automóvil.

EQUIPOLENTES adj. pl. *Geom.* Dícese de dos vectores paralelos y de igual magnitud y dirección.

EQUIPOTENCIAL adj. De igual potencia. ‖ *Línea, superficie equipotencial,* línea o superficie cuyos puntos tienen igual potencial.

EQUIPRESIÓN f. *Fís.* Presión del aire que equilibra la del agua en la campana de buzo, los cajones neumáticos, escafandras, etc. ‖ Úsase adjetivamente como sinónimo de *isobárico.*

EQUIVALENCIA f. Calidad de equivalente *.
— *Fís. Principio de la equivalencia,* v. TERMODINÁMICA. ‖ *Equivalencia de la masa y de la energía,* v. ENERGÍA y MASA.

EQUIVALENTE adj. y s. Dícese de la cosa que tiene igual magnitud, potencia, eficacia, naturaleza o uso que otra. ‖ Dicha cosa.
— *Fís. Equivalente mecánico del calor,* trabajo mecánico que corresponde a la unidad de calor, y cuyo valor se indica a continuación:
1 caloría equivale a 4,185 julios
1 kilocaloría equivale a 426,8 kgm.
— *Quím. Equivalente gramo,* cociente del peso atómico de un cuerpo por su valencia, o sea peso del mismo que puede combinarse con una unidad de hidrógeno. ‖ *Equivalente electroquímico,* v. ELECTRÓLISIS.
— *Topogr. Proyección equivalente,* v. PROYECCIÓN.

Er, símbolo químico del *erbio.*

ERA f. *Constr.* Suelo apisonado que sirve para preparar los materiales y batir el mortero.
— *Geol.* Primera subdivisión de los tiempos geológicos fundada en la estratigrafía * y subdividida a su vez en períodos.
— *Min.* Cada uno de los compartimientos de una salina en que se evapora el agua y se deposita la sal. ‖ Superficie plana y solada donde se trata el mineral al exterior de la mina.

ÉRBICO, CA adj. *Quím.* Relativo al erbio. ‖ Que contiene erbio: *óxido érbico.*

ERBINA f. *Quím.* óxido o hidróxido de erbio.

ERBIO m. *Quím.* Metal de símbolo *Er,* perteneciente al grupo de las tierras * raras.
— El *erbio* es un metal muy raro que carece de aplicaciones prácticas. Su óxido, la erbina, se halla en la naturaleza mezclado con los de otras tierras raras. Sus sales se obtienen tratando la erbina con ácidos apropiados. Principales constantes físicas del erbio: número atómico 68, peso atómico 167,2 (se conocen seis isótopos de masa comprendida entre 162 y 170), densidad, 9,06, puntos de fusión y de ebullición 1 475º y 2 600º, respectivamente.

EREMITA f. *Miner.* Monacita.

ERG, símbolo del *ergio.*

ERGIO m. *Metr.* Unidad de trabajo en el sistema C.G.S. *, equivalente al trabajo realizado por una fuerza de una dina mientras su punto de aplicación se mueve en un centímetro en dirección de la fuerza.
— Un *ergio* es igual a
1 dina × cm
10^{-7} julio
$2{,}77 \times 10^{-14}$ kWh
$6{,}242 \times 10^{11}$ eV.

ERGO, prefijo derivado del griego *ergon,* que significa *trabajo* y entra en la composición de voces científicas.

ERGOL m. *Astron.* Cada una de las substancias que constituyen un propergol *.

ERGÓMETRO m. *Tecn.* Aparato que sirve para medir el trabajo muscular.

ERIO, prefijo derivado del griego *erion,* que significa *lana* y entra en la composición de varias palabras.

ERITRÉNICO, CA adj. *Quím.* Relativo al eritreno.

ERITRENO m. *Quím.* V. BUTADIENO.

ERITRINA f. *Miner.* Arseniato hidratado de cobalto. (Sinón. COBALTOCRE.)

ERITRO, prefijo derivado del griego *eruthros,* que significa *rojo* y entra en la composición de numerosas palabras.

ERITROSINA f. *Quím.* Colorante análogo a la eosina, que se obtiene tratando la fluoresceína con yodo y que sirve para teñir la seda.

EROS, asteroide de pequeñas dimensiones (unos 20 km) que, una vez cada 30 años, se acerca a

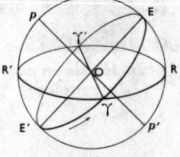

equinoccio
PP'. Polos; EE' γγ'. Eclíptica; RR'. Ecuador; γγ'. Línea de los equinoccios; γ. Equinoccio de primavera (punto vernal); γ'. Equinoccio de otoño; EE'. Línea de los solsticios

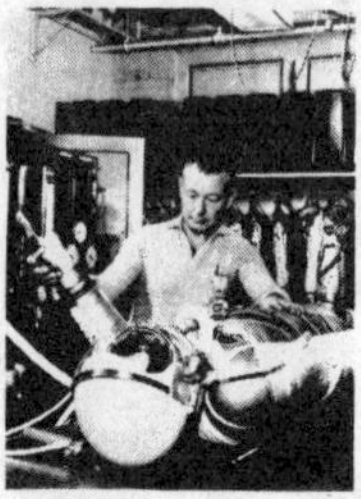

pruebas de una **escafandra** espacial

17 millones de km de la Tierra y permite, en ese instante, medir con gran precisión la magnitud del paralaje * solar.

EROSIÓN f. Acción de un fluido u otra substancia que desagrega o desgasta alguna superficie. ‖ Resultado de dicha acción.

— *Arm.* Desgaste interno del cañón de las armas de fuego por la acción de los gases calientes.

— *Geol.* Conjunto de acciones externas que, por desgaste progresivo del suelo, tienden a nivelar la superficie del Globo.

— Las principales formas de *erosión* son las siguientes: *erosión glaciar,* causada por la acción mecánica de las masas de hielo; *erosión pluvial,* debida a las partículas arrancadas por las gotas al caer en el suelo y arrastradas por las aguas corrientes; *erosión litoral,* o sea la de las olas que socavan los acantilados y desagregan las costas bajas; *erosión eólica,* ocasionada por el aire ya directamente, ya proyectando granos de arena que obran como proyectiles; *erosión química,* debida al anhídrido carbónico y al oxígeno de las aguas pluviales.

EROSIVO, VA adj. Que produce erosión: *la acción erosiva del viento.* ‖ Sensible a la erosión: *un suelo muy erosivo.*

— *Expl. Pólvora erosiva,* la que desgasta excesivamente los cañones de las armas de fuego.

ERRÁTICO, CA adj. *Geol. Bloque errático,* roca o bloque de grandes dimensiones y de naturaleza diferente de la del terreno en que yace, hasta el cual ha sido arrastrado en tiempos geológicos por algún glaciar. ‖ *Terreno errático,* terreno constituido por bloques erráticos y gravas o arenas.

erupción de un pozo de petróleo

ERROR m. *Mat.* y *Metr.* Diferencia entre el resultado equivocado de una operación o conjunto de operaciones y el resultado correcto de las mismas. ‖ Diferencia entre el valor observado y el valor verdadero o exacto de una medida. ‖ *Error absoluto,* diferencia entre un número y su valor aproximativo. ‖ *Error accidental,* el que resulta de la ejecución más o menos defectuosa de las medidas por el experimentador y que peca indistintamente por defecto o por exceso. ‖ *Error aleatorio,* el que se debe a la combinación, por casualidad, de múltiples errores parciales. ‖ *Error relativo,* cociente del error absoluto por el valor exacto de la magnitud medida. ‖ *Error sistemático,* el que se debe a una causa permanente, por ejemplo a una imperfección de la fórmula aplicada o del instrumento utilizado, y que siempre es de la misma índole (unas veces en más y otras en menos).

ERSTED m. Oersted.

ERSTITA f. Oerstita.

ERUPCION f. *Astr.* Paroxismo de la actividad solar, en la cromosfera, que se manifiesta en forma de puntos muy brillantes visibles fugazmente sobre el disco del Sol, especialmente en el interior de las manchas.

— En el curso de una *erupción cromosférica,* o sea en menos de una hora, la temperatura solar pasa de 6 000 a 1 000 000 de grados. Unos minutos después de la erupción, se observan perturbaciones en las comunicaciones radiotelegráficas

tres fases de una **erupción** solar *(astr.)*

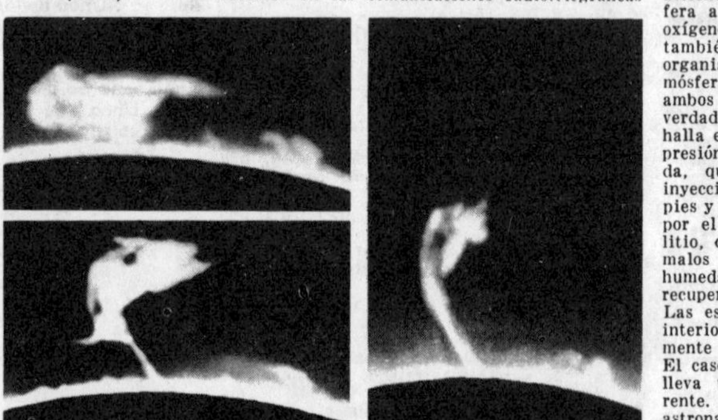

erupción del volcán Paricutín

y a unas 26 horas se produce en la ionosfera una tempestad magnética acompañada de auroras polares.

— *Geol.* Emisión violenta, por la superficie terrestre, de gases y materias ígneas procedentes del interior del Globo. (V. VOLCÁN.)

— *Petr.* Emisión de petróleo o de gas natural, que sobreviene intespestivamente durante la perforación de un pozo y se debe a la presión excesiva de los hidrocarburos en el yacimiento: *la erupción es complicada frecuentemente por el incendio del pozo, que se convierte en una antorcha monumental y muy difícil de apagar.*

ERUPTIVO, VA adj. Que da lugar a erupciones o que proviene de ellas.

— *Geol. Roca eruptiva,* aquella cuya materia proviene total o parcialmente de las profundidades de la corteza terrestre.

ESCABELO m. *Arq.* Base de una balaustrada.

ESCABENA o **ESCABEÑA** f. *Carp.* Compás de carpintero.

ESCAFANDRA f. o **ESCAFANDRO** m. *Astron. Escafandra espacial,* vestidura hermética que cubre todo el cuerpo del astronauta, le permite respirar y le protege contra los agentes exteriores.

— El hombre no puede subsistir fuera de su medio natural, que es la atmósfera terrestre, Tanto en el espacio interplanetario (donde reina el vacío), en la Luna y otros astros que carecen de atmósfera, como en los que tienen una atmósfera de composición diferente de la nuestra, el astronauta necesita bañarse en una microatmósfera artificial en la cual halle no solamente el oxígeno indispensable para la respiración, sino también un medio gaseoso que ejerza sobre su organismo la presión equivalente a la de la atmósfera terrestre. La *escafandra espacial* llena ambos contenidos: es una vestidura compleja, verdadera cabina autónoma, en cuyo interior se halla el hombre en el seno de una atmósfera bajo presión, constantemente purificada y deshidratada, que también obra como refrigerante. La inyección del oxígeno suele efectuarse por los pies y las manos, y la salida de los gases viciados, por el casco. Varios filtros a base de óxido de litio, carbón vegetal, etc., permiten absorber los malos olores y eliminar el gas carbónico y la humedad (el agua espirada o sudada puede ser recuperada).

Las escafandras actuales son de Nylón revestido interiormente de caucho y aluminiado exteriormente para que refleje las radiaciones caloríferas. El casco, de plástico armado con fibra de vidrio, lleva una visera corrediza de plástico transparente. Mientras permanece alzada la visera, el astronauta respira el aire ambiente (el de la cabina, por ejemplo); al ser bajada, entra en

Fot. C. C. A., Atlas-Photo-Popper, Esso

funcionamiento el sistema autónomo de la escafandra.
La escafandra espacial no puede proteger eficazmente al astronauta contra los meteoritos * ni contra las radiaciones * ionizantes (salvo los rayos ultraviolados).
— *Mar.* Cualquiera de los aparatos que permiten prolongar la estancia del hombre debajo del agua. (V. BUZO.) ‖ *Escafandra autónoma,* la que lleva su propia provisión de aire u oxígeno para la respiración del buzo y permite suprimir el tubo que, en la escafandra clásica, le une a la superficie. ‖ *Escafandra rígida,* la de metal, en forma de armadura, para el trabajo de los buzos en grandes profundidades.

ESCALA f. *Art. y of.* Escalera * de mano.
— *Fís.* Serie de divisiones que, en un instrumento de medida, permite indicar el valor de la magnitud que se mide: *para el termómetro * de mercurio ordinario se utilizan las escalas centesimal o de Celsio y la de Fahrenheit.*
— *Geogr.* V. más abajo *Topogr.*
— *Geol. Escala estratigráfica,* v. ESTRATIGRAFÍA.
— *Geom.* V. más abajo *Topogr.*
— *Mar.* Escalera de los muelles y embarcaderos. ‖ *Escala de calado,* graduación que llevan los barcos mayores, a proa y a popa, para indicar su calado, el aproamiento y el apopamiento. ‖ *Escala de carga o de desplazamiento,* gráfico que indica: el desplazamiento de un barco según el calado; las toneladas necesarias para que se hunda el casco de un centímetro o de una pulgada inglesa; el tonelaje que corresponde a cada calado de la escala y otras indicacioses que sirven para calcular la carga del buque. ‖ *Escala de marea,* escala graduada que, en los puertos, permite apreciar las fluctuaciones del nivel del mar debidas a las mareas. ‖ *Escala real,* escala principal suspendida junto al portalón de estribor, que se pone en los barcos, especialmente los de guerra, para embarcar y desembarcar la tripulación o los pasajeros.
— *Mat. Escala aritmética, natural* o *normal,* aquellas cuyas longitudes son proporcionales a las magnitudes. ‖ *Escala logarítmica,* aquella cuyas divisiones no son proporcionales a las magnitudes, sino al logaritmo * de las mismas.
— *Meteor. Escala de Beaufort,* v. BEAUFORT.
— *Miner. Escala de Mohs,* escala para determinar empíricamente la dureza de los minerales comparándolos a otros escogidos de forma que cada uno de ellos pueda rayar a los precedentes de la escala, pero no al siguiente.
— Los *minerales de la escala de Mohs* son: 1.º el talco; 2.º el gipso; 3.º la calcita; 4.º el espato flúor; 5.º la apatita; 6.º la ortoclasa; 7.º el cuarzo; 8.º el topacio; 9.º el corindón; 10.º el diamante. Dícese, por ejemplo, que un cuerpo tiene la dureza 6 cuando raya la apatita, pero no el cuarzo.
— *Obr. públ. Escala de peces,* plano inclinado provisto de una sucesión de compartimientos por lor que corre el agua, que se construye en los pantanos y embalses para que los peces puedan salvar los diques o presas en sus movimientos migratorios.
— *Topogr.* Relación entre la longitud real de una cosa y la longitud que se le atribuye en un dibujo, plano, mapa, maqueta u otra representación. ‖ Por ext., línea dividida y subdividida en partes iguales que, en un mapa o plano, sirve para indicar la relación entre la longitud medida en los mismos y la distancia o dimensión real.
— Si una distancia de 1 000 m (o sea 100 000 cm) es representada en el mapa por una longitud de 1 cm, se dice que la escala es de 1: 100 000 ó 1/100 000.

ESCALABORNE m. *Arm.* y *Carp.* Pieza de madera, ya desbastada, para hacer la caja de un arma de fuego.

ESCALAMERA f. *Mar.* Hueco donde se mete el remo en la chumacera.

ESCÁLAMO m. *Mar.* Estaquilla que se ajusta en la regala de un bote para que sirva de apoyo y articulación al remo.

ESCALAMOTADA f. *Mar.* Borda de las embarcaciones menores provistas de cubierta.

ESCALAR adj. *Mat.* Dícese, por oposición a vectorial *, de las magnitudes que carecen de dirección y que solamente se expresan por su valor numérico: *una temperatura o un volumen*

escala de peces
(obr. públ.)

son magnitudes escalares; una fuerza o una velocidad son magnitudes vectoriales.

escala real
(mar.)

ESCALENO adj. *Geom.* Dícese del triángulo que tiene sus tres lados desiguales, y también del cono oblicuo.

ESCALENOEDRO m. *Miner.* Dícese del cristal romboédrico limitado por 12 triángulos escalenos. (V. CRISTALOGRAFÍA.)

ESCALERA f. *Arq.* Serie de escalones dispuestos en un plano inclinado para subir y bajar entre las distintas plantas o niveles. ‖ *Escalera de aire,* la que carece de caja y se halla soportada por pilares. ‖ *Escalera de caracol,* la de forma helicoidal, seguida y sin descansillos. ‖ *Escalera cerrada,* la que carece de luz central entre la ida y la vuelta (las barandillas de todos sus tramos se hallan en un mismo plano vertical). ‖ *Escalera compensada,* la que, en las vueltas, tiene peldaños que no son perpendiculares a la zanca, para evitar que junto a ésta los peldaños resulten demasiado estrechos. ‖ *Escalera de espigón,* la de caracol desprovista de ojo. ‖ *Escalera de gato,* sucesión de travesaños empotrados exteriormente en los muros, chimeneas, etc., para trepar por ellos. ‖ *Escalera de husillo,* la de caracol. ‖ *Escalera a la imperial,* la que consta de un solo tramo ancho de ida y dos estrechos de vuelta, o viceversa. ‖ *Escalera de incendio,* la que se construye al exterior del edificio para que sirva de salida de socorro. ‖ *Escalera de ida y vuelta,* la de dos tramos de direcciones opuestas y un rellano intermediario. ‖ *Escalera de ojo,* aquella cuyos tramos dejan

escalas

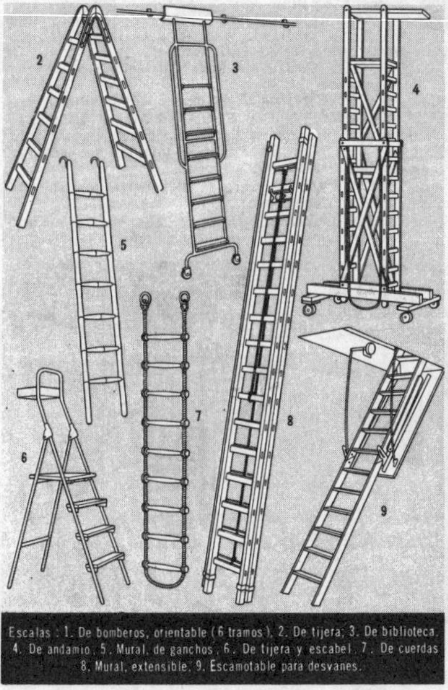

Escalas : 1. De bomberos, orientable (6 tramos). 2. De tijera. 3. De biblioteca. 4. De andamio. 5. Mural, de ganchos. 6. De tijera y escabel. 7. De cuerdas. 8. Mural, extensible. 9. Escamotable para desvanes.

Fot. C. G. T., Presse-Ciné Photo

escapes de áncora y de clavija

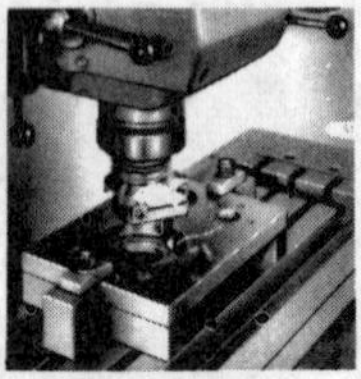

escariado

escaleras

una luz en el centro. ‖ *Escalera mecánica,* la de peldaños articulados unos con otros y provistos de rodillos, que forman una cadena sin fin arrastrada por un motor eléctrico: *la escalera mecánica funciona a modo de ascensor continuo.* ‖ *Escalera mixta,* la que consta de secciones rectas (con peldaños rectangulares) y curvas (con peldaños trapezoidales). ‖ *Escalera recta,* la de un solo tramo recto.

— La figura indica el nombre de los principales elementos constitutivos de una *escalera.* La *contrahuella* o altura entre dos peldaños suele ser de 16 a 17 cm; la *huella,* o anchura del peldaño. es de unos 30 cm. Se considera que en la escalera ideal la suma de la huella y del doble de la contrahuella ha de ser de 64 cm.

— *Carp. Escalera de mano,* escalera portátil constituida por dos montantes paralelos o convergentes por arriba, unidos por una serie de travesaños horizontales que sirven de peldaños. ‖ *Escalera de tijera,* combinación de dos escaleras de mano articuladas con bisagras por su extremo superior y a veces provistas de un descansillo y prolongadas por un asidero.

— *Min. Escalera de escapulario,* la de mano que se cuelga a lo largo de la pared en los pozos de las minas.

— *Tecn.* Los bomberos utilizan vehículos automóviles provistos de *escaleras extensibles* cuyos tramos, arrastrados por el motor merced a un sistema de cables y poleas, se corren unos sobre los otros hasta formar escaleras que pueden superar los 30 m de altura. El mismo motor permite orientar la escalera en la dirección deseada.

ESCALINATA f. *Arq.* Escalera exterior de un solo tramo.

ESCALMO m. Cuña grande de madera.

— *Mar.* Escálamo.

ESCALÓN m. *Arq.* y *Carp.* Peldaño.

— *Astron.* Nombre dado, impropiamente, a cada uno de los cohetes simples que constituyen el cohete * de etapas.

ESCALONADO, DA adj. Que tiene rebajos en forma de escalones o peldaños.

— *Astron.* Dícese del cohete compuesto o cohete de etapas.

ESCALPLO m. *Curt.* Cuchilla de curtidor.

ESCAMA f. Nombre dado a diferentes cosas de forma parecida a la de las escamas de los peces. ‖ Astilla.

— *Arq.* Teja, pizarra o placa de cobre o cinc de forma recortada que se usa, imbricada con otras, para techar edificios.

— *Metal.* Costra que salta del metal que se está forjando.

— *Petr. Parafina de escamas,* V. PARAFINA.

ESCAMADA f. y **ESCAMADO** m. Labor hecha con escamas. ‖ Configuración de un conjunto de cosas o de un dibujo a imagen y semejanza de las escamas de los peces.

ESCAMAR v. Labrar o disponer algo como las escamas de los peces.

ESCAMAZO m. *Carp.* Astilla de la madera resquebrajada, que no se desprende de ella.

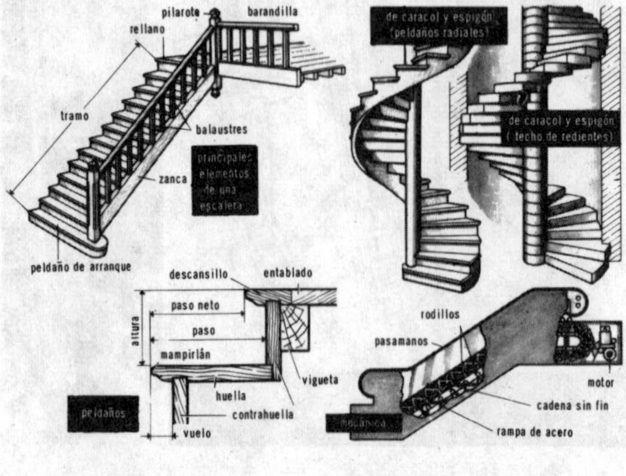

ESCAMOTABLE adj. *Tecn.* Retráctil, ocultable, que deja de ser aparente cuando no funciona: *los aviones tienen trenes de aterrizaje * escamotables.*

ESCAMOTAR o **ESCAMOTEAR** v. *Tecn.* Ocultar, hacer desaparecer un órgano cuando su presencia sea inútil o contraproducente: *escamotar el tren de aterrizaje para disminuir la resistencia que opone el aire al avión.*

ESCAMOTEO m. Ocultación de un órgano escamotable.

ESCANDALOSA f. *Mar.* Pequeña vela * triangular que se pone sobre la cangreja.

ESCANDALLAR v. *Mar.* Sondar con el escandallo.

ESCANDALLO m. Prueba que se hace para comprobar la calidad de una remesa o un lote de productos y que consiste en tomar al azar unos cuantos objetos o envases que sirven de prueba.

— *Mar.* Instrumento para medir la profundidad del agua y reconocer la naturaleza del fondo. (V. SONDA.)

ESCANDINA f. *Miner.* Hidróxido de escandio.

ESCANDIO m. *Quím.* Elemento químico de símbolo *Sc* y número atómico 21.

— El *escandio* es un metal presente en las tierras * raras y, prácticamente, carece de aplicaciones. Sus principales características físicas son las siguientes: peso atómico, 44,96; densidad, 3,00; puntos de fusión y de ebullición, respectivamente, 1 550° y 2 750°.

ESCANTILLAR v. *Arq.* Descantillar. ‖ Tomar o marcar alguna medida o dimensión.

ESCANTILLÓN m. *Art. y of.* Plantilla o patrón para trazar el contorno o las dimensiones de las piezas.

— *Carp.* Escuadría.

ESCAPAMENTO m. *Mar.* Dispositivo que suelta la cadena del ancla y permite que ésta sea fondeada con gran rapidez.

ESCAPE m. *Mec.* Salida de los gases de combustión en los motores o del vapor en las máquinas de vapor. ‖ Dispositivo por el cual se efectúa dicha salida: *válvula de escape.* ‖ Cuarto y último tiempo del ciclo en los motores de explosión. (V. MOTOR.) ‖ Mecanismo de trinquete * que permite propulsar un órgano de modo intermitente, pero uniforme, como el *escape del áncora* que se usa en los relojes.

— En los automóviles y motocicletas, la expulsión de los gases se efectúa por el *tubo de escape.* En razón de la temperatura y presión elevada de dichos gases, el *escape libre* de los mismos va acompañado de ruidos intensos y desagradables, razón por la cual la ley impone el uso de un silenciador *.

ESCAPO m. *Arq.* Fuste de la columna.

ESCAQUEADO, DA adj. Ajedrezado.

ESCARBILLA f. Brasa de pequeñas dimensiones aspirada del hogar por el mucho tiro de la chimenea: *las escarbillas de las locomotoras provocan no pocos incendios a lo largo de las vías.*

ESCARCHA f. Precipitación atmosférica de gotitas de agua en estado de sobrefusión que, al entrar en contacto con una superficie sólida (plantas, hilos telegráficos, etc.) se congelan bruscamente sobre ella y la cubren de una capa de pequeños cristales de hielo.

— *Aeron.* La formación de escarcha en el borde de ataque de las hélices, alas y estabilizadores de los aviones es doblemente perniciosa por la sobrecarga considerable que puede representar, y sobre todo porque cambia el perfil de las alas y merma su fuerza sustentadora. De ahí la importancia de los dispositivos preventivos y descongeladores que hoy equipan los aviones. (V. DESCONGELADOR.)

ESCARCHAR v. *Art. y of.* Echar vidrio machacado, ácido bórico y otras substancias sobre una superficie a fin de imitar la escarcha o la nieve: *tarjetas postales escarchadas.*

— *Cerám.* Desleír la arcilla blanca para preparar la masa de loza.

— *Ind. alim.* Cubrir las frutas confitadas con una capa de azúcar cristalizado. ‖ Cristalizar azúcar sobre un ramito de anís dentro de una botella de aguardiente.

ESCARIADO m. *Metal.* Operación que tiene por objeto rectificar y alisar interiormente los agujeros ya taladrados en una pieza.

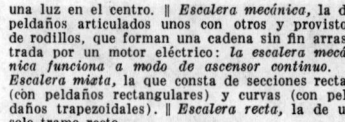

Fot. Hurt

— El *escariado manual* se hace con las herramientas llamadas *escariadores*. En la producción de piezas en serie se utilizan máquinas escariadoras de las cuales existen dos tipos principales: el primero, rotativo, conviene para los taladros redondos y trabaja como una fresadora; el segundo tipo es propio para agujeros hexagonales, cuadrados, ranurados o de cualquier otra forma, y comprende las máquinas de vaivén, en las cuales el escariador, arrastrado por el carro, atraviesa la pieza en los dos sentidos.

ESCARIADOR, RA adj. y s. *Metal.* Que escaría o sirve para escariar. ‖ — M. Herramienta para agrandar y alisar taladros. ‖ — F. Máquina de escariar. (V. ESCARIADO.) ‖ *Escariadora fresadora,* combinación de una fresadora * y una escariadora en una sola máquina.

ESCARIAR v. *Metal.* Agrandar, rectificar o alisar los agujeros taladrados en las piezas metálicas. (V. ESCARIADO.) ‖ *Máquina de escariar,* escariadora.

ESCARIFICADOR m. *Agr.* Instrumento provisto de numerosas cuchillas que cortan la tierra y la ablandan sin removerla.

ESCARLATA f. *Color.* Carmesí menos subido que la grana, cuyo tipo se obtiene tratando la

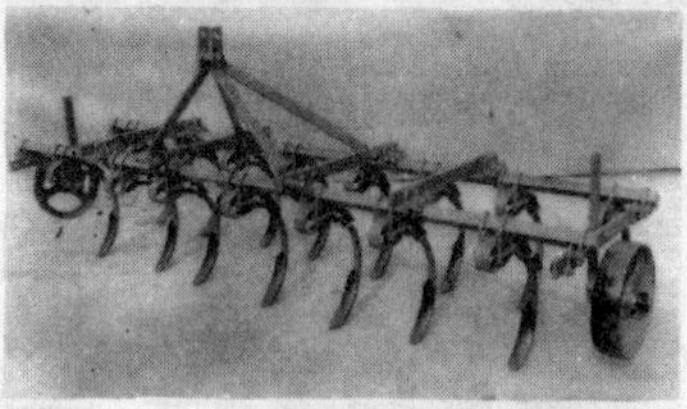

escarificador

cochinilla con bitartrato de potasio. ‖ *Escarlata de anilina,* mezcla de fucsina y de crisanilina. — *Text.* Tela de color de escarlata.

ESCARMENAR v. *Min.* Separar el mineral mezclado con los escombros.

ESCARPA f. *Art. y of.* Cincel.

ESCARPAR v. *Art. y of.* Raspar con el escarpelo o la escofina.

ESCARPE m. *Carp.* Corte oblicuo en el extremo de un madero para empalmarlo con otro.

ESCARPELO m. *Carp.* Instrumento de filo acerado y dentado que sirve para raspar las labores de madera tallada.

ESCARPIA f. *Art. y of.* Clavo acodillado, propio para colgar o suspender algo. (Sinón. ALCAYATA.)

ESCARPIADOR m. *Art. y of.* Clavo de cabeza ahorquillada que se utiliza para fijar las cañerías a los muros.

ESCARZANO, NA adj. *Arq. Arco escarzano,* v. ARCO.

ESCASEAR v. *Carp.* y *Constr.* Cortar un madero o un sillar por un plano oblicuo a sus caras.

ESCAYOLA f. *Constr.* Yeso fino para vaciado, ornamentación, modelos, etc., que se obtiene cociendo yeso bruto a la temperatura de 120°.

ESCAYOLAR v. *Constr.* Enlucir con escayola.

ESCENARIO m. Parte del teatro donde representan los actores.

— El *escenario* es un local muy amplio y alto, equipado, en los teatros importantes y modernos, de una maquinaria compleja. Está separado de la sala por el *telón metálico,* que, en caso de incendio, se corre para proteger al público. Por encima del escenario existe una armazón (el *piso de telones* o *plano horadado*), provista de aparejos propios para bajar y subir los telones. A veces las decoraciones van montadas sobre una plataforma giratoria que permite pasar de una escena a otra con gran rapidez. Cuando el teatro dispone de un foso suficiente, el piso del escenario se divide en varias plataformas que pueden ser bajadas hasta los sótanos con objeto de cambiar la decoración o de crear algún efecto escénico. En este aspecto representa importante papel el complejo sistema de alumbrado y de reproducción de los ruidos que crean el ambiente sonoro en el cual se desenvuelve la acción dramática. Con dicho fin se recurre también, ocasionalmente, a la proyección de vistas cinematográficas.

escariadora (1) y montaje (2) del **escariador** (3)

ESCIALÍTICO m. *Lumin.* Marca registrada de un tipo de lámpara especialmente usada para alumbrar las mesas de cirugía, que, merced a la reflexión de la luz por un número considerable de espejos, no proyecta sombras.

ESCIATERA f. *Astr.* Aguja o estilo cuya sombra sirve para indicar la hora o señalar el meridiano.

ESCINTILÓMETRO m. *Atom.* Contador * de centelleo. (Sinón. CENTELLÓMETRO.)

ESCLERÓMETRO m. Instrumento para medir la dureza de los cuerpos según la fuerza necesaria para rayarlos.

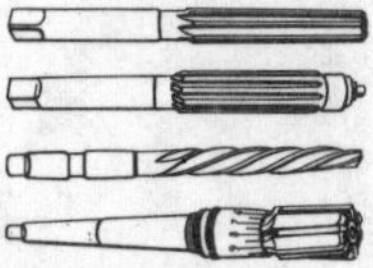

escariadores

ESCLUSA f. *Obr. públ.* Tramo de un canal que puede cerrarse con puertas por ambos extremos para hacer bajar o subir el agua hasta los niveles de aguas abajo o aguas arriba y permite así que los barcos salven un desnivel del cauce. ‖ Compartimiento que separa dos medios de presión atmosférica diferente y permite pasar de uno a otro sin que se establezca una comunicación directa entre ambos. ‖ Compuerta. ‖ *Esclusa de limpia,* compuerta para embalsar agua que luego se suelta de modo que su fuerza viva arrastre el cieno, la arena y otros materiales acumulados en el fondo de las alcantarillas, los canales, presas, etc.

— El principio de la *esclusa* es ilustrado por la figura, en la cual se indica también el nombre de sus principales elementos. De dicho principio se desprende que la esclusa necesita disponer de una reserva de agua en el tramo superior del canal, puesto que a cada paso de los barcos corresponde la evacuación de determinado volumen de líquido, llamado *esclusada,* aguas abajo. Cuando el desnivel que han de salvar los barcos es muy grande, se puede recurrir a una *escala de esclusas* (v. *figura*) o bien a un elevador o ascensor * de barcos.

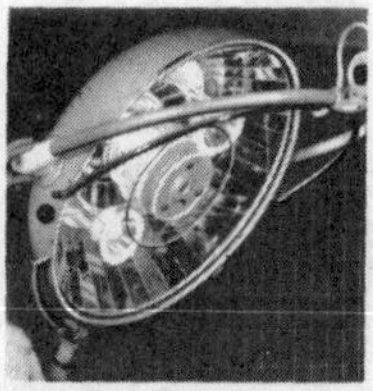

Escialítico

ESCLUSADA f. *Obr. públ.* Volumen de agua que pasa del tramo superior del canal al tramo inferior a cada tránsito de barcos por la esclusa. ‖ Volumen de agua que se vierte de una vez de un embalse a un río para limpiar su cauce, aumentar momentáneamente su nivel, etc.

esclusa
[v. figura p. 430]

ESCLUSAR v. Cerrar con esclusas. ‖ Hacer pasar los barcos por las esclusas.

ESCOA f. *Mar.* Punto en el cual las cuadernas de un barco presentan su máxima curvatura.

ESCOBA f. *Art. y of.* Especie de cepillo, provisto de un astil o mango, que sirve para barrer.

armadura y mecanismo de un **escenario** giratorio

Fot. Et. Deschamps, X, Larousse, « Revue de l'aluminium »

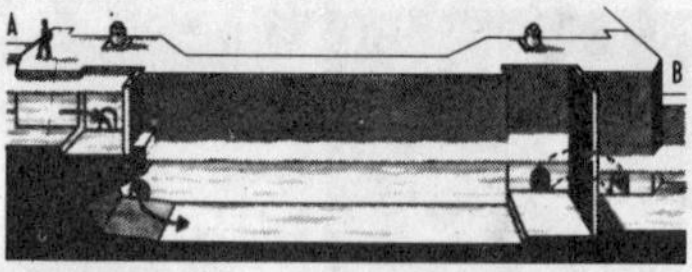

el cuenco se llena hasta alcanzar el nivel superior A

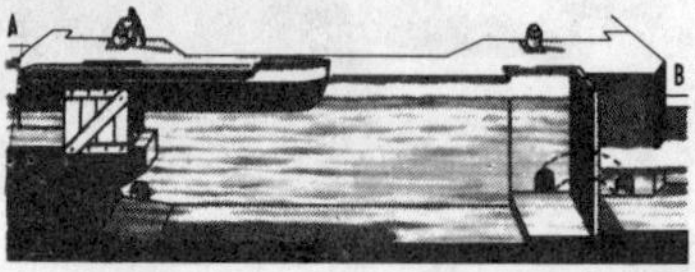

igualados los niveles, el barco entra por la puerta A

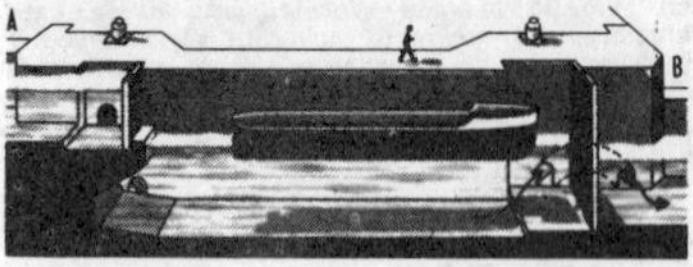

cerrada la puerta A, la descarga en B hace bajar el nivel

igualados los niveles, el barco sale por la puerta B

funcionamiento de una **esclusa** y *(a la derecha)* escala de **esclusas**

escobén

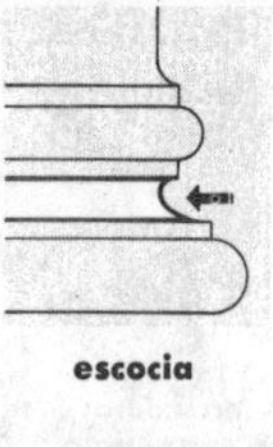

escocia

— Las *escobas primitivas,* simples manojos de ramas finas, tienden a ser reemplazadas por labores de cepillería hechas con fibras vegetales (grama, coco, palmas, sorgo, etc.), animales (crin, cerdas de puerco y de jabalí, etc.) o sintéticas (Nylón, Rilsan, etc.).

ESCOBÉN m. *Mar.* Cada uno de los agujeros que tienen los barcos a proa para dar paso a las cadenas de las anclas o a las amarras.

ESCOBILLA f. *Electr.* Pieza conductora con la cual se establece el contacto entre un órgano fijo y otro móvil, especialmente en los motores eléctricos: *las escobillas suelen ser de cobre o de grafito.*

— *Ofic.* En las máquinas de tarjetas * perforadas, órgano terminado por numerosas clavijas de alambre, que, al pasar por las perforaciones de la tarjeta, establecen los contactos eléctricos merced a los cuales cada agujero puede ser descifrado.

ESCOBILLÓN m. *Arm.* Cepillo cilíndrico, provisto de un mango largo, que sirve para limpiar interiormente el cañón de las armas de fuego.

— *Art. y of.* Escoba de cepillo.

ESCOBINA f. *Art. y of.* Limaduras o serrín que resultan, respectivamente, de trabajar los metales o taladrar la madera con la barrena.

ESCOBÓN m. *Art. y of.* Escoba de mango largo para deshollinar chimeneas. ‖ Escoba pequeña para barrer o limpiar algo con una sola mano.

ESCOCÉS, ESA adj. *Text.* Dícese de tejidos de lana o de seda con dibujo a base de cuadros grandes, cuyos colores, cuando son auténticos, constituyen el emblema de algún clan escocés.

ESCOCIA f. *Arq.* Moldura cóncava, con el borde inferior saliente respecto al superior.

ESCOCHIZAR v. *Min.* Rebuscar uno por uno los fragmentos de mineral presentes en un terreno.

ESCODA f. *Constr.* Martillo de dos bocas armadas de dientes, que sirve para labrar piedras, picar paredes, etc. (Sinón. BUJARDA, MARTELLINA.)

ESCODAR f. Picar piedras con la escoda.

ESCOFINA f. *Art. y of.* Lima de dientes gruesos y salientes, generalmente semicónicos, que sirve para desbastar.

ESCOFINAR v. Limar con la escofina.

ESCOGEDOR, RA adj. y s. Que escoge o sirve para escoger. ‖ Máquina que escoge y separa las cosas de una misma índole según sus dimensiones, peso, etc.: *escogedora de huevos.*

ESCOGIDA f. y **ESCOGIDO** m. *Art. y of.* Acción de escoger o separar por calidades las materias primeras (hojas de tabaco en las tabacaleras, mineral en las minas, trapos en las papeleras), los productos agrícolas (patatas, frutas, huevos), etc.

ESCOLLERA f. *Mar.* y *Obr. públ.* Rompeolas * constituido por un amontonamiento de piedras gruesas coronado por bloques de hormigón y obra de fábrica.

ESCOMBRAR v. Quitar los escombros de un sitio.

ESCOMBRERA f. Amontonamiento de escombros.

— *Min.* Lugar donde se echan los escombros, terrero.

ESCOMBRO m. *Constr.* Cascotes y otros desechos de las obras y derribos.

— *Min.* Estéril.

ESCONCE m. *Arq.* Ángulo que interrumpe la continuidad de una pared.

ESCONZAR v. *Constr.* Hacer a esconce.

ESCOPA f. *Constr.* Escoda.

ESCOPETA f. *Arm.* Arma de fuego ligera especialmente construida para la caza.

— La *escopeta ordinaria* tiene un solo cañón liso y tira cartuchos de perdigones, o bien dos cañones (uno liso y otro rayado) para tirar, respectivamente, con perdigones y balas. Lleva una mira para la puntería, mientras que las armas más perfeccionadas, especialmente los rifles, están provistos de alzas, y, en algunos casos, de catalejos.

Los dos cañones de una escopeta son convergentes y sus ejes se cruzan a 2,60 m de la boca. Generalmente, la culata se halla ligeramente desviada hacia la derecha respecto al eje del cañón para facilitar y abreviar el acto de apuntar. El *calibre de la escopeta* es tanto mayor cuanto menor

Fot. Toulgouat, Sce Aérien Lapie, Diffusion-Presse

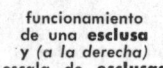

es el número que lo expresa, ya que originalmente éste indicaba el número de balas que entraban en una libra inglesa. (V. CARABINA, FUSIL y RIFLE.)
La *escopeta de aire* o *de viento* es una carabina de salón, para tiro al blanco, cuyos proyectiles, de pequeño calibre, son impulsados por el aire previamente comprimido en una cámara, volviendo el cañon sobre la culata o accionando una palanca.
ESCOPLADORA f. *Carp. Amer.* Escopleadora.
ESCOPLADURA f. *Art. y of.* Corte, canal, caja u otra labor hecha con escoplo.
ESCOPLEADORA f. *Carp.* Máquina de escoplear, más bien llamada *acepilladora* * *acanaladora.*
ESCOPLEADURA f. Escopladura.
ESCOPLEAR v. *Art. y of.* Hacer alguna labor con el escoplo.
ESCOPLO m. *Art. y of.* Instrumento de hierro acerado, con boca en forma de filo biselado, provisto o no de un mango, usado por los carpinteros para tallar la madera, hacer rebajos, cajas, ranuras, etc. || Instrumento parecido al anterior, con mango de hierro, usado por los herreros y los picapedreros.
ESCORA f. *Mar.* Línea que pasa por los puntos de máxima anchura de todas las cuadernas del

escorial

buque. || Cada uno de los puntales que sostienen al buque durante su construcción o su carena.
ESCORAR v. *Mar.* Apuntalar con escoras. || Alcanzar la marea la bajamar.
ESCORIA f. Substancia vitrificada que sobrenada en los metales fundidos. || Residuo de la combustión de la hulla en forma de masas sólidas y esponjosas. || *Escorias volcánicas,* capa superior, porosa, de las masas de lava solidificada.
— Las *escorias* procedentes de los hogares de hornos y calderas contienen óxidos térreos, esquistos y pequeñas proporciones de óxido de hierro. Las *escorias de alto horno* pueden ser de dos tipos diferentes: *silíceas* (a base de óxidos metálicos y de ácido silicílico) y *no silíceas* (exentas del referido ácido). La combinación del fósforo presente en el hierro con el revestimiento del convertidor * Thomas da la *escoria básica* o *escoria Thomas.*
Las escorias tienen numerosas aplicaciones, especialmente en el ramo de la construcción: constituyen un asiento indicado para los pavimentos sobre terrenos húmedos, pues sus poros permiten la circulación del aire y, consiguientemente, la evacuación de la humedad; sirven de materia primera para la fabricación de cemento *, ladrillos * y lana * de escorias. En cuanto a la escoria Thomas, se hace un gran consumo de ella en agricultura como abono fosfórico.
Las escorias de metales relativamente costosos suelen ser fundidas de nuevo, mezcladas con el mineral, para aprovechar el metal que aún contienen.
ESCORIÁCEO, A adj. Semejante o parecido a las escorias.
ESCORIAL m. *Metal.* y *Min.* Era de una acería o de una mina en la cual se echan las escorias o los escombros. || Montón de escorias.
ESCORIFICACIÓN f. Acción y efecto de escorificar. || Fase del afino de un metal durante la cual se forma la escoria.
ESCORIFICAR v. Reducir a escorias por combustión. || Formarse las escorias en el baño de metal fundido.
ESCORIFORME adj. De forma o aspecto de escoria: *lavas escoriformes.*
ESCORPIO y **ESCORPIÓN,** constelación del Zodiaco situada entre las de la Balanza y el Sagitario, cuya estrella principal es Antares. || Signo del Zodiaco * que, en la Antigüedad, coincidía con la constelación del mismo nombre, pero que actualmente se halla sobre la de la Balanza, a causa de la precesión *.
ESCORREDERO m. Escurridero,
ESCORRENTÍA f. *Hidr.* y *Meteor.* Retorno al mar de las aguas pluviales. || *Superficie de escorrentía,* cuenca.
ESCORZAR v. *Pint.* Reducir las dimensiones lineales de los cuerpos para representarlos con arreglo a las leyes de la perspectiva.
ESCOTA f. *Arq.* Escocia.
— *Art. y of.* Escoda.
ESCOTILLA f. *Mar.* Abertura rectangular encuadrada por la brazola *, que, en la cubierta de una embarcación, sirve para entrar en las calas o camarotes o para dar luz y ventilar, en cuyo caso se llama *lumbrera.*
ESCOTILLÓN m. *Arq.* Trampa hecha en el suelo.
ESCRIBIR *(Máquina de),* máquina mecanografica provista de un teclado con el cual, pulsando las teclas con los dedos, se accionan los tipos que imprimen en el papel las letras o signos correspondientes a través de una cinta entintada.
— Toda *máquina de escribir* tiene los siguientes órganos; 1.º el *teclado,* en el cual figuran todas las letras y los signos esenciales (el hecho de que el teclado sea *universal* no excluye ciertas particularidades, como, por ejemplo, la de la letra *ñ* en los países de lengua española, la *ç* y los acentos ^ y ` en las máquinas francesas, etc.); 2.º el *dispositivo entintador,* consistente en dos carretes en los que se enrolla la cinta (de uno o dos colores) y en un mecanismo de arrastre que hace correr esa cinta a cada pulsación de tecla y que invierte el movimiento al pasar toda la cinta de un carrete al otro; 3.º un *tipario* o juego de tipos montados sobre palancas articuladas en las teclas (también existen máquinas que tienen todos los tipos fundidos en una sola pieza la cual, según la tecla pulsada, se orienta convenientemente para que sólo dé en el papel la letra correspondiente); 4.º un *carro móvil* provisto de un rodillo de caucho endurecido en el que se arrolla el papel y que es arrastrado por un motor eléctrico o, más comúnmente, por

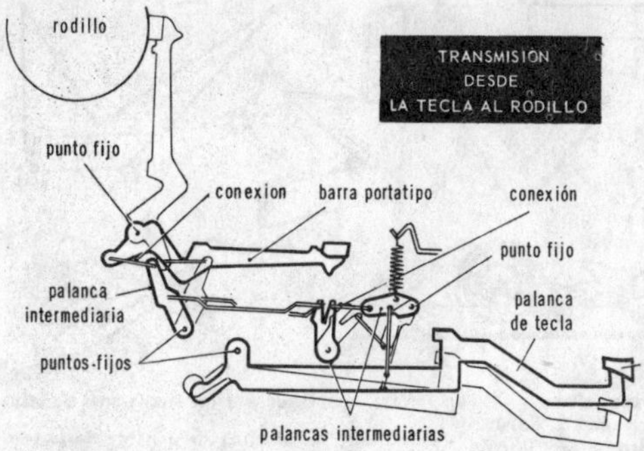

funcionamiento de la máquina de escribir

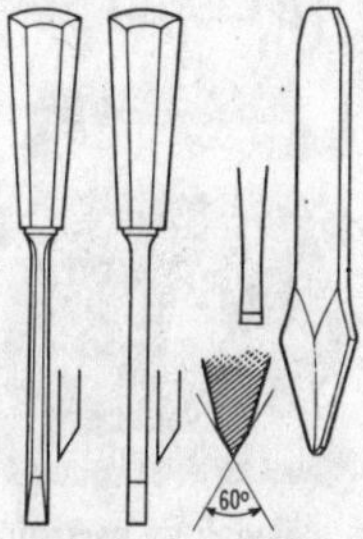

escoplos

escotilla

máquina de escribir eléctrica de tipario

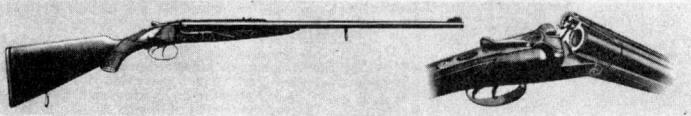

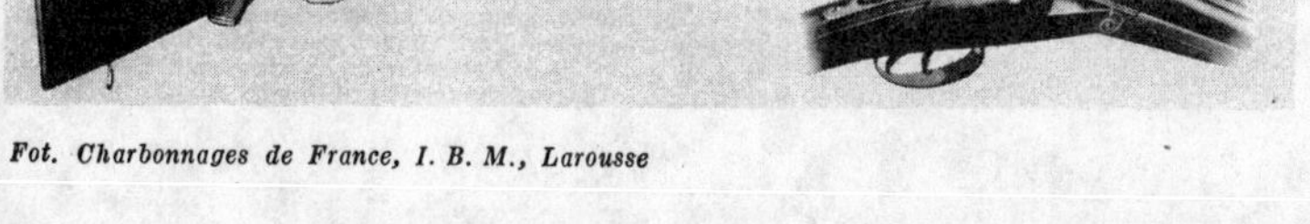

escopeta

Fot. Charbonnages de France, I. B. M., Larousse

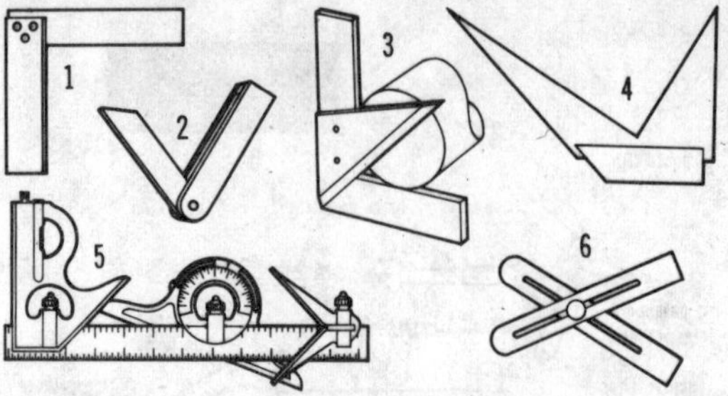

escuadras
1. De chapa; 2. Falsa escuadra; 3. Para centrar; 4. De inglete; 5. De combinaciones múltiples; 6. Falsa escuadra

máquina de **escribir** sin carro ni tipario y *(abajo)* bola portatipos correediza que reemplaza a ambos elementos

escurridoras

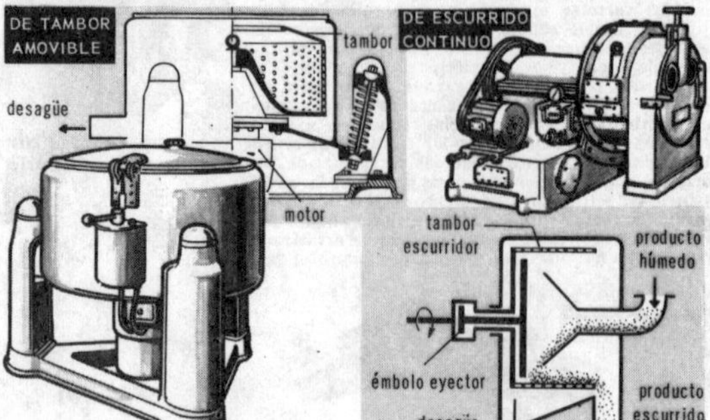

un resorte combinado con un mecanismo de trinquete.
El teletipo *, la máquina de escribir de estenotipia *, la traductora * de tarjetas perforadas y muchas máquinas utilizadas en contabilidad son máquinas de escribir especiales.

ESCRITURA f. *Art. gráf. Tipos* o *caracteres de escritura,* los que se inspiran en la escritura manuscrita ordinaria o en la caligrafía clásica.

ESCUADRA f. *Art. y of.* Instrumento constituido por dos reglas en forma de ángulo recto, que sirve para comprobar diedros rectos y para trazar ángulos rectos en las superficies planas. ‖ Por ext., cartabón. ‖ *Falsa escuadra,* la que tiene las dos ramas articuladas en el vértice y permite trazar ángulos de cualquier abertura. ‖ *Regla escuadra,* escuadra de tres brazos, en forma de T. ‖ *A escuadra,* en ángulo recto.
— *Carp.* Escuadría. ‖ Hierro en forma de escuadra para afianzar ensambladuras. ‖ *Caerse de escuadra,* deformarse la hoja de un puerta o ventana hasta el extremo de rozar por su parte inferior con el suelo o el marco.
— *Metal.* Hierro angular *.
— *Topogr. Escuadra de agrimensor,* instrumento para jalonar ángulos sobre el terreno, consistente en un prisma de latón que lleva en cada una de sus ocho caras una hendedura por donde se dirigen las visuales. ‖ *Escuadra óptica,* instrumento más perfecto que el anterior, provisto de prismas o espejos y de escalas que permiten medir los ángulos de refracción o de reflexión de los rayos luminosos coincidentes con las visuales. (V. lám. AGRIMENSURA.)

ESCUADRAR y **ESCUADREAR** v. *Art. y of.* Labrar o poner a escuadra.

ESCUADREO m. *Metr.* Medición de una superficie en unidades cuadradas.

ESCUADRÍA f. *Carp.* Las dos dimensiones de la sección transversal de un madero labrado a escuadra: *escuadría de 16 × 12 cm.*

ESCUCHA f. *Acúst. Escucha microfónica,* técnica consistente en captar a bordo de un barco de guerra los ruidos exteriores transmitidos por el mar. (V. HIDRÓFONO.)
— *Radiot.* y *Telec.* Acción de escuchar una emisión radiofónica, comunicación telefónica, etc.: *casco para la escucha radio.*

ESCUCHARRUIDOS m. *Acúst.* Hidrófono.

ESCUDETE m. *Arm.* Pieza de hierro que refuerza la caja del fusil * Mauser.
— *Carp.* Escudo de cerradura.

ESCUDILLO m. *Carp.* Chapita para cubrir el ojo de una cerradura.

ESCUDO m. *Arm.* Placa de acero que llevan los cañones para la defensa de los servidores y protección de los instrumentos. ‖ Blindaje que protege las ruedas y orugas de ciertos tanques.
— *Carp.* Chapita de metal que rodea el ojo de la cerradura, protege la puerta y a veces sirve de guía a la llave. ‖ Chapa de metal, plástico u otra materia que se pone debajo del pomo para evitar que se ensucie la puerta.
— *Mar.* Espejo * de popa.

ESCULINA f. *Ópt.* y *Quím.* Substancia que se extrae de la castaña de Indias y que, disuelta en agua con gelatina, se aplica sobre los cristales destinados a proteger la vista contra la luz muy intensa, pues filtra los rayos ultraviolados.

ESCULPIR v. *Art. y of.* Labrar una obra de escultura. ‖ Por ext., labrar en relieve, grabar.

ESCULTURA f. *Art. y of.* Arte de labrar en relieve figuras u objetos modelando arcilla, cera u otras materias, tallando la madera o esculpiendo la piedra. ‖ Obra esculpida, tallada o reproducida por vaciado de un metal en moldes obtenidos a partir de un modelo de cera, arcilla u otra materia plástica. (V. MODELADO.)

ESCUPEAGUAS m. *Autom.* Reborde en forma de pequeña canal para captar el agua del techo por encima de las puertas de los coches. (Sinón. VIERTEAGUAS.)

ESCUPIDERA f. *Carp. Amer.* Bateaguas.

ESCUPIDOR m. *Arq.* Vierteaguas.

ESCURAR v. *Text.* Limpiar o desengrasar el paño antes de abatanarlo.

ESCURRIDERO m. *Art. y of.* Sitio o instalación a propósito para escurrir algo.
— *Min.* Conducto de una galería por el cual se escurren las aguas.

ESCURRIDOR, RA adj. y s. *Art. y of.* Que escurre o sirve para escurrir. ‖ Aparato erizado de varillas en cada una de las cuales se puede introducir una botella por el cuello para que se escurra boca abajo.
— Las *máquinas escurridoras* pueden funcionar con arreglo a uno de los principios siguientes: 1.º prensado entre dos platos de una prensa hidráulica o de husillo; 2.º prensado entre los cilindros o rodillos de prensas de escurrir rotativas; 3.º expulsión del líquido por la fuerza centrífuga.

ESCURRIR v. *Art. y of.* Hacer que la cosa mojada despida el agua que contiene ya espontáneamente por goteo, ya prensándola o centrifugándola.

ESCUTA f. *Mar.* Escotilla.

ESCÚTER m. *Autom.* Scooter.

ESCUTILLA f. *Mar.* Escotilla.

ESCHNEIDERITA f. *Expl.* Mezcla explosiva de nitrato de amonio y dinitronaftaleno. (Sinón. SCHNEIDERITA.)
— *Miner.* Variedad de laumonita.

ESE f. *Art y of.* Nombre dado a varias piezas que, por tener los extremos torcidos en sentido opuesto, recuerdan la forma de la letra S.
— *Geogr.* Sigla de estesudeste.

ESENCIA f. *Joy. Esencia de Oriente,* albeto.
— *Perf. Esencias naturales,* aceites esenciales extraídos de las plantas, cuyo poder aromático se usa en la fabricación de perfumes y cosméticos. ‖ *Esencias artificiales,* mezclas de substancias que permiten reproducir los olores de las esencias naturales o que aportan nuevos olores agradables propios para ser usados en perfumería.
— Las *esencias* o *aceites esenciales* se hallan localizados en los pétalos y otras partes de las plantas. Se extraen por disolución en las grasas (v. ENFLORACIÓN), por expresión (corteza de bergamota, por ejemplo), por destilación (generalmente en forma de *esencia concreta* *) o arrastrando los principios por una corriente de vapor de agua.
Hoy se preparan industrialmente substancias que permiten reemplazar los principios naturales. Así, la heliotropina tiene el mismo olor que el heliotropo, el terpineol huele como la lila, la

Fot. I. B. M.

ionona, como la violeta, etc. Igual ocurre con las esencias destinadas a la industria alimenticia, y así, por ejemplo, los caramelos de pera no son sino de acetato de amilo y azúcar.
— *Petr.* Gasolina.
— *Quím.* Extracto de una materia orgánica en el cual se hallan concentrados los principios activos de la misma. ‖ *Esencia de trementina,* v. TREMENTINA.

ESENCIAL adj. *Perf.* y *Quím.* *Aceite esencial,* esencia.

ESFALERITA f. *Miner.* Blenda.

ESFENOIDEO, A adj. *Art. y of.* En forma de cuña.

ESFERA f. *Astr.* *Esfera armillar,* v. ARMILLAR. ‖ *Esfera celeste,* globo que representa la posición aparente de los astros en la bóveda celeste de los dos hemisferios. ‖ *Esfera terráquea* o *terrestre,* globo * terráqueo.
— *Geom.* Sólido limitado por una superficie curva cuyos puntos se hallan a igual distancia de otro punto interior llamado *centro.*
— La *esfera* es un caso particular de elipsoide * engendrado por la revolución de un semicírculo alrededor de su diámetro. El área de la esfera es igual a 3,14 veces el cuadrado de su diámetro (πd^2) y su volumen igual a la sexta parte del producto de 3,14 por el cubo del diámetro

$$\left(\frac{1}{6}\,\pi\, d^3\right).$$

Toda sección o corte plano de la esfera es un círculo cuyo radio *r* puede hallarse por la fórmula $r = \sqrt{R^2 - h^2}$ en la cual R es el radio de la esfera y *h* la altura del plano secante respecto al centro de la misma. Cuando el plano secante pasa por dicho centro (o sea cuando *h* es igual a O) se tiene un *círculo máximo,* y, en los demás casos, un *círculo menor.* La menor distancia entre dos puntos de la superficie de la esfera es siempre el arco del círculo mayor que pasa por los mismos.
El radio de una esfera cualquiera puede ser determinado por cuatro puntos de su superficie, pues solamente la superficie de una esfera de radio determinado puede pasar por cuatro puntos situados en un mismo plano y tres de los cuales no se hallen en línea recta. (V. ESFERÓMETRO, y también ANILLO, CASQUETE, SEGMENTO, SECTOR, TRIÁNGULO *esférico* y ZONA *esférica.*)

ESFERICIDAD f. *Geom.* Calidad de esférico.
— *Ópt.* *Aberración de esfericidad,* v. ABERRACIÓN.

ESFÉRICO, CA adj. *Geom.* Relativo o perteneciente a la esfera. ‖ *Anillo, casquete, sector,* etc., *esféricos,* v. ANILLO, CASQUETE y SECTOR.

ESFERÍMETRO m. *Geom.* Instrumento para medir el área de la parte de una esfera limitada por una figura curva trazada sobre la misma.

ESFEROIDAL adj. *Fís.* *Estado esferoidal,* estado del líquido sometido al fenómeno de la calefacción*.
— *Geom.* Perteneciente o relativo al esferoide. ‖ Que tiene forma de esferoide.
— *Miner.* *Cristal esferoidal,* diamante de facetas redondeadas.

ESFEROIDE m. *Geom.* Elipsoide * de revolución que, engendrado por la rotación de la elipse alrededor de su eje mayor, es un elipsoide alargado (o esfera alargada), y engendrado alrededor del eje menor será un elipsoide achatado (o esfera achatada), a cuyo tipo pertenecen los globos de los astros. (V. ACHATAMIENTO.)

ESFEROÍDICO, CA adj. *Geom.* Esferoidal.

ESFEROLÍTICO, CA adj. *Miner.* Dícese de las rocas que contienen esferolitos.

ESFEROLITO m. *Miner.* Cada uno de los glóbulos formados por numerosas agujas cristalinas dispuestas radialmente alrededor de su centro, presentes en ciertas rocas volcánicas de textura vítrea.

ESFERÓMETRO m. *Geom.* y *Metr.* Instrumento que sirve para determinar el radio de una esfera de centro inaccesible.
— El *esferómetro* se funda en el hecho de que cuatro puntos superficiales de la esfera * bastan para determinar su radio. Consta de una armazón provista de tres pies, dispuestos en los vértices de un triángulo equilátero, y de un tornillo micrométrico central rematado por un disco graduado cuyo borde corre junto a una escala también graduada. Una vez aplicados los tres pies sobre la esfera, se hace girar el tornillo hasta que su extremo inferior tope también con la superficie esférica: la escala y el disco indican entonces, directamente o con ayuda de una tabla, el radio de la esfera. El mismo instrumento sirve para medir pequeños espesores.

ESFUERZO m. *F. c.* *Esfuerzo de tracción,* esfuerzo que puede producir una locomotora para arrastrar por una vía horizontal determinado número de vagones cargados: *el esfuerzo de tracción es del orden de varias decenas de toneladas en las locomotoras más potentes.*
— *Mec.* Fuerza que, al ejercerse sobre una pieza, tiende a alargarla, comprimirla, doblarla, torcerla o cortarla, y a la cual se da, respectivamente, el nombre de *esfuerzo de tracción, de compresión, de flexión, de torsión* y *cortante* o *de cizallamiento.* (V. RESISTENCIA *de materiales.*)

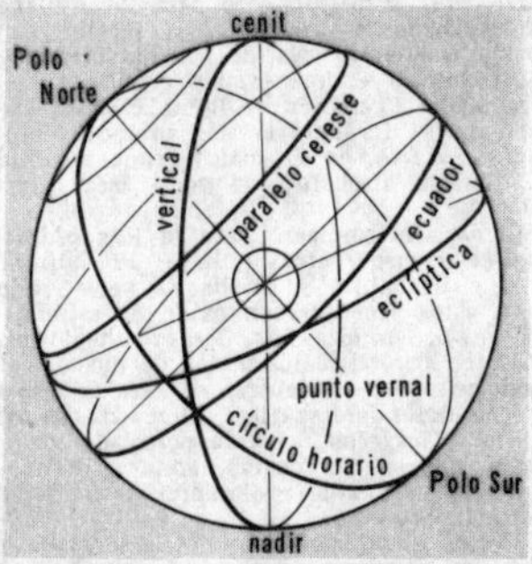

esfera celeste

ESFUMAR v. *Geom.* y *Pint.* Extender el lápiz con el difumino para atenuar los contrastes y producir medias tintas. ‖ Rebajar los tonos en un cuadro para dar la sensación de lejanía y obtener otros efectos.

ESFUMINO m. *Geom.* y *Pint.* Rollito de papel poroso o de piel que sirve para esfumar los dibujos.

grapa de ese

ESGRAFIADO m. *Constr.* Acción y efecto de esgrafiar.

ESGRAFIAR v. *Constr.* Decorar con el grafio una superficie estofada.
— Las paredes que han de ser *esgrafiadas* se revisten primeramente con varias capas de estucos de colores diferentes; luego se rasca más o menos profundamente ese enlucido compuesto para dejar al descubierto el color que corresponde a cada parte del dibujo.

ESGUCIO m. *Arq.* Moldura cóncava cuyo perfil es la cuarta parte de un círculo.

ESLABÓN m. Cada uno de los anillos de metal que, enlazados unos con otros, forman una cadena *. ‖ *Eslabón de contrete,* el que lleva un refuerzo transversal o contrete * en su parte media.
— *Carp.* Chaira con que el carpintero renueva la rebaba de las cuchillas de raspar.

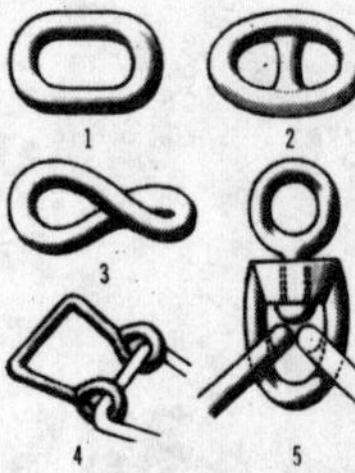

eslabones

ESLABONAR v. Enlazar los eslabones para formar una cadena.

ESLINGA f. Cuerda o cadena, provista de guardacabos o ganchos, que se usa para abrazar o enganchar las cosas pesadas que se han de cargar o descargar con la grúa.

ESLINGAR v. Atar o abrazar con eslingas.

ESLORA f. *Mar.* Longitud de un barco.
— La máxima longitud del casco, medida entre las líneas verticales de sus puntos más salientes de proa y popa, es la *eslora máxima* o *eslora total;* la distancia entre los dos puntos extremos de proa y popa situados en la misma línea de flotación es la *eslora de flotación;* por último, la *eslora entre perpendiculares* es la máxima distancia entre dos verticales que pasen por los dos puntos extremos de la parte sumergida del casco.

ESMALTADO, DA adj. y s. Revestido de esmalte: *cocina de fundición esmaltada.* ‖ Acción y efecto de esmaltar. ‖ Labor hecha con esmalte.

ESMALTAR v. Aplicar esmalte a una superficie.

ESMALTE m. Composición vítrea que se aplica sobre una superficie para darla brillo o decorarla con colores inalterables. || Joya u obra de arte cubierta de esmalte.
— La voz *esmalte* se emplea abusivamente para designar cualquier vidriado o barniz vítreo. Los esmaltes verdaderos son vidrios brillantes, coloreados por óxidos metálicos cuales se usan para cubrir las piezas de loza y otras labores de cerámica, así como las de fundición y chapa de hierro. (V. más abajo *Cerám.* y *Metal.*)
— *Art. gráf.* Procedimiento para sacar planchas de fotograbado en el cual la capa sensible es una solución acuosa de cola de pescado bicromatada que se ha de endurecer por cocción antes de ser grabada. (También se llama *esmalte en caliente,* para distinguirlo del procedimiento de *esmalte en frío,* en el cual la capa sensible es una solución alcohólica de goma laca bicromatada.)
— *Cerám.* Se emplean, para la loza ordinaria, *esmaltes transparentes* a base de sulfuro de plomo o de minio y arcilla (a veces se opacifican estos esmaltes con óxido de estaño, que es blanco); en loza fina, los esmaltes transparentes son borosilicoaluminatos de plomo, calcio, potasio y sodio; las labores de gres se esmaltan con compuestos feldespáticos coloreados con óxidos metálicos; los esmaltes para porcelana son mezclas de pegmatitas, cuarzo, creta y caolín. En cuanto a los óxidos colorantes, son descritos en el art. CERÁMICA.
— *Electr.* Barniz a base de laca usado para aislar los alambres conductores para bobinas y otras labores de devanado.
— *Metal.* Los *esmaltes* para metales son mezclas de arena, minio, potasa, sosa y óxidos colorantes (v. CERÁMICA). Para la chapa de hierro y la fundición se usan mezclas de feldespato, cuarzo, bórax, criolita, creta, salitre, sosa, fluoruro de calcio, etc., a las cuales se agregan opacificantes (óxidos de estaño o de antimonio) y óxidos apropiados para obtener el color deseado. Las piezas son pulcramente desengrasadas y cubiertas con un primer esmalte especial. Éste, después de cocido, sirve de asiento al esmalte verdadero, que requiere nueva cocción.

ESMALTÍN m. Esmalte azul coloreado con óxido de cobalto.

ESMALTINA o **ESMALTITA** f. *Miner.* Arseniuro de cobalto que contiene níquel y hierro, y se beneficia como mena de cobalto y para fabricar esmaltes azules.

ESMARAGD m. *Miner.* Berilo verde.

ESMÉCTICO, CA adj. Detersivo, que limpia. || *Arcilla esméctica,* v. ARCILLA.
— *Miner.* V. MESOMORFO.

ESMECTITA f. *Miner.* y *Text.* Arcilla * esméctica.

ESMELITA f. *Miner.* Variedad de caolín.

ESMERALDA f. *Joy.* y *Miner.* Berilo verde, que es una de las gemas más valiosas. || Nombre dado a diversas gemas parecidas a la esmeralda verdadera.
— La *esmeralda* no es sino berilo de color verde, y sólo por el color —debido a la presencia de óxido crómico— se distingue de las demás variedades de berilo (margarita, aguamarina, etc.). La *esmeralda oriental,* variedad de corindón verde; la *esmeralda del Brasil,* que es la turmalina; la *esmeralda de Cartagena* (Colombia), variedad de fluorina, etc., no son esmeraldas verdaderas.

ESMERALDINA f. *Quím.* Imina polimerizada que se usa como colorante verde.
— *Text.* Tinte de color azul claro.

ESMERIL m. *Miner.* Piedra rica en granos de alúmina muy duros, que se usa como abrasivo.
— El *esmeril* es una roca finamente granulada, entre cuyos granos predominan los de corindón *, aunque también los tiene de mica y de óxido de hierro. Constituye uno de los abrasivos * más eficaces, y se usa en gran escala de tres formas diferentes: aglomerado en muelas * de esmeril; pegado con cola, en forma de capa, sobre un papel o tela (papel y tela de esmeril); en polvo, mezclado con aceite (para pulir metales) o con agua (para pulir piedras, labrar lentes y otros elementos ópticos, tallar lunas, etc.).

ESMERILADO, DA adj. y s. Labrado con esmeril. || *Tapón esmerilado,* v. TAPÓN. || Acción y efecto de esmerilar. || Por ext., afilado.

ESMERILADOR, RA adj. y s. Que esmerila o sirve para esmerilar. || — F. Máquina de esmerilar.
— La *esmeriladora* no es sino una muela * intercambiable arrastrada por un motor, que sirve para esmerilar, pulir y afilar (en el último caso se llama con más propiedad *afiladora*).

ESMERILAR v. Pulir una superficie frotándola con granos de esmeril cada vez más finos. || Rectificar una pieza con muela de esmeril. || *Esmerilar una válvula,* frotar una válvula contra su asiento cónico interponiendo esmeril entre ambas superficies para restablecer el perfecto ajuste de las mismas. || *Máquina de esmerilar,* esmeriladora.

ESMITSONITA f. *Miner.* Carbonato de cinc, también llamado *calamina,* que es una de las menas principales de dicho metal.

ESMOLADERA f. Amoladera.

ESNÓRQUEL m. *Mar.* Aparato constituido por un tubo doble que sobresale del agua y permite a los submarinos permanecer largo tiempo sumergidos, aunque funcionen sus motores diésel. (Sinón. SCHNORCHEL.)
— El *esnórquel* es rebatible y se halla articulado en la parte superior del submarino. Uno de sus tubos sirve para aspirar aire fresco y el otro para expulsar el aire viciado y los gases de los motores. En el extremo superior que emerge del agua lleva una válvula consistente en un flotador de bola que tapa los tubos cuando el agua pugna por entrar. Por lo demás, la parte que sobresale del mar lleva un revestimiento antiradar * para evitar la detección del submarino.

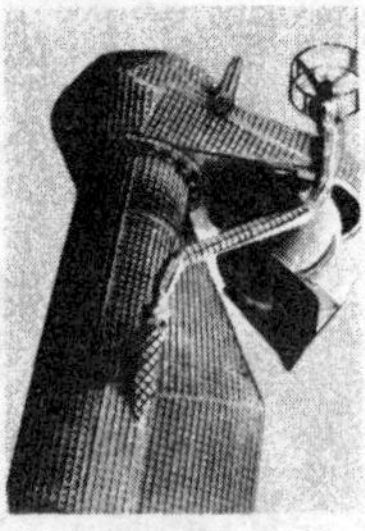

esnórquel

ESPACIADOR m. *Mec.* y *Ofic.* Dispositivo de la máquina de escribir que sirve para dejar espacios entre las palabras o signos. || Tecla muy larga, situada en la base del teclado, que se pulsa con el dedo para accionar dicho mecanismo.

ESPACIAL adj. Relativo o perteneciente al espacio.
— *Astron. Ingenio espacial,* v. INGENIO.

ESPACIAR v. Poner espacio entre dos o más cosas. || Separar unas de otras las cosas de una serie.
— *Art. gráf.* En la composición tipográfica, separar las letras o palabras con espacios, y las líneas con regletas.

ESPACIO m. *Art. gráf.* Pieza de metal más baja que los tipos, para que no marque en el papel, y de espesor variable, que sirve para separar las palabras o signos y justificar * las líneas.
— *Astr.* y *Geom.* Extensión del universo, medio ilimitado que contiene todos los cuerpos. || Transcurso de tiempo.
— La extensión que contiene y rodea todo cuanto existe y cada una de sus partes es un *espacio* de tres dimensiones al cual puede aplicarse nuestra geometría * común o *geometría del espacio,* que es la de Euclides, para medir cuanto en él se halla: una línea puede ser considerada como un espacio de una sola dimensión, un plano como un espacio de dos dimensiones, y un cubo como uno de tres dimensiones. En un *espacio euclidiano,* la suma de los tres ángulos de un triángulo cualquiera es igual a dos rectos. Ahora bien, los físicos y matemáticos modernos admiten —de acuerdo con las teorías de la relatividad— que el espacio es curvo y que en el universo la suma de los tres ángulos de un triángulo es superior a 180°, como ocurre con el triángulo constituido por el ecuador y dos meridianos en la esfera terrestre. Así, al igual que la superficie de una esfera, que carece de límites precisos a pesar de tener dimensiones perfectamente determinadas, el espacio curvo sería ilimitado pero finito.
Por otra parte, las mismas teorías relativistas han conducido a renunciar a la distinción clásica entre el tiempo y las tres dimensiones. Un acontecimiento puede ser situado en el espacio con las tres coordenadas x, y, z del sistema de Euclides y en el tiempo t con arreglo a la hora precisa en que acaeció. Mas este modo de proceder, por lógico que parezca, no es rigurosamente exacto: el tiempo, pese a lo que siempre se creyó — y a lo que afirmó Newton —, no es algo que transcurre regularmente, con exactitud, uniformemente en todas partes e independientemente de lo que ocurra o deje de ocurrir, y que pueda servir de referencia universal a todos los

Fot. Keystone

observadores de un fenómeno, sea cual fuere la situación de unos respecto a otros.
En realidad, el tiempo no transcurre igualmente para un observador estático que para otro que se halla en movimiento, y si ambos son testigos de un mismo acontecimiento, sus sentidos no pueden haberlo registrado simultáneamente (v. TIEMPO). De ello se desprende la imposibilidad de situar el acontecimiento en el espacio valiéndose solamente de las tres dimensiones, pues si no se precisa la noción de tiempo la posición indicada por los dos observadores no coincidirá. El tiempo interviene entonces en los cálculos como si fuera una dimensión más, y el espacio euclidiano se convierte en un espacio de cuatro dimensiones.
— *Mec. Espacio muerto* o *espacio libre,* volumen mínimo que ocupan los gases comprimidos en el cilindro al terminar la carrera del émbolo.
ESPACIOTEMPORAL adj. Dícese de lo que concierne a la vez al espacio y al tiempo.
ESPADAÑA f. *Arq.* Campanario consistente en un solo muro en cuyos vanos se colocan las campanas. ‖ *Amer.* Armadura que soporta el aparejo de los cubos en un pozo.
— *Text.* Especie de estera que se teje con las hojas largas y estrechas de la planta del mismo nombre *(Typha angustifolia),* también utilizada para embalajes. (V. BAYÓN.)
ESPADAR v. *Text.* Quebrantar el tallo del lino o el cáñamo con la espadilla para facilitar la separación de las fibras textiles.
ESPADILLA f. *Text.* Instrumento a modo de machete de madera que sirve para espadar * el lino y el cáñamo.
— *Mar.* Remo grande usado a popa de una embarcación como timón o para silgar.
ESPADILLAR v. *Text.* Espadar.
ESPALACIÓN f. *Atom.* Caso particular de fisión en la cual existe emisión de fragmentos relativamente pequeños y, consiguientemente, subsistencia de un núcleo residual bastante grande.
ESPALDÓN m. *Carp.* Parte saliente que queda en un madero rebajado por una entalladura.
— *Obr. públ.* Barrera o dique para contener el empuje de las tierras o de las aguas.
ESPAÑOLETA f. *Carp. Amer.* Galicismo por *falleba.*
ESPARADRAPO m. *Tex.* Tela de lino o algodón untada por una de sus caras con mezcla adhesiva a base de resina y caucho disueltos en benceno, a la cual se agrega algún antiséptico: *el esparadrapo sirve para sujetar vendajes y también como apósito.*
ESPARAVEL m. *Constr.* Tabla de madera que usa el albañil para poner el mortero y de donde lo toma con la paleta.
— *Mar.* Red de forma circular provista de plomos en su periferia y sujeta por su centro a una cuerda que permite lanzarla sobre los peces, después de haberla volteado en el aire.
ESPARDEC m. *Mar.* Cubierta ligera sostenida con montantes por encima de los camarotes del puente superior de un buque.
ESPÁRRAGO m. *Carp.* y *Constr.* Madero atravesado por estacas regularmente espaciadas, que se utiliza como escalera. ‖ Pie derecho de un andamio.
— *Mec.* Tornillo sin cabeza o barrita íntegramente roscada que se enrosca por un extremo a una pieza y permite afianzar otra con una tuerca pasada por el extremo opuesto. ‖ Espiga que sobresale de una pieza y sirve para afianzarla en otra: *el casquillo * de bayoneta tiene dos espárragos.*
ESPÁRSIL adj. *Astr.* Dícese de la estrella aislada que no pertenece a ninguna constelación. (No obstante, la adopción de nuevos límites de las constelaciones * ha suprimido en cierto modo la calidad de *espársil.*)
ESPARTAR v. *Art. y of.* Cubrir con esparto trenzado las vasijas de vidrio o de cerámica.
ESPARTERO, RA adj. *Text.* Dícese de la aguja grande propia para coser labores de esparto entrelazado.
ESPARTO m. *Bot.* y *Text.* Planta gramínea *(Stipa tenacissima)* cuyas hojas filiformes sirven para hacer sogas, serones y esteras, y también para elaborar pasta de papel. ‖ Nombre dado a varias plantas parecidas al esparto verdadero.

esparavel *(mar.)*

— El *esparto* abunda en África del Norte y en España. Las fibras más largas se usan para hacer cuerdas, esteras, labores de cestería, etc. Las restantes son pulverizadas para fabricar pasta de papel. La fibra de esparto macerado puede ser, como el cáñamo y el lino, hilada y tejida.
ESPÁTICO, CA adj. *Miner.* De la naturaleza del espato. ‖ Dícese del cuerpo que se halla al estado de espato: *hierro espático.*
ESPATIFORME adj. *Miner.* Que tiene el aspecto del espato.
ESPATO m. *Miner.* Cualquier mineral de estructura laminar y cristalina. ‖ *Espato calizo,* caliza hojosa y cristalizada. ‖ *Espato flúor,* fluorita. ‖ *Espato de Islandia,* caliza pura cristalizada y muy transparente, dotada de notables propiedades birrefringentes * y utilizada en óptica. ‖ *Espato manganoso,* dialogita. ‖ *Espato pesado,* baritina.
ESPÁTULA f. *Art. y of.* Nombre dado a distintos instrumentos en forma de cuchilla o de paleta, usados para remover pinturas, pastas u otras masas; para aplicarlas o extenderlas; para labrarlas o modelarlas, etc.

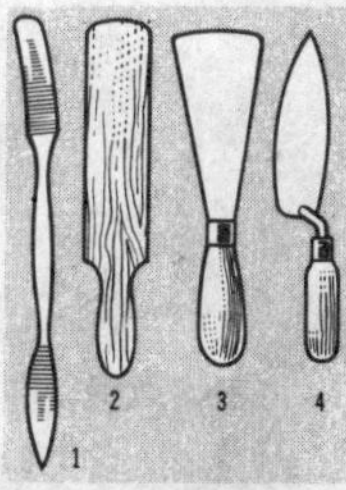

espátulas:
1. De moldeador; 2. Para mantequilla; 3. De pintor; 4. De marmolista

ESPECIAL adj. Adecuado para un uso determinado o reservado para él: *cola especial para plásticos.*
— *Metal. Acero especial,* v. ACERO.
— *Mil. Ingenio especial,* v. INGENIO.
ESPECIE f. *Mat. Magnitudes de la misma especie,* magnitudes de igual naturaleza que solamente difieren por la cantidad, como 3 libros y 7 libros.
— *Quím. Especie química,* cuerpo * puro.
ESPECÍFICO, CA adj. Propio o característico de una especie.
— *Fís. Calor específico, impulso específico, peso específico,* v. CALOR, IMPULSO y PESO.
ESPECTRAL adj. *Fís.* Relativo o perteneciente al espectro. ‖ *Análisis espectral,* análisis fundado en el estudio de los espectros *.
ESPECTRO m. Sucesión ordenada de las longitudes de onda o frecuencias que intervienen en un fenómeno de naturaleza electromagnética, acústica, etc.
— *Astr.* Gama o banda de frecuencias de las ondas electromagnéticas de longitud de onda superior al milímetro, procedentes del espacio extraterrestre y estudiadas en radioastronomía *.
— *Atom. Espectro de masa,* v. ESPECTRÓGRAFO.
— *Electr. Espectro eléctrico,* esquema de las líneas de fuerza que se obtiene espolvoreando con limaduras de hierro una cartulina situada en un campo eléctrico.
— *Fís.* Conjunto de rayos de colores diferentes y yuxtapuestos en los que se descompone la luz blanca al atravesar un prisma de cristal o una red de difracción. ‖ *Espectro de rayos X,* sucesión de rayas que se obtienen al fotografiar los rayos X emitidos por un cuerpo bombardeado por los rayos catódicos.
— La luz blanca no es sino una mezcla de luces monocromáticas, cada una de las cuales se propaga con su frecuencia propia. Cuando un rayo de luz pasa de un medio a otro de índice de

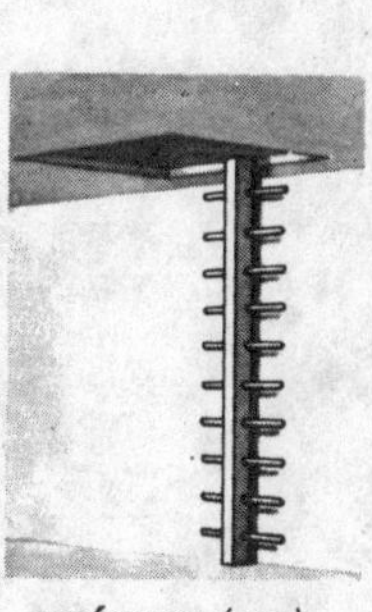

espárrago *(car.)*

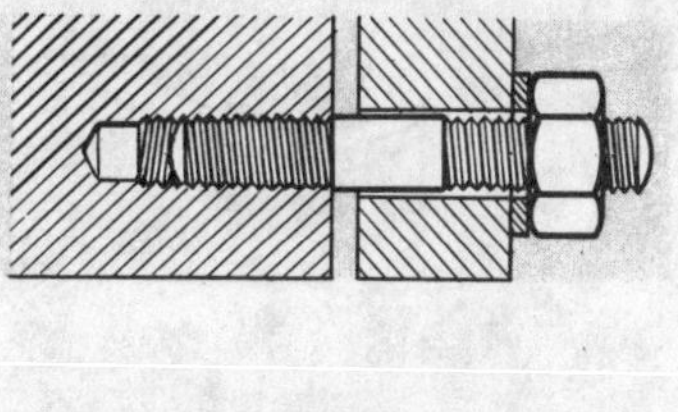

espárrago *(mec.)*

Fot. R. Manson

espectro luminoso [v. lám. COLOR, fuera de texto]

refracción distinta, su trayectoria sufre un desvío tanto mayor cuanto menor es la longitud de sus ondas. Como la luz blanca no es sino una mezcla de luces monocromáticas diferentes, su paso por un prisma de cristal desvía desigualmente los rayos; el haz, proyectado en una superficie blanca, da un espectro luminoso en el que aparecen las distintas luces monocromáticas dispuestas en el orden siguiente: rojo, anaranjado, amarillo, verde, azul, añil, violeta (antes del rojo y después del violeta se ordenan ondas invisibles que prolongan el espectro luminoso respectivamente en los campos infrarrojo y ultravioleta).

El espectro dado por un prisma es confuso y estrecho. Utilizando un aparato perfeccionado, un espectroscopio, por ejemplo, se obtiene un espectro muy amplio y detallado que puede ser de uno de los tipos siguientes:

1.º *Espectro de emisión.* Es el espectro tal y como lo emite el manantial de luz y puede ser un espectro continuo (emitido por sólidos incandescentes), que contiene todas las longitudes de onda comprendidas entre sus dos límites, o un espectro de rayas, en el cual solamente aparecen ciertas rayas luminosas del color correspondiente al sitio que ocupan en el espectro. Este espectro siempre es emitido por un gas excitado térmica o eléctricamente, y las rayas son características de dicho gas. En efecto, la luz es engendrada por el salto de electrones en el átomo a que pertenecen, de una órbita a otra menor. El electrón dispone entonces de un exceso de energía, que expulsa en forma de luz monocromática de longitud de onda perfectamente determinada por las órbitas inicial y final en el seno del átomo. Así, los átomos de sodio gaseoso emiten una serie de rayas, especialmente amarillas, tan inconfundibles con la de los átomos de otros cuerpos como lo son las huellas dactilares de dos personas. Como los físicos han catalogado perfectamente las rayas que constituyen el espectro de cada cuerpo, se desprende que, observando el espectro de emisión de una substancia desconocida o el de una estrella remota, pueden averiguar la naturaleza de la primera o identificar los gases excitados presentes en la segunda (técnica del *análisis espectral*).

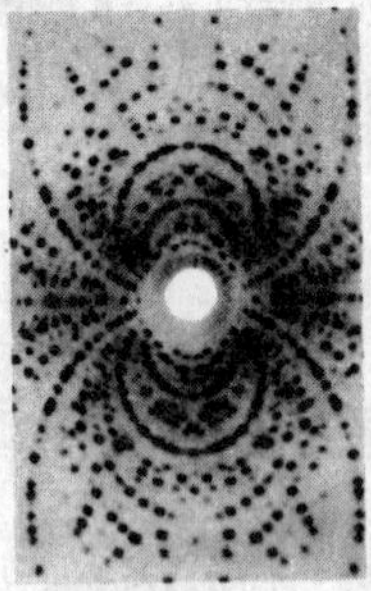

espectro de rayos X del topacio

2.º *Espectro de absorción.* Toda materia puede absorber la luz de la misma índole que la que ella emite. Si el paso de un electrón de una órbita a otra inferior provoca la emisión de la energía excedentaria en forma de luz, recíprocamente, un rayo de luz monocromática, al herir un electrón puede obligarle a pasar a una órbita mayor. En este caso el electrón absorbe la energía de las ondas y éstas desaparecen. Este fenómeno solamente puede producirse cuando existe equivalencia de las energías en juego, o sea cuando el átomo en que se efectúa la absorción es de la misma índole que aquel en el que fueron engendradas las ondas. Consideremos ahora un cuerpo que emita un espectro continuo: si la luz, antes de llegar al espectroscopio atraviesa un gas, éste absorberá todas las longitudes de onda correspondientes a su propio espectro de emisión. Consiguientemente, al faltar dichas ondas el instrumento presentará un espectro continuo en el cual aparecerán unas líneas negras, o sea de sombra, por no hallarse iluminada la pantalla en los sitios correspondientes a las rayas características del gas absorbente. Este espectro de absorción, tal es su nombre, también permite efectuar análisis espectrográficos. Por ejemplo, sabiendo que un planeta no tiene luz propia y que nos refleja la del Sol, bastará con tomar un espectrograma de su luz y suprimir las rayas de absorción de la atmósfera terrestre para, cotejándolo con un espectro solar, averiguar la composición de su atmósfera. (V. el art. relativo a cada planeta.) (En el espectro normal, la distancia entre dos rayas es proporcional a la diferencia de su longitud de onda (espectro obtenido con retícula de refracción), mientras que en el espectro prismático (obtenido con el prisma de cristal) las rayas se hallan más apretadas hacia la zona roja y más separadas en la zona violada. Por otra parte, en ciertos casos las ondas que producen el espectro no son engendradas en los átomos, sino por la excitación de moléculas. Se obtiene entonces un espectro de bandas de aspecto característico: las rayas se hallan agrupadas en bandas que presentan un lado más obscuro que el otro y que dan la ilusión de un relieve acanalado.)

espectrógrafo de masa
1. Campo eléctrico; 2. Cátodo; 3. Campo magnético; 4. Placa fotográfica

3.º *Espectro de rayos X.* Un cuerpo simple, al ser bombardeado por rayos catódicos, emite rayos X cuya frecuencia depende de su número atómico. Si se impresiona una placa fotográfica con dichos rayos se obtendrá un espectro de rayas que, comparado con los espectros catalogados, permitirá identificarlo.

— *Magn.* Serie de curvas con arreglo a las cuales se disponen los granos de limadura de hierro espolvoreados sobre una cartulina situada en un campo magnético, o sea encima de un imán: *las líneas del espectro magnético figuran las líneas de fuerza del campo que reina alrededor del imán.* (V. CAMPO.)

— *Metal.* y *Quím.* *Espectro de difracción* o *de Laue,* v. DIFRACCIÓN.

— *Radiot.* Serie ordenada de todas las frecuencias o longitudes de onda utilizadas en radio, radar, televisión y telecomunicaciones.

ESPECTROFOTOMETRÍA f. *ópt.* Medición y comparación de las radiaciones luminosas simples por medio del espectrofotómetro.

ESPECTROFOTÓMETRO m. *Fís.* Instrumento mixto, consistente en un espectroscopio y un fotómetro, que sirve para medir el brillo de las radiaciones procedentes de un manantial de luz por comparación con las de otro manantial patrón de características ya conocidas.

ESPECTROGRAFÍA f. *Fís.* Estudio de los espectros por medio del espectrógrafo.

ESPECTRÓGRAFO m. *Atom.* *Espectrógrafo de masa,* aparato que permite separar los átomos según su masa, especialmente los isótopos de un mismo cuerpo.

— El *espectrógrafo de masas* funciona como sigue: primeramente se ionizan los átomos con objeto de que puedan ser atraídos o repelidos; a continuación se proyectan en un campo eléctrico que los desvía según su masa y su velocidad; pasan después por un campo magnético que los desvía de nuevo. Cada ion sigue una trayectoria diferente y todos los de igual masa van a chocar en un mismo punto de una placa fotográfica. El análisis de las huellas permite identificar los isótopos y determinar las proporciones. En aparatos muy potentes, la placa es reemplazada por un colector en el cual pueden recogerse cantidades utilizables de los isótopos. (V. SEPARACIÓN *isotópica.*)

— *Electrón.* *Espectrógrafo magnético,* dispositivo fundado en la acción de un campo magnético que desvía las trayectorias de los electrones en función de su rapidez y permite clasificarlos por velocidades.

— *Fís.* Espectroscopio * especial en el cual el ocular del anteojo es reemplazado por un objetivo y una cámara para fotografiar los espectros.

ESPECTROGRAMA m. *Fís.* Fotografía de un espectro hecha con el espectrógrafo.

ESPECTROHELIÓGRAFO m. *Astr.* Instrumento que permite fotografiar los detalles del Sol con luz monocromática.

— El *espectroheliógrafo* es un espectroscopio cuya rendija se mueve hasta recorrer toda la imagen del Sol. Simultáneamente, el espectro —del cual se eliminan todas las rayas salvo la de la luz monocromática elegida— recorre la placa fotográfica. El resultado es una fotografía del Sol idéntica a la que se obtendría si en el mismo hubieran desaparecido todos los manantiales de luz excepto los que engendran la raya considerada (raya alfa del hidrógeno, k del calcio, etc.).

ESPECTROHELIOGRAMA f. *Astr.* Fotografía obtenida con el espectroheliógrafo.

ESPECTROHELIOSCOPIO m. *Astr.* Espectroheliógrafo propio para la observación ocular.

Fot. C. N. R. S.

ESPECTROMETRÍA f. *Fís.* Análisis espectral *.

ESPECTRÓMETRO m. *Fís.* Espectroscopio.

ESPECTROQUÍMICO, CA adj. *Quím.* Dícese de un método para analizar los cuerpos, consistente en vaporizarlos y en estudiar el espectro de rayas del vapor.

ESPECTROSCOPIA f. *Fís.* Estudio de los espectros luminosos. (V. ESPECTRO.)

ESPECTROSCÓPICO, CA adj. *Fís.* Relativo o perteneciente a la espectroscopia.

ESPECTROSCOPIO m. *Fís.* Instrumento para producir y observar los espectros de la luz.
— El *espectroscopio* ordinario consta de una cámara central que contiene un prisma y de la cual parten tres brazos: el primero consiste en un anteojo que recoge los rayos luminosos a través de una rendija y los proyecta en haz paralelo sobre el prisma; el segundo brazo es otro anteojo por el que se observa el espectro (el ocular puede reemplazarse por un aparato fotográfico, con lo cual se obtiene un espectrógrafo); en cuanto al tercer brazo es un dispositivo micrométrico con una escala que, reflejada por el prisma, es vista por el observador paralelamente al espectro y permite identificar las rayas por su longitud de onda.
En ciertos espectroscopios el prisma es reemplazado por una retícula * de difracción.

ESPECTROSENSITOMETRÍA f. *Fís.* V. SENSITOMETRÍA.

ESPEJISMO m. *Ópt.* Ilusión óptica producida por la refracción de los rayos luminosos por la atmósfera, a la cual se debe que, al observar un objeto lejano, se vea también la imagen invertida del mismo en el suelo, como si fuera su reflejo en una superficie líquida.
— Al pasar un rayo de luz de un medio dado a otro de densidad diferente, experimenta una refracción * o desvío de su trayectoria. Cuando el suelo calienta intensamente el aire, éste es tanto menos denso cuanto más próximo se halla de la tierra y la variación de la densidad tiene por efecto desviar progresivamente los rayos de luz, hasta tal extremo (v. *figura*) que un rayo que baje oblicuamente de la copa del árbol al suelo, acaba por ser desviado hacia arriba desde las capas bajas del aire hasta el ojo del observador. Consiguientemente, éste recibe la sensación de que existe un árbol en la dirección de donde vienen los rayos refractados, o sea en el suelo, imagen invertida del mismo árbol que sigue viendo merced a los rayos no refractados llegados directamente al ojo. Al mismo fenómeno se debe que las carreteras alquitranadas parezcan como si estuvieran mojadas o tuvieran baches cuando, calentadas por el sol, tienen una temperatura superior a la del aire ambiente.

ESPEJO m. Cristal pulido y plateado o azogado que refleja los rayos luminosos. || Superficie metálica perfectamente bruñida que goza de propiedades reflectoras comparables a las de los espejos de cristal.
— *Aeron. Espejo de apontizaje,* espejo esférico instalado en los portaaviones, que refleja, como un punto muy brillante, la luz de un foco luminoso. Si un avión que se apresta a apontizar sigue la trayectoria normal, su piloto ve dicho punto luminoso entre dos líneas de luces verdes, formando una sola hilera. Si la luz blanca aparece más alta que las luces verdes o más baja que ellas, es señal de que el avión tiene un exceso o un defecto de altura que convendrá corregir para apontizar en buenas condiciones.
— *Autom. Espejo retrovisor,* v. RETROVISOR.
— *Mar. Espejo de popa,* fachada de la popa * de un barco, desde la bovedilla hasta el coronamiento.
— *Ópt.* Ateniéndose a la índole de la superficie reflectora, existen tres clases de espejos:
1.º *Espejos comunes,* los de cristales o lunas pulidos y perfectamente planos (para que no deformen las imágenes), sobre una de cuyas caras se aplica una capa finísima de metal. Durante largo tiempo se usó el azogue o mercurio (espejos azogados) y el estaño. Hoy se usa casi exclusivamente la plata. Ésta se vierte sobre el cristal en forma de baño de nitrato de plata mezclado con agentes que provocan la reducción del metal. Después de repetir la operación con

espectroscopio

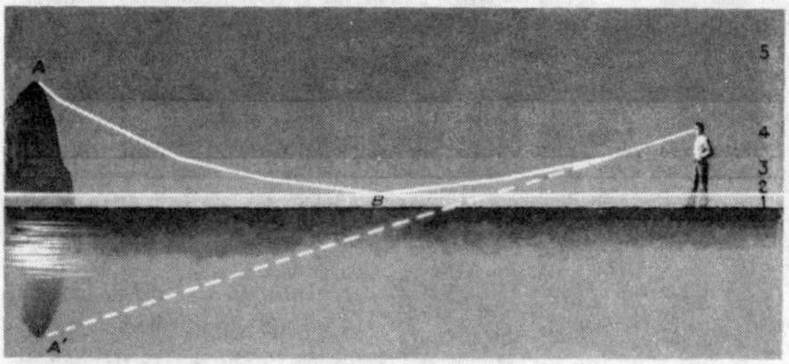

espejismo: la diferente densidad de las capas de aire de 5 a 1 hace que el rayo de luz procedente de A parezca provenir de A'

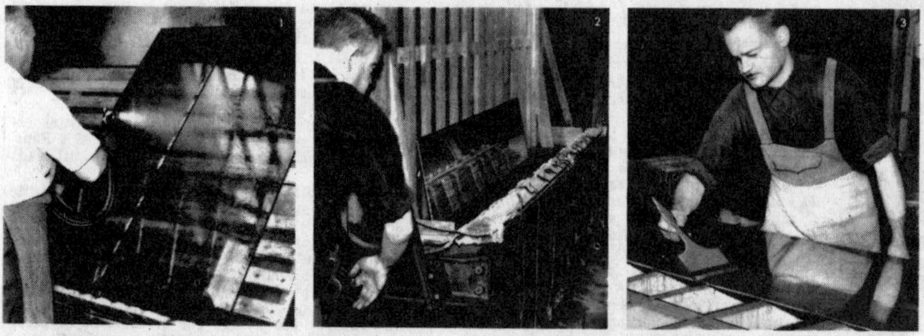

plateado de un espejo
1. Proyección de líquido argentífero; 2. Depósito electrolítico de cobre sobre la plata; 3. Barnizado protector del metal

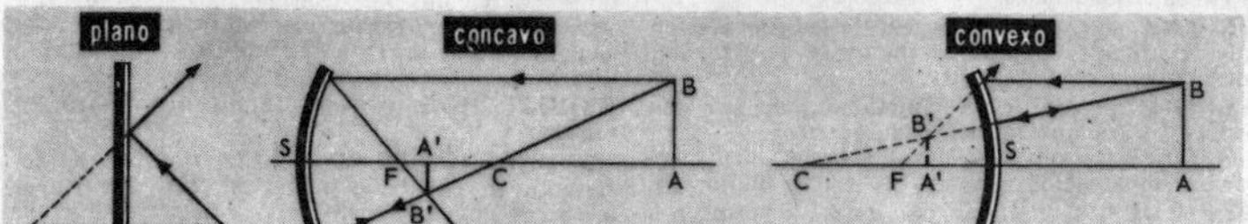

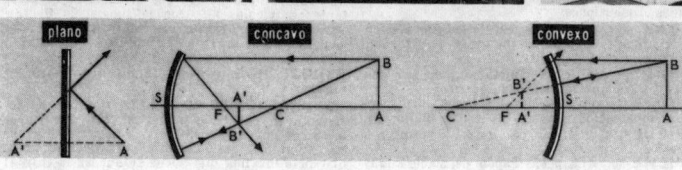

espejos: S. Superficie; C. Centro; F. Foco; A' y B'. Imagen reflejada de los puntos A y B; S F. Distancia focal

Fot. X

un baño nuevo, queda sobre el cristal una capa de metal tan finísima (se habrían de sobreponer 15 000 para formar una capa de un milímetro) que es necesario protegerla con un barniz o pintura.
2.º *Espejos metálicos,* de acero inoxidable u otro metal cuidadosamente bruñido.
3.º *Espejos metalizados,* para instrumentos de óptica, consistentes en bloques de cristal cuya cara frontal previamente labrada en forma de superficie curva, es metalizada con plata, aluminio u otro metal vaporizado en el vacío. (V. METALIZACIÓN.)
La forma de la superficie reflectora determina las características y propiedades ópticas del espejo (v. REFLEXIÓN). El rayo de luz incidente y el rayo reflejado forman ángulos rigurosamente iguales con la perpendicular al espejo en el punto de incidencia. De ahí se desprende que:
a) un *espejo cóncavo* haga converger los rayos paralelos en un punto llamado foco y que un *espejo convexo* provoque su divergencia;
b) un *espejo cilíndrico* los haga converger o diverger (según sea convexo o cóncavo) transversalmente, pero no longitudinalmente (v. ANAMORFOSIS);
c) un *espejo parabólico* transforme en haz paralelo el haz divergente procedente del foco o, inversamente, en haz convergente el haz paralelo procedente de un lejano manantial de luz.

ESPEJUELO m. *Carp.* Sucesión de puntos brillantes que presentan ciertas maderas cortadas a lo largo de los radios medulares del tronco.
— *Miner.* Yeso puro y cristalizado dotado de transparencia.

ESPEQUE m. *Art. y of.* Palanca de madera. || Puntal para sostener una pared.

ESPERA f. *Aeron.* Circuito de espera, v. CIRCUITO.
— *Carp.* Escopleadura hecha en una cara del madero, que comienza en una de las aristas pero no llega a la arista opuesta.

ESPERMA com. *Perf. Esperma de ballena,* espermaceti.

ESPERMACETI m. *Perf.* Parte sólida de un aceite presente en los senos craneales de ciertos cetáceos, especialmente del cachalote, y cuyo principal constituyente químico es el palmitato de cetilo. (Sinón. BLANCO DE BALLENA, ESPERMA DE BALLENA.)
— El *espermaceti* es una materia blanca y poco densa, untuosa y de aspecto cristalino. Es insoluble en el agua y soluble en el alcohol y el éter. Se usa para preparar cremas de belleza, pomadas y otros cosméticos.

ESPESADOR, RA adj. Que espesa o sirve para espesar. (Sinón. ESPESANTE.)
— *Pint.* Materia que se agrega a una pintura o barniz para aumentar su viscosidad y darle cuerpo.
— *Text.* Disolución coloidal que sirve de soporte a los tintes usados para imprimir los tejidos estampados *.

ESPESANTE adj. Espesador.

ESPESAR v. Dar mayor espesor a una cosa.

ESPESARTINA f. *Miner.* Especie de granate * presente en las pegmatitas. (Sinón. SPESSARTINA.)

ESPESOR m. Una de las tres dimensiones de un sólido, y, generalmente, la más pequeña de ellas (las otras dos son la *longitud* y la *anchura*). || Falta de fluidez: *el espesor de la humareda, de una pintura.* || Calidad de tupido o apretado: *el espesor de la maleza en la selva virgen.*
— *Aeron. Espesor relativo,* porcentaje del espesor máximo de un perfil de ala respecto a la profundidad del mismo. (V. ALA y PERFIL.)

ESPETÓN m. *Art. y of.* Hierro largo y delgado para remover las ascuas en los hornos, o usado con otros fines. || Por anal., aguja o alfiler de grandes dimensiones.

ESPÍA f. *Art. y of.* Cada una de las cuerdas con que se afianza un poste o cualquier madero dispuesto verticalmente.

ESPIAR v. *Art. y of.* Sujetar un madero con espías * para que se mantenga vertical.
— *Mar.* Halar un cabo desde a bordo para acercar la embarcación a un muelle u otro punto fijo.

ESPICULAR v. *Miner.* En forma de espiga o de flecha.

ESPICHE m. *Art. y of.* Tapón de madera muy largo que sirve para obturar caños y tapar los orificios de los toneles.
— *Mar.* Tapón con que se obtura el orificio que tienen los botes en el fondo del casco para agotar el agua.

ESPIGA f. *Arq.* Flecha * de un campanario, torre o cubierta.
— *Art. y of.* Apéndice puntiagudo de una herramienta que sirve para fijarla en el mango: *las espigas de los destornilladores suelen ser rectangulares.* || Clavo pequeño sin cabeza.
— *Carp.* Clavija de madera. || Extremo de un madero debidamente rebajado y labrado para que ajuste en la muesca o caja de forma correspondiente hecha en otro madero. (V. ENSAMBLADURA.)
— *Text.* Tipo de ligamento de sarga con dos ramas que forman un ángulo más o menos abierto, como los granos en una espiga.

ESPIGAR v. *Carp.* Labrar las espigas * en los maderos que se han de ensamblar.

ESPIGÓN m. *Arq.* Espiga.
— *Art. y of.* Punta de un clavo o de un instrumento puntiagudo. || Macho de una bisagra.
— *Carp.* Núcleo o columna central de ciertas escaleras * de caracol.
— *Mar.* Embarcadero de fábrica, hierro o madera que avanza en el mar o el río perpendicularmente a la costa o a la ribera.
— *Obr. públ.* Dique en forma de macizo, perpendicular a la orilla de un río o una playa, que sirve para regular el curso del primero o para proteger la segunda contra el oleaje y las corrientes del litoral.

ESPÍN m. *Atom.* Forma españolizada de la voz inglesa *spin* *.

ESPINA f. *Art. y of. Espina de pescado,* espinapez.

ESPINAPE o **ESPINAPEZ** m. Disposición de varios elementos en forma de espiga o cheurrón, o sea como una sucesión de ángulos metidos unos en otros. (Sinón. ESPINA DE PESCADO.)
— *Carp.* Entarimado * de tablas diagonales dispuestas en zigzag.

ESPINAQUER m. *Mar.* Forma españolizada de la voz inglesa *spinnaker.*

ESPINAZO m. *Arq.* Clave de bóveda o de arco.

ESPINEL m. *Mar.* Palangre.

ESPINELA f. *Joy.* y *Miner.* Aluminato de magnesio que a veces forma hermosos cristales de color azul, rosado o rojo.
— Las mejores *espinelas* son piedras preciosas usadas en joyería. A las de color rojo subido se les suele dar el nombre de *rubí espinela,* lo que es impropio y abusivo, pues las espinelas no son rubíes verdaderos. Las espinelas de calidad inferior se usan como apoyo de los ejes en relojería, y también, pulverizadas, para pulimentar.

ESPINILLERA f. *Art. y of.* Especie de polaina que se ponen los operarios en la parte delantera de la pierna para proteger la espinilla contra los golpes. (Sinón. CANILLERA.)

ESPINILLO m. *Bot.* y *Carp.* Árbol rutáceo americano (*Antholyxum flavum* o *Fagara flava*), que suministra una madera muy apreciada para labores de ebanistería y de torno.

ESPINO m. Nombre de diferentes arbustos espinosos que se emplean para formar setos. || *Espino artificial,* alambrada de pinchos utilizada para cercas.

ESPINTARISCOPIO m. *Atom.* Instrumento para observar las partículas alfa emitidas por los cuerpos radiactivos.
— El *espintariscopio* consiste en un tubo que lleva uno de sus extremos cerrado por una lupa y el otro por una pantalla fluorescente de sulfuro de cinc. Al acercar la pantalla a un cuerpo radiactivo, se observan con la lupa unas centellas fugaces producidas por el impacto de otras tantas partículas alfa con la substancia fluorescente. De este aparato elemental se derivan los modernos contadores de centelleo. (V. CONTADOR.)

ESPINTERÓGENO m. *Autom.* Sistema de encendido *.

ESPINTERÓMETRO m. *Electr.* Aparato consistente en dos bolas metálicas que constituyen los polos de un manantial de electricidad y que son separadas gradualmente para determinar la distancia máxima que puede franquear la chispa:

espinterómetros

Fot. Alsthom, Larousse

con el espinterómetro se miden las tensiones de ruptura. (V. DISTANCIA *explosiva.*)

ESPIRA f. *Arq.* Parte de la basa de la columna situada encima del plinto.
— *Electr.* Cada una de las vueltas que da el hilo conductor en una bobina o devanado.
— *Geom.* Cada una de las vueltas que da una hélice o una espiral. ‖ Espiral.
— *Mec.* Vuelta de un resorte.

ESPIRAL adj. y s. Relativo o perteneciente a la espira.
— *Geom.* Curva abierta que da vueltas alrededor de un punto al mismo tiempo que se aleja de él.
— Existe una gran diversidad de *espirales*, diferentes según sea la ley adoptada para el incremento del radio vector. La figura indica cómo se pueden dibujar con el compás espirales de 2, 3 y 4 centros. Desde el punto de vista matemático, las principales espirales son las siguientes:
1.º *Espiral de Arquímedes.* Resulta del movimiento uniforme de un punto sobre una recta al mismo tiempo que ésta gira también progresivamente. Su ecuación en coordenadas polares es $S = S_0 + r\theta$.
2.º *Espiral hiperbólica.* El radio es inversamente proporcional al ángulo polar y la ecuación es $\theta = \alpha$.
3.º *Espiral logarítmica.* El radio vector crece en progresión geométrica, y el ángulo polar en progresión aritmética. Su ecuación es $P = re^{m}\,\theta$.
— *Mec.* Muelle espiral de los relojes.
— La *espiral* reemplaza el péndulo en los relojes pequeños. Es un resorte en forma de espiral de Arquímedes con uno de sus extremos fijado en el volante y el otro encastrado en el bastidor. (V. ESCAPE, MUELLE, RELOJ y VOLANTE.)

ESPIRALOIDE adj. De forma semejante o parecida a la de la espiral.

ESPIRITOSO, SA adj. *Quím.* Dícese del licor muy alcohólico y volátil: *bebidas espiritosas.*

ESPÍRITU m. *Quím.* Nombre que se daba antiguamente a los productos de la destilación, especialmente a los aguardientes. ‖ *Espíritu perfumado,* alcoholato. ‖ *Espíritu de vino,* alcohol.

ESPIRITUOSO, SA adj. *Quím.* Espiritoso.

ESPIROIDAL com. o **ESPIROIDEO, A** adj. Semejante a una espiral.

ESPITA f. *Art. y of.* Cañuto con llave que sirve para sacar líquido de una cuba. ‖ Por ext., grifo o llave.

ESPITAR v. *Art. y of.* Poner espita a una cuba.

ESPITO m. *Art. gráf.* Palo largo que lleva una tabla en uno de sus extremos y que aún se usa para colgar y descolgar los pliegos que se ponen a secar.

ESPOLETA f. *Arm.* Dispositivo detonador de las granadas, bombas, torpedos y proyectiles autopropulsados.
— La figura ilustra el funcionamiento de los principales tipos de *espoleta.* Las *espoletas ordinarias* funcionan al percutir el proyectil contra el blanco (*espoletas instantáneas*) o una fracción de segundo después del choque, para permitir una penetración del proyectil (*espoletas con retardo*). En otras espoletas, por el contrario, el mecanismo detonador es cebado por la sacudida del disparo y la explosión del proyectil ocurre en el aire, al cabo del tiempo que tarda en consumirse una columna de pólvora que va en la misma espoleta y cuya longitud puede regularse antes de efectuar el disparo. Las *espoletas de doble efecto* son mixtas y pueden explotar en el aire o por percusión (si han caído prematuramente en el suelo o si no ha funcionado el otro dispositivo).
Las *espoletas de aproximación* o *de presencia* son las más eficaces. Esencialmente consisten en un sistema detector de la presencia del objetivo, capaz de hacer funcionar el detonador cuando las señales captadas alcanzan su máxima intensidad, o sea en la proximidad inmediata del blanco. La *espoleta radioeléctrica, espoleta radar* o *espoleta electrónica* es la más característica de ellas: tiene dos circuitos, emisor y receptor de radio, combinados de forma que las ondas emitidas por el ingenio y reflejadas por el objetivo al volver al aparato, sumen su energía a las ondas que se continúan emitiendo. Así, al llegar el artefacto a proximidad del blanco, la energía total es suficiente para accionar el mecanismo detonador.

ESPOLÍN m. *Carp.* Madera de deshecho que se interpone entre cada dos capas de maderos apilados, para dar paso al aire y facilitar el secado de los mismos.
— *Text.* Lanzadera pequeña con que se tejen flores u otros motivos con un hilo diferente de los de trama y urdimbre, y que es entretejido con ellos. ‖ Espolinado.

ESPOLINADO m. *Text.* Tela de seda que lleva flores u otros motivos pequeños, a modo de bordado, obtenidos merced al uso de lanzaderas suplementarias llamadas *espolines.* (V. ESPOLÍN.)

ESPOLÓN m. *Arq.* Contrafuerte que se hace para reforzar un muro ya existente.
— *Geogr.* Contrafuerte montañoso que avanza sobre el llano.
— *Obr. públ.* Tajamar. (V. *figura,* p. 440.)

ESPONJA f. Masa porosa que constituye el esqueleto de una colonia de celentéreos de las especies *Euspongia officinalis* e *Hippospongia equina,* y sirve para lavar, enjugar, etc. ‖ Masa porosa de materia sintética que reemplaza la esponja natural.
— La pesca de las *esponjas* es fructuosa en el Mediterráneo, donde se efectúa a mano por pescadores generalmente desprovistos de aparatos respiratorios (v. BUZO), o con redes de arrastre especiales. Expuestas al sol, se produce rápidamente la putrefacción de los celentéreos, cuyos restos son eliminados pisoteando las esponjas

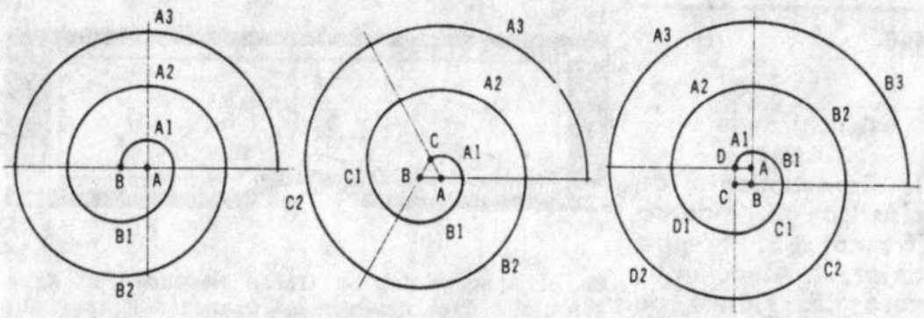

espirales de 2, 3 y 4 centros (se dibujan tomando sucesivamente los centros A, B, C, D, para trazar los arcos A_1, B_1..., A_2, B_2..., etc.

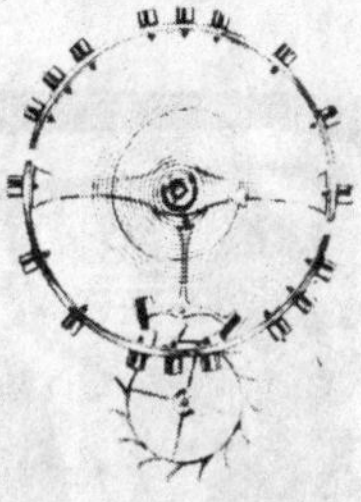

espiral de reloj

espoletas

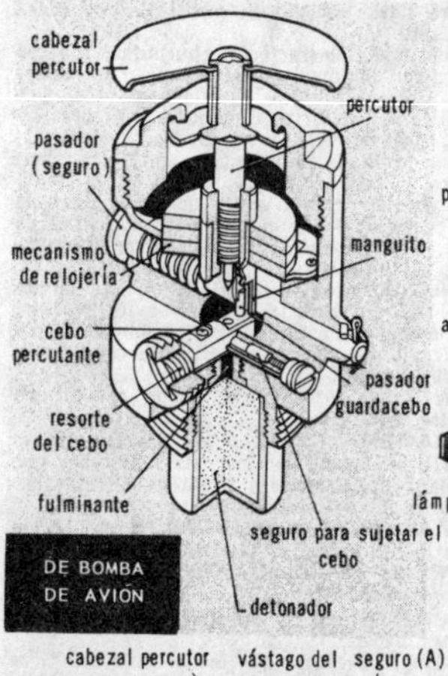

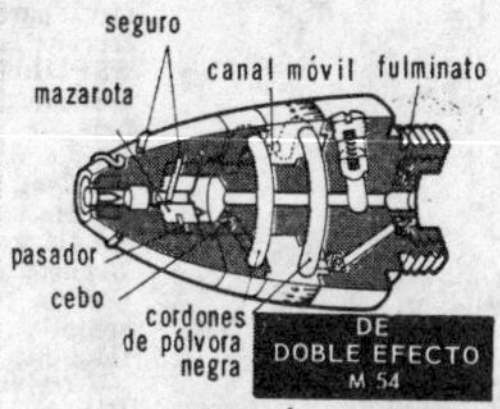

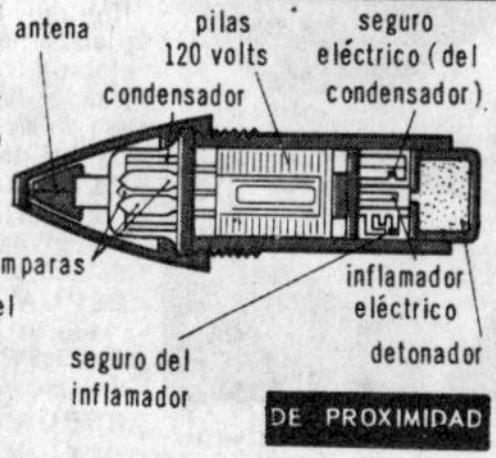

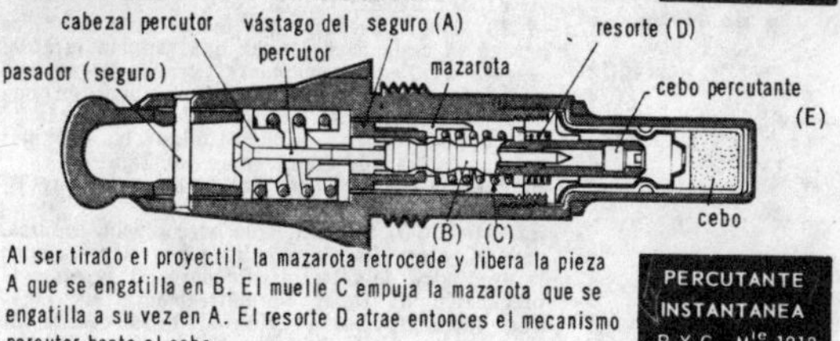

Al ser tirado el proyectil, la mazarota retrocede y libera la pieza A que se engatilla en B. El muelle C empuja la mazarota que se engatilla a su vez en A. El resorte D atrae entonces el mecanismo percutor hasta el cebo.

PERCUTANTE INSTANTANEA R.Y.G. M[te] 1918

Fot. Ebauches S. A.

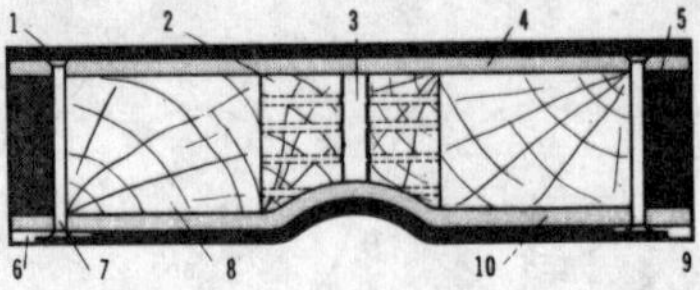

estructura de un esquí
1. Revestimiento de plástico; 2. Madera (fresno); 3. Ranura axial; 4. Aleación ligera; 5. Flanco de plástico; 6. Cantonera; 7. Remaches; 8. Alma de madera (okumé); 9. Zapata de plástico; 10. Plantilla de aluminio

espolón *(obr. públ.)*

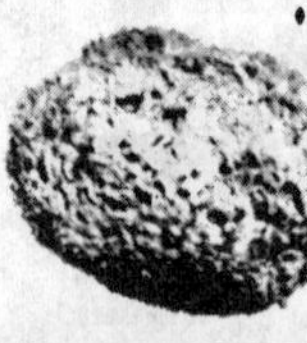

esponjas natural y de Nylón

en el agua. Éstas se tratan después con agua acidulada para disolver los granos calcáreos que contienen, y finalmente se descoloran y se secan. En las *esponjas artificiales* de caucho, Nylón y otras materias plásticas, los poros se obtienen provocando la formación de burbujas en la masa aún no solidificada o mezclando a la misma sal gruesa cuyos granos, una vez solidificado el bloque, se disuelven con agua y dejan su huella. También se usan *esponjas metálicas* de virutas o hilos metálicos propias para fregar superficies muy sucias.
— *Metal.* Masa esponjosa de metal: *la esponja o espuma de platino se usa como catalizador.*
— *Text.* Tejido muy absorbente que se usa para toallas, albornoces, etc.
— Los *tejidos de esponja* tienen ambas caras cubiertas por los rizos menudos de una urdimbre suplementaria hecha con hilos independientes de los de la tela de fondo. Los rizos los hace un dispositivo especial que se monta en el telar y que, periódicamente, da un estirón a los hilos de la segunda urdimbre.

ESPONJAR v. Limpiar o enjugar con esponja. ‖ Conferir a una materia el aspecto poroso de la esponja.

ESPONJOSO, SA adj. Poroso o absorbente como la esponja: *caucho * esponjoso; suelo esponjoso.*

ESPONTÁNEO, A adj. Que se produce sin causa exterior aparente: *combustión * espontánea.*

ESPORTEAR v. *Transp.* Transportar materias con espuertas.

ESPUERTA f. *Art. y of.* Capazo de esparto de forma bastante plana y provisto de dos asas, que sirve para llevar escombros, materiales de construcción, etc.

ESPUMA f. Aglomeración de burbujas, a veces mezcladas con impurezas, que flotan en la superficie de ciertos líquidos. ‖ Nombre dado, por ext., a diversas materias esponjosas y ligeras.
— *Gom. Espuma de caucho,* caucho * celular.
— *Metal.* Masa de escorias.
— *Miner. Espuma de hierro,* hierro * oligisto. ‖ *Espuma de manganeso,* óxido de manganeso de aspecto terroso. ‖ *Espuma de mar,* variedad de sepiolita. ‖ *Espuma de nitro,* salitre filamentoso que se forma en las paredes húmedas.
— *Quím.* Suspensión coloidal de un gas en un líquido. (V. COLOIDE.) ‖ *Espuma de platino,* platino esponjoso obtenido por calcinación del cloroplatinato de amonio y utilizado como catalizador *.
— *Text. Espuma de Nylón,* Nylón rizado que da tejidos elásticos.

ESPUMADERA f. *Art. y of.* Especie de cuchara utilizada para eliminar las impurezas que sobrenadan en los metales fundidos, los jarabes de azúcar y otros líquidos.

ESPUMADURA f. o **ESPUMAJE** m. Acción y efecto de espumar: *el espumaje de las alcantarillas tiene por objeto eliminar las grasas demasiado abundantes.*

ESPUMANTE adj. y s. Que hace espuma o sirve para hacerla.
— F. *Min.* Substancia que, en la flotación *, se agrega al agua para formar una espuma estable.
— *Quím. Poder espumante,* grado de aptitud para provocar la formación de espuma en una disolución: *detersivo de alto poder espumante.*

ESPUMAR v. *Art. y of.* Eliminar las espumas o las escorias que flotan sobre los líquidos.

ESPUMILLA f. *Text.* Tejido de seda muy ligero parecido al crespón.

ESPUMOSO, SA adj. Que hace mucha espuma.
— *Ind. alim.* La sidra y los vinos claros tienen la propiedad de volverse *espumosos* si se toma la precaución de tapar herméticamente las botellas antes de que el líquido haya cesado de fermentar, pues la fermentación produce gas carbónico que se conserva disuelto en el mismo líquido (V. CHAMPAÑA). Los vinos espumosos de calidad inferior se elaboran agregando gas carbónico al mosto ya fermentado.

ESPUTNIK m. *Astron.* Sputnik.

ESQUELETO m. Armazón que sirve de soporte a los distintos elementos u órganos de una construcción compleja: *el esqueleto de un dirigible.*
— *Mar.* Casco de una embarcación antes de que se le ponga el forro.

ESQUELITA f. *Miner.* Tungstato de calcio, mena de tungsteno. (Sinón. SCHEELITA.)

ESQUEMA m. Dibujo en el cual solamente figuran los detalles más importantes o esenciales de lo que representa.

ESQUEMÁTICO, CA adj. Relativo al esquema: *representación esquemática del funcionamiento de una máquina.*

ESQUEMATIZAR v. Representar por medio de esquemas.

ESQUÍ m. *Aeron.* Cada uno de los patines que reemplazan las ruedas del aterrizador o que se montan paralelamente a ellas para que el avión pueda aterrizar y despegar en terrenos cubiertos de hielo o de nieve.
— *Carp.* Patín largo que sirve para deslizarse por la nieve.
— Los *esquís de madera* son labores complejas, como muestra la figura, constituidas por una serie de piezas pegadas con cola. Durante largo tiempo se consideraron como maderas ideales para esquís la pacana o nogal blanco de América y el fresno. Hoy se usan también maderas africanas y se fabrican esquís mixtos de madera y metal o materias plásticas. El esquí lleva en su parte central una fijación en la que se asegura la bota del esquiador, con una articulación en la punta de la misma que permite levantar el talón. Además, la fijación de seguridad suelta el pie en caso de esfuerzo anormal, por ejemplo en una caída, con lo cual se reducen los riesgos de fractura de la pierna.

ESQUIATRÓN m. *Radiot.* Tubo catódico comparable al de un televisor ordinario, pero con la particularidad de funcionar inversamente, puesto que el haz de electrones, en vez de dar un punto luminoso en una pantalla obscura, da un punto obscuro en una pantalla alumbrada por un manantial de luz independiente.
— Mientras que la luminosidad de un tubo catódico ordinario queda limitada por la naturaleza de las substancias luminescentes de su pantalla, en el *esquiatrón* basta aumentar la intensidad de la luz que alumbra la pantalla para obtener imágenes tan contrastadas que es posible proyectarlas en pantallas de grandes dimensiones (televisión en salas públicas, radar, etc.).

ESQUIFADO, DA adj. *Arq. Bóveda esquifada,* v. BÓVEDA.

ESQUIFE m. *Arq.* Cañón de bóveda cilíndrica.
— *Mar.* Bote que se lleva a bordo de una embarcación mayor.

ESQUILADORA f. *Text.* Máquina de esquilar animales.
— Las *esquiladoras* que se usan principalmente en las haciendas productoras de lana, funcionan con arreglo al mismo principio que las maquinillas de cortar el pelo, o sea con dos peines de dientes cortantes, uno de los cuales se desliza lateralmente sobre el otro en rápido movimiento de vaivén. Pueden ser accionadas a mano o se hallan provistas de un motorcito eléctrico.

ESQUILAR v. *Text.* Cortar la lana de las reses.

ESQUINA f. o **ESQUINAL** m. *Arq.* Ángulo saliente de un edificio.

ESQUINAR v. Dar forma de esquina. ‖ Poner en esquina: *esquinar los sillares.*
— *Carp.* Escuadrar un madero.

ESQUIRLA f. *Art. y of.* Astilla o fragmento que se desprenden de un cristal, piedra, etc.

ESQUISTO m. *Miner.* Roca de estructura laminar que se rompe o divide en placas delgadas.
— El nombre de *esquisto* se aplica a numerosas rocas de naturaleza diferente, pero de aspecto laminar característico de la pizarra *, que es la más conocida. Todas estas rocas se han depositado en forma de arcilla, pero han sufrido ulteriormente cambios muy diferentes por metamorfismo *. Además de los esquistos de tejar (pizarras) los hay también de afilar, litográficos y bituminosos. Estos son ricos en aceites mine-

Fot. J. de Beaupré, Faideau, Larousse

esquistos

rales, que se recuperan industrialmente por destilación.

ESQUISTOSO, SA adj. *Miner.* De estructura laminar comparable a la del esquisto.

ESQUIZADO, DA adj. *Constr.* Dícese del mármol salpicado de pintas.

EST, abreviatura de *estéreo.*

ESTABILIDAD f. Calidad de estable.

— *Aeron.* Aptitud del avión a recobrar su posición de equilibrio cuando cesan las causas que lo separaron de ella.

— *Autom. Estabilidad de ruta,* aptitud de un coche a conservar la dirección que le imprime el conductor.

— La *estabilidad de ruta* puede ser afectada por causas exteriores (viento lateral, bombeo de la calzada, adherencia del firme) o por el estado del vehículo (frenos, presión incorrecta en los neumáticos, desajuste de la dirección). Es, sin embargo, una cualidad propia de cada coche, que depende de la distribución de las masas, la posición del centro de gravedad, la calidad, etc.

— *Mar.* Aptitud de un barco a resistir a las fuerzas que engendran el cabeceo y el balance, y a amortiguar ambos movimientos oscilatorios una vez que se han establecido. (V. ESTABILIZADOR.)

— *Mec.* Facultad de los cuerpos que conservan su posición de equilibrio aunque obren sobre los mismos fuerzas tendientes a alejarlos de ella. ‖ Propiedad de los cuerpos que tienden a volver a su posición de equilibrio cuando la fuerza que los ha alejado de ella deja de obrar. (V. EQUILIBRIO.)

— *Meteor.* Superposición regular de las capas atmosféricas en el orden decreciente de su densidad.

— *Quím.* Permanencia de una combinación química.

ESTABILIZACIÓN f. Acción y efecto de estabilizar. (V. ESTABILIDAD y ESTABILIZADOR.)

— *Astron.* Acción y efecto de conferir a un satélite o sonda espacial una orientación determinada por la naturaleza de las investigaciones científicas o del uso a que se destina, y también por la índole de sus manantiales de energía solar o la directividad de sus antenas, etc.

— Un satélite meteorológico ha de orientar el objetivo de sus cámaras hacia el suelo; una sonda lunar debe visar la superficie de la Luna al sobrevolar nuestro satélite; una sonda lanzada en dirección de un planeta debe, dadas las distancias y, por otra parte, la poca potencia de sus emisoras, disponer de una antena directiva constantemente orientada hacia la Tierra. Así, raro es el caso en que un satélite o sonda espacial no haya de ser estabilizado respecto a un referencial (Tierra, Sol, Luna, planetas, estrellas). La orientación permanente en dirección de un punto del firmamento se obtiene imprimiendo al ingenio un movimiento de rotación sobre sí mismo. Adquiere así un efecto giroscópico, y sabido es que un giroscopio * conserva sensiblemente la orientación que se le da en el momento de lanzarlo. En otros casos se recurre a dispositivos consistentes en una célula sensible a alguna radiación (v. g.: a los rayos infrarrojos del suelo o a la luz del horizonte, y también a las radiaciones del globo solar). Cada vez que, por una mala orientación, el manantial de referencia tiende a salir del campo de la célula, ésta obra sobre una válvula automática que da salida a un gas por la pequeña tobera de uno o varios cohetes auxiliares convenientemente orientados. La fuerza de reacción engendrada por el o los cohetes obliga al ingenio a girar ligeramente hasta que la célula se halle de nuevo frente al referencial escogido.

— *Metal.* Operación de recocido a que se someten las piezas para que recobre el metal su equilibrio molecular alterado durante la fabricación de las mismas.

— *Obr. públ.* Consolidación del suelo por medios mecánicos (apisonado, etc.), agregándole a veces algún aglomerante, con objeto de obtener una calzada económica, una era para amontonar o apilar materiales, etc.

— *Petr.* Desbutanización.

ESTABILIZADOR, RA adj. Que estabiliza o sirve para estabilizar. ‖ Cualquier aparato propio para hacer que una cosa permanezca estable o que una magnitud se mantenga constante.

— *Aeron.* Cada uno de los dos planos fijos que un avión lleva en la cola y en los cuales se hallan articulados los timones de dirección y de profundidad.

— *Arm.* Sistema que mantiene apuntado el cañón de un tanque independientemente de los movimientos del vehículo. (V. GIROESTABILIZADOR.)

— *Astron.* V. ESTABILIZACIÓN.

— *Autom.* Elemento mecánico destinado a reducir la amplitud de las oscilaciones de la suspensión y que consiste generalmente en una barra de torsión montada entre ella y el bastidor.

— *Mar.* Dispositivo para reducir el balanceo de los buques.

— El cabeceo, dada la longitud de los buques cuyo casco se halla sostenido por varias olas a la vez, es generalmente bien soportado por los pasajeros. No ocurre igual con el balanceo, molesto por la amplitud que llegan a alcanzar las oscilaciones. Los primeros *estabilizadores* fueron las *quillas de balance,* apenas eficaces en los barcos menores. Otro método pasivo consiste en proveer al barco de tanques de agua situados en ambos costados y entre los cuales existen dos comunica-

estabilizador
de aletas *(mar.)*

estabilizadores
(aeron.)

Fot. A. V. Thomas, Larousse, Central Press

estación de clasificación *(f. c.)*

ciones: una inferior, para el agua, y otra superior y muy angosta, para el aire. Al inclinarse el barco, el agua se traslada de un costado a otro y expulsa fuertemente al aire en la dirección opuesta a la del movimiento de balance, resultando así un efecto de amortiguador.
El *estabilizador giroscópico* consiste en un volante pesadísimo, montado a modo de giroscopio en la cala del buque y accionado por un motor eléctrico. Un giroscopio * tiende a conservar la dirección de su eje y si se modifica esta dirección, reacciona por un movimiento perpendicular a la fuerza perturbadora. Así, al inclinar las olas el casco, el eje del volante reacciona con un par antagonista que opone una resistencia a la inclinación, aunque sin poderla anular totalmente. El *estabilizador de aletas* consta de dos alerones semejantes a las alas de un avión, que sobresalen de los costados del casco. Están accionados por motores que pueden darles rápidamente una inclinación o ángulo de ataque más o menos grande. La marcha de los motores es automáticamente regulada por servomotores dependientes de un giroscopio. El funcionamiento es como sigue: el giroscopio registra el valor de la inclinación del casco y determina, en función de la velocidad del buque, la inclinación que han de tener los alerones para que la fuerza viva del agua sobre los mismos anule la acción de las olas sobre el casco. Claro está que uno de los alerones se halla orientado hacia arriba (precisamente en el lado donde el casco tiende a hundirse) y el otro hacia abajo (en el costado que tiende a elevarse). Los alerones crean así un par * que se opone al par del balance.
— *Mec. Estabilizador de tiro,* v. TIRO.
— *Petr.* Columna de platillos para estabilizar * la gasolina.
— *Pint.* Substancia que, como el sulfato de sodio, se agrega a una pintura para reducir la sedimentación de los pigmentos.
— *Quím.* Catalizador * negativo que se agrega a una substancia para evitar que se descomponga.

ESTABILIZANTE adj. y s. Estabilizador.
— *Astron.* Substancia que se agrega a un monergol * sólido para reducir la velocidad con que se consume: *la difenilamina es un buen estabilizante.*
— *Expl.* Componente de las pólvoras sin humo que sirve para estabilizarlas y asegura su conservación.

ESTABILIZAR v. Dar estabilidad * a una cosa. (V. tb. ESTABILIZACIÓN y ESTABILIZADOR.)
— *Petr.* Desgasear. ‖ Desbutanizar.

ESTABLE adj. Que goza de estabilidad.
— *Mec. Equilibrio estable,* v. EQUILIBRIO.
— *Metal. Acero estable,* el que conserva indefinidamente sus propiedades iniciales.
— *Quím.* Dícese de las combinaciones que se destruyen difícilmente.

ESTABLECIMIENTO m. *Mar. Establecimiento de un puerto,* hora en que se produce la pleamar en el mismo día que corresponde a una sicigia (conjunción y oposición de la Luna con el Sol).

ESTACA f. *Art. y of.* Palo redondo con uno de sus extremos generalmente aguzado para clavarlo.
— *Carp.* Clavo de grandes dimensiones propio para fijar vigas y otros maderos.

ESTACADA f. Valla hecha con estacas.
— *Mar.* Cerco de red que se fija con estacas en los fondos costaneros y dentro del cual quedan encerrados los peces al bajar la marea.

ESTACAR v. Señalar una línea en el terreno clavando estacas en el mismo. ‖ *Amer.* Clavar o fijar algo con estaquillas.

ESTACIÓN f. *Astron. Estación orbital,* satélite * muy grande, provisto de laboratorios, telescopios y otros equipos científicos; permanece largo tiempo en el espacio y sus ocupantes son cambiados periódicamente merced a naves espaciales que atracan por su morro a una compuerta de la estación; tiene aplicaciones científicas concernientes a la Tierra y a la astronomía.
— *Astr.* Cada una de las cuatro temporadas en que se divide el año.
— Las *estaciones* resultan de la inclinación del eje de rotación del planeta, de la presencia de una atmósfera en torno al mismo y de la excentricidad de la órbita. La última causa es poco importante, pues la cantidad de calor que la Tierra recibe del Sol cuando se halla en el perihelio, es apenas superior en 7 % a la que recibe en el afelio, dándose la circunstancia de que este suplemento de calor lo recibe el hemisferio boreal en invierno y el austral en verano. De ahí que en el hemisferio boreal se den inviernos menos crudos y veranos menos calurosos que en el hemisferio austral.
Pero la causa esencial de los cambios anuos de la temperatura se debe a la inclinación del eje del globo terráqueo, siempre orientado en la dirección de la estrella polar. Así, en el curso de una revolución, la Tierra presenta alternativamente al Sol uno de sus hemisferios. Consiguientemente, los rayos solares hieren más perpendicularmente dicho hemisferio que el otro. Como atraviesa así un espesor menor de atmósfera, los rayos llegan al suelo con mayor intensidad, mientras que en el hemisferio opuesto, a la misma hora, los rayos, muy oblicuos, son atenuados por el gran espesor de aire que atraviesan. Ello causa un enfriamiento que favorece las condensaciones en la atmósfera, cuya opacidad disminuye aún más la cantidad de calor que llega al suelo: tal es el proceso invernal. La primavera y el otoño constituyen dos fases transitorias entre los extremos considerados más arriba.
Dado que la Luna carece de atmósfera, las estaciones se reducen a un cambio ligero y progresivo de la temperatura entre enero (período más cálido por hallarse la Tierra en el perihelio) y julio (período menos cálido). Las estaciones de Marte son comparables a las de la Tierra (v. MARTE). Las de Venus no han podido ser determinadas con certeza por ignorarse la inclinación exacta del eje de rotación de este planeta.
— *Autom. Estación de servicio,* conjunto de instalaciones en las que puede avituallarse el automovilista en gasolina, aceite, agua destilada y

Fot. S. N. C. F.

otros suministros, y también en algunas de ellas se lavan y engrasan los vehículos, e incluso se efectúan reparaciones.
— *Electr.* Instalación transformadora y distribuidora de energía eléctrica generalmente situada al aire libre.
— *F. c.* Sitio donde paran los trenes para efectuar el embarque o desembarque de viajeros y mercancías. || *Estación de cabezuela,* aquella en la cual empieza o se termina una línea principal. || *Estación de clasificación,* estación provista de numerosos haces de vías, de albardillas * e importantes instalaciones de agujas y de medios de arrastre, en la cual se descomponen los trenes de mercancías que llegan de ciertas direcciones y se componen nuevos trenes que parten en otras direcciones. || *Estación de locomotoras,* la que tiene abrigos y talleres para locomotoras, así como instalaciones de avituallamiento y limpieza de las mismas. || *Estación marítima,* la que en los muelles de los grandes puertos asegura el enlace de los trenes de viajeros y mercancías con los buques de las líneas marítimas. || *Estación de mercancías,* la que, en las grandes ciudades o en centros industriales, se dedica exclusivamente al tránsito de mercancías.
— *Radiot.* Emisora. || *Estación de retransmisión,* v. RELEVO y RETRANSMISIÓN.
— *Telec.* Oficina donde se reciben y expiden despachos telegráficos, cables o telefonemas.
— *Topogr.* Cada uno de los puntos del terreno que sirve de vértice a los ángulos de una red de triangulación o de referencia a cualquier otra medición.

ESTACIONAL adj. *Astr.* Propio de una estación: *enfriamiento estacional.* || Estacionario.

ESTACIONARIO, RIA adj. Que no cambia de sitio o de estado.
— *Astr.* Dícese del planeta que, al cabo de un movimiento aparente directo, parece detenerse cierto tiempo en el cielo antes de iniciar el movimiento retrógrado. (V. PLANETA.)
— *Astron. Satélite estacionario,* v. SATÉLITE.
— *Fís.* y *Radiot. Ondas estacionarias,* v. ONDA.

ESTACHA f. *Mar.* Cable o cuerda que se da desde el barco a un cuerpo fijo, y también cable atado al arpón que se tira contra los cetáceos.

ESTADIA f. *Topogr.* Mira * graduada en centímetros que se usa para apreciar las distancias en metros con el estadímetro *.

ESTADÍMETRO o **ESTADIÓMETRO** m. *Topogr.* Dispositivo para medir ópticamente la distancia existente entre dos estaciones.
— El *estadímetro* consiste en un pequeño anteojo provisto de dos retículas horizontales. En el punto cuyo alejamiento se desea medir, se clava una mira *(estadia),* graduada de forma que a cada una de sus divisiones visibles entre las dos retículas corresponde una distancia de un metro entre las dos estaciones.

ESTADÍSTICA f. *Mat.* Ramo de las matemáticas aplicadas, fundado en el cálculo de probabilidades, que reúne y condensa series de datos numéricos y las estudia para deducir de ellas las leyes que rigen ciertos fenómenos o para formular previsiones. (V. PROBABILIDAD.) || Censo, inventario, lista que condensa las series de cifras referentes a un mismo grupo de cosas, fenómeno, etc., y que sirve de base a dichos estudios. || *Máquina de estadística,* v. TARJETA *perforada.*

ESTADO m. *Arq. Estado de dimensiones,* lista de los materiales y jornadas de trabajo necesarios para hacer una obra, y a partir de la cual se calcula el presupuesto de la misma.
— *Atom. Estado excitado, estado fundamental,* v. EXCITACIÓN. || *Estado virtual,* v. VIRTUAL.
— *Electr. Estado neutro,* estado de un cuerpo o sistema en el cual las cantidades de electricidad positiva y negativa son iguales.
— *Fís.* Conjunto de circunstancias a las cuales se debe que un cuerpo tenga determinadas características físicas, que son modificadas al cambiar el cuerpo de estado: *un átomo puede hallarse en varios estados de carga diferentes según los electrones que pierda o gane.* || Cada una de las maneras como pueden hallarse las moléculas en un cuerpo y que, según la cohesión que exista entre ellas, constituye el *estado sólido* * (el de mayor cohesión), el *estado líquido* * (las moléculas pueden deslizarse unas entre otras) y el *estado gaseoso* (moléculas sueltas), distinguiéndose también, en otro aspecto, el *estado amorfo* * del *estado cristalino* (v. CRISTAL). || *Estado inicial* y *estado final,* estado de un cuerpo o de un sistema antes y después de una reacción, trabajo o cualquier otro cambio físico o químico (v. *Quím.*) || *Ecuación de estado,* relación existente entre el volumen, la temperatura y la presión de un gas.
— *Mar. Estado absoluto,* adelanto o retraso de los cronómetros de navegación de un buque respecto a la hora efectiva en el meridiano de comparación.
— *Quím. Estado metastable,* estado inestable que puede subsistir indefinidamente, pero que, por efecto de una ínfima acción, vuelve a la estabilidad.
— El agua sobrecalentada o sobreenfriada nos ofrece dos ejemplos de *estado metastable:* basta introducir en el líquido una burbuja de vapor, en el primer caso, o un cristal de hielo, en el segundo, para que eche a hervir o para que se congele, respectivamente.
— *Tecn. Estado de superficie,* grado de rugosidad, de pulido o acabado de la superficie de una pieza o de un objeto manufacturado.

ESTAF m. *Constr.* Mezcla de diversas materias (yeso con un poco de cemento de dextrina y de glicerina), que, armada con arpillera o con estopa, sirve para hacer molduras y bloques a imitación de la piedra labrada.

ESTAJADERA f. y **ESTAJADERO** m. *Metal.* Nombre de varios martillos gruesos que sirven para estajar.

ESTAJAR v. *Metal.* Disminuir el grueso de un hierro batiéndolo o forjándolo.

ESTALACTITA f. *Miner.* Concreción de aspecto aproximadamente cónico que se forma en el techo de las cavernas.
— Las aguas pluviales cargadas de ácido carbónico disuelven, al infiltrarse en los terrenos calcáreos, pequeñas proporciones de sales calizas. Cuando rezuman lentamente en el techo de una gruta experimentan una evaporación, ya total —en cuyo caso la calcita se va acumulando en forma de aguja que pende del techo y se llama *estalactita*—, ya parcial, depositándose entonces una parte solamente de la calcita, mientras que el resto se va acumulando en el suelo, allí donde caen las gotas, en forma de cono ascendente o *estalagmita.* Las estalactitas y estalagmitas se juntan en ciertas grutas y forman hermosas columnas.

ESTALAGMITA f. V. ESTALACTITA.

ESTALAGMÓMETRO m. *Fís.* Instrumento para medir la masa de las gotas que manan de un tubo capilar.

ESTAMBOR m. *Mar.* Galicismo por *codaste.*

ESTAMBRAR v. *Text.* Torcer las hebras de lana para hacer hilo de estambre.

ESTAMBRE m. *Text.* Lana * de peine, o sea de fibras largas y lisas, por oposición a la lana de carda. || Hilo liso que se obtiene con dicha lana.

ESTAMENARA f. *Mar.* Nombre de los maderos que forman la armazón del barco hasta la cinta.

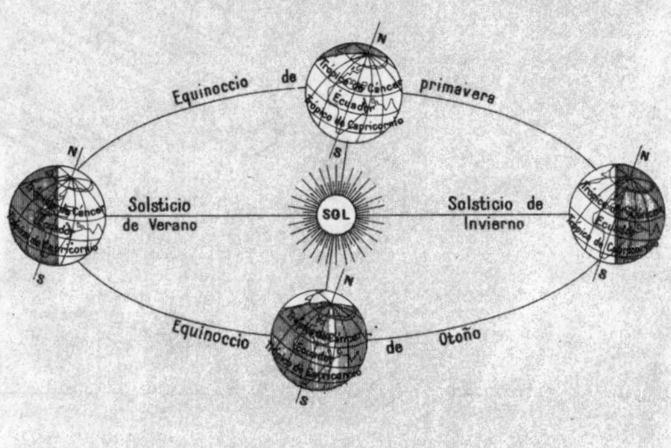

estaciones *(astr.)*

estalactitas y estalagmitas

Fot. Yan

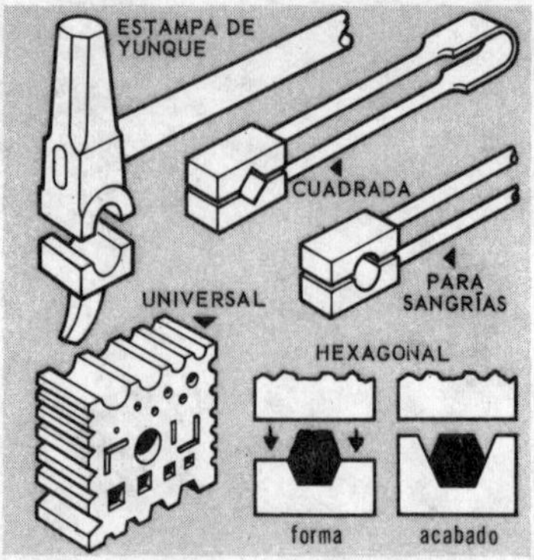

estampas *(tecn.)*

estampadora de metales

ESTAMEÑA f. *Text.* Tejido de estambre de ligamento tafetán y algo transparente, dada su poca densidad en hilos. ‖ Nombre de varios tejidos claros de seda, lino o algodón, que se usan para cedazos, filtros y banderas. ‖ Buratillo. ‖ Burato.

ESTAMPA f. *Art. gráf.* Imagen impresa con una plancha grabada en madera, metal, piedra litográfica, linóleo u otra materia. ‖ *Fig.* Imprenta: *dar un libro a la estampa.*

— *Tecn.* Cualquier útil para estampar.

ESTAMPACIÓN f. Estampado.

ESTAMPADO m. *Art. gráf.* Impresión en hueco de las tapas de los libros: *el estampado se efectúa* a presión y en caliente con placas grabadas en relieve. ‖ *Estampado a seco,* prensado con una plancha lisa a que se somete el papel demasiado rugoso antes de imprimirlo.

— *Cerám.* Decoración en hueco o en relieve que se hace labrando la pieza con matriz, molde u otros instrumentos manuales antes de cocerla.

— *Mec.* Fabricación de piezas metálicas, por deformación de chapas previamente recortadas, que se hace con prensas provistas de matrices. ‖ Por ext., cualquier procedimiento para grabar, por medio de la prensa y de matrices, una materia dura en hueco o en relieve.

— Con el nombre de *estampado* se designan labores muy variadas. Éstas se distinguen de las piezas embutidas (v. EMBUTIDO) por la irregularidad del relieve; también se distinguen del matrizado * porque el estampado se hace en frío y aquél en caliente. Para el estampado se usan prensas * verticales hidráulicas y de husillo (v. ESTAMPADORA). La matriz * ha de tener una superficie pulida y constantemente engrasada para facilitar el deslizamiento del metal. Por lo demás, el recorte de chapa se hace algo mayor de lo necesario para que no falte metal, y el exceso forma una rebaba que se elimina ulteriormente. El estampado permite la fabricación de la misma pieza en series muy importantes.

— *Text.* Procedimiento de impresión o de teñido localizado de las telas.

— Con el *estampado* se obtiene una gran riqueza de dibujos de colores utilizando tejidos económicos de trama y urdimbre blancas. Las más de las veces se efectúa esta operación con una máquina cuyo principio es idéntico al de las rotativas de imprenta: uno o varios cilindros (uno por cada tinte) llevan grabados los dibujos correspondientes al color con el cual se entintan; el tejido pasa entre un tambor y los rodillos entintados, cada uno de los cuales imprime su dibujo. En otros casos se utilizan planchas de madera (una para cada color) que, debidamente entintadas, se aplican a presión, o golpeándolas, sobre un tramo de la tela tendida encima de una mesa, procediéndose seguidamente a estampar otro tramo, y así sucesivamente. También se usan, en lugar de las estampas de madera, unos bastidores con pantallas de seda que reproducen los dibujos y a través de las cuales se aplican los colores *(estampado a la lionesa).* Sea cual fuere el procedimiento adoptado, el estampado puede —desde el punto de vista químico— hacerse de tres modos diferentes: *estampado directo,* en el que los colores definitivos se aplican sobre la tela tal como ya se ha indicado; *estampado por mordiente,* que consiste en utilizar un tejido uniformemente tintado sobre el cual se estampa, no con tinte, sino con mordiente que destruye el colorante y hace aparecer el dibujo en blanco (una variante consiste en agregar a la pasta mordiente un colorante insensible a la misma, con lo cual dicho color teñirá las superficies blanqueadas por el mordiente); por último, el *estampado con reserva,* en el cual se estampa el tejido con una materia que impide la fijación de los colores y luego se tiñe uniformemente, quedando en blanco los motivos estampados (al igual que en el procedimiento anterior, se puede agregar un colorante a la pasta de reserva y obtener así un estampado con reserva coloreada).

ESTAMPADOR, RA adj. y s. *Art. y of.* Que estampa o sirve para estampar. ‖ Prensa o cualquiera otra máquina de estampar. ‖ — M. Martillo usado por los herreros y los caldereros para dar forma al metal.

— La *estampadora* es una prensa provista de dos matrices que llevan grabado en hueco los relieves de la pieza que se ha de fabricar. Una de las matrices se halla fijada en la bancada de la prensa y la otra en el vástago de la misma.

ESTAMPAR v. Efectuar alguna labor de estampado *.

ESTAMPIENSE adj. y s. *Geol.* Dícese del piso intermediario del oligoceno, cuyos terrenos, a base de margas, arenas y calizas, datan de unos 37 millones de años. (V. ESTRATIGRAFÍA.)

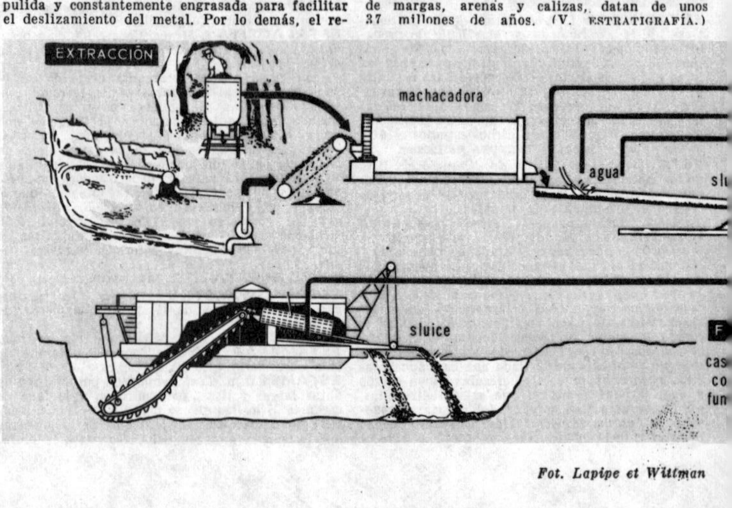

Fot. Lapipe et Wittman

ESTAMPILLA f. Labor de estampado * de escaso relieve hecha sobre cuerpos poco duros. ‖ Cuño o matriz con que se hace dicha labor. ‖ Cuño o sello que se entinta en una almohadilla y se estampa a mano sobre los documentos y otras cosas.

ESTAMPILLADORA f. *Ofic.* Máquina de franquear correspondencia. ‖ Máquina para estampar cuños o sellos sobre los documentos.

ESTAMPILLAR v. Marcar con estampilla o estampilladora.

ESTANCO, CA adj. Que no deja pasar o rezumar el agua: *tubería de juntas estancas.*
— *Mar. Compartimiento estanco, mamparo estanco,* v. MAMPARO.

ESTANDARD adj. y s. *Ind.* Norma. ‖ Normal. (Sinón. STANDARD.)
— *Meteor. Atmósfera estandard* o *standard,* v. ATMÓSFERA.
— *Radiot.* Conjunto de características propias de las imágenes emitidas por una red de televisión (número de líneas, frecuencia de las ondas, etc.). [V. TELEVISIÓN.]
— *Telec.* Central o centralilla telefónica.

ESTANDARDIZACIÓN f. *Ind.* Anglicismo por *normalización.* (Sinón. STANDARIZACIÓN.)

ESTANDARDIZAR v. *Ind.* Anglicismo por *normalizar.* (Sinón. STANDARIZAR.)

ESTANDARIZACIÓN f. Estandardización.

ESTANDARIZAR v. Estandardizar.

ESTANDARTIZACIÓN f. Estandardización.

ESTANDARTIZAR v. Estandardizar.

ESTANN, prefijo derivado del latín *stannum,* que significa *estaño* y se emplea para indicar la presencia de dicho elemento en un cuerpo compuesto.

ESTANNATO m. *Quím.* Sal del ácido estánnico.

ESTANNI, prefijo que, en el nombre de un compuesto, indica la presencia de estaño cuadrivalente.

ESTÁNNICO, CA adj. *Quím.* Dícese de las combinaciones del estaño cuadrivalente. ‖ Dícese de dos ácidos que se obtienen haciendo obrar el carbonato de sodio sobre una disolución acuosa de cloruro de estaño o el ácido nítrico sobre el estaño.

ESTÁNNIDOS m. pl. *Metal.* Grupo de metales que comprende el estaño, el antimonio y el osmio.

ESTANNÍFERO, RA adj. *Miner.* y *Metal.* Que contiene estaño: *aluviones estanníferos.*

ESTANNINA o **ESTANNITA** f. *Miner.* Mena de estaño, que también contiene hierro y cobre.

ESTANNO, prefijo que, en el nombre de un compuesto, indica la presencia de estaño bivalente.

ESTANNOIDEO, A adj. y s. *Metal.* Semejante al estaño. ‖ Estánnido.

ESTANNOLITA f. *Miner.* Casiterita.

ESTANNOSO, SA adj. *Quím.* Dícese de las combinaciones del estaño bivalente.

ESTANQUEIDAD f. Calidad de estanco.
— *Mar. Pruebas de estanqueidad,* v. PRUEBA.

ESTANTAL m. *Constr.* Contrafuerte o estribo con que se afianza un muro que amenaza ruina.

ESTANTALAR v. *Constr.* Afianzar con estantales.

ESTANTE m. *Carp.* Armario con anaqueles, generalmente desprovisto de puertas. ‖ Cada uno de los pies derechos que sostienen el tambor de un torno de levantar cargas. ‖ *Amer.* Cada uno de los pilotes en los cuales se asienta una construcción por encima del suelo.

ESTANTERÍA f. *Carp.* Conjunto de estantes.

ESTANTILLAR v. *Carp. Amer.* Poner estantes o estantillos.

ESTANTILLO m. *Carp. Amer.* Pilote o pie derecho delgado, de madera muy resistente.

ESTAÑADERA f. *Art. y of.* Caja especial en la que el soldador lleva el estaño y la pez.

ESTAÑADO, DA adj. y s. *Metal.* Acción y efecto de estañar. (V. ESTAÑADURA.) ‖ Revestido de una capa de estaño: *conductor de cobre estañado.*

ESTAÑADURA f. *Metal.* Acción y efecto de estañar.
— La *estañadura* se efectúa de dos modos diferentes: sumergiendo en un baño de estaño fundido las piezas previamente descapadas o tratándolas electrolíticamente en un baño de cloruro estannoso o de estannato de sodio. El último procedimiento da superficies mucho más lisas y permite economizar mucho metal. Los dos metales que más se estañan son el cobre y el hierro. La estañadura de la chapa de acero extradulce da la hojalata. El estañado del cobre es de uso corriente en la fabricación de utensilios domésticos (batería de cocina), calderería para la industria alimenticia y conductores eléctricos (no solamente para proteger el cobre contra la corrosión del azufre presente en el revestimiento aislante, sino también para facilitar la soldadura). Antiguamente se estañaban los cristales para hacer espejos, en cuya aplicación la plata ha reemplazado hoy al estaño. (V. ESPEJO.)

ESTAÑAR v. *Metal.* Depositar una capa de estaño sobre una superficie metálica para preservarla de la oxidación. (V. ESTAÑADURA.)

ESTAÑÍFERO, RA adj. *Amer.* Estannífero.

ESTAÑO m. *Metal.* y *Quím.* Elemento químico de número atómico 50 y símbolo *Sn.* ‖ *Estaño de madera,* casiterita. ‖ *Estaño sulfurado,* estannina.
— El *estaño* es un metal de color blanco grisáceo parecido al de la plata; es menos pesado que el plomo y más duro que éste. Su densidad es de 7,3 y su masa atómica 118,7 (la de los isótopos que lo componen es de 112, 114 a 120, 122 y 124). Es el más fusible de todos los metales de uso corriente, pues funde a 232°, pero su temperatura de ebullición es de 2 270°. El estaño es más bien blando, dúctil y muy maleable, pero poco resistente a la tracción. Al ser plegado produce un crujido característico debido a la dislocación de

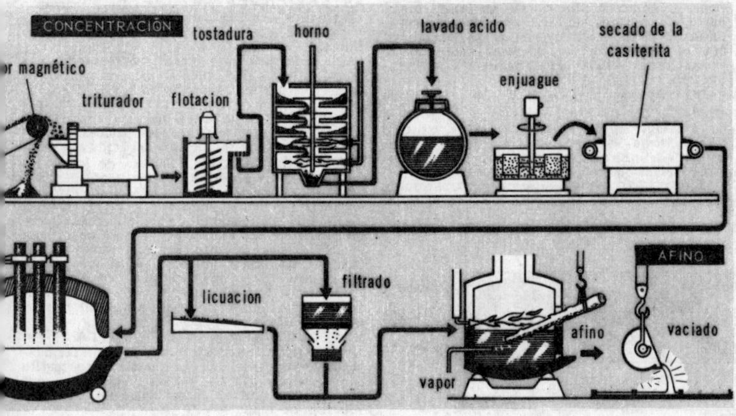

metalurgia del estaño

letra del alfabeto de **estarcir**

estatorreactor
1. Entrada del aire; 2. Divergente; 3. Inyectores de combustible; 4. Combustión; 5. Tobera; 6. Chorro; SUP. Compresión supersónica; SUB. Compresión subsónica; COMB. Combustión; EXP. Expansión

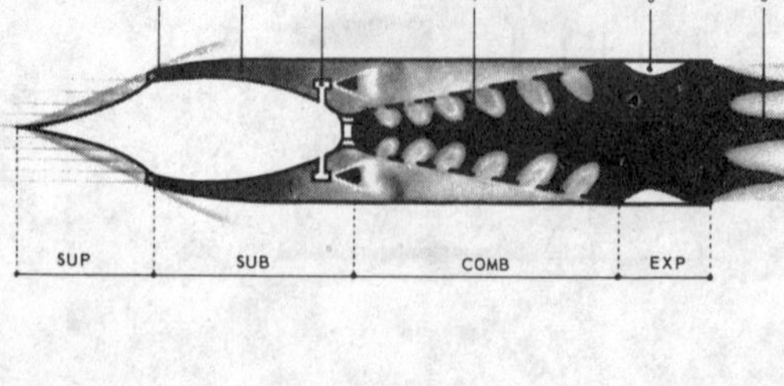

sus cristales. A temperaturas de menos de 18° el estaño puede transformarse en una forma alotrópica cuya densidad es de 5,8, y esta transformación —en el curso de la cual se reduce a polvo— puede aparecer como una corrosión del metal, cuando, en realidad, el estaño no es oxidado por el aire a temperaturas ordinarias. Desde el punto de vista químico, el estaño tiene propiedades parecidas a las del silicio y otros metaloides. Es bivalente en los compuestos estannosos y cuadrivalente en los compuestos estánnicos.
La mena principal de estaño es la casiterita. Dada su poca riqueza en metal, el mineral, previamente machacado, separado de su ganga (por lavado) y de los compuestos ferrosos (por separación magnética) es tostado y lavado, después de lo cual contiene más de 75 % de bióxido de estaño. Tratado en hornos de reverbero con carbón fundente, da una escoria rica en estaño, que vuelve a tratarse con el mineral, y estaño bruto, que será depurado por licuación *.
El estaño, dada su resistencia a los agentes atmosféricos y a la acción corrosiva de numerosos productos químicos, se usa para proteger el hierro y el cobre (por ej., hojalata de los botes de conserva) y para fabricar envases ligeros (tubos para pasta dentífrica, papel de estaño para envolver chocolate y otros alimentos), etc.
El estaño entra en la composición de numerosas aleaciones: metal antifricción * para cojinetes, soldaduras * de estaño, metal para tipos * de imprenta, aleaciones con antimonio y otros metales para vajilla y cubiertos. También entra el estaño en la composición de aleaciones * de punto de fusión inferior a 100°.
Los cloruros estannoso y estánnico se usan en tintorería, el primero como reductor de colores férricos y manganésicos, y el segundo como mordiente. La mezcla de ambos da, con las sales de oro, un precipitado empleado para dorar la porcelana. El sulfuro estánnico constituye el oro * musivo. El protóxido de estaño sirve para elaborar esmaltes; el bióxido se agrega a la pasta de vidrio para obtener cristales opales.

ESTAÑOSO, SA adj. Estannoso.

ESTAQUEAR v. *Curt. Amer.* Estirar un cuero entre estacas.

ESTAQUILLA f. *Art. y of.* Espiga pequeña de madera que los zapateros usan a modo de clavos para afianzar las suelas y tacones. || Clavo pequeño de sección cuadrada y desprovisto de cabeza también usado con el mismo fin. || Estaca *, clavo de grandes dimensiones.

ESTAQUILLADOR m. *Art. y of.* Lezna con que el zapatero taladra el cuero para clavar estaquillas.

ESTAQUILLAR v. *Art. y of.* Clavar estaquillas: *los fabricantes de calzado usan máquinas de estaquillar.*

ESTARCIDO m. *Pint.* Acción y efecto de estarcir.

ESTARCIR v. *Pint.* Reproducir letras o dibujos por medio de un cartón o plantilla que los lleva picados o perforados, y a través de cuyas perforaciones se aplica la pintura, ya con brocha o cisquero, ya con aerógrafo. || *Abecedario de estarcir,* juego de letras recortadas en chapas metálicas, propias para estarcir inscripciones, especialmente en los fardos y cajas de embalaje. (V. NORMÓGRAFO.)

ESTÁRTER m. Forma españolizada de *starter* *

ESTÁTICO, CA adj. y s. Inmóvil. || *Pruebas* o *ensayos estáticos,* los de un avión, cohete u otro vehículo que se efectúan fijándolos a un banco * de pruebas y registrando el empuje y otras fuerzas que se ejercen sobre el mismo.
— *Electr. Electricidad estática,* v. ELECTRICIDAD.
— *Fís. Estática de los gases,* parte de la física que trata de las presiones de los gases y de su compresibilidad. (V. GAS.)
— *Mec.* Relativo al equilibrio de las fuerzas. || Parte de la mecánica que trata de dicho equilibrio.
— La *estática,* contrariamente a la dinámica, solamente considera el caso de los cuerpos que, sometidos a la acción de varias fuerzas, no se mueven, por equilibrarse las mismas y permanecer aquéllos en estado de reposo. Las más de las veces se estudia la composición de las fuerzas y su equilibrio por los métodos de la *estática gráfica:* paralelogramo * de fuerzas, polígono * regular, etcétera.
— *Quím. Estática química,* parte de la química que estudia los equilibrios reversibles a los cuales conducen ciertas reacciones.

ESTATISMO m. *Mec.* Diferencia permanente que existe entre la velocidad de un motor que funciona libremente, sin producir trabajo, y la velocidad del mismo cuando funciona con carga *.

ESTATOR m. *Electr.* La parte fija de un motor o generador eléctrico, por oposición al rotor, que es la parte giratoria.

ESTATORREACTOR m. *Aeron.* Motor de reacción desprovisto de órganos móviles y prácticamente constituido por una tobera termopropulsiva.
— El *estatorreactor* es el más simple de todos los motores de reacción *. Carece de compresor, pues el aire es comprimido naturalmente por la velocidad relativa con que penetra en la tobera, cuya forma favorece dicha compresión. En la parte mediana de la tobera se hallan varias coronas de quemadores en los cuales arde el combustible. La mezcla de aire y de gases de combustión es dilatada por el calor y se expande en forma de chorro violento que, por reacción *, empuja la tobera adelante. Este motor, por sus aplicaciones, es intermediario entre el turborreactor y el cohete, y es eficaz para grandes velocidades y alturas. Tiene, no obstante, el inconveniente de no poder funcionar hasta que el avión alcanza cierta velocidad necesaria para engendrar una compresión suficiente del aire, lo cual obliga a proveer el avión de un segundo motor (generalmente un turborreactor) que sirve para el despegue.

ESTATOSCOPIO m. *Fís.* y *Meteor.* Barómetro * de Richard particularmente sensible.

ESTAY m. *Mar.* Cabo o cable, complementario de los obenques, que sujeta un palo para que no pueda inclinarse hacia popa.

ESTAUROSCOPIO m. *Fís.* Instrumento con el cual se examinan los minerales transparentes para averiguar si su refracción es sencilla o doble.

ESTAZAR v. *Curt.* Partir un cuero por medio.

ESTE m. *Geogr.* Uno de los cuatro puntos cardinales, situado en la dirección por donde sale el Sol, a la derecha del observador que, en el hemisferio boreal, dirige su mirada hacia la estrella Polar, y a la izquierda del que, en el hemisferio austral, observa la Cruz del Sur.

ESTEARATO m. *Quím.* Sal o éster del ácido esteárico.

ESTEÁRICO, CA adj. *Quím.* De estearina o relativo a ella. || Dícese de un ácido presente, junto con los ácidos oleico y palmítico, en las grasas animales.
— El *ácido esteárico* se presenta en forma de masa sólida fusible a 69°, blanca, inodora e insípida. Se obtiene por hidrogenación catalítica del ácido oleico o, mezclado con otros ácidos grasos, por saponificación de la estearina. Esta mezcla se emplea para hacer velas y cirios, moldes, etc. El jabón no es sino la sal alcalina del ácido esteárico.

ESTEARINA f. *Quím.* Nombre de los éteres esteáricos de la glicerina, especialmente la triestearina. || Designación comercial del *ácido esteárico.*
— La glicerina, en tanto que trialcohol, puede formar diferentes *estearinas,* la más importante de las cuales es la *triestearina,* constituyente principal de las grasas animales, a las que da su consistencia. Se extrae del sebo por disolución en el éter y forma escamas anacaradas que funden a 71,6°. Se usa en farmacia (supositorios) y en la fabricación de cosméticos.

ESTEASQUISTO m. y **ESTEATITA** f. *Cerám.* y *Electr.* Materia cerámica para piezas moldeadas consistente en una mezcla de esteatita (v. más abajo *Miner.*), arcilla y feldespato, que se usa principalmente para aisladores eléctricos y bujías de ignición.

— *Miner.* Silicato hidratado de magnesia.
— La *esteatita* es una variedad de talco granular pero compacto, de color blanco azulino o gris verdoso, que da la impresión de ser untuoso al tacto. Resiste a los ácidos y, como su punto de fusión es elevado (cerca de 1 700°), sirve para hacer vasijas anticorrosivas, cerámicas para aisladores, etc. También se usa como lubricante y constituye el jaboncillo con el cual los sastres trazan sobre el paño los cortes que se han de dar para confeccionar las prendas de vestir.

ESTEBAR v. *Art. y of.* Disponer y apretar en las tinas o calderas los paños que se han de teñir o las cosas que se han de tratar en ellas.

ESTEFANIENSE adj. y s. *Geol.* Dícese del piso o capa superior del carbonífero, que data de unos 240 millones de años. (V. ESTRATIGRAFÍA).

ESTEFANITA f. *Miner.* Sulfoantimoniuro de plata y mena de este metal.

ESTELA f. *Aeron.* Resistencia * al avance. ‖ *Estela de condensación,* rastro blanco que dejan los aviones en las capas muy frías de la atmósfera y que se debe a la condensación de los gases expulsados por los motores. ‖ (V. tb. ONDA *de choque.*)

ESTELAR adj. *Astr.* Relativo o perteneciente a las estrellas.

ESTELARITA f. *Miner.* Variedad de asfalto.

ESTELIFORME adj. En forma de estrella.

ESTELITA f. *Metal.* Marca registrada de una aleación para herramientas de corte rápido.
— La composición de la *Estelita* es variable. Citemos, por ejemplo, la siguiente: cobalto, 60 %; cromo, 30 %; tungsteno, 8 %; carbono, 1,8 %. La Estelita ha caído en desuso al aparecer las aleaciones a base de carburo de tungsteno, mucho más duras que ella. Hoy se usa más bien para los asientos de válvulas en los motores de explosión, para hacer los álabes de los turborreactores y turbinas de gas, y también para proteger piezas contra el calor por metalización.

ESTELITAR v. *Metal.* Revestir una pieza con Estelita.

ESTEMPLE m. *Min.* Puntal utilizado en la entibación *. (Sinón. ADEME.)

ESTÉNCIL m. *Art. gráf.* y *Ofic.* Matriz de multicopista. (Sinón. STENCIL.)

ESTENIO o **ESTENO** m. *Metr.* Unidad de fuerza *, de símbolo *sn,* en el sistema M. T. S. *, igual a la fuerza que en un segundo confiere a una masa de una tonelada un aumento de velocidad de 1 m/s: *el estenio vale 10 000 newtones.*

ESTENOPE m. *Fot.* Orificio muy pequeño que, en una cámara fotográfica, puede reemplazar al objetivo. (V. FOTOGRAFÍA.)

ESTENOTIPIA f. *Ofic.* Máquina de escribir provista de un reducido número de teclas, que sirve para reemplazar la taquigrafía manual.
— En la *estenotipia* se simplifica la escritura adoptando una misma tecla para varias consonantes afines (por ej., K sirve para C, K y Q). Además, contrariamente a la máquina de escribir ordinaria, se pueden pulsar en ella varias teclas simultáneamente para escribir una sílaba o una palabra de una vez. Finalmente se obtiene una escritura incompleta, pero fácilmente descifrable, incluso para un profano.

ESTEPEROL m. *Carp.* Estoperol.

ESTEQUIOMETRÍA f. *Quím.* Parte de la química que trata de las proporciones en que se combinan o reaccionan los cuerpos.

ESTEQUIOMÉTRICO, CA adj. *Quím.* Relativo a la estequiometría.

ÉSTER m. *Quím.* Compuesto que resulta al reemplazar el hidrógeno de un ácido por un radical hidrocarbonado. (Sinón. ÉTER SAL.)
— Los *ésteres* o *éteres* (v. ÉTER) son líquidos volátiles miscibles en los disolventes orgánicos. Su olor suele ser agradable y parecido al de las frutas, pues muchas de éstas deben su sabor a la presencia de algún éster (*butirato de etilo* en la piña americana, *isovalerato de amilo* en la manzana, etc.). El éster más común es el *acetato de etilo,* utilizado como solvente y en farmacia; el *acetato de amilo* es un disolvente de barnices celulósicos. Los cuerpos grasos son ésteres de glicerina. Los ésteres suelen obtenerse por esterificación *.

ESTERA f. *Text.* Tejido de esparto, junco, palma u otras hojas o tallos entrelazados que se usa para cubrir el suelo, hacer embalajes, toldos, etc.

estela *(aeron.)*

— *Metr.* Cubicar la leña midiéndola en estéreos.

ESTEREAUTÓGRAFO m. *Topogr.* Instrumento formado por la combinación de un estéreo comparador y un dispositivo pantográfico.
— El *estereautógrafo* traza automáticamente en el papel las curvas de nivel correspondientes al relieve del terreno dado por un par de fotografías estereoscópicas y recorrido por un índice manejado por el operador.

ESTÉREO m. *Art. gráf.* Abreviatura de *estereotipo.*
— *Metr.* Unidad de volumen para medir la leña, cuyo símbolo es *st.*
— El *estéreo* equivale a un volumen de un metro cúbico de leña apilada, pero, si se tienen en cuenta los huecos que quedan entre las ramas o rollos, el volumen real de la materia lignosa contenida en un estéreo representa aproximadamente los dos tercios del metro cúbico si se trata de ramas y la mitad si son troncos.

ESTÉREO, prefijo derivado del griego *stereos,* que significa *sólido* y entra en la composición de varias palabras.

ESTEREOBATO m. *Arq.* Basamento sin molduras que sirve de asiento a un edificio.

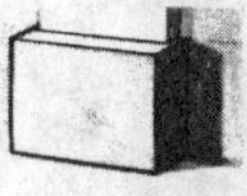

estereobato

ESTEREOCOMPARADOR m. *Topogr.* Dispositivo utilizado para trazar planos o mapas a partir de pares de fotografías estereoscópicas.
— Esencialmente, el *estereocomparador* consiste en un estereoscopio en el cual un sistema de tornillos micrométricos permite correr los clisés lateral o tranversalmente y efectuar así mediciones muy precisas, que luego sirven para trazar los puntos en los planos.
El mismo aparato se usa en astronomía para obtener dos fotografías de la misma región celeste tomadas en épocas diferentes. Si en el intervalo de tiempo uno de los astros se ha corrido sobre la esfera celeste, la visión binocular lo distinguirá en un plano diferente del de los demás astros. Así se han descubierto muchos asteroides, que, en las placas fotográficas, se confundían con millares de estrellas.

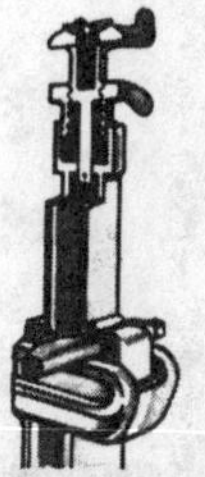

estemple metálico *(min.)*

ESTEREOCROMÍA f. *Pint.* Método de fijación de pinturas murales al agua consistente en aplicarlas una disolución de silicato de potasio que les confiere un aspecto comparable al de los frescos.

ESTEREODINAMIA o **ESTEREODINÁMICA** f. *Mec.* Parte de la mecánica que trata de la dinámica de los cuerpos sólidos.

ESTEREOSTÁTICA f. *Mec.* Estática de los sólidos.

ESTEREOFONÍA f. *Acúst.* y *Radiot.* Técnica de la reproducción de los sonidos en la cual se observa con mayor o menor fidelidad la distribución espacial de los manantiales sonoros para que las ondas lleguen a cada uno de los dos oídos en condiciones comparables a las de la percepción directa.

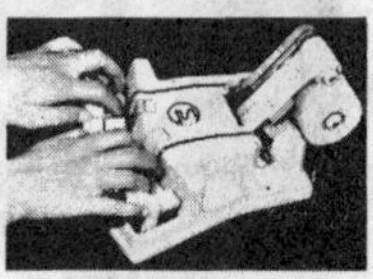

máquina de **estenotipia**

— La *estereofonía* es al oído lo que el estereoscopio es a la vista. Lo mismo que la visión es binocular (el relieve resulta de la combinación en el cerebro de dos imágenes diferentes procedentes de los ojos), la percepción de los sonidos es biaural. Las ondas procedentes de un manantial sonoro no llegan al mismo tiempo a los dos oídos ni los hieren con la misma intensidad, y a esa circunstancia se debe que el cerebro pueda determinar la dirección de donde vienen los sonidos y la distancia a que se halla el manantial que los produce. Y lo mismo que un solo ojo basta para percibir las cosas, también un solo oído permite captar los sonidos. Igualmente, un altavoz basta para hacernos gustar la música creada en un amplio local por un conjunto instrumental. Mas para percibir el verdadero relieve musical es necesario disponer de

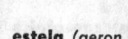

Fot. Flight, Mourreau

estereoscopio

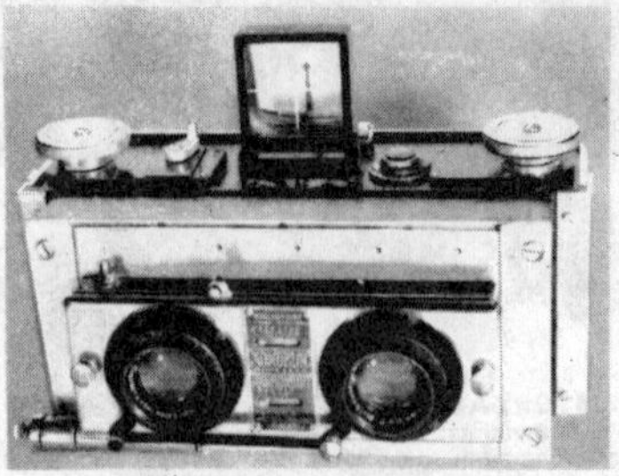

par estereoscópico

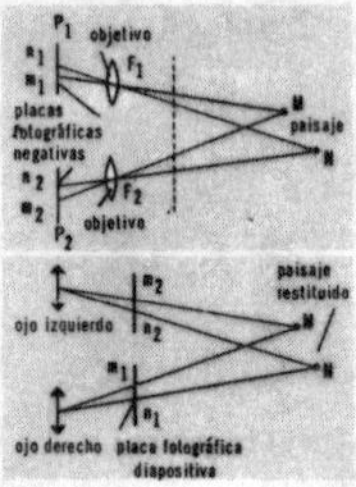

dos micrófonos o series de micrófonos situados unos a la derecha y otros a la izquierda de un plano vertical que divida la orquesta en dos partes. Las señales captadas en los dos sectores son registradas separadamente en dos bandas diferentes de un magnetófono, en dos pistas sonoras de la película o en los dos flancos del surco de un disco. Al ser reproducidos los sonidos, cada una de las corrientes moduladas seguirá una vía propia. Así, el magnetófono tendrá dos cabezales de lectura, el tocadiscos dos fonocaptores, la película cinematográfica dos células lectoras de sonido, etc. Igualmente existirán dos circuitos amplificadores y dos altavoces o series de altavoces dispuestos respecto al oyente en el lado correspondiente al de la toma y grabación de los sonidos. El desfasado de las ondas que llegan a ambos oídos y las diferencias de intensidad de las mismas crean entonces una especie de relieve sonoro que permite reconocer la posición espacial de los instrumentos. También puede aplicarse la estereofonía a la radiodifusión, ya utilizando para un mismo programa dos emisoras y dos receptores (uno para cada oído), ya modulando las ondas de dos modos diferentes (V. MODULACIÓN), lo cual requerirá disponer de dos receptores especiales.

ESTEREOFÓNICO, CA adj. *Acúst.* y *Radiot.* Relativo a la estereofonía. ‖ Dícese de todo sistema reproductor de sonidos capaz de crear la sensación de distribución espacial de los mismos.

ESTEREOFOTOGRAFÍA f. *Fot.* Fotografía estereoscópica *.

ESTEREOFOTOGRAMETRÍA f. *Topogr.* Fotogrametría * estereoscópica.

ESTEREOGRAFÍA f. *Geom.* Arte de representar los sólidos.

ESTEREOGRÁFICO, CA adj. Relativo o perteneciente a la estereografía. ‖ *Proyección estereográfica*, V. PROYECCIÓN.

ESTEREOGRAMA m. Gráfico * en el cual se representan los datos en tres dimensiones.

— *Fot.* Conjunto de dos clisés o pruebas fotográficas que forman un par estereoscópico. (V. ESTEREOSCOPIO.)

ESTEREOISOMERÍA f. *Quím.* Isomería * estérica.

ESTEREOISÓMERO, RA adj. *Quím.* Dícese del cuerpo dotado de estereoisomería.

ESTEREOMETRÍA f. *Geom.* Geometría del espacio.

ESTEREÓMETRO m. *Metr.* Compás u otro instrumento propio para medir los sólidos.

ESTEREOMODELO m. *Fot.* Imagen en relieve tal como la ve el observador de un estereograma.

ESTEREOQUÍMICA f. *Quím.* Parte de la química que trata de la disposición espacial de los átomos en las moléculas.

— Los mismos átomos componentes de una molécula pueden adoptar diversas disposiciones en el espacio. En muchos casos, especialmente en los compuestos de carbono, las formas posibles son dos, una de las cuales invertida respecto a la otra, como si fuera su imagen vista en un espejo. A pesar de tener la misma composición, las moléculas gozan en tal caso de propiedades físicas y químicas diferentes. (V. ISOMERÍA, POLARIZACIÓN y RACÉMICO.)

ESTEREORRADIÁN o **ESTEREORRADIANTE** m. *Geom.* Esterradiante.

ESTEREOSCOPIA f. Conjunto de principios que rigen la visión binocular y de los medios que permiten obtenerla. (V. ESTEREOSCÓPICO.) ‖ Visión en relieve por medio del estereoscopio.

ESTEREOSCÓPICO, CA adj. Relativo o perteneciente a la estereoscopia. ‖ *Par estereoscópico*, conjunto formado por dos fotografías, tomadas desde puntos diferentes, que, vistas simultáneamente —cada una de ellas por un ojo—, dan la sensación de relieve.

— En la visión directa, la impresión de relieve resulta en el cerebro de la inclinación que los músculos imprimen a los dos globos oculares para que sus visuales converjan en el objeto observado. Si éste se halla cerca, el ángulo de ambas visuales será obtuso; si se halla lejos, será agudo. Si se fotografía el mismo objeto con una *cámara estereoscópica* provista de dos objetivos separados por una distancia correspondiente a la que media entre los ojos, se obtienen dos clisés yuxtapuestos ligeramente diferentes, dado que un punto del objeto ha sido captado por cada objetivo con un ángulo también diferente. Consiguientemente, si se observa este clisé doble con un estereoscopio *, cada globo ocular se orienta distintamente para ver el referido punto y las visuales parece como si se prolongaran más allá del clisé hasta converger en un punto más o menos lejano del espacio. El cerebro registra así artificialmente una sensación de seudorrelieve. El relieve verdadero sólo es restituido por el holograma*.

Si se conocen exactamente las condiciones ópticas en que se ha fotografiado el par estereoscópico (distancia del objeto, distancia focal de la cámara, etc.), un aparato provisto de dispositivos micrométricos de medición permite el levantamiento de planos o mapas a partir de fotografías aéreas o terrestres. (V. ESTEREOCOMPARADOR y FOTOGRAMETRÍA.)

ESTEREOSCOPIO m. *Ópt.* Instrumento de óptica propio para examinar los pares estereoscópicos * y ver así las fotografías en relieve.

ESTEREOTELÉMETRO m. *Ópt.* Telémetro estereoscópico.

ESTEREOTIPAR v. *Art. gráf.* Vaciar el metal en la matriz para obtener estereotipos. (Sinón. CLISAR.) [V. ESTEREOTIPIA.] ‖ Imprimir con estereotipos.

ESTEREOTIPIA f. *Art. gráf.* Procedimiento para la obtención de planchas o clisés que reemplazan las formas de líneas y tipos sueltos. ‖ Taller donde se funden dichas planchas. (Sinón. CLISERÍA.) ‖ Por ext., arte de imprimir con planchas estereotípicas.

— La *estereotipia* da impresos de calidad ordinaria, pero constituye el método ideal, por su rapidez, para la impresión de periódicos y tiradas importantes de libros baratos. Primeramente se prepara una forma por los métodos ordinarios (composición manual de los títulos y mecánica del texto; compaginación del mismo y de los grabados); luego se utiliza la forma como molde para

estereotipia
1. Obtención de la matriz; 2. Fijación de la misma en la fundidora; 3. Vaciado del metal; 4. Matriz y estereotipo

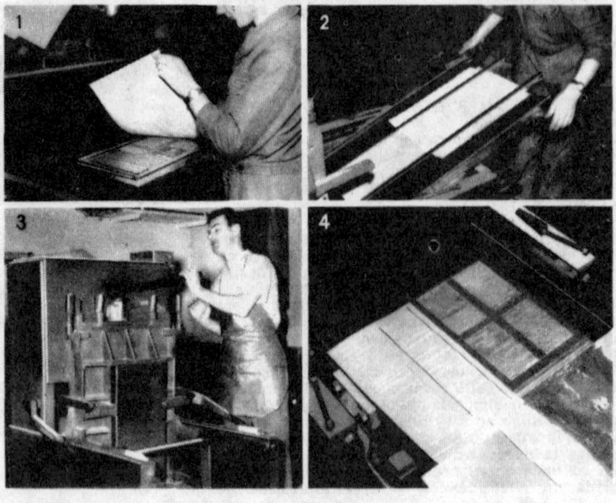

Fot. Larousse

estampar en una prensa o calandria un cartón humedecido y suficientemente plástico para reproducir en hueco los detalles más finos; por último, este cartón, llamado *matriz*, se coloca en un molde plano o cilíndrico (según el tipo de la máquina de imprimir a que se destina la plancha), en el cual es vaciado un metal a base de plomo, antimonio y estaño. La plancha, una vez eliminadas las rebabas, constituye un estereotipo. Para tiradas muy importantes pueden sacarse varios estereotipos de una misma forma. En otros casos se utiliza uno sólo, previamente revestido de níquel por galvanoplastia, para evitar que se desgaste demasiado.

ESTEREOTÍPICO, CA adj. *Art. gráf.* Relativo o perteneciente a la estereotipia.

ESTEREOTIPO m. *Art. gráf.* Plancha de estereotipia *.

ESTEREOTOMÍA f. *Art. y of.* Arte de cortar a las dimensiones y formas debidas las piedras, maderos y otros materiales empleados industrialmente o en el ramo de la construcción.

ESTÉRICO, CA adj. *Quím.* Relativo a la configuración espacial de las moléculas. (V. ESTEREOQUÍMICA.)

ESTERIFICACIÓN f. *Quím.* Reacción en el curso de la cual un ácido obra sobre un alcohol con formación de éster y de agua (por ej., el ácido acético actúa sobre el alcohol etílico y da una mezcla de los mismos ácido y alcohol, de agua y de acetato de etilo, que es el éster).

ESTERIFICAR v. *Quím.* Transformar en éster.

ESTÉRIL m. *Min.* Dícese de la roca o tierra que no contiene mineral, o sea la parte inútil de un criadero: *el estéril se utiliza a veces para la atibación o relleno de galerías ya beneficiadas.*

ESTERILIZACIÓN f. Destrucción de los gérmenes nocivos (microbios, levaduras, etc.) por algún procedimiento físico o químico.
— La *esterilización* tiene por objeto proteger a las personas, animales y plantas contra los gérmenes nocivos que, al multiplicarse en el organismo, causan enfermedades. También se practica en las industrias alimenticias y químicas para prevenir fermentaciones perjudiciales. Asimismo se esterilizan los ingenios espaciales lanzados hacia otros mundos, para evitar la introducción en los mismos de gérmenes terrestres.
Según la índole de los objetos o materias que se han de esterilizar y la naturaleza de los gérmenes, se pueden adoptar distintos métodos de esterilización, aunque siempre se trata de someter los microorganismos a la acción de agentes mortales: calor (v. AUTOCLAVE), frío (v. CONGELACIÓN), agentes químicos, radiaciones *, etc.

ESTERILIZADOR, RA adj. Que esteriliza o sirve para esterilizar. ‖ — M. Aparato propio para efectuar la esterilización de alguna cosa o materia.

ESTERILIZAR v. Efectuar la esterilización.

ESTERILLA f. *Text.* Tejido grosero en el cual los hilos forman listas entrelazadas que presentan en dimensiones reducidas el aspecto de una estera. ‖ Tejido de paja o palma. ‖ *Amer.* Cañamazo para bordar. Rejilla* para asientos y respaldos.

ESTERILLAR v. *Carp. Amer.* Poner asiento o respaldo de rejilla * a los muebles.

ESTERIZACÍON f. *Quím.* Esterificación.

ESTERIZAR v. *Quím.* Esterificar.

ESTERLÍN m. *Text.* Bucarán.

ESTEROSCÓPICO, CA adj. *ópt.* Estereoscópico.

ESTERÓSCOPO m. *ópt.* Estereoscopio.

ESTERRADIÁN o **ESTERRADIANTE** m. *Geom.* Unidad de medida para ángulos sólidos, cuyo símbolo es *sr*.
— El *esterradiante* es igual al ángulo sólido que tiene su vértice en el centro de una esfera y que corta en la superficie de ésta un cuadrado de lado igual al radio de la misma.

ESTESUDESTE adj. y s. Dirección intermediaria entre la del Este y la del Sudeste, cuya abreviatura es ESE.

ESTEZAR v. *Curt.* Curtir las pieles en seco.

ESTIAJE m. *Hidr.* Caudal mínimo de los ríos en la estación más desfavorable del año, que suele ser el verano (salvo en los cursos alimentados por el agua procedente de la fusión de las nieves). ‖ En hidrología, el nivel más bajo que alcanza teóricamente un curso de agua según el promedio calculado a partir de estadísticas relativas a un gran número de años: *el estiaje se toma como cero en las escalas graduadas que se ponen en las riberas para medir el nivel del agua.*

ESTIBA f. *Arm.* Atacador * de cañones.
— *Mar.* Estibacion. ‖ Carga o lastre estibados.

ESTIBACIÓN f. *Mar.* Acción y efecto de estibar.

ESTIBAR v. *Mar.* Distribuir la carga y el lastre en las bodegas de un barco del modo más conveniente para que éste conserve su máxima estabilidad.

ESTIBINA f. *Miner.* Sulfuro de antimonio, y mena principal de este metal, cuya fórmula es Sb_2S_3.
— *Quím.* Nombre genérico de los derivados alquilos * del antimonio.

ESTIBIO m. *Quím.* Antimonio. ‖ Prefijo empleado para indicar la presencia de antimonio en la molécula de un compuesto.

ESTIBIOSO, SA adj. *Quím.* Antimonioso.

ESTIBIURO m. *Quím.* Antimoniuro.

ESTIBONIO m. *Quím.* Estibina cuaternaria.

ESTIÉRCOL m. *Agr.* Mezcla de residuos excrementicios y de materias vegetales podridas que se emplea como abono *. ‖ *Estiércol artificial*, el que se obtiene mojando paja y otras materias vegetales con una disolución acuosa de abonos nitrogenados a la cual se agregan cultivos de bacterias que consuman la fermentación. ‖ *Gas de estiércol*, v. GAS.

ESTIFNITA f. *Expl.* Trinitrorresorcina que se obtiene tratando la resorcina con el ácido nítrico y que se usa como explosivo.

ESTIGMÁTICO, CA adj. *ópt.* Dícese del objetivo fotográfico o de cualquier sistema óptico en el cual el haz de rayos incidentes procedentes de un objeto puntual da una imagen también puntual. (V. ASTIGMATISMO.)

ESTIGMATISMO m. *ópt.* Calidad de los sistemas ópticos que son estigmáticos *.

ESTILACIÓN f. Derrame de un líquido gota a gota: *las estalactitas se forman por estilación.*

ESTILB m. *Lumin.* Stilb.

ESTILBÉNICO, CA adj. *Quím.* Relativo al estilbeno. ‖ Dícese de ciertos colorantes azoicos que contienen en su molécula núcleos de estilbeno.

ESTILBENO m. *Quím.* Hidrocarburo sólido procedente del bencilo, entre cuyos derivados figuran los colorantes estilbénicos *.

ESTILETE m. *Art. y of.* Punzón estrecho y agudo.

ESTILICIDIO m. Acción de manar o destilar un líquido gota a gota.

ESTILIGOTAS m. Tapón provisto de un canal o una ranura que sirve de cuentagotas.

ESTILO m. *Tecn.* Punzón sobre el cual gira la aguja magnética en las brújulas y compases. ‖ Brazo articulado por un extremo y con el otro provisto de una punta propia para trazar curvas en un gráfico arrastrado por un mecanismo de relojería (se usa, por ejemplo, en los barómetros * registradores). ‖ Varilla cuya sombra indica la hora en los relojes de sol.

ESTILO, afijo derivado del griego *stylos*, que significa *columna* y entra en la composición de muchas palabras.

ESTILÓBATO m. *Arq.* Parte superior del estereóbato que sirve de apoyo o pedestal a las columnas.

ESTILOGRÁFICO, CA adj. y s. *Ofic.* Dícese de la pluma cuyo mango hueco contiene una reserva de tinta que fluye por capilaridad en la plumilla a medida que se va escribiendo con ella.

ESTILPNOSIDERITA f. *Miner.* Variedad de limonita negra de superficie lustrosa.

ESTIMA f. *Aeron.* y *Mar.* V. NAVEGACIÓN.

ESTÍO m. *Astr.* Verano.

ESTÍPITE m. *Arq.* Pilastra o balaustrada en forma de pirámide truncada e invertida.

ESTIQUE m. *Art. y of.* Instrumento de madera usado por los escultores para modelar el barro.

ESTIRA f. *Curt.* Cuchilla de cobre para raer y limpiar el cordobán.

ESTIRADO, DA adj. y s. Alargado por efecto de una tracción. ‖ Acción y efecto de estirar.
— *Metal.* Operación consistente en pasar una barra o un tubo de metal por una hilera con objeto de disminuir su sección y aumentar su longitud.

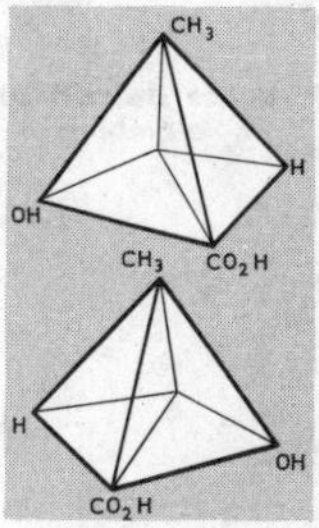

estereoquímica
disposición diferente de los átomos en dos moléculas del mismo cuerpo

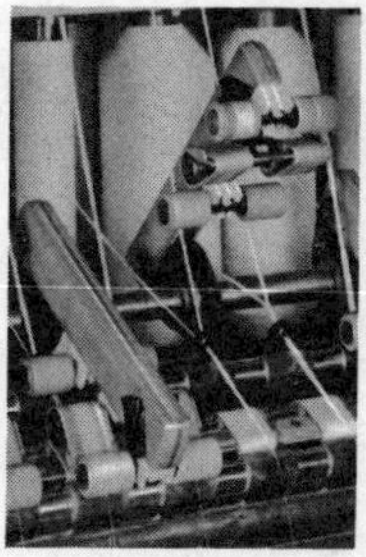

estirado *(text.)*

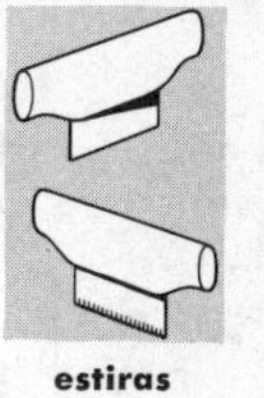

estiras

Fot. S. A. C. M.

banco de **estirar** alambres

— El *estirado* se efectúa en bancos de estirar horizontales. Un extremo de la barra, previamente adelgazado, se pasa por el orificio de la hilera y es aferrado por una mordaza de la cual tira una cadena arrastrada por un motor potente. Para los tubos se usa un mandril con el cual se obtienen a la vez una disminución del espesor y una rectificación del diámetro interior. (V. ALAMBRE y TREFILADO.)
— *Text.* Operación que tiene por objeto reducir el grosor de las mechas de fibras que se han de hilar, y que se efectúa con el manuar *. (V. HILATURA.)
— *Vidr.* Procedimiento para fabricar vidrio para cristales de ventanas, que consiste en estirar verticalmente la masa fundida en el crisol, para formar así una lámina continua. (V. VIDRIO.)

ESTIRADOR, RA adj. y s. Que estira o sirve para estirar. ‖ Máquina de estirar. (V. ESTIRADO.)

ESTIRAR v. Alargar una cosa sujetándola por un extremo y tirando del otro, lo cual tiene por efecto disminuir su sección. (V. ESTIRADO.) ‖ Alargar una cosa sin modificar su sección, por supresión de sus arrugas o dobleces.

ESTIRENO m. *Quím.* Estiroleno.

ESTIRILO m. *Quím.* Radical, derivado del estiroleno, cuya fórmula es $C_6H_5—CH=CH$.

ESTIROL y **ESTIROLENO** m. *Quím.* Hidrocarburo bencénico presente en el estoraque líquido y en los alquitranes de hulla. (Sinón. CINAMENO, FENILETILENO y VINILBENCENO.)
— El *estiroleno* se obtiene por deshidrogenación catalítica del etilbenceno. Es un líquido que hierve a 146°, se polimeriza fácilmente y da entonces un vidrio orgánico incoloro: el poliestirol *. El estiroleno copolimerizado con butadieno da cauchos * sintéticos.

ESTOA f. *Mar.* Situación estacionaria del agua cuando cesa la corriente, en la pleamar o la bajamar.

ESTOAR v. *Mar.* Parar la corriente, cesar momentáneamente la marea en la bajamar o la pleamar.

ESTOCADA f. *Min. Amer.* Galería de exploración que se excava para reconocer el terreno.

ESTOCÁSTICO, CA adj. y s. Dícese de lo que depende del azar.
— *Mat.* F. Parte de las matemáticas que saca provecho de las estadísticas por medio del cálculo de probabilidades. ‖ *Variable estocástica,* variable * aleatoria.

ESTOEQUIOMETRÍA f. *Quím.* Barbarismo por estequiometría.

ESTOEQUIOMÉTRICO, CA adj. *Quím.* Barbarismo por *estequiométrico.*

ESTOFADO m. *Pint.* Acción y efecto de estofar.

ESTOFAR v. *Pint.* Pintar sobre dorado. ‖ Raspar con el grafio el color dado sobre la superficie previamente dorada. ‖ Dar una capa de blanco a la madera que se ha de dorar.

ESTOPA f. *Carp.* Rebaba fibrosa que queda en la superficie de la madera acepillada cuando ésta no puede ser labrada en el buen sentido.
— *Text.* Masa de fibras bastas que quedan en el peine cuando se rastrilla el lino o el cáñamo. ‖ Tejido grosero hecho con dichas fibras. ‖ Estopa peinada que se usa en forma de mecha para calafatear el casco de los barcos.

ESTOPEAR v. *Mar.* Calafatear con estopa las costuras del barco.

ESTOPERO m. *Mec.* Ranura o cavidad del émbolo en la cual se pone estopa para que sirva de junta entre aquél y el cilindro.

ESTOPEROL m. *Carp.* Clavo corto de cabeza grande y redonda que se usa en construcciones navales. ‖ *Amer.* Bollón.
— *Mar.* Mecha de estopa o de filástica.

ESTOPILLA f. *Text.* Estopa fina que queda entre los dientes del peine al rastrillar por segunda vez las fibras de cáñamo o de lino. ‖ Nombre dado a varios tejidos ralos y claros, como la gasa.

ESTOPÍN m. *Expl.* Fulminante.

ESTOPÓN m. *Text.* La parte más basta de la estopa.

ESTOPOR m. *Mar.* Aparato que permite detener rápidamente la cadena del ancla a la entrada del escobén. (V. APAREJO.)

ESTOPOSO, SA adj. *Text.* Relativo o perteneciente a la estopa. ‖ *Amer.* Fibroso como la estopa.

ESTÓQUER m. *F. c.* Stoker.

ESTOR m. Galicismo por *persiana* y por *toldo* (de balcón o ventana).

ESTORAQUE m. *Bot.* Nombre de varios árboles estiracáceos (*Styrax*) de cuyo tronco se extrae, por medio de incisiones de su corteza, benjuí * y otras resinas afines. ‖ Nombre dado a dichas resinas.

ESTRADÓGRAFO m. *Obr. públ.* Instrumento que mide el frotamiento de los neumáticos sobre la calzada y permite determinar en qué grado es resbaladizo el firme.

ESTRÁS m. *Joy.* y *Vidr.* Vidrio a base de arena, cerusa, potasa, bórax y arsénico que, diversamente coloreado con óxidos metálicos (de cobalto, cobre, manganeso, etc.) permite imitar distintas gemas.

ESTRATÁMETRO m. *Min.* Instrumento que se utiliza en las operaciones de sondeo para medir la inclinación de las capas en el subsuelo.

ESTRATIFICACIÓN f. *Geol.* Disposición de los sedimentos en forma de capas superpuestas.
— Los *sedimentos* arrastrados por el agua, así como las materias eruptivas de los volcanes, se acumulan en forma de capas sucesivas, generalmente horizontales y de índole diferente según las circunstancias locales a lo largo de los tiempos geológicos. Si las capas o estratos son paralelos, la estratificación es *concordante;* en el caso contrario, es *discordante* (cuando el terreno, después de haberse inclinado las capas y haber sufrido éstas una erosión superficial, ha sido cubierto por nuevos estratos horizontales de sedimentos).

ESTRATIFICADO, DA adj. *Geol.* Dícese del terreno sedimentario constituido por capas superpuestas.
— *Ind.* Dícese de los materiales compuestos a base de capas superpuestas y pegadas. ‖ Dícese de productos hechos con una o varias capas de papel, tela y otras materias impregnadas de resina termoplástica en prensas que les confieren una resistencia muy grande.

ESTRATIFICAR v. Disponer las materias en capas superpuestas.
— *Geol.* Sedimentar en forma de estratos.

ESTRATIGRAFÍA f. *Geol.* Parte de la geología * que trata de la sucesión de los terrenos sedimentarios que se han acumulado en forma de estratos desde los tiempos más remotos.

ERA	PERÍODOS	PISOS	MILLONES DE AÑOS
	PLEISTOCENO	Cuaternario	
TERCIARIO	PLIOCENO	Calabriense	
		Astiense	3
		Plaisanciense	10
	MIOCENO	Pontiense	
		Tortoniense	15
		Helveciense	20
		Burdigalense	25
	OLIGOCENO	Aquitaniense	32
		Estampiense	37
		Sannoisiense	45
	EOCENO	Bartonense	50
		Luteciense	55
		Ipresiense	60
		Taneciense	
		Montiense	65

Fot. O. T. T.

ERA	PERÍODOS	PISOS	MILLONES DE AÑOS
MESOZOICO	CRETÁCEO	Daniense	73
		Senoniense	82
		Turoniense	85
		Cenomanense	90
		Albiense	95
		Aptense	100
		Barremiense	
		Hauteriviense	105
		Valanginiense	110
	JURÁSICO	Portlandiense	
		Quimeridgense	115
		Lusitaniense	120
		Oxfordiense	
		Caloviense	125
		Batoniense	
		Bajociense	130
		Aalense	
		Toarciense	135
		Charmoutiense	
		Lotaringiense	
		Sinemuriense	145
		Hetangiense	
		Rhetiense	150
	TRIAS	Keuper	160
		Muschelkalk	175
		Gres bigarrado	
PALEOZOICO	PERMIANO	Saxoniense	190
		Autuniense	205
	CARBONÍFERO	Estefaniense	220
		Vestfaliense	240
		Dinantiense	260
	DEVONIANO	Fameniense	280
		Frasniense	285
		Givetiense	290
		Eifeliense	300
		Coblenciense	310
		Gedinense	320
	SILURIANO	Gotlandiense	330
		Ordoviciense	360
	CAMBRIANO	Potsdamiense	400
		Acadiense	430
		Georgiense	460
	PRECAMBRIANO	Algonquiano	500
		Arqueano	1 200

— La *estratigrafía* estudia la naturaleza química de los materiales que constituyen los estratos, determina la edad de éstos merced a los fósiles que contienen, y, después de haber acopiado toda clase de datos, reconstituye el estado físico del Globo correspondiente a cada período de su historia. La tabla siguiente resume la sucesión hoy admitida de las distintas eras, períodos y pisos.

ESTRATO m. *Geol.* Cada una de las capas de un terreno sedimentario.
— *Meteor.* Masa nubosa, uniformemente gris, análoga a una capa de niebla situada a cierta altura del suelo.

ESTRATOCÚMULO m. *Meteor.* Nubes en forma de capas delgadas, de espesor uniforme, dispuestas horizontalmente. (Sinón. CUMULOESTRATO.)

ESTRATOESFERA f. *Meteor.* Estratosfera.

ESTRATOIDE adj. *Min.* Dícese de los criaderos que contienen el mineral en forma de capas superpuestas.

ESTRATOPAUSA f. *Meteor.* Superficie esférica que marca teóricamente el límite entre la estratosfera y la mesosfera.

ESTRATOSFERA f. *Meteor.* Capa de la atmósfera situada por término medio entre 11 y 40 km del suelo.
— En todo el espesor de la *estratosfera* encima de un punto del Globo, el aire conserva una temperatura constante (en nuestras latitudes —55° por término medio). Pero esta temperatura cambia de una estación a otra. Cuando un polo baña permanentemente en la luz solar, la estratosfera polar se halla a una temperatura superior a la de la estratosfera ecuatorial, ocurriendo lo contrario durante la larga noche polar. De ahí una doble inversión anua de la dirección de los vientos. En la estratosfera no hay nubes, pues el aire es seco y siempre circula horizontalmente. A unos 25 km de altura los rayos solares dan lugar a la formación de ozono *. (V. ATMÓSFERA.)

ESTRATOSFÉRICO, CA adj. *Aeron.* y *Meteor.* Relativo o perteneciente a la estratosfera; *globo estratosférico.*

ESTRAVE m. *Mar.* Pieza curva que sirve de remate a la quilla y la enlaza con la roda.

ESTRAZA f. *Papel de estraza,* v. PAPEL.

ESTRELLA f. *Aeron. Motor en estrella,* v. MOTOR.
— *Astr.* Astro dotado de luz propia y que, a pesar de alcanzar dimensiones mucho mayores que las del Sol, aparece como un minúsculo punto luminoso en razón de la distancia que de él nos separa. ‖ *Estrella fugaz,* v. METEORITO.
— Las *estrellas* se forman continuamente a partir de una masa de hidrógeno, gas abundante en las nebulosas y en el espacio interestelar, que ha dado lugar a la formación de todo cuanto existe en el universo. El gas de la nube primitiva se halla solicitado hacia el centro de la misma por la fuerza de gravedad, pues la masa central atrae a las moléculas periféricas, al igual que todo cuanto se halla alrededor de la Tierra es atraído hacia el centro del Globo. Así, progresivamente, aumenta la densidad del gas y también la presión en su seno, lo cual tiene por efecto elevar su temperatura. Ésta llega a ser tan alta que la energía cinética de las partículas acaba por provocar las mismas transmutaciones atómicas que en las bombas * H, y los átomos de hidrógeno se unen para formar otros cuerpos más complejos con desprendimiento de cantidades colosales de calor y de radiaciones ionizantes y luminosas (v. CALOR, BETHE [*Ciclo de*] y TRASMUTACIÓN). La estrella así formada prosigue su evolución,

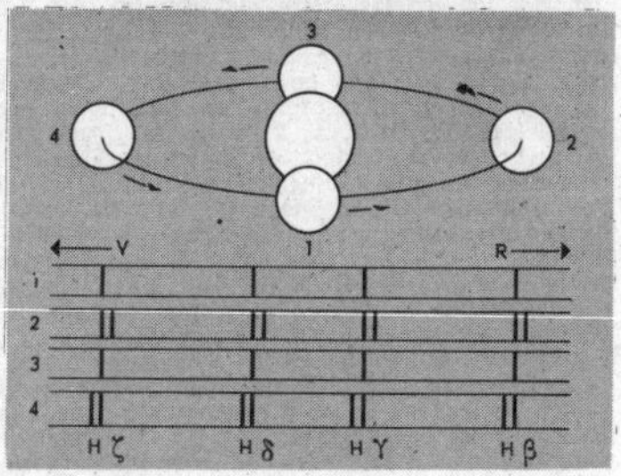

desdoblamiento de las rayas espectrales de las **estrellas** dobles espectroscópicas

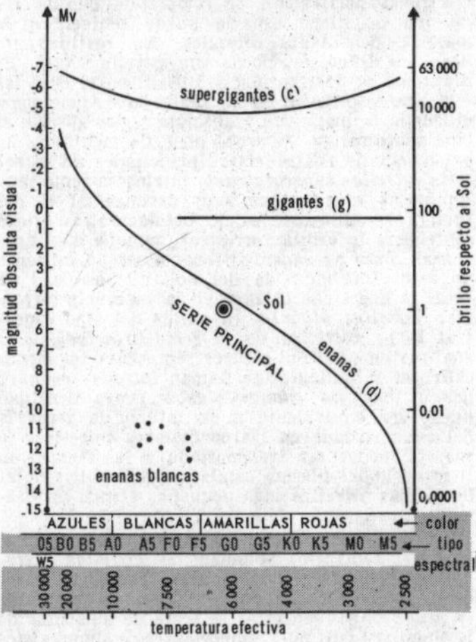

estrellas
diagrama de Hertzprung y Rusell

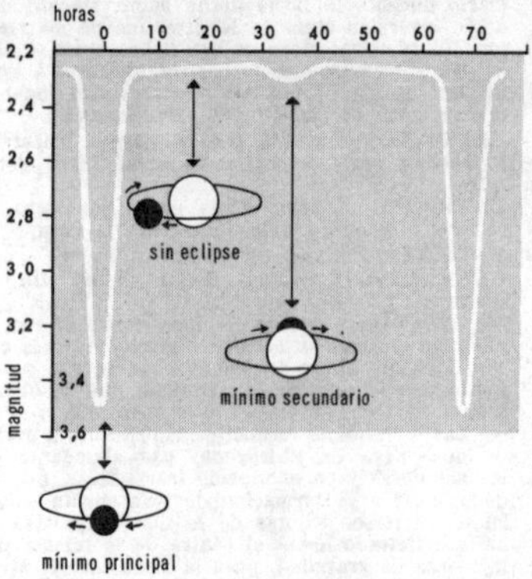

estrella
variable de eclipses

estrellas
una región del cielo desprovista de estrellas visibles y fotografiada con exposiciones crecientes muestra, *de arriba abajo,* estrellas de hasta la 12.ª, la 15.ª, la 18.ª y la 20.ª magnitudes

que puede terminarse ya por una violenta explosión que dispersa su materia en forma de nebulosa, ya por su enfriamiento progresivo después de haber alcanzado su máxima actividad.

El análisis espectrométrico (v. ESPECTRO) permite determinar la fase en que se hallaba cada estrella cuando emitió los rayos que de ella nos llegan. Este análisis revela que la composición de la atmósfera estelar es prácticamente igual para todos los tipos de estrellas, o sea: 76 % de hidrógeno, 23 % de helio y 1 % de todos los demás cuerpos. También permite averiguar las temperaturas superficiales, dado que éstas guardan relación con los colores del espectro (así, las *estrellas rojas* tienen temperaturas relativamente bajas y las *estrellas azuladas,* altas temperaturas). Se ha adoptado una escala para clasificar las estrellas en tipos espectrales designados por ocho letras (W, O, B, A, F, G, K, M), cada uno de los cuales se subdivide en diez categorías numeradas de 0 a 9. Según esta clasificación, el Sol es una estrella del tipo G5, al cual corresponde una temperatura superficial de 6 000º, mientras que a los tipos extremos corresponden temperaturas de 2 500 y 35 000º. Las temperaturas internas son mucho más elevadas, pues la del Sol se calcula en 14 millones de grados. A estas temperaturas no existe estructura posible de los átomos y la materia es un plasma en el cual protones, neutrones y electrones forman una mezcla heterogénea. Como el átomo* normal es ante todo un espacio vacío entre el núcleo y los electrones periféricos, se comprende que la reducción de dicho espacio pueda conferir a la materia densidades colosales. En realidad, la densidad difiere mucho de una estrella a otra. El diagrama de Hertzprung y Rusell, en el cual las estrellas se ordenan en un gráfico que tiene como ordenada la magnitud * absoluta y por abscisa el tipo espectral (v. *figura*), pone de manifiesto la existencia de cuatro clases principales de estrellas: *estrellas supergigantes,* intrínsecamente muy luminosas y, a la vez, muy grandes (si el Sol tuviera las dimensiones de Betelgeuse, su globo contendría la órbita terrestre), aunque muy poco densas, pues su densidad llega a ser 60 millones de veces inferior a la del Sol, que es de 1,41 veces la que tiene el agua en la superficie terrestre; *estrellas gigantes* (a partir del tipo espectral F0); *estrellas de la serie principal,* a la cual pertenece el Sol y cuyos representantes menos calientes y brillantes se llaman *estrellas enanas;* por último, las *enanas blancas,* cuya densidad puede ser equivalente a un millón de veces la del agua situada en las condiciones terrestres (o sea, de poder ser transportado a la Tierra, un litro de aquel plasma estelar pesaría mil toneladas). Las estrellas más pequeñas tienen un diámetro comparable al de la Tierra.

El brillo de las estrellas no siempre es constante, pues, al contrario, abundan las *estrellas variables* cuya luz sufre fluctuaciones. En ciertos casos éstas son rigurosamente periódicas y regulares (v. CEFEIDAS); en otros se trata de aumentos de la luminosidad muy importantes e imprevistos (v. NOVA). En ciertos casos la explosión de la nova deja como residuo un núcleo central en el cual las colosales fuerzas libertadas han provocado la neutralización eléctrica de los protones por los electrones: constituye una *estrella de neutrones* pequeñísima pero cuya densidad es inimaginable (un decímetro cúbico pesaría tanto como toda el agua del Mediterráneo). Estrellas tan densas pueden constituir un *agujero negro:* tan intensa es la atracción que ejercen que incluso los fotones de la luz no pueden alejarse; consiguientemente, la estrella es invisible; ahora bien, si existe otra estrella próxima, la enorme atracción le arrancará girones de materia luminosa visibles de la Tierra y que emitirán rayos X que también pueden ser captados.

En las variables de eclipses, los cambios de luminosidad no se deben a la actividad termonuclear de la estrella, sino a la ocultación total o parcial de una estrella por otra que forma con ella un sistema binario. En efecto, muchas estrellas que forman aparentemente un solo punto luminoso en el cielo son en realidad dobles o binarias. Las binarias reales son sistemas de dos estrellas muy próximas entre sí que gravitan en torno de un centro de gravedad común; las binarias visuales o aparentes nada tienen de común, excepto el formar sus visuales un ángulo tan agudo que los dos astros aparecen como uno solo, pero el telescopio permite por lo general verlos separadamente; cuando las dos visuales se confunden en una sola incluso en el telescopio, el análisis espectroscópico muestra la presencia de rayas emitidas por dos astros diferentes (binarias espectroscópicas). También existen sistemas de estrellas múltiples constituidos por tres o más astros. El ojo humano solamente puede distinguir a simple vista en el cielo las estrellas de hasta la sexta magnitud, o sea unas 7 500. Los telescopios revelan la existencia de numerosas otras estrellas que pasan inadvertidas a simple vista; cuando, en los mismos instrumentos, se reemplaza el ojo por una placa fotográfica capaz de acumular la luz durante varias horas, los puntos blancos cubren toda la superficie de la emulsión. Todas las estrellas que vemos en el cielo pertenecen a la Galaxia, que cuenta unos 100 000 millones de estrellas. Como en el universo existen millones de galaxias, se desprende de ello que el número de estrellas es incalculable, al igual que el de los planetas *.

Así como un satélite gravita en torno de un planeta y que éste lo hace alrededor de una estrella, las estrellas describen una órbita en su galaxia, y además son arrastradas por ella en su movimiento de traslación. (V. GALAXIA y SOL.)

Los antiguos clasificaron las estrellas en constelaciones que no corresponden a ninguna afinidad física ni a la proximidad espacial de las estrellas, pero que ofrecen un medio cómodo de reconocerlas. (V. CONSTELACIÓN.)

La Osa* Menor, con su estrella Polar, y la Cruz* del Sur sirven para reconocer respectivamente los polos Norte y Sur de la esfera celeste.

La estrella más brillante del cielo es Sirio (magnitud visual —1,6); la más cercana es Próxima *, de la constelación del Centauro, que se halla a 4,15 años de luz de nosotros.

— *Electr. Conexión* o *montaje en estrella,* modo de acoplamiento de los circuitos trifásicos.

— Ciertos devanados (transformador trifásico, estator de motor asíncrono, inducido de alternador, etc.) constan de tres circuitos que pueden ser acoplados en triángulo * o en estrella. En el último caso los tres circuitos se hallan acoplados por uno de sus extremos en un *punto neutro,* mientras que el otro extremo está conectado con uno de los tres conductores de la red. La tensión entre dos extremos de la estrella es entonces igual a $\sqrt{3}$ veces la tensión entre el punto neutro y cualquiera de los extremos, mientras que la intensidad de la corriente en un circuito es igual a la que circula en cada fase. Así, el montaje en estrella permite obtener tensiones elevadas.

— *Geom.* Polígono * estrellado.

— *Mec.* Arandela cóncava, recortada en forma de cruz o de estrella, cuya elasticidad le permite afianzar la tuerca aunque existan vibraciones, cual ocurre en los aparatos montados en las vías de ferrocarril.

Fot. Obs. del Monte Wilson

ESTRELLAR v. adj. *Astr.* Estelar.
ESTRELLERA f. *Mar.* Aparejo * real.
ESTRENQUE m. *Text.* Maroma gruesa de esparto.
ESTRÍA f. Cada uno de los surcos pequeños y paralelos labrados en una superficie: *las estrías de la lima.*
— *Arq.* Acanaladuras labradas verticalmente en una columna. ‖ Glifo.
— *Geol.* Surcos grabados en el lecho y las paredes de los valles por las rocas arrastradas por antiguos glaciares.
ESTRIACIÓN f. Acción y efecto de estriar.
— *Obr. públ.* Operación consistente en imprimir estrías en el firme de las carreteras para que sea menos resbaladizo.
ESTRIADO, DA adj. y s. Cuya superficie presenta estrías. ‖ — M. Estriación.
ESTRIAR v. Grabar estrías en una superficie.
ESTRIBERA f. *Autom.* Estribo.
ESTRIBO m. *Arq.* Macizo de fábrica que soporta el peso y el empuje lateral de una bóveda o de un arco. ‖ Machón o contrafuerte que sirve de refuerzo a un muro.
— *Autom.* Reborde del piso de un coche, que sirve de pena a las puertas. ‖ Cada una de las piezas horizontales, generalmente forradas de caucho, que tienen las motocicletas en los lados para poner los pies.
— *Carp.* Herraje en forma de U, a modo de grapa o abrazadera, que se usa para suspensión y apoyo de maderos grandes o para afianzar sus uniones. ‖ Ensambladura propia para piezas suspendidas, especialmente la del pendolón con su tirante.
— *Mec.* Pestillo en forma de U de los candados.
ESTRIBOR m. *Mar.* Costado derecho del barco para el observador que mira hacia la proa.
ESTRICCIÓN f. Constricción.
— *Magn. Estricción magnética,* magnetostricción.
— *Mec.* En una barra de metal, sometida a pruebas de tracción, adelgazamiento local que se produce poco antes de la ruptura en el sitio por donde se ha de partir la pieza si se continúa estirando. ‖ Relación numérica entre la disminución de sección experimentada por la pieza hasta consumarse la ruptura y la sección inicial de la misma.
ESTRINQUE m. Estrenque.
ESTRIOSCOPIA f. *Aeron.* y *Arm.* Procedimiento para fotografiar las ondas de choque que se forman en torno a los proyectiles y maquetas de aviones estudiados en aerodinámica, así como la estela que unos y otros dejan detrás de sí en el aire.
— Todo móvil que se mueve en el seno de un fluido desvía las moléculas del mismo y forma remolinos, estelas y otras perturbaciones. Así, el aire que circula alrededor de una maqueta cesa de ser homogéneo. Si se dirige un haz de luz a través de la vena, los rayos atravesarán masas de aire de densidad y, consiguientemente, de índice de refracción diferentes y sufrirán desvíos. Al llegar el haz a una placa fotográfica dispuesta en el lado opuesto de la vena, ciertos puntos de la misma recibirán varios rayos que sumarán su luz e impresionarán la emulsión, mientras que en otra zona contigua la emulsión no recibirá ningún rayo luminoso. Se obtendrá así una imagen de las estelas y otras perturbaciones en forma de listas alternativamente claras y obscuras, de la cual podrán deducirse las cualidades aerodinámicas * de la maqueta ensayada.
ESTROBO m. *Mar.* Argolla de cuerda que sirve para distintos usos, especialmente para articular el remo en el tolete.
ESTROBOSCOPIA f. *Ópt.* Método de observación de fenómenos muy rápidos fundado en la persistencia de las impresiones visuales. (V. ESTROBOSCOPIO.)
ESTROBOSCÓPICO, CA adj. *Ópt.* Fundado en los fenómenos de la estroboscopia o en el uso del estroboscopio: *descomposición estroboscópica de los movimientos.*
ESTROBOSCOPIO m. *Ópt.* Instrumento que permite ver inmóviles, o moviéndose lentamente, los objetos animados de rápidos movimientos de rotación o alternativos.
— El cinematógrafo demuestra que la persistencia de las imágenes en la retina permite al cerebro registrar como movimiento continuo lo que no es sino una sucesión de vistas fijas. Los *estroboscopios* se fundan en el mismo fenómeno. Supongamos que el rotor de un helicóptero da 400 vueltas por minuto y que lo observamos a través de un orificio practicado en un disco que gira exactamente a la misma velocidad o a un múltiplo de ella. Durante el breve paso del orificio ante el ojo solamente veremos una instantánea del rotor y, como a cada vuelta del disco nos aparecerá la misma fase, distinguiremos las palas como si no giraran. Si en vez de mantener rigurosamente iguales las velocidades del rotor y del disco, se hace variar un poco la de éste, al pasar el orificio ante el ojo las palas adelantarán o retrasarán ligeramente de una vuelta a la siguiente, y la retina registrará una revolución completa y muy lenta de las mismas. Si, por ejemplo, a cada vuelta el orificio retrasa de medio grado, el ojo verá girar el rotor 720 veces más despacio que en la realidad (a este fenómeno se debe que las ruedas de los coches parezcan girar lentamente al revés en ciertas escenas cinematográficas). Para los movimientos muy rápidos se emplea otro método fundado en el mismo principio: el móvil estudiado se mueve en la obscuridad y se ilumina con una rápida sucesión de relámpagos producidos por lámparas electrónicas descargadas por el propio móvil. Si la frecuencia de los destellos y la del movimiento son iguales o tienen un divisor común, el objeto observado parece inmóvil. Los estroboscopios permiten analizar los movimientos rápidos, descargas eléctricas, trabajo de las bielas y émbolos, funcionamiento de las hélices, explosiones y otras reacciones químicas, etc.
ESTROFOIDE f. *Geom.* Curva de tercer grado que es el lugar geométrico de dos puntos M y M' definidos como sigue: D es una recta, A un punto exterior a la misma, AO la perpendicular a D. Si se toma en D un punto cualquiera I, las longitudes IM e IM' son iguales a IO. ‖ *Estrofoide oblicua,* aquella en la cual la recta AO, en vez de ser perpendicular a D es oblicua.
ESTROMBOLIANO, NA o **ESTROMBOLIENSE** adj. *Geol.* Dícese de los volcanes cuyo tipo es el Estrómboli y que se caracterizan por las particularidades siguientes: lavas semifluidas de solidificación rápida en la superficie y lenta en el interior; explosiones violentas; proyección en forma de bombas y de lapilli, y emisión de vapores transparentes.
ESTRONCIANA f. *Miner. Estronciana carbonatada,* estroncianita. ‖ *Estronciana sulfatada,* celestina.
— *Quím.* óxido o hidróxido de estroncio.
ESTRONCIANITA f. *Miner.* Carbonato de estroncio.
ESTRONCIO m. *Quím.* Elemento químico de número atómico 38 y de símbolo *Sr.*
— El *estroncio* es un metal alcalinotérreo análogo al bario. Sus principales constantes físicas son: densidad, 2,54; temperaturas de fusión y de ebullición, 800° y 1 150°; y masa atómica 87,63 (la de sus cuatro isótopos es de 84, 86, 87 y 88). Es un metal blanco, tan oxidable que pierde instantáneamente su brillo al contacto del aire y que descompone el agua en frío. Se combina con la mayor parte de los metaloides y también con los ácidos, dando en este caso numerosas sales en las cuales el estroncio es bivalente. Muchas de estas sales se emplean en medicina; el nitrato se usa en pirotecnia para producir luces de Bengala rojas; el hidróxido (estronciana) sirve para extraer la melaza del jarabe de azúcar, pues forma con ella un compuesto insoluble. Las dos menas principales del estroncio son la estroncianita y la celestina. El metal se extrae, ya mediante reducción de su óxido, ya por electrólisis de su cloruro derretido. Sus aplicaciones son escasas: la principal es como componente, con el carbonato de bario, de cátodos para las válvulas electrónicas.
ESTRÓNTICO, CA adj. *Quím.* Relativo o perteneciente al estroncio. ‖ Que contiene estroncio.
ESTROPEAR v. *Constr.* Batir una segunda vez el mortero o argamasa.
ESTRUCTURA f. Modo de que son dispuestas las partes constituyentes de un todo: *la estructura simple de los edificios modernos contrasta con la de los antiguos palacios.*
— *Fís.* V. más abajo *Quím.*
— *Geol.* Disposición de las distintas capas en el

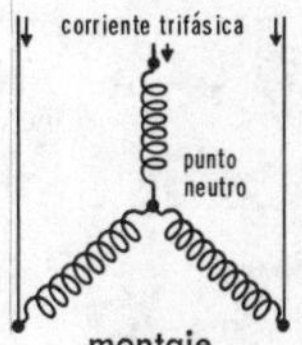

montaje en estrella *(electr.)*

estrellas *(geom.)*

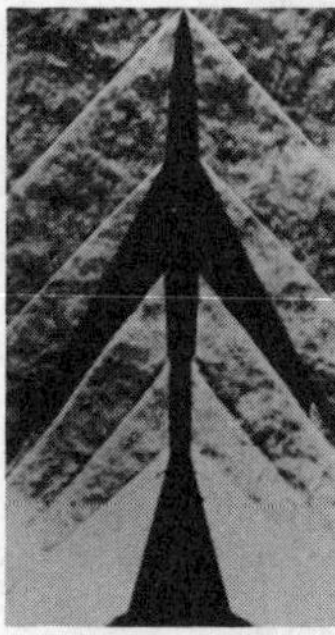
estrioscopia
ondas de choque en torno de una maqueta de avión en régimen supersónico

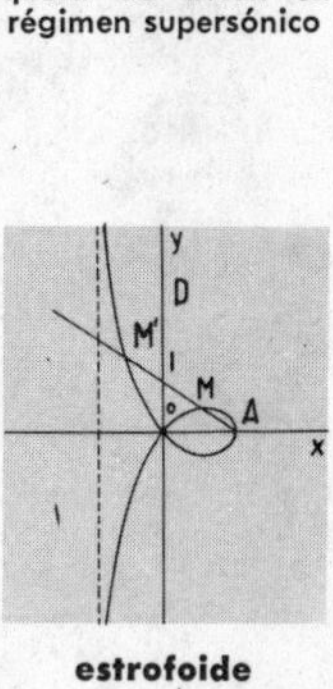

estrofoide

Fot. O. N. E. R. A.

terreno: *estructura de pliegues.* || *Estructura concordante, estructura discordante,* v. CONCORDANTE, DISCORDANTE y ESTRATIGRAFÍA. || Estado físico de los elementos que componen un suelo: *la estructura prismática del basalto.*
— *Petr.* Accidente geológico del subsuelo, de forma favorable a la acumulación y retención de hidrocarburos: *el anticlinal es la estructura petrolífera por excelencia.*
— *Quím.* Disposición de los átomos en las moléculas y de éstas en los cristales. (V. CRISTAL, ISOMERÍA, ESPECTRO, MATERIA y MOLÉCULA.)
— *Tecn.* Armazón de madera, metal, plástico u otra materia que constituye el esqueleto de una construcción: *la estructura de acero de un rascacielos.*

ESTRUCTURAL adj. Relativo o perteneciente a la estructura.

ESTRUJADORA f. *Ind. alim.* Exprimidora.

ESTUARIO m. *Geogr.* Desembocadura de un río por la cual penetra el agua del mar al subir la marea: *el estuario se distingue de la ría por el mayor caudal del río correspondiente.*

ESTUCADO, DA adj. y s. Acción y efecto de estucar.
— *Papel. Papel estucado,* v. PAPEL.

ESTUCAR v. *Constr.* Revocar con estuco. || Aplicar sobre las paredes las piezas de estuco ya moldeadas.

ESTUCATINA f. *Constr.* Lechada de cal mezclada con ácido fosfórico y ácido salicílico que se da a la obra de fábrica para conferirle el aspecto de la piedra.

ESTUCO m. *Constr.* Enlucido que se hace con una masa de cal, escayola (o yeso) y mármol pulverizado. (Esta masa se usa también para labores en relieve que imitan las de mármol.) || Yeso amasado con cola, que da enlucidos muy brillantes.

ESTUDIO m. *Arq.* Local grande y alto, provisto de amplios ventanales y propio para servir de taller a los pintores o escultores. || En las casas modernas, aposento constituido por una habitación amplia (que sirve de sala, comedor y dormitorio) y por una cocina y un cuarto de baño.
— *Cin.* y *Radiot.* Local especialmente equipado para la toma de vistas cinematográficas, la grabación de discos o la realización de emisiones de radio o de televisión.

ESTUFA f. Aparato de calefacción que sirve para calentar las habitaciones.
— Las *estufas de combustibles sólidos* (carbón, madera, aserrín) convienen cuando se requiere un funcionamiento continuo; las *de gas* pueden consumir el gas de alumbrado o los gases licuados bajo presión en botellas de acero (butano, propano), y las *de líquido* consumen aceites pesados (masut, aceite de quemar) en mecheros de surtidor (petróleo), en mechas alimentadas por capilaridad o éter de petróleo (gasolina especial) descompuesto catalíticamente. Las *estufas eléctricas* pueden ser de resistencia o de placas emisoras de rayos infrarrojos. Las hay que absorben calor por la noche y lo restituyen durante el día. (V. ACUMULADOR *de calor,* ACUMULACIÓN, CATÁLISIS, CALEFACCIÓN y RADIADOR.)
— *Técn.* Aparato o recinto caldeados y destinados a desinfectar (v. AUTOCLAVE), secar (v. SECADOR) y ablandar alguna materia o proporcionar una atmósfera suficientemente caliente a los animales (v. INCUBADORA) o a las plantas (v. INVERNÁCULO).

ESTUQUE m. *Constr.* Estuco.

ESTUQUERÍA f. *Constr.* Labor de estuco.

ESVIAJE m. *Arq.* Inclinación de un muro o del eje de una bóveda respecto a la fachada principal del edificio.

ETA f. Séptima letra del alfabeto griego, que se emplea como símbolo e indica muchas veces la séptima cosa de una serie.

ETALAJE m. *Metal.* Parte del alto horno * situada entre la cuba y la obra o laboratorio.

ETAMÍN m. y **ETAMINA** f. *Text.* Galicismo por *estameña.* || Nombre que se da en la industria textil a los tejidos claros parecidos a la estameña *.

ETANAL m. *Quím.* Aldehído * acético.

ETANO m. *Quím.* Carburo de hidrógeno saturado, de fórmula C_2H_6. (El *etano* es un gas incoloro e inodoro que se licua a —84°.)

ETANOICO m. *Quím.* Acido acético *.

ETANOL m. *Quím.* Alcohol * etílico.

ETANOLAMINA f. *Quím.* Nombre de tres compuestos aminados derivados del alcohol etílico, haciendo obrar el amoniaco sobre el óxido de etileno, y uno de los cuales, la *trietanolamina,* se emplea como agente emulsificante para fabricar jabones muy espumosos.

ETANÓLISIS f. *Quím.* Alcohólisis por el alcohol etílico.

ETAPA f. *Astron.* Cada uno de los elementos constitutivos de un cohete compuesto: *los satélites ordinarios pueden ser lanzados con cohetes de dos etapas.*

ÉTER m. *Fís.* Supuesto fluido elástico y desprovisto de masa cuya presencia en el espacio interplanetario habia sido admitida por los físicos para explicar la propagación de la luz y de las demás ondas electromagnéticas, antes de descubrir que las mismas se propagan en el vacío sin necesidad de soporte material.
— *Petr. Eter de petróleo,* esencia o gasolina muy ligera que se emplea en perfumería y que constituye la fracción del petróleo bruto que destila a menos de 70°.
— *Quím.* Compuesto orgánico que resulta de la combinación, acompañada de una eliminación de agua, de un alcohol con un ácido, con otro alcohol o consigo mismo. || Óxido de etilo, también llamado *éter sulfúrico.*
— Con el nombre de *éter* o *éter sulfúrico* se designa el compuesto que resulta al deshidratar el alcohol etílico por medio del ácido sulfúrico. Es un líquido inflamable incoloro, muy móvil y volátil, de olor característico, que hierve a 37° y cuya densidad es de 0,72. Es soluble en el alcohol y constituye a su vez un poderoso disolvente de los cuerpos grasos, las resinas, la nitrocelulosa, etcétera. También se emplea como anestésico general.
La fórmula de dicho compuesto: $(C_2H_5)_2O$, justifica el nombre de *éter óxido* que se le da en química. Otro modo de escribirla es $C_2H_5OC_2H_5$, y entonces se comprende que exista toda una familia de éteres óxidos cuya forma general es R - O - R' en la cual R y R' son dos radicales hidrocarbonados. En otra familia de éteres la acción de un ácido sobre un alcohol da, por eliminación de una molécula de agua entre una molécula de alcohol y otra de ácido, un compuesto llamado *éter sal* capaz de regenerar por electrólisis el ácido y el alcohol. A los compuestos de esta familia se les da el nombre de *éster* *.

ETÉREO, A adj. *Quím.* De la naturaleza del éter.

ETERIFICACIÓN f. *Quím.* Transformación de un ácido o de un alcohol en éter. (V. ESTERIFICACIÓN y ÉTER.)

ETERIFICADOR m. *Quím.* Aparato utilizado para efectuar la eterificación.

ETERIFICAR v. *Quím.* Convertir los ácidos o los alcoholes en éter.

ETIL, prefijo que, en el nombre de un compuesto químico, indica la presencia del radical etilo.

ETILACIÓN f. *Quím.* Introducción de radicales etilo en una molécula.
— *Petr.* Incorporación de tetraetilato de plomo a la gasolina para hacerla antidetonante.

ETILADO, DA adj. *Quím.* Que contiene el radical etilo.

ETILAMINA f. *Quím.* Nombre de tres aminas etiladas: *monoetilamina, dietilamina* y *trietilamina,* que se obtienen haciendo obrar el yoduro de etilo sobre el amoniaco.

ETILANILINA f. *Quím.* Arilamina secundaria que se obtiene calentando en autoclaves una mezcla de clorhidrato de anilina y alcohol, y que se emplea en la industria de materias colorantes.

ETILAR v. *Petr.* Agregar tetraetilato de plomo a la gasolina para hacerla antidetonante.

ETILATO m. *Quím.* Nombre de varios derivados metálicos del alcohol etílico: *el etilato de sodio se emplea como agente de síntesis orgánica.*

ETILBENCENO m. *Quím.* Carburo de hidrógeno presente en el alquitrán de hulla: *el etilbenceno se obtiene tratando el benceno con etileno en presencia de cloruro de aluminio.*

ETILCELULOSA f. *Plást.* Materia termoplástica que se prepara haciendo obrar el cloruro de etilo sobre la alcalicelulosa.

ETILÉNICO, CA adj. *Quím.* Dícese de los cuerpos que, como el etileno, poseen ya un enlace doble (alcenos), ya dos (alcadienos) o más (polienos).

ETILENO m. *Quím.* Carburo de hidrógeno de fórmula $CH_2=CH_2$, presente en el gas de alumbrado y en los gases residuales del cráking del petróleo.
— El *etileno* es un gas incoloro que se licua a —104° y se solidifica a —129°. Es un compuesto no saturado que se presta, por consiguiente, a numerosas reacciones de adición. El *etileno impuro* se emplea industrialmente en la síntesis del alcohol etílico. Una gran parte del *etileno industrial* sirve para elaborar compuestos derivados del glicol. Importantes cantidades se dedican a la preparación de estiroleno por intermedio del etilbenceno. Su polimerización da las materias plásticas de la familia de los *polietilenos*. También sirve para preparar estireno *, mientras que con sus cloruros se fabrica el cloruro de polivinilo, que es la más usada de todas las materias plásticas. La figura muestra otros empleos del etileno, que es, entre todas las materias primas de la petroquímica, la más importante.

ETILENOGLICOL m. *Quím.* Glicol.

ETILGLICOL m. *Quím.* Glicol preparado por condensación del óxido de etileno y del etanol, y que sirve de disolvente, como líquido para frenos hidráulicos y para otros usos.

ETÍLICO, CA adj. *Quím.* Dícese de los derivados del radical etilo: *alcohol * etílico.*

ETILINA f. *Quím.* Nombre genérico de los ésteres del alcohol etílico.

ETILO m. *Quím.* Radical univalente de fórmula $CH_3—CH_2$, derivado del alcohol etílico por supresión del hidroxilo. ‖ *Nitrato de etilo,* ergol * usado para la propulsión de cohetes. ‖ *Óxido de etilo,* éter.

ETINO m. *Quím.* Nombre del *acetileno* en la nomenclatura internacional.

ETOXILENO m. *Quím.* óxido de etilo, de fórmula C_2H_4O, que es un éter * óxido del glicol.
— El *etoxileno* es un epóxido que se obtiene por oxidación del etileno o haciendo obrar un álcali sobre ciertos derivados del glicol. Es un líquido móvil que hierve a 12,5₃, huele a éter y es miscible con el agua. La disposición particular de su átomo de oxígeno propia de los epóxidos *, hace del etoxileno un importante agente de síntesis de la industria química.

Eu, símbolo químico del *europio.*

EUCAIRITA f. *Miner.* Seleniuro de cobre y plata.

EUCALIPTO m. *Bot.* Género de árboles mirtáceos muy grandes (hasta cerca de 150 m), de crecimiento rápido, originarios de Australia, pero introducidos en otras regiones del Globo.
— La madera del *eucalipto,* dura y resinesa, se usa poco en carpintería y sirve más bien en minería, para entibar. También constituye un combustible apreciado y es una de las materias primas para fabricar celulosa. La corteza de ciertas especies, rica en tanino, se emplea como curtiente.

EUCLIDES *(Postulado de).* V. GEOMETRÍA.

EUCLIDIANO, NA adj. *Geom. Geometría euclidiana,* la que se funda en axiomas adoptados por Euclides. (V. GEOMETRÍA.)

EUDIOMETRÍA f. *Quím.* Análisis volumétrico de los gases por medio del eudiómetro.

EUDIOMÉTRICO, CA adj. *Quím.* Relativo o perteneciente al eudiómetro.

EUDIÓMETRO m. *Quím.* Instrumento utilizado para efectuar el análisis volumétrico de mezclas gaseosas.
— El *eudiómetro* se funda en el principio siguiente: en un recipiente que contiene el gas que se ha de analizar (mezcla de dos gases diferentes), se introduce otro gas auxiliar propio para que, por efecto de una chispa producida por dos electrodos en el interior del tubo, se combine con el gas o la mezcla del recipiente. La combinación puede dar un compuesto gaseoso o líquido, según los gases puestos en presencia y se traduce por una disminución de volumen indicada por la escala graduada del tubo, de la cual se deduce la naturaleza del gas analizado.

EUGENOL m. *Quím.* Principio aromático de la esencia de clavo, también presente en otras especias, con el cual se fabrica —calentándolo con sosa alcohólica y oxidándolo— la vainillina *.

EULER *(Círculo de),* círculo * de los nueve puntos. ‖ *Recta de Euler,* v. RECTA.

Fot. H. Baranger

EURITMIA f. *Arq.* Disposición armoniosa y proporcionada de los elementos que constituyen una obra arquitectónica.

EUROPA, satélite de Júpiter *.

EUROPIO m. *Quím.* Elemento químico de número atómico 63 cuyo símbolo es *Eu.*
— El *europio* es un metal maleable, de color gris semejante al del hierro. Pertenece al grupo de los lantánidos * y sus principales características físicas son las siguientes: número de masa 152 (promedio de dos isótopos de masa 151 y 153); densidad 5,17; puntos de fusión y de ebullición 900° y 1 700°, respectivamente.

EUSTATISMO m. *Geol.* Variación general del nivel de los océanos, cuya causa principal reside en las fluctuaciones que, por efectos climáticos, experimenta la masa total de los glaciares.
— En el cuaternario, las glaciaciones hicieron bajar el nivel de los océanos hasta en un centenar de metros. Actualmente el Globo se halla en una fase de recalentamiento climatológico que provoca la fusión de los glaciares y, consiguientemente, la subida del nivel de los océanos, a razón de 1,3 m por año.

EÚSTILO m. *Arq.* Serie de columnas entre las cuales media un espacio igual a dos veces y cuarto la anchura de una columna, salvo en la mitad de la fachada principal y en toda la fachada posterior, donde el espaciamiento es de tres columnas.

EUTÉCTICO, CA adj. y s. *Fís.* y *Metal.* Relativo a la eutexia. ‖ *Aleación eutéctica,* v. ALEACIÓN. ‖ —M. Punto de eutexia.

EUTEXIA f. *Fís.* y *Metal.* Fenómeno que se manifiesta en las mezclas o aleaciones de dos cuerpos debidamente dosificados y al cual se debe que el punto de fusión de la mezcla sólida sea no solamente inferior al de cada uno de los componentes, sino también al de cualquiera otra mezcla en la que ambos entren en proporciones diferentes de la mezcla eutéctica. ‖ *Temperatura* o *punto de eutexia,* temperatura de fusión de la mezcla eutéctica.
— La figura ilustra un caso concreto de *eutexia:* el plomo funde a 325° y el estaño a 235°. Si se agrega estaño al plomo, la temperatura de fusión de las aleaciones es tanto más baja cuanto más estaño entra en la mezcla, y en todo caso inferior a la del estaño puro (primera parte descendente de la curva); no obstante, cuando la proporción de estaño pasa de 56 %, la temperatura de fusión vuelve a aumentar (segunda mitad de la curva).

EUTÍMETRO m. *Topogr.* Estadia taqueométrica provista de dos brazos plegables que permiten utilizarla tanto vertical como horizontalmente.

EUXENITA f. *Miner.* Titanoniobato de itrio, cerio y uranio, que se explota como mena de este metal.

eV, símbolo del *electronvoltio.*

EVACUADOR m. *Hidr.* Sistema de llaves o de compuertas que sirve para dar salida al agua contenida en un sitio, especialmente en las presas. ‖ Aliviadero.

EVANESCENTE adj. Que tiende a desaparecer o a alcanzar magnitud nula: *presión evanescente.*

EVAPORACIÓN f. *Atom.* Fenómeno que se produce en el curso de las reacciones nucleares y que consiste en la emisión por el núcleo atómico de protones, neutrones o partículas alfa animados de velocidades moderadas.
— *Fís.* Transformación en vapor de un líquido sin que éste alcance la temperatura de ebullición: *la sal se obtiene en las salinas por evaporación natural del agua.*
— La *evaporación* es un fenómeno que se efectúa en la superficie del líquido, circunstancia que la distingue de la vaporización, pues ésta se produce en toda la masa del líquido que hierve. La evaporación al aire libre es tanto más intensa, a volumen igual, cuanto mayor es la superficie del líquido, más elevada es la temperatura del líquido y del aire, más baja es la presión barométrica, más seco se halla el aire y más activas son las corrientes que renuevan la capa del mismo que está en contacto con el líquido. La evaporación provoca siempre un descenso de la temperatura del líquido que se evapora, como lo demuestra el hecho de que los botijos porosos que rezuman el agua la conservan fresca. También se fundan en este fenómeno ciertos procedimientos de liquefacción * de los gases.

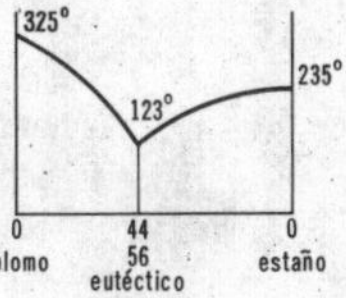

eutexia

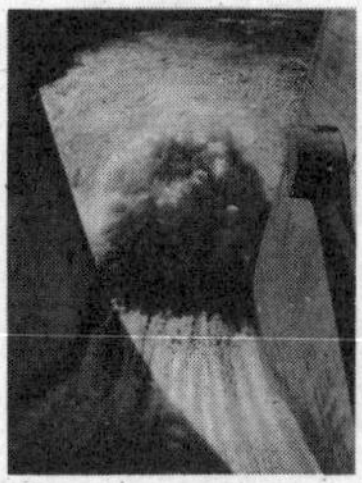
evacuador de una presa

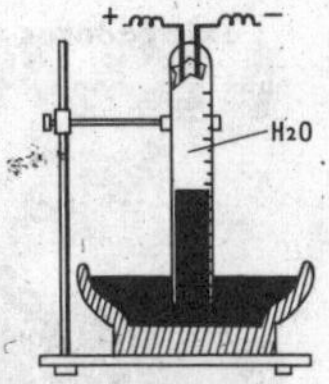

eudiómetro

evaporadores en una azucarera

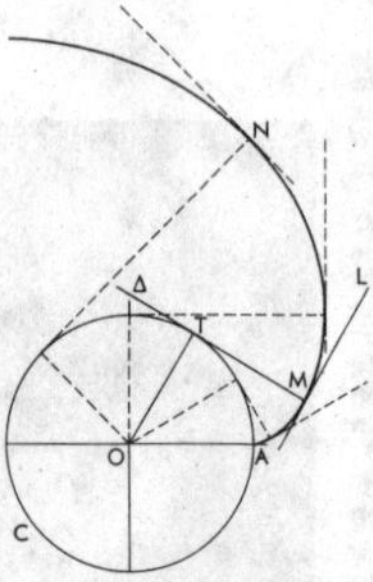

evoluta AMN descrita por el extremo M de una recta siempre tangente a la circunferencia C

— *Ind.* Operación consistente en reducir la proporción de agua de un producto con objeto de concentrar su substancia activa o sus principios útiles. (V. EVAPORADOR.) [Sinón. CONCENTRACIÓN.]
— *Meteor.* La *evaporación,* especialmente la de los mares, representa un papel esencial en meteorología, no solamente porque determina la nubosidad y la insolación, al igual que la abundancia de las precipitaciones, sino también porque la evaporación de cada gramo de agua absorbe 600 calorías al mar. La evaporación se mide con los *evaporímetros* y los *lisímetros.*

EVAPORADOR, RA adj. y s. Que evapora o sirve para evaporar.
— *Ind.* Aparato que sirve para evaporar el agua de una substancia líquida, con el fin de concentrarla. (Sinón. CONCENTRADOR.) || Desecador que se emplea en la industria alimenticia para deshidratar frutas y legumbres sometiéndolas a una corriente de aire caliente. || Cualquier aparato propio para evaporar totalmente el agua de una disolución con el fin de recuperar las substancias disueltas, desalar agua en los buques, etc.
— El *evaporador* consiste en una caldera cilíndrica que contiene un haz de tubos. Una corriente de vapor pasa por la caldera y calienta los tubos, por los cuales circula el líquido que se ha de concentrar. El agua que éste contiene se evapora y pasa a un condensador donde, al licuarse, crea una depresión que hace bajar la temperatura de ebullición del líquido y favorece así su evaporación. A veces se constituye un evaporador de efecto múltiple disponiendo varios evaporadores en serie, cada uno de los cuales es calentado por el vapor producido en el anterior y trabaja con temperatura de ebullición y presión inferiores a las del mismo. Los evaporadores se emplean en la elaboración de leche condensada, jarabes de frutas, etc.
— *Petr.* Dispositivo instalado en la base de una columna destiladora (v. DESTILACIÓN), y en el cual el producto caliente que se ha de destilar sufre una baja de presión que provoca su vaporización.
— *Refrig.* Órgano de una instalación frigorífica en el cual se evapora el líquido frigorígeno con producción de frío o, mejor dicho, absorción de calor. (V. REFRIGERADOR.)

EVAPORAR v. *Fís.* Resolverse en vapor un líquido. (V. EVAPORACIÓN.)

EVAPORATORIO, RIA adj. Propio de la evaporación. || *Grupo evaporatorio,* conjunto formado por un generador de vapor y sus instalaciones anejas (v. CALDERA). [Es designación impropia, puesto que en el mismo existe ebullición del agua (v. EVAPORACIÓN).]

EVAPORIMETRÍA f. *Metr.* Medición de la evaporación. (V. EVAPORÍMETRO.)

EVAPORÍMETRO m. *Meteor.* Instrumento para medir el poder evaporante de la atmósfera. (Sinón. ATMISMÓMETRO y EVAPORÓMETRO.)
— El *evaporímetro* es un vaso plano expuesto a la atmósfera para que se evapore el agua que contiene. Se pesa a intervalos regulares de tiempo para determinar el volumen evaporado, y el resultado se divide por el área para obtener la altura de agua evaporada. Otros evaporímetros se fundan en el uso de una superficie de papel secante constantemente humedecida y en la medición del volumen de agua por ella evaporada. (V. LISÍMETRO.)

EVAPOROMETRÍA f. Evaporimetría.

EVAPORÓMETRO m. Evaporímetro.

excavadoras

EVAPOTRANSPIRACIÓN f. *Meteor.* Cantidad total del agua evaporada por el suelo y las superficies líquidas transpirada por la vegetación.

EVASIÓN f. *Astron.* Liberación. || *Velocidad de evasión,* velocidad de liberación.

EVECCIÓN f. *Astr.* Alteración periódica del movimiento de la Luna debida a ligeras variaciones de la excentricidad de su órbita y a un corrimiento del perigeo de la misma: *en cada uno de los períodos de la evección, que duran 31, 81 días, la Luna se aleja en 1,16º de su posición normal.*

EVENTO m. *Atom.* Suceso.

EVOLVENTE f. *Geom.* V. EVOLUTA.

EVOLUTA f. *Geom.* Lugar geométrico de los centros de curvatura de una curva plana, o sea envolvente * de sus normales.
— La *evoluta* de una circunferencia es su centro, porque en él convergen todas las normales o perpendiculares trazadas en cada uno de los puntos de la misma. En los demás casos, la evoluta de una curva plana llamada *evolvente,* es otra curva cuyas tangentes son siempre normales a la primera. Imaginemos un hilo fijado en la evoluta por uno de sus extremos y arrollado sobre la misma. Si lo vamos desenrollando, tirando del extremo libre y sin dejar de mantenerlo tenso, la sección recta de hilo será constantemente una tangente a la evoluta, y cualquiera de sus puntos —por ejemplo, el extremo libre— describirá otra curva: la evolvente. Acortando el hilo repetidas veces se obtiene un haz de evolventes del cual forma parte la propia evoluta. La evolvente del círculo permite calcular el perfil de los dientes de engranajes.

EXAGONAL adj. *Geom.* Hexagonal.

EXÁGONO m. *Geom.* Hexágono.

EXÁSTILO m. *Arq.* Hexástilo.

EXCAVACIÓN f. *Constr.* y *Obr. públ.* Labor de desmonte que se hace ya para explanar el terreno, ya para abrir zanjas o canales o para beneficiar un criadero superficial.

EXCAVADOR, RA adj. y s. Que excava o sirve para excavar.
— *Min.* y *Obr. públ.* Máquina provista de una cadena o rueda de cangilones, con la cual se efectúan labores importantes de desmonte y explanación de tierras, y se benefician los criaderos superficiales de minerales blandos o terrosos. || Por ext., cualquiera otra máquina de excavar. || *Excavadora de cable, excavadora de cuchara,* v. CUCHARA. || *Excavadora superficial,* v. BULLDOZER.
— Las *excavadoras de cuchara* han sido descritas en el artículo CUCHARA. Las *de cangilones* funcionan como las dragas *: los cangilones, provistos de bordes cortantes, se hallan montados en una cadena sin fin o en la periferia de una rueda de grandes dimensiones; muerden en el terreno, se llenan con las materias arrancadas y las vierten en un montón contiguo o en un vehículo, ya directamente, ya por medio de un transportador de cinta sin fin. Generalmente esta clase de excavadoras pueden funcionar como *excavadoras de desfonde* o como *excavadoras de desmonte.* En movimientos de tierras muy importantes (excavación de canales) las excavadoras más potentes efectúan un trabajo correspondiente al de 7 000 peones.
En minería se utilizan gigantescas *excavadoras afloradoras,* tanto para suprimir la capa de estéril y permitir la explotación a cielo abierto de criaderos poco profundos, como para beneficiar los yacimientos superficiales, especialmente los de lignito. No es raro que una sola de estas máquinas cargue 200 vagones en una hora.

EXCAVAR v. *Min.* y *Obr. públ.* Ahondar el suelo. || Arrancar la capa superficial de tierra o de mineral.

EXCENTRACIÓN f. *Geom.* y *Mec.* Corrimiento del centro de una figura o de una pieza u órgano mecánico. (V. EXCENTRICIDAD.)

EXCENTRAMIENTO m. *Topogr.* Distancia que media entre la estación de una medición taqueométrica y el punto que sirve de base en el terreno y al cual dicha medición se ha de reportar ulteriormente.

EXCENTRAR v. *Mec.* Cambiar la posición del eje de ciertas piezas, especialmente en las de revolución.

EXCENTRICIDAD f. Estado de lo que se halla situado fuera de un centro.

Fot. Fives-Lille, X.

— *Arm.* Desvío del eje del cañón en las armas de fuego.
— *Astr. Excentricidad de una órbita,* excentricidad de la elipse descrita por un astro alrededor de otro.
— La *excentricidad de la órbita* de los planetas (v. por su nombre) es poco importante, pues se halla comprendida entre 0,007 (Venus) y 0,206 (Mercurio); la de las órbitas de los asteroides alcanza 0,450; la de los cometas puede tener, en todos los casos, valores superiores a 0,400; la de los satélites, por último, no pasa de 0,166 (noveno satélite de Saturno *). Los satélites artificiales presentan todas las excentricidades posibles, dado que sus órbitas pueden hallarse comprendidas entre la circunferencia y la parábola. (V. ÓRBITA y ELIPSE.)
— *Geom. Excentricidad de una cónica* *, relación existente entre la distancia de cualquier punto de la misma a un foco y la distancia de éste a la directriz relativa a dicho punto.
— La *excentricidad* es nula en la circunferencia, inferior a la unidad en la elipse, igual a la unidad en la parábola y superior a la misma en la hipérbola. La excentricidad de la elipse se obtiene dividiendo la distancia que media entre los dos focos por la longitud del eje mayor.
— *Mec.* No coincidencia del centro geométrico y del centro de gravedad de una pieza.

EXCÉNTRICO, CA adj. y s. Que tiene excentricidad.
— *Geom.* Dícese de varias circunferencias situadas unas dentro de otras, aunque sin tener un centro común.
— *Mec.* Mecanismo que sirve para convertir un movimiento circular uniforme en otro rectilíneo y alternativo.
— La *excéntrica* consiste en un plato —generalmente circular, aunque también los hay de otras formas— montado en el extremo de un árbol de tal modo que su eje no coincida con el de éste. Así, mientras que el árbol gira sobre su propio eje, el plato describe un círculo en torno del mismo. Una biela articulada en el plato transforma el movimiento circular en movimiento rectilíneo alternativo. Si en vez de un plato redondo se utiliza una leva de forma más o menos complicada, podrá obtenerse un movimiento de vaivén de velocidad no uniforme.
— *Metal.* Mandril que usan los torneros para variar, sin quitarla del torno, el centro de la pieza que están labrando.

EXCESO m. *Atom. Exceso de neutrones,* diferencia entre el número de los neutrones y los protones que constituyen el núcleo de un átomo estable.
— Los núcleos que tienen más protones que neutrones son inestables y se desintegran. En los núcleos estables siempre hay un *exceso* de neutrones.
— *Geom. Exceso esférico,* diferencia, expresada en grados, entre la suma de los tres ángulos de un triángulo plano, o sea 180°, y la de los ángulos de un triángulo esférico.

EXCIPIENTE m. *Quím.* Substancia desprovista de actividad terapéutica que sirve de soporte a los medicamentos: *el almíbar sirve de excipiente a los jarabes, y la manteca de cacao a los supositorios.*

EXCITACIÓN f. *Atom.* Absorción de energía por un átomo, molécula o partícula, que pasa así del *estado fundamental* al *estado excitado.*
— El aumento de energía puede deberse a la absorción de un rayo gamma o al choque de otra partícula que cede parte de su energía propia. Un electrón excitado pasa a ocupar una órbita o nivel de energía superior, del cual no tarda en bajar, emitiendo entonces el exceso de energía en forma de radiación.
— *Electr.* Fuerza magnetomotriz que engendra el flujo de un electroimán. || Producción de un flujo magnético en el inductor de un generador de electricidad o de un electromotor. || *Grupo de excitación,* conjunto formado por un motor que acciona un generador de corriente continua destinada a la excitación de uno o varios motores eléctricos.
— Los inductores son electroimanes que, para crear un flujo magnético necesitan ser alimentados en corriente continua. A este suministro de energía eléctrica se le llama *excitación.*
La excitación de las dinamos y los alternadores suele ser efectuada con la corriente continua suministrada por una excitatriz. Existen modernos alternadores autoexcitados por una parte de la corriente producida por el inducido y que, rectificada con rectificadores secos de selenio, alimenta los inductores.
— *Radiot. Excitación por choque* o *por impulsión,* producción de oscilaciones eléctricas en un circuito oscilante por medio de breves impulsiones procedentes de otro circuito. || *Excitación de un altavoz,* devanado alimentado en corriente continua que sirve para imantar la culata de un altavoz electrodinámico cuando el aparato funciona con corriente alterna.

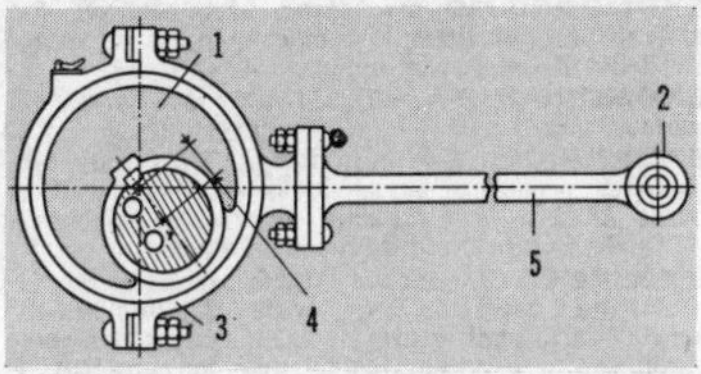

excéntrica
1. Disco; 2. Pasador de la cruceta; 3. Collarín; 4. Excentricidad; 5. Barra

EXCITADOR, RA adj. y s. Que excita o sirve para excitar.
— *Electr.* M. Especie de tenacilla, con dos mangos de materia aislante, que permite establecer la comunicación entre dos polos de potencial eléctrico diferente con objeto de provocar una descarga e igualar dicho potencial. || *Excitador micrométrico,* instrumento semejante al anterior, provisto de un tornillo micrométrico que permite regular con gran precisión su abertura. || — F. Dinamo o cualquier otro generador de pequeñas dimensiones que suministra la corriente necesaria para la excitación * del generador principal.

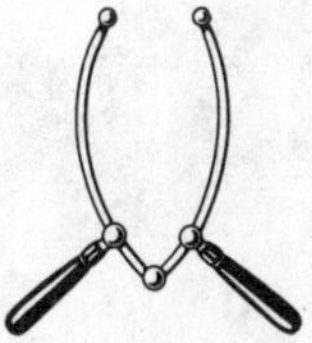
excitador

EXCITAR v. Activar un fenómeno o provocar una acción. (V. EXCITACIÓN.)

EXCITRÓN m. *Electr.* Rectificador * de vapor de mercurio de hasta 800 amperios y 350 kW, que se utiliza en las locomotoras eléctricas alimentadas en corriente alterna monofásica.

EXCLUSIÓN f. *Atom. Principio de exclusión,* uno de los principios fundamentales de la física atómica, según el cual los electrones solamente pueden ocupar determinadas órbitas en torno de los núcleos.
— Cada electrón planetario se caracteriza por cuatro números cuánticos (v. CUÁNTICO) que determinan sus movimientos. Según el *principio de exclusión,* dos electrones que tengan iguales números cuánticos, o sea idénticos estados de movimiento, no pueden existir en un mismo átomo. Por otra parte, cada órbita cuántica del átomo solamente puede ser ocupada por dos electrones, con la condición de que la rotación (spin *) de los mismos sea de sentido opuesto. De éstas y otras condiciones que se desprenden del referido principio resulta una limitación de las estructuras atómicas y la posibilidad de ordenar los átomos con arreglo a ellas, como la tabla de Mendeleev. (V. ELEMENTO.)

EXCURRENTE adj. *Carp.* Dícese de los troncos continuos desde la base hasta la cima, como los de los pinos.

EXENTO, TA adj. *Arq.* Aplícase al elemento arquitectónico aislado: *una columna exenta.*

EXFOLIACIÓN f. *Geol.* Descamación.

EXHAUSTAR v. Agotar.

EXHAUSTOR m. *Autom.* Dispositivo, hoy poco usado, que aprovecha la depresión del motor en los tubos de admisión para aspirar la gasolina contenida en el depósito principal y hacerla pasar a la nodriza que alimenta el carburador por gravedad.
— *Ind.* Ventilador o cualquier otro aparato usado para aspirar el aire cargado de polvo * con objeto de filtrarlo y depurarlo.

EXO, prefijo griego que significa *fuera.*

EXOELECTRÓN m. *Fís.* Electrón que emiten los metales en el curso de las transformaciones alotrópicas que se efectúan con desprendimiento de energía.

EXOENERGÉTICO, CA adj. *Fís.* Dícese de los fenómenos acompañados de desprendimiento de energía.

EXOESFERA f. *Meteor.* Exósfera.

EXOMORFISMO m. *Miner.* Metamorfismo de contacto que modifica la composición de las rocas alrededor de una roca endógena.

EXOMORFO, FA adj. *Miner.* Que presenta exomorfismo.

EXORREICO, CA adj. *Geogr.* Dícese de las regiones y cuencas cuyas aguas corrientes van a parar al mar: *las regiones exorreicas cubren el 72 % de la superficie de los continentes.*

EXÓSFERA f. *Meteor.* Capa exterior de la atmósfera * terrestre, a partir de los 1 000 km de altura, en la cual el aire se halla extremadamente rareficado y las partículas que lo constituyen pueden alcanzar la velocidad de liberación y disiparse en el espacio interplanetario.

EXÓSMOSIS f. *Fís.* V. ÓSMOSIS.

EXÓSTOSIS f. *Carp.* Tumor protuberante que se forma en los troncos de los árboles y daña la madera.

EXOTÉRMICO, CA adj. Que desprende calor: *las reacciones nucleares son exotérmicas, y también lo son las de los propergoles que sirven para propulsar los cohetes.* (V. ENDOTÉRMICO.)

EXPANSIBILIDAD f. *Fís.* Calidad de expansible.

EXPANSIBLE adj. *Fís.* Susceptible de expansión.

EXPANSIÓN f. Dilatación de los cuerpos, aumento de su volumen o extensión de su superficie: *el calor provoca la expansión de los cuerpos.*
— *Arm. Fuerza de expansión,* fuerza que confiere la impulsión a los proyectiles en el cañón de un arma de fuego, o a la metralla en el proyectil explosivo: *la mayor fuerza de expansión se obtiene con el explosivo que da gases más abundantes y calientes.*
— *Astr. Expansión del universo,* v. UNIVERSO.
— *Fís. Expansión de los gases,* aumento de volumen de los mismos al cual corresponde una disminución de la presión.
— *Mec. Expansión del vapor,* la que ejerce sobre un émbolo una presión inversamente proporcional al volumen que aquél ocupa en el cilindro, propiedad en la cual se fundan las máquinas * de vapor.
— En vez de aprovechar toda la fuerza de *expansión* en un cilindro, el vapor puede dirigirse hacia otro cilindro propio para presiones más bajas, donde da trabajo por segunda vez empujando otro émbolo, y así sucesivamente (máquinas de *doble, triple* o *cuádruple expansión*). Las locomotoras suelen ser de simple o doble expansión, dándose a estas últimas el nombre de *compound.*
— *Petr.* Dilatación del petróleo y del gas natural que se produce en el yacimiento cuando, al entrar éste en explotación, baja su presión.
— *Radiot.* Deformación de las imágenes de televisión, que aparecen anormalmente ampliadas.

EXPANSIVO, VA adj. *Constr. Cemento expansivo,* v. CEMENTO.
— *Fís.* Expansible.

EXPLANACIÓN f. *Constr.* y *Obr. públ.* Acción y efecto de explanar.

EXPLANAR v. *Constr.* y *Obr. públ.* Efectuar desmontes, terraplenes y otras labores o movimientos de tierras con objeto de allanar o nivelar un terreno.

EXPLORACIÓN f. *Min.* y *Petr.* Prospección * de yacimientos y, con más propiedad, reconocimiento previo que se hace de los yacimientos para poder organizar su explotación.
— *Radiot.* Descomposición de las imágenes televisadas en líneas que se transmiten separadamente y se reproducen en el mismo orden en la pantalla del televisor. (Sinón. ANÁLISIS.)
— Tanto en la cámara tomavistas como en el televisor, la *exploración* es efectuada por un finísimo haz de electrones que analiza o barre la imagen línea por línea. El haz pasa por dos bobinas o entre dos pares de placas deflectoras (v. DEFLECTOR) alimentadas por dos corrientes eléctricas en forma de dientes * de sierra. La acción de la primera de estas corrientes en la bobina o el par de placas de deflexión horizontal, tiene por efecto desviar el haz de electrones, que barre así toda la pantalla desde el borde izquierdo hasta el derecho. Al llegar a éste es cuando la corriente, después de haber alcanzado su máxima intensidad, disminuye bruscamente: así cesa la acción desviadora y el haz vuelve rápidamente hacia la izquierda. Pero, simultáneamente, la otra bobina, o el otro par de placas, desvía ligeramente el haz hacia abajo, de modo que, cuando vuelve al borde izquierdo se halla un poco más abajo de donde partió. Un nuevo ciclo comienza entonces, y el haz vuelve a ser desviado hacia la derecha, y así sucesivamente. En suma, el haz describe los mismos movimientos que la visual del ojo de la persona que lee un renglón tras otro, volviendo cada vez a la izquierda, aunque una línea más abajo. Cuando termina la exploración de la imagen, la corriente del sistema de deflexión vertical hace volver el haz a la primera línea, y empieza así la exploración de una nueva imagen cuando la impresión creada en la retina por la primera línea de la imagen anterior ya se estaba borrando. De ahí une centelleo o parpadeo bastante molesto, que se subsana como sigue: en vez de explorar todas las líneas por su orden, se efectúa primero la exploración de las líneas impares; luego vuelve el haz arriba y explora las líneas pares. Así, merced al *entrelazamiento* de las líneas, una misma zona de la pantalla es iluminada dos veces en el mismo lapso de tiempo al cual correspondía una sola iluminación.

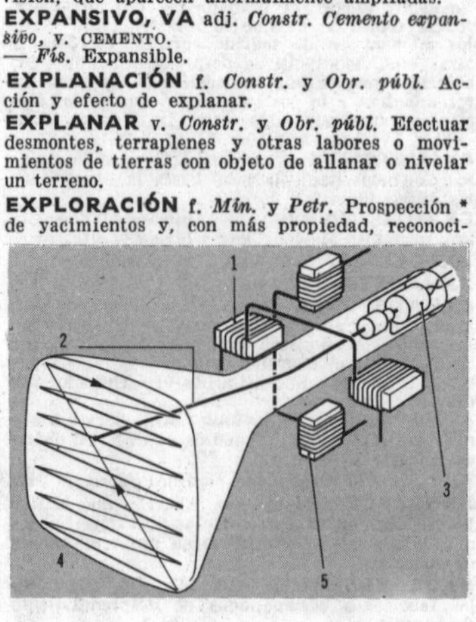

exploración
(radiot.)
1. Desviación horizontal; 2. Haz electrónico desviado; 3. Cañón de electrones; 4. Pantalla; 5. Desviación vertical

EXPLOSIBLE adj. Que puede estallar o explotar.

EXPLOSÍMETRO m. Instrumento portátil que sirve para apreciar la proporción de gas inflamable presente en la atmósfera de las minas, refinerías de petróleo, fábricas de explosivos y productos químicos, etc.: *el grisúmetro * es un explosímetro.*

EXPLOSIÓN f. Acción de estallar una cosa con estruendo: el cráter de los volcanes es destruido a veces por una explosión gigantesca.
— *Aeron. Explosión sónica,* potente estampido que producen los aviones rápidos cuando alcanzan la velocidad del sonido y que consiste en la propagación de vibraciones sonoras más enérgicas concentradas en un estrecho haz que, si se halla orientado hacia los edificios, puede romper los cristales de las ventanas y escaparates. (V. ONDA *de choque.*)
— *Atom. Explosión nuclear,* liberación violenta de la energía nuclear en las reacciones de fisión * y de fusión *, acompañada de fenómenos térmicos, mecánicos e ionizantes debidos a la propagación de las radiaciones y de las ondas * de choque engendradas por dichas reacciones.
— Las *explosiones nucleares* resultan de la desintegración * en cadena de átomos físiles o de la fusión * de átomos ligeros, y su mecanismo se explica en el art. BOMBA. Es probable que se lleguen a utilizar las explosiones subterráneas de estos potentes artefactos con fines utilitarios. Un número reducido de explosiones permitiría abrir un canal en un istmo, dado el inmenso volumen de materiales que una carga atómica puede arrancar y proyectar en el aire. Igualmente podrían excavarse así puertos en las costas que carecen de ensenadas o de puntas propicias para su construcción. Las explosiones efectuadas a gran profundidad en una roca coherente excavan una oquedad esférica y hermética, pues su pared se halla constituida por roca fundida por la explosión y nuevamente solidificada. La energía desprendida por la explosión se halla concentrada en la cavidad y en la roca que la circunda, y podría ser aprovechada para producir vapor me-

diante canalizaciones que bajarían el agua desde la superficie y evacuarían el mismo vapor.
No obstante, en el estado actual de la técnica, un grave inconveniente se opone al aprovechamiento de las explosiones nucleares: la enorme radiactividad * que desprenden, una parte de la cual persiste y es mortal durante numerosos años.
— *Autom.* V. más abajo *Mec.*
— *Fís.* Expansión brusca de un fluido debida a la ruptura del recipiente que lo contenía fuertemente comprimido.
— La *explosión* de las calderas de vapor es actualmente un accidente rarísimo, como también lo es la de las botellas de gases comprimidos causadas por algún defecto del metal, dados los medios de que ya se disponen para descubrir dichas imperfecciones (v. GAMMAGRAFÍA y ULTRASONIDO). La explosión de las ollas de presión domésticas (v. AUTOCOCEDOR) se debe las más de las veces a una falta de cuidado, ya por estar el recipiente excesivamente repleto, ya por la presencia de cuerpos duros (tallos de tomillo, etc.) que pueden obturar la válvula de seguridad.
— *Mec.* Tercer tiempo del ciclo de los motores de explosión de cuatro tiempos. ‖ *Motor de explosión*, v. MOTOR.
— *Quím.* Potente expansión de los gases producidos por una reacción química muy rápida, que es acompañada de fenómenos acústicos, térmicos y mecánicos.
— Ciertas substancias, mezcladas en determinadas proporciones, tienen la propiedad de reaccionar enérgicamente (v. EXPLOSIVO). Si la reacción es muy activa, los gases abundantes y muy calientes que desprende no tienen tiempo de disiparse en condiciones digamos normales, y alcanzan presiones tan elevadas en un volumen reducido, que su expansión adquiere un carácter violento: el aire disipa entonces el calor y, por su movimiento propio o por el de las ondas * de choque, transmite la energía desarrollada por la explosión y ejerce efectos mecánicos sobre los objetos próximos. La violencia de una explosión depende del volumen y temperatura de los gases producidos y del espacio en que se hallan momentáneamente confinados, o sea de la presión inicial. Cuando la presión es relativamente baja, la explosión se llama *deflagración* * y se propaga de grano en grano del explosivo, como en los cartuchos de las armas de fuego (explosivos deflagrantes); si la presión es muy elevada, se tiene una *detonación* * en la cual la reacción se extiende a toda la masa del explosivo en un tiempo del orden de 1 000 a 10 000 veces más breve que en la deflagración. Consiguientemente, la detonación es esencialmente destructiva (explosivos rompedores).

EXPLOSIVIDAD f. Aptitud de una substancia a hacer explosión.

EXPLOSIVO, VA adj. y s. Relativo o perteneciente a la explosión. ‖ Que estalla o puede hacer explosión: *el grisú forma una mezcla explosiva con el aire.*
— *Arm. Bala explosiva, obús explosivo*, v. BALA y PROYECTIL.
— *Electr. Distancia explosiva*, v. DISTANCIA. ‖ *Potencial explosivo*, v. POTENCIAL.
— *Expl.* Compuesto químico, como la nitroglicerina, o mezcla de diversas substancias, como la pólvora, capaz de reaccionar en forma de explosión *. Los *explosivos* se dividen en dos clases principales: *pólvoras* y *explosivos* propiamente dichos. Las *pólvoras propulsivas, pólvoras balísticas* o, simplemente, pólvoras, obran por deflagración * y sirven para impulsar los proyectiles en las armas de fuego y para mover los proyectiles autopropulsados y los cohetes de propergol * sólido. Los *explosivos detonantes, explosivos rompedores* o, simplemente, explosivos, obran por detonación * y provocan efectos destructivos. Son *explosivos primarios* los que detonan por sí mismos y *explosivos secundarios* los que, para detonar, requieren la acción de un explosivo primario. Desde el punto de vista químico cabe distinguir diferentes familias de explosivos: *nitruros* * y *fulminatos* *; *explosivos nitrados* * y *nitratados* * entre los cuales merece especial mención el trinitrotolueno * (T.N.T.); *explosivos cloratados*, a base de clorato de sodio, y *percloratados*; a base de perclorato de amonio; *dinamitas* *; *pólvoras* *. También se usa como explosivo el aire * líquido.
— *Mec. Remache explosivo*, v. REMACHE.

EXPLOSÓFORO, RA adj. y s. *Quím.* Dícese de los radicales o grupos de átomos cuya presencia en las moléculas de un compuesto confieren al mismo propiedades explosivas: *los principales explosóforos son los grupos* NO_2, N—CL *y* $C \equiv C$.

EXPLOSOR m. *Electr.* Espinterómetro.
— *Min.* y *Obr. públ.* Magneto conectada con los detonadores * de los barrenos y que, accionada con una manija, produce la corriente que causará la explosión de los mismos. (Sinón. DEFLAGRADOR.) ‖ Cualquier otro generador de corriente eléctrica utilizado con el mismo fin.

EXPLOTACIÓN f. Acción de beneficiar un yacimiento, trabajar la tierra o sacar provecho de las riquezas naturales. ‖ Utilización de las obras públicas, líneas de telecomunicaciones o instalaciones industriales: *explotación de un telégrafo en duplex* *. ‖ Aplicación práctica de resultados teóricos o experimentales: *la explotación industrial de un invento; explotación por los servicios meteorológicos de las indicaciones suministradas por los satélites artificiales.*
— *Min. Explotación a cielo abierto* (y otras formas de explotación de las minas), v. MINA.

EXPLOTAR v. Efectuar la explotación * de alguna riqueza o instalación. ‖ Barbarismo por *estallar, hacer explosión.*

EXPONENCIAL adj. *Mat.* Dícese de la cantidad que tiene un exponente variable, indeterminado o desconocido. ‖ *Cálculo exponencial*, conjunto de cálculos relativos a las cantidades exponenciales. ‖ *Curva exponencial*, la que resulta de una función * exponencial. ‖ *Función exponencial*, aquella en la cual la incógnita x es el exponente variable de una constante (v. FUNCIÓN).

EXPONENTE m. *Mat.* Número que se escribe a la derecha y en alto de una cantidad para indicar a qué potencia * ha de ser elevada.

EXPOSICIÓN f. *Fot.* Acción de impresionar la emulsión sensible exponiéndola a la acción de la luz. ‖ *Tiempo de exposición*, tiempo que dura dicha acción.
— Durante la *exposición*, el objetivo permanece abierto y forma sobre la emulsión sensible una imagen luminosa de lo que se está fotografiando. El tiempo de exposición depende de la rapidez propia de la emulsión empleada (v. FOTOGRAFÍA), de la abertura del objetivo (v. ABERTURA) y de la intensidad de la luz, que puede ser medida con un exposímetro *.
Un defecto de exposición da un negativo claro y transparente y un positivo obscuro pobre en detalles; inversamente, el clisé sobreexpuesto, obscuro y opaco, da positivos muy claros. Ambos defectos, cuando no son muy acentuados (por ej., hasta el doble o la mitad de la exposición necesaria) se corrigen con un revelado apropiado y adoptando para los positivos un papel duro o suave, según el caso. La fotografía en color requiere, por el contrario, mayor precisión en el tiempo de exposición, pues la corrección de los errores superiores a media graduación del diafragma es prácticamente imposible.

EXPOSÍMETRO m. *Fot.* Cualquier instrumento para determinar el tiempo de exposición * en función de la intensidad de la luz que ilumina el objeto fotografiado.
— Los *exposímetros* pueden fundarse en principios muy diferentes: número de reflexiones de un punto luminoso en un sistema de espejos, ennegrecimiento de un papel fotosensible, visibilidad de un hilo candente (más o menos grande según la intensidad de la luz ambiente), etc. Pero el exposímetro de uso universal consiste en una célula fotoeléctrica que produce una corriente proporcional a la luz. Según su intensidad, la corriente desvía más o menos la aguja de un galvanómetro y ésta corre sobre una escala graduada e indica el tiempo de exposición que corresponde a cada abertura del objetivo y a la rapidez de la emulsión que se está usando. Las indicaciones del exposímetro son insuficientes para obtener una reproducción fiel de los colores, pues en este caso, además de la intensidad de la luz, también conviene conocer su composición o temperatura de color, con el fin de atenuar mediante un filtro adecuado las radiaciones excesivas (verde en pleno follaje, azul en la playa y en la nieve, rojo en las vistas tomadas demasiado temprano o al atardecer, etc.) que, de no tener esta preocupación, pueden dominar en las fotografías.

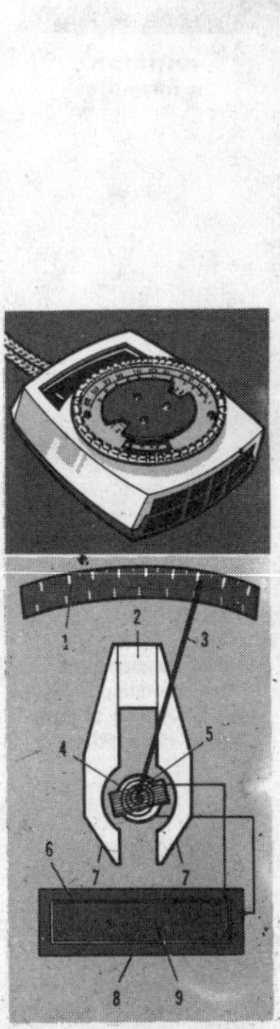

exposímetro
1. Escala; 2. Imán; 3. Aguja; 4. Cuadro móvil; 5. Conductor espiral; 6. Cuadro colector; 7. Galvanómetro; 8. Célula fotoeléctrica; 9. Selenio transparente

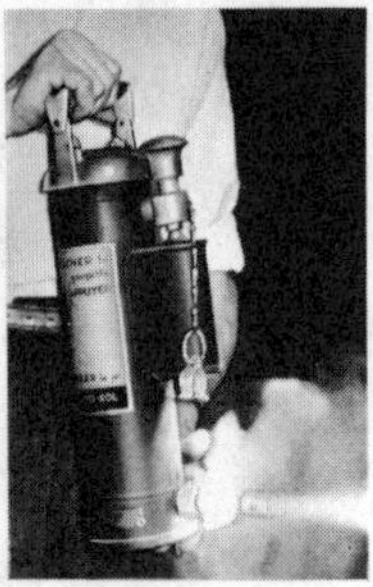

extintor
de incendios

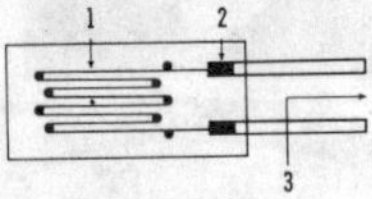

extensómetro
1. Resistencia; 2. Bornes; 3. Hacia el aparato de medida

EXPRESIÓN f. *Mat. Expresión algebraica,* sucesión de letras o de letras y números a veces separados por los signos del cálculo, que indica las operaciones que se han de efectuar. ‖ *Reducir una fracción a la mínima expresión,* V. FRACCIÓN.
— Si la *expresión algebraica* no contiene los signos de la adición o de la substracción, constituye un monomio, caso de la expresión $7ab$. Si los contiene, cada grupo de letras o números separado de otro por uno de dichos signos es un *término de la expresión* (así, la expresión $7ab + a - 3b$ consta de tres términos). Cuando todos los términos son enteros se tiene una *expresión entera* y cuando son racionales (sin potencias ni raíces), una *expresión racional.*

EXPRIMIDERA f. y **EXPRIMIDERO** m. Utensilio para estrujar una materia y sacarle su jugo.

EXPRIMIR v. Extraer el jugo de una cosa mediante torsión o compresión de la misma.

EXPULSOR, RA adj. Que expulsa una cosa o la echa fuera de donde está.
— *Arm.* Mecanismo que, en las armas de fuego, desprende el cartucho del extractor y lo echa al aire.
— *Metal.* Dispositivo que separa la pieza de la matriz con que ha sido estampada o embutida. (V. la figura EXTRUSIÓN.)

EXSECACIÓN f. *Quím.* Desecación.

EXSECADOR, RA adj. *Quím.* Desecador.

EXSUDACIÓN f. *Metal.* Exudación.

EXSUDAR v. *Metal.* Exudar.

EXTENSIÓN f. Acción de extender una cosa, de aumentar su superficie: *el laminado produce una extensión del metal.*
— *Geom.* Porción de espacio ocupada por un cuerpo. ‖ Dimensión superficial: *las aguas inundaron una extensión de 50 km².*

EXTENSOMETRÍA f. *Metr.* Parte de la metrología que trata de la medición, con extensómetros, de las deformaciones experimentadas por las piezas por efecto de las fuerzas que actúan sobre ellas.

EXTENSÓMETRO m. *Tecn.* Instrumento de precisión con el cual se miden las deformaciones de las piezas sometidas a esfuerzos de tracción o de compresión.
— El *extensómetro* de resistencia consiste en un hilo resistente y dispuesto en zigzag que, debidamente aislado, se pega íntimamente a la superficie de la pieza que se desea estudiar. Al variar las dimensiones de ésta —aunque solo fuera en centésimas de milímetro— la resistencia es alargada o acortada y hace variar proporcionalmente la corriente que por ella pasa y que, una vez amplificada, permite deducir la magnitud de los esfuerzos estudiados. La ventaja de estos dispositivos simples es que pueden ser pegados sobre las vigas de un puente, las palas de un helicóptero, las bielas de las locomotoras, etc., y registrar sus deformaciones sin influir en su funcionamiento.

EXTENSOR m. *Ind.* Carga * que se agrega a las colas, pinturas, materias plásticas, etc., para disminuir su precio.

EXTERNO, NA adj. *Geom. Ángulo externo,* V. ÁNGULO.

EXTINCIÓN f. Acción y efecto de extinguir o apagar: *la extinción de un incendio.*
— *Quím. Extinción de la cal,* hidratación de la cal viva para convertirla así en cal apagada.

EXTINGUIR v. Apagar la cal, la luz, etc.

EXTINTOR, RA adj. y s. Que extingue o sirve para extinguir. ‖ Aparato para apagar los incendios.
— Todos los *extintores* se fundan en el mismo principio: impedir que el aire pueda entrar en contacto con las materias que arden; como la combustión es imposible sin oxígeno, el fuego se apaga. Ahora bien, existen diversas maneras de aislar los cuerpos incendiados, proyectando sobre ellos líquidos, polvos, espumas o gases. La más común consiste en regarlos con agua, de preferencia mejorada con substancias humectantes o ignífugas. Los *extintores de nieve carbónica* consisten en una botella de acero que contiene anhídrido o gas carbónico licuado por la fuerte presión a que se halla sometido. Este gas tiene varias ventajas: es más pesado que el aire, incombustible e incomburente; su expansión violenta da un chorro que sopla las llamas y provoca, por enfriamiento intenso, la formación de nieve * carbónica. Los *extintores secos* constan de una reserva de polvo y de una botella de gas carbónico comprimido, que sirve para proyectarlo sobre el fuego: el polvo (generalmente a base de bicarbonato) desprende más gas carbónico, el cual, si es suficientemente abundante, interrumpe la combustión. Otros extintores proyectan una capa de espuma sobre el cuerpo incendiado, la espuma se obtiene ya por reacción química de dos cuerpos que se ponen en contacto, ya mecánicamente, agregando una substancia espumante al agua e insuflando aire en ésta. Citemos, por último, el tetracloruro de carbono y el bromuro de metilo que, por ser tóxicos, van siendo reemplazados por el dibromofluorometano y otros nuevos compuestos innocuos.
Los extintores pequeños contienen dos productos, uno de los cuales en una ampolla de vidrio. Al accionar la manija, la ampolla se rompe y la mezcla de ambas substancias (por ej., agua bicarbonatada en el depósito principal y ácido clorhídrico en la ampolla) produce el chorro extintor. En otros casos, basta con volver boca abajo el extintor para que se efectúe la mezcla. También hay extintores provistos de una cápsula que, al ser fundida por el calor del incendio, permite que se efectúe la mezcla y la proyección automática de la misma. En los grandes almacenes existen dispositivos fusibles que, al derretirse, provocan la salida del agua por numerosos orificios del techo, en forma de cortinas de líquido. (V. ALARMA.)

EXTIRPADOR m. *Agr.* Escarificador.

EXTRA, voz latina que significa *fuera de* y se emplea como prefijo con dicho sentido (por ej., *extraterrestre*) y también con el de *superior, fuera de lo ordinario,* o, en fin, como sinónimo de *ultra* (ondas *extracortas*).

EXTRAATMOSFÉRICO, CA adj. Situado fuera de la atmósfera.
— *Astron.* Dícese del satélite artificial cuya órbita se halla por entero fuera de la atmósfera: *la duración de los satélites extraterrestres es prácticamente ilimitada.*

EXTRACCIÓN f. Acción de extraer.
— *Arm.* Operación consistente en expulsar de la recámara de las armas de fuego el cartucho vacío, que se efectúa manual o automáticamente, merced al extractor, después de cada disparo.
— *Electrón.* Arranque de electrones secundarios provocado, en la superficie de un cuerpo, por el choque de un electrón primario. (V. CÉLULA y MULTIPLICADOR *de electrones.*)
— *Ind.* Procedimiento para separar las substancias o principios útiles de una materia primera.
— La *extracción* se efectúa generalmente por uno de los dos procedimientos siguientes: prensado o agotamiento por medio de un disolvente que luego es eliminado. En ambos casos se obtiene un extracto de la materia tratada. El zumo de caña se extrae por prensado, mientras que el de remolacha lo es por lixiviación; el aceite se extraía por prensado, mientras que la industria moderna lo extrae con disolventes, etc. La extracción de la miel es puramente mecánica. (V. EXTRACTOR.)
— *Mat. Extracción de enteros,* operación mediante la cual se obtiene el número entero contenido en un número fraccionario. ‖ *Extracción de raíces,* V. RAÍZ.
— *Mec.* Eliminación de las sales y posos de una

máquina
de **extracción**
(min.)

Fot. Larousse, Jeumont

caldera mediante substitución, a intervalos regulares, de una parte del agua por líquido nuevo.
— *Min.* Acción de sacar a la superficie los minerales arrancados en las galerías subterráneas. ‖ *Máquina de extracción,* especie de torno grande utilizado con dicho fin.
— Las *máquinas de extracción* son ascensores de jaulas * que pueden contener numerosas vagonetas en compartimientos superpuestos. De cada jaula parten dos ramales de cable: uno superior, que sirve para sustentarla y tirar de ella; otro inferior, que sirve para compensar las variaciones del peso total del cable de extracción y de la jaula, según la profundidad a que se halle ésta. Los dos ramales pasan por las poleas montadas en lo alto del castillete * y luego en torno de la polea tractora. En otros casos la compensación se obtiene por procedimientos distintos: bobinas en las cuales las espiras de cable se sobreponen, aumentando así a cada vuelta el brazo de palanca; tambores cónicos, fundados en idéntico principio, etc. De todos los mecanismos de arrastre el más común se funda en el empleo de la polea de Koepe *.
— *Petr.* Procedimiento aplicado en las refinerías de petróleo para extraer los hidrocarburos aromáticos que no pueden ser separados en la destilación * fraccionada.
— La *extracción* se funda en el uso de disolventes específicos del producto que se desea extraer. Así, la mezcla de anhídrido sulfuroso y de benzol sirve para depurar el petróleo lampante (eliminación de compuestos aromáticos); las instalaciones para extracción son columnas en las cuales el producto bruto y el disolvente se mezclan en caliente y a contracorriente: en lo alto de la columna se recoge el producto refinado, y en la parte inferior, la mezcla de disolvente y de extracto. Dicha mezcla se trata en evaporadores y torres de fraccionamiento para recuperar el disolvente.

EXTRACORTO, TA adj. *Radiot.* Ultracorto.

EXTRACTIVO, VA adj. Relativo o perteneciente a la extracción. ‖ Que extrae o sirve para extraer.

EXTRACTO m. *Curt. Extracto curtiente,* producto que contiene concentrados el tanino y otros principios extraídos de las materias curtientes *.
— *Ind.* Producto que se obtiene concentrando las disoluciones que resultan de agotar una materia animal o vegetal con un solvente apropiado.
— Los *extractos* tienden a reemplazar las materias primas, pues con un volumen mucho más reducido que el de ellas ofrecen mayor homogeneidad (*extractos curtientes, extractos de carne,* etc.). Los disolventes usuales son: el agua, el alcohol y el éter. La disolución es evaporada en proporciones correspondientes a la índole del extracto que se desea obtener: extractos líquidos, blandos o pastosos, duros o secos.
— *Petr.* Subproducto aromático que se elimina por extracción * del petróleo lampante y de otros hidrocarburos en los cuales su presencia es perniciosa.

EXTRACTOR m. *Aeron.* V. PARACAÍDAS.
— *Arm.* Pieza del cerrojo del fusil o mecanismo similar de otras armas de fuego que sirve para extraer el cartucho vacío de la recámara.
— *Comb.* Bomba o compresor que se interpone entre los hornos de coque y los gasómetros para aspirar el gas producido en aquéllos y comprimirlo en éstos.
— *Ind.* Dispositivo para efectuar la extracción * de los principios contenidos en una materia prima. ‖ Aparato para extraer la miel de los panales.
— El *extractor* es un recipiente provisto de un árbol vertical en el cual se articulan unos soportes para poner las alzas de las colmenas (con sus panales ya desoperculados). Al hacer girar el árbol con una manivela, la fuerza centrífuga vacía las celdillas y proyecta la miel sobre la pared del recipiente.
— *Mec.* Expulsor, dispositivo que extrae las piezas terminadas en las prensas y otras máquinas herramienta.
— *Quím.* Digestor.

EXTRADÓS m. *Aeron.* Cara superior del ala, de los alerones, del estabilizador horizontal y del timón de profundidad de un avión.
— *Arq.* Superficie exterior y convexa de un arco o bóveda. ‖ Línea formada por el borde superior de las dovelas.

EXTRADULCE adj. *Metal.* Dícese del acero que, por contener menos de 0,15 % de carbono, es muy maleable: *el acero extradulce ha reemplazado al hierro en muchas aplicaciones (alambre, chapa de carrocerías, etc.).*

EXTRADURO, RA adj. *Metal.* Dícese del acero muy rico en carbono (de 0,60 a 0,80 %) que, por su elevada resistencia mecánica, sirve para hacer limas, destornilladores y otras herramientas.

EXTRAER v. Efectuar la extracción * (en todas las acepciones).

EXTRAÑO, ÑA adj. *Atom. Partículas extrañas,* V. PARTÍCULA.

EXTRAORDINARIO, RIA adj. *Ópt. Rayo extraordinario,* V. RAYO.

EXTRAPOLACIÓN f. *Mat.* Prolongación de la validez de una ley o de una función fuera de los límites entre los cuales han sido determinadas. (V. INTERPOLACIÓN.)

EXTRAPOLAR v. *Mat.* Practicar una extrapolación.

EXTREMO, MA adj. *Mat.* Primero y último término de una proporción *. ‖ Valores máximo y mínimo de una variable.
— *Meteor.* Valores máximo y mínimo que alcanza un elemento del tiempo (temperatura, humedad, presión, nubosidad, etc.) en determinado período.

EXTRUSIÓN f. *Geol.* Emergencia, sin proyección ni derrame, de materia volcánica que llega a formar un montículo o cerro aislado.
— *Metal* y *Plást.* Procedimiento de fabricación de perfiles continuos en prensas potentes que obligan a la materia a salir por una hilera cuya sección es la del perfil deseado.
— El metal frío, si se le aplica una presión suficiente, se deforma y fluye como si fuera una pasta plástica. Si se introduce un lingote de metal en un cilindro muy resistente y, con el vástago de una potente prensa hidráulica se ejerce una presión muy grande sobre el mismo, el metal se deforma y sale por el otro extremo del cilindro a través de una hilera que le confiere el perfil deseado. Si el metal es muy duro, la *extrusión* se practica en caliente, o sea con lingotes candentes. La fabricación por extrusión de vainas, tubos para medicamentos y piezas similares se efectúa en prensas verticales utilizando una matriz de diámetro correspondiente al diámetro exterior del tubo y, en el vástago de la prensa, un troquel de diámetro igual al del interior del tubo. En el fondo de la matriz se dispone una rodaja de metal que, por efecto de la presión del troquel, fluye entre éste y aquélla, formándose así el tubo. Los tubos, varillas y otros productos continuos en materia plástica se fabrican como sigue: la materia primera procedente de una tolva es arrastrada por una rosca sin fin a lo largo de un

extrusión

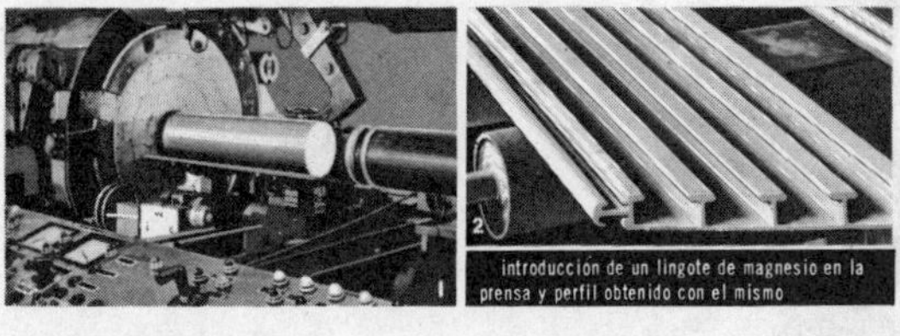

introducción de un lingote de magnesio en la prensa y perfil obtenido con el mismo

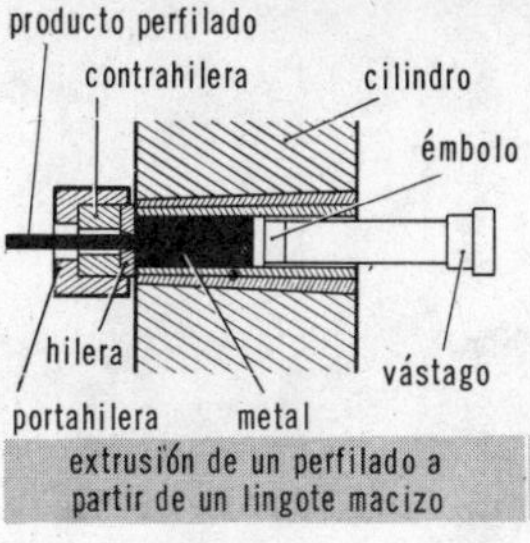

extrusión de un perfilado a partir de un lingote macizo

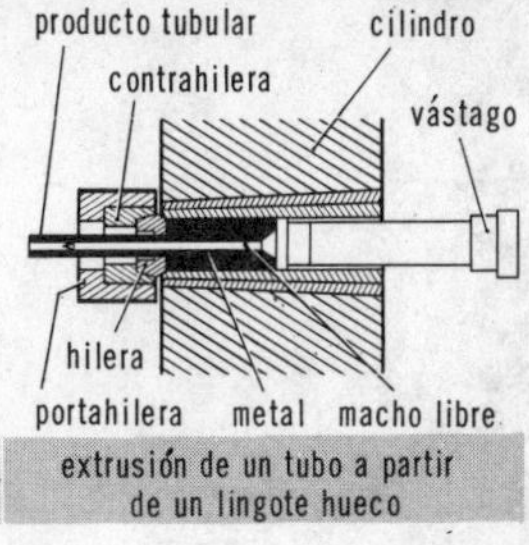

extrusión de un tubo a partir de un lingote hueco

Fot. « Revue de l'aluminium »

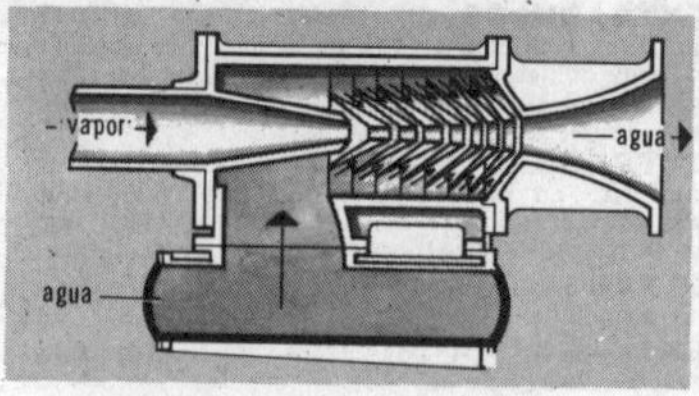

eyector

cilindro caliente y la obliga a pasar, ya fundida, por una hilera situada en el extremo opuesto del cilindro.

EXUDACIÓN f. *Metal.* Concentración anormal en la superficie de una pieza metálica de uno de los constituyentes del metal: *la exudación de grafito dificulta a veces el esmaltado de las piezas de hierro colado.*

EXUDAR v. *Metal.* Presentar un metal fenómenos de exudación.

EXUTORIO m. Curso de agua que da salida a las aguas de un lago o estanque. ‖ Canal o abertura para facilitar o permitir la evacuación del agua en las partes cóncavas de una construcción.

EYECCIÓN f. Extracción y expulsión rápida de ciertas cosas que están dentro de otras.

— *Aeron.* Expulsión del asiento del piloto, con su ocupante, en los aviones de caza y los prototipos de aviones muy rápidos. (V. ASIENTO.)

— *Arm.* Expulsión, por el extractor de las armas de fuego, de los cartuchos vacíos.

— *Astron.* Expulsión por la tobera de un cohete de los gases producidos por la combustión del propergol : *la velocidad de eyección tiene una importancia considerable en astronáutica.* (V. COHETE.) ‖ Separación en el espacio, ya agotado su propergol, de una etapa de cohete. ‖ Expulsión de la ojiva* de un cohete.

— *Refrig. Máquina de eyección,* v. REFRIGERACIÓN.

— *Tecn.* Extracción * de las piezas ya terminadas.

EYECTABLE adj. Que puede ser disparado, proyectado o expulsado en el aire.

— *Aeron. Asiento eyectable,* v. ASIENTO.

EYECTOCOMPRESOR m. *Refrig.* Dispositivo que se utiliza en ciertas instalaciones frigoríficas para practicar el vacío en el evaporador por medio de un eyector. (V. REFRIGERACIÓN.)

EYECTOR m. *Arm.* Extractor.

— *Astron.* Grupo motopropulsor de un cohete, constituido por la cámara de combustión, su cabezal inyector de propergol y su tobera. ‖ *Eyector de emergencia,* cohete fijado provisionalmente en la cúspide de una cápsula o nave espacial. (En caso de funcionamiento defectuoso del lanzador, el *eyector* arranca la cápsula del morro del mismo y la lleva lateralmente hasta una altura que permita el funcionamiento de los paracaídas.)

— *Mec.* Dispositivo en el cual un chorro fluido sirve para arrastrar otro fluido.

— El *eyector* consta esencialmente de una tobera convergente * con su boquilla dispuesta de forma que el chorro que por ella sale, pase por una cámara donde se halla en contacto con el fluido que se ha de arrastrar, antes de penetrar en otra tobera divergente *. El fluido motor (aire, vapor agua, etc.) adquiere velocidad y pierde presión en la primera tobera y, al pasar por la cámara, crea un vacío que arrastra el otro fluido presente en la misma. De este principio se desprenden las aplicaciones de los eyectores: aspiración para vaciar un recinto o hacer funcionar los frenos * de vacío y otros dispositivos; pulverización o proyección de substancias; compresión de fluidos (por ej., en refrigeradores industriales); bombas hidráulicas; creación de una depresión en los hogares de las locomotoras y de las calderas en general para realizar un tiro forzado, etc.

— *Tecn.* Extractor * de las prensas.

ferrocarril canadiense de tracción Diesel eléctrica

F f. Séptima letra del alfabeto, usada muchas veces como sigla y símbolo para designar la séptima cosa de una serie. (V. el art. A.)
— *Astr.* Designa un tipo espectral de estrellas *.
— *Electr.* Símbolo del *faradio.*
— *Fís.* Una de las rayas principales del espectro * solar, en la zona azul del mismo.
— *Fot.* Designa la distancia focal de un objetivo *, y *F: n* (*n* es un número variable) indica la abertura * relativa del mismo.
— *Mat.* Se emplea, lo mismo que *f,* como símbolo de *función* *.
— *Mec.* Abreviatura de *fuerza.*
— *Meteor.* *Capa F,* parte de la ionosfera * comprendida entre las alturas de 200 y 400 km.
— *Metr.* Símbolo del *grado* en la escala termométrica de Fahrenheit. (V. TERMÓMETRO.)
— *Quím.* Símbolo del *flúor.*

FÁBRICA f. *Arq.* Toda construcción hecha con argamasa, ladrillos, sillares o mampuesto: *las escaleras de caracol suelen ser de madera y no de fábrica.* ‖ *Punto de fábrica,* v. PUNTO.
— *Quím. Amer.* Alambique.

FABRICACIÓN f. *Ind.* Acción y efecto de fabricar. ‖ *Fabricación en serie,* v. CADENA y SERIE.

FABRICAR v. *Constr.* Hacer obra de fábrica *.
— *Ind.* Transformar las materias primeras en productos de características definidas o en objetos construidos en grandes cantidades para satisfacer las necesidades del mercado.

FABRIL adj. *Ind.* Relativo o perteneciente a las fábricas: *en Cataluña se han desarrollado las industrias fabriles y agrícolas.*

FACA f. *Art. y of.* Cuchillo corvo, especialmente la navaja * de hoja grande y puntiaguda.

FACETA f. *Geom.* Cada una de las caras del poliedro que las tiene numerosas y pequeñas.
— *Joy.* Cada una de las caras talladas en una gema.

FACIE f. *Vidr.* Cada una de las caras de un cristal.

FACIES f. *Geol.* Conjunto de los caracteres que determinan el aspecto de una roca o terreno.
— Una capa geológica de determinada edad puede presentar *facies* diferentes. Así, en ciertos lugares el terreno carbonífero no consta de capas de carbón. Por eso existen a veces, para un mismo piso geológico, nombres diferentes que designan otras tantas facies, por ejemplo: moscoviense y vestfaliense. No obstante, en las escalas estratigráficas suele indicarse solamente, como nombre del piso, el de la facies de origen marítimo más antiguo.

FACOIDE com. Lenticular.

FACOIDEO, A adj. Lenticular.

FACÓMETRO m. *Ópt.* Instrumento con el cual se pueden medir directamente las dioptrias de una lente.

FACSÍMIL y **FACSÍMILE** m. Copia, reproducción o imitación exacta de un documento, mapa, etc.
— *Radiot.* Reproducción a distancia, por ondas hertzianas, de documentos en blanco y negro (sin medias tintas). ‖ Documento así transmitido o recibido.
— El *facsímile* permite la difusión rápida, a grandes distancias, de documentos urgentes, especialmente mapas meteorológicos, que pueden ser captados por los buques, las estaciones meteorológicas aisladas, los periódicos, etc. Consiste en un belinógrafo * simplificado, puesto que no ha de transmitir medias tintas.

FACTOR m. Cada uno de los agentes o elementos que concurren a un resultado: *la precisión de las piezas es un factor esencial para el buen funcionamiento de una máquina.*
— *Atom.* *Factor de multiplicación,* cociente del número de neutrones secundarios útiles libertados en una reacción en cadena por el de los neutrones primarios que han producido las correspondientes desintegraciones.
— Si el *factor de multiplicación* es inferior a la unidad, la reacción es convergente y cesa rápidamente por falta de neutrones desintegradores; si es igual o superior a 1, la reacción es divergente y se mantiene. (V. DESINTEGRACIÓN.)
— *Electr.* *Factor de potencia* o *coseno* φ, factor por el cual debe multiplicarse la potencia aparente VA (tensión en voltios $\times$ intensidad en amperios) de una corriente alterna para obtener la potencia eficaz en vatios.
— En una corriente alterna, la intensidad y la tensión no alcanzan su valor máximo o mínimo al mismo tiempo. Al existir retraso o desfase de

fábrica
1. Muro maestro; 2. Pared de carga; 3. Zócalo; 4. Aparejo

emisor de **facsímiles**

Fot. Canadian Pacific, E[ts] Belin

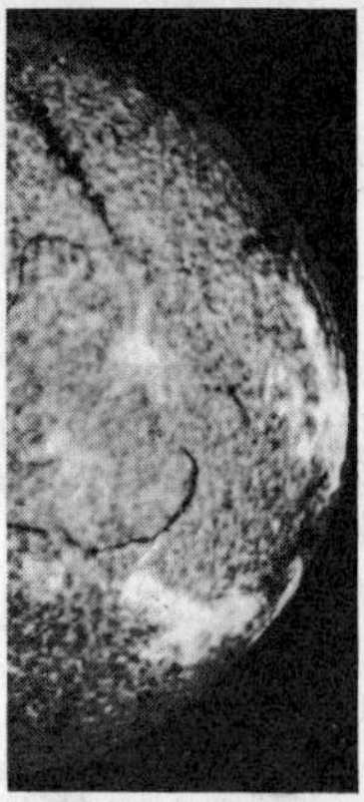

fáculas

una respecto a la otra, el producto VA es un valor teórico y no representa la potencia eficaz. Para hallar ésta debe multiplicarse VA por un factor que se obtiene representando un período de la corriente por una circunferencia y tomando el coseno del ángulo φ formado por el arco correspondiente al desfase entre la intensidad y la tensión. Imaginemos un alternador que dé una corriente de 5 000 V y 200 A. Su potencia aparente es de 1 000 000 de VA. Si el desfase en la línea, o sea el coseno φ, es de 0,7, la potencia eficaz será de 1 000 000 × 0,7 = 700 kilovatios.

— *Mat.* Cada una de las cantidades o de las expresiones algebraicas que se multiplican para obtener un producto: *en una multiplicación el orden de los factores no altera el producto.* ‖ *Factor primo de un número,* cada uno de los números primos que, tomados como multiplicando o multiplicador de otro número primo, tiene dicho número por producto.

— *Metr. Factor de corrección,* coeficiente por el cual se ha de multiplicar la medida indicada por un instrumento para obtener el valor exacto de la magnitud que se mide.

— *Quím. Factor del equilibrio,* toda magnitud (temperatura, presión, concentración, etc.) cuyas variaciones provocan un cambio en la composición de una mezcla que, de no ser por dichas variaciones, hubiera permanecido estable.

FACTORIAL f. *Mat.* Producto que resulta de multiplicar todos los enteros de la serie que empieza por la unidad y se termina por un número simbolizado por n! : *5! (léase factorial de 5) es igual al producto de* $1 \times 2 \times 3 \times 4 \times 5 = 120$.

FÁCULA f. *Astr.* Fenómeno que se manifiesta localmente en la superficie del Sol por un aumento considerable del brillo en aquellas partes donde ulteriormente aparecerán las manchas. (V. SOL.)

FACHADA f. *Arq.* Parte anterior de un edificio, en la cual suele hallarse la entrada principal. ‖ *Fachada posterior, fachada lateral,* nombre dado, por ext., a los lados o caras posterior y lateral del edificio.

FADING m. *Radiot.* Desvanecimiento.

FAGINA f. *Obr. públ.* Fajina.

FAHLERZ m. *Miner.* Nombre genérico de los cobres grises (panabasa, tenantita, etc.) con frecuencia argentíferos, que se componen de sulfoarseniuros y sulfoantimoniuros.

FAHRENHEIT *(Escala).* V. TERMÓMETRO.

FAJA f. *Arq.* Moldura ancha y poco salidiza. ‖ Telar liso alrededor de las ventanas.

— *Art. gráf.* Tejuelo * de un libro. ‖ Tira de papel que sirve para mantener cerrado el libro en rústica y que suele llevar impreso algún anuncio relativo al mismo. ‖ Tira que se pega alrededor de un folleto, periódico u otro impreso para poner la dirección del destinatario.

— *Fís. Faja de absorción,* v. BANDA *de absorción.*

— *Mar.* Tira de lona que se pone como refuerzo a la vela, por ejemplo, donde van cosidos los rizos.

FAJAR v. *Obr. públ.* Enfajillar.

FAJINA f. *Obr. públ.* Cada uno de los haces de ramas atadas con alambre que se emplean en las labores de enfajinado *.

FAJINADA f. *Obr. públ.* Enfajinado.

FAJÓN m. *Arq.* Recuadro ancho de yeso alrededor de los huecos de puertas y ventanas. ‖ *Arco fajón,* v. ARCO.

FALACIANO, NA adj. *Papel. Amer.* Dícese de los papeles absorbentes, especialmente el secante y el de estraza.

FALCA f. *Carp.* Defecto de las tablas y maderos que no pueden ser aplanados o alisados. ‖ Cuña muy aguda. ‖ *Amer.* Borde de una caja.

— *Ind. alim. Amer.* Alambique pequeño.

— *Mar.* Tabla que se pone de canto sobre la borda de una embarcación para contener la carga del puente o evitar que entre el agua. ‖ *Amer.* Canoa grande provista de techo.

FALCACEADURA f. *Art. y of.* Acción y efecto de falcacear.

FALCACEAR v. *Art. y of.* Sujetar con un hilo el extremo de una cuerda para evitar que se destuerzan sus cordones.

FALDA f. *Art. gráf.* Pie, margen o blanco inferior de la forma.

— *Geogr.* Parte inferior de una montaña.

falla

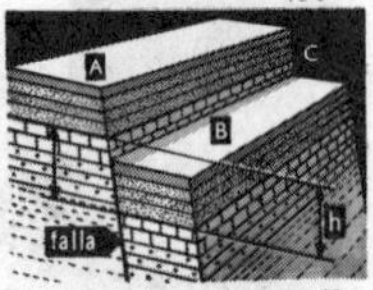

A. Borde superior; B. Borde inferior; C. Plano de la falla; *h.* Corrimiento. La erosión hace desaparecer la escarpa y la **falla** sólo es revelada por un corte geológico

FALDEO m. *Topogr.* Trazado en zigzag de una carretera en la falda de una montaña.

FALDÓN m. *Arq.* Pequeña vertiente triangular de ciertos tejados, limitada por las dos limas * tesas y el alero. ‖ Conjunto formado por el dintel y los dos lienzos de una chimenea.

FALSAPORTADA f. *Art. gráf.* Anteportada.

FALSARREGLA f. Falsa escuadra *.

FALSEAR v. *Arq.* En los planos, desviar un corte de la dirección perpendicular.

FALSEO m. *Arq.* Acción de falsear. ‖ Corte o cara que se ha falseado en el plano.

FALSETE m. *Carp.* Puertecilla en el tabique que separa dos piezas secundarias de la casa. ‖ Tarugo de madera o tapón de corcho con que se tapa en las cubas el orificio destinado a poner la canilla.

FALSO, SA adj. Dícese de las cosas que imitan o reemplazan a otras sin alcanzar la calidad de éstas (por ej., *falsa acacia* *), y también de las que, sin perjuicio de su calidad, se parecen a otras, pero se distinguen de ellas por alguna particularidad (por. ej., *falsa escuadra* *). Igualmente se dice de los elementos que se agregan a una obra para refuerzo de los que llevan el mismo nombre o que se sobreponen a los mismos con algún otro fin (por ej., *falso dintel, falsa portada*).

OBSERV. Para todas las locuciones formadas con este adjetivo, véase el sustantivo correspondiente (ACACIA, ESCUADRA, DINTEL, PORTADA, etc.).

FALÚA f. *Mar.* Lancha o embarcación menor, provista de una carroza a popa, que se emplea en los puertos, por la marina de guerra o los servicios oficiales, para el transporte de oficiales o de personas de cierta distinción.

FALUCHO m. *Mar.* Embarcación de casco más ancho que alto, de cubierta baja y vela latina, que se usa para la pesca costanera. ‖ Embarcación semejante o parecida propulsada por un motor.

FALÚN m. *Geol.* Depósito de origen marítimo en forma de un agregado, fácilmente desmenuzable, de arena fina y restos de conchas y poliperos: *el falún se usa en ciertas partes para enriquecer las tierras en cal y fosfatos.*

FALUNERA f. *Min.* Cantera de falún.

FALLA f. *Art. y of.* Grieta, burbuja u otro defecto superficial o interno que merma la resistencia de una pieza mecánica o de otro objeto cualquiera.

— *Geol.* y *Min.* Quiebra del terreno como consecuencia de algún terremoto, conmoción geológica u otro movimiento de la corteza terrestre, cuya consecuencia suele ser la separación de los bordes de la fractura y, las más de las veces, el corrimiento o deslizamiento vertical de uno de ellos respecto del otro.

— Las *fallas* son a veces quebraduras de corteza terrestre que alcanzan longitudes muy grandes. En ciertas regiones se prosigue el corrimiento de los bordes de las fallas subterráneas que, cuando es muy brusco, engendra un seísmo *. Las fallas tienen mucha importancia en minería: en ciertos casos forman receptáculos favorables a la acumulación del petróleo; en otros, la grieta abierta al separarse los bordes se ha llenado con el tiempo de minerales útiles (venas metalíferas). Cuando el frente de arranque de una galería llega a una falla, el filón o capa que se beneficia se eleva o baja bruscamente o bien desaparece y ha de ser buscado, ya horizontalmente, a través del relleno de la grieta, ya verticalmente, si ha existido desplome de uno de los bordes de la falla.

FALLANCA f. *Constr.* Vierteaguas.

FALLAR v. No dar una cosa el resultado esperado. ‖ No producirse normalmente un fenómeno.

— *Expl.* No explotar un fuego de artificio, barreno, proyectil, etc.: *en las canteras se cuentan las explosiones para saber si ha fallado algún barreno.*

— *Mec.* y *Tecn.* Romperse lo que se halla sometido a alguna carga o esfuerzo: *fallar un polispasto por haberse roto la cuerda.* ‖ Dejar de funcionar una cosa intempestivamente: *cuando falla el tren de aterrizaje, el piloto debe vaciar los tanques antes de posar el avión para limitar así las consecuencias de un incendio.*

Fot. Obs. de París

FALLEBA f. *Carp.* Herraje para cerrar puertas y ventanas consistente en una varilla de hierro fijada en el montante de las mismas y provista de una manija con la cual se la hace girar para que sus extremos acodillados penetren en dos armellas clavadas en el cabecero y la peana del marco.

FALLO m. Acción y efecto de fallar *.
— *Art. gráf.* Falta de presión entre la forma y el papel, que se traduce en el pliego impreso por zonas grisáceas, débilmente impresas.

FAMENIENSE adj. y s. *Geol.* Dícese del piso superior del terreno devoniano, cuyos sedimentos datan de unos 280 millones de años. (V. ESTRATIGRAFÍA.)

FAMILIA f. Grupo de cosas afines: *el palo seco y el egipcio son caracteres tipográficos de la misma familia que el romano.*
— *Atom. Familia radiactiva, serie radiactiva,* v. RADIACTIVIDAD.
— *Geom. Familia de curvas, familia de superficies,* conjunto de curvas o de todas las curvas caracterizadas por igual número de parámetros y que solamente difieren en uno de ellos.
— *Meteor. Familia de ciclones* *, serie de 3 a 5 ciclones engendrados por una misma perturbación.

FANA f. *Mar. En fana,* dícese de la estopa torcida fofa y preparada en ovillos para uso de los calafates.

FANAL m. *Mar.* Farol que se usa como señal en los puertos. ‖ Cada una de las lámparas de acetileno o de vapor de petróleo y manguito Auer que llevan a popa ciertas embarcaciones de pesca para atraer y deslumbrar a los peces mientras otra embarcación tiende una red de cerco en torno de ellos para capturarlos. (V. PESCA.)

FANATRÓN m. *Electrón.* Fanotrón.

FANEROCRISTALINO, NA adj. *Miner.* De estructura granular.

FANOTRÓN m. *Electrón.* Tubo electrónico, utilizado como rectificador *, que consta de dos electrodos —uno de ellos incandescente—, entre los cuales existe una atmósfera de vapor de mercurio.

FANTASÍA f. *Art. gráf. Caracteres de fantasía,* todos los que no pertenecen a la familia de los caracteres romanos * y entre los cuales figura una infinidad de diseños, desde los más estilizados hasta los más cargados de adornos.
— *Text. Hilo de fantasía,* el que sale de lo ordinario por su aspecto —como el que presenta nudosidades o es intencionadamente irregular—, el que resulta de haber torcido varios hilos finos de colores diferentes, el hilo ordinario y simple manchado o abigarrado, etc.

FANTASMA m. *Electr.* y *Magn. Fantasma eléctrico,* espectro eléctrico. ‖ *Fantasma magnético,* espectro magnético.
— *Radiot. Imagen fantasma,* v. IMAGEN.
— *Telec. Circuito fantasma,* circuito suplementario que se puede improvisar utilizando debidamente dos circuitos existentes.
— Con dos circuitos ordinarios de dos hilos cada uno se pueden obtener simultáneamente dos comunicaciones en cada sentido. Si, por otra parte, se utilizan los dos hilos de uno de estos circuitos —conectados en paralelo— como un conductor de ida, y los del otro circuito —igualmente en paralelo—, como otro conductor de vuelta, se dispondrá de una tercera vía o canal sin haber tendido nuevos conductores (de ahí su nombre de *circuito fantasma*) y sin perturbar el funcionamiento de los dos otros circuitos.

FARAD m. *Electr.* Faradio.

FARADAY m. Cantidad de electricidad necesaria para depositar una valencia gramo de electrólito y que equivale a 96 590 culombios, igual al producto de la carga del electrón por el número de Avogadro. ‖ *Cilindro de Faraday,* v. CILINDRO. ‖ *Jaula de Faraday,* v. JAULA. ‖ *Leyes de Faraday,* v. ELECTRÓLISIS.

FARÁDICO, CA adj. *Electr.* Dícese de la corriente alterna de tipo disimétrico que se obtiene interrumpiendo repetidamente una corriente continua en una bobina de inducción.

FARADÍMETRO m. *Electr.* Instrumento para medir capacidades eléctricas.

FARADIO m. *Electr.* Unidad de capacidad eléctrica cuyo símbolo es F.
— El *faradio* es la capacidad de un condensador eléctrico que, al ser cargado con una cantidad de electricidad igual a un culombio, tiene entre sus armaduras una diferencia de potencial de 1 voltio. Como esta capacidad es demasiado grande en las aplicaciones corrientes, las más de las veces se emplean el *microfaradio,* el *nanofaradio* y el *picofaradio,* submúltiplos de esta unidad, que valen respectivamente la millonésima, la diezmillonésima y la billonésima parte de un faradio.

FARALLÓN m. *Min.* Crestón.

FARDA f. *Carp.* Corte o muesca que se hace en un madero para que encaje en él la barbilla de otro.

FARINÁCEO, A adj. De la naturaleza de la harina. ‖ Semejante o parecido a ella.

FARO m. *Aeron.* Luz potente (v. más abajo *Mar.*) que sirve a los aviadores para reconocer su ruta nocturna y orientarse respecto a los aeródromos.
— *Autom.* Los *faros de los automóviles* constan de un espejo metálico de forma parabólica en cuyo foco se halla una lámpara eléctrica provista de dos filamentos independientes que pueden ser encendidos separadamente desde el volante: el primero de dichos filamentos, situado exactamente en el foco, da rayos intensos que son totalmente reflejados por el espejo en forma de haz de largo alcance (unos 100 m); cuando se acerca otro coche en dirección contraria, el conductor acciona un conmutador que apaga este filamento y enciende el otro, cuyos rayos solamente son reflejados por la parte superior del espejo y producen un haz de menos alcance que el anterior, dirigido hacia el suelo para evitar el deslumbramiento de los vehículos. Por lo demás, el deslumbramiento se reduce con el uso de lámparas de luz amarilla. Aparte de los faros ordinarios, muchos coches llevan faros especiales para la niebla provistos de una pantalla o filtro que solamente deja pasar rayos horizontales.
— *Faro catadióptrico,* v. CATADIÓPTRICO.
— *Mar.* Torre alta construida sobre un islote o escollo, y también en los puertos o en el litoral, que lleva en su parte superior una luz potente para señalar los peligros a los navegantes o permitirles identificar las costas y entrar por la noche en los puertos.
— En los parajes peligrosos los *faros* se construyen sobre un peñasco, a veces lejos de la costa; en los demás casos, se yerguen sobre los promontorios; en las costas bajas se procura dar mucha altura a la torre para aumentar el alcance de la luz. (V. HORIZONTE.)
Cuando no es posible construir un faro de fábrica en el mar, se fondea un *barco faro,* embarcación especial que lleva a bordo un faro adecuadamente instalado. También son útiles estos barcos cuando el peligro que señalan es movedizo, como ocurre con ciertos bancos de arena, cuya posición cambia de un año a otro.
El manantial luminoso puede hallarse constituido por una lámpara de incandescencia de filamento

falleba

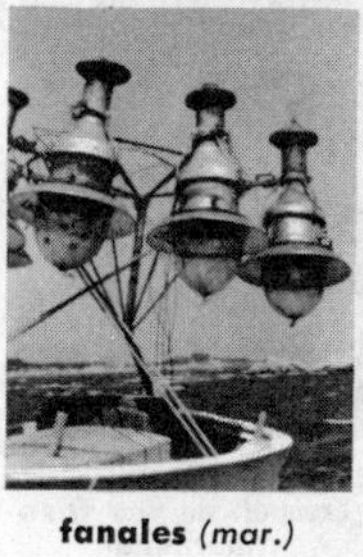

fanales *(mar.)*

faros
de niebla (1 y 4), ordinario (2) y de retroceso (3)

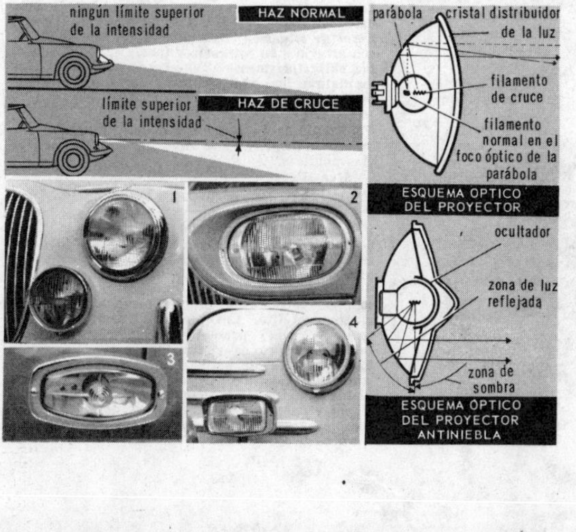

Fot. Todegal, Larousse

faro marítimo

lámpara y lentes de Fresnel de un **faro** marítimo

farola

especial muy compacto (de 1 500 a 3 000 vatios), o por lámparas de gas (gas de alumbrado butano o propano), de vapor de petróleo, etc. Dado el peligro que puede representar una avería (lámpara fundida, manguito Auer roto, atascamiento de una canalización, cortocircuito, etc.) los faros importantes disponen de varios manantiales de luz diferentes, cada uno de los cuales puede entrar automáticamente en servicio cuando deja de funcionar el otro.
La luz producida por el manantial es concentrada en forma de haz potente —dirigido hacia el horizonte— por una lente * escalonada o lente de Fresnel. Si este haz estrecho estuviera fijo, el faro solamente sería eficaz en una dirección determinada, por eso se le imprime al sistema óptico un movimiento giratorio que lo hace pasar periódicamente por la misma dirección. Además, si dicho sistema consta de varias lentes dispuestas en las caras de un prisma poligonal, se obtendrá una frecuencia de ocultaciones de la luz que puede diferir de un faro a otro. En otros casos se hace girar alrededor del manantial un cilindro de sectores opacos. Ateniéndose al principio adoptado, se clasifican los faros en: *faros fijos; faros de destellos,* que son faros fijos en los cuales la luz aumenta de intensidad durante unos segundos a cada ciclo: *faros de ocultación,* cuya luz se enciende y se apaga alternativamente, si bien permanece más tiempo encendida que apagada; *faros de relámpagos,* que permanecen apagados salvo en los cortos instantes en que, periódicamente, emiten un destello. El color de la luz, la duración de la iluminación, la frecuencia de los eclipses, la posibilidad de sucederse eclipses, largos y cortos, permiten atribuir a cada faro características que lo hacen inconfundible para el navegante que dispone del catálogo oficial —en que constan los detalles de todos los faros— y así resulta posible reconocer las costas ante las cuales navega el barco.
Muchos faros son automáticos y no tienen personal permanente a su servicio. Los órganos encargados de encenderlos y apagarlos son válvulas solares * de dilatación (especialmente para los faros que consumen gas) o células fotoeléctricas que establecen un contacto cuando decae la luz solar y lo interrumpen por la mañana, cuando vuelve a alumbrar el sol. En caso de niebla o cerrazón, el faro se enciende y, además, entran en funcionamiento trompas o sirenas que emiten sonidos periódicos.
— *Radiot. Faro radioeléctrico,* v. RADIOFARO.

FAROL m. *Arq. Amer.* Mirador.
— *Lumin.* Caja o receptáculo de paredes acristaladas que contiene un mechero de gas, lámpara eléctrica u otro manantial de luz, y sirve para alumbrar: *las vías públicas se iluminan con faroles de pie y de aplique.* ‖ Faro: *farol de bicicleta acoplado con una dinamo.*
— *Mar.* Cada una de las luces que, a bordo de un barco, se usan como señales. ‖ *Farol de alcance,* el que se pone a popa o en la parte posterior de la chimenea para guiar al barco remolcado o para ser visto por los barcos de una formación. ‖ *Farol de situación,* cada uno de los que el barco, con arreglo a su categoría y tonelaje, ha de encender obligatoriamente al anochecer y entre los cuales figuran uno rojo a babor y otro verde a estribor que permiten conocer la dirección por él seguida. (V. LUZ.) ‖ Faro.

FAROLA f. *Lumin.* Farol de pie, compuesto de brazos múltiples, que sirve para iluminar las vías públicas.
— *Mar.* Fanal.

FASCÍCULO m. *Art. gráf.* Folleto. ‖ Cuaderno o entrega de un libro.

FASE f. *Astr.* Cada uno de los diferentes aspectos que presentan la Luna y ciertos planetas según el ángulo con el cual vemos su hemisferio alumbrado por el Sol. (V. LUNA.)
— Las *fases de la Luna,* que tan familiares nos son, no constituyen un fenómeno exclusivo de nuestro satélite. Los planetas inferiores (Mercurio y Venus) presentan también un ciclo de fases: su disco es visible por completo cuando dichos planetas se hallan en la dirección diametralmente opuesta de la de la Tierra y es completamente invisible cuando se encuentran entre el Sol y nuestro globo. Las fases de los planetas superiores, cuya órbita encierra la de la Tierra, se reducen a un oscurecimiento alternativo de cada uno de sus dos bordes laterales, apreciable en Marte e insignificante en los planetas más lejanos.
La Tierra presentará a su vez fases a la vista de los observadores situados en otros mundos: desde la Luna verán las mismas fases que observamos en nuestro satélite, aunque invertidas (por ejemplo, claro de Tierra durante nuestro novilunio; cuarto creciente de Tierra mientras veremos desde aquí el cuarto menguante lunar, etc.). Las fases de la Tierra vistas desde Marte serán comparables a las de Venus vistas de la Tierra e, inversamente, observadas desde Venus se reducirán a la mínima expresión que de las suyas nos presenta Marte.
— *Electr.* y *Fís.* Estado de un movimiento periódico en función del tiempo transcurrido desde que se inició el ciclo considerado.
— En todos los fenómenos vibratorios (sonidos, luz, ondas hertzianas, corrientes alternas, etc.), la propagación de las vibraciones puede ser figurada por una sinusoide *. Dos oscilaciones de igual frecuencia se hallan en fase cuando, en un instante dado, ocupan posiciones idénticas en su respectivo ciclo (por ej., si pasan al mismo tiempo por un máximo de sus sinusoides, en cuyo caso éstas coinciden exactamente). Existe, por el contrario, desfase cuando el ciclo de una oscilación se ha iniciado con retraso respecto al de la otra, en cuyo caso difiere la magnitud que ambas tienen en un momento dado. Dícese que las oscilaciones se hallan en oposición cuando una de ellas pasa por su valor máximo en el preciso momento en que la otra pasa por el mínimo, o sea cuando la diferencia entre ambas es de medio período.
La sinusoide puede ser comparada a una hélice y proyectada según el eje de la misma, con lo cual se obtiene una circunferencia. Si se marca en la misma con dos puntos la fase de dos oscilaciones y se trazan los dos radios correspondientes, éstos forman un ángulo φ que indica la magnitud del desfase. Este ángulo representa importante papel en electricidad. Por ejemplo, en una corriente * alterna siempre suele existir una diferencia de fase entre las oscilaciones de la intensidad y las de la tensión (V. FACTOR *de potencia*). En los circuitos polifásicos circula por cada conductor una corriente alterna de igual período e intensidad que la de los otros conductores, pero con un retraso o diferencia de fase que es una fracción exacta del período. En las corrientes difásicas la diferencia es de 1/4 de período y en las trifásicas de 1/3 de período.
La noción de fase reviste mucha importancia en acústica, óptica, radioelectricidad, atomística, mecánica y otras disciplinas relativas a movimientos periódicos u ondulatorios. (V. ONDA.)
— *Ópt. Microscopio de contraste de fase,* v. MICROSCOPIO.
— *Quím.* Cada una de las partes físicamente homogéneas de una materia.
— El agua ilustra perfectamente la noción de *fase,* pues puede hallar un estado de equilibrio con tres aspectos homogéneos, que son: la *fase líquido,* la *fase hielo* y la *fase vapor.* La *regla* o *ley de las fases* permite conocer el número de factores de equilibrio que el operador puede variar sin correr el riesgo de hacer desaparecer una de las fases de una mezcla. Si los factores de equilibrio son dos (presión y temperatura) y si c es el número de los constituyentes de la mezcla y φ el número de fases posibles, se tiene: $v = c + 2 - \varphi$ (en cuya fórmula v es la variancia, o sea el número de factores sobre los cuales es posible obrar sin destruir el equilibrio).
En el caso del agua se tiene un solo constituyente y tres fases. Consiguientemente, la variancia es igual a cero, lo cual significa que no pueden subsistir el agua, el hielo y el vapor más que a una temperatura y una presión determinadas (si se hace variar la presión o la temperatura, una de las fases desaparece).

FASÍMETRO m. *Electr.* Instrumento para medir las diferencias de fase * entre la intensidad y la tensión de una corriente alterna, o el desfase de dos corrientes de una línea polifásica.

FASTIAL m. *Arq.* La piedra o el sillar situado a mayor altura en un edificio.

Fot. A.-V. Thomas, Billon, F. Fiando

FASTIGIO m. *Arq.* La parte superior de una cosa rematada en punta. ‖ Frontón.

FATIGA f. *Mar.* Esfuerzo anormal que impone al casco de un barco el estado del mar o una distribución defectuosa de la carga.

— *Mec.* Deformación de una pieza sometida a repetidos esfuerzos aplicados alternativamente en direcciones opuestas.

— Todos los metales, incluso los más maleables, pueden romperse si son sometidos a esfuerzos alternativos. Esta rotura *por fatiga* se debe a la formación de minúsculas estrías en los puntos donde la superficie del metal tiene defectos microscópicos. Por efecto de la combadura alternativa de la pieza, las estrías forman una grieta que se ahonda cada vez más, hasta que llega a partirse la pieza. Todos cuantos han partido una chapa de hojalata plegándola y desplegándola repetidas veces, han experimentado este fenómeno. Según las características del metal y la magnitud de los esfuerzos, la rotura sobreviene al cabo de un número de ciclos más o menos grande. No obstante, si la curvatura, torsión, compresión o tracción impuestas a la pieza no rebasan el *límite de fatiga* del metal, los esfuerzos pueden repetirse indefinidamente sin que exista ruptura. (V. RESISTENCIA *de materiales.*)

FAXOGRAMA m. *Radiot.* Facsímile.

FAY o **FAYA** f. *Text.* Tejido de seda negra, teñida en madeja, que por tener un hilo de trama más grueso que el de urdimbre, presenta un aspecto acanalado.

FAYETINA f. *Text.* Cinta de igual textura que la faya *, que se teje con urdimbre de seda y trama de rayón. ‖ Tela de rayón, con aspecto acanalado parecido al de la faya, que también recuerda el glasé *, por su aspecto, y se utiliza para forros y vestidos.

f. c. e. m., abreviatura de *fuerza contraelectromotriz* *.

FE f. *Art. gráf. Fe de erratas,* lista de erratas que se pone al final de un libro.

— *Metr.* y *Ópt. Línea de fe,* v. LÍNEA.

Fe, símbolo químico del *hierro.*

FEBE, noveno satélite de Saturno *.

FÉCULA f. *Quím.* Substancia pulverulenta que es el constituyente principal de ciertos tubérculos.

— La *fécula* y el *almidón* constituyen una misma substancia, de idéntica fórmula química, presente en las distintas partes de las plantas, pero el nombre de fécula se reserva generalmente a la que procede de las raíces y tubérculos, mientras que el de almidón se aplica más bien a la que suministran los granos de cereales. La fécula se elabora industrialmente a partir de la patata (v. FECULERÍA), pero existen en el mercado féculas alimenticias suministradas por otras plantas. Tiene las mismas propiedades y aplicaciones que el almidón *.

FECULAR v. Reducir a fécula: *fecular patatas.* (V. FECULERÍA.) ‖ Agregar fécula: *fecular la carne picada para embutidos.*

FECULENTO, TA adj. Que contiene fécula.

FECULERÍA f. *Ind.* Fábrica de fécula.

— La elaboración de fécula de patatas requiere las siguientes operaciones: lavado de los tubérculos; trituración de los mismos con cuchillas raspadoras que los resuelven en pulpa; lixiviación en tamices por cuyas mallas pasan los granos de fécula arrastrados por el agua; depuración de la suspensión por la fuerza centrífuga (en ciclones *); enjugado en tambores perforados, y, en fin, desecación.

FECULÓMETRO m. *Tecn.* Instrumento para apreciar las características de las féculas.

FECULOSO, SA adj. Feculento.

FECHA f. *Astr. Línea del cambio de fecha,* v. HORA.

FECHADOR m. *Ofic.* Sello que lleva varias cintas sin fin de caucho —con la sucesión de los días, meses y años— que pueden correrse para componer la fecha deseada y marcarla en los papeles. (Sinón. DATADOR.) ‖ Matasellos metálico provisto de un dispositivo que permite componer la fecha.

FEED BACK m. *Cibern.* Anglicismo por *retroacción.*

FEEDER m. *Tecn.* Alimentador.

FELADIZ m. *Text.* Cinta estrecha o trencilla para atar las alpargatas y usos similares.

FELDESPÁTICO, CA adj. *Miner.* Que contiene feldespato.

FELDESPATIFORME adj. *Miner.* Dícese de los minerales parecidos al feldespato.

FELDESPATO m. *Miner.* Grupo de silicatos de alúmina que contienen potasio, sodio, calcio o bario, presentes en muchas rocas primitivas o eruptivas. ‖ *Feldespato venturina,* venturina. ‖ *Feldespato verde,* amazonita. ‖ *Feldespato argiloso,* caolín.

— Los *feldespatos* son los principales constituyentes de las rocas eruptivas y metamórficas, especialmente del granito. Se dividen en *feldespatos potásicos* y en *feldespatos calcosódicos* o *plagioclasas.*

FELDESPATOIDES m. pl. *Miner.* Silicatos de alúmina, menos ricos en sílice que los feldespatos, que han representado importante papel en la formación de las rocas volcánicas.

FELDSPATO m. *Miner.* Feldespato.

FELPA f. *Text.* Tejido aterciopelado más lustroso que el terciopelo * porque sus pelos, más largos que los de éste, tienden a inclinarse y reflejan entonces la luz.

FELPADO, DA adj. *Text.* Afelpado.

FELPAR v. *Text.* Afelpar.

FELPILLA f. *Text.* Cordoncillo de varios cabos entre los cuales, al retorcerlos, se han insertado transversalmente hilos o mechones de pelos que le dan un aspecto aterciopelado: *la felpilla se usa en labores de pasamanería, bordados, adorno de vestidos y para hacer alfombras.*

FELPUDO, DA adj. *Text.* Afelpado.

f. e. m., símbolo de *fuerza * electromotriz.*

femto, prefijo (símbolo *f*) que, antepuesto a la unidad, la divide por 10^{-15}, o sea la sitúa en 15ª posición detrás de la coma decimal.

FENACINA f. *Quím.* Antraceno en el cual dos grupos CH han sido reemplazados por dos átomos de nitrógeno.

— La *fenacina* se obtiene en forma de cristales amarillos haciendo pasar anilina por un tubo candente. Constituye el núcleo fundamental de los colorantes azínicos *.

FENANTRENO m. *Quím.* Carburo de hidrógeno ($C_{14}H_{10}$) presente en el alquitrán de hulla.

— El *fenantreno* se presenta en forma de escamas brillantes; funde a 99° y hierve a 340°. Se usa para preparar negro de humo.

FENANTROL m. *Quím.* Nombre genérico de cinco fenoles derivados del fenantreno.

FENAQUISTISCOPIO m. *Fís.* Instrumento de física recreativa en el cual, merced a la persistencia de las imágenes en la retina, una sucesión de figuras crea la sensación de movimiento.

— El *fenaquistiscopio* consta de dos discos, uno de ellos provisto de rendijas a través de las cuales se observan las figuras dibujadas en el otro (las cuales representan fases sucesivas de un movimiento). Al girar los discos, el ojo ve cada figura antes de que se haya desvanecido en el cerebro la impresión de la figura anterior, y así sucesivamente, con lo cual se obtiene la sensación óptica de un movimiento continuo. Otros fenaquistiscopios constan de un cilindro provisto de rendijas por entre las cuales se ven, en el interior de la pared opuesta, los dibujos hechos en el espacio de la misma que media entre dos rendijas. Los inventores del cinematógrafo * se han fundado en el principio del fenaquistiscopio.

fenaquistiscopios

FENATO m. *Quím.* Sal alcalina o éter óxido de un fenol: *fenato de sodio, fenato de bencilo.* (Sinón. FENOLATO.)

FENAZINA f. *Quím.* Fenacina.

FÉNICO, CA adj. *Quím. Ácido fénico,* v. FENOL.

FENIL, prefijo que sirve para indicar la presencia del radical fenilo en un compuesto químico.

FENILACÉTICO, CA adj. *Quím.* Dícese de cuerpos derivados de compuestos acéticos mediante substitución de un átomo de hidrógeno por un radical fenilo.

— El *aldehído fenilacético* huele intensamente a jacinto y se usa en perfumería. (Sinón. FENILETANAL.) El fenilacetato de etilo sirve para elaborar alcohol feniletílico *, también empleado en perfumería, al igual que los ésteres del ácido fenilacético.

FENILADO, DA adj. *Quím.* Dícese de los derivados que contienen el radical fenil.
FENILAMINA f. *Quím.* Anilina.
FENILBENCENO m. *Quím.* Bifenilo.
FENILCARBINOL m. *Quím.* Alcohol bencílico.
FENILDIAMINAS f. pl. *Quím.* Fenilenodiaminas.
FENILENO m. *Quím.* Radical bivalente = C_6H_4, derivado del fenilo por supresión de un átomo de hidrógeno, o del benceno por supresión de dos átomos: *el fenileno figura en muchos compuestos aromáticos.*
FENILENODIAMINAS f. pl. *Quím.* Diaminas derivadas del benceno y empleadas para obtener azul de metileno y colorantes azoicos.
FENILETANAL m. *Quím.* Aldehído fenilacético *.
FENILETANOL m. *Quím.* Alcohol feniletílico *.
FENILETILENO m. *Quím.* Estiroleno.
FENILETÍLICO, CA adj. *Quím.* Dícese de un alcohol presente en la esencia de rosa. (Sinón. FENILETANOL.)
— El *alcohol feniletílico* se fabrica sintéticamente condensando benceno con óxido de etileno. Es un líquido incoloro que se usa en perfumería como base de los perfumes de rosa.
FENILFOSFINA f. *Quím.* Nombre genérico de las fosfinas * feniladas.
FENILGLICINA o **FENILGLICOCOLA** f. *Quím.* Compuesto que se obtiene condensando la anilina con ácido cloracético y que sirve para elaborar índigo sintético mediante fusión en presencia de amiduro de sodio.
FENILGLICOL m. *Quím.* Glicol preparado a partir del estiroleno.
FENILHIDRACINA f. *Quím.* Hidracina obtenida por reducción del cloruro de diazobenceno.
— La *fenilhidracina,* sólido incoloro que funde a 196° y hierve a 241°, es una base muy reductora que se emplea en la fabricación de medicamentos y de colorantes (flavacina, tartracina, etcétera).
FENÍLICO, CA adj. *Quím.* Dícese de los compuestos, especialmente de los éteres o ésteres, que contienen el radical fenilo.
FENILO m. *Quím.* Radical univalente — C_6H_5, derivado del fenol por supresión del hidroxilo o del benceno por supresión de un átomo de hidrógeno.
— El radical *fenilo* se encuentra en muchos derivados del benceno y en los éteres fenólicos. El *óxido de fenilo* es un sólido que huele intensamente a geranio. El *cloruro de fenilo* tiene mucha importancia industrial. (V. CLOROBENCENO.)
FENO m. *Quím.* Sinónimo de *benceno,* especialmente usado como prefijo para indicar la presencia del núcleo bencénico en un compuesto.
FENOCIANINAS f. pl. *Quím.* Colorantes azules derivados de la resorcina.
FENOL m. *Quím.* Derivado del benceno de fórmula C_6H_5OH. (Sinón. ÁCIDO FÉNICO, ÁCIDO CARBÓLICO, HIDROXIBENCENO.) ‖ Nombre genérico de los derivados hidroxilados de los núcleos bencénicos.
— Los *fenoles* son compuestos orgánicos en los cuales uno o más átomos de hidrógeno del núcleo bencénico han sido reemplazados por otros tantos hidroxilos OH, llamándose, según el caso, *monofenoles* (por ej., el fenol ordinario, los cresoles y xylenoles, el timol, los naftoles, etc.) o *polifenoles* (v. DIFENOL y PÍCRICO). Los fenoles presentan ciertos caracteres comunes con los alcoholes y, como ellos, dan ésteres y éteres. El más simple e importante de todos los fenoles es el *fenol común* o *ácido fénico,* sólido incoloro (generalmente rosado una vez expuesto al aire) que funde a 43° y hierve a 183°. Tiene un olor característico, penetrante, y es cáustico. Se extrae del alquitrán de hulla, tratando con lejía las fracciones de la misma que destilan entre 170° y 200°, pero más bien se prefiere prepararlo por fusión alcalina del bencenosulfato de sodio, por hidrólisis del clorobenceno o por caldeo del peróxido de cumeno.
El fenol es una de las materias más importantes de la industria química por su gran reactividad y por la variedad de los derivados y compuestos que con él se obtienen. Sirve para fabricar colorantes sintéticos, medicamentos, ácido pícrico (melinita), baquelita y otras resinas fenólicas, lacas, etc. También se usa como disolvente en las refinerías de petróleo.

fermentadores en una fábrica de productos farmacéuticos

FENOLFTALEÍNA f. *Quím.* Ftaleína del fenol, empleada como indicador, pues es incolora en un medio ácido y se tiñe de color rojo violáceo en los medios alcalinos.
FENÓLICO, CA adj. *Quím.* Relativo o perteneciente al fenol. ‖ Dícese de los compuestos derivados de los fenoles.
FENOPLASTO m. *Plást.* Materia plástica que se obtiene por la acción de un fenol sobre un aldehído en presencia de un catalizador : *la baquelita es uno de los fenoplastos más comunes.* (V. PLÁSTICO.)
FENOSAFRANINA f. *Quím.* Cierto núcleo del cual derivan colorantes azínicos.
FENOXAZINA f. *Quím.* Compuesto heterocíclico que constituye el núcleo de varios colorantes oxazínicos.
FERGANITA f. *Miner.* Vanadato hidratado de uranio que se beneficia como mena de este metal.
FERGUSONITA f. *Miner.* Niobato complejo que contiene calcio, hierro, cerio, itrio y uranio.
FERMAT *(Principio de),* principio de óptica geométrica según el cual los rayos de luz que se dirigen de un punto a otro a través de varios medios de índice de refracción diferente, solamente pueden seguir el trayecto más largo o el más corto, pero no recorridos intermediarios. (El principio se aplica no solamente a la luz, sino a todos los movimientos ondulatorios.)
FERMENTABLE adj. *Quím.* Dícese de las substancias capaces de entrar en fermentación.
FERMENTACIÓN f. *Quím.* Reacción química que transforma las materias orgánicas y se debe a enzimas segregadas por microorganismos.
— Las bebidas alcohólicas constituyen el ejemplo más corriente de *fermentación.* En ellas un hongo microscópico, la levadura de cerveza, segrega una enzima *, la zimasa, que obra como catalizador, produciéndose entonces la reacción:

$$C_6H_{12}O_6 \rightarrow 2\ C_2H_5{-}OH + 2\ CO_2$$

(glucosa) (alcohol) (gas carbónico)

El número de microorganismos capaces de provocar fermentaciones es enorme. Unos dan *fermentaciones aerobias* (por ej., la *fermentación acética* que transforma el alcohol en ácido acético y da vinagre, la *fermentación cítrica,* etc.) para las cuales es indispensable la presencia del oxígeno del aire; otros producen *fermentaciones anaerobias* en las cuales no se requiere la presencia de oxígeno (por ej., las *fermentaciones alcohólica, láctica,* que altera la leche, y *butírica*). Las fermentaciones representan un importante papel industrial, no solamente en las industrias alimenticias (bebidas, pan, productos lácteos), sino también en las industrias textiles (extracción de las fibras del cáñamo, lino, etc.), en la curtición de pieles, la fabricación de alcohol, ácido cítrico, glicerol, alcohol butírico, dextrano, etcétera. Citemos también la importancia que tienen las fermentaciones en agricultura, pues intervienen en los ciclos del carbono y del nitrógeno.
Las principales fermentaciones aprovechadas industrialmente se fundan en la transformación del

Fot. Draeger

azúcar, o en la putrefacción de materias nitrogenadas.

FERMENTADO, DA adj. Que ha sufrido la fermentación.
— *Ind. alim. Bebidas fermentadas,* nombre genérico de las bebidas que resultan de la fermentación de zumos azucarados (vino, cerveza, sidra, pulque, etc.).

FERMENTADOR m. *Ind.* Cualquier aparato o recipiente en el cual puede obtenerse la fermentación * de alguna materia, manteniendo la temperatura y otras condiciones favorables para la multiplicación y desarrollo de los microorganismos.

FERMENTANTE adj. *Quím.* Que fermenta o causa una fermentación.

FERMENTAR v. *Quím.* Transformarse o descomponerse las materias orgánicas por efecto catalítico de los fermentos.

FERMENTATIVO, VA adj. *Quím.* Fermentante.

FERMENTESCIBLE adj. *Quím.* Susceptible de fermentar: *todos los mostos son fermentescibles.*

FERMENTO m. *Quím.* Substancia producida por las células vivientes y que, en cantidades pequeñísimas, es eficaz catalizador de alguna reacción química. (V. DIASTASA, ENZIMA y FERMENTACIÓN.)

FERMI (*Edad de*). V. EDAD.

FERMIO m. *Quím.* Elemento químico de número atómico 100 y símbolo *Fm.*
— Como todos los elementos transuránicos, el *fermio* no existe en la naturaleza y se obtiene artificialmente, en ínfimas cantidades, bombardeando con partículas aceleradas elementos de número atómico inferior. Se conocen varios isótopos de este elemento, de masa comprendida entre 248 y 256, cuya existencia es efímera.

FERMIÓN m. *Atom.* Nombre genérico de las partículas que, como el protón, el neutrón y el electrón tienen un espín igual a un múltiplo entero de 1/2 (por ej., 1/2, 3/2, 5/2, etc.) y tienen una función * de onda antisimétrica, por oposición a los bosones: *los fermiones obedecen al principio de la exclusión* *.

FERODO m. *Autom.* Marca registrada de un tejido espeso de amianto y alambre que sirve de forro a las zapatas de los frenos.

FERRALÍTICO, CA adj. *Geol.* Dícese de los suelos tropicales en los cuales la hidrolización de los silicatos complejos se ha traducido por la acumulación de hierro y alúmina al estado libre. (V. LATERITA.)

FERRATO m. *Quím.* Nombre de varias sales derivadas del ácido férrico: *ferrato de potasio.*

FÉRREO, A adj. De hierro.
— *F. c. Vía férrea,* ferrocarril.

FERRERÍA f. *Metal.* Establecimiento metalúrgico donde se trata el mineral para elaborar el hierro. ‖ Herrería, taller donde se forja o labra el hierro.

FERRESTRETE m. *Carp.* El hierro más estrecho que usa el calafate para introducir la estopa en las costuras del casco de los barcos.

FERRETE m. *Art. y of.* Punzón de hierro que sirve para marcar algo sobre una pieza.
— *Text.* Sulfato de cobre, usado en tintorería.

FERRETEAR v. *Art. y of.* Marcar algo con ferrete. ‖ Afianzar o guarnecer con hierro.

FERRETERÍA f. *Metal.* Ferrería. ‖ Conjunto de clavos, herramientas, cerraduras y otros artículos de hierro.

FERRI, prefijo que, en el nombre de un compuesto químico, indica la presencia de hierro * trivalente: *ferricianuro de potasio.*

FERRICIANHÍDRICO, CA adj. Dícese de un ácido poco estable que se obtiene al estado de disolución y del cual derivan los ferricianuros.

FERRICIANÓGENO m. *Quím.* Radical trivalente de los ferricianuros, cuya fórmula es $Fe(CN)_6$.

FERRICIANURO m. *Quím.* Sal del ácido ferricianhídrico.
— El *ferricianuro* de potasio o *prusiato* rojo se obtiene por oxidación del ferrocianuro * de potasio. Es oxidante y se usa en tintorería y en fotografía (ya como debilitador *, ya para sensibilizar papel cianotipo *).

FERRICLORURO m. *Quím.* Sal compleja de fórmula general $mFeCl_4$, en la cual *m* es el símbolo de un metal univalente.

FÉRRICO, prefijo que indica la presencia de una sal férrica en un compuesto químico.

FÉRRICO, CA adj. *Quím.* Dícese del óxido Fe_2O_3 o sesquióxido, así como de todas las sales en las cuales el hierro * es trivalente. ‖ Aplícase asimismo al anhídrido FeO_3 y al ácido H_2FeO_4, que no han podido ser aislados, pero de los cuales derivan los ferratos.

FERRÍFERO, RA adj. *Miner.* Dícese de las rocas sedimentarias en las cuales predominan una sal o un óxido de hierro.

FERRITA f. *Magn.* Cerámica de óxidos de metales ferromagnéticos (hierro, níquel, cobalto, etcétera) aglomerados y cocidos.
— Ciertas *ferritas* se caracterizan por su intensa imanación remanente y sirven para reemplazar ventajosamente a los imanes metálicos. Otras presentan una gran permeabilidad al flujo magnético y permiten concentrarlo. Éstas se emplean principalmente en forma de barritas como núcleo de las bobinas que constituyen las antenas * incorporadas a los receptores de radio.
— *Metal.* Hierro puro, estable a las temperaturas de más de 900°, visible en forma de poliedros microscópicos en las aleaciones ferrosas.
— *Radiot.* V. anteriormente *Magn.*

FERRITO m. *Quím.* Sal derivada del anhídrido Fe_2O_3.

FERRO m. *Art. gráf.* Abreviatura de *ferrocianuro,* con la cual se designan las pruebas de los clisés hechas con cianotipo y utilizadas por el maquetista para compaginar el libro.
— *Metal.* Ferroaleación.

FERRO, prefijo que indica la presencia de hierro bivalente en un compuesto: *ferrocianuro de potasio.*

FERROAGÁLLICO, CA adj. *Fot. Papel ferroagállico,* V. PAPEL.

FERROALEACIÓN f. *Metal.* Nombre genérico de las aleaciones a base de hierro, especialmente las que se emplean en metalurgia para afinar el arrabio y producir aceros especiales. (Cada *ferroaleación* se designa con la voz compuesta formada por el prefijo *ferro* seguido del nombre del otro metal ligado con el hierro: *ferromanganeso.*)

FERROALUMINIO m. *Metal.* Aleación de hierro con 10 a 20 % de aluminio, que se emplea como desoxidante en la elaboración de ciertos aceros.

FERROCARRIL m. *F. c.* Vía de comunicación constituida por carriles o cables a lo largo de los cuales se mueven los vehículos por rodadura sobre los primeros (trenes) o suspendidos de los segundos (teleféricos). ‖ Tren: *subir al ferrocarril.*
— Actualmente la voz *ferrocarril* sirve más bien para designar en su conjunto este medio de comunicación, mientras que la vía propiamente dicha se designa por el nombre de *vía * férrea.* En un caso como en el otro se sobreentiende que se trata del ferrocarril ordinario, medio de transporte con vagones tirados por locomotoras, o sea con trenes que ruedan sobre dos carriles paralelos por adherencia *, sin engrane ni deslizamiento. La adherencia de las ruedas de la locomotora

tendido de una vía de **ferrocarril**

ot. S. N. C. F.

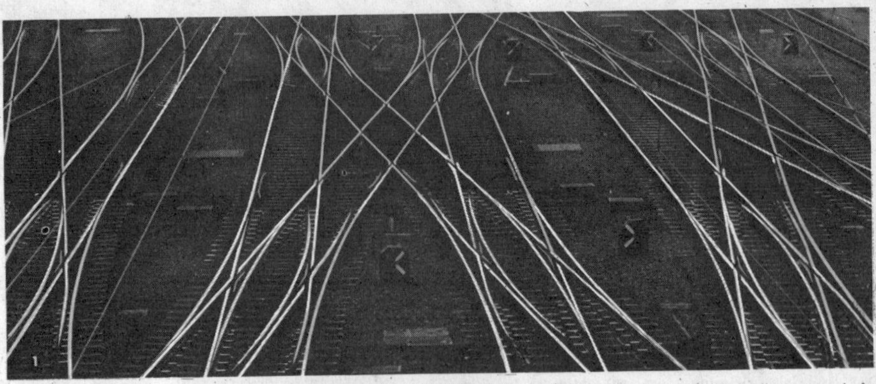

1. Vías en la entrada de una estación importante

2. Monocarril aéreo

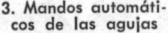

3. Mandos automáticos de las agujas

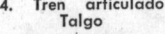

4. Tren articulado Talgo

sería insuficiente para tirar la carga si la vía tuviera demasiada pendiente*, dado que cuanto más pronunciada es ésta, menor es la carga y la velocidad de los trenes que pueden arastrar las locomotoras. Por eso presenta mucha importancia el trazado preliminar de la vía en los terrenos accidentados, tanto más complicado por cuanto deben evitarse las curvas muy cerradas, los puentes demasiado altos y largos, los túneles onerosos, los terrenos inseguros, etc. También se tiene en cuenta el volumen probable del tráfico y la necesidad de pasar por los centros económicos más interesantes o de asegurar enlaces cómodos con otras vías de la red regional o nacional. Las conclusiones de los topógrafos, geólogos y otros especialistas se traducen finalmente en el terreno por el trazado de una línea de estacas, hincadas en el suelo cada 50 m, que materializan el eje de la vía.

A continuación se efectúan los movimientos de tierras, calculados de forma que, en lo posible, los materiales que se arrancan por un lado en el desmonte, sirvan para hacer el terraplén en el lado opuesto o en otro lugar próximo. Después de haber construido los muros o diques necesarios en algunas partes para contener los terraplenes, así como los puentes, sifones, etc., y excavado los túneles, se dispone de una plataforma nivelada sobre la cual se extiende el balasto *, capa de piedra machacada que sirve de asiento a las traviesas *. En éstas se fijan los dos rieles respetando entre ambos el *ancho de vía** adoptado para la línea que se construye. En las curvas se monta el carril exterior más alto que el carril interior para equilibrar los efectos de la fuerza centrífuga que tienden a descarrilar las ruedas. En las líneas de mucho movimiento, existe doble vía (una para cada sentido del tránsito) e incluso cuádruple vía en los nudos importantes y alrededor de las grandes urbes. No obstante, la organización moderna del tráfico (bloqueo * por secciones, banalización *, etc.) permite multiplicar el número de trenes en una misma vía con óptimas garantías de seguridad.

En una línea moderna de ferrocarril las instalaciones auxiliares revisten tanta importancia como la misma vía : sistemas de agujas* y de señales * (semáforos, cocodrilos *), estaciones de viajeros y mercancías; estaciones* de clasificación para hacer y deshacer trenes; depósitos de locomotoras e instalaciones para su reparación y avituallamiento; sistema de comunicaciones telefónicas o telegráficas entre las estaciones, etc. En el caso de *ferrocarriles eléctricos*, la vía es provista de un cable aéreo con suspensión catenaria * y jalonada de estaciones transformadoras que alimentan dicho cable en corriente eléctrica.

La electrificación de las líneas no cesa de extenderse porque la tracción eléctrica es mucho más práctica y económica que la de vapor y permite obtener velocidades superiores. La propulsión con motores Diesel también resulta interesante en ciertos casos (v. LOCOMOTORA). Los vagones, de los cuales existe gran diversidad de

Fot. Osterreichischen Bundesbahn, S. A. F. E. G. E., S. N. C. F., Cuenc

modelos, son vehículos costosos y complejos, particularmente fuertes y capaces de asegurar un servicio intenso durante varios lustros. (V. VAGÓN.)
La composición de un tren depende de muchos factores: naturaleza del servicio que efectúa, número de pasajeros probables, índole de la mercancía transportada, velocidad requerida, longitud del trayecto, características de la vía, etc. De ahí la existencia de diversos tipos de trenes que se designan con otros tantos nombres particulares. (V. TREN.)
La organización y explotación de una línea de tráfico intenso es extremadamente compleja porque los numerosos trenes que por ella circulan tienen velocidades diferentes, no se detienen en las mismas estaciones y no pueden adelantarse unos a otros fuera de ellas. Si es indispensable que un tren rápido pueda salvar todos los obstáculos y mantener su elevado promedio de velocidad, también conviene que los trenes regionales lleguen a los nudos a la hora prevista para que sus pasajeros puedan tomar otros trenes sin que se les impongan largas esperas. Estos problemas se resuelven por medio de un diagrama llamado *gráfico * de la circulación*.

FERROCARRILES ESPECIALES

Además de los ferrocarriles ordinarios, descritos más arriba, existen otras clases de ferrocarriles adaptados a necesidades particulares, especialmente impuestas por la naturaleza del terreno: En los lugares de pendiente excesiva, en los cuales resbalarían las ruedas de la locomotora sobre las carriles, se dispone un tercer riel en el cual engrana una rueda motriz de la locomotora, constituyendo así un *ferrocarril de cremallera* *. No obstante, esta solución no puede ser aplicada en los declives de más de 45 %, y entonces se utilizan *ferrocarriles funiculares* *, en los cuales los vagones son tirados por un cable que se arrolla en un torno eléctrico situado en lo alto de la pendiente. En los terrenos muy accidentados, especialmente en las comunicaciones entre los valles y las cimas, la vía es reemplazada por un cable aéreo, sobre el cual ruedan los carrillos sustentadores de las cabinas, vagonetas u otros vehículos, y el conjunto constituye un ferrocarril funicular del tipo comúnmente llamado *teleférico* * También se le designa con el nombre genérico de *ferrocarril aéreo*, conjuntamente con los *ferrocarriles monocarriles* *, en los cuales el cable es reemplazado por un riel aéreo.
Con el nombre de *ferrocarril Decauville* se designa un ferrocarril pequeño de vía muy estrecha (0,40 a 0,60 m), que es desmontable y portátil en forma de tramos rectos o curvos, de bifurcaciones y cruces con sus agujas ya montadas, de plataformas giratorias provistas de rieles terminales, etc. Sus locomotoras pueden ser de vapor, de motor de combustión o eléctricas y existe un surtido completo de vagonetas y vagones propios para toda suerte de aplicaciones. Este material se transporta fácilmente y permite cambiar con rapidez la configuración de las vías. Es de uso corriente en obras públicas, minería, grandes explotaciones agrícolas, etc.

FERROCERIO m. *Metal.* Aleación de hierro y cerio que despide chispas al ser frotada y con la cual se fabrican piedras para encendedores.

FERROCIANHÍDRICO, CA adj. *Quím.* Dícese de un ácido que se obtiene tratando un ferrocianuro con ácido sulfúrico.

FERROCIANÓGENO m. *Quím.* Radical cuatrivalente $Fe(CN)_6$ presente en los ferrocianuros.

FERROCIANURO m. *Quím.* Sal del ácido ferrocianhídrico.
— El más común de los *ferrocianuros* es el de potasio, también llamado *prusiato amarillo*, que se presenta en forma de cristales amarillos. Se fabrica industrialmente calentando desperdicios nitrogenados (cuero, cuernos y pezuñas, etc.) con carbonato de potasio en presencia de hierro. Sirve para fabricar ferricianuro * de potasio. También se emplea en tintorería y para clarificar los vinos ricos en hierro.
Las *disoluciones de ferrocianuros* tratadas con sales férricas dan un precipitado que es el *ferrocianuro férrico* o *azul de Prusia*.

FERROCLINCA f. *Cerám.* Ladrillo vitrificado que se caracteriza por su extrema dureza.

FERROCROMO m. *Metal.* Aleación de hierro que contiene de 60 a 70 % de cromo y sirve para obtener aceros inoxidables y otros aceros especiales.

FERRODINÁMICO, CA adj. *Electr.* Dícese de los aparatos electrodinámicos cuya acción es reforzada por medio de piezas ferromagnéticas: *el altavoz ferrodinámico es un altavoz electrodinámico excitado por un imán permanente.*

FERROFERRITA f. *Miner.* Magnetita.

FERROGÁLLICO, CA adj. *Fot.* Ferroagállico.

FERROMAGNÉTICO, CA adj. *Magn.* Dícese de las substancias que, como el hierro, tienen la propiedad de imantarse en un campo magnético y de conservar una imantación remanente fuera de dicho campo.
— La permeabilidad * magnética de las substancias *ferromagnéticas* es muy superior a la unidad. Además del hierro y de sus aleaciones pertenecen a esta categoría de materiales el níquel, el cobalto y las ferritas *.

FERROMAGNETISMO m. *Magn.* Propiedad de las substancias ferromagnéticas *. (V. MAGNETISMO.)

FERROMANGANESO m. *Metal.* Aleación de hierro con 25 a 80 % de manganeso y menos de 8 % de carbono, que se emplea en la elaboración de aceros especiales y como medio para introducir manganeso o carbono en el acero fundido.

FERROMOLIBDENO m. *Metal.* Aleación de hierro con 40 a 80 % de molibdeno que sirve para introducir el molibdeno en los baños de aceros y fundiciones especiales.

FERRONÍQUEL m. *Metal.* Aleación de hierro con más de 25 % de níquel, notable por sus propiedades magnéticas, físicas y anticorrosivas.
— Las aleaciones de hierro y níquel con menos de 25 % de este último metal se consideran como aceros al níquel. Cuando la proporción de níquel es mayor, constituyen *ferroníqueles*. Son entonces aleaciones reversibles, así llamadas por la reversibilidad de muchas de sus propiedades (magnetismo, resistividad eléctrica, etc.) cuando se las calienta hasta el punto de Curie *.
Unos ferroníqueles se emplean por su resistencia a la corrosión por los agentes alcalinos; otros por su ínfimo coeficiente de dilatación o por sus propiedades magnéticas, etc.
Entre los ferroníqueles más comunes figuran los siguientes: invar *, numetal *, permalloy * y platinita *.

FERROPRUSIATO m. *Fot. Papel al ferroprusiato*, v. PAPEL.
— *Quím.* Ferrocianuro.

FERROSILICIO m. *Metal.* Aleación de hierro con 10 a 90 % de silicio, que se emplea como desoxidante y también como medio de introducir silicio en los baños de fundición o de acero, así como para fabricar recipientes resistentes a la corrosión de los ácidos.

FERROSO, SA adj. Que contiene hierro: *minerales ferrosos.*
— *Quím.* Dícese de los compuestos químicos en los cuales el hierro * tiene dos átomos de valencia.

FERROTANTALITA f. *Miner.* Tantalita.

FERROTIPIA f. *Fot.* Procedimiento de fotografía, hoy abandonado, que consistía en utilizar una placa de hierro barnizada de negro, sobre la cual se aplicaba una emulsión de colodión; después de impresionado y revelado, el negativo daba una imagen positiva por reflexión.

FERROTITANIO m. *Metal.* Aleación de hierro con 20 a 60 % de titanio que se emplea en la elaboración de aceros especiales.

FERROTUNGSTENO m. *Metal.* Aleación de hierro y tungsteno (la proporción de éste es generalmente de 60 %) que se agrega a los baños en siderurgia para elaborar fundiciones y aceros muy duros.
— *Miner.* Tungsteno ferrífero natural.

FERROVANADIO m. *Metal.* Aleación de hierro con 50 % de vanadio, que se emplea como medio de introducir el vanadio en los baños para elaborar aceros especiales.

FERROVIARIO, RIA adj. *F. c.* Relativo o perteneciente a los ferrocarriles.

FERRUGINOSO, SA adj. Que contiene hierro, ya al estado de metal, ya combinado: *roca ferruginosa.*

FERRY BOAT m. *F. c.* y *Mar.* Barco especialmente construido para el transporte de vagones

ferry boat

Fot. L. Viguier

festón *(arq.)*

mayúscula

Φ φ

minúscula

fi

y de trenes enteros que entran en el mismo por sus propios medios. (Sinón. TRANSBORDADOR.)
— Los *ferry boats* suelen ser barcos anfídromos * y atracan en los muelles por su proa o su popa prolongadas por una plataforma provista de rieles que enlaza la vía terrestre con las vías montadas en el puente del barco. No obstante, los barcos de mayor tonelaje destinados a navegar en alta mar tienen un castillo de proa y solamente atracan por la popa. Los hay de 8 000 toneladas que pueden cargar un centenar de vagones.
El ferry boat asegura la continuidad de las comunicaciones ferroviarias en las líneas interrumpidas por un río, brazo de mar o estrecho. También existen barcos de este tipo que embarcan automóviles conjuntamente con los trenes, e incluso solamente automóviles.

FÉRTIL adj. *Atom.* Dícese del isótopo o elemento no físiles (v. FÍSIL) que, irradiados por los neutrones en un reactor nuclear, se convierten directa o indirectamente en otro isótopo o elemento físiles.
— El uranio 238 no es físil pero, al ser bombardeado por los neutrones en el reactor, se convierte en uranio 239 radiactivo que se desintegra espontáneamente y se convierte en plutonio 239, el cual es físil. Consiguientemente, el uranio 238 es *fértil* y puede suministrar combustible nuclear. (V. REACTOR *autorregenerador.*)

FERTILIDAD f. *Agr.* Aptitud de una tierra a suministrar cosechas más o menos abundantes.
— La *fertilidad* puede ser aumentada mejorando la composición química del suelo, suministrándole regularmente abonos y dedicándolo a los cultivos que más convienen a su naturaleza y a las condiciones climatológicas locales.

FERTILIZACIÓN f. *Agr.* Acción de fertilizar.

FERTILIZANTE adj. *Agr.* Que fertiliza. ‖ Abono.

FERTILIZAR v. *Agr.* Aumentar el rendimiento de la tierra mediante adición de abonos *.

FESTAL m. *Metal.* Metal inoxidable, liga de hierro, cobalto, cromo, carbono y níquel, muy fácil de labrar.

FESTÓN m. *Arq.* Adorno en forma de guirnalda. — *Text.* Bordado de realce en forma de ondulaciones que, después de recortado el tejido sobrante, constituye el borde de la pieza. ‖ Cinta tejida mecánicamente con uno de sus bordes o los dos ondulados a imitación del festón bordado.

FETCH m. *Ocean.* En el caso de un oleaje producido por vientos de origen terrestre, distancia de la costa a partir de la cual ya no aumenta la altura de las olas: *la longitud del fetch en el Atlántico septentrional es de 600 a 900 millas.*

fg, símbolo de *frigoría.*

FI f. Fonéticamente, *phi* *, letra del alfabeto griego correspondiente a nuestra *f.*

FIABILIDAD f. *Tecn.* Seguridad de funcionamiento de una pieza, órgano o máquina.
— La *fiabilidad* es el grado de confianza que puede concederse a un elemento, ateniéndose a la calidad de los materiales empleados, la perfección con que ha sido labrado, y la multiplicidad y cuidado de los controles y pruebas a que ha sido sometido. Cuando un elemento satisface a todas estas condiciones, se puede tener una seguridad casi absoluta en su funcionamiento, aunque nunca puede hallarse el usuario al abrigo de imponderables que hicieran fallar las previsiones. En atomística y astronáutica se requieren piezas y elementos de alta fiabilidad. Por ejemplo, una vez que un reactor nuclear empieza a funcionar, la radiactividad mortal impide el acceso a sus órganos internos, circunstancia que obliga a tomar grandes precauciones para evitar las averías. Igualmente es imposible —en el estado actual de las técnicas— ir a reparar un satélite artificial o una sonda especial. De ahí que, de un lote de 1 000 transistores destinados a un satélite, solamente hayan aceptado 6 los responsables de su construcción, aun cuando el fabricante había suministrado los ya seleccionados por el mismo mediante una serie de controles rigurosos. La noción de fiabilidad tiende a imponerse en muchos campos de la ciencia pura y aplicada (aeronáutica, cables submarinos, dispositivos automáticos utilizados por la industria, etc.).

FIABLE adj. *Tecn.* Dícese de la pieza, órgano o máquina dignos de fiabilidad.

FIADOR m. *Art. y of.* Pieza que sirve para sujetar o afianzar una cosa, como la clavija que se pasa por el perno para sujetar la tuerca. ‖ Hierro mixtilíneo con un sección recta que permite fijarlo a los maderos del alero en la cubierta y otra curva que sirve de asiento al canalón.

FIBRA f. Elemento filiforme de los tejidos vegetales y animales usado industrialmente como materia prima: *la pasta de papel se hace con fibra de madera.*
— *Carp.* La madera se halla constituida por *fibras* que pueden ser separadas desmenuzándola con muelas. Las fibras encoladas y prensadas suministran paneles de grandes dimensiones. Con el nombre de *fibra de madera* se designan las virutas estrechas y delgadas, obtenidas mecánicamente con la desfibradora* y utilizadas como sucedáneo de la paja en los embalajes. También sirven, mezcladas con cola y otras materias, y prensadas, para fabricar tablas artificiales. (V. MADERA.)
— *Mar. Fibra neutra,* en el caso de un barco deformado en arco * o contraarco *, sección longitudinal que lo divide en dos partes, una de ellas sometida a esfuerzos de compresión y la otra a esfuerzos de tracción: *la fibra neutra no suele hallarse lejos de la línea de flotación.*
— *Mec. Fibra elemental,* cada uno de los elementos pequeñísimos en que se considera dividido un cuerpo para mayor comodidad de los cálculos de resistencia * de materiales: *las fuerzas que se ejercen sobre una pieza pueden aplastar, estirar, combar o retorcer las fibras.* ‖ *Fibra neutra,* en una barra sometida a esfuerzos de flexión, sección de la misma en la cual no existe compresión ni tracción. (V. FLEXIÓN.)
— *Papel.* Fibra de madera desmenuzada que sirve para fabricar pasta de papel y celulosa.
— *Plást. Fibra vulcanizada,* materia plástica muy dura y resistente que se obtiene prensando fuertemente la celulosa embebida de una disolución de cloruro de cinc, y que reemplaza al cuero (fabricación de maletas) y tiene muchas otras aplicaciones (aislantes eléctricos, forros para zapatas de frenos, etc.).

PRINCIPALES FIBRAS ARTIFICIALES Y SINTÉTICAS

FIBRAS DE POLÍMEROS NATURALES	**RAYONES**	
	viscosa	celulosa
	acetato	celulosa
	triacetato	celulosa
	alginato	celulosa de algas
	FIBRAS PROTEICAS	
	Lanital	caseína
	Ardil	cacahuete
	FIBRAS MINERALES	
	fibra de vidrio	silicatos
POLÍMEROS POR CONDENSACIÓN DE MOLÉCULAS DIFERENTES	**POLIAMIDAS**	
	Nylón	hulla, maíz
	Perlón	maíz
	Rilsán	aceite de ricino
	POLIÉSTERES	
	Terileno	hulla
	Tergal	hulla
	Dacrón	hulla
POLÍMEROS DE UNA MOLÉCULA ETÍLICA	**FIBRAS ACRÍLICAS**	
	Orlón	acetileno y ác. cianhídrico
	Dynel	cloruro de vinilo y acrilonitrilo
	Teflón	fluoruro de vinilo
	FIBRAS VINÍLICAS	
	Rhovyl	acetileno y ác. clorhídrico
	Vinyón	cloruro y cianuro de vinilo

Fot. Neuerdein

— *Text. Fibra textil,* toda substancia natural o artificial en forma de hilo continuo, o susceptible de ser hilada, usada por la industria textil.
— Las *fibras textiles* se consideran divididas en cuatro clases:
1.º *Fibras minerales,* grupo al que solamente pertenece el amianto;
2.º *Fibras vegetales,* grupo en el que se distinguen, entre las muy numerosas que contiene, el algodón, el lino, el cáñamo, el abacá, el sisal y el yute;
3.º *Fibras animales,* grupo en el que, salvo la seda, todas provienen exclusivamente de la pelambre de los animales (lana de oveja, pelos de camello, de cabra, de vicuña, de conejo, etc.);
4.º *Fibras artificiales,* grupo constituido por las fibras que se elaboran sintéticamente a partir de materias primas minerales, animales o vegetales (v. la tabla y los artículos correspondientes). Mientras que la seda es la única fibra continua natural, las fibras artificiales suelen fabricarse en hilos continuos. Cuando estas fibras se cortan en hebras de longitud determinada, se las da el nombre de *fibra en floca.*
Durante largo tiempo las fibras artificiales adolecieron de muchos defectos, los principales de los cuales se debían al carácter liso de su superficie, pues las fibras naturales tienen escamas o protuberancias que favorecen la unión de las hebras unas con otras en las operaciones de hilatura * y tisaje. Hoy se tratan por texturización* y superan a las fibras naturales con todo y presentar nuevas propiedades de que carecen aquéllas.
— *Vidr. Fibra de cristal,* finísimo filamento que se obtiene haciendo pasar la masa de vidrio fundido por los pequeños orificios de una hilera y que se emplea principalmente en forma de lana * de vidrio.

FIBRANA f. *Text.* Viscosilla.

FIBRAZÓN m. *Min.* Aspecto filamentoso que presentan a veces las venas del mineral.

FIBRILLA f. Fibra pequeña.
— *Papel.* Filamento formado por la yuxtaposición de varias cadenas de celulosa.

FIBROCEMENTO m. *Constr.* Marca registrada de un material constituido por mezcla de una parte de amianto y cuatro de cemento portland de fraguado lento, que sirve para hacer placas lisas y onduladas, caños y otros elementos moldeados para cubiertas de tejados, cielos rasos, revestimientos de muros, canalizaciones, etc.: *el Fibrocemento es incombustible y muy resistente.*

FIBROFERRITA f. *Miner.* Sulfato hidratado de hierro en forma de masas fibrosas.

FIBRÓGRAFO m. *Text.* Máquina electrónica que indica la longitud media de un lote de fibras.

FIBROÍNA m. *Quím.* Substancia albuminoidea transparente que entra en la composición de la seda.

FIBROLITA f. *Miner.* Silicato de aluminio, variedad de silimanita compacta.

FIBROSO, SA adj. Constituido por fibras: *el amianto es un mineral fibroso.*

FICHA f. *Constr. Amer.* Azuche * de un pilote
— *Electr.* Clavija * de un enchufe.
— *Ofic. Ficha perforada,* tarjeta * perforada.

FIDELIDAD f. *Acúst.* V. más abajo *Radiot.*
— *Metr.* Cualidad del instrumento que, al medir repetidamente una misma magnitud, da valores iguales o casi equivalentes.
— *Radiot.* Tratándose de receptores de radio, televisores, tocadiscos y magnetófonos, grado de exactitud con que estos aparatos reproducen las imágenes o sonidos por ellos captados, grabados o reproducidos.
— La *alta fidelidad,* o sea la reproducción correcta de todo el espectro sonoro, solamente puede obtenerse con aparatos costosos y complicados, provistos de varios altavoces cuyo conjunto permite restituir la altura, el timbre y la intensidad relativa de todos los sonidos originales. En realidad, el oído se adapta perfectamente a condiciones mucho menos perfectas y, por ejemplo, una emisora de radio solamente transmite la mitad de las frecuencias audibles y el mejor receptor de alta fidelidad no puede hacer nada por restituir las frecuencias muy bajas o elevadas que faltan en las ondas por él captadas.

FIDEO m. *Ind. alim.* V. PASTAS *alimenticias.*

F. I. D. O., sigla de la locución inglesa *Fog Intensive Dispersal Operation,* con la cual se designa un método para disipar la niebla en los aeródromos.
— El *F. I. D. O.* consiste en un sistema de quemadores de gasolina, u otro combustible, dispuestos a ambos lados de las pistas. Por efecto del calor y de la ascendencia del aire, se obtiene rápidamente un túnel libre de niebla que alcanza un centenar de metros de altura.

FIEL m. *Mec.* Clavillo o eje que une las dos hojas de las tijeras y permite su articulación.
— *Metr.* Aguja que sirve para equilibrar con exactitud las balanzas y las romanas.

FIELTRAR v. *Text.* Imbricar las fibras textiles para hacer fieltro*. (Sinón. AFELTRAR, ENFELTRAR.)

FIELTRO m. *Text.* Paño espeso, no tejido, que se obtiene prensando una capa de fibras hasta pegarlas unas a otras, o enredándolas íntimamente merced a sus escamas. (V. BATANADO.)
— Las fibras de lana tienen una superficie escamosa. Si se somete la lana a una presión conveniente o si se bate, las escamas de cada fibra se imbrican con las de las fibras contiguas y forma con ellas una especie de paño de hebras irregularmente cruzadas y superpuestas. Otras fibras son más lisas y difíciles de fieltrar, pero, tratándolas con una disolución de nitrato ácido de mercurio, se rizan finamente y pueden ser fieltradas como las de lana. De todas formas, la estructura de los pelos o hebras no basta para asegurar una aglomeración eficaz, y, según su índole, es necesario fieltrarlas a una temperatura determinada y en un medio húmedo, en presencia de adyuvantes cuales son el agua acidulada, el agua jabonosa, las emulsiones de aceite, las disoluciones de carbonato de sosa, etc.
Los *fieltros* más finos para sombreros se hacen con pelo de castor. Los fieltros de pelo de conejo son menos finos, y los de lana de cordero y pelo de camello, más bastos aún. Los fieltros espesos se manufacturan en piezas grandes y tienen una infinidad de usos en la industria, especialmente como filtros y para la fabricación de juntas, suelas, alfombras, etc.

FIGULINO, NA adj. *Cerám.* De barro cocido o propio para hacerlo: *arcilla figulina.*

FIGURA f. Forma exterior de un cuerpo o representación que de la misma se hace por medio de la pintura, el dibujo, la fotografía, la escultura o la cerámica.
— *Geom.* Representación de un elemento geométrico en un plano (por ej. los polígonos) o en el espacio (por ej. los poliedros). ‖ *Figuras afines, congruentes, homológicas,* etc., V. AFÍN, CONGRUENTE, HOMOLÓGICO, etc.
— *Mar. Figura de proa,* mascarón de proa.

FIGURÓN m. *Mar. Figurón de proa,* mascarón * de proa.

FIJA f. *Constr.* Gozne o bisagra para puertas o ventanas. ‖ Paleta larga y estrecha que usan los albañiles para introducir la mezcla o mortero entre los sillares ya asentados.

FIJACIÓN f. Acción y efecto de fijar.
— *Fot.* Fijado.
— *Quím.* Acción de fijar*. ‖ Reacción mediante la cual se agrega un elemento nuevo a la molécula de un cuerpo: *fijación de un átomo de cloro sobre un carburo.*
— *Radiot. Fijación de la imagen,* en un televisor, estabilización de la imagen que salta o se corre hacia arriba o abajo de la pantalla.

FIJADO m. *Fot.* Acción y efecto de fijar una imagen fotográfica eliminando con un fijador las sales de plata superfluas.
— El *fijado* de las emulsiones de gelatinobromuro de plata se obtiene bañándolas en una disolución acuosa que contenga de 20 a 30% de hiposulfito de sosa. Para las emulsiones de colodión * se emplea cianuro de sodio o de potasio.
El fijador se combina con el bromuro de plata no ennegrecido por el revelador y forma con él un compuesto que se disuelve en el agua.
— *Text.* Tratamiento de apresto a que se someten los tejidos de lana y que consiste en vaporizarlos para que los hilos de trama y de urdimbre conserven la posición que han adquirido al ser tejidos.

FIJADOR, RA adj. y s. Que fija o sirve para fijar.
— *Fot.* Baño que se emplea para efectuar el fijado * de las fotografías.

— *Ofic.* En las máquinas de escribir, mecanismo para sujetar la tecla que baja el tipario (o sube el carro, según el modelo de la máquina) mientras se escriben mayúsculas, cifras u otros signos que figuran en la hilera superior de los portatipos.

— *Perf.* Substancia usada para fijar un perfume y asegurar la persistencia de su olor. || Producto mucilaginoso (goma arábiga o adragante) que se aplica al pelo para que éste conserve la forma que se le ha dado al peinarlo.

— *Pint.* Solución alcohólica de goma laca, damar o sandáraca que se pulveriza sobre los dibujos para hacerlos indelebles. (Sinón. FIJATIVO.) || Pulverizador * utilizado con dicho fin.

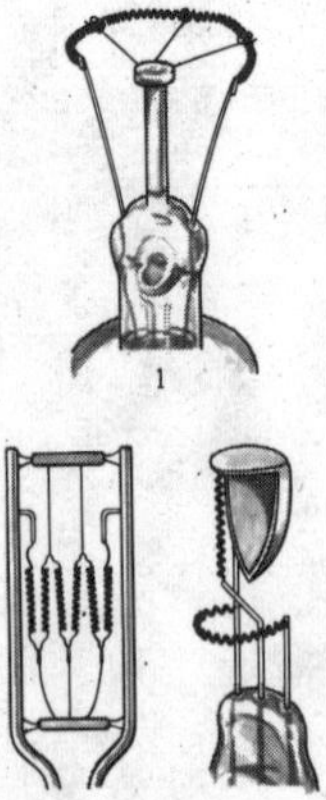

1 2 3

filamentos *(lumin.)* 1. De lámpara para alumbrado doméstico; 2. De proyector cinematográfico; 3. De faro de automóvil

FIJAR v. Pegar, clavar, articular una cosa en otra o ensamblarla con ella. || Detener o estabilizar lo que se mueve u oscila. || Asegurar la permanencia de los coloridos o de los olores.

— *Carp.* Montar las hojas de puertas y ventanas por medio de bisagras, en sus respectivos marcos ya fijados en los vanos.

— *Constr.* Llenar de mortero, con la fija *, los espacios que median entre los sillares.

— *Fot.* Efectuar el fijado * de una fotografía.

— *Perf.* y *Quím.* Agregar un fijador* a una substancia para evitar que ésta se volatilice. || Agregar uno o varios átomos de un elemento a la molécula de un cuerpo.

FIJATIVO, VA adj. Fijador.

FIJO, JA adj. Firme, seguro, que no se mueve. || Dícese del color estable, que tarda mucho en descolorarse, y también del perfume persistente.

— *Aeron. Plano fijo,* estabilizador.

— *Mec. Polea fija,* v. POLEA.

— *Quím.* Dícese del cuerpo que solamente se volatiliza a temperaturas elevadas. || *Gas fijo* o *permanente,* v. GAS.

FILA f. *Mar.* Paral.

FILADELFITA f. *Miner.* Variedad de vermiculita que resulta al descomponerse la biotita.

FILADIZ f. *Text.* Seda de los capullos rotos.

FILAMENTO m. Fibra, hilillo vegetal o metálico, o cualquier materia filiforme.

— *Lumin.* Hilo metálico que se vuelve incandescente al pasar la corriente y emite la luz en las lámparas * eléctricas de incandescencia. || *Filamento emisivo,* el de metal refractario, revestido de substancia emisiva de electrones (óxidos de metales alcalinotérreos), que se usa en las lámparas fluorescentes de cátodo caliente y en las válvulas de radio.

— *Radiot.* Hilo de tungsteno que emite los electrones en las lámparas o válvulas termoiónicas de caldeo directo o que calienta y excita un cátodo de sales de torio en las de caldeo indirecto. (V. CÁTODO y LÁMPARA.)

FILÁSTICA f. *Mar.* Hilos o estopa que se obtiene destorciendo cables viejos.

FILATURA f. *Text.* Hilatura.

FILETE m. *Arq.* Faja lisa y estrecha que separa dos molduras. || Listel. || Elemento superior de una cornisa.

— *Art. gráf.* Molde tipográfico, de igual altura que los tipos, que sirve para imprimir trazos ondulados o rectos, simples o dobles, especialmente para encuadrar los textos, separar columnas o componer tablas numéricas. || *Filetes de troquelar,* los que cortan, perforan el papel o dejan una huella en el mismo.

— Son *filetes de troquelar* los siguientes: *filetes cortantes, rectos* o *curvos,* más altos que los tipos, que cortan el papel o el cartón (labores de cromos recortados, orlas, tarjetas de felicitación, cajas y estuches, etc.); *filetes perforadores;* de filo punteado, que hacen líneas de agujeritos como las que, en los talonarios, permiten separar el talón de su matriz; *filetes de medio corte,* de altura calculada para que el corte no atraviese por completo el cartón o cartulina, y *filetes dobladores,* que penetran en el papel sin cortarlo y dejan en él una huella que permite doblarlo cómodamente.

— *Tecn.* Resalto helicoidal de los pernos, tuercas y otras piezas roscadas. (V. ROSCA.)

FILIACIÓN f. *Atom. Filiación radiactiva,* relación que existe entre dos elementos o isótopos de una misma familia de cuerpos radiactivos por resultar uno de ellos de una sucesión de desintegraciones sufridas por el otro.

— Entre el radio 226 y el plomo 214 existe una *filiación radioactiva,* puesto que el primero se convierte en el segundo al cabo de tres desintegraciones sucesivas, en cada una de las cuales pierde dos protones y dos neutrones, o sea una partícula alfa. (V. RADIACTIVIDAD.)

FILIFORME adj. Dícese de las cosas largas y delgadas como un hilo.

— *Quím.* Dícese de las cadenas* muy largas formadas por una sucesión de numerosas moléculas, estructura propia de los polímeros y macromoléculas (caucho, azufre blando, muchas materias plásticas, etc.).

FILIGRANA f. *Arq.* Obra de fábrica finamente calada: *la filigrana de los rosetones góticos.*

— *Art. y of.* Labor de platería o de cualquier otra índole, caracterizada por la finura de los materiales empleados (por ej. hilos de oro y plata), la delicadeza de los dibujos o contornos y el arte con que ha sido ejecutada.

— *Papel.* Marca transparente que llevan ciertos papeles y que consiste en el emblema o marca del fabricante, o en alguna sigla o dibujo que complica el trabajo de los falsificadores de papel moneda, acciones y obligaciones, títulos de empréstitos, sellos de correos, etc.

— Las *filigranas* se obtienen en la misma máquina que fabrica el papel, disponiendo una plancha delgada de cobre o de latón en la que se han recortado los motivos, encima de la tela sobre la cual se extiende la pasta del papel. Éste resulta menos espeso — y, consiguientemente, más transparente— en las partes donde estaba el metal. Muchas veces se limita la filigrana haciendo pasar el papel ya hecho por una filigranadora, calandria cuyos cilindros llevan grabados los motivos de la filigrana o sobre los cuales se ha arrollado una plantilla de los mismos.

— *Text. Filigrana española,* encaje hecho con hilos de oro y plata.

FILIGRANADORA f. *Papel.* Calandria de filigranar. (V. FILIGRANAR.)

FILIMOQUETE m. *Carp.* Serrucho * de ranurar.

FILIPICHIN m. *Text.* Reps * de lana usado para tapizar muebles.

FILM m. Anglicismo por *película**

— *Cin.* Película.

FILMACIÓN f. *Cin.* Rodaje.

FILMAR v. *Cin.* Rodar.

FILME m. *Cin.* Película* positiva usada para ser proyectada.

FILMPACK m. *Fot.* Cargador que contiene una docena de películas fotográficas semirrígidas, cada una de ellas prolongada por una banda de papel fuerte que sobresale y, tirando de ella, permite hacerla pasar, una vez impresionada, del frente al fondo del cargador: *el filmpack, hoy en desuso, constituía un medio cómodo de cargar los aparatos fotográficos de placas sin necesidad de manipularlas en el cuarto oscuro.*

FILO m. Arista cortante de los cuchillos y las herramientas para partir materias sólidas o labrarlas con arranque de viruta. (V. CORTE.)

— *Min.* Boca de las barrenas *.

FILO, prefijo derivado del griego *phullon,* que significa *hoja.* || Prefijo derivado del griego *phillos* que significa *amigo.*

FILOBÚS m. *Transp.* Trolebús.

FILÓN m. *Min.* Grieta antigua del terreno rellenada ulteriormente por minerales (filón mineralizado), por materiales procedentes del mismo terreno o por la mezcla de unos y otros. || *Filón estéril,* el que no contiene minerales aprovechables.

— Un *filón* se caracteriza por su dirección, su buzamiento y su potencia (v. *figura*). Generalmente suelen existir varios filones próximos unos de otros y correspondientes a otras tantas fracturas del terreno producidas al mismo tiempo. Pueden ser paralelos, irradiar de un mismo centro o seguir direcciones convergentes y cruzarse. Ciertos filones solamente miden unas decenas de metros, mientras que en California se ha identificado un mismo filón aurífero en una longitud de 200 km. A veces el filón es tan delgado que aparece en la galería de la mina como una lista de menos de un centímetro de anchura, a lo largo de la cual es prolongada la excavación con la esperanza de que se ensanche la grieta primitiva y con ella la mena que contiene. Ésta puede resultar de la concentración de substancias contenidas en las aguas descendentes o por los vapores ascendentes desprendidos de rocas eruptivas situadas profundamente.

FILOSEDA f. *Text.* Tela de seda basta (filadiz), de ligamento tafetán, con hilo de un cabo en la trama y de dos en la urdimbre. ‖ Tejido hecho a imitación del anterior con filadiz y algodón.

FILOSOFÍA f. *Art. gráf.* Uno de los nombres de los tipos de imprenta del cuerpo 10.

FILTRABLE adj. Que puede ser depurado o separado por un filtro.

FILTRACIÓN f. *Tecn.* Operación consistente en hacer pasar un líquido a través de los poros de un filtro * que retiene las partículas sólidas. ‖ Paso de un líquido a través de cualquier cuerpo permeable. (V. INFILTRACIÓN.)

FILTRADO adj. y s. Dícese del líquido que ha pasado por un filtro.

FILTRADOR m. Aparato depurador de líquidos que consiste esencialmente en un filtro.

FILTRANTE adj. Que filtra o sirve para filtrar. ‖ *Galería filtrante,* V. GALERÍA.

FILTRO m. Materia porosa a través de la cual se hacen pasar un líquido o un gas para eliminar las partículas sólidas que llevan en suspensión o para extraerlos de las substancias sólidas o pastosas con las cuales se hallan mezclados.

— *Acúst.* V. más abajo *Telec.*

— *Aeron.* Reja que forma células poligonales y se dispone en la entrada de un túnel * aerodinámico para eliminar las turbulencias del aire y regularizar su flujo.

— *Autom. Filtros de aire, de aceite, de gasolina* o *de gasoil,* los que se interponen, respectivamente, entre la atmósfera y el carburador —en el circuito de engrase del motor— y entre el depósito y la bomba de combustible, con objeto de eliminar las impurezas arrastradas por el aire, el aceite o el combustible.

— *Fot.* Disco de cristal o de materia plástica, colorado, que se coloca ante el objetivo para que absorba ciertas radiaciones del espectro y deje pasar las otras.

— Ciertos *filtros* sirven para corregir las deficiencias de las emulsiones, como los de tinte amarillo, que permiten mejorar las fotografías hechas con emulsiones ortocromáticas *; otros se usan para obtener efectos artísticos, cuales son los *filtros rojos* que dan cielos obscuros sobre los cuales se destacan las nubes blancas; un *filtro infrarrojo* o un *filtro de Wood,* harán que la emulsión sólo sea impresionada por los rayos infrarrojos o ultraviolados, respectivamente; por el contrario, existen filtros especiales para impedir el paso por el objetivo de rayos ultraviolados, como los hay también llamados *filtros polarizantes,* que suprimen los reflejos de los cristales y otros objetos brillantes que se fotografían (v. POLARIZACIÓN). Por último, en fotografía en color se usan filtros para atenuar los colores excesivamente dominantes, como el azul en el borde del mar, o el rojo que predomina a primera hora de la mañana y al atardecer. Asimismo, un *filtro azul claro* permite emplear una película para luz del día con alumbrado artificial y, recíprocamente, un *filtro anaranjado pálido,* servirá para tomar vistas a la luz del día con una película prevista para luz artificial.

— *Ópt. Filtro interferencial,* superposición en la superficie de un cristal de finísimas capas de plata, aluminio u otros metales separadas por una película de otra materia, de tal forma que las interferencias * entre los rayos luminosos reflejados por dos capas metálicas se traduzcan por la anulación de una parte de los rayos luminosos, con la cual el cristal solamente dará paso a la o las radiaciones deseadas.

— *Papel. Papel de filtro,* rodaja grande de papel de trapo de algodón, sin cola, plegado en forma de cucurucho a propósito para ponerlo en un embudo y filtrar líquidos.

— *Radiot.* V. más adelante *Telec.*

— *Tecn.* Los *filtros de papel* (v. más arriba) se usan principalmente en los laboratorios, no solamente para clarificar líquidos, sino también como medio de separar y dosificar precipitados, materias en suspensión, etc. Con dicho fin los químicos disponen de filtros que, al arder, dan un peso fijo de ceniza, conocido de antemano, lo cual permite deducir el peso del poso que contienen. Los *filtros domésticos* para depurar el agua son recipientes cilíndricos de doble fondo. En el *filtro de bolsa* el vaso interior se halla constituido por una bolsa de tela tupida o de fieltro, y en otros casos es de gres permeable. El agua pasa por gravedad del recipiente interior al exterior, que

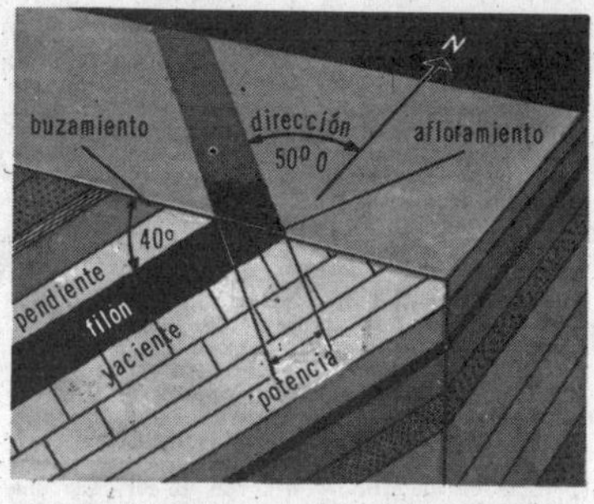

filón *(min.)*

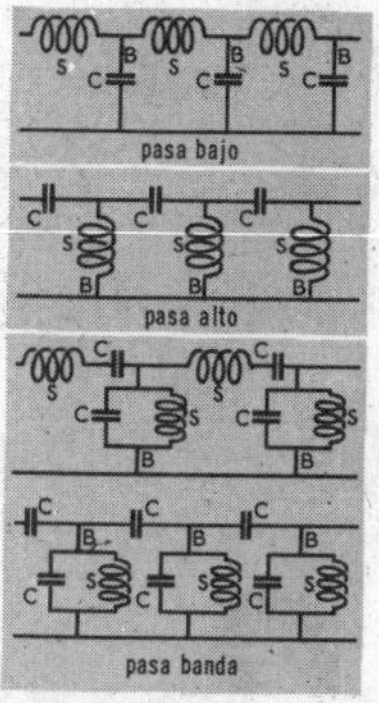

filtros *(telec.)*
C. Condensadores; S. Bobinas; B. Conexiones

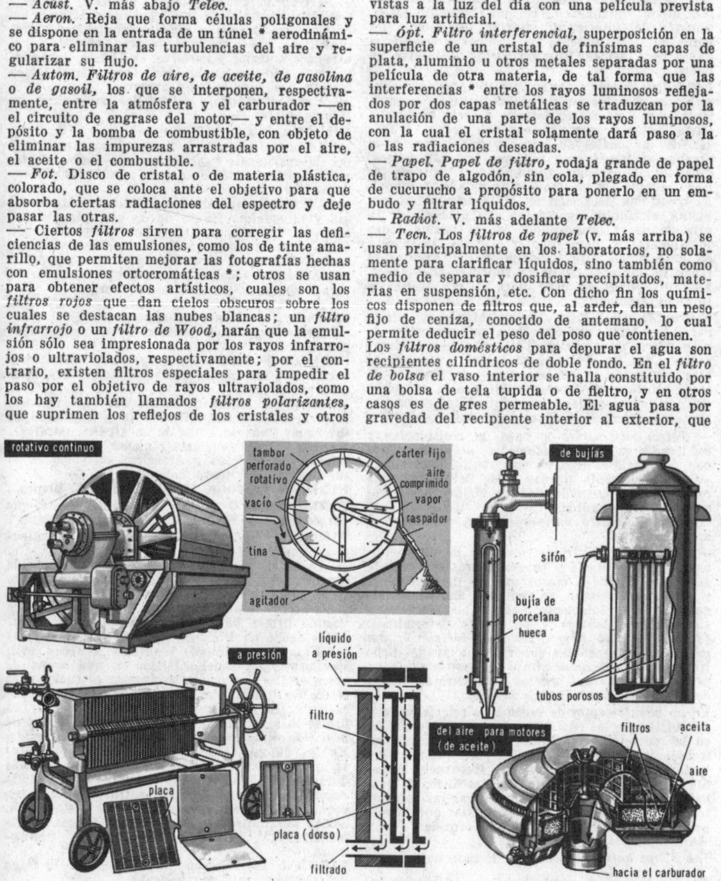

filtros *(tecn.)*

se halla provisto de un grifo. También se usan bujías filtrantes (*filtro de Chamberland*) que se montan en el mismo grifo, y en las cuales el agua atraviesa a presión un tubo de porcelana porosa. Para el abastecimiento público de agua potable se utilizan pilas con el fondo cubierto por diversas materias granulosas (carbón, tierra de infusorios, arena) y se aplica uno de los procedimientos de filtración rápida o filtración lenta. (V. DEPURACIÓN.)

En las instalaciones industriales, además de los tipos de filtros ya indicados, se usan otros de mayor rendimiento que practican el filtrado por presión o por depresión. El *filtro rotativo* consiste en un tambor horizontal perforado y revestido de fieltro, que gira parcialmente sumergido en el líquido. Se halla dividido en varios compartimientos limitados interiormente por la superficie de un cilindro fijo. En el curso de una vuelta del tambor cada compartimiento pasa frente a distintos orificios del cilindro que determinan varias fases sucesivas: primeramente existe en el interior una depresión que aspira el líquido a través de la pared permeable del tambor, a la cual quedan fuertemente adheridas las partículas sólidas; después existe una presión de aire comprimido, del interior al exterior, que esponja la capa de materias sólidas y la desprende del tambor, recogiéndola entonces un raspador situado más abajo; finalmente pasa un chorro de vapor, también del interior al exterior, que limpia los poros del revestimiento del tambor y lo deja a punto para aspirar líquido turbio e iniciar un nuevo ciclo.

Los *filtros prensa* trabajan por compresión y consisten en una sucesión de placas filtrantes —constituidas por un marco forrado de tela tupida—, yuxtapuestas y apretadas con una prensa, a través de las cuales se hace pasar el líquido a presión. Citemos, por último, los *ultrafiltros*, constituidos por una columna cuya entrada se halla cerrada por un paquete de rodajas de papel. Al crear una depresión en el interior de la columna, el líquido penetra en ella a través de la pila de papel abandonando en la misma todas sus impurezas; para limpiar el filtro, se inyecta en la columna aire comprimido que expulsa el fango de los poros y de la superficie del papel. Los ultrafiltros se usan para filtrar aceites y líquidos espesos.

Filtros de aire. Para depurar el aire y eliminar las materias que éste lleva en suspensión, se usan *filtros de aceite* y distintas clases de separadores. En los primeros se obliga a circular al aire por pasos estrechos untados de aceite o de otras substancias viscosas a las cuales se pegan las partículas sólidas; en cuanto a los segundos, han sido descritos en el artículo SEPARADOR.

— *Telec.* Dispositivo a base de resistencias y condensadores convenientemente acoplados para que, insertado el filtro en un circuito de corriente alterna, solamente puedan salir del mismo una corriente de frecuencia dada o un grupo de frecuencias comprendidas entre dos límites determinados. || *Filtro antiparásito*, v. PARÁSITO y ANTIPARÁSITO.

— Los *filtros eléctricos* consisten en cierto número de resistencias y condensadores conveniente acoplados según el efecto que se desee obtener y que, prácticamente, se reduce a uno de los siguientes: dar solamente paso a las frecuencias situadas por debajo de un límite determinado (*filtros de paso bajo* o *de paso inferior*); dar paso a las frecuencias superiores a la de dicho límite (*filtros de paso alto* o *de paso superior*); dejar pasar las frecuencias comprendidas entre dos límites dados (*filtro de banda*).

En un buen receptor de radio o de televisión pueden utilizarse los tres filtros : el filtro de banda, en la recepción, sirve para captar solamente las frecuencias procedentes de una emisora, pues detiene las de las emisoras de frecuencia inmediatamente superior o inferior; los filtros de paso bajo y de paso alto permiten separar las corrientes y dirigir a un altavoz especial las que corresponden a los sonidos bajos y a otro las de los sonidos agudos.

Los *filtros antiparásitos** son de paso bajo.

FILVÁN m. *Art. y of.* Rebaba que conserva el filo de la herramienta amolada y que se suprime frotándola suavemente con una muela de grano fino untada de aceite o con un cuero.

FIN com. *Tecn.* Sin fin, dícese de los cables, cintas y correas que tienen sus extremos empalmados y forman una figura cerrada. || *Cinta* o *correa sin fin*, v. TRANSPORTADOR *de cinta*. || *Parrilla sin fin*, v. PARRILLA. || *Tornillo sin fin*, v. TORNILLO.

FINAL m. *Art. gráf.* Figura, viñeta o filete con que se llena el blanco de la página que termina un libro o uno de sus capítulos.

FINETA f. *Text.* Tela de algodón fina y compacta, a veces afelpada por un raspado de su revés, empleada para forros y prendas de uso interior.

FINEZA f. Finura.

FINITO, TA adj. Que tiene fin, límite o término.
— *Astr. Espacio finito*, v. ESPACIO.
— *Mat. Progresión, número finito*, v. MAGNITUD, PROGRESIÓN y NÚMERO. (V. tb. INFINITO.)

FINO, NA adj. y s. De escaso volumen o espesor: *tela fina de seda.* || De textura delicada: *en Toledo se hacen labores finas de ataujía.* || Liso: *los esmaltes gliceroftálicos son muy finos.* || Preciso, exacto: *receptor con ajuste muy fino de la sintonía.* || De calidad superior : *conservería de productos finos.*
— *Art. gráf. Trama fina*, v. TRAMA.
— *Mar.* Dícese del barco cuyo casco largo y estrecho corta el agua en buenas condiciones hidrodinámicas. || — M. *Fino de proa, fino de popa*, extremos anterior y posterior del barco, respectivamente, en los cuales las líneas de flotación forman dos ángulos muy agudos.
— *Metal.* Tratándose de metales, muy puro: *un lingote de oro fino.*

FINURA f. Calidad de fino *.
— *Aeron.* Cociente de la fuerza de sustentación * por la resistencia * al avance: *la finura de los aviones es del orden de 5 a 15; la de los planeadores llega a ser de 30.*
— La *finura* depende del ángulo de ataque del ala y la *máxima finura* de un ala, planeador o avión es indicada por su polar * respectiva. Un avión es tanto más rápido cuanto mayor es su finura. Asimismo, un planeador * abandonado en una atmósfera idealmente calma podrá alargar su bajada proporcionalmente a su finura.
— *Mar.* Calidad del barco fino *. || *Coeficiente de finura*, coeficiente de afinamiento *.
— *Metal.* Proporción de metal noble que contiene una aleación. (V. LEY.)

FIORD o **FIORDO** m. *Geogr.* Golfo estrecho y profundo, cauce de un antiguo glaciar, hoy invadido por el mar.
— El *fiordo* difiere de la ría por sus orígenes, lo escarpado de sus orillas y la profundidad de sus aguas (más de 1 000 m en algunos parajes). Existen fiordos en las regiones más septentrionales de Europa y América, así como en el sur de Chile y Nueva Zelandia.

FIORITA f. *Miner.* Variedad de ópalo blanco.

FIRMAMENTO m. *Astr.* La bóveda celeste, que parece servir de fondo a las estrellas. (V. CIELO.)

FIRME m. *Obr. públ.* Pavimento o revestimiento de una carretera.
— La índole del *firme* requerido por una calzada depende sobre todo de la intensidad del tránsito y, en grado menor, del clima local. En caminos y carreteras locales de escaso tránsito se siguen usando firmes de adoquines o de grava cilindrada sobre un lecho de piedra machacada (macadán). El adoquinado * resulta a veces útil, localmente, en aquellos sitios en que se ha de proceder frecuentemente a levantar el suelo, pues ofrece facilidad y rapidez para efectuar las operaciones sin recurrir a maquinaria especial. Los firmes más corrientes para carreteras son los de *gravilla cilindrada* y *asfaltada* o *alquitranada.* En las autopistas y carreteras muy importantes se aplican *firmes de hormigón*, que son los más duraderos y que, por añadidura, conservan la rugosidad de su superficie antideslizante y no requieren operaciones periódicas de restauración cuales son indispensables para los firmes alquitranados. (V. AUTOPISTA, CALZADA y CARRETERA.)

FISGA f. *Mar.* Arpón de varias púas: *la fisga de tres púas se llama tridente.*

FISGAR v. *Mar.* Arponear con la fisga.

FISI, prefijo derivado del latín *fissus,* que significa *hendido* y entra en la composición de voces científicas.

FISIBLE adj. *Atom.* Físil.

FÍSICO, CA adj. y s. Relativo o perteneciente a la naturaleza, a la materia o a los cuerpos en general. ‖ *Estado físico,* v. ESTADO. ‖ *Propiedades físicas,* las que son perceptibles por nuestros sentidos, directamente o merced a algún instrumento de física, y que tienden a modificar el estado de los cuerpos, aunque no su composición. ‖ — F. Ciencia que trata de dichas propiedades y de las leyes que las rigen. ‖ *Física nuclear,* la que trata del núcleo atómico y de las partículas elementales. ‖ *Física del Globo,* geofísica.
— Nuestros sentidos nos permiten estudiar los cuerpos y sus propiedades. A los cambios que éstas experimentan se les da el nombre de *fenómenos.* Por ejemplo, la aparición de un arco iris en el cielo, la fusión de un pedazo de hielo, o la dilatación del mercurio en el termómetro son fenómenos físicos que no traducen ningún cambio definitivo en la naturaleza de la materia (que el agua se halle en forma de gotitas en suspensión en la atmósfera o solidificada en un bloque, no por eso deja de ser agua; que el mercurio se dilate o se contraiga, su composición no es alterada). Existen, por el contrario, otros fenómenos que traducen una transformación definitiva de la materia, como la combinación de las substancias que desaparecen para formar otra substancia dotada de propiedades físicas diferentes de las dos primeras (por ej., el hidrógeno y el oxígeno son gases que pueden ser licuados, pero que, al elevarse la temperatura de los líquidos respectivos, vuelven a recobrar su estado gaseoso. De todos modos, si ambos gases se combinan para formar moléculas de dos átomos de hidrógeno con uno de oxígeno, la vaporización del líquido resultante, el agua, no da lugar a la separación de los dos gases, los cuales siguen constituyendo agua, aunque en forma de vapor, y éste, al condensarse, dará de nuevo agua. Así, el arco iris, la fusión, la dilatación, la evaporación y la condensación son fenómenos físicos, mientras que la combinación del oxígeno con el hidrógeno, es un fenómeno químico que sale del ámbito de la física. No obstante, la distinción entre ambas ciencias es mucho menos precisa en otros ramos, especialmente en atomística, dado que, a la escala del átomo los fenómenos físicos se confunden con el principio esencial de las transformaciones químicas.
La física puede ser *teórica* o *experimental,* y se subdivide en varias ramas principales: *mecánica, calor, acústica, óptica* y *electricidad,* a las cuales se tiende hoy a agregar la *física atómica* o *nuclear,* que trata de todo lo concerniente a los átomos, salvo los fenómenos eléctricos y químicos engendrados por los electrones. (V. ÁTOMO.)
Los progresos de la física se efectúan generalmente a partir de hipótesis y principios teóricos, pero no pueden proseguirse indefinidamente si unas y otros no conducen cada vez a establecer una ley *. Las leyes se fundan en la experiencia, y su validez es corroborada por ella. De ahí que la física sea ante todo una ciencia experimental, que tanto debe a la metrología. Incluso existen fenómenos experimentales que todavía no han podido ser explicados por una ley, y también hay medidas a las cuales solamente pueden aplicarse fórmulas empíricas. No obstante, las modernas calculadoras electrónicas, por la complejidad de los problemas que pueden resolver y la rapidez con que efectúan los cálculos, contribuyen poderosamente a perfeccionar las bases teóricas de la física.

FISICOMATEMÁTICO, CA adj. Que participa a la vez de la física y de las matemáticas.

FISICOMECÁNICO, CA adj. Que participa a la vez de la física y de la mecánica.

FISICOQUÍMICO, CA adj. y s. Relativo o perteneciente, a la vez, a la física y a la química. ‖ — F. Ciencia que abarca la física y la química o, según otros, que trata de los fenómenos comunes a ambas disciplinas.

FÍSIL adj. *Atom.* Dícese de los elementos o de los isótopos cuyos núcleos pueden experimentar la fisión *.

— *Geol.* y *Miner.* Aplícase a las rocas y minerales que tienden a abrirse en láminas delgadas, como las pizarras y, en general, todos los esquistos.

FISIÓN f. *Atom.* Ruptura en dos o más fragmentos del núcleo de un átomo pesado, provocada por una partícula incidente, especialmente por un neutrón.
— Los núcleos atómicos constan de partículas eléctricamente positivas (los protones) y de partículas neutras (los neutrones), mantenidas unidas por fuerzas de intercambio entre dichos nucleones. En los núcleos pesados estas fuerzas bastan apenas para mantener la cohesión del núcleo porque éste cuenta demasiados neutrones y puede ser comparado entonces a una gota de agua excesivamente grande, la cual, por efecto de la menor solicitación o acopio de agua se parte en dos o más gotitas independientes que adoptan la forma esférica de la gota primitiva. Así, por ejemplo, si un neutrón libre penetra en un átomo pesado y alcanza su núcleo, éste se deforma y alarga y se parte en dos fragmentos (rara vez en tres), cada uno de los cuales constituye el núcleo de un elemento más ligero. Como los núcleos pesados tienen, comparativamente al número de sus protones, más neutrones que los núcleos más ligeros, la desintegración tiene por efecto la emisión de varios neutrones libres que se hallan en exceso en los núcleos nuevamente formados. También suele existir emisión de rayos gamma.
La figura representa un ejemplo de fisión de un núcleo de uranio 235. Éste cuenta 92 protones más 143 neutrones, a los cuales se suma el neutrón incidente que causa la *fisión,* o sea un total de 236 nucleones. La fisión da un núcleo de bario 142, otro de criptón 91 y 3 neutrones, cuya suma arroja también 236 partículas. Así, la fisión consiste en un arreglo diferente, en una nueva distribución de los nucleones. De ahí que un mismo núcleo de uranio 235 pueda, según la masa de los fragmentos producidos por la fisión y el número de neutrones libres, dar numerosas combinaciones de núcleos: bario y criptón, bromo y lantano, cerio y selenio, estroncio y xenón, yodo e itrio, rubidio y cesio, etc. Entre estos núcleos muchos son isótopos radiactivos por tener un exceso de neutrones y, al cabo de una serie de desintegraciones, se convierten en núcleos de otro elemento estable. (V. RADIACTIVIDAD.)
Generalmente la fisión provocada por neutrones rápidos da dos fragmentos iguales, mientras que las fisiones debidas a neutrones lentos o térmicos, suele dar dos fragmentos desiguales cuyas masas son aproximadamente de 94 y 140 (las masas extremas son de 50 y 170).
Desde el punto de vista práctico, y mientras no evolucionen las técnicas actuales, solamente las fisiones provocadas por neutrones lentos presentan interés para el aprovechamiento de la energía atómica, pues son los más aptos para multiplicar las fisiones en el seno del uranio 233, el uranio 235 y el plutonio 239, mientras que para la fisión del uranio 238 se requieren neutrones rápidos, de escaso rendimiento. Ahora bien, los neutrones libertados en la fisión son neutrones rápidos y para poder entretener una reacción en cadena * eficaz es indispensable frenarlos, cosa que se obtiene interponiendo entre las barras de

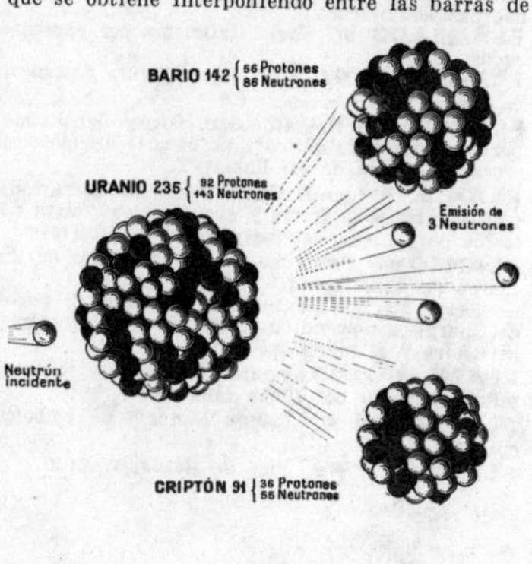

fisión del uranio

uranio substancias moderadoras (v. MODERADOR). La energía necesaria para asegurar la cohesión de las partículas en los núcleos nuevamente formados por la fisión, es inferior a la que mantenía unidos los mismos nucleones en el átomo pesado. La diferencia (v. DEFECTO *de masa*) corresponde a la energía libertada por la fisión. En el vacío aparece en forma de energía cinética, mientras que en el seno de un medio absorbente se manifiesta en forma de calor. (V. ÁTOMO, BOMBA y REACTOR *nuclear*.)

FISIONABLE adj. *Atom.* Físil.

FISIONAR v. *Atom.* Producir la fisión *.

FISIONÓMETRO m. Aparato para reproducir la forma de los objetos por moldeo.

FISURA f. *Geol.* y *Min.* Hendedura en el seno de la roca o de la vena de mineral. ‖ *Fisura de estratificación,* la que existe a veces entre dos capas o estratos de una misma roca.

— *Obr. públ.* Grieta de los firmes bituminosos en los puntos donde sufren esfuerzos de tracción que los alargan excesivamente.

FISURACIÓN f. Agrietamiento de un material.

— *Geol.* y *Min.* Formación de fisuras: *la sequedad provoca fisuraciones en el terreno arcilloso.*

FISURÓMETRO m. *Obr. públ.* Instrumento en el cual una placa de firme bituminoso es alargada progresivamente, hasta que aparezcan fisuras en la misma, con objeto de determinar los esfuerzos de tracción que puede soportar sin lastimarse.

FITO, prefijo derivado del griego *phuton,* que significa *planta* y entra en la composición de muchas palabras, especialmente en botánica.

FITOCOLITA f. *Miner.* Variedad de lignito de textura gelatinosa.

FITÓGENO, NA adj. *Geol.* De origen vegetal: *la hulla es una roca fitógena.*

FITOTECNIA f. *Ind.* Estudio de las aplicaciones industriales de los vegetales.

FITOTRÓN m. Laboratorio especial para estudiar el crecimiento, la maduración, la fructificación y la reproducción de las plantas sometidas a diferentes condiciones climáticas.

— Un *fitotrón* consiste en cierto número de invernáculos * claros y otros obscuros en los cuales es posible regular la intensidad y duración de la iluminación, la humedad y temperatura del aire, así como su riqueza en gas carbónico. Pueden reproducirse así todos los climas del Globo, e incluso climas inexistentes. Por otra parte, la composición química del suelo también puede ser modificada a voluntad. Así, en un espacio reducido y en breve plazo, puede determinarse la conveniencia de tal planta a tal clima, la influencia de una hormona, la acción favorable o perniciosa de un insecto, la aptitud de una radiación luminosa o ionizante para mejorar el rendimiento de las plantas o conferirlaes nuevas propiedades, etc.

FIZEAU (*Efecto Doppler*). V. DOPPLER-FIZEAU.

FJORD m. *Geogr.* Fiord.

FLAMAN m. *F. c.* Instrumento que, montado en una locomotora, registra en una faja de papel la posición de los semáforos en el momento de pasar el tren por los mismos, las maniobras del maquinista, la alimentación del hogar en combustible, etc., y sirve, por consiguiente, para comprobar que el viaje se ha efectuado en las debidas condiciones.

FLAMEADO m. *Text.* Galicismo por *chamuscado.*

FLAMENCO, CA adj. *Arq. Aparejo flamenco,* v. APAREJO.

FLAMÍGERO, RA adj. *Arq.* Dícese del último período del estilo gótico*, en el cual los motivos evocan la forma de las llamas.

FLAN m. *Art gráf.* Copia negativa, de cartón, que se saca de la forma y que, a su vez, sirve de molde para fundir las planchas de estereotipia *.

FLANCO m. Cada uno de los dos lados de un cuerpo visto de frente.

— *Mec.* En los dientes de engranajes *, parte del perfil comprendida entre la circunferencia primitiva y el fondo del diente.

FLASH m. *Fot.* Lámpara * relámpago. ‖ Destello producido por dicha lámpara.

FLAT TWIN m. *Autom.* Motor * de émbolos opuestos.

FLAUTA f. *Carp. Pico de flauta,* v. PICO.

FLAV, prefijo derivado del latín *flavus,* que significa *amarillo.*

FLAVANILINA f. *Quím.* Substancia colorante del grupo de la quinoleína, que se obtiene calentando acetanilida en presencia de cloruro de cinc: *la flavanilina se emplea para teñir los textiles de amarillo.*

FLAVANTRENO m. *Quím.* Colorante amarillo obtenido a partir de una disolución de aminoantraquinona en el nitrobenceno.

FLAVESCENTE adj. Que tira a amarillo.

FLAVOCOBÁLTICO, CA adj. *Quím.* Aplícase a ciertos compuestos amarillos que resultan de la acción del ácido nitroso sobre disoluciones amoniacales de las sales de cobalto.

FLAVOFENINA f. *Quím.* Crisamina.

FLAVONA f. *Quím.* Substancia amarilla que es el constituyente esencial de numerosas materias colorantes naturales, especialmente de las flores, así como de algunas vitaminas del grupo B.

FLAVONAL o **FLAVONOL** m. *Quím.* Materia colorante amarilla derivada de la flavona.

FLAVOPURPURINA f. *Quím.* Materia colorante derivada del ácido antraflávico *.

FLECO m. *Text.* Borlas o cordoncillos que adornan el orillo o los extremos de un tejido y que se obtienen destejiendo una parte del mismo y anudando, entrelazando o retorciendo los extremos libres de los hilos. ‖ Labor semejante a la anterior obtenida mecánicamente en los telares de pasamanería.

FLECTOR m. *Mec.* Junta flexible que enlaza los dos árboles en ciertas articulaciones y acoplamientos elásticos y que corresponde a la cruceta de las juntas de Cardán.

FLECHA f. *Aeron.* Inclinación que se da al ala de los aviones rápidos para facilitar su penetración en el aire.

— La resistencia que opone el aire al avance del ala es tanto menor cuanto menos espesa es la misma proporcionalmente a su profundidad, o sea a la cuerda de su perfil. Ahora bien, si un ala primitivamente perpendicular al fuselaje se inclina hacia atrás para formar con el mismo un ángulo agudo, su espesor máximo no variará, pero sí la longitud del perfil y, relativamente a ésta, el espesor será menor y el ala ofrecerá también menor resistencia al aire. A las velocidades transónicas, la *flecha* retrasa la aparición de las ondas de choque. Además, la flecha aumenta la estabilidad del avión, pues cuando alguna perturbación inclina el aparato hacia un lado, aumenta la resistencia del aire contra el ala del lado opuesto, con lo cual tiende el avión a recobrar su orientación primitiva. Por el contrario, el ala en flecha engendra menos fuerza de sustentación que el ala recta durante el despegue y el aterrizaje del avión y disminuye también la eficacia de los dispositivos hipersustentadores *. En los aparatos netamente supersónicos el ala en flecha pierde su interés y es reemplazada por alas rectas muy delgadas. (V. ALA.)

— *Arm. Flecha de la trayectoria,* máxima altura que alcanza un proyectil respecto al plano horizontal que pasa por la boca del arma.

— *Arq.* Altura de la clave de un arco * o de una bóveda sobre la línea de los arranques. ‖ Remate piramidal o cónico, muy agudo, de los campanarios y otras torres. ‖ Flexión de una viga por efecto de la carga que soporta.

— *Electr.* V. más abajo *Telec.*

— *Geom.* Sagita.

— *Mec.* Aguilón de la grúa. ‖ Flexión de una pieza horizontal sometida a esfuerzos transversales.

— *Obr. públ.* Magnitud del bombeo de una calzada, o sea sagita del arco formado transversalmente por su superficie.

— *Telec. Flecha de un cable,* en las líneas aéreas de teléfonos, telégrafos, transporte de energía eléctrica, etc., altura entre el punto más bajo del cable y la horizontal que pasa por sus arranques.

FLECHASTE m. *Mar.* Cada una de las cuerdas o listones que, ligados a los obenques, sirven de escalones para subir a lo alto de los palos.

FLEJE m. *Metal.* Cinta de hierro o acero recocido que sirve como refuerzo y precinto de cajas, balas y otros fardos, y también para hacer los aros de las cubas y toneles.

FLEMA f. *Quím.* Producto de la destilación de un líquido alcohólico cuando no es apto para elaborar bebidas (por oposición al aguardiente).

FLEQUILLO m. *Text.* Borde de tejidos en el cual se han suprimido los hilos de trama o los de urdimbre, quedando los demás libres.

FLETTNER m. *Aeron.* y *Mar.* Compensador aerodinámico de los timones.
— El *flettner* es un alerón pequeño dispuesto en el borde de escape de los timones para reducir los esfuerzos requeridos del piloto en el manejo de éstos. Cuando el timón se ha de inclinar hacia la derecha, el flettner se articula hacia la izquierda y la resistencia que ofrecen al aire o el agua, multiplicada por el brazo de palanca*, compensa en parte la resistencia que el fluido ejerce sobre el timón.

FLEXIBILIDAD f. Calidad de lo flexible.
— *Mec. Flexibilidad de un resorte, ballesta* o *suspensión,* longitud, generalmente expresada en milímetros por tonelada, en que cede el resorte o la suspensión de un vehículo por efecto de la carga del mismo.

FLEXIBLE adj. y s. Que puede doblarse fácilmente y sin romperse.
— *Electr.* Dícese del conductor eléctrico formado por muchos hilos metálicos de escaso calibre torcidos ligeramente y forrados de caucho, cuyo conjunto es muy flexible.
— *Mec. Tubo flexible,* v. TUBO. ‖ *Transmisión flexible,* v. TRANSMISIÓN.

FLEXIÓN f. Acción y efecto de doblar o encorvar.
— *Mec.* Deformación de un sólido por efecto de fuerzas que actúan sobre su plano de simetría o sobre puntos equidistantes, dos a dos, de dicho plano. ‖ *Momento de flexión,* v. MOMENTO.
— Una pieza experimenta una *flexión* cuando se halla sometida a fuerzas transversales generalmente situadas en un mismo plano y que, las más de las veces, actúan perpendicularmente al eje de la pieza. Por efecto de estas fuerzas, la pieza cede y se deforma. Si era recta, se encorva y se producen entonces deformaciones diferentes y complementarias en las dos partes en que la fibra neutra divide transversalmente la pieza: en la primera de dichas partes, situada hacia la concavidad, la pieza se acorta por compresión de las fibras; en la parte opuesta, existe un alargamiento y las fibras se hallan sometidas a esfuerzos de tensión. La fibra neutra no se halla sujeta a compresión ni a tracción y conserva su longitud primitiva (v. RESISTENCIA *de materiales*). Las vigas del techo o de un puente constituyen un ejemplo de piezas sujetas a flexión.

FLEXOR, RA adj. Que dobla o encorva.
— *Mec. Momento flexor,* v. MOMENTO y FLEXIÓN.

FLEXURA f. *Geol.* y *Ocean.* Deformación propia de las capas geológicas que se han elevado a uno de los lados de una línea y han descendido en el otro: *la flexura continental enlaza, sin ruptura ni discontinuidad, las tierras continentales con las depresiones del fondo submarino.*

FLINT o **FLINT GLASS** m. *Ópt.* y *Vidr.* Cristal de muy buena calidad, propio para lentes, prismas y otros elementos ópticos que, combinados con los de crown *, permiten obtener sistemas exentos de aberraciones. (V. ABERRACIÓN.)
— El *flint,* antagonista del crown, es un vidrio a base de silicato de plomo, de elevado poder dispersivo y refringente.

FLOCADURA f. *Acúst.* Proyección de borra sobre papel fuerte u otro soporte encolado, con objeto de obtener una superficie aislante contra los ruidos.
— *Text.* Guarnición o adorno constituido por varias hiladas de flecos superpuestos.

FLOCULACIÓN f. *Quím.* Precipitación de las substancias que se hallan emulsionadas o en disolución coloidal.
— La *floculación* se produce por efecto del calor, de la electricidad, de agentes químicos, etc. Precede a la coagulación y consiste en la precipitación de las partículas sólidas, las cuales, sin fundirse unas con otras (pues no existe coalescencia), permanecen aprisionadas en la masa.

FLOCULAR v. *Quím.* Precipitar por floculación.

FLÓCULO m. *Astr.* Nubes de calcio y de hidrógeno presentes en las regiones elevadas de la atmósfera solar y que aparecen en forma de numerosísimos glóbulos apiñados en los espectrogramas hechos a la luz del hidrógeno o del calcio. (V. ESPECTRO y FOTOSFERA.)

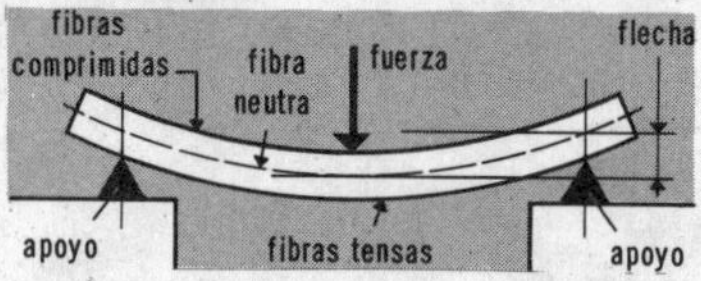

flexión *(mec.)*

FLOCULOSO, SA adj. *Quím.* Dícese de los precipitados en forma de copos, cuales los dan las substancias coloidales.

FLOJEL m. *Text.* Pelusa suelta que se saca de los paños. ‖ El plumón más fino de las aves.

FLOJO, JA adj. Poco apretado. ‖ Que carece de solidez.
— *Quím.* Poco concentrado: *una lejía floja.* ‖ Dícese de los ácidos y de las bases poco ionizados: *el ácido carbónico es un ácido flojo.* (V. FUERZA y pH.)
— *Text.* Dícese de la seda sin torcer.

FLOR f. *Arq. A flor,* dícese de la pieza que, embutida en otra, queda a ras de la misma.
— *Curt.* Lado de una piel en que se hallaban los pelos, opuesto a la carnaza *.
— *Ind. alim.* La parte más fina de una substancia: *azúcar, harina de flor.* ‖ Nata, moho que se forma en la superficie del vino y de otras bebidas alcohólicas en curso de fermentación.
— *Metal.* Irisaciones que aparecen a veces en la superficie del metal templado en el agua fría.
— *Miner. Flores de antimonio,* valentinita. ‖ *Flores de cinc,* cincosita. ‖ *Flores de cobalto,* mezcla térrea de arseniato y arsenito de cobalto. ‖ *Flores de hierro,* aragonita coraliforme.
— *Quím. Flor de alumbre,* eflorescencia pulverulenta que se forma sobre los cristales de alumbre. ‖ *Flor de arsénico,* polvo de anhídrido arsenioso que se obtiene por condensación de su vapor. ‖ *Flor de azufre,* polvo de color amarillo que resulta del enfriamiento brusco de los vapores de azufre. ‖ *Flor de cinc,* óxido de cinc que, en la combustión de este metal, se deposita en forma de copos sumamente ligeros.

FLORENCIA f. *Text.* Tejido de ligamento tafetán, con trama de algodón y urdimbre de seda, que sirve para forros, especialmente los de sombreros de señoras.

FLORENTINA f. *Text.* Tejido menos basto que la florencia, con trama de filadiz.

FLORETE adj. *Ind. alim.* Dícese del azúcar de flor *.
— *Papel.* Aplícase a ciertos papeles de calidad superior.

FLOROGLUCINA f. o **FLOROGLUCINOL** m. *Quím.* Trifenol de la serie bencénica, preparado a partir del trinitrobenceno, que tiene aplicaciones en papelería (como reactivo de la celulosa) y en la síntesis de colorantes naturales.

FLORÓN m. *Arq.* Adorno que se pone en el centro de un techo o en los encuentros de los nervios de una crucería, artesonado, etc.

FLOTABILIDAD f. *Fís.* Calidad de flotable.
— *Mar.* Fuerza que, en virtud del principio de Arquímedes, resulta del empuje del agua sobre el volumen sumergido del casco y que se opone al peso total del barco.
— La *flotabilidad* es *positiva* cuando el volumen sumergido basta para equilibrar el peso del barco. Cuando la flotabilidad es *negativa,* el barco se hunde. El excedente de volumen del casco respecto al desplazamiento constituye la *reserva de flotabilidad.*

FLOTABLE adj. Que puede flotar: *pocas maderas existen que no sean flotables.* ‖ Dícese del río que, sin ser navegable, permite el transporte por flotación de la madera u otras cosas.

FLOTACIÓN f. *Fís.* y *Mar.* Flotabilidad. ‖ *Línea de flotación,* intersección de la superficie de un líquido con el cuerpo que en él flota: *en el buque completamente cargado la línea de flotación separa la obra viva de la obra muerta.*
— Cuando un cuerpo flota, la *línea de flotación* delimita un plano que lo corta en dos partes o volúmenes. El volumen inferior contiene —si el cuerpo flota en el agua dulce— tantos decímetros

pilas de **flotación** *(min.)*:
1. Vertedero del mineral concentrado; 2. Árbol motor; 3. Entrada de aire; 4. Extracción de un bloque mecánico; 5. Regulación de la luz entre el disco y el difusor; 6. Evacuación del fango; 7. Vertedero; 8. Cámara de inyección; 9. Disco y difusor; 10. Orificio de alimentación; 11. Refuerzo; 12. Tubería de entrada de los concentrados si se han de tratar de nuevo

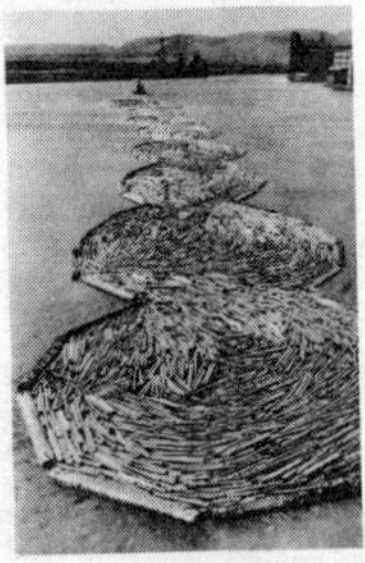

flotación
de madera en rollo

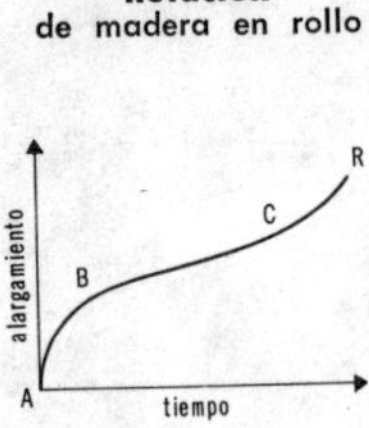

fluencia
de A a B, fluencia rápida; de B a C, a velocidad constante; de C a R, acelerada hasta la rotura en R

cúbicos como kilogramos pesa el cuerpo. Puede concebirse una infinidad de planos, diferentemente orientados, que cortarían en el cuerpo volúmenes equivalentes. Así, para que —además de la flotabilidad— exista equilibrio es indispensable que el centro de gravedad del cuerpo y el centro de gravedad del volumen situado por debajo de la línea de flotación se hallen en una misma perpendicular al referido plano. Ambas condiciones concurren en los barcos.

— *Min.* Procedimiento para separar de su ganga los minerales machacados, merced a agentes que, agregados a un baño de agua, hacen flotar las partículas de uno de los dos constituyentes mientras que las del otro quedan en el fondo.

— La *flotación* permite concentrar minerales finamente pulverizados. El polvo se echa en una tina que contiene agua emulsionada con aceite de pino, el cual impregna las partículas de mineral, pero no las de ganga. También puede contener el agua agentes espumantes, de modo que, al inyectarse en el baño aire comprimido o al batirlo con un agitador, se formen burbujitas de aire que se adhieren a las partículas aceitadas. Éstas flotan entonces y suben a la superficie, que es espumada mecánicamente o de la cual desborda la espuma por un vertedero. Según la índole del mineral se da al baño una composición diferente y más o menos compleja a base de aceites (creosota, derivado del petróleo), agentes espumantes (aceite de pino, jabones, detergentes), activadores que facilitan la adherencia del aceite (sulfatos de cobre y de cadmio), depresores humectantes de la ganga (silicato de sodio), etc. A veces una misma operación llamada *flotación selectiva* permite separar varios minerales simultáneamente. (Véase B. P. G.)

— *Transp.* Transporte de la madera en los lagos y ríos dejándola arrastrar por la corriente o remolcándola a flote. ‖ Transporte similar de los tubérculos y materias primas de uno a otro lugar de una fábrica por acequias o canales.

— El *transporte* (de los troncos) *por flotación* resulta económico y en muchas comarcas es el único medio posible de evacuar la madera talada en selvas desprovistas de vías de comunicación (selvas tropicales, bosques del norte canadiense y euroasiático). En los ríos no navegables, los troncos se echan al agua y bajan arrastrados por la corriente hasta la factoría provista de instalaciones para detenerlos; en otros casos se forman armadías con cierto número de troncos asegurados con grapas y cables, y son conducidas por un equipo especializado en estas faenas; por último, en los lagos y en los ríos caudalosos se forman, con troncos sujetos con cables, unos cercos grandes dentro de los cuales se encierran, sin atarlos, centenares de otros troncos para remolcarlos. Un mismo remolcador puede arrastrar diez balsas gigantes de esta especie, lo cual representa un tonelaje considerable con un gasto mínimo de flete, al par que se suprimen los gastos de carga y descarga de los buques.

Por lo demás, la inmersión prolongada de los troncos, lejos de perjudicar a la madera, la favorece, puesto que el agua disuelve y elimina la savia, haciendo así que la madera sea más duradera.

FLOTADOR m. Cuerpo menos denso que un líquido y que se hace flotar sobre el mismo con algún objeto.

— *Aeron. Flotador de ala,* el que llevan los hidroaviones debajo de las alas, en el extremo de las mismas, para evitar que penetren en el agua y se deterioren. ‖ *Flotador de catamarán,* cada uno de los dos flotadores en forma de barquillas fijadas en el fuselaje que sostienen al hidroavión encima del agua y le permiten despegar y amarar.

— *Autom. Flotador de carburador,* v. CARBURADOR.

— *Mar.* Cada uno de los corchos, bolas de vidrio u otros cuerpos ligeros que sirven para sustentar un arte de pesca o para que adopte la forma apropiada dentro del agua. ‖ Compartimiento estanco constituido por un recipiente vacío y herméticamente cerrado, como los que poseen las embarcaciones insumergibles.

— *Tecn.* Los *flotadores* tienen infinidad de aplicaciones como indicadores o reguladores de nivel. Cuando el recipiente se vacía el flotador provoca la llegada de líquido, y cuando éste alcanza el máximo nivel fijado de antemano, el flotador interrumpe su entrada mecánicamente (v. VÁLVULA *de flotador*) o accionando dispositivos eléctricos. Asimismo, cuando en una caldera baja excesivamente el nivel del agua el flotador puede hacer funcionar un pito de alarma.

FLOTADURA f. y **FLOTAMIENTO** m. Flotación, acción de flotar.

— *Autom.* Bailoteo de las ruedas directrices de un automóvil, que obliga al conductor a obrar constantemente sobre el volante (incluso en las rectas) y que resulta de un desgaste o desajuste en el mecanismo de la dirección.

FLOTANTE adj. Que flota.

— *Autom. Motor flotante,* v. MOTOR.
— *Fís. Cuerpo flotante,* v. FLOTACIÓN.
— *Mar. Ancla flotante,* v. ANCLA. ‖ *Dique flotante,* v. DIQUE. ‖ *Grúa flotante,* v. GRÚA.
— *Constr. Ladrillo flotante,* v. LADRILLO.

FLOTÓMETRO m. *Metr.* Aerómetro.

FLUATACIÓN f. *Constr.* Procedimiento para endurecer superficialmente las calizas blandas y el hormigón y protegerlos contra los agentes atmosféricos: *la fluatación consiste en aplicar una o varias capas de una solución de fluosilicato de magnesio y de cinc.*

FLUATADO, DA adj. *Quím.* Transformado en fluoruro. ‖ *Cal fluatada,* fluorina.

FLUATO m. *Quím.* Antigua denominación de los fluoruros. ‖ Disolución de fluosilicatos que se emplea en la fluatación*.

FLUCTUACIÓN f. *Fís.* Movimiento alternativo en la masa de un líquido. ‖ Variaciones que experimenta una magnitud física en más o menos de su valor medio.

FLUCTUAR v. *Fís.* Oscilar la masa de un líquido. ‖ Variar una magnitud por encima y por debajo de su valor medio.

FLUCTUÓMETRO m. *Mec.* Instrumento electrónico que permite medir y registrar con precisión las ligeras variaciones de la velocidad de rotación de las máquinas que han de girar a velocidad constante.

FLUENCIA f. *Mec.* Deformación lenta que experimenta con el tiempo un sólido sometido a fuerzas permanentes.

— La temperatura a la cual se produce la *fluencia* varía de un material a otro. Así, en las turbinas de gas, turborreactores y motores similares, se ha comprobado que, a temperaturas de más de 400°, el tiempo interviene en la resistencia de las piezas, las cuales se deforman y, aunque se mantenga constante la temperatura, acaban por romperse. La deformación no es proporcional al tiempo durante todo el proceso de fluencia, como lo muestra la figura. En el cemento armado sometido a cargas permanentes también se dan fenómenos de fluencia.

FLUIDEZ f. Calidad de fluido. ‖ Propiedad del líquido que puede correr por las canalizaciones: *la fluidez de una substancia está en razón inversa de su viscosidad.*

— *Fís.* Inversa de la viscosidad absoluta de un líquido, cuya unidad en el sistema C. G. S. es el rhe.

FLUIDIFICANTE adj. y s. Que fluidifica.

— *Obr. públ.* Substancia que se agrega al asfal-

Fot. B. B. T., E. C. A.

to para modificar su consistencia o su punto de fusión.

FLUIDIFICAR v. *Fís.* Hacer pasar un sólido al estado de fluido.
— *Metal.* Agregar flujo * a un metal fundido.

FLUIDIZACIÓN f. *Transp.* Proyección de polvo en una corriente de aire para formar una suspensión que permita transportarlo.
— La *fluidización* es un procedimiento para transportar materias pulverulentas, que se usa principalmente en las fábricas de cemento. Estriba en hacer pasar una corriente de aire comprimido por el doble fondo (con el interior perforado) de una canal que contiene el polvo. Éste es arrastrado y corre por la canal como si fuera fluido.

FLUIDO, DA adj. y s. Dícese de los cuerpos cuyas moléculas, por falta de cohesión, pueden deslizarse unas sobre otras (líquidos) o moverse sueltas (gases), por cuya razón dichos cuerpos no tienen forma propia y adoptan la del recipiente que los contiene. || Por ext., dícese del cuerpo que es líquido a las temperaturas ordinarias. || *Fluidos compresibles* o *elásticos,* los gases. || *Fluido perfecto,* fluido ideal desprovisto de viscosidad, cuya existencia se admite para comodidad de ciertos cálculos de física. || *Mecánica de los fluidos,* ciencia que trata de los movimientos y del equilibrio de los fluidos.
— Con el nombre común de *fluidos* se designan los líquidos y los gases, pues ambas clases de cuerpos tienen propiedades comunes, como lo demuestran los globos y los batíscafos, fundados en el mismo principio de Arquímedes. No obstante, los gases son mucho más ligeros que los líquidos y su compresibilidad es considerable, mientras que la de los líquidos es ínfima.
Un fluido se halla constituido por gran número de pequeñísimas partículas de materia que pueden moverse independientemente unas de las otras, siguiendo trayectorias llamadas *líneas de corriente.* El roce de unas partículas con otras determina la *viscosidad * del fluido.* Se comprende que, al tratarse de masas en movimiento, se puedan aplicar a los fluidos las leyes de la mecánica, constituyendo un ramo especial que es la *mecánica de los fluidos,* la cual abarca la hidrostática * y la hidrodinámica *, que se aplican a los líquidos (y exceptionalmente a los movimientos muy lentos de los gases, considerados entonces como *fluidos incompresibles*) y la aerodinámica *, que trata de los gases compresibles.

FLUJO m. Movimiento o derrame de los fluidos. || Movimiento, propagación de un haz de partículas o de radiaciones.
— *Aeron. Turborreactor de doble flujo,* v. TURBORREACTOR.
— *Electr. Flujo eléctrico,* el de un campo eléctrico a través de una superficie.
— *Electrón.* Haz de electrones que atraviesa el espacio vacío entre dos electrodos de un tubo o válvula.
— *Lumin. Flujo luminoso,* magnitud que permite medir la cantidad de luz transportada en un segundo por un haz luminoso : *la unidad de flujo luminoso es el lumen.*
— *Magn. Flujo magnético en un campo magnético perpendicular a una superficie,* número de líneas de fuerza que atraviesan la misma.
— *Mar.* Movimiento ascendente de la marea.
— *Metal.* Materia que se agrega al metal fundido para volverlo más fluido, afinarlo y protegerlo contra la oxidación por el aire: *el flujo usado en soldadura permite que el metal llene todos los intersticios y evita que la oxidación perjudique a la adherencia.* (V. FUNDENTE.)
— *Meteor. Línea de flujo,* línea seguida por las corrientes aéreas, que coincide con las isobaras.
— *Quím.* Fundente.

FLUJÓMETRO m. *Magn.* Fluxómetro.

FLUOALUMINATO m. *Quím.* Aluminofluoruro.

FLUOBORATO m. *Quím.* Sal del ácido fluobórico.

FLUOBÓRICO, CA adj. *Quím.* Dícese de un ácido que se obtiene uniendo fluoruro de boro y ácido fluorhídrico. (Sinón. BOROFLUORHÍDRICO.)

FLUOCARBONATO m. *Quím.* Sal derivada de un carbonato al reemplazar el oxígeno por flúor.

FLUOCLORURO m. *Quím.* Combinación de un fluoruro y un cloruro.

FLUOFOSFATO m. *Quím.* Sal del ácido fluofosfórico.

FLUOFOSFÓRICO, CA adj. *Quím.* Dícese de un ácido HPF_6. (Sinón. FOSFOFLUORHÍDRICO.)

FLUOGERMÁNICO, CA adj. *Quím.* Dícese de un ácido que se obtiene a partir del fluoruro de germanio. (Sinón. GERMANIFLUORHÍDRICO.)

FLUONIOBATO m. *Quím.* Sal compleja que resulta al reemplazar por flúor el oxígeno de los niobatos.

FLÚOR m. *Quím.* Elemento simple de número atómico 9 y símbolo F. || *Datación por el flúor,* v. DATACIÓN. || *Espato flúor,* fluorina.
— El *flúor* es un metaloide, primer elemento de la familia de los halógenos. Gas de color amarillo verdoso, sus principales constantes son las siguientes: masa atómica, 19; densidad, 1,69; puntos de ebullición y de fusión — 188° y — 223°, respectivamente. El flúor es el más electronegativo de los elementos, o sea el más activo de la química, y se combina con casi todos —muchas veces a la temperatura ordinaria— con desprendimiento de mucho calor. Ataca a todos los metales —aun cuando en el caso del cobre y el níquel se forma una capa superficial de fluoruro a través de la cual no puede proseguirse su acción—, descompone el agua en frío y su combinación con el hidrógeno es explosiva.
La mena principal de flúor es la *fluorina* o *espato flúor.* Menos importante es la *criolita.*
La extracción del flúor es difícil dada su gran actividad química. Se efectúa por electrólisis, en aparatos de cobre y níquel, de fluoruros ácidos fundidos o del ácido fluorhídrico. Los derivados orgánicos fluorados se emplean como agentes frigoríficos, así como en los extintores de incendios. En el campo de la astronáutica se efectúan importantes investigaciones tendientes a utilizar el flúor como comburente, dado que este elemento, de poder ser empleado con el hidrógeno como combustible, constituiría con él el más eficaz de todos los propergoles.

FLUOR, prefijo que indica la presencia de flúor en un compuesto químico.

FLUORACIÓN f. *Fot.* y *Ópt.* Operación consistente en aplicar sobre la superficie de un cristal óptico fluoruro de magnesio, u otro fluoruro, para formar una capa antirreflejos *: *la fluoración se efectúa vaporizando el fluoruro en la campana, sometida al vacío, que contiene los lentes.*

FLUORADO, DA adj. *Quím.* Que contiene flúor.

FLUORAMINA f. *Quím.* Derivado fluorado del amoniaco.

FLUORENO m. *Quím.* Carburo de hidrógeno de fórmula $(C_6H_4)_2{=}CH$, presente en el alquitrán de hulla.

FLUORESCEÍNA f. *Quím.* Materia colorante que se obtiene calentando a 200° una mezcla de anhídrido ftálico y resorcina.
— La *fluoresceína* es un polvo de color amarillo anaranjado. Disuelta en lejías alcalinas da un líquido amarillo que, cuando no se observa por transparencia, presenta una fluorescencia verde tan intensa que basta con cinco centigramos de este colorante para observar la fluorescencia en un volumen de 1 000 litros de agua. Los hidrógrafos aprovechan esta propiedad para estudiar el curso de las aguas subterráneas, vertiendo fluoresceína en las simas y buscando los manantiales fluorescentes. En química industrial se usa como materia prima para fabricar eosinas y eritrosinas.

campana de **fluoración**

Fot. A. Papillon

FLUORESCENCIA f. *Fís.* Propiedad de los cuerpos que, al ser expuestos a los rayos ultraviolados o a la luz visible, transforman estas radiaciones y emiten luz de longitud de onda mayor que la de los rayos incidentes.
— Cuando los fotones de una radiación chocan con los átomos y moléculas de los cuerpos fluorescentes, estas partículas absorben su energía y quedan excitadas. El retorno a su estado normal se efectúa por etapas, en el curso de cada una de las cuales la partícula pierde una parte de su exceso de energía en la forma de radiación de longitud de onda mayor que la de las radiaciones incidentes. Las más de las veces éstas son rayos ultraviolados cuyas ondas, demasiado cortas, no impresionan la retina y son invisibles; pero las nuevas radiaciones emitidas por el cuerpo fluorescente pertenecen al espectro visible. En este fenómeno estriban los efectos luminosos designados con el nombre de *luz * negra.*
Asimismo, en las *lámparas * de fluorescencia* la descarga eléctrica en el vapor de mercurio da lugar a una emisión de rayos ultraviolados e invisibles que, al excitar la substancia del revestimiento fluorescente del tubo, provocan la emisión por el mismo de luz visible. También los rayos X y los rayos catódicos provocan la fluorescencia de muchas substancias, especialmente de los sulfuros que constituyen el revestimiento de las pantallas en los aparatos de radiología, los televisores, oscilógrafos catódicos, etc.
La fluorescencia permite analizar y diferenciar en la obscuridad, bañándolas en radiaciones invisibles, dos substancias que a la luz del día ofrecen el mismo aspecto; también se utiliza para descubrir falsificaciones de cuadros y documentos importantes, mediante identificación de los pigmentos por su fluorescencia característica.
Los fenómenos de fluorescencia no deben confundirse con los de fosforescencia *.

FLUORESCENTE adj. *Fís.* Dícese de los cuerpos que tienen la propiedad de ser fluorescentes.
— *Lumin. Lámpara fluorescente,* v. LÁMPARA y ALUMBRADO. || *Luz fluorescente,* la que emiten ciertos cuerpos dotados de fluorescencia *.
— *Radiot. Pantalla fluorescente,* v. PANTALLA.

FLUORESCER v. *Fís.* Emitir luz fluorescente.

FLUORESCINA f. *Quím.* Fluoresceína.

FLUORHÍDRICO, CA adj. *Quím.* Dícese de un ácido compuesto de hidrógeno y flúor, de fórmula HF.
— El *ácido fluorhídrico* es un líquido que hierve a 19,5º, muy ávido de agua, por cuya razón humea al combinarse sus vapores, en forma de hidrato, con la humedad atmosférica. Se caracteriza por su actividad sobre los silicatos y, como disuelve la cerámica y el vidrio, ha de conservarse en recipientes de plomo o bien de otra materia revestida de parafina o gutapercha. Se elabora calentando fluorina con ácido sulfúrico en retortas de plomo.
El ácido fluorhídrico se usa para grabar el vidrio, previamente cubierto por una capa de barniz en la cual se raspan los dibujos con un buril para dejar a descubierto las partes en que el vidrio ha de ser atacado. También sirve para disolver los granos silíceos que quedan aprisionados en la superficie de las piezas de metal vaciadas en moldes de arena, y, por último, sirve este ácido para fabricar fluoruros.

FLUORÍFERO, RA adj. *Quím.* Que contiene flúor.

FLUORINA o **FLUORITA** f. *Miner.* Fluoruro de calcio, de fórmula CaF_2. (Sinón. ESPATO FLÚOR.)
— La *fluorita,* de la cual existen numerosas variedades, tiene una textura vítrea y cristaliza generalmente en forma de cubos. Las más de las fluoritas son fluorescentes, especialmente al ser calentadas, distinguiéndose la *clorofana* por la hermosura de su fluorescencia verde. Con la fluorita se labran vasos y otros objetos de adorno, elementos de óptica, etc. También se hace un gran consumo de ella en metalurgia, como fundente.

FLUORÍTICO, CA adj. *Miner.* Que contiene flúor.

FLUORIZACIÓN f. Acción de agregar flúor al agua potable como remedio preventivo de la caries dental: *un miligramo de fluoruro de sodio basta para la fluorización de un litro de agua.*

FLUORO, prefijo. V. FLUOR.

FLUOROGRAFÍA f. *Fot.* Reproducción fotográfica de las imágenes visibles en las pantallas * fluorescentes: *los oscilogramas son fluorografías.*
— *Vidr.* Procedimiento para grabar en el vidrio dibujos obtenidos fotográficamente.
— La imagen fotográfica del dibujo se reproduce en una emulsión de betún de Judea, que protege ciertas partes de la superficie del cristal y deja otras descubiertas. Éstas son atacadas por los vapores del ácido fluorhídrico o de una disolución de fluoruro de amonio.

FLUOROSCOPIO m. *Metal.* Aparato constituido por un generador de rayos X y una pantalla fluorescente de platinocianuro de bario situada en la base de una caja piramidal que permite observar la imagen: *además de su utilización en cirugía, el fluoroscopio sirve para descubrir los defectos internos de las piezas metálicas.*

FLUORURACIÓN f. *Fot.* y *Ópt.* Fluoración.

FLUORURO m. *Quím.* Compuesto que resulta de la combinación del flúor con otro elemento. || Sal del ácido fluorhídrico.
— Los *fluoruros* se fabrican a partir del ácido fluorhídrico. Estos compuestos tienden a combinarse entre sí para dar fluosales. Algunos de ellos entran en la composición de esmaltes y cristales de óptica.

FLUOSAL f. *Quím.* Nombre genérico de ciertos compuestos análogos a las sales oxigenadas, pero que contienen flúor en vez de oxígeno. (La substitución se obtiene tratando las sales oxigenadas con una disolución floja de ácido fluorhídrico.)

FLUOSILICATO m. *Quím.* Sal del ácido fluosilicílico.

FLUOSILÍCICO, CA adj. *Quím.* Dícese de un ácido H_2SiF_6, que es una combinación de fluoruro de silicio y de ácido fluorhídrico.

FLUOSULFÓNICO, CA adj. *Quím.* Dícese del ácido HSO_3F, análogo al ácido clorosulfúrico.

FLUTTER m. *Aeron.* Tipo de vibración rápida del ala, los timones y hasta el fuselaje, que se manifiesta cuando los aviones rápidos alcanzan una velocidad crítica propia de cada uno de ellos.
— *Cin.* Oscilación de las imágenes cinematográficas en la pantalla como consecuencia de vibraciones u otra imperfección del proyector.

FLUVIAL adj. Relativo o perteneciente a los ríos: *navegación fluvial.*
— *Hidr.* Dícese de la corriente de agua cuando, en un canal abierto, la velocidad de la misma es inferior a la velocidad con que se propagan las ondas en su superficie.

FLUVIÁTIL adj. Relativo a los cursos de agua.
— *Geol. Morfogénesis fluviátil,* v. MORFOGÉNESIS.
— *Min. Yacimiento fluviátil,* v. YACIMIENTO.

FLUVIOGLACIAL adj. *Geol.* Dícese de los depósitos sedimentarios y los accidentes del terreno originados por cursos de agua alimentados principalmente por la fusión del hielo en los glaciares.

FLUVIÓGRAFO m. *Hidr.* Instrumento análogo al mareógrafo *, que se instala aguas arriba de una presa o esclusa y registra las variaciones del nivel del agua. (Sinón. FLUVIÓMETRO.)

FLUVIOMARÍTIMO, MA adj. *Geol.* Dícese de los depósitos sedimentarios acumulados en el límite de las aguas dulces y marítimas.

FLUVIÓMETRO m. *Hidr.* Fluviógrafo.

FLUXIÓN f. *Mat. Cálculo de fluxiones,* cálculo diferencial.

FLUXÓMETRO m. *Magn.* Galvanómetro de cuadro móvil que sirve para medir variaciones del flujo magnético.

Fm, símbolo químico del *fermio.*

f. m. m., abreviatura de *fuerza magnetomotriz* *.

FOBOS m. *Astr.* Uno de los dos satélites * del planeta Marte.

FOCA f. *Zool.* Mamífero acuático, del orden de los pinnípedos, que comprende varios géneros; algunos de éstos, propios de las regiones polares, suministran diversas materias a la industria, especialmente aceite * de foca —que resulta de fundir su grasa—, pieles de abrigo y cueros.

FOCAL adj. y s. Relativo o perteneciente al foco.
— *Fot.* Situado en el foco o cerca de él: *obtura-*

*dor * focal.* || *Distancia focal,* o simplemente *focal,* v. FOCO y OBJETIVO.
— *Geom.* Curva o superficie que, respecto a un lugar geométrico del espacio, representa un papel análogo al de un foco respecto a una curva plana. || *Distancia focal,* v. FOCO.
— *Ópt.* Relativo al foco de los espejos curvos y de los lentes. || *Distancia focal, plano focal,* v. FOCO.

FOCALIZACIÓN f. *Fís.* Acción que se ejerce sobre las partículas electrizadas, los rayos luminosos o las radiaciones de cualquier índole con objeto de concentrarlas en un haz estrecho o de hacerlas converger en un punto dado: *la focalización se obtiene desviando las partículas con campos eléctricos (focalización electrostática) o magnéticos (focalización magnética) y la luz con sistemas ópticos.* (V. LENTE *electrónica.*)
— *Radiot.* Concentración del haz de electrones en los tubos de los osciloscopios catódicos, especialmente en los televisores, con objeto de obtener en la pantalla fluorescente una mancha luminosa lo más pequeña posible y aumentar así la nitidez de las imágenes.

FOCALIZAR v. Efectuar la focalización * en todas sus acepciones.

FOCAR v. *Fot.* Ajustar la distancia entre el objetivo y la emulsión sensible para que la imagen que se forma sobre la misma sea nítida. (Sinón. ENFOCAR.)
— *Ópt.* Ajustar los oculares de los instrumentos de óptica hasta que el observador distinga con la máxima nitidez las imágenes formadas por los objetivos, espejos u otros sistemas ópticos. (Sinón. ENFOCAR.)

FOCEIFIZA f. *Constr.* Mosaico hecho con pedacitos de vidrios de colores diferentes.

FOCÍMETRO m. *Ópt.* Focómetro.

FOCO m. *Fís.* Punto de donde parten o donde convergen los haces de rayos, especialmente los rayos luminosos. (V. más abajo *Ópt.*)
— *Geom.* En las cónicas * y otras curvas planas, punto situado en el plano y fuera de la curva, de tal modo que su distancia a todos los puntos de la misma pueda ser expresada por una ecuación.
— La parábola * tiene un solo *foco;* la hipérbola * y la elipse * tienen dos, llamándose distancia focal la que media entre los mismos. El centro de la circunferencia puede ser considerado como la superposición de los dos focos de una elipse de excentricidad * nula. El centro del Sol ocupa uno de los focos de las órbitas elípticas descritas por los planetas; igualmente, los satélites naturales y artificiales describen elipses, en uno de cuyos focos se halla el planeta alrededor del cual gravitan.
— *Lumin.* Arco voltaico u otro manantial de luz muy potente.
— *Magn. Focos magnéticos,* v. POLO.
— *Ópt.* Punto en el cual convergen los rayos paralelos de un haz luminoso una vez que han atravesado una lente o han sido reflejados por un espejo curvo.
— Si se trata de una lente * convexa o un espejo * cóncavo, los rayos paralelos son desviados y todos ellos convergen en un *foco real* situado en el eje óptico. En el caso de lentes cóncavas y espejos *convexos,* se da el nombre de *foco virtual* al punto en que concurrirían los rayos convergentes de no haber sido desviados. La distancia que media entre el centro del sistema óptico y el foco se llama *distancia focal,* y el plano perpendicular al eje óptico que pasa por el foco es el *plano focal.* Así, en un aparato fotográfico, el plano focal es representado por la emulsión sensible y la distancia focal es la que media entre ella y el objetivo *.

FOCOMETRÍA f. *Ópt.* Medición de las distancias focales y otras magnitudes relativas a los focos de los sistemas ópticos.

FOCÓMETRO m. *Ópt.* Instrumento para estudiar las aberraciones de los sistemas ópticos y medir las distancias focales. (Sinón. FOCÍMETRO.)

FOFOQUE m. *Mar.* V. FOQUE.

FOGÓN m. *Arm.* Oxído de las armas de fuego.
— *Técn.* Hogar * donde se hecha el combustible en las calderas, fraguas y ciertos hornos. || Hornillo.

FOGONADURA f. *Carp.* Orificio hecho en un suelo de madera para dar paso a un pie derecho, y, en las cubiertas de los barcos, a los mástiles.
— *Constr. Amer.* Extremo de una viga o madero empotrado en el suelo o en un muro.

FOGONAZO m. *Arm.* Resplandor que produce la explosión de la carga de pólvora en las armas de fuego. || *Amortiguador de fogonazo,* tubo perforado por múltiples agujeros que, montado en la boca del cañón de las armas de fuego, enfría los gases y apaga su resplandor.

FOGUEAR v. Disparar las armas cargadas exclusivamente con pólvora con objeto de limpiar el cañón o para adiestrarse en su manejo.

FOLDING adj. y s. *Fot.* Anglicismo con que se designan los aparatos fotográficos de fuelle.

FOLIÁCEO, A adj. De estructura laminar o semejante a la de una hoja: *esquisto foliáceo.*

FOLIACIÓN f. *Arq.* Tracería * a base de puntillas y lóbulos.
— *Art. gráf.* Acción y efecto de foliar.

FOLIADOR, RA adj. *Art. gráf.* Que folia o sirve para foliar. || Instrumento manual o máquina propios para foliar o paginar. || Numerador.

FOLIAR v. *Art. gráf.* Numerar por su orden las páginas o folios de un libro, cuaderno o talonario.

FOLÍN m. *Art. y of.* Embudo para llenar pipas.

FOLIO m. *Arq.* Lóbulo.
— *Art. gráf.* Número que indica el orden de cada página de un libro y que se imprime en el pie o, las más de las veces, en la cabecera de las mismas, ya solo *(folio numérico),* ya acompañado de algún título o nombre *(folio explicativo).* || *En folio,* dícese del libro, folleto u otra labor impresa cuyo tamaño resulta de haber doblado una sola vez el pliego de papel de marca ordinaria (de ser el papel mayor, el libro es *en folio imperial* o *mayor,* y si es menor, *en folio menor*). || *Folio apaisado,* el del libro de casado * apaisado. || *En folio atlántico,* dícese de los atlas y otros libros impresos en pliegos que no sean doblados, por dar cada uno de ellos una hoja.
— *Geom. Folio de Descartes,* curva de tercer grado, cuyas dos ramas, simétricas respecto a un eje, después de haberse cortado y formado un lazo, se alejan de dicho eje y tienen una asíntota común normal al mismo (el área del lazo es igual al área comprendida entre la curva y su asíntota.)

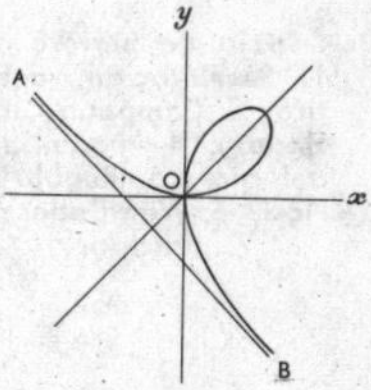

folio *(geom.)*
O. Origen; A y B. Asíntotas

FOLIOTE m. *Art. y of.* En las cerraduras * de picaporte, pieza que mueve el pestillo y que se acciona haciendo girar el puño de la puerta.

FOLLAR v. *Art. y of.* Afollar.

FOLLETO m. *Art. gráf.* Obra impresa, no periódica, de menor importancia que un libro y que, generalmente, carece de encuadernación. (OBSERV. La ley española considera como libro todo folleto de más de 200 páginas.)

FON m. *Acúst.* y *Metr.* Unidad de potencia sonora que sirve para medir la intensidad de los sonidos. (Sinón. FONO.)
— Un sonido de un *fon* produce en el oído la misma sensación fisiológica que otro sonido caracterizado por una frecuencia de 1 000 períodos por segundo y una intensidad física de un decibel. La escala de los sonidos que percibe normalmente el oído humano se extiende desde 0 fon (límite de audibilidad) hasta 130 fones (límite doloroso). Cada vez que la intensidad auditiva expresada en fones dobla, la intensidad mecánica de los sonidos es multiplicada por sí misma. Por ejemplo, si a 0 fones la intensidad es igual a la unidad, a un murmullo corresponden 20 fones y una intensidad 100 veces mayor; a una conversación en voz baja corresponden 40 fones y una intensidad de 10 000, y a los gritos fuertes, 80 fones y 100 000 000 de veces la intensidad mecánica mínima, etc.

FONACION f. *Acúst.* Producción de sonidos por los órganos vocales de los seres vivientes.
— La *fonación* requiere el concurso de varios órganos, que suelen ser los siguientes: 1.º un manantial de energía (aire expirado por los pulmones); 2.º órganos vibratorios (las cuerdas vocales y, accesoriamente, la lengua y los labios); 3.º cajas de resonancia (fosas nasales, senos, faringe y boca); 4.º un sistema nervioso, al cual obedecen los órganos antedichos.

FONDO m. Parte más baja de una cosa hueca: *el fondo de un pozo.* || Poso o resto que queda en el fondo de un recipiente. || Elemento de base visual o auditiva sobre el cual se destacan otros motivos: *grabar la música de fondo de*

forja de una pieza grande

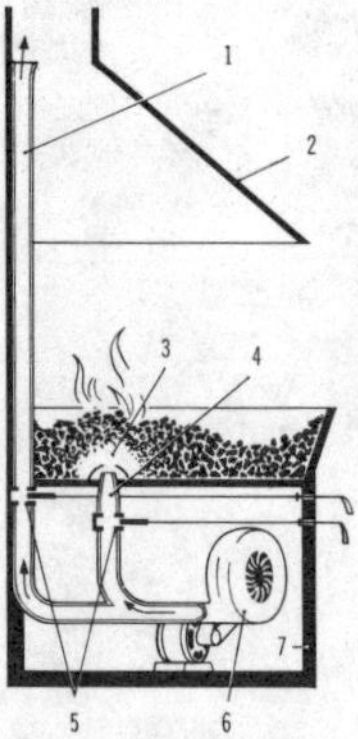

forja de herrero
1. Aceleración del tiro; 2. Campana; 3. Hogar; 4. Boquilla del aire; 5. Regulación; 6. Ventilador; 7. Bastidor

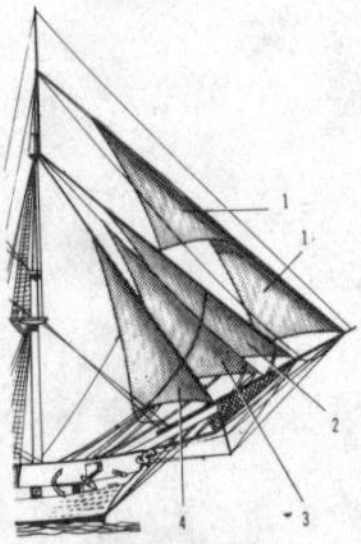

foques
1. Petifoque; 2. Foque; 3. Fofoque; 4. Contrafoque

una película. ‖ *Doble fondo,* segundo fondo que tienen ciertos recipientes y entre el cual y el fondo principal circulan vapor, agua caliente, líquido refrigerante u otros fluidos.
— *Arq.* Extensión interior de un edificio: *un almacén de mucho fondo.* ‖ *Bóveda de fondo de horno,* v. BÓVEDA.
— *Art. gráf.* Motivo que se imprime antes que los grabados y textos en los cheques, acciones y obligaciones u otros documentos para que no puedan ser raspados y resulte más difícil su falsificación. ‖ *Fondo plano,* grabado sin detalles, constituido por un tinte uniforme, que se usa como adorno o sirve de fondo a otro.
— *Carp.* Cada uno de los témpanos de los toneles y otras labores de pipería.
— *Fot.* Cortina, telón pintado o cualquier otro motivo puestos detrás de la persona o cosa que se fotografía para hacerla destacar o para situarla artificialmente en otro ambiente.
— *Joy.* Grueso o espesor de un diamante.
— *Mar.* Parte sumergida de un barco. ‖ Lecho del mar: *fondo arenoso.* ‖ Profundidad del agua: *17 brazas de fondo.* ‖ *Bajo fondo,* elevación del fondo, especialmente cuando la profundidad del agua es comparable al calado de los barcos. ‖ *Doble fondo,* forro interior que, en muchos buques, forma, con el *fondo del casco,* un espacio hermético, subdividido en células empleadas como tanques para lastre y combustibles líquidos.
— *Min.* La parte subterránea de una mina.
— *Radiot. Fondo de cesta,* bobina plana cuyo devanado espiral guarda cierto parecido con la disposición del mimbre en el fondo de una cesta redonda. ‖ *Ruido de fondo,* v. RUIDO.

FONÍA f. *Radiot.* Abreviatura de *radiotelefonía,* empleada profesionalmente por oposición a *grafía: establecer una comunicación en fonía.*

FÓNICO, CA adj. y s. *Acúst.* Relativo a la voz. ‖ — F. Arte de combinar los sonidos con arreglo a las leyes de la acústica.

FONO m. *Acúst.* Fon.

FONO, prefijo derivado del griego *phoné,* que significa *voz.*

FONOAUTÓGRAFO m. *Acúst.* Aparato registrador de vibraciones sonoras.

FONOCÁMPTICO, CA adj. y s. *Acúst.* Relativo a la reflexión de los sonidos. ‖ — F. Parte de la física que trata de la reflexión de los sonidos.

FONOCAPTOR m. Lector * de tocadiscos.

FONOCINEMATÓGRAFO m. *Cin.* Combinación de un proyector cinematográfico y un tocadiscos acoplados mecánicamente para que los sonidos correspondan a las imágenes.

FONOGRAFÍA f. *Acúst.* Grabación y reproducción de las vibraciones producidas por los cuerpos sonoros.

FONÓGRAFO m. *Acúst.* Gramófono. ‖ *Fonógrafo eléctrico,* tocadiscos.

FONÓMETRO m. *Acúst.* y *Metr.* Instrumento graduado en fones, propio para medir la intensidad de la voz y de los demás sonidos.

FONOTECA f. Establecimiento en el cual se conservan toda suerte de fonogramas, especialmente los que revisten interés desde el punto de vista histórico, científico o artístico.

FONTANAL y **FONTANAR** m. *Hidr.* Manantial.

FONTANERÍA f. *Art. y of.* Arte de conducir las aguas para alimentar las fuentes públicas, y, por ext., para abastecer las poblaciones. ‖ Conjunto de caños y otras instalaciones usados con dicho fin.

FOOT m. *Metr.* Nombre del *pie * anglosajón.*

FOQUE m. Cada una de las velas triangulares colocadas entre los masteleros de proa y los botalones del bauprés.
— Cuando existen varios *foques* se reserva este nombre al mayor y se da a los demás las siguientes denominaciones: *contrafoque,* el que se halla más adentro, hacia el bauprés; *fofoque,* el situado entre el foque y el contrafoque; *petifoque,* el más exterior de todos, que se coloca en el extremo del último botalón. La *trinquetilla* es una especie de foque situado en el interior del barco, entre el palo y el arranque del bauprés.

FORACIÓN f. *Art. y of.* Acción y efecto de perforar, taladrar o sondar.

FORAMEN m. *Art. y of.* Orificio, taladro.

FORANES m. pl. *Carp.* Los pies derechos de los andamios utilizados alrededor del barco que se está construyendo.

FORJA f. *Constr.* Mezcla, argamasa.
— *Metal.* Acción de forjar. ‖ Taller donde se forjan los metales.
— La *forja* es el trabajo de los metales incandescentes, especialmente hierro y acero, con el fin de convertir los lingotes en piezas brutas de forma apropiada para ser labrados con máquinas herramienta o, en el caso de la *forja a mano,* para dar su forma definitiva a las labores de herrería hechas a partir de barras. También se forjan lingotes con objeto de mejorar las características del metal.
Una forja consta esencialmente de un hogar para calentar los metales y de medios para batirlos o prensarlos en caliente. En la *forja a mano* se calientan las piezas en la fragua * y se baten con martillos pesados o con machos de fragua, teniéndolas con unas tenazas sobre el yunque *. En las *forjas industriales* se dispone de hornos * para calentar o recalentar los lingotes y se baten éstos con el martillo * pilón o con prensas * hidráulicas. Un buen metal de forja ha de resistir bien a los golpes, tener un buen coeficiente de alargamiento y un límite de elasticidad * bastante bajo. La temperatura ideal para efectuar esta operación depende de la índole del metal y es de 900° a 1 000° para el hierro; 700° a 900° para el acero; 700° para el cobre (que también se forja en frío); 500° para el aluminio, etcétera, mientras que el plomo, el estaño, la plata y el oro se forjan en frío.
La forja de una pieza grande (por ej., un árbol de alternador o un cigüeñal de motor marino) es una operación larga y compleja: el lingote solamente es batido mientras conserva una temperatura próxima del valor óptimo propio del metal, lo cual obliga a recalentar la pieza frecuentemente. Por otra parte, se estudian constantemente su textura y sus características mecánicas con el propósito de mejorarlas, y ello da lugar a varias operaciones de recocido, seguidas de otras de temple por inmersión en aceite o por aspersión con él. Finalmente, la gammagrafía *, los ultrasonidos * y otros procedimientos permiten cerciorarse de que la pieza forjada carece de defectos internos.

FORJABLE adj. *Metal.* Dícese del metal que puede ser forjado: *la fundición no es forjable.*

FORJACIÓN f. *Constr.* y *Metal.* Acción de forjar (Sinón. FORJA y FORJADURA.)

FORJADO, DA adj. y s. *Arq.* Obra de ladrillo, losas u otros materiales con que se rellenan los entrevigados * o los huecos de los entramados *.
— *Metal.* Acción y efecto de forjar. ‖ Dícese del metal forjado en la forja: *biela de acero forjado.*

FORJADURA f. *Constr.* y *Metal.* Forjación.

FORJAR v. *Constr.* Dar forma a las obras de albañilería. ‖ Rellenar los huecos que quedan en los muros, revocar toscamente. ‖ Entrevigar.
— *Metal.* Dar forma a los metales mediante batido o prensado, generalmente en caliente.

Fot. Skoda

FORMA f. Figura, aspecto exterior de las cosas.
— *Arq.* Cimbra, camón. ‖ Formero.
— *Art. gráf.* Moldes de una o más páginas impuestos en la rama con sus correspondientes blancos, acuñados y prestos para la impresión. ‖ Plancha de offset *, cilindro de rotograbado y otras planchas que se obtienen a partir de una forma impuesta, y que reemplazan a ésta en la impresión. ‖ Formato.
— *Mat. Forma algebraica,* todo polinomio * que es homogéneo * respecto a las variables.
— *Papel.* Tambor cilíndrico de tela metálica por la cual se escurre el agua de la pasta en la fabricación del cartón. (V. PAPEL.)
— *Quím. Forma alotrópica,* v. ALOTROPÍA.
— *Tecn.* Molde, horma para dar la forma deseada a una materia.
— *Text.* Placa de madera o metal recortados, y también molde de alambre que se introduce en las medias y otros géneros de punto para que adquieran su forma definitiva bajo la acción del calor en seco o en un baño de vapor.

FORMACIÓN f. Acción y efecto de formarse una cosa o de darle una forma.
— *Electr. Formación de un acumulador,* proceso electrolítico que, al transformar una parte del metal, confiere su actividad a las placas de plomo de los acumuladores nuevos.
— *Geol.* Conjunto de capas o terrenos que son afines por datar de la misma época o por haberse formado en condiciones idénticas: *después del cambriense las formaciones de origen marítimo predominan sobre las formaciones fluviátiles o terrestres.*
— *Geom.* Generación.
— *Metal.* y *Plást.* Nombre dado a distintos métodos de moldeado * de las chapas de metal o de materias plásticas, propios para fabricar piezas grandes sin recurrir al uso de prensas.
— *Quím. Calor de formación,* v. CALOR.

FORMAJE m. *Ind. alim. Amer.* Nombre dado a las formas o moldes para hacer quesos, panes de azúcar, etc.
— *Metal.* y *Plást.* V. FORMACIÓN.

FORMAL o **FORMALDEHÍDO** m. *Quím.* Aldehído fórmico. (Sinón. METANAL.)
— El *formaldehído* es un aldehído de fórmula H-CHO que se elabora haciendo circular una corriente de alcohol metílico en contacto con elementos de cobre incandescente, y también poniendo los vapores de dicho alcohol en presencia de coque, el cual actúa como catalizador. Es un gas incoloro, de olor irritante, que, disuelto en el agua a razón de 40 %, constituye el formol *. Se licua a —21° y se solidifica a —92°. Es un oxidante enérgico y tiene bastante importancia industrial, pues interviene en los procesos de fabricación de materias plásticas (baquelita, galalita, etc.), colorantes, curtientes, mordientes para tejidos, etc.

FORMALETA f. o **FORMALETE** m. *Arq.* Forma * pequeña. ‖ Arco * de medio punto.

FORMALINA f. *Quím.* Formol.

FORMAMIDA f. *Quím.* Amida del ácido fórmico.

FORMAR v. Dar forma. ‖ Efectuar alguna operación de formación *.
— *Art. gráf. Amer.* Acuñar * la forma.

FORMATO m. *Art. gráf.* Forma y dimensiones de un libro. (V. CASADO.)
— *Cin.* y *Fot.* Dimensiones de las fotografías.
— En cinematografía, el *formato* suele expresarse por la anchura total de la película, que es de 8, 9,5 y 16 mm en el cine de aficionados; 16 mm (excepcionalmente) y 35 mm en las películas profesionales para pantalla ordinaria; 55 mm para pantalla ancha, etc. En fotografía, el formato concierne las dimensiones efectivas de las imágenes (unas veces expresadas en mm y otras en cm) y no las de las placas o películas. Los formatos fotográficos más corrientes son los siguientes: 24 × 36 mm (con películas cinematográficas de 35 mm), 6 × 9 y 4,5 × 6 cm en los aparatos clásicos de fuelle, y 6 × 6 cm en los del tipo réflex. Son menos corrientes los siguientes formatos: 7 × 10 mm, 10 × 16 mm, 18 × 24 mm, 3 × 4 cm, en los tamaños del tipo miniatura; 9 × 12 cm, 10 × 15 cm, 13 × 18 cm y 18 × 24 cm (los últimos son más bien tamaños propios de los positivos ampliados).
— *Radiot.* El *formato de las pantallas* de los televisores —expresados en centímetros o en pulgadas— es el diámetro del tubo osciloscópico, o sea, aproximadamente, la diagonal de la pantalla del televisor. Los principales formatos son los de 48 y 59 cm (19 y 23 pulgadas, respectivamente), el último de los cuales tiende a imponerse. La distancia óptima para ver las imágenes de televisión se halla comprendida entre 5 y 7 veces el formato de la pantalla.

forma *(art. gráf.)*

Fot. Larousse

FORMENO m. *Quím.* Metano.

FORMERO m. *Arq.* Nervio en la intersección de la bóveda * vaída con los muros. ‖ Cimbra.

FORMERÍA f. *Arq.* Conjunto formado por los maderos de una techumbre.

FORMIAMIDA f. *Quím.* Formamida.

FORMIATO m. *Quím.* Sal o éster del ácido fórmico *.
— Los *formiatos* son líquidos de olor agradable. El de etilo huele a ron y se agrega a los aguardientes para elaborar imitaciones de dicha bebida.

FORMICA m. *Plást.* Marca registrada de una materia estratificada muy dura que se obtiene prensando varias capas de papel impregnado de una resina a base de fenol y formaldehído y revistiendo una de las dos caras con otra resina más decorativa y brillante.

FÓRMICO, CA adj. *Quím.* Dícese de varios compuestos entre los cuales destacan por su importancia el *ácido fórmico* y el *aldehído fórmico.*
— El *aldehído fórmico* es más bien conocido por el nombre de formaldehído *. El *ácido fórmico* o metanoico es un líquido de fórmula $H\text{-}CO_2H$, de densidad 1,22, cuyas temperaturas de ebullición y de fusión son, respectivamente, de 101° y 8,6°. Tiene un olor picante y propiedades vesicantes —como lo prueban el picor y las pápulas causadas en la piel por las plantas (ortigas) e insectos (hormigas) que contienen este ácido—. Se fabrica haciendo obrar a presión el óxido de carbono sobre la sosa cáustica o haciendo que el agua descomponga cianuro de sodio en la autoclave. Sirve para preparar ácido oxálico, alcanfor y otros productos químicos, y se emplea también para desencalar los cueros, en el teñido de la lana, etc.

FORMILO m. *Quím.* Radical univalente derivado del ácido fórmico por supresión del hidroxilo y cuya fórmula es H-CO-.

FORMILLÓN m. *Text.* Instrumento para dar forma a la cintura de los sombreros.

FORMOFENÓLICO, CA adj. *Plást.* y *Quím.* Dícese de los compuestos que resultan de la condensación de formaldehído con los fenoles y que constituyen las materias plásticas de la familia de los fenoplastos *.

FORMÓGENO, adj. Dícese de los aparatos que sirven para producir aldehído fórmico con fines desinfectantes.

FORMOL m. *Quím.* Solución acuosa que contiene 40 % de formaldehído *.
— El *formol* tiene la propiedad de volver imputrescibles e insolubles las materias albuminoideas. Así, una placa fotográfica previamente bañada en formol puede secarse con una llama sin que funda la gelatina. Constituye un excelente curtiente que da pieles blancas y muy suaves, cuales se emplean en la confección de guantes lavables. También se usa mucho como desinfectante.

FORMÓN m. *Art. y of.* Sacabocados.
— *Carp.* Escoplo de hoja ancha usado por los carpinteros para labrar muescas y rebajos en los maderos.
— *Metal.* Cortafrío.

formón
[V. figura p. 486]

FÓRMULA f. Forma de expresión concisa de una ley, regla o principio.

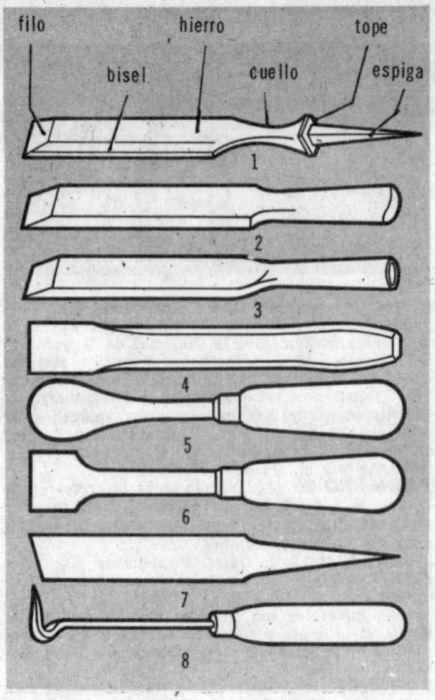

formones
1. De carpintero; 2. De ebanista; 3. De carpintero de armar; 4. Cortafrío; 5 y 6. De picapedrero; 7. De tornero; 8. De albañil

— *Mat.* Expresión simplificada deducida de principios demostrados, que, por medio de símbolos, indica la regla general que se puede aplicar a un caso particular mediante sustitución de dichos símbolos por los datos que permitirán hallar las incógnitas. ‖ Ecuación algebraica.
— La *fórmula* es la igualdad que liga entre sí a varias magnitudes que dependen unas de otras, de tal forma que si todas ellas, menos una, son conocidas, se pueda calcular la incógnita. Así, la intensidad A de una corriente eléctrica (en amperios), su fuerza electromotriz V (en voltios) y su potencia W (en vatios) guardan una relación expresada por la fórmula

$$A = VW,$$

merced a la cual podrá calcularse una de las tres magnitudes, conociendo las otras dos, en cualquier caso particular. Por ejemplo, si en una casa la corriente es de 125 V y el contador de 10 A, la potencia utilizable es de:

$$W = VA = 125 \times 10 = 1\,250 \text{ vatios.}$$

— *Quím.* Representación abreviada de la composición de un cuerpo.
— Una *fórmula química* se escribe yuxtaponiendo los símbolos de los átomos que entran en la composición de una molécula del cuerpo considerado, pero ello puede hacerse con arreglo a dos modalidades: en la *fórmula condensada* o *bruta* se indica el total de átomos de cada elemento, haciendo abstracción de la función que cada uno de ellos ejerce en la molécula; en la *fórmula de estructura* se indica, por el contrario, la forma en que cada átomo se halla enlazado con los demás. (V. QUÍMICA y VALENCIA.)
Así, la fórmula condensada $C_2H_4O_2$, que es la del ácido acético, indica simplemente que este compuesto contiene en su molécula 2 átomos de carbono, 4 de hidrógeno y 2 de oxígeno; la misma composición expresada en fórmula de estructura es:

```
   H
   |
H—C—C—O—H    o bien    CH3—CO—OH,
   |  ‖
   H  O
```

de cuya fórmula se desprende que dicho compuesto solamente posee una función ácido $—CO_2H$ y puede descomponerse fácilmente en gas carbónico CO_2 y metano CH_4.
FORMULARIO m. Colección de fórmulas o recetas.
FORNITURA f. Provisión o suministro de alguna cosa.
— *Art. gráf.* Conjunto de tipos que se compran o fabrican para completar una fundición *.
FORRAR v. Poner funda o forro a una cosa.
FORRO m. Envoltura de tela, papel, madera u otra materia que se pone sobre una cosa para reforzarla o para protegerla contra los agentes exteriores: *el forro de mimbre de una damajuana; ciertos depósitos para ácidos corrosivos tienen forro de plomo.*
— *Art. gráf.* Papel, tela o cuero con que se cubren las pastas del libro.
— *Autom.* Cubierta del neumático. ‖ ***Forro de freno,*** v. FERODO y FRENO.
— *Mar.* Revestimiento del casco hecho con hiladas de tablas o tablones clavados en las cuadernas, y también con chapas soldadas o roblonadas. (V. CASCO.)
— *Text.* Tela interior para reforzar el tejido en un vestido o para darle cuerpo: *los forros visibles suelen ser de tela brillante.*
FORTIFICACIÓN f. *Min.* y *Obr. públ.* Entibación.
FORTIFICAR v. *Min.* y *Obr. públ.* Entibar.
FORZADO, DA adj. *Tecn.* Tratándose de un fluido, impelido, obligado a circular con velocidad o dirección que no son naturales: *ventilación forzada.* ‖ ***Conducción forzada,*** v. CONDUCCIÓN.
FORZAL m. *Art. y of.* Lomo o parte llena del peine, de donde arrancan sus púas o dientes.
FOSA f. Foso.
FOSAR v. Excavar un foso.
FOSFÁMICO, CA adj. *Quím.* Dícese de un ácido que se obtiene tratando anhídrido fosfórico con gas amoníaco.
FOSFAMINA f. *Quím.* Fosfuro * de hidrógeno PH_3.
FOSFATACIÓN f. Acción y efecto de fosfatar.
FOSFATADO, DA adj. y s. Que se halla al estado de fosfato o que contiene fosfato: *cal fosfatada.* ‖ Acción y efecto de fosfatar.
FOSFATAR v. *Agr.* Enriquecer en fosfatos las tierras deficientes.
— *Ind. alim.* Agregar fosfato de calcio a la uva antes de prensarla para mejorar la acidez del vino.
— *Metal.* Provocar la formación de fosfatos complejos en la superficie de los metales para protegerla contra los agentes atmosféricos.
— Para *fosfatar* los metales se tratan éstos, previamente desgrasados, en baños hirvientes que contienen ácido fosfórico y fosfatos de hierro y de manganeso (a los cuales se agregan a veces nitratos, substancias oxidantes y otras materias). Se forma así una capa porosa de fosfatos complejos. Por último, las piezas, una vez lavadas y secadas, se sumergen en aceite caliente que impregna los poros. La fosfatación puede efectuarse también por otros métodos (v. BONDERIZACIÓN y PARKERIZACIÓN). Además de proteger los metales ferrosos contra la corrosión, la fosfatación transforma su superficie, a la cual adhieren perfectamente las pinturas (carrocerías de automóviles) y los barnices (aislamiento eléctrico de las chapas de transformadores). En el caso de los engranajes, los poros superficiales retienen el aceite de engrase, con lo cual se mejora notablemente la lubricación. Por último, las barras y chapas fosfatadas se deforman con mayor facilidad en las operaciones de embutición, estampado, estirado, etc.
— *Pint.* Aplicar una disolución acuosa de fosfatos ácidos (de manganeso, cinc, hierro, etc.) a las superficies de los metales ferrosos que se han de pintar.
— *Quím.* Agregar fosfato, convertir en fosfato.
FOSFATASA f. *Quím.* Grupo de enzimas o fermentos a cuya presencia se debe la liberación en los organismos animales del ácido fosfórico contenido por las substancias fosforadas.
FOSFATO m. *Quím.* Sal o éster de los ácidos fosfóricos *, especialmente del ortofosfórico.
— Los *fosfatos* tienen una importancia muy grande en agricultura, como abono *, pues restituyen al suelo el fósforo absorbido por las plantas en forma de fosfatos u otros compuestos. También se emplean como detergentes, especialmente el *fosfato trisódico.* En panadería y repostería se agregan fosfatos a la masa para que hinche.
Se extraen del suelo (fosfatos de origen mineral y animal) y también se fabrican industrialmente

(fosfato de amonio) o se recuperan en forma de escorias en la desfosforación de los minerales de hierro.
Como el ácido fosfórico tiene tres funciones * ácido, existen también tres fosfatos sódicos (PO_4H_2Na, PO_4HNa_2, PO_4Na_3), tres fosfatos cálcicos, etc., que se distinguen con los prefijos *mono, di* y *tri:* fosfatos *monocálcico, dicálcico* y *tricálcico*. Éste es insoluble. Los *superfosfatos* son fosfatos mono y dicálcicos solubles y asimilables por las plantas, que se obtienen tratando el fosfato tricálcico con ácidos fosfórico o sulfúrico.

FOSFENILO m. *Quím.* Radical bivalente de fórmula $C_6H_5—P=$.

FOSFINA f. *Quím.* Nombre de los compuestos derivados de la fosfamina por substitución total o parcial de los átomos de hidrógeno por otros tantos radicales carbonados.

FOSFITO f. *Quím.* Sal del ácido fosforoso *.

FOSFOBORATO m. *Quím.* Combinación de un fosfato con un borato.

FOSFOESTANNATO m. *Quím.* Fosfostannato.

FOSFOGENIA f. *Fís.* Producción de fosforescencia.

FOSFOGUANO m. *Agr.* Guano muy rico en fósforo.

FOSFOMOLÍBDICO, CA adj. *Quím.* Dícese de uno de los ácidos que resultan de la combinación del ácido fosfórico y del anhídrido molíbdico.

FOSFONIO m. *Quím.* Radical univalente PH_4 presente en las sales del hidrógeno fosforado. ‖ *Fosfonios compuestos,* los que resultan al reemplazar parcial o totalmente los átomos de hidrógeno del fosfonio por otros tantos radicales carbonados.

FOSFORADO, DA adj. *Quím.* Que contiene fósforo. ‖ *Hidrógeno fosforado,* fosfuro * de hidrógeno.

FOSFORAR v. *Quím.* Agregar fósforo a una substancia o combinarla con él.

FOSFORECER v. *Fís.* Emitir un cuerpo luz por fosforescencia. (Sinón. FOSFORESCER.)

FOSFOREO m. *Fís.* Fosforescencia.

FOSFORERA f. Cajita o estuche para fósforos.

FOSFORESCENCIA f. *Fís.* Propiedad de los cuerpos que, después de haber bañado en la luz o de haber sido excitados por otras radiaciones, resplandecen en la obscuridad durante un tiempo más o menos prolongado.
— La *fosforescencia* se debe a los mismos fenómenos que la fluorescencia *, de la cual se distingue en que la luminiscencia del cuerpo fluorescente cesa en cuando se suprimen las radiaciones que excitan sus átomos o moléculas, mientras que la fosforescencia de los sulfuros alcalinos expuestos a una insolación intensa puede prolongarse durante varios días. Si la luz solar causa la fosforescencia de ciertos cuerpos, el mismo fenómeno puede ser provocado en otros calentándolos o sometiéndolos a una acción eléctrica; recordemos, por último, que las luciérnagas y otros organismos animales o vegetales son naturalmente fosforescentes. También son fosforescentes el diamante, el azúcar, las sales y óxidos de los metales alcalinos, etc. Los cuerpos absolutamente puros no son fosforescentes, pero pueden presentar fosforescencia cuando contienen impurezas, a las cuales se da el nombre de *fosforógenos.* Las radiaciones incidentes (luz, rayos X, rayos ultravioladas, etc.) excitan los fosforógenos y éstos provocan la luminescencia mientras no han vuelto a su estado de equilibrio. La índole del fosforógeno determina también el color de la luz emitida: una ínfima proporción de cobre en el sulfuro de cinc da una fosforescencia verde, mientras que el manganeso la da amarilla, anaranjada o roja, según las proporciones. Las substancias fosforescentes que más se utilizan son los sulfuros alcalinotérreos y los de cinc y de cadmio. Para obtener una fosforescencia permanente se agrega a la materia fosforescente una substancia radiactiva cuyos rayos la excitan constantemente. En este principio se fundan los barnices luminiscentes de ciertos relojes, de los instrumentos de a bordo en los aviones, del gatillo y las miras de ciertas armas, etc.

FOSFORESCENTE adj. *Fís.* Dotado de fosforescencia: *cartel impreso con tintas fosforescentes.*

FOSFORESCER v. *Fís.* Fosforecer.

FOSFÓRICO, CA adj. *Quím.* Relativo o perteneciente al fósforo. ‖ Dícese de un anhídrido de fórmula P_2O_5 y de los tres ácidos que del mismo se derivan.
— El *anhídrido fosfórico* resulta de la combustión viva del fósforo. Es un polvo blanco muy ávido de agua, por cuya razón se emplea para desecar y deshidratar otras substancias.
De este anhídrido derivan los *ácidos fosfóricos* que a continuación se indican: 1.º *ácido ortofosfórico,* el más importante, de fórmula H_3PO_4, sólido cristalizado, incoloro, que funde a 42º (es un triácido que, con cada base, puede dar tres fosfatos * diferentes); 2.º *ácido pirofosfórico* $H_4P_2O_7$, masa vítrea que funde a 60º; 3.º *ácido metafosfórico* HPO_3 también vítreo e incoloro, que es el más fuerte de los tres.

FOSFÓRIDOS m. pl. *Miner.* Familia de los minerales que contienen fósforo.

FOSFORILO m. *Quím.* Radical trivalente PO, derivado del ácido ortofosfórico por supresión de los tres hidroxilos. (V. FOSFÓRICO.)

FÓSFORO m. *Quím.* Elemento de número atómico 15 y de masa atómica 30,97 cuyo símbolo es P. ‖ Cerilla cuya cabeza inflamable es a base de fósforo.
— El *fósforo* es un metaloide del cual existen varias formas alotrópicas, entre las cuales destacan dos por su importancia: el *fósforo blanco* y el *fósforo rojo.* El fósforo blanco es un sólido blando y trasluciente, de tinte ambarino, que huele a ajo. Su densidad es de 1,86; sus temperaturas de fusión y de ebullición son, respectivamente, de 44º y 280º. Es muy combustible, pues se inflama en el aire a la temperatura de 50º, y venenoso, dado que una dosis de varios centigramos puede resultar mortal. En presencia del aire da una combustión lenta a la cual debe su luminiscencia azulina, visible en la obscuridad. Esta oxidación, en el curso de la cual se forma anhídrido fosforoso P_2O_3, puede provocar la inflamación espontánea, por cuya razón conviene conservarlo en recipientes llenos de agua, en la cual es insoluble.
El fósforo rojo tiene una densidad de 2,2 y no puede ser fundido, pues se sublima a la temperatura de 55º. Es prácticamente insoluble, incluso en los disolventes del fósforo blanco y, a diferencia de éste, carece de toxicidad y solamente se inflama en el aire a temperaturas del orden de 400º. El fósforo blanco, cuando se deja expuesto a la luz, se transforma lentamente en fósforo rojo. Por lo demás, las combinaciones de ambas variedades con otros cuerpos son idénticas, como también lo son sus propiedades químicas, aun cuando son más vivas las del fósforo rojo.
El fósforo representa importante papel en los organismos animales y vegetales, y los huesos lo contienen abundantemente en forma de fosfato tricálcico. La mayor parte de los fosfatos que se extraen del suelo tienen origen orgánico y provienen ya de plantas, ya de los animales que las han ingerido.
Para obtener el fósforo, se tratan dichos fosfatos naturales con ácido sulfúrico; de ahí resulta ácido fosfórico cuya reducción con carbón candente da lugar al desprendimiento de vapores de fósforo, y éstos, al enfriarse, forman un polvo de fósforo blanco que, después de afinado, se comprime en prismas (dentro del agua, dado lo peligrosas que son sus manipulaciones en presencia del aire).
Otro procedimiento consiste en calentar en el horno eléctrico una mezcla de fosfato tricálcico, carbón y sílice; además de los vapores de fósforo resulta entonces un silicato fundido que sirve de cemento.
Para fabricar fósforo rojo se calienta el fósforo blanco a 260º durante varios días en una atmósfera inerte.
El fósforo se emplea para preparar productos tóxicos (matarratas), entra en la preparación de bronces fosforosos y sirve previamente transformado en ácido fosfórico, para fabricar abonos. También se usa en metalurgia para desoxidar los baños. Entre sus muchos compuestos se hace un gran consumo del *sesquisulfuro* P_4S_3, sólido amarillo fácilmente inflamable, con el cual se producen fuegos de artificio y se fabrican las cerillas *, llamadas *fósforos.*

FOSFORÓGENO, NA adj. y s. *Quím.* Dícese del cuerpo que, agregado a otro en pequeñas proporciones, lo vuelve fosforescente. (V. FOSFORESCENCIA.)

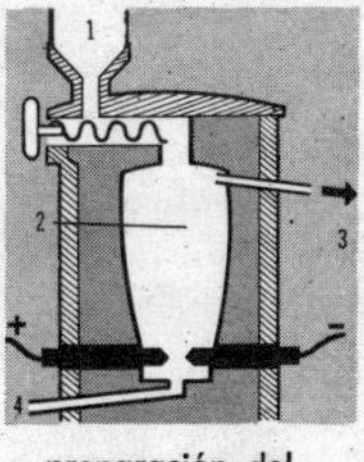

preparación del **fósforo**
1. Tolva; 2. Fosfato, sílice y carbón; 3. Vapores de fósforo; 4. Silicato

FOSFOROGRAFÍA f. *ópt.* Método para reproducir fotográficamente espectros infrarrojos por medio de pantallas fosforescentes.
— Los rayos infrarrojos tienen la propiedad de extinguir rápidamente la luminiscencia de los cuerpos fosforescentes. Consiguientemente, si se proyecta un espectro o cualquier otra imagen infrarroja sobre una placa fosforescente, ésta solamente conservará iluminadas las partes no heridas por los rayos infrarrojos. Bastará aplicar una emulsión fotográfica sobre la placa fosforescente para que la misma quede impresionada y, una vez revelada, constituirá una imagen positiva del espectro invisible.

FOSFOROSCOPIO m. *Fís.* Instrumento propio para medir la fosforescencia de los cuerpos.

FOSFOROSO, SA adj. *Quím.* Dícese del anhídrido P_2O_3 y del ácido correspondiente, cuya fórmula es H_3PO_3.

FOSFURO m. *Quím.* Cuerpo que resulta al combinarse el fósforo con el hidrógeno o con un metal.
— El fósforo se combina en caliente con muchos metales, con los cuales forma *fosfuros sólidos.* No se combina directamente con el hidrógeno, pero basta con descomponer un *fosfuro metálico* en el agua para que, entre otros productos, se formen *fosfuros de hidrógeno,* especialmente uno gaseoso, de fórmula PH_3, llamado *hidrógeno fosforado* o *fosfamina,* otro líquido, de fórmula P_2H_4, y dos sólidos en forma de polvo amarillo, cuyas fórmulas probables son P_5H_2 y P_9H_2.

FOSGENITA f. *Miner.* Cerasina.

FOSGENO m. *Quím.* Compuesto que resulta de la combinación del cloro con el óxido de carbono.
— El *fosgeno,* también llamado *ácido clorocarbónico, cloruro de carbonilo* y *oxicloruro de carbono, es un gas venenoso* (utilizado en la Primera Guerra Mundial como gas asfixiante) que se licua a 8°. Se emplea principalmente en la preparación de colorantes derivados del alquitrán de hulla.

FÓSIL adj. y s. Dícese de los restos de animales o plantas petrificadas o inclusos en los terrenos anteriores a nuestro período geológico. || Animal o planta que vivió en un pasado geológico más o menos remoto y cuya existencia nos es conocida por sus restos fosilizados. || *Combustibles fósiles,* combustibles* minerales. || *Fósiles característicos,* los que aparecen exclusivamente en determinadas capas y que, al ser descubiertos en un terreno, permiten datarlo y situarlo exactamente en la escala geológica. (V. ESTRATIGRAFÍA.)

FOSILÍFERO, RA adj. *Geol.* Que contiene fósiles.

FOSILIZACIÓN f. Acción de fosilizarse un cuerpo orgánico animal o vegetal.
— Cuando un cuerpo organizado muere, la acción del aire y de la humedad no tardan en descomponerlo e incluso sus partes más duras acaban por desaparecer. Ahora bien, si la planta o el animal que mueren se hallan al abrigo del aire y del agua, rodeados por substancias minerales, éstas se fijan en su superficie o penetran en sus tejidos. Así, aunque la materia orgánica desaparezca en parte o totalmente, subsisten en la roca las formas y muchas veces la estructura detallada del cuerpo muerto y éste se conserva indefinidamente petrificado en su propio terreno geológico.

fósiles

FOSILIZADO, DA adj. *Geol.* Dícese de los vegetales y animales que se han convertido en fósiles. || *Forma fosilizada,* parte de un terreno que se ha conservado, aislada, en el seno de otras capas de índole diferente.

FOSILIZADOR, RA adj. *Geol.* Dícese de las substancias minerales cuya presencia facilita la fosilización de las materias orgánicas.

FOSILIZARSE v. *Geol.* Volverse fósil la materia orgánica: *la hulla consiste en vegetales fosilizados.*

FOSO m. Hoyo o zanja permanente que se excava con algún fin. || Balsa o pila para amasar alguna materia, dejarla macerar o someterla a algún otro tratamiento. || Pozo * negro.
— *Autom.* y *F. c.* Zanja revestida de fábrica, abierta en el suelo de los garajes, estaciones de servicio o cocheras particulares, así como entre los rieles de los talleres y abrigos de locomotoras y que sirve en un caso como en el otro para examinar cómodamente la parte inferior de los vehículos y para limpiarlos, engrasarlos o repararlos. También existen en las estaciones fosos especiales para vaciar las escorias de las locomotoras de vapor.
— *Ocean.* Sima, profundidad abisal. (V. OCÉANO.)

FOT m. *Metr.* y *Ópt.* Unidad de iluminación perteneciente al sistema C.G.S. * y equivalente a 10 000 lux.
— El *fot,* cuyo símbolo es *ph,* es la intensidad luminosa de una superficie alumbrada perpendicularmente por un flujo de un lumen por cm^2.

FOTICÓN m. *Radiot.* Uno de los tubos analizadores de imágenes que se emplean en las cámaras de televisión.

FOTO, prefijo derivado del griego *phôs,* que significa *phôtos, luz,* y se emplea en muchas voces científicas.

FOTO f. *Fot.* Forma abreviada y muy común de la voz *fotografía.*
— *Metr.* y *ópt.* Fot.

FOTOAMETRALLADORA f. *Mil.* Dispositivo fotográfico para simular ejercicios de tiro y comprobar la puntería de los tiradores.
— La *fotoametralladora* es un aparato análogo a la cineametralladora*, de la cual difiere en que, cada vez que se apoya el dedo en el gatillo, solamente se impresiona una imagen fotográfica. Ésta muestra el blanco u objetivo (por ej., un avión "enemigo") sobre el cual aparece impreso un retículo semejante al de las alzas o los colimadores de las armas automáticas.

FOTOCALCO m. *Fot.* Prueba fotográfica que se saca utilizando un calco como negativo. || Prueba de un dibujo tirada con papel de calco sensibilizado, la cual se emplea ulteriormente como los calcos ordinarios.

FOTOCATÁLISIS f. *Quím.* Reacción o proceso químico en el cual la luz obra como agente catalizador. (V. FOTOQUÍMICA.)

FOTOCÁTODO m. *Electrón.* Cátodo que, en una célula fotoeléctrica *, emite electrones cuando es iluminado por la luz.

FOTOCÉLULA f. *Electrón.* Célula * fotoeléctrica.

FOTOCERÁMICA f. *Cerám.* y *Fot.* Decoración de la cerámica, hoy en desuso, hecha por procedimientos fotográficos.

FOTOCOLOGRAFÍA f. *Art. gráf.* Fototipia.

FOTOCOLORÍMETRO m. *Fot.* Instrumento para apreciar la temperatura de color de la luz.
— Para obtener fotografías en color no basta con medir la intensidad de la luz. También es necesario conocer en qué proporción contiene las radiaciones de cada color elemental, con objeto de evitar que en la fotografía aparezcan matices dominantes. (V. EXPOSÍMETRO.)
El *fotocolorímetro común* consta de dos células fotoeléctricas que, merced a un filtro rojo y otro azul, permiten determinar en qué grado uno de estos grupos de radiaciones es relativamente más enérgico que el otro. Consiguientemente, al impresionar la fotografía se colocará en el objetivo un filtro * apropiado para atenuar las radiaciones excesivas.

FOTOCOMPOSICIÓN f. *Art. gráf.* Composición tipográfica por métodos fotográficos. (V. FOTOSETTER y LUMITYPE.)

Fot. Cabaud-Atlas

FOTOCONDUCTIVIDAD f. *Electrón.* Conductividad variable, propia de los cuerpos fotoconductores *, que depende de la intensidad de la luz. (Sinón. FOTORRESISTIVIDAD). [V. FOTOELÉCTRICO.]

FOTOCONDUCTOR, RA o **TRIZ** adj. *Electr.* Dícese de los cuerpos cuya conductibilidad eléctrica varía según la intensidad de la luz que los ilumina. (Sinón. FOTORRESISTENTE.)
— La luz y otras radiaciones electromagnéticas de longitud de onda muy pequeña tienen la propiedad de arrancar electrones periféricos a los átomos de ciertos cuerpos, y en número tanto mayor cuanto más intensas sean las radiaciones. La conductibilidad de dichos cuerpos varía en función de la iluminación a que se hallan sometidos y esta propiedad se aprovecha en las células fotoeléctricas, *fotoconductoras* o fotorresistentes. (V. FOTOELÉCTRICO.)

FOTOCONTADOR m. *Fís.* Dispositivo electrónico para contar los fotones, electrones y otras partículas, cada una de las cuales, al penetrar en el detector del aparato, engendra un impulso eléctrico que, debidamente amplificado, hace adelantar de un número la ruedecilla del contador. (V. CONTADOR *de Geiger.*)

FOTOCOPIA f. *Fot.* Procedimiento para la reproducción rápida de documentos sueltos, páginas de un libro, etc., sin necesidad de cámara fotográfica ni de cuarto obscuro.
— El sistema más común de *fotocopia* consiste en aplicar un papel fotográfico especial sobre el documento que se ha de reproducir y en iluminarlo con una lámpara apropiada. Los rayos de luz atraviesan primero el soporte de papel y luego la emulsión sensible, impresionándola muy parcialmente; luego son reflejados por las partes blancas del documento original y vuelven a atravesar la emulsión, la cual, al recibir un suplemento de luz que suma su acción a la de la primera vez, es impresionada y da un negativo que puede bastar para el objeto deseado. De no ser así, se saca de este negativo otra fotocopia que, consiguientemente, será positiva.

FOTOCOPIAR v. *Fot.* Reproducir documentos por medio de la fotocopia.

FOTOCORRIENTE f. *Electrón.* Corriente obtenida por efecto fotoeléctrico *.

FOTOCROMÍA f. *Art. gráf.* Procedimiento para la impresión * de fotografías en colores naturales mediante el uso de varios clisés correspondientes a otros tantos colores elementales.

FOTODÍODO f. *Electrón.* Díodo semiconductor en el cual los rayos luminosos incidentes provocan variaciones de la corriente eléctrica. (V. FOTOTRANSISTOR y RECTIFICADOR.)

FOTOELASTICIDAD f. *Fís.* Propiedad de las substancias transparentes si se las imponen deformaciones elásticas. (V. FOTOELASTICIMETRÍA.)

FOTOELASTICIMETRÍA f. *Mec.* y *Metr.* Método de elasticimetría * óptica que permite apreciar la localización de los esfuerzos y deformaciones internas en las piezas sobre las cuales se ejerce alguna fuerza.
— La *fotoelasticimetría* se funda en el uso de modelos o maquetas de materia plástica transparente que reproducen exactamente las formas de las piezas estudiadas. Dichas maquetas se someten a esfuerzos de la misma índole que los que ha de soportar la pieza verdadera (por ej., una biela sufrirá esfuerzos de tracción y de compresión). Las deformaciones internas de la pieza por efecto de las fuerzas, hacen que la materia plástica se vuelva anisótropa y que los rayos luminosos sean diversamente refractados, según la deformación local en cada punto. Así, la pieza presenta una serie de franjas (líneas isocromas) cuyas formas indican claramente al especialista la existencia eventual de puntos insuficientemente resistentes. De las imágenes así obtenidas se desprenden, ya las modificaciones de forma indispensables para garantizar una perfecta resistencia de las piezas, ya la necesidad de adoptar determinado metal de preferencia a otro.

FOTOELASTICÍMETRO m. *Mec.* y *Metr.* Elasticímetro óptico empleado en fotoelasticimetría *.

FOTOELECTRICIDAD f. *Electrón.* Conjunto de fenómenos eléctricos provocados por la acción de la luz, y, por extensión, de otras radiaciones de longitud de onda comparable a la de los rayos luminosos.
— Los fenómenos de *fotoelectricidad* se fundan en la cesión de energía por los fotones incidentes a los electrones de la materia fotosensible. En ésta pueden producirse diversos fenómenos: variaciones de la conductibilidad eléctrica en ciertos semiconductores; aparición de fuerza electromotriz en otros; arranque de electrones que, en el vacío (por ej., en el interior de una ampolla), pueden ser colectados por un electrodo positivo, etc. Estos fenómenos se aprovechan en las distintas clases de células fotoeléctricas. (V. FOTOELÉCTRICO.)

FOTOELÉCTRICO, CA adj. *Electrón.* Dícese de todo fenómeno eléctrico provocado por la acción de la luz, y, por extensión, por otras radiaciones de longitud de onda comparable a la de los rayos luminosos. ‖ *Célula fotoeléctrica,* v. CÉLULA. (Se hallarán detalles complementarios en los artículos correspondientes a las *células fotoconductoras* * y *fotorresistentes* *; las *fotopilas* o *células fotovoltaicas* *; las *células fotoemisoras* * y las de *fototransistor* *.) ‖ *Efecto fotoeléctrico,* emisión de electrones en los cuerpos heridos por las radiaciones visibles o invisibles del espectro luminoso. (V. art. encicl.) ‖ *Pila fotoeléctrica,* instrumento empleado en fotometría * estelar, en el cual la acción de los rayos ultravioleta engendra una corriente eléctrica cuya intensidad es proporcional a la luz emitida por la estrella.
— La luz provoca la descarga de los electroscopios * cargados negativamente, pero no de los que tienen carga positiva.
Ello demuestra que, por efecto de la luz, el oro emite electrones. Este descubrimiento ha sido trascendente y ha dado un gran impulso a la mecánica ondulatoria. En efecto, para que un electrón, que es una partícula material, sea proyectado fuera del átomo al cual pertenece, hemos de admitir que el rayo de luz incidente —puesto que obra como un proyectil— tiene también naturaleza corpuscular (es el grano de luz designado con el nombre de *fotón* *). El efecto fotoeléctrico se manifiesta en los metales, ciertos sulfuros y yoduros, etc. El potasio, el sodio y el cesio son los cuerpos que más fácilmente emiten electrones al ser heridos por rayos luminosos poco intensos. Por lo demás, cada cuerpo es más fotosensible a ciertos rayos que a otros: el rubidio a la luz amarilla, el platino a los rayos ultravioletas, etc. (V. FOTOEMISOR.)

FOTOELECTRÓN m. *Electrón.* Electrón expulsado por efecto fotoeléctrico *.

FOTOEMISIVIDAD f. *Electrón.* Emisión de electrones por los cuerpos fotoemisores *.

FOTOEMISIVO, VA o **FOTOEMISOR, RA** adj. *Electrón.* Dícese de los cuerpos que emiten electrones cuando se hallan sometidos a la acción de los rayos luminosos (v. FOTOELÉCTRICO [*Efecto*]). ‖ *Célula fotoemisora* o *fotoemisiva,* tubo electrónico en el cual la iluminación del cátodo por la luz exterior provoca la circulación de un flujo de electrones.
— La *célula fotoemisora* o *fotoemisiva* consiste en una ampolla de cristal o de cuarzo (en la cual puede haberse practicado el vacío o bien reemplazado el aire por un gas raro) que contiene dos electrodos: un ánodo tubular o anular (para que pueda pasar la luz por él) y un cátodo en forma de placa revestida de cesio o de potasio. Los electrones arrancados al cátodo por la luz son atraídos por el ánodo y se engendra así en el circuito una corriente de una décima de miliamperio que, considerablemente amplificada (a veces con un multiplicador * de electrones), puede utilizarse con distintos fines: reproducción de los sonidos en cinematografía sonora, fotometría, accionamiento por la luz de dispositivos telemecánicos, etc. (V. CÉLULA *fotoeléctrica.*)

FOTOESCULTURA f. *Tecn.* Método para reproducir esculturas consistente en tomar de éstas un número suficiente de fotografías, desde puntos de vista diferentes, a partir de las cuales, y por restitución de los perfiles, un escultor hábil puede obtener una copia de la obra original.

FOTOESFERA f. *Astr.* Fotosfera.

FOTOESFÉRICO, CA adj. *Astr.* Fotosférico.

FOTOFLOOD f. *Fot.* Lámpara * de incandescencia que se hace funcionar con una corriente de más voltios que los que podría soportar su

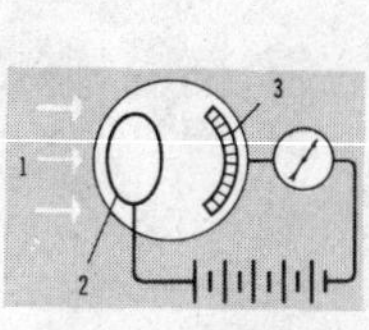

célula **fotoemisora**
1. Luz; 2. Ánodo; 3. Cátodo

fotoelasticimetría de un álabe de turbina

Fot. O. N. E. R. A.

filamento en servicio normal, con cuyo artificio se obtiene un flujo luminoso muy intenso, propio para la toma de vistas fotográficas y cinematográficas, a costa de una deterioración rápida de la lámpara (mientras que las lámparas ordinarias de alumbrado funcionan unas 1 000 horas, las del tipo *fotoflood* duran unas 100 y, en ciertos modelos, solamente de 2 a 4 horas).

FOTÓFONO m. *Fís.* Instrumento para transmitir los sonidos a distancia por medio de rayos luminosos.
— En los *fotófonos* la corriente del micrófono modula la intensidad de un haz luminoso. El aparato receptor tiene una célula fotoeléctrica que traduce las modulaciones de la luz en una corriente idéntica a la que sale del micrófono, aunque muy débil. Esta corriente, una vez amplificada, acciona la membrana de un auricular o de un altavoz y restituye así los sonidos originales. Si en vez de luz visible se emplea como vehículo un haz de rayos infrarrojos, la transmisión puede hacerse secretamente. El fotófono, dado que la luz se propaga en línea recta, tiene escaso interés: no puede salvar los obstáculos ni permite obtener un largo alcance.

FOTOFORESIS f. *Fís.* En las suspensiones gaseosas y las disoluciones coloidales, migración de las partículas tenues, por efecto de la luz. (Se da a este fenómeno el nombre de *fotoforesis negativa* cuando las partículas son repelidas por la luz y se alejan del manantial luminoso.)

FOTÓFORO m. *Lumin.* Dispositivo óptico que capta la luz de un manantial y la proyecta en una dirección determinada. (V. CATADIÓPTRICO y LUMINÓFORO.) ‖ Lámpara * portátil de manguito incandescente que consume gasolina y da una luz intensa. ‖ Nombre genérico de dispositivos portátiles productores de luz y de los órganos luminiscentes de los animales, especialmente de los peces abisales.

FOTOGENIA f. *Fís.* Producción de luz.

FOTOGÉNICO, CA adj. *Fís.* Relativo a los efectos químicos ejercidos por la luz en ciertos cuerpos.
— *Fot.* Que impresiona bien las emulsiones fotográficas: *el azul es fotogénico.* ‖ *Polvo fotogénico,* V. FOTOGRAFÍA y MAGNESIO.

FOTÓGENO, NA adj. Que produce luz: *los animales fosforescentes tienen órganos fotógenos.* ‖ Calificativo poco usado de los combustibles empleados para el alumbrado.

FOTOGEOLOGÍA f. *Topogr.* Método para trazar mapas geológicos que se funda en la utilización de fotografías aéreas, para limitar a lo estrictamente indispensable el trabajo efectuado en el terreno.

FOTOGLÍPTICA f. *Art. gráf.* Procedimiento de impresión tipográfica en el cual la utilización de matrices en hueco permite obtener reproducciones que presentan el aspecto de fotografías iluminadas.

FOTOGRABADO m. *Art. gráf.* Obtención fotográfica o fotomecánica de clisés —grabados en relieve o en hueco, en planchas metálicas— de las fotografías, dibujos o textos que se han de reproducir en el papel con las máquinas de imprimir. (V. también ESTEREOTIPIA y GALVANOTIPIA.) ‖ Plancha o clisé así obtenidos.
— La denominación de *fotograbado,* antes reservada a la fabricación de clisés tipográficos, se ha extendido a otros procedimientos de impresión, cuales son el offset y el heliograbado. Las distintas variantes tienen un principio común: sobre la plancha de metal (cinc, cobre, magnesio o aleaciones especiales) se aplica una emulsión sensible a la luz (albúmina, gelatina bicromatada, esmalte *, etc.); se convierte así en una placa fotográfica sobre la cual se proyecta un negativo (V. COLODIÓN) de la imagen que se ha de reproducir; la placa se trata entonces en un baño que disuelve la emulsión en las partes no impresionadas por la luz. En éstas el metal queda al descubierto y, al exponerse la superficie de la plancha a la acción de un ácido, éste corroe el metal en ellas, mas no puede atacar las partes que han quedado cubiertas por la emulsión. Ésta desaparece en el curso de un lavado final que elimina también las trazas de ácido, y resulta entonces una plancha que presenta en relieve los detalles de la imagen original. En su forma más simple, que es la descrita, el fotograbado se llama *de trazo, de pluma* o *de línea* porque solamente permite reproducir dibujos a base de líneas o de manchas sin medias tintas, y entre los cuales se incluye a las letras. En esa clase de imágenes, el revelado deja la emulsión sensible en ciertas partes de la plancha y la suprime totalmente en otras: la impresión solamente dará trazos negros que podrán combinarse con el blanco del papel. El mismo procedimiento no permite la reproducción de las fotografías y dibujos que contengan matices grises intermediarios entre el blanco y el negro, pues entonces, después del revelado, subsistiría en las zonas de matiz gris obscuro algo de emulsión que impediría totalmente la acción del ácido y, por el contrario, desaparecería la gelatina de las zonas más claras, con lo cual se obtendría un clisé inutilizable, a base de blancos y negros discordantes. Esta dificultad se salva con un subterfugio fundado en la propiedad que tiene el ojo de ver y asimilar la integridad de la imagen, aunque ésta se halle dividida en gran número de pequeños elementos yuxtapuestos, a imagen y semejanza de los mosaicos. Con dicho fin se interpone entre el original y la emulsión del negativo una *trama* *, generalmente una lámina de cristal que lleva grabada en su superficie una cuadrícula de rayas finísimas. La imagen original, proyectada sobre la emulsión, se halla dividida así en gran número de puntos correspondientes a otras tantas mallas de la retícula. Ahora bien, al pasar por cada malla de la trama la luz es tanto más difractada por sus bordes cuanto más intensos son los rayos (V. DIFRACCIÓN). Consiguientemente, las dimensiones de los puntos en el negativo serán más grandes en las zonas obscuras del original que en las zonas claras, y a los matices intermediarios corresponderán dimensiones también intermediarias, con lo cual se restituirán las medias tintas no ya por una variación del espesor de la tinta aplicada al papel, sino por la mayor o menor proporción de superficie entintada. Lo importante es que, merced a la trama, la plancha que dará los distintos matices de la fotografía original, podrá ser grabada por el ácido como si se tratara de un dibujo blanco y negro. A estos clisés se les da el nombre de *grabados de medias tintas* o *de trama, grabados directos, similigrabados* o *autotipias.* Los *fotograbados para la impresión en color* se obtienen por los mismos procedimientos, aunque descomponiendo todos los colores en tres solamente, por medio de filtros apropiados, y sacando una plancha de cada uno de ellos.
Actualmente existen máquinas de grabar * electrónicas que suministran planchas comparables a los fotograbados, aunque obtenidas en seco y sin que intervengan procesos fotográficos. (V. GRABADO.)

fotograbado

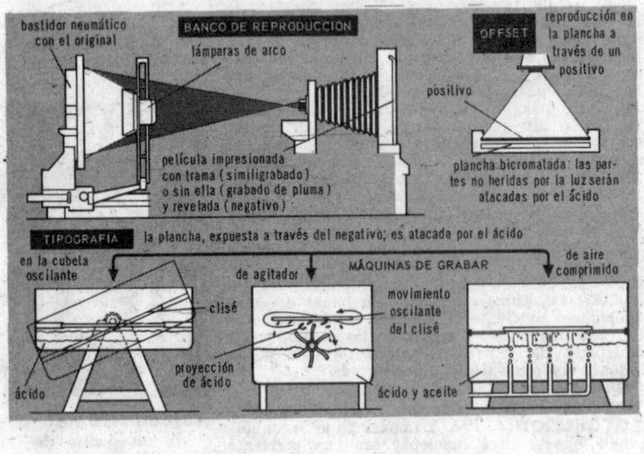

FOTOGRABAR v. *Art. gráf.* Obtener clisés de imprenta por fotograbado.

FOTOGRAFÍA f. Procedimiento para reproducir imágenes reales proyectándolas con dispositivos ópticos sobre superficies fotosensibles y fijándolas en ellas por métodos químicos. ‖ *Fotografía estereoscópica,* V. ESTEREOFOTOGRAFÍA. ‖ *Fotografía integral,* la que se obtiene con un soporte

tipos principales de aparatos **fotográficos**

cámara universal

gofrado finamente por ambas caras, una de ellas cubierta por la emulsión sensible y que al ser observada a traves de las minúsculas lentes que forma dicho soporte, da cierta ilusión de relieve. || *Fotografía robot,* retrato que compone la policía con fragmentos de fotografías correspondientes a las señas dadas por los testigos de un delito (color del pelo y peinado; forma de la frente, los ojos, la nariz, la boca y la barbilla, el bigote, los lentes, etc.) hasta obtener artificialmente el retrato que permitirá identificar al delincuente en los archivos judiciales o que facilitará las pesquisas de la policía.

— Si en un recinto de paredes opacas (cámara obscura) se abre un pequeño orificio, los rayos de luz que a éste llegan reflejados por los objetos, prosiguen su trayectoria recta en el interior de la cámara y forman en el fondo de la misma una imagen invertida de todo cuanto se halla situado frente a la abertura y en un cono que en ella tiene su vértice. El principio de la fotografía consiste en disponer en el fondo de la cámara una substancia fotosensible que será descompuesta o transformada por la luz en las partes heridas por ésta y proporcionalmente a su intensidad, mientras que, en las partes obscuras de la imagen, la substancia quedará intacta. Así, al obturar el orificio, la capa fotosensible conservará los detalles de cuanto se hallaba frente al aparato.

APARATOS FOTOGRÁFICOS

Una simple caja de paredes opacas, provista en su cara frontal de un orificio (estenope) de 0,4 mm de diámetro y de bordes perfectamente lisos, permite obtener fotografías, pero requiere un tiempo de iluminación excesivamente prolongado, pues, para que la imagen latente sea satisfactoria, la emulsión ha de recibir determinada cantidad de radiaciones luminosas. Claro está que si el orificio que da paso a las radiaciones es muy estrecho, el tiempo de exposición * necesario será muy grande. Como es imposible obtener fotografías netas con orificios superiores a unas décimas de milímetro, se recurre al uso de objetivos * cuyos sistemas ópticos, después de captar todos los rayos procedentes de un punto del objeto, los desvían y concentran en el punto correspondiente de la emulsión sensible.
El objetivo suele formar un mismo cuerpo con el obturador *, mecanismo a veces complejo que permite regular con precisión el tiempo de exposición. En otros casos el obturador es una cortinilla que corre frente a la emulsión sensible. También tienen las cámaras un visor * a veces consistente en un telémetro combinado con el mecanismo de enfoque del objetivo. Otro perfeccionamiento consiste en una célula * fotoeléctrica que puede regular directamente la abertura del diafragma (v. OBJETIVO). Completan la cámara los mecanismos de arrastre de la película, con frecuencia provistos de contadores que permiten saber cuántas vistas quedan por impresionar.
Si se exceptúan las cámaras utilizadas por los profesionales (retratistas, fotografía industrial y científica), que se cargan con placas de vidrio o semirrígidas (v. FILMPACK), casi todas las cámaras actuales utilizan emulsiones de soporte flexible en forma de carretes de dimensiones normalizadas (v. FORMATO). Los aparatos más simples, del modelo llamado *cámara de cajón* o *box,* tienen como objetivo un menisco fijo, sin regulación de distancias y sujeto a aberraciones; el obturador da una sola velocidad para instantáneas y el diafragma * es de compuerta. Las *cámaras de fuelle plegables,* más perfeccionadas que las anteriores, desaparecen reemplazadas por aparatos rígidos, en muchos de los cuales el objetivo puede deslizarse en su montura y penetrar en la cámara obscura para que sea menos voluminoso. Para estos aparatos, que impresionan películas de formato cinematográfico de 35 mm en rollos de 20 ó 36 vistas, existen objetivos rápidamente intercambiables. En muchos casos su visor es del tipo *réflex.* Estos mismos visores han originado otro tipo de cámara que da fotografías cuadradas (generalmente 6 × 6 cm) y que tiene dos objetivos sobrepuestos, uno de los cuales proyecta la imagen en un cristal esmerilado, que se observa desde arriba, mientras que el otro la forma en la superficie sensible. Citemos, por último, las cámaras *Polaroid,* aparatos de fuelle que dan la fotografía, ya revelada y fijada automáticamente, breves instantes después de haber sido impresionada. Se usan en estos aparatos carretes especiales que constan de una tira positiva y otra negativa entre las cuales figura, de trecho en trecho, una cápsula de productos reveladores y fijadores. Una vez impresionada la imagen, las bandas pasan por entre dos rodillos que aplastan la cápsula y extienden su contenido sobre las superficies sensibles, las cuales son reveladas y fijadas, pudiéndose extraer el positivo acto seguido.

EMULSIONES FOTOGRÁFICAS

Las placas y películas fotográficas ordinarias consisten en un soporte respectivamente rígido (vi-

Fot. Larousse

drio) o flexible (v. PELÍCULA) sobre una de cuyas caras se ha aplicado un revestimiento antihalo *, mientras que la otra lleva una capa de emulsión fotosensible. Ésta se caracteriza por tres cualidades principales: su sensibilidad cromática (aptitud a dejarse impresionar por todos los colores); su sensibilidad general o rapidez con que reacciona a la acción de los rayos luminosos (v. SENSITOMETRÍA); por último, la finura de sus granos fotosensibles, de la cual dependen las proporciones en que podrá ser ampliada sin menoscabo de su nitidez, o sea sin que los granos se vuelvan aparentes en las ampliaciones. Por lo general las emulsiones son tanto más lentas, o menos sensibles, cuanto más fino es su grano.

Las emulsiones ordinarias para fotografías en blanco y negro son en realidad suspensiones cuya composición es la siguiente: disolución acuosa de gelatina a razón de 20%, halosales alcalinas (bromuro, ioduro o cloruro de potasio) y nitrato de plata. Al agregar esta última substancia a la mezcla, se forman en la emulsión finos cristales de sales de plata que son solamente sensibles a la acción de la luz azul y violada (y aún, en grado insuficiente). De ahí la necesidad de mejorar tanto su sensibilidad cromática como su sensibilidad general. Lo primero se obtiene agregando a la mezcla *sensibilizadores*, colorantes orgánicos que vuelven la emulsión también sensible al verde y al amarillo (emulsiones ortocromáticas) o a todas las radiaciones del espectro luminoso (emulsiones pancromáticas). En cuanto a la sensibilidad general, se mejora ya agregando a la mezcla amoniaco u otras substancias, ya fundiéndola de nuevo y dejándola macerar largo tiempo a una temperatura determinada.

La emulsión sensible se aplica en capa uniforme sobre el soporte. La gelatina seca encierra entonces en su masa gran número de microscópicos cristales de bromuro, ioduro o cloruro de plata y cada uno de éstos contiene unos granitos de plata, los *gérmenes* que constituirán la imagen latente al ser expuesta la emulsión a la acción de la luz.

Cada emulsión, según sea su composición, servirá preferentemente para una aplicación determinada: emulsiones suaves para retratos, emulsiones muy contrastadas para la reproducción de dibujos sin medias tintas, emulsiones muy rápidas para reportajes nocturnos, emulsiones lentas (de grano finísimo) para fotomicrografías y astronomía, emulsiones para radiografías, emulsiones especiales sensibles a los rayos ultravioleta o los rayos infrarrojos, etc. Por lo demás, el uso de filtros * permite utilizar una emulsión en vez de otra.

TRATAMIENTO DE LAS EMULSIONES

Una vez impresionada la emulsión por la luz u otras radiaciones, sus gérmenes contienen ya la imagen latente. Para que ésta aparezca es necesario someter la emulsión a la operación llamada *revelado*, en el curso de la cual el revelador * reduce la plata presente en cada cristal impresionado y este acopio de plata permite el desarrollo, dentro del cristal, de los gérmenes ya citados en forma de otras tantas manchitas negras o grises cuyo conjunto forma la imagen visible. Ahora bien, los granos no impresionados por la luz conservan sus propiedades fotosensibles, y si la emulsión ya revelada se expusiera de nuevo a los rayos luminosos, ennegrecería uniformemente. De ahí la necesidad de someterla, después de revelada y lavada, a la acción de un baño de fijado *, en el cual las sales de plata no impresionadas por la luz son disueltas y eliminadas.

Dado que la exposición a la luz ennegrece los granos fotosensibles y que los rayos más luminosos provienen de los puntos más claros del objeto fotografiado, la imagen que así se obtiene presenta claros y opacidades inversas de las sombras y luces del objeto. Es un *negativo* que, al ser reproducido como objeto de una nueva fotografía da, merced a la segunda inversión, un positivo, cuyos detalles claros y obscuros concuerdan con los del objeto. No obstante, en las películas cinematográficas de aficionados y en las diapositivas en color, se emplean emulsiones inversibles en las cuales un tratamiento suplementario permite eliminar los granos fotosensibles impresionados y ennegrecer los que no han experimentado la acción de la luz: así se obtienen directamente imágenes positivas sin tener que pasar por un negativo intermediario.

En los demás casos, las reproducciones positivas en papel, placa o película se obtienen ya por contacto, aplicando sobre la emulsión virgen el negativo transparente e iluminándola a través de éste, ya por proyección de la imagen del negativo sobre ella, generalmente con objeto de obtener una ampliación con los clisés, hoy comunes, del formato 24 × 36 mm. Los positivos pueden ser virados merced a un tratamiento químico que transforma el negro y los grises de la imagen en otros tantos matices de un color determinado, sepia por ejemplo. (V. VIRADO.)

Existe una gran diversidad de papeles para positivos que difieren ya por su color o su rugosidad, ya por su contraste (para un negativo contrastado se emplea un papel suave y para un negativo suave, un papel de contraste), ya por su rapidez (extrema en los papeles con emulsión de gelatinobromuro de plata; mínima en los papeles aristotípicos de citrato de plata, que se impresionan con luz solar y son de ennegrecimiento directo [v. PAPEL]). También existen papeles para planos y otros usos que, en vez de sales de plata, las tienen de hierro (papel * al ferroprusiato), de cromo (emulsiones de bicromato) o las reemplazan con substancias orgánicas (v. DIAZOTÍPICO).

FOTOGRAFÍA EN COLOR

La mezcla de tres colores en proporciones apropiadas (síntesis * aditiva) permite reproducir en el órgano de la vista las sensaciones correspondientes a todos los demás colores.

En los procedimientos aditivos (*Autocromo, Dufaycolor*, etc.), se interpone entre la emulsión sensible de tipo inversible y su soporte una capa de finísimos granitos de fécula o de resina teñidos de azul, de verde y de rojo, y bien mezclados. La impresión se efectúa a través del soporte y de los granos coloreados. Éstos actúan como otros tantos filtros *, y así, en la zona que corresponde a un detalle rojo del objeto, los rayos pasarán a través de los granitos de dicho color, pero serán detenidos por los granitos verdes y azules. Como la emulsión es inversible, detrás de los granos rojos quedará más o menos transparente, mientras que detrás de los de otro color, por no haber sido impresionada, quedará opaca. Consiguientemente, al observar la fotografía por transparencia, el referido detalle aparecerá en rojo.

Los procedimientos aditivos han sido casi abandonados en provecho de los que se fundan en síntesis sustractivas (*Agfacolor, Ektacrome, Kodacolor*, etc.). En ese caso se sobreponen tres emulsiones para negro y blanco: la primera solamente es sensible al rojo; la segunda, al verde; la tercera, separada de la anterior por una capa de colorante amarillo, es sensible al azul. Al exponer la película, la capa exterior solamente es impresionada por los detalles azules del objeto; el filtro amarillo detiene la luz azul y deja pasar las otras radiaciones; una parte de éstas, procedentes de los detalles verdes del objeto, impresionan la segunda emulsión y las restantes, que corresponden a los detalles rojos, impresionan la emulsión inferior. El revelado ordinario da en cada emulsión una imagen en blanco y negro. Si se trata de obtener una diapositiva se invierten estas imágenes (en el caso contrario se conservan en negativo) y luego se someten a la acción de un baño cromógeno que tiene la propiedad de transformar cada imagen negra en otra imagen equivalente, pero del color complementario al de la sensibilidad inicial de la capa (así, en la emulsión exterior sensible al azul, se forma una imagen amarilla, etc.). El conjunto, visto por transparencia, restituye aproximadamente los colores naturales del objeto fotografiado. Estas emulsiones existen en varios tipos: inversible (diapositivas y películas cinematográficas de aficionados), negativa (en colores complementarios de los colores naturales) para poder sacar copias, y en papel, para tirar dichas copias.

APLICACIONES INDUSTRIALES Y CIENTÍFICAS

La fotografía tiene importancia considerable en todas las actividades científicas e industriales, y tanto en unas como en otras sus técnicas se

aplican mediante una gran diversidad de aparatos y de procedimientos. En muchos casos, el objetivo de la cámara es reemplazado por el de otro instrumento óptico (microscopio, anteojo astronómico, periscopio, espectrógrafo, etc.); en otros, la impresión se efectúa directamente por los rayos sin que intervengan sistemas de óptica (v. AUTORRADIOGRAFÍA); a veces las fotografías son tomadas por intermedio de pantallas luminiscentes (v. FLUORESCENCIA y FOSFORESCENCIA); existe, por último, la transmisión de fotografías a distancia por hilo o por ondas hertzianas (belinógrafo *, televisión *, etc.). A propósito de imágenes de televisión conviene indicar la posibilidad de registrar instantáneamente las imágenes en cintas magnéticas (v. MAGNETÓFONO). La xerografía constituye otro procedimiento fotográfico exento de tratamientos químicos.
Así, la fotografía ha llegado a ser el medio ideal para captar y fijar fenómenos fugaces (cámaras de ionización * y de burbujas *) y movimientos rápidos (v. ESTROBOSCOPIA); permite ver los fenómenos invisibles (v. GAMMAGRAFÍA, INFRARROJO y ULTRAVIOLETA); registra lo que ocurre en lugares inaccesibles o peligrosos (fotografía submarina, fotografía y cinematografía de reacciones químicas y explosiones nucleares; fotografía astronómica por medio de astrógrafos *, espectrógrafos * y telescopios *, o desde satélites * artificiales): también se aplica en fotomicrografía * y permite conservar en reducido volumen copia de los libros de las bibliotecas (v. MICROCOPIA); la fotografía aérea facilita considerablemente las operaciones topográficas y cartográficas (v. FOTOGRAMETRÍA) y permite efectuar interesantes descubrimientos arqueológicos al revelar formas que pasan inadvertidas en el terreno; citemos, por último, el importante papel de la fotografía en artes gráficas (v. FOTOGRABADO).

FOTOGRAFIAR v. *Fot.* Obtener imágenes por medio de la fotografía.

FOTOGRÁFICO, CA adj. *Fot.* Relativo o perteneciente a la fotografía. ‖ *Aparato fotográfico,* v. FOTOGRAFÍA. ‖ *Papel fotográfico,* v. FOTOGRAFÍA y PAPEL. ‖ *Prueba fotográfica,* fotografía * positiva.

FOTOGRAMA m. *Cin.* Cada imagen de una película, considerada separadamente: *los fotogramas del formato ordinario miden 20,95 × 15,25 milímetros.*
— *Fot.* Imagen fotográfica que se obtiene sin cámara, disponiendo directamente sobre la emulsión sensible objetos transparentes u opacos (por ejemplo, flores, hojas, insectos) y exponiendo el conjunto a la luz: *con los fotogramas pueden obtenerse artísticas siluetas.* ‖ Positivo, prueba o copia fotográfica que se saca a partir de un negativo.
— *Topogr.* Cada una de las fotografías que se utilizan para efectuar un levantamiento en fotogrametría *.

FOTOGRAMETRÍA f. *Metr.* Conjunto de métodos que permiten hallar las dimensiones reales de los objetos a partir de fotografías de los mismos, habida cuenta de las correcciones que impone su deformación por efecto de la perspectiva.
— *Topogr.* Fototopografía. (Sinón. METROFOTOGRAFÍA.)

FOTOGRAMÉTRICO, CA adj. *Metr.* y *Topogr.* Relativo a la fotogrametría.

FOTOIONIZACIÓN f. *Fís.* Ionización *, por los rayos ultraviolados, de los átomos o de las moléculas de un fluido gaseoso. (OBSERV. La forma *fotoyonización* correspondería mejor a la ortografía española, aunque no a la etimología.)

FOTÓLISIS f. *Quím.* Descomposición química de los cuerpos por efecto de las radiaciones luminosas, especialmente de los rayos ultraviolados.

FOTOLITO m. *Quím.* Toda substancia que puede ser descompuesta por fotólisis.

FOTOLITOGRAFÍA f. *Art. gráf.* Técnica litográfica en la cual las planchas de piedra se obtienen por fotograbado *, generalmente cubriéndolas con una emulsión fotosensible a base de bicromato. ‖ Arte de imprimir con estas planchas y estampa que con ellas se obtiene.

FOTOLUMINISCENCIA f. *Fís.* Luminiscencia de las substancias que absorben la energía de determinadas radiaciones y la desprenden de nuevo en forma de otras radiaciones de longitud de onda diferente de la de los rayos incidentes: *la fotoluminiscencia se llama fluorescencia * si es instantánea y fosforescencia * si se prolonga después de haber cesado la excitación.*

FOTOLUMINISCENTE adj. *Fís.* Relativo o perteneciente a la fotoluminiscencia: *las pantallas de los televisores contienen substancias fotoluminiscentes.*

FOTOMACROGRAFÍA f. Fotografía en la cual un objeto de pequeñas dimensiones —la cabeza de un insecto, por ejemplo— es directamente ampliado por el objetivo de la cámara al tomar la vista.
— La *fotomacrografía* no debe confundirse con la *fotomicrografía,* que requiere el uso de un microscopio, ni con una ampliación fotográfica. Para obtener una fotomacrografía es indispensable disponer de un medio de aumentar considerablemente la distancia focal * del aparato fotográfico, por ejemplo, de un fuelle suplementario o de un tubo que prolongue el del objetivo, según el tipo de cámara que se utilice. Para reproducir el objeto a su mismo tamaño, la distancia que media entre él y el objetivo ha de ser igual a la distancia focal *. Para que la imagen resulte *n* veces mayor que el objeto, la distancia focal normal del objetivo se ha de alargar en *n* veces y, dividiendo la nueva distancia por *n,* se hallará la distancia que ha de mediar entre el objetivo y el objeto (por ejemplo, si la distancia focal es de 50 mm y la imagen ha de ser dos veces mayor que el objeto, la distancia entre el objetivo y la emulsión será de 50 mm + (50 × 2) mm = 150 mm y el objeto deberá hallarse a $\frac{150}{2}$ = 75 mm del objetivo).

FOTOMAGNÉTICO, CA adj. *Fís.* Dícese de los fenómenos magnéticos provocados por la luz.

FOTOMAGNETISMO m. *Fís.* Magnetismo provocado por los rayos luminosos.

FOTOMECÁNICO, CA adj. *Art. gráf.* Dícese de los procedimientos de impresión fundados en el uso de planchas o clisés obtenidos por las técnicas fotográficas (fotograbado *, fotolitografía *, fototipia *, huecograbado *, offset *, etc.).

FOTOMETALOGRAFÍA f. *Art. gráf.* Procedimiento análogo a la fotolitografía, pero en el cual la piedra es reemplazada por planchas de cinc o de aluminio. (V. LITOGRAFÍA y METALOGRAFÍA.)
— *Metal.* Fotografía o, las más de las veces, fotomacrografía o fotomicrografía que permite apreciar la estructura superficial de los metales.

FOTOMETRÍA f. *ópt.* Parte de la física que trata de la intensidad de la luz y de la medición de la misma tanto si sus rayos llegan directamente como si han atravesado medios diferentes del aire.
— Las cuatro magnitudes fundamentales que determina la *fotometría* son: la intensidad de la luz, expresada en candelas *; la iluminación de una pantalla en lux *; el flujo luminoso, o sea la cantidad de luz que transporta un haz, y cuya unidad es el lumen *; la luminancia (antes llamada *brillo*) o intensidad de la luz por unidad de superficie aparente, que se expresa en nit*. La medición de dichas magnitudes se efectúa con distintos instrumentos llamados *fotómetros* *. También se miden en fotometría los factores de transmisión de la luz a través de los líquidos y de los sólidos transparentes y de reflexión de la misma según su longitud de onda. (V. ESPECTROFOTOMETRÍA y ACTINOMETRÍA.)

FOTOMÉTRICO, CA adj. *ópt.* Relativo o perteneciente a la fotometría o al fotómetro.

FOTÓMETRO m. *Fot.* Exposímetro.
— *Meteor.* Actinómetro.
— *ópt.* Instrumento para medir la intensidad de la luz. (V. FOTOMETRÍA.)
— En el *fotómetro de Brodhum* (v. *figura*), la luz que se ha de medir es comparada con otra de intensidad ya conocida: con ese fin se aleja o aproxima de una pantalla blanca, mientras el manantial que sirve de patrón ilumina el otro lado de la misma, hasta que el observador, que ve simultáneamente ambos lados de la pantalla merced a dos espejos, juzgue que su iluminación

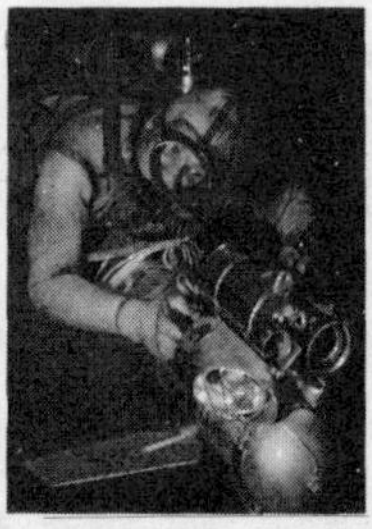
equipo de **fotografía** submarina

Fot. Lapie-La Photothèque

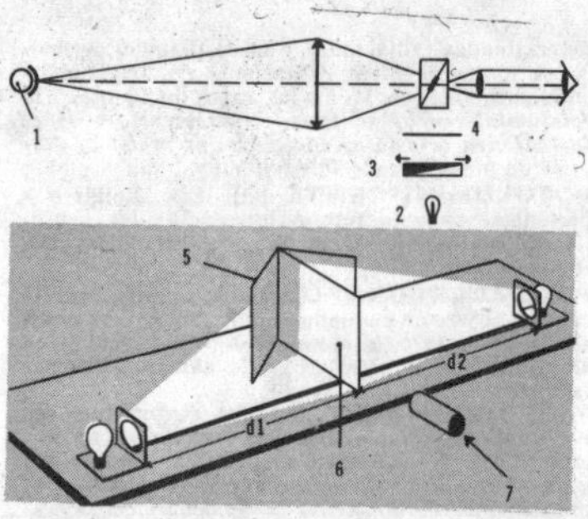

fotómetros
1. Lámpara; 2. Lámpara patrón; 3. Opacímetro; 4. Cristal esmerilado; 5. Espejo; 6. Pantalla opaca; 7. Observador

es equivalente; la intensidad de la luz sometida a medición se desprende entonces de la diferencia entre las distancias d_1 y d_2, dado que la iluminación de la pantalla es inversamente proporcional al cuadrado de la distancia que media entre ella y el foco de luz. En otro fotómetro visual las distancias son fijas y la iluminación producida por las dos luces se iguala por medio de una cuña de opacidad progresiva que se desliza frente a la lámpara patrón: la cuña tiene un indicador que corre sobre una escala en la cual puede leerse la intensidad del manantial sometido a prueba. Más precisos resultan los fotómetros fundados en el uso de células * fotoeléctricas. También se efectúan mediciones con los fluxómetros *, los actinómetros * y los espectrofotómetros *.

FOTOMETROGRAFÍA f. *Topogr.* Sinónimo anticuado de *fototopografía* *.

FOTOMICROGRAFÍA f. Obtención, por medio del microscopio, de fotografías de objetos invisibles a simple vista. ‖ Fotografía así hecha.
— Las *fotomicrografías* se obtienen, en negro o en color, acoplando un microscopio y una cámara fotográfica con el objetivo graduado para el infinito, aunque mejor es eliminar el objetivo, con lo cual se reduce el aparato a una simple cámara obscura. En este caso es ventajoso reemplazar el ocular ordinario del microscopio por otro ocular divergente, que da una imagen más plana. En los microscopios * electrónicos la placa sensible se expone directamente a la acción del flujo de electrones que reemplazan los rayos luminosos.

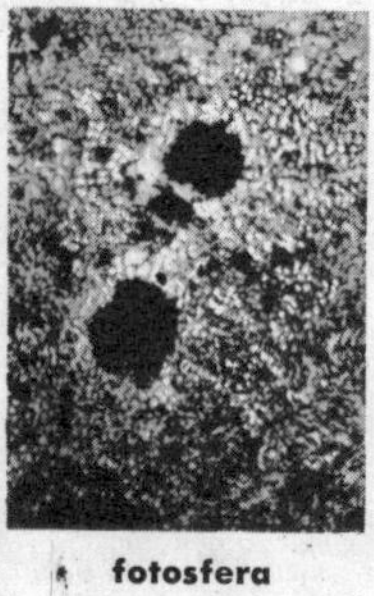

fotosfera

FOTOMINIATURA f. *Fot.* y *Joy.* Fotografía reducida que se monta en los medallones y otras joyas a imitación de las antiguas miniaturas.

FOTOMONTAJE m. *Fot.* Combinación de varias fotografías en un mismo fototipo, por ejemplo, para agrupar en una prueba a todos los miembros de una familia (o diferentes fotografías de una misma persona) o para imprimir en una misma lámina varias imágenes que guardan alguna relación entre ellas: *en los fotomontajes publicitarios también se incluyen dibujos.*

FOTOMULTIPLICADOR, RA adj. y s. *Electrón.* V. MULTIPLICADOR *de electrones.*

FOTÓN m. *Fís.* Cuanto * o grano de energía luminosa que se propaga como una partícula material a la velocidad de 300 000 km/s en el vacío. (V. LUZ y MECÁNICA *ondulatoria.*)

FOTÓNICO, CA adj. *Fís.* Relativo al fotón.

FOTONUCLEAR adj. *Atom.* Relativo a la acción que ejercen los rayos electromagnéticos sobre el núcleo de los átomos: *efecto fotonuclear.*

FOTOPILA f. *Electr.* Célula fotovoltaica *.

FOTOPLANO m. *Topogr.* Plano que se obtiene uniendo varias fotografías aéreas del terreno después de haber corregido las deformaciones que las mismas presentan por efecto de la perspectiva.

FOTOPLASTOGRAFÍA f. *Art. gráf.* Procedimiento de impresión tipográfica fundado en el uso de una placa fotográfica cuya emulsión de gelatina bicromatada, al ser impresionada por la luz, da una imagen en relieve; ésta se suficientemente resistente para servir de molde con el cual se obtiene la plancha tipográfica.

FOTOQUÍMICO, CA adj. y s. *Fís.* y *Quím.* Estudio de las reacciones químicas provocadas o activadas por la luz. ‖ Relativo o perteneciente a este ramo de la química.
— La luz puede engendrar reacciones químicas, como lo prueba, por ejemplo, la descomposición de las sales de plata en las emulsiones fotográficas, que se traduce por ennegrecimiento de éstas en las partes iluminadas de las imágenes. Dichas reacciones pueden ser de dos tipos diferentes: En ciertos casos la luz obra como un catalizador y acelera una reacción que también se produciría espontáneamente en la obscuridad, aunque muy lentamente, cual ocurre con la combinación del cloro y del hidrógeno. En otros casos se trata de reacciones que no podrían producirse sin acopio de energía externa, como en la transformación del oxígeno en ozono. Son *reacciones fotoquímicas* que absorben una parte de las radiaciones luminosas. La luz sale modificada del sistema químico después de haberle cedido la energía que, al excitar las moléculas, permitirá que se efectúe la reacción. Por lo general, la actividad es tanto mayor cuanto es más importante la frecuencia de los rayos absorbidos: de ahí que las radiaciones infrarrojas sean prácticamente inoperantes y que los rayos ultravioleta resulten muy activos.

FOTORREACCIÓN f. *Quím.* Reacción química provocada por la luz o en la cual los rayos luminosos ejercen alguna influencia.

FOTORRESISTENTE adj. *Electr.* Dícese de los cuerpos cuya resistencia eléctrica varía según la intensidad de la luz que reciben: *el selenio y el germanio son fotorresistentes* (Sinón. FOTOCONDUCTOR.)
— *Electrón. Célula fotorresistente* o *fotoconductora*, semiconductor cuya resistencia varía en función de la luz que recibe.
— Las *células fotorresistentes de sulfuro de cadmio* son sensibles a la luz visible y a las primeras radiaciones infrarrojas; las de *seleniuro* o *teluluro de plomo* son particularmente sensibles a la parte mediana del espectro infrarrojo.

FOTORRESISTIVIDAD f. *Electrón.* Fotoconductividad.

FOTORRESTITUCIÓN f. *Topogr.* V. RESTITUCIÓN.

FOTOSENSIBLE adj. *Electrón.* y *Fot.* Sensible a la acción de las radiaciones luminosas: *célula fotosensible; emulsión fotosensible.*

FOTOSETTER f. *Art. gráf.* Marca registrada de una máquina que compone fotográficamente.
— La *Fotosetter* puede ser comparada con una linotipia en la cual las matrices llevan una letra transparente en vez de tenerla grabada en hueco. Por otra parte, el crisol de la Linotipia es reemplazado por una cámara fotográfica. A medida que se van pulsando las teclas de las letras, las matrices correspondientes se ordenan frente a la cámara, y las líneas, iluminadas por transparencia, son fotografiadas. Lo mismo que en la Linotipia, las matrices vuelven seguidamente a sus respectivos almacenes. Los clisés obtenidos sirven para grabar las planchas utilizadas en los procedimientos de impresión fotomecánica.

FOTOSFERA f. *Astr.* Superficie luminosa del Sol y de las demás estrellas.
— La *fotosfera* delimita exteriormente el globo de gases incandescentes que constituye las estrellas. Es una capa casi impermeable a las radiaciones procedentes del interior del globo y que, al absorberlas, adquiere una temperatura prácticamente constante (unos 5 700° en el caso del Sol). A su vez la fotosfera desprende, en forma de radiaciones, la energía absorbida: la luz y el calor que recibimos del Sol provienen de su fotosfera. Vista con suficiente aumento, esta ofrece un aspecto característico al cual los astrónomos han dado el nombre expresivo de "granos de arroz". Estos granos son, en realidad, masas de gases incandescentes de dimensiones comprendidas entre 200 y 1 500 km, que se renuevan rápidamente en una especie de constante burbujeo. Otros fenómenos importantes que se producen en la fotosfera son las manchas solares y las fáculas. (V. SOL.)
Con el nombre de capa inversora se designaba una supuesta capa atmosférica de 700 km situada encima de la fotosfera y considerada como causa de las rayas de absorción del espectro * solar. Hoy se admite que dicho medio absorbente no es sino la propia fotosfera.

Fot. X.

FOTOSFÉRICO, CA adj. *Astr.* Relativo a la fotosfera: *la actividad fotosférica experimenta paroxismos imprevisibles.*

FOTOSÍNTESIS f. *Bot.* y *Quím.* Transformación de substancias simples (agua, gas carbónico, nitratos) en compuestos complejos (lípidos, glúcidos y prótidos) que se efectúa en las plantas verdes merced a la acción de la luz.
— Las plantas aprovechan la energía luminosa para elaborar las substancias alimenticias necesarias para su desarrollo. Como las plantas sirven a su vez de alimento a los animales y que el hombre se nutre con ellas y con éstos, la *fotosíntesis* constituye un fenómeno vital. La síntesis de los azúcares, grasas y proteínas se efectúa en los granos de clorofila, especialmente en las hojas. El gas carbónico procedente de la atmósfera, el agua y las substancias aspiradas por las raíces, se combinan por efecto de la luz y forman moléculas mayores y más complejas; en primer lugar se observa una aparición de almidón en los granos de clorofila, seguida ulteriormente de síntesis más complejas. La combinación del carbono con los átomos de hidrógeno del agua libera los átomos de oxígeno de la misma, lo cual tiene por efecto sanear la atmósfera. En ciertos casos estas reacciones químicas se efectúan con un rendimiento de hasta 59 %, muy superior al de las instalaciones industriales: así, la agricultura se nos revela como un medio actualmente insuperable de aprovechar la energía solar.

FOTOSTATO m. Fotocopia.

FOTOTAQUEÓMETRO m. *Topogr.* Fototeodolito.

FOTOTEGIA f. *Fot.* Procedimiento para convertir un negativo fotográfico en imagen positiva, consistente en eliminar la imagen negativa con agua oxigenada y en teñir de negro la gelatina que queda adherida al soporte.

FOTOTELEGRAFÍA f. *Telec.* Transmisión a distancia, por línea telefónica o telegráfica, o por telegrafía sin hilos, de fotografías, dibujos, textos u otras imágenes fijas. (V. BELINÓGRAFO y FACSÍMIL.)

OBSERV. No es raro que se considere la voz *fototelegrafía* como sinónimo de *telefotografía* *, aun cuando ambas palabras designan cosas absolutamene diferentes.

FOTOTELÉGRAFO m. *Telec.* Belinógrafo.

FOTOTELEGRAMA m. *Telec.* Prueba obtenida por fototelegrafía. (Sinón. BELINOGRAMA.)

FOTOTELESCOPIO m. *Astr.* Astrógrafo.

FOTOTEODOLITO m. *Topogr.* Instrumento utilizado en fototopografía, consistente en un teodolito provisto de una cámara fotográfica acoplada con el anteojo para que siga exactamente sus movimientos.

FOTOTINTURA f. *Text.* Impresión, en los tejidos, de imágenes fotográficas inalterables.
— En ciertos casos el clisé permite formar en el tejido una imagen invisible de mordiente, y al bañar la tela en el tinte, éste solamente prenderá en la parte mordida; en otros casos, la substancia cromógena aparece al exponer a la luz la tela sensibilizada y la ennegrece a través de las partes transparentes del clisé.

FOTOTIPIA f. *Art. gráf.* Procedimiento de impresión fundado en el uso de clisés de gelatina con relieve. (Sinón. ALBERTIPIA, AUTOTIPIA, FOTOCOLOROGRAFÍA.) ‖ Plancha obtenida por este procedimiento.
— Las *planchas de fototipia* consisten en un soporte (placa de vidrio o de metal) cubierto por una parte finamente granulada de gelatina bicromatada. Después de haber impresionado esta emulsión a través del negativo y, al ser mojada la misma con agua, se observa que las partes que han sido iluminadas no absorben el líquido, mientras que las partes iluminadas se hinchan proporcionalmente a la insolación. Al ser entintado este clisé en relieve, las partes empapadas de agua repelen la tinta grasa, mientras que las zonas secas la toman abundantemente y las zonas intermediarias lo hacen proporcionalmente a la humedad que contienen. El papel impreso recibe así cantidades variables de tinta correspondientes a los matices del original. Este procedimiento da excelentes reproducciones fotográficas, pero, además de ser su técnica delicada, los clisés son poco

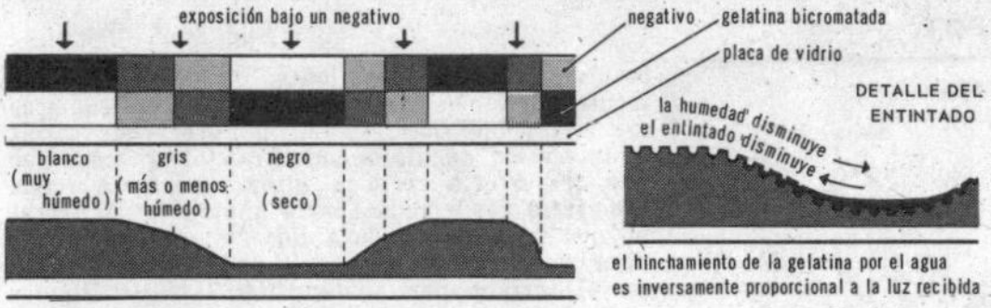

fototipia

duraderos y solamente permiten tiradas del orden de un millar de ejemplares. De ahí que se emplee preferentemente el heliógrafo *.

FOTOTIPO m. *Fot.* Imagen fotográfica que se obtiene directamente y no por reproducción de otra.
— Al tomar una vista o fotografiar un objeto se obtiene, mediante revelado de la emulsión sensible, un *fototipo negativo.* Las copias sacadas a partir del mismo no son fototipos, pero lo son las diapositivas y otros *fototipos positivos* que se obtienen por inversión del negativo original. (V. FOTOGRAFÍA.)

FOTOTOPOGRAFÍA f. *Topogr.* Aplicación de la fotogrametría a la topografía.
— La *fototopografía aérea,* dada la rapidez con que permite obrar, ha reemplazado casi por completo las técnicas de levantamiento en el terreno cuando se trata de hacer planos o mapas de grandes extensiones. Esencialmente la fototopografía

fototopografía

restitución

cámara fotográfica

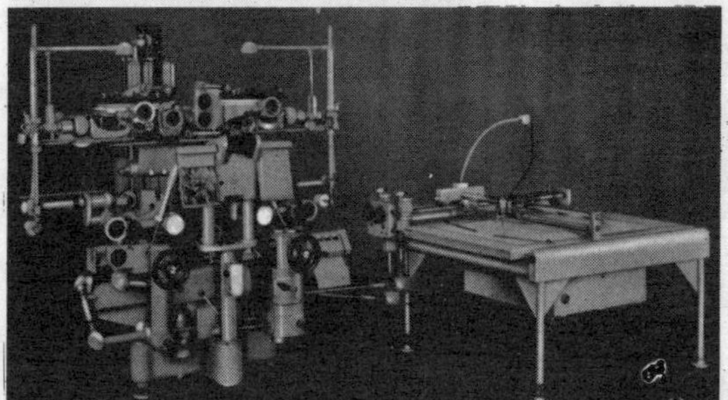

marcación de puntos en un plano

Fot. Zeiss-Aerophotograph

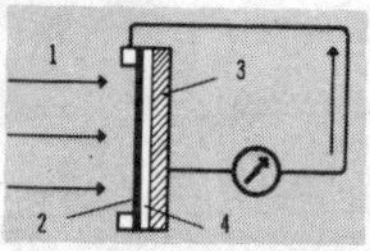

célula **fotovoltaica**
1. Rayos luminosos; 2. Oro; 3. Acero; 4. Selenio; *abajo:* pila solar

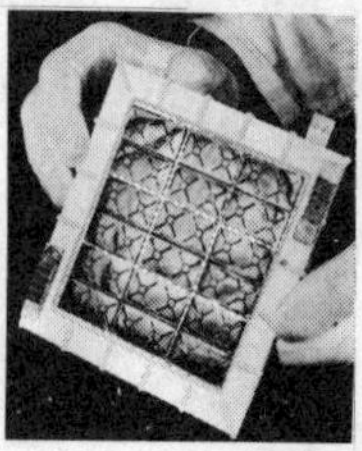

consta de cuatro operaciones, que son, sucesivamente: la toma de vistas, hecha con cámaras especiales que impresionan una serie de clisés a intervalos regulares mientras el avión sigue una trayectoria recta a altura constante (cada fotografía así tomada abarca una parte del terreno que ya figura en la anterior y otra parte que figurará en la siguiente); la preparación * hecha en el terreno para determinar las coordenadas exactas de cierto número de puntos identificables en las fotografías; la restitución *, que corrige los defectos de perspectiva de las fotografías y permite dibujar los planos o mapas a partir de ellas; el acabado, que consiste en completar * el plano o mapa indicando en el mismo los detalles secundarios.
En la fotogrametría terrestre se emplean fototeodolitos.

FOTOTRANSISTOR m. *Electrón.* Fotodíodo acoplado con un transistor.
— La resistividad de un transistor de germanio experimenta un descenso muy importante cuando se proyecta un haz luminoso a proximidad de la punta o electrodo montado en la base (v. TRANSISTOR). Este fenómeno hace que un *fototransistor* sea 1 400 veces más sensible que las células fotoeléctricas ordinarias para la detección de los flujos luminosos.

FOTOTROPIA f. *Fís.* Cambio de color que experimentan ciertos cuerpos al ser expuestos a los rayos solares.

FOTOTROPISMO m. Actinotropismo * provocado por las radiaciones luminosas.

FOTOVOLTAICO, CA adj. *Electrón. Célula fotovoltaica,* dispositivo que convierte la luz en energía eléctrica. (Sinón. FOTOPILA, PILA SOLAR).
— Una *célula fotovoltaica* consta de dos electrodos separados por una delgada capa de semiconductor. Por ejemplo, en uno de los tipos corrientes el primer electrodo es de cobre oxidado, el semiconductor es una capa de selenio azufrado y el segundo electrodo una capa de oro o de platino lo bastante tenue para que sea transparente y dé paso a la luz. Al ser iluminada, la célula produce una corriente eléctrica suficiente para que el dispositivo sirva de exposímetro * o de luxmetro *. Otro modelo de uso corriente es la pila solar, compuesta de plaquitas de silicio cubiertas por una finísima capa de impurezas. Millares de plaquitas semejantes, convenientemente acopladas, producen la energía eléctrica que consumen los satélites y otros ingenios espaciales para hacer funcionar los instrumentos de a bordo, especialmente los aparatos emisores de radio.
Estas pilas podrían ser de mucha utilidad en las regiones cálidas pobres en energía eléctrica, pues funcionan gratuitamente, son durables y pueden producir 110 vatios por metro cuadrado (la mitad de su rendimiento teórico, que es de 22 %, o sea de 220 W/m^2).

FOTOZINCOGRAFÍA f. *Art. gráf.* Fotocincografía.

FOTRA f. *Obr. públ. Amer.* Pantano.

FOUCAULT (*Corrientes de*), corrientes parásitas que aparecen en las masas metálicas cuando éstas se hallan sometidas a la acción de un campo magnético variable.
— Las *corrientes de Foucault* resultan de fenómenos determinados por las leyes de la inducción *. El conductor cerrado sobre sí mismo que se mueve en un campo magnético, es frenado por corrientes de inducción al igual que si se moviera en el seno de un líquido viscoso. Al mismo tiempo se calienta como si sufriera frotamientos mecánicos. La potencia así absorbida por el conductor es proporcional al cuadro de la velocidad de variación del flujo magnético. De ahí sus efectos nefastos (calentamiento peligroso y disipación de energía), pero también su utilidad, por ejemplo para frenar los voltímetros y los contadores eléctricos y como sistema de caldeo, utilizando corrientes de alta frecuencia para obtener temperaturas muy elevadas. (V. HORNO e INDUCCIÓN.)
Para reducir sus efectos perjudiciales en las máquinas eléctricas, se reemplazan los núcleos macizos por apilamientos de chapas delgadas, con una de sus caras barnizadas. Además, las referidas chapas se hallan orientadas paralelamente al flujo del campo, con objeto de que éste solamente ejerza su acción sobre la reducida superficie del canto de las mismas. Las bobinas y otros órganos se protegen contra las referidas corrientes mediante blindajes * apropiados.

FOULARD m. *Text.* Tela ligera, de seda o rayón, que se usa para vestidos de señora, chales, pañuelos de cabeza, etc.

FOULERITA f. *Miner.* Silicato de manganeso. (Sinón. FOWLERITA.)

FOURIER (*Series* de). V. SERIE.

FOWLER (*Alerón*). V. HIPERSUSTENTACIÓN.

FOWLERITA f. *Miner.* Foulerita.

Fr, símbolo químico del *francio.*

FRACCIÓN f. Número que expresa una o varias partes de la unidad dividida en partes iguales. (Sinón. QUEBRADO.) || *Fracción algebraica,* cociente de dos expresiones algébricas. || *Fracción racional,* fracción algebraica cuyos dos términos son polinomios enteros.
— Una *fracción* resulta de dividir la unidad en varias partes iguales y de considerar una o varias de entre las mismas. Así, la división de una cosa en 8 partes da otros tantos octavos y si tomamos solamente 6 tendremos una fracción de la unidad que se enuncia *seis octavos* y se escribe $\frac{6}{8}$.
El número de partes que se toman o consideran se escribe encima de la línea y se llama *numerador;* el número de partes en que se ha dividido la unidad se llama *denominador* y se escribe debajo de la raya. Ambos constituyen los *términos* de la fracción. En ciertos casos, el numerador es mayor que el denominador por haberse reunido en él más partes iguales que las que contiene una sola cosa. Por ejemplo, si dos unidades se han dividido cada una de ellas en 8 partes y si tomamos 12, escribiremos $\frac{12}{8}$. En este caso la fracción se llama *expresión fraccionaria.* Tanto las fracciones como las expresiones fraccionarias obedecen a ciertas reglas, especialmente las siguientes: si se multiplica el numerador por un número o si se divide el denominador por el mismo, la fracción que resulta es tantas veces mayor que la primera como unidades tiene el número multiplicador o divisor (en el caso de $\frac{6}{8}$, la multiplicación de 6 por 2 o la división de 8 por 2 arrojan respectivamente las fracciones $\frac{12}{8}$ y $\frac{6}{4}$, ambas iguales entre sí y dos veces mayores que la fracción primitiva); inversamente, si se divide el numerador por un número o se multiplica el denominador por el mismo, se obtiene una nueva fracción tantas veces menor que la primera como unidades tiene dicho número; si se multiplican o se dividen por un mismo número los dos términos de la fracción, ésta conserva su valor inicial (así $\frac{1}{2}$, $\frac{2}{4}$, $\frac{4}{8}$ son tres expresiones que tienen el mismo valor).
De esta última regla se desprende un método para simplificar las fracciones, consistente en dividir sus términos por el máximo divisor común (por ejemplo, dividiendo por 9 los términos de $\frac{54}{72}$ se obtiene la expresión simplificada $\frac{6}{8}$). Otro método de simplificación consiste en reducir las fracciones a un denominador * común. Dícese que una fracción es irreductible cuando no puede ser simplificada.
Cuando el denominador de una fracción es igual a 10 o a un múltiplo de 10, se tiene una fracción decimal. En dicho caso, no suele escribirse en forma de quebrado, sino suprimiendo el denominador y reemplazándolo por una coma convenientemente dispuesta (v. DECIMAL). Para convertir una fracción ordinaria en una fracción decimal se divide el numerador por el denominador (así: $\frac{6}{8} = 0{,}75$).
— *Petr.* y *Quím.* Cada uno de los productos que se obtienen en la destilación * fraccionada.

Fot. General Dynamics

FRACCIONADO, DA adj. Reducido en varias partes o fracciones.
— *Quím. Destilación fraccionada,* v. DESTILACIÓN.
FRACCIONADOR m. *Petr.* Columna * de platillos para fraccionar el petróleo bruto. (V. DESTILACIÓN.)
FRACCIONAMIENTO m. Acción de fraccionar.
— *Petr.* Acción de fraccionar.
— *Quím.* Separación, por destilación, de los distintos constituyentes de una mezcla.
FRACCIONAR v. Dividir una cosa en fracciones.
— *Petr.* Separar los constituyentes del petróleo bruto en distintas fracciones o cortes, cuya operación se efectúa por destilación en una columna de platillos.
FRACCIONARIO, RIA adj. *Mat.* Que tiene la forma de una fracción: *expresión fraccionaria.* ‖ *Número fraccionario,* el que se expresa por medio de una fracción. (Sinón. QUEBRADO.)
FRACTURA f. Ruptura de una cosa consecutiva a un esfuerzo.
— *Geol.* Quebradura de la roca, falla.
— *Petr.* Fracturación.
FRACTURACIÓN f. *Petr.* Procedimiento que consiste en fracturar la roca petrolífera (por ejemplo, por medio de explosiones en el fondo de los pozos) para aumentar la permeabilidad del terreno en torno de éstos y activar el aflujo de petróleo hacia los mismos.
FRACTURAR v. Romper por fractura.
FRAGA f. *Carp.* Lo que se quita a un tronco o madero para dejar las piezas desbastadas.
FRAGATA f. *F. c. Amer.* Vagón cerrado para el transporte de paquetes y carga menuda.
— *Mar.* Nombre de un antiguo barco de vela, que hoy se da a barcos de guerra rápidos, más pequeños que los cruceros, encargados de misiones de escolta y cuyo armamento consiste especialmente en medios de defensa contra los aviones y los submarinos.
FRÁGIL adj. Que se quiebra fácilmente.
FRAGILIDAD f. Calidad de frágil o quebradizo.
— *Metal.* Propiedad de los metales que se rompen por efecto de un choque sin experimentar ninguna deformación previa.
— La *fragilidad* de un metal nada tiene que ver con su resistencia, dado que ésta concierne su aptitud a romperse por efecto de un esfuerzo y no de un choque. Por lo general los tratamientos mecánicos (por ej. el laminado) disminuyen la fragilidad del metal, mientras que los tratamientos térmicos, si bien lo endurecen, también lo vuelven más quebradizo (caso, por ej., del temple del acero). Es importante conocer la resistencia al choque de los metales, la cual se determina con aparatos especiales. (V. RESILIENCIA.)
FRAGMENTACIÓN f. *Geol.* Partición y desmenuzamiento de las rocas por los agentes atmosféricos, las raíces de las plantas, la acción de los animales, y otras causas.
FRAGUA f. *Metal.* Fogón grande que se utiliza en las herrerías para poner candentes los hierros que se han de forjar: *el fuego de las fraguas se avivaba insuflando aire en el hogar con fuelles; hoy se utilizan ventiladores.* (V. FORJA.)
FRAGUADO m. *Constr.* Endurecimiento de los morteros, hormigones y otros aglomerantes.
FRAGUAR v. *Constr.* Endurecer, trabar la masa de mortero, hormigón u otras mezclas.
— *Metal.* Forjar.
FRAILE m. *Art. gráf.* Parte del papel que queda sin imprimir ya por existir un doblez o arruga en el pliego, ya por haberse interpuesto algún cuerpo entre él y la forma.
FRANCALETE m. *Art. y of.* Correa provista de una hebilla en uno de sus extremos.
FRANCEVILLITA f. *Miner.* Vanadato hidratado de uranio, plomo y bario, excelente mena de uranio, del cual contiene corrientemente 46 %.
FRANCIO m. *Quím.* Elemento de número atómico 87 y símbolo *Fr.*
— El *francio* es un elemento radiactivo imperfectamente conocido (pues su período es de 21 minutos solamente), que pertenece a la serie del actinio y se forma en cantidades imponderables al desintegrarse el actinio 227. Este cuerpo, cuya masa atómica es 223, es considerado como el más electropositivo de todos los metales.
FRANCIS (*Turbina*). V. el artículo TURBINA.
FRANCLINITA f. *Miner.* Óxido complejo de cinc, manganeso y hierro. (Sinón. FRANKLINITA.)
FRANCOBORDO m. *Mar.* Distancia vertical desde el puente llamado de *francobordo* hasta la línea de carga que indica el máximo calado autorizado. ‖ *Disco de francobordo,* figura que llevan los buques en los costados, a media distancia entre la proa y la popa, consistente en un disco atravesado por una línea horizontal que indica el máximo nivel autorizado que puede alcanzar el agua. ‖ *Puente de francobordo,* puente principal del barco, provisto de cierres reglamentarios en todas sus escotillas y otras aberturas.
FRANELA f. *Text.* Tejido de lana cardada, ligeramente abatanado y con aspecto final algo piloso, que, por absorber bien la humedad transpirada, se emplea para ropa interior. ‖ Tejido de algodón poco torcido, o de algodón y lana, hecho a imitación de la franela verdadera.
FRANJA f. *Ópt. Franjas de Fresnel* o *franjas de interferencia,* v. INTERFERENCIA.
— *Text.* Labor de mallas o de flecos que pende como adorno de los vestidos, cortinajes o muebles.
FRANKLIN m. *Electr.* Unidad de carga eléctrica en el sistema C. G. S. * electrostático, equivalente a la carga positiva puntual que, colocada en el vacío a 1 cm de otra carga idéntica, ejerce sobre ésta una fuerza repulsiva igual a una dina (prácticamente se usa otra unidad, el culombio, que es de 3 000 millones de veces mayor).
FRANKLINITA f. *Miner.* Franclinita.
FRANQUEAR v. *Art. y of.* Revolver la lumbre en un hogar para avivar la combustión.
— *Ofic. Máquina de franquear,* máquina que, en las oficinas importantes, evita el uso de sellos en las cartas y paquetes, sobre los cuales imprime el importe del franqueo, totalizando en un contador precintado las sumas que se han de abonar periódicamente al servicio nacional de correos.
— *Min.* Abrir una galería.
FRASCO m. Botella pequeña, más estrecha y de mejor calidad que las botellas comunes: *muchos frascos tienen tapón de vidrio esmerilado.* ‖ *Frasco cuentagotas,* aquel cuyo tapón tiene una ranura o un orificio que da paso al líquido y un vertedero que permite contar las gotas. ‖ *Frasco de Dewar,* recipiente de doble pared propio para aislar térmicamente su contenido. ‖ *Frasco lavador,* frasco para depurar gases, provisto de tubos dispuestos de forma que el gas que entra por uno de ellos solamente puede salir por el otro después de haber atravesado un líquido en el cual abandona sus impurezas.
— El *frasco de Dewar* es un recipiente de pared hueca en la cual se ha practicado un vacío que impide la transmisión del calor por convección. Además, sus paredes son metalizadas para que, al reflejar las radiaciones, especialmente las infrarrojas, no absorban calor. Así, el contenido, por hallarse aislado del medio ambiente, puede conservar su temperatura durante cierto tiempo. Una aplicación doméstica del frasco de Dewar la constituyen las botellas Thermos, empleadas para conservar calientes las bebidas. Industrialmente se utilizan grandes recipientes, fundados en idéntico principio, para conservar y transportar los gases licuados (aire, oxígeno, hidrógeno, helio, etcétera.).
FRASNIENSE adj. y s. *Geol.* Piso del devoniano superior, que data de unos 285 millones de años. (V. ESTRATIGRAFÍA.)
FRASQUERA f. Caja con divisiones para transportar frascos sin que choquen entre sí.
FRASQUETA f. *Art. gráf.* Cuadro de metal que, en las prensas manuales, sirve para sujetar al tímpano el papel que se imprime.
FRASQUÍA f. *Mar.* Plantilla que muestra el arrufo que han de tener una tabla o tablón del forro del casco una vez fijados en las cuadernas.
FRATÁS m. *Constr.* Talocha pequeña para igualar los revoques. (Sinón. FRATES.)
FRATASAR v. *Constr.* Igualar y alisar con el fratás el muro que se está revocando. (Sinón. FRATESAR.)
FRATES m. *Constr.* Fratás.
FRATESAR v. *Constr.* Fratasar.
FRAUNHOFER (*Rayas de*), rayas obscuras producidas en el espectro * solar por la absorción,

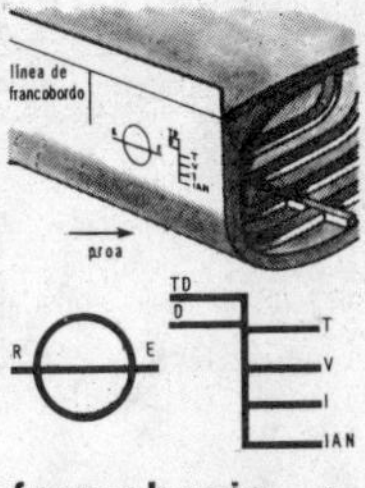

francobordo y líneas de carga; RE, nivel de la oficina clasificadora; TD. En aguas dulces tropicales; D. Aguas dulces, en verano; T. Aguas tropicales; V. Línea de verano; I. Línea de invierno; IAN. Invierno en el Atlántico Norte (estas siglas son las de un barco español; en la fig. superior se indican las francesas correspondientes)

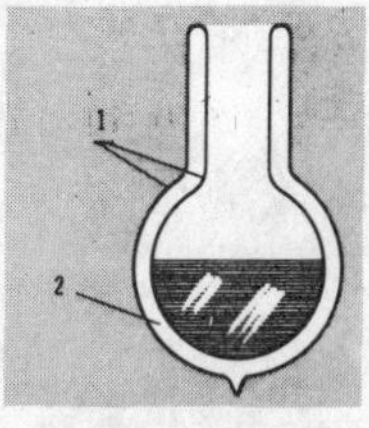

frasco de Dewar
1. Paredes metalizadas; 2. Espacio vacío

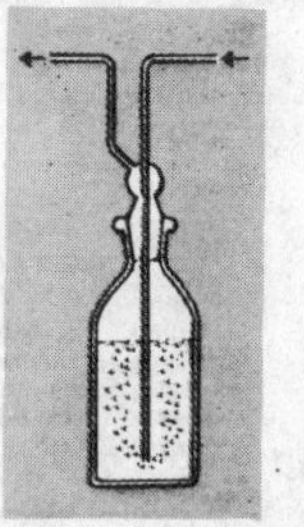

frasco lavador

en la cromosfera, de radiaciones emitidas en la fotosfera.

FREÁTICO, CA adj. Relativo o perteneciente al pozo. ‖ Dícese de las aguas subterráneas cuando ningún estrato impermeable se interpone entre ellas y la superficie: *el agua de la capa freática es la que alimenta los pozos.*

FRECUENCIA f. Número de períodos por segundo de un fenómeno periódico: *la frecuencia se expresa en hertzios* (Hz).

— La *frecuencia* F de un fenómeno periódico cuyo ciclo dura un tiempo T es igual a la unidad dividida por T. Por consiguiente:

$$F = \frac{1}{T} \text{ y } T = \frac{1}{F}.$$

También se halla la frecuencia dividiendo la velocidad de propagación de las ondas (300 000 km/s en las ondas electromagnéticas y unos 340 m/s en las ondas sonoras) por la longitud de onda. Así, la frecuencia de las ondas de radar de 3 cm (o sea de 0,000 03 km) es igual a:

$$\frac{300\ 000}{0{,}000\ 03} = 10\ 000 \text{ MHz}.$$

— *Acúst.* Número de vibraciones por segundo que determinan la altura de cada sonido.

— La altura de un sonido depende de la *frecuencia* de las vibraciones que lo engendran: cuanto mayor es la frecuencia, más agudo es el sonido. En general, el diapasón que da el *la* a los músicos vibra 435 veces por segundo, y en ciertos países han adoptado otro diapasón de 440 vibraciones. Las vibraciones de frecuencia excesivamente baja o demasiado elevada dan, respectivamente, infrasonidos y ultrasonidos* que no pueden ser percibidos por el oído. Los límites de percepción varían de una persona a otra. Prácticamente se considera que el espectro de los sonidos audibles se extiende de 16 a 20 000 vibraciones por segundo. (V. SONIDO.)

— *Electr.* Número de ciclos o períodos por segundo de una corriente alterna.

— En ciertas aplicaciones industriales —por ejemplo, en hornos de inducción— se emplean corrientes de *alta frecuencia* (de varios MHz). Pero la energía eléctrica se consume generalmente en forma de corrientes de *baja frecuencia* (menos de 250 Hz). La corriente alterna suministrada por las centrales eléctricas suele ser de 50 Hz en Europa y África; de 60 Hz en América y países anglosajones.

— *Fís.* A continuación se indican las frecuencias de las principales clases de radiaciones electromagnéticas (v. tb., más abajo, *Radiot.*):

FRECUENCIAS DE LAS ONDAS ELECTROMAGNÉTICAS				
Ondas radioeléctricas	de	10^4	a	10^{11} Hz
Rayos infrarrojos	de	10^{12}	a	4.10^{14} Hz
Radiaciones luminosas	de	4.10^{14}	a	$7{,}5.10^{14}$ Hz
Rayos ultraviolados	de	$7{,}5.10^{14}$	a	10^{16} Hz
Rayos X	de	10^{16}	a	$5{,}10^{19}$ Hz
Rayos alfa	de	5.10^{19}	a	10^{20} Hz

— *Radiot.* y *Telec.* Número de oscilaciones producidas en un segundo por los generadores de ondas radioeléctricas. ‖ Número de ondas radiadas en un segundo por una emisora o captadas en el mismo lapso de tiempo por un receptor. ‖ *Frecuencia de imágenes*, número de imágenes de televisión transmitidas por segundo. ‖ *Frecuencia de líneas*, número de líneas exploradas por segundo en televisión. (V. EXPLORACIÓN.) ‖ *Frecuencia de tramas*, número de tramas * exploradas por segundo. ‖ *Cambiador de frecuencia*, dispositivo que cambia la frecuencia de las corrientes en los aparatos radioeléctricos, ya multiplicándola por un factor, ya dividiéndola. ‖ *Gama de frecuencias*, serie de frecuencias comprendidas entre dos límites determinados. ‖ *Modulación de frecuencia*, v. MODULACIÓN.

— En los aparatos de radio y televisión existen circuitos de *baja frecuencia* —también llamados de *audiofrecuencia*, de *frecuencia musical* o de *frecuencia acústica* —, correspondiente a la frecuencia de los sonidos (palabra, música, etc.) que se captan con el micrófono o se reproducen con el altavoz. Aunque dicho espectro (v. *Acúst.*) se extiende de 16 a 20 000 Hz, prácticamente las emisiones de radio solamente transmiten la banda de 50 a 5 000 Hz.

Los mismos aparatos contienen circuitos de *alta frecuencia* o de *frecuencia radioeléctrica*, muy superior a la de los sonidos audibles e indispensables para poder transmitirlos por vía inalámbrica (v. ONDA). La frecuencia de las ondas empleadas con dicho fin varía considerablemente de una emisora a otra. Como las ondas hertzianas tienen también muchas otras aplicaciones (radar, radionavegación, policía, telecomunicaciones oficiales, investigaciones científicas, etc.), ha sido necesario dividir el espectro radioeléctrico en *bandas de frecuencias* reservadas por acuerdos internacionales a cada clase de telecomunicaciones (v. ONDA). Las principales bandas suelen designarse con siglas de sus correspondientes denominaciones en lengua inglesa y que a continuación se indican:

PRINCIPALES BANDAS DE FRECUENCIAS RADIOELÉCTRICAS	SIGLAS	LONGITUD DE ONDA			
Frecuencias muy bajas (*very low frecuencies*)	V.L.F.	de	10^5 m	a	10^4 m
Bajas frecuencias (*low frecuencies*)	L.F.	de	10^4 m	a	10^3 m
Frecuencias medias (*medium frecuencies*)	M.F.	de	10^3 m	a	10^2 m
Altas frecuencias (*high frecuencies*)	H.F.	de	10^2 m	a	10 m
Muy altas frecuencias (*very high frecuencies*)	V.H.F.	de	10 m	a	1 m
Ultra altas frecuencias (*ultra high frecuencies*)	U.H.F.	de	1 m	a	10 cm
Ondas centimétricas (*cm waves*)	S.H.F.	de	10 cm	a	1 cm
Ondas milimétricas (*mm waves*)	E.H.F.	de	1 cm	a	1 mm
Rayos infrarrojos (*infra-red*)	I.R.	de	10^{-2}cm	a	10^{-4}mm

FRECUENCÍMETRO m. *Fís.* Instrumento para medir la frecuencia de los fenómenos oscilatorios, especialmente los de naturaleza eléctrica.

— El *frecuencímetro de lengüetas* consiste en una serie de lengüetas, cada una de las cuales entra en vibración a una frecuencia diferente de las demás, dispuestas junto a los polos de un electroimán excitado por una corriente alterna: la frecuencia de ésta será indicada por la de la lengüeta que entrará en vibración.

El *frecuencímetro heterodino* es un generador de oscilaciones de frecuencia conocida. Bastará hacer coincidir su frecuencia con la de las oscilaciones que se han de medir para determinar la magnitud de las mismas.

FREGADERO o **FREGADOR** m. *Art. y of.* Instalación o recipiente a propósito para fregar o estregar.

FREIBERGITA f. *Miner.* Antimoniosulfuro de plomo, variedad de panabasa.

FRENADO, FRENAJE y **FRENAMIENTO** m. Acción de frenar.

— *Aeron.* El *frenado de los aviones en el aire* tiene por objeto ya evitar que alcancen velocidades excesivas en el curso de un picado, ya reducir su velocidad a proximidad del suelo, cuando se aprestan a aterrizar. Con dicho fin se utilizan frenos * aerodinámicos y, en los aviones de reacción, desviadores * de chorro.

El *frenado en el suelo* permite reducir la carrera del avión después del aterrizaje y, excepcionalmente, en el caso de un despegue interrumpido. Los aviones tienen las ruedas equipadas con frenos de discos parecidos a los de los automóviles, aunque mayores y más enérgicos. Este *frenado mecánico* se combina con alguna forma de *frenado aerodinámico:* inversión de las palas de las hélices *, alerones obrando a modo de frenos aerodinámicos, desviadores de chorro y, en ciertos casos, paracaídas * de aterrizaje, que se abren al posarse el avión.

— *Arm.* Amortiguamiento del retroceso de las armas de fuego. (V. FRENO.)
— *Astron.* El *frenado de los ingenios espaciales* que han de aterrizar en otro mundo provisto de atmósfera o que vuelven a la Tierra, se obtiene planeando en torno del globo y perdiendo progresivamente velocidad merced al roce con el aire, aunque velando por que un frenado demasiado enérgico no caliente el aparato en exceso, pues esto podría destruirlo o poner en peligro la vida de los astronautas. Este principio no puede aplicarse a los ingenios que han de aterrizar en astros que, como la Luna, carecen de atmósfera. En este caso el frenado se obtiene por retropropulsión, o sea haciendo funcionar un motor de cohete de forma que el chorro sea dirigido hacia el suelo, para que su empuje contrarrestre la atracción del astro. (V. ASTRONÁUTICA y ASTRONAVE.)
— *Autom.* Entre el instante en que se apoya en el pedal del freno y la parada del coche, éste recorre la *distancia de frenado,* que se calcula, empíricamente, en metros, multiplicando la velocidad (en km/h) por sí misma y dividiendo el resultado por 200. Por ejemplo, si la velocidad es de 80 km/h, la distancia de frenado será igual a $80 \times 80 = 6\,400$ que, dividido por 200, arroja 32 m (en el caso de neumáticos nuevos y de un firme normal). Mas, por otra parte, entre el momento en que el conductor divisa un peligro y el instante en que se hace efectiva la presión del pie sobre el pedal, media una fracción de segundo durante la cual el vehículo prosigue su carrera (en medio segundo el recorrido es de 11 m a 80 km/h y de 14 m a 100 km/h).
— *Electr.* y *Mec. Frenado de las máquinas* (u órganos de máquinas), es la operación destinada a regular su velocidad o a abreviar el tiempo necesario para que se paren después de haber cesado la acción motriz. (V. FRENO.) ‖ *Frenado por contracorriente,* el de los motores eléctricos que se obtiene invirtiendo el par * motor mediante una conmutación apropiada de los devanados. ‖ *Frenado por corrientes de Foucault,* frenado eléctrico fundado en la transformación de la energía en calor por las corrientes de Foucault * creadas en masas metálicas del electromotor. ‖ *Frenado eléctrico,* aquel en el cual el par que se opone al movimiento es creado por medios eléctricos. ‖ *Frenado electromagnético,* el que se obtiene utilizando electroimanes para retardar el movimiento. ‖ *Frenado por recuperación,* frenado de un motor eléctrico que se obtiene haciéndolo funcionar como generador de corriente mientras le quede fuerza viva (llámase *frenado reostático* cuando la corriente producida se consume en resistencias).

FRENEL m. *Mar.* Cabo grueso que sujeta algo.

FRENILLO m. *Mar.* Cabo o rebenque.

FRENO m. Dispositivo para moderar o detener el movimiento de una máquina, de un vehículo o móvil cualquiera: *cambiar el forro de un freno.*

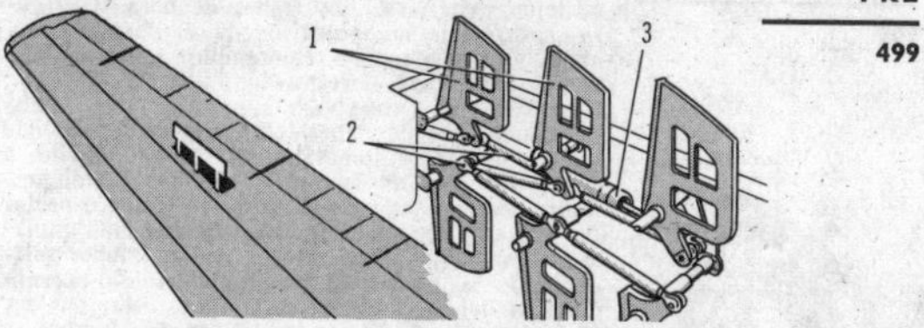

freno aerodinámico
1. Pantallas del freno; 2. Gato hidráulico; 3. Varillaje

— *Aeron. Freno aerodinámico,* serie de pantallas metálicas dispuestas en el interior del ala o del fuselaje y que el piloto hace sobresalir de aquélla o de éste para que, al oponer una gran resistencia al aire, frenen al avance del avión. (V. FRENADO.)
— *Arm.* Dispositivo que sirve para amortiguar el retroceso de las armas de fuego.
— En virtud del principio de la acción y de la reacción, un cañón montado directamente sobre la cureña da —al ser disparado— un salto hacia

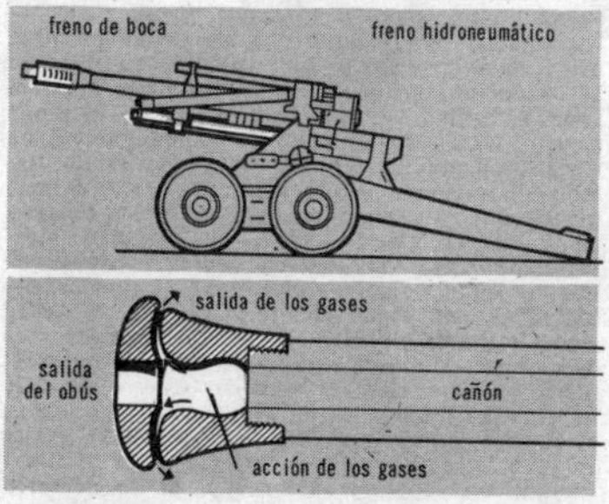

frenos *(arm.)*

de boca

hidroneumático

atrás de varios metros, lo cual, entre otras consecuencias, obliga a repetir las operaciones de puntería. Para evitar estos inconvenientes, el cañón goza de cierto grado de libertad respecto a la cureña y entre ambos se dispone un *freno,* que consiste generalmente en un amortiguador hidroneumático de doble cilindro: el retroceso es aminorado porque el aceite que llena el primer cilindro y que es expulsado por el émbolo solidario del cañón, solamente puede pasar al otro cilindro por un orificio angosto; la irrupción del líquido hace que otro émbolo comprima el aire en el segundo cilindro; por último, la expansión ulterior del aire inyectará de nuevo el aceite en el primer cilindro y obligará al cañón a recobrar su

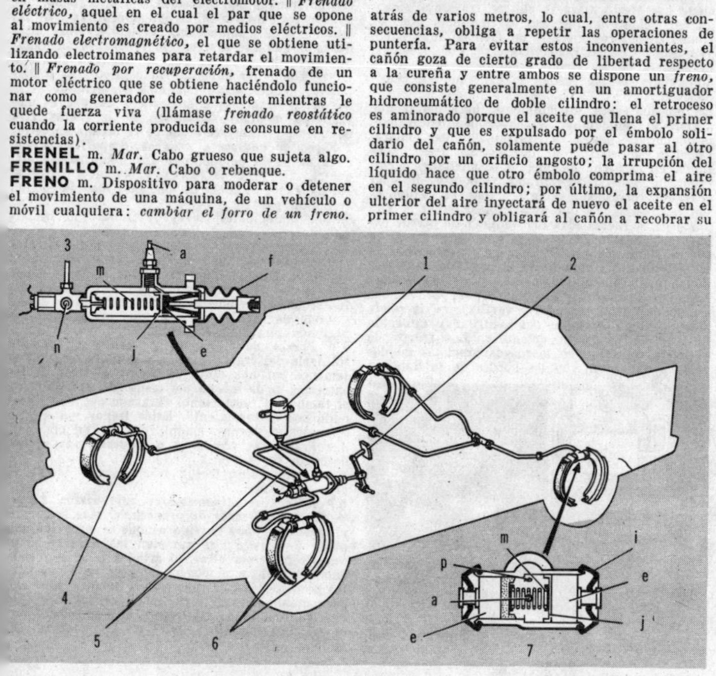

freno *(autom.)*:
1. Fluido; 2. Pedal; 3. Bomba (*m,* muelle; *a,* aceite; *f,* fuelle; *n,* hacia las ruedas; *j,* junta; *e,* émbolo); 4 y 5. Canalizaciones; 6. Segmentos y forros; 7. Cilindro (*m,* muelle; *p,* purga; *a,* llegada del aceite; *e,* émbolo; *i,* cierre; *j,* junta)

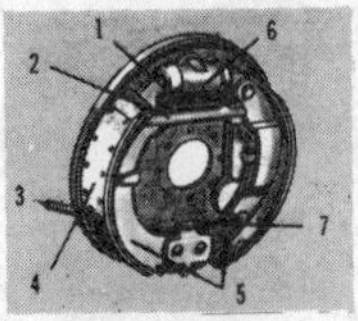

freno de tambor
1. Muelle; 2. Biela; 3. Cable del freno manual; 4. Forro; 5. Segmentos; 6. Cilindro; 7. Palanquilla del freno manual

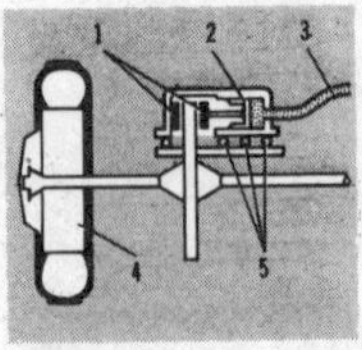

freno de disco
1. Zapatas; 2. Émbolo; 3. Aceite; 4. Rueda; 5. Rodillos

posición primitiva. Los frenos de boca (v. *figura*) proyectan los gases de la explosión hacia atrás, y éstos ejercen así un empuje hacia adelante que disminuye el retroceso.
— *Astron.* V. FRENADO.
— *Autom.* Los dos tipos corrientes de *frenos* utilizados en los automóviles son el *de zapatas* o *de tambor* y el *de discos* (v. *figura*). En el primero, dos zapatas revestidas de un tejido especial de amianto y alambre son fuertemente aplicadas contra la pared interna de un tambor solidario de la rueda. El roce convierte la energía cinética del vehículo en calor, pero éste, por ser imperfectamente disipado, dilata el tambor y deforma las zapatas: el freno pierde tanta más eficacia cuanto más se prolongue el frenado. De ahí la tendencia actual a reemplazar dicho freno clásico por el freno de disco. En éste, las zapatas son planas y se aplican sobre los lados también planos de un disco. En este caso cada punto del disco solamente es rozado por las zapatas durante una pequeña fracción de su vuelta y puede disipar mucho calor durante el resto de la misma. Por lo demás, el calentamiento del disco y de las zapatas no provoca ninguna deformación que pueda disminuir sensiblemente las superficies en contacto.
La presión de las zapatas sobre el tambor o el disco puede ejercerse por distintos medios. El accionamiento manual solamente sirve para el freno de mano, destinado a mantener el vehículo parado. En los frenos antiguos el pedal accionaba mecánicamente las zapatas por medio de un sistema de palancas, cables y varillas. Otro principio posible, aunque raramente aplicado, consiste en accionarlas eléctricamente, por medio de electroimanes. Pero el sistema generalmente utilizado es el de mando hidráulico: la presión del pie en el pedal tiene por efecto expulsar el aceite de un cilindro central e inyectarlo, en cada rueda, en un cilindro pequeño provisto de dos émbolos que empujan en sentido opuesto las dos zapatas del freno y las aplican fuertemente contra el tambor (en el freno de disco solamente existe un émbolo, dado que una de las zapatas es fija).
Cuando un vehículo es frenado, la deceleración tiene por efecto aligerar el tren trasero y recargar el delantero. Por eso es necesario que los frenos delanteros ejerzan un frenado más enérgico que los de las ruedas traseras. Por lo demás, la eficacia de los frenos también depende de la adherencia de las ruedas en el firme. (V. FRENADO.)
En muchos casos, especialmente para evitar que acelere el vehículo al descender pendientes muy prolongadas, puede utilizarse el *freno motor.* Consiste en utilizar el motor como freno y se funda en el hecho de que, si se suelta el acelerador, la velocidad propia del motor es inferior a la que corresponde a la del vehículo. Entonces son las ruedas las que arrastran el motor, y una parte de la fuerza viva del vehículo se pierde así para mover los órganos del mismo; además, dicha fuerza tiene que vencer también la depresión de los cilindros, la cual frena el movimiento de los émbolos y, consiguientemente, el de las ruedas.
Las motocicletas suelen tener freno de tambor accionado mediante pedal y varillaje en la rueda trasera y por el puño del manillar y un cable flexible en la rueda delantera. Los frenos de bicicleta consisten en mordazas provistas de dos patines que rozan con los bordes de la llanta y se accionan con palancas dispuestas junto a los puños del manillar. También existen *frenos de contrapedal* en los cuales, al pedalar en sentido inverso, se provoca el corrimiento, en el interior del cubo, de una pieza cónica que aprieta unas zapatas de bronce contra el mismo.
— *F. c.* El *freno* generalmente usado en los vehículos de ferrocarril es el *de zapatas* aplicadas contra la superficie de rodadura de las ruedas. El accionamiento manual por medio de manivelas y tornillos está en vías de desaparición, y el sistema universalmente adoptado es el de aire comprimido ilustrado por la *figura,* y también llamado *freno Westinghouse.* Además del depósito general de aire comprimido instalado en la locomotora, cada vagón tiene un depósito particular alimentado constantemente por aquél. Ahora bien, merced a un acoplamiento apropiado de la cañería general, del depósito del vagón y del cilindro del freno (llamado *válvula triple*), cada vez que la presión baja en la cañería general, los frenos entran en acción. Así, para frenar el tren, el maquinista provoca el escape del aire de la cañería principal; también se deduce de ello que una ruptura accidental de la misma (por ej., si se separa una parte del tren) provocará el frenado; igualmente, cuando un viajero tira la manija de alarma, da salida al aire de la cañería y el tren se para. En los tres casos, la baja de presión corta la comunicación entre la cañería general y el depósito particular del vehículo y la establece automáticamente entre dicho depósito y los cilindros de los frenos.
También se usan en ferrocarriles *frenos de tambor* y *de discos* (v. *Autom.*); *frenos electromagnéticos* o *electrodinámicos* (en forma, por ej., de un disco metálico arrastrado por el eje entre dos electroimanes, cuyo campo magnético frena la rotación del disco merced a las corrientes de Foucault engendradas en el mismo). Las locomotoras eléctricas disponen también de frenado * por recuperación. Con el nombre de *freno de vía* se designan dos dispositivos diferentes, uno de los cuales consistente en unos electroimanes fijados en las locomotoras eléctricas de modo que casi rocen los rieles (al excitarlos el maquinista, ejercen un frenado por inducción *); el segundo, que se monta en los rieles, en las albardillas * de las estaciones de clasificación, consiste en unas mordazas largas que aferran las ruedas de los vagones o en unas cuñas que se deslizan frente a ellas. Ambos mecanismos son maniobrados a distancia, generalmente por aire comprimido.
— *Mec.* Órgano que aminora o detiene el movimiento mediante absorción de la fuerza viva del móvil y transformación de la misma en calor. ‖ *Freno de ensayos* o *pruebas,* dispositivo usado para medir la potencia de una máquina (v. art. encicl.). ‖ *Freno de tuerca,* v. TUERCA. ‖ *Potencia al freno,* potencia de un motor medida con un freno de pruebas.
— Las principales clases de frenos son las siguientes:
1.º *Frenos de zapatas,* constituidos por unas piezas, las zapatas, una de cuyas caras, labrada en forma de arco de igual radio que el de la rueda que se ha de frenar, se aplica sobre la misma fuertemente por medio de una palanca o de un sistema de varillas roscadas que puede acortarse haciendo girar una manivela.
2.º *Frenos de cinta,* en los cuales un tambor solidario del órgano giratorio se halla ceñido flojamente por una cinta de acero: al tirar de los extremos de la misma por medio de una palanca, el tambor es fuertemente abrazado por ella y frenado por el rozamiento. Estos frenos son de uso corriente en tornos, maquinillas, grúas, etc.
4.º *Frenos de tambor y de discos,* más arriba descritos (v. *Autom.*).
5.º *Frenos eléctricos,* v. más arriba *F. c.* y tb. el art. FRENADO.
6.º *Frenos aerodinámicos,* v. más arriba *Aeron.*
— Entre los *frenos de pruebas,* el más común es el *freno de Prony* (v. *figura*) que se monta en una polea del motor; se aprietan las zapatas hasta que, frenado por ellas, el árbol gire a su velocidad nominal, y se ponen entonces en el platillo las pesas necesarias para que la palanca del freno permanezca en equilibrio entre los dos topes: la longitud del brazo del freno y el peso colocado en el platillo permiten calcular la potencia del motor.

freno Westinghouse
(f. c.)

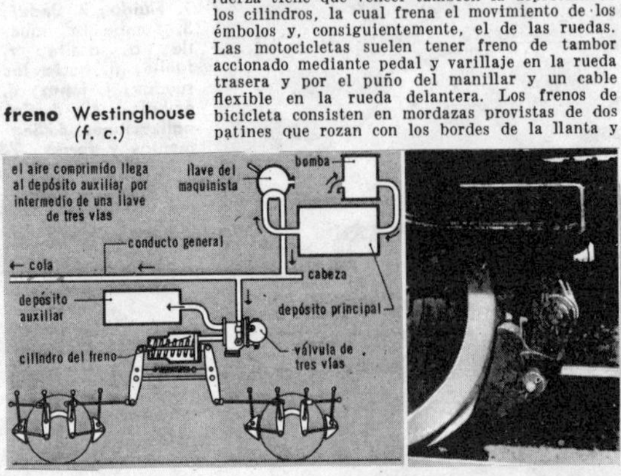

FRENTE m. Cara o parte anterior de una cosa.
— *Fís. Frente de una onda,* parte de la misma que avanza en la dirección del observador o de un punto determinado.
— *Meteor.* Superficie de contacto entre dos masas de aire convergentes de temperatura diferente.
— Existen *frentes* más o menos estacionarios, sujetos a fluctuaciones lentas, cuales son los *frentes polares,* que separan las masas de aire frío de origen polar y las de aire caliente de origen tropical. Por el contrario, los *frente móviles* o *ciclónicos* son efímeros y desaparecen al resolverse los ciclones *. Normalmente, al entrar en contacto las dos masas gaseosas, la de aire frío, por ser más densa, penetra en forma de cuña entre el suelo, o el mar, y la masa de aire caliente. Esta asciende entonces y, al expandirse, da lugar a precipitaciones acuosas. (V. ATMÓSFERA.)
— *Min.* En una cantera, superficie frontal que se explota. ‖ *Frente de arranque* o *tajo,* superficie frontal en la cual se arranca el mineral.
— *Obr. públ. Frente de ataque,* parte del terreno en la cual se inicia la excavación de una galería, túnel, canal u otra obra.

FREÓN m. *Quím.* y *Refrig.* Marca registrada de una familia de compuestos frigorígenos * entre los cuales destacan el *Freón 12* y el *Freón 22,* cuyas fórmulas químicas son, respectivamente, CCl_2F_2 y $CHClF_2$.
— Los *Freones,* derivados clorados y fluorados del metano y del etano, son gases ininflamables, poco tóxicos, que no dan reacciones con los lubricantes ni con los metales de los grupos frigoríficos (solamente atacan al aluminio y al magnesio), por cuyas razones tienden a eliminar a los demás agentes frigorígenos anteriormente empleados en las instalaciones industriales.

FRESA f. *Metal.* Herramienta de movimiento giratorio para labrar metales, con arranque de viruta, en las máquinas fresadoras *.
— Las *fresas,* que pueden ser de filos tallados en su propia masa o de cuchillas desmontables, adoptan gran diversidad de formas y pueden labrar las piezas de frente (filos perpendiculares al eje de la fresa), lateralmente (filos o dientes en su periferia) o de ambas formas a la vez. Son herramientas de acero rápido, resistente al calor, de dientes derechos o helicoidales, cuyo filo tiene un perfil impuesto. (V. CORTE.)
— *Min.* y *Petr.* Corona * de sondar.

FRESADO m. *Metal.* Acción y efecto de fresar.
— El *fresado* es una de las técnicas fundamentales practicadas para labrar los metales con arranque de virutas. Merced al uso de fresas * de forma apropiada, permite ya alisar una superficie plana, ya abrir canales en ella, labrar perfiles complicados y hasta tallar los dientes de engranajes. (V. FRESADORA.)

FRESADORA f. *Metal.* Máquina herramienta que sirve para fresar las piezas metálicas.
— La *fresadora* es una máquina muy robusta, de la cual existen tres formas principales: *fresadora horizontal* (con el eje de rotación de la fresa dispuesto horizontalmente), a cuyo tipo pertenecen las máquinas más grandes y potentes; *fresadora vertical* (fresa dispuesta con su eje vertical); *fresadora universal* (fresa montada en un cabezal orientable que le permite trabajar en cualquier dirección).
La pieza que se ha de labrar se fija en la bancada ya directamente, ya en un plato orientable a veces acoplado a un divisor *. En un caso como en el otro, la translación del carro permite que adelante la pieza a medida que la va cortando la herramienta.
— *Min.* y *Obr. públ. Excavadora de rueda fresadora,* excavadora * de cangilones. ‖ *Rozadora fresadora,* v. ROZADORA.

FRESAR v. *Metal.* Labrar los metales con la fresa. ‖ Avellanar, dar forma cónica a un taladro.

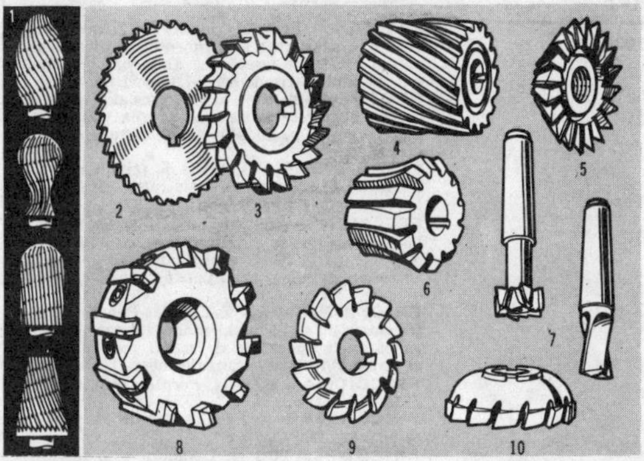

fresas
1. De herramientas portátiles; 2. Sierra; 3. De tres filos; 4. De alisar; 5. Cónica; 6. Perfilada; 7. De ranurar; 8. De cuchillas amovibles; 9. Para engranajes; 10. De campana

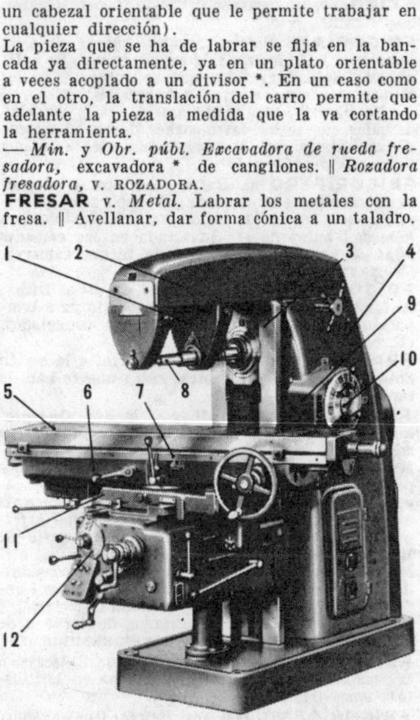

fresadora vertical
1. Luneta; 2. Brazo corredizo; 3. Guía vertical; 4. Bastidor; 5. Bancada; 6. Manubrio; 7. Carro; 8. Portafresa; 9 y 10. Caja y selector de velocidades; 11. Carro transversal; 12. Selector de avances

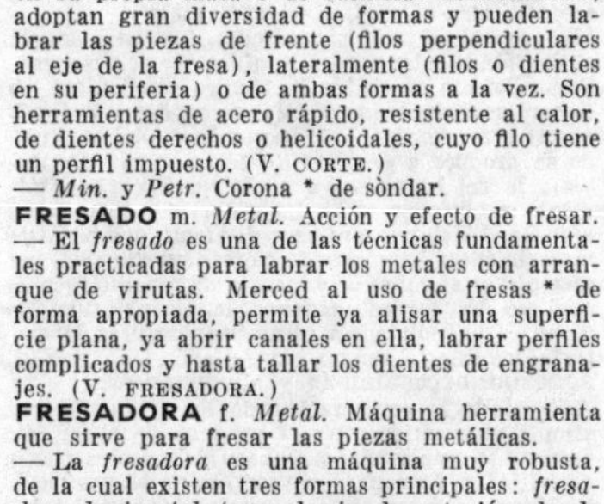

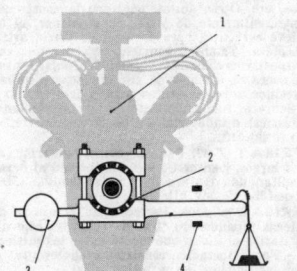

freno de Prony *(mec.)*
1. Motor probado; 2. Cojinetes de fricción; 3. Contrapeso; 4. Tope

FRESCO m. Pintura decorativa que se hace con pigmentos disueltos en agua de cal y que se aplica directamente sobre el enlucido aún fresco, para que penetren en él los colores. ‖ Dícese abusivamente de cualquier obra pictórica ejecutada en una pared.
— *Text.* Tejido de estambre, de aspecto brillante y sedoso, hecho a imitación del de alpaca * con lana a veces mezclada con pelo de alpaca.

FRESNEL (*Lente de*). V. LENTE.

FRESNO m. *Bot.* y *Carp.* Árbol oleáceo, en cuya especie común (*Fraxinus excelsior*) el tronco llega a medir 35 m de altura y 3 de perímetro.
— El *fresno* da una madera blanca, veteada longitudinalmente con vetas amarillentas.
Es una madera muy dura (densidad del orden de 0,800), de fibras rectas y tenaces, que le confieren una elasticidad notable, no igualada por ningún otro árbol europeo. Es adecuada para montantes de escalas de mano, mangos de herramientas, duelas de toneles, carretes para hilo de coser, etc. También se emplea en ebanistería, generalmente en chapeados.

fresado

Fot. SACEM-Graffenstaden, Hurth

FRESQUERA f. Jaula de tela metálica de mallas finas para conservar los alimentos al aire fresco y al amparo de los insectos. ‖ Despensa o cualquier otro recinto utilizado con el mismo fin.

FRETE m. *Arq.* Motivo en forma de líneas quebradas o entrecruzadas que adorna una moldura lisa y cuyas variedades más comunes son las grecas *.

FRIABILIDAD f. Calidad de friable.

FRIABLE adj. Que se desmenuza con facilidad: *la creta es una piedra muy friable.*

FRICCIÓN f. *Fís.* Rozamiento de un fluido con las paredes de las canalizaciones, al cual se debe que una parte de su energía mecánica se pierda en forma de calor. (V. PÉRDIDA *de carga.*)
— *Mec.* Rozamiento.

FRICCIONADOR, RA adj. *Papel. Cilindro friccionador,* tambor calentado interiormente con vapor, cuya superficie de metal pulido roza con el papel y lo lustra mecánicamente. (V. PAPEL.)

FRICCIONAL adj. *Fís. Pérdida friccional,* pérdida * de carga.

FRICCIONAR v. *Papel.* Satinar el papel con el cilindro friccionador *.

FRIEGAPLATOS m. Lavadora * de vajilla.

FRIGO, prefijo derivado del latín *frigus, frigoris,* que significa *frío.*

FRIGORÍA f. *Refrig.* Nombre que se da a la caloría en la industria frigorífica, cuando se aplica esta unidad al calor que se substrae de los alimentos y otros cuerpos refrigerados.
— La *frigoría,* cuyo símbolo es *fg,* es la cantidad de calor que se ha de substraer de un kilogramo de agua para que la temperatura de la misma descienda de 15° a 14°.

FRIGORÍFERO m. *Refrig.* Recinto en el cual se enfría el aire al contacto del evaporador *(frigorífero seco)* o de la salmuera fría *(frigorífero húmedo)* antes de ser inyectado en las cámaras frías. ‖ Por ext., cada una de dichas cámaras. (V. REFRIGERACIÓN.)

FRIGORIFICADO, DA adj. *Ind. alim.* Dícese de los alimentos conservados por el frío ya a temperaturas positivas de 0 a 4°, ya congelados. (V. CONGELACIÓN y REFRIGERACIÓN.)

FRIGORIFICAR v. *Refrig.* Someter a la acción del frío los alimentos y otras cosas que se han de conservar.

FRIGORÍFICO, CA adj. y s. *Refrig.* Que produce frío: *el hielo machacado y la sal común constituyen una buena mezcla frigorífica.* ‖ Dícese de los camiones, vagones u otros vehículos provistos de refrigeradores y aislados térmicamente, especialmente destinados al transporte de alimentos conservados por el frío. ‖ *Armario frigorífico,* nevera. ‖ *Cadena frigorífica,* serie de instalaciones en las cuales se conservan los alimentos fríos desde el productor hasta el consumidor. ‖ *Máquina frigorífica,* la que sirve para enfriar. ‖ — M. Refrigerador *, nevera eléctrica. ‖ *Amer.* Establecimiento congelador de carne o de pescado. (V. CONGELACIÓN y REFRIGERACIÓN.)

FRIGORÍFUGO, GA adj. *Refrig.* Aplícase a las materias calorífugas * empleadas en las instalaciones frigoríficas.

FRIGORÍGENO, NA adj. *Refrig.* Que engendra frío.

Los principales *fluidos frigorígenos* son los anhídridos sulfuroso y carbónico, el amoniaco, los cloruros de etilo y de metilo y los Freones. El anhídrido sulfuroso ataca los metales y el aceite de engrase; el anhídrido carbónico no puede condensarse si la temperatura ambiente es de más de 31°; el cloruro de metilo es inflamable. De ahí que los fluidos más empleados sean el amoniaco y los Freones. El primero permite obtener bajas temperaturas con presiones relativamente moderadas. Dada su gran afinidad por el agua (1 000 litros de gas se disuelven en un solo litro de líquido) es el fluido frigorígeno ideal para los refrigeradores de absorción. (V. FREÓN y REFRIGERADOR.)

FRIGORÍMETRO m. Nombre dado a ciertos catatermómetros *.
— El *frigorímetro de Davos* consta de un esfera de cobre ennegrecida a la cual una resistencia suministra el calor necesario para que su temperatura, que es de 36,5° permanezca constante. A partir de la intensidad de la corriente se puede calcular el número de calorías cedidas al aire por la esfera. Esta cantidad corresponde aproximadamente a las pérdidas de calor que habría experimentado el cuerpo humano en idénticas condiciones.

FRÍO, A adj. y s. Dícese del cuerpo que se halla a temperatura muy inferior a la de su estado normal o a la del medio ambiente. ‖ Que da frío o que no guarda el calor: *el algodón es más frío que la lana.* ‖ Dícese de ciertos colores (azul, amarillo claro, etc.). [V. COLOR.] ‖ *En frío,* sin calentamiento previo: *arrancar el motor en frío; el hierro puede labrarse en frío y en caliente.* ‖ — M. Falta de calor.
— *Art. gráf. Estampado en frío,* impresión en hueco de las tapas de un libro hecha a presión con una matriz seca (sin tinta ni pan de oro) y caliente (las matrices antiguas eran de madera y no podían ser calentadas; de ahí la expresión *"en frío"* que aún se sigue usando).
— *Expl. Pólvora fría,* v. PÓLVORA.
— *Fís.* y *Refrig.* El *frío* es respecto al calor lo que la obscuridad respecto a la luz. No representa, por consiguiente, una magnitud física, sino la falta de calor *, y la unidad práctica que se ha adoptado para medir el enfriamiento, la frigoría, es simplemente una caloría * negativa: para calentar un litro de agua y hacer que su temperatura pase de 14,5° a 15,5° se le ha de suministrar calor equivalente a una caloría; para enfriarla y volverla de nuevo a la temperatura de 14,5° ha de despedir calor equivalente a una frigoría.
— El *frío* puede ser engendrado por distintos medios: para las temperaturas próximas de 0° se puede emplear hielo; para temperaturas más bajas se puede recurrir a substancias que, al mezclarse, absorben calor y, consiguientemente, hacen bajar la temperatura de los cuerpos que se la ceden (la mezcla de agua y de nitrato de amonio hace bajar la temperatura hasta — 15,5°; la de hielo y sal común, a — 20°; la de nitrato de sodio y ácido nítrico diluido, a — 25°, etc.).
Más prácticos son los métodos fundados en la absorción de calor por los líquidos que se evaporan. Generalmente se aplica la técnica consistente en licuar mecánicamente un gas y en dejar después que se evapore. Así, la evaporación del helio líquido se produce a — 269° (o sea a 4,15° absolutos), la del hidrógeno a — 259°. Experimentalmente se obtienen en los laboratorios temperaturas aún más bajas por otro procedimiento que consiste en desimantar bruscamente ciertas substancias, por ejemplo el alumbre de hierro y de amonio, con el cual se ha logrado obtener la temperatura de 0, 001 4° absolutos. A estas temperaturas la materia manifiesta nuevas propiedades. (V. HELIO, SUPRACONDUCTIBILIDAD y SUPERFLUIDEZ.)
Además de la conservación de los alimentos por simple enfriamiento o por congelación *, el frío representa importante papel en otras industrias y actividades humanas: conservación de productos biológicos y farmacéuticos; de pieles, emulsiones fotográficas, etc. También se necesitan instalaciones frigoríficas en la industria química (por ej. para extraer los gases que constituyen el aire), en obas públicas (congelación del suelo), en la elaboración de vinos, cervezas, mantequilla, helados, etc. Otras aplicaciones son la construcción y entretenimiento de pistas para patinar, el uso de nieve carbónica para provocar la lluvia artificial, etcétera. También conviene recordar que muchos dispositivos solamente pueden funcionar convenientemente si algunos de sus órganos se hallan sometidos a temperaturas muy bajas. (V. LASER.)
[Sobre el funcionamiento de las instalaciones domésticas e industriales productoras de frío, v. REFRIGERACIÓN.]

FRISA f. *Text.* Paño de calidad inferior, de pelos largos y ensortijados que, merced al batanado, ocultan una textura muy floja, debida a la poca densidad de los hilos.

FRISAR v. *Mar.* Perfeccionar el ajuste de dos piezas tapando con tiras de cuero, caucho u otras materias el hueco que media entre las mismas.
— *Text.* Operación consistente en levantar y torcer los pelillos de un tejido.

FRISO m. *Arq.* Franja lisa o esculpida del entablamiento *, entre el arquitrabe y la cornisa. ‖ Faja adornada o pintada diferentemente del lienzo de una pared, que se extiende en la parte superior de la misma a lo largo de la cornisa o del

cielo raso. ‖ Por ext., faja pintada o decorada con azulejos en la parte inferior de la pared.
— *Carp. Friso de puerta,* faja de madera situada entre el marco de la puerta y la cornisa.
FRITA f. *Tecn.* Masa de escorias o de materias vitrificadas.
— *Vidr.* Mezcla de arena, sosa y otros ingredientes, con la cual se fabrica el vidrio. ‖ Cocción de dicha mezcla hasta obtención del vidrio fundido.
FRITADO o **FRITAJE** m. *Cerám.* y *Metal.* Ación y efecto de fritar.
— La cochura de las piezas de cerámica es una operación de *fritado:* el agua es eliminada por evaporación y los granos se unen íntimamente, confiriendo a la masa una cohesión suficiente a pesar de que la temperatura del horno está muy lejos de hacer fundir las materias primeras.
En idéntico principio se fundan las técnicas de la *metalurgia de polvos,* merced a las cuales pueden obtenerse piezas moldeadas hechas con mezclas de metales que no pueden ser forjadas, fundidas ni labradas por los métodos ordinarios. Los distintos componentes, reducidos a polvo, se mezclan y se vierten en moldes calientes, donde una prensa los somete a fuertes presiones. La acción conjugada de la compresión y el calor obliga a los granos a soldarse unos con otros, aun cuando la temperatura no los ha fundido (funde a lo sumo el componente de menor temperatura de fusión). Citemos como ejemplo de fritado la fabricación de imanes a base de polvos de níquel, hierro y aluminio sometidos a la presión de 80 kg/mm² y a la temperatura de 1 200°. También se fabrican así piezas porosas de filtros y de cojinetes autolubricantes, y filos postizos (a base de carburos) para herramientas de corte.
FRITAR v. *Cerám.* Cocer las piezas de cerámica para que pierdan el agua y se vitrifiquen.
— *Metal.* Calcinar la dolomía previamente a su utilización en siderurgia para evitar que absorba la humedad atmosférica. ‖ Someter las mezclas de polvos metálicos a la operación de fritado.
— *Vidr.* Calcinar las materias primeras que se han de convertir en vidrio.
FROGA f. *Constr.* Obra de albañilería hecha con ladrillos, para distinguirla de la sillería.
FRONDA f. *Arq.* Adorno en forma de follaje enrollado, común en el estilo gótico. ‖ Ganchillo.
FRONTAL adj. y s. m. Anterior, situado en el frente o parte delantera.
— *Arq.* Carrera (viga).
— *Ópt. Distancia frontal,* distancia que media entre una lente y su foco.
FRONTERA f. *Arq.* Fachada.
— *Constr.* Tablero que sirve para sostener el tapial * donde se interrumpe la tapia, o sea en los vanos y las esquinas.
FRONTIS m. Frente, fachada o frontispicio.
FRONTISPICIO m. *Arq.* Fachada delantera de un edificio. ‖ Frontón.
— *Art. gráf.* Portada de un libro. ‖ Por ext., título de cada uno de sus capítulos.
FRONTOFOCÓMETRO m. *Ópt.* Instrumento para medir las distancias frontales de los lentes.
FRONTOGÉNESIS f. *Meteor.* Conjunto de fenómenos que conducen a la formación de un frente *.
FRONTÓLISIS f. *Meteor.* Conjunto de fenómenos al cabo de los cuales desaparecen los frentes *.
FRONTÓN m. *Arq.* Remate de forma generalmente triangular, a veces circular, de una fachada o pórtico. ‖ Adorno en forma de frontón que remata las puertas y ventanas.
— *Min.* Parte de una veta inclinada en la cual se efectúa el arranque por medio de una excavación horizontal.
FROTACIÓN f. Rozamiento.
FROTADOR m. *Electr.* Toma de corriente de los vehículos de tracción eléctrica, consistente en

friso *(arq.)*

Fot. P. Viollet, X.

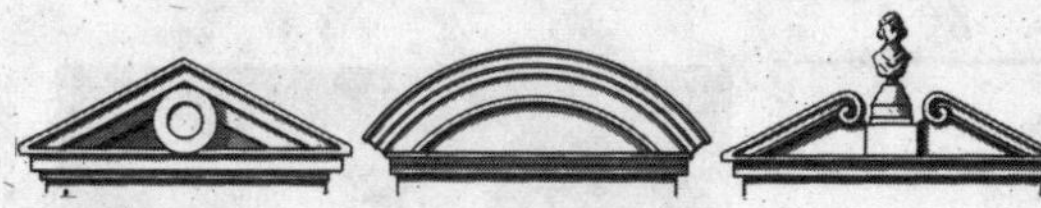

frontones *(arq.)*

una zapata metálica aplicada por un resorte contra el riel o cable conductor, sobre el cual se desliza. ‖ Cualquier escobilla o pieza que permita establecer un contacto deslizándose sobre otras, por ej. sobre la hilera de bornes de un reóstato.
FROTADURA f., **FROTAMIENTO** y **FROTE** m. Rozamiento.
FRUCTOSA f. *Quím.* Azúcar levógiro de fórmula $C_6H_{12}O_6$, presente, junto con la glucosa, en la miel y en la mayor parte de las frutas.
FRUNCIR v. *Art. y of.* Recoger, acortar o estrechar una cosa: *las costureras fruncen la tela haciéndole arruguitas a lo largo del borde.*
FRUTERO adj. y s. m. *Mar.* Barco especialmente construido o equipado para el transporte de fruta fresca.
— La construcción de *barcos fruteros* se justifica por la necesidad de evitar que una parte del cargamento se estropee durante las travesías muy largas, especialmente si se pasa de un clima a otro muy diferente. También la motivan otras razones comerciales, especialmente el interés que presenta almacenar cargamentos enteros de fruta verde para madurarla artificialmente y ponerla en venta según las necesidades del mercado. Con dicho fin es indispensable que la fruta llegue a los almacenes frigoríficos aún verde (caso de los plátanos), lo cual obliga a transportarla en barcos especiales de calas térmicamente aisladas y provistas de refrigeradores que mantienen el ambiente fresco y a

alúmina fritada

la temperatura más conveniente. (V. REFRIGERACIÓN.)
FTALDEHÍDO m. *Quím.* Aldehído ftálico.
FTALEÍNA f. *Quím.* Nombre de los compuestos que resultan de la condensación de una molécula de aldehído ftálico sobre dos moléculas de fenol, con eliminación de una molécula de agua.
— Entre las principales *ftaleínas* figuran varios colorantes del grupo del trifenilmetano, la *ftaleína del fenol* o *fenolftaleína* *, la *ftaleína de la resorcina* o *fluoresceína* *, las *rodaminas* *, etc.
FTÁLICO, CA adj. *Quím.* Dícese de tres diácidos derivados del benceno, así como de su anhídrido.
— Con el nombre de *ácido ftálico* se designa comúnmente el ortodiácido de fórmula $C_6H_4(CO_2H)_2$, que se prepara a partir del *anhídrido ftálico.* Éste es un sólido cristalizado en forma de agujas largas; funde a 138° y hierve a 280°. Se fabrica oxidando naftaleno con aire a 400° en presencia de óxido de vanadio. Sirve para fabricar fenolftaleína, fluoresceína, rodaminas, antraquinona, pinturas gliceroftálicas, etc.
Los otros dos ácidos metaftálico o isoftálico y paraftálico o tereftálico forman resinas sintéticas con los polioles.
FTALILO m. *Quím.* Radical bivalente derivado

fuego de artificio

del ácido ftálico por supresión de los dos hidroxilos.

FTALIMIDA m. *Quím.* Imida del ácido ftálico que se obtiene haciendo obrar el gas amoniaco sobre el anhídrido ftálico: *ciertas ftalimidas sirven para fabricar aminas primarias.*

FTALOCIANINA f. *Quím.* V. FTALONITRILO.

FTALONITRILO m. *Quím.* Dinitrilo ftálico, cuya fórmula es $C_6H_4(CN)_2$.

— El calentamiento del *ftalonitrilo* con un metal da lugar a la formación de una sal compleja, a la cual se da el nombre de ftalocianina, que es un poderoso catalizador de la acción oxidante del aire. Ciertas ftalocianinas suministran pigmentos azules.

FTANITA f. *Miner.* Roca sedimentaria de naturaleza silícea, que se parte fácilmente en forma de losas y se usa para pavimentos empedrados.

FTÓRIDO, DA adj. y s. *Miner.* y *Quím.* Que contiene flúor. ‖ — Pl. Familia de los minerales que contienen flúor.

FUCILAZO m. *Meteor.* Relámpago sin trueno que se observa en el horizonte en las noches de estío.

FUCO m. *Bot.* y *Quím.* Nombre de varias algas cuya especie más común es la *corbela, encina de mar* o *sargazo vejigoso (Fucus vesiculosus),* de cuyas cenizas se extrae yodo, bromuro y potasio.

FUCSINA f. *Quím.* y *Text.* Materia colorante que se obtiene oxidando la anilina con nitrobenceno o con ácido arsénico. (Sinón. FUCHSINA).

— La *fucsina,* cuya fórmula es $C_{20}H_{22}N_3OCl$, se presenta en forma de cristales, con hermosos reflejos verdes, que dan disoluciones rojas en el agua caliente y el alcohol. A partir de la fucsina se pueden obtener otros colorantes, pero su fabricación ya no presenta interés dada la posibilidad de elaborarlos por otros medios más prácticos. Por lo demás, la fucsina, largo tiempo empleada para teñir de rojo la lana y la seda, así como el algodón tratado con mordiente, ha caído en desuso por la poca solidez o resistencia de estos tintes.

FUCSONA f. *Quím.* Núcleo de fórmula $(C_6H_5)_2C = C_6H_4 = O$, del cual derivan los colorantes hidroxilados del trifenilmetano.

FUCHSINA f. *Quím.* Fucsina.

FUCHSONA f. *Quím.* Fucsona.

FUEGO m. Desprendimiento simultáneo de luz y calor en el curso de la combustión de la leña, el carbón y otras materias. ‖ Por ext., faro, fanal.

— *Arm. Arma de fuego,* arma constituida por una cámara, en la cual se provoca la deflagración de una carga de pólvora cuyos gases, en el curso de su expansión, expulsan un proyectil por el taladro de un cañón más o menos largo, que permite apuntar en la dirección deseada. (V. AMETRALLADORA, CAÑÓN, CARABINA, FUSIL, etc.).

— *Expl. Fuegos artificiales,* composiciones pirotécnicas que permiten obtener efectos luminosos, chispas de colores y detonaciones para distintos usos.

— Los *fuegos de artificio,* generalmente empleados en las fiestas nocturnas, se usan también como señales luminosas (por ej. en caso de naufragio) y con otros fines: lanzamiento de cabos, provocación de lluvia artificial, destrucción de nubes susceptibles de resolverse en granizo, etc. (V. COHETE y GRANIZO). Consisten en cartuchos de cartón, a veces prolongados por una varilla estabilizadora, que contienen una mezcla combustible o explosiva apropiada a los efectos que se han de obtener. La adición de cinc y de sulfuro de cobre da una luz azul; el sulfuro de cobre sólo da luz verde olivácea; el carbonato de cobre y la barita, luz verde claro; el oxalato de sodio da luz amarilla; la luz del nitrato de sodio es roja purpúrea, y la del negro de humo, de color rojo obscuro, etc. Por otra parte, agregando metales finamente pulverizados, especialmente magnesio, aluminio y hierro, la explosión del cohete es seguida de la proyección de chispas muy brillantes.

— *F. c. Caja de fuego,* v. CAJA.

— *Fís.* V. CALOR, COMBUSTIÓN y LLAMA.

— *Geof. Fuego central,* núcleo de materias en estado de ignición cuya existencia en el centro del globo terrestre fue imaginada como medio de explicar el aumento de temperatura que se observa al penetrar en la corteza terrestre. (Hoy se sabe que no existe tal fuego y se explica el calor interno por otros fenómenos.) [V. GEOTÉRMICO y TIERRA.]

— *Meteor. Fuego de Santelmo,* penacho luminoso formado por la electricidad atmosférica en las puntas de los pararrayos, el extremo de los mástiles y de los campanarios, etc.

FUEL-OIL m. *Comb.* y *Petr.* Mazut.

FUELLAR v. *Amer.* Darle al fuelle.

FUELLE m. *Art. y of.* Aparato para soplar, especialmente para avivar el fuego.

— El uso de los *fuelles* está desapareciendo, en parte por haberse mejorado el tiro en los hogares, y en parte por activarse ventajosamente el fuego con ventiladores mecánicos. Esencialmente el fuelle consta de una caja compuesta por dos fondos de madera (uno de ellos articulado respecto al otro) unidos por costados flexibles, generalmente de piel. Cuando se separan los dos fondos, el fuelle aspira aire por una válvula; cuando se acercan, la válvula se cierra y el aire sale con fuerza por una tobera que lo insufla en el hogar.

— *Carp. Ventana de fuelle,* v. VENTANA.

— *Curt.* Pieza de piel o de otra materia que, por hallarse plegada en zigzag, permite aumentar o disminuir la capacidad de las carteras, bolsos, maletas, etc.

— *Fot.* Tubo plegable, de sección rectangular, que constituye cuatro de las seis paredes de la cámara obscura en los aparatos fotográficos de fuelle. (V. FOTOGRAFÍA.)

— *Transp.* Capota o toldo plegable de los coches descapotables.

FUENTE f. *Arq.* Construcción en la cual se da salida al agua encañada del servicio público.

— *Fís. Fuente de Herón,* aparato de física experimental cuyo funcionamiento (v. *figura*) es como sigue: el agua del plato A cae, por *a*, en el globo B; así comprimido, el aire de B es expulsado por *b* hasta el globo C, donde, a su vez, comprime el agua y la obliga a subir por *g* y a brotar por un surtidor en A. En suma, el agua de C cae en B a través de *g*.

— *Hidr.* Manantial de agua que brota de la tierra. ‖ *Fuente intermitente,* la que cesa de manar periódicamente.

— Las *fuentes intermitentes* constan de una cavidad en la cual se acumula el agua hasta que su nivel llena la fisura en forma de sifón que la hace comunicar con el exterior; el sifón queda así cebado y la fuente mana hasta que el nivel, al bajar, deja a descubierto el orificio de la fisura; el aire penetra en ésta y el manantial cesa de manar mientras se va llenando de nuevo la cavidad hasta cebar el sifón.

— *Tecn.* Manantial de energía: *los satélites artificiales disponen de fotopilas como fuente de electricidad.* (OBSERV. En América se dice también *fuente de poder.*)

FUERABORDO adj. y s. m. *Mar. Fuera de bordo.* (V. CANOA.)

FUERTE adj. Que tiene fuerza.

— *Quím.* Que es muy activo. ‖ *Ácido fuerte, base fuerte,* v. ÁCIDO, BASE y FUERZA.

FUERZA f. Resistencia, solidez de una cosa. ‖ Intensidad, eficacia.

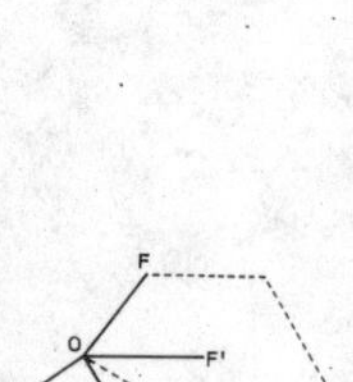

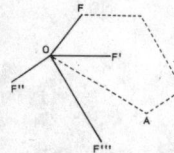

composición de **fuerzas** (la fuerza resultante es OA)

Fot. Keystone

unidades de fuerza

UNIDADES	NEWTON	DINA	ESTENO	KGF
1 newton vale	1	100 000	0,001	0,1
1 dina	0,000 01	1	0,000 000 01	0,000 001
1 esteno	1 000	100 000 000	1	100
1 kilogramo fuerza .	10	1 000 000	0,01	1

— *Aeron. Fuerza ascensional,* v. AERÓSTATO. ‖ *Fuerza de empuje,* v. EMPUJE. ‖ *Fuerza de sustentación,* v. SUSTENTACIÓN.
— *Art. gráf. Fuerza de cuerpo,* cuerpo.
— *Atom. Fuerza nuclear,* fuerza de índole desconocida que mantiene unidas las partículas constituyentes de los núcleos atómicos.
— Es evidente la existencia de *fuerzas atractivas* en el núcleo atómico. Por ej., no se puede concebir sin ellas la cohesión de los protones en el núcleo, dado que estas partículas electrizadas, por ser todas ellas positivas, debieran repelerse. Se ignora todavía la naturaleza de esas fuerzas, pero sí se sabe que son superiores a las *fuerzas eléctricas* en el núcleo y opuestas a ellas; se caracterizan por cesar bruscamente de manifestarse a la distancia de una billonésima de milimetros, mientras que las fuerzas eléctricas, si bien se atenúan con la distancia, no tienen limitado su alcance; además, las fuerzas nucleares se saturan, y en el núcleo, cada neutrón o protón solamente ejerce una acción sobre la o las partículas contiguas, mientras que una carga eléctrica no es influida por la presencia de otras cargas.
Según ciertas teorías, dichas fuerzas son engendradas por intermedio de mesones entre las partículas del núcleo. De ahí el nombre de *fuerzas de intercambio,* con que también se las designa.
— *Electr. Fuerza electromotriz,* cociente de la potencia que suministra un generador dividida por la intensidad de la corriente: *la unidad de fuerza electromotriz* (f. e. m.) *es el voltio, que corresponde a una potencia de un vatio dividida por la intensidad de un amperio.* ‖ *Fuerza contraelectromotriz,* v. CONTRAELECTROMOTOR. ‖ *Fuerza magnetomotriz,* fuerza análoga a la fuerza electromotriz, pero engendrada en circuitos magnéticos: *la fuerza magnetomotriz* (f. m. m.) *engendrada por una bobina de* n *espiras recorrida por una corriente de* i *amperios se expresa en amperios vuelta y es igual al producto de* n *por* i. ‖ *Línea de fuerza,* v. más abajo *Magn.*
— *Expl.* Poder o eficacia de un detonante *, que se calcula tomando como unidad el de idéntica masa de fulminato de mercurio. ‖ Poder destructor de un explosivo.
— *Fís.* Causa capaz de producir movimientos, deformaciones u otras alteraciones de los sistemas físicos. (V. más abajo *Mec.*)
— *Magn. Fuerza magnetizante,* la que resulta conjuntamente de las acciones magnéticas de un campo y las del magnetismo inducido por el mismo en un punto de un cuerpo isotropo. (V. MAGNETISMO.) ‖ *Línea de fuerza,* en un campo * magnético o eléctrico, línea curva en cada uno de cuyos puntos la tangente sigue la dirección de la fuerza. (V. ESPECTRO *magnético.*)
— *Mec.* Cualquier causa capaz de modificar el estado de reposo o de movimiento de un cuerpo. ‖ *Fuerza antagonista,* v. ANTAGONISTA. ‖ *Fuerza centrífuga,* la que tiende a despedir por una tangente a una curva el cuerpo que se mueve a lo largo de la misma, como ocurre con la piedra arrojada por la honda: *si* m *es la masa del móvil,* v *su velocidad y* R *el radio de la trayectoria, la fuerza centrífuga es igual a* $\frac{mv^2}{R}$. ‖ *Fuerza centrípeta,* fuerza de igual magnitud que la fuerza centrífuga, pero opuesta a ella : *la fuerza centrífuga tiende a alejar de la Tierra los satélites artificiales; la atracción terrestre es la fuerza centrípeta que los retiene en su órbita.* ‖ *Fuerza de Coriolis,* v. CORIOLIS. ‖ *Fuerza elástica,* tensión * mecánica. ‖ *Fuerza de inercia,* v. INERCIA. ‖ *Fuerza de tracción,* v. TRACCIÓN. ‖ *Fuerza viva,* energía * cinética. ‖ *Componer dos o más fuerzas,* reemplazarlas por la fuerza resultante de las mismas. ‖ *Momento de una fuerza,* v. MOMENTO. ‖ *Resultante de un sistema de fuerzas,* fuerza única que resulta de la combinación de todas las del sistema y que ejerce exactamente la misma acción que ellas. ‖ *Toma de fuerza,* v. TOMA. ‖ *Trabajo de una fuerza,* v. TRABAJO.
— Para definir una *fuerza* se considera: su punto de aplicación, o sea el punto material sobre el cual ejerce su acción; la dirección de esta acción, recta a lo largo de la cual la fuerza tiende a mover el punto material; la magnitud de la fuerza, medida con otra fuerza que se toma como unidad. Dos fuerzas de igual magnitud y dirección, pero de sentido opuesto, se anulan. Una fuerza se representa geométricamente por medio de un vector * en el cual O es el punto de aplicación y OM un segmento de longitud proporcional a la magnitud de la fuerza.
Composición y descomposición de fuerzas. La resultante de varias fuerzas aplicadas en el mismo punto con igual dirección y sentido, será otra fuerza de idénticas características y de magnitud igual a la suma de las magnitudes de las fuerzas componentes. Si las fuerzas tienen sentidos opuestos, se suman separadamente las de idéntico sentido: la fuerza resultante es entonces igual a la diferencia de ambas sumas, y el sentido, el de las fuerzas que han arrojado un total superior. Si dos fuerzas tienen el mismo punto de aplicación y direcciones diferentes, se construye con ellas un *paralelogramo de fuerzas,* y la diagonal de éste es la fuerza resultante. Asimismo, en el caso de más de dos fuerzas de direcciones diferentes, se trazarán sucesivamente paralelas a cada uno de los vectores (v. *figura*) y la resultante será la línea que unirá el extremo del último de ellos con el punto O, o sea el último lado del *polígono* de fuerzas. Si las fuerzas se equilibraran exactamente, el polígono se cerraría antes de trazar la resultante y ésta sería, consiguientemente, nula.
De lo dicho sobre composición de fuerzas se desprende que, recíprocamente, una fuerza puede también ser descompuesta en varias otras — de las cuales ella es la resultante — que producirán el mismo efecto en el punto de aplicación.
Fuerzas paralelas. Dos fuerzas paralelas aplicadas en un mismo cuerpo tienen como resultante otra fuerza paralela a las mismas, de magnitud igual a la suma de ambas, aplicada entre ellas en un punto situado más cerca de la fuerza mayor que de la menor (a una distancia inversamente proporcional a la intensidad de las componentes). Dos fuerzas iguales y paralelas, aunque de sentido contrario, constituyen un par*.
Si se reducen todas las fuerzas que actúan sobre un sólido, se puede obtener excepcionalmente una resultante, pero, las más de las veces, se obtiene ya un par, ya un par y una fuerza que solamente tienen una resultante común en el caso de que el eje del par sea perpendicular a la fuerza.
— *Papel.* Gramaje.
— *Quím. Fuerza de un ácido* o *de una base,* grado en que el uno o la otra pueden recibir o ceder iones de hidrógeno. (Véase pH.)

FUGA f. *Atom. Fuga de neutrones,* pérdida de neutrones a través de las paredes de un reactor nuclear: *el reflector * tiene por objeto limitar la fuga de neutrones.*
— *Fís. Fuga eléctrica,* pérdida de electricidad en un circuito debida a la humedad, al polvo acumulado en los aisladores o a otras causas. ‖ *Fuga magnética,* disipación de energía magnética debida a la existencia de líneas de inducción fuera de la zona donde es utilizado el flujo. ‖ *Fuga térmica,* pérdida de calor por convección, conducción o radiación.
— *Tecn.* Escape, pérdida de un líquido o un gas por un defecto de ajuste de las tuberías o por alguna grieta o perforación accidental.

FUGAZ adj. Poco duradero. ‖ Que pasa o desaparece velozmente.
— *Astr. Estrella fugaz,* v. METEORITO.
— *Text.* Dícese de un teñido poco sólido que se aplica provisionalmente a los hilos para diferenciarlos en el curso de ciertas fases de su fabricación, y que se elimina ulteriormente.

FULA f. *Text.* Batanado de los fieltros con que se han de hacer los sombreros.

FULAR m. *Text.* Tela fina de seda con ligamento de tafetán. ‖ Pañuelo de cabeza tejido con seda.

FULGURACIÓN f. *Meteor.* Descarga eléctrica que se produce en la atmósfera en forma de relámpago no acompañado de truenos.

FULGURANTE f. *Text.* Tela de rayón caracterizada por su brillo intenso, la flexibilidad de su textura y la riqueza de sus coloridos.

FULGURITA f. *Miner.* Cristalización arborescente de la arena o de la roca fundidas por los rayos que caen al suelo, especialmente en las dunas, en las cuales forma unos tubos sinuosos o ramificados de hasta 5 cm de diámetro y un metro de longitud.

FULMICOTON m. *Expl.* Algodón pólvora. (V. ALGODÓN y NITROCELULOSA.)

FULMINANTE adj. y s. Que fulmina.
— *Expl.* Dícese del explosivo cuyo estallido violento, acompañado de intenso resplandor, recuerda el del rayo. ‖ *Cápsula fulminante,* v. CÁPSULA.
— El nombre de *fulminante* suele reservarse a los explosivos que detonan violentamente por efecto de un choque moderado. Cuando una masa de un gramo basta para que se produzca la explosión, se tiene un *explosivo * primario* que sirve de cebo en los cartuchos para provocar la explosión de la carga principal. (V. DETONANTE y FULMINATO.)

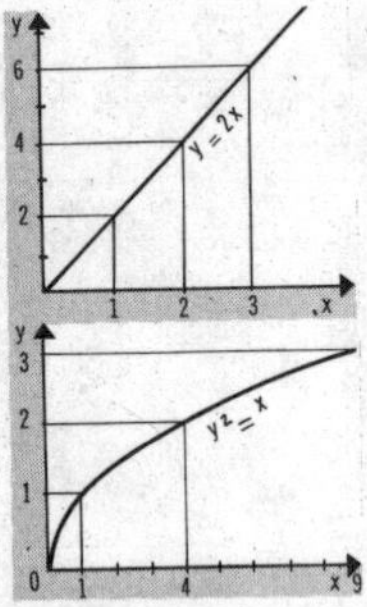

representación gráfica de **funciones**

FULMINATO m. *Expl.* y *Quím.* Sal del ácido fulmínico: *fuego artificial de fulminato de plata.*
— La más común de estas sales es el *fulminato de mercurio* $(CNO)_2Hg$, que se obtiene calentando una mezcla de alcohol, ácido nítrico y mercurio en presencia de un catalizador (cloruro de cobre). Es un polvo blanco que deflagra al menor choque, por cuya razón se emplea como detonante *.

FULMINAR v. Explotar, detonar.

FULMÍNICO, CA adj. *Quím.* Ácido tan poco estable y de existencia tan efímera que su constitución no ha podido ser determinada con certeza, aunque se supone que es un oximo del óxido de carbono.
— El *ácido fulmínico,* como todas sus sales, es explosivo. Dichas sales son isómeras de los cianatos. La más importante es el fulminato * de mercurio.

FULMINÚRICO, CA adj. *Quím.* Dícese de un ácido que es probablemente una de las formas del ácido fulmínico y cuyas sales alcalinas se obtienen mediante acción del fulminato de plata sobre cloruros alcalinos.

FULVENOS m. pl. *Quím.* Nombre de un grupo de hidrocarburos de color pardo amarillento presentes en los productos de la destilación del benzol.

FUMANTE adj. Que echa humo o exhala vapores visibles.
— *Quím.* Dícese de los ácidos muy concentrados que, al entrar en contacto con el aire húmedo, despiden vapores debidos a la formación de hidratos: *ácido sulfúrico fumante.*

FUMAR v. Humear.
— *Papel. Papel de fumar,* v. PAPEL.

FUMAROLA f. *Geof.* Grieta de los terrenos volcánicos, por donde salen vapores o gases cuya composición puede ser a base de cloruros (especialmente cloruro de sodio), de vapor de agua, de gas sulfuroso, vapores amoniacales, etc.

FUMIGACIÓN f. Acción de exponer un cuerpo al humo o de emitir humos o vapores: *las fumigaciones de cloro, de ácido sulfuroso o de vapores nitrosos desinfectan los locales.*

FUMIGADOR m. *Tecn.* Aparato para fumigar: *en agricultura se usan fumigadores para producir humos o vapores insecticidas.*

FUMIGATORIO, RIA adj. Relativo a las fumigaciones: *aparato fumigatorio.*

FUMÍGENO, NA adj. Fumógeno.

FUMÍN y **FUMINO** m. *Amer.* Difumino.

FUMÍVORO, RA adj. y s. Que hace desaparecer el humo. ‖ Dícese de los hogares en los cuales las partículas sólidas arrastradas por los gases de combustión se consumen completamente y, consiguientemente, no forman humo. ‖ — M. Dispositivo que remata una chimenea o que se monta en una lámpara, para activar el tiro y evitar la producción de humo.

FUMÓGENO, NA adj. y s. m. Que produce humo. (Sinón. FUMÍGENO.)
— *Agr.* y *Mil.* Dícese de las substancias que se emplean para formar nubes artificiales destinadas a proteger las cosechas contra las heladas nocturnas de primavera o a disimular los movimientos de tropas, de vehículos militares o de buques de guerra: *las substancias fumógenas más corrientes son los cloruros de estaño, de arsénico y de titanio.*

FUNCIÓN f. *Atom. Función de onda,* v. MECÁNICA *ondulatoria.*
— *Mat.* Magnitud cuyo valor depende del que toma otra cantidad llamada variable independiente (v. *Encicl.*) ‖ *Función algebraica,* función explícita en la cual sólo se efectúan operaciones de suma, resta, multiplicación, división, elevación a potencias y extracción de raíces. ‖ *Función circular,* v. CIRCULAR. ‖ *Función entera,* función racional que no tiene ninguna variable como denominador o afectada de un exponente negativo. ‖ *Función explícita,* v. *Encicl.* ‖ *Función exponencial,* v. EXPONENCIAL. ‖ *Función de función,* v. *Encicl.* ‖ *Función fraccionaria,* función racional que tiene alguna variable como denominador o afectada de un exponente negativo. ‖ *Función implícita,* v. *Encicl.* ‖ *Función irracional,* función explícita en la cual alguna de las variables tiene exponente fraccionario o se halla bajo radical. ‖ *Función lineal,* v. LINEAL. ‖ *Función periódica,* v. PERÍODO. ‖ *Función racional,* aquella cuyas variables no contienen exponentes fraccionarios ni se hallan bajo radical. ‖ *Función trascendente,* la que no es algebraica. ‖ *Función trigonométrica,* función circular *.
— Una magnitud es *función* de otra, llamada *variable,* cuando depende de la misma según una ley tal que a cada valor de la variable corresponde determinado valor de aquella magnitud. Por ejemplo, si se hace variar el diámetro de una circunferencia, también variará la longitud de la misma. Concretamente, a cada aumento o disminución del primero corresponderá un alargamiento o acortamiento 3,14 veces mayor de la segunda. Dícese en este caso que la circunferencia y es una función del diámetro x. Aunque ambas magnitudes varían, se reserva el nombre de *variable independiente* a x, que puede tomar cualquier valor arbitriario, mientras que el valor de la función y depende del de x.
Tendremos en el ejemplo citado la relación $y = 3{,}14x$, en la cual y es una *función explícita* de x, así llamada porque la fórmula indica directamente las operaciones que se han de efectuar para hallar los valores de x correspondientes a los de y, mientras que en una *función implícita* cual es $x^2 + y^2 = 1$, la fórmula no da los datos necesarios para efectuar las operaciones.
Generalmente una función explícita de x se enuncia $y = f(x)$, mientras que la función implícita de x se escribe $f(x, y) = 0$.
Las funciones pueden tener una o más variables. Las de una variable pueden representarse gráficamente por una curva, y las de dos, por una superficie. Para trazar el gráfico, se calcula una serie de valores de x correspondientes a otros tantos valores de y. En el gráfico, provisto de dos escalas de coordenadas (y en ordenadas; x en abscisas), se busca el valor de y y luego el de x. En la intersección de las normales a ambos ejes, se marca un punto y uniendo todos los puntos de la serie se obtiene una línea que es la expresión gráfica de la función. La línea es recta en las *funciones lineales,* cuando la variación de x es proporcional a la de y (por ej., distancia recorrida por un coche en función del tiempo); la línea es curva en las *funciones exponenciales,* en las cuales existe un exponente al cual se debe que x e y no varíen proporcionalmente (por ej., la intensidad de la luz de una lámpara es inversamente proporcional al cuadrado de la distancia).
En ciertos casos la variable v de una función u es a su vez función de otra variable w; ésta, una función de la variante x, etc. Dícese entonces que u es una *función de funciones* de x.
— *Mec.* Ejercicio, trabajo o cometido que incumbe a una máquina u órgano mecánico.
— *Quím.* Conjunto de propiedades características de una familia de cuerpos que contienen en su molécula un mismo grupo de átomos.
— Cada *función* resulta de la presencia de un radical llamado *grupo funcional*: así, el radical $—CO_2H$ confiere a un cuerpo la *función ácido,* mientras que la *función amina* es caracterizada por la presencia del radical $— NH_2$, etc.

Un mismo compuesto puede tener varios grupos funcionales idénticos o diferentes. A continuación se indican las principales funciones: ácidos, alcoholes, aldehídos, amidas, aminas, anhídridos, carburos, cetonas, cloruros, ésteres, éteres óxidos, fenoles, derivados halogenados, nitrilos, etc.
El conocimiento de unas decenas de funciones permite tener una idea clara de la estructura y propiedades de centenares de millares de compuestos químicos.

FUNCIONAL adj. Perteneciente o relativo a una función, cometido o fin útil: *la capacidad funcional de este instrumento es de 350 cm³.*
— *Arq.* Dícese de la obra arquitectónica en la cual el aspecto artístico queda subordinado al aspecto utilitario y cuyas medidas y diseño son a propósito para la función a que se destinan.
— *Geol.* Dícese de las formaciones geológicas cuyo proceso sigue evolucionando actualmente y, por ejemplo, un *terreno aluvial* y *funcional* es aquel en el cual las avenidas de un río siguen depositando sedimentos.
— *Mat.* Perteneciente o relativo a las funciones matemáticas. ‖ *Ecuación funcional,* ecuación cuyas incógnitas son funciones.
— *Quím.* Relativo a una función química.
— *Tecn.* Dícese de un modelo de máquina, vehículo, instalación industrial, etc., que puede funcionar, por oposición a la maqueta, que es un modelo pasivo.

FUNDA f. Cubierta o envoltura que se pone alrededor de una cosa y que adopta su forma.
— *Autom.* Envoltura de cuero llena de grasa que contiene un resorte en ciertas suspensiones.
— *Electr.* Envoltura de chapa o de alambres trenzados con que se cubre un órgano eléctrico para blindarlo. (V. BLINDAJE.)

FUNDACIÓN f. *Arq.* Cimiento.

FUNDAMENTAL adj. Que sirve de base o fundamento.
— *Fís. Color fundamental,* v. COLOR.

FUNDAMENTO m. *Arq.* Cimiento.
— *Text.* Trama de un tejido.

FUNDENTE adj. y s. *Cerám.* Silicato o borosilicato alcalino que se agrega a los óxidos colorantes o al oro u otros metales para facilitar la adherencia de los mismos sobre las piezas de cerámica, vidrio o metal que con ellos se decoran. ‖ Materia que, como el feldespato o la creta, facilita la fusión de la pasta de cerámica o de los esmaltes.
— *Metal.* Materia que se agrega al mineral para facilitar su fusión y separar el metal de su ganga.
— El *fundente* que conviene en cada caso depende de la naturaleza de la ganga, dado que el objetivo que se persigue es de combinarlo con ella, y si es caliza, se le agregará un fundente arcilloso, mientras que si es arcillosa, el fundente será calizo. Tanto en un caso como en el otro la combinación de ambas materias dará un aluminosilicato de calcio muy fusible que se separará del metal en forma de escorias. Los fundentes más comunes son la castina, el espato, el bórax, distintas arcillas y arenas, la criolita, etc.
— *Vidr.* Base que, en la elaboración del vidrio, se combina con la sílice de la arena en forma de silicato fusible.

FUNDICIÓN f. Acción de fundir.
— *Art. gráf.* Surtido completo de tipos de imprenta que comprende todas las letras y signos de un mismo carácter y cuerpo.
— *Metal.* Fabricación de objetos por vaciado de metal en moldes de forma apropiada. (V. MOLDEO.) ‖ Hierro colado. ‖ *Fundición amarilla,* latón.
— La *fundición* es un hierro impuro que, por contener más de 2,5 % de carbono, es quebradizo y no puede ser forjado. Según la forma estructural del carbono, se distinguen dos clases de fundición: *fundición blanca,* en la cual el carbono se halla combinado con el hierro en forma de carburo (cementita) y que se emplea sobre todo para elaborar hierro y acero; *fundición gris,* que contiene carbono al estado libre, en forma de grafito y de perlita, y se emplea en metalurgia, especialmente para fabricar piezas moldeadas.
La fundición blanca puede mejorarse sometiéndola durante varios días a un ciclo de calentamientos y enfriamientos que tiene por efecto descomponer el carbono férrico en ferrita y grafito. Se obtiene así *fundición maleable, fundición mejorada* o *fundición templada* que puede ser labrada más fácilmente aún que las fundiciones grises.
También se obtienen otras fundiciones mejoradas agregando diversos metales a la *fundición bruta* (magnesio, níquel, cromo, etc.).
Ateniéndose a sus aplicaciones, se distinguen las siguientes clases de fundiciones: *fundiciones blancas* para elaborar acero, procedentes directamente del alto horno; *fundiciones grises,* para el vaciado en moldes de piezas complicadas o muy grandes; *fundiciones mecánicas,* que son fundiciones grises o maleables apropiadas, en razón del grafito que contienen, para hacer cojinetes y otras piezas sometidas a rozamientos; *fundiciones grises ligadas con magnesio,* dotadas de propiedades anticorrosivas y utilizadas por la industria química; *fundiciones especiales,* ligadas con cromo, níquel, silicio, etc., que resisten a la oxidación en caliente y sirven para fabricar calderas, hornos, parrillas, etc. (V. HIERRO.)

FUNDIDO, DA adj. y s. *Cin.* Substitución gradual de una escena por la escena siguiente.
— El *fundido* se obtenía cerrando progresivamente el diafragma durante la toma de vistas, enrollando de nuevo el tramo de película y volviéndola a impresionar con la nueva escena, aunque esta vez abriendo progresivamente el diafragma: así desaparecían unas imágenes mientras aparecían otras cada vez más netas. Hoy se obtiene este efecto en el laboratorio, ennegreciendo o atenuando el contraste de las imágenes.
— *Constr. Cemento fundido,* v. CEMENTO.
— *Metal. Acero fundido,* el acero * de crisol.

FUNDIDORA f. *Art. gráf. Fundidora de tipos,* máquina que vacía metal tipográfico en las matrices de las letras y signos para fabricar los tipos *.
— *Tecn.* Máquina para fabricar moldes o para vaciar materias fundidas.

FUNICULAR adj. y s. Compuesto de cuerdas o cables o fundado en el uso de ellos.
— *F. c.* Ferrocarril para pendientes muy pronunciadas que carece de locomotora y cuyos vagones son arrastrados por un cable del cual tira un motor instalado en lo alto de la cuesta. ‖ Por ext., teleférico *.
— El *funicular* consta generalmente de dos vehículos especiales unidos por un cable largo que pasa por una polea accionada por un motor en lo alto de la pendiente. Cuando el vagón inferior es tirado por el motor, éste es aliviado por el peso del vagón que desciende. Incluso se han construido funiculares sin motor y con polea loca, provista de un freno, en los cuales el vagón superior se lastra con agua y arrastra en su descenso al otro vagón; el agua es vaciada en la estación inferior, mientras se llenan los tanques del otro vagón en la superior, con lo cual se invierte el movimiento de ambos vehículos.
— *Mec. Polígono funicular,* v. POLÍGONO.
— *Obr. públ. Excavadora funicular,* excavadora de cable. (V. CUCHARA.) ‖ *Lanzadero funicular,* alambrecarril.

FUNÍCULO m. *Arq.* Moldura o adorno a imitación de una cuerda torcida.

FUNIFORME adj. *Miner.* En forma de cordón.

FUNORI m. *Quím.* Gelosa que se extrae de las algas del género *Gloiopoltis* y que se emplea para aprestar telas, satinar papeles y otros usos.

FUNTUMIA m. *Gom.* Género de árboles africanos al cual pertenece el llamado científicamente *Funtumia elastica,* explotado en la Costa de Marfil por su savia, que es latex y da caucho.

FURALDEHÍDO m. *Quím.* Furfurol.

FURALINA f. *Astron.* Ergol combustible constituido por una mezcla de alcohol furfurílico, alcohol metílico y xilidina.

FURANO m. *Quím.* Núcleo heterocíclico oxigenado que guarda no pocas analogías con el benceno.
— El *furano* es un líquido que hierve a 31º, huele a cloroformo y es insoluble en el agua. Los ácidos fuertes lo polimerizan y convierten en una resina incolora (v. FURFURAL). Su fórmula es aproximadamente

$$\begin{matrix} CH = CH \\ | \\ CH = CH \end{matrix} > O$$

FURANOSA f. *Quím.* Nombre genérico de las osas * cuya estructura es cíclica y pentagonal.

FURAZANAS f. pl. *Quím.* Familia de compuestos que contienen en su molécula el núcleo furano *

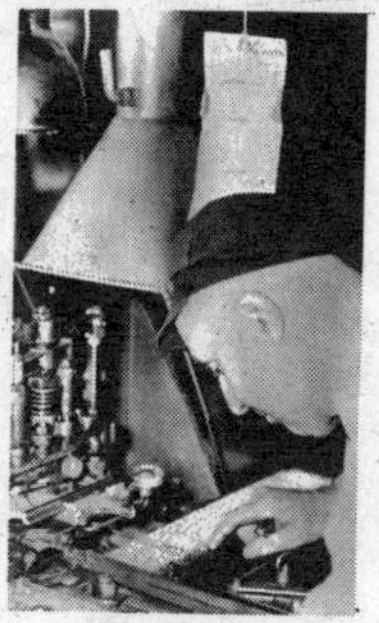

fundidora (*art. gráf.*)

un **funicular** parisiense

vaciado de muestras para el análisis de una **fundición**

Fot. Champailler-I. N. S., Larousse, Magnum

furgoneta

FURFURAL m. *Quím.* Compuesto heterocíclico que es un aldehído de la serie del furano *.
— Cuando se hace hervir salvado, hojas de la mazorca de maíz, pericarpios de avena y de otras semillas, y materias similares en una disolución de ácido fuerte, el vapor arrastra un aceite que es el *furfural.* Este aceite huele a almendras amargas, hierve a 162° y se disuelve en 15 volúmenes de agua. El furfural es tóxico y su presencia en aguardientes mal rectificados es peligrosa. Sus propiedades químicas son análogas a las del aldehído benzoico. Es una materia prima muy importante empleada en la síntesis industrial de colorantes, cauchos artificiales, baquelita y otras resinas, etc. También se emplea como disolvente para separar aceites.
FURFURANO m. *Quím.* Furano.
FURFURILAMINA f. Amina derivada del alcohol furfurílico.
FURFURÍLICO, CA adj. *Quím.* Dícese de un alcohol que se obtiene haciendo obrar la potasa sobre el furfural y cuya fórmula es (C_4H_3O) — — CH_2OH : *el alcohol furfurílico hierve a 169° y entra en la composición de ergoles.* (V. FURATINA.)
FURFURILIDENO m. *Quím.* Radical bivalente (C_4H_3O) — CH = derivado del furfural por supresión del átomo de oxígeno aldehídico.
FURFURILO m. *Quím.* Radical univalente derivado del alcohol furfurílico por supresión del hidroxilo.
FURFUROL m. *Quím.* Furfural.
FURGÓN m. *Transp.* Vehículo largo y cubierto destinado al transporte de mercancías, equipajes, pertrechos de la tropa, etc.
— Los *furgones* de los trenes de viajeros suelen disponerse entre el ténder y el primer vagón, y también en la cola, después del último vagón. Los furgones obran así como amortiguadores del choque en el caso de que se produzca una colisión.
FURGONETA f. *Autom.* Camioneta muy pequeña, cubierta, en la cual se utiliza el bastidor y la parte delantera de un coche.
FURIL, prefijo químico que indica la presencia del radical furilo en un compuesto.
FURÍLICO, CA adj. *Quím.* Dícese de un ácido $C_{10}H_8O_5$ derivado de la furoína.
FURILO m. *Quím.* Dicentona obtenida por oxidación de la furoína y análoga al bencilo. ‖ Radical univalente C_4H_3O— derivado del furano * por supresión de un átomo de hidrógeno.
FURO m. *Ind. alim.* Orificio que tienen en el vértice los moldes cónicos empleados para hacer panes de azúcar, y por el cual se escurre la melaza que contienen o el agua con que se lavan.
FUROÍNA f. *Quím.* Cetona alcohol, análoga a la benzoína obtenida por condensación del furfural.
FUROL m. *Quím.* Furfurol.
FUSEL *(Aceite de)*, mezcla de alcoholes amílico, propílico y butílico que se obtiene en último lugar en la destilación de líquidos alcohólicos.

FUSELAJE m. *Aeron.* Cuerpo ahusado de los aviones, planeadores y, por ext., helicópteros.
— El *fuselaje* se halla constituido por una armazón hecha de costillas de dimensiones o perfiles evolutivos unidas por largueros. Sobre este esqueleto se fija un revestimiento metálico que contribuye a dar solidez al conjunto. En los aviones destinados a volar a alturas de más de 3 000 m el revestimiento es estanco y muy resistente, con objeto de que pueda permitir la existencia de aire bajo presión en las cabinas. Por el contrario, en los planeadores y aviones ligeros, la armazón puede ser de madera y el revestimiento de madera contrachapada o de tela. La parte inferior del fuselaje de los hidroaviones tiene una estructura y una forma apropiadas para que sirva de casco y permita amarar y despegar en buenas condiciones aero e hidrodinámicas.
FUSELAR v. Ahusar.
FUSENTE adj. *Mar.* Dícese de la marea descendente.
FUSIBILIDAD f. Calidad de fusible.
— *Metal. Diagrama de fusibilidad,* gráfico que indica las temperaturas a las cuales empieza y se termina la fusión de una aleación según la proporción en que entran sus constituyentes.
FUSIBLE adj. y s. Que se puede fundir.
— *Electr.* Hilo de plomo o de aleación *fusible* que se incluye en un circuito eléctrico para que, en el caso de que la tensión se eleve anormalmente, funda por efecto del calor e interrumpa así el paso de la corriente.
— En los cortacircuitos ordinarios se emplea *hilo fusible* de plomo y estaño con arreglo a las indicaciones de la tabla siguiente:

DIÁMETRO en décimas de mm	INTENSIDADES EN AMPERIOS funcionamiento	fusión
2	0,5	1
3	1,0	2
4	1,5	3
5	2,0	4
6	2,5	5
7	3,5	7
8	4,5	9
10	6,0	12
12	9,0	18
15	12,0	24
20	20,0	40

— *Mec.* Tapón, junta o arandela de metal fusible con que se obtura un orificio en las calderas y otros recipientes para que, de elevarse anormalmente la temperatura, fundan y den paso a un fluido.
— La fusión del *tapón fusible* puede servir, en caso de incendio, a hacer funcionar señales de alarma o a dar paso al agua o al fluido extintor. En una caldera excesivamente calentada o insuficientemente alimentada en agua, la fusión del tapón da salida al vapor.
— *Metal.* He aquí la composición de algunos *metales fusibles :* la soldadura ordinaria es a base de dos tercios de plomo y uno de estaño; los fusibles eléctricos y de calderas son ligas de plomo, estaño y bismuto, que funden a 90° y a temperaturas inferiores (70°) si se agrega bismuto.
FUSIFORME adj. En forma de huso.
FUSIL m. *Arm.* Arma de fuego portátil que funciona apoyada en el hombro, provista de una cámara en la cual la deflagración de una carga de pólvora impulsa una bala a lo largo de un cañón.
— La *figura* indica las distintas piezas del *fusil* y permite comprender su funcionamiento. El depósito contiene generalmente cinco cartuchos. Al

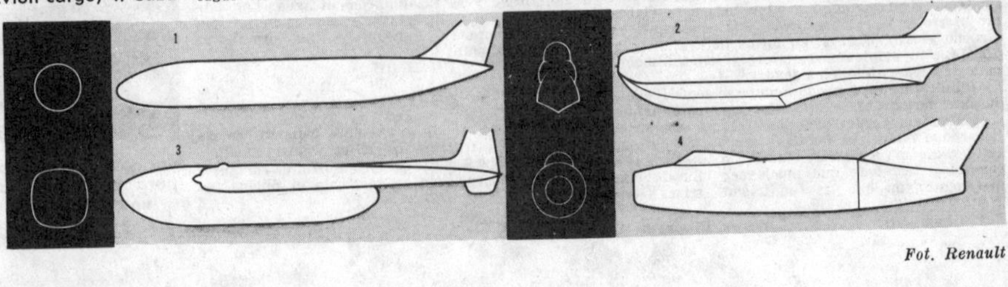

fuselajes
1. Avión de línea; 2. Hidroavión; 3. Avión cargo; 4. Caza

Fot. Renault

tirar el cerrojo hacia atrás, su eyector expulsa el cartucho vacío y, al volverlo de nuevo hacia adelante, arrastra un nuevo cartucho y lo introduce en la recámara. Al apoyar el gatillo, éste suelta el percutor que, impulsado por un resorte, golpea con su aguja la cápsula de fulminante y provoca la explosión de la carga del cartucho. En el fusil ametrallador y otros fusiles automáticos, una parte de la energía de los gases sirve para efectuar todo el ciclo de extracción del cartucho, introducción de otro en la recámara y disparo del mismo, y así sucesivamente. (V. AMETRALLADORA.)
— *Mar. Fusil submarino,* arma para disparar saetas o arpones en el agua.
— Los distintos modelos de *fusiles submarinos* utilizan la fuerza de tiras de goma o de resortes previamente distendidos, la del aire comprimido en un cilindro por medio de un émbolo o la expansión de gas carbónico contenido en cartuchos especiales. El arpón suele hallarse atado con un sedal de Nylón que se desenrolla fácilmente del carrete que lo contiene.

FUSIÓMETRO m. *Fís.* Instrumento para medir la temperatura de fusión de los cuerpos.

FUSIÓN f. Paso de un sólido al estado líquido. ‖ Unión o combinación de varias cosas en una sola.
— *Atom.* Unión de dos o más núcleos de átomos ligeros en un solo núcleo de masa más elevada: *la fusión es el fenómeno inverso de la fisión* *.
— Cuando dos núcleos ligeros se unen para formar otro de masa más elevada, se observa que la masa de éste es inferior a la suma de la de aquéllos. El defecto * de masa, o sea la parte de materia que ha desaparecido, se ha convertido en energía con arreglo a la fórmula de Einstein sobre la equivalencia de la masa y la energía *. Un núcleo de deuterio ^2H consta de un protón y de un neutrón, y su masa es 2,014 724. La fusión de dos núcleos de deuterio da lugar a la siguiente reacción : $^2H + {}^2H \rightarrow {}^3H$ (tritón con dos neutrones y un protón) + 1 protón.
Como la masa del tritón es de 3, 016 990 y la del protón, de 1,008 140, la masa total de ambos será de 4,025 130, mientras que la de los dos deuterones era de 4,029 448. Consiguientemente, la fusión de éstos se ha traducido por un defecto de masa de 0,004 318, cuya equivalencia en energía es de 4 MeV (millones de electronvoltios).
Otra reacción posible de dicha fusión habría sido: $^2H + {}^2H \rightarrow {}^3He$ (helio con 2 protones y 1 neutrón) + 1 neutrón, en cuyo caso la energía desprendida habría sido de 3,2 MeV. La reacción de fusión que más energía produce (17,6 MeV) es la siguiente : $^2H + {}^3H \rightarrow {}^4He$ (helio de 2 protones y 2 neutrones) + 1 neutrón.
Habida cuenta de la pequeñez de un átomo * y del número elevadísimo de los que pueden reaccionar en el seno de una masa de materia, las reacciones de fusión son, de todas las conocidas, las que más energía pueden desprender, como lo prueba la energía del Sol y de las estrellas, desprendida en el curso de reacciones de dicho tipo (v. BETHE [*Ciclo de*]) y, en una escala mucho menor, el espantoso poder de las bombas * termonucleares. Dado que el hidrógeno y sus isótopos deuterio y tritio constituyen la mayor parte del agua, los océanos son prodigiosos e inagotables manantiales de energía latente. No es, sin embargo, fácil obtener la fusión de los núcleos, pues éstos son eléctricamente positivos y, como dos cuerpos igualmente electrizados se repelen, se requiere una energía muy grande para que, venciendo la repulsión, los núcleos puedan entrar en contacto. En las estrellas, dicha energía resulta de la agitación térmica provocada por las temperaturas elevadísimas a que se halla sometida la materia en ellas (v. CALOR). Asimismo, en la bomba termonuclear la fusión de los átomos de hidrógeno se obtiene merced a la temperatura de millones de grados engendrada en el artefacto por la explosión previa de una bomba atómica de uranio o plutonio.
Como la energía de fusión solamente puede obtenerse a temperaturas de millones de grados y, dado que ninguna materia podría —ni mucho menos— soportar tales temperaturas, las investigaciones actuales tienden a obtener plasmas*, (o sea concentraciones de partículas muy agitadas) confinados por medio de campos magnéticos en el centro de recipientes, de forma que no puedan alcanzar las paredes de los mismos y fundirlas.
— *Fís.* Paso de una substancia del estado sólido al estado líquido.
— Si se exceptúan ciertos compuestos que se descomponen antes de fundirse, todos los cuerpos son fusibles a una temperatura más o menos elevada que constituye su *punto de fusión*. A presión igual, un mismo cuerpo puro entra siempre en fusión a temperatura análoga y conserva ésta mientras dura la fusión. Dado que el cuerpo conserva temperatura constante, se desprende que el calor que lo hace fundir sirve únicamente para cambiar de estado. De ahí la noción de calor latente de fusión, cantidad de calor que absorbe un gramo de un cuerpo sólido para pasar al estado líquido sin que cambie su temperatura.
Por regla general los sólidos aumentan de volumen al fundirse, y, por otra parte, si se aumenta la presión, también aumenta la temperatura de fusión. No obstante, en ciertos cuerpos (fundición, bismuto, agua) ocurre lo contrario: el volumen es mayor al estado sólido y la presión tiene por efecto disminuir la temperatura de fusión. (V. HIELO.)
La tabla que figura en el artículo ELEMENTO contiene las temperaturas de fusión de los cuerpos simples. A continuación se indican los puntos de fusión de substancias de uso corriente:

ácido acético	16,6º
” sulfúrico	10,5º
agua	0,0º
alcohol etílico	— 117,3
alúmina	2 050,0º
benceno	5,5º
cal	2 572,0º
glicerina	17,9º
naftaleno	80,1º
potasa	380,0º
sosa	318,4º
tolueno	— 95,1º

— *Metal.* En los hornos metalúrgicos se practican distintas clases de *fusiones*, unas de ellas sin reacción química (cuando se liquida el metal para vaciarlo en moldes o cuando se quieren separar dos metales de diferente punto de fusión), y otras con reacciones químicas : *fusión oxidante* (la oxidación permite eliminar las impurezas, como en los convertidores *) ; *fusión reductora* (elaboración de un metal a partir de su óxido), etc.
— *Quím. Fusión acuosa,* fusión de las substancias en las cuales el agua se halla combinada con otros cuerpos. ‖ *Fusión ígnea,* transformación de los sólidos en líquidos por efecto del calor (v. anteriormente *Fís.*).

FUSIONAR v. Efectuar la fusión de dos o más cosas: *fusionar dos trenes en uno solo ; fusionar los núcleos de hidrógeno.*

FUSOR m. *Tecn.* Crisol o recipiente para fundir.

FUSTA f. *Radiot. Antena de fusta,* antena* de látigo.

FUSTÁN f. *Text.* Nombre de una tela antigua, que hoy se da a los tejidos de hilos de algodón gruesos y apretados, muy sólidos y duraderos (pana de algodón, raso perchado, molesquín).

FUSTE m. *Arq.* Cuerpo de la columna, o sea la parte de la misma que media entre la base y el capitel.
— *Carp.* Rollo *.
— *Text. Amer.* Otro nombre que se da al *fustán.*

fuste *(arq.)*

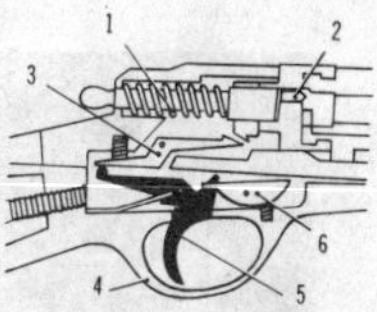

mecanismo del **fusil**
1. Muelle del percutor; 2. Percutor; 3. Disparador; 4. Guardamonte; 5. Gatillo; 6. Seguro

fusil de infantería y **fusil** ametrallador

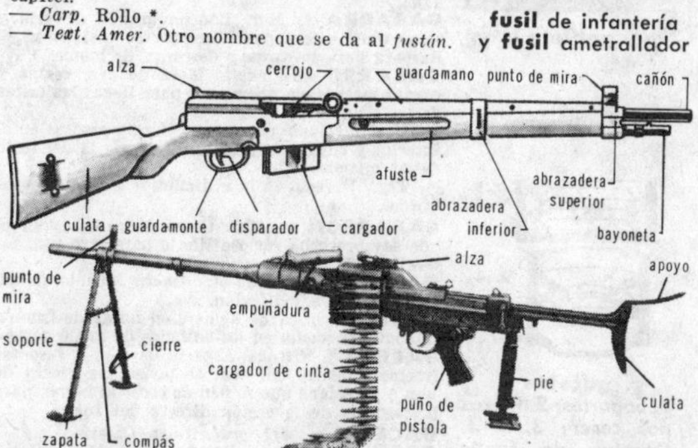

Fot. Boissonnas

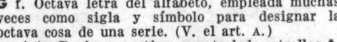

glaciares del Ártico, a vista de pájaro

gablete

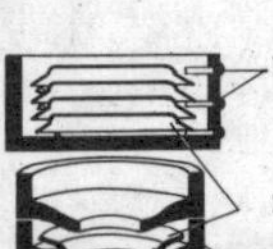

gacetas
1. Soportes; 2. Piezas por cocer; 3. y 4. Gacetas de fondo abierto y cerrado

G f. Octava letra del alfabeto, empleada muchas veces como sigla y símbolo para designar la octava cosa de una serie. (V. el art. A.)
— *Astr.* Designa un tipo espectral de estrellas *.
— *Fís.* Una de las rayas principales del espectro * solar, en la zona añil del mismo.
— *Meteor. Capa G,* parte de la ionosfera * situada a unos 400 km de altura.
— *Metr.* Símbolo de *giga**. ‖ La *g* minúscula, es símbolo del *gramo**, y la letra G, majúscula, es también la forma abreviada con que se representa la aceleración de la gravedad.
OBSERV. Véase también GAMMA, letra del alfabeto griego que corresponde a nuestra G.

Ga, símbolo químico del *galio.*

GABARDINA f. *Text.* Tela de estambre con ligamento diagonal, generalmente tejida con dos hilos finos de urdimbre por cada uno, más grueso, de trama, lo cual se traduce por una textura finamente acanalada y tan tupida que no da paso al agua.

GABARRA f. *Mar.* Lancha grande de vela y remo que se usa para transportes costaneros. ‖ Barcaza para la carga y descarga de buques.

GABARRO m. *Constr.* Masa de pez, resina y piedra machacada que se usa para llenar las faltas de los sillares.
— *Miner.* Nódulo que tienen ciertas piedras en el interior y cuya composición difiere de la del resto de las mismas.
— *Text.* Defecto en la urdimbre o la trama de los tejidos.

GABARRÓN m. *Mar.* Casco de un barco viejo, que se aprovecha como aljibe o para otro uso.

GABAZO m. *Ind. alim.* Bagazo.

GABINETE m. *Radiot. Amer.* Mueble de un receptor de radiodifusión.

GABLETE m. *Arq.* Remate en forma de frontón triangular, común en los edificios de estilo gótico.

GACETA f. *Cerám.* Especie de caja o vaso refractario dentro del cual se ponen las piezas de loza o porcelana que se han de cocer al horno, para protegerlas de la acción directa del fuego.

GACETÍN m. *Art. gráf. Amer.* Cajetín.

GACILLA f. *Amer.* Broche, corchete.

GACHETA f. *Art. y of.* Engrudo.
— *Mec.* Pieza que, en ciertas cerraduras, sirve para afianzar el pestillo merced a unos dientes de éste que encajan en las muescas de la gacheta.

GADAÑO m. *Mar.* Rastrillo provisto de una bolsa de red, que se arrastra por el fondo del mar para capturar las almejas enterradas en la arena.

GADOLINA f. *Quím.* Hidróxido de gadolinio.

GADOLINIO m. *Quím.* Elemento químico de número atómico 64, cuyo símbolo es *Gd.*
— El *gadolinio* es un metal trivalente del grupo de los lantánidos (tierras raras), cuya masa atómica de 157,3 resulta de la mezcla de 7 isótopos de masas 152, 154 a 158, y 160. Su densidad es de 7,87 y sus temperaturas de fusión y de ebullición, de 1 350º y 3 000º, respectivamente. Se utiliza en neutrongrafía*.

GAFA f. *Art. y of.* Grapa * para unir dos cosas. ‖ — Pl. Cabo o cadena fijados por su mitad en la cuerda de un torno o de un aparejo y con sus dos extremos provistos de ganchos para suspender las cargas que se han de subir o bajar.
— *Mar.* Especie de tenaza para suspender cosas pesadas. ‖ Galicismo por *bichero.*
— *Ópt.* Pl. Armadura que se apoya en la nariz y las orejas y sirve para mantener frente a los ojos las lentes que mejoran o protegen la vista (V. LENTE.)

GAFAR v. *Art. y of.* Aferrar, sujetar o tirar de algo con ganchos o bicheros.
— *Cerám.* Componer con grapas las piezas de cerámica rotas o resquebrajadas. (Sinón. LAÑAR.)

GAFETE m. Broche o corchete.

GAHNITA f. *Miner.* Ganita.

GAL m. *Metr.* Unidad que sirve para medir las aceleraciones debidas a la gravedad, igual a la aceleración de 1 cm/s por segundo (1 cm/s^2).

GALACETOFENONA f. *Quím.* y *Text.* Trifenol que se obtiene haciendo obrar el ácido acético sobre el pirogalol y que, con el nombre de amarillo de alizarina C, se usa para teñir telas.

GALACT, prefijo derivado del griego *galactos* que significa *leche,* y entra en la composición de muchas voces.

GALACTANAS f. pl. *Quím.* Substancias gomosas de origen vegetal que, por hidrólisis, dan galactosa.

Fot. Air France, Roubier

GALÁCTICO, CA adj. *Astr.* Relativo o perteneciente a la Galaxia. ‖ *Coordenadas galácticas,* V. LATITUD y LONGITUD.

GALACTÓMETRO m. *Ind. alim.* Densímetro especialmente graduado para medir la densidad de la leche. (Sinón. LACTODENSÍMETRO y PESALECHE.)

GALACTOSA f. *Quím.* Azúcar de fórmula $C_6H_{12}O_6$ que, junto con la glucosa, constituye la lactosa: *la galactosa es una substancia blanca, dextrógira, que funde a 166º.*

GALALITA f. *Plást.* Materia plástica que se obtiene tratando la caseína con formol.
— Para fabricar *galalita,* la caseína se plastifica tratándola con una lejía alcalina; luego se amasa, se prensa y se endurece con aldehído fórmico. Resulta más cara que las nuevas resinas sintéticas, pero permite obtener efectos más vistosos que ellas en ciertas aplicaciones (puños de paraguas, botones, objetos de adorno, etc.).

GALÁPAGO m. *Agr.* Dental del arado.
— *Carp.* Aparato para sujetar la pieza que se está trabajando.
— *Constr.* Cimbra pequeña. ‖ Tortada de yeso que se echa sobre los ángulos salientes en los tejados. ‖ Revestimiento macizo con que se refuerzan los muros de los sótanos para contener el empuje del terreno contiguo.
— *Cerám.* Molde para tejas.
— *Mar.* Polea cuya caja, plana por un lado, se halla abierta transversalmente por el otro para que se pueda meter la cuerda en la garganta de la roldana. ‖ Piezas de hierro que se fijan junto a los trancaniles para guiar los cables amarrados en los muelles o en otros barcos.
— *Metal.* Lingote de metal en bruto.

GALAPO m. *Text.* Cerrador.

GALATO m. *Quím.* Agallato.

GALAXIA f. *Astr.* Sistema constituido por gran número de estrellas, entre las cuales figura el Sol, y que por un efecto de perspectiva, al hallarnos dentro del mismo, nos aparece en forma de faja luminosa (la Vía Láctea) que circunda la bóveda celeste. ‖ Por ext., cada uno de los numerosos sistemas análogos que existen en el universo.

OBSERV. Cuando esta voz designa nuestro propio sistema, se escribe con mayúscula; en el caso contrario es substantivo común.

— La *Galaxia* se halla constituida por unos cien mil millones de estrellas agrupadas en forma de disco lenticular, cuyo diámetro es de 30 000 parsecs y su espesor máximo, de 5 000 parsecs. El sistema solar se halla a unos 8 000 parsecs del centro, a cuya distancia el espesor del disco es de un millar de parsecs. En torno a la Galaxia existen cúmulos * de estrellas que son sistemas satélites de la misma.
Todas las estrellas que constituyen la Galaxia describen órbitas en torno al centro de la misma con arreglo a las leyes de Keplero. El Sol recorre su órbita en 230 millones de años, a una velocidad de 216 km/s. Ahora bien, como las órbitas seguidas difieren de una estrella a otra, si en vez de tomar como referencia el centro de la Galaxia se toman las estrellas más próximas, el Sol parece como si se moviera en la dirección de Apex *.
Además de las estrellas, la Galaxia contiene materia ya dispersa, ya en forma de nebulosas * (que pueden ser brillantes u obscuras), como lo prueban a simple vista las irregularidades de la Vía Láctea.
La materia interestelar oculta los detalles de la Galaxia a los instrumentos ópticos, pero no a los radiotelescopios, gracias a los cuales ha sido posible reconocer su estructura en forma de espiral de varios brazos o ramas.
A medida que se van perfeccionando los instrumentos, se descubren nuevas galaxias y hasta existen cúmulos de galaxias, como el de la constelación de la Virgen, que contiene unas 500 en un cuadrado de 12º de lado. Según su forma, se clasifican en *galaxias espirales* (que pueden ser *normales* o *de barra*), *elípticas* e *irregulares.* Todas las galaxias se alejan unas de otras, como lo prueba el corrimiento hacia el rojo de sus espectros (V. DOPPLER y ESPECTRO). Su velocidad es proporcional a la distancia y en ciertas galaxias alcanza 61 000 km por segundo. Dicho alejamiento de las galaxias corresponde perfectamente a las teorías de la relatividad *, según las cuales el universo * se halla en estado de expansión.
Según las teorías modernas, las galaxias elípticas son universos muy antiguos en los cuales toda la materia se ha condensado ya en forma de estrellas. Por eso no contienen estrellas jóvenes (gigantes de los tipos espectrales O y B). Tampoco existen estrellas de estos tipos en el núcleo de las galaxias espirales, mientras que abundan en los brazos de las mismas.

GALAXITA f. *Miner.* Óxido de aluminio y manganeso, que es una piedra preciosa.

GALCE m. *Carp.* Gárgol.

GALEÍNA f. *Quím.* y *Text.* Materia colorante azul obtenida por condensación del anhídrido ftálico con el pirogalol.

GALENA f. *Cerám.* y *Miner.* Sulfuro de plomo. ‖ *Galena argentífera,* la que contiene plata.
— La *galena* cuya fórmula es PbS, es un mineral que forma cristales de color gris azulino y de aspecto metálico. Es el más abundante de todos los minerales de plomo y, en ciertos casos, también de plata.
La galena pulverizada y liquidada por el calor se usa para impermeabilizar cerámicas ordinarias a las cuales confiere un color amarillo pero, mediante adición de bióxido de manganeso o de cobre, se vuelve el barniz, respectivamente, pardo o verde.
— *Radiot.* La *galena* es un semiconductor natural que se utilizó en otro tiempo para detectar las ondas herzianas. Como todo el cristal no reúne las propiedades necesarias para rectificar la corriente captada por la antena, era necesario ir tanteando con la punta de un conductor en forma de resorte hasta hallar un punto sensible. Los receptores de radio con detector de galena no necesitan ser alimentados con corriente eléctrica, pero requieren una antena y una toma de tierra y solamente captan las emisoras muy próximas y potentes.

GALEOTA f. *Mar.* Viga movediza que divide longitudinalmente las escotillas * grandes y sirve de apoyo al extremo superior de los cuarteles.

GALERA f. *Art. gráf.* Instrumento constituido por una tablilla o chapa con reborde en tres de sus lados, en la cual vacía el cajista las líneas de su componedor * para formar las galeradas.
— *Carp.* Garlopa muy grande.
— *Constr. Amer.* Tinglado, cobertizo.
— *Mat.* Ángulo que, para hacer una división, se traza con una raya vertical entre el dividendo y el divisor y otra horizontal entre éste y el cociente.

GALERADA f. *Art. gráf.* Composición que entra en una galera y prueba que se saca de ella.

GALERÍA f. *Arq.* Corredor amplio, con vidrieras en uno de sus lados o en los dos. ‖ Pieza espaciosa con la fachada acristalada o provista de muchas ventanas. ‖ Pieza sostenida por arcos o columnatas.
— *Autom.* Portaequipajes * de techo.
— *Carp.* Bastidor que sostiene las cortinas en lo alto de las puertas y ventanas.
— *Hidr. Galería filtrante,* excavación efectuada a lo largo de un río para captar agua filtrada.

galápago *(mar.)*

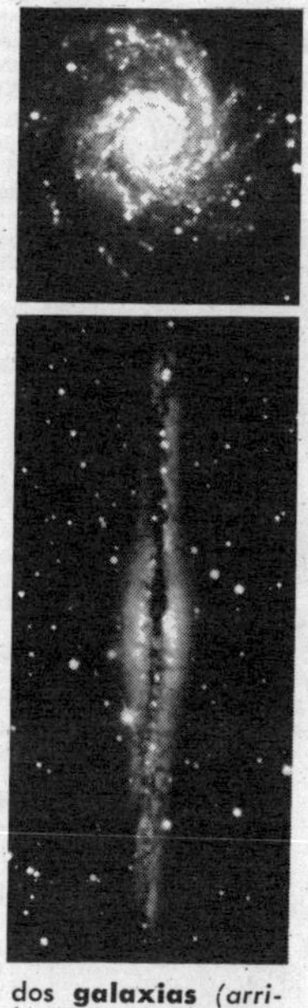

dos **galaxias** *(arriba)* muestran la forma de nuestra Galaxia; *abajo:* galaxias espirales normales (1 y 2) y de barra (3 y 4), elíptica (5) e irregular (6)

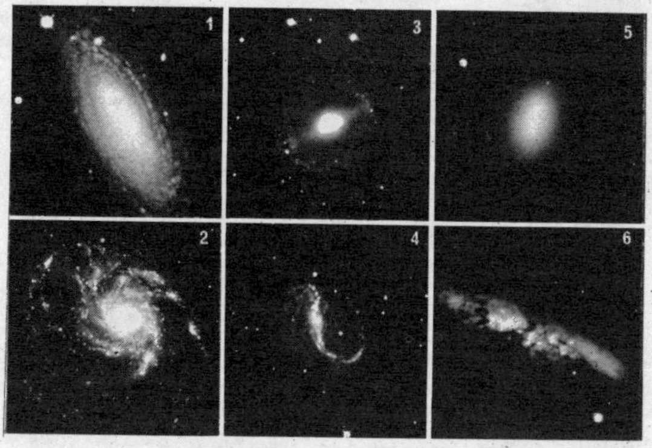

ot. Obs. del Monte Wilson

gálibo *(f. c.)*

galvanización *(metal.)*

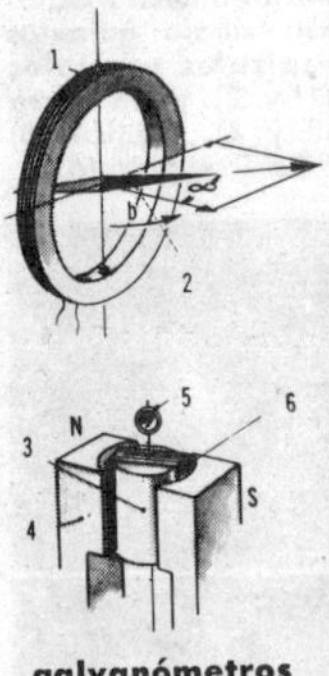

galvanómetros de imán y de cuadro móviles: 1. Bobina; 2. Aguja imantada; 3. Núcleo; 4. Imán; 5. Espejo; 6. Cuadro móvil

— *Lumin. Amer.* Armadura circular fijada en el techo y provista de tornillos para afianzar en ella el globo de la lámpara cenital *.
— *Mar.* Crujía de la cubierta de un buque.
— *Min.* Excavación subterránea que se hace en una mina para beneficiar un criadero, evacuar el mineral, hacer comunicar dos pozos, captar las aguas infiltradas, etc. (V. MINA.)

GALERÍN m. *Art. gráf.* Instrumento intermediario entre el componedor y la galera, en el cual deposita el cajista las líneas que va componiendo. ‖ Órgano de las máquinas de componer, donde se reúnen ordenadamente las líneas fundidas.

GALGA f. *Mec.* Calibre. ‖ Freno que se improvisa con un palo grueso tirando de sus extremos con cuerdas para aplicarlo fuertemente contra la rueda o volante que se ha de frenar. ‖ Cabria hecha con dos maderos inclinados que sostienen un torno por encima de una excavación.

GALIBAR v. *Mar.* Trazar los gálibos.

GÁLIBO m. *F. c.* Calibre en forma de herradura que se suspende encima de una vía para comprobar si los vagones cargados pueden pasar por los túneles y otros accidentes de la línea.
— *Mar.* Plantilla que se hace de cada una de las piezas del barco que se ha de construir. ‖ *Sala de gálibos,* taller o cobertizo en cuyo suelo, especialmente preparado, se dibujan a tamaño natural los perfiles generales y las piezas del casco.

GÁLICO, CA adj. *Quím.* Agállico.

GALIO m. *Quím.* Elemento de número atómico 31, cuyo símbolo es *Ga.*
— El *galio* es un metal raro que hierve a 1 983° y funde a 30° solamente. Su densidad es de 5,9 y su masa atómica de 69,72 (60 % de isótopo de masa 69 y 40 % de masa 71). Se extrae de la germanita y de ciertas blendas y tiene propiedades parecidas a las del aluminio. Al estado líquido moja el cristal y la porcelana. Se usa en vez del mercurio en termómetros para medir temperaturas elevadas, como cemento dentario y en lámparas de vapores metálicos.

GALIPOTE m. *Mar.* Mezcla de alquitrán, resina, trementina, etc., que se aplica en caliente a los cascos de madera para hacerlos más duraderos.

GALOCIANINA f. *Quím.* Colorante azul del grupo de las oxazinas, derivado del ácido agállico.

GALOCHA f. *Carp.* y *Curt.* Calzado de cuero con suela espesa de madera, propio para andar por suelos mojados. ‖ Chanclo.
— *Mar.* Tarugo de madera que se clava provisionalmente en el extremo de una tabla del forro del casco, dejándolo sobresalir de la misma para que mantenga sujeta la tabla siguiente mientras la clavan.

GALOFLAVINA f. *Quím.* Colorante amarillo que resulta de la oxidación del ácido agállico.

GALÓN m. *Mar.* Listón que guarnece el casco del barco a lo largo de la línea de flotación.
— *Metr.* Medida para áridos y líquidos que en Gran Bretaña y los países de su antiguo imperio *(imperial gallon)* vale 4,545 96 litros y en los Estados Unidos *(U. S. gallon),* 3,785 33 litros.
— *Text.* Cinta estrecha en la cual es frecuente combinar los hilos de fibras con hilos metálicos y que se emplea como adorno en muebles y prendas de vestir y como distintivo de los grados militares.

GALONEAR v. *Metr. Amer.* Aforar las cubas con la galonera.

GALONERA f. *Metr. Amer.* Regla graduada para medir la capacidad de las cubas.

GALOPAR o **GALOPEAR** v. *Autom.* Funcionar irregularmente el motor de un automóvil con variaciones bruscas de su velocidad debidas a una regulación deficiente del carburador. ‖ Oscilar un automóvil en torno de un eje longitudinal y horizontal por defecto de la suspensión o mala distribución de la carga.

GALVAN, prefijo derivado del nombre propio *Galvani,* que expresa la idea de *electricidad.*

GALVÁNICO, CA adj. *Electr.* Dícese de las corrientes continuas engendradas por las pilas o suministradas por los acumuladores, y aplícase, por ext., a toda corriente continua empleada en terapéutica. ‖ Relativo o perteneciente al galvanismo. ‖ *Depósito* o *recubrimiento galvánico,* el que se aplica por galvanoplastia *.

GALVANISMO m. *Electr.* y *Med.* Acción que ejercen las corrientes continuas en los órganos vivientes.

GALVANIZACIÓN f. *Electr.* y *Med.* Empleo de corrientes eléctricas con fines terapéuticos.
— *Metal.* Recubrimiento de las piezas metálicas con una capa anticorrosiva de cinc. (Sinón. CINCADO.) ‖ Aplicación de cualquier revestimiento metálico por electrólisis.

OBSERV. En este sentido y, para evitar confusiones, vale más emplear la voz *galvanoplastia.*

— La *galvanización* o *cincado en caliente* se efectúa sumergiendo las piezas (cubos, barreños, bidones, chapa, alambre, etc.), previamente decapadas, en un baño de cinc fundido y conservado a una temperatura de 450° a 500°. Para labores más finas se recurre a la *galvanización electrolítica* (V. GALVANOPLASTIA).

GALVANIZADO, DA adj. y s. *Metal.* Cubierto con una capa de cinc: *hierro galvanizado.* ‖ Acción y efecto de galvanizar. (Sinón. GALVANIZACIÓN.)

GALVANIZAR v. *Electr.* Electrizar algo con la corriente de pilas o acumuladores.
— *Metal.* Cubrir los metales oxidables con una capa de cinc. (V. GALVANIZACIÓN y GALVANOPLASTIA.)

GALVANO m. *Art. gráf.* Abreviatura de *galvanotipo.*

GALVANOELÉCTRICO, CA adj. *Electr.* Dícese de las corrientes galvánicas y de los fenómenos por ellas engendrados.

GALVANÓGRAFO m. *Electr.* y *Metr.* Galvanómetro provisto de un dispositivo registrador.

GALVANÓLISIS f. *Electr.* Electrólisis.

GALVANOMÉTRICO, CA adj. *Electr.* y *Metr.* Relativo o perteneciente al galvanómetro.

GALVANÓMETRO m. *Electr.* y *Metr.* Instrumento para medir corrientes eléctricas de escasa intensidad por medio de sus acciones electromagnéticas.
— El *galvanómetro de cuadro móvil* consiste en una bobina rectangular suspendida por dos hilos finos en uno de los cuales va fijado un espejito. Dicho cuadro goza de libertad de rotación entre los polos de un imán permanente y un núcleo central de hierro dulce. Al pasar la corriente por la bobina, ésta tiende a situarse perpendicularmente al campo, pero la torsión del hilo se opone a este movimiento. De ahí que la rotación del cuadro dependa de la intensidad de la corriente. Para amplificar el movimiento de la bobina se dirige un finísimo haz luminoso sobre el espejo, el cual lo refleja sobre una escala graduada que indica la intensidad de la corriente. En los amperímetros, voltímetros y otros instrumentos más robustos aunque menos precisos, la bobina acciona mecánicamente una aguja indicadora y se halla provista de un eje rígido montado entre dos tejuelos.
En el galvanómetro de aguja o galvanómetro de imán móvil, la corriente pasa por una bobina plana orientada según el meridiano magnético local, en el centro de la cual se halla suspendida una aguja imantada. La inducción del campo creado por la bobina desvía la aguja sobre una escala que permite determinar la intensidad de la corriente con una precisión muy grande (del orden del picoamperio).
El *galvanómetro balístico* no es sino un galvanómetro ordinario provisto de un cuadro móvil bastante pesado para que sus oscilaciones sean muy lentas. Se usa para medir corrientes fugaces o impulsiones muy breves, dado que su ángulo de rotación es proporcional a la cantidad total de electricidad que la ha provocado.

GALVANOPLASTIA f. *Metal.* Conjunto de técnicas consistentes en cubrir por electrólisis una superficie metálica con una capa de otro metal.
— La *galvanoplastia* se practica con dos fines principales. En el primero de ellos se trata de cubrir la superficie de un metal (o de cualquier materia conductora) con una capa muy fina de otro metal más vistoso o resistente. A esta forma de galvanoplastia, aún llamada *galvanostegia,* pertenecen el cincado electrolítico, el cromado, el dorado, el estañado, el niquelado y el plateado. La pieza que se ha de cubrir constituye el cátodo (v. ELECTRÓLISIS) sumergido en un baño de sales del metal que se ha de aplicar, mientras que

Fot. Larousse

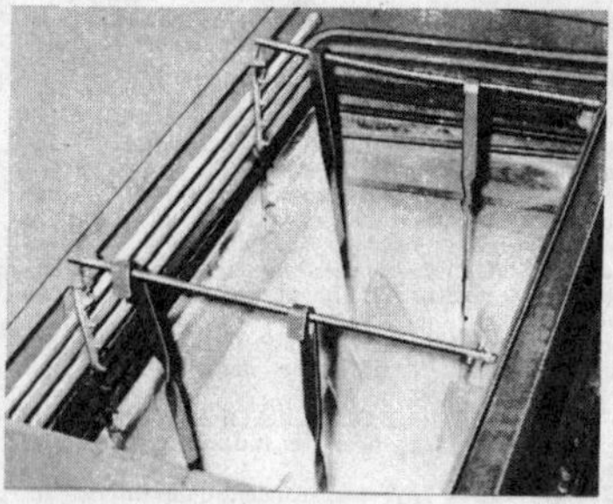

galvanoplastia
desengrasado *(a la izq.)* y niquelado de las piezas

este metal constituye el ánodo, aunque en ciertos casos se usan ánodos insolubles (grafito, etc.). Por efecto de la descomposición electrolítica el baño cede metal a la superficie de la pieza y lo recibe al mismo tiempo del ánodo (salvo si éste es insoluble).
La corriente continua utilizada tiene escasa tensión. El tiempo necesario para obtener determinado espesor del revestimiento es inversamente proporcional a la densidad * de la corriente.
En otros casos el objeto de la galvanoplastia es obtener una reproducción muy exacta de objetos en relieve fino, cuales son las matrices de los discos de gramófono, las planchas tipografícas, medallas, etc. En este caso se emplea como cátodo un modelo de cera, yeso, materia plástica, etc., cuya superficie se espolvorea con grafito para volverla conductora de electricidad. La técnica solamente difiere de la que se ha descrito más arriba por el espesor mucho mayor del revestimiento metálico. (V. GALVANOTIPIA.)

GALVANOPLÁSTICO, CA adj. y s. *Metal.* Obtenido por galvanoplastia. ‖ Relativo a ella. ‖ — F. Galvanoplastia.

GALVANOSCOPIO m. *Electr.* y *Metr.* Instrumento para observar el paso de las corrientes eléctricas.

GALVANOSTEGIA f. *Metal.* Galvanoplastia.

GALVANOTECNIA f. *Electr.* Conjunto de técnicas y aplicaciones de las corrientes galvánicas.

GALVANOTIPIA f. *Art. gráf.* Galvanoplastia aplicada a la obtención de clisés tipográficos.
— La *galvanotipia* consiste en sacar un molde de la forma con cera, materias plásticas, plomo, etcétera. Si el molde no es conductor de electricidad, se espolvorea con grafito y luego se aplica sobre el mismo, por galvanoplastia *, una película de cobre de 0,2 mm de espesor, cuya cara posterior se rellena con plomo fundido, obteniéndose así un galvanotipo o galvano. Cuando se han de efectuar tiradas muy importantes, el galvano tiene revestimiento de níquel obtenido ya directamente, en vez del de cobre, ya por aplicación sobre éste.

GALVANOTIPO m. *Art. gráf.* Clisé tipográfico obtenido por galvanoplastia. (V. GALVANOTIPIA.)

GALLARA f. *Curt.* Agalla.

GALLARDA f. *Art. gráf.* Carácter de 8 puntos.

GALLATO m. *Quím.* Agallato.

GALLE *(Cadena).* V. CADENA.

GALLEAR v. *Metal.* Producirse algún galleo * en la superficie de las piezas vaciadas.

GALLEÍNA f. *Quím.* Galeína.

GALLEO m. *Metal.* Protuberancia o desigualdad en la superficie de una pieza fundida, debida a un enfriamiento excesivamente rápido del metal.

GALLETA f. *Mar.* Sombrerete que remata los mástiles y las astas de las banderas.
— *Min.* Hulla en pedazos de más de 8 cm.
— *Radiot.* Bobina de panal, o de otra estructura, de diámetro grande respecto a su altura.

GÁLLICO, CA adj. *Quím.* Agállico.

GALLOCIANINA f. *Quím.* Galocianina.

GALLÓN m. *Arq.* Motivo ornamental de ciertos zóceles, en forma de gajo de fruta.

GAMA f. Serie de cosas clasificadas por matices o por el valor creciente de alguna magnitud. ‖ Gamma.
— *Acúst.* Sucesión de sonidos de una escala musical ordenados con arreglo a su frecuencia *, como en la gama do, re, mi, fa, sol, la, si.
— *Art. gráf.* Conjunto formado por las pruebas que se sacan separadamente de cada uno de los clisés destinados a una impresión en color, y así, la gama de una cuatricromía consta de las pruebas siguientes : amarilla, roja ; la del amarillo y rojo sobrepuestos ; la del azul ; la del amarillo, rojo y azul sobrepuestos ; la del negro y, por último, la de las cuatro tintas. ‖ Escala de cuadritos de matices diferentes que se fotografía junto al documento que se ha de reproducir para facilitar la obtención del contraste óptimo.
— *Color.* Conjunto de tonos, valores o matices de un mismo color.
— *Radiot.* Banda * de frecuencias *.

GAMBADO, DA adj. *Carp.* Dícese del clavo que se comba o inclina al ser clavado.

GAMBINA f. *Quím.* Nitrosonaftol.

GAMBOTA f. o **GAMBOTE** m. *Mar.* Cada uno de los maderos curvos que dan su forma a la bovedilla *.

GAMMA f. Tercera letra del alfabeto griego (Υ, Γ) correspondiente a nuestra *g*, que se emplea como símbolo y muchas veces designa la tercera cosa de una serie.
— *Astr.* γ designa, en el orden decreciente de su brillo, la tercera estrella de cada constelación. ‖ *Punto gamma*, punto vernal. (V. EQUINOCCIO.)
— *Atom. Rayos gamma*, radiación electromagnética análoga a la de los rayos X, aunque de menor longitud de onda y más penetrante en la materia.
— Los *rayos gamma* son la forma ondulatoria de fotones emitidos por núcleos atómicos inestables en el curso de sus transmutaciones, las más de las veces conjuntamente con partículas alfa o beta. No obstante, mientras éstas son desviadas por los campos eléctricos o magnéticos, los rayos gamma, por tratarse de ondas electromagnéticas, no pueden serlo.
Los rayos gamma, dada su alta energía, penetran profundamente en la materia (varios decímetros en el plomo macizo) y provocan numerosos fenómenos, principalmente los siguientes : en el efecto

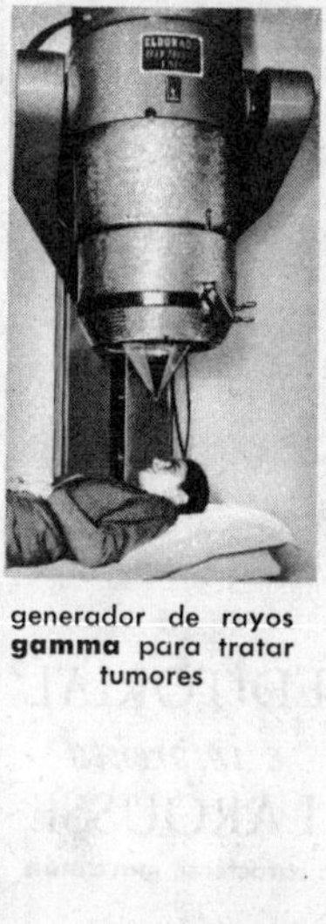

generador de rayos **gamma** para tratar tumores

galvanotipia
a la izq. : metalización ; *arriba:* molde y plancha obtenida

Fot. Larousse, Keystone

gánguil de fondo abatible

fotoeléctrico, el rayo γ expulsa un electrón de un átomo y desaparece; en el efecto Compton, el rayo pone en movimiento a un electrón y pierde una parte de su energía; en la materialización existe conversión de la energía en materia por desaparición del rayo γ y la aparición de un par de electrones (uno negativo y otro positivo).
Estas propiedades tienen aplicaciones militares (v. BOMBA *atómica*), pero el poder ionizante de los rayos gamma se aprovecha cada vez más para destruir tumores cancerosos (v. COBALTOTERAPIA); para esterilizar alimentos y otras materias orgánicas con objeto de conservarlas; para descubrir los defectos internos de las piezas (v. GAMMAGRAFÍA) y en gran número de otros usos. (V. BETATRÓN, IONIZACIÓN, ISÓTOPO *radiactivo* y RADIACTIVIDAD.)
— *Electr.* γ es el símbolo de la *conductividad*.
— *Fot.* Símbolo del grado de contraste de una emulsión fotosensible. (V. SENSITOMETRÍA.)

GAMMAGRAFÍA f. *Atom.* Técnica análoga a la radiografía, pero fundada en el uso de rayos gamma.
— La *gammagrafía* reemplaza ventajosamente la radiografía no solamente porque los rayos gamma son más penetrantes que los rayos X, sino también por la comodidad que presenta el uso de isótopos radiactivos como manantial de los rayos. La carga de radiocobalto 60, radiotantalio 182, cesio 137, europio 154 u otro radioisótopo, contenida en un recipiente apropiado, se coloca en un lado de la pieza que se desea radiografiar, mientras que en lado opuesto de la misma se dispone una emulsión fotográfica. Los rayos atraviesan la materia (hasta 30 cm de acero) e impresionan la emulsión, dejando en ella la imagen de las grietas, burbujas de aire u otros defectos internos de la pieza. A veces se emplea un betatrón como manantial de rayos gamma.

GAMMAHEXANO m. *Quím.* Nombre comercial de una de las formas del *hexaclorociclohexano*, que es un insecticida notable por su eficacia.

GAMUZA f. *Curt.* Piel del gamo *(Dama)* o de la gamuza *(Rupicapra)*. ‖ Piel de cualquier otro animal adobada a imitación de la de aquéllos.
— Como el gamo ha desaparecido casi por completo y la caza de la *gamuza* es sometida a restricciones muy severas, las importantes cantidades de "piel de gamuza" que se consumen en la confección de calzado y prendas de vestir o que se usan para filtros, limpieza de objetos esmaltados o de vidrio, etc., no son sino imitaciones, es decir, pieles de ovejas o de corderos que, después de haber sido encaladas, depiladas y descarnadas, se impregnan de aceite de pescado (especialmente de hígado de bacalao) y se golpean repetidamente en batanes de mazos hasta que la grasa haya expulsado toda la humedad. Entre dos abatanados sucesivos se expone la piel al aire para que el aceite se oxide y se combine con la substancia de la piel, la cual toma así su color amarillo característico. Finalmente se desengrasan las pieles en disoluciones de carbonato de sosa, se secan y se suavizan raspándolas con muelas por sus dos caras. También se adoban estas pieles con formol en vez de grasas.
— *Text.* Tejido ligeramente fieltrado, análogo a la franela, pero hecho a imitación de la piel de gamuza.

EDITORIAL
e imprenta
LAROUSSE
caracteres **garamón**

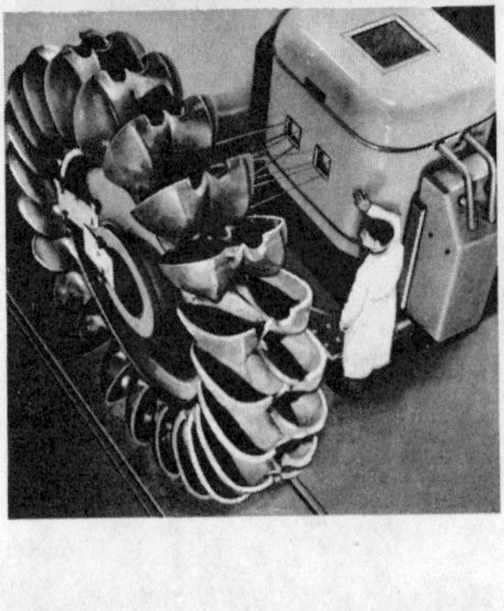

gammagrafía de una rueda de turbina Pelton

GANANCIA f. *Telec.* Aumento de intensidad, de tensión o de potencia que se obtiene con un amplificador o con un transformador.

GANCHILLO m. Gancho pequeño.
— *Arq.* Motivo ornamental de botones o follaje en forma de ganchos, propio de las agujas de las torres y de los nervios que decoran las aristas de los tejados.
— *Text.* Aguja de gancho y labor que con ella se hace. ‖ *Ganchillo de enhebrar,* v. la *fig.* AGUJA.

GANCHO m. *Art. y of.* Instrumento puntiagudo, corvo por uno de sus extremos, que sirve para prender cosas o colgarlas en él.
— *Constr.* Hierro semicircular que se fija en una pared, alero, etc., para sostener cables, tuberías o canalones.

GANCHUDO, DA adj. En forma de gancho.

GANDAYA f. *Text.* Tejido de mallas para hacer redes, hamacas, bolsas y otras labores.

GANDINGA f. *Min.* Mineral menudo, ya lavado.

GANGA f. *Min.* Materia inútil que acompaña a los minerales o que rodea a las gemas en su criadero.

GANGORRA f. *Text. Amer.* Bramante, cordel delgado.

GÁNGUIL m. *Mar.* Barcaza que vierte fuera del puerto los materiales extraídos por la draga.

GANIMEDES, tercer satélite * de Júpiter * y el mayor de todos los del sistema solar, pues su diámetro (5 600 km) es casi tan grande como el de Marte.

GANITA f. *Miner.* Aluminato de cinc, espinela cincífera. (Sinón. GAHNITA.)

GANZÚA f. *Art. y of.* Varilla con uno de sus extremos en forma de asidero y el otro acodado, con la cual pueden abrirse ciertas cerraduras simples cuando falta la llave.

GARABATO y **GARABITO** m. *Art. y of.* Instrumento para asir las cosas, tirar de ellas o colgarlas, especialmente el de varios ganchos o uñas.

GARAJE m. *Autom.* Cochera para automóviles, con frecuencia dotada de taller de reparaciones y de servicios de limpieza y engrase.

GARAMÓN o **GARAMOND** m. *Art. gráf.* Carácter de imprenta notable por la perfección de su diseño.

GARAPIÑAR v. *Ind. alim.* Congelar un líquido en forma de grumos. ‖ Cubrir golosinas con una capa de almíbar que solidifica en forma de grumos: *almendras garapiñadas.*

GARAPIÑERA f. *Ind. alim.* Heladora.

GARATURA f. *Curt.* Cuchilla de pelambrero para raer las pieles y separar la lana.

GARBILLAR v. *Art. y of.* Limpiar grano o minerales tamizándolos con el garbillo.

GARBILLO m. *Art. y of.* Criba para limpiar manualmente pequeñas cantidades de mineral. ‖ Mineral menudo así cribado.

GARDUJA f. *Miner.* Estéril de las minas de azogue.

GARETE m. *Mar.* Deriva.

GARFA f. *Electr.* y *F. c.* Pieza en forma de U invertida, que cuelga de la catenaria * y sostiene el cable conductor que alimenta los vehículos de tracción eléctrica por medio del trole.

GARFIO m. *Art. y of.* Garabato, especialmente el de uñas o ganchos articulados.

GARGANTA f. Cuello. ‖ Ranura, canal de una pieza.

Fot. Nadar-Holland, Brown-Boveri

— *Arq.* La parte más estrecha de las columnas, balaustres, etc. ‖ Moldura cóncava.
— *Electr.* Cuello de un aislador.
— *Mec.* Ranura o canal que tiene la polea * en su periferia para contener la cuerda o la cadena.
— *Metal.* Rebajo de las herramientas de corte, para dar salida a la viruta. ‖ Ranura que se hace en una pieza para permitir a la muela que la rectifique a fondo sin tocar las superficies laterales (v. *figura*).

GARGANTEAR v. *Mar.* Poner la gaza a un cuadernal.

GÁRGOL m. *Art. y of.* Ranura de una pieza en la que encaja el canto de otra.

GÁRGOLA f. *Arq.* Caño esculpido, generalmente en forma de animal fabuloso, que sobresale del muro y da salida al agua en los tejados o las fuentes.

GARITA f. *Arq.* Casilla que sirve de abrigo a centinelas, porteros, guardafrenos, etc.

GARLITO m. *Mar.* Arte de pesca constituido por una nasa, una red o la combinación de ambas, con una entrada en forma de embudo por la cual puede penetrar el pez, aunque no salir.

GARLOPA f. *Carp.* Cepillo * para acepillar maderos grandes, de caja muy larga y provista de un puño. ‖ *Garlopa mecánica,* acepilladora.

GARLOPÍN m. *Carp.* Cepillo grande, aunque no tanto como la garlopa, a veces usado para explorar la calidad del madero antes de labrarlo.
— *Constr.* Cepillo de cantero para piedras blandas.

GARNIERITA f. *Miner.* Silicato de magnesio y níquel, mena de este metal.

GARRAFA f. *Vidr.* Vasija de vidrio abultada y de cuello estrecho, más pequeña que la damajuana y a veces forrada de mimbre, como ella.

GARRAFÓN m. *Vidr.* Damajuana.

GARRASPADERA f. *Agr.* Desgranadora.

GARRASPAR v. *Agr.* Desgranar.

GARROBILLA f. *Bot.* y *Curt.* Astillas o virutas de algarrobo empleadas para curtir las pieles y darles color leonado. ‖ *Amer.* Dividivi.

GARROTE m. Palo, estaca o palanca, especialmente cuando se usan para apretar una ligadura pasándola por la misma y dando vueltas a la cuerda para acortar el lazo.
— *Constr.* Pandeo.

GARRUCHA f. *Mec.* Polea de motón o de cuadernal.

GARRUCHO m. *Mar.* Cada uno de los aros u otras piezas que envergan las velas de modo que puedan deslizarse a lo largo de los palos.

GARÚA f. *Text.* Estampado de las telas por estarcido, o sea pulverizando los colorantes sobre las partes del tejido dejadas al descubierto por una plantilla o trepa.

GARUJO m. *Constr.* Hormigón.

GAS m. Uno de los tres estados de la materia en el cual ésta, por hallarse sus moléculas separadas unas de otras, carece de forma y llena todo el volumen del recipiente que la contiene (v. más abajo *Fís.*).
— *Agr. Gas del estiércol,* gas combustible, constituido principalmente por metano, que se desprende durante la fermentación del estiércol, basuras y otras materias orgánicas putrescibles, y que se aprovecha en las explotaciones agrícolas para usos domésticos o como combustible.
Una tonelada de estiércol da entre 60 y 80 m³ de *gas* durante un período de 4 a 12 semanas. El mejor rendimiento se obtiene manteniendo el estiércol a la temperatura de 35°. Lo más práctico es disponer de varias cubas de fermentación que se van llenando, explotando y vaciando sucesivamente.
— *Autom. Gases carburados,* mezcla de aire y gasolina, producida en el carburador *, con que se alimentan los motores de explosión. ‖ *Gases de escape,* v. ESCAPE.
— *Comb. Gases combustibles,* los que se queman para producir energía calorífica, los más importantes de los cuales son los siguientes: *gas de aceite,* gas que resulta del cráçking * del petróleo a temperaturas comprendidas entre 700° y 800°. ‖ *Gas de agua,* el que resulta de la descomposición del agua por el coque incandescente a temperaturas de 1 000° a 1 200°. ‖ *Gas de aire,* gas de generador. ‖ *Gas de alto horno,* el que produce el coque en el alto horno durante la fusión del mineral y que contiene una tercera parte

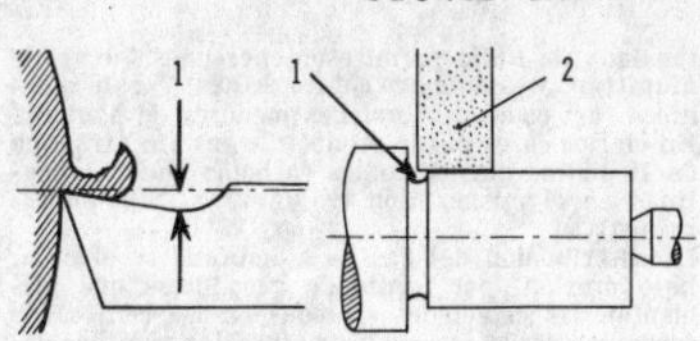

garganta *(metal.)*
1. Gargantas; 2. Muela

de óxido de carbono. ‖ *Gas de alumbrado,* el de hulla, así llamado porque antes servía exclusivamente para el alumbrado doméstico y público. ‖ *Gas azul,* el de agua. ‖ *Gas butano,* v. BUTANO. ‖ *Gas de coque,* el de hulla obtenido en la elaboración del coque *, más rico en hidrógeno que el de alumbrado. ‖ *Gas de gasógeno* o *de generador,* el que resulta haciendo pasar una corriente de aire a través de la masa de hulla que arde en el hogar del gasógeno. ‖ *Gas de hulla,* el que proviene de la destilación de la hulla y se fabrica exprofeso para ser distribuido por una red de canalizaciones hasta los hogares domésticos e industriales (v. *Encicl.*). ‖ *Gas de leña,* gas rico en anhídrido carbónico que se desprende al destilar o carbonizar la leña y que, cuando es producido en gasógenos * especiales, sirve de combustible para automóviles. ‖ *Gas mixto,* el de gasógeno que se obtiene agregando vapor de agua al aire insuflado en el generador y que, por su calidad, es intermediario entre el de gasógeno y el de agua. ‖ *Gas natural,* v. más adelante *Petr.* ‖ *Gas pobre,* el de gasógeno. ‖ *Gas de propano,* v. PROPANO. ‖ *Gas rico,* el de alto poder calorífico (más de 4 000 calorías por m³), por oposición a los gases de aire, de agua, de alto horno, etc., de poder calorífico muy inferior.
— El uso de combustibles gaseosos presenta muchas ventajas, especialmente las siguientes: regularidad de su composición y de su poder calorífico; utilización de la hulla en la propia mina o junto al puerto o estación donde se recibe, evitando así transportes inútiles de importantes tonelajes de carbón y de cenizas y escorias; comodidad de su distribución mediante redes de tuberías subterráneas; facilidad de regular la combustión en los hogares.
La *figura* (pág. 516) representa esquemáticamente una fábrica de gas. La destilación de la hulla en hornos de retorta a temperaturas comprendidas entre 1 000° y 1 200° da un gas impuro y un residuo sólido: el coque, parte del cual se utiliza en gasógenos contiguos destinados a producir el gas necesario para calentar los hornos de retorta.
El gas pasa primeramente por el barrilete * en el cual se condensa la mayor parte del alquitrán y después por condensadores lavadores y depuradores donde, al par que se enfría, siguen separándose el alquitrán restante y los productos amoniacales, así como la naftalina, el azufre, etc. El gas así obtenido pasa por unos mezcladores, en los cuales se regulariza su composición (por ej., agregándole gas de agua si tiene excesivo poder calorífico o gas natural en el caso contrario). Luego se almacena en gasómetros o en el subsuelo (v. GASÓMETRO). Su composición es variable de una fábrica a otra. Un buen gas desprende 4 300 calorías por m³ (correspondiente a un peso de 440 g) y contiene 50 % de hidrógeno, de 25 a 35 % de metano y proporciones variables de óxido de carbono y de benceno. Además del coque, cada

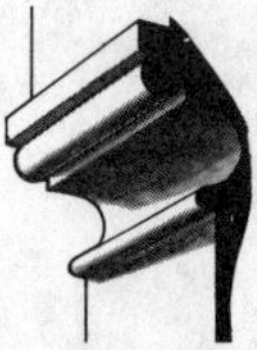

garganta *(arq.)*

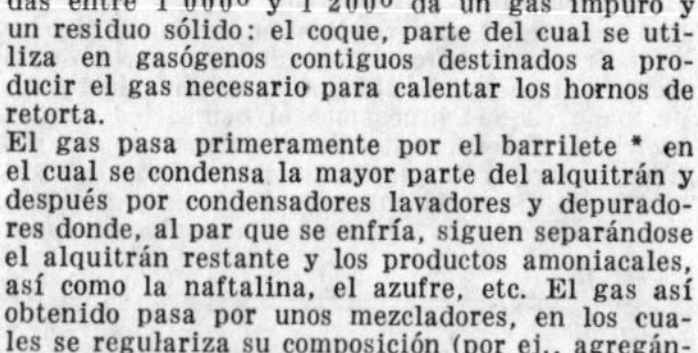

gárgolas

Fot. Arch. phot.

tonelada de hulla permite obtener unos 50 kg de alquitrán, y cada metro cúbico de gas, 7 g de amoniaco (así como proporciones menores de azufre). En ciertos casos puede producirse gas sin arranque de la hulla, quemando los carbones de mala calidad en el mismo filón (v. GASIFICACIÓN *subterránea*).
La distribución del gas de alumbrado se efectúa, bajo presión, por medio de gasoductos que alimentan las estaciones situadas en los centros de consumo, desde las cuales parten las ramificaciones principales de la red.
El *gas de aire* se compone principalmente de óxido de carbono y de nitrógeno, y su poder calorífico es de 850 a 1 250 calorías. El *gas mixto* contiene, además, alrededor de 10 % de hidrógeno y es algo más calorífico. Por último, el *gas de agua*, cuyo poder calorífico es de unas 2 700 calorías, se compone de 50 % de hidrógeno, 40 % de óxido de carbono, 5 % de anhídrido carbónico y 5 % de nitrógeno.
Todos los gases combustibles son asfixiantes, en razón principalmente de su contenido en óxido de carbono.
— *Electr. Pila de gas*, v. PILA.
— *Electrón. Válvulas, lámparas* o *tubos de gas*, los que contienen gases rarificados. (V. VÁLVULA.)
— *Fís.* Los gases son fluidos * como los líquidos, pero se distinguen de éstos por una falta total de cohesión entre sus moléculas y por su compresibilidad extremada. Además, todos los gases pueden ser licuados comprimiéndolos a una temperatura inferior a su temperatura * crítica (v. LICUEFACCIÓN).
Según la teoría cinética de los gases, éstos se hallan constituidos por moléculas independientes comparables a esferas elásticas que se encuentran en constante movimiento y chocan entre sí, o con las paredes del recipiente que las contiene. En condiciones normales de temperatura y presión, su velocidad es de unos 500 m por segundo y las colisiones, en tan breve espacio de tiempo, del orden de mil millones. El choque de un número elevadísimo de moléculas (v. AVOGADRO) contra la pared del recipiente se traduce por una presión prácticamente uniforme en todos los puntos de la misma. Al aumentar la temperatura, aumenta también la agitación de las moléculas, con lo cual crece la presión, o, a presión igual, aumenta el volumen ocupado por el gas. La compresión de un gas aumenta la frecuencia de las colisiones y, consiguientemente, se incrementa también la cantidad de calor * desprendida en el curso de las mismas por transformación de una parte de la energía cinética. De ahí que se caliente la bomba de mano cuando hinchamos el neumático de una bicicleta. Inversamente, la expansión de un gas hace bajar su temperatura, puesto que, al aumentar la distancia entre las moléculas, disminuyen la frecuencia y la violencia de los choques.
A temperaturas elevadas, cuales reinan en la alta atmósfera, las moléculas son disociadas por el calor, y al gas, constituido entonces por átomos libres, se le da el calificativo de *atómico*. Así, a 3 000º la molécula de hidrógeno ^2H se divide en dos átomos H, formándose entonces hidrógeno atómico; pero basta que se enfríe éste para que se agrupen de nuevo los átomos de dos en dos. Se exceptúan de esta regla los gases raros, que son gases monoatómicos incluso a las temperaturas ordinarias.
Dase el nombre de *gas perfecto* a un gas hipotético, cuya existencia se admite para mayor comodidad de ciertos cálculos, compuesto de moléculas esféricas, indeformables, elásticas y exentas de atracciones mutuas. Dicho gas reúne, además, las siguientes propiedades: a temperatura constante los volúmenes de una misma masa gaseosa son inversamente proporcionales a las presiones a que se halla sometida (ley de Mariotte); a presión constante el coeficiente de dilatación * es idéntico para todos los gases e igual a la unidad dividida por 273 (ley de Gay Lussac). Las tres magnitudes p (presión), v (volumen) y T (temperatura absoluta) se hallan relacionadas en la ecuación de los gases perfectos: $pv = RT$, en la cual R es la constante de los gases perfectos, cuyo valor para una molécula gramo es igual a $8{,}316 \times 10^7$ ergios, o sea 1,987 calorías por grado.
Si se introducen dos o más gases en un recipiente, cada uno de ellos se distribuye igualmente en todos los puntos del mismo y todos forman una mezcla absolutamente homogénea, sean cuales fueren las condiciones de presión o de temperatura y las proporciones en que figuran los distintos gases (ley de Dalton). [Véanse también los art. ABSORCIÓN, ADSORCIÓN, CALOR, COMBINACIÓN, DENSIDAD, DIFUSIÓN, LICUEFACCIÓN y SUBLIMACIÓN.]
— *Geol. Gas de los pantanos*, mezcla de metano y de gas carbónico que emana de las aguas cenagosas o estancadas en las cuales es producido dicho gas en el curso de fermentaciones anaerobias.
— *Mec. Turbina de gas*, v. TURBINA.
— *Min.* Grisú.
— *Petr.* La industria petrolífera suministra distintos hidrocarburos gaseosos que provienen directamente del subsuelo *(gas natural)* o que son productos secundarios de la refinación * del petróleo *(gases de refinería)*.
— La explotación del *gas natural* ha tomado una importancia considerable. Este combustible particularmente calorífico (de 9 000 a 12 000 calorías por m^3) se compone casi totalmente de metano (de 90 a 99 %) acompañado de nitrógeno (de 1 a 3 %) y, según los yacimientos, de etano, gas carbónico, helio e hidrógeno sulfurado. El último, por sus efectos corrosivos, es pernicioso, pero, cuando el gas lo contiene en abundancia, justifica el uso de aceros especiales y costosos por las grandes cantidades de azufre * que permite recuperar. Dícese que el gas es húmedo cuando arrastra hidro-

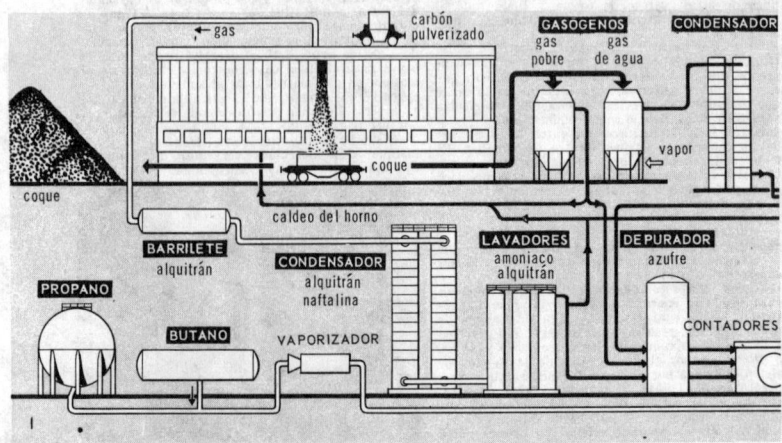

fabricación y depuración del **gas** de alumbrado

carburos líquidos en suspensión (en el caso contrario se trata de gas seco). El gas húmedo se ha de desgasolinar * para recuperar las fracciones líquidas. Inversamente, en las refinerías, el petróleo bruto se ha de desgasear * para recuperar los hidrocarburos gaseosos.
El gas natural mana de los yacimientos en chorros potentes y se transporta a grandes distancias por medio de gasoductos, y, en menor escala, liquidado bajo presión en petroleros especiales llamados metaneros *. Este gas tiende a reemplazar en muchas partes al gas de hulla, y a veces se distribuye mezclado con el mismo. También se consumen en los hogares domésticos importantes cantidades de gases licuados en botellas de acero. (V. BUTANO y PROPANO.)
— *Quím. Gases fijos,* gases permanentes. ‖ *Gases inertes,* gases raros. ‖ *Gases permanentes,* nombre dado erróneamente a los gases que no se había logrado liquidar: hoy ya no existen gases permanentes. ‖ *Gases raros,* el neón *, el argón *, el criptón * y el xenón * (a los cuales se agregan a veces el helio * y el radón *), caracterizados por su inactividad química. (V. AIRE.) [OBSERV. Para la teoría sobre los gases v. más arriba *Fís.*]

GASA f. *Text.* Tela sutil y transparente, con hilos de trama y de urdimbre muy separados.
— Para que hilos tan tenues puedan mantenerse separados se recurre a un ligado especial consistente en doblar cada hilo de la urdimbre con otro hilo de vuelta que se cruza con él entre dos hilos de trama (v. *figura*). Según la calidad de las *gasas* se multiplica el número de hilos y se varían los ligamentos. Las *gasas de seda* se usan para vestidos de seda, velos, etc. Las *gasas de cerner,* notables por la regularidad de sus mallas, sirven para hacer cedazos. La *gasa para vendas y apósitos* es una tela de hilo de algodón con textura grosera de ligamento tafetán.

GASEADO m. *Text.* Chamuscado.

GASEAR v. *Quím.* Saturar un líquido de gases, como el agua en la fabricación de gaseosas *.
— *Text.* Chamuscar.

GASEIFORME adj. Al estado de gas.

GASEODUCTO m. *Comb.* Gasoducto.

GASEOSO, SA adj. y s. Gaseiforme. ‖ Que contiene gases disueltos.
— *Ind. alim.* F. Bebida consistente en agua azucarada en la cual se disuelve bicarbonato de sosa y ácido cítrico o tartárico que, al reaccionar, la saturan de gas carbónico. (V. GASIFICADOR.)

GASIFICABLE adj. Transformable en gas.

GASIFICACIÓN f. *Comb.* Transformación en gas * de los combustibles sólidos o líquidos. ‖ *Gasificación subterránea* o *gasificación bajo cantera,* producción de gas mediante combustión de filones de hulla alimentados en aire desde el exterior.
— En el artículo GAS se han descrito las técnicas más corrientes de gasificación (v. también GASÓGENO). La *gasificación subterránea* tiene por objeto sacar provecho de filones de hulla de escaso valor sin incurrir en los gastos que ocasionarían las labores de minería y arranque. Su técnica consiste esencialmente en prender fuego a la masa de carbón, en inyectar aire caliente por agujeros de sonda y en aspirar los gases por otros orificios, entreteniendo así durante meses y años enteros una corriente que atraviesa el inmenso hogar. El gas producido es muy pobre (menos de 600 calorías por m^3) por contener un exceso de nitrógeno.
— *Ind. alim.* Disolución de gas carbónico en el agua. (V. GASIFICADOR.)

GASIFICADOR m. Horno u otro aparato para gasificar el agua.
— *Ind. alim.* El *gasificador doméstico para gaseosas* consiste en dos recipientes sobrepuestos que comunican por dos tubitos y que contienen agua azucarada (el superior) y una mezcla de ácido cítrico o tartárico y de bicarbonato de sosa. El agua gotea sobre dicha mezcla, y el gas carbónico que ésta desprende pasa entonces por el otro tubito al agua del recipiente superior, en la cual se disuelve. Otro procedimiento consiste simplemente en introducir en un sifón * lleno de agua el gas carbónico contenido al estado líquido por una botellita de acero llamada *sparklet.*
Las instalaciones industriales utilizan generadores de gas carbónico, saturadores y máquinas llenadoras y cerradoras de botellas a presión.

GASIFICAR v. Hacer pasar un cuerpo al estado de gas. ‖ Disolver gas carbónico en el agua.

GASIFORME adj. Gaseiforme.

GASODUCTO m. *Comb.* Tubería de gran diámetro que sirve para transportar el gas natural, y a veces el gas de hulla, desde el sitio donde se extrae o produce hasta los centros de distribución, de utilización o de transformación: *la longitud de ciertos gasoductos alcanza millares de kilómetros.*

GASOFACTOR m. *Comb.* Instalación para gasificar la hulla.

GASÓGENO m. *Comb.* Horno o aparato para gasificar materias sólidas o líquidas, especialmente con objeto de producir gases combustibles.
— Las *figuras* permiten comprender el funcionamiento de un *gasógeno de automóvil* para gas de leña y de un *gasógeno industrial* para obtener gas de hulla mixto. En ciertas fábricas, para producir directamente gas rico, se reemplaza el aire insuflado en el hogar por oxígeno a presión, y el vapor que se inyecta con el mismo es sobrecalentado. Gasificando así el lignito se obtiene un gas cuyo poder calorífico es de 4 000 a 4 500 calorías por metro cúbico.

GASOIL m. *Petr.* Mezcla de hidrocarburos líquidos que comprende todos los que se destilan desde la temperatura de 190° a la de 370°.
— El *gasoil* se separa de los productos más

revestimiento aislante de un **gasoducto** antes de enterrarlo

gasógeno
[v. figura p. 518]

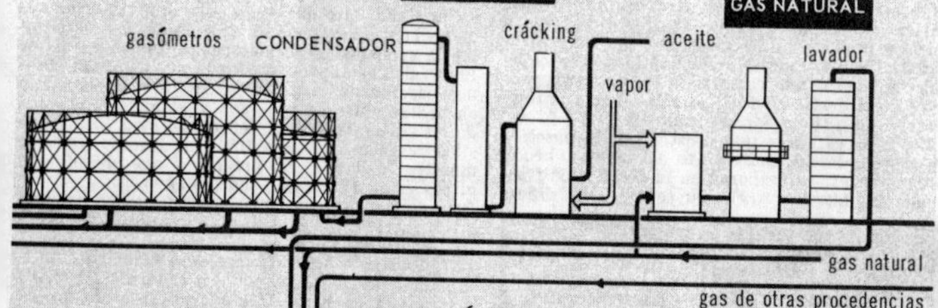

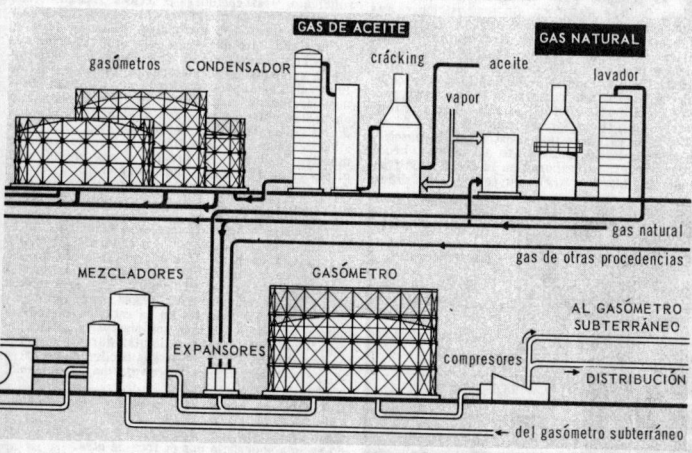

Fot. R. Doisneau

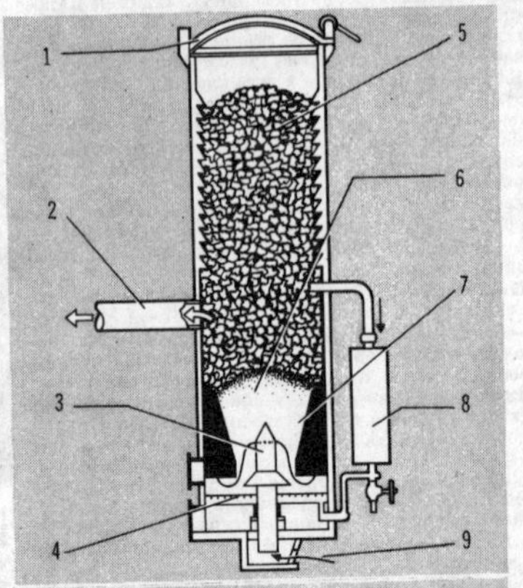

gasógeno de automóvil
1. Tapa; 2. Gas, hacia el motor; 3. Regulador de tiro; 4. Parrilla; 5. Combustible; 6. Gasificación; 7. Hogar; 8. Aguas sulfurosas; 9. Entrada del aire

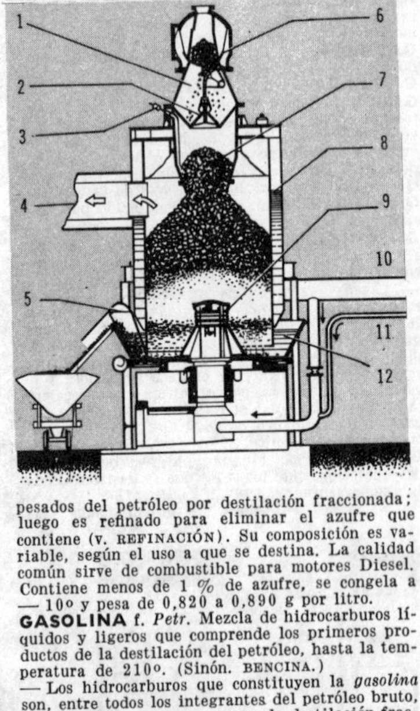

gasógeno industrial
1. Tolva; 2. Campana; 3. Sonda; 4. Salida del gas; 5. Extractor de escorias; 6. Distribuidor; 7. Coque; 8. Camisa de agua; 9. Parrilla giratoria; 10. Aire comprimido; 11. Vapor; 12. Cuba giratoria y junta hidráulica

gasómetro y detalles estructurales del mismo

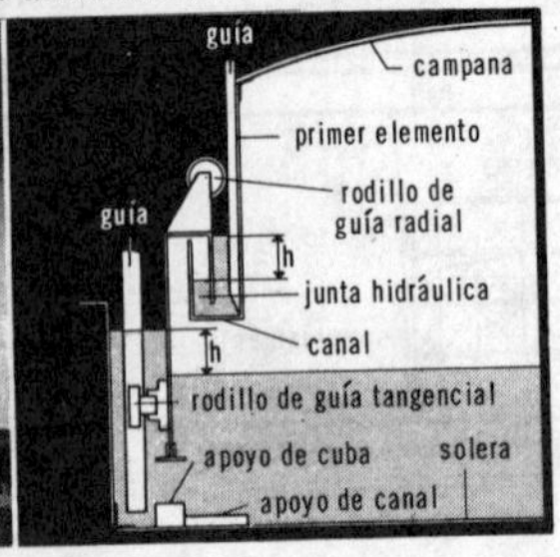

pesados del petróleo por destilación fraccionada; luego es refinado para eliminar el azufre que contiene (v. REFINACIÓN). Su composición es variable, según el uso a que se destina. La calidad común sirve de combustible para motores Diesel. Contiene menos de 1 % de azufre, se congela a — 10° y pesa de 0,820 a 0,890 g por litro.

GASOLINA f. *Petr.* Mezcla de hidrocarburos líquidos y ligeros que comprende los primeros productos de la destilación del petróleo, hasta la temperatura de 210°. (Sinón. BENCINA.)
— Los hidrocarburos que constituyen la *gasolina* son, entre todos los integrantes del petróleo bruto, los que primero se evaporan en la destilación fraccionada (v. REFINACIÓN). Su composición difiere según la del petróleo de donde proviene. Por otra parte, es tan grande el consumo que de ella se hace que la *gasolina directa* (obtenida por simple destilación fraccionada) no bastaría para satisfacer las necesidades. De ahí la práctica del *cráckíng* (gasolina cracada) y del *reforming* (gasolina reformada), que permite, así como la síntesis hecha a partir de hidrocarburos gaseosos, extraer nuevas cantidades de gasolina de los subproductos más pesados o más ligeros de la primera destilación. Las distintas calidades de gasolina así obtenidas, llamadas *bases*, se mezclan en proporciones convenientes para elaborar productos de composición rigurosamente definida con arreglo a los reglamentos oficiales y al uso a que se destinan. A dichos productos, previamente depurados por ablandamiento * y desulfuración *, se les agregan distintos aditivos *, cada uno de los cuales les confiere una calidad particular: el butano aumenta su tensión de vapor, el tetraetilato de plomo eleva su índice de octano * (v. ANTIDETONANTE), el xilenol confiere propiedades antioxidantes y evita la formación de gomas, etc.
Así se obtiene un surtido de gasolinas diferentes, entre las cuales figuran en primer lugar las que se consumen como combustible de los motores de explosión. La *gasolina ordinaria* tiene una densidad máxima de 0,75 y un índice de octano de 80 a 90; la *gasolina con plomo*, o *supercarburante*, tiene un índice de octano de 90 a 100 y su poder calorífico es de 7 600 calorías. La *gasolina de aviación* es más volátil que la de automóvil y su índice de octano llega a ser de hasta 145.
Limitando las temperaturas inferior y superior de la destilación se obtienen *gasolinas especiales:* la fracción de 30 a 75° se usa en perfumería para extraer esencias; la de 40 a 100° sirve en tintorería como quitamanchas y como disolvente para colas de caucho; la fracción entre 60° y 80° se usa para extraer aceites de los cuerpos grasos; la de 70 a 100° se usa para calefacción * catalítica y como combustible de encendedores; la de 95 a 103° sirve para deshidratar alcoholes, etc.
La *gasolina sintética* solamente presenta interés en caso de guerra y se fabrica por hidrogenación catalítica del carbono a presión. Las materias primeras utilizadas son la hulla o el gas de hulla.

GASOLINERA f. *Autom.* Estación * de servicio. — *Mar.* Lancha con motor de explosión.

GASÓMETRO m. *Comb.* Depósito de grandes dimensiones en el cual pueden almacenarse volúmenes variables de gas a presión prácticamente constante. ‖ *Gasómetro subterráneo*, v. *Encicl.*
— El *gasómetro seco* es un depósito cilíndrico dividido interiormente en dos por un disco que el gas hace subir o bajar a modo de émbolo, según se llene o se vacíe la cámara inferior del depósito. Así, sea cual fuere la cantidad de gas almacenado, se mantiene el mismo a una presión suficiente. Más comunes, prácticos y seguros son los *gasómetros de campana*, que consisten esencialmente en una balsa cilíndrica, llena de agua, y en una campana que tiene su borde inferior sumergido en la misma. La presión del gas hace flotar la campana tanto más cuanto mayor es el volumen de gas almacenado en la misma. Para obtener capacidades superiores, se interponen varios elementos entre la campana y el agua, cada uno de los cuales se desliza dentro del otro, existiendo siempre entre ellos una junta de líquido, como lo muestra la figura. La presión a que se conserva el gas es de 100 a 300 mm de agua.
Otra forma de almacenar gas consiste en comprimirlo fuertemente en tuberías grandes y resistentes enterradas en el suelo.
Los *gasómetros subterráneos* son formaciones anticlinales * constituidas por una campana de arcilla o roca estanca llena de arena húmeda. El gas se inyecta bajo presión y hace bajar el nivel del agua. Inversamente, el empuje que ésta ejerce de abajo arriba, hace salir el gas a presión cuando se abren las válvulas en la estación distribuidora. La ventaja de estos gasómetros es su enorme capacidad, que permite acumular durante el verano importantes reservas de gas producido en exceso, para utilizarlas en épocas de mayor consumo, especialmente en invierno.

GASÓN m. *Constr.* Cascote de yeso. (Sinón. YESÓN.)

GASTADURA f. *Tecn.* Señal o rebajo producido en una superficie por el roce de otra.

Fot. Craven

GASTO m. *Fís.* Cantidad de fluido que sale en un segundo por el orificio de un recipiente.

GATERA f. *Arq.* Hueco que, al hacer un tabique, se deja a veces entre éste y el suelo para que no gravite sobre el mismo mientras seca. ‖ Agujero que se deja en las vertientes de los tejados para la ventilación de los mismos. (V. TEJA *de ventilación.*) ‖ Trampa o agujero para dar paso a los gatos en las puertas y tabiques.
— *Mar.* Orificio forrado de hierro que, en la cubierta de los barcos, da paso a la cadena del ancla.

GATILLO m. *Arm.* Pieza que sirve para disparar las armas de fuego apoyando en ella con el dedo. (V. FUSIL y PISTOLA.)
— *Mec.* Trinquete o pieza análoga de los mecanismos de escape *.

GATO m. *Carp.* Instrumento de madera o de metal consistente en dos brazos entre los cuales se pueden apretar fuertemente dos o más piezas —por ej. para colarlas— con un vástago roscado.
— *Mec.* Aparato propio para elevar o arrastrar a cortas alturas o distancias cargas muy pesadas.
— Los *gatos de cremallera* constan de una caja o bastidor muy robusto provisto de un sistema de engranajes accionado por una manivela cuyo movimiento se transmite a una cremallera. A la desmultiplicación considerable del movimiento de la manivela corresponde una multiplicación de la fuerza aplicada en la misma y transmitida por el cabezal de la cremallera al cuerpo que se ha de mover. En vez de cremallera se puede emplear una barra roscada y en este caso la manivela hace girar una tuerca resistente que se apoya en el bastidor y que obliga a subir a la barra. El *gato de tijera* consiste en un paralelogramo deformable, dos de cuyos vértices opuestos llevan taladros roscados en los cuales se atornilla una varilla roscada a la izquierda en una de sus mitades y a la derecha en la otra. Así, al hacer girar la varilla se acercan o se separan los referidos vértices y consiguientemente, se eleva o baja la carga. Por último, los *gatos hidráulicos* constan de un cilindro y de un émbolo prolongado por un vástago : la inyección de aceite en el cilindro, obtenida con una bomba de émbolo accionado por una palanca, obliga al émbolo del cilindro a levantar la carga. (V. HIDRÁULICO.)

GAUSIO m. *Metr.* Gauss.

GAUSS m. *Metr.* Unidad de inducción magnética en el sistema C. G. S.*, igual al poder inductor de un campo cuya densidad es de un oersted*.

GAUSS *(Curva de).* V. CURVA.

GAVERA f. *Constr. Amer.* Adobera. ‖ Molde para fabricar tejas o ladrillos.
— *Ind. alim. Amer.* Molde de madera para evaporar el melado y solidificar el azúcar.,

GAVIA f. *Mar.* Vela del mastelero mayor. ‖ Por ext., vela análoga de cualquier otro palo.

GAVIETE y **GAVIOTE** m. *Mar.* Pieza montada en la popa de una embarcación y provista de una roldana para guiar la cuerda del ancla.

GAVITEL m. *Mar.* Boya fondeada en un paraje peligroso.

GAZA f. *Mar.* Lazo hecho en el extremo de un cabo.

Gb, símbolo del *gilbertio.*

G. C. A., sigla de la expresión inglesa *Ground Control Approach* (control terrestre del acercamiento), que es el nombre de un sistema de aterrizaje sin visibilidad.
— El *sistema G. C. A.* se funda en el uso de varios aparatos de radar. Primeramente un radar panorámico localiza la posición del avión en un radio de 50 km. del aeródromo. A continuación se utilizan otros dos radares, en uno de los cuales la antena oscila hacia la derecha y la izquierda de la pista mientras que en el otro oscila hacia arriba y abajo. En la pantalla del primero aparece el avión en forma de una manchita luminosa situada a la izquierda o a la derecha del eje que materializa la pista; en la del segundo, se ve si el avión se halla demasiado alto o bajo respecto a la trayectoria ideal de descenso.
El operador de la *estación de G. C. A.* comunica al piloto del avión las modificaciones pertinentes para que el aparato adopte la trayectoria que pasa por el plano axial de la pista y llegue al extremo de ésta con el menor ángulo de descenso posible. Si el piloto puede observar escrupulosamente las instrucciones que se le dan, el avión se posa en la pista incluso en las peores condiciones de visibilidad (niebla muy espesa o aterrizaje nocturno.)

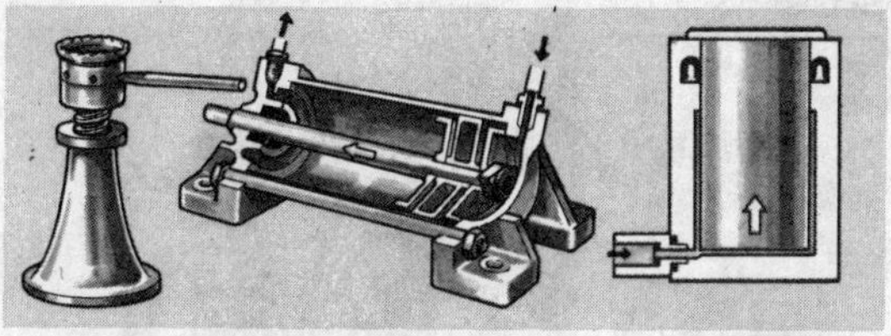

gatos de rosca, neumático e hidráulico

Gd, símbolo químico del *gadolinio.*

Ge, símbolo químico del *germanio.*

GEDANITA f. *Miner.* Resina fósil parecida al ámbar, propia de las costas del Báltico.

GEDINENSE adj. y s. *Geol.* Dícese del piso inferior del sistema devoniense, cuya edad es de unos 330 millones de años. (V. ESTRATIGRAFÍA.)

GEE, sigla del nombre de la sociedad norteamericana *General Electric Equipment*, que sirve para designar un sistema de radionavegación semejante al loran.

GEIGER *(Contador de). Atom.* V. CONTADOR.

GEIKIELITA f. *Miner.* Óxido de titanio y magnesio, y mena del primero.

GÉISER m. *Geol.* Surtidor de agua que brota del suelo de modo intermitente. (Sinón. GÉYSER.)
— El fenómeno de los *géiseres* se manifiesta en los terrenos volcánicos y resulta del calentamiento de una masa de agua por los gases muy cálidos de origen más profundo. El agua irrumpe en la chimenea y la obtura; los gases la calientan y empujan hasta un nivel donde entra bruscamente en ebullición, produciéndose la erupción; al disminuir entonces la masa de agua, baja la presión y, consiguientemente, aumenta la temperatura de ebullición * del líquido; al cabo de un tiempo que depende de la afluencia del mismo en la chimenea, vuelve a alcanzarse la presión a la cual hierve el agua y se reproduce la erupción.

gato mecánico

GEISSLER *(Tubos de).* V. TUBO.

GEL m. *Quím.* Masa que resulta de la floculación * y coagulación de una disolución coloidal. ‖ Materia absorbente que se obtiene mediante evaporación del líquido contenido por dicha masa: *el gel de sílice sirve para absorber y recuperar los disolventes volátiles.*

GELACIÓN f. *Quím.* Transformación de un sol * en gel *: *la coagulación se distingue de la gelación en que ésta es reversible y aquélla no lo es.*

GELATINA f. *Expl. Gelatina explosiva,* dinamita * de goma.
— *Fot.* La *gelatina* se emplea como vehículo de las sales de plata en las emulsiones sensibles de las placas, películas y papeles fotográficos, especialmente en forma de *gelatinobromuro.*
— *Quím.* Materia albuminoidea incolora, inodora e insípida, presente en los huesos y otros tejidos animales y vegetales, que hincha en el agua fría, se disuelve en la caliente y, al enfriarse la disolución, forma una jalea.
— La *gelatina* se extrae industrialmente de los huesos por medio de disoluciones clorhídricas; se obtiene así oseína que, tratada con cal, da la gelatina. Ésta es insoluble en el alcohol y el éter; por lo demás, mediante adición de formol o de bicromatos alcalinos, endurece hasta volverse insoluble en el agua. Sus principales aplicaciones son las siguientes: elaboración de salsas y jaleas alimenticias, fabricación de emulsiones fotográficas (v. más arriba *Fot.*) y de colas, clarificación de vinos y otros líquidos, satinado del papel y fabricación de rodillos de imprenta.
Las principales *gelatinas vegetales* son la *algina* * y el *agar agar* * o *gelosa.*

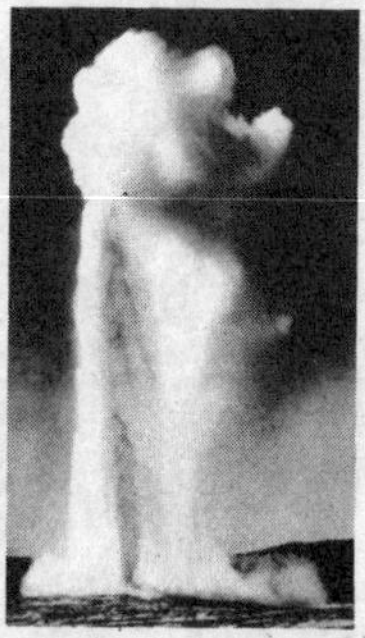

géiser

GELATINADO, DA adj. Cubierto de gelatina. ‖ De igual consistencia que la gelatina: *dinamita gelatinada.*

GELATINAR v. *Fot.* Cubrir con gelatina los soportes fotográficos (papel, cristal, película, etc.).

GELATINIFORME adj. Semejante a la gelatina.

GELATINIZACIÓN f. *Expl.* Transformación de la nitrocelulosa fibrosa en una masa gelatinosa, córnea o de consistencia intermediaria entre la

pantalla del dispositivo de aterrizaje G. C. A.

Fot. S. A. C. M., X., Air France

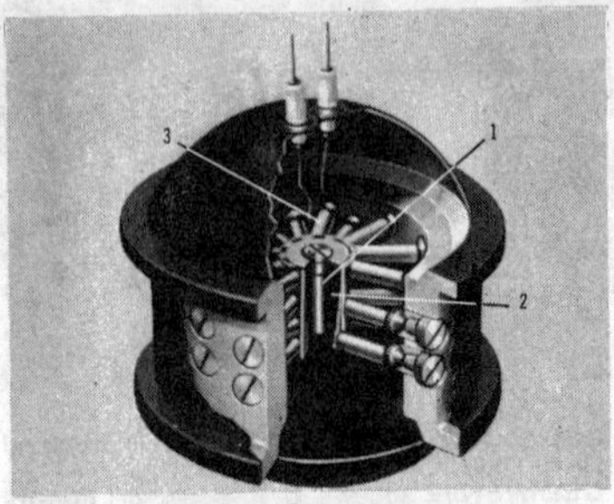

generador radiactivo
1. Isótopo radiactivo;
2. Bloque radiactivo;
3. Elementos termoeléctricos

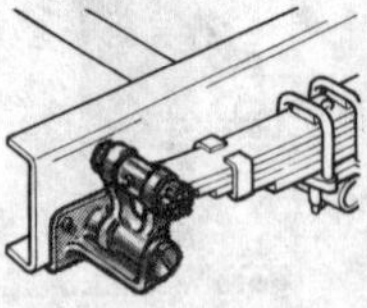

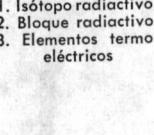

gemelas de ballesta *(mec.)*

gemelos prismáticos *(ópt.)*

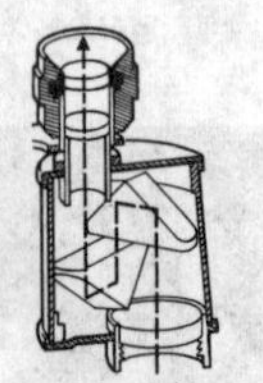

de ambas: *el alcanfor permite obtener la gelatinización.*

GELATINIZANTE adj. y s. *Expl.* Substancia empleada para obtener la gelatinización.
— *Ind.* Plastificante.

GELATINIZAR v. *Expl.* Efectuar la gelatinización.

GELATINOBROMURO m. *Fot.* Suspensión de cristales de bromuro de plata en la gelatina, que constituye una emulsión sensible. (V. FOTOGRAFÍA.)

GELATINOIDEO, A adj. Gelatiniforme.

GELATINOSO, SA adj. Que contiene gelatina: *disolución gelatinosa.* ‖ Que tiene el aspecto o la consistencia de la gelatina: *masa gelatinosa.*

GELIFICACIÓN f. *Quím.* Acción de gelificar.

GELIFICAR v. *Quím.* Transformar en gel *: *la gasolina gelificada forma jalea adhesiva utilizada en las bombas incendiarias.*

GELINITA f. *Expl.* Dinamita gelatinada.

GELITURBACIÓN f. *Geol.* Crioturbación.

GELIVACIÓN f. *Geol.* Desagregación por efecto de las heladas que, al aumentar el volumen del agua en las grietas y los poros, los ensanchan progresivamente hasta fragmentar la roca.

GELIVIDAD f. *Constr.* Defecto de los materiales de construcción que se agrietan o estropean por efecto de las heladas.

GELOSA f. *Quím.* Agar agar.

GEM, prefijo empleado en química para indicar la substitución de los radicales en un mismo átomo de carbono.

GEMA f. *Carp.* Canto que, en un madero escuadrado, conserva una parte de la corteza.
— *Miner.* Dícese de la sal común de origen mineral. ‖ Piedra preciosa.

GEMELO, LA adj. y s. pl. Dícese de dos objetos iguales, acoplados o dispuestos de la misma manera.
— *Astr.* Géminis.
— *Carp.* Las dos piezas que se ensamblan en dos caras opuestas de un madero para reforzarlo y darle cuerpo.
— *Mar.* Armadura en forma de U prolongada, que se fija en el puente de los yates y barcos fluviales para sostener el mástil y en la cual se articula éste con objeto de ser bajado, cuando, por ejemplo, ha de pasar la embarcación debajo de un puente.
— *Mec.* Articulación entre el extremo de una ballesta y el bastidor del vehículo. (V. *figura.*)
— *Ópt.* Anteojo doble y portátil, para la visión binocular de objetos lejanos.
— Los *gemelos* constan de dos anteojos * de Galileo unidos por un bastidor en el cual un botón permite efectuar el enfoque. En los *gemelos de prismas* se reduce la longitud de los tubos merced a un juego de prismas convenientemente dispuestos en el interior de los mismos (v. *figura*). Los gemelos más pequeños dan dos aumentos, y los mayores, hasta 16.

GEMÍFERO, RA adj. *Miner.* Dícese del terreno rico en gemas.

GEMINACIÓN f. *Astr.* Desdoblamiento de los canales de Marte observado por ciertos astrónomos pero negado por otros. (V. MARTE.)

GEMINADO, DA adj. Doble, repetido.
— *Arq.* Dícese de las ventanas, arcos y otros elementos unidos dos a dos: *columna * geminada.*

GEMINAR v. Unir las cosas dos a dos.

GÉMINIS m. *Astr.* Tercer signo del Zodiaco, en el cual se halla el Sol durante el último tercio de la primavera. ‖ Constelación que antiguamente coincidía con este signo y que, como consecuencia de la precesión * de los equinoccios, corresponde ahora al del Cáncer: *Las dos estrellas principales de la constelación de Géminis, también llamada de los Gemelos, son Castor y Pólux, cuya magnitud es, respectivamente, de 1,8 y 1,2.*

GEMOSO, SA adj. *Carp.* Dícese de la viga o madero que tiene gema.

GENCIANINA f. *Quím.* Colorante azul que resulta de la oxidación de una mezcla de aminas aromáticas y de hidrógeno sulfurados.

GENERACIÓN f. *Geom.* Formación imaginaria de una línea, superficie o sólido por un movimiento de puntos o de líneas: *la rotación de un triángulo rectángulo sobre uno de sus catetos da lugar a la generación de un cono por la base y el otro cateto.*

GENERADOR, RA y **TRIZ** adj. y s. Que engendra o produce algo.
— *Atom.* Acelerador * de partículas.
— *Comb.* En las fábricas de gas de agua, instalación en la cual se produce la gasificación al entrar en contacto el vapor de agua con el coque candente. ‖ Aparato para gasificar aceites pesados en la fabricación de gas de aceite.
— *Electr.* Aparato productor de energía eléctrica por transformación de otra forma de energía.
— El alternador *, que da corriente alterna, y la dinamo *, que la suministra continua, son los principales *generadores de corriente eléctrica.* Aunque en escala infinitamente menor, también se produce electricidad * convirtiendo la energía solar con fotopilas o pilas solares. Por último, en los ingenios espaciales se usan también *generadores radiactivos.* En estos aparatos se utiliza una masa de isótopo radioactivo dispuesta en el seno de un bloque de molibdeno que lleva en su periferia gran número de pares termoeléctricos * conectados en serie. El calor engendrado por la transmutación de los átomos radioactivos en el radioelemento calienta la masa de molibdeno y este calor engendra una corriente eléctrica en los pares. La duración del generador depende del período del elemento que constituye su carga. (V. RADIACTIVIDAD.)
— *Geom.* Dícese de la superficie o la línea que, al moverse, engendran, respectivamente, un cuerpo geométrico o una superficie. (V. GENERACIÓN.)
— *Ind.* Cuba cilíndrica llena de virutas de haya, en la cual se elabora el vinagre *.
— *Mec. Generador de vapor,* caldera * de vapor, especialmente la tubular.
— *Radiot.* Circuito o dispositivo que engendra señales o corrientes: *el magnetrón es un generador de impulsos para radar.*

GENERATRIZ f. *Electr.* y *Mat.* V. GENERADOR.

GÉNEROS m. pl. *Text.* Conjunto de tejidos de una misma índole o especie: *géneros de estambre.* ‖ *Géneros de punto,* tejidos extensibles cuyas mallas se hallan constituidas por una sucesión de bucles entrelazados.
— Ateniéndose al procedimiento de formación de las mallas, existen dos clases principales de *géneros de punto,* los *de recogida* y los *de urdimbre.* En el primero, el tejido se forma con un solo hilo cuyas ondulaciones constituyen una pasada de mallas introducidas por entre las mallas de la pasada anterior, y que, a su vez, serán atravesadas por los bucles de la pasada siguiente. Los géneros de punto de recogida se caracterizan por su mucha extensibilidad y por el hecho de que, al tirar del extremo libre del hilo, se deshace el tejido. A esta categoría pertenecen las labores manuales de calceta, ganchillo o tricot y las que se efectúan mecánicamente en telares especiales. En los géneros de punto por urdimbre se entretejen a la vez numerosos hilos cuya dirección general es la de una urdimbre. Cada hilo sigue un movimiento de zigzag para entrelazarse alternativamente con los dos hilos contiguos. Así mientras que en los géneros de recogida los puntos se forman uno a uno, en los de urdimbre, todas las mallas de una hilera horizontal se forman a la vez en telares especiales, que suelen ser llamados *tricotosas.* (V. TELAR.)

GENISTEÍNA f. *Quím.* Materia colorante amarilla que se extrae de las raíces de la retama.

Fot. C. C. A., S. G. O

GENOL m. *Fot.* Sulfato de metilaminoparafenol, substancia reductora muy empleada para composición de reveladores fotográficos.
— *Mar.* Pieza curva que, en una cuaderna, prolonga la varenga y marca la transición entre el fondo y el costado del casco.

GENTISINA f. *Quím.* Colorante amarillo extraído de la raíz de la genciana.

GEO, prefijo derivado del griego *gê,* que significa *tierra* y entra en la composición de numerosas palabras.

GEOCÉNTRICO, CA adj. *Astr.* Relativo o perteneciente al centro de la Tierra. ‖ *Latitud, longitud, movimiento geocéntricos,* V. LATITUD, LONGITUD y MOVIMIENTO.

GEOCRÁTICO, CA adj. *Geol.* Dícese del período durante el cual, en una región determinada, han predominado las tierras sobre los mares.

GEODA f. *Miner.* Hueco de una roca, con su pared cubierta de cristales o de concreciones.

GEODESIA f. Ciencia que trata de la forma de la Tierra y de la medición de la misma, especialmente de su superficie.
— Los métodos aplicados en *geodesia* son: la triangulación * y la nivelación * (V. TOPOGRAFÍA); la gravimetría * y la astronomía geodésica. La dificultad de obtener medidas precisas resulta de que la forma del globo terráqueo no es la del elipsoide perfecto. Así, la posición de un punto cualquiera es determinada a partir de un *punto fundamental* por triangulación y nivelación, pero la posición hallada no coincide exactamente con las coordenadas calculadas por la astronomía geodésica, que toma a los astros como referencia de sus mediciones. Los satélites artificiales han contribuido poderosamente a aumentar la precisión de las medidas, dado que su posición y su velocidad se conocen muy exactamente. Así, ya midiendo el tiempo que transcurre entre su paso por la vertical de dos puntos, ya el ángulo con que se captan sus emisiones desde dichos puntos a un instante determinado, se calcula con precisión la distancia que media entre ambos.

GEODÉSICO, CA adj. Relativo o perteneciente a la geodesia. ‖ *Línea, polígono, punto geodésicos,* V. LÍNEA, POLÍGONO y PUNTO.

GEODÍMETRO m. *Topogr.* Instrumento para la medición directa de las distancias geodésicas.
— El *geodímetro* mide el tiempo que invierte una impulsión luminosa en ir y volver de un punto a otro y lo divide por la velocidad de la luz. En vez de rayos luminosos pueden emplearse ondas radioeléctricas, en cuyo caso se da al aparato el nombre de *telurómetro.*

GEODINAMIA o **GEODINÁMICA** f. Geología * dinámica.

GEOFÍSICO, CA adj. y s. Relativo o perteneciente a la física del globo terrestre. ‖ — F. Ciencia que trata de dicha rama de la física.
— La *geofísica* trata ya de fenómenos internos del globo terrestre estudiados por la geotermia *, la gravimetría *, el magnetismo *, la sismología * y la vulcanología *, ya de fenómenos externos que dependen de la meteorología * general y que se extienden al estudio de la ionosfera * y a las relaciones entre los fenómenos solares y terrestres (V. SOL).
— *Min. Prospección geofísica,* V. PROSPECCIÓN.

GEÓFONO m. *Geof.* y *Min.* Instrumento constituido por un micrófono especial y un amplificador potente, que sirve para percibir ruidos subterráneos y permite descubrir y localizar las personas enterradas accidentalmente en el fondo de una mina, bajo los escombros de un derrumbamiento, etc. ‖ Sismógrafo utilizado para prospecciones sísmicas, especialmente la de yacimientos petrolíferos.

GEOGRAFÍA f. Ciencia que trata de la descripción de la superficie terrestre.
— La *geografía general* se subdivide en *geografía física,* que trata de la configuración superficial del globo terráqueo (geomorfología *), de las aguas continentales y marítimas (oceanografía) y de las repercusiones de los fenómenos atmosféricos en las distintas regiones naturales (climatología *), *geografía biológica,* relativa a las manifestaciones de la vida vegetal y animal, y *geografía humana* o *política,* que estudia las relaciones del hombre con el suelo, la organización territorial de los grupos humanos y sus actividades. La geografía, en todos sus aspectos, cuenta con un medio de expresión, que es la cartografía *.

GEOIDE m. Forma teórica del globo terrestre, que sirve de base a la geodesia y que se obtiene admitiendo como superficie del mismo la del nivel medio de los mares prolongada por debajo de los continentes.
— El *geoide* tiene la forma de un elipsoide de revolución ligeramente deformado en algunas partes. Su eje mayor, o sea el diámetro ecuatorial, mide 12 756,50 km y su eje menor 12 713,75 km.

GEOLOGÍA f. Ciencia que trata de la estructura del globo terrestre, de la formación de las rocas y terrenos y de la evolución de los mismos desde sus orígenes.
— La *geología general* abarca las siguientes disciplinas: la *petrografía* * o estudio de las rocas; la *paleontología* *, que trata de los fósiles; la *geología dinámica,* relativa a los fenómenos que modifican la corteza terrestre; la *estratigrafía* * o *geología histórica,* que permite averiguar cuál era el estado del Globo en diferentes épocas; la *geología experimental,* que reproduce a la escala del laboratorio los fenómenos geológicos; la *geología aplicada,* que utiliza los conocimientos de la geología general para descubrir y explotar minerales, petróleo, hulla, etc., alumbrar aguas subterráneas y determinar las características del terreno antes de construir las presas, canales y otras obras públicas.
Es difícil determinar la naturaleza de los primeros terrenos del Globo, dado que éstos se han metamorfoseado. Se supone que la Tierra tuvo en sus orígenes un océano de silicatos cuya capa, una vez solidificada, se desgarró, se deformó al contraerse y fue modificada ulteriormente por los fenómenos geológicos de origen interno (volcanismo, movimientos sísmicos y orogénicos) o externo (erosión y sedimentación).
La corteza terrestre se compone de minerales * agregados en forma de rocas que pueden ser endógenas, sedimentarias o metamórficas.
Los fenómenos geológicos más arriba apuntados hacen que las distintas rocas no se hallen dispuestas en capas regulares y concéntricas comparables a las de una cebolla. No obstante, el análisis permite identificar los terrenos y éstos, excepto los más antiguos, contienen fósiles merced a los cuales pueden ser datados. Modernamente se determina su edad por métodos de datación * fundados en el debilitamiento de la radiactividad natural. Así se ha determinado la sucesión de las *eras* geológicas, de los *períodos* que las componen y de los *pisos* en que se subdividen éstos. (V. ESTRATIGRAFÍA.)

GEOLÓGICO, CA adj. Relativo a la geología.

GEOMAGNÉTICO, CA adj. *Magn.* Relativo o perteneciente al geomagnetismo.

GEOMAGNETISMO m. Magnetismo terrestre.

GEOMETRAL adj. Geométrico. ‖ Dícese del dibujo o plano en el cual todos los detalles han sido dibujados a sus verdaderas dimensiones o a una misma escala, sin tener cuenta de la perspectiva.

GEOMETRÍA f. Parte de las matemáticas que trata de la extensión y de las formas de las figuras y de los cuerpos. ‖ *Geometría analítica,* la que recurre al cálculo algebraico y analítico. ‖ *Geometría descriptiva,* la que permite reproducir las figuras del espacio mediante proyección * de las mismas en planos y resolver así, con la geometría plana, problemas sobre los cuerpos de tres dimensiones. ‖ *Geometría diferencial,* aquella en la que se recurre al cálculo diferencial para resolver problemas relativos a curvas alabeadas y superficies de grado superior. ‖ *Geometría del espacio,* la que considera las figuras o cuerpos cuyos puntos no se hallan todos en un mismo plano y que, consiguientemente, tienen tres dimensiones. ‖ *Geometría euclidiana, geometría no euclidiana* o *hiperbólica,* V. *Encicl.* ‖ *Geometría plana,* la que estudia las figuras cuyos puntos se hallan todos comprendidos en un mismo plano. ‖ *Geometría proyectiva,* V. PROYECCIÓN. ‖ *Geometría de la regla y del compás,* parte de la geometría concerniente a los problemas que pueden resolverse sin cálculos, empleando la regla y el compás.
— Durante largo tiempo la *geometría* se ha fundado en axiomas y postulados, especialmente en el

geófonos

Fot. Esso

de Euclides, según el cual solamente puede trazarse una paralela por un punto exterior a una recta. Aunque la *geometría euclidiana* conserva su valor en la generalidad de los casos, en otros han debido admitirse geometrías que niegan el postulado de Euclides. Así, la *geometría hiperbólica* se funda en el postulado de Lobatcheski según el cual por un punto exterior a una recta pueden pasar dos otras rectas paralelas a la primera, mientras que la *geometría elíptica*, de acuerdo con las teorías de la relatividad niega la existencia de las paralelas. (V. ESPACIO y RELATIVIDAD.)
— *Aeron. Geometría variable*, v. VARIABLE.

GEOMÉTRICO, CA adj. *Geom.* Relativo o perteneciente a la geometría. ‖ *Construcción geométrica*, la que se dibuja con la regla y el compás. ‖ *Lugar geométrico, media, progresión geométricas*, v. LUGAR, MEDIA y PROGRESIÓN.

GEOMORFOGENIA f. *Geol.* Ciencia que trata de la formación del relieve superficial del globo terrestre.

GEOMORFOLOGÍA f. *Geol.* Parte de la geología que trata del relieve terrestre y que se subdivide en *geomorfología aplicada* (lucha contra la erosión de las tierras cultivadas y otras formas de deterioración de las riquezas naturales), *geomorfología climática* (influencia de los agentes atmosféricos y de la vegetación en la evolución del relieve) y *geomorfología estructural* (influencia de la estructura en la evolución del relieve).

GEOPOTENCIAL adj. *Mec. Cota geopotencial de un punto*, trabajo necesario para elevar un peso de 1 g desde el nivel del mar hasta dicho punto.

GEOQUÍMICO, CA adj. y s. Relativo al estudio de la composición química del globo terráqueo. ‖ — F. Dicho estudio.
— *Min.* Método de prospección de minerales fundado en el análisis del suelo y de la vegetación para descubrir la presencia de los mismos, dado que cuanto mayor sea la proporción de mineral, revelada por los análisis sucesivos, menor será también la distancia a que se halle el yacimiento.

GEORAMA m. Representación a una escala muy grande de la totalidad de la superficie terrestre, generalmente en la pared interior de una esfera hueca, en cuyo centro se sitúa el observador.

GEORGIENSE adj. y s. *Geol.* Dícese del piso inferior del terreno cambriense, que data de unos 480 millones de años. (V. ESTRATIGRAFÍA.)

GEOSINCLINAL adj. y s. *Geol.* Concavidad muy grande de la corteza terrestre en la cual se han acumulado masas enormes de sedimentos cuyo peso ha provocado el hundimiento del lecho y el acercamiento de sus paredes. (V. SINCLINAL.)

GEOSÍSMICO, CA adj. *Geol.* Dícese de los métodos que permiten determinar la índole, forma y espesor de las capas profundas del terreno según el modo en que las mismas transmiten o reflejan las ondas sonoras engendradas por una explosión.

GEOSTÁTICA f. Estática del globo terrestre.

GEOSTRÓFICO, CA adj. *Meteor. Fuerza geostrófica*, v. CORIOLIS. ‖ *Viento geostrófico*, viento provocado por dicha fuerza paralelamente a las isobaras.

GEOTERMAL adj. Dícese de las aguas que se calientan al pasar por capas profundas del suelo.

GEOTERMIA f. *Geol.* Estudio del calor del globo terrestre y de los fenómenos térmicos en el seno del mismo.
— Al penetrar en el suelo, la temperatura permanece constante hasta cierta profundidad (25 m en las zonas templadas) y aumenta luego a razón de 1° cada vez que se baja de 25 a 70 m. El promedio es de 33 m por grado y a esta distancia se le da el nombre de *grado geotérmico*. Esta evolución de la temperatura solamente es valedera para los primeros millares de metros. En lo que concierne a las capas más profundas, no existe ninguna certeza sobre las temperaturas que reinan en ellas. (V. TIERRA.)

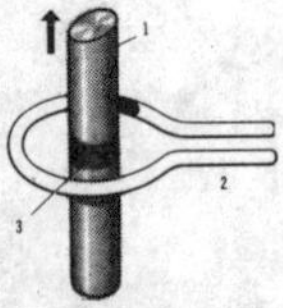

fusión progresiva de un cristal de **germanio**
1. Barrita de germanio; 2. Caldeo por alta frecuencia; 3. Zona fundida

geosinclinal

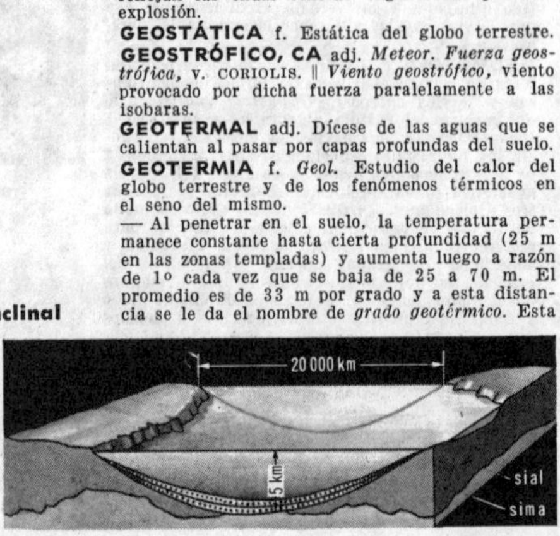

GEOTÉRMICO, CA adj. *Geol.* Relativo o perteneciente a la geotermia *: *grado geotérmico.*

GEOTERMÓMETRO m. *Geol.* y *Metr.* Dispositivo para medir temperaturas del subsuelo.
— Los *geotermómetros* suelen fundarse en el principio de las variaciones que experimenta la conductibilidad de un metal en función de su temperatura. Consisten en un conductor que se hace bajar hasta la profundidad deseada y por el cual, al cabo del tiempo necesario para que tome la temperatura del terreno, se hace pasar una corriente cuya intensidad variará, consiguientemente, según el valor de dicha temperatura.

GEOTRÓPICO, CA adj. Relativo o perteneciente al geotropismo.

GEOTROPISMO m. Orientación de los órganos vegetales determinada por la gravedad.
— Cada órgano de la planta crece o se orienta en una dirección que a veces es determinada por la luz (*fototropismo*) y otras por campos eléctricos o por el de la gravitación. En el último caso (*geotropismo*) la raíz tiende a crecer hacia abajo y el tallo hacia arriba. Si se modifican las condiciones (por ej., inclinando la maceta) cambia también la orientación imprimida a los órganos por el geotropismo.

GERANIAL m. *Quím.* Citral.

GERANIOL m. *Quím.* Alcohol presente en los aceites esenciales de geranio, pelargonio, rosa y otras flores (de las cuales puede ser extraído merced a la combinación sólida que forma con el cloruro de calcio) y cuyo aldehído es el citral *.

GERMANATO m. *Quím.* Cualquiera de las sales derivadas del anhídrido germánico *.

GERMÁNICO, CA adj. *Quím.* Dícese del anhídrido GeO_2 y de los ácidos que le corresponden.

GERMANIFLUORHÍDRICO, CA adj. *Quím.* Fluogermánico.

GERMANIO m. *Quím.* Elemento de número atómico 32 y de símbolo *Ge*, análogo al silicio.
— El *germanio* es un metal raro, gris como el estaño y quebradizo, que funde a 958,5° y hierve a unos 2 700°. Su densidad es de 5,36 y su masa atómica, de 72,60 (siendo la de sus isótopos de 70, 72, 73, 74 y 76). Es atacado fácilmente por los ácidos, pero el aire solamente lo oxida al rojo candente. Se extrae por oxidación de sus óxidos presentes en la argirodita y la germanita, y también como subproducto en la elaboración del cinc.
— *Radiot.* Semiconductor* muy empleado en la fabricación de díodos* y transistores*.
— En las aplicaciones antes aludidas se requiere un metal tan puro, que solamente es admisible un átomo de impureza por 100 millones de átomos de germanio. Con dicho fin se someten sus barritas a la fusión progresiva de una sección que corre de un extremo a otro de las mismas. Las impurezas se acumulan en la zona fundida y la siguen hasta el extremo del monocristal, que no será usado.

GERMANITA f. *Miner.* Sulfuro de germanio, hierro y cobre, y mena del primero de dichos metales.

GERMANO, pref. empleado para indicar la presencia de germanio bivalente en un compuesto químico.

GERMEN m. *Fís.* Cristal pequeño que, al ser introducido en un líquido en estado de sobrefusión o en una disolución sobresaturada, provoca la cristalización del primero o la de las substancias disueltas en la segunda: *el germen puede ser de la misma substancia que ha de cristalizar o de otra substancia isomorfa.*
— *Fot.* Nombre dado a las partículas ultramicroscópicas de plata cuya adsorción por los granos de sales argentíferas en las emulsiones fotosensibles constituye el principio de la fotografía *.
— *Med.* Microbio, bacteria o virus generador de enfermedades.

GERMICIDA, adj. y s. Que destruye los gérmenes de las enfermedades infecciosas: *los rayos ultraviolados son germicidas.*

GERMINADOR m. *Ind. alim.* Local en el cual se efectúa la germinación de la cebada para elaborar la malta de la cerveza.
GERSDORFITA f. *Miner.* Disomosa.
GETTER m. *Radiot.* Hilo o cinta de magnesio o de metal alcalinotérreo que se introduce en las lámparas de vacío y que, después de cerradas éstas, es volatilizada para eliminar los gases residuales.
GeV, símbolo de *gigaelectronvoltio.* (V. ELECTRONVOLTIO.)
GÉYSER m. *Geol.* Géiser.
GIBBSITA f. *Miner.* Hidrargilita.
GICLEUR m. *Autom.* Galicismo por *surtidor* *.
GIGA, prefijo de símbolo G, que, antepuesto al nombre de una unidad, la multiplica por mil millones.
GIGACICLO m. *Radiot.* Sinónimo incorrecto de *gigahertzio.*
GIGAHERTZIO m. *Radiot.* Unidad de frecuencia, de símbolo *GHz,* que vale mil millones de hertzios.
GIGANTOPOGRAFÍA f. *Art. gráf.* Procedimiento en el que, mediante proyección de imágenes tramadas, se obtienen clisés de offset para carteles y otros impresos de grandes dimensiones.
GILBERT y **GILBERTIO** m. *Metr.* Unidad de fuerza magnetomotriz en el sistema C. G. S. *, equivalente a la fuerza electromotriz producida por una bobina de una sola espira a través de la cual circula una corriente de 1,256 6 amperios: *un gilbertio, cuyo símbolo es Gb, vale 0,8 amperios vuelta.*
GIN m. *Ind. alim.* Nombre inglés de la *ginebra.*
GINEBRA f. *Ind. alim.* Aguardiente de semillas (cebada, trigo, avena) aromatizado con bayas de enebro y otras substancias: *la ginebra se suele vender en botellas de cerámica.*
GIOBERTITA f. *Miner.* Carbonato de magnesio y mena de este metal.
GIORGI *(Sistema),* sistema M. K. S. A. *
GIPSÍFERO, RA adj. *Miner.* Que contiene gipso.
GIPSO m. *Miner.* Sulfato hidratado de calcio $CaSO_4$, $2H_2O$, también llamado *piedra de yeso* * o *algez: además de constituir el yeso, el gipso entra en la composición del cemento Portland artificial.*
GIPSOGRAFÍA f. *Art. gráf.* Procedimiento para tirar estampas, fundado en el uso de clisés de yeso.
GIPSOSO, SA adj. Semejante o parecido al gipso. ‖ Gipsífero.
GIRACIÓN f. *Mec.* Movimiento de rotación.
GIRALDA f. *Arq.* Veleta *, cuando se halla constituida por una estatua.
GIRÁNDULA f. *Expl.* Pieza de fuegos artificiales consistente en una rueda loca horizontal que gira al encenderse los cohetes fijados en su periferia.
GIRAR v. *Mec.* Moverse un cuerpo con rotación sobre una recta llamada eje.
GIRASOL m. *Bot.* e *Ind. alim.* Planta compuesta *(Helianthus annuus),* cultivada para aprovechar el aceite * de sus semillas. (Sinón. TORNASOL.)
GIRATORIO, RIA adj. *Mec.* Aplícase al movimiento de rotación de un cuerpo. ‖ *Horno giratorio, puente giratorio,* etc., v. HORNO, PUENTE, etc.
GIRAVIACIÓN f. *Aeron.* Giroaviación.
GIRAVIÓN m. *Aeron.* Giroavión.
GIRO, prefijo derivado del griego *guros,* que significa *círculo* e indica la existencia de movimiento giratorio.
GIROAVIACIÓN f. *Aeron.* Parte de la aviación que trata de los giroaviones. (Sinón. GIRAVIACIÓN.)
GIROAVIÓN m. *Aeron.* Nombre genérico de las aeronaves que, en vez de hallarse sustentadas por alas fijas, lo son por rotores de eje sensiblemente vertical: *los giroaviones se subdividen en autogiros* *, *helicópteros* * y *girodinos* *. (V también CONVERTIBLES y COMBINADOS.)
GIROBÚS m. *Autom.* Autobús en el cual el motor es reemplazado por un volante muy pesado que, una vez puesto en rápido movimiento de giración en las paradas, tiene bastante energía cinética para arrastrar el vehículo durante todo su trayecto.

GIROCOMPÁS m. *Aeron.* y *Mar.* Compás en el cual la aguja magnética es reemplazada por un giróstato.
— El *girocompás* consiste esencialmente en un giroscopio * que, merced a un contrapeso de su soporte, conserva horizontal el eje de rotación del volante. Cuando la rotación de la Tierra inclina dicho eje respecto a la bóveda celeste, el giroscopio reacciona tomando la dirección del meridiano. El instrumento indica así constantemente la dirección del norte geográfico. La *figura* muestra una de las maneras de aplicar el antedicho principio: el giróstato es mantenido en rotación por un motor eléctrico dentro de un cárter esférico que flota en un líquido acidulado y entre dos topes que sirven para transmitir la corriente.
Los compases giroscópicos fundados en este principio se llaman también giromagnéticos y se distinguen del conservador * de rumbo e instrumentos similares que requieren una corrección muy frecuente de los efectos de la precesión.
GIRODINO m. *Aeron.* Tipo de giroavión en el cual el rotor, arrastrado por su propio motor, solamente sirve para sustentar el aparato y para los movimientos verticales del mismo, mientras que la translación horizontal se obtiene con uno o varios motores de hélice o de reacción.
GIROESTABILIZADOR m. Estabilizador * giroscópico.
— *Arm.* Dispositivo para mantener la puntería del cañón en los carros de asalto, independientemente de los movimientos del vehículo.
— El *giroestabilizador* consiste en un giroscopio acoplado con un servomotor hidráulico que gobierna la inclinación del cañón. Cuando un accidente del terreno inlina al tanque (por ej. hacia arriba), el giroscopio hace entrar en funcionamiento al servomotor y éste hace bajar el cañón en un ángulo equivalente.
GIROHORIZONTE m. *Aeron.* Horizonte * artificial.
GIROMAGNÉTICO, CA adj. *Aeron.* y *Mar.* Dícese de los girocompases e instrumentos análogos cuyo funcionamiento se adapta automáticamente a los cambios de latitud o de longitud. (V. GIROCOMPÁS.)
GIRÓMETRO m. *Aeron.* Instrumento que indica los cambios de rumbo de un avión.
— El *girómetro* consiste en un giroscopio cuyo eje de rotación se halla sostenido por una suspensión a base de resortes. Cuando el avión gira, unos resortes son distendidos y otros comprimidos por dicho eje. El instrumento puede indicar el cambio de rumbo porque el aplastamiento de un resorte es proporcional a la fuerza ejercida sobre el mismo por el giroscopio, fuerza que depende a su vez de la velocidad angular y de la giración del avión.
GIROPILOTO m. Sistema automático para el gobierno de naves, aviones, cohetes, etc.
— El *giropiloto* se funda en la combinación de un girocompás y un servomotor * que acciona el o los timones. Cada vez que el vehículo se desvía respecto a la orientación del giroscopio, éste pone en marcha el servomotor.
GIROSCÓPICO, CA adj. Relativo o perteneciente al giroscopio. ‖ Provisto de uno o varios giroscopios: *horizonte* * *giroscópico.* ‖ *Efecto giroscópico,* tratándose de volantes, ruedas y otros cuerpos en movimiento de giración, tendencia de los mismos a oponerse a todo esfuerzo que pugna por modificar la orientación de su eje de rotación. (V. GIROSCOPIO.) ‖ *Estabilizador giroscópico,* v. ESTABILIZADOR.
GIROSCOPIO m. *Mec.* Volante que, montado en una suspensión doble —para que pueda orientarse en cualquier dirección— y puesto en rápido movimiento de rotación, conserva su eje en la misma dirección aunque se modifique la de su soporte.

girodino
1. Rotor; 2. Ala; 3. Motor; 4. Tren retráctil

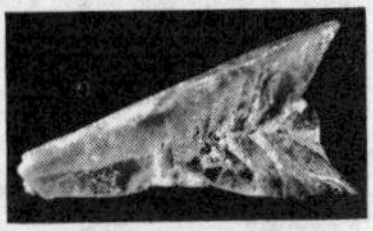

cristal de **gipso**

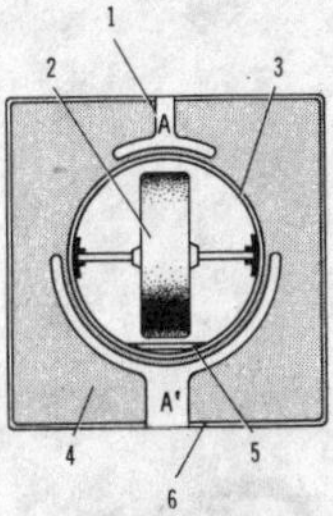

girocompás
1. Topes conductores; 2. Giroscopio; 3. Flotador; 4. Líquido acidulado; 5. Contrapeso; 6. Cárter (la corriente llega al motorcito por A y A')

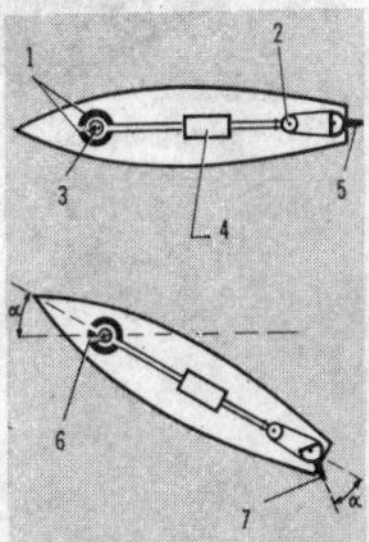

giropiloto
1. Contactos solidarios del buque; 2. Servomotor; 3. Girocompás indicador de rumbo; 4. Relevos; 5. Timón; 6. Todo desvío establece un contacto; 7. El timón es orientado según el ángulo del desvío

Fot. Larousse

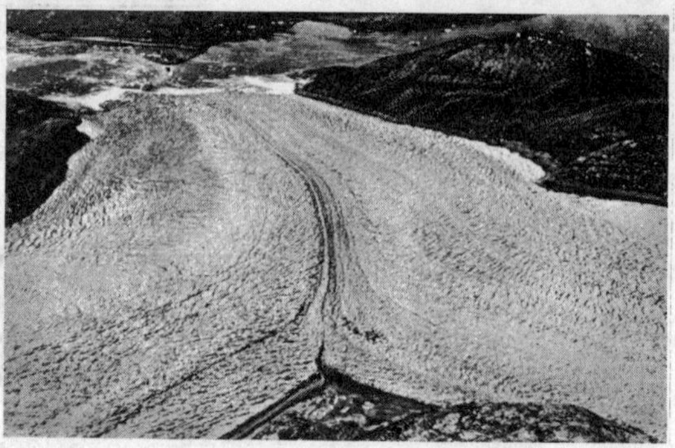

glaciar y morenas

giroscopio

— Un *giroscopio* lo suficientemente rápido, montado con el menor roce posible en una suspensión doble de Cardán o puesto en flotación, conserva la orientación inicial que tiene su eje en el espacio (por ejemplo en la dirección de una estrella), aunque cambie la posición de su soporte (el bastidor de las articulaciones o el recipiente que contiene el líquido). Incluso la rotación del globo terrestre no afecta al giroscopio, cuyo eje sigue orientado hacia la estrella. Como, por el contrario, el soporte del giroscopio sigue los movimientos de la Tierra, resulta una variación de las orientaciones del volante y de su cárter. En el ejemplo citado la variación constituirá una prueba de la rotación del globo terrestre. También se desprende de lo antedicho que un giroscopio cuyo eje se halla orientado inicialmente en la dirección del Norte, conservará dicha orientación y podrá servir de brújula (V. COMPÁS y GIROCOMPÁS). Si se acopla el giroscopio con un servomotor, será posible obtener que un vehículo se dirija por sí solo, pues cada vez que se desviara de su trayectoria, el giroscopio, por haber permanecido fiel a la misma, registraría el desvío y pondría en marcha el servomotor de los timones u órganos de dirección. (V. AUTODIRIGIDO y GIROPILOTO.)
Otra propiedad importante de los giroscopios es la precesión *: si una fuerza externa obra para cambiar la orientación del eje, éste opone una resistencia que lo desvía no ya en el sentido de la fuerza perturbadora, sino perpendicularmente a la misma. A este fenómeno se deben la precesión de los equinoccios y la de las órbitas de los satélites artificiales, pues los astros deben considerarse como enormes giróstatos.
Este fenómeno se ha aplicado en los estabilizadores * giroscópicos para naves. En el caso de un simple giroscopio, la gravedad tiende a inclinar el eje hacia el suelo y éste reacciona describiendo en el espacio un cono invertido y tanto más abierto cuanto menor es la velocidad de rotación.

GIROSTÁTICO, CA adj. *Mec.* Relativo o perteneciente al giróstato.

GIRÓSTATO m. *Mec.* Todo sólido en estado de rápida rotación sobre sí mismo, especialmente el que es simétrico respecto a su eje de rotación.
— Cuando los *giróstatos* (trompos, giroscopios, astros, ruedas de una motocicleta, etc.) son lo bastante pesados y giran con gran rapidez, tienen la propiedad de conservar estable la dirección de su eje de rotación. (V. GIROSCOPIO.)

GIROTRÉN m. *F. c.* Ferrocarril de monorriel * en el cual los vagones son estabilizados por un giróstato.

GIVETIENSE adj. y s. *Geol.* Uno de los pisos medianos del devoniense, cuyos terrenos datan de unos 300 millones de años. (V. ESTRATIGRAFÍA.)

GLACIACIÓN f. Congelación del agua.
— *Geol.* Cada uno de los períodos, durante los cuales se multiplicaron y extendieron considerablemente los glaciares en ciertas regiones del Globo, llegando hasta a cubrir la tercera parte de los continentes.
— Durante el cuaternario se han producido cuatro *glaciaciones* principales: günz, mindel, riss y würm, entre las cuales han existido períodos interglaciarios caracterizados por el aumento general de la temperatura, el retroceso de los glaciares y de la fauna y la flora hacia las regiones septentrionales y la aparición de animales y plantas procedentes de zonas más cálidas. Desde la última glaciación, se prosigue el lento período de recalentamiento en el cual nos hallamos.

GLACIAL adj. Helado, frío como el hielo.
— *Geogr. Zona glacial,* V. ZONA.
— *Quím.* Dícese del ácido acético exento de agua y de los demás cuerpos cuyos cristales se asemejan a los del hielo o son susceptibles de cristalizar como él, si son líquidos.

GLACIAR m. *Geol.* Masa de hielo de origen atmosférico que se acumula en las zonas de nieves perpetuas y, por gravedad, baja lentamente por los valles hasta alturas donde la temperatura es lo bastante elevada para fundirla. (Sinón. HELERO.)
— Los *glaciares* son de dos tipos diferentes. En las regiones polares, especialmente en la Antártida y Groenlandia, existen *glaciares de inlandsis* o *continentales* que, una vez llegados al mar, se adentran en el mismo hasta que los rompe el empuje del agua, formándose así los icebergs *. Mientras que los glaciares del inlandsis datan de la última glaciación, los *glaciares de montaña* o *de valle,* aunque tiendan a retroceder, son alimentados cada año por las nevadas invernales que perduran en las zonas de nieves perpetuas. La nieve se convierte en una masa de hielo dotada de cierta plasticidad, que le permite descender por los valles a velocidades que pueden ser de unos metros solamente a 8 000 m por año, aunque generalmente se hallan comprendidas entre 50 y 200 m. En el curso de este movimiento el helero arrastra piedras que se acumulan y forman las morenas *. Las piedras y los bloques rozan con el lecho y causan una ablación del terreno que confiere a los valles una sección característica en forma de U.

GLACIARIO, RIA adj. Relativo o perteneciente al hielo y a los glaciares: *erosión glaciaria.*
— *Geol. Períodos glaciarios,* aquellos durante los cuales se produjeron glaciaciones. (V. GLACIACIÓN.)

GLASÉ m. *Text.* Tela de seda con ligamento tafetán hecha con hilos de trama y urdimbre iguales ya teñidos, caracterizada por su brillantez y por lo fino de su textura. ‖ Tejido hecho a imitación del anterior con rayón u otras fibras.

GLASEADO m. *Tecn.* Acción y efecto de glasear.

GLASEAR v. *Tecn.* Abrillantar o satinar la superficie del papel o de las telas, pieles y otras materias.

GLAUBER *(Sal de),* sulfato neutro de sodio.

GLAUCO, prefijo derivado del griego *glaukos,* que significa *verde.*

GLAUCODOT m. *Miner.* Arseniosulfuro de cobalto y hierro isomorfo del mispíquel.

GLIADÍMETRO m. *Ind. alim.* Densímetro que permite medir la calidad de una harina panificable.

GLIC, prefijo derivado del griego *glukus,* que significa *dulce.*

GLICERADO m. *Perf.* Soporte o excipiente, a base de glicerina y almidón, que sirve para preparar cremas de belleza y otros cosméticos.

GLICÉRICO, CA adj. *Quím.* Dícese de un ácido que se obtiene, en forma de líquido espeso y muy soluble en el agua, mediante oxidación de la glicerina.

GLICÉRIDOS m. pl. *Quím.* Nombre genérico de los ésteres de la glicerina (estearina, palmitina, oleína, etc.) que constituyen la mayor parte de las grasas animales y vegetales y se usan principalmente para fabricar jabones.

GLICERILLO m. *Quím.* Alilo.

GLICERINA f. *Quím.* Trialcohol presente al estado de éster en las grasas y aceites naturales. (Sinón. GLICEROL, PROPANETRIOL.)
— La *glicerina* es un líquido espeso ($d = 1{,}27$), incoloro y de sabor azucarado, que se solidifica a 17° y hierve a 290°. Su fórmula es CH_2HO-$CHOH$-CH_2OH. Se obtiene al estado de glicerina bruta en la hidrólisis o saponificación de las grasas, generalmente efectuada en las fábricas de jabón, pero también se elabora sintéticamente por la industria petroquímica a partir del propileno.
La glicerina es una materia muy importante que sirve para fabricar nitroglicerina y otros explo-

Fot. U. S. I. S., X.

sivos, lacas y barnices, materias plásticas, medicamentos, cosméticos, anticongelantes y una infinidad de productos químicos.

GLICERINADO, DA adj. *Quím.* Que contiene glicerina.

GLICERINAR v. Untar algo con glicerina.

GLICEROCOLA f. *Text.* Mezcla de dextrina, glicerina, sulfato de aluminio y agua que sirve para encolar los hilos de la urdimbre *.

GLICEROFTÁLICO, CA adj. *Quím.* Dícese de las resinas sintéticas que se obtienen por condensación del anhídrido ftálico con los polialcoholes, especialmente la glicerina : *estos compuestos, además de servir para fabricar materias plásticas llamadas gliptales, se emplean en grandes cantidades para elaborar las pinturas* gliceroftálicas.*

GLICEROL m. *Quím.* Glicerina.

GLICEROSA f. *Quím.* Substancia que resulta al tratar la glicerina con agua oxigenada: *la glicerosa puede ser convertida en fructosa* *.

GLICEROTANINO m. *Text.* Compuesto que resulta al hacer obrar la glicerina sobre el tanino y que se emplea en tintorería como mordiente.

GLICIDO m. *Quím.* Epóxido de la glicerina.

GLICINA f. o **GLICINO** m. *Fot.* Ácido oxifenilaminoacético que se emplea como revelador fotográfico, especialmente para el revelado lento de negativos: *el glicino, menos alterable que otros reveladores, puede conservarse largo tiempo muy concentrado.*
— *Quím.* F. Glicocola.

GLICOCOLA f. *Quím.* Aminoácido que se obtiene mediante reacción del amoniaco con el ácido cloracético. (Sinón. GLICINA.)

GLICOL m. *Quím.* Dialcohol de fórmula CH_2OH-CH_2OH. ‖ — Pl. Nombre genérico de los cuerpos que poseen dos veces la función alcohol.
— El *glicol* es un líquido viscoso que hierve a 198° y se solidifica a 12°. Es miscible en el alcohol y el agua, y se fabrica a partir del etileno. Se emplea como anticongelante en los radiadores de automóviles y como disolvente para separar substancias químicas; sirve para fabricar materias plásticas y reemplaza a la glicerina como plastificante de la celulosa en varios explosivos.

GLICOLISIS f. *Quím.* Destrucción de las moléculas de azúcar por una enzima.

GLICOSA f. *Quím.* Glucosa.

GLICOSANO m. *Quím.* Glucosano.

GLICÓSIDO m. *Quím.* Glucósido.

GLIFTAL o **GLIPTAL** m. *Plást.* Nombre de las resinas gliceroftálicas *.

GLÓBICO, CA adj. En forma de globo.
— *Mec. Tornillo glóbico,* v. ENGRANAJE.

GLOBO m. Esfera o cuerpo esférico.
— *Aeron.* Aeróstato que se sustenta en el aire merced al principio de Arquímedes, por contener su envoltura un gas más ligero que el aire. ‖ *Globo dirigible,* v. DIRIGIBLE.
— Un *globo* pierde de su peso el peso del aire que desaloja. La diferencia de peso entre el del gas ligero que contiene su envoltura y el del volumen de aire equivalente, representa el peso total de la carga útil y del aeróstato cuando éste permanece en equilibrio. Si el peso total es mayor que aquella diferencia, el globo no puede elevarse o, de hallarse en el aire, desciende. Por el contrario, si es inferior, el globo asciende. De ahí la regla simple para gobernar un globo libre: echar lastre (arena, agua, etc.) para elevarse: expulsar gas de la envoltura (disminuyendo así el volumen de aire desalojado) para descender. Con dicho fin, los globos tienen una válvula de accionamiento manual o automático (por medio de un barómetro). También dispone el aeronauta de una cuerda que permite arrancar la banda de desgarre y obtener así, una vez llegado al suelo, que se deshinche rápidamente el globo y no pueda ser arrastrado por el viento.
La *figura* muestra la estructura de los globos. Los modernos *globos estratosféricos* son de materia plástica reforzada con fibras de vidrio merced a las cuales se suprime la red que sostiene la barquilla en los aeróstatos ordinarios. Por lo demás, las barquillas estratosféricas son de metal ligero y constituyen un habitáculo hermético que protege al aeronauta contra el frío intenso (—56°) y la depresión que reina en la estratosfera. Estos globos se han utilizado también como plataforma desde la cual se pueden fotografiar los astros con telescopios y espectroscopios fuera de las capas densas de la atmósfera que dificultan no poco las observaciones.
Los *globos cautivos* son aeróstatos de pequeñas dimensiones que se mantienen sujetos al suelo con una cuerda para impedir el vuelo bajo de aviones enemigos.
— *Astr. Globo terráqueo, terrestre* o simplemente *el Globo,* la Tierra. ‖ *Globo celeste, globo terrestre,* esferas que llevan dibujados en su superficie los astros del cielo o las tierras y mares de nuestro planeta.
— *Astron.* Tipo de satélite pasivo consistente en un globo esférico de materia plástica metalizada que se lanza plegado y se hincha automáticamente al expulsarlo el cohete en su órbita.
— El interés de estos satélites reside en las dimensiones gigantescas que alcanzan al hincharse y permiten ya la reflexión de las ondas radioeléctricas de una estación terrestre a otra estación lejana, ya la observación directa del satélite iluminado por el Sol. Claro está que estos « globos » no son aeróstatos * y que su permanencia en el espacio se funda en los mismos principios que la de los demás satélites *.
— *Lumin.* Pantalla esferoidea de cristal que se pone a las lámparas como adorno, para protegerlas o para que no molesten a la vista.
— *Meteor.* En meteorología se emplean los globos para apreciar la dirección y la fuerza del viento en función de la altura y, por otra parte, para medir y registrar la temperatura, la presión, la humedad, etc., del aire a diferentes alturas. En el primer caso se utilizan *globos pilotos,* de metro y medio de diámetro aproximadamente, cuyo ascenso, una vez soltados, se sigue con un teodolito, anotándose la dirección y la altura a intervalos regulares. En el segundo caso

satélite « Echo II » del tipo **globo**

globo cautivo (*a la izq.*)

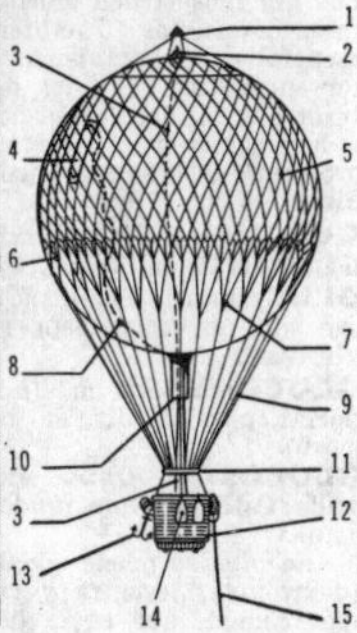

globo
1. Caperuza; 2. Válvula; 3. Cuerda de la válvula; 4. Banda de desgarre; 5. Red; 6 y 7. Arañas; 8. Cuerda de rasgar; 9. Tirantes; 10. Manga; 11. Aro; 12. Barquilla; 13. Ancla; 14. Lastre; 15. Guía

globo estratosférico
1. Fibras de vidrio; 2. Envoltura de plástico

Fot. S. C. A.

se emplean *globos sonda,* provistos de termómetros, barómetros y otros aparatos registradores y, generalmente, de una pequeña emisora de radio que transmite a la estación terrestre los datos registrados. (V. AEROLOGÍA.)

GLOBULAR adj. En forma de globo.

GLÓBULO m. Cuerpo esférico de pequeñas dimensiones.
— *Astr.* Pequeña nebulosidad esférica que, por contraste, aparece obscura al destacarse sobre el fondo brillante de una nebulosa galáctica: *según las teorías modernas cada glóbulo es la masa de hidrógeno de una estrella en curso de formación.*

GLOSECOLITA f. *Miner.* Haloisita blanca y frágil.

GLÚCIDOS m. pl. *Quím.* Compuestos de carbono, hidrógeno y oxígeno, presentes en la materia viviente.
— Los *glúcidos* se designan también, aunque impropiamente, con el nombre de *hidratos de carbono.* Se dividen en dos grupos principales: el de las *osas* y el de los *osidos* (por terminar siempre su nombre científico con uno de estos sufijos). Entre los primeros figuran la glucosa y la galactosa. Entre los segundos, los almidones, la celulosa, etc.
Los glúcidos tienen mucha importancia en numerosas industrias. También representan un papel esencial en el organismo, especialmente como factor energético. Así, los músculos no pueden contraerse si la circulación no les suministra glucosa, y los trastornos del metabolismo de los glúcidos provocan graves enfermedades, especialmente la diabetes.

GLUCINA f. *Quím.* Óxido de berilio.

GLUCINIO m. *Quím.* Berilio.

GLUC, prefijo empleado en química para indicar que un compuesto guarda relación con la glucosa.

GLUCÓMETRO m. *Ind. alim.* Densímetro especial para medir el azúcar que contiene un mosto.

GLUCOSA f. *Quím.* Azúcar de fécula, de fórmula $C_6H_{12}O_6$, que funde a 146°. (Sinón. DEXTROSA.)
— La *glucosa* puede adoptar tres formas isómeras (dextrógira, levógira y racémica). En su forma más común, que es la dextrógira, se halla presente en el azúcar de uva, el de almidón y el de fécula, así como en la sangre, el hígado y otros tejidos animales. También es común en el reino vegetal, en forma de glucósidos, y aparece asimismo al desdoblarse las materias amiláceas, la celulosa, el azúcar de caña, etc.
La glucosa es una materia incolora y de sabor menos dulce que el del azúcar ordinario. Se fabrica mediante sacarificación del almidón o de la fécula en presencia de ácido clorhídrico que luego se neutraliza con carbonato de sodio. Cuando se usa en forma de jarabe se llama *glucosa cristal* y sirve en pastelería, confitería, destilería, etcétera. La glucosa más espesa y parcialmente cristalizada se emplea para endulzar bebidas y también en curtición y en la industria química. La glucosa pura y cristalizada constituye la *dextrosa,* que se consume con fines terapéuticos y alimenticios.

GLUCOSATO m. *Quím.* Combinación cristalina de la glucosa con la barita, la cal u otras bases.

GLUCÓSIDO m. *Quím.* Nombre genérico de ciertos compuestos presentes en los vegetales que, por hidrólisis, dan glucosa: *los glucósidos, generalmente amargos o malolientes, son con frecuencia venenosos.*

GLUTEN m. *Pint.* Cada una de las manos que se dan a una pared para prepararla antes de aplicarle la pintura al fresco o a la cera.
— *Quím.* Substancia viscosa que subsiste en la harina cuando se extrae el almidón de la misma.

G. M. T., sigla de la expresión inglesa *Greenwich mean time,* cuyo equivalente en castellano es T. M. G. *(tiempo medio de Greenwich)* y que se indica al enunciar la hora de un fenómeno o acontecimiento para precisar que dicha hora se refiere al antedicho meridiano inglés y evitar así confusiones. (V. HORA.)

GNEIS m. *Miner.* Roca que, como el granito, se compone de cristales visibles de feldespato, cuarzo y mica, pero que los tiene dispuestos en forma de láminas comparables a las de las pizarras: *el gneis resulta del intenso metamorfismo de rocas muy antiguas.*

GNÉISICO, CA adj. *Miner.* Semejante o parecido al gneis: *terreno gnéisico.*

GNOMON m. *Astr.* Instrumento constituido por un estilo cuya sombra, proyectada por el Sol o la Luna en una superficie horizontal debidamente graduada, permite conocer aproximadamente la hora, la altura del astro y su orientación.

GNOMÓNICO, CA adj. *Topogr.* Proyección *gnomónica,* V. PROYECCIÓN.

GOA f. *Metal.* Lingote de hierro bruto que se obtiene generalmente junto al alto horno, vaciando el metal por una canal en depresiones practicadas a modo de moldes en la capa de arena tendida sobre el suelo.

GOBERNAR v. *Tecn.* Dirigir un vehículo: *cohete gobernado por radio.* ‖ Regular, controlar el funcionamiento de una máquina.

GOBIERNA f. *Meteor.* Veleta.

GOBIERNO m. *Tecn.* Acción de dirigir o gobernar un vehículo o una máquina. ‖ *Aparejo, equipo* o *dispositivo de gobierno,* el que sirve para dirigir o regular la marcha de un vehículo o máquina.

GOFRADO m. Acción y efecto de gofrar.
— *Art. gráf.* El *gofrado en los pliegos* se obtiene con el uso de una forma en relieve y de una contraforma en hueco entre las cuales se prensa e imprime el papel. En las rotativas especiales para gofrar, se usan, en vez de dicha forma y contraforma, dos cilindros.
— *Papel.* El *gofrado del papel continuo* se efectúa con gofradoras o calandrias * de gofrar.
— *Text.* El *gofrado de los tejidos* se obtiene las más de las veces combinando hilos de propiedades físicas o químicas diferentes. Así, en una textura de algodón y lana, el tratamiento con sosa cáustica tiene por efecto contraer los hilos del primero y alargar los de la segunda, con la cual aparece un relieve cuya forma, altura y extensión depende del modo como se han combinado los hilos. Igual resultado se puede obtener con tejidos de ciertas fibras sintéticas sometiéndolos a un tratamiento térmico.

GOFRADOR, RA adj. y s. *Tecn.* Dícese de las calandrias y otras máquinas que sirven para gofrar papel, cuero, tejidos y otras materias.
— Las *máquinas gofradoras* constan generalmente de dos cilindros metálicos calentados interiormente y esculpidos superficialmente de modo que el motivo del gofrado aparezca en relieve en uno de los cilindros y en hueco en el otro. La materia pasa entre ambos y, fuertemente comprimida por ellos, conserva su huella.

GOFRAR v. *Art. gráf.* Estampar en seco en el papel o en las cubiertas de un libro, letras o dibujos en hueco o en relieve. (V. GOFRADO.)
— *Art. y of.* En la fabricación de flores artificiales, dar su forma a los distintos elementos, o sea combar los pétalos, marcar en relieve los nervios de las hojas, etc.
— *Papel.* Acanalar el papel para hacer papel * ondulado; imprimir en el mismo, en seco, cualquier motivo en relieve. (V. GOFRADO.) ‖ *Calandria de gofrar,* v. CALANDRIA y GOFRADOR.
— *Text.* Tratar un tejido para que presente motivos ornamentales en relieve.

GOHIN o **GOI** m. *Bot.* y *Gom.* Bejuco propio de Guinea, del género *Landolphia,* cuyo látex da un caucho de calidad excelente.

GOLA f. *Arq.* Cima.
— *Mar.* Paso o canal suficientemente profundo que da acceso a los barcos a un puerto, un río.

GOLDSCHMIDTITA f. *Miner.* Silvanita.

GOLETA f. *Mar.* Barco de dos o tres mástiles caracterizado por su velamen constituido exclusivamente por venas áuricas o de cuchillo, circunstancia que lo distingue del bergantín. ‖ *Bergantín goleta,* v. BERGANTÍN.

GOLILLA f. *Art. y of.* Corto elemento de tubería que sirve para empalmar dos caños de barro. ‖ Platina * de un tubo.

GOLPE m. *Art. y of. Pestillo de golpe,* v. PESTILLO.
— *Hidr. Golpe de arieste,* v. ARIETE.

GOLPEADOR m. *Carp. Amer.* Aldaba.

GOLPEAR v. *Autom.* Golpetear.

GOLPEO m. *Autom.* Golpeteo.

GOLPETE m. *Carp.* Dispositivo empotrado en la pared, que sirve para sujetar la hoja de la ventana o puerta abierta y que puede consistir en una hoja de metal elástica o en una barrita provista de un cabezal articulado.

GOLPETEAR v. *Autom.* Producir golpeteo * el motor.

GOLPETEO m. *Autom.* Sucesión de ruidos engendrados en un cilindro del motor ya por un defecto del encendido (v. AUTOENCENDIDO), ya por un desajuste de la biela o por la fusión del metal antifricción que la misma lleva en la cabeza.

GOLLETE m. Cuello estrecho de las botellas y otras vasijas.

GOMA f. *Autom.* Depósito que se forma en la superficie de las válvulas * de admisión como consecuencia de la oxidación de olefinas * contenidas por la gasolina. ‖ Por ext., mezcla pastosa de suciedad, herrumbre, carbonilla y otras impurezas que entupen los filtros de aceite o se acumulan en los émbolos y otras partes del motor.
— *Expl. Goma explosiva,* dinamita * de goma.
— *Fot. Goma bicromatada,* procedimiento para sacar positivas artísticas, consistente en emplear para el papel una emulsión de goma arábiga, bicromato de potasio y color de acuarela.
— *Gom.* Denominación impropia del *caucho,* que no es una goma en el verdadero sentido de la palabra (v. *Ind.*, más abajo). ‖ Tira, tubo, hoja o pedazo de caucho: *goma de borrar.*
— *Ind.* Materia amarillenta, compuesta sobre todo de glúcidos, exudada por el tronco de ciertos árboles, que se solidifica sobre los mismos al contacto del aire en forma de grumos. ‖ *Goma amoniaco,* gomorresina de ciertas umbelíferas, soluble en el amoniaco y empleada para másticques. ‖ *Goma éster,* colofonia esterificada por la glicerina y usada para preparar barnices.
— Las *gomas* son insolubles en el alcohol y solubles en el agua. La hidrólisis de sus glúcidos las convierte en azúcares reductores (arabinosa y galactosa).
Muchos son los árboles comunes que dan goma (ciruelo, cerezo, almendro, etc.), pero los que más se aprovechan industrialmente son las acacias *, que dan la *goma arábiga;* el tragacanto *, que da la *goma adragante* o *goma tragacanto;* la gutapercha; la *goma laca,* producida en el *Ficus religiosa* y otros árboles del Asia tropical por la picadura de cochinillas del género *Coccus laca,* etc.
Las gomas se emplean en farmacia. También las consume la industria en grandes cantidades para fabricar aprestos, colas, barnices, etc.

GOMAESPUMA f. Caucho* celular.

GOMAMIENTO m. Engomadura.

GOMERAL m. *Gom.* Plantación de árboles gomeros.

GOMERO, RA adj. y s. Relativo o perteneciente a la goma: *industria gomera.* ‖ Dícese de los vegetales que dan goma: *acacia gomera.* ‖ — M. *Amer.* Siringa.

GOMINA f. *Perf.* Cosmético a base de goma tragacanto que sirve para lustrar y fijar el pelo.

GOMORRESINA f. *Quím.* Líquido que exuda de los troncos de ciertas umbelíferas, terebintáceas y otras plantas tropicales y que se solidifica al contacto del aire en forma de masas pardas y amorfas que contienen gomas * y resinas *.

GOMOSO, SA adj. Que tiene el aspecto o la consistencia de la goma. ‖ Que contiene goma.

GÓNDOLA f. *Mar.* Embarcación de recreo y para el transporte de pasajeros que se usa especialmente en los canales venecianos.
— La *góndola* mide unos 10 m de largo y 1,30 m de anchura. Se propulsa remando con espadilla a popa, pero a estribor. Dado que eso tendría como consecuencia inclinar el casco hacia babor, las góndolas poseen una curiosa particularidad que consiste en la curvatura del casco hacia la derecha: la proa y la popa pesan hacia dicho lado e inclinan hacia el mismo la góndola cuando ésta se halla parada.

GONFOLITA f. *Miner.* Pudinga en la cual los guijarros son más duros que el cemento y sobresalen del mismo.

GONIASMÓMETRO m. *Topogr.* Goniómetro de agrimensor.

GONIO, prefijo derivado del griego *gônia,* que significa *ángulo.*

GONIÓGRAFO m. *Arm.* Dispositivo que tienen los cañones antiaéreos para apreciar la deriva del avión y corregir su dirección aparente.
— *Topogr.* Plancheta * u otro dispositivo para determinar los ángulos gráficamente, sobre el papel, aunque sin indicar su abertura en grados.

GONIOMETRÍA f. Teoría y técnica de la medición de los ángulos.
— *Aeron.* y *Mar.* Radiogoniometría.

GONIÓMETRO m. Instrumento para medir ángulos.
— *Aeron.* Radiogoniómetro.
— *Miner.* y *ópt.* Instrumento para medir los ángulos diedros en cristalografía o los ángulos formados por dos haces luminosos en óptica.
— El *goniómetro de aplicación* consta de una especie de compás de reducción en el cual una de las varillas corre sobre un semicírculo graduado fijado en la otra: basta con aplicar las dos patas del compás a las caras del diedro para obtener el valor del mismo en grados. En los *goniómetros ópticos de reflexión* el cristal se halla fijo en el centro de un círculo graduado sobre el cual giran radialmente un colimador, que proyecta un haz luminoso en el cristal, y un anteojo, que permite situar el haz correspondiente reflejado por el cristal. Del ángulo de reflexión se desprenden los diedros formados por las caras del cristal. Este procedimiento permite medir el índice de refracción de cualquier cuerpo: basta con tallarlo en forma de prisma y con medir el desvío experimentado por los rayos luminosos a través del mismo.
— *Topogr.* El *goniómetro de agrimensor* consta de dos cilindros provistos de rendijas y de pínulas para la observación. Ambos están sobrepuestos, pueden girar uno sobre el otro y llevan en los bordes que se hallan en contacto una escala graduada de 0 a 360°. Si se observa un punto del terreno a través del cilindro inferior, y, después de haberlo inmovilizado, se visa otro punto con el superior, la escala marcará la abertura en grados que separa ambos puntos. (Sinón. PANTÓMETRO.)

GORGÓN m. *Constr. Amer.* Hormigón.

GORGUERA f. *Arq.* Moldura cóncava, especialmente la de cima * recta muy profunda. ‖ Collarino.

GORA f. *Art. y of.* Garganta.

GORRÓN m. *Mec.* Espiga de un eje que entra en el tejuelo o la chumacera.

GOTA f. *Arq.* Adorno en forma de troncos de pirámide o de cono propio del entablamento dórico.

GOTARIO m. *Amer.* Cuentagotas.

GOTEO m. *Petr. Punto de goteo,* punto de fusión de un lubricante, así designado porque se determina calentándolo en una probeta y midiendo la temperatura a la cual empieza a gotear por un orificio que tiene la misma en su base.

GOTERÓN m. *Constr.* Surco longitudinal hecho en la cara inferior de una cornisa o en el bateaguas de una ventana para evitar que el agua de lluvia pueda llegar a la pared y correr por ella.

GÓTICO, CA adj. y s. *Arq.* Dícese de un estilo arquitectónico que sucedió al estilo románico y que se caracteriza por la adopción del arco ojival o apuntado, de la bóveda de crucería y del arbotante.
— Las *iglesias góticas* se distinguieron por la mucha altura de sus bóvedas, el poco espesor relativo de sus muros, dado que el empuje de aquéllas es soportado por los arbotantes; la finura de los elementos de piedra que enmarcan los ventanales vidriados, los arcos y las altas y finas agujas de sus torres. Su evolución condujo al *gótico florido* caracterizado por la fineza y abundancia de la ornamentación, que, en el *gótico flamígero,* se inspira de los contornos ondulantes de las llamas (v. *figura* p. 528).

GOTLANDIENSE adj. y s. *Geol.* Dícese del último piso del período siluriano, cuyos terrenos datan de unos 350 millones de años. (V. ESTRATIGRAFÍA.)

GOZNE m. *Carp.* Especie de charnela constituida por dos piezas, la inferior con gorrón que encaja en el tejuelo de la superior, que es la que se fija en la hoja de la puerta o ventana. ‖ Bisagra.

gr, símbolo de *grado,* unidad para medir ángulos.

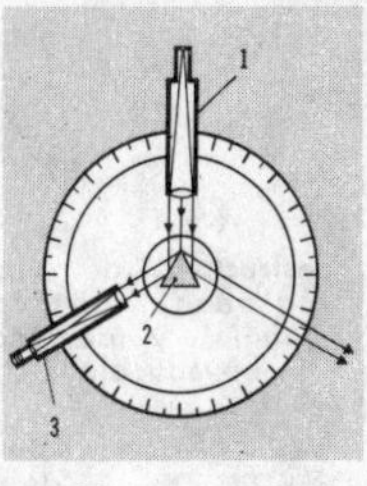

goniómetro *(ópt.)*
1. Colimador; 2. Prisma; 3. Anteojo

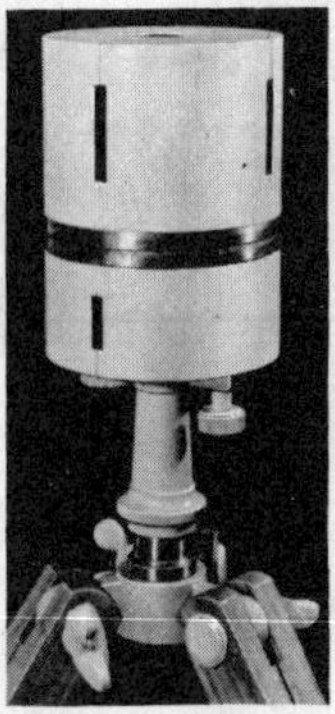

goniómetro *(topogr.)*

gota *(arq.)*

Fot. Larousse

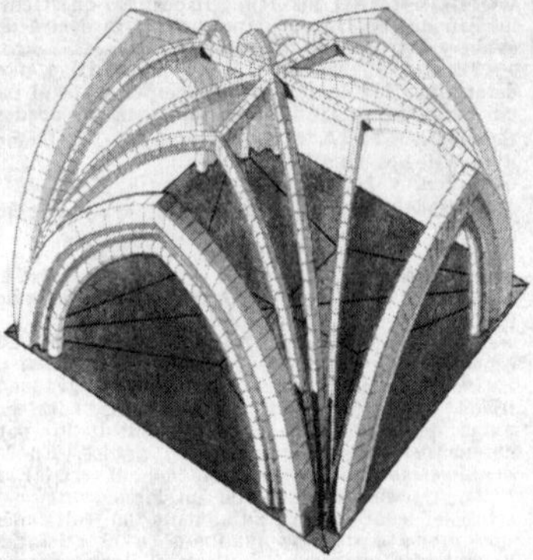

estructura de una catedral **gótica** *(abajo)* y de una bóveda ojival

GRAAFF (*Acelerador de* VAN DE). V. ACELERADOR.

GRABACIÓN f. Acción y efecto de grabar. ‖ Impresión de los sonidos en un soporte material que permite reproducirlos repetidamente. (Sinón. REGISTRO.)

— La *grabación mecánica* se efectúa casi exclusivamente para los discos fonográficos. Esencialmente consiste en utilizar la corriente procedente del micrófono o de un magnetófono para, merced a un electroimán o a una bobina, hacer vibrar una aguja cortadora. Ésta, aplicada sobre la superficie de un disco de materia plástica, se halla animada de un movimiento radial muy lento — de la periferia al centro del disco— que, combinado con el de rotación del mismo, le obliga a trazar en él un surco de forma espiral. Aparentemente dicha estría es uniforme, mas en realidad varía constantemente su profundidad o su anchura con arreglo a las modulaciones de la corriente microfónica. Inversamente, la aguja del tocadiscos, al seguir un surco es sometida a vibraciones que modulan una corriente, la cual, debidamente amplificada, provoca la reproducción de los sonidos en el altavoz. (V. DISCO y TOCADISCOS.)

El registro óptico se funda en la utilización de la corriente microfónica para modular un haz luminoso e impresionar con éste una banda de opacidad variable a lo largo del soporte, especialmente en el borde de las películas cinematográficas. Inversamente, al atravesar un haz de luz dicha banda, será modulado por las desigualdades de la opacidad de la película; la luz modulada, captada por una célula fotoeléctrica engendrará una débil corriente que, una vez amplificada, corresponderá a la del micrófono original y permitirá reproducir los sonidos en los altavoces. (V. CINEMATÓGRAFO.)

Por último, la *grabación magnética* consiste en emplear la corriente microfónica para excitar un electroimán frente al cual se desliza una cinta que contiene substancias ferromagnéticas. Así, la cinta queda diversamente imantada en función de las modulaciones de la corriente e, inversamente, al pasar la cinta grabada ante un electroimán, engendrará en él tensiones eléctricas iguales a las del electroimán grabador y, previa amplificación, las mismas producirán vibraciones en los altavoces. (V. MAGNETÓFONO.)

GRABADO m. Arte de grabar. ‖ Plancha en relieve para la impresión de imágenes fotográficas o de dibujos. ‖ Estampa que se obtiene con la misma. ‖ *Grabado directo, de medias tintas, de pluma, de trazo,* V. FOTOGRABADO. ‖ *Grabado a sangre,* V. SANGRE.

— Las planchas destinadas a la reproducción de dibujos o fotografías pueden ser grabadas en la madera, generalmente de boj (v. XILOGRAFÍA),

grabación magnética de imágenes de televisión

en piedras litográficas (v. LITOGRAFIÁ) o en chapas metálicas. En el último caso pueden practicarse técnicas diferentes según la importancia de las tiradas que se han de efectuar y la calidad artística de las estampas. Para tirar un número elevado de reproducciones, se recurre al fotograbado* y a las máquinas de grabar*, mientras que para obtener un número reducido de estampas de calidad se emplean planchas grabadas con buril por la propia mano del artista. El metal empleado puede ser el cinc, el latón y el estaño, pero en general se usa el cobre rojo y, en grado menor, el acero (a veces ablandado por recocido y sometido al temple una vez grabado).

Existen dos modos de grabar el metal: el primero consiste en tallarlo directamente a mano con punzones y buriles: en el segundo, el metal se cubre con cera (cerografía) o con un barniz resistente a la acción de los ácidos y el grabador dibuja en el mismo de forma que en cada trazo deja el metal al descubierto. Así, al tratar la plancha con un mordiente (ácidos nítrico o clorhídrico para el acero; cloruro férrico o mezcla de ácido clorhídrico y agua oxigenada, para el cobre, etc.), éste dejará intactas las superficies barnizadas y corroerá el metal descubierto; la plancha, una vez suprimido el barniz, presentará el dibujo *grabado en hueco* (v. AGUAFUERTE y HELIOGRABADO). Para imitar los dibujos hechos con lápiz se recurre al grabado de puntos o punteado y al grabado de barniz blando. En el primero, los punzones y buriles son reemplazados por una ruedecilla de dientes agudos, que traza en el barniz líneas punteadas; en el segundo, se usa un barniz blando a base de sebo y se aplica sobre el mismo un papel finamente granulado en el cual traza el artista su dibujo con un lápiz duro (así el sebo adhiere al papel irregularmente, dada la granulosidad del mismo). En ambos casos las

grabado en madera y en cobre

Fot. Larousse, O. R. T. F.

estampas obtenidas con estas láminas dan la impresión de dibujos hechos directamente con lápiz. Citemos también el *grabado en negro* o al *humo* que consiste en rayar finamente la plancha en todos los sentidos con un instrumento provisto de múltiples dientes. Si se sacara una estampa con esta plancha se obtendría un fondo negro, pero suave; la segunda fase consiste en trazar el dibujo sobre dicho fondo ya eliminando las rebabas en ciertas partes, ya grabando surcos con el buril.

GRABADURA f. Grabación.

GRABAR v. Tallar o esculpir signos o dibujos en una materia dura ya manualmente, con buriles, punzones u otros instrumentos, ya mecánicamente o recurriendo a la acción corrosiva de substancias mordientes.

— *Art. gráf.* Ejecutar en hueco o en relieve las planchas o grabados que se han de reproducir por impresión. ‖ *Máquina de grabar,* la que labra automáticamente una plancha o grabado a partir de otra o de una fotografía o dibujo.

— Con el nombre de *máquinas de grabar* se designan a veces las cubas empleadas en fotograbado * para tratar con mordiente las planchas insoladas. Pero las verdaderas máquinas de grabar son las que suministran una plancha o clisé obtenido automáticamente por ellas sin que intervengan procesos fotoquímicos. Estas máquinas pueden funcionar según dos principios diferentes. En unos casos se trata de dispositivos semejantes a los de las máquinas de copiar utilizadas en metalurgia: un estilete apoya suavemente en cada punto del clisé ya existente y determina el hundimiento equivalente de una minúscula fresa en la plancha de metal que se ha de grabar. Ambas planchas —la que sirve de modelo y la que se está grabando— se mueven en absoluto sincronismo de modo que el relieve se reproduzca ordenadamente en el metal virgen, punto por punto de un lado a otro y de arriba abajo. La máquina puede reproducir los clisés al mismo tamaño, reducirlos o ampliarlos.
Las máquinas del segundo tipo se fundan en el uso de una célula fotoeléctrica y su principio puede ser comparado al del belinógrafo *: el documento que se ha de reproducir es arrollado en un cilindro que gira lentamente; sobre la imagen, y partiendo de uno de sus bordes, se proyecta un finísimo haz luminoso que es absorbido o más o menos reflejado por la imagen, según la intensidad de sus matices (en un detalle negro de la misma luz no será reflejada, mientras que en uno blanco lo será íntegramente); el rayo de luz reflejada hiere una célula fotoeléctrica y ésta suministra una corriente variable que regula la penetración de la fresa en la plancha de metal o de materia plástica.

— *Cin.* Impresionar la banda sonora de las películas. (V. CINEMATÓGRAFO.)

— *Radiot.* Efectuar la grabación * de un disco.

GRACIA f. *Art. gráf.* Elemento puramente decorativo que, en un carácter de imprenta, se agrega al asta o elemento necesario.

GRADA f. *Agr.* Rastrillo en forma de parrillas grandes que sirve para allanar el suelo labrado. ‖ *Grada de discos,* la que en vez de púas, utiliza discos para desmoronar los terrones y alisar la tierra.

— *Arq.* Peldaño. ‖ Asiento a modo de escalón corrido y conjunto de escalones semejantes, cuales existen en los estadios, plazas de toros, etc. ‖ Escalinata por la cual se accede al pórtico de los edificios monumentales. ‖ *Amer.* Escalera.

— *Mar.* Plano inclinado en el cual se construyen o reparan embarcaciones junto a la orilla.

— *Min.* Cada uno de los bancos en forma de escalones en los que se beneficia la piedra en las canteras o el mineral en las minas.

GRADACIÓN f. Paso que se efectúa de un estado físico (color, sonido, etc.) a otro diferente, gradual e insensiblemente, sin cambios bruscos.

— *Fot.* Relación existente entre la menor y la mayor intensidad luminosa capaces de impresionar fielmente una emulsión sensible. (V. SENSITOMETRÍA.)

GRADAR v. *Agr.* Allanar el suelo con grada.

GRADECILLA f. *Arq.* Collarino.

GRADERÍA f. *Arq.* Serie de gradas. ‖ Escalinata.

GRADIENTE m. Aumento o disminución de una

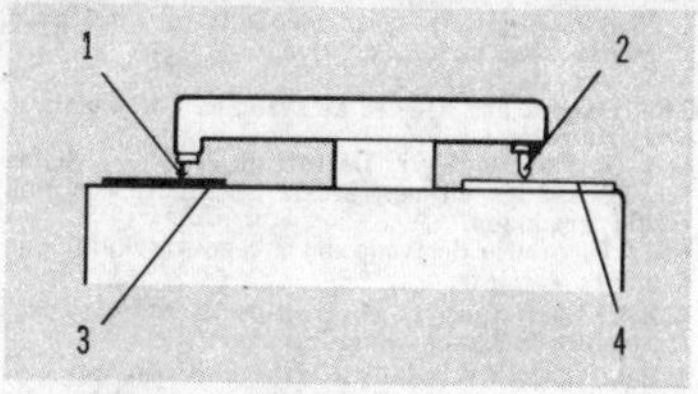

máquina de **grabar**
1. Fresa; 2. Estilete;
3. Clisé; 4. Original

magnitud física cuando se pasa de un punto a otro del espacio. Su símbolo es *grad.*

— *Electr. Gradiente de potencial,* variación del potencial eléctrico o magnético en la dirección seguida por el campo *.

— *F. c.* Pendiente de una vía expresada en milímetros de desnivelación por metro.

— *Meteor.* Variación de una magnitud meteorológica en función de la distancia. (El *gradiente* de la temperatura atmosférica se mide verticalmente en grados celsio por 100 m, mientras que el gradiente de la presión se mide horizontalmente y se expresa en milibares por grado geográfico [111 km o bien por 100 km].)

GRADILLA f. *Cerám.* Marco de madera utilizado como molde para hacer ladrillos*.

GRADO m. Cada una de las posiciones intermediarias que conducen de un estado a otro.

— *Fot. Grados de sensibilidad A. S. A., D. I. N., H y D, y Scheiner,* v. SENSITOMETRÍA.

— *Geogr. Grado de longitud, grado de latitud,* v. COORDENADA, LONGITUD y LATITUD.

— *Geol. Grado geotérmico,* v. GEOTÉRMICO.

— *Geom.* y *Mat.* Unidad de ángulo cuyo símbolo es º, equivalente a la 360.ª parte de la circunferencia : *el grado se divide en 60 minutos y éste en 60 segundos, circunstancia a la que debe el nombre de « grado sexagesimal », que también se le da.* ‖ *Grado centesimal* (así llamado porque entran 100 en un cuadrante), el que resulta al dividir la circunferencia en 400 partes iguales; tiene por símbolo *gr* y por submúltiplos, el decigrado *(dgr),* el centigrado *(cgr)* y el miligrado *(mgr).* ‖ *Grado de una ecuación, función* o *curva,* el mayor de los exponentes de la incógnita y, si tiene varias, suma de todos los exponentes de aquel término en el cual dicha suma sea mayor.

— *Mec. Grado de libertad,* cada una de las traslaciones o rotaciones que puede realizar un cuerpo a lo largo de los tres ejes de referencia del sistema de coordenadas: *un sólido libre tiene seis grados de libertad (3 traslaciones y 3 rotaciones).*

— *Metr.* Cada una de las divisiones de la escala de un instrumento de medida. ‖ *Grados centesimal* o *celsio, Fahrenheit, Kelvin* y *Reaumur,* v. TERMÓMETRO.

— *Quím.* Variancia. (V. FASE.) ‖ Unidad de medida de la concentración de una disolución: *grado alcohólico del vino.* ‖ *Grado Baumé,* v. AREÓMETRO.

GRADUACIÓN f. Acción y efecto de graduar. ‖ Conjunto de divisiones de una escala graduada.

— *Quím.* Proporción de alcohol que contiene una bebida. (Sinón. GRADO.)

GRADUADOR m. *Metr.* Instrumento para graduar o marcar las graduaciones de una escala.

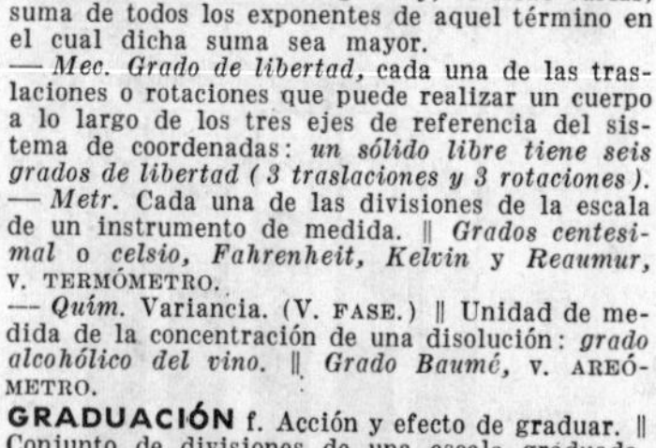

explotación por **gradas** *(min.)*

grada *(agr.)*

Fot. R. Schell

— *Quím.* Areómetro para medir la proporción de sales disueltas en un líquido.
— *Telec.* Derivador.

GRADUAL adj. Que va de grado en grado o sigue una gradación.

GRADUAR v. *Metr.* Dividir en grados. ‖ Señalar los grados en una escala. ‖ Medir con una escala graduada.

GRAF, prefijo derivado del griego *graphein,* que significa *escribir.*

GRAFÍA f. *Radiot.* Abreviatura de *radiotelegrafía* empleada en telecomunicaciones.

GRÁFICO, CA adj. y s. Dícese de las descripciones efectuadas por medio de signos, dibujos o fotografías: *las artes gráficas abarcan el dibujo, la fotografía y el grabado; la composición tipográfica y la compaginación; la impresión y el plegado o la encuadernación de los pliegos.*

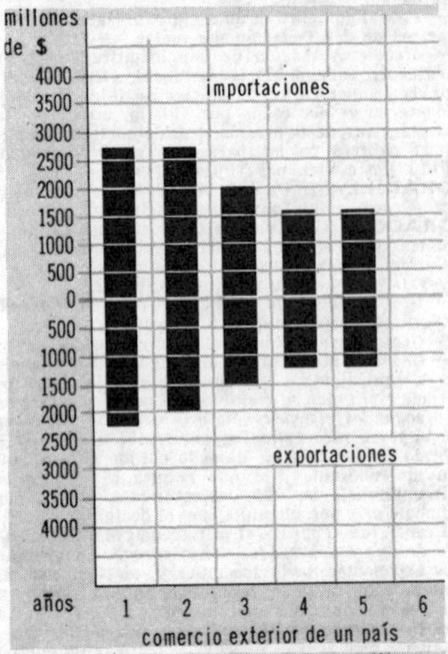

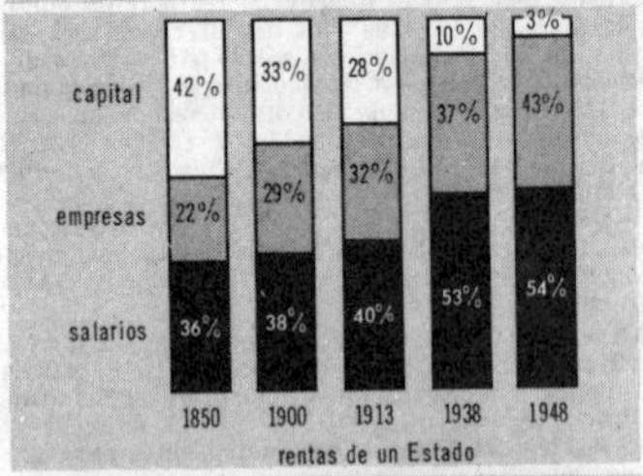

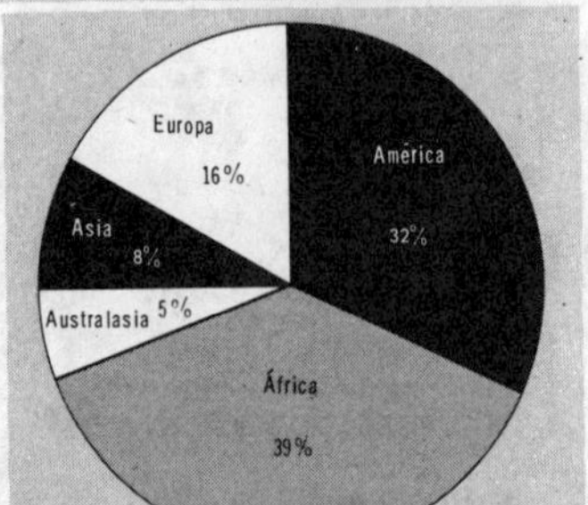

— *F. c. Gráfico de la circulación,* diagrama para regular el tráfico en una línea de ferrocarril.
— El *gráfico de la circulación* lleva marcados los kilómetros y el nombre de las estaciones en el eje de las ordenadas, mientras que las horas figuran en el de las abscisas. Cada tren es representado por una línea tanto menos inclinada cuanto mayor es su velocidad. La intersección de dos líneas indica el punto de la vía y la hora en que se produce el cruce efectivo de los respectivos trenes. Las paradas aparecen en forma de tramos horizontales de las referidas líneas.
— *Geom.* M. Representación de datos estadísticos en forma de curvas o de otros dibujos en los cuales las magnitudes son figuradas por listas, círculos, polígonos, figuras humanas, de animales o cosas, etcétera, en número o en dimensiones proporcionales a las mismas. (V. *figura.*)
— *Mat. Cálculo gráfico,* nomografía.

GRÁFILA f. *Metal.* Orlita estriada de las monedas.

GRAFILADO m. *Arq.* Motivo ornamental de una superficie constituido por la yuxtaposición de medias cañas o junquillos.

GRÁFILO m. *Metal.* Gráfila.

GRAFÍMETRO m. *Art. gráf.* Instrumento en forma de reloj que se hace rodar sobre las líneas de las pruebas de imprenta e indica en cíceros y en puntos la distancia recorrida.

GRAFITAR v. Convertir en grafito. ‖ Agregar grafito a una materia o untar una superficie con él: *grafitar una grasa.*

GRAFÍTICO, CA adj. Relativo al grafito.
— *Electr.* Dícese de la escobilla * eléctrica hecha de grafito natural (plombagina).

GRAFITITA f. y **GRAFITITO** m. *Miner.* Variedad de grafito cuyas propiedades químicas difieren de las del grafito ordinario.

GRAFITIZACIÓN f. Conversión del carbono amorfo en grafito propio para fabricar electrodos.
— *Metal.* Tratamiento térmico consistente en recocidos prolongados y graduales de la fundición, cuyo carbono precipita así en forma de nódulos de grafito.

GRAFITO m. *Miner.* Carbono mineral casi puro, cristalizado en forma de escamas hexagonales.
— El *grafito* es una de las dos formas cristalinas que pueda adoptar el carbono *, siendo la otra el diamante*. Es un sólido de color gris obscuro, casi negro, y de brillo metálico; es blando, untuoso y ligero (densidad = 2,2). Se extrae directamente del subsuelo, y también se fabrica calcinando coque en el horno eléctrico. Presentan especial interés sus característias siguientes: estabilidad a las temperaturas elevadas, muy buena conductibilidad eléctrica y térmica, resistencia a la corrosión, escasa absorción de neutrones. De ahí el uso que se hace del grafito en las siguientes aplicaciones: crisoles (mezclado con arcilla), electrodos de lámparas de arco y escobillas de electromotores, moderadores de los reactores nucleares, cuellos de toberas para cohetes, etc. Al estado de polvo (plombagina), se emplea para minas de lápices y para espolvorear los objetos no conductores en galvanoplastia *; también constituye un lubricante eficaz, ya en seco, ya en suspensión en

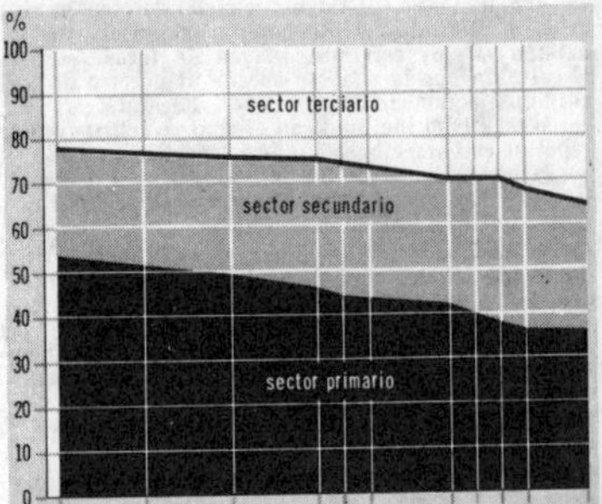

gráficos *(de arriba abajo y de izq. a der.)* : de columnas dobles, de barras, circular y de banderola

el aceite, y entra en la composición de ciertas pinturas antioxidantes.

GRAFITOSO, SA adj. Que contiene grafito.

GRAFOMECÁNICO, CA adj. *Mat.* Dícese de los métodos en los cuales se combina el trazado de gráficos con el uso de intégrafos*, planímetros* u otros dispositivos mecánicos.

GRAFÓMETRO m. *Topogr.* Instrumento empleado para medir ángulos en el levantamiento de planos.

— El *grafómetro* consta de dos pínulas, una fija que sirve de referencia y la otra móvil (alidada) que, al visar el objeto, corre sobre un semicírculo graduado (limbo) e indica el valor del ángulo formado por las dos visuales.

GRAFOSCOPIO m. *Ópt.* Lupa de grandes dimensiones, propia para examinar escritos.

GRAFOTIPIA f. *Art. gráf.* Composición * mecánica.

GRAFOTIPO m. *Art. gráf.* Máquina de componer *.

GRAHAM *(Ley de)*, ley según la cual la velocidad de difusión de un gas a través de una membrana o pared permeable y a presión y temperatura dadas, es inversamente proporcional a la raíz cuadrada de su densidad.

GRAMAJE m. *Art. gráf.* y *Papel.* Criterio para apreciar el cuerpo de un papel, que es el peso en gramos del mismo por metro cuadrado.

GRAMBO m. *Amer.* Cárcel.

GRAMENITA f. *Miner.* Silicato hidratado de hierro.

GRAMIL m. *Carp.* y *Metal.* Instrumento para trazar líneas paralelas a uno de los bordes de una pieza.

— El *gramil de carpintero* consiste en una tablilla provista de un taladro por el cual se desliza a presión, y perpendicularmente a la misma, un listoncillo que lleva una púa. Después de haber regulado la distancia entre la púa y la tablilla, se aplica ésta contra el canto de la pieza y se corre a lo largo del mismo.

Los gramiles utilizados en metalurgia se hallan generalmente constituidos por un zócalo de fundición y un punzón de acero cuya altura puede ser regulada. Sobre una bancada perfectamente plana se hace correr el gramil junto a la pieza, de modo que su punzón grabe en ella una línea paralela a la superficie de la masa.

GRAMO m. *Metr.* Unidad principal de masa del sistema C. G. S.: *el gramo masa o gramo, cuyo símbolo es g, es equivalente a la masa de un centímetro cúbico de agua destilada a su máxima densidad, o sea a la temperatura de 4º.* ‖ *Gramo fuerza,* unidad de fuerza equivalente al peso de un cuerpo cuya masa es de un gramo.

— Con frecuencia se confunden las dos nociones de *gramo masa* y *gramo fuerza.* El primero define una masa invariable, mientras que la magnitud del segundo depende del valor local de la aceleración* de la gravedad *g*, y es teóricamente igual a 978 dinas en el ecuador, 983,3 dinas en los polos.

GRAMÓFONO m. *Acúst.* Aparato que reproduce mecánicamente los sonidos grabados en discos. (Sinón. FONÓGRAFO.)

— El *gramófono* consta de un mecanismo de resorte que hace girar el plato portadisco a la velocidad de 78 rpm, y de un dispositivo reproductor o lector de los sonidos. Éste se compone de un brazo tubular, articulado por su base en la caja o bastidor del gramófono y apoyado por el otro extremo en el disco merced a una aguja cuya punta penetra en el surco del mismo. Las modulaciones del surco hacen vibrar a la aguja y ésta comunica sus vibraciones a un diafragma que las amplifica y las transmite al aire en el interior del tubo, a lo largo del cual y en razón de su forma cónica, siguen amplificándose hasta llegar a una cavidad resonante.

Los gramófonos han sido rápidamente reemplazados por aparatos más perfeccionados provistos de arrastre del disco * y de sistema de lectura y de amplificación eléctricos (v. TOCADISCOS). Al mismo tiempo se multiplican los magnetófonos *, fundados en un principio muy diferente.

GRAMÓMETRO m. *Art. gráf.* Nombre de distintos instrumentos que sirven para distribuir y arreglar los caracteres en las líneas durante la composición, y también para que el dibujante de letras pueda efectuar igual distribución al trazarlas.

GRAMPA f. *Art. y of.* Grapa.

GRAMPÍN m. *Mar.* Instrumento a modo de rezón pequeño que se pone al extremo de un cabo para echar una amarra de un barco y aferrarla en otro, así como para enganchar cables o redes perdidos en el fondo, etc. ‖ *Amer.* Avío de pesca formado por tres o cuatro anzuelos iguales soldados por la caña.

GRANA f. *Bot., Color.* y *Zool.* Cochinilla. ‖ Quermes. ‖ Agalla producida por el quermes. ‖ Planta fitolacácea americana *(Phytolacca decandra)* cuyas bayas contienen un zumo rojo que se emplea para colorar vinos.

GRANADA f. *Arm.* Proyectil ligero, usado por la infantería, que se tira a mano o con fusil. ‖ *Granada submarina,* la de grandes dimensiones y mayor fuerza explosiva que se lanza desde los barcos y que explota a la profundidad para la cual ha sido previamente regulada.

— La *figura* ilustra los tres tipos principales de granadas. Las *granadas de mano* tienen un mecanismo de seguro y se arman tirando de una anilla, aunque manteniendo sujeta la palanca del cebador hasta que se haya arrojado el proyectil. Para evitar la explosión intempestiva, se prefiere emplear otros modelos que se adaptan al cañón del fusil y son lanzados por la expansión de los gases de un cartucho especial disparado en el mismo. Estas granadas, según su estructura y la índole de la carga, pueden ser *incendiarias, rompedoras, fumígenas, antitanque, antipersonal* (de metralla), etc. Las *granadas submarinas* se hallan provistas de un dispositivo hidrostático que, regulado para determinada presión del agua, permite hacerlas estallar a la profundidad supuesta del submarino enemigo. Otros modelos tienen un dispositivo magnético merced al cual son atraídas por el casco del submarino, que provoca así la explosión de la carga.

GRANADILLO m. *Bot.* y *Carp.* Nombre de dos árboles americanos *(Brya ebenus* y *B. buxifolia)* cuya madera muy dura y compacta, de color entre amarillo y rojo, se usa en ebanistería y también es apreciada para fabricar instrumentos de música. (Sinón. COCOBOLO.)

GRANADINA f. *Text.* Hilo de seda que se obtiene torciendo conjuntamente dos hilos de 4 a 6 cabos cada uno. ‖ Tela de seda muy fina, de ligamento tafetán, tejida con dicho hilo y teñida de negro, que suele emplearse para vestidos y velos de luto.

GRANADOR m. *Expl.* Graneador.

GRANAJE m. *Expl.* Acción de granear.

GRANALLA f. Metal reducido a granos menudos, generalmente dejándolo caer fundido, en forma de gotas, en una tina de agua.

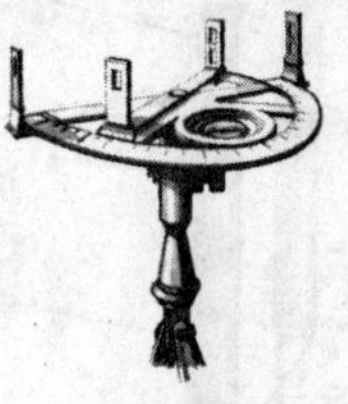

grafómetro

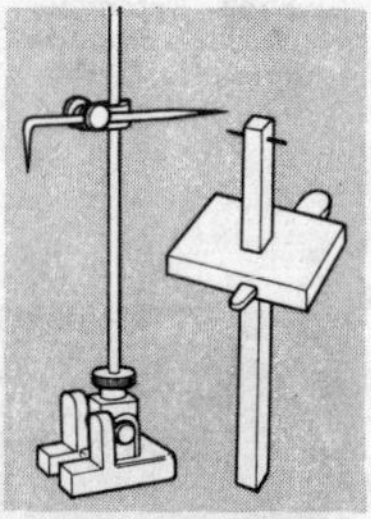

gramiles de mecánico y de carpintero

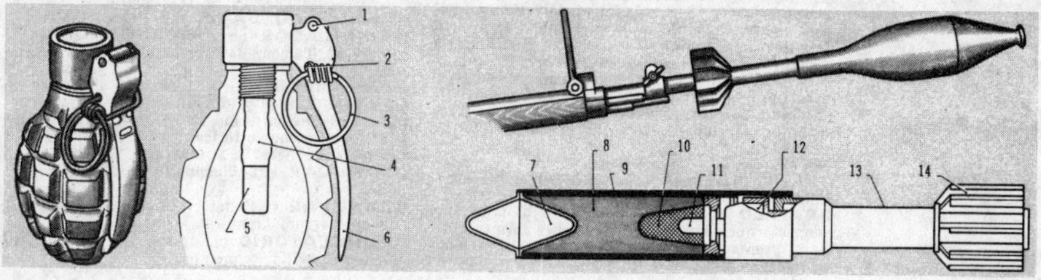

granadas de mano y de fusil
1. Articulación; 2. Seguro; 3. Tirador; 4. Cebador; 5. Detonador; 6. Palanca disparadora; 7. Carga hueca; 8. Explosivo; 9. Cuerpo; 10. Cebador; 11. Detonador; 12. Espoleta; 13. Estabilizador; 14. Aletas

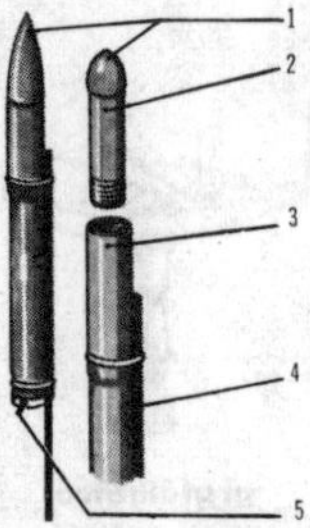

cohete contra el granizo
1. Ojiva; 2. Explosivo; 3. Detonador; 4. Varilla estabilizadora; 5. Mecha

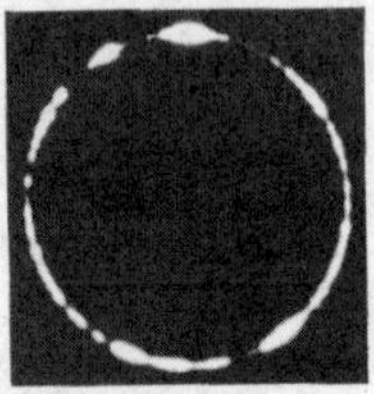

granos de Baily *(astr.)*

— Los perdigones son *granalla de plomo* seleccionada por tamaños. La *granalla de acero* sirve como abrasivo en las sondas rotativas de minería y en las canteras.

GRANAR v. *Expl.* Granear.

GRANATE m. *Joy.* y *Miner.* Nombre genérico de silicatos dobles de un metal trivalente (aluminio, hierro, cromo) y de otro bivalente (calcio, magnesio, hierro, manganeso).
— Muchos *granates* dan gemas apreciadas en joyería, especialmente de color rojo, aunque, a pesar de su nombre, también los hay de otros colores. Inversamente, el nombre de granate se da en joyería, por extensión, a gemas rojas que nada tienen que ver con los granates verdaderos. Los granates más comunes o valiosos son los siguientes: el *piropo* *, la *almandina* * y la *espesartina* *, que son rojos; la *grosularia* * y la *urvarovita* *, verdes; la *melanita* *, negra, etc.

GRANATITA f. *Miner.* Roca metamórfica compuesta principalmente de granate.

GRANCILLA f. *Min.* Calidad comercial de carbón lavado y clasificado en trozos de 12 a 15 mm.

GRANDOR m. *Astr.* Magnitud.

GRANEADO, DA adj. y s. Reducido a gramos. ‖ — M. Acción y efecto de granear.

GRANEADOR m. *Art. gráf.* Instrumento de acero, provisto de muchos dientes, usado por los grabadores para granear las planchas que se han de grabar en negro. (V. GRABADO.)
— *Expl.* Criba para refinar los granos de pólvora *.

GRANEAR v. Reducir una materia a granos. ‖ Conferir cierta rugosidad a una superficie muy lisa sacándole grano para facilitar una operación ulterior.
— *Art. gráf.* En el grabado * en negro, primera operación consistente en rayar toda la superficie de la plancha de cobre o en cubrirla de puntos con el graneador *. ‖ Dar cierta asperidad a las piedras litográficas, frotándolas unas contra otras antes de grabarlas, para facilitar la adherencia del lápiz y de la tinta.
— *Curt.* Chagrinar.

GRANELAR v. *Curt.* Granear las pieles.

GRANEO m. Acción y efecto de granear.

GRANETE m. *Art. gráf.* Especie de punzón que sirve para granear las planchas.
— *Metal.* Punzón.

GRANÍFUGO, GA adj. Que evita la resolución de las nubes en granizo *. (Sinón. PARAGRANIZO.)

GRANILLA f. *Text.* Granulosidad fina que tiene el paño por el revés.

GRANITAR v. *Pint.* Decorar o pintar una superficie a imitación del granito.

GRANÍTICO, CA adj. *Geol.* y *Miner.* Relativo o perteneciente al granito. ‖ Dícese de la estructura granulosa en la cual el cuarzo carece de formas propias y adopta la de los huecos que median entre los granos de otros minerales.

GRANITIZACIÓN f. *Geol.* Transformación de las rocas en granito por efecto de las fuerzas internas del Globo.

GRANITO m. Roca endógena que es una mezcla granulosa de cuarzo y feldespato con un mineral pesado.
— *Constr. Granito artificial,* acabado que se obtiene agregando al hormigón granito, mármol u otras piedras finamente machacadas y pulimentando su superficie.
— *Geol.* El granito es la roca eruptiva más común, ya que ocupa de 5 a 10 % de la superficie de los continentes. Es una roca ligera (densidad de 2,5 a 2,8), de color generalmente gris o rosado, que contiene entre dos tercios y tres cuartas partes de sílice. Según la índole del mineral pesado que contiene, se le da el nombre de *granito de piroxeno, granito de mica* (también llamado *granulita*), *granito anfibólico, porfiroide, gnéisico,* etc. El granito se usa como piedra de construcción, para adoquines y bordillos, así como para esculpir estatuas y monumentos funerarios, pues, perfectamente labrado y pulido, puede compararse con el mármol.
— *Text.* Grano.

GRANITOIDEO, A adj. *Geol.* Semejante o parecido al granito.

GRANIZO m. *Meteor.* Cristal de hielo duro y compacto que se forma en las nubes tormentosas.
— El *granizo* puede adoptar formas muy variadas y alcanzar un diámetro de hasta 8 cm con un peso de un kilogramo, pero generalmente no pasa su tamaño de los dos centímetros. Se forma en los nubarrones obscuros de tormenta (cumulonimbos) en el seno de los cuales existen violentas corrientes ascendentes que, mientras los cristales no alcanzan un peso suficiente para resistir a su empuje, los arrastran hacia arriba cada vez que llegan a la base de la nube, hasta que finalmente se precipitan al suelo.
El análisis muestra que el granizo se halla constituido algo así como una cebolla, con capas de hielo que a veces son alternativamente transparentes (por congelación lenta de vapor de agua en una zona fría de la nube) y blancas (debidas a la congelación rápida, con inclusión de aire, de gotas en estado de sobrefusión).
Dados los estragos que provocan las granizadas, se procura evitar la formación de granizos en las nubes tormentosas. Con dicho fin se usan cohetes y cañones granífugos, merced a los cuales se provocan explosiones en el seno de las nubes, creándose así una perturbación que resuelve su humedad en forma de lluvia.

GRANO m. Porción menuda de un cuerpo, generalmente redondeada: *grano de arena.* ‖ Conjunto de masas pequeñas que, apretadas entre sí, constituyen los cuerpos sólidos y pueden verse en la superficie de los que no han sido pulimentados mecánicamente o por el uso. ‖ Textura de un cuerpo. ‖ Conjunto de las pequeñas asperidades que presenta una superficie ligeramente rugosa.
— *Art. gráf.* Ligera asperidad de las placas de offset * que se obtiene mediante graneado y facilita la mojadura de las mismas por el agua. ‖ Grado de asperidad que se requiere de una piedra litográfica para que muerda en ella el lápiz y para facilitar la adherencia de la tinta.
— *Astr. Granos de arroz,* v. FOTOSFERA. ‖ *Granos de Baily,* sucesión de manchas luminosas visibles durante los eclipses totales de Sol en torno el disco obscuro de la Luna y debidas a la interrupción del anillo luminoso por las montañas que dan un perfil irregular al globo de la Luna.
— *Curt.* Flor *. ‖ Rugosidad propia de la flor de cada piel: *imitar el grano del chagrén.*
— *Expl.* Cada uno de los pequeños fragmentos a que se reduce la masa de pólvora por graneado.
— *Fot.* Cada una de las manchitas negras o grises, constituidas por una acumulación de partículas de plata reducida, cuyo conjunto forma la imagen fotográfica: *el revelado lento permite obtener clisés de grano fino.*
— *Joy.* Oro o plata obtenidos por copelación.
— *Tecn.* Cifra característica de la finura de un abrasivo.
— El *grano de un abrasivo* es el número de mallas por pulgada lineal (25,4 mm) de la criba que deja pasar sus granos, a condición que éstos no puedan atravesar las mallas de la criba inmediatamente más tupida. Así, cuanto menor es el tamaño de las partículas, mayor es el número que las designa. Para calcular aproximadamente el diámetro de un grano en milímetros, se divide 25,4 por su número. Así, los granos del n.º 24 miden aproximadamente 1 mm.
— *Text.* Relieve que resulta en un tejido de la superposición de los hilos que se cruzan. ‖ Ligamento que permite obtener granos muy aparentes y que consiste en hacer pasar varias veces la trama por el mismo lado de un grupo de varios hilos de urdimbre, y a continuación éstos sobre aquellos.

GRANOSO, SA adj. Dícese de lo que tiene granos en su superficie: *la lija es granosa.*

GRANULACIÓN f. Acción de reducir una masa a granos. (V. GRANULADOR.)
— *Metal.* Fabricación de la granalla.

GRANULADO, DA adj. y s. Granuloso.

GRANULADOR m. y **GRANULADORA** f. *Ind. alim.* Tambor para secar el azúcar cristalizado.
— *Tecn.* Máquina que se carga con una masa de polvo humidificado y, distribuyéndolo por las perforaciones de un tambor, permite transformar aquélla en granos esféricos. ‖ Machacadora para reducir el mineral a granos más o menos finos.

GRANULAR adj. Compuesto de granos o gránulos.

GRANULAR v. Reducir una masa a granos. ‖ Dar una textura granulosa a una superficie.

GRANULATORIO m. *Metal.* Instalación para fabricar granalla de metales.

GRANULINA f. *Miner.* Variedad de ópalo.
GRANULITA f. y **GRANULITO** m. *Miner.* Variedad de granito que contiene mica blanca.
GRÁNULO m. Grano pequeño de cualquier materia.
— *Quím.* Cada una de las partículas microscópicas de materia sólida dispersadas en el líquido de una suspensión *: *los gránulos miden como máximo una milésima de milímetro.*
— *Radiot.* Cada una de las minúsculas gotitas de substancia fluorescente que revisten la pantalla de un televisor, radar, oscilógrafo, etc.
GRANULOMETRÍA f. Medición de la proporción de granos de cada tamaño que contiene una mezcla.
— Esencialmente la *granulometría* se funda en separar los granos por tamaños, haciendo pasar la mezcla sucesivamente por una serie de cribas de mallas cada vez más pequeñas.
Se aplica en la fabricación de ciertas materias para clasificar los granos en diferentes grosores comerciales. En el ramo de la construcción tiene por objeto analizar las arenas y gravas para buscar aquella que dejará entre sus granos el menor hueco posible para el cemento o la cal. Por último, la granulometría representa también importante papel en agronomía y pedología, para el estudio de los suelos.
GRANULOMÉTRICO, CA adj. Relativo a la granulometría: *composición granulométrica.*
GRANULOSO, SA adj. Compuesto de granos pequeños. ‖ De superficie granosa.
GRANZA f. Impureza que queda en un cedazo después de cribar grano u otras materias.
— *Constr.* Residuos que deja el yeso cernido. ‖ *Amer.* Hormigón.
— *Ind.* Materias térreas que deja el combustible en las parrillas de los hogares.
— *Metal.* Escorias de los metales.
— *Text.* Otro nombre de la *rubia* *, planta tintórea.
GRANZÓN m. *Amer.* Arena gruesa.
— *Min.* Trozo de mineral que no pasa por la criba.
GRAPA f. *Art. gráf.* Alambre para coser que tiene forma de U y cuyos dos extremos se doblan después de haber atravesado todos los pliegos, para mantenerlos sujetos.
— *Carp.* y *Constr.* Herraje que se clava o encastra por un extremo en la mampostería y se atornilla por el otro en los marcos de puertas y ventanas para afianzarlos en ella. ‖ Clavo grande en forma de U, cuyos dos extremos aguzados y paralelos se clavan en dos maderos a la vez para empalmarlos o mantenerlos unidos. ‖ *Grapa ondulada,* fleje ondulado, dentado por uno de sus bordes, que una máquina de engrapillar corta a la longitud deseada y clava en las tablas en la fabricación mecánica de embalajes.
— *Ind. alim. Amer.* Aguardiente de orujo.
GRAPÓN m. *Carp.* Grapa o escarpia que se clava en el marco de una puerta o ventana para que enganche en ella la falleba.
GRASA f. Substancia untuosa, de origen animal o vegetal, menos densa que el agua, sólida, constituida por una mezcla de glicéridos. ‖ Por ext., nombre genérico de todos los cuerpos grasos, tanto los sólidos como los líquidos (v. más abajo *Quím.*).
— *Mec.* Compuesto pastoso usado corrientemente para lubricar cojinetes de bolas, engranajes, órganos mecánicos de grandes dimensiones o expuestos a la intemperie, etc., consistente en una mezcla de hidrocarburos y de jabón de calcio (temperatura de fusión próxima a 100°), de sodio (150°), de potasio, aluminio, litio, etc. ‖ *Grasa consistente,* mezcla de hidrocarburos pastosos y de ácido oleico usada como lubricante. ‖ *Caja de grasa,* v. CAJA.
— *Metal.* Granza, escorias.
— *Quím.* Las *grasas* o *cuerpos grasos* son exclusivamente de origen animal o vegetal y las materias designadas con el nombre de *grasas minerales* —cuales se usan como lubricantes— no son químicamente grasas verdaderas, sino mezclas de hidrocarburos. Las grasas son muy fusibles, poco olorosas e insípidas; dejan en el papel que las absorbe manchas transparentes, son insolubles en el agua, poco solubles en el alcohol y solubles en el éter, la bencina, el tetracloruro de carbono, etc.
Se da el nombre de *aceites* * a las substancias untuosas que permanecen líquidas a las temperaturas ordinarias; de *grasas, mantecas* y *sebos,* a las que funden entre 20 y 50°, mientras que las *ceras* funden por encima de 60°. Esencialmente, y a excepción de la lanolina * y de muchas ceras, las materias grasas consisten en glicéridos * ya sólidos (estearina, palmitina, etc.), que predominan en las grasas, ya líquidos (oleína, linoleína, etc.) propios de los aceites. El agua y los ácidos tienen la propiedad de transformar los cuerpos grasos en glicerina y ácidos grasos. Si se emplea con dicho fin agua mezclada con un álcali, el ácido graso da jabón * y la operación se llama saponificación. Las materias grasas expuestas al aire enrancian por oxidación e hidrólisis conjugadas.
GRASERO m. *Metal.* Escorial donde se echan o amontonan las grasas o escorias y demás desechos del metal fundido.
GRASO, SA adj. De la naturaleza de la grasa *. ‖ Untado o manchado con grasa. ‖ Que tiene la viscosidad o la consistencia untuosa de la grasa.
— *Agr. Tierra grasa,* tierra arcillosa o muy compacta.
— *Cerám. Arcilla grasa,* v. ARCILLA.
— *Constr. Cal grasa,* v. CAL.
— *Min. Hulla grasa,* v. HULLA.
— *Quím. Ácido graso,* v. ÁCIDO. ‖ *Cuerpos grasos,* las grasas, aceites, sebos y ceras. (V. GRASA.) ‖ *Serie grasa,* grupo de cuerpos de cadena abierta al cual pertenecen los cuerpos grasos y que también se llama *serie * acíclica.*
GRATA f. *Art. y of.* Escobilla constituida por un haz de alambres, que sirve para raspar y bruñir. ‖ Cepillo hecho con cerdas cortas de acero, propio para limpiar limas, descapar metales y otros usos.
GRATAGUJA f. *Art. y of.* Grata de relojero.
GRATAR v. *Joy.* Limpiar o bruñir con la grata.
GRATEL m. *Mar.* Trenza de cáñamo hecha a mano.
GRÁTIL o **GRATIL** m. *Mar.* Orilla por donde una vela se sujeta a la verga. ‖ Parte de la verga que lleva amarrada la vela.
GRATOR m. *Art. y of.* Raspador * de estañero.
GRAUVACA f. *Miner.* Pudinga o gres que se han vuelto cavernosos al descalcificarse.
GRAVA f. *Constr.* Piedra machacada que se usa para carreteras y pavimentos.
— *Geol.* Guijas o fragmentos menudos de rocas detríticas.
GRAVE adj. y s. *Fís.* Que pesa: *aplicar una ley al caso de los graves.*
GRAVEAR v. *Fís.* Gravitar, descansar un cuerpo sobre otro.
GRAVEDAD f. Calidad de grave.
— *Acúst.* Carácter de los sonidos musicales bajos.
— *F. c. Clasificación por gravedad,* v. ALBARDILLA.
— *Fís.* y *Geof.* Fuerza de atracción * que ejerce la masa del globo terrestre y que tiende a acercar los cuerpos a su centro. ‖ Pesantez de los cuerpos que resulta de la combinación de la fuerza de gravedad y de la fuerza centrífuga. (V. PESO.) ‖ *Aceleración de la gravedad,* v. ACELERACIÓN.
— *Mec. Centro de gravedad,* punto de aplicación de la resultante de las fuerzas gravitatorias que actúan sobre cada una de las partículas de un cuerpo.
— El peso de un cuerpo resulta de la suma de las fuerzas de atracción que obran en cada uno de sus puntos materiales. Si el cuerpo es homogéneo y simétrico, la resultante de todas las fuerzas gravitatorias tiene su punto de aplicación en el centro geométrico (v. FUERZA); si el cuerpo admite solamente un plano o un eje de simetría, el *centro de gravedad* se halla en los mismos; si el cuerpo carece de simetría, el centro de gravedad es el punto en el cual toda la masa del mismo se halla en equilibrio: bastará con suspender el cuerpo sucesivamente por varios puntos con un hilo y trazar cada vez la vertical que pasa por cada uno de ellos, para hallar el centro de gravedad en la intersección de todas las líneas. Desde el punto de vista mecánico puede considerarse que toda la masa del cuerpo se halla concentrada en el centro de gravedad y los cambios de posición del cuerpo no afectan en absoluto la posición de dicho centro. Citemos como ejemplo el sistema Tierra-Luna, cuyo centro de gravedad se halla a unos 1 000 km de profundidad en el interior del globo terráqueo. Este centro es el que describe la órbita

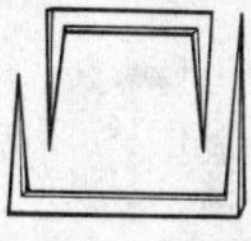
grapas *(carp.)*

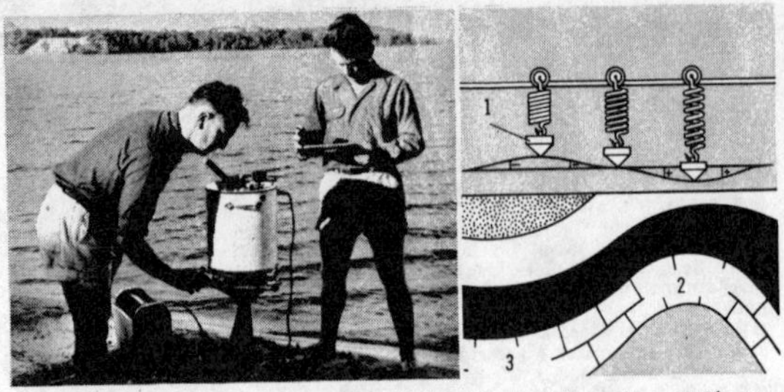

gravimetría
1. Pesa; 2. Anticlinal; 3. Sinclinal

alrededor del Sol, sea cual fuera la posición momentánea de la Luna (lateral, frontal, etc.) respecto a la trayectoria, y no el centro de la Tierra, como pudiera creerse (éste describe en el espacio una línea sinusoidal y pasa alternativamente de una a otra parte de la órbita).
— *Obr. públ. Presa de gravedad*, V. PRESA.
— *Tecn. Por gravedad*, dícese del principio aplicado en aquellos distribuidores y otros aparatos en los cuales los fluidos y otras materias circulan, se transportan o se separan por gravedad, utilizando su propio peso.

GRAVÍFICO, CA adj. *Fís.* Relativo al peso o a la densidad de un cuerpo.

GRAVILLA f. *Constr.* Grava menuda cuyas piedras miden de 5 a 25 mm.

GRAVIMETRÍA f. *Fís.* y *Geof.* Parte de la física que trata del estudio y medición de la gravedad *.
— *Min.* Método de prospección fundado en las irregularidades locales de la gravedad.
— Las masas minerales más o menos densas del subsuelo influyen sobre la intensidad de la gravedad registrada en la superficie. Consiguientemente, si se mide dicha intensidad con precisión (V. GRAVÍMETRO) en un gran número de puntos del terreno y se unen con líneas todos los puntos de igual gravedad, se obtiene una representación de la constitución del subsuelo lo bastante clara para determinar la probabilidad de que existan en el mismo masas de minerales de peso específico elevado (hierro), anticlinales susceptibles de contener petróleo, etc.
— *Min.* Procedimiento para separar la ganga del carbón o del mineral, fundado en su diferente grado de flotabilidad en el agua.
— *Quím.* Análisis químico cuantitativo que se hace pesando los distintos constituyentes.

GRAVÍMETRO m. Instrumento para medir la magnitud de la gravedad en la superficie del globo.
— Los *gravímetros estáticos* se fundan en el alargamiento de un resorte o en la torsión de un órgano elástico por el peso de una masa metálica. Según la fuerza con que ésta es atraída localmente por la fuerza de la gravedad, la distensión o la torsión, según el caso, es más o menos grande y las diferencias respectivas se traducen por el corrimiento de un indicador ante una escala. En los *gravímetros dinámicos* un péndulo fijado en una barrita elástica oscila a ambas partes de la misma y la magnitud de la fuerza de gravedad se desprende del número de oscilaciones por segundo. (V. GRAVIMETRÍA.)

GRAVISFERA f. Espacio alrededor de un astro, en el cual su atracción es preponderante sobre la que ejercen los astros próximos.

GRAVITACIÓN f. Fuerza en virtud de la cual todos los cuerpos se atraen recíprocamente en razón directa de su masa y en razón inversa del cuadrado de las distancias que median entre ellos. ‖ Movimiento de los cuerpos determinado por las leyes de la gravitación.
— La fuerza de atracción * entre dos masas m_1 y m_2 separadas por la distancia d se calcula, en dinas, con la fórmula siguiente:

$$F = k \frac{m_1 m_2}{d^2}$$

en la cual k es la *constante de la gravitación* igual a $6{,}67 \cdot 10^{-8}$ unidades C. G. S. *
A dicha fuerza se deben el peso de los cuerpos (V. GRAVEDAD y PESO), las mareas y otros fenómenos similares. También determina los movimientos de los cuerpos celestes y los de los ingenios espaciales lanzados por el hombre. (V. ASTRONÁUTICA y ÓRBITA.)

GRAVITACIONAL adj. Relativo o perteneciente a la gravitación: *constante gravitacional.*

GRAVITAR v. Moverse los cuerpos con arreglo a las leyes de la gravitación: *numerosos satélites artifciales gravitan alrededor de la Tierra.* ‖ Atraerse las masas de los cuerpos ya a distancia, ya al hallarse en contacto. ‖ Descansar, pesar un cuerpo sobre otro.

GRAVITÓN o **GRAVITRÓN** m. *Fís.* Partícula hipotética cuya existencia es admitida por ciertas teorías sobre la gravitación (así como el fotón es la partícula del campo electromagnético, el *gravitón* sería la del campo gravitacional).

GRAVIVOLÚMETRO m. *Metr.* Cuentagotas en forma de sifón que permite tomar un volumen rigurosamente determinado del líquido contenido por el frasco.

GRECA f. *Arq.* Adorno geométrico constituido por una faja en la cual una o varias líneas forman

sucesiones de ángulos rectos, cuyos lados siempre son verticales y horizontales.

GREDA f. *Cerám.* y *Geol.* Arcilla arenosa, cuyo color varía del amarillo al castaño, según la proporción de óxido de hierro que contiene, y que se usa para fabricar tejas y ladrillos.

GREENWICH, ciudad próxima de Londres en la cual existe un observatorio cuyo meridiano ha sido adoptado generalmente como origen de los husos horarios y para la cuenta de las longitudes. (V. HORA y LONGITUD.)

GREGE adj. y s. *Text. Seda grege*, galicismo por *seda * cruda.*

GREGORIANO, NA adj. *Astr. Calendario gregoriano*, V. CALENDARIO.

GRENETINA f. *Quím.* Gelatina.

GRES m. *Cerám. Gres cerámico*, pasta cerámica parcialmente vitrificada por la cocción y que, por ser impermeable, se usa para fabricar recipientes.
— El *gres cerámico ordinario* es de arcilla naturalmente vitrificable, mientras que el *gres fino* o *compuesto* es una mezcla de arcillas refractarias y de un fundente, que suele ser el feldespato. El barnizado de los artículos corrientes de gres suele efectuarse con sal común que, echada al horno, se volatiliza y forma en la superficie de la arcilla una capa de silicoaluminato alcalino vitrificado. El gres cerámico da objetos más duros e impermeables que los de la alfarería * (V. CERÁMICA). Los artículos de gres cerámico (que por cierto nada tienen que ver con la *arenisca*, también llamada *gres*), se usan en el hogar (vajilla, recipientes, objetos de adorno), así como en la construcción y otras industrias (caños, baldosines, etc.).
— *Geol.* Arenisca.

GRETEAR v. *Cerám. Amer.* Vidriar.

GRIEGO *(Alfabeto)*, alfabeto de los antiguos griegos, cuyas letras se emplean, conjuntamente con las de nuestro propio alfabeto, como siglas y símbolos en matemáticas, astronomía, física, química, etc. (V. ALFA, BETA, GAMMA, etc.)

GRIETA f. Hendedura, raja o abertura que s forma naturalmente en una materia: *los filone son el relleno de antiguas grietas del terreno.* Resquebrajadura superficial de los objetos, en forma de mallas poligonales, a veces limitada a l capa de esmalte, barniz, etc., como en las pinturas y cerámicas.
— *Carp.* Rajas superficiales de la madera, y existentes en los árboles que han soportado intens calor o sequía, ya producidas por un secado excesivamente rápido de los maderos.
— *Cerám.* Las *grietas del esmalte* se provoca artificialmente en ciertos casos para obtener efec tos artísticos. (V. GRIETEADO.)
— *Pint.* Las *grietas de los cuadros antiguos* s deben a las características físicas diferentes d soporte, la pintura y el barniz, que no reacciona igualmente ante las variaciones atmosféricas.
Como, en ciertos casos, las grietas permiten auter

Fot. Esso, X

tificar un cuadro o datarlo, los falsificadores las trazan artificialmente.

GRIETEADO, DA adj. y s. Agrietado, resquebrajado.
— *Cerám.* Dícese del objeto de barro que tiene muchas grietas en el esmalte. || Vidriado que permite obtener artificialmente el agrietado decorativo del esmalte en objetos de valor. || Conjunto formado por dichas grietas decorativas.
— Los procedimientos de *grieteado* consisten en emplear esmaltes que tengan un coeficiente de dilatación muy diferente del de la pasta. Un procedimiento simple consiste en cubrir la pieza ya decorada y caliente con vidrio, recociéndola a continuación, pero en China y el Japón se emplean mezclas complejas de esmaltes y a veces se mejora el efecto artístico de las grietas dándoles un barniz vistoso.

GRIETEAR v. Agrietar.
— *Cerám.* Efectuar el grieteado * artístico.

GRIFA f. *Metal.* Plantilla usada por los herreros para dar la forma debida al hierro candente. || *Grifa de acoplar,* barra provista de dos ganchos que sirve para sujetar el hierro que se labra.

GRIFO m. *Art. gráf. Grifo aspirador,* cada una de las boquillas del marcador * automático que aspiran el papel en la mesa y lo dan al cilindro.
— *Tecn.* Dispositivo que se monta en las cañerías para abrir o cerrar el paso a un líquido o gas o para regular su gasto. (Sinón. LLAVE.)
— La *figura* permite comprender el funcionamiento de los principales tipos de *grifos* o *llaves* (v. también VÁLVULA). Ateniéndose al uso que de ellos se hace, pueden distinguirse las siguientes clases: *grifo de aforo,* el que permite regular el gasto, o sea dar paso a determinado volumen de fluido por unidad de tiempo; *grifo de desagüe,* el que se monta en la parte más baja de una instalación y sirve para vaciarla con cualquier objeto (por ej., una instalación de calefacción central cuando deja de funcionar, el radiador de un automóvil para cambiar el agua, etc.); *grifo* o *llave de paso,* el que sirve para cortar el paso del líquido o gas entre dos tramos de una cañería; *grifo de purga,* el que se utiliza para purgar *. || *Grifo de tres vías,* el que, según la giración que se dé a la llave, puede dar paso al fluido por dos cañerías diferentes.

GRIFÓN m. Grifo grande, a veces artísticamente labrado, cual se usan en las fuentes públicas.

GRILLA f. *Amer.* Galicismo por *parrilla.*

GRILLAJE m. *Amer.* Galicismo por *enrejado.*

GRILLETE m. *Mar.* Cada uno de los tramos o ramales que componen una cadena, especialmente la del ancla: *la longitud común de los grilletes es de 26,25 m (15 brazas), reducida, para simplificar, a 25 m.* || *Grillete de unión,* eslabón en forma de U, con sus extremos unidos por un pasador que permite abrirlo para enlazar dos trozos de cadena o para afianzar el extremo de la cadena a la malla * del barco o al arganeo del ancla. || *Grillete giratorio,* el que consta de dos eslabones, uno de ellos provisto de un macho que gira en un taladro del otro, el cual se intercala en una cadena para evitar que ésta tome vueltas (por ej., al girar el buque sobre el ancla fondeada).

GRINNEL *(Sistema).* V. INCENDIO.

GRIP m. *F. c.* Pinza con que se afianza el soporte de una cabina de teleférico al cable que la ha de arrastrar.

GRISALLE f. *Text.* Nombre genérico de los tejidos que tienen los hilos de la trama negros y los de urdimbre blancos, o viceversa.

GRISAR v. *Joy.* Pulimentar el diamante.

GRISETA f. *Text.* Tela ligera, con florecillas u otros dibujos, para batas y vestidos.

GRISÓMETRO m. *Min.* Grisúmetro.

GRISÚ m. *Min.* Gas inflamable compuesto casi exclusivamente de metano, que se desprende en ciertas minas, especialmente en las de hulla.
— En las minas de carbón, el *grisú* se desprende con mayor abundancia al efectuar el arranque. No obstante, hay carbones que apenas lo desprenden, mientras que otros pueden contener hasta 100 m³ de gas por tonelada. El grisú es un gas más ligero que el aire y, mezclado con éste en proporción superior a 6 %, constituye una mezcla explosiva. De ahí la necesidad de velar por que la proporción de grisú no alcance en las ga-

FORMA	NOMBRE	FORMA	NOMBRE
Α α	*a* alfa	Ν ν	*n* ny
Β ϐ, β	*b* beta	Ξ ξ	*x* xi
Γ γ	*g* gamma	Ο ο	*o* ómicron
Δ δ	*d* delta	Π π	*p* pi
Ε ε	*e* épsilon	Ρ ρ	*r* rho
Ζ ζ	*ds* zeta	Σ σ, ς	*s* sigma
Η η	*e* eta	Τ τ	*t* tau
Θ θ	*th* theta	Υ υ	*y* ípsilon
Ι ι	*i* iota	Φ φ	*f* fi
Κ ϰ	*k* kappa	Χ χ	*j* ji
Λ λ	*l* lambda	Ψ ψ	*ps* psi
Μ μ	*m* my	Ω ω	*o* omega

alfabeto griego

lerías (mediante una ventilación eficaz de las mismas) el valor crítico, y, por otra parte, de evitar la producción de llamas y chispas (en los motores o accidentalmente). Lo primero requiere la multiplicación de los análisis con el grisúmetro *; lo segundo se obtiene protegiendo los motores y empleando lámparas * de seguridad. Los mineros usan ahora lámparas eléctricas. Pero ciertas lámparas de llama, especialmente la de Davy, conservan su interés como medio detector de grisú. (V. LÁMPARA.)

GRISUMETRÍA f. *Min.* Determinación de la proporción de grisú que contiene el aire en una mina.

GRISÚMETRO m. *Min.* Instrumento para medir instantáneamente la proporción de grisú que contiene el aire de una galería.
— Los *grisúmetros* modernos funcionan como sigue: en el aparato, un pequeño acumulador eléctrico pone candente un filo metálico en el interior de una cámara en la cual se ha inyectado aire de la mina, y la combustión del grisú, al contacto con el filamento, aumenta la temperatura de éste. Como la resistencia de un conductor varía con la temperatura, un galvanómetro puede indicar directamente la proporción de grisú merced a una escala apropiada.

GRISUSCOPIO m. *Min.* Instrumento para detectar la presencia de grisú. (V. LÁMPARA *de seguridad.*)

GRISUTOSO, SA adj. *Min.* Dícese de las minas de las cuales emana mucho grisú.

GRITO m. *Metal. Grito del estaño,* crujido característico que produce una chapa o barra de dicho metal al ser doblada y que se debe a la dislocación de la red cristalina del metal.

GRO m. *Text.* Nombre genérico de los tejidos de acanalado muy grueso y aparente.

GROERA f. *Mar.* Agujero hecho en un tablón

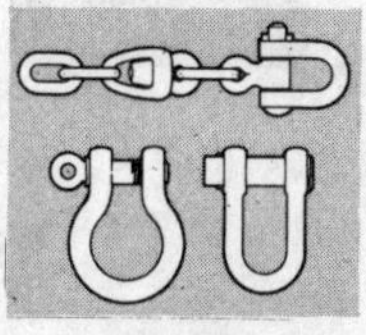

grilletes

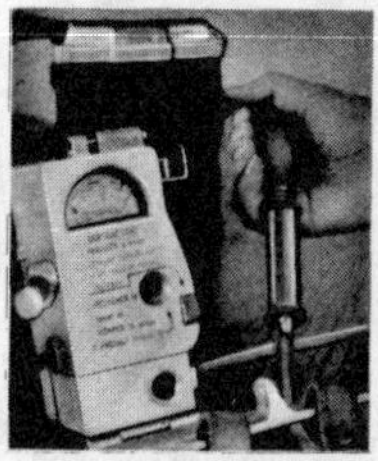

grisúmetro

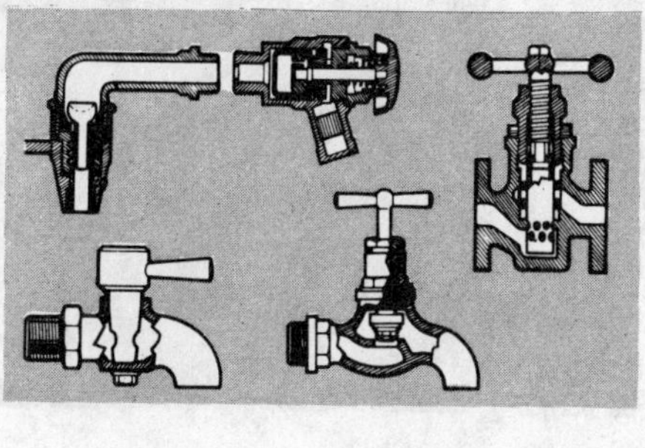

grifos

Fot. Bouvry

grúas:
1. Para la construcción de edificios; 2. Giratoria de 150 t; 3. De aguilones.

del barco para dar paso a un cabo, la caña del timón, etc.

GROSULARIA f. *Miner.* Silicato de aluminio y calcio, perteneciente al grupo de los granates.

GROTESCO, CA adj. *Art. gráf.* Dícese de los caracteres de imprenta de palo * seco.

GRÚA f. Máquina para levantar y trasladar cargas pesadas.

— La *grúa ordinaria* es una armazón metálica prolongada por un aguilón, viga horizontal o inclinada del extremo libre del cual pende, por medio de un sistema de cables y poleas, el gancho u otro órgano que ha de levantar las cargas. Los cables van a un torno accionado por un motor y el conjunto formado por ambos se halla provisto de un mecanismo de desembrague y de inversión de la marcha. El conjunto puede ir montado sobre un vehículo automóvil o una simple plataforma provista de ruedas que permite la traslación sobre carriles. En ambos casos es necesario disponer un contrapeso en el extremo opuesto al aguilón para evitar el vuelco al levantar cargas muy pesadas. La articulación del aguilón permite hacer variar el alcance y tomar siempre a la vertical las cargas más o menos próximas. Además, en la *grúa giratoria*, el aguilón, o bien la armazón en su conjunto, pueden girar sobre un eje vertical y, después de haber tomado la carga por un lado, arriarla por otro. Esta rotación, combinada con los movimientos del aguilón y con la traslación sobre rieles, permite una gran variedad de labores de carga y descarga.
En otro tipo de grúas, la armazón clásica y el aguilón se hallan reemplazados por una sólida viga horizontal de la cual existen dos variantes. En la primera de ellas, la viga se apoya, por medio de ruedas, en unos carriles dispuestos encima de dos muros laterales (en un taller, por ejemplo); en la otra, la viga forma un pórtico con dos pies verticales que corren sobre rieles dispuestos en el suelo. Al movimiento de traslación así obtenido, en un caso como en el otro, se combina el movimiento transversal de un carrillo que corre a lo largo de la viga y que lleva el torno y los órganos para sujetar, izar y arriar la carga.
De los tipos principales reseñados más arriba se han derivado numerosas clases de grúas.
En ciertos casos resulta más cómodo llevar la carga hasta la grúa que trasladar ésta. Entonces se utilizan grúas fijas y simples, cuales son las plumas * de carga empleadas a borde de los barcos y los aparatos similares usados en las estaciones de ferrocarril, almacenes, etc.
En los puertos se utilizan también barcos especiales provistos de grúas muy potentes. (V. PONTÓN *grúa.*)

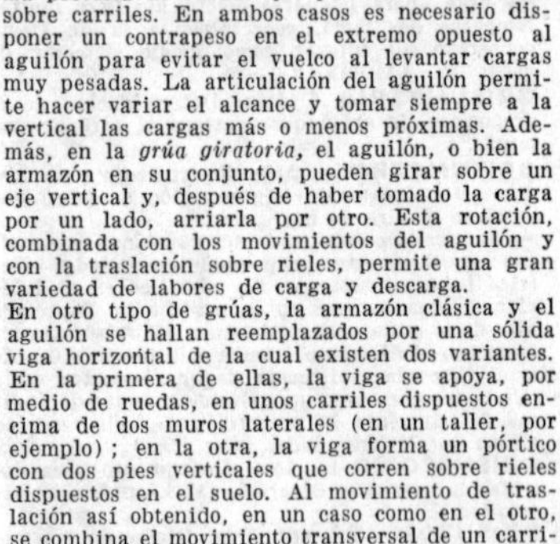

grúa de pórtico

GRUAR v. *Mar.* En construcción naval, trazar el contorno de las piezas con las plantillas o gálibos.

GRUESA f. *Com.* e *Ind.* Doce docenas, unidad que aún se usa para el embalaje y la venta al por mayor de ciertos artículos por lotes de 144.

GRUJIDOR m. *Vidr.* Herramienta utilizada para grujir los cristales.

GRUJIR v. *Vidr.* Igualar los bordes de un cristal con el grujidor.

GRUPO m. Conjunto de cosas que guardan relación unas con otras o contribuyen a un mismo fin: *el grupo filtrante ocupa toda una sala.*

— *Aeron. Grupo motopropulsor,* v. MOTOPROPULSOR.

— *Electr.* Acoplamiento de un generador con una turbina *(grupo turbogenerador)* o con un motor térmico *(grupo térmico)*, de una dinamo con un electromotor *(grupo convertidor *)*, etc. ‖ *Grupo de bulbo,* v. BULBO. ‖ *Grupo en cascada,* v. CONVERTIDOR * *en cascada.* ‖ *Grupo electrógeno,* v. ELECTRÓGENO. ‖ *Grupo de excitación,* v. EXCITACIÓN.

— *Mat.* Conjunto formado por elementos de la misma índole con sus respectivos elementos inversos y con la resultante de los mismos. ‖ Conjunto de las operaciones matemáticas relativas a permutaciones, combinaciones y substituciones que obedecen a determinadas condiciones.

— Como ejemplo de la primera acepción podemos citar el *grupo de los números enteros positivos*, el de los *números negativos correspondientes* y el de los *nulos*, que resultan de la suma algebraica de unos y otros. La *teoría de los grupos* estudia matemática y sistemáticamente todos los grupos posibles y permite resolver ecuaciones muy complejas o determinar si son insolubles.

— *Quím. Grupo funcional,* v. FUNCIÓN.

— *Refrig.* Conjunto formado por el motor y el compresor de un refrigerador y que, cuando ambos órganos acoplados se hallan en el interior del circuito del gas frigorífico, se llama *grupo hermético.*

GRUTA f. *Geol.* Cavidad formada en el seno de la tierra por las aguas subterráneas.

— La acción de las aguas en la formación de *grutas* es doble: químicamente el agua infiltrada ejerce una acción disolvente de la roca; mecánicamente, cuando se establece una corriente, la grieta o lecho son ensanchados por la acción erosiva. Así se forman redes hidrográficas subterráneas, cuyos conductos se ensanchan considerablemente en ciertas partes de su curso, particularmente en los terrenos cársicos o calizos, y forman enormes grutas, algunas de las cuales alcanzan alturas de 180 m y longitudes de 200 y más m. La sucesión de grutas separadas por galerías, sifones y pasos angostos puede prolongarse tortuosamente durante decenas de kilómetros. En la *gruta del Mamut*, situada en el Estado norteamericano de Kentucky, la longitud total de las galerías es de un centenar de kilómetros.

Fot. Potain et Cie, Fives-Lille, Breguet, C. C. A.

GRUYERE m. *Ind. alim.* Queso * de origen suizo.
Gs, símbolo del *gauss.*
GUADAÑA f. *Agr.* Instrumento para segar de pie formado por una cuchilla corva, triangular, fijada por su extremo más ancho en un ástil muy largo provisto de una manija para cada mano.
GUADAÑADORA f. *Agr.* Segadora * especial para segar hierba y vegetales aún verdes.
GUAIPE m. *Amer.* Hilachas de algodón, estopa.
GUAIRA f. *Mar.* Vela triangular que carece de verga y se halla envergada en el mástil.
GUALDA f. *Bot.* y *Text.* Planta resedácea *(Reseda luteola)*, propia de los terrenos arenosos de Europa, cuyo cocimiento da un hermoso tinte amarillo a los tejidos tratados previamente con mordiente de alumbre: *la gualda ha sido prácticamente reemplazada por colorantes sintéticos.* ‖ Color amarillo dorado semejante al de la gualda.
GUALDERA f. *Tecn.* Cada una de los dos maderos, chapas, tableros, etc., que constituyen los soportes laterales de los órganos o piezas de ciertos aparatos o construcciones, y también los dos pies en que se aseguran los barrotes de una escala de mano, los soportes laterales de la cureña en los cuales entran los gorrones del cañón, las chapas circulares que contienen la película de un rollo, etcétera.
GUANACASTE m. *Bot.* y *Carp.* Árbol leguminoso *(Enterolobium cyclocarpum)*, propio de América, cuya madera, de color rojo pardo, duradera y fácil de labrar, es apreciada en ebanistería y para construir embarcaciones pequeñas.
GUANACO m. *Text.* y *Zool.* Mamífero rumiante de los Andes *(Lama huanacus)*, cuya lana, comparable a la de la llama, tiene los mismos usos que ésta.
GUANERA f. *Min.* Criadero de guano.
GUANILLO m. *Quím.* Radical $NH = C - - NH_2$ que, combinado con un radical hidrocarbonado, da amidinas.
GUANITA f. *Expl.* Nitroguanidina.
GUANO m. Materia que resulta de la acumulación en ciertas costas de los excrementos y cadáveres de aves marítimas y que se usa como abono *. ‖ *Guano de murciélago,* el de excrementos de murciélago acumulado en ciertas cavernas. ‖ *Guano de pescado,* abono * que se elabora con los restos de las conserverías y con los pescados no comestibles.
— Los *bancos de guano* más ricos se hallan en el litoral suramericano del Pacífico, desde Chile hasta Colombia. Algunos de los que ya se han agotado medían hasta 20 m de espesor. El mejor poder fertilizante se obtiene con los guanos de las regiones de clima seco, porque son ricos en nitrógeno y contienen bastante ácido fosfórico; los de las regiones lluviosas contienen menos nitrógeno y más fósforo.
GUANTE m. *Atom. Caja de guantes,* v. CAJA.
— *Curt.* y *Text.* Funda adaptada a la forma de la mano, que se usa para abrigarla, adornarla o protegerla (manipulación de objetos muy calientes, fríos o ásperos, de productos químicos vesicantes o corrosivos, etc.): *los guantes utilizados en la industria suelen ser de caucho o de materias plásticas, mientras que los de abrigo son de piel o de fibras textiles.*
GUAPINOL m. *Bot.* Curbaril.
GUARANGO m. *Bot.* y *Curt.* Dividivi.
GUARAPO m. *Ind. alim.* Zumo de la caña de azúcar. ‖ Bebida alcohólica que se elabora haciendo fermentar dicho jugo.
GUARDA f. *Art. gráf.* Cada una de las dos hojas de papel blanco que se ponen al principio y al fin del libro al encuadernarlo.
— *Art. y of.* Cualquiera de las dos varillas exteriores y más fuertes del abanico.
— *Mec.* Planchita o tope de las cerraduras que impide el giro de las llaves si éstas tienen en su paletón una muesca, asimismo llamada *guarda,* que coincide con ella. (Sinón. RODETE.)
GUARDAAGUAS m. *Arq.* y *Mar.* Guardaguas.
GUARDABARROS m. *Autom.* Alero que cubre parcialmente las ruedas para evitar la proyección de lodo.
GUARDABRISA m. *Aeron.* y *Autom.* Parabrisa.

GUARDACABO m. *Mar.* Anillo acanalado exteriormente y en cuya canal se ajusta un cabo, mientras que el ojo puede dar paso a otro sin que ambos se rocen.
GUARDACADENA m. *Mec.* Cubrecadena.
GUARDACALADA f. *Arq.* Corte del alero por el cual sobresale del tejado la ventana de buhardilla.
GUARDACALOR m. *Mar.* Forro que se pone a las chimeneas y tubos de escape de los barcos.
GUARDACANTÓN m. *Arq.* Mojón de piedra dura o pieza de fundición que se pone a los lados de una puerta cochera para que las ruedas no puedan deteriorar las jambas.
GUARDACOSTAS m. *Mar.* Barco de guerra pequeño destinado a la defensa del litoral. ‖ Barco rápido, de poco porte, que persigue el contrabando marítimo.
GUARDACUERPO m. Galicismo por *barandilla, pretil.*
GUARDACHOQUE m. *Autom.* Parachoques.
GUARDAFUEGO m. *Metal.* Pantalla de metal que, ante el fogón de un horno, protege al personal.
GUARDAGUAS m. *Arq.* Chapa de plomo o cinc doblada que se pone como cubrejunta en la intersección del tejado con la chimenea, con una de sus alas aplicada en aquél y la otra en ésta.
— *Mar.* Reborde acanalado o en forma de arco que, por encima de los portillos capta el agua que se escurre y evita su penetración por ellos.
GUARDAINFANTE m. *Mar.* Cada una de las piezas que se ponen al tambor del cabrestante * para aumentar la adherencia del cable que en él se arrolla.
GUARDALADO m. *Obr. públ.* Pretil.
GUARDALODOS m. *Autom.* Guardabarros.
GUARDAMALLAS m. *F. c.* Pantalla de chapa que, en las locomotoras de vapor, se pone sobre la portezuela del hogar para que las llamas no puedan alcanzar al fogonero o al maquinista.
GUARDAMALLETA f. *Arq.* Tabla recortada y generalmente adornada, que pende de la visera o del alero de un tejado.
GUARDAMANCEBO m. *Mar.* Cuerda gruesa que se tiende en uno o los dos lados de una escala a modo de barandilla.
GUARDAMONTE m. *Arm.* Pieza semicircular que protege el gatillo de las armas de fuego. (V. FUSIL.)
GUARDAPESCA m. *Mar.* Guardacostas cuya misión consiste en hacer que sean respetados los reglamentos de pesca (observancia de las vedas, luz de las mallas de las redes, profundidad mínima de los caladeros, etc.).
GUARDAPOLVO m. *Mec.* Tapa o cárter de chapa, funda de cuero, etc., que se pone a un órgano mecánico para preservarlo del polvo.
GUARDARRIEL m. *F. c.* Contracarril. ‖ Borde interior de los rieles que tienen una ranura para la pestaña de las ruedas. (V. RIEL.)
GUARDARRUEDAS m. *Arq.* Guardacantón.
GUARDASILLAS m. *Carp.* Moldura que se pone en las paredes de las habitaciones a la altura del respaldo de las sillas para que éstas no puedan deteriorarlas al apoyarse en ellas.

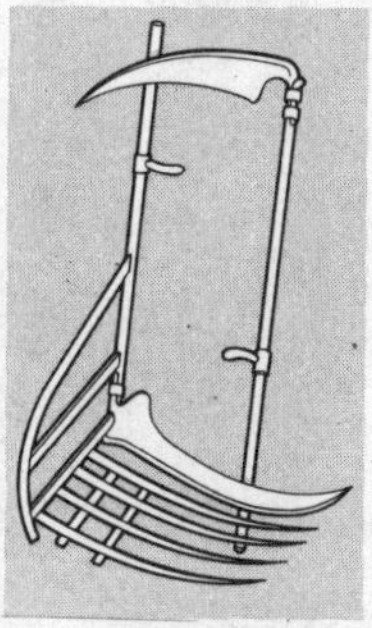

guadañas

guardacabos

gruta

Fot. Bourgin

guías de ondas

GUARDAVÍAS adj. *Obr. públ. Baranda guardavías,* v. BARANDA.
GUARDAVIVOS m. *Carp.* Moldura para proteger el enlucido en las aristas o esquinas.
GUARDILLA f. *Arq.* Buhardilla.
— *Art. y of.* Cada una de las dos púas gruesas que tiene el peine en sus extremos.
GUARDILLÓN m. *Arq.* Desván * gatero.
GUARDÍN m. *Mar.* Cada uno de los dos cabos que, en ciertas embarcaciones, sirven para manejar el timón, tirando de la caña a babor o a estribor.
GUAREA f. *Bot.* y *Carp.* Género de árboles meliáceos de África y América que suministran maderas apreciadas en ebanistería y al cual pertenece el yamao *, propio de Cuba.
GUARNE m. *Mar.* Cada una de las vueltas que dan un cabo o un cable en torno a un cuerpo (tambor de cabrestante o de chigre, etc.).
GUARNECER v. Poner guarnición a una cosa.
— *Arq.* Revocar las paredes. ‖ Rellenar los huecos de un entramado.
GUARNECIDO m. Acción de guarnecer.
— *Arq.* Enlucido.
GUARNICIÓN f. *Arm.* Cada una de las piezas que, como la cantonera, las abrazaderas, el escudete, las anillas para el correaje, etc., se fijan o montan en el fusil.
— *Autom.* Forro de freno.
— *Joy.* Las piedras que se engastan en una joya.
GUARNIR v. Efectuar el montaje de la cuerda y los cuadernales de un aparejo.
GUATA f. *Constr. Amer.* Pandeo.
— *Text.* Masa de desechos de algodón, lana u otras materias textiles que se usan en forma de napa, a veces engomada por las dos caras, para mayor consistencia, como relleno de muebles, labores de almohadillado, relleno para chaquetas y otras prendas de vestir, etc. ‖ Algodón en rama, o sea bruto. ‖ *Guata de celulosa,* masa de capas tenues de celulosa, que se usa por sus propiedades absorbentes (como sucedáneo del algodón) y para embalar objetos frágiles.
GUATAPANÁ m. *Bot.* y *Curt.* Dividivi.
GUAYABÍ m. *Bot.* y *Carp.* Guayaibí.
GUAYACÁN y **GUAYACO** m. *Bot.* y *Carp.* Género de árboles cigofiláceos de América del Sur (*Guaiacum officinale, G. sanctum,* etc.) cuya madera, propia para labores de ebanistería, es objeto de un comercio activo.

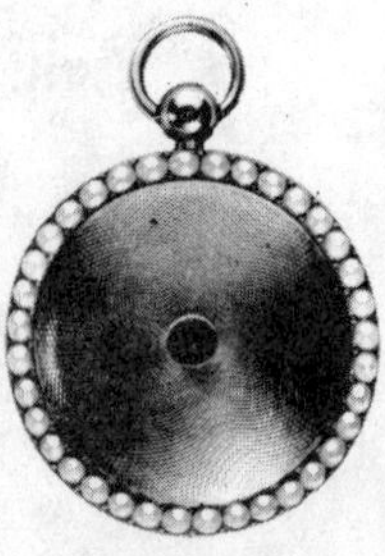

guilloque

guillotina

GUAYAIBÍ m. *Bot.* y *Carp.* Árbol borragináceo de América del Sur (*Patagonula americana*) cuya madera rojiza, dura y de grano fino, es muy apreciada en ebanistería y se exporta a otros continentes. (Sinón. GUAYABÍ.)
GUAYULE m. *Bot.* y *Gom.* Arbusto de la familia de las compuestas (*Parthenium argentatum*), propio de México, que suministra látex.
— El *guayule* crece rápidamente y a los 4 años da hasta 20 % de su peso total de caucho. También tiene la ventaja de prestarse su cultivo a una mecanización total. Aparece así, a primera vista, ventajoso respecto al hevea, pero éste, si bien empieza su producción al décimo año, la prosigue largo tiempo, mientras que la planta de guayule es sacrificada al efectuar la primera cosecha de látex.
GUBIA f. *Carp.* Formón de media caña, para labrar superficies curvas.
GUBINA f. *Text.* Bobina o tambor en que se arrollan los hilos que formarán la urdimbre.
GUÍA f. *Aeron.* Acción de guiar. (V. RADIONAVEGACIÓN.)
— *Art. gráf.* Lengüetas de hierro que, en las máquinas de imprimir, permiten regular los márgenes que han de quedar en blanco en el pliego. ‖ Signatura.
— *Art. y of.* Guarda * de abanico.
— *Astron. Acción de guiar,* v. TELEDIRIGIDO.
— *Expl.* Canutillo de papel lleno de pólvora que sirve para dar fuego a los barrenos y, en los fuegos de artificio, para orientar los cohetes.
— *Mar.* Pieza de acero fija, provista de un ojo abierto, que sirve para guiar un cabo o un cable en determinada dirección.
— *Mec.* Juego de carriles, barras u otros dispositivos mediante los cuales se impone una dirección determinada a la traslación de un órgano móvil: *los ascensores se deslizan entre dos guías verticales.*
— *Obr. públ.* Cada uno de los postes que permiten reconocer y seguir las carreteras o caminos de montaña cubiertos por la nieve.
— *Radiot. Guía de ondas,* tubo por el interior del cual se propagan las ondas de alta frecuencia con menos pérdida de energía que por medio de un cable coaxial.
— El *guía de ondas* tiene generalmente una sección rectangular y se utiliza para dirigir las ondas ultracortas (especialmente las ondas centimétricas) de un punto a otro no muy lejano, por ejemplo, de una emisora de radio a su antena o del generador de impulsos al reflector de un radar.
GUIADERA f. *Mec.* Guía. ‖ Palanca o brazo del cual tira el animal en la noria.
GUIADOR, RA adj. y s. Que guía: *polea guiadora.*
GUIAHILOS m. *Text.* Dispositivo por el cual pasa el hilo antes de arrollarse en las bobinas o husos y que, con movimiento de vaivén, lo distribuye convenientemente para obtener, según convenga, devanados cilíndricos, cónicos o fusiformes.
GUIAR v. Gobernar un vehículo. ‖ Dirigir el movimiento de una máquina u órgano mecánico.
GUIJARRO m. Canto * rodado.
GUIJO m. *Constr.* Guijarro menudo usado para afirmar suelos y como asiento de pavimentos.
— *Mec.* Gorrón de un árbol o eje. ‖ *Amer.* Eje.
GUILDITA f. *Miner.* Sulfato hidratado de hierro y de cobre, de origen volcánico.
GUILLAME m. *Carp.* Acanalador *.
— *Constr.* Cepillo de cantero, para alisar piedras.
GUILLOQUE m. *Art. y of.* Adorno hecho de rayas ondeadas que se entrelazan simétricamente.
GUILLOQUEAR v. *Art. y of.* Grabar en las joyas, las labores de platería, las planchas para imprimir billetes y papeles de valores, etc., motivos consistentes en series entrecruzadas de rayas paralelas. ‖ *Máquina de guilloquear,* máquina de grabar que, por medio de excéntricas, fresa en el metal líneas a la vez onduladas y paralelas.
GUILLOTINA f. *Art. gráf.* Máquina de cortar papel.
— La *guillotina* tiene una pesada cuchilla que, accionada por un volante, se mueve lateralmente al mismo tiempo que baja. El papel se dispone

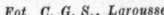

Fot. C. G. S., Larousse

sobre la bancada de la máquina, con uno de sus bordes apoyado en un tope que sirve para regular las dimensiones de los cortes. Una barra lo mantiene apretado a lo largo de la parte donde se ha de dar el corte. Ciertas guillotinas pueden cortar a la vez los tres márgenes de los libros o periódicos merced a otras tantas cuchillas accionadas automáticamente.

— *Carp. De guillotina,* dícese de las ventanas cuyas hojas, en vez de girar sobre bisagras, se deslizan verticalmente por dos ranuras laterales del marco.

— *Metal. Cizalla de guillotina,* v. CIZALLA.

GUILLOTINAR v. *Art. gráf.* Cortar papel con la guillotina.

GUIMBALETE m. Palanca para accionar las bombas a mano de las embarcaciones.

GUIMBARDA f. *Carp.* Cepillo estrecho para alisar el fondo de las ranuras hechas con formón.

GUINCHE m. *Amer.* Anglicismo por *torno, grúa.*

GUINDA f. *Mar.* Altura de los mástiles medida desde la línea de flotación.

GUINDALETA f. *Text.* Cuerda de espesor aproximadamente igual al de un dedo.

GUINDALEZA f. *Mar.* Cabo grueso y muy largo (más de 100 brazas).

GUINDASTE m. *Mar.* Cabria hecha con tres maderos dispuestos en forma de horca.

GUINDOLA f. *Mar.* Barquilla de la corredera *. ‖ Salvavidas. ‖ Andamio volante para pintar o rascar los costados del casco o para efectuar otros trabajos en las chimeneas o los palos.

GUIÓN m. *Mar.* Parte del remo * comprendida entre la empuñadura y el luchadero.

GUIPUR m. *Text.* Tejido de mallas grandes para cortinas, que es un tul hecho a imitación de encajes.

GUIRLANDA y mejor **GUIRNALDA** f. *Arq.* Adorno en forma de trenza colgante de flores y follaje.

— *Mar.* Cuerda que forma ondulaciones en el costado de las embarcaciones de salvamento, para que puedan asirse a ella los náufragos. ‖ Cabo grueso dispuesto a lo largo del cintón, en los costados de una embarcación, para protegerlos en el atraque.

GUITA f. *Text.* Cordel, bramante para atar.

GUITARRA f. *Constr.* Instrumento manual para golpear el yeso y reducirlo a polvo.

GUMITA o **GUMMITA** f. *Miner.* Óxido hidratado de uranio que no es sino uranita alterada.

GUNITA f. *Obr. públ.* Revestimiento especial para consolidar galerías, muros arruinados, etc., mediante proyección de cemento y arena.

— La *capa de gunita* se obtiene proyectando fuertemente con aire comprimido una mezcla de arena y cemento secos, que se humedece al pasar por la boquilla y se incrusta en la pared hasta formar una capa dura de varios centímetros de espesor.

GUNITAR v. *Obr. públ.* Revestir con gunita.

GURULLÓN m. *Text.* Bolita de lana apelmazada en un paño.

GUSANILLO m. *Text.* Hilo ensortijado que sirve para hacer ciertas labores. ‖ Tejido en el cual cada tres o más hilos de urdimbre y cada otros tantos de trama forman unas bastas o puntos grandes sobre un fondo de tafetán.

GUSANO m. *Mec. Amer.* Parte media de la espiga de las brocas, barrenas y demás instrumentos de taladrar.

GUTAPERCHA f. *Gom.* Látex pardo, análogo al caucho, suministrado por distintos árboles sapotáceos del archipiélago malayo, especialmente el *Isonandra* o *Palaquium gutta.*

— La *gutapercha* carece de la elasticidad del caucho. Es dura a la temperatura ordinaria, se vuelve plástica con el calor y funde y 80°. Como es impermeable y presenta mucha resistividad a las corrientes, es un aislante excelente de cables submarinos y otros conductores eléctricos. También se usa para pegar plumas, flores artificiales, etcétera, y para empastar dientes.

GUTÍFERO, RA adj. *Miner.* En forma de glóbulos parecidos a gotas: *cuarzo gutífero.*

H

hidroavión cuadrirreactor

H f. Novena letra del alfabeto, empleada muchas veces como sigla y símbolo para designar la novena cosa de una serie. (V. artículo A.)
— *Atom.* El signo *h* designa la *constante de Planck* *.
— *Electr.* H es el símbolo del *henrio* *.
— *Fís.* Una de las rayas principales del espectro * solar, en la región violada del mismo.
— *Geom.* La letra *h* designa la *altura* de una figura o cuerpo.
— *Metr.* En minúscula, *h*, es el símbolo de *hora* y H el de *hecto* (se extiende, sin embargo, universalmente el uso de la *h* minúscula, en el último sentido).
— *Quím.* H es el símbolo químico del *hidrógeno*.
Ha y **ha,** símbolos de *hectárea*.

OBSERV. La forma Ha, oficial en España, tiende a ser reemplazada universalmente por ha, pues salvo cuando puede existir confusión entre dos unidades simbolizadas por una misma letra, se reserva el uso de las mayúsculas para las siglas de nombres propios.

habitáculo

HABA f. *Min.* Fragmento de mineral envuelto por la ganga.
— *Perf. Haba tonca,* semilla del cumarú o sarapia *(Coumarouna odorata),* que da la cumarina *.
HABANERA f. *Text.* Tejido de algodón, con ligamento tafetán, que se emplea en sastrería, crudo o teñido de gris, para hacer el forro de los bolsillos.
HABITACIÓN f. *Arq.* Casa, vivienda. (V. ARQUITECTURA.)
HABITÁCULO m. *Arq.* Habitación.
— *Astron.* Cabina del satélite o astronave.
— *Mar.* Cárter cilíndrico del compás *, que contiene la brújula, los compensadores y el sistema de alumbrado de la rosa.
HACHA f. *Art. y of.* Vela de cera muy grande, que suele tener varias mechas. ‖ Herramienta cortante para derribar árboles o labrar la madera, partir los huesos de la carne, etc., que consta de una cuchilla maciza, fuerte, en forma de pala, de filo curvo y provista de un ojo para enastarla o ponerle mango. La *figura* permite apreciar las características de las principales clases de *hachas*. A las hachas pequeñas que se manejan con una sola mano se las da el nombre de *destrales*.
HACHEAR v. *Carp.* Desbastar los maderos con el hacha.
HACHUELA f. *Amer.* Destral.
HADFIELD m. *Metal. Acero hadfield* acero con 1,5 % de carbono, rico en manganeso (12 %), notable por su resistencia a los choques y muy duradero, que se emplea para agujas de ferrocarril, blindajes, piezas de machacadoras, etc.
HAFNIO m. *Quím.* Elemento químico, de símbolo *Hf*, cuyo número atómico es 72. (Sinón. CELTIO.)
— El *hafnio* es un metal raro, brillante y dúctil. Su densidad es de 13,3; sus puntos de fusión y de ebullición, de 1 700 y 3 200°, respectivamente, y su masa atómica, de 178,5 (la de sus seis isótopos es de 174 y de 176 a 180 inclusive). Se encuentra presente en los minerales de circonio y sus propiedades difieren poco de las de este metal. El hafnio puro no tiene aplicaciones.
HALAR v. *Mar.* Tirar de un cabo.
HALI, otra forma del prefijo *halo*.
HALIÉUTICO, CA adj. y s. *Mar.* Relativo a la pesca. ‖ — F. Estudio y arte de la pesca.
HALITA f. *Miner.* Sal gema, cloruro de sodio.
HALO, prefijo derivado del griego *halos*, que significa *mar* o *sal* y entra, con uno u otro sentido, en la composición de muchas palabras científicas.
HALO m. *Atom. Halo pleocroico,* V. PLEOCROICO.
— *Fot.* Aureola que aparece en la imagen fotográfica de los puntos muy luminosos al ser reflejados los rayos intensos de los mismos por la cara posterior del soporte de la emulsión. (V. ANTIHALO.)
— *Meteor.* Círculo luminoso que rodea el Sol o la Luna y se debe a la refracción de la luz por los minúsculos cristales de hielo que se hallan en suspensión en los cirros muy altos.
— La forma de prisma triangular o hexagonal de los cristales de hielo determina el desvío de los rayos luminosos en ciertas direcciones con preferencia a otras. Así, el *halo*, cuyos colores son los del arco iris, con el rojo en el interior, tiene una abertura de 22° y, otras veces, de 46°. (V. PARHELIO.)

Fot. Martin, Vion

— *Radiot.* Aureola que aparece en las pantallas de los televisores alrededor de los puntos excesivamente luminosos de las imágenes.

HALOGENACIÓN f. *Quím.* Operación consistente en introducir halógenos en una molécula.
— En el verdadero sentido de la palabra la *halogenación* es la substitución, en una molécula orgánica, de un átomo de hidrógeno por otro de halógeno y, según sea éste, toma los nombres de *cloración, bromación, yodación* o *fluoración.* No obstante, y por extensión, también se da el nombre de halogenación a las siguientes reacciones: *halogenuración, hidrohalogenuración, hidroxihalogenuración* y, en general, a la substitución de cualquier función * por un halogenuro.

HALOGENADO, DA adj. *Quím.* Que contiene halógeno.

HALOGENADOR, RA y **HALOGENANTE** adj. y s. *Quím.* Dícese del cuerpo que puede dar un halógeno y fijarlo en la molécula de otro cuerpo.

HALÓGENO m. *Quím.* Nombre dado a los elementos de la familia del cloro (flúor, cloro, bromo y yodo) que, combinados con metales, dan las sales llamadas halogenuros.

HALOGENURACIÓN f. *Quím.* Adición de un halógeno a las moléculas de los cuerpos no saturados y que, según la índole de aquél, se llama *cloruración, bromuración* o *yoduración.*

HALOGENURO m. *Quím.* Combinación de un halógeno con otro elemento. ‖ Nombre genérico de los fluoruros, cloruros, bromuros y yoduros, o sea de las sales o éteres de un hidrácido halogenado.

HALOIDACIÓN f. *Quím.* Halogenación.

HALOIDE y **HALOIDEO, A** adj. *Quím.* Dícese de la sal que resulta al combinar un halógeno con un metal.

HALOISITA f. *Miner.* Silicato hidratado de aluminio, empleado en cerámica y papelería.

HALOMÓRFICO, CA adj. *Geol.* Dícese del suelo cuya formación y evolución es afectada por la presencia de sales, por ejemplo del cloruro de sodio.

HALOSAL f. *Quím.* Sal halogenada*.

HAMULAR adj. *Art. y of.* En forma de gancho o provisto de ganchos.

·**HAMULO** m. *Art. y of.* Gancho pequeño. ‖ Anzuelo.

HANGAR m. *Aeron.* Cobertizo de mucha distancia entre apoyos, que sirve de abrigo a los aviones.

HARINA f. Polvo fino que resulta de la molienda de los granos de cereales, especialmente el que se ha cernido para separar el salvado o la cascarilla. ‖ Polvo de patatas y otros tubérculos. ‖ Nombre dado por ext. a muchas materias finamente pulverizadas: *la harina de madera se obtiene frotando los rollos con muelas.*
— *Ind. alim.* La *harina de trigo* contiene de 60 a 70 % de almidón, 7 a 12 % de gluten, 1 a 2 % de azúcar, 1,20 a 1,40 % de materias grasas, 0,45 a 0,60 % de substancias minerales y de 14 a 16 % de agua. La aptitud de una harina a la panificación se mide con el alveógrafo *; también cabe tener en cuenta el porcentaje de harina obtenida respecto al peso inicial del grano, dado que cuanto mayor es la merma aceptada, más fina es también la harina (las *harinas panificables* re-

hangares

presentan de 72 a 80 % del peso del grano). Las harinas más finas, procedentes del primer molido, se llaman *harinas de flor.* (V. MOLINERÍA.) Con los restos de carne y de huesos, los desechos de conservería y los pescados no comestibles se elaboran harinas empleadas como alimento para los animales.
— *Metal. Harina Thomas,* abono fosfatado que se obtiene pulverizando las escorias de la fabricación del acero en el convertidor Thomas.

HARMONÍA f. Armonía.

HARMÓNICO, CA adj. Armónico.

HARNERO m. *Art. y of.* Criba.

HARPA f. Arpa.

HARPILLERA f. *Text.* Tejido muy basto, hecho con hilos de yute o de estopa de cáñamo, que se usa para sacos, envolver fardos, etc.

HASTIAL m. *Arq.* Fachada que se termina en forma de triángulo por limitarla las vertientes de un tejado de dos aguas.
— *Min.* Cara lateral de la galería que se excava.

HAUSMANITA o **HAUSSMANNITA** f. *Miner.* Óxido de manganeso de fórmula Mn_3O_4.

HAUTERIVIENSE adj. y s. *Geol.* Uno de los pisos inferiores del cretáceo, cuyo terreno data de unos 105 millones de años. (V. ESTRATIGRAFÍA.)

HAWAIIANO, NA adj. *Geol. Volcán hawaiiano,* V. VOLCÁN.

HAYA f. *Bot.* y *Carp.* Árbol cupulífero (*Fagus silvatica*), grande, de tronco cilíndrico y corteza lisa, propio de las montañas de Europa.
— La *madera de haya,* de color blanco amarillento, es dura, elástica y pesada (d = 720). Los mejores rollos se reducen a chapa para hacer madera cruzada. Los demás tienen una infinidad de aplicaciones en ebanistería, carrocería, traviesas de ferrocarril y carpintería general.

HAZ m. Conjunto de cosas largas y estrechas, agrupadas en el sentido longitudinal.
— *Arq. Haz de columnas,* columnas * agrupadas.
— *Atom.* Conjunto de partículas que se mueven aproximadamente con igual velocidad y dirección: *el sincrotrón da haces de protones acelerados.*
— *Autom.* Conjunto de tubos y aletas de un radiador.
— *Electrón. Haz catódico,* haz de electrones emitidos por el cátodo y atraídos por el ánodo.
— *F. c.* Sistema formado por numerosas vías paralelas enlazadas con agujas por sus extremos.
— *Geom.* Conjunto de líneas que se cortan en un mismo punto. ‖ *Haz armónico,* V. ARMÓNICO. ‖ *Haces homográficos,* V. HOMOGRÁFICO.

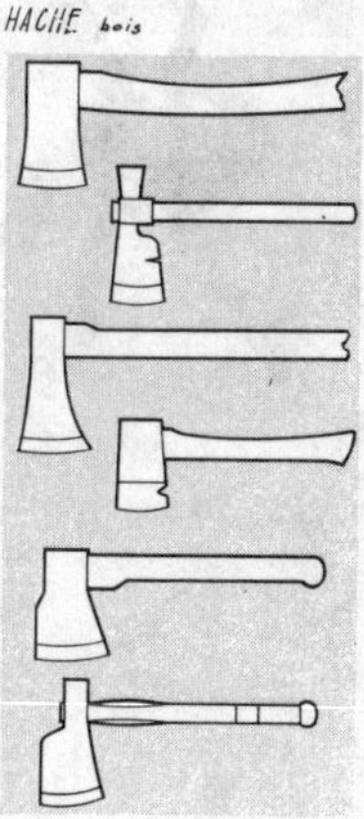

hachas

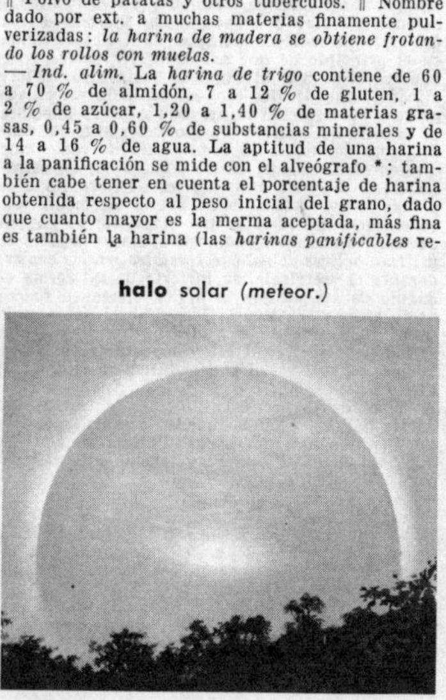

halo solar *(meteor.)*

Fot. Ray-Delvert, Belzeaux-Zodiaque

hastiales

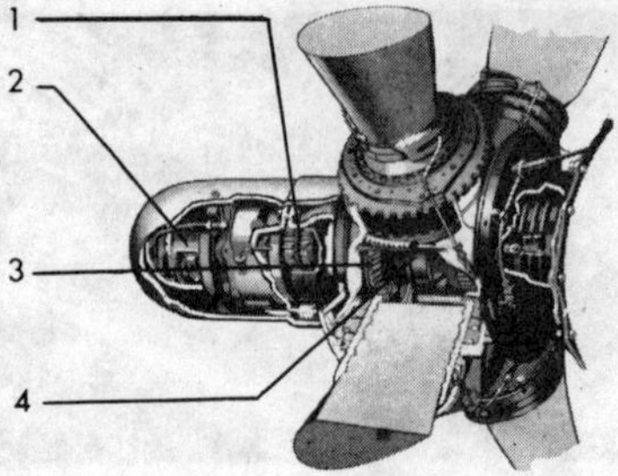

hélice cuadripala para turbopropulsor y mecanismo de paso variable
1. Reductor; 2. Motor eléctrico; 3. Piñón de mando; 4. Piñón de pala

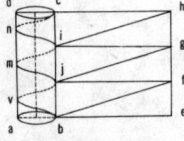

hélice *(geom.)*
behc, desarrollo del cilindro *abcd*; a *bvj* corresponde *bf*, etc.

— *Mec. Haz tubular,* parte de una caldera acuotubular, de un cambiador de calor u otro aparato, constituida por la yuxtaposición de numerosos elementos tubulares.
— *Ópt. Haz luminoso,* conjunto de rayos luminosos procedentes del mismo manantial y cuya abertura ha sido limitada por un diafragma.
— *Telec. Haz hertziano,* haz de ondas radioeléctricas que se proyecta de un punto a otro como si fuera un haz de luz. (V. CABLE *hertziano* y RELEVO.)

H. C. H., sigla de *hexaclorociclohexano* *.

H y D, siglas de los nombres de *Hurter y Driffeld*, con que se designa una escala de sensibilidad de las emulsiones fotográficas. (V. SENSITOMETRÍA.)

He, símbolo químico del *helio*.

HEAVISIDE *(Capa de)*. V. IONOSFERA.

HEBE, uno de los principales asteroides *.

HEBIJÓN m. *Art. y of.* Clavillo de la hebilla.

HEBILLA f. *Art. y of.* Broche para correas y cintas constituido por un cerco anular o rectangular en el que se articula un pasador provisto de uno o más clavillos que penetran en otros tantos orificios de la cinta y evitan que ésta se corra. ‖ Dispositivo en forma de charnela, con un espacio entre las dos hojas para dar paso a la correa, la cual, al cerrarse la charnela, queda aprisionada por unos dientes que en ella penetran.

HEBRA f. Fibra * o fragmento filiforme de cualquier materia. ‖ Hilo formado por las substancias viscosas.
— *Carp.* Fibra.
— *Tab. Picadura de hebra,* v. PICADURA.
— *Text.* Trozo de hilo con que se enhebra la aguja. ‖ Fibra * textil.

HECT, prefijo. V. HECTO.

HECTÁREA f. *Metr.* Medida de superficie igual a un hectómetro cuadrado y equivalente a 100 áreas o a 10 000 metros cuadrados (su símbolo, ha, mejor que Ha). [V. HECTO.]

HECTO, prefijo del sistema métrico decimal equivalente a 100 (su símbolo primitivo H, aun oficial en ciertos países, tiende a ser reemplazado por h, dado que las mayúsculas se reservan a las unidades derivadas de nombres propios. (V. ABREVIATURA.)

HECTOGAL m. *Metr.* Unidad métrica de aceleración igual a 100 gales.

HECTOGRAFÍA f. *Ofic.* Reproducción de documentos previamente escritos, a máquina o a mano, con tinta de copiar.
— La *hectografía* permite sacar hasta un centenar de copias de un documento con medios muy simples. Consiste esencialmente en escribir el original en papel estucado con tinta grasa de copiar. Se aplica este documento sobre la superficie lisa de una placa de gelatina y ésta retiene la tinta. Seguidamente se van aplicando sobre la gelatina hojas de papel humedecido que quedan impresas, aunque cada vez más débilmente (la tirada puede ser de un centenar de ejemplares).

HECTOGRÁFICO, CA adj. *Ofic.* Relativo o perteneciente a la hectografía: *tinta hectográfica.*

HECTOGRAMO m. *Metr.* Masa de cien gramos cuyo símbolo es hg, mejor que Hg. (V. HECTO.)

HECTOKILO, doble prefijo, poco usado, que multiplica la unidad por 100 000 (su símbolo es hk).

HECTOLITRO m. *Metr.* Medida de capacidad que vale 100 litros y cuyo símbolo es hl, mejor que Hl. (V. HECTO.)

HECTÓMETRO m. *Metr.* Medida de longitud, igual a 100 m, cuyo símbolo es hg, mejor que Hg. (V. HECTO.)

HECTOPIEZA f. *Metr.* Presión equivalente a cien piezas o a un bar, cuyo símbolo es hpz.

HECTOVATIO m. *Metr.* Potencia equivalente a 100 vatios, cuyo símbolo es hW. (V. HECTO.)

HELADO m. *Ind. alim.* Bebida o manjar congelados.
— La elaboración de *helados* en pequeña escala se efectúa con heladoras * de accionamiento manual o mecánico. Su producción industrial es más compleja y mecanizada: la mezcla de ingredientes (leche, gelatina, huevos, azúcar, zumos de fruta, etc.) es pasteurizada a 85°, tanto por razones de higiene como para aumentar su viscosidad; luego se bate para obtener una homogeneización suficiente y se deja macerar unas horas a la temperatura de 4°; a continuación se practica la congelación a — 5°, se prensa la masa en moldes para obtener la forma deseada, se empaquetan los helados, se endurecen sometiéndolos a la temperatura de — 30° y se conservan en cámaras frigoríficas entre — 15 y — 20°.

HELADORA f. *Ind. alim.* Utensilio para elaborar helados.
— La *heladora* consta de dos recipientes, puestos uno dentro del otro y separados por un espacio que se rellena con mezcla refrigerante (generalmente hielo machacado y sal común). El recipiente interior, que contiene los ingredientes del helado, se hace girar ya a mano, ya mecánicamente, al mismo tiempo que se bate o agita su contenido para obtener una masa escarchada y evitar que se congele en forma de bloque.

HELERO m. *Geol.* Glaciar.

HELI, forma abreviada de los prefijos *helico* * y *helio* *.

HELIANTO m. *Bot.* Girasol.

HÉLICE f. *Aeron.* Órgano de propulsión o de tracción de los aviones, consistente en un juego de palas accionadas por el motor. ‖ Órgano similar que, en el helicóptero, asegura también la sustentación del aparato y al cual se da el nombre de rotor *. ‖ *Hélices coaxiales,* v. COAXIAL.
— Las *hélices de avión* constan de un núcleo en el cual van ajustadas 2, 3 ó 4 palas (rara vez más) cuyo perfil es comparable al del ala de los aviones. Al igual que en ésta, el aire atravesado por la pala ejerce sobre la misma fuerzas disimétricas cuya resultante, que en el ala es una fuerza de sustentación aplicada de abajo arriba, se produce horizontalmente, traduciéndose entonces por una fuerza de tracción (hélices montadas delante del ala) o de propulsión (hélices detrás del ala). El funcionamiento de la hélice se funda en el principio de que a toda acción corresponde una reacción: así, al expulsar hacia atrás determinada masa de aire con determinada velocidad, provoca por reacción la proyección hacia adelante de la masa del aparato. Para obtener el mejor rendimiento del motor en condiciones de vuelo muy diferentes (despegue, crucero, vuelo bajo o estratosférico, etc.) se usan *hélices de paso variable* en las cuales el ángulo de ataque es modificado en el curso del vuelo ya por el piloto, ya por un dispositivo automático. En los aparatos pesados se utilizan *hélices de palas reversibles,* en las cuales, durante el aterrizaje, se invierte de tal forma el ángulo de ataque que la hélice ejerce su fuerza hacia atrás y, en vez de propulsar el aparato, lo frena enérgicamente. Por otra parte, si un motor se para en el aire, el piloto orienta las palas de la hélice en su posición de mínima resistencia al aire *(hélice bandera)*.
A pesar de la perfección lograda en el diseño de las hélices, éstas no pueden ser utilizadas en los aparatos supersónicos ni siquiera en aquellos cuya velocidad se aproxima mucho a la del sonido. (V. SÓNICO.)
— *Arq.* Voluta. ‖ *Escalera de hélice,* escalera * de caracol.
— *Geom.* Curva que resulta al arrollar una línea sobre la superficie de un cilindro recto, de tal modo que todas las generatrices formen un ángulo constante con ella.
— Si se pone en un mismo plano la base del cilindro y la de un triángulo de papel y, después de haber aplicado el otro cateto de éste a una generatriz de aquél, se arrolla el papel en el cilindro, la hipotenusa del triángulo constituirá una

Fot. Larousse

hélice. La distancia que media entre dos intersecciones consecutivas de la hélice con una misma generatriz es el *paso de la hélice*. La hélice tiene aplicaciones prácticas en los tornillos, sacacorchos, resortes, etc. Salvo raras excepciones, se trata de hélices que, vistas desde la base del cilindro, se arrollan en el sentido directo (el de las agujas de un reloj).

— *Mar.* órgano propulsor de los barcos, constituido por palas alabeadas, cuyo funcionamiento es idéntico al de las hélices de los aviones.

— La forma de las palas de las *hélices de barco* difiere de las de la hélice de avión, principalmente en razón de la enorme diferencia de densidad que existe entre el aire y el agua. Precisamente el fluido líquido permite comprender mejor que la hélice, a imagen y semejanza de un tornillo en la madera, penetre al girar y se "enrosque" en la masa del agua. Por lo demás, el diseño de las palas tiene especial importancia dado que el menor error de las formas es causa de fenómenos de cavitación * que las deterioran más o menos rápidamente.

Las hélices de barco no tienen paso variable. Sus palas son fijadas definitivamente con un *ángulo de calado* óptimo para el cual han sido calculadas. Para conservar un buen rendimiento del motor a cualquier velocidad del barco, se interpone entre aquél y la hélice un reductor * equivalente al cambio de marchas de un automóvil.

— *Transp. Hélice transportadora,* rosca de transporte.

HELICO, prefijo derivado del griego *helix, helicos,* que significa *caracol* o *hélice.*

HELICOCENTRÍPETO, TA adj. *Hidr.* Dícese de un tipo de turbina en la cual la entrada del

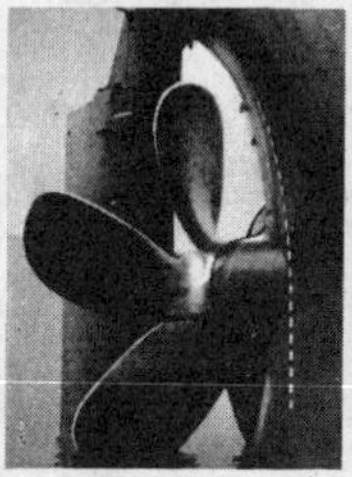

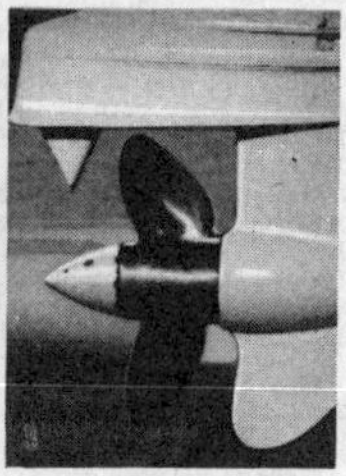

hélices *(mar.)* de 5 palas y de fuerabordo

agua en el rodete se efectúa en la dirección centrípeta y la salida en la dirección axial. (V. TURBINA.)

HELICOIDAL adj. De figura de hélice.

— *Mec. Engranaje helicoidal,* V. ENGRANAJE. ‖ *Movimiento helicoidal,* el de un tornillo o de cualquier otro sólido cuyos puntos, como los de aquél, describen una hélice * geométrica. ‖ *Transportador helicoidal,* rosca* de transporte.

HELICOIDE m. *Geom.* Si se considera una hélice* trazada en la superficie de un cilindro, el *helicoide* es la superficie engendrada por el radio del mismo que, sin dejar de ser perpendicular a su eje, deslizaría su extremo por la hélice.

— *Mec. Prensa de helicoide,* V. PRENSA.

HELICOIDEO, A adj. Helicoidal.

HELICÓPTERO m. *Aeron.* Giravión en el cual el o los rotores o alas giratorias sirven a la vez para sustentar el aparato y para propulsarlo con movimiento de translación.

— El *helicóptero* puede despegar verticalmente porque la hélice horizontal (rotor) se « enrosca » en cierto modo en el aire y tira del aparato. Con más propiedad, su funcionamiento se funda en el hecho de que la hélice proyecta hacia el suelo importantes masas de aire y que la resistencia que las mismas oponen engendra en las palas un empuje hacia arriba lo bastante grande para que se eleve el aparato.

Cuando el rotor es arrastrado por el motor, aquél reacciona sobre éste y ello se traduce por una lenta giración del fuselaje. Para contrarrestar este par se dispone en la cola del fuselaje una pequeña hélice de eje horizontal merced a la cual se es-

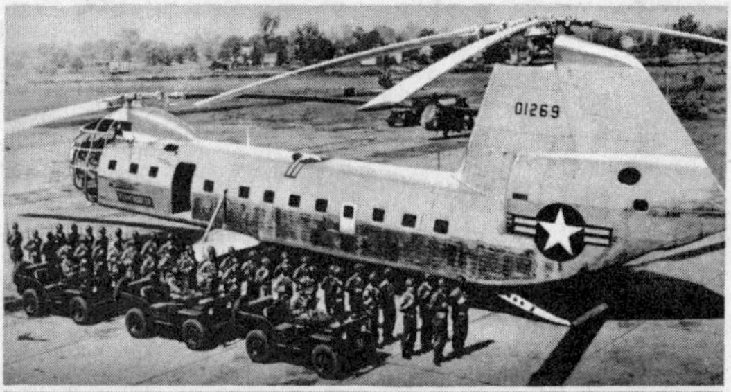

helicópteros birrotor para el transporte de tropas y monorrotor propulsado por turbina

tabiliza el aparato (V. ANTIPAR). Pero este dispositivo no es necesario si el helicóptero tiene dos rotores que giran en sentido contrario, ya que en dicho caso al par creado por uno de ellos se opone el par inverso del otro. También se elimina la hélice antipar suprimiendo los lazos mecánicos entre el rotor y el motor; éste consiste entonces en un generador de aire u otros gases comprimidos. El flujo de gas asciende por el árbol hueco del rotor, circula por el larguero tubular de cada pala y es expulsado por una tobera situada en el extremo de la misma. Cada pala es así propulsada por reacción, como si tuviera motor propio en su extremo y no como si el motor estuviese en el fuselaje. De ahí que éste no experimente ninguna reacción que lo haga girar. Por lo demás, el principio que hace girar las palas por reacción es idéntico al del molinete * hidráulico (en el cual se funda el riego del césped por rociado mediante boquillas que la fuerza del agua hace retroceder y girar).

La fuerza ascensional se obtiene haciendo variar igualmente el ángulo de ataque de todas las palas del rotor. Así, cuando la inclinación de las mismas desarrolla una fuerza de sustentación equivalente al peso del aparato, éste permanece en vuelo estacionario; si se reduce entonces el paso de las palas, la sustentación es insuficiente y el aparato desciende; si, por el contrario, se aumenta el paso, el helicóptero asciende. El vuelo horizontal se obtiene creando una componente horizontal de la tracción del rotor, o sea inclinando el plano de rotación de las palas hacia la dirección que ha de seguir el aparato. Como resultaría complicado inclinar el árbol del rotor, se recurre a la *variación cíclica del paso,* la cual consiste en modificar el paso de las palas en el curso de cada

funcionamiento y detalles del rotor de **helicóptero**

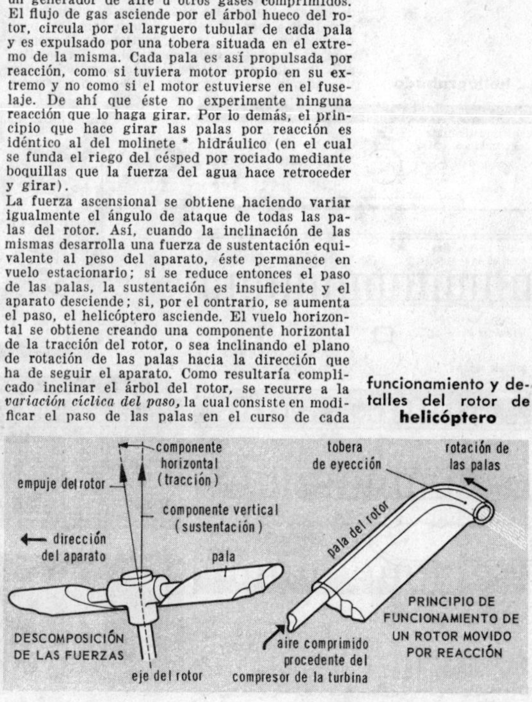

Fot. C. C. A., Sud-Aviation

vuelta: al pasar la pala por el lado hacia donde ha de ir el aparato, su ángulo de ataque es reducido, y acto seguido aumenta para alcanzar su máximo valor en el punto opuesto. Así, la fuerza sustentadora de las palas pasa por un mínimo delante del aparato y por un máximo detrás del mismo; consiguientemente, el plano de rotación del rotor se halla inclinado y el aparato avanza horizontalmente al mismo tiempo que es sustentado.

El helicóptero reemplaza ventajosamente al avión en no pocas aplicaciones en razón de la posibilidad que tiene de despegar de terrenos exiguos y, por otra parte, de volar lentamente e incluso de permanecer cerca del suelo en vuelo estacionario. Sus dos inconvenientes principales son los siguientes: razones aerodinámicas (v. TRANSÓNICO) limitan su velocidad máxima a unos 300 km/h; su explotación es costosa, especialmente a causa de los cambios frecuentes de palas, que son órganos muy caros, y de su consumo elevado de combustible, que, por lo demás, limita la autonomía de estos aparatos.

HELIO, prefijo derivado del griego *hêlios,* que significa *Sol.*

HELIO m. *Quím.* Elemento de número atómico 2 y de símbolo *He,* perteneciente al grupo de los gases raros de la atmósfera.

— El *helio* consta casi exclusivamente de un isótopo de masa 4 que contiene ínfimas proporciones de otro isótopo de masa 3. Consiguientemente se halla formado su núcleo por dos protones y dos neutrones, cuyo núcleo constituye la partícula alfa (α) emitida por los cuerpos radiactivos. Sus constantes físicas son las siguientes: densidad del gas 0,1785 (la del líquido es de 0,147); punto de ebullición a — 268,94°; temperatura de fusión — 272,2°. Su liquefacción permite obtener temperaturas muy próximas del cero absoluto, y al estado líquido el helio presenta curiosos fenómenos de superfluidez *.

Ciertos minerales radiactivos, como la cleveíta, desprenden helio; en América del Norte se extrae de los gases naturales procedentes de yacimientos petrolíferos, pero el helio consumido en otras partes proviene del aire, que lo contiene en la proporción de 5 cm^3 por cada metro cúbico. La destilación fraccionada del aire líquido permite obtener una mezcla de helio y neón; ambos son separados aprovechando la absorción preferente del neón por el carbón activado.

El helio carece de actividad química y no es inflamable. Se usa principalmente para hinchar globos, para obtener temperaturas muy bajas en los laboratorios y en la refrigeración de distintos aparatos (v. MASER y LASER); se usa también en ciertos tubos electroluminiscentes y como diluyente de anestésicos. En los cohetes espaciales sirve para expulsar los ergoles de sus depósitos y para conservar ciertas cavidades o recintos bajo presión.

HELIOCÉNTRICO, CA adj. *Astr.* Dícese de las coordenadas * y medidas referidas al centro del Sol.

HELIODINÁMICA f. *Fís.* Ramo de la física que trata del calor solar y de sus aplicaciones.

HELIOFOTÓMETRO m. *Fís.* Instrumento fotosensible con el cual se mide la intensidad de la luz solar.

HELIÓGENO, NA adj. *Atom.* Dícese de los elementos radiactivos que, al transmutarse, dan helio.

HELIOGRABADO m. *Art. gráf.* Procedimiento para obtener grabados en hueco, que constituye una variante fotomecánica del aguafuerte. ‖ Por ext., nombre genérico de los procedimientos para obtener clisés fotomecánicos en hueco, así como de los métodos de impresión fundados en el uso de los mismos.

— El *heliograbado* solamente difiere de la talla * dulce por el hecho de que la plancha es grabada químicamente a través de una capa de gelatina fotosensible en la cual se ha impresionado la imagen: bajo los detalles blancos de ésta, la gelatina bicromatada se hace impermeable; bajo los detalles negros conserva su permeabilidad, y en los grises la gelatina es más o menos permeable, según los matices. Así, al introducir la plancha gelatinizada en un baño mordiente de percloruro de hierro, éste no penetra en la gelatina impermeable, pero sí lo hace en las zonas correspondientes al negro y a los grises, a través de las cuales llega hasta el metal y lo muerde más o menos fuertemente, reproduciendo en hueco los matices de la imagen original.

La impresión se efectúa entintando primero uniformemente la plancha y raspándola luego con una cuchilla para que solamente quede tinta en los huecos, lo que se produce y tanto más abun-

heliograbado

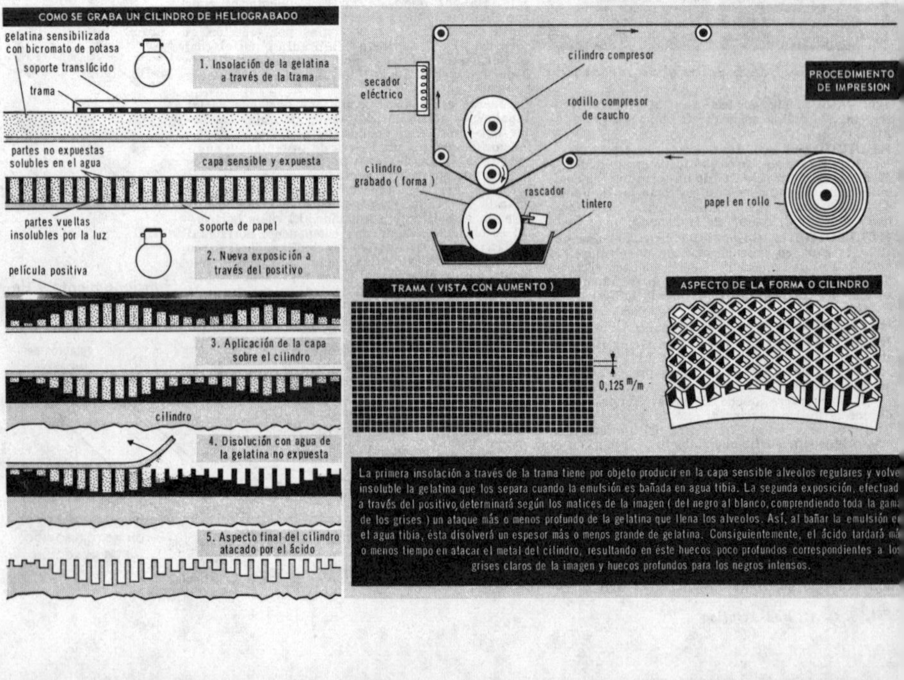

La primera insolación a través de la trama tiene por objeto producir en la capa sensible alveolos regulares y volve insoluble la gelatina que los separa cuando la emulsión es bañada en agua tibia. La segunda exposición, efectuad a través del positivo, determinará según los matices de la imagen (del negro al blanco, comprendiendo toda la gam de los grises) un ataque más o menos profundo de la gelatina que llena los alveolos. Así, al bañar la emulsión e el agua tibia, ésta disolverá un espesor más o menos grande de gelatina. Consiguientemente, el ácido tardará má o menos tiempo en atacar el metal del cilindro, resultando en éste huecos poco profundos correspondientes a lo grises claros de la imagen y huecos profundos para los negros intensos.

dantemente cuanto más profundos sean estos huecos. Al aplicar el papel bajo presión contra la forma, la tinta pasa de ésta a aquél dejando en él una impresión tanto más negra cuanto mayor fuere la profundidad de los huecos.
Con el nombre de *huecograbado* y *rotograbado* se designa la aplicación del heliograbado a las rotativas. En este caso suelen emplearse planchas tramadas. (V. FIGURA.)

HELIOGRAFÍA f. *Art. gráf.* Procedimiento de reproducción con clisés obtenidos sin grabado ni mordiente. ‖ Heliograbado.
— La plancha de *heliografía* se prepara en la oscuridad cubriendo con betún de Judea disuelto en esencia de espliego la superficie de la chapa de cinc o de la piedra litográfica. Después de haber impresionado esta capa fotosensible con la imagen que se ha de reproducir, se revela con esencia de espliego. La plancha es utilizada entonces por el método de la litografía *.
— *Astr.* Descripción del Sol.

HELIOGRÁFICO, CA adj. *Art. gráf.* Relativo a la heliografía. ‖ *Papel heliográfico*, papel fotosensible que, expuesto a la luz a través de un plano o dibujo hecho en un calco, y adecuadamente revelado, reproduce los mismos sobre fondo blanco.

HELIÓGRAFO m. *Astr.* Instrumento para medir la cantidad de calor radiado por el Sol.
— *Meteor.* Aparato para medir la insolación *.
— En ciertos *heliógrafos*, la luz solar pasa por una abertura estrecha e impresiona un papel fotográfico graduado en horas y minutos y arrollado sobre un tambor que es arrastrado por un mecanismo de relojería. En otros, una esfera de vidrio proyecta la imagen reducida del Sol sobre una tira de papel y éste es chamuscado a lo largo de una escala que indica las horas de insolación.
— *Telec.* Aparato de telegrafía óptica fundado en el uso de un espejo que se hace oscilar al sol con un manipulador para producir destellos cortos o largos, con arreglo al alfabeto Morse, visibles desde la estación receptora.

HELIOMETEOROLOGÍA f. *Meteor.* Parte de la meteorología que trata de la influencia solar sobre la circulación general de la atmósfera.

HELIÓMETRO m. *Astr.* Anteojo utilizado para medir las pequeñas distancias angulares entre los astros o el diámetro aparente de los mismos.
— El objetivo del *heliómetro* se halla partido en dos mitades, cada una de las cuales da una imagen separada que puede ser corrida con un tornillo micrométrico provisto de una escala muy precisa. Así, después de visar una estrella con un semiobjetivo y otra con el otro, se hacen correr las imágenes hasta que coincidan: la escala indica entonces la distancia angular que media entre los dos astros.

HELIOMOTOR m. *Mec.* Cualquier dispositivo para transformar la energía solar en energía mecánica.

HELIÓN m. *Atom.* Núcleo del átomo de helio, también llamado *partícula alfa* (α).

HELIOSCOPIO m. *Astr.* Telescopio especial para observar el Sol.

HELIÓSTATO m. Espejo provisto de un mecanismo de relojería merced al cual puede reflejar los rayos solares en una dirección constante, a pesar del movimiento aparente del Sol: *el helióstato es indispensable en los hornos * solares.*

HELIOTECNIA f. *Electrón.* Técnicas concernientes a la transformación de la energía solar en energía eléctrica por medio de fotopilas *.

HELIOTROPO m. *Telec.* Especie de heliógrafo.

HELIPORTADO, DA adj. Síncopa de *helitransportado* *.

HELIPUERTO m. *Aeron.* Aeropuerto propio para helicópteros que, dada su poca extensión y la propiedad que tienen dichos aparatos de aterrizar y despegar verticalmente, suele hallarse en el interior de los cascos urbanos.

HELITRANSPORTADO, DA adj. *Aeron.* Transportado por helicóptero. (Generalmente se usa la síncopa *heliportado.*)

HELVECIENSE adj. y s. *Geol.* Dícese de uno de los pisos intermediarios del mioceno, cuyos terrenos datan de unos 15 a 20 millones de años. (V. ESTRATIGRAFÍA.)

HEMATITA o **HEMATITES** f. *Miner.* Óxido de hierro de fórmula Fe_2O_3, variedad de oligisto.
— Las distintas clases de *hematites* son menas de hierro muy importantes, especialmente la *hematites parda*, óxido hidratado que contiene 60 % de metal, y la *hematites roja*, que es anhidra.

HEMI, prefijo derivado del griego *hêmi*, que significa *medio* o *mitad*. (Sinón. SEMI.)

HEMICÉLULA f. *Electr.* Semicélula.

HEMICICLO m. *Arq.* Espacio semicircular rodeado de gradas para sentarse.
— *Geom.* Semicírculo.

HEMICILÍNDRICO, CA adj. Semicilíndrico.

HEMIDODECAEDRO m. *Miner.* Romboedro.

HEMIEDRÍA f. *Miner.* Propiedad de los cristales en los cuales solamente existe simetría en la mitad de las partes geométricamente iguales, por faltar uno de los planos o ejes de simetría.

HEMIÉDRICO, CA y **HEMIEDRO, A** adj. *Miner.* Dícese del cristal que posee la hemiedría.

HEMIPERMEABLE adj. Semipermeable.

HEMISFÉRICO, CA adj. Que tiene forma de hemisferio.

HEMISFERIO m. Mitad de una esfera: *todo plano que pasa por el centro de una esfera la divide en dos hemisferios iguales.*
— *Astr.* Mitad de la bóveda celeste.
— Los dos *hemisferios* separados por el ecuador se llaman *septentrional* y *meridional*, *boreal* y *austral* o *Norte* y *Sur;* los separados por un meridiano se llaman *oriental* y *occidental* o *ascendente* y *descendente;* por último, los hemisferios separados por el horizonte local en cualquier parte se califican de *superior* e *inferior*.
— *Fís. Hemisferios de Magdeburgo*, instrumento para demostrar experimentalmente la presión atmosférica, consistente en dos semiesferas huecas que, una vez ajustadas herméticamente y practicado el vacío en el interior, no pueden ser separadas sino a costa de esfuerzos muy grandes (originalmente era la de varios caballos tirando de cada uno de los dos elementos).
— *Geogr.* Cada una de las dos mitades del globo terrestre separadas por el ecuador, dándose a una de ellas el nombre de *hemisferio norte, septentrional* o *boreal* y a la otra el de *hemisferio sur, meridional* o *austral*. ‖ Por ext., cada una de las mitades en que es dividido el globo terrestre por un meridiano.

HEMISFEROIDAL o **HEMISFEROIDE, A** adj. *Geom.* Hemisférico.

HEMITERPENO m. *Quím.* Isopreno.

HEMITROPÍA f. *Miner.* Macla o agrupación de los cristales unidos por una superficie plana de tal forma que las caras y aristas correspondientes queden dispuestas en sentido contrario.

HEMITROPO, PA adj. *Miner.* Dícese de los cristales que presentan hemitropía.

HENIFICADORA f. *Agr.* Máquina cuyos rastrillos oscilantes revuelven la hierba segada, para abreviar el secado que la convierte en heno.

HENRIO y **HENRY** m. *Metr.* Unidad de inductancia eléctrica, cuyo símbolo es H.
— El *henrio* es igual a la inductancia que resulta en un circuito cerrado cuando al variar la corriente eléctrica en un amperio por segundo, induce una tensión de un voltio.

HEÑIDORA f. *Ind. alim.* Amasadora.

HEÑIR v. *Art. y of.* Amasar o sobar una masa con los puños.

HEPTA, voz griega que significa *siete* y se emplea como prefijo en muchas voces compuestas.

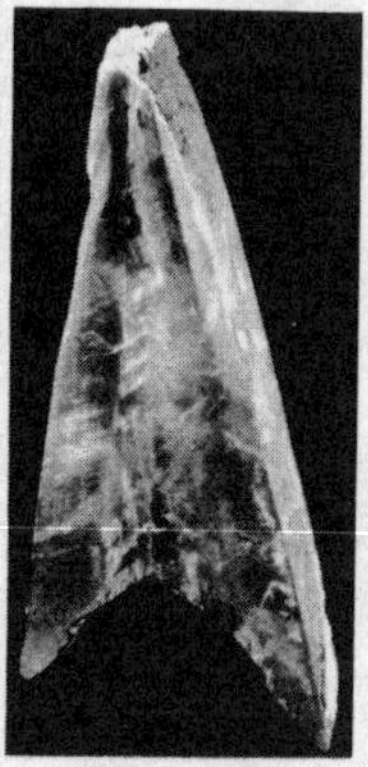

hemitropía del gipso

helipuerto de Bruselas

Fot. Sabena, Larousse

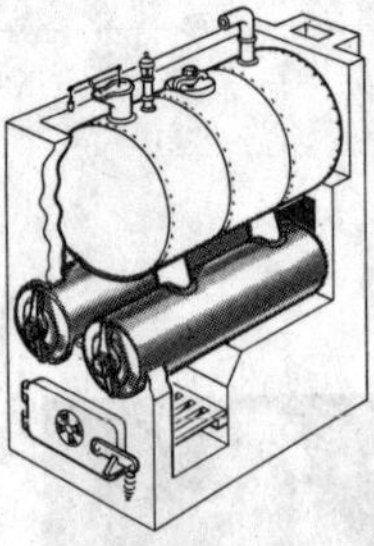

hervidores *(tecn.)*

HEPTAEDRO m. *Geom.* Sólido de siete caras.

HEPTÁGONO m. *Geom.* Polígono de siete lados.

HEPTAMETILENO m. *Quím.* Cicloheptano.

HEPTANO m. *Quím.* Carburo saturado (C_7H_{16}), presente en ciertos petróleos brutos.

HEPTENO o **HEPTILENO** m. *Quím.* Carburo homólogo del etileno, uno de los cuatro, lineales e isómeros, que tienen siete átomos de carbono.

HEPTÍLICO, CA adj. *Quím.* Dícese de los alcoholes, aldehídos, ácidos y éteres que tienen siete átomos de carbono en su molécula.

HEPTILO m. *Quím.* Radical C_7H_{15} derivado de un alcohol heptílico por supresión del hidroxilo.

HEPTINO m. *Quím.* Nombre genérico de los hidrocarburos acetilénicos cuya fórmula general es C_7H_{12}, algunos de los cuales sirven para fabricar perfumes sintéticos. ‖ Nombre comercial del éster etílico del ácido heptinocarboxílico, empleado en perfumería por su olor de violeta.

HEPTODO m. *Radiot.* Válvula electrónica de siete electrodos que, en el modelo convertidor de frecuencias, son el cátodo, el ánodo y cinco rejillas.

HEPTOSA f. *Quím.* Azúcar aldehídico o cetónico con siete átomos de carbono en su molécula.

HERBICIDA adj. y s. *Agr.* y *Quím.* Desherbador.

HERMES, asteroide * muy pequeño (unos dos a tres kilómetros), notable porque en ocasiones favorables puede pasar a 350 000 km de la Tierra, acercándose así de nosotros más que la Luna.

HERMESITA f. *Miner.* Panabasa mercurífera, que se beneficia como mena de cobre.

HERMETICIDAD f. *Tecn.* Calidad de hermético.

HERMÉTICO, CA adj. *Tecn.* Dícese de la tapa, unión, válvula, etc., que cierra perfectamente una abertura o ajusta dos elementos de forma que no pueda escaparse un fluido entre ellos: *tapa hermética de autoclave.*

HERPIL m. *Text.* Saco de red, de mallas muy anchas, que sirve para contener o transportar materias fibrosas (paja), paquetes u otros objetos gruesos.

HERRADA f. *Carp.* Cubo de madera, de boca más estrecha que la base, hecho con duelas y cercos.

HERRADURA f. *Arq. Arco de herradura,* V. ARCO.
— *Art. y of.* Hierro de forma semicircular que se clava a las caballerías en los cascos. ‖ *De herradura,* que tiene la forma de la herradura para caballerías: *imán de herradura.*

HERRAJE m. *Art. y of.* Conjunto de piezas metálicas que entran en la construcción a base de madera, fábrica, etc.
— *Carp.* Las piezas metálicas con que se guarnece o adorna una puerta, una ventana, un baúl, etcétera.

HERRAMENTAL adj. y s. *Art. y of.* Dícese de la bolsa o estuche para llevar las herramientas. ‖ Conjunto de herramientas utilizadas con algún objeto.

HERRAMIENTA f. *Art. y of.* y *Tecn.* Instrumento para efectuar algún trabajo manualmente y, por ext., cualquiera de los útiles destinados a labrar las materias mecánicamente: *la broca es la herramienta de las taladradoras.* (V. MÁQUINA *herramienta.*)
— Las *herramientas* suelen clasificarse en tres grupos, según como labran la materia: las *herramientas de corte* le arrancan partículas o virutas (cepillos, fresas, sierras, etc.) o la cortan (cizallas); las *muelas* desgastan la materia por abrasión; el *martillo de forjar,* las *matrices* de las prensas de estampar, así como las *hileras,* la deforman. Las herramientas de corte revisten especial importancia, dada la alta velocidad a que han de trabajar, el calentamiento a que se hallan sometidas y la dureza de los metales labrados. (V. CORTE.)

HERRAR v. *Art. y of.* Poner el herraje * a una construcción, puerta, etc. ‖ Poner herraduras a una caballería. ‖ Marcar algo con hierro candente: *herrar las cajas de un envío.*

HERRÍN m. *Metal.* Herrumbre.

HERRÓN m. *Mec.* Arandela.

HERRUMBRE m. *Metal.* Óxido férrico hidratado que se forma sobre el hierro expuesto a la humedad.
— La *herrumbre* resulta de la propiedad que tiene el hierro, como todos los metales no nobles, de descomponer el agua. El hidrógeno desprendido se combina con el hierro en forma de hidróxido ferroso, el cual, por fijación de óxigeno del agua, da óxido férrico hidratado. Así como en otros metales (por ej., el aluminio) la capa de óxido es homogénea y protege al resto del metal contra la oxidación ulterior, en el hierro es porosa y la humedad, penetrando constantemente por los intersticios de la herrumbre, puede seguir destruyendo el metal.
Los métodos para proteger el hierro contra la herrumbre han sido descritos en los artículos ANTICORROSIVO y ANTIORÍN.

HERTZIANO, NA adj. *Radiot.* Cable hertziano, V. CABLE. ‖ *Ondas hertzianas,* V. ONDA.

HERTZIO m. *Metr.* Unidad de frecuencia de los fenómenos periódicos, equivalente a un período por segundo (su símbolo es *Hz*).

HERVIDOR m. *Atom.* Reactor * nuclear en el cual la materia físil es una sal de uranio disuelta en agua.
— *Tecn.* En ciertas calderas, cuerpo tubular que comunica con la caldera propiamente dicha y se halla directamente expuesto al calor del hogar. ‖ Alambique para destilar agua del mar a bordo de los barcos. ‖ Abusivamente, parte de una caldera, calentador de agua o aparato similar sometido directamente a la acción del fuego, pero en el cual el líquido es simplemente calentado y no llega a hervir.

HERVIR v. *Fís.* Hallarse un líquido en estado de ebullición *.

HERZIANO, NA adj. *Radiot.* Hertziano.

HERZIO m. *Metr.* Hertzio.

HESITA o **HESSITA** f. *Miner.* Telururo de plata y mena de este metal.

HETANGIENSE adj. y s. *Geol.* Dícese de uno de los pisos inferiores del jurásico, cuyos terrenos datan de 145 millones de años. (V. ESTRATIGRAFÍA).

HETERO, prefijo derivado del griego *heteros,* que entra en la composición de voces compuestas en el sentido de *otro, diferente.*

HETEROÁTOMO m. *Quím.* Átomo que forma parte de la cadena cerrada de un compuesto cíclico y que no es de carbono.

HETEROAUXINA f. *Quím.* Auxina sintética.

HETEROCÍCLICO, CA adj. *Quím.* Dícese de los cuerpos cíclicos en cuya cadena cerrada no todos los átomos son de carbono: *la piridina* C_5H_5N *es un compuesto heterocíclico.*

HETEROCICLO m. *Quím.* Cadena cerrada de un compuesto cíclico en la cual no todos los átomos son de carbono.

HETEROCINÉTICO, CA adj. *Atom.* Dícese de un conjunto de partículas que se mueven con velocidades diferentes: *un haz de protones heterocinético.*

HETEROCROMO, MA adj. *Ópt.* Que analiza o se sirve de varios colores a la vez: *fotometría heterocroma.*

HETERODINO, NA adj. y s. *Radiot.* Pequeño dispositivo generador de ondas radioeléctricas que forma parte de los circuitos de ciertos radiorreceptores. (V. SUPERHETERODINO.)

HETERÓDROMO, MA adj. Dícese de la palanca en la cual la potencia y la resistencia se mueven en sentidos opuestos por hallarse el punto de apoyo entre ambas fuerzas.

HETEROGÉNEO, A adj. Compuesto de elementos de naturaleza diferente.
— *Atom.* Dícese de los reactores nucleares compuestos de elementos separados (combustible, moderador, reflector, refrigerante, etc.) por oposición a aquellos en los cuales una misma materia o una disolución llenan el cometido de varios elementos.
— *Ópt. Luz heterogénea,* V. LUZ.

HETERÓPICO, CA adj. *Geol.* Dícese de dos terrenos que datan de la misma época pero presentan aspectos diferentes.

HETEROPOLAR adj. *Electr.* Dícese del circuito magnético o eléctrico en el cual alternan sucesivamente dos polos de signos contrarios.

— *Quím.* Dícese de una molécula cuyos átomos son iones unidos por electrovalencia.

HETEROSFERA f. *Meteor.* Capa de la atmósfera situada encima de la homosfera y en la cual predominan los gases ligeros (nitrógeno, hidrógeno y helio).

HETEROTROPO, PA adj. *Quím.* Dícese de los átomos que tienen igual masa pero diferente número atómico. (Sinón. ISOBARO.)
— Los números atómicos del hierro y del níquel son, respectivamente, 26 y 28, pero ambos cuerpos cuentan un isótopo de masa atómica 58. No obstante, las propiedades físicas y químicas de ambos isótopos son muy diferentes.

HEVEA f. *Bot.* Género de plantas euforbiáceas, entre la cual destaca la especie *H. brasiliensis,* cuya savia constituye el mejor látex de caucho. *

HEXA, voz griega que significa *seis* y se emplea como prefijo en palabras compuestas.

HEXABROMOBENCENO m. *Quím.* Compuesto derivado del benceno, del mismo modo que el hexaclorobenceno, * pero sustituyendo el hidrógeno por bromo. (Sinón. PERBROMOBENCENO.)

HEXACIANÓGENO m. *Quím.* Sólido de fórmula (CN_6), polímero del cianógeno.

HEXACLORETANO m. *Quím.* Compuesto C_2CL_6 que resulta de la coloración del etano. (Sinón. PERCLORETANO.)

HEXACLOROBENCENO m. *Quím.* Compuesto de fórmula C_6CL_6 que resulta al reemplazar los átomos de hidrógeno del benceno por átomos de cloro. (Sinón. PERCLOROBENCENO.)

HEXACLOROCICLOHEXANO m. *Quím.* Compuesto de fórmula $C_6H_6CL_6$ que resulta al reemplazar seis átomos de hidrógeno del ciclohexano por seis de cloro y del cual existen varios isómeros, especialmente el gammexano o H. C. H., que es un insecticida.

HEXACLORURO m. *Quím.* Cloruro cuya molécula contiene seis átomos de cloro.

HEXADIENO m. *Quím.* Nombre de los hidrocarburos dietilénicos derivados del hexano.

HEXAÉDRICO, CA adj. *Geom.* Relativo al hexaedro o parecido a él: *un cristal hexaédrico.*

HEXAEDRO m. *Geom.* Poliedro de seis caras: *el cubo es un hexaedro regular.*

HEXAETILBENCENO m. *Quím.* Hidrocarburo constituido por una molécula de benceno * en la cual cada átomo de hidrógeno es reemplazado por un radical etilo *.

HEXAFLUORURO m. *Quím.* Fluoruro cuya molécula contiene seis átomos de flúor: *la industria atómica utiliza el fluoruro de uranio como medio de separar los isótopos de dicho elemento fisil.*

HEXAGONAL adj. *Geom.* En forma de hexágono o que tiene un hexágono por base: *prisma hexagonal.*

HEXÁGONO adj. y s. *Geom.* Que tiene seis ángulos. ‖ Polígono de seis ángulos y seis lados.
— En el *hexágono regular inscrito en un círculo* el lado de aquél tiene igual longitud que el radio de éste y forma con dos radios un triángulo equilátero con ángulos de 60°. El área del hexágono regular se halla multiplicando el lado por sí mismi y el resultado por 2,598, cual se desprende de la fórmula siguiente :

$$\frac{3R^2\sqrt{3}}{2}.$$

— *Quím. Hexágono de Kekule,* representación gráfica de la molécula de benceno * propuesta por el químico Kekule.

HEXAHIDRITA f. *Miner.* Sulfato de magnesio hidratado.

HEXAHIDRO, prefijo empleado en química para indicar que una molécula ha fijado seis átomos de hidrógeno.

HEXAHIDROBENCENO m. *Quím.* Ciclohexano.

HEXAHIDROFENOL m. *Quím.* Ciclohexanol.

HEXAL m. *Expl.* Mezcla explosiva a base de hexógeno (ciclonita) y aluminio.

HEXALCOHOL m. *Quím.* Hexol.

HEXAMETILBENCENO m. *Quím.* Hidrocarburo constituido por una molécula de benceno en la cual cada átomo de hidrógeno es reemplazado por un radical metilo.

HEXAMETILENO m. *Quím.* Ciclohexano.

HEXAMETILENODIAMINA f. *Quím.* Compuesto derivado del ácido adípico por hidrogenación de su dinitrilo y cuya condensación da el Nylón.

HEXAMOTOR, RA adj. y s. Provisto de seis motores.
— *Aeron.* M. Avión de seis motores.

HEXANITRODIFENILAMINA f. *Quím.* Amina seis veces nitrada que, mezclada con tolita, constituye un explosivo y de la cual deriva también la aurancia *.

HEXANITROMANITA f. *Expl.* Explosivo derivado del nitrato séxtuple de manitol.

HEXANO m. *Quím.* Hidrocarburo saturado, de cadena lineal C_6H_{14}.

HEXANODIOICO m. *Quím.* Ácido adípico *.

HEXANOL m. *Quím.* Alcohol hexílico *.

HEXANONA f. *Quím.* Cetona saturada, que contiene seis átomos de carbono en su molécula.

HEXARREACTOR adj. y s. *Aeron.* Dícese del avión propulsado por seis turborreactores.

HEXÁSTILO m. *Arq.* Pórtico con seis columnas.

HEXATETRAEDRO m. *Miner.* Cristal cuya forma es la de un cubo con una pirámide cuadrangular en cada una de sus seis caras.

HEXAVALENTE adj. *Quím.* Dícese del átomo o radical cuya valencia * es séxtuple.

HEXENO m. *Quím.* Carburo etilénico cuya molécula lineal tiene seis átomos de carbono.

HEXIL m. *Expl.* Hexanitrodifenilamina empleada como explosivo.

HEXÍLICO, CA adj. *Quím.* Dícese de los compuestos de fórmula general $C_6H_{13}OH$ que contienen el radical hexilo y el hidroxilo OH.

HEXILO m. *Quím.* Radical univalente C_6H_{13}, derivado de un alcohol hexílico por supresión del hidroxilo.

HEXITA o **HEXITOL** m. *Quím.* Nombre genérico de los compuestos de cadena abierta que contienen seis átomos de carbono y seis funciones alcohol.

HEXODO m. *Radiot.* Válvula electrónica de seis electrodos (ánodo, cátodo y cuatro rejillas).

HEXÓGENO m. *Expl.* Ciclonita.

HEXOL m. *Quím.* Nombre genérico de los cuerpos que poseen seis veces la función alcohol. (Sinón. HEXALCOHOL.)

HEXOLITA f. *Expl.* Mezcla explosiva a base de hexógeno y tolita.

HEXOSA f. *Quím.* Nombre genérico de los azúcares aldehídicos o cetónicos en cuyas moléculas figuran seis átomos de carbono. (V. OSAS.)

Hf, símbolo químico del *hafnio.*

Hg, símbolo químico del *mercurio.*

HIAL, prefijo derivado del griego *hualos,* que significa *cristal.*

HIALINO, NA adj. Diáfano como el cristal.
— *Miner. Cuarzo hialino,* cristal de roca.

HIALITA f. *Miner.* Variedad de ópalo vítreo y transparente. (Sinón. AMIATITA.)
— *Vidr.* Cristal negro que se obtiene agregando azufre o escorias a un vidrio blanco y fino, y que tiene los mismos usos que la porcelana.

HIALOFANA f. *Miner.* Feldespato baritífero.

HIALÓGRAFO m. *Tecn.* Instrumento para reproducir los contornos y perspectiva de los objetos mediante la reflexión de su imagen en un cristal, la cual aparece así sobre el papel de dibujo situado en el lado opuesto de aquél. (V. *figura.*) ‖ Pupitre de cristal opal, alumbrado por debajo, que sirve para retocar clisés fotográficos y para calcar dibujos.

HIALOIDEO, A adj. Transparente como el cristal.

HIALOMELANA f. *Miner.* Vidrio natural, aluminosilicato de calcio y de sodio.

HIALOSIDERITA f. *Miner.* Variedad de peridoto, rico en hierro.

HIALOTEQUITA f. *Miner.* Borosilicato de plomo, bario y calcio.

HIALÓTERO m. *Vidr.* Instrumento para taladrar las placas de cristal por medio de chispas que se hacen saltar entre dos electrodos dispuestos frente a frente a los dos lados del vidrio.

HIDENITA f. *Miner.* Piroxeno* verde empleado en joyería.

HIDINA f. *Astron.* Marca registrada de un ergol combustible constituido por una mezcla de partes iguales de dietilenotriamina y de dimetilhidracina.

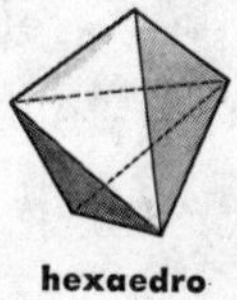

hexaedro

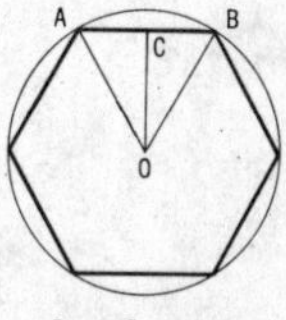

hexágono
AB = AO
OC, apotema

HIDR, prefijo derivado del griego *hudor*, que significa *agua*.
— *Quím.* En el nombre de un compuesto este prefijo indica la fijación de hidrógeno en una molécula y a veces la de agua.
HIDRÁCIDO m. *Quím.* Ácido que resulta de la combinación del hidrógeno con un metaloide. ‖ Otra forma del prefijo *hidracino* *.
— Los *hidrácidos* tienen propiedades idénticas a los ácidos * ordinarios y, como éstos, al obrar sobre las bases, dan sales cuyo nombre termina siempre en *uro* (cloruro, sulfuro, etc.) ; no obstante, por carecer de oxígeno sus moléculas, no existen anhídridos * correspondientes, circunstancia que los distingue de los oxácidos *.
Para designar un hidrácido se agrega la terminación *hídrico* al nombre del metaloide correspondiente: *ácido clorhídrico*. A veces el metaloide puede ser reemplazado por el radical *cianógeno** y entonces se tiene *ácido cianhídrico*.
HIDRÁCIDO, prefijo. V. HIDRACINO.
HIDRACINA f. *Quím.* Diamida que es una base de fórmula NH_2-NH_2. (Sinón. DIAMIDÓGENO.) ‖ Nombre genérico de los compuestos nitrogenados que resultan al substituir uno o varios átomos de hidrógeno de la hidracina por otros tantos radicales alcohólicos o fenólicos.
— La *hidracina* es un combustible que entra en la composición de propergoles para cohetes. También se usan con el mismo fin algunos de sus derivados: *hidrato de hidracina, monometilhidracina, dimetilhidracina*, etc.
HIDRACINO, prefijo que sirve para indicar que un compuesto contiene el radical NH_2-NH-. (Se usa también la forma *hidrácido*.)
HIDRACINOBENCENO m. *Quím.* Fenilhidracina.
HIDRALCOHÓLICO, CA adj. *Quím.* Dícese de los extractos alcohólicos que se vuelven a disolver en el agua.
HIDRAMIDA f. *Quím.* Compuesto nitrogenado que resulta de la acción del amoniaco sobre un aldehído.
HIDRAMINA f. *Fot.* Combinación de hidroquinona y de fenilenodiamina empleada como revelador *.
HIDRARGILITA f. *Miner.* Hidróxido de aluminio y mena de este metal.
HIDRARGIRIO o **HIDRARGIRO** m. *Quím.* Mercurio.
HIDRATACIÓN f. *Quím.* Fijación de agua por la molécula de un cuerpo. ‖ Transformación en hidrato.
HIDRATADO, DA adj. *Quím.* Combinado con el agua.
HIDRATANTE adj. Propio para hidratar.
HIDRATAR v. *Quím.* Combinar un cuerpo con el agua.
HIDRATO m. *Quím.* Combinación de un cuerpo simple o compuesto con una o varias moléculas de agua. ‖ Nombre que antes se daba a los *hidróxidos*. ‖ *Hidratos de carbono*, nombre genérico de compuestos que contienen en su molécula *n* átomos de carbono, *p* átomos de oxígeno y el doble de átomos de hidrógeno, con arreglo a la fórmula general $Cn\ (H_2O)p$.
— A los *hidratos de carbono* suele dárseles ahora el nombre de *glúcidos* *, pues ciertos cuerpos no pertenecientes a esta familia química (por ej., el ácido acético) tienen una fórmula conforme a la de la definición, mientras que verdaderos hidratos de carbono tienen fórmulas muy diferentes de la misma.
HIDRAULICIDAD f. *Hidr.* Relación entre el caudal medio de un año y el caudal medio de numerosos años: *la mala hidraulicidad de un año de sequía obliga a aumentar la proporción de energía eléctrica de origen térmico.*
HIDRÁULICO, CA adj. y s. Relativo o perteneciente al agua: *la energía hidráulica es económica.* ‖ Dícese del aparato o máquina en cuyo funcionamiento interviene el agua o, por extensión, algún otro líquido: *ariete hidráulico; frenos hidráulicos.*
— *Arm.* y *Autom. Freno hidráulico*, v. FRENO.
— *Constr. Cal hidráulica, cemento hidráulico*, v. CAL y CEMENTO.
— *Fís. Fuerza hidráulica*, energía suministrada por las aguas corrientes y los saltos de agua artificiales. ‖ *Torniquete* o *molinete hidráulico*, v. MOLINETE.
— *Hidr.* F. Parte de la mecánica de los fluidos que trata de las leyes que rigen los movimientos de los líquidos y de las técnicas destinadas al aprovechamiento de las aguas o a la defensa y protección contra las mismas.
— Las reglas de la *hidráulica* se fundan en las leyes de la hidrodinámica * y de la hidrostática *, y también en las siguientes suposiciones: los líquidos son isotropos, incompresibles y perfectamente fluidos; circulan en régimen permanente (o sea todas sus moléculas atraviesan una sección de la vena a igual velocidad) y continuo (pues, por hallarse en contacto las moléculas, las presiones se transmiten íntegramente de una a otra). El cálculo, apoyado por experimentos hechos con modelos reducidos, permite determinar con mucha precisión las características de los canales, presas, puertos, cañerías, sifones, etc.; calcular los roces con las paredes, las pérdidas de carga, los golpes de ariete, el régimen de los ríos, las mareas, etc.; diseñar y utilizar en condiciones óptimas las máquinas hidráulicas (v. seguidamente *Mec.*).
— *Mec. Ariete hidráulico*, v. ARIETE. ‖ *Criba hidráulica*, v. SEPARADOR. ‖ *Gato hidráulico*, v. GATO. ‖ *Prensa hidráulica*, v. PRENSA.
— Las *prensas, gatos* y *ascensores hidráulicos* se fundan en la incompresibilidad de los líquidos y en el principio de la transmisión integral de las presiones en todas las direcciones. (V. PASCAL y PRENSA.)
Las *máquinas hidráulicas* convierten la fuerza viva del agua en energía mecánica. (V. ARIETE, MOLINO y TURBINA.)
HIDRAULICONEUMÁTICO, CA adj. *Tecn.* Dícese de la bomba o dispositivo que eleva el agua por medio del aire comprimido.,
HIDRAVIACIÓN f. *Aeron.* Hidroaviación.
HIDRAVIÓN f. *Aeron.* Hidroavión.
HIDRAZINA f. *Quím.* Hidracina.
HIDRAZO, prefijo empleado en química para indicar la presencia en un compuesto del radical -NH-NH-.
HIDRAZOBENCENO m. *Quím.* Hidrazoico que se obtiene reduciendo el nitrobenceno con cinc y sosa y cuya fórmula es C_6H_5-NH-NH-C_6H_5.
HIDRAZOICO, CA adj. y s. *Quím.* Dícese de las hidracinas * en las cuales las substituciones de átomos de hidrógeno de la diamida son simétricas, o sea se repiten en los grupos H_2N, como en el hidrazobenceno *.
HIDRAZONA f. *Quím.* Compuesto que resulta de la condensación, con pérdida de una molécula de agua, de una hidracina substituida con un aldehído o una cetona.
HÍDRICO, CA adj. Relativo o perteneciente al agua.
— *Quím.* Sufijo que designa los *hidrácidos**.
HIDRO m. *Aeron.* Apócope de *hidroavión*.
HIDRO, prefijo derivado del gr. *hudôr*, que significa *agua*.
— *Quím.* V. HIDR.
HIDROALCOHÓLICO, CA adj. *Quím.* Hidralcohólico.
HIDROAROMÁTICO, CA adj. *Quím.* Aplícase a los tres carburos C_6H_8 (dihidrobenceno), C_6H_{10} (tetrahidrobenceno) y C_6H_{12} (hexahidrobenceno).
HIDROAVIACIÓN f. *Aeron.* Parte de la aviación relativa a los hidroaviones y, por ext., a los aviones terrestres que vuelan sobre el mar o pertenecen a servicios marítimos.
HIDROAVIÓN m. *Aeron.* Avión provisto de casco, barquillas o flotadores que le permiten despegar del agua y posarse en ella.
— El *hidroavión* puede ser un aparato terrestre en el cual se ha reemplazado el tren de aterrizaje por un par de flotadores o bien un aparato especialmente diseñado y cuyo fuselaje ha de reunir entonces las siguientes cualidades: fondo muy resistente capaz de soportar los choques violentos contra el agua y provisto de redientes que faciliten el despegue (en la fase final el casco solamente se apoya en el agua por el borde de los redientes); parte inferior del fuselaje en forma de casco altamente hidrodinámico; conservación, a pesar de las características acuáticas del casco, de las cualidades aerodinámicas durante el vuelo.
HIDROBASE f. *Aeron.* Plano de agua reservado para el despegue y amaraje de hidroaviones.

HIDROBENCÉNICO, CA adj. *Quím.* Hidroaromático.
HIDROCARBONADO, DA adj. *Quím.* Que contiene hidrógeno y carbono.
HIDROCARBONATO m. *Quím.* Carbonato que contiene agua en combinación.
HIDROCARBURO m. *Quím.* Carburo de hidrógeno.
— Las combinaciones del carbono con el hidrógeno son muy numerosas, variadas e importantes. Ciertos *hidrocarburos* son gaseosos, como el metano; otros son líquidos, como el benceno, y otros sólidos cual el naftaleno.
En los *hidrocarburos acíclicos,* también llamados *hidrocarburos alifáticos,* los átomos de carbono forman cadenas más o menos complejas, pero siempre abiertas. Se subdividen en *hidrocarburos saturados* y *no saturados.* Los primeros tienen enlace simple de los átomos de carbono y no admiten adiciones; los segundos tienen dos o tres enlaces y pueden fijar por adición hidrógeno y otros cuerpos.
Los *hidrocarburos saturados* forman una serie de cuerpos homólogos, cada uno de los cuales difiere del anterior o del siguiente por tener su molécula un radical CH_2 en más o en menos, respectivamente. Su nombre se termina siempre en *ano :* metano CH_4 etano C_2H_6, propano C_3H_8, butano C_4H_{10}. El nombre de los siguientes se forma uniendo el prefijo griego que indica el número de átomos de carbono y la referida desinencia *ano :* pentano C_5H_{12}, hexano, heptano, etc. A partir del butano la cadena puede tener una ramificación, en cuyo caso se forma el nombre agregando como prefijo al del hidrocarburo de la cadena principal el del hidrocarburo de la cadena lateral: metilpropano. Los cuatro primeros hidrocarburos saturados, que tienen de uno a cuatro átomos de carbono, son gaseosos; los siguientes, de cinco a quince átomos de carbono, son líquidos; los de más de quince son sólidos.
Los *hidrocarburos acíclicos no saturados* comprenden los *hidrocarburos acetilénicos* y los *etilénicos.* Los primeros se caracterizan por el triple enlace de sus átomos de carbono y su nombre tiene oficialmente la terminación *ino:* etino, propino, etc. (pero se suele seguir dando su nombre primitivo a los primeros de la serie: acetileno, alileno, etc.). Los *hidrocarburos etilénicos,* de los cuales el más simple es el etileno C_2H_4, tienen doble enlace ($H_2C = CH_2$ en el caso del etileno) y su nombre es el del hidrocarburo saturado correspondiente, al cual se agrega la desinencia *eno:* eteno, propeno, buteno, etc. (no obstante, los primeros de la serie siguen designándose por los nombres que se les había dado primitivamente: etileno, propileno, butileno, etc.).
Los *hidrocarburos cíclicos* se caracterizan por formar sus átomos de carbono una cadena cerrada. En los *hidrocarburos aromáticos* consta la misma cadena de seis átomos de carbono, con enlace alternativamente simple y doble, en forma de hexágono (núcleo de benceno *). Además del benceno C_6H_6, pertenecen a este grupo el tolueno, el xileno, el naftaleno, el antraceno, etc.
Los *hidrocarburos alicíclicos, hidrocíclicos* o *nafténicos* tienen cadenas cerradas de tres a ocho átomos de carbono, saturadas o no, y sus propiedades son comparables a las de los hidrocarburos acíclicos. Su nombre se forma agregando el prefijo *ciclo* al nombre del carburo acíclico correspondiente: ciclopropano, ciclobutano, ciclopentano, etc.
Los hidrocarburos se emplean generalmente como combustibles y lubricantes, así como en la industria química. El petróleo y el gas natural no son sino mezclas de hidrocarburos.
HIDROCELULOSA f. *Quím.* Nombre genérico de las substancias derivadas de la celulosa por hidrólisis parcial de la misma, tratándolas en caliente con ácidos diluidos.
HIDROCENTRAL f. *Electr.* Central hidráulica.
HIDROCERAMIO m. *Cerám.* Nombre genérico de las alcarazas, botijos y otras vasijas porosas, propias para refrescar el agua por evaporación.
HIDROCICLÓN m. *Tecn.* Ciclón * para separar suspensiones acuosas o líquidas.
HIDROCLASIFICADOR m. *Min.* Clasificador * hidráulico. (V. SEPARADOR.)
HIDROCLÓRICO, CA adj. *Quím.* Clorhídrico.
HIDROCOLOIDE m. *Quím.* Coloide de agar agar y agua, principalmente usado por los dentistas para sacar moldes de los dientes.
HIDRODESLIZADOR m. *Mar.* Aerodeslizador.
HIDRODINÁMICO, CA adj. y s. Relativo a los movimientos de los fluidos. ‖ — F. Parte de la física que trata de los movimientos de los líquidos, así como de la resistencia opuesta por los mismos a los cuerpos que se mueven en su seno.
— La *hidrodinámica* considera la velocidad y la dirección del líquido, así como el gasto y la presión. Sus cálculos tienen en cuenta el roce con las paredes sólidas y la viscosidad. En ellos representa importante papel el teorema de Bernouilli (principio de la conservación de energía), según el cual la suma de la energía cinética, de la energía potencial (determinada ésta por su peso y dependiente de la altura considerada) y de su presión arroja una cantidad constante. A un aumento de la sección de un tubo corresponde una disminución de la velocidad y un aumento de la presión del líquido (fenómeno de Venturi). Mientras el tubo es lo suficientemente estrecho, los hilillos del líquido corren paralelamente (régimen laminar *), y mientras aumenta la sección de la vena, dejan de ser paralelos, se entrelazan o enroscan y forman remolinos (régimen turbulento *).
La resistencia que opone el agua a un cuerpo que se mueve en su seno depende de la forma del móvil, especialmente de su máxima sección (la cuaderna maestra, en el caso de los barcos) y es proporcional al cuadrado de la velocidad (o sea cuando un barco dobla su velocidad, la resistencia del agua es cuatro veces mayor).
Las principales aplicaciones de la hidrodinámica son las siguientes: determinación de las formas más convenientes del casco de los barcos; diseño de los canales, presas, puertos, etc.; estudio de las formas y dimensiones de las hélices y turbinas, tendiente a obtener el máximo rendimiento y a evitar los efectos desastrosos de los fenómenos de cavitación *.
En los estudios de hidrodinámica representan importante papel los experimentos hechos con modelos reducidos de los barcos, puertos, presas, etc.
HIDROELECTRICIDAD f. *Electr.* Electricidad que se produce aprovechando la fuerza viva del agua.
HIDROELÉCTRICO, CA adj. *Electr.* Relativo a la producción de energía eléctrica mediante aprovechamiento de la fuerza viva del agua.
HIDROESFERA f. Hidrosfera.
HIDROESQUÍ m. *Aeron.* Dispositivo consistente en unos patines o aletas sobre los cuales ejerce

hidroavión cuadrimotor

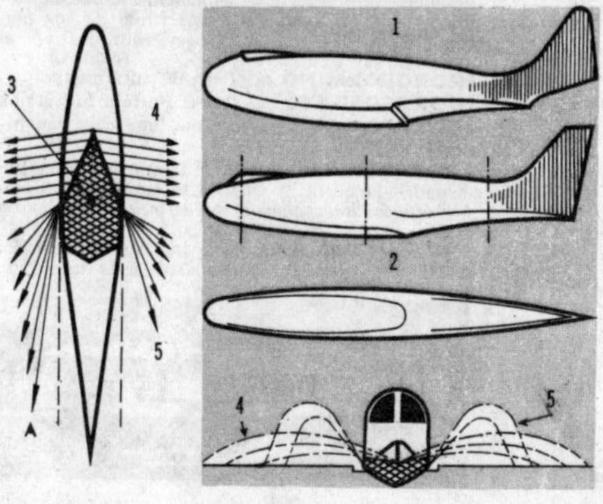

detalles del casco : 1. Rediente primitivo; 2. Rediente carenado; 3. Superficie de apoyo; 4. Agua expelida en cinta; 5. Agua expelida en ampolla

Fot. S. C. A.

hidroesquí

el agua un empuje vertical, elevándose así por encima del agua el avión que los lleva, con lo cual puede despegar a pesar de no tener casco ni flotadores como los de los hidroaviones comunes: *el hidroesquí solamente se ha utilizado hasta ahora a título experimental.*

HIDROEXTRACTOR m. *Tecn.* Escurridora * centrífuga.

HIDRÓFANA f. *Miner.* Ópalo que, al impregnarse de agua, se vuelve transparente.

HIDROFILIA f. Avidez del agua propia de los cuerpos que la absorben en grandes proporciones. ‖ Propiedad que tienen los coloides de absorber y retener el agua y a la cual se debe que la materia viviente pueda contener hasta más del 90 % de su peso de agua.

HIDRÓFILO, LA adj. Dícese de las materias coloidales que hinchan en ciertos líquidos. ‖ Que absorbe o se empapa de agua: *algodón hidrófilo.*

HIDROFLUÓRICO, CA adj. *Quím.* Fluorhídrico.

HIDROFOBIA f. *Quím.* Propiedad de las substancias hidrófobas. (V. HIDRÓFOBO.)

HIDRÓFOBO, BA adj. *Quím.* Dícese de ciertos grupos de moléculas que no tienen afinidad por el agua y que, al encontrarse en su seno, tienden a ser expulsados por las moléculas de la misma.

HIDROFOIL m. *Mar.* Embarcación muy rápida que navega con el casco fuera del agua, sostenida por el empuje que ésta ejerce sobre unos patines sumergidos y convenientemente inclinados. (Sinón. HIDROALA.)

— El *hidrofoil* lleva fijados bajo el casco y a cierta distancia del mismo unos patines ligeramente inclinados, como lo son las alas de un avión.

Al avanzar la embarcación, el agua ejerce un empuje vertical sobre dichos patines. Así, a medida que aumenta la velocidad, el barco es aligerado y acaba por ser levantado fuera del agua, aunque las hélices, claro está, permanecen sumergidas. Como la resistencia que opone el aire al casco es muchísimo menor que la del agua, el barco puede alcanzar velocidades muy elevadas.

HIDRÓFONO m. Especie de micrófono que, sumergido en el agua, capta las oscilaciones sonoras que se propagan por la misma y las transforma en oscilaciones eléctricas.

— Los *hidrófonos* se usan con distintos fines, por ejemplo, para descubrir fugas en las cañerías y para ciertos estudios de biología, especialmente acerca de los cetáceos. No obstante, su aplicación más común la tienen en los barcos de guerra, para descubrir la presencia de submarinos o barcos enemigos, mediante captación del ruido de sus motores o de las vibraciones engendradas en el agua por las hélices.

HIDROFORMING m. *Petr.* V. REFORMING.

HIDROFOSFATO m. *Quím.* Fosfato hidratado.

HIDROFUGAR v. Hacer que una cosa sea hidrófuga.

HIDRÓFUGO, GA adj. y s. Que evita la humedad o la quita. ‖ Que no se moja: *los tejidos hidrófugos impregnados de silicones repelen el agua.*

— *Constr.* Substancia para impermeabilizar los morteros y hormigones expuestos a la humedad.

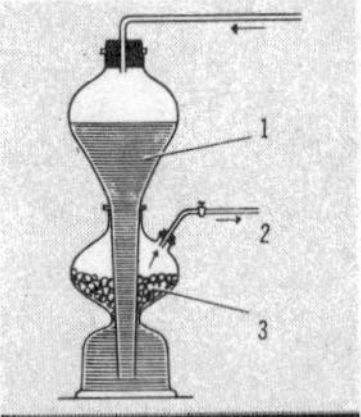

preparación continua

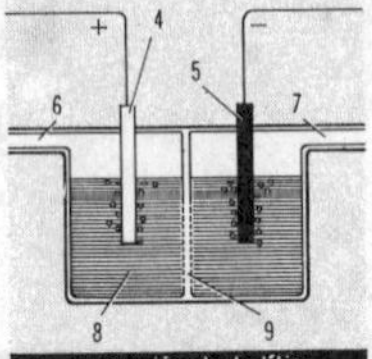

preparación electrolítica

hidrógeno
1. Ácido clorhídrico; 2. Hidrógeno; 3. Granalla de cinc; 4. Ánodo; 5. Cátodo; 6. Oxígeno; 7. Hidrógeno; 8. Disolución de sosa; 9. Tabique poroso

hidrofoil en Moscú

— Los *hidrófugos* tienen por objeto impedir la infiltración de la humedad en las obras de fábrica. Unos, llamados *hidrófugos de masa,* consisten en jabones, aceites, resinas o betunes que se mezclan con el hormigón. Otros se aplican en forma de revestimiento superficial, especialmente los silicatos de magnesia, que forman una película dura e impermeable. Citemos también los silicones, que, al modificar la capilaridad de la superficie, impiden que el agua se adhiera a la misma.

HIDROGEL m. *Quím.* Gel que se obtiene en un medio acuoso. ‖ Hidrosol coagulado.

HIDROGENACIÓN f. *Quím.* Introducción y fijación de átomos de hidrógeno en las moléculas de un cuerpo.

— Las formas de *hidrogenación* más comunes son las siguientes: acción del hidrógeno gaseoso puesto directamente en contacto, a temperaturas elevadas, con el cuerpo que se ha de hidrogenar; hidrogenación catalítica efectuada de la misma manera, aunque facilitando la reacción con un catalizador (limaduras de cobre, níquel o platino; óxido de platino, sulfuro de molibdeno, etc.); hidrogenación por el hidrógeno naciente desprendido en el curso de la reacción de un cuerpo con otro, quedando uno de ellos hidrogenado.

La hidrogenación tiene importancia considerable en numerosas industrias: permite endurecer los aceites para transformarlos en grasas consistentes, e, inversamente, liquidar la hulla para obtener hidrocarburos líquidos; sirve para transformar un cuerpo en otro (por ej., el nitrobenceno en anilina), para desulfurar los combustibles derivados del petróleo, etc.

HIDROGENADO, DA adj. *Quím.* Combinado con hidrógeno. ‖ Que contiene hidrógeno.

HIDROGENAR v. *Quím.* Combinar con hidrógeno. ‖ Agregar hidrógeno a una substancia.

HIDROGÉNESIS f. Ciencia que trata del descubrimiento y la captación de manantiales y cursos de agua.

HIDROGENITA f. *Quím.* Mezcla de ferrosilicio y de sosa cáustica que desprende hidrógeno al ser calentada.

HIDRÓGENO m. *Quím.* Primer elemento de la tabla de los cuerpos simples, cuyo símbolo es H. ‖ *Hidrógeno arseniado,* arsina de fórmula AsH_3. ‖ *Hidrógeno bicarbonado,* etileno. ‖ *Hidrógeno hiperpesado,* tritio. ‖ *Hidrógeno pesado,* deuterio. ‖ *Hidrógeno sulfurado,* ácido sulfhídrico *. ‖ *Bomba de hidrógeno,* v. BOMBA. ‖ *Ion de hidrógeno,* átomo de hidrógeno desprovisto de su electrón y, consiguientemente, reducido a un protón. (V. PH.)

— El *hidrógeno* es el más ligero de todos los cuerpos y el que tiene los átomos más simples, dado que éstos se componen de un solo protón como núcleo y de un electrón. En realidad dichos átomos, cuya masa es de 1,00783, constituyen 99,9844 % del hidrógeno natural y éste contiene también 0,0156 % del isótopo llamado deuterio * (masa = 2,01408) e ínfimas proporciones de tritio * (masa = 3,01603).

El hidrógeno es un gas incoloro e inodoro. Sus puntos de ebullición y de fusión son, respectivamente, de — 252,7° y 259,14°. Al estado gaseoso su densidad respecto a la del aire es de 0,07; al estado líquido y al estado sólido 0,0709, y respecto a la del agua, 0,0808.

El hidrógeno, buen conductor del calor y de la electricidad, es químicamente poco activo en frío pero da numerosas reacciones en caliente o en presencia de catalizadores: combinación directa con los metales alcalinos y con la mayor parte de los metaloides; combinación con el oxígeno (agua, ya en caliente, ya en presencia de catalizadores (v. HIDROGENACIÓN), etc. Las combinaciones de hidrógeno con otros cuerpos se llaman *hidruros*. Si se hace pasar una corriente de hidrógeno por un arco eléctrico se obtiene *hidrógeno atómico*, poderoso reductor capaz de reducir todos los óxidos y de combinarse en frío con la mayor parte de los metaloides.

El hidrógeno es el elemento más abundante del universo, no solamente como constituyente principal, con el helio, de las estrellas, sino también en las nebulosas y en el espacio interestelar. Es raro en la atmósfera terrestre (tres diezmilésimas partes de su volumen), pero abunda en el agua (dos volúmenes por uno de oxígeno) y se halla presente, al estado de combinación, en muchos m

Fot. U. S. I. S., Associated Pres

nerales y en todos los cuerpos orgánicos (por ej. constituye 10 % del cuerpo humano). En el planeta Júpiter que, prácticamente, es una inmensa esfera de hidrógeno, este elemento se halla solidificado en el núcleo central a cuyo estado se da el nombre de *hidrógeno metálico*.
El hidrógeno se obtiene industrialmente por varios métodos: electrólisis del agua alcalinizada; separación del óxido de carbono presente, con él, en el gas de agua; reducción del vapor de agua por el hierro; tratamiento, con nitrógeno líquido, del gas natural previamente depurado (el nitrógeno líquido provoca la condensación de todos los gases salvo el hidrógeno y el nitrógeno, siendo aprovechada la mezcla de ambos para fabricar amoniaco. Citemos por último un medio práctico para obtener pequeñas cantidades de hidrógeno: basta con verter ácido clorhídrico diluido en un frasco que contenga limaduras de cinc.
Una de las primeras aplicaciones del hidrógeno fue para hinchar aeróstatos, pero la inflamabilidad de este gas ha originado no pocas catástrofes y ahora ha sido reemplazado por el helio. En cambio se han extendido considerablemente sus aplicaciones industriales (v. HIDROGENACIÓN). También se emplea como ergol combustible para cohetes espaciales (v. PROPERGOL). Sirve asimismo para obtener temperaturas elevadas con el soplete oxhídrico.

HIDROGENOIDE m. *Atom.* Nombre dado a los átomos que tienen un núcleo positivo alrededor del cual solamente gravita un electrón: *salvo el hidrógeno, todos los hidrogenoides son iones positivos, o sea átomos que han perdido todos sus electrones menos uno.*

HIDROGENURO m. *Quím.* Hidruro.

HIDROGEOLOGÍA f. Parte de la geología que trata de la búsqueda y alumbramiento de aguas subterráneas.

HIDROGRAFÍA f. *Geogr.* Parte de la geografía que trata de las aguas marítimas (oceanografía *), de las aguas corrientes (potamología *) y de las lacustres (limnología *).

HIDROGRÁFICO, CA adj. *Hidr.* Relativo a la hidrografía: *trazar un mapa hidrográfico.*

HIDRÓGRAFO m. *Hidr.* Hidrómetro registrador para medir el nivel de los cursos de agua.

HIDROHALOGENURACIÓN f. *Quím.* Adición de ácidos halohídricos a los compuestos no saturados. (V. HALOGENACIÓN.)

HIDROL m. *Quím.* Nombre dado por los químicos a la molécula ordinaria del agua, cuya fórmula es H_2O, mientras que las moléculas dobles $(H_2O)_2$, triples $(H_2O)_3$, etc., también presentes en el agua, y en el hielo, se llaman, respectivamente, *dihidrol, trihidrol,* etc. || Nombre comercial de una materia colorante que es el alcohol secundario correspondiente a la benzofenona *.

HIDRÓLISIS f. *Quím.* Descomposición de un cuerpo por la acción del agua, la cual se descompone a su vez en un átomo de hidrógeno y un radical hidroxilo OH: *la hidrólisis de los ésteres da un alcohol y un ácido.*

HIDROLITA f. *Quím.* Hidruro de calcio que, descompuesto en frío por el agua, da hidrógeno.

HIDROLIZABLE adj. *Quím.* Que puede ser hidrolizado.

HIDROLIZAR v. *Quím.* Efectuar la hidrólisis.

HIDROLOGÍA f. *Hidr.* Ciencia que trata de las propiedades mecánicas, físicas y químicas de las aguas. || *Hidrología fluvial,* v. POTAMOLOGÍA. || *Hidrología marítima,* v. OCEANOGRAFÍA.

HIDROMECÁNICO, CA adj. *Mec.* Dícese de los dispositivos en los cuales se utiliza un líquido para transmitir los esfuerzos o movimientos de unos órganos a otros.

HIDROMETALOPLASTIA f. *Metal.* Hidroplastia.

HIDROMETEORO m. *Meteor.* Meteoro debido a la condensación o la congelación de la humedad del aire.
— Distínguense las siguientes clases de *hidrometeoros:* los que resultan de la presencia de gotitas líquidas en el aire, cuales son la niebla y las nubes; las precipitaciones en forma de lluvia, nieve o granizo; la condensación de la humedad atmosférica sobre las superficies frías, como ocurre en el rocío y la escarcha.

HIDRÓMETRO m. *Hidr.* Instrumento para medir la amplitud de las mareas, el nivel de los cursos de agua, la velocidad de las aguas corrientes, la altura de los líquidos en los depósitos, etc.
— El nivel de las aguas se mide ya con escalas graduadas fijas en las márgenes, ya con flotadores provistos de agujas o cursores que corren sobre una escala (v. NIVEL); las velocidades se miden con correntómetros *.

HIDROMETRÍA f. *Hidr.* Parte de la hidrodinámica que trata de las mediciones relativas a los líquidos en movimiento (caudal, velocidad, etc.).

HIDROMODELISMO m. *Hidr.* Técnica relativa a la construcción de modelos reducidos de barcos, puertos, canales, presas, etc., destinados a ser estudiados por los métodos de la hidráulica.

HIDROMÓRFICO, CA o **HIDROMORFO, FA** adj. Dícese de los suelos permanentemente empapados de agua, ya por hallarse al nivel de la capa freática *, ya por tratarse de terrenos bajos barridos por el agua.

HIDRONALIO m. *Metal.* Aleación ligera a base de aluminio, que contiene de 2 a 10 % de magnesio y a veces de 0,2 a 0,8 % de manganeso: *el hidronalio resiste muy bien a la acción corrosiva del agua del mar y de los álcalis.*

HIDRONEUMÁTICO, CA adj. *Mec.* Dícese de los dispositivos o aparatos en cuyo funcionamiento intervienen a la vez un líquido y un gas comprimido. (V. OLEONEUMÁTICO.)

HIDROPIRÍDICO, CA adj. *Quím.* Nombre genérico de los derivados hidrogenados de las piridinas.

HIDROPLANO m. Aerodeslizador anfibio *. || Vehículo acuático, con casco plano de escaso calado, propulsado por una hélice aérea, propio para navegar con rapidez en aguas poco profundas. || Hidrofoil.

HIDROPLASTIA f. *Metal.* Técnica consistente en revestir la superficie de una pieza metálica con una capa de otro metal aplicada por simple contacto y no por medios electrolíticos.
— La *hidroplastia* se obtiene por inmersión de las piezas en un baño que contiene disueltas sales del metal que han de formar el revestimiento (estaño, cobre, cinc, etc.).

HIDROPÓNICA f. *Agr.* Acuicultura.

HIDROQUINOLEICO, CA adj. *Quím.* Nombre de los derivados hidrogenados de las quinoleínas.

HIDROQUINONA f. *Fot.* Paradifenol que se obtiene por reducción de la quinona o por síntesis (a partir del óxido de carbono, del hidrógeno y del acetileno) y que, por sus propiedades reductoras, se emplea como revelador fotográfico.

HIDROSCOPIA f. *Hidr.* Arte de descubrir las aguas subterráneas.

HIDROSFERA f. Parte líquida, constituida principalmente por los mares, que, con la litosfera, forma la capa superficial del globo terráqueo.

HIDROSILICATO m. *Quím.* Silicato hidratado.

HIDROSINTASIA f. *Fís.* Hinchamiento de un gel por el agua que penetra en el mismo.

HIDROSKÍ m. *Aeron.* Hidroesquí.

HIDROSOL m. *Quím.* Sol * cuyo medio líquido consiste en agua o en una disolución acuosa.

HIDROSOLUBLE adj. *Quím.* Soluble en el agua.

HIDROSTÁTICO, CA adj. y s. *Hidr.* Relativo al equilibrio de los líquidos. || — F. Parte de la hidráulica que trata de los fluidos en equilibrio. || *Balanza hidrostática,* v. BALANZA. || *Nivel hidrostático,* v. NIVEL.
— La *hidrostática* se funda en una serie de leyes y principios, especialmente los siguientes: *principio de Arquímedes* * sobre la flotabilidad de los cuerpos; *paradoja hidrostática de Stevin,* según la cual la presión ejercida por un líquido sobre el fondo de un recipiente —sea cual fuere la forma de éste— es igual al peso del cilindro líquido que tendría por base el fondo de la vasija y por altura la que alcanza el líquido en la misma; *principio de Pascal* * sobre la igualdad de la presión en todas las direcciones dentro del líquido sometido a un empuje (así, la diferencia de las presiones entre dos puntos de la masa líquida es igual al peso de una columna de líquido de altura equivalente a la diferencia de nivel que existe entre los dos puntos considerados); *principio de los vasos * comunicantes.*

desmolde de las barras de **hielo**

Los principios de la hidrostática son generalmente aplicables a los gases y, por ejemplo, un globo libre y un batíscafo funcionan con arreglo al mismo principio de Arquímedes.

HIDROSTATÍMETRO m. *Hidr.* Instrumento que indica el nivel de los cursos de agua por medio de un flotador cuyos movimientos verticales se transmiten eléctricamente y a distancia a una aguja que corre sobre una escala graduada.

HIDRÓSTATO m. *Obr. públ.* Cajón * neumático.

HIDROSULFATO m. *Quím.* Sulfuro.

HIDROSULFITO m. *Quím.* Sal del ácido hidrosulfuroso: *los hidrosulfitos son reductores muy enérgicos empleados en tintorería.*

HIDROSULFÚRICO, CA adj. *Quím.* Sulfhídrico.

HIDROSULFURO m. *Quím.* Sulfuro ácido.

HIDROSULFUROSO, SA adj. *Quím.* Dícese de un ácido $H_2S_2O_4$ que no ha podido ser aislado, pero cuyas sales, llamadas *hidrosulfitos* son perfectamente conocidas.

HIDROTECNIA f. *Hidr.* Técnica relativa a las aguas corrientes y a su distribución.

HIDROTERMAL adj. *Geol.* Relativo o perteneciente a las aguas termales. || Dícese de las rocas o filones formados por la precipitación de minerales arrastrados por aguas termales sometidas a presiones y temperaturas elevadas.

HIDROTERPÉNICO, CA adj. *Quím.* Obtenido mediante hidrogenación de un terpeno.

HIDROTIMETRÍA f. *Quím.* Método para medir la dureza de las aguas cálcicas o magnésicas, según la cantidad de solución alcohólica de jabón que es necesario agregarles hasta que produzcan espuma.

HIDROTIMÉTRICO, CA adj. Relativo a la hidrotimetría. || *Grado hidrotimétrico,* proporción de sales cálcicas y magnésicas que contiene un agua.

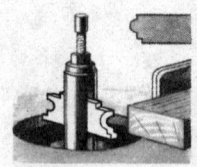

hierro de tupí

HIDROTIPIA f. *Art. gráf.* Procedimiento para reproducir imágenes fotográficas fundado en la propiedad que tiene la gelatina bicromatada de volverse impermeable donde la hiere la luz, mientras que las partes no impresionadas pueden absorber el agua o las tintas.

HIDROTOPIA f. *Quím.* Solubilidad aparente de una substancia insoluble, que se obtiene mojándola o tratándola con sales o productos apropiados.

HIDROXI, prefijo que indica la presencia del radical hidroxilo —OH en la molécula de un cuerpo.

HIDROXIANTRAQUINONAS f. pl. *Quím.* Grupo de compuestos hidroxilados de la antraquinona, muchos de los cuales son importantes colorantes sintéticos.

HIDROXIAZOICO m. *Quím.* Azofenol.

HIDROXIBENCENO m. *Quím.* Fenol.

HIDROXIBENZOICO, CA adj. *Quím.* Dícese de los compuestos benzoicos que tienen una función fenol.

HIDRÓXIDO m. *Quím.* Combinación del agua con un óxido metálico.

HIDROXIHIDROQUINONA f. *Fot.* Trifenol que resulta al oxidar la hidroquinona con aire en presencia de potasa y que es empleado com revelador.

HIDROXILADO, DA adj. *Quím.* Dícese de compuesto que contiene en su molécula el hidroxilo —OH.

HIDROXILAMINA f. *Quím.* Base NH_2OH derivada del amoniaco por substitución de un de sus átomos de hidrógeno por el hidroxilo —OH

HIDROXÍLICO, CA adj. *Quím.* Relativo o perteneciente al hidroxilo: *hidrógeno hidroxílico.*

HIDROXILO m. *Quím.* Radical univalent —OH, muy importante porque figura en las moléculas del agua, de los hidróxidos, los oxácidos los alcoholes, etc. (Sinón. OXHIDRILO.) || *Ion hidroxilo,* radical OH que, por haber capturado u electrón suplementario, tiene carga negativa (V. PH.)

HIDROXINAFTALENO m. *Quím.* Naftol.

HIDROXITOLUENO m. *Quím.* Cresol.

HIDRURO m. *Quím.* Combinación del hidrógeno con otro cuerpo, generalmente obtenida ponien do ambos en contacto a temperaturas de vario centenares de grados: *los hidruros son agentes d síntesis muy apreciados.*

HIELO m. Agua congelada. || *Hielo carbónico hielo seco,* carbohielo.

— El *hielo* es un sólido constituido por cristale hexagonales que se forman cuando, en condicione normales de presión, la temperatura del agu baja a 0°, cuyo fenómeno constituye una d las dos referencias adoptadas para definir l escala de los termómetros. El hielo de agua pur es perfectamente transparente y la opacidad qu presenta el hielo con frecuencia se debe a l presencia de minúsculas burbujas de aire. E agua, al solidificarse, aumenta de volumen: d ahí que el hielo flote en el agua líquida —pue su densidad es de 0,92—, y que el casco de u barco aprisionado en los hielos polares pueda se dislocado por la presión de la banquisa *.
El hielo se produce artificialmente para uso domésticos e industriales refrigerando los molde llenos de agua con una salmuera cuya temperatur suele ser de —5 a —7°.
El agua del mar hiela aproximadamente a —2 (según su salinidad). Cuando se congela par cialmente agua salada, el hielo que se form está casi exento de sales, y el agua restante s convierte en una salmuera cada vez más cargad de aquéllas. En este principio se fundan cierto métodos de desalazón del agua de mar, consisten tes en congelarla y en separar el hielo para la varlo y fundirlo.

HIERRO m. Elemento químico de número atómi co 26 y símbolo *Fe* (v. más abajo *Quím.*), que e también el más importante de todos los metale (v. también *Metal.*).

— *Art. y of.* Nombre dado a muchas herramien tas de hierro o de acero: *hierro de retundir.* || Cuchilla de una herramienta: *ciertos cepillos tie nen hierros de filo complicado.*

— *Carp. Madera de hierro,* v. MADERA.

— *Constr. Cemento, ladrillo de hierro,* v. CEMENTO y LADRILLO.

— *Curt. Curtido al hierro,* v. CURTIDO.

— *Metal.* El *hierro,* cuyas constantes fisicoquímicas se indican más abajo (v. *Quím.*) se extra de numerosas y muy variadas menas, especial mente de las siguientes: magnetita y hematite roja u oligisto (minerales con 70 % de hierro) hematites parda o limonita (hasta 60 % de metal) y siderita o hierro espático (menos de 50 %) En muchas partes los yacimientos afloran y s explotan a cielo abierto; en otras se beneficia montañas enteras de hierro. La presencia d minas de hulla en la misma cuenca minera d generalmente lugar a la instalación de gigantesco complejos siderúrgicos en los cuales, después d haber obtenido hierro bruto (arrabio), se elabo ran distintas clases de fundición y de acero y se transforma éste en productos industriales (piezas de forja, laminados, perfilados y trefilados) El hierro se obtiene en importantes instalacione llamadas altos hornos, cuyo funcionamiento s describe en el artículo HORNO. La mayor part del hierro es utilizado en forma de acero y d fundición, pero en muchas aplicaciones se siguen empleando distintas calidades de hierro. El producto industrial puro tiene las siguientes características mecánicas: resistencia a la tracción 30 kg/mm²; alargamiento hasta la ruptura, de

Fot. La Photothèque

orden de 25 % ; límite de elasticidad, 20 kg/mm². Es un metal muy maleable, pero la presencia de azufre o de oxígeno limitan mucho su plasticidad en caliente. Su resistencia a la corrosión atmosférica es buena y tanto mejor cuanto más puro es el metal y más seco el aire. (V. HERRUMBRE.)
Las aplicaciones de las mejores clases de hierro se confunden a veces con las de los aceros más dulces. La gran facilidad con que el hierro puede ser soldado y deformado (forjado, estirado, laminado, etc.) da lugar a su transformación en forma de chapa, barras y tubos, alambres, etc. (Las barras suelen designarse por la voz *hierro* seguida de un calificativo alusivo a su forma: *hierro angular, hierro en T.* o a sus aplicaciones: *hierro cuchillero* [v. PERFILADO].) También se aprovechan sus propiedades magnéticas en la construcción de núcleos y piezas polares (electromotores, electroimanes, relevos, transformadores, etc.). Se emplea asimismo en forma de polvo para fabricar piezas fritadas, electrodos de soldadura autógena, etc.
Ateniéndose a las particularidades de su fabricación o a los tratamientos ulteriores, se distinguen numerosas clases de hierro, a saber : *Hierro Armco,* metal purísimo (99,8 % de hierro) de afino, tratado, como si fuera acero, en el horno Martin o en convertidores, dotado de altas propiedades magnéticas y muy resistente a la corrosión atmosférica (propio para alambres expuestos a la intemperie). || *Hierro carbonilo,* hierro muy puro que se obtiene en pequeñas cantidades, al estado de polvo, por descomposición del carbonilo de hierro y que se emplea en metalurgia * de polvos para fabricar piezas magnéticas. || *Hierro colado,* fundición o arrabio. || *Hierro dulce,* hierro recocido, propio para núcleos de circuitos magnéticos; también se designa así todo hierro bastante puro y muy maleable, que se labre con facilidad. || *Hierro electrolítico,* el que se obtiene por electrólisis de sales de hierro y se caracteriza por su pureza, aunque contiene gases que le confieren mucha fragilidad (sirve para piezas magnéticas). || *Hierro forjado,* el que se elabora por vía pastosa a partir de minerales muy puros; también se designa así cualquier hierro dulce trabajado a la forja. || *Hierro fundido,* fundición y, también, hierro refundido y afinado en el horno Martin o en el convertidor (contiene menos de 0,05 % de carbono y puede ser considerado como un acero extradulce). || *Hierro galvanizado,* el que ha sido revestido de cinc por galvanización *. || *Hierro níquel,* ferroníquel. || *Hierro pudelado,* v. PUDELADO. || *Hierro reducido,* el que se obtiene al estado de polvo por reducción de óxidos de hierro en un medio reductor gaseoso (hidrógeno u óxido de carbono). || *Hierro sueco,* hierro que resulta al afinar el arrabio con carbón de leña.
— *Miner. Hierro arsenical,* mispíquel. || *Hierro espático,* siderosa. || *Hierro limonoso,* limonita. || *Hierro meteórico,* hierro presente en los meteoritos, generalmente combinado con níquel, cromo, cobalto y otros metales. || *Hierro nativo,* hierro cristalizado que se encuentra a veces en forma de bloques dentro del basalto. || *Hierro oligisto,* hematites roja. || *Hierro de los pantanos,* capa de limonita o carbonato de hierro y fósforo que se forma en el fondo de las aguas estancadas como resultado de la reducción de los óxidos de hierro por ciertas diatomeas. || *Hierro titanado,* ilmenita.
— *Pint. óxido de hierro,* nombre genérico de pigmentos de distintos colores suministrados por minerales de hierro y cuya gama se extiende desde el ocre hasta el negro.
— *Quím.* El *hierro* es un elemento sólido, de color gris claro, que tiene las siguientes características químicas: densidad 7,86; temperaturas de fusión y ebullición 1 535 y 2 730°, respectivamente; masa atómica 55,847, que resulta de la mezcla de cuatro isótopos cuyas masas y proporciones son 54 (5,90 %), 56 (91,52 %), 57 (2,245 %) y 58 (0,33 %). La corteza terrestre contiene más de 5 % de hierro y se cree que el núcleo del Globo lo contiene en proporciones mucho mayores. (V. TIERRA.)
El hierro es un metal magnético, dúctil, maleable y muy tenaz, el más importante de todos los que utiliza el hombre (v. más arriba *Metal.*). Puede combinarse directamente con la mayor parte de los metaloides y, en caliente, con el azufre y el carbono; descompone el vapor de agua al rojo vivo y se disuelve en los ácidos diluidos.
Según sean sus valencias, el hierro da dos familias de compuestos: compuestos *ferrosos* (cuyas disoluciones suelen ser verdes), si el hierro es bivalente; compuestos *férricos,* de color entre amarillo y rojo, si es trivalente. El óxido férrico o sesquióxido constituye el colcótar. El óxido ferroso o protóxido FeO se obtiene por reducción del anterior. Ambos óxidos se hallan combinados en el óxido salino o magnético Fe_3O_4, que constituye el imán natural. Otras combinaciones de óxidos son los ferritos * y los ferratos *.
El sulfuro de hierro FeS se fabrica por síntesis y sirve para preparar hidrógeno * sulfurado, mientras que el bisulfuro no es sino la pirita. El sulfato ferroso o vitriolo de hierro se obtiene tratando el hierro con ácido sulfúrico y da pigmentos negros, usándose también en fotografía. En cuanto al sulfato férrico se fabrica con ácido sulfúrico y óxido férrico, forma compuestos imputrescibles con las materias orgánicas (tratamiento de desperdicios en los mataderos, para elaborar abonos) y sirve para disgregar minerales de cobre. No pocos derivados del hierro tienen aplicaciones en farmacia.

HI-FI f. *Radiot.* Primeras letras de *high fidelity,* expresión inglesa que significa *alta fidelidad.*

HIGEA, uno de los principales asteroides *.

HIGRO, prefijo derivado del griego *hugros,* que significa *húmedo.*

HIGROCERAMIO m. *Cerám.* Hidroceramio.

HIGROLOGÍA f. *Fís.* Tratado acerca del agua y, por extensión, sobre los demás líquidos.

HIGROMETRÍA f. *Meteor.* Parte de la meteorología concerniente a la medición de la proporción de vapor de agua presente en el aire. (V. HIGRÓMETRO.)

HIGROMETRICIDAD f. Proporción de humedad que contiene un gas en suspensión.

HIGROMÉTRICO, CA adj. *Meteor.* Relativo a la higrometría. || *Estado higrométrico,* relación entre la presión efectiva del vapor de agua en el aire y la presión máxima que podría alcanzar en el mismo a idéntica temperatura. (V. HUMEDAD.)

HIGRÓMETRO m. *Carp.* Instrumento para medir la humedad de la madera.
— Los *higrómetros para madera* se fundan en la medición de la resistencia eléctrica o de la constante dieléctrica de la misma, ya que tanto una como la otra dependen de la humedad que existe entre dos electrodos hincados en la materia lignosa.
— *Meteor.* Instrumento para medir la humedad del aire. (V. también HIGROSCOPIO.)
— Los *higrómetros* funcionan con arreglo a uno de los principios siguientes: en los *higrómetros químicos* el aire pasa por un tubo donde su humedad es absorbida por el ácido sulfúrico, deduciéndose la humedad del aire por el aumento de peso del tubo; en los *higrómetros de condensación* la humedad se condensa, en forma de rocío, sobre una placa fría, calculándose la humedad relativa del aire a partir de la temperatura del mismo y de la que se ha debido dar a la placa para provocar la condensación; en los *higrómetros de absorción* se mide el alargamiento de un cuerpo higroscópico (cabello, tripa de gato) por efecto de la humedad absorbida; otros higrómetros se fundan en el principio del psicrómetro *.

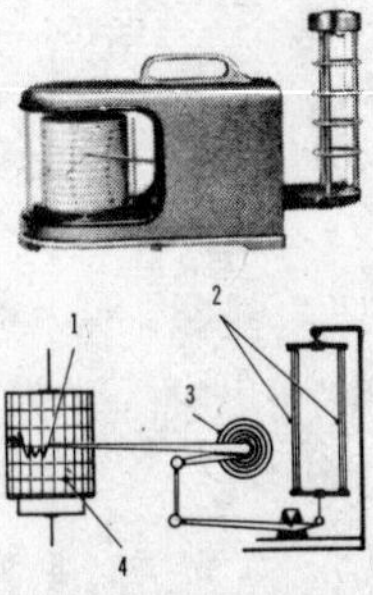

higrómetro
1. Inscriptor; 2. Haces de cabellos; 3. Espiral; 4. Tambor giratorio

HIGROSCOPIA f. *Meteor.* Higrometría.

HIGROSCÓPICO, CA adj. Relativo o perteneciente a la higroscopia o a los higroscopios. || Dícese de las substancias ávidas de agua y de aquellas sobre las cuales se condensa fácilmente el vapor de agua atmosférico: *el cloruro de calcio es higroscópico y sirve para desecar gases.* || *Núcleos higroscópicos,* partículas de sales o gotitas de soluciones salinas sobre las cuales se condensa la humedad del aire en la atmósfera.
— Los *núcleos higroscópicos* consisten las más de las veces en sales procedentes del océano. Una vez en la atmósfera empiezan por entrar en contacto con las gotitas de humedad y se disuelven en ellas. Como la tensión de vapor de la disolución es inferior a la del agua pura, se va condensando en ella el vapor, hasta formar gotas mayores que acaban por resolverse en lluvia. Uno

Fot. Larousse

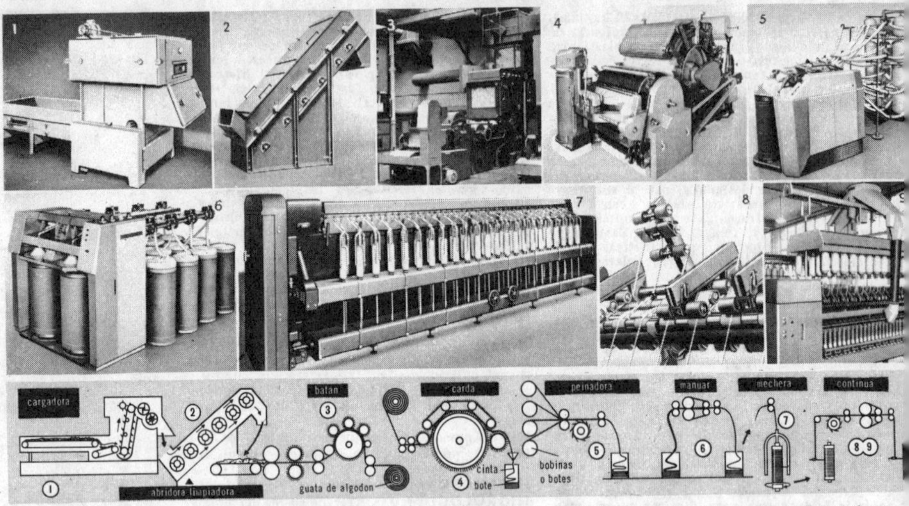

hilatura representación esquemática de las distintas operaciones y maquinaria empleada (los números de las fotografías corresponden a los del esquema)

de los métodos para provocar la lluvia * artificialmente consiste precisamente en diseminar núcleos higroscópicos en el seno de las nubes.

HIGROSCOPIO m. *Meteor.* Higrómetro * de absorción que indica aproximadamente la humedad del aire por los cambios de aspecto o de forma que experimentan ciertas substancias.

— Los cabellos y la tripa de gato tienen la propiedad de alargarse o encogerse en función de la humedad ambiente. Así, en ciertos higroscopios, la tripa de gato acciona la capucha de un fraile de cartón, indicando éste que hará buen tiempo cuando está descubierto, y malo en el caso contrario. Otras substancias tienen la propiedad de cambiar de color por efecto de la humedad, y así, los personajes que se han representado vestidos de colores a base de cloruro de cobalto son azules en tiempo seco y se tornan rosados en presencia de aire húmedo.

HIGROTÉSTER m. *Tecn.* Instrumento para medir la humedad de muestras, la de fluidos gaseosos, de materias a granel en curso de fabricación, etc., y cuyo funcionamiento estriba en medir la constante dieléctrica del cuerpo considerado, ya que dicha constante varía según la humedad.

HIGUERA f. *Bot.* y *Gom.* Género de árboles moráceos y, según algunos autores, urticáceos, entre cuyas numerosas especies figuran las siguientes : *Ficus religiosa* y *F. indica,* en las cuales la picadura de una cochinilla (*Coccus lacca*) provoca la formación de goma laca; *F. elástica,* cultivada en la India para explotar su látex, que da un caucho excelente.

HIJUELA f. *Carp.* Tablilla que, en un tablero, se ensambla con las demás tablas para suplir lo que falta a una de ellas en longitud o anchura. — *Constr.* Pl. Clavos partidos o enteros que se clavan en los maderos por revocar, con objeto de que agarre mejor el yeso en ellos.

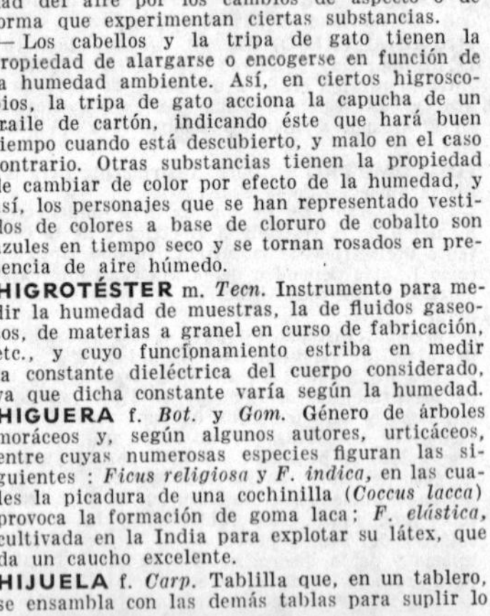

hilera de fibras sintéticas

HILACHA f. *Text.* Hilo o conjunto de hilos desprendidos de un tejido. ‖ Masa de hilos procedentes de desechos de hilatura, usada por los mecánicos para la limpieza de las máquinas.

HILADA f. *Arq.* y *Constr.* Cada una de las capas o series de ladrillos o piedras que se ponen sobre el muro que se está construyendo: *las hiladas se forman comúnmente disponiendo los ladrillos o sillares ya a soga *, ya a tizón *, ya, por último, a soga y tizón.* ‖ *Hilada de alero,* fila de tejas o de pizarras más próxima del borde del alero. ‖ *Hilada de carga,* cada una de las que se ponen sobre una cornisa o voladizo para contrarrestar el peso de la parte salidiza y evitar su vuelco. ‖ *Hilada volada,* faja lisa o moldurada que corre a lo largo de la fachada y suele indicar la separación de dos pisos.

HILADILLO m. e **HILADILLA** f. *Text.* Hilo que se hace con estopa de seda, hilándola como si fuera de fibra de lino. ‖ Cinta de seda muy estrecha, tejida con filadiz.

HILADO m. *Text.* Acción y efecto de hilar.

HILANDERÍA f. *Text.* Arte de hilar. (V. HILATURA.)

HILAR v. *Text.* Convertir las materias textiles en hilo mediante torsión de sus fibras. ‖ Reducir a hilos el rayón, el Nylón y otras materias sintéticas, haciéndolas pasar por los orificios estrechos de una hilera. ‖ Segregar el gusano de seda el hilo de su capullo. ‖ *Máquina de hilar,* v. HILATURA.

HILANZA f. *Text.* Hilado.

HILATURA f. *Text.* Conjunto de técnicas y de operaciones necesarias para transformar en hilo las fibras textiles naturales o artificiales.

— Cada clase de fibras requiere métodos propios de hilatura y una maquinaria especial. No obstante, si se consideran solamente las fases principales, todas las fibras discontinuas (a base de hebras más o menos cortas) requieren las siguientes operaciones esenciales: esponjamiento y depuración de la masa de fibras; orientación de las mismas para que todas sean sensiblemente paralelas; formación de una mecha continua y delgada; torsión final de la mecha para constituir el hilo. Consiguientemente nos limitaremos a describir la *hilatura del algodón,* tal y como la representa el diagrama.

El algodón bruto de las balas pasa primeramente por unas máquinas abridoras * que esponjan las fibras y separan las impurezas más gruesas. Se forma así una guata continua que pasa a un

Fot. B. Hauville, Laroche, S. A. C. M., A. Gamet

batán *, en el cual, bajo la acción complementaria de los golpes dados por unas barras y del estiramiento efectuado por rodillos erizados de púas, quedan los copos perfectamente deshechos y empiezan a ordenarse las fibras. A la salida del batán se recoge la cinta en forma de rollos, con los cuales se va alimentando la carda *. En esta máquina se prosigue la depuración del algodón: millares de púas eliminan las últimas impurezas, tiran de las fibras y forman con ellas un velo amplio y fino que es recogido por un embudo y sale del mismo en forma de cinta estrecha que cae dentro de un bote giratorio. Estas cintas son irregulares y para uniformarlas se hacen pasar seis u ocho a la vez por una peinadora * que las mezcla y estira, y por un manuar * en el cual la cinta así obtenida sufre un nuevo estirado que reduce considerablemente su diámetro y asegura el paralelismo de las fibras. La cinta pasa entonces por una mechera *, máquina en la cual, después de ser estirada nuevamente, queda tan fina y floja que es necesario darle una torsión ligera para consolidarla, convirtiéndose así en *mecha*. Al cabo de tan larga preparación —en realidad brevemente efectuada— se procede al hilado propiamente dicho en máquinas de hilar, de las cuales existen dos clases principales: las *selfactinas* y las *continuas*, que tienden a reemplazar a las primeras.
Todas las máquinas de hilar efectúan tres operaciones diferentes, aunque a veces simultáneas: el estirado final de la mecha, la torsión fuerte y definitiva de la misma, el devanado del hilo en los husos. Todas tienen un sistema de rodillos que estiran la mecha y un órgano que gira con gran rapidez en torno del huso y tuerce el hilo antes de que sea devanado. En una continua, todos estos órganos funcionan al mismo tiempo y sin que varíe su velocidad, pero no en la selfactina. En esta máquina existe una parte fija (cilindros estiradores y dadores) y otra móvil, montada en un carro que se mueve sobre dos carriles. En la primera fase de su funcionamiento, el carro se aleja de los cilindros y la mecha que de ellos va saliendo es torcida rápidamente, pero no se arrolla en el huso. En la segunda fase, el carro vuelve hacia los cilindros: la mecha deja de salir de ellos y el tramo ya torcido (aproximadamente 1,60 m) se arrolla en el huso.
Cada máquina de hilar tiene gran número de husos. Algunos de sus órganos giran a velocidades de hasta 12 000 revoluciones por minuto.
La hilatura de la seda y de las fibras artificiales continuas es más simple, ya que se reduce a torcer conjuntamente varios hilos elementales. En cuanto a los desechos de seda y a las fibras artificiales cortadas en hebras (Fibrana, por ejemplo) los métodos de hilatura difieren poco de los que se han descrito más arriba.

HILAZA f. *Text.* Fibras de cáñamo o de lino dispuestas para ser hiladas. ‖ Hilado, especialmente el hilo grueso o desigual.

HILERA f. *Arq.* Parhilera.
— *Tecn.* Pieza de metal duro o de diamante, provista de uno o varios orificios por los cuales se hace pasar una barra metálica o una meteria plástica con objeto de obtener otra barra o hilo de las dimensiones y forma correspondientes a las del orificio.
— Las materias pueden ser obligadas a pasar por la *hilera* ya tirando de su extremo adelgazado y previamente introducido por su ojo, ya sometiéndolas a presiones muy fuertes. (V. EXTRUSIÓN y TREFILADO.)

HILERO m. Señal que forman las corrientes en las aguas del mar y de los ríos, consistente en fajas o zonas de color más claro que el de las aguas tranquilas.

HILO m. Hebra larga y delgada de una materia textil. ‖ Filamento continuo segregado por el gusano de seda u obtenido sintéticamente pasando una materia plástica por una hilera. ‖ Hilado que resulta de torcer cierto número de dichas hebras o filamentos. (V. más abajo en *Text.* y el art. HILATURA.) ‖ Alambre metálico muy delgado. ‖ Sarta: *hilo de perlas.*
— *Carp.* Dirección general de las fibras de la madera en el sentido longitudinal del tronco: *los maderos son más resistentes cortados a hilo que a contrahilo * y se labran más fácilmente.*
— *Curt. Hilo primo,* el de buena calidad, muy resistente, que se usa encerado para coser zapatos y otras labores de cuero.
— *Electr.* Alambre o conjunto de alambres torcidos, por los cuales circula la corriente en los aparatos eléctricos y en las líneas de transporte y distribución de energía eléctrica. ‖ *Hilo neutro,* el que se halla al mismo potencial que la tierra y por el cual no circula ninguna corriente: *en las líneas trifásicas el hilo neutro se halla conectado con el punto neutro del generador.*
— Los *hilos eléctricos* pueden ser aislados por la atmósfera (hilos desnudos) o mediante una o varias capas de goma, gutapercha, papel, resinas sintéticas, etc. Además de ser buen conductor de la electricidad, el metal empleado ha de tener buenas características mecánicas y no ser caro. Prácticamente se emplean el cobre, el aluminio y sus aleaciones, especialmente el bronce y el Almelec *. (V. más adelante *Telec.* y también el art. CABLE.)
— *F. c. Hilo de contacto,* conductor mantenido horizontalmente sobre la vía y contra el cual se desliza el pantógrafo de las locomotoras eléctricas para tomar la corriente. (V. CATENARIA.)
— *Hidr.* Chorro muy delgado de un fluido. ‖ Cada uno de los chorritos filiformes y yuxtapuestos en que se considera dividida la masa de un fluido en hidrodinámica y aerodinámica.
— *Metal. Hilo metálico,* alambre.
— *Min. Hilo helicoidal,* cable delgado, compuesto de tres cordones de acero duro, que sirve para cortar la piedra.
— El *hilo helicoidal* es un cable sin fin que puede medir centenares de metros. Es guiado por poleas y arrastrado por una de ellas, que es motriz. Después de haber cargado en sus intersticios una masa de agua y de partículas abrasivas, el hilo roza con la piedra y, como si se tratara de una sierra, labra un surco en ella. Sirve tanto para desprender enormes bloques en el tajo de las canteras como para dividirlos en sillares.
— *Papel. Hilo de papel,* el que se obtiene torciendo una cinta de papel fuerte y que sirve para embalajes, como bramante, y para hacer sacos, bolsos y labores de cestería.
— *Radiot.* y *Telec. Hilo de antena,* V. ANTENA. ‖ *Hilo magnético,* hilo metálico que constituye el soporte para la grabación de los sonidos en ciertos magnetófonos *. ‖ *Hilo telefónico,* conductor de un circuito telefónico. ‖ *Hilo telegráfico,* alambre de hierro galvanizado o de bronce por el cual se transmiten las corrientes telegráficas. ‖ *Hilo de tierra,* V. TIERRA.
— *Text. Hilo de bramante,* bramante. ‖ *Hilo cardado,* el de fibras cortas, por oposición al estambre. ‖ *Hilo de cartas,* bramante fino de cáñamo. ‖ *Hilo continuo,* el que consta de un solo filamento larguísimo, como el que elabora el gusano de seda o los que se fabrican sintéticamente (rayón, Nylón, etc.). ‖ *Hilo corchado,* el que se obtiene corchando varios hilos de modo semejante a los cables *, o sea invirtiendo el sentido de la torsión. ‖ *Hilo crudo,* aquel cuyas fibras no han sido teñidas ni descoloradas. ‖ *Hilo discontinuo,* el que se obtiene torciendo conjuntamente varias hebras naturales cortas (algodón, lana, lino, cáñamo, etc.) o hilos continuos cortados exprofeso y también borra de seda. ‖ *Hilo*

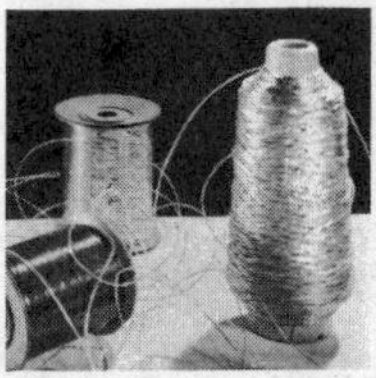
hilos metálicos para la industria textil

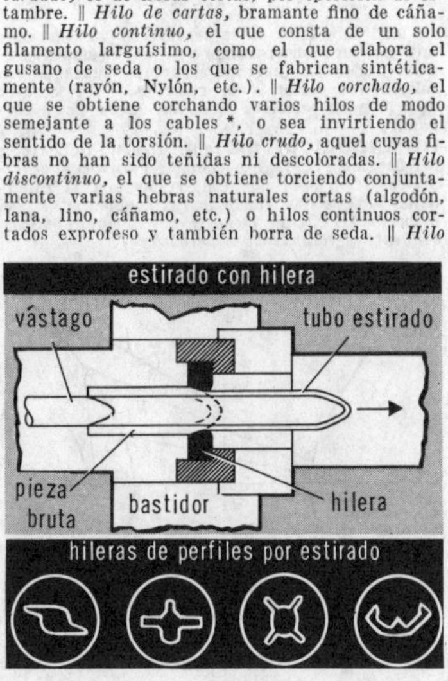

hileras *(metal.)*

Fot. l'Aluminium français

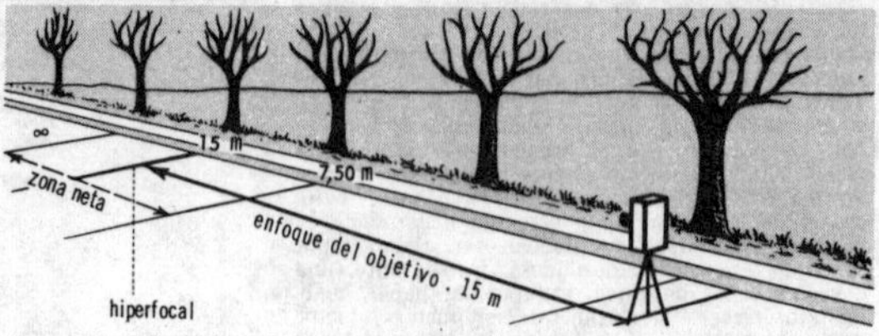

distancia **hiperfocal**

de empalomar, hilo de ensalmar, bramante. ‖ *Hilo mercerizado,* el que ha sido abrillantado por mercerización *. ‖ *Tela de hilo,* tela de lino o de cáñamo, por oposición a la de algodón.

— *Topogr. Hilo geodésico,* hilo de invar * que se usa en geodesia para medir bases con gran precisión.

— El *hilo geodésico,* cuyo diámetro es de 1,65 mm, mide 24 m de largo. Tiene en sus extremos unas regletas graduadas y unas pesas de 10 kg merced a las cuales se mantiene tenso entre dos poleas. La precisión de las medidas, que se efectúan disponiendo un hilo a continuación del otro y haciendo que coincidan las marcaciones de sus regletas, es de 0,2 y hasta 0,1 mm por 24 m.

HILVÁN m. *Text.* Costura provisional que se hace dando puntadas largas. ‖ *Amer.* Hilo de hilvanar.

HILVANAR v. *Text.* Asegurar provisionalmente con hilvanes las labores de costura.

HINCA f. Acción de hincar. ‖ *Pilote de hinca,* V. PILOTE.

HINCAR v. Introducir o clavar una cosa puntiaguda en la masa de otra. ‖ Plantar los pilotes en el suelo.

HINCO m. Poste o pilote que se hinca en el suelo.

HINCÓN m. *Mar.* Pilote hincado en la orilla de un río para el amarre de los barcos.

HINCHAR v. Aumentar el volumen de una cosa llenándola de gas: *bomba de hinchar neumáticos.*

HIPER, prefijo derivado del griego *huper,* que significa *más allá* e indica *exceso* o *superación.*

HIPÉRBOLA f. *Geom.* Curva cónica * en la cual la diferencia de las distancias de cada uno de sus puntos a otros dos puntos fijos llamados focos es constante.

— La *ecuación de la hipérbola* es

$$\frac{x^2}{a^2} - \frac{y^2}{b^2} = 1.$$

El lado curvilíneo de la sección de un cono cortado por un plano paralelo a su eje es una hipérbola. Todos los ingenios espaciales lanzados con velocidad superior a la *velocidad * de evasión* describen trayectorias que son *arcos de hipérbola.*

HIPERBÓLICO, CA adj. *Geom.* Relativo o perteneciente a la hipérbola. ‖ *Funciones hiperbólicas,* funciones que son, respecto a la hipérbola, lo que las funciones trigonométricas son respecto al círculo (*seno* y *coseno hiperbólicos, tangente* y *cotangente hiperbólicas*).

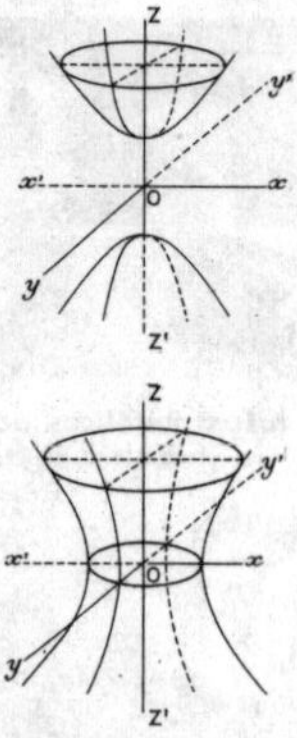

hiperboloides

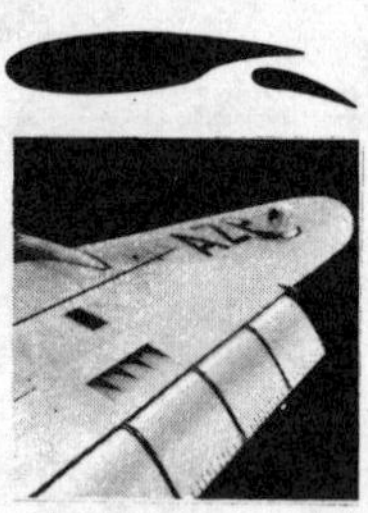

alerón
hipersustentador
[v. tb. página 557]

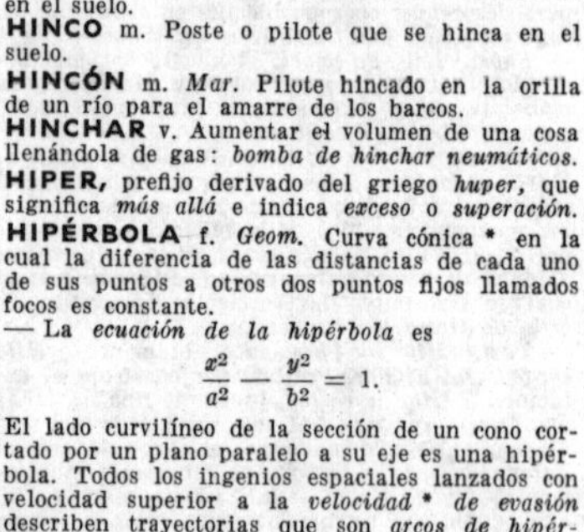

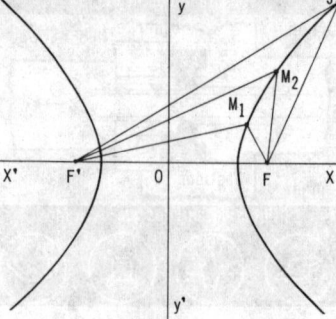

hipérbola
$M_1F' - M_1F = M_2F' - M_2F = M_3F' - M_3F$

— *Radiot.* Dícese de los sistemas de radionavegación en los cuales las ondas emitidas por varias estaciones sincronizadas se hallan en fase a lo largo de toda una red de hipérbolas. (V. DECCA.)

HIPERBOLÓGRAFO m. *Geom.* Especie de compás que sirve para dibujar hipérbolas.

HIPERBOLOIDE adj. y s. *Geom.* De curvatura parecida a la de la hipérbola. ‖ *Hiperboloide de revolución,* superficie y sólidos engendrados por la revolución de una hipérbola alrededor de uno de sus ejes y que, según sea éste el *eje imaginario* o el *eje principal,* es hiperboloide de una hoja o hiperboloide de dos.

HIPERCOMPRESIÓN f. *Fís.* Presión muy elevada que alcanzan los gases en el curso de una explosión o cuando son comprimidos por un hipercompresor.

HIPERCOMPRESOR m. *Tecn.* Compresor * capaz de someter los gases a presiones muy elevadas.

HIPERCONDUCCIÓN f. *Electr.* Supraconductividad.

HIPERESPACIO m. *Fís.* Todo espacio ficticio de más de tres dimensiones. (En relatividad * se admite la existencia de un espacio de cuatro dimensiones [las tres corrientes más el tiempo].)

HIPERESTEREOSCOPIO m. *Fot.* Procedimiento de fotografía estereoscópica, especialmente empleado en aerofotografía, consistente en dar a los dos objetivos mayor separación que la que tienen los ojos, para que, al observar los pares estereoscópicos, aparezca exagerado el relieve.

HIPERFOCAL adj. y s. *Fot.* y *Ópt. Distancia hiperfocal,* distancia a partir de la cual todo objeto da una imagen neta al ser fotografiado con un objetivo enfocado al infinito.

— La *distancia hiperfocal* se calcula aproximadamente multiplicando por 2 000 el cociente de la distancia focal * del aparato dividida por la abertura * relativa. Es interesante enfocar las cámaras a la distancia hiperfocal, porque entonces se obtienen con nitidez todos los planos situados entre el infinito y la mitad de dicha distancia.

HIPERFRECUENCIA f. *Radiot.* Frecuencia superior a 3 000 MHz, correspondiente a las ondas decimétricas y centimétricas. (V. FRECUENCIA.)

HIPERGOL m. *Astron.* Propergol * que no requiere ningún sistema de encendido inicial, dado que sus dos componentes (comburente y combustible) se inflaman espontáneamente al entrar en contacto en la cámara de combustión.

HIPERIÓN, séptimo satélite de Saturno.

HIPERÓN m. *Atom.* Nombre genérico de ciertas partículas * más pesadas que el protón, caracterizadas por su inestabilidad, ya que se desintegran en una diezmilmillonésima de segundo y de las cuales se conocen 12 diferentes: lambda neutro, sigmas negativo, neutro y positivo, xi negativo y neutro, más las 6 antipartículas * correspondientes.

HIPERSENSIBILIZACIÓN f. *Fot.* Tratamiento a que se somete una emulsión sensible para aumentar su rapidez y que consiste ya en exponerla previamente a la acción del vapor de mercurio, ya en bañarla en una disolución de perborato de sodio (a 2'5 %), durante un minuto, una vez expuesta e inmediatamente antes de revelarla.

HIPERSÓNICO, CA adj. *Aeron.* Dícese de las velocidades correspondientes a un número de Mach * igual o superior a 5 (o sea a más de 6 000 km/h en una atmósfera que se halle a la temperatura de 15º).

HIPERSUSTENTACIÓN f. *Aeron.* Aumento momentáneo de la fuerza de sustentación de las alas de un avión, que se obtiene por medio de dispositivos hipersustentadores.

HIPERSUSTENTADOR, RA adj. *Aeron.* Dícese de los dispositivos que permiten aumentar la fuerza de sustentación de las alas de un avión, especialmente durante el despegue y el aterrizaje.

— La inclinación y las formas del ala * de un avión son más bien determinadas por las exigencias aerodinámicas del vuelo de crucero que por las fases efímeras del despegue y el aterrizaje. Durante estas operaciones, efectuadas a escasa velocidad, el empuje del aire contra el ala

Fot. Larousse

no basta para sustentar el aparato con toda seguridad. Los dispositivos *hipersustentadores* aumentan entonces momentáneamente la superficie del ala o modifican su forma para que pueda sostener un peso mayor.

HIPO, prefijo derivado del griego *hupo,* que denota *inferioridad* o *disminución.*

— *Quím.* El prefijo *hipo* indica que un compuesto se halla menos hidrogenado que el compuesto correspondiente designado sin prefijo.

HIPOBROMITO m. *Quím.* Sal del ácido hipobromoso.

HIPOBROMOSO, SA adj. *Quím.* Dícese del ácido $HBrO$.

HIPOCENTRO m. *Geol.* Punto subterráneo donde se supone que ha tenido su origen un movimiento sísmico: *el radio del globo terrestre que pasa por el hipocentro aflora en un punto de la superficie llamado epicentro.*

HIPOCICLOIDAL adj. *Mec.* Dícese del sistema de engranaje en el cual un piñón engrana en una rueda dentada interiormente.

HIPOCICLOIDE adj. y s. *Geom.* Curva que describe un punto de una circunferencia cuando ésta rueda dentro de otra' mayor sin resbalamiento.

HIPOCLORITO m. *Quím.* Sal del ácido hipocloroso.

— Los *hipocloritos de sodio* y *de potasio* son los más comunes. Son muy empleados para fabricar lejías y desinfectantes, agentes de blanqueo, agentes esterilizantes del agua potable, etc. (V. CLORO.)

HIPOCLOROSO, SA adj. *Quím.* Dícese del ácido $HClO$ y del anhídrido Cl_2O. (V. CLORO e HIPOCLORITO.)

HIPOFOSFATO m. *Quím.* Sal del ácido hipofosfórico.

HIPOFOSFITO m. *Quím.* Sal del ácido hipofosforoso.

HIPOFOSFÓRICO, CA adj. *Quím.* Dícese del anhídrido P_2O_4 y de su ácido correspondiente $H_4P_2O_6$.

HIPOFOSFOROSO, SA adj. *Quím.* Dícese de un ácido HPO_2H_2, que es el menos oxigenado de los del fósforo.

HIPÓGENO, NA adj. *Geol.* Dícese de la roca que se ha formado profundamente en el seno del Globo. ‖ Aplícase a las aguas que, en los terrenos volcánicos, provienen de las profundidades del suelo.

HIPOIDE adj. *Mec.* Dícese del sistema de engranaje formado por dos ruedas cónicas dispuestas de modo que los dos conos no tengan un vértice común.

HIPOMÓVIL adj. *Transp.* Dícese del vehículo tirado por caballos u otros animales, por oposición a automóvil.

HIPONITRITO m. *Quím.* Sal del ácido hiponitroso.

HIPONITROSO, SA adj. *Quím.* Dícese de uno de los ácidos del nitrógeno, cuya fórmula es $H_2N_2O_2$.

HIPÓSTILO, LA adj. *Arq.* Dícese de las salas grandes que, en ciertos monumentos, tienen el techo sostenido por un número considerable de columnas.

HIPOSULFITO m. *Quím.* Sal del ácido hiposulfuroso. (Sinón. TIOSULFATO.)

— Los *hiposulfitos* se emplean en farmacia y tienen muchas aplicaciones industriales: la industria textil los utiliza como anticloro *; en fotografía se usa el *hiposulfito de sosa* $Na_2S_2O_3$ como fijador *; en los laboratorios químicos sirve de reactivo para análisis volumétricos, etc.

HIPOSULFÚRICO, CA adj. Ditiónico. (V. TIÓNICO.)

HIPOSULFUROSO, SA adj. *Quím.* Dícese de un ácido que, por descomponerse, no ha podido ser aislado y cuya fórmula es $H_2S_2O_3$. (Sinón. TIOSULFÚRICO.)

HIPOTENUSA f. *Geom.* En los triángulos rectángulos, lado opuesto al ángulo recto.

— La *hipotenusa* es mayor que los catetos: el cuadrado de su longitud es igual a la suma de los cuadrados de aquéllos.

HIPOTERMAL adj. *Geol.* Dícese de ciertos filones que se han formado en oquedades del terreno a presiones y temperaturas relativamente elevadas (de 300 a 500°).

HIPOTRAQUELIO m. *Arq.* Parte de la columna que marca la transición entre el fuste y el capitel.

HIPOVANÁDICO, CA adj. *Quím.* Dícese de los compuestos del vanadio cuadrivalente.

HIPOVANADOSO, SA adj. *Quím.* Dícese de los compuestos del vanadio bivalente.

HIPOXANTITA f. *Miner.* Óxido de hierro u ocre. (Sinón. TIERRA DE SIENA.)

HIPSO, prefijo derivado del griego *hupsos,* que significa *altura.*

HIPSOGRÁFICO, CA adj. *Geogr.* Relativo a la distribución de las alturas. ‖ *Mapa hipsográfico,* el que representa el relieve del terreno por medio de líneas de nivel correspondientes a diferentes alturas (por ej., de 200 en 200 m).

HIPSOGRAMA m. *Electr.* Diagrama que sirve para representar las variaciones de tensión, intensidad o potencia a lo largo de una línea de transmisión.

HIPSOMETRÍA f. *Geogr.* Representación de las alturas en los mapas hipsográficos.

— *Meteor.* Medición de las alturas con el hipsómetro.

HIPSOMÉTRICO, CA adj. Relativo al hipsómetro o a la hipsometría. ‖ *Caldera hipsométrica,* hipsómetro. ‖ *Gradiente hipsométrico,* disminución de la presión atmosférica en función del aumento de la altura.

HIPSÓMETRO m. *Electr.* Instrumento para medir el nivel eléctrico en las líneas de transmisión.

— El *hipsómetro* compara la tensión medida en un punto de la línea o circuito con la tensión producida por un generador a través de una línea ficticia e indica, tomando como unidad el bel o el neper, el aumento o la disminución experimentados por la tensión.

— *Meteor.* Instrumento que permite determinar la presión atmosférica por la temperatura de ebullición del agua pura.

— A la presión normal de 1 013, 3 mb el agua hierve a 100°, y cada vez que la presión baja de 1 mb, la temperatura de ebullición disminuye a su vez de 0,05°. Consiguientemente, bastará con medir la temperatura de ebullición a determinada altura para deducir la presión atmosférica y conocer, por medio de tablas, la altura correspondiente. De ahí el uso del hipsómetro como altímetro.

HIRMA f. *Text.* Orillo del paño.

HISTATITA f. *Miner.* Variedad de ilmenita, también llamada *hierro titanado.*

HISTÉRESIS f. Retraso que experimenta un fenómeno respecto a la causa o al otro fenómeno que lo ha engendrado.

— *Electr. Histéresis dieléctrica,* retraso de la inducción en el seno de un cuerpo dieléctrico respecto a la intensidad del campo electrizante, al cual se debe que la polarización del dieléctrico dependa no solamente de la intensidad de dicho campo a un momento dado, sino de la magnitud anterior de dicha intensidad.

— *Magn.* Retraso de la imantación de un cuerpo magnético respecto a las variaciones del campo magnetizante, al cual se debe que la imantación en un momento dado dependa de los estados magnéticos anteriores.

— Cuando se interrumpe la corriente en un electroimán, el núcleo de éste sigue conservando una imantación residual. Al mismo fenómeno de remanencia * se debe que los imanes artificiales conserven su imanación, y en él se funda el principio del magnetófono y de los aparatos similares.

hendedura **hipersustentadora** de borde de ataque

engranaje **hipoide**

hipsómetro

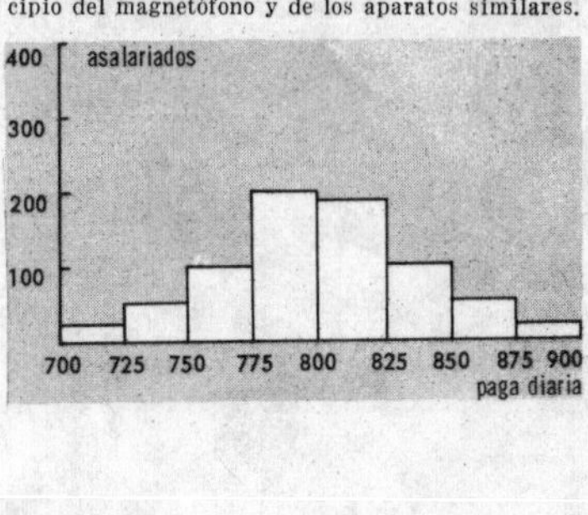

histograma

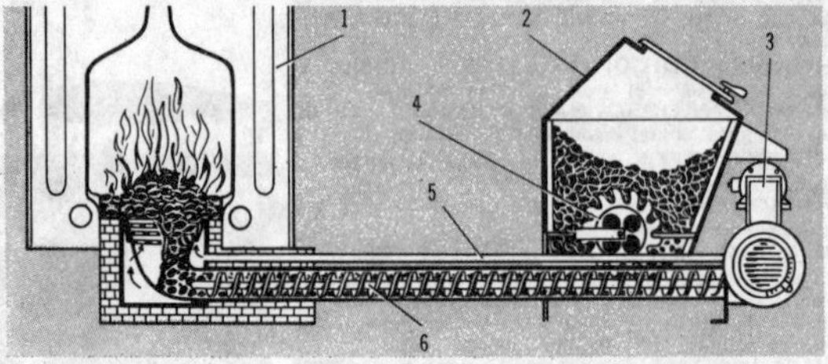

hogar de carga automática: 1. Caldera; 2. Tolva; 3. Motor; 4. Agitador; 5. Aire; 6. Rosca transportadora

HISTOGRAMA m. Gráfico constituido por rectángulos de igual anchura, pero de altura proporcional a las cantidades que representan.
HISTORIADO, DA adj. *Art. gráf.* Dícese de la letra mayúscula que lleva figuras o adornos y se emplea en ciertos libros para empezar los capítulos.
HISTORIGRAMA o **HISTORIOGRAMA** m. Histograma u otro gráfico en el cual los datos estadísticos se siguen por orden cronológico.
HITO m. *Topogr.* Mojón o columna de piedra que se pone en las carreteras para indicar distancias o direcciones y entre las propiedades o municipios para marcar sus límites.
hm, símbolo de *hectómetro,* preferible a *Hm.* (V. HECTO.)
Ho, símbolo químico del *holmio.*
HODO, prefijo. (V. ODO.)
HODÓGRAFO y derivados, v. ODÓGRAFO.
HODÓMETRO y derivados, v. ODÓMETRO.
HOGAR m. *Tecn.* Parte de un horno o de cualquier otro aparato térmico donde arde el combustible. (V. *figura,* y también los art. CALDERA, HORNO, PARRILLA y QUEMADOR.)
HOJA f. Lámina o porción plana y muy delgada de metal, madera, plástico, papel etc.
— *Arq. Hoja de acanto,* v. ACANTO. ‖ *Sillar de hoja,* v. SILLAR.
— *Art. gráf.* Cada una de las partes que resultan al doblar un pliego y cuyas dos caras son las páginas. ‖ Pliego. ‖ *Hoja suelta,* folleto que solamente consta de un pliego.
— *Art. y of.* Cuchilla de una herramienta. (Sinón. HIERRO.)
— *Carp.* Lámina de madera que sirve para chapeados y labores de taracea y de ebanistería. ‖ Cada una de las partes de una puerta o ventana que sirven para cerrar el vano correspondiente: *ventana de dos hojas.* ‖ Cada una de las partes articuladas de un biombo.
— *Metal.* Laminilla que salta del metal que se está batiendo. ‖ *Hoja de lata,* hojalata. ‖ *Batir hoja,* batir los metales preciosos para reducirlos a panes.
— *Ópt. Hojas delgadas,* láminas delgadas.
HOJALATA f. *Metal.* Plancha de hierro delgada, estañada por sus dos caras, que se usa para hacer latas de conserva, juguetes, botes, estuches, etcétera. (V. ESTAÑADURA.)
HOLÁN m. *Text.* Holanda.
HOLANDA f. *Ind. alim.* Alcohol impuro, de mala calidad y baja graduación, que se obtiene destilando en malas condiciones vino o residuos de la vinificación. ‖ *Queso de Holanda,* v. QUESO.
— *Text.* Tela fina y tupida de lino, a veces imitada con algodón, especie de batista *.
HOLANDÉS, ESA adj. y s. *Arq. Aparejo holandés,* v. APAREJO.

histograma
[v. figura p. 557]

holograma: la luz del laser reflejada por el espejo y la que es difractada por el objeto interfieren en la placa. Si se observa el holograma (*a la derecha*), la imagen virtual del objeto es restituida en relieve por las franjas de interferencia de la placa

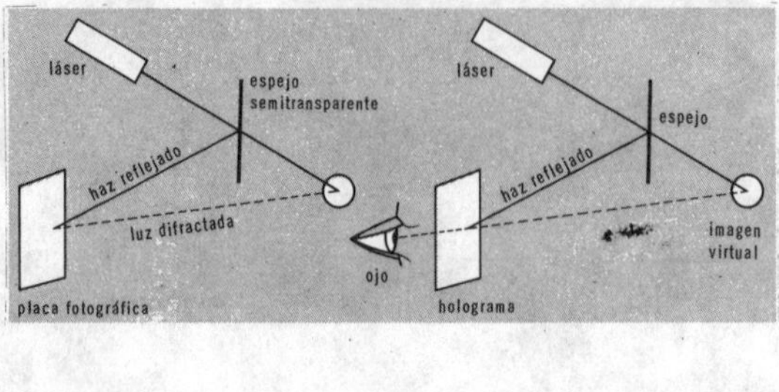

— *Art. gráf. A la holandesa,* dícese de la encuadernación en la cual el lomo se forra de piel y las tapas de tela o papel.
— *Carp. Troceado holandés,* v. TROCEADO.
— *Papel. Pila holandesa,* v. PILA.
HOLANDILLA f. *Text.* Holanda menos fina que la común.
HOLMINA f. *Quím.* Hidróxido de holmio.
HOLMIO m. *Quím.* Elemento químico de número 67 y masa atómica 164,93, cuyo símbolo es *Ho.*
— El *holmio* es un metal del grupo de las tierras * raras, que tiene propiedades idénticas a las del lantanio. Su densidad es de 8,799; su punto de ebullición, 2 700º, y su punto de fusión se halla comprendido entre 1 475 y 1 525º.
HOLO, prefijo derivado del griego *holos,* que significa *entero, por completo.*
HOLOCENO, NA adj. y s. *Geol.* Dícese del período de la era cuaternaria comprendido entre el pleistoceno y el comienzo de los tiempos históricos, o sea de 8 000 a 4 000 años antes de nuestra era.
HOLOCRISTALINO, NA adj. *Geol.* Dícese de las rocas endógenas que, por haberse enfriado lentamente, han sido completamente cristalizadas, como el granito.
HOLOEDRÍA f. *Miner.* Simetría completa de todas las partes de un cristal dotado de un centro de simetría.
HOLOEDRO m. *Miner.* Cristal dotado de holoedría.
HOLOGRAMA m. *Fot.* Fotografía tomada con luz de laser que restituye la imagen en relieve del objeto fotografiado.
— Un *holograma* es una placa fotográfica transparente en la cual la imagen se halla traducida por una red de franjas de interferencia. Si se observa con luz ordinaria, las franjas son absolutamente ininteligibles. Ahora bien, si se ilumina con la luz del laser (v. *figura*), el observador ve la imagen en relieve integral (y no en pseudorelieve, cual ocurre en estereoscopia) y, por ejemplo, si un personaje lejano se halla oculto tras una columna situada más cerca, basta con apartar lateralmente la cabeza — como haríamos en la realidad — para verlo aparecer. Otra propiedad curiosa: mientras que en una fotografía ordinaria cada detalle del sujeto se halla localizado estrictamente en un punto de la emulsión, en el holograma, cada punto contiene la imagen entera. Quiere decirse con ello que si rompemos la placa y observamos solamente uno de sus fragmentos, veremos a través del mismo la imagen absolutamente completa (aunque menos neta) contenida en la placa original.
HOLÓMETRO m. Instrumento para medir la altura angular de un punto por encima del horizonte.
HOLOSIDERITO m. *Astr.* V. METEORITO.
HOLOSTÉRICO, CA adj. *Fís.* Dícese del barómetro aneroide.
HOLLÍN m. Materia crasa y negra que el humo deja pegada en las chimeneas.
— El *hollín* se compone de carbono finamente pulverizado, aceites y substancias piroleñosas. Es una materia combustible que, con frecuencia, prende fuego en las chimeneas, el cual puede ser apagado obturando éstas para que le falte el aire indispensable a su combustión. Industrialmente se fabrican hollines puros con el nombre de *negro * de humo.*
HOMBRE m. *F. c. Hombre muerto,* dispositivo de seguridad que funciona en ciertas locomotoras eléctricas en caso de desfallecimiento o muerte del conductor. (Consiste en una plataforma sobre la cual se halla el conductor. Si éste cae, la plataforma oscila y, de no levantarse a los 20 segundos, el dispositivo hace funcionar la señal de alarma, corta la corriente y acciona los frenos.)
— *Mar. Hombre rana,* v. BUZO.
— *Tecn. Agujero de hombre,* v. AGUJERO.
HOMBREAR v. *Art. y of.* Cargar, descargar o llevar fardos sobre los hombros. ‖ Empujar una cosa o hacer fuerza sobre ella con los hombros.
HOMBRO m. *Art. gráf.* En los tipos de imprenta, espacio libre entre el ojo (o relieve) de la letra y el borde del prisma en que va grabado.
HOMEO, prefijo derivado del griego *homoios,* que significa *semejante.*

HOMEOMORFO, FA adj. *Miner.* Dícese de los cuerpos cuyas formas cristalinas son semejantes.
HOMING m. *Aeron.* Método de radionavegación que consiste en captar las ondas de un radiofaro determinado para dirigir constantemente el avión hacia el mismo.
HOMO, otra forma del prefijo *homeo.*
— *Quím.* Prefijo empleado para indicar que un cuerpo es homólogo de otro.
HOMOCÉNTRICO, CA adj. *Geom.* Concéntrico.
— *Ópt.* Dícese del haz luminoso cuyos rayos pasan por un mismo punto.
HOMOCENTRO m. *Geom.* Centro común de varios círculos concéntricos.
HOMOCÍCLICO, CA adj. *Quím.* Carbocíclico. ‖ *Serie homocíclica,* conjunto formado por los cuerpos de las series alicíclica y aromática.
HOMOCINÉTICO, CA adj. *Atom.* Dícese de las partículas que se mueven con igual velocidad: *un haz de protones homocinéticos.*
— *Mec. Junta homocinética,* V. JUNTA.
HOMÓDROMO, MA adj. *Mec.* Dícese de la palanca en la cual la resistencia y la potencia actúan a un mismo lado del punto de apoyo.
HOMOFOCAL adj. *Geom.* Dícese de las cónicas que tienen los mismos focos.
— *Ópt.* Dícese de los elementos ópticos que tienen un foco común: *dos lentes homofocales.*
HOMOGENEIDAD f. Calidad de homogéneo.
HOMOGENEIZACIÓN f. *Ind.* Operación consistente en conferir homogeneidad a una mezcla de dos o más substancias.
— *Ind. alim.* Tratamiento a que se somete la leche para evitar la separación de la nata y del suero y que consiste en reducir todas las gotitas de grasa a dimensiones de menos de una milésima de milímetro. (V. HOMOGENEIZADOR.)
HOMOGENEIZADOR, RA adj. y s. *Ind.* Dícese del aparato que sirve para homogeneizar.
— En los *homogeneizadores de leche,* se hace pasar el líquido caliente (de 55 a 65°) y a presiones muy fuertes (de 150 a 200 atmósferas) por unas rendijas estrechísimas con objeto de que los glóbulos de materias grasas, que miden de una a 18 milésimas de milímetro, se resuelvan en glóbulos de menos de una milésima de milímetro.
HOMOGENEIZAR v. Hacer que una cosa sea homogénea. (V. HOMOGENEIZACIÓN.)
HOMOGÉNEO, A adj. Dícese del compuesto cuyos elementos son de la misma índole o se hallan íntimamente mezclados o igualmente distribuidos: *las amasadoras dan mezclas homogéneas.*
— *Atom. Reactor homogéneo,* V. REACTOR.
— *Mat.* Dícese del polinomio o de la expresión algebraica cuyos términos son del mismo grado respecto a las variables o letras que figuran en ellos.
— El polinomio $ax^2 + bxy + cy^2$ es homogéneo. Por otra parte, si a es la hipotenusa de un triángulo rectángulo y b, c sus catetos, la relación $a^2 = b^2 + c^2$ es homogénea en a, b, c.
HOMOGRÁFICO, CA adj. *Mat. Función homográfica,* función cuya forma es

$$\frac{ax + b}{a'x + b'}$$

y en la cual a' no es igual a cero.
HOMOLOGÍA f. Calidad de homólogo.
HOMOLÓGICO, CA y **HOMÓLOGO, GA** adj. *Geom.* Dícese de los puntos o elementos que, en dos figuras semejantes, se corresponden. ‖ Dícese de las figuras semejantes en las cuales los puntos de cada una de ellas que corresponden a los de la otra se hallen dos a dos en unas rectas que concurren en un mismo punto (el centro de homología), de tal forma que las rectas que unen los puntos de una con los puntos correspondientes de la otra se crucen en un plano (eje de homología) si son planas y en un plano de homología si no lo son.
— *Quím.* Dícese de los cuerpos orgánicos que poseen funciones idénticas y propiedades químicas análogas, y que solamente difieren por el número de veces en que el grupo CH_2 figura en su molécula: *los hidrocarburos * acíclicos constituyen una serie homóloga.*

HOMOPOLAR adj. y s. *Electr.* Que tiene polos del mismo signo (positivo o negativo). ‖ Dícese de la máquina eléctrica que cuenta solamente con un circuito magnético en el cual el flujo sigue siempre el mismo sentido. ‖ *Inductor homopolar,* V. INDUCTOR.
— *Quím.* Dícese de la molécula en la cual los átomos se hallan enlazados por covalencia *.
HOMOSFERA f. *Meteor.* Capa de la atmósfera comprendida entre el suelo y la altura de 100 km, dentro de la cual las proporciones de oxígeno y de nitrógeno que contiene el aire son constantes.
HOMOTECIA f. *Geom.* Caso de similitud de dos figuras en el cual, dado un centro de homotecia O y una constante k, a todo punto M de la primera figura corresponde un punto M' de la otra, tal que OM' sea igual al producto de OM por k.
HOMOTERMAL adj. Que tiene temperatura uniforme en todas sus partes. (Sinón. HOMOTERMO y HOMOTÉRMICO.)
HOMOTERMIA f. Carácter de los cuerpos que tienen una temperatura sensiblemente uniforme: *la homotermia de ciertos lagos en invierno se explica por el rápido descenso del agua que se enfría en la superficie.*
HOMOTÉRMICO, CA y **HOMOTERMO, MA** adj. Homotermal.
HOMOTÉTICO, CA adj. *Geom.* Relativo a la homotecia: *figuras homotéticas.*
HONDEAR v. *Mar.* Sondar, medir la profundidad. ‖ Aligerar la carga de un barco para disminuir el calado.
HOOKE (*Junta de*). V. JUNTA.
HOOKE (*Ley de*). V. RESISTENCIA *de materiales.*
HOPEÍTA f. *Miner.* Fosfato hidratado de cinc.
HORA f. Cada una de las 24 partes en que se divide el día, subdividida a su vez en 60 minutos.
— Existen diversas especies de hora. Desde el punto de vista astronómico son: la *hora sidérea,* la *hora solar verdadera* y la *hora solar media,* que resultan, respectivamente, al dividir en 24 partes los días sidéreo, solar verdadero y solar medio. (V. DÍA.)
La hora, como unidad de medida angular, es la veinticuatroava parte de la circunferencia (o sea de un paralelo) y vale, consiguientemente, 15°. Si consideramos un punto del Globo situado en un meridiano cualquiera, el Sol se halla al mediodía a su máxima altura (dependiente de la estación) y en el referido meridiano; una hora después se hallará en otro meridiano situado al oeste del primero y separado del mismo por un arco de 15°, y así sucesivamente hasta medianoche, en cuyo momento preciso se hallará en el antemeridiano del primer punto considerado, o sea a 180° del mismo. A partir de entonces la distancia angular vuelve a disminuir y el Sol la acorta de 15° cada hora, volviendo así a acercarse por el Este al punto inicial. Dada la forma esférica del Globo, la superficie comprendida entre dos meridianos separados por la distancia angular de 15° tiene la forma de un huso. Por convención universalmente adoptada, todos los relojes situados en el interior de un huso indican la misma hora. No obstante, si una parte relativamente pequeña de una nación se halla fuera del huso, se considera —para uniformar la hora en todo el país— que el territorio del mismo pertenece al huso principal. En los países muy extensos no existe una hora nacional, sino tantas horas como husos: así, en la Unión Soviética se conocen 11 horas diferentes, y cuando es medianoche en el meridiano de Greenwich son las tres de la madrugada en Moscú y la una de la tarde en Kamchatka.
Otros países de gran extensión, como China, prefieren conservar una hora única y modificar los horarios de trabajo en cada provincia o grupo de provincias para adaptarlos a la luz solar.
Por otra parte, ciertos países, aprovechando que el Sol se pone más tarde en verano, instituyen seis meses al año la llamada *hora de verano,* o sea adelantan todos los relojes de una hora (lo cual equivale a adoptar la hora del huso contiguo situado hacia el Este). Incluso existe un país, Francia, en el cual esta hora de verano es permanente: se rige por la hora del huso 1 (Europa

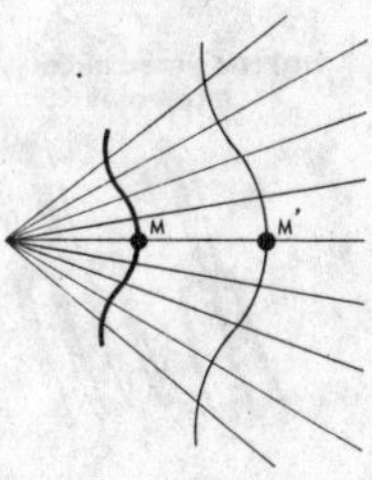

homotecia

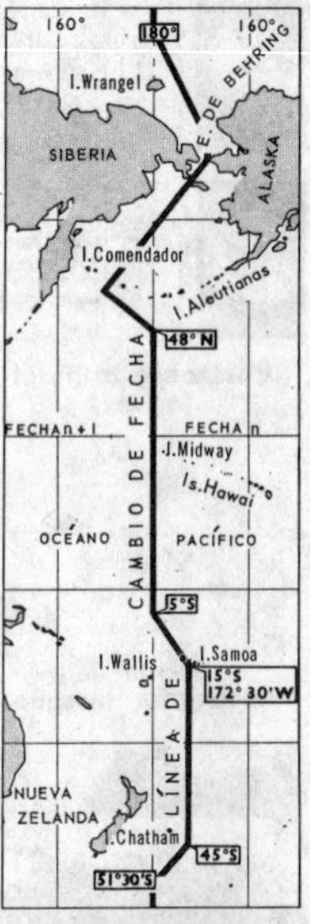

hora: línea del cambio de fecha

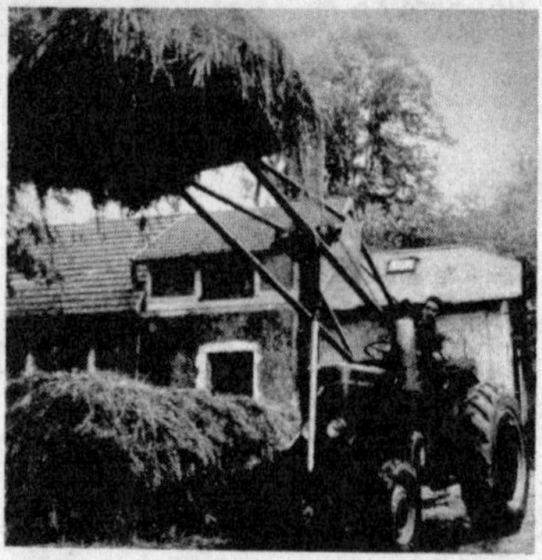

horcas mecánica y manuales

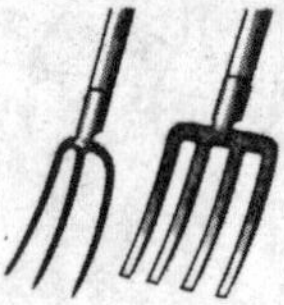

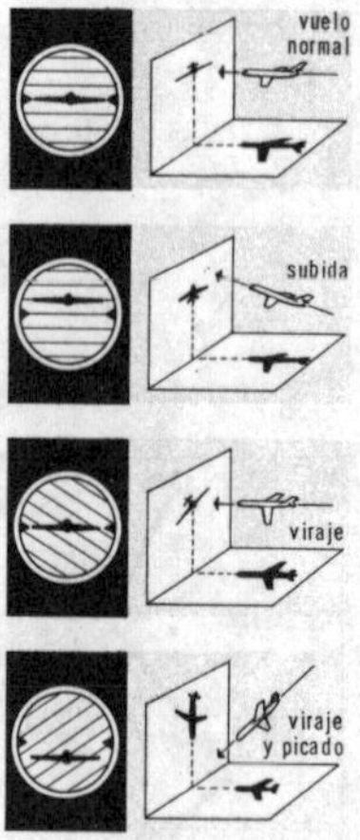

horizonte artificial
(aeron.)

Central), en vez de la del huso 0 (que es la de Gran Bretaña, y también la de España). Ante tal diversidad de horas y para evitar confusiones que pueden tener graves consecuencias, se han numerado los husos de 0 a 23, a partir del que tiene en medio el antiguo observatorio de Greenwich. Así, cuando se nos indica que determinado acontecimiento ha ocurrido o debe producirse a las 5 G. M. T. (Greenwich Mean Time), podemos determinar, agregando o substrayendo el número de nuestro huso, según el caso, a qué hora de nuestra propia residencia corresponde el referido suceso. Los astrónomos prefieren emplear, en vez de G. M. T., la expresión *hora T. U.* (tiempo universal). Dicha hora es la que se obtiene restando de la hora local el número del huso correspondiente; si este número es igual o superior a 12, se substrae el mismo de 24 y el resto se agrega a la hora legal.
El viajero que da la vuelta al Globo pierde o gana un día respecto al que permanece siempre en el mismo punto. Según las normas internacionales el cambio de fecha se efectúa al cruzar el antemeridiano de Greenwich, o sea el meridiano 180º. El viajero que cruza dicho meridiano de Oeste a Este un miércoles, pongamos por ejemplo, pasa automáticamente a hallarse en martes, y si pasa por el mismo en la dirección Este-Oeste, se hallará en un jueves. La figura muestra que también esta línea de cambio de fecha sufre algunas excepciones en su trazado para tener en cuenta las particularidades nacionales y evitar, por ejemplo, que el extremo oriental de Siberia se halle en la misma fecha que América del Norte, mientras que una parte de las islas Aleutianas, que son norteamericanas, tendrían la fecha rusa.
El conocimiento de la hora exacta tiene mucha importancia en astronomía, navegación y otros campos de la actividad humana. Así, existen servicios internacionales y nacionales encargados de transmitir periódicamente, por radio, la hora determinada científicamente con gran exactitud.

HORADO m. Agujero que atraviesa una cosa.

HORARIO, RIA adj. y s. Perteneciente o relativo a las horas.
— *Astr. Ángulo horario,* v. ÁNGULO. ‖ *Círculo horario,* v. CÍRCULO. ‖ Huso horario, v. HORA.
— *Mec.* Aguja o saetilla que indica las horas en los relojes.

HORCA f. *Art. y of.* Instrumento constituido por un mango largo terminado por varias puntas curvas, para revolver o levantar ciertas materias, especialmente paja, hierbas, etc. ‖ *Horca mecánica,* máquina que tiene los mismos usos.

HORCADURA f. *Arq.* Armazón para aliviar una viga o sostener una construcción horizontal, por medio de una sopanda * apoyada en un puntal y dos jabalones.

HORCÓN m. *Arq. Amer.* Pie derecho, y en particular el cornijal * de una esquina.
— *Mar.* La última cuaderna del casco* en la proa.

HORIZONTAL adj. y s. *Astr.* Paralelo al horizonte, o sea perpendicular a la vertical del lugar considerado.
— *Geom.* Toda línea que, en un dibujo, es perpendicular a un eje que figura convencionalmente la dirección vertical. ‖ Línea paralela al borde inferior del papel en que se dibuja.
— *Mar. Plano horizontal,* v. PLANO.
Radiot. Definición horizontal, v. DEFINICIÓN.

HORIZONTE m. Línea donde, en torno del observador, parecen juntarse el cielo y la tierra o el mar: *el horizonte se halla tanto más lejos cuanto mayor sea la altura a que se encuentre el observador.*
— *Aeron. Horizonte artificial,* instrumento de a bordo consistente esencialmente en un giroscopio que conserva su posición horizontal sea cual fuere la posición del avión. La pantalla ofrece una serie de líneas, orientadas como el giroscopio, que figuran el horizonte, y varias paralelas al mismo, encima de las cuales se destaca una silueta del aerodino, ligada al avión. Como muestra la *figura,* las inclinaciones frontales o laterales del avión aparecen en la pantalla, subsanándose así la falta de visibilidad nocturna o con tiempo cubierto.
— *Astr.* Círculo mayor de la esfera celeste formado por la intersección con la misma del plano horizontal que pasa por el observador. ‖ *Depresión del horizonte,* ángulo formado por la dirección del horizonte (que es perpendicular a la vertical que pasa por el observador) y la visual que va del mismo a la línea del horizonte (donde parecen juntarse el cielo y el mar). ‖ *Horizonte artificial,* cubeta que contiene mercurio o aceite, en la superficie de cuyos líquidos —que figuran el plano del horizonte— se refleja el punto luminoso de un astro, haciendo así posible la medición de su altura sobre el horizonte.
— *Geol.* Capa del suelo caracterizada por una composición o una estructura diferente de la de las tierras situadas encima o debajo de ella: *el mantillo * constituye un horizonte humífero.* ‖ *Horizonte geológico,* capa del terreno caracterizada por la presencia de determinados fósiles inexistentes en las demás capas, y por lo tanto fácil y seguramente identificable.

HORMA f. *Art. y of.* Molde de madera sobre el cual se da forma al fieltro de un sombrero o se aplican y unen las piezas para hacer los zapatos.
— *Constr.* Dícese de la pared que se hace asentando las piedras en seco, sin ningún mortero.
— *Ind. alim. Amer.* Vasija cónica en que se elaboran los panes de azúcar.

HORMIGÓN m. *Constr.* Mezcla de arena, grava, cascote y aglomerante (generalmente cemento y a veces cal), amasada con agua. ‖ *Hormigón alveolar,* hormigón celular. ‖ *Hormigón apisonado,* el que se amasa con poca agua y se apisona una vez puesto en la obra, para aumentar su homogeneidad. ‖ *Hormigón armado,* v. *Encicl.,* más abajo. ‖ *Hormigón asfáltico* o *bituminoso,* aquel en el cual los agregados se aglomeran con asfalto o betún en vez de cemento. ‖ *Hormigón celular,* hormigón ligero cuya masa contiene numerosas burbujas formadas por algún procedimiento mecánico, físico o químico. (V. AEROCRETO.) ‖ *Hormigón ciclópeo,* el que contiene piedras muy gruesas y se usa para presas y otras obras públicas. ‖ *Hormigón de escoria,* el que se obtiene mezclando cuatro partes de escorias de coque con una de cemento y en cuya fábrica pue-

puente de
hormigón tensado

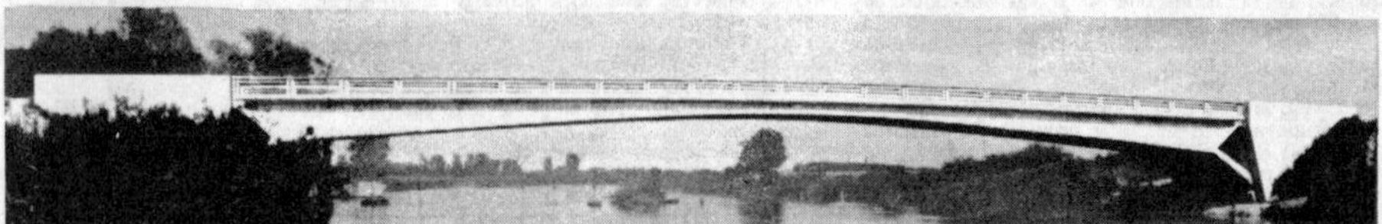

Fot. Schall, Baranger

den hincarse clavos y escarpias. ‖ *Hormigón ligero*, el de densidad inferior a 2, que se hace con escorias, piedra ponce o puzolana en vez de piedras ordinarias. ‖ *Hormigón poroso*, hormigón celular. ‖ *Hormigón refractario*, el que se elabora con agregados refractarios y cemento de alúmina o aluminato de cal y que se caracteriza por su resistencia a las temperaturas elevadas. ‖ *Hormigón tensado*, v. *Encicl.*, más abajo. ‖ *Hormigón vibrado*, el que, una vez puesto en la obra, se somete a vibraciones mecánicas para volverlo más compacto. (V. VIBRACIÓN.)

— La composición de los *hormigones* es muy variable, según el uso a que se destinen. Esta composición se expresa generalmente por el peso del cemento y el volumen de los materiales contenidos en un metro cúbico de masa:

MATERIALES	MAGRO	ORDINARIO	GRASO	MUY GRASO
cemento en kg	125	200 a 300	350	500
arena en m³	0,400	0,300 a 0,475	0,425	0,600
piedra en m³	1	0,900 a 1	0,850	0,600

clases de hormigón

A veces se agregan a la masa ingredientes que acortan el tiempo necesario para que fragüe el cemento (v. ACELERADOR) o que permiten obtener hormigones especiales. Así, la adición de detergentes o humectantes proporciona *hormigones ligeros* que resisten bien a las heladas y son más impermeables que los ordinarios. En los *hormigones celulares* se agregan a la masa productos químicos que provocan un desprendimiento más o menos abundante de gases en forma de burbujas. Se obtiene de este modo una fábrica esponjosa y muy ligera, aunque suficientemente resistente.

— El *hormigón armado* consiste en un hormigón graso (de 350 a 400 kg de cemento por metro cúbico) que se vierte en moldes (v. ENCOFRADO) dentro de los cuales se ha dispuesto un armazón o esqueleto de hierro, cuyo metal se halla protegido naturalmente contra la corrosión en razón de la alcalinidad del hormigón. El uso del esqueleto metálico no solamente multiplica la resistencia, sino que también permite efectuar construcciones muy ligeras y seguras.

La técnica del *hormigón tensado* consiste en armar el hormigón con barras de acero sometidas a fuertes esfuerzos de tracción. Al fraguar el hormigón y cesar la tracción, las barras someten la obra a una compresión antagónica de las fuerzas que han de actuar sobre ella. Consiguientemente, éstas podrán ser mayores que en una obra equivalente no sometida al tensado. Así se pueden economizar materiales, hacer obras ligerísimas y construir puentes muy largos de un solo arco (v. *figura*).

HORMIGONERA f. *Constr.* Máquina para fabricar el hormigón.

— La *hormigonera* consiste en un recipiente giratorio provisto interiormente de paletas, en el cual se vierten, en debidas proporciones, el cemento, la arena, la grava o piedra y el agua. Una vez que la rotación, completada por la acción de las paletas, ha homogeneizado la masa, se hace bascular la hormigonera para vaciar su contenido. Para fabricar hormigón en cantidades mayores se emplean *hormigoneras de tambor horizontal* —como la representada en la figura—, las cuales se cargan por un extremo y, merced a una rosca de Arquímedes alimentadora y otra mezcladora, elaboran continuamente la masa y la van vertiendo por el extremo opuesto.

En las obras públicas importantes se utilizan centrales productoras de hormigón, en las cuales se agrupan en un castillete varias hormigoneras y las tolvas que contienen los materiales. Las hormigoneras pequeñas producen unos 3 m³ de hormigón por hora; las mayores dan unos 20 m³.

HORMIGUILLAR v. *Min.* Tratar el mineral argentífero con magistral * para extraer la plata de la ganga.

HORMILLA f. *Text.* Disco pequeño de madera, cartón fuerte u otra materia, que se forra con tela para hacer un botón.

HORNABLENDA f. *Miner.* Silicato de aluminio, calcio, hierro y magnesio, del género anfíbol.

HORNABLENDITA f. *Geol.* Roca endógena, de textura granulosa, formada principalmente de hornablenda.

HORNACINA f. *Arq.* Hueco o nicho en forma de arco que se deja en el grueso de una pared para poner una estatua o con cualquier otro fin.

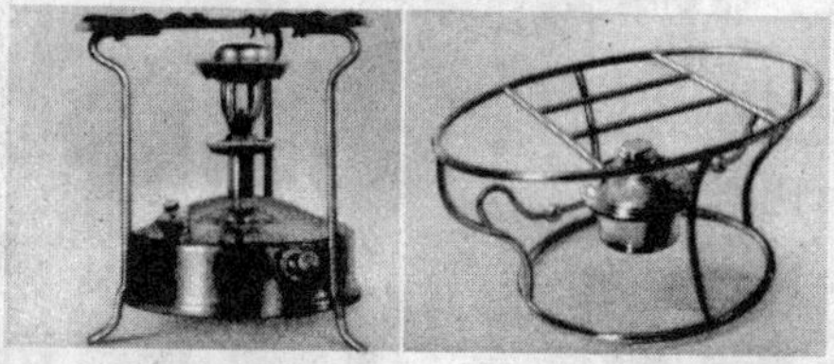

hornillos de petróleo a presión y de alcohol

HORNACHO m. *Min.* Concavidad que resulta al beneficiar la piedra en una cantera o el mineral en el frente de una mina.

HORNADA f. Cantidad de cosas o de materiales que pueden ser cocidos o tratados de una vez en un horno.

HORNAGUERA f. *Min.* Carbón * de piedra.

HORNAZA f. *Art. y of.* Horno pequeño para uso de plateros, que sirve también para fundir o cocer cosas pequeñas en otros oficios.

HORNBLENDA f. *Miner.* Hornablenda.

HORNBLENDITA f. *Geol.* Hornablendita.

HORNERA f. Solera del horno. ‖ Carbonera *, pila de ladrillos o de otras cosas que se han de carbonizar o cocer en un horno.

HORNILLA f. Fogón que se hace abriendo en la fábrica un hueco vertical, provisto de una parrilla para sostener la lumbre, y otro horizontal, que sirve de respiradero y de cenicero.

hormigoneras móvil y continua: 1. Arena; 2. Regulador de proporciones; 3. Gravilla; 4. Paletas; 5. Cemento; 6. Dosificador; 7. Agua; 8. Motor; 9. Rosca alimentadora; 10. Tambor dosificador; 11. Rosca mezcladora; 12. Reductor de velocidad; *a la der.*: central de hormigón

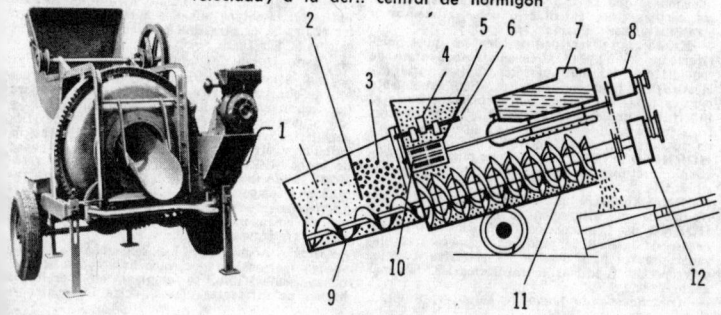

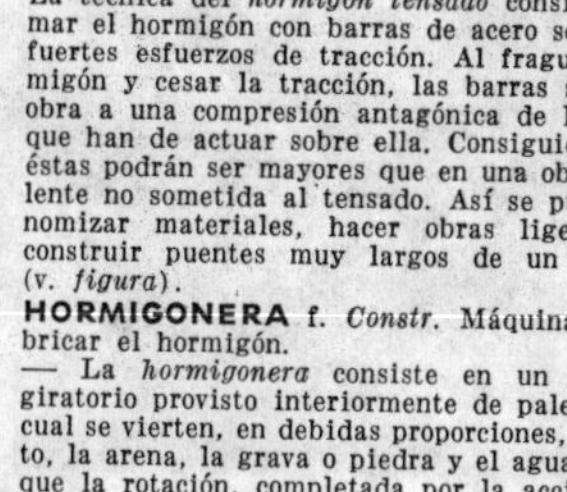

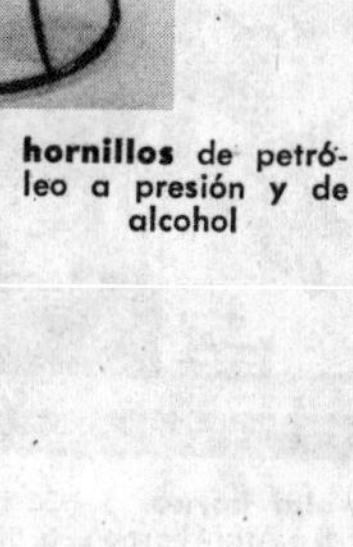

Fot. Larousse, L. A. H. O.

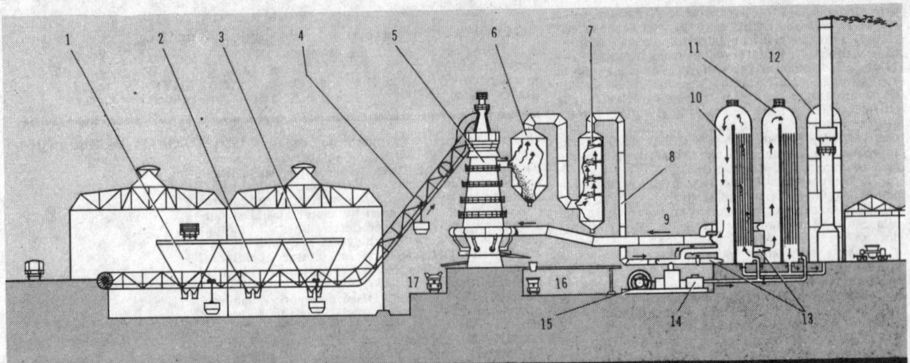

conjunto de las instalaciones de un alto horno

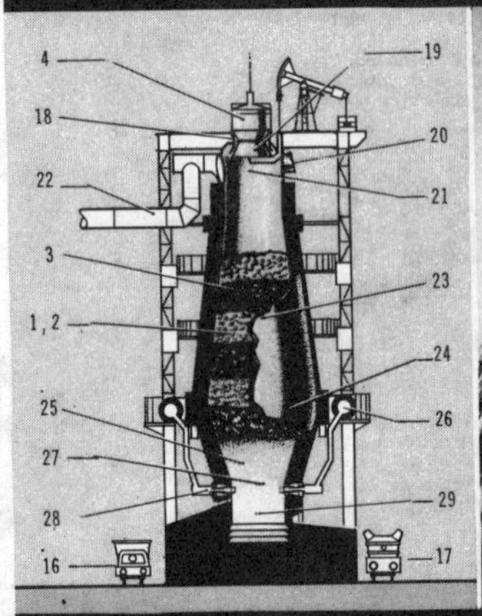

corte de un alto horno

aspecto exterior

colada del arrabio

alto horno: 1. Castina; 2. Mineral; 3. Coque; 4. Cargadora; 5. Alto horno; 6. Separador de polvo; 7. Lavador; 8. Gas caliente; 9. Aire caliente; 10. Cowper en servicio; 11. Cowper calentándose; 12. Cowper en reserva; 13. Caldeo; 14. Aire fresco; 15. Compresor; 16. Escorias; 17. Arrabio; 18. Tolva; 19. Tapadera; 20. Válvula de seguridad; 21. Tragante; 22. Gas recuperado; 23. Cuba; 24. Vientre; 25. Etalaje; 26. Aire caliente; 27. Obra; 28. Tobera; 29. Crisol

HORNILLO m. Horno manual, de pequeñas dimensiones, que se usa en los laboratorios y en las cocinas para calentar o cocer alimentos u otras materias. || Cocina.

— Existe gran diversidad de *hornillos*, pues prácticamente los hay para consumir toda clase de combustibles (alcohol, petróleo, butano, gas doméstico) y también eléctricos. Son igualmente muy variadas sus formas y dimensiones, desde el infiernillo simple hasta la cocinilla de gas o eléctrica provista de dos hogares y, en ciertos casos, de un horno (v. *figura* p. 561).

HORNITO m. *Geol. Amer.* Cono muy pequeño, o simple protuberancia humeante, en los terrenos volcánicos.

HORNMANGAN m. *Miner.* Substancia que resulta de una alteración de la rodonita.

HORNO m. Construcción de fábrica o metálica dentro de la cual se producen temperaturas elevadas propias para desecar las materias, cocerlas o recocerlas, fundirlas o transformarlas. (V. más abajo *Tecn.*)

— *Arq. Bóveda de fondo de horno,* v. BÓVEDA.

— *Atom. Horno atómico,* horno en el cual el calor proviene de reacciones de fisión. (V. REACTOR.)

— *Cerám.* En cerámica se usan *hornos de funcionamiento intermitente* (se han de apagar y dejar enfriar entre dos hornadas, para permitir las operaciones de carga y descarga) y *hornos continuos* de *solera sin fin* o de *solera móvil* sobre carriles. En ciertos casos el hogar se halla fuera de la cámara, y los gases pasan entre las piezas apiladas en la misma; en otros el hogar se halla debajo de la solera y las llamas envuelven los objetos; existen, por último, *hornos de cochura indirecta,* también llamados *hornos de mufla,* en los cuales la cámara que contiene los objetos es calentada por fuera.

— *Comb. Horno de coque,* v. COQUE.

— *Ind. alim.* Los *hornos de panadero* antiguos son de obra de fábrica de paredes espesas (para que conserven el calor), de techo abovedado y solera de piedras, que se calientan con leña. Las panaderías modernas, así como las fábricas de galletas y otros productos comestibles, disponen de hornos de funcionamiento continuo, ya *rotativos,* ya *de túnel,* en los cuales, una vez asegurada una temperatura constante, el horno se carga permanentemente por un extremo a medida que va entregando por el otro los productos ya cocidos (v. *figura*).

— *Metal.* Además de los *convertidores* *, que pueden ser considerados como hornos que no consumen combustible, se emplean en metalurgia hornos de diferentes clases, entre los cuales se

Fot. S. I. M.

destacan por su importancia los *altos hornos,* el *horno Martin,* los *hornos de electrólisis,* los *hornos pit* y muchos otros especialmente concebidos para reducir minerales, fundir o recocer metales no ferrosos, efectuar tratamientos térmicos, etc. Dichos hornos especiales no son sino instalaciones derivadas de alguna de las incluidas en la lámina que ilustra el presente artículo y nos limitaremos a agregar algunos detalles.
El *horno Martin* sirve para afinar el acero *. En él el aire y el gas combustible pasan por unos recuperadores donde se calientan antes de penetrar en la cámara; se encienden en la misma y las llamas y los gases calientan directamente el metal y pasan después a los recuperadores. Estos hornos alcanzan grandes dimensiones y pueden afinar de 30 a 150 toneladas de acero en cada hornada.
El *horno pit* sirve para calentar los lingotes que se han de laminar o forjar, los cuales se disponen verticalmente y se van extrayendo con una grúa merced a la abertura que deja el techo corredizo del horno.
Los hornos para tratamientos térmicos se caracterizan por la gran exactitud con que permiten alcanzar la temperatura requerida en dichas operaciones y por la posibilidad de crear en su interior una atmósfera ya inerte (para evitar la oxidación de los productos tratados), ya activa y de composición apropiada a los efectos que ha de surtir.

ALTO HORNO

La lámina muestra detalladamente la estructura de un *alto horno* y de sus órganos anejos. Su funcionamiento es como sigue: el mineral de hierro, así como el combustible (*coque*) y el fundente calizo (*castina*) se vierten automáticamente en el horno por una abertura (*tragante*) de su parte superior y forman capas superpuestas que se van renovando por arriba a medida que van fundiéndose por abajo. La fusión se obtiene por combustión del carbón, activada por la inyección de aire caliente. El horno funciona continuamente, día y noche; el hierro fundido se acumula en un *crisol* situado en la parte inferior del horno; las escorias que flotan sobre el metal salen por un orificio (*bigotera*) situado al nivel superior del crisol, mientras que el arrabio o fundición se extrae vaciando periódicamente el crisol por otra abertura que tiene a ras de fondo (*piquera*). Al mismo tiempo que descienden los productos líquidos, ascienden en el horno los gases

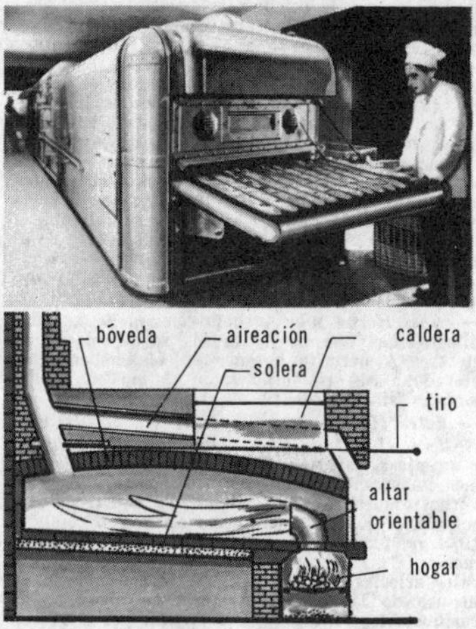

hornos de panadería continuo (de túnel) y de leña

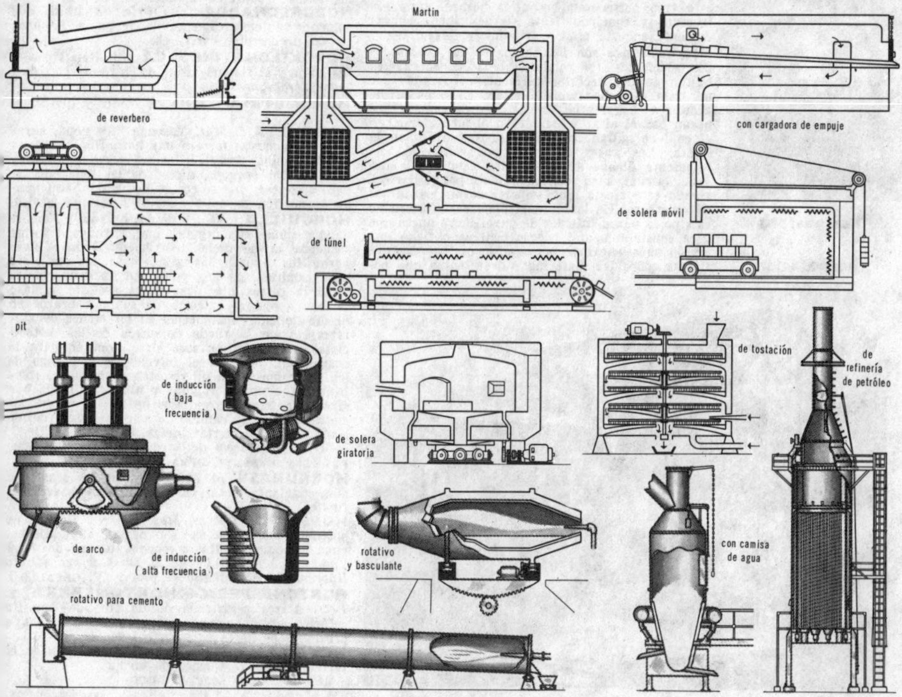

principales clases de **hornos** industriales

'ot. Larousse, Ets Ressort

horquillas de motocicleta y de embrague

hortonsfera

horno solar

producidos por la combustión incompleta del carbono del coque. Estos gases combustibles, y muy calientes, salen por una abertura del tragante, son depurados y sirven principalmente para calentar el aire que se ha de insuflar en el horno. El calentamiento se efectúa en unos recuperadores (*estufas de Cowper*), torres de acero provistas interiormente de un enrejado de ladrillos refractarios: el gas arde en un cowper hasta que los ladrillos alcancen una temperatura suficientemente elevada; entonces se interrumpe la combustión y se da paso al aire, que se calienta al circular entre los ladrillos; mientras éstos se van enfriando, otro cowper se halla en fase de calentamiento, por el gas, y así sucesivamente (el alto horno suele tener tres estufas cowper).

— *Ópt. Horno solar,* espejo cóncavo de grandes dimensiones que concentra los rayos solares en su foco y permite obtener en él temperaturas elevadas: *con el horno solar se pueden fundir metales sin alterar su pureza.*

— *Petr. Hornos de refinación,* v. REFINACIÓN.

— *Tecn.* Las industrias cerámicas, metalúrgicas y químicas, así como la del vidrio y otras de menor importancia requieren numerosas clases de hornos, muchos de los cuales son construcciones complejas. En aquellos hornos en que el combustible no participa químicamente en la transformación de los productos y solamente sirve para calentarlos, se tiende cada vez más a abandonar el uso de la leña y la hulla en provecho de combustibles fluidos (gas, derivados del petróleo) que, además de la comodidad que ofrecen su transporte y la regulación de la combustión, pueden ser calentados previamente para obtener temperaturas más elevadas. A este respecto, el carbón finamente pulverizado e inyectado en el hogar por una turbina, arrastrado por el aire necesario a su combustión, puede ser, en cierto modo, asimilado a un combustible fluido.

En los *hornos de cuba,* el combustible sólido y las materias que se han de tratar arden conjuntamente, mezclados en el mismo compartimiento. A este tipo pertenecen los altos hornos, cuya estructura y funcionamiento se describen separadamente en este mismo artículo (v. *Metal.*).

Más numerosos son los hornos en los cuales los dos elementos (el combustible y la carga) se hallan en dos recintos diferentes separados por un paso estrecho llamado altar. El combustible arde en el hogar y las llamas o los gases calientes pasan por el altar y atraviesan el laboratorio, en el cual se hallan las materias, contenidas en la solera. Los gases calientan por convección no solamente dichas materias, sino también la bóveda, la cual, a su vez, las calienta por radiación, siendo este efecto muy importante en los *hornos de reverbero.* En los *hornos rotativos* la solera no es sino la pared interior de un cilindro hueco que gira constantemente, con lo cual se obtiene una acción más eficaz y homogénea de los gases o llamas sobre las materias pulverulentas que podrían apelmazarse en la solera de un horno fijo. En otros casos (*hornos de túnel* o de *solera móvil*) la solera se halla constituida por un transportador de cinta sin fin que arrastra los materiales en el sentido contrario del de los gases calientes o por carros que ruedan lentamente sobre rieles. En los *hornos de tostación giratorios* las materias se hallan dispuestas en una serie de platillos que giran dentro del recinto caliente y van cayendo de un platillo a otro hasta salir por la parte inferior del horno.

Los *hornos eléctricos* tienen la ventaja de preservar la pureza de las materias, y se dividen, según como se aproveche la energía eléctrica, en tres clases diferentes: en unos (*hornos de resistencia*), se obtiene el calor por efecto Joule, haciendo pasar la corriente por unas resistencias que adquieren una temperatura elevada, o utilizando como resistencia la atmósfera del horno comprendida entre electrodos de carbón (*hornos de arco*); en otros, se aprovechan fenómenos de inducción mediante un devanado dentro del cual la materia que se ha de calentar constituye el secundario de una bobina de inducción (*horno de inducción de baja frecuencia*), o rodeando el crisol con una bobina solenoide hecha de tubo de cobre por el cual circula agua (*horno de inducción de alta frecuencia*); citemos, por último, los *hornos electrolíticos,* que combinan el calentamiento obtenido por resistencia o por inducción con los fenómenos de electrólisis.

Muchos hornos tienen recuperadores * en los cuales los gases calientes que salen de aquéllos, en vez de disiparse en la atmósfera, pasan por unas galerías de fábrica donde ceden la mayor parte de su calor, el cual se aprovecha para calentar previamente el aire o el gas combustible con que se alimenta el horno.

— *Vidr. Horno de vidrio,* v. VIDRIO.

HORO, prefijo derivado del griego *hôra,* que significa *hora.*

HORODATADOR m. *Ofic.* Horofechador.

HORODÍCTICO, CA adj. Que lleva marcadas las horas: *cuadrante horodíctico.*

HOROFECHADOR m. *Ofic.* Aparato que imprime automáticamente la fecha y la hora en un documento, carta, etc.

HOROKILOMÉTRICO, CA adj. Relativo a la distancia y al tiempo invertido en recorrerla: *contador horokilométrico.*

HOROMETRÍA f. Arte de medir y dividir el tiempo.

HORQUETA f. *Mar.* Varenga * de popa, cuyas dos ramas curvas forman una horquilla.

— *Obr. públ. Amer.* Bifurcación de un camino.

— *Tab. En orqueta,* dícese de las hojas de tabaco opuestas, que se cortan dos a dos seccionando la porción de tallo que las mantiene unidas.

HORQUILLA f. Horca de dos puntas. ‖ Nombre dado a numerosos órganos mecánicos cuya forma recuerda la de dicho instrumento; entre otras *horquillas* figuran las siguientes: la que sirve para cambiar, de una polea motriz a una polea loca, la correa que pasa entre sus dos ramas; la que apoya el extremo de sus dos brazos en el eje de una rueda, como en los trenes de aterrizaje y en la rueda delantera de las motocicletas (en el último caso sirve también para la suspensión, pues en el interior de cada una de las dos ramas lleva un resorte generalmente combinado con un amortiguador hidráulico); la que sirve para correr los discos de un embrague, los engranajes de un cambio de marchas, etc.; la que tiene el pie de ciertas bielas, etc.

— *Carp. Empalme de horquilla,* v. lámina EMPALME Y ENSAMBLADURA.

HORRURAS f. pl. *Min.* Escorias que contienen aún suficiente metal para justificar una segunda fusión.

HORSE POWER m. *Mec.* y *Metr.* Unidad de potencia empleada en los países anglosajones, cuyo símbolo es HP y cuyo valor es de 75,9 kgm/s ó 0,745 7 kWh: *el horse power difiere ligeramente del caballo de vapor.* (V. CABALLO.)

HORTONESFERA u **HORTONSFERA,** f. *Petr.* Marca registrada de un tipo de depósito esférico propio para contener gases licuados a presiones de hasta seis hectopiezas.

HOYA f. Concavidad natural o excavada en el terreno. ‖ *Amer.* Cuenca de un río.

— *Constr. Lima hoya,* v. LIMA.

Fot. Craven, Trombe

HOZ f. *Agr.* Instrumento de cuchilla curva y mango corto que sirve para segar y es más primitivo que la guadaña.
HP, símbolo de *horse* * *power*. (OBSERV. HP no simboliza la misma magnitud que CV, dado que el caballo de vapor y el horse power difieren ligeramente.)
hpz, símbolo de *hectopieza*.
HUBNERITA f. *Miner.* Tungstato de manganeso y mena de este metal.
HUECO, CA adj. Que tiene una cavidad o está taladrado interiormente: *los pozos de petróleo se perforan con barrenas huecas.*
— *Art. gráf. Grabado en hueco,* huecograbado.
— *Constr. Ladrillo hueco,* v. LADRILLO.
— *Expl. Carga hueca,* v. CARGA.
— *Min. Explotación por huecos,* la de criaderos importantes, que se hace cruzando las galerías y dejando entre ellas pilares de mineral que sostienen el techo. (V. MINA.)
HUECOGRABADO m. *Art. gráf.* Heliograbado * en hueco e impresión que se hace con dichos grabados, especialmente por medio de rotativas (*rotograbado*). [V. GRABADO e IMPRESIÓN.]
HUELGO m. *Art. y of.* Huida.
— *Metal.* Albricia.
HUELLA f. *Arq.* Plano horizontal del escalón, o sea aquel en que se asienta el pie. || Profundidad de dicho plano.
— *Art. gráf.* Impresión en relieve que deja la forma en el papel que se imprime.
HUESO m. Cuerpo blanco y duro que, en el organismo, sirve de soporte a los tejidos blandos. || *Aceite de huesos,* v. ACEITE.
— Los *huesos* se hallan constituidos por una red de proteínas sobre la cual precipitan las sales calcáreas arrastradas por la sangre. A la substancia ósea se le da el nombre de *oseína*. Es una materia prima en la fabricación de colas, gelatinas, negro animal y otras substancias. Los huesos son desengrasados por medio de un disolvente y se tratan luego con agua caliente bajo presión para obtener un caldo gelatinoso, o con ácido clorhídrico que disuelve la materia mineral. Los residuos que quedan una vez separada la gelatina son calcinados para obtener negro * animal o se usan como abono agrícola.
— *Constr. A hueso,* dícese de la obra que se hace uniendo íntimamente los ladrillos, piedras, etc., sin poner mortero entre sus juntas.
HUGUES (*Aparato*). V. TELÉGRAFO.
HUIDA f. *Art. y of.* Holgura que se deja entre un taladro y la pieza que ha de encajar en él, con objeto de que ésta pueda ser metida y sacada fácilmente.
HUINCHA f. *Metr. Amer.* Cinta de tela o metálica, graduada, para medir longitudes.
— *Text.* Cinta.
HULE m. *Gom. Amer.* Caucho.
— *Text.* Tela que tiene aplicada en una de sus caras una capa de una mezcla impermeable a base de aceite de linaza cocido con litargirio, al cual se agregan pigmentos minerales, y que, después de haber sido prensada, se decora con barnices celulósicos para hacer tapetes de mesa, fundas, revestimientos de muebles, etc.
HULLA f. Roca formada por la descomposición y transformación de masas sedimentarias de vegetales acumuladas durante el carbonífero: *todos los carbones minerales menos la antracita tienen el nombre genérico de hulla.* || Por oposición a dichos combustibles negros, se emplea a veces el nombre, seguido de un adjetivo, para designar otros manantiales de energía, y así, la *hulla azul* es la energía mareomotriz; la *hulla blanca,* la energía de los saltos de agua; la *hulla incolora,* la energía del viento; la *hulla de oro,* la energía solar; la *hulla roja,* la energía geotérmica; la *hulla verde,* la energía de las aguas corrientes.
— Existen muchas clases de *hulla* y, ante la dificultad que presenta su clasificación, se ha adoptado como criterio su contenido en materias volátiles, siendo la hulla tanto más rica en carbono y desprendiendo tanta más energía cuanto menor es aquel contenido. Así, la *hulla magra* solamente contiene de 8 a 10 % de materias volátiles y desprende 9 000 calorías por kilogramo, mientras que la *hulla grasa* llega a tener 45 %. Los carbones que contienen menos de 8 % de materias volátiles son antracitas *, y los que contienen más de 45 %, lignitos *.
También existe mucha diversidad en lo que se

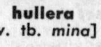

hullera
[v. tb. *mina*]

refiere a los yacimientos, pues mientras unos son superficiales y se benefician a cielo abierto, otros alcanzan grandes profundidades. El arranque se efectúa las más de las veces cortando un bloque y desplomándolo después con explosivos (v. MINA). En los demás casos se usan martillos de aire comprimido. Aparte de los problemas ordinarios de ventilación, las minas de hulla requieren precauciones contra el grisú *, las suspensiones de polvo inflamables y la combustión espontánea del carbón.
Desde el punto de vista industrial se distinguen las siguientes clases de hulla: *hullas magras,* que no se aglutinan, contienen menos de 15 % de materias volátiles y constituyen carbones domésticos e industriales; *hullas semigrasas* (hasta 22 % de substancias volátiles), que son ligeramente aglutinantes; *hullas grasas* (hasta 40 % de materias volátiles), que sirven para elaborar coque * y para fabricar gas * de alumbrado; por último, *hullas secas,* con 34 a 45 % de substancias volátiles, que dan llamas largas y son poco aglutinantes.
HULLERA f. Mina de hulla.
HUMECTACIÓN f. Acción y efecto de humedecer.
HUMECTADOR m. Todo dispositivo o aparato que sirve para humedecer alguna materia. (Sinón. HUMIDIFICADOR.)
— Las máquinas de fabricar o tratar tejidos, papeles y otros productos continuos suelen tener un cepillo o un rodillo que bañan en el agua y proyectan ésta o la aplican sobre la cinta con algún fin, especialmente para facilitar la eliminación de la electricidad * estática que tiende a acumularse en ella por efecto de los frotamientos. También se emplean con el mismo fin *humectadores* que saturan de humedad la atmósfera de los talleres, mediante proyección de chorros de vapor, pulverización del agua, etc.
Las instalaciones de climatización * o de acondicionamiento del aire también contienen un dispositivo humidificador que corrige la sequedad del aire. Los saturadores * permiten limitar empíricamente la sequedad de la atmósfera en los locales provistos de calefacción.
— *Obr. públ.* Rociador que moja constantemente el cilindro de las apisonadoras empleadas para alimentar los firmes.
HUMECTANTE adj. y s. Dícese de la substancia que, agregada a un líquido, confiere al mismo la propiedad de mojar un sólido con mayor facilidad que en el estado puro, o a un polvo la de dispersar mejor sus partículas en un líquido. (Sinón. DEPRESOR.)
— Los *humectantes* tienen por efecto disminuir la tensión * superficial de las disoluciones. Algunos de ellos son grasos: aceite de lino y de ricino, esencia de pino, lecitina, etc.
Representa importante papel el poder humectante de los detergentes *, los cuales, al ser disueltos en el agua, multiplican por cinco el poder de penetración de la misma, por ejemplo en los tejidos. Esta propiedad es muy útil en la industria textil, el lavado de la ropa y la extinción de incendios (dado que así las materias combustibles se impregnan rápidamente de agua al ser rociadas). También se aprovecha en fotografía para conseguir que los baños mojen rápida y uniformemente los clisés y las pruebas positivas y evitar que aparezcan manchas en las imágenes.
HUMECTAR v. Humedecer.
HUMEDAD f. Calidad de húmedo.
— *Arq.* El agua de los muros se elimina encastrando en los mismos respiraderos de cerámica porosa en los cuales el aire seco se carga de humedad y la transfiere a la atmósfera.

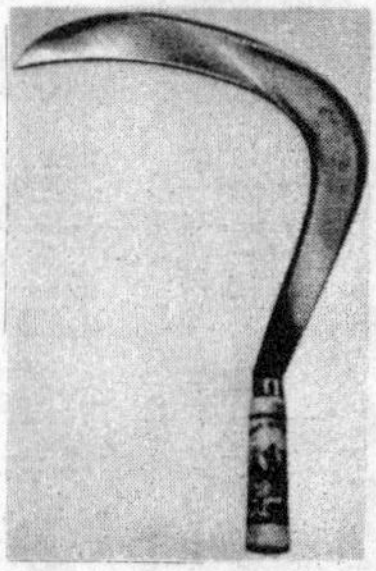

hoz

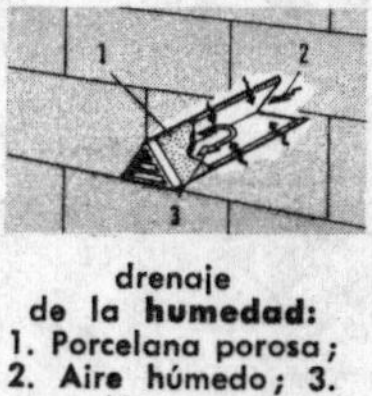

drenaje de la **humedad:**
1. Porcelana porosa; 2. Aire húmedo; 3. Aire seco

Fot. Son et Lumière

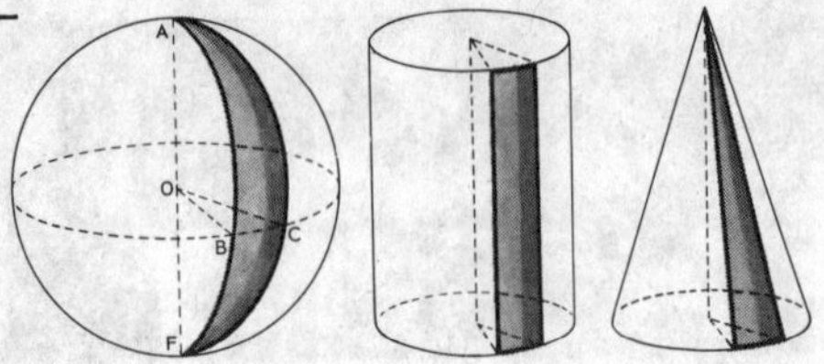

husos esférico, cilíndrico y cónico ABFC, huso; BOC, abertura del ángulo diedro formado por ABF y ACF

— *Meteor.* Presencia de vapor de agua en la atmósfera: *la humedad se mide con los higrómetros* *.
— El aire contiene proporciones variables de agua, comprendidas entre el valor teórico de O y la *humedad máxima* o *de saturación,* que depende de la temperatura (un aire ya saturado puede admitir más vapor si aumenta su temperatura). La *humedad del aire* puede expresarse de dos modos diferentes: como *humedad relativa,* que es su contenido en vapor de agua en comparación con el que tendría si el vapor se hallara saturado a igual temperatura; como *humedad absoluta,* que es el peso en gramos del agua contenida por un metro cúbico de aire. A continuación se indica la humedad absoluta en función de la temperatura:

ºC:	—10	0	10	20	30	40
g:	2,17	4,85	9,39	17,19	30,41	50,80

HUMEDECER v. Poner húmeda una cosa: *el saturador humedece el aire.* ‖ Mojar.
HÚMEDO, DA adj. Impregnado de un líquido.
— *Art. gráf. Impresión húmeda,* v. IMPRESIÓN.
— *Quím. Vía húmeda,* v. VÍA.
HUMIDIFICADOR m. Humectador.
HUMIFICACIÓN f. *Agr.* Transformación de la materia orgánica en humus o mantillo.
HUMO m. Residuos gaseosos que se desprenden durante una combustión y que arrastran partículas líquidas o sólidas a las cuales deben su opacidad y su color.
— El *humo* consta generalmente de gases volátiles y vapor de agua, cuya corriente ascendente, acelerada por el tiro de las chimeneas, arrastra cenizas y partículas tenues de los cuerpos que arden. Estas materias sólidas, que confieren su opacidad al humo, son tanto más abundantes cuanto más incompleta es la combustión. Los hogares provistos de alimentación continua en combustibles fluidos o carbón pulverizado o finamente machacados, dan humos con escasa proporción de partículas sólidas. Por el contrario, en los hogares de carga discontinua la introducción brusca de una masa de combustible frío que, por añadidura, disminuye el paso del aire a través de la masa candente, provoca la formación de humo espeso. En las zonas industriales, la legislación suele imponer reglas para evitar la polución atmosférica por humos excesivamente cargados de partículas sólidas o compuestos sulfurosos, que corroen los metales y causan daños en los cultivos y en las construcciones, así como de substancias perniciosas para la salud.
Los humos se depuran por medio de filtros * y separadores *, y en ciertas instalaciones industriales se aprovecha el calor del humo para el calentamiento previo del aire o del combustible que se inyectan en el hogar (v. RECUPERADOR).
— *Arq. Conducto de humos,* v. CONDUCTO.
— *Art. gráf. Grabado al humo,* v. GRABADO.
— *Expl. Pólvora sin humo,* v. PÓLVORA.
— *Ind. Negro de humo,* v. NEGRO.
— *Mec. Caja de humos,* v. CAJA.
HUMUS m. *Agr.* Mantillo.
HUNGRÍA *(Punto de).* V. ENTARIMADO.
HUPE f. *Carp.* Descomposición de la madera en forma de una cavidad llena de una masa blancuzca y fofa, que huele a hongo y que una vez secada se usa como yesca.
HURA f. *Bot.* Jabillo.
HURACÁN m. *Meteor.* Ciclón tropical.
HURGÓN m. *Art. y Of.* Especie de atizador grande para remover el fuego.
HUSILLO m. *Carp.* Espigón de la escalera * de caracol. ‖ *Escalera de husillo,* la de caracol.
— *Mec.* Tornillo que sirve para multiplicar la fuerza aplicada manualmente en un volante o una manivela. (V. PRENSA y TORNO.)
HUSO m. Palo redondo, con los extremos puntiagudos, sobre el cual se devanaba la lana que se iba hilando, hasta formar una masa elipsoidal y alargada. ‖ Dícese de ciertas cosas de forma exterior parecida a la del huso de las hilanderas.
— *Aeron.* Barquilla.
— *Arq. Huso y cuenta,* adorno para molduras consistente en una sucesión de motivos semiesféricos y elipsoideos dispuestos alternativamente.
— *Astr. Huso horario,* v. HORA.
— *Geom. Huso cilíndrico, huso cónico,* parte de la superficie lateral de un cilindro o un cono comprendida entre dos generatrices. ‖ *Huso esférico,* parte de la superficie de una esfera comprendida entre dos planos que se cortan en un eje de la misma: *la superficie del huso esférico es, respecto a la de la esfera, lo que el arco BC respecto a la circunferencia.*
— *Text.* Portabobinas giratorio de las mecheras * y las continuas de hilar (v. HILATURA), de los cuales existen tres tipos principales: husos de aletas, de anillos y de campana.
HUYGENS *(Principio de),* principio aplicable a la propagación de movimientos ondulatorios y según el cual todo punto en el que llega una onda es a su vez origen de otra onda secundaria.
hW, símbolo de *hectovatio,* que tiende a reemplazar la forma Hw. (V. HECTO.)
Hz, símbolo del *hertzio.*

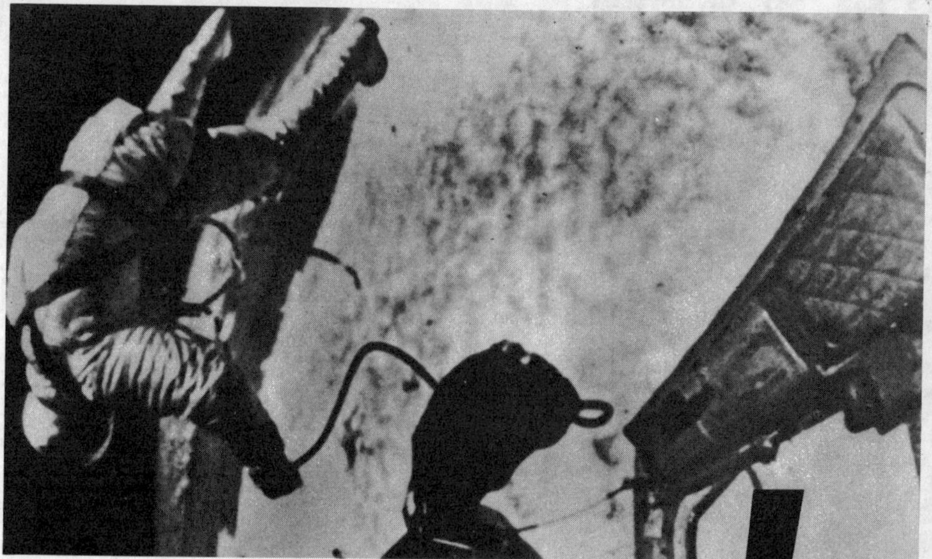

I

el astronauta norteamericano James Mac Diwitt en estado de **ingravidez** junto a su satélite circumterrestre

I f. Décima letra del alfabeto, empleada como sigla y símbolo.
— *Mat.* La I mayúscula significa 1 en la numeración romana.
— *Quím.* Símbolo del *yodo.*

IBIRAPITÁ m. *Bot.* y *Carp.* Árbol leguminoso (*Peltophorum vogelianum*) de América del Sur, cuya madera colorada, parecida a la caoba y susceptible de hermoso pulimento, es muy apreciada en ebanistería, carrocería y labores de torno.

ÍCARO, asteroide * notable por la excentricidad de su órbita, pues se acerca del Sol más que la de Mercurio y se aleja de él más que la de Marte.

ICAROSCOPIO m. Instrumento para ver el Sol y los aviones u otros objetos que el deslumbramiento impide observar a simple vista por hallarse demasiado cerca del disco solar: *en el icaroscopio se observan las imágenes de los objetos en una pantalla fosforescente.*

ICEBERG m. Masa muy grande de hielo que se desprende de los glaciares costaneros y es arrastrada por las corrientes marítimas hasta latitudes de temperatura más clemente, donde acaba por derretirse.
— El frío que reina en las regiones polares permite que los glaciares lleguen hasta el mar, en el cual se adentra su lengua de hielo hasta que la parte el oleaje. El enorme bloque así libertado —mide generalmente centenares de metros y hasta varios kilómetros— flota ligeramente y sólo muestra por encima de la superficie del mar la décima parte de su altura. De ahí el peligro que los *icebergs* representan para la navegación, no solo porque suelen ser poco visibles, sino también porque lo que aparece con el aspecto de un témpano pequeño —cuales se forman en la banquisa *— resulta ser una masa enorme capaz de averiar gravemente el casco del barco que con ella choque. Generalmente los icebergs son arrastrados fuera de los mares polares hasta aguas menos frías, cuya acción, conjugada con la del sol, los funde más o menos rápidamente. Actualmente son raras las colisiones de barcos con los icebergs, pues, además de disponer aquéllos de aparatos de radar * para descubrirlos, incluso de noche, existe una organización internacional que señala su presencia por radio.

ICICA f. *Bot.* Árbol burseráceo (*Icica icacariba* o *Protum icicariba*) propio del Brasil, uno de los que suministran la resina llamada *elemí* *.

ICO, prefijo derivado del griego *eikosi,* que significa *veinte.*

ICON, prefijo derivado del griego *eikôn, eikonos,* que significa *imagen.*

ICONÓMETRO m. *Fot.* Visor especial de fotografía merced al cual se determina la distancia focal necesaria para que el objeto enfocado alcance su máxima dimensión en la superficie sensible.

ICONOSCOPIO m. *Fot.* Visor provisto de una lente divergente, que sirve para apreciar el paisaje a escala reducida antes de efectuar el encuadre definitivo.
— *Raaıot.* Tubo catódico para la toma de vistas de televisión.
— El *iconoscopio* es el tubo analizador que equipaba las primeras cámaras de televisión electrónicas y ha sido reemplazado por tubos más eficaces (imagen orticón, vidicón, etc.). Sus órganos principales son el mosaico de células fotoemisivas y el sistema de exploración electrónica de la imagen. El mosaico consta de una placa aislante (mica) metalizada por detrás (para volverla conductora de la electricidad) y cubierta por delante por numerosas gotitas de plata revestidas de substancia fotoemisiva (óxido de cesio). El sistema de

iceberg en aguas del Atlántico septentrional

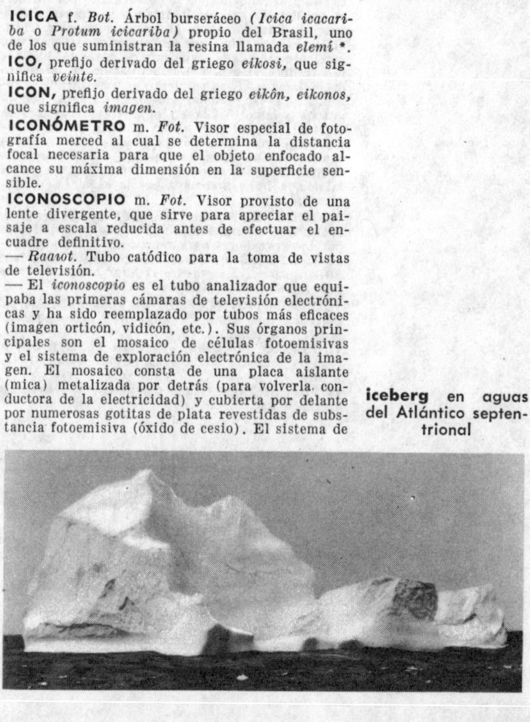

Fot. Keystone, U. S. Coast Guard

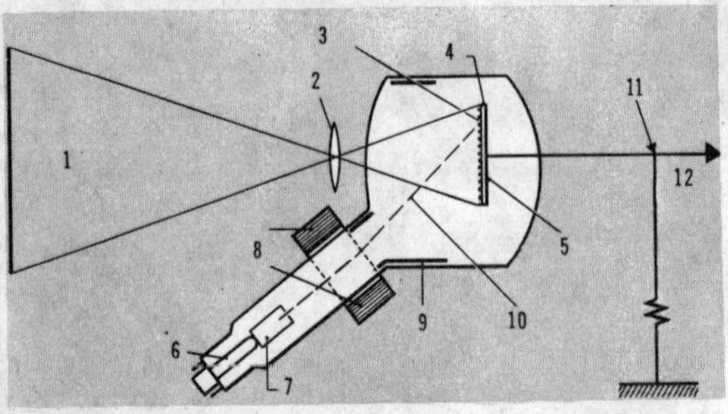

iconoscopio: 1. Campo de la cámara; 2. Objetivo; 3. Mosaico; 4. Mica; 5. Metalización; 6. Cátodo; 7. Cañón; 8. Bobinas deflectoras; 9. Ánodo; 10. Haz de electrones; 11. Tensión proporcional a la iluminación de los granos del mosaico; 12. Hacia el amplificador

exploración consta de un cañón de electrones que proyecta un haz finísimo de rayos catódicos y, por otra parte, de unas bobinas que desvían dicho haz de forma que el mismo pase sucesivamente por todas las gotitas del mosaico. (V. EXPLORACIÓN.) El funcionamiento del iconoscopio es como sigue: el haz catódico, al herir los granitos de plata, les cede electrones. Cada granito constituye entonces un pequeño condensador (cuyas armaduras son la plata, por un lado, y la capa de metal, por el otro, y cuyo dieléctrico es la mica). El objetivo fotográfico de la cámara proyecta la imagen sobre el mosaico: si un granito queda en una zona obscura de la imagen luminosa, conservará su carga, pero si es bañado por la luz de un detalle claro de la imagen, los rayos luminosos expulsarán electrones y el condensador se descargará; por último, en un detalle gris de la imagen la descarga será parcial. Las descargas se suceden en el circuito eléctrico del tubo, que es recorrido así por una corriente modulada, cada una de cuyas modulaciones traduce el grado de iluminación de un punto de la imagen. Esta corriente es amplificada y radiada por la estación emisora. Captada por la antena y amplificada en el aparato receptor, la corriente obrará en sentido inverso, es decir engendrará una sucesión de puntos más o menos luminosos en forma de líneas que cubrirán toda la pantalla del televisor y reconstituirán en el mismo la imagen tomada por la cámara. (V. TELEVISIÓN.)

ICONÓSTROFO m. *Art. gráf.* Instrumento de óptica que da una imagen invertida y es utilizado por los grabadores para reproducir los modelos.

ICOSAEDRO m. *Geom.* Cuerpo sólido que tiene 20 caras: *en el icosaedro regular todas las caras son triángulos equiláteros.*

ICOSÁGONO, NA adj. y s. *Geom.* Dícese del polígono que tiene 20 ángulos y, consiguientemente, 20 lados.

ICOSANO m. *Quím.* Carburo de hidrógeno $C_{20}H_{42}$ presente en la parafina: *el icosano funde a 36º.*

ICTIO, prefijo derivado del griego *ikhthus,* que significa *pez.*

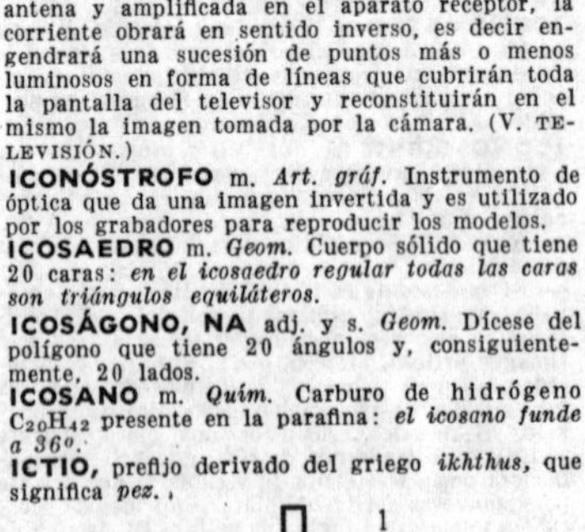

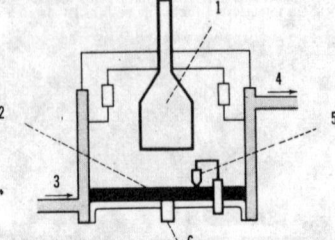

ignitrón
1. Ánodo; 2. Cátodo de mercurio; 3 y 4. Circulación de agua; 5. Ignitor; 6. Borne del cátodo

ICTIOCOLA f. Cola de pescado, especialmente la que se prepara con vejigas natatorias de esturión: *la ictiocola es excelente para clarificar vinos.*

IDENTIDAD f. *Mat.* Igualdad que tiene idénticos los dos miembros o que poseen igual valor numérico, sea cual fuere el valor atribuido a las letras, como ocurre con la igualdad:

$$(a + b)^2 \equiv a^2 + 2ab + b^2$$

en la cual $\equiv$ es el signo de la identidad.

IDIO, prefijo derivado del griego *idios,* que significa *particular,* propio de una cosa.

IDIOCICLOFANO, NA adj. *Miner.* Dícese de los cristales que presentan a simple vista anillos de colores.

IDIOMORFO, FA adj. *Miner.* Dícese de los cristales que en el seno de una roca cristalina se hallan completamente formados, con todas sus caras.

IDOSA f. *Quím.* Azúcar aldehído de fórmula CH_2OH-(CHOH)-CHO. (V. OSA.)

IDRIALITA o **IDRIATINA** f. *Miner.* Cera fósil, variedad de ozoquerita.

I. F. R., sigla de la expresión inglesa *Instrument Flight Rule* (regla para el vuelo con instrumentos) que se emplea en los planes de vuelo para indicar que el avión habrá de volar sin visibilidad o ateniéndose a dicha regla por cualquier otro motivo.

ÍGNEO, A adj. De fuego o que tiene alguna de sus calidades. ‖ Ardiente: *meteorito ígneo.*
— *Miner. Roca ígnea,* roca endógena *.

IGNI, prefijo derivado del griego *ignis,* que significa *fuego.*

IGNICIÓN f. Estado de los cuerpos que arden o son enrojecidos por el calor.
— *Autom.* Encendido.

IGNIFUGACIÓN f. Acción y efecto de ignifugar.
— *Carp.* La *ignifugación* de la madera no la hace incombustible, pero sí evita que se inflame por efecto del calor, de chispas eléctricas, etc. Se aplica principalmente a la madera empleada en construcciones navales y aeronáuticas, salas de espectáculos, almacenes, etc. Consiste en impregnar la madera o en revestirla con una capa de substancias ignífugas, cuales son el ácido bórico, el borato de sodio, los silicatos de sodio y de potasio, el ácido fosfórico y algunas de sus sales, el yeso, el amianto, etc.

IGNIFUGAR v. Impregnar o revestir las materias combustibles con substancias ignífugas para volverlas ininflamables. (V. IGNIFUGACIÓN.)

IGNÍFUGO, GA adj. y s. Dícese de las substancias que sirven para hacer ininflamables las materias combustibles. (V. IGNIFUGACIÓN.)

IGNITOR m. *Radiot.* V. IGNITRÓN.

IGNITRÓN m. *Electrón.* y *Radiot.* Rectificadora * electrónica, de atmósfera gaseosa.
— El *ignitrón* es una válvula con cátodo de mercurio y atmósfera constituida por el vapor de dicho metal. La tensión hace saltar entre el ignitor (que es un electrodo auxiliar) y el mercurio una chispa merced a la cual se forma un arco eléctrico entre el cátodo y el ánodo. El fenómeno se produce a cada alternancia de la corriente, o sea dos veces por período. La válvula es refrigerada por circulación de agua y puede alcanzar potencias elevadas (varios kilovatios), y también resistir a sobrecargas elevadas. Se emplea en instalaciones para soldadura eléctrica y en los relevos para el gobierno de las locomotoras eléctricas, laminadores, etc.

IGNITUBULAR adj. *Mec.* Dícese, por oposición a acuatubular, de aquellas calderas en las cuales los gases de la combustión circulan por el interior de tubos en el seno del agua.

IGUAL adj. Semejante por su índole, forma, calidad o cantidad.
— *Geom.* Dos figuras geométricas son iguales cuando coinciden al sobreponerlas.
— *Mat. Igual a,* expresión con que se enuncia el signo = que se pone entre dos cantidades para indicar que son iguales o de magnitud equivalente.

IGUALA f. *Art. y of.* Acción de igualar. ‖ Listón o regla que sirve para comprobar la regularidad y llanura de los suelos, paredes, labores de carpintería, etc.

IGUALADOR, RA adj. Que iguala o sirve para igualar.
— *Electr. Igualador de potencial,* aparato que regula automáticamente el potencial * de un conductor eléctrico para que su magnitud iguale el potencial del aire ambiente.
— *Tecn.* Nombre genérico de las máquinas que, como la acepilladora, sirven para igualar superficies.

IGUALAR v. Hacer que dos o más cosas sean iguales. ‖ Allanar: *igualar un solar.* ‖ Alisar la superficie de una materia u objeto: *igualar un cuero.*

IGUALDAD f. Relación entre dos o más cosas iguales.
— *Mat.* Equivalencia de dos cantidades que, en álgebra, se formula escribiendo las dos expresiones * algebraicas separadas por el signo = (igual a), como en la igualdad

$$2x + 3x - 12x = -56.$$

ILANG-ILANG m. *Bot.* y *Perf.* Planta anonácea (*Cananga odorata*) cultivada en Filipinas e Indonesia por sus flores, de las cuales se extrae una esencia apreciada en perfumería.

ILEXANTINA f. *Quím.* Substancia colorante que se extrae de las hojas del acebo *(Ilex aquifolium)* y con la cual se tiñen de amarillo las telas previamente tratadas con alúmina.

ILINIO m. *Quím.* Prometeo.

ILMENIO m. *Quím.* Liga de niobio y titanio considerada primitivamente como un cuerpo simple.

ILMENITA f. *Miner.* óxido de hierro y titanio, también llamado *hierro titanado.* Existe también en la Luna.

ILO, sufijo con que termina el nombre de los radicales químicos: *hidroxilo, metilo.*

I. L. S., sigla de la expresión inglesa *Instrument Landing System* (sistema de aterrizaje con instrumentos) con lo que se designa un método radioeléctrico de aterrizaje * sin visibilidad.
— El *dispositivo I. L. S.* funciona como sigue: en el aeródromo emiten dos estaciones de radio direccionales, una de las cuales orienta su emisión en un plano vertical y la otra en un plano inclinado de 3 a 5°, cuya intersección corresponde a la trayectoria que ha de seguir el avión para efectuar el aterrizaje. El avión se halla equipado con un receptor doble en el cual las emisiones captadas accionan dos agujas sobre una pantalla que lleva grabada la silueta del aparato. Si ésta aparece a la izquierda o a la derecha de la aguja que materializa la dirección de la pista, es que el avión se halla desviado lateralmente y el piloto ha de corregir el rumbo del mismo; si aparece debajo o encima de la otra aguja, es que se acerca a la pista con insuficiente o excesiva altura, y habrá de maniobrar en consecuencia. Una vez efectuadas las correcciones, las dos agujas se cruzan perpendicularmente sobre la silueta del avión y el piloto puede estar entonces seguro de llegar al extremo de la pista en excelentes condiciones para aterrizar. Por lo demás, a proximidad del suelo ya puede distinguir las luces que balizan la pista.

ILUMINACIÓN f. Acción y efecto de iluminar.

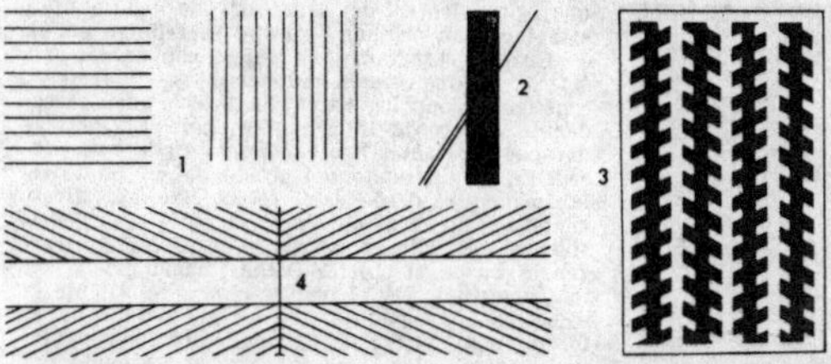

ilusiones ópticas
1. La primera figura parece más alta que la segunda; 2. De las dos paralelas, es la inferior la que prolonga la recta de la derecha; 3. Las barras verticales son rectas y paralelas; 4. La franja blanca tiene bordes paralelos

ILUMINADOR, RA adj. y s. Que sirve para iluminar.
— *Ópt. Iluminador vertical,* dispositivo de ciertos microscopios, especialmente los que se usan en metalografía, que va montado perpendicularmente al tubo y contiene una lámpara eléctrica y un prisma que proyecta la luz de la misma sobre la preparación para iluminarla por arriba, en vez de por debajo, como en microscopia ordinaria.

ILUMINAR v. *Art. gráf.* y *Fot.* Dar color a las imágenes que no lo tienen, lo cual solía hacerse aplicando colores transparentes sobre las figuras y fotografías (especialmente estampas y tarjetas postales) reproducidas en blanco y negro.
— *Lum.* Alumbrar o adornar con luces artificiales: *iluminar un monumento.*

ILUSIÓN f. *Ópt. Ilusión óptica,* apariencia errónea en cuanto a la forma, dimensiones o color de los objetos, que se debe a una mala interpretación de las sensaciones visuales (v. *figura*).

ILUSTRACIÓN f. *Art. gráf.* Acción de ilustrar. ‖ Fotografía o dibujo que acompaña a un texto, considerados separadamente o en su conjunto. ‖ Por ext., publicación periódica en la cual abundan las fotografías y otros grabados.

ILUSTRAR v. *Art. gráf.* Adornar, explicar o acompañar un texto con grabados.

ILLINIO m. *Quím.* Prometeo.

ILLIPÉ m. *Bot.* Árbol sapotáceo *(Bassia)* de Asia, cuyas semillas dan una materia oleaginosa empleada en la fabricación de jabones.

IMADA f. *Mar.* Cada una de las dos partes de la grada * que quedan a ambos lados de la quilla del barco: *la pendiente de la imada suele ser desde 1/12 para los barcos pequeños a 1/24 para los mayores.*

IMAFRONTE m. *Arq.* En las iglesias, fachada opuesta a la cabecera, que no siempre es la principal.

IMAGEN f. Representación de una cosa ya por medio del dibujo y la fotografía, ya por la reflexión o la refracción de los rayos luminosos o merced a fenómenos electrónicos.
— *Fot. Imagen latente,* la que se forma en la emulsión fotosensible expuesta a la acción de la luz y que solamente es visible después del revelado. (V. FOTOGRAFÍA.) ‖ *Imagen positiva, imagen negativa,* v. FOTOGRAFÍA.
— *Ópt.* Reproducción de un objeto debida a la convergencia real o aparente de los rayos de luz

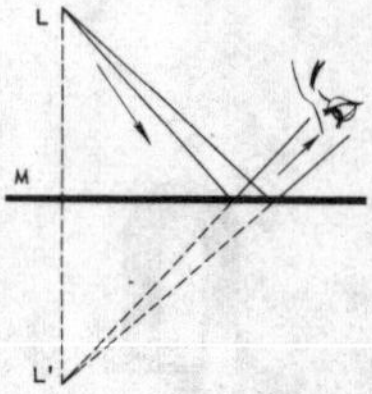

imagen *(ópt.)*

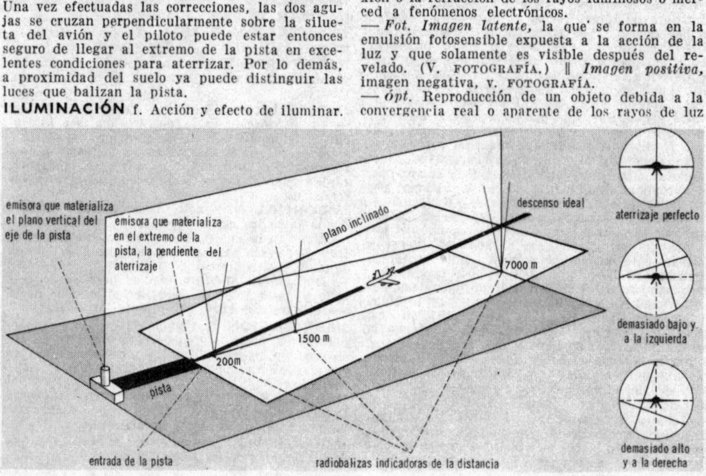

funcionamiento del sistema I. L. S.

que, procedentes de cada uno de sus puntos, atraviesan un sistema óptico o se reflejan en él.
— Cuando observamos un objeto con un sistema óptico, lo que vemos realmente es su *imagen*, constituida por los haces luminosos que, procedentes de sus distintos puntos, han sido desviados por las lentes * o espejos *. Cada haz procedente de un punto del objeto da un punto de la imagen y, desde éste, forma otro haz divergente que llega al ojo: así, el punto que vemos siempre se halla, o parece hallarse, en la imagen, y no en el objeto. Dicha imagen puede ser real o virtual. En el primer caso será visible si colocamos una pantalla en el punto en que se forma, pero no en el segundo, y la imagen virtual parece como si se formara en un punto por el cual no han pasado los rayos luminosos. Tal ocurre con las imágenes visibles en los espejos (v. *figura*): si L es un objeto puntual y M un espejo, la imagen de L parece que se halle en L', detrás del espejo, cuando en realidad el haz luminoso llega al ojo después de reflejarse en M. (V. REFLEXIÓN.)
— *Radiot.* Conjunto de puntos luminiscentes y de líneas formadas por la sucesión de los mismos en las pantallas de los tubos catódicos, especialmente en los de los receptores de televisión y radar. ‖ *Imagen fantasma*, duplicación de la imagen en la pantalla de un televisor debida a que las ondas de la estación emisora llegan a la antena por dos conductos diferentes y dan dos imágenes, una de las cuales aparece corrida de unos milímetros respecto a la otra. ‖ *Disector de imágenes*, analizador. ‖ *Frecuencia de imagen*, número de imágenes transmitidas en un segundo por un sistema de televisión y que suele ser de 30 en América y de 25 en Europa. ‖ *Imagen orticón*, v. ORTICONOSCOPIO.

IMAGINARIO, RIA adj. y s. *Mat.* Expresión algebraica en la cual figura una cantidad negativa afectada de un radical. ‖ Dícese de la expresión de forma $a + bi$, en la cual a y b son números reales, mientras que i es la unidad imaginaria tal que $i = \sqrt{-1}$ y, consiguientemente, $i^2 = -1$.

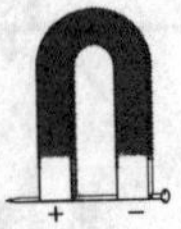

imán de herradura

IMÁN m. *Magn.* Óxido de hierro natural que tiene la propiedad de atraer el hierro, el níquel y el cobalto. (V. MAGNETITA.) ‖ Toda materia dotada natural o artificialmente de idéntica propiedad. ‖ *Imán de Ceilán*, la turmalina, así llamada porque adquiere propiedades eléctricas al ser calentada.
— Un *imán* en forma de barrita permite experimentar las propiedades generales de todos los imanes, especialmente las siguientes: atracción de la limadura y de los objetos de hierro que no se hallan imantados: la fuerza de atracción es más intensa en los extremos (polos) de la barrita que en su parte central y, por ejemplo, la limadura de hierro forma dos aglomeraciones en ambos polos; si se suspende la barrita con un hilo suficientemente flexible o sobre un astil, toma siempre la misma dirección, que es aproximadamente de Norte a Sur, y también es siempre el mismo extremo de la barrita el que se dirige hacia el Norte (de ahí los nombres de polo Norte y polo Sur, que por analogía con los polos geográficos se da a los extremos del imán): el polo Norte se llama igualmente polo positivo, y, en consecuencia, el otro polo es el negativo. Aplicando el principio general se puede comprobar, al aproximar dos imanes, que si lo hacemos por sus polos de igual nombre (por ej., acercando el positivo del positivo), ambos se repelen, mientras que acercando el polo positivo de uno del negativo del otro, ambos se atraen con fuerza y forman entonces un solo imán; igualmente, si partimos la barrita en dos o más fragmentos, cada uno de éstos constituirá un imán, con sus polos negativo y positivo separados por la línea neutra del imán. Dividida una barrita en dos, tres o más partes, la intensidad sigue siendo la misma en cada polo, pero el momento magnético, o sea la intensidad total de los efectos o acciones que pueden provocar o experimentar los imanes, son dos, tres, etc., veces menores. (V. MAGNETISMO.)
— *Imanes artificiales.* Casi todos los imanes utilizados actualmente son imanes artificiales, no solamente porque son más intensos que los naturales, sino también por su mayor solidez y porque puede dárseles las formas más apropiadas. No todos los metales se prestan para ser imantados y muchos tienen el defecto de desimantarse espontáneamente o por influencias externas. La aptitud para conservar la imantación se mide según el *campo coercitivo*, que es el valor de aquel campo magnético de sentido contrario al de la imantación, el cual, aplicado al imán, bastaría para desimantarlo.
Además de las ferritas *, que constituyen una familia aparte, se hacen imanes con aceros especiales (ligas de hierro con tungsteno, cromo, cobalto, molibdeno, etc.), aleaciones de hierro con níquel y aluminio, etc.
La imantación puede obtenerse muy simplemente dejando la pieza en contacto con un imán. Industrialmente se recurre a otro método más eficaz, que consiste en someterla a la acción de un campo magnético. Si introducimos una barrita de metal en el interior de un solenoide * por el cual pasa una corriente continua, observaremos que si la barra es de hierro dulce, se imanta, pero la imantación cesa en cuanto se interrumpe la corriente: es un *imán temporario* (v. ELECTROIMÁN). Por el contrario, si la barrita es de acero templado, adquiere una *imantación remanente*, o sea que subsiste al cortar la corriente, y se convierte así en un *imán permanente*.
Desde el punto de vista físico, la *intensidad de la imantación*, cociente del *momento magnético* del imán por su volumen, es comparable a una *inducción * magnética* y, como ella, se mide y expresa en gausios.
Los imanes tienen no pocas aplicaciones, entre las cuales destacan las siguientes: detección de campos magnéticos (brújula, compás, etc.); utilización de las fuerzas engendradas por los propios imanes (separadores * magnéticos, polarización de relevos *, teléfonos, extracción de cuerpos metálicos en cirugía, etc.); creación entre los polos de campos magnéticos potentes que, en muchas aplicaciones, tienen la ventaja sobre los de los electroimanes de ser rigurosamente constantes (galvanómetros *, aceleradores * de partículas, etc.)
En ciertos casos, la lava de los volcanes y la arcilla de las labores de cerámica, se imantan, al enfriarse, por efecto del campo magnético del globo terrestre. Esta imantación es determinada por la inclinacién * y la declinación existentes en el momento de la solidificación de las materias y conserva permanentemente ambas características. De ahí que, como las características del Globo cambian con el tiempo, basta analizar la magnitud que tienen en un fragmento de lava o de cerámica para calcular con cierta aproximación la época en que se solidificaron, pudiendo datar así las erupciones o los vestigios arqueológicos.

IMANACIÓN f. *Magn.* Imantación.

IMANAR v. *Magn.* Imantar.

IMANTACIÓN f. *Magn.* Acción y efecto de imantar. (V. IMÁN.) [Sinón. IMANACIÓN.]

IMANTAR v. *Magn.* Comunicar a un metal las propiedades magnéticas del imán *. (Sinón. IMANAR.)

IMBIBICIÓN f. Acción y efecto de embeber.
— La *imbibición* es la penetración, por capilaridad, de un líquido en los poros de una materia sólida o entre los granos de las materias pulverulentas. La absorción del líquido es tanto más rápida cuanto más estrechos son los poros o intersticios.

IMBORNAL m. *Constr.* Agujero del tejado por donde salen las aguas pluviales.
— *Mar.* Cada uno de los agujeros abiertos en el forro del casco para que se derrame por ellos el agua de las cubiertas.
— *Obr. públ.* Abertura que se hace en la calzada y, las más de las veces, en el bordillo de la acera, para que cuele el agua en las cloacas.

IMBRICACIÓN f. Estado de las cosas superpuestas en parte, a imagen y semejanza de las escamas de los peces o de las pizarras en los tejados. ‖ Adorno cuyo motivo, repetido, parece superponerse.

IMBRICAR v. Disponer una serie de cosas iguales de modo que, a imagen de las escamas de los peces, se superpongan parcialmente.

IMIDA f. *Quím.* Compuesto que resulta de la deshidratación de los ácidos aminados y que diflere del anhídrido de un diácido por las substitución del oxígeno por el radical NH.

IMIDO, prefijo empleado en química para designar los cuerpos que contienen un radical imidógeno. (Sinón. IMINO.)

IMIDÓGENO m. *Quím.* Radical bivalente de fórmula = NH. (Sinón. IMINÓGENO.)

IMINA f. *Quím.* Compuesto derivado de un aldehído, de una cetona o de una quinona al reemplazar sus átomos de oxígeno por el radical imidógeno NH.

IMINO, otra forma del prefijo *imido.*

IMINÓGENO m. *Quím.* Imidógeno.

IMOSCAFO m. *Arq.* Parte curva con que empieza por abajo el fuste de una columna.

IMPACTO m. Choque de un proyectil en el blanco. ‖ Punto donde se efectúa el choque y huella que deja el mismo. ‖ Choque de dos o más cuerpos cualesquiera.

IMPALPABLE adj. *Ind.* Dícese de los polvos muy finos, cuyos granos no producen sensación al tacto.

IMPAR adj. *Mat.* Dícese de los números enteros que no son divisibles por 2. ‖ Dícese de la función que cambia de signo al cambiar el de la variable, cual ocurre con la función: $y = x^3$.

IMPASTACIÓN f. Cualquier mezcla de materias pulverulentas reducidas a pasta con un líquido: *la masilla es una impastación.*

IMPEDANCIA f. *Electr.* Cociente de la tensión eficaz en un circuito dividida por la intensidad eficaz de la corriente alterna que pasa por el mismo.
— La *impedancia* es, respecto a las corrientes alternas, lo que la resistencia es a las corrientes continuas. Es una resistencia * aparente que se mide en ohmios. Si se acoplan dos circuitos de impedancia diferente se produce en la conexión una reflexión de la corriente que disminuye la corriente total. Por eso conviene que un televisor y su antena tengan la misma impedancia, pues en el caso contrario se pierde una parte de la ínfima corriente captada por la antena.

IMPELENTE adj. *Bomba impelente,* v. BOMBA.

IMPERDIBLE m. Alfiler en forma de broche, constituido esencialmente por un alambre torcido, uno de cuyos extremos encaja en el otro y es mantenido dentro del mismo por la elasticidad del metal.

IMPERIAL adj. y s. De calidad superior.
— *Tab.* Cigarro puro grande y de buena calidad.
— *Transp.* Segunda plataforma que tienen ciertos autobuses, tranvías y otros vehículos para aumentar su capacidad de transporte.
— *Vidr.* Botella de gran tamaño y de capacidad equivalente a la de 10 botellas ordinarias.

IMPERMEABILIDAD f. Calidad de impermeable.
— *Hidr.* Carácter de las capas del terreno que no dejan pasar las aguas o en las cuales se infiltran difícilmente: *la impermeabilidad de los terrenos arcillosos.*

IMPERMEABILÍMETRO m. *Text.* Instrumento para medir el grado de impermeabilidad de los tejidos.
— En ciertos *impermeabilímetros* se aplica sobre el tejido una columna de agua sometida a presiones crecientes hasta que el agua atraviese las mallas. Otros instrumentos proyectan sobre el tejido una lluvia artificial.

IMPERMEABILIZACIÓN f. Acción de impermeabilizar. ‖ Hidrofugar.
— La *impermeabilización* de los tejidos se obtiene por distintos procedimientos derivados de algunos de los métodos siguientes: aplicación a la tela de una capa de caucho pastoso y prensándola entre los cilindros de una calandria; aplicación de una disolución de caucho en benzol u evaporación del disolvente por la acción del calor (este procedimiento se aplica a las telas finas, propias para vestidos impermeables); aplicación, en vez de caucho, de parafina o cera disuelta, de aceite de linaza, de alquitrán (toldos de lona alquitranada), etc.; impregnación de las fibras con silicones u otros productos hidrófugos. Por lo demás, se pueden obtener tejidos impermeables por medio de un tisaje muy tupido y, si son de lana, dándoles un ligero abatanado para que queden más apretadas las fibras.

IMPERMEABLE adj. y s. Que no deja pasar los líquidos: *tela impermeable.* (V. IMPERMEABILIZACIÓN.)

IMPESANTEZ f. *Astron.* Ingravidez.

IMPLEMENTO m. *Art. y of. Amer.* Herramienta.

IMPLOSIÓN f. Irrupción brusca del aire, acompañada de ruido y con efectos destructivos, en un recinto que se halla a presión muy inferior a la de la atmósfera.
— *Radiot.* La *implosión* se produce en los tubos electrónicos, y especialmente en los tubos catódicos de gran tamaño de los televisores, cuando el vidrio cede bruscamente ante la presión atmosférica. En razón del vacío que reina dentro del tubo, los fragmentos son primeramente aspirados hacia el interior y luego proyectados en todas las direcciones. Para evitar los accidentes, el televisor lleva una placa de espeso vidrio de seguridad que protege a los telespectadores. Esta placa puede hallarse separada del tubo o formar cuerpo con la pantalla del mismo.

IMPOLARIZABLE adj. Que no puede polarizarse. (V. POLARIZACIÓN.)

IMPONDERABILIDAD f. *Astron.* Ingravidez.
— *Fís.* Calidad de imponderable.

IMPONDERABLE adj. *Fís.* Que carece de peso apreciable. ‖ Que no puede ser pesado.

IMPONER v. *Art. gráf.* Preparar la forma colocando en la rama las planas ya compuestas y separándolas con los blancos correspondientes a las márgenes que han de quedar en las páginas.

IMPOROSO, SA adj. Que no tiene poros perceptibles, ya por carecer de ellos, ya por ser los mismos excesivamente pequeños.

IMPOSICIÓN f. *Art. gráf.* Acción y efecto de imponer. ‖ Blancos * que se ponen entre las planas de la forma y que corresponderán a las márgenes de las páginas del libro.

IMPOSTA f. *Arq.* Hilada de sillares salidizos que sirve de asiento a un arco *.

IMPREGNACIÓN f. Acción y efecto de impregnar.
— *Carp.* La *impregnación* de la madera consiste en inyectar en sus poros, a presión, substancias ignífugas para hacerla ininflamable (v. IGNIFUGACIÓN) o compuestos antiputrescibles (creosota, sulfato de cobre, etc.) y también hidrófugos que le permitirán resistir a la acción de las intemperies o a los ataques de los insectos y los hongos. Generalmente se opera la *impregnación en caliente* en una autoclave de forma y dimensiones apropiadas a las de los maderos que se han de tratar (postes telegráficos, traviesas de ferrocarril, maderos para entibar, etc.).
— *Metal.* Tratamiento a que se someten los metales fritados, consistente en rellenar sus poros con otro metal fundido, de punto de fusión inferior.
— *Obr. públ.* Inyección de aglomerante muy fluido por los poros del terreno con objeto de impermeabilizarlo.
— *Petr.* Estado de la roca empapada de hidrocarburos que, al ser extraída en el curso de un sondeo, constituye un indicio favorable de la existencia de un yacimiento petrolífero.

IMPREGNAR v. Empapar un cuerpo, llenar sus poros o insterticios con una substancia líquida. (V. IMPREGNACIÓN.)

IMPRENTA f. *Art. gráf.* Arte de reproducir textos e imágenes prensando un papel, tejido u otra superficie contra una forma entintada que les cederá la tinta. (V. IMPRESIÓN.) ‖ *Fig.* Impreso, libro, toda labor de impresión.

IMPRENTAR v. *Art. gráf. Amer.* Imprimir.

IMPRESIÓN f. Acción y efecto de imprimir.
— *Art. gráf.* Todos los *procedimientos de impresión* se fundan en los mismos principios generales, aunque aplicándolos con múltiples variantes: preparación de un molde en el que aparecen, en relieve o en hueco, los textos y las imágenes que se han de reproducir; entintado de dicho molde de modo que, según el procedimiento adoptado, la tinta cubra uniformemente las superficies en relieve o llene los huecos; aplicación bajo presión —de ahí el nombre de prensa dado a las máquinas de imprimir— del papel contra el molde para que la tinta de éste adhiera en la superficie de aquél, dejando en el mismo la huella de las letras y grabados.

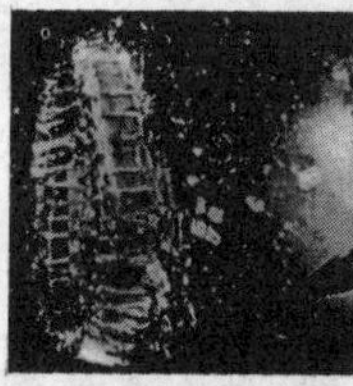

implosión de un tubo de televisor

imposición
[v. *casado*]

Fot. C. C. A.

Las tres fases se cumplen hoy con medios mecánicos de asombrosa perfección y alto rendimiento. No obstante, en la primera de ellas, la composición, se recurre aún a métodos manuales, ya porque en muchos casos la mecanización es prácticamente imposible (impresos comerciales, títulos, etc.), ya porque la tirada es demasiado reducida y resulta más económico componer a mano, ya, por el contrario, para obtener impresiones de calidad, como en las ediciones limitadas de libros lujosos. No obstante, los modernos procedimientos de composición mecánica también permiten, si se utiliza cuidadosamente material en buen estado, obtener una impresión muy pulcra. (V. COMPOSICIÓN.)
Al mismo tiempo que se compone el texto se preparan los grabados que han de acompañarlo (V. GRABADO y FOTOGRABADO). La operación siguiente consiste en reunir y combinar la composición, los grabados y los espacios blancos y formar así primeramente un molde para cada página o plana (V. COMPAGINACIÓN) y luego un molde general para todas las planas que se pueden imprimir de una vez en una cara del pliego (V. CASADO, FORMA e IMPOSICIÓN).
La forma así preparada se entinta a mano con un rodillo para sacar copias, las cuales son corregidas para subsanar faltas, rectificar errores, al par que permiten descubrir imperfecciones o irregularidades en el molde (líneas invertidas o fuera de su sitio, grabado excesivamente alto o bajo, etc.). Ya eliminadas todas sus imperfecciones, el molde puede ser utilizado de diversas maneras, según el procedimiento de impresión adoptado: en ciertas máquinas se usa directamente para imprimir el papel; en otras solamente sirve para sacar uno o varios moldes con los cuales se efectuará la impresión, ya prensando —con el molde— un cartón espeso que conserva así su huella en hueco y sirve de matriz para fundir las láminas (*estereotipia* *), ya sacando una prueba pulcra propia para hacer fotograbados, ya, por último, fotografiando la forma limpiada previamente.

MÁQUINAS DE IMPRIMIR

Toda *máquina de imprimir* consta de la forma o molde, de un tintero y su correspondiente sistema de entintado, de un dispositivo que suministra el papel, un órgano de presión que lo aplica sobre el molde entintado y un sacapliegos * u otro mecanismo para evacuar el papel ya impreso. La característica principal para clasificar las máquinas de imprimir reside en el sistema adoptado para prensar el papel contra el molde, y así cabe distinguir las siguientes clases: *máquinas de presión plana*, a cuya categoría pertenecen las antiguas prensas * de husillo y las actuales minervas *, en las cuales el papel es aplicado contra el molde por el tímpano, de superficie plana; *máquinas de presión planocilín-*

impresión tipográfica: máquinas de presión plana (1), de platina (2) y de doble revolución (3); rotativa para periódicos (4) y su fundidora de clisés (5); en offset: máquina de tirar a cuatro tintas (6) y rotativa para libros y revistas a cuatro tintas, recto y verso a la vez, acoplada con una rotativa a un solo color (7); en huecograbado: máquinas rotativa (8) y planocilíndrica (9)

5

1

2

3

6

8

Fot. La Photothèque, Fotopresse, Larousse, Leysens-Meyer

drica, de molde plano, que corre sobre la bancada con movimiento de vaivén en el curso del cual entra en contacto con el papel arrollado en el cilindro compresor (en la *máquina de cilindro de parada*, el cilindro, una vez impreso el pliego, permanece parado mientras retrocede el carro para entintar la forma; en la *máquina de doble revolución*, el cilindro, después de haber dado una vuelta durante la impresión del pliego, sigue girando y da otra en vacío hasta el retorno del molde entintado, suprimiéndose así las bruscas paradas que impiden trabajar a grandes velocidades con las máquinas de cilindro de parada); *máquinas de retiración*, que son las de doble revolución provistas de dos formas y dos dispositivos de entintar y de dos cilindros compresores, lo cual permite que el pliego ya impreso en una cara, por el primer cilindro, pase al otro para ser impreso por el dorso; *máquinas rotativas*, que permiten alcanzar grandes velocidades porque todos sus elementos, desde el entintado hasta el mismo acopio de papel, que se utiliza en forma de bobinas, son rotativos, incluso los moldes, que imprimen las dos caras a la vez (v. ROTATIVA); *máquinas offset* o de *impresión indirecta*, en las cuales la plancha, en vez de ceder directamente la tinta al papel, la aplica en la superficie de un cilindro intermediario de caucho, de donde pasa al papel, con lo cual se obtienen excelentes impresiones sobre papeles malos o absorbentes (v. OFFSET); *máquinas de imprimir en hueco*, que pueden ser planocilíndricas o rotativas, cuyas planchas grabadas en hueco son entintadas uniformemente y después limpiadas por una cuchilla que quita la tinta sobrante y solamente la deja en los huecos del clisé (v. HELIOGRABADO).
Entre los demás procedimientos de impresión se hallan: la litografía *, la serigrafía *, el método de la anilina *, los de estampado * de tejidos, etcétera.
Todas las máquinas citadas permiten imprimir en color: basta descomponer el original por medio de filtros para obtener tres planchas, cada una de las cuales, correspondiente a uno de los colores fundamentales, será entintada con tinta del color correspondiente (amarillo, rojo o azul) y la superposición de las tres tintas transparentes engendrará los demás colores (verde, anaranjado, etc.). En una máquina simple el mismo pliego será tirado tres veces (v. TRICROMÍA) o cuatro, si se agrega el negro para obtener fineza en los detalles (v. CUADRICROMÍA), procurando, claro está, la más perfecta coincidencia de todas las impresiones. Existen máquinas de cilindro de parada a dos colores, en las cuales el carro lleva dos formas y tiene un recorrido doble, de modo que, en el curso de una carrera las dos formas son entintadas, cada una de diferente color, y el cilindro da dos vueltas con el papel, una sobre cada forma. La máquina de doble revolución a dos colores es comparable a una máquina de retiración en la cual el pliego no es vuelto, y así las dos impresiones se efectúan en la misma cara. En las máquinas offset y en las rotativas en general, la impresión en color se obtiene multiplicando los órganos esenciales por el número de colores, o sea utilizando un tintero, un sistema de entintado y una plancha diferentes para cada color. Con dicho fin se emplean tintas de disolvente muy volátil y se utiliza una corriente de aire caliente u otro sistema de caldeo para obtener un secado rápido y evitar el repinte *.
La impresión en relieve suele obtenerse imprimiendo primero el texto o los dibujos y prensando ulteriormente el papel entre una matriz (que lleva grabado el motivo en hueco) y una contramatriz, labrada en relieve. Otro procedimiento consiste en espolvorear la tinta aún reciente con polvo de resina y, después de haber eliminado el exceso de polvo, en exponer el pliego al calor: la resina toma entonces el color de la tinta y forma con ella una masa brillante. (V. tb. PAPEL, TINTA y MULTICOPISTA.)

IMPRESIONAR v. Exponer a la acción de la luz u otras radiaciones una superficie sensible a las mismas con objeto de fijar en ella imágenes, la huella de algún fenómeno, etc.: *impresionar una placa de rayos X.* (V. FOTOGRAFÍA.) ‖ Grabar las vibraciones acústicas en los discos de gramófono, las cintas magnetofónicas y otros soportes materiales. (V. DISCO y MAGNETÓFONO.)

impresión *(art. gráf.)* recorrido complicado del papel en una pequeña rotativa

Fot. McCann-Erickson

IMPRESO m. *Art. gráf.* Cualquier labor tirada con máquina de imprimir.

IMPRESOR, RA adj. Que imprime: *telégrafo impresor.*

IMPRIMACIÓN f. *Pint.* Acción de imprimar. ‖ Pintura empleada para imprimar.

IMPRIMADERA f. *Pint.* Cuchilla con que los pintores extienden la pintura sobre una superficie para imprimarla.

IMPRIMAR v. *Pint.* Dar una capa de pintura especial a la superficie que se ha de pintar.

IMPRIMIR v. Estampar la huella de un sello o de un molde de imprenta entintados sobre un papel u otra superficie aplicándolos con fuerza sobre la misma. (V. IMPRESIÓN.) ‖ Galicismo por *comunicar, transmitir: la expansión del vapor en el cilindro imprime un movimiento al émbolo.*
— *Curt.* Chagrinar.

IMPRONTA f. Reproducción de una imagen en relieve en la superficie de una materia blanda, cual la que se obtiene de un sello en el lacre derretido.

IMPULSAR v. Dar impulso a una cosa.

IMPULSIÓN f. e **IMPULSO** m. Fuerza que pone a un cuerpo en movimiento.
— *Astron.* Tiempo, expresado en segundos, durante el cual un kilogramo de propergol * puede entretener un empuje * de un kilogramo.
— La *impulsión específica* permite determinar el rendimiento de un motor de cohete que se obtiene consumiendo un propergol determinado. Se calcula fácilmente dividiendo la velocidad de eyección de los gases (v. PROPERGOL) por la aceleración de la gravedad (o sea por 9,81 aproximadamente).
— *Electr.* Corriente de brevísima duración.
— *Mec.* Cantidad de movimiento de un cuerpo móvil, o sea producto de su masa por su velocidad.
— *Radiot.* Cada una de las emisiones brevísimas de ondas de alta frecuencia efectuadas por los aparatos de radar *. ‖ Variación brusca de la amplitud de las ondas, que sirve para sincronizar la exploración * de la pantalla del televisor con el análisis * de la imagen efectuada por el tubo analizador en la cámara tomavistas. (V. TELEVISIÓN.) ‖ Emisión breve de ondas radioeléctricas que, efectuada separadamente o repetida con arreglo a determinada clave, sirve en telecomunicaciones y telemando para poner en marcha un dispositivo, regular su funcionamiento, pararlo, etc.
— *Autom.* Varilla que transmite el movimiento de la leva al vástago de la válvula *.

IMPUTREFACTIBLE adj. Imputrescible.

IMPUTRESCIBILIDAD f. Calidad de imputrescible.

IMPUTRESCIBLE adj. Que no puede pudrirse o corromperse: *la madera puede hacerse imputrescible por impregnación.*

IN, prefijo latino que indica *supresión* o *negación*, como en *inalterable, inarrugable*, etc., pero que también significa *dentro, en*, como en *incrustación, inscrito*, etc. (OBSERV. Delante de *b* o *p* se escribe *im.*)
— *Art. gráf.* Seguido de un número, *in* indica el formato de un libro: un álbum *in 4.º (in cuarto).* [V. CASADO.]

In, símbolo químico del *indio.*

INA, sufijo empleado en química y con el cual se termina el nombre de compuestos básicos, alcaloides y numerosas otras substancias: *proteína, aspirina, gasolina.*

INACTÍNICO, CA adj. *Fot.* Dícese de la luz que no impresiona las emulsiones sensibles: *los laboratorios fotográficos se alumbran con luces provistas de filtros inactínicos, que permiten ver los clisés y las pruebas sin velarlas.*

INACTIVO, VA adj. Que carece de movimiento o de actividad.
— *Quím.* Dícese de los cuerpos que no hacen girar el plano de polarización * de la luz.

INARRUGABLE adj. Que no se arruga.
— *Text.* Para conferir a un tejido la calidad de *inarrugable,* se somete a un tratamiento que provoca la formación en su superficie de una capa tenue de resina sintética. Con dicho objeto se empieza por impregnarlo con una disolución de urea y formol; una vez escurrido y seco, se somete a la temperatura de 120 a 140°, produciéndose entonces la polimerización * de la resina, merced a la cual su textura opondrá una resistencia suficiente a las presiones que tiendan a doblarlo o plegarlo.

INASTILLABLE adj. Dícese de las materias que no se astillan al quebrarse.
— *Vidr. Vidrio inastillable,* v. VIDRIO.

INAUDIBLE adj. *Acúst.* Dícese de las vibraciones sonoras de frecuencia excesivamente elevada o baja (ultrasonidos o infrasonidos) o de escasa intensidad, que no pueden ser percibidas por el oído o lo son demasiado débilmente.

INARMÓNICO, CA adj. Falto de armonía.

INCANDESCENCIA f. *Fís.* Calidad y estado del cuerpo que, por hallarse muy caliente, emite luz propia.
— Si se calienta un cuerpo progresivamente, éste emite primeramente rayos infrarrojos; al empezar la incandescencia emite luz bermeja que, con el aumento de la temperatura se vuelve cada vez más clara, (anaranjada, amarilla, etc.). Finalmente la luz emitida contiene las distintas radiaciones del espectro luminoso y es más o menos blanca.
— *Lumin.* La *incandescencia* ofrece un medio de convertir en luz la energía calorífica. En los antiguos mecheros Auer y lámparas afines se aprovechaba la luz emitida por la incandescencia de substancias refractarias calentadas por la llama que resulta de la combustión de gas o de petróleo. En las lámparas eléctricas la luz es emitida por un filamento conductor que se calienta por efecto Joule. (V. LÁMPARA.)

INCANDESCENTE adj. *Fís.* Que se halla en estado de incandescencia.

INCENDAJAS f. pl. Materias inflamables o susceptibles de arder con rapidez (pólvora, virutas, celuloide, etc.), así llamada por el peligro de incendio que presentan.

INCENDIO m. Fuego que abrasa y destruye bosques, edificios, barcos u otras construcciones.
— Los *incendios,* salvo cuando prenden en materias muy inflamables, pueden ser extinguidos con relativa facilidad si se atacan con medios apropiados en los primeros instantes. Más tarde el hogar alcanza tal magnitud y temperatura que la ascensión de importantes volúmenes de aire caliente crea un tiro natural que aspira violentamente aire fresco en la base de las llamas. El fuego tiende así a tomar rápidamente tales proporciones, que resulta muy difícil dominarlo antes de que haya causado graves estragos.
Cuando se dispone de aparatos detectores * y de alarma *, el fuego puede ser rápidamente circunscrito o apagado con los medios que se reseñan en el artículo EXTINTOR. Si el fuego adquiere mucha importancia, se recurre al agua proyectada a presión con mangueras. Generalmente una parte de las mangueras se dedican a ignifugar las materias inflamables en torno del incendio, manteniéndolas mojadas o empapadas de agua, mientras que otras atacan directamente las llamas. El chorro a presión, al expulsar el aire hacia ambos lados, contribuye a dividir el fuego en hogares menos importantes, y, consiguientemente, más fáciles de apagar.
El calor del incendio provoca la evaporación del agua, y contribuye a la extinción, pues por una parte, dicha evaporación absorbe muchas calorías y enfría el hogar, y, por otra parte, el vapor de agua es más pesado que el aire y forma una capa que dificulta la alimentación de la combustión en oxígeno.
Ciertas mangueras modernas tienen boquillas especiales que permiten agregar al chorro de agua productos humectantes *, espumantes, etc. Por lo demás, todas las mangueras llevan acoplamiento normalizado propio para que puedan ser enchufadas en cualquier boca de riego.
Los *incendios de bosques* revisten mucha gravedad dada la extensión que adquieren rápidamente, sobre todo si sopla el viento, y las dificultades que presenta el abastecimiento de agua. Los bosques importantes y racionalmente explotados se hallan divididos en parcelas por caminos cortafuegos * que dificultan la propagación del fuego y facilitan el transporte de los medios necesarios para combatirlo.
— *Min.* La combustión espontánea del carbón en los yacimientos de hulla es causa de *incendios* que hallan su pasto en los maderos de la entibación. La combustión es activada por el tiro que tiene el aire en las galerías y desprende gases irrespirables que constituyen un peligro de muerte, incluso muy lejos de la galería incendiada.

INCENTRO m. *Geom.* Punto donde se cortan las tres bisectrices de los ángulos de un triángulo y que es el centro de la circunferencia inscrita en el mismo.

INCERACIÓN f. Acción y efecto de incerar.

INCERAR v. Mezclar algo con cera.

INCERTIDUMBRE f. *Principio de incertidumbre,* principio enunciado por Heisenberg, según el cual es imposible determinar a la vez la posición y la cantidad de movimiento de una partícula atómica.
— El *principio de incertidumbre* se desprende de la dualidad entre onda y corpúsculo. Mientras que a nuestra escala es posible perfeccionar un instrumento para que arroje medidas cada vez más exactas, a la escala microscópica, el perfeccionamiento hace que el instrumento reaccione con la partícula estudiada, la perturbe e imposibilite las medidas exactas. Por ejemplo, para ver un objeto es necesario iluminarlo, pero si se tratara de un átomo, los fotones de la luz al chocar con el mismo, lo perturbarían. Resulta pues, imposible medir exactamente a la vez dos características complementarias de un corpúsculo: cuanto más precisas van siendo las medidas de una de ellas, más imprecisas resultan las de la otra, y viceversa. Se expresa ello diciendo que siempre existe una incertidumbre sobre la determinación simultánea de dos variables complementarias, y, según la teoría, el producto de la incertidumbre de una de ellas por el de la otra es siempre superior a la constante de Plank * (V. INDETERMINACIÓN.)

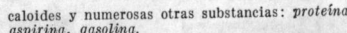

INCIDENCIA f. *Aeron. Ángulo de incidencia,* ángulo formado por la cuerda del perfil del ala y el eje longitudinal del avión.
— El *ángulo de incidencia* es fijo y queda determinado por la inclinación dada al ala cuando se afianza en el fuselaje. Con frecuencia se confunde con el ángulo de ataque, el cual es variable, pues depende de la inclinación dada por el piloto a los alerones.
— *Fís. Ángulo de incidencia,* tratándose de un rayo o de un cuerpo en movimiento hacia una superficie, ángulo formado por la dirección de los mismos con la perpendicular a dicha superficie en el punto de contacto: *en un espejo, el ángulo de reflexión es igual al ángulo de incidencia.* ‖ *Punto de incidencia,* vértice del ángulo de incidencia.
— *Mat. Relación de incidencia,* relación entre un punto y la recta que lo contiene.

INCIDENTE adj. Dícese del rayo o de la partícula que caen o chocan sobre una superficie reflectora o refringente. ‖ Cortante.

INCIDIR v. Caer un rayo luminoso o un cuerpo sobre una superficie reflectora o refringente (V. INCIDENCIA.) ‖ Practicar una incisión.

barco extintor de **incendios**

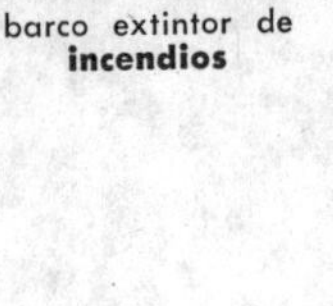

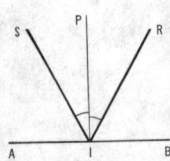

ángulo de **incidencia** *(fís.)* SI, rayo incidente; IR, rayo reflejado; PI, perpendicular al plano de reflexión; SIP y PIR, ángulos iguales; AB, plano de reflexión

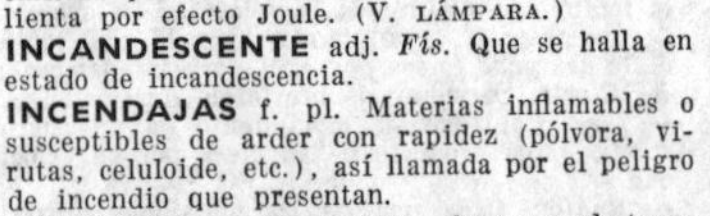

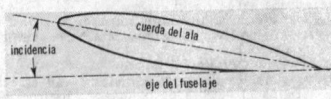

incidencia *(aeron.)*

Fot. Larous

INCINERADOR, RA adj. y s. Que incinera o sirve para incinerar. || — M. Especie de horno preparado para quemar basuras u otras materias.

INCINERAR v. Reducir a cenizas.

INCISIÓN f. Hendidura, corte hecho con un instrumento cortante: *el látex del hevea fluye por las incisiones practicadas en su tronco.*

INCLINACIÓN f. Acción de inclinar y estado de lo que se halla inclinado.
— *Arm.* Ángulo formado por la horizontal con la tangente a un punto de la trayectoria de un proyectil.
— *Astr.* Ángulo formado por el plano de la órbita de un planeta con el plano de la eclíptica. || Ángulo formado por el plano de la órbita de un satélite con el plano ecuatorial del planeta correspondiente: *la inclinación determina la superficie del Globo sobrevolada por un satélite artificial.*
— *Geol.* Pendiente.
— *Magn.* Ángulo que forma la aguja magnética, o sea el campo magnético, con el plano horizontal. || *Brújula de inclinación,* la que tiene una suspensión que le permite oscilar en un plano vertical y sirve para medir el ángulo de inclinación.

INCLINADO, DA adj. Dícese de lo que no es perpendicular ni paralelo a una línea o superficie determinada, especialmente a la línea o plano horizontales.
— *Mec. Plano inclinado,* v. PLANO.

INCLINÓMETRO m. *Aeron.* Clinómetro.
— *Magn.* Inductómetro en el cual la corriente inducida por el magnetismo terrestre en un circuito móvil, permite medir la inclinación * magnética.
— *Topogr.* Clinómetro.

INCLUSIÓN f. *Metal.* Cuerpo extraño que queda aprisionado en la masa de un metal al solidificarse el mismo después de su elaboración, y que consiste, las más de las veces, en escorias, óxidos, silicatos y demás impurezas procedentes de los metales que se han ligado, en arena de los moldes, etc.
— *Min.* Yacimiento en el cual el mineral, en vez de formar filones o capas, se halla diseminado por toda la roca eruptiva que lo ha arrastrado, como lo están los diamantes en las chimeneas diamantíferas: *las inclusiones solamente se benefician cuando se trata de minerales muy valiosos.*
— *Miner.* Cuerpo sólido, líquido o gaseoso contenido en el seno de un cristal.

INCÓGNITA f. *Mat.* Cada una de las cantidades desconocidas que es preciso determinar para resolver un problema o una ecuación: *en álgebra las incógnitas suelen representarse con las últimas letras del alfabeto, y si hay solamente una, con la x.*

INCOHERENTE adj. *Ópt. Luz incoherente,* v. LUZ.

INCOLORO, RA adj. Que carece de color.

INCOMBUSTIBILIDAD f. Calidad de incombustible.

INCOMBUSTIBLE adj. Que no arde ni puede ser quemado: *vestido incombustible de amianto.*

INCOMPATIBILIDAD f. Imposibilidad de que dos fenómenos puedan producirse simultáneamente.
— *Mat. Incompatibilidad de las ecuaciones,* caso de dos ecuaciones que es imposible comprobar atribuyendo un valor numérico a las incógnitas, cual ocurre con las ecuaciones $3x + 5y = 5$ y $3x + 5y = 7$, pues un mismo valor de x y de y no permitiría igualar a la vez 5 y 7.
— *Quím.* Falta de afinidad de dos cuerpos que, como el aceite y el agua, resisten a combinarse.

INCOMPATIBLE adj. Que no es compatible. (V. INCOMPATIBILIDAD y COMPATIBLE.)

INCOMPRESIBLE adj. Que no puede ser comprimido. (V. COMPRESIBILIDAD.)

INCONDENSABLE adj. Dícese de los gases que, en las turbinas y las máquinas de vapor, no son licuados en el condensador a pesar del descenso de su temperatura que experimentan en el mismo.

INCONEL m. *Metal.* Marca registrada de una aleación compuesta de 80% de níquel, 14% de cromo y 6% de hierro, notable por su resistencia a la corrosión y a la oxidación, incluso a temperaturas elevadas: *con el inconel se hacen bidones para transportar la leche, recipientes para zumos de frutas, tubos de escape, calientabaños y elementos para hornos.*

INCONGELABLE adj. Que no es congelable. || Que resiste a los fríos intensos sin congelarse: *los explosivos nitroamoniacales son incongelables.*

INCONMENSURABLE adj. Dícese de dos magnitudes que no son conmensurables *.

INCORPORADO, DA adj. Dícese de la substancia que se ha agregado y mezclado íntimamente a otra. || Aplícase a la cosa que se une a otra para que forme cuerpo con ella: *los radiorreceptores modernos suelen llevar una antena incorporada.*

INCORPORAR v. Agregar una substancia a otra y mezclarla íntimamente con ella. || Hacer que una cosa forme cuerpo con otra.

INCREMENTO m. *Geol. Incremento geotérmico,* v. GEOTÉRMICO.
— *Mat.* Cantidad infinitamente pequeña en que aumenta o disminuye una variable.

INCRISTALIZABLE adj. *Quím.* Dícese de las substancias que no cristalizan, o no pueden ser cristalizadas.

INCRUSTACIÓN f. Acción y efecto de incrustar.
— *Art. y of.* Ataujía *, taracea * u otro procedimiento decorativo consistente en embutir una materia preciosa en otra más basta.
— *Geol.* Formación de una capa pétrea en la superficie de los objetos que bañan en aguas cargadas de sales o que son frecuente o largamente mojados por ellas.
— El agua saturada de gas carbónico disuelve el carbonato de calcio del suelo y forma un bicarbonato. Si esta disolución, que es poco estable, se renueva durante largo tiempo en la superficie de un cuerpo, pierde gas carbónico y va abandonando lentamente en ella carbonato de calcio que acaba por formar una capa dura y espesa, a la cual se da el nombre de *incrustación.*
— *Tecn.* Costra que se forma en la pared interior de las calderas y otros recipientes cuando hierven o se evaporan en ellos aguas cargadas de sales: *las incrustaciones se evitan depurando el agua.*

INCRUSTANTE adj. Que tiene la propiedad de incrustar o que se incrusta. (V. INCRUSTACIÓN.)

INCRUSTAR v. Aplicar o embutir piedras, hilos de metal precioso, madera, etc., en una superficie para adornarla. || Formarse una capa pétrea sobre los objetos mojados por aguas cargadas de sales. (V. INCRUSTACIÓN.)

INCUARTACIÓN f. *Metal.* Operación consistente en agregar tres partes de plata a cada parte de oro que se ha de tratar por copelación *, para afinar éste o para apreciar su ley.
— Al tratarse la mezcla con ácido nítrico, sólo queda como residuo metálico el oro, pero la experiencia muestra que la disolución total de la plata solamente se efectúa si su proporción es de tres partes por una de oro. De ahí la necesidad de efectuar previamente la *incuartación.*

INCUBADOR, RA adj. y s. *Agr.* Dícese del aparato que sirve para incubar artificialmente los huevos de las aves.
— Las *incubadoras* son estufas provistas de termostatos reguladores que permiten mantener una atmósfera húmeda (de 65 a 95 % de humedad * relativa) y una temperatura de 37 a 39° en los compartimientos que contienen los huevos fecundados. La capacidad de ciertas incubadoras es de 50 000 huevos.
— *Med.* Aparato provisto de una cámara en la que se mantiene a temperatura constante y en atmósfera estéril a los niños nacidos prematuramente, hasta que alcancen un desarrollo normal.

INCH f. *Metr.* Anglicismo por *pulgada * inglesa.*

INDAMINA f. *Quím.* Compuesto que resulta de la oxidación de una diamina por una arilamina y que sirve a su vez para fabricar colorantes azínicos.

INDANTRENOS m. pl. *Quím.* Nombre genérico de colorantes azules para tina * derivados de la antraquinona: *los indantrenos son notables por la solidez de sus colores.*

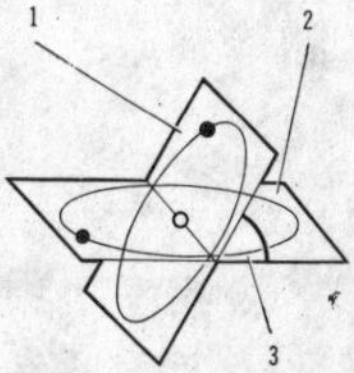

inclinación *(astr.)*
1. Órbita planetaria; 2. Eclíptica; 3. Inclinación

incubador
[v. página 576]

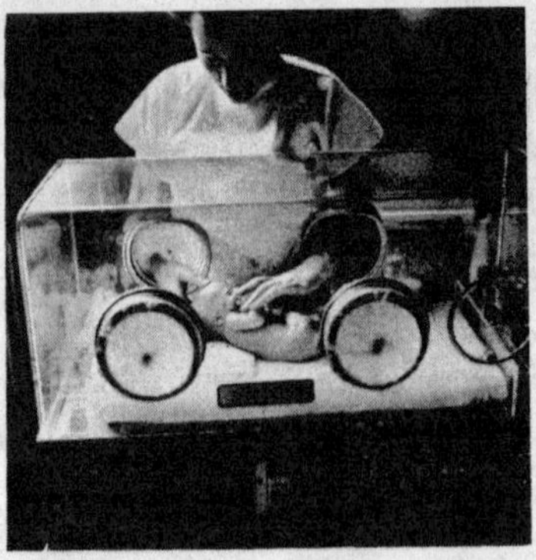

incubadora *(med.)*

INDELEBLE adj. Que no puede ser borrado: *poner una marca con tinta indeleble.*

INDENO m. *Quím.* Hidrocarburo C_9H_8 presente en el alquitrán de hulla: *el indeno es un líquido aceitoso que hierve a 180º cuya polimerización da materias plásticas.*

INDEPENDENCIA f. *Atom. Independencia de la carga,* hipótesis según la cual varias partículas, por ejemplo el neutrón y el protón, no son sino dos aspectos de una misma partícula que, en el primer caso es neutra y en el segundo ha adquirido una carga eléctrica negativa.

INDEPENDIENTE adj. Dícese de la cosa que no se halla acoplada a otra o que no depende de ella.

— *Autom. Ruedas independientes,* v. SUSPENSIÓN.

INDESHINCHABLE adj. Que no puede deshincharse: *neumático * indeshinchable.*

INDESMONTABLE adj. Fijo, que no puede ser desmontado.

INDETERMINACIÓN f. *Atom. Principio de indeterminación,* principio según el cual es imposible, en microfísica, determinar simultánea y exactamente todos los aspectos de un mismo fenómeno.

— Según la relación de incertidumbre *, resulta imposible determinar al mismo tiempo dos magnitudes complementarias relativas a una misma partícula. Si se mide con precisión su cantidad de movimiento, no se puede determinar exactamente su posición, y existirá solamente la probabilidad de que la partícula, a un momento dado, se halle en una serie de lugares diferentes. Ahora bien, cuando los fenómenos conciernen a gran número de partículas a la vez, o sea cuando afectan una masa de materia bastante grande, la determinación es posible porque entonces consideramos el promedio de todas ellas. (V. MECÁNICA *cuántica.*)

INDETERMINISMO m. *Atom.* V. INDETERMINACIÓN.

INDIANA f. *Text.* Tejido de algodón con ligamento tafetán y urdimbre más fina que la trama, estampado por un lado. ‖ Cretona, percal y todo tejido liso de algodón que recibe la estampación *.

INDICADOR, RA adj. y s. Que indica o sirve para indicar. ‖ Aplícase especialmente a los dispositivos o aparatos que sirven para poner de manifiesto un fenómeno, indicar el nivel de un líquido, la presión de un gas o el valor de cualquier otra magnitud física.

— *Aeron. Indicador de altura,* altímetro. ‖ *Indicador panorámico,* v. RADAR. ‖ *Indicador de pendiente,* clinómetro. ‖ *Indicador de velocidad,* badín * o cualquier otro taquímetro que indica la velocidad de un avión respecto al aire ambiente. ‖ *Indicador de virajes,* instrumento que permite al piloto apreciar la inclinación lateral de su avión cuando, por falta de visibilidad, no distingue el horizonte.

— El *indicador de virajes* consta de un giroscopio que conserva su eje horizontal sean cuales fueren los movimientos del avión, y de una aguja solidaria del mismo, mientras que la escala graduada sobre la cual corre aquélla sigue los movimientos del avión.

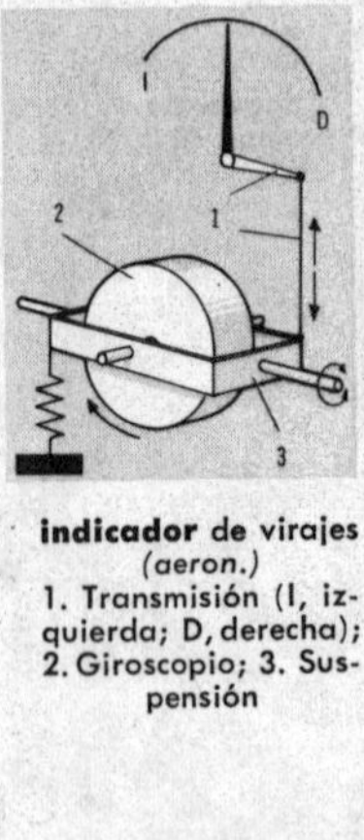

indicador de virajes *(aeron.)*
1. Transmisión (I, izquierda; D, derecha); 2. Giroscopio; 3. Suspensión

— *Atom. Indicador radiactivo,* radioindicador.

— *Autom.* Semáforo. ‖ *Indicador de dirección,* luz intermitente que llevan los automóviles en los lados y cuyos destellos sirven para prevenir a los demás vehículos que el conductor se apresta a girar o a desviar su propio automóvil en la dirección indicada. (Sinón. INTERMITENTE.)

— *F. c.* Semáforo. ‖ *Indicador de aguja,* señal accionada por el carril articulado de una aguja, que indica al maquinista la vía hacia la cual es dirigido el tren.

— *Mar. Indicador de marea,* escala * de marea. ‖ Mareógrafo.

— *Mec.* Instrumento, también llamado *indicador dinamométrico,* que, montado en el cilindro de una máquina de vapor, traza con un estilete el diagrama * del mismo.

— *Quím.* Substancia orgánica que tiene la propiedad de cambiar de color según la alcalinidad o la acidez del medio en que se la pone.

— Los *indicadores* son sensibles a la concentración del ion pH, que determina el carácter de base * o de ácido * de los cuerpos químicos. Así, el tornasol es azul si se halla en contacto con una substancia básica y se vuelve rojo al entrar en contacto con materias ácidas; la heliantina es amarilla en medio básico y de color de rosa en medio ácido; la fenolftaleína es morada en medio básico e incolora en medio ácido, etc. Estas propiedades se aprovechan en alcalimetría *, acidimetría * y para determinar el pH * de las disoluciones.

— *Radiot. Indicador de sintonía,* ojo * mágico.

— *Tecn. Indicador de nivel,* v. NIVEL.

— *Telec. Indicador de llamada,* dispositivo que en una centralilla telefónica permite identificar al abonado que efectúa la llamada, merced a una lamparita eléctrica que se enciende al descolgar el mismo su microteléfono. (V. TELÉFONO.)

INDICATIVO m. *Radiot.* Fragmento musical con que, a modo de lema o divisa, se inicia una emisión de radio o de televisión. ‖ Conjunto de letras y de cifras con que se designa una estación emisora de radio, tanto si es pública como si pertenece a un radioaficionado, y que se enuncian en fonía o en Morse para establecer las comunicaciones.

ÍNDICE m. *Art. gráf.* Tabla que se pone al final de un libro y en la cual se indican por orden alfabético las principales palabras, temas o materias de que se trata en el mismo, seguidas del número de las páginas en que figuran, con objeto de hallarlas rápidamente.

— *Mat.* Señal pequeña que se pone a la derecha de una letra y gracias a la cual puede emplearse la misma varias veces en una fórmula, dibujo, etc. ‖ Número pequeño que se escribe dentro del radical para indicar el grado de la raíz que se ha de extraer.

— Si una letra, *a,* por ejemplo, ha de servir para designar dos o más cosas análogas y sin embargo distintas, después de haberla atribuido una primera vez, se puede emplear de nuevo agregándole un apóstrofo, una tercera vez agregándole dos, y una cuarta agregándole tres. La serie a, a', a'' y a''' se enuncia como sigue: *a, a prima, a segunda, a tercera.* Otro sistema de índices consiste en escribir un número pequeñito en la parte inferior de la letra, más abajo del renglón, como en a_0, a_1, a_2, etc., que se leen, respectivamente: *a sub cero* o *a índice cero, a sub uno* o *a índice uno, a sub dos* o *a índice dos,* etc. El *índice del radical* denota el grado de la raíz y, consiguientemente, es igual al exponente de la potencia a la cual debería elevarse la raíz para obtener el número escrito debajo del radical.

Así $\sqrt[3]{1728}$ tiene por índice 3 y denota que se ha de extraer la raíz cúbica del número 1728.

— *Mec.* Saeta de reloj y toda aguja móvil destinada a indicar magnitudes en una escala graduada. ‖ Señal fija que sirve para situar la posición de un móvil respecto a la que debiera ocupar, como la pieza puntiaguda con cuyo vértice ha de coincidir la punta del fiel de la balanza para que la pesada sea exacta.

— *Meteor.* Expresión arbitraria que se emplea a veces para combinar dos factores climatológicos

Fot. Billoin-Rapho

en uno solo, y así el *índice de aridez* expresa numéricamente la temperatura y la pluviosidad local, el *índice de enfriamiento* combina la temperatura y el viento, etc.

— *Petr. Índice de cetano, índice de octano, índice de saponificación*, etc., v. CETANO, OCTANO, SAPONIFICACIÓN, etc.

— *Ópt. Índice de refracción*, v. REFRACCIÓN.

INDIFERENTE adj. *Fís.* y *Mec.* Inerte, que no tiende al movimiento ni se opone a él. || *Equilibrio indiferente*, v. EQUILIBRIO.

— *Quím. Óxido indiferente*, v. ÓXIDO.

ÍNDIGO m. Añil, colorante azul extraído de ciertas plantas. || Materia colorante del grupo de los indantrenos, que ha reemplazado al añil natural en el tinte de tejidos. || *Rojo de índigo*, indirrubina.

— El principio colorante del añil es la indigotina *, de la cual contiene de 20 a 90 %. El *índigo sintético* no es sino indigotina pura, que, insoluble en el agua, es soluble en los álcalis y pierde entonces su color, convirtiéndose en *índigo blanco*; éste tiene la propiedad, al ser expuesto a la acción del oxígeno del aire, de recobrar pronto su color, transformándose en *índigo azul*. En dicha propiedad estriba la técnica del teñido del algodón a la tina: se sumergen las telas en un baño de índigo blanco (disolución de índigo en hidrosulfito de sodio) y luego se exponen al aire; la oxidación regenera el índigo azul y lo precipita en las fibras textiles, obteniendo así un tinte azul muy resistente a la acción de las intemperies y a los lavados.

INDIGOTINA f. *Quím.* Substancia colorante azul del grupo de los indantrenos, presente en el añil * natural, que constituye el índigo * sintético, y se fabrica a partir de la anilina o del ácido antranílico. (V. INDÓGENO.)

INDIO m. *Quím.* Elemento químico de número atómico 49 cuyo símbolo es *In*.

— El *indio* es un metal de brillo argénteo, más blando y maleable que el plomo. Sus principales constantes físicas son las siguientes: puntos de fusión y de ebullición, 156,4° y 2 000°, respectivamente; densidad, 7,28; masa atómica, 114,82 (95,72 % de isótopo 115 y 4,28 % de isótopo 113). Se obtiene por electrólisis de los cianuros o por reducción de su óxido. Es un metal raro y poco usado. En neutrongrafía se aprovechan sus cualidades de absorbedor de neutrones; en electrónica se emplea como aceptador * para transistores de germanio; en mecánica se usa, en razón de su plasticidad y de su bajo punto de fusión, para lubricar y rectificar cojinetes. El *sulfuro de indio* sirve para hacer termistancias y el seleniuro es fotoconductor.

INDIRECTO, TA adj. Que no ejerce su acción directamente, sino a través de un agente intermediario.

— *Lumin. Alumbrado indirecto*, v. ALUMBRADO.

INDIRRUBINA f. *Quím.* Colorante rojo isómero de la indigotina que, como ésta, se halla presente en el añil natural, se fabrica sintéticamente (a partir del indoxilo) y se emplea para teñir tejidos. (Sinón. ROJO DE ÍNDIGO.)

INDOANILINAS f. pl. *Quím.* Familia de colorantes azules que se obtienen oxidando una mezcla de paradiamina y de fenol. (Sinón. INDOFENOLES DE WITT.)

INDOFENINA f. *Quím.* Materia colorante azul que se obtiene haciendo obrar la isatina sobre el tiofeno en presencia de ácido sulfúrico.

INDOFENOLES m. pl. *Quím.* Familia de colorantes sintéticos que se obtienen oxidando una mezcla de paraaminofenol y de fenol. || *Indofenoles de Witt*, indoanilinas.

INDÓGENO m. Radical bivalente C_8H_5ON que, doblado, constituye la indigotina.

INDOL m. *Quím.* Compuesto de fórmula C_8H_7N presente en ciertas esencias de flores y en el extracto acuoso de añil. (Se forma también en la putrefacción de los cuerpos albuminoideos.)

— El *indol* es un sólido blanco que se obtiene destilando índigo * blanco en presencia de polvo de cinc. Tiene un olor fuerte y desagradable al estado natural, pero no al ser muy diluido, pues entra en la composición de perfumes sintéticos.

INDUCCIÓN f. *Electr.* y *Magn.* Transmisión de energía a distancia por medio de campos eléctricos o magnéticos o de ambos a la vez. || *Bobina* o *carrete de inducción*, v. BOBINA. || *Motor de inducción*, v. MOTOR.

— La existencia de un campo magnético alrededor de un imán o de un campo eléctrico en torno a un cuerpo electrizado hace que ambos cuerpos puedan engendrar fenómenos magnéticos o eléctricos en otro cuerpo, aunque éste no se halle en contacto con ellos. Un experimento simple de *inducción magnética* consiste en disponer un objeto de hierro no imantado muy cerca de un poco de limadura del mismo metal. Claro está que no se manifestará la menor atracción. Mas basta acercar lentamente un imán para que éste, por intermedio de su campo magnético, induzca magnetismo en el objeto de hierro, el cual atraerá entonces la limadura, aun cuando no haya estado en contacto con el imán. La *unidad de inducción electromagnética* en el sistema C. G. S. es el gauss *. (V. MAGNETISMO y PERMEABILIDAD.)

La *inducción eléctrica* o *electrostática* constituye un fenómeno comparable al anterior, pero en el cual un cuerpo electrizado, y consiguientemente rodeado por un campo eléctrico, transmite por medio de éste energía a otro cuerpo, a pesar de que ambos se hallan separados por un dieléctrico. Citemos como ejemplo el generador electrostático de Van de Graaff (v. ACELERADOR), en el cual una esfera metálica adquiere elevadísimas cargas eléctricas por intermedio de una correa aislante que la separa del manantial de energía eléctrica. La inducción electrostática es igual al producto de la intensidad del campo eléctrico por la constante dieléctrica del medio aislante interpuesto entre los cuerpos inductores e inducidos.

La *inducción electromagnética* * se debe a la interacción del magnetismo y de la electricidad y, con mayor propiedad, al movimiento relativo de un campo eléctrico respecto a un campo magnético. En la *figura* hemos representado un imán y una bobina en cuyo circuito se ha dispuesto un galvanómetro. Si el imán y la bobina permanecen inmóviles, no se manifiesta fenómeno de inducción alguno, pero si deslizamos el primero dentro de la segunda, el galvanómetro revelara la aparición en la misma de una corriente eléctrica. Otro tanto ocurriría si el imán permaneciera fijo y se moviera la bobina. Lo esencial es que se produzca una variación en el campo magnético que obra sobre el conductor. De ahí se desprende que pueda obtenerse la inducción electromagnética de otra manera, reemplazando el imán por un conductor por el cual pasa una corriente alterna: sabiendo que en torno de todo conductor eléctrico existe un campo magnético y que, por otra parte, la corriente alterna varía cíclicamente y con ella dicho campo, se comprende que estas variaciones surtan el mismo efecto que cuando se acerca y aleja alternativa y repetidamente el imán de la bobina. Así distinguimos un devanado llamado *inductor* o *bobina inductora* por el cual circula la corriente inductora y otro arrollamiento llamado *inducido* o *bobina inducida*, en el cual es engendrada la corriente inducida. Según la ley de Lenz, el sentido de la corriente inducida es contrario al de la corriente que sería necesaria para provocar el movimiento del campo magnético que la ha engendrado: la corriente inducida tiende, consiguientemente a oponerse a las variaciones del flujo. De ahí que,

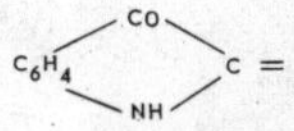

molécula de indógeno

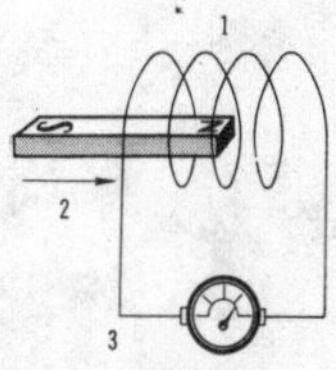

inducción electromagnética
1. Bobina; 2. Imán; 3. Galvanómetro

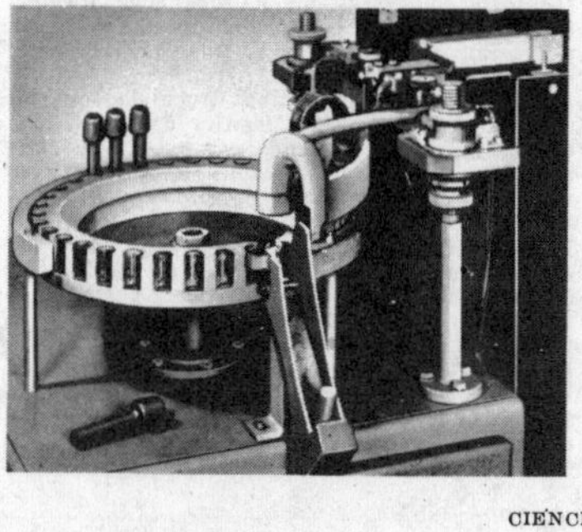

máquina automática de templar piezas calentándolas por **inducción**

Fot. Philips

para entretener dicha corriente, sea indispensable reproducir constantemente el movimiento que la engendra.
Consideremos ahora una sola bobina: cada una de sus espiras engendra un campo magnético que provoca en las espiras próximas la aparición de corrientes inducidas, las cuales obrarán sobre la corriente principal que las ha engendrado, y, al oponerse a los cambios de sentido de la misma, provocan un retraso de la intensidad de la corriente respecto a su tensión. Este fenómeno, llamado *autoinducción* *, se aprovecha en los circuitos * oscilantes.
Los fenómenos de inducción electromagnética tienen una importancia práctica incalculable, pues en ellos se fundan los transformadores, los circuitos radioeléctricos y otros dispositivos de transmisión de energía eléctrica de un circuito a otro, así como las dinamos y los alternadores que convierten la energía mecánica en energía eléctrica. No obstante, en ciertos casos, la inducción electromagnética engendra en la masa de los conductores corrientes perjudiciales llamadas corrientes de Foucault *.
— *Metal. Horno de inducción,* v. HORNO.

INDUCIDO, DA adj. y s. *Atom. Radiactividad inducida,* v RADIACTIVIDAD.
— *Electr. Circuito inducido* o simplemente *inducido,* circuito por el cual pasa una corriente inducida, y también parte de la dinamo y otros generadores en la cual el trabajo mecánico es transformado en energía eléctrica: *el inducido de los generadores de corriente alterna suele ser fijo (estátor) y el de los de corriente continua, giratorio (rotor).* ‖ *Corriente inducida,* la que es engendrada por inducción *. ‖ *Fuerza electromotriz inducida,* fuerza creada por inducción * electromagnética.

INDUCIR v. *Electr.* y *Magn.* Producir un cuerpo magnético o electrizado fenómenos de inducción.

INDUCTANCIA f. *Electr.* Conjunto de los efectos de inducción engendrados por un circuito sobre sí mismo *(inductancia propia* o *coeficiente de autoinducción)* o debidos a la proximidad de otro circuito *(inductancia mutua).* [V. INDUCCIÓN.]

INDUCTIVIDAD f. *Electr.* Constante dieléctrica *.

INDUCTIVO, VA adj. *Electr.* Relativo a la inducción. ‖ *Circuito inductivo,* el que es propicio a la formación de fenómenos de inducción * eléctromagnética.

INDUCTÓMETRO m. *Electr.* Instrumento para medir las corrientes inducidas.
— *Magn. Inductómetro de Weber,* aparato para medir la inclinación * del campo magnético terrestre por medio de una bobina en la que, al ser girada sobre un eje horizontal, la componente vertical del campo magnético engendra una corriente inducida.

INDUCTOR, RA adj. y s. *Electr.* y *Magn. Circuito inductor* o simplemente *inductor,* circuito por el cual pasa la corriente que engendrará la inducción *, y también parte de un generador o motor eléctrico que produce el campo magnético: *el inductor de los generadores y motores de corriente alterna suele ser giratorio (rotor), y el de las dinamos, fijo (estator); el de las magnetos consiste en un imán permanente.* ‖ *Corriente inductora,* aquella que engendra una corriente inducida en el circuito que se halla en su campo magnético. (V. INDUCCIÓN.) ‖ *Poder inductor,* constante dieléctrica*.

INDULINAS f. pl. *Quím.* Grupo de materias colorantes azules, de la familia de las azinas, que se fabrican calentando una mezcla de aminoazoico, anilina, y clorhidrato de anilina y se usan para fabricar tintas y barnices, estampar telas, etc.

INECUACIÓN f. *Mat.* Desigualdad de la índole de $3x - 2 > 4$ en la cual no puede atribuirse a la variable cualquier valor, y así, en el ejemplo citado, la desigualdad requiere que el valor de x sea superior a 2.

INELÁSTICO, CA adj. *Atom.* Dícese de la colisión u otra interacción entre partículas cuando la energía total de las partículas secundarias que resultan de la misma es inferior a la energía de las partículas primarias.
— *Mec.* Dícese del choque * entre dos cuerpos que no son elásticos y que, consiguientemente, se traduce por una deformación permanente y una absorción de calor por los mismos.

INENCOGIBLE adj. *Text.* Dícese del tejido que no encoge, o encoge muy poco, al ser lavado.
— La calidad de *inencogible* se puede conferir a los tejidos por distintos procedimientos, ya obligando mecánicamente al tejido a efectuar su encogimiento natural, después de lo cual se fijan sus dimensiones con un tratamiento térmico, ya provocando la formación en caliente sobre el hilo de una resina sintética que fija sus dimensiones.

INERCIA f. Calidad de inerte, o sea estado de los cuerpos desprovistos de actividad o movimiento.
— *Fís.* y *Mec.* Propiedad que tiene la materia y a la cual se debe que los cuerpos, a menos que sobre ellos actúe alguna fuerza exterior, no puedan ponerse en movimiento si se hallan en estado de reposo ni modificar su velocidad y su dirección rectilínea si se hallan en movimiento. ‖ Retraso con que se manifiesta un fenómeno respecto a la causa que lo produce (*inercia mecánica* de la máquina que no se pone en marcha instantáneamente; *inercia eléctrica* de la corriente en un circuito, etc.). ‖ *Momento de inercia,* noción que interviene en mecánica en el cálculo de la energía cinética o fuerza viva de un sólido que gira alrededor de un eje: *el momento de inercia de cada punto material del sólido es el producto de la masa del punto considerado por el cuadrado de la distancia que media entre el mismo y el eje de rotación.*
— El *principio de la inercia* constituye la primera de las leyes de la dinámica *. Cuando un vehículo arranca bruscamente, sus ocupantes parece como si fueran proyectados hacia atrás y en realidad tienden, por inercia, a conservar el estado de reposo en que se hallaban; por el contrario, cuando un vehículo da un frenazo, los ocupantes son proyectados hacia adelante, porque, en virtud de la inercia, tienden a proseguir su movimiento. La misma tendencia a conservar su estado de movimiento (ya sea el reposo, ya el movimiento rectilíneo) explica las molestias que afectan al pasajero cuando el vehículo modifica su velocidad o su dirección (por ej. cuando es proyectado lateralmente en los virajes). Si no existiera la atracción terrestre ni la atmósfera, ni otras fuerzas u obstáculos, una piedra lanzada con la mano conservaría eternamente su velocidad inicial y su dirección. En realidad, no existen espacios absolutamente exentos de campos gravitatorios. No obstante, en el espacio interplanetario los ingenios lanzados por el hombre, después de haber sido objeto de un impulso inicial de unos minutos solamente, pueden moverse por inercia durante años y siglos.
Llámase *fuerza de inercia* a la resistencia que opone el cuerpo cuando otra fuerza exterior modifica su estado de movimiento. Tal es, por ejemplo, la fuerza que derriba al ciclista que toma una curva demasiado cerrada y, asimismo, la que vence la locomotora para poner en marcha al tren y la que absorberán los frenos que habrán de detenerlo en la próxima parada. Dicha fuerza es igual al producto de la masa del cuerpo acelerado por la aceleración que experimenta y se ejerce en sentido opuesto al de ésta.

INERTE adj. *Fís.* y *Mec.* Desprovisto de actividad, de movimiento propio. (V. INERCIA.)
— *Quím. Gases inertes,* gases raros. (V. GAS.)

INESTABLE adj. Que carece de estabilidad *.

INEXPLOSIBLE adj. Que no puede hacer explosión: *un buque provisto de calderas inexplosibles.*

INFERIOR adj. *Astr. Planeta inferior,* v. PLANETA.

INFERNILLO e **INFIERNILLO** m. Cocinilla de alcohol que sirve para calentar o cocer algo en pequeñas cantidades no solamente en los hogares domésticos, sino también en los laboratorios y ciertos talleres de artesanos.

INFILTRACIÓN f. Paso lento de un líquido a través de los poros o intersticios del terreno, de una obra de fábrica o de otras materias sólidas.
— La *infiltración de las aguas pluviales en el suelo* depende de la permeabilidad del mismo y de su saturación, y así, un terreno poroso puede ser momentáneamente impermeable si ha sido em-

papado de agua por lluvias abundantes. Por lo general, la infiltración aminora las avenidas y atenúa la sequía, reteniendo primeramente importantes volúmenes de agua y restituyéndola después lentamente. El agua infiltrada se acumula a veces sobre un lecho impermeable y forma capas subterráneas. (V. FREÁTICO, FUENTE, MANANTIAL, POZO y RETENCIÓN.)
En otros casos las infiltraciones resultan perjudiciales, ya porque pueden causar corrimientos * de tierras, ya por los volúmenes importantes de agua que pueden perderse a través del lecho de los canales, las presas, etc., y que por término medio representan el doble del agua evaporada. Por eso es conveniente impermeabilizar previamente aquellas partes del lecho en las cuales el terreno es excesivamente esponjoso o se halla agrietado.

INFILTRARSE v. Producirse una infiltración.

INFINITAMENTE adv. Sin límites, al infinito.
— *Mat. Cantidad infinitamente grande* o *infinitamente pequeña*, cantidad que puede alcanzar, respectivamente, un valor mayor o menor que el de cualquier número fijo, por grande o pequeño que éste sea.

INFINITESIMAL adj. Pequeñísimo.
— *Mat.* Dícese de los aumentos sucesivos e infinitamente pequeños que experimentan las magnitudes en el cálculo infinitesimal. ‖ *Cálculo infinitesimal*, parte de las matemáticas que abarca el cálculo diferencial y el cálculo integral, ambos fundados en el estudio de variaciones infinitamente pequeñas de las magnitudes. (V. CÁLCULO.)

INFINITO, TA adj. y s. Que no tiene fin: *la serie de los números cardinales (1, 2, 3, etc.) es infinita.* ‖ Ilimitado o demasiado grande para poder ser medido: *el espacio infinito.* ‖ *Al infinito*, a una distancia infinitamente grande.
— *Fot.* En la escala de distancias de un objetivo, última graduación, que lleva un signo ∞ (llamado *infinito*), con la cual se suprime todo límite posterior a la profundidad del campo, lográndose así que salgan con nitidez todos los planos visibles, por muy lejanos que están.
— *Mat. Cantidad infinita*, cantidad variable cuyo valor absoluto excede al de cualquiera cantidad dada.
— La noción de *infinito*, simbolizada por el signo ∞ tiene una importancia considerable en matemáticas, porque, aun sin aportar un valor fijo, permite introducir en los cálculos un concepto que reemplaza a las cantidades desconocidas e ilimitadas por lo excesivamente grande o pequeño de su valor (v. CÁLCULO). En geometría se emplea para designar una distancia infinitamente grande. Así, dícese que dos paralelas se cortan en el infinito (o sea no se cortan por más que se las prolongue); igualmente una curva se acerca de su asíntota cada vez más hasta tocarla en el infinito.

INFLACIÓN f. Acción de inflar: *bomba para la inflación manual de neumáticos.*

INFLADOR m. *Autom.* Bomba * de aire, especialmente la que se acciona con el pie.

INFLAMABILIDAD f. Calidad de inflamable. (V. INFLAMACIÓN.)
— El *punto de inflamabilidad* de una materia combustible se mide por diversos procedimientos, generalmente sometiendo ésta a la acción de radiaciones caloríferas o calentándola lentamente en un recipiente hasta que se inflamen los vapores que desprende.
El carbón de piedra se inflama a veces espontáneamente en su criadero. La madera sometida a temperaturas de más de 275° se descompone y da vapores que, por ser la reacción exotérmica, pueden inflamarse espontáneamente (v. COMBUSTIÓN). No obstante, la ignifugación * permite evitar esta clase de accidentes.

INFLAMABLE adj. Que se inflama o prende fuego con facilidad: *el hidrógeno es inflamable, razón por lo cual ya no se usa para hinchar globos dirigibles.*

INFLAMACIÓN f. Acción de inflamar o inflamarse una materia combustible. (V. INFLAMABILIDAD e INFLAMADOR.) ‖ *Inflamación espontánea*, combustión * espontánea.

INFLAMADOR m. *Astron.* y *Expl.* Dispositivo propio para inflamar las cargas explosivas o el propergol sólido de los cohetes.
— El *inflamador eléctrico* consta de una resistencia aprisionada en una masa de pólvora * eléctrica puesta a su vez en contacto con el fulminante o directamente con la carga explosiva. Al pasar la corriente por la resistencia, el hilo se pone candente e inflama la pólvora eléctrica.

INFLAMENTO m. Inflación.

INFLAR v. Hinchar.

INFLEXIBILIDAD f. Calidad de los cuerpos inflexibles.

INFLEXIBLE adj. Dícese del cuerpo que carece de flexibilidad: *ningún cuerpo es absolutamente inflexible, dado que la resistencia mecánica no puede ser infinita.*

INFLEXIÓN f. Torcimiento, combadura de una cosa recta: *el oleaje fuerte provoca cierta inflexión del casco en los barcos muy largos.*
— *Fís.* Refracción de la luz.
— *Geom.* Cambio de una curva que de cóncava pasa a ser convexa, o viceversa: *la inflexión del intradós en el arco conopial.* ‖ *Punto de inflexión*, punto de dicha curva en el cual se produce el cambio de dirección, o sea en el que la curva corta a su tangente.

INFLUENCIA f. Acción ejercida por un cuerpo sobre otro.
— *Electr. Electrización por influencia*, inducción electrostática. ‖ *Máquina de influencia*, v. MÁQUINA.
— *Expl. Detonación por influencia*, v. DETONACIÓN.
— *Fís.* Efecto producido a distancia.

INFLUENCIAR v. *Electr.* Electrizar un cuerpo por inducción * eléctrica, aproximando al mismo otro cuerpo electrizado.

INFORMACIÓN f. *Cibern.* y *Telec.* Acción mediante la cual un sistema transmite a otro, por medio de señales cualesquiera, indicaciones sobre la posición de un órgano, la magnitud de una medición, el resultado de un cálculo, etc.
— La *información* representa importantísimo papel y es raro que en una máquina moderna no exista transmisión de informes de un órgano detector o captor a otro órgano regulador. La comunicación entre ambos se efectúa por medio de señales y con arreglo a un código, como cuando las personas se transmiten mutuamente informaciones por medio de palabras o de escritos. Muchas veces el vehículo de la transmisión es la corriente eléctrica, la cual, según el procedimiento simple de *todo o nada* (o sea paso de la corriente o interrupción de la misma) permite transmitir informaciones desde la más simple hasta la más compleja. Citemos como ejemplo el flotador que, al llenarse un depósito, corta la corriente e interrumpe el funcionamiento de la bomba eléctrica, la cual volverá a ponerse en marcha cuando baje otra vez el mismo flotador. Y como ejemplo de información compleja citaremos las calculadoras electrónicas, en las cuales la transmisión de un órgano a otro se efectúa con arreglo al código de señales binarias (v. NUMERACIÓN *binaria*). La *unidad de información* representada por la alternativa "sí" o "no", "blanco" o "negro", "0" o "1", propia de todo sistema binario (cual es, por ejemplo, el paso o la interrupción de una corriente) se llama *bit* o *hartley*. Una información es tanto más perfecta y exacta cuanto mayor es el número de bits transmitidos por unidad de tiempo. Por otra parte, un mensaje no puede enriquecerse durante su transmisión, pero sí alterarse, no solamente en los circuitos, sino también por la aparición en los mismos de señales parásitas de origen externo o engendradas en ellos. Así, el timbre de la voz de un interlocutor no puede ser mejorado a través de una línea telefónica; por el contrario, no es raro que la voz oída en el auricular sea ininteligible. Igualmente los pormenores de un suceso son tanto más erróneos e incompletos cuanto más conductos hayan contribuido a su difusión: en el curso de una transmisión intermediaria siempre puede omitirse un detalle que desaparece irremisiblemente del mensaje en sus retransmisiones ulteriores, mientras que si se agrega involuntariamente un detalle erróneo, éste figurará probablemente en el mensaje final. Por eso se dice que, al igual que la energía en termodinámica, no puede existir transmisión de información sin degradación * del mensaje.

INFORMÁTICA f. *Cibern.* Ciencia del tratamiento de la información*

INFRA, prefijo latino que significa *debajo de, inferior a.*

INFRAACÚSTICO, CA adj. *Acúst.* Infrasonoro.

— *Radiot.* Banda de frecuencias audibles, aunque inferiores a las más bajas prácticamente utilizadas para la transmisión de la voz y de la música: *el espectro infraacústico abarca las frecuencias de 16 a 100 períodos por segundo.*

— *Telec. Telégrafo infraacústico,* v. TELÉGRAFO.

INFRAESTRUCTURA f. *Aeron.* Conjunto de instalaciones que, en el suelo o desde él, permiten a los aviones efectuar sus misiones, y entre las cuales figuran las siguientes: pistas, talleres, servicios meteorológicos y de radionavegación, avituallamiento, tránsito de viajeros en los aeropuertos * y terminales, etc.

Arq. y *Obr. públ.* Conjunto de los trabajos relativos a los cimientos de las construcciones; el lecho de las carreteras sobre el cual se asienta el firme; el balasto, los puentes, sifones, terraplenes, pasos a nivel, etc., de las líneas de ferrocarril (pero no la vía propiamente dicha, ni las agujas, señales y estaciones que constituyen la superestructura *).

INFRANGIBLE adj. Irrompible.

INFRARROJO, JA adj. y s. Dícese de las radiaciones electromagnéticas invisibles que prolongan el espectro luminoso más allá del rojo obscuro. (Sinón. ULTRARROJO.)

— *Fís.* Los límites del espectro * luminoso son puramente artificiales e impuestos por la incapacidad del ojo para percibir las sensaciones engendradas en la retina por las ondas demasiado cortas o largas del espectro electromagnético. A partir del rojo obscuro, las radiaciones de longitud de onda superior a 8 000 angstroms dejan de ser visibles, pese a que dichas radiaciones —cuyo espectro se extiende hasta las ondas de una décima de milímetro— son de la misma índole que las que engendran la luz * visible y, como ellas, pueden ser reflejadas, refractadas, polarizadas, etc. Los *rayos infrarrojos* son emitidos por los cuerpos calientes, incluso por el cuerpo humano, y el mismo suelo irradia por la noche en forma de *radiaciones infrarrojas* una parte de la energía solar absorbida durante el día. Dichos rayos tienen la propiedad de atravesar la bruma y las nubes poco densas. De ahí el uso de emulsiones y de filtros infrarrojos en fotografía (v. más abajo).

El análisis espectral por medio del infrarrojo revela la estructura de los átomos y la distancia que media entre los mismos. Las lámparas de incandescencia ricas en radiaciones infrarrojas se usan industrialmente en estufas y secaderos para la deshidratación * o el secado * de alimentos, pinturas y productos industriales. Las resistencias eléctricas, radiadores y otros cuerpos calientes se emplean para la calefacción y también con fines terapéuticos.

Entre los muchos y variados usos de los rayos infrarrojos citemos también las bombas voladoras de morro buscador provisto de un detector especial que, una vez que ha captado los rayos infrarrojos emitidos por los motores de un avión, lo persigue hasta chocar con él. También se usan detectores de infrarrojo para estabilizar ingenios espaciales (v. ESTABILIZACIÓN). Los rayos infrarrojos se detectan y estudian con el bolómetro, las células fotoeléctricas, las pilas termoeléctricas, etc.

— *Fot.* La *fotografía infrarroja* se funda en el uso de emulsiones especiales sensibles a los rayos infrarrojos y de filtros que, montados en el objetivo, solamente dejan pasar esas radiaciones. Como las mismas tienen la propiedad de atravesar la bruma, una primera aplicación de esta técnica es la obtención de vistas perfectamente nítidas de planos muy lejanos (montañas, paisajes extensos, fotografías aéreas, fotogrametría, fotografías tomadas por satélites artificiales, etc.). Igualmente, si se fotografía el planeta Marte con emulsiones y filtros infrarrojos, el clisé revelará los detalles del suelo que, en una fotografía ordinaria, aparecerían velados por la atmósfera. También se aprovecha el poder de penetración de los rayos infrarrojos en la materia para fotografiar el interior de la misma. Por ejemplo, en un documento en el cual se ha borrado algo fraudulentamente, la fotografía infrarroja revelará los restos de tinta presentes en el interior de las fibras de papel. Esta técnica es preciosa en bellas artes, pues, al fotografiar un cuadro con luz infrarroja, aparecen en el clisé, debajo de la pintura aparente, las pinturas anteriores, lo cual permite reconstituir las modificaciones sucesivas de la obra hechas por el artista o los retoques hechos por un falsificador. No es raro que debajo de una obra relativamente reciente aparezca otra más antigua y valiosa, en cuyo caso es posible borrar aquélla y restaurar ésta.

INFRASONIDO m. *Acúst.* Vibración de la misma índole que las que producen los sonidos, pero que, en razón de su escasa frecuencia (menos de 16 períodos por segundo, o 20 a lo sumo) no puede ser percibida por el oído humano.

INFRASONORO, RA adj. *Acúst.* Relativo a los infrasonidos: *las ondas infrasonoras tienen aplicaciones en terapéutica.*

INFUSIBLE adj. Que no puede fundirse o ser fundido: *no existe ningún cuerpo verdaderamente infusible.*

INFUSIÓN f. Acción de aromatizar un líquido mediante inmersión en el mismo, cuando se halla hirviente, de la substancia que le ha de ceder sus principios aromáticos. ‖ Aguardiente aromático que se obtiene por simple maceración, sin destilación, de hierbas o frutos frescos.

— *Min.* Infusión de agua, operación consistente en inyectar agua en la masa de mineral que se ha de beneficiar, con objeto de evitar que el arranque produzca demasiado polvo: *la infusión se efectúa por unos barrenos taladrados exprofeso.*

INFUSORIOS *(Tierra de).* V. TIERRA.

INGENIERÍA f. *Tecn.* Arte de traducir en realizaciones prácticas el conjunto de conocimientos científicos y tecnológicos relativos a una rama de las actividades humanas y, así, existe una *ingeniería aeronáutica* o *aeroespacial,* otra *agraria* (que aplica las ciencias a la agricultura), una *ingeniería de la automoción* (relativa al diseño y construcción de toda clase de vehículos), así como sendas *ingenierías eléctrica, física, hidráulica, industrial, militar, naval, nuclear, química,* etc. Por lo demás, a medida que aumenta el caudal de los conocimientos y de sus aplicaciones se multiplican las especialidades, los centros docentes que las enseñan y los diplomas que éstos otorgan. ‖ Cometido del servicio que efectúa el estudio y establece el diseño completo de un projecto industrial, una obra pública, un sistema de transportes, un avión, un ingenio espacial, etc. (Es inútil en este caso emplear el anglicismo *engineering.*)

INGENIO m. *Arm.* y *Astron.* Proyectil autopropulsado, y por ext., cohete lanzado en el espacio con cualquier otro fin.

— Entre los proyectiles autopropulsados cabe distinguir las siguientes clases: *ingenios del aire al aire* (tirados por un avión contra otro), *ingenios del aire al suelo* (del avión contra un objetivo terrestre), *ingenios del suelo al aire* (desde tierra contra aviones o cohetes) e *ingenios del suelo al suelo* (lanzados desde el suelo contra un objetivo terrestre). De estos últimos —especialmente los grandes cohetes intercontinentales— de-

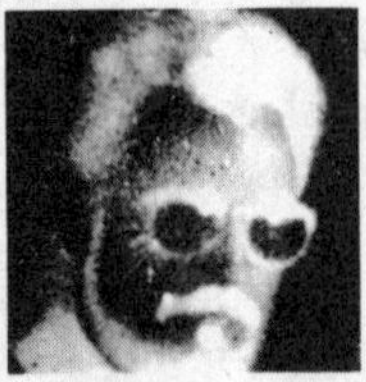

imagen tomada en la obscuridad por una cámara de televisión sensible a los rayos **infrarrojos** emitidos por el sujeto

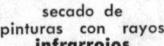

secado de pinturas con rayos **infrarrojos**

Fot. U. S. I. S., L. E. P., Mazda

rivan los ingenios espaciales o cósmicos lanzadores de satélites artificiales y de sondas interplanetarias. Llámanse *ingenios compuestos* o *de etapas* cuando constan de varios cohetes sobrepuestos. (V. ASTRONAVE y COHETE.)

— *Ind. alim.* El trapiche y demás instalaciones de una azucarera. ‖ Fábrica de azúcar en su conjunto.

— *Mec.* Máquina o artificio mecánico.

INGLÉS, ESA adj. *Arq. Aparejo inglés,* v. APAREJO.

— *Art. gráf. Encuadernación a la inglesa,* v. ENCUADERNACIÓN.

— *Mec. Llave inglesa,* v. LLAVE.

INGLESINA f. *Text.* Fineta * gruesa hecha con algodón de mala calidad o procedente de desperdicios de hilatura.

INGLETE m. *Carp.* Unión de dos maderos a escuadra, cuando la junta forma un ángulo de 45º con el canto de los mismos. ‖ *Corte a inglete,* corte a 45º dado en el extremo de una pieza. ‖ *Caja de ingletes,* instrumento en el cual se ponen los listones o molduras para cortarlos a inglete o a escuadra merced a unas ranuras que guían la hoja del serrucho.

— *Geom.* Cada uno de los dos ángulos de 45º que tiene el cartabón.

INGRAVIDEZ f. Estado del cuerpo que no se halla sometido a ninguna fuerza de gravedad o cuya pesantez es contrarrestada por alguna fuerza antagonista. (Sinón. IMPONDERABILIDAD.)

— *Astron.* Un cohete propulsado por sus motores es acelerado por el empuje de los mismos, mientras que su contenido, por ejemplo el cuerpo de los astronautas, tiende a conservar por inercia su estado de movimiento anterior. Así el contenido del cohete es aplicado contra la estructura del mismo, como si existiera una pesantez semejante a la que resulta en el suelo de un astro por efecto de la gravedad. Cuando cesa la propulsión y con ella las aceleraciones, el cohete y su contenido se hallan proyectados en el espacio exactamente a la misma velocidad y no existe ninguna fuerza que aplique a éste contra aquél. Las personas y los objetos se encuentran, pues, en *estado de ingravidez* y, de no haber sido trabados o fijados, parece como si "flotaran" en el interior del cohete, cual ocurriría en la cabina de un ascensor si el cable se rompiera y no existiera ningún roce mecánico ni aerodinámico para frenar la caída. Si el ocupante de la cabina soltara en ese instante un objeto en el aire, éste permanecería en el espacio, puesto que a su caída correspondería una caída rigurosamente idéntica del suelo de la cabina.

Así, en la cabina de un ingenio espacial no propulsado desaparece la noción física de "alto" y "bajo". Todas las cosas, desde la ínfima partícula de polvo hasta el hombre, tienden a permanecer donde se las deja, y un vaso de agua, si se le vuelve boca abajo, no pierde su contenido, a menos que se le imprima una aceleración. Se desprende de lo antedicho que tampoco existen movimientos de convección * en el aire, lo cual obliga a instalar en la cabina sistemas que crean una circulación artificial.

No parece que el estado de ingravidez perturbe sensiblemente las funciones fisiológicas (deglución y digestión de los alimentos, circulación de la sangre, etc.). No puede decirse lo mismo en cuanto se refiere a la orientación y al equilibrio. En nuestro medio natural la noción de "alto" y de "bajo" es integrada por el cerebro a partir de las informaciones sensoriales transmitidas por los nervios desde el oído interno. Este contiene tres órganos: los canales semicirculares, llenos de un líquido en el cual bañan unos granitos de materia ósea (los otolitos), que, por gravedad, descansan sobre fibras terminales de los nervios. Así, al inclinar la cabeza, los otolitos pasan a tocar los extremos de otros nervios y, aunque privados de referencias visuales, podemos saber qué posición ocupamos respecto a la vertical. Cuando una persona no entrenada da muchas vueltas rápidamente, los otolitos no registran ninguna indicación precisa y esta incertidumbre se traduce por una sensación angustiosa de vértigo. Pues bien, el estado de ingravidez a bordo de un ingenio espacial suprime también toda referencia sobre la orientación y el astronauta debiera experimentar una insoportable sensación de caída permanente. No ocurre así, sin embargo, porque los hombres lanzados en el espacio son seleccionados cuidadosamente, según sus aptitudes, y sometidos a un entrenamiento prolongado e intenso y a una preparación física y psicológica, al cabo de la cual son capaces de resistir a la sensación de vértigo y de compensar con la ayuda de la vista la deficiencia de los órganos orientadores del oído. Por lo demás, los progresos en materia de astronáutica no han de tardar en permitir la creación en las astronaves de una pesantez * artificial.

INGREDIENTE m. *Quím.* Cada una de las substancias que entran en la composición de una mezcla.

INHALADOR m. *Aeron.* Aparato provisto de una careta que se aplica sobre la nariz y la boca y sirve para que el aviador pueda respirar oxígeno procedente de un depósito cuando, por volar el avión a mucha altura, es insuficiente el oxígeno contenido por el aire enrarecido.

INHIBICIÓN f. *Petr.* En las refinerías, operación consistentes en agregar inhibidores * a los productos derivados del petróleo.

— *Quím.* Catálisis * negativa en la cual el catalizador es un inhibidor, substancia cuya presencia, incluso en pequeñas proporciones, basta para moderar considerablemente o interrumpir ciertas reacciones: *los antioxígenos * obran por inhibición.*

INHIBIDOR m. *Astron.* y *Expl.* Capa de materia incombustible que se aplica en ciertas partes de un bloque de propergol * sólido para impedir que se propague la combustión por ellas.

— Los *inhibidores comunes* consisten en una mezcla de talco y de amianto pulverulentos en un soporte líquido. Merced a ellos, aplicándolos en las partes convenientes del bloque, se obtiene que éste se consuma con arreglo a determinada ley y, por ejemplo, la combustión puede propagarse libremente al principio, cuando arranca un cohete, y luego ser limitada por la presencia de inhibidores si se desea moderar el empuje y prolongar la fase propulsiva. (V. PROPERGOL.)

— *Metal. Inhibidor de corrosión,* substancia que se agrega a un baño corrosivo para atenuar sus efectos destructivos.

— Cuando se descapan piezas de acero con un baño ácido se corre el riesgo de que éste, además de destruir la costra de óxido, ataque el metal. Este riesgo se evita agregando al ácido un inhibidor consistente en gelatina, compuestos a base de quinoleína, etc. En otros casos se emplean *inhibidores minerales,* cuales son el bicarbonato de sosa y los cromatos alcalinos.

— *Petr.* Aditivo * que se agrega a un producto derivado del petróleo para atenuar o suprimir alguna propiedad perjudicial: *el plomo, el fenol y el xilenol son inhibidores de oxidación.*

— *Quím.* Cuerpo que obra por inhibición *.

ININFLAMABLE adj. Que no puede inflamarse: *las modernas películas cinematográficas son ininflamables.* (V. IGNIFUGACIÓN.)

INLANDSIS m. Glaciar * continental.

INMERSIÓN f. Acción de sumergir algo en un líquido. ‖ *Inmersión de tierras,* inundación.

— *Astr.* Entrada de un satélite en el cono de sombra de su planeta. ‖ Desaparición de un astro detrás del disco de otro.

— *Ópt. Objetivo de inmersión,* v. MICROSCOPIO.

INMISCIBLE adj. *Quím.* Dícese de la substancia que no puede mezclarse con otra, como ocurre con el agua y los aceites y cuerpos grases.

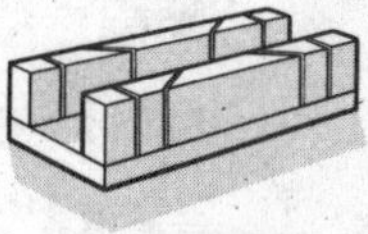

caja de **ingletes** *(carp.)*

inhalador de piloto de caza

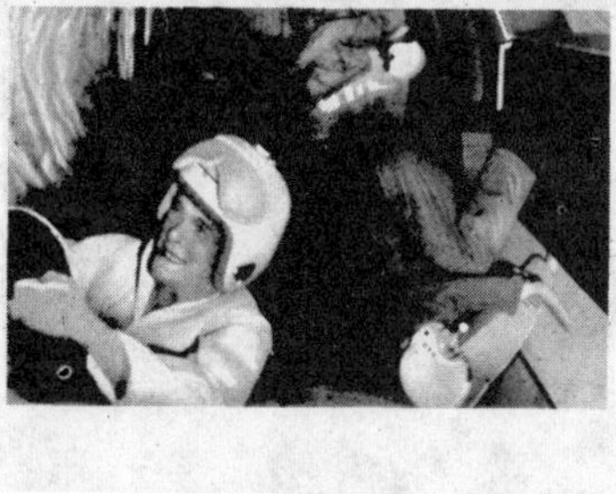

astronautas en estado de **ingravidez** durante un vuelo de entrenamiento [v. tb. frontispicio página 567]

Fot. X, U. S. I. S.

INODORO, RA adj. Que no despide olor. ‖ — M. Sifón * de las letrinas, lavabos, etc., que impide el paso de los malos olores.

INOLITA f. *Miner.* Nombre genérico de las variedades fibrosas de ciertas substancias minerales.

INORGÁNICO, CA adj. *Electr. Papel inorgánico,* v. PAPEL.
— *Quím.* Mineral. ‖ *Química inorgánica,* v. QUÍMICA.

INOXIDABLE adj. Que resiste a la oxidación.
— *Metal.* Dícese de los metales que no se oxidan, y por extensión, de los que se caracterizan por su elevada resistencia a la oxidación: *el ferroníquel, el incomel y el monel son aleaciones inoxidables.*
— Ciertos metales son naturalmente *inoxidables* (oro, platino, paladio, iridio, tungsteno, níquel y cromo) porque se forma en su superficie una capa fina de un compuesto que impide el contacto ulterior del metal con el oxígeno. Por el contrario, el hierro es muy oxidable, pero agregándole níquel, cromo y otros metales, se obtienen *aceros * inoxidables,* especialmente los siguientes: acero con 13 % de cromo, propio para cuchillería, instrumentos de cirugía, etc.; acero con 18 % de cromo y 8 % de níquel, para el equipo de las industrias químicas y alimenticias, máquinas lavadoras, etc.; si se agrega 2 % de molibdeno al último acero citado, se obtiene un metal que no es atacado por el agua salada y que se emplea a bordo de los barcos y en la industria química.

INSATURADO, DA adj. *Quím.* Que no se halla saturado *.

INSCRIBIR v. *Geom.* Trazar una figura geométrica dentro de otra de modo que se hallen en contacto por varios puntos, aunque sin cortarse. (V. INSCRITO.)

INSCRIPTIBLE adj. *Geom.* Que se puede inscribir: *todos los polígonos regulares son inscriptibles en la circunferencia.*

INSCRIPTOR, RA adj. y s. Dícese del órgano que, en ciertos aparatos, inscribe o registra las magnitudes físicas u otras señales: *el inscriptor de una sonda ultrasonora, de un telégrafo.*
— *Ofic.* Órgano de la máquina de calcular en el cual se marcan las cifras de los datos que han de intervenir en un cálculo: *existen inscriptores de teclas, de cursores y de manecillas.*

INSCRITO, TA adj. *Geom.* Dícese de la figura trazada dentro de otra de modo que sus vértices se hallen en contacto con ella o que, si se trata de una curva, sea tangente a todos los lados de la misma: *el círculo inscrito en un triángulo es tangente a los tres lados del mismo.*

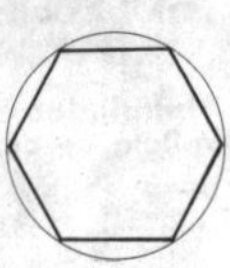

hexágono **inscrito** en la circunferencia

INSECABLE adj. Que no puede ser partido o dividido: *la fisión * nuclear demuestra que el átomo no es insecable.*

INSECTICIDA adj. y s. Dícese de los productos químicos y de los dispositivos de cualquier índole que sirven para destruir los insectos perjudiciales.
— Los numerosos *insecticidas* que se emplean actualmente, algunos de ellos con efectos específicos sobre una categoría determinada de insectos, pueden ser clasificados según el mecanismo de su acción, y así, unos son *insecticidas por ingestión* (por ej., arseniatos de calcio o de plomo), que matan por intoxicación alimenticia; otros son *insecticidas por inhalación* (sulfuro de carbono, ácido cianhídrico, paradiclorobenceno) y los restantes y más eficaces, *insecticidas por contacto* (nicotina y otros alcaloides, D. D. T. o diclorodifeniltricloretano, H. C. C. o hexaclorociclohexano, sulfuro de difenilo, etc.), que matan por efecto vesicante.

inscriptor *(ofic.)*

Fot. U. S. I. S.

INSECTÍFUGO, GA adj. y s. Dícese del piretro y otras substancias que ahuyentan a los insectos.

INSECTILICIO, CIA adj. y s. Dícese de las substancias que atraen a los insectos y que se emplean generalmente para facilitar su destrucción.

INSOLACIÓN f. Acción que ejercen los rayos solares sobre los cuerpos que bañan en su luz. ‖ Exposición de una cosa a los rayos del Sol.
— *Arq.* Incidencia de la luz solar en las fachadas: *la insolación depende de la orientación dada a los edificios.*
— *Fot.* Exposición de una emulsión fotográfica a los rayos solares, especialmente los papeles lentos de diazotipia o ferrotipia. ‖ Por ext., exposición de los referidos papeles y de las emulsiones de fototipia a la acción de la luz artificial.
— *Meteor.* Tiempo, expresado en horas y décimas de hora, durante el cual ha brillado el Sol en el curso de un día para el observador situado en un lugar determinado: *la insolación varía cíclicamente a lo largo del año, pero depende sobre todo de la nubosidad local.* (V. HELIÓGRAFO.)

INSOLADOR m. Horno * solar, cualquier dispositivo para aprovechar la energía calorífica de los rayos del Sol.

INSOLAR v. Exponer a la acción de los rayos solares. (V. INSOLACIÓN.)

INSOLUBILIZAR v. *Quím.* Hacer que una cosa sea insoluble.

INSOLUBLE adj. *Mat.* Que no tiene solución o no puede ser resuelto: *problema insoluble.*
— *Quím.* Que no puede ser disuelto o diluido.

INSONDABLE adj. Que no puede ser sondeado: *hoy no existen abisas insondables.*

INSONORIZACIÓN f. *Acúst.* Protección contra los ruidos demasiado fuertes o molestos.
— Como los ruidos son fenómenos vibratorios, un método eficaz de *insonorización* consiste en hacer que las paredes, techos, etc., no sean homogéneos, sino más bien compuestos de materiales superpuestos que tengan propiedades vibratorias diferentes. Así, sobre la fábrica de un tabique, entre la doble pared de palastro de una construcción metálica y entre placas de yeso o de fibrocemento, se puede disponer una capa de material aislante *.
También es posible reducir considerablemente e incluso anular totalmente las ondas sonoras engendrando ondas idénticas pero opuestas (v. ONDA). Así, un altavoz que, a bordo de un avión, emita las mismas vibraciones que los motores, aunque desfasadas de medio período, anula la mayor parte del ruido de los mismos en el interior de la cabina. También puede disponerse en la pared de ésta un fieltro aplicado contra un soporte cuadriculado, de tal forma que exista una correspondencia entre las dimensiones de las mallas y la frecuencia de los ruidos más molestos de los motores. El fieltro vibra entonces a idéntica frecuencia, pero en oposición con las vibraciones procedentes de los motores, lo cual reduce considerablemente el ruido de los mismos.

INSONORIZAR v. Hacer que una máquina o cualquier otra cosa no produzcan ruido mientras funcionan. ‖ Proteger una habitación, cabina de avión, etc., contra los ruidos excesivamente intensos procedentes del exterior. (V. INSONORIZACIÓN.)

INSPISACIÓN f. o **INSPISAMIENTO** m. *Quím.* Tratamiento físico o químico que aumenta la densidad o viscosidad de una substancia líquida: *la inspisación se efectúa, según el caso, por sedimentación, condensación o evaporación.*

INSTABILIDAD f. Inestabilidad.

INSTABLE f. Inestable.

INSTALACIÓN f. Acción y efecto de instalar. ‖ Conjunto de cosas instaladas: *las costosas instalaciones de una imprenta moderna.*
— *Constr.* Conjunto de tuberías, cables y otras canalizaciones con sus respectivos accesorios.
— En las construcciones modernas las *instalaciones* de electricidad, gas, agua, corriente, ventilación, cables de las antenas de televisión, etc.,

suelen ser invisibles y, en la medida de lo posible, se agrupan en el interior de una misma pared hueca (*pared de instalaciones*). Con idéntico fin se procura que la cocina linde con el cuarto de baño, lo cual permite simplificar la instalación del agua y la evacuación de las aguas sucias. Incluso se combinan todas estas instalaciones en un elemento normalizado y prefabricado, es decir, la *célula* o el *bloque de aguas*.

INSTALAR v. *Tecn.* Colocar, montar o disponer convenientemente los enseres o cosas necesarias para efectuar un trabajo o para asegurar algún servicio: *instalar un andamio, una fábrica, la calefacción central.* (V. INSTALACIÓN.)

INSTANTÁNEO, A adj. y s. Que dura un instante solamente.
— *Electr.* Dícese de los relevos, disyuntores y otros dispositivos que funcionan instantáneamente en cuanto la tensión u otra característica de la corriente alcanza determinado valor en un circuito eléctrico.
— *Expl.* Dícese del fuego de artificio previsto para que estalle inmediatamente después de haber sido encendida la mecha, por oposición a los que han de funcionar con retraso.
— *Fís. Valor instantáneo,* el que tiene una magnitud variable en un instante determinado.
— *Fot.* Dícese de la fotografía que se impresiona rápidamente, con un tiempo de exposición * que solamente dura una fracción de segundo.
— La *instantánea* se obtiene apoyando una sola vez en el disparador, el cual provoca sucesivamente en un mismo movimiento la apertura y el cierre del obturador *.
Las *instantáneas lentas* (de un segundo a una décima de segundo) se obtienen merced a un mecanismo retardador del cual carecen los obturadores de los aparatos fotográficos baratos. Con los aparatos más comunes se obtienen instantáneas comprendidas entre 1/25 y 1/300 de segundo. Con aparatos provistos de obturador de cortinilla se llega a 1/1500 de segundo. En fotografía científica se obtienen instantáneas del orden de la millonésima de segundo.

INSTRUCTOR m. *Aeron.* Nombre dado a diversos aparatos provistos de una cabina con mandos e instrumentos semejantes a los de los aviones y de dispositivos que registran los resultados de las maniobras efectuadas por los pilotos que se entrenan y adiestran en dichos aparatos antes de que se les confíen los mandos de los respectivos aviones.
— El *instructor* (o *link*) se halla especialmente equipado para que puedan entrenarse los pilotos al vuelo sin visibilidad y al aterrizaje * con instrumentos. Por otra parte, cada vez que se fabrica un tipo nuevo de avión de línea, las compañías que lo adquieren suelen adiestrar sus pilotos con un instructor que reproduce fielmente los mandos e instalaciones del mismo. A este tipo de instructores se les da igualmente el nombre de *simuladores de vuelo.*
Además de la cabina, un instructor consta también de dispositivos electrónicos que registran las maniobras efectuadas por el alumno e indican los errores en que hubiera podido incurrir.

INSTRUMENTO m. Herramienta, útil de trabajo: *el escoplo es un instrumento cortante.* || Dispositivo o aparato propio para efectuar medidas: *los comparadores son instrumentos de precisión.* || *Instrumento de óptica,* el que consta de sistemas de lentes o de espejos y sirve para observar los objetos muy pequeños o lejanos y para efectuar mediciones o estudios por medio de los rayos luminosos o relativos a ellos. || *Panel* o *tablero de instrumentos,* panel situado frente al piloto o conductor de un vehículo, máquina o instalación cualquiera en la cual se agrupan los indicadores de todos los instrumentos que permiten asegurar y regular su funcionamiento y gobernarlo, si se trata de un vehículo: *los aviones modernos tienen un tablero de instrumentos muy complejo.*
— *Acúst. Instrumentos de música,* V. MÚSICA.
— *Aeron. Aterrizaje con instrumentos,* V. ATERRIZAJE e I. L. S.

INSULITA f. *Electr.* Marca registrada de una materia aislante constituida por una mezcla de serrín y de desechos de algodón y de papel aglomerados y prensados.

Fot. W. Ronis

instructor y, *abajo*, dispositivo registrador de las maniobras efectuadas por el alumno

INSUMERGIBLE adj. Que no puede hundirse en el agua: *las mejores embarcaciones de salvamento de náufragos son insumergibles.*

INTEGRABLE adj. *Mat.* Dícese de las funciones que pueden ser integradas.

INTEGRACIÓN f. *Fot.* Ennegrecimiento de una emulsión sensible en función de las radiaciones luminosas que la han impresionado: *la intensidad de una luz puede ser medida muy exactamente por integración.*
— *Mat.* Operación que consiste en hallar la integral * de una diferencial o de una ecuación diferencial. (V. CÁLCULO *integral.*) || *Integración por descomposición,* la que se resuelve mediante transformación previa de la integral dada en integrales equivalentes, pero más fáciles de integrar. || *Integración por substitución,* la que consiste en reemplazar la variable de la integral por otra variable a la cual corresponde una integral más sencilla.

INTEGRADOR, RA adj. y s. Que integra o sirve para integrar, o sea que totaliza toda una serie de indicaciones continuas: *planímetro integrador.*
— *Cibern.* Dispositivo eléctrico, mecánico, hidráulico o de otra índole que regula una magnitud a la salida proporcionalmente a otra magnitud registrada a la entrada (temperatura, intensidad de una corriente, etc.): *los integradores tienen diversas aplicaciones, y sirven, por ejemplo, para regular el funcionamiento de las máquinas.*
— *Fot.* V. más abajo *ópt.*
— *Mat.* y *Ofic.* Calculadora * analógica propia para resolver integrales. || *Integrador diferencial,* calculadora * electrónica especialmente adaptada a la resolución de ecuaciones diferenciales.
— *Ópt. Integrador de luz,* instrumento para medir la cantidad de luz recibida de un foco luminoso durante un tiempo dado.
— Los *integradores de luz* elementales se fundan en el ennegrecimiento de una emulsión fotosensible (v. INTEGRACIÓN *fotográfica*). En los demás casos consisten en una célula fotoeléctrica acoplada con un contador que registra la electricidad producida por la misma. Entre otras muchas aplicaciones, el integrador de luz se emplea en los laboratorios fotográficos para determinar automáticamente el tiempo de exposición de las copias positivas en función ya de la opacidad de los clisés, ya de la intensidad de la luz.

INTÉGRAFO m. Instrumento que, a partir de una curva, permite trazar la curva representativa de la integral * de la misma.

INTEGRAL adj. y s. Completo, entero: *harina integral; la radiación integral del cuerpo negro.*
— *Fot. Fotografía integral,* V. FOTOGRAFÍA.
— *Mat.* Función en la cual una de las derivadas es otra función dada.
— Una *integral* no es sino la suma de términos infinitamente pequeños en número infinitamente grande (V. CÁLCULO *integral*): el signo de la integral es $\int$. Cuando dicho signo, que significa suma, es afectado de dos letras pequeñas a modo de índice y de exponente, como en $\int_b^a$ se tiene una *integral definida,* y en dicho caso solamente se integra el intervalo comprendido entre los dos valores fijos *a* y *b* de la variable independiente. Cuando el intervalo de integración carece de dichos límites precisos, se tiene una *integral indefinida,* cuyo valor nunca es exacto, pues depende de una "constante de integración" que es desconocida. Para integrar los diversos puntos de una superficie la función respectiva tiene dos variables y la integral es *doble;* asimismo, la integral *triple* concierne una función de tres variables y se aplica a los volúmenes.

INTEGRAR v. *Mat.* Efectuar una integración.

INTEGRÓMETRO m. Instrumento que sirve para medir el área de figuras planas y cerradas y con el cual se puede determinar también el volumen engendrado por dichas curvas al girar alrededor de su eje.

INTENSIDAD f. Grado de energía, de potencia que alcanza un fenómeno; valor de una magnitud física: *intensidad de un sonido* *.
— *Electr.* Cociente de la cantidad de electricidad que pasa por un conductor, dividida por el tiempo. ‖ *Intensidad eficaz,* promedio de la intensidad de una corriente alterna.
— La *intensidad de la corriente* se mide con amperímetros y electrodinamómetros, y se expresa en amperios *. En una corriente continua la intensidad es constante, pero no en una corriente alterna, en la cual varía constantemente. De ahí la necesidad de la noción de *intensidad eficaz,* definida como sigue: dada una corriente alterna y los efectos caloríficos que determina su paso por un conductor, intensidad que debería tener una corriente continua para desprender idéntica cantidad de calor en el mismo tiempo. (V. CORRIENTE.)
— *Fís. Intensidad de la gravedad,* V. ACELERACIÓN *de la gravedad.*
— *Lumin. Intensidad de iluminación* o *intensidad energética,* flujo emitido en vatios por segundo por un foco luminoso dentro de un ángulo sólido de un esterradiante.
— *Magn. Intensidad de imantación,* V. IMANTACIÓN.
— *Mec. Intensidad de una fuerza,* magnitud de la misma, independientemente de su punto de aplicación y de su dirección: *la unidad de intensidad de fuerza es la dina* *.

INTENSIFICADOR m. *Electr.* Relevo.
— *Fot.* Reforzador.

INTENSIVO, VA adj. Activo, enérgico, de mucha intensidad: *refrigerantes intensivos.* ‖ Que se efectúa en gran escala y rápidamente, merced a instalaciones tan eficaces como abundantes: *construcción intensiva de casas prefabricadas.*

INTER, prep. latina que significa *entre, en medio,* y que se emplea con dicho sentido al principio de numerosas voces compuestas.

INTERACCIÓN f. Reacción recíproca de dos fenómenos, cada uno de los cuales ejerce una influencia sobre el desenvolvimiento del otro.
— *Aeron.* Dícese en aerodinámica de la influencia que el aerodinamismo de un órgano ejerce sobre el de otro.
— El ala, el fuselaje y las demás partes del futuro avión se estudian primero separadamente, hasta obtener las formas más aerodinámicas. Pero al montar las diversas partes unas con otras, se observa que, en las zonas de contacto, los hilillos de aire ya perturbados por un elemento perturban a su vez el derrame en el otro, formándose así en dichas zonas remolinos y torbellinos perjudiciales para el rendimiento y la seguridad del aparato. De ahí la necesidad de efectuar nuevos estudios aerodinámicos hasta aminorar en lo posible los efectos de las *interacciones.*
— *Atom.* y *Fís.* Acción de dos o más sistemas físicos, de unos a otros.
— Todos los elementos constitutivos de la materia, o productores de radiaciones se hallan permanentemente en estado de *interacción.* Se admiten las cuatro formas de interacción siguientes: la *gravitación,* en la cual los sistemas dotados de masa o de energía se atraen mutuamente; las *interacciones electromagnéticas,* que se manifiestan en forma de atracción o de repulsión de los cuerpos magnéticos o electrizados; las *interacciones débiles* que se ejercen entre todas las partículas, salvo el fotón, y a las cuales se debe la radiactividad de tipo beta *; las *interacciones fuertes* o *nucleares* a que se hallan sometidos los neutrones, los protones y otros bariones, las cuales permiten aprovechar la energía * nuclear.

INTERATÓMICO, CA adj. Situado entre los átomos.

INTERCALAR adj. Agregado, interpuesto.
— *Astr. Día intercalar,* el 29 de febrero que se agrega a los años * bisiestos.
— *Mec.* Dícese de las piezas que, en los rodamientos de bolas, impiden que éstas se toquen y rocen unas con otras.

INTERCALAR v. Interponer una cosa entre otras dos: *intercalar el dieléctrico entre las dos armaduras de un condensador.*

INTERCAMBIABLE adj. Dícese de las cosas que pueden ser reemplazadas unas por otras.
— *Comb.* Dícese de los gases que pueden ser consumidos indistintamente como combustible sin ninguna modificación de los aparatos: *el gas de alumbrado y el butano no son intercambiables, puesto que requieren quemadores diferentes.*
— *Mec.* Dícese de las piezas que pueden reemplazar a otras sin necesidad de ser labradas ni ajustadas: *en las máquinas modernas se emplean muchos elementos intercambiables.*

INTERCAMBIO m. *Quím. Intercambio iónico,* V. CAMBIADOR de iones.

INTERCEPTOR m. *Aeron.* Avión dotado de mucha velocidad ascensional, pero de escasa autonomía y convenientemente armado para salir al paso de los aviones enemigos en territorio propio, con el propósito de impedir los bombardeos, los vuelos de reconocimiento y otras misiones: *el interceptor tiende a ser reemplazado por cohetes.*
— *Constr.* Sifón que se pone en la acometida del alcantarillado para impedir el paso de los gases y malos olores de la cloaca.

INTERCLASIFICADORA f. *Ofic.* Clasificadora especial de tarjetas perforadas provista de dos entradas y cuatro salidas, que permite tratar a la vez las tarjetas de dos ficheros, ya para intercalarlas, ya para comprobar el buen orden de las fichas o para separarlas en distintos grupos con arreglo a un criterio determinado.

INTERCOLUMNIO m. *Arq.* Hueco o vano entre dos columnas. ‖ Distancia que media entre los ejes de dos columnas sucesivas.

INTERCOMUNICACIÓN f. *Telec.* Acción y efecto de comunicar entre sí dos o más personas por medio de circuitos telefónicos del servicio interurbano, de una oficina, fábrica, etc. (V. INTERFONO.)

INTERCONECTAR v. *Electr.* Enlazar entre sí los centros productores y consumidores de energía eléctrica con objeto de satisfacer las necesidades en cualquier momento y de obtener una explotación rentable. (V. INTERCONEXIÓN.)

INTERCONEXIÓN f. *Electr.* Acción de interconectar.
— Los dos problemas principales que se plantean para la producción y la distribución de la energía eléctrica son, por una parte, la necesidad de satisfacer la demanda de corriente en los momentos de mucho consumo (v. gr., al atardecer, en invierno) y, por la otra, el hecho de que, en muchos países, la importancia de los centros productores varía a lo largo del año (por ej., las presas situadas a mucha altura no embalsan agua mientras hiela en invierno y sí al sobrevenir el deshielo en la primavera; en otros lugares la sequía puede interrumpir en verano la producción de las centrales situadas en los llanos, etc. En tales casos entran en funcionamiento centrales tér-

micas, las cuales se hallan ya a proximidad de los centros industriales y de las grandes aglomeraciones urbanas (para reducir las pérdidas por transporte), ya junto a las minas de carbón, o en los puertos donde se desembarcan la hulla o los aceites pesados utilizados como combustible. El enlace de los centros productores y consumidores permite así utilizar cómodamente los medios de producción y, por ejemplo, abastecer una región montañosa en electricidad térmica procedente del llano durante una temporada, mientras que en la temporada siguiente la electricidad hidráulica alimentará el llano. También aporta una solución en el caso de avería u otras causas capaces de perturbar el suministro local o regionalmente. En la actualidad es incluso corriente la *interconexión* de las redes de dos países limítrofes, cada uno de los cuales cede electricidad al otro cuando le es posible producirla en exceso sobre sus propias necesidades del momento.
La interconexión se atiene hora tras hora a las exigencias del momento, formuladas por líneas telefónicas que no son sino los propios conductores de las líneas de alta tensión.

INTERCOTIDAL adj. *Mar. Línea intercotidal,* la que, en las cartas de navegar, une los puntos de la costa donde la marea ocurre al mismo tiempo. ‖ *Zona intercotidal,* zona intertidal *.

INTERÉS m. Beneficio que se paga al prestador por el dinero prestado.
— El *interés simple i* devengado en un tiempo *t* (expresado en años) por el capital *c,* cuya renta es de *r* por ciento, se calcula multiplicando el capital por la renta y por el tiempo y dividiendo el resultado por ciento. La fórmula correspondiente

$$i = \frac{crt}{100}$$

permite calcular cualquiera de los cuatro elementos *i, c, r, t,* conociendo los otros tres.
Prestar dinero a *interés compuesto* significa que, al finalizar cada período (generalmente de un año), los intereses devengados, en vez de ser pagados al prestador, se suman al capital prestado y lo incrementan, con lo cual aumentarán los réditos del período siguiente, y así sucesivamente hasta la liquidación del capital acumulado. Si *c* es el capital primitivo, *r* la renta devengada en un año por una sola peseta, peso u otra moneda, *a* el número de años durante los cuales se acumulan los intereses al capital y C el capital que resulta finalmente, se tiene la fórmula siguiente:

$$C = c\,(1 + r)^a.$$

Así, un capital de 1 000 bolívares prestado durante tres años a 5 % (o sea una renta *r* de 0,05 bolívares por bolívar prestado), dará lugar a un reembolso total C igual a $1{,}05^3$ (1,05 multiplicado tres veces por sí mismo), o sea 1, 157 62, que, multiplicado por 1 000, da 1 157, 62.

INTERESPACIO m. Espacio que media entre dos elementos o estructuras semejantes: *grupos de viviendas con interespacios verdes.*

INTERESTELAR adj. *Astr.* Aplícase al espacio situado entre las estrellas y a lo que en el mismo se halla: *materia * interestelar.*

INTERFACIAL adj. *Quím.* Dícese de la superficie de contacto de dos substancias no miscibles, cuales son, por ejemplo, el agua y el aceite.

INTERFERENCIA f. *Fís.* Fenómeno que resulta del paso de dos o más ondas por un mismo punto, en el cual se combinan o sobreponen sus efectos.
— Si se perturba la superficie de un líquido, por ejemplo por medio de una varilla que penetre en ella periódicamente, la perturbación engendrará continuamente ondas que se alejarán concéntricamente de la misma y la superficie del líquido presentará un aspecto ondulado con alternancia de crestas y de depresiones. Si se pone en funcionamiento otra varilla situada a cierta distancia de la primera, pero moviéndose en sincronismo con ella, por cualquier punto de la superficie del agua pasarán las dos series de ondas y la amplitud de las mismas se sumará allí algebraicamente: si a un punto determinado llegan al mismo tiempo las crestas de las dos ondas, se tendrá una cresta de doble altura; por el contrario, en otro punto en el cual coincidieran dos depresiones, la depresión resultante sería doblemente profunda; en aquellos puntos adonde lleguen a la vez la depresión de una onda y la cresta de la otra, el agua de ésta colmará aquélla y la superficie líquida conservará su nivel normal. Entre este caso (que corresponde a un desfase o retraso de medio período o de un número impar de semiperíodos de una onda respecto a la otra) y los dos casos extremos en los cuales el desfase es de una o varias ondas completas, se dan todos los estados intermediarios. Pero en todo punto del líquido, mientras las dos series de ondas conserven idéntica frecuencia, se mantendrá permanentemente el mismo estado. Así, al doble sistema de ondas en movimiento, sucederá un sistema de ondas estacionarias: todos los puntos de igual cresta máxima se sucederán a lo largo de líneas en forma de hipérbolas separadas por las hipérbolas de las depresiones. Estos fenómenos de interferencia se producen también en otras clases de movimientos vibratorios, cuales son las ondas sonoras y luminosas.
Así, en acústica, si dos ondas sonoras de igual frecuencia llegan simultáneamente a un mismo punto del espacio, tres casos pueden producirse que se desprenden de lo ya dicho para las ondas acuáticas: las amplitudes se suman y aumenta la intensidad del sonido; la amplitud de una onda se substrae de la otra y el sonido queda debilitado; las dos ondas se hallan en oposición de fase, y entonces se da el caso curioso de una anulación del sonido. Estos fenómenos tienen especial importancia en las salas de espectáculos, donde no es raro que en ciertos puntos exista *interferencia* perjudicial entre las ondas procedentes directamente del escenario o la pantalla y las que han sido reflejadas por las paredes; igualmente es posible que interfieran las ondas de dos altavoces.
La *interferencia de ondas sonoras* de frecuencia diferente, aunque muy próxima, es un fenómeno más complejo. Así, pues, la amplitud total en un punto dado experimenta fluctuaciones periódicas y la intensidad de los sonidos aumenta y disminuye rítmicamente.
La *interferencia de los rayos luminosos* constituye una prueba de la naturaleza ondulatoria de la luz. Solamente puede ser puesta de manifiesto con haces de luz * coherente, y por eso se utilizan con dicho fin dos haces luminosos procedentes de un mismo manantial. Esto se logra mediante el uso de dos espejos que forman un ángulo muy obtuso y proyectan en una misma pantalla la luz monocromática que sale por una rendija finísima y paralela a la intersección de los espejos. Se observan entonces en la pantalla *franjas de interferencia* alternativamente luminosas y obscuras. (Si se utilizara la luz blanca serían franjas irisadas en las cuales se sucederían los colores del espectro.) También se pueden obtener franjas de interferencia con el biprisma *, ciertos refractómetros *, las láminas * delgadas (v. ANILLO *de Newton*) y el dispositivo de Young, consistente en un manantial muy pequeño cuya luz pasa por dos orificios pequeños en forma de dos haces que se sobreponen en una misma pantalla.
La *interferencia de la luz* se aprovecha en interferometría industrial y científica, merced a los interferómetros *.
— *Meteor.* Encuentro de dos perturbaciones —de dos formaciones ciclónicas, una de las cuales, por ejemplo, de la zona templada y otra de origen polar— que causa un empeoramiento del tiempo porque el sector frío de la formación templada es alimentado en aire mucho más frío por la formación polar, que penetra entre ella y el suelo.

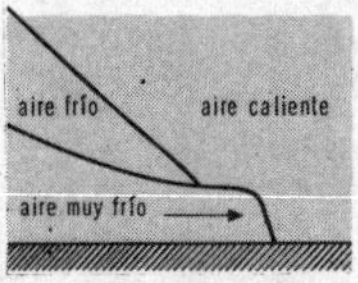

interferencia *(meteor.)*

interferencia de la luz: S_0, manantial; S_1 y S_2, orificios de Young; P, suma de dos máximos de luz S_1 y S_2 (franja clara); P′, suma de dos mínimos de luz (franja obscura)

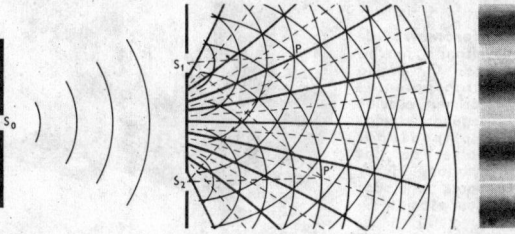

— *Ópt.* V. más arriba *Fís.*
— *Radiot.* Fenómeno de la misma índole que los que se han descrito anteriormente en *Fís.* y al cual se debe que las ondas de frecuencia muy próxima emitidas por dos estaciones distintas (o las de una misma emisora si llegan por conductos diferentes) sumen sus efectos en el receptor, dando lugar ya a un aumento de la potencia de la recepción, ya a su desvanecimiento * o a la percepción de silbidos. (V. también SUPERHETERODINO.) ‖ *Interferencia intencional,* V. DISTURBIO. (Sinón. PERTURBACIÓN *intencional.*)

INTERFERENCIAL adj. *Fís.* Relativo o perteneciente a las interferencias. ‖ *Colores interferenciales,* los que resultan de fenómenos de interferencia cuales son las aguas o irisaciones de las capas finas de aceite y de las láminas * delgadas, los colores de las alas de ciertos insectos y de los ojos azules en el hombre, etc. ‖ *Filtro interferencial,* V. FILTRO.

INTERFERENTE adj. *Fís.* Que interfiere: *dos haces de rayos interferentes.*

INTERFERIR v. *Fís.* Producir interferencia.

INTERFEROMETRÍA f. Técnica relativa a la medición de las franjas de interferencia. (V. INTERFERÓMETRO.)

INTERFEROMÉTRICO, CA adj. *Fís.* Relativo a la interferometría: *calibre interferométrico.*

INTERFERÓMETRO m. *Astr.* Instrumento para medir con precisión las coordenadas celestes de las zonas radiantes que emiten ondas electromagnéticas en el espacio cósmico. (V. RADIOTELESCOPIO.)
— *Astron.* Instrumento para localizar los satélites y las ondas espaciales por medio de la interferencia de las ondas hertzianas emitidas por los mismos.
— El *interferómetro* consta esencialmente de dos antenas, separadas por determinada distancia, y de un receptor de radio especialmente adaptado. A menos de hallarse casualmente en una perpendicular al eje que pasa por las dos antenas, el ingenio no es captado igualmente por las mismas y una onda determinada llega a una de ellas con cierto retraso respecto a la otra. El retraso, según sea la frecuencia de las ondas y la posición del ingenio, puede ser de una fracción de onda o de varias ondas. El receptor mide con precisión el valor del desfase, a partir del cual, por trigonometría, se pueden calcular las coordenadas celestes de la estación emisora. Puede aumentarse la precisión de las medidas multiplicando el número de antenas, o utilizando dos o más interferómetros situados en regiones diferentes..
— *Fís.* Instrumento propio para medir la distancia que media entre las franjas de interferencia de la luz. ‖ Instrumento para efectuar mediciones de elevada precisión, fundado en las interferencias luminosas.
— El *principio del interferómetro* consiste esencialmente en subdividir un haz de rayos luminosos en dos haces que, por caminos diferentes, reflejándose en espejos, se sobreponen en una misma pantalla, en la cual forman franjas de interferencia. Del estudio de éstas se desprende la naturaleza de la luz incidente y se mide con precisión su longitud de onda. Inversamente, conociendo la índole de la luz, y estudiando las franjas se determina con increíble precisión (una millonésima de milímetro) el alargamiento o acortamiento del trayecto seguido por los rayos luminosos en el aparato. Así, si uno de los espejos reflectores de dichos rayos se halla montado sobre una pieza metálica, la dilatación de la misma podrá ser medida por ínfima que sea (dilatómetro interferencial). Asimismo podrá utilizarse como comparador * de alta precisión. El interferómetro ha permitido también demostrar que la velocidad de la luz es constante sea cual fuere, respecto al observador, la velocidad y la dirección del manantial que la emite. (V. LUZ y RELATIVIDAD.)

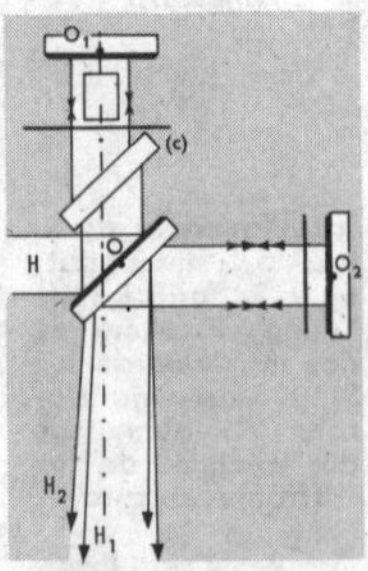

interferómetro de Michelson: H, haz incidente; O, espejo semitransparente; O_1, primer espejo; O_2, segundo espejo; (c), compensador orientable de las trayectorias; H_1 y H_2, haces reflejados por los espejos O_1 y O_2

INTERFLUVIO m. *Geogr.* Región situada entre dos cursos de agua.

INTERFOLIAR v. *Art. gráf.* Intercalar hojas en blanco entre las hojas impresas de un libro, folleto o cuaderno. (Sinón. INTERPAGINAR.)

INTERFONO m. *Telec.* Red telefónica para uso interno de una fábrica, oficina, etc.

INTERGLACIAR adj. *Geol.* Dícese del período comprendido entre dos glaciaciones sucesivas: *en los períodos interglaciares sube el nivel de los mares y se extienden la fauna y la flora de los países cálidos y templados.* (V. GLACIACIÓN.)

INTERIÓNICO, CA adj. *Electr.* y *Quím.* Dícese de las acciones que se producen entre los iones.

INTERIOR adj. y s. Situado de la parte de adentro, por oposición a lo que es exterior o periférico.
— *Arq.* Dícese de la habitación cuyos vanos no dan a la calle. (Sinón. ALCOBA.)
— *Carp.* M. Alma * de la madera contrachapada.
— *Geogr. Mar interior,* V. MAR.
— *Min. Pozo interior,* V. POZO.
— *Papel.* M. Relleno de fibras bastas que constituye el alma de ciertos cartones.

INTERLÍNEA f. *Art. gráf.* Regleta de metal con la cual se obtienen los blancos entre las líneas de la composición: *el espesor de las interlíneas suele ser de medio punto * hasta seis puntos.*

INTERLINEADO, DA adj. *Art. gráf.* Dícese de la composición o impreso que tienen los renglones separados por interlíneas *.

INTERLINEADOR m. *Art. gráf.* Dispositivo que. en las máquinas de escribir, sirve para dejar espacios blancos entre las líneas.

INTERLINEAL adj. *Art. gráf.* Dícese de lo que se halla impreso entre las líneas de un texto, especialmente en las obras en lenguas extranjeras que llevan así intercalada la traducción, compuesta en caracteres diferentes de los del texto original. (Sinón. INTERLINEARIO.)

INTERLINEAR v. *Art. gráf.* Separar las líneas de la composición con interlíneas *. (Sinón. REGLETEAR.)

INTERLINEARIO, RIA adj. *Art. gráf.* Interlineal.

INTERLOCK m. *Text.* Telar circular para géneros de punto. ‖ Tejido fabricado con el mismo.

INTERLUNIO m. *Astr.* Tiempo durante el cual la Luna es invisible, por hallarse en conjunción con el Sol.

INTERMEDIO m. *Quím.* Substancia que se agrega para obtener la mezcla homogénea de dos ingredientes que no son miscibles : *la yema de huevo y los mucilagos son intermedios que vuelven miscibles el agua y el aceite.*

INTERMETÁLICO, CA adj. *Metal.* Dícese de la superficie que separa dos metales unidos por soldadura, por laminado o por electrólisis.

INTERMITENTE m. *Autom.* V. INDICADOR.

INTERMODULACIÓN f. *Electr.* En los circuitos recorridos por corrientes alternas de diferentes frecuencias, fenómeno de interferencia * que se traduce por la aparición de nuevas frecuencias correspondientes a la suma o a la diferencia de las frecuencias primitivas. (V. ONDA.)
— *Radiot.* En el caso de una emisión débil (por la poca potencia de la emisora o por hallarse ésta muy lejana) y de la presencia de otra emisora local muy potente, fenómeno que consiste en la modulación * por la última de las ondas radiadas por la primera.

INTERMOLECULAR adj. *Fís.* y *Quím.* Situado entre las moléculas.

INTERNO, NA adj. Que se halla dentro: *la pared interna de un recipiente.*
— *Fís. Energía interna,* V. ENERGÍA.
— *Geom. Ángulos internos,* V. ÁNGULO.

INTEROCEÁNICO, CA adj. *Geogr.* Situado entre dos océanos o que se extiende de uno a

Fot. Viénot

otro: *tierras interoceánicas; canal interoceánico.*

INTERPAGINAR v. *Art. gráf.* Interfoliar.

INTERPLANETARIO, RIA adj. *Astron.* Situado entre los planetas: *espacio interplanetario.* ‖ De un planeta a otro: *la navegación interplanetaria se designa con el nombre de astronáutica* *.

INTERPOLACIÓN f. *Mat.* Cuando se conocen los valores de una ley referente a dos o más casos precisos, determinación aproximada de los valores aplicables a todos los demás casos intermediarios.

— Si el consumo de un coche a las velocidades de 30, 45, 50, 68 y 80 km/h es, respectivamente, de 10,5, 9,9, 9,8, 9,4 y 9,2 litros, se dispone de cinco puntos que permiten trazar una curva a lo largo de la cual podrá determinarse, por *interpolación,* el consumo correspondiente a cualquiera otra velocidad intermediaria (p. ej., 10 litros a la velocidad de 41,5 km/h). Asimismo, la prolongación de la curva por sus extremos permitirá averiguar, por *extrapolación,* el consumo correspondiente a las velocidades inferiores a 30 km/h y superiores a 80 km/h, pero la extrapolación da resultados tanto más inexactos cuanto más se aleja la curva de los puntos cuyo valor ha sido determinado con precisión.

INTERPOLAR adj. *Electr.* Situado entre los dos polos o bornes de una pila, generador o circuito eléctrico.

INTERPOLAR v. *Mat.* Efectuar una interpolación *.

INTERPRETACIÓN f. *Ofic.* En los sistemas de tarjetas * perforadas, operación consistente en traducir las perforaciones por las correspondientes letras, números o signos.

INTERRADIAL adj. Situado entre dos radios o rayos.

INTERROGADOR m. *Radiot.* Radar * interrogador.

INTERRUPCIÓN f. *Electr. Interrupción de un circuito,* acción y efecto de abrirlo y de impedir así el paso de la corriente. (V. INTERRUPTOR.)

INTERRUPTOR m. *Electr.* Dispositivo que sirve para abrir y cerrar los circuitos eléctricos.

— Los *interruptores* suelen constar de un dispositivo mecánico apto a ocupar dos posiciones que corresponden a la apertura y al cierre del circuito. En el último caso dicho dispositivo encaja a presión entre las láminas metálicas y elásticas de que están provistos los bornes. El accionamiento puede ser manual o automático. Así, en los *interruptores de tope,* la interrupción se efectúa cuando un órgano mecánico, por ejemplo un ascensor, llega al término de su carrera; en los *interruptores térmicos* se aprovecha la dilatación del mercurio de una ampolla o la torsión de un bimetal por efecto del calor para establecer el contacto (a este tipo pertenecen los *interruptores minuteros* con los que se alumbra la escalera de las casas durante el tiempo necesario para subirla o bajarla); en los *interruptores de flotador,* la bajada del nivel del agua hace que un flotador establezca contacto entre los bornes del circuito que alimenta una bomba, mientras que, al llenarse el depósito, el mismo flotador interrumpe el paso de la corriente eléctrica y para la bomba. Citemos, por último, los *interruptores horarios,* en los cuales la corriente es dada y cortada por un mecanismo de relojería a las horas fijadas de antemano.

Para tensiones e intensidades grandes se emplean *interruptores de palanca* provistos de unas barras o cuchillas que, con un mango, se hacen penetrar a presión en los bornes elásticos. Si la tensión es muy elevada, se produce un arco entre los bornes al abrir el circuito. Por eso existen interruptores de palanca provistos de resortes que dan una ruptura brusca, y otros en los cuales el arco es apagado por un chorro de aire comprimido o por el vapor que el calor del arco produce al evaporar agua dispuesta en el propio interruptor. También se suprime el arco colocando los bornes dentro de un recipiente lleno de aceite.

La *figura* ilustra los principales tipos de interruptores. (V. también CONMUTADOR, DISYUNTOR, RUPTOR y VIBRADOR.)

INTERSECAR v. *Geom.* Cortarse entre sí dos líneas o superficies: *en arquitectura son comunes* *los motivos ornamentales a base de figuras o elementos intersecados.*

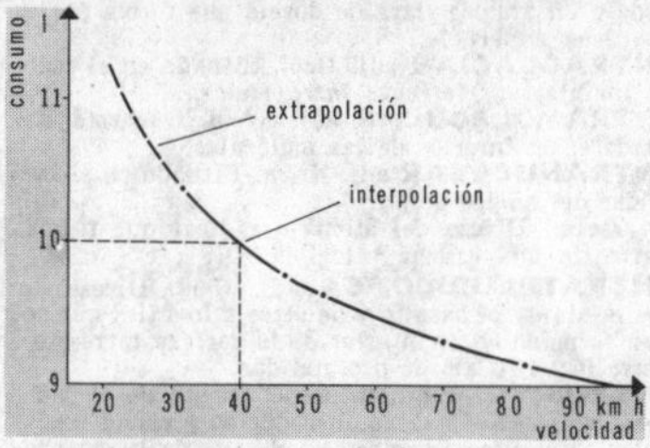

interpolación

INTERSECCIÓN f. *Geom.* Encuentro de dos líneas, superficies o sólidos que se cortan recíprocamente: *la intersección de dos líneas es un punto; la de dos superficies, una línea, y la de dos sólidos, una superficie.*

— *Topogr.* Método para averiguar las coordenadas de un punto inaccesible, que consiste en determinar las visuales desde varios puntos conocidos para considerar después el punto donde se cortan en el plano.

INTERSIDERAL adj. *Astr.* Situado entre los astros: *la materia intersideral es más abundante de lo que hasta hace poco se creía.*

INTERSTICIAL adj. Que ocupa los intersticios: *muchas rocas contienen agua intersticial.*

INTERTIDAL adj. *Ocean. Zona intertidal,* zona del litoral comprendida entre la pleamar y la bajamar. (Sinón. INTERCOTIDAL.)

INTERTIPIA f. *Art. gráf.* Marca registrada de una máquina de composición mecánica de funcionamiento comparable al de la Linotipia.

INTERTROPICAL adj. *Geogr.* Situado entre los dos trópicos: *vientos intertropicales.*

INTERURBANO, NA adj. *Telec.* Dícese del teléfono que permite comunicar entre ciudades diferentes.

INTERVALO m. Distancia de un punto a otro. ‖ Espacio entre dos períodos de tiempo.

— *Mat.* Dados dos números, es *intervalo* todo cuanto es superior a uno de ellos e inferior al otro.

— *Meteor.* Zona situada entre dos sistemas nubosos y en la cual el cielo se halla despejado.

INTRA, prefijo latino que significa *dentro, en el interior de.*

INTRAATÓMICO, CA adj. *Atom.* Relativo al interior del átomo: *radiación intraatómica.*

INTRADÓS m. *Aeron.* Cara o superficie inferior del ala, del estabilizador * horizontal y del timón de profundidad de un avión. ‖ Cara inferior de las palas de los rotores.

— *Arq.* Superficie interior y cóncava de una bó-

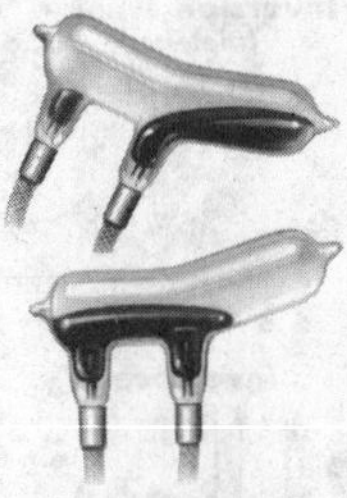

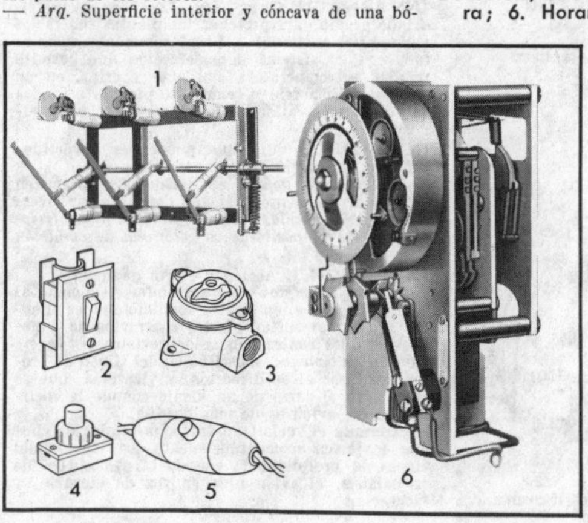

interruptores
(arriba) intermitentes de mercurio; *abajo:* 1. Tripolar de alta tensión; 2. Empotrado; 3. Estanco; 4. De botón; 5. De pera; 6. Horario

intradós *(arq.)*

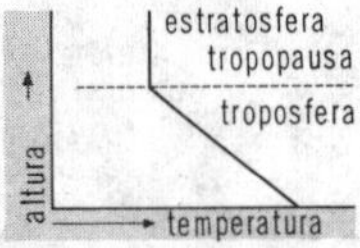

inversión térmica *(meteor.)*

inversores

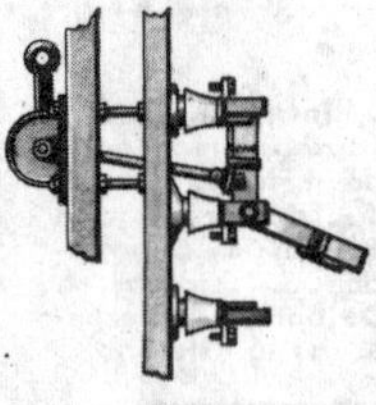

eléctrico

de marcha

veda o un arco. ‖ Cara de dovela que forma parte de dicha superficie.

INTRAGLACIAR adj. *Geol.* Situado en el seno de un glaciar: *torrente intraglaciar.*

INTRAMOLECULAR adj. *Atom.* Que está situado en el interior de las moléculas.

INTRANUCLEAR adj. *Atom.* Situado en el interior del núcleo atómico.
— *Quím.* Dícese del átomo o radical que forma parte de una cadena * cíclica.

INTRATELÚRICO, CA adj. *Geol.* Dícese de los cristales de basalto y de otros minerales que se han formado en el interior de la corteza terrestre, entre 5 y 100 km de profundidad.

INTRUSIVO, VA adj. *Geol.* Dícese de la materia mineral que se ha introducido y cristalizado entre rocas preexistentes, en el seno de la corteza terrestre. (V. LACOLITO.)

INTUMESCENCIA f. *Geol.* Montículo o colina debidos a un levantamiento de las capas superficiales del terreno por la presión del magma en un lacolito *.
— *Hidr.* Onda superficial que se forma en los canales: *la celeridad con que se propaga la intumescencia depende de la altura que alcanza el agua en el canal.*

INULINA f. *Quím.* Substancia parecida al almidón, presente en los rizomas de ciertas plantas (ínula o helenio, dalia, piretro, etc.).

INVAR m. *Metal.* Marca registrada de una aleación consistente en acero con 36 % de níquel, notable por lo ínfimo de su coeficiente de dilatación.
— Entre —50 y 350° la dilatación del *Invar* puede considerarse prácticamente nula, pues a una variación de 10° en la temperatura corresponde una variación de la longitud de menos de 9 milésimas de mm por metro. A dicha propiedad debe este metal numerosas aplicaciones, especialmente en el campo de los instrumentos de medida: alambres y cintas para medir distancias en agrimensura y topografía; espirales y péndulos para relojes muy precisos (el Invar tiene, además, la ventaja de no ser magnético), etc., dado que las magnitudes indicadas por los aparatos no son afectadas por los cambios de la temperatura ambiente. También se usa el Invar para construir aquellas piezas que, con todo y hallarse sometidas a cambios de temperatura, no han de sufrir variaciones en su forma o dimensiones.

INVARIACIÓN f. Invariancia.

INVARIANCIA f. Calidad de invariante *, o sea de lo que no sufre ninguna variación en el curso de transformaciones físicas, matemáticas o químicas.

INVARIANTE adj. y s. *Geom.* Dícese de las distancias, ángulos, áreas y volúmenes que, después de haber sometido las respectivas figuras a series de transformaciones, conservan su magnitud.
— *Quím.* Dícese del sistema cuya variancia es nula. (V. FASE.)

INVERNÁCULO m. *Agr.* Local de techo vidriado propio para proteger las plantas contra los rigores del invierno. ‖ Local semejante completado con un sistema de calefacción que permite regular la temperatura ambiente y criar, en un lugar de clima frío o templado, plantas oriundas de climas más cálidos. (Sinón. ESTUFA.) [V. FITOTRÓN.]

INVERSIBLE adj. Que puede ser invertido: *máquina de movimiento inversible.*
— *Fot.* Dícese de las emulsiones que permiten obtener directamente imágenes positivas por inversión *: *las películas cinematográficas para aficionados y las diapositivas en color son de emulsión inversible.*

INVERSIÓN f. Acción y efecto de invertir.
— *Aeron. Inversión de los mandos,* fenómeno al cual se debe que, en ciertas condiciones, los timones y alerones surtan efectos contrarios de aquellos para los cuales han sido previstos. ‖ *Inversión de los timones,* substitución del timón de profundidad por el de dirección, y viceversa, que se efectúa en el curso de un viraje cuando la inclinación del avión es de más de 45°.
— Durante el vuelo transónico, las ondas de choque invierten momentáneamente los efectos del timón de profundidad: cuando el piloto tira de la palanca, el avión pica en vez de elevarse, y viceversa.
— *Electr.* Cambio de dirección de la corriente eléctrica en un circuito.
— *Fot.* Procedimiento que permite convertir un negativo fotográfico en imagen positiva.
— Una vez revelado el clisé, en vez de proceder al fijado * de la imagen negativa, se elimina ésta por disolución de la plata ennegrecida en un baño apropiado. A continuación, después de haber lavado la emulsión, se expone la misma a la acción de la luz y se somete a un nuevo revelado que ennegrece las sales de plata dejadas intactas por el revelado anterior.
— *Geol. Inversión del relieve,* estructura particular del terreno en el cual el relieve topográfico es inverso del de las capas geológicas, cual ocurre, por ejemplo, cuando la erosión ha excavado una depresión profunda en la masa de un anticlinal *.
— *Geom.* Transformación geométrica en la cual, dado un *polo de inversión* O, se hace corresponder a todo punto del espacio M otro punto M', de forma que el producto de las distancias OM y OM' sea igual a un número constante k, llamado *potencia de la inversión.*
— *Metal. Recuperación por inversión,* v. RECUPERACIÓN.
— *Meteor. Inversión térmica,* disminución repentina o cambio de sentido del gradiente vertical de la temperatura atmosférica.
— *Quím.* Transformación de la sacarosa y otros azúcares dextrógiros que, por hidrólisis, pasan a ser levógiros.

INVERSO, SA adj. y s. Que sigue una dirección o un orden opuestos a otro orden o dirección dados.
— *Arq.* Dícese de la gola o cima recta que tiene la convexidad arriba y la concavidad abajo.
— *Geom. Figuras inversas,* las que se obtienen cada una de ellas por inversión * de la otra.
— *Mat. Números inversos, operaciones inversas, razón inversa,* v., respectivamente, NÚMERO, OPERACIÓN y RAZÓN. ‖ —F. *Inversa de una cantidad,* cociente que resulta de dividir la unidad por dicha cantidad: *la inversa de 4 es 0,25 y lo mismo da dividir una cantidad por 4 que multiplicarla por 0,25, cuya regla permite en muchos casos simplificar las operaciones.* (V. REGLA.)
— *Quím.* M. *Inversos ópticos,* dícese de dos isómeros cuando tienen la propiedad de conferir al plano de polarización de la luz rotaciones iguales, aunque opuestas. (Sinón. ANTÍPODAS *ópticos.*)

INVERSOR m. *Electr.* Convertidor. ‖ Conmutador que invierte las conexiones y permite cambiar el sentido de la corriente en un circuito.
— *Mec. Inversor de marcha,* mecanismo que sirve para cambiar el sentido de rotación de un árbol movido sin que cambie el del árbol motor.

INVERTASA f. *Quím.* Sucrasa.

INVERTIDO, DA adj. *Aeron. Vuelo invertido,* v. VUELO.
— *Quím.* Dícese de los azúcares cuyo sentido de polarización de la luz ha sido modificado por hidrólisis: *la sacarosa hidrolizada en glucosa y levulosa constituye un azúcar invertido.*

INVERTIR v. *Tecn.* Cambiar la posición relativa que ocupan dos cosas. ‖ Hacer que una vena fluida, una corriente eléctrica, una rueda u órgano mecánico, etc., cambien de dirección y sigan otra exactamente opuesta a la que antes tenían.

INVIERNO m. *Astr.* y *Meteor.* Una de las cuatro estaciones del año, la más fría de todas, que sigue al otoño y precede a la primavera.
— El *invierno* es la estación más corta, y dura del 22 de diciembre al 21 de marzo en el hemisferio boreal, y del 22 de junio al 22 de septiembre en el hemisferio austral. En el *invierno boreal* es cuando la Tierra se halla más cerca del Sol, y en el *austral* cuando más se aleja del mismo. Por eso los inviernos del hemisferio norte son algo menos fríos y sus veranos menos calurosos que los del hemisferio sur. (V. ESTACIÓN.)
El *invierno meteorológico* abarca los tres meses más fríos del año en las latitudes templadas, o sea los de diciembre, enero y febrero en el hemisferio boreal, y los meses de junio, julio y agosto en el hemisferio austral.
En la Luna no existen estaciones, por carecer este satélite de atmósfera. La duración del invierno en Marte es de 160 días terrestres en el hemisferio boreal y de 182 días en el austral.

INYECCIÓN f. Acción y efecto de inyectar.
— *Astron. Inyección en la órbita,* v. INYECTAR.

— *Atom.* Operación consistente en introducir en la cámara de un acelerador las partículas que han de ser aceleradas por el mismo.
— En muchos aceleradores * las partículas son engendradas en la misma cámara donde han de ser aceleradas. No ocurre lo mismo con los aceleradores muy potentes, por ejemplo los grandes sincrotrones, en cuya cámara se suele introducir un haz de partículas ya aceleradas previamente por otro aparato (acelerador lineal, acelerador Van de Graaff, etc.). La *inyección* es la operación, por cierto muy delicada, de pasar las partículas del primer acelerador al segundo.
— *Autom.* V. INYECTOR.
— *Carp.* Impregnación * de la madera.
— Los dos métodos más comunes de *inyección de productos químicos* en los poros de la madera son los siguientes: la *inyección hidrostática,* en la cual el líquido antiséptico penetra por su propio peso en la madera; la *inyección por autoclave,* dentro de la cual los maderos son primeramente sometidos al vacío (para desobstruir los poros) y luego sumergidos en el antiséptico a presión elevada. (V. IMPREGNACIÓN.)
— *Geol.* Penetración en las grietas de la corteza terrestre de roca endógena bajo presión.
— *Mec.* Alimentación de las calderas de vapor por medio del inyector *. || *Condensación por inyección,* condensación del vapor de agua que se obtiene enfriándolo con un chorro de agua fría.
— *Min.* Introducción de agua cenagosa o de otros líquidos por el varillaje hueco de una sonda, con objeto de refrigerar y lubricar el trépano y de arrastrar hasta la superficie los detritos arrancados por el mismo. (V. SONDA.)
— *Obr. públ.* Operación consistente en rellenar con mortero los intersticios, huecos o poros del suelo o de una obra de fábrica para darlos mayor solidez.
— *Plást. Moldeado por inyección,* v. MOLDEADO.

INYECTADOR m. Inyector.

INYECTAR v. Proyectar un chorro de substancia fluida o pulverulenta en el interior de una cavidad. || Hacer penetrar un líquido por los poros o intersticios de una materia hasta impregnarla. (V. INYECCIÓN.)
— *Astron. Inyectar en una órbita,* consumar la satelización de un ingenio, después de haberlo elevado a la altura requerida, lanzándolo más o menos horizontalmente y a la velocidad apropiada para que, al cesar la impulsión, gravite en una órbita alrededor de la Tierra o de cualquier otro astro. (V. SATÉLITE.)
— *Atom.* Efectuar la inyección * de un haz de partículas en un acelerador.

INYECTOR m. Cualquier dispositivo para inyectar.
— *Mec.* Órgano que sirve para inyectar el combustible en la cámara de combustión de los motores desprovistos de carburador. || Especie de bomba de chorro que sirve para alimentar en agua las calderas de vapor.
— En los motores de explosión de inyección no existe carburador y la gasolina es introducida directamente en el cilindro por un *inyector,* boquilla cuyo pequeñísimo orificio pulveriza el combustible en forma de chorrito de finísimas gotitas que se mezclan a cada ciclo con el aire puro previamente aspirado y comprimido en el cilindro.
Este sistema de alimentación, que permite arrancar en frío y aumentar la potencia del motor, solamente se aplica en coches de carreras o en los de turismo de tipo deportivo. Requiere un sistema de encendido, como en los motores ordinarios, cuya circunstancia lo distingue del motor Diesel, en el cual las temperaturas elevadas permitidas por el consumo de aceites pesados aseguran la inflamación espontánea de la mezcla carburante.
Los *inyectores de motor Diesel* constan asimismo de una boquilla finamente perforada a través de la cual una potente bomba de inyección empuja el gasoil con presiones de 75 y más atmósferas. (V. MOTOR.)
Las bombas de chorro llamadas *inyectores* funcionan según el mismo principio que los pulverizadores *, en los cuales el chorro de gas aspira el líquido del depósito y lo arrastra, mezclándose con él. Constan esencialmente de una boquilla que despide un chorro de gas bajo presión, de una cámara de mezcla puesta en comunicación con el depósito del líquido que se ha de arrastrar y de una tobera divergente. Al llegar a la cámara de mezcla, el gas se expande y aspira el líquido; ambos se mezclan y salen por la tobera. En las máquinas de vapor el gas es vapor procedente de la caldera, y el líquido, el agua con que se ha de alimentar la misma. Al entrar en contacto con el agua fresca, el vapor se condensa y penetra en la caldera al estado líquido.
El *inyector de los motores de cohete* es una pieza montada en el fondo de la cámara de combustión, provista de numerosos orificios, una parte de los cuales da paso al ergol combustible, mientras que los otros inyectan el ergol comburente. Las más de las veces los orificios del inyector se hallan inclinados de modo que los chorritos de ergol se crucen, con lo cual se facilita la mezcla de los mismos. La *figura* muestra algunas de las numerosas combinaciones posibles de los chorros.

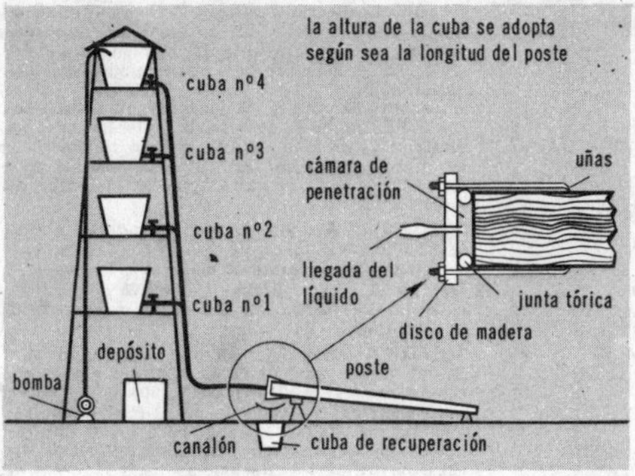

inyección hidrostática *(carp.)*

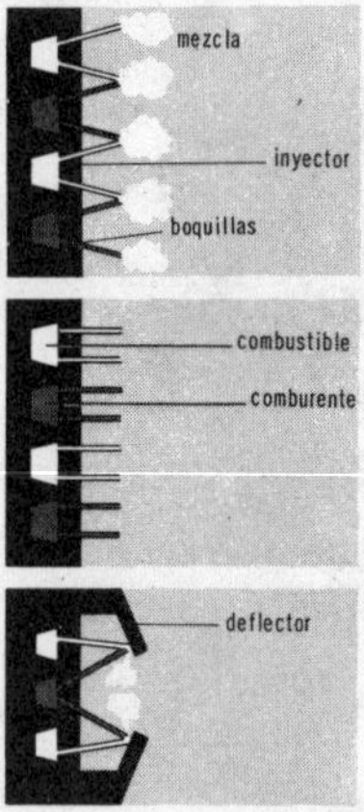

inyectores *(astron.)*

IO, uno de los satélites de Júpiter *

IODO y derivados, v. YODO.

ION m. *Atom.* y *Quím.* Átomo o partícula formada de varios átomos, que tiene la particularidad de poseer una carga eléctrica positiva o negativa debida a un defecto o un exceso de electrones planetarios. || *Ion gramo,* masa de un elemento que se hallara al estado de iones, igual a la masa atómica del elemento expresada en gramos: *un ion gramo de hidrógeno vale 1,008 g de iones de hidrógeno.* || *Cambiador de iones,* v. CAMBIADOR.
— En un átomo * neutro el número de electrones planetarios, de carga negativa, es equivalente al de los protones, de carga positiva, presentes en el núcleo. Ahora bien, por efecto del calor, de las radiaciones ionizantes o del choque con otras partículas, el átomo puede perder uno o varios electrones, o por el contrario, absorber momentáneamente electrones extraños. En el primer caso, la carga resultante del átomo es positiva —dado que cuenta con más cargas positivas que negativas—, y en el segundo, su carga es negativa, pues tiene el átomo más electrones que protones. Los *iones positivos* se llaman cationes, y los *iones negativos,* aniones.
— *Iones gaseosos.* Los gases se vuelven conductores de electricidad allí donde tienen átomos ionizados. También tienen los iones la propiedad de atraer el polvo (como ocurre con los discos de gramófono) y las gotitas de agua de la niebla o del vapor de agua. De ahí que se empleen iones cómo núcleos de condensación para provocar la lluvia * artificialmente, y que se aproveche el mismo fenómeno para la detección de partículas atómicas en las cámaras de ionización.
Los iones positivos tienden a capturar electrones errantes para volverse de nuevo neutros. Este fenómeno de absorción de electrones se efectúa con emisión de radiaciones luminosas y se aprovecha en los tubos luminiscentes. (V. LÁMPARA.)
— *Iones electrolíticos.* Para explicar los fenómenos de electrólisis * se admite que las moléculas de los cuerpos disueltos en las soluciones acuosas se disocian en iones de carga positiva y negativa. Los iones positivos son ya átomos de hidrógeno desprovistos de sus electrones (caso de las soluciones ácidas), ya átomos de un metal igualmen-

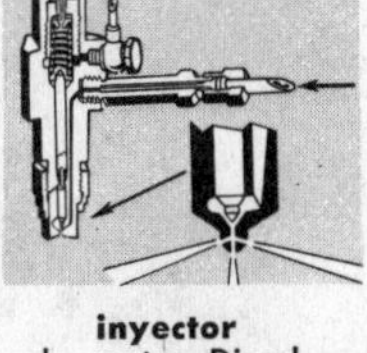

inyector de **motor Diesel**

te privados de uno o varios electrones (disoluciones salinas básicas). En cuanto a los iones negativos, son simplemente lo que queda de las moléculas después de haberse separado los iones positivos.
Cuando ambas clases de iones llegan a los electrodos de la cuba de electrólisis * pierden su carga eléctrica, y se reconstituyen así en la superficie de dichos electrodos las moléculas neutras (por ej., en el caso de la galvanoplastia, moléculas de metal).

IÓNICO, CA adj. *Astron. Propulsión iónica,* V. PROPULSIÓN.
— *Quím.* Relativo o perteneciente a los iones.

IONIO m. *Quím.* Isótopo radiactivo del torio *, cuya masa atómica es 230 y su período * de 80 000 años.

IONIZACIÓN f. *Atom.* Transformación en iones de los átomos que, al ganar o perder electrones, cobran una carga eléctrica. (V. ION.) ‖ *Cámara de ionización,* instrumento en el cual la ionización de un gas por una partícula o por una radiación permite detectar, identificar y contar dichas partículas o radiaciones.
— Para arrancar a un átomo uno de sus electrones se requiere determinada energía de ionización, dependiente de las características del átomo y de la capa que ocupa el electrón en el mismo. Como el aporte de energía puede efectuarse de diversas maneras, también existen otras tantas causas de ionización. Por ejemplo, el calentamiento intenso de la materia, al incrementar la agitación térmica de las moléculas aumenta también la violencia de los choques entre las mismas y provoca la expulsión de electrones, los cuales chocan con otros átomos y los ionizan a su vez. También son ionizantes los rayos alfa (α), beta (β), gamma (γ), X y cósmicos. (V. EFECTO *Compton* y FOTOELÉCTRICO.)
La alta atmósfera es ionizada por los rayos solares (V. IONOSFERA). También los meteoritos * ionizan el aire a lo largo de su trayectoria, lo cual permite descubrir sus trazas en pleno día con el radar. La ionización de los tejidos orgánicos por radiaciones muy penetrantes (rayos gamma, X, etcétera) provoca la destrucción de las células, fenómeno que se aprovecha en la destrucción de tumores malignos (cobaltoterapia, radioterapia, etcétera), pero que resulta peligroso para los tejidos sanos, especialmente en los casos de quienes permanecen en los centros atómicos, laboratorios de física nuclear y también a bordo de las astronaves sometidas —fuera de la protección de la atmósfera— al bombardeo de las radiaciones ionizantes de origen solar y cósmico. (V. RADIACTIVIDAD.
En los fenómenos de ionización se funda el principio de los contadores * de partículas, de las cámaras de burbujas * y otras cámaras de ionización. (Anteriormente a la cámara de burbujas se utilizaba la cámara de Wilson.) Ese instrumento consiste en un cilindro de fondo móvil constituido por un émbolo. La atmósfera que llena el cilindro se halla saturada de vapor. Si se dilata el gas bajando bruscamente el émbolo, su temperatura pasa a ser inferior al punto de rocío, pero el vapor no puede condensarse por falta de gérmenes de condensación. Ahora bien, si una partícula de alta energía atraviesa entonces el gas, deja en el mismo una estela de iones sobre cada uno de los cuales se condensa instantáneamente una gotita de vapor. Así, a través de la pared transparente de la cámara, puede observarse y fotografiarse la trayectoria de la partícula o del rayo ionizante.
— *Quím.* Formación de iones por fraccionamiento de las moléculas en la electrólisis *. (V. ION.)

IONIZANTE adj. *Atom.* Que produce iones. (V. IONIZACIÓN.) ‖ *Radiaciones ionizantes,* V. RADIACTIVIDAD.

IONIZAR v. Producir iones: *ionizar un gas.*

IONÓMETRO m. *Fís.* Contador * de rayos X fundado en la ionización de un gas.

IONONA f. *Perf.* Cetona aromática de delicado e intenso olor de violeta, que se fabrica condensando citral con acetona y se emplea en perfumería como esencia de violetas sintética, a veces mezclada con la esencia natural.

IONOPLASTIA f. *Metal.* Procedimiento de metalización comparable a la galvanoplastia, pero en el cual el baño electrolítico es reemplazado por un gas ionizado. (Sinón. PULVERIZACIÓN *catódica.*)
— En un recinto sometido al vacío, se establece una diferencia de potencial muy grande entre dos electrodos. Además del paso de rayos catódicos, entre éstos se observa, detrás del cátodo, una fina pulverización que cubre de una capa metálica muy tenue y brillante los objetos allí situados. La *ionoplastia* sirve para obtener espejos de interferómetros, para metalizar elementos de las células fotoeléctricas, etc.

IONOSFERA f. Parte de la alta atmósfera *, comprendida entre las alturas de 60 a 600 km, en la cual el aire se halla intensamente ionizado.
— La ionización * del aire en la *ionosfera* se debe a la acción del Sol, la cual produce efectos diferentes según la composición del aire, que difiere de una altura a otra. Así, la ionosfera consta de varias capas: capa D, entre 60 y 80 km, debida a la ionización del ozono por los rayos ultravioletas; capa E, o capa de Heaviside, entre 80 y 200 km, producida por la ionización de las moléculas de oxígeno; capa F, que resulta de la ionización del nitrógeno y que se subdivide en F_1 (de 200 a 300 km) y F_2 (de 300 a 400 km). Las distintas capas son conductoras de electricidad y reflejan las ondas de radio de longitud de onda comprendida entre uno y 200 m (V. ONDA). La altura de las capas y su grado de ionización, así como la temperatura que en ellas alcanza el aire, dependen de la actividad solar y ejercen una influencia incontestable, aunque imperfectamente conocida, sobre la evolución del tiempo. En el curso de las tormentas magnéticas provocadas en la ionosfera por la actividad del Sol, las comunicaciones radioeléctricas resultan difíciles y, en ocasiones, momentáneamente imposibles.

IONOSFÉRICO, CA adj. Relativo o perteneciente a la ionosfera. ‖ *Cohete ionosférico,* el que sirve para estudiar la ionosfera.

IPÉ m. *Bot.* y *Carp.* Nombre brasileño de diversos árboles bignoniáceos de los géneros *Tecoma* y *Tabebuia,* entre los cuales figura el lapacho, común en la Argentina. ‖ Nombre comercial de la madera de dichos árboles, de color pardo oliváceo, muy dura y resistente, que se emplea para construcciones navales, carrocería, ebanistería y carpintería general.

IPERITA f. *Quím.* Sulfuro de etilo diclorado, también llamado *yperita,* y, en razón de su olor, *gas mostaza.*
— La *iperita* es un líquido vesicante que hierve a 217º y se solidifica a 14º. Finamente pulverizado por la explosión de los proyectiles que lo contenían, fue utilizado a modo de gas de combate, con efectos vesicantes, durante la primera guerra mundial.

IPRESIENSE adj. y s. *Geol.* Piso geológico del eoceno, cuyo terreno data de unos 60 millones de años. (V. ESTRATIGRAFÍA.)

Ir, símbolo químico del *iridio.*

IRICROMÁTICO, CA adj. *Fís.* Irisado.

IRICROMATINA f. *Pint.* Barniz que descompone la luz y que, aplicado a una tela o un papel, les confiere hermosas irisaciones.
— Una fórmula corriente de *iricromatina* consiste en una disolución de betún de Judea en benzol, que se aplica sobre el papel o la tela previamente aprestados con gelatina insolubilizada con formol. La superficie así tratada presenta, al secarse, irisaciones muy vistosas.

IRIDACIÓN f. *Fís.* Irisación.

IRIDIADO, DA adj. *Metal.* Dícese del metal al cual se ha agregado iridio: *la punta dura de las plumillas de estilográfica es con frecuencia de oro iridiado.*

IRÍDICO, CA adj. *Quím.* Dícese del anhídrido IrO_3 y del correspondiente ácido.

IRIDIO m. *Quím.* Elemento de número atómico 77 y de símbolo *Ir.*
— El *iridio* es un metal raro parecido al platino. Sus principales constantes físicas son las siguientes: densidad, 22,65; temperaturas de fusión y de ebullición, 2 454 y 4 400º, respectivamente; masa atómica, 192,2. Tiene propiedades análogas a las del platino y se extrae de las mismas menas, mezclado con osmio, paladio, rutenio, etc. El procedimiento más común para obtener el metal consiste en extraerlo del osmiuro de iridio que queda después de haber extraído el

platino con agua regia, en la cual, así como en todo ácido, es insoluble el iridio.
Este metal tiene escasas aplicaciones al estado puro (crisoles para temperaturas elevadas, hileras para hacer fibras de vidrio, etc.) y sirve para endurecer metales preciosos, especialmente el platino. El platino iridiado (10 % de iridio) sirve para hacer metros y pesas de alta precisión, empleados como patrones, pares termoeléctricos, contactos eléctricos, etc. También se usa oro iridiado en la punta de las plumillas de estilográfica.

IRIDISCENTE adj. *Fís.* Irisado.

IRIDITO m. *Quím.* Sal derivada del anhídrido IrO_2.

IRIDOSMINA f. o **IRIDOSMIO** m. *Miner.* Aleación natural de iridio y osmio presente en las menas de platino. (Sinón. OSMIRIDIO.)

IRIS m. *Astr.* Uno de los principales asteroides *, cuyo diámetro es aproximadamente de 284 km.
— *Fot. Diafragma de iris,* v. DIAFRAGMA.
— *Meteor.* Meteoro en forma de arco que presenta los siete colores del espectro luminoso y que aparece cuando concurren determinadas circunstancias en el cielo lluvioso o muy cargado de humedad.
— El fenómeno del *arco iris* se debe a la refracción y a la reflexión de los rayos solares en el interior de las gotas de agua, cuando una nube se resuelve en lluvia en la parte del cielo situada, respecto al observador, en dirección opuesta de la que ocupa el Sol. Las gotas de agua obran entonces a modo de prismas (v. *figura*) y dan, como éstos, rayos de luz irisados, de los cuales el ojo ve preferentemente un solo color que depende de la posición relativa de la gota y del observador. El conjunto de rayos reflejados forma uno o varios arcos concéntricos que tienen su centro en la dirección del Sol. Cuando existen dos arcos, el arco interior es el de colores más vivos y tiene el violado en el interior y el rojo en el exterior, mientras que en el segundo arco el orden de los colores se halla invertido. Si el Sol se halla a más de 42° por encima del horizonte, no se puede observar el arco interior, y a más de 52° tampoco es visible el arco inferior.
— *Miner.* Nombre que se da al *cuarzo,* la *calcedonia* y otros minerales cuando presentan irisaciones.
— *Pint.* Color verde para pintar a la aguada, que se compone con cal y pétalos de lirio.

IRISACIÓN f. *Art. gráf.* Procedimiento para imprimir a varias tintas en una sola tirada, consistente en dividir el tintero de la máquina en varias secciones que se llenan con tintas de colores diferentes, con lo cual cada parte de la forma se halla entintada distintamente: *la irisación se aplica a la impresión de carteles.*
— *Fís.* Propiedad de las substancias que, al reflejar la luz, la descomponen en los colores del arco iris. ‖ Reflejos de dichas substancias en forma de franjas que reproducen los colores del arco iris: *el nácar y las capas tenues de aceite sobre el agua producen irisaciones.* (V. INTERFERENCIA.)

IRISADO, DA adj. Que tiene los colores del arco iris, o que presenta irisaciones.
— *Meteor. Nube irisada,* nube * anacarada.

IRISAR v. Pintar o adornar con irisaciones. ‖ Cobrar una cosa aspecto irisado.

IRONA f. *Perf.* Cetona a cuya presencia debe el lirio su olor característico y que se extrae de la esencia de raíces de lirio de Florencia.

IRRACIONAL adj. *Mat. Número irracional,* v. NÚMERO.

IRRADIACIÓN f. *Fís.* Emisión de radiaciones. ‖ Exposición de un cuerpo a los rayos luminosos o radiactivos: *la irradiación con rayos ionizantes permite destruir tumores, esterilizar productos agrícolas para conservarlos, ionizar el aire para eliminar la electricidad estática, producir radioisótopos artificiales, etc.* (V. RADIACTIVIDAD.)
— *Fot.* Extensión de la imagen en la superficie sensible, por difundir ésta la luz en el borde de los puntos iluminados.
— *Ópt.* Fenómeno debido a la acción de la luz sobre la retina y al cual se debe que el ojo vea las cosas luminosas mayores de lo que son: *la irradiación hace que, en los cuartos creciente y menguante la mitad iluminada del disco lunar parezca sensiblemente mayor que la mitad obscura.*

IRRADIAR v. Producir irradiación o someter un cuerpo a ella.

IRRECUPERABLE adj. Que no puede ser recuperado: *los primeros satélites artificiales eran irrecuperables.*

IRREDUCTIBLE adj. Que no puede ser reducido: *mineral irreductible.* (V. REDUCCIÓN.)
— *Mat. Fracción irreductible,* v. FRACCIÓN.

IRREGULAR adj. *Geom.* Polígono, poliedro regular, v. POLÍGONO y POLIEDRO.

IRRELLENABLE adj. Dícese de los envases de boca especialmente conformada para que no puedan ser llenados de nuevo una vez vaciados y que, consiguientemente, sólo sirven una vez.

IRREVERSIBILIDAD f. Calidad de lo que es irreversible.

IRREVERSIBLE adj. Que después de haber obrado en un sentido, no puede hacerlo en el sentido contrario ni volver al estado inicial.
— *Mec.* Dícese del mecanismo que sólo puede obrar en una dirección o en un sentido giratorio.
— Los mecanismos *irreversibles* más comunes se fundan en el sistema a base de tornillo y tuerca, en el cual, si bien es fácil obtener el avance de uno de los elementos haciéndolos girar, el roce impide el movimiento contrario, o sea la rotación de un elemento empujando al otro. Tal es el principio aplicado en el gato * de cremallera y en el mecanismo de dirección * de los automóviles.
— *Quím.* Dícese de la reacción que no puede ser limitada por la reacción inversa y que se prosigue hasta la desaparición total de alguno de los cuerpos que intervienen en la misma.

IRRIGACIÓN f. *Agr.* Riego.

IRROMPIBLE adj. Que no puede romperse. ‖ Dícese de los productos muy resistentes, que se rompen difícilmente: *lentes de vidrio irrompible.*

ISALÓBARA f. *Meteor.* Curva que une todos los puntos en los cuales se ha registrado a un tiempo el mismo aumento o descenso de la presión barométrica.

ISALOTERMA f. *Meteor.* Curva que une todos los puntos de la Tierra en los cuales se ha producido a un tiempo el mismo aumento o disminución de la temperatura.

ISENTRÓPICO, CA adj. *Fís.* Dícese de toda transformación en el curso de la cual la entropia * permanece constante.

ISERINA f. *Miner.* Variedad de ilmenita en forma de granos presentes en ciertas arenas.

ISO, prefijo derivado del griego *isos,* que significa *igual* y entra en la composición de muchas voces científicas.
— *Quím.* Prefijo que se agrega al nombre de un cuerpo para designar un isómero del mismo: *el isobutano es un isómero del butano.*

ISOAMILO m. *Quím.* Radical univalente isómero del amilo.

ISOBÁRICO, CA o **ISOBARO, RA** adj. y s. *Fís.* Dícese de toda transformación en el curso de la cual la presión permanece constante.
— *Meteor.* De igual presión atmosférica: *superficie isobara.* ‖ —F. Línea imaginaria que une todos los puntos donde reina idéntica presión al mismo tiempo.
— Cuando se trazan en un mapa las *isobaras,* el conjunto de las mismas revela la existencia de anticiclones * (A), o sea zonas de máxima presión; de depresiones (D) o mínimos barométricos; de talwegs * o valles (T); de dorsales o crestas (d) y de collados o puertos (C). Llámase superficie isobara aquella en toda la cual reina la misma presión.
— *Quím.* Dícese de los elementos que tienen igual número de masa, pero números atómicos diferentes.
— El cromo 50, el vanadio 50 y el titanio 50 constituyen un ejemplo de cuerpos isobaros que contienen 50 partículas en su núcleo. Difieren, sin embargo, en que la proporción de protones en dicho total es de 24 en el cromo, 23 en el vanadio y 22 en el titanio. Por lo general los isómeros de un núcleo estable son núcleos inestables que se desintegran espontáneamente. (V. RADIACTIVIDAD.)

ISOBASA f. *Geol.* Curva que reúne todos los puntos en los cuales una capa geológica determinada se halla actualmente al mismo nivel.

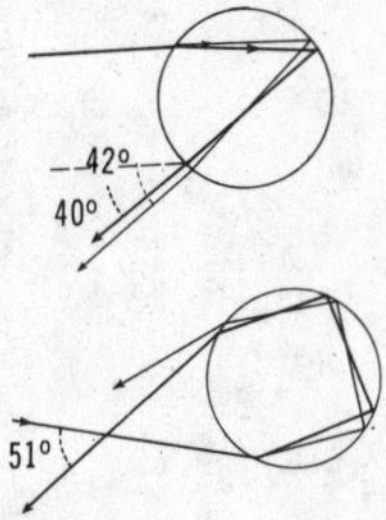

reflexión de la luz solar por las gotitas de agua en los arco iris simple y doble

isobara
[v. figura p. 592]

ISOBATA f. *Ocean.* Línea imaginaria que une todos los puntos del mar situados a igual profundidad.
ISOBORNEOL m. *Quím.* Isómero del borneol.
ISOBRONTA f. *Meteor.* Isocrona.
ISOBUTANO m. *Quím.* Isómero del butano.
ISOBUTENO o **ISOBUTILENO** m. *Quím.* Carburo etilénico cuya fórmula es $(CH_3)_2C = CH_2$. — El *isobutileno* se extrae de los gases de cráking del petróleo. Es un gas fácilmente licuefiable, que sirve para preparar butanol y para fabricar gasolina de elevado índice de octano, así como las materias plásticas llamadas polibutilenos *.
ISOBUTÍLICO, CA adj. *Quím.* Dícese de los cuerpos derivados del isobutilo. (V. BUTÍLICO.)
ISOBUTILO m. Radical isómero del butilo.
ISOBUTÍRICO, CA adj. *Quím.* Dícese de un ácido y de un aldehído isómeros de los correspondientes cuerpos butíricos *.
ISOCARENA adj. *Mar.* Dícese de los volúmenes del casco que quedan por debajo del nivel del mar y que, aun cambiando su forma según la inclinación del barco, siempre representan la misma capacidad crítica.
ISOCIANATO m. *Quím.* Cianato.
ISOCIÁNICO, CA adj. *Quím.* Dícese de un ácido isómero del ácido ciánico.
ISOCÍCLICO, CA adj. *Quím.* Carbocíclico.
ISOCLASA e **ISOCLASITA** f. *Miner.* Fosfato hidratado de calcio.
ISOCLINAL adj. *Geol.* Dícese del pliegue cuyos dos flancos tienen igual inclinación.
ISÓCLINO, NA adj. y s. *Magn.* Que tiene igual inclinación magnética. ‖ — F. Línea imaginaria que une los puntos de la Tierra en los cuales la inclinación magnética tiene el mismo valor.
ISOCOLOIDE m. *Quím.* Dícese del caucho y de otras substancias coloideas complejas caracterizadas por el hecho de que sus componentes pueden hallarse en diferentes estados alotrópicos o de polimerización.
ISOCORO, RA adj. *Geom.* Relativo a los volúmenes iguales. ‖ *Transformación isocora,* aquella en la cual no varía el volumen.
ISOCROMÁTICO, CA adj. *Fot.* Dícese de la emulsión que es igualmente sensible a todos los colores del espectro: *ninguna emulsión comercial es isocromática.*
ISOCROMO, MA adj. *Mec.* Dícese de la línea que une todos los puntos de una pieza en los cuales se ejercen esfuerzos de igual magnitud. (V. FOTOELASTICIMETRÍA.)

isobaras

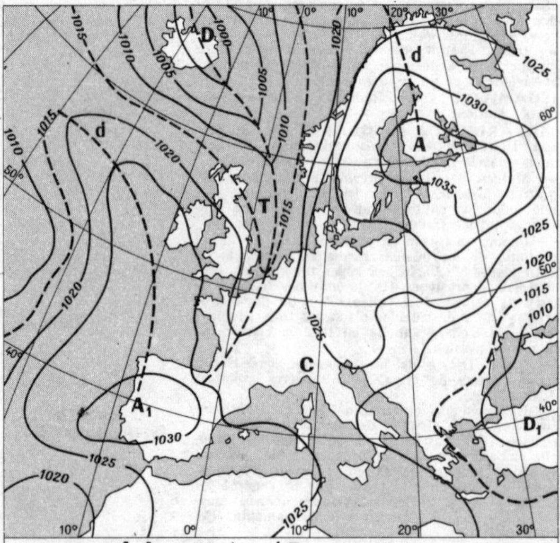

ISOCRONISMO m. Calidad de isócrono: *la transmisión de las imágenes de televisión requiere un perfecto isocronismo en la emisora y en el televisor, así como el sincronismo * de ambos aparatos.*
ISÓCRONO, NA adj. y s. Dícese de lo que puede efectuarse u ocurre en tiempos iguales: *las oscilaciones isócronas de los péndulos.*
— *Geof.* Dícese de la curva que se obtiene uniendo los puntos a partir de los cuales una onda sísmica invierte el mismo tiempo para propagarse hasta la superficie.
— *Meteor.* Línea imaginaria que se obtiene uniendo todos los puntos geográficos donde los primeros truenos de una tormenta han estallado al mismo tiempo.
ISOCTANO m. *Quím.* Isómero del octano, preparado a partir del isobutileno presente en los gases desprendidos en el cráking.
ISODIÁFERO, RA adj. *Atom.* Dícese de los átomos en los cuales la diferencia entre el número de protones y el de neutrones es igual: *el oxígeno 16, que tiene en su núcleo 8 protones y 8 neutrones, y el neón 20 que cuenta 10 protones y 10 neutrones, son isodiáferos y su estabilidad nuclear es comparable.*
ISODINÁMICO, CA adj. y s. *Magn.* Dícese de la línea que se obtiene uniendo todos los puntos de la superficie del globo en los cuales el campo magnético terrestre tiene la misma intensidad. — *Mec.* Cuyas fuerzas son iguales.
ISÓDOMO, MA adj. *Arq.* Dícese del aparejo en el cual todas las hiladas de sillares son iguales.
ISODOSA f. *Atom.* En un cuerpo sometido a una irradiación, líneas o superficie que une todos los puntos sometidos a igual dosis de radiactividad *.
ISOÉDRICO, CA adj. *Miner.* Dícese de los cristales que tienen todas sus caras iguales.
ISOELÉCTRICO, CA adj. *Electr.* Dícese del cuerpo en el cual las cargas positiva y negativa son iguales y que, consiguientemente, es neutro.
ISOEUGENOL m. *Quím.* Isómero del eugenol, que sirve para elaborar vainillina.
ISOFTÁLICO, CA adj. *Quím.* V. FTÁLICO.
ISOGAMMA adj. y s. f. *Geof.* Dícese de la curva que se obtiene uniendo todos los puntos del suelo en los cuales es igual la atracción de la gravedad.
ISÓGENO, NA adj. *Ópt.* Homocéntrico.
ISOGEOTERMO, MA adj. *Geof.* Dícese de los puntos, líneas o superficies que se hallan a igual temperatura en el interior de la corteza terrestre. (Las *superficies isogeotermas* son aproximadamente paralelas a la litosfera y las anomalías de este paralelismo aportan indicaciones sobre la estructura interna de la corteza.)
ISOGONAL adj. *Geom.* De ángulos iguales. ‖ *Transformación isogonal,* aquella en la cual se conservan los ángulos.
ISÓGONO, NA adj. y s. *Geom.* De ángulos iguales: *dos triángulos isógonos son semejantes.*
— *Magn.* Línea que, en los mapas magnéticos, une todos los puntos de igual declinación * magnética.
ISOHALINO, NA adj. *Ocean.* Dícese de la línea imaginaria que une los puntos de un mar en los cuales es igual la salinidad.
ISOHIETO, TA adj. *Meteor.* Isoyeto.
ISOHIPSA f. *Topogr.* Curva * de nivel.
ISOIÓNICO, CA adj. Que tiene igual número de iones. ‖ *Curva isoiónica,* línea que, en un mapa de la ionosfera, une todos los puntos en los cuales es igual la densidad en iones del aire.
ISOLOGO, GA adj. *Quím.* Dícese de los cuerpos orgánicos cuyas moléculas contienen el mismo esqueleto de átomos de carbono, aun cuando difieren sus funciones químicas.
ISOMERÍA f. *Atom.* Calidad de los núcleos atómicos que tienen igual composición, pero propiedades radiactivas diferentes.
— La *isomería* resulta de una disposición diferente de las partículas en el núcleo y se traduce por un estado de excitación distinto en los núcleos. Así, los dos isómeros de la plata ${}^{106}_{46}$Ag tienen

su núcleo compuesto de 47 protones y 59 neutrones, y, sin embargo, el período * de uno de ellos es de 8,3 días, mientras que el del otro es de 24,5 minutos solamente.
— *Quím.* Carácter de los cuerpos químicos cuyas moléculas se hallan constituidas por los mismos átomos y en número igual, y que, sin embargo, tienen propiedades diferentes.
— La *isomería* se explica por diferencias de estructura de las moléculas, debidas a un arreglo distinto de los átomos. De ahí la necesidad, cuando existen isómeros de un cuerpo, de representar las moléculas mediante *fórmulas * de estructura,* en vez de la *fórmula condensada* o *bruta* (que es la que se indica siempre en este diccionario). Así, el alcohol etílico y el éter metílico tienen igual composición e idéntica fórmula bruta (C_2H_6O), mientras que la fórmula de estructura difiere y es CH_3-CH_2OH para el primero y CH_3-O-CH_3 para el segundo. El ejemplo anterior constituye un caso de *isomería de compensación* o *metamería* *. Citemos también, entre otros casos de isomería, la *isomería óptica* propia de los cuerpos que tienen idéntica fórmula bruta y que, no obstante, desvían el plano de polarización * de la luz en direcciones diferentes.

ISOMÉRICO, CA adj. *Quím.* Relativo o perteneciente a la isomería. ‖ Isómero.

ISOMERIZACIÓN f. *Petr.* y *Quím.* Tranformación de un cuerpo en otro cuerpo isómero.
— La *isomerización* se practica en las refinerías para transformar la molécula de cadena recta de un hidrocarburo en una cadena ramificada dotada de propiedades más interesantes, por ej., de un índice de octano más elevado. Se obtiene tratando los hidrocarburos en presencia de cloruro de aluminio, ácido fosfórico y otros catalizadores.

ISOMERIZAR v. *Quím.* Transformar por isomerización.

ISÓMERO, RA adj. y s. *Atom.* y *Quím.* Dícese de los núcleos atómicos y de los cuerpos químicos que presentan isomería *.
— *Meteor.* Dícese de cada una de las líneas que unen todos los puntos en los cuales se manifiesta un fenómeno meteorológico con la misma intensidad en un momento o período dados. ‖ Isoyeto.

ISOMÉTRICO, CA adj. *Geom. Perspectiva isométrica,* v. PERSPECTIVA.
— *Miner.* De dimensiones iguales: *cristales isométricos.*

ISOMORFIA f. *Miner.* y *Quím.* Isomorfismo.

ISOMÓRFICO, CA adj. *Miner.* y *Quím.* Isomorfo.

ISOMORFISMO m. *Miner.* y *Quím.* Calidad de isomorfo: *en los silicatos naturales se observa corrientemente el isomorfismo de los cristales.*

ISOMORFO, FA adj. *Miner.* y *Quím.* Dícese de los cuerpos cristalizados que presentan analogía de formas cristalinas y que, por tener también fórmula química parecida, pueden substituirse mutuamente en la formación de un mismo cristal mixto (sincristalización).

ISONITRILO m. *Quím.* Nombre genérico de los cuerpos isómeros de los nitrilos cuya fórmula general es $r — N = C$, en la cual r es un radical carbonado. (Sinón. CARBILAMINA.)
— Los *isonitrilos* son líquidos incoloros y venenosos, de olor repugnante, que se obtienen tratando las aminas primarias con potasa alcohólica o con cloroformo. Con ellos se obtienen isocianatos que sirven para fabricar materias plásticas.

ISONOMIA f. *Quím.* Calidad de isónomo.

ISÓNOMO, MA adj. *Quím.* Dícese de los sólidos que tienen el mismo modo de cristalización.

ISOPARAMÉTRICO, CA adj. *Mat.* Dícese de las curvas que tienen el mismo parámetro.

ISOPENTANO m. *Petr.* Hidrocarburo, cuya fórmula es $(CH_3)_2CHCH_2CH_3$, que entra en la composición de la gasolina para avión, también empleado como materia primera en petroquímica.

ISOPERÍMETRO, TRA adj. y s. *Geom.* Dícese de las figuras que tienen igual perímetro.

ISOPLETO, TA adj. y s. *Línea isopleta, punto isopleto,* v. NOMOGRAFÍA.

ISOPOLÍMERO m. *Plást.* y *Quím.* Materia plástica cuyas moléculas gigantes se hallan constituidas por la unión, en número más o menos elevado, de moléculas simples de una sola clase.

ISOPRENO m. *Quím.* Hidrocarburo dietilénico * cuya fórmula es $CH_2 = C(CH_3)—CH = CH_2$. (Sinón. METILBUTADIENO.)
— El *isopreno* es un líquido muy volátil que hierve a 34° y cuya polimerización da una substancia análoga al caucho. (El caucho natural no es sino un polímero de isopreno.) Se obtiene a partir del isopentano por cráckíng o deshidrogenación del mismo y sirve para fabricar cauchos artificiales (v. CAUCHO) y como materia prima de la petroquímica.

ISOPROPANOL m. *Quím.* Alcohol isopropílico que se obtiene a partir del propileno y que se emplea como anticongelante, disolvente de la nitrocelulosa, de las gomas y lacas y para fabricar acetona.

ISOPROPENILO m. *Quím.* Radical univalente cuya fórmula es $—CH_2 = C(CH_3)$.

ISOPROPIL, prefijo que indica la presencia del radical isopropilo en un compuesto químico.

ISOPROPILBENCENO m. *Quím.* Cumeno.

ISOPROPILCARBINOL m. *Quím.* Alcohol isobutílico. (V. BUTÍLICO.)

ISOPROPÍLICO, CA adj. *Quím.* Dícese de los derivados del isopropilo. (V. PROPÍLICO.) ‖ *Alcohol isopropílico,* isopropanol.

ISOPROPILO m. *Quím.* Radical univalente $(CH_3)_2CH—$, isómero del propilo.

ISOREL m. *Carp.* Marca registrada de chapas a base de fibra de madera aglomerada y fuertemente prensada en caliente.

ISOSAFROL m. *Perf.* Líquido isómero del safrol, de olor anisado, que entra en la composición de perfumes.

ISÓSCELES adj. *Geom.* Dícese del triángulo que tiene dos lados iguales. ‖ Dícese del trapecio que tiene iguales los dos lados no paralelos.

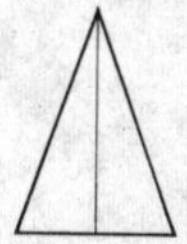
triángulo **isósceles**

ISOSEÍSTA o **ISOSISTA** adj. y s. *Geof.* Dícese de la línea imaginaria que se obtiene uniendo todos los puntos de la superficie terrestre en los cuales un mismo terremoto se manifiesta con igual intensidad: *las isosistas son elípticas.*

ISOSTASIA f. *Geof.* Teoría según la cual la corteza terrestre flota sobre una capa de magma que le permite alcanzar su equilibrio.
— La *isostasia* se funda en el hecho de que la densidad de la corteza terrestre es mayor en el suelo submarino que en los continentes y también en que dicha corteza, a pesar de los cambios geológicos que experimenta desde sus orígenes, conserva una estabilidad relativa. Según esta teoría, si se considera una superficie esférica situada a 120 km bajo el nivel del mar, la columna soportada por unidad de superficie tiene el mismo peso sea cual fuere la índole de los materiales que la constituyan (roca, roca y agua, roca y hielo). Si el peso tiende a disminuir por cualquier circunstancia, la corteza se levanta (como se levanta el casco de un barco si se descarga su flete) y un nuevo equilibrio se establece al bajar la corteza en las regiones limítrofes. Así, al irse derritiendo el hielo de los glaciares escandinavos desde la última glaciación, la península iba emergiendo, al mismo tiempo que se hundían los Países Bajos. Actualmente Escandinavia sigue elevándose a razón de un metro por siglo. (V. DERIVA *de los continentes.*)

ISOSTÁTICO, CA adj. *Geof.* Relativo o perteneciente a la isostasis: *equilibrio isostático.*
— *Mec.* Dícese de la línea o de la superficie que comprende todos los puntos de un órgano mecánico en los cuales el equilibrio es igual.

ISOSTERIA f. *Quím.* Isotipia.

ISOTÉRMICO, CA adj. Isotermo.

ISOTERMO, MA adj. y s. De igual temperatura.
— *Fís.* Curva de la presión de un gas en función de su volumen correspondiente a una temperatura dada. ‖ *Transformación isoterma,* v. TRANSFORMACIÓN.
— Si se traza una red de *isotermas* correspondientes a diversas temperaturas, se observa que las curvas inferiores tienen un tramo recto y horizontal; al aumentar la temperatura, el tramo se hace cada vez más corto y acaba por quedar reducido a un *punto crítico,* llamándose *temperatura crítica* la de la curva que lo contiene. En las condiciones representadas por toda la zona que contiene los tramos horizontales, y hasta el punto crítico, el gas puede ser licuado, mientras

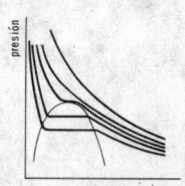

isotermas
del gas carbónico

que en las de la zona restante del gráfico, no puede serlo.

— *Meteor.* Dícese de la línea imaginaria que se obtiene uniendo todos los puntos del Globo que tienen igual temperatura media anual o correspondiente a otro período de tiempo.

— *Refrig.* Dícese de los locales y los vagones u otros vehículos que tienen un sistema de aislación térmica muy eficaz, pero que están desprovistos de dispositivos frigoríficos.

ISOTONÍA f. *Fís.* Estado de dos líquidos, separados por una membrana semipermeable, que tienen el mismo poder osmótico. (V. ÓSMOSIS.)

ISOTÓNICO, CA adj. *Fís.* Dícese de las soluciones que tienen idéntica concentración * molecular y, consiguientemente, el mismo poder osmótico. (V. ÓSMOSIS.)

ISÓTONO, NA adj. *Atom.* Dícese de los átomos que contienen en su núcleo igual número de neutrones, pero que difieren por el de los protones: *el neón 20 y el oxígeno 18 son isótonos, dado que el primero contiene 10 protones y 10 neutrones y el segundo 8 protones y 10 neutrones.*

ISOTIPIA f. *Fís.* Calidad de isótopo.

— *Miner.* Carácter de los compuestos cristalizados que presentan idéntica disposición de sus átomos, de donde resulta, cual ocurre con la calcita y el nitrado de sodio, cierta analogía de propiedades físicas. (Sinón. ISOSTERIA.)

— *Quím.* Propiedad de los isótopos.

ISOTÓPICO, CA adj. *Atom.* y *Quím.* Relativo o perteneciente a los isótopos. ‖ *Separación isotópica,* v. SEPARACIÓN.

ISÓTOPO adj. y s. *Atom.* y *Quím.* Dícese de los átomos cuyos núcleos tienen el mismo número de protones y de electrones, pero diferente número de neutrones.

— Pocos son los elementos químicos constituidos por una sola especie de átomos. La mayor parte de ellos son mezclas de varios *isótopos:* el cloro tiene 2; el uranio, 3; el estaño, 10; etc. La *abundancia isotópica* o proporción en que se hallan mezclados los isótopos naturales de un elemento son constantes, y así, en un fragmento de uranio el análisis revelará siempre la existencia de 0,0058 % de $^{234}_{92}$U, 0,714 % de $^{235}_{92}$U y 99,28 % de $^{238}_{92}$U. (Las cifras superiores indican el número de masa, o sea la suma de los protones y neutrones del núcleo; las cifras inferiores indican el número de protones, que es también el de los electrones.) Esa constancia de la composición isotópica hace que se pueda atribuir al elemento una masa atómica exacta (por ej., 238,03 en el caso del uranio). Como los isótopos contienen igual número de protones y de electrones, sus propiedades químicas son rigurosamente iguales. No ocurre lo mismo con ciertas propiedades físicas, dado que éstas dependen del número de neutrones del núcleo. Así, la radiactividad de los isótopos del uranio difiere sensiblemente, y de los tres solamente uno (uranio 235) es físil y puede ser utilizado como combustible en reactores nucleares. Por lo demás, cuantos más neutrones tiene el isótopo, más pesado es y la diferencia de masa permite separar los átomos. (V. SEPARACIÓN *isotópica.*) Puesto que la diferencia entre los isótopos estriba en el número de sus neutrones y que, por otra parte, los reactores nucleares engendran flujos importantes de estas partículas, un isótopo puede ser transformado en otro más pesado irradiándolo en el seno de un reactor de forma que sus núcleos, al ser bombardeados por los neutrones, los absorban. De este modo se obtienen numerosos isótopos, generalmente radiactivos, inexistentes en la naturaleza y de los cuales se emplean grandes cantidades en medicina, investigación científica, agricultura, industria, etc. (V. RADIACTIVIDAD, RADIOINDICADOR y RADIOISÓTOPO.)

ISOTRÓN m. *Atom.* Aparato que permite efectuar la separación de los isótopos de un elemento.

— El *isotrón* se funda en el principio de la ionización previa de los átomos que se han de separar. Los átomos electrizados son atraídos por campos electromagnéticos con velocidad que depende de la masa de los mismos, con lo cual se separan los isótopos unos de otros y se agrupan según su masa. (V. SEPARACIÓN *isotópica.*)

ISOTROPÍA f. Calidad de isótropo.

ISOTRÓPICO, CA adj. *Fís.* Isótropo.

— *Radiot.* Omnidireccional.

ISÓTROPO, PA adj. *Fís.* Dícese, por oposición a anisótropo, de los cuerpos y medios cuyas propiedades físicas se manifiestan igualmente en todas las direcciones.

— Los *cuerpos isótropos* son homogéneos y no se hallan cristalizados (gases, líquidos, vidrio, etc.). Los cuerpos cristalizados pueden ser isótropos para determinada propiedad física, pero no para todas. (V. ANISOTROPÍA.)

ISOVANILLINA f. Isómero de la vanillina.

ISOVIRADOR, RA adj. *Fot.* Autovirador.

ISOYETO, TA adj. y s. *Meteor.* Cada una de las curvas que, en los mapas meteorológicos, unen los puntos de igual pluviosidad media anual.

ITÁLICO, CA adj. *Art. gráf.* Cursiva.

ITERBIO m. *Quím.* Elemento simple de número atómico 70, cuyo símbolo es *Yb.*

— El *iterbio* es un metal raro del grupo de los lantánidos *, cuyas principales constantes físicas son las siguientes: densidad, 6,959; temperaturas de fusión y de ebullición del orden de 825 y 1 800°, respectivamente, y masa atómica, 173,04 (se halla constituido por 7 isótopos de masa comprendida entre 168 y 176). Acompaña casi siempre al itrio en la gadolinita y otras menas de tierras raras y es metal que carece de aplicaciones prácticas.

ITERBITA f. *Miner.* Gadolinita.

ITINERARIO m. *F. c.* Sucesión de tramos de vía que sigue un tren al atravesar una estación de ferrocarril. ‖ *Palanca* o *manija de itinerario,* la que, al ser accionada, obra simultáneamente sobre todas las agujas y señales necesarias para que un tren pueda seguir su itinerario a través de una estación.

— *Topogr. Levantamiento de itinerario,* v. LEVANTAMIENTO.

ITO, sufijo que se emplea en química para designar las sales de aquellos ácidos cuyo nombre se termina en *oso: los sulfitos son sales del ácido sulfuroso.*

ITOL, sufijo con que se termina el nombre de los polialcoholes derivados de las osas por hidrogenación.

ÍTRICO, CA adj. *Quím.* Dícese de un óxido de itrio y de las sales que da al combinarse con las bases. ‖ *Tierras ítricas,* uno de los grupos de las tierras * raras.

ITRÍFERO, RA adj. *Miner.* Dícese del mineral que contiene itrio.

ITRIO m. *Quím.* Elemento simple de número atómico 39, cuyo símbolo es Y.

— Metal perteneciente al grupo de las tierras * raras, de color grisáceo, cuyas principales constantes físicas se indican a continuación: densidad, 4,472; temperaturas de fusión y de ebullición, 1 490 y 2 500°, respectivamente, y masa atómica, 88,905. Se halla presente en la gadolinita y otros metales raros y se extrae a partir de su cloruro por electrólisis o mediante reducción por el sodio. Carece de aplicaciones industriales, pero su isótopo radiactivo se emplea en medicina.

IXTLE m. *Text. Amer.* Fibras textiles de pita *.

IZAR v. *Mar.* Elevar una carga o hacer subir las velas u otra cosa tirando de una cuerda que pasa por algún aparejo situado más arriba de la altura que se ha de alcanzar.

uso de la **jirafa** en una escena televisada

J-K

J, símbolo del *julio*. ‖ Símbolo del equivalente * mecánico de la cantidad de calor.

JABA f. *Obr. públ. Amer.* Armazón hecha con palos, tela metálica y otros materiales, que se llena de piedras y sirve para proteger la orilla de los ríos contra la erosión producida por la corriente.

JABALCÓN m. *Carp.* Pieza inclinada que se apoya en otra vertical para apear o sostener una viga u otro elemento horizontal o inclinado.

JABALCONAR v. *Carp.* Sostener o reforzar con jabalcones. ‖ *Viga jabalconada*, v. VIGA.

JABALÓN m. *Carp.* Jabalcón.

JABALONAR v. *Carp.* Jabalconar.

JABECA o **JÁBEGA** f. *Mar.* Red grande que se cala en el mar y se tira desde tierra.

— La *jábega* consta de un copo central y de dos largas bandas laterales, cuyo conjunto puede medir más de 500 m de largo. Después de haber dejado en la playa la cuerda que prolonga una de las bandas, la embarcación dedicada a esta pesca se aleja de la orilla y luego va calando la red paralelamente a la misma, a la cual vuelve al final con la cuerda de la segunda banda. Dos equipos de hombres tiran entonces desde la playa y van halando la red por sus extremos hasta cobrar el copo.

JABÍ m. *Bot.* y *Carp.* Árbol leguminoso de la América tropical *(Thominia striata)*, cuyo tronco alto y liso da una madera rojiza, muy dura, incorruptible en el agua y apreciada para construcciones navales. (Sinón, QUIEBRAHACHA.)

JABILLO m. *Bot.* y *Carp.* Árbol euforbiáceo de la América tropical *(Hura crepitans)*, cuya madera, que es blanca, blanda y fibrosa, se emplea en carpintería y para hacer madera cruzada o contrachapada. (Sinón. SALVADERA.)

JABLADERA y **JABLANDERA** f. *Carp.* Argallera.

JABONCILLO m. *Text.* Barrita de esteatita * pulverizada y fuertemente comprimida, usada por los sastres para hacer marcas en la tela.

JABÓN m. Materia detersoria que se obtiene tratando un cuerpo graso con un álcali.

— El *jabón* es una combinación de óxidos metálicos o álcalis (generalmente sosa o potasa, a las cuales se agrega a veces resina) con los ácidos grasos de los aceites y grasas (aceites de pescado, de huesos, de lino, de palma, de coco, etc.; sebo, etcétera). La sosa suele dar *jabones blancos* y *duros;* la potasa, *obscuros* y *blandos*.

La combinación de los dos elementos constitutivos del jabón da una sal metálica, que, de ser a base de sosa o de potasa, es soluble en el agua. En este líquido se descompone en sal ácida del ácido que entra en su composición y en álcali libre. Por último, éste disuelve la suciedad grasa y la saponifica en forma de micelas que constituyen un sol * coloidal.

Los *jabones insolubles* tienen otras aplicaciones: el de *plomo* se emplea en medicina como emplasto, el *de aluminio* sirve para impermeabilizar telas, los *jabones metálicos* (a base de óxidos de metales pesados) se mezclan con los aceites de engrase para aumentar su viscosidad, etc.

En la *figura* se han representado las fases principales de la fabricación del jabón. En primer lugar se procede a la operación esencial, la saponificación * del cuerpo graso: a la lejía de sosa caliente se añade poco a poco el cuerpo graso y se obtiene así una masa clara de *pasta de jabón*. La saladura, consistente en la adición de sal común, provoca la formación de grumos de jabón sólido que flotan en una lejía residual cargada de glicerina (ésta constituye un subproducto de la industria jabonera). El jabón granuloso es calentado hasta llevarlo a la ebullición, después de lo cual pasa por un solidificador, donde se enfría, y por un secadero, antes de ser almacenado al estado bruto en tolvas caldeadas. Si se ha de elaborar en forma de barritas o de pastillas, es amasado triturado, transformado en barras a presión, cortado y troquelado o estampado para darle la forma requerida e imprimir en su masa la marca o los motivos e inscripciones deseados.

También puede presentarse el jabón en forma de escamas (si contiene menos de 25 % de agua) y de polvo (menos de 18 % de agua).

En el procedimiento de fabricación del *jabón en frío*, se emplean lejías muy fuertes de sosa o de potasa (más de 30 % de sosa o de potasa) que

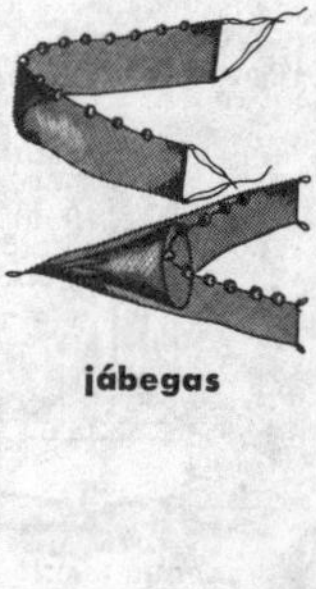

jábegas

Fot. O. R. T. F.

dan con el aceite una reacción con desprendimiento de calor suficiente para que la mezcla alcance temperaturas de hasta 90º y se consume la saponificación sin necesidad de caldeo exterior. Pero la saponificación es incompleta y la glicerina, que no puede ser recuperada, permanece en la masa. Por este procedimiento se obtiene, prolongando la reacción y tomando ciertas precauciones (neutralización del exceso de álcali), el *jabón de afeitar*.
Los *jabones de tocador* también requieren la neutralización del álcali libre (no han de contener más de 0,05 %). Se desecan parcialmente (hasta que quede 20 % de agua en su masa), se les agregan los colorantes y perfumes y luego se amasan, cortan y prensan como ya se ha dicho. Los *jabones transparentes* contienen azúcar, glicerina o un alcohol cuya presencia permite a la masa conservar su homogeneidad y evita que cristalice y opacifique al enfriarse.
Los *jabones blandos* o *líquidos* (jabón negro, jabón verde, etc.) suelen ser jabones de potasa en los cuales se ha suprimido la saladura.
También se fabrican numerosas clases de jabones medicinales sulfurosos, de alquitrán, antisépticos, etcétera.
Los jabones propiamente dichos empleados para lavar la ropa tienden a ser reemplazados por los modernos detergentes * en polvo.
— *Mec. Agua de jabón,* mezcla de agua, carbonato de sodio y aceites minerales saponificados que sirve para lubricar y refrigerar los útiles de corte rápido en las máquinas herramienta, las muelas de afilar, etc.
— *Miner. Jabón natural,* arcilla esméctica. ‖ *Piedra de jabón,* saponita.
— *Text. Jabón de sastre,* v. JABONCILLO.
— *Vidr. Jabón de vidriero,* bióxido de manganeso que sirve para decolorar el vidrio.

jalones

JABONOSO, SA adj. Que contiene jabón: *agua jabonosa.* ‖ Untuoso como el jabón: *arcilla jabonosa.* ‖ Que tiene alguna propiedad del jabón.
— *Miner. Piedra jabonosa,* variedad de esteatita.

JACARANDÁ f. *Bot.* y *Carp.* Árbol de las regiones tropicales de América (*Jacaranda mimosaefolia*), que suministra una madera muy apreciada en ebanistería, impropiamente llamada *palisandro* *. ‖ Nombre dado erróneamente al *granadillo* * y a otros árboles del género *Dalbergia.*

JÁCENA f. *Arq.* Viga * maestra en que se apoyan las vigas secundarias en locales de mucha luz.

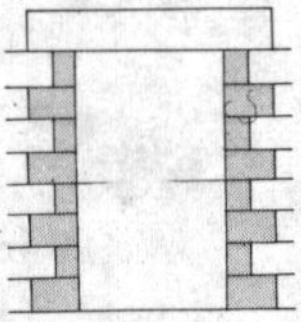
jambaje

JACINTO m. *Joy.* Piedra preciosa consistente en una variedad de circón * de color amarillo rojizo.
— *Miner.* Silicato de circonio de color pardo rojizo. ‖ *Jacinto blanco,* variedad de wernerita. ‖ *Jacinto de Compostela,* variedad de cuarzo cuyos cristales rojizos deben su color a la presencia de óxido férrico.

JACK m. *Electr.* y *Telec.* Parte hembra en la cual se introduce una clavija para establecer una comunicación telefónica, cerrar un circuito eléctrico, conectar una toma de tierra en un aparato de radio, etc.: *la mesa de las centralitas de teléfonos manuales tienen tantos jacks como abonados existan, además de los necesarios para las comunicaciones exteriores.*

JACQUARD m. *Text.* Telar * de Jacquard.

JADE m. *Miner.* Silicato de aluminio, calcio y magnesio, variedad de actinota de color verde claro: *el jade es una piedra muy dura, capaz de rayar el vidrio, que muchos confunden con la jadeíta* *.

JADEÍTA f. *Miner.* Silicato de aluminio y sodio que contiene pequeñas proporciones de calcio, magnesio y hierro.
— La *jadeíta* pertenece al género piroxeno. Es un mineral de color verde claro, a veces casi blanco, translúcido y fusible. Los mexicanos de las civilizaciones precolombinas labraban objetos de arte de jadeíta.

JAHARRAR v. *Constr.* Revocar * una pared.

JAHARRO m. *Constr.* Acción de jaharrar.

JALBEGUE m. *Pint.* Blanqueo de las paredes y lechada de cal empleada con dicho fin.

JALEA f. *Ind. alim.* V. CONFITURA.
— *Quím.* Mezcla consistente, elástica y transparente de una materia coloidea y un líquido.
— Las *jaleas* se obtienen por penetración del líquido en una masa sólida coloidea, ya al sumergir ésta en aquél, ya por preparación de una disolución lo bastante concentrada para que endurezca al enfriarse. La gelatina, el almidón, el agar-agar y la pectina de las frutas dan jaleas con el agua, el caucho con el benzol, etc. La alúmina, el hidróxido de hierro y otras materias minerales también pueden formar jaleas acuosas. La jalea no debe confundirse con el gel *.

JALEIZAR v. Convertir en jalea.

JALÓN m. *Topogr.* Estaca de madera o varilla metálica, generalmente pintada a modo de franjas alternativamente blancas y rojas, que se hinca en el suelo para marcar los puntos fijos o efectuar alineaciones en los trabajos de agrimensura y levantamiento de planos y mapas.

JALONAMIENTO m. *Topogr.* Acción de jalonar.

JALONAR v. *Obr. públ.* Hincar estacas en el suelo para materializar en el mismo las líneas o contornos de los trabajos que se han de efectuar.
— *Topogr.* Clavar los jalones en el curso de las operaciones de levantamiento de planos.

JAMBA f. *Carp.* y *Constr.* Cada una de las dos piezas verticales del marco de una puerta o ventana. ‖ Cada uno de los elementos verticales de mampostería, ladrillo y otros materiales que sostienen el arco o dintel de una puerta o ventana.

JAMBAJE m. *Carp.* y *Constr.* Conjunto formado por las dos jambas y el dintel de una puerta o ventana. ‖ Todo cuanto sirve de adorno a las jambas y al dintel.

JAMERDAR v. *Ind. alim.* Limpiar los vientres de las reses en el matadero.

JAPETO, octavo satélite de Saturno *.

JAQUILOCA f. *Carp.* Tratándose de dos maderos de una ensambladura, pestaña de madera que se deja en el borde de uno de ellos para que ajuste perfectamente en la jema o borde achaflanado del otro.

JARABE m. *Ind. alim.* Líquido fuertemente azucarado. ‖ Melado * de caña de azúcar o de remolacha. ‖ *Jarabe simple,* el que solamente contiene agua y azúcar, por oposición a los *jarabes compuestos,* que contienen zumo de fruta, colorantes y perfumes si son alimenticios, y productos farmacéuticos si son medicinales.
— El *jarabe de azúcar* es una disolución concentrada de 30 ó 40 º Baumé y que contiene de 55 a 75 % de azúcar. Puede ser preparada en frío o en caliente.

JARAMAGO m. Planta crucífera (*Diplotaxide*) con la cual se elabora un papel de fumar muy fino.

fabricación del jabón

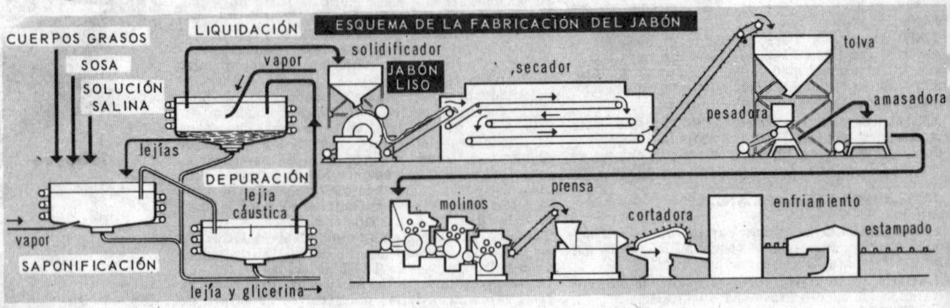

JARCIA f. *Mar.* Conjunto de los aparejos, cables y cabos necesarios para el gobierno de un barco. (Úsase sobre todo en plural.) || *Jarcia muerta,* la que está fija, o sea los obenques y otras cuerdas que sujetan los mástiles.

JARDÍN m. *Joy.* Manchita o grieta pequeña que quita lustre a las piedras preciosas y disminuye su valor.
— *Mar.* En ciertos buques de guerra, parte entrante del casco que permite el tiro desde las torretas laterales y las une entre sí.

JARDINERA f. *Arq. Amer.* Marquesina.
— *Transp.* Coche de tracción animal ligero y descubierto, que tiene cuatro ruedas. || En los tranvías, coche abierto que, en ciertas partes, solamente se usa durante el verano.

JARETA f. *Mar.* Cada uno de los cabos que se amarran de un obenque a otro para sujetarlos cuando se han aflojado. || En las redes de cerco *, cuerda que pasa por las anillas cosidas en la relinga o borde y que, al ser cobrada, cierra el arte dándole forma de bolsa. || *Cerco de jareta,* v. CERCO.
— *Text.* Dobladillo que se cose en el borde de una tela con anchura suficiente para dejar un hueco por el cual puede hacerse pasar una cinta o un cordón corredizos.

JARGÓN m. *Joy.* y *Miner.* Variedad de circón amarillo que se emplea como gema en joyería.

JARILOCA f. *Carp.* Regleta corta, provista de un diente en uno de sus extremos, empleada por los carpinteros de ribera para apreciar el grueso o la anchura de las cuadernas, tablones del forro y otras piezas del casco.

JARRA f. *Cerám.* Vasija de barro de vientre abultado y un solo orificio ancho, generalmente provista de dos asas.

JARRAR y **JARREAR** v. *Constr.* Jaharrar.

JARRO m. *Cerám.* Jarra pequeña provista de una sola asa.

JARRÓN m. *Arq.* Adorno arquitectónico en forma de jarra que se pone en las portadas y escalinatas o como remate de las construcciones.
— *Cerám.* Jarro de adorno, a veces desprovisto de asas: *jarrón de porcelana de China ricamente decorado.*

JASMONA f. *Perf.* Jazmona.

JASPÁGATA f. *Miner.* Piedra mixta de jaspe y ágata.

JASPE m. *Miner.* Calcedonia impura, opaca, diversamente coloreada por los óxidos metálicos que contiene, que es una piedra de grano fino susceptible de hermoso pulimento. || *Jaspe sanguíneo,* calcedonia verde con manchitas rojas.

JASPEADO, DA adj. Salpicado de pintas o veteado como el jaspe. (V. JASPEAR.)

JASPEAR v. Adornar o pintar a imitación del jaspe, con colores abigarrados.
— *Art. gráf.* Salpicar el encuadernador el corte de un libro con gotitas de colores.
— *Metal.* Templar las piezas de acero de modo conveniente para que su superficie presente después visos de matices diferentes.
— *Text.* Torcer conjuntamente varios hilos de colores diferentes para formar uno abigarrado.

JASPÓN m. *Constr.* y *Miner.* Brocatel * y otras clases de mármol de grano grueso que forman pintas de colores en su superficie.

J. A. T. O., sigla de la expresión inglesa *Jet Assisted Take Off* (despegue asistido por reacción), que designa un método fundado en el empleo de cohetes auxiliares para facilitar el despegue de los aviones. (V. DESPEGUE *asistido.*) || *Cohete J. A. T. O.,* cohete de propergol sólido utilizado con dicho fin.

JAULA f. Nombre dado a numerosas construcciones cuya forma, a base de montantes y largueros separados por huecos, recuerda la de las jaulas para animales.
— *Carp.* Embalaje ligero hecho con tablitas o listones separados unos de otros.
— *Electr. Jaula de ardilla,* tipo de rotor para motores, cuyo bastidor cilíndrico lleva una serie de ranuras dispuestas según las generatrices y en las cuales se insertan las espiras del devanado. || *Jaula de Faraday,* recinto metálico, a veces en forma de jaula de tela metálica, que sirve para proteger el espacio interior —y lo que el mismo contenga— contra la inducción y otras influencias de los cuerpos electrizados situados al exterior.
— *Min. Jaula de extracción,* montacargas provisto de varias plataformas o plantas que llevan vías para permitir la carga y descarga de las vagonetas de mineral. (La jaula sirve para subir directamente el mineral a la superficie, desde el frente de arranque, sin transbordos; también se utiliza en ciertas minas para el descenso y la subida de los mineros.)
— *Radiot. Antena de jaula,* la que consta de dos aros o platillos sobrepuestos entre los cuales sube y baja, hasta dar la vuelta a su periferia, el conductor de la antena, que forma así una especie de jaula.

JAVEL *(Agua de).* V. AGUA y LEJÍA.

JAVELIZACIÓN f. *Ind. alim.* Cloración * del agua con lejía * de hipoclorito y de cloruro de sodio.

JAZMÍN m. *Bot.* y *Perf.* Arbusto oleáceo *(Jasminum grandiflorum)* que se cultiva para extraer la esencia * de sus flores, de intenso y delicado olor: *la esencia de jazmín entra en la composición de los mejores perfumes.*

JAZMONA f. *Perf.* Cetona presente en la esencia de jazmín. (Sinón. JASMONA.)

JEEP m. *Autom.* Coche descubierto, muy resistente, provisto de un motor potente y propio para circular por malos caminos y terrenos accidentados: *el jeep se utilizó primeramente como vehículo militar en la segunda guerra mundial.*

JEMA f. *Carp.* Punto donde le falta madera a una viga, especialmente en la arista astillada o en la que queda achaflanada por corresponder a la corteza del tronco. || Chaflán labrado en un madero.

JEREZ m. *Ind. alim.* Vino de Jerez de la Frontera (Cádiz) obtenido con uvas de las cepas Palomino y Pedro Jiménez. (V. VINO.)

JERINGA f. Instrumento manual análogo a la bomba de inflar neumáticos, con cuyo émbolo se aspira un líquido para inyectarlo luego a presión en alguna parte.

JERRÓN m. *Carp.* Grapa que se clava en los troncos, vigas grandes y otros maderos muy pesados para sujetar las cadenas que han de servir para arrastrarlos.

JERSEY m. *Text.* Género de punto que se teje a mano o con telares especiales provistos de tantas agujas como mallas tiene la pieza, aun cuando dichas agujas trabajan, sucesivamente, una a una. (V. TELAR.)

JET m. *Aeron.* Voz inglesa que significa *chorro,* con la cual los anglosajones designan elípticamente a los aviones de chorro o de reacción. (Esta voz constituye en nuestra lengua un anglicismo inútil.)
— *Meteor. Jet stream,* corriente de chorro. (V. VIENTO.)

JIFA f. *Ind. alim.* Desperdicios que deja el descuartizamiento de las reses en el matadero.

JIFERO m. *Ind. alim.* Cuchillo empleado para el descuartizamiento de las reses en el matadero.

JIMELGA f. *Carp.* Pieza que se fija longitudinalmente sobre un madero para que le sirva de refuerzo.

JIPIJAPA f. *Text.* Tira estrecha recortada de la hoja del bombonaje, con la cual se tejen sombreros y otras labores. || *Amer.* Tela gruesa de lino u otras fibras de aspecto parecido al de la jipijapa de paja.

JIRAFA f. *Radiot.* Carretilla provista de una larga entena de cuyo extremo cuelga un micrófono: *la jirafa sirve para dar movilidad al micrófono y para suspenderlo fuera del campo de las cámaras tomavistas* (v. frontispicio pág. 595).

jeep

Fot. S. C. A.

juego de barras *(electr.)*

JITO m. *Metal.* Canal por donde corre el metal fundido. ‖ En las operaciones de vaciado, metal que sobra después de haber llenado los moldes.

JÓNICO, CA adj. Dícese del orden * arquitectónico caracterizado por su columna, de altura igual a nueve diámetros, rematada por un capitel que lleva dos volutas grandes a ambos lados, y por los dentículos que adornan su cornisa.

JORFE m. *Constr.* Muro para contener tierras, que se hace generalmente con piedras asentadas en seco, sin mortero ni trabazón alguna.

JORNADA f. *Art. gráf.* Cantidad de papel que se imprime con una forma.

JOULE m. *Electr.* Julio. ‖ *Efecto Joule,* fenómeno producido por el paso de la corriente eléctrica en un conductor homogéneo y cuya consecuencia es el calentamiento del mismo. ‖ *Ley de Joule,* ley relativa a dicho fenómeno.
— El desprendimiento de calor por *efecto Joule* puede ser comparado al que resulta del frotamiento mecánico de dos superficies y es proporcional a la resistencia del conductor, como si, al aumentar ésta, se incrementara también el "frotamiento" de la corriente.
Según la *ley de Joule,* la cantidad de calor Q que desprende un conductor por el paso de una corriente constante, es proporcional al cuadrado de la intensidad I de la misma, al tiempo *t* que dura su paso por el conductor y a la resistencia R de este último. El valor de Q en calorías se obtiene con la fórmula:

$$Q = RI^2t \times 0{,}24.$$

La energía W (expresada en julios), que se transforma en calor en el conductor, es igual al producto de R (en ohmnios) por I^2 (en amperios) y por *t* (en segundos).
Por último, la energía disipada por un circuito es igual al producto de la diferencia de potencial (en voltios) medida en sus extremos, por la intensidad de la corriente (en amperios) y por el tiempo considerado (en segundos).
— *Fís. Ley de Joule,* ley según la cual la energía * interna de un gas * perfecto solamente depende de su temperatura.
— *Metr.* Nombre del *julio* en la nomenclatura internacional.

JOYA f. *Joy.* Objeto precioso, para el adorno de personas, que debe su valor a la riqueza o rareza de las materias que lo constituyen o al arte con que han sido labradas. ‖ Por ext., objeto semejante producido industrialmente en grandes cantidades y con metales ordinarios y vidrios de colores que imitan generalmente los metales y las piedras preciosas.
— Las materias empleadas en joyería de calidad son de tres índoles: metales * preciosos (sobre todo platino y oro), piedras * preciosas, perlas y otras substancias de origen orgánico.
Como los metales se emplean rara vez puros, es preciso conocer su ley *. También importa, tratándose de piedras preciosas, saber sin equívoco posible de qué gema se trata, dado que las apelaciones empleadas en joyería inducen frecuentemente en error (así, por ejemplo, la *esmeralda oriental* no es una esmeralda verdadera, sino un corindón verde). En cuanto a las perlas se refiere, sabido es que la inmensa mayoría de las que se emplean actualmente son perlas * de cultivo.
Entre las joyas de materias preciosas y las baratijas que las imitan groseramente, la industria de la joyería produce hoy infinidad de artículos de esmerada fabricación a base de aleaciones, de piedras artificiales, perlas de cultivo y otras materias que, por su aspecto y su inalterabilidad, pueden ser comparadas con las joyas más caras.
Por lo demás, no es raro que una joya muy rara o costosísima permanezca en una caja de caudales mientras su propietaria luce una copia de la misma, que, aunque sea de cierto valor, representa, en caso de robo o pérdida, un perjuicio muy inferior al de la joya verdadera.

JUANETE m. *Mar.* Nombre de las velas que van sobre las gavias, los velachos y, a veces, la sobremesana. ‖ Cada una de las vergas con que se afirman dichas velas.

JUEGO m. Conjunto de cosas de la misma especie: *con un juego completo de llaves de boca se pueden apretar tuercas de todas las dimensiones.* ‖ Espacio que se deja entre dos piezas para que el roce no impida su movimiento: *el juego de la llave en el ojo de la cerradura; acepillar una puerta para darle juego.*
— *Electr. Juego de barras,* conjunto formado por las barras * en una estación transformadora o distribuidora de corriente eléctrica.
— *Lumin. Juegos de luz,* efectos vistosos que se obtienen iluminando un cuerpo móvil con luces fijas o un cuerpo fijo con luces móviles.
— *Mec.* Intervalo que se deja entre las superficies de dos piezas ajustadas. (V. AJUSTE y TOLERANCIA.) ‖ Grado de libertad de movimiento de un árbol, eje u otro órgano mecánico respecto a los cojinetes que lo sujetan: *el juego axial se limita con chumaceras de empuje.*
— El diseño de las piezas y órganos mecánicos prevé cierto *juego* merced al cual podrá circular el aceite de engrase entre las piezas, se facilitará el montaje de las mismas, se prolongará su duración (al disminuir los roces) y se absorberán las dilataciones del metal por efecto del calentamiento. No obstante, un juego excesivo provoca vibraciones, sacudidas, golpeteo, etc., que acentúan el desgaste y pueden causar roturas. Además, en ciertos casos (máquinas de imprimir, máquinas herramienta, etc.), el exceso de juego es motivo de imprecisión en los trabajos efectuados. Por eso disponen muchas máquinas modernas de medios para compensar los desgastes y regular el juego de los órganos principales.

JUINITA f. *Quím.* Substancia gelatinizante que, químicamente, es un uretano etílico.

JULIO m. *Metr.* Unidad de trabajo y de energía equivalente al trabajo producido por una fuerza de un newton cuyo punto de aplicación se traslada de un metro en la dirección de la fuerza: *el julio, cuyo símbolo es J, se llama "joule" en la nomenclatura internacional.* ‖ Unidad de cantidad de calor que corresponde a la energía disipada en un segundo por una corriente eléctrica de un amperio al atravesar una resistencia de un ohmio: *el julio vale 10 000 000 de ergios o 0,102 kilográmetros.*

JUMBO m. *Min.* y *Obr. púb.* Vehículo automóvil portador de perforadoras múltiples que se usa en las minas y para excavar túneles.
— Los *jumbos ligeros* utilizados en las minas tienen ruedas de neumáticos y llevan varias perforadoras de barrenos montadas en un pórtico mediante dispositivos que permiten orientar y hacer funcionar las barrenas en todas las direc-

jumbo

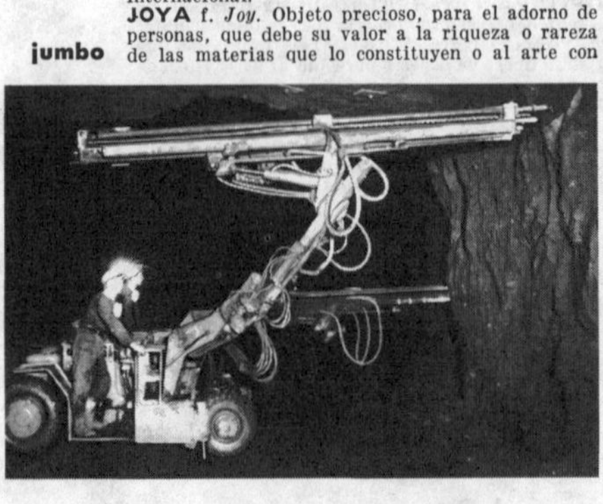

ciones y alturas. Los *jumbos para túneles* son máquinas grandes que se mueven sobre los rieles de una vía muy ancha. Tienen varias plataformas sobrepuestas para el personal, la alimentación en aire comprimido y en agua, el alumbrado del frente de arranque, etc. Estos jumbos taladran de una sola vez cuantos barrenos son necesarios para el arranque de la roca en toda la superficie del frente, después de lo cual retroceden y solamente vuelven a entrar en acción una vez efectuada la evacuación de los materiales arrancados por la explosión de la serie de barrenos.

JUNCIÓN f. *Electrón. Junción n, junción p,* véase TRANSISTOR.

JUNCO m. *Bot.* y *Text.* Planta juncácea *(Juncus glaucus)*, propia de los lugares húmedos, cuyo tallo sirve para hacer labores de cestería.

JUNO, uno de los asteroides * mayores, cuyo diámetro ha sido calculado en unos 326 km.

JUNQUILLO m. *Arq.* y *Carp.* Moldura saliente cuya sección alcanza las tres cuartas partes del círculo y que suele aplicarse sobre esquinas y aristas. ‖ Listón muy delgado y flexible que se usa para tirar líneas curvas en los maderos, en la sala de gálibos de los astilleros, etc.

JUNTA f. Punto, superficie o espacio donde se juntan y unen dos cosas contiguas: *las juntas de los tablones del forro se calafatean para que el casco del barco no admita agua.* ‖ Materia que se interpone entre las superficies de dos piezas contiguas para que su unión sea hermética: *las juntas de uso corriente son de amianto, de caucho o de metal blanco, y también de amianto forrado de cobre.*

— *Arq.* Espacio que media entre dos ladrillos, sillares o bloques contiguos y que se rellena con mezcla. ‖ *Junta de dilatación,* la que se deja sin relleno o se llena con madera, alquitrán u otra materia blanda para que pueda absorber las dilataciones y contracciones de la obra y evitar el agrietamiento de la misma. ‖ *Junta ensamblada,* aquella en la cual el extremo de una pieza encaja en un hueco de la otra. ‖ *Junta al tope,* la de dos superficies lisas aplicadas una contra otra por superposición o yuxtaposición.

— *Carp.* Ensambladura.

— *Electr.* Empalme.

— *F. c.* Unión de dos rieles. (V. RIEL y VÍA.)

— *Mar. Junta deslizante,* en las superestructuras de los barcos muy grandes, unión de las chapas, tuberías y otros elementos, de forma que, sin dejar de ser estanca, permita cierto juego o deslizamiento de una pieza respecto a la otra con objeto de que no se rompan dichas estructuras cuando el oleaje deforma el casco. (V. ARCO y CONTRAARCO.)

— *Mec.* Dispositivo para transmitir el movimiento de un árbol motor a un árbol movido cuando ambos forman un ángulo. (V. ARTICULACIÓN y ACOPLAMIENTO.) ‖ *Junta de Cardan, homocinética, de Hooke o universal,* v. CARDAN. ‖ *Junta de Oldham,* variedad de junta de Cardan propia para árboles paralelos (v. fig. ARTICULACIÓN).

— *Tecn.* Empalme de dos tuberías. ‖ *Junta autoclave,* v. AUTOCLAVE. ‖ *Junta de dilatación,* junta en forma de catalejo, de omega, de espiral, etc., que se interpone en una canalización para que compense el alargamiento o el acortamiento debido a los cambios de la temperatura. ‖ *Juntas estancas,* las que sirven para hacer herméticas las uniones de las canalizaciones y las de los cárteres de los mecanismos (v. *figura*). ‖ *Junta de laberinto,* junta estanca para turbinas de gas y de vapor en la cual una serie de anillos solidarios del árbol de la turbina alternan con otros anillos del cárter, y el ajuste entre unos y otros es tal que el vapor que pasa entre ellos va perdiendo su presión de uno a otro y acaba por detenerse.

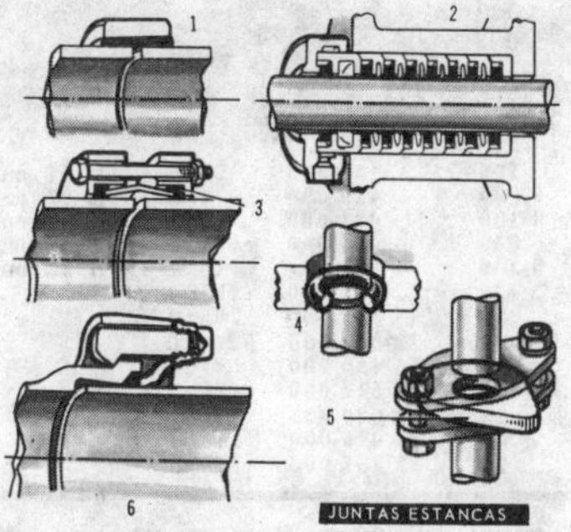

juntas estancas
1. De plomo vaciado; 2. De laberinto; 3. Elástica de fleje y caucho; 4. Tórica; 5. De cuero para platina; 6. Para tubos de fundición

JUNTERA f. *Carp.* Garlopa cuya cuchilla solamente ocupa una parte del ancho de la caja, mientras que la otra parte lleva una zapata en forma de resalte que se aplica lateralmente, se desliza contra el madero y sirve de guía al instrumento. (Sinón. ADEREZADOR.)

JUNTERILLA f. *Carp.* Juntera pequeña.

JUNTURA f. Junta o unión de dos cosas. ‖ Empalme.

JÚPITER, el mayor de los planetas del sistema solar y el quinto en el orden de su distancia al sol, cuyo símbolo es ♃.

— El planeta *Júpiter* es un mundo muy

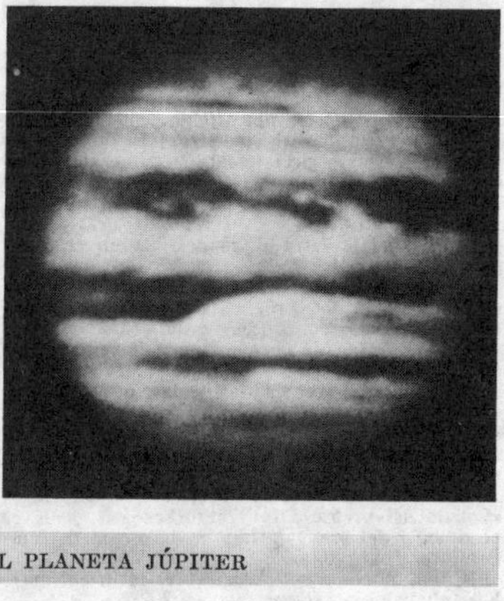

Júpiter (el Norte se halla *abajo* y el Sur *arriba*)

CARACTERÍSTICAS DEL PLANETA JÚPITER

Diámetro ecuatorial en km	142 800
Diámetro aparente en segundos de arco	de 33,7 a 49,8
Achatamiento del globo	1/16
Densidad comparada a la del agua	1,36
Masa comparada con la de la Tierra = 1	318,36
Aceleración de la gravedad en m/s²	24,95
Rotación del globo sobre sí mismo	9 h 50 mn a 9 h 56 mn (según la latitud)
Inclinación del ecuador sobre la orbita	3° 5'
Distancia al Sol en millones de km	738 a 803
Revolución en años y días terrestres	11 a 314,839 d
Inclinación de la orbita sobre la eclíptica	1° 18' 31"
Distancia de la Tierra en millones de km	de 586 a 656
Velocidad de liberación en km/s	59,69
Temperatura aproximada en ° C (atmósfera superior)	— 150

SATÉLITES DE JÚPITER

NÚMEROS Y NOMBRES	DIÁMETRO en km	DISTANCIA AL CENTRO DEL PLANETA (km)	REVOLUCIÓN
V. Amaltea	160?	181 000	0 d 11 h 57 mn
I. Io	3 800	419 000	1 d 18 h 27 mn
II. Europa	3 100	667 000	3 d 13 h 13 mn
III. Ganimedes	5 600	1 064 000	7 d 3 h 42 mn
IV. Calisto	5 200	1 871 000	16 d 16 h 32 mn
VI.	130?	11 356 000	251 d
VII.	50?	11 852 000	265 d
XIII.	?	12 070 000	239 d
X.	16?	24 400 000?	?
XI.	20?	25 012 000?	?
XII.	25?	23 000 000?	?
IX.	50?	23 920 000	745 d
VIII.	50?	25 337 000	789 d

diferente del nuestro. Es gigantesco, pero muy poco denso, dado que está constituido esencialmente por gases y, a razón de 93 %, de hidrógeno. En torno de un núcleo central de hidrógeno metálico (sólido), existe una capa de hidrógeno líquido. La atmósfera se compone de 82 % de hidrógeno, 17 % de helio y 1 % de amonio, amoníaco, agua, etc. La rápida rotación del globo hace que las perturbaciones atmosféricas se alarguen y formen fajas de diferentes matices paralelas al ecuador; éstas se mueven unas respecto a otras y tanto más velozmente cuanto más cerca se hallan del ecuador. Entre dos fajas destaca la *mancha roja,* gigantesco ciclón que perdura con el curso de los siglos. Júpiter irradia más calor que el que recibe del Sol. De haber sido más voluminoso, hubiera alcanzado la temperatura necesaria para convertirse en una estrella. Con su cortejo de 13 satélites, se asemeja a un pequeño sistema solar.
— *Carp. Rayo de Júpiter,* v. RAYO.

JURÁSICO, CA adj. *Geol.* Período comprendido entre el triásico y el cretáceo y que abarca los terrenos formados entre 150 y 110 millones de años antes de nuestra era: *el clima era más cálido en el cretáceo que lo es actualmente, y el mar cubría extensas superficies de lo que hoy representa Europa, al mismo tiempo que quedaba emergida una gran parte de América.* (V. ESTRATIGRAFÍA.)

JUSTIFICACIÓN f. *Art. gráf.* y *Ofic.* Acción de justificar. ‖ Longitud de los renglones de la composición tipográfica o dimensiones de los grabados expresadas en puntos o en cíceros. ‖ *Máquina de escribir con justificación,* la que tiene un dispositivo que permite hacer variar los espacios entre palabras o signos con objeto de que, al igual que en la composición tipográfica, todos los renglones tengan la misma longitud.

JUSTIFICAR v. *Art. gráf.* Operación que sigue a la composición de cada línea del texto y que consiste en intercalar entre las palabras espacios * de ancho suficiente para que el renglón tenga la longitud o justificación prevista.

K

K f. Duodécima letra del alfabeto que solamente se usa en voces de origen extranjero, aunque en muchas de ellas, especialmente en mineralogía, se emplea preferentemente la forma españolizada en *c* o en *qu* (por ej., *caolín* y *quermesita,* en vez de *kaolín* y *kermesita*).
— *Astr.* Con la letra K se designa un tipo espectral de estrellas *.
— *Atom.* La primera capa de electrones de un átomo, o sea la más próxima del núcleo: *en todos los átomos la capa K consta de dos electrones, salvo en el de hidrógeno, que solamente tiene uno.* ‖ *Mesón k,* véase MESÓN.
— *Fís.* La letra *k* se emplea en las fórmulas como símbolo de *constante.* ‖ Designación de una de las rayas principales de la región violada del espectro solar, engendrada por el calcio ionizado. (V. ESPECTRO.)
— *Metr.* En el sistema métrico decimal, *k* es símbolo del prefijo *kilo* y significa *mil.* ‖ °K es el símbolo del *grado Kelvin* en la escala de temperaturas * absolutas.
— *Quím.* Símbolo del *potasio* (del latín *kalium*).

kA, símbolo de *kiloamperio.*

KA m. *Atom.* Mesón * ka. (Sinón. KAÓN.)

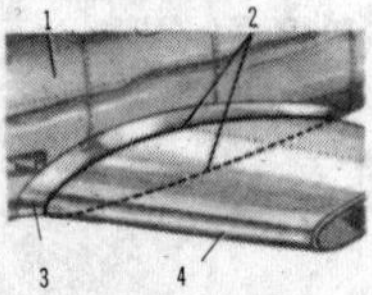

karman
1. Fuselaje; 2. Arranque del ala; 3. Elemento karman; 4. Ala

kart

KAINITA f. *Miner.* Cainita.

KAKI m. *Text.* Caqui.

KALEIDOSCOPIO m. *Ópt.* Calidoscopio.

KALI m. *Quím.* Cali.

KALIBORITA f. *Miner.* Caliborita.

KAOLÍN m. *Miner.* Caolín.

KAOLINITA f. *Miner.* Caolinita.

KAOLINIZACIÓN f. *Geol.* y *Miner.* Caolinización.

KAOLINIZAR v. *Geol.* y *Miner.* Caolinizar.

KAÓN m. *Atom.* Mesón * ka.

KAPLAN (*Turbina*). V. TURBINA.

KAPOK m. *Text.* Capoc.

KARAKUL m. *Zool.* Caracul.

KARMAN m. *Aeron.* Elemento que se interpone entre el ala y el fuselaje del avión para que el perfil de la primera se adapte progresivamente al del segundo, y evitar así la formación de remolinos que aumentarían la resistencia del aire al avance del aparato y alterarían su estabilidad. (V. BUFFETING.)

KARSTICO, CA adj. *Geol.* Cársico.

KART m. *Autom.* Cochecito deportivo con motor de dos tiempos y estructura muy simple.
— El *kart* es un vehículo poco rápido, propio para ser pilotado en pequeños autódromos en los cuales no se requiere ningún carnet o permiso de conductor. Su carrocería se reduce a un bastidor provisto de un asiento. Tiene un embrague automático, pero carece de suspensión y de caja de velocidades. Por lo general posee un motor de 50 cm para pilotos de menos de 16 años o de 100 cm^3 para los de edad superior.

KASOLITA f. *Miner.* Silicato de plomo y uranio, y también mena de éste.

KATABÁTICO, CA adj. *Meteor.* Catabático.

KATATERMÓMETRO m. Catatermómetro.

KAURI m. *Pint.* Damar.

Fot. Keystone

KAURITA f. *Gom.* Cola sintética a base de urea de formol.
KAYAK m. *Mar.* Embarcación individual muy ligera constituida por un bastidor de madera forrado de tela (o pieles, en el *kayak esquimal*) por todas partes, excepto el orificio que da paso al cuerpo del tripulante y que lo ciñe para que no pueda embarcar agua el casco: *en el kayak se rema con canalete* *.
kc, símbolo de *kilociclo,* reemplazado hoy por kHz, que es el de *kilohertzio.*
KELVIN (*Efecto*). V. EFECTO.
KELVIN (*Grado*). V. TEMPERATURA.
KELVINÓMETRO m. *Fís.* Fotocolorímetro.
KENOTRÓN m. *Electrón.* Válvula de dos electrodos que sirve para rectificar corrientes alternas de elevada tensión.
— El *kenotrón* funciona con arreglo al principio general de que si una corriente alterna se aplica a dos electrodos, uno de ellos caliente y el otro frío, situados en el vacío, a cada período la corriente pasa del cátodo caldeado al frío, pero no puede pasar de éste a aquél en el curso de la alternancia siguiente (v. VÁLVULA). El kenotrón rectifica corrientes de 10 000 a 150 000 V y es de uso corriente en la alimentación de los tubos de rayos X.
KEPLER (*Leyes de*). V. ÓRBITA.
KERMES m. Quermes.
KERMESITA f. *Miner.* Quermesita.
KERNITA f. *Miner.* Quernita.
KEROSENO m. *Petr.* Queroseno.
KERR (*Fenómeno de*), fenómeno al cual se debe que, al electrizar un aislante, éste se vuelve birrefringente, cambio que se produce con cierta lentitud si el aislante es sólido y bruscamente si es líquido. (V. CÉLULA *de Kerr.*)
KETCH m. *Mar.* Queche.
KEUPER m. *Geol.* Último piso del triásico, cuyos terrenos datan de unos 16 millones de años. (V. ESTRATIGRAFÍA.)
keV, símbolo de *kiloelectronvoltio.* (V. ELECTRONVOLTIO.)
KEVATRÓN m. *Atom.* Todo acelerador de partículas que confiere a éstas una energía inferior a un millón de electronvoltios *.
kg, símbolo de *kilogramo masa.*
kgf, símbolo de *kilogramo fuerza.*
kgp, símbolo de *kilogramo peso.*
KHAYA m. *Bot.* y *Carp.* Género de árboles meliáceos de África cuyas distintas especies suministran maderas de alta calidad, parecidas a la caoba, y designadas comercialmente por el nombre de *caoba * de África.*
KICK STARTER m. *Autom.* Mecanismo de arranque de las motocicletas consistente en un pedal que acciona el árbol del motor por medio de un sector dentado y de un trinquete.
KIESELGUHR f. *Miner.* Tierra *de infusorios.
KILI, prefijo equivalente a *kilo,* aunque no reconocido como sinónimo de éste en el sistema métrico, razón por la cual no debe emplearse.
KILO, prefijo que, al ser colocado ante el nombre de una unidad, la multiplica por mil.
OBSERV. La abreviatura de *kilo* es *k,* dado que las mayúsculas se reservan como sigla de unidades derivadas de nombres propios (por ej., °K por *grado Kelvin*), pero en España siguen empleándose mayúsculas para los símbolos de los múltiplos de las unidades métricas.
KILO m. *Metr.* Abreviatura muy común, aunque incorrecta, de *kilogramo.*
KILOAMPERÍMETRO m. *Metr.* Amperímetro propio para medir corrientes continuas muy intensas, de hasta decenas de millares de amperios.
KILOAMPERIO m. *Electr.* Unidad de intensidad que vale 1 000 amperios y tiene por símbolo *kA.*
KILOCALORÍA f. *Fís.* Unidad de cantidad de calor cuyo símbolo es *kcal.* (V. CALORÍA.)
KILOCICLO m. Mil ciclos.
OBSERV. Las más de las veces se sobreentiende *mil ciclos por segundo,* y en este caso es incorrecto el uso de la voz *kilociclo,* a la cual debe preferirse *kilohertzio* *.
KILOGRÁMETRO m. *Metr.* Unidad de energía o de trabajo cuyo símbolo es *kgm.*
— El *kilográmetro* es equivalente al esfuerzo necesario para levantar un peso de un kilogramo a un metro de altura, y vale 9,8 julios aproximadamente.
KILOGRAMO m. *Metr.* Unidad principal de masa en el sistema métrico, teóricamente igual a la masa de un decímetro cúbico de agua a la temperatura de 4°, que es cuando este líquido tiene su mayor densidad.
— Prácticamente, el *kilogramo* es la masa del patrón internacional de platino iridiado que se conserva en París, la cual excede en 27 mg la masa del decímetro cúbico de agua a su máxima densidad. Cada país dispone de un patrón que es copia fiel del patrón internacional.
Junto al kilogramo considerado como unidad de masa, o sea relativo a determinada cantidad de materia, existe el *kilogramo fuerza* (kgf) o *kilogramo peso* (kgp) equivalente a la fuerza con la cual aquella masa de un kilogramo es atraída por la Tierra. Prácticamente, una masa de un kilogramo pesa un kilogramo, pero basta con emplear una balanza * de resorte y efectuar pesadas de una misma masa a diferentes alturas para darse cuenta de que, por más que la masa no cambie, el peso arrojado por la balanza es tanto menor cuanto más nos elevemos respecto al nivel del mar, por disminuir en este caso la fuerza de la atracción terrestre. Así, un litro de agua a la temperatura de 4° equivale a un kilogramo peso al nivel del mar, mientras que, en la Luna, la misma agua, pesada con una balanza de resorte, solamente representaría 0,162 kg. En suma, el kilogramo peso expresado en newtones es igual a la aceleración de la gravedad expresada en m/s^2, y, al nivel del mar, el kilogramo peso vale 9,81 newtones aproximadamente.
KILOJOULE o **KILOJULIO** m. *Metr.* Unidad de energía o de trabajo que vale 1 000 julios, o sea 102 kilográmetros o 10 000 millones de ergios. Su símbolo es *kJ.*
KILOHERTZIO m. *Metr.* Unidad de frecuencia de los fenómenos periódicos equivalente a 1 000 hertzios. Su símbolo es *kHz.*
KILOMETRAJE m. *Metr.* Acción de kilometrar. ‖ Distancia medida en kilómetros: *todo nuevo tipo de coche ha de recorrer un importante kilometraje a título de prueba antes de ser puesto a la venta.*
KILOMETRAR v. *Obr. públ.* Marcar las distancias kilométricas con postes, mojones y otras señales.
KILOMÉTRICO, CA adj. Relativo al kilómetro. ‖ Dícese del poste o mojón que sirve para indicar los kilómetros en las carreteras y las vías de ferrocarril.
KILÓMETRO m. *Metr.* Unidad práctica de distancia equivalente a 1 000 m, cuyo símbolo es *km.* ‖ *Kilómetro cuadrado,* unidad de superficie (km^2) equivalente a la de un cuadrado cuyo lado mide un kilómetro: *la superficie de un kilómetro cuadrado es igual a 100 hectáreas o un millón de metros cuadrados.* ‖ *Kilómetro cúbico,* unidad de volumen (km^3) igual al de un cubo cuya arista mide un kilómetro y equivalente a mil millones de metros cúbicos.
— Para convertir los *kilómetros* en millas se multiplican por 0,6214, y para transformar las millas en kilómetros se multiplican por 1,6093. El *kilómetro cuadrado* vale 0,3861 millas cuadradas.
— *Transp. Kilómetro pasajero* o *kilómetro viajero,* unidad empleada por las compañías de transporte para expresar a la vez el número de pasajeros transportados y la distancia recorrida por los mismos: *el número de kilómetros pasajero se obtiene sumando los kilómetros recorridos individualmente por todos los pasajeros transportados.*
KILOTIPO m. Kilogramo destinado a servir de tipo o patrón: *todos los países disponen de un kilotipo que es copia del kilogramo internacional conservado en París.* (V. KILOGRAMO.)
KILOTONELADA f. *Atom.* Unidad que se emplea para expresar la potencia de una bomba atómica mediante comparación de la energía desprendida por la de una carga de 1 000 toneladas de trinitrotolueno (T.N.T.).
— *Metr.* Unidad de masa que vale 1 000 toneladas y cuyo símbolo es *kt.*
KILOVAR m. *Electr.* Unidad de potencia * reactiva que vale 1 000 vares y tiene por símbolo *kvar.*

kayak

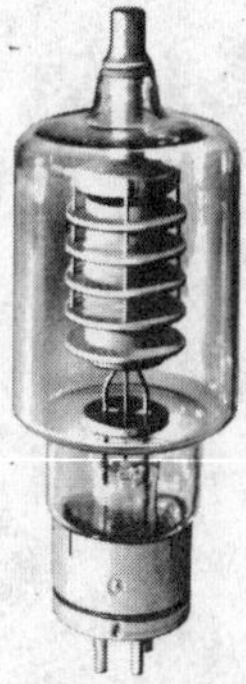
kenotrón

kilogramo patrón

Fot. Kayak Club, C. F. T. H., Larousse

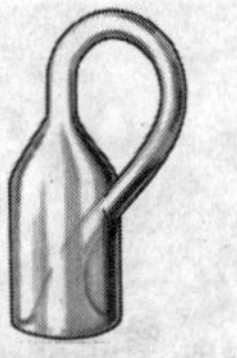
botella de **Klein**

KILOVATIO m. Unidad de potencia, de símbolo *kW*, equivalente a 1 000 vatios, 1,36 caballos de vapor o 12 kilográmetros por segundo. ‖ *Kilovatio hora*, unidad de energía o de trabajo equivalente al trabajo efectuado en una hora por una máquina cuya potencia es de un kilovatio: *el kilovatio hora, cuyo símbolo es kWh, vale 3,6 megajulios, 860 calorías o 367 200 kilográmetros.*
KILOVATIOHORA m. Kilovatio * hora.
KILOVOLTAMPERIO m. Unidad de potencia * eléctrica aparente para corrientes alternas que equivale a 1 000 voltamperios y tiene por símbolo *kVA*.
KILOVOLTIO m. Unidad de tensión eléctrica o de diferencia de potencial equivalente a 1 000 voltios, cuyo símbolo es *kV*.
KILOWAT, KILOWATIO o **KILOWATT** m. Kilovatio, que, aunque no conforme con la etimología, es la forma ortográfica generalmente adoptada en castellano.
KIMMERIDGENSE adj y s. Quimeridgense.
KINES, prefijo derivado del griego *kinesis*, que significa *movimiento*. (V. también CINEM.)
KINESCOPIO m. *Radiot.* Cinescopio, en sus dos acepciones.
KINESIMETRÍA f. *Mec.* Arte y manera de medir los movimientos.
KIOSCO m. *Mar.* Quiosco.
KIRCHOFF *(Leyes de)*, leyes que rigen la distribución de las intensidades de la corriente en una red de conductores : 1.º si se considera el nudo de una red del cual parten y al cual llegan circuitos derivados, la diferencia de las corrientes que llegan al nudo y de las que de él parten es nula (no puede haber acumulación de corriente en el nudo); 2.º el producto de la intensidad de la corriente en un circuito por la resistencia del mismo es igual en todos los circuitos derivados; 3.º la resistencia única equivalente a la de todos los circuitos de la red puede ser calculada aplicando las dos leyes anteriores y la ley de Ohm.
KIRSCH m. *Ind. alim.* Aguardiente de cerezas fermentadas.
— Para fabricar *kirsch* se aplastan las cerezas ya maduras cuidando, no obstante, de no partir los huesos. Se deja macerar la pulpa y luego se destila. El olor característico de este aguardiente se debe a la presencia de ínfimas proporciones de ácido cianhídrico y de aldehído benzoico.
kJ, símbolo de *kilojulio*.
KLAXON m. *Autom.* Marca registrada de bocinas * eléctricas para automóviles.

KLEIN *(Botella o vaso de)*, recipiente que se obtiene prolongando el cuello de una botella, curvándolo, haciendo que atraviese la pared de la misma y soldando su borde con una abertura del fondo. El vaso resultante, al igual que el anillo de Moebio *, tiene la curiosa particularidad de contar solamente una cara o superficie, de modo que, si, por ejemplo, se quiere pintar una de sus caras, resulta pintado el vaso tanto interior como exteriormente.
KLYSTRÓN m. *Radiot.* Clistrón.
km, km² y km³, símbolos de los *kilómetros lineal, cuadrado y cúbico*, respectivamente.
km/h, símbolo de *kilómetro por hora*.
KNOP *(Líquido de)*, medio nutritivo para criar plantas en los laboratorios, consistente en una disolución acuosa que contiene potasio, nitrógeno y fósforo.
KODACHROME m. *Fot.* Marca registrada de una emulsión inversible * que da directamente, por síntesis * sustractiva, imágenes positivas en colores naturales.
KODACOLOR m. *Fot.* Marca registrada de un procedimiento de fotografía y cinematografía en color fundado en el uso de un negativo obtenido por síntesis * sustractiva, con el cual se tiran copias positivas ya en película, ya en papel.
KODAK m. Nombre de los aparatos fotográficos de marca registrada *Kodak*, que no debe aplicarse a los aparatos de otras marcas.
KOEPE *(Polea de)*, polea de gran diámetro (de 5 a 8 m), que se usa en las máquinas de extracción * de las minas.
— En la *polea de Koepe*, el cable es arrastrado por adherencia, pues penetra en una canal de madera y otra materia adherente que tiene su mismo diámetro. Un extremo del cable sostiene la jaula * llena, y el otro, la jaula vacía. Para compensar la diferencia de peso, ambas jaulas se hallan unidas por un cable * de equilibrio.
Kr, símbolo químico del *criptón*.
KRAFT m. *Papel * kraft, pasta kraft*, v. PAPEL.
KRYPTÓN m. *Quím.* Criptón.
kt, símbolo de *kilotonelada*.
KUPFERNÍQUEL m. *Miner.* Niquelina.
kV, símbolo de *kilovoltio*.
kVA, símbolo de *kilovoltamperio*.
kvar, símbolo de *kilovar*.
kW, símbolo de *kilovatio*.
kWh, símbolo de *kilovatio hora*.

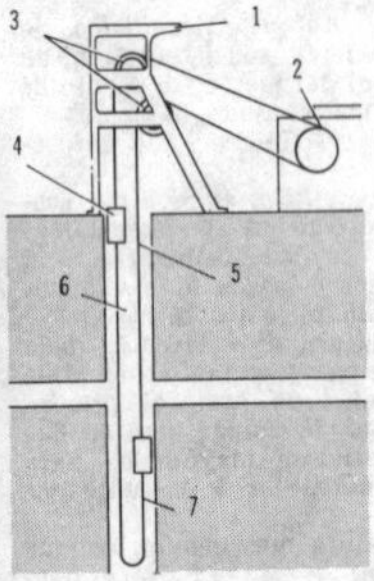

polea de **Koepe:** 1. Castillete; 2. Polea de Koepe; 3. Poleas; 4. Jaula; 5. Cable de extracción; 6. Pozo; 7. Cable de equilibrio

estirado de las mechas en la hilatura de la lana

L-LL

L f. Decimotercia letra del alfabeto, empleada como sigla o símbolo de voces científicas. (V. tb. LAMBDA.)
— *Atom.* La letra *L* designa la segunda capa de electrones de un átomo a partir del núcleo: *la capa L, cuando está completa, contiene 8 electrones, salvo en el flúor, que contiene 7; el oxígeno, 6; el nitrógeno, 5; el carbono, 4; el boro, 3; el glucinio, 2, y el litio, 1 (el helio y el hidrógeno carecen de capa L).*
— *Geom.* La *L* mayúscula y la *l* minúscula se emplean como símbolos de *longitud.*
— *Mat.* L tiene el valor de 50 en la numeración romana.
— *Metr.* La *l* minúscula es símbolo de *litro.*
— *Quím.* El símbolo *l-* se antepone al nombre de un compuesto para indicar que es levógiro.
La, símbolo químico del *lantano.*
LABERINTO m. *Mec. Junta de laberinto,* v. JUNTA.
LABIL adj. Frágil, poco estable.
— *Quím.* Dícese de los compuestos que se descomponen rápidamente y se conservan mal.
LABOR m. Trabajo que se hace y cosas que del mismo resultan.
— *Min.* Excavación: *labores a cielo abierto.* ‖ *Labores de exploración,* v. EXPLORACIÓN.
— *Tab.* Cada una de las clases de productos que se elaboran en una fábrica de tabacos: *labores de picadura.*
— *Text.* Obra de costura o de bordado.
LABORATORIO m. Sala, local o edificio donde se hallan agrupados los aparatos de medidas, instrumentos de control y productos necesarios para efectuar investigaciones científicas, análisis químicos, pruebas y ensayos industriales, etc.
— *Tecn.* Parte del horno * de reverbero en la cual tienen lugar los cambios de calor o las reacciones químicas.
LABOREAR v. Trabajar, labrar una cosa.
— *Mar.* Pasar el cabo por la roldana de un aparejo.
— *Min.* Efectuar excavaciones o labores.
LABOREO m. Acción y efecto de laborear.
— *Mar.* Disposición de las cuerdas con que se manejan los aparejos necesarios a las maniobras de la embarcación.
— *Min.* Beneficio o explotación de las minas y conjunto de labores que se efectúan con dicho fin.
LABRA f. *Art. y of.* Acción de labrar los maderos, piedras y otros materiales con que se ha de hacer una obra.
— *Constr.* Labor de escuadría o de desbaste con que se da la forma a las piedras antes de asentarlas en la obra.
LABRADO, DA adj. *Art. y of.* Dícese de aquellos objetos manufacturados cuya superficie no se ha dejado lisa y tiene alguna labor: *copa de plata labrada; terciopelo labrado.*
LACA f. *Pint.* Gomorresina suministrada por diferentes árboles anacardiáceos de Asia (*Rhus succedanea, Melanorhoea laccifera,* etc.). ‖ Goma * laca. ‖ Pigmento que resulta de la fijación de una materia colorante orgánica (natural o artificial) a un soporte mineral y cuya disolución, aplicada a una superficie, la deja cubierta, después de evaporado el solvente, de una capa más homogénea, lisa y dura que la que se obtiene con esmaltes y barnices. ‖ Nombre dado abusivamente y por ext. a barnices y esmaltes duros de aspecto parecido al de las lacas verdaderas. ‖ *Laca zapón,*

laboratorio
de investigaciones químicas

Fot. C. C. A.

disolución de nitrocelulosa en acetato de amilo y butilo, con la cual se da una mano a los objetos metálicos para proteger su superficie durante su almacenamiento y transporte.
— La *laca* se obtiene practicando incisiones en la corteza de los árboles de laca. El látex que afluye así del tronco es conservado al abrigo del aire y de la luz en recipientes cerrados herméticamente y se emplea virgen o bien agregándole pigmentos. Para laquear la madera, se le dan numerosas manos (hasta veinte y más) de laca en forma de capas muy tenues que han de secar en atmósfera cálida y húmeda. Cada capa es pulimentada, antes de aplicar la capa siguiente, con carbón de leña finamente pulverizado.

LACCOL o **LACOL** m. *Quím.* Substancia presente en el látex de la higuera de la laca y cuya oxidación da la laca de China.

LACEAR v. Atar o adornar con lazos.

LACERÍA f. *Art. y of.* Ornamentación a base de líneas, figuras de hojas u otros motivos que se enlazan y repiten.

LACMOIDE m. *Quím.* Indicador * que se obtiene tratando resorcina con ácido nitroso y cuyo color azul vira al rojo en presencia de los ácidos.

LACOL m. *Quím.* Laccol.

LACOLITO m. *Geol.* Filón de roca intrusiva y de forma lenticular intercalado entre dos capas de roca sedimentaria.

LACRADOR m. *Ofic.* Sello que se usa para estampar marcas en el lacre.

LACRAR v. *Ofic.* Cerrar, precintar algo con sellos de lacre: *lacrar un paquete postal.*

LACRE m. *Ofic.* Composición a base de goma laca, colofonia, aguarrás y pigmentos que, calentándola con una llama, se deja gotear para formar en un sobre o en un paquete un sello que impida abrirlos fraudulentamente.

LACRIMÓGENO, NA adj. *Quím.* Dícese de los gases, vapores o humos que irritan las glándulas lagrimales y hacen llorar: *los gases lacrimógenos empleados por la policía están preparados a base de bromuro de bencilo.*

LACT, prefijo derivado del latín *lactis,* que significa *leche.*

LACTALBÚMINA f. *Quím.* Albúmina de la leche, coagulable por el calor. (Sinón. LACTOALBÚMINA.)

LACTAMA f. *Quím.* Nombre genérico de compuestos derivados de los aminoácidos por pérdida del agua contenida en la molécula de los mismos: *las lactamas son análogas a las lactonas.*

LACTASA f. *Quím.* Enzima que hidroliza la lactosa y la convierte en glucosa y galactosa.

LACTATO m. *Quím.* Sal del ácido láctico: *con el lactato de plata se preparan papeles fotográficos.*

LÁCTEO, A adj. Relativo o perteneciente a la leche. || Que contiene leche o se parece a ella.
— *Astr. Vía láctea,* v. VÍA.

LACTESCENTE adj. Blanco como la leche. || Dícese del líquido que tiene aspecto de leche.

LÁCTICO, CA adj. *Quím.* Dícese de un ácido que se forma en la fermentación de azúcares y del almidón debido al bacilo láctico.
— El *ácido láctico,* cuya fórmula es $CH_3 — CHOH — CO_2H$, es ordinariamente racémico. Existe también un *ácido láctico dextrógiro* que se forma en los músculos por efecto de los esfuerzos, y una forma levógira producida por la fermentación del azúcar debida al *Bacillus acidi levolactici.*
El ácido láctico es un líquido espeso, de densidad 1,215, miscible en el agua y el alcohol. Además de sus aplicaciones farmacéuticas, se ha empleado en el desencalado de pieles. Sus sales se llaman lactatos.

LACTOALBÚMINA f. Lactalbúmina.

LACTOBUTIRÓMETRO m. Butirómetro.

LACTODENSÍMETRO o **LACTÓMETRO** m. Densímetro * para leche.

LACTONA f. *Quím.* Nombre genérico de compuestos generalmente líquidos que son ésteres derivados de ciertos ácidos alcoholes (oxácidos grasos) por pérdida de una molécula de agua: *las lactonas son líquidos incoloros, neutros, de olor agradable que, en presencia de amoniaco, dan lactamas.*

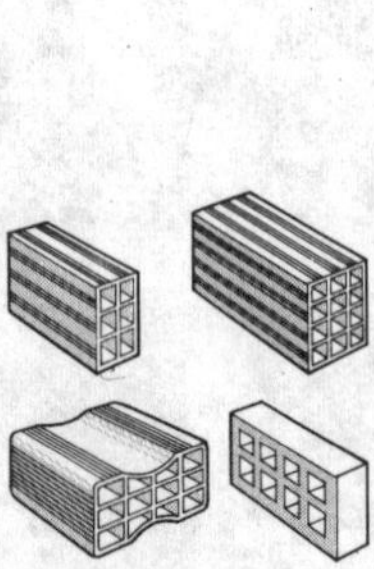

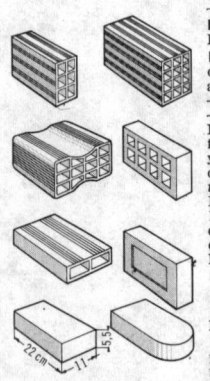

principales tipos de **ladrillos** huecos y macizos

LACTOSA f. *Quím.* Azúcar presente en la leche de los mamíferos, menos dulce que el de caña: *la lactosa se obtiene en forma de cristales, dejando evaporar el suero de la leche ya desprovista de la nata y de la caseína.*

LACUNA o **LACUNARIO** m. *Arq. y Carp.* Lagunar.

LACUSTRE adj. Relativo a los lagos.
— *Geol.* Dícese de los depósitos formados en el fondo de los lagos.

LADEADO, DA adj. *Mar.* Dícese del barco que, por defecto de construcción o por deformación ulterior, tiene un costado más pesado que el otro.

LADEAR v. *Mar.* Tener inclinación * la aguja del compás.

LADILLO m. *Art. gráf.* Arracada. || Composición breve, en caracteres pequeños, que se pone en el margen de una plana para indicar de qué trata el texto de la misma.
— *Transp.* En la carrocería de un coche, cada una de las puertas laterales de la caja que corresponden a los asientos y se hallan junto a las portezuelas.

LADO m. *Geom.* Cada una de las líneas que forman un ángulo o un polígono.

LADRILLADO m. *Arq.* Solado de ladrillos.
— *Ind. alim.* Dícese del chocolate y otras pastas divididas en forma de ladrillos.

LADRILLAR v. *Constr.* Enladrillar.

LADRILLERA f. *Cerám.* Molde para hacer ladrillos. (Sinón. GRADILLA.)

LADRILLERÍA f. *Cerám. Amer.* Ladrillera.

LADRILLO m. *Cerám.* y *Constr.* Piedra artificial de forma geométrica regular, que se hace con arcilla cocida y sirve para construir muros, solar pisos y hacer otras obras de fábrica. || *Ladrillo agramilado,* ladrillo prensado de aristas vivas y con las caras mayores rehundidas para que entre el mortero en ellas y queden las juntas muy estrechas. || *Ladrillo aplantillado,* el de forma especial, para esquinas, mochetas, etc. || *Ladrillo de caja,* el aplantillado, con una muesca rectangular en una esquina que forma la mocheta para el marco en las jambas de puertas y ventanas. || *Amer. Ladrillo de composición,* baldosa. || *Ladrillo de corcho,* el que se hace con residuos de corcho y betún u otro aglomerante. || *Ladrillo de escorias,* el de hormigón de escorias de coque, en el cual pueden hincarse clavos. || *Ladrillo de hierro,* ladrillo santo. || *Ladrillo de vidrio,* el que se hace con dicha materia y es translúcido. || *Ladrillo flotante,* el que se hace con magnesita porosa y es refractario. || *Ladrillo hueco,* el que es aligerado por canales prismáticos que lo atraviesan longitudinalmente. || *Ladrillo moldurado,* el aplantillado propio para molduras y cornisas. || *Ladrillo prensado,* el que se comprime o moldea con una prensa antes de cocerlo. || *Ladrillo refractario,* ladrillo caracterizado por su resistencia a las temperaturas elevadas. || *Ladrillo recocho,* el de buena calidad, muy cocido, duro y sonoro. || *Ladrillo santo,* ladrillo vitrificado, el que se cuece hasta vitrificación con una masa que contiene cal y óxido férrico, no absorbe agua y se utiliza en obras hidráulicas.
— En la fabricación manual de *ladrillos,* la arcilla es simplemente amasada y los ladrillos se moldean en el suelo con la gradilla y se dejan hasta que estén secos. Luego se cuecen en el horno apilándolos de forma que circulen entre ellos los gases de la combustión, la cual tiene lugar en la misma cámara.
La fabricación moderna es más cuidada y alcanza elevado grado de automatismo. La arcilla y los productos que se le agregan, por ejemplo para desengrasarla, son finamente machacados y molidos (v. *figura*) y luego amasados mecánicamente. Una rosca de Arquímedes alimenta a presión la galletera, máquina por cuya boquilla sale la masa en forma de barra, en la cual unas cuchillas van cortando los ladrillos. En ciertos casos, cual ocurre con la fabricación de *ladrillos agramilados,* el ladrillo es prensado en prensas verticales.
Los ladrillos pasan entonces por secaderos en los cuales el aire acondicionado, de temperatura y humedad apropiadas, permite reducir considerablemente el tiempo antes requerido para secarlos. Por último, los ladrillos secos son introducidos en un horno de túnel —que suele ser de funcionamiento continuo—, en el cual los ladrillos que entran

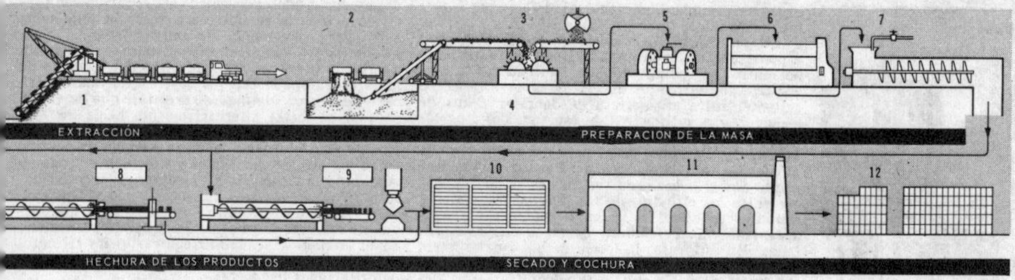

fabricación de **ladrillos** y tejas
1. Arcilla; 2. Amasado; 3. Dosificación; 4. Desagregación; 5. Machacado; 6. Cilindrado; 7. Amasado; 8. Ladrillos; 9. Tejas; 10. Secador; 11. Horno; 12. Clasificación

por un extremo salen cocidos por el otro sin haberse detenido. (V. HORNO.)
También existen ladrillos refractarios a base, no ya de arcillas, sino de productos desprovistos de plasticidad (bauxita, carbono, carburo de silicio, corindón, cromita, esteatita, sílice, etc.). En este caso los ladrillos se moldean con pastas muy duras o casi en seco, mediante prensado.

LADRÓN m. *Art. gráf.* Lardón.
— *Electr.* Toma de corriente en la cual las dos clavijas se hallan reemplazadas por dos agujas que, al penetrar cada una de ellas hasta el conductor a través del forro aislante, permiten conectar un aparato o lámpara en cualquier punto de la línea sin necesidad de efectuar una instalación especial. || Toma de corriente en la cual la clavija es reemplazada por una pieza en forma de casquillo de lámpara, lo cual permite enchufar un aparato en cualquier portalámparas.
— *Obr. públ.* Cortadura o portillo que se hace en un río o acequia para tomar agua destinada al riego o a otros usos. (Sinón. LADRONERA.)

LADRONERA f. *Obr. públ.* Ladrón.

LAGAR m. *Ind. alim.* Sótano o local donde se pisa o prensa la uva para obtener el mosto y en el cual se hallan, por lo general, las pipas en que fermenta el mismo hasta convertirse en vino. || Por ext., sitio donde se prensan otros frutos (aceituna, manzanas, etc.) para preparar zumos, aceites o bebidas fermentadas.

LAGO m. *Geogr.* Masa de agua acumulada en una vasta depresión del terreno, que forma como un mar pequeño en el interior de las tierras.
— Ateniéndose a la estructura de su lecho o a sus orígenes, los lagos se clasifican en varias categorías: *lagos tectónicos,* debidos al hundimiento del terreno (Baikal, Tanganica); *lagos glaciarios,* cuyas aguas llenan excavaciones hechas por antiguos glaciares o bien depresiones vaciadas por el retroceso del inlandsis * (grandes lagos de América del Norte, Ladoga, Onega, etc.); *lagos de presa* formados en un valle cuya salida ha quedado obturada ya naturalmente (por desprendimientos de tierras, coladas de lava, etc.), ya artificialmente (presas de los embalses hidroeléctricos); *lagos de cráter,* los que ocupan el cráter de un volcán apagado, cuando la lava del fondo no es porosa (lago de Nicaragua); *lagos cársicos,* que se forman en las depresiones propias de los terrenos calizos desagregados por la erosión y la acción química del agua; *lagos de las zonas endorreicas,* o sea de las cuencas que no tienen salida al mar, cual ocurre frecuentemente en las regiones semidesérticas (lago Victoria, Mar de Aral, etc.).

LAGÓN m. *Geogr.* Extensión de agua en el interior de un atolón. || Parte del mar comprendida entre una barrera de arrecifes y la costa.

LÁGRIMA f. *Arq.* Gota.
— *Electr.* Almendra * de las arañas y candelabros.

LAGUNA f. Vacío o hueco en el interior de un cuerpo. || Interrupción, solución de continuidad en un conjunto o en una serie de cosas.
— *Art. gráf.* Hueco que queda en blanco en un impreso.
— *Fís.* Falta de un átomo en un nudo de red cristalina.
— *Geogr.* Lago pequeño y generalmente poco profundo que, si es de agua salada y se halla junto al mar, se llama *albufera.*

LAGUNAR adj. y s. Relativo o perteneciente a las lagunas. || Que contiene lagunas.
— *Arq.* M. Cada uno de los huecos de un techo artesonado *. (Sinón. LACUNAR y LACUNARIO.)

LAJA f. *Constr.* Lancha, piedra lisa. || *Amer.* Piedra apizarrada de bordes cortantes.

LAMA f. *Metal. Amer.* Cardenillo *. || Polvillo de mineral molido arrastrado por las aguas de los trituradores y separadores.
— *Text.* Hilo de metal laminado que se teje con hilos de fibras textiles para obtener telas brillantes o con adornos metálicos. || Tela muy brillante que se obtiene con los referidos hilos o con laminillas metálicas sujetadas por el ligamento: *las lamas lujosas son de hilo de oro o de plata.*

LAMBDA f. Letra del alfabeto griego que corresponde a nuestra L y que se escribe λ o Λ, según sea minúscula o mayúscula: *la letra lambda se emplea corrientemente como símbolo de longitud de onda de las radiaciones electromagnéticas.*
— *Atom. Partícula lambda,* hiperón * cuyas características se indican en el art. PARTÍCULA.

LAMBERT m. *Ópt.* Brillo de una superficie que emite un flujo de un lumen por centímetro cuadrado: *el lambert es equivalente a 0,318 stilb.*

LAMBREQUÍN m. *Arq.* Guardamalleta.
— *Text.* Faja de tela en forma de festones que se pone en lo alto de las cortinas como adorno y para disimular las barras, anillas, etc.

LAMÉ m. *Text.* Galicismo por *lama.*

LAMELA f. Lámina pequeña y delgada de vidrio u otras materias.
— *Ópt.* Cubreobjeto.

LAMELAR adj. Dispuesto en forma de lamelas.

LAMERO m. *Metal.* Sitio donde se vierten las lamas.

LÁMINA f. Plancha, hoja o chapa de cualquier materia.
— *Art. gráf.* Grabado *, en su doble acepción de plancha metálica en relieve o en hueco y de estampa obtenida con la misma.
— *Miner. Láminas delgadas,* fragmento de mineral reducido por abrasión con muelas finas o lamelas de unas centésimas de milímetro de espesor y empleadas para estudiar el mineral mediante el espectroscopio, el microscopio polarizante y otros instrumentos.
— *Ópt. Láminas delgadas,* v. ANILLO. || *Láminas de media onda, de cuarto de onda,* etc., laminillas de substancia birrefringente que se tallan paralelamente al eje óptico y de modo que su espesor confiera a los dos rayos refractados una diferencia de la mitad o del cuarto de la longitud de onda del rayo luminoso incidente. (V. BIRREFRINGENCIA.) || *Lámina de caras paralelas,* lámina de vidrio que, al ser atravesada por un rayo luminoso, no lo desvía, pero sí provoca un corrimiento lateral de modo que, aun siguiendo la misma dirección, los rayos incidente y refractado son paralelos.

LAMINABLE adj. Dícese de la materia que puede ser reducida a hojas o láminas.

LAMINACIÓN o **LAMINADO** m. Acción y efecto de laminar.
— *Art. gráf.* Operación consistente en prensar, entre los rodillos de un laminador, el conjunto formado por todos los pliegos del libro que se ha de encuadernar.
— *Fís.* Estrechamiento de una vena fluida que, en las máquinas, tiene como consecuencia una pérdida de la energía mecánica, cual ocurre, por ejemplo, con la laminación del vapor por las correderas * de las locomotoras.
— *Geol.* Disminución de espesor de las capas que

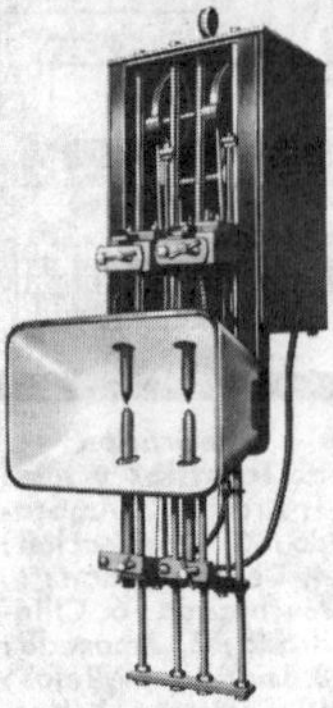

lámpara de arco

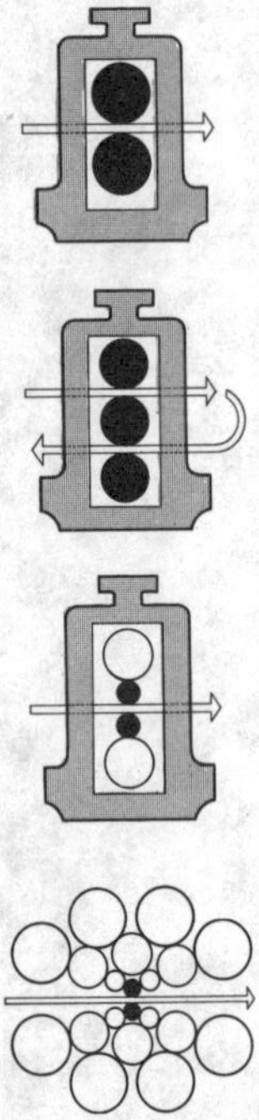

laminadores
1. Dúo; 2. Trío; 3. Cuarto; 4. Sendzimir

han sufrido un estiramiento al deformarse o formar pliegues el terreno.
— *Metal.* Acción de reducir un metal a chapa o a perfilados haciendo pasar los lingotes o las barras por entre los cilindros de los laminadores *.
— La *laminación de los lingotes* se efectúa en caliente, salvo si se trata de fabricar chapa de menos de dos milímetros de espesor. Los lingotes se calientan en hornos especiales (horno * pit) a temperaturas que, en el caso del acero, son de 950 a 1 150°. Luego se hacen pasar progresivamente por el hueco cada vez más estrecho que media entre los cilindros de las laminadoras. Dichos cilindros son lisos si se ha de obtener chapa, y acanalados si se fabrican barras o chapas perfiladas. En este caso, la forma de las canales varía progresivamente con objeto de que, por corrimientos sucesivos del metal, éste adopte la forma deseada sin agrietarse ni perder sus características mecánicas. Ello suele obligar a recocer el metal varias veces en el curso de su laminación. Por el contrario, en el laminado en frío para hacer palastro, la chapa se calienta al ser estirada y es necesario rociarla para que no alcance temperaturas excesivas.
Cada paso entre un par de cilindros, al reducir el espesor o sección del metal, provoca el alargamiento de la pieza y un solo lingote puede dar un rollo de decenas o centenares de metros de chapa. Ésta sale de los últimos rodillos con gran rapidez: en los laminadores de hojalata alcanza la velocidad de 90 km/hora.
Los *trenes de laminado* propiamente dichos se hallan a veces prolongados por instalaciones que permiten efectuar de modo continuo distintas operaciones tendientes a conferir a la chapa alguna cualidad (desengrasado, recocido, galvanización, etcétera). [V. CHAPA.]
— *Tecn.* Procedimiento para amasar y homogeneizar pastas, consistente en aplastar la masa haciéndola pasar entre los cilindros, cada vez más próximos, de un laminador: *la pasta de jabón *, la arcilla para ladrillos *, etc., son sometidas a laminación.*
— *Text.* Estirado *.
— *Vidr.* Procedimiento para fabricar lunas y cristales de modo continuo haciendo pasar el vidrio fundido por el espacio calibrado que media entre dos rodillos. (V. VIDRIO.)

LAMINADO, DA adj. y s. Dícese del producto obtenido por laminación *.
— *Metal.* Los *laminados* se dividen en *semiproductos* que han de sufrir nuevas laminaciones y en *productos acabados.* Entre los primeros figuran los *blooms* y *slabbings;* entre los segundos, las chapas, perfilados, alambres, etc.

LAMINADOR m. Máquina para reducir el esesor de un producto industrial obligándolo a pasar entre dos cilindros de sentido giratorio opuesto.
— *Art. gráf.* Máquina provista de dos cilindros que giran en sentido contrario y entre los cuales se hace pasar el conjunto formado por los pliegos de un libro con objeto de apretarlos antes de proceder a su encuadernación.
— *Metal.* Máquina para efectuar la laminación * de los metales.
— Los *laminadores* constan de robustos bastidores, llamados jaulas, que soportan un juego de cilindros o rodillos de fundición o de acero arrastrados por motores potentes. La distancia entre los rodillos, que determina el espesor resultante del producto laminado, puede ser regulada con precisión e incluso se obtiene a veces la regulación automática por medio de radioisótopos *.
El *laminador dúo* tiene dos cilindros que fuerzan a pasar la pieza en una sola dirección, a menos de hallarse equipado con un inversor de marcha en cuyo caso es un *laminador reversible* que da varias pasadas al metal alternativamente hacia un lado y hacia otro; el *laminador trío* consta de tres cilindros y en el mismo la pieza pasa en un sentido entre los cilindros superior y mediano y luego en sentido opuesto entre el mediano y el inferior; los *laminadores cuarto* funcionan como el tipo dúo, pero tienen dos cilindros suplementarios que sirven de refuerzo a los otros dos y evitan su flexión; en el *laminador sendzimir* son varios los cilindros que sirven de refuerzo y permiten obtener potentes deformaciones del metal.
Los *laminadores de blooming* y *de slabbing* sirven para transformar los lingotes primarios en lingotes secundarios menos gruesos y de sección más apropiada a los productos que se habrán de obtener en laminaciones sucesivas. Los *laminadores de chapa gruesa* tienen cilindros que permiten obtener chapas de más de 4 m de anchura. En los tres laminadores que se acaban de citar cada cilindro es arrastrado por un motor de 6 000 caballos.
Los *laminadores continuos* para chapa en caliente constan de unas 10 jaulas cuarto y sus motores suman de 50 000 a 90 000 caballos de fuerza. Para la fabricación de chapa continua en frío constan de tres jaulas (chapa para carrocerías de automóviles) a cinco (hojalata). También existen laminadores para alambres (capaces de suministrar éstos a la velocidad de 100 km/h), para rieles, tubos, etc.
— *Papel.* Calandria.

LAMINAR adj. Que tiene forma de lámina o consta de láminas o capas delgadas sobrepuestas.
— *Aeron., Fís.* e *Hidr. Corriente laminar,* v. CORRIENTE.

LAMINAR v. *Tecn.* Efectuar u obtener la laminación * en todas sus acepciones.

LAMPA f. *Min. Amer.* Azada de los mineros.

LAMPADARIO m. *Lumin.* Farola. ‖ Por ext., lámpara eléctrica de mesa de pedestal, etc.

LAMPADITA f. *Miner.* Óxido hidratado de manganeso que lleva mezclado óxido de cobre.

LAMPÁMETRO m. *Radiot.* Lamparámetro.

LAMPANTE adj. *Lumin.* Dícese del combustible líquido que se consume para el alumbrado: *el alcohol desnaturalizado es lampante.*
— *Petr. Petróleo lampante,* queroseno.

LÁMPARA f. Manantial de luz artificial que, las más de las veces, se funda en algún fenómeno eléctrico y, otras, en la combustión de líquidos o de gases, rara vez de sólidos.
— *Autom. Lámparas de faros,* v. FARO.
— *Electr.* El alumbrado eléctrico se obtiene sobre todo por alguno de los procedimientos seguidamente descritos.
— *Lámparas de arco,* lámparas en las que la luz, por cierto muy intensa, resulta del arco * eléctrico que se establece entre dos electrodos de carbón en razón de la diferencia de potencial existente entre los mismos.
— *Lámparas de incandescencia,* lámparas cuya luz proviene de un filamento metálico (generalmente de tungsteno) montado dentro de una bombilla

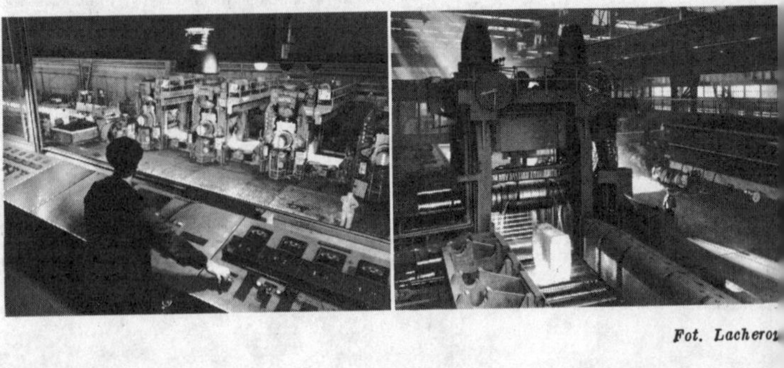

laminador de mandos centralizados y jaula de un laminador

Fot. Lacheroi

e intensamente calentado por el paso de la corriente (efecto Joule). En las *lámparas de tipo monovatio,* por lo general vacías, la temperatura del filamento es de unos 2 500°; las *lámparas de tipo mediovatio* contienen un gas enrarecido (criptón, nitrógeno solo o mezclado con argón, etc.) que atenúa la evaporación del metal del filamento y, consiguientemente, permite aumentar la temperatura (alrededor de 2 800°) y la intensidad de la luz. En otros casos la ampolla contiene yodo, que se combina con el tungsteno vaporizado, el cual, al contacto del filamento, se descompone y deposita sobre el mismo el tungsteno, produciéndose así una regeneración constante del filamento que aumenta la duración de las lámparas. En las *lámparas opales* y *mates,* el cristal difunde la luz y el filamento es invisible y no puede molestar a la vista. Las *lámparas de luz solar* tienen el cristal teñido de azul y la composición espectral de la luz es bastante parecida a la de la luz del Sol.
Los casquillos normales de las lámparas de incandescencia son el *de Edison* (de rosca) y el *de Swan* (de bayoneta). El de rosca mayor que la normal se llama *goliat,* y el de rosca menor que aquélla, *miniatura.*
— *Lámparas de luminiscencia,* lámparas que carecen de filamento y son tubos que contienen un gas raro y dos electrodos. Al aplicar a éstos una diferencia de potencial muy grande (1 000 V por metro de tubo) se produce un flujo de electrones muy energéticos del cátodo al ánodo. Dichos electrones chocan violentamente con los átomos del gas y los excitan (v. EXCITACIÓN [*Atom.*]) y cuando los mismos vuelven a su estado fundamental emiten el exceso de energía en forma de luz * de longitud de onda correspondiente a las características del átomo considerado. Así, el neón da luz roja, el helio la da de color amarillo rosado, la mezcla de argón y de mercurio la da azul, etc., pudiéndose obtener toda suerte de colores si se combinan los de la luz emitida con los del vidrio del tubo. En las *lámparas de vapor de mercurio* la descarga eléctrica atraviesa una pequeña cantidad de mercurio y la vaporiza. El gas alcanza así en ciertas lámparas la presión de 15 atmósferas (lámparas de vapor de mercurio para proyectores), mientras que en otras solamente es de una atmósfera (lámparas para el alumbrado público) o de una ínfima parte de atmósfera (lámparas de baja presión usadas con fines terapéuticos o como germicidas, pues emiten principalmente rayos ultraviolados). Las lámparas de vapor de mercurio suelen tener doble pared para reducir las pérdidas de calor. Las que sirven para producir rayos ultraviolados tienen ampolla de vidrio especial (a base de cuarzo), dado que el vidrio ordinario obra como un filtro que detiene dichas radiaciones.
También se emplean para el alumbrado público lámparas que funcionan de la misma manera, pero con vapor de sodio, cuya luz es amarilla.
— *Tubos fluorescentes,* tubos fundados en fenómenos de fotoluminiscencia y consistentes en una lámpara de vapor de mercurio de baja presión cuyo tubo se halla revestido interiormente de substancias fluorescentes: los rayos ultraviolados (e invisibles) engendrados por el mercurio excitan los átomos de las referidas substancias, las cuales emiten entonces luz blanca. Estas lámparas tienen un rendimiento de dos a tres veces superior al de las bombillas de incandescencia, de modo que un tubo fluorescente de 20 vatios alumbra como una lámpara de incandescencia de 60 vatios. Es conveniente acoplar dos tubos en el mismo aparato de alumbrado, pues así las rápidas alternancias de la intensidad de la luz se compensan (la de un tubo aumenta cuando la del otro disminuye) y se suprime el centelleo propio de estas lámparas.
— *Fot.* En fotografía y toma de vistas cinematográficas se emplean focos potentes de luz que son de cuatro tipos: *lámparas de arco, lámparas de vapor de mercurio* (descritas más arriba), *lámparas de incandescencia sobrevoltadas* y *lámparas relámpago.*
La *lámpara sobrevoltada* no es sino una lámpara de incandescencia cuyo filamento, muy tenue, debe corresponder, para un uso normal, a una corriente de tensión mucho más baja que aquella con la cual haya de alimentarse. Si una bombilla prevista para corriente de 90 voltios se usa en un sector de 125 V, emitirá una luz anormalmente intensa, pero su duración será muy corta (dos

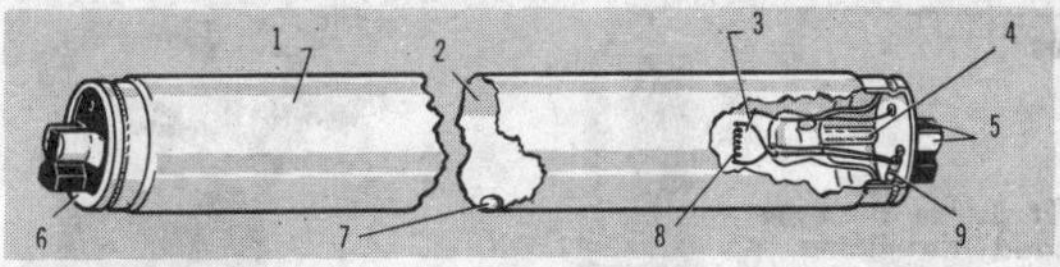

lámpara fluorescente: 1. Tubo con gases raros y vapor de mercurio; 2. Revestimiento interior de substancia fluorescente; 3. Electrodo; 4. Soporte; 5 y 6. Casquillos; 7. Mercurio; 8. Filamento; 9. Condensador

horas de funcionamiento teórico en el caso de las que se usan en fotografía).
En cuanto a las *lámparas relámpago,* consistieron primitivamente en una carga de polvo de magnesio a la cual se prendía fuego. Hoy se usan bombillas que contienen virutas de aluminio en el vacío o en atmósfera de oxígeno: al dar la corriente de una pila, se volatiliza el aluminio con vivísimo resplandor. Más eficaces resultan las lámparas relámpago electrónicas. En ellas la corriente, previamente elevada su tensión a millares de voltios mediante condensadores *, provoca una violenta descarga en el gas noble de la ampolla, según el principio ya explicado de las lámparas de luminiscencia. Se obtiene así un destello que puede ser brevísimo (por ej. una diezmilésima de segundo), pero cuya luz alcanza hasta decenas de millones de lúmenes. Basta cargar de nuevo los condensadores para que pueda producirse otra descarga.
— *Lumin.* Además de las lámparas eléctricas que se han reseñado precedentemente, aún subsisten *lámparas de combustibles líquidos* (petróleo, alcohol y aceite) en las cuales la llama arde en el extremo superior de una mecha cuya parte inferior baña en el combustible; éste asciende entre las fibras por capilaridad. La más común de las lámparas de este tipo es el quinqué *.
En las *lámparas de mechero Auer,* se quema el gas de alumbrado en un manguito a base de ciertos óxidos cuya incandescencia despide una luz blanca y muy viva (v. MECHERO). También pueden consumirse combustibles líquidos, especialmente petróleo, y basta entonces hacer pasar éste por el hogar para que el calentamiento lo gasifique. Lámparas del tipo indicado, de gran intensidad luminosa, se usan para atraer los peces en la pesca * a la luz. (V. también el art. ALUMBRADO.)
— *Min.* En las minas en las cuales existe riesgo de prender fuego a los maderos del entibado o de inflamar el grisú *, se emplean dos clases de *lámparas de seguridad:* la *de llama* y la *eléctrica.* La primera, también llamada *lámpara de Davy,* quema gasolina; su llama se halla rodeada por un tubo de cristal espeso rematado por dos telas metálicas de mallas finas por las cuales no puede propagarse la llama. Así, solamente puede arder el aire grisutoso que penetra en el interior de la lámpara, de lo cual se da cuenta el minero por una aureola azulina que se forma en torno de la llama. La lámpara sirve, consiguientemente, como detector de grisú.
Esta lámpara no debe abrirse bajo ningún pretexto. Con dicho fin se halla provista de un cierre magnético y permanece cerrada aunque se caiga al suelo. Por lo demás, tiene interiormente, junto a la mecha, un encendedor de chispa que, accionado desde el exterior, permite encenderla cuando se ha apagado por alguna causa.
Las lámparas de seguridad eléctricas son de bombilla de incandescencia alimentada por acumuladores. También llevan cierre magnético con objeto de impedir que se abran y que una chispa pueda inflamar el aire grisutoso.
— *Quím. Lámpara sin llama* o *lámpara catalítica,* la que funciona por catálisis * y consta de un filamento de platino que, sumido en vapores de alcohol, cataliza la oxidación de éste por el aire y se pone incandescente por efecto del calor que desprende la reacción.
— *Radiot. Lámpara termoiónica* y, vulgarmente, *lámpara de radio,* dispositivo consistente en una ampolla o tubo de vidrio, cerámica o metal que encierra un espacio sometido al vacío o que contiene un gas rarefìcado en el que los flujos de electrones circulan entre dos o más electrodos y

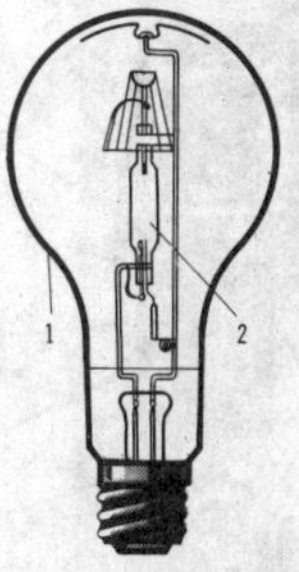

lámpara de vapor de mercurio: 1. Ampolla de cuarzo; 2. Ampolla exterior

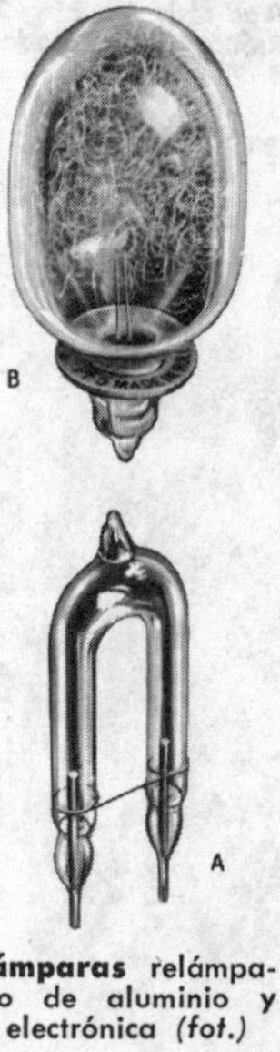

lámparas relámpago de aluminio y electrónica *(fot.)*

Fot. Larousse

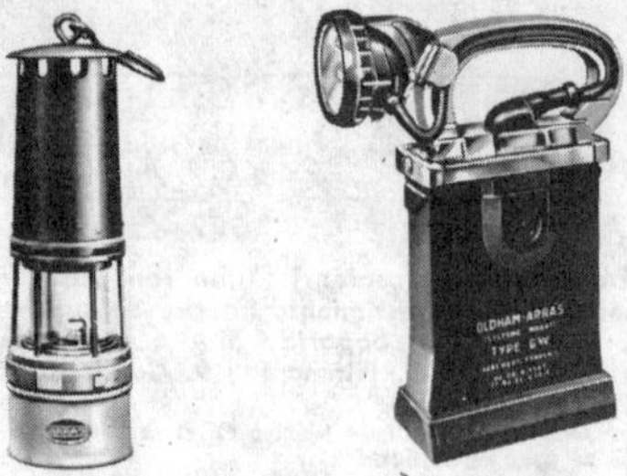

lámparas de seguridad de llama y eléctrica *(min.)*

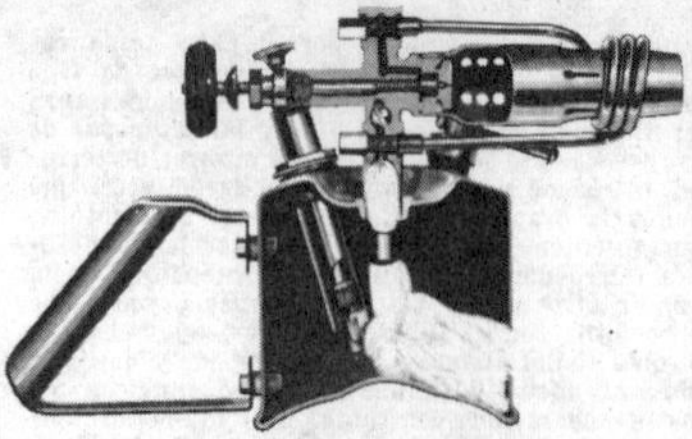

estructura interna de la **lámpara** de soldar

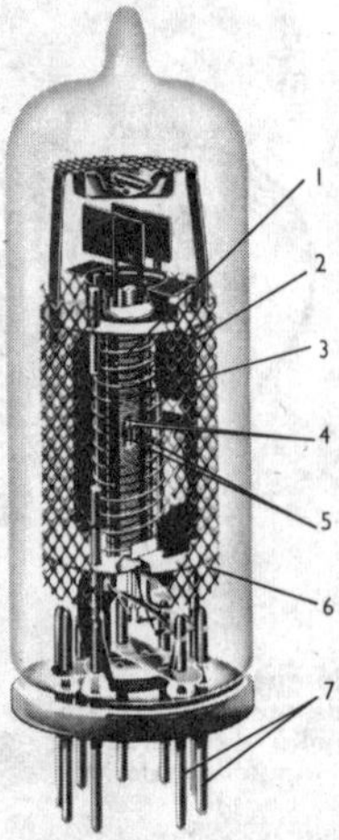

lámpara pentodo *(radiot.)*: 1, 2 y 3. Rejillas; 4. Cátodo; 5. Filamento; 6. Ánodo; 7. Bornes

engendran señales eléctricas, las amplifican, las modulan o las rectifican, según el caso. (Sinón. VÁLVULA *termoiónica*, TUBO *electrónico*.)

— La lámpara más simple consta de dos electrodos llamados *cátodo* (filamento incandescente que emite electrones) y *ánodo* (placa fría que los capta). Si se conectan ambos electrodos con los polos de un circuito de corriente alterna, ésta pasa del cátodo al ánodo durante medio período, pero no puede pasar del ánodo al cátodo durante el otro medio período: la corriente alterna queda así transformada en una corriente que sigue siempre el mismo sentido y es comparable a una corriente continua (v. DIODO y DETECCIÓN). Si se intercala una rejilla entre el cátodo y el ánodo se tiene un tríodo *: el flujo intenso de electrones es regulado entonces por una corriente muy débil aplicada a la rejilla y se obtiene a la salida una corriente mucho más intensa que la de la rejilla, pero exactamente modulada como ella (v. AMPLIFICADOR y TRÍODO). Para evitar efectos parásitos debidos a la presencia de electrones fuera del flujo regular que va del cátodo al ánodo, se agregan a veces rejillas suplementarias y las lámparas se llaman en este caso *tetrodo, pentodo, hexodo*, etc., según el número total de electrodos que cuentan.

Durante largo tiempo las lámparas empleadas en radiotecnia, con su bombilla y sus filamentos, guardaron cierto parecido con las lámparas de incandescencia empleadas para el alumbrado, lo cual justificaba su nombre. Ahora existen dispositivos de esta clase con envoltura metálica o de cerámica y de formas muy diferentes (clistrón, kenotrón, magnetrón, etc.) y el nombre de lámpara tiende a ser reemplazado por el de *tubo* *. Por lo demás, en muchas aplicaciones las lámparas o tubos están siendo substituidos por los transistores *.

— *Tecn.* Nombre dado a las lámparas de combustible líquido o gaseoso en las cuales la combustión no sirve para dar luz, sino para calentar: *las ampollas de medicamentos se cierran con la llama de una lámpara.* ‖ *Lámpara de soldar,* lámpara de gasolina con el depósito reforzado, provisto de una bomba que permite darle presión al combustible, el cual, después de pasar por un tubo en el que es calentado por el calor de la llama, sale vaporizado por una boquilla cuyo orificio puede ser regulado con un tornillo: *la lámpara de soldar, también llamada eolípilo, da una llama azul y muy caliente, sobre todo usada para soldar y para quemar las pinturas viejas, que luego se eliminan con la rasqueta.* ‖ *Lámpara Bunsen,* mechero * Bunsen.

LAMPARÁMETRO m. *Radiot.* Instrumento que contiene los zócalos para enchufar todos los modelos corrientes de lámparas termoiónicas y varios miliamperímetros y voltímetros que permiten medir las características de aquéllas. (Sinón. LAMPÁMETRO.)

LAMPARILLA f. *Lumin.* Mariposa.

LAMPASET m. *Text.* Lampazo ligero que se usa para vestiduras litúrgicas y también como adorno.

LAMPAZO m. *Mar.* Estropajo de filástica.

— *Text.* Tejido de textura compleja, parecido a la del brocatel o el damasco, o sea constituido por un fondo raso (una urdimbre y una trama) sobre el que destacan dibujos de colores formados por otra urdimbre con la cual se ligan dos o tres tramas de hilos de colores diferentes: *el lampazo es tela de tapicería.* (Sinón. LAMPEZA.)

LAMPEAR v. *Carp. Amer.* Desbastar o escuadrar los maderos.

— *Min.* Trabajar con la lampa.

LAMPEZA f. *Text.* Otro nombre del lampazo.

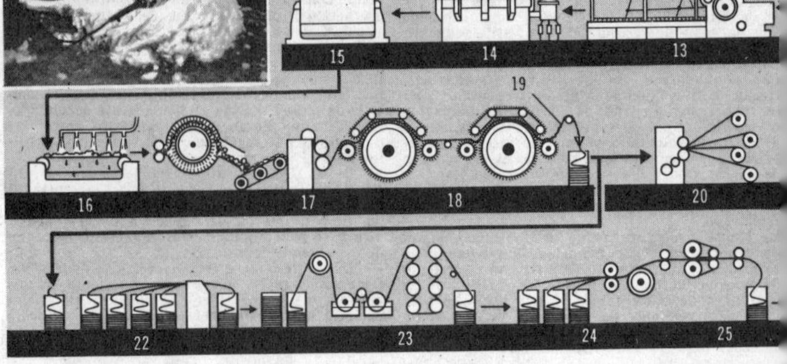

Fot. Oldham-Arra

LAMPIÓN m. *Lumin.* Sinón. antic. de farol.
LAMPÓN m. *Amer.* Lampa, azada.
LAMPRÓMETRO m. *Fís.* Sinónimo, poco usado, de *fotómetro*.
LANA f. Pelo de ciertos mamíferos, que constituye una fibra textil. || Por ext., nombre dado a distintas materias que forman vellones o masas fibrosas de aspecto parecido al de la lana.
— *Carp. Lana de madera,* fibra * de madera.
— *Metal. Lana de escorias,* materia fibrosa, con aspecto de lana, que se obtiene dirigiendo un chorro de vapor sobre uno de escorias fundidas y que se emplea como aislante * térmico.
— *Text.* Pelo de las reses ovinas. || Por ext., pelo de otros animales (llama, cabra de Angora, camello, vicuña, etc.) empleado como fibra textil. || *Lana de los bosques,* lana vegetal. || *Lana celulósica,* fibrana. || *Lana vegetal,* borra de hebras largas que cubre distintos órganos de las plantas y que se emplea en algunas partes para hacer colchones, salvavidas, etc. (V. CAPOC.)
— Las reses ovinas tienen de 1 200 a 9 000 pelos por centímetro cuadrado. La superficie de los mismos está cubierta de escamas, que pueden imbricarse, las de un pelo con las de otro, para formar fieltro *. Se hallan más o menos aglutinados, en vellones, por una materia grasa (la suarda) que puede constituir de 15 a 75 % del peso de la lana bruta. La longitud de las hebras es de 35 mm en ciertas razas ovinas a 350 en otras. Una lana es tanto mejor cuanto más delgadas son las hebras, cuyo diámetro es de 16 micrones en la lana de merino y alcanza 50 micrones en las lanas más groseras. Por lo general las lanas finas son de hebras cortas y provienen del dorso de los animales de más de dos años y menos de cinco. El esquilado (v. ESQUILADORA) suele efectuarse en la primavera y se repite a veces en otoño. Una oveja europea da por término medio 3 kg de lana, mientras que en América del Sur, Australia y otras partes especializadas en su cría alcanza y pasa del doble.
Las *lanas madre* provienen directamente del esquilado de animales vivos y son desengrasadas ya parcialmente, lavando al animal, ya totalmente lavando el vellón. Las *lanas secundarias* provienen de animales muertos por enfermedad o de las pieles de reses sacrificadas en los mataderos. Las lanas regeneradas se obtienen recuperando residuos de hilatura y deshilachando trapos de lana.
La lámina indica la sucesión de operaciones efectuadas entre el esquilado y la hilatura de la lana (v. HILATURA). La *lana de carda* es de fibras cortas irregulares; la *de peine,* también llamada *estambre,* se compone de fibras largas y lisas.

preparación de la **lana** de vidrio

El constituyente principal de la lana es la queratina, o sea la misma materia de nuestras uñas o de los cuernos de los animales. Por eso la lana, si bien soporta temperaturas de hasta 100°, se carboniza a 150, desprendiendo entonces un olor de cuerno quemado y formándose en cada pelo una bolita carbonosa que permite identificar la lana y distinguirla de las demás fibras naturales o artificiales.
Los tejidos de lana deben su elasticidad y esponjamiento a los rizos de las hebras, pero ciertos tratamientos, especialmente a base de productos clorados, impiden que puedan encogerse o enfieltrarse al ser lavados.
— *Vidr. Lana de vidrio,* masa de fibras de vidrio de varios centímetros de longitud y de 15 a 20 micrones de diámetro, que se emplea como aislante * térmico y para la insonorización * de locales.
LANADA f. *Arm.* Escobillón para cañones.
LANCE m. *Mar.* Acción de echar la red al agua. || Pesca que se saca a cada redada o lance.
LANCEOLADO, DA adj. Que tiene la forma del hierro de una lanza.
— *Arq. Arco lanceolado,* v. ARCO.
LANCHA f. *Constr.* Piedra plana, lisa y delgada.
— *Mar.* Bote o canoa grande que presta servicio en los puertos, es embarcación de salvamento en los buques o se emplea con fines militares y también como embarcación de recreo. || *Lancha automóvil,* gasolinera. || *Lancha antisubmarina, lancha torpedera,* etc., nombres dados a las embarcaciones más pequeñas y rápidas de la marina de guerra.
LANCHADA f. *Mar.* Carga que puede llevar una lancha de transporte de mercancías.
LANCHAJE m. *Mar.* Flete transportado por lanchas y otras embarcaciones menores.

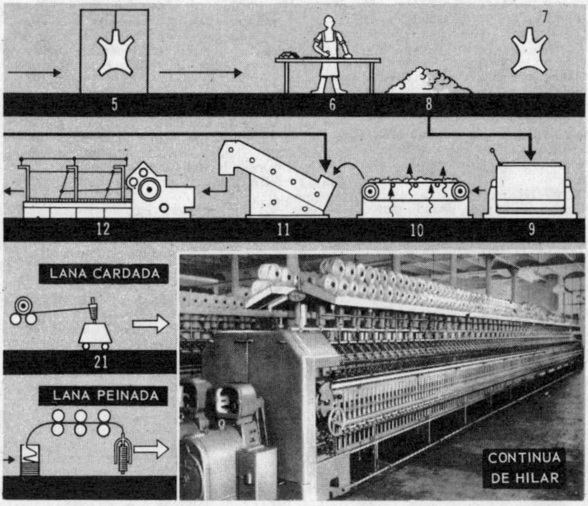

industria de la **lana:** 1. Piel bruta; 2. Reblandecimiento; 3. Depilación; 4. Encalado; 5. Fermentación; 6. Descarnadura; 7. Cuero; 8. Lana; 9. Escurrido; 10. Secado; 11. Abertura de los vellones; 12. Desuardado; 13. Blanqueo; 14. Teñido; 15. Escurrido; 16. Engrase con emulsión de aceite y agua; 17. Desmote; 18. Cardado; 19. Velo o napa; 20. División en mechas; 21. Hilatura; 22. Peinado; 23. Lavado y secado; 24. Estirado; 25. Hilatura

Fot. La Photothèque

lanzacohetes

LANCHAR m. *Min.* Cantera de lanchas.
LANDENIENSE adj. y s. *Geol.* Taneciense.
LANICIO, CIA adj. *Text.* Que proviene de la lana: *borra lanicia.*
LANILLA f. *Text.* Pelillo que subsiste en la haz del paño. ‖ Tejido gris de calidad mediocre y de ligamento tafetán, hecho con hilo de lana * regenerada. ‖ Tejido hecho a imitación del anterior con trama moteada y urdimbre de dos cabos torcidos, uno blanco y otro negro.
LANITAL m. *Text.* Marca registrada de una fibra sintética a base de caseína.
LANOLEÍNA o **LANOLINA** f. Mezcla compleja de cuerpos grasos, de color amarillo y consistencia sólida, que proviene de la lana de oveja y se emplea como excipiente de pomadas en razón de la propiedad que tiene de absorber hasta dos veces su propio peso de agua o de disoluciones acuosas.
LANTÁNIDO m. *Quím.* Nombre genérico de los 15 elementos químicos de número atómico comprendido entre 57 y 71 inclusive, de propiedades afines a las del lantano. (Sinón. CÉRIDO.)
— Los cuerpos que se siguen en la escala de Mendeleiev suelen distinguirse por el número de electrones de su capa periférica. En los *lantánidos,* por el contrario, la última capa siempre tiene dos electrones y los electrones suplementarios que posee un elemento de la serie respecto a los anteriores figuran en la penúltima capa. Consiguientemente, los 15 elementos tienen idénticas propiedades y por ello ha sido muy difícil descubrirlos e identificarlos.
LANTANO m. *Quím.* Elemento químico de número atómico 57, cuyo símbolo en *La.*
— El *lantano* es el primer metal del grupo de los lantánidos * o tierras * raras. Sus principales constantes físicas son las siguientes: densidad, 6,162; temperatura de fusión y de ebullición, 920 y 4 515º, respectivamente; masa atómica, 138,91 (se halla constituido por 99,911 % de isótopo de masa 139 y 0,089 % de isótopo 138, que es radiactivo).
El lantano tiene el mismo color gris que el hierro, se oxida rápidamente en el aire y arde con vivo resplandor. Se obtiene por electrólisis de sus sales fundidas o reduciendo su fluoruro en presencia de calcio y en atmósfera inerte. Se emplea en metalurgia (para desulfurar, desoxigenar y mejorar las características mecánicas de los aceros), en óptica y en cerámica. Ciertas sales entran en la fabricación de manguitos * de incandescencia, etc.
LANTEÓN o **LANTÓN** m. *Mar.* Aparejo, el más simple de todos, que consta de un solo motón fijo y una cuerda, en uno de cuyos ramales se ata la carga, mientras el otro sirve para tirar de ella: *el lanteón no multiplica la fuerza, pero permite ejercerla en la dirección más conveniente y elevar cargas moderadas a mayor altura que el nivel desde el cual se tira.*
LANZA f. Tubo metálico que se pone al extremo de una manga para dirigir el chorro de agua con que se riega o se apagan los incendios.
— Las *lanzas contra incendios* suelen consistir en un tubo troncónico provisto de una llave en su base y una boquilla (de diámetro comprendido entre 18 y 35 mm en las lanzas empleadas por los bomberos) en su extremo. A veces están provistas también de una derivación que permite agregar algún producto químico al agua (V. INCENDIO.) Otras veces tienen en la boquilla un dispositivo regulador merced al cual se puede obtener un chorro potente y de largo alcance o una lluvia difusa (aspersión) sobre una superficie relativamente extensa. Con el nombre de *lanza monitor* se designa la que forma cuerpo con un automóvil, en cuyo bastidor va montada sobre una torreta orientable. Su boquilla da un chorro de más de 35 mm.
— *Art. y of.* Nombre dado a varias herramientas consistentes en un astil rematado por un hierro puntiagudo.
LANZABOMBAS m. *Aeron.* Armazón que tienen los aviones de bombardeo en el fuselaje o bajo el ala para llevar las bombas y que está provisto de un dispositivo eléctrico merced al cual el bombardero de a bordo puede soltarlas una a una o varias a la vez.
LANZACABOS adj. *Cañón lanzacabos, cohete lanzacabos,* V. CAÑÓN y COHETE.
LANZACARGAS m. *Mar.* Dispositivo que, en los buques de guerra, sirve para arrojar al mar las granadas * submarinas. ‖ Buque minador *.
— Ciertos *lanzacargas* no son sino morteros que mediante la expansión de aire comprimido o la explosión de un cartucho de pólvora, proyectan la granada en el aire por encima de la borda; otros, llamados *varaderos,* consisten en una rampa provista de rieles que bajan hasta el mar por la popa y por los cuales rueda la carga hasta el agua.
LANZACOHETES m. *Arm.* Toda arma destinada a disparar proyectiles autopropulsados y a guiarlos cuando inician su trayectoria.
— Los *lanzacohetes* carecen de retroceso y no han de soportar, como ocurre con los cañones, las enormes presiones producidas por la explosión de una carga propulsiva del proyectil. Consiguientemente, son armas muy simples y livianas en las cuales el disparo de un cohete suele efectuarse eléctricamente. El bazuko * es llevado sobre el hombro por un soldado de infantería, y, no obstante, es arma eficaz contra los tanques. Tubos semejantes se montan a veces en series de 6 a 24 sobre un bastidor provisto de ruedas y constituyen lanzacohetes de artillería que envían nutridas andanadas de cohetes a distancias de 6 a 8 km. También son lanzacohetes los bastidores utilizados para transportar y disparar los ingenios * espaciales terrestres y los que llevan los aviones bajo el ala.
— *Expl.* y *Mar.* Aparato para disparar cohetes * de señales, de fuegos de artificio, lanzacabos, etc.
LANZADERA f. *Text.* Instrumento en forma de barquilla de extremos ahusados, con un hueco central en el cual va la canilla, que es proyectado alternativamente de un lado a otro del telar y pasa cada vez el hilo de trama a través de las dos napas de hilo de la urdimbre. ‖ Órgano mecánico de las máquinas de coser que contiene el carrete del hilo inferior y, con movimiento apropiado, pasa éste por los bucles del hilo superior.
LANZADERO m. *F. c. Lanzadero funicular,* alambrecarril.
— *Min.* En los criaderos de mucha pendiente (más de 25 %), canalón por el cual se desliza el mineral desde el frente o tajo hasta las galerías principales provistas de medios de transporte.
— *Transp.* Tobogán.
LANZADO m. *Mar.* Lanzamiento.
— *Text.* Tejido con fondo de raso o sarga que tiene en una de sus caras dibujos en forma de bastas obtenidos con varios hilos de trama suplementarios y de colores diferentes. (V. BROCATEL y LAMPAZO.)
LANZADOR, RA adj. y s. Que lanza o arroja.
— *Astron.* Dícese del cohete que se utiliza para lanzar un satélite artificial o una sonda espacial.
LANZAGRANADAS m. *Arm.* Mortero, hoy caído en desuso, que se empleaba para lanzar las granadas *. ‖ Especie de manguito que se acopla al cañón de un fusil para permitir que el mismo pueda lanzar pequeñas granadas * de aletas.
LANZAHUMOS m. Fumigador, fumógeno.

lanzaderas
manual y mecánica

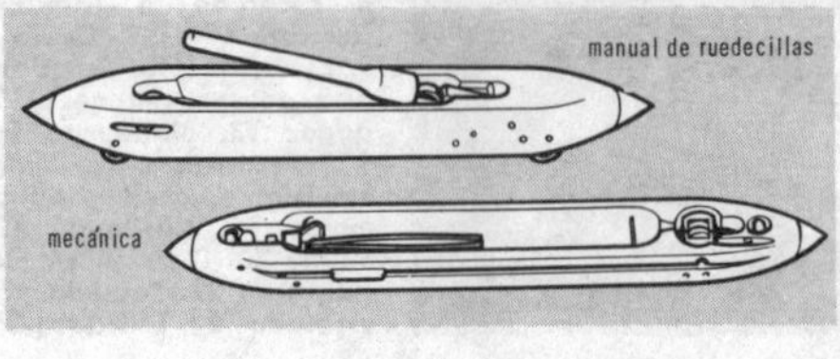

Fot. S. C. A.

LANZALLAMAS m. *Arm.* Aparato portátil con el que se proyectan líquidos inflamables, en forma de chorro de 25 a 40 m, contra los tanques y en el interior de los fortines y edificios ocupados por el enemigo.
LANZAMIENTO m. *Astron.* Acción de hacer partir un cohete espacial. (V. LISTA *de control.*)
— *Mar.* Botadura *. ‖ Salida del codaste y de la roda, o sea distancia a que el extremo de la proa o de la popa, proyectados verticalmente, se hallan del respectivo extremo de la quilla: *barco de mucho lanzamiento.*
— *Min. Pozo de lanzamiento,* v. POZO.
LANZAMINAS m. *Mar.* Buque minador *.
LANZAR v. *Art. gráf.* Efectuar el casado * de las planas.
— *Astron.* Efectuar el lanzamiento de un cohete.
— *Mar.* Botar.
LANZATORPEDOS m. *Mar.* V. TUBO *lanzatorpedos.*
LAÑA f. *Art. y of.* Grapa *, clavo en forma de U.
LAÑAR v. *Art. y of.* Gafar, unir o componer con gafas o lañas.
LAPACHO m. *Bot. y Carp.* Árbol bignoniáceo de América del Sur (*Tabebuia* o *Tecomia lapacho*), de grandes dimensiones, cuya madera se emplea en carpintería, ebanistería y, por ser poco corruptible, en construcciones navales.
— *Text.* Madera de lapacho empleada para teñir de amarillo.
LAPIAZ m. *Geol.* Relieve en forma de surcos de bordes vivos debido a la corrosión de las rocas calizas por las precipitaciones cargadas de gas carbónico, especialmente las de nieve (por contener el aire de ésta más gas que el de las aguas pluviales).
LAPICERA f. *Amer.* Lapicero. ‖ Portaplumas.
LAPICERO m. *Ofic.* Instrumento en el que se coloca un lápiz demasiado pequeño para utilizarlo con mayor comodidad. ‖ Lápiz. ‖ *Amer.* Portaplumas.
LAPIDARIO, RIA adj. y s. m. *Art. y of.* Amoladora de eje vertical cuyo lado horizontal se usa para desgastar o pulir piedras preciosas, cristales de óptica, el canto de los espejos y lunas, de las piedras de mármol, etc.
— *Joy.* Relativo o perteneciente a las gemas.
LAPÍDEO, A adj. De piedra: *concreción lapídea.*
LAPIDIFICACIÓN f. *Geol.* Transformación de la arena en arenisca, de la ceniza volcánica en cinerita y de cualquier materia blanda o pulverulenta en piedra.
LAPIDIFICAR v. Convertir o convertirse en piedra.
LAPIEZ m. *Geol.* Lapiaz.
LAPILLI m. *Geol.* Grava de proyecciones volcánicas en forma de piedras de 5 a 50 mm.
LAPISLÁZULI m. *Miner.* Aluminosilicato de sodio y calcio clorado y sulfatado.
— *Cerám.* y *Pint.* El lapislázuli es una piedra de color azul celeste que se usa para labores cerámicas de calidad (mosaicos, adorno de jarrones). Su polvo constituye el primer pigmento del azul de ultramar.
LÁPIZ m. *Art. gráf. Lápiz litográfico,* lápiz compuesto de jabón, sebo, cera y negro de humo, que sirve para dibujar en la piedra litográfica.
— *Cerám. Lápiz de cerámica,* barrita de pastel * que permite escribir sobre el vidrio, la porcelana, los esmaltes, etc.
— *Ofic.* Barrita de materia untuosa que, al ser frotada sobre un papel, deja una traza, cuya propiedad se aprovecha para escribir y dibujar. ‖ *Lápiz de bola,* bolígrafo.
— Los *lápices comunes* de escritura negra o gris se hallan constituidos por una barrita o mina de grafito mezclado con arcilla, incluida en un prisma o cilindro de madera de tilo, picea u otras maderas, entre las cuales destaca, por su calidad, la de cedro. Los *lápices de copiar* o *lápices de tinta* tienen una mina constituida por una mezcla de grafito, caolín, goma arábiga y anilina. Dejan en el papel una traza gris que, al ser mojada, vira a violeta. Los *lápices de colores* se obtienen aglutinando con goma arábiga arcilla y óxidos metálicos (bermellón, azul de Prusia, oropimento, etc.).
— *Perf.* Colorete duro, pardo o azul, fabricado en forma de lápiz, que sirve para maquillar las cejas, acentuar el contorno de los ojos, etc.

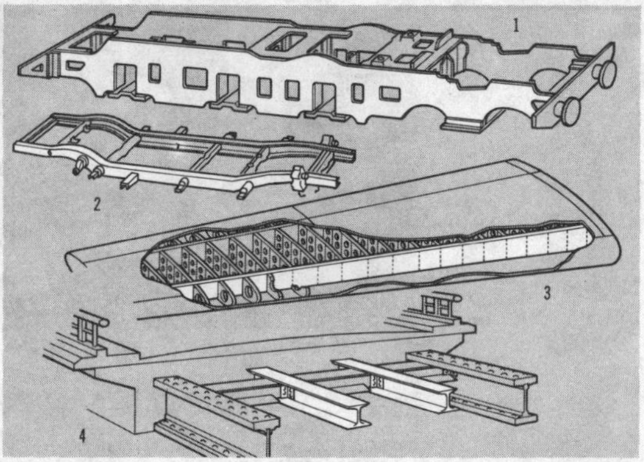

largueros
1. De locomotora; 2. De automóvil; 3. De ala de avión; 4. De puente

LAQUEADO, DA adj. *Expl. Pólvora laqueada,* v. PÓLVORA.
— *Pint.* Cubierto por una capa de laca.
LAQUEAR v. *Art. gráf.* Aplicación de una capa de barniz transparente a un impreso para darle brillo y protegerlo.
— *Pint.* Dar laca, revestir una superficie con lacas naturales o artificiales.
LAR m. *Arq.* Chimenea grande, centrada en la pared y flanqueada de asientos.
LARDÓN m. *Art. gráf.* Trocito de papel, borra u otra materia que se interpone entre el pliego y la forma durante la tirada y deja un blanco en el impreso. ‖ Adición que hace el autor al margen de un manuscrito o de las pruebas.
LARGA f. *Art. y of.* Pieza de fieltro o de cuero que pone el zapatero detrás de la horma para alargarla y que le salga más largo el zapato.
LARGABLE adj. *Aeron.* y *Mar.* Que puede ser largado o soltado: *para aumentar su autonomía, ciertos aviones llevan en el extremo del ala depósitos largables que se desprenden una vez vacíos.*
LARGACABOS m. *Mar.* Lanzacabos.
LARGADURA f. *Aeron.* y *Astron.* Acción y efecto de largar.
LARGAR v. Soltar, dejar libre: *un cohete larga los escalones o etapas ya utilizados, un avión larga cargas en paracaídas, un barco larga sus velas (las despliega).* ‖ Aflojar progresivamente: *largar un cabo.*
— *Min. Largar barrena,* dejar bajar la barrena de la sonda desde el castillete hasta que penetre en el taladro que se está horadando.
LARGUEDO, DA adj. Listado, adornado con listas.
LARGUERO m. *Tecn.* Pieza que se pone a lo largo de una construcción y que forma parte de su armazón o estructura, cuales son las dos viguetas longitudinales del bastidor de un atomóvil, las barras perfiladas que corren a lo largo del fuselaje de un avión y a las cuales se fija el revestimiento, los maderos largos que van de una parte a otra de un entramado, etc.
LARSEN (*Efecto*), fenómeno que se produce en los magnetófonos, amplificadores para salas de espectáculos, etc., cuando una parte de la energía saliente de un altavoz es captada a la entrada

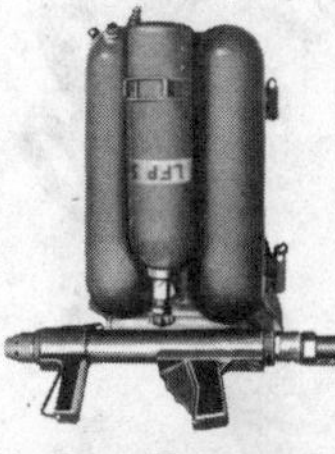

lanzallamas

lapiaz

fases sucesivas de la fabricación de **lápices**

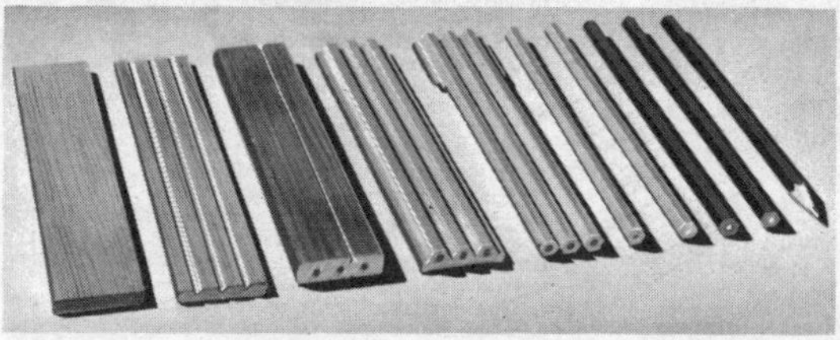

Fot. S. C. A., X

laser

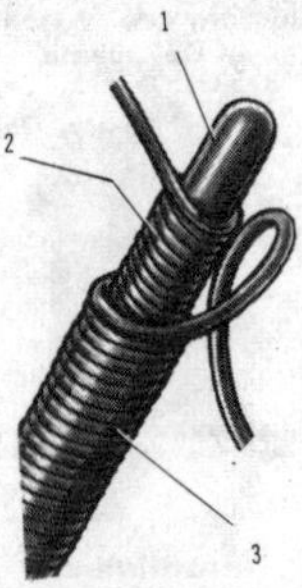

Lástex
1. Ánima de caucho; 2 y 3. Forros de hilo

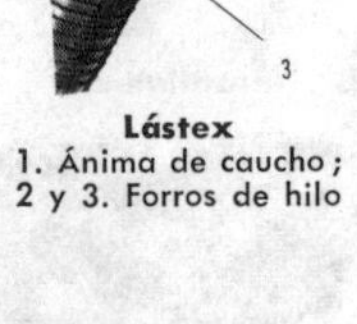

lateado

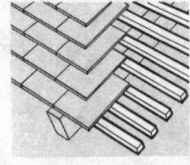

del circuito por el micrófono y se suma a la energía entrante. Se manifiesta en forma de fuerte silbido y es fácil evitarlo, pues basta para ello alejar el altavoz del micrófono.

LASCAR v. *Mar.* Largar, arriar un cabo.

LASER m. *Radiot.* Sigla de la expresión inglesa *Light Amplification by Stimulated Emission of Radiations* (amplificación de la luz mediante emisión estimulada de radiaciones) con que se designa una variedad de maser * que permite obtener rayos de luz coherente particularmente intensos y penetrantes.

— El *laser* funciona como sigue: un cristal de rubí, u otra materia apropriada, es herido por ondas electromagnéticas y ciertos electrones de sus átomos, al absorber así energía, pasan a ocupar una órbita superior (v. ÁTOMO); pero todo electrón excitado tiende a volver a su estado fundamental y si se dirige un potente rayo de luz sobre el rubí, aquellos electrones vuelven a su órbita original, cosa que no puede ocurrir si no se deshacen del suplemento de energía que habían adquirido; la eliminación la efectuan emitiendo fotones (v. FOTÓN). La barrita de rubís tiene dos espejos en sus extremos, uno de ellos opaco y el otro semitransparente. Los fotones engendrados en el cristal se mueven a lo largo de la misma; al llegar a un espejo terminal, son reflejados hacia el otro y así sucesivamente. Mientras tanto, nuevos fotones se van sumando a los que ya oscilan entre los espejos. De ahí una multiplicación considerable de los mismos o sea una amplificación enorme de la luz. Tan intenso llega a ser el haz, que acaba por atravesar el espejo semitransparente y por salir del cristal. ‖

Además de los *láseres de sólidos* (con rubís u otros cristales) existen *láseres de gas* (argón, gas carbónico, etc.). Cada tipo conviene para una aplicación determinada por sus características: potencia, funcionamiento continuo o por impulsos, frecuencia de la luz emitida, que es monocromática* y a veces invisible (infrarroja*).

La luz solar y la de las lámparas es emitida por electrones que, tras haber sido excitados por el calor, vuelven a su estado fundamental independientemente unos de otros: la luz así producida es *incoherente,* pues los fotones que constituyen un haz avanzan sin concierto, algo así como la muchedumbre en una acera (por eso es imposible obtener fenómenos de interferencia* utilizando dos lámparas eléctricas). Por el contrario, la luz del laser es *coherente:* los fotones atraviesan el espejo semitransparente en fase (como los soldados en un desfile) y con la luz de dos láseres se obtienen interferencias. La luz coherente puede ser modulada (v. MODULACIÓN); de ahí que el haz del laser pueda servir para telecomunicaciones sin hilos.

Los rayos que salen del laser son prácticamente paralelos (en realidad, muy ligeramente divergentes) con lo cual el haz conserva su potencia a larga distancia y es útil para telecomunicaciones espaciales. Un radar que emite luz de laser en vez de microondas da en su pantalla imágenes notablemente detalladas y permite al piloto de un buque distinguir las boyas pequeñas, las puertas de esclusas, etc. El telémetro laser para carros de asalto mide el alejamiento de objetivos muy pequeños.

La luz del laser puede perforar rápidamente una hoja de afeitar pues la concentración de energía en el haz es colosal: ¡hasta 100 000 veces la de la superficie solar! Una lente puede concentrar el haz en un punto igual a 1/100 de milímetro cuadrado. Emitiendo energía tan considerable con un impulso brevísimo, se puede efectuar una soldadura microscópica sin que el calor se propague por la pieza y en cirugía se trata hoy el desprendimiento de la retina adhiriéndola mediante varias « soldaduras » de ínfimas dimensiones obtenidas en unos instantes sin anestesia y sin ni siquiera fijar el globo ocular (ya que el paciente no tiene el tiempo de reaccionar, dada la brevedad del destello.)

La luz coherente permite obtener, merced al *holograma** la verdadera fotografía en relieve. Entre las muchas otras aplicaciones del laser citemos: los girocompases (más eficaces y simples que los que se fundan en el giroscopio); los telémetros, las medidas geodésicas en combinación con satélites artificiales), etc.

LÁSTEX m. *Text.* Marca registrada de un hilo elástico, con alma de caucho y doble forro de algodón, lana, seda o fibras artificiales, que se usa principalmente para fajas de señora, el borde elástico de los calcetines, etc.

LASTRA f. Lancha, piedra lisa y plana.

— *Joy.* Horma esférica de madera sobre la cual se da forma redonda a los objetos de platería.

LASTRAR v. Poner el lastre.

LASTRE m. Materias pesadas que se ponen sobre una cosa o dentro de ella para aumentar su peso con algún propósito.

— *Aeron.* Provisión de arena que se llevan los aeronautas en la barquilla del globo para arrojarla cuando quieren que el mismo ascienda o que descienda con mayor lentitud.

— *F. c.* Bloque de fundición que se coloca en las locomotoras para aumentar su peso adherente.

— *Mar.* Materias que transporta un barco para aumentar su estabilidad. ‖ Serie de plomos que se ponen en la relinga inferior de ciertas redes para hacerla descender con objeto de que el arte conserve su forma en el agua.

— Muchos barcos llevan un *lastre fijo* necesario para equilibrarlos o estabilizarlos. Otros tienen doble fondo *(water ballast)* en el cual se introduce agua cuando el cargamento del buque es insuficiente para asegurar su estabilidad.

LASURITA f. *Miner.* Lazurita.

LATA f. *Arq.* y *Carp.* Cada uno de los numerosos listones paralelos que sirven de asiento a las tejas o pizarras de una cubierta.

— *Ind.* Bote, recipiente de chapa metálica generalmente fabricado por engatillado *

— *Metal.* Hojalata.

LATEADO m. *Arq.* y *Carp.* Conjunto formado por las latas de un tejado.

LATENSIFICACIÓN f. *Fot.* Tratamiento a que se somete una emulsión fotográfica ya expuesta para reforzar la imagen latente antes de revelarla.

— La *latensificación,* que no debe confundirse con la hipersensibilización *, puede obtenerse por distintos métodos: exposición de la emulsión a los vapores de mercurio o al gas sulfuroso, tratamiento de la misma en un baño de sales de oro, etcétera.

LATENTE adj. Que existe, pero no es aparente.

Fot. C. Nobile

— *Fís. Calor latente de fusión, de vaporización,* v. FUSIÓN y VAPORIZACIÓN.
— *Fot. Imagen latente,* v. FOTOGRAFÍA.

LATERITA f. *Geol.* Suelo de color rojo subido, rico en óxidos de hierro y en alúmina, propio de las regiones cálidas y en el cual la sequía prolongada tiene como consecuencia aumentar la concentración de hierro hasta el extremo de que, al volver las lluvias, no puede ser disuelto y el suelo, cubierto por la costra de laterita, se vuelve estéril.

LATERITITA f. *Miner.* Laterita desagregada que, arrastrada por las aguas, forma capas aluvionarias en los valles.

LATERIZACIÓN f. *Miner.* Transformación superficial de un suelo en laterita.

LÁTEX m. Líquido de aspecto lechoso que fluye de las incisiones practicadas en el tronco de ciertos árboles y que, al coagularse, da caucho, gutapercha, laca y otras materias primas (cuando no se precisa la planta, se sobreentiende que se trata de látex de *Hevea brasiliensis* que da el caucho).
— El *látex* puede compararse con la leche de los animales y, como ésta, solamente es estable cuando tiene una ligera alcalinidad; al poco tiempo de ser extraído de la planta, sus glóbulos se aglomeran y forman una masa coagulada, cual ocurre con el caucho, la gutapercha y la laca. Además de estos látex naturales, la industria emplea suspensiones acuosas de resinas sintéticas a las cuales se da impropiamente el nombre de *látex artificial.*

LATINO, NA adj. *Cruz latina,* v. CRUZ.
— *Mar. Vela latina,* v. VELA.

LÁTIGO m. *Art. y of.* Cuerda que se pone en torno de una cosa para suspenderla de la romana y poder pesarla. ‖ Extremo sobrante de la correa pasada por una hebilla, la cuerda con que se ha atado un bulto, etc.
— *Radiot. Antena de látigo,* v. ANTENA.

LATITUD f. *Astr.* Distancia, expresada en grados, que media entre un punto de un astro y el plano ecuatorial del mismo, medida por el meridiano del punto considerado. (Llámase con más propiedad *latitud geográfica.*) ‖ *Latitud astronómica,* ángulo que forma la vertical de un lugar con el plano del ecuador * celeste. ‖ *Latitud eclíptica de un astro,* distancia angular del mismo a la eclíptica para el observador teóricamente situado en el centro del Sol *(latitud heliocéntrica)* o de la Tierra *(latitud geocéntrica).* ‖ *Latitud galáctica,* distancia angular de un objeto extragaláctico al plano mediano de la Galaxia. ‖ *Latitud geocéntrica de un punto,* ángulo que forma el plano del ecuador terrestre con la línea que une el referido punto con el centro del Globo. ‖ *Latitud geodésica de un punto,* ángulo que forma con el plano del ecuador la perpendicular al elipsoide de revolución teórico en dicho punto.
— Para definir la posición de un astro en el firmamento se emplea la voz *declinación* * con preferencia a la de *latitud.*
La *figura* permite comprender la existencia de ligeras diferencias en la latitud de un mismo punto según la referencia que se adopte. Así, entre la *latitud astronómica* y la *latitud geodésica* (que sirve de referencia teórica para operaciones de triangulación y cartografía) existe una diferencia llamada *desvío de la vertical* *.
La *latitud geográfica* se cuenta en grados desde el ecuador (lat. 0º) hacia los polos (lat. 90º) a lo largo de los meridianos. Consiguientemente existe una latitud boreal (o latitud Norte) y otra austral (o latitud Sur). Todos los puntos de igual latitud de un hemisferio forman una circunferencia paralela al ecuador, llamada *paralelo.* Cada grado de latitud equivale en promedio a 111 km de distancia en el terreno (110,56 en el ecuador y 111,68 en las regiones polares).
La *latitud de un punto* no tiene un valor rigurosamente fijo, pues el eje de rotación del Globo cambia ligerísimamente y provoca oscilaciones de latitud periódicas, aunque ínfimas (unas décimas de segundo). Conociendo la latitud y la longitud * de un punto, se dispone de dos coordenadas que permiten situarlo en la superficie del Globo.
— *Fot. Latitud de exposición,* error o diferencia en el tiempo de exposición * que puede tolerar una emulsión sensible sin que sufra perjuicio notable la calidad de las imágenes.
— *Geof. Efecto de latitud,* influencia del campo magnético terrestre, al cual se debe que las radiaciones cósmicas sean más intensas en los polos que en el ecuador.

LATÓN m. *Metal.* Aleación de cobre y cinc.
— El *latón,* del cual existen numerosas variedades, es un metal amarillo que ofrece no pocas ventajas: maleabilidad y ductibilidad que facilitan su trabajo, fusión y vaciado fáciles, resistencia mecánica bastante buena, resistencia a la corrosión atmosférica, precio moderado debido a la presencia del cinc, que es un metal barato. Además, la superficie del latón admite un buen pulimento y su colorido permite el uso en joyería. El color depende, claro está, de la proporción de cinc que se agrega al cobre y que, al ir aumentando, hace virar el color rojizo de éste hacia un color de rosa dorado y, finalmente, al amarillo (con 30 a 40 % de cinc).
Los latones con 20 % de cinc se utilizan en joyería y orfebrería; los que contienen de 28 a 36 % de cinc son latones maleables para estampado y embutición profunda (casquillos de bombillas eléctricas); con 40 % de cinc sirven para labores de torno (generalmente contienen 1 % de plomo para facilitar el trabajo del útil).
Los *latones especiales* se obtienen agregando al cobre y al cinc otros metales (níquel, hierro, manganeso, estaño, aluminio, etc.) que mejoran sus características mecánicas y su resistencia a la corrosión (de ahí su uso en construcciones navales, tuberías, grifos, etc.). A esas aleaciones se les da a veces, aunque impropiamente, el nombre de *bronces de alta resistencia.*

LATONADO m. *Metal.* Revestimiento electrolítico de latón que se aplica sobre otro metal.

LAUÁN m. *Bot.* y *Carp.* Árbol dipterocarpáceo de Filipinas *(Mocanera thurifera)* cuya madera se presta bien a ser desarrollada y es aprovechada por la industria japonesa de la madera contrachapada.

LAUCHA f. *Art. y of. Amer.* Alambre de acero con que se desobstruye una cañería o que penetra con facilidad donde se le introduce con otro fin.
— *Min. Amer.* Vagoneta pequeña, capaz de cargar 500 kg de carbón a lo sumo, que se usa en las galerías angostas o accidentadas.

LAÚD m. *Mar.* Barco de casco largo y estrecho cuyo velamen consiste en una vela latina principal, un foque y una mesana: *el laúd es barco de cabotaje que aún se usa en el Mediterráneo.*

LAURENCIO m. *Quím.* Elemento químico de número atómico 103, que no existe en la naturaleza y del cual se han producido artificialmente cantidades imponderables bombardeando átomos de californio con los núcleos atómicos de boro: *el laurencio es radiactivo, con período de 8 a 12 s.* (Sinón. LAWRENCIO.)

LAVA f. *Geol.* Magma de roca fundida arrojada por los volcanes y que luego se solidifica. ‖ *Lava torrencial,* masa cenagosa que corre por el lecho de un río después de lluvias torrenciales en terreno arcilloso.
— Las *lavas* son silicatos, especialmente basaltos, andesitas y traquitas, que fluyen del subsuelo a temperaturas de 1 000 a 1 200º. Si manan en grandes cantidades pueden formar verdaderos ríos incandescentes que corren por las laderas del volcán. En el caso contrario se solidifican rápidamente formando rocas que son esponjosas en razón de las burbujas de gases ocluidos. Ciertas lavas se emplean como piedras de construcción. (V. PUZOLANA.)

LAVABLE adj. Que puede ser lavado.
— *Text.* Dícese del tejido delicado o de la prenda de vestir que soportan el lavado sin deteriorarse.

LAVABO m. *Constr.* Pila de porcelana, gres o chapa esmaltada, provista de grifos de agua fría (y a veces caliente) y de un desagüe con sifón, que sirve para el aseo personal. ‖ Cuarto provisto de ésta y otras instalaciones para el aseo personal.

LAVADA f. *Pint.* Aguada.

LAVADERO m. Sitio a propósito para lavar ropa u otras cosas.
— *Min.* Placer, sitio donde se extraen y lavan

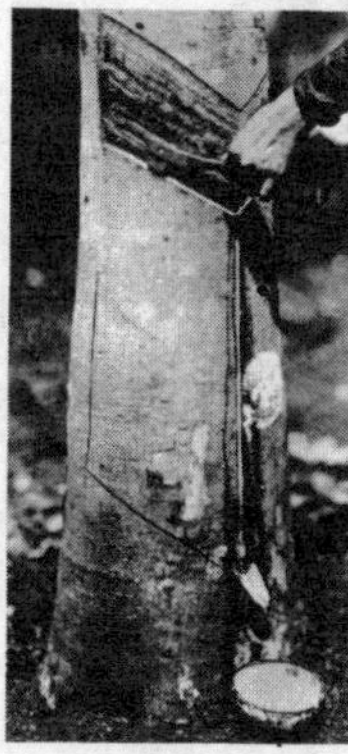

extracción del **látex** de hevea

latitud de un astro

colada de **lava**

Fot. G. G. I., Forbin

arenas auríferas. ‖ Instalación de las hulleras modernas en la cual se lava el carbón.
— El *lavadero de hulla* consta de cribas que clasifican el carbón, pilas que lo lavan, separadores de polvo por flotación, tolvas para el escurrido y almacenamiento de las distintas clases de carbón, así como de un importante circuito de canalizaciones y bombas para la circulación del agua.

LAVADO m. Acción de lavar.
— *Comb.* Nombre dado al conjunto de operaciones mediante las cuales se eliminan las impurezas del gas de alumbrado, especialmente el amoníaco. (V. GAS.)
— *Ind. alim.* Eliminación de las impurezas que acompañan a la sal bruta en las salinas.
— *Mec.* Desincrustación * periódica de las calderas de locomotoras y generadores de vapor.
— *Min.* Tratamiento a que se someten el carbón y otros minerales brutos con objeto de eliminar la mayor parte de la ganga que los acompaña. (V. SEPARACIÓN.)
— *Petr.* Operación de refinación de los derivados del petróleo, consistente en mezclarlos con un reactivo para obtener dos substancias que luego se decantan o una de las cuales es neutralizada ulteriormente.

LAVADOR, RA adj. y s. Que lava o sirve para lavar. ‖ — F. Máquina para lavar la ropa, la vajilla, las botellas vacías, etc.
— Las *lavadoras* o *máquinas para lavar la ropa* se fundan en el uso de agua caliente, a la cual se agregan detergentes, y en la agitación del líquido, de la ropa o de ambos. Constan de un dispositivo calentador del agua, de un agitador mecánico, de un bombo giratorio que contiene la ropa y de un sistema evacuador de las aguas sucias. Las máquinas perfeccionadas se hallan equipadas de un termóstato que regula el caldeo del agua y de un mecanismo de relojería que, por medio de mandos apropiados, efectúa automáticamente las siguientes operaciones: caldeo, agitación, evacuación del agua sucia, admisión de agua limpia, enjuagues repetidos, evacuación del agua, escurrido centrífugo y parada de la máquina.
Las *lavadoras de vajilla* se fundan en el mismo principio.
Las *lavadoras industriales de botellas* son instalaciones complejas y de elevado rendimiento, en las cuales las botellas, extraídas automáticamente de sus cajas y transportadas por correas sin fin, pasan por distintas máquinas y reciben en éstas chorros detergentes antes de ser enjugadas y secadas.
— *Art. gráf.* Bruzador.
— *Ind.* Los gases pueden ser depurados* con *lavadores* en los cuales las impurezas sólidas o líquidas son arrastradas por un líquido. Esto puede conseguirse de tres maneras: 1.º en columnas de platillos semejantes a las que se usan para la destilación * y en las cuales el gas ascendente atraviesa burbujeando el agua que desciende en cascada por una serie de platillos y le cede sus partículas impuras: 2.º pulverizando el líquido en un recinto atravesado por el gas, y 3.º haciendo circular el gas por un laberinto de paredes constantemente mojadas.
— *Ind. alim.* El lavado industrial de las remolachas, patatas y otros tubérculos o raíces se efectúa con lavadoras consistentes en un tambor de tela metálica provisto interiormente de una rosca de Arquímedes. Mientras el tambor gira en una pila por la cual circula agua, la rosca obliga los tubérculos que entran por uno de sus extremos a salir por el otro, ya lavados.
— *Min.* La figura representa un *lavador de minerales* de tambor giratorio provisto interiormente de paletas destinadas a agitar el contenido y a facilitar su avance. El tambor es arrastrado por frotación de numerosas ruedas de neumáticos sobre los cuales descansa. El lodo cae en una tolva y el mineral limpio pasa a una criba que lo clasifica en diferentes gruesos.

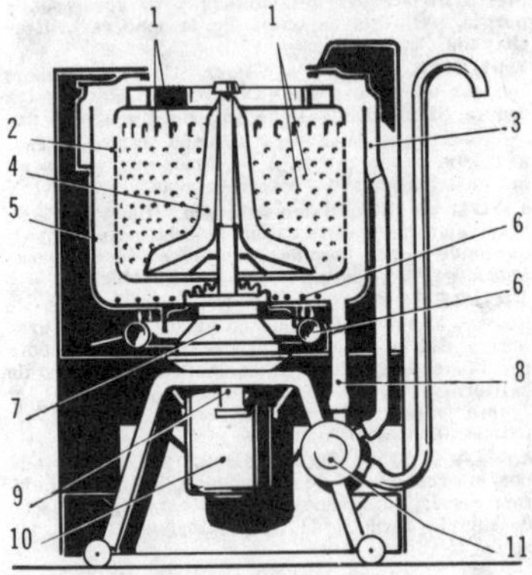

lavadora de ropa
1. Perforaciones para el escurrido; 2. Tambor perforado; 3. Vertedero; 4. Agitador; 5. Cuba; 6. Caldeo; 7. Inversor de marcha; 8. Desagüe; 9. Suspensión elástica; 10. Motor; 11. Bomba

lavadora de minerales: 1. Cargadora; 2. Paletas; 3. Lavado primario; 4. Reja; 5. Cámara lavadora; 6. Extractor; 7. Rociadora; 8. Criba; 9 y 10. Mineral fino y grueso; 11. Polvo; 12. Agua cenagosa

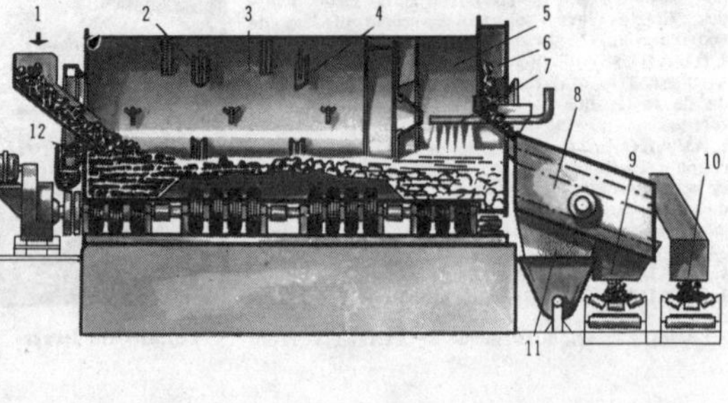

LAVADURA f. Lavado. ‖ Lavazas.
— *Curt.* Mezcla de agua, aceite y huevo usada por los guanteros para templar las pieles.

LAVAJE m. *Ind.* Lavado, especialmente el de la lana. ‖ Lixiviación.

LAVAL *(Turbina de).* V. TURBINA.

LAVAMANOS m. Calentador * de escasa potencia que se monta a veces en el mismo grifo para obtener instantáneamente agua caliente.

LAVAPARABRISAS m. *Autom.* Dispositivo que, accionado con el pie, proyecta sobre el parabrisas un líquido detergente que luego se elimina con el limpiaparabrisas, quedando así restablecida la visibilidad a través del cristal sin necesidad de parar el coche.

LAVAPINCELES m. *Pint.* Vaso de vidrio que sirve para lavar los pinceles pequeños empleados para la aguada o la acuarela.

LAVAR v. Limpiar con un líquido, generalmente con agua y productos detergentes. (V. LAVADO y LIXIVIACIÓN.) ‖ *Máquina de lavar,* V. LAVADORA y LIXIVIADORA.
— *Constr.* Bruñir el revestimiento de yeso con un paño mojado, para mejorar su acabado.
— *Min.* Tratar el mineral con agua para eliminar la mayor parte de la ganga.
— *Pint.* Lavar un dibujo, darle colores o sombreados con aguada *.
— *Quím.* Eliminar con agua las materias solubles para depurar un precipitado insoluble.

LAVARRAÍCES m. *Ind. alim.* Lavador * de raíces.

LAVAZA f. *Amer.* Espuma de jabón. ‖ —Pl. Aguas en las cuales se ha lavado algo.

LAWRENCIO m. *Quím.* Laurencio.

LAXITUD f. Calidad de laxo: *la laxitud de los cables de alta tensión aumenta con la temperatura.*

LAXO, XA adj. Dícese de lo que está flojo o tiene poca tensión.

LAYA f. *Art. y of.* Pala de hierro con mango de madera que sirve para arrancar y revolver tierras.

LAYAR v. *Art. y of.* Arrancar o revolver tierras con la laya.

LAZADA f. *Art. y of.* Nudo hecho de forma que pueda deshacerse rápidamente tirando de uno de los cabos.

LAZO m. *Arq.* Labor ornamental de lacería.
— *Art. y of.* Lazada. ‖ Cuerda o hilo con nudo corredizo en uno de sus extremos, que se usa con distintos fines.

LAZURITA f. *Miner.* Lapislázuli.

LEBECHE m. *Meteor.* Viento del sudeste que sopla en el Mediterráneo.

LECLANCHÉ *(Pila).* V. PILA.

LECTOR m. *Radiot.* Todo dispositivo destinado a interpretar las señales grabadas en los discos de gramófono, las cintas magnetofónicas, las películas cinematográficas, etc., para restituir los sonidos originales ya directamente, ya por medio de circuitos eléctricos.
— Los gramófonos antiguos tenían un *lector acústico* consistente en una aguja que, puesta en vibración por las irregularidades del surco del disco, transmitía las vibraciones a una membrana elástica situada en una cámara que era prolongada por un pabellón o trompa destinado a amplificar los sonidos.
En los tocadiscos actuales se emplean distintas clases de lectores o *pick-up.* Todos funcionan según el principio inverso del altavoz, pues, mientras éste convierte las corrientes eléctricas en vibraciones sonoras, aquéllos transforman las vibraciones de la aguja en corrientes eléctricas que luego serán amplificadas por circuitos electrónicos. El soporte de la aguja puede ser el núcleo móvil de una bobina de inducción fija *(lector electromagnético)* o arrastrar una bobina móvil que vibrará en un campo magnético *(lector electrodinámico)*; en otros casos la aguja pertenece a la armadura móvil de un condensador, entre la cual y la otra armadura fija las vibraciones engendran variaciones de la capacidad eléctrica *(lector electrostático)*; también existen *lectores piezoeléctricos* en los cuales los movimientos de la aguja se transmiten a un cristal y éste, por efecto de la presión variable, engendra una corriente modulada (V. PIEZOELECTRICIDAD). Los *lectores de estereofonía* constan de dos lectores simples. Las agujas de los lectores son de zafiro o de diamante. Éstas, aunque más caras, son más duraderas y restituyen los sonidos con más fidelidad.
En los magnetófonos, el mismo órgano empleado para la grabación efectúa la lectura (V. MAGNETÓFONO). Los *lectores de cinematografía sonora* han sido descritos en el artículo CINEMATÓGRAFO.

LECTURA f. *Art. gráf.* Letra de imprenta de 12 puntos, intermedia entre las llamadas entredós y atanasia.
— *Radiot.* Transcripción en corrientes eléctricas moduladas de las señales sonoras grabadas en los discos fonográficos, las cintas magnetofónicas, etcétera. ‖ *Brazo de lectura, punta* o *aguja de lectura,* brazo, aguja del lector *.
— *Tecn.* Acción de leer las medidas, magnitudes u otros datos indicados por un instrumento: *en las estaciones meteorológicas se efectúan varias lecturas diarias de los termómetros, barómetros y otros instrumentos.*
— *Telec.* Operación consistente en escribir las letras correspondientes a las señales acústicas recibidas en telegrafía Morse.

LECHADA f. Líquido parecido, por su aspecto, a la leche.
— *Constr.* Masa muy clara de argamasa para unir piedras o ladrillos, y también masa de yeso para enlucir o de cal para blanquear paredes, etc.
— *Papel.* Pasta muy líquida para fabricar papel.

LECHE f. Líquido blanco, graso y azucarado que segregan las glándulas mamarias de las hembras de los mamíferos. ‖ Nombre dado por ext. a muchos líquidos que, por su color y aspecto, se parecen a la leche.
— *Gom. Amer.* Látex.
— *Ind. alim.* La *leche* se compone de agua, lípidos (mantequilla), proteínas (caseína, lactalbúmina, lactoglobulina), azúcar y sales minerales. Una parte importante de la producción lechera no se consume inmediatamente y debe ser tratada para que pueda conservarse. La homogeneización * y la pasteurización * facilitan la conservación a breve plazo. Para obtener una conservación prolongada se puede condensar la leche o reducirla al estado de polvo.
La *leche condensada* o *concentrada* se obtiene calentando previamente la leche a elevada temperatura y haciéndola perder en un evaporador 65 %

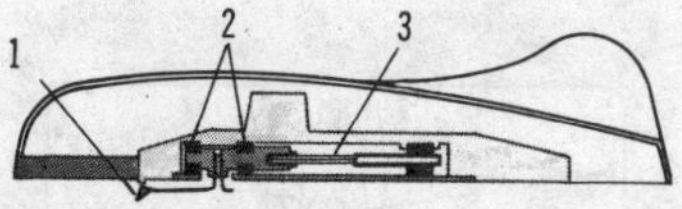

del agua que contenía, después de lo cual es enfriada, envasada en latas y esterilizada por el calor. La *leche condensada azucarada* se obtiene agregando previamente a la leche 17 % de azúcar y efectuando la evaporación a una temperatura de 55º.
Para reducir la leche al estado de polvo, se deshidrata primeramente en evaporadores a la temperatura máxima de 50º. Luego se seca vertiéndola sobre un tambor caldeado o pulverizándola en una corriente de aire caliente.
Para restituir su aspecto a la leche condensada o pulverizada, basta ponerle el agua que le falta. Otra parte de la leche producida sirve para elaborar queso *, manteca * y otros productos lácteos. También se aprovecha la leche para fabricar lactosa, ácido láctico y sobre todo caseína *, que constituye la materia primera de muchos productos industriales.

LECHO m. *Art. y of.* Capa estratificada de alguna materia: *depósito de agua con lecho filtrante de carbón y arena.*
— *Constr.* Primera capa de material que se dispone en los cimientos de una obra de fábrica. ‖ Capa de mortero o de cualquier material que sirve de asiento a otro: *el lecho de un embaldosado.* ‖ Cara superior del sillar ya colocado en la obra, que es la que servirá de lecho al sillar en la hilada siguiente. ‖ *Lecho de grava,* engravado.
— *Geol.* Capa muy delgada, de menos de 20 mm de espesor, de mineral o restos fósiles insertos entre los estratos de una roca.
— *Hidr.* Cauce o madre por el que corren las aguas de un río. ‖ *Lecho mayor,* el que ocupan las aguas del río durante las avenidas.

LECHOSO, SA adj. Semejante o parecido a la leche: *la materia prima del caucho es una savia lechosa.*

LÉGAMO m. *Geol.* Cieno, barro fino y viscoso. ‖ Tierra aluvionaria de granos intermediarios, por su tamaño, entre los de la arcilla y los de la arena más fina, primitivamente arrastrados por las aguas o por el viento: *los légamos dan tierras fértiles que conservan bien la humedad.*

LEGERITA f. *Constr.* Producto a base de petróleo (88 %) con que se impregnan los sillares y piedras de construcción para preservarlos contra los ataques químicos del hollín, los sulfuros y otras substancias disueltas en las aguas pluviales.

LEGÓN m. *Art. y of.* Hazada cuya pala forma un ángulo de menos de 90º con el mango.

LEIDEN *(Botella de).* V. BOTELLA *de Leiden.*

LEJÍA f. *Ind.* Disolución acuosa de sales alcalinas o neutras que tiene propiedades saponificantes y detergentes y se emplea para lavar: *el agua de Javel es la lejía más común.* ‖ Solución alcalina o salina que sirve para efectuar la saponificación de las grasas en la fabricación del jabón: *las lejías usadas contienen de 8 a 10 % de glicerina recuperable.* ‖ *Lejía madre,* aguas madres.

LEJIADORA f. *Papel.* y *Text.* Lixiviadora.

LEMNISCATA f. *Geom.* Curva plana, de forma general parecida a la de un 8 alargado, cuya fórmula es $(x^2 + y^2)^2 = a\,(x^2 - y^2)$: *la lemniscata es el lugar de todos los puntos cuyas distancias a dos puntos fijos, multiplicadas una por otra, dan un producto constante.*

LEMONAL m. *Perf.* Sinónimo, anticuado, de *citral.*

LENDRERA f. *Ind.* Peine * para el cabello de doble hilera de púas muy finas y apretadas.

LENE adj. *Text.* Dícese del hilo de seda de fibras laxas y poco torcidas.

LENGUA f. Badajo * de las campanas. ‖ Fiel * de balanza. ‖ *Lengua del agua,* línea de flotación. (V. también LENGÜETA.)

LENGÜETA f. *Acúst.* Laminilla de caña, de madera o de metal que, puesta en vibración por el aire en los instrumentos de viento, produce sonidos tanto más agudos cuanto más numerosas son sus vibraciones por segundo. (V. MÚSICA.)

lector
1. Aguja; 2. Suspensión; 3. Cuarzo; *abajo:* lector estereofónico (4. Cristales; 5. Aguja; 6. Soporte flexible de la aguja)

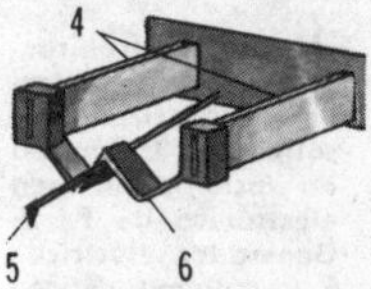

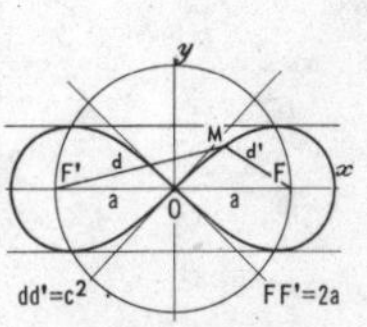

lemniscata

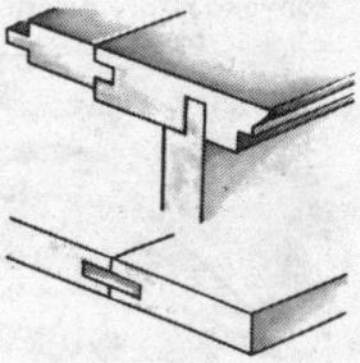

lengüetas

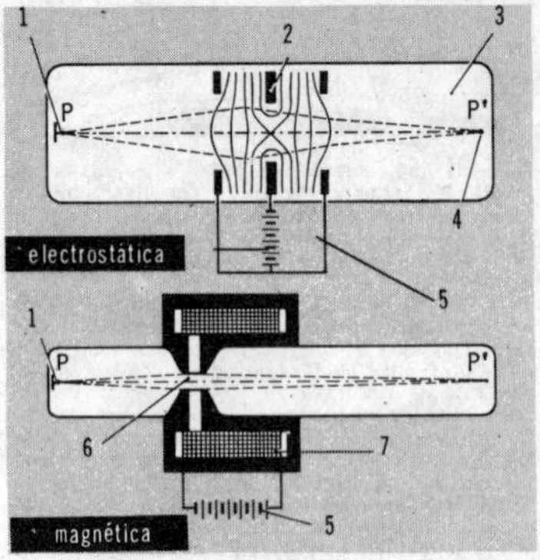

lentes electrónicas
1. Cañón de electrones; 2. Electrodo focalizador; 3. Cámara de vacío; 4. Imagen electrónica de P; 5. Generador eléctrico; 6. Campo magnético; 7. Bobina

— *Arq.* Tabiquillo o separación de poco espesor: *la lengüeta de la chimenea separa dos caños* *.
— *Art. gráf.* Cuchilla de encuadernador. ‖ Cada una de las uñas que sujetan el papel al cilindro mientras se imprime.
— *Carp.* Espiga labrada a lo largo del canto de una tabla para que encaje con la correspondiente ranura de otra tabla: *en los entarimados se usan ensambles de ranura y lengüeta.*
— *Curt.* Tira de piel que tienen interiormente los zapatos debajo de los cordones para que éstos no lastimen el pie, el cual queda al mismo tiempo protegido contra los agentes atmosféricos.
— *Metr.* Fiel * de las balanzas y romanas.
— *Min.* Barrena grande para ampliar agujeros o darles su forma definitiva.
— *Tecn.* Nombre dado a distintas piezas delgadas de forma alargada, especialmente las que corren por alguna ranura que sirve de guía.

LENGÜETILLA f. *Constr.* Paleta * de albañil pequeña, con hoja triangular de hierro y mango de madera.

LENTE m. o f. *Aeron. Perfil lenticular,* v. PERFIL.
— *Electrón. Lente electrónica,* dispositivo de forma anular que desvía los haces de electrones de modo comparable al de las lentes de cristal cuando desvían los rayos luminosos.
— Las *lentes electrónicas* permiten desviar las partículas electrizadas, imponerlas las trayectorias deseadas y hacerlas converger o diverger como si se tratara de rayos luminosos. En las *lentes electrostáticas* la desviación se obtiene mediante condensadores, mientras que en las *lentes electromagnéticas* se recurre a bobinas o a electroimanes. Estos dispositivos constituyen los elementos de la óptica electrónica, entre cuyas aplicaciones figuran el microscopio * electrónico, los oscilógrafos * catódicos (especialmente el tubo que da la imagen en los televisores), etc.
— *Fot. Lente supletoria,* lente amovible que se fija ante el objetivo y que, al modificar su distancia focal, permite fotografiar objetos muy cercanos, si es convergente, o abarcar un campo muy amplio, si es divergente. (V. OBJETIVO.)
— *Mar.* Vidrio lenticular que se pone en las portillas de los barcos, especialmente en las que dan luz a los entrepuentes.
— *Mec.* Pesa de forma lenticular del péndulo de los relojes.
— *Min.* Yacimiento cuyo espesor, relativamente pequeño, va disminuyendo del centro hacia los extremos.
— *Ópt.* Disco de vidrio o de otras substancias refringentes limitado por dos superficies generalmente esféricas y que se usa para formar imágenes ópticas. ‖ *Lente de contacto,* lente pequeña, para corregir la vista, que se aplica directamente sobre el globo del ojo. ‖ *Lente escalonada* o *de Fresnel,* sistema óptico que consta de una lente central y de varias coronas de sección prismática, cuyo conjunto se usa en los faros * marítimos para concentrar la luz en un haz intenso de rayos paralelos.
— Una *lente* puede hallarse constituida por cualquier líquido o sólido refringentes cuya masa está limitada por dos superficies esféricas de eje común. El radio de las dos esferas puede ser diferente y el de una de ellas puede incluso ser infinito, en cuyo caso la cara correspondiente de la lente es plana.
La lente puede ser considerada como una sucesión de prismas y entonces se comprende perfectamente cómo desvía los rayos luminosos (v. *figura*). Las lentes cuyo espesor va menguando del centro hacia los bordes se llaman *lentes convergentes,* pues tienen la propiedad de desviar los rayos hacia el eje y de hacerlos converger en un punto del mismo llamado foco *; por el contrario, las *lentes divergentes* tienen los bordes más espesos que el centro y desvían los rayos hacia el exterior, alejándolos del eje óptico de la lente.
Las lentes convergentes sirven principalmente: para obtener imágenes * reales de los objetos, especialmente en fotografía; para proyectar la luz de un manantial puesto en su foco (faros, proyectores); como elemento de los sistemas amplificadores de imágenes ópticas (anteojos, microscopio); como lupa, para ver la imagen aumentada de un objeto colocado entre la lente y su foco; para corregir la vista de los ojos présbites e hipermétropes.
Las lentes divergentes se usan para corregir la vista de los miopes, para los oculares de los anteojos, gemelos, etc. El acoplamiento de una lente convergente y otra divergente permite corregir la aberración * cromática.
Las características de las lentes usadas para corregir la visión se expresan en dioptrías *. (V. también CONVERGENCIA.) Cuando un ojo requiere dos lentes diferentes, una para ver de cerca y otra de lejos, se puede suprimir una de las gafas aceptando una *lente bifocal,* que tiene en su parte superior la esfericidad requerida para la visión lejana, y en la inferior la que conviene para ver de cerca: según la orientación del globo ocular —horizontal en el primer caso, hacia abajo en el segundo—, la visual atraviesa una u otra parte de la lente.
Las *lentes de contacto,* de vidrio o de materia plástica, se aplican directamente sobre el globo del ojo, al cual permanecen adheridas como una ventosa. Permiten así evitar el uso de gafas cuando ello se considere antiestético o peligroso (deportistas). En ciertos casos, *lente córnea,* sus dimensiones son muy pequeñas, pues su diámetro no excede el de la córnea.

lentes *(ópt.)*
1. Escalonada; 2. Biconvexa; 3. Bicóncava

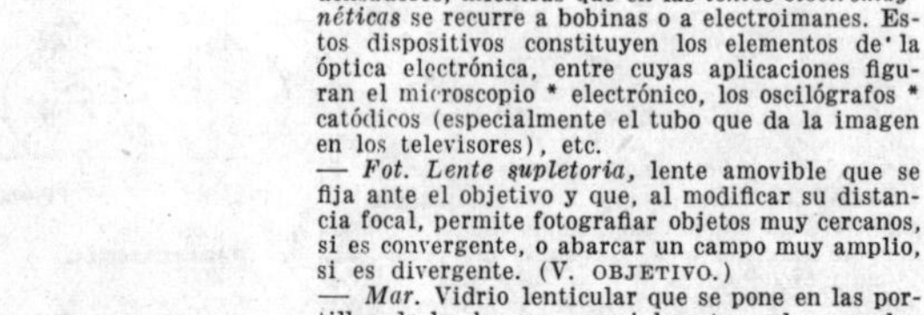

LENTICULAR adj. Que tiene forma de lenteja.
— *Aeron. Perfil lenticular,* v. PERFIL.
— *Geol.* Dícese de la capa de mineral cuyo espesor, relativamente pequeño, va menguando hacia los bordes.

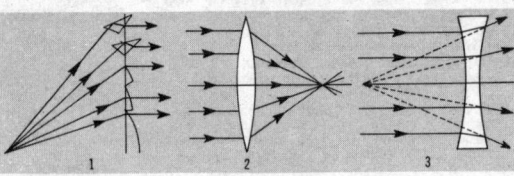

LENTO, TA adj. Que se mueve con escasa velocidad. ‖ Dícese del fenómeno físico o de la reacción química que transcurren con poca celeridad.
— *Astron. Trayectoria lenta,* v. TRAYECTORIA.
— *Cin. Cinematografía lenta,* procedimiento contrario del acelerado *, que permite ver en la pantalla los movimientos más lentos que lo son en realidad. (Sinón. RALENTÍ.)
— La *cinematografía lenta* se funda en tomar con una cámara rápida más vistas que las que se han de proyectar durante el mismo tiempo. Si el salto de un nadador desde un trampolín dura 5 s y en ese tiempo la cámara impresiona 120 imágenes, la proyección de las mismas a razón de 24 por segundo durará también 5 s y la reproducción del movimiento será fiel. Ahora bien, si se acelera el movimiento de la cámara de modo que la misma impresione 72 imágenes por segundo, la secuencia constará de $5 \times 72 = 360$ imágenes, las cuales, proyectadas a razón de 24 por se-

gundo, permitirán prolongar en la pantalla durante 15 s un movimiento que solamente duró 5. Esto hace posible descomponer y estudiar el movimiento en sus distintas fases. Se obtienen así efectos cómicos o artísticos en la cinematografía comercial, pero el procedimiento es más valioso en el campo de la cinematografía científica, pues, utilizando cámaras ultrarrápidas capaces de tomar hasta millares de imágenes por segundo, se pueden observar con toda comodidad los menores detalles de fenómenos rapidísimos (explosiones, reacciones químicas, trayectorias balísticas, fenómenos aerodinámicos, estudio de órganos mecánicos en pleno funcionamiento, etc.).

— *Constr. Cemento, yeso lento,* v. CEMENTO y YESO.

— *Expl. Mecha, pólvora lenta,* v. MECHA y PÓLVORA.

LENZ *(Ley de),* ley según la cual la corriente inducida por un campo magnético en un circuito en movimiento, sigue siempre un sentido tal que sus efectos tienden a oponerse a dicho movimiento. (En el caso contrario se obtendría un movimiento * continuo del circuito, lo cual es absurdo.)

LEÑOSO, SA adj. *Bot.* Dícese del tallo de las plantas cuando tiene la dureza y consistencia de la madera. (Sinón. LIGNOSO.)

LEÓN, constelación boreal cuya estrella principal, Régulo, se halla casi en el plano de la eclíptica. ‖ Quinto signo del zodíaco que, en la antigüedad, entraba en la constelación del León hacia el 23 de julio pero que actualmente, en razón de la precesión de los equinoccios, se ha corrido hasta casi coincidir con la constelación de Cáncer.

LEONA f. *Text. Amer.* Lona.

LEPIDOLITA f. o **LEPIDOLITO** m. *Miner.* Especie de mica blanca o rosada que constituye la mena principal del litio.

LEPT, prefijo derivado del griego *leptos,* que significa *delgado* y entra en la composición de palabras científicas, no solamente con dicho sentido, sino también en el de *liviano,* de *poco peso.*

LEPTÓN m. mejor que **LEPTONA** f. *Atom.* Nombre genérico de los fermiones ligeros, o sea del *neutrino,* el *electrón* y el *mesón* μ. (V. PARTÍCULA.)

LESENA f. *Arq.* Adorno en forma de faja lisa, simplemente pintada o constituida ya por un relieve del enlucido, ya por un listón.

LESSUESTE m. *Mar.* Viento que sopla del sector comprendido entre el Este y el Sudeste.

LESTE m. *Mar.* Este, levante.

LETICIA, asteroide * de 260 km de diámetro, que es el décimo por sus dimensiones.

LETRA f. Signo que sirve para representar gráficamente un sonido del alfabeto y que, en ciencias, se emplea como sigla o símbolo. (V. ABREVIATURA y el primer artículo de cada letra.)

— *Art. gráf. Letra de molde* o simplemente *letra,* carácter * de imprenta, tipo *.

LETRINA f. *Constr. Depósito de descarga de letrina,* v. DESCARGA.

LETRITA f. *Art. gráf.* Letra o signo que se usa para hacer una llamada *.

LEUCOCRATO, TA adj. *Geol.* Dícese de la roca endógena a base de minerales ligeros y de colores claros (cuarzo, feldespato, etc.).

LEUCODERIVADO m. *Quím.* Nombre genérico de las substancias incoloras que resultan al ser reducidos ciertos colorantes y que, inversamente, engendran el colorante correspondiente si son oxidadas: *el índigo * blanco es el leucoderivado de la indigotina.*

LEUCOXENO m. *Miner.* Titanato que forma un revestimiento grisáceo sobre la ilmenita y es una mena del titanio.

LEVA f. *Mec.* Palanca. ‖ Cada uno de los calces puestos en el suelo sobre los cuales se dejan las cosas muy pesadas para que quede entre ellas y el suelo un hueco por el que puedan pasarse las manos, para asirlas, o las cuerdas y si es preciso las carretillas con que se han de levantar o transportar. ‖ Pieza giratoria en cuyo contorno se apoya y desliza el extremo de una varilla, de forma que el movimiento de rotación uniforme de la leva se transforme en movimiento de vaivén de la varilla.

— La *figura* muestra el principio de funcionamiento de los principales *tipos de levas* (v. también EXCÉNTRICA). Ciertas levas, de forma generalmente aovada, sirven simplemente para abrir y cerrar sincrónicamente las válvulas *. Así, en los motores de explosión existe un *árbol de levas* que lleva tantas levas como cilindros cuenta el motor; cada una de éstas tiene como objeto accionar una válvula, por intermedio de una varilla y de un balancín *, en el momento preciso dentro del ciclo de cada cilindro.

Otras levas, cuyo perfil es en ciertos casos muy irregular, sirven para obtener movimientos complicados de la varilla, la cual puede oscilar, detenerse un instante antes de la inversión del movimiento, etcétera. Estos órganos mecánicos son de mucha utilidad en las máquinas herramienta y en los mecanismos automáticos.

LEVADIZO, ZA adj. Que puede ser levantado y bajado por medio de mecanismos.

— *Obr. públ. Puente levadizo,* v. PUENTE.

LEVADOR m. *Carp.* Regla pequeña usada por los carpinteros.

— *Mec.* Leva que provoca el movimiento de los mazos en los batanes y otros mecanismos similares.

LEVADURA f. *Carp.* Tabla que sobra de un madero aserrado para ponerlo a su dimensión.

— *Ind. alim.* Hongo microscópico o microbio empleados para obtener una fermentación * industrial. ‖ En las panaderías, masa que se aparta y se deja agriar para agregarla ulteriormente a la masa fresca y provocar su esponjamiento. ‖ *Levadura química,* composición artificial que reemplaza la anterior y consiste generalmente en una mezcla de bicarbonato, bitartrato y almidón, que desprende gas carbónico.

— El objeto de la *levadura* en panificación es el desprendimiento de gas carbónico que, al formar burbujas en la masa, confiere al pan su estructura esponjosa. Se emplea con dicho fin la *levadura de cerveza (Saccharomyces cerevisiae, Candida utilis),* a cuya misma familia pertenecen también los fermentos alcohólicos.

Las levaduras se nutren de azúcar y de materias nitrogenadas y segregan enzimas que son los agentes de fermentación * propiamente dichos.

LEVANTAMIENTO m. *Topogr.* Conjunto de operaciones efectuadas para levantar un plano del terreno.

— La primera fase del *levantamiento* tiene por objeto determinar, ya por triangulación, ya por mediciones directas, la posición en el plano de un número suficiente de puntos ligados a las coordenadas geodésicas. Luego se procede al levantamiento de los detalles mediante operaciones de altimetría y de planimetría que permiten situarlos en la red anteriormente preparada. (V. TOPOGRAFÍA.)

Los principales instrumentos utilizados para el levantamiento son: el taqueómetro, la escuadra óptica, la estadia, las cadenas y cintas de agrimensor, la plancheta y la alidada, etc. Hoy toman importancia creciente los levantamientos por fotogrametría * aérea.

LEVANTAR v. *Arq.* Levantar los planos de los edificios y otras obras. ‖ Edificar.

— *Topogr.* Efectuar el levantamiento * de un plano o mapa del terreno.

LEVANTE m. *Geogr.* y *Meteor.* Oriente, lado por donde sale el Sol. ‖ Viento del Este.

LEVANTINA f. *Text.* Tejido de seda con ligamento de sarga. ‖ Tela fina de seda teñida que se usa para vestidos de señora y para forros.

LEVAR v. *Mar.* Recoger el ancla fondeada. ‖ Desplegar las velas, hacerse un barco a la mar.

LEVIGACIÓN f. *Quím.* Método de análisis que consiste en reducir a polvo un compuesto y desleirlo en una corriente de agua, la cual arrastra los granos de ciertos componentes mientras que otros, más densos, caen al fondo (de este modo puede, por ejemplo, separarse un mineral de su ganga).

LEVIGADOR m. *Ind. alim.* Instalación para lavar la pulpa de remolacha en las azucareras.

— *Quím.* Aparato para separar por levigación.

levas

A. De tambor (1. Órgano gobernado; 2. Rodillo; 3. Bastidor; 4. Árbol de levas; 5. Leva ranurada); B. De ranura (6) [7. Plato]; C y D. De válvula (9. Muelle; 10. Válvula; 11. Regulación; 12. Vástago; 13. Zapata; 14. Árbol de levas; 15. Leva)

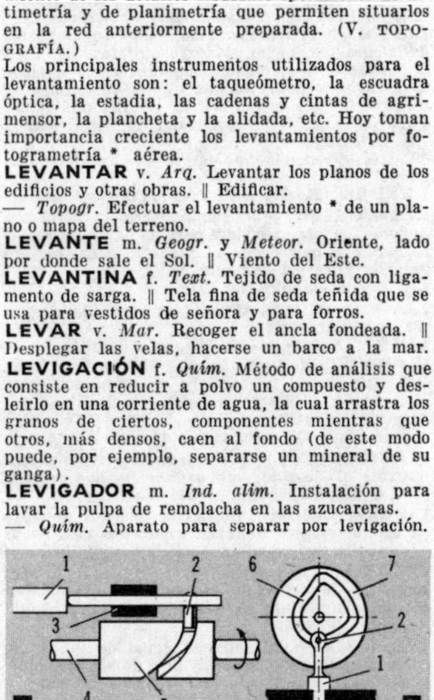

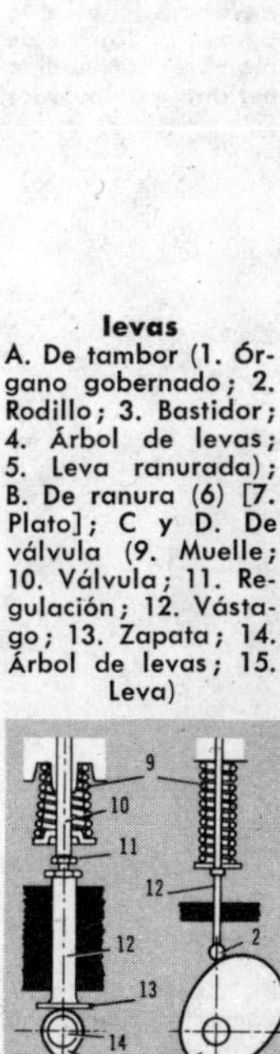

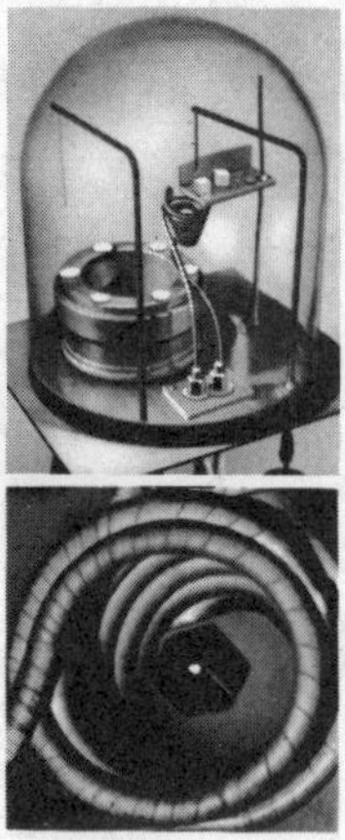

preparación de ligas por **levitación:** los dados de metal puro son empujados con el manipulador y funden en el eje de la bobina inductora; el metal adicional se le agrega en forma de alambre suspendido del otro manipulador

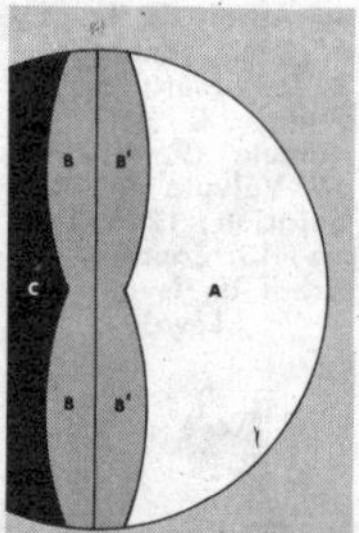

libración: A. Zona siempre visible; B, B'. Zonas alternativamente visibles e invisibles; C. Zona siempre invisible

LEVIGAR v. Desleír en agua una materia pulverulenta para que los granos más gruesos o densos caigan al fondo del recipiente y se puedan separar así del polvo impalpable arrastrado por el líquido que se derrama del mismo.

LEVISITA f. *Miner.* Lewisita.

LEVITACIÓN f. Supuesto fenómeno, jamás comprobado científicamente, según el cual ciertas personas podrían inhibirse de la gravedad y, perdiendo momentáneamente su peso, elevarse en el aire. (V. TELECINESIA.)
— *Magn.* Suspensión en el aire, sin ningún soporte material, de objetos metálicos repelidos por un campo electromagnético.
— La *levitación de objetos metálicos* se obtiene por medio de una bobina inductora, con figura de embudo, que engendra un campo opuesto a la fuerza de gravedad: el objeto es repelido hacia arriba y queda en equilibrio en el aire por encima de la bobina. Este curioso fenómeno tiene una aplicación práctica: la fusión de metales puros sin riesgo de contaminación. La acción inductora de la bobina alimentada en corriente de alta frecuencia (v. HORNO *de inducción*), al mismo tiempo que mantiene el metal en el aire, lo calienta hasta fundirlo y, como no existe contacto material del mismo con las paredes de hornos o crisoles, se conserva así su pureza.

LEVÓGIRO, RA adj. *Quím.* Dícese de las substancias que desvían hacia la izquierda el plano de polarización * de la luz.

LEVULOSA f. *Quím.* Fructosa.

LEVURÓMETRO m. *Ind. alim.* Instrumento empleado en panadería para apreciar levaduras y cuyo principio se funda en la medición del hinchamiento que provocan en la masa.

LEWISITA f. *Miner.* Titanoamoniato de calcio y de hierro. (Sinón. LEVISITA.)
— *Quím.* Clorarsina que se obtiene haciendo obrar el acetileno sobre el tricloruro de arsénico y que fue empleada durante la primera guerra mundial como gas vesicante.

LEY f. Cada una de las reglas invariables que rigen los fenómenos naturales. (V. FÍSICA.) ‖ *Ley de Lenz,* etc., v. LENZ, etc. ‖ *Leyes de Descartes,* v. REFLEXIÓN y REFRACCIÓN. ‖ *Leyes de los gases,* v. GAS.
— *Joy.* y *Metal.* Cantidad de metal fino contenido por una aleación.
— La *finura* o *ley del oro* se expresa en quilates: la ley del oro fino, o sea sin mezcla, es de 24 quilates; si el oro representa las tres cuartas partes de la aleación, su ley es de 18 quilates, etc. Pero el quilate es una unidad anacrónica y hoy se tiende a expresar la ley de una liga en milésimas de metal noble, de modo que la ley del oro de 24 y 18 quilates es, respectivamente, de 1 000 y 750 milésimas.
— *Min.* Proporción de metal que contiene una mena.

LEYDEN (*Botella de*). V. BOTELLA *de Leiden.*

LEZNA f. *Art. y of.* Punzón recto o curvo, con puño de madera, que sirve para hacer en las pieles los agujeros por donde el zapatero o talabartero pasa los hilos del pespunte.

Li, símbolo químico del *litio.*

LÍA f. *Text.* Soga de esparto trenzado que se usa para liar o atar.

LIAR v. Atar o sujetar con lías o cuerdas.

LIAS m. *Geol.* Parte inferior del período jurásico, que abarca los terrenos comprendidos entre el rhetiense y el aalense, ambos inclusive, o sea un período de tiempo entre —150 y —130 millones de años. (V. ESTRATIGRAFÍA.)

LIÁSICO, CA adj. y s. *Geol.* Relativo o perteneciente al lias: *las calizas liásicas dan piedras para la construcción.* ‖ — M. Lias.

LIBELA f. *Miner.* Burbujita gaseosa presente en las inclusiones líquidas, solamente visibles al microscopio, que contienen ciertos cristales.

LÍBER m. *Bot.* y *Carp.* Tejido fibroso de la cara interna de la corteza de las plantas vasculares, por el cual se distribuye en toda la planta la savia formada en las hojas.

LIBERACIÓN f. *Astron.* Acción de vencer un cuerpo la atracción de un astro y de alejarse definitivamente del mismo, lo cual ocurre cuando su velocidad y, consiguientemente, su energía cinética, en un punto cualquiera del espacio, superan —según se explica en el artículo ASTRONÁUTICA— la fuerza de atracción del astro en dicho punto. ‖ *Velocidad de liberación,* también llamada *velocidad de evasión* y *segunda velocidad cósmica,* velocidad necesaria, en un punto dado del espacio, para que el cuerpo que allí la alcanza, se aleje definitivamente del astro de donde proviene. (V. ASTRONÁUTICA y VELOCIDAD.)

LIBERTAD (*Grado de*). V. GRADO.

LIBRA f. *Metr.* Unidad de peso antigua que difería considerablemente de un punto a otro: *nada más que en España existían cerca de veinte libras de diferentes valores comprendidos entre 350 g (Zaragoza) y 579 g (Pontevedra).* ‖ Nombre que hoy se da comúnmente al medio kilogramo (500 g) y, en Cataluña, al peso de 400 g equivalente al de la antigua *libra catalana.*
— La *libra* sigue siendo unidad de peso legal en los países anglosajones, donde se le da el nombre de *pound,* y equivale a 453,592 g (para convertir los kilogramos en libras se multiplican por 2,246). Además de esta libra ordinaria (sistema avoirdupois *), y para mayor complicación del sistema anglosajón, existe en el mismo otra libra equivalente a 373,242 g (sistema troy) que sirve para pesar metales y piedras preciosos, medicamentos, etc.

LIBRACARRO m. *Ofic.* Dispositivo de las máquinas de escribir que suelta el carro y permite correrlo con la mano, en los dos sentidos, para escribir en cualquier parte de la línea.

LIBRACIÓN f. *Astr.* Oscilación o balanceo aparente de la Luna, a cuyo fenómeno debemos el poder ver una parte (9 %) del hemisferio de dicho satélite opuesto a la Tierra.
— La *libración en latitud* resulta de la inclinación del eje de rotación de la Luna respecto al plano de la órbita, a la cual se debe que los dos polos lunares se inclinen alternativamente hacia la Tierra de 6° 7'. La *libración en longitud* es una consecuencia de la forma elíptica de la órbita lunar, la cual determina que la velocidad de traslación sea mayor en el perigeo que en el apogeo, mientras que la rotación del Globo sobre sí mismo es uniforme. Así, aunque traslación y rotación tengan rigurosamente la misma duración, en el curso de un ciclo se produce un retraso y luego un adelanto de la primera respecto a la segunda, y entonces vemos a nuestro satélite como si se hallara algo a la izquierda o a la derecha de la posición que le corresponde. Esta circunstancia, por efecto de la perspectiva, permite ver una zona de 7° 6' que prolonga el hemisferio lunar por el Este y el Oeste, alternativamente.

LIBRAPAPEL m. *Ofic.* Dispositivo que, en las máquinas de escribir, suelta el sistema de rodillos pequeños que mantienen el papel apretado contra el rodillo principal, con lo cual puede ponerse el papel de aplomo o ser sacado rápidamente de la máquina sin necesidad de hacer girar el rodillo.

LIBRE adj. Dícese de lo que está suelto, de la cosa no sujeta y que no depende de otra. ‖ Inocupado: *vía libre.*
— *Atom.* Dícese de la partícula atómica suelta, que no forma momentáneamente parte de ningún átomo: *los electrones libres representan importante papel en electrónica, y los electrones planetarios en química.*
— *Autom. Escape libre,* v. ESCAPE.
— *Fís. Libre recorrido,* distancia que recorren en promedio las moléculas de un gas entre dos choques consecutivos de unas contra otras: *el libre recorrido aumenta cuando disminuye la presión.* (V. GAS.)
— *Mec. Rueda libre,* v. RUEDA.
— *Meteor. Atmósfera libre,* v. AEROLOGÍA.
— *Quím.* Dícese del cuerpo químico que no se halla combinado con otro.

LIBRETA f. *Papel.* Cuaderno.

LIBRILLO m. Nombre dado a varias cosas cuya forma evoca la de un libro pequeño.
— *Carp. De librillo,* dícese de las puertas, persianas y contraventanas en las cuales cada hoja se descompone en varias hojas estrechas y abisagradas que se pliegan a modo de fuelle. (V. también ACORDEÓN.)
— *Metal.* Cuadernito de papel entre cuyas hojas se guardan panes de oro o de plata. (V. BATIR.)
— *Papel.* Cuadernito de hojas de papel * de fumar.

Fot. U. S. I. S.

LIBRO m. *Art. gráf.* Conjunto de hojas impresas y cosidas o encuadernadas en forma de volumen. ‖ Subdivisión de una obra impresa, a veces inferior a un volumen: *un tratado de física en 7 libros y 5 tomos.* ‖ *Libro en rama,* conjunto de los pliegos de un libro ya impreso, plegados y ordenados, pero sin encuadernar. ‖ *Libro rayado,* el que lleva impresas rayas y columnas y se emplea en contabilidad.
— Las *dimensiones del libro* dependen del número de pliegos que lo componen, del tamaño de los mismos (v. PAPEL) y de las planas que se imprimen en cada una de sus caras. (V. CASADO.)
Ciertas máquinas modernas permiten imprimir 32 páginas en cada cara del pliego, con lo cual la hoja de papel, una vez plegada, constituye 64 páginas del libro. Después del plegado * se efectúa el alzado * de los pliegos, antes de proceder a la encuadernación*. (V. también GRABADO e IMPRESIÓN.)

LICOPODIO m. *Bot.* Planta licopodiácea *(Lycopodium clavatum)* cuyas esporas constituyen un polvillo fino, también llamado *licopodio,* que arde instantáneamente con vivo resplandor y que se emplea en fuegos de artificio. Igualmente se emplea en farmacia, para espolvorear píldoras, pues es muy hidrófugo y las protege de la humedad.

LICOR m. *Ind. alim.* Bebida alcohólica no fermentada que se obtiene mezclando alcohol, agua y azúcar con zumos, extractos o perfumes vegetales.
— Ciertos *licores* se fabrican a base de perfumes obtenidos por destilación de las materias vegetales, agregándose al destilado azúcar y alcohol rebajado con agua; en otros, el perfume se obtiene por infusión de las materias en alcohol, que luego es azucarado; existen, por último, licores compuestos mediante simple mezcla de esencias en alcohol rebajado con agua y azucarado.
— *Quím.* Nombre dado a numerosas disoluciones líquidas que son, las más de las veces, preparados farmacéuticos y, en otros casos, reactivos químicos. ‖ *Licores normales,* disoluciones líquidas de sales, ácidos u óxidos que contienen una proporción determinada del cuerpo disuelto. (V. DISOLUCIÓN.)

LICUABLE adj. Liquidable.

LICUACIÓN f. *Fís.* Separación de los componentes de una mezcla sólida mediante fusión selectiva de una parte de los mismos. ‖ Liquefacción. ‖ Liquidación.

OBSERV. Con más propiedad, *licuación* es un procedimiento de separación, *liquefacción* es la transformación de un gas en un líquido y *liquidación* es la conversión al estado líquido de un sólido o de un gas.

— En geología, la *licuación* explica la diferenciación de ciertas rocas formadas por la solidificación de un mismo magma.
En metalurgia se aprovecha la licuación para separar uno de los metales de una aleación o para eliminar las impurezas de un metal simple. Consiste este método en calentar la aleación o el metal bruto a una temperatura suficiente para fundir todos los metales, menos el que se ha de separar (o viceversa, si éste tiene una temperatura de fusión inferior a la de los otros), y en separar las partes sólidas y líquidas.
En otros casos pueden separarse por licuación dos metales, aunque ambos se hallen fundidos, si no son miscibles al estado líquido y si existe entre ellos una diferencia de densidad suficiente. Así se trata el cinc, que flota en el crisol, mientras que el plomo que lo acompañaba al estado sólido, se deposita en el fondo.

LICUAR v. Liquidar, convertir en líquido.
— *Metal.* Efectuar la licuación * de los metales para purificarlos o separar sus componentes.

LICUEFACCIÓN f. *Fís* Liquefacción.

LICUEFACER v. Licuar o liquidar.

LICUEFACTOR m. Condensador de vapor.

LICUESCENCIA f. Calidad de la substancia que tiende a liquidarse.

LICUESCENTE adj. Que tiende a liquidarse.

LIDIA f. *Joy.* Lidita.

LIDITA f. *Expl.* Explosivo derivado del ácido pícrico que se empleó en otro tiempo como carga para obuses de mucho calibre.
— *Joy.* Jaspe usado por los joyeros como piedra * de toque para apreciar la pureza de los metales.

LIENZO m. *Arq.* Cada fachada o pared de un edificio o de un local.
— *Text.* Tela * de lino con ligamento tafetán.

LIGA f. Materia viscosa procedente del líber del acebo y de otros árboles o plantas, que se emplea para cazar pájaros.
— La *liga* se elabora haciendo hervir el líber del acebo o del muérdago que, reducido así al estado de pasta, fermenta y se vuelve muy pegajoso. También se obtiene liga haciendo hervir aceite de linaza al abrigo del aire.
— *Metal.* Aleación. ‖ Proporción de metal ordinario contenida por un metal precioso. (V. LEY.)
— *Text.* Cinta * elástica que sirve para asegurar las medias en las piernas.

LIGADURA f. *Arq.* Braguetón.
— *Art. y of.* Vuelta o nudo dados en torno de una cosa para atarla, apretarla o sujetarla. ‖ Empalme de alambres mediante torsión de sus extremos.
— *Quím.* Enlace.

LIGAMENTO m. *Text.* Cada uno de los modos como puede efectuarse el entrelazamiento de los hilos de trama y de urdimbre para formar el tejido.
— Todos los tejidos, salvo los fieltros y los géneros de punto, resultan del entrelazamiento de dos series de hilos —trama y urdimbre—, pero fácil es comprobar, observando detenidamente distintos tejidos, que existen numerosos modos de efectuar dicho entrelazamiento. Para representarlos gráficamente se usa papel cuadriculado en el cual cada columna de cuadrículas figura un hilo de la urdimbre, mientras que cada línea de cuadritos horizontales representa un hilo de trama. Cada vez que un hilo de urdimbre pasa por encima de uno de trama, se pinta el cuadrito correspondiente con tinta negra o de color; todos los cuadritos que quedan en blanco representan la trama y ya se comprende que al dibujo en que predominen los cuadritos blancos corresponde un tejido con efecto de trama, mientras que la superioridad de cuadritos entintados denota un efecto de urdimbre.
Todos los *ligamentos* derivan prácticamente de los tres fundamentales a continuación descritos:
1.º *Ligamento tafetán* o *de tela,* ligamento en el cual todos los hilos impares de la urdimbre pasan por debajo de un hilo de trama, y los pares por encima, invirtiéndose el orden en el siguiente hilo de trama (hilos impares de la urdimbre por encima, y pares por debajo), y así sucesivamente, lo cual, representado gráficamente, conduce a una figura parecida al tablero de ajedrez. Es el ligamento más común, que da tejidos resistentes, tupidos y generalmente iguales por ambas caras.
2.º *Ligamento de sarga,* ligamento que difiere del anterior, pues así como en éste bajan y alzan alternativamente todos los hilos pares e impares de la urdimbre, aquí se dividen los mismos en series de 2, 3, 4 o más hilos. En primer lugar se levanta solamente el primer hilo de cada serie y se pasa un hilo de trama entre ellos y todos los demás; a la segunda pasada, se levanta el segundo hilo de urdimbre de cada serie; a la tercera, el tercero, y así sucesivamente. El corrimiento a la vez lateral y longitudinal de los puntos visibles de urdimbre se traduce así por unos bordoncillos diagonales y por la existencia de una cara buena del tejido y de un revés. La combinación de dos ligamentos de sarga, de modo que uno dé un escalonamiento hacia la derecha y otro hacia la izquierda, cruzándose ambas diagonales, constituye un ligamento cruzado, que es una de las muchas variantes de la sarga.
3.º *Ligamento satén,* ligamento que empieza como el de sarga pero, en vez de ir levantando los

ligamentos
de izq. a der.: tafetán, sarga y satén

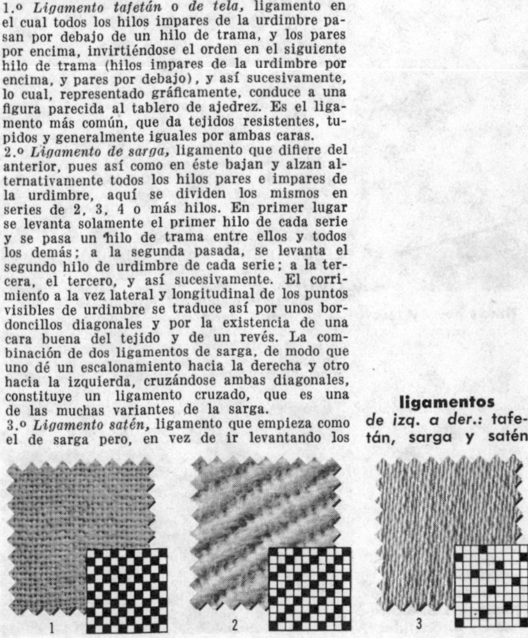

beneficio del **lignito** a cielo abierto

hilos de una serie de urdimbre uno a uno, por su orden, se dejan varios sin levantar entre dos pasadas consecutivas de la trama, siguiendo, por ejemplo, el orden: 1.º, 3.º, 6.º, etc. Se obtienen así tejidos rasos y muy brillantes, con efectos muy pronunciados de trama o de urdimbre, según la cara que se considere, pues en cada una de ellas predominan netamente los hilos de una u otra clase.

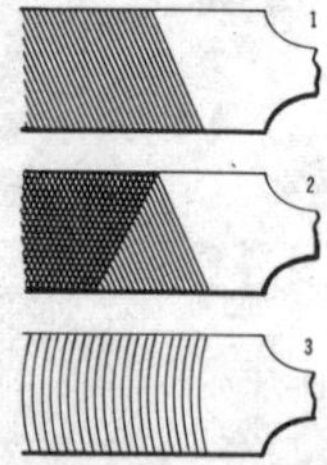

limas de estrías simples (1), cruzadas (2) y curvas (3)

LIGAR v. Atar.
— *Agr. Máquina de ligar,* v. ATADORA.
— *Metal.* Alear metales.

LIGAZÓN f. Unión, enlace entre dos o más cosas.
— *Mar.* Cada uno de los maderos que componen las cuadernas del casco.

LIGERO, RA adj. Dícese de la cosa que, comparada con las demás de su especie, es poco densa o pesada: *las células de los aviones son construcciones ligeras.*
— *Metal. Aleación ligera,* v. ALEACIÓN.
— *Petr. Aceites ligeros,* v. ACEITES *minerales.*

LIGNIFORME adj. *Miner.* De aspecto semejante o parecido al de la madera.

LIGNINA f. Substancia orgánica e incrustante que impregna los tejidos vegetales y los convierte en madera.
— La *lignina* constituye de 20 a 30% de la masa de la madera. No existe al estado puro sino mezclada con celulosa (ligninocelulosa) y contiene 70% de carbono. Es, por consiguiente, un combustible con poder calorífico superior al del carbón. Los tratamientos químicos a que se somete la leña para fabricar pasta de papel provocan la eliminación de la lignina por las aguas madres, de las cuales se extrae ulteriormente, aunque no en todas las papelerías. Sirve como combustible y para elaborar vainillina, abonos, antisépticos, curtientes, aglomerantes para firmes de carreteras, etc.

limas hoya y tesa *(arq.)*

LIGNITA f. *Miner.* Lignito.

LIGNITÍFERO, RA adj. *Geol.* Que contiene lignito: *arcillas lignitíferas.*

LIGNITO m. *Comb.* y *Miner.* Carbón fósil que es hulla incompletamente carbonizada.
— El *lignito,* mientras que la hulla data de la era primaria, proviene de la secundaria e incluso de la terciaria. Los fenómenos fisicoquímicos no han tenido, pues, tiempo de consumar la carbonización de las materias vegetales y, si bien existen lignitos de características comparables a las de la hulla, otros, mucho más recientes, se asemejan más bien a la turba.
El lignito se caracteriza por su elevado contenido de humedad (de 20 a 40% de agua) y de materias volátiles (de 45 a 60%). Así, tres toneladas de lignito desprenden el mismo calor que una de hulla, con la desventaja de que el lignito no es coqueficable (aunque recientemente se han probado técnicas que permiten convertirlo en coque). De ahí que los yacimientos de lignito, por cierto muy abundantes, solamente sean rentables en el caso de poder efectuar su beneficio a cielo abierto con maquinaria potente y de elevado rendimiento. El lignito resulta, sin embargo, interesante como combustible para centrales eléctricas, y también, en razón de su riqueza en materias volátiles, como materia prima de la industria química.
El lignito contiene de 60 a 73% de carbono y su valor calorífico es de 7 000 calorías por kilogramo. (V. también CARBÓN y HULLA.)

limadora
1. Bancada; 2. Herramienta; 3. Corredera; 4. Bastidor

LIGNITOSO, SA adj. *Miner.* Dícese del carbón de piedra y otros combustibles sólidos formados por la carbonificación de plantas gimnospermas análogas a los árboles resinosos actuales.

LIGNOCELULOSA f. *Quím.* Asociación de lignina * y celulosa * que es el constituyente esencial de la madera.

LIGNOSO, SA adj. *Bot.* Leñoso.

LIGROÍNA f. *Petr.* Fracción del petróleo que destila a las temperaturas comprendidas entre 120 y 130º y que es un disolvente de las grasas.

LIGURITA f. *Miner.* Variedad de esfeno de cristales muy grandes.

LIJA f. *Carp. Papel de lija,* v. PAPEL.

LIJADORA f. *Carp.* Máquina para alisar la madera y darle finura con papel de lija.
— En las *lijadoras de tambor* y en las *de disco,* el papel se fija respectivamente sobre un tambor (que frota la madera con doble movimiento de rotación y de vaivén a lo largo de su eje) o sobre un disco, en cuyo caso suele tratarse de *lijadoras portátiles;* en las *lijadoras de cinta,* la tela de lija forma una cinta sin fin.
Toda la madera cruzada o chapeada, cuyos paneles alcanzan dimensiones muy grandes, es alisada con lijadoras. Es indispensable que estas máquinas dispongan de un potente dispositivo aspirador del finísimo polvillo que desprenden al raspar la madera.

LIJAR v. *Carp.* Alisar o pulir con papel * de lija. ‖ *Máquina de lijar,* lijadora.

LIMA f. *Arq.* Ángulo diedro formado por dos vertientes o faldones de un tejado, llamándose *lima hoya* si se trata de un ángulo entrante y *lima tesa* si es el ángulo saliente. ‖ Madero de la armadura de un tejado colocado en la arista de dicho ángulo.
— *Art. y of.* Herramienta consistente en una barra de acero templado labrada en forma de estrías con las cuales se frotan las superficies metálicas para desgastarlas, darles forma o alisarlas.
— Las *limas de estrías simples* sirven para metales blandos; las de *estrías cruzadas,* para el acero. La superficie limada queda tanto más lisa cuanto menor es la anchura de las estrías (de 0,1 mm en las limas más finas a 2 mm en las más bastas). Las limas que tienen las estrías embotadas con plomo para que no hagan ruido se llaman *limas sordas.*
La madera se desbasta con raspas o escofinas.

LIMADORA f. *Metal.* Acepilladora * pequeña para metales, cuyo útil recorre la superficie de la pieza con movimiento de vaivén, arrancando una viruta en un sentido y volviendo rápidamente, en el otro, a la posición de partida, con ligero corrimiento lateral entre dos pasadas que permite atacar cada vez el metal.

LIMADURAS f. pl. *Metal.* Partículas arrancadas al metal por la lima con que se alisa.

LIMALLA f. Metal en polvo, limaduras.

LIMAR v. *Art. y of.* Desgastar, alisar o dar forma con la lima o con la limadora.

LIMATÓN m. *Art. y of.* Lima redonda y, en general, toda lima estrecha y puntiaguda.
— *Arq. Amer.* Lima de tejado.

LIMBA f. *Bot.* y *Carp.* Nombre comercial de la madera de un árbol combretáceo de África (*Terminalia superba*), objeto de exportación activa.

Fot. Océan, Dal-Bon, Larousse

— La madera exterior del tronco de *limba* tiene el aspecto de la del roble, mientras que la de la parte interna, más obscura y veteada, se parece a la del nogal. Es madera fácil de trabajar y muy usada en Europa, tanto en carpintería y ebanistería como para fabricar madera cruzada.

LIMBO m. *Astr.* Borde del disco aparente de un astro: *observar una protuberancia en el limbo inferior del Sol.*

— *Metr.* Escala graduada, en forma de corona, que tienen ciertos instrumentos para medir ángulos: *el teodolito tiene dos limbos.*

LIMERA f. *Mar.* Abertura que, en la bovedilla de popa, da paso a la cabeza del timón *.

LIMETA f. *Vidr.* Botella de mucho diámetro y poca altura, provista de un cuello largo.

LIMITACIÓN f. *Mat.* Expresión matemática en la cual figuran los límites o valores extremos que puede tomar una variable: *en la limitación* m *a* n, *el valor de la variable* a *es inferior al de* n *y superior al de* m.

LIMITACORRIENTE m. *Electr.* Limitador * de corriente.

LIMITADOR, RA adj. y s. Que limita o sirve para limitar la amplitud de un fenómeno físico, los movimientos de un órgano mecánico, etc. || — M. Dispositivo con que se obtiene dicha limitación.

— *Electr. Limitador de corriente,* dispositivo para impedir que el consumo de corriente eléctrica por un abonado, inquilino, etc., sobrepase un valor máximo, fijado de antemano ya limitando la corriente sin interrumpirla, ya interrumpiéndola cuando el gasto es excesivo. || *Limitador de sobretensión,* aparato protector que se pone en una instalación eléctrica para impedir que las sobretensiones alcancen valores peligrosos. || *Limitador de tensión,* limitador de sobretensión, que es como debe decirse.

— Son *limitadores:* el *conyuntor * disyuntor,* los *disyuntores * de máxima* y *mínima,* los *fusibles ** (también llamados *limitadores de intensidad*). Los limitadores de sobretensión de las líneas de alta frecuencia consisten en pararrayos * de distintos modelos.

— *Mec. Limitador de carrera,* dispositivo destinado a impedir que un órgano mecánico pueda pasar de las posiciones que se han fijado como límite de su movimiento. || *Limitador de esfuerzo,* dispositivo de seguridad que impide el funcionamiento de un aparato cuando éste ha de vencer esfuerzos excesivos. || *Limitador de velocidad,* el que impide que una máquina sobrepase la velocidad prevista.

— Entre los muchos *limitadores* utilizados en mecánica descuellan por su importancia: las *válvulas * de seguridad* de las calderas y máquinas de vapor, instalaciones de aire comprimido, etc.; los *limitadores de temperatura* de las calderas; los *limitadores de velocidad* empleados para que no puedan dispararse las turbinas, etc.
Los ascensores están provistos de *limitadores de carrera* y a veces de un limitador de velocidad, dispositivo en el cual la fuerza centrífuga excesiva engendrada por una rotación muy rápida del tambor del cable, se aprovecha para accionar un conmutador que, al invertir las conexiones del motor del torno, lo hace funcionar como freno *.

— *Radiot. Limitador de amplitud,* circuito electrónico que, en los receptores de modulación de frecuencia y otros aparatos de radio, sirve para mantener dentro de límites determinados la amplitud de las señales captadas.

LÍMITE m. *Acúst. Límite de audibilidad,* v. AUDIBILIDAD.

— *Aeron. Capa límite,* v. CAPA.

— *Mat.* Cantidad fija a la cual se aproxima cada vez más otra cantidad variable sin jamás alcanzarla (si bien puede llegar a ser su diferencia prácticamente nula): *si* n *es un número entero que puede tomar valores crecientes (1, 2, 3, etc.), la magnitud* $\frac{1}{n}$ *tiene por límite* 0.

— *Mec. Límite de elasticidad, límite de fatiga,* v. ELASTICIDAD, FATIGA y RESISTENCIA *de materiales.*

LIMN, prefijo derivado del griego *limné,* que significa *lago.*

LÍMNICO, CA adj. Dícese de la cuenca hullera en la cual el carbón proviene de la fosilización de plantas y materias vegetales arrastradas por los ríos y acumuladas en el fondo de un antiguo lago: *en las cuencas límnicas las capas de carbón tienen siempre la forma lenticular.*

LIMNÍGRAFO m. *Metr.* Instrumento registrador para medir las variaciones de la altura del agua en los lagos y ríos. Sinón. LIMNÍMETRO y LIMNÓMETRO.)

— El dispositivo inscriptor de *limnígrafo* es accionado por un flotador que sube o baja en el interior de un tubo vertical sumergido en el agua. El estilete traza así la altura correspondiente en un gráfico graduado dispuesto sobre un tambor movido por un mecanismo de relojería.

LIMNIMETRÍA f. *Metr.* Medición de las variaciones periódicas que experimenta el nivel de las aguas en los lagos.

LIMNÍMETRO m. *Metr.* Limnígrafo.

LIMNITA f. *Miner.* Limonita fosforosa y humífera.

LIMNOLOGÍA f. Ciencia que trata de los lagos, tanto en el aspecto físico como biológico.

LIMNÓMETRO m. *Metr.* Limnígrafo.

LIMO m. Lodo, légamo.

LIMÓN m. *Arq.* y *Carp.* Zanca. || *Falso limón,* zanca empotrada que sirve de apoyo a los peldaños de la escalera por el lado del muro.

— *Transp.* Limonera.

LIMONADA f. *Ind. alim.* Bebida hecha con zumo de limón y agua azucarada. || *Limonada gaseosa,* gaseosa. || *Limonada seca,* polvos de ácido cítrico y azúcar que se disuelven en agua para preparar una limonada.

LIMONERA f. *Transp.* En los vehículos de tracción animal, cada una de las dos varas en que se engancha la caballería y también el conjunto formado por las mismas.

LIMONITA f. *Miner.* Óxido férrico hidratado, el más común de todos los minerales de hierro. (Sinón. HIERRO LIMONOSO, HEMATITES PARDA.)

— La *limonita* es una mezcla de goetita y de lepidocrocita hidratadas que puede contener más de 80 % de óxido ferroso. Existe una variedad arcillosa que constituye el ocre * amarillo.

LIMOUSINE f. *Autom.* Forma anticuada de carrocería en la cual el asiento trasero se halla en una caja completamente cerrada, mientras que el delantero queda al aire libre, protegido solamente por el parabrisas.

LIMPIADERA f. *Carp.* Cepillo *.

LIMPIADORA f. Máquina para limpiar algo: *la limpiadora de grano se llama aventadora.* || Lavadora: *limpiadora o lavadora de botellas.*

LIMPIAGUARDABRISAS o **LIMPIAPARABRISAS** m. *Autom.* Aparato que sirve para escurrir las gotas de lluvia que dificultan la visibilidad a través del parabrisas de los automóviles.

— El *limpiaparabrisas* consta generalmente de dos escobillas acopladas —una para cada lado del parabrisas— que son unas láminas de caucho cuyo borde libre ajusta en la superficie del cristal y la barre con movimiento alterno y semicircular. El arrastre de las escobillas se obtiene ya con un motorcito eléctrico, ya utilizando la depresión producida por la admisión de los gases en los cilindros del motor.
En los vehículos provistos de lavaparabrisas, el *limpiaparabrisas* permite lavar el cristal y eliminar el polvo y la suciedad sin necesidad de apearse del coche ni de pararlo.

LIMPIEZA f. *Text. Limpieza en seco,* procedimiento para limpiar los tejidos que no son lavables, así como los trajes de sastre y otras prendas que se deformarían definitivamente si fueran mojados o restregados.

— La *limpieza en seco* se efectúa en realidad por vía húmeda pero, en vez de bañar las prendas en agua y jabón o detergentes, se tratan en una cámara con vapores de disolventes muy volátiles (benzol, tetracloruro de carbono, etc.) que disuelven y arrastran la suciedad sin ninguna necesidad de empapar y restregar el tejido.
Antes de ser sometida a este tratamiento, la prenda es examinada cuidadosamente y se procede a eliminar con quitamanchas apropiados aquellas manchas contra las cuales resultaría ineficaz el disolvente general de grasas.

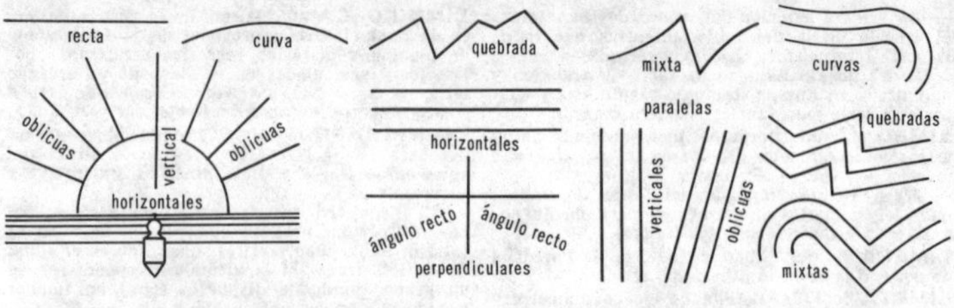

líneas *(geom.)*

LIMPIO, PIA adj. *Atom.* Dícese del artefacto atómico que, al explotar, no contamina el terreno ni la atmósfera con partículas radiactivas de largo período: *no existen bombas atómicas verdaderamente limpias.* (V. BOMBA y RADIACTIVIDAD.)

LINÁLOE m. *Bot.* y *Perf.* Árbol burseráceo de México (*Bursera Delpechiona* y *B. aloexylon*), cuyos tejidos contienen una esencia que entra en la composición de perfumes.

LINALOL m. *Perf.* Alcohol terpénico terciario, isómero del geraniol *, presente en muchas esencias vegetales empleadas en perfumería.

LINAZA f. Simiente del lino * que, prensada, da aceites para pinturas y alimentos para el ganado, y, molida, una harina empleada para cataplasmas. || *Aceite de linaza,* v. ACEITE y PINTURA.

LINDEL m. *Arq.* Dintel.

LÍNEA f. Raya o traza continua visible o imaginaria que separa dos cosas o que limita el contorno de un objeto. || Sucesión de puntos o cosas que guardan relación entre sí y forman un conjunto: *la línea de radiotelescopios de un interferómetro.*

— *Aeron. Línea aérea,* itinerario recorrido regularmente por los aviones de un servicio de transporte de pasajeros o mercancías. (Sinón. AEROLÍNEA, AERORRUTA, AEROVÍA.) || *Avión de línea,* el que efectúa un servicio regular de pasajeros o mercancías entre dos o más aeropuertos.

— El establecimiento de una *línea aérea* requiere la existencia de aeropuertos * convenientemente equipados y dotados de pistas conformes con las reglas prescritas para el tipo de aviones usados en la línea, así como de una infraestructura y de sistemas de radionavegación *. (V. AVIACIÓN.)
Las *líneas intercontinentales* enlazan dos o más continentes y algunas de ellas, para seguir la ruta más corta, pasan por el Polo Norte. Las más importantes por la intensidad del tránsito son la del Atlántico Norte (entre América del Norte y Europa) y la que une la América del Norte con la del Sur.
Las *líneas transcontinentales* enlazan aeropuertos situados dentro de un mismo continente, y entre ellas destacan, por su longitud y por la importancia del tránsito, las que unen la Rusia europea con Siberia y el resto de Asia y las que, en los Estados Unidos, enlazan las grandes ciudades de las costas del Pacífico con las del Atlántico.
Las *líneas internas* tienen una importancia creciente. En muchos países de bajo nivel de vida se aprovechan en ellas aviones anticuados cedidos por las compañías importantes de otros países donde la clientela es más pudiente y exigente.

— *Arq. Línea de arranque,* recta que une los dos arranques * de un arco. || *Línea de garganta,* intersección del lateado * con la techumbre de la viga maestra. || *Línea de huellas,* línea imaginaria que corre paralelamente a la barandilla de una escalera, a unos 50 cm de la misma y que corresponde a la trayectoria de la persona que sube o baja por ella. || *Línea de nacimiento,* línea determinada por la intersección de la superficie cóncava de una bóveda con la de una pared lateral.

— *Art. gráf.* Raya o renglón, sucesión de palabras dispuestas transversalmente en la página. || *Línea áurea,* v. NÚMERO *de oro.* || *Línea ladrona,* la última de un párrafo, cuando consta de menos de cinco letras. || *Línea perdida,* la que se halla aislada entre dos blancos, cual ocurre con las que figuran a veces en caracteres pequeños en las portadas y los títulos. || *Fotograbado de línea,* v. FOTOGRABADO.

— *Astr. Línea de los ápsides,* v. ÁPSIDE. || *Línea de cambio de fecha,* v. HORA. || *Línea de los equinoccios,* v. EQUINOCCIO. || *Línea meridiana,* v. MERIDIANO. || *Línea de los nodos,* v. NODO.

— *Constr.* Maestra * que se tiende antes de enlucir un muro.

— *Electr. Línea eléctrica,* conjunto de conductores aéreos, subterráneos o submarinos que sirven para transportar la energía eléctrica de un lado a otro. || *Línea de distribución,* línea eléctrica a lo largo de la cual existen acometidas para distribuir la energía eléctrica a los abonados. || *Línea piloto,* línea auxiliar que corre junto a una línea eléctrica y sirve para los servicios de protección, medidas, mandos y telecomunicaciones referentes a la red de transportes y distribución de energía eléctrica a que pertenece aquélla.

— La energía eléctrica se transporta por medio de *líneas aéreas de alta tensión,* constituidas generalmente por tres cables *. El paso de la corriente por éstos se produce con pérdidas de energía tanto más importantes cuanto mayores son las distancias recorridas y menores las tensiones. Por eso se tiende a aumentar el voltaje y se multiplican las líneas de 380 000 V, alcanzándose en ciertos casos 500 000 V.
Los cables se hallan equipados con numerosos dispositivos de seguridad y de control (pararrayos, disruptores, etc.) y las líneas disponen también de estaciones transformadoras de las cuales parten los ramales de la red de distribución *.
Para asegurar un suministro regular a pesar de las fluctuaciones que experimentan la producción y el consumo según la hora del día y la época del año, es indispensable recurrir a la interconexión * de las principales líneas de una red regional o nacional, e incluso de dos o más redes nacionales.

— *F. c.* Itinerario ferroviario. || *Línea de toma,* conductor aéreo, sostenido por la catenaria *, del cual toman la corriente las locomotoras eléctricas, los tranvías y los trolebuses.

— *Geom.* Sucesión de puntos, o sea extensión considerada en una sola dimensión: *la intersección de dos superficies es una línea.* (V. las principales clases de líneas en la lámina.) || *Línea de fuga,* dícese, en perspectiva * caballera, de la proyección ortogonal de la directriz sobre el plano del cuadro. || *Línea de horizonte,* dícese, en perspectiva, de la intersección del plano del horizonte * con el del cuadro. || *Línea llena,* dícese, en dibujo industrial, de la que se halla formada por un trazo continuo, por oposición a la línea punteada. || *Línea punteada,* la formada por una sucesión de puntos o rayitas y que, en los planos,

tendido de una **línea** eléctrica

línea de interconexión de las redes española y francesa *(electr.)*

Fot. E. D. F., Baranger

sirve para indicar líneas invisibles del objeto, ejes, cortes, secciones, etc.
— *Magn. Línea de fuerza,* v. CAMPO y FUERZA.
— *Mar. Línea de agua,* cualquier corte de la carena paralelo a la línea de flotación. *. ‖ *Línea de arrufo,* v. ARRUFO. ‖ *Línea de fe,* raya que se traza en el compás y que representa el eje del barco. ‖ *Línea de flotación,* v. FRANCOBORDO.
— *Mat. Línea trigonométrica,* representación geométrica, valiéndose de una circunferencia de radio igual a *1,* de las seis funciones trigonométricas. (V. TRIGONOMETRÍA.)
— *Mec. Línea del árbol,* alineación de los cojinetes que soportan el cigüeñal de un motor. ‖ *Línea de fe,* rayita que llevan dos piezas para que sea fácil ajustarlas correctamente, lo cual se obtiene cuando ambas rayas coinciden y forman una sola. ‖ *Cilindros en línea,* los que en el bloque del motor se hallan alineados en una misma hilera, por oposición a los cilindros en V. (V. CILINDRO.)
— *Meteor. Línea isobara, isóclina,* etc., v. ISOBARA, ISÓCLINA, etc.
— *Metr.* Unidad de medida que aún tiene uso en ciertas profesiones y que equivale a la doceava parte de la pulgada, o sea a unos 2,25 mm.
— *Ópt. Línea visual,* v. VISUAL.
— *Radiot.* Cada uno de los elementos a base de puntos luminosos yuxtapuestos horizontalmente que constituyen una imagen de televisión. (V. DEFINICIÓN y EXPLORACIÓN.)
— *Tecn. Línea de alimentación,* alimentador.
— *Telec.* Conjunto de conductores que ponen en comunicación las estaciones telegráficas o las centrales telefónicas.
— Las *líneas telegráficas* solamente requieren un alambre, pues el retorno de la corriente se efectúa por el suelo, mientras que en telefonía se necesitan dos. Cuando una *línea telefónica* consta de varios circuitos de dos conductores cada uno, es preciso tomar la precaución de cambiar cada 250 m la posición relativa de unos respecto a otros, pues de lo contrario la inducción mutua de los hilos provocaría la mezcla de las conversaciones.
Las *líneas subterráneas* y *submarinas* consisten en cables complejos capaces de transmitir simultáneamente gran número de comunicaciones. (V. CABLE, TELÉFONO y TELÉGRAFO.)
— *Topogr. Línea de fe,* coincidencia de los hilos de una pínula o de un colimador. ‖ *Línea geodésica,* la más corta que pueda trazarse entre dos puntos de una extensión determinada de terreno. ‖ *Línea de nivel,* la que une todos los puntos del terreno que se hallan a la misma altitud.
— *Transp.* Vía terrestre, aérea o marítima.

LINEABILIDAD f. *Radiot.* Perfecta equidistancia entre las líneas de una imagen de televisión: *cuando un personaje aparece como aplastado o, por el contrario, alargado en la mitad superior o inferior de la pantalla, existe un defecto que se corrige manejando el botón de control de lineabilidad.*

LINEAL adj. Relativo o perteneciente a la línea. ‖ Dícese de cualquier fenómeno cuando solamente se consideran sus efectos en una sola dimensión: *la dilatación lineal del invar es prácticamente nula.*
— *Atom. Acelerador lineal,* v. ACELERADOR.
— *Geom. Dibujo lineal, perspectiva lineal,* v. DIBUJO y PERSPECTIVA.
— *Mat. Expresión lineal respecto a una letra* (la de una variable), expresión en la cual la letra o variable es lineal, o sea del primer grado. ‖ *Función lineal,* función en la cual la incógnita o variable es del primer grado *.
— En una *función lineal* las variaciones son proporcionales a las de la variable y de ello resulta que la representación gráfica de la función en coordenadas rectangulares da una línea recta.
— *Metr. Medida lineal,* la de longitud, por oposición a las medidas de superficie y de volumen: *la madera en tablones puede venderse por metros lineales o por metros cúbicos.*
— *Radiot.* Dícese de los circuitos, resistencias, condensadores, válvulas, etc., cuando las tensiones e intensidades de las corrientes a la salida son proporcionales a las de la corriente aplicada a la entrada, o sea cuando las características propias de dichos órganos electrónicos no son afectadas por los cambios de la tensión de alimentación.

LINEAR v. *Geom.* Trazar líneas. ‖ Bosquejar.

LINEATURA f. *Radiot.* Definición * de las imágenes de televisión.

LINEICO, CA adj. *Fís.* Dícese de una magnitud física cuando su valor se expresa en unidades de longitud: *la resistencia lineica de un hilo de cobre de 1 mm de diámetro es de 22 ohmios por kilómetro.*

LINEÓMETRO m. *Art. gráf.* Regla graduada que se emplea en tipografía para contar las líneas: *los lineómetros prismáticos llevan en cada cara las escalas graduadas correspondientes a dos cuerpos diferentes.* (Sinón. LINIÓMETRO.)

LINER m. *Mar.* Anglicismo de uso corriente con el cual se designa al buque destinado al servicio de una línea regular de navegación.

LINGOTAJE m. *Metal.* Galicismo por *vaciado* * del metal en las lingoteras.

LINGOTE m. *Art. gráf.* Barra de metal de 6, 9, 12, 18 ó 24 puntos * que se emplea para relleno de la forma, especialmente en los bordes, alrededor de las planas.
— *Mar.* Masa prismática de hierro que se emplea a veces para equilibrar el barco cuando la estiba no permite distribuir la carga con regularidad.
— *Metal.* Bloque que se obtiene vaciando el metal en lingoteras * ya para ser fundido ulteriormente, ya para transformarlo en productos laminados, forjados o labrados con máquinas herramienta.

LINGOTERA f. *Metal.* Molde * en el cual se vacía el metal líquido para obtener lingotes.

LINGOTERO m. *Art. gráf.* Cajón o estante donde se guardan los lingotes.

LINGUETE m. *Mar.* Especie de trinquete que impide el movimiento de retroceso de un cabrestante *.

LINIÓMETRO m. *Art. gráf.* Lineómetro.

LINKENBACH *(Mesa de).* V. MESA.

LINK TRAINER m. *Aeron.* Simulador * de vuelo sin visibilidad, que se emplea en el suelo para entrenar a los pilotos. (V. INSTRUCTOR.)

LINNEITA f. *Miner.* Sulfuro de cobalto y mena de este metal.

LINO m. *Bot., Pint.* y *Text.* Género de plantas lináceas entre cuyas numerosas especies figura el *lino común (Linum usitatissimum);* su tallo suministra fibras textiles, mientras que de sus semillas se extrae aceite de linaza.
— El *lino* es una hierba de hasta un metro de altura que crece en los terrenos calizos de las regiones templadas. Las fibras textiles se hallan dispuestas solamente en el líber, aglomeradas en forma de filamentos por gomorresinas o materias pécticas. Para separar aquéllas de éstas pueden emplearse dos procedimientos diferentes: el *enriado* y el *agramado.* El primero se funda en la acción de bacterias que destruyen la gomorresina y liberan así las fibras. Esta descomposición puede obtenerse en unas semanas dejando fermentar los tallos de lino en el suelo, pero es más rápida (varios días solamente) cuando la fermentación se efectúa en el agua, cosa que antes se solía hacer sumergiendo las gavillas en las orillas de los ríos; hoy se emplean cubas de hormigón con circulación de agua. En el agramado la separación es puramente mecánica y se obtiene haciendo pasar los tallos entre los rodillos de una agramadora, después de lo cual una corriente de aire separa las fibras textiles de las demás materias.

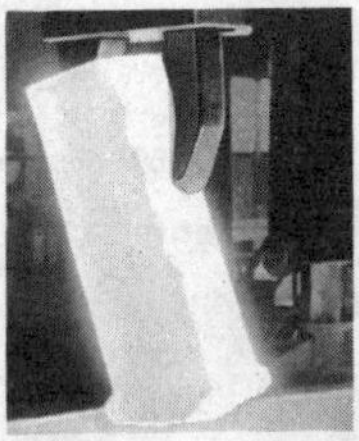

lingote candente extraído del pit

vaciado del metal en **lingoteras**

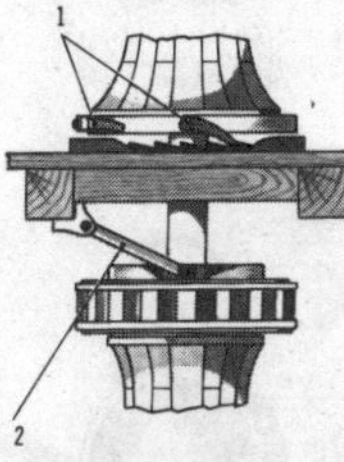

linguetes de cabrestantes superior (1) e inferior (2)

cosecha e hilatura del **lino**

Fot. Béranger, Lacheroy, Sergysels, O. D. F.

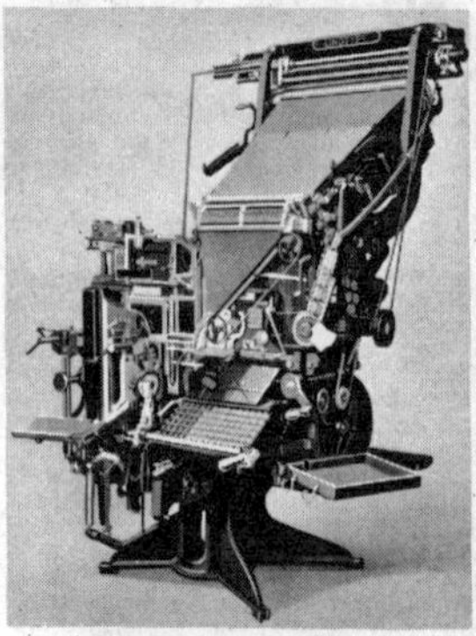

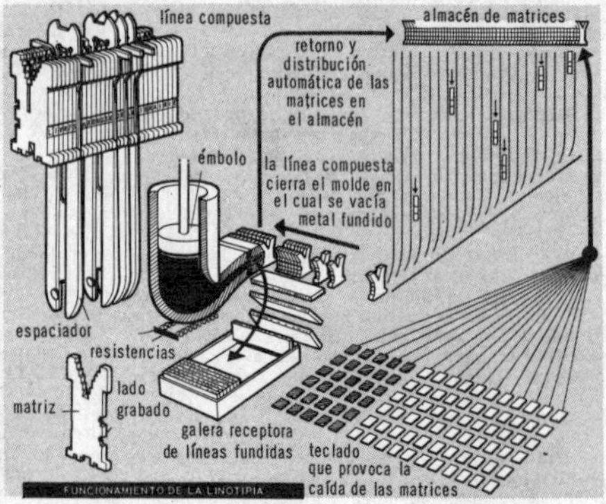

Linotipia y representación esquemática de su funcionamiento

Las fibras de lino son demasiado cortas (de 2 a 6 cm) y rígidas, por cuya razón, y para facilitar su hilatura, se regula el enriado o el agramado de forma que no lleguen a separarse completamente todas las fibras elementales y que las mismas formen filamentos largos (de 50 a 70 cm). Éstos, al ser peinados, se dividen longitudinalmente y dan otros filamentos más finos, quedando en los peines una estopa * muy apreciada.

La fibra de lino es mucho más resistente que la del algodón y puede, por lo demás, ser algodonizada (v. ALGODONIZAR). Su hilatura difiere poco de la del algodón (v. HILATURA). Los tejidos hechos con lino puro y ligamento tafetán constituyen la tela * propiamente dicha. En muchos casos se blanquea el lino y se usa conjuntamente con algodón para fabricar tejidos mixtos.

Solamente da fibras utilizables el lino cultivado en las comarcas de verano húmedo y relativamente fresco. Se cultiva, sin embargo, en otras partes para aprovechar el aceite * de sus semillas, que entra en la composición de pinturas *, barnices, tintas de imprenta y linóleos*. Los turtós de semillas exprimidas constituyen un excelente alimento para las reses bovinas y ovinas.

LINOGRAFÍA f. *Art. gráf.* y *Text.* Escritura, impresión de textos o de grabados sobre tejidos.

LINOLEICO, CA adj. *Quím.* Dícese de un ácido dietilénico contenido, al estado de glicérido, por aceites secantes, especialmente los de lino, cañamones y adormidera, cuyas propiedades se deben a la acción del aire, que oxida el ácido linoleico y lo convierte en una resina sólida.

LINOLEÍNA f. *Quím.* Glicérido del ácido linoleico contenido por los aceites secantes.

LINOLÉNICO, CA adj. *Quím.* Dícese de un ácido trietilénico que se halla presente, junto con el ácido linoleico, en los aceites de lino y de cañamones.

LINÓLEO m. *Art. gráf. Grabado de linóleo,* grabado de fácil ejecución hecho en la superficie blanda y lisa del linóleo (v. más abajo *Text.*), utilizado para hacer fondos * poco delicados y de grandes dimensiones, comparables a los que se obtienen en xilografía *, aunque menos detallados y con líneas de bordes irregulares.

— *Text.* Cubierta para pavimentos consistente en una tela gruesa de yute con una de sus caras cubierta por una capa de materia plástica a base de aceite de linaza y corcho.

— Para fabricar el *linóleo,* se extiende el tejido de yute sobre una ancha correa sin fin, que circula por una cámara caldeada. Encima del tejido se aplica una capa de varios milímetros de la mezcla siguiente: aceite de linaza oxidado, corcho reducido a polvo muy fino, resina y amarillo de ámbar (u otros pigmentos). La tela y su revestimiento pasan entonces entre los cilindros de una calandria cuya fuerte presión, además de regularizar la capa plástica, asegura la cohesión perfecta de sus componentes. Los dibujos o motivos de colores diferentes pueden obtenerse ya por impresión de un linóleo claro, ya utilizando mezclas plásticas de colores diferentes y combinándolas sobre el tejido de yute con arreglo al diseño deseado.

LINOLEOGRAFÍA f. *Art. gráf.* Procedimiento semejante a la xilografía, pero en el cual las planchas se graban en linóleo.

LINÓN m. *Text.* Tejido tafetán que es una batista hecha con hilos de lino muy finos y separados unos de otros, como en la gasa, lo cual le confiere cierta transparencia. ‖ Tejido parecido al anterior, aunque más fino, que tiene trama de lino y urdimbre de seda y sirve para confeccionar vestidos femeninos. ‖ *Linón de algodón,* tejido de algodón engomado, hecho a imitación del de lino, pero menos fino que éste.

LINOTIPIA f. *Art. gráf.* Máquina que compone el texto con matrices de los caracteres y que, después de haber vaciado automáticamente el metal en ellas, entrega los tipos de cada línea fundidos en un solo bloque.

— La *Linotipia* consta de uno o varios almacenes comparables a las cajas * tipográficas (pero en los cuales los tipos de imprenta se hallan reemplazados por sus respectivas matrices), un teclado parecido al de las máquinas de escribir (aunque más completo) y un crisol que contiene metal tipográfico fundido. El funcionamiento de la Linotipia es como sigue: cada vez que el linotipista pulsa una tecla, una matriz de la letra correspondiente cae por una guía hasta el componedor; en éste se yuxtaponen todas las matrices de una línea, con las palabras separadas por unos blancos o espacios en forma de cuña que, una vez compuesta la línea, son apretados para obtener su justificación *; la cara de este bloque de matrices que lleva los caracteres grabados en hueco, queda fuertemente aplicada y cierra un molde en el cual se inyecta el metal a presión; se obtiene así una barrita o clisé de toda la línea, que cae y se ordena en la galera; por último, las matrices con que se ha fundido dicho bloque se separan y un distribuidor las devuelve al almacén, donde, merced a una serie de muescas que tienen y que difieren de una matriz a otra, las deposita en su respectivo compartimiento, prestas a servir de nuevo.

La composición en forma de un solo bloque por línea, además de su rendimiento elevado (6 000 y más letras por hora), abrevia considerablemente la compaginación. (V. también COMPOSICIÓN y MONOTIPIA.)

LINTEL m. *Arq.* Dintel.

LÍNTERES m. pl. *Text.* Fibras cortas que quedan adheridas a las semillas del algodón después del desgranado y que se emplean para fabricar nitrocelulosa y acetato de celulosa.

LINTERNA f. *Arq.* Torrecilla acristalada o con ventanas que remata un edificio para alumbrarlo interiormente y proporcionarle ventilación. ‖ Caperuza de chimenea. ‖ *Ventana de linterna,* v. VENTANA.

— *Lumin.* Farol manual de combustible líquido o gaseoso (acetileno) que proyecta la luz por una sola cara vidriada y que, cuando ésta puede ser obturada con una pantalla opaca, se llama *linterna sorda.* ‖ Por ext., lámpara con envoltura de papel o de otra materia translúcida que se emplea sobre

linterna de ferroviario *(lumin.)*

linterna *(arq.)*

Fot. Larousse, E. F.

todo en las verbenas y festejos nocturnos. || *Linterna eléctrica*, linterna o lámpara de bolsillo provistas de bombilla de incandescencia y alimentadas con pilas o acumuladores.
— *Mar.* Faro.
— *Mec.* Rueda de engranaje consistente en dos discos paralelos unidos por barrotes dispuestos en su periferia, a imagen y semejanza de una jaula, entre los cuales penetran los dientes de otra rueda o piñón. || Manguito roscado interiormente, la mitad con rosca a la izquierda y la otra mitad con rosca a la derecha, de modo que, al unir con el mismo dos varillas, se pueda regular y ajustar la longitud total de éstas haciendo girar la linterna.
— *Min.* Pieza en forma de jaula cilíndrica provista de orificios axiales por los cuales pasa la caña del trépano, a la que sirve de guía cuando se perforan en la roca orificios de mucho diámetro.
— *Ópt. Linterna mágica*, v. PROYECTOR.

LINTERNÓN m. *Arq.* Linterna. || Linterna ornamental que corona ciertos arbotantes *.
— *Mar.* Farol de popa en ciertas embarcaciones.

LINUDO, DA o **LIÑUDO, DA** adj. *Text. Amer.* Lanoso, lanudo. || Dícese de los tejidos que tienen hebras o pelos largos y gruesos.

LIÑUELO m. *Art. y of.* Cabo o trozo de cuerda, soga o cordel.

LÍO m. Bulto de ropa o de otras cosas atadas.

LIOFILIA f. *Quím.* Propiedad de las substancias coloidales secas que se hinchan o disuelven en los líquidos. (V. LIÓFILO.)

LIOFILIZACIÓN f. Procedimiento de desecación que permite la conservación prolongada de plasma sanguíneo, sueros, microorganismos y otras substancias orgánicas.
— La *liofilización* consiste en una congelación brusca (generalmente a — 80°) seguida de evaporación, en un vacío intenso que provoca la sublimación de toda el agua contenida por la substancia; ésta se convierte así en un polvillo que se conserva en ampollas de cristal con atmósfera rarificada y basta agregarle agua para que recobre sus propiedades.

LIOFILIZAR v. Desecar una materia orgánica con arreglo a la técnica de la liofilización.

LIÓFILO, LA adj. *Quím.* Dícese de las substancias que pierden alguna propiedad al ser desecadas en determinadas condiciones y que la vuelven a recobrar mediante simple adición del volumen de agua suprimido.
Las nociones de *liófilo* y *liófobo* son respecto a los coloides lo que las de soluble e insoluble son a los cristaloides. El caucho es un coloide liófilo, mientras que la sílice y la alúmina son coloides liófobos. (V. LIOFILIZACIÓN.)

LIOFOBIA f. *Quím.* Propiedad inversa de la liofilia, propia de los coloides liófobos.

LIÓFOBO, BA adj. *Quím.* Dícese de los coloides que no son liófilos. (Sinón. SUSPENSOIDE.)

LIOZ m. Mármol portugués, blanco o ligeramente rosado, que se emplea para esculpir estatuas.

LIPASA f. *Quím.* Enzima que hidroliza los ésteres de los ácidos grasos de elevado peso molecular.

LIPES m. *Quím.* Sulfato de cobre, vitriolo azul.

LÍPIDOS m. pl. *Quím.* Nombre genérico de los cuerpos grasos.
— Los *lípidos* representan importante papel en los organismos animales, los cuales los contienen ya al estado puro, en forma de glicéridos y estéridos *(lípidos simples)*, ya asociados con el fósforo u otros metaloides en el seno de moléculas protídicas *(lípidos complejos)*. Cabe distinguir en el organismo las grasas de reserva, cuya composición es variable y depende de la alimentación, el clima y otros factores, de la grasa contenida por el protoplasma, que tiene una composición rigurosamente determinada en cada órgano y especie.

LIPO, prefijo derivado del griego *lipis*, que significa *grasa*.

LIPOCROMA f. o **LIPOCROMO** m. *Quím.* Nombre de los pigmentos solubles, derivados del caroteno, que confieren color amarillo a las materias grasas orgánicas (mantequilla, yema de huevo, sebo, etc.).

LIPOIDE m. *Quím.* Nombre que se da a veces a los lípidos * complejos: *lipoide fosforado.*

LIPÓIDICO, CA y **LIPOIDEO, A** adj. *Quím.* Parecido a las materias grasas.

LIPOSOLUBLE adj. *Quím.* Dícese de las substancias que se disuelven en los aceites y las grasas: *las vitaminas A, D y E son liposolubles.*

LIPOXIDASA f. *Quím.* Fermento capaz de oxidar los lípidos.

LIQUEFACCIÓN f. Transformación de un gas en un líquido.
— Para todo gas existe una temperatura de ebullición por debajo de la cual se halla al estado líquido. Pero la temperatura de ebullición que se indica en las tablas es la que corresponde a la presión atmosférica. Si un líquido se calienta bajo presión en un recipiente hermético, su temperatura de ebullición es tanto más elevada cuanto mayor es la presión. De ello se desprende que, si bien las temperaturas de ebullición de los gases son muy bajas, no es indispensable que los mismos alcancen éstas para hacerlos pasar al estado líquido: bastará con hacer obrar conjuntamente el frío y la presión. No obstante, existe para cada gas una temperatura crítica por encima de la cual no puede ser licuado, por grande que sea la presión. Así, por ejemplo, el hidrógeno tiene una temperatura de ebullición de — 252,7° a la presión atmosférica y una temperatura crítica de — 239,9 a la presión de 12,8 atmósferas.
La *liquefacción* se practica industrialmente por procedimientos fundados en las consideraciones antedichas, o sea comprimiendo el gas más de lo necesario y luego aprovechando el frío intenso que produce su expansión. (V. AIRE *líquido*.)
Los gases licuados de temperatura de ebullición muy baja se conservan y transportan en recipientes de doble fondo, fundados en el principio del frasco * de Dewar, que se mantienen abiertos, lo cual limita el tiempo de conservación, pues la evaporación es bastante rápida; los gases de temperatura de ebullición poco diferente de la temperatura atmosférica se conservan, por el contrario, bajo presión en recipientes cerrados herméticamente (por ejemplo, el butano que se emplea en las cocinas).
Los gases licuados tienen hoy una importancia industrial considerable: la liquefacción del aire * ha permitido efectuar la extracción de los gases raros que contiene; el hidrógeno se emplea como combustible de cohetes en astronáutica, y el oxígeno, como comburente; también se emplea el oxígeno líquido en el afino de metales, en la soldadura autógena, etc.; con el nitrógeno líquido se fabrican abonos artificiales; el gas carbónico sirve para preparar bebidas gaseosas, etc.

LIQUEFACTOR m. Condensador.

LIQUIDACIÓN f. *Fís.* Acción de liquidar.
— *Ind.* Última fase de la fabricación del jabón para lavar ropa, en la cual la adición de disoluciones sódica y salina, seguida de enfriamiento lento de la masa, provoca en ésta la formación de tres capas: la superior es jabón con 63 % de ácidos grasos, la inferior consiste en lejía y la intermediaria es un producto con 20 a 27 % de ácidos grasos, que se utiliza de nuevo.

LIQUIDÁMBAR m. *Bot.* Género de plantas hamamelidáceas que suministran estoraque líquido *(Liquidambar orientalis)* y ámbar líquido *(L. styraciflua*, común en México), así como maderas de calidad, parecidas a la del nogal.

LIQUIDEZ f. *Fís.* Calidad de líquido.

LIQUIDIFICABLE adj. *Fís.* Licuable, liquidable.

LIQUIDIFICACIÓN f. *Fís.* Liquidación.

LIQUIDIFICAR v. *Fís.* Liquidar.

LÍQUIDO, DA adj. y s. *Fís.* Dícese de los cuerpos en los cuales la cohesión de las moléculas es tan débil que las mismas pueden deslizarse unas sobre otras de modo que la masa de todas ellas adopta la forma del recipiente que las contiene.
— Los *líquidos* se caracterizan por su gran movilidad, la escasa cohesión de sus moléculas, su resistencia casi nula a los cambios de forma y su incompresibilidad (v. FLUIDO y COMPRESIBILIDAD). Se distinguen de los gases porque sus moléculas, en vez de hallarse completamente separadas unas de otras, conservan cierta cohesión, como lo demuestra la formación de gotas (v. TENSIÓN *superficial*). Todos los líquidos pueden ser vaporizados y solidificados a temperaturas determinadas y características de cada uno de ellos (v. CONGELACIÓN, EBULLICIÓN, ESTADO, EVAPORACIÓN, FUSIÓN, LIQUEFACCIÓN y VAPORIZACIÓN). Todos son más o menos viscosos (v. VISCOSIDAD).

lira de dilatación *(tecn.)*

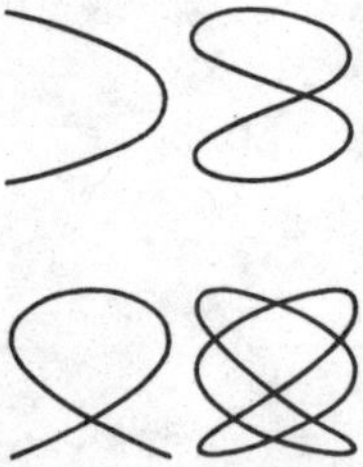

curvas de **Lissajous**

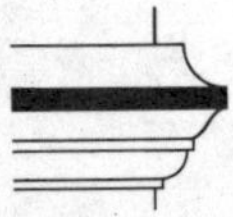

listel *(arq.)*

lectura de la **lista** de control en un refugio subterráneo y cohete sometido a las comprobaciones

LIQUIDUS m. Curva que indica la temperatura a que empiezan a solidificarse los componentes de una mezcla líquida, en función de la proporción en que entran en la misma.

LIRA f. *Astr.* Pequeña constelación del hemisferio boreal en la cual figura, además de la estrella Vega *, una de las más brillantes del cielo, la nebulosa * planetaria M 57, prototipo de nebulosas circulares con una estrella central.
— *Ind. alim.* Instrumento que lleva varios alambres tensos y paralelos y con el cual se corta y desmenuza la cuajada en la elaboración artesana del queso.
— *Tecn.* En las tuberías muy largas por las que circulan fluidos sujetos a cambios de temperatura, sección de tubo de forma de arco o de letra omega, que permite las contracciones y dilataciones que podrían deformar o romper la canalización.

LISAJE m. *Text.* Operación consistente en analizar o leer, malla por malla, el dibujo de un tejido, con objeto de picar o perforar los cartones destinados al telar * de Jacquard. ‖ *Máquina de lisage,* máquina provista de numerosas agujas huecas, cada una de las cuales corresponde a un cuadrito del ligamento * de modo que, a la vista del dibujo de un tejido, las agujas correspondientes son seleccionadas y avanzan al mismo tiempo hasta perforar el cartón, el cual, en el telar de Jacquard, permitirá reconstituir automáticamente el dibujo. (V. TELAR.)

LISERA f. *Art. y of.* Cada una de las cañas gruesas que sujetan transversalmente a las demás de un cañizo.

LISÍMETRO m. Instrumento que sirve para medir la cantidad de agua filtrada a través del suelo.

LISIS f. *Quím.* Transformación de un gel en un sol, mediante adición de agua, provocada por la presencia de enzimas. ‖ Destrucción de las células y tejidos orgánicos debida a la acción de agentes biológicos, físicos o químicos. (Muchas veces se emplea esta voz como sufijo con el nombre del elemento destruido: *citolisis, lisis de la célula.*)

LISO m. *Min.* Cara plana de una roca.

LISO, SA adj. Dícese de la superficie muy igualada, desprovista de asperezas o de relieve: *columna lisa.*
— *Arm.* Dícese del cañón de arma de fuego que no está rayado: *Los morteros tienen el cañón liso.*
— *Text.* Aplícase al tejido que no tiene ninguna labor *.

LISSAJOUS *(Curvas de),* curvas que traducen la composición de movimientos vibratorios y que pueden obtenerse fotografiando la trayectoria de un punto luminoso que oscile en dos direcciones perpendiculares, aunque es más cómodo obtenerlas en la pantalla de un oscilógrafo catódico. Entre otras aplicaciones estas curvas permiten comparar los sonidos producidos por dos instrumentos.

LISTA f. Tira. ‖ Dibujo largo y estrecho: *tela de listas para hacer colchones.*
— *Aeron.* y *Astron. Lista de control,* lista en la cual figuran las comprobaciones relativas al avituallamiento y al estado de los mandos y de los órganos esenciales que se han de efectuar inmediatamente antes del despegue.
— El comandante de a bordo lee la *lista de control* punto por punto y el miembro de la tripulación responsable de cada uno de éstos le confirma de viva voz que ha efectuado la correspondiente comprobación. Pasada la lista, ordena el despegue. En astronáutica, la lista de control puede contener millares de comprobaciones inscritas por orden cronológico (así, por ejemplo, si el cohete consume un ergol muy evaporable, cual es el hidrógeno, el avituallamiento se efectuará a última hora y todos los controles relativos a los tanques, bombas, canalizaciones, etc., figurarán en la última parte de la lista. Como el tiempo necesario normalmente para estas comprobaciones se ha determinado de antemano, cada uno de los puntos de la lista lleva indicada la hora exacta que le corresponde. Con más propiedad, se descuenta el tiempo, o sea se enuncia el que, después de cada control, queda por correr antes de que pueda ser disparado el cohete. Supongamos que aún quedan 2 h 35 mn hasta dicho momento y que corresponde verificar el buen estado del cuello de la tobera: si la comprobación se ha hecho en 2 mn, el responsable de la lista de control leerá con voz alta: "Cuello de la tobera listo. Menos 2 h 33 mn..." y enunciará el punto siguiente de la lista, y así sucesivamente hasta la hora cero, que será la de la puesta en marcha de los motores del cohete.
A esta operación de control se le da también el nombre de *cuenta al revés.*

LISTADO, DA o **LISTEADO, DA** adj. Que tiene o forma listas: *la bayadera es un tejido listado.*

LISTEL m. *Arq.* Filete. ‖ Parte lisa del fuste de una columna, entre dos estrías consecutivas.
— *Metal.* Bordoncillo que tienen las monedas en la periferia de cada cara, con altura mayor que la del relieve de las figuras, con objeto de protegerlas contra el desgaste.

LISTÓN m. *Arq. Listón de cielo raso,* lata que sostiene el cielo raso.
— *Carp.* Tablilla muy larga y estrecha. ‖ *Listón de vidriera,* varilla cuadrada o de cuarto de bocel que se clava en la baquetilla de la ventana para fijar el cristal. ‖ *Listón tapajunta,* el que se clava sobre la junta de dos tablas de un tablero.
— *Text.* Cinta de seda lisa, ancha de 13,5 mm.

LISTONADO m. *Carp.* Entablado u otra labor de carpintería a base de listones.

LISTONERÍA f. *Carp.* Conjunto de listones.

LITARGE o **LITARGIRIO** m. *Quím.* Óxido natural de plomo. ‖ Protóxido de plomo, fundido y cristalizado.
— El óxido de plomo, de fórmula PbO, puede ser amorfo (v. MASICOTE) o formar cristales después de haber sido fundido, en cuyo caso constituye el *litargirio,* que se presenta en forma de escamas amarillentas. El litargirio se obtiene industrialmente como un subproducto de la copelación del plomo argentífero. Sirve para preparar acetato de plomo y cerusa, así como pinturas y barnices amarillos, masilla, etc. También aumenta las propiedades secantes del aceite de lino, pero es tóxico y en ésta y otras aplicaciones tiende a ser reemplazado por substancias inocuas.

LITERGOL m. *Astron.* Propergol * constituido por dos ergoles, uno de los cuales es sólido y el otro líquido (generalmente el comburente).

LÍTICO, CA adj. *Quím.* Dícese de las sales y otras substancias que contienen litio en su molécula.

LITINA f. *Quím.* Hidróxido de litio LiOH, presente en muchas aguas minerales.

LITINÍFERO, RA adj. Que contiene litio.

LITIO m. *Quím.* Elemento químico de número atómico 3, cuyo símbolo es *Li.*
— El *litio,* metal alcalino de color plateado, es el más ligero de todos los metales, pues su densidad es solamente de 0,540, o sea apenas superior a la mitad de la del agua. Sus temperaturas de fusión y de ebullición son, respectivamente, de 186º y 1 336º. Consta de dos isótopos de masa 6 (7,98 %) y 7 (92,02 %) y su masa atómica es de 6,939. Es un metal muy dúctil y un reductor poderoso. Es inalterable en el aire seco, pero la humedad lo oxida rápidamente; descompone el agua y los alcoholes con liberación de hidrógeno (su hidruro se emplea, agregándole agua, para hinchar globos aerostáticos).
El litio nativo no existe en la naturaleza. Se halla en forma de silicatos (lepidolita, trifana) y de fosfatos (ambligonita, trifilina). La mena principal es la lepidolita, a partir de la cual se obtiene

Fot. Esso, C. C. A.

cloruro de litio que, por electrólisis, da el metal. El litio, agregado en pequeñas proporciones, mejora las características mecánicas de ciertos metales (aluminio y plomo) y la resistencia de otros a la corrosión (magnesio). También se usa el litio para extraer los metales transuranios de sus respectivos óxidos por reducción de éstos. Otra aplicación del litio son los fuegos artificiales, en los cuales, al arder, sus limaduras despiden vapores de hermoso color carmesí. También representa el litio importante papel en ciertas bombas termonucleares *.
Los compuestos de litio tienen numerosas aplicaciones en química (como catalizadores y reductores), en la fabricación de ciertos acumuladores, en terapéutica (como disolventes del ácido úrico), en astronáutica (como ergoles), etc.

LITO, prefijo derivado del griego *lithos*, que significa *piedra*.

LITOCLASA f. *Geol.* Grieta o fisura en una roca.

LITOCROMATOGRAFÍA o **LITOCROMÍA** f. *Art. gráf.* Impresión en color, a imitación de la pintura al óleo, que se obtiene con piedra litográfica. (V. LITOGRAFÍA.)

LITOESTEREOTIPIA f. *Art. gráf.* Litostereotipia.

LITOFANÍA f. *Cerám.* Procedimiento para obtener efectos de transparencia en la porcelana.
— Consiste la *litofanía* en dar un espesor variable a la capa de porcelana según los detalles del dibujo. Así, vistos los mismos por transparencia, aparecen en claroscuro, puesto que los más espesos resultan opacos y los otros tanto más translúcidos cuanto menos espesa es la porcelana.

LITÓFISIS f. *Miner.* Cavidad redonda, tapizada interiormente de hermosos cristales, en el seno de una roca endógena de estructura vítrea.

LITOFOTOGRAFÍA f. Fotolitografía.

LITOGENIA f. *Geol.* Formación de rocas, especialmente a partir de materias sedimentarias.

LITÓGENO, NA adj. Que se convierte en piedra o se vuelve duro como ella: *cemento litógeno.*

LITOGLIFIA f. Arte de grabar en piedra.

LITOGLIFITA f. *Joy.* y *Miner.* Piedra provista naturalmente de dibujos o figuras que parecen haber sido grabados.

LITOGRAFÍA f. *Art. gráf.* Arte de reproducir, mediante impresión, los dibujos trazados con un cuerpo graso sobre una piedra calcárea. ‖ Estampa o reproducción así obtenida.
— El clisé o plancha utilizado en *litografía* es una piedra litográfica * porosa, aunque de grano muy fino, en cuya superficie se trazan las letras o dibujos con lápiz * o tinta litográfica. A continuación se trata la superficie de la piedra con una disolución acuosa de goma arábiga, acidulada con ácido nítrico, que favorece la retención de la humedad. La piedra tiene entonces la propiedad de absorber el agua en las partes vírgenes y la tinta en las partes dibujadas. Así, manteniéndola húmeda, los rodillos solamente entintan los trazos grasos.
Además del método de dibujo directo con lápiz, pluma o pincel, la piedra puede ser grabada con ligero relieve o en hueco (V. GRABADO). En los métodos indirectos o de reporte, el dibujo o texto es preparado sobre otro soporte y se traslada a la piedra fotomecánicamente (fotolitografía) o por medio de papeles especiales (V. REPORTE y FOTOGRABADO). El reporte es muy útil cuando se han de multiplicar las piedras litográficas de un mismo dibujo para obtener tiradas importantes.
La piedra litográfica puede ser reemplazada por una plancha metálica, cuya técnica constituye la metalografía *. Por lo demás, el procedimiento de impresión offset *, uno de los más importantes en la actualidad, es, en cierto modo, una variante fotomecánica de la técnica litográfica.
Las prensas para la impresión litográfica difieren poco de las prensas tipográficas (V. IMPRESIÓN).

LITOGRAFIAR v. *Art. gráf.* Imprimir por el método de la litografía: *litografiar un retrato.*

LITOGRÁFICO, CA adj. *Art. gráf.* Relativo o perteneciente a la litografía. ‖ Dícese de la piedra caliza de grano fino usada en litografía. ‖ *Lápiz litográfico*, V. LÁPIZ. ‖ *Tinta litográfica*, la que se emplea para dibujar o escribir en la piedra litográfica y que tiene igual composición que el lápiz * litográfico, aunque al estado de disolución.
— La *caliza litográfica*, cuya mejor calidad proviene de Solnhofen (Alemania), se caracteriza por su homogeneidad, la fineza de su grano y la presencia de 5 a 6 % de sílice; es susceptible de hermoso pulimento y, sin embargo, ha de conservar cierta porosidad.

LITOLOGÍA f. *Geol.* Petrografía, especialmente la de las rocas sedimentarias.

LITOPÓN m. *Pint.* Precipitado de sulfuro de cinc y sulfato de bario que se emplea como pigmento blanco y para hacer mástiques.

LITORAL adj. y s. *Geogr.* Relativo o perteneciente a la orilla del mar. ‖ *Zona litoral*, V. INTERTIDAL. ‖ — M. Costa: *el litoral de Patagonia es muy accidentado.*

LITOSFERA f. *Geof.* Corteza terrestre compuesta de rocas sólidas, que es la más exterior de las capas concéntricas que tiene el globo terráqueo alrededor del núcleo central. (V. TIERRA.)

LITOSIDERITO m. *Astr.* V. METEORITO.

LITOSTEREOTIPIA f. *Art. gráf.* Grabado en relieve que se obtiene atacando la piedra litográfica, ya dibujada directamente o por reporte, y que sirve para obtener un galvano *.

LITOTIPOGRAFÍA f. *Art. gráf.* Reproducción por medio de la litografía de textos ya impresos con caracteres tipográficos.

LITOTOMÍA f. *Joy.* Talla de las piedras preciosas mediante la cual se procura realzar su valor escogiendo las facetas más favorables.
— *Miner.* Preparación de muestras de minerales cristalinos en forma de laminillas propias para ser examinadas con instrumentos de física, especialmente con el microscopio polarizante.

LITOXILO m. *Miner.* Madera silicificada.

LITRO m. *Mec. Litro atmósfera*, unidad de trabajo equivalente a la energía suministrada en un motor térmico por una masa gaseosa cuando el volumen de ésta aumenta de un litro a la presión atmosférica: *el litro atmósfera vale 101,3 julios.*
— *Metr.* Unidad de capacidad para líquidos y áridos en el sistema métrico: *el litro, cuyo símbolo es l, equivale prácticamente a un decímetro cúbico.* ‖ Recipiente que sirve para medir o contener un litro de una cosa: *el vino se mide con litros de estaño, y el grano, con litros de madera.*
— El *litro* puede ser considerado como equivalente a un decímetro cúbico. En realidad es su capacidad ligeramente superior, pues equivale a 1,000027 dm^2 y resulta esta diferencia —por cierto insignificante— de que, al definir al litro como el volumen de un kilogramo de agua pura a la mayor densidad que la misma puede alcanzar a la presión atmosférica de 76 cm de mercurio, se adoptó la temperatura de 0°, cuando en realidad la densidad máxima del agua corresponde a una temperatura de 3,98°.
El litro tiene las siguientes equivalencias en unidades anglosajonas:

	ESTADOS UNIDOS	GRAN BRETAÑA
Onzas fluidas	33,8147	35,196
Pintas	2,1134	1,7598
Cuartos	1,05671	0,8799
Galones	0,26418	0,21998

— *Text. Amer.* Tejido basto de lana, listado o de un solo color (consiguientemente mal definido).

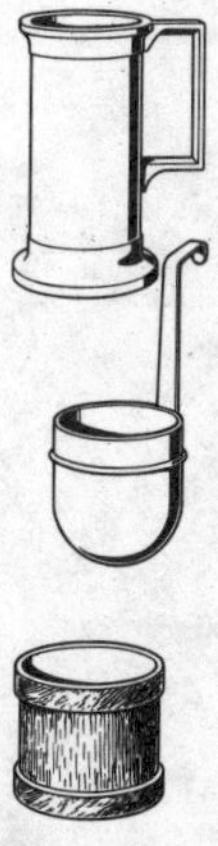

litros para vino, leche y áridos

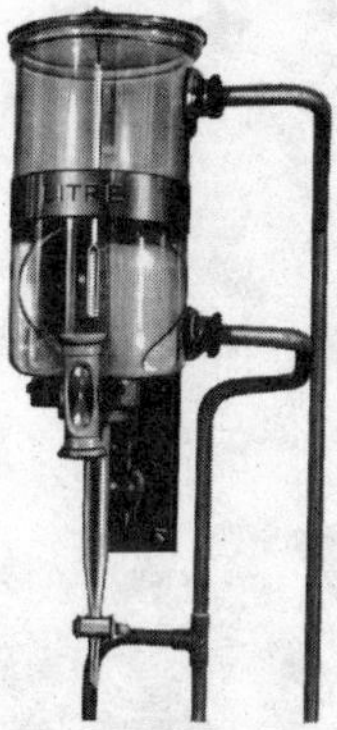

litro patrón

grabado de la piedra en **litografía**

Fot. Larousse

LIXIVIACIÓN f. *Min. Arranque por lixiviación*, v. MINA.
— *Quím.* Operación consistente en hacer que un disolvente atraviese una capa de materia pulverulenta para extraer uno o varios constituyentes solubles de la misma. (Sinón. PERCOLACIÓN.)
— La *lixiviación* no es sino el mismo principio aplicado para preparar café y, al igual que en ese ejemplo familiar, puede practicarse en química ya por gravedad, ya a presión, en aparatos llamados lixiviadores. A veces se utiliza una batería de éstos, ordenándolos de modo que el disolvente menos cargado empiece por pasar a través de la materia más rica, terminando por tratar la materia más agotada con el líquido más enriquecido en principios solubles.
Entre otras aplicaciones, la lixiviación sirve para extraer perfumes, alcaloides y otros principios contenidos por las substancias orgánicas, así como el azúcar de las remolachas reducidas a cosetas.
En papelería se practica la lixiviación para elaborar celulosa. Consiste esta operación en una deslignificación que se obtiene reduciendo la materia vegetal a fragmentos menudos y haciendo circular a través de su masa una corriente de lejía de sosa, o de otro disolvente que separa y limpia las fibras de celulosa.

LIXIVIADOR m. y **LIXIVIADORA** f. Aparato para efectuar la lixiviación. || — F. Coladora para lavar la ropa.
— El *lixiviador* puede consistir en un simple embudo, con el polvo dispuesto en el fondo sobre un filtro, y lleno de disolvente que cae por gravedad en un frasco. En otros aparatos más perfeccionados —los percoladores—, el disolvente es calentado hasta su ebullición y atraviesa a presión las materias que ha de lixiviar.
En las *lixiviadoras* o *coladoras para lavar la ropa*, la lejía u otro líquido detergente atraviesa la masa de ropa merced a un conducto central por el cual asciende el agua hirviente. Estos aparatos primitivos están siendo reemplazados por las modernas lavadoras *. (V. también LIXIVIACIÓN.)

LIXIVIAL adj. Relativo o perteneciente a la lejía. || Dícese de los productos empleados para lavar o blanquear la ropa.

LIXIVIAR v. *Quím.* Practicar la lixiviación.

LIZA f. *Text.* Cordel o hilo grueso de cáñamo.

LIZO m. *Text.* Cada uno de los hilos de metal o de lino provistos de anillos por los cuales pasan los hilos de la urdimbre: *los lizos alzan los hilos de urdimbre que han de quedar por encima del de trama a cada pasada de la lanzadera.* (V. TELAR.) || *Telar de alto lizo, de bajo lizo,* v. TAPIZ y TELAR.

LJUNSTRÖM (*Turbina*). V. TURBINA.

lm, símbolo de *lumen.*

LOADER m. *Obr. públ.* Máquina para trabajos de desmonte y nivelación consistente en una excavadora * de cangilones automóvil que, a medida que va arrancando la tierra, la eleva y la vierte en un vehículo que avanza junto a ella.

LOBO m. *Text.* Abridora.

LOBULADO, DA adj. En forma de lóbulo. || Dividido en lóbulos o constituido por ellos.
— *Arq. Ábside y arco lobulado, cúpula lobulada,* v. ÁBSIDE, ARCO y CÚPULA.

LÓBULO m. Cada uno de los arcos de círculo que forman una tracería ojival o un arco * angrelado.
— *Geogr.* Parte de un meandro.
— *Radiot.* Cada una de las protuberancias que presenta el diagrama * de una antena.

LOCALIZACIÓN f. Acción de localizar o determinar la posición que ocupa una cosa.
— *Aeron.* y *Astron.* Determinación, desde el suelo, de las coordenadas de un avión o de un ingenio espacial: *la localización puede efectuarse por radiogoniometría, interferometría, radar, etc.*
— *Radiot.* Determinación por métodos radioeléctricos de la posición de una emisora, fija o móvil, de ondas hertzianas: *la localizacin de emisoras clandestinas se efectúa por radiogoniometría.*

LOCALIZADOR, RA adj. Que localiza o sirve para localizar.
— *Atom.* Pantalla impermeable a las radiaciones ionizantes, en forma de embudo o provista de un orificio, que permite determinar con exactitud la superficie de un cuerpo que será irradiada por los rayos X, gamma, etc., de un manantial radiactivo.

LOCIÓN f. *Perf.* Solución hidroalcohólica que contiene de 50 a 70° de alcohol, perfumes y principios para cuidar la epidermis, especialmente el cuero cabelludo (antisépticos, astringentes, bactericidas, disolventes de la grasa seborreica, etc.). || Agua de Colonia especialmente prevista para el aseo y peinado del cabello.

LOCO, prefijo derivado del latín *locus,* que significa *lugar.*

LOCO, CA adj. Dícese de la aguja magnética y de la balanza cuyas oscilaciones se prolongan excesivamente antes de hallar su posición de equilibrio.
— *Mec.* Dícese de las poleas y otros órganos mecánicos cuando giran libremente sobre el eje que los sostiene: *en las transmisiones por correa se dispone a veces una polea loca sobre la cual se corre momentáneamente aquélla cuando se desea detener la máquina movida sin parar el motor que la arrastra.*

LOCOMOCIÓN f. Acción de trasladarse de un sitio a otro.

LOCOMOTOR, RA adj. y s. Relativo a la locomoción (también se usa la forma femenina *locomotriz*).
— *F. c.* F. Máquina provista de un motor potente, que sirve para arrastrar vagones por las vías férreas. || *Locomotora de cremallera,* v. CREMALLERA.
— Las *locomotoras de vapor* tienden a ser reemplazadas por *locomotoras eléctricas* y de *motor Diesel.* También existen *locomotoras de turbina de gas* y, en las minas, *locomotoras de aire comprimido.* A continuación se describen las características principales de las máquinas de cada una de dichas clases.
— *Locomotora de vapor.* Consta de un generador de vapor (con caldera * tubular de 15 a 20 kg y hogar *, que, en los tipos recientes, es alimentado automáticamente en carbonilla o aceites pesados), de una máquina * de vapor (provista por lo menos de dos cilindros —uno en cada lado— que atacan las ruedas motrices mediante bielas y con una diferencia angular de 90° entre un lado y el otro, para evitar los puntos muertos) y de un bastidor sostenido por ruedas libres (agrupadas en bogies * dotados de libertad de movimiento sobre un eje vertical, para tomar las curvas) y por ruedas motrices no orientables y acopladas mediante bielas que les transmiten el movimiento del émbolo de los cilindros. Una de las características esenciales de las locomotoras es su peso adherente, o sea el que soportan las ruedas motrices y que determina la carga que pueden arrastrar. En las locomotoras francesas el peso adherente es de unas 20 t por eje motor y en Estados Unidos pasa de 30 t. Una locomotora moderna pesa alrededor de 130 t, tiene una potencia de más de 3 000 caballos y consume 10 kg de agua y de 1 a 2 kg de carbón por caballo y por hora de funcionamiento. Con el caldeo mediante aceites pesados (mazut), de poder calorífico superior al del carbón, se obtienen potencias mayores.
Existen varias maneras de designar una locomotora según el número y la disposición de sus ruedas. En el sistema francés se emplean tres cifras, que indican: el número de ejes libres delanteros, el de ejes motrices acoplados y el de ejes libres traseros. Así, una *locomotora 241* consta de un bogie delantero (2 ejes), 4 ejes acoplados y un eje libre trasero. En el sistema alemán los ejes acoplados se designan por una letra (A designa un eje; B designa 2, etc.) y al ejemplo anterior corresponde en Alemania la denominación *2D1.* Por último, en Gran Bretaña y Estados Unidos se enuncia a veces el número de ruedas y no el de ejes y la locomotora citada en ejemplo se designa con las cifras *482.*
— *Locomotora de aire comprimido.* Es una máquina mucho más simple que la anterior y en la cual, en vez de utilizar la expansión del vapor de agua, se aprovecha la de aire fuertemente comprimido en depósitos muy resistentes. Las locomotoras de este tipo son muy útiles en las minas, pues en vez de contaminar la atmósfera con gases de combustión, la enriquecen en aire fresco.
— *Locomotoras eléctricas.* Funcionan con electromotores alimentados por una línea eléctrica (v. CATENARIA), paralela a la vía, de la cual toman la energía por medio de un trole * o un

pantógrafo. Tienen ejes motores (accionados cada uno de ellos por uno o dos electromotores) y ejes directores, que mantienen la locomotora centrada respecto a la vía. Las locomotoras eléctricas suprimen las molestias del avituallamiento en agua y combustible, se gobiernan más fácilmente que las de vapor, son más rápidas que ellas y pueden entrar en servicio instantáneamente; también presentan la ventaja, en las bajadas muy largas, de poder utilizar los motores como generadores de corriente eléctrica que es restituida a la red general, al mismo tiempo que se obtiene un frenado del tren. (V. FERROCARRIL, ELECTRIFICACIÓN y MOTOR.)

— *Locomotoras de motor Diesel.* Como su nombre indica, estas locomotoras aprovechan la fuerza desarrollada por motores de combustión interna y de cuatro tiempos. Entre el motor y los ejes existe una transmisión que puede ser mecánica (engranajes), hidráulica (acoplamiento * hidráulico) o eléctrica. La última es la más interesante *(locomotora Diesel eléctrica):* el motor arrastra una dinamo que alimenta en corriente continua los electromotores acoplados a los ejes. Un sistema apropiado regula constantemente el funcionamiento del motor Diesel de modo que la energía eléctrica producida por la dinamo corresponda a la que consumen los motores eléctricos. Estas locomotoras Diesel eléctricas se emplean, a veces acopladas dos a dos, tanto para la tracción de trenes rápidos como para las maniobras que requieren esfuerzos muy grandes. Su potencia es de 1 500 a 2 000 caballos.

Generalmente los acoplamientos mecánicos e hidráulicos se emplean para locomotoras poco potentes, como las que se dedican a maniobras en las estaciones. No obstante existen ahora locomotoras potentes en las cuales se combinan los dos tipos de transmisión (transmisión hidromecánica).

— *Locomotoras de turbina.* Se han construido, sin éxito, locomotoras en las cuales el vapor producido por la caldera clásica accionaba una turbina * de vapor. Mayor interés ofrecen las locomotoras de turbina * de gas. Éstas tienen en un mismo árbol un compresor y una turbina separados por una cámara de combustión en la cual se inyecta combustible que forma una mezcla carburante con el aire procedente del compresor. Los gases de combustión se expanden a través de las ruedas de álabes de la turbina y ésta acciona un generador eléctrico que alimenta los motores acoplados a los ejes. El rendimiento de estas locomotoras es intermediario entre las de vapor y las de motor Diesel, pero presentan la ventaja de poder consumir combustibles muy diferentes (distintas clases de aceites pesados, petróleo, carbón pulverizado, etc.).

LOCOMÓVIL adj. y s. Que puede ser trasladado de un lado a otro.

— *Mec.* Máquina de vapor montada sobre ruedas libres que permiten transportarla a los lugares donde ha de suministrar fuerza mecánica (especialmente accionamiento de trilladoras y otras máquinas agrícolas desprovistas de motor).

LOCOTRACTOR m. *F. c.* Máquina de tracción de escasa potencia (menos de 150 caballos), con motor de explosión o de combustión interna, que se usa en ferrocarriles de vía estrecha.

LOCUTORIO m. *Radiot.* y *Telec.* Cabina que permite el uso individual del teléfono en los sitios públicos. ‖ Estudio * para audiciones en las emisoras de radiodifusión.

LODO m. *Petr.* Agua cenagosa que se prepara con fango, espato pesado, barita, etc., y que se inyecta en el pozo que se está taladrando para lubricar el trépano, consolidar las paredes y arrastrar hasta la superficie las partículas arrancadas a la roca. (V. SONDA.)

LOELINGITA f. *Miner.* Arseniuro de hierro, mena del arsénico.

LOESS m. *Geol.* Löss.

log, abreviatura de *logaritmo * decimal.*

Log, abreviatura de *logaritmo * neperiano* o *logaritmo natural.*

LOGARÍTMICO, CA adj. y s. *Mat.* Relativo o perteneciente a los logaritmos: *tabla logarítmica.* ‖ *Escala logarítmica,* escala en la cual los números son reemplazados por sus correspondientes logaritmos. (V. CURVA *logarítmica.*) ‖ — F. Curva representativa de los logaritmos * neperianos y definida por la ecuación $y = \text{Log}\ x$: *la logarítmica sube primero, con fuerte pendiente hasta el eje de las abscisas y luego se inclina y tiende a volverse horizontal al infinito.*

LOGARITMO m. *Mat.* Exponente de la potencia a que se ha de elevar un número constante, llamado base, para obtener otro número dado.

— En el *logaritmo vulgar* o *decimal* (cuyo símbolo es *log*) la base adoptada es 10. Consiguientemente, el logaritmo del número 100 en este sistema será 2, puesto que $10^2 = 100$, y el de 1 000 será 3, dado que $10^3 = 1\ 000$. El logaritmo de los números intermediarios se obtiene consultando una tabla de logaritmos. En realidad ésta solamente suele indicar la mantisa, que es la fracción decimal del logaritmo. Así, por ejemplo, si deseamos conocer el logaritmo de 287, la tabla nos indicará la mantisa 0,457 88. En cuanto a la parte entera del logaritmo, llamada característica, es igual a 0 si el número se halla comprendido entre 1 y 10, a 1 si se halla comprendido entre 10 y 100, a 2 entre 100 y 1 000, etcétera. Se desprende de lo antedicho que el logaritmo decimal del número 287 es 2,457 88. Los logaritmos vulgares se aplican en cálculos corrientes. En matemáticas superiores y en física resulta más práctico emplear los *logaritmos neperianos,* también llamados *logaritmos naturales* (símbolo *Log*), los cuales tienen por base el número 2,718 281 (llamado base *e*). Por lo demás, es fácil pasar de un sistema de logaritmos a otro: basta multiplicar el logaritmo neperiano por 0,434 29 para obtener el logaritmo decimal. Llámase *cologaritmo de un número* el logaritmo de la inversa del mismo. Así, el cologaritmo de 15 es igual al logaritmo de $\frac{1}{15}$.

El interés de los logaritmos reside en la simplificación extremada de los cálculos, que se obtiene al reemplazar las cantidades por sus respectivos logaritmos. Así, para multiplicar dos cantidades, basta sumar sus logaritmos: el resultado es el logaritmo del producto de ambas cantidades, que se hallará consultando la tabla de logaritmos. Asimismo, para dividir una cantidad por otra, se restará el logaritmo de ésta por el de aquélla y el resto será el logaritmo del cociente de aquella división. Pero la utilidad de los logaritmos se manifiesta sobre todo en operaciones más complicadas. Así, la extracción de raíces resulta una operación muy fácil: basta dividir el logaritmo de la cantidad por el índice de la raíz; el resultado es el logaritmo de la raíz buscada. Inversamente, para elevar una cantidad a una potencia determinada, se multiplica el exponente de ésta por el logaritmo de aquélla y se obtiene así el logaritmo de la potencia buscada.

El uso de calculadoras electrónicas capaces de resolver con increíble rapidez los cálculos más complejos, ha hecho perder mucha importancia a las tablas de logaritmos. Sin embargo, para cálculos aproximados se extiende el empleo de las reglas * de cálculo, fundadas en el uso de logaritmos. (V. también el art. LOGARÍTMICO.)

LOGÓMETRO m. *Electr.* Instrumento que sirve para medir la relación existente entre dos magnitudes eléctricas.

— El *logómetro* consta de dos cuadros acoplados rígidamente y dotados de movimiento en el campo de una bobina. Se mueven los mismos hasta hallar una posición de equilibrio en la cual sean iguales los pares electromagnéticos en ambos, y de la amplitud del movimiento efectuado para lograr dicho equilibrio se desprende la relación que existe entre la intensidad de las dos corrientes que circulan por los cuadros. También se puede utilizar el instrumento como ohmímetro *, fasímetro * y frecuencímetro.

LOGOTIPO m. *Art. gráf.* Grupo de letras de uso corriente en la lengua, cuales son ciertas abreviaturas y terminaciones de palabras, que se funden en un solo tipo para mayor rapidez de la composición tipográfica, como fl, fi, etc.

LO-KAO m. *Text.* Materia colorante verde que se extrae de la corteza de ciertas especies de espino cerval de China y que tiñe la lana y la seda de hermoso y brillante color verde: *el lo-kao ha sido casi totalmente reemplazado por colorantes sintéticos.*

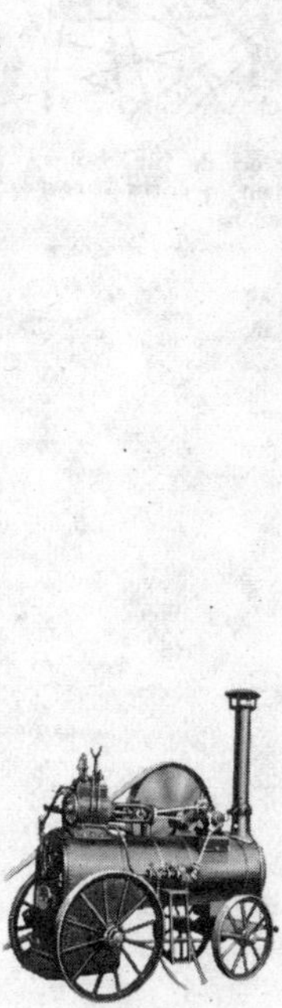
locomóvil

locotractor

Fot. X, Fenwick

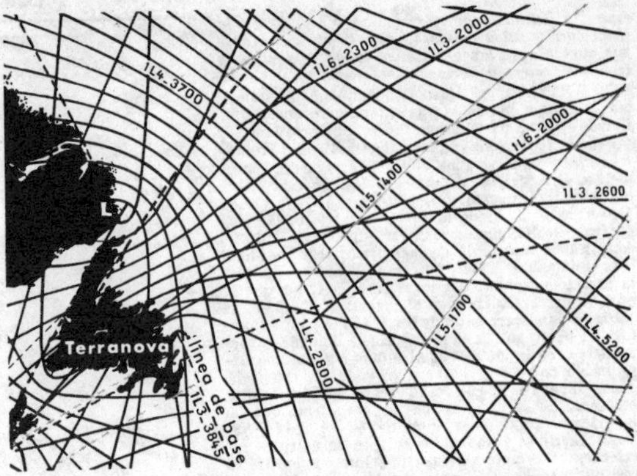

red de hipérbolas en la carta **loran**

LOMERA f. *Arq.* Caballete *, arista del tejado. — *Art. gráf.* Tela o piel con que se encuaderna el lomo de un libro.

LOMO m. *Agr.* Tierra levantada por el arado entre dos surcos contiguos.
— *Art. gráf.* Parte del libro que es el canto opuesto al corte de las hojas. ‖ Costura.
— *Art. y of.* En los instrumentos cortantes, borde opuesto al del filo. (Sinón. CONTRAFILO.)
— *F. c. Lomo de asno,* galicismo por *albardilla.*
— *Text.* Cada uno de los dos cantos de una pieza de tejido donde éste dobla.

LOMUDO, DA adj. Que tiene figura de lomo.
— *Constr. Teja lomuda,* v. TEJA.

LONA f. *Text.* Tela muy resistente, hecha con hilos de algodón o cáñamo de varios cabos retorcidos que se tejen apretados con ligamento tafetán, las más de las veces insertando dos hilos de urdimbre en vez de uno, para que resulte más tupida la tela: *la lona se emplea en la confección de velas, toldos, alpargatas, fundas para máquinas y otras labores.* ‖ Abusivamente y por extensión, cualquiera otra tela destinada a reemplazar la lona en algunos de sus usos: *funda para cañón en lona de Nylón.*

LONETA f. *Text.* Tela de la misma índole y textura que la lona, aunque más ligera que ella: *la loneta tiene los mismos usos que la lona y también se confeccionan con ella pantalones de trabajo y sacos para harina y otras mercancías a granel.*

LONGIMETRÍA f. Medición de distancias entre puntos inaccesibles.

LONGITUD f. *Astr.* y *Geogr.* Ángulo diedro formado por el plano meridiano * que pasa por un lugar, astro, etc., y otro plano meridiano que sirve de origen y referencia. ‖ *Longitud astronómica de un lugar,* la que se deduce de la posición de los astros visibles desde el mismo. ‖ *Longitud eclíptica de un astro,* la longitud del mismo que se determina tomando como referencia el plano de la eclíptica y el eje polar de ésta, y como meridiano de origen la intersección del ecuador celeste con el plano medio de la Galaxia. (Esta longitud puede ser *heliocéntrica* * o *geocéntrica* *.) ‖ *Longitud geodésica de un lugar,* ángulo que separa el meridiano de dicho lugar y el meridiano de referencia a lo largo del ecuador de un globo terrestre considerado como un elipsoide de revolución. ‖ *Longitud geográfica de un lugar,* ángulo que media, a lo largo del ecuador (considerado como una circunferencia) entre el meridiano de dicho lugar y el meridiano de referencia.
— La posición de un astro en el sistema ecuador celeste y eje de rotación del movimiento diurno, se determina según la ascensión recta del astro y tomando como origen el punto γ (gamma).
La *longitud* en la órbita de un planeta A (v. *figura*) es igual a la suma de la longitud Ω del nudo ascendente N, y del ángulo que media entre N y A.
La *longitud astronómica* de un punto de la superficie terrestre es independiente de la forma del Globo, mientras que la longitud geodésica se refiere a una superficie de forma teórica adoptada por convención para facilitar las operaciones de geodesia y las representaciones cartográficas. Entre ambas longitudes existe una diferencia que es la componente este-oeste del ángulo llamado desviación de la vertical *.
Las *longitudes terrestres* suelen indicarse en grados contados a partir del meridiano de Greenwich (Inglaterra), de 0 a 180° hacia el Este y de 0 a 180° hacia el Oeste. Así, el observatorio astronómico de La Plata (República Argentina) se halla situado a 57° 55' 56'' de longitud Oeste, mientras que el observatorio Fabra de Barcelona (España) está a 2° 73' 3'' de longitud Este. A cada 15° de longitud en un sentido u otro corresponde una diferencia de una hora en el paso del Sol por el meridiano local. (V. HORA.)
La longitud y la latitud * bastan para determinar la posición de un punto sobre la superficie del Globo o cualquier otro sistema de coordenadas.
— *Fís. Longitud de onda,* v. FRECUENCIA y ONDA.
— *Metr.* Dimensión de una cosa de un extremo a otro. ‖ La mayor dimensión de una superficie, por oposición a la menor, que es su anchura. ‖ *Longitud de ruptura,* longitud de un alambre, cinta, hilo, banda de papel, etcétera, a la cual se rompen dichos productos por su propio peso: *la longitud de ruptura constituye un criterio para apreciar la resistencia mecánica de los productos continuos.* ‖ *Unidades de longitud,* v. UNIDAD y MÉTRICO *(Sistema).*

LONGITUDINAL adj. Referente a la longitud. ‖ Considerado según su mayor dimensión: *dibujo que representa un corte longitudinal de la pieza.*

LONGULITA f. *Miner.* Variedad alargada de cristalita, componente microscópico de ciertas rocas.

LORAN m. *Radiot.* Sistema de radionavegación cuyo nombre deriva de la expresión inglesa *LOng Range Aid to Navigation.*
— El *loran* se funda en la emisión de impulsiones sincronizadas por tres emisoras especiales que constituyen una red. El aparato receptor instalado a bordo de un avión o de un barco mide la diferencia de tiempo que existe entre la recepción del impulso procedente de una emisora y la del impulso emitido al mismo tiempo por una de las otras dos. Como dicha diferencia es proporcional a las distancias entre el receptor y las emisoras se deduce la posición del mismo respecto a ellas. Con dicho fin se utilizan unos mapas especiales que llevan en sobreimpresión redes de hipérbolas de colores convencionales. A cada par de emisoras corresponde una red, y cada hipérbola es el lugar de todos los puntos en los cuales la diferencia de las distancias del receptor a las dos emisoras es constante. Consiguientemente, no basta con obtener del receptor la indicación de la red y de la hipérbola en la cual se halla el avión o el barco y es necesario identificar otra hipérbola, perteneciente a otro par de emisoras, cuya intersección con la primera indica la posición del receptor, con un error máximo de 1 %.
El loran pertenece a la misma familia de sistemas de navegación hiperbólica que el *gee* y el *decca* *, pero se caracteriza por su largo alcance.

LORIGA f. *Mec.* Manguito de hierro que se pone como refuerzo a los bujes de las ruedas de madera.

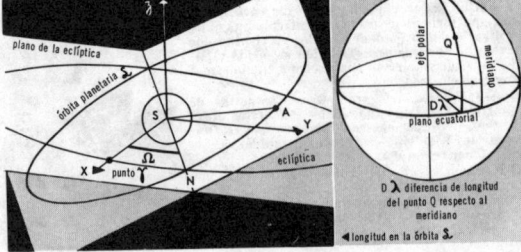

longitud
(astr. y geogr.)

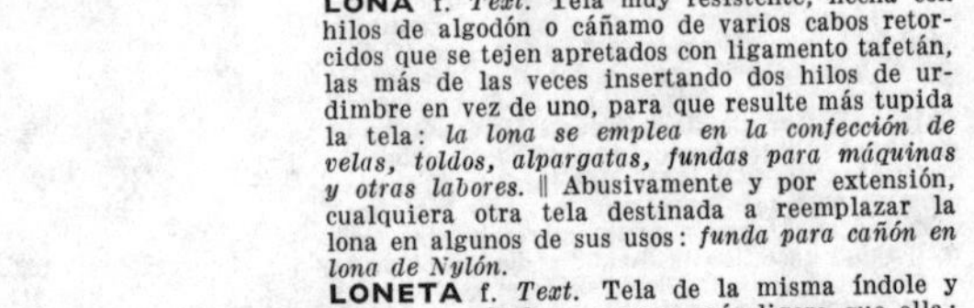

D λ diferencia de longitud del punto Q respecto al meridiano

◄ longitud en la órbita ☊

LORRY m. *F. c.* Vagoneta pequeña que sirve para transportar materiales necesarios para la reparación de una vía y que se empuja manualmente: *para transportar rieles se emplean dos lorrys reducidos prácticamente a soportes en forma de U y provistos de ruedas.*

LOSA f. *Constr.* Piedra grande, plana y poco gruesa, de espesor uniforme, que se talla rectangularmente y sirve para pavimentar suelos. ‖ Placa muy grande de hormigón armado, que es un elemento esencial para forjado de suelos en la arquitectura moderna.
— *Obr. públ.* Cada uno de los tramos de hormigón, separados por juntas de dilatación, que constituyen el firme de las autopistas, pistas de aeropuertos, muelles y otros pavimentos.

LOSANGE m. Rombo dispuesto de modo que tenga vertical su diagonal más larga, o sea, que tenga por pie y cabeza sus dos ángulos agudos.
— *F. c.* En ciertos sistemas de señales para ferrocarriles, señal en forma de losange que indica precaución y avisa la presencia próxima de una señal de parada.

LOSAR v. *Constr.* Enlosar.

LOSETA f. *Constr.* Losa pequeña. ‖ Baldosa grande. ‖ Baldosa de vidrio.

LÖSS m. *Geol.* Limo fino y permeable que constituye en ciertas partes una capa superficial bastante espesa y que se ha formado en tiempos remotos a partir del polvo acumulado en el suelo por los vientos: *el löss es muy fértil y también se beneficia para fabricar tejas y ladrillos.*

LOTARINGIENSE adj. y s. *Geol.* Dícese de un piso del terreno jurásico, comprendido entre el sinemuriense y el charmoutiense, que data de unos 14 millones de años. (V. ESTRATIGRAFÍA.)

LOX m. *Astron.* Sigla de las palabras inglesas *Liquid Oxigen,* con la cual se designa el oxígeno líquido empleado como ergol en los cohetes de propergol líquido.

LOXO, prefijo derivado del griego *loxos,* que significa *oblicuo.*

LOXODROMIA f. Línea trazada en la superficie de una esfera de modo que corte todos los meridianos bajo ángulos iguales.
— La *loxodromia* reúne propiedades interesantes. Así, pues, esta curva aparece como una recta en los mapas hechos según la proyección * de Mercator, que es la de las cartas de navegación. El barco o el avión que siguen constantemente el mismo rumbo geográfico (y no magnético) describe un arco de loxodromia, salvo cuando dicho rumbo corresponde rigurosamente a las direcciones Norte o Sur, y cuando sigue la línea del ecuador, en cuyos casos su ruta es ortodrómica *. Ésta es más corta que la ruta loxodrómica, pero menos práctica, puesto que obliga a cambiar de rumbo constantemente.

LOXODRÓMICO, CA adj. Relativo a la loxodromia: *ruta loxodrómica.* ‖ *Tablas loxodrómicas,* tablas que sirven para calcular la ruta seguida por un barco o un avión.

LOZA f. *Cerám.* Barro arcilloso, cocido y barnizado, que sirve para hacer piezas de vajilla y otros objetos de cerámica. ‖ Conjunto de objetos de loza.
— La *loza* es una de las variedades del grupo de los productos cerámicos permeables. (V. CERÁMICA.) Su pasta es opaca y porosa; cuando se rompe da bordes terrosos. Consta aproximadamente de 40 % de caolinita, 40 % de cuarzo y 20 % de caliza. La cochura se efectúa a unos 1 000º y las piezas se esmaltan con una composición a base de calcina y arena feldespática.
Más finas son las *lozas feldespáticas,* que igualan la blancura de la porcelana, pero conservan la opacidad y la permeabilidad propias de la loza. Constan de arcilla plástica, caolín (que le da blancura), sílice (desgrasante) y un fundente feldespático. Primeramente se cuecen las piezas entre 1 200 y 1 300º y, luego de esmaltados y decorados los bizcochos, se cuece el esmalte a 1 000º. (V. también el art. CERÁMICA.)
La loza se emplea principalmente en la fabricación de piezas de vajilla a la vez vistosas y económicas, pero también se hacen con ella baldosas, artículos sanitarios y objetos de adorno que pueden ser verdaderas obras de arte.

LU, símbolo químico del *lutecio.*

LUBRICACIÓN f. *Mec.* Acción y efecto de lubricar. ‖ Engrase. (Sinón. LUBRIFICACIÓN.)
— La *lubricación* consiste en interponer una capa fina de substancia lubricante entre dos superficies metálicas que se deslizan una respecto a la otra (V. ENGRASE). No solamente resulta así mucho más fácil el deslizamiento, sino que también se reduce bastante el calentamiento de las piezas por efecto del roce, así como el desgaste y la corrosión de las mismas. También, en ciertos casos, el lubricante constituye una junta estanca entre las dos piezas, y en otros —máquinas herramienta— sirve un chorro de lubricante para refrigerar el útil cortante, con lo cual se puede aumentar en 25 % la velocidad de corte. (V. LUBRICANTE.)

LUBRICADOR m. *Mec.* Engrasador.

LUBRICANTE adj. y s. Que lubrica o sirve para lubricar. (Sinón. LUBRIFICANTE.)
— *Mec.* Producto empleado para el engrase * o la lubricación de piezas u órganos mecánicos.
— Toda materia dotada de untuosidad * y de viscosidad * es susceptible de constituir un *lubricante* útil para determinadas aplicaciones. En ciertos casos el agua puede lubricar superficies no grasas y en otros se emplean lubricantes sólidos, cuales son el grafito y el azufre, las siliconas *, y, sobre todo, el bisulfuro de molibdeno. Citemos también el uso del vidrio pulverulento como lubricante para temperaturas muy elevadas (más de 1 000º), especialmente en la extrusión * de los metales ferrosos (el calor funde el polvo de vidrio, entre el metal y la boquilla o hilera, y lo convierte en una película líquida y lubricante). No obstante, las más de las veces, especialmente en el engrase y lubricación de máquinas, se emplean lubricantes a base de aceites * minerales (derivados del petróleo o sintéticos) y, en ciertos casos, aceites vegetales (de ricino y de colza) y aceites animales (sebo, aceite de pezuñas). [V. también el art. GRASA.]
Las características principales que debe reunir un aceite lubricante son: viscosidad, que le permita adherirse; fluidez, que facilite su circulación; neutralidad química para que no ataque las superficies lubricadas, e inalterabilidad ante las temperaturas elevadas y las acciones químicas del aire.
— *Plást.* Producto a base de ácidos grasos, o de sus sales, que se agrega en pequeñas proporciones (alrededor de 1 %) a las materias plásticas que se han de vaciar, con objeto de facilitar la separación del objeto y de su molde.

LUBRICAR v. *Mec.* Untar con lubricante una superficie para facilitar su deslizamiento sobre otra. (Sinón. LUBRIFICAR.)

LUBRIFICACIÓN f. *Mec.* Lubricación.

LUBRIFICANTE adj. *Mec.* Lubricante.

LUBRIFICAR v. *Mec.* Lubricar.

LUCERA f. *Arq.* Claraboya o lumbrera dispuesta en la parte superior de un edificio.

LUCERNARIO m. *Arq.* Linternón.

LUCI, prefijo derivado del latín *lucis,* que significa *luz.*

LUCIAR v. *Art. y of.* Rehacer el filo de una herramienta o instrumento cortante.

LUCIDÓNICO, CA adj. *Pint.* Dícese de las pinturas que producen efectos de transparencia.

LUCIDURA f. *Pint.* Blanqueo de las paredes.

LUCIFERINA f. *Quím.* Substancia que, al ser oxidada por una enzima, produce la luminiscencia de las luciérnagas y otros insectos.

LUCÍMETRO m. *Meteor.* Fotómetro * con el cual se mide la radiación total del sol. ‖ *Lucímetro de Bellani,* aquel en el cual la energía radiante es proporcional al alcohol evaporado por el sol en el interior de un globo de vidrio.

LUCHADERO m. *Mar.* Zona del remo * donde éste se apoya, articula y roza sobre la chumacera o el tolete: *el luchadero suele forrarse con cuero u otras materias para protegerlo contra los rozamientos.*

LUDIENSE adj. y s. *Geol.* Dícese a veces en estratigrafía * de un terreno que marca el límite superior del eoceno y se halla comprendido entre el bartoniense y el sannoisiense.

LUDIÓN m. *Fís.* Aparato de física que sirve para efectuar demostraciones sobre el equilibrio de los cuerpos sumergidos.

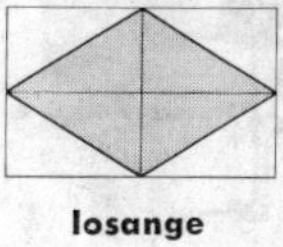

losange

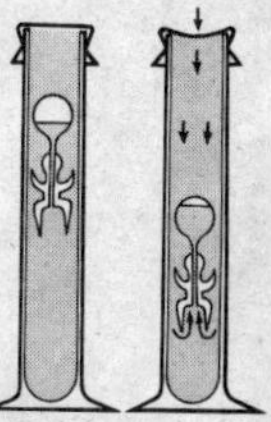

ludión

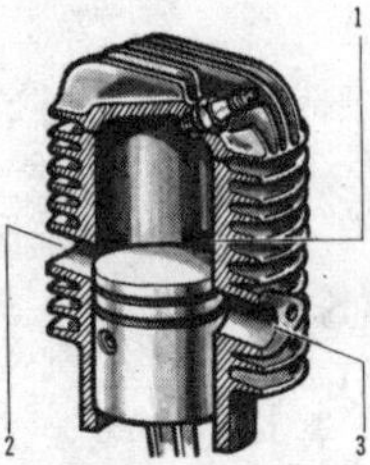

lumbreras *(mec.)* 1. De carga; 2. De escape; 3. De admisión

— El *ludión* consta de un recipiente de vidrio lleno de agua en la cual flota una esfera que comunica con el líquido por un orificio de su parte inferior. El recipiente se halla cerrado por una membrana o por un émbolo y al apoyar en aquélla o en éste, la presión hace que el agua penetre en la esfera, cuyo peso aumenta entonces y la hace bajar hacia el fondo. Al cesar la presión, el aire comprimido en la esfera expulsa el agua de la misma y aumenta su flotabilidad, con lo cual vuelve a la superficie.

LUDLOW f. *Art. gráf.* Máquina semiautomática para componer y fundir los títulos, anuncios y otros textos tipográficos en caracteres muy grandes: *en la máquina Ludlow, las matrices se disponen manualmente en un componedor especial que permite fundir por líneas enteras.*

LUGAR m. *Geom. Lugar geométrico,* conjunto de puntos —por ejemplo, los de una línea o superficie— que gozan de determinada propiedad común: *la circunferencia es el lugar geométrico de todos los puntos de un plano situados a igual distancia de un punto interior llamado centro.*

LUIR v. *Amer.* Desgastarse una cosa por donde roza con otra.

— *Cerám. Amer.* Bruñir, pulir el alfarero las vasijas y otros objetos de barro.

LUMAQUELA f. *Geol.* Roca sedimentaria caliza que presenta hermosos reflejos anacarados porque se halla constituida principalmente por conchas de moluscos fósiles.

LUMBETA f. *Art. gráf. Amer.* Plegadera usada por los encuadernadores.

LUMBRE f. *Arq.* Luz. ‖ *Amer.* Umbral.

LUMBRERA f. *Arq.* Abertura vidriada en el techo de una habitación, que da paso, ya a la luz natural, ya a la de lámparas ocultas entre el cielo raso y el suelo de la planta superior. ‖ Buharda.

— *Carp.* En los cepillos * y otros instrumentos para labrar madera, abertura por donde salen las virutas.

— *Mar.* Escotilla * acristalada que sirve para dar luz y ventilación a las cámaras, camarotes y otros compartimientos de las embarcaciones cubiertas.

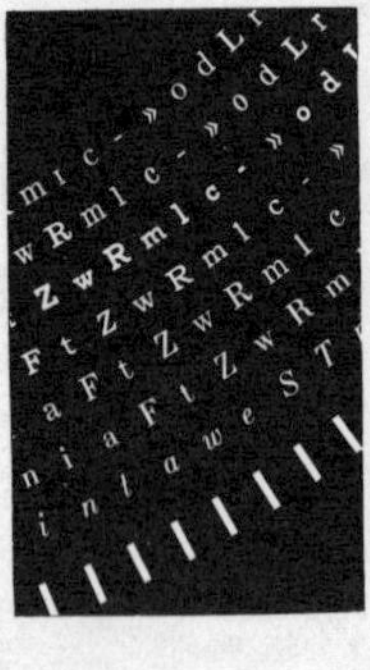

Lumitipia: teclado, mandos y fragmento de una matriz fotográfica

— *Mec.* Cada una de las dos aberturas que sirven para la admisión y el escape del vapor o de los gases en los cilindros de las máquinas * de vapor y de los motores * de dos tiempos desprovistos de válvulas.

LUMEN m. *Metr.* Unidad de flujo luminoso, de símbolo *lm,* equivalente al flujo luminoso emitido en un esterradián * por un manantial luminoso uniforme y puntual, de intensidad igual a una candela, situado en el vertice del ángulo sólido.

LUMINACIÓN f. *Fot.* Cantidad de luz necesaria para impresionar debidamente una emulsión fotosensible y que es el producto de la iluminación de la misma por el tiempo que dura la exposición.

LUMINANCIA f. *Metr.* Cociente de la intensidad luminosa de una superficie dividida por el área aparente que tiene la misma para el observador alejado de ella. (Sinón. BRILLO.)

— La voz *luminancia* es un neologismo adoptado para designar la unidad antes llamada brillo *, dado que este nombre se presta a confusión en razón del sentido que tiene en la lengua común. Las *unidades de luminancia* son el stilb * y el nit *, aunque también se emplea en luminotecnia el blondel *.

LUMINARIA f. *Lumin.* Cualquier aparato, provisto de lámparas, propio para alumbrar locales o edificios.

LUMÍNICO, CA adj. *Fís.* Relativo o perteneciente a la luz: *la potencia lumínica de un foco.*

LUMINISCENCIA f. Emisión de luz por una substancia que no se halla en estado de incandescencia.

— Muchas substancias tienen la propiedad de emitir luz en frío por efecto de alguna excitación. Dicha excitación puede ser de índole muy diferente: si es provocada por radiaciones invisibles, cual ocurre con los rayos ultravioletas, muy próximas del espectro luminoso, se tendrá el fenómeno llamado *fotoluminiscencia* * (que se subdivide en fosforescencia * y fluorescencia *); si se trata de una excitación mecánica, el fenómeno se designa por el nombre de *triboluminiscencia* *; si es térmica, se llama *termoluminiscencia* * o *crioluminiscencia;* si es eléctrica, *electroluminiscencia* *; si se debe a radiaciones de longitud de onda muy corta, se produce una *radioluminiscencia,* y si es provocada por fenómenos químicos, una *quimiluminiscencia* * o una *bioluminiscencia* (cuando se produce en los tejidos orgánicos); llámase, por último, *sonoluminiscencia* * la luminiscencia provocada por las vibraciones sonoras o ultrasonoras. Sea cual fuere la causa de la excitación, la luminiscencia se caracteriza por su elevado rendimiento energético, dado que no es acompañada de emisión de calor. (De ahí el nombre de *luz fría* que se da a veces a la luz así producida.)
Entre las principales aplicaciones de la luminiscencia, citemos la que provocan los rayos catódicos en las pantallas de los tubos de los televisores, la de los rayos X en los aparatos de radiología, el alumbrado por tubos fluorescentes, etc.

LUMINISCENTE adj. Dotado de luminiscencia.

LUMINÓGENO m. Impureza a la cual se debe la fotoluminiscencia de ciertos cristales.

— Un *luminógeno* es una substancia que, al insertarse en la red de un cristal puro, modifica su estructura y provoca la fotoluminiscencia del mismo. Así, la presencia de ínfimas proporciones de cobre en un cristal de cinc produce fosforescencia verde; si el luminógeno consiste en plata, el cristal presenta fluorescencia azul.

LUMINOSIDAD f. Calidad de luminoso.

— *Fot.* Luminosidad de un objetivo, cantidad máxima de luz que el mismo puede transmitir a la emulsión fotográfica.

— La *luminosidad* es la relación entre la abertura máxima del objetivo y su distancia focal, pero cuando ambas magnitudes son iguales en dos objetivos, la luminosidad es menor en el que cuenta más lentes, dado que éstas multiplican las pérdidas de luz por reflexión. (V. ABERTURA y OBJETIVO.)

LUMINOSO, SA adj. Relativo a la luz. ‖ Que emite luz. ‖ *Rayo luminoso,* v. LUZ y RAYO.

LUMINOTECNIA f. *Lumin.* Arte y técnica del alumbrado artificial. (V. ALUMBRADO, LÁMPARA y LUZ.)

LUMITIPIA f. *Art. gráf.* Marca registrada de una máquina de componer fotográfica.

Fot. Deberny-Peignot

— La *Lumitipia* consta de un teclado, de un disco que lleva impresas las letras sobre fondo transparente, de una calculadora electrónica acoplada al teclado y al disco, y, por último, de una cámara fotográfica. El componedor pulsa las teclas de las letras y signos como en una máquina de escribir; la calculadora electrónica registra las letras, suma su justificación, calcula la anchura sobrante de la línea y la reparte en los blancos, entre las palabras, después de lo cual acciona el disco portaletras; éste gira convenientemente para que la letra o signo correspondiente se detenga frente al objetivo de la cámara, que lo fotografía, después de lo cual gira de nuevo para fotografiar el signo siguiente, y así sucesivamente. Se obtiene así un clisé transparente propio para imprimir en offset o en heliograbado y que sirve también para sacar planchas destinadas a la impresión tipográfica. La Lumitipia simplifica considerablemente las operaciones de composición y compaginación. También presenta la ventaja de que un mismo disco de matrices permite obtener todos los cuerpos del mismo carácter, pues basta hacer variar la distancia focal de la cámara fotográfica para que las letras aparezcan más o menos grandes en el clisé. Estas máquinas no sirven, en el estado actual de la técnica, para obtener trabajos pulcros. También presentan el inconveniente de no admitir errores durante la pulsación de las teclas, pues la corrección de las erratas en la película no es fácil ni esmerada. (V. también FOTOSETTER.)

LUNA f. *Arq.* Patio abierto o descubierto.
— *Astr.* Astro del sistema solar, que gravita en torno de la Tierra y es el único satélite natural de nuestro planeta. ‖ Por ext., satélite de cualquier otro planeta: *Marte tiene dos lunas minúsculas.* ‖ Luz solar que, reflejada por la Luna, disipa la oscuridad en las noches terrestres. ‖ Lunación.
— La *Luna* describe alrededor de la Tierra una órbita bastante excéntrica a la velocidad media de 1,2 km/s. Si dicha órbita se hubiera hallado en el mismo plano que la de la Tierra, a cada revolución de la Luna se producirían dos eclipses: al interponerse el satélite entre el Sol y la Tierra, y luego nuestro globo entre el satélite y el Sol (v. ECLIPSE). No ocurre así porque la órbita lunar tiene una inclinación respecto a la de la Tierra (eclíptica) que varía en 173 días de 5° 0' 11" a 5° 17' 35". La Luna alcanza su apogeo a 406 720 km de la Tierra y su perigeo a 356 430 km; la distancia media entre ambos astros es de 384 000 km. Ahora bien, estas distancias astronómicas son las que median entre los centros de los dos astros, y, dado que el radio terrestre es de 6 370 km y el radio lunar de 1 740 km aproximadamente, deben deducirse de ellas unos 8 100 km para obtener la distancia efectiva de suelo a suelo. Así, la distancia mínima entre la superficie de los dos astros es de 348 300 km.
Si bien la órbita lunar es una elipse, la trayectoria seguida realmente por el satélite alrededor de la Tierra es muy compleja —aunque perfectamente definida por los astrónomos— pues se halla perturbada por las irregularidades del globo terrestre y por las fuerzas atractivas de otros planetas, especialmente Venus (en razón de su cercanía) y Júpiter (en razón de la masa considerable de su globo).
La atracción terrestre, por un fenómeno semejante al de las mareas, ha deformado el globo lunar, el cual presenta un abultamiento que dicha atracción mantiene dirigido constantemente hacia la Tierra. De ello se deducen dos consecuencias importantes: la Luna presenta siempre el mismo hemisferio a la Tierra; el globo lunar gira sobre su eje —inclinado de 83° 30' respecto a su órbita— en un tiempo rigurosamente igual al de la revolución en torno de la Tierra. En condiciones normales la superficie de la Luna visible desde la Tierra debería representar aproximadamente la mitad de la del globo lunar, pero las libraciones (v. LIBRACIÓN) hacen que 59 % del suelo lunar sea realmente visible. Por lo demás, gracias a las sondas lunares y a los astronautas toda la superficie de la Luna ha sido fotografiada.
Las variaciones cíclicas de la posición relativa de la Luna respecto a la Tierra hacen que su hemisferio visible nos aparezca diferentemente alumbrado por el Sol a lo largo de una lunación. La *figura* muestra el mecanismo de dichas variaciones, llamadas *fases de la Luna:* cuando todo el disco lunar queda en la obscuridad, tenemos la luna nueva; aparece después iluminada en el borde del disco una zona cada vez más ancha que acaba por ocupar la mitad del mismo (cuarto creciente); se extiende la zona iluminada hasta abarcar todo el disco (luna llena) y luego empieza la segunda parte del ciclo en el curso del cual se reduce progresivamente la zona iluminada a la mitad del disco (cuarto menguante) y hasta quedar por completo en la oscuridad (luna nueva), después de lo cual comienza otro ciclo. Para el astronauta que observa la Tierra desde la Luna, nuestro globo presenta fases idénticas, aunque opuestas. (V. FASE.)
La Luna, por ser su masa insuficiente para retener las moléculas gaseosas, carece de atmósfera, circunstancia que implica consecuencias importantes, cual es la falta absoluta de humedad y, consiguientemente, de relieves —como los del suelo terrestre— modelados por las acciones mecánicas del viento y de las aguas corrientes. Por el contrario, se manifiestan en la Luna acciones erosivas prácticamente inexistentes en nuestro globo. Una de ellas consiste en el bombardeo permanente del suelo por los meteoritos (mientras que en la Tierra son volatilizados en la atmósfera por el calor que desarrolla su rozamiento con el aire (v. METEORITO). Otra forma de erosión resulta de los cambios de temperatura, bruscos y muy intensos, que experimentan las capas superficiales del suelo lunar. En la Tierra, la presencia de la atmósfera tiende a igualar el clima, pues el aire aporta calorías de los sitios más calientes a los más fríos, atenúa los rayos solares y retiene una parte del calor radiado por el suelo. En la Luna, por el contrario, no existe propagación del calor por convección * y nada se opone a las pérdidas por radiación. Así, la temperatura del suelo pasa de 100° cuando se halla expuesto al sol y desciende a — 150° si se halla en la sombra. Ello provoca rápidas dilataciones y contracciones que han resquebrajado y desmenuzado la roca superficialmente.
Otra consecuencia de la falta de atmósfera en torno del globo lunar es la abundancia y la energía considerable de las radiaciones ionizantes (rayos cósmicos, partículas de elevada energía y rayos emitidos por el Sol permanentemente, y, sobre todo, en el curso de los paroxismos de su actividad) que llegan hasta el suelo sin que nada pueda detenerlas ni atenuar su energía, tan elevada que es necesario asegurar la protección de los astronautas con revestimientos especiales de sus escafandras.
El relieve lunar presenta algunos sistemas de montañas agrupadas caóticamente, y no, cual ocurre en la Tierra, separadas por los valles de las redes hidrográficas. Si se tiene cuenta de la diferencia de diámetro de los dos globos, las montañas lunares alcanzan alturas relativamente mayores que las de la Tierra (8 200 m en los Montes Leibniz; 7 900 en los montes Rook, etc.).

DATOS NUMÉRICOS SOBRE LA LUNA

Diámetro en km	3 473,4
Diámetro aparente	de 29' 20" a 33' 36"
Volumen	21 939 km³
Masa (tomando a la Tierra por unidad)	0,012 3
Densidad media (respecto a la del agua)	3,33
Temperatura aproximada del suelo	100° al sol — 150° a la sombra
Aceleración de la gravedad (pesantez)	1,63 m/s/s
Velocidad parabólica	2,38 km/s
Revolución sideral	27 d 7 h 43 mn 11,5 s
Revolución sinódica (lunación o mes lunar)	29 d 12 h 44 mn 2,8 s
Revolución anomalística (entre dos pasos sucesivos por el perigeo de su órbita)	27 d 13 h 18 mn 33,1 s
Día lunar	14 d terrestres
Pasos sucesivos de la Luna por un meridiano terrestre	24 d 50 h 30 mn
Semieje mayor de la órbita (o sea distancia media, de centro a centro, de la Tierra a la Luna)	384 400 km
Distancia mínima de la Tierra a la Luna	356 500 km
Distancia máxima de la Tierra a la Luna	406 700 km
Distancia mínima de suelo a suelo	348 300 km
Inclinación media de la órbita	5° 8' 43,427"
Excentricidad de la órbita	0,054 9

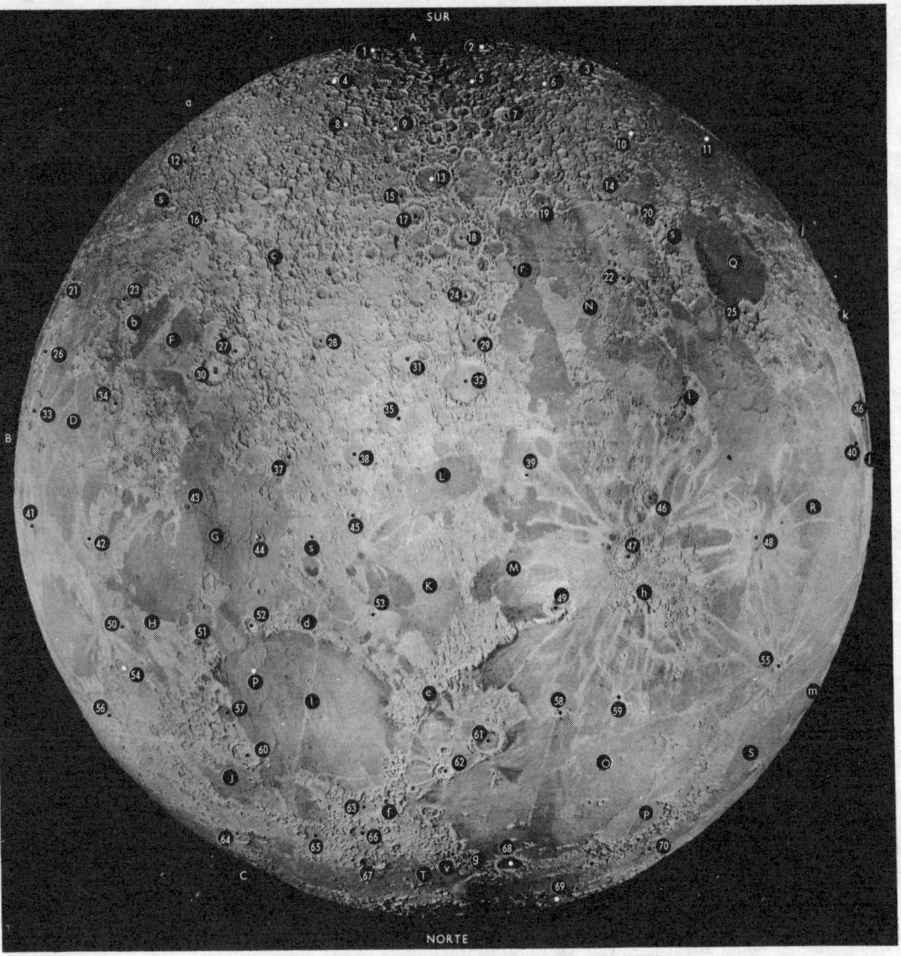

DETALLES DEL HEMISFERIO VISIBLE DE LA **LUNA**

MARES: A. Mar Austral; B. Mar de Smyth; C. Mar de Humboldt; D. Mar de la Fecundidad; E. Mar de las Crisis; F. Mar del Néctar; G. Mar de la Tranquilidad; H. Marisma del Sueño; I. Mar de la Serenidad; J. Lago de los Ensueños; K. Mar de los Vapores; L. Golfo del Centro; M. Golfo Tórrido; N. Golfo de los Nublados; O. Mar de las Lluvias; P. Golfo de los Iris; Q. Mar de los Humores; R. Océano de las Tempestades; S. Golfo del Rocío; T. Mar del Frío

MONTES: *a.* Dörfel y Leibniz; *b.* Pirineos; *c.* Altai; *d.* Hemus; *e.* Apeninos; *f.* Cáucaso; *g.* Alpes; *h.* Cárpatos; *i.* Rifeos; *j.* Rook; *k.* Cordillera; *l.* Alembert; *m.* Hercinianos

CIRCOS: 1. Simpelius; 2. Newton; 3. Bailly; 4. Nearco; 5. Clavio; 6. Longomontanus; 7. Tico; 8. Maurolico; 9. Stöfler; 10. Hainzel; 11. Schickard; 12. Rheita; 13. Walter; 14. Capuanus; 15. Aliacensis; 16. Neandro; 17. Werner; 18. Purbach; 19. Pitatus; 20. Campanus; 21. Nelson; 22. Bouillaud; 23. Santbech; 24. Arzachel; 25. Cassendi; 26. Vendelinus; 27. Cirilo; 28. Abulfeda; 29. Alfonso; 30. Teófilo; 31. Albategnius; 32. Tolomeo; 33. Langrenus; 34. Gutenberg; 35. Hiparco; 36. Riccioli; 37. Delambre; 38. Rheticus; 39. Mösting; 40. Grimaldi; 41. Apolonio; 42. Taruntius; 43. Maskelyne; 44. Arago; 45. Agripa; 46. Reinhold; 47. Copérnico; 48. Kepler; 49. Eratóstenes; 50. Proclus; 51. Vitruvio; 52. Plinio; 53. Manilius; 54. Macrobio; 55. Aristarco; 56. Cleomedes; 57. Le Monnier; 58. Timocharis; 59. Lambert; 60. Posidonio; 61. Arquímedes; 62. Aristilo; 63. Alejandro; 64. Atlas; 65. Bürg; 66. Eudoxio; 67. Aristóteles; 68. Platón; 69. Herschel; 70. South

OTROS ACCIDENTES: *p.* Pliegues del suelo; *r.* Gran Muro recto, gigantesco acantilado de 800 m de altura; *s.* Surcos o grietas; *v.* Valle de los Alpes, tal vez excavado por un meteorito tangente al globo lunar

Más características del relieve lunar que las montañas y mucho más numerosas que ellas son las formaciones circulares y a veces hexagonales llamadas circos (también designadas, aunque impropiamente, por el nombre de cráteres). Probablemente los circos son las huellas de otros tantos impactos de meteoritos caídos sobre el suelo de la Luna, pero esta explicación no satisface a muchos astrónomos, que atribuyen estas formaciones a la surrección de masas de magma interno y a otros fenómenos volcánicos. Las fotografías de la Luna tomadas por ingenios espaciales muestran que no existe un límite inferior a las dimensiones de los cráteres, pues la caída de pequeños meteoritos produce hoyos de unos metros de diámetro e incluso de menos de un metro. Los mayores circos miden más de 200 km de diámetro y, en razón de la redondez del globo, un observador situado en su centro no vería su muralla, por hallarse la misma debajo del horizonte.

La presencia de un pico central en ciertos circos y el hecho de que el fondo de los mismos se halla a un nivel inferior al del suelo exterior constituyen curiosas particularidades que no han podido ser explicadas de modo indiscutible.

Entre las montañas y los circos se extienden vastas extensiones grisáceas a las cuales los astrónomos dieron primitivamente el nombre de mares. Son, en realidad, llanuras originadas por la fusión del basalto lunar y hoy cubiertas por un manto de polvo meteorítico. En algunas partes se halla su suelo arrugado y en otras surcado por largas y profundas grietas o cortado a pique por gigantescos acantilados.

El astronauta que visita la Luna halla condiciones físicas desfavorables que le obligan a vivir en una atmósfera artificial cuyos elementos, así como el agua y los alimentos que le son necesarios, provienen de la Tierra. Su escafandra ha de protegerlo, además, contra las radiaciones ionizantes, lo cual deja subsistir el peligro de los meteoritos (v. ESCAFANDRA). Afortunadamente la masa de la escafandra y de sus accesorios queda compensada por el poco peso que tienen los objetos en nuestro satélite: como la atracción del globo lunar es unas seis veces inferior a la del globo terrestre, y dado que la musculatura conserva sensiblemente su fuerza, el hombre puede levantar en la Luna pesos seis veces mayores que en la Tierra y, a peso igual, multiplicar sus capacidades y efectuar, por ejemplo, saltos prodigiosos.

También deberá acostumbrarse el astronauta a las particularidades del día y de la noche lunares, que duran, cada uno, dos semanas terrestres. La Tierra, eternamente invisible desde el hemisferio lunar vuelto hacia el exterior de la órbita, es, por el contrario, constantemente visible desde el otro hemisferio, con la particularidad de que, por hallarse éste —para el observador lunar— siempre dirigido hacia nuestro planeta, no sale ni se pone tras el horizonte (salvo en las estrechas regiones sujetas a libraciones). Permanece el disco terrestre constantemente, día y noche, en la misma región del cielo, que diferirá según la longitud y la latitud lunares del punto de observación (el cenit, para el observador situado en el ecuador lunar a la longitud 0°, y el horizonte, para los observadores situados en las regiones polares, etc.).

La obscuridad de la noche lunar es disipada por la luz solar reflejada por la Tierra, mucho más intensa que la que nos llega desde la Luna. En efecto, por una parte la superficie del disco terrestre es 14 veces mayor que la del disco lunar y, por otra, nuestro globo refleja mucho mejor la luz que la Luna, pues su albedo * es, en promedio, de 39 % (y alcanza 65 % en caso de nubosidad muy densa en el hemisferio vuelto hacia la Luna), mientras que el de la superficie lunar es de 7 % solamente. Así, pues, la iluminación del paisaje lunar durante el "claro de Tierra" equivale a la del paisaje terrestre durante los crepúsculos.

Por lo demás, es de observar que, tanto el Sol, como la Tierra y las estrellas brillan —día y noche— en un cielo constantemente negro, pues en la Tierra son las partículas de la atmósfera las que, iluminadas por el Sol, nos deslumbran e impiden apercibir las estrellas en pleno día. Estas estrellas son más brillantes en el cielo lunar que en el terrestre y no centellean.

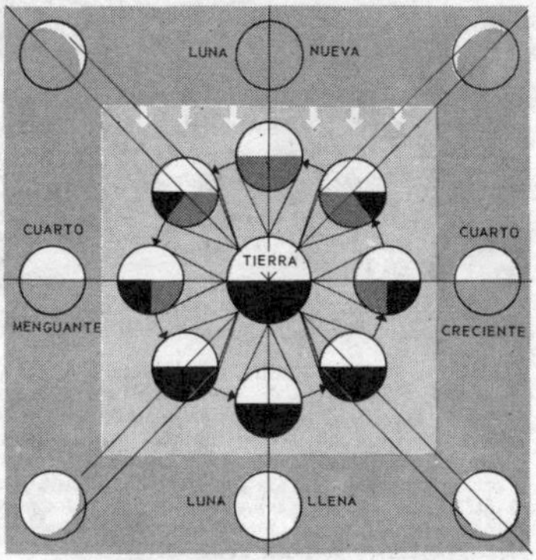

fases de la **Luna**

El espectáculo del firmamento observado desde la Luna es tanto más majestuoso por cuanto reina en nuestro satélite un silencio absoluto a causa no solamente de la inactividad casi total que caracteriza su superficie, sino también por faltar del aire en cuanto que medio elástico que transmite las vibraciones sonoras hasta el oído.

La atracción que la Luna ejerce sobre la Tierra es causa de fenómenos importantes, entre los cuales descuellan las mareas *. También interviene en la precesión * de los equinoccios y en la nutación *.

— *ópt.* Luneta * de anteojos.

— *Vidr.* Cristal grueso con que se hacen los espejos * grandes, las vidrieras, escaparates, etc. (V. VIDRIO.)

LUNACIÓN f. *Astr.* Tiempo que media entre dos nuevas lunas consecutivas y al cual se da también el nombre de *mes lunar sinódico.*

— La *lunación* equivale, por término medio, a 28 d, 12 h, 44 mn y 2,9 s, pero su duración puede ser de unas horas más o menos.

LUNAR adj. *Astr.* Relativo o perteneciente a la Luna. ‖ *Año lunar,* tiempo que invierte la Luna en dar 12 revoluciones completas en torno a la Tierra. ‖ *Ciclo lunar,* v. CICLO. ‖ *Mes lunar,* tiempo que tarda la Luna en dar una vuelta completa en torno a la Tierra. (V. MES.)

Edwin Aldrin en la **Luna,** fotografiado por Neil Armstrong. Ambos astronautas fueron los primeros hombres que hollaran el suelo de otro mundo.

Fot. Serv. de Inform. Soviético

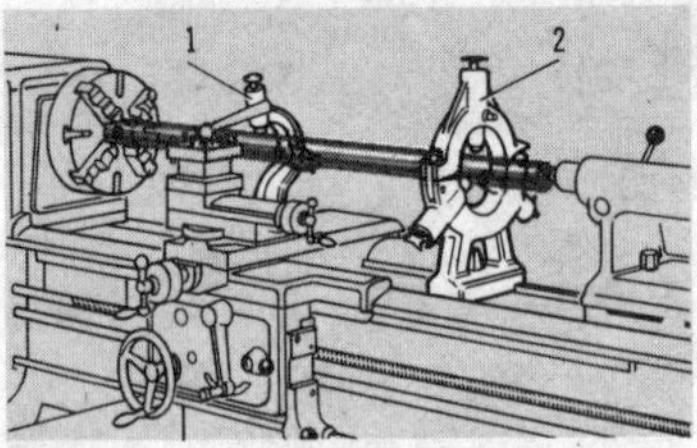

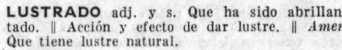

lunetas *(mec.)*
1. Corrediza; 2. Fija

LUNETA f. *Arq.* Bocateja. ‖ Luneto.
— *Metal.* Dispositivo de que están provistos los tornos *, rectificadoras y otras máquinas herramientas y que sirve de apoyo intermediario a las piezas muy largas que podrían torcerse o romperse por efecto de la presión ejercida por el útil cortante: *hay lunetas fijas, montadas en la bancada, y lunetas corredizas que son solidarias del carro portaherramienta.*
— *Ópt.* Cristal corrector de la visión empleado en los anteojos. ‖ Galicismo por *anteojo* * *de larga vista* y por *telescopio.*

LUNETO m. *Arq.* Hueco formado en una bóveda por la intersección de otra bóveda menor destinada a darle luz. (Sinón. LUNETA.)

LUNISOLAR adj. *Astr.* Que se relaciona a la vez con la Luna y el Sol: *las mareas y la precesión de los equinoccios resultan de la atracción lunisolar.*

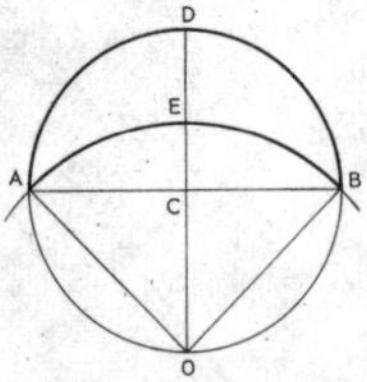

lúnula
C. Centro del arco ADB; O. Centro del arco AEB

LÚNULA f. *Geom.* Figura plana constituida por dos arcos de circunferencia que se cortan y tienen sus centros en el mismo lado de la figura. ‖ *Lúnula de Hipócrates,* la que se forma sobre un triángulo tomando como diámetro de las circunferencias los lados del mismo, de tal forma que el área de la lúnula o lúnulas que resulten sea equivalente a la del triángulo (v. *figura*).

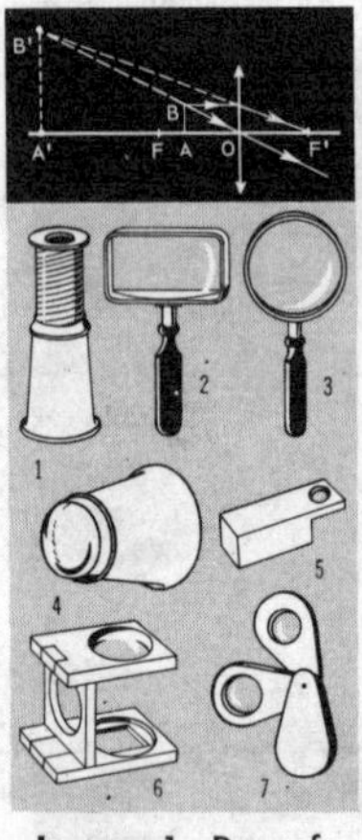

lupas: 1. De enfocar; 2 y 3. Para leer; 4. De relojero; 5 y 6. Cuentahilos; 7. De bolsillo

LUPA f. *Ópt.* Lente convergente de escasa distancia focal que sirve para observar con varios aumentos los objetos o detalles pequeños. ‖ *Lupa binocular,* lupa doble con sus lentes montadas en dos tubos —uno para cada ojo— cuyos ejes ópticos convergen en el objeto que se examina, obteniéndose así una imagen del mismo a la vez aumentada y en relieve.
— La *lupa* consiste en una lente * convergente merced a la cual se pueden ver los objetos con un ángulo mayor que el que permite la visión directa, o sea como los veríamos si fuera posible acercarlos mucho del ojo sin perder la visión distinta. Con dicho fin (v. *figura*), se coloca el objeto AB entre la lente y uno de sus focos; el observador cuyo ojo se halla situado en el lado opuesto de la lente, ve entonces en A'B' una imagen virtual y aumentada de AB.
El aumento de una lupa es aproximadamente igual al cociente de la distancia de la visión distinta (250 mm en el ojo normal) dividida por la distancia focal de la lente. Si ésta es, por ejemplo, de 100 mm, el aumento será de $250 : 100 = 2{,}5$ veces.
La potencia de la lupa se expresa matemáticamente, en dioptrías, dividiendo la unidad por su distancia focal expresada en metros. Así, en el ejemplo citado, la potencia es de $1 : 0{,}10 = 10$ dioptrías. El producto de la potencia por la distancia mínima de visión directa, expresada en metros, indica los aumentos de la lupa ($10 \times 0{,}25 = 2{,}5$, en el caso de nuestro ejemplo).

LUPIS m. *Text.* La hilaza más clara, fina y sedosa del abacá *, que es la que se encuentra en la parte central del pecíolo de sus hojas.

LÚPULO m. *Bot.* e *Ind. alim.* Planta canabínea trepadora *(Humulus lupulus)*, cuyos frutos en forma de piñas sirven para amargar la cerveza con objeto de estabilizarla y darle aroma.

LUQUETE m. *Arq.* Casquette esférico de la bóveda * vaída.

LUSITANIENSE adj. y s. *Geol.* Dícese del penúltimo piso del terreno jurásico, que data de unos 120 millones de años. (V. ESTRATIGRAFÍA.)

LUSTRADO adj. y s. Que ha sido abrillantado. ‖ Acción y efecto de dar lustre. ‖ *Amer.* Que tiene lustre natural.
— *Curt.* Operación consistente en teñir con cepillo o aerógrafo el extremo de los pelos de ciertas pieles, para mejorar el aspecto de las mismas.
— *Geol.* Dícese de ciertos esquistos, gres y otros minerales que, al quebrarse, dan superficies brillantes.
— *Text.* Operación consistente en dar brillo o lustre a los hilos y tejidos.
— El *lustrado* se efectúa de distintas maneras: el de los hilos de lino, frotándolos, previamente untados con cera de abejas, aceite de lino o cola; el de los hilos de seda, estirándolos entre dos cilindros ligeramente calentados; el de los tejidos de algodón, frotándolos con una piedra de ágata sobre un cilindro, perpendicularmente al sentido en que se arrolla; el de los tejidos de lana, en cámaras con atmósfera saturada de vapor.
— *Vidr.* Operación consistente en frotar la superficie de una luna ya pulida, con objeto de eliminar la suciedad.

LUSTRADOR, RA adj. y s. Aplícase a las herramientas y utensilios que sirven para lustrar.
— *Text.* Calandria especial para efectuar el lustrado de los hilos y tejidos.

LUSTRAR v. Bruñir, dar brillo o lustre a una cosa. (V. LUSTRADO.)

LUSTRE m. Brillo de las cosas tersas, bruñidas o pulidas. (V. LUSTRADO.)
— *Cerám.* Capa de materia irisada que se da sobre una superficie esmaltada y que, cocida en horno oxidante, da finalmente irisaciones semejantes a los reflejos metálicos.
— *Text.* Composición que se aplica a las pieles, sombreros, etc., para darles lustre.

LUSTREAR v. *Amer.* Lustrar.

LUSTRINA f. *Text.* Nombre dado a distintos tejidos brillantes, especialmente los que se describen a continuación. ‖ *Lustrina de algodón,* percalina impregnada de una disolución de cera o estearina y almidón, que le confiere cuerpo y lustre, y sometida después al lustrado *. ‖ *Lustrina de lana,* tela tupida con urdimbre de algodón mercerizado y trama de estambre fino, que se teje con ligamento de sarga y recibe un apresto y acabado que le da mucho brillo: *la lustrina de lana se emplea para trajes de verano y como forro de vestidos de caballero.* ‖ *Lustrina de seda,* tela de seda parecida al droguete, con trama de varios colores y a veces de hilos metálicos, que es muy vistosa y se emplea para adornos, especialmente en los sombreros de señora.

LUSTRO m. Período de tiempo de cinco años.
— *Electr.* Araña u otro aparato para el alumbrado, pendiente del techo.

LUTECIENSE adj. y s. *Geol.* Uno de los pisos del eoceno, cuyo terreno data de unos 55 millones de años. (V. ESTRATIGRAFÍA.)

LUTECIO m. *Quím.* Elemento químico de número atómico 71, cuyo símbolo es *Lu: al lutecio se le dio primitivamente el nombre de "casiopeo".*
— El *lutecio* es un metal raro, el último de la serie de los lantánidos o tierras raras, cuyas principales constantes físicas son las siguientes: densidad, 9,849; temperaturas aproximadas de fusión y de ebullición, 1 700 y 3 500°, respectivamente; masa atómica, 174,97 (es una mezcla de 97,40 % del isótopo de masa 175 y de 2,60 % de isótopo radiactivo de masa 176). El lutecio no tiene aplicaciones prácticas.

LUTECITA f. *Miner.* Variedad de calcedonia.

LUTEOL m. *Quím.* Indicador * empleado en alcalimetría, que es coloreado de amarillo por los álcalis y descolorado por los ácidos.

LUTEOLINA f. *Quím.* Materia amarilla que se extrae de la gualda *(Reseda luteola).* ‖ Colorante amarillo que se obtiene artificialmente mediante copulación de la difenilamina sobre un diazoico de la xilidina.

LUX m. *Lumin.* Unidad de intensidad de iluminación, cuyo símbolo es *lx,* equivalente a la iluminación uniforme de una superficie que recibe un flujo luminoso de un lumen por metro cuadrado: *el múltiplo común del lux es el fot* *.

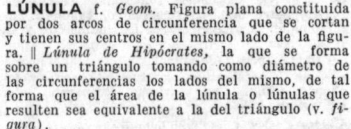

LUXMETRO m. *Ópt.* Célula fotovoltaica* u otro instrumento propio para medir la intensidad de la iluminación.

LUZ f. Radiación emitida por incandescencia o por luminiscencia, que ilumina las cosas y las hace visibles (v. más abajo *Fís.*) || Ancho de una abertura: *la luz de las mallas es muy pequeña en los tamices para harina.*
— *Aeron. Luces de situación,* luces blancas o de color que llevan los aviones para señalar su presencia y la dirección que siguen (v. *figura*).
— *Arq.* Ventana, abertura cualquiera para dar luz a los edificios. || Dimensión horizontal de un vano. || Distancia entre las jambas de un arco o entre dos soportes cualesquiera.
— *Astr. Luz cenicienta,* v. CENICIENTO. || *Luz zodiacal,* resplandor en forma de huso que surge del horizonte y se extiende por el cielo a bastante altura antes de la salida del Sol y después de su puesta: *la luz zodiacal se debe a la iluminación por el Sol de miríadas de partículas presentes en el plano de la eclíptica.* (V. tb. *Fís.*)
— *Autom. Luz selectiva,* luz producida por lámparas de incandescencia cuya bombilla solamente deja pasar los rayos amarillos y que se emplea en los faros de automóviles porque no deslumbra: *los faros de luz selectiva son obligatorios en ciertos países.*
— *Carp.* Lumbrera * del cepillo.
— *Fís.* En el amplio espectro de ondas electromagnéticas * que se extiende desde los rayos gamma emitidos por los cuerpos radiactivos hasta las ondas kilométricas radiadas por ciertas estaciones de radiodifusión, existe una estrechísima banda de ondas que se distingue de las que le siguen y preceden en dicho espectro por tener la propiedad de excitar los órganos de la vista. Dicha banda o espectro visible abarca longitudes de ondas comprendidas entre 0,000 4 mm *(luz violeta)* a 0,000 7 mm *(luz roja).* Ambos límites no coinciden con un cambio de naturaleza de las ondas electromagnéticas; marcan simplemente la incapacidad de nuestro ojo para distinguir radiaciones de longitud de onda más corta *(luz ultravioleta)* o más larga *(luz infrarroja),* pero el espectro visible es diferente para las distintas especies animales, muchas de las cuales pueden ver fuera de los límites de nuestra propia visión. Por lo demás, existen numerosos instrumentos con ayuda de los cuales podemos ver y fotografiar los manantiales de luz infrarroja y ultravioleta o las cosas por ellos iluminadas.
La luz es emitida por átomos y moléculas que, tras haber sido excitados (v. EXCITACIÓN), vuelven a su estado fundamental, lo cual efectúan mediante emisión del exceso de energía absorbido durante la excitación. Imaginemos que los tres átomos de una molécula se hallan unidos entre sí por dos resortes: en el estado fundamental o de equilibrio, éstos no se encuentran comprimidos ni distensos, pero si uno de los átomos situados en los extremos es alcanzado por una radiación apropiada, la absorbe; en ese instante el resorte se deforma, la distancia entre los átomos de la molécula oscila alrededor de su estado de equilibrio y la molécula acaba por volver al mismo cuando ha emitido la energía precedentemente absorbida. Dicha emisión se efectúa en forma de radiación electromagnética de longitud de onda perfectamente determinada según la índole de la molécula y de la excitación.
Consideremos ahora un átomo constituido, como ya es sabido, por un núcleo central en torno del cual giran, a distancias rigurosamente determinadas del mismo, los electrones planetarios.
La energía que anima cada electrón depende de la distancia a que se halla del núcleo (por eso los físicos prefieren designar las órbitas por la expresión nivel de energía) y resulta tanto mayor cuanto más alto es el nivel.
Si un rayo incidente, de longitud de onda apropiada, hiere un electrón y es absorbido por el mismo, la partícula tendrá más energía que la que corresponde a su órbita y pasará instantáneamente a un nivel superior. El átomo se hallará entonces excitado porque una de sus capas de electrones se encontrará incompleta, mientras que la otra contendrá un electrón excedentario; de ahí la tendencia natural de dicha partícula al retorno espontáneo a su nivel primitivo, salto que solamente puede realizar si la misma se desprende de su exceso de energía, lo cual efectúa en forma de una impulsión electromagnética llamada fotón.
Cuando las radiaciones emitidas por las moléculas o los átomos para volver a su estado fundamental tienen una longitud de onda comprendida entre los límites ya citados del espectro luminoso, existe emisión de luz por los mismos, lo cual ocurre en los fenómenos de incandescencia * y de luminiscencia *. (V. también el art. LÁMPARA.)
La distancia entre dos niveles de energía difiere del átomo de un cuerpo al de otro, e incluso entre las distintas órbitas de un mismo átomo. Consiguientemente, también difiere la cantidad de energía y con ella la longitud de onda de las radiaciones excitadoras, que son las mismas que las de los fotones emitidos ulteriormente. Ahora bien, dentro del espectro visible, cada longitud de onda tiene la propiedad de excitar diferentemente la retina y provoca en los órganos de la vista la sensación correspondiente a un color intrínseco. No obstante, cuando la retina es herida simultáneamente por todas las radiaciones monocromáticas —cual ocurre con la luz solar y la de ciertas lámparas de incandescencia y de arco— el órgano visual registra la sensación de luz blanca. (V. ESPECTRO y COLOR.)
La *luz ordinaria* es incoherente, porque, en los átomos de donde proviene, los saltos de electrones y la emisión de fotones se producen en desorden, a cualquier instante, y en el haz que resulta no existe la menor relación entre las fases de las ondas, lo cual impide los fenómenos de interferencia de rayos luminosos procedentes de dos manantiales de luz diferentes. Por el contrario, la luz del laser es coherente. (V. INTERFERENCIA y LASER.)
Llámase *luz fría* la que se debe a fenómenos de luminiscencia, por oposición a la que proviene de manantiales incandescentes (v. LÁMPARA). Dase el nombre de *luz negra* a la que emiten las lámparas de vapor de mercurio bajo presiones elevadas y, en general, cualquier lámpara emisora de radiaciones ultravioladas. Generalmente se usa en estas ampollas o tubos un vidrio especial en el cual la adición de óxido de níquel permite filtrar las radiaciones para dar paso solamente a las longitudes de onda deseadas. Estas lámparas dan, consiguientemente, una luz invisible, también llamada *luz de Wood,* que, al herir ciertas substancias, les hace emitir luz visible por fluorescencia * o por fosforescencia *.
Los *rayos de luz* se propagan prácticamente en línea recta, si bien se ha demostrado teórica y experimentalmente que su trayectoria es curva cuando se consideran distancias astronómicas (v. RELATIVIDAD). La velocidad o celeridad con que los rayos de luz se propagan en el vacío, simbolizada por la letra c, es, según los convenios internacionales, de 299 792,5 km/s, con un error en más o en menos de 0,4 km/s. Prácticamente, salvo en cálculos de extraordinaria precisión, se admite que c es igual a 300 000 km/s. Por lo demás, la velocidad c constituye, según las teorías de la relatividad, un límite que ninguna radiación ni partícula material puede sobrepasar.
La luz se transmite por ondas electromagnéticas, pero los físicos han observado que la energía así transportada, lejos de hallarse uniformemente repartida en las mismas, se halla localizada en espacios reducidos. Por otra parte, cuando un rayo de luz hiere ciertas substancias, les arranca electrones, como si se tratara de un proyectil material. La mecánica * ondulatoria considera que las ondas electromagnéticas y los corpúsculos de la luz (fotones) son dos aspectos complementarios de una misma entidad en la cual la partícula se propaga con movimiento de onda. Así, el *fotón* o *grano de luz* transporta un cuanto *, cuya energía es q, relacionado con la frecuencia n de la

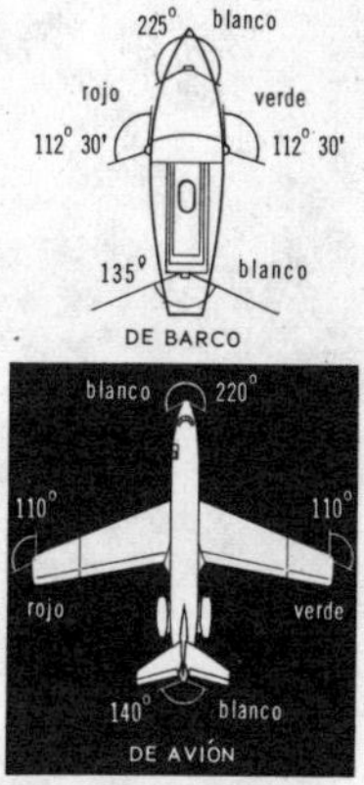

luces de situación

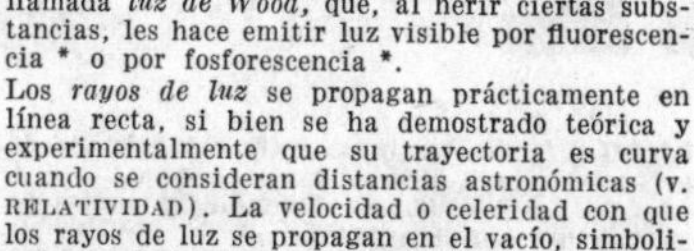

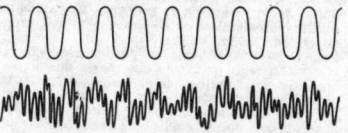

arriba: **luz** coherente del laser; *abajo:* **luz** ordinaria incoherente

radiación por la fórmula $q = hn$, en la cual h es la constante de Plank *. Cuando un electrón cambia de órbita, la energía dW absorbida o emitida determina la frecuencia n del fotón incidente o emitido, la cual se desprende de la igualdad $dW = hn$.

Cuando los fotones de un rayo de luz hieren la superficie de un cuerpo, pueden producirse varios fenómenos: 1.º si el cuerpo es perfectamente opaco el rayo es totalmente reflejado; 2.º en el caso contrario penetra una proporción más o menos grande de fotones en la materia, por la cual son desviados en dirección diferente de la que seguía el rayo incidente, cuyo fenómeno se llama *refracción;* 3.º si los fotones refractados no logran atravesar el cuerpo, su energía es absorbida, dando lugar, ya a un aumento de su temperatura, ya a la emisión por el cuerpo de radiaciones de longitud de onda superior a la de los fotones incidentes. (V. DIFRACCIÓN, LUMINISCENCIA, POLARIZACIÓN, REFLEXIÓN y REFRACCIÓN.)

La luz origina un sinnúmero de fenómenos físicos, químicos y biológicos, algunos de ellos indispensables para la existencia de los organismos animales y vegetales, y muchos de ellos necesarios, directa o indirectamente, para el bienestar del hombre en no pocos campos de sus actividades, cual podrá comprobarse consultando los numerosos artículos del presente diccionario concernientes a las palabras formadas con el prefijo *foto* (derivado del griego *phô, phôtos,* que significa *luz*).

— *Fot. Luz relámpago,* lámpara * relámpago.

— *Lumin.* Lámpara.

— *Mar. Luces de situación,* las de colores diferentes, dispuestas en determinados puntos de un barco que sirven para indicar a los demás buques el rumbo seguido relativamente a ellos, e informarles de otros detalles útiles para la seguridad de la navegación nocturna.

— El velero que navega lleva a babor y a estribor dos *luces,* respectivamente roja y verde, con alcance de 2 millas y provistas de pantallas opacas, de modo que su luz sea visible en un ángulo determinado, como indica la figura.

El barco de propulsión mecánica lleva, además de las dos luces del velero: una luz blanca en el palo de mesana, con alcance de 5 millas, visible de frente en un ángulo de 225º; otra luz de iguales características en el palo mayor o posterior, situada a una altura mínima de 4,57 m por encima de la luz anterior (la segunda luz solamente en obligatoria para los barcos cuya longitud pasa de 45,72 m).

Tanto los veleros como los barcos de propulsión mecánica llevan detrás una luz de popa visible a dos millas dentro del ángulo indicado en la figura.

Los barcos anclados llevan a proa una luz visible a 3 millas en todas las direcciones. Si su longitud pasa de 45,72 m, es obligatoria otra luz trasera situada por lo menos a 4,57 m por encima de la anterior.

Los barcos piloto de los prácticos llevan luces especiales. Los de pesca y los remolcadores, también, para indicar la índole y longitud de las artes de pesca o de los barcos remolcados.

— *Mec.* Lumbrera.

— *Obr. públ.* Distancia horizontal entre dos pilares consecutivos de un puente.

LUZONITA f. *Miner.* Arseniosulfuro de cobre.

lx, símbolo del *lux.*

LL

LLAGA f. *Constr.* Junta entre dos ladrillos de la misma hilada. (Sinón. DEGOLLADURA.)

LLAGUEAR v. *Constr.* Refundir las juntas de los ladrillos con el llaguero.

LLAGUERO m. *Constr.* Hierro cilíndrico o prismático, provisto de un puño de madera, que sirve para retundir las llagas o juntas de los ladrillos y sillares.

LLAMA f. Zona de gases incandescentes visible alrededor de la superficie de los cuerpos que se hallan en estado de combustión. (V. más abajo *Fís.*)

— *Arq.* Adorno en forma de llama.

— *Autom. Retroceso de la llama,* fenómeno al cual se debe que la llama producida por la explosión de los gases en el cilindro llegue hasta el carburador por la tubuladura de admisión.

— El *retroceso de la llama* tiene tres causas principales: mezcla carburante demasiado pobre, autoencendido * y agarrotamiento de la caña de la válvula por calentamiento excesivo de su guía.

— *Fís.* La *llama* no es sino un gas incandescente, y si la materia que arde es sólida, la presencia de llamas denota la emisión de gases o la vaporización por efecto del calor. La combustión completa de materias orgánicas da llamas prácticamente incoloras, y el color que ofrecen las más de las veces se debe a la presencia de partículas sólidas —generalmente de carbono— que arden en el seno de las mismas.

Cuando arde una bujía se pueden observar las tres zonas concéntricas de que consta una llama: en C, la cera fundida que asciende por la mecha, es descompuesta por el calor, dando gases combustibles que no pueden arder, por falta de oxígeno (de ahí que la zona C sea relativamente oscura); en A, que es la zona más caliente y luminosa de la llama, existe un exceso de combustible y el hidrógeno arde, mientras que el carbono se pone incandescente; en B, como el oxígeno abunda, la combustión del hidrógeno y del carbón es completa, y la llama es incolora; por último, la zona D, de color azul, se debe a la combustión del metano y del óxido de carbono.

Si la combustión se efectúa con acopio de oxígeno suficiente, se tiene una *llama oxidante;* si falta oxígeno, la combustión es incompleta, y se tiene una *llama reductora* que es luminosa y desprende negro de humo.

La diferencia entre ambos tipos de llama es esencial en química y en la industria: una substancia oxigenada, expuesta a una *llama luminosa,* le cede su oxígeno y es *reducida*: una substancia expuesta a una *llama incolora* absorbe el oxígeno excedentario de la misma y es *oxidada.* (V. OXIDACIÓN y REDUCCIÓN.)

En los quemadores actuales de combustibles fluidos se regulan las proporciones de gas combustible y de aire para obtener *llamas azules* o *de mezcla previa,* por oposición a las *llamas blancas* o *de difusión,* insuficientemente oxigenadas, de los quemadores usados antiguamente. (V. INFLAMABILIDAD, MECHERO y QUEMADOR.)

Para obtener llamas del color deseado se agregan al combustible sales apropiadas: las de sodio dan un color amarillo; las de calcio, rojo; las de cobre, verde; las de potasio, violeta, etc.

— *Mar.* Empalme de las dos piezas que constituyen las entenas muy largas para velas latinas.

— *Tecn. Horno de llama,* v. HORNO.

— *Text.* Mamífero rumiante americano *(Lama glama),* cuya lana, mucho más basta que la de

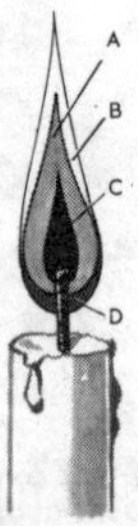

llama de una bujía

la alpaca *, se emplea para hacer tejidos toscos y alfombras.

LLAMADA f. *Art. gráf.* Asterisco o número puesto entre paréntesis que se intercala en el texto y remite a alguna nota inserta generalmente en la margen inferior o pie de la página.

LLAMADOR m. *Carp.* Aldaba *, picaporte para llamar a las puertas.
— *Electr.* Botón de timbre eléctrico.
— *Telec.* Aparato que efectúa las llamadas de una estación a otra para establecer una comunicación telegráfica.

LLAMEANTE adj. *Comb.* Dícese de la hulla que, por contener demasiadas materias volátiles, echa llama: *los carbones llameantes no sirven para obtener coque.*

LLANA f. *Constr.* Herramienta de albañil consistente en una plancha de acero, provista de un mango en una de sus caras, que sirve para aplicar, extender y alisar el yeso o el mortero en los muros, suelos y cielos rasos.

LLANO m. *Arq.* Rellano * de escalera.

LLANTA f. *Mec.* Cerco que se pone a ciertos volantes, muelas y otras piezas giratorias para aumentar su resistencia.
— *Metal.* Hierro perfilado y plano, propio para hacer llantas destinadas a las ruedas de los vehículos.
— *Transp.* Cerco de hierro o de goma que se pone a las ruedas de los carros, carretillas y otros vehículos y sobre el cual se aplican aquéllas en el suelo. ‖ Cerco de acero que, en las ruedas de los automóviles, aviones, bicicletas y otros vehículos, sirve de asiento al neumático.

LLAPA f. *Min.* Yapa.

LLAPAR v. *Min.* Yapar.

LLAVE f. *Arq.* Clave. ‖ Ancla metálica con que se enlazan dos sillares contiguos.
— *Carp.* Cuña o clavija de madera dura que se introduce a presión en un hueco de los empalmes, acoplamientos o ensambladuras para apretar los maderos.
— *Electr.* Interruptor o conmutador de botón giratorio.
— *Mec.* Pieza metálica que sirve para cerrar y abrir las cerraduras *. ‖ Instrumento con que se da cuerda a los relojes. ‖ Herramienta para apretar y aflojar tuercas. ‖ *Llave maestra*, la que permite abrir todas las cerraduras de un grupo de puertas (por ejemplo las de las habitaciones de un hotel o de una oficina), aunque las llaves particulares de cada una de ellas sean diferentes.
— Las *llaves para tuercas* obran como palancas * del primero o del segundo género y la longitud de su brazo ha de guardar proporción con las dimensiones de la tuerca. La *figura* muestra los principales tipos de llaves de uso corriente, algunas de las cuales son de boca fija y otras de boca variable.
— *Min.* Macizo en forma de arco que se deja en una galería o frente de mina para afianzar el techo o reforzar las paredes.
— *Tecn.* Grifo *, válvula * para abrir y cerrar el paso a un fluido en las canalizaciones o para regular su gasto. ‖ *Llave de paso, llave de purga, llave de tres vías,* v. GRIFO *de paso, de purga, de tres vías.*

LLENADO m. Acción y efecto de llenar.

LLENAR v. Ocupar una cosa íntegramente un espacio vacío.
— *Astr.* Llegar la Luna al plenilunio.
— *Tecn. Máquina de llenar botellas,* embotelladora. ‖ *Máquina de llenar sacos,* ensacadora.

LLENO, NA adj. y s. Ocupado por una cosa, sin huecos ni espacios libres. ‖ Macizo: *los roblones llenos no se remachan con la misma facilidad que los huecos.*
— *Arq. Sillar lleno, viga llena,* v. SILLAR y VIGA.
— *Astr.* Dícese de la Luna en el plenilunio.
— *Mar.* Aplícase a la cuaderna y al casco muy redondos. ‖ — M. Parte del casco comprendida entre los raceles.

LLEVAR v. *Mat.* Reservar las decenas de una suma o producto para agregarlas a la suma o producto de orden inmediatamente superior.

LLUVIA f. *Lluvia de estrellas,* v. METEORITO.
— *Expl.* Fuego de artificio que, al arder, desprende numerosas chispas que caen en forma de lluvia.

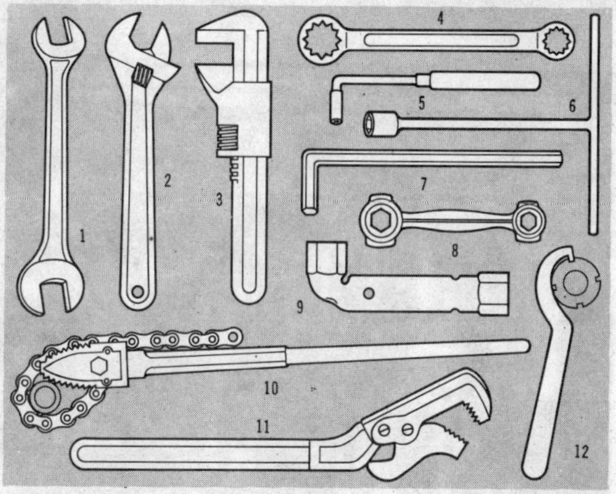

llaves *(mec.)*: 1. De dos bocas; 2. Inglesa; 3. Francesa; 4. De bocas estrelladas; 5. De afinar pianos; 6. De dos manos; 7. Tubular acodada (pipa); 8. De 8 bocas para bicicletas; 9. De caja doble, acodada (pipa); 10. De cadenas, para tubos; 11. Universal; 12. De Espigón

— *Mec. Condensador de lluvia,* condensador * de mezcla.
— *Meteor.* Precipitación de agua atmosférica en forma de gotas líquidas.
— La *lluvia* es un fenómeno complejo que se desarrolla como sigue: primeramente, los movimientos ascendentes provocan una expansión del aire como consecuencia de la cual se enfría éste hasta el punto de rocío: es la fase de saturación. El aire saturado, si contiene núcleos * de condensación, cede su vapor a los mismos, formándose así gotitas de 1 a 20 micrones; éstas, en razón de su poco peso, no caen y forman suspensiones coloidales, es decir, las nubes. Para que éstas se resuelvan en lluvia, es preciso que las gotitas puedan fundirse unas con otras hasta alcanzar dimensiones tales (de 0,5 a 2,5 mm) que las corrientes ascendentes no puedan compensar su caída. Esto ocurre de varias maneras: las gotitas adhieren a minúsculos cristales de hielo presentes en lo alto de la nube, se congelan sobre ellos y los hacen crecer hasta provocar su caída, durante la cual funden, de modo que llegan al suelo en forma de gotas de agua. La agrupación de las gotitas se efectúa no ya sobre cristales de hielo, sino sobre núcleos higroscópicos, partículas de distintas materias arrastradas desde el suelo por las corrientes o introducidas en la atmósfera o en las nubes, voluntaria o involuntariamente, por el hombre; si no existen cristales de hielo ni otros núcleos de condensación, ésta puede producirse por efecto de violentas corrientes ascendentes que precipitan las gotitas unas contra otras.
Las gotas de lluvia de los aguaceros alcanzan un diámetro de 8 mm, un peso de 0,2 y una velocidad vertical de 8 m/s.
Se deduce de lo antedicho que las lluvias se producen cuando concurren ascendencias * y la presencia de aire húmedo y cálido (las masas de aire oceánicas y tropicales contienen más vapor de agua que las masas de aire frío y de aire continental).
La *lluvia artificial* se obtiene —si se dispone de nubes apropiadas y de aire húmedo— proyectando en el seno de las nubes, con aviones, cañones o cohetes, nieve carbónica, cuyos cristales tienen la temperatura de — 80° y reemplazan ventajosamente a los de hielo; también se pueden emplear cristales de ioduro de plata que, por ser su forma muy parecida a la de los cristales de hielo, provocan la condensación de las gotitas de agua. En ciertos casos, por cada kilogramo de nieve carbónica dispersada en las nubes se obtiene la precipitación de 200 000 toneladas de agua de lluvia.
El *agua de lluvia* puede ser considerada como agua destilada y reemplazar a ésta en la mayor parte de sus aplicaciones. En realidad no se trata de agua pura, pues se carga en la atmósfera de compuestos nitrosos y de partículas presentes en la atmósfera o procedentes de los hogares (compuestos sulfurosos). Por eso corroe las fachadas de los edificios y ataca las cubiertas.

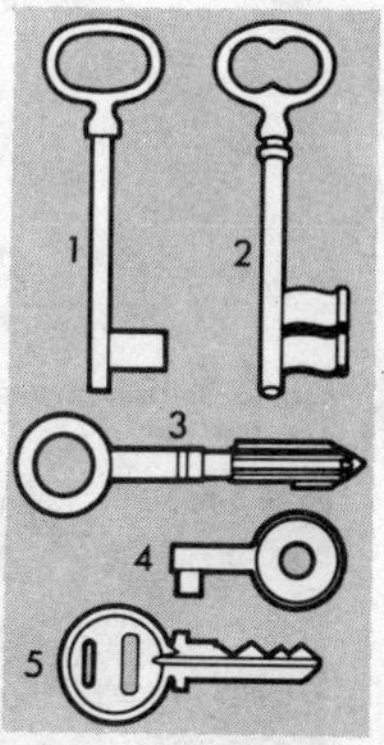

llaves de cerradura: 1. Maestra; 2. De paletón hendido; 3. De caja de caudales; 4. De cerradura inglesa; 5. De candado

M

frente de ataque en una **mina**

M f. Decimoquinta letra del alfabeto, que se usa como abreviatura y símbolo de voces científicas.
— *Astr.* Designa un tipo espectral de estrellas de temperatura inferior a la del Sol.
— *Atom.* Designación de la tercera capa o nivel de energía de los electrones planetarios de un átomo: *la capa M, cuando se halla completa, contiene 18 electrones.*
— *Metr.* La letra M vale 1 000 en la numeración romana. ‖ En física, M es símbolo del *maxwell.* ‖ En el sistema métrico decimal, M es símbolo de *mega* y *m* de *metro* y del prefijo *mili.*
— *Quím.* Abreviatura (m) de *masa* y también la del prefijo *meta* (por ejemplo, *metafenilenodiamina* se abrevia *m fenilenodiamina*).
ma, símbolo del prefijo *miria.*
mA, símbolo de *miliamperio.*
Ma, símbolo químico del *masurio.*
MABRE m. *Vidr.* Galicismo por *mármol.*
MACADAM m. *Obr. públ.* Pavimiento para carreteras * que se hace con piedra machacada y arena, aglomerando ambos materiales con cilindros o apisonadoras. ‖ *Macadam de cemento,* aquel entre cuyas piedras se vierte una lechada de cemento para trabarlas.
MACADAMIZAR v. *Obr. públ.* Cubrir una calzada con macadam o con otro firme similar.

subida del **macareo** por una ría

MACADÁN m. Forma incorrecta de *macadam.*
MACAREO m. *Mar.* Aumento brusco del nivel del mar que se produce a veces en las rías y estuarios, al empezar el flujo.
— El *macareo* se debe probablemente a la acumulación del agua de olas sucesivas engendradas por el flujo, que se propagan con velocidad creciente, de tal forma que las más lejanas son las más rápidas y que acaban por alcanzarse unas a otras, sobreponerse y formar una sola onda que puede medir varios metros de altura y propagarse con gran rapidez. (V. MAREA.)
MACARRÓN m. *Ind. alim.* Pasta alimenticia en forma de canuto. (V. PASTA.)
— *Mar.* Extremo de la cuaderna que sobresale de las bordas de la embarcación.
MACEAR v. *Art. y of.* Golpear con mazo o maza.
MACERACIÓN f. *Ind.* Operación consistente en dejar una cosa sumergida en un líquido hasta que se disuelvan en el mismo sus principios útiles.
— *Perf.* Acción de someter las raíces, hojas, flores y otras materias a la acción del alcohol, de aceite caliente u otras grasas para que cedan a los mismos sus esencias *.
— *Text.* Procedimiento de blanqueo de las telas de lino y de cáñamo, hoy caído en desuso, consistente en dejarlas en pilas de agua tibia con salvado, hasta obtener una fermentación ligera.
MACERADOR, RA adj. y s. Que sirve para hacer macerar una substancia.
— *Ind. alim.* Pilas o cubas en las cuales se dejan macerar los granos, el orujo, etc., en las destilerías; la remolacha desmenuzada, en las azucareras, etc. ‖ Cuba cerrada para cocer el mosto a presión en las fábricas de cerveza y de azúcar.
MACERAR v. Dejar una substancia sumergida en un líquido hasta que se disuelvan, en frío, los principios que se han de extraer de la misma.
MACETA f. *Art. y of.* Herramienta consistente en un martillo de dos bocas iguales, provisto de un mango corto, utilizada sobre todo por los canteros. ‖ Empuñadura o mango corto de algunas herramientas.
— *Cerám.* Vasija de barro, generalmente en forma de cono truncado e invertido, con un orifici

Fot. Son et Lumière, Romanovsk

para dar salida al exceso de agua, que se llena de tierra y sirve para criar plantas: *es necesario cambiar de su maceta, a otra mayor, las plantas que han crecido mucho.*

MACETEAR v. *Amer.* Golpetear con maza o maceta.

— *Curt.* Batir las pieles para estirarlas.

MACILLA f. *Amer.* Cubo * de la rueda.

MACILLO m. *Mús.* La pieza que, en el piano, golpea cada cuerda cuando es pulsada por la tecla correspondiente. (V. PIANO.)

MACIZAR v. *Art. y of.* Rellenar un hueco para dejarlo sólido.

MACIZO, ZA adj. y s. Lleno, que forma un bloque sin huecos internos: *barrena maciza.*

— *Arq.* y *Constr.* Dícese del edificio muy compacto, de paredes espesas. ‖ Parte de la pared comprendida entre dos vanos. ‖ Obra de fábrica en forma de bloque lleno, que sirve de asiento a las máquinas sujetas a vibraciones.

— *Geogr.* y *Geol.* Sierra, grupo de montañas aislado o como parte de una cordillera.

— *Joy.* Dícese del metal precioso de una joya cuando no es hueco: *pulsera de oro macizo.*

— *Mar.* Refuerzo de madera con que se rellenan los huecos entre las cuadernas a lo largo de la línea de flotación del casco de un barco.

— *Min.* Pilar grande de mineral que no se beneficia y se deja para que sostenga el techo: *yacimiento explotado por macizos abandonados.*

MACLA f. *Miner.* Asociación de dos o más cristales en un mismo edificio cristalino. (V. HEMITROPÍA.)

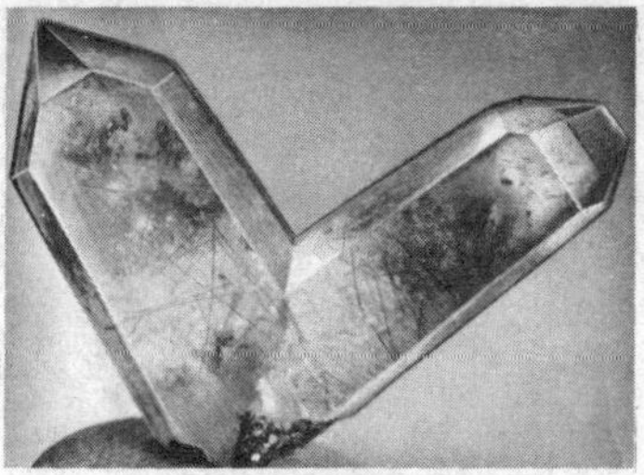

macla

MACRAMÉ m. *Text.* Pasamano que es una especie de encaje para muebles análogo al encaje de bolillos, pero con los nudos hechos a mano con hilos gruesos.

MACRO, prefijo derivado del griego *makros,* que significa *grande.*

MACROASBESTO m. *Miner.* Amianto fibroso.

MACROGRAFÍA f. *Metal.* Estudio metalográfico de las piezas enteras.

— En *macrografía* se estudian, a simple vista o con lupas, las piezas o cortes de éstas después de haber atacado su superficie con ácidos u otros reactivos. Se pone así de manifiesto la heterogeneidad en la distribución del metal, característica —como se desprende de la figura adjunta— del procedimiento empleado para fabricar la pieza.

macrografías de una pieza forjada *(arriba)* y de otra moldeada

MACROMOLÉCULA f. *Quím.* Molécula muy grande que consta de un motivo estructural constituido por varios átomos y repetido numerosas veces: *ciertas macromoléculas constan de más de 100 000 átomos.* (V. MOLÉCULA.)

MACROMOLECULAR adj. *Quím.* Dícese de la substancia compuesta de macromoléculas.

MACROFOTOGRAFÍA f. Fotomacrografía, que es como debe decirse.

MACROMICRÓMETRO m. *Astr.* Micrómetro empleado por los astrónomos para determinar las coordenadas de las estrellas y otros objetos celestes en las placas fotográficas.

MACROSCÓPICO, CA adj. *Atom.* Dícese del sistema físico o grano de materia de dimensiones superiores al micrón o milésima de milímetro: *muchos fenómenos que se observan a la escala macroscópica, como, por ejemplo, la atracción de un imán, resultan de acciones que se producen en sistemas microscópicos.*

— *Ópt.* Dícese de lo que puede distinguirse a simple vista, por oposición a microscópico.

MÁCULA f. Mancha que una cosa deja en otra.

— *Astr.* Mancha solar. (V. SOL.)

MACULACIÓN f. Acción y efecto de macular.

MACULAR v. Manchar o hacer máculas.

— *Art. gráf.* Repintarse o salir manchado el pliego que se ha impreso.

MACULATURA f. *Art. gráf.* Mácula. ‖ Pliego mal impreso o manchado, que se utiliza para limpiar la forma.

— *Papel.* Papel basto que se emplea para embalar el papel en resmas.

MACH *(Cono y línea de).* V. ONDA *de choque.*

MACH *(Número de),* cociente de la velocidad de un avión, cohete, proyectil u otro móvil, dividida por la velocidad que tiene el sonido en el aire por él atravesado.

— En los aviones destinados a volar, aunque sólo sea momentáneamente, a velocidades inmediatamente inferiores o superiores a la del sonido, las características aerodinámicas y estructurales son determinadas más bien por los fenómenos sónicos (V. TRANSÓNICO) que por la velocidad del aparato. Como la velocidad del sonido no es constante, sino proporcional a la raíz cuadrada de la temperatura del aire, ha sido necesario reemplazar los kilómetros y las millas por hora por otra unidad —el *número de Mach*— que tenga en cuenta la velocidad del sonido. Cuando un avión vuela a proximidad del suelo, con temperatura atmosférica de 15°, a la velocidad del sonido (o sea a un número de Mach = 1) su velocidad es de 1228 km/h, mientras que a 12 000 m, donde la temperatura es de —56,5°, la velocidad del sonido es de 1 060 km/h. A pesar de una diferencia de 168 km/h, a ambas velocidades corresponde una misma realidad aerodinámica, y el avión se hallará sometido a idénticos fenómenos transónicos. El mismo avión capaz de volar a 1 228 km/h cerca del suelo solamente podrá volar a 1 060 km/h si se eleva a 12 000 m. Dada, pues, la intervención de la compresibilidad del aire, es absurdo comparar la velocidad de dos aviones si ambos no efectúan su vuelo en una atmósfera que se halle a la misma temperatura. Sólo el número de Mach permite, sean cuales fueren las velocidades y temperaturas del aire, efectuar comparaciones. (V. también ONDA *de choque* y SÓNICO.)

MACHACA o **MACHACADERA** f. *Art. y of.* Maza u otro instrumento propio para machacar.

MACHACADORA f. *Obr. públ.* Máquina trituradora de materias duras, que se emplea principalmente para reducir las piedras a grava.

machacadoras

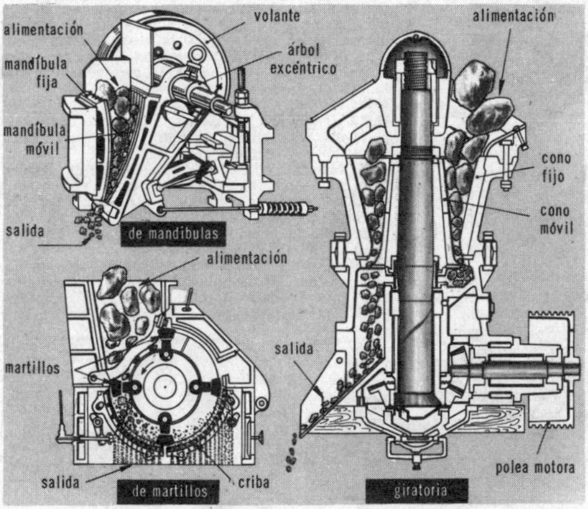

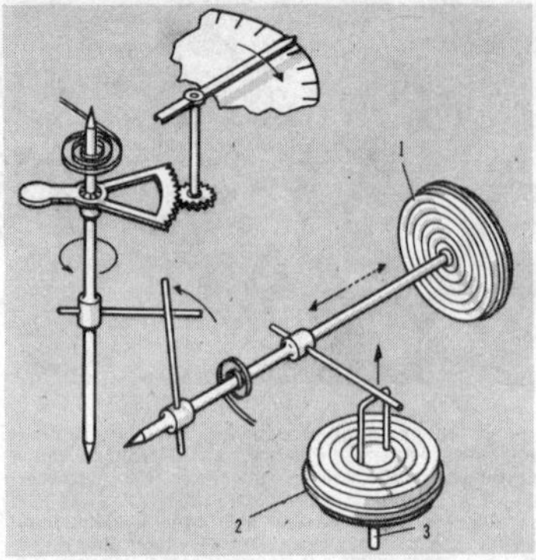

machmetro
1. Cápsula de presión estática; 2. Cápsula de presión dinámica; 3. Tubo de Pitot

— Las *machacadoras* son máquinas muy resistentes y potentes de las cuales existen tres tipos principales, que se reseñan a continuación: 1.º la *machacadora de mandíbulas* funciona según el mismo principio que un cascanueces: las piedras son aplastadas entre dos mandíbulas de acero, una de ellas fija y la otra accionada, con movimiento alternativo, por un mecanismo de manubrio; 2.º las *machacadoras de martillos* tienen un volante provisto en su periferia de varios mazos o martillos que, al girar aquél con gran rapidez, golpean éstos las piedras y las quiebran; 3.º en la *machacadora giratoria* o *de cono*, las piedras caen en una tolva dentro de la cual gira una corona cónica provista de dientes o ranuras. Dada la forma de los dos elementos, el mismo peso de las piedras las aplica entre la pared estriada de la tolva y la corona. Ésta tiene cierta excentricidad respecto a aquélla, y así la piedra empieza por caer más profundamente antes de ser apretada y triturada con mayor fuerza. (V. también el art. DESINTEGRADOR.)

macho *(metal.)*

MACHETE m. *Art. y of.* Cuchillo muy grande y pesado que sirve para desmontar, cortar la caña de azúcar, los racimos de plátanos, etc.

MACHIHEMBRAR v. *Carp.* Ensamblar dos tablas o maderos de modo que la espiga, lengüeta u otra parte salidiza de una pieza penetre y ajuste en la caja, ranura o parte hueca de la otra. ‖ Labrar los cantos de las tablas que se han de ensamblar así: *una acepilladora * de machihembrar.*

MACHIHEMBRO m. *Carp. Amer.* Lengüeta de la tabla que se ha de machihembrar con la ranura de otra. ‖ Cepillo para preparar los bordes de las tablas que se han de machihembrar y al cual se aplica el adjetivo macho o hembra según se trate del que sirve para labrar la lengüeta o la ranura, respectivamente.

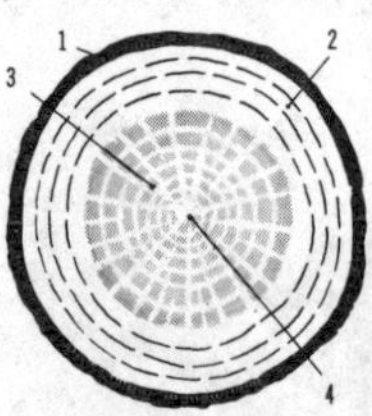

madera en rollo
1. Corteza; 2. Albura; 3. Duramen; 4. Médula

MACHINA f. *Obr. públ.* Martinete *.

MACHMETRO m. *Aeron.* Instrumento de que disponen los aviones rápidos y que indica directamente el número de Mach. *

MACHO m. Dícese de la parte de un órgano (bisagra, corchete), de un elemento de ensambladura (lengüeta, espiga), etc., que penetra en otra llamada hembra: *el perno es un elemento macho, mientras que la tuerca es hembra.*
— *Arq.* Pilar de fábrica.
— *Mar.* Cada una de las espigas del codaste en que encajan las hembras del timón y sobre las cuales se articula el mismo.
— *Metal.* Martillo grande empleado por los herreros para forjar el hierro. ‖ Yunque de forma cuadrada. ‖ *Macho de aterrajar* o *de roscar,* v. ROSCA.

Troceado radial y por cortes perpendiculares

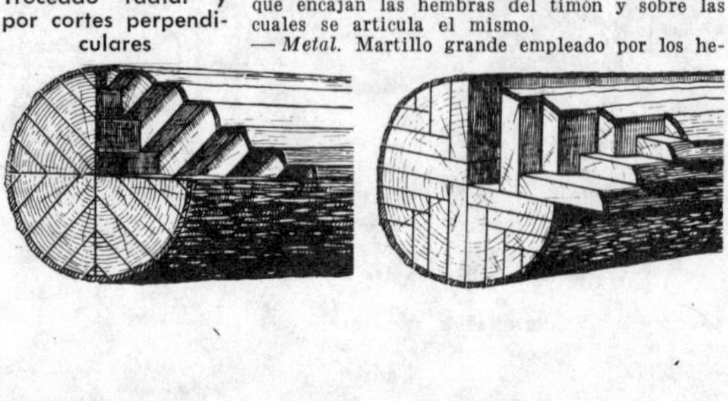

MACHÓN m. *Obr. públ.* Macho, pila de puente.

MADAPOLAM o **MADAPOLÁN** m. *Text.* Variedad de percal de calidad superior, tejido con los mejores algodones, que se usa principalmente para ropa interior.

MADEJA f. *Text.* Manojo de hilo recogido en vueltas grandes para que pueda ser devanado con comodidad: *la lana para labores de ganchillo suele venderse en madejas.*

MADERA f. Materia dura que constituye el tronco, las ramas y las raíces de los árboles y arbustos.
— La *madera* no es sino el conjunto de los vasos por los cuales circula la savia de la planta y del tejido celular (parénquima) que los mantiene unidos. La *madera nueva* se forma en la parte exterior del tronco a partir de la primavera y hasta el otoño. La de primavera es blanda y poco densa y contrasta con la de otoño, que es dura, densa y más obscura. La diferencia entre ambas es tan manifiesta que resulta fácil apreciar la edad de un árbol contando las capas de madera anuas y concéntricas que constituyen el tronco.
Por otra parte, con el tiempo, las capas de madera más antiguas se vuelven cada vez más densas y duras, y también oscurece su color, constituyendo entonces la *duramen* o *corazón,* aprovechable en carpintería y otras industrias (v. más abajo). La zona periférica del tronco, más reciente, de madera clara, blanda y ligera, constituye la *albura,* cubierta exteriormente por la corteza.
— *Art. gráf. Grabado en madera,* v. XILOGRAFÍA.
— *Carp.* Parte leñosa de los árboles (v. más arriba) considerada como material para labores de carpintería, ebanistería y otras construcciones. ‖ *Madera aglomerada,* madera reconstituida. ‖ *Madera alburente,* la de tejido fofo, poco resistente y duradera. ‖ *Madera anegadiza,* la de mucha densidad, que no flota. ‖ *Madera en blanco,* la que ya ha sido labrada, pero no tiene aún pintura ni barniz: *los muebles más baratos son de madera en blanco.* ‖ *Madera cañiza,* la que tiene sus vetas en sentido longitudinal. ‖ *Madera de construcción,* la que se utiliza en la construcción de edificios, para armaduras de cubiertas, vigas, etc. ‖ *Madera contrachapada* o *cruzada,* la que se obtiene, en forma de tableros mixtos, encolando varias chapas muy delgadas (v. más abajo el art. encicl.). ‖ *Madera enteriza,* el mayor madero que se puede obtener escuadrando un tronco. ‖ *Madera muerta,* la que tiene vetas quebradizas, por haber sufrido el árbol. ‖ *Madera de raja,* la que —por oposición a la de sierra— es dividida desgajándola longitudinalmente, en el sentido de las fibras. ‖ *Madera de relleno,* la de pino u otra calidad barata con que se hace el alma de la madera cruzada. ‖ *Madera reconstituida,* la que se obtiene, en forma de tableros, prensando en caliente una masa de virutas o fibras de madera mezcladas con cola. ‖ *Madera rolliza* o *en rollo,* la que está sin escuadrar: *poste telegráfico de madera rolliza.* ‖ *Madera serradiza* o *de sierra,* la que resulta de dividir con la sierra la madera enteriza. ‖ *Madera teosa,* la que rompe limpiamente, sin formar astillas. ‖ *Madera terciada,* madera cruzada. ‖ *Madera de trepa,* aquella cuyas vetas forman ondas, aguas y otras figuras: *el nogal da madera de trepa para muebles.* ‖ *Fibra* o *lana de madera,* v. FIBRA. ‖ *A media madera,* dícese del rebajo que se hace en el canto de un madero cuando el espesor de aquél es igual a la mitad del de éste. (V. ENSAMBLADURA.)
— Las cualidades que se requieren de una *madera* dependen del uso a que se destine y, así, en ebanistería será primordial la vistosidad de las vetas y la ausencia de nudos y otros defectos; en aviación se usan, aunque poco, las maderas más ligeras (v. BALSA), y para labores de torno se requieren maderas muy compactas y de textura fina. Pero, en la generalidad de sus aplicaciones, la característica esencial de la madera es su densidad, porque generalmente determina su dureza y su resistencia mecánica. Entre las maderas más densas citemos las de guayaco (d = 1,3), ébano

(d = 1,1), boj (d = 1), etc., y entre las más ligeras, las de balsa (0,2), okumé, picea, chopo (0,4), etc. La densidad de las maderas más comunes suele ser de 0,5 (abeto) a 0,7 (roble).
Las *maderas duras* empleadas en ebanistería, salvo el roble, el haya y el fresno, provienen de selvas tropicales donde crecen al estado natural; las *maderas blandas* empleadas en carpintería provienen las más de las veces de bosques plantados y cuidados por el hombre. En ambos casos los árboles maderables son marcados por especialistas y derribados por equipos de leñadores, muchas veces provistos de sierras mecánicas propias para cortar los troncos y las ramas, aunque sigue practicándose el trabajo con hachas (v. TALA). Una vez cortados los troncos en rollos, éstos son arrastrados fuera del bosque, generalmente hasta un curso de agua que permitirá transportarlos por flotación * al aserradero o a la estación o puerto de embarque. El cálculo del volumen de la madera por derribar o en rollos constituye la cubicación *.
Los rollos que han de servir para fabricar madera cruzada, son convertidos en chapa muy delgada con máquinas desarrolladoras *; los demás son escuadrados y divididos en maderos que constituyen la *madera serradiza*. Esta operación, efectuada a veces con sierras * de hojas múltiples y elevado rendimiento, da maderos o tablas de características mecánicas y aspectos muy diferentes, según la orientación de los cortes dados al tronco. Los cortes radiales, que dan maderos poco deformables, no son prácticamente realizables; los más prácticos se obtienen dividiendo el rollo en tablas o maderos mediante cortes paralelos dados con una sierra de hojas múltiples, pero dichos maderos, excepto los de la zona axial del tronco, tienden a abarquillarse cuando se seca la madera. Se obtienen maderos bastante estables mediante un sistema de corte intermediario entre los dos citados: el rollo se parte longitudinalmente en cuatro cuartones y las tablas o maderos se asierran alternativamente de las dos caras de cada uno de ellos.
La *madera de sierra* contiene aún mucha humedad (generalmente de un tercio a la mitad de su peso) y es indispensable secarla, o sea reducir la proporción de agua a un 15 %, lo cual se obtiene exponiéndola durante largo tiempo al aire o desecándola en estufas. (V. DESECACIÓN.)
La madera se trata a veces con substancias que la protegen contra la acción de la humedad, de los insectos y de los hongos y que prolongan su duración. (V. IMPREGNACIÓN y PRESERVACIÓN.)
La madera de sierra, además de deformarse si cambia su estado higroscópico (tanto si absorbe como si pierde humedad) tiene el inconveniente de obligar a encolar varias tablas si se desean obtener tableros de grandes dimensiones. La industria subsana hoy ambos defectos al fabricar la *madera contrachapada* y la *madera regenerada.*
La madera contrachapada consta de varias chapas delgadas encoladas a presión y dispuestas de modo que sus hilos se crucen, con lo cual se compensan las tensiones de las chapas y se obtiene una relativa indeformabilidad del tablero. Entre las muchas ventajas de la madera contrachapada citemos las siguientes: posibilidad de fabricar tableros de grandes dimensiones sin juntas aparentes, dado que la capa exterior proviene de un tronco desarrollado en forma de chapa continua; economía, pues con tal de que la chapa superficial tenga buen aspecto, se puede utilizar madera muy ordinaria para el alma o relleno; comodidad para fabricar tableros del espesor deseado (mediante multiplicación de las capas cruzadas o empleando un alma hecha de listones encolados); posibilidad, en ebanistería, de sacar un provecho muy grande de las maderas raras o muy hermosas dado el poco espesor de la chapa superficial que se utiliza en cada tablero. (V. tb. DENSIFICACIÓN Y BAKELIZACIÓN.)
La madera regenerada se elabora también en forma de tableros o paneles, prensando en caliente fibras o virutas encoladas. Constituye una materia basta y que no puede soportar pesos ni esfuerzos grandes. Es, no obstante, muy útil en trabajos de decoración, estanterías, material de relleno y como aislante térmico y calorífugo. Se fabrica con los desechos de madera.

— *Comb. Madera fósil,* otro nombre del lignito.
— *Min. Madera de entibar,* la que sirve para la entibación * de galerías, especialmente constituida por rollizos de coníferas.
— *Perf. Maderas odoríferas,* las que, como la de sándalo, dan esencias * que entran en la composición de perfumes.
— *Pint. Aceite de madera,* v. ACEITE.
— *Quím.* Los dos constituyentes principales de la *madera* son la celulosa * y la lignina *, pero también contiene en menores cantidades gran número de compuestos que se aprovechan industrialmente, a saber: alcohol metílico (espíritu de madera), almidón, bálsamos, alcanfor, aceite, materias colorantes, tanino, resinas, perfumes, etc.
— *Text. Maderas tintóreas,* las que, como la de campeche, sirven para teñir los tejidos.

MADERABLE adj. *Carp.* Dícese del árbol que da madera de sierra o madera desarrollada.

MADERACIÓN f. *Arq.* Disposición del maderaje de un edificio: *es notable la maderación de ciertos edificios antiguos.*

MADERADA f. *Carp.* Conjunto de troncos o rollos de madera que se transportan por flotación.

MADERAJE o **MADERAMEN** m. *Arq.* Conjunto de maderos de un edificio, de un entramado o de otra obra de carpintería.

MADERIZACIÓN f. *Ind. alim.* Transformación de un vino por oxidación, que tiene la propiedad de darle el sabor propio de los vinos de Madera.

MADERIZAR v. *Ind. alim.* Conferir a un vino el gusto y el color propios de los vinos de Madera.

MADERO m. *Carp.* Pieza de madera rolliza o escuadrada. ‖ Tablón, viga u otra pieza de madera de sierra propia para la construcción.
— *Mar. Madero de cuenta,* cualquiera de las piezas de madera más importantes del casco, cuales son la quilla, el codaste, la roda, etc.

MADRÁS m. *Text.* Tejido con urdimbre de seda y trama de algodón, estampado con colores vivos, que sirve para hacer pañuelos de cabeza, bufandas, faldas abigarradas, etc. ‖ Tejido con trama y urdimbre de algodón, la primera gruesa y la segunda muy fina, que ha reemplazado ya casi por completo al madrás con seda.

MADRE f. Madero o pieza principal de una armazón u otra construcción: *la madre del cabrestante forma el tambor giratorio del mismo.*
— *Hidr.* Cauce de un curso de agua.
— *Ind.* Heces gelatinosas que se forman en el vinagre, el vino y otros líquidos alcohólicos. ‖ *Aguas madres,* v. AGUA.
— *Obr. públ.* Acequia o alcantarilla principales que recogen las aguas de otras acequias o alcantarillas menores.
— *Text. Lana madre,* v. LANA.

MADREARSE v. *Ind.* Formarse madre * en el vinagre y otras substancias sujetas a fermentación.

MADREPERLA f. *Joy.* y *Zool.* Molusco lamelibranquio (*Meleagrina*), el más importante de los que producen perlas. (V. PERLA.)

MADRINA f. *Mar.* Pieza de madera que se pone a otra para reforzarla.

MADRONA f. *Obr. públ.* Madre, alcantarilla principal.

MADURADERO m. *Ind. alim.* Local a propósito para hacer madurar las frutas que se han cosechado aún verdes: *en los maduraderos de plátanos se conjuga la acción de una temperatura de 17 a 21º con la de una atmósfera enriquecida en etileno.*

MAESTRA f. *Constr.* Regla de madera que se fija a plomo u horizontalmente para que sirva de guía durante la construcción de un muro o un pavimento, respectivamente. ‖ Cada una de las fajas de yeso que se hacen con el mismo fin en el muro para aplicar uniformemente el enlucido. ‖ Hilera de piedras o baldosas que se pone en primer lugar, cuidando que estén bien niveladas, para que sirvan de guía a las demás del pavimento.

MAESTRO, TRA adj. Dícese de lo más importante, grande o principal, dentro de un grupo de cosas similares.
— *Arq. Muro maestro* o *pared maestra,* v. PARED. ‖ *Viga maestra,* v. VIGA.

— *Mar. Cuaderna maestra,* v. CUADERNA. ‖ *Palo maestro,* palo * mayor.
— *Mec. Llave maestra,* v. LLAVE. ‖ *Sección maestra,* v. SECCIÓN.
— *Min. Pozo maestro,* v. POZO.

MAGALLANES *(Nubes de).* V. NUBE.

MAGENTA adj. y s. *Fot.* Color de carmesí obscuro que resulta de una mezcla de dos colores fundamentales (el rojo y el azul) y que, con el amarillo y el cian *, se emplean en las emulsiones de fotografía en color por síntesis * sustractiva. (V. lámina COLOR.)

MÁGICO, CA adj. *Mat. Ábaco o cuadrado mágico,* v. ÁBACO.
— *Ópt. Linterna mágica,* v. PROYECTOR.

MAGISTRAL adj. y s. *Metal.* Mezcla de óxido férrico y sulfato cúprico que resulta de tostar la pirita cobriza y que sirve de fundente para separar la plata de su ganga.
— *Metr.* Dícese del instrumento muy preciso que sirve de patrón para comprobar otros de su misma especie.

MAGMA f. Masa pastosa y viscosa.
— *Geol.* Masa de materias en fusión que, al solidificarse, da una roca.
— Las lavas de los volcanes son *magmas* y se supone que los granitos y rocas afines se hallaron también primitivamente al estado de magma.

MAGNALIO m. *Metal.* Marca registrada de una aleación ligera a base de aluminio con 2 a 12 % de magnesio y, a veces, una pequeña proporción de cobre (hasta 1,75 %).
— El *Magnalio* es notable por su resistencia a la acción corrosiva del agua y de las disoluciones alcalinas. A partir de esta liga y agregándole otros metales (manganeso, circonio, calcio, etc.) se obtiene toda una familia de aleaciones ligeras (Alumag *, Duralinox *, Hidronalio *, etc.).

MAGNEFERRITA f. *Miner.* Magnesioferrita.

MAGNESAMINA f. *Quím.* Nombre genérico de los complejos * amoniacales del magnesio.

MAGNESIA f. *Quím.* Óxido o hidróxido de magnesio. ‖ *Magnesia boratada,* boracita. ‖ *Magnesia carbonatada,* giobertita.
— La *magnesia anhidra* MgO es un blanco que funde a 2 500° y que, puesto en contacto con el agua, se convierte en *magnesia hidratada* $Mg(OH)_2$. Es una base enérgica que no se deja descomponer por el calor. Se fabrica por calcinación de la magnesita o de la dolomía, y se emplea como materia refractaria para crisoles y hornos. También tiene numerosas aplicaciones en terapéutica.

MAGNESIADO, DA adj. *Quím.* Que contiene magnesia.

MAGNESIANO, NA adj. *Quím.* Que contiene magnesio.

MAGNÉSICO, CA adj. *Quím.* Que tiene por base la magnesia. ‖ Dícese de fenómenos debidos a alguna propiedad de la magnesia o del magnesio: *en fotografía se aprovecha la luz de las lámparas magnésicas.*

MAGNÉSIDOS m. pl. *Miner.* Grupo de minerales que comprende la magnesia y los minerales que contienen ésta al estado de combinación.

MAGNESÍFERO, RA adj. *Miner.* Que contiene magnesia: *roca magnesífera.*

MAGNESIO m. Elemento químico de número atómico 12, cuyo símbolo es *Mg.*

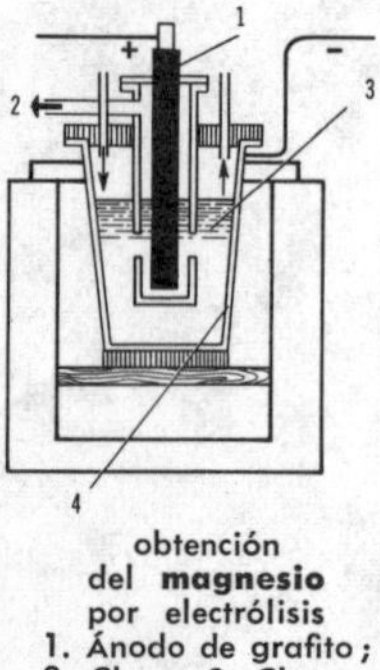

obtención del **magnesio** por electrólisis
1. Ánodo de grafito; 2. Cloro; 3. Cloruro de magnesio; 4. Cátodo de hierro

batería de cubas para extraer **magnesio** por electrólisis

— El *magnesio* es un metal blanco y muy ligero, cuyas principales constantes físicas se indican a continuación: densidad, 1,74; temperaturas de fusión y de ebullición, 651 y 1 107°, respectivamente; masa atómica, 24,312 (consta de 78,6 % del isótopo de masa 24; 10,1 % de isótopo 25 y 11,3 % de isótopo 26).
Es un elemento relativamente abundante (de 2 a 3 % de la corteza terrestre), pero no existe en la naturaleza al estado nativo, pues si bien es inalterable en el aire seco, se oxida en el aire húmedo, y si se halla en forma de cinta o de fragmentos muy menudos, arde con una llamarada muy brillante (relámpago de polvo fotogénico, antes empleado como manantial de luz en fotografía) y se convierte en magnesia.
El magnesio se halla presente en la dolomía, la carnalita, el amianto, la espuma de mar o sepiolita y la giobertita, y también, en forma de cloruro y de sulfato, en el agua de mar.
Los compuestos organometálicos del magnesio, entre los cuales figura la clorofila *, representan importante papel en el reino vegetal. El óxido de magnesio (magnesia *), así como el sulfato, el carbonato y otras sales y compuestos tienen aplicaciones terapéuticas. Las del metal se indican a continuación.
— *Expl.* El *magnesio* finamente pulverizado se emplea en los fuegos artificiales, pues los granitos incandescendentes proyectados en el aire por la explosión del cohete, dan otras tantas chispas blancas de un brillo intenso.
— *Metal.* El *magnesio* se obtiene por dos métodos diferentes. Uno de ellos consiste en reducir el mineral en hornos eléctricos con carburo de calcio u otros reductores. En el otro, el metal se obtiene en dos fases: cloruración del mineral (magnesia, dolomía o giobertita); electrólisis a 700° del cloruro fundido. El metal se acumula en la superficie del baño y el cloro desprendido se recoge y se aprovecha en la antedicha fase de cloruración.
El magnesio es un metal plateado, maleable pero con escasa tenacidad y, consiguientemente, poco dúctil. Este defecto, así como su poca resistencia a la corrosión, hacen que no se emplee puro, pero las aplicaciones de sus numerosas aleaciones no cesan de extenderse en razón de su poco peso y de su alta conductibilidad térmica (construcciones aeronáuticas, émbolos de motores de explosión, instrumentos de precisión, etc.). Además, se emplea el magnesio como reductor en la preparación del silicio y del potasio y sirve como depurador en distintos procesos metalúrgicos (desoxidación de los latones, preparación del níquel, afinado del cobre, etc.).

MAGNESIOCROMITA f. *Miner.* Magnocromita.

MAGNESIOFERRITA f. *Miner.* Espinela ferromagnésica, de fórmula $MgFe_2O_4$, que es muy magnética. (Sinón. MAGNEFERRITA.)

MAGNESITA f. *Miner.* Silicato natural de magnesio que, previamente calcinado, sirve para preparar ladrillos refractarios. ‖ Giobertita.

MAGNÉTICO, CA adj. Relativo o perteneciente al imán: *atracción magnética.* ‖ Que tiene las propiedades del imán: *barrita de acero magnético.* (V. IMÁN.) ‖ *Acimut magnético,* v. ACIMUT. ‖ *Campo magnético,* v. MAGNETISMO. ‖ *Cinta magnética,* v. MAGNETÓFONO. ‖ *Declinación magnética,* v. DECLINACIÓN. ‖ *Ecuador magnético,* v. ECUADOR. ‖ *Inclinación magnética,* v. INCLINACIÓN. ‖ *Meridiano magnético,* v. MERIDIANO. ‖ *Permeabilidad magnética,* v. MAGNETISMO. ‖ *Polo magnético,* v. MAGNETISMO y POLO.
— *Electr. Amplificador magnético,* dispositivo para amplificar corrientes eléctricas fundado en las propiedades de los núcleos magnéticos saturables.
— El *amplificador magnético* consta de un núcleo de hierro en torno al cual se sobreponen dos bobinas devanadas separadamente, una de ellas alimentada por una corriente continua y la otra en corriente alterna. La corriente continua, al variar, modifica el grado de saturación del núcleo, lo cual repercute en la corriente alterna, cuya amplitud queda aumentada considerablemente.
— *Ind. alim.* M. Dispositivo constituido por un imán o un electroimán que sirve para retirar los cuerpos metálicos que pueden haberse mezclado

Fot. Piccardy

accidentalmente con el trigo que se ha de moler.
— *Mar. Compás magnético,* v. COMPÁS.

MAGNETÍMETRO m. Magnetómetro.

MAGNETIPOLAR adj. *Magn.* y *Miner.* Dícese de los minerales magnéticos que tienen polos: *la piedra imán es una magnetita magnetipolar.*

MAGNETISMO m. *Fís.* Propiedad de los cuerpos que, como la piedra imán, atraen o repelen otros cuerpos análogos. ‖ Parte de la física que trata de las propiedades de los imanes. ‖ *Magnetismo terrestre,* conjunto de los fenómenos magnéticos propios del globo terrestre.

— Si se excluyen los fenómenos de *magnetismo* ligados a los campos eléctricos, tratados en el art. ELECTROMAGNETISMO, el estudio del magnetismo constituye una parte de la física a veces designada por el nombre de magnetostática.

Ya en el artículo IMÁN se han descrito las propiedades esenciales de los imanes. Las fuerzas atractivas o repulsivas que los mismos ejercen a distancia, se orientan en torno al imán a lo largo de una infinidad de líneas curvas (líneas de fuerza magnéticas) que van del polo norte al polo sur del imán y se prolongan del segundo al primero por el interior del imán. El conjunto formado por un sinnúmero de líneas de fuerza constituye el campo magnético del imán.

La fuerza f con que se atraen o repelen dos masas magnéticas puntuales m y m' separadas por una distancia d se obtiene por la fórmula siguiente que debemos a Coulomb:

$$f = k \frac{mm'}{d^2}$$

en la cual k es un coeficiente que depende de la naturaleza del medio que separa ambas masas (si se adopta el sistema C. G. S., k es igual a 1 en el vacío).

El campo magnético se mide en oerstedes. Otra magnitud importante, especialmente en materia de imantación inducida, es la intensidad de imantación. (V. IMÁN.)

Las substancias magnéticas pueden ser clasificadas en dos grupos: substancias ferromagnéticas * que pueden ser imanadas intensamente por un campo inductor y que siempre lo son en el sentido del mismo; substancias en las cuales la imanación inducida es débil, por muy intenso que sea el campo inductor, y cuya imantación puede tener el mismo sentido que la de aquél (substancias paramagnéticas) o el sentido inverso (substancias diamagnéticas *).

El magnetismo de la materia resulta principalmente de los movimientos de los electrones alrededor del núcleo de los átomos. Cada electrón, en razón de su movimiento, engendra un minúsculo campo magnético. Ahora bien, son tantos los electrones planetarios y tan diversamente orientadas están sus órbitas, que estos campos se anulan unos a otros y no surten ningún efecto al exterior de la materia, la cual aparece así desprovista de magnetismo. Pero basta influir exteriormente sobre la orientación de las órbitas electrónicas para que todas las que tengan su plano en la misma dirección sumen sus campos magnéticos, con lo cual resulta un campo magnético más o menos intenso y perceptible en torno a la materia. Esto es lo que ocurre con las substancias paramagnéticas sometidas a la acción de un campo inductor (son paramagnéticos: el aluminio, el oxígeno, el platino, el paladio, el potasio y el sodio, las sales de cromo, de cobre y de manganeso, así como las de los metales ferromagnéticos). A veces esta acción halla condiciones óptimas en substancias de estructura cristalina determinada y propicia —en razón de las reglas de simetría del cristal—, no solamente a la orientación de las órbitas electrónicas por el campo inductor, sino también a la conservación de dicha orientación. Son éstas las substancias ferromagnéticas, que pueden ser dotadas de intensa imantación remanente y que consisten generalmente en mezclas o compuestos a base de hierro, níquel, cobalto o sus respectivos óxidos.

El diamagnetismo resulta de otro aspecto del mismo fenómeno: el campo inductor no cambia la orientación de las órbitas de los electrones, pero sí modifica la velocidad de los mismos, con lo cual la suma de sus campos magnéticos deja de ser nula y tiene una resultante débil y opuesta al campo inductor. Toda la materia es diamagnética, incluso las substancias ferromagnéticas y paramagnéticas, pero en ambos casos los fenómenos de diamagnetismo son ínfimos en comparación con los de ferromagnetismo y paramagnetismo.

Las substancias ferromagnéticas se caracterizan por su histéresis *, o sea por la propiedad que tienen de conservar la imantación que les confiere un campo magnético cuando éste cesa de obrar sobre las mismas. No obstante, esta imantación remanente desaparece fácilmente si el cuerpo imantado es de hierro dulce y se somete a la acción de un campo contrario del de la imantación, o sea de un campo desmagnetizante; por el contrario, la acción de estos campos es poco sensible si el objeto imantado es de acero o de ligas especiales a base de hierro, níquel y aluminio (substancias ferromagnéticas duras). A la magnitud necesaria para que un campo magnético pueda eliminar completamente la imantación remanente se la da el nombre de campo coercitivo. Se desprende de lo antedicho que las últimas substancias citadas servirán para fabricar imanes permanentes, mientras que las del tipo hierro dulce se emplearán para núcleos de electroimanes, transformadores, bobinas de inducción y otros dispositivos en los cuales la imantación inducida ha de seguir rápidamente las fluctuaciones de las corrientes o de los campos inductores.

Todas las substancias ferromagnéticas pierden su ferromagnetismo cuando se las calienta por encima de determinada temperatura que constituye el punto de Curie de cada una de ellas (por ej., el punto de Curie del hierro es de 770°). Cuando esto ocurre, la substancia se transforma en substancia paramagnética.

— *Magnetismo terrestre.* El globo terrestre, a imagen y semejanza de un imán, engendra un campo magnético cuyos polos no coinciden con los polos geográficos (v. POLO). La aguja imantada de la brújula revela la existencia de dicho campo, pues se orienta por sí misma en la dirección de las líneas de fuerza, formando con el meridiano y la horizontal locales dos ángulos llamados, respectivamente, declinación * e inclinación * magnéticas. En todo punto de la superficie terrestre el campo magnético queda definido por varias magnitudes: declinación, inclinación, componentes horizontal y vertical y magnitud del campo en el espacio. (V. también ISÓCLINA e ISÓGONA.)

El magnetismo terrestre se halla sujeto a cambios, especialmente los siguientes: variaciones seculares, del orden de 5 a 10' de arco; variaciones anuas, que son irregulares y sin importancia práctica; variaciones diurnas (unos 10' en la declinación); variaciones accidentales debidas especialmente a las tormentas magnéticas provocadas por los paroxismos de la actividad solar, capaces de imposibilitar momentáneamente las comunicaciones por radio a larga distancia.

El campo magnético terrestre canaliza a lo largo de sus líneas de fuerza las partículas electrizadas de origen cósmico o solar. (V. AURORA y CINTURÓN *de Van Allen.*)

Si se compara la magnitud teórica que debiera tener el campo magnético en un punto de la superficie terrestre y su magnitud real, medida con precisión, se observará una diferencia, llamada *anomalía magnética,* que se debe a las irregularidades de la estructura geológica del subsuelo. Uniendo con curvas las anomalías de igual magnitud medidas en numerosos puntos de un terreno, se obtendrá una red reveladora de la índole de las referidas estructuras, disponiéndose así de un método precioso para investigar el subsuelo, especialmente con objeto de descubrir yacimientos petrolíferos. (V. PROSPECCIÓN.)

MAGNETITA f. *Miner.* Óxido de hierro cuya fórmula es Fe_3O_4. (Sinón. HIERRO *oxidulado.*)

— La *magnetita* es una espinela negra ferromagnética conocida desde la Antigüedad con el nombre de *piedra imán.* Es, por lo demás, una excelente mena que da el hierro de mejor calidad. Sus yacimientos forman a veces montañas enteras, cual ocurre en Kiruna (Suecia).

MAGNETIZACIÓN f. *Magn.* Acción y efecto de magnetizar.

MAGNETIZANTE adj. *Magn.* Que magnetiza, produce magnetismo o lo comunica. ‖ *Campo magnetizante,* intensidad del campo magnético en

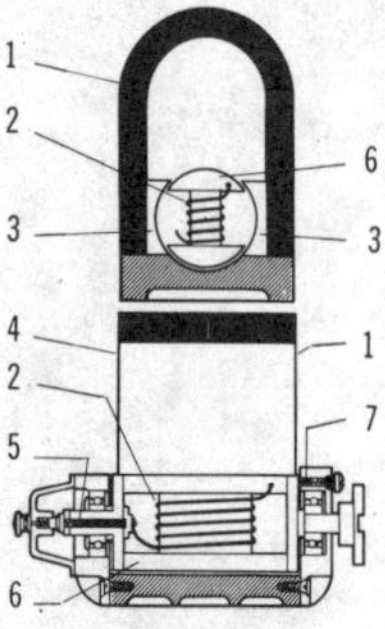

magneto

1. Imán; 2. Devanado; 3. Masa polar; 4. Imán; 5. Salida de la corriente; 6. Inducido; 7. Escobilla de contacto con la masa

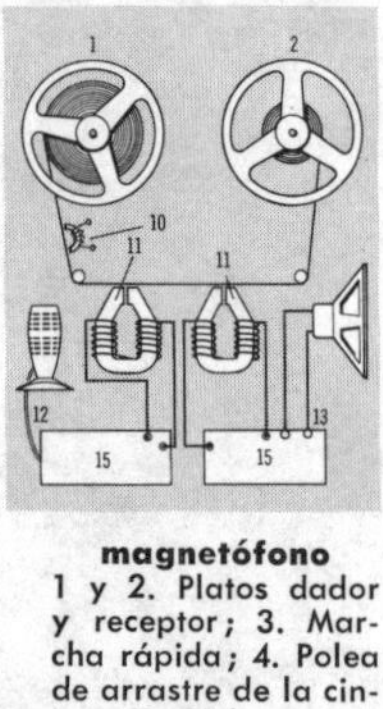

magnetófono

1 y 2. Platos dador y receptor; 3. Marcha rápida; 4. Polea de arrastre de la cinta; 5. Volante; 6. Cambio de velocidades; 7. Mando; 8. Conmutador (grabación y lectura); 9. Potenciómetro; 10. Cabeza supresora; 11. Cabeza de grabación y lectura; 12. Enchufe del micrófono; 13. Enchufe del altavoz suplementario; 14. Contador; 15. Amplificador

el cual se colocan las barritas u otros objetos de hierro o de acero para que se imanen.

MAGNETIZAR v. *Magn.* Comunicar a una materia las propiedades del imán.

MAGNETO m. *Electr.* Máquina generadora de corriente eléctrica en la cual la inducción es producida por un imán permanente.

— La *magneto* consta de: un inductor fijo (uno o varios imanes de herradura yuxtapuestos) montado sobre un zócalo de materia no magnética; un inducido de chapas aisladas y apiladas en forma de doble T, sobre la cual se devanan varias espiras de hilo grueso (*arrollamiento primario*) y, sobre éstas, un número considerable de espiras de hilo fino (*circuito secundario* de alta tensión). La rotación del inducido en el campo magnético del imán engendra en el arrollamiento primario una corriente alterna de escasa tensión, y cuando esta corriente primaria alcanza su máximo valor, un ruptor abre el circuito primario. Resulta así una variación de flujo en las chapas del inducido que produce una corriente de millares de voltios, aunque poco intensa, en el circuito secundario.

La magneto se utilizaba antes para el encendido de los motores de explosión, en los cuales ha sido reemplazada por el sistema de dinamo y batería, más eficaz y ventajoso. Solamente sigue utilizándose en las motocicletas desprovistas de acumuladores y en ciertos coches de carreras. También se usa para producir, con una manija, la corriente necesaria para hacer explotar los detonadores en las minas (v. EXPLOSOR) o, en los teléfonos antiguos de las redes aún no automatizadas, para llamar al centro urbano.

MAGNETOAERODINÁMICA f. Ciencia que trata de la circulación de los gases conductores (gases ionizados a temperaturas elevadas) en el seno de campos magnéticos.

MAGNETOCALÓRICO, CA adj. *Fís.* Dícese de los fenómenos caloríficos que se manifiestan cuando se imana una substancia ferromagnética.

MAGNETODINÁMICO, CA adj. Dícese de los aparatos en los cuales la excitación magnética es producida por un imán permanente: *altavoz magnetodinámico*.

MAGNETOELÉCTRICO, CA adj. Que participa a la vez de los fenómenos magnéticos y eléctricos. ‖ Dícese de las generatrices eléctricas cuyo inductor consiste en un imán permanente.

— Las primeras máquinas generadoras de corriente eléctrica fueron *magnetoeléctricas* y en ellas el campo magnético e inductor era creado por imanes permanentes (v. MAGNETO). A ellas se oponen las máquinas *dinamoeléctricas*, en las cuales el campo magnético es producido por electroimanes (v. DINAMO).

MAGNETOESTRICCIÓN f. Magnetostricción.

MAGNETÓFONO m. Aparato que registra los sonidos por imantación de un alambre o una cinta magnéticos y que dispone también de circuitos amplificadores propios para reproducirlos.

— En el *magnetófono*, la corriente modulada por los sonidos y procedente de un micrófono, tocadiscos, etc., alimenta un electroimán el cual engendra así un campo magnético cuyas variaciones

corresponden a las de la corriente microfónica. En este campo desfila un alambre magnético o una cinta de materia plástica provista de una capa pulverulenta de materia ferromagnética. Así se opera a lo largo del soporte una imantación que depende localmente de la intensidad del campo magnético y que es remanente (v. MAGNETISMO). Para restituir los sonidos, se procede en el sentido inverso: la cinta o el alambre desfilan ante el electroimán y su magnetismo induce en la bobina del mismo oscilaciones eléctricas, resultando a la salida del carrete una corriente que, una vez amplificada, se halla modulada como la que produjo la grabación magnética y que, al hacer vibrar la membrana de un altavoz, reproduce los sonidos registrados.

Además de la *cabeza de grabación* y de la *de lectura* (que muchas veces es la misma, utilizada diferentemente) existe en el magnetéfono una *cabeza supresora*, alimentada en corriente alterna de alta frecuencia, que sirve para anular total o parcialmente la imantación de la cinta y borrar o suprimir los sonidos grabados, ya para corregirlos, mejorarlos o reemplazarlos en parte, ya para utilizar de nuevo la cinta para otras grabaciones. Esta posibilidad de modificar lo registrado y de utilizar indefinidamente un mismo soporte constituye una de las principales ventajas del magnetéfono respecto a los demás métodos de registro de los sonidos. Otras ventajas son: la posibilidad de sobreponer una grabación a otra hecha anteriormente (por ejemplo, después de haber registrado el acompañamiento musical, puede registrarse el canto correspondiente); la disposición, en una misma cinta, de varias pistas de grabación que, entre otros efectos, permiten registrar en estereofonía *, etc.

Las cintas pueden desfilar a diferentes velocidades normalizadas: siendo las más corrientes las de 4,75, 9,5, 19, 38 y 76 cm/s.

Cuanto mayor es la velocidad, más amplia es la banda de frecuencias registradas y, consiguientemente, más fiel es la reproducción de los sonidos. En los *dictáfonos* se recurre a las velocidades más lentas, porque la imperfección de los sonidos no tiene importancia y se pueden efectuar grabaciones mucho más largas con una misma longitud de cinta. Por el contrario, para la grabación de música es necesario recurrir a la mayor velocidad posible (por lo menos 19 cm/s en los aparatos ordinarios y 76 cm si se desea el registro completo de todas las frecuencias audibles de 30 a 20 000 Hz).

Existen también *magnetoscopios* de cinta muy ancha y elevadísima frecuencia (5 MHz) que sirven para registrar no ya sonidos, sino imágenes, especialmente emisiones de televisión. Su principio no difiere del que se ha descrito más arriba, pues poco importa que la corriente que excita el electroimán de la cabeza de grabación proceda de un micrófono o de una cámara electrónica: en ambos casos la cabeza de lectura la reproducirá modulada tal y como se registró.

También se utilizan dispositivos magnéticos para registrar corrientes que nada tienen que ver con la reproducción de sonidos o de imágenes. Por ejemplo, el programa de trabajo de una calculadora electrónica o de una máquina herramienta. Esta última podrá fabricar así una pieza sin intervención humana, pues la pieza y las herramientas, según el programa inscrito en la cinta magnética, efectuarán los movimientos necesarios, en el orden prescrito y durante el tiempo conveniente para consumar cada operación.

MAGNETOMETRÍA f. Método de prospección geofísica fundado en la medición sistemática, en numerosos puntos del terreno, de la componente vertical del campo magnético terrestre.

— Las variaciones locales del campo magnético resultan de las características magnéticas de los terrenos sedimentarios, y sobre todo de la estructura de los mismos en el subsuelo. De ahí que, reuniendo en un plano del terreno todos los puntos de igual magnitud, se obtengan redes de líneas que revelan la estructura geológica del subsuelo. (V. PROSPECCIÓN *magnética*.)

MAGNETÓMETRO m. Instrumento propio para medir los campos y los momentos magnéticos. (Sinón. MAGNETÍMETRO.)

— Los *magnetómetros* permiten medir ya la intensidad del campo magnético, ya los distintos

Fot. Verdier

elementos del magnetismo terrestre (declinación *, inclinación *, componentes horizontal y vertical). A veces se hallan especialmente constituidos para medir no ya dichas magnitudes, sino las variaciones experimentadas por las mismas, en cuyo caso se llaman *variómetros magnéticos* y se hallan provistos de un sistema para registrar continuamente las medidas.
Los magnetómetros funcionan generalmente según uno de los principios siguientes: una barrita imantada es suspendida con un hilo sin torsión y, una vez estabilizada, se mide el ángulo que forma con el meridiano y con la horizontal merced a un teodolito magnético, o teodolito brújula, hecho de materiales no magnéticos (para que no pueda desviar la barrita imantada); se dispone una bobina de inducción de tal modo que pueda ser inclinado su eje de rotación hasta que ésta cese de engendrar fuerza electromotriz inducida, en cuyo caso, dicho eje es paralelo a las líneas de fuerza del campo terrestre; acción del campo magnético sobre el comportamiento de una bobina de inducción * de núcleo muy permeable; resonancia magnética nuclear, o sea comparación entre los campos magnéticos de los núcleos atómicos, que son perfectamente estables y conocidos, y el campo magnético que se ha de medir. (V. PROSPECCIÓN *magnética*.)

MAGNETOMOTOR, TRIZ adj. *Fuerza magnetomotriz*, v. FUERZA.

MAGNETÓN m. *Atom.* Momento magnético elemental de los átomos. (V. MOMENTO.)

MAGNETOÓPTICA f. *Magn.* y *Ópt.* Estudio de las propiedades ópticas de las substancias sometidas a la acción de campos magnéticos.

MAGNETOPIRITA f. *Miner.* Pirita magnética, sulfuro de hierro.

MAGNETOQUÍMICA f. Ciencia que trata de las propiedades magnéticas de los cuerpos.

MAGNETOSCOPIO m. *Radiot.* Procedimiento para registrar las imágenes de televisión en cintas magnéticas. (V. MAGNETÓFONO.)

MAGNETOSFERA f. *Geof.* Espacio que prolonga la ionosfera y en el cual se halla confinado el campo magnético de la Tierra.

MAGNETOSTÁTICO, CA adj. y s. Dícese de los fenómenos relativos a los imanes y a las masas magnéticas en estado de reposo. ‖ — F. Ciencia que trata de los mismos. (V. MAGNETISMO.)

MAGNETOSTRICCIÓN f. *Fís.* Fenómeno consistente en un aumento de volumen que experimentan los cuerpos al hallarse sometidos a la acción de un campo magnético. (Sinón. MAGNETOESTRICCIÓN.)
— La *magnetostricción* se debe a la aparición de polos en la superficie de los cuerpos imantados. Como los mismos se hallan sujetos a atracciones o repulsiones magnéticas (según la índole de su magnetismo) su masa se contrae o se dilata. Inversamente, las contracciones o dilataciones mecánicas del cuerpo provocan variaciones de su imantación.
Estas propiedades se aprovechan para producir y detectar ondas ultrasonoras: con una bobina alimentada en corriente de alta frecuencia, se obtiene un campo magnético que imanta cíclicamente una barrita de níquel (o, para evitar las corrientes de Foucault, una pila de rodajas de chapa de níquel). Sometido alternativamente a rapidísimas contracciones y dilataciones, el níquel transmite al aire sus vibraciones elásticas que, en razón de su frecuencia elevada, son inaudibles. (V. SONDA y ULTRASONIDO.)

MAGNETRÓN m. *Radiot.* Tubo electrónico que sirve para producir o amplificar corrientes de elevadísima frecuencia y en el cual el flujo de electrones es regulado por un campo magnético.
— El *magnetrón* consta de un cátodo central, un ánodo concéntrico al mismo y un potente electroimán que contiene entre sus polos el tubo vacío con sus dos electrodos. Así, los electrones, en vez de saltar directamente del cátodo al ánodo, son desviados por el campo magnético del electroimán y describen trayectorias espirales más o menos largas, según las fluctuaciones del campo magnético, o sea según la modulación de la corriente que alimenta al electroimán. La corriente que sale del ánodo varía, consiguientemente, como la intensidad del campo magnético, mientras que en los otros tipos de tubos electrónicos depende de la tensión aplicada entre los electrodos.
En el *magnetrón de cavidades resonantes*, el cuerpo del ánodo lleva labradas varias cavidades o *resonadores huecos* que lo dividen en cierto número de segmentos. Los electrones describen entonces trayectorias complejas cuyo efecto consiste en hacer que cada segmento tenga alternativamente carga positiva y negativa, y que exista cierto desfase entre dos segmentos contiguos. El magnetrón puede, pues, ser comparado por su funcionamiento a un alternador en el cual los paquetes de electrones que giran en torno del cátodo constituyen el rotor, mientras que las cavidades representan un estator.
El magnetrón de cavidades puede amplificar las oscilaciones aplicadas al electroimán o entretenerlas. Se trata en ambos casos de oscilaciones de muy alta frecuencia, o sea de longitud de onda muy corta (ondas centimétricas y decimétricas). Se usa especialmente en los aparatos de radar, y no de modo continuo, sino acumulando la energía para emitirla en una millonésima de segundo con extraordinaria potencia. (V. RADAR.)

MAGNIFICAR v. *Ópt.* Ampliar o aumentar los objetos por medio de dispositivos ópticos.

MAGNITUD f. Grandor o tamaño de una cosa. ‖ Todo lo que está sujeto a aumentar o disminuir. — *Astr.* Cantidad que sirve para expresar el brillo de los astros. ‖ *Magnitud absoluta*, valor que tendría la magnitud de un astro visto a la distancia de 10 parsecs * (unos 32,6 años de luz). ‖ *Magnitud aparente*, magnitud de un astro tal y como se mide directamente, o sea sin tener en cuenta la absorción de la luz por la materia interestelar ni los errores que pueda introducir el instrumento empleado para medirla. ‖ *Magnitud bolométrica*, la que se calcula a partir de la energía radiada por la estrella, y medida con el bolómetro *. ‖ *Magnitud fotográfica*, valor de la magnitud, aparente o absoluta, que se obtiene a partir de clisés fotográficos tomados con emulsiones ortocromáticas. ‖ *Magnitud fotovisual*, magnitud fotográfica obtenida con emulsiones isocromáticas * cuya sensibilidad a las distintas radiaciones del espectro es comparable a la del ojo humano. ‖ *Magnitud radiométrica*, valor de la magnitud aparente o absoluta medida con un instrumento sensible a todas las radiaciones del espectro, incluso las infrarrojas, pero sin tener en cuenta la influencia de la atmósfera ni del poder reflector del espejo utilizado. ‖ *Magnitud visual*, valor de la magnitud aparente o absoluta que se obtiene con un fotómetro.
— La *magnitud de una estrella* depende de su luminosidad intrínseca y de su distancia, y es erróneo creer que las estrellas más brillantes del cielo son las mayores o las más próximas. (V. ESTRELLA.)
Desde el punto de vista científico, la magnitud 0 es la de una estrella que, situada en el cenit y vista a través de una atmósfera límpida, tiene un brillo de 2,1 millonésimas de lux. Un astro de magnitud 1 es 2,512 veces menos brillante; otro de magnitud 2 es, a su vez, 2,512 veces menos

prospección con **el magnetómetro**

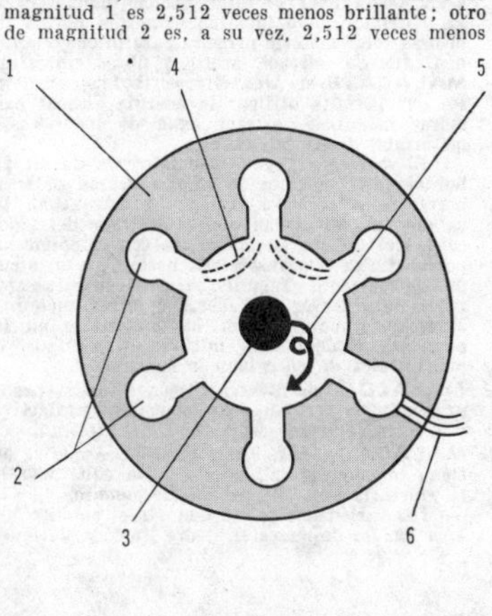

magnetrón de cavidades
1. Ánodo; 2. Cavidades; 3. Cátodo; 4. Líneas de fuerza del campo eléctrico; 5. Trayectoria de un electrón; 6. Cable coaxial de salida de la corriente

Fot. Esso, C. G. S.

brillante que el de magnitud 1, y así sucesivamente. Inversamente, a la magnitud — 1 corresponde un brillo 2,512 veces mayor que a la magnitud 0. La magnitud de la estrella más brillante del cielo, Sirio, es de — 1,58; la de las estrellas menos brillantes perceptibles a simple vista, es de 6; con los mejores telescopios y practicando exposiciones muy largas (decenas de horas) se fotografían objetos celestes cuya magnitud es superior a 20. Entre los planetas, Venus —que es el astro más brillante del firmamento después del Sol y de la Luna— alcanza la magnitud — 4, siguiéndole por su brillo Marte y Júpiter, cuya magnitud llega a ser de — 3 en las ocasiones más favorables.

— *Fís.* y *Mat.* Resultado de una medición: *las magnitudes matemáticas tienen definiciones abstractas, mientras que las magnitudes físicas se miden con instrumentos apropiados.* || *Magnitud aleatoria,* en cálculo de probabilidades, magnitud que puede tener diferentes valores, a cada uno de los cuales corresponde una probabilidad. (Sinón. VARIABLE, ALEATORIA.) || *Magnitud escalar,* v. ESCALAR. || *Magnitud vectorial,* vector.

MAGNOFERRITA f. *Miner.* Magnesioferrita.

MAGNUM m. Botella grande, cuya capacidad de 1,6 litros corresponde a la de dos botellas ordinarias de champaña, que es el vino generalmente envasado en la misma.

MAGRO, GRA adj. *Constr.* Dícese de los morteros que contienen poca cal. || *Arcilla magra,* la que contiene mucho sílice. || *Cal magra,* v. CAL.

— *Min. Carbón magro,* carbón de piedra que contiene pocas materias volátiles (de 10 a 15 %) y que no se aglutina en el hogar.

MAGUEY m. *Bot.* Pita.

MAGUJO m. *Mar.* Descalcador.

MAHOGÓN m. *Bot.* y *Carp.* Caoba.

MAHÓN m. *Constr.* Ladrillo * mahón.

— *Text.* Tela de algodón con ligamento * de sarga y efecto de urdimbre, notable por su resistencia, que sirve para ropas de trabajo.

MAILLECHORT m. *Metal.* Aleación de cobre, cinc y níquel a la cual se agrega a veces plomo o estaño.

— Según su composición, el color del *maillechort* varía del blanco plateado al amarillo claro.

La proporción de cobre suele ser de 55 a 70 %, la de cinc de 15 a 30 %, y la de níquel de 8 a 30 %. Se obtiene así una gran diversidad de metales caracterizados por su maleabilidad, la facilidad con que pueden ser labrados, su brillo natural, su resistencia a la corrosión y su resistividad eléctrica. Haciendo variar su composición para mejorar preferentemente alguna de sus cualidades, se obtienen maillechorts para orfebrería y platería, material eléctrico, instrumentos de óptica, etc.

MAINEL m. *Arq.* Columna o montante que divide verticalmente la luz de una ventana. || Barandilla de escalera.

MAÍZ m. *Bot.* e *Ind. alim.* Planta gramínea *(Zea mays),* uno de los cereales cultivados en gran escala para la alimentación humana y de los animales, pero también empleada por la industria como materia primera para producir almidón, glucosa, alcohol, aceite y fibras sintéticas.

MALACATE m. *Mec.* Dispositivo, hoy en desuso, que permite utilizar la energía animal para mover máquinas, extraer agua de los pozos o materiales de las minas, etc.

— El *malacate* consta esencialmente de un árbol vertical provisto de una o varias palancas horizontales en cuyo extremo se enganchan las caballerías. Estas dan vueltas en torno del árbol, cuyo movimiento se aprovecha convenientemente por medio de engranajes. La noria * es un ejemplo de malacate. También se emplean estos aparatos para mover trilladoras y otras máquinas agrícolas y para extraer los materiales en las pequeñas explotaciones mineras desprovistas de manantiales de energía más modernos.

MALACÓN m. *Miner.* Circón alterado por la presencia de torio u otros elementos radiactivos y a veces explotado como mena del circonio.

MÁLAGA m. *Ind. alim.* Vino dulce que se obtiene con ciertas calidades de uva cultivadas en la provincia española del mismo nombre.

— Las variedades de vid que dan el *vino de Málaga* son las de moscatel, pedro jiménez, lairenes, y jaén, pero en sus cualidades influyen determinantemente las condiciones climatológicas propias de esa provincia, así como los procedimientos de elaboración de los caldos. Después de la vendimia la uva se expone durante varios días a la acción del sol, antes de desgranar los racimos y de prensar los granos. Efectuada la fermentación del mosto, se procede a diferentes operaciones de clarificación, trasiego y filtración y se vierte finalmente en las *botas soleras,* donde permanecerá unos cinco años. Las condiciones que reinan en las bodegas de Málaga durante esta larga maduración (temperatura, humedad, microorganismos específicos) contribuyen a conferir a estos vinos cualidades que no pueden reunir los vinos elaborados en otras partes a imitación de los de Málaga.

MALAQUITA f. *Miner.* Carbonato básico de cobre cuyos hermosos cristales verdes se tallan para hacer objetos de adorno, jarrones, etc., y que constituyen también una mena de aquel metal.

— *Quím. Verde malaquita,* v. VERDE.

MALAXACIÓN f. Acción y efecto de malaxar.

MALAXADOR, RA adj. y s. Que malaxa o amasa. || — M. Amasadora.

MALAXAR v. Amasar una substancia, sobarla para hacerla más blanda u homogénea.

MALEABILIDAD f. Calidad de maleable.

— La *maleabilidad* es, junto con la ductilidad *, una de las características que determinan la aptitud de un metal a ser labrado por deformación.

El más maleable de todos los metales es el oro, que puede ser reducido en hojas de hasta una diezmilésima de milímetro de espesor.

La maleabilidad aumenta con la temperatura, y así, el cinc, que es poco maleable a la temperatura ambiente, lo es bastante a 100°. Es importante en metalurgia saber a qué temperatura puede laminarse, forjarse o batirse un metal para aprovechar la mejor maleabilidad sin que, no obstante, pueda deteriorarlo el calor.

MALEABILIZACIÓN f. *Metal.* Tratamiento que tiene por objeto hacer maleable la fundición * blanca, excesivamente dura y frágil.

— La *maleabilización* consiste en un recocido a 900° seguido de un enfriamiento lento que se prolonga durante unas 60 horas (v. GRAFITIZACIÓN). La fundición adquiere así una maleabilidad comparable a la del acero.

MALEABILIZAR v. *Metal.* Someter la fundición * blanca al tratamiento de maleabilización.

MALEABLE adj. *Metal.* Dícese del metal que puede ser reducido a chapas muy delgadas batiéndolo con martillo o laminándolo. (V. MALEABILIDAD). || Que puede ser modelado con facilidad: *la cera es muy maleable.*

MALECÓN m. *Obr. públ.* Obra que se hace a orillas de los ríos o del mar para proteger éstas contra las aguas corrientes y el embate de las olas. (V. DIQUE Y ROMPEOLAS.)

MALGAMA f. *Quím.* Amalgama.

MALINOWSKITA f. *Miner.* Variedad de panabasa o antimoniosulfuro de cobre que es una mena de este metal.

MALM m. *Geol.* Nombre dado a la parte del jurásico superior que data de — 110 a — 125 millones de años y que abarca los pisos comprendidos entre el caloviense y el portlandiense, ambos inclusive. (V. ESTRATIGRAFÍA.)

MALTA m. *Ind. alim.* Cebada germinada artificialmente, con la cual se elabora la cerveza y que entra también en la composición de harinas alimenticias. (V. MALTEADO.) [Sinón. MALTE.]

— *Cin.* y *Mec. Cruz de Malta,* v. CRUZ.

— *Miner.* Betún fósil que solamente difiere del petróleo bruto porque es pastoso y muy viscoso.

MALTASA f. *Quím.* Enzima, presente en las levaduras, que tiene la propiedad de desdoblar la maltosa y la sacarosa.

MALTE m. *Ind. alim.* Malta.

MALTEADO m. *Ind. alim.* Operación consistente en convertir la cebada en malta.

— El *malteado* es una germinación ligera que provoca la formación de las diastasas necesarias para transformar ulteriormente el almidón de los granos en azúcares fermentescibles. Se efectúa mojando el grano, dejándolo germinar, deteniendo luego la germinación cuando los gérmenes al-

canzan la longitud del grano y secándolo con una corriente de aire caliente que acaba por separar los gérmenes. (V. CERVEZA.)
MALTOSA f. *Quím.* Azúcar que resulta de la sacarificación incompleta del almidón. (Sinón. AZÚCAR DE MALTA.)
— La *maltosa* es un cuerpo blanco, cristalino y dextrógiro que se forma en los mostos, especialmente en los del malta de cervecería y que se obtiene por la acción de la amilasa sobre un engrudo de almidón.
MALVEÍNA f. *Quím.* Anileína.
MALLA f. *Mar.* Vuelta que se da a un cabo grueso para hacer una ligadura. ‖ Dicha ligadura. ‖ Distancia que media entre dos varengas consecutivas del casco de un barco y que, en los buques modernos, suele hallarse comprendida entre 50 y 93 cm. ‖ Elemento terminal de la cadena del ancla, consistente en un cáncamo que sirve para fijarla al buque o al arganeo, llamándose en el último caso *malla de entalingadura.*
— *Metal.* Tejido metálico hecho de eslabones de alambre fino que enlazan entre sí y que sirve para hacer monederos y otros objetos.
— *Radiot.* Rejilla.
— *Tecn.* Cada una de las luces o aberturas que presenta el fondo de un tamiz o cedazo, y también los que forma una tela metálica, etc.
— *Text.* Cada uno de los bucles o huecos que quedan entre los hilos cruzados, entrelazados o anudados de los tejidos, redes y géneros de punto.
MALLETA f. *Mar.* Cada una de las cuerdas que sirven para tirar del bou y otras redes de pesca.
MALLETE m. *Mec.* Contrete.
MALLO m. *Art. y of.* Mazo, martillo de madera.
MAMBRÚ m. *Mar.* Chimenea del fogón de los barcos.
MAMORE adj. *Arq.* Mohamar.
MAMPARA f. *Carp.* Especie de cancel o biombo portátil que sirve para dividir una habitación y, a modo de puerta, para cerrar una entrada, pasillo, etc.
MAMPARO m. *Mar.* Cualquiera de los tabiques que dividen el interior de un barco en compartimientos. ‖ *Mamparo estanco,* cada una de las paredes transversales de acero que dividen el casco de un barco en secciones provistas de puertas que cierran herméticamente de modo que si el agua penetra en una de ellas, no pueda invadir las demás.
— Los buques mercantes tienen por lo menos cuatro *mamparos estancos:* uno cerca de la proa, en previsión de las vías de agua que pueden abrirse en la misma en caso de abordaje; otro a popa, situado antes de la salida del o de los árboles de las hélices, y dos más que aislan el compartimiento de las máquinas.
MAMPARRA f. *Mar.* Pesca con arte de cerco * que se hace las noches sin luna, consistente en atraer los peces con luces potentes montadas en una embarcación y cercarlos con una red tendida desde otro barco.
MAMPERLÁN o **MAMPIRLÁN** m. *Carp.* Borde redondeado de la huella de un escalón *, que es la parte que sobresale de la contrahuella. ‖ Listón de madera que se pone a veces como borde a los peldaños de las escaleras de fábrica.
MAMPOSTERÍA f. *Constr.* Obra de fábrica hecha con mampuesto. ‖ *Mampostería aparejada,* la que se hace con piedras toscamente labradas a modo de sillares, y que son de igual altura todos los de una hilera, aunque no siempre los de todas las hileras. ‖ *Mampostería concertada,* aquella cuyos mampuestos ajustan lo suficientemente bien para que puedan ser asentados sin relleno de ripios.
MAMPUESTA f. *Constr.* Hilada * de piedras o de ladrillos.
MAMPUESTO, TA adj. y s. *Constr.* Dícese del material que entra en las obras de mampostería. ‖ — M. Piedra sin labrar o toscamente labrada de dimensiones tales que el albañil pueda ponerla en la obra con la mano.
MAMUT m. *Mec. Bomba mamut,* v. BOMBA.
MANANTIAL m. *Fís.* Origen o causa a la cual se debe la producción de energía: *manantial de calor, de luz, etc.*
— *Hidr.* Agua que brota del suelo o aflora en el mismo. (Sinón. FUENTE.) ‖ *Manantial intermitente,* fuente intermitente.
— Los *manantiales,* salvo los de aguas termales y las resurgencias *, se deben al derrame natural o artificial (pozos artesianos) de capas acuíferas * subterráneas alimentadas por las precipitaciones atmosféricas. Una de las características principales de las fuentes es su *velocidad de restitución,* o sea el tiempo que transcurre entre las precipitaciones y la salida del agua correspondiente por el manantial. Así, pues, existen *manantiales superficiales* o *de afloramiento,* de caudal irregular y poco abundante, cuyas aguas, por no haber sido suficientemente filtradas por el terreno, son a veces impuras. Por el contrario, los *manantiales de capas profundas,* aunque más raros, son más caudalosos y regulares y dan agua más pura, a menos de haberse cargado las mismas excesivamente de sales. Por lo general el régimen de los manantiales es más regular que el de los cursos de agua superficiales. (V. también el art. AGUA.)
MANCERA f. *Agr.* Pieza curva por donde se empuña el arado.
MANCHA f. *Astr.* Nombre dado por los astrónomos a los detalles más o menos obscuros visibles en la superficie de los astros, cuales son los "mares" de la Luna *, los "mares" y "continentes" de Marte *, y la gran mancha roja de Júpiter *, las manchas solares (v. SOL), etc.
— *Electrón. Mancha iónica,* mancha obscura que aparece en la imagen dada por un oscilógrafo catódico y que se debe a la destrucción local de la substancia luminiscente de la pantalla por el bombardeo repetido de los electrones o rayos catódicos.
— *Joy.* Señal o impureza que empaña el brillo de una piedra preciosa.
— *Radiot.* Zona obscura que se forma en las imágenes de televisión cuando el campo eléctrico que reina entre el mosaico del tubo analizador y su colector deja de ser uniforme. (V. ICONOSCOPIO y TELEVISIÓN.)
MANCHAR v. *Art. gráf.* Imprimir indebidamente en los pliegos la huella de los espacios, regletas y otros blancos por hallarse éstos mal ajustados o asentados en la forma.
— *Pint.* Poner en la obra que se está pintando la pintura clara y la obscura para fundirlas y armonizarlas luego con el pincel.
MANDAR v. *Art. gráf.* Saltar las letras de la composición o torcerse ésta por hallarse el molde apretado excesivamente.
— *Mec.* Arrastrar, mover: *adoptar una transmisión para mandar las ruedas.* ‖ Accionar, gobernar: *en las estaciones de ferrocarril se emplean agujas mandadas a distancia.*
MANDARRIA f. *Marp.* Maza de calafate.
MANDÍBULA f. *Tecn.* Cada una de las piezas de la mordaza.
MANDIL m. *Art. y of.* Delantal grande, de piel o de tela muy resistente, que preserva los vestidos de los trabajadores desde el pecho hasta más abajo de las rodillas.
MANDIOCA f. *Bot.* e *Ind. alim.* Género de arbustos euforbiáceos, uno de los cuales *(Manihot utilissima)* suministra las raíces de donde se extrae la tapioca *, y otro *(M. Glaziovii)* el caucho llamado ceara *.
MANDO m. Cada uno de los dispositivos que sirven para poner en marcha, regular, gobernar y parar una máquina, un vehículo, aparato eléctrico, etcétera: *los automóviles tienen dos mandos de freno, uno de ellos de pedal y el otro de mano.* ‖ Gobierno, accionamiento de una máquina o vehículo. ‖ Conjunto de órganos que transmiten el movimiento en una máquina. ‖ *Mando automático,* el que se efectúa sin intervención humana. ‖ *Mando a distancia,* telemando. ‖ *Mando de programa,* mando automático que se efectúa con arreglo a un programa previamente registrado en algún dispositivo de memoria *.
— Las tendencias modernas en materia de *mandos* pueden ser resumidas como sigue: adopción del *mando directo,* dotando cada máquina de su propio motor e incluso de varios motores (uno para cada función diferente), en vez del método anticuado de motor único y transmisión del movimiento a todas las máquinas mediante poleas de mando; generalización de los *mandos a*

mando doble
(aeron.)

manga de aire
(aeron.)

manga de aire
(mar.)

distancia, muchas veces centralizados en un puesto de mando único; extensión del uso de servomecanismos para reducir los esfuerzos que ha de aplicar el hombre a los órganos de mando; progreso de los *mandos automáticos.* (V. AUTOMATISMO, REGULACIÓN, TELEMANDO y TRANSMISIÓN.)
Los mandos, según el modo como se transmiten las acciones, pueden ser *mecánicos, hidráulicos, eléctricos* o *neumáticos.*
— *Aeron. Mandos compensados,* los que están provistos de dispositivos de compensación * para reducir los esfuerzos del piloto. ‖ *Avión de mando doble,* el que se halla provisto de dos puestos de pilotaje gemelos destinados al profesor y al alumno, si se trata de un avión de escuela, o al piloto y al copiloto, en los aviones grandes.
MANDRIL m. *Tecn.* Dispositivo que, en los tornos y otras máquinas herramienta, sirve ya para asegurar la pieza bruta que se ha de labrar, ya, como portaherramienta, para fijar el útil. ‖ Escariador * para alisar o agrandar taladros. ‖ Instrumento cónico para dilatar el extremo de los tubos de una caldera de vapor (un combinador de calor, condensador, etc.) con objeto de que ajusten bien en los orificios de las placas terminales que les sirven de soporte. (V. DUDGEON.) ‖ Punzón que se golpea con mazas o martillos para abrir un agujero en el hierro candente.
— Los *mandriles lisos* de las máquinas herramienta son vástagos ligeramente cónicos en los cuales ajustan a presión las piezas huecas que se han de labrar. Los *mandriles de mordazas* tienen varias piezas corredizas, dispuestas radialmente, que, movidas por una rosca, convergen hacia el centro del mandril para sujetar y apretar la pieza o la caña de la herramienta. Ejemplo muy corriente de estos mandriles es el que se usa en las taladradoras * portátiles para sujetar la broca, a la cual transmiten su movimiento giratorio. Los mandriles de este tipo usados en los tornos se designan más comúnmente por el nombre de *plato.* La precisión de una pieza torneada depende en gran parte de la calidad del mandril.

mandriles *(tecn.)*: 1. De ajustador, para taladros cuadrados; 2. Expansible; 3. De taladradora; 4. De torno (plato); 5. De máquina automática para hacer la rosca de las tuercas

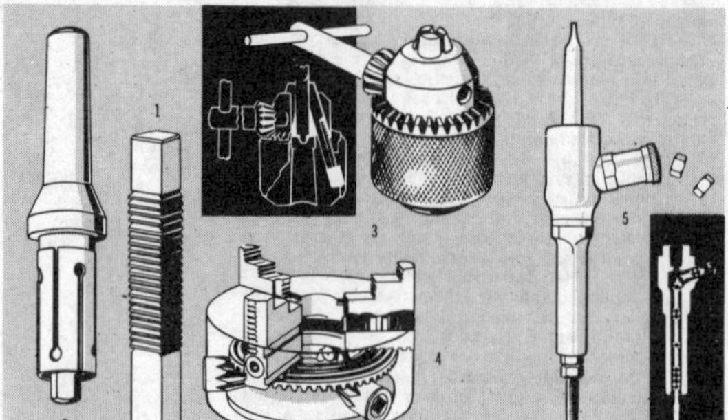

MANDRILAR v. *Tecn.* Taladrar el metal con un mandril. ‖ Igualar y agrandar con un mandril los taladros irregulares hechos en una pieza metálica. ‖ Montar los tubos de calderas de vapor, cambiadores de calor, condensadores, etc., mediante dilatación de sus extremos para que ajusten en los taladros en que se han de fijar. (V. DUDGEON.). ‖ Alargar una pieza tubular sin que aumente su diámetro interior, lo cual se obtiene forjándola sobre un macho llamado mandril.
MANDRÍN m. *Tecn.* Galicismo por *mandril.*
MANECILLA f. *Tecn.* Aguja o saeta que indica la hora, los minutos o los segundos en los relojes o el valor de las magnitudes en la esfera de los instrumentos de medidas. ‖ Mango o palanquita con que se accionan manualmente los mandos de un aparato mecánico o eléctrico: *para acelerar un avión, el piloto tira de la manecilla de los gases.* (Sinón. MANETA.)
MANEJABILIDAD f. *Tecn.* Calidad de manejable.
MANEJABLE adj. *Tecn.* Dícese de la máquina o vehículo que es accionado o dirigido con poco esfuerzo y con facilidad.
MANETA f. *Tecn.* Manecilla.
MANGA f. Tubo de lona, caucho o materia plástica que se adapta por un extremo a una bomba o a una boca de riego y tiene en el otro una boquilla o lanza * que permite llevar o proyectar el agua de un sitio a otro para regar, combatir los incendios o con otros fines. ‖ Manga metálica, tubo * flexible.
— *Aeron. Manga de aire,* tubo de tela fijado a un mástil por un aro metálico y que la fuerza del viento que por él pasa mantiene horizontal, sirviendo así en los aeródromos para indicar la dirección del viento a los pilotos que se aprestan a aterrizar.
— *Mar.* Anchura máxima del casco de un barco. ‖ *Manga de aire,* tubo grande, de tela o de metal, que sirve para la ventilación interna de los barcos. ‖ *Manga de carbón,* conducto por el cual baja el carbón hasta las carboneras en los vapores que aún consumen este combustible.
— En arquitectura naval cabe distinguir varias anchuras del casco determinadas por diferentes criterios: la *manga de arqueo* se mide en la cuaderna maestra sin contar el espesor del forro; la *manga de construcción* se mide en la misma cuaderna, pero fuera de los forros; la *manga en el fuerte* es la máxima anchura del casco, sea cual fuera la altura donde se da, mientras que la *manga en la flotación* es su máxima anchura en la línea de flotación.
— *Meteor.* Tromba.
— *Quím.* Filtro consistente en una bolsa de tela de lana muy tupida, empleado en los laboratorios químicos y farmacéuticos.
— *Transp.* Gorrón * de los ejes de los carruajes.
MANGANAL m. *Fot.* Filtro negro, a base de manganeso, que solamente deja pasar los rayos infrarrojos próximos del rojo visible.
MANGANATO m. *Quím.* Cada una de las sales que tienen la fórmula general m_2MnO_4, en la cual *m* es el símbolo de un metal univalente. (V. MANGANESO.)
MANGANESA y **MANGANESIA** f. *Miner.* Pirolusita.
MANGANESIATO m. *Quím.* Manganato.
MANGANÉSICO, CA y **MANGANESÍFERO, RA** adj. *Miner.* y *Quím.* Que contiene manganeso.
MANGANESO m. *Metal.* y *Quím.* Elemento químico de número atómico 25, cuyo símbolo es *Mn.*
— El *manganeso* es un metal de color gris claro que presenta no pocas analogías con el hierro. A continuación se indican sus principales constantes físicas: densidad, 7,44; temperaturas de fusión y de ebullición, 1 260 y 1 900°, respectivamente; masa atómica, 54,938.
Este metal, que no existe en la naturaleza al estado nativo, se combina en caliente con la mayor parte de los metaloides, descompone el agua a 100° y se disuelve en los ácidos. Sus menas

Fot. Air France, Keystone, Lavelle

principales son la pirolusita, la braunita, la manganita o acerdesa y la hausmanita. Se extrae de estos minerales por dos procedimientos: reducción de sus óxidos por aluminotermia * (mezclado con polvo de aluminio); electrólisis del cloruro o del sulfato. La destilación en el vacío del *manganeso aluminotérmico* permite obtener un metal con un grado de pureza de 99,98 %.
El manganeso puro es demasiado frágil y no tiene aplicaciones prácticas. La facilidad con que se combina —desprendiendo mucho calor— con los metaloides, hace que se emplee en calidad de desoxidante. Como es también más oxidable que el hierro, se utiliza en la metalurgia de este metal para eliminar distintas impurezas. Por lo demás, el manganeso, aleado con el hierro, aumenta la resistencia mecánica de los aceros. Estas aleaciones se elaboran generalmente reduciendo en el horno eléctrico una mezcla de pirolusita y de óxidos de hierro para obtener *ferromanganeso* * que luego se agrega a los aceros. Además de estos aceros, que contienen de 1 a 1,5 % de manganeso, se obtienen, agregando cromo y tungsteno, aceros de temple indeformables —para herramientas y piezas— que pueden ser sometidos a tratamientos térmicos sin deformarse. Con 0,7 % de manganeso y 1,5 % de silicio se elaboran *aceros manganosilíceos*, muy elásticos, propios para resortes, cigüeñales, etc. También entra el manganeso en la composición del *acero Hadfield* * y de *aceros* * *inoxidables*, así como de *cupromanganesos* *.
Entre los principales compuestos del manganeso citemos los siguientes: el *bióxido de manganeso* MnO_2 (que al estado natural es la pirolusita), polvo negruzco cuyas propiedades oxidantes se aprovechan para blanquear el vidrio, para componer aceites secantes, como despolarizante * en las pilas de Leclanché y también entra en la composición de cerillas y de fuegos artificiales; al *protóxido* u *óxido manganoso* MnO corresponden las sales manganosas en las cuales el manganeso es bivalente, mientras que al *sesquióxido* Mn_2O_3 (al estado natural constituye la braunita y la acerdesa) corresponden sales mangánicas (manganeso trivalente); los *manganatos* son sales de un *ácido mangánico* que no es estable y entre ellos descuella el *manganato de potasio* que, tratado con un ácido, da *permanganato de potasio* $KMnO_4$ que es un agente oxidante y un desinfectante. Los manganatos tienen un hermoso color verde que, al agregárseles ácido, se convierte en el magnífico color violado de los permanganatos, el cual se vuelve otra vez verde si se agrega un álcali a la disolución, y así sucesivamente, por cuya razón se ha dado a estas disoluciones el nombre de "camaleón mineral".

MANGANI, prefijo que indica la presencia de manganeso trivalente en un compuesto químico.

MANGÁNICO, CA adj. *Quím.* Dícese del óxido y de las sales del manganeso trivalente, así como de un ácido aún desconocido al estado libre. (V. MANGANESO.)

MANGÁNIDOS m. pl. *Miner.* Familia de minerales de manganeso.

MANGANIMETRÍA f. *Quím.* Método de análisis para la dosificación del ácido oxálico, el agua oxigenada, el sulfato ferroso y otros cuerpos reductores, fundado en la descoloración de una disolución ácida de permanganato de potasio.

MANGANINA f. *Metal.* Aleación de cobre (70 a 85 %), manganeso (12 a 25 %) y níquel (2 a 5 %) que casi no se dilata ni contrae por efecto de la temperatura y tiene buena resistividad eléctrica: *la manganina se emplea para hacer las bobinas de los instrumentos de medida muy precisos.* (Ú. tb. el masculino *manganín.*)

MANGANITA f. *Miner.* Acerdesa.

MANGANITO m. *Quím.* Nombre genérico de las sales derivadas del anhídrido manganoso MnO_2.

MANGANO, prefijo que indica la presencia de manganeso bivalente en un compuesto.

MANGANOCALCITA f. *Miner.* Carbonato de manganeso, mena secundaria de este metal.

MANGANOESPATO m. *Miner.* Dialogita.

MANGANOFILITA f. *Miner.* Mica negra, variedad de biotita manganesífera.

MANGANOSIDERITA f. *Miner.* Variedad de dialogita que contiene hierro y manganeso y que constituye a veces una mena secundaria de este metal.

MANGANOSILÍCEO, A adj. *Metal.* Aplícase a ciertos aceros que contienen manganeso y silicio. (V. MANGANESO.)

MANGANOSO, SA adj. *Quím.* Dícese del óxido y de las sales del manganeso bivalente. (V. MANGANESO.)

MANGLE m. *Bot. Carp.* y *Curt.* Árbol de las regiones tropicales *(Rhizofora mangle)*, cuya corteza se usa como curtiente y para teñir de negro y cuya madera es muy apropiada para construir traviesas de ferrocarril, postes de telégrafo y maderos para obras hidráulicas.
— *Text.* Máquina para aprestar las telas de lino y de yute.
— El *mangle* es una especie de calandria entre cuyos cilindros pasa el tejido y es apretado con tanta fuerza que los hilos son aplastados y desaparecen los huecos de las mallas entre los mismos.

MANGLEADO m. *Text.* Apresto que se da a las telas con el mangle.

MANGO m. Parte por donde se ase un instrumento o una herramienta.
— *Aeron. Mango de escoba,* galicismo por *palanca* * *de mando.* (V. ALERÓN.)

MANGUARDÍA f. *Obr. públ.* Muro que prolonga lateralmente los estribos de un puente para reforzarlo, y también para contener las tierras.

MANGUDO, DA adj. *Art. y of.* Dícese de las herramientas que tienen el mango muy largo.

MANGUERA f. Manga *, tubo de lona, de caucho o de materia plástica.
— *Mar.* Manga * de aire. ‖ Especie de bomba manual para achicar las embarcaciones.
— La *manguera* es una bomba aspirante e impelente rudimentaria, con émbolo constituido por una bolsa de lona fijada en el extremo inferior de un vástago cuyo extremo superior tiene doble empuñadura para asirlo e imprimirle un movimiento alternativo dentro del cuerpo tubular de la bomba, que llega hasta el fondo del casco.

MANGUETA f. *Arq.* Pieza vertical de un cuchillo de cubierta: *la mangueta soporta esfuerzos de compresión.* ‖ Listón en que se fijan los goznes de las puertas vidrieras. ‖ En los retretes inodoros, tubo que enlaza el sifón con el conducto de bajada.
— *Autom.* Pieza horizontal, asegurada por un extremo en un pivote articulado en el puente o eje del automóvil y que, además de constituir el gorrón de la rueda, soporta el freno.

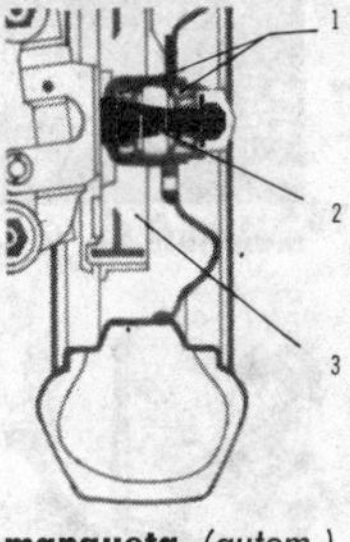

mangueta *(autom.)* 1. Rodamientos; 2. Mangueta; 3. Freno

MANGUITO m. *Arm.* Zuncho * largo con que se refuerza la boca de los cañones. ‖ Tubo metálico, a veces lleno de agua, que se pone en torno del cañón de ciertas armas automáticas para limitar su calentamiento. ‖ Boquilla especial que se aplica al cañón de los fusiles para que puedan tirar granadas.
— *Lumin. Manguito de incandescencia,* redecilla a base de óxidos refractarios (óxidos de torio, de circonio, de cerio, etc.) con que se rodea una llama para que, al ponerse incandescente, aumente el brillo de la misma. (Sinón. CAMISA.) [V. MECHERO *Auer.*]
— *Mec.* Tubo corto, roscado interiormente por sus dos extremos, que sirve para unir dos tubos de una canalización. ‖ Dispositivo para unir a tope dos árboles giratorios. (V. ACOPLAMIENTO Y EMBRAGUE.) ‖ Zuncho.

MANÍ m. *Bot.* Araquida o cacahuete *.

MANICOBA f. *Bot.* Mandioca americana cuyo látex da el caucho llamado ceara *.

MANIGUETA f. *Art. y of.* Manija de una herramienta.
— *Mar.* Puño del remo. ‖ Madero escuadrado y curvo, fijado por su parte central en la borda, los mástiles u otras partes de la cubierta, propio para amarrar cabos o cuerdas, a veces dándoles simplemente varias vueltas en el mismo.

MANIJA f. *Art. y of.* Puño de las herramientas. ‖ Puño de cerradura en forma de palanca. ‖ Anillo o abrazadera para asir o sujetar ciertas cosas.

MANILA f. *Pint.* Resina de la planta *Agathis alba*, propia de las Islas Filipinas, que sirve para preparar barnices.
— *Text. Amer.* Piola o cordel de abacá. ‖ *Cáñamo de Manila*, abacá.

MANILLA f. *Art. y of. Amer.* Manija de un instrumento. ‖ Manubrio que se acciona a mano.

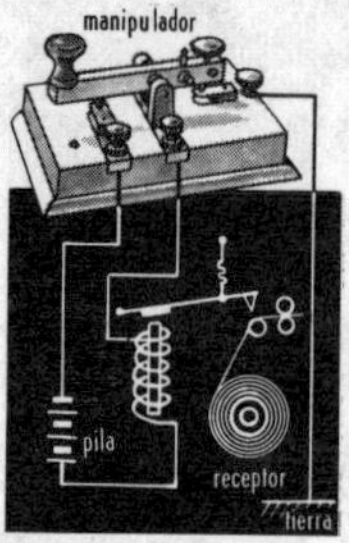

manipulador Morse

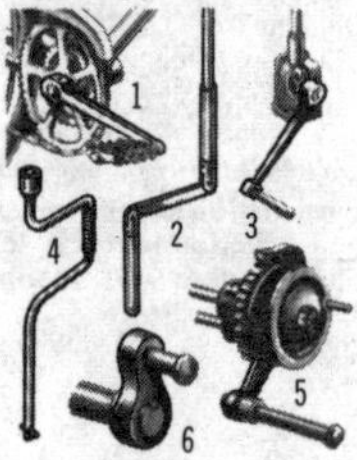

manivelas
y manubrios
1. De pedal; 2 y 3. De toldos; 4. De arranque; 5. De torno; 6. De transmisión

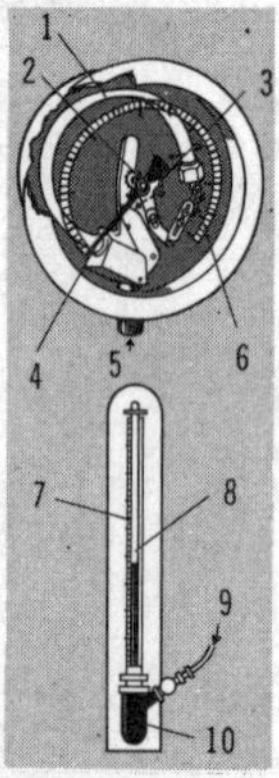

manómetros
de Bourdon *(arriba)* y de aire comprimido
1. Tubo deformable; 2. Espiral; 3. Sector dentado; 4. Saeta; 5. Presión; 6. Regulador; 7. Escala; 8. Tubo de cristal; 9. Presión; 10. Mercurio

— *Constr. Amer.* Llana para enjalbegar o enlucir.
— *Mar.* Gaza forrada de cuero que sirve para fijar a la entena el extremo inferior de la vela latina.

MANILLAR m. Barra transversal, provista de puños en sus extremos, con que se orienta la horquilla para guiar las bicicletas *, motocicletas y otros vehículos de dos ruedas.

MANIOBRA f. Acción o modo de regular y dirigir una máquina o vehículo.
— *F. c.* Operaciones que efectúa un tren en una estación para cambiar de vía, enganchar o desenganchar vagones, etc.
— *Mar.* Conjunto de movimientos que se imprimen a la nave con el timón y las máquinas o las velas para gobernarla. ‖ Conjunto de cabos y aparejos. ‖ *Maniobra corriente,* cuerda o conjunto de cuerdas móviles. ‖ *Maniobra durmiente* o *firme,* cuerda o conjunto de cuerdas fijas, cuales son las jarcias.

MANIOBRABILIDAD f. Manejabilidad.

MANIOBRABLE adj. Manejable.

MANIOBRAR v. Accionar, conducir una máquina o vehículo. ‖ Efectuar maniobras una nave, un tren u otro vehículo.

MANIPULADOR m. *Electr.* Nombre dado a ciertos conmutadores, especialmente los combinadores * y contactores * accionados manualmente, y en ciertos casos por medio de pedales.
— *Metal.* Vehículo especial usado en los talleres metalúrgicos para transportar y manipular las piezas grandes en la prensa o el martillo pilón donde se han de forjar.
— *Telec.* Interruptor empleado en los transmisores telegráficos para cortar y restablecer el paso de la corriente con arreglo al alfabeto Morse o al código de señales adoptado.
— El *manipulador Morse* es una palanquita articulada sobre un eje horizontal y provista en cada uno de sus extremos de un borne que establecen alternativamente la comunicación eléctrica con el receptor o con el suelo (v. *figura*); en el telégrafo Baudot el manipulador es un teclado de cinco teclas y en ciertos teletipos, un teclado completo de máquina de escribir. (V. TELÉGRAFO.)

MANIPULACIÓN f. Acción de manipular.

MANIPULAR v. Hacer funcionar con la mano: *manipular un microscopio.*
— *Quím.* Servirse manualmente de substancias químicas: *los ácidos deben manipularse con mucha prudencia.*
— *Telec.* Transmitir señales con el manipulador * telegráfico.

MANITA f. *Quím.* Alcohol hexavalente presente en muchos vegetales, del cual deriva la nitromanita, explosivo muy potente. (Sinón. MANITOL.)

MANITADO, DA adj. *Ind. alim.* Dícese de los vinos y otras bebidas alcohólicas que toman un sabor agridulce como consecuencia de la acción de una bacteria que transforma su azúcar en manita y en ácidos lácticos y acético.

MANITOL m. *Quím.* Manita.

MANIVELA f. Manubrio. ‖ Órgano mecánico a veces complementario de una biela, destinado, como ella, a transformar un movimiento rectilíneo alternativo en movimiento giratorio o viceversa: *las manivelas de bicicleta reciben el movimiento de los pedales y lo transmiten al plato.*
— La *manivela* consiste en una palanca muy resistente con sus extremos reforzados, uno de los cuales se halla fijado en el árbol giratorio, mientras que el otro lleva acodado en la cara opuesta un pivote en el que se articula el órgano de movimiento alterno o la mano, si se trata de un manubrio. En las máquinas que tienen varios cilindros, las correspondientes manivelas se hallan reemplazadas por un cigüeñal.
— *Autom. Manivela de arranque,* manubrio que se enchufa en unas muescas de que está provisto el extremo delantero del cigüeñal y que sirve para poner en marcha los automóviles manualmente cuando se hallan descargados los acumuladores o no funciona el motor de arranque: ciertas manivelas de arranque sirven también de berbiquí para desenroscar las tuercas de las ruedas del automóvil.
— *Cin. Primera vuelta de manivela,* primera secuencia con que se inicia la toma de vistas de una película.
— *Transp. Manivela de mano muerta,* manivela del combinador de los tranvías y locomotoras eléctricas cuyo puño tiene un interruptor, en forma de palanquita provista de resortes, que cierra el circuito mientras es apretada por la mano del conductor y corta la corriente si éste la suelta en caso de desfallecimiento o por cualquier otra causa.

MANJARRIA f. *Ind. alim.* Entena o palanca grande de la que tira la caballería para mover el trapiche primitivo.

MANO f. *Art. gráf.* Conjunto de cinco cuadernillos de papel, o sea de 25 pliegos, que constituye la vigésima parte de la resma. ‖ *Mano perdida,* perdido.
— *Art. y of.* Cada vez o vuelta en el curso de trabajo manual. ‖ *A mano, de mano,* hecho o accionado manualmente, por oposición a lo que se hace o acciona mecánica o eléctricamente: *composición a mano; carretilla de mano.*
— *Autom. Freno de mano,* v. FRENO.
— *Carp.* Lado hacia el cual giran las puertas, siendo la mano a derecha o a izquierda según quede la puerta a la derecha o a la izquierda de la persona que atraviesa el vano después de haberla empujado. ‖ *Escalera de mano,* v. ESCALERA.
— *Mec.* Manecilla. ‖ *Bomba de mano, prensa de mano,* etc.; las que se accionan manualmente (v. las respectivas palabras).
— *Papel.* V. más arriba *Art. gráf.*
— *Pint.* Capa.
— *Text.* Conjunto de cardas acopladas para afelpar o sacar pelo a los paños.

MANÓGRAFO m. *Fís.* Manómetro registrador.

MANOJO m. Haz pequeño de cosas largas y delgadas que puede cogerse con la mano.
— *Tab. Amer.* Atado de tabaco en rama que pesa aproximadamente un kilogramo.

MANOMETRÍA f. *Fís.* Arte de medir las presiones de los gases y vapores.

MANOMÉTRICO, CA adj. *Fís.* Relativo al manómetro o a la manometría: *cápsula manométrica.* ‖ Que varía con la presión.

MANÓMETRO m. *Fís.* Instrumento propio para medir la presión a que se halla un gas o vapor y que se distingue del barómetro * en que éste solamente sirve para medir la presión atmosférica.
— Los *manómetros* sirven para comprobar la presión que reina en las calderas de vapor, autoclaves, canalizaciones de fluidos gaseosos, botellas de gases, cámaras o recintos con atmósfera comprimida o rarificada, neumáticos de los vehículos, etcétera. Dichas presiones pueden ser medidas por procedimientos diferentes y existen otros tantos manómetros, especialmente los siguientes:
1.º *Manómetro de líquido,* compuesto por un tubo en forma de U, que contiene mercurio (y, a veces, agua o alcohol, siendo en este caso mucho más sensible). La presión que ejerce el gas o vapor por un extremo del tubo hace subir el líquido por la otra rama vertical a lo largo de una escala graduada. Mayor precisión se obtiene si el tubo se halla inclinado *(micromanómetro),* pues entonces el tramo de tubo llenado por el líquido es más largo, y se pueden multiplicar las divisiones de la escala;
2.º *Manómetro de aire comprimido,* en el cual el extremo superior del tubo no comunica con la atmósfera. Consiguientemente, la presión del gas o vapor sobre el mercurio hace que éste comprima el aire encerrado en el tubo. Así la escala es corta y el manómetro tiene dimensiones reducidas, pero es poco preciso;
3.º *Manómetro metálico, de tubo* o *de Bourdón,* que funciona sin líquido y se halla constituido por un tubito elástico, de forma espiral, cerrado en un extremo y que recibe la presión del gas por el otro, con lo cual se distiende el tubo y su deformación elástica se transmite a una aguja que gira sobre una esfera graduada;
4.º *Manómetro de émbolo* o *de resorte,* en el cual la presión del gas empuja dentro del tubo un émbolo contenido por un resorte, cuya compresión es indicada por la aguja;
5.º *Manómetro eléctrico* o *de resistencia,* cuyo principio se funda en las variaciones de la resistencia eléctrica de unos hilos de manganina por efecto de la presión.
Los *manómetros registradores* son manómetros metálicos provistos, en vez de aguja indicadora,

de un estilete inscriptor que corre sobre el papel graduado arrollado en un tambor arrastrado por un mecanismo de relojería.

MANOSCOPIO o **MANÓSCOPO** m. *Fís.* Especie de barómetro que indica las variaciones de la presión atmosférica.

MANÓSTATO m. *Tecn.* Dispositivo regulador * de la presión de un fluido en una canalización o en un recinto donde se halla comprimido o rareficado y consistente en un manómetro provisto de uno o dos topes (presión mínima y presión máxima) que provocan eléctrica o mecánicamente la apertura o el cierre de válvulas destinadas a hacer que la admisión o el escape del gas permitan volver a la presión normal.

MANSARDA f. *Arq.* Cubierta * caracterizada por sus vertientes quebradas, con la parte inferior de mayor pendiente que la superior. || *Amer.* Buhardilla. (En este sentido también existe el americanismo masculino *mansar.*)

MANTA f. *Mar.* Vela muy grande.
— *Min. Amer.* Filón argentífero extenso, pero de muy poco espesor.
— *Text.* Napa. || Tejido muy tupido y perchado, de lana cardada y también de algodón y otras fibras, con ligamentos de tafetán, sarga o batavia, que sirve para abrigarse en la cama y a veces fuera de ella. || *Manta eléctrica,* la que consta de dos tejidos entre los cuales se fija una resistencia eléctrica de escasa potencia, para suministrar al cuerpo un ligero acopio de calor.

MANTEADO m. *Amer.* Cobertizo. || Toldo de lona.

MANTECA f. *Ind. alim.* Alimento craso y pastoso que se extrae de la leche de vaca. (Sinón. MANTEQUILLA.) || Nombre dado a las grasas vegetales que tienen consistencia sólida a las temperaturas ordinarias y entre las cuales figuran la *manteca de cacao* * y la *de coco* *. || Grasa de los animales: *manteca de cerdo.* || *Manteca artificial, manteca vegetal,* la margarina y las grasas sólidas similares obtenidas a partir de substancias crasas de origen vegetal puras o mezcladas con grasas animales.
— La elaboración moderna de la *manteca de vaca* se efectúa como sigue. La nata es seperada por una desnatadora *, pasteurizada (v. PASTEURIZACIÓN), desodorizada y sometida a maduración con fermentos que le dan aroma. A continuación es batida en una mantequera * y amasada para homogeneizarla y expulsar la mayor parte de su suero, y se enfría para endurecerla antes de acondicionarla con máquinas que la prensan para formar pastillas y la envuelven con papeles impermeables y a veces metalizados.
La manteca de vaca tiene, aproximadamente, la siguiente composición: 84 a 86 % de materias crasas, 13 a 16 % de agua y menos de 2 % de elementos solubles. Se conserva unas tres semanas al abrigo del aire y a la temperatura de 0°, pero puede aumentarse este tiempo agregándole de 5 a 10 % de sal o 0,5 % de ácido bórico (si bien este último procedimiento se halla prohibido en numerosos países).

MANTECADO m. *Ind. alim.* Sorbete de leche, huevos y azúcar. (V. HELADO.)

MANTELERÍA f. *Text.* Juego de mantel y servilletas que se hacen con tejidos, fabricados exprofeso, de lino o de algodón crudos y a veces adamascados.

MANTELETA f. *Text.* Pañoleta.

MANTELLINA f. *Text.* Mantilla.

MANTEQUERA f. *Ind. alim.* Aparato con el cual se bate la nata de la leche para obtener la manteca. || Por ext., aparato con el cual se efectúa la emulsión del aceite y del agua en la elaboración de la margarina *.
— Las *mantequeras* son recipientes cilíndricos o troncónicos dotados de movimiento giratorio y provistos a veces de agitadores que baten la nata y provocan la fusión de los glóbulos de grasa en masas cada vez mayores, al mismo tiempo que se separa gran parte del suero contenido inicialmente por la nata.
Actualmente se extiende el uso de mantequeras de funcionamiento continuo, de las cuales existen dos modelos diferentes: unas concentran la nata hasta que tenga aproximadamente 85 % de materias grasas, la enfrían y la amasan; otras someten la nata, antes de amasarla, a la acción

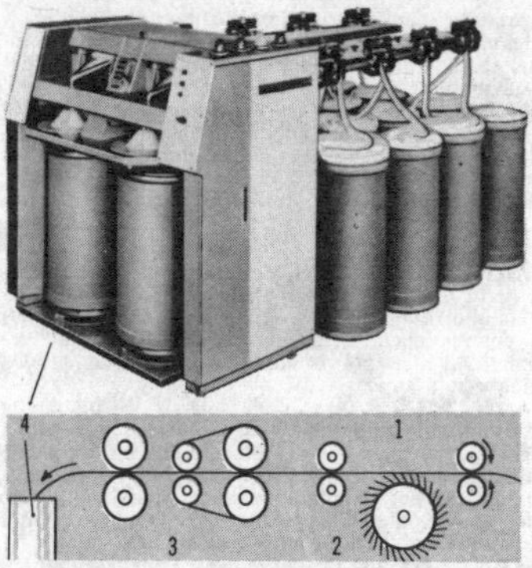

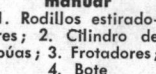

manuar
1. Rodillos estiradores; 2. Cilindro de púas; 3. Frotadores; 4. Bote

de agitadores muy rápidos. Ambos aparatos laminan la masa de manteca en forma de cinta que sale continuamente por una boquilla, para ser cortada y moldeada. (V. fig. MANTECA.)

MANTEQUILLA f. *Ind. alim.* Manteca, especialmente la de la leche de vaca.

MANTILLA f. *Art. gráf.* Bayeta o franela que se pone sobre la cama * en el cilindro de las máquinas de imprimir o en el tímpano de las prensas para mejorar la impresión.
— *Text.* Prenda rectangular de tul o encaje usada por las mujeres para cubrirse la cabeza.

MANTILLO m. *Agr.* Tierra vegetal que forma la capa superficial del suelo, y, con más propiedad, materias orgánicas descompuestas presentes en dicha tierra.

MANTISA f. *Mat.* Parte decimal de un logaritmo *.

MANTO m. *Arq.* Parte frontal de una chimenea de calefacción que sobresale de la pared.
— *Min.* Capa de mineral horizontal y poco espesa. || Capa superficial de estéril que cubre un yacimiento.

MANUAL adj. y s. Que se hace con las manos.
— *Mar.* M. Puño del remo.

MANUAR m. *Text.* Una de las máquinas utilizadas en la hilatura para estirar la cinta de fibras textiles. (Sinón. BANCO *de estirar.*)
— El *manuar* consta de varios pares de cilindros o rodillos entre los cuales es apretada la cinta de fibra. Entre los dos primeros pares de rodillos, la cinta es peinada por un cilindro erizado de púas; luego pasa por los dos otros pares que constituyen el órgano esencial de la máquina. De estos pares, el primero imprime a la cinta una velocidad superior a la del segundo, lo cual tiene por efecto correr aquellas fibras ya salidas de éste respecto a las que aún tienen su extremo

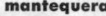

mantequera

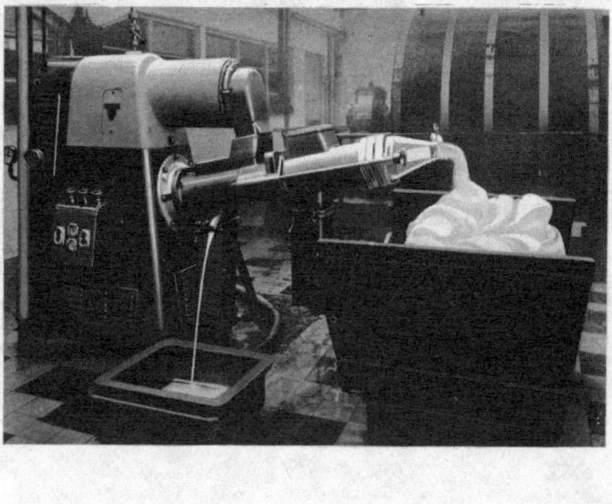

Fot. X

apresado entre los rodillos, y ello se traduce prácticamente por un alargamiento de la cinta al mismo tiempo que quedan ordenadas las fibras paralelamente. (V. HILATURA.)

MANUBRIO m. *Mec.* Manivela, especialmente la que se acciona a mano. || Manija o empuñadura de un instrumento. || *Brazo del manubrio,* v. BRAZO.

MANUSCRITO m. *Art. gráf.* Original o copia de un texto aún no impreso. (Se le da este nombre aunque no esté escrito a mano.)

MANUTENCIÓN f. Manipulación o transporte a corta distancia de las materias primas, mercancías y otros materiales en los talleres, almacenes y demás dependencias de una industria o un comercio. || *Aparato de manutención,* el que se utiliza con alguno de dichos fines.

MANZANA f. *Arq.* Cada uno de los bloques o conjuntos de casas contiguas separados por calles, solares, jardines u otros espacios no edificados. || *Manzana abierta,* aquella en la cual los edificios no cierran por completo un patio o jardín interior, por oposición a la *manzana cerrada,* enteramente edificada en torno de un espacio libre.

MANZANEAR v. *Arq. Amer.* Urbanizar un terreno delimitando en el mismo los espacios que habrán de ocupar las manzanas de casas.

MAPA m. Representación convencional que se hace en un plano de los accidentes del terreno, las divisiones políticas del mismo, sus características meteorológicas o económicas, etc. (V. más abajo *Geogr.*)

— *Art. gráf.* Lámina o cuadro de dimensiones mayores que las de las páginas y que es objeto, para que no sobresalgan de los cantos del libro, de uno o más dobleces.

— *Astr. Mapa astronómico,* representación en un plano de las estrellas de una parte del cielo, del disco de alguno de los astros del sistema solar o de una parte de la superficie de los mismos.

— Los *mapas astronómicos* se fundan en los mismos principios que los mapas terrestres (v. seguidamente *Geogr.*), aunque adoptan coordenadas * astronómicas y, para las estrellas, signos convencionales que permiten indicar la magnitud de éstas. El *Atlas fotográfico del cielo* es una obra grandiosa en cuya realización trabajan 18 observatorios, a cada uno de los cuales incumbe fotografiar una zona determinada de la bóveda celeste, mediante utilización de telescopios y placas de características rigurosamente idénticas para que el conjunto de todas las fotografías sea homogéneo. Aparecen en éstas todas las estrellas del cielo hasta la magnitud 14.

El grano de las emulsiones sensibles, así como la agitación atmosférica y la pequeñez de las imágenes, que obliga a ampliarlas considerablemente, hacen que las fotografías de los planetas sean poco precisas y detalladas, razón por la cual los mapas de dichos astros son dibujados por los astrónomos durante sus observaciones hechas con el telescopio. La Luna, dada su proximidad, que permite obtener clisés bastante detallados, constituye una excepción. Los dispositivos de televisión de que se hallan dotados los ingenios de exploración lunar lanzados con cohetes han permitido fotografiar el suelo lunar a unos centenares de metros solamente.

Como los telescopios dan una imagen invertida de los objetos celestes, es importante saber que en los mapas astronómicos de la Luna y los planetas, el Norte se halla en la parte inferior y el Sur, en la superior.

— *Geogr.* Las relaciones matemáticas que existen entre una parte de la superficie del Globo y el mapa correspondiente dependen del sistema de proyección * adoptado y de la escala * del mapa. Además, se adoptan en el trazado del mapa signos convencionales que facilitan la interpretación de todos sus detalles.

Los *mapas básicos,* que son los más precisos y detallados, se obtienen por los métodos de la topografía * y representan la hidrografía, la planimetría y el relieve medidos con ayuda de la fotogrametría, sobre el mismo terreno, y anotados sobre una red geodésica. Son mapas dibujados a una escala muy grande (1/20 000, por ejemplo) que sirven de patrones para hacer los mapas especiales, entre los cuales destacan los siguientes: *mapa físico,* que indica los accidentes del relieve, los cursos de agua, lagos, volcanes, etc.; *mapa político,* con las divisiones administrativas, límites provinciales, fronteras y nombres de las ciudades más importantes; *mapa orográfico,* que muestra especialmente las cordilleras y otros detalles del relieve; *mapa hidrográfico,* en el cual figuran las cuencas fluviales, los ríos y sus principales afluentes, así como los canales; *mapa agronómico,* que señala la distribución de los cultivos y de la cría de animales domésticos; *mapa geológico,* que dibuja la naturaleza geológica del suelo; *mapa de comunicaciones,* con el detalle de las líneas de ferrocarril, carreteras y puertos; *mapas meteorológicos,* v. más abajo *Meteor.; mapas económicos,* en los cuales puede apreciarse la ubicación de las cuencas mineras, los centros industriales, etc.

Llámase *mapamundi* el mapa que representa el Globo dividido en dos hemisferios, y *mapa mudo* el que no contiene ninguna indicación (salvo los contornos del país o comarca representados y a veces los límites de las provincias o departamentos), que sirve para facilitar el trabajo de los estudiantes y en general de quienes han de dibujar alguna de las clases de mapas antes reseñados y también los *mapas temáticos* destinados a ilustrar algún aspecto particular (mapas históricos, estadísticos, demográficos, etc.).

— *Magn.* Los *mapas magnéticos* indican el promedio anuo, en cada punto de la zona representada, de la declinación, la inclinación (ambas en forma de líneas isógonas * e isóclinas *, respectivamente) o la intensidad del campo magnético.

— *Mar.* Los *mapas marinos* o *cartas de navegar* sirven a los pilotos para trazar la ruta seguida por los barcos. En ellos la ruta más práctica de un punto a otro es una recta que corta todos los meridianos con el mismo ángulo (v. LOXODROMIA.) Entre las muchas indicaciones que figuran en estos mapas citemos las siguientes: curvas de nivel de los fondos, situación de los bajos y escollos, faros y balizas, etc.

El piloto de servicio efectúa periódicamente las *marcaciones* * para hallar las coordenadas (latitud y longitud) que le permiten indicar la posición * del barco en el mapa. También puede obtener dicha posición por radiogoniometría * o por algún método de radionavegación *, y en este último caso dispone de mapas especiales. (V. DECCA y LORAN.)

— *Meteor.* En meteorología se usan diferentes clases de mapas. Unos indican las condiciones climatológicas (mapas de las precipitaciones acuosas, de la insolación anua, de las temperaturas medias, etcétera), otros, difundidos diariamente, e incluso varias veces por día, muestran cuáles son, a una hora dada, los factores que determinan la evolución del tiempo (líneas isobaras * e isotermas *, fuerza y dirección del viento, humedad relativa, etc.). Estos mapas se transmiten también por facsímil * y por televisión a los buques y otros usuarios.

— *Ocean.* Los *mapas batimétricos* indican la profundidad del mar en forma de red de líneas isobatas *.

MAPAMUNDI m. *Geogr.* Mapa que representa toda la superficie de un astro en dos hemisferios.

MAQUE m. *Curt.* Zumaque. || *Amer.* Charol.

— *Pint.* Laca.

MAQUEAR v. *Curt. Amer.* Charolar.

— *Pint.* Dar maque o laca, barnizar.

MAQUETA f. Reproducción a escala reducida, aunque conservando sus proporciones y aspecto, de una obra de arquitectura, máquina u otra construcción.

OBSERV. Hoy se tiende a distinguir la *maqueta,* reproducción pasiva destinada a ser mirada, del *modelo * reducido,* que funciona de modo comparable a la instalación original.

— *Aeron.* En aeronáutica se utilizan *maquetas* de distintas clases tanto para estudiar las formas y características aerodinámicas de los aviones proyectados, como para diseñar y preparar en los talleres las instalaciones internas de los mismos. En el primer caso se trata de reproducciones, a escala muy pequeña, que se estudian en los túneles aerodinámicos (v. AERODINÁMICA, BALANZA y TÚNEL); en el segundo, no son verdaderas maquetas, sino reproducciones en madera hechas a las mismas dimensiones del avión original.

— *Art. gráf.* Modelo que se hace de las páginas de un libro recortando y pegando convenientemente las galeradas y las pruebas de los grabados, para que sirva de pauta y guía en la compaginación *.

MAQUI m. *Bot.* Arbusto chileno (*Aristotelia maqui*), cuyas bayas comestibles se emplean también para teñir la ropa y colorear los vinos demasiado claros, mientras que las fibras del liber sirven para hacer sogas.

MÁQUINA f. Conjunto de mecanismos accionados por cualquier manantial de energía ya para transformarla (grupo electrógeno, por ejemplo), ya para aliviar al hombre o reemplazarlo en trabajos corporales (excavadoras, por ejemplo), y también para aumentar su rendimiento o la precisión de sus manos (máquinas herramienta) o con algún otro fin (avión que le permite moverse rápidamente en el aire, magnetófono que registra y reproduce los sonidos, etc.).

OBSERV. Salvo varias acepciones, que figuran en el presente artículo, las máquinas se describen en sus respectivos nombres, dado que, por ejemplo, la *máquina de acepillar* es una *acepilladora;* la de calcular, una *calculadora;* la de lavar, una *lavadora,* etc.

— *Art. gráf. Máquina de grabar,* v. GRABAR. ‖ *Máquina de imprimir,* v. IMPRESIÓN.
— *Electr.* Las *máquinas eléctricas* sirven ya para transformar un trabajo mecánico en energía eléctrica (generadores o *máquinas electromotrices*), ya para obtener trabajo mecánico a partir de la energía eléctrica (motores eléctricos). Ateniéndose a su principio de funcionamiento, se clasifican en dos grupos: *máquinas electrostáticas* y *máquinas de inducción.* En las primeras, un conductor de determinada capacidad recibe cierta cantidad de electricidad y la hace pasar a otro conductor de potencial más elevado. Al principio eran *máquinas de frotamiento,* como la *de Ramsden,* en la cual se obtenía la electricidad haciendo girar un disco de vidrio contra el cual frotaban cuatro almohadillas de cuero revestidas de oro y conectadas con el borne negativo de la máquina: las cargas positivas que aparecían en el vidrio eran recogidas por un peine que las pasaba al polo positivo. Más recientes son las *máquinas de influencia* (si bien el electróforo * data de la época Volta) en cuyas aplicaciones modernas se usa un generador auxiliar (el dispositivo de generador, correa y peines del acelerador * de Van de Graaff no constituyen sino una máquina electrostática de influencia).
En las *máquinas de inducción* se produce una fuerza electromotriz a lo largo de un conductor que se mueve en un campo magnético. Si el campo es obtenido con imanes, se tiene una *máquina magnetoeléctrica;* si lo es con electroimanes, la máquina es *dinamoeléctrica.* (V. ALTERNADOR, DINAMO, GENERADOR y MOTOR.)
— *F. c.* Locomotora.
— *Fís. Máquina de Atwood,* y otras máquinas, v. ATWOOD o el nombre correspondiente.
— *Fot. Máquina fotográfica* o *máquina de retratar,* v. FOTOGRAFÍA (*aparatos fotográficos*).
— *Hidr. Máquina hidráulica,* v. TURBINA.
— *Mec.* Una *máquina* es un sistema mecánico merced al cual se aprovechan fuerzas motrices para vencer fuerzas de resistencia. La máquina sirve, pues, para convertir un trabajo en otro, que puede ser de índole diferente y cuya transformación provoca siempre una pérdida de energía tanto menor cuanto mejor es el rendimiento de la máquina.
Son *máquinas simples* las que transmiten la fuerza directamente (palanca, polea, torno, cuña y plano inclinado), mientras que en las *máquinas compuestas* la transmisión se efectúa, de uno a otro, a través de varios órganos combinados en un conjunto más o menos complejo de máquinas simples.
Las máquinas pueden ser divididas en dos grandes categorías: la primera comprende las que consumen energía para producir trabajo, mover cargas, labrar materiales, fabricar productos industriales, efectuar cálculos, labrar la tierra, etc., y la segunda las que suministran la energía necesitada por las anteriores. A las últimas se las da más comúnmente el nombre de *motores* (v. MOTOR), a excepción de las *máquinas de vapor,* descritas más abajo. (V. tb. NEUMÁTICA [*Máquina*].)
— *Máquinas herramienta,* tipo de máquina que acciona mecánicamente una o varias herramientas con las cuales se labra el metal, la madera u otros materiales. Las máquinas herramienta utilizadas en metalurgia se dividen en dos grupos: el de las que obran por deformación del metal sin merma del mismo y las que lo labran arrancándole virutas. Entre las primeras citemos las prensas, martillos de forja, etc., y entre las segundas, los tornos, fresadoras, taladradoras, acepilladoras, etc.
Las máquinas herramienta más recientes se caracterizan por el alto grado de precisión con que permiten obtener las dimensiones de las piezas, así como por su automatismo (torno * automático, fresadora de copiar, etc.). En la industria automóvil se utilizan máquinas complejas en las cuales la pieza bruta —un bloque de cilindros, por ejemplo—, circula de un extremo a otro, deteniéndose varias veces para, después de haber sido asegurada automáticamente, ser labrada por varios útiles cada vez, sucediéndose así las operaciones, sin intervención humana, con arreglo al programa previamente establecido y reproducido indefinidamente merced al uso de memoria *, contactores * electromagnéticos, servomecanismos, levas, etc. (V. AUTOMATIZACIÓN.)
— *Máquina de vapor.* El principio de esta máquina se desprende del hecho que una gota de agua convertida en vapor a la presión atmosférica, ocupa un volumen 1 700 veces mayor que al estado líquido. Consiguientemente, si se vaporiza el agua en un recinto hermético, resultará una fuerza de expansión muy grande que puede ser aprovechada como fuerza motriz.
El vapor destinado a alimentar una máquina de vapor es producido por una caldera * en la cual se acumula con presiones bastante elevadas. De ahí pasa al cilindro, donde empuja el émbolo. Al mismo tiempo que éste alcanza el fondo del cilindro se desliza en el mecanismo de distribución una corredera que cierra la llegada del vapor y da paso al mismo por el otro lado del émbolo, con lo cual recorre éste el cilindro en el sentido opuesto, arrastrando la biela como en el primer tiempo (de ahí el nombre de *máquina de doble efecto* dado a las de este tipo). Así, el émbolo se detiene cada vez para cambiar de dirección y la máquina se pararía de no existir un pesado volante cuya inercia, una vez puesto en marcha, permite que el émbolo rebase los dos puntos muertos. Mientras el vapor penetra y se expande con fuerza por un lado del émbolo, el vapor contenido por el cilindro en el lado opuesto se escapa por una lumbrera abierta por la corredera. De allí puede disiparse en la atmósfera, pero las más de las veces pasa a un condensador * donde es licuado para ser inyectado en la caldera.
El movimiento alternativo del émbolo es transmitido por su vástago a una biela, la cual lo transforma en movimiento giratorio del árbol merced a la manivela que la enlaza con el mismo. Muchas veces la máquina tiene dos cilindros, y entonces la manivela accionada por uno de ellos forma un ángulo de 90° con la del otro, cuya

máquina herramienta automática y, *arriba,* dispositivo de mando de la misma mediante un programa grabado en la cinta magnética

maqueta de avión en un túnel aerodinámico

Fot. Science et Avenir, Todegal

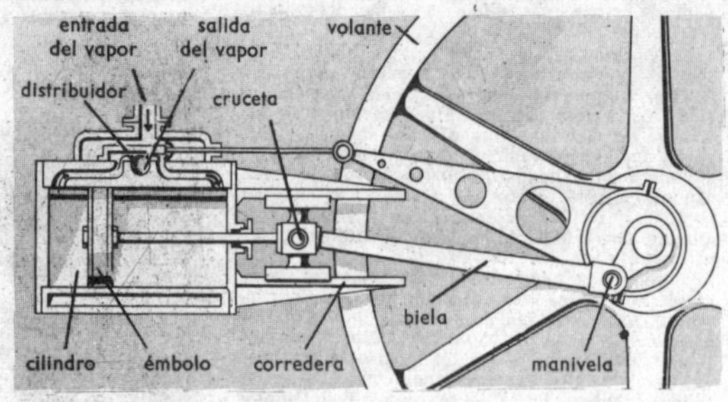

máquina de vapor

disposición permite pasar los puntos muertos sin necesidad de volante y arrancar en cualquier posición de las bielas. (V. LOCOMOTORA.)
Más perfeccionadas que las que acaban de describirse son las *máquinas compound*, en las cuales el vapor, después de haberse expandido parcialmente en un primer cilindro (cilindro de alta), pasa a otro cilindro (cilindro de baja) de mayor diámetro, donde acaba de expanderse, lo cual permite obtener ya 10 % de potencia suplementaria respecto a las máquinas de simple expansión, ya una economía de vapor. También existen máquinas de triple expansión.
A pesar de los perfeccionamientos aportados a las primitivas máquinas de vapor de movimiento alternativo, éstas tienden a ser reemplazadas, si se trata de máquinas muy potentes, por turbinas * de vapor (para centrales eléctricas) ; en los demás casos han sido prácticamente reemplazadas ya por motores de explosión y eléctricos.
— *Min. Máquina de extracción*, v. EXTRACCIÓN.
— *Ofic. Máquina de calcular*, v. CALCULADORA. ‖ *Máquina de escribir*, v. ESCRIBIR.
— *Papel. Máquina de hacer papel*, v. PAPEL.
— *Refrig. Máquina frigorífica*, v. REFRIGERADOR.

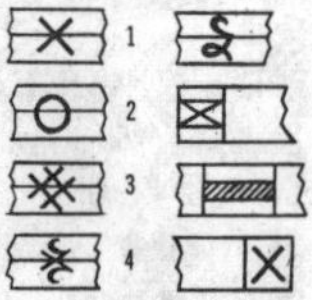

marcas de carpintero
1. Aserrar ; 2. Arriba ; 3. Abajo ; 4. Enmedio ; 5. Unión ; 6. Caja ; 7. Espiga ; 8. A empotrar

MAQUINARIA f. Conjunto de máquinas utilizadas con algún fin. ‖ Mecánica, en el sentido de conjunto de mecanismos de un artefacto: *al abrir el cárter apareció la delicada maquinaria*.
MAQUINILLA f. *Mar.* Chigre.
— *Mec.* Torno accionado por un motor de explosión, un electromotor o una máquina de vapor.
MAQUINISMO m. Adopción de máquinas para reemplazar al hombre en los trabajos manuales.
MAR com. Extensión de agua salada que cubre las tres cuartas partes de la superficie del Globo. (V. OCÉANO.) ‖ Cada una de las partes de dicha extensión delimitadas geográficamente. (V. más abajo *Geogr.*)
— *Astr.* Nombre dado por los primeros observadores a las grandes extensiones oscuras de la superficie del globo lunar, que continúan siendo llamadas así a pesar de que hoy se sabe que se trata de planicies cubiertas de una capa de polvo y absolutamente desprovistas de agua. (V. LUNA.) ‖ Nombre dado también a otras manchas del planeta Marte, cuyos cambios anuos de color resultarían de la existencia de cierta humedad y tal vez de una vegetación elemental. (V. MARTE.)
— *Geogr.* Los mares que comunican con los océanos se clasifican en varias clases. Unos, cuales son el Mar de las Antillas y el Mar del Norte, se hallan ampliamente abiertos hacia el océano, si bien se distinguen del mismo por sus corrientes y mareas, la temperatura del agua y demás caracteres propios. Otros, llamados *mares continentales*, son prácticamente independientes del océano (por ej., el Mediterráneo) y tienen características hidrológicas propias: aguas muy saladas (Mar Rojo) o, por el contrario, de escasa salinidad (Mar Negro), etc. Los *mares interiores*, por último, se distinguen por el hecho de que su nivel es independiente del de los océanos (el del Mar Caspio se halla a 26 m por debajo del de los océanos y el del Mar de Aral a 48 m por encima del de los mismos.) [V. también CORRIENTE, MAREA y OCÉANO.]
MARABÚ m. *Text.* Hilo de seda muy torcido (1 500 vueltas por metro). ‖ Variedad de muselina, menos fina que la verdadera, tejida con dicho hilo en la urdimbre y la trama, con ligamento de tafetán.
MARANTA f. *Bot.* Género de plantas marantáceas entre cuyas especies figura la llamada científicamente *Maranta arundinacea*, propia de las regiones tropicales, cuyos rizomas suministran arrurruz *.
MARAÑÓN m. *Bot.* Variedad de anacardo (*Anacardium occidentale*), cuyo tronco, por cierto maderable, da una goma, llamada goma de anacardo, comparable a la goma arábica.
MARAY m. *Ind. alim. Amer.* Muela de trapiche o de molino harinero. ‖ El trapiche o molino entero.
MARCA f. *Art. gráf.* Filete fino o puntillado que se imprime en el papel para indicar por donde se han de dar los dobleces al pliego con vistas a la encuadernación.
— *Art. y of.* Señal que se hace en una cosa con algún fin, por ejemplo las que el carpintero traza en los maderos para indicar las labores que ha de hacer en ellos, las que permiten identificar las piezas de una misma colada de metal, las que se hacen en el tronco de los árboles que se han de derribar, etc. ‖ Instrumento de acero con que se hace a veces la marca, ya apretándolo caliente contra la materia que se ha de marcar, ya golpeándolo en frío.
— *Mar.* Disco de francobordo *. ‖ Señal en la costa que permite reconocer la presencia de un peligro. ‖ Cada uno de los pilotes que se hincan en el fondo o de las balizas flotantes que sirven para determinar el recorrido a seguir por los barcos o para indicar una distancia —que suele ser de una milla entre dos marcas sucesivas— en el curso de pruebas de los buques o de regatas de embarcaciones menores.
— *Metr.* Aparato para medir la estatura.
— *Papel.* Filigrana * de los papeles. Nombre dado a ciertos formatos de papel *.
MARCACIÓN f. *Art. y of.* Acción y efecto de marcar.
— *Atom.* Detección de un elemento mediante adición al mismo de isótopos radiactivos. (V. RADIOINDICADOR.)
— *Mar.* Ángulo que forma con el meridiano que pasa por un barco o avión la visual dirigida desde el mismo hacia un astro, marca u otro punto fijo. ‖ Operación consistente en determinar con la mayor precisión posible, en coordenadas geográficas, la posición que ocupa un barco o un avión. (V. NAVEGACIÓN.)
MARCADOR m. *Art. gráf.* Tablero o mesa de la máquina de imprimir donde se coloca la provisión de papel. ‖ *Marcador automático*, el que tiene un dispositivo que toma el papel y lo entrega a las guías del cilindro.
— En las máquinas de imprimir simples un operario (llamado también *marcador*) entrega las hojas de papel, una a una, al cilindro de la máquina de imprimir. Las máquinas perfeccionadas se hallan provistas de un *marcador automático* que funciona como sigue: las boquillas del aspirador * se aplican sobre la pila de papel y aspiran el primer pliego; otra barra, llamada soplador *, facilita la separación del pliego inyectando aire entre el mismo y el pliego siguiente de la pila;

marcador
(art. gráf.)

Fot. Larousse

el pliego ya separado es conducido hasta las guías por cintas transportadoras. Todas estas operaciones se efectúan en sincronismo con los movimientos del cilindro. Por otra parte, el papel se halla siempre al mismo nivel en la mesa del marcador, pues ésta va subiendo a medida que se reduce la altura de la pila, merced a un palpador que se apoya en la misma y que, al tomar cierta inclinación por disminuir el espesor de papel, pone en marcha el mecanismo ascensor.

MARCADORA f. *Ind.* Máquina utilizada en las fábricas de jabón, de chocolate, etc., para imprimir en las pastillas y en relieve la marca u otras indicaciones o motivos ornamentales.

MARCAJITA f. *Miner. Amer.* Marcasita.

MARCAR v. *Art. gráf.* En las máquinas de imprimir, alimentar el cilindro impresor entregándole una tras otra las hojas de papel en blanco. (V. MARCADOR.)

— *Art. y of.* Hacer marcas * en una cosa.

— *Mar.* Determinar la marcación * en sus dos acepciones.

MARCASITA f. *Miner.* Sulfuro de hierro, de fórmula FeS_2, también llamado *pirita blanca,* a veces empleado en la fabricación del ácido sulfúrico y en joyería, como gema amarilla de calidad secundaria.

MARCEAR v. *Text.* Sinónimo de *esquilar* empleado en España, donde esta operación suele efectuarse a fines de marzo.

MARCELINA f. *Text.* Variedad de florencia * muy fina, propia para vestidos de señora.

MARCIANO, NA adj. *Astr.* Relativo o perteneciente al planeta Marte.

MARCO m. Cerco rectangular que rodea los cuadros, espejos y otras cosas.

— *Art. y of.* Cartabón * de zapatero.

— *Carp.* Cada una de las medidas normalizadas que tienen en el comercio los maderos utilizados en carpintería. ‖ Pórtico constituido por dos montantes y un cabecero, que se ancla con grapas en la mampostería y en el cual se fijan las bisagras de las puertas. ‖ Cerco hecho con dicho pórtico y completado en su base por una peana, en el cual se fijan las hojas o los bastidores de las ventanas.

MÁRCOLA f. *Agr.* Podadera que tiene una de sus cuchillas fija en el extremo de una pértiga, y en la otra un hilo o alambre que permite accionarla desde el suelo para limpiar las ramas altas de los árboles.

MARCONI m. *Mar.* Nombre dado a un tipo de aparejo para yates caracterizado por la altura elevada de los mástiles y la forma triangular de la vela mayor, que puede ser así izada con una sola driza y suministra mayor fuerza propulsiva que el sistema equivalente de vela trapezoidal y de escandalosa.

MARCHA f. *Aeron. Puesta en marcha,* carretilla de arranque *.

— *Autom. Marcha lenta,* la menor velocidad a que puede funcionar el motor, cuyo régimen es el que tiene el mismo cuando el vehículo se halla parado: *la marcha lenta se obtiene merced a un surtidor de muy poco gasto especialmente previsto en el carburador* *. ‖ *Cambio de marchas,* v. CAMBIO.

— *Mec.* Movimiento de un móvil en una dirección determinada: *ponerse un tren en marcha atrás.* ‖ Funcionamiento, movimiento regular de un mecanismo: *comprobar la buena marcha de una máquina.* ‖ Grado de velocidad: *dirigirse un barco a toda marcha hacia el lugar de un naufragio.* ‖ Adelanto o retraso de un reloj en 24 horas. ‖ *Cambio de marcha,* v. CAMBIO. ‖ *Inversor de marcha,* v. INVERSOR.

MARCHAMO m. Precinto * de ligadura.

MAREA f. *Astr.* Deformación que experimenta un astro por efecto de las atracciones que sobre el mismo ejercen otros astros suficientemente cercanos.

— La atracción * que un astro ejerce sobre otro es proporcional a su masa e inversamente proporcional al cuadrado de la distancia. Así, el Sol y la Luna atraen a la Tierra con fuerza suficiente para deformarla, el primero en razón de su masa colosal, que compensa la gran distancia a que se halla de nuestro globo, y la segunda como consecuencia de la escasa distancia a que gravita de la Tierra. Dichas deformaciones o *mareas* se

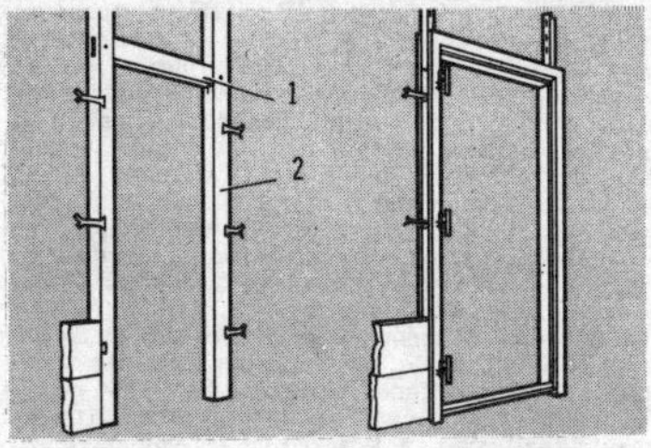

marcos de madera y metálico *(carp.)*
1. Cabecero; 2. Montante

traducen por un abultamiento del Globo, en la dirección de los astros que lo atraen, que como consecuencia de la rotación diurna del mismo se propaga constantemente, como una onda, en la dirección de Este a Oeste. La deformación es patente y muy importante en la masa líquida de los océanos (v. más abajo *Mar.*), pero también existen *mareas terrestres,* o sea movimientos ondulatorios de la corteza terráquea cuyo nivel sube y baja alternativamente, si bien son estas oscilaciones de escasa amplitud (unos 35 cm por término medio). Existen asimismo *mareas atmosféricas,* en el curso de las cuales pueden observarse oscilaciones débiles de la presión provocadas por las atracciones de la Luna y del Sol.

— *Electr.* Las *mareas* permiten embalsar diariamente importantes volúmenes de agua en presas hidroeléctricas. (V. CENTRAL *mareomotriz.*)

— *Mar.* Movimiento regular y periódico de las aguas del mar, cuyo nivel sube y baja alternativamente dos veces por día. ‖ *Coeficiente de marea,* el que figura en las tablas astronómicas del año e indica numéricamente la importancia relativa que tendrá la marea cada día del mismo. ‖ *Escala de marea,* regla graduada que indica el nivel del agua en los puertos y rías donde se dan mareas de importancia para la navegación.

— La *marea* provocada en un punto de la superficie de un astro por la presencia de otro astro se debe a la diferencia de las atracciones que éste ejerce simultáneamente en el centro de aquel astro y en dicho punto del mismo. Esta atracción diferencial, también llamada *perturbación* por los astrónomos, es proporcional a la masa del astro perturbador e inversamente proporcional al cubo de la distancia que media entre el punto considerado de la superficie del astro atraído y el centro de éste.

La marea es teóricamente un fenómeno semidiurno, o sea que se produce dos veces por día, porque la atracción del astro perturbador provoca simultáneamente la formación de dos protuberancias o mareas diametralmente opuestas, y no de una sola como pudiera creerse. Este fenómeno (v. *figura*) se explica como sigue: la atracción a que se halla sometida el agua en el punto P es más intensa que en la zona A y, consiguientemente, el líquido de esta zona se acumula en P; al mismo tiempo la atracción ejercida por el astro es mayor en A que en P' y la atracción terrestre en P' se ve disminuida de dicha diferencia, con lo cual, al ser aligerado su peso, el agua se desliza de A en P' y se acumula allí en forma de protuberancia casi simétrica de la del otro hemisferio.

Consideremos a estas protuberancias como si se hallaran siempre fijadas en la misma dirección del espacio: cuando un punto de la superficie del mar, arrastrado por la rotación del Globo, se acerque de la posición representada por A, el nivel del mar irá bajando cada vez más en el mismo (reflujo) hasta alcanzar el límite inferior (bajamar); luego volverá a subir (flujo), rebasará el nivel medio y alcanzará en P su máxima altura (pleamar); a continuación se producirá otro reflujo hasta A' y un nuevo flujo en P', hasta volver a la situación inicial al cabo de unas 24 horas. Llámase *altura de la marea* la diferencia de nivel entre una bajamar y la pleamar siguiente. En un mismo lugar la altura de la marea varía de un día a otro en razón de los cambios que se producen en las posiciones relativas de la Tierra, el Sol y la Luna, siendo ésta

yate con aparejo **marconi**

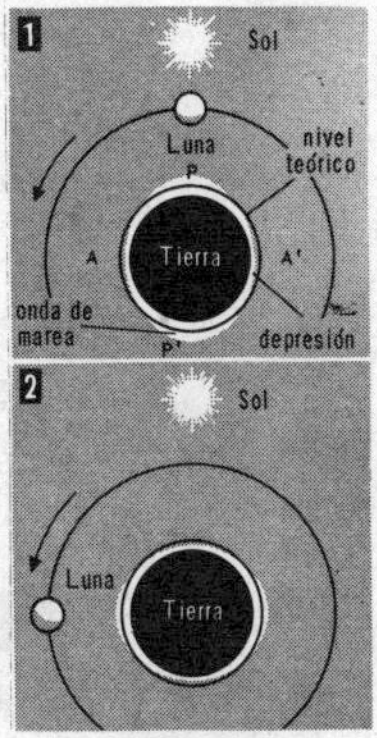

mareas
1. Las atracciones del Sol y de la Luna se suman; 2. Las atracciones se contrarrestan

Fot. Lévèque

partida de **marfil**

mareógrafo de flotador: 1. Tambor; 2. Inscriptor; 3. Contrapeso; 4. Tornillo sin fin; 5. Transmisión; 6. Flotador

la más importante, dado que la acción perturbadora de nuestro satélite es 2,17 veces más intensa que la del Sol. Las mareas más fuertes son las *de aguas vivas,* también llamadas *mareas altas* o de *sicigias,* que ocurren cuando la Luna y el Sol, por hallarse en conjunción, o sea del mismo lado de la Tierra, suman sus atracciones. Por el contrario, cuando ambos astros forman un ángulo recto con la Tierra por vértice, sus acciones se contrarrestan y las mareas son poco importantes, dándoseles entonces los nombres de *mareas bajas, muertas* o *de cuadratura.*
En realidad, el fenómeno de las mareas es mucho más complejo de lo que permiten creer las anteriores consideraciones teóricas. Por una parte, la Tierra y la Luna describen órbitas diversamente inclinadas, a lo largo de las cuales varían constantemente las distancias entre los astros y sus posiciones relativas. Por otra parte, los movimientos de las masas de agua en torno del Globo son perturbados por diferentes factores locales: relieve del fondo de los mares y profundidad de los mismos, contorno de las costas, etc. Así, pues, se producen fenómenos de resonancia * cuyas consecuencias son disminuir considerablemente la amplitud de las mareas en ciertos lugares, mientras que en otros quedan considerablemente amplificadas; también se producen desfases de las ondas, de modo que debemos renunciar a la imagen simple de dos ondas diametralmente opuestas girando en torno de la Tierra y reproduciendo en todas partes la misma marea. Antes bien, en cada lugar se dan mareas de características propias y diferentes de las que se producen no lejos de allí. Así, teóricamente las mareas oceánicas debieran tener una amplitud media de 0,55 m y, sin embargo, se dan mareas de 19,60 m en la bahía de Fundy (Canadá); en las Antillas solamente se produce una bajamar y una pleamar en 24 horas, en vez de las dos teóricas (que por cierto se observan en la mayor parte del litoral del Atlántico); por el contrario, en el Pacífico se dan mareas mixtas (sucesión de dos mareas completas por día, pero diferencias muy grandes en la duración de dos fases consecutivas (flujo y reflujo); por último, se observan en ciertas partes ondas semimensuales, mensuales, anuas, etc.
De ahí la necesidad de los *coeficientes de marea* publicados por los anuarios astronómicos, los cuales indican para cada día del año el coeficiente que se ha de aplicar a la marea de referencia para obtener los niveles efectivos que habrán de alcanzar la bajamar y la pleamar.
Por otra parte, la pleamar ocurre con cierto retraso respecto a la culminación de la Luna y, para un lugar dado, esta diferencia constituye el *establecimiento del puerto.*
Las mareas engendran *corrientes de marea* que, en los pasos estrechos o en los parajes poco profundos, alcanzan velocidades de 10 km/h. Cuando penetran en las rías producen una onda llamada macareo *.

MAREAJE m. *Mar.* Acción y efecto de marear. ‖ Aparejo peculiar de un velero. ‖ Rumbo o derrota.

MAREAR v. *Mar.* Gobernar o dirigir una nave.

MAREGRAFO m. Mareógrafo.

MAREGRAMA m. Mareograma.

MAREJADA f. *Mar.* Agitación del mar en forma de ondas grandes que se propagan lejos de los parajes en que han sido engendradas por el viento. (V. OLA.)

MAREMOTO m. *Geof.* Terremoto submarino. (V. SISMO.)

MAREMOTOR, TRIZ adj. Mareomotor.

MARENGO m. *Text.* Paño de lana muy tupido, con fondo negro y motas blancas poco aparentes, que se obtienen empleando hilos teñidos irregularmente en los cuales alternan los tramos blancos y negros.

MAREÓGRAFO m. *Mar.* Instrumento propio para medir y registrar automáticamente las variaciones del nivel del mar en un puerto o punto dado o las del agua embalsada en una presa. (Sinón. MAREÓMETRO.)
— En el *mareógrafo de flotador,* el descenso o la subida de un flotador al amparo de las olas, acciona mecánicamente un estilete inscriptor que se desliza sobre el gráfico arrollado en el tambor de un mecanismo de relojería. En los aparatos más perfeccionados se reemplaza la transmisión mecánica por una transmisión eléctrica o hertziana, que ofrecen la ventaja de comunicar las medidas a larga distancia.
En el *mareógrafo de presión,* poco usado, se utiliza un recipiente con aire fijado en el fondo. Al variar la altura del agua, varía también la presión del aire en el depósito; ésta repercute en un manómetro de mercurio sobre el cual baja o sube el flotador del dispositivo inscriptor.

MAREÓMETRO m. *Mar.* Instrumento para medir la amplitud de las mareas. ‖ *Mareómetro registrador,* mareógrafo.

MAREOMOTOR, TRIZ adj. Que aprovecha la fuerza motriz de las mareas. (V. ENERGÍA *mareomotriz.*)

MAREOTÉRMICO o **MARETÉRMICO, CA** adj. Relativo a la energía térmica de los mares y al aprovechamiento de la misma: *hasta ahora no se ha construido ninguna central mareotérmica permanente, aunque sí pequeñas instalaciones experimentales.*

MÁRFAGA o **MÁRFEGA** f. *Text.* Tejido grosero hecho con cáñamo o con estopa de lino y ligamento de tafetán, que se usa para hacer jergones y sacas. (Sinón. MARGA.)

MARFIL m. Materia ósea y muy dura de los dos dientes incisivos mayores que tiene el elefante en su mandíbula superior. ‖ Por ext., materia procedente de los dientes de otros animales (narval, hipopótamo, jabalí, etc.).
— El colmillo de elefante pesa por término medio de 5 a 10 kg en la especie asiática, que da el mejor *marfil,* y el doble en la especie africana, pero, hace apenas 50 años, abundaban en el comercio del marfil los colmillos de 60 a 70 kg. El *marfil verde* (si bien es de color blanco amarillento) es el que proviene de un animal muerto recientemente y el de mejor calidad. Los colmillos procedentes de esqueletos de animales muertos y largo tiempo expuestos a las intemperies constituyen el *marfil muerto,* mientras que el *marfil fósil* suele hallarse resquebrajado. Ésta proviene muchas veces no ya de elefantes, sino de mamuts, cuyos esqueletos abundan en ciertos yacimientos, especialmente en Siberia.
El marfil sirve para esculpir objetos artísticos y fabricar botones, bolas de billar, varillas de abanicos, mangos de cepillos, etc.
Se imita con materias plásticas a base de caseína. Otro *marfil artificial* se halla constituido por una mezcla de huesos rallados, fragmentos de piel y gelatina endurecida con alumbre, que se aglomera calentándola con vapor de agua.
El *marfil vegetal* es una substancia blanca y dura que constituye el albumen de las semillas del corozo (*Phytelephas macrocarpa*), que es una palma de América. Sirve para hacer botones y otros objetos pequeños a imitación de los de marfil verdadero.

MARGA f. *Geol.* Roca sedimentaria, mezcla natural de arcilla y de carbonato de calcio.
— Las *margas* son piedras tiernas que pueden presentar todos los matices desde el blanco hasta el pardo casi negro. Producen efervescencia en los ácidos y, según la proporción de caliza que contienen, se llaman *marga calcárea* o *marga arcillosa.* También contienen potasa, cuya presencia aumenta su valor por ser muy útil para fertilizar los suelos insuficientemente calcáreos.
— *Text.* Márfaga.

MARGAR v. *Agr.* Enmendar las tierras con marga.

MARGAL m. *Geol.* Criadero de marga.

MARGARINA f. *Ind. alim.* Emulsión estabilizada de cuerpos grasos alimenticios que constituye un sucedáneo de la manteca de leche.
— La *margarina* se compone de cuerpos grasos vegetales, emulsionados con 15 % de agua, y de pequeñas proporciones de diferentes aditivos. Después de las operaciones de prensado, amasado, filtración, neutralización y desodorización de las grasas, se trata la mezcla con una batidora * y se somete a un enfriamiento brusco e intenso. Resulta entonces un sólido que es nuevamente amasado para eliminar el agua contenida en exceso, después de lo cual se lamina en barras que pasan a la máquina empaquetadora.
En la mayor parte de los países, la ley impone ciertas obligaciones para que la margarina no pueda ser vendida como manteca: presencia de

Fot. Michaud

un producto químico especial que facilita su análisis rápido, acondicionamiento en paquetes cúbicos (las de la mantequilla suelen ser de forma de paralelepípedo), etc.
Las margarinas para pastelería contienen a veces grasas animales, especialmente aceite de ballena hidrogenado.

MARGARITA f. *Joy.* y *Miner.* Perla. ‖ Variedad de mica cálcica con reflejos comparables a los de las aguas de las perlas.

MARGARITÍFERA f. *Joy.* Madreperla.

MARGEN com. Orilla, borde de una cosa.
— *Arq.* Espacio o faja de terreno libre que se deja entre una fachada y el límite del solar para aislar el edificio de las demás construcciones o de la vía pública.
— *Art. gráf.* Cada uno de los cuatro espacios que quedan en blanco a los lados de la página impresa y a los cuales se dan los nombres de *margen de cabeza* (la superior), *falda* o *margen de pie* (la inferior), *margen de lomo* y *margen de corte.*
— *Fís.* y *Mat. Margen de error,* grado de aproximación con que se mide o calcula una magnitud.
— *Meteor.* Parte lateral de un sistema nuboso, en la cual predominan los altocúmulos y los cirros.
— *Ocean. Margen continental,* conjunto formado por la plataforma * continental y la pendiente que la limita.

MARGENAR v. Marginar.

MARGINADOR m. *Ofic.* Dispositivo de las máquinas de escribir consistente en un tope corredizo que permite limitar la anchura de las líneas para aumentar la de las márgenes laterales.

MARGINAL adj. Relativo o perteneciente a las márgenes. ‖ Que se halla en el margen.
— *Aeron. Borde marginal,* v. BORDE.

MARGINAR v. Hacer o dejar márgenes en el papel impreso o en torno de otras cosas.

MARÍA (*Baño de*). V. BAÑO.

MARINA f. Arte de navegar. ‖ Conjunto de buques: *la marina mercante se dedica al transporte de pasajeros y mercancías; la marina de guerra, también llamada "armada", abarca todas las fuerzas marítimas de ataque y defensa de un país.* ‖ Litoral, tierra lindante con el mar.

MARINERO, RA adj. *Mar.* Dícese del barco que navega bien o se maniobra con facilidad. ‖ Marino, marítimo.

MARINO, NA adj. Perteneciente o relativo al mar. ‖ Dícese de las máquinas y otras cosas especialmente concebidas o adaptadas a las condiciones que reinan en el mar o a bordo de los barcos: *motor Diesel marino; pintura marina.* (Sinón. MARINERO, MARÍTIMO.)

MARIOTTE (*Ley de*). V. COMPRENSIBILIDAD y GAS.

MARIPOSA f. *Autom.* Llave o válvula del carburador, que se acciona con el pedal del acelerador y que, al regular la admisión de los gases en los cilindros, permite variar la velocidad del automóvil. (V. CARBURADOR.)
— *Lumin.* Mecha sostenida por una rodaja de corcho en la superficie de una capa de aceite puesta sobre agua en un vaso, que sirve para conservar luz de noche. ‖ Luz eléctrica de escasa potencia que se usa con el mismo fin.
— *Mec.* Tuerca provista de dos aletas merced a las cuales puede ser apretada o desenroscada sin llave, por la simple presión de los dedos.
— *Radiot. Antena de mariposa,* antena en forma de V que se usa en televisión.

MARÍTIMO, MA adj. Marino.
— *Carp. Pino marítimo,* v. PINO.
— *F. c. Estación marítima,* v. ESTACIÓN.

MARMATITA f. *Miner.* Variedad de blenda * ferrosa, mena de cinc.

MARMITA f. Olla con dos asas y tapadera ajustada, que sirve para cocer alimentos. ‖ *Marmita noruega,* recipiente calorifugado con materias aislantes, en cuyo interior se pone una marmita ordinaria cuando hierve su contenido y que, merced al aislamiento térmico, puede seguir cociendo los alimentos, pues su temperatura tarda unas 6 horas en bajar de 100 a 70°. ‖ *Marmita a presión,* autococedor.
— *Fís. Marmita de Papin,* recipiente de acero con tapadera de cierre hermético, en el cual el agua puede alcanzar temperaturas muy elevadas y producir vapor a presiones muy grandes. (En este aparato de física se funda el principio del *autococedor* * o *marmita a presión.*)

MÁRMOL m. Roca dura, caliza metamórfica susceptible de hermoso pulimento. (V. más abajo *Miner.*)
— *Art. gráf.* Platina de la prensa. ‖ Mesa grande de fundición (anteriormente de mármol), sobre la cual se efectúan el casado de la forma y las correcciones de la misma.
— *Mec.* Banco con superficie de fundición dura, pulida y rigurosamente plana, que sirve para comprobar las caras planas de las piezas mecánicas y como superficie de referencia para el trazado y otras operaciones de precisión.
— *Miner.* El *mármol* es una roca finamente cristalizada cuyos granos consisten en calcita, en dolomita o en una mezcla de ambas. Se distingue de las demás rocas calizas porque su cristalización se debe a un metamorfismo accidental. Al estado puro el mármol es blanco, pero la presencia de óxidos metálicos o de substancias orgánicas le confiere una variedad muy grande de coloridos y de dibujos a veces moteados, jaspeados, veteados, etc. La vistosidad de sus colores y dibujos es realzada por el hermoso pulimento que toma su superficie. De ahí que el mármol sea una piedra muy apreciada en arquitectura, decoración y funeraria, distinguiéndose las siguientes calidades: *mármol brecha,* constituido por fragmentos irregulares y angulosos, de colores diferentes; *mármol brocatel,* que presenta vetas o manchas de colores variados; *mármol estatuario,* muy blanco y homogéneo, cual es el de Carrara, propio para ser esculpido; *mármol lumaquela,* que contiene muchas conchas fosilizadas; *mármol serpentino,* que contiene serpentina o es, como ella, de color verde abigarrado, etc. Para beneficiar el mármol se utilizan sierras constituidas por alambres helicoidales sin fin que arrastran una pasta abrasiva y cortan enormes bloques en el frente de la cantera. Estos bloques suelen ser reducidos a dimensiones menores (de hasta 25 t) por medio de martillos neumáticos. La reducción a losas se efectúa modernamente con sierras múltiples de hasta 150 hojas, dispuestas paralelamente en un bastidor animado por un movimiento alternativo y constantemente rociadas por una suspensión abrasiva. El pulimento se hace con pulidoras giratorias y utilizando abrasivos cada vez más finos, hasta terminar con piedra pómez.
— *Pint. Mármol fingido,* pintura al óleo que se hace para imitar al mármol, con sus vetas y colores.
— *Vidr.* Placa lisa de fundición sobre la cual el vidriero hace rodar la masa vítrea al sacarla del crisol. (El sinón. MABRE es un galicismo.)

marmita de Papin
1. Husillo; 2. Estribo; 3. Marmita; 4. Hogar; 5. Contrapeso; 6. Palanca; 7. Válvula

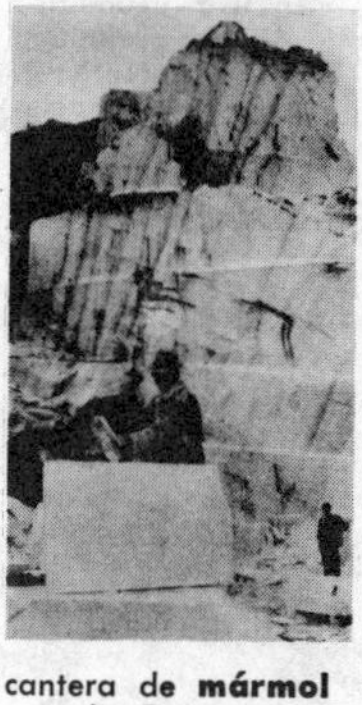

cantera de **mármol** de Carrara

elaboración de la **margarina:** 1. Oleaginosos (coco, palmisto, colza, cacahuete, etc.); 2. Machacado; 3. Laminado; 4. Caldeo; 5. Prensado; 6. Filtración; 7. Neutralización; 8. Desodorización; 9. Mezclado; 10. Caldeo; 11. Batido; 12. Enfriamiento; 13. Amasado; 14. Laminado; 15. Empaquetado

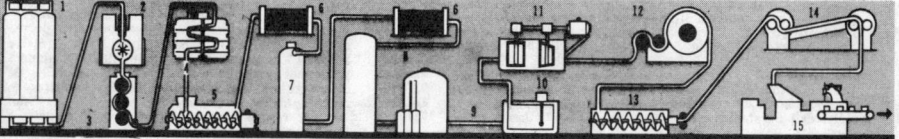

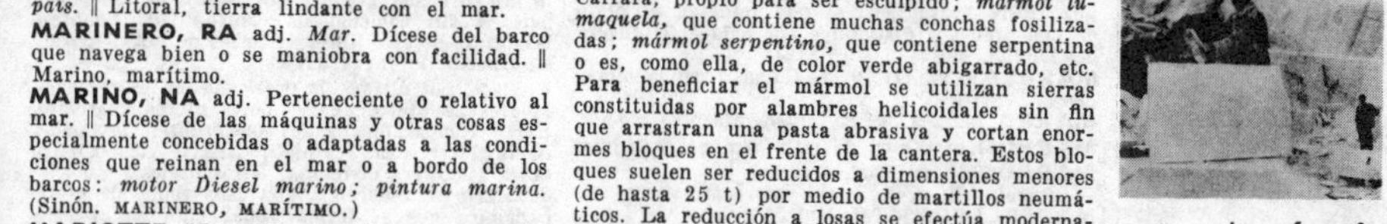

Fot. Keystone

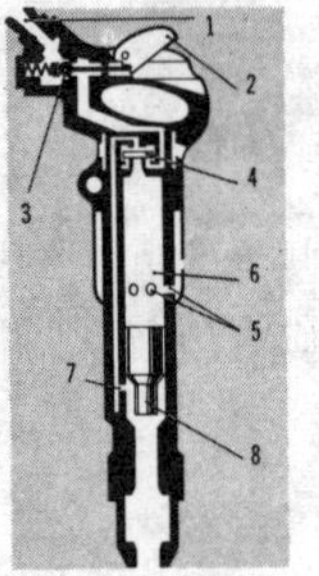

martillo neumático 1. Aire comprimido; 2. Accionamiento; 3. Válvula; 4. Chapeleta distribuidora; 5. Escape; 6. Cilindro; 7. Admisión inferior; 8. Émbolo

MARMOLEAR v. *Art gráf.* Sinón. de jaspear. — *Pint.* Imitar con pintura las vetas y colores del mármol.

MARMOLEJO m. Columna muy pequeña.

MARMOLEÑO, ÑA adj. Marmóreo.

MARMOLERÍA f. *Arq.* Obra de mármol. ‖ Conjunto de mármoles de un edificio u obra cualquiera.

MARMOLILLO m. *Arq.* Guardacantón.

MARMORACIÓN f. *Constr.* Estuco. ‖ Aspecde lo que se asemeja al mármol por sus vetas, jaspeaduras o coloridos.

MARMÓREO, A adj. De mármol. ‖ Semejante o parecido al mármol.

MARMORIFORME adj. Que tiene la textura o el aspecto del mármol.

MARMORIZACIÓN f. Marmoración. — *Geol.* Transformación de las calizas en mármol * por cristalización metamórfica.

MARMOSETE m. *Art. gráf.* Figura alegórica que se pone al fin de un capítulo o del libro.

MARNA f. *Geol.* Galicismo por *marga*.

MAROMA f. *Mar.* y *Text.* Cuerda gruesa de cáñamo, pita, esparto u otras fibras.

MAROQUÍN m. *Curt.* Galicismo por *marroquí* o *tafilete* *.

MARQUESINA f. *Arq.* Cubierta voladiza o cobertizo acristalado que parte de la fachada y avanza sobre una escalinata, atrio o simple puerta para abrigarlas de la lluvia.

MARQUETA f. *Ind.* Pan o bloque de cera sin labrar, tal y como la reciben los industriales. — *Metal.* Cada una de las masas de amalgama da plata a propósito para ser destiladas. — *Tab.* Fardo de tabaco en rama.

MARQUETAR v. *Carp.* Taracear, hacer labores de marquetería o taracea.

MARQUETERÍA f. *Carp.* Labor de taracea * ‖ Labor de madera calada.

MARQUILLA f. *Papel de marquilla,* v. PAPEL.

MARRA f. *Art. y of.* Almádena.

MARRAGA f. *Text.* Márfega.

MARRANA m. *Tecn.* Eje o árbol vertical de la noria y del malacate.

MARRANO m. *Carp.* Durmiente. ‖ Nombre dado a ciertas piezas de madera muy resistentes entre las principales de una armazón, cuales son, por ejemplo, el eje que soporta las aspas de una rueda hidráulica, el que refuerza el plato de una prensa y distribuye por todo él la fuerza del husillo, etc.

MARREAR v. *Art. y of.* Golpear con la almádena.

MARRO m. *Art. y of. Amer.* Mazo.

MARRÓN m. *Amer.* Martillo grande. ‖ Badajo.

MARROQUÍ m. *Curt.* Tafilete. — *Papel.* Adj. y s. *Papel marroquí,* v. PAPEL.

MARSELLESA *(Teja).* V. TEJA.

MARTA f. *Curt.* y *Zool.* Género de animales mustélidos *(Martes)*, cuya piel es muy apreciada para abrigos y otras prendas de señora. (Entre estas especies es muy codiciada la *cebellina* *

MARTE, planeta del sistema solar, el cuarto a partir del Sol y el primero exterior respecto a la Tierra. Su símbolo es ♂.

— El planeta *Marte* sigue una órbita muy excéntrica (v. tabla) y su translación, al combinarse con la de la Tierra, hace que los dos astros se hallen en oposición * cada 780 días. Las oposiciones más favorables —aquellas en las cuales los dos astros se hallan lo más cercanos posible— ocurren cada 15 años, y las próximas se efectuarán en 1971 y 1986.

Marte tiene una atmósfera muy tenue, cuya presión al nivel del suelo es de 45 mm de mercurio solamente (en vez de 760 en la Tierra). Se compone casi exclusivamente de anhídrido carbónico o gas carbónico (90 %) y de óxido de carbono, y contiene una ínfima proporción de vapor acuoso y de oxígeno.

Los astrónomos distinguían en el suelo de Marte los « continentes », vastas regiones de color entre amarillo y anaranjado, y los « mares », manchas oscuras, de color entre verde y pardo que anuamente varía entre verdescuro y pardo. Estas variaciones indujeron a creer en la existencia de una vegetación marciana que cambiaba de color en el curso de las estaciones. Las sondas automáticas nos han revelado que los « continentes » son llanuras desérticas en las cuales abundan los cráteres de tipo lunar; su color rojizo se debe a la existencia de una capa de polvo seguramente rica en óxidos de dicho color. Los « mares » no son sino regiones de relieve accidentado que, al reflejar mal la luz solar hacia la Tierra, parecen más oscuras que las llanuras.

Periódicamente, vientos violentos levantan gigantescas polvoredas hasta alturas de 8 000 m. Dado el escaso valor de la pesantez en Marte y lo tenue de las partículas de polvo, éste tarda mucho tiempo en caer al suelo: a fines de 1971, unos mil millones de toneladas de polvo en suspensión en la atmósfera han retrasado varias semanas las operaciones fotográficas de las sondas « Mariner » y « Marte ».

En cuanto se refiere a los célebres « canales » que ciertos astrónomos atribuían al ingenio y a la laboriosidad de los marcianos, no son sino una ilusión óptica causada por la sucesión en un suelo claro de accidentes del relieve que reflejan la luz en menor grado y que, vistos de tan lejos, parecen sin solución de continuidad (también las líneas de este libro, al verlas de lejos, cobran el aspecto de rayas grises).

Citemos, por último, la presencia en las regiones polares de Marte de casquetes níveos aparentemente comparables a los que cubren los polos de la Tierra. En realidad, dada la composición de la atmósfera marciana, los « hielos » polares de Marte se reducen a una capa tenue de nieve carbónica que se forma anualmente en el polo donde reina el invierno, mientras que se sublima y desaparece por completo en el otro polo expuesto a la insolación.

El clima de Marte es más frío que el de la Tierra. Las temperaturas de verano en la zona ecuatorial pueden rebasar 10 °C pero llegan a bajar de hasta 100 °C durante la noche. En las latitudes medianas reinan durante el día temperaturas de —40 °C a —50 °C y en los polos, de —110 a —120 °C.

La inclinación del eje de rotación de Marte es, aproximadamente, igual a la del eje terrestre, lo cual implica la existencia en Marte de una sucesión de estaciones comparable a la de la Tierra. No obstante, como el año marciano es mucho más largo que el nuestro, también lo son las estaciones correspondientes. Por otra parte, la duración de las estaciones marcianas es muy desigual, pues entre el otoño y la primavera la diferencia es de 53 días terrestres. (V. ESTACIÓN.)

En torno de Marte gravitan dos satélites notables por sus características: Fobos y Deimos. Se trata, en primer lugar, de dos astros minúsculos (27 y 15 km, respectivamente) que, por otra parte, describen órbitas muy bajas, pues Fobos gravita a 6 100 km solamente de la superficie del planeta y Deimos a 23 700 km. Dada la pequeñez de estas órbitas, la revolución de los satélites es muy rápida (7 h 39 mn 13,9 s y 30 h 17 mn 54,9 s, respectivamente) y da lugar a curiosos fenómenos: el movimiento aparente de Deimos en

DATOS NUMÉRICOS SOBRE EL PLANETA MARTE COMPARADOS CON LOS DE LA TIERRA

		respecto a la Tierra = 1
Distancia del Sol (máxima)	248 000 000 km	1,66
Distancia del Sol (mínima)	206 000 000 km	1,38
Distancia de la Tierra (máxima)	399 000 000 km	
Distancia de la Tierra (mínima)	56 000 000 km	
Duración de la revolución sideral	1 a 321,73 d	1,88
Duración de la revolución sinódica	779,94 d	
Excentricidad de la órbita	0,0933	
Inclinación de la órbita	1° 51′ 1″	
Inclinación del eje de rotación sobre el plano orbital	24° 48′	
Duración de la rotación sideral	24 h 37 mn 22,7 s	1,03
Diámetro ecuatorial	6 790 km	0,54
Achatamiento del globo	1/190	
Masa	6,389 × 10^{26} g	0,108
Densidad	3,81	0,69
Presión atmosférica	4,5 mm de Hg	0,09
Aceleración de la gravedad	3,63 m/s por s	0,37
Velocidad parabólica	5,038 km/s	0,45

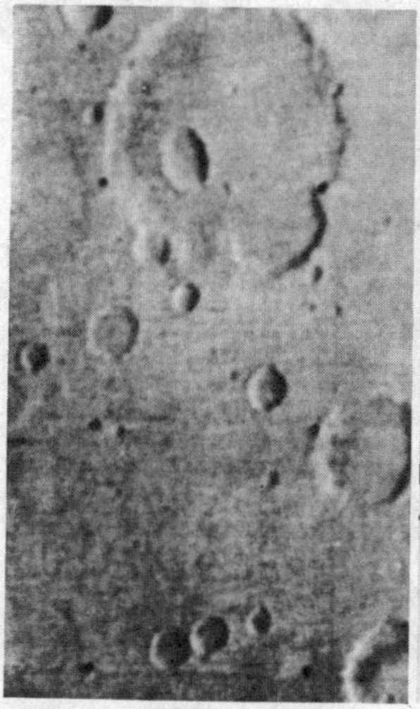

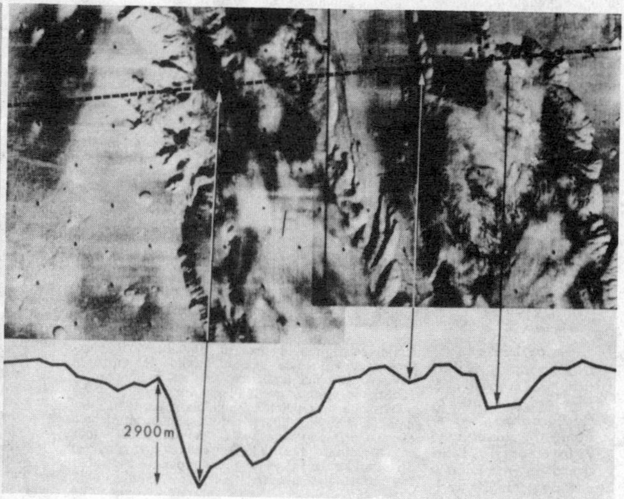

Aspecto de las llanuras de **Marte** antes consideradas como « continentes » (*a la izq.*) y de las regiones oscuras llamadas « mares »; *abajo*, perfil del terreno.

el cielo marciano es muy lento, mientras que Fobos, por girar con mayor rapidez que la superficie del planeta, se observará desde el mismo con movimiento aparentemente retrógrado (salida por el Oeste y puesta por el Este): ambos satélites son invisibles desde las regiones polares del globo; en el curso de un año marciano existen unos 1 400 eclipses de Sol provocados por el paso de Fobos y 130 por el de Deimos.
— *Astron.* Las sondas espaciales que exploran al planeta Marte suelen ser lanzadas unos tres meses antes de la oposición, siguen una elipse * de transferencia y alcanzan a Marte, tangencialmente a su órbita, unos cinco meses después de la oposición. (V. SONDA y TRAYECTORIA.)

MARTELLINA f. *Art. y of.* Escoda.

MARTENSITA f. *Metal.* Disolución de carbono en el hierro, uno de los constituyentes de los aceros templados.

MARTENSÍTICO, CA adj. *Metal.* Dícese del metal ferroso que contiene martensita.

MARTILLADO m. *Metal.* Decoración de ciertas piezas metálicas —por ejemplo, guardabarros de bicicleta— que presentan su superficie cubierta de facetas como si hubiera sido forjada por otros tantos golpes dados con un martillo.

MARTILLAR y **MARTILLEAR** v. *Art. y of.* Golpear, batir con el martillo.
— *Mec.* Producir martilleo una máquina.

MARTILLEO m. *Art. y of.* Acción de martillar.
— *Mec.* Ruido repetido, semejante a una sucesión rápida de golpes dados con martillos, que producen las máquinas averiadas, defectuosas o mal reguladas (cual ocurre con el golpeteo * de los motores de explosión).

MARTILLO m. *Art. y of.* Herramienta consistente en una masa metálica provista de un mango, la cual, por percusión, permite hincar clavos, deformar los metales, labrar superficies, quebrar ciertas materias o suministrar la energía necesaria a otra herramienta cortante para efectuar alguna labor.
— *Arm.* Pieza que, en las llaves de las armas de fuego a pistón, golpea el percutor y provoca así la inflamación de la cápsula.
— *Carp. Martillo de marcar,* el que tiene en su boca una marca que queda grabada en el tronco al golpear los árboles que han de ser derribados.
— *Metal.* Los *martillos* grandes empleados para forjar se llaman *machos.* Cuando la acción de los mismos no basta para deformar el metal, se recurre al empleo del martinete * de aire comprimido y, en industria pesada, al *martillo pilón* para forjar las piezas grandes. Este funciona como una máquina de vapor de cilindro vertical: el vapor, al expandirse en el cilindro, obliga a subir el émbolo cuyo vástago eleva el martillo o pilón, masa que pesa hasta 125 t. Cuando el émbolo llega al límite superior de su carrera, una corredera da salida al vapor y el pilón cae por su propio peso sobre la pieza puesta en el yunque. En los martillos pilones de doble efecto, el cilindro admite vapor por encima del émbolo y éste es así acelerado durante su caída por la presión de aquél, con lo cual aumenta la violencia del choque. También existen martillos pilones en los cuales la acción del vapor es reemplazada por la del aire comprimido. Los martillos pilones con pilón de más de 20 toneladas son reemplazados ventajosamente por prensas * hidráulicas.
— *Min.* y *Obr. públ. Martillo neumático,* herramienta de percusión que funciona con aire comprimido.
— En el *martillo neumático* la barrena es arrastrada por un émbolo que se desliza en el interior de un cilindro con movimiento alternativo merced a un distribuidor que inyecta el aire comprimido alternativamente en cada lado del émbolo. La percusión brusca, violenta y repetida de la punta de la herramienta resquebraja los minerales, el cemento y otras materias duras.
Para taladrar la roca y abrir barrenos se usan modelos más pesados (de 10 a 25 kg), llamados *martillos perforadores,* los cuales imprimen a la barrena o florete un doble movimiento de percusión y de rotación. (V. PERFORADORA.)
— *Tecn. Machacadora de martillos,* v. MACHACADORA.

MARTÍN *(Acero),* acero que se obtiene afinando chatarra y fundición en el horno Martín. (V. ACERO y HORNO.)

MARTINETE m. *Metal.* Martillo movido mecánicamente y de potencia inferior a la del martillo pilón. ‖ *Martinete de aire comprimido,* martillo * pilón de aire comprimido.
— El *mazo del martinete* solamente pesa de 10 a 200 kg, o sea mucho menos que el del martillo pilón, pero, como su movimiento se obtiene mecánicamente, por medio de levas de rápido movimiento giratorio, queda compensada en cierto modo su inferioridad por la frecuencia del martilleo, que es del orden de 100 a 400 golpes por minuto.
— *Obr. públ. Martinete de hincar,* máquina para clavar pilotes y tablestacas, que también se usa para quebrar piedras.
— El *martinete de hincar* consiste en una armazón o castillete vertical provisto en uno de sus lados de dos guías o jimelgas a lo largo de las

martillo pilón

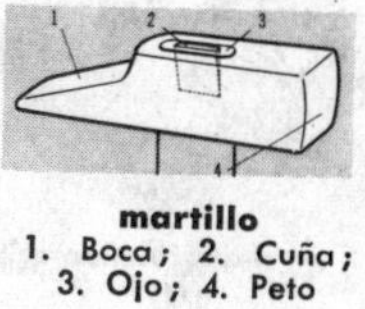

martillo
1. Boca; 2. Cuña; 3. Ojo; 4. Peto

Fot. Cegedur

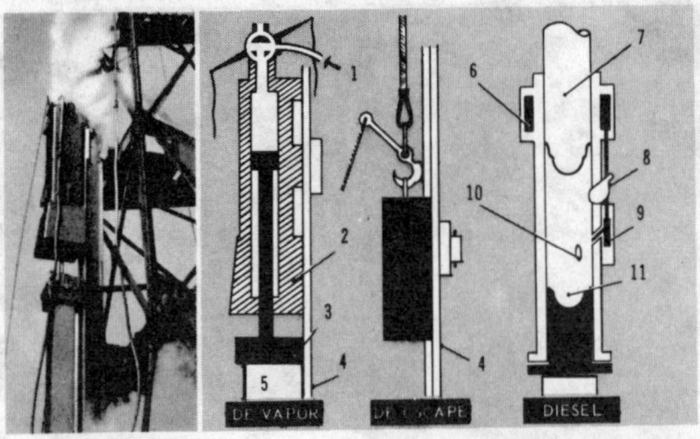

martinetes
1. Vapor; 2. Cilindro; 3. Émbolo; 4. Jimelga; 5. Pilote; 6. Carburante; 7. Émbolo; 8. Inyección; 9. Inyector; 10. Lumbrera de admisión y escape; 11. Pulverización del carburante

cuales se desliza un mazo o pilón de varios centenares de kilos que, una vez elevado por un torno hasta lo alto del castillete, se deja caer sobre la cabeza del pilote que se está hincando. En los martinetes más potentes, con mazo de varias toneladas, éste es solidario del vástago de un émbolo elevado primeramente por la expansión del vapor en un cilindro y soltado bruscamente al abrir el distribuidor la salida a dicho vapor.
Los martinetes pueden utilizarse también para arrancar los pilotes. Basta invertir el sentido de la fuerza aplicada a los mismos por medio de poleas u otro dispositivo, para que la percusión se convierta en tracción.

MARTINSITA f. *Miner.* Sal gema que contiene pequeñas proporciones de sulfato hidratado de magnesio.

MARTITA f. *Miner.* Sesquióxido de hierro, variedad de oligisto que se aprovecha como mena de este metal y como pigmento rojo.

MARZONERÍA f. *Arq.* Crestería.

MÁS m. *Mat.* Signo de la adición, representado por una cruz (+) escrita entre las dos cantidades que se han de sumar.

MASA f. Cantidad de materia contenida por una cosa. ‖ Cuerpo compacto y pesado: *la masa enorme de un obelisco.* ‖ Pasta que resulta de amasar polvos con un líquido (aplícase especialmente a la de harina y agua con que se hace el pan). ‖ Parte muy grande o totalidad de una cosa: *las masas de aire frío procedentes de las regiones polares.*
— *Arq. Plano de masa,* v. PLANO.
— *Astron. Razón de masa,* cociente de la masa total que tiene un cohete al despegar dividida por la masa final del mismo al cesar la propulsión.
— Cuanto más pequeña es la *razón de masa,* mayor es la carga útil que puede lanzar el cohete y, a carga igual, mayor es la velocidad alcanzada. Como la diferencia entre las masas inicial y final del cohete representa la masa del propergol consumido y de los escalones o etapas inservibles que se han separado del ingenio, se comprende que la razón de masa pueda mejorarse ya aligerando las estructuras del cohete, ya utilizando propergoles de elevada impulsión * específica. (V. PROPERGOL.)
Cuando el propergol consumido por un cohete representa 63 % de la masa inicial, el ingenio alcanza finalmente una velocidad igual a la de los gases de combustión que salen de la tobera; si la provisión de propergol constituye 87 % de dicha masa, la velocidad adquirida es igual al doble de la de los gases, y si es de 95 %, la velocidad triplica. De ahí se desprende el interés que presenta aligerar el cohete para reemplazar el máximo de peso muerto por igual cantidad de propergol.
Por otra parte, si en vez de un propergol cuyos gases tienen una velocidad de escape de 2 km/s se adopta otro que dé gases a 2,7 km/s, se divide por 10 la razón de masa.
Se construyen actualmente cohetes tan ligeros que su peso solamente representa de 5 a 10 % de la masa total y se emplean propergoles que dan gases a más de 3 km/s. La razón de masa para satelizar un ingenio a baja altura es inferior a 40 (con un ingenio de 480 t de masa inicial se satelizan 15 t). Para efectuar un viaje de ida y vuelta a la Luna se requieren razones de masa del orden de 400 (si la astronave pesara 6 t al aterrizar, el o los cohetes que la hubieran lanzado deberían totalizar 2 400 t al despegar de la misma).
Para calcular la razón de masa de cualquier operación astronáutica, se divide la velocidad * característica de la misma por la velocidad de escape que tienen los gases en el cohete utilizado; así se obtiene el número de escalones que habrá de tener el cohete compuesto y, conociendo la razón de masa correspondiente a cada uno de estos escalones, se calculará la del ingenio formado por todos ellos.
— *Atom. Masa atómica,* masa de un átomo que se expresa tomando como unidad ya la dieciseisava parte de la del átomo de oxígeno, ya la doceava parte de la del átomo de carbono. (Sinón. PESO ATÓMICO.) ‖ *Masa crítica,* masa mínima de combustible nuclear necesario para que pueda producirse en el mismo una reacción en cadena. (V. BOMBA, CRÍTICO y DESINTEGRACIÓN.) ‖ *Masa relativista,* dícese de la masa de las partículas que se mueven con velocidades próximas de la de la luz y que, según las teorías de la relatividad (v. más abajo *Fís.*), es variable y tanto mayor cuanto más rápidamente se mueve la partícula. ‖ *Defecto de masa,* v. DEFECTO. ‖ *Espectrógrafo de masa,* v. más adelante *Quím.* ‖ *Número de masa,* v. NÚMERO.
— Para expresar la *masa de los átomos* se atribuyó la *masa atómica* 16 al átomo de oxígeno (por contar el mismo 16 partículas en su núcleo: 8 protones y 8 neutrones). Esta masa atómica de los físicos difiere de la de los químicos porque éstos, en vez de considerar únicamente el isótopo principal del oxígeno, tiene en cuenta que éste es una mezcla de tres isótopos. Ambas unidades son reemplazadas por la *unidad de masa atómica unificada,* igual a la doceava parte de un átomo del isótopo 12 del carbono y equivalente a $1{,}66032 \times 10^{-24}$ g (o sea del orden de la cuatrillonésima parte de un gramo).
Si se exceptúa el oxígeno, la masa atómica de los elementos se expresa por un número que no es entero porque los núcleos de sus átomos no siempre contienen la misma proporción de protones y de neutrones (éstos son más pesados que aquéllos); además, la masa es afectada por la intensidad de la energía de enlace propia de cada átomo. Así, pues, la masa atómica del hidrógeno, cuyo núcleo consta de un solo protón, es ligeramente superior a la unidad e igual a 1,007 826.
— *Autom.* Conjunto de partes metálicas del automóvil (bastidor, carrocería y motor) que es utilizado como conductor para cerrar los circuitos eléctricos del vehículo, por cuya razón los dispositivos eléctricos del mismo solamente se hallan conectados con la batería por un conductor y tiene el otro borne en la masa, que asegura el retorno de la corriente.
— *Electr.* Conjunto de piezas metálicas que, en una instalación eléctrica, se hallan en comunicación con el suelo.
— *Fís. Masa específica,* cociente de la masa de una substancia dividida por el volumen de la misma (v. DENSIDAD *absoluta*).
— La *masa* y la energía son dos aspectos de una misma realidad y muchos son los fenómenos —desde la emisión de radiaciones por las estrellas hasta el funcionamiento de los reactores nucleares, las materializaciones de rayos gamma y las desmaterializaciones de partículas— que prueban cómo los cuerpos pueden radiar ondas electromagnéticas perdiendo una parte correspondiente de su masa y como las ondas de elevadísima frecuencia pueden desaparecer y dar lugar a la formación de partículas materiales. Ambas transformaciones obedecen a la misma ley de la equivalencia de la masa m y de la energía E que se expresa por la fórmula $E = mc^2$, en la cual c es la velocidad de la luz. (V. ENERGÍA.)
La equivalencia de la masa y de la energía implica la variación de la masa de los cuerpos en función de su velocidad. Un cuerpo en movimiento adquiere una energía cinética que no tenía al estado de reposo y, si posee entonces mayor energía, también habrá aumentado su masa. En realidad el aumento de masa es ínfimo en el campo de

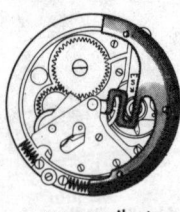

masa oscilante
(tecn.)

las velocidades ordinarias, inclusive las de los cohetes espaciales, y solamente puede ser verificado en las partículas atómicas que se mueven con velocidades próximas de la de la luz. Es, por lo demás, fácil de calcular la variación de la masa por la fórmula siguiente:

$$M = \frac{m}{\sqrt{1 - \frac{v^2}{c^2}}}$$

en la cual M y *m* son, respectivamente, las masas del cuerpo en movimiento y en reposo, *v* es su velocidad y *c* la velocidad de la luz en el vacío (300 000 km/s). De la fórmula se desprende que la masa sería infinitamente grande si el cuerpo se moviera con la velocidad de la luz, de acuerdo con la teoría relativista, según la cual dicha velocidad no puede ser rebasada en la naturaleza.
— *Mec.* En las aplicaciones de la mecánica clásica, la masa *m* es el cociente de la fuerza F que obra sobre un cuerpo, dividida por la aceleración del movimiento γ que ésta le imprime:

$$\frac{F}{\gamma} = m \text{ y, consiguientemente, } F = m\,\gamma.$$

En la superficie de la Tierra todos los cuerpos se hallan sometidos a la fuerza de la atracción terrestre y la relación anterior se expresa como sigue: $P = mg$, en la cual P es el peso del cuerpo, *m* su masa y *g* la aceleración * de la gravedad. Esta relación permite calcular la masa de un cuerpo cuando se conoce su peso, pues ambas magnitudes no son equivalentes; la masa es la cantidad de materia que contiene el cuerpo, mientras que el peso es la fuerza con que dicha materia es atraída, y, si la fuerza de atracción varía, también cambia con ella el peso del cuerpo, mientras que su masa sigue siendo la misma. (V. KILOGRAMO.)
— *Meteor.* Las *masas de aire* dotadas de características físicas propias representan importante papel en la evolución del tiempo. Dichas características solamente pueden ser adquiridas si la masa, ya por permanecer largo tiempo estacionaria, ya por moverse con mucha lentitud, se halla sometida durante un tiempo suficiente a las influencias externas que las determinan. Así, pues: la permanencia del aire durante varias semanas sobre un suelo nevado engendra una masa de aire frío de varios kilómetros de altura; la circulación lenta sobre el océano de masas polares en la dirección del ecuador, da masas de aire muy húmedo e inestable; la masa húmeda que atraviesa una cordillera estrecha pierde su humedad y se estabiliza, etc.
— *Obr. públ. Masa de un puente,* el conjunto de sus pilares.
— *Quím.* V. anteriormente *Atom.* y *Fís.* ‖ *Ley de acción de las masas,* V. ACCIÓN. ‖ *Espectrógrafo de masas,* V. ESPECTRÓGRAFO y SEPARACIÓN *isotópica.*
— *Tecn.* Masa metálica que, en los relojes de pulsera automáticos, oscila cuando se mueve la muñeca, sirviendo estas oscilaciones para dar cuerda al reloj por medio de un piñón, fijado a la masa, que engrana con el barrilete.

MASCADURA f. *Mar.* Desgaste local de un cabo o amarra en las partes sometidas a frotamiento.

MÁSCARA y **MASCARILLA** f. Careta.

MASCARÓN m. *Arq.* Motivo ornamental con figura de cara fantástica o grotesca.
— *Mar. Mascarón de proa,* figura esculpida, alegórica u ornamental que, en ciertos barcos, adorna la parte superior del tajamar. (Sinón. FIGURA O FIGURÓN DE PROA.)

MASCARSE v. *Mar.* Desgastarse un cabo o amarra en las partes sometidas a rozamientos.

MASCON m. *Astr.* Concentración de materia densa en la corteza de un astro, a la cual se debe un incremento de la gravedad (en los mares lunares se trata de un meteorito enterrado).

MASER m. *Radiot.* Sigla de la expresión inglesa *Microwave Amplification by Stimulated Emission of Radiations* (amplificación de microondas por emisión estimulada de radiaciones), con la cual se designa un potente amplificador de ondas centimétricas.
— Los electrones planetarios (V. ÁTOMO) ocupan, en torno del núcleo de los átomos, diferentes órbitas o niveles de energía, y un electrón necesita tanta más energía cuanto más lejos se halla del núcleo. El electrón puede ganar energía si es herido por una radiación o golpeado por otra partícula, y entonces, si el suplemento de energía corresponde a la diferencia que existe entre su propio nivel de energía y el nivel superior, pasa de aquél a éste y se aleja del núcleo. Pero el electrón así excitado (V. EXCITACIÓN) tiende a recobrar su estado fundamental, o sea a volver a su nivel primitivo, cuyo retorno se efectúa —espontáneamente o a la menor solicitación— con emisión, en forma de ondas electromagnéticas, del exceso de energía que había adquirido. Así, la excitación y la desexcitación implican la absorción y la emisión ulterior de ondas electromagnéticas y, conociendo este mecanismo, es fácil comprender el funcionamiento del *maser* como amplificador.
Una materia sólida (rubí, gadolinio, etc.) o gaseosa (gas amoniaco) es excitada por las ondas de un oscilador de frecuencia apropiada para que gran número de electrones pasen del nivel que ocupan a otro nivel superior (acumulándose así energía potencial en los átomos); los electrones excitados son muy inestables y la menor influencia exterior basta para que vuelvan a su estado fundamental (o sea para que caigan hasta su órbita primitiva); precisamente esto es lo que ocurre si se aplica a la materia excitada la corriente débil captada por una antena de radar u otro colector de ondas; se producirá entonces algo así como una lluvia nutrida de electrones, proporcional a la amplitud de la corriente desexcitadora y, si ésta se halla modulada (V. MODULACIÓN) por la voz, el tubo analizador de una cámara de televisión, etc., la abundancia de electrones desexcitados variará igualmente; como cada electrón caído da lugar a la emisión de ondas, la llegada de la señal débil al cristal o al gas del maser da lugar a la radiación de una señal igualmente modulada, pero centenares de veces más intensa.
Amplificaciones tan grandes no son posibles con los tubos de radio y los transistores, incluso utilizados en cascada (de modo que cada uno amplifique nuevamente la señal ya amplificada por el anterior), porque, en ellos, la agitación * térmica y los electrones errantes dan lugar a emisiones parásitas que constituyen el ruido de fondo. Éste, al ser amplificado junto con las señales, no tarda en cubrirlas y hacerlas ininteligibles. El maser, por el contrario, tiene un ruido de fondo insignificante y tanto más por cuanto se elimina prácticamente la agitación térmica enfriando el cristal o el gas con helio líquido que lo mantiene a temperaturas próximas a la del cero absoluto.
El maser tiene aplicaciones cada vez más numerosas, entre las cuales destaca la amplificación de las ondas de origen cósmico captadas por los radiotelescopios, así como de las señales de radar y de las emisiones de los ingenios espaciales. El *laser* es un tipo de maser especial que permite amplificar ondas mucho más cortas, cuales son las del espectro luminoso, y producir luz coherente. (V. LASER y LUZ.)

MÁSICO, CA adj. *Fís.* y *Mec.* Relativo o perteneciente a la masa: *volumen másico.* ‖ *Potencia másica,* V. POTENCIA.

MASICOTE m. *Miner.* Óxido de plomo amorfo de color ocre, que tiene la misma composición y propiedades que el litargirio *.

MASILLA f. *Art. y of.* Masa pastosa de yeso y aceite de linaza que sirve para fijar los cristales en los bastidores de las ventanas. ‖ Mástique.

MASILLAR v. *Art. y of.* Enmasillar.

MASTELERILLO m. *Mar.* Palo menor del mástil, que prolonga el mastelero. (V. PALO.)

MASTELERO m. Palo menor que prolonga el palo macho y que, a su vez, puede ser prolongado por el masteleríllo. (V. PALO.)

MÁSTIC m. *Art. y of.* Galicismo por *mástique.*

MASTICACIÓN f. *Gom.* Operación consistente en despedazar o desmenuzar el caucho bruto, u otros elastómeros, y en aglomerarlo de nuevo, cuyo tratamiento tiene por objeto aumentar su plasticidad y facilitar la incorporación de las diferentes substancias que se le agregan.

MASTICADOR m. *Gom.* Máquina utilizada para efectuar la masticación del caucho.

MÁSTIL m. Palo derecho o construcción metálica que sirve de sostén a alguna cosa. ‖ Poste.
— *Aeron. Mástil de amarre,* v. AMARRE.
— *Mar.* Palo o árbol de un barco, que soporta las velas, las maniobras, las antenas de telecomunicaciones y las luces u otras señales. (V. PALO.)
— *Radiot. Mástil de antena,* palo o construcción metálica que soporta una antena * emisora o receptora de ondas hertzianas.

MÁSTIQUE m. *Art. y of.* Masilla. ‖ Pasta que sirve para igualar superficies, tapar juntas, obturar grietas y agujeros, pegar, etc.
— Los carpinteros emplean un *mástique* a base de cera, colofonia y ocre, para disimular las uniones y las imperfecciones de la madera. Los pintores igualan las superficies que han de pintar con una pasta de yeso y agua de cola. La porcelana y el cristal se pegan con una disolución de caucho en éter o en tetracloruro de carbono. En las juntas de los tubos de las canalizaciones metálicas se emplean mástiques a base de litargirio y glicerina.
— *Obr. públ. Mástique de asfalto,* mezcla de asfalto y de betún o de aceite mineral que, una vez calentada, puede ser extendida con espátula.

MASURIO m. *Quím.* Tecnecio.

MASUT m. *Petr.* Mazut.

MATA f. *Metal.* Mineral que sale del horno sin haberse fundido por completo.

MATACÁN m. *Constr.* Mampuesto o ripio grande pero que puede ser cogido con la mano por el albañil.

MATADERO m. *Curt.* Nombre comercial de los cueros brutos procedentes de reses sacrificadas en los mataderos, por oposición a los que se designan con el nombre de campo *.
— *Ind. alim.* Establecimiento industrial, muchas veces de carácter público, en el cual se sacrifican las reses y se prepara la carne destinada al consumo directo, al almacenamiento en frigoríficos o a la conservería.
— El *matadero moderno* es una instalación compleja y mecanizada en alto grado, que comprende las siguientes secciones principales: corrales y establos de espera provistos de instalaciones para lavar y desinfectar los animales; naves de matanza para sacrificarlos; salas especiales para el tratamiento de las tripas, el aprovechamiento de la sangre y del sebo, la preparación de las pieles que se han de dirigir hacia las tenerías, etc.; por último, frigoríficos para conservar la carne y, a veces, fábrica de conservas y de charcutería.
Los servicios sanitarios revisten gran importancia y se hallan distribuidos por todas las secciones del matadero. Ya en los establos, donde se reciben las reses, los veterinarios rehusan las que tienen enfermedades aparentes y ordenan en otros casos que se efectúen análisis para comprobar los diagnósticos dudosos. Otras comprobaciones se efectúan una vez sacrificada la res; el análisis de la carne puede revelar la existencia de parásitos. También se comprueba el buen estado de la carne a la salida del matadero, solamente permitida a las reses enteras y los cuartos que llevan el cuño o marchamo de los servicios sanitarios.
Los trabajos son grandemente facilitados por la existencia, a través de todas las dependencias, de transportadores aéreos y de instalaciones de agua caliente, vapor, aire comprimido, etc.
El derribo o matanza de las reses puede efectuarse por distintos procedimientos, algunos consistentes en matar directamente al animal, mientras que otros solamente sirven para aturdirlo o dejarlo sin sentido (para facilitar el degüello manual). Los cerdos pueden ser anestesiados con gas carbónico o se les da un choque eléctrico mediante unas tenazas especiales que aplican un electrodo en cada lado de la cabeza.
Las terneras y las ovejas se degüellan puestas de flanco sobre una mesa y de modo que la punta del acerado cuchillo corte la médula para producir la muerte instantánea.
Las reses bovinas se matan dándoles un golpe fuerte en el cráneo con un mazo de mango largo y boca cortante, por enervación, consistente en seccionar el bulbo raquídeo con una cuchilla o por diferentes métodos más perfeccionados: pistola en la cual la bala es reemplazada por un émbolo provisto de un cilindro hueco de borde cortante, que penetra en el cráneo del animal; careta que se pone al animal y provista en la parte frontal, dentro de un cilindro, de un punzón que, golpeado con el mazo, penetra en el cráneo, etc.
Los cerdos son escaldados y depilados con máquinas especiales. Otros animales, una vez desangrados, son desollados mediante inyección de aire comprimido entre la piel y el cuerpo. Los cuerpos ya desangrados, desollados y vaciados se cortan en canales con sierras eléctricas, y, después de haber sido inspeccionados por los servicios sanitarios, pasan a los locales refrigerados de almacenamiento o de expedición.

sala de **matadero**

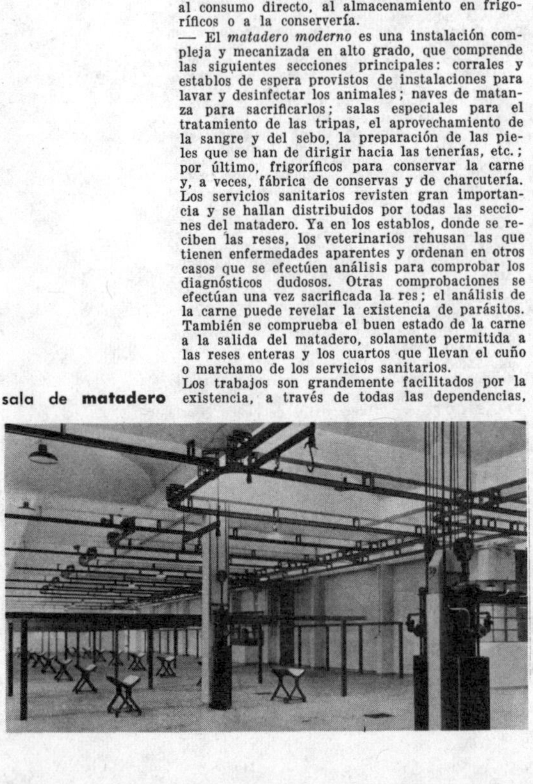

MATAFUEGO m. Extintor * de incendios.

MATAMALEZAS m. *Agr.* y *Quím.* Desherbador.

MATAR v. *Constr.* Quitar la fuerza al yeso o la cal, hidratándolos.
— *Metal.* Apagar el brillo excesivo de un metal.
— *Tecn.* Redondear o achaflanar un canto o arista para que sean menos vivos.

MATASELLOS m. Estampilla para obliterar o inutilizar los sellos postales: *en las oficinas de correos importantes se ha reemplazado el matasellos por las máquinas de obliterar* *.

MATE adj. Apagado, falto de brillo o que no ha sido pulido: *se suelen emplear tintas mates para imprimir en papel estucado.*
— *Lumin. Lámpara mate,* v. LÁMPARA.

MATEAR v. Apagar el brillo de una superficie, darle tono mate: *para matear el vidrio se abrasa su superficie con un chorro de arena o se corroe con ácido fluorhídrico.*

MATEMÁTICAS f. (las más de las veces plural). Ciencia que trata de las cantidades calculables y de sus propiedades. ‖ *Matemáticas aplicadas,* las que consideran las propiedades de las cantidades en relación con los cuerpos u objetos o con los fenómenos físicos: *la astronomía y la mecánica son dos ramos importantes de las matemáticas aplicadas.* ‖ *Matemáticas puras,* aquellas que estudian las propiedades de las cantidades de un modo abstracto: *el álgebra y la geometría son dos ejemplos de matemáticas puras.*
— Las *matemáticas* son una ciencia exacta: la ciencia de las dimensiones mensurables, también llamada ciencia de los números y las formas, que comprende, por una parte, la geometría * y, por la otra, la aritmética *, el álgebra * y el análisis *.
Una propiedad matemática, para ser admitida, debe ser demostrada, es decir, deducida de otra de la cual es consecuencia. Y las deducciones sucesivas parten, consiguientemente, de ciertos principios admitidos sin demostración: son los *axiomas,* los *postulados* y las *definiciones.* En toda demostración cabe distinguir los antecedentes o *hipótesis* y lo que se desea demostrar, o sea las *conclusiones.*
Las matemáticas no crean hechos nuevos, pero constituyen un lenguaje cómodo para enunciar las leyes físicas con precisión por medio de *funciones* * o traducir los datos de los problemas por *ecuaciones* * cuya solución da *fórmulas* * que, debidamente interpretadas en cada caso particular, suministran las *soluciones* de los problemas.

MATERIA f. Todo cuanto existe en el universo y que se halla constituido por partículas elementales, generalmente agrupadas en átomos * y

Fot. Delleuse

en moléculas *. ‖ Aquello con que está hecha una cosa: *la materia de una estatua.*
— *Astr. Materia degenerada,* la que se halla formada por átomos que, en razón de temperaturas y presiones elevadísimas, han perdido todos sus electrones. ‖ *Materia interestelar, materia interplanetaria,* la que existe diseminada en el espacio, entre las estrellas o los planetas, respectivamente.
— El núcleo de los átomos es muy denso, pero si se consideran los electrones planetarios, puede afirmarse que el átomo es, ante todo, un espacio vacío. Si no existiera espacio vacío entre el núcleo y los electrones planetarios, todos los átomos que constituyen el cuerpo de un hombre cabrían en un dedal de coser. Un estado comparable existe en las estrellas enanas blancas, en las cuales la materia se halla tan comprimida que, en la estrella de Wolf n.º 457, su densidad llega a ser de 80 000 veces la que tiene el agua en nuestro globo. (V. ESTRELLA e IONIZACIÓN.)
El espacio no se halla, como antes se creía, absolutamente vacío entre los astros. Abundan en el espacio interplanetario las partículas emitidas constantemente por el Sol, los rayos cósmicos y los átomos y moléculas disipados por la alta atmósfera de los planetas. Además gravitan en torno al Sol enormes enjambres de meteoritos, la mayor parte de los cuales son ínfimas partículas de polvo. Por otra parte, los inmensos espacios interestelares contienen enormes cantidades de materia diseminadas en forma de granitos o átomos, cuyas masas, desprovistas de luz propia, forman ya nebulosas por reflexión (cuando las alumbran las estrellas próximas), ya nebulosas obscuras (cuando las concentraciones de materia son bastante opacas para ocultar los objetos celestes situados detrás de las mismas).
— *Atom.* Véase el art. ÁTOMO. ‖ *Materia degenerada,* v. más arriba *Astr.* ‖ *Materia físil,* v. FÍSIL. ‖ *Aniquilación de la materia,* v. ANIQUILACIÓN.
— *Fís.* La *noción de materia* ha experimentado una profunda evolución a la luz de las teorías modernas (v. RELATIVIDAD) y de los progresos recientes en física experimental. La materia no es, cual se pensaba, indestructible, y, por el contrario, puede ser transformada en energía. Recíprocamente, se puede crear materia a partir de energía radiante (v. MATERIALIZACIÓN). Por otra parte, la masa de un cuerpo no es fija y varía según la velocidad con que se mueve el mismo. (V. MASA.)
A cada partícula corresponde una antipartícula, de tal forma que su unión da lugar a la desaparición de las mismas. Este fenómeno nos ha revelado la existencia de una antimateria *, pero nada permite afirmar la existencia de astros o de universos de antimateria.
Todos los descubrimientos hechos hasta ahora por los astrónomos y los físicos muestran que el universo se halla constituido por los mismos elementos químicos, aun cuando la materia se encuentra en los astros en estados muy diferentes de aquellos con los cuales nos hallamos familiarizados.
El universo se compone, pues, de un material único que unas veces toma el aspecto de materia y otras el de energía.
— *Ind. Materias grasas,* v. GRASA. ‖ *Materias primas* o *primeras,* las que todavía no han sido trabajadas o que han de ser transformadas antes de suministrarlas al consumidor.
— *Plást. Materia plástica,* v. PLÁSTICO.
— *Quím.* Sobre la estructura de la materia, v. ÁTOMO, CRISTAL, MOLÉCULA y VALENCIA.

MATERIAL adj. y s. Relativo o perteneciente a la materia. ‖ Materias necesarias para construir una obra. ‖ Aperos, instrumentos o máquinas que se requieren para ejercer una profesión o efectuar algún trabajo. ‖ *Ensayo de materiales, resistencia de materiales,* v. ENSAYO y RESISTENCIA.
— *Mec. Punto material,* v. PUNTO.

MATERIALIZACIÓN f. *Atom.* Transformación de energía en materia.
— La energía y la materia son dos aspectos de una misma realidad: la primera puede desaparecer y convertirse en materia *(materialización)*, y ésta puede, recíprocamente, perder una parte de su masa en forma de energía radiante *(desmaterialización)* [v. ENERGÍA y MASA]. En física nuclear se observan numerosos fenómenos de materialización, especialmente los siguientes: 1.º del choque de un protón con otro protón pueden resultar dos protones menos energéticos y varios mesones *pi* en los cuales se ha materializado la energía perdida; 2.º la energía perdida por dos protones da lugar a la aparición, junto a los mismos, de un par protón y antiprotón; 3.º frecuente materialización de los rayos gamma, cuya desaparición da lugar a la creación de un electrón negativo y otro positivo.

MATIZAR v. Armonizar colores, sonidos, etc.

MATRAZ m. *Quím.* Recipiente de cristal o de barro, de forma redonda o aovada y de cuello largo, que se emplea en los laboratorios.

matraz

MATRICIAL adj. Relativo o perteneciente a las matrices: *álgebra matricial.* (V. MATRIZ.)

MATRIZ f. *Art. gráf.* Molde de cobre que lleva una letra grabada en hueco y sirve para fundir los tipos * de imprenta. ‖ Molde de cartón con el que se funden las planchas de estereotipia *. ‖ Molde de plomo, cera o materias plásticas para sacar galvanotipos. (V. GALVANOTIPIA.) ‖ Parte de un talonario que queda encuadernada al arrancar los talones del mismo.
— *Mat.* Tabla que se obtiene disponiendo una serie de números reales o complejos por líneas y columnas, la cual, junto con otras, facilita la solución de problemas muy complejos.
— La *matriz* es una tabla rectangular que consta de *m* líneas y *n* columnas y si tiene igual número de unas y de otras, es una matriz cuadrada, cual la siguiente:

$$\begin{matrix} a & b & c \\ d & g & h \\ k & m & n \end{matrix}$$

Cuando las matrices se basan en letras, éstas suelen ir acompañadas de un índice de dos cifras, la primera de las cuales indica la línea y la segunda la columna. Así, una matriz A del tipo 2, 3 (o sea 2 líneas y 3 columnas) se escribe como sigue:

$$A = \begin{matrix} a_{11} & a_{12} & a_{13} \\ a_{21} & a_{22} & a_{23} \end{matrix}$$

No obstante, simbólicamente, se emplea la notación siguiente:

$$A = a_{ij} \qquad i = 1, 2 \qquad j = 1, 2, 3$$

Las matrices pueden ser sumadas, multiplicadas, etcétera, pero las reglas que se aplican no son las mismas que para los números ordinarios y, por ejemplo, la multiplicación de la matriz A por la matriz B da una nueva matriz C, las más de las veces diferente de la que se obtiene multiplicando B por A. (V. DETERMINANTE.)
Las matrices representan importante papel en las matemáticas modernas, tanto puras como aplicadas, especialmente en los cálculos referentes a redes eléctricas, a la propagación de las ondas en los medios periódicos y a la mecánica cuántica.
— *Mecán.* La parte hembra, fijada en la bancada de las prensas de acuñar, embutir, estampar, moldear o recortar, cuyo relieve o contorno, complementarios de los del macho móvil, queda estampado en la pieza o materia interpuesta entre ambos moldes.

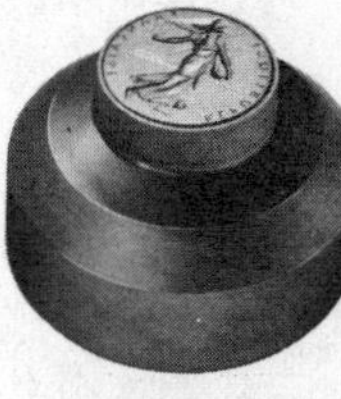

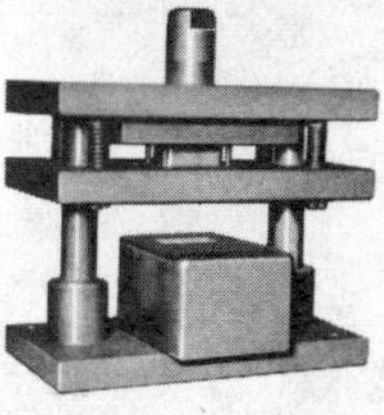

matrices de acuñar moneda y de recortar

materialización: tres rayos gamma invisibles, al materializarse en la cámara de burbujas, dan tres trayectorias dobles y visibles, en forma de uves curvilíneas, de otros tantos pares de electrones

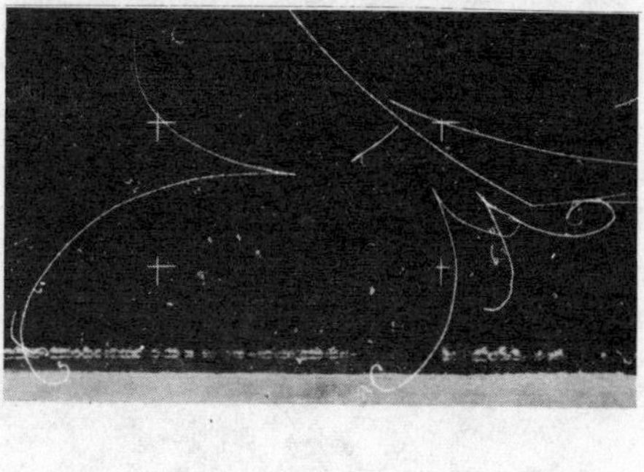

Fot. Larousse, Ecole polytechnique

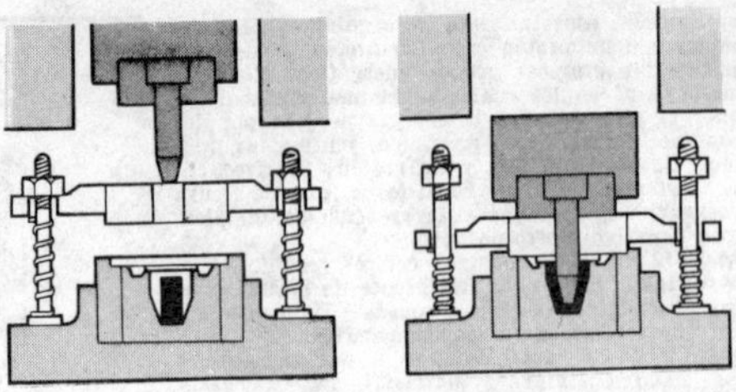

matrizado

— *Miner.* Cavidad o intersticio de la roca en los cuales se ha formado otro mineral.
— *Plást.* Una de las dos partes del molde que sirve para fabricar objetos de materia plástica por compresión.
— *Text.* Aparato constituido esencialmente por dos chapas metálicas provistas de numerosos orificios a través de los cuales se perforan los cartones para telares automáticos. (V. CARTÓN y TELAR.)

MATRIZADO m. *Mec.* Procedimiento para labrar objetos en relieve consistente en prensar en caliente el metal u otra materia que, por efecto de la presión, se deforma y adopta las formas del molde (matriz *) en que se ha introducido: *el matrizado no es sino estampado * en caliente.*

MATRIZAR v. *Mec.* Labrar las piezas con prensa por el procedimiento del matrizado *.

mazo

MATURACIÓN f. *Fot.* Procedimiento para aumentar la sensibilidad de una emulsión fotográfica en curso de fabricación, consistente en mantenerla durante cierto tiempo a una temperatura determinada.
— *Metal.* Envejecimiento *.

MAUSER m. *Arm.* Fusil de repetición inventado por el armero alemán Guillermo Mauser. (V. FUSIL.)

MAXIMIZAR v. Hacer que una magnitud alcance su máximo valor: *maximizar el rendimiento de una máquina de vapor.*

MÁXIMO, MA adj. y s. La magnitud o grado más elevado que puede alcanzar una cosa o que ha sido alcanzado por ella.
— *Geom. Círculo máximo de una esfera,* v. CÍRCULO.
— *Mat. Máximo común divisor,* v. DIVISOR.
— *Meteor.* M. Anticiclón. ‖ — F. Valor superior que alcanza la temperatura o la presión: *la máxima barométrica de ayer fue de 768 mm.*

MAXVELIO o **MAXWELL** m. *Magn.* Unidad C. G. S. de flujo magnético, cuyo símbolo es M.
— El *maxwell* es equivalente al flujo producido por un campo magnético de una unidad C. G. S. en una superficie de 1 cm^2 y vale una cienmilésima de weber.

MAYÓLICA f. *Cerám.* Loza * con esmalte metálico.

MAYÚSCULA adj. y s. Dícese de la letra de mayor tamaño que la minúscula, también llamada, en artes gráficas, *capital.*
— Los símbolos químicos de los cuerpos simples se escriben con *mayúscula* (por ej., Pb, símbolo del plomo), así como los símbolos de unidades físicas cuyo nombre es derivado de un nombre propio, cual es, por ejemplo, el del amperio (A), adoptado en memoria del físico Ampère. Antiguamente se escribían con mayúscula —y aún se escriben hoy en España— los múltiplos de las unidades del sistema métrico decimal. (V. ABREVIATURA.)

MAZA f. Especie de mazo de madera de cabeza cilíndrica y que, en vez de ser transversal, respecto al mango, lo prolonga. ‖ Pilón del martinete, y también el mismo martinete. ‖ *Amer.* Cubo * de rueda, marrano *.

MAZACOTE m. *Constr.* Hormigón, argamasa.
— *Ind. alim. Amer.* Nombre que se da en el comercio a la pasta formada por los residuos del azúcar que quedan adheridos a la caldera después del refinado.

MAZADA f. *Ind. alim.* Suero que resulta al batir la nata para hacer la manteca.

MAZAR v. *Ind. alim.* Batir la nata de la leche para separar la maza de la manteca.

MAZARÍ adj. y s. Dícese de la baldosa o ladrillo cuadrado para pavimentar suelos.

MAZAROTA f. *Mec.* Masa pequeña que, en ciertos órganos mecánicos, ejerce alguna acción por inercia, gravedad o fuerza centrífuga: *el regulador * de Watt se funda en el uso de dos mazarotas pendulares.*
— *Metal.* Cavidad que se deja en lo alto de los moldes y que se llena de metal ya para compensar la contracción del mismo cuando se enfría en el molde, ya para que se acumulen en ella las burbujas de gases. ‖ Apéndice que tiene la pieza vaciada, constituido por el metal sobrante solidificado en aquella cavidad.

MAZNAR v. *Metal.* Machacar el hierro candente.

MAZO m. *Art. y of.* Martillo grande de madera.

MAZONERÍA f. *Constr.* Obra de fábrica.

MAZUT m. *Comb.* y *Petr.* Combustible líquido que se obtiene como residuo en la destilación del petróleo bruto. (Sinón. ACEITE DE QUEMAR, FUEL OIL, MASUT.)
— El *mazut* tiende cada vez más a reemplazar al carbón como combustible, tanto en la calefacción doméstica como en los hogares de los hornos industriales y de las calderas de vapor (centrales eléctricas, locomotoras, máquinas de los buques, etcétera). Existen diversas calidades de este combustible, algunas de las cuales, ligeras y fluidas, tienen como base el gasoil *. El mazut pesado es bastante espeso, pues, para obtener la viscosidad deseada, se le agregan diferentes productos, algunos de los cuales sólidos, especialmente residuos de cracking y de reforming, asfalto, etc.

mb, símbolo de *milibar.*

M. D., sigla de *metales diversos* que figura obligatoriamente en las joyas baratas fabricadas en ciertos países para indicar que no contienen metal noble (platino, oro o plata).

MEANDRO m. *Arq.* Ornamentación a base de grecas * o de enlaces sinuosos.
— *Hidr.* Sinuosidad más o menos regular de un curso de agua.
— Los *meandros,* abundantes en los llanos aluviales, en los cuales suelen sucederse por series, sufren una doble evolución: en primer lugar, la corriente bate la orilla cóncava y la socava, haciendo retroceder las márgenes; en segundo lugar, los materiales así arrancados y arrastrados por el agua, se acumulan en la orilla convexa siguiente, por disminuir allí la fuerza de la corriente. Al exagerarse la curva, acaba por desaparecer la lengua de tierra entre dos concavidades sucesivas, y desaparece también un meandro; al mismo tiempo, si el terreno lo permite, sigue formándose un poco más lejos otro meandro, de modo que el conjunto de los meandros se traslada lentamente aguas abajo.

MECÁNICO, CA adj. y s. Relativo a las leyes del movimiento y del equilibrio. ‖ Que se efectúa por medio de mecanismos, por oposición a lo manual, eléctrico, hidráulico, etc.: *gato mecánico; clavado mecánico.* ‖ — F. Ciencia que trata de las fuerzas y de sus acciones (v. más abajo *Mec.*). ‖ Combinación de órganos propios para producir o transmitir movimientos.
— *Arq. Escalera mecánica,* v. ESCALERA.
— *Astr. Mecánica celeste,* ciencia que trata de las leyes que rigen los movimientos de los astros y demás cuerpos celestes. (V. ATRACCIÓN, CUERPO, GRAVITACIÓN, ÓRBITA y TRAYECTORIA.)
— *Atom. Mecánica cuántica,* mecánica aplicable a las moléculas, los átomos y los núcleos atómicos, y según la cual, la energía solamente puede ser emitida o absorbida por cantidades discontinuas llamadas cuantos o quanta. (V. CUANTO.) ‖ *Mecánica ondulatoria,* teoría que extiende la de la mecánica cuántica y según la cual los granos de luz y de materia son a la vez onda y corpúsculo.
— Las *leyes de la mecánica clásica* (v. más abajo *Mec.*) solamente son aplicables a los movimientos de los cuerpos macroscópicos, cual es, por ejemplo, una bola de billar. Al profundizarse los estudios sobre física atómica, los físicos no tardaron en apercibirse de que aquellas leyes no permitían explicar todos los fenómenos observados y tuvieron que admitir nuevas hipótesis. Por ejemplo, el estudio de las ondas luminosas revelaba que la energía que éstas transportan se halla repartida irregularmente y no de modo

continuo. La *mecánica cuántica* muestra que la luz es, en efecto, emitida por cantidades discontinuas, cada una de las cuales es un cuanto, mientras que en física macroscópica se consideran rayos continuos de luz.

La misma luz revelaba una contradicción: la difracción de los rayos luminosos, las interferencias y otros fenómenos atestiguan que la luz se propaga en forma de ondas; ahora bien, cuando los rayos luminosos hieren la materia, especialmente el cesio y otras substancias fotosensibles, le arrancan electrones, cosa que no podrían hacer si se tratara de un fenómeno ondulatorio, pero sí admitiendo que un rayo luminoso es una sucesión de minúsculos proyectiles; algo así como una ráfaga de ametralladora a la escala atómica.

La *mecánica ondulatoria* suprime esta contradicción, y muchas otras, al admitir que onda y corpúsculo son dos aspectos complementarios de la misma realidad y que a toda partícula en movimiento se halla asociada una onda cuya longitud v es igual al cociente de la constante de Planck * h dividida por el producto de la masa m del corpúsculo por su velocidad λ, lo cual se expresa con la fórmula siguiente:

$$\lambda = \frac{h}{mv}.$$

En mecánica clásica se puede determinar la posición de un cuerpo dadas su velocidad, dirección, etc., mientras que ello es imposible en el caso de un corpúsculo. Solamente se sabe cuál es la posición del mismo en promedio, pero no la que ocupa realmente. La *función de onda* de la partícula permite calcular la *probabilidad de presencia*, o sea la probabilidad que existe de que se encuentre en determinado punto a un instante preciso.

La mecánica ondulatoria se halla en plena evolución, pero ha sido ya confirmada por numerosos fenómenos, especialmente por la difracción de los electrones, que sería imposible de no existir un fenómeno ondulatorio asociado al movimiento de estas partículas. Toda la óptica * electrónica constituye una valiosa aplicación práctica de la mecánica ondulatoria. (V. tb. los art. CUANTO, INCERTIDUMBRE, INDETERMINACIÓN y LUZ.)

— *Constr. Teja mecánica,* v. TEJA.

— *Fís. Mecánica clásica* o *newtoniana,* v. seguidamente *Mec.* ‖ *Mecánica de los fluidos,* ciencia que trata del equilibrio y los movimientos de los fluidos y que comprende la hidrostática *, la hidrodinámica * y la aerodinámica *. ‖ *Mecánica relativista,* aquella en la cual intervienen los efectos de la relatividad *, por moverse los cuerpos con velocidades del orden de la luz. ‖ *Energía mecánica,* v. ENERGÍA.

— *Mec.* La *mecánica* estudia los movimientos y deformaciones de los cuerpos causados por las fuerzas.

La *mecánica clásica* o *newtoniana* se funda en tres principios: 1.º principio de la inercia *; 2.º ley de Newton, según la cual la fuerza es proporcional a la derivada de la cantidad de movimiento, y 3.º principio de la igualdad de la acción y de la reacción. Llámase *mecánica racional* cuando solamente considera los aspectos teóricos y no la experimentación y las aplicaciones.

La mecánica racional abarca la cinemática * (que trata de los movimientos independientemente de las fuerzas que los producen), la estática * (que estudia el equilibrio de los cuerpos y de las fuerzas) y la dinámica * (relativa a los movimientos en relación con las fuerzas que los producen).

Las leyes, reglas y principios de la mecánica clásica no siempre son aplicables a los movimientos de partículas atómicas y por eso ha sido necesario completarlos con los de la mecánica cuántica y la mecánica ondulatoria (v. más arriba *Atom.*). También se han de corregir en la mecánica relativista para tener cuenta de los errores que se manifiestan en el caso de los cuerpos que se mueven con velocidades del orden de la luz. (V. RELATIVIDAD.)

Las aplicaciones de la mecánica a los cuerpos celestes y a los fluidos constituyen dos ramos especiales de esta ciencia: la *mecánica celeste* y la *mecánica de los fluidos,* respectivamente (v. más arriba *Astr.* y *Fís.*). Por último, la resistencia * de materiales es una disciplina complementaria de la mecánica, en la cual representa importante papel la deformabilidad de los cuerpos sólidos.

— *Metal. Moldeo mecánico,* v. MOLDEO.

— *Papel. Pasta mecánica,* v. PAPEL.

— *Quím.* Dícese de los agentes u otras substancias que obran en razón de sus movimientos y no químicamente. ‖ Dícese de la tenacidad, elasticidad, dureza, ductibilidad, viscosidad y otras propiedades físicas de una substancia.

— *Text.* Dispositivo automático de un telar, propio para obtener ligamentos complicados: *la mecánica de Jacquard.* (V. TELAR.)

MECANISMO m. *Mec.* Combinación de órganos mecánicos cuya acción conjugada permite obtener un resultado o un trabajo: *los barómetros registradores tienen un mecanismo de relojería.*

— Toda máquina consta de: 1.º un órgano *receptor* encargado de la acción motriz; 2.º la herramienta u *operador* que maniobra o labra los objetos para los cuales se ha concebido la máquina; 3.º los *mecanismos,* que transmiten al operador la fuerza suministrada por el receptor (de ahí que a los mecanismos se les dé a veces el nombre de *órganos de transmisión.*

MECANIZACIÓN f. Generalización del uso de máquinas en substitución de la mano de obra: *la mecanización de la agricultura ha efectuado grandes progresos.*

MECANIZAR v. Efectuar la mecanización.

MECANOGRAFÍA f. *Ofic.* Arte de escribir a máquina. ‖ Fabricación y utilización de todas las máquinas de oficinas, desde la máquina de escribir hasta las máquinas contables y calculadoras.

MECATE m. *Text. Amer.* Cordel o cuerda de pita u otras fibras, pero no de cáñamo.

MECEDOR m. *Art. y of.* Agitador.

MECER v. *Art. y of.* Agitar un líquido.

MECHA f. Cordón o cinta de algodón, propios para entretener una llama merced al combustible líquido que asciende hasta la misma por capilaridad. ‖ Cordoncillo de algodón impregnado de cromato de plomo y humedecido con gasolina, que da la llama en los encendedores * de bolsillo.

— *Electr.* Relleno de sales metálicas que tienen los electrodos * tubulares de ciertas lámparas de arco.

— *Expl.* Cordón combustible que sirve para dar fuego a los barrenos y otras cargas explosivas.

— La *mecha lenta, mecha de seguridad* o *de Bickford* consiste en un cordón de cáñamo alquitranado relleno de pólvora negra finamente granulada. Al encenderla por su extremo libre, se consume lentamente —a razón de un metro por segundo— y, antes de inflamar la carga, directamente o por medio de un detonador, deja el tiempo suficiente para poder alejarse y ponerse al abrigo de la explosión.

El encendido con la mecha de los barrenos se practica en las canteras, en obras públicas y en ciertas minas, excluyendo, claro está, las de hulla y aquellas otras en las cuales la llama podría provocar la deflagración de una atmósfera explosiva. En estas minas, así como en todo arranque importante por el número de barrenos que han de estallar a la vez, se disparan las cargas por medio de aparatos eléctricos. (V. EXPLOSOR.)

— *Mar.* Árbol del timón *, que atraviesa el casco y permite accionarlo desde el puente.

— *Mec. Mecha de engrase,* mecha contenida por ciertos engrasadores que absorbe el aceite por capilaridad y lo aplica por su extremo libre en el cojinete, árbol u otro órgano que se ha de engrasar. ‖ *Amer.* Broca de la taladradora o barrena del berbiquí. (Es galicismo censurable.)

— *Min.* y *Obr. públ.* V. más arriba *Expl.*

— *Text.* Haz o manojillo de fibras textiles. ‖ Cordón, cinta o trenza a propósito para alguno de los usos citados más arriba. ‖ Haz de estopa que sirve de ánima sobre la cual se corchan los tres cabos de una cuerda o los hilos metálicos de ciertos cables. ‖ Hilo poco torcido y de fibras laxas que se obtiene con la mechera y que es torcido y definitivamente acabado en la continua o la selfactina. (V. HILATURA.)

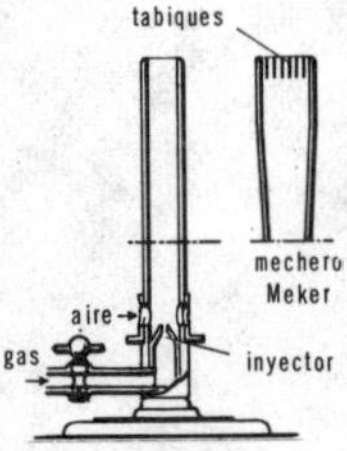

mechero Bunsen

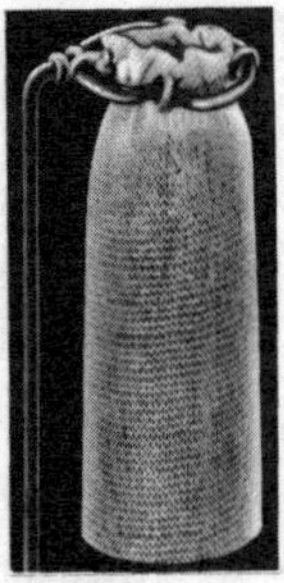

mechero Auer

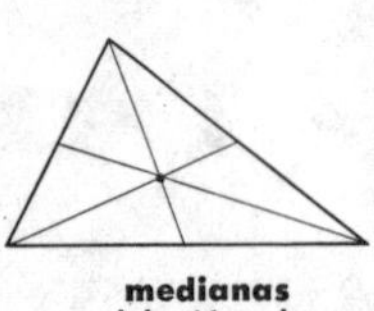

medianas del triángulo

MECHAZO m. *Expl.* Fallo del barreno que no explota después de haberse consumido la mecha.

MECHERA f. *Text.* Máquina empleada en hilatura *, que estira y da un ligero torcido a la cinta procedente del manuar y la convierte así en mecha presta a ser hilada por la continua o la selfactina.

MECHERO m. Encendedor.

— *Calef.* y *Lumin.* Pieza de las lámparas y estufas que contiene la mecha y se halla a veces provista de una ruedecita dentada u otro mecanismo propio para hacerla subir o bajar con objeto de regular la llama. ‖ Boquilla que da salida al combustible gaseoso o gasificado en los aparatos de alumbrado y calefacción y en la cual se forma la llama. (V. QUEMADOR.) ‖ *Mechero Auer,* lámpara consistente en una camisa o manguito de óxidos metálicos cuya incandescencia en el seno de una llama da una luz muy blanca e intensa. ‖ *Mechero Bunsen,* quemador de gas que sirve en los laboratorios para obtener una llama muy caliente.

— El nombre de *mechero* suele reservarse a los dispositivos primitivos en los cuales el combustible arde en una mecha o en un manguito (mechero Auer). Todos los demás, salvo el de Bunsen, se designan con el nombre de quemador *.

— El *mechero Auer* consiste en una camisa o manguito incandescente, constituido por un tejido de algodón impregnado con una mezcla de óxidos de torio (99 %) y de cerio (1 %), en cuyo interior arde un combustible gaseoso. Una vez incinerado el tejido las cenizas conservan la forma del manguito, cuyos óxidos, calentados intensamente por una llama * suficientemente oxigenada, emiten una luz blanca y muy viva, que aun se aprovecha para el alumbrado público, en ciertas lámparas portátiles de petróleo gasificado y focos luminosos para la pesca a la luz.

La *figura* ilustra el principio de funcionamiento del *mechero Bunsen.* El gas combustible aspira por unos orificios el aire necesario para su combustión. Si la abertura de los orificios es suficiente, la mezcla arde en el interior del tubo; si es excesiva, la combustión resulta imposible por fluir la mezcla con mayor rapidez de aquella a la cual puede arder; por último, si la mezcla contiene un ligero exceso de oxígeno, se forma en la boca del mechero una llama * incolora y muy caliente. El mechero Bunsen da una llama todavía más estable y caliente si se divide su boca en forma de células *(mechero de Meker).* Estos mecheros se emplean en los laboratorios para calentar rápidamente las substancias que se analizan o preparan en ellos.

MECHINAL m. *Constr.* Cada uno de los agujeros que se van dejando al subir un muro para empotrar en ellos los travesaños del andamio.

MEDALLA f. Pieza de metal acuñado que se otorga como recompensa o se hace con fines conmemorativos o religiosos y que se fabrica como las monedas. (V. MONEDA.)

MEDALLÓN m. *Arq.* Motivo ornamental consistente en un bajorrelieve redondo o elíptico.

MÉDANO m. *Geogr.* Duna. ‖ Bajo constituido por un banco de arena casi a flor de agua.

MEDIA f. *Mat.* Cantidad que representa el promedio de varias otras. ‖ *Media aritmética,* cociente que resulta de dividir la suma de varias cantidades por el número de las mismas: la media aritmética de 8, 12 y 7 es igual a

$$\frac{8 + 12 + 7}{3} = 9.$$

‖ *Media geométrica de* n *números,* cantidad que se obtiene extrayendo la raíz *n* del producto de los mismos: la media geométrica de 8, 12, 7 es igual a $\sqrt[3]{8 \times 12 \times 7}$.

— *Text.* Pieza vestimentaria en género de punto, que cubre el pie y la pierna. (V. GÉNEROS.)

MEDIACAÑA f. *Arq.* Moldura cóncava cuya sección es semicircular. ‖ Por ext., listón con molduras con que se guarnecen los frisos, las orillas de las colgaduras, etc.

— *Art. gráf.* Filete de dos rayas paralelas, una gruesa y la otra fina.

— *Art. y of.* Formón o escoplo de boca arqueada. ‖ Lima de sección semicircular, terminada en punta.

MEDIACOLUMNA f. *Arq.* Columna de la cual solamente se apercibe la mitad en relieve sobre un muro.

MEDIAGUA f. *Arq. Amer.* Techo de una sola vertiente.

MEDIANA f. *Geom.* Recta que, en una figura plana, divide en partes iguales todas las cuerdas trazadas paralelamente en una misma dirección. ‖ Recta que une un vértice del triángulo con un punto situado en la mitad del lado opuesto: *las tres medianas se encuentran en un punto situado en el tercio de su longitud respecto a la base, que es el centro de gravedad del triángulo.* ‖ Recta que une los puntos situados en la mitad de dos lados opuestos del rectángulo.

MEDIANERÍA f. *Arq.* Muro medianero.

MEDIANERO, RA adj. Situado en el límite de dos cosas contiguas.

— *Arq.* Dícese del muro común a dos edificios contiguos.

MEDIANIL m. *Arq.* Medianería.

— *Art. gráf.* Crucero que se pone entre las planas de la forma o molde para obtener en el pliego impreso el espacio blanco de las márgenes.

MEDIATINTA f. *Pint.* Transición del claro al obscuro y color con que se figura.

MEDIATRIZ f. *Geom.* Perpendicular trazada en el punto medio de un segmento de recta.

MEDICIÓN f. *Metr.* Acción de medir.

MEDIDA f. *Metr.* Evaluación de una magnitud hecha según su relación con otra magnitud de la misma especie adoptada como unidad. ‖ Esta unidad.

— Tomar la *medida de una magnitud* es compararla con la unidad de su misma especie para determinar cuántas veces ésta se halla contenida en aquélla.

Para las *medidas lineales, de superficie* y *de capacidad* se ha extendido el uso de las unidades del sistema métrico, si bien presenta dificultades su introducción en los Estados Unidos de América del Norte y en Gran Bretaña. Las magnitudes físicas son medidas por todo un sistema de unidades definidas con mucha exactitud y aceptadas universalmente. (V. MÉTRICO y UNIDAD.)

La precisión de las medidas reviste una importancia considerable, tanto para el progreso de las ciencias como para la obtención de máquinas y de productos industriales de alta calidad. De ahí la multiplicación y el perfeccionamiento constante de los instrumentos de medida, ya descritos en sus respectivos artículos.

MEDIDOR m. *Metr.* Instrumento o aparato propio para efectuar medidas de alguna índole: *medidor de inductancia.* ‖ *Amer.* Contador de agua, gas o electricidad.

MEDIMARÉMETRO m. *Ocean.* Instrumento que indica las fluctuaciones del nivel medio del mar, eliminando la influencia de las mareas.

— El *medimarémetro* consta esencialmente de un tubo sumergido, en parte, verticalmente. El nivel del agua en el interior del mismo no es perturbado por los movimientos ondulatorios de la superficie del mar. En cuanto a la influencia de las mareas, se evita obstruyendo el extremo sumergido del tubo con una materia porosa, la cual deja pasar el agua tan lentamente que el nivel interior de la misma es prácticamente insensible a las fluctuaciones de las mareas.

MEDIO m. Elemento o espacio en el cual se produce algún fenómeno biológico, físico o químico, o por el cual se transmite una acción: *los rayos de luz son desviados al atravesar un medio refringente; la gelosa es un buen medio de cultivo para microbios.*

MEDIO, DIA adj. Igual a la mitad de una cosa.

— *Arq. Media asta,* espesor de pared igual a la anchura del ladrillo. (V. ASTA.) ‖ *Media caña,* mediacaña. ‖ *Medio bocel,* v. BOCEL. ‖ *Medio punto,* arco * de medio punto.

— *Art. gráf. Medio entalle,* dícese de los trazos que talla el grabador en la plancha de modo que sean gruesos en el centro y afinados en los extremos. ‖ *Media línea,* blanco o espacio tipográfico cuya anchura es igual a la mitad de la fuerza del cuerpo *. ‖ *Clisé* o *grabado de medias tintas,* v. FOTOGRABADO. ‖ *Impresión por medios plie-*

Fot. Auer

gos, la del pliego cuyas dos caras (blanco y retiración) se imprimen por separado, en dos tiradas.
— *Carp. Ensambladura a media madera*, v. ENSAMBLADURA.
— *Lumin. Lámpara de medio vatio*, v. LÁMPARA.
— *Mar. Media partida*, nombre dado al segundo y al sexto rumbos de cada cuadrante.
— *Pint. Media tinta*, mediatinta.
— *Radiot. Antena de media onda*, aquella cuya longitud es sensiblemente igual a la mitad de la longitud de las ondas por ella emitidas o captadas.
— *Text.* Aplícase al nombre de una fibra textil para indicar que ésta solamente constituye uno de los dos hilos del tejido: *en una tela de medio lino la trama es de algodón y la urdimbre de lino, o viceversa.*

MEDIR v. *Metr.* Efectuar medidas.

MEFÍTICO, CA adj. Maloliente.
— *Min.* Dícese del aire confinado en la mina, cuando huele mal o se halla cargado de hidrógeno sulfurado, metano u otros gases dañinos.

MEGA, prefijo derivado del griego *megas*, que significa *grande*.
— *Metr.* Prefijo, simbolizado por la letra M, que, antepuesta a una unidad, la multiplica por un millón: *frecuencia de un megahertzio.*

MEGACICLO m. *Metr.* Un millón de ciclos. ‖ *Megaciclo por segundo*, megahertzio, que es como debe decirse.

MEGAELECTRONVOLTIO m. *Atom.* Un millón de electronvoltios y cuyo símbolo es *MeV*.

MEGÁFONO m. *Acúst.* Bocina cónica que sirve para amplificar la palabra. ‖ Altavoz de largo alcance, provisto de dicha bocina.

MEGAHERTZIO m. Unidad de frecuencia que vale un millón de hertzios; su símbolo es *MHz*.

MEGAHOHMIO m. *Electr.* Megohmio.

MEGAPARSEC m. *Astr.* Unidad de medida de distancias estelares que vale un millón de parsecs y cuyo símbolo es *Mpc*.

MEGATONELADA f. *Atom.* Unidad que sirve para evaluar la potencia de las explosiones nucleares, comparando la energía de las mismas con la que desprendería la explosión de una carga de un millón de toneladas de trinitrotolueno (T. N. T.).
— *Metr.* Unidad de masa que vale un millón de toneladas y cuyo símbolo es *Mt*.

MEGAVATIO m. *Electr.* Unidad de potencia que vale un millón de vatios y cuyo símbolo es *MW*.

MEGAVOLTAMPERIO m. *Electr.* Unidad de potencia aparente, para corrientes alternas, que vale un millón de voltamperios y cuyo símbolo es *MVA*.

MEGÓHMETRO m. *Electr.* Instrumento para medir las resistencias eléctricas de alto valor.
— El *megóhmetro* consiste en un puente * de Wheastone alimentado por una pila o un acumulador, en un reóstato cuyo cursor corre sobre una escala y en una aguja oscilante. Para medir la resistencia de un circuito, se corre el cursor hasta obtener la estabilización de la aguja y se lee directamente la indicación en la escala.

MEGOHMIO m. *Electr.* Unidad de resistencia eléctrica igual a un millón de ohmios, cuyo símbolo es M Ω. (También se usa la forma españolizada *megomio*.)

MEJILLONERA f. *Ind. alim.* Instalación apropiada para la cría de los moluscos lamelibranquios llamados mejillones (*Mytilus edulis*).
— Las *mejilloneras flotantes*, cuales existen en muchos puertos, son pontones de los cuales penden bolsas de red o cuerdas que sirven de soporte primeramente a las larvas de los mejillones y luego a los moluscos adultos, hasta que alcancen las dimensiones requeridas para su venta.
Mucho más importantes son las mejilloneras instaladas en las playas arenosas de las costas en que se dan mareas de bastante amplitud. Suelen tener estos criaderos por lo menos tres compartimientos: en el más lejano de la orilla se dejan caer cada año las tejas, manojos de ramas, etc., en que se han fijado previamente las larvas; éstas son trasladadas al segundo compartimiento al cabo de un año; de ahí pasan los mejillones a otro compartimiento que queda descubierto diariamente en la bajamar y en el cual adquieren su tamaño comercial.

MELACONITA f. *Miner.* Óxido de cobre que es una mena de este metal. (Sinón. TENORITA.)

MELAN, prefijo derivado del griego *melas, melanos*, que significa *negro*.

MELADO m. *Ind. alim.* En la fabricación del azúcar, jarabe que se obtiene evaporando el zumo de la caña y que se trata ulteriormente en el tacho para cristalizarlo. (V. AZÚCAR.)

MELADORA f. *Ind. alim.* La última caldera en que se cuece y espesa el guarapo, que se convierte así en melado.

MELAMINA f. *Quím.* Substancia que se obtiene polimerizando cianamida y que constituye la materia prima de materias plásticas endurecibles, adecuadas para ser armadas con lana de vidrio.

MELANITA f. *Miner.* Granate negro.

MELAZA f. *Ind. alim.* Líquido que queda como residuo después de haberse cristalizado el azúcar.
— La *melaza* es un jarabe no cristalizable, denso y viscoso, de color entre amarillo y pardo, que contiene 85 % de materias secas, comprendiendo en las mismas de 40 a 60 % de azúcar. La melaza de caña de azúcar sirve para elaborar ron y también se consume en vez de azúcar. Con la melaza de remolacha se produce alcohol, y también se incorpora a los forrajes y otros alimentos para animales, con objeto de mejorar su valor nutritivo.

MELINITA f. *Expl.* Materia explosiva a base de ácido pícrico. ‖ *Melinita parafinada*, explosivo para obuses constituido por una mezcla de melinita y de parafina.
— La *melinita* se fabrica vertiendo en el ácido nítrico una disolución sulfúrica de fenol. Para facilitar la carga de los obuses con la melinita fundida se agrega nitronaftalina al ácido pícrico.

MELIS m. *Carp.* El alerce y su madera.

MELNICOVITA o **MELNIKOVITA** f. *Miner.* Variedad de pirita que es una mena de azufre.

MELTON m. *Text.* Variedad de paño de lana, a veces tejido con urdimbre de algodón, moderadamente batanado, cuya superficie presenta la suavidad y el aspecto de la franela.

MEMBRANA f. *Mec. Bomba de membrana*, v. BOMBA.
— *Tecn.* Lámina delgada generalmente elástica, que separa dos cámaras o recintos. ‖ Lámina de materia porosa dispuesta entre dos fluidos y a través de la cual se efectúan cambios de alguna índole entre los mismos.
— *Telec.* Chapa delgada que en los micrófonos y auriculares del teléfono sirve, respectivamente, para transformar las vibraciones sonoras en modulaciones de la corriente o viceversa. ‖ Difusor de forma cónica que, en el altavoz, transmite al aire las vibraciones engendradas por las modulaciones de la corriente de baja frecuencia: *las membranas de altavoz suelen ser de papel especial o de tejido impregnado*, y también las hay de plástico y otras materias.

MEMORIA f. *Electrón.* y *Ofic.* Órgano esencial de las calculadoras en el cual son registradas automáticamente las informaciones o los resultados parciales que habrán de ser introducidos en los cálculos ulteriormente.
— Una calculadora electrónica necesita, dada la complejidad de los cálculos que efectúa, órganos capaces de almacenar los datos y de registrar durante los cálculos los resultados parciales y otras informaciones. También deberán estos órganos ser capaces de restituir correctamente, con toda rapidez y en el momento oportuno en que la máquina las necesite, las informaciones que contienen. La rapidez y la capacidad son dos exigencias que se han logrado satisfacer con *memorias magnéticas* y merced a las ventajas que presenta el sistema de numeración binaria. Dado que este sistema permite expresar cualquier cantidad o información de otra índole con dos signos solamente, un soporte magnético, semejante a una cinta de magnetófono, puede registrar en gran número de puntos de su superficie otras tantas unidades de información, según hayan recibido o no una impulsión magnética. La memoria de ciertas calculadoras consiste precisamente en cintas magnéticas anchas, capaces de registrar más de 200 caracteres por centímetro y de restituir 100 000 caracteres por segundo. Las

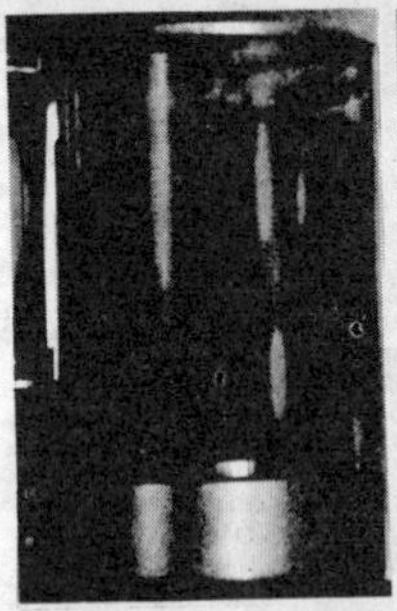

memorias magnéticas de cinta, de discos y de toros

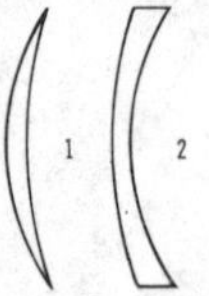

meniscos *(ópt.)*
1. Convergente; 2. Divergente

ménsula

cintas resultan, no obstante, demasiado lentas cuando, después de haberse utilizado informaciones grabadas en un extremo de las mismas, se han de leer otras grabadas en el extremo opuesto, pues entonces la máquina ha de esperar que se enrolle o desenrolle, según el caso, toda la cinta. Por eso se ha adoptado en otras máquinas la *memoria de discos*, en la cual la materia magnética, en vez de ser empleada en forma de cinta, se usa a modo de una pila de discos, utilizables por sus dos caras, cada una de las cuales tiene su propio lector. Así, para hallar el punto en que figura la información deseada, basta con que el disco gire, sin dar nunca más de una vuelta, y que el brazo del lector se mueva más o menos desde la periferia hacia el centro del disco. Con estas memorias se pueden grabar decenas de millones de caracteres y el tiempo de restitución es de unas millonésimas de segundo.

En vez de discos se usan también tambores magnéticos que giran a 12 000 vueltas por minuto y pueden registrar 500 000 signos. El tiempo necesario para hallar una información en los mismos es de media centésima de segundo.

Citemos, por último, las *memorias de ferrita*, constituidas por unos bastidores (matrices) en los cuales numerosos alambres forman una especie de red metálica, cada una de cuyas mallas lleva en sus cuatro nudos un minúsculo toro de ferrita, que es una materia magnética. El paso de la corriente por los conductores magnetiza o desmagnetiza los toros con una rapidez de una millonésima de segundo, pero la capacidad de estas memorias es relativamente pequeña.

MENA f. *Mar.* Grueso de los cabos y cuerdas expresado por su circunferencia.

— *Miner.* Todo mineral metalífero que se beneficia para extraer el metal que contiene: *la galena es una mena de plomo.*

MENACANITA o **MENACCANITA** f. *Miner.* Variedad de ilmenita, mena de titanio.

MENDELEIEV *(Clasificación y tabla de).* V. ELEMENTO.

MENDELEVIO m. *Quím.* Elemento químico de número atómico 101, cuyo símbolo es *Mv.*

— El *mendelevio* es un transuranio radiactivo de corto período y, por consiguiente, inexistente en la naturaleza. Se han producido artificialmente, en cantidades imponderables, sus isótopos de masa 256 y 255, bombardeando el einsteinio con partículas alfa. El primero se convierte en fermio al cabo de hora y media; el período del segundo es de media hora, aproximadamente.

MENESTRETE m. *Carp.* Arrancaclavos.

MENGUANTE adj. et s. *Astr. Cuarto menguante,* v. LUNA.

— *Mar.* F. Marea * descendente y tiempo que dura.

MENISCO m. *Fís.* Forma cóncava o convexa que, como consecuencia de las fuerzas capilares, adopta la superficie libre de un líquido contenido en un tubo estrecho. (V. CAPILARIDAD.)

— *ópt.* Lente que tiene una de sus caras cóncava y la otra convexa. (V. LENTE.) ‖ *Menisco convergente,* aquel en el cual el rayo de la superficie convexa es menor que el de la cara cóncava. ‖ *Menisco divergente,* el que tiene una superficie convexa de radio superior al de la cara cóncava.

MENOS m. *Mat.* Símbolo de la substracción que consiste en un guión largo (—).

— El *signo menos* se emplea en las restas (28 — 7 = 21) y también para indicar el carácter negativo de una cantidad ($a - b$). En el último caso conviene recordar que una cantidad positiva, si es multiplicada o dividida por otra negativa, da un producto o un cociente también negativos, mientras que la multiplicación o la división de dos cantidades negativas da una cantidad positiva.

MÉNSULA f. *Arq.* Cartela con más vuelo que altura que sirve a la vez de adorno y como sostén de marquesinas, balcones u otros elementos arquitectónicos.

MENSURACIÓN f. Medición.

MENTA f. *Bot.* y *Perf.* Hierba labiácea *(Mentha piperita)* cuya esencia, de intenso y agradable aroma, se emplea en perfumería y también en farmacia y para elaborar bebidas alcohólicas.

MENUDO adj. y s. Dícese del carbón en fragmentos de 10 a 20 mm.

MERAR v. *Ind. alim.* Agregar un líquido a otro con objeto de aumentar o de rebajar su fuerza.

MERCANTE adj. *Mar.* Dícese del buque que se dedica al transporte de mercancías.

MERCAPTÁN m. *Quím.* Nombre genérico de compuestos orgánicos derivados de los alcoholes por substitución del grupo OH por el sulfhidrilo SH. (Sinón. TIOALCOHOL.)

— Los *mercaptanes* no son sino alcoholes en los cuales un átomo de azufre reemplaza al átomo de oxígeno. Se obtienen haciendo obrar los cloruros alcohólicos sobre los sulfuros ácidos y también tratándolos con pentasulfuro de fósforo. Son líquidos incoloros y malolientes que antes se agregaban al gas de alumbrado precisamente para aumentar su olor y revelar así las fugas. Se emplean en la industria farmacéutica.

El petróleo contiene mercaptanes que es necesario neutralizar o eliminar de sus derivados, especialmente de la gasolina, mediante una refinación especial que constituye el ablandamiento *.

MERCÁPTIDO m. *Quím.* Derivado metálico de un mercaptán.

MERCATOR *(Proyección de).* V. PROYECCIÓN.

MERCERIZACIÓN f. *Text.* Tratamiento que se da a los hilos y tejidos de algodón, y a veces a los de lino y de cáñamo, para aumentar su resistencia y mejorar su aspecto final.

Fot. I.B.M., Bull, C.S.F.-Bouillo

— La *mercerización* consiste en tratar los hilos y tejidos, previamente tensados, en una lejía de sosa cáustica. La sosa provoca una hinchazón de las fibras y éstas, que tenían una sección aplastada, se vuelven cilíndricas y, al reflejar mejor la luz, confieren un brillo sedoso a los hilos, los cuales, debido también al nuevo arreglo de las fibras, son más resistentes. También tiene por efecto la mercerización aumentar la afinidad de las fibras por los colorantes.
Esta operación se efectúa en máquinas de mercerizar. La máquina para hilos consta de dos cilindros, entre los cuales se tienden las madejas, que giran y bañan en una pila por la que pasa primeramente la lejía y luego el agua para enjuagar. Los tejidos son mercerizados primeramente y luego se mantienen estirados mientras secan.

MERCERIZAR v. *Text.* Efectuar la mercerización de los hilados y tejidos. ‖ *Máquina de mercerizar,* v. MERCERIZACIÓN.

MERCURI, prefijo que indica la presencia de mercurio bivalente en un compuesto químico.

MERCÚRICO, CA adj. *Quím.* Dícese del óxido de mercurio HgO y de las sales del mercurio * bivalente.

MERCURÍFERO, RA adj. *Miner.* Dícese del mineral que contiene mercurio.

MERCURIO, planeta del sistema solar, el más próximo al Sol, cuyo símbolo es ☿.
— El planeta *Mercurio* es de muy difícil observación, no solamente por sus pequeñas dimensiones y la distancia tan grande a que se halla de nosotros, sino, sobre todo, por la pequeñez relativa de su órbita, a la cual se debe la escasa distancia que le separa del Sol en el firmamento. Según la época, Mercurio es astro matutino que sale del horizonte como máximo 2 h 15 mn antes que el Sol, o astro vespertino, y que se pone como máximo 2 h 15 mn después del Sol. Presenta fases semejantes a las de la Luna.
Las dificultades que afrontaban los astrónomos han sido salvadas en 1974 por la sonda automática « Mariner 10 » que, al sobrevolar el planeta, ha registrado sus características físicas, al mismo tiempo que transmitía a la Tierra valiosas fotografías. Éstas revelaron que el suelo de Mercurio ha sido acribillado por meteoritos y, como el de la Luna, presenta numerosos cráteres*.
También descubrió la sonda la existencia de una atmósfera muy tenue compuesta de argón y de neón, con huellas de helio y de hidrógeno.
La temperatura en el suelo difiere mucho de una época del año a otra, ya que la órbita de Mercurio es muy excéntrica: varía aquélla entre 375 °C y 500 °C, según se halle el astro a su máxima o mínima distancia del Sol. En el hemisferio sumido en la sombra ha de reinar un frío intenso y probablemente se dan temperaturas del orden de 100 a 150 grados bajo cero.
La mecánica celeste regida por las leyes de Newton permite calcular los efectos de las atracciones que ejercen los planetas sobre Mercurio. Una de las consecuencias de estas atracciones es la rotación del eje mayor de la órbita en el plano de la misma. Pero la velocidad de rotación observada excede en 42 segundos de arco por siglo respecto a la velocidad teórica. Esta diferencia se explica finalmente si se aplica a los movimientos de Mercurio la mecánica relativista. Así, pues, Mercurio ofrece una magnífica demostración experimental de la justeza de las teorías de la relatividad *.

MERCURIO m. Elemento químico de número atómico 80, cuyo símbolo es *Hg*. (Sinón. HIDRARGIRIO.)
— El *mercurio,* metal muy brillante, de color gris claro, es el único que se conserva al estado líquido a las temperaturas ordinarias, se solidifica a —38,85° y entonces se parece mucho a la plata (hidrargirio significa plata líquida). Sus principales constantes físicas son las siguientes: temperatura de ebullición, 356,58°; densidad, 13,692 al estado líquido y 14,4 al estado sólido; masa atómica, 200,59 (resulta de la mezcla de siete isótopos cuyas masas y proporciones son las siguientes: 196 [0,16 %], 198 [10,02 %], 199 [16,92 %], 200 [23,10 %], 201 [13,22 %], 202 [29,72 %], 204 [6,84 %]).
Dada su baja temperatura de ebullición, el mercurio despide vapores a la temperatura ordinaria, lo cual obliga a tomar precauciones para su manipulación, pues dichos vapores son tóxicos.
El mercurio disuelve fácilmente el oro, la plata, el plomo y los metales alcalinos, formando con ellos amalgamas *, pero basta con un calor moderado para que, al destilarse el mercurio, quede separado el otro metal.
La mena principal del mercurio es el cinabrio, sulfuro de fórmula HgS, de cuyo mineral se extrae aprovechando su fácil volatilización y la inestabilidad de su óxido. El cinabrio es tostado en presencia de aire, obteniéndose así anhídrido sulfuroso y vapor de mercurio, que se condensa en cámaras de enfriamiento. Otro procedimiento para menas muy ricas consiste en descomponerlas con hierro o con cal, obteniéndose también el mercurio en forma de vapor. En ambos casos se efectúan todas las operaciones en hornos y cámaras de condensación herméticos, dado el peligro que presentan las fugas de los vapores.
El *mercurio univalente* da compuestos mercuriosos, mientras que el *bivalente* forma compuestos mercúricos. El sulfuro mercúrico constituye el bermellón * usado como pigmento; el sulfato mercurioso se emplea en ciertas pilas * eléctricas; el fulminato * de mercurio sirve de detonante. Varias sales de mercurio y algunos derivados orgánicos de este metal tienen aplicaciones terapéuticas.
El mercurio se dilata casi proporcionalmente a la temperatura y por eso se emplea en la mayor parte de los termómetros * ordinarios; su elevada conductibilidad eléctrica y térmica hace que se use en interruptores, relevos, contadores, rectificadores, etc.; también tiene aplicaciones en metalurgia, para formar amalgamas con los minerales de oro y de plata que se han de reducir, y es igualmente utilizado para el moldeo de piezas según la misma técnica que la del moldeo * con cera perdida; en la industria química sirve de catalizador y entra en la composición de colorantes y de preparaciones farmacéuticas; en

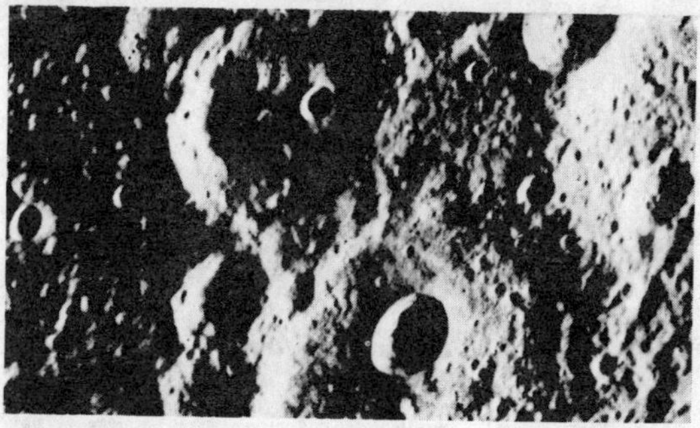

Este paisaje genuinamente lunar es, sin embargo, el de una región de **Mercurio** fotografiada en marzo de 1974 por la sonda « Mariner 10 ».

DATOS NUMÉRICOS SOBRE EL PLANETA MERCURIO COMPARADOS CON LOS DE LA TIERRA

		respecto a la Tierra = 1
Distancia del Sol (máxima)	70 000 000 km	0,466
Distancia del Sol (mínima)	46 000 000 km	0,308
Distancia de la Tierra (máxima)	220 000 000 km	
Distancia de la Tierra (mínima)	103 000 000 km	
Duración de la revolución sideral	87,97 d	
Duración de la revolución sinódica	115,88 d	
Excentricidad de la órbita	0,205	
Inclinación de la órbita	7° 0′11″	
Inclinación del eje respecto al plano orbital		0
Duración de la rotación	58,65	
Diámetro ecuatorial	4 720 km	0,37
Achatamiento del Globo	nulo	
Masa	4,45 × 10^{26} g	0,056
Densidad	5,45	0,987
Presión atmosférica	5 mm de Hg	0,005
Aceleración de la gravedad	4,02 m/s²	0,41
Velocidad circular	3 562 m/s²	
Velocidad paraboílca	5 038 m/s²	0,38

fotografía se emplean el ioduro y el cloruro mercúricos como reforzadores de las imágenes; en luminotecnia se aprovecha la luminosidad del vapor de mercurio sometido a campos eléctricos (v. LÁMPARA); citemos, por último, el uso de la amalgama de plata como obturador para dientes, de la de cinc en ciertas pilas eléctricas, de la de cobre en la preparación de mástiques metálicos, mientras que el mercurio, antes muy empleado para hacer espejos *, ha sido reemplazado en estos usos por el nitrato de plata.

MERCURIOSO, SA adj. *Quím.* Dícese de los compuestos del mercurio univalente. (V. MERCURIO.)

MERIDIANO, NA adj. y s. *Astr.* Círculo mayor de la esfera celeste, que pasa por la línea de los polos y por el cenit y el nadir del lugar considerado. || *Altura meridiana,* v. ALTURA. || *Anteojo meridiano* y *círculo meridiano,* instrumentos de observación dotados de un solo grado de libertad, cuyo eje óptico se halla siempre en el plano meridiano y que sirven para observar el paso de los astros por el meridiano local. || *Línea meridiana,* intersección del plano meridiano y del plano horizontal en un lugar dado. || *Plano meridiano,* plano que, en un lugar dado, contiene la vertical del mismo y el eje de rotación del Globo: *el Sol corta el plano meridiano al mediodía y a medianoche.*

— El *meridiano geográfico* de un lugar es la intersección del plano meridiano con la superficie del Globo. No obstante, se ha convenido en considerar solamente la mitad de dicha circunferencia que pasa por el lugar considerado y va hasta los polos; a la otra mitad, correspondiente al hemisferio opuesto, se le da el nombre de *antimeridiano.* Una de las coordenadas necesarias para situar un punto en la superficie de un astro, la longitud *, es la distancia angular que media entre el meridiano del punto considerado y el *primer meridiano* que sirve de origen y referencia (generalmente el de Greenwich). También sirven los meridianos de límites a los husos horarios. (V. HORA.)

Un *arco de meridiano* de 1º vale aproximadamente 111 km (110,6 km cerca del ecuador y 111,7 cerca de los polos). La longitud del meridiano excede en unos 66 km la del ecuador.

— *Geom.* Dícese de la sección hecha en una superficie de revolución por un plano que pasa por el eje de la misma: *una superficie de revolución es definida por su eje y por uno de sus meridianos.*

— *Magn. Meridiano magnético de un lugar,* círculo mayor que pasa por el mismo y por los polos magnéticos del Globo: *la dirección del meridiano magnético es indicada por el eje de una barrita imantada y suspendida libremente.*

— *Meteor. Circulación meridiana,* movimientos atmosféricos a que dan lugar los cambios entre las masas de aire polares y las masas tropicales.

— *Topogr.* F. Red * de triangulación cuya orientación se confunde con la de un meridiano y que sirve de base para la triangulación general de una comarca.

mesa *(joy.)*

MERIDIONAL adj. Relativo o perteneciente al Sur. || Dícese de la cosa que, respecto a otra, está situada más al Sur.

MERIEDRÍA f. *Miner.* Simetría parcial de los cristales que comprende la hemiedría y la tetartoedría, y que se opone a la holoedría o simetría total.

MERINO, NA adj. y s. *Text.* y *Zool.* Casta de reses ovinas que suministran una lana abundante, blanca y muy fina. || Tejido de estambre de lana merina, con trama más densa que la urdimbre y ésta de hilo más grueso que el de aquélla, con lo cual se obtiene una sarga de surcos diagonales muy pronunciados: *el merino es un tejido suave y brillante, hoy caído en desuso por lo cara que resulta su fabricación.* || *Lana merina,* la que proviene de los merinos.

MERLÍN m. *Mar.* Cabo delgado de cáñamo alquitranado que tiene diferentes usos a bordo de los barcos.

MERMELADA f. *Ind. alim.* V. CONFITURA.

MES m. *Astr.* Intervalo de tiempo igual a la doceava parte del año, cuya duración depende de la índole del mismo. (V. AÑO.) || Cada una de las doce divisiones actuales e irregulares del año solar. || *Mes lunar anomalístico,* tiempo que transcurre entre dos pasos consecutivos de la Luna por su perigeo. || *Mes lunar draconítico,* intervalo de tiempo entre dos pasos sucesivos de la Luna por su nudo ascendente. || *Mes lunar sinódico* o simplemente *mes lunar,* intervalo de tiempo que transcurre entre dos conjunciones sucesivas de la Luna y del Sol, o sea tiempo que tarda la Luna en repetir una misma fase.

— Los doce *meses* del calendario actual son: enero (31 d), febrero (28 y, en los años bisiestos, 29), marzo (31), abril (30), mayo (31), junio (30), julio (31), agosto (31), septiembre o setiembre (30), octubre (31), noviembre (30) y diciembre (31).

El año civil musulmán, el año común de los israelitas y el año embolismal se dividen en meses lunares. (V. AÑO y CALENDARIO.)

MESA f. Mueble constituido por un tablero o una plancha de cualquier materia, sostenidos horizontalmente por uno o varios pies, sobre el cual pueden dejarse cosas o efectuar algún trabajo. || Mármol *. || Parte de una máquina sobre la cual se ponen los materiales o en la que se efectúa algún arreglo o trabajo manual.

— *Arq.* Descansillo de una escalera.

— *Art. gráf.* En el sistema distribuidor de tinta de las máquinas de imprimir, superficie que recibe la tinta del rodillo tomador y la cede a los rodillos dadores que entintan la forma. || *Mesa de marcar,* la del marcador, en la cual se coloca la pila de papel en blanco. || *Mesa de montaje,* mesa constituida por un cristal grande, que se alumbra por debajo, por transparencia, y sirve para montar los positivos de los textos e ilustraciones destinados a la impresión por heliograbado u offset. || *Mesa receptora,* plataforma de la máquina de imprimir en la cual se apilan los pliegos ya impresos.

— La *mesa* del distribuidor de tinta es un órgano intermediario entre el rodillo que toma la tinta del tintero y los rodillos que entintan la forma, y tiene por objeto batir y distribuir regularmente la tinta. En ciertas máquinas consiste en una plancha horizontal que prolonga el carro a la altura de los tipos, y lo acompaña en sus movimientos; en otras, la mesa, a pesar de haber conservado este nombre, se halla constituida por uno o varios rodillos interpuestos entre el que recibe la tinta del tintero y los que la distribuyen a la forma.

— *Geol.* Meseta elevada y de poca extensión.

— *Joy.* Faceta horizontal tallada en la parte superior de una gema.

— *Mar. Mesa de balance,* mesa apropiada para que no pueda caerse la vajilla por efecto de las oscilaciones del barco, ya suspendiéndola del techo, ya equipándola con un sistema de topes para sujetar los objetos (en ciertos casos la mesa está provista de numerosos agujeros en los cuales pueden hincarse clavijas). || *Mesa de guarnición,* tablón fijado en las bandas del barco, frente a un palo, para amarrar en él los obenques.

— *Min.* y *Petr. Mesa de clasificar, de lavar* o *de sacudidas,* mesa inclinada, provista de nervios de longitud creciente y animada por un movimiento de vaivén, que sirve para lavar minerales menudos y separarlos de su ganga. || *Mesa de Linkenbach,* mesa de forma ligeramente cónica sobre la cual se vierten minerales pulverizados y arrastrados por un chorro de agua y que, por diferencia de densidad, separa el mineral de su ganga. || *Mesa de rotación,* plataforma de las sondas * petrolíferas que imprime movimiento giratorio a la barrena.

— La *mesa de sacudidas* es alimentada por su parte superior en fango mineral y en agua clara la cual arrastra la ganga, mientras que las partículas de mineral, más densas, quedan detenida[s] por los nervios, a lo largo de los cuales van desli-

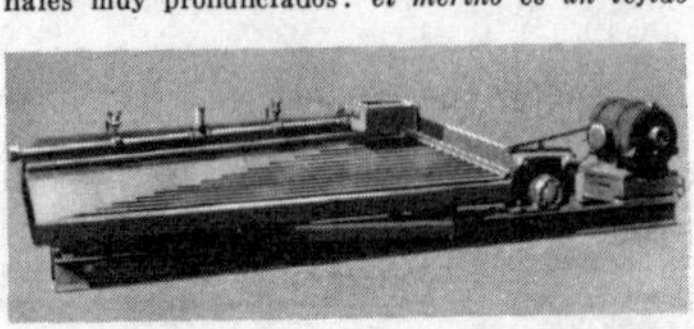

mesa de sacudidas *(min.)*

Fot. X

zándose, al mismo tiempo que son lavadas, impulsadas por el movimiento de vaivén de la mesa. Finalmente, el mineral concentrado cae de la mesa por su esquina inferior.
— *Papel.* Parte horizontal situada en la cabecera de la máquina de hacer papel y en la cual es depositada la pasta diluida con que se fabrica el mismo.
— *Tecn. Mesa vibratoria,* mesa agitada por un mecanismo de levas, que sirve para igualar pastas densas dispuestas en forma de masas informes dentro de moldes: *el chocolate se bate en mesas vibratorias para obtener tabletas, así como el hormigón vaciado en moldes para hacer elementos prefabricados.*
— *Text. Mesa de aprestar,* mesa de cobre, con circulación interna de vapor, que sirve para aprestar vestidos.
— *Vidr.* Plataforma de fundición provista de ruedas, sobre la cual se vierte la masa de vidrio fundido en la fabricación de lunas. ‖ Plataforma circular sobre la cual se ponen las lunas * para pulirlas.

MESANA f. *Mar.* El palo situado más a popa en los barcos que tienen tres. ‖ Vela cangreja de dicho mástil. (Sinón. ARTIMÓN.)

MESETA f. *Arq.* Descansillo o rellano de escalera ‖ *Meseta corrida,* la que une dos tramos de escalera de direcciones paralelas. ‖ *Meseta quebrantada,* la que está entre dos tramos que forman ángulo: *la meseta quebrantada suele ser cuadrada.*
— *Geogr.* Extensión de terreno llano y elevado.
— *Mar. Meseta de cabillas,* madero provisto de una hilera de agujeros por los cuales pasan las cabillas que sirven para amarrar cabos.

MÉSICO, CA adj. *Atom.* Dícese del átomo que ha capturado un mesón muy negativo y lo tiene en una órbita análoga a la de un electrón: *el átomo mésico es inestable, pues el mesón se desintegra en su órbita o reacciona con el núcleo.*

MESILLA f. *Arq.* Meseta * de escalera. ‖ Losa que remata los antepechos y las balaustradas.

MESO, prefijo derivado del griego *mesos,* que significa *medio* y *en medio de.*
— *Quím.* Prefijo que se usa en química orgánica para indicar que se ha efectuado una substitución en un núcleo que ocupa una posición intermedia de la molécula.

MESOCRETÁCEO, A adj. *Geol.* Parte del cretáceo intermediaria entre el cretáceo inferior y el cretáceo superior.

MESOMERÍA f. *Quím.* Caso particular de isomería * en el cual los compuestos no difieren por la disposición de sus átomos, sino por el modo como se hallan distribuidos los electrones de valencia. (V. MESÓMERO.)

MESÓMERO, RA adj. *Quím.* Dícese del cuerpo que se halla en estado de mesomería.
— Las *substancias mesómeras* pueden ser figuradas por dos o más fórmulas que solamente difieren por la distribución de los electrones. En realidad, no pueden existir bajo ninguna de las formas así representadas y sí bajo una forma única en la cual la distribución electrónica es intermediaria entre la que correspondería a cada una de las referidas fórmulas. Para indicar que existe mesomería entre dos estructuras, se traza una flecha de dos puntas entre las dos fórmulas, como en el ejemplo siguiente, relativo al benceno, que es mesómero:

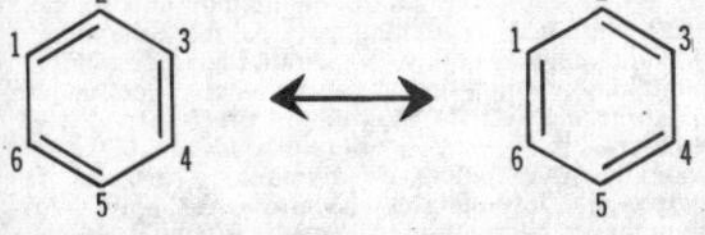

MESOMORFO, FA adj. *Miner.* Dícese de un estado de la materia intermediario entre el estado cristalino y el estado amorfo.
— Los *cuerpos mesomorfos* son fluidos como los líquidos y presentan una anisotropía debida a la forma alargada de sus moléculas y a la orientación paralela de las mismas. En el estado nemático, más próximo del estado líquido que del sólido, las moléculas pueden moverse en cualquier sentido aunque permaneciendo paralelas; en el estado esmético, más próximo del estado sólido, las moléculas se hallan dispuestas en planos paralelos y equidistantes, y solamente pueden moverse en el plano que las contiene.

MESÓN m. *Atom.* Partícula de masa intermediaria entre las del electrón y el protón.
— Los *mesones* son partículas de muy alta energía pertenecientes a las radiaciones cósmicas o engendrados artificialmente por potentes aceleradores de partículas. Se dividen en dos grupos:
— *Mesones pi* (π), también llamados *piones.* Existen en las tres formas: positivo (π^+), negativo (π^-) y neutro (π^o). Los mesones pi positivo y negativo tienen una masa igual a 274 veces la del electrón y cada uno de ellos es la antipartícula * del otro. Ambos tienen una existencia media de 25 milmillonésimas de segundo y dan, al desintegrarse, un mesón mu y un neutrino. En cuanto al mesón pi neutro, su masa es igual a 264 veces la del electrón y su existencia dura en promedio la cienbillonésima parte de un segundo, engendrando, al desaparecer, dos rayos gamma. Los mesones pi de los rayos cósmicos son muy raros en la baja atmósfera, pues se desintegran antes de llegar al suelo, al chocar con las partículas del aire, y dan entonces mesones mu.
— *Mesones ka* (K), también llamados *kaones* y *mesones pesados.* Estas partículas, cuya masa es 965 veces mayor que la del electrón, solamente pueden ser engendradas por pares (carácter propio de las partículas extrañas) o asociadas con un hiperón (por ej., un mesón pi negativo más un protón dan, al reaccionar, un hiperón sigma negativo y un mesón ka positivo; un mesón pi negativo más un protón positivo dan un mesón ka positivo, un mesón ka negativo y un neutrón). Estos mesones se agrupan como sigue: mesón ka positivo (K^+) y mesón ka neutro (K^o) de extrañeza + 1; mesón ka negativo (K^-) y mesón antika neutro ($K^o{}_2$) de extrañeza — 1. Los segundos son las antipartículas de los primeros. Los mesones ka positivo y negativo tienen una existencia media de 12 milmillonésimas de segundo y pueden desintegrarse de varias maneras. El mesón ka neutro dura una cienmillonésima de segundo.
— *Mesones mu* (μ) o *muones.* Estas partículas son uno de los constituyentes principales de los

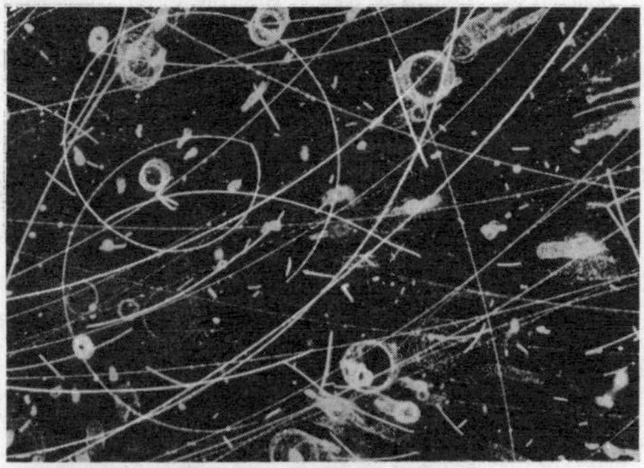

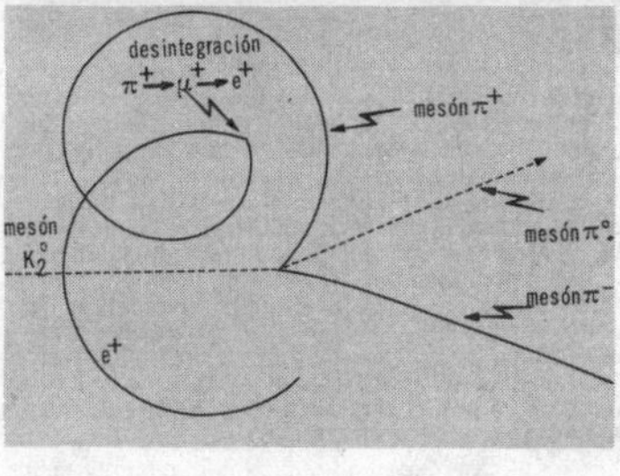

desintegración de un **mesón K,** con producción de otros mesones y y de electrones positivos e^+ (fotografía tomada en una cámara de Wilson)

Fot. Ecole polytechnique

rayos cósmicos en la baja atmósfera, pues son engendrados por la desintegración del mesón pi (v. más arriba). Hoy no se consideran como verdaderos mesones, sino como leptones. (V. MUÓN y LEPTÓN.)
El estudio de los mesones tiene importancia considerable, pues según la teoría de Yukawa (que, por cierto, había previsto teóricamente la existencia del mesón pi y calculado su masa aproximadamente) las fuerzas nucleares se deben a intercambios de mesones entre las partículas que reaccionan en el núcleo. En suma, los mesones serían algo así como el cemento que mantiene unidos a los protones y neutrones del núcleo atómico. También podría decirse que el mesón es, respecto al campo de fuerzas nucleares, lo que el fotón respecto al campo electromagnético.

MESOPAUSA f. *Meteor.* Superficie ideal que constituye el límite entre la mesosfera y la termosfera.

MESOSFERA f. *Meteor.* Capa atmosférica comprendida entre la estratosfera y la termosfera: *en la mesosfera la temperatura empieza por aumentar con la altitud y luego disminuye.* (V. ATMÓSFERA.)

MESOTERMAL adj. *Geol.* Dícese de ciertos filones que se han formado en oquedades del subsuelo a temperaturas de 200 a 300°, inferiores a las de los filones hipotermales.

MESOTORIO m. *Quím.* Nombre que se dio primitivamente a dos isótopos radiactivos de masa 228, uno de ellos del radio y otro del torio.

MESOTRÓN m. *Atom.* Mesón.

MESOZOICO, CA adj. y s. *Geol.* Secundario.

MESSIER *(Catálogo).* V. NEBULOSA.

META m. Marca registrada de un combustible para calentadores pequeños que no es sino metaldehído en forma de tabletas.

META, prefijo derivado del griego *meta,* que significa *después, de otro modo* o *en otro lugar.*
— *Quím.* Prefijo que entra en la composición del nombre de ciertas substancias.
— El prefijo *meta* tiene distintos significados: en química mineral designa el menos hidratado de los cuerpos de una misma especie (H_3PO_4, por ejemplo, es la fórmula del ácido fosfórico, mientras que HPO_3 es la del ácido metafosfórico). En la serie bencénica indica un tipo de substitución doble en la cual un átomo de carbono separa los dos átomos portadores de los substituyentes (así, la resorcina $C_6H_4(OH)_2$ es el metadifenol) y en este caso los derivados meta son isómeros de los derivados orto y para. También se ha formado con el prefijo meta el nombre de los polímeros de ciertos cuerpos (META*ldehído,* META*cloral*).

METABISULFITO m. *Quím.* Nombre comercial del pirosulfito de sodio, polvo blanco que sirve para interrumpir la fermentación de los mostos.

METABÓRICO, CA adj. *Quím.* Dícese del ácido HBO_2, que es la forma en que se halla el ácido bórico en las disoluciones débiles.

METACÉNTRICO, CA adj. *Fís.* Relativo o perteneciente al metacentro.
— *Mar.* Dícese de la curva que une todos los metacentros posibles de un barco.

METACENTRO m. *Autom.* Punto del automóvil en el cual se aplica la resultante de la resistencia al avance opuesta por el aire durante la marcha: *la mejor estabilidad se obtiene cuando el metacentro se halla situado detrás del centro de gravedad.*
— *Fís.* y *Mar.* Punto ideal que representa importante papel en la estabilidad de los sólidos flotantes.
— Todo cuerpo flotante se halla sometido a dos fuerzas: su propio peso, aplicado en su centro de gravedad *G,* la resultante de las fuerzas que ejerce el agua lateralmente y que se aplica en el centro de empuje A. Cuando el cuerpo está en equilibrio, ambos centros se hallan situados en una misma línea vertical. En caso de desequilibrio el centro de empuje se aleja de la misma y pasa, por ejemplo, a B. Entonces, la nueva línea normal a B corta aquella vertical en un punto C, que es el *metacentro.* Mientras el metacentro se halla situado por encima del centro de gravedad, el equilibrio es estable; en el caso contrario, o sea si está entre G y A, el equilibrio es inestable. (V. EQUILIBRIO.)

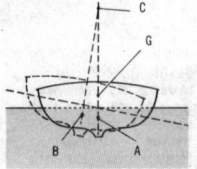

metacentro *(mar.)*

METACINABARITA f. y **METACINABRIO** m. *Miner.* Sulfuro de mercurio HgS, que es una mena de este metal.

METACLORAL m. *Quím.* Sólido cristalizado que resulta de la polimerización del cloral por el ácido sulfúrico y que, al ser destilado, vuelve a dar cloral, aplicándose esta doble transformación para purificar el cloral.

METACRILATO m. *Quím.* Nombre genérico de los ésteres del ácido metacrílico.

METACRÍLICO, CA adj. *Quím.* Dícese de un ácido, cuya fórmula es $CH = C(CH_3) — CO_2H$, que se obtiene haciendo obrar el ácido sulfúrico sobre un nitrilo (el cual resulta, a su vez, de la condensación de la acetona con el ácido cianhídrico).
— El *ácido metacrílico* es un sólido que funde a 16° y hierve a 160°. Sus ésteres, llamados *metacrilatos,* tienen mucha importancia en la industria de las materias plásticas, pues dan *resinas metacrílicas,* que son termoplásticas e incoloras y sirven para fabricar vidrio orgánico, especialmente el Plexiglás.

METACROMÁTICO, CA adj. *Color.* Dícese de la materia que, al ser teñida, toma color diferente del que tiene el colorante empleado.

METADINA f. *Electr.* Máquina eléctrica de excitación interna que tiene varias líneas de escobillas por polo y que puede ser utilizada ya como motor, ya como generador o transformador de corriente eléctrica. (La *metadina* puede transformar una corriente continua en otra de tensión diferente, circunstancia que permite equipar con ella locomotoras capaces de regular su velocidad haciendo variar la tensión de alimentación.)

METAFENILENODIAMINA f. *Quím.* Diamina aromática derivada de dinitrobenceno. (La *metafenilenodiamina* es una fenilenodiamina que sirve de base para la fabricación de colorantes azoicos, especialmente el de color pardo que se obtiene tratándola con ácido nitroso.

METAFOSFATO m. *Quím.* Sal del ácido metafosfórico.

METAFOSFÓRICO, CA adj. *Quím.* Dícese de un ácido cuya fórmula es HPO_3.

METAFOSFORILO m. *Quím.* Radical univalente — PO_2.

METAGALAXIA f. *Astr.* Sinónimo poco usado de *cúmulo de galaxias* *.

METAGEOMETRÍA f. *Geom.* Toda geometría más general que la geometría euclidiana, de donde ésta aparece en cierto modo como un caso particular de la misma.

METAL m. Cuerpo simple, sólido a las temperaturas ordinarias (exceptuando el mercurio), buen conductor del calor y de la electricidad, dotado de un brillo característico (llamado *brillo metálico*) y que tiene la propiedad de formar óxidos con el oxígeno y ligas o aleaciones con los demás metales. ‖ *Metales alcalinos* y *alcalinotérreos,* v. ALCALINO y ALCALINOTÉRREO. ‖ *Metal antifricción,* v. ANTIFRICCIÓN. ‖ *Metal blanco,* aleación que imita la plata y que consiste en estaño ligado con plomo, bismuto, cobre u otros metales: *con el metal blanco se hacen sobre todo cubiertos, candelabros y apliques.* ‖ *Metal campanil,* bronce constituido por 80 % de cobre y 20 % de estaño, en el cual tardan mucho en amortiguarse las vibraciones sonoras, por cuya razón se usa para hacer campanas. ‖ *Metal conglutinado,* cermet. ‖ *Metal de Darcet,* aleación de 50 % de bismuto, 25 % de estaño y 25 % de plomo, que se usa como fusible de seguridad para calderas de vapor. ‖ *Metal desplegado,* v. DESPLEGAR. ‖ *Metal diamantado,* cermet para herramientas destinadas a labrar metales duros, piedras preciosas, vidrio, etcétera. (Los *metales diamantados* se obtienen conglomerando polvos de diamante y mezclas de polvos de los metales generalmente empleados para hacer herramientas [hierro, níquel y cromo; tungsteno, cobre y níquel; cobalto y carburos de tungsteno y de cobalto, etc.].) ‖ *Metal inglés,* metal blanco para cubiertos y vajilla, a base de estaño, con 10 % de antimonio y pequeñas proporciones de cobre y plomo. ‖ *Metales ligeros,* el aluminio, el magnesio y las aleaciones que los tienen por base. (V. ALEACIÓN.) ‖ *Metal de Mannheim,* similor. ‖ *Metal marino,* nombre dado a las aleaciones especiales utilizadas en construcciones navales porque resisten a la acción corrosiva del agua y del aire marinos, cuales son ciertas aleaciones a base de cobre (bronces con cinc, latones con estaño o aluminio, etc.) || *Metal nativo,* el que existe en la naturaleza al estado libre, o sea sin hallarse combinado con otras substancias. || *Metal noble,* metal precioso. || *Metal de polvos,* cermet. || *Metales preciosos,* el platino, el oro y la plata. || *Metal rosado,* metal antifricción a base de cobre y plomo, que tiene color de rosa, mientras que las otras ligas antifricción son blancas.

— Los cuerpos simples se dividen en *metaloides* y *metales.* Los últimos se distinguen por numerosos caracteres, especialmente los siguientes: 1.º son sólidos a las temperaturas ordinarias (salvo el mercurio); 2.º son bastante densos y opacos (a menos de ser reducidos a láminas de excepcional delgadez); 3.º son insolubles en el agua y los disolventes ordinarios; 4.º admiten un pulimento merced al cual reflejan casi toda la luz incidente, y ello les confiere su característico "brillo metálico"; 5.º son buenos conductores del calor y de la electricidad; 6.º su forma puede ser modificada, sin que se rompan, mediante esfuerzos apropiados; 7.º son duros, dúctiles, maleables y elásticos; 8.º cuando se electroliza una combinación no hidrogenada, el metal se deposita en el cátodo; 9.º los compuestos hidrogenados de los metales nunca son ácidos; 10.º entre los compuestos oxigenados de un metal siempre existe por lo menos uno de función ácida, o sea capaz de reaccionar con un ácido para dar una sal y agua.

No siempre es fácil determinar si un cuerpo es un metal o un metaloide. Así el antimonio, el titanio y el estaño no reúnen todas las condiciones propias de los metales, apuntadas más arriba. Son, sin embargo, considerados como metales pero, junto con el hidrógeno, el arsénico y otros cuerpos, marcan la transición entre el grupo de los metales y el de los metaloides.

Existen varias maneras de clasificar los metales. Por ejemplo, la siguiente: 1.º *metales alcalinos,* que son los metales univalentes (litio, sodio, potasio, rubidio, cesio, francio); 2.º los *alcalinotérreos,* que son bivalentes (berilio, magnesio, calcio, estroncio, bario, radio); 3.º los *de la tercera familia* (aluminio, escandio, itrio, lantanio y tierras raras, actinio), y 4.º los *de la cuarta familia* (todos los demás).

He aquí otra clasificación: 1.º metales que descomponen el agua en frío y que dan óxidos, sulfuros y carbonatos solubles (litio, sodio, potasio, rubidio, cesio); 2.º los que descomponen el agua en frío y dan carbonatos insolubles (calcio, estroncio y bario); 3.º los que descomponen el agua hirviente y cuyo óxido es irreductible por el hidrógeno (magnesio y aluminio); 4.º los que, calentados al rojo, descomponen el vapor de agua siendo reversible la reacción (cinc, manganeso, cromo, hierro, níquel y cobalto); 5.º los que, calentados al rojo, se oxidan, aunque sin descomponer el vapor de agua (plomo, cobre); 6.º aquellos cuyos óxidos, al ser calentados, se disocian y liberan el metal (mercurio y plata), y 7.º los inoxidables (oro, platino y metales que acompañan a éste en sus menas). Por lo demás, en la tabla de Mendeleiev, los metales figuran ordenados según sus afinidades.

La *estructura de los metales* explica sus propiedades. Constan de numerosos granitos microscópicos apretados entre sí, que son otros tantos cristales elementales (*fig.* 1). A su vez el cristal elemental se halla constituido por un apilamiento de átomos arreglados de tal forma que cada uno de ellos se halle en contacto con el mayor número posible de los restantes (*fig* 2). Los átomos próximos ponen en común sus electrones de valencia * y aseguran la cohesión del conjunto. Por efecto de un campo eléctrico, los electrones, saltando de uno a otro átomo, pueden formar una corriente * eléctrica, lo cual explica la conductibilidad de los metales. Cuando un metal es sometido a esfuerzos mecánicos, ciertas capas de átomos de los cristales se deslizan sobre otras, ocurriendo entonces, como lo muestra la figura 3, una deformación * permanente.

Los metales, al combinarse con los metaloides, dan sales u óxidos. Tienen asimismo la propiedad de disolverse, a temperaturas elevadas, unos en otros, o a formar suspensiones, obteniéndose así una gran variedad de aleaciones *. También pueden conglomerarse al estado de polvo con óxidos para formar *metales sinterizados* o cermets *, cuerpos también intermediarios entre los metales y los metaloides. (V. FRITAJE.) [Véanse, además, las principales constantes físicas de los metales en el art. ELEMENTO y en el nombre de cada uno de ellos.]

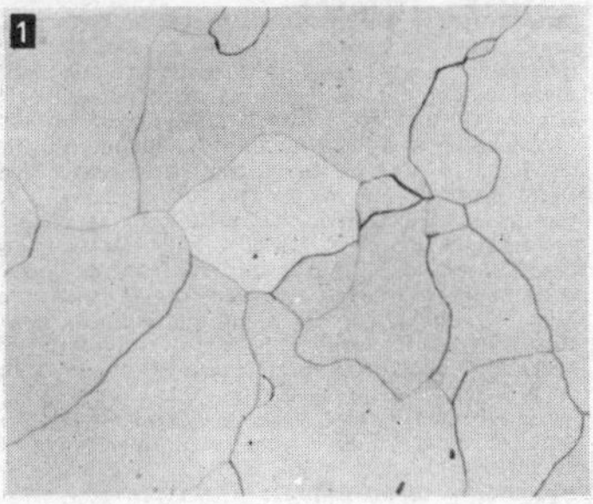

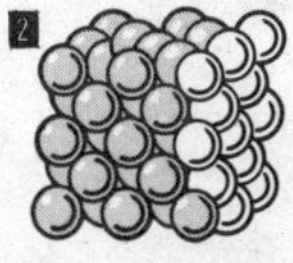

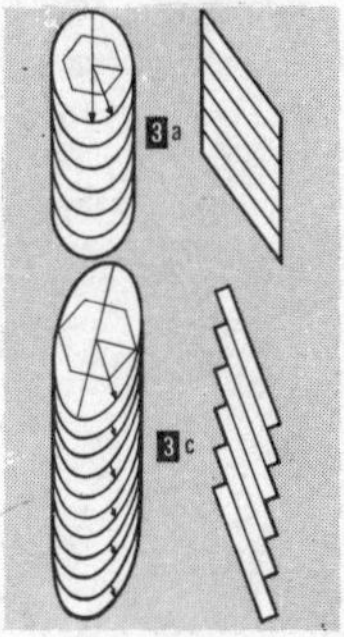

estructura de los **metales**

METALADA f. *Min. Amer.* Cantidad de mineral que se puede beneficiar en una veta metalífera.

METALAR v. *Metal.* Forjar, dar forma a los metales.

METALCARBONILO m. *Quím.* Combinación de un metal con el óxido de carbono. (En cada caso el prefijo *metal* es reemplazado por el nombre correspondiente, como, por ej., en el níquelcarbonilo.)

METALDEHÍDO m. *Quím.* Cuerpo sólido, polímero del aldehído ordinario.

— El *metaldehído* es un sólido blanco, insoluble en el agua, que se emplea como combustible, para calentadores pequeños, con el nombre comercial de *Meta.*

Las tabletas de metaldehído arden sin derretirse ni dejar cenizas.

METALEIDAD f. Carácter de metal.

METALERO, RA adj. *Amer.* Metálico. || *Amer.* Metalífero.

METÁLICO, CA adj. De metal. || Relativo o perteneciente a los metales.

— *Miner. Cuerpos metálicos,* los minerales que contienen substancias metálicas.

METALÍFERO, RA adj. Que contiene uno o varios metales: *yacimiento metalífero.*

METALIZACIÓN f. Acción y efecto de metalizar.

— *Metal.* Operación consistente en volver al estado de metal puro los metales combinados químicamente. || Proceso químico que tiene por objeto la fijación de un átomo de metal.

— *Miner.* Impregnación de los depósitos geológicos por las substancias metálicas.

— *Tecn.* Acción de aplicar una capa de metal sobre una superficie que puede o no ser metálica.

— Los revestimientos metálicos tienen por objeto proteger las superficies contra los agentes destructores (niquelado, cromado, etc.), obtener

metalización por proyección

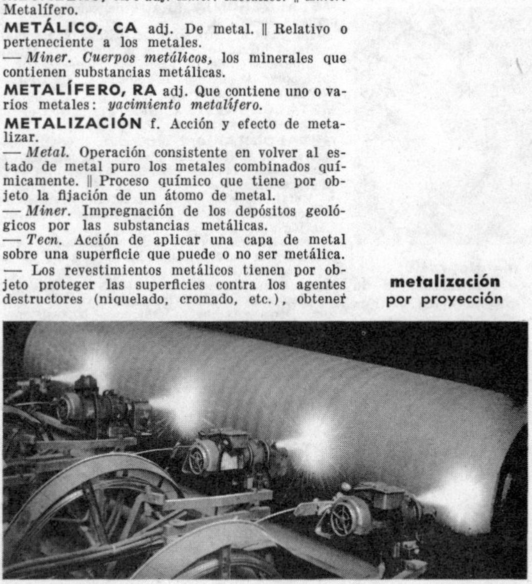

Fot. Sté Nlle de métallisation

metalografía: estudio microscópico de una muestra de cobre recocido

una superficie más dura que la del soporte (planchas para imprimir), imitar un metal noble (chapeado de oro), dar un acabado vistoso (papel metalizado), etc. Se emplean principalmente los siguientes métodos: *metalización química,* sumergiendo los objetos de una disolución de sales del metal que se ha de aplicar (revestimiento de cobre sobre objetos de hierro, por ejemplo); revestimiento electrolítico (niquelado *, cromado *, etcétera); inmersión en un baño caliente de metal o de aleación fundida (galvanización *); tratamiento termoquímico superficial (cementación *); unión, a presión, de una chapa y de su revestimiento (chapeado *); metalización por proyección de chorros de metal fundido; vaporización de metales en el vacío.
Para la *metalización por proyección* se emplean sopletes oxiacetilénicos que funden y proyectan el metal introducido en la llama en forma de alambre. Otro procedimiento consiste en proyectar metal, ya fundido, con un chorro de aire comprimido que lo divide en gotitas finísimas.
La *metalización en el vacío* se efectúa dentro de campanas en las cuales, después de haber introducido los objetos, se practica el vacío y se volatiliza, por medio de una corriente eléctrica apropiada, un hilo del metal destinado al revestimiento; los vapores se condensan sobre los objetos que quedan así metalizados.
La *metalización por proyección* sirve para aplicar capas espesas sobre superficies grandes. La *metalización en el vacío* da capas muy tenues que sirven ya para volver conductora de electricidad una superficie que no lo es naturalmente (materias plásticas), ya para aplicar una superficie reflectora a los espejos de los telescopios o para mejorar los objetivos fotográficos. (V. ESPEJO y ANTIRREFLECTOR.)

METALIZADOR, RA adj. *Tecn.* Que metaliza: *soplete metalizador por proyección.*

METALIZAR v. Conferir brillo metálico a una superficie.
— *Quím.* Volver al estado puro los metales de una combinación.
— *Tecn.* Revestir una superficie con una capa tenue de metal. (V. METALIZACIÓN.)

METALOCERÁMICA f. *Cerám.* y *Metal.* Obtención de piezas por compresión y tratamiento térmico de óxidos y de metales pulverulentos. (V. CERMET y FRITADO.)

METALOCROMÍA f. Arte de colorar las superficies metálicas.
— La técnica consistente en oxidar superficialmente el hierro, el cobre y la plata está siendo reemplazada en la *metalocromía moderna* por la aplicación de óxidos mediante electrólisis. (V. OXIDACIÓN *anódica.*)

METALOGÉNESIS f. *Geol.* Formación de los yacimientos metalíferos.

METALOGRAFÍA f. *Art. gráf.* Procedimiento derivado de la litografía y en el cual la piedra es reemplazada por una plancha de aluminio o de cinc graneada.
— *Metal.* Estudio de la estructura, composición y propiedades físicas de los metales y de sus aleaciones:
La *metalografía* recurre a la microscopia y a la polarimetría para estudiar las superficies de las probetas metálicas previamente pulidas o, por el contrario, atacadas y corroídas con ácidos, y también a la radiografía, que revela su estructura. Otros estudios se refieren a la resistencia de los metales y aleaciones atacados por agentes atmosféricos, a sus propiedades magnéticas y eléctricas, etc.

METALOGRAFÍTICO, CA adj. *Electr.* Dícese de una escobilla constituida por una mezcla de plombagina, cobre y otros metales: *las escobillas metalografíticas se usan sobre todo en máquinas de baja tensión.*

METALOIDE m. *Quím.* Cualquiera de los cuerpos simples que no son metales.
— La mayor parte de las propiedades de los *metaloides* son antagonistas de las de los metales (V. METAL): 1.° no son necesariamente sólidos a las temperaturas ordinarias; 2.° no tienen brillo metálico; 3.° son malos conductores del calor y de la electricidad; 4.° si son sólidos, no son maleables ni dúctiles; 5.° se desprenden, por electrólisis, en el ánodo y no en el cátodo; 6.° sus óxidos no son básicos, sino ácidos o neutros. Los metaloides se clasifican según su valencia, en las cinco familias siguientes: 1.a *metaloides univalentes,* que dan ácidos fuertes con el hidrógeno y a los cuales se da también el nombre de halógenos (flúor, cloro, bromo y yodo); 2.a *metaloides bivalentes,* que dan ácidos más flojos que los anteriores (oxígeno, azufre, selenio, telurio); 3.a *metaloides trivalentes,* cuyos compuestos hidrogenados no dan ácidos (nitrógeno, fósforo y arsénicos); 4.a *metaloides cuatrivalentes* (carbono y silicio, a los cuales se agrega a veces el boro, a pesar de ser trivalente); 5.a la de valencia O, constituida por los gases raros del aire, que son monoatómicos (helio, neón, argón, criptón y xenón). Citemos el caso particular del hidrógeno que, por sus propiedades electropositivas puede ser asimilado a un metal, aun cuando se le clasifica las más de las veces entre los metaloides en razón de su estado gaseoso.

METALOIDEO, A y **METALÓIDICO, CA** adj. *Quím.* Relativo o perteneciente a los metaloides.

METALOPLÁSTICO, CA adj. Que reúne las características de un metal y una materia plástica. ‖ Dícese de las juntas herméticas propias para temperaturas elevadas, constituidas por una hoja de amianto envuelta en una chapa fina de cobre: las *culatas de los motores se montan con juntas metaloplásticas.*

METALOQUÍMICA f. Parte de la química relativa a los metales.

METALORRADIOGRAFÍA f. Radiografía de una substancia metálica.

METALÚMINA f. *Quím.* Alúmina coloidal.

METALURGIA f. Conjunto de técnicas merced a las cuales se extraen los metales de sus menas, se afinan y mezclan, se labran y se someten a tratamientos térmicos o a acabados superficiales. ‖ *Metalurgia de polvos,* conjunto de procedimientos metalúrgicos que permiten obtener piezas mediante compresión y fritaje de polvos metálicos mezclados con óxidos. (V. CERMET y FRITAJE.)
— La elaboración de los metales a partir de sus minerales se efectúa, según los casos, por fusión de los mismos, por calcinación, por disolución con reactivos apropiados, por amalgamación, por volatilización o por electrólisis (electrometalurgia).
Para dar forma al metal y obtener semiproductos o productos acabados, se recurre a las siguientes técnicas: fusión o vaciado en moldes, forjado, laminación, trefilado, embutido, estampación, estirado, soldadura, prensado (metalurgia de polvos), labores con arranque de virutas (torneado, fresado, etc.).
Los tratamientos principales a que son sometidos los metales son los siguientes: recocido, temple, cementación, metalización, oxidación, etc.
Todas las fases de la metalurgia requieren numerosos estudios metalográficos, pruebas mecánicas (dureza, resistencia * de materiales), ensayos físicos (radiografías, análisis térmicos, etcétera) y análisis químicos, extensivos a los problemas de corrosión y de protección de las superficies metálicas.
Sobre los detalles de cada una de las operaciones enumeradas más arriba, véanse los articulos correspondientes, así como el nombre de cada uno de los metales a los cuales se aplican.

METALÚRGICO, CA adj. Relativo o perteneciente a la metalurgia. ‖ *Coque metalúrgico,* V. COQUE.

METAMERÍA f. *Quím.* Isomería * de compensación *.

METÁMERO, RA adj. *Quím.* Dícese del cuerpo que es isómero de otro por metamería.

METAMÓRFICO, CA adj. *Geol.* Dícese de las rocas primitivamente endógenas o sedimentarias cuya naturaleza ha sido modificada por metamorfismo *.

METAMORFISMO m. *Geol.* Modificación fisicoquímica de una roca por acciones de origen interno.
— El *metamorfismo* consiste en cristalizaciones, cambios de estructura cristalina y otras modificaciones importantes de la roca, acompañadas a veces de inserción en la misma de nueva subs-

Fot. C. T. I. F.

tancia (flúor, sílice, etc.). Una roca endógena, calienta durante su movimiento ascendente, la roca que la rodea y la impregna de agua y de gas. Ambas rocas experimentan así un metamorfismo de contacto, la primera *(endomorfismo)* en su periferia y la segunda *(exomorfismo)* en su borde. En las fracturas importantes, como las que dan nacimiento a las montañas, el roce intenso de los bordes provoca un dinamometamorfismo de ruptura de la roca triturada y a veces nuevamente cristalizada. También existe un metamorfismo regional o general que resulta del hundimiento progresivo de las rocas, las cuales, a una decena de kilómetros de profundidad, son modificadas por la temperatura elevada y las fuertes presiones a que se hallan sometidas.
Las principales rocas metamórficas son los gneis y micaesquistos, las cuarcitas, el grafito, la serpentina, etc.

METANAL m. *Quím.* Formaldehído.

METANERO, RA adj. y s. m. *Mar.* Buque cisterna especialmente construido para el transporte de metano licuado, contenido en aljibes bajo presión para que no se evapore.

METANO m. *Quím.* Gas que constituye el primer término de la serie de los hidrocarburos saturados. (Sinón. FORMENO, GAS DE LOS PANTANOS.)

— El *metano* es un gas incoloro y tiene por fórmula CH_4. Es el más simple de todos los compuestos orgánicos (v. HIDROCARBURO), lo cual explica su abundancia en la naturaleza, pues se desprende de las materias orgánicas en estado de descomposición (aguas estancadas, estiércol, etc.). También se desprende en ciertas minas de hulla, en las cuales forma con el aire la mezcla explosiva llamada *grisú* *. El gas * natural de los yacimientos petrolíferos contiene hasta 98 % de metano y en el gas de alumbrado entra en la proporción de 30 %. Es, por último, el metano uno de los principales componentes de la atmósfera de los cuatro planetas mayores (Júpiter, Saturno, Urano y Neptuno) y del satélite Titán. El metano se forma por combinación del hidrógeno con el carbono en caliente (a unos 1000º), siendo esta reacción reversible. Es poco oloroso, tiene una densidad de 0,55 respecto a la del aire y se licúa a —164º. Arde con llama no fuliginosa.
El metano se consume como combustible y sirve también para preparar hidrógeno, formaldehído, acetileno, cloruro de metilo y otros derivados clorados.
Cuando no existe posibilidad de tender gasoductos, el metano del gas natural se transporta en grandes cantidades, al estado líquido, en barcos metaneros.

METANOICO m. *Quím.* Ácido fórmico.

METANOL m. *Quím.* Alcohol * metílico.

METASOMATOSIS f. *Geol.* Modificación producida en la estructura o composición de una roca consistente en la substitución de un componente por otra substancia de origen externo, arrastrada, por ejemplo, por las aguas infiltradas. (Este fenómeno se opone al metamorfismo *, que se debe a acciones internas.)

METASTABLE adj. *Fís.* y *Quím.* Estado de un sistema físico o de una mezcla química aparentemente estable, porque las perturbaciones desequilibradoras son infinitamente pequeñas, pero realmente inestables, como lo demuestra el rápido desequilibrio que se manifiesta cuando las perturbaciones son suficientemente grandes. (V. ESTADO.)

METASTÁTICO, CA adj. *Miner.* Dícese del cristal que tiene la misma forma que la del sólido primitivo.

METATOMO m. *Arq.* Espacio que media entre dos dentellones sucesivos de la adaraja *.

METEDOR m. *Art. gráf.* Tablero sobre el cual se apila en la máquina el papel que se ha de imprimir.

METEÓRICO, CA adj. Relativo a los meteoros o a los meteoritos. ‖ *Aguas meteóricas,* v. AGUA. ‖ *Cráter, hierro meteóricos,* v. CRÁTER y HIERRO. ‖ *Piedra meteórica,* v. PIEDRA.

METEORÍTICO, CA adj. *Astr.* Relativo o perteneciente a los meteoritos.
— *Geol.* De la naturaleza de los meteoritos: *mineral meteorítico.*

Fot. Rudaux

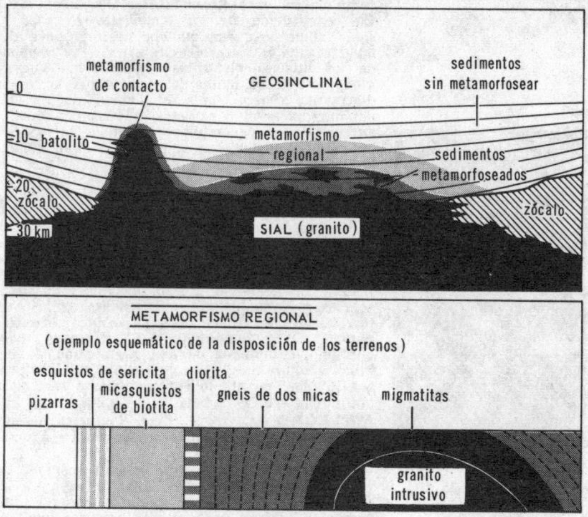

metamorfismo

METEORITO m. *Astr.* Fragmento de materia sólida que gravita en el espacio interplanetario y que, al encontrarse con la Tierra, produce en la atmósfera el meteoro luminoso conocido comúnmente por el nombre de estrella fugaz.

— En el espacio interplanetario gravitan miríadas de cuerpos minúsculos, ínfimos granos de polvo o fragmentos mayores de materia pétrea o metálica que, al penetrar en la atmósfera con velocidades muy grandes, se vuelven incandescentes por efecto del roce con el aire y se volatilizan dejando en pos de sí una estela luminosa. Si el *meteorito* es bastante grande, solamente se consume en parte y los restos caen al suelo. A veces, aunque muy excepcionalmente, el meteorito es un bloque de centenares de kilogramos y hasta de varias toneladas, que puede estallar y desintegrarse en numerosos fragmentos cerca del suelo o bien llega hasta el mismo, produciendo en este caso una excavación característica llamada cráter meteórico. Estos cráteres abundan en la Luna porque nuestro satélite, al carecer de atmósfera capaz de destruir o desintegrar los meteoritos, se halla sometido desde sus orígenes a la acción directa de estos proyectiles celestes. Lo mismo ocurre en Marte, por tener este planeta una atmósfera muy tenue.
Se calcula que la Tierra recibe cada día unas 6 toneladas de materia interplanetaria, restos de miles de millones de meteoritos, ya que la inmensa mayoría de los mismos pesan menos de 4 centésimas de gramo. Dicha masa, que es la de meteoritos del tamaño de una cabeza de alfiler, basta para producir en el cielo una luminosidad comparable a la de las estrellas más brillantes, pues además de la luz propia de las moléculas incandescentes, éstas ionizan el aire y lo vuelven también luminiscente a lo largo de su trayectoria.
La velocidad de un meteorito en la atmósfera depende de su dirección respecto a la de la Tierra. Cuando ambas direcciones son opuestas, las velocidades de nuestro globo (unos 30 km/s) y del meteorito (hasta 42 km/s) se suman. El hecho de que la velocidad de los meteoritos a proximidad de la Tierra no pase de 42 km/s (que es la velocidad * parabólica a partir de la cual se escaparían del sistema solar) demuestra que esos diminutos cuerpos celestes pertenecen a dicho sistema y no provienen del espacio cósmico interestelar. Por lo demás, se ha observado que, en épocas fijas del año, la Tierra atraviesa enjambres de meteoritos, produciéndose entonces lluvias de estrellas fugaces en el "cielo". Este fenómeno se registra a veces al pasar la Tierra cerca de la órbita de algún cometa desaparecido, lo cual incita a creer que ciertos enjambres constituyen los restos de cometas diseminados a lo

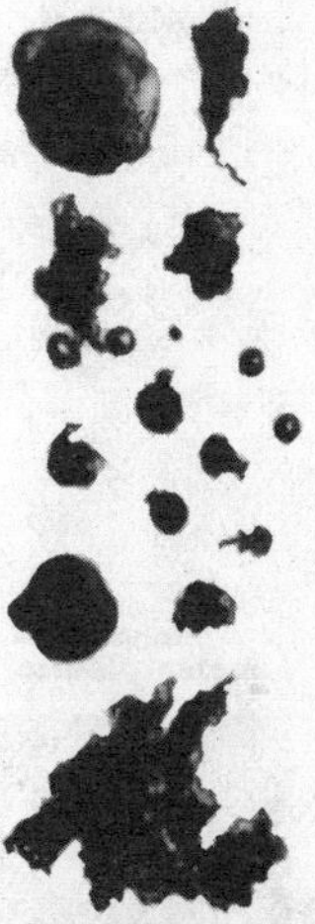

restos de **meteoritos** que se obtienen arrastrando un imán por un canalón de tejado

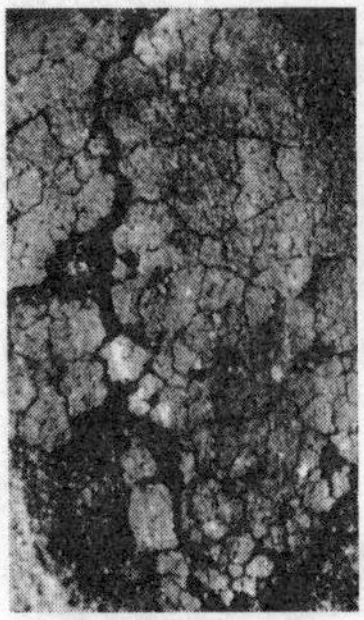
fragmento de un **meteorito**

largo de sus respectivas órbitas. (V. BIÉLIDAS.) La constitución de los meteoritos llegados al suelo tiene una importancia capital, pues demuestra que la materia extraterrestre se compone de los mismos elementos presentes en nuestro globo. Desde el punto de vista mineralógico se distinguen cuatro clases de meteoritos: los *asideritos* o *meteoritos asíderos*, que carecen de hierro metálico; los *aerolitos* o *meteoritos pétreos*, los más frecuentes, que se componen esencialmente de silicatos, con pequeñas proporciones de hierro y níquel; los *siderolitos* o *litosideritos*, formados por partes iguales de silicatos y de hierro niquelado; los *holosideritos* o *meteoritos holosíderos*, prácticamente compuestos de hierro. Los meteoritos que gravitan en el espacio interplanetario constituyen un peligro para la astronáutica, pues en razón de su enorme energía cinética, un grano de 2 mm de diámetro puede atravesar 7 mm de acero. La rareza de los meteoritos de tales dimensiones y, por otra parte, las dimensiones reducidas de las astronaves, hace que la eventualidad de una perforación de cabina, siempre posible, según el cálculo de probabilidades, resulte lo suficientemente rara para que pueda ser descartada.

METEORIZACIÓN f. *Geol.* Conjunto de modificaciones causadas en las rocas por los agentes atmosféricos.
— La *meteorización* se debe principalmente a las variaciones de la humedad, a las heladas y a los cambios de temperatura. Los fenómenos más importantes por sus consecuencias son los siguientes: 1.º la crioturbación * y la gelivación *, debidos a la alternancia de heladas y deshielos; 2.º la descamación * de la capa superficial por efecto de las dilataciones y contracciones sucesivas debidas a los cambios de temperatura; 3.º el agrietamiento por desecación *; 4.º la formación de lapiaz * por disolución de las rocas solubles, etc. La meteorización suele provocar una fragmentación de la roca, y también da lugar, en las comarcas de clima seco, a la formación de una capa superficial bastante dura.

METEORO m. Cualquiera de los fenómenos que ocurren en la atmósfera. ‖ *Meteoro acuoso*, hidrometeoro. ‖ *Meteoro ígneo*, el que se debe a una combustión o desprende mucho calor. (V. METEORITO.) ‖ *Meteoro luminoso*, el que se manifiesta por una emisión de luz, cuales son el arco iris y las auroras.

METEORÓGRAFO m. *Meteor.* Instrumento múltiple de que son provistos los globos sondas y que registra los principales elementos físicos de la atmósfera: *los meteorógrafos más comunes constan de un barómetro, un termómetro y un higrómetro.*

METEOROLOGÍA f. Parte de la física del Globo que trata de los fenómenos atmosféricos.
— La *meteorología analítica* considera separadamente los factores físicos que determinan la evolución del tiempo, cuales son la temperatura, el viento, las precipitaciones, etc., mientras que la *meteorología dinámica* estudia las leyes que rigen los movimientos de las masas de aire y su incidencia sobre el tiempo. Los resultados que se obtienen en meteorología dinámica se trasladan a mapas especiales y a diagramas que muestran la situación de la atmósfera a una hora precisa en una región limitada del Globo y este ramo de aplicaciones prácticas constituye la *meteorología sinóptica*, necesaria para la previsión * del tiempo.
La *aerología* * es la parte de la meteorología que estudia la estructura de la atmósfera libre y la *climatología* * trata de los caracteres meteorológicos propios de cada comarca o región del Globo, cuyo conjunto determina el tipo de tiempo que hace en las mismas.

fragata **meteorológica**

METEOROLÓGICO, CA adj. Relativo o perteneciente a la meteorología. ‖ *Radar meteorológico*, v. RADAR. ‖ *Satélite meteorológico*, v. SATÉLITE.

METIL, prefijo que indica la presencia del radical metilo en los compuestos químicos.

METILACETILENO m. *Quím.* Propino.

METILACIÓN f. *Quím.* Operación consistente en introducir el radical metilo en una molécula.

METILADO, DA adj. *Quím.* Que contiene el radical metilo en su molécula.

METILAL m. *Quím.* Acetal * que se obtiene con formaldehído y alcohol metílico.

METILAMINA f. *Quím.* Gas de olor amoniacal que es la base orgánica más simple (CH_3NH_2), se halla en los vegetales, los huesos y los productos de destilación y se prepara tratando acetamida con bromo y sosa caústica. (Sinón. MONOMETILAMINA.) ‖ Nombre genérico de las aminas metiladas que, además de la anterior, comprenden la dimetilamina * y la trimetilamina.

METILAR v. *Quím.* Efectuar la metilación.

METILATO m. *Quím.* Alcoholato derivado del alcohol metílico.

METILBENCENO m. *Quím.* Tolueno.

METILBUTADIENO m. *Quím.* Isopreno.

METILCELULOSA f. *Quím.* Substancia que se obtiene a partir de la celulosa, reemplazando los hidróxilos OH de su molécula por dos radicales metoxilo: *la metilcelulosa es soluble en el agua fría, con la cual se mezcla para fabricar colas.* (Sinón. METOXICELULOSA.)

METILENO m. *Quím.* Radical bivalente $=CH_2$ derivado del metano por supresión de dos átomos de hidrógeno. ‖ Nombre comercial que se da en ciertas partes al *alcohol metílico impuro* que sirve para desnaturalizar el alcohol etílico. (V. ALCOHOL.) ‖ *Azul de metileno*, colorante artificial, de fórmula compleja ($C_{16}H_{18}N_3SCl$) que se emplea para teñir el algodón y fabricar tintas de estilográfica; se usa también como antiséptico. ‖ *Óxido de metileno*, sinónimo anticuado de *formaldehído*.

METILETILCETONA f. *Quím.* Cetona soluble en el agua, que se emplea industrialmente como disolvente, especialmente para desparafinar *.

METÍLICO, CA adj. *Quím.* Aplícase a los derivados del metano, especialmente al alcohol. ‖ *Alcohol metílico*, v. ALCOHOL y METILENO. (Sinón. METANOL.)

METILISOBUTILCETONA f. *Quím.* Cetona derivada de la acetona, que hierve a 115º y se emplea como disolvente para desparafinar *.

METILROJO m. *Quím.* Compuesto orgánico que se emplea como indicador para el amoniaco y las bases orgánicas débiles: *el agua colorada de amarillo por el metilrojo vira al rojo violáceo si se agrega una gota de ácido clorhídrico y, entonces, una gota de amoniaco la vuelve incolora.*

METILO m. *Quím.* Radical univalente $-CH_3$, que es el primer término de la serie de radicales de los carburos grasos saturados.
— El *metilo* deriva del alcohol metílico por supresión del hidroxilo. Muy numerosas son las combinaciones orgánicas en las cuales figura este radical, especialmente las siguientes: 1.ª *bromuro de metilo*, empleado para extinguir incendios, pues, por hervir a 4º, se vaporiza espontáneamente al abrir el recipiente que lo contiene a presión; 2.ª *cloruro de metilo* o *clorometano* CH_3Cl, gas que hierve a —23º, es fácilmente condensable y constituye un agente industrial de metilación, empleándose también como anestésico local; 3.ª *sulfato de metilo* y *yoduro*, también agentes de metilación; 4.ª *salicilato de metilo*, usado como linimento, etc.

METÓDICO, CA adj. *Quím.* Dícese del método de la contracorriente *.

METOL m. *Fot.* Marca registrada del genol.

MÉTOPA f. *Arq.* Espacio generalmente cuadrado que media entre dos triglifos del friso dórico y que, las más de las veces, lleva bajorrelieves esculpidos.

METOQUINONA f. *Fot.* Marca registrada de una mezcla de genol y de hidroquinona que entra en la composición de reveladores fotográficos.

Fot. Atlas-Photo, E. C. M.

METOXICELULOSA f. *Quím.* Metilcelulosa.

METOXILO m. *Quím.* Radical univalente — CH_3O.

METRAJE m. Longitud de una cosa expresada en metros (dícese sobre todo del papel en rollo, los tejidos, cintas y otras cosas vendidas por metros).
— *Cin. Cinta de corto metraje,* o simplemente *corto metraje,* la que se proyecta en los cines como complemento de otra mayor y que solamente mide unos 600 m. ‖ *Cinta de largo metraje,* o simplemente *largo metraje,* la cinta principal de un programa cinematográfico, que suele medir más de 2 500 m.

METRALLA f. *Metal.* Fragmentos menudos de metal ferroso o de cobre, que se recuperan para ser fundidos de nuevo.

METRAR v. Medir con el metro: *determinar el metraje * de una cosa.*

MÉTRICO, CA adj. Relativo o perteneciente al metro o a las medidas derivadas del mismo. ‖ *Quintal métrico,* v. QUINTAL. ‖ *Sistema métrico,* conjunto de medidas que tienen por base al metro. ‖ *Tonelada métrica,* v. TONELADA.
— El *sistema métrico decimal* se funda en el uso del metro, unidad de longitud; para definir una unidad de superficie, el metro cuadrado, y para definir una unidad de volumen, el metro cúbico. De éstas derivan a su vez el litro, que es la unidad de capacidad, y el kilogramo, que es la de peso. Numerosos prefijos permiten definir un gran número de múltiplos y submúltiplos del metro, del litro y del kilogramo, que constituyen para cada familia de unidades una escala en la cual una unidad cualquiera vale diez veces más que la que le sigue y diez veces menos que la que la precede. Así, el litro tiene 10 decilitros, el decilitro 10 centilitros, etc., mientras que en un decálitro entran 10 litros y 100 en un hectólitro.
Al principio se escribían con mayúsculas los símbolos de los múltiplos de cada unidad fundamental (*Dl* por decálitro; *Km* por kilómetro, etc.), mientras que el símbolo de la unidad y los de sus submúltiplos se escribían con minúsculas (*l,* por litro; *dl,* por decilitro; *ml,* por mililitro, etc.). Según las nuevas convenciones, la mayúscula pierde su significado de múltiplo y se reserva para aquellos símbolos de unidades cuyo nombre deriva de un nombre propio (*kA* por kiloamperio, por ejemplo), admitiéndose, no obstante, contadas excepciones para evitar confusiones (el símbolo de mega es *M,* para distinguirlo del de mili, que es *m;* el símbolo de deca es *da,* mientras que el de deci es *d*). [V. tabla de múltiplos y submúltiplos decimales en el art. UNIDAD.]

METRO m. Unidad principal de longitud del sistema métrico definida en 1960 con relación a la longitud de onda de una raya del espectro luminoso del criptón. (V. más abajo ENCICL.) ‖ Cinta, regla u otro instrumento de un metro de largo, propio para efectuar medidas: *los metros suelen llevar una escala con divisiones que indican los decímetros y los centímetros, y a veces los milímetros.* ‖ *Metro cuadrado,* unidad de medida para superficies, que tiene por símbolo m^2 y equivale al área de un cuadrado cuyo lado mide un metro. ‖ *Metro cúbico,* unidad de medida de volumen, cuyo símbolo es m^3, que es igual al volumen del cubo cuyo lado mide un metro.
— El *metro,* cuyo símbolo es *m,* fue definido primeramente como la diezmillonésima parte del cuarto del meridiano terrestre, definición imprecisa dada la poca exactitud con que podía medirse esta línea imaginaria en la superficie del Globo. Prácticamente, era el metro la distancia que mediaba, a la temperatura de 0°, entre dos finísimas ranuras trazadas en una barra de platino iridiado. A partir de este patrón internacional, conservado en París, se sacaban copias o patrones nacionales para cada uno de los países que adoptaban el sistema métrico decimal.
La ciencia moderna y las industrias de alta precisión no podían fundarse en un patrón empírico para establecer su sistema de medidas, y en 1960 se adoptó en una conferencia internacional un nuevo patrón que tiene la ventaja de ser rigurosamente preciso y muy cómodo, pues se puede disponer del mismo en todo lugar y en cualquier circunstancia. Como se explica en el art. LUZ, el salto, en un átomo, de un electrón de una órbita o nivel a otro nivel inferior da lugar a la emisión de su exceso de energía en forma de radiación de longitud de onda rigurosamente constante. Como esta longitud, siempre la misma para el salto entre dos niveles determinados, es pequeñísima (del orden de la millonésima parte del metro) y puede calcularse y medirse con una aproximación de varias cifras decimales, bastará adoptar un número conveniente de longitudes de onda para obtener un patrón del metro, indestructible, indeformable y reproductible a voluntad. Precisamente en la luz emitida por una lámpara * de descarga eléctrica en el criptón, figura una radiación claramente representada en el espectro luminoso por una raya que corresponde al salto de un electrón entre los niveles 2P10 y 5D5 del átomo del criptón de masa 86, y según la nueva definición, el metro es igual a 1 650 763,73 veces la longitud de la onda luminosa emitida durante dicha transición del electrón.
Para construir un metro metálico que sirva de patrón práctico, se dispone la barra en un banco especial, se traza en uno de sus extremos una finísima raya visible al microscopio y se cuentan las longitudes de onda a lo largo de la misma por medio de un interferómetro, lo cual permite trazar la segunda raya que limita el metro. En realidad, los límites son imprecisos, pues resultan de una operación mecánica, pero el interferómetro indica la magnitud del error y éste puede ser tenido en cuenta al utilizar el patrón metálico.
El metro sirve de base para la definición de todas las unidades del sistema métrico decimal, que tiende a ser adoptado universalmente (v. MÉTRICO y UNIDAD). No obstante, los países anglosajones continúan utilizando un anticuado y complicadísimo sistema de unidades de medida en el cual la unidad comparable al metro es la yarda, equivalente a 0,9144 m (para convertir los metros en yardas, se multiplican por 1,0936).
El *metro kilogramo,* unidad de medida del momento de una fuerza o de un par de fuerzas, es igual al momento engendrado, respecto a un eje, por una fuerza de un kilogramo, fuerza aplicada ortogonalmente a un metro del mismo. El símbolo de esta unidad es *m.kgf.* Si la fuerza aplicada es de un newton, se tiene otra unidad llamada *metro newton* (m.N), y si es de un estenio, la unidad es el *metro estenio* (m.sn).

METRO m. *F. c.* Abreviatura familiar del *ferrocarril metropolitano *.*

METRO, prefijo derivado del griego *metron,* que significa *medida.*

METROFOTOGRAFÍA f. *Topogr.* Fotogrametría.

METROLOGÍA f. Ciencia que trata de las medidas, de los sistemas de unidades adoptados y los instrumentos usados para efectuarlas e interpretarlas. (Véase C. G. S., MÉTRICO, M. K. S. A., UNIDAD y los art. consagrados a cada tipo de instrumento de medida.)

METRÓNOMO m. *Mús.* Instrumento consistente en un péndulo cuya frecuencia o número de oscilaciones puede ser regulada entre 40 y 208 por minuto y sirve para indicar a los músicos el compás que han de seguir en la interpretación de las distintas partes de las composiciones ejecutadas.

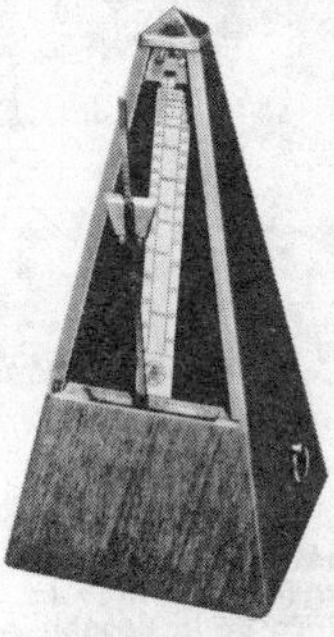

metrónomo

copia del antiguo **metro** internacional de platino

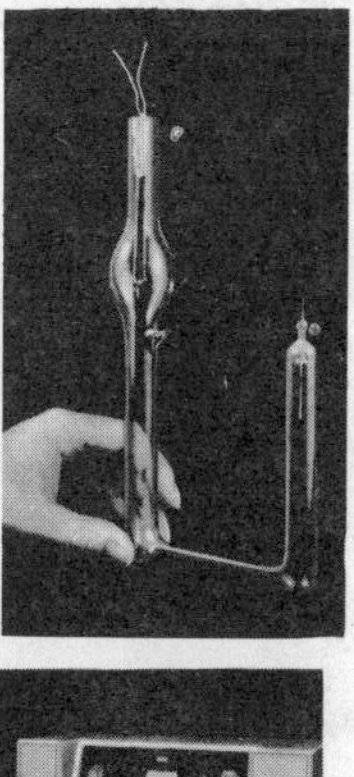

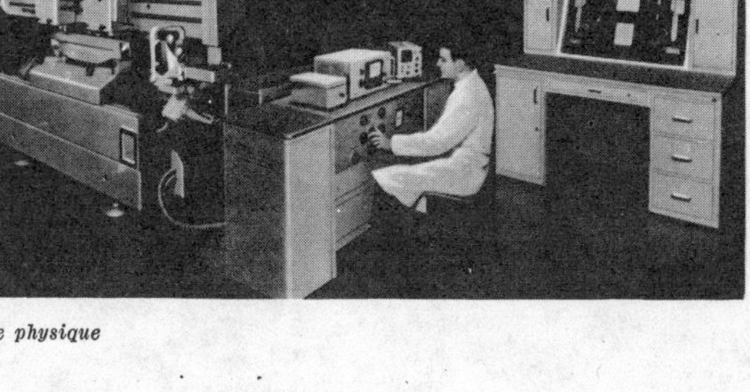

lámpara de criptón, nuevo patrón del **metro,** e instalación para comparar con el mismo los patrones secundarios de metal

Fot. Larousse, B. I. P. M., Sté genevoise d'instr. de physique

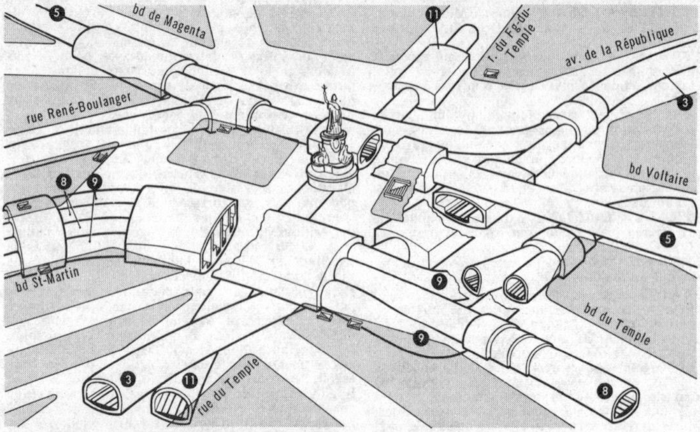

metropolitano: nudo formado bajo la plaza de la República, en París por las líneas núm. 3, 5, 8, 9 y 11 (10 direcciones diferentes)

una estación del **metropolitano** de México

METROPOLITANO, NA adj. y s. *F. c.* Dícese del ferrocarril subterráneo, y a veces aéreo, que sirve para el transporte rápido de viajeros en las aglomeraciones urbanas muy importantes: *en las horas de afluencia, el sistema de bloqueo * por secciones permite reducir a un minuto el tiempo de espera entre dos trenes sucesivos del metropolitano.*

METROSA f. *Cin.* En la jerga profesional, máquina provista de un contador que sirve para medir la longitud de las cintas cinematográficas.

MeV, símbolo de *megaelectronvoltio.* (V. ELECTRONVOLTIO.)

MEZCAL m. *Ind. alim.* Aguardiente que se obtiene destilando el pulque.

MEZCLA f. Resultado de unir, incorporar o fundir en una sola dos o más substancias, productos, señales eléctricas u otras cosas: *según conste de dos, tres, etc., componentes, la mezcla es binaria, ternaria, etc.*

— *Astron. Razón de mezcla,* proporciones en las cuales se mezclan en la cámara de combustión del cohete el ergol combustible y el ergol comburente.

— Para quemar una molécula gramo de alcohol etílico (46 g de alcohol) se necesitan tres moléculas gramo de oxígeno (96 g de este gas) y el cociente de 46 por 96, o sea 0,48, es la razón de *mezcla estequiométrica.* (V. PROPERGOL.)

— *Autom. Mezcla pobre* y *mezcla rica,* v. más abajo *Mec.*

— *Constr.* Argamasa, mortero.

— *Fís. Mezcla de los gases y vapores.* Un líquido colocado en un recinto que contiene un gas se evapora y da la misma cantidad de vapor que si se hallara en el vacío. Así, la presión final en el recinto es igual a la presión máxima que puede alcanzar el vapor del líquido a la temperatura reinante en el recinto.

Con el nombre de *método de las mezclas* se designa un procedimiento consistente en medir, a partir de la variación de la temperatura de un cuerpo calorimétrico, que suele ser el agua, la cantidad de calor que interviene en la evolución de un sistema.

— *Mec. Mezcla pobre,* aplícase a la mezcla de combustible y de aire para motores de explosión cuando no contiene suficiente combustible para poderse combinar con todo el oxígeno: *una mezcla para motores de automóviles, es pobre si contiene más de 14,5 g de aire por cada gramo de gasolina.* ‖ *Mezcla rica,* por oposición a la anterior, la que contiene un exceso de combustible que no puede ser quemado por falta de oxígeno y que se pierde con los gases de escape. ‖ *Condensador de mezcla,* v. CONDENSADOR.

— *Pint.* Unión de dos o más colores para formar otro: *la mezcla de negro y blanco da el gris.*

— *Quím.* Asociación de varios cuerpos sin que exista combinación de los mismos, siendo heterogénea cuando los componentes se ven distintamente y homogénea en el caso contrario: *los componentes de una mezcla pueden ser separados por métodos físicos.*

— *Radiot.* En los estudios de radiodifusión y de televisión, operación que se efectúa accionando conmutadores y que consiste en mezclar o combinar los sonidos especiales, la música, las palabras, etc., procedentes de los micrófonos, tocadiscos y magnetófonos.

— *Refr. Mezcla frigorífica,* la de dos o más substancias que, al unirse, producen un descenso importante de la temperatura. (V. REFRIGERADOR y FRÍO.) [Sinón. CRIÓGENO.]

— *Telec.* Confusión de señales captadas que resulta del contacto de dos conductores por los cuales se transmiten dos mensajes diferentes.

— *Text.* Tejido con efectos de color que resultan ya de la combinación de hilos de trama y de urdimbre diversamente coloreados, ya del ligamento, ya del uso de hilos de fibras diferentes que no darán el mismo color al ser teñido el tejido (incluso se puede teñir éste varias veces con tintes especiales para cada fibra, que dejarán sin teñir las otras). Dícese también *mezclilla,* especialmente si es tejido de poco cuerpo.

MEZCLADOR, RA adj. y s. Que mezcla o sirve para mezclar. ‖ — M. Agitador. ‖ — F. Amasadora.

— *Calef.* Grifo especial para regular la temperatura del agua, la cual llega al mismo por dos canalizaciones distintas (agua fría y agua caliente) que son diferentemente abiertas, con sus llaves respectivas, hasta obtener un chorro a la temperatura deseada.

— *Metal.* Recipiente en el cual se conserva la fundición líquida sangrada del alto horno, para ir cargando con ella los hornos Martin o los convertidores.

— Un alto horno da en 24 horas unas 400 to-

Fot. Rapho

neladas de fundición que son extraídas del crisol en 4, 5 o 6 coladas; por otra parte, un convertidor afina de 20 a 25 toneladas de fundición cada 20 mn. Consiguientemente es indispensable conservar la producción del primero para alimentar regularmente al segundo, y la conservación del hierro fundido se efectúa en los *mezcladores*, recipientes con una capacidad de hasta 2 000 toneladas, a veces caldeados, los más pequeños de los cuales son basculantes y los otros rotativos sobre un eje horizontal, para poder verter su contenido. Además de su función reguladora entre la producción y el consumo, los convertidores homogeneizan el producto del alto horno, al mezclar diferentes coladas, y también permiten desulfurar el arrabio si han sido provistos interiormente de un revestimiento básico.

— *Radiot.* Mesa provista de conmutadores que, en los estudios de radiodifusión y de televisión, permite efectuar la mezcla * de los sonidos que se han de emitir.

— *Tecn.* Amasadora * o recipiente apropiado para efectuar mezclas: *en las chocolaterías se usan mezcladoras para amasar la pasta de cacao y de azúcar.*

MEZCLILLA f. *Text.* V. MEZCLA.

M. F. f. *Radiot.* En la nomenclatura internacional, sigla de la expresión inglesa *Medium Frequencies*, o sea frecuencias medias. (V. tabla en el art. FRECUENCIA.)

Mg, símbolo químico del *magnesio.*

mg, símbolo de *miligramo.*

mgal, símbolo de *miligal.*

mgr, símbolo de *miligrado.*

MHO m. *Electr.* Unidad de conductancia, inversa del ohm u ohmio, a la cual se da hoy el nombre de *siemens* *.

MHz, símbolo de *megahertzio.*

MIARGIRITA f. *Miner.* Sulfuro de antimonio y de plata, que contiene hasta 36 % de este metal y es una mena del mismo.

MICA f. *Miner.* Nombre dado a una familia de silicatos lameliformes, fácilmente exfoliables.

— Las *micas* son silicatos de alúmina y potasio que suelen contener también hierro y magnesio. Es notable la facilidad con que se dividen en láminas muy delgadas dotadas de flexibilidad, transparencia y resistencia a las temperaturas elevadas; también son eléctricamente aislantes. La mica es uno de los tres constituyentes fundamentales del granito y se halla presente en muchas otras rocas cristalinas (biotita, moscovita, micasquistos, etc.). La *mica blanca* es la moscovita, que carece de hierro y de magnesio, mientras que la *mica negra* debe su color obscuro a la presencia de ambos cuerpos químicos.

La mica se utiliza para reemplazar los cristales en los ventanillos de los hogares de aparatos de calefacción; sirve para aislar las resistencias de las planchas eléctricas y las armaduras de ciertos condensadores; entra también en la fabricación del vidrio Triplex * y, molida, se agrega al caucho como carga *.

— *Ópt.* La *mica* es birrefringente y, en láminas muy tenues (unas centésimas de milímetro) llamadas *láminas de cuarto de onda,* se usa en los aparatos polarimétricos para estudiar las vibraciones luminosas. (V. POLARIZACIÓN.)

MICÁCEO, A adj. *Miner.* Que contiene mica. ‖ Semejante o parecido a ella.

MICAFILITA f. *Miner.* Andalucita.

MICALEX m. *Electr.* Marca registrada de una materia aislante constituida por una mezcla de mica pulverizada y de vidrio a base de borato de plomo fundidos a la temperatura de 630°.

— El *Micalex* reúne las siguientes propiedades: resistencia mecánica y térmica (empieza a ablandarse a 450°); es incombustible e inatacable por los ácidos; puede ser labrado a mano o mecánicamente con todo y ser una materia bastante dura.

MICANITA f. *Electr.* Materia aislante que se obtiene aglomerando primeramente con cola hojuelas de mica y luego prensando la masa y cociéndola para hacerla dura y homogénea.

MICASQUISTO m. *Miner.* Roca cristalofilina, a base de mica y cuarzo, finamente estratificada.

— Los *micasquistos* constituyen, con los gneis, el terreno arqueano, que es el más remoto. Su tono general es gris, pero vista de cerca, presenta un aspecto moteado y brillante, debido a los numerosos cristales que contiene la roca, de mica * negro, de mica blanco o de ambos a la vez.

MICELA f. *Quím.* Partícula de ciertas disoluciones coloidales consistente en una aglomeración de moléculas que no suele medir más de un tercio de micrón. (V. COLOIDE.)

MICRA f. *Metr.* Micrón.

MICRO, prefijo derivado del griego *mikros,* que significa *pequeño.*

— *Geol.* Prefijo que, en el nombre de un mineral, indica que el mismo tiene una textura granular a base de cristales apenas perceptibles a simple vista, cual es, por ejemplo, la del *microgranito.*

— *Metr.* Prefijo que, colocado ante el nombre de una unidad, la divide por un millón y cuyo símbolo es la letra griega μ: *el símbolo del microfaradio es* μF.

MICROAMPERÍMETRO m. *Electr.* Amperímetro especial para medir corrientes de escasa intensidad.

MICROAMPERIO m. *Electr.* Unidad eléctrica equivalente a la millonésima parte del amperio, cuyo símbolo es μA.

MICROANÁLISIS m. *Quím.* Análisis químico efectuado con cantidades de materia extremadamente pequeñas: *los microanálisis requieren instrumentos particularmente sensibles y precisos.*

MICROATMÓSFERA f. Atmósfera artificial creada en un recinto limitado para suministrar al hombre o a los animales, a la temperatura y presión requeridas por el organismo, el oxígeno necesario para la respiración.

— El hombre vive en una *microatmósfera* artificial tanto en los submarinos como en los vehículos extraterrestres (satélites y sondas espaciales, así como la misma escafandra espacial, que envuelve al hombre en una microatmósfera).

La microatmósfera es entretenida mediante una alimentación constante en oxígeno (generalmente contenido, al estado líquido y a presión, en botellas metálicas) y la absorción del gas carbónico y de la humedad, que se obtiene haciendo pasar el aire expirado por filtros a base de óxido de litio, carbón vegetal, cloruro de calcio u otras substancias higroscópicas. En los ingenios espaciales, la microatmósfera se mantiene a temperatura constante regulando la absorción de los rayos solares por la pared del habitáculo y provocando artificialmente la circulación del aire, dado que en estado de ingravidez no existen movimientos de convección del mismo.

Las investigaciones actuales tienden a la construcción de un sistema ligero, práctico y eficaz de regeneración automática del aire expirado, por medio de una síntesis comparable a la que efectúan las plantas, que absorben gas carbónico de la atmósfera y restituyen oxígeno.

Dado que los demás astros del sistema solar o bien carecen de atmósfera o la tienen de composición diferente a la de nuestro globo, el astronauta que los visite deberá respirar en su propia microatmósfera, lo cual limitará obligatoriamente su estancia mientras no disponga de un medio de producir oxígeno. (V. ASTRONÁUTICA, ATMÓSFERA y PLANETA.)

MICROBALANZA f. *Metr.* Balanza propia para pesar masas muy pequeñas.

MICROBÚS m. *Autom.* Vehículo automóvil para el transporte rápido de un reducido número de pasajeros (generalmente de 8 a 16). [Es esta voz

mesa **mezcladora** para 3 líneas dobles (estereofonía) y otras 4 simples *(radiot.)*

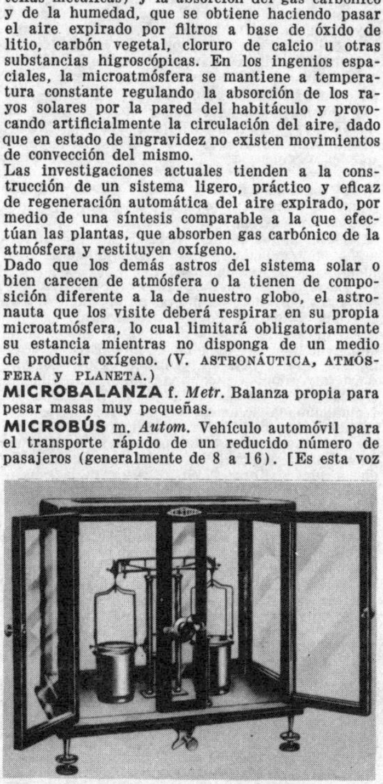

microbalanza de precisión

Fot. Siemens, Ets Testut

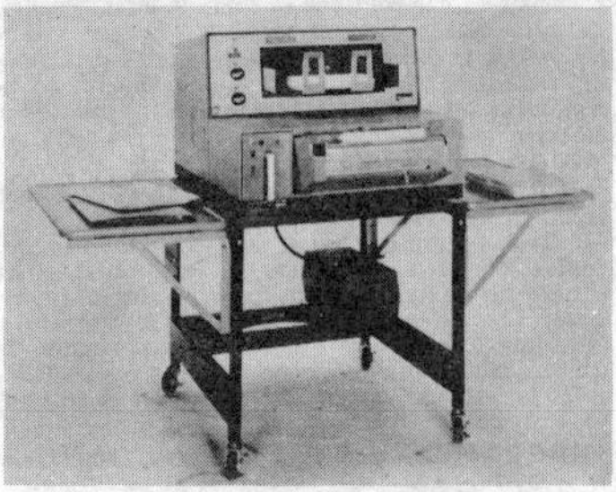

aparato capaz de impresionar hasta 500 **microcopias** por minuto

microcopias, al tamaño natural, de documentos que miden 21 × 27 cm

síncopa de *microómnibus*, que se ha impuesto por su brevedad y eufonía.]

MICROCENTRAL f. *Electr.* Central hidroeléctrica pequeña, aunque rentable, que se construye para aprovechar los saltos de agua secundarios cuando ya no quedan en una comarca recursos hidráulicos más importantes.

MICROCINEMATOGRAFÍA f. Cinematografía de los objetos microscópicos.

MICROCINEMATÓGRAFO m. Aparato constituido por una cámara cinematográfica y un microscopio, merced al cual se pueden tomar vistas animadas de objetos microscópicos.

MICROCLIMA m. *Meteor.* Clima propio de un paraje o espacio reducido, de un valle, una casa y también clima que reina dentro de una mata, en el suelo o en cualquier punto preciso.
— El *microclima* resulta de las modificaciones que experimenta el clima general por efecto de las condiciones particulares existentes en el lugar considerado (obstáculos opuestos a los vientos, superficies más o menos absorbentes de los rayos solares, etc.). Tiene importancia en el campo de la biología y la zoología, y permite, en arquitectura, determinar la ubicación y orientación óptima de los edificios.

MICROCLIMATOLOGÍA f. *Meteor.* Climatología relativa a los microclimas.

MICROCLINA f. o **MICROCLINO** m. *Miner.* Aluminosilicato de potasio o de sodio de la familia de los feldespatos, intermediario entre éstos y la ortosa.

MICROCONTACTO m. *Electr.* Interruptor muy pequeño, de ruptura brusca, que se usa en dispositivos automáticos y en electrónica.

MICROCOPIA f. *Fot.* Reproducción, a un tamaño muy reducido y normalizado, de los documentos que se han de archivar.
— La *microcopia* permite conservar archivos importantes y bibliotecas enteras en un volumen muy pequeño, fotografiando los documentos y las páginas de los libros, una por una, en una película cinematográfica de 35 o de 16 mm. Este procedimiento resulta útil en varios aspectos: permite constituir archivos poco voluminosos y fácilmente transportables en caso de necesidad; evita la deterioración de documentos o de libros raros frecuentemente consultados; suministra tantas copias como sean necesarias para poner al alcance de todos, en cualquier parte del mundo, aquellos documentos o libros y, en fin, asegura la conservación de los mismos para las generaciones futuras, aunque fueran destruidos los originales por un incendio, bombardeo, etc.
Buena parte de los libros y documentos preciosos de las bibliotecas más importantes ya se halla reproducida por microcopia.
La reproducción se efectúa con máquinas automáticas de elevado rendimiento (centenares de microcopias por minuto). Las cintas pueden utilizarse de dos modos: ya como clisé para sacar ampliaciones y reconstituir el formato de los documentos originales, ya consultándolas con un microlector *.

MICROCRISTAL m. Cristal microscópico: *los metales se componen de microcristales cuyas dimensiones son del orden de la diezmilésima de milímetro.*

MICROCRISTALINO, NA adj. *Miner.* Dícese del cuerpo formado por diminutos cristales visibles solamente con el microscopio.

MICROELECTROFORESIS f. Electroforesis * efectuada con ínfimas cantidades de substancia.
— Los análisis de *microelectroforesis* se efectúan a veces vertiendo unas gotas de la substancia coloidal en el extremo de un papel secante empapado con una disolución apropiada. Se aplica la corriente eléctrica al papel, y por efecto del campo, los distintos componentes de la substancia analizada se trasladan más o menos rápidamente hacia uno u otro electrodo. Una vez cortada la corriente y secado el papel, aparecen en éste otras tantas manchas como componentes tenía la substancia analizada. Tratando estas manchas con reactivos, toman colores más o menos obscuros que permiten identificar los elementos y dosificarlos con el fotómetro y otros instrumentos.

MICROELECTRÓMETRO m. *Electr.* Electrómetro * muy sensible, propio para medir diferencias de potencial pequeñísimas.

MICROESPECTROSCOPIO m. *Fís.* Microspectroscopio.

MICROESTRUCTURA f. Estructura detallada de un sólido, especialmente de un mineral o de un metal, cual la revelan las técnicas de la micrografía.

MICROFARADIO m. *Electr.* Unidad de capacidad eléctrica que se emplea con preferencia al faradio, por ser ésta demasiado grande: *el microfaradio, cuyo símbolo es μF, vale la millonésima parte del faradio.*

MICROFICHA f. *Fot.* y *Ofic.* Ficha de dimensiones normalizadas que contiene cierto número de microcopias. ‖ Reducción fotográfica, a una de las dimensiones normales de los ficheros, de un documento cuya copia se ha de conservar en los archivos.

MICROFILM m. *Fot.* Microcopia.

MICROFILMAR v. *Fot.* Reproducir documentos en forma de microcopias *.

MICROFÍSICA f. *Atom.* Parte de la física que trata de los átomos, núcleos y partículas.

MICROFÓNICO, CA adj. *Telec.* Relativo o perteneciente al micrófono. ‖ *Corriente microfónica*, corriente modulada por el micrófono, propia para restituir los sonidos captados por el mismo. ‖ *Efecto microfónico*, en los circuitos electrónicos, perturbación debida a vibraciones mecánicas de algún órgano (válvulas, condensadores, etc.) que obra entonces a modo de micrófono (el efecto Larsen * también es un efecto microfónico).

MICRÓFONO m. *Telec.* Instrumento electroacústico para transformar las ondas o vibraciones sonoras en modulaciones de una corriente eléctrica que permite grabar los sonidos o reproducirlos a distancia.
— Todo *micrófono* consta de dos órganos: uno, puesto en vibración por las ondas sonoras que se propagan en el aire; otro, que traduce estas vibraciones mecánicas en oscilaciones eléctricas. La *figura* muestra la estructura de las principales clases de micrófonos. El *micrófono de carbón* puede ser comparado a una resistencia inserta en el circuito de la corriente de alimentación: las vibraciones del aire mueven la membrana y modifican la resistencia del micrófono, y, consiguientemente, la corriente que pasa por el mismo. Estos micrófonos dan excesivo ruido de fondo y solamente son prácticos para transmitir la palabra en la gama de frecuencias de 80 a 3 500 hertzios. En el *micrófono electrodinámico*, la membrana se halla unida a una bobina sumida en el campo magnético de un imán permanente. Las vibraciones sonoras, al impulsar la membrana, mueven la bobina en el campo, y en las espiras de la misma aparecen entonces oscilaciones eléctricas correspondientes a la frecuencia musical de los sonidos. El *micrófono electromagnético* puede compararse al anterior, pero la bobina es reemplazada por

micrófonos
1. Granos de carbón; 2. Membrana; 3. Bobina móvil; 4. Imán; 5. Hierro dulce; 6. Armadura; 7. Cristal

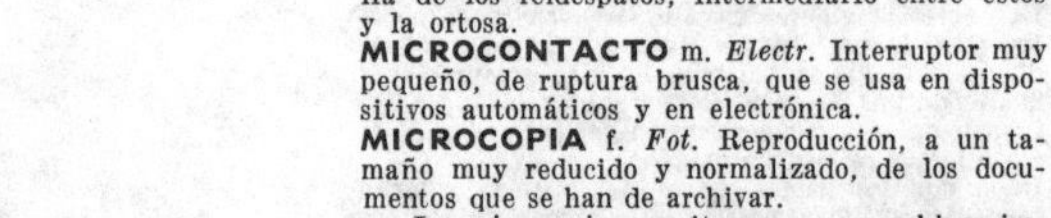

DE CARBÓN ELECTRODINÁMICO ELECTROMAGNÉTICO ELECTROSTÁTICO PIEZOELÉCTRICO

Fot. Kodak-Pathé

una paleta de hierro dulce que sigue las oscilaciones de la membrana en el entrehierro del imán, el cual lleva un devanado en cuyas espiras se manifiesta la corriente modulada. Este micrófono, que registra bien las oscilaciones de alta frecuencia, es, por lo demás, directivo, pues capta con mayor energía las vibraciones que hieren la membrana perpendicularmente.
El *micrófono electrostático* o *de condensador* no es sino un condensador cuya capacidad varía por efecto de las deformaciones engendradas en una de las armaduras por las vibraciones sonoras. Así, la tensión aplicada entre las placas reproduce las oscilaciones acústicas. Estos micrófonos son fieles, pero poco sensibles y la humedad perturba su funcionamiento.
El *micrófono de cristal* o *piezoeléctrico* se funda en el fenómeno de la piezoelectricidad *: las vibraciones sonoras, al deformar un cristal, engendran en el mismo una corriente eléctrica de intensidad proporcional a la deformación. Consiguientemente, la corriente recogida a la salida del cristal reproducirá las oscilaciones sonoras captadas por la membrana. Estos micrófonos son simples y económicos y dan un resultado satisfactorio hasta frecuencias de 6 000 a 8 000 hertzios.

MICROFOTOGRAFÍA f. *Fot.* Imagen fotográfica de dimensiones muy pequeñas. (OBSERV. No se confunda con *fotomicrografía.*)
— Las *microfotografías* se tiran con emulsiones de grano finísimo. Los cortapapeles, palilleros y otros objetos artísticos que se venden a los turistas como recuerdo, tienen a veces engastada una microfotografía sobre la cual va montada una lupa diminuta que permite verla aumentada.

MICROFOTÓMETRO m. *Ópt.* Fotómetro especial para medir la luz transmitida por un cuerpo, por ejemplo una placa fotográfica, en una zona muy reducida, cuya área puede ser solamente de unas milésimas de milímetro cuadrado.

MICROGRAFÍA f. *Metal.* Estudio microscópico de los metales y de sus aleaciones. ‖ Fotografía de una microestructura.
— La *micrografía* permite, mediante observación de los metales con el microscopio, determinar su composición, apreciar su homogeneidad, comprobar cómo se ha distribuido en la masa un componente, averiguar a qué tratamientos mecánicos o térmicos ha sido sometida la pieza, etc. Detalles tan útiles y variados no podrían obtenerse observando directamente el metal con el microscopio, y se hace, pues, necesario proceder previamente a una preparación de las probetas, la cual consta de tres fases: pulimento, ataque y examen.
El pulimento se empieza con papel de esmeril y se termina con un fieltro o un paño ligeramente abrasivos. El ataque consiste en tratar la superficie con un reactivo apropiado para que, al combinarse con un constituyente del metal, lo haga visible. En otros casos, el reactivo disuelve ciertos elementos para que se destaque mejor otro componente insoluble. El examen no puede efectuarse como en la microscopia ordinaria, pues, dado que los metales son opacos, es imposible iluminar las probetas por transparencia y se han de utilizar microscopios * metalográficos que alumbran el metal por reflexión.
— *Ópt.* Ciencia relativa a la preparación de los objetos que se han de observar con el microscopio y a la interpretación y descripción de los resultados que se desprenden de las observaciones ya efectuadas.

MICROGRÁFICO, CA adj. Relativo o perteneciente a la micrografía. ‖ *Estructura micrográfica,* estructura de la superficie de un metal observada por los métodos de la micrografía *.

MICRÓGRAFO m. Pantógrafo propio para dibujar figuras de dimensiones extremadamente reducidas.

MICROGRANITO m. *Miner.* Granito constituido por partículas minerales apenas perceptibles a simple vista.

MICROGRANULITA f. *Miner.* Granulita cuyos elementos constitutivos tienen dimensiones microscópicas.

MICROHENRIO m. *Electr.* Millonésima parte del henrio, cuyo símbolo es μH.

MICRÓHMETRO m. *Electr.* Instrumento que

micromanipulador

sirve para medir las resistencias eléctricas muy débiles.

MICROHMIO m. *Electr.* Millonésima parte del ohmio, cuyo símbolo es $\mu\,\Omega$.

MICROINCH m. *Metr.* Micropulgada.

MICROLECTOR m. *Fot.* y *Ofic.* Aparato óptico que sirve para leer las microcopias con un aumento suficiente.

MICROLÍTICO, CA adj. *Geol.* Dícese de la textura de las rocas endógenas formadas de microlitos.

MICROLITO m. *Geol.* Cristal prismático o tubular presente en las rocas endógenas de tipo volcánico y solamente visible al microscopio.

MICROLOGÍA f. *Ópt.* Tratado sobre los cuerpos microscópicos.

MICROMANIPULACIÓN f. *Ópt.* Operación efectuada con el micromanipulador.

MICROMANIPULADOR m. *Ópt.* Aparato de mucha precisión consistente en un mecanismo que reduce la amplitud de los movimientos de la mano y permite manipular los objetos microscópicos que el operador está observando en el campo del microscopio.
— Con el *micromanipulador* se pueden manejar pinzas, agujas, cuchillas y otros instrumentos de dimensiones microscópicas para efectuar operaciones muy delicadas, cuales son la inyección de substancias en las células, la enucleación de las mismas, la disección de microorganismos, etcétera.

MICROMETALOGRAFÍA f. *Metal.* Micrografía.

MICROMETRÍA f. *Metr.* Medición de las dimensiones muy pequeñas. (V. MICRÓMETRO.)

MICROMÉTRICO, CA adj. *Metr.* Relativo o perteneciente a la micrometría. ‖ *Tornillo micrométrico,* v. MICRÓMETRO y TORNILLO.

MICRÓMETRO m. Dispositivo óptico o instrumento para medir objetos pequeños.
— *Astr.* V. más abajo *Ópt.*
— *Metr.* Otro nombre del *micrón* o *micra.* ‖

microlector para las microcopias representadas en la pág. 682

micrómetros

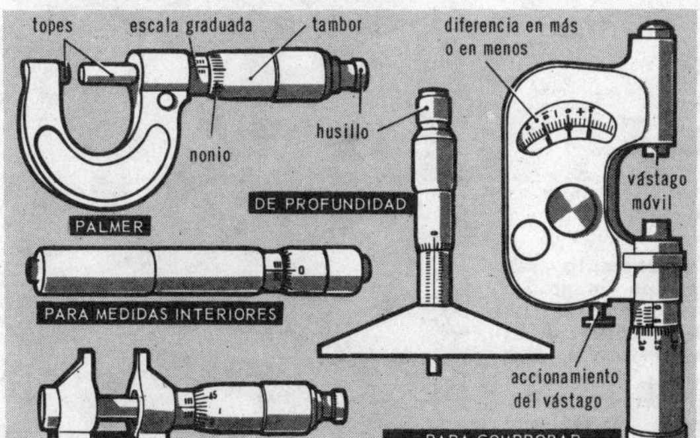

Fot. Larousse, Kodak-Pathé

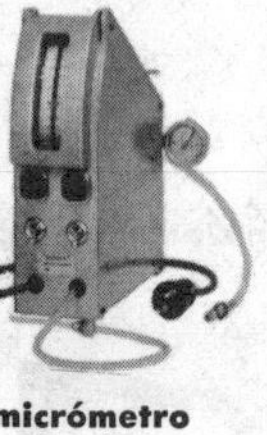

micrómetro neumático

Instrumento para medir pequeñas longitudes con una precisión muy grande.

— Los *micrómetros* corrientes utilizados en metalurgia y mecánica se fundan en el uso de un *tornillo micrométrico* cuya rosca, de paso muy fino, ha sido labrada con especial cuidado para evitar los juegos. Este tornillo o husillo gira en una pieza fija o bastidor y lleva en su periferia una escala graduada que corre frente a un nonio grabado en este último. Para medir el espesor de un objeto se aplica el mismo sobre la punta del bastidor y se hace girar el tornillo hasta tocar el objeto: la escala indica entonces la abertura del instrumento, o sea el espesor de la pieza medida. La *figura* representa otras variantes de este mismo principio. La precisión de estos instrumentos suele ser de una centésima de milímetro.

El *micrómetro neumático* consiste en un tubito alimentado en aire comprimido y provisto de un manómetro de precisión y, en su extremo, de una boquilla cuyo orificio se halla perfectamente calibrado. El manómetro indica la presión que reina en el tubito cuando el chorro de aire es dirigido sobre la superficie de un mármol *. Al interponer la pieza entre éste y la boquilla, dicha presión experimenta una variación proporcional al espesor de la pieza, lo cual permite graduar directamente el manómetro en micrones. (V. tb. CALIBRE, GALGA, PALMER y PIE *de rey.*)

— *ópt.* Dispositivo de que se hallan provistos ciertos instrumentos de óptica para medir dimensiones en las imágenes visibles en el ocular.

— Ciertos microscopios tienen un *micrómetro* consistente en un placa de cristal provista de rayas muy finas o de hilos de araña, que forman una escala en la cual cada división corresponde, por ejemplo, a una décima de milímetro. Dicha placa es móvil y, por medio de un tornillo, puede ser colocada en el plano donde se forma la imagen dada por el objetivo. El ojo percibe entonces la escala sobrepuesta a la imagen.

En los instrumentos astronómicos se utilizan micrómetros de rayas o hilos fijos semejantes a los de los microscopios, y también micrómetros de rayas o hilos móviles. En éstos, un tornillo permite situar el hilo en determinado punto de la imagen y luego correrlo hasta otro punto para medir la distancia que lo separa del primero. En los modernos *micrómetros ópticos*, el hilo se halla fijo y un dispositivo óptico desvía su imagen y permite proyectarla sobre cualquier detalle de la imagen suministrada por el instrumento.

MICROMINIATURIZACIÓN f. *Electrón.* Reducción extremada de las dimensiones y del peso de los dispositivos electrónicos, impuesta por el escaso volumen y la poca carga útil disponibles en los satélites artificiales, proyectiles autopropulsados y otros ingenios: *el invento de los transistores * y de los circuitos * impresos ha permitido alcanzar un asombroso grado de microminiaturización de los elementos prefabricados.*

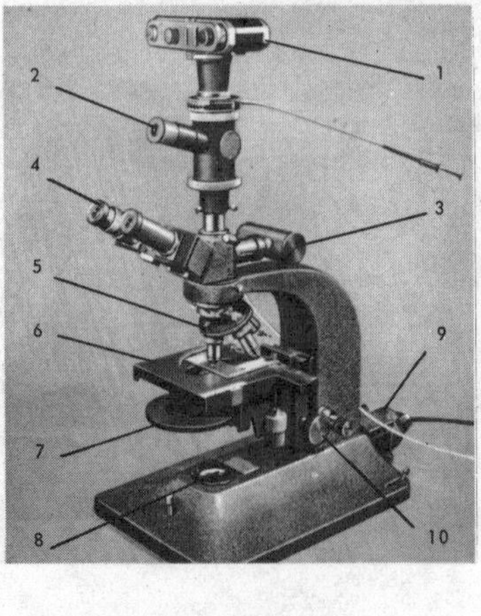

microscopio con equipo fotográfico
1. Cámara; 2. Visor de encuadre; 3. Exposímetro; 4. Binocular; 5. Revólver; 6. Platina; 7. Contraste interferencial; 8. Espejo; 9. Luz; 10. Tornillo de enfoque

MICRÓMNIBUS m. *Autom.* Microbús.

MICROMOLÉCULA f. *Quím.* Nombre dado en química orgánica, por oposición a macromolécula *, a las moléculas ligeras de masa determinada y constante en todas las moléculas del mismo cuerpo puro.

MICROMOTOR m. *Electr.* Motorcito eléctrico.

— El *micromotor* es un motor eléctrico asíncrono muy pequeño, alimentado en corriente monofásica. En ciertos modelos la velocidad puede ser regulada, en la proporción de 1 a 15, mediante un método que consiste en engendrar corrientes de Foucault en su inducido (merced a una corriente rectificada cuya intensidad se regula con un potenciómetro). Así se crea un par resistente que reduce la velocidad.

MICRÓN m. *Metr.* Unidad de longitud igual a una milésima de milímetro, cuyo símbolo es μ.

MICROONDA f. *Radiot.* Onda electromagnética de longitud comprendida entre 1 mm y 1 m, a cuyos límites corresponden las frecuencias de 300 000 y 300 MHz, respectivamente.

— Según su longitud las *microondas* son milimétricas, centimétricas o decimétricas (v. FRECUENCIA y ONDA). Se propagan en línea recta, como los rayos luminosos, lo cual permite concentrar su energía en haces bastante estrechos (v. CABLE *hertziano* y RELEVO). Por otra parte, su elevada frecuencia les confiere una gran capacidad de información, lo cual permite utilizarlas para la transmisión de imágenes de televisión o de numerosas comunicaciones telefónicas simultáneas. También se emplean en los aparatos de radar * y en diatermia.

MICROPIROTECNIA f. *Expl.* Estudio de los explosivos consistente en experimentos que se efectúan en pequeñísima escala ante el objetivo de un microscopio.

MICROPULGADA f. *Metr.* Unidad de medida anglosajona que vale la millonésima parte de una pulgada, o sea 0, 000 024 5 mm.

MICROQUÍMICA f. Aplicación de la química al estudio de pequeñas cantidades de materia.

MICROQUÍMICO, CA adj. *Quím.* Relativo a la microquímica: *análisis microquímicos.*

— El *análisis microquímico* consiste en efectuar reacciones ante el objetivo de un microscopio. Así, por ejemplo, a una gota de disolución floja de una sal de potasio, se agrega otra gota de cloruro de platino, y entonces se observa con el microscopio la formación de cristales de cloroplatinato, de modo que el potasio presente se puede evaluar en cantidades tan ínfimas cual la de 0,000 6 mg.

MICRORRADIOGRAFÍA f. Aplicación de la radiografía a los objetos microscópicos.

MICROSCOPIO m. Instrumento de óptica con el cual pueden verse, considerablemente aumentados, objetos pequeñísimos, incluso los que no son perceptibles a simple vista ni con la lupa. ‖ *Microscopio electrónico,* instrumento mucho más potente que el microscopio óptico, en el cual los haces luminosos son reemplazados por haces de electrones.

— Los distintos órganos de un *microscopio* han sido representados en la *figura.* El objetivo consta de varias lentes pequeñas (hasta 10 en los mejores instrumentos) y da una imagen real muy ampliada del objeto, situado muy cerca (a unas décimas de milímetro solamente en los aumentos importantes). Las más de las veces el microscopio tiene una montura frontal llamada *revólver,* en la cual van fijados varios objetivos de diferente potencia y basta con hacer girar el revólver para situar ante el tubo del microscopio el objetivo deseado. Cada uno de éstos lleva la indicación de los aumentos que da, en forma de número precedido por el signo de la multiplicación. Así, un buen microscopio tendrá en su revólver los objetivos x10, x18, x60 y x100.

El ocular suele consistir en dos lentes convergentes. Funciona como una lupa que da una imagen virtual y aumentada de la imagen real proyectada por el objetivo. Generalmente se dispone de un juego de oculares, cada uno de los cuales lleva grabada la indicación antedicha sobre los aumentos. (Por ejemplo: x5, x10, x20 y x25.) El aumento total que se obtiene con una combinación óptica cualquiera es el producto del

Fot. Microrex, Larousse

aumento del objetivo por el del ocular. Así, con el objetivo x60 y el ocular x10 se obtiene un aumento de 600 diámetros.
El objetivo y el ocular se hallan montados en un tubo provisto de un enchufe de ranura en el cual encaja la rampa del bastidor, de modo que aquél pueda deslizarse a lo largo de éste para acercarse o alejarse del objeto que se ha de observar. La ranura del tubo tiene en el fondo una cremallera en la cual engrana el dispositivo de enfoque montado en el bastidor y consistente en un juego de tornillos micrométricos con los cuales pueden obtenerse dos velocidades de avance del tubo: un avance rápido para acercar el objetivo del objeto; un avance lento para el enfoque de precisión.
El objeto que se ha de observar se coloca sobre una plaquita de vidrio *(portaobjeto)* y a veces se cubre con una laminilla de vidrio muy delgada (*cubreobjeto*) para que no pueda tocarlo el objetivo. El *portaobjetos* va dispuesto en una *platina* que, en los buenos microscopios, puede correrse lateralmente, en su plano, en cualquier dirección, merced a un sistema de cremalleras y tornillos micrométricos. Así, el observador, una vez enfocado el objeto, puede apreciar en detalle cualquier parte de la preparación.
La iluminación del objeto tiene especial importancia, tanto cuantitativa como cualitativamente. Si la luz es excesivamente intensa, se atenuarán las sombras y le faltará contraste a la imagen; por el contrario, una luz insuficiente no permitirá divisar los detalles en los aumentos muy grandes, dado que cada vez que dobla la superficie de la imagen, su brillo queda dividido por cuatro. Este obscurecimiento de la imagen puede evitarse, en parte, empleando para los aumentos muy grandes *objetivos de inmersión*, con los cuales se suprime la capa de aire entre la lente frontal y el objeto o el cubreobjeto interponiendo entre ambos una gotita de un líquido (aceite de cedro, por ejemplo) de elevado índice de refracción. Así se evita la pérdida de los rayos de luz desviados por el aire fuera del objetivo.
En un buen microscopio el haz luminoso es proyectado sobre un *espejo orientable* situado en la base del instrumento, de donde es reflejado hacia el objeto a través de un *condensador* provisto de un *diafragma*.
Teóricamente un microscopio óptico debiera poder aumentar los objetos varios millares de veces; prácticamente la visión resulta demasiado defectuosa a partir de 1 800 aumentos en razón de los límites impuestos por los fenómenos de difracción * de la luz. Un punto luminoso del objeto, visto con el microscopio, aparece como una manchita circular cuyo diámetro es tanto mayor cuanto más importante es el aumento con que se observa. Por consiguiente, dos puntos muy cercanos podrán verse distintamente hasta determinado aumento, pero no con un aumento mucho mayor, porque entonces las dos manchitas luminosas se tocarán y el ojo solamente percibirá una (considerando el conjunto de los puntos luminosos del objeto, la imagen del mismo aparecerá borrosa).
El diámetro de las manchitas guarda relación con la longitud de onda de la luz, como se desprende de la fórmula siguiente, con la cual se calcula el límite de resolución o poder de resolución del objetivo, o sea la distancia mínima a que pueden hallarse dos puntos para que sean perceptibles separadamente:

$$d = \frac{0{,}6\ L}{1{,}4}$$

en la cual L es la longitud de onda de la luz y 1,4, el valor de la abertura numérica máxima de un buen microscopio. Con luz anaranjada de $L = 0{,}583\ \mu$, dos puntos no deberán hallarse a menos de $0{,}250\ \mu$ para ser distintos, mientras que con luz violeta de $L = 467\ \mu$, la distancia entre los mismos puede ser de $0{,}200\ \mu$. Así, un mismo objetivo da un aumento mayor si se ilumina el objeto con luz monocromática violada.
Los microscopios más perfeccionados son *binoculares* y tienen accesorios que permiten enchufar un aparato fotográfico para tomar fotomicrografías de los objetos observados. Además del tipo corriente hasta aquí descrito, existen microscopios especiales, entre los cuales descuellan, por

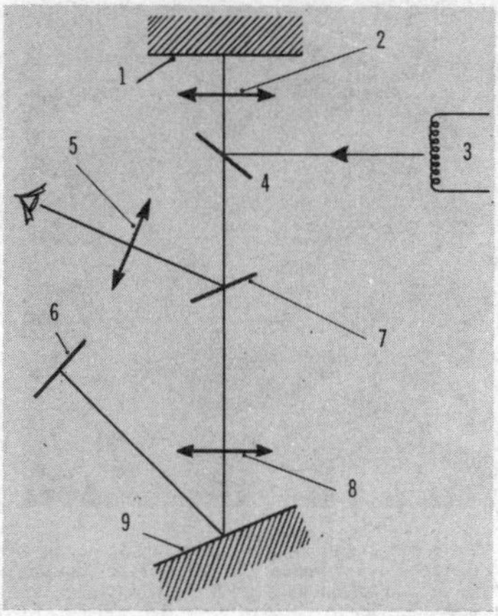

microscopio metalográfico
1. Superficie del metal; 2. Objetivo; 3. Luz; 4. Espejo; 5. Ocular; 6. Placa fotográfica; 7. Prisma; 8. Lente de proyección; 9. Espejo

su importancia, los que a continuación se indican.
— *Ultramicroscopio.* Clase de microscopios en que el objeto es iluminado, no ya de abajo arriba y por transparencia, sino de lado, perpendicularmente al eje óptico. Este método resulta interesante para la observación de partículas muy pequeñas cuando no es necesario distinguir sus formas exactas. Citemos como ejemplo las micelas de una suspensión coloidal, que no pueden ser observadas en el microscopio ordinario porque no se destacan del líquido que las contiene. Estas partículas aparecen en el *ultramicroscopio* sobre un fondo obscuro, aunque sin contornos precisos porque lo que en realidad se ve es la luz que difunden (según el mismo fenómeno también son visibles las partículas que contiene el aire en suspensión cuando entra un rayo de sol en una habitación obscura).
— *Microscopio de contraste de fase.* El microscopio revela las formas y detalles porque la transparencia varía de un punto a otro del objeto. Pero si éste es regular o transparente, cual ocurre con los microorganismos, ciertos tejidos biológicos, cristales, etc., la imagen carece de detalles. No obstante, las irregularidades o distintas partes del objeto difractan diversamente la luz, y una parte de sus rayos atraviesan el objeto directa-

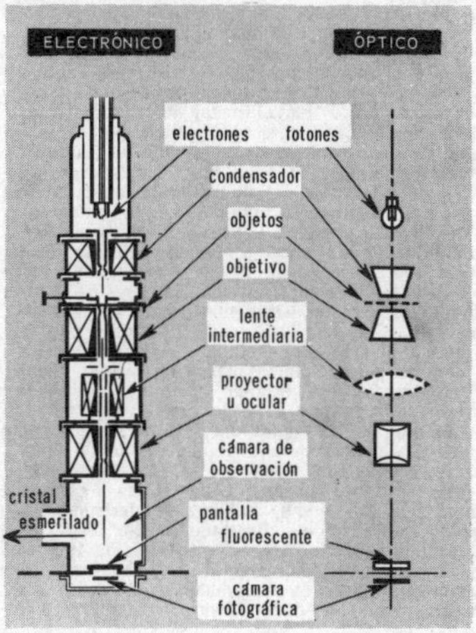

comparación de los **microscopios** óptico y electrónico

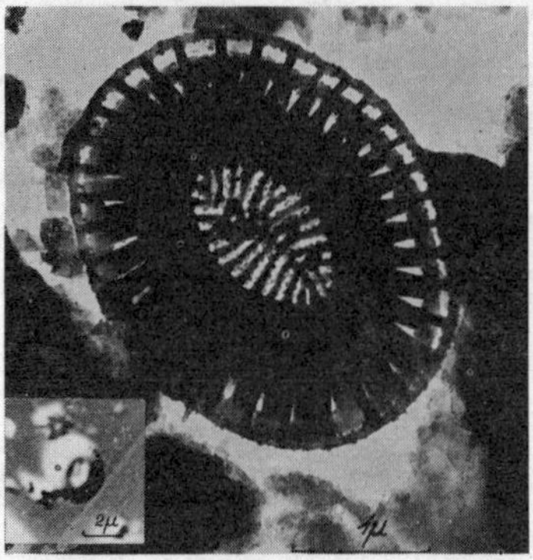

el mismo organismo visto con los **microscopios** óptico y electrónico

mente y con mayor rapidez mientras que la otra es difractada y frenada. En el primer caso los rayos se concentran en el foco del objetivo, y, en el segundo, lo hacen en torno del mismo. El *microscopio de contraste de fase* tiene una tenue película transparente *(lámina de fase)* dispuesta detrás del objetivo de forma que frene los rayos de luz directa para que éstos lleguen al ojo al mismo tiempo que los de la luz difractada por el objeto. Entonces, la menor diferencia de fase provocada por un detalle pequeñísimo del objeto se traduce por una variación muy visible de la luminosidad de la imagen, la cual aparece muy contrastada.

— *Microscopio polarizante.* Microscopio provisto de una platina giratoria y de láminas de polaroide o dos nicoles, uno de los cuales dispuesto entre el condensador y el objeto y el otro detrás del objetivo. Cuando los dos elementos polarizantes se hallan cruzados, la imagen es invisible, salvo en aquellos puntos en los que el objeto contiene substancias birrefringentes o dotadas de poder rotatorio. (V. POLARIZACIÓN.)

— *Microscopio metalográfico.* En este instrumento, destinado a la micrografía, la probeta de metal se dispone en la parte superior del aparato, con la superficie a examinar vuelta hacia abajo; el objetivo se halla, consiguientemente, invertido y en lo alto del tubo, por debajo de la platina; el haz de luz para iluminar el objeto penetra lateralmente en el tubo, es reflejado por un espejo, atraviesa el objetivo y, reflejado por el objeto, vuelve a pasar por el objetivo para dar una imagen, ya en el ocular de observación, ya en una placa fotográfica dispuesta en la cámara obscura que sirve de zócalo al aparato (v. *figura*).

— *Microscopio electrónico.* La longitud de la onda asociada al movimiento de los electrones rápidos es 100 000 veces menor que la de las radiaciones luminosas. Dado que el poder de resolución de los microscopios ópticos es limitado por la longitud de onda excesivamente grande de los rayos luminosos, se pueden reemplazar los mismos por haces de electrones en microscopios electrónicos capaces de producir aumentos del orden de 100 000 diámetros. El principio de funcionamiento de ambos microscopios difiere poco, cual puede apreciarse en la figura comparativa. Las tres diferencias esenciales entre los mismos resultan de las características propias de los electrones, partículas negativas cuyos haces no pueden atravesar el aire y el cristal como lo hace la luz y que no pueden impresionar la retina. Estos inconvenientes se subsanan como sigue: en el interior del aparato se practica el vacío con el fin de que las moléculas del aire no constituyan un obstáculo para los electrones; las lentes ópticas de cristal son reemplazadas por *lentes electrónicas* que pueden ser electrostáticas o electromagnéticas (V. LENTE); el haz de electrones, en vez de excitar el ojo directamente por medio de un ocular, como lo hace la luz, forma la imagen en una pantalla fluorescente (como la forma el microscopio óptico en el cristal mate de la cámara obscura empleada para sacar fotomicrografías). Así, los electrones producidos por un *cátodo* caliente, son concentrados sobre el objeto y luego refractados por *condensadores* o *bobinas* y hieren la *pantalla fluorescente* en la cual forman una imagen que puede ser observada por un portillo. Las más de las veces se proyecta el haz sobre una emulsión sensible para obtener fotografías de la imagen.

el **microscopio** electrónico de la Facultad de Ciencias de Toulouse permite observar la materia viviente

Si los objetos que se observan con estos microscopios no fueran muy tenues, los electrones no podrían atravesarlos. Muchas veces el objeto solamente tiene un espesor de varias millonésimas de milímetro y el portaobjeto es la finísima película que se obtiene dejando evaporar una gota de disolución de colodión sobre el agua. Otro portaobjeto se obtiene vaporizando sílice en el vacío sobre un soporte que luego se elimina por fusión. Si el objeto es opaco, se saca un delgadísimo molde de su superficie y se observa ya directamente, ya después de haberla metalizado. El aumento del contraste de los objetos se obtiene metalizándolos oblicuamente para que queden zonas de "sombra" en sus anfractuosidades y detrás de las partículas aisladas (virus, por ejemplo).

Como la longitud de onda de los protones es 43 veces más corta que la de los electrones, se estudian actualmente prototipos de *microscopios protónicos* capaces de dar aumentos considerablemente mayores que los que se obtienen con el microscopio electrónico.

— *Microscopio iónico* o *de emisión de campo.* En el interior de una cámara se dispone una finísima aguja de metal, sobre la cual se proyecta helio. Los átomos de helio adhieren a la aguja, pero, ionizados por el paso de una corriente y repelidos por un átomo del metal, chocan con una pantalla fluorescente en la cual producen una manchita luminosa. El conjunto de estas manchas traduce la disposición de los átomos en la punta de la aguja (v. el frontispicio de la letra A) con un aumento del orden de 2 000 000 de veces.

MICROSEGUNDO m. *Metr.* Unidad de tiempo, igual a una millonésima de segundo, cuyo símbolo es μs.

MICROSEÍSMICO, CA adj. *Geof.* Microsísmico.

MICROSEÍSMO m. *Geof.* Microsismo.

MICROSEISMÓGRAFO m. *Geof.* Microsismógrafo.

MICROSÍSMICO, CA adj. *Geof.* Relativo a los microsismos: *los sismogramas muestran que existe una agitación microsísmica permanente.* (Sinón. MICROSEÍSMICO.)

— La agitación *microsísmica* tiene dos causas principales: el oleaje y las perturbaciones atmosféricas. Las últimas, por las variaciones de la presión ejercida sobre los océanos, engendran en el agua ondas que se propagan verticalmente y, al llegar al fondo, hacen vibrar la corteza terrestre. Así, la trayectoria de un ciclón puede ser determinada a partir de los gráficos de la agitación sísmica en varios observatorios. (V. SISMO.)

MICROSISMO m. *Geof.* Terremoto o sismo muy débil, imperceptible por los sentidos, pero registrado por los sismógrafos muy sensibles. (V. MICROSÍSMICO.)

MICROSISMÓGRAFO m. *Geof.* Sismógrafo * sensible a las vibraciones de corto período de la corteza terrestre, con el cual se registran los microsismos. (Sinón. MICROSEISMÓGRAFO.)

MICROSPECTROSCOPIO m. *Fís.* Instrumento consistente en un espectroscopio cuyos prismas reemplazan el ocular de un microscopio y con el cual se obtienen espectros de los objetos microscópicos. (Sinón. MICROESPECTROSCOPIO.)

MICROSTATO m. *ópt.* Platina del microscopio.

MICROSURCO adj. y s. Disco fonográfico de surcos muy estrechos (60 a 70 micrones) y apretados (100 por centímetro), que gira a velocidad reducida y tiene una capacidad de grabación mucho mayor que la de los discos anteriores (22 mn por cara en un disco de 30 cm que gira a razón de 33,3 rpm, en vez de 4 minutos en los discos clásicos de 78 rpm). [V. DISCO y GRABACIÓN.]

MICROTELÉFONO m. *Telec.* órgano del receptor telefónico, unido a éste por un cable conductor, que contiene el auricular * y el mi-

Fot. X, Yan

crófono *, y de forma apropiada para que el último se halle frente a la boca cuando el primero es aplicado contra el oído.

MICROTERMIA f. Unidad de calor que vale la millonésima parte de la termia y cuyo símbolo es *μth: la microtermia es equivalente a la caloría* *.

MICRÓTOMO m. Instrumento que sirve para cortar, en los tejidos animales o vegetales previamente endurecidos, capas delgadísimas (hasta

micrótomo

una milésima de milímetro) destinadas a ser observadas con el microscopio.

MICROVATIO m. *Electr.* Unidad de potencia eléctrica, equivalente a la millonésima parte del vatio, cuyo símbolo es *μW.*

MICROVOLTIO m. *Electr.* Unidad de diferencia de potencial eléctrico que vale una millonésima de voltio y cuyo símbolo es *μV.*

MIEL f. *Ind. alim.* Substancia azucarada que resulta de la transformación del néctar de las flores en el tubo digestivo de las abejas. || Melado espeso de zumo de caña de azúcar * después de la segunda cochura. || *Miel de caña,* melaza.
— El néctar absorbido por la abeja es transformado por las secreciones digestivas de la misma en una mezcla de azúcar invertido (dextrosa y levulosa), de sacarosa y de sales minerales que constituye la *miel* regurgitada por los insectos en las celdillas de los panales. Cuando una celdilla se halla llena, las abejas la operculan, o sea la cierran con cera.
En las colmenas * desmontables, la cosecha se efectúa rápidamente, pues consiste en sacar los cuadros de panales suficientemente llenos y reemplazarlos por otros nuevos. Para efectuar la extracción de la miel, se desoperculan los panales con una cuchilla (desoperculador) que secciona los opérculos y se disponen los cuadros en el tambor del extractor * cuyo movimiento giratorio provoca el escurrimiento de la miel por la fuerza centrífuga.
La calidad de la miel depende de los géneros de plantas a que pertenecen las flores libadas por las abejas. La miel sirve para endulzar alimentos y entra en la composición de los turrones y de licores. También se usa en preparaciones farmacéuticas.

MIEMBRO m. *Arq.* Cada una de las partes principales de que consta una obra arquitectónica.
— *Mat.* Cada una de las dos expresiones separadas por el signo = *(igual a)* en una ecuación o igualdad, y por > *(más grande que)* o < *(más pequeño que)* en una desigualdad.

MIGMATITA f. *Geol.* Gneis constituido por capas de materia que forman volutas, como si resultaran de la solidificación de masas fluidas y revueltas: *las migmatitas se deben a un metamorfismo de rocas preexistentes, aunque con introducción de materias ajenas a las mismas.*

MIGRACIÓN f. *Atom.* Movimiento de partículas que se trasladan de un punto a otro en el seno de la materia: *en los reactores nucleares se produce una migración de neutrones.*
— *Petr.* Movimiento del petróleo a través de los terrenos sedimentarios, desde el nivel donde se forman sus gotitas hasta aquel en el cual se acumulan, por existir una capa impermeable que detiene su ascensión. (V. PETRÓLEO.)
— *Quím.* Cambio de posición de un radical en una molécula.

MILANO (*Cola de*). V. ENSAMBLADURA (*figura*).

MILE m. *Metr.* Nombre inglés de la *milla* *.

MILENIO m. Período de mil años.

MILÉSIMO m. o **MILÉSIMA** f. Unidad de ángulo correspondiente al ángulo que forman con el ojo del observador los extremos de un objeto vertical de un metro de altura situado a la distancia de 1 000 m: *la circunferencia contiene entre 6 283 y 6 284 milésimas, pero en artillería se adopta a veces, por convención, una "milésima ordinaria" de 1/6 400 de circunferencia.*

MILI, prefijo derivado del latín *mille,* que significa *mil,* cuyo símbolo es *m,* y que, antepuesto al nombre de una unidad * de medida, la divide por mil, como en *miligramo (mg).*

MILIAMPERÍMETRO m. *Electr.* Amperímetro graduado en miliamperios.

MILIAMPERIO m. *Electr.* Unidad de medida de la intensidad de las corrientes eléctricas que equivale a la milésima parte del amperio y cuyo símbolo es *mA.*

MILIBAR m. *Meteor.* Unidad de medida de la presión atmosférica equivalente a una milésima de bar, a 1 000 barias o a 0,76 mm de mercurio en la columna barométrica.

MILICURIO m. *Atom.* Unidad de irradiación equivalente a la cantidad de rayos gamma emitidos por 133 mg de radio en una hora y cuyo símbolo es *mCi.*

MILIGAL m. *Metr.* Unidad de medida de la aceleración de la gravedad igual a la milésima parte del gal y cuyo símbolo es *mgal.*

MILIGRADO m. *Geom.* Unidad de medida de ángulo que vale la milésima parte de un grado y cuyo símbolo es *mgr.*

MILIGRAMO m. *Metr.* Unidad de medida de masa, equivalente a una milésima de gramo, cuyo símbolo es *mg.*

MILILITRO m. *Metr.* Unidad de medida de capacidad, equivalente a la milésima parte del litro y cuyo símbolo es *ml.*

MILIMETRADO, DA adj. Dividido en milímetros. || *Papel milimetrado,* papel cuadriculado cuyas cuadrículas miden un milímetro: *el papel milimetrado sirve para trazar curvas y gráficos.*

MILIMETRAR v. Dividir o graduar en milímetros.

MILIMÉTRICO, CA adj. Relativo o perteneciente al milímetro. || Graduado en milímetros: *escala milimétrica.* || Milimetrado.

MILÍMETRO m. *Metr.* Unidad de medida de longitud equivalente a la milésima parte del metro, cuyo símbolo es *mm.* || *Milímetro cuadrado,* unidad de superficie igual al área de un cuadrado cuyo lado mide un milímetro (su símbolo es mm^2). || *Milímetro cúbico,* unidad de volumen equivalente al de un cubo cuya arista mide un milímetro (su símbolo es mm^3).

MILIMICRÓN m. *Metr.* Unidad equivalente a la milésima parte del micrón y a la millonésima parte del milímetro, cuyo símbolo es *mμ* y no *μm* como se escribe a veces erróneamente.

MILIRROENTGEN m. *Atom.* Unidad de radiación equivalente a una milésima de roentgen, cuyo símbolo es *mR: la dosis máxima de irradiación admitida en los centros atómicos es de 350 mR por semana.*

MILISEGUNDO m. Milésima parte de un segundo.

MILITERMIA f. *Fís.* Unidad de medida de la cantidad de calor equivalente a una milésima de termia y a una kilocaloría (símbolo: *mth*).

MILIVATIO m. *Electr.* Unidad de medida de potencia de las corrientes eléctricas, que vale la milésima parte del vatio (símbolo: *mW*).

MILIVOLTÍMETRO m. *Electr.* Voltímetro muy sensible graduado en milivoltios.

MILIVOLTIO m. *Electr.* Unidad de medida de la fuerza electromotriz y de la tensión o diferencia de potencial, que equivale a una milésima de voltio y cuyo símbolo es *mV.*

MILONITA f. *Geol.* Roca metamórfica constituida por fragmentos angulosos unidos por un cemento, cuya formación se debe al desmenuzamiento de otra roca anterior en aquellas superficies de ruptura que han rozado unas con otras: *la presencia de la milonita en un terreno permite muchas veces descubrir una falla.*

MILORI m. *Art. gráf. Azul milori,* v. AZUL.

MILLA f. *Metr.* Unidad internacional para medir las distancias en la navegación marítima o aérea. || Unidad de longitud en el sistema anglosajón de medidas.

— La *milla marina* o *marítima,* o simplemente *milla,* es teóricamente equivalente a la distancia media que separa dos puntos de la superficie terrestre situados a igual longitud y cuya latitud difiere de un minuto de arco. Por acuerdo internacional se le ha atribuido el valor convencional de 1 852 m.

La *milla terrestre inglesa (statute mile)* vale 1 760 yardas, o sea 1 609,342 6 m. En los Estados Unidos su valor es de 1 609,347 2 m.

La *milla náutica inglesa (nautical mile)* es igual a 1 853,182 4 m. Los Estados Unidos han adoptado la milla marina internacional de 1 852 m. Multiplicando los kilómetros por 0,621 37 se obtiene su equivalencia en millas terrestres anglosajonas; la multiplicación de los kilómetros cuadrados por 0,3861 da *millas cuadradas (square mile).*

tala del **mimbre**

MIMAS, uno de los satélites de Saturno *, que es el más próximo del planeta.

MIMBRE m. *Art. y of.* Varilla flexible que resulta al descortezar las ramas de la mimbrera * y que se usa para hacer labores de cestería. || Varillas más largas y gruesas, aunque también flexibles, suministradas por otras especies de sauces y utilizadas para hacer muebles, canastos, aros para toneles y otras labores.

— El *mimbre* se prepara con ramas generalmente cortadas en invierno. Después de suprimir las ramitas laterales, se dejan en agua hasta la primavera y entonces, al brotarles las primeras hojas, se descortezan y se dejan secar.

Las ramas delgadas se utilizan enteras. Las más gruesas se dividen longitudinalmente en tiras, salvo las que han de servir para los montantes, largueros y barrotes de sillas y otros muebles.

El mimbre toma bien los colores de anilina, pero las más de las veces se conserva su color natural que es amarillento.

minas *(arm.)*

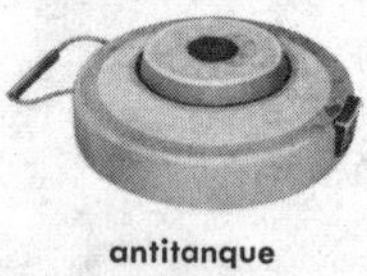

antitanque

antipersonal

marina

MIMBRERA f. *Bot.* Arbusto salicíneo (*Salix viminalis*), especie de sauce, propio de las márgenes de los ríos, cuyas ramitas largas y flexibles, que crecen verticalmente, constituyen el mimbre *. || Dícese, por ext., de otras especies de sauces (*S. fragilis, triandra, alba, purpurea,* etc.) cuyas ramas, también flexibles, se aprovechan como las de la mimbrera verdadera, y llevan el mismo nombre de *mimbre* *.

MIMOSA f. *Bot.* Género de plantas mimosáceas. || Nombre dado erróneamente a algunas acacias y a ciertos productos suministrados por las mismas. (V. ACACIA.)

MIMOSOPO o **MIMUSOPO** m. *Bot.* Género de árboles sapotáceos que suministran madera y gomas. (V. ACANA y BALATA.)

min, símbolo de *minuto* que se usa conjuntamente con la forma *mn.*

MINA f. *Arm.* Galería subterránea que se excava en tiempo de guerra hasta las posiciones fortificadas del enemigo para volarlas con una carga explosiva. || Por ext., dicha carga y también las que se sumergen en el mar para destruir los buques enemigos y las que se entierran a ras del suelo para dificultar el avance de la infantería y de las tropas motorizadas.

— En las *minas subterráneas,* apropiadas para una guerra de posiciones y no de movimiento, no se emplean ingenios especiales, sino cargas ordinarias de explosivos depositadas en el fondo de la galería.

Hay *minas terrestres* de dos clases: unas son eficaces contra las tropas que pisan el terreno minado *(mina antipersonal)* y otras sirven para poner los tanques fuera de combate *(mina antitanque).* Ambas constan de un recipiente o envoltura que contiene la carga explosiva, un detonador y un dispositivo disparador que puede ser mecánico, magnético, químico o eléctrico. Las minas se entierran a escasa profundidad para que la presión debida al peso de las personas o de los vehículos pueda provocar su explosión. Pero los detectores * electromagnéticos revelan fácilmente la presencia de minas poco enterradas. Por eso las minas modernas carecen de metales magnéticos y su envoltura suele ser de madera, plástico o vidrio. Muchas veces estas minas son *saltadoras* y funcionan en dos tiempos: primeramente saltan en el aire; luego estallan (a un metro de altura, por ejemplo), produciendo sus efectos en una zona más extensa que si explotaran enterradas.

Las *minas marítimas* o *submarinas* pueden ser *de contacto* o *de proximidad.* En el primer caso explotan cuando el buque choca con ellas, y en el segundo basta con que el mismo se acerque a determinada distancia, suficiente para que la explosión pueda averiarlo. El disparo a distancia puede obtenerse por varios procedimientos. En las *minas de presión,* el paso rápido de un buque provoca una ligera depresión en el agua que tiene por efecto deformar las paredes de una cápsula hidrostática, con lo cual queda cerrado el circuito eléctrico de ignición de la espoleta, produciéndose la explosión de la carga. Las *minas acústicas* tienen un hidrófono para captar las vibraciones de las hélices de los buques y convertirlas en impulsiones eléctricas que, por medio de un electroimán, cierran el circuito de la espoleta. Por último, en las *minas magnéticas,* un elemento imantado permanece estable cuando solamente se halla sometido a la acción del campo magnético terrestre, pero, al pasar un buque con casco de hierro, su propio campo rompe aquel equilibrio y las oscilaciones del detector magnético establecen el contacto eléctrico que hace estallar el artefacto.

Es probable que, desde la última guerra mundial, se hayan inventado minas capaces de estallar por efecto de influencias diferentes de las expresadas más arriba y que los nuevos modelos aporten dificultades adicionales a las que ya presenta el dragado de las minas citadas. (V. CINTURA, DESGAUSAR y DRAGAMINAS.)

— *Min.* Criadero de minerales útiles. || Excavación que se hace para extraer los minerales del suelo. || Conjunto formado por las excavaciones y las instalaciones subterráneas y superficiales que contribuyen a la explotación de un criadero de minerales.

— Los yacimientos * de minerales pueden aflorar o formar capas superficiales, pero las más de las veces se hallan en el seno de la tierra, a profundidades que pueden ser de millares de metros. Su descubrimiento y localización resulta de trabajos de prospección * fundados en métodos geofísicos (magnéticos, eléctricos, gravimétricos, sísmicos, radiactivos, etc.), en estudios geológicos del terreno y en labores de exploración (calicatas, socavones, sondeos, zanjas, etc.). La explotación o beneficio del yacimiento depende de la profundidad y el buzamiento, del espesor, de la topografía y naturaleza del terreno, de la índole y la concentración del mineral.

BENEFICIO A CIELO ABIERTO

El *beneficio a cielo abierto* constituye el método más fácil, rápido y económico de explotar un yacimiento, pero solamente es aplicable a los criaderos superficiales o poco profundos cubiertos por terrenos blandos. La explotación consta de tres fases: descubrimiento de la capa o filón, arranque y, por último, evacuación del estéril y del mineral.

La capa de *estéril* que cubre el mineral es a veces muy espesa, pero esto no constituye ningún obstáculo para la explotación si se dispone de excavadoras potentes. Generalmente el estéril puede ser depositado detrás del tajo, en la solera de la mina, a medida que va avanzando el frente de arranque (minas de lignito, por ejemplo). Si el relieve es muy accidentado o si el mineral se halla en masas muy grandes (montañas de mineral de hierro, por ejemplo), la evacuación del estéril puede resultar complicada.

Las labores de beneficio de una mina a cielo abierto pueden efectuarse de modo diferente, según las características del terreno, la forma y disposición del yacimiento y la naturaleza del mineral.

Una capa horizontal de lignito se beneficia con excavadoras en un *frente* muy ancho, en forma de zanja grande y transversal que avanza regu-

Fot. Chatelet, S. C. A.

1. Pozo; 2. Lavadero; 3. Talleres y almacenes; 4. Fabricación de aglomerados; 5. Decantadores; 6. Sala de calderas; 7. Chimenea; 8. Depósito de agua; 9. Sala de máquinas; 10. Estación eléctrica; 11. Reservas de brea (para hacer aglomerados); 12. Oficinas; 13. Estanque; 14. Escorial.

MOTORES

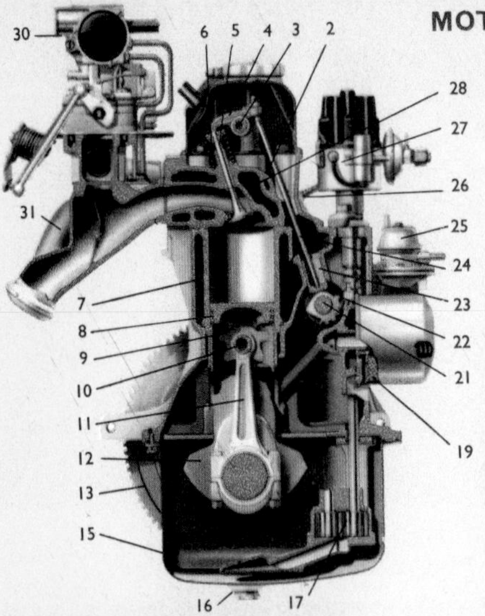

MOTOR DE EXPLOSIÓN

1. Ventilador; 2. Culata; 3. Árbol de los balancines; 4. Balancín; 5 y 6. Válvula y su muelle; 7. Bloque de cilindros; 8. Segmentos; 9 y 10. Émbolo y su eje; 11. Biela; 12. Cigüeñal; 13. Volante de embrague; 14. Cojinete; 15. Cárter; 16. Tapón; 17. Bomba de aceite; 18. Enchufe de arranque manual; 19. Filtro de aceite; 20. Engrane del árbol de levas; 21. Árbol de levas; 22. Accionamiento del distribuidor; 23 y 24. Varillaje del balancín; 25. Bomba de gasolina; 26. Bujía; 27. Distribuidor; 28. Camisa de agua. 29. Bomba de agua 30. Carburador; 31. Tubulura de escape.

DE ÉMBOLO ROTATIVO

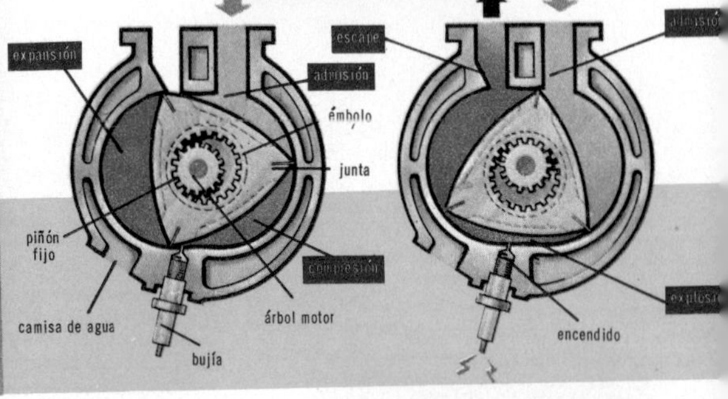

ELÉCTRICOS

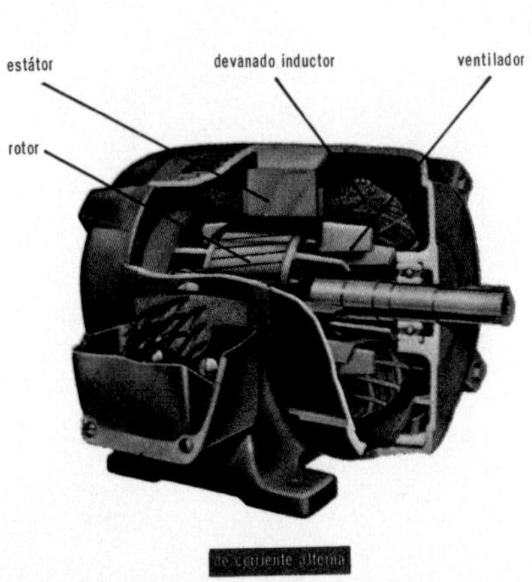

de corriente alterna

larmente (pues el arranque frontal es compensado por los progresos del talud de estéril).
Ciertos minerales terrosos (caolín, casiterita, sedimentos auríferos, etc.) pueden ser beneficiados por *disgregación hidráulica*, o sea proyectando sobre el frente de arranque un chorro grande de agua a presión que disgrega las tierras y las arrastra por canalizos.
La piedra y los minerales duros o compactos, en yacimientos de mucho espesor, se benefician por gradas o bancos escalonados de 10 a 30 m de altura. En cada grada existe un *frente de arranque* y todos los frentes avanzan simultáneamente en la misma dirección horizontal. El arranque de las piedras grandes para sillares, estatuas, etc., se hace cortando grandes bloques con sierras filiformes (V. MÁRMOL). En los demás casos se efectúa por voladura, mediante barrenos verticales, de profundidad igual a la de la grada, practicados por hileras paralelas al frente.
Si el yacimiento es profundo e irregular, la excavación forma un embudo y las gradas son curvas concéntricas que siguen líneas de nivel.
En todas las explotaciones a cielo abierto la anchura de la plataforma libre ante cada frente de arranque es suficiente para tender las vías o permitir la circulación de los camiones, así como las evoluciones de las grúas de cuchara y la instalación de otros medios de transporte.

EXPLOTACIÓN SUBTERRÁNEA

Los yacimientos que, por la mucha profundidad a que se hallan, no pueden ser descubiertos, se han de beneficiar mediante *labores subterráneas*, que se dividen en *labores de acceso*, *labores de subdivisión* y *labores de arranque*.
Las *labores de acceso* tienen por objeto asegurar la comunicación entre las instalaciones exteriores de la mina y las distintas secciones subterráneas en las que se beneficia el criadero. Consisten en *pozos* y *galerías*. Si el yacimiento se halla en el seno de una montaña, el acceso al criadero se efectúa por galerías abiertas en la ladera y horizontalmente (en realidad toda galería tiene una pendiente, por ligera que sea, para facilitar el desagüe). En terreno llano, si el yacimiento es poco profundo, se puede acceder al mismo por galerías inclinadas con pendiente máxima de 15 a 18°. En los demás casos, el acceso a la mina se efectúa por pozos verticales.
Es obligatoria la existencia de, por lo menos, dos galerías o pozos de acceso, en previsión de que un accidente inutilice uno de ellos.
El pozo principal, llamado *pozo de extracción*, es el más profundo y se utiliza tanto para extraer el mineral como para la bajada y subida de los mineros y de los materiales. Atraviesa las distintas plantas de la mina, entre las cuales media un espesor de terreno de unos 100 a 150 m.
En cada planta, junto a dicho pozo, existe un *anchurón* del cual parten las *galerías maestras*, que comunican también con uno o varios *pozos de aeración*. Por lo general, las galerías horizontales no permiten beneficiar directamente la capa de mineral, pues ésta suele tener cierto *buzamiento* o inclinación. De ahí la necesidad de atacar la misma por *galerías inclinadas* o de beneficiar el mineral en *niveles intermediarios* que, en vez de comunicar con el pozo extractor, lo hacen con una galería maestra por medio de pozos interiores (llamados *contrapozos* o *chimeneas* si se excavan de abajo arriba, *calderas* o *bajadas* si lo son de arriba abajo y *coladeros* cuando solamente sirven para verter el mineral en la galería maestra.

mina de cobre de Riotinto, beneficiada a cielo abierto

El criadero se divide en cuarteles o secciones más o menos grandes que se benefician separadamente. Por ejemplo, en una capa de hulla medianamente espesa se delimita un cuartel rectangular comprendido entre una galería inclinada, que sigue el buzamiento del carbón, y dos galerías horizontales, perpendiculares a la misma, aunque situadas a diferente nivel. El frente de arranque se extiende entre estas dos galerías, que sirven para la aeración y el transporte del carbón y, con una anchura de 100 a 250 m, avanza perpendicularmente a la galería inclinada, o sea según las líneas de nivel de la capa de hulla, a razón de uno o varios metros por día.
El arranque de la hulla se efectúa con martillo * neumático o con rozadoras *. Las últimas practican en el carbón unas rozas o sangrías profundas que delimitan un bloque, en cuyo seno se disparan varios barrenos para provocar su desplome. También existen rozadoras que dislocan la masa de carbón sin necesidad de explosivos.
Por lo general, el arranque y la evacuación del carbón son operaciones combinadas y las modernas rozadoras disponen de una cargadora cuyos brazos oscilantes empujan el mineral hasta una correa sin fin que lo vierte en las vagonetas o en los coladeros.
Si no se tomara ninguna precaución, el techo de la excavación podría desplomarse sobre los hombres y el material de arranque. De ahí la necesidad de sostener momentáneamente el techo en el frente de ataque, lo cual se efectuaba antes con maderos rollizos y hoy con puentes de acero que avanzan progresivamente, siendo montados los estemples por delante a medida que se van desmontando por detrás. Al quitar los estemples, el techo se va desplomando por sí mismo, o bien se provoca su hundimiento con explosivos. Este relleno del hueco dejado por la extracción del mineral basta para consolidar el terreno, pues un metro de roca compacta dislocada del techo da en el suelo una capa resistente de metro y medio de altura. En otros casos es necesario llenar la excavación con estéril, piedras o tierras procedentes de otro sitio. (V. ATIBACIÓN.)
La *explotación por cámaras y pilares* se practica en los yacimientos de techo seguro situados a poca profundidad y consiste en beneficiarlos en dos tiempos. En el primero, se arranca la hulla en forma de cámaras o galerías de 4 a 6 m de anchura, paralelas y separadas por un muro espeso en el cual se abren, de trecho en trecho, pasos

[véase tb. la lámina en color **mina**]

instalaciones exteriores de una **mina** de hulla

Fot. G. Pelayo, Son et Lumière

galería de **mina**

angostos para la ventilación y las comunicaciones: queda así sostenido el techo por pilares de mineral y solamente se afianzan con pernos las piedras que podrían desprenderse del mismo. Una vez alcanzado el fondo del cuartel o el límite del yacimiento, se procede a efectuar la segunda fase del arranque, que consiste en ir beneficiando los pilares con movimiento de retroceso (*despilaramiento* *) y en provocar seguidamente el desplome del techo hasta volver al punto de partida, una vez agotado el cuartel.

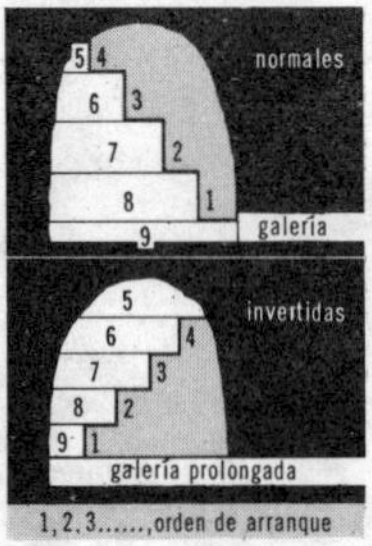

explotación por gradas de las **minas** muy potentes

Las capas muy potentes, o sea muy espesas, no pueden beneficiarse de una vez, dadas las dificultades que presenta sostener eficazmente el techo a más de 4 m de altura. En este caso se descomponen las mismas en varias capas paralelas que se benefician sucesivamente.
En ciertas minas poco profundas de minerales sedimentarios (fosfatos, potasa, etc.), el desplome del techo repercute hasta la superficie y crea irregularidades en el suelo. En este caso se benefician las cámaras o galerías cruzadas y se abandonan los pilares de mineral que quedan entre las mismas. En vez de galerías, si el mineral forma masas muy grandes (minas de sal gema), se excavan en las mismas grandes huecos irregulares llamados *anchurones.* En ambos casos se trata de *arranque por sustentación permanente del techo.*
Muchos criaderos requieren métodos de explotación especiales. En el caso de buzamientos de más de 60° se va beneficiando el mineral de abajo arriba, dejándolo en el tajo a medida que se derriba (solamente se evacua el volumen necesario para permitir el trabajo de los mineros, que se efectúa sobre el mismo montón ascendente). Cuando se ha derribado una altura de unos 50 m, se procede a la extracción del mineral por la entrada inferior del tajo. Los yacimientos muy espesos e inclinados de minerales quebradizos pueden beneficiarse provocando su hundimiento con explosivos (también se desmoronan a veces espontáneamente por hallarse la capa naturalmente disgregada). A medida que se extrae mineral de la solera de la galería o cámara, se va propagando el hundimiento del techo hacia las capas superiores.
Ciertos yacimientos de minerales solubles pueden beneficiarse por *lixiviación* desde el exterior, reduciéndose entonces las labores a la perforación de pozos de sonda, algunos de los cuales sirven para inyectar un fluido disolvente, mientras que por otros sale el mismo cargado de substancia mineral que ha disuelto en el fondo. Este método se aplica sobre todo para beneficiar la sal gema, disolviéndola en el fondo con agua, y el azufre, cuyo solvente es el vapor de agua. (V. AZUFRE.)

beneficio del **mineral** de hierro

EXTRACCIÓN DEL MINERAL

Para transportar el mineral desde los frentes de arranque hasta las galerías se emplean *correas sin fin, planos inclinados* de chapa, *rampas oscilantes, coladeros,* etc.
Las galerías para el transporte se excavan por voladura, perforando los barrenos en forma de coronas concéntricas y orientándolos de modo que converjan en el centro. Se logran así avances de hasta 10 m por día. Las más de las veces, la galería tiene vía doble que, en las hulleras modernas, es de 75 cm a 1 m de anchura (incluso se emplean vías de 1,44 m en ciertas hulleras norteamericanas). También se tiende a emplear vagonetas cada vez mayores, cuya capacidad es de 3 a 12 m³, tiradas por locomotoras eléctricas, Diesel o de aire comprimido. Todas las vías convergen en los *anchurones de enganche,* verdaderas estaciones en las cuales se cargan las vagonetas en las *jaulas * de extracción,* se forman nuevos trenes con las vagonetas vacías, etc.
A veces las vagonetas son vaciadas por un *basculador* * en un cangilón muy grande (*volcador de extracción* o *skip*) que, tirado por el cable de la *máquina de extracción,* asciende por vías verticales o inclinadas hasta el *caballete* exterior de la mina, donde se vacía automáticamente. Un skip puede contener 20 toneladas de hulla y subirlas a la velocidad de 55 km/h.
Las grandes hulleras modernas suelen tener dos pozos de extracción dobles, o sea provistos, cada uno de ellos, de dos máquinas de extracción * que pueden arrastrar dos jaulas, dos skips o una sola jaula o skip equilibrados por un contrapeso. De una hullera así equipada pueden extraerse diariamente 15 000 toneladas de carbón.
Las instalaciones exteriores de la mina constan de los servicios auxiliares de la misma (suministro de energía, ventilación, agotamiento, etc.), así como de medios para el transporte y amontonamiento del mineral. En ciertos casos existen instalaciones para lavarlo, machacarlo, clasificarlo, concentrarlo, etc. Incluso existen minas combinadas con una industria transformadora (mina de carbón con fábrica de gas o de carboquímica; mina de hierro con altos hornos y acería, etc.).

SEGURIDAD EN LAS MINAS

Los mineros se hallan expuestos a no pocos peligros: hundimiento del techo, que puede dejarlos incomunicados en el fondo de una galería; desprendimiento de piedras; inundaciones capaces de anegar rápidamente pozos y galerías; explosiones de grisú; accidentes provocados por la explosión de los barrenos, incendios, etc., y a pesar de las muchas precauciones adoptadas se admite como "normal" la muerte por accidente de un minero cada año por grupo de 1 000 hombres empleados en el fondo.
La *entibación* * evita muchos accidentes, pero, en ciertos casos, es tal el empuje de las masas de roca desprendidas que el mejor entibado cede. En previsión de estos accidentes deben multiplicarse las galerías secundarias y de aeración. Si los mineros aislados en una galería disponen de aire suficiente, su salvamento puede efectuarse las más de las veces con éxito merced a sondas giratorias especiales, propias para excavar con bastante rapidez un pozo lo suficientemente ancho para dar paso a una cabina, suspendida del cable de un torno, que puede contener un hombre derecho. Generalmente se empieza por perforar un pozo de escaso diámetro que permite establecer contacto con los mineros y atender a sus necesidades hasta que puedan ser salvados.
El metano que se desprende en las minas de carbón, mezclado en determinadas proporciones con el aire, es explosivo y causa con frecuencia terribles accidentes (v. GRISÚ). Los métodos de lucha contra el grisú pueden reducirse a dos: evitar a toda costa la producción de chispas o de llamas (uso de *lámparas * de seguridad,* de

Fot. Joy

motores *antideflagrantes* *, etc.) ; comprobar permanentemente la proporción de metano que contiene el aire (v. GRISÚMETRO). Muchas veces la deflagración es provocada por la explosión de barrenos y una medida elemental consiste en la adopción de *explosivos de seguridad* que desprenden poco calor y dan llama corta.
El polvillo de carbón, finísimo, forma con el aire una mezcla inflamable, causa de accidentes tan catastróficos como los que provoca el grisú (en 1906, una explosión de aire con polvillo causó en una mina de Francia la muerte de 1 200 mineros). Además de las precauciones ya indicadas al tratar del grisú, se procede: 1.º al *regado de los frentes* para fijar el polvillo, especialmente antes de las voladuras; 2.º a la *dispersión de polvo estéril* (marga arcillosa, pizarra pulverizada, etc.) que impide la inflamación del polvillo de carbón. Con el mismo objeto se disponen cargas de hasta 400 kg de polvo estéril en los límites de las distintas secciones de la mina, sobre tableros colocados en lo alto de la galería, de modo que el soplo de una explosión (el cual precede siempre a la llama) provoque la dispersión del polvo, formándose así en el aire una *barrera* que evita la propagación de la llama.
Una tercera causa de incendio en las minas es la *inflamación espontánea* del carbón en el propio criadero, por oxidación debida al aire que penetra por las grietas.
Los incendios revisten especial gravedad en las galerías de las minas debido al tiro fuerte creado por el sistema de ventilación. No solamente se extiende rápidamente el menor hogar, sino que los gases asfixiantes circulan por otras galerías y pozos. De ahí la utilidad de disponer de galerías o conductos de ventilación independientes y de cierres estancos para las galerías.
— *Obr. públ.* Excavación o galería subterránea.
— *Ofic.* Barrita de grafito o de mezclas de color de los lápices. (V. LÁPIZ.)

MINADOR adj. y s. *Mar.* Dícese del submarino o del barco de superficie especialmente equipados para el lanzamiento de minas * marinas. (Sinón. LANZAMINAS.)

MINAL adj. *Min.* Relativo o perteneciente a la mina o excavación.

MINAR v. *Arm.* Poner minas en un terreno o lanzarlas en el mar.
— *Min.* y *Obr. públ.* Abrir galerías de mina u otras excavaciones subterráneas. ‖ Socavar las aguas subterráneas el terreno debajo de una construcción.

MINEAR v. *Min. Amer.* Excavar en busca de oro, diamantes u otros minerales preciosos.

MINERAJE m. Labor y beneficio de minas.

MINERAL adj. y s. Que se compone de substancia inorgánica, o sea no viviente. ‖ Aplícase a ciertas substancias que provienen de la corteza terrestre para distinguirlas de las de la misma índole suministradas por los animales o las plantas: *aceite * mineral; carbón * mineral; cera mineral,* etc. ‖ *Agua mineral,* v. AGUA. ‖ *Reino mineral,* una de las tres grandes divisiones de la naturaleza, que, por oposición a las otras dos (reino animal y reino vegetal), comprende todas las substancias no orgánicas.
— *Geol.* M. Toda substancia de la corteza terráquea que no es ni animal ni planta. ‖ *Mineral accesorio,* el que forma accidentalmente parte de una roca sin modificar el carácter general de la misma. ‖ *Mineral primario,* el que constituye el yacimiento desde que éste se formó. ‖ *Mineral secundario,* el que se ha formado ulteriormente por oxidación u otra modificación del mineral primario.
— *Min.* M. Roca u otro elemento del terreno que contiene metales o metaloides aprovechables, generalmente al estado de combinación y mezclados con gangas. (Sinón. MENA.) ‖ *Mineral bruto,* mineral aún no tratado, que se halla tal y como sale de la mina. ‖ *Mineral complejo,* el que contiene varios metales o cuerpos útiles.

OBSERV. En el artículo reservado a cada metal o metaloide se han indicado los principales minerales de donde se extrae y los procedimientos de extracción.

— *Quím. Ácido mineral,* v. ÁCIDO. ‖ *Química mineral,* parte de la química * que trata de los

mina: explotación de una capa poco potente

cuerpos pertenecientes al reino mineral y a la cual se da también el nombre de *química inorgánica,* por oposición a la *química orgánica.*
— Es importante conocer cómo se forman los nombres de los compuestos en *química mineral,* y en primer lugar trataremos de los compuestos *binarios* (formados por dos elementos).
Si se trata de la unión de dos metales, se tiene una *liga* o *aleación* * y, si uno de ellos es el mercurio, una *amalgama* *. Para designar la combinación de un metal con un metaloide o de dos metaloides, se cita en primer lugar el más electronegativo de los dos componentes, afectado de la desinencia *uro: cloruro de sodio, fluoruro de oxígeno* (sin embargo, en la fórmula correspondiente se invierte el orden de los dos componentes, y, en los ejemplos citados, tendremos: NaCL y OF_2). El oxígeno constituye una excepción de la regla, pues en vez de *oxigenuro* se dice *óxido,* de modo que el compuesto MnO es el *óxido de manganeso.*
Cuando un elemento puede dar dos cloruros, óxidos, sulfuros, etc. diferentes, se distinguen los mismos por otra desinencia del cuerpo menos electronegativo citado en segundo lugar. Esta desinencia toma dos formas: *oso* o *ico,* aplicándose la primera de ellas a aquel de los dos compuestos que tiene menor valencia (en el *cloruro ferroso* $FeCL_2$, el hierro es bivalente, mientras que en el *cloruro férrico* $FeCL_3$ es trivalente).
Los óxidos de un mismo cuerpo pueden ser numerosos y, para simplificar la nomenclatura, se recurre a ciertas convenciones. Por ejemplo, cuando el óxido se relaciona, por sus propiedades, con los ácidos y las bases, se reemplaza el término *óxido* por el de *anhídrido* (*anhídrido nitroso* N_2O_3, *anhídrido nítrico* N_2O_5, etc.).
El hidrógeno puede ser el elemento más electronegativo (con los metales) o, por el contrario, el más electropositivo (con los metaloides) y de la regla enunciada más arriba se desprende que sus combinaciones binarias podrán ser *hidruros* (por ejemplo, *hidruro de litio* LiH) en el primer caso, mientras que en el segundo se tratará de un *carburo,* un *fosfuro, arseniuro,* etc., *de hidrógeno.* Por otra parte, la combinación del hidrógeno con un halógeno da soluciones que son acuosas y ácidas, lo cual justifica el empleo de la terminación *hídrico* para reemplazar la voz hidrógeno (por ejemplo, *ácido clorhídrico*).
A continuación se indican las reglas de nomenclatura de los compuestos *ternarios.*
De dos ácidos afines, el menos oxigenado toma la desinencia *oso* y el más oxigenado, la desinen-

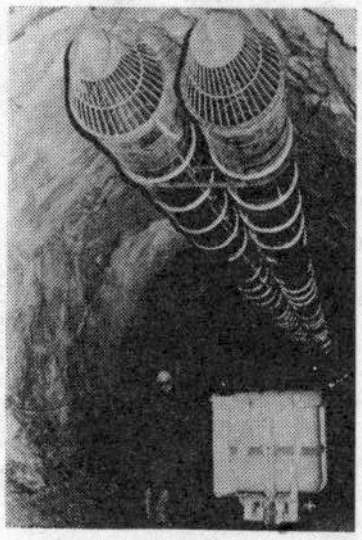

ventilación de una galería de **mina**

buque **minador** *(mar.)*

Fot. Houillères du Nord, Revue de l'aluminium, S. C. A.

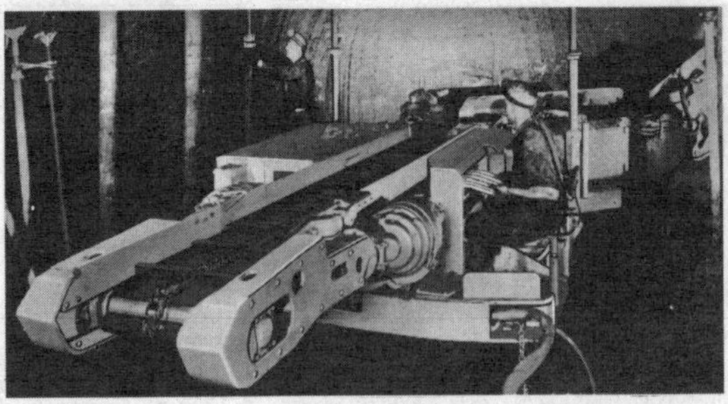

minero continuo

cia *ico* (por ejemplo, *ácido sulfuroso* H_2SO_3 y *ácido sulfúrico* H_2SO_4). Cuando estas dos desinencias no bastan, se emplean también los prefijos *hipo* y *per* (por ejemplo, *ácido cloroso, ácido clórico, ácido hipercloroso, ácido perclórico*). A cada ácido corresponde un anhídrido, cuya nomenclatura ya se ha indicado más arriba.
Las bases más corrientes conservan el nombre común que se les dio en otro tiempo (cal, potasa, sosa). Las demás se designan por la voz *hidróxido* seguida del nombre del metal afectado de la desinencia correspondiente: *hidróxido ferroso* $Fe(OH)_2$; *hidróxido férrico* Fe (OH_3).
Los ácidos terminados en *hídrico* dan sales terminadas en *uro* (*ácido clorhídrico* y *cloruro de sodio*); los ácidos en *oso*, dan sales en *ito* (*ácido nitroso* y *nitrito de sodio*); los ácidos en *ico* dan sales en *ato* (*ácido nítrico* y *nitrato de sodio*). Todas estas reglas elementales no siempre son aplicadas correctamente. También existen muchos casos especiales que obligan a admitir excepciones (*carbonato monosódico, fosfato disódico, sulfato de cobre pentahidratado*, etc.).
— *Text. Fibra mineral*, v. FIBRA.

MINERALERO adj. y s. m. *Mar.* Dícese del buque mercante que se dedica al transporte de minerales, especialmente si ha sido construido con dicho fin.
— Los *mineraleros* tienen calas que son estrechas en el fondo, muy amplias a media altura y muy estrechas en las escotillas, cuya forma permite que el mineral las llene por completo a medida que se va cargando, sin ninguna necesidad de ser estibado.

MINERALIZABLE adj. *Geol.* Dícese de los metales que pueden convertirse en menas por combinación de otros cuerpos.

MINERALIZACIÓN f. *Geol.* Transformación de un metal en mineral por combinación con otros cuerpos.

MINERALIZADOR, RA adj. y s. *Geol.* Que transforma un metal en mena: *el oxígeno es un mineralizador.* ‖ Dícese de las substancias que facilitan la cristalización de los cuerpos amorfos. ‖ Aplícase a los gases, vapores y materias volátiles que favorecen la formación de ciertos minerales en las rocas: *los compuestos a base de boro, cloro y flúor son mineralizadores.*

MINERALIZAR v. *Geol.* Transformarse un metal en mena en el seno de la tierra, las más de las veces por combinación con el oxígeno (óxidos) o el azufre (sulfuros). ‖ Cargarse las aguas subterráneas de substancias minerales. ‖ Enriquecer un fluido el terreno en minerales útiles: *los vapores volcánicos mineralizan las grietas del suelo.*

MINERALOGÍA f. Parte de las ciencias naturales o de la historia natural que trata de los minerales.
— El principal objeto de la *mineralogía* es la identificación de los minerales. En ciertos casos basta estudiar los caracteres externos de los mismos apreciables a simple vista (textura, color, brillo, planos de crucero puestos de manifiesto mediante rotura, etc.). Generalmente la determinación exacta de una especie mineral requiere la ayuda de instrumentos. Así, en cristalografía * los ángulos se miden con el goniómetro *, y la estructura es revelada por el espectro de difracción * obtenido con los rayos X y por la observación con las diferentes clases de microscopios *, especialmente el microscopio polarizante.
También puede distinguirse un mineral de otro por su diferencia de densidad, sumergiéndolos en líquidos muy densos (la densidad del tetrabromuro de acetileno es de 2,96, y la del yoduro de metileno de 3,325) en los cuales uno de ellos flotará (por ej., el cuarzo), mientras que el otro irá al fondo (topacio).
Otra parte importante de la mineralogía concierne la formación de los minerales en la naturaleza: los magmas ascendentes, al atravesar ciertas rocas, las han modificado (v. METAMORFISMO) y al llegar a la superficie y enfriarse han dado muchos silicatos *. Las aguas subterráneas cargadas de substancias minerales las han abandonado en las grietas y oquedades de las rocas, en cuyo interior se han producido así minerales, algunos de ellos perfectamente cristalizados. (V. FILÓN, GEODA y YACIMIENTO.)
Si se exceptúan las gemas y los metales preciosos, los minerales son transformados de manera constante, aunque lentamente por la temperatura, la presión, el agua y los agentes atmosféricos.

MINERÍA f. *Min.* Arte de explotar las minas.

MINERO, RA adj. y s. *Min.* Relativo o perteneciente a la mina o a la minería: *prospección minera.* ‖ — M. *Minero continuo*, máquina de arranque mecánico.
— El *minero continuo* consta de: un bastidor muy resistente, en el cual se articula un cabezal orientable que constituye el elemento rozador; un mecanismo cargador a base de roscas de Arquímedes, y un transportador de cinta que evacua el mineral. Por el cabezal rozador pasan seis o más cadenas sin fin de eslabones cortantes (con filo de carburo de tungsteno) capaces de dislocar la hulla a lo largo de un frente de ataque que, sin cambiar la máquina de sitio, puede medir más de cinco metros.

MINEROGRAFÍA f. *Miner.* Descripción de los minerales.

MINERVA f. *Art. gráf.* Marca registrada de una máquina de imprimir pequeña, de presión plana, en la cual el molde se halla fijado en una platina vertical y en cuya base se articula el tímpano a modo de bisagra: *la Minerva carece de marcador automático y solamente puede tirar formatos inferiores al « en cuarto »*. (V. IMPRESIÓN.)

MINIATURA adj. Dícese de la cosa que tiene dimensiones mucho más pequeñas que las de otras cosas de su misma especie: *receptor de radio equipado con tubos miniatura.*

MINIATURIZACIÓN f. Acción de miniaturizar.

MINIATURIZAR v. *Tecn.* Reducir las dimensiones de un elemento o de un conjunto hasta los límites impuestos por su buen funcionamiento.
— La *miniaturización* ha efectuado grandes progresos en electrónica, merced al invento de los circuitos impresos y de los transistores y otros componentes a base de semiconductores. Los satélites y sondas espaciales, los proyectiles autopropulsados y las calculadoras electrónicas, así como los más pequeños radiorreceptores y las prótesis

máquina de imprimir
Minerva

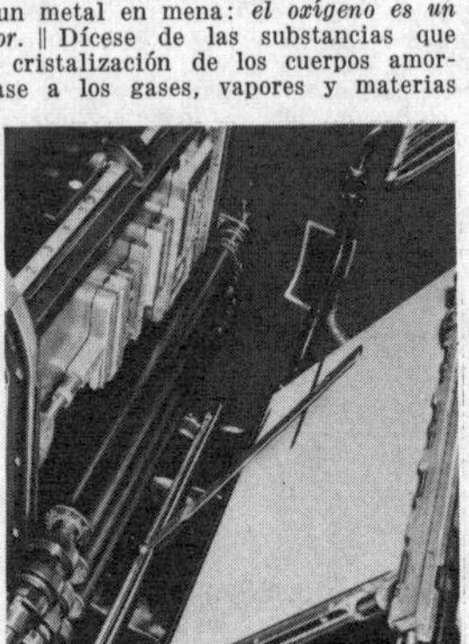

Fot. Joy, Larousse

para sordos constituyen las principales aplicaciones de circuitos electrónicos miniaturizados.

MÍNIMO y **MÍNIMUM** m. El menor valor que puede alcanzar una magnitud. ‖ La menor cantidad posible: *para cada automóvil existe una velocidad a la cual corresponde un consumo mínimo de combustible por kilómetro recorrido.*
— *Agr. Ley del mínimo,* v. ABONO.
— *Mat.* El menor valor posible de una variable.
— *Meteor. Mínimo barométrico,* o simplemente *mínimo,* depresión *.

MINIO m. *Pint.* Pigmento de color rojo anaranjado constituido por cuatro partes de ortoplombato de plomo (Pb_3O_4) y una de protóxido de plomo (PbO).
— El *minio* se obtiene oxidando plomo fundido con una corriente de aire. Es un pigmento que cunde mucho y que se emplea especialmente como primera mano sobre el hierro y otros metales para protegerlos contra la oxidación. Por extensión se da también el nombre de minio a otros pigmentos de naturaleza y composición muy diferentes (*minio de titanio, minio de hierro,* etc.).
El minio se usa también para vidriados * de alfarería.

MINUTERO m. Aguja que señala los minutos en los relojes.

MINUTO m. *Arq.* Subdivisión de un módulo, que unas veces vale la doceava parte del mismo y otras la dieciochoava o la trigésima parte.
— *Metr.* Unidad de tiempo equivalente a la sexagésima parte de la hora: *el minuto (mn) se divide en 60 segundos.* ‖ *Minuto centesimal,* antigua unidad de ángulo hoy llamada *centigrado* *. ‖ *Minuto sexagesimal,* unidad de ángulo que vale la sexagésima parte de un grado y cuyo símbolo es un apóstrofe (').

MIÑÓN m. *Metal.* Escoria de hierro.

MIÑONA f. *Art. gráf.* Tipo de imprenta cuyo tamaño es de siete puntos *.

MIOCENO, NA adj. y s. *Geol.* Dícese del período de la era terciaria comprendido entre el oligoceno y el plioceno y cuyos terrenos datan de —25 a —10 millones de años: *muchos yacimientos importantes de lignito datan del mioceno.* (V. ESTRATIGRAFÍA.)

MIÓGRAFO m. Aparato que registra las contracciones musculares después de haberlas amplificado.

MIRA f. *Arm.* Muesca o ranura practicada en el alza * de las armas de fuego y por la cual se hace pasar la visual para apuntar. ‖ *Línea de mira,* visual que pasa por la mira del alza y por el punto de mira situado en el extremo del cañón, y que corresponde a la mejor puntería (en las armas provistas de catalejo, es el eje óptico del mismo, materializado por retículos).
— *Constr.* Cada uno de los renglones fijados verticalmente entre los cuales se tiende el bramante que sirve de guía al albañil para poner las hiladas.
— *Ópt.* y *Radiot.* Objeto o dibujo que sirve para apreciar los límites de resolución o la nitidez de las imágenes que pueden obtenerse con un objetivo, una emulsión fotográfica, un receptor de televisión, etc.
— En fotografía y televisión se emplean dibujos especialmente estudiados para que todo defecto o deformación sean aparentes en las imágenes obtenidas. Las *miras* de televisión corresponden a las señales de sintonía emitidas en radiodifusión y suelen ser proyectadas durante unos instantes antes del comienzo de las emisiones para que los telespectadores puedan corregir eventualmente las deformaciones de la imagen (*linearidad* *), afinar su nitidez (*definición* *) y obtener la percepción de toda la gama de matices grises (*contraste* y *luminosidad*).
En microscopia se comprueba el poder de resolución de los instrumentos observando con ellos ciertas diatomeas, algas microscópicas y muy ricas en detalles regulares, cual es, por ejemplo, la *Amphipleura pellucida,* cuya superficie presenta 3 000 estrías por milímetro.
— *Topogr.* Regla graduada en decímetros y a veces en centímetros, que, puesta verticalmente en un punto del terreno y observada con teodolitos, niveles, estadímetros u otros anteojos de retículo, permite medir distancias y ángulos sobre el terreno.

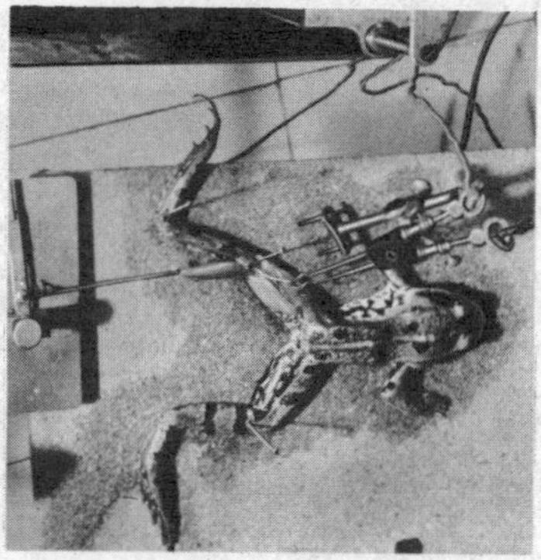

miógrafo

MIRABALANO m. *Curt.* Mirobálano.

MIRA CETI, estrella variable de la constelación de la Ballena, notable por las irregularidades de su período. (V. BALLENA.)

MIRADOR m. *Arq.* Balcón de mampostería en forma de galería acristalada que a veces abarca varios pisos. ‖ Galería que corre a lo largo de una fachada o torrecilla edificada sobre el tejado o la azotea para explayar la vista.

MIRAGUANO m. *Bot.* Palmera pequeña (*Thrinax parviflora*) cuyo fruto contiene una borra algodonosa semejante al capoc * y empleada como éste. ‖ Capoc y fibras similares: *un almohadón de miraguano.*

MIRAHUEVOS m. *Ind. alim.* Lámpara envuelta por un cárter opaco, con una abertura sobre la cual se aplican los huevos para observarlos por transparencia y comprobar si se hallan en buen estado de conservación. (Sinón. OVOSCOPIO.)

MIRANDA, uno de los cinco satélites de Urano * y el más cercano del planeta.

MIRBANA f. *Perf. Esencia de mirbana,* nitrobenceno, con el cual se confiere a las pastillas de jabón un olor parecido al de las almendras amargas.

MIRIA, prefijo derivado del griego *murias, ados,* que, antepuesto al nombre de una unidad, la multiplica por 10 000 y cuyo símbolo es *ma.*

MIRIÁMETRO m. *Metr.* Medida de longitud, prácticamente inutilizada, que vale 10 000 m y cuyo símbolo es *mam* o *Mam.*

MIRILLA f. *Carp.* Ventanillo, generalmente resguardado por una rejilla, que se pone en una puerta para ver quien llama o hablar con él sin abrirle.
— *Tecn.* Portillo o abertura pequeña para observar el interior de una caldera, máquina, etcétera.

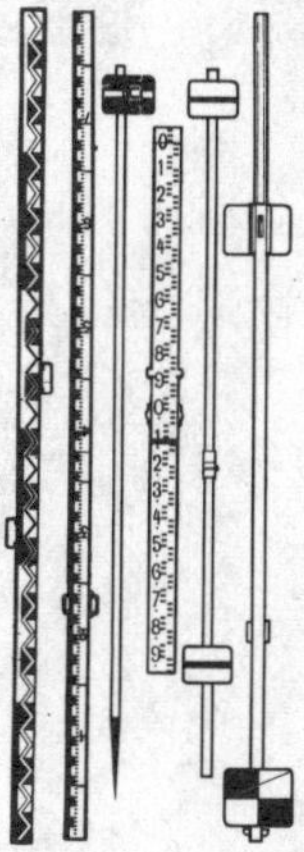

miras (*topogr.*)

mira de televisión

Fot. Bresse, O. R. T. F.

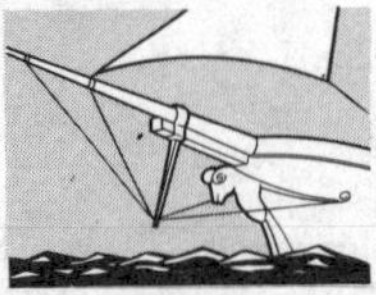
moco *(mar.)*

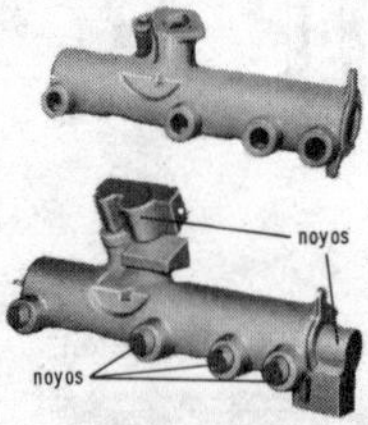

pieza de función y su **modelo** de madera

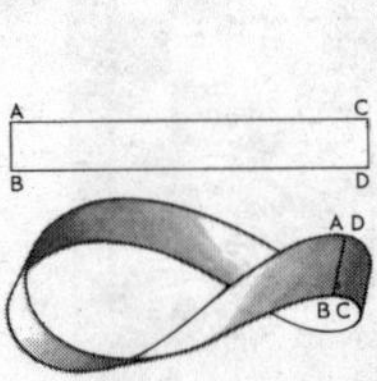

anillo de **Mobius**

MIRIÑAQUE m. *F. c. Amer.* Quitapiedras. — *Text. Amer.* Cañamazo * de bordar.

MIROBÁLANO m. *Bot.* Semilla de varias especies de plantas combretáceas de la India *(Terminalia)* que se usa para teñir y como curtiente, pues contiene 30% de tanino.

MISAL m. *Art. gráf.* Carácter de 22 puntos *, intermediario entre los llamados parangona y canon.

MISCIBILIDAD f. Propiedad de las substancias que son miscibles.

MISCIBLE adj. Dícese de las substancias o cosas que pueden ser mezcladas: *el agua y el vinagre son miscibles, pero no el agua y el aceite.*

MISPÍQUEL m. *Miner.* Arseniosulfuro natural de hierro. (Sinón. ARSENOPIRITA.)
— El *mispíquel*, cuya fórmula es FeAsS, forma cristales prismáticos de color blanco y brillo semimetálico. Es una de las principales menas de arsénico.

MISSILE m. *Arm.* Anglicismo por *ingenio* * o *proyectil autopropulsado.*

MISTELA f. *Ind. alim.* Licor que se obtiene agregando alcohol al mosto de la uva.
— Para elaborar la *mistela* se prensa la uva, se filtra el mosto, se sulfita el mismo y luego se le agrega de 15 a 18% de alcohol, el cual detiene su fermentación. Esta preparación se emplea en la fabricación de vinos de Madera y de Málaga, de vermut, etc.

MITÁN m. *Text.* Holandilla.

MIXER m. Anglicismo por *batidora* o *mezcladora.*

MIXTILÍNEO, A adj. *Geom.* Dícese de los ángulos y otras figuras formadas por líneas rectas y curvas.
— *Miner.* Dícese del cristal que tiene caras planas y caras curvas.

MIXTO, TA adj. y s. Dícese de lo que se halla constituido por elementos que no son de la misma índole: *los trenes mixtos constan de coches de viajeros y vagones de mercancías.* ‖ — M. Cerilla * o fósforo.
— *Calef.* Empleo alterno o simultáneo de dos combustibles diferentes en un mismo hogar.
— *Geom. Línea mixta,* v. LÍNEA.
— *Mar.* Dícese del buque que transporta mercaderías y pasajeros: *si un barco mixto es un mercante que transporta más de 12 pasajeros, se le clasifica legalmente como paquebote mixto.*
— *Mat.* Dícese del número compuesto de entero y quebrado.
— *Min.* Carbón impuro. ‖ Residuo combustible que queda en los lavaderos de carbón después de haber separado el carbón por una parte y, por la otra, el estéril: *el mixto, que da hasta 40% de cenizas, suele ser consumido en los hogares de la mina.*
— *Miner. Cristal mixto,* cristal isomorfo *.
— *Quím.* Dícese de un anhídrido que corresponde a dos oxácidos, como el anhídrido nitroso y nítrico de fórmula NO_2.

MIXTURA f. *Art. y of.* Preparación que se hace con algún objeto mezclando diversas substancias.

m. kgf, símbolo del *metro kilogramo.*

M. K. S. A., sistema de medidas en el cual las unidades fundamentales son las siguientes: el *metro* (longitud), el *kilogramo* (masa), el *segundo* (tiempo), el *amperio* (intensidad eléctrica), la *candela* (intensidad luminosa) y el *grado Celsio* (temperatura).

ml, símbolo del *mililitro.*

mm, símbolo del *milímetro.*

mn, símbolo del *minuto* (también se usa el símbolo *min*).

Mn, símbolo químico del *manganeso.*

m.N, símbolo del *metro Newton.*

Mo, símbolo químico del *molibdeno.*

MΩ, símbolo del *megohmio.*

MOARÉ m. Muaré.

MÖBIUS *(Anillo de),* anillo que se obtiene con una tira de papel ABCD dando media vuelta a uno de sus extremos y pegándolos de modo que A caiga sobre D y B sobre C. Esta figura, muy interesante en topología, carece de revés, o sea consta de una sola cara o superficie y no de dos, como lo demuestra el hecho de que si se pinta empezando por un punto cualquiera, el pincel vuelve a su punto de partida sin que se haya vuelto el papel sobre la mesa y queda íntegramente pintada toda su superficie.
Otra propiedad de este anillo es que, al cortarlo a lo largo de su línea mediana no se obtienen dos anillos, como pudiera creerse, sino uno sólo de perímetro doble, el cual, al ser partido a su vez, da dos anillos enganchados como los eslabones de una cadena.

MOCILLA f. *Mar.* Masa de sebo y estopa picada que sirve para calafatear.

MOCO m. Grumos viscosos que se forman en una mezcla líquida por descomposición de alguna de las substancias disueltas: *los mocos pueden ser precipitados con un clarificador.*
— *Mar.* Palo corto situado verticalmente debajo del bauprés, cuyo extremo superior se halla fijado en el mismo, y el inferior sirve para tender las maniobras durmientes del botalón y aumentar su tracción.

MOCUMÉ m. *Joy.* Metal compuesto, de venas muy vistosas, que se obtiene laminando conjuntamente oro, plata, estaño y cobre.

MOCHETA f. *Arq.* Ángulo entrante formado por el encuentro de la base de un paramento vertical con el plano superior de una cornisa, moldura u otro miembro arquitectónico. ‖ Rebajo de la jamba de una puerta o ventana que forma con el telar un ángulo en el cual se aloja el marco de aquellas.
— *Art. y of.* En el hierro de las hachas, azadas, martillos y otras herramientas, parte abultada y roma opuesta a la boca o filo: *el leñador clava las cuñas golpeándolas con la mocheta del hacha.*

MOCHILA f. Morral o saco que se lleva sujeto en la espalda. ‖ *De mochila,* dícese del aparato portátil que se lleva en la espalda a modo de mochila: *sulfatar las viñas con un pulverizador de mochila.*

MOCHUELO m. *Art. gráf.* Omisión por el cajista o linotipista de palabras o de un fragmento más importante del texto que se ha compuesto.

MODELADO m. Acción de modelar una obra en relieve.
— El escultor efectúa el *modelado* de su obra sirviéndose de una armazón de forma conveniente, fijada sobre el banco y destinada a sostener el barro gredoso. Éste es aplicado primeramente en exceso y de modo aproximado, para obtener las formas generales; luego se desbasta la obra y finalmente se retoca con desbastadores y palillos. Para hacer los modelos de joyas, objetos artísticos y platería se emplea cera en vez de barro.
— *Metal.* El *modelado* consiste en hacer un modelo de las piezas que se han de fabricar por vaciado, el cual sirve a su vez para hacer el molde. Por lo general, el molde consta de varias piezas (para permitir la extracción de la pieza una vez solidificado el metal) y también ha de constar el modelo de varias partes, lo cual obliga a prever cajas y espigas u otros medios de asegurar el ajuste de las mismas. Por lo demás, el modelo tiene dimensiones ligeramente superiores a las de la pieza fundida y ello para tener cuenta de la contracción que sufre el metal al solidificarse.

MODELAR v. Hacer el modelo * de una obra de arte o de otro objeto o construcción.

MODELO m. Muestra de un objeto u obra, que sirve de guía y pauta para construir otras idénticas. ‖ *Modelo reducido,* el que se hace a una escala más pequeña que la que tiene realmente la cosa representada, pero que funciona como ella, circunstancia que distingue un modelo reducido de una maqueta *: *en las construcciones aeronáuticas y navales se utilizan maquetas y modelos para estudiar las características aerodinámicas o hidrodinámicas de los aviones o buques proyectados.* ‖ Obra de arte que se hace con barro gredoso o con cera para reproducirla luego en forma de escultura.
— *Arq.* Maqueta de un monumento.
— *Atom.* Estructura atómica prevista teóricamente: *en el modelo del átomo de Bohr, los electrones describen órbitas alrededor del núcleo.*
— *Metal.* Construcción en una o varias piezas propia para hacer el molde que permitirá reproducir un objeto por vaciado del metal fundido. ‖ *Modelo de núcleo,* el que, además de reproducir las formas exteriores del objeto, se completa con

machos o noyos para reproducir los huecos y taladros del mismo.
— Los *modelos* se hacen con cera para las campanas, estatuas y objetos de arte. En los demás casos se emplea la madera, el yeso (para obtener series pequeñas de piezas) y el metal si se trata de fabricar series importantes. En la construcción de un modelo siempre se procura facilitar el trabajo del fundidor, por ejemplo, dividiéndolo racionalmente en cuantas partes sea necesario para obtener piezas pulcras y un desmoldeo cómodo. (V. MODELADO y MOLDEO.)

MODERABLE adj. Que puede ser moderado.
— *F. c.* Dícese del freno cuya acción puede ser regulada progresivamente, no sólo al frenar (calidad que poseen generalmente todos los frenos usados en los ferrocarriles), sino también al desfrenar.

MODERACIÓN f. *Fís.* y *Quím. Ley de moderación,* ley que expresa la estabilidad de un equilibrio fisicoquímico y según la cual toda variación de uno de los factores de equilibrio (concentración, presión, temperatura) provoca en el sistema una modificación que se opone a la variación de dicho factor y la limita o atenúa.

MODERADOR, RA adj. y s. Dícese de la substancia y del mecanismo que frenan, regulan o atenúan las acciones excesivamente rápidas o enérgicas: *el nitrógeno es un moderador que atenúa las reacciones químicas provocadas por el aire.*
— *Atom.* Substancia que se emplea en los reactores nucleares para frenar los neutrones que son emitidos al desintegrarse los núcleos atómicos del uranio u otra materia físil *.
— La desintegración * de un átomo de uranio da lugar a la emisión de neutrones y, para que pueda proseguirse la reacción en cadena *, es necesario que uno de ellos, en promedio, al golpear a otro átomo, lo desintegre a su vez, con emisión de nuevos neutrones, incumbiendo igualmente a uno de éstos una nueva fisión, y así sucesivamente. Pero, al ser emitidos, los neutrones tienen una energía tan grande (varios millones de electronvoltios), que atraviesan las barras de uranio sin ser absorbidos por los núcleos atómicos del mismo, cosa solamente posible cuando los neutrones son bastante lentos (neutrones térmicos); su energía en este caso es de unas centésimas de electronvoltio. (V. NEUTRÓN.)
El *moderador* es una materia que se pone en torno del uranio u otro combustible nuclear del reactor para que choquen en sus núcleos los neutrones rápidos. Este choque es elástico: el neutrón pierde una parte de su energía y es desviado; se produce entonces una nueva colisión y, frenado por segunda vez, tropieza con otro núcleo del moderador, y así sucesivamente. Su trayectoria en forma de línea quebrada —a cada uno de cuyos segmentos de recta corresponde una velocidad menor— acaba por llevarlo, con velocidad térmica, hasta la materia físil, en la cual puede provocar entonces una fisión *.
Un moderador es tanto más eficaz cuanto menor es la masa de su núcleo, porque, siendo muy pequeña la del neutrón, el choque resulta más elástico y éste cede más energía a aquél. Otra cualidad requerida del moderador es que no absorba muchos neutrones, porque entonces no se producirían bastantes fisiones para perpetuar la reacción de cadena. Los moderadores que se usan más corrientemente son los siguientes: grafito, agua pesada, agua ordinaria (que es barata, pero absorbe más neutrones que el agua pesada), berilio, etc. En los reactores homogéneos (v. REACTOR) el papel de moderador es representado por el oxígeno del óxido de uranio empleado como combustible.
— *Magn.* Disco de cobre que se pone debajo de la aguja imantada para atenuar las oscilaciones de la misma, lo cual se produce porque dichas oscilaciones engendran en el disco una corriente de inducción que, a su vez, reacciona sobre la aguja.
— *Mec.* Dispositivo que sirve para limitar la velocidad de una máquina.
— La diferencia entre un moderador y un regulador * estriba en que el primero aumenta la resistencia que ha de vencer la máquina, mientras que el segundo obra disminuyendo la potencia de la misma. Así, la velocidad de un coche puede ser disminuida accionando ya el freno *(moderador)*, ya la válvula de admisión del carburador *(regulador)*.
— *Tecn. Moderador de presión,* regulador * de presión.

MODERNO, NA adj. *Art. gráf. Párrafo moderno, romana moderna,* v. PÁRRAFO y ROMANA.

MODIFICADOR m. *Mec. Modificador instantáneo,* todo mecanismo de disparo, de trinquete, de escape, etc., utilizado para provocar en una máquina un cambio repentino de velocidad, dirección, etc.

MODILLÓN m. *Arq.* Bloque salidizo, en forma de ménsula, que se pone como adorno en la parte inferior del vuelo de una cornisa, como si sirviera de sostén a la misma.

modillón

MODULACIÓN f. *Arq.* Principio que se aplica en la construcción de un edificio y según el cual las dimensiones de los diferentes elementos que lo componen son múltiplos de una misma unidad.
— La *modulación* se funda en la adopción de una unidad de medida: el módulo *. En todos los edificios hechos con el mismo módulo, la altura del techo, las aberturas de los vanos, la distancia entre las vigas, etc., son iguales, aunque difieran las formas de las fachadas, la distribución de los aposentos, etc. Así, pues, muchos elementos pueden ser prefabricados y utilizados indiferentemente en uno u otro edificio sin ninguna necesidad de ser retocados o especialmente adaptados, efectuándose así las construcciones con mayor rapidez y economía.
Por otra parte, la adopción de un módulo fundado en la estatura o en otro criterio relativo a los futuros ocupantes del edificio, permite al arquitecto diseñar las distintas partes y atribuir a éstas dimensiones racionales.
— *Fís.* y *Radiot.* Operación consistente en hacer variar, con arreglo a una ley determinada, una de las características de una onda (generalmente la amplitud, la frecuencia o la fase de la misma). ‖ *Modulación de impulsión,* procedimiento transmisor de una información consistente en transmitir impulsiones intensas y breves, siempre iguales, aunque separadas por intervalos de tiempo variables, y atribuyendo a cada señal una pausa de duración determinada.
— Modular una corriente es modificar alguna de sus características con arreglo a determinada ley o a un sistema de señales adecuado, de modo que las modificaciones de la misma permitan a continuación y, en otro sitio, ya identificar las señales moduladoras, ya reconstituir la ley según la cual se ha producido la *modulación.*
Así, para transmitir un telegrama, el manipulador interrumpe una corriente eléctrica con arreglo al sistema de puntos y rayas del alfabeto Morse. En la estación receptora, estas interrupciones permiten la reconstitución del mensaje. Podría decirse que en el telégrafo se aplica la más simple de las *modulaciones por impulsos* que pueda concebirse: si representamos la corriente que pasa por el conductor entre las estaciones emisora y receptora, obtendremos una sucesión rectilínea de rayitas cortas y largas.
Cuando se trata de transmitir las inflexiones de la voz, las gradaciones de la música o los detalles de una imagen de televisión, no se puede emplear un sistema tan simple. Por ejemplo, un micrófono se alimenta en una corriente continua que, gráficamente, sería traducida por una recta, Pero son tantas y tan variadas las vibraciones acústicas que la modifican, que dicha corriente,

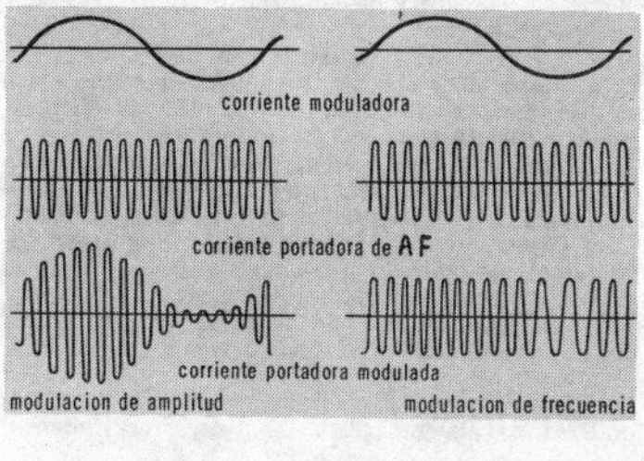

modulación
(radiot.)

al salir del micrófono, si se representa su amplitud en ordenada y el tiempo en abscisa, forma una línea curva muy irregular. No solamente varía constantemente la amplitud de sus oscilaciones, sino también la frecuencia de las mismas (porque a cada sonido, según su altura, corresponde una frecuencia * diferente de la de los demás). Si la corriente microfónica —o lo que es igual, la de un lector de tocadiscos o de magnetófono, e incluso la de una cámara de televisión—, se transmite por hilo, no presenta ninguna dificultad reconstituir la palabra, los sonidos o las imágenes por medio del altavoz o del oscilógrafo, que son órganos inversos de los que han engendrado la corriente. Por el contrario, la transmisión directa de dicha corriente, llamada de *baja frecuencia*, por ondas hertzianas es imposible, entre otras razones porque las oscilaciones de baja frecuencia no pueden engendrar un campo suficientemente intenso a partir de la antena emisora. (Por lo demás, las dimensiones de la antena de una emisora dependen de la longitud de la onda emitida, de modo que, constando la palabra, la música y las imágenes de frecuencias y, consiguientemente, de longitudes de onda muy variadas, ninguna antena podría convenir para todas ellas.)
La modulación permite salvar estas y otras dificultades. Su principio es el siguiente: la emisora tiene un generador de ondas —todas ellas iguales— de *alta frecuencia*, las cuales, al ser captadas por un receptor, no producen en el mismo el menor ruido (o dan un ruido de fondo apenas perceptible).
Estas ondas son *portadoras* y, a semejanza del cañamazo que sirve de soporte a un bordado, permiten transportar las ondas de baja frecuencia. Con dicho fin se mezcla la corriente de baja frecuencia —o corriente microfónica— con la de alta frecuencia engendrada por la emisora, de modo que una de las características de la última corriente sea modificada por la primera.
En la *modulación por amplitud*, las ondas portadoras son emitidas a una frecuencia constante, pero su amplitud sigue las variaciones del potencial de la corriente suministrada por el micrófono. En en aparato receptor existe un circuito desmodulador que permite efectuar la detección, operación consistente en anular la corriente portadora de alta frecuencia y en aprovechar las variaciones de su amplitud para reconstituir la corriente de baja frecuencia (corriente microfónica) que hará vibrar el altavoz. (V. DETECCIÓN y ONDA.)
La *modulación de frecuencia* consiste, por el contrario, en mantener constante la amplitud de las ondas portadoras y en hacer variar su frecuencia (es decir, el tiempo o distancia entre ellas) de acuerdo con el potencial de la corriente microfónica.
La modulación de frecuencia se aplica solamente a las emisiones de ondas muy cortas y permite una recepción prácticamente exenta de desvanecimiento * y de parásitos, porque éstos constan de una sucesión de ondas de amplitud variable, mientras que el receptor de modulación de frecuencia solamente detecta la amplitud exacta de la emisora sintonizada.
En el sistema de *modulación por impulsos* no se radia una señal continua, sino señales intermitentes. Por ejemplo, a intervalos regulares de tiempo se emite una impulsión de amplitud correspondiente a la que tiene la corriente de baja tensión en el mismo momento. Claro está que si representamos dichas impulsiones por rayas verticales (ordenadas) de longitud variable y unimos sus extremos por una curva, ésta corresponderá a la que se habría obtenido con una modulación continua de la amplitud (lo mismo que una serie de fotografías instantáneas permite al cinematógrafo restituirnos los movimientos).
El método de las impulsiones admite también la modulación de frecuencia y se presta a una codificación que asegura el secreto de la transmisión (basta, en el ejemplo citado, deformar los impulsos con arreglo a una ley secreta y aplicar ésta a la recepción de los mismos).
Existen otras formas de modular las corrientes de alta frecuencia, haciendo variar su intensidad, el ángulo de su fase, etc.
El laser * permite modular un haz luminoso y utilizar así la luz para las telecomunicaciones.

molde para materias plásticas

MODULADOR, RA adj. y s. Dícese de todo dispositivo empleado en telecomunicaciones para modular las corrientes eléctricas: *lámpara moduladora.* ‖ *Modulador de luz,* dispositivo que convierte las variaciones de una corriente eléctrica en variaciones del flujo luminoso emitido por una lámpara: *en el receptor del belinógrafo se emplea el modulador de luz para impresionar la emulsión sensible.*

MODULAR adj. Relativo al módulo.

MÓDULO m. *Arq.* Medida para determinar las proporciones que han de tener las distintas partes de un edificio y que, en la arquitectura clásica, se funda en el diámetro de la columna.
— El *módulo clásico* es igual a la mitad del diámetro de la columna en la base del fuste. A partir de esta unidad se determinan las dimensiones de cada miembro arquitectónico, empezando por la altura de la misma columna, que es de 14 módulos en el estilo toscano, 17 en el dórico, 18 en el jonio y 20 en el corintio y el compuesto.
En la arquitectura moderna, el módulo es una unidad convencional, adoptada, según diferentes criterios, como medio de satisfacer las exigencias de la modulación *. Así, pues, existen módulos de 0,10 m, 0,30 m, 1 m, 1,20 m y 1,75 metros. El módulo de 0,10 m tiende a imponerse internacionalmente.
— *Hidr.* Media anua del caudal de un río o canal.
— El *módulo,* cuando no se especifica lo contrario, se refiere a la desembocadura del curso de agua y se indica en metros cúbicos por segundo *(módulo absoluto)* o en litros por segundo y por kilómetro cuadrado de cuenca *(módulo relativo o específico).* El caudal máximo del Amazonas en las crecidas de junio es de 150 000 m^3/s; su módulo absoluto es de 100 000 m^3/s.
— *Mat.* Cantidad fija por la cual se han de multiplicar los logaritmos * de un sistema para obtener los correspondientes logaritmos de otro sistema: *los módulos de los logaritmos vulgares y neperianos son, respectivamente, 2,302 585 y 0,434 294.*
— *Mec. Módulo de una campana,* espesor del metal en el punto batido por el badajo, el cual determina el diámetro que ha de tener la campana en su borde. ‖ *Módulo de elasticidad,* v. ELASTICIDAD. ‖ *Módulo de un engranaje,* v. ENGRANAJE. ‖ *Módulo de Young,* v. YOUNG. ‖ *Módulo de ruptura de un cable,* longitud del cable que puede suspenderse de un punto sin que se rompa por su propio peso: *el módulo de ruptura es importante para el tendido de cables submarinos en aguas profundas.*

MOEBIO *(Anillo de).* V. MÖBIUS.

MOER m. *Text.* Muaré.

MOFETA f. *Geol.* Emanación de gas carbónico que se produce en las regiones volcánicas después de una erupción y que puede prolongarse durante meses, años e incluso siglos.
— *Min.* Desprendimiento, en una mina, de hidrógeno sulfurado, grisú u otros gases mefíticos.

MOGADOR m. *Text.* Tejido de listas, para corbatas, con urdimbre de algodón y trama de seda o de rayón: *el ligamento de reps da al mogador una textura ligeramente acanalada.*

MOGATE m. Mano o capa de barniz, especialmente en labores de alfarería.

MOHO m. Nombre dado a los hongos microscópicos que modifican la naturaleza química de los cuerpos sobre los cuales se fijan y multiplican: *el moho "Merulius lacrimas" corrompe la madera en los edificios húmedos.*
— *Metal.* Orín.

MOHOROVICIC *(Discontinuidad de),* límite situado en la corteza terrestre, a unos 35 km de profundidad bajo los continentes y a unos 5 bajo los océanos, en el cual se produce un cambio de las propiedades de la roca, por ejemplo, en la propagación de las ondas sísmicas.

MOHS *(Escala de).* V. ESCALA.

MOJABILIDAD f. Calidad de mojable.

MOJABLE adj. Dícese del cuerpo que es humectado por un líquido al entrar en contacto con el mismo: *las superficies tratadas con siliconas no son mojables por el agua.*

MOJADOR, RA adj. y s. Que moja o sirve para mojar. ‖ Humectador. ‖ Humectante.

Fot. Hurth

— *Art. gráf.* Depósito de agua para mojar el papel antes de imprimirlo. ‖ En las máquinas de imprimir offset *, dispositivo que mantiene húmedas las partes de la plancha que no han de tomar tinta.
— *Ofic.* Aparato para humectar la cola de los sellos, sobres, etiquetas, etc., que se han de pegar, y también para mojarse los dedos el que cuenta billetes o maneja papeles.
— *Tab.* Aparato que sirve para mojar las hojas de tabaco en las fábricas de cigarros y cigarrillos.

MOJINETE m. *Arq.* Caballete de tejado. ‖ Albardilla de un muro. ‖ *Amer.* Hastial.

MOJÓN m. Piedra que sirve de señal para deslindar las propiedades rurales o para marcar límites geográficos. ‖ Piedra u otra señal que se pone en las vías de comunicación para indicar las direcciones a seguir y las distancias a que se hallan los pueblos o las ciudades.

MOL m. *Quím.* Molécula * gramo.

MOLAR adj. *Quím.* Relativo al mol o molécula gramo: *masa molar.*

MOLARIDAD f. *Quím.* Número de moles (moléculas gramo) de un cuerpo disuelto que corresponden a 1 000 g de disolvente.

MOLASA f. *Geol.* Variedad de arenisca, rica en caliza y pobre en cuarzo, tierna y quebradiza.

MOLDADO m. *Art. y of.* Acción y efecto de hacer molduras o rebajos. ‖ *Moldado a martillo,* operación consistente en dar la forma cóncava a una pieza labrándola en la bigornia.

MOLDAR v. *Art. y of.* Moldurar.

MOLDE m. Recipiente o dispositivo que lleva en hueco las formas de un objeto, el cual puede ser reproducido llenando el molde con una materia que se solidifica en el mismo. (V. más abajo *Tecn.*)
— *Art. gráf.* La forma ya presta para la impresión. ‖ *Letra de molde,* carácter o tipo de imprenta.
— *Cerám. Molde de cubierta,* molde de yeso sobre cuya superficie cóncava aplica el artesano la pieza que acaba de tornear a mano, deformándola hasta ajustarla en ella para darle su forma definitiva.
— *Tecn.* Los *moldes,* según las características de las piezas que se han de hacer y la índole de la materia que se ha de vaciar en ellos, son de yeso, de metal, de arena y, en casos especiales, de otras materias. Un molde consta generalmente de dos partes, una de las cuales sirve de tapa. Los moldes empleados en metalurgia son cajas metálicas llenas de arena. (Por arena se entiende una mezcla cuidadosamente estudiada y preparada de arena (80%), arcilla (10 a 15%) y aglomerantes: dextrina, alquitranes, brea, cemento, resina, etc.) Para piezas de dimensiones muy grandes se hacen moldes de ladrillos y tierra. Para hacer un *molde de arena* se entierra el modelo * de la misma, de modo que deje en ella su huella, se apisona bien la arena y se extrae cuidadosamente el modelo. La segunda operación consiste en fijar dentro de esta huella los *machos* o *noyos* correspondientes a las partes vacías del objeto que se ha de obtener (por ejemplo, si se trata de fundir una rueda de vagón, se pondrá en el centro de la huella un macho cilíndrico para que resulte el cubo de la misma). Sobre este molde se aplica otro elemento que, según la forma de la pieza, puede ser una simple tapa u otro molde invertido con la huella complementaria de la del primero. Este elemento superior lleva un *bebedero* que sirve para vaciar el metal y tantas *albricias* o *respiraderos* como, según la forma de la pieza, sean necesarios para que no quede aire aprisionado, pues éste formaría una oquedad en la pieza al solidificarse el metal. Los moldes de arena solamente sirven una vez. Para fabricar piezas en serie se utilizan *moldes metálicos* (de acero, fundición, aleaciones a base de cromo y silicio, etc.), indispensables, por lo demás, cuando se efectúa el *vaciado a presión* o la *colada centrífuga* (v. MOLDEADO). También se hacen moldes resistentes con grafito, carborundo, silicatos alcalinos y otras materias refractarias.
Los moldes para materias plásticas son de metal. Llámase *molde perdido* el de yeso que se usa principalmente en escultura y que se ha de romper para poder extraer la pieza o prueba. En un sentido más general, es molde perdido todo el que solamente sirve una vez, sea cual fuere la materia que lo constituye.
En el procedimiento de *vaciado con cera * perdida,* el modelo de cera se dispone en el seno de la materia del molde y luego se funde para que deje su huella en la misma.
— *Text.* Barrita lisa de madera, de forma plana o cilíndrica, con la cual se da la justa medida a las mallas de las redes hechas o remendadas manualmente.

MOLDEADO m. Acción de moldear.
— *Cerám.* El *moldeado* de objetos cerámicos se efectúa de diversas maneras, según sean la naturaleza del barro y la forma y dimensiones de las

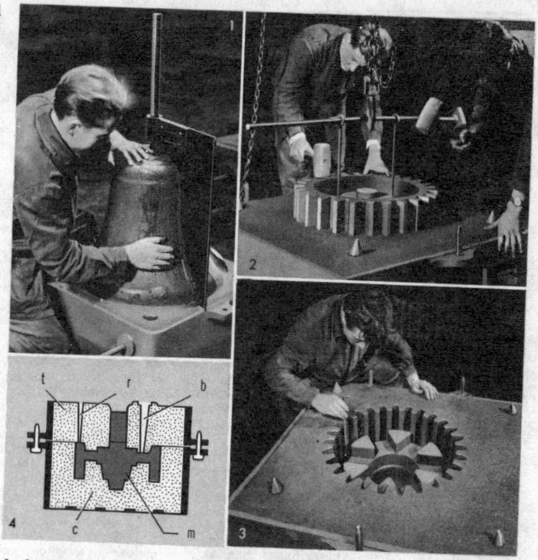

moldes
para metales
1. Modelado de una campana con la plantilla; 2. Modelo de engranaje hundido en la arena; 3. Acabado del molde; 4. Sección del mismo (*t*, tapa; *r*, respiradero; *b*, bebedero; *c*, caja; *m*, modelo)

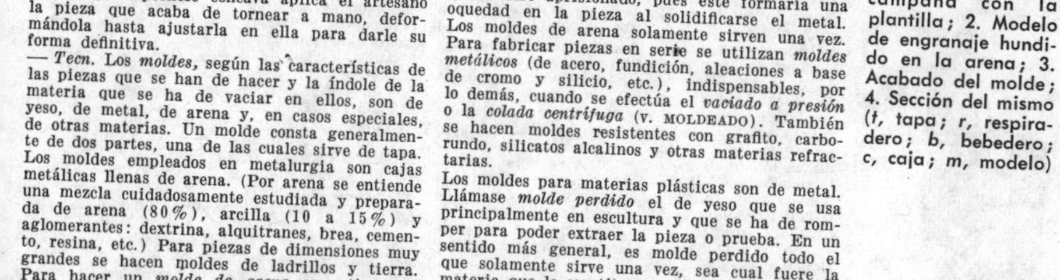

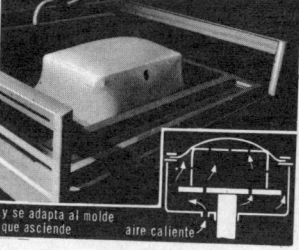

moldeado: formación por el vacío

Fot. S. F. P. Fonderie, Laroche frères

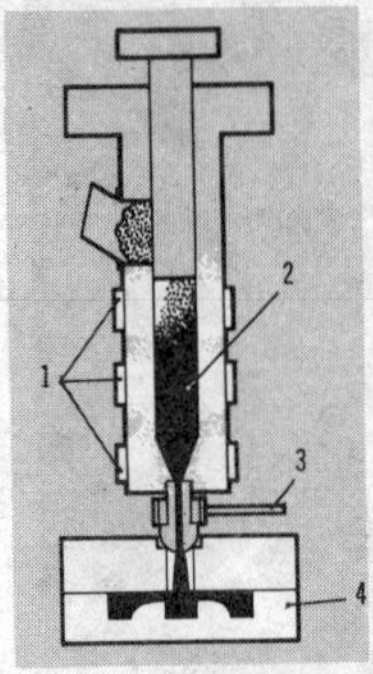

moldeado por inyección
1. Resistencias de caldeo; 2. Plástico en fusión; 3. Termóstato; 4. Molde caliente

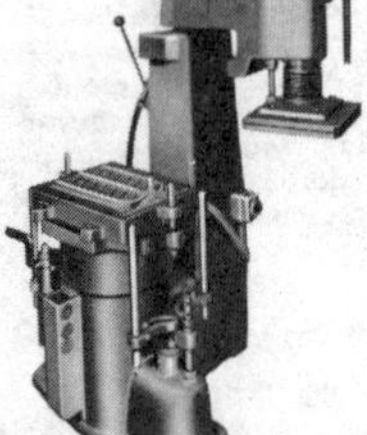
máquina para el **moldeado** mecánico

piezas. Los moldes utilizados son de yeso y, en el moldeado con prensa, metálicos.
En el *moldeado al torno,* éste lleva fijado el molde de yeso, sobre el cual se aplica una capa de pasta que adopta su perfil. Para dar forma a la superficie exterior se tornea la misma con calibre * del perfil deseado. (V. fotografía en el art. CERÁMICA.)
El *moldeado por colada* se hace vertiendo una masa especial (barbotina *) en moldes de yeso y dejándola reposar: en la pared del molde se forma una capa de cierta consistencia que, por absorber el yeso la humedad, se separa del mismo fácilmente. Si las piezas son grandes se activa la formación de la referida capa ya aspirando aire a través de la pared porosa del molde, ya disponiendo un macho o noyo dentro del molde y llenando cuidadosamente el espacio que media entre ambos. (V. MOLDE.)
El *moldeado por prensado* se efectúa con prensas manuales de husillo o con prensas hidráulicas cuyo troquel y matriz constituyen el molde en el cual es comprimida la pasta. Así se fabrican las baldosas, los aisladores eléctricos, etc.
— *Metal.* El *moldeado de piezas metálicas* se obtiene vertiendo el metal fundido en moldes * de arena o metálicos. El vaciado más simple, la *colada por gravedad,* consiste en verter el metal directamente en el bebedero del molde, lo cual puede dar lugar a irregularidades de la pieza por formación de burbujas, remolinos, etc. Por eso se practica a veces la *colada ascendente,* vertiendo el metal en un conducto vertical que desemboca en la parte inferior del molde. Otro medio de evitar la formación de burbujas en el seno del metal consiste en practicar el vacío en el molde. También se obtienen piezas pulcras y exentas de porosidades mediante la *colada centrífuga,* que consiste en conferir al molde metálico un movimiento de rotación hasta que se haya solidificado el metal. Este procedimiento se usa para fabricar tubos y otras piezas de revolución.
Las piezas pequeñas que se han de utilizar al estado bruto, o sea sin ser labradas, se fabrican en grandes series por *moldeado mecánico* merced a la *colada a presión* hecha con máquinas de moldear de elevado rendimiento (una pieza cada 10 ó 20 s). Estas máquinas tienen un depósito de metal fundido que es inyectado automáticamente en el molde a presión ya por un émbolo, ya por un empuje de aire comprimido sobre la superficie del metal, ya, aunque rara vez, por aspiración desde el molde. Éste se abre automáticamente para expulsar la pieza, se cierra y es llenado acto seguido por una nueva inyección de metal. El *moldeado a presión* se aplica sobre todo para los siguientes metales: ligas a base de estaño, plomo y cinc; aleaciones ligeras y aleaciones a base de cobre.
El vaciado de los lingotes en ligoteras puede considerarse como una labor de moldeado grosero.
Desde hace unos lustros ha tomado mucha importancia la *colada continua* de barras, tubos y perfilados largos. Consiste en hacer que el metal fundido contenido en un crisol se vierta continuamente, por un orificio abierto en el fondo del mismo, en un molde o, mejor dicho, una hilera refrigerada, de la cual sale solidificado en forma de lingote, barra o tubo que es cortado a la longitud deseada por una cizalla de funcionamiento automático. Sobre el rendimiento de estas instalaciones citemos a título de ejemplo que un lingote de acero con sección cuadrada de 25 cm de lado sale de la lingotera continua a la velocidad de un centímetro por segundo.
— *Plást.* Las resinas sintéticas se moldean generalmente a presión. En el *moldeado por compresión,* una de las dos partes del molde —que suele ser el troquel— penetra en la otra y sirve de émbolo compresor de la materia pastosa. En el *moldeado por inyección,* propio para materias termoplásticas, éstas se inyectan fundidas en un molde frío. Por el contrario, el *moldeado por transferencia* se aplica a las materias termoendurecibles, las cuales, previamente reblandecidas, se inyectan con un émbolo en el molde caliente, donde endurecen por efecto del calor.
Las piezas muy grandes no pueden ser moldeadas en prensas, y se emplean en este caso procedimientos de *formación.* La *formación por proyección* se obtiene proyectando un chorro de poliéster sobre el molde cubierto por un tejido de vidrio. La operación puede repetirse hasta obtener el espesor deseado. Este procedimiento se aplica a la construcción de embarcaciones de materia plástica armada con fibra de vidrio. La *formación con saco de caucho* consiste en poner el tejido de vidrio, ya impregnado de materia plástica, sobre un molde de yeso o de madera. Luego se hincha junto al mismo un saco de caucho cuyas paredes, muy elásticas, ejercen una presión sobre la hoja plástica y la obligan a adoptar la forma del molde.
El principio de la *formación por el vacío* se desprende de la figura. La *formación por envolvimiento* sirve para fabricar tubos y consiste en enrollar sobre mandril cilíndrico el tejido de fibras de vidrio impregnado de materia plástica. Citemos, por último, la *formación por soplado,* que sirve, por ejemplo, para hacer frascos, y que consiste en insuflar aire o agua a presión entre dos hojas de plástico y en el interior de un molde, hasta que aquéllas adopten la forma del mismo.

MOLDEADOR, RA adj. y s. Que moldea o sirve para moldear. ‖ — F. Máquina de hacer moldes *. ‖ Máquina de fabricar objetos de metal o materia plástica vaciados o inyectados en moldes metálicos. (V. MOLDEADO.) [Sinón. PRENSA DE MOLDEAR.]

MOLDEAR v. Moldurar. ‖ Sacar el molde de un objeto. (V. MOLDE.) ‖ Reproducir un objeto vaciando en su molde una materia fundida que, al solidificarse, toma su forma. ‖ *Máquina de moldear,* moldeadora.

MOLDEO m. Moldeado.

MOLDURA f. *Arq.* y *Carp.* Adorno perfilado, que se aplica en los muros, obras de carpintería y de ebanistería, etc. ‖ *Amer.* Marco de un cuadro. ‖ *Moldura aplicada,* la que se hace separadamente de la superficie que ha de adornar. ‖ *Moldura de zócalo,* guardasillas. ‖ *Moldura tapajuntas,* la que sirve de cubrejunta.
— *Electr. Moldura eléctrica,* moldura de madera provista de dos o más ranuras (en las cuales se introducen los hilos eléctricos) y de una tapa, (para cerrar los hilos), que sirve para aislar los conductores y fijarlos a la pared en las instalaciones domésticas.

MOLDURADO, DA adj. Que forma moldura. ‖ Que se halla provisto de molduras o adornado con ellas: *techo de vigas molduradas.*

MOLDURADORA f. Máquina de moldurar *.

MOLDURAJE m. Acción de moldurar. ‖ *Amer.* Conjunto de molduras.

MOLDURAR v. Hacer molduras.
— *Carp.* Las molduras de madera se hacen manualmente con cepillos * de hierros perfilados. Para la fabricación mecánica existen *máquinas de moldurar* que no son sino acepilladoras * especiales capaces de labrar una, dos o cuatro caras del madero a la vez.
— *Mec.* Las molduras de metal se hacen por estirado o por extrusión, si se trata de barras, y con prensas de embutir y laminadores si se trata de *moldurar* la chapa.

MOLE f. *Quím.* Mol o molécula gramo.

MOLE m. *Geol.* Parte rígida de la corteza terrestre, que constituye un obstáculo ante el cual se detienen los movimientos orogénicos.

MOLÉCULA f. *Quím.* Partícula compuesta de átomos, que constituye la menor cantidad de un cuerpo que pueda existir al estado libre. ‖ *Molécula gramo,* tantos gramos de un cuerpo como unidades cuenta su peso molecular. ‖ *Molécula marcada,* la que contiene un átomo de algún isótopo radiactivo.
— La *molécula* de un cuerpo determinado consta siempre de los mismos átomos y los tiene igualmente dispuestos. En los cuerpos simples, todos los átomos son, evidentemente, de la misma especie. Los gases raros y numerosos metales son *monoatómicos* y su molécula consta de un solo átomo, mientras que la de otros cuerpos puede constar de dos (como la del hidrógeno), de tres (la del ozono), de cuatro (vapor de fósforo), etc. Dicho número de átomos constituye la *atomicidad* del cuerpo simple.
Las moléculas de los cuerpos compuestos suelen constar —aun cuando las hay bastantes simples, como la del agua— de numerosos átomos: la del alcohol ordinario tiene 9, la de aspirina, 21, etc. A las moléculas que constan de un número fijo de átomos y tienen una masa también fija, se

Fot. X

les da a veces el nombre de *micromoléculas*, para distinguirlas de las *macromoléculas*. Éstas, propias de las materias orgánicas, se componen de un motivo (monómero) formado por una agrupación de átomos, que se repite un número indeterminado de veces en forma de cadenas largas (polímeros) constituidas por una cantidad considerable de átomos, aunque no fija, pues ninguna ley natural determina el número de veces que puede repetirse el motivo estructural. Así, el estiroleno es un monómero cuya molécula consta de 8 átomos de carbono y 8 de hidrógeno y cuya polimerización * da macromoléculas de poliestiroleno que pueden contar millares y hasta un centenar de millares de átomos.

La composición de los cuerpos compuestos se expresa por medio de fórmulas * que indican simplemente el número y la especie de los átomos que componen su molécula (fórmula bruta o condensada) o que precisan el modo como cada átomo se halla enlazado con los demás (fórmula de estructura).

Los átomos de una molécula se mantienen estrechamente unidos merced a fuerzas eléctricas. Por ejemplo, el átomo de cloro tiene su última capa de electrones incompleta (7, en vez de 8) y lo mismo ocurre con el átomo de sodio (1 en vez de 8). Cuando ambos átomos son puestos en contacto, el de cloro se apropia el electrón periférico del de sodio. Ambos se hallan entonces estructuralmente equilibrados, pero pierden su neutralidad eléctrica: el electrón suplementario transforma al primero en un ion * negativo, mientras que la pérdida del mismo convierte al átomo de sodio en un ion positivo. Conformemente a las leyes de la electrostática, ambos átomos se atraen y permanecen unidos, constituyendo una molécula de sal común (cloruro de sodio).

La covalencia es otra forma de enlace en la cual cada uno de los dos átomos pone en común uno de sus electrones. Por ejemplo, el átomo de hidrógeno tiene un solo electrón en la capa a la cual corresponden dos y el átomo de carbono cuatro en la que debiera tener ocho. Pues bien, en una molécula de metano el átomo de carbono se halla rodeado por cuatro átomos de hidrógeno y cada uno de éstos dispone del electrón que le falta, puesto en común por el carbono, mientras que éste aprovecha la presencia de los cuatro electrones del hidrógeno para completar su propia capa periférica.

En los metales, los átomos se hallan muy apiñados y como su capa periférica cuenta pocos electrones (las más de las veces uno o dos), éstos tienden a libertarse. Numerosos electrones libres circulan así entre los átomos —lo cual explica, por lo demás, en qué consiste la conductibilidad eléctrica—, especialmente en la capa externa del metal. Al perder electrones, los átomos del metal se convierten en iones positivos que debieran repelerse, pero la "nube" negativa de los electrones libres asegura su cohesión por atracción electrostática.

Según la teoría cinética (v. GAS), las moléculas de los gases se hallan en estado de agitación permanente, chocando sin cesar unas con otras o con las paredes del recipiente que las contiene. En el último caso, los choques determinan sobre las paredes una presión que varía con la temperatura. La agitación térmica se atenúa al bajar la temperatura y existe un límite teórico, representado por el cero absoluto de la escala termométrica (o sea la temperatura de —273,15º), en el cual la agitación sería nula y, por lo tanto, al hallarse las moléculas inmóviles, la presión ejercida por el gas sería también nula.

La masa de una molécula es pequeñísima. Bastará precisar que la milésima parte de un miligramo de agua contiene 30 billones de moléculas, para comprender la necesidad de una unidad de masa molecular mucho mayor. Así, pues, los químicos han adoptado la *molécula gramo* o *mol*, unidad cómoda porque su valor absoluto en gramos es indicado por la fórmula de la molécula. Por ejemplo, la fórmula del agua es H_2O (dos átomos de hidrógeno cuya masa es 1, y un átomo de oxígeno, de masa 16). La molécula gramo de agua equivale, consiguientemente, a 18 g de dicho cuerpo. La molécula gramo es también la masa de un cuerpo que, al estado gaseoso, ocupa el mismo volumen que 32 g de oxígeno (la molécula de este elemento consta de dos átomos).

Llámase *volumen molecular* el volumen ocupado por una molécula gramo de gas en las condiciones normales (temperatura de 0º y presión de 760 mm de mercurio), el cual es de 22,412 litros. Así, el número de moléculas presentes en la molécula gramo es una constante universal: el número de Avogadro *.

Durante las reacciones químicas, las moléculas pueden dividirse, unirse o cambiar una parte de sus átomos, lo cual da lugar a la formación de nuevas moléculas y, por lo tanto, de nuevos cuerpos, cifrándose en más de medio millón el número de los compuestos diferentes catalogados en química. (V. DISOCIACIÓN, QUÍMICA, RADICAL, REACCIÓN y SUBSTITUCIÓN.)

MOLECULAR adj. *Quím.* Relativo o perteneciente a las moléculas. ‖ *Atracción molecular, fuerzas moleculares*, atracción y fuerzas que mantienen estrechamente unidas las moléculas de un

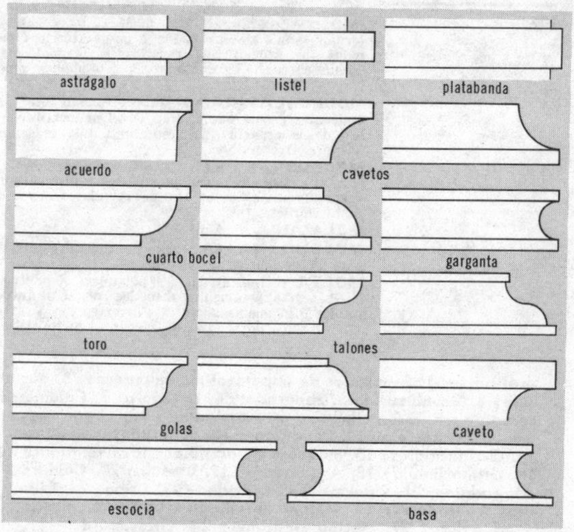

molduras

máquinas de **moldurar** chapa *(izq.)* y maderos *(abajo)*

Fot. Cegedur, X

cuerpo. (V. MOLÉCULA.) ‖ *Concentración molecular,* V. CONCENTRACIÓN. ‖ *Masa* o *peso molecular,* suma de las masas o pesos atómicos de todos los átomos que constituyen la molécula de un cuerpo. (V. MOLÉCULA.) ‖ *Volumen molecular,* V. MOLÉCULA.

MOLECULARIDAD f. *Quím.* Número total de moléculas gramo que figuran en el primer miembro de la ecuación que representa una reacción química irreversible.

MOLEDOR, RA adj. y s. Que muele.
— *Ind. alim.* M. Cada uno de los cilindros por entre los cuales es exprimida la caña de azúcar en el trapiche.

MOLEDURA f. Molienda.

MOLEÑO, ÑA adj. Dícese de la piedra propia para hacer muelas de molino.

MOLER v. *Ind.* Reducir a polvo con el molino. ‖ Reducir a fragmentos menudos con el desintegrador o la machacadora. ‖ Por extensión, exprimir el zumo de la caña de azúcar en el trapiche.

molinería: 1. Separador de impurezas; 2. Impurezas; 3. Báscula; 4. Grano sucio; 5. Separador; 6. Lavadora; 7. Columna secadora; 8. Grano limpio; 9. Mezcladora; 10. Grano mezclado; 11. Báscula; 12. Separador; 13. Separador magnético; 14. Clasificadores; 15. Máquina de acepillar; 16. Aventadora; 17. Grano limpio; 18. Aventadora; 19. Báscula; 20. Cilindros trituradores; 21. Planchíster; 22. Harina; 23. Criba; 24. Cilindros trituradores; 25. Molino de cilindros lisos; 26. Mezcladora; 27. Harina a granel; 28. Ensacadora

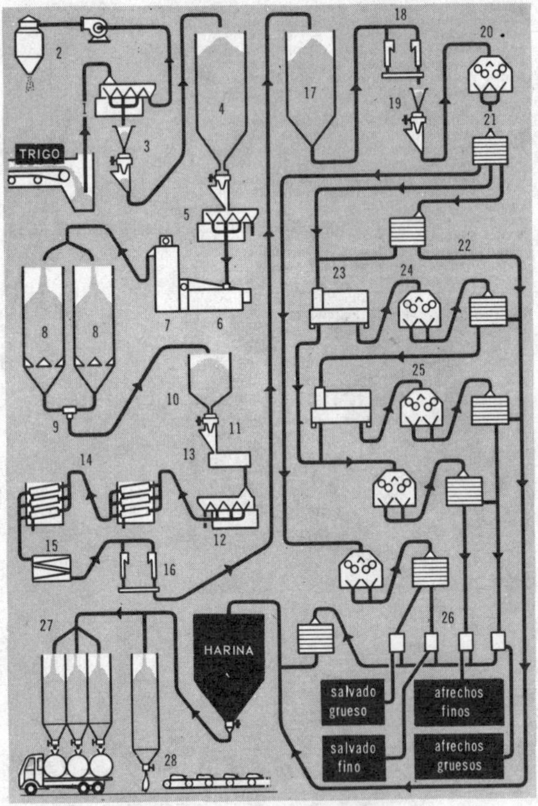

MOLESQUÍN m. *Text.* Tejido fuerte de algodón, con una cara aterciopelada, de textura parecida a la de la pana lisa, y otra engrasada y cubierta de un barniz espeso, prensado en una calandria, con superficie lisa o a imitación de alguna piel: *el molesquín reemplaza las pieles para encuadernaciones, carpetas, estuches y otras labores.* (Sinón. CUERO INGLÉS.)

MOLETA f. Piedra o instrumento que sirve para moler o machacar pequeñas cantidades de pigmentos u otras materias, y también para deshacer los grumos de las pinturas, tintas de imprenta, etc. ‖ Galicismo por *rodaja* * *dentada* y por *rodillo* * *estriado.*

MOLIBDATO m. *Quím.* Sal derivada del ácido molíbdico. (V. MOLIBDENO.)

MOLIBDÉNICO, CA adj. *Quím.* Molíbdico.

MOLIBDENITA f. *Miner.* Sulfuro de molibdeno MoS_2 que se presenta en forma de láminas cristalinas de brillo metálico y constituye una mena de dicho metal.

MOLIBDENO m. *Quím.* Elemento químico de número atómico 42, cuyo símbolo es *Mo.*
— El *molibdeno* es un metal blanco, muy duro, que presenta no pocas analogías con el cromo. Sus principales constantes físicas son las siguientes: densidad, 10,2; puntos de fusión y de ebullición, 2 620° y 4 800°; masa atómica, 95,94 (es una mezcla de 7 isótopos de masa comprendida entre 92 y 100, con predominancia del isótopo 98, cuya proporción es de 23,75).
El molibdeno reúne buenas propiedades mecánicas y, a las temperaturas elevadas, es el más resistente de todos los metales. Es inalterable por los agentes atmosféricos y no se oxida sino al rojo vivo. Solamente es disuelto por los ácidos nítrico y sulfúrico.
Las menas de molibdeno —que no existe al estado libre en la naturaleza— son la vulfenita y la molibdenita (la más importante). La extracción del metal se efectúa mediante la tostación del mineral y reduciendo después el óxido con carbono en el horno eléctrico (para obtener un metal impuro) o con hidrógeno (si se desea un alto grado de pureza).
El molibdeno es muy maleable y se emplea para hacer resistencias eléctricas, así como electrodos y filamentos de lámpara y soportes para los mismos (pues se suelda muy bien con el vidrio). Pero las nueve décimas partes del metal producido entran en la composición de aceros especiales, a los cuales confiere mayor dureza y resistencia mecánica, con todo y reducir su fragilidad y facilitar los tratamientos térmicos; también mejora la calidad de la fundición para moldeado, reemplaza al tungsteno en ciertos aceros para herramientas de corte rápido y entra en la composición de aleaciones refractarias y de ligas para imanes permanentes.
Igualmente se utilizan este metal y algunos de sus compuestos como catalizadores. El *bisulfuro de molibdeno* es un lubricante * sólido que resiste a temperaturas de hasta 500°. El *molibdato de amonio* sirve para dosificar el fósforo en análisis químicos y también se agrega a los abonos porque cataliza la fijación del nitrógeno atmosférico por las bacterias del suelo.

MOLIBDICO, prefijo que sirve para indicar la presencia de molibdeno en un compuesto químico. (Se emplea con el mismo sentido el prefijo *molibdo.*)

MOLÍBDICO, CA adj. *Quím.* Dícese del anhídrido MoO_3 y del ácido H_2MoO_4.

MOLIBDO, prefijo. (V. MOLIBDICO.)

MOLIBDOSULFATO m. *Quím.* Nombre genérico de las sales derivadas de los anhídridos molíbdico y sulfúrico.

MOLIENDA f. Acción y efecto de moler. ‖ Cantidad de materias que se muelen de una vez.
— *Ind. alim. Molienda alta,* la de trigo o centeno que se hace separando la muela de la solera y que da mayor proporción de sémola que de harina fina. ‖ *Molienda baja,* dícese, por oposición a la anterior, la que da el máximo de harina fina, por hallarse muy próximas las dos muelas del molino.

MOLINERÍA f. *Ind. alim.* Conjunto de técnicas aplicadas a la transformación de los cereales en harinas y sémolas.

— El gráfico indica la sucesión de las numerosas operaciones que se efectúan en la *molinería* moderna hasta la obtención de las distintas calidades de harina. Esencialmente, el trigo empieza por ser *depurado* (eliminación de piedras, partículas metálicas, fibras vegetales, etc.) y, después de haber sido separados los granos de formas irregulares (redondos o demasiado largos), es *cepillado* o despolvado. Si se trata de trigos duros, de cascarilla excesivamente quebradiza, se someten a un *lavado*, seguido de *desecación* con aire caliente, que ablanda la envoltura del grano y permite obtener harina más abundante y de mejor calidad.
En los molinos primitivos la moltura se efectúa con dos muelas de piedra dispuestas horizontalmente, una sobre la otra, siendo la inferior fija y la superior giratoria. La última está provista en su centro de un taladro que sirve para verter el grano, el cual penetra en unas ranuras que tienen ambas muelas en su superficie de contacto y va siendo triturado y molido a medida que es arrastrado hacia la periferia, de donde cae a una canal circular.
Los modernos molinos harineros poseen, en vez de muelas, varios pares de cilindros provistos de estrías, teniendo cada par los cilindros más próximos y más finamente estriados que el par anterior y menos que el par siguiente, y así sucesivamente hasta obtener el grado de moltura deseado.
Cada par de cilindros da una mezcla de harina, sémola y salvado que requiere ser clasificada mediante cribas. El salvado es separado, así como la harina; los demás fragmentos de grano pasan a máquinas que separan la sémola blanca de la que conserva cascarilla adherida: ésta es sometida a una nueva molienda con cilindros estriados, mientras que aquélla es reducida a granos más pequeños. Finalmente se procede a la mezcla de diferentes harinas para obtener una calidad regular que permita compensar las deficiencias de cada remesa de grano.

MOLINETE m. Ruedecilla de numerosas aspas que se monta en un cristal de ventana, puerta o vidriera donde airea —al girar, impulsado por el aire— la habitación. ‖ Torniquete de puerta.
— *Expl. Amer.* Girándula.
— *Hidr. Molinete hidráulico,* correntómetro de hélice en el que la fuerza del agua hace girar una hélice con velocidad proporcional a la de la corriente, la cual es indicada por un mecanismo contador: *el molinete hidráulico tiene estabilizadores de forma hidrodinámica que lo mantienen orientado en el sentido de la corriente.*
— *Mar.* Chigre.
— *Min. Amer.* Torno * de pozo en las minas de artesanía
— *Ocean.* V. anteriormente *Hidr.*
— *Tecn.* Nombre dado a ciertas tinas empleadas en curtición, tintorería, etc., provistas de un agitador de aspas.

MOLINILLO m. Instrumento para moler pequeñas cantidades de materias granulosas (café, pimienta, etc.).
— Los granos de café tostados son quebradizos y el *molinillo* ordinario los tritura entre los dientes de dos engranajes cónicos, que pueden ser acercados o separados merced a un tornillo regulador. Estos utensilios pueden ser accionados por un motorcito eléctrico, pero las más de las veces, los molinillos eléctricos funcionan con arreglo a otro principio: el motor arrastra con elevada velocidad unas aspas metálicas que, dentro del depósito que contiene el café, golpean violentamente los granos y los desintegran. En este caso el grado de finura obtenido depende del tiempo durante el cual obran las aspas.

MOLINO m. *Ind. alim.* Máquina o instalación en la cual se muelen cereales o se machacan o trituran otras materias. ‖ Trapiche.
— Los *molinos harineros* fueron movidos primitivamente por la fuerza del agua *(molino hidráulico)* o por la del viento *(molino de viento)*. En los *molinos mecánicos,* la fuerza es suministrada por un motor, pero el molido se sigue obteniendo con muelas puestas ya horizontalmente, en cuyo caso el grano es triturado entre una cara de la muela fija que sirve de solera y otra de la muela giratoria (*molino de piedras,* V. MOLINERIA), ya verticalmente, aplastando ambas el grano con su canto al rodar sobre la solera que lo contiene *(molino de rulos)*. En la molinería moderna se emplean *molinos de cilindros* horizontales y estriados, de elevado rendimiento, que dan harinas y sémolas de características granulares perfectamente determinadas y constantes.
— *Tecn.* Artefacto propio para machacar, triturar o pulverizar piedras u otras materias. (V. BOCARTE, DESINTEGRADOR, MACHACADORA y TRITURADORA.) ‖ Instalación propia para aprovechar la energía del viento, del agua corriente y de las mareas convirtiéndola en energía mecánica aplicada a un árbol motor que permite arrastrar las muelas de un molino harinero (v. más arriba *Ind. alim.*), una bomba para elevar agua (molinos de viento), batanes, etc. (V. AEROMOTOR y ENERGÍA.)

molinete hidráulico

Fot. L. C. H. F.

MOLO m. *Obr. públ. Amer.* Malecón.

MOLTURA f. *Ind. alim.* Molienda.

MOLTURAR v. *Ind. alim.* Moler el grano.

MOLLEJÓN m. *Art. y of.* Piedra de amolar que se hace girar con un pedal y tiene su parte inferior bañada en el agua de una artesa, cuyos bordes la sirven de apoyo.

MOMENTO m. *Momento angular* o simplemente *momento,* en un cuerpo sometido a una rotación circular, producto que resulta de multiplicar la fuerza aplicada en un punto del mismo por la distancia que media entre éste y el eje de rotación.
— *Atom.* En los átomos y sistemas corpusculares, el *momento angular* solamente puede adoptar determinados valores que son múltiplos enteros de la constante de Planck *. ‖ *Momento angular intrínseco,* spin. ‖ *Momento magnético atómico,* resultante de los momentos de todas las trayectorias descritas por los electrones de un átomo.
— *Magn. Momento magnético de un imán,* producto de la distancia que separa los dos polos multiplicada por la masa magnética de uno de ellos.
— *Mec. Momento de una fuerza respecto a un punto,* producto de la intensidad de esta fuerza por la distancia que media entre el punto y la dirección de la fuerza: *el momento puede ser representado por un vector.* ‖ *Momento de inercia,* V. INERCIA. ‖ *Momento flexor* o *de flexión,* suma de los momentos de las fuerzas aplicadas a un sólido respecto a una de sus secciones. ‖ *Momento de un par,* producto de una de sus dos fuerzas multiplicada por la distancia que separa las mismas.

MON, prefijo. (V. MONO.)

MONACITA f. *Miner.* Fosfato natural de cerio, lantano y otras tierras raras, que también contiene torio, y sirve para fabricar manguitos de incandescencia y es la mena principal del cerio. (Sinón. MONAZITA.)

MONACITADO, DA adj. *Miner.* Que contiene monacita: *la principal mena de cerio y de torio es constituida por las arenas monacitadas.*

MONAURAL adj. *Acúst.* y *Radiot.* Dícese, por oposición a estereofónico, de los sistemas de reproducción o transmisión de los sonidos por un solo canal, los cuales no permiten obtener el relieve sonoro, o sea crear en los oídos la sensación de distribución espacial de los sonidos. (V. ESTEREOFONÍA.) [Sinón. MONOFÓNICO.]

MONAURALIDAD f. *Acúst.* Carácter de las sensaciones auditivas que solamente son percibidas por uno de los oídos, por oposición a la binauralidad. (V. ESTEREOFONÍA.)

MONAZITA f. *Miner.* Monacita.

MONDADORA f. *Carp.* Descortezadora.

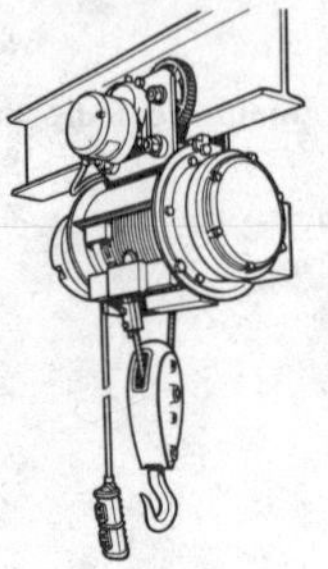

monocarril de motor eléctrico *(transp.)*

MONDÓN m. *Carp.* Tronco de árbol descortezado.

MONDOVISIÓN f. *Radiot.* Mundovisión.

MONEDA f. *Metal.* Pieza de metal consistente en un disco acuñado por sus dos lados.

— Las *monedas* llevan estampadas, en el lado llamado *cara,* efigies o motivos alegóricos, generalmente acompañados de lemas y, en el otro, llamado *cruz,* la indicación de su valor en unidades monetarias del país considerado, así como el año de su emisión y, a veces, otras inscripciones o dibujos. Los metales más corrientemente empleados son el bronce, el níquel, el acero inoxidable, el cuproníquel, el cuproaluminio, la plata de 800 a 900 milésimas y el oro.

La *figura* ilustra las fases principales de la fabricación de monedas. Las medallas se fabrican por los mismos procedimientos, aunque simplificando considerablemente las comprobaciones relativas al peso y a las dimensiones, que no son en este caso justificadas.

MONEL m. *Metal.* Marca registrada de una aleación de níquel y cobre.

— El *Monel* ordinario se compone de 67 % de níquel, 28 a 30 % de cobre y 1,5 a 3 % de hierro. La composición de los minerales de níquel canadienses permite obtenerlo directamente al cabo de las operaciones de conversión de los mismos en metal. No obstante, se logran también calidades especiales de Monel agregando azufre o silicio a los componentes ordinarios o sometiendo el metal a tratamientos térmicos. El Monel conserva excelentes propiedades mecánicas hasta la temperatura de 600°, pero es sobre todo notable por su resistencia a los agentes corrosivos (ácidos y bases, aire salino, etc.). Sus principales aplicaciones son: calderas e instalaciones de vapor sobrecalentado, bombas, condensadores, aletas de turbinas, etc., así como construcciones marítimas y, por último, tuberías y recipientes de las industrias alimenticias.

MONERGOL m. *Aeron.* y *Astron.* Propergol en el cual el combustible y el comburente se hallan mezclados en un solo bloque sólido o constituyen una misma substancia líquida. (V. PROPERGOL.)

MONFORTE m. *Text.* Griseta.

MONITOR m. *Min.* y *Obr. públ.* Lanza * monitor utilizada para arranque de tierras y minerales terrosos por disgregación hidráulica. (V. MINA.)

— *Tecn.* Dispositivo visual o acústico que permite comprobar el funcionamiento de un aparato, instrumento radioeléctrico, etc.: *en televisión los monitores son osciloscopios que permiten ver las imágenes antes de radiarlas.*

MONO, prefijo derivado del griego *monos,* que significa *solo, único.*

— *Quím.* Prefijo que se antepone al nombre de un radical para indicar que el mismo solamente es substituido una vez en cada molécula.

MONOÁCIDO adj. y s. *Quím.* Dícese del cuerpo que sólo posee una función ácida.

MONOATÓMICO, CA adj. *Quím.* Dícese del cuerpo simple cuya molécula consta de un átomo: *los gases inertes del aire son monoatómicos, así como los metales al estado de vapor.*

MONOAURAL adj. *Acúst.* Monaural.

MONOAURALIDAD f. *Acúst.* Monauralidad.

MONOAXÍFERO, RA adj. *Miner.* Dícese del cristal que presenta un solo eje de simetría.

MONOBASE adj. y s. *Miner.* Dícese del cristal que nada más tiene una base.

— *Quím.* F. Cuerpo que solamente posee una función básica: *la sosa NaOH es una monobase.*

MONOBÁSICO, CA adj. *Quím.* Dícese de los cuerpos que sólo tienen una función básica.

MONOBLOQUE adj. Que consta de una sola pieza o bloque: *vagón con ruedas monobloque.*

MONOBROMADO, DA adj. *Quím.* Que contiene un solo átomo de bromo.

MONOCABLE adj. y s. *Tecn.* Que funciona con un solo cable: *teleférico monocable.* ‖ — M. Transportador aéreo constituido por un cable sin fin arrastrado por un torno.

MONOCÁLCICO, CA adj. *Quím.* Dícese de la sal derivada de un poliácido en el cual un solo átomo de hidrógeno es reemplazado por otro de calcio.

MONOCARRIL adj. y s. *F. c.* Dícese de un ferrocarril cuyos vagones corren sobre un solo carril aéreo o suspendidos de él.

— *Tecn.* Dícese del sistema elevador de cargas consistente en un polispasto que puede moverse a lo largo de un carril aéreo. ‖ Transportador aéreo cuyos cangliones o vagonetas circulan suspendidos de un carril.

MONOCASCO adj. *Tecn.* Tipo de célula de avión, carrocería de coche, etc., en los cuales el revestimiento, particularmente reforzado, contribuye a la resistencia mecánica del bastidor (éste es entonces mucho más ligero que en las construcciones ordinarias, en las cuales la chapa del revestimiento no participa substancialmente a la resistencia del conjunto).

MONOCÍCLICO, CA adj. *Quím.* Dícese del compuesto químico cuya fórmula sólo contiene un ciclo.

MONOCILÍNDRICO, CA adj. *Mec.* Dícese del motor que consta de un solo cilindro.

fabricación de la **moneda:** 1. Fusión del metal; 2. Vaciado; 3. Recocido; 4. Descapado; 5. Laminado; 6. Recorte de los copeles; 7. Copeles; 8. Copeles defectuosos; 9. Alisado del canto; 10. Recocido; 11. Lavado y secado; 12. Selección manual; 13. Eliminación de copeles excesivamente (14) o insuficientemente (15) pesados; 16. Desgaste de copeles pesados; 17 y 18. Comprobación en peso y número de los copeles; 19. Acuñado de la moneda; 20 y 21. Nuevas comprobaciones; 22. Eliminación de monedas defectuosas; 23. Recuento y ensacado; 24. Pesado; 25. Entrega al banco

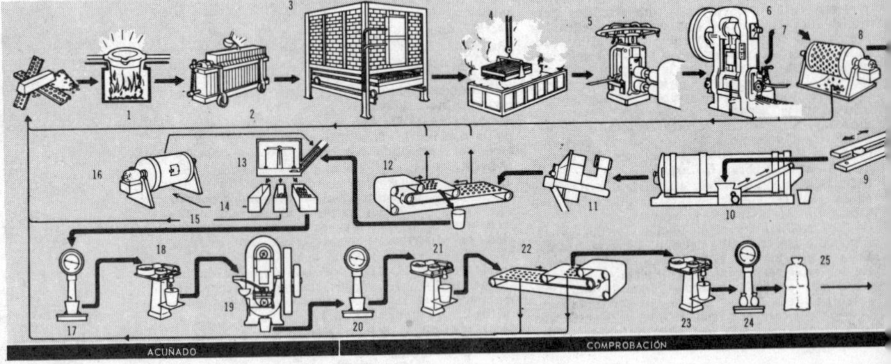

MONOCINÉTICO, CA adj. *Atom.* Dícese de un haz o conjunto de partículas que se mueven con la misma velocidad: *electrones monocinéticos.*
MONOCLINAL adj. *Geol.* Dícese de la estructura geológica en la cual todas las capas del terreno pertenecen a un mismo flanco del pliegue y, por lo tanto, tienen igual dirección y buzamiento. ‖ *Relieve monoclinal,* forma de relieve caracterizada por un talud de pendiente muy pronunciada y, en el otro flanco, una pendiente de declive moderado.
MONOCLÍNICO, CA adj. *Miner.* Clinorrómbico.
MONOCLORACÉTICO, CA adj. *Quím.* Cloracético.
MONOCLORADO, DA adj. *Quím.* Que contiene un solo átomo de cloro.
MONOCONTINUO, A adj. *F. c.* Sistema de tracción eléctrica en el cual las locomotoras son alimentadas en corriente alterna monofásica que es rectificada en la misma locomotora, provista de motores de corriente continua.
MONOCROMADOR m. *Ópt.* Dispositivo óptico que sirve para obtener luz monocromática y que consiste en un espectrógrafo en el cual la placa fotográfica es reemplazada por una pantalla provista de una rendija que permite dar paso a las radiaciones monocromáticas deseadas.
MONOCROMÁTICO, CA adj. *Ópt.* Dícese de cada una de las radiaciones de un solo color que se obtienen al descomponer la luz blanca con un prisma o una red de difracción: *una luz monocromática es caracterizada por su longitud de onda.* ‖ Monocromo.
MONOCROMO, MA adj. De un solo color.
MONOCULAR adj. *Ópt.* Dícese del instrumento de óptica que sólo tiene un ocular: *los antiguos microscopios monoculares están siendo reemplazados por instrumentos binoculares.*
MONOCULTURA f. *Agr.* V. AGRICULTURA.
MONOETANOLAMINA f. *Petr.* Líquido que se obtiene tratando óxido de etileno con amoniaco o nitrando y reduciendo el propano, y que, por ser un disolvente del hidrógeno sulfurado, sirve para desulfurar el gas natural.
MONOFÁSICO, CA adj. *Electr.* Dícese de las corrientes alternas, así como de las tensiones, que son simples, o sea que constan de una sola fase. (V. CORRIENTE y FASE.) ‖ Aplícase a los generadores que producen dichas corrientes y a los motores y aparatos que funcionan con ellas: *locomotora monofásica.*
MONOFIBRA adj. *Text.* Dícese de los hilos de resina sintética que constan de una sola fibra.
MONOFILAMENTO m. *Text.* Hilo de resina sintética que consta de una sola fibra.
MONOFILAR adj. *Text.* Que consta de un solo hilo: *el Nylón monofilar reemplaza ventajosamente al cáñamo bifilar en la confección de redes.*
MONOFONÍA f. *Acúst.* Carácter del sistema de grabación, transmisión o reproducción de los sonidos que, por utilizar un solo canal, no pueden crear la sensación de relieve sonoro. (V. ESTEREOFONÍA.)
MONOFÓNICO, CA adj. *Acúst.* y *Radiot.* Monaural.
MONOHIDRATADO, DA adj. *Quím.* Que se halla al estado de monohidrato.
MONOHIDRATO m. *Quím.* Hidrato que contiene una sola molécula de agua.
MONOHILO adj. *Text.* Monofilar.
MONOLÍTICO, CA adj. *Arq.* Hecho de un solo bloque: *monumento monolítico.*
MONOLITISMO m. *Arq.* Sistema de construcción fundado en el uso de bloques de piedra de dimensiones muy grandes.
MONOLITO m. *Arq.* Columna, obelisco u otro monumento tallado en un solo bloque de piedra.
MONÓMETRO, RA adj. y s. *Quím.* Dícese del cuerpo cuyas moléculas pueden, mediante una reacción apropiada, unirse unas con otras para formar las macromoléculas de un polímero: *el etileno es el monómero del polietileno.* (V. MOLÉCULA, PLÁSTICO y POLÍMERO.)
MONOMETILAMINA f. *Quím.* Metilamina.
MONOMETILHIDRACINA f. *Astr.* y *Quím.* Derivado de la hidracina empleado como ergol combustible para la propulsión de cohetes. (V. HIDRACINA.)

monocarriles *(f. c.)*

MONOMÍCTICO, CA adj. *Hidr.* Dícese del lago cuya temperatura disminuye regularmente con la profundidad aunque sin llegar a ser inferior a 4°. ‖ *Lago monomíctico frío,* lago de las regiones polares cuya temperatura invernal aumenta con la profundidad y no pasa superficialmente de 4°.
MONOMIO m. *Mat.* Expresión algebraica que consta de un solo término: *en los monomios* $3a^4b^2$ y $7a^5b$, *el 3 y el 7 son los coeficientes,* a *y* b *las magnitudes incógnitas,* 4, 2 y 5 *los exponentes de las potencias a que se han de elevar dichas magnitudes.*
MONOMOLECULAR adj. *Quím.* Que consta de una sola molécula. ‖ Concerniente a una sola molécula.
MONOMOTOR, RA adj. y s. *Mec.* Dícese de los aviones y otros vehículos provistos de un solo motor.
MONOPLANO, NA adj. y s. *Aeron.* Dícese del avión provisto de un solo plano de sustentación (ala), por oposición al biplano: *los aviones actuales suelen ser monoplanos de ala cantilever.*
MONOPLAZA adj. Dícese del vehículo, especialmente del avión, previsto para una sola persona.
MONOPOTÁSICO, CA adj. *Quím.* Que contiene un átomo de potasio en su molécula.
MONÓPTERO m. *Arq.* Templo u otra construcción circular y sin paredes, consistente en una cúpula sostenida por una hilera circular de columnas.
MONORREFRINGENTE adj. *Ópt.* Dícese, por oposición a birrefringente, de los cuerpos que producen una refracción * simple.
MONORREJA adj. *Agr.* Dícese del arado o instrumento análogo que sólo tiene una reja.
MONORRIEL m. *F. c.* Monocarril.
MONOSACÁRIDO m. *Quím.* Sinónimo de *osa.*
MONOSAS f. pl. *Quím.* Nombre dado primitivamente a las *osas* *.
MONOSCOPIO m. *Radiot.* Generador de señales de televisión consistente en una emisora portátil que radia una imagen fija, la cual permite efectuar la reparación y regulación de los televisores fuera de las horas de emisión de las estaciones.
MONOSILANO m. *Quím.* Silicometano * o hidrógeno siliciado. (V. SILANO.)
MONOSÓDICO, CA adj. *Quím.* Dícese de la sal derivada de un poliácido en el cual un átomo de sodio ha reemplazado a uno de hidrógeno.
MONOSTILO m. *Arq.* Columna de fuste simple, por oposición a la columna * nervada o agrupada, que resulta de combinar varios fustes.

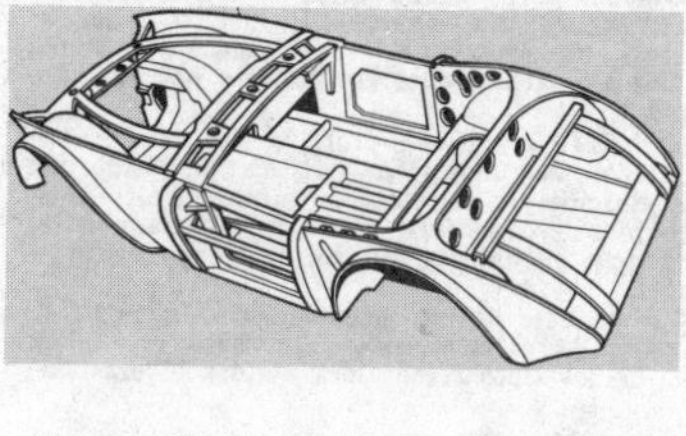

carrocería **monocasco**

Fot. Actualités françaises

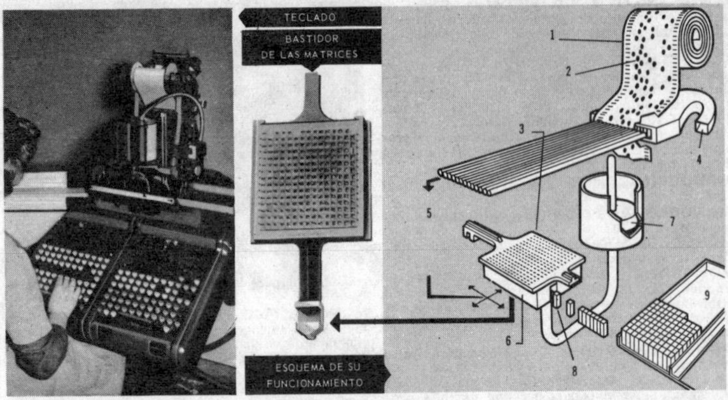

Monotipia
1. Rollo; 2. Texto en forma de perforaciones; 3. Bastidor de matrices; 4. Aire comprimido; 5. Boquillas que determinan los movimientos del bastidor; 6. Molde de la letra; 7. Tipos fundidos; 8. Galera

MONOSUBSTITUIDO, DA adj. *Quím.* Dícese de los derivados que se obtienen substituyendo un solo átomo de su molécula por un radical o por un átomo de otro elemento.

MONOSULFURO m. *Quím.* Compuesto cuya molécula contiene un átomo de azufre.

MONOTERMO, MA adj. *Fís.* Dícese de una transformación en el curso de la cual el cambio de calor entre un sistema y un manantial solamente tiene lugar a temperatura constante: *según el principio de Carnot, una transformación monoterma con retorno al estado inicial no puede suministrar trabajo.*

MONOTIPIA f. *Art. gráf.* Marca registrada de una máquina de componer que se distingue de la Linotipia en que funde los tipos sueltos y no las líneas enteras.

— La *Monotipia* consta de dos partes: el órgano componedor propiamente dicho y la fundidora. El primero tiene un teclado parecido al de una máquina de escribir, aunque mucho más completo, en el cual la pulsación de las teclas produce perforaciones, en una faja de papel, que ocupan una posición perfectamente determinada para cada letra o signo.

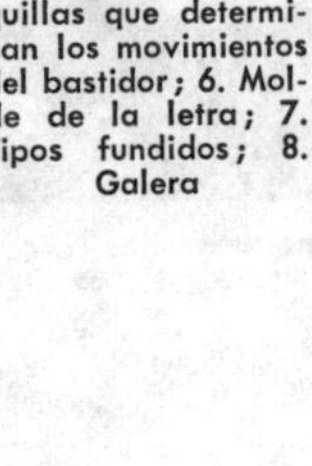

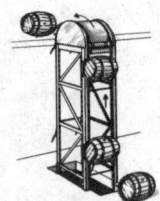

montacargas para toneles

Una vez traducido el texto en forma de perforaciones, se dispone el rollo de papel perforado en la fundidora de modo que pase entre una hilera de boquillas eyectoras de aire comprimido y otra de captores de un servomecanismo. Las matrices se hallan dispuestas en un bastidor dotado de dos grados de movimiento (longitudinal y transversal), lo cual permite al servomecanismo situar cualquiera de sus matrices encima del molde alimentado en metal fundido. El funcionamiento de la fundidora es (v. *figura*) como sigue: el aire comprimido, al pasar por los dos orificios que determinan las coordenadas de la matriz de una letra, provoca el corrimiento del bastidor portamatrices de modo que la correspondiente matriz obture el molde; el émbolo del crisol inyecta entonces metal a presión en este último; el tipo, rápidamente solidificado, penetra en una ranura en la cual se desliza empujado por los tipos que se van fundiendo; cuando la línea se halla completa, un carro transporta los tipos hasta la galera, y así sucesivamente. Estas máquinas pueden fundir 12 000 caracteres por hora y presentan las ventajas siguientes: economía en las correcciones y comodidad en la compaginación con ilustraciones que reducen la longitud de las líneas. La Monotipia es, no obstante, menos práctica y tiene menor rendimiento que la Linotipia *.

MONOTIPO m. *Art. gráf.* Monotipia. ‖ Procedimiento de impresión artística empleado por los pintores y consistente en pintar al óleo sobre una plancha de cobre, vidrio o materia plástica que acto seguido se aplica a presión sobre el papel.

— *Mar.* Yate de vela o embarcación pequeña de regatas de características conformes con la de uno de los tipos reconocidos por las federaciones deportivas: *todos los monotipos de una serie tienen iguales formas, dimensiones y equipo.*

MONOTRAZA adj. *Aeron. Tren de aterrizaje monotraza,* v. ATERRIZAJE.

MONOTRIFÁSICO, CA adj. *F. c.* Dícese de un sistema de tracción eléctrica en el cual la locomotora es alimentada en corriente monofásica, transformada a bordo de la misma en corriente de tres fases para sus motores trifásicos.

MONOTRÓPICO, CA adj. *Quím. Transposición monotrópica,* v. TRANSPOSICIÓN.

MONOVALENTE adj. *Quím.* Univalente.

MONOX m. *Quím.* Protóxido de silicio SiO.

MONÓXIDO m. *Quím.* Óxido cuya molécula contiene un solo átomo de oxígeno. ‖ *Monóxido de carbono,* óxido de carbono *.

MONOXILO adj. y s. *Mar.* Dícese de la piragua o embarcación de una sola pieza.

MONOXIMA f. *Quím.* Compuesto que sólo tiene una función oxima *.

MONOYODADO, DA adj. *Quím.* Que contiene un solo átomo de yodo.

MONTACABALLO m. *Arq.* En las dovelas acodadas, tramo horizontal, de igual altura que los sillares, que forma parte de una hilada.

MONTACARGAS m. Ascensor destinado a elevar mercaderías y objetos muy pesados o voluminosos. ‖ En general, todo aparato elevador de cargas, como las cargadoras de altos hornos, las máquinas de extracción de las minas, etc.

MONTADURA f. Engaste * con que se sujeta la cosa engastada en una cavidad.

MONTAJE m. *Art. y of.* Acción de unir las distintas piezas de un zapato, de un objeto complejo de cerámica, etc.

— *Cin.* Operación consistente en pegar, con arreglo a determinado orden o fundándose en criterios artísticos, los fragmentos de película de las secuencias que se han rodado en otro orden más cómodo para la toma de vistas.

— *Electrón. Montaje impreso,* circuito * impreso.

— *Ind. Cadena de montaje,* v. CADENA.

— *Mec.* Acción de armar o montar las piezas de una máquina o de cualquier otra construcción mecánica. ‖ Bastidor o dispositivo que, en la fabricación en serie, permite efectuar rápidamente (para lo cual ha sido diseñado) la fijación de determinada pieza en las máquinas herramienta, en los bancos y mármoles, etc.

MONTANTE m. *Arq.* Listón o columna pequeña que divide el vano de una ventana. ‖ Ventana o bastidor que se pone sobre una puerta y que puede ser fijo o de hoja abatible. ‖ Cada uno de los dos maderos verticales del marco de una puerta o ventana, dándose el nombre de *montante quicial* al que lleva fijadas las bisagras y de *montante batiente* al otro.

— *Min.* Estemple.

— *Tecn.* Pie derecho. ‖ Elemento vertical de un aparato o armazón, que sirve de soporte o de refuerzo: *los dos montantes del parabrisas de un coche.*

Fot. Larousse

MONTAÑA f. *Geogr.* Elevación o prominencia muy importante del terreno.
— Las *montañas* se hallan en constante evolución: unas son desgastadas por las distintas formas de erosión *, mientras que otras siguen deformándose y elevándose con extrema lentitud. Las principales causas a las cuales se debe la formación de las montañas son las siguientes: 1.ª existencia de una falla muy grande, uno de cuyos bordes se hunde o, por el contrario, se eleva respecto al otro; 2.ª formación en los terrenos sedimentarios de series de pliegues que pueden sobreponerse y alcanzar dimensiones gigantescas (caso de las cordilleras más importantes del Globo); 3.ª erupción de materias volcánicas que se acumulan en torno de cráteres, pero que a veces ejercen un empuje que levanta el suelo.
MONTAR v. Efectuar un montaje *.
MONTASACOS m. *Transp.* Montacargas o elevador para subir sacos a las distintas plantas de una fábrica o almacén o para cargarlos en los vehículos.
MONTEA f. *Arq.* Dibujo de una obra o de un detalle de la misma hecho al tamaño natural para sacar plantillas. ‖ Estereotomía. ‖ Flecha.
MONTEAR v. *Arq.* Trazar monteas. ‖ Voltear.
MONTIENSE adj. y s. *Geol.* Dícese del piso inferior del sistema eoceno, cuyos terrenos datan de unos 65 millones de años. (V. ESTRATIGRAFÍA.)
MONTMORILONITA f. *Miner.* Silicato de aluminio hidratado que contiene pequeñas proporciones de magnesia y sirve para depurar aceites y para preparar lodo * de sonda.
MONTURA f. Montaje * de una máquina o aparato.
— *Astr.* Soporte mecánico de los telescopios y otros instrumentos de observación empleados en astronomía. ‖ *Montura acimutal,* la que permite orientar el instrumento tanto horizontal como verticalmente. ‖ *Montura ecuatorial,* v. ECUATORIAL. ‖ *Montura paraláctica,* la que, mediante un solo movimiento de giración del telescopio, permite seguir la marcha del astro en el cielo.
MONZÓN m. *Meteor.* Vientos periódicos que soplan en ciertas regiones del Globo y cuya dirección general cambia de una estación a otra.
— Los *monzones* más característicos soplan en el Sur y el Este asiáticos y se deben principalmente a un basculamiento de las zonas de bajas presiones, las cuales se hallan en el hemisferio sur en invierno y en el hemisferio norte en verano, pasando su latitud de 10° S. a 30° N. Esta translación es acompañada de la del frente polar y tiene como consecuencia la existencia de un flujo polar, con vientos fríos del Norte en invierno y de un flujo de aire ecuatorial y húmedo en verano, produciéndose entonces lluvias catastróficas. Pero los efectos de los monzones difieren de una región a otra en razón de su posición geográfica y de sus sistemas montañosos.
MOQUETA f. *Text.* Tejido para alfombras que no es sino un terciopelo * basto y espeso.
— La *moqueta* consta de una urdimbre fuerte de lino (aunque también se emplean a veces el cáñamo y el yute) que se hallará en contacto con el suelo y deberá preservar de la humedad al resto del tejido; otra urdimbre, de algodón o lino, destinada a ligar los mechones de lana de la capa superior aterciopelada; una trama que se teje con dicha urdimbre, y una urdimbre de lana destinada a formar los mechones. (Sobre la fabricación de esta clase de tejidos, v. TERCIOPELO.)
MOR m. *Agric.* Humus o mantillo que resulta de la descomposición excesivamente lenta de materias vegetales en un suelo mal aireado: *el mor es ácido y seco, y solamente permite el desarrollo de los árboles resinosos y de matorrales de brezos.*
MORA m. *Bot.* y *Carp.* Género de árboles papilionáceos americanos cuyas distintas especies (*Mora Gonggrijpii, M. megistosperma, M. oleifera, M. excelsa*) suministran maderas de color rojizo y pardo, muy duras y resistentes, que se labran fácilmente y no se contraen con el tiempo. ‖ Madera de dichos árboles: *la mora se utiliza para armaduras de cubiertas, construcciones navales y labores de torno.*
MORDAZA f. *Arm.* Freno * de cañón.
— *Mar.* Aparato para sujetar la cadena del ancla.
— *Tecn.* Nombre dado a muchos dispositivos consistentes en dos piezas que, a semejanza de las mandíbulas de los animales, aprietan fuertemente las cosas, ya para sujetarlas (tornillos de los bancos de carpintería y de mecánica), ya para quebrarlas (machacadora de mandíbulas). ‖ Segmento de freno *.
MORDEDURA f. Acción y efecto de morder.
— *Geom.* Muesca que deja en un cuerpo la intersección de otro.
MORDENTE m. Mordiente.
MORDER v. *Art. y of.* Hacer presa una cosa en otra: *las tenazas, si se las aprieta excesivamente, muerden en el metal.* ‖ Desgastar: *las limas nuevas muerden bien.* ‖ Corroer: *los ácidos fuertes muerden el metal.*
— *Art. gráf.* Someter las planchas que se graban a la acción del agua fuerte. ‖ Impedir la frasqueta * la impresión del pliego al ser mal puesta y cubrir así una parte del molde o del papel. ‖ Sobreponerse una impresión a otra: *la viñeta muerde en el texto.*
— *Text.* Tomar el tinte los hilados y tejidos. (V. MORDIENTE.)
MORDIDO m. *Art. gráf.* Desgaste del metal de las planchas mediante disolución del mismo por un ácido en aquellas partes que no han sido protegidas, obteniéndose así el grabado * en relieve con que se efectúa la impresión.
— *Fot.* Tratamiento de las imágenes fotográficas con un mordiente * con objeto de que puedan fijarse en las mismas los colorantes básicos que se emplean en los procedimientos de viraje *.
— *Metal.* Descapado de los metales mediante ataque químico con ácidos.
— *Text.* Operación consistente en impregnar de mordiente * los tejidos antes de teñirlos.
MORDIENTE adj. y s. Que muerde o sirve para morder: *lima, ácido mordientes.* ‖ — M. Mordaza para sujetar o apretar una cosa. ‖ Ácido o cualquier otro agente corrosivo empleado para atacar la superficie de los metales.
— *Art. gráf.* Barniz viscoso que se agrega a las tintas de imprenta para aumentar su cohesión.
— *Pint.* Substancia con que se impregnan las fibras de la madera para que puedan fijar las materias tintóreas. ‖ Barniz especial que se da a la madera para facilitar la adhesión de los panes de oro, plata u otros metales empleados para metalizarla.
— *Text.* Substancia con que se tratan los tejidos antes de teñirlos para que sus fibras puedan tomar bien el tinte.
— Las más de las veces las materias colorantes forman combinaciones poco estables con las fibras vegetales y animales. Para obviar este inconveniente y obtener un teñido fijo y duradero, se recurre al uso de *mordientes,* substancias que tienen la misma afinidad por las fibras y por el colorante y que, fijados en aquéllas, absorben a éstos, formando con ellos compuestos insolubles y de coloridos más brillantes. Los principales mordientes de esta clase son sales de aluminio, hierro, estaño y plomo. La caseína, el gluten, la albúmina y el tanino constituyen otro grupo de mordientes especialmente empleados para fijar los colores de anilina y ciertos aceites oxidados. Llámase *mordiente modificador* el que, con objeto de avivar sus colores, se aplica a un tejido ya teñido.
MORENA f. *Geol.* Montón de piedras y otras materias arrastradas por los glaciares.
— Las piedras, ramas o troncos de árboles y otros objetos caídos sobre un glaciar son arrastrados por el mismo y acumulados en sus orillas (*morenas laterales*), aunque también pueden caer lentamente, a través del hielo, hasta el lecho (*morenas de fondo*). Cuando dos glaciares se encuentran en una confluencia, se forma una *morena mediana,* además de las dos laterales. Las materias arrastradas pueden acumularse en masas considerables en la lengua del glaciar (*morenas terminales* o *frontales*).
El roce de las morenas con el cauce de los glaciares provoca un desgaste que confiere a los mismos su perfil característico en forma de letra U.
MORENO, NA adj. *Ind. alim. Azúcar moreno,* v. AZÚCAR.

mortero *(arm.)*
1. Cañon; 2. Anteojo de apuntar; 3. Volantes de puntería; 4. Culata; 5. Accesorios; 6. Bastidor; 7. Rueda; 8. Acoplamiento; 9. Estuche del anteojo

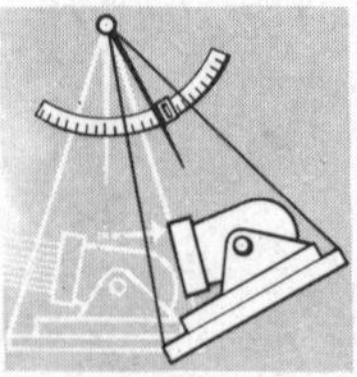

mortero pendular *(expl.)*

MORFO, prefijo derivado del griego *morphê,* que significa *forma.*

MORFOGÉNESIS f. *Geol. Morfogénesis fluviátil,* transformación del relieve debida a la acción de las aguas corrientes. (V. EROSIÓN.)

MORFOLOGÍA f. *Geol.* Geomorfología.

MORFOMETRÍA f. *Geol.* Estudio cuantitativo de las formas del relieve terrestre (frecuencia y altura de los cauces de los cursos de agua, pendiente de las laderas, disimetría de los valles, altura de las montañas, etc.).

MORFOSCOPIA f. *Geol.* Estudio de las formas de los elementos granulares que constituyen los terrenos geológicos: *las dimensiones de los granos y el grado de desgaste de sus cantos permiten, en morfoscopia, la determinación de los orígenes de las dunas y de los depósitos aluviales.*

MORFOTROPIA f. *Miner.* Fenómeno físico o químico que revela la existencia de analogías cristalográficas entre dos compuestos químicos diferentes.

MORILLO m. *Art. y of.* Caballete de hierro que se pone en un hogar para sostener la leña. ‖ *Amer.* Madero que se tiende a través de una acequia o de una zanja para que sirva de pasarela. ‖ Tabla o madero que se atraviesa sobre una carreta u otro vehículo para aumentar su capacidad. ‖ Rollo de madera para arrastrar cosas pesadas sobre el suelo.

MORINGA f. *Bot.* y *Perf.* Género de árboles moringáceos cuyas semillas dan un aceite dulce e inodoro empleado en perfumería.

MORKRUM m. *Telec.* Telégrafo * automático que imprime los telegramas en caracteres tipográficos.

MORRENA f. *Geol.* Morena.

MORRILLO m. *Constr.* Canto rodado.

MORRO m. Parte anterior y prominente de ciertas cosas: *muchos aviones llevan un radar en el morro del fuselaje.*

MORSA f. *Art. y of.* Torno * de carpintería, mecánica y otros oficios.

MORSE m. *Cono morse,* cono * de las brocas y otras herramientas.
— *Telec.* Sistema de telegrafía fundado en el uso de un alfabeto convencional a base de puntos y rayas. ‖ Dicho alfabeto, y también el aparato empleado en el referido sistema telegráfico. (V. TELÉGRAFO.)

alfabeto **Morse**

A	• —	T	—
B	— • • •	U	• • —
C	— • — •	V	• • • —
D	— • •	W	• — —
E	•	X	— • • —
F	• • — •	Y	— • — —
G	— — •	Z	— — • •
H	• • • •		
I	• •		
J	• — — —	1	• — — — —
K	— • —	2	• • — — —
L	• — • •	3	• • • — —
M	— —	4	• • • • —
N	— •	5	• • • • •
O	— — —	6	— • • • •
P	• — — •	7	— — • • •
Q	— — • —	8	— — — • •
R	• — •	9	— — — — •
S	• • •	0	— — — — —

OTROS SIGNOS

punto (.)	• — • — • —
coma (,)	— — • • — —
dos puntos (:)	— — — • • •
punto de interrogación (?)	• • — — • •
guión (-)	— • • • • —
raya de las fracciones (/)	— • • — •
paréntesis ()	— • — — • —
comillas (")	• — • • — •
guión doble (=)	— • • • —
comprendido	• • • — •
error	• • • • • • • •
cruz (+) que también significa fin de despacho	• — • — •
invitación a transmitir	— • —
espera	• — • • •
fin de transmisión	• • • — • —
principio	— • — • —
separación	• — • • —

MORTAJA f. *Carp.* Caja * en que penetra la espiga. ‖ Ranura hecha en un madero. ‖ Cerradero labrado en el marco de la puerta.

MORTAJADORA f. *Carp.* Acepilladora de acanalar y de hacer cajas para ensambladuras.

MORTERETE m. *Expl.* Mortero pequeño que sirve para hacer salvas en las festividades.

MORTERO m. *Arm.* Pieza de artillería de cañón ancho y corto, destinada a tirar los proyectiles con ángulos grandes (de 45 a 90°) para que caigan sobre objetivos protegidos por los accidentes del terreno o por fortificaciones u otras construcciones.
— El *mortero* permite alcanzar las trincheras, las posiciones protegidas por fortificaciones, las tropas y el material situados en depresiones del terreno o al amparo de aglomeraciones urbanas. Es un arma relativamente ligera, si se compara su peso y su calibre con el de un cañón de tiro raso: un mortero de 40 kg, transportable en tres elementos, tira un proyectil de 81 mm de calibre a 4 000 m; otro de 82 kg lanza proyectiles de 120 mm y de 13,2 kg a 6 500 m; existe, por último, un mortero capaz de tirar proyectiles atómicos de 280 mm a una distancia de 30 km. Los morteros ligeros se cargan por la boca, y la caída del cartucho sobre un percutor situado en el fondo provoca el disparo. El proyectil está provisto de aletas estabilizadoras y a veces de un cohete que aumenta su alcance (semiautopropulsión); su explosión suele ser provocada por el choque con el suelo.
Los morteros tienen el cañón liso, carecen de recuperador y de freno y son utilizados por la infantería. Constituyen así una clase especial dentro del grupo de los obuses. (V. OBÚS.)
— *Art. y of.* Recipiente de madera, cerámica, vidrio o metal, de pared gruesa y resistente, que sirve para machacar o triturar materias con un mallo o pilón. ‖ Solera sobre la cual ruedan las muelas del molino de aceite.
— *Constr.* Aglomerante que se obtiene amasando cemento o cal con arena y agua y que sirve para trabar las piedras o ladrillos en las obras de fábrica y para hacer revoques y pavimentos. ‖ *Mortero aéreo,* el de cal grasa, que endurece al aire y no en el agua. ‖ *Mortero de asfalto,* mezcla de betún caliente, arena y gravilla propia para firmes de carreteras. ‖ *Mortero atenuado* o *bastardo,* mortero para enlucidos hecho con arena, cal y cemento. ‖ *Mortero hidráulico,* el que tiene la propiedad de endurecer en el agua.
— Para cada uso conviene una de las calidades de *mortero* que se obtienen mediante la selección de materiales apropiados y mezclándolos en las debidas proporciones. Generalmente se define la calidad de un mortero expresando el peso de la cal o del cemento que se mezcla con un metro cúbico de arena seca. Dicha proporción suele ser de 350 a 450 kg en los morteros ordinarios, que se califican de *magros* o de *grasos* según tengan menos o más cal o cemento.
— *Expl.* Tubo que se hinca en el suelo para disparar bombas y otros fuegos de artificio. ‖ *Mortero pendular,* aparato que sirve para determinar la potencia de los explosivos.
— El *mortero pendular* consiste en un mortero pequeño montado en un bastidor que forma péndulo (v. *figura*). Se carga con 10 g del explosivo que se ha de ensayar y con una bala cilíndrica. Al producirse el disparo, la bala es expulsada y el mortero retrocede, haciendo oscilar el péndulo en un ángulo que permite calcular la potencia del explosivo.
— *Geol.* Terreno metamórfico en el cual la roca ha sido triturada y sus fragmentos se hallan en desorden, trabados por un cemento de polvo fino que se ha consolidado con el tiempo.

MORTINA f. *Curt.* Nombre dado por los curtidores a la materia curtiente.

MORURO m. *Bot.* y *Carp. Mururo abey,* véase ABEY.

MOSAICO, CA adj. y s. *Arq.* Dícese de la columna * salomónica. ‖ — M. Decoración de muros y pavimentos que se obtiene yuxtaponiendo sobre una capa de mortero trocitos de mármol, piedra, baldosas, etc., de distintas formas y colo-

Fot. S. C. A.

res, de modo que constituyan dibujos más o menos complicados. || Por ext., revestimiento de baldosines.

— Los *mosaicos artísticos* se hacen generalmente por dos procedimientos. En uno de ellos, el *método directo*, se reviste el suelo o el muro con una capa delgada de yeso sobre la cual se reproduce el dibujo con sus correspondientes colores. Luego se van cortando pedacitos del enlucido de yeso que se reemplazan uno a uno —fijándolos con mortero o con masilla— por trocitos, de igual forma y color, de la materia adoptada.
En el *método con cartón*, se hace el dibujo en cartones sobre los cuales se pegan por su cara los correspondientes trocitos de materia; se reviste la pared o el suelo con una capa de masilla o de argamasa y se aplica fuertemente sobre la misma la cara libre de los cubitos pegados; finalmente, se despega el cartón para descubrir el mosaico.

— *Carp. Mosaico de madera*, entarimado de taracea que se hace con tablitas de diferentes maderas o matices.

— En la construcción moderna se fabrican mecánicamente *mosaicos de madera* en los cuales pueden entrar 400 tablitas por metro cuadrado. Los albañiles las reciben en placas de tablitas, pegadas entre sí y en un papel, que ellos aplican directamente sobre una capa de mortero de cemento encolado.

— *Radiot.* Elemento fotosensible del iconoscopio *.

MOSCA f. *Art. gráf. Ala de mosca*, v. ALA.

MOSCOVITA f. *Miner.* Género de micas blancas ricas en potasio, aluminio y agua. || Silicato hidratado de aluminio y potasio que sirve de tipo a dicho género. (V. MICA.)

MOSQUETÓN m. Arma de fuego análoga al fusil, aunque mucho más corta, que actualmente tiende a ser reemplazada por la carabina y la pistola ametralladora.

— *Art. y of.* Anilla o gancho cerrados por un muelle que permite enganchar rápidamente las cosas y evitar que se suelten por sí mismas.

MOSTACILLA f. *Arm.* Munición menuda, propia para cazar pájaros.

MOSTAZA f. *Arm.* Mostacilla. || *Gas mostaza*, iperita.

MOSTEAR v. *Ind. alim.* Soltar la uva su mosto. || Remostar.

MOSTO m. *Ind. alim.* Zumo de uva cuando aún no ha fermentado. || Por ext., zumo de manzana y de otros frutos destinado a la elaboración de bebidas fermentadas o alcohólicas. || Nombre dado a diferentes caldos que se obtienen mezclando materias vegetales con agua y que sirven para fabricar alcohol o bebidas alcohólicas, como el mosto de malta macerada en agua con que se elabora la cerveza, el de patatas o cereales para producir alcohol, etc.

— Un *mosto de uva* de densidad comprendida entre 1,05 y 1,13, contiene por término medio y por litro de 700 a 850 g de agua, de 140 a 225 g de azúcar (glucosa y levulosa) que será transformado en alcohol durante la vinificación, de 3 a 9 g de ácidos orgánicos (especialmente ácidos tartárico y málico), potasio y otras sales minerales, taninos, materias nitrogenadas, gomas y pectinas.

MOSTREADO, DA adj. Salpicado de manchitas o máculas: *papel mostreado.*

MOSTREAR v. Salpicar una cosa formando en ella muestras o máculas pequeñas.

MOSTRENCO m. *Art. gráf.* Composición o trabajo que no llega a utilizarse por culpa del autor o por otra causa.

MOTA f. Pinta, manchita en una superficie.

— *Text.* Defecto de un tejido consistente en un nudillo o granito de fibras apelmazadas. || *Amer.* Vedija de lana y también borra de algodón.

MOTE m. *Art. gráf. Amer.* Errata.

MOTEADO, DA adj. Salpicado de motas.

— *Art. gráf. Amer.* Dícese del impreso que contiene muchas erratas.

MOTEAR v. Salpicar de motas los tejidos u otras cosas con objeto de hermosearlos.

MOTIVO m. *Arq.* Dibujo que sirve de tema decorativo y que a veces se repite a lo largo de un muro u otro elemento arquitectónico: *las grecas son motivos ornamentales.*

MOTO, prefijo derivado de *motor*, que se antepone al nombre de una máquina para indicar que es movida por un motor que forma cuerpo con ella.

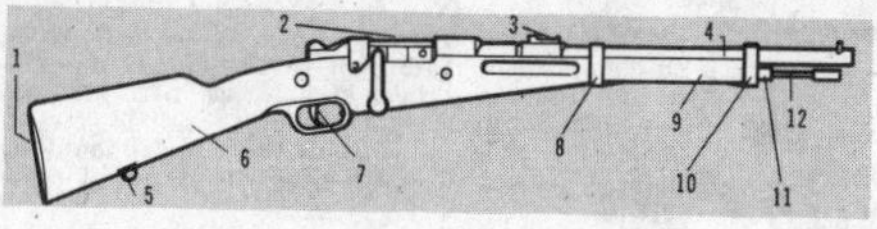

mosquetón
1. Cantonera; 2. Cerrojo; 3. Alza; 4. Cañón; 5. Anilla; 6. Culata; 7. Disparador; 8. Abrazadera inferior; 9. Afuste; 10. Abrazadera superior; 11. Enchufe de la bayoneta; 12. Baqueta

MOTO m. *Autom.* Apócope familiar de *motocicleta.*

— *Topogr.* Mojón.

MOTOBOMBA f. *Tecn.* Conjunto formado por una bomba para líquidos, con sus correspondientes canalizaciones aspirante e impelente, y el motor que la acciona.

MOTOCARRETILLA f. *Obr. públ.* Vehículo pequeño, de escasa capacidad, provisto de un motor de explosión, que reemplaza las antiguas carretillas en las obras importantes.

MOTOCICLETA f. *Autom.* Motociclo de embolada superior a 125 cm³, según la legislación hoy admitida en muchos países. || Cualquier motociclo.

— Las *motocicletas* tienen un cuadro inspirado en el de la bicicleta, pero dotado de suspensión

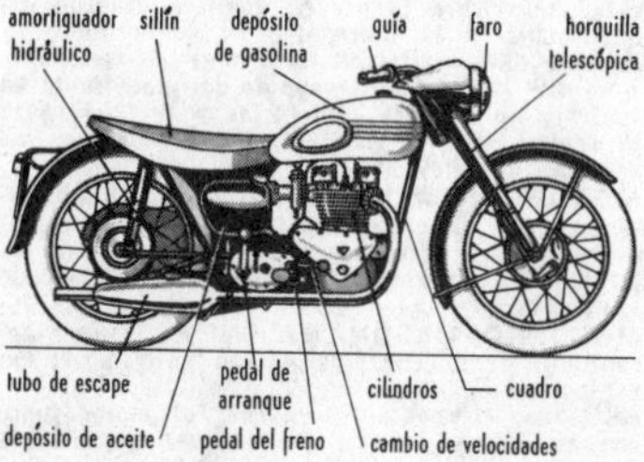

motocicleta

hidráulica en ambas ruedas. Los motores llegan a tener emboladas de 500 cm³; los más potentes son de 4 tiempos (como los de los coches) o constan de dos cilindros muchas veces opuestos (*flat twin*), pero la mayor parte de las motocicletas tienen motor de un solo cilindro de dos tiempos enfriados por el aire y engrasados por el aceite que se agrega a la gasolina (v. MOTOR). La transmisión suele ser de cadena, bañando ésta en el aceite contenido dentro del cárter, merced a lo cual es silenciosa y prácticamente inusable.

MOTOCICLO m. *Autom.* Nombre genérico de los vehículos automóviles de dos ruedas (ciclomotor, velomotor y motocicleta).

MOTOCOMPRESOR m. *Tecn.* Compresor que forma cuerpo con su propio motor.

MOTOCULTIVADOR o **MOTOCULTOR** m. *Agr.* Arado pequeño provisto de un motorcito de arrastre y de manceras para guiarlo.

MOTOHENIFICADORA f. *Agr.* Henificadora automóvil.

MOTOMODELO m. *Aeron.* Modelo reducido de avión provisto de un motor de explosión.

MOTÓN m. *Mec.* Cada uno de los dispositivos a base de roldanas que constituyen un aparejo. (Sinón. POLEA.) || *Motón de briol*, motón doble, con las dos roldanas dispuestas en un mismo

motocultivador

Fot. Larousse

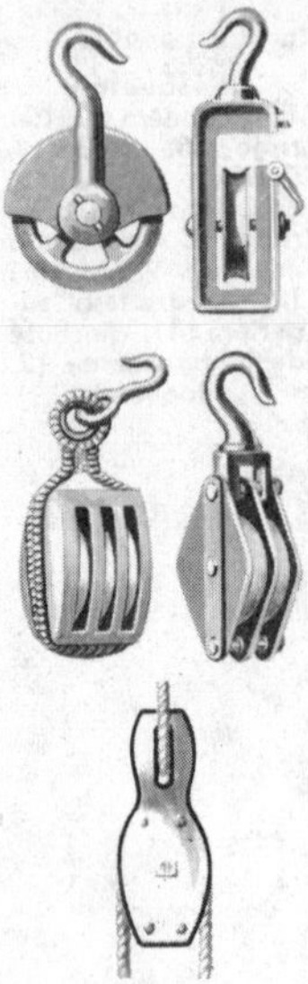

motones

motopaver

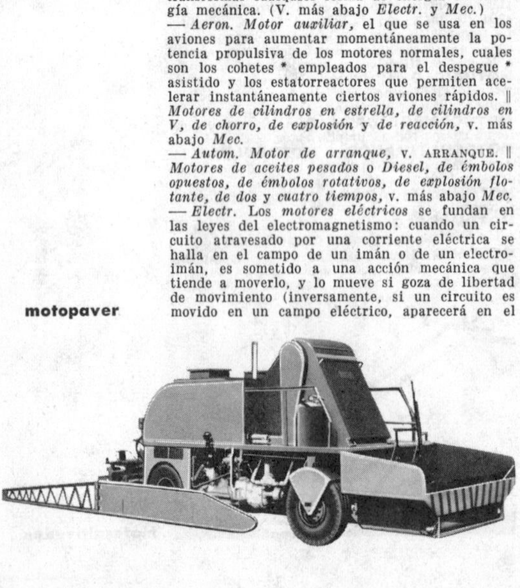

plano, lo cual confiere a la caja la forma de un 8. (Sinón. VIOLÍN.) || *Motón encontrado,* el que tiene dos roldanas, como el anterior, pero situadas perpendicularmente una respecto de la otra. || *Motón de patente,* el que lleva rodamiento de bolas o roletes de acero para disminuir el rozamiento.
— El *motón simple* tiene una roldana que gira en un bastidor llamado caja constituido por dos quijadas y dos tacos o culos, y provisto en sus aristas de unas canales oblicuas que sirven para afianzarlo con la gaza. La luz o escopladura en que va la roldana es la cajera, en la cual gira sobre un eje, el perno.
Los motones permiten cambiar la dirección del movimiento dado a una cuerda y, si tienen varias roldanas (cuadernales), multiplicar la fuerza aplicada en la misma. (V. APAREJO.)

MOTONÁUTICO, CA adj. *Mar.* Relativo a la navegación en pequeñas embarcaciones de motor.

MOTONAVE f. *Mar.* Buque propulsado por motores Diesel o eléctricos, por oposición al vapor: *las motonaves suelen designarse por el símbolo M/S* (del inglés *motorship*).

MOTONERÍA f. *Mar.* Conjunto de motones y aparejos de un barco.

MOTOPAVER m. *Obr. públ.* Máquina automotora empleada en la construcción de carreteras, que tritura la piedra, prepara gravilla alquitranada y la distribuye e iguala sobre la calzada para constituir el firme: *el motopaver pesa más de 12 t y dispone de dos motores de un centenar de caballos, uno de los cuales sirve para su propulsión y el otro para hacer funcionar sus distintos órganos.*

MOTOPLANEADOR m. *Aeron.* Planeador provisto de un motorcito auxiliar que sirve para el despegue y como paliativo cuando faltan corrientes y ascendencias propicias para el vuelo sin motor.

MOTOPROPULSOR, RA adj. y s. Dícese del conjunto de órganos que sirven para mover un vehículo.
— *Aeron. Grupo motopropulsor,* el motor junto con la hélice y todos los órganos anexos que forman un bloque con él al ser desmontado del avión.

MOTOR, RA adj. y s. Que produce movimiento o lo transmite: *árbol motor.* (En femenino úsase también la forma *motriz: las fuerzas motrices.*) || — M. Todo sistema material que permite transformar cualquier forma de energía en energía mecánica. (V. más abajo *Electr.* y *Mec.*)
— *Aeron. Motor auxiliar,* el que se usa en los aviones para aumentar momentáneamente la potencia propulsiva de los motores normales, cuales son los cohetes * empleados para el despegue * asistido y los estatorreactores que permiten acelerar instantáneamente ciertos aviones rápidos. || *Motores de cilindros en estrella, de cilindros en V, de chorro, de explosión* y *de reacción,* v. más abajo *Mec.*
— *Autom. Motor de arranque,* v. ARRANQUE. || *Motores de aceites pesados* o *Diesel, de émbolos opuestos, de émbolos rotativos, de explosión flotante, de dos* y *cuatro tiempos,* v. más abajo *Mec.*
— *Electr.* Los *motores eléctricos* se fundan en las leyes del electromagnetismo: cuando un circuito atravesado por una corriente eléctrica se halla en el campo de un imán o de un electroimán, es sometido a una acción mecánica que tiende a moverlo, y lo mueve si goza de libertad de movimiento (inversamente, si un circuito es movido en un campo eléctrico, aparecerá en el mismo una corriente, cual ocurre en el devanado de una dinamo * y por eso se dice que la dinamo es un motor inversible).
El motor eléctrico consta de dos partes esenciales: el electroimán, llamado inductor y también estator (porque suele ser fijo), y el circuito eléctrico, que puede girar en torno de un eje y se llama inducido o rotor. (V. INDUCCIÓN.)
Los *motores de corriente alterna* funcionan como alternadores elementales (V. ALTERNADOR.) y no requieren colector *. Los más pequeños son *monofásicos* y los mayores *trifásicos.* En el primer caso el motor necesita un colector, un devanado suplementario o cualquier otro artificio para el arranque. Los motores trifásicos pueden ser *sincrónicos* o *asincrónicos.* Los primeros giran a una velocidad fija determinada por la frecuencia de la corriente que los alimenta y son generalmente motores de elevada potencia. Los motores asincrónicos arrancan solos sin ningún dispositivo auxiliar y su velocidad puede experimentar fluctuaciones. (V. DESLIZAMIENTO.)
También en los *motores de corriente continua* cabe distinguir varios tipos diferentes. En el motor llamado *de serie,* el inductor y el inducido son devanados con un hilo grueso y corto y atravesados por la misma corriente. Son útiles cuando se producen arranques frecuentes (grúas, tranvías, locomotoras, etc.) y que requieren mucha potencia inicial, pero tienen el inconveniente de girar con excesiva rapidez cuando su árbol no encuentra suficiente resistencia, o sea cuando trabaja con carga insuficiente, nula.
En otros motores de corriente continua, llamados *de derivación* (y designados también por el anglicismo *shunt*), el devanado del inductor es de hilo muy delgado y largo y se halla conectado en derivación con el inducido. Los motores de este tipo son menos potentes que los del anterior en los arranques, pero mucho menos sensibles a las fluctuaciones de la carga y funcionan, consiguientemente, con velocidad muy constante. También existen *motores compound* excitados a la vez en serie y en derivación, que participan, igualmente a la vez, de la potencia de arranque característica del arrollamiento en serie y de la regularidad propia del devanado por derivación.
Los pequeños *electromotores,* especialmente los que se emplean en los aparatos electrodomésticos, son *motores universales,* así llamados porque funcionan indistintamente con corriente continua (tienen devanados en serie) y alterna.
— *Mar. Motor de fuera de bordo,* motor de explosión que forma un solo cuerpo amovible con la transmisión y la hélice, y puede fijarse rápidamente en la borda de popa de las embarcaciones pequeñas. || *Motor marino,* el que sirve para propulsar barcos. (V. seguidamente *Mec.*)
— *Mec. Motor animado,* el hombre y los animales cuando convierten su energía muscular en energía mecánica, al arrastrar cargas, accionar máquinas (tornos, polispastos, norias, etc.) o efectuar algún otro trabajo. || *Motor inanimado,* máquina generadora de energía mecánica a partir de otras formas de energía.
— Existe —aparte del importante grupo de los motores eléctricos ya descritos más arriba— gran número de *motores* diferentes y muy variadas maneras de clasificarlos. Unos utilizan las fuerzas naturales (saltos de agua, viento) y otros (*motores térmicos*) se fundan en la expansión de gases calientes producidos por una combustión (máquinas de vapor, turbinas de vapor y de gas, motores de aire caliente, de explosión y de reacción). En otros casos el calor proviene de reacciones nucleares, y en los relojes, los faros, los juguetes y muchos instrumentos registradores se emplean *motores de pesas* (que restituyen durante su lenta caída la energía acumulada al elevarlas manualmente) y *de muelles* o *resortes* (rápidamente armados con una llave y que luego se distienden durante un tiempo que puede ser de varias semanas). Además de los principales tipos de motores que se reseñan a continuación, véase ENERGÍA, CENTRAL y RENDIMIENTO.
— Los *motores aéreos* o *aeromotores* son hélices o ruedas de aspas o de álabes que transforman la energía cinética del viento en movimiento de rotación de un árbol motor y se emplean principalmente para elevar agua (molinos de viento) y para producir energía eléctrica (aerogeneradores).

Fot. X

— Los *motores hidráulicos* aprovechan la fuerza viva del agua que cae de un nivel determinado a otro inferior (ríos y torrentes, saltos de agua artificiales, mareas). El empuje del agua sobre los álabes del rodezno de los molinos hidráulicos o del rodete de las turbinas transforma una parte de su fuerza viva en energía mecánica que hace girar el árbol motor. (V. TURBINA.)

— Los *motores de aire comprimido* han sido descritos en el art. AIRE. Como su nombre indica, aprovechan la expansión de aire previamente comprimido por un motor de otra índole.

— Los *motores de aire caliente* o *de émbolos libres* constan de un cilindro y dos émbolos opuestos (entre los cuales existe una cámara de expansión), un quemador y un elemento refrigerador combinado con un recuperador de calor. El aire previamente comprimido es calentado y su expansión mueve los émbolos. El recuperador permite utilizar calorías del aire expelido y aumentar el rendimiento del motor.

— Los *motores de vapor* aprovechan la expansión del vapor de agua producido por un generador o caldera * ya en un cilindro donde confiere movimiento alternativo a un émbolo, ya en una cámara cilíndrica donde su empuje hace girar ruedas de álabes. En el primer caso se les da el nombre de *máquinas de vapor* y en el segundo, el de *turbinas de vapor* (V. MÁQUINA y TURBINA).

— Los *motores de combustión interna* (por efectuarse la combustión dentro del mismo motor y no en un hogar independiente) o *de explosión* aprovechan la expansión de los gases producidos por la combustión viva de una mezcla carburante * en la cámara de combustión del cilindro; los gases empujan un émbolo y el movimiento de éste es convertido en movimiento giratorio del cigüeñal por medio de una biela (V. *figura*). Pueden funcionar con arreglo a ciclos de cuatro o de dos tiempos. En el primer caso, los ciclos se suceden como sigue: *admisión* (el émbolo, arrastrado por el cigüeñal, baja y aspira en el cilindro la mezcla carburante procedente del carburador *); *compresión* (el cigüeñal hace subir el émbolo, el cual comprime fuertemente la mezcla carburante en la cámara de combustión); *explosión* (la chispa que salta entre los electrodos de la bujía inflama la mezcla, produciéndose una violenta dilatación de los gases de combustión que empujan el émbolo), en la cual el émbolo produce trabajo y arrastra el cigüeñal, y *escape* (el émbolo vuelve a subir y expulsa los gases de combustión). La apertura de las válvulas de admisión y de escape, así como la producción de la chispa en la cámara de combustión se obtienen mediante mecanismos sincronizados con el cigüeñal. (V. BALANCÍN y ENCENDIDO.)

En los *motores de dos tiempos* las cuatro fases del ciclo se cumplen en un solo movimiento de ida y vuelta del émbolo y sin ninguna necesidad de válvulas, las cuales son reemplazadas por lumbreras convenientemente dispuestas en la pared del cilindro. Cuando el émbolo baja, después de la inflamación de la mezcla, descubre en primer lugar la lumbrera de escape, por la cual salen los gases de la combustión, y luego la lumbrera de carga de mezcla carburante que, contenida debajo del émbolo, pasa a presión a la cámara del cilindro. Al subir el émbolo quedan cerradas las dos lumbreras citadas y abierta la lumbrera de admisión por la cual aspira aquél mezcla carburante en la cámara inferior del cilindro. Prodúcese entonces la explosión de la mezcla comprimida en la cámara de combustión y, al volver a bajar el émbolo (barrido), cierra la lumbrera de admisión y abre la de escape, comenzando así un nuevo ciclo.

Los *motores Diesel*, también llamados *de combustión* o *de aceites pesados*, constituyen una variante del de explosión descrito más arriba. Se caracterizan por la falta de sistema de encendido y de carburador. En estos motores, el émbolo, al bajar, aspira aire puro y, al subir, lo comprime muy fuertemente (de 30 a 50 atmósferas), lo cual tiene por efecto calentarlo a temperaturas de 500 a 600°. Entonces se inyecta en ese aire y a presiones de 200 a 300 kg/cm², un chorro de combustible líquido que se pulveriza en la cámara y, por efecto de la temperatura que reina en ella, se inflama espontáneamente (explosión), produciendo los gases sobre el émbolo, como en los motores de explosión ordinarios, el empuje motor. (V. INYECTOR.)

Además de este modelo *Diesel de inyección directa*, existen otros de *precombustión*: la cámara de combustión comunica con una recámara pequeña muy caliente en la cual se inyecta el combustible para que sea calentado y homogeneizado, facilitándose así su combustión ulterior en el cilindro.

Los motores Diesel de dos o de cuatro tiempos, son más caros que los de explosión, pero presentan la ventaja de consumir combustibles mucho más baratos que la gasolina. Todos estos motores pueden constar de un solo cilindro, pero las más de las veces tiene 2, 4 y más taladrados en un bloque de cilindros, recibiendo nombres diferentes según la disposición de los mismos: el *motor de émbolos opuestos (flat twin)* tiene uno o varios pares colocados horizontalmente, con sus bielas opuestas y el cigüeñal en medio y permite descender el centro de gravedad del vehículo; el *motor de cilindros en V* los tiene dispuestos inclinados de modo que sus ejes, que convergen en el cigüeñal, formen la letra V; los *de cilindros en estrella*, que se usan en los aviones, los tienen numerosos y dispuestos radialmente, en forma de estrella. El motor más común en los coches es el de cuatro cilindros *en línea*.

[v. tb. la lámina en color MOTOR]

Los cilindros se hallan rodeados por una camisa de agua que asegura su refrigeración * merced a una bomba de agua que activa la circulación del líquido por el radiador. Otra bomba asegura la circulación del aceite de lubricante contenido por el cárter.

La potencia de un motor de combustión depende aproximadamente de su embolada *. Llámase *motor cuadrado* a aquel en el cual la carrera del émbolo es igual al diámetro del cilindro.

Las motocicletas suelen tener motores de dos tiempos, de uno o dos cilindros. Los coches ordinarios están provistos de motor de cuatro cilindros de gasolina, si bien existen algunos modelos con motor Diesel de aceites pesados. Por el contrario, los camiones grandes son arrastrados las más de las veces por motores Diesel. También son de este tipo los motores de las locomotoras, en muchas de las cuales estos motores sirven para producir energía eléctrica con la cual se alimentan los electromotores que arrastran las ruedas (locomotora * Diesel electrica). Por último, si se exceptúan las embarcaciones menores provistas de motores de explosión de dos tiempos (fuera de bordo) o de cuatro tiempos, y contados barcos propulsados por turborreactores y otros motores especiales, los motores marinos son esencialmente del tipo Diesel, los cuales alcanzan dimensiones y potencias muy grandes en las mayores motonaves.

Dase el nombre de *motor flotante* al que es fijado en el bastidor de un vehículo interponiendo tacos de caucho u otros dispositivos que amortiguan las vibraciones.

(Véase también, respecto a motores de vehículos, los art. ACUMULADOR, ARRANQUE, AUTOMÓVIL, BOBINA, CAMBIO *de marchas*, COMBUSTIÓN, EMBRAGUE, GASÓGENO y SOBREALIMENTACIÓN.)

Además de los motores de explosión que consumen gasolina y de tipo Diesel que funcionan con aceites pesados, existen *motores de gas*, de funcionamiento análogo al de los primeros pero alimentados en gas de alumbrado o en gases pobres (V. GAS). Estos motores alcanzan grandes dimensiones y potencias, pues, merced a la sobrealimen-

los cuatro tiempos del **motor** de explosión

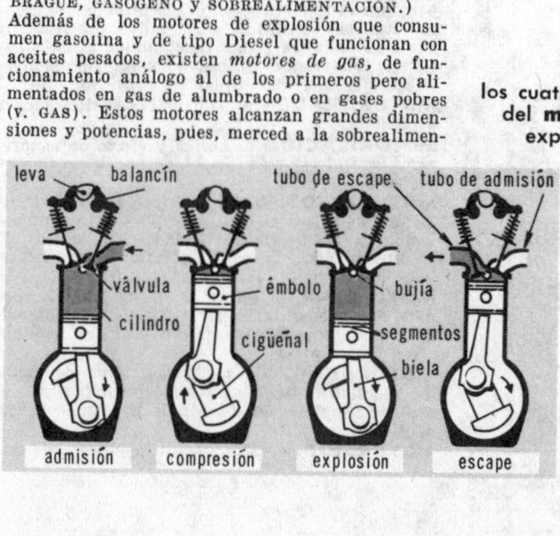

motoyate

tación, un solo cilindro puede desarrollar 2 500 caballos.
Otra variante es constituida por el *motor de émbolo rotativo,* en el cual, como puede observarse en la figura, la cámara y el émbolo tienen formas que permiten realizar los cuatro tiempos en el curso de una vuelta completa del último: la mezcla carburante es aspirada primeramente en un volumen de cilindro relativamente grande que luego se va estrechando (compresión), hasta ser inflamada, produciéndose a continuación el escape de los gases sin auxilio de válvulas.
— Los *motores de reacción* o *de chorro* se fundan en el principio de la acción * y de la reacción. Constan de un generador de gases muy calientes y rápidos y de una tobera que los expele hacia atrás en forma de chorro potente (acción), lo cual tiene como resultado la impulsión del motor y, consiguientemente, del vehículo en que se halla fijado, hacia adelante (reacción). Según el referido principio, el producto que resulta de multiplicar la masa de los gases expelidos en un segundo por la velocidad de los mismos, es igual al producto de la masa del vehículo por la velocidad que adquiere por reacción.
El turbopropulsor * y el turborreactor * están provistos de un compresor frontal que aspira aire y lo suministra a presión a las cámaras de combustión, en las cuales entretiene la combustión de chorros continuos de queroseno. El pulsorreactor * y el estatorreactor * carecen de compresor y la penetración del aire en su cámara de combustión resulta de la velocidad del vehículo (de lo cual se desprende que estos motores no pueden hacer arrancar un avión u otro ingenio y que solamente funcionan cuando éstos han adquirido cierta velocidad por algún otro medio propulsivo).
Todos los motores de combustión descritos hasta aquí son *aerobios* o *atmosféricos,* o sea necesitan el oxígeno del aire para consumir el combustible y, por lo tanto, no pueden funcionar fuera de la atmósfera. Por el contrario, el *motor de cohete* es *anaerobio* y puede funcionar tanto en presencia de la atmósfera, como en el vacío interplanetario. En este caso los gases calientes son engendrados en la cámara de combustión por una reacción química que no siempre es una combustión con oxígeno (v. COHETE, COMBUSTIÓN y PROPERGOL). La figura permite apreciar el funcionamiento de estos motores.
— *Min. Motor acorazado,* electromotor especial para minas con grisú, en cuyo cárter las lumbreras son muy estrechas o se hallan provistas de una tela metálica tupida que impide la inflamación de la atmósfera explosiva por las chispas eléctricas. (V. ANTIDEFLAGRANTE.)

MOTORGRADER m. *Obr. públ.* Anglicismo por *niveladora.*

MOTORIZACIÓN f. Acción y efecto de motorizar: *la motorización de la agricultura, de una división.*

MOTORIZADO, DA adj. Dícese de los vehículos automóviles, o sea provistos de su propio motor, y de las tropas dotadas de medios de transporte automóviles. || Aplícase a las industrias mecanizadas. (V. MECANIZACIÓN.)

MOTORIZAR v. Dotar de motor los vehículos para que puedan trasladarse por sus propios medios. || Equipar las tropas con vehículos automóviles. || Mecanizar.

MOTORREACTOR m. *Aeron.* Tipo de motor de reacción * desprovisto de turbina y en el cual el compresor es arrastrado por un motor de explosión.

MOTORSHIP m. *Mar.* Anglicismo por *motonave,* cuya abreviatura M/S ha sido universalmente adoptada.

MOTOTRACTOR m. *Agr.* Máquina intermediaria entre el tractor agrícola y el motocultivador, distinguiéndose de éste por disponer de un asiento para el conductor.

MOTOTRAILLA f. *Ob. Públ.* Scraper.

MOTOTRILLADORA f. *Agr.* Trilladora en la cual el motor forma cuerpo con los demás órganos de la máquina.

MOTOYATE m. *Mar.* Motonave de recreo, que es un yate grande propulsado por motores.

MOTRIZ adj. y s. f. Motora.
— *F. c. F.* Automotor* que puede arrastrar uno o varios vagones.

MOTUDO, DA adj. *Text. Amer.* Dícese del paño basto o mal tejido que tiene muchas motas.

MOVEDIZO, ZA adj. Que se mueve o puede ser movido con facilidad. || Inseguro, por falta de firmeza o de consistencia: *tierras movedizas.*
— *Geol. Arenas movedizas,* v. ARENA.

MOVIBLE adj. Movedizo. || Amovible.

MÓVIL adj. y s. Que se mueve por sí mismo o puede ser movido.
— *Art. gráf.* Dícese de los caracteres de imprenta que se funden separadamente y que se han de reunir uno a uno en la composición *.
— *Carp. Elementos móviles,* las ventanas, puertas y otras labores de carpintería que pueden ser abiertas y cerradas a voluntad.
— *Mec.* Cuerpo en movimiento: *el aire presenta una resistencia al avance de los móviles que se trasladan en la atmósfera.* || En relojería, toda pieza dotada de movimiento sobre un eje. || *Primer móvil* y *último móvil,* nombres dados a las ruedas del reloj que tienen, respectivamente, el movimiento más lento y el más rápido.

MOVILIDAD f. Carácter propio de lo que puede moverse o ser movido. || Facilidad más o menos grande con que se mueve o puede ser movida una cosa: *la movilidad del mercurio.*
— *Fís. Movilidad de un ion,* velocidad con que se traslada un ion sometido a un campo eléctrico: *la medida de la movilidad de un ion en un electrólito permite determinar sus dimensiones.*
— *Metr. Movilidad de un instrumento de medida,* calidad del instrumento cuya aguja o indicador es sensible a variaciones muy pequeñas de la magnitud que se mide.

MOVIMIENTO m. Estado de un cuerpo, o de una de sus partes, que cambia de lugar o se traslada de un punto a otro.
— *Arq. Movimiento de un edificio* o *un monumento,* animación, variedad, acierto o armonía de sus formas y adornos. || *Hacer movimiento,* inclinarse o correrse una obra fuera de su posición de equilibrio.
— *Astr.* Marcha real o aparente de los astros en la bóveda celeste. || *Movimiento directo,* movimiento de traslación de un astro en torno a otro cuando se efectúa (para un observador situado en el polo Norte del astro central) en el sentido contrario del de las agujas del reloj: *el movimiento directo constituye la regla en el sistema solar, pues solamente unos cuantos satélites tienen movimiento retrógrado.* (V. ÓRBITA.) || *Movimiento diurno,* v. DIURNO. || *Movimiento propio,* movimiento angular de una estrella en la esfera celeste, que se aprecia comparando la posición exacta ocupada por ella en dos épocas diferentes, a veces separadas por numerosos años y hasta por siglos, si bien existen estrellas con movimiento propio de 10 segundos de grado por año: *el estudio del movimiento propio de las estrellas ha permitido determinar la rotación de la Galaxia sobre sí misma.* || *Movimiento geocéntrico,* el de un astro, cuando se toma a la Tierra como referencia del mismo. || *Movimiento retrógrado,* movimiento contrario del movimiento * directo.
— *Fís. Movimiento browniano,* v. BROWNIANO.
— *Geol. Movimiento negativo* y *movimiento positivo,* dícese, respectivamente, de la sumersión y de la emergencia de tierras provocadas por deformaciones de la corteza terrestre, la regresión de los glaciares u otras causas. (V. ISOSTASIA.)
— *Mec. Movimiento absoluto,* el de un cuerpo respecto a otro fijo que sirve de referencia. || *Movimiento acelerado,* v. art. encicl. || *Movimiento circular* y *movimiento curvilíneo,* el del móvil que describe una circunferencia u otra curva, respec-

Fot. X

tivamente. ‖ *Movimiento compuesto,* el que resulta de la combinación de dos o más movimientos simples. ‖ *Movimiento continuo,* v. art. encicl. ‖ *Movimiento ondulatorio,* v. ONDULACIÓN. ‖ *Movimiento oscilatorio,* el del cuerpo que se mueve alternativamente hacia una y otra parte de su posición fija. ‖ *Movimiento pendular,* movimiento oscilatorio de los péndulos. ‖ *Movimiento periódico,* el que se produce idénticamente a intervalos de tiempo regulares. ‖ *Movimiento perpetuo,* v. art. encicl. ‖ *Movimiento relativo,* el de un móvil respecto a otro. ‖ *Movimiento retardado,* el del cuerpo cuya velocidad disminuye constantemente. ‖ *Movimiento de rotación* y *movimiento de traslación,* v. art. encicl. ‖ *Movimiento uniforme,* el que se efectúa con velocidad constante: *en un movimiento uniforme las distancias son proporcionales al tiempo invertido en recorrerlas.* ‖ *Movimiento uniformemente acelerado* y *movimiento uniformemente retardado,* movimientos en los cuales los incrementos o los decrementos de la velocidad son, respectivamente, proporcionales al tiempo. ‖ *Movimiento vibratorio,* movimiento oscilatorio de escasa amplitud. ‖ *Cantidad de movimiento,* v. art. encicl. ‖ *Conservación de movimiento,* v. CONSERVACIÓN.

— En mecánica se distingue el *movimiento* de un punto móvil del de un cuerpo mensurable y rígido.

En virtud del principio de la inercia *, todo cuerpo sobre el cual no obra ninguna fuerza conserva su *estado de movimiento.* Ello significa que si el cuerpo carece de movimiento, no puede adquirirlo espontáneamente y permanecerá inmóvil; por el contrario, si se mueve, conservará indefinidamente su estado de movimiento rectilíneo uniforme (con velocidad constante).

Por otra parte, y según la ley de Newton —en virtud de la cual la aceleración de un punto es directamente proporcional a la fuerza que obra sobre el mismo, e inversamente proporcional a su masa— una fuerza constante por su magnitud y su dirección, al obrar sobre un punto, le comunica un *movimiento uniformemente acelerado.* Así, la caída de un cuerpo constituye un movimiento uniformemente acelerado, puesto que la fuerza atractiva (o sea el peso del cuerpo) permanece sensiblemente constante. (V. ACELERACIÓN y CAÍDA.)

Un punto que describe una trayectoria circular no se halla en estado de *movimiento uniforme,* incluso cuando su velocidad es constante, dado que su dirección cambia constantemente. Dicho cuerpo se halla, por lo tanto, en estado de *movimiento acelerado.*

Dícese que un cuerpo se halla en *movimiento de traslación* cuando, al cabo de un lapso de tiempo, todas las trayectorias descritas por sus puntos materiales son paralelas y de igual longitud. Si el cuerpo gira sobre un eje, su movimiento es de *rotación.* La combinación de dos movimientos simultáneos de traslación y de rotación constituye un *movimiento helicoidal.*

El impulso o *cantidad de movimiento* de un móvil es el producto de su masa por su velocidad.

Se da el nombre *movimiento continuo* o *perpetuo,* al de una máquina utópica capaz de efectuar continuamente un trabajo sin recibir energía externa o simplemente de funcionar sin consumir energía, lo cual es contrario a los principios de la termodinámica. En realidad, por elevado que sea el rendimiento de una máquina, siempre existen en ella pérdidas de energía (por rozamiento, radiación y otras causas) que es necesario compensar.

— *Obr. públ. Movimiento de tierras,* dícese de las labores de excavación y dragado, de desmonte y terraplenado, nivelación, etc., que dan lugar al arranque de tierras y al transporte de las mismas de un lado a otro: *el movimiento de tierras es muy importante en la construcción de canales y en la de autopistas.*

— *Tecn.* Conjunto de mecanismos que en una máquina sirven para transformar un movimiento, cuales son, por ejemplo, los inversores de marcha. ‖ Conjunto de mecanismos de un reloj: *en la industria relojera no es raro que una empresa fabrique el movimiento y otra la caja.* ‖ *Toma de movimiento,* v. TOMA.

— *Transp.* Tratándose de un puerto, aeropuerto, estación, carretera, etc., el movimiento es el número de vehículos, personas o mercaderías que llegan, salen o transitan por los mismos.

Fot. Larousse

MOVIOLA f. *Cin.* Marca registrada de una máquina empleada para examinar las secuencias de películas durante el montaje de las mismas: *la Moviola proyecta las imágenes sobre una pequeña pantalla translúcida, situada en un pupitre, y permite oír los sonidos correspondientes con altavoz o con un casco.*

M/S, abreviatura de *motorship.* (V. MOTONAVE.)

m/s, símbolo de *metro por segundo.*

m/s², símbolo de *metro por segundo por segundo,* que es la unidad de aceleración *.

mth, símbolo de *militermia.*

M. T. S., abreviatura por la cual se designa el sistema de unidades absolutas fundado en el uso del *metro* (longitud), la *tonelada* (masa) y el *segundo* (tiempo).

MU m. *Atom. Mesón mu* (μ), v. MESÓN.
— *Metr.* Nombre de la letra griega μ, que es el símbolo del prefijo *micro* * y del *micrón* *.

MUARADO m. *Tecn.* Operación consistente en muarar metales, tejidos u otras materias.

MUARAR v. *Metal.* Tratar las superficies metálicas, para que presenten aguas o visos. (V. MUARÉ).
— *Text.* Prensar tejidos en la calandria para conferirles el acabado llamado *muaré.*

MUARÉ adj. *Art. gráf.* Defecto que se produce en los impresos a tres o cuatro tintas cuando las tramas de los clisés no se hallan correctamente inclinadas e interfieren unos colores con otros.
— *Carp.* Dícese de la chapa de madera de ebanistería convenientemente aserrada para que sus vetas formen visos o aguas.
— *Metal.* Aspecto de visos o aguas que se confiere a la superficie de la hojalata tratándola con ácido nítrico, a la de cinc depositando sobre la misma una capa irregular por galvanoplastia, etc.
— *Text.* Tejido de ligamento finamente acanalado que, merced a un acabado especial, presenta aguas o visos. (Sinón. MOARÉ.)
— El *acabado del muaré* consiste en prensar o calandrar fuertemente un tejido contra otro o contra un cilindro especialmente grabado. Como los bordoncillos de uno no coinciden con los del otro, se aplastan y deforman irregularmente. Así, pues, la luz es diversamente reflejada a lo largo de un mismo bordoncillo, produciéndose interferencias de los rayos luminosos procedentes de bordoncillos próximos, a las cuales se debe el efecto de aguas o visos característico de estos tejidos.

MUCILAGINOSO, SA adj. *Quím.* Que contiene mucílago: *las semillas de lino y de membrillo son mucilaginosas, así como las flores de la malva.* ‖ Que tiene la viscosidad o consistencia de los mucílagos.

MUCILAGO mejor que **MUCÍLAGO** m. *Quím.* Substancia viscosa presente en las raíces, las flores o las semillas de ciertos vegetales. ‖ Disolución viscosa de goma en el agua.

MUCHACHO m. *Art. y of. Amer.* Pie derecho. ‖ Tentemozo de carro *.
— *Carp. Amer.* Barrilete * del banco de carpintero.

MUCHETA f. *Arq. Amer.* Jamba de puerta o ventana.

MUDÉJAR adj. y s. *Arq.* Estilo arquitectónico que consiste en una adaptación de la arquitectura árabe al arte occidental hecha durante la invasión de España por los árabes y por los que permanecieron en este país después de la Reconquista.

MUDO, DA adj. *Cin.* Dícese de las películas cinematográficas que no van acompañadas de sonidos y en las cuales los diálogos y los comentarios figuran insertos en forma de letreros que pueden leerse en la pantalla: *las películas de aficionados, que solían ser mudas, pueden sonorizarse ahora cómodamente con el uso de magnetófonos.*
— *Geogr. Mapa mudo,* v. MAPA.

MUELA f. Piedra de forma circular o cilíndrica que rueda sobre otra y sirve para moler o triturar las materias en los molinos. (V. MOLINERÍA.) ‖ Rueda de asperón o de materias abrasivas conglomeradas, que se utiliza para afilar instrumentos cortantes y para labrar metales y otras materias duras.
— Las *muelas primitivas* eran de piedra natural (asperón) labrada para darle forma circular. Actualmente la industria sólo emplea muelas artificiales constituidas por granos de materia abrasiva unidos por un aglomerante. Dado el número

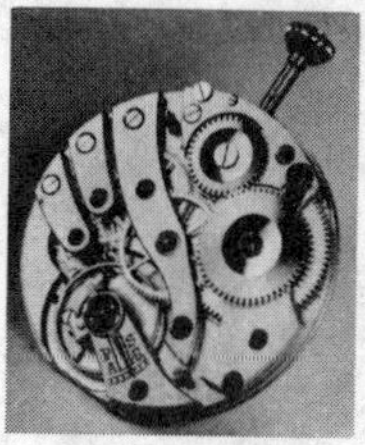

movimiento de reloj

considerable de combinaciones que pueden obtenerse con las calidades y grosores de los granos (v. ABRASIVO), la naturaleza del aglomerante, la forma y dimensiones de la muela y la velocidad con que se la hace girar, puede decirse que existe una muela especial para cada uso. Así, los granos gruesos convienen para las grandes velocidades de la muela (desgaste rápido de los metales o materiales amolados), mientras que los granos finos y las velocidades moderadas permiten alcanzar mayor pulcritud y precisión (desgaste lento). Por otra parte, los aglomerantes orgánicos (látex y resinas) convienen para las velocidades elevadas, mientras que los silicatos y productos vitrificados (caolín, silicato de sodio, etc.) no pueden soportarlas. Un aglomerante ha de ser tanto más blando cuanto más dura sea la materia que se ha de labrar con la muela.

La *figura* da una idea de la gran diversidad de formas que pueden tener las muelas, entre las cuales unas trabajan con su canto y otras con su flanco. Cuando la superficie de la muela se encrasa y alisa, es rectificada raspándola con un diamante o un rodillo metálico estriado.

Las *muelas rápidas* que alcanzan velocidades periféricas de 80 m/s, deben de girar dentro de un cárter capaz de asegurar una protección suficiente en caso de rotura provocada por la fuerza centrífuga. Algunas veces llevan una llanta o zuncho periférico.

Las principales aplicaciones de las muelas son las siguientes: afilado o amolado de instrumentos cortantes y de útiles de máquinas herramienta (v. AFILADORA), desbarbado de las piezas brutas obtenidas por vaciado (v. DESBARBADORA), rectificación de piezas metálicas, troceado de barras de metal con muelas muy delgadas, talla y biselado del vidrio.

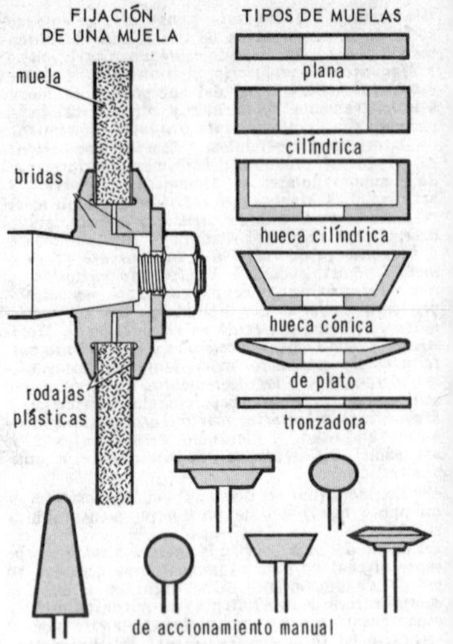

muelas

MUELLE m. *F. c.* Andenes altos, de altura igual a la de la plataforma de los vagones, en los cuales se efectúa la carga y descarga de éstos.

— *Mec.* Órgano elástico capaz de soportar deformaciones muy grandes y que, después de haber sido comprimido, distendido o doblado, tiende a recobrar su forma. ‖ *Muelle espiral,* espiral de reloj. ‖ *Muelle real,* el que mueve todos los mecanismos del reloj.

— La *figura* ilustra las principales clases de resortes o muelles, las cuales permiten aprovechar de diferentes maneras y con distintos fines las propiedades de estos órganos mecánicos. Así, su deformación puede servir para amortiguar un choque (topes de los vagones, suspensión de los automóviles), para acumular rápidamente energía destinada a ser utilizada poco a poco (resorte de los relojes, juguetes, instrumentos registradores, etc.), para regular oscilaciones (espiral de los relojes), etcétera. Ciertos resortes trabajan por flexión de láminas elásticas (ballestas de los coches, espiral de relojes); otros, por torsión provocada ya por una tracción, ya por compresión (*muelles helicoidales*).

El *acero de los muelles* se caracteriza a la vez por su elevado límite de elasticidad y por su aptitud a soportar la repetición de los esfuerzos alternos que lo deforman.

— *Obr. públ.* Obra que se hace en la orilla del mar o de un río para consolidarla, permitir el atraque de los barcos y facilitar su carga y descarga.

MUER m. Muaré.

MUÉRDAGO m. *Bot.* Planta lorantácea (*Viscum album*), parásita de ciertos árboles, de cuyo líber se extrae liga.

MUERTO, TA adj. y s. *Art. gráf. Cabeza de muerto,* v. CABEZA.

— *Autom. Punto muerto,* posición que ocupa normalmente la palanca del cambio de velocidades en el automóvil que se halla parado, cuando el árbol primario no engrana con el secundario. (V. CAMBIO.)

— *Constr. Cal muerta,* cal * apagada.

— *Mar. Aguas muertas,* v. AGUA. ‖ *Cuerpo muerto,* v. CUERPO.

— *Mec. Punto muerto,* v. PUNTO.

— *Ofic. Tecla muerta,* v. TECLA.

— *Pint.* Dícese del color apagado, bajo de tono.

— *Tecn. Peso muerto,* v. PESO.

MUESCA f. *Tecn.* Hueco hecho en una cosa para que encaje en ella otra.

MUESTRA f. Probeta o porción de una materia

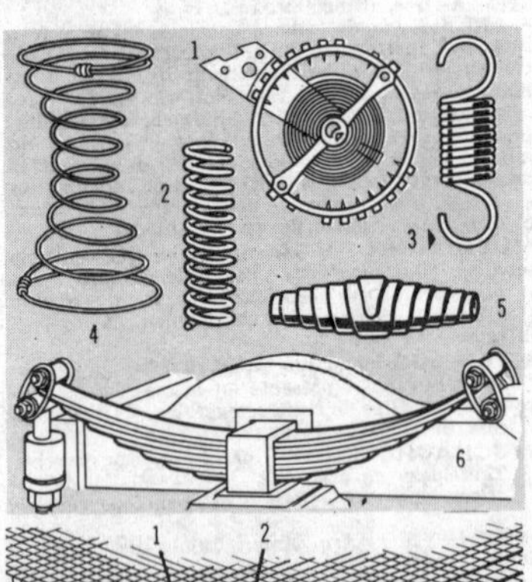

muelles *(mec.)*
1. Espiral de reloj; 2 y 3. Helicoidales de compresión y de tracción; 4. De somier; 5. De podadera; 6. De ballesta

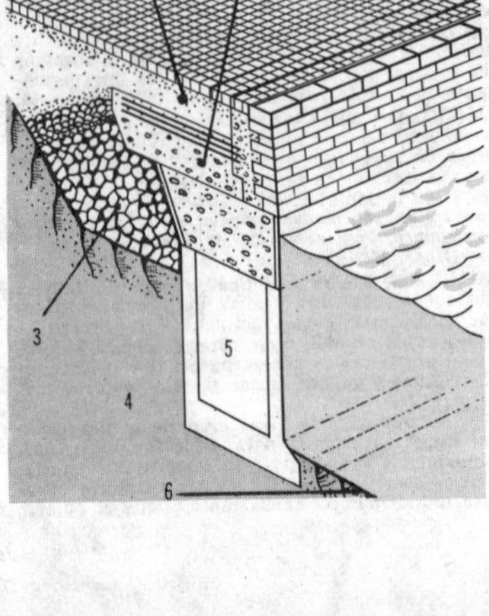

muelle *(obr. públ.)*
1. Relleno de arena; 2. Bloque prefabricado; 3. Relleno de piedras; 4. Terreno; 5. Cajón de hormigón armado; 6. Límite de dragado del fondo

que permite analizarla y apreciar o determinar sus características físicas, químicas o mecánicas: *la perforación de pozos con trépano de corona permite sacar muestras cilíndricas del fondo de los mismos.*

MUFLA f. *Cerám.* Hornillo que sirve para preservar las piezas de porcelana, la alfarería fina, etcétera, de la acción directa del fuego durante la cochura y que consiste en un recipiente o recinto cerrado que se coloca dentro del horno principal. || *Horno de mufla,* v. HORNO.
— *Metal.* Elemento de tierra refractaria dentro del cual se ponen las piezas que se han de tratar en un horno, para protegerlas ya contra la acción directa del hogar, ya contra la oxidación (mufla de atmósfera inerte).

MULETILLA f. Clavo en forma de cruz que se fija en un muro para colgar cosas.

MULETÓN m. *Text.* Tejido grueso de algodón, hecho con ligamento tafetán, al cual se confiere aspecto afelpado mediante perchado de una de sus caras o de las dos: *con los muletones se hacen vestidos toscos, mantas baratas, bayetas,* etc.

MULTI, prefijo latino que significa *muchos* y que se emplea también en el sentido de *varios.* (Su sinónimo griego es *poli.*)

MULTICABLE adj. *Tecn.* Que tiene varios cables. || Dícese de los ascensores y de las máquinas de extracción empleadas en las minas, que tienen dos cables *(bicables)* o cuatro *(cuadricables),* lo cual, además de aumentar la seguridad, reduce su precio.

MULTICANAL adj. *Radiot.* Dícese del televisor que tiene circuitos para captar las imágenes radiadas por varias emisoras de frecuencias diferentes. (V. CANAL.)

MULTICOLOR adj. Que tiene muchos colores.

MULTICONDUCTOR, RA adj. *Electr.* De varios conductores: *cable multiconductor.*

MULTICOPISTA f. *Ofic.* Máquina de oficina con la cual pueden obtenerse rápida y económicamente copias de un documento.
— La *multicopista* más simple se reduce a una placa de gelatina sobre la cual se transportan, por contacto, los textos o dibujos hechos con tinta de copiar en un papel estucado. Basta ir aplicando los papeles, previamente humedecidos con una esponja, para sacar hasta un centenar de copias (v. HECTOGRAFÍA). En la *multicopista de alcohol* se emplea también un modelo hecho con tinta grasa sobre papel estucado, y la tirada se efectúa humedeciendo este soporte con alcohol para que vaya soltando la tinta y cediéndola a los pliegos que se aplican sobre el mismo.
La multicopista más común es la *de matriz estarcida (esténcil).* El soporte consiste en un papel cebolla o en un tejido fibroso permeables a la tinta, pero revestidos en una de sus caras por una capa de parafina o de nitrato de celulosa. Sobre esta cara de la matriz puede escribirse el texto a máquina (suprimiendo momentáneamente la cinta de la misma) o a mano, con un punzón especial que también permite dibujar. Tanto en un caso como en el otro, las letras o dibujos han perforado el revestimiento de la matriz, pero no el soporte permeable. Consiguientemente, si se entinta el dorso de la matriz y se aplica un papel por el otro lado, la tinta atravesará el soporte permeable y solamente alcanzará el papel a través del estarcido hecho en el revestimiento impermeable, produciéndose así la impresión. Las multicopistas fundadas en este principio tienen un cilindro entintador, que se carga con tinta grasa de imprenta y sobre el cual se fija la matriz por su cara permeable. En los modelos manuales el operador entrega las hojas de papel al cilindro con una mano mientras lo hace girar con la otra; el papel es arrastrado por el cilindro y, una vez impreso, forma una pila en la mesa receptora. Las multicopistas perfeccionadas tienen motor eléctrico.
Las *multicopistas por reporte* no son sino máquinas de imprimir * offset simplificadas y reducidas a las dimensiones de los papeles comerciales empleados en las oficinas. Existen asimismo multicopistas fundadas en la impresión tipográfica. La fotocopia *, la cianotipia * y otros procedimientos análogos permiten sacar copias de los documentos, pero los aparatos con que se obtienen no pueden ser considerados como verdaderas multicopistas, sino como tiradoras.

Fot. A. B. C., X

MULTIDIMENSIONAL adj. *Mat.* Dícese del espacio que tiene más de tres dimensiones: *el espacio multidimensional de Einstein.*

MULTIFÁSICO, CA adj. *Electr.* Polifásico.

MULTIFILAR adj. Que consta de varios hilos.
— *Electr.* Dícese del conductor constituido por varios hilos desnudos torcidos conjuntamente, y también del conjunto formado por varios conductores aislados, pero corchados en un solo cable.

MULTIFOCAL adj. *Cin.* y *Fot.* Dícese de los objetivos que permiten hacer variar considerablemente la distancia focal: *con un proyector de objetivo multifocal se pueden obtener imágenes netas de diferentes tamaños sin hacer variar la distancia a que se halla de la pantalla.* (V. también ZOOM.)

MULTIGRADO adj. Dícese de ciertos aceites de engrase para motores que conservan sus características aunque cambie la temperatura y pueden ser empleados tanto en invierno como en verano.

MULTIMOTOR adj. y s. *Aeron.* Dícese del avión propulsado por varios motores.

MULTIPISTA adj. Dícese del magnetófono * que puede registrar varias pistas sonoras en una misma cinta.

MULTIPLANO, NA adj. y s. *Aeron.* Dícese del avión que tiene varias alas o planos sustentadores: *los monoplanos de ala cantilever han reemplazado a los multiplanos.*

MULTIPLAZA adj. y s. *Aeron.* Dícese del avión o del planeador de varias plazas o asientos.

MÚLTIPLE adj. Que consta de varios elementos de una misma especie: *para captar emisiones de televisión de diferente definición se requieren antenas múltiples.*

MULTIPLEGADORA f. *Ofic.* Plegadora * de cartas que adapta sus pliegues a las dimensiones de los sobres empleados.

MULTIPLETE m. *Ópt.* Conjunto de varias rayas afines y muy próximas en un espectro * de emisión o de absorción, debidas a la existencia de otros tantos estados posibles del sistema electrónico que las radia o emite.

MULTIPLEX adj. y s. *Telec.* Emisión radiofónica o de televisión en la cual se difunden directamente sonidos o imágenes procedentes de lugares distantes unos de otros. || *Telégrafo multiplex,* v. TELÉGRAFO.
— En una *emisión multiplex* todos los micrófonos o cámaras se hallan en comunicación directa —por cable o por ondas hertzianas— con el estudio central, desde el cual, mediante conmutaciones apropiadas, se seleccionan las imágenes o se entablan diálogos entre interlocutores que se hallan lejos unos de otros, a veces en diferentes países.

MULTIPLICACIÓN f. *Mat.* Una de las cuatro operaciones fundamentales de la aritmética, inversa de la división, consistente en hallar el *producto* que resulta de tomar una cantidad llamada *multiplicando* tantas veces como unidades cuenta otra cantidad llamada *multiplicador.* || *Tabla de multiplicación,* tabla que da los productos de cada uno de los diez primeros números multiplicado por ellos. Los satélites artificiales para telecomunicaciones permiten el enlace multiplex entre continentes diferentes.
— La *multiplicación* no es sino una suma de números iguales, y multiplicar 826 por 142 (lo cual se escribe 826 × 142, y también 826.142) es sumar 142 veces el número 826. No obstante, la suma es simplificada merced a las posibilidades que ofrece la numeración decimal y nuestra multiplicación se reduce a sumar:

2 veces 826	... ...	1 652
40 veces 826	... ...	33 040
100 veces 826	... ...	82 600
142 veces 826	... ...	117 292.

El producto de dos fracciones es otra fracción que tiene por numerador el producto de los numeradores del multiplicando y del multiplicador, y por denominador el producto de sus denominadores:

$$\frac{3}{9} \times \frac{3}{4} = \frac{3 \times 3}{9 \times 4} = \frac{9}{36}.$$

multicopistas

de alcohol

de matriz estarcida

Para multiplicar un quebrado por un número entero se considera éste como una fracción cuyo denominador es la unidad. Así:

$$4 \times \frac{2}{5} = \frac{4}{1} \times \frac{2}{5} = \frac{4 \times 2}{5} = \frac{8}{5}.$$

En álgebra la multiplicación obedece a la siguiente convención: el producto de dos factores de igual signo es positivo, mientras que el de dos factores de signo distinto es negativo.
La multiplicación de los monomios se funda en dos principios: multiplicar un producto por un producto es lo mismo que multiplicar los factores de uno de ellos por los del otro; para multiplicar dos potencias de un mismo número basta sumar los exponentes de las mismas. Así, aplicando dichos principios tendremos que:

$$6a^3b^2 \times 2a^4bc = 12a^7b^3c.$$

Para multiplicar polinomios se multiplican sucesivamente todos los términos del primer polinomio por cada uno de los términos del segundo y se suman luego todos los términos así obtenidos.
La multiplicación de dos radicales de mismo índice consiste en multiplicar las cantidades que se hallan bajo el radical y en conservar el referido índice:

$$\sqrt[3]{a} \times \sqrt[3]{b} = \sqrt[3]{ab}.$$

Si los radicales difieren, se empieza por reducirlos al mismo índice, lo cual se obtiene fácilmente sabiendo que el índice puede ser multiplicado por un entero cualquiera si al mismo tiempo la cantidad situada bajo el radical se eleva a la potencia cuyo exponente es el referido entero:

$$\sqrt[2]{a} \times \sqrt[4]{b} = \sqrt[4]{a^2} \times \sqrt[4]{b} = \sqrt[4]{a^2b}.$$

La multiplicación con logaritmos se reduce a una suma, dado que el logaritmo del multiplicando más el del multiplicador arrojan como suma el logaritmo del producto. Por eso, en una regla de cálculo las multiplicaciones se obtienen sumando determinada longitud de regleta (logaritmo de uno de los factores) con otra longitud de regla (logaritmo del otro factor) y la longitud total indica el producto.
— *Mec.* Aumento de velocidad de una rueda dentada arrastrada por otra de mayor tamaño.
— La velocidad de rotación de dos ruedas que engranan es inversamente proporcional a su diámetro y al número de dientes que cuentan. Dícese que existe *multiplicación* cuando la rueda arrastrada gira con mayor rapidez que la rueda motora. Así, si una rueda de 64 dientes gira a 300 rpm y arrastra un piñón de 16 dientes, la velocidad de éste será de 4 × 300 = 1 200 rpm.

MULTIPLICADOR, RA adj. y s. Que multiplica o sirve para multiplicar: *multiplicadora manual.*
— *Electr.* En ciertos galvanómetros y otros aparatos de medidas eléctricas, bobina de varias espiras que sirve para aumentar la intensidad del campo magnético.
— *Electrón. Multiplicador de electrones,* dispositivo que permite amplificar un flujo de electrones mediante emisión de electrones secundarios. (Sinón. FOTOMULTIPLICADOR.)
— El *multiplicador de electrones* se funda en la propiedad que tienen ciertas substancias de perder varios electrones cuando choca en su superficie un solo electrón dotado de suficiente energía. Los electrones secundarios así emitidos son atraídos por un ánodo con fuerza suficiente para que, a su vez, provoquen en él otra emisión secundaria y más nutrida que la primera. Una nueva atracción por otro ánodo multiplicará otra vez los electrones, y así sucesivamente, obteniéndose al final un haz denso de electrones.
El multiplicador de electrones tiene numerosas aplicaciones en su calidad de amplificador. Así, montado en el ocular de un telescopio y excitado por rayos de luz cuya debilidad no hubiera permitido impresionar directamente una emulsión sensible, suministra finalmente un flujo que hace posible la fotografía de objetos celestes muy lejanos o muy poco luminosos.
— *Mat.* Uno de los dos factores de la multiplicación. (V. MULTIPLICANDO.)
— *Mec. Multiplicador de velocidad,* órgano mecánico, inverso del reductor de velocidad, consistente en un sistema de engranajes que comunica al árbol arrastrado una velocidad de rotación mayor que la del árbol motor: *la transmisión entre una turbina hidráulica lenta y un alternador suele efectuarse por medio de un multiplicador.*
— *Radiot. Multiplicador de frecuencia,* transformador estático en el cual la frecuencia de la corriente saliente es un múltiplo entero de la corriente entrante: *con un oscilador piezoeléctrico de frecuencia limitada se pueden emitir ondas de frecuencia varias veces superior merced a los multiplicadores de frecuencia.*

MULTIPLICANDO m. *Mat.* Uno de los dos factores de la multiplicación, que suele ser el que más cifras contiene y el que se enuncia o escribe en primer lugar, dándose al otro el nombre de *multiplicador.*

MULTIPLICAR v. Hacer una multiplicación. ‖ Repetir una operación cierto número de veces: *multiplicaron los sondeos con la esperanza de alumbrar aguas subterraneas.*

MÚLTIPLO m. *Mat. Múltiplo de un número,* número que se obtiene multiplicándolo por otro: *el múltiplo de un número es una cantidad que lo contiene exactamente varias veces.* ‖ *Múltiplo común de varios números,* el número que es múltiplo de todos ellos. ‖ *Mínimo común múltiplo de varios números,* el menor de los múltiplos comunes de los mismos.
— Cuando una cantidad es *múltiplo de un número,* éste es *submúltiplo* o *divisor* de la misma. La suma de varios múltiplos de una cantidad es un múltiplo de la misma. La diferencia entre dos múltiplos de una misma cantidad es otro múltiplo de ella. El menor *múltiplo común* de dos números se obtiene dividiendo el producto de los mismos por su máximo común divisor. El *mínimo común múltiplo de varios números* se obtiene descomponiéndolos en factores primos y luego hallando el producto de todos los factores primos diferentes que figuran en las descomposiciones, previamente afectados del mayor exponente de las mismas. El mínimo común múltiplo de varios números enteros y primos entre sí dos a dos, es igual a su producto.

TABLA DE LOS MÚLTIPLOS DECIMALES

PREFIJO	SÍMBOLO		VALOR
deca	da	(D)	10
hecto	h	(H)	100 ó 10^2
kilo	k	(K)	1 000 ó 10^3
mega	M		1 000 000 ó 10^6
giga	G		10^9
tera	T		10^{12}

Los símbolos indicados entre paréntesis siguen empleándose en España y otros países, pero tienden a caer en desuso. (V. ABREVIATURA.)
El prefijo o el símbolo se anteponen al nombre de la unidad o de su símbolo para multiplicarla y conferirle el valor indicado: un millón (M) de voltios (V) constituyen un megavoltio o MV. Para evitar la escritura de números muy largos se emplea un exponente que representa el número de ceros que se han de agregar a la unidad. Así, un millón (M) puede escribirse 1 000 000 y, lo que es lo mismo, 10^6; la cantidad $3.6.10^6$ equivale a 3 600 000. A partir de 10^{12} se emplean los prefijos bi, tri, etc., en vez del mi de millón, doblando, triplicando, etc., los seis ceros de éste. Así, el billón (10^{12}) vale un millón de millones, el trillón (10^{18}), un millón de billones, y así sucesivamente.

MULTIPOLAR adj. *Electr.* Que tiene más de dos polos, bornes, clavijas, etc.

multiplicador de electrones
1. Luz; 2. Emisión de un electrón por el fotocátodo; 3. Multiplicación por los dinodos; 4. Ánodo

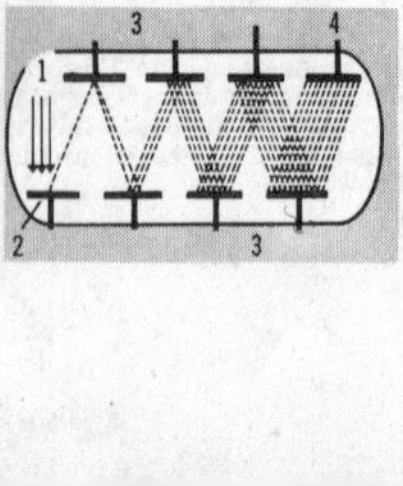

Fot. Radiotechnique

MULTIRREJA adj. *Agr.* Dícese del arado de rejas múltiples. (Sinón. POLIRREJA.)

MULTISTANDARD adj. *Radiot.* Dícese del televisor dotado de circuitos que le permiten captar las imágenes de diferente definición * emitidas en dos países distintos o en un mismo país (cual ocurre en Francia, donde existen emisiones de 625 y de 819 líneas).

MULTITUBO adj. y s. *Arm.* Dícese del cañón lanzacohetes * provisto de varios tubos.

MULTITUBULAR adj. *Mec.* Acuotubular. (V. CALDERA.)

MULTIVIBRADOR m. *Radiot.* Generador de corriente de dientes de sierra para televisión, constituido por dos tubos tríodos o dos transistores montados de forma que la tensión existente en la salida de cada uno de ellos se aplique a la entrada del otro.

MULLIDO m. *Text.* Lana, capoc, borra o cualquier otro relleno para colchones o asientos.

MUMETAL m. *Metal.* Marca registrada de un ferroníquel que consta de 73 % de níquel, 21 % de hierro, 5 % de cobre y 1 % de cromo: *el Mumetal se caracteriza por su alta permeabilidad magnética y se emplea en la fabricación de cables submarinos.*

MUNDOVISIÓN f. *Radiot.* Transmisión de imágenes de televisión de un continente a otro por medio de estaciones retransmisoras satelizadas alrededor del globo terrestre. (V. TELEVISIÓN y SATÉLITE.)

MUNICIÓN f. *Arm.* Proyectil o carga de las armas de fuego: *pañol de municiones.*

MUÑÓN m. *Mec.* Espiga o gorrón con que un órgano mecánico se fija en su soporte, conservando libertad de movimiento de rotación sobre el mismo: *la cureña sostiene el cañón por sus dos muñones.*

MUÓN m. *Atom.* Mesón mu o μ.

MURAL adj. Relativo al muro. ‖ Situado en el muro o hecho exprofeso para él: *pintura mural; mapa mural.*

MURALLA f. *Arq.* Muro espeso que circunda o defiende una plaza fuerte. ‖ *Amer.* Pared.

MURAR v. *Arq.* Cercar con muros. ‖ Condenar los vanos con obra de fábrica.

MURETE m. *Arq.* Muro poco elevado y espeso. ‖ En ciertas cubiertas, muro menos espeso que el de la fachada, que la prolonga desde el apoyo de las vigas del desván hasta el alero del tejado.

MUREXIDA f. *Quím.* Purpurato de amonio que se obtiene precipitando por el amoniaco una mezcla de ácido úrico y de ácido nítrico diluido: *la murexida es un tinte rojo poco estable, hoy abandonado en provecho de los colorantes de anilina.*

MURIATO m. *Quím.* Sinón. anticuado de *cloruro.*

MURIÁTICO, CA adj. *Quím.* Sinón. anticuado de *clorhídrico.* ‖ *Ácido muriático desflogisticado,* nombre primitivo del *cloro.*

MURO m. *Aeron.* *Muro del calor,* muro térmico. ‖ *Muro del sonido* o *muro sónico,* designación popular del conjunto de fenómenos aerodinámicos que se manifiestan cuando un avión vuela a velocidades transónicas. (V. SÓNICO.) ‖ *Muro térmico,* expresión con que se designan los fenómenos caloríficos que se producen cuando los aviones, cohetes, proyectiles u otros móviles rozan con el aire a velocidades varias veces superiores a la del sonido.

— Cuando un cuerpo se mueve en la atmósfera con velocidad muy grande, sus superficies frontales (la ojiva del proyectil, el morro del fuselaje, los bordes de ataque de las alas y estabilizadores de un avión, etc.) son calentadas por el aire y adquieren una temperatura que teóricamente debiera ser proporcional al cuadrado del número de Mach *.

Si la velocidad del móvil aumenta constantemente, llega un momento en que el calor desarrollado ablanda los materiales con que se halla construido y acaba por desintegrarlos. De ahí la imagen figurada de un muro de calor que opone un límite infranqueable a la velocidad de los móviles. La velocidad permitida a un ingenio determinado es tanto mayor cuanto menos densa es la atmósfera en la cual se mueve (lo cual explica el interés de los vuelos a gran altura). También depende, claro

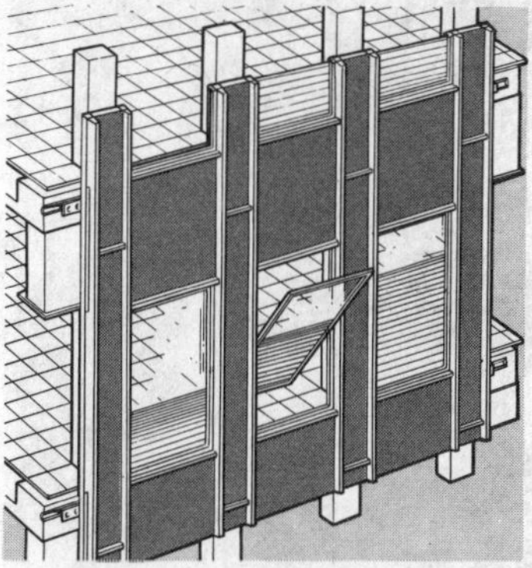

muro de cortina

Doc. Aluminium français

está, de la naturaleza de los materiales empleados en su construcción, así como de sus formas aerodinámicas. Si expresamos la velocidad en número de Mach, tendremos los siguientes ejemplos: con velocidad de Mach 2, la temperatura del revestimiento frontal de un avión pasa de 100° y el Duraluminio cesa de ser utilizable, dado que a dicha temperatura pierde una parte excesiva de su resistencia mecánica; con Mach 3 la temperatura alcanza 300° y el titanio pierde también su utilidad; incluso el acero es inservible a partir de Mach 6.

Calentamiento tan importante resulta de dos causas. En primer lugar, el móvil, en razón de su velocidad muy elevada, comprime fuertemente el aire ante sí y ya sabemos que, según la teoría cinética de los gases, dicha compresión se traduce por un aumento considerable de la temperatura y un calentamiento de la superficie del móvil (como se calienta la bomba con la cual hinchamos el neumático de una bicicleta). Por otra parte, en razón de la intensa agitación de las moléculas del aire calentado, estas partículas se convierten en rápidos proyectiles que, al ser bruscamente detenidos por la superficie del ingenio, ceden su energía a las moléculas del mismo, cuya agitación engendra entonces un calentamiento suplementario.

Para disminuir el calentamiento de los móviles en la atmósfera, o sea para elevar el límite impuesto por el mismo a su velocidad, se recurre a los siguientes métodos: estudio aerodinámico de las formas frontales (para ingenios hipersónicos se adopta morro cónico de cúspide semiesférica —como la punta de un bolígrafo—, en vez del morro cónico muy agudo de los aviones supersónicos); protección o eliminación de los metales y otros materiales insuficientemente refractarios (pantalla de acero sobre el parabrisas de los aviones muy rápidos, mientras vuelan con velocidad de crucero); por último, en los ingenios cósmicos, empleo de revestimientos pirocerámicos, los cuales experimentan primero una reacción química que absorbe mucho calor (en vez de transmitirlo al interior del ingenio) y se convierten después en compuestos a la vez muy refractarios y muy reflectores de los rayos caloríferos.

— *Arq.* Pared hecha con fábrica, especialmente la que sostiene o soporta cargas o empujes. ‖ *Muro calado,* aquel en cuyas hiladas se suprime de vez en cuando una piedra o ladrillo para dar paso al aire y evitar la humedad. ‖ *Muro cortafuegos,* el que sirve para evitar la propagación de los incendios, que se eleva hasta más arriba de los tejados y no tiene puertas o las tiene en número reducido, pequeñas y de hierro. ‖ *Muro de cortina,* pa-

muros
1. De fachada; 2. Divisorio; 3. Tabique; 4. Soga; 5. Tizón; 6. De sostenimiento

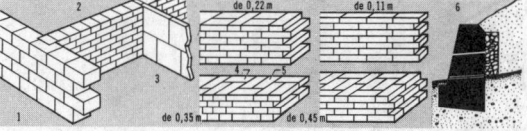

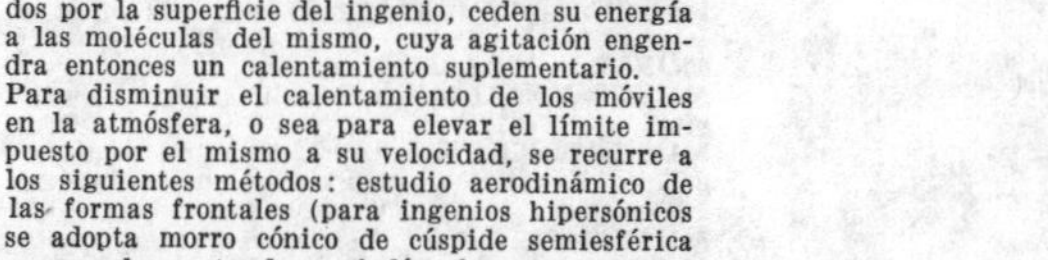

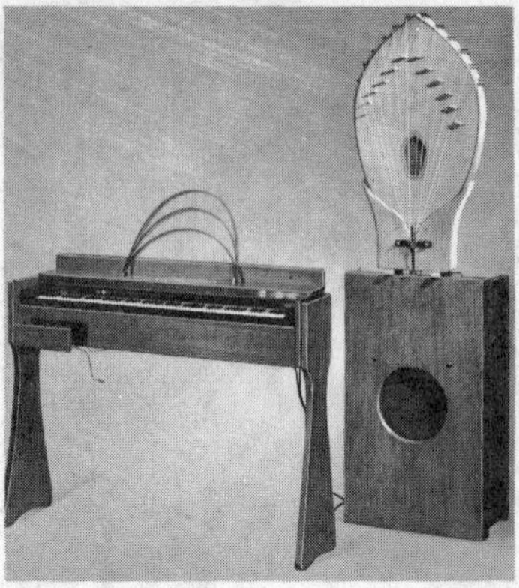

instrumentos de **música** electrónica

red baja que no llega hasta la cubierta y que solamente sirve para suprimir la vista. | Modernamente, en los edificios constituidos por armazones metálicas o de cemento armado, pared de relleno que constituye la fachada pero no soporta empujes laterales ni el peso de los suelos, vigas y techos: *los muros de cortina pueden ser de fábrica ligera, de vidrio, de metal (chapa de aluminio o de acero), de madera, materias plásticas,* etc. || *Muro de contención* o *de contenimiento,* muro espeso que sirve para contener el empuje de las aguas. || *Muro medianero,* el que es común a dos propiedades contiguas. || *Muro de sostenimiento,* muro, muchas veces inclinado, que sirve para soportar el empuje de las tierras.
— *Mar. Muro azul,* zona en la cual un buzo provisto de escafandra autónoma ha perdido ya de vista la superficie del mar sin divisar aún el fondo.
— El *muro azul* es una zona de aguas color azul obscuro en la cual el buzo, por no apercibir ningún detalle que le sirva de referencia, puede desorientarse y perder la noción de alto y de bajo. No obstante, observando la dirección que siguen las burbujas del aire expirado, se puede volver a la superficie.

MUSCO m. *Perf.* Almizcle.

MUSCOVITA f. *Miner.* Anglicismo por *moscovita.*

MUSCHELKALK m. *Geol.* Piso intermediario del período triásico, cuyos terrenos datan de unos 175 millones de años. (V. ESTRATIGRAFÍA.)

MUSELINA f. *Text.* Tela clara y transparente hecha con hilos de algodón muy finos y retorcidos, y cuya textura es de tafetán. || *Muselina de lana, de seda,* etc., telas similares a la anterior, pero hechas con hilos de lana, seda, etc.
— La *muselina* es un tejido de hilos laxos que, a pesar de su suavidad y transparencia, es muy sólido. Sus hilos de trama suelen ser diez veces más finos que los de urdimbre. Es tejido muy usado en la confección de cortinas. La muselina de seda sirve para vestidos de niña, y la de lana para vestidos de señora. El organdí * es una variedad de muselina.

mútulo

MÚSICA f. *Acúst.* Ciencia de los sonidos considerados desde el punto de vista de la armonía, el ritmo y la melodía. || *Música electrónica,* aquella en la cual los sonidos son engendrados por corrientes alternas de frecuencia musical.
— Un sonido no es sino la sensación producida en el oído por la rápida sucesión de vibraciones vehiculadas por el aire. Si llegan al oído menos de 16 a 20 vibraciones por segundo (según la acuidad auditiva de la persona) no se percibe ningún sonido; si llegan más de 20 000, tampoco. Así, la gama de frecuencias musicales se extiende de 16 a 20 000 períodos por segundo. Cuanto menor es la frecuencia, más bajo es el sonido, y a las frecuencias más altas corresponden los sonidos más agudos. Como referencia suele tomarse la nota la_3, correspondiente a la frecuencia de 435 períodos por segundo.
Toda causa que haga vibrar al aire a razón de 435 veces por segundo emite un *la,* trátese del golpeteo de un cuerpo por otro, de las oscilaciones de una lengüeta, de compresiones y depresiones alternativas del aire, de vibraciones de una membrana, etc.
Así comprendemos la diversidad de los instrumentos de música. No obstante, éstos se reducen a tres categorías principales determinadas por su funcionamiento: instrumentos constituidos esencialmente por una cavidad en la cual vibra el aire soplado con la boca (flauta, clarinete, saxófono, trombón, etc.) o por algún otro medio (órgano, acordeón, etc.), instrumentos en los cuales un elemento sólido es golpeado (platillos, xilófono, tambor), frotado (violín) o punteado (guitarra); instrumentos con generación electrónica de los sonidos.
Los instrumentos de música electrónica tienen circuitos oscilantes generadores de corrientes alternas cuyas frecuencias pertenecen al espectro audible. Ciertos aparatos producen corrientes sinusoidales que dan sonidos simples (armónicas), los cuales son mezclados convenientemente para obtener los timbres deseados. En otros instrumentos, por el contrario, se dispone de corrientes complejas, las cuales son filtradas a voluntad por circuitos apropiados para seleccionar las armonías deseadas y obtener así los timbres. Los mezcladores o los filtros, así como los osciladores, se accionan con botones, manetas, pedales y teclas. Finalmente se obtiene en el aparato una corriente de baja frecuencia, análoga a la de los radiorreceptores, que hace vibrar la membrana del altavoz. Los osciladores proporcionan una gran riqueza de armonías, lo cual confiere a la música electrónica sonoridades nuevas que no pueden ser obtenidas por los instrumentos clásicos.
Junto a los verdaderos instrumentos de música electrónicos, existen otros que tienen por objeto ya imitar ventajosamente instrumentos conocidos (caso de los órganos electrónicos, mucho más ligeros y económicos que los de viento), ya perfeccionarlos (guitarra electrónica, con micrófono y amplificador que enriquecen y amplifican los sonidos).

MUSICAL adj. *Acúst.* Relativo o perteneciente a la música. || *Sonido musical,* el que resulta de un movimiento vibratorio periódico.
— *Electr.* Corriente musical, corriente alterna de frecuencia correspondiente a la de una nota de música.

MUSICALIDAD f. *Acúst.* y *Radiot.* Fidelidad.

MUSIVO, VA adj. De mosaico. || Semejante o parecido al mosaico.
— *Quím. Oro musivo,* sulfuro estánnico, cuyo brillo se parece al del oro.

MUSTÍMETRO m. *Ind. alim.* Densímetro graduado de 0,970 a 1,130, que sirve para medir la densidad de los mostos, conociendo la cual y consultando tablas especiales, se determina su contenido en azúcar y se evalúa el contenido probable en alcohol del caldo fermentado.

MUTADOR m. *Electr.* Rectificador de vapor de mercurio provisto de rejillas que permiten regular continuamente la tensión de la corriente rectificada: *los mutadores se emplean en la alimentación de las redes de tracción eléctrica.*

MÚTULO m. *Arq.* Modillón rectangular propio del entablamiento dórico, que se pone debajo del goterón de la cornisa y tiene igual anchura que el triglifo, sobre el cual va colocado.

mV, símbolo de *milivoltio.*

MVA, símbolo de *megavoltamperio.*

MW, símbolo del *megawatio.*

Fot. Larousse

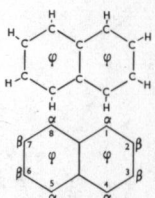

nebulosa obscura de la Cabeza de Caballo

N

N f. Décimosexta letra del alfabeto, que se usa como abreviatura y símbolo de voces científicas.
— *Art. gráf.* La letra *n* se emplea a veces como unidad para contar los caracteres o signos, pues su anchura corresponde al promedio de la de los mismos: *componer en líneas de 45 n (enes).*
— *Astr.* La N. es la abreviatura de *Norte.*
— *Atom.* Designación de la cuarta capa electrónica de los átomos: *cuando la capa N se halla completa, cuenta 32 electrones.* ‖ La *n* minúscula es símbolo del *neutrón.*
— *Electrón. Región n,* parte negativa de un transistor *, en la cual predominan los electrones.
— *Mat. Nº* y *nº* o *N.º* y *n.º*, abreviatura de *número.*
— La letra *n* representa un número indeterminado: *en una instalación de n lámparas se puede calcular lo que consume en promedio cada una de ellas dividiendo el consumo total por n.*
— *Metr.* La N mayúscula es el símbolo del *newton* y *n* minúscula el del *neper,* así como la abreviatura del prefijo *nano.*
— *Quím.* La N es el símbolo químico del *nitrógeno,* y también el del *número de Avogadro* *.
Na, símbolo químico del *sodio.*
NABIJA, f. *Art. y of.* Hierro cuadrado que ajusta en el tablero de la muela y le sirve de eje.
NABO m. *Carp.* Madera que hace de pendolón en las cubiertas de pabellón *. ‖ Espigón central de la escalera de caracol. ‖ Eje vertical de otras armazones de carpintería.
— *Mar.* Mástil.
NÁCAR m. Substancia dura y blanca, con irisaciones, que forma el interior de muchas conchas de moluscos.
— El *nácar* constituye la capa interna de las conchas y es segregado por el epitelio externo del manto de los moluscos en forma de escamitas transparentes, imbricadas y superpuestas. La luz, después de atravesar estas láminas delgadas, es reflejada y produce fenómenos de interferencia. La mayor parte del nácar utilizado industrialmente proviene de la madreperla, o sea de la misma ostra que elabora las perlas.
El nácar se usa en labores de taracea y en la fabricación de botones y objetos de lujo.

Fot. Obs. del Monte Wilson

NACARADO, DA adj. Que tiene el brillo y las irisaciones del nácar. (Sinón. ANACARADO.)
— *Meteor. Nubes nacaradas,* v. NUBE.
NACELA f. *Arq.* Escocia * con que se adorna a veces la basa de las columnas.
NACIENTE adj. *Fís. Rojo naciente,* v. ROJO.
— *Quím. Estado naciente,* aquel en el cual se halla un cuerpo mientras se está formando, en el curso de una reacción, y que se caracteriza por una actividad química muy intensa del mismo: *el hidrógeno naciente es un reductor poderoso.*
NACIMIENTO m. Sitio donde brota un manantial y donde tiene su origen un río.
NADIR m. *Astr.* En la vertical que pasa por un punto de la superficie terrestre, dirección opuesta a la del cenit, o sea la del centro del Globo.
NAFT, prefijo empleado en química para formar el nombre de los compuestos análogos a los de la serie bencénica, pero que tienen núcleos de naftaleno en vez de los de benceno.
NAFTA f. *Petr.* y *Quím.* Nombre anticuado del *petróleo bruto,* del *petróleo refinado* y en general de los *hidrocarburos fósiles.* ‖ En la destilación del petróleo, fracción que se obtiene entre las temperaturas de 100 y 250º y que constituye un producto intermediario entre la gasolina y el queroseno: *la nafta es un carburreactor * y también una materia prima para la petroquímica y el reforming.* ‖ Nombre dado a muchos líquidos inflamables que resultan de la descomposición pirogenada de materias orgánicas. ‖ *Nafta de esquisto,* aceite de esquisto *. ‖ *Nafta mineral* o *nafta nativa,* petróleo bruto.
NAFTACINAS f. pl. *Quím.* Nombre genérico de una familia de compuestos que son, respecto al naftaleno, lo que es la fenacina respecto al benceno.
NAFTALÉNICO, CA adj. *Quím.* Relativo al naftaleno: *un cuerpo de la serie naftalénica.*
NAFTALENO m. *Quím.* Hidrocarburo $C_{10}H_8$ cuya calidad comercial e impura es la naftalina.
— El *naftaleno* es uno de los productos de la pirogenación de la hulla. Su molécula se halla constituida por la unión de dos núcleos de benceno * que tienen dos átomos de carbono comunes. Se obtiene primeramente en forma de masa

dos modos de expresar la fórmula del **naftaleno**

sólida, al enfriarse el aceite que resulta de la destilación del alquitrán a las temperaturas comprendidas entre 200 y 250°. Constituye entonces la naftalina bruta, que, mediante sublimación, se vuelve blanca. Para obtener naftaleno puro es necesario disolver la naftalina en alcohol, cristalizarlo mediante evaporación varias veces. El naftaleno funde a 80° y hierve a 217°; su densidad es de 1,15. Es insoluble en el agua, poco soluble en el alcohol frío y soluble en el alcohol caliente. El naftaleno y sus derivados tienen numerosas aplicaciones como carburantes y disolventes (decalina *, tetralina *, etc.) y como materia prima para la fabricación de perfumes, colorantes y materias plásticas, especialmente los naftoles y las naftilaminas. El anhídrido ftálico tiene importancia considerable en la industria química como materia básica de numerosas síntesis.

NAFTALENOSULFÓNICO, CA adj. *Quím.* Dícese de dos ácidos que se obtienen tratando el naftaleno con ácido sulfúrico a temperaturas moderadas (*ácido α-naftalenosulfónico*) o elevadas (*ácido β-naftalenosulfónico*). [El último es empleado en la fabricación del naftol β.]

NAFTALINA f. *Quím.* Nombre común del *naftaleno* * impuro, ya bruto, ya blanqueado por sublimación.

NAFTALITA f. *Expl.* Materia explosiva a base de nitrato de amonio y de un derivado nitrado del naftaleno, a los cuales se agregan a veces proporciones menores de otras substancias.

NAFTAZARINA f. *Quím.* Colorante de constitución parecida a la de la alizarina, que se obtiene haciendo obrar el ácido sulfúrico sobre los dinitronaftalenos en presencia de reductores.

NAFTAZINA f. *Quím.* Naftacina.

NAFTEÍNA f. *Miner.* Cera fósil, que es una variedad de ozoquerita.

NAFTENATO m. *Quím.* Sal de un ácido nafténico: *los naftenatos se emplean en petroquímica y como secantes para pinturas.*

NAFTÉNICO, CA adj. *Petr.* y *Quím.* Decíase de todo cuerpo derivado de un nafteno. || *Ácido nafténico,* líquido obscuro que hierve entre 200 y 300° y que se obtiene en la refinación del petróleo. || *Bruto nafténico,* petróleo bruto en cuyas fracciones más pesadas predominan los hidrocarburos cíclicos.

NAFTENOS m. pl. *Quím.* Nombre anticuado de los *ciclanos.*

NAFTIL, prefijo que indica la presencia del radical naftilo en la molécula de un compuesto.

NAFTILAMINA f. *Quím.* Nombre de las aminas derivadas del naftaleno que tienen propiedades comparables a las de la anilina.
— La *naftilamina* α es un sólido incoloro que se obtiene reduciendo el nitronaftaleno α. Funde a 50°, hierve a 300° y huele mal. Sirve de materia prima para la obtención de colorantes azoicos, del rojo obscuro al negro, y del colorante oxacínico llamado azul del Nilo. También se emplea para fabricar naftol α.
La *naftilamina* β se prepara tratando naftol con amoniaco en la autoclave. Funde a 112° y hierve a 294°. Es inodora y sirve para fabricar colorantes.

NAFTILENO m. *Quím.* Radical bivalente $C_{10}H_6$ obtenido mediante supresión de dos átomos de hidrógeno en la molécula del naftaleno.

NAFTILENODIAMINA f. *Quím.* Nombre de diez diaminas cíclicas derivadas del naftaleno.

NAFTILO m. *Quím.* Radical univalente $C_{10}H_7$, derivado del naftaleno, por supresión de un átomo de hidrógeno, o del naftol por supresión del hidroxilo, y del cual existen dos isómeros α y β.

NAFTILUREA f. *Quím.* Urea que se obtiene haciendo obrar el ácido isociánico sobre la naftilamina.

NAFTINA f. *Quím.* Nitrosonaftol.

NAFTIÓNICO, CA adj. *Quím.* Dícese de un ácido que se fabrica a partir del sulfato de naftilamina y que sirve para preparar colorantes azoicos.

NAFTOICO, CA adj. *Quím.* Dícese de dos monoácidos que se preparan a partir de naftilaminas.

NAFTOL m. *Quím.* Nombre de dos fenoles, derivados del naftaleno, cuya fórmula es $C_{10}H_7$-OH.
— Los *naftoles* son sólidos cristalizados e incoloros. El *naftol* α funde a 96° y hierve a 280°. Se prepara tratando naftilamina con agua en una autoclave, en la cual da por hidrólisis naftol y amoniaco. Es poco soluble en el agua pero se disuelve en el alcohol y el éter. Sus derivados sulfonados sirven para obtener colorantes nitrados, especialmente *amarillo de naftol,* empleado para dar color a las pastas alimenticias.
El *naftol* β se obtiene por fusión alcalina de los ácidos naftalenosulfónicos, funde a 122° y hierve a 286°. Se disuelve bien en el agua hirviente y sirve para fabricar colorantes azoicos, especialmente rojo de nitranilina. También sirve para preparar la naftilamina β. Sus éteres óxidos, muy olorosos, se emplean en perfumería con los nombres de nerolina y de yara yara. Los naftoles tienen también aplicaciones terapéuticas.

NAFTOQUINONA f. *Quím.* Nombre de tres quinonas derivadas del naftaleno.

NAILON m. *Text.* V. NYLON.

NAMURIENSE adj. y s. *Geol.* División o piso que ciertos geólogos sitúan entre el dinantiense y el vestfaliense, en el período carbonífero.

NANO, prefijo que, colocado ante el nombre de una unidad, la divide por mil millones (símbolo: *n*).

NANQUÍN m. *Text.* Mahón.

NANZÚ m. *Text.* Tejido de algodón, del grupo de las batistas, menos fino y más apretado que el cambrai, y que, como éste, se usa para lencería y para ser bordado.

NAPA f. *Amer.* Galicismo por *capa: una napa de agua subterránea.*
— *Radiot. Antena de napa,* antena de mucha capacidad, constituida por series de hilos paralelos entre dos ramales que unen sus extremos.

NAPALM m. *Arm.* y *Quím.* Nombre dado a los palmitatos de sodio y de aluminio utilizados como agentes de gelificación. || Por ext., gasolina gelificada con un palmitato. || *Bomba de napalm,* bomba incendiaria constituida esencialmente por un depósito lleno de gasolina gelificada que, esparcida por la explosión, adhiere a los objetos, sobre los cuales arde con gran desprendimiento de calor.

NARANJERO, RA adj. Del diámetro o calibre de una naranja: *el caño naranjero mide entre 8 y 10 cm de diámetro.*

NARIGÓN m. *Carp.* Taladro transversal que se hace en el extremo de un rollo, viga o madero grande para poder arrastrarlo hasta el lugar donde se ha de utilizar o expedir.

NARIZ f. Nombre dado a muchas cosas que evocan la nariz humana, ya por su forma, ya por la posición prominente que ocupan en un conjunto.
— *Aeron.* Morro del fuselaje.
— *Carp.* Mampirlán del peldaño. || Hierro en que encaja el picaporte. || *Hacer nariz,* haberse salido de escuadra un marco de puerta o ventana, cuyos ángulos dejan de ser rectos.

NASA f. *Mar.* Artificio de pesca, consistente en una cesta de mimbre o de alambre, y también en una armazón forrada con red, provista de una trampa cónica (por la cual pueden entrar los peces y crustáceos pero no salir) y de otro orificio con tapa que permite sacarlos.

NATA f. Substancia espesa formada en la superficie de la leche por los glóbulos de materia grasa que ascienden a la misma: *la nata se extrae industrialmente por centrifugación para elaborar la mantequilla.* (V. DESNATADORA.) || Por ext., materias espesas que sobrenadan en un líquido.

NATIVO, VA adj. *Miner.* Dícese del metal que se halla en la naturaleza al estado puro y no combinado con otros cuerpos: *pepitas de oro nativo.*

NATRIO m. *Quím.* Nombre primitivo del *sodio,* del cual deriva el símbolo *Na* de este elemento.

NATRITA f. y **NATRÓN** m. *Miner.* Carbonato hidratado de sodio que forma cristales o eflorescencias sobre el terreno y se halla también disuelto en las aguas termales y en las de ciertos lagos. || Ceniza de barrilla *.

NATRONITA f. *Miner.* Nitrato de sodio que abunda en Chile y el Perú.

NATURAL adj. Suministrado por la naturaleza, por oposición a lo artificial o sintético y a lo que es provocado por el hombre: *chimenea con tiro natural; tejido de fibras naturales.*
— *Mat.* Dícese de la sucesión de números que se obtiene agregando cada vez la unidad al número precedente y que empieza como sigue: 1,

2, 3, 4, etc. || *Logaritmo natural,* v. LOGARITMO.
— *Petr. Gas natural,* v. GAS.

NAUMANITA o **NAUMANNITA** f. *Miner.* Seleniuro de plata, a veces beneficiado como mena de este metal, cuya fórmula es Ag_2Se.

NÁUTICA f. *Mar.* Ciencia de la navegación *.

NAUTILO m. *Zool.* Molusco cefalópodo (*Nautilus*) cuya concha se aprovecha para fabricar objetos de nácar *.

NAUTÓFONO m. *Mar.* Instrumento sonoro que se usa en los faros, boyas y otras instalaciones del litoral para guiar a los barcos o indicarles la presencia de un peligro cuando la niebla impide la visibilidad: *el nautófono emite automáticamente unos sonidos característicos engendrados por un circuito oscilante y amplificados por una trompa.*

NAVAJA f. Cuchillo * plegable cuya hoja puede ser doblada sobre el mango y penetrar en una ranura del mismo que sirve así de protección cuando se lleva en el bolsillo.

NAVAL adj. *Mar.* Relativo a las naves y a la navegación: *construcciones navales.*

NAVALIZACIÓN f. Adaptación de una técnica o procedimiento, de un arma, etc., a las condiciones propias del medio marítimo o de las naves.

NAVARRA f. *Text.* Tejido de algodón, con ligamento de tafetán, semejante al curado, pero hecho con hilos teñidos en madeja.

NAVE f. *Arq.* Espacio comprendido entre dos muros o dos filas de columnas a lo largo de los templos, fábricas, almacenes y otros edificios. || *Nave central,* la principal. || *Nave de crucero,* en las iglesias, nave que corta perpendicularmente la nave principal y que forma el crucero en la intersección con la misma. || *Nave lateral,* cada una de las naves paralelas a la principal. || *Nave principal,* la que ocupa el eje de la iglesia y que suele ser de mayor luz que las demás.
— *Astron. Nave espacial,* astronave.
— *Carp. Amer.* Hoja de puerta o ventana.
— *Mar.* Barco *, cuando tiene puente y no se halla propulsado por remos.

NAVEGABILIDAD f. Estado del agua navegable y de la nave que se halla en condiciones de hacerse a la mar.
— *Aeron. Certificado de navegabilidad,* certificado que se otorga a un avión después de haber cumplido satisfactoriamente los ensayos * en vuelo y sin el cual no puede ser puesto en servicio.
— *Mar. Certificado de navegabilidad,* el que se concede a un barco al cabo de una inspección oficial, consecutiva a reparaciones, para atestiguar que conserva su cota *.

NAVEGABLE adj. Dícese de las aguas por las cuales se puede navegar: *río navegable.*

NAVEGACIÓN f. Acción de navegar. || Náutica, ciencia del gobierno de las naves y, por ext., del de los aviones y astronaves. || *Navegación astronómica,* la que se funda en la observación de los astros para efectuar las marcaciones y calcular las derrotas. || *Navegación de estima,* la que se hace llevando la cuenta de las distancias recorridas sucesivamente a cada uno de los rumbos seguidos y marcándolas en la carta de navegar. || *Navegación loxodrómica,* v. LOXODROMIA. || *Navegación ortodrómica,* v. ORTODRÓMICO.
— *Aeron.* La *navegación aérea* tiene por objeto determinar el rumbo y la velocidad que debe seguir un avión para trasladarse de un punto a otro en un tiempo dado y efectuar el viaje en las debidas condiciones de seguridad. Cuando el suelo es visible, el piloto puede dirigirse observando señales de tierra fácilmente identificables en mapas suficientemente detallados. Si el suelo no es visible y el avión carece de instrumentos perfeccionados, se puede recurrir a la *navegación de estima.* El piloto sigue entonces a velocidad constante y durante un largo trecho, un rumbo determinado. Multiplicando la velocidad por el tiempo transcurrido, halla la distancia recorrida por el avión respecto al aire en que vuela. Como éste se halla en movimiento, la distancia y rumbo calculados deberán ser corregidos sumándoles algebraicamente la distancia que el avión ha recorrido, respecto al suelo, al ser arrastrado por el viento. Así se obtiene la resultante geométrica de la velocidad aerodinámica propia del aparato y de la del aire. Al marcar en la carta

navegación: determinación de la latitud con el sextante

de navegar la ruta recorrida, el piloto comprueba generalmente la existencia de cierta deriva *, que le obliga a modificar su rumbo. Recorre, pues, un nuevo trecho con rumbo y velocidad constante, al cabo del cual vuelve a repetir sus cálculos, y así sucesivamente.

La *navegación astronómica* se funda en el hecho de que en un instante preciso y desde un punto geográfico dado, un astro es visible, en el horizonte, a una altura perfectamente determinada. Todos los puntos de la Tierra desde los cuales se ve el astro a la misma altura forman un *círculo de altura* cuyo centro se halla situado en la recta que va del centro de la Tierra al astro y cuyo radio depende de la altura a que se halla el observador. Basta medir la altura del astro con el sextante y consultar las tablas de efemérides para conocer la posición del observador, la cual puede ser determinada con mayor precisión si se observan varios astros.

nave de una catedral (*arq.*)

En realidad, los métodos de navegación más arriba descritos son rara vez aplicados en las aviaciones comercial y militar. Pues si se exceptúan las avionetas deportivas o de recreo, los aviones disponen actualmente de un equipo radioeléctrico que les permite utilizar una abundante infraestructura que comprende *ayudas a la navegación,* merced a las cuales el piloto conoce instantáneamente su posición y su rumbo. Las principales ayudas son: la radiogoniometría *, los radiofaros * y los sistemas de radionavegación, especialmente los llamados *decca* *, *consol* *, *gee* * y *loran* *. Por otra parte, los radioaltímetros * y el radar * de a bordo permiten evitar las colisiones y determinar la dirección y distancia de los obstáculos, mientras que con las instalaciones del tipo I. L. S. * se efectúa el aterrizaje * con instrumentos, cuando falta visibilidad.
— *Astron.* La *navegación espacial,* dada la insuficiencia de los métodos propulsivos actuales, tiene un carácter balístico que limita considerablemente la posibilidad de efectuar maniobras. Quiere decirse con ello que las escasas reservas de propergol de que dispone el astronauta solamente le permiten modificar la trayectoria dentro de límites bastante estrechos. Así, pues, no existe pilotaje propiamente dicho y, si se exceptúan breves intervenciones del astronauta, la casi totalidad del vuelo se efectúa por inercia (en virtud de la impulsión inicial) o en caída libre (cuando el ingenio es atraído preponderantemente por un astro. (V. ASTRONÁUTICA y TRAYECTORIA.)
— *Mar.* Lo mismo que en aeronáutica, el pilotaje implica dos aspectos diferentes y complementarios: determinación de la posición del barco en coordenadas geográficas (latitud o distancia respecto al ecuador y longitud o distancia respecto a un meridiano de referencia, que suele ser el de Greenwich). Si se pueden identificar islas, faros u otros puntos característicos de la costa, el compás indica el ángulo que forman los mismos con la dirección Norte-Sur. Basta aplicar el semicírculo graduado sobre la carta de navegar y trazar la línea que pasa por cada uno de los puntos identificados para efectuar la marcación,

Fot. Verelay, Neurdein

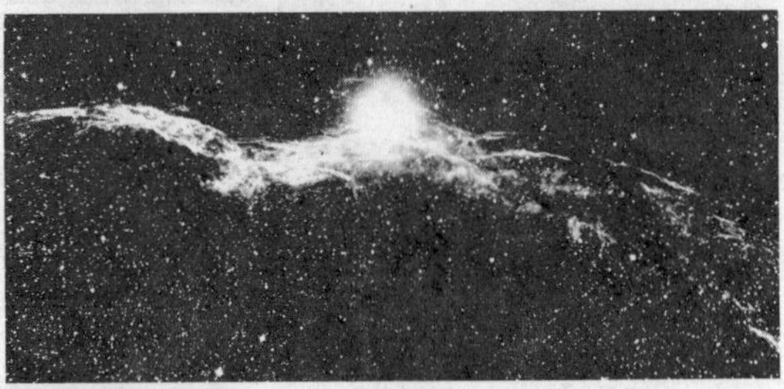

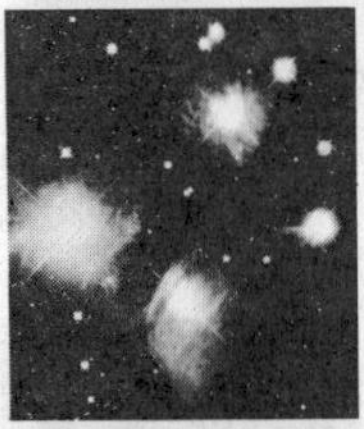

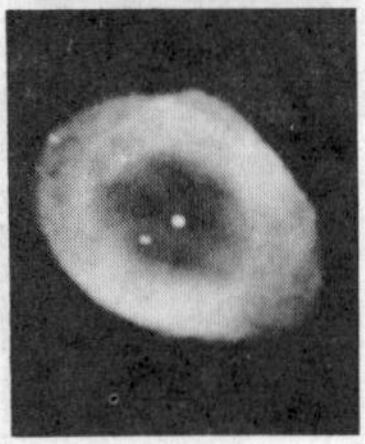

nebulosas *(de arriba abajo)* del Cisne, las Pléyades y la planetaria M-57 de la Lira

dado que el barco se halla en la intersección de dichas líneas. Trazando entonces otra línea entre el punto ocupado por el barco y el punto a donde se dirige, se obtiene el rumbo que ha de mantener el timonel, observando constantemente el compás, hasta que una nueva marcación revele la existencia de una deriva que obligue a rectificarlo. El método que se acaba de describir solamente es aplicable a la *navegación costera* y a la *navegación de cabotaje* *. Cuando se pierde la costa de vista durante varios días es necesario recurrir a la *navegación astronómica* (v. *Aeron.*), también llamada *navegación de altura* porque se funda en medir la altura de los astros respecto al horizonte para determinar la latitud. La longitud se averigua fácilmente merced a un cronómetro * que conserva la hora del meridiano tomado como origen. Basta observar la hora local y restar una de otra para determinar la distancia angular que media entre el barco y el meridiano de Greenwich (cada hora de diferencia representa 15º de longitud; cada minuto, 15'; cada segundo, 15''). En realidad el cronómetro es reemplazado ventajosamente por estaciones de telegrafía sin hilos que radian periódicamente la hora exacta del meridiano de Greenwich. Por lo demás, los barcos disponen hoy de un equipo radioeléctrico que simplifica considerablemente la navegación merced a las ayudas ya reseñadas más arriba en *Aeron.*

NAVEGADOR m. *Aeron.* y *Mar.* Aparato que permite determinar automáticamente la posición de un avión o de un barco y la diferencia entre ésta y la ruta prevista: *navegador decca* *.

NAVEGAR v. *Aeron.* y *Mar.* Trasladarse de un punto a otro a bordo de un barco, un avión o cualquier otro vehículo marítimo o aéreo. ‖ Moverse un barco o un avión en su medio acuático o aéreo. ‖ Gobernar un barco o un avión para llevarlo de un punto a otro. (V. NAVEGACIÓN, CIRCULACIÓN y RADIONAVEGACIÓN.)

NAVÍO m. *Mar.* Buque de guerra o mercante. (V. BARCO.)

NAVISFERA f. *Mar.* Instrumento que representa la bóveda celeste y en el cual, una vez orientado según la latitud y la hora, el navegante puede hallar el nombre de la estrella por él escogida para tomar la altura con el sextante.

Nb, símbolo químico del *niobio.*

Nd, símbolo químico del *neodimio.*

NE., abreviatura de *Nordeste.*

Ne, símbolo químico del *neón.*

NEBLINA f. *Meteor.* Niebla espesa y baja.

NEBULIO m. Elemento simple hipotético al cual se atribuían ciertas rayas brillantes del espectro de las nebulosas galácticas, si bien parece que dichas rayas resultan de un estado particular del oxígeno, el ázoe y otros elementos ya conocidos.

NEBULOSA f. *Astr.* Conjunto de estrellas o masa de gases o de materia cósmica que forman manchas luminosas, y a veces opacas y obscuras, en el cielo nocturno.

— El nombre de *nebulosa* se aplica a distintas masas luminosas de estructura muy diferente, distinguiéndose sobre todo las dos clases siguientes:

— *Nebulosas galácticas.* Estas son las nebulosas verdaderas, se hallan cerca de nosotros dentro de la Galaxia y consisten, en ciertos puntos de la misma, en acumulaciones locales de materia interestelar constituida ya por átomos separados, ya por "granos de humo" que son partículas de unas dos décimas de micrón de diámetro (o sea compuestas de varios millones de átomos). Cuando estas nebulosidades se hallan a proximidad de una estrella brillante, aparecen iluminadas porque sus granos de humo provocan la difusión de la luz de la estrella, cual ocurre con la nebulosa de las Pléyades. Si, por el contrario, se hallan lejos de las estrellas, aparecen en forma de nebulosidades obscuras en las cuales la materia es suficientemente densa para detener la luz de las estrellas lejanas situadas detrás de ella. No obstante, dicha luz puede iluminar el borde de la nebulosa (caso, por ejemplo, de la Cabeza de Caballo). [La nebulosidad suele tener forma circular o esférica, con una estrella en el centro (aunque a veces invisible). Estas *nebulosas planetarias* (nombre por cierto impropio) resultan de un cataclismo y la nebulosidad no es sino la materia arrojada al espacio por una nova *.]

— *Nebulosas extragalácticas* o *nebulosas espirales* (por la forma que suelen tener). No son éstas verdaderas nebulosidades de materia suelta, sino universos semejantes a nuestra propia Galaxia, o sea constituidos por un número elevadísimo de astros que, en razón de la distancia (hasta millones de años de luz) aparecen confundidos en una misma mancha luminosa. A esta clase de nebulosas se les da hoy preferentemente el nombre de *galaxia* * y en dicho artículo han sido descritas.

Los astrónomos disponen de diferentes catálogos de nebulosas, en los cuales se atribuye un número a cada una de ellas y se reseñan sus características y sus coordenadas. El *catálogo Messier,* que data de 1771 y, aunque incompleto, aún se usa, designa la nebulosa por su número de orden precedido por la letra M. Más completo es el *New general catalogue* que atribuye a las nebulosas otro número precedido por la sigla NGC.

Así, la célebre nebulosa o, mejor dicho, *galaxia de Andrómeda* se designa indiferentemente por los números M 31 y NGC 224.

NEBULOSIDAD f. Nube ligera, constituida por materia difusa, que según cómo es iluminada obscurece o, por el contrario, adquiere cierta luminosidad.

— *Meteor.* Proporción de cielo que aparece cubierta de nubes desde un punto de observación determinado. ‖ Nubosidad.

— La *nebulosidad* se expresa en décimas partes de bóveda celeste cubierta de nubes. Así, cuando el tiempo es absolutamente claro, la nubosidad es igual a cero y cuando se halla el cielo completamente cubierto, es igual a 10. La presencia de nubes puede ser determinada por factores locales (humedad del aire, contenido del mismo en núcleos de condensación, cambios de temperatura, relieve propicio a la formación de ascendencias, etcétera), pero, las más de las veces resulta del paso de perturbaciones ciclónicas. (V. CICLÓN.)

NEBULOSO, SA adj. *Meteor.* Dícese del cielo obscurecido por las nubes o por la niebla.

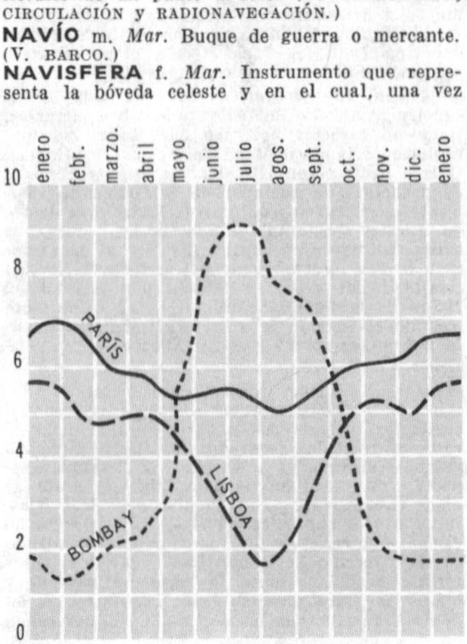

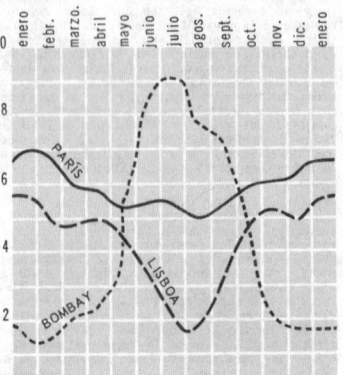

nebulosidad en tres puntos diferentes del Globo

Fot. Obs. del Monte Wilson

NECESER m. *Art. y of.* Juego de herramientas o estuche que contiene todo lo que es útil o necesario para hacer una labor o efectuar un trabajo determinado.
NECK m. *Geol.* Columna de roca volcánica que no es sino la chimenea de un antiguo volcán puesta al descubierto por la erosión de las laderas del mismo.
NÉCTAR m. Jugo azucarado segregado por los nectarios de las flores y que, libado por las abejas, es transformado por éstas en miel.
NÉCTICO, CA adj. *Miner.* Dícese de una variedad de sílex tan ligero que flota en el agua.
NEFELECTÓMETRO m. *Quím.* Fotómetro que sirve para medir la transparencia de una disolución coloidal. (V. NEFELEMETRÍA.)
NEFELEMETRÍA f. Método óptico que permite evaluar la cantidad de materia dispersada en un líquido. (Sinón. NEFELOMETRÍA.)
— Esencialmente, la *nefelemetría* consiste en comparar la intensidad de un rayo luminoso visto directamente y a través de la disolución que se desea medir. Un método aproximado consiste en comparar a simple vista la misma intensidad con una serie de disoluciones de concentración ya conocida, hasta hallar una equivalente. Para obtener resultados más precisos se recurre al nefelectómetro, que no es sino un fotómetro *.
La nefelemetría se aplica en microanálisis y para dosificar albúminas, grasas y sales previamente floculadas.
NEFELINA f. *Miner.* Aluminosilicato de sodio en forma de cristales transparentes o diversamente coloreados, uno de los constituyentes de ciertos basaltos y otras rocas eruptivas.
NEFELOMETRÍA f. Nefelemetría.
NEFELÓMETRO m. Nefelectómetro.
NEGATIVIDAD f. *Electr.* Estado del cuerpo que se halla dotado de carga eléctrica negativa.
NEGATIVO, VA adj. y s. Dícese de la magnitud de sentido contrario del de la magnitud normal o positiva de la misma especie: *las temperaturas negativas se sitúan por debajo del cero en la escala termométrica.* ‖ Que no ha dado resultados satisfactorios: *experimento negativo.*
— *Electr. Electricidad negativa,* v. ELECTRICIDAD.
— *Fot. Emulsión negativa,* emulsión sensible propia para obtener imágenes negativas. (V. FOTOGRAFÍA.) ‖ — M. Primera imagen que se obtiene al fotografiar una cosa y en la cual sus tonos claros y obscuros se hallan invertidos. (V. FOTOGRAFÍA.)
— *Mat.* Dícese de la cantidad afectada del signo menos, como —17: *la diferencia entre una cantidad negativa y otra positiva es igual a la suma de ambas.*
NEGATÓN m. *Atom.* Nombre que se da al *electrón * ordinario,* de carga negativa, para distinguirlo del positón, que es su antipartícula positiva.
NEGATÓNICO, CA adj. *Atom.* Relativo al negatón.
NEGATOSCOPIO m. Pantalla luminosa constituida por un cristal esmerilado y alumbrado por detrás, sobre el cual se ponen radiografías u otros clisés para observarlos por transparencia.
NEGATRÓN m. *Atom.* Negatón.
NEGRILLA f. *Art. gráf.* Dícese de la letra de imprenta que, todo y conservando la forma general de la familia de caracteres a que pertenece, tiene el trazo más espeso y resalta en el texto.
NEGRO, GRA adj. y s. Que tiene el color más obscuro posible, ya por no hallarse iluminado con rayos luminosos, ya por absorberlos íntegramente. ‖ —M. Materia que no emite ni refleja rayos luminosos: *un tubo de negro.* ‖ Color propio de dicha materia (en realidad se trata físicamente de una falta total de color): *teñir la ropa de negro.*
— *Aeron. Velo negro,* v. ACELERACIÓN.
— *Art. gráf. Grabado en negro,* v. GRABADO.
— *Expl. Pólvora negra,* v. PÓLVORA.
— *Fís. Cuerpo negro,* v. CUERPO.
— *Ind. Aguas negras,* v. AGUA.
— *Lumin. Luz negra,* v. LUZ.
— *Miner. Diamante negro* carbonado. (V. DIAMANTE.)
— *Ópt. Cámara negra,* cámara obscura. (V. FOTOGRAFÍA.)

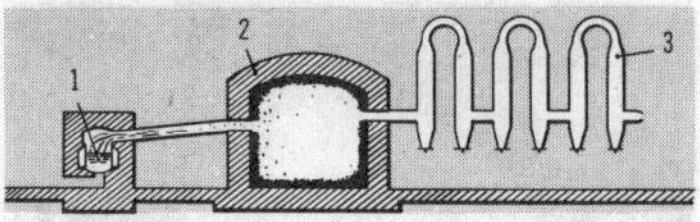

preparación del **negro** de humo
1. Quemador de resina; 2. Cámara de condensación; 3. Condensador de las fracciones ligeras

— *Pint.* y *Quím. Negro animal,* carbón animal. ‖ *Negro de acetileno,* carbono finísimo que se obtiene descomponiendo el acetileno a 1 000°. ‖ *Negro de anilina,* v. ANILINA. ‖ *Negro de carbono o de humo,* pigmento negro constituido por partículas finas de carbono suministradas por hollines de hidrocarburos. ‖ *Negro de manganeso,* bióxido de manganeso * precipitado. ‖ *Negro de marfil,* pigmento negro que se fabrica tratando huesos con ácido clorhídrico. ‖ Pigmento negro empleado por ciertos pintores y que se obtiene con marfil calcinado y pulverizado. ‖ *Negro de platino,* v. PLATINO. ‖ *Negro de tierra,* carbón mineral que se emplea en la pintura al fresco. ‖ *Negro mineral,* polvo negro suministrado por esquistos grafitoides.
— A continuación se reseñan los principales pigmentos y colorantes negros de uso industrial.
— *Pigmentos.* El *negro de humo* se obtiene quemando brea y otros compuestos hidrocarbonados en cámaras de paredes frías, en las cuales se acumula hollín. Éste contiene alquitranes que pueden ser eliminados mediante calcinación o tratándolo con sosa. La combustión incompleta del gas * natural da un negro de humo de calidad superior, también llamado *negro de gas* y *carbón black.* Los negros de humo son pigmentos ligeros y de grano fino; tienen elevado poder opacificante y son particularmente resistentes a la acción descolorante de la luz, los agentes atmosféricos, el calor, los ácidos y los álcalis. Son, sin embargo, inflamables y se dejan mojar difícilmente por los líquidos utilizados como vehículo de los pigmentos en las pinturas. He aquí sus principales aplicaciones: tintas tipográficas y pinturas (el *negro de carbono* da las mejores tintas litográficas y pinturas superiores para carrocerías de coches; fabricación de neumáticos *; tintas, etc. Los *negros animales* se fabrican calcinando huesos, cuernos, marfil, etc. El llamado *negro de marfil* se obtiene con huesos muy duros y es un buen pigmento para pinturas de señalada calidad. En las pinturas ordinarias se emplean *negros minerales* (ocres negros, óxidos de hierro, hulla pulverizada, esquistos bituminosos calcinados, etcétera). También se consumen en diversas aplicaciones pequeñas cantidades de *negros vegetales* obtenidos por calcinación en vaso cerrado de residuos vegetales (corcho, madera, sarmientos de vid etc.).
— *Colorantes.* Los *colorantes negros* de origen vegetal son raros y poco usados. Citemos, no obstante, el palo campeche * que, con ciertas sales de hierro, da lacas para papeles pintados, también empleadas en la fabricación de pinturas. Entre los colorantes negros orgánicos merecen citarse los de las familias de colorantes * azoicos y sulfurados. Algunos colorantes orgánicos disueltos en solventes apropiados dan disoluciones negras, aunque no opacas, que se emplean como barnices y entran también en la fabricación de tintas de imprenta (indulinas, nigrosinas, etc.). Otros, son insolubles en los solventes orgánicos y en las grasas, lo cual permite emplearlos como pigmentos, siendo el más común de todos el *negro de anilina,* que proviene de la oxidación crómica de la anilina, en presencia de sulfato de cobre. Muchas colorantes orgánicos, al fijarse sobre mineral (alúmina, sulfato de bario, etc.), dan lacas negras que se emplean como pigmentos.
NEMÁTICO, CA adj. Uno de los estados mesomorfos de la materia. (V. MESOMORFO.)
NEOCLÁSICO, CA adj. y s. *Arq.* Aplícase a los estilos arquitectónicos modernos cuando se inspiran en el griego y el romano clásicos.
NEODIMIO m. *Quím.* Elemento químico de número atómico 60, cuyo símbolo es *Nd.*
— El *neodimio* es un metal blanco del grupo de las tierras raras (lantánidos). A continuación se indican sus principales constantes físicas: densidad, 7,007; temperaturas de fusión y de ebullición, 1 024 y 3 300°, respectivamente; masa

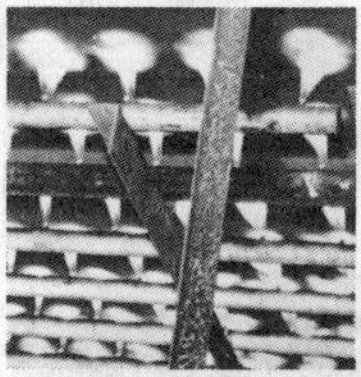

batería de quemadores que produce **negro** de gas

Fot. Cabot-France

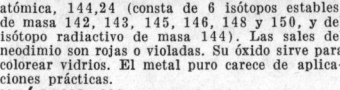

aspecto telescópico del planeta **Neptuno**

nervios *(arq.)*

atómica, 144,24 (consta de 6 isótopos estables, de masa 142, 143, 145, 146, 148 y 150, y del isótopo radiactivo de masa 144). Las sales del neodimio son rojas o violadas. Su óxido sirve para colorear vidrios. El metal puro carece de aplicaciones prácticas.

NEÓGENO, NA adj. *Geol.* Dícese de la parte más reciente de la era terciaria, que abarca los períodos del mioceno y del plioceno y cuyos terrenos datan de —25 millones a —1 millón de años. (V. ESTRATIGRAFÍA.)

NEOGÓTICO, CA adj. y s. *Arq.* Dícese del estilo arquitectónico que, en el siglo XIX, se inspiró en el gótico medieval.

NEOL m. *Fot.* Marca registrada de un revelador fotográfico que, químicamente, es el ácido paraaminosalicílico obtenido por hidrogenación del ácido nitrosalicílico.

NEOMENIA f. *Astr.* Novilunio.

NEÓN m. *Quím.* Elemento químico de número atómico 10, cuyo símbolo es *Ne.*

— El *neón* es uno de los gases raros de la atmósfera, la cual lo contiene a razón de un litro por cada 70 000 litros de aire. Sus principales constantes físicas son: densidad, 0,9; temperatura de ebullición del gas licuado, —246°; temperatura de fusión del neón solidificado, —248,6°; masa atómica, 20,183 (consta de tres isótopos de masa 20, 21 y 22). Este gas abunda en las estrellas muy calientes y los meteoritos contienen *neón cósmico* de masa 21.

El neón se extrae del aire líquido mediante destilación fraccionada que lo da mezclado con helio. La separación de ambos gases se efectúa aprovechando la afinidad del neón por el carbón activado, que lo absorbe, pero no al helio. (V. AIRE *líquido.*)

El neón se emplea mucho para anuncios luminosos, pues contenido a baja presión en un tubo de forma cualquiera, tiene la propiedad de emitir luz roja cuando se aplica en los extremos del mismo una tensión apropiada. (V. LÁMPARA.)

NEOPRENO m. *Gom.* Marca registrada de un caucho sintético que se obtiene mediante polimerización del cloropreno.

— El *Neopreno* tiene propiedades físicas bastante parecidas a las del caucho natural, pero es mucho más resistente a la acción de las grasas y de los hidrocarburos líquidos. También tiene la ventaja de conservar su flexibilidad a temperaturas muy bajas. Se usa para tubos y mangueras, cables eléctricos, material de las fábricas de productos químicos, rodillos de máquinas de imprimir, etc. También sirve para impermeabilizar telas.

DATOS NUMÉRICOS SOBRE EL PLANETA NEPTUNO		respecto á la Tierra = 1
Distancia del Sol (máxima) . . .	4 545 millones de km	30,40
Distancia del Sol (mínima) . . .	4 455 millones de km	29,80
Duración de la revolución sideral .	164 a 280 d	
Duración de la revolución sinódica	367, 49 d	
Excentricidad de la órbita	0,009	
Inclinación de la órbita	1°46'	
Duración de la rotación	15 h, 48 mn	
Diámetro ecuatorial	44 650 km	3,5
Achatamiento del globo	1/40	
Masa	$1{,}1 \times 10^{29}$ g	17,26
Densidad	2,3	0,40
Aceleración de la gravedad	9,32 m/s²	0,95
Velocidad parabólica	22,81 km/s	2,04
Temperatura aproximada	—200°	

NEPER m. *Metr.* Unidad que sirve para expresar la razón de dos potencias, equivalente a 0,868 6 bel (1 bel es igual a 1,151 néperes).

— El *néper* permite evaluar la razón de dos tensiones o dos potencias electrónicas, de dos presiones, etc., con arreglo a la fórmula:

$$\text{N (en néper)} = \log \frac{p_1}{p_2}$$

(en la cual p_1 y p_2 son las dos presiones u otras magnitudes considerables). El néper sirve principalmente para evaluar las intensidades acústicas y la atenuación y la amplificación de corrientes telefónicas.

NEPERIANO, NA adj. *Mat.* Dícese de los logaritmos inventados por Néper. (V. LOGARITMO.)

NEPÉRMETRO m. *Electr.* Hipsómetro.

NEPTUNIO m. *Quím.* Elemento químico de número atómico 93, cuyo símbolo es *Np.*

— El *neptunio* es un transuranio que, prácticamente, no existe en la naturaleza y se obtiene artificialmente en los reactores nucleares: el uranio de masa 238 capta un neutrón y se transforma en uranio 239; éste, mediante emisión de rayos beta, se convierte en neptunio de masa 239, el cual es radiactivo, con período de 2,35 días, y consiguientemente, no tarda en convertirse en plutonio 239. Además del neptunio 239 se han obtenido artificialmente otros 10 isótopos de masa comprendida entre 231 y 241.

El neptunio se separa de los demás productos de la fisión * del uranio mediante procedimientos complejos de oxidación o de reducción. Se obtiene primeramente un *fluoruro de neptunio* que, mediante reducción con vapores de bario, da el metal. Su densidad es de 20,45 y su punto de fusión de 640°. El neptunio carece de aplicaciones prácticas.

NEPTUNISMO m. *Geol.* Hipótesis según la cual se atribuía a la acción del agua la formación de las rocas de la corteza terrestre, mientras que el plutonismo la atribuía al fuego.

NEPTUNO, planeta del sistema solar, el octavo por su distancia del Sol y el cuarto y último del grupo de los grandes planetas, cuyo símbolo es ♆.

— El planeta *Neptuno,* dada la distancia que de él nos separa, es invisible a simple vista, pues su brillo es semejante al de una estrella de 8ª magnitud. Al igual que Júpiter y Saturno, este mundo se caracteriza: por sus grandes dimensiones y su escasa densidad, por las bajas temperaturas que reinan en el mismo (a las cuales se debe que casi todos los gases que lo constituyen se hallen licuados) y por la naturaleza pestilente de algunos de estos gases, especialmente el amoníaco y el metano.

Neptuno tiene dos satélites. El mayor, llamado Tritón, mide unos 4 800 km de diámetro y gravita, con movimiento retrógrado, a 354 000 km del planeta, alrededor del cual da una vuelta en 5 d 21 h 1 mn y 38 s. Del segundo, cuyo nombre es Nereida, pocos datos se conocen, pues como su diámetro es tan sólo de 300 a 350 km, su observación resulta muy difícil. Se ha calculado que tarda 359,4 días terrestres en efectuar su revolución alrededor de Neptuno.

NERAL m. *Perf.* y *Quím.* Citral.

NEREIDA, segundo satélite de Neptuno *.

NERNST *(Lámpara de),* lámpara de incandescencia con filamentos de óxidos metálicos (de circonio, itrio, cerio, torio, etc.) que, alimentada con una corriente estable, da una luz de intensidad notablemente constante, rica en radiaciones infrarrojas, por cuya razón se emplea como lámpara patrón en los laboratorios.

NEROL m. *Quím.* Alcohol terpénico, isómero del geraniol *.

NEROLI m. *Perf.* Esencia que se obtiene destilando las flores del naranjo de naranjas amargas y que entra en la composición de las aguas de colonia de calidad y de numerosos perfumes. ‖ Por ext., esencia de la flor de cualquier naranjo. (Se emplean para perfumes baratos las esencias que no son de la variedad anterior.)

NEROLINA f. *Perf.* y *Quím.* Nombre comercial de una substancia que, químicamente, es el éter

Fot. Rudaux, Archives phot.

metílico del naftol β y cuyo olor intenso de esencia de flor de naranjo, hace que se emplee como sucedáneo del neroli en la fabricación de jabón de tocador y de perfumes baratos.

NERVADO, DA adj. Provisto de nervios.
— *Arq. Bóveda nervada, columna nervada,* v. BÓVEDA y COLUMNA.

NERVADURA f. *Arq.* Nervio.

NERVIO m. *Aeron.* Costilla.
— *Arq.* Moldura saliente en el intradós de una bóveda. ‖ *Nervio de aristón,* el que corre a lo largo de la intersección de dos bóvedas. ‖ *Nervio secundario,* braguetón o cadena.
— *Art. gráf.* Cada uno de los cordones o bramantes transversales del lomo del libro, a los cuales se anudan los hilos de los pliegos que se han de encuadernar. ‖ Bordoncillo que dichos cordones forman en la piel de la encuadernación. ‖ *Nervio falso,* en los libros encuadernados mecánicamente, tirilla de piel o de cartón que se pega en el lomo bajo la piel para que forme bordoncillos a imitación de los nervios verdaderos.
— *Carp.* Listón que se pone transversalmente sobre las viguetas, las cuales encajan en unas entalladuras del mismo de modo que no pueden curvarse ni retorcerse.
— *Min.* Banco de roca estéril en el seno de la capa de mineral: *los criaderos de hulla tienen a veces nervios de esquistos o de arenisca.*
— *Tecn.* Cada uno de los refuerzos en forma de cordón o de barra que tienen muchas piezas obtenidas por vaciado y merced a los cuales se aumenta la resistencia de las mismas con todo y disminuir su espesor y su peso.

NERVURA f. Nervio.
— *Art. gráf.* Conjunto de nervios * del lomo de un libro.

NESGAR v. *Text.* Cortar una tela en una dirección oblicua respecto a la de sus hilos.

NETO, TA adj. Limpio, puro.
— *Arq.* Dícese del pedestal de una columna cuando no se consideran sus molduras u otros adornos. (Úsase también como substantivo masc. y entonces es sinón. de *dado.*)
— *Metr.* Dícese del peso de una cosa una vez deducido el del envase que lo contiene. ‖ *Carga neta,* la que transporta un vehículo y que se obtiene deduciendo la tara del peso total.

NEUMÁTICO, CA adj. y s. Relativo al aire y a los fluidos gaseosos: *química neumática.*
— *Aeron.* y *Autom.* Véase más abajo *Transp.*
— *Fís. Máquina neumática,* aparato que sirve para practicar el vacío en un recipiente o recinto. ‖ — F. Ciencia que tiene por objeto el estudio de los movimientos de los gases.
— La figura representa una *máquina neumática* simple, compuesta de dos bombas de émbolo aspirante impelente accionadas por una palanca. En su carrera ascendente cada émbolo aspira aire de la campana o recinto que se ha de vaciar. Al descender, queda cerrada por una válvula la comunicación con la campana y el aire es comprimido hasta que, por rebasar la presión atmosférica, empuja una válvula situada en el émbolo y se escapa del cilindro.
Para obtener vacíos rápidos o intensos en los laboratorios (microscopio electrónico, aceleradores de partículas, etc.) e industrialmente (fabricación de bombillas eléctricas, de tubos electrónicos, etc.) se recurre a máquinas mucho más eficaces, descritas en el art. VACÍO.
— *Obr. públ. Cajón neumático, campana neumática,* v. CAJÓN y CAMPANA.
— *Pint. Pistola neumática,* aerógrafo.
— *Tecn.* Accionado por el aire * comprimido: *martillo * neumático.*
— *Telec. Correo neumático,* v. CORREO.
— *Transp.* Tubo de caucho lleno de aire comprimido que, montado en la periferia de las ruedas de un vehículo, sirve de llanta elástica. ‖ *Neumático cisterna* o *tanque,* el de grandes dimensiones que se llena con gasolina y constituye un depósito que puede ser remolcado cómodamente. (V. más abajo art. encicl.) ‖ *Transportador neumático,* v. TRANSPORTADOR.
— El *neumático* es un elemento de la suspensión * de los vehículos, pues amortigua las oscilaciones y los choques provocados por las irregularidades de la calzada o por la presencia en la misma de piedras u otros obstáculos pequeños.
El *neumático ordinario* consta de dos elementos: la cámara y la cubierta. La cámara, o neumático propiamente dicho, es un tubo de goma provisto de una válvula que permite inflarlo. Las cámaras actuales suelen ser de butilcaucho, un caucho artificial que, 10 veces más impermeable al aire que el natural, conserva su presión largo tiempo.
La cámara se halla rodeada por la cubierta, constituida por una espesa capa de caucho armada con hilos entretejidos de algodón, rayón, Nylón y a veces reforzada con alambres. La superficie exterior de la cubierta lleva estrías o ranuras profundas propias para facilitar la adherencia. No pocos accidentes graves se deben al hecho de que los vehículos patinan al frenar, especialmente en suelo húmedo o liso, por haberse desgastado la cubierta hasta el extremo de haber desaparecido sus estrías. (V. FRENADO.)
El *neumático balón* o *de baja presión* tiene mayor capacidad de aire y menor presión que los de alta presión ordinarios. Los *neumáticos indeshinchables* o *sin cámara,* llevan interiormente una capa de goma blanda que hace hermética la junta con la llanta y que, además, obtura automáticamente las perforaciones. Estos neumáticos se calientan poco y conservan largo tiempo su presión.
Un neumático se designa con dos números, el primero de los cuales indica la anchura de la cubierta y el segundo el diámetro de la llanta. Ambos pueden ser expresados ya en milímetros (por ej. neumático de muy baja presión, de 155 × 400), ya en milímetros para la primera dimensión y en centímetros para la segunda (neumático de baja presión de 140 × 40), ya, por último, en pulgadas (el neumático de 5,50 × 15 equivale al de 140 × 38 del sistema métrico).
Los trenes de aterrizaje de los aviones se hallan provistos de neumáticos con tubo de anchura muy grande, con objeto de disminuir el peso aplicado a la pista por unidad de superficie. A pesar de su elevada resistencia, estos neumáticos son cambiados frecuentemente, dadas las gravísimas consecuencias que puede tener el estallido de los mismos.
En las bicicletas de carrera se emplean neumáticos especiales caracterizados por su poco peso y por su escasa resistencia de rodamiento y de penetración en el aire. Constan de una cámara de pared muy delgada y de una cubierta asimismo poco espesa, con sus dos bordes unidos por una costura.
La duración de los neumáticos y la estabilidad de los vehículos dependen en gran parte del cuidado que se pone en mantener constantemente las presiones requeridas.
El *neumático cisterna* o *tanque,* destinado al transporte de gasolina por las unidades militares, consiste en un par de neumáticos de grandes dimensiones (1,5 m) y capacidad (2 000 l) montados en los extremos de un eje corto del cual parte una lanza propia para engancharlo al ve-

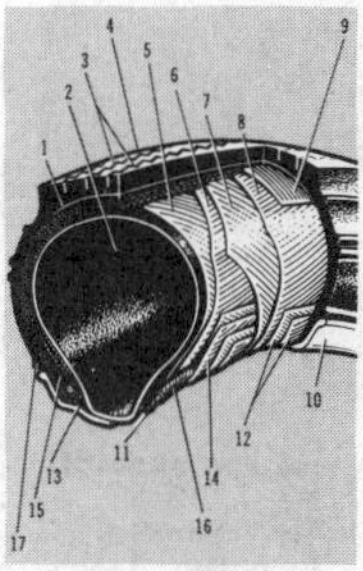

estructura de un **neumático**
1. Placa de asiento; 2. Cámara; 3. Ranuras antideslizantes; 4. Banda de rodadura; 5 a 8. Telas cauchutadas; 9. Tela divisoria; 10. Llanta; 11. Cerco de acero; 12. Telas de refuerzo; 13. Borde; 14. Dobleces para fijar el cerco; 15. Relleno; 16. Funda del cerco; 17. Talón

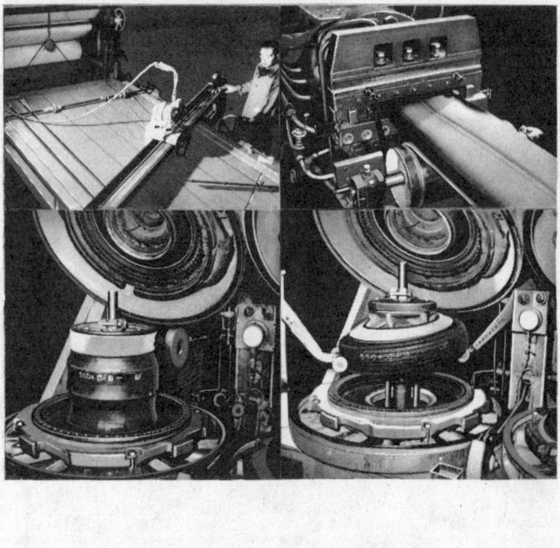

fabricación de **neumáticos** *(de izq. a der. y de arriba abajo):* máquinas de cortar y dar forma a las telas, preparación del molde y extracción del neumático

Fot. Dunlop

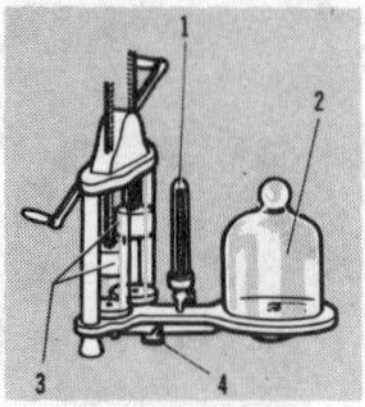

máquina **neumática** *(fís.)*
1. Manómetro; 2. Campana; 3. Bomba doble; 4. Llave

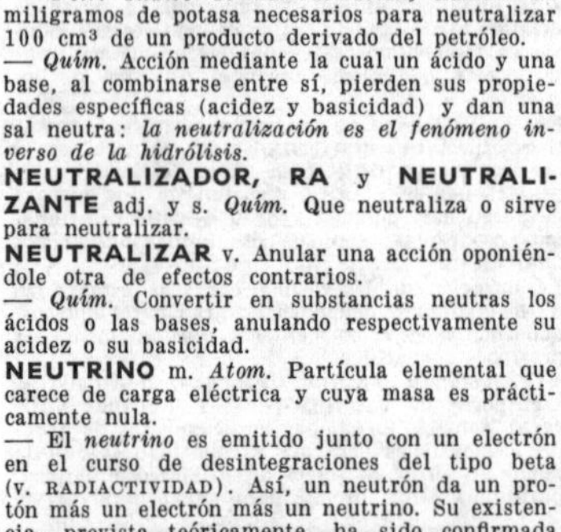

neutrongrafía *(abajo)* de un manómetro, una llave, un tubo de agua y otro de agua pesada; *(arriba)* radiografía de los mismos objetos

hículo tractor o para formar un verdadero tren con otros tanques similares. Además de la facilidad que representa su transporte a remolque, el *neumático cisterna* flota, incluso cuando se halla lleno de combustible, y puede ser arrastrado manualmente en los almacenes y otros lugares donde se usan o se guardan.

NEUMATOLISIS f. *Geol.* Acción atribuida por ciertos autores a los gases y vapores de origen interno que, al obrar como agentes mineralizadores, habrían dado lugar a la formación, por cristalización de la materia, de las rocas endógenas y de la turmalina, el topacio, la esmeralda y otros minerales fluorados o borados.

NEUMATOLÍTICO, CA adj. *Geol.* Dícese de los yacimientos mineralizados formados junto a las pegmatitas por el neumatolito *: *muchos filones de cuarzo estannífero y de tungsteno con ganga de cuarzo son neumatolíticos.*

NEUMATOLITO m. *Geol.* Fluido rico en elementos mineralizadores que se ha separado del magma durante la solidificación de las pegmatitas y ha dado lugar a la cristalización en caliente de dichos elementos.

NEUTRAL adj. *Quím.* Neutro.

NEUTRALIDAD f. Calidad de neutro *.

NEUTRALIZACIÓN f. Acción de neutralizar.
— *Ind. alim.* Eliminación de los ácidos grasos presentes, al estado libre, en un aceite.
— La *neutralización* se obtiene por medio de una lejía alcalina, cuyo álcali se combina con los ácidos grasos y da un jabón que se separa por centrifugación. Los aceites excesivamente ácidos se neutralizan por otros procedimientos: empleo de disolventes selectivos del ácido graso, depuración con un chorro de vapor de agua, etc.
— *Petr. Índice de neutralización,* número de miligramos de potasa necesarios para neutralizar 100 cm^3 de un producto derivado del petróleo.
— *Quím.* Acción mediante la cual un ácido y una base, al combinarse entre sí, pierden sus propiedades específicas (acidez y basicidad) y dan una sal neutra: *la neutralización es el fenómeno inverso de la hidrólisis.*

NEUTRALIZADOR, RA y **NEUTRALIZANTE** adj. y s. *Quím.* Que neutraliza o sirve para neutralizar.

NEUTRALIZAR v. Anular una acción oponiéndole otra de efectos contrarios.
— *Quím.* Convertir en substancias neutras los ácidos o las bases, anulando respectivamente su acidez o su basicidad.

NEUTRINO m. *Atom.* Partícula elemental que carece de carga eléctrica y cuya masa es prácticamente nula.
— El *neutrino* es emitido junto con un electrón en el curso de desintegraciones del tipo beta (v. RADIACTIVIDAD). Así, un neutrón da un protón más un electrón más un neutrino. Su existencia, prevista teóricamente, ha sido confirmada mediante experimentación de la reacción: neutrino + protón = neutrón + electrón positivo. Cuando esta partícula es emitida junto con un electrón positivo toma el nombre de neutrino (símbolo ν_e), mientras que la emitida con un electron negativo es un antineutrino (símbolo: ν_e).
Además del neutrino ν_e que resulta de la emisión de un electrón, existe otro neutrino ν_μ que es emitido con el mesón mu (μ) y así, un mismo mesón pi (π) puede dar una de las dos reacciones siguientes:

mesón π = mesón μ + neutrino ν_μ
mesón π = electrón + neutrino νe.

El neutrino se mueve con la velocidad de la luz y, teóricamente, puede pasar a través de la materia. Es una partícula muy interesante, en torno a la cual se han forjado nuevas teorías (especialmente sobre la gravitación). Su estudio presenta, sin embargo, dificultades considerables, pues, al carecer de carga eléctrica y de masa, no impresiona las placas sensibles ni ioniza los fluidos ni puede ser desviada por medio de campos ni descubierta con detectores de partículas.

NEUTRO, TRA adj. Que se halla en un estado intermediario entre dos estados opuestos.
— *Astron. Punto neutro,* v. PUNTO.
— *Electr.* y *Magn.* Dícese de los cuerpos que no presentan fenómenos eléctricos ni magnéticos. ‖ *Punto neutro,* en los sistemas de corrientes polifásicas montados en estrella, punto donde se unen los conductores que forman la misma y que suele hallarse conectado con la tierra. (V. ESTRELLA.)
— *Mar.* y *Mec. Fibra neutra,* v. FIBRA.
— *Miner.* Dícese de la roca que contiene de 55 a 65 % de sílice y que es intermediaria entre las rocas ácidas y las rocas básicas.
— *Quím. Sal neutra,* sal que no es ni básica ni ácida.

NEUTRODINO m. *Radiot.* Dispositivo o montaje que impide las oscilaciones parásitas debidas a las capacidades internas de los tubos y transistores, y que consiste en condensadores generadores de tensiones en oposición de fase con las de aquellas capacidades, anulándose ambas. (V. FASE y ONDA.)

NEUTROGRAFÍA f. *Atom.* Neutrongrafía.

NEUTRÓN m. *Atom.* Partícula elemental, eléctricamente neutra, que constituye, junto con el protón, los núcleos de los átomos.
— El *neutrón* es un nucleón desprovisto de carga eléctrica cuyo spin es 1/2. Su masa, ligeramente superior a la del protón y 1 840 veces mayor que la del electrón, es de 1,0089, o sea de $1,6747 \times 10^{-24}$ g.
En el núcleo atómico, un neutrón puede convertirse en protón, y viceversa, mediante emisión o absorción de mesones. Al estado libre, un neutrón no dura por término medio más de 13 mn, pues se desintegra y da un protón, un electrón y un neutrino.
Se pueden obtener electrones libres en el curso de desintegraciones nucleares, ya bombardeando una substancia con las partículas de elevada energía suministradas por un acelerador *; ya utilizando un manantial radiactivo (radio o radioelementos artificiales), ya aprovechando las reacciones de fisión * en un reactor nuclear.
Los neutrones tienen importancia considerable en razón de dos propiedades principales: 1.ª su poder de penetración en la materia, debido al hecho de que, careciendo de carga eléctrica, no pueden ser repelidos por las partículas positivas de la misma; 2.ª la posibilidad, por la misma razón, de ser absorbidos por los núcleos de los átomos. Las más de las veces un núcleo estable que absorbe uno o varios neutrones se convierte en el núcleo inestable de un isótopo radiactivo. (V. ISÓTOPO y RADIACTIVIDAD.)
Los *neutrones rápidos* emitidos en el curso de una reacción de fisión tienen una energía del orden del millón de electronvoltios y son excesivamente veloces para entretener una reacción de cadena. No obstante, mediante choques repetidos con los átomos de ciertas substancias (moderadores), son frenados hasta que su energía se cuenta en centésimos de electronvoltio y que su velocidad sea del orden del de la agitación térmica. Son entonces *neutrones térmicos* o *lentos* capaces de producir y entretener la reacción de cadena (v. FISIÓN y MODERADOR). A los neutrones de energía comprendida entre 1 y 100 000 electronvoltios se les da el nombre de *neutrones intermediarios.*
La neutrongrafía * constituye una de las aplicaciones del poder penetrante de los neutrones.

NEUTRONGRAFÍA f. *Atom.* Procedimiento comparable a la radiografía, pero en el cual los rayos X son reemplazados por neutrones.
— La *neutrongrafía* se funda en la propiedad que

Fot. X

tienen los neutrones de atravesar la materia, como lo hacen los rayos X. Es sobre todo interesante para fotografiar la estructura interna de cuerpos ligeros, pues éstos son prácticamente transparentes a los rayos X y dan radiografías sin detalles, mientras que, por el contrario, son buenos difusores de los neutrones. Si se trata, por ejemplo, de revelar detalladamente los defectos internos de una pieza metálica, se inyectará en sus grietas agua, gasolina, parafina o cualquier otra substancia que contenga hidrógeno. Este elemento ligero, al desviar los neutrones, dará una imagen de las grietas o defectos en la placa fotográfica situada en el lado opuesto de la pieza fotografiada.
En realidad los neutrones no pueden impresionar directamente las emulsiones fotográficas, por carecer de carga eléctrica. Así, pues, se dispone sobre la emulsión un revestimiento de boro o de cadmio en el cual el impacto de cada neutrón provoca la emisión de partículas electrizadas que impresionan la placa fotográfica.

NEUTRÓNICO, CA adj. y s. *Atom.* Relativo o perteneciente al neutrón: *bombardeo neutrónico.* ‖ — F. Parte de la física atómica que trata de los neutrones: *los centros de investigaciones nucleares tienen un servicio de neutrónica experimental.*

NEVADO m. *Amer.* Nevero.

NEVERA f. Mueble o armario de paredes aisladas térmicamente y provistos interiormente de una reserva de hielo que permite conservar los alimentos y las bebidas. ‖ *Nevera eléctrica,* aquella en la cual el hielo es reemplazado por el evaporador de una máquina frigorífica y que, según su principio de funcionamiento, puede ser *nevera de absorción* o *nevera de compresión.* (V. REFRIGERACIÓN.)

NEVERO m. Zona de nieves eternas en la cumbre de las montañas muy altas. (Sinón. NEVADO.)

NEWJANSKITA f. *Miner.* Osmiuro de iridio, mena de este metal y del osmio.

NEWTON, el cráter * o circo lunar más profundo de cuantos han podido ser medidos desde la Tierra (7 250 m).

NEWTON m. *Metr.* Unidad de medida de las fuerzas, cuyo símbolo es N, equivalente a la fuerza necesaria para que un cuerpo cuya masa es de 1 kg adquiera una aceleración * de 1 m/s por segundo. (V. FUERZA.)

NEWTON *(Anillos de).* V. ANILLO.

NEWTON *(Binomio de).* V. BINOMIO.

NEWTON *(Disco de).* V. ESPECTRO.

Ni, símbolo químico del *níquel.*

NICCOLITA f. *Miner.* Niquelina.

NICOCIANA f. *Bot.* Nicotiana.

NICOL m. *Ópt. Prisma de Nicol,* o simplemente *nicol,* dispositivo birrefringente que sirve para polarizar la luz.
— El *nicol* se halla constituido por un prisma de espato al cual se da un corte, con un ángulo

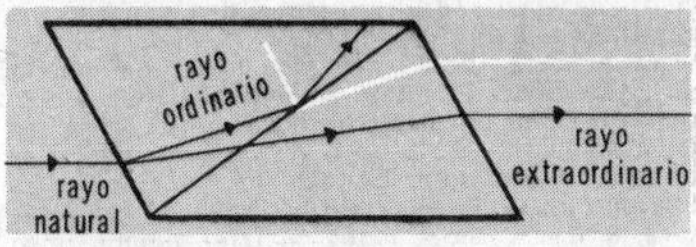

de 35°, para obtener dos prismas triangulares que luego se pegan con bálsamo del Canadá. El rayo incidente o rayo natural que hiere el nicol paralelamente a su base, da un rayo ordinario, reflejado por el bálsamo, y un rayo extraordinario, que, por tener menor incidencia que el anterior, atraviesa el bálsamo y sale polarizado del cristal. El nicol se emplea ya para analizar la luz, ya para polarizarla. (V. POLARIZACIÓN y REFRACCIÓN.)

NICOLITA f. *Miner.* Niquelina.

NICOTIANA f. *Bot.* y *Tab.* Nombre científico de un género de plantas solanáceas entre cuyas especies figura el tabaco * *(N. tabacum).*

NICOTINA f. *Quím.* Alcaloide presente en las hojas del tabaco.
— La *nicotina* es un tóxico potente, que se emplea en agricultura como insecticida. Los efectos perniciosos del tabaco en el organismo de los fumadores pueden ser atenuados mediante la desnicotinización * de aquél, en cuya operación se elimina la mayor parte de la nicotina que, según su calidad, contiene en la proporción de 1 a 8%.

NICROMO m. Marca registrada de una aleación de níquel y cromo.
— El *Nicromo* se compone de 80% de níquel y 20% de cromo (si bien se reemplaza a veces una parte de éste por hierro, con objeto de obtener un metal más barato). Esta aleación se caracteriza por conservar sus propiedades mecánicas a temperaturas elevadas (1 100°), por cuya razón se emplea en la construcción de hornos y en la de resistencias eléctricas. También se aprovechan sus excelentes propiedades anticorrosivas en construcciones navales y en la de aparatos, recipientes y tuberías para las industrias químicas y alimenticias.

NICHO m. *Arq.* Hueco que se hace o deja en el espesor de un muro, constituido generalmente por una sección semicilíndrica rematada por un cuarto de esfera, y que sirve para colocar estatuas, jarrones u otros elementos decorativos. ‖ Por ext., concavidad practicada en una pared con algún otro fin.

NIDO m. *Aeron. Estructura* o *relleno de nido de abeja,* V. PANAL.
— *Autom. Radiador de nido de abeja,* radiador de panal. (V. RADIADOR.)
— *Radiot. Bobina* o *carrete de nido de abeja,* bobina de panal. (V. BOBINA.)
— *Text. Nido de abeja,* punto * de tripa.

NIEBLA f. *Meteor.* Nube del tipo de los estratos, que descansa sobre el suelo y se halla constituida por una suspensión de gotitas de agua que miden en promedio unos 20 micrones.
— La transparencia de la *niebla* depende de la proporción de gotitas presentes en la suspensión aérea. Si la visibilidad es de más de un kilómetro, se dice que existe bruma; si la visibilidad es inferior a dicha distancia, se trata de niebla.
La niebla puede ser engendrada por varias causas: enfriamiento nocturno en el curso de situaciones anticiclónicas *(niebla de radiación)*; paso de corrientes de aire húmedo a lo largo de terrenos fríos (*niebla de advección* producida en invierno por la llegada de aire marítimo); circulación de aire frío sobre los lagos, ríos u otras superficies húmedas y cálidas *(niebla de evaporación)*; mezcla de dos masas de aire muy húmedo, aunque no saturado *(niebla de mezcla).*
De lo antedicho se desprende que las nieblas son frecuentes en invierno, especialmente en las zonas húmedas (mares, bosques, prados), pero no en las aglomeraciones urbanas, cuya temperatura es siempre más elevada.
La niebla constituye un grave inconveniente en materia de transportes. Para los automóviles se han previsto faros * especiales que reducen la difusión de la luz por las gotitas. Por lo demás, la luz amarilla de las lámparas de vapor de sodio se emplea en el alumbrado de calzadas porque atraviesa mejor la niebla que la luz blanca. Los aeropuertos importantes disponen a lo largo de las pistas de numerosos quemadores de hidrocarburos que, al elevar la temperatura del aire, disipan la niebla hasta una altura más o menos grande, aunque suficiente para que el piloto, guiado por las ayudas radioeléctricas, pueda divisar la pista y posar el aparato en ella. (V. ATERRIZAJE.)

NIEL m. *Joy.* Variedad de damasquinado en la cual los hilos metálicos embutidos son reemplazados por un esmalte negro.
— El *niel* es una labor que solamente puede efectuarse en piezas de plata. El dibujo se graba en hueco, en forma de surcos suficientemente anchos y profundos que luego se llenan con la pasta de esmalte. La pieza se trata en un horno de esmaltar y, finalmente, se liman las rebabas que presenta el esmalte. La composición de éste es la siguiente: 38 partes de plata, 72 de cobre rojo, 50 de plomo, 384 de azufre y la cantidad suficiente de fundente de bórax. Una vez fundida la mezcla, se pulveriza y el polvo se disuelve en agua gomosa para formar la pasta de esmalte.

NIELADO m. *Joy.* Acción y efecto de nielar.

NIELAR v. *Joy.* Efectuar una labor de niel.

NIEVE f. *Joy.* Alteración de la gema que se enturbia o empaña.
— *Meteor.* Agua congelada que se precipita en forma de copos blancos y ligeros.
— La formación de la *nieve* constituye un fenómeno, mucho más complejo que el de la lluvia,

algunas de las formas que adoptan los cristales de **nieve**

cuyos detalles no se conocen aún a ciencia cierta. No obstante, se sabe que toda precipitación de nieve presupone la existencia de núcleos de condensación y de gotitas de agua en estado de sobrefusión. Tal es, por lo demás, el fenómeno al cual se debe la formación de la lluvia * y con frecuencia las precipitaciones acuosas no son sino precipitaciones de nieve en forma de copos que, al atravesar capas de aire de temperatura superior a 0°, se funden antes de llegar al suelo. Consiguientemente, para que se produzca una nevada es necesario no solamente que se formen los copos en las nubes, sino también que los mismos no atraviesen capas bajas de aire que tenga más de 0° de temperatura. En ciertos casos existen fuertes corrientes ascendentes y los copos, al condensarse en los mismos repetidas capas de agua, se convierten en granizo *.
La nieve que se forma a temperaturas muy bajas consta de cristales finos y secos. En las regiones templadas se precipita más bien en forma de copos esponjosos constituidos, cada uno de ellos, por varios cristales mojados o parcialmente fundidos y aglomerados entre sí.
La nieve, en razón de su albedo, refleja los rayos caloríferos del Sol, en vez de absorberlos, y provoca así un descenso de la temperatura local, pero es aislante y puede proteger los cultivos contra las heladas si el aire se halla a una temperatura excesivamente baja. Por otra parte, en las regiones nevadas, la fusión de la nieve determina el régimen de los ríos, caracterizado por las crecidas de primavera o de verano.
— *Quím.* Nombre dado a ciertos sólidos pulverulentos que guardan parecido con la nieve y, por ejemplo, la *nieve de antimonio* es el anhídrido antimonioso, la *nieve fosfórica*, el anhídrido fosfórico, etc. ‖ *Nieve carbónica*, anhídrido carbónico que, al expandirse fuera de la botella que lo contiene a presión, se sublima y da un producto blanco en copos parecidos a los de la nieve, cuya temperatura puede ser de —79°. (Sinón. CARBOHIELO, NIEVE SECA.)

NIFE m. *Geol.* Materia pesada, a base de níquel y de hierro que, según ciertas teorías, constituye el núcleo central del globo terrestre. (V. TIERRA.)

NIGRICA m. *Miner.* Esquisto negro que sirve de carboncillo para dibujar.

NIGROSINAS f. pl. *Quím.* Grupo de colorantes, de la familia de las azinas, que se obtienen oxidando la anilina con hidrobenceno en presencia de hierro y de ácido clorhídrico.

NIMBO m. *Meteor.* Nombre dado primitivamente al *nimboestrato.* ‖ Elemento que entra en la formación de voces compuestas y que significa nubes: *cumulonimbo.*

NIMBOESTRATO m. *Meteor.* Nube amorfa y baja de color uniformemente plomizo, que da precipitaciones continuas de lluvia o de nieve.

NILÓN m. *Text.* Forma españolizada de *Nylon*, cuya grafía es ilegal mientras este nombre se halle cubierto, como marca registrada, por patentes. (V. NYLON.)

NIMBOSO, SA adj. *Meteor.* Dícese del tiempo cubierto por el paso de nimboestratos, con lluvias a veces acompañadas de ráfagas de viento.

NIMONIC m. *Metal.* Marca registrada de una aleación refractaria a base de níquel, molibdeno y niobio, a los cuales se agregan a veces pequeñas proporciones de cromo, titanio, cobalto, etc.: *los álabes de los turborreactores suelen ser de aleación del tipo Nimonic.*

NIOBATO m. *Quím.* Sal de un ácido nióbico.

NIOBE *(Esencia de)*, nombre dado en perfumería al *benzoato de metilo*, substancia muy olorosa que entra en la composición de perfumes.

NIÓBICO, CA adj. Dícese del anhídrido Nb_2O_5 y de sus correspondientes ácidos.

NIOBIO m. *Quím.* Elemento químico de número atómico 41 y símbolo *Nb*, antes llamado *colombio.*
— El *niobio* es un metal blanco del cual damos a continuación las principales constantes físicas: densidad, 8,57; temperaturas aproximadas de fusión y de ebullición, 2 500 y 3 300°, respectivamente; masa atómica, 92,906. Solamente se oxida a temperaturas elevadas y el aire no lo altera. Sus características son muy parecidas a las del tantalio y ambos metales provienen de las mismas menas (que suelen ser niobotantalatos), especialmente de la columbita *. Para extraer el niobio, el mineral es atacado con sosa cáustica fundida, obteniéndose así fluosales de tantalio y de niobio que son separadas por cristalización. Las fluosales son ya reducidas por el sodio, ya sometidas a electrólisis al estado fundido.
El niobio puro tiene escasas aplicaciones (por ej. como getter * y para el revestimiento de las barras de combustible atómico en los reactores nucleares). Entra, no obstante, en la composición de aleaciones a las cuales confiere propiedades refractarias y anticorrosivas, al mismo tiempo que mejora su resistencia mecánica, especialmente a temperaturas elevadas (v. NIMONIC). El *nitruro de niobio* es supraconductor * a la temperatura de —258°, por cuya razón se emplea en los bolómetros detectores de rayos infrarrojos.

NIOBITA f. *Miner.* Columbita.

NIOBOTANTALATO m. *Quím.* Mezcla o combinación de un niobato y un tantalato.

NIPIS m. *Text.* Tela muy fina y transparente, que se teje con las fibras más tenues y delicadas del abacá *: *con el nipis se hacen pañuelos y mantones de Manila finamente bordados.*

NÍQUEL m. *Metal.* y *Quím.* Elemento químico de número atómico 28, cuyo símbolo es *Ni.* ‖ *Níquel carbonilo*, combinación $Ni(CO)_4$ de níquel y de óxido de carbono, que es fácilmente desdoblada por el calor y permite purificar el níquel.
— El *níquel* es un metal blanco, que presenta no pocas analogías con el hierro y cuyas principales constantes físicas se indican a continuación: densidad, 8,90; puntos de fusión y de ebullición, 1 455° y 3 075°, respectivamente; masa atómica, 58,71 (el níquel es una mezcla de 5 isótopos de masa 58, 60, 61, 62 y 64, constituyendo el primero de ellos 67,88 % de la masa total). El níquel, maleable y dúctil, es también el más duro de todos los metales de uso corriente y es ferromagnético hasta la temperatura de 385°. No se oxida en frío, aunque sí en caliente. Al estado de polvo fino absorbe grandes volúmenes de hidrógeno molecular y lo convierte en hidrógeno atómico, propiedad que hace de él un excelente catalizador en los procedimientos de hidrogenación (en vez del platino, mucho más caro).

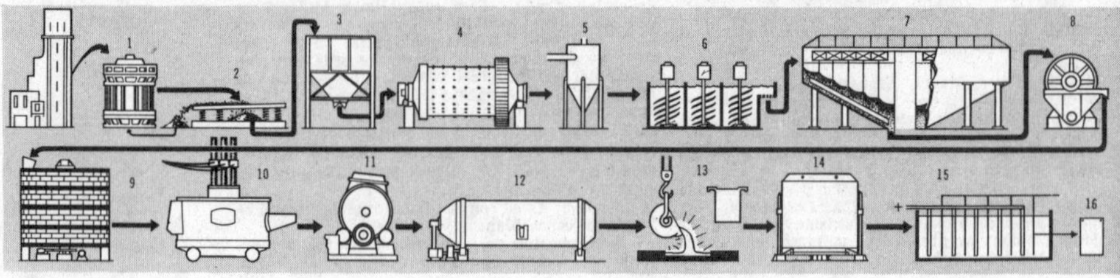

extracción del **níquel**
1. Machacado; 2. Cribado; 3. Tolva; 4. Trituración; 5. Clasificación; 6. Separación por flotación; 7. Concentración; 8. Filtrado; 9. Tostación; 10. Fusión; 11. Afino en el convertidor; 12. Recalentamiento; 13. Vaciado de los ánodos; 14. Recocido; 15. Afino electrolítico; 16. Cátodo de níquel puro

El níquel figura en la composición de los meteoritos, que lo contienen a veces en la proporción de 30 % y generalmente aleado con el hierro. Es un metal relativamente raro en la corteza terrestre, si bien se supone que es uno de los constituyentes del núcleo pesado del Globo (v. NIFE). Se extrae principalmente de la garnierita * (5 % de níquel) y de las piritas * niquelíferas o pirrotinas (3 % de níquel). Las distintas fases de la extracción se ilustran en la figura. Las pirrotinas se disuelven en caliente en sulfuro de sodio y, al enfriarse la mezcla, se separan en el baño los distintos sulfuros en razón de la diferencia de sus pesos específicos. El sulfuro de níquel es decantado y tostado, y los óxidos así obtenidos son reducidos por el carbón, lográndose níquel impuro que puede ser refinado por electrólisis.
La garnierita, una vez tostada y aglomerada, puede tratarse con carbón y caliza en un horno de cuba (lo cual da una mata sulfurosa), o bien en un horno de arco, que da fundición de níquel. El producto resultante se afina por electrólisis o mediante reducción por el carbón de leña. También puede ser volatilizado en forma de gas de *níquel carbonilo,* que, una vez disociado, da níquel puro exento de cobalto.
El níquel puro resiste a los agentes químicos ordinarios y toma un hermoso pulimento. Suele ser aplicado en forma de revestimientos tenues para proteger la superficie de otros metales (v. NIQUELADO). La mayor parte del níquel producido se consume en forma de aleación. Con el hierro da ligas resistentes a la corrosión, algunas de las cuales tienen una dilatabilidad prácticamente nula (v. FERRONÍQUEL, INVAR y PLATINITA), mientras que otras se distinguen por su elevada permeabilidad magnética (v. NUMETAL y PERMALLOY). Las ligas con el cromo (v. NICROMO) son refractarias. Otras aleaciones se caracterizan por la resistencia a la oxidación en caliente (v. INCONEL y NIMONIC), por sus propiedades termoeléctricas (v. CROMEL) y por conservar su elasticidad independientemente de los cambios de temperatura (v. ELINVAR). Las aleaciones con el cobre y otros metales son maleables, resisten a la corrosión marina y tienen buena conductibilidad térmica (v. CUPRONÍQUEL, CONSTANTÁN y MONEL). Citemos por último las ligas de cobre, cinc y níquel que se labran fácilmente y tienen aspecto decorativo (v. MAILLECHORT). El níquel se agrega también al hierro, en pequeñas proporciones, a veces junto con cromo, para obtener acero inoxidable y otros aceros * especiales. También mejora la fundición * gris. Asimismo, se añade níquel a ciertas aleaciones de cobre para conferirles propiedades anticorrosivas y mejorar su resistencia mecánica (v. BRONCE, CUPROALUMINIO y LATÓN).
Las *sales de níquel* tienen muy pocas aplicaciones, si se exceptúa el niquelado *. En ellas el metal es bivalente.

NIQUELADO m. y **NIQUELADURA** f. *Metal.* Acción y efecto de cubrir una superficie con una capa tenue de níquel.
— El *niquelado* es una metalización que permite mejorar el aspecto de las superficies tratadas y protegerlas contra la oxidación y la acción de los agentes corrosivos en general. Las más de las veces se practica por electrólisis *, empleando como electrólito un baño que contiene, por litro: de 250 a 350 g de sulfato de níquel, de 25 a 40 g de cloruro de níquel y de 20 a 40 g de ácido bórico. La corriente aplicada es del orden de 2 a 6 amperios por decímetro cuadrado y la temperatura del baño, de 35 a 60°. Para obtener una capa de níquel más dura, se emplea un baño de sulfato de níquel, cloruro de amonio y ácido bórico, a la temperatura de 50° y con corriente de 5 A/dm². Sobre este revestimiento se aplica a veces otro de cromo (v. CROMADO), obteniéndose así una resistencia muy grande contra los agentes corrosivos.
El *niquelado brillante* se logra agregando al baño tiourea u otras substancias merced a las cuales la superficie del revestimiento es tan brillante que no necesita ser pulida.
El *niquelado químico* se obtiene, sumergiendo la pieza ya en una disolución de diversas sales de níquel, ya en un baño caliente en el cual una sal de níquel es reducida por un hipofosfito alcalino en presencia de un catalizador (el revestimiento consiste en este caso en una aleación de níquel con 6 % de fósforo).
El *niquelado químico* da capas muy tenues y poco duraderas. Las del *niquelado electrolítico* suelen medir de 8 a 10 micrones sobre cobre y unos 15 sobre acero.

NIQUELAR v. *Metal.* Metalizar una superficie cubriéndola con una capa de níquel. (V. NIQUELADO.)

NIQUÉLICO, CA adj. Relativo al níquel. ‖ Dícese de las sales del níquel cuadrivalente.

NIQUELÍFERO, RA adj. Que contiene níquel.

NIQUELINA f. *Miner.* Arseniuro de níquel NiAs, una de las menas de este metal.

NIQUELIZACIÓN f. *Metal.* Niquelado.

NIQUELIZAR v. *Metal.* Niquelar.

NIT m. *Lumin.* Unidad de luminancia igual a una candela por metro cuadrado de superficie aparente y equivalente a la diezmilésima parte del stilb.

NITIDEZ f. Calidad de neto.
— *Fot.* Cualidad del clisé negativo o de la prueba positiva cuya imagen muestra netamente delimitados los detalles más finos del original.
— La *nitidez* de las imágenes depende de la granulosidad de las emulsiones, de la calidad del objetivo y de las condiciones en que se ha efectuado el revelado. En igualdad de condiciones, una imagen correctamente expuesta es tanto más nítida cuanto menor es el diafragma * empleado al impresionar la fotografía. (V. ABERTURA.)

NITO m. *Quím.* Sinónimo anticuado de *radón.*

NITÓMETRO m. *Lumin.* Fotómetro que carece de cristal difusor y sirve para medir en nits la luminancia de superficies luminosas y no de manantiales puntuales.

NITÓN m. *Quím.* Nito o radón.

NITR, prefijo empleado en química para indicar que, en la molécula de un compuesto, uno o varios átomos de hidrógeno han sido reemplazados por otros tantos grupos NO_2. (V. NITRADO.)

NITRACIÓN f. *Quím.* Operación consistente en reemplazar un átomo de hidrógeno por el radical azotilo NO_2 en la molécula de un compuesto orgánico y que suele practicarse en gran escala sometiendo el compuesto a la acción de una mezcla sulfonítrica * en un nitrador *.

NITRADO, DA adj. *Expl. Explosivo nitrado,* explosivo constituido ya por un éster nítrico (nitroglicerina), ya por un derivado nitrado (tolita, hexógeno, ácido pícrico, etc.).
— *Quím.* Dícese de los compuestos cuya molécula contiene el radical univalente NO_2. ‖ Que ha sido sometido a la nitración *.
— Los *derivados nitrados* forman un grupo de compuestos cuya fórmula general es $r\text{-}NO_2$, en la cual r es un radical carbonado. Tienen importancia considerable, especialmente en la serie aromática. Su reducción por los metales en medio ácido conduce a la preparación de las arilaminas. En medio alcalino se obtienen compuestos azoicos, y, por otra parte, aminas de la serie de la bencidina. Muchas son, entre todas estas substancias, las que sirven para elaborar colorantes sintéticos.
Ciertos derivados nitrados particularmente inestables son explosivos, como el ácido pícrico y el trinitrotolueno.

NITRADOR m. *Ind.* Caldera grande de fundición provista de agitadores, de un sistema de caldeo por el vapor y de otro de refrigeración mediante circulación de agua fría: *el nitrador sirve para efectuar industrialmente la nitración.* (V. NITROGLICERINA.)

NITRAL m. *Min.* Yacimiento de nitratos *.

NITRAMINA f. Derivado nitrado * de una amina.

NITRANILINA f. *Quím.* Derivado nitrado de la anilina, del cual existen tres formas isómeras.
— La *nitranilina para* o *paranitranilina* da un colorante azoico muy importante, el *rojo de paranitranilina,* que se obtiene sobre la misma fibra textil por copulación y es insoluble.

NITRATACIÓN f. *Quím.* Transformación del ácido nitroso y de los nitritos en ácidos nítrico y en nitratos: *los nitratos del suelo, con que se alimentan las plantas, son producidos mediante nitración por la bacteria llamada Nitrobacter.*

NITRATADO, DA adj. *Quím.* Transformado en nitrato. ‖ Impregnado de nitrato. ‖ Dícese del

explosivo u otro producto químico a base de nitrato.
— Los *explosivos nitratados* actuales suelen ser a base de nitrato de amonio asociado con la tolita o el dinitronaftaleno, a cuya mezcla se agregan pequeñas proporciones de aserrín fino, polvo de aluminio y otros ingredientes. Son explosivos baratos, poco sensibles a los choques y a las llamas.

NITRATAR v. *Quím.* Convertir en nitrato. ‖ Incorporar nitrato a una materia.

NITRATINA f. *Miner.* Natronita.

NITRATO m. *Quím.* Sal del ácido nítrico.
— Los *nitratos*, sólidos cristalizados, son oxidantes, pues, descompuestos por el calor, dan óxidos o substancias oxigenadas (unos, si son alcalinos, dan nitritos; los otros —salvo el *nitrato de amonio* que da agua y óxido nitroso— dan, además del correspondiente óxido metálico, oxígeno y peróxido de nitrógeno). La naturaleza suministra importantes cantidades de *nitratos de sodio* y *de potasio*, cuyos yacimientos resultan de la transformación del nitrógeno de las materias orgánicas descompuestas por microorganismos en determinadas condiciones (suelo poroso, presencia de bases alcalinas o de nitrógeno orgánico, estación seca bastante prolongada, alternancia de días soleados y noches húmedas). En Chile existen importantes criaderos de caliche, nitratina o natronita, mezcla de sal común y de 20 a 65 % de nitrato de sodio, cuya formación es atribuida por algunos a la descomposición del guano, aun cuando parece que se trate de la combinación de nitrógeno volcánico con sal marina.
El caliche contiene también yodo, fosfatos, cloruros y otras materias. Para extraer el nitrato de sodio ($NaNO_3$), se lixivia el mineral con agua hirviente y luego se cristaliza el nitrato disuelto. De las aguas madres se extrae también yodo.
El *nitrato de potasio* KNO_3 es el componente de los costras de nitro o salitre que cubren el suelo en ciertas partes y que se benefician en Egipto y la India. También se obtiene industrialmente descomponiendo una disolución acuosa de *nitrato de Chile* con cloruro de potasio: la sal común se deposita en el fondo y la disolución pasa a otras pilas donde, al enfriarse, cristaliza el nitrato potásico.
Los demás nitratos se preparan industrialmente ya haciendo obrar el peróxido de nitrógeno sintético sobre los álcalis o los carbonatos, ya, las más de las veces, tratando con ácido nítrico el metal correspondiente o alguno de sus compuestos (carbonato, óxido o sulfuro).
El *nitrato de calcio*, el de amonio y los *nitratos alcalinos* se emplean como abonos *.
El *nitrato de potasio* tiene, además, los siguientes usos: fabricación de explosivos nitratados *, afino y oxidación de metales, conservación de la carne y otros alimentos, etc. También se agrega al tabaco para facilitar su combustión.
El nombre de nitrato se da asimismo a ciertos éteres sales y, por ejemplo, el *nitrato de celulosa*, es la nitrocelulosa.

NITRERA f. *Min. Amer.* Calichera. (V. NITRATO.)

NITRETANO m. *Quím.* Nitroetano.

NÍTRICO, CA adj. *Quím.* Dícese del ácido HNO_3, del anhídrido N_2O_5 y del óxido No. ‖ Relativo a los derivados del nitrógeno. ‖ *Fermentos nítricos*, v. NITRIFICACIÓN.
— El *anhídrido nítrico* es un sólido blanco que funde a 30° y se descompone a las temperaturas superiores en oxígeno y peróxido de nitrógeno. En presencia de agua se convierte en *ácido nítrico*. Inversamente, para preparar el anhídrido, se deshidrata el ácido.
El ácido nítrico es, además del más fuerte de todos los ácidos, un oxidante poderoso. Al estado puro se le da comercialmente los nombres de *ácido nítrico monohidratado* o *fumante*, que contiene una sola molécula de agua (N_2O_5, H_2O). Es un líquido incoloro, de densidad 1,52, que tiene 52° Baumé, se solidifica a —41° y hierve a 86°. Al hervir se descompone parcialmente en agua, con desprendimiento de oxígeno y de peróxido de nitrógeno. Una parte del agua diluye el líquido y entonces la temperatura de ebullición alcanza 123°, obteniéndose desde este momento un destilado que contiene 69 % de ácido puro y que constituye el ácido nítrico ordinario o cuadrihidratado (N_2O_5, $4H_2O$), cuyo peso específico es de 40° Baumé.
El ácido nítrico es un oxidante tanto más enérgico cuanto mayor es su concentración y más elevada su temperatura; quema la piel y los tejidos e inflama muchas materias orgánicas; convierte el azufre en ácido sulfúrico y el fósforo en ácido fosfórico, etc.; obra sobre las bases para dar las sales llamadas nitratos * y ataca los metales (salvo el oro y el platino); combinado con los alcoholes, da ésteres (con la glicerina da nitroglicerina, con la celulosa, nitrocelulosa, etc.), y, por último, con los compuestos bencénicos da derivados nitrados * (por ej., con el benceno da nitrobenceno).
El ácido nítrico se prepara industrialmente haciendo obrar el ácido sulfúrico sobre el nitrato de Chile a la temperatura máxima de 150° y condensando los vapores de aquel ácido, que desprende la reacción. A este procedimiento se prefiere hoy la síntesis indirecta del ácido, la cual se efectúa oxidando, en presencia de platino y a 700°, una mezcla de aire con 10 % de gas amoniaco. Se obtiene así peróxido de nitrógeno que, al circular por unas torres donde chorrea agua, reacciona con ésta y da ácido nítrico.
Las principales aplicaciones de este ácido son las siguientes: grabado * de planchas para la impresión (aguafuerte, etc.), fabricación de nitratos (especialmente para producir abonos) y de derivados nitrados con los cuales se elaboran explosivos y colorantes. También lo consumen los cohetes como ergol comburente. (V. PROPERGOL.)

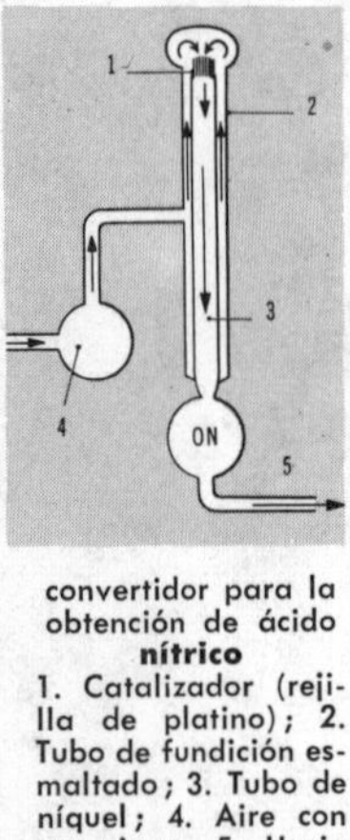

convertidor para la obtención de ácido nítrico
1. Catalizador (rejilla de platino); 2. Tubo de fundición esmaltado; 3. Tubo de níquel; 4. Aire con amoniaco; 5. Hacia las torres de oxidación

NITRIFICACIÓN f. *Quím.* Formación de nitratos a partir de las materias orgánicas.
— La *nitrificación* se produce en dos tiempos por microorganismos diferentes. Primeramente las materias orgánicas en vías de descomposición son objeto de una *nitrosación* que transforma el nitrógeno amoniacal en ácido nitroso merced a la acción de las bacterias nitrosonomas. Luego, la bacteria *Nitrobacter* efectúa la *nitratación* u oxidación del ácido nitroso en ácido nítrico.
La nitrificación tiene importancia considerable en agricultura, pues hace que, finalmente, el nitrógeno de las materias orgánicas pueda ser asimilado por los vegetales.

NITRIFICADOR, RA y **NITRIFICANTE** adj. Que nitrifica o produce la nitrificación.

NITRIFICAR v. Nitratar. ‖ Cubrirse de nitro una piedra o un muro.

NITRILO m. *Quím.* Nombre de los compuestos que tienen la fórmula general $r—C\equiv N$, en la cual r es un radical alcohólico o fenólico: el metilo, el naftilo, etc.
— Los *nitrilos* son considerados como éteres cianhídricos que se obtienen tratando un yoduro de alcoilo con cianuro de potasio o mediante deshidratación de las amidas. En la molécula de los nitrilos existe un triple enlace de carbono con hidrógeno, a cuya circunstancia deben estos cuerpos su gran reactividad. Combinados con el hidrógeno dan aminas y con los derivados magnesianos dan cetonas. El más simple de todos, el *nitrilo acrílico* o *acrilonitrilo* se obtiene haciendo obrar el acetileno sobre el ácido cianhídrico en presencia de cianuro de bario y es la materia primera con que se fabrican diversas fibras * acrílicas y caucho artificial perbunán *.
La mezcla de nitrilo y de ácido nítrico constituye un monergol. (V. PROPERGOL.)

NITRINA f. *Quím.* Nombre dado a los éteres nítricos de la glicerina.

NITRITO m. *Quím.* Sal del ácido nitroso.
— Los *nitritos* resultan de la combinación del ácido nitroso con una base. Los que más importancia tienen son los nitritos alcalinos, sólidos cristalizados solubles en el agua y que se obtienen por síntesis al mismo tiempo que el ácido nítrico. La reacción de los nitritos con la anilina en medio ácido da los diazoicos *, que sirven para preparar numerosas materias colorantes. La descomposición de los nitritos se aprovecha en ciertos cohetes espaciales como manantial auxiliar de gases calientes. También se emplean los nitritos en terapéutica.

NITRO m. *Quím.* Nitrato * de potasio. (Sinón. SALITRE.) ‖ *Nitro cúbico* o *de Chile*, nitrato * de sodio. (Sinón. NATRONITA y NITRATINA.) ‖ *Nitro detonante*, nitrato de amonio.

NITRO, una de las formas del prefijo *nitr*.

NITROAMONIACAL adj. *Expl.* Dícese de los explosivos a base de nitrato * de amonio.

NITROANILINA f. *Quím.* Nitranilina.

NITROBACTERIA f. *Quím.* Bacteria (*Nitrobacter*) que oxida los nitritos y los convierte en nitratos. (V. NITRIFICACIÓN.)

NITROBENCENO m. *Quím.* Derivado nitrado del benceno, cuya fórmula es $C_6H_5—NO_2$ (también se llama, aunque impropiamente, *nitrobencina* y *nitrobenzol*).

— El *nitrobenceno*, prototipo de los derivados nitrados * de la serie aromática, es un líquido aceitoso, incoloro (o ligeramente amarillento), de densidad 1,208, que hierve a 209° y funde a 5,7. No es soluble en el agua, pero sí en los disolventes orgánicos. Se fabrica vertiendo benceno en el ácido nítrico fumante o en una mezcla de ácido nítrico ordinario y de ácido sulfúrico.

El nitrobenceno tiene importancia considerable en la industria de los colorantes sintéticos, pues sirve para preparar la anilina, la bencidina, la fucsina, etc. Su olor fino de almendras amargas hace que se emplee en perfumería con el nombre de *esencia de mirbana*.

NITROCELULOSA f. *Quím.* Éter nítrico de la celulosa que se obtiene haciendo obrar el ácido nítrico —solo o mezclado con ácido sulfúrico— sobre las fibras de celulosa.

— Las materias primeras de la *nitrocelulosa* son el algodón y la misma fibra o pasta de madera empleada para hacer papel. Según el grado de nitración alcanzado se obtiene un producto diferente: si éste tiene más de 12 % de nitrógeno constituye el algodón * pólvora, y la proporción de 10,8 a 11,6 % da piroxilo.

La nitrocelulosa es un explosivo rápido cuya velocidad de combustión puede ser moderada gelificándola con éter y alcohol. Constituye la base de las pólvoras * sin humo.

El piroxilo y las nitrocelulosas poco nitradas sirven para hacer colodión, barnices y celuloide. La nitrocelulosa constituye también la base principal de propergoles sólidos empleados para la propulsión de cohetes.

— *Text.* Seda de celulosa. (V. SEDA.)

NITROCELULÓSICO, CA adj. *Quím.* A base de nitrocelulosa: *barniz nitrocelulósico.*

NITROCLOROFORMO m. *Quím.* Cloropicrina.

NITROCOMPUESTO m. *Quím.* Derivado nitrado *.

NITROETANO m. *Quím.* Líquido que es un derivado nitrado del etano de fórmula $C_2H_5NO_2$.

NITROFENOL m. *Quím.* Fenol nitrado por el ácido nítrico diluido, que se emplea en la industria de los colorantes. (V. también DINITROFENOL y PÍCRICO.)

NITROFORMO m. *Quím.* Cuerpo análogo al cloroformo que se obtiene por nitración intensa del metano y es explosivo. (Sinón. TRINITROMETANO.)

NITROGENADO, DA adj. *Quím.* Que contiene nitrógeno: *abonos nitrogenados.* (Sinón. AZOADO.)

NITROGENAR v. *Quím.* Mezclar o combinar con nitrógeno. (Sinón. AZOAR.)

NITRÓGENO m. *Quím.* Elemento o cuerpo simple de peso atómico 7, cuyo símbolo es N. ‖ *Ciclo del nitrógeno*, v. más abajo el art. encicl. (Sinón. ÁZOE.)

— El *nitrógeno* es un gas incoloro e inodoro cuyas principales constantes físicas son: densidad (respecto a la del aire), 0,967 y, al estado líquido (respecto a la del agua), 0,804; temperaturas de ebullición y de solidificación, —195,67° y —209,9°, respectivamente; temperatura crítica, —146°; masa atómica, 14,007 (consta de 99,635 % de isótopo 14 y de 0,365 de isótopo 15).

El nitrógeno carece de actividad química a las temperaturas ordinarias, pero las temperaturas elevadas lo disocian en nitrógeno monoatómico y da entonces reacciones muy importantes, tanto industrialmente como por el papel que representan en los fenómenos biológicos: con el hidrógeno da amoniaco, hidracina *, etc.; con el oxígeno da óxido y peróxido nítricos, sirviendo el último para fabricar el ácido nítrico *; con los metales da nitruros, etc. (V. también NITRATO, NITRADO, etc.) Es, por lo demás, un componente esencial de las células animales y vegetales (ácidos aminados, proteínas, etc.) y, consiguientemente, entra en la composición de las aminas, amidas, colorantes sintéticos, compuestos heterocíclicos, etc.

Se calcula que el universo contiene tres átomos de nitrógeno por cada átomo de silicio *. La corteza terrestre lo contiene, a razón de 0,04 %, combinado en los minerales, los nitratos y las sales amoniacales. Pero este elemento es sobre todo abundante en la atmósfera, pues constituye 75,5 % de la masa del aire y 78 % de su volumen, y, según diversas medidas y cálculos, constituiría 98,5 % de la atmósfera del planeta Marte.

El nitrógeno se extrae industrialmente del aire —mina gratuita e inagotable— mediante liquefacción y destilación fraccionada del mismo (V. AIRE), y se emplea como gas inerte para evitar explosiones u oxidaciones (relleno de lámparas de incandescencia, de depósitos de combustible, hornos de atmósfera inerte, ciertas reacciones químicas, etc.).

Posee el nitrógeno numerosos óxidos: *óxido nitroso* o *protóxido de nitrógeno* N_2O, gas hilarante que se obtiene a partir del nitrato de amonio y es anestésico; *óxido nítrico, bióxido de nitrógeno* o *nitrosilo* NO; *peróxido de nitrógeno* o *nitrilo* NO_2, muy oxidante, que interviene en la fabricación del ácido nítrico * y entra en la composición de las mezclas explosivas llamadas panclastitas *; por último, anhídridos nítrico * y nitroso *.

Los intercambios de nitrógeno en la naturaleza se efectúan con arreglo al siguiente ciclo: el *nitrógeno mineral* del suelo es absorbido por las plantas y transformado por sus hojas en prótidos; este *nitrógeno orgánico* es absorbido por los animales y entonces una parte del mismo entra en la composición de los prótidos animales (carne, leche, etc.) y otra vuelve al suelo con las deyecciones; finalmente éstas y los residuos de plantas y animales muertos devuelven al suelo el nitrógeno orgánico; los microorganismos del suelo convierten el nitrógeno orgánico en *nitrógenos amoniacal, nitroso* y *nítrico*, cerrándose así el ciclo.

NITROGLICERINA f. *Quím.* Éter trinítrico de la glicerina, cuya fórmula es $C_2H_5(ONO_2)_3$. La *nitroglicerina* es una materia viscosa, amarillenta, de densidad 1,60 que se congela a 13°. Se obtiene haciendo obrar una mezcla de ácidos nítrico y sulfúrico sobre la glicerina en un aparato refrigerado que permita evacuar el calor que se desprende en la reacción. La fabricación se efectúa en instalaciones de funcionamiento continuo como la que se representa en la figura. La nitroglicerina es el más común de todos los explosivos. Como explota al menor choque, ya casi no se usa pura, sino mezclada con distintas substancias que hacen menos peligroso su transporte y su manipulación (V. DINAMITA y PÓLVORA). También entra en la composición de propergoles * sólidos.

NITROGUANIDINA f. *Quím.* Substancia explosiva que se obtiene deshidratando nitrato de

suministro de **nitrógeno** líquido por una fábrica que lo extrae del aire

instalación productora de **nitroglicerina**: 1. Nitrador; 2. Separador de ácido; 3. Vertedero del ácido excedentario; 4 a 6. Lavadores; 7. Dilución del ácido residual; 8. Serpentín refrigerante; 9. Glicerina; 10. Ácido sulfonítrico; 11. Ácido; 12. Ácido residual; 13. Agua; 14. Ácido diluido; 15. Solución de sosa; 16. Agua refrigerante; 17. Nitroglicerina emulsionada; 18 a 24. Instrumentos de control (temperatura, pH, etc.); 25. Aparatos de alarma; 26. Interruptores; 27. Foso

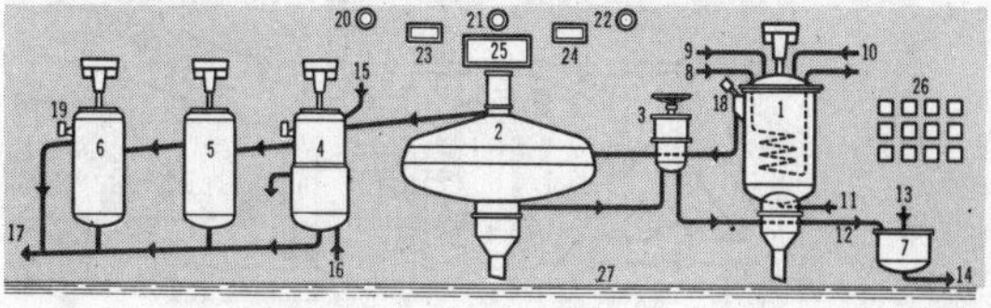

Fot. C. Lacheroy, X

guanidonio y que sirve para fabricar pólvoras *, frías.

NITROHIDRATO m. *Quím.* Nitruro.

NITROHÍDRICO, CA adj. *Quím.* Dícese de un hidrácido cuya fórmula es HN_3.

NITROLINA f. *Quím.* Explosivo que consta de 13 a 15 % de celulosa y 35 % de salitre, constituyendo el resto una mezcla de 5 a 20 partes de azúcar en 25 a 30 partes de ácido nítrico.

NITROMANITA f. *Quím.* Hexanitromanita.

NITROMETANO m. *Quím.* Derivado nitrado del metano, que es un líquido detonante.

NITRÓMETRO m. *Quím.* Aparato para determinar la proporción de nitrógeno que contienen los nitratos y los éteres nítricos y que se funda en medir el volumen de óxido nítrico que los mismos desprenden al reaccionar con ácido sulfúrico.

NITRONAFTALENO m. *Quím.* Derivado nitrado * del naftaleno, que sirve para preparar naftilamina alfa.

NITROPARAFINA f. *Quím.* Nombre de los derivados nitrados de los carburos saturados.

NITROSACIÓN f. *Agr.* Transformación del amoniaco y de las sales amoniacales del suelo en ácido nitroso o en nitritos. (V. NITRIFICACIÓN.)
— *Quím.* Operación consistente en fijar el nitrosilo NO en la molécula de un cuerpo.
— La *nitrosación* se obtiene generalmente tratando los cuerpos con ácido nitroso. La de las arilaminas y de los fenoles es muy importante, pues los derivados que resultan (nitrosodimetilanilina, nitrosonaftol, etc.) conducen a la obtención de colorantes sintéticos.

NITROSADO, DA adj. *Quím.* Dícese de los compuestos orgánicos que contienen el radical nitrosilo NO, generalmente empleados para fabricar colorantes sintéticos.

NITROSAMINA f. *Quím.* Compuesto que resulta al hacer obrar el ácido nitroso sobre las aminas secundarias.

NITROSO, prefijo con que se designan los compuestos nitrosados *: *nitrosonaftol.*

NITROSO, SA adj. *Quím.* Que contiene nitrógeno. ‖ *Ácido nitroso,* ácido HNO_2 correspondiente al anhídrido nitroso. ‖ *Anhídrido nitroso,* óxido de nitrógeno, cuya fórmula es N_2O_3. ‖ *Óxido nitroso,* compuesto cuya fórmula es N_2O. ‖ *Vapores nitrosos,* mezcla gaseosa de óxidos de nitrógeno, entre los cuales figura el peróxido, que les confiere su color rojizo.
— El *ácido nitroso* solamente se conoce en disolución acuosa, pues se descompone antes de ser aislado. No obstante, sus sales, los nitritos, * son estables y perfectamente conocidas.

NITROSOBACTERIA f. Bacteria de la nitrificación, que convierte el amoniaco en nitritos.

NITROSOBENCENO m. *Quím.* Derivado nitrado * del benceno, cuya fórmula es C_6H_5NO. (Dícese también, aunque impropiamente, *nitrosobencina* y *nitrosobenzol.*)

NITROSODIMETILANILINA f. *Quím.* Derivado nitrosado de la dimetilanilina, que sirve para preparar galocianina, azul de metileno y muchos otros colorantes acínicos.

NITROSOMONAS m. Nombre científico del principal grupo de nitrosobacterias *.

NITROSONAFTOL m. *Quím.* Derivado nitrosado que se obtiene haciendo obrar el ácido nitroso sobre un naftol.
— Los *nitrosonaftoles* son materias colorantes muchas veces designadas por nombres comerciales. Los llamados *gambina G* y *gambina R* tiñen los tejidos, con mordiente, de verde y pardo, respectivamente. La combinación de gambina G con bisulfito de sodio se conoce con el nombre de *naftina S,* mientras que el *verde de naftol* es un derivado sulfonado de la gambina G que sirve para dar color a los jabones.

niveles *(tecn.)*
1. De agua; 2 y 3. De burbuja; 4 y 5. De albañil; 6. De escuadra

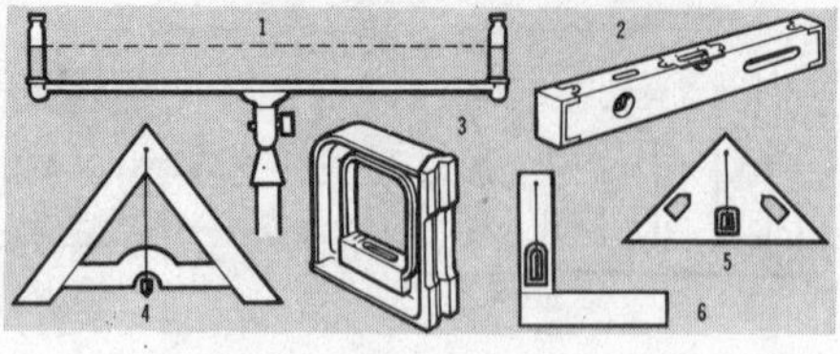

NITROSILO m. *Quím.* Importante radical univalente NO que, al estado libre, no es sino el óxido nítrico. (V. NITRÓGENO.)

NITROTOLUENO m. *Quím.* Derivado nitrado * del tolueno, del cual existe un isómero *orto* que es líquido y otro *para* que es sólido.
— Los *nitrotoluenos* dan, por reducción, toluidinas que sirven para preparar colorantes sintéticos. Cuando el tolueno ha sido triplemente nitrado, se obtiene un potente explosivo, el *trinitrotolueno, tolita* * o *T. N. T.*

NITRURACIÓN f. *Metal.* Tratamiento para endurecer superficialmente los metales ferrosos mediante acción del nitrógeno caliente.
— La *nitruración* es una cementación * apropiada para aceros especiales, o sea los que contienen pequeñas proporciones de cromo, aluminio u otros metales (aunque también sirve para aceros ordinarios y la fundición). Consiste en exponer las piezas, en un horno y a la temperatura de 520°, a la acción de una corriente de gas amoniaco. A dicha temperatura el amoniaco se descompone, al contacto del hierro, en hidrógeno y nitrógeno, y éste, por difusión en la capa superficial del metal, forma con ella un nitruro muy duro. La penetración del nitrógeno suele ser de 0,4 mm en 50 h de tratamiento, pero éste se prolonga a veces más de 100 h para obtener capas de cerca de un milímetro de espesor.
La nitruración da superficies más duras que los demás procedimientos de cementación y no deforma apreciablemente las piezas tratadas. Éstas adquieren una resistencia mecánica y anticorrosiva muy grande y que tiene la particularidad de aumentar cuando sube la temperatura a que funcionan las mismas. Este procedimiento se aplica principalmente a los ejes, émbolos, cigüeñales, camisas de cilindros, matrices para prensas, etc.

NITRURADO, DA adj. *Metal.* Que ha sido cementado por nitruración: *útil de acero nitrurado.*

NITRURAR v. *Metal.* Endurecer superficialmente un metal ferroso mediante la nitruración.

NITRURO m. *Quím.* Combinación del nitrógeno con otros elementos. ‖ Sal del ácido nitrohídrico.
— Los *nitruros* derivados del ácido nitrohídrico son inestables y algunos detonan al ser calentados. El nitruro de plomo es un explosivo que tiende a reemplazar, como detonante, al fulminato de mercurio.

NIVACIÓN f. *Geol.* Conjunto de fenómenos merced a los cuales la nieve influye en la formación del relieve.
— Si se exceptúa la acción erosiva de los aludes, la nieve protege el suelo contra los cambios de la temperatura y contra los fenómenos de gelivación. Por otra parte, la nieve arrastrada por el viento conjuntamente con el polvo se acumula en ventisqueros y nevados, donde, al fundirse, acumula una capa de arena cenagosa.

NIVAL adj. *Hidr.* *Régimen nival,* el de los cursos de agua que tienen crecidas de primavera debidas a la fusión de la nieve. ‖ *Retención nival,* masa de agua que se acumula en invierno en forma de nieve y de hielo.

NIVEL m. Instrumento propio para comprobar la horizontalidad de un plano o para medir la diferencia de altura de dos puntos. (V. más abajo *Tecn.*) ‖ Plano horizontal, horizontalidad: *poner de nivel un mármol de taller.* ‖ Altura que alcanza una línea, un plano o la superficie de un líquido respecto a una superficie horizontal: *las lluvias hacen subir el nivel de los ríos; ir bajando el nivel de un vagón a medida que se carga.*
— *Acúst.* *Nivel de intensidad acústica,* intensidad de un sonido, respecto a otro que sirve de referencia y que es igual, expresado en decibelios, a diez veces el logaritmo decimal de la razón de ambas intensidades.
— *Arm.* *Nivel de puntería,* V. PUNTERÍA.
— *Arq.* *Arco de nivel,* V. ARCO.
— *Atom.* *Nivel de energía,* valor de la energía interna de una molécula, átomo, núcleo atómico o partícula elemental.
— Los átomos y las partículas pueden hallarse en diferentes estados a cada uno de los cuales

corresponde un *nivel de energía*. Según la teoría cuántica, el número de los estados posibles es limitado. La partícula es estable cuando su estado corresponde al nivel de energía más bajo llamado *nivel fundamental*. Si la partícula absorbe energía externa, pasa a un nivel de energía superior o nivel excitado, desde el cual tiende a volver al nivel fundamental mediante emisión del exceso de energía de que dispone. Así, un núcleo atómico estable, al absorber un rayo gamma, pasa a un *nivel excitado*, pero la emisión de un rayo gamma hace que vuelva al nivel fundamental. (V. EXCITACIÓN).

— *F. c. Paso a nivel*, v. PASO.

— *Fís. Superficie de nivel*, superficie de igual potencial *.

— *Hidr. Nivel hidrostático*, superficie superior del agua de una capa acuífera.

— *Min.* Galería horizontal abierta en la capa de mineral. || Cada piso o planta de la mina.

— *Tecn.* Los principales *niveles* empleados en artes y oficios derivan de los siguientes:

— *Nivel de albañil.* Se halla constituido este nivel por un bastidor en forma de triángulo isósceles que lleva una plomada suspendida del vértice del ángulo recto. Cuando descansa el instrumento sobre una superficie horizontal, el hilo de la plomada pasa por una raya o marcación hecha en la mitad de la base del triángulo.

— *Nivel de burbuja* o *nivel de aire.* Consta de un tubo de cristal, ligeramente arqueado, cerrado y casi lleno de alcohol, éter o agua, de modo que solamente subsista una burbuja que tiende a ocupar la parte más alta del tubo. Cuando éste, o mejor dicho, el bastidor metálico o de madera que lo contiene, se halla sobre una superficie horizontal, la burbuja ocupa la posición comprendida entre dos marcas que lleva el aparato.

— *Nivel de agua.* Funciona este nivel según el principio de los vasos comunicantes y consiste en un tubo metálico de unos 120 cm, que lleva en sus dos extremos dos tubos de cristal verticales provistos de graduaciones. Una vez llenado el tubo de agua, se determina la horizontal haciendo pasar la visual por la superficie del líquido en los dos tramos verticales.

— *Indicadores de nivel.* Son niveles que permiten apreciar la altura del líquido contenido por una caldera, tanque, y otros recipientes completamente cerrados. El modelo más simple consiste en un tubo transparente y vertical *(tubo de nivel)* dispuesto en el exterior del recipiente, con el cual comunica por su extremo inferior. En virtud del principio de los vasos comunicantes, el nivel que alcanza el líquido en el tubo corresponde al que tiene en el recipiente. Otro procedimiento consiste en disponer sobre el líquido un flotador cuyo movimiento ascendente o descendente, según se llene o vacíe el recipiente, se transmite por un hilo y un sistema de poleas a una aguja o cursor que corren sobre una escala graduada. Estos dispositivos, además de indicar el nivel, pueden accionar la válvula de alimentación y sirven así para regular la alimentación del depósito dentro de dos niveles extremos.

— *Indicador de nivel radiactivo.* Tiene los mismos usos que el anterior, pero se aplica a aquellos casos en los cuales la presión muy grande del líquido, su carácter corrosivo, su radiactividad o cualquier otra circunstancia aconsejan la supresión del tubo exterior. En dicho caso, se dispone un isótopo radiactivo en el fondo del recipiente y un contador * de partículas encima del mismo: la radiactividad medida por el contador será tanto menor cuanto mayor fuere la altura del líquido (o sea, el espesor de materia atravesada por las partículas). También puede disponerse una carga radiactiva más débil sobre un flotador y en este caso la radiactividad registrada será proporcional a la distancia que mediará entre el nivel del líquido y el contador de partículas.

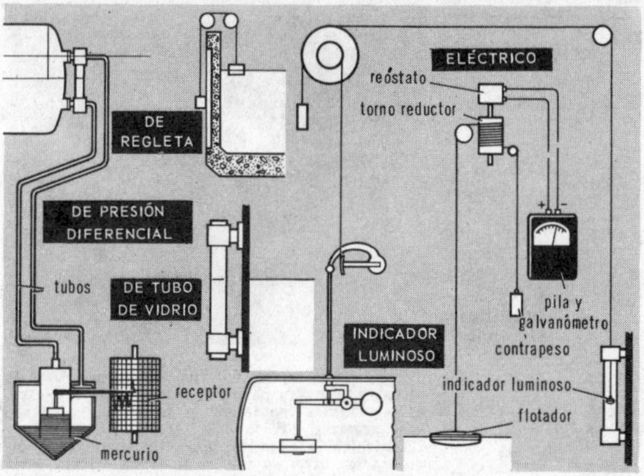

indicadores de nivel

— *Topogr. Nivel de anteojo.* Instrumento óptico consistente en un anteojo provisto de un nivel de burbuja y articulado sobre un eje vertical: *el nivel de anteojo se emplea en operaciones de nivelación.* || *Curva de nivel*, v. CURVA.

nivel de anteojo *(topogr.)*

NIVELA f. *Topogr.* Pequeño nivel de burbuja que se monta en un nivel de anteojo y en otros instrumentos topográficos.

NIVELACIÓN f. Acción y efecto de nivelar.

— *Topogr.* Conjunto de operaciones tendientes a determinar la altitud de los distintos puntos del terreno respecto a un mismo plano horizontal que sirve de referencia. || *Nivelación barométrica*, determinación de la diferencia de altitud entre dos estaciones a partir de la diferencia de las presiones barométricas medidas simultáneamente en las mismas. (En las capas atmosféricas más bajas, la presión disminuye de 1 mm cuando la altura aumenta de 11 m.) [V. BARÓMETRO.] || *Nivelación hipsométrica*, determinación de la misma magnitud fundada en la medida simultánea, en las dos estaciones, de la temperatura de ebullición * del agua (por ser la misma proporcional a la presión atmosférica).

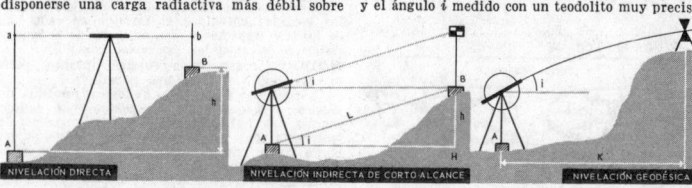

— La *nivelación barométrica* no presenta interés en topografía y geodesia, en razón de su falta de precisión. Los métodos actuales se fundan en el uso de instrumentos ópticos. Para la nivelación directa (v. *figura*), entre puntos poco alejados y en terreno de poca pendiente, se recurre al nivel * de anteojo, con el cual se visan las divisiones *a* y *b* de dos miras graduadas puestas sobre los puntos *A* y *B*: la altura *h*, igual a la altura de *a* menos la de *b*, se obtiene con un error máximo de varios centímetros. Cuando el desnivel no permite el uso de miras, se recurre a la *nivelación indirecta* efectuada con el taqueómetro. Después de medida la distancia *L* entre *A* y *B* y el ángulo *i*, se calcula la altura *h* sabiendo que es igual al producto de *L* por el seno de *i*. Este procedimiento es más rápido que el anterior, aunque menos preciso. Para la medición entre puntos separados por distancias de varios kilómetros se practica la *nivelación geodésica:* la altura se calcula fácilmente por trigonometría conociendo la distancia horizontal *K* entre los dos puntos y el ángulo *i* medido con un teodolito muy preciso.

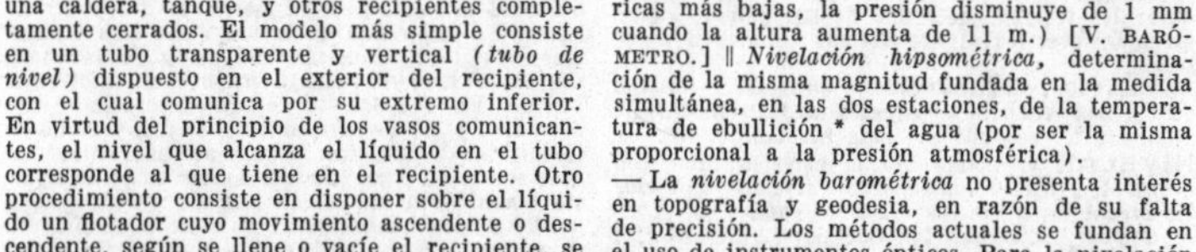

nivelación *(topogr.)*

Fot. Larousse

niveladora
(obr. públ.)

Pero, dada la refracción atmosférica, que curva la visual y, por otra parte, la redondez de la Tierra, estas medidas requieren ser corregidas y no son muy precisas. (V. también el art. ALTURA.)
La nivelación permite determinar y diseñar las curvas de nivel, o sea la intersección del suelo con planos horizontales equidistantes unos de otros, a partir del primero, que puede corresponder al nivel del mar (altitud O) tomado como referencia. (V. COTA.)

NIVELADO, DA adj. Horizontal, puesto de nivel. || Igualado o alisado.
— *Miner.* Dícese del cristal en el cual todas las caras o facetas se hallan limitadas por igual número de lados.

NIVELADOR, RA adj. y s. Que nivela o permite efectuar una nivelación *: *eclímetro nivelador.*
— *Obr. públ.* Nombre genérico de los ingenios automóviles que sirven para las obras de tierra, especialmente para nivelar el suelo.
— Una *máquina niveladora* consta generalmente de un sólido bastidor automóvil, arrastrado por un motor potente, portador de una pala raedera que arranca la tierra y la empuja para arrastrarla desde donde sobra hasta las depresiones en que falta. El conductor puede hacer variar la altura de la pala e inclinarla, ya en un plano horizontal, respecto al eje del vehículo (para empujar las tierras hacia uno de sus lados), ya en un plano vertical (para formar taludes o montones).
Además de esta *niveladora universal,* existen otras más simples o especializadas: bulldozer, angledozer, excavadora o pala niveladora, etc.

NIVELAR v. Comprobar la horizontalidad con un nivel. || Alisar una superficie irregular: *nivelar el terreno para construir una autopista.*
— *Topogr.* Efectuar las operaciones de nivelación * en el terreno.

NIVELETA f. *Constr.* y *Obr. públ.* Mira en forma de T, que sirve para nivelar terrenos o igualar las pendientes, fijando dos de ellas en puntos de altura ya determinada y corrigiendo la altura del terreno en el punto donde se halla la tercera, hasta que la misma coincida con la visual que pasa por las otras dos.

NIVENITA f. *Miner.* Óxido de uranio que contiene cerio e itrio y es mena de estos metales.

NIVOGLACIAR adj. *Hidr. Régimen nivoglaciar,* el de los cursos de agua que tienen dos crecidas anuas: una en la primavera (fusión de la nieve) y otra en verano (fusión de los heleros), y que llevan poca agua en invierno.

NIVOPLUVIAL adj. *Hidr.* Dícese del régimen de los cursos de agua en los que se observan dos crecidas anuas: una debida a la fusión de las nieves en la primavera, y otra debida a las lluvias, en otoño.

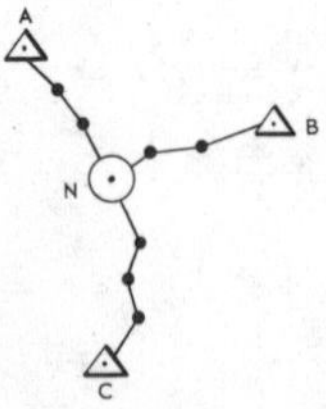

punto **nodal**
(topogr.)

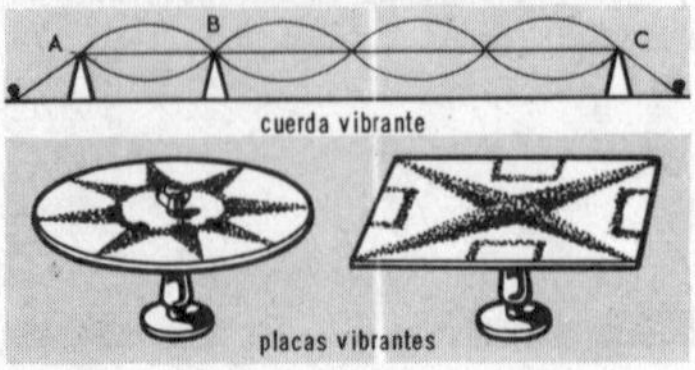

nodos (acúst.)

NIVOSIDAD f. *Meteor.* Proporción de precipitaciones sólidas, respecto a las precipitaciones totales del año registradas en una región.

Nm, símbolo químico del *nobelio.*

NNE., abreviatura de *Nornordeste.*

NNO., abreviatura de *Nornoroeste.*

NO., abreviatura de *Noroeste.*

NOBELIO m. *Quím.* Elemento químico de número atómico 102, cuyo símbolo es *No.*
— El *nobelio* no existe en la naturaleza. Es un transuranio de período muy corto, que se obtiene bombardeando curio con átomos de carbono, pero, por no disponerse de cantidades ponderables del mismo, se ignoran aún las constantes físicas de los dos isótopos descubiertos, cuyas masas son 254 y 255.

NOBLE adj. *Quím. Gases nobles,* los gases raros de la atmósfera. (V. GAS.) || *Metales nobles,* V. METAL.

NOCHE f. Intervalo de tiempo comprendido entre una puesta del Sol y la siguiente salida del mismo, si bien prácticamente dicho período queda reducido por la duración de los dos crepúsculos.
— La sucesión de los días y las *noches* resulta de la rotación del globo terrestre, cuyos puntos se hallan alternativamente en el hemisferio bañado por los rayos solares y en el hemisferio opuesto sumido en la sombra. En cuanto a la duración de los dos períodos de iluminación y de obscuridad, o sea del día y de la noche, es determinada por la inclinación del globo terrestre y depende de la latitud y de la época del año. (V. ESTACIÓN.)
Si hacemos caso omiso de la claridad crepuscular y consideramos que la noche empieza al ponerse el Sol y termina al salir el mismo, tendremos que en los polos existe un día de 6 meses en el hemisferio dirigido hacia el Sol y una noche de igual duración en el hemisferio opuesto. En el círculo polar la duración máxima del día y la de la noche es de 24 horas, lo cual ocurre, respectivamente, en los solsticios * de verano y de invierno. Consiguientemente, la duración del día o de la noche en dicha latitud varía a lo largo del año de 0 a 24 horas. En el ecuador, por el contrario, no existe ninguna variación y todos los días del año cuentan 12 horas de día y 12 de noche. Se desprende de lo antedicho que las variaciones de la duración del día y de la noche son tanto mayores cuanto mayor es también la latitud. En el momento de los equinoccios * (21 de marzo y 23 de septiembre) el día y la noche tienen igual duración. Entre ambas fechas, los días son más largos que las noches en el hemisferio boreal y menos en el austral; inversamente, del 23 de septiembre al 21 de marzo, los días son más cortos que las noches en el hemisferio boreal y más largos en el austral. La mayor diferencia entre la duración del día y de la noche ocurre en los solsticios, o sea hacia el 21 de junio y el 21 de diciembre.
En razón de la existencia de crepúsculos, la noche es mucho más corta que lo que indica su duración teórica, pues se admite que solamente existe noche verdadera cuando el Sol se halla a más de 18° por debajo del horizonte.

NODAL adj. Relativo a los nodos.
— *Ópt. Puntos nodales,* dícese, tratándose de lentes y otros sistemas ópticos, de dos puntos del eje óptico tales que todo rayo luminoso incidente que pase por uno de ellos, dé un rayo emergente, paralelo al primero, que pase por el otro.
— *Topogr. Punto nodal,* punto N donde concurren los levantamientos que se han ido efectuando desde otros puntos A, B, C, al cual se atribuyen como coordenadas el promedio de las que arrojan las medidas obtenidas al término de cada uno de los tres trayectos y que, en razón de la imprecisión de las medidas, no suelen coincidir.

NODO m. *Acúst.* En los cuerpos vibrantes, punto cuya amplitud vibratoria es nula.
— Las cuerdas y lengüetas de los instrumentos de música, así como todos los cuerpos que emiten sonidos, se hallan sometidos a vibraciones de frecuencia musical, cuya amplitud difiere de un punto a otro. En ciertos casos el cuerpo se halla dividido en zonas que parecen vibrar separadamente y entre las cuales existen *nodos* que son

Fot. Baranger

puntos, líneas o superficies prácticamente inmóviles.
Si se hace vibrar una cuerda tensa entre dos apoyos A y C, sus movimientos describirán un huso que tendrá sus extremos aplicados en aquéllos. Ahora bien, si, por ejemplo, en la cuarta parte de la distancia AC se aplica otro apoyo B y si se hace vibrar entonces la cuerda entre A y B, toda la cuerda vibrará y formará entre B y C otros 3 husos iguales a AB. Existirán en ese caso 5 *nodos* donde la amplitud de la vibración es nula. Consiguientemente, cuando se inmoviliza en una cuerda vibrante un tramo igual a la n^a parte de su longitud total, se pueden hacer vibrar en la misma *n* husos iguales y existen entonces otros tantos husos más uno.
Un fenómeno semejante se produce al hacer vibrar una chapa. Basta espolvorearla previamente con arena fina para comprobar que se divide en zonas que vibran independientemente y que se hallan separadas por líneas nodales (la arena, sacudida en los puntos que vibran, se acumula en las líneas nodales).
— *Astr.* Cada uno de los puntos en los cuales la órbita de un astro que gravita alrededor de otro corta el plano de la órbita del mismo.
— El primer *nodo* alcanzado por el astro secundario en la dirección Sur-Norte es el *nodo ascendente* o *boreal,* mientras que el otro, al cual llega de arriba abajo, es el *nodo descendente* o *austral.* La línea que une ambos nodos y que marca la intersección de los dos planos orbitales es la *línea de los nodos.* Cuando se trata de los planetas del sistema solar, la línea de los nodos se refiere a la intersección de sus planos orbitales con la eclíptica *.
— *Electr.* Punto de una red eléctrica en el cual convergen tres o más conductores. (V. KIRCHOFF.) || *Nodo de corriente* y *nodo de tensión,* puntos de un circuito eléctrico en los cuales, por existir ondas * estacionarias, la corriente o la tensión son nulas, fenómeno que puede ser comparado al de la cuerda vibrante descrita en *Acúst.*
— *Fís.* En todo sistema de ondas estacionarias, cada uno de los puntos en los cuales la amplitud es nula. (V. ONDA.)

NODRIZA f. *Autom.* Pequeño depósito suplementario que tienen los coches antiguos a mayor altura que el carburador y desde el cual es alimentado éste por gravedad (la reserva de combustible permitía recorrer una distancia suficiente para avituallarse después de haberse agotado el depósito principal). || Bomba de gasolina que eleva el combustible desde el depósito hasta el carburador. || Bidón de gasolina que se lleva como precaución en el coche por si llegara a agotarse el depósito del mismo.

NÓDULO m. Nudo pequeño.
— *Geol.* Concreción que se forma en el seno de las rocas o del suelo terroso y que puede ser calcárea, fosfatada, dolomítica, etc.

NOGAL m. *Bot.* y *Carp.* Árbol juglandáceo que suministra las nueces y una madera muy apreciada en ebanistería. || Nombre dado impropiamente a árboles maderables pertenecientes a otras familias.
— El *nogal común (Juglans regia)* da una madera medianamente densa (de 0,700 a 0,800), de textura fina, obscura, con vetas complicadas, notable por el hermoso pulimento que se le puede conferir. Esta madera es muy empleada en moblaje y ornamentación, generalmente en forma de chapeados y de labores de torno. También se usa para hacer culatas de fusiles y modelos * para fundición.
Entre las demás especies de nogal existentes destaca el *nogal negro* o *nogal de América (J. nigra),* de madera algo más densa y obscura que la del nogal común.

NOMENCLATURA f. Terminología o lista metódica de las voces técnicas que se usan en una ciencia, un arte o un oficio.
— *Quím.* Conjunto de voces con que se designan las substancias químicas, cuyos nombres suelen ser formados, mediante el uso de prefijos y sufijos, con arreglo a determinadas reglas expuestas en el artículo QUÍMICA.
— *Tecn.* Lista que, antes de efectuar una construcción, se hace a la vista de los planos y en la cual figuran todas las piezas que deberán constituirla, indicándose las materias primeras necesarias para hacerlas y los pernos, tuercas, clavijas, arandelas, etc., de que se ha de disponer para montarlas, etc.: *la nomenclatura permite acopiar los materiales, seguir la fabricación de los distintos elementos y reunirlos para efectuar su montaje.*

NOMINAL adj. Dícese impropiamente de la magnitud designada o escrita cuyo valor no corresponde a la realidad: *barras de longitud nominal de 2 m.* (Sinón. más apropiado TEÓRICO.)

NOMO, prefijo derivado del griego *nomos,* que significa *ley* y entra en distintas palabras compuestas.

NOMOGRAFÍA f. Procedimiento consistente en reemplazar los cálculos por ábacos o nomogramas * que indican directamente los resultados.

NOMOGRÁFICO, CA adj. Relativo a la nomografía: *cálculo nomográfico.*

NOMOGRAMA m. Gráfico a base de líneas trazadas de forma que su intersección con otras líneas correspondientes a escalas numéricas, permite leer en éstas la solución de cálculos, a veces muy complejos, sin necesidad de efectuarlos. (Sinón. ÁBACO.)
— Cada una de las líneas del *nomograma,* llamadas *isopletas,* corresponde a un valor determinado de una de las variables que intervienen en el cálculo o a su resultado. Así, en el nomograma de la tabla de multiplicar, figuran tres sistemas de isopletas, uno de los cuales corresponde a los multiplicandos, otro a los multiplicadores y el último a los productos. (V. también GRÁFICO.)

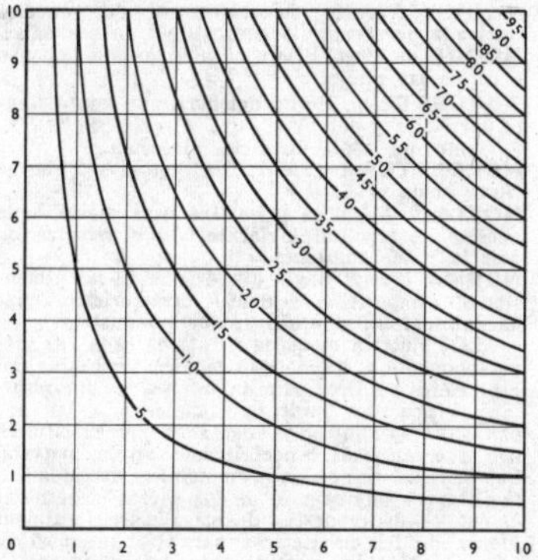

nomograma de la tabla de multiplicar

NOMPARELL m. *Art. gráf.* Uno de los nombres que se da al carácter tipográfico de 6 puntos.

NONÁGONO, NA adj. y s. *Geom.* Eneágono.

NONIO m. *Metr.* Dispositivo merced al cual se pueden efectuar medidas con precisión mayor que la de la menor graduación de la escala de un instrumento.
— El *nonio* figura en el pie de rey, los instrumentos topográficos y otros aparatos de medida, y consiste en una pequeña escala que corre frente a la escala principal del instrumento. La *escala del nonio* tiene 10 divisiones, pero la longitud total de las mismas equivale a 9 divisiones solamente de la del instrumento. Consiguientemente, cada división de aquél mide una décima menos que la de éste. Consideremos ahora un pie de rey cuya abertura sea de un número exacto de milímetros: el cero del nonio coincidirá en este caso con una de las divisiones de la escala; si el espesor de la pieza medida fuera de 10,1 mm, la única raya del nonio que coincidiría con otra de la escala sería la primera y si la pieza midiera 10,4 mm, sería la cuarta. Así, pues, para hallar la fracción decimal de la menor división de la escala principal, basta enunciar en décimas el número de orden de la ranura del nonio que coincide con una división de la escala del instrumento o que más cerca está de ella.

NONIOTIPÓMETRO m. *Art. gráf.* V. TIPÓMETRO.

NONTRONITA f. *Miner.* Variedad de montmorilonita que tiene sus mismas aplicaciones.

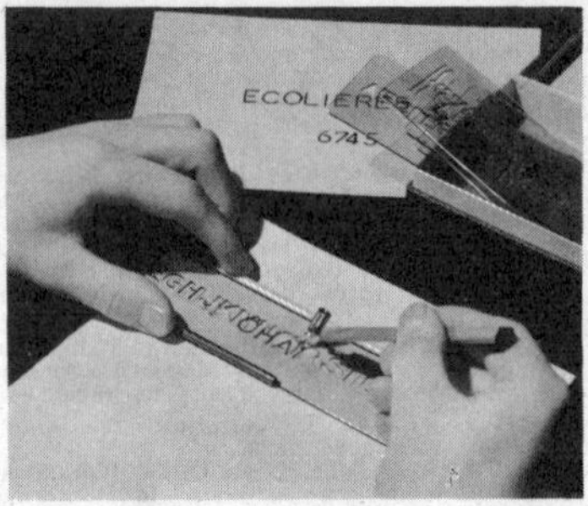

normógrafo

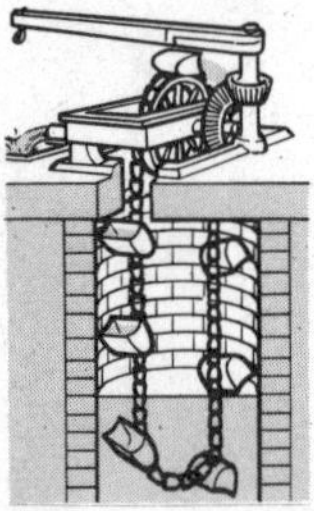

noria de cangilones

Editorial

LAROUSSE

caracteres
normandos
(art. gráf.)

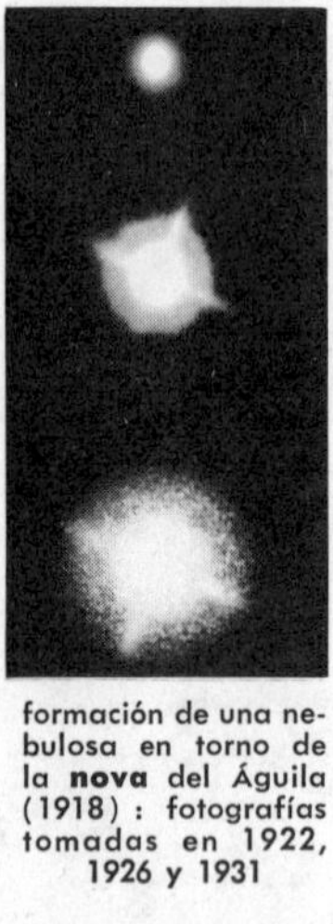

formación de una nebulosa en torno de la **nova** del Águila (1918): fotografías tomadas en 1922, 1926 y 1931

NOPAL m. *Bot. Nopal de la cochinilla,* planta cactácea *(Nopalea coccinellifera)* de América cultivada para criar la cochinilla * en sus palas.

NOQUE m. *Curt.* Pila o pozuelo en que se ponen a curtir las pieles.

NORDESTE m. Punto del horizonte equidistante del Norte y del Este, cuya abreviatura es NE. ‖ Viento que sopla de dicha dirección.

NORDESTEAR v. *Mar.* Declinar la brújula del Norte hacia el Este.

NORIA f. Máquina primitiva para elevar agua que no es sino un malacate * que arrastra un rosario * de cangilones.

NORMA f. *Ind.* Regla que determina las dimensiones, composición y demás características que ha de tener un objeto o producto industrial.

— La industria moderna se atiene cada vez más no solamente a las *normas* legales impuestas por los poderes públicos, sino también a las que resultan de acuerdos interprofesionales o a las que han sido estudiadas y adoptadas por instituciones u organismos especializados en la materia. Las normas responden a múltiples necesidades: facilitar el intercambio de las piezas y permitir el empleo de repuestos de otras marcas (dimensiones de los neumáticos para los automóviles, rosca de las lámparas de incandescencia, etc.); garantizar la uniformidad de un producto industrial, de una remesa a otra, aunque provenga de diferentes orígenes; proteger a las personas que usan o consumen los productos (medidas de seguridad en los ascensores, definición de los colorantes autorizados para los alimentos, etc.); uniformar la presentación de los planos, el uso de las unidades y de sus símbolos (v. UNIDAD), etc. Cada país tiene su sistema de normas oficiales (UNE en España, NF en Francia, DIN en Alemania, etc.) pero muchas veces son iguales las normas prescritas por los distintos sistemas y todos ellos evolucionan en el sentido de la uniformación.

NORMAL adj. y s. Conforme a la regla o a las previsiones: *funcionamiento normal.*

— *F. c. Posición normal de una aguja* o *señal,* v. POSICIÓN. ‖ *Vía normal,* v. VÍA.

— *Geom.* Perpendicular: *una recta normal a un plano.* ‖ *Curvas normales,* dícese de dos curvas que se cortan y cuyas tangentes al punto de intersección forman un ángulo recto. ‖ *Normal a un punto de una curva,* dícese de la perpendicular a la tangente de dicho punto. ‖ *Normal a una superficie en uno de sus puntos,* dícese de la perpendicular al plano tangente a dicha superficie en el punto considerado.

— *Ind.* Conforme con las normas *. (Sinón. ESTANDARD.) ‖ *Número normal,* v. NÚMERO.

— *Meteor.* Promedio de las temperaturas, precipitaciones u otros elementos meteorológicos registrados durante un período de tiempo de, por lo menos, 30 años: *la temperatura de ayer fue inferior a la normal.*

— *Quím.* Dícese de los compuestos orgánicos en cuya molécula los átomos de carbono forman una cadena abierta desprovista de ramificaciones, como ocurre con el butano normal, cuya fórmula es $CH_3\text{-}CH_2\text{-}CH_2\ CH_3$, mientras que la del isobutano, que cuenta los mismos átomos, tiene una rama lateral: $CH_3\text{-}\underset{\displaystyle CH_3}{\underset{|}{CH}}\text{-}CH_3$. ‖ *Disolución* o *licor normal,* disolución que sirve para dosificar y que contiene una valencia * gramo de substancia activa por litro.

— Las *disoluciones normales* sirven para simplificar los análisis, pues, a volumen igual, todas son equivalentes y, de este modo, sea cual fuere la substancia disuelta, las disoluciones normales empleadas en alcalimetría y en acidimetría tienen un grado de acidez (las que son ácidas) equivalente al grado de basicidad de las que son básicas. Las más de las veces se emplea la *disolución decinormal,* que es diez veces más floja que la disolución normal.

NORMALIDAD f. Calidad de normal.

— *Quím.* Concentración de una disolución de un cuerpo, que se expresa tomando como unidad la concentración del mismo en la correspondiente disolución normal: *la normalidad de la disolución décinormal es de 0,1.*

NORMALIZACIÓN f. Determinación de normas * y aplicación de las mismas en la fabricación de los objetos y productos industriales: *la adopción del sistema métrico constituye un paso importante en el campo de la normalización.* (Sinón. ESTANDARDIZACIÓN.)

NORMALIZAR v. Establecer normas *, adoptarlas y aplicarlas a la producción industrial. (Sinón. ESTANDARDIZAR.)

NORMANDO, DA adj. *Art. gráf.* Dícese de un carácter de imprenta que tiene los trazos exageradamente gruesos, aun y conservando enlaces muy finos.

— *Text.* Tejido de algodón teñido en madeja, de color unido, con ligamento de sarga, que sirve para camisas, pijamas y vestidos de señora.

NORMAR v. *Amer.* Normalizar.

NORMÓGRAFO m. *Ofic.* Placa de materia plástica o chapa que lleva perforados los contornos de las letras, números u otros signos o figuras y permite trazarlos o estarcirlos rápidamente en un papel merced a una pluma especial, en forma de embudo.

NORNORDESTE adj. y s. Dirección intermediaria entre las del Norte y del Nordeste, cuya abreviatura es NNE.

NORNOROESTE o **NORNORUESTE** adj. y s. Dirección intermediaria entre las del Norte y del Noroeste, cuya abreviatura es NNO.

NOROESTE adj. y s. Punto del horizonte equidistante del Norte y del Oeste, cuya abreviatura es NO. (Sinón. NORUESTE.)

NORTE m. *Geogr.* Uno de los cuatro puntos cardinales cuya dirección es la del extremo del eje de rotación dirigido hacia la estrella polar. (V. CARDINAL.) ‖ *Polo Norte,* v. POLO.

— *Magn. Norte magnético,* polo magnético del hemisferio boreal. (V. POLO.)

NORUEGO, GA adj. *Marmita noruega,* v. MARMITA.

— *Mar. Popa noruega,* v. POPA.

NORUESTE adj. y s. Noroeste.

NOTA f. *Acúst.* Signo convencional con que se representa una nota musical en el pentagrama.

— La forma de las *notas* indica su duración; la posición que ocupan en el pentagrama indica su elevación (el sonido es tanto más alto o agudo cuanto más elevada es la posición de la nota); por último, la clave que figura al principio de la partitura indica la entonación general que se ha de dar a las notas. Los nombres de las siete notas, empezando por la más baja, son: do, re, mi, fa, sol, la, si.

— *Art. gráf.* Texto aclaratorio, observación o explicación que se indica en el texto con una llamada y va fuera del mismo, generalmente en el margen inferior de la página y en caracteres más pequeños.

NOTACIÓN f. Sistema de signos convencionales empleados en música para expresar gráficamente los sonidos (v. NOTA); en química, para representar los cuerpos simples (v. ELEMENTO) y las fórmulas de los compuestos (v. FÓRMULA y QUÍMICA), y en astronomía, para figurar los planetas *, los signos del Zodíaco *, etc.

NOVA f. *Astr.* Estrella cuyo brillo aumenta rápidamente en proporciones considerables y va luego disminuyendo más lentamente.

— Contrariamente de lo que indica su nombre latino, una *nova* no es una nueva estrella que se forma en el universo, sino una estrella ya existente, muchas veces invisible a simple vista, que en razón de un paroxismo de las reacciones nu-

Fot. Larousse, Obs. del Monte Wilson

cleares que se producen en estos astros, aumenta su diámetro y su luminosidad en unos días y tarda hasta una decena de años en volver a su brillo primitivo. Los astrónomos solamente consideran como nova la estrella cuya magnitud aumenta de 12 unidades, o sea cuya luminosidad pasa a ser 100 000 veces más intensa que anteriormente. En nuestra galaxia debe producirse este fenómeno unas 1 000 veces por año, pero solamente unas 20 novas alcanzan la 9.ª magnitud. Algunas de estas estrellas ya han sido novas tres veces, circunstancia que distingue este fenómeno del que causa las supernovas *, consistente en una verdadera explosión del astro acompañada de la dispersión irreversible de toda su energía interna.

NOVACULITA f. *Miner.* Esquisto muy duro, de grano finísimo, a base de cuarzo y granate, que se emplea para amolar navajas de afeitar.

NOVEDAD f. *Text.* Dícese del tejido que, por su textura, dibujos o coloridos, difiere de los ya usados corrientemente y que, generalmente, resulta de la última moda adoptada o la impone.

NOVILUNIO m. *Astr.* Luna * nueva.

NOYO m. Macho que se pone en un molde * para que deje su forma en hueco en la pieza moldeada.

Np, símbolo químico del *neptunio.*

NUBARRADO, DA adj. *Text.* Dícese de los tejidos cuyos dibujos evocan las nubes, por sus matices grises y sus contornos.

NUBARRÓN m. *Meteor.* Nube grande y obscura, aislada de las demás.

NUBE f. Conjunto de pequeñísimas gotitas de agua o de finos cristales de hielo mantenidos en suspensión en la atmósfera por los movimientos ascendentes del aire. ‖ Por ext., multitud de cosas que adoptan la forma de nube o que se levantan en el aire y lo obscurecen: *una nube de polvo; nube de langosta.*

— *Agr. Nubes artificiales,* espesa humareda que se hace ya quemando materias vegetales rociadas con alquitrán o aceites pesados, ya por expansión de gases fumígenos, y que sirve para proteger las plantas contra las heladas de primavera.

— *Astr. Nubes de Magallanes,* nombre dado a dos pequeñas galaxias que pueden ser consideradas como satélites de la nuestra y que se hallan situadas en la dirección del polo celeste austral, a unos 150 000 años de luz de nosotros, o sea a una distancia doble del diámetro de la Galaxia: *las Nubes de Magallanes (lo mismo la grande que la pequeña) son visibles a simple vista en el hemisferio austral, especialmente la primera, en forma de pequeñas nebulosidades luminosas.*

— *Atom. Nube electrónica,* conjunto de los electrones planetarios de un átomo, así designado porque, según el principio de indeterminación de Heisenberg no es posible determinar exactamente la posición de un electrón, y sólo puede ser ésta representada por una especie de nebulosidad cuya concentración en torno de la posición media de la partícula es máxima.

— *Joy.* Defecto de las gemas consistente en una pequeña opacidad local.

— *Meteor.* Las gotitas que constituyen las nubes miden, por término medio, 20 micrones de diámetro y, dado su poco peso, pueden permanecer en suspensión en el aire. Se forman por saturación del aire y por condensación de la humedad (V. NIEBLA y SATURACIÓN). Cuando se acumulan muchas gotitas sobre un núcleo de condensación, la nube se resuelve en precipitaciones. (V. LLUVIA, GRANIZO y NIEVE.)

A continuación se indican las principales clases de nubes y, entre paréntesis, sus respectivos sím-

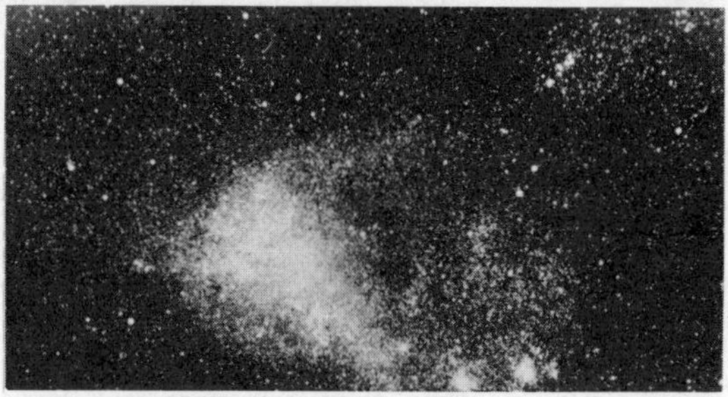

la Pequeña **Nube** de Magallanes *(astr.)*

diferentes clases de **nubes** y sus símbolos *(meteor.)*

Fot. Obs. Harward

bolos: las *nubes superiores,* situadas desde la altura de 6 000 m hasta la tropopausa, que son los cirros (Ci), cirrocúmulos (Cc) y cirroestratos (Cs); las *nubes intermediarias,* situadas entre 2 000 y 6 000 m, que son los altocúmulos (Ac), los altostratos (As) y los estratocúmulos (Sc); las *nubes inferiores,* de altura inferior a 2 000 m, que son los estratos (S) y los nimbostratos (Ns); las *nubes de desarrollo vertical,* que pueden elevarse desde la altura de 500 m hasta la tropopausa y que consisten en cúmulos (Cu) y cumulonimbos (Cb o Cu-Ni). Con los nombres de *nubes irisadas* o *nacaradas* se designan unas nubes de matices anacarados visibles mucho después de la puesta del Sol, entre 25 y 40 km de altura y cuya naturaleza se ignora, dado que en las referidas alturas la estratosfera no contiene humedad.
Cuando una perturbación ciclónica pasa por un lugar, se observa la siguiente sucesión de masas nubosas: primero la *cabeza,* con cirros; después el *cuerpo,* en el cual se suceden nubes bajas, densas y obscuras (altostratos, nimbostratos y, luego, cumulonimbos del frente frío) acompañadas de precipitaciones continuas; finalmente la *cola,* con paso de estratocúmulos acompañados de chubascos y de cúmulos. En las márgenes de la perturbación, abundan los cirros, los estratocúmulos y los altocúmulos.

NUBLADO m. *Meteor.* Nubarrón, nube tempestuosa.

NUBOSIDAD f. *Meteor.* Estado del cielo nuboso. ‖ Nebulosidad *.

NUCLEAR adj. Relativo o perteneciente al núcleo. ‖ *Central nuclear, combustible nuclear, energía nuclear, física nuclear, propulsión nuclear, reacción nuclear,* v. CENTRAL, COMBUSTIBLE, etc.

NUCLEICO, CA adj. *Quím.* Dícese de ácidos fosforados, componentes de las células animales y vegetales, que resultan del desdoblamiento de los nucleoproteidos.

NUCLEIDO m. *Atom.* Nombre dado por los físicos a todo edificio nuclear y, prácticamente, todo átomo, definido por su número de masa A, su número atómico Z y su estado de energía nuclear.

OBSERV. El término *nucleido* no es sinónimo de elemento, y, por ejemplo, cada uno de los tres isótopos del uranio constituye un nucleido diferente de un mismo elemento.

NÚCLEO m. Parte central de una cosa, cuya densidad o composición son diferentes de las que tiene la masa alrededor de la misma. ‖ Primer elemento sobre el cual se agrupan otros en el curso de ciertos fenómenos físicos o químicos.
— *Arq.* Macho o pilar en torno del cual se empotran los peldaños de la escalera de caracol.
— *Astr.* Parte central de la cabeza de un cometa *. ‖ Parte luminosa de las manchas solares.
— *Atom.* Parte central del átomo, en torno de la cual gravitan los electrones.
— El *núcleo* consta de protones, eléctricamente positivos, y de neutrones, que carecen de carga eléctrica. Todas estas partículas se hallan agrupadas sin que medien huecos entre ellas y se mantienen estrechamente unidas merced a fuerzas * nucleares cuya atracción supera la repulsión eléctrica que tiende a alejar los protones unos de otros. Las dimensiones del núcleo son, consiguientemente, ínfimas (el diámetro de un protón es de 2,4 millonésimas partes de una millonésima de milímetro). Un núcleo queda definido por dos magnitudes: su número atómico, que es el número de protones que contiene y cuyo símbolo es Z; su número de masa, simbolizado por la letra A, que es la suma de sus protones y neutrones (v. ÁTOMO). Un elemento simple tiene en su núcleo un número rigurosamente fijo de protones, pero puede tener un número variable de neutrones (v. ISÓTOPO). Según sea la proporción de los últimos, el núcleo puede ser estable o inestable. En este caso, tiende a transformarse en núcleo estable por radiactividad *. La mayor parte de los núcleos presentes en la naturaleza son estables y solamente pueden ser desintegrados bombardeándolos con radiaciones de mucha energía (v. ACELERADOR). No obstante, los *núcleos pesados* de número atómico superior a 83 son naturalmente inestables y se desintegran espontáneamente mediante emisión de partículas alfa y beta (radiactividad natural). Mediante reacciones apropiadas, especialmente irradiando núcleos estables, se obtienen núcleos inestables y, consiguientemente, radiactivos, que no existen en la naturaleza (radiactividad artificial). [V. RADIACTIVIDAD y TRANSURANIO.]
La masa real de un núcleo es inferior a la suma de la masa que tienen separadamente sus nucleones. En este *defecto * de masa* se fundan los métodos de aprovechamiento de la energía * nuclear.
— *Carp.* Espigón de la escalera * de caracol.
— *Electr.* Pieza de materia magnética sobre la cual se devana el hilo de las bobinas, inductores y otros circuitos.
— El *núcleo* concentra las líneas del campo magnético y aumenta así la fuerza de inducción * de la bobina *. Para evitar la formación de corrientes de Foucault *, los núcleos no son barras de metal, sino paquetes de chapas (acero al silicio o al níquel) apiladas y aisladas unas de otras. Cuando se trata de corrientes de alta frecuencia, los núcleos se obtienen prensando una mezcla de polvos ferromagnéticos y de materia aislante. (V. FERRITA.)
— *Geof.* Barisfera.
— *Magn.* V. más arriba *Electr.*
— *Mec.* Cubo de una hélice *, a veces compuesto de mecanismos complejos que permiten orientar las palas e incluso invertir su paso.
— *Metal.* Noyo.
— *Meteor. Núcleo de condensación,* partícula muy fina que se halla en suspensión en el aire y sobre la cual se condensa la humedad atmosférica. (V. LLUVIA y NUBE.)
— *Quím.* Nombre dado por los químicos a ciertas cadenas * cerradas.
— Los *núcleos* son armazones cíclicas de las moléculas que se caracterizan por su estabilidad ante el calor y las acciones oxidantes, circunstancia a la cual se debe que, en el curso de las reacciones, pasen de uno a otro compuesto sin ser destruidos. Los *núcleos carbocíclicos* u *homocíclicos* se hallan constituidos exclusivamente por átomos de carbono, mientras que los *núcleos heterocíclicos* contienen por lo menos un átomo de otro elemento. Las más de las veces son hexagonales (benceno) o pentagonales (furano).
— *Radiot. Antena de núcleo de ferrita,* v. ANTENA.

NUCLEÓN m. *Atom.* Nombre dado al *protón* y al *neutrón,* componentes de los núcleos * atómicos.
— Se considera que el *nucleón,* partícula constituyente del núcleo de los átomos, puede adoptar dos formas que esencialmente, sólo difieren por su carga eléctrica. Así, en el núcleo, cambiaría constantemente su estado, pasando del de protón (positivo) al de neutrón (neutro), y viceversa, mediante absorción o emisión de mesones.

NUCLEÓNICO, CA adj. y s. *Atom.* Relativo o perteneciente a los nucleones. ‖ —F. Parte de la física que trata de los núcleos atómicos.

NUCLEONIO m. *Atom.* Conjunto formado por un protón y un antiprotón.
— El *nucleonio* es comparable al átomo de hidrógeno, pues, como éste, consta de un núcleo positivo (el protón) en torno del cual gravita, no obstante, en vez de un electrón planetario, un antiprotón de carga también negativa. Pero, dado que el antiprotón es la antipartícula * del protón y que ambos no tardan en aniquilarse, emitiendo sobre todo mesones, este sistema constituye solamente un efímero estado transitorio.

NUCLEOPROTEIDO m. *Quím.* Prótido formado por la unión de una proteína con un ácido proteico y que es uno de los constituyentes de las células animales y vegetales.

NUCLIDO m. *Atom.* Nucleido.

NUDILLO m. *Arq.* En las cubiertas de contratirante, pieza horizontal que une el pie del par con el falso par.
— *Constr.* Taco o clavija que se empotra en una pared para clavar algo en ella.
— *Text.* Cada uno de los puntos que forman la costura de una media.

NUDO m. Lazo que se hace para sujetar o atar una cosa con hilos o cuerdas. ‖ Ligadura hecha para unir dos o más hilos o cabos.
— *Acúst.* Nodo.
— *Arq.* Punto donde concurren dos o más piezas de una armadura de cubierta, de un entramado o de cualquier otra construcción o armazón: *mu-*

chas veces el nudo se arma sobre un cartabón o chapa de nudo.

— *Carp.* Defecto que presenta la madera, en la parte del tronco correspondiente al arranque de una rama, consistente en un núcleo cilíndrico de madera obscura y muy compacta, que las más de las veces se separa de las tablas y tablones al secarse los mismos.

— La abundancia de *nudos* se tiene en cuenta al determinar la calidad comercial de los maderos, pues no solamente impiden su uso para labores esmeradas y resistentes, sino también dificultan el trabajo de los mismos. Existen máquinas, especialmente usadas en la fabricación de tableros y chapeados, que taladran las chapas o tablas para eliminar el nudo y lo reemplazan por un taco o tapón encolado que ajusta en el taladro.

— *Constr.* Punto de una canalización de la cual parten varias ramificaciones.

— *Electr.* Nodo. ‖ Estación de interconexión *.

— *Mar.* Cada una de las divisiones de 15,432 m que tenía el cordel de la corredera * de barquilla. ‖ Unidad para medir la velocidad de los barcos, equivalente a una milla * marina por hora: *navegar a 27 nudos.* (Es incorrecto precisar *por hora.*)

— *Mat.* Punto en el cual una curva que forma lazo se cruza a sí misma.

— *Metr.* V. anteriormente *Mar.*

— *Text.* *Nudo de tejedor,* nudo llano y poco abultado que se hace para unir los hilos rotos de la urdimbre.

NUÉGADO m. *Constr.* Hormigón.

NUEZ f. *Ind.* Fruto del nogal, del cual se extraen aceites industriales y alimenticios. ‖ *Nuez de coco,* v. COCO.

— Para elaborar el *aceite de nueces,* se empieza por cascarlas; se separan los gajos de la semilla y se dejan secar. Luego, las nueces se machacan con una muela vertical para obtener una masa pastosa que, contenida en bolsas de tela fuerte, es sometida al primer prensado. Se obtiene así un aceite virgen comestible que tiene el defecto de enranciarse rápidamente.

La pulpa ya exprimida es desleída en agua, contenida de nuevo en las bolsas y prensada una segunda vez, desprendiendo entonces un aceite que solamente tiene aplicaciones industriales (fabricación de jabónes y pinturas, curtición, etc.). Los turtós se dan a veces al ganado como pienso.

— *Tecn.* Polea pequeña o piñón que forman cuerpo con un eje u otro órgano giratorio: *los husos de las máquinas de hilar están provistos de una nuez que sirve para hacerlos girar.*

NUMERACIÓN f. *Mat.* Modo de enunciar y de escribir los números. ‖ *Numeración binaria,* aquella que puede expresar todos los números con dos cifras solamente: 0 y 1. ‖ *Numeración decimal,* sistema de numeración, universalmente adoptado, fundado en el uso de 10 cifras. ‖ *Numeración romana,* la que empleaban los romanos y en la cual los números son expresados por letras mayúsculas.

— El *sistema de numeración decimal* ha sido adoptado en todas partes por la comodidad que representa el uso de sus nueve cifras significativas y del cero, así como de la convención según la cual las cifras, además de su valor absoluto, tienen un valor relativo que depende del lugar ocupado y en virtud de la cual toda cifra que ocupa determinada posición en un número vale diez veces más que la misma cifra situada a su derecha (de orden inmediatamente inferior) y diez veces menos que la misma cifra situada a la izquierda (de orden inmediatamente superior). Pero este sistema de base 10 es tan arbitrario como cualquier otro y en vez del mismo se podría emplear la numeración de base 12 (recordemos que la gruesa vale doce docenas), de base 60 (los 360° de la circunferencia divididos en 60 minutos de 60 segundos) o cualquier otra. Esta posibilidad queda ilustrada por el ejemplo de las calculadoras electrónicas, en las cuales se emplea el *sistema de numeración binaria* porque éste solamente consta de dos cifras las cuales se traducen en la máquina por el paso de una corriente (1) o por su interrupción (0). Este sistema —adoptado por los chinos largo tiempo antes de nuestra era— es tan simple, que permite efectuar las operaciones sin conocer las tablas de sumar ni de multiplicar, pero tiene el inconveniente de necesitar tres veces y media más cifras que el sistema decimal para escribir los

nudos

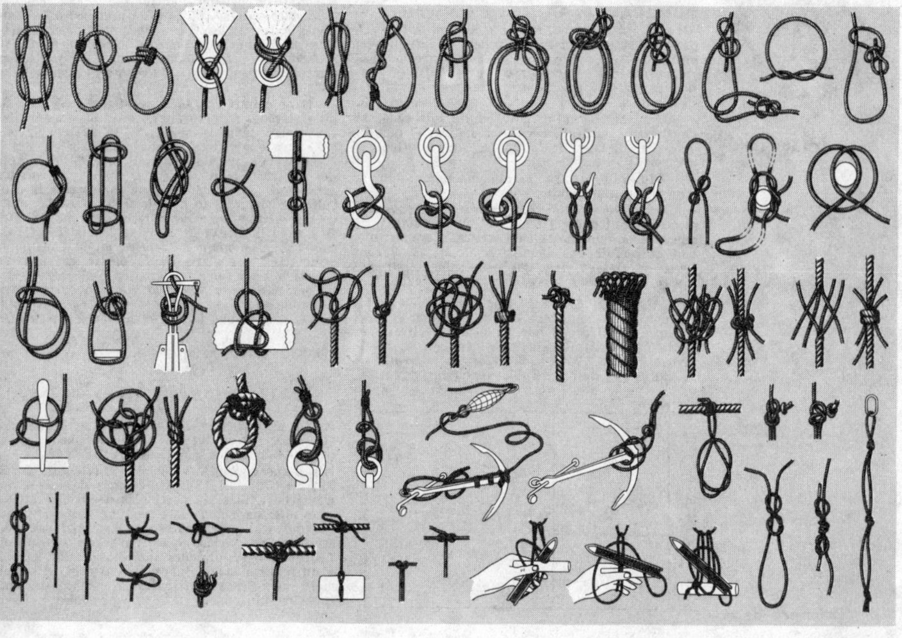

mismos números. He aquí la equivalencia de las cifras en ambos sistemas:

1	2	3	4	5
0001	0010	0011	0100	0101
6	7	8	9	10
0110	0111	1000	1001	1010

Prácticamente, la calculadora electrónica reduce todas las operaciones a largas series de sumas o de restas efectuadas con asombrosa rapidez. Para efectuar una suma de números binarios se tiene en cuenta que 2 da un 0 en el total (como 10 lo da en el sistema decimal) y que se lleva entonces 1 a las cifras situadas inmediatamente a la izquierda. Así:

				1	0001
3	0011	5	0101	3	0011
+5	0101	+10	1010	+11	1011
8	1000	15	1111	15	1111

El ***sistema de numeración romana*** tiene pocas aplicaciones prácticas (esferas de relojes, designación de los años o de los objetos de una serie, etc.). Se funda en el uso de siete letras y su equivalencia con el sistema decimal es la siguiente:

I	V	X	L	C	D	M
1	5	10	50	100	500	1 000

Cada letra no puede repetirse más de tres veces para expresar un número. Pero una letra situada a la izquierda de otra de mayor valor absoluto, se deduce de la misma, mientras que si se escribe a la derecha, se suman sus valores. Así, los números de 1 a 10 se escriben como siguen:

1	2	3	4	5	6	7	8	9	10
I	II	III	IV	V	VI	VII	VIII	IX	X

He aquí otros ejemplos:

19	38	40	46	1 076
XIX	XXXVIII	XL	XLVI	MLXXVI

— *Text.* Véase NÚMERO.

numerador *(ofic.)*

NUMERADOR, RA adj. y s. Que numera.

— *Art. gráf.* Aparato que se monta en la forma * para imprimir números de orden en los pliegos, al mismo tiempo que éstos se van tirando, o separadamente: *el numerador es un contador de ruedecitas, provistas de números grabados en relieve, que avanza de una unidad a cada pasada.*

— *Mat.* M. Término que, en un quebrado, se escribe encima de la raya para indicar el número de partes iguales de la unidad, que contiene el mismo. (V. FRACCIÓN.)

— *Ofic.* Sello u otro instrumento para estampar números manualmente.

— *Tecn. Numerador electromecánico,* dispositivo electromecánico consistente en un contador * de ruedecillas numeradas que avanza de una unidad al recibir una impulsión eléctrica: *el contador de Geiger tiene un numerador electromecánico que cuenta las partículas detectadas.*

NUMÉRICO, CA adj. *Mat.* Relativo o perteneciente a los números; que se hace con ellos. ‖ *Cálculo numérico,* el que se hace con cifras, por oposición al cálculo algebraico en el cual intervienen letras. ‖ *Serie numérica, valor numérico,* v. SERIE y VALOR. ‖ *Tabla numérica,* v. TABLA.

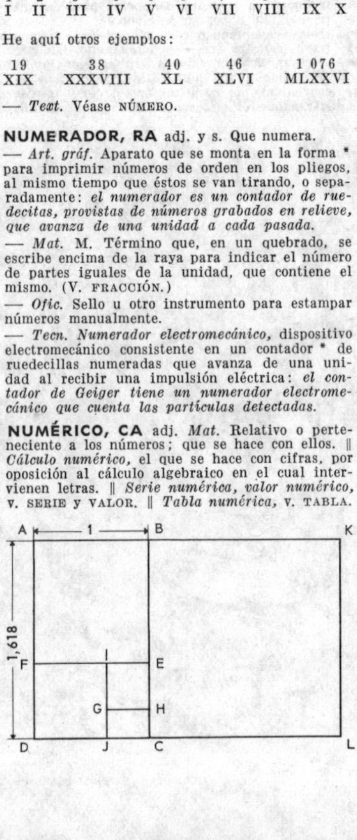

número de oro

NÚMERO m. Expresión de la relación que existe entre una cantidad y otra magnitud que sirve de unidad. (V. más abajo *Mat.*)

— *Aeron. Número de Mach,* v. MACH.

— *Arq.* y *Art. gráf. Número de oro,* número igual a 1,618, que permite determinar proporciones estéticas en las obras arquitectónicas, labores de imprenta, etc.

— Desde la Antigüedad se considera que la mejor armonía entre dos dimensiones se obtiene cuando la proporción entre las mismas es igual a la proporción existente entre la mayor de ellas y la suma de las dos. Consiguientemente, si y es la mayor dimensión y x la menor, tendremos que:

$$\frac{x}{y} = \frac{y}{x + y}.$$

En el caso supuesto de que x sea igual a la unidad, el valor de y se obtiene mediante la fórmula:

$$\frac{1 + \sqrt{5}}{2} = 1{,}618.$$

Independientemente de su valor estético, el *número de oro* se caracteriza por algunas propiedades notables. Así, en el caso del rectángulo cuyo lado mayor mide 1,618 veces la longitud del menor, se pueden obtener hasta el infinito rectángulos idénticos cada vez más pequeños, cortando cuadrados. Inversamente, se obtendrán rectángulos idénticos, aunque cada vez mayores, agregando cuadrados de lado igual al del lado mayor del rectángulo. Por ej., el rectángulo ABCD da, mediante supresión de ABEF, el rectángulo ECDF, mientras que por adición del cuadrado BKLC, da el rectángulo AKLD de proporciones áureas.

— *Astr. Número de oro,* ciclo lunar de 19 años. ‖ *Número de oro de un año,* número de orden de dicho año dentro del período de 19 años al cual pertenece: *el número de oro es uno de los elementos que intervienen en la determinación de la fecha en que cae la Pascua de Resurrección.*

— *Atom. Número atómico,* número de protones que contiene el núcleo de un átomo *. ‖ *Número de Avogadro,* v. AVOGRADO. ‖ *Número cuántico,* cada una de las magnitudes que caracterizan el estado de un sistema cuantificado (v. art. encicl.) ‖ *Número mágico,* número de protones o de neutrones a los cuales corresponde una gran estabilidad de los núcleos atómicos que los contienen. ‖ *Número de masa,* número total de partículas (protones y neutrones) que cuenta el núcleo de un átomo *.

— Para definir con toda propiedad cada uno de los electrones planetarios de un átomo se requieren cuatro *números cuánticos:* el *número principal,* cuyo símbolo es n, que puede ser de 1 a 7 e indica la capa electrónica o nivel * de energía del electrón (de K = 1 a Q = 7); el *número secundario,* de símbolo l, que caracteriza la cantidad de movimiento del electrón, o sea la forma de su órbita y que es un entero comprendido entre O y n-1 (la órbita es circular cuando l es igual a n-1); el *número magnético* m, que define la orientación del plano de la órbita del electrón sometido a un campo magnético o eléctrico (puede ser positivo o negativo y es un entero comprendido entre $-l$ y $+l$; el *número de rotación* o *spin* s, que indica el momento cinético del electrón y cuyo valor puede ser de $-\frac{1}{2}$ o de $+\frac{1}{2}$. (V. ELECTRÓN, CUANTO y MECÁNICA.)

Según el principio de exclusión de Pauli, dos electrones de un mismo átomo no pueden tener todos sus números cuánticos iguales.

Los *números mágicos* son los siguientes: 2, 8, 20, 28, 50, 82, 126. La energía de enlace que mantiene unidas las partículas del núcleo atómico es máxima cuando éste tiene un número mágico de protones o de neutrones. También son muy estables los núcleos que tienen un número de neutrones o de protones inmediatamente inferior a un número mágico. Por el contrario, si el número de dichas partículas es inmediatamente superior al número mágico, el núcleo es muy inestable.

Fot. Larousse

— *Mat.* Cifra o guarismo. (V. NUMERACIÓN.) ‖ *Número abstracto,* aquel en el cual se considera su magnitud, sin referirse a cosas de determinada especie. ‖ *Número algebraico,* número que es solución o raíz de una ecuación entera de coeficientes enteros: $\sqrt{2}$ *es un número algebraico, pues es la raíz positiva de la ecuación* $x^2 - 2 = 0$. ‖ *Número cardinal,* cualquiera de los que forman la serie infinita de números enteros (1, 2, 3, etc.). ‖ *Número compuesto,* el que no es primo. ‖ *Número concreto,* dícese, por oposición al abstracto, del que se aplica a cosas u objetos determinados: 3 libros, 5 000 km. ‖ *Número decimal,* número fraccionario cuyo denominador es 10 o una potencia de 10. ‖ *Número denominado,* número complejo. ‖ *Número complejo,* el que consta de varios números concretos de diferente especie aunque del mismo género, como, por ejemplo: 2 años, 7 meses y 15 días. ‖ *Número entero,* el que contiene la unidad un número exacto de veces, como 1, 7, 22, etc. ‖ *Número figurado,* cada uno de los que se obtienen sumando sucesivamente los dos primeros números cardinales, luego los tres primeros, etc. ($1 + 2 = 3$; $1 + 2 + 3 = 6$, etc.) ‖ *Número finito,* todo número comprendido entre dos enteros. ‖ *Número fraccionario,* el que se expresa por una fracción, y que también se llama *quebrado.* ‖ *Números heterogéneos,* los que se refieren a cosas de diferentes especies, como 7 naranjas, 3 vasos y 2 cuchillos. (También se dice de los números compuestos de factores primos diferentes.) ‖ *Números homogéneos,* los números concretos que se refieren a objetos de la misma especie, como 7 naranjas, 3 naranjas y 2 naranjas. (También se dice de los números compuestos que tienen los mismos factores primos: *540 y 180 son números homogéneos, pues tienen el 2, el 3, el 5 y 6 por factores primos.*) ‖ *Número imaginario,* V. IMAGINARIO. ‖ *Número inconmensurable,* número irracional. ‖ *Números inversos,* aquellos cuyo producto es igual a la unidad. (V. INVERSA.) ‖ *Número irracional,* el que no es racional y que, consiguientemente, no puede ser expresado en forma de entero ni de fracción: *el número pi* (π) *es irracional, pues no contiene exactamente la unidad ni ninguna de sus partes alícuotas.* ‖ *Número natural,* número cardinal. ‖ *Número negativo,* el que se halla afectado por el signo menos, como —46. ‖ *Número normal,* cada uno de los números de una serie de Renard *, adoptados por la industria, especialmente en las máquinas herramienta, para normalizar las dimensiones. ‖ *Número perfecto,* el que es igual a la suma de sus divisores: *28 es un número perfecto.* ‖ *Número positivo,* el que se halla afectado por el signo más (+). ‖ *Número primo,* número entero solamente divisible por la unidad y por sí mismo, cual lo son el 3, el 11, el 97, etc. ‖ *Número racional,* cualquier número entero o fraccionario; cociente de dos enteros. ‖ *Números reales,* conjunto de los números racionales e irracionales, por oposición a los números imaginarios. ‖ *Número transcendente,* todo número irracional que no es algebraico. ‖ *Ley de los grandes números,* ley relativa a la frecuencia con que tiene lugar un hecho cuya probabilidad ha sido determinada por el cálculo, y según la cual las diferencias entre la frecuencia comprobada y la probabilidad calculada son tanto menores cuanto mayor es el número de veces en que se ha producido el hecho considerado.

— Si se echa al aire una moneda perfectamente equilibrada, existe, de dos posibilidades, una para que caiga sobre la cara o la cruz. Pero esta posibilidad no siempre se confirma al repetir el juego un número reducido de veces y, por ejemplo, en 20 jugadas puede salir cara 13 veces y cruz 7. Es, sin embargo, poco probable que 200 jugadas den 130 veces cara y 70 veces cruz. Así, al aumentar las jugadas, el resultado es cada vez más próximo de la probabilidad teórica y Buffon, al echar la moneda 4 040 veces, obtuvo 2 028 veces cara, lo cual corresponde a una frecuencia de 0,502 en vez de la probabilidad teórica de 0,500. (V. PROBABILIDAD.)

— *Text.* Grosor de un hilo expresada por la longitud del mismo que corresponde a un peso dado.

— El *número* de los hilos a base de fibras vegetales es la longitud en kilómetros de 1 kg de hilo, y el de los hilos de seda y de fibras sintéticas es el peso en gramos de 9 000 m de hilo. Además, en Gran Bretaña y otras partes se siguen empleando sistemas anticuados y complejos.

Según acuerdos internacionales, todos los sistemas en uso están siendo reemplazados por la nueva unidad llamada *tex,* valedera para toda clase de fibras, que es el peso en gramos de 1 000 m de hilo.

NUTACIÓN f. *Astr.* y *Mec.* En los giroscopios, trompos y otros cuerpos de movimientos giroscópicos, oscilación de escasa amplitud a que se halla sometido el extremo libre del eje de rotación, el cual desvía así, alternativamente, hacia el exterior y el interior de la trayectoria circular que le confiere la precesión.

— La Tierra puede ser comparada a una inmensa peonza lanzada en el espacio y las fuerzas de atracción que la Luna y el Sol ejercen sobre su abultamiento ecuatorial determinan no solamente una precesión de su eje, sino también una *nutación astronómica.* Dadas la inclinación del eje terrestre, la del plano orbital de la Luna respecto a la eclíptica y la variación constante de las posiciones relativas que ocupan los tres astros, la nutación, constituye un fenómeno sumamente complejo. No obstante, se puede admitir prácticamente que el eje de rotación de la Tierra describe en 18,66 años una elipse cuyos semiejes son de 9,21″ y de 6,86″.

También existe una nutación del eje de la Luna.

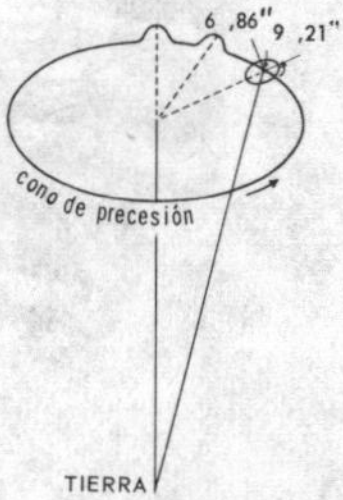

nutación astronómica

NYLON m. *Text.* Marca registrada de una fibra textil sintética que se obtiene mediante combinación de un diácido y de una diamina de cadenas muy largas.

OBSERV. Mientras este nombre sea una marca registrada y no haya perdido sus privilegios, la ortografía correcta es *Nylon.* No obstante ciertos lexicógrafos le atribuyen acento de voz aguda, a pesar de que en España se observa generalmente la pronunciación inglesa (*nailon*). Esta palabra, tal como se pronuncia, ha sido incorporada a la XIXª edición del diccionario de la Academia Española (1970).

— Uno de los procedimientos de fabricación del *Nylón* consiste en disolver ácido adípico y hexametilenotetramina, que reaccionan en el baño y dan lo que pudiéramos llamar una *sal de Nylón.* La sal se extrae por evaporación del disolvente y se mezcla con varios aditivos que conferirán al producto final la viscosidad y el peso molecular requeridos. A continuación se polimeriza la mezcla en autoclaves y se obtiene así Nylón en fusión que es solidificado en forma de cinta proyectándolo sobre un tambor de acero refrigerado interiormente. Este producto a granel es desmenuzado y se emplea diferentemente según la índole de los productos fabricados. Para obtener hilos, se funde el Nylón y se hace pasar a presión por los orificios calibrados de una hilera, a la salida de los cuales es rápidamente solidificado por un chorro de aire.

Una molécula de Nylón consta de una cadena larguísima, en la cual se sucede numerosas veces el motivo: ...$NH-(CH_2)_6-NH-CO-(CH_2)_4-CO$...

Al pasar el Nylón por la hilera, sus macromoléculas se orientan longitudinalmente y la fibra adquiere así una resistencia doble de la que tiene la fibra de seda. Un hilo de Nylón de sección igual a 1 mm^2 puede soportar un peso o una tracción de 55 a 60 kg. Esta materia es, por lo demás, imputrescible y resiste perfectamente a la acción de los agentes atmosféricos. Su temperatura de fusión es de unos 230 a 250°. Tiene un sinnúmero de aplicaciones y su uso no cesa de extenderse: hilados y tejidos; filtros para la industria química; cuerdas y redes; cepillos y pinceles; raquetas de tenis; levas, rodillos, engranajes y otros órganos mecánicos, etc.

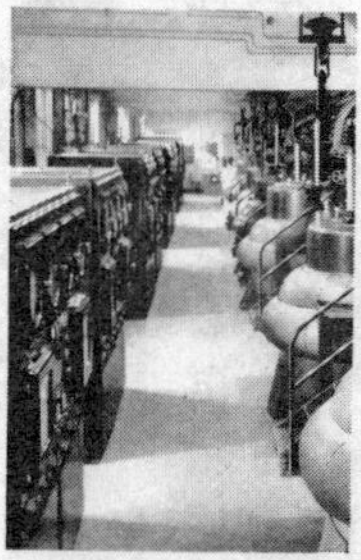

autoclaves para la polimerización del Nylon

Fot. A. Gamet

ordenador electrónico

O f. Decimoctava letra del alfabeto, que se emplea como sigla y símbolo de voces científicas.
— *Astr.* Designa un tipo espectral de estrellas *.
— *Atom.* La *letra O* designa la quinta capa o nivel * de energía de los electrones planetarios del átomo: *la capa O, cuando se halla completa, contiene 18 electrones.*
— *Geogr.* Símbolo de *Oeste* (si bien es de uso corriente en la marina y la aviación la letra W, sigla de *West*, que es el nombre inglés del Oeste).
— *Electr.* Símbolo primitivo del *ohmio*, hoy reemplazado por Ω (omega) para evitar la confusión con un cero.
— *Mat.* Símbolo de *origen* *.
— *Metr.* El signo ^{o} es el símbolo de *grado* en su doble acepción física y geométrica: *temperatura de 17°; disolución de 20° Baumé; ángulo de 90°.*
— *Quím.* La *O* mayúscula es el símbolo químico del *oxígeno* y la *o* minúscula la abreviatura de *orto.*

OASIS m. *Geogr.* Zona de escasa superficie situada en un desierto y en la cual la existencia de agua y de un suelo apto para la vegetación permite la presencia de una población sedentaria.

OBELISCO u **OBELIO** m. *Arq.* Pilar monolítico, de forma piramidal y sección cuadrangular: *ciertos obeliscos egipcios miden 29 m de altura y pesan 323 toneladas.*

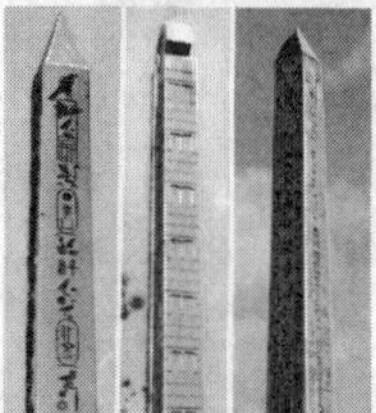

obeliscos

OBENCADURA f. *Mar.* Conjunto de obenques de los palos y masteleros.

OBENQUE m. *Mar.* Nombre genérico de las cuerdas o cables que sirven para sujetar los mástiles y masteleros con objeto de que puedan soportar los esfuerzos laterales.

obenques

OBENQUILLO m. *Mar.* Cada uno de los obenques que sirven para sujetar los mastelerillos.

OBERON, quinto satélite de Urano.

OBJETIVO m. *Ópt.* y *Fot.* Lente o conjunto de lentes, espejo cóncavo o cualquier otro dispositivo que, en un instrumento óptico, capta la luz procedente del objeto y la dirige al ocular o la proyecta sobre una pantalla o una emulsión sensible. ‖ *Objetivo de inmersión,* v. MICROSCOPIO.
— En un instrumento óptico el *objetivo* suele ser el órgano dirigido hacia el objeto que se observa, mientras que el ocular es el órgano situado en la dirección opuesta y en el cual se aplica el ojo para ver la imagen (cuando no existe ocular, la imagen dada por el objetivo se forma sobre una emulsión sensible para ser fotografiada [objetivo fotográfico], o en una pantalla, para ser observada [objetivo de proyección]). Todos los objetivos adolecen de aberraciones, pero éstas pueden ser subsanadas multiplicando las lentes y combinando vidrios de índices de refracción diferentes (v. ABERRACIÓN.) Un objetivo se caracteriza por su abertura *, su distancia focal (v. FOCO), su luminosidad * y su ángulo de campo (ángulo que tiene por vértice el segundo punto principal del objetivo y por lados las dos líneas que, a partir del mismo, pasan por los extremos de la diagonal de la superficie sensible: cuanto más pequeño es el ángulo, menor es también, a igual distancia del aparato, el objeto que puede ser fotografiado).
Los objetivos comunes de fotografía suelen tener una distancia focal igual a la diagonal de la emulsión sensible y a la cual corresponde un ángulo de campo de 60°. Para poder fotografiar objetos muy grandes sin alejarse excesivamente de ellos, se emplean objetivos del tipo *gran angular,* en los cuales dicho ángulo es de 90 a 120°. Por el contrario, los *teleobjetivos* abarcan un campo de 20 a 30° solamente. Modernamente se extiende el uso, especialmente en cinematografía de formato reducido, de *objetivos de focal variable* que, mediante accionamiento de una palanca, permiten hacer variar progresivamente la distancia focal y, consiguientemente, escoger cualquier ángulo de campo comprendido entre los del gran angular y los del teleobjetivo.
Por lo demás, las características de un objetivo pueden ser modificadas fijando frontalmente en su montura lentes * supletorias, las más de las veces para poder fotografiar objetos muy pequeños o muy cercanos del objetivo. También se emplean *objetivos anamórficos* en cinematografía de pantalla ancha. (V. CINEMASCOPIO.)
Los *objetivos de microscopio* son sistemas complejos, de pequeñísima distancia focal, en los cuales se procura obtener la mayor abertura posible con el fin de aumentar el poder de resolución. (V. MICROSCOPIO.)

Fot. I. B. M., Bonfils, Roger-Viollet, Larousse

En los gemelos, anteojos, telémetros y otros instrumentos de campo reducido, se emplean objetivos constituidos por dos lentes, una de las cuales, de cristal crown *, es convergente, y la otra, de flint *, divergente.
En los telescopios reflectores, el objetivo consiste en un espejo cóncavo, ya parabólico (en cuyo caso es muy grande y da, no obstante, campos reducidos), ya esférico (que da campos mucho mayores, pero requiere un dispositivo corrector de la aberración de esfericidad). [V. TELESCOPIO.]

OBJETO m. *Astr.* Nombre dado por los astrónomos a las nebulosidades y a los cuerpos celestes de naturaleza indeterminada, y también a los ingenios espaciales lanzados por el hombre.
— *Ópt.* y *Fot.* Lo que se observa o fotografía con un instrumento óptico.

OBLICUIDAD f. Calidad de oblicuo.
— *Astr. Oblicuidad de la eclíptica,* ángulo que forma el plano de la eclíptica con el plano del ecuador terrestre.
— La *oblicuidad de la eclíptica* no es constante. Su valor actual de 23º 27′, disminuye de 47,6″ por siglo en virtud de un movimiento periódico, aunque extremadamente lento, de la eclíptica. Por otra parte, la oblicuidad varía según un ciclo de 18,6 años por efecto de la nutación *, siendo la amplitud máxima de este movimiento de 9,21″.
— *Geom.* Inclinación relativa de dos rectas o dos planos que, ni son paralelos, ni forman un ángulo recto.

OBLICUO, CUA adj. Sesgado, inclinado respecto a una línea o un plano.
— *Geom.* Dícese de la línea o del plano que, al cortar otra línea o plano, no forman con ella o con él un ángulo recto. || Aplícase al ángulo que no es recto.

OBLITERACIÓN f. Acción y efecto de obliterar.

OBLITERADOR m. Matasellos. || Máquina de obliterar empleada en las oficinas de correos.

OBLITERAR v. Anular los sellos de correos imprimiendo sobre los del franqueo de una carta, paquete u otro objeto postal, una marca para impedir que sean empleados de nuevo. || *Máquina de obliterar,* máquina de imprimir especial con que se obliteran automáticamente las cartas en las oficinas de correos. (Sinón. OBLITERADOR.)

OBLONGO, GA adj. Más largo que ancho.

OBOE m. *Aeron.* y *Radiot.* Sistema de radionavegación merced al cual un avión puede dirigirse con la ayuda de dos estaciones terrestres.
— El *sistema oboe,* derivado del *shoran,* solamente requiere dos emisoras fijas, además del receptor repetidor de a bordo. Cada estación emite señales que son retransmitidas por el repetidor y vuelven a la emisora. Del tiempo transcurrido entre la emisión de una señal y la recepción de la misma después de haber sido retransmitida, se deduce automáticamente la distancia que media entre el avión y la estación, la cual es comunicada al navegador de a bordo. Basta entonces con colocar la punta de un compás en el punto que ocupa cada emisora en la carta de navegar y, tomando por radio la distancia comunicada por cada una de ellas, trazar dos arcos para determinar la posición del avión en la intersección de los mismos.
El oboe también puede ser utilizado en geodesia, con estaciones móviles, para medir la distancia entre dos puntos.

OBRA f. Labor, cosa producida.
— *Arq.* y *Constr.* Edificio en construcción. || Reparación o cualquier otra labor de albañilería. || *Obra de fábrica,* la que se hace con ladrillos, piedra u hormigón. || *Obra a hueso* o *en seco,* la de piedras, ladrillos o bloques simplemente sobrepuestos, sin trabazón de mortero.
— *Art. y of. De obra,* dícese de los materiales especialmente preparados para ser utilizados en alguna labor u oficio: *cuero de obra.*
— *Mar. Obra alta, obra maestra,* el acastillaje * o superestructura del buque. || *Obra muerta,* parte del casco de un barco por encima de la línea de flotación. || *Obra viva,* parte sumergida del casco de un buque.
— *Metal.* Parte del horno * alto situada inmediatamente sobre el crisol.
— *Obr. públ. Obra de arte,* galicismo por *obra de fábrica.* || *Obra de fábrica,* en los canales, vías de ferrocarril, carreteras y otras vías de comunicación, se designan así los puentes, sifones, esclusas, túneles y otras construcciones a base de piedra, ladrillo u hormigón. || *Obra de tierras,* movimiento * de tierras.

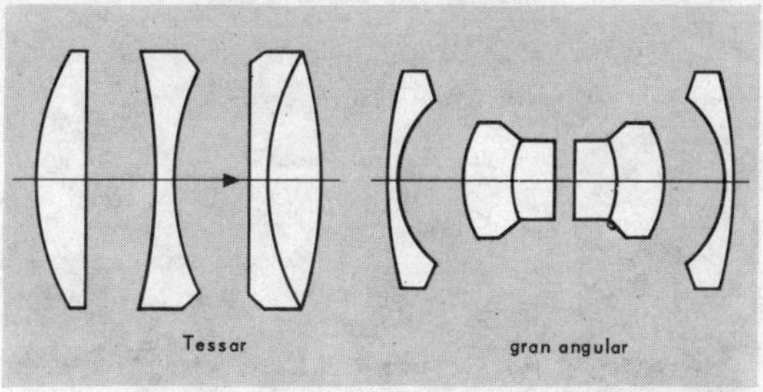

objetivos fotográficos

OBRADURA f. *Ind. alim.* Cantidad de aceituna que se exprime de una vez en la prensa del molino de aceite.

OBRAR v. Hacer una cosa o labrarla.
— *Constr.* Edificar, construir una obra.

OBSCURO, RA adj. Dícese de lo que carece de luz. || Aplícase a los colores que carecen de brillo, que tiran a negro.
— *Astr. Nebulosa obscura,* v. NEBULOSA.
— *Fís. Calor obscuro,* calor que, en forma de rayos infrarrojos *, desprenden los cuerpos calientes antes de llegar a la incandescencia.
— *Ópt. Cámara obscura,* v. FOTOGRAFÍA.

corte de un **objetivo**

OBSERVACIÓN f. Acción y efecto de estudiar los fenómenos: *las observaciones meteorológicas permiten prever la evolución del tiempo.*
— *Aeron. Avión de observación,* avión provisto de máquinas fotográficas y de un equipo especial propio para tomar fotografías de las instalaciones militares en territorio enemigo y acopiar informes útiles sobre movimientos de tropas, transportes de materias esenciales, etc. (para efectuar observaciones a distancias no muy grandes y en condiciones muy peligrosas, se emplean aparatos teledirigidos que toman automáticamente vistas fotográficas).
— *Astr.* Estudio de los astros por medio de instrumentos ópticos. (V. OBSERVATORIO.)
— *Mar.* Medición efectuada por el piloto de un barco para determinar la posición del mismo o su rumbo, y así la observación de un astro consiste en medir la altura y el acimut del mismo. (V. NAVEGACIÓN.)

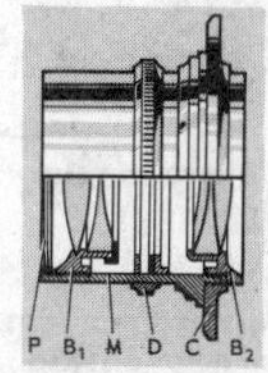

estructura de un **objetivo** fotográfico P. Rosca para el parasol o los filtros; B_1 y B_2. Monturas de las lentes; M. Montura o tubo; D. Diafragma; C. Collarín de fijación del objetivo

OBSERVADO, DA adj. *Mar. Punto observado,* v. PUNTO.

OBSERVAR v. Efectuar alguna observación.
— *Aeron.* y *Mar.* Determinar la posición geográfica del avión o del barco mediante observaciones astronómicas.

OBSERVATORIO m. Lugar desde el cual se observa algún fenómeno: *observatorio meteorológico.*
— *Astr.* Edificio o centro de investigaciones consagrado al estudio y observación de los astros.
— Hasta fines del siglo pasado los principales *observatorios* fueron construidos ya en las capitales y ciudades importantes o universitarias, ya en sus inmediaciones. Mas, la polución de la atmósfera por los hogares industriales y domésticos y, por otra parte, los imperativos de la fotografía y de la espectroscopia, obligan a ubicar los modernos observatorios en parajes privilegiados, en los cuales concurren las siguientes condiciones: cielo despejado la mayor parte del año, alejamiento suficiente de los centros urbanos e industriales, máxima altura sobre el nivel del mar (con objeto de dejar por debajo de los instrumentos el mayor espesor posible de aire denso).
También difiere mucho el actual equipo instrumental del de los antiguos observatorios, cuya importancia residía esencialmente en la potencia óptica del anteojo o telescopio principal. Cierto es que se han llegado a construir anteojos con objetivo de 102 cm de diámetro (Observatorio Yerkes, en Chicago) y telescopios * reflectores con espejo de 508 cm (Observatorio del Monte Palomar, en California), pero un observatorio moderno consta también de una importante sección

obliterador

Fot. Todegal, Agfa, Larousse

observatorio del Monte Wilson (California)

cúpula del **observatorio** de Saint-Michel-de-Provence (Francia)

obtusángulo

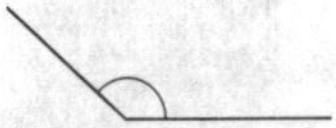

ángulo **obtuso**

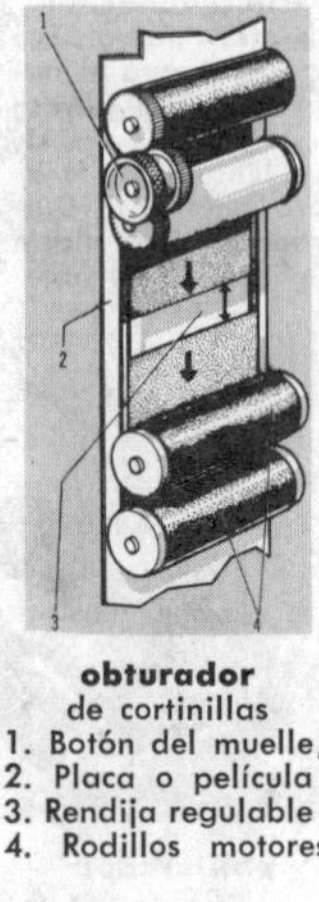

obturador de cortinillas
1. Botón del muelle;
2. Placa o película;
3. Rendija regulable;
4. Rodillos motores

de astrofísica *, de un servicio de la hora * o tiempo exacto y de otras instalaciones ya descritas en el art. ASTRONOMÍA.
Ciertos observatorios se especializan o dedican de preferencia a determinadas actividades, a veces coordinadas con las de otros observatorios: mapa * del cielo, estudio de los planetas, centralización de los datos sobre cometas, cálculo de efemérides, observación de las galaxias, radioastronomía *, etcétera.

OBSIDIANA f. *Miner.* Roca de aspecto vítreo que resulta de la solidificación rápida del magma expulsado por los volcanes.
— La *obsidiana* es una roca compacta, parecida a un vidrio grisáceo o negruzco, cuya fractura es concoidea. La piedra * pómez no es sino una obsidiana cuya estructura esponjosa se debe a la presencia de numerosas burbujas de aire en la lava.

OBTURADOR m. Chapa o cualquier otro dispositivo propio para obturar una abertura.
— *Arm.* Junta que se pone entre la culata y el cañón para evitar el escape de los gases: *las armas que disparan cartuchos no requieren obturador, pues la presión de los gases dilata la vaina y la aplica herméticamente contra la pared de la cámara.*
— *Cin.* y *Fot.* Dispositivo montado en los aparatos fotográficos para regular el tiempo de exposición a la luz de la superficie sensible. ‖ Dispositivo que, en las cámaras y proyectores cinematográficos, interrumpe el paso del haz luminoso mientras se mueve la película.
— Los *obturadores* empleados en los aparatos fotográficos son de dos clases: unos, llamados *obturadores de iris,* consisten en varias laminillas metálicas que, al ser disparado un resorte, convergen hacia el eje óptico, se imbrican y cierran por completo el objetivo; otros, llamados *de cortina,* consisten en dos cortinillas, separadas por una rendija, que, al ser disparado un resorte, se tienden rápidamente ante la emulsión sensible.
En los obturadores de iris, el tiempo de exposición * depende de la rapidez con que se cierran las laminillas, la cual puede ser regulada en un campo de exposiciones tanto mayor cuanto más perfeccionado fuera el aparato. Así, los aparatos más baratos solamente permiten efectuar instantáneas de 1/25 (y a veces 1/50) de segundo y exposiciones largas de un tiempo (el obturador permanece abierto mientras el fotógrafo mantiene apretado el disparador) que suelen indicarse en la escala del disparador por la letra B. Los modelos perfeccionados permiten efectuar: instantáneas lentas de 1 s a 1/10 de s (merced a un mecanismo de relojería que los mantienen abiertos durante el tiempo deseado); instantáneas normales de 1/25 hasta 1/300 e incluso 1/500 de s; exposiciones B de un tiempo; exposiciones de dos tiempos (designadas por la letra T), en las cuales una primera presión en el disparador deja abierto el obturador y otra lo cierra.
En los *obturadores de cortina* el tiempo de exposición es regulado por la anchura de la rendija dejada entre las dos cortinillas y, también, por la tensión del resorte; esta doble regulación permite obtener, además de las exposiciones B y T, una gran variedad de instantáneas desde la de 1 s hasta la de 1/2 500 de s.
Los *obturadores de objetivo,* llamados *obturadores centrales,* se hallan dispuestos en la misma montura que el objetivo. Suelen ser de iris, pero también los hay, en las cámaras de taller o de retratista de cortinilla, con instantáneas limitadas del 1/15 al 1/100 de s y exposición a un tiempo.
Los *obturadores focales* se hallan montados en el fondo de la cámara obscura, junto a la emulsión sensible, y son de cortina.
Los *obturadores cinematográficos* consisten generalmente en una pieza giratoria de chapa que forma dos aspas, las cuales interceptan la luz durante el breve lapso de tiempo necesario para que el mecanismo de arrastre de la película corra la misma entre dos imágenes sucesivas. (V. CINEMATÓGRAFO.)
— *Mec.* Todo órgano mecánico que sirve para cerrar una cámara o recinto o para interrumpir la comunicación entre dos recintos o dos tramos de una canalización. (V. GRIFO, REGULADOR y VÁLVULA.)
— *Quím.* Placa de cristal usada en los laboratorios para tapar una campana, una probeta, un tubo de ensayo, etc.

OBTURAR v. Cerrar o tapar una abertura, una canalización. (V. OBTURADOR.)

OBTUSÁNGULO adj. *Geom.* Que tiene un ángulo obtuso: *triángulo obtusángulo.*

OBTUSO, SA adj. Romo, sin punta ni agudeza.
— *Geom. Ángulo obtuso,* el de mayor abertura que el recto, o sea el de más de 90º y menos de 180.

OBÚS m. *Arm.* Cañón corto y capaz de apuntar en todos los ángulos, hasta el tiro vertical. ‖ Proyectil de artillería. (V. PROYECTIL.)
— El *obús* es corto, como el mortero *, pero difiere de éste en que es un verdadero cañón, provisto de recuperador y de freno, que tiene el cañón rayado y es utilizado por el cuerpo de artillería. (V. CAÑÓN y MORTERO.)
— *Autom.* Obturador de válvula de neumático.

OCAL adj. y s. *Text.* Capullo de seda formado por dos o más gusanos. ‖ Hilo de seda suministrado por dicho capullo. (V. ADÚJAR.)

OCASO m. *Astr.* Puesta del Sol o de otro astro. ‖ Occidente o poniente. ‖ *Amplitud del ocaso,* arco de horizonte comprendido entre el punto por donde se pone un astro y el occidente verdadero (intersección del horizonte con el ecuador).

OCCIDENTAL adj. *Astr.* y *Geogr.* Situado hacia el occidente. ‖ Dícese del planeta que se pone después del Sol.
— *Joy.* Aplícase a ciertas perlas y gemas de calidad inferior, por oposición a oriental.

OCCIDENTE m. *Astr.* y *Geogr.* Lado del horizonte por donde se pone el Sol.

OCEÁNICO, CA adj. Relativo al océano.
— *Meteor. Clima oceánico,* clima propio de las regiones occidentales de los continentes, en las zonas templadas, en las cuales la influencia del océano próximo se traduce por la existencia de precipitaciones durante todas las estaciones (aunque más abundantes en invierno), y por una moderación de las temperaturas tanto en el verano como en el invierno.

OCÉANO m. *Ocean.* Vasta extensión de agua salada que llena inmensas depresiones de la corteza terrestre situadas entre los continentes.
— Los *océanos* ocupan 70,8 % de la superficie del Globo, o sea 361 millones de kilómetros cuadrados, distribuidos como sigue: océano Pacífico, 180; océano Atlántico, 106, y océano Índico, 75. Los océanos glaciales Ártico y Antártico no son sino prolongaciones de los tres citados.
Los continentes y los océanos se hallan distribuidos tan irregularmente en la superficie del Globo que puede decirse que existe un "hemisferio continental", con su centro situado en las costas francesas de Bretaña y un "hemisferio marítimo", con centro situado en los antípodas de aquella región. (V. tb. OCEANOGRAFÍA y TIERRA.)

OCEANOGRAFÍA f. Ciencia que trata de los océanos y de los mares en general, de su fondo, sus aguas y los organismos animales y vegetales que moran en ellas.

Fot. Obs. del Monte Wilson, La Photothèque

— Los estudios de *oceanografía* se efectúan con buques oceanográficos especialmente pertrechados para sondar el fondo, sacar muestras del mismo, así como del agua a distintas profundidades, capturar los organismos, medir la dirección y la velocidad de las corrientes, la temperatura y la salinidad del agua a diferentes profundidades, estudiar las mareas, el oleaje, los efectos de los seísmos submarinos, etc. La principal dificultad de esta ciencia consistía en el hecho de que los oceanógrafos no podían observar ocularmente el medio oceánico a grandes profundidades, cosa hoy posible gracias al batíscafo *.
La profundidad media de los mares es de 3 800 m. Se distinguen cuatro clases de fondos: la plataforma continental, que prolonga el litoral hasta la profundidad de 200 m; las rápidas pendientes, a veces interrumpidas por valles submarinos, que conducen de la plataforma al fondo oceánico propiamente dicho; los fondos de profundidad media, que representan la mayor parte de todos los fondos y se hallan divididos a veces por largas dorsales; las grandes fosas o simas, en la más profunda de las cuales, al nordeste de la isla de Mindanao (Filipinas) el fondo se halla a 10 830 m del nivel del mar.

OCEANOGRÁFICO, CA adj. Relativo a la oceanografía: *buque oceanográfico.*

OCELOTE m. *Curt.* y *Zool.* Mamífero felino de América *(Felis pardalis)*, cuyas pieles, de vistosos y variados dibujos, son muy apreciadas para hacer abrigos de señora particularmente suaves y calientes.

OCLUSIÓN f. Cierre accidental de un conducto.
— *Metal. Oclusión gaseosa,* burbuja de gas que queda aprisionada en la masa de una pieza moldeada y constituye un defecto de la misma.
— *Meteor.* Fenómeno que se produce cuando un frente frío alcanza al frente caliente que le precede, siendo éste repelido hacia arriba.
— *Quím.* Propiedad que tienen algunos metales de absorber los gases y de conservarlos luego incluso en el vacío.
— Ciertos metales tienen la propiedad de absorber determinados gases en proporciones muy grandes y tanto mayores cuanto más elevada es su temperatura y la presión del gas. Así, el paladio calentado a 500° absorbe 300 veces su propio volumen de hidrógeno comprimido a 120 atmósferas, mientras que el cobalto, a la temperatura y presión ambientes, absorbe 150 veces su volumen del mismo gas. También absorben hidrógeno el níquel y el platino. El cobre absorbe anhídrido sulfuroso; el hierro, óxido de carbono, etc.

OCRATACIÓN f. *Constr.* Procedimiento para aumentar la resistencia del hormigón a la acción de los aceites minerales, los ácidos y otros agentes químicos, consistente en ponerlo en presencia de tetrafluoruro de silicio a la presión de 4 kg/cm^2.

OCRE m. *Miner.* y *Pint.* Mezcla natural de óxido férrico, sílice y óxido de aluminio hidratado, cuyo color varía del amarillo al rojo y que se emplea como pigmento. ‖ *Ocre negro,* arcilla rica en bióxido de manganeso y en grafito, también usada como pigmento. ‖ *Ocre violado,* óxido de hierro artificial, llamado por los pintores *pardo de Van Dyck.*
— Según la proporción de óxidos e hidróxidos de hierro que contiene, el *ocre* puede tener todos los colores comprendidos entre el amarillo y el pardo. No obstante, solamente suelen emplearse al estado natural los ocres amarillos. Para obtener ocres rojos, se tuestan los amarillos, resultando distintos matices según la temperatura alcanzada. Los *pigmentos de ocre* dan pinturas muy resistentes a los agentes atmosféricos.

OCT, prefijo derivado del griego *okto,* que significa *ocho.*

OCTAÉDRICO, CA adj. Que se refiere al octaedro o que tiene su forma: *cristal octaédrico.*

OCTAEDRO m. *Geom.* Sólido de ocho caras.
— El *octaedro regular* resulta de unir por su base cuadrada dos pirámides regulares cuyas caras son triángulos equiláteros. La altura de cada pirámide es igual a la mitad de la diagonal de su base cuadrada.

OCTÁGONO, NA adj. y s. *Geom.* Que tiene ocho ángulos (Sinón. OCTAGONAL y OCTOGONAL). ‖ — M. Polígono que tiene ocho ángulos y, consiguientemente, ocho lados: *para calcular el lado del octágono regular inscrito en una circunferencia de radio R, se multiplica R por 0,7653; para calcular la apotema del mismo octágono, se multiplica R por 0,9239.* (Sinón. OCTÓGONO.)

OCTANO m. *Autom.* y *Petr.* Nombre de los hidrocarburos saturados de fórmula C_8H_{18}: *el octano normal, presente en el petróleo bruto y en algunos de sus derivados, es un líquido que hierve a 125°.* ‖ *Índice de octano,* índice para expresar el poder antidetonante de un carburante.
— A pesar del interés que presenta la máxima compresión * de la mezcla carburante en el cilindro, la misma es limitada por la aparición del fenómeno llamado detonación o golpeteo *. Para saber a qué presión puede efectuarse la combustión de un carburante sin detonaciones, se determina su *índice de octano* como sigue: se empieza por probar el carburante en un motor especial de un solo cilindro aumentando progresivamente la compresión hasta que se manifiestan las detonaciones; luego, sabiendo que el heptano es muy detonante, se le atribuye el índice 0, mientras que el octano (o, con más propiedad, el isoctano) que es muy poco detonante, tendrá el índice 100; se hace funcionar de nuevo el motor —sin modificar la compresión— con isoctano al cual se agrega progresivamente una proporción creciente de heptano, hasta que empiece a detonar el motor. El índice de octano es igual al tanto por ciento de isoctano que contiene la última mezcla no detonante.
Para aumentar el índice de octano de un combustible se le agregan aditivos antidetonantes *.

OCTANTE m. *Geom.* Octava parte de la circunferencia, igual a 45°.
— *Mar.* Instrumento semejante al sextante *, del cual sólo difiere por su escala, que es de 45°.

OCTASTILO, LA adj. *Arq.* Que tiene ocho columnas.

OCTAVILLA f. *Art. gráf.* Octava parte de un pliego de papel. ‖ Hoja suelta de dicho tamaño o de otro formato pequeño, en la cual se imprime un texto corto para difundirlo, especialmente con fines políticos.

OCTAVO m. *Art. gráf. En octavo,* dícese del libro, folleto u otro impreso cuyas dimensiones equivalen a la octava parte de las del pliego de papel sellado. ‖ Aplícase, por ext., al formato que se obtiene dando a un pliego tres dobleces consecutivos.

OCTETO m. *Quím.* Dícese de la capa exterior de electrones de un átomo cuando está completa y contiene ocho electrones: *la tendencia de los átomos a completar su octeto explica la formación de las moléculas de muchos compuestos.* (V. MOLÉCULA y VALENCIA.)

OCTILO m. *Quím.* Radical univalente C_8H_{17}, derivado del octano.

OCTODO m. *Radiot.* Tubo electrónico de ocho electrodos, prácticamente constituido por un pentodo y un triodo separados por una rejilla.

OCTOGONAL adj. Octagonal.

OCTÓGONO, NA adj. y s. Octágono.

OCTOSTILO, LA adj. *Arq.* Octástilo.

OCULAR adj. y s. *Ópt.* Relativo al ojo: *observación ocular.* ‖ En los instrumentos de óptica, lente o sistema de lentes que se antepone al ojo y es el elemento complementario del objetivo. ‖ *Ocular astronómico,* el que da una imagen invertida de los objetos observados. ‖ *Ocular terrestre,* el que endereza la imagen invertida dada por el objetivo.
— Una simple lupa puede constituir un *ocular* propio para ver la imagen * real dada por el objetivo, pero los oculares empleados en los anteojos, microscopios e instrumentos afines son sistemas de varias lentes. Los más comunes son los siguientes: *ocular positivo de Ramsden,* que consta de dos lentes planoconvexas y opuestas; *ocular negativo de Huygens,* también compuesto de dos lentes planoconvexas, aunque con su convexidad dirigida hacia el objetivo; *ocular de Galileo,* constituido por una sola lente bicóncava o por un sistema divergente de varias lentes. (V. ANTEOJO, MICROSCOPIO y TELESCOPIO.)

OCULTACIÓN f. *Astr.* Eclipse * de un astro por otro de diámetro aparente mucho más grande, cual ocurre, por ejemplo, cuando la Luna se interpone entre el observador terrestre y un planeta o una estrella, y en la ocultación por un planeta de uno de sus satélites.

oceanografía
estación flotante (un ascensor desciende por el cuerpo cilíndrico hasta los laboratorios situados a diferentes profundidades)

ocular
[v. figura p. 744]

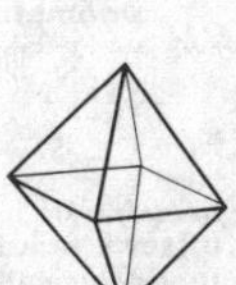

octaedro

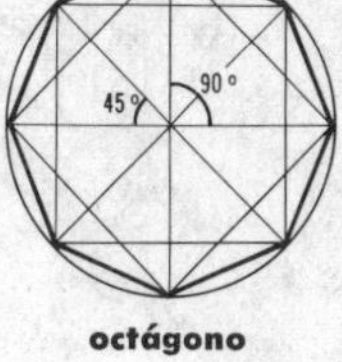

octágono

Fot. Museo Oceanográfico de Mónaco

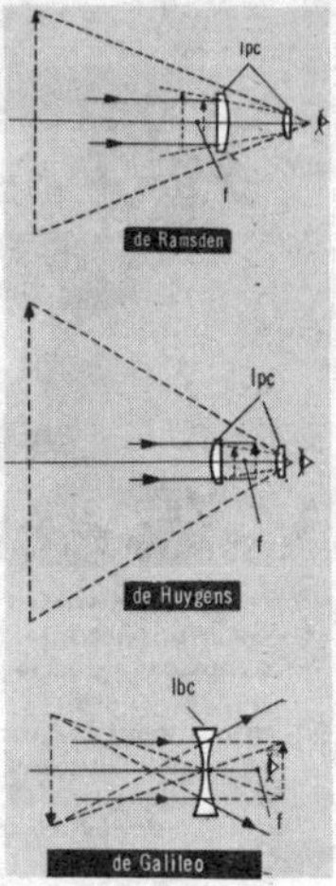

oculares
lpc. Lentes planoconvexas; lbc. Lente bicóncava; f. Foco

odómetro

OCULTADOR m. *F. c.* Pantalla que se pone en tiempo de guerra a las señales luminosas de la vía y a las luces de los trenes para que su luz, con todo y ser visible horizontalmente, no pueda ser apercibida por los aviones enemigos.
— *Fot.* Papel negro y opaco provisto de un agujero oval, o recortado de cualquier otro modo, que se interpone entre el clisé y el papel positivo para que éste solamente sea impresionado por una parte de la fotografía.

OCULTAR v. *Astr.* Interponerse un astro entre el observador terrestre y otro astro de dimensiones aparentes mucho más pequeñas.
— *F. c.* Poner el ocultador * a una señal.

OCHAVA f. Octava parte de una cosa. ‖ *Amer.* Chaflán.

OCHAVADO, DA adj. *Geom.* Dícese del octaedro que se obtiene achaflanando un cuadrado, y que tiene iguales sus ocho ángulos, cuatro lados alternos y los otros cuatro entre sí.

OCHAVAR v. Dar figura ochavada. ‖ *Amer.* Achaflanar.

OCHAVO m. Edificio o cosa de figura ochavada.

ODO prefijo derivado del griego *hodos,* que significa *camino.*

OBSERV. No se confunda con *odonto,* que significa *diente,* ni con *odor,* que significa *olor.*

ODOGRÁFICO, CA adj. *Obr. públ.* Dícese del poste o mojón puesto en un cruce de caminos o carreteras para indicar su destinación. (Sinón. HODOGRÁFICO.)

ODÓGRAFO m. Gráfico que representa el camino recorrido o que se ha de recorrer. ‖ Instrumento que registra la posición ocupada por un móvil a intervalos regulares de tiempo. (Sinón. HODÓGRAFO.) ‖ Odómetro.

ODOLIÓGRAFO m. *Obr. públ.* Instrumento que mide y registra la aptitud de un firme de carretera al resbalamiento de vehículos.
— Para efectuar las mediciones se utilizan dos ruedas gemelas, orientables, montadas bajo el bastidor de un camión y en el centro de gravedad del mismo. La resistencia que el firme opone al deslizamiento de dichas ruedas, más o menos inclinadas respecto al eje del vehículo, es transmitida por las mismas a su soporte y registrada por el odoliógrafo.

ODÓMETRO m. *Metr.* Instrumento de aspecto exterior parecido al de un reloj que, al llevarlo una persona encima, transforma en impulsos mecánicos las oscilaciones efectuadas por el cuerpo en la marcha y, así, cuenta los pasos dados: *sabiendo cuál es la longitud media de sus pasos, una persona puede calcular con el odómetro las distancias recorridas a pie.* (Sinón. HODÓMETRO, ODÓGRAFO y PODÓMETRO.) ‖ Cuentavueltas o tacómetro.

ODONTOLITA f. *Joy.* y *Miner.* Fosfato hidratado de aluminio, procedente de dientes y huesos fósiles, que también se llama *turquesa falsa,* pues tiene composición y colorido parecidos a los de dicha piedra y constituye una gema de calidad inferior empleada, como ella, en joyería.

ODOR, voz latina que significa *olor* y que se emplea como prefijo.

ODORÍFERO, RA adj. *Perf.* Que despide agradable olor: *muchas substancias odoríferas empleadas en perfumería * son productos sintéticos.*

ODORÍMETRO m. *Metr.* Instrumento que sirve para apreciar la odorización * de un gas.

ODORIZACIÓN f. *Petr.* Operación consistente en agregar un odorizante * a alguno de los productos de la refinación del petróleo.

ODORIZADOR m. *Petr.* Aparato para efectuar la odorización *, consistente en un inyector de odorizante líquido o vaporizado.

ODORIZANTE m. *Petr.* Substancia que se agrega a un gas inflamable para conferirle un olor característico que permita apercibirse rápidamente de las fugas del mismo por las juntas de las canalizaciones, recipientes y aparatos en que se usa o consume: *los odorizantes más comunes son derivados de los mercaptanos.*

ODRE m. *Curt.* Cuero cosido y empegado para contener vino, aceite u otros líquidos.

OEDÓMETRO, OENANTÍLICO y otras voces que comienzan por *oe* (OENO, OENOL, OENÓLIDOS, OENOLIZACIÓN, OENOLOGÍA, OENOMETRÍA y OENOTECNIA), v. EDÓMETRO, ENANTÍLICO, etc.

OENOSCOPIO m. *Fís.* Ebulliscopio.

OERSTED u **OERSTEDIO** m. *Metr.* Unidad de intensidad del campo magnético en el sistema C. G. S.
— El *oersted* equivale a un campo magnético producido en el vacío y a la distancia de 1 cm, por la unidad de polo * magnético. Ha reemplazado al gauss *, hoy reservado para la medición de la intensidad de la inducción magnética.

OERSTITA f. *Metal.* Acero al titanio y al cobalto que se usa para hacer imanes permanentes en razón de su elevado campo coercitivo y de su gran imanación remanente.

OESNOROESTE u **OESNORUESTE** m. Punto del horizonte equidistante del Oeste y del Noroeste, cuyo símbolo es ONO.

OESSUDOESTE y **OESSUDUESTE** m. Punto del horizonte equidistante del Oeste y del Sudoeste, cuyo símbolo es OSO.

OESTE m. *Geogr.* Uno de los cuatro puntos cardinales, situado en el horizonte, hacia donde se pone el Sol, y equidistante del Norte y del Sur, cuyo símbolo es O. (si bien es corriente en navegación marítima y aérea la abreviatura W., de la voz inglesa *West,* que significa *Oeste*).

OFFSET adj. y s. *Art. gráf.* Procedimiento de impresión, derivado de la litografía *, en el cual la plancha entintada imprime un cilindro de caucho que transfiere la impresión al papel.
— Las planchas para *impresión offset* llevan las letras y las figuras grabadas positivamente, al revés de los demás sistemas de impresión, cuyas formas son invertidas (la derecha se halla a la izquierda). Estas planchas —generalmente obtenidas por procedimientos fotomecánicos (v. GRABADO)— son de cinc, de aluminio o bimetálicas. En este caso, la parte que se entinta es de cobre u otro metal que tenga afinidad por la tinta, mientras que el resto de la plancha conserva un revestimiento de acero o de cromo que tiene mayor afinidad por el agua. En las máquinas muy pequeñas, para uso de oficinas, se emplean también planchas delgadas de papel plastificado, en las cuales puede dibujarse o escribirse a máquina.
La plancha es arrollada sobre un cilindro de la máquina de imprimir y, por medio de rodillos interpuestos, es sucesivamente mojada con agua y entintada. Así, la plancha solamente toma tinta en las partes impresoras.
Las máquinas para tirar en varios colores tienen, alrededor del cilindro portaplancha, otros tantos tinteros y sistemas dadores como tintas se han de imprimir.
La plancha, entintada con una o varias tintas, cede éstas a la superficie del caucho blando que reviste el cilindro impresor, el cual, por el lado opuesto, la cede a su vez al papel.
El procedimiento offset tiene las siguientes ventajas: comodidad para la preparación y montaje de los clisés; posibilidad de obtener excelentes impresiones sobre papeles de no muy buena calidad (pues el rodillo de caucho se deforma y aplica la tinta en las pequeñas depresiones del mismo, cosa que no puede hacer una forma o plancha metálica); gran rapidez, en razón del funcionamiento rotativo de las máquinas, que permiten tirar a varias tintas en pliegos muy grandes y en papel de bobina. (V. IMPRESIÓN.)

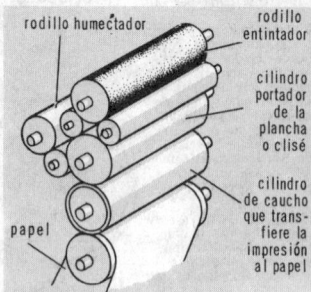

máquina de imprimir **offset** y principio de funcionamiento de la misma

Fot. Larousse

— *Papel. Papel offset,* papel no muy liso, propio para la impresión por el procedimiento offset.

OFIUCO, constelación ecuatorial, una de cuyas estrellas dobles (*70 Ophiuchus*) presenta anomalías de las cuales se desprende la existencia en dicho sistema estelar de una planeta cuya masa sería de 8 a 12 veces superior a la de Júpiter.

OGIVA f. Galicismo por *ojiva.*

OGIVAL adj. Galicismo por *ojival.*

OHM m. *Electr.* Ohmio.

ÓHMETRO m. *Electr.* Ohmímetro.

ÓHMICO, CA adj. *Electr.* Relativo al ohmio. ‖ *Resistencia óhmica,* v. RESISTENCIA.

OHMÍMETRO m. *Electr.* Instrumento para medir las resistencias eléctricas en ohmios.

— Un voltímetro de tensión determinada, montado en serie con la resistencia que se ha de medir, constituye un *ohmímetro simple.* Otros tipos de ohmímetro consisten en un puente * de Wheastone acoplado con un galvanómetro y provisto de un manantial de electricidad. Ciertos logómetros * pueden ser utilizados como ohmímetros.

OHMIO m. *Electr.* Unidad de resistencia eléctrica cuyo símbolo es Ω (o sea la letra griega omega). [Sinón. OHM.]

— El *ohmio* es igual a la resistencia eléctrica medida entre dos puntos de un conductor cuando una tensión de un voltio existente entre ellos produce en el conductor una corriente de un amperio. Desde el punto de vista calorífico, el ohmio es la resistencia eléctrica de un conductor que, sometido a una corriente de un amperio, desprende un julio de calor por segundo.

El *ohmio internacional* es igual a la resistencia que ofrece al paso de una corriente eléctrica una columna de mercurio de 1 mm^2 de sección y 106,3 mm de altura.

El *ohmio metro* (Ωm) es la unidad de resistividad en el sistema M. K. S. A.

OHMIÓMETRO m. *Electr.* Ohmímetro.

OJADA f. *Constr. Amer.* Mechinal.

OJALADOR m. *Text.* Instrumento para hacer ojales en las prendas de vestir, especialmente el que se pone a una máquina de coser para poder ribetearlos con la misma.

OJETE m. Ojal pequeño y redondo que se hace con el sacabocados o la ojetera en el cuero, la lona y otras materias, para pasar por él algún cordón, correa, etc. ‖ Anillo metálico con que se ribetea y refuerza dicho taladro.

OJETERA f. Borde de una prenda, una bota, un toldo, etc., que lleva una hilera de ojetes. ‖ Prensa con vástago provisto de troqueles, que sirve para hacer ojetes.

OJETILLO m. *Amer.* Anillo metálico con que se guarnece un ojete.

OJIVA f. *Arm.* Parte frontal de los proyectiles de forma cilindroojival. ‖ *Ojiva atómica,* la del cohete autopropulsado que lleva en ella una bomba atómica. ‖ Proyectil de artillería que contiene una carga atómica.

— *Arq.* Figura de ángulo curvilíneo formada por dos arcos de círculo iguales y opuestos simétricamente por su concavidad de modo que se toquen por su extremo superior. ‖ Arco que tiene dicha figura y también arco semejante formado por los nervios de una bóveda, ambos característicos del estilo gótico *.

— *Astron.* Parte frontal de un cohete espacial, de perfil cónico u ojival, que contiene la carga útil (satélite artificial o sonda interplanetaria) y la protege durante la travesía de la atmósfera, separándose después sus distintos elementos, que son proyectados en el espacio.

OJIVAL adj. Relativo a la ojiva.

— *Arq. Arco ojival,* el de ojiva. (V. ARCO.) ‖ *Estilo ojival,* estilo gótico *.

OJO m. Nombre dado a muchísimas cosas parecidas al ojo humano por su forma o por su función.

— *Arm.* Abertura de un obús en la cual se enrosca la espoleta y que sirve también para introducir la carga.

— *Arq.* Abertura circular en la parte superior de una cúpula. ‖ *Ojo de buey,* ventana circular u ovalada. ‖ *Ojo de la escalera,* espacio hueco en torno del cual dan vueltas los tramos de la misma. ‖ *Ojo de patio,* hueco sin techumbre del patio rodeado de construcciones.

— *Art. gráf.* Parte superior del tipo de imprenta, que reproduce en relieve la letra o signo. ‖ Parte de una letra constituida por una curva cerrada, cual la tienen la b, la d, etc. (En ciertas familias de caracteres de imprenta existen variantes de *ojo estrecho* y de *ojo ancho* que, sin cambiar la justificación, dejan más o menos blanco entre las letras.)

— *Electrón. Ojo fotoeléctrico,* célula fotoeléctrica. ‖ *Ojo mágico,* v. más adelante *Radiot.*

— *Ind. alim.* Oquedades que presenta la masa esponjosa del pan, el queso y otros alimentos y que se deben al desprendimiento de burbujas de gas: *la adición de substancias apropiadas permite obtener ojos del calibre requerido y en la debida proporción.* (V. PAN y QUESO.)

— *Hidr.* Manantial de agua que brota en un llano.

— *Joy. Ojo de gato,* variedad de cimofana empleada como gema.

— *Mar.* Nombre dado a numerosos orificios, como el de la caña en que encaja el vástago del timón, que sirve para amarrar los anclotes carentes de arganeo, las cajeras de los cuadernales, etc. ‖ Galicismo por *portilla.*

— *Mec.* Taladro en los extremos de los muelles de reloj y de otros mecanismos, que sirve para fijarlos al barrilete y a su eje. ‖ Agujero de la cerradura por el cual se introduce la llave y también anillo que tiene ésta para asirla.

— *Meteor. Ojo de un ciclón,* v. CICLÓN.

— *Metr.* Orificio que tienen ciertas balanzas en el pie o soporte y al través del cual se aprecia si el astil se halla vertical.

— *Miner. Ojo de gato,* variedad de cuarzo con inclusiones de amianto, que presenta hermosos reflejos y se emplea como piedra ornamental.

— *Obr. públ.* Abertura circular que se hace en los pilares y estribos de los puentes para reducir la resistencia que presentan éstos al agua en caso de avenida muy importante.

— *Radiot. Ojo catódico* u *ojo mágico,* tubo electrónico que permite apreciar visualmente el ajuste de la sintonía en ciertos radiorreceptores.

— El *ojo mágico* es un tubo especial provisto de una pantallita fluorescente que se vuelve luminosa cuando es bombardeada por uno o varios haces

ojiva de un cohete espacial soviético

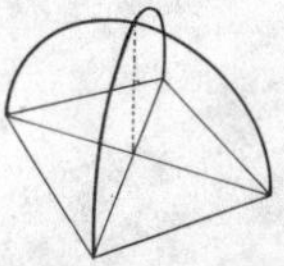

ojiva de bóveda (*arq.*)

ohmímetro

ojo de buey (*arq.*)

Fot. Larousse, Chauvin-Arnoux, Arch. phot.

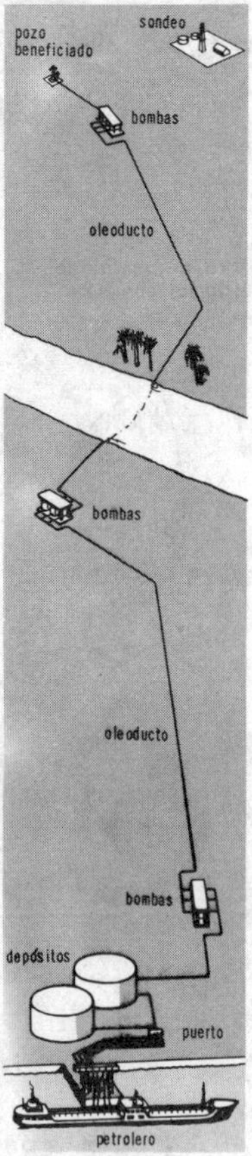

instalaciones de un **oleoducto**

de electrones. Estos haces son desviados por corrientes cuya intensidad es tanto mayor cuanto más precisa es la sintonía. La parte no iluminada del "ojo" es proporcional al desajuste, de modo que, a un ajuste perfecto de la emisora, corresponde una total iluminación del ojo mágico.
— *Tecn.* Orificio de las herramientas en el cual encaja el mango. ‖ Orificio de las agujas que permite el paso del hilo. ‖ Anillo de tijera por el que se pasa el dedo. ‖ Anilla del cáncamo.
— *Text.* Luz de una malla de red o de tejido claro. ‖ *Ojo de perdiz,* efecto que resulta de ciertos ligamentos en forma de rombo, parecidos a los de punto * de tripa, comunes en tejidos para toallas y telas de algodón o de lino para mantelería.

OKUMÉ m. *Carp.* Madera producida por diferentes árboles africanos, especialmente el de la familia de las burseráceas llamado científicamente *Aucoumea Klaineana.*
— El tronco recto del *okumé* mide de 25 a 30 m de altura y de 1 a 2 m de diámetro. Su madera, de color rosado, es ligera (d = 0,450) y blanda, y se conserva muy bien. Se labra difícilmente pero, por el contrario, puede ser desenrollada con facilidad, circunstancia a la cual se debe que su inmensa producción se destine principalmente a la fabricación de madera cruzada para hacer tabiques, puertas y tableros para muebles.

-OL, sufijo con que termina el nombre químico de los alcoholes (*etanol, metanol*) y de otros cuerpos aromáticos (*benzol*), fenólicos (*fenol, timol*), etc.

OLA f. *Ocean.* Onda superficial engendrada por el viento en los mares y los lagos.
— Las *olas* constituyen un movimiento ondulatorio (V. ONDA) caracterizado por su período, cuya duración suele hallarse comprendida entre 1 y 15 segundos, y por su amplitud, que varía constantemente con la fuerza del viento. Por altura de una ola se entiende la desnivelación existente entre una cresta y la depresión siguiente, la cual puede alcanzar 20 m e incluso más cuando la onda halla algún obstáculo. Si el viento sopla con fuerza excesiva, la cresta rebasa su posición de equilibrio y se resuelve en espuma.
Cuando una ola se acerca de la costa, la proximidad del fondo frena su movimiento ondulatorio en su base; la pendiente de la cresta se empina progresivamente y la masa de agua acaba por desplomarse.
Las olas no transportan agua. De no ser por la impulsión del viento, un cuerpo flotante sería alternativamente elevado y bajado por el paso de las olas sin alejarse del punto en que se halla. El estudio del movimiento de partículas puestas en suspensión en el agua muestra que éstas describen un movimiento circular en un plano normal a las olas, pero sin avanzar con ellas. La agitación del agua disminuye en relación con la profundidad y no tarda en ser prácticamente nula a pocos metros de la superficie. No obstante, el agua puede transmitir hasta el fondo vibraciones que son la causa de ondas microsísmicas. (V. MICROSÍSMICO.)
Las olas transportan energía en cantidad considerable, como lo prueban las destrucciones que provocan en el litoral. Su potencia es proporcional a su longitud de onda (distancia entre dos crestas) y al cuadrado de su altura.
Con el nombre de *olas locas* y de *rodillos* se designan poderosas olas, a veces solitarias, que surten efectos destructores en las costas, incluso a centenares de metros de la orilla del mar. La fuerza de estas olas, producidas seguramente lejos del litoral por algún seísmo submarino, es tal que en algunos casos han causado terribles catástrofes, arrasando millares de kilómetros de costas y provocando la muerte de miles de personas.
— *Mar. Olas de escalón,* las que, en forma de dos líneas curvas, siguen al barco en su movimiento y limitan su estela.
— *Meteor.* Período durante el cual reinan condiciones meteorológicas que sobrevienen bruscamente: *ola de calor; ola de frío.*

OLAMBRILLA f. *Cerám.* Azulejo pequeño, de perfil redondeado, que se pone como friso o cenefa a los revestimientos murales de cerámica.

OLDHAM *(Junta de).* V. JUNTA y ARTICULACIÓN.

OLEA, nombre latino del *olivo,* que se emplea como prefijo en el sentido de *aceite.*

OLEAGINOSO, SA adj. y s. Aceitoso, semejante o parecido al aceite. ‖ Que contiene o da aceite. ‖ —M. Fruto, semilla u otra materia oleaginosa: *toma extensión el cultivo de los oleaginosos.*
— Las principales materias *oleaginosas* son: la nuez de coco; las semillas de aráquida (cacahuete o manís), de algodón, de soja, de colza y de lino; las olivas. También se producen, aunque en menor escala, aceites de cañamones, girasol, ricino, adormidera, sésamo, nueces, etc. (V. ACEITE.)

OLEAJE m. *Ocean.* Sucesión de olas en la superficie de los mares y de los lagos.

OLEATO m. *Quím.* Sal que resulta de combinar el ácido oleico con una base.

OLEFINAS f. pl. *Quím.* Nombre dado a los carburos etilénicos por oposición a los carburos saturados o parafinados.
— Las *olefinas* se nombran reemplazando la terminación *ano* del correspondiente carburo saturado por la terminación *ileno* (por ej., *etano* da *etileno*). Estas substancias se hallan sobre todo presentes en las fracciones pesadas del petróleo bruto. Cuando su molécula contiene dos enlaces dobles, se llaman diolefinas y a ellas se debe la formación de gomas * en la gasolina. Las *olefinas* tienen mucha importancia en petroquímica *.

OLEICO, CA adj. *Quím.* Dícese de un ácido etilénico $CH_3{-}(CH_2)_7{-}CH{=}CH{-}(CH_2)_7{-}CO_2H$ que resulta de la saponificación de los cuerpos grasos.
— El *ácido oleico* se halla presente al estado de glicéridos en los aceites y los sebos. Industrialmente es un subproducto de la fabricación de la estearina, pues se extrae de la fracción líquida exprimida al prensar los ácidos grasos solidificados. Es un líquido incoloro, inodoro e insípido, de densidad 0,898, que funde a 14° y es soluble en el alcohol y el éter. Por fijación de dos átomos de hidrógeno se convierte en ácido esteárico.

OLEÍNA f. *Quím.* Éter oleico de la glicerina. ‖ Denominación impropia del *ácido oleico.*
— El nombre de *oleína* se aplica las más de las veces al triéster oleico (trioleína), presente en el aceite de oliva, y otros aceites no secantes y materias grasas. Es un líquido que, por hidrogenación, da estearina.

ÓLEO m. Aceite.
— *Pint. Al óleo,* dícese de la pintura * en la cual los pigmentos se hallan desleídos en aceite.

OLEOBROMIA f. *Art. gráf.* Variedad de oleotipia * caracterizada por el uso de papel de gelatinobromuro en vez de la emulsión de gelatina bicromatada.

OLEODUCTO m. *Petr.* Conducto de grandes dimensiones, provisto de estaciones de bombas situadas de trecho en trecho, que sirve para transportar el petróleo bruto o los productos de su refinación desde los campos petrolíferos hasta las refinerías o puertos, o desde unas u otros hasta los centros de consumo o de distribución: *los oleoductos llegan a medir millares de kilómetros.* (OBSERV. Cuando el conducto sirve para transportar productos gaseosos se llama *gasoducto.*)

OLEOGRAFÍA f. *Art. gráf.* Procedimiento de impresión con colores en aceite que imitan los de la pintura al óleo.

OLEÓMETRO m. *Quím.* Areómetro especialmente graduado para medir la densidad de los

entrecruzamiento de **olas** en una playa por efecto del viento y de la configuración de la costa

Fot. « La Houille blanche »

aceites. || Digestor * pequeño para extraer el aceite de las semillas con objeto de dosificarlo.

OLEONEUMÁTICO, CA adj. *Mec.* Dícese de los dispositivos hidráulicos * en los cuales la fuerza se transmite al émbolo por intermedio de dos fluidos: el aire comprimido y el aceite. (V. PASCAL [*Principio de*] y PRENSA.)

OLEORRESINA f. *Quím.* Líquido espeso que se extrae de los pinos y otras plantas, constituido por la mezcla de una esencia y la resina producida por la oxidación de una parte de la misma, y cuya destilación da una resina sólida y un aceite líquido: *la trementina es una oleorresina.*

OLEOTIPIA f. *Art. gráf.* Procedimiento de impresión en el cual la plancha o clisé se halla constituida por una placa fotográfica.
— La *oleotipia,* de la cual derivan la fotolitografía y la fototipia, se funda en el uso de una placa cubierta por una emulsión de gelatina bicromatada. Una vez impresionada ésta y revelada, se trata con una substancia que endurece la emulsión en las partes ennegrecidas, mientras que, en las partes restantes, la gelatina absorbe agua. Así, al entintar la placa con un rodillo, la tinta solamente prende en las partes obscuras y es repelida por el resto de la emulsión.

ÓLEUM m. *Quím.* Nombre dado, en razón de su aspecto aceitoso, a todas las calidades de ácido sulfúrico * fumante que contienen mayor proporción de anhídrido sulfúrico SO_3 que el ácido normal: *los óleums se emplean industrialmente en las reacciones de sulfonación y de nitración (fabricación de colorantes, plásticos y explosivos).*

OLIDO m. *Quím.* Lactona.

OLIGISTO adj. y s. *Miner. Hierro oligisto,* o simplemente *oligisto,* óxido de hierro Fe_2O_3, también llamado *sesquióxido de hierro* y *ocre rojo.*
— El *oligisto* es un mineral entre grisáceo y rojo dotado de imantación paramagnética, susceptible, mediante pulimento, de reflejar las imágenes. Constituye una importante mena de hierro, especialmente la variedad de color rojo sanguíneo, que no es sino la hematites *.

OLIGO, prefijo derivado del griego *oligos,* que significa *escaso, poco numeroso.*

OLIGOCENO, NA adj. y s. *Geol.* Dícese del período de la era terciaria comprendido entre el eoceno y el mioceno y cuyos terrenos datan de —45 a —25 millones de años. (V. ESTRATIGRAFÍA.)

OLIGOCLASA f. *Miner.* Feldespato del grupo de las plagioclasas, de color entre blanco y verdoso, presente en las rocas cristalinas.

OLIGOMÍCTICO, CA adj. *Hidr.* Dícese de los lagos cuyas aguas nunca se hallan a temperaturas inferiores a la de 4°, generalmente situados en las regiones intertropicales.

OLIGONITA f. *Miner.* Variedad de siderosa que contiene 25 % de manganeso.

OLIVA f. *Bot.* Olivo. || Fruto de este árbol. (Tb. llamado *aceituna.*)

OLIVÁCEO, A adj. Dícese del color verde amarillento semejante al de la aceituna en verde.

OLIVO m. *Bot.* Árbol oleáceo *(Olea europea),* cuyo fruto, la oliva o aceituna, da aceite comestible (v. ACEITE y DESODORIZACIÓN) y cuya madera se aprovecha en ebanistería.
— *Carp.* El tronco del *olivo* tiene una sección bastante irregular y da una madera muy dura (d = 1), amarillenta, con vistosas aguas pardas, que es muy apreciada en ebanistería y para labores de torno.
— *Perf.* La goma exudada por el *olivo* se emplea en perfumería.

OLIVINA f. y **OLIVINO** m. *Miner.* Peridoto.

OLMO m. *Bot.* y *Carp.* Género de árboles ulmáceos *(Ulmus)* cuya madera se aprovecha en carpintería y ebanistería.
— El *olmo común (Ulmus campester)* da una madera rojiza, de albura amarillenta, cuya densidad es de 0,7 a 0,8. Esta madera es dura, elástica y resistente a la humedad. Se emplea para pilotes en terrenos húmedos, construcciones hidráulicas y subterráneas, etc. Sus partes más duras sirven para hacer cubos, llantas y radios de ruedas, así como poleas y todos los machos u otras piezas para uniones en las cuales se precisan muchas cajas. Las partes nudosas del tronco permiten obtener magníficos chapeados para ebanistería.

OLOR m. Impresión que producen en los órganos olfativos los efluvios o emanaciones de los cuerpos odoríferos. (V. PERFUME.)

OLOSTEREOSCOPIA f. *Fot.* Sistema de fotografía en relieve en el cual las dos vistas del par estereoscópico se hallan combinadas en una sola imagen.
— La *olostereoscopia* se funda en el uso de una trama transparente provista de numerosas estrías verticales. Esta trama se pone delante de la emulsión y se toman las dos vistas estereoscópicas del objeto (una según la visión de cada ojo) desde puntos diferentes. Así, la primera vista solamente impresiona una serie de estrechas franjas verticales entre las cuales quedan franjas de emulsión virgen y de igual anchura, que son impresionadas por la segunda vista.
Cuando se observa el positivo final a través de la trama, cada ojo solamente ve las franjas de la vista que le corresponde y así se aprecia directamente el relieve sin necesidad de estereoscopios ni otros aparatos. (V. ESTEREOSCÓPICO.)

OLLA f. *Hidr.* Remolino que forman las aguas de los ríos y las del mar por encima de ciertas depresiones del fondo.
— *Ind. alim. Olla de presión,* autococedor.

OLLAO m. Cada uno de los ojetes reforzados por los que se pasan los cabos en las velas y toldos para sujetarlos.

OMEGA f. Nombre de la *o* larga, última letra del alfabeto griego, que se escribe Ω (mayúscula) y ω (minúscula): *la letra omega es símbolo en mecánica, astronomía y otras ciencias.*

OMNI, prefijo derivado del latín *omnis,* que significa *todo.*

ÓMNIBUS adj. y s. *Electr.* Dícese del aparato o dispositivo eléctrico que puede tener diversos usos en una instalación eléctrica. || *Barra ómnibus,* barra * colectora.
— *F. c.* Dícese del tren que para en todas las estaciones de la línea.

OMNICOLOR adj. De todos los colores.

OMNIDIRECCIONAL adj. Que tiene idénticas propiedades en todas las direciones.
— *Radiot. Antena omnidireccional,* v. ANTENA. || *Radiofaro omnidireccional,* v. RADIOFARO.

OMNIRANGE m. *Radiot.* Radiofaro * omnidireccional de baja o mediana frecuencia.

ONDA f. *Acúst. Ondas sonoras,* ondas de frecuencia comprendida entre 16 y 20 000 períodos por segundo, que se propagan por los medios elásticos gaseosos, líquidos o sólidos (aunque no en el vacío) y excitan los órganos auditivos por intermedio del aire o por conducción ósea. (V. más abajo *Fís.* y también el art. SONIDO.)
— *Arm. Onda de boca,* onda sonora que parte de la boca del cañón de un arma de fuego y que se propaga a la velocidad que tiene el sonido en el aire ambiente (unos 340 m/s). || *Onda de choque* u *onda balística,* onda (v. más adelante *Fís.*) que acompaña a los proyectiles más rápidos que el sonido y que, al pasar cerca del observador, producen un chasquido: *cuando un arma tira proyectiles supersónicos, las personas situadas frente a ella perciben primero el chasquido de la onda de choque y a continuación el ruido de la onda de boca (de ahí la onomatopeya* paco).
— *Atom. Onda de fase,* onda asociada al movimiento de una partícula, según la mecánica ondulatoria.
— La *longitud de la onda de fase* es tanto menor cuanto mayores son la masa y la velocidad

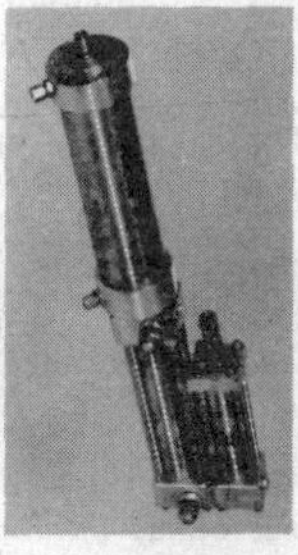

dispositivo **oleoneumático** de doble acción

oleoducto superficial y revestimiento alquitranado de la tubería de un oleoducto subterráneo

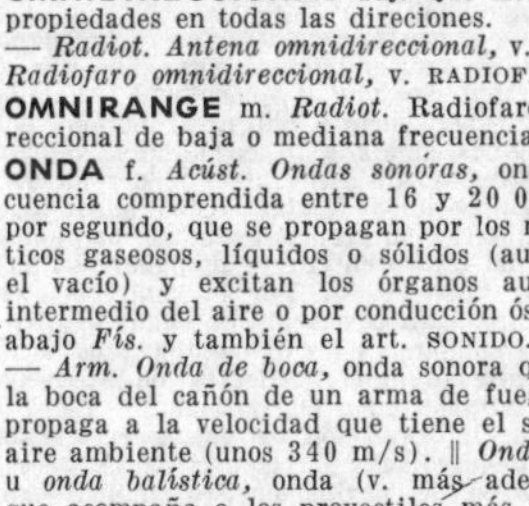

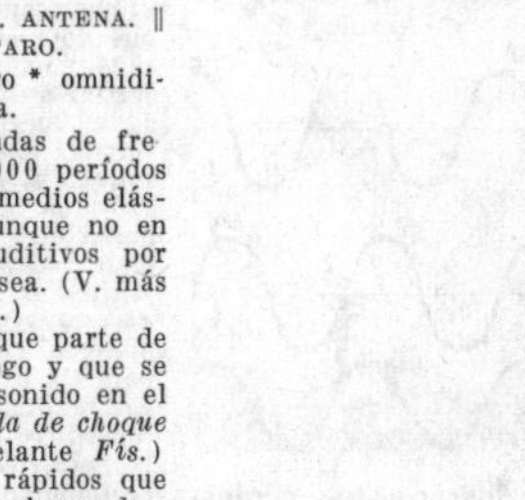

Fot. B. P., Esso

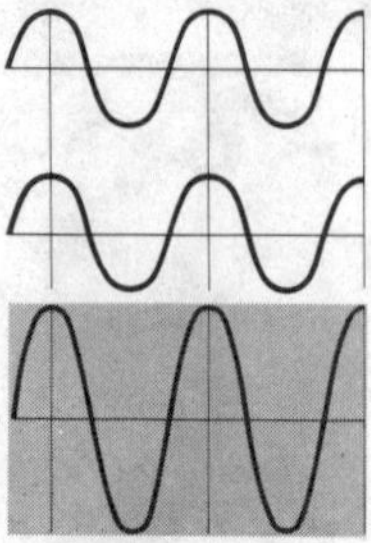

dos **ondas** idénticas en fase dan una onda de amplitud doble

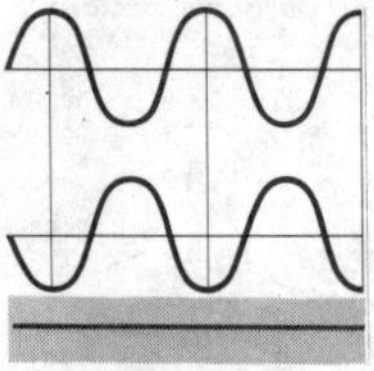

si se hallan en oposición de fase, se anulan

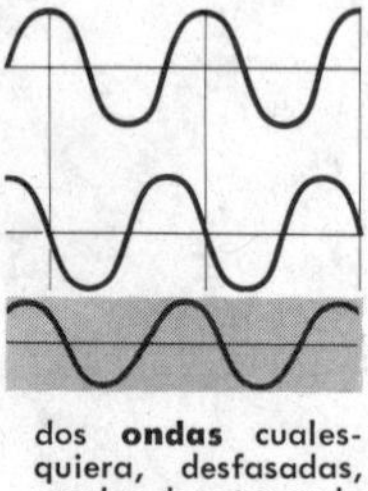

dos **ondas** cualesquiera, desfasadas, pueden dar otra onda de menor amplitud que ellas

ondas electromagnéticas

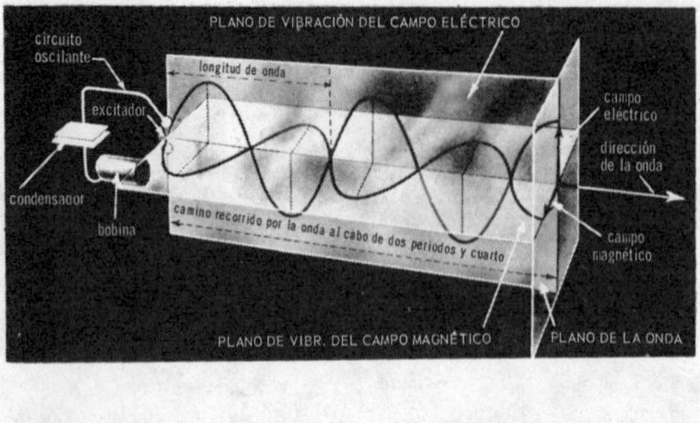

de la partícula. Si materializamos la trayectoria de ésta por una línea, la partícula podrá hallarse en un instante dado a un lado u otro de la misma, sin que pueda saberse exactamente dónde. La probabilidad, calculada, de que ocupe una posición determinada constituye la *función de onda* de la partícula. (V. MECÁNICA *ondulatoria.*)

— *Expl. Onda explosiva,* onda con que se propaga la detonación * en una masa gaseosa y que puede ser comparada con una onda de choque (v. seguidamente *Fís.*) cuyo paso provoca la combustión del gas. ‖ *Onda retrógrada,* onda de choque que, al explotar un gas detonante, se propaga en sentido contrario a la onda explosiva, en el seno de los gases ya quemados, en los cuales provoca a veces una nueva reacción química que los vuelve luminiscentes.

— *Fís.* Modificación de un medio físico que, como consecuencia de una perturbación inicial, se propaga por el mismo en forma de oscilaciones periódicas. ‖ *Onda electromagnética,* propagación en el espacio de las fluctuaciones periódicas de campos electromagnéticos: *los rayos luminosos no son sino ondas electromagnéticas.* ‖ *Ondas hertzianas,* ondas radioeléctricas. (V. más adelante *Radiot.*)

— La *onda* constituye el modo de propagación de una vibración o perturbación inicial que se transmite de una molécula a otra a través de los medios elásticos. Si echamos una piedra en el agua calma, al penetrar aquélla en la masa líquida se abre paso expulsando bruscamente en todas las direcciones sus moléculas, las cuales empujan a las moléculas contiguas, y así sucesivamente. Como esta transmisión no puede ser instantánea y se ve contrariada por la inercia del líquido, el agua expulsada por la piedra se acumula un instante en torno de la misma y forma una prominencia circular sobre la superficie líquida. Detrás de dicho abultamiento falta, pues, el volumen de agua acumulada en el mismo y existe una depresión. El conjunto formado en la superficie del agua por una prominencia anular seguida por una depresión prácticamente equivalente, constituye una onda completa.

Si observamos el movimiento de un cuerpo pequeño que flote en el agua y que sea alcanzado por la onda, comprobaremos que el mismo será levantado verticalmente por encima del nivel normal del agua, luego descenderá a lo largo de la misma vertical por debajo de dicho nivel y, por último, volverá a su posición inicial. Estas ondas que provocan la oscilación perpendicular de los puntos materiales del medio en que se propagan, se llaman *ondas transversales.* Por el contrario, los sonidos se propagan por medio de *ondas longitudinales,* que confieren a los distintos puntos de la materia atravesada una oscilación de dirección paralela a la que siguen las mismas.

En realidad, la formación de una onda aislada constituye un caso raro y, las más de las veces, la perturbación del medio consiste en una serie de impulsiones o vibraciones generadoras de otras tantas ondas que se suceden a intervalos regulares de tiempo.

Entre un mismo estado de dos ondas sucesivas transcurre un período de tiempo y media una distancia que es la *longitud de onda* (los físicos suelen designarla por la letra griega λ, lambda). Las ondas se propagan con una velocidad que depende de su índole y de la naturaleza del medio. Dase el nombre de *amplitud* o de *elongación* al valor máximum que alcanza la perturbación a partir del estado de reposo (por ejemplo, altura o depresión de las ondas respecto al nivel normal del agua calma; compresión o depresión máximas del aire perturbado por el paso de vibraciones sonoras, etc.). En las *ondas amortiguadas* (véase AMORTIGUAMIENTO) la amplitud decrece progresivamente y acaba por anularse, mientras que en las *ondas entretenidas* (v. más abajo *Radiot.*) la amplitud permanece constante. Por último, dadas la longitud de onda y la velocidad, se desprende que existirá un número determinado de períodos o de ondas por unidad de tiempo, magnitud a la cual se da el nombre de frecuencia *.

Las ondas que se propagan en un medio homogéneo a partir de un manantial que pueda ser considerado como un punto, se alejan del mismo en todas las direcciones; sean cuales fueren éstas, la onda, a distancia igual del centro, se halla en el mismo estado: en todos los puntos equidistantes del centro concuerdan las vibraciones. Se desprende de lo dicho que la *superficie de onda* en la cual se hallan todos los puntos concordantes es una esfera, y se da el nombre de *frente de la onda* a la superficie de onda más alejada del manantial, o sea al frente de la primera onda engendrada por el mismo.

Cuando el manantial generador de ondas se aleja o acerca del observador o del instrumento que las capta, las ondas recibidas no tienen la misma frecuencia que las ondas emitidas. (V. DOPPLER-FIZEAU [*Efecto*].)

Si dos ondas de orígenes diferentes concurren en un punto del medio en que se propagan, sus amplitudes se suman algebraicamente. Si ambas ondas son idénticas y se hallan en fase, sus efectos (altura de las olas, intensidad de los sonidos, volumen de una recepción radiofónica) resultan localmente dobles; si se hallan desfasadas, los efectos son los de una nueva onda cuya amplitud dependiente de la diferencia de fase, puede ser inferior a la de las ondas componentes (el desvanecimiento * o fading de las emisiones radioeléctricas, resulta de un desfase entre las ondas llegadas directamente al receptor desde la emisora y las ondas dirigidas por ésta hacia la ionosfera y reflejadas por la misma hasta el receptor); el caso particular de dos ondas iguales, pero en oposición absoluta de fase, da lugar al curioso fenómeno de extinción de las ondas (y, por ejemplo: si se trata de ondas sonoras, no se percibe el menor sonido; si son ondas hertzianas, existe desvanecimiento total de la emisión, etc.). Además de estas interacciones relativamente simples, el encuentro de ondas de diferentes orígenes y el de las ondas con el borde de los obstáculos dan lugar a fenómenos a veces muy complejos. (V. INTERFERENCIA y DIFRACCIÓN.)

Cuando las ondas llegan al límite del medio en que se propagan, experimentan una reflexión que las hace volver hacia atrás (cual ocurre con el fenómeno del eco *). En cada punto se sobreponen las ondas directas y las ondas reflejadas, dando lugar a interferencias: la suma algebraica de las amplitudes varía periódicamente entre el generador de ondas y el punto donde son reflejadas las mismas, de tal forma que en ciertos puntos, llamados *nodos,* las vibraciones se anulan, mientras que en otros puntos intermediarios o *vientres* alcanzan su máxima amplitud.

Las cuerdas de los instrumentos de música vibran así, describiendo en el aire un número más o menos grande de husos (v. NODO) al formarse en ellas una onda estacionaria transversal. Asimismo, en los tubos acústicos de los órganos y otros instrumentos de música la interferencia de las *ondas sonoras* forma ondas estacionarias longitudinales.

ONDAS ELECTROMAGNÉTICAS

Las ondas consideradas hasta aquí requieren un medio material y elástico para propagarse. Así, las ondas sonoras no son sino variaciones de la presión del medio (aire, líquido o sólido) que se reproducen cíclicamente y se propagan con determinada velocidad. Por el contrario, las *ondas electromagnéticas* no necesitan ningún medio elástico y pueden propagarse en el vacío.

Cada electrón se halla rodeado por un *campo eléctrico* inherente a su naturaleza e independiente de sus movimientos. Éstos engendran en torno de los electrones un campo magnético. Así, en torno de un circuito recorrido por una corriente variable existe un *campo electromagnético* constituido por un campo eléctrico variable engendrado por las diferencias de tensión entre las distintas partes del circuito y un campo magnético variable provocado por las fluctuaciones de la corriente. Al variar la tensión y la corriente en el circuito oscilante, también cambia la intensidad de los campos eléctrico y magnético, pero estas variaciones no se producen instantáneamente en todo el campo electromagnético sino que se propagan a partir de su centro a una velocidad que, en el vacío, es de 300 000 km/s. Si las oscilaciones son periódicas y de amplitud constante, las variaciones del campo electromagnético se propagan por ondas entretenidas. Si registramos la presión del aire a cierta distancia de un manantial de ondas sonoras, observaremos que, al igual que el nivel del agua en las ondas a que aludimos al principio, aquél sube progresivamente, alcanza su máximo valor, baja, pasa por una magnitud equivalente a la de la presión ambiente y luego se convierte en una depresión, antes de volver a la presión normal. Representada esta observación en forma gráfica y en función del tiempo, se traduce por una sinusoide. Pues bien, si, situados a cierta distancia de un circuito oscilante, medimos la intensidad de los campos eléctrico y magnético por él engendrados, también obtendremos, en función del tiempo, dos sinusoides cuyos planos serán perpendiculares entre sí y cuyas ondas transversales tendrán amplitud nula en los mismos puntos del espacio.

Las ondas electromagnéticas son portadoras de energía, pero los efectos que ésta puede surtir dependen de la frecuencia de las mismas y, consiguientemente, de su longitud de onda. La gama de frecuencias del espectro electromagnético es considerablemente amplia, pues se extiende desde 10 000 hertzios (30 000 m de longitud de onda) en las mayores ondas radioeléctricas hasta 100 trillones de hertzios (longitud de onda del orden de la millonésima de milímetro) en los rayos alfa. Incluye dicho espectro todas las frecuencias de radiodifusión y de radar, las de las radiaciones infrarrojas, de la luz visible, de los rayos ultravioletas y rayos X. (V. FRECUENCIA y LUZ.)

ONDAS DE CHOQUE

Se da el nombre de *onda de choque* a una superficie que, en el seno del aire, marca una brusca discontinuidad de la presión, temperatura, velocidades, etc., y que se forma cuando la velocidad relativa del aire respecto a un cuerpo inmóvil (canalización, túnel * aerodinámico, etc.) o la de un móvil respecto al aire (proyectil, avión, cohete) es igual o superior a la del sonido.

Todo cuerpo en movimiento perturba el aire y obra así como un manantial de ondas de diversas frecuencias que, pertenezcan o no al espectro audible, se alejan del cuerpo, en todas las direcciones, con la velocidad del sonido. Se sobreentiende que esta velocidad se cuenta respecto al punto de la atmósfera en que la onda ha sido engendrada, pero no respecto al móvil, pues éste, en su movimiento de translación, corre en pos de las ondas por él emitidas mientras que, por detrás, se aleja de ellas. Consiguientemente, dado que la velocidad de las ondas es fija en un aire de temperatura determinada (v. SONIDO), a medida que aumenta la velocidad del móvil, éste se halla más cercano de las ondas que de él se alejan. Claro está que si la velocidad del móvil es igual a la del sonido en el aire ambiente, las ondas no pueden alejarse del mismo y lo acompañan pegadas a él. Ahora bien, sabiendo que una onda sonora es una compresión del aire seguida de una depresión, la acumulación local de muchas ondas se traduce por una discontinuidad de las presiones: delante de la onda el aire no es perturbado; en la onda experimenta un aumento considerable de la presión y de la temperatura; detrás de ella se disipa la sobrepresión y el aire es perturbado.

Cuando la velocidad del móvil es superior a la del sonido, la *onda de choque esférica* adopta una forma *cónica* (cono de Mach), siendo el cono tanto más agudo cuanto mayor es la velocidad. Si consideramos un corte de dicho cono, éste presentará la misma figura que la estela dejada por un barco en aguas tranquilas, pues también en este caso las ondas engendradas por el casco, al propagarse con menor velocidad que el barco, quedan detrás de éste y las tangentes comunes a todas ellas son los lados (líneas de Mach) de un ángulo en los cuales la acumulación del agua proeminente de las ondas forma dos ondas de choque que limitan la estela.

ondas de choque en forma de lambda

Las ondas de choque tienen especial importancia en aeronáutica. Por una parte, aparecen ondas de choque en forma de lambda (λ) en ciertas partes de los aviones cuando a lo largo de las mismas el aire circula ya con velocidad sónica, aun y cuando el avión vuele todavía con velocidad inferior a la del sonido. Existe entonces una discontinuidad entre los esfuerzos que soportan el revestimiento y las estructuras delante y detrás de la onda. Al aumentar la velocidad del aparato, estas ondas locales se corren a lo largo del mismo hasta que, superada la celeridad del sonido, se formen *ondas de choque oblicuas* en el morro del fuselaje, en los bordes de ataque y de escape del ala y de los estabilizadores y timones, etc. Prácticamente podemos admitir que el avión arrastra entonces verdaderos conos materiales, lo cual requiere un suplemento de energía propulsiva. Ahora bien, cuanto mayor sea la velocidad del aparato, más agudos serán los conos y menor la resistencia que ofrece el aire a su avance. Por eso los aviones no vuelan nunca a la velocidad del sonido, sino con velocidad subsónica o supersónica y el piloto efectúa con la mayor rapidez el paso de una a otra.

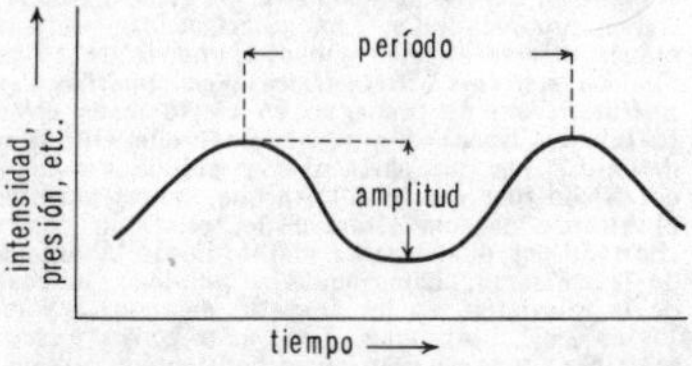

representación de las **ondas**

Durante un vuelo supersónico, existen, consiguientemente, dos instantes en los cuales las estructuras del aparato y sus motores se hallan sometidos a esfuerzos anormales. También la onda de choque tiene efectos en el suelo en esos dos instantes precisos, pues la brusca compresión del aire y la subsiguiente descompresión percibidas en forma de un corto pero intenso estampido pueden romper los cristales, agrietar los muros y causar otros desperfectos. De ahí la necesidad de imponer a los aviones supersónicos una altura mínima por debajo de la cual se prohibe el paso del "muro sónico".

También se producen ondas de choque en las canalizaciones y en el curso de bruscas y violentas compresiones del aire y de otros fluidos, especialmente en las explosiones.

— *Geof. Onda sísmica,* onda engendrada por un seísmo *, a partir del cual se propaga por el interior o la superficie del Globo.

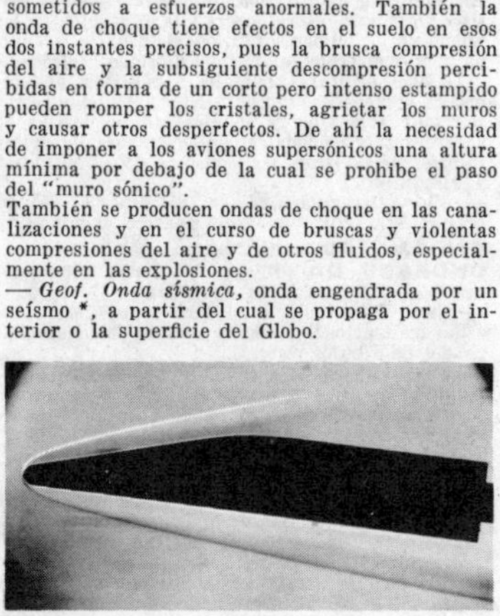

ondas de choque a una velocidad 10 veces superior a la del sonido

Fot. Seguin frères, O. N. E. R. A.

ondulador *(telec.)*

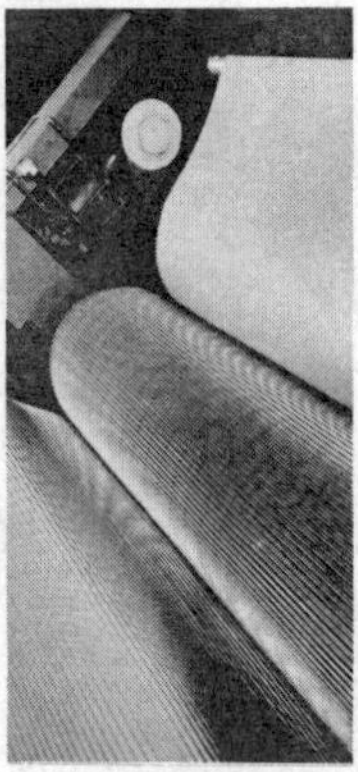

ondulador de cartón

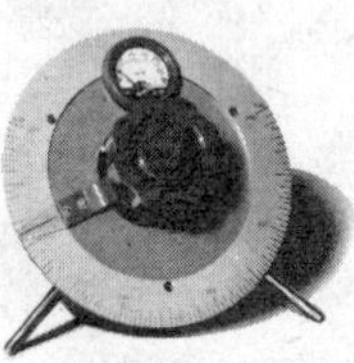

ondámetro

— *Meteor.* Variación sinusoidal, en un punto dado y en función del tiempo, de la magnitud, la presión, la temperatura u otro elemento meteorológico: *onda de temperatura.*

— *Radiot. Ondas eléctricas, hertzianas* o *radioeléctricas,* ondas electromagnéticas (v. más arriba *Fís.*) de longitud de onda comprendida entre el milímetro y la decena de kilómetros, que se emplean en telecomunicaciones. || *Onda directa* u *onda superficial,* la que sigue la superficie terrestre para propagarse desde la emisora hasta el receptor. || *Onda indirecta, reflejada* o *espacial,* la que, entre la emisora y el receptor, ha sido reflejada una o varias veces por las capas electrizadas de la atmósfera. || *Onda piloto,* onda radioeléctrica que se emite solamente para que sirva de patrón de frecuencia. || *Guía de ondas,* v. GUÍA.

— Las *ondas radioeléctricas* son producidas por circuitos oscilantes en forma de ondas portadoras uniformes que, una vez moduladas por las señales que se han de transmitir, son radiadas por la antena emisora (v. CIRCUITO, MODULACIÓN, EMISOR y ANTENA). Estas ondas, una vez captadas por la antena receptora, son amplificadas y demoduladas o detectadas, restableciéndose así la forma primitiva de las señales transmitidas, que pueden reconstituir los sonidos en el altavoz, las imágenes en el televisor, etc. (V. AMPLIFICADOR, DETECCIÓN, RADIODIFUSIÓN, RADIORRECEPTOR, TELEVISIÓN y TELEVISOR.)

Las ondas radioeléctricas, según sea su frecuencia * o, lo que es lo mismo, su longitud de onda, tienen propiedades y, consiguientemente, aplicaciones diferentes. Las ondas de menos de 10 m *(ondas métricas, decimétricas, centimétricas* y *milimétricas)* se propagan en cierto modo como la luz, en línea recta y, al igual que ella, son detenidas por los obstáculos y por la redondez del Globo (por eso se admite que, prácticamente, el alcance de una estación de televisión queda limitado por el horizonte visible desde la antena de la emisora). Estas ondas se emplean, además de la televisión, en los aparatos de radar * y en los cables * hertzianos. Las *ondas cortas (decamétricas),* que se usan en radiodifusión, radiotelegrafía y radiotelefonía, tienen la propiedad de ser reflejadas por las capas electrizadas de la atmósfera (v. IONOSFERA). Así, mediante una o varias reflexiones, llegan indirectamente a receptores situados a distancias muy grandes (incluso en los antípodas de la emisora), que no habrían podido ser salvadas por las ondas directas. Las *ondas medias,* de varios centenares de metros, no son reflejadas por la ionosfera y se propagan directamente de la emisora al receptor salvando los obstáculos con alcance práctico de unos centenares de kilómetros. Se emplean en radiodifusión, así como las *ondas largas (kilométricas),* a las cuales, la mucha potencia que suele darse a las emisoras, confiere un alcance de millares de kilómetros.

En realidad, la división del espectro radioeléctrico en bandas de frecuencia y la afectación de las mismas a los numerosos grupos de usuarios (radar, policía, meteorología, radionavegación, telecomunicaciones militares, oficiales y públicas, emisiones de aficionados, radiodifusión, televisión, etc.) son muy complejas y se efectúan en virtud de acuerdos internacionales, única manera de evitar interferencias entre las emisoras (V. DISTURBIO y FRECUENCIA.)

— *Vidr.* Irregularidad en el espesor de un cristal, etc., cuya superficie aparece ondulada.

ONDÁMETRO m. Ondímetro.

ONDEADO, DA adj. y s. Que forma ondulaciones. || — M. Cosa hecha en ondas.

— *Carp.* Dícese de la madera cuyo hilo * presenta ondulaciones y con la cual se obtienen chapeados de dibujos vistosos.

— *Text.* Hilo de seda ondulado que se obtiene de la unión de otros dos, uno simple y poco torcido y otro compuesto de cinco o seis cabos fuertemente torcidos.

ONDÍMETRO y **ONDÓMETRO** m. Instrumento para medir la longitud de las ondas electromagnéticas, cuyo modelo más común consiste en un circuito oscilante de frecuencia acordada con la de las ondas medidas merced a un condensador variable y provisto de un indicador que corre sobre la escala graduada en longitud de onda. (Sinón. CINÓMETRO.)

ONDOSCOPIO m. *Electr.* Osciloscopio * para reconocer la presencia y dirección de elevadas diferencias de potencial.

ONDULACIÓN f. Movimiento de la superficie líquida en la cual las ondas provocan oscilaciones verticales de las moléculas del líquido. || Cualquier otro movimiento sinuoso semejante o parecido al de las ondas que se propagan en las superficies líquidas. || Propagación de una perturbación en forma de ondas sinuosoidales.

— *Quím. Ondulación permanente del cabello,* v. CISTINA.

ONDULADO, DA adj. Dícese de la materia cuya superficie presenta ondulaciones: *una cubierta de chapa * ondulada.*

— *Carp. Clavo ondulado* o *grapa ondulada,* v. GRAPA.

— *Fís.* Dícese de la magnitud que varía periódicamente en función del tiempo y en una dirección constante: *corriente eléctrica ondulada* .

— *Papel. Cartón ondulado,* v. CARTÓN.

— *Radiot. Corriente ondulada,* corriente cuya amplitud varía periódicamente, pero que se distingue de la corriente alterna en que siempre sigue la misma dirección: *la detección * de una corriente de alta frecuencia modulada da una corriente ondulada.*

ONDULADOR, RA adj. y s. Que ondula o sirve para ondular. || — M. Máquina para ondular chapa, cartón u otros productos laminados.

— *Electr.* Mutador * de vapor de mercurio para convertir la corriente continua en corriente alterna. || Convertidor * estático de corriente continua en corriente alterna a base de válvulas de vapor de mercurio.

— En ciertas redes de distribución recientes, la corriente alterna producida por los alternadores es transformada por un mutador * en corriente continua, propia para ser transportada a larga distancia y luego convertida en corriente alterna por un ondulador.

— *Telec.* Dispositivo que, en algunos modelos de receptores telegráficos, inscribe las señales del alfabeto Morse en forma de curva sinuosa.

— En ciertos *onduladores* la corriente recibida hace oscilar un cuadro móvil situado en el entrehierro de un imán permanente. En otros, excita un electroimán que hace oscilar una armadura también imantada. En ambos casos el órgano oscilante arrastra sobre la tira de papel una fina aguja hueca llena de tinta muy fluida (v. SIFÓN). El ondulador permite una transmisión más rápida de los telegramas.

ONDULAR v. Tener una cosa movimiento sinuoso o formar la misma ondas. || Dar forma ondulada a las chapas, cartones y otros productos laminados.

ONDULATORIO, RIA adj. Que ondula. || Que se propaga en forma de ondulaciones.

—*Atom. Mecánica ondulatoria,* v. MECÁNICA.

ÓNFAX m. *Joy.* y *Miner.* Gema transparente, de color verde obscuro, con manchas amarillas.

ONGLETE m. *Art. gráf.* Cartivana.

— *Carp.* y *Geom.* Galicismo por *inglete.*

ÓNICE m. *Miner.* Variedad de ágata caracterizada por sus dibujos en forma de fajas concéntricas de distintos colores y matices, y también designada por los nombres de *onique* y *piedra oniquina.*

— El *ónice* constituye, por su finura y por la delicadeza de sus colores, la más preciosa de todas las variedades de ágata. Se emplea para hacer camafeos, copas y otros objetos de arte.

ONIQUITO, TA adj. *Miner.* Que contiene ónice: *alabastro oniquito.* || *Piedra oniquita,* ónice.

ONZA f. *Metr.* Antigua unidad de peso que tenía valor diferente en cada comarca y que hoy solamente subsiste en el sistema de medidas de los anglosajones: *la onza avoirdupois equivale a 28,349 5 g, la onza troy a 31,103 5 g, la onza para fluidos a 28,413 cl* (en Gran Bretaña) *y 29,573 7 cl* (en Estados Unidos).

OOLITA f. u **OOLITO** m. *Miner.* Piedrecita esférica parecida a los huevos de los peces. || Cuerpo esférico, de un milímetro de diámetro aproximadamente, formado por capas concéntricas de varias substancias minerales. || —F. Piedra caliza formada por oolitos.

OPA f. *Constr.* Agujero que queda en una pared al retirar los andamios que han servido para hacerla.

Fot. Larousse, Draeger

OPACIDAD f. *Fís.* Propiedad de los cuerpos que no dejan pasar la luz.
— *Pint.* Aptitud de una pintura a hacer invisibles los colores de la superficie sobre la cual se aplica, o sea poder opacificante de la misma.

OPACIFICANTE adj. Que opacifica.
— *Pint. Poder opacificante,* v. OPACIDAD.

OPACIFICAR v. Hacer que una materia sea opaca.
— En radiología se emplean distintas *substancias de contraste* * para *opacificar* ciertos órganos o tejidos que normalmente son transparentes a los rayos X. Así, al ingerir una papilla de sulfato de bario, aparecen opacas las vías digestivas; ciertos derivados de la ftaleína vuelven opaca la vesícula biliar; los derivados yodados revelan los canales de los riñones, etc.

OPACIMETRÍA f. *Metr.* Técnica de la medición de la opacidad que suele efectuarse con el opacímetro *.

OPACÍMETRO m. *Metr.* y *Ópt.* Aparato de fotometría que sirve para apreciar el grado de opacidad de los clisés fotográficos, radiografías, humos industriales, pasta de papel y otros líquidos, etc., observados por transparencia: *los opacímetros más comunes consisten en células fotoeléctricas.* (Sinón. DENSITÓMETRO.)

OPACO, CA adj. Que carece de transparencia y no deja pasar la luz. ‖ Por ext., que no permite el paso de otras radiaciones: *el sulfato de bario es opaco a los rayos X; el cadmio es opaco a los neutrones lentos.*

OPALESCENCIA f. Calidad de los cuerpos que tienen los reflejos e irisaciones del ópalo: *la opalescencia se debe a la difracción de la luz por las partículas de las materias translúcidas.*
— *Fís. Opalescencia crítica,* fenómeno inverso de la vaporización total, consistente en la aparición de una nebulosidad en un gas cuando, como consecuencia de un descenso de su temperatura por debajo del punto crítico, se forman en el mismo gotitas líquidas.

OPALESCENTE adj. Del color azulino, blanco con reflejos irisados, propio del ópalo.

OPALINA f. *Vidr.* Labor de vidrio opalescente hecha a imitación de las de ópalo verdadero.

OPALINO, NA adj. Relativo al ópalo. ‖ Opalescente.

OPALIZACIÓN f. *Vidr.* Operación consistente en conferir a un vidrio el aspecto del ópalo.

OPALIZADO, DA adj. Convertido naturalmente en ópalo: *mineral opalizado.* ‖ Hecho a semejanza del ópalo: *vidrio opalizado.*

ÓPALO m. *Miner.* Sílice hidratada o gelatinosa, gema notable por sus reflejos irisados.
— El *ópalo,* verdadero coloide que contiene de 3 a 13 % de agua, es un mineral vítreo, de fractura concoidea, aspecto lechoso y reflejos irisados, cuyas variedades más hermosas constituyen gemas apreciadas para joyas y objetos artísticos. El *ópalo noble* es el más codiciado de todos por su transparencia, su brillo y la diversidad de sus aguas. En otras variedades dominan los reflejos rojizos (*ópalo de fuego*), azulinos (*ópalo girasol*), etcétera.

OPERACIÓN f. *Mat.* Procedimiento que se aplica a varios números, cantidades, funciones u otras entidades matemáticas con objeto de hallar o determinar otra u otras de la misma especie o de índole distinta: *las cuatro operaciones fundamentales, comúnmente llamadas "las cuatro reglas", son la suma, la resta, la multiplicación y la división.* ‖ *Operaciones inversas,* dícese de dos operaciones en las que el resultado de la segunda anule el de la primera: *la multiplicación y la división de una magnitud por un mismo número son operaciones inversas.*
— *Tecn.* Cada una de las acciones, fases o labores necesarias para hacer una cosa: *el transporte de la nitroglicerina es una operación delicada.*

OPERACIONAL adj. Relativo a las operaciones: *método operacional.*
— *Mat. Investigación operacional,* método de análisis científico que se funda en el estudio estadístico para determinar las decisiones más convenientes con objeto de obtener el mejor resultado en una empresa compleja e insegura.
— La *investigación operacional* halla una solución a muy diversos y complicados problemas prácticos, especialmente en lo que concierne a la obtención del mejor rendimiento del material y del personal disponibles para una empresa determinada. Citemos uno de los primeros que hayan sido resueltos satisfactoriamente por ella en el curso de la Segunda Guerra mundial: ¿cuál será, ante los ataques de los submarinos, la cantidad máxima de buques mercantes que constituya un convoy para obtener el mínimo de pérdidas posibles e inmovilizar el menor número de barcos de guerra dedicados a la escolta? La respuesta fue favorable a la formación de convoyes lo más numerosos posible, pues el número de barcos de escolta resultaba proporcional a la longitud del perímetro de protección, mientras que el de los buques mercantes es proporcional al cuadrado de dicha distancia. Bastaba, pues, con doblar el número de los primeros para proteger con la misma eficacia el cuádruple de buques mercantes. Y los convoyes, compuestos a lo sumo de 25 a 30 buques, llegaron a contar de 100 a 200 después de haberse comprobado las predicciones de la investigación operacional, que eran absolutamente opuestas a la doctrina comúnmente admitida por las marinas militares.
El movimiento de los trenes en las redes de ferrocarriles muy densas, la ubicación de los depósitos centrales de una empresa comercial de sucursales múltiples, la afectación de los petroleros grandes, medianos y pequeños al transporte de productos petrolíferos diferentes entre puertos próximos y lejanos, constituyen otros ejemplos de la utilidad de la investigación operacional.
— *Mil.* Aplícase al arma, vehículo u otro ingenio nuevos, pero ya prestos para entrar en servicio: *el nuevo cohete será operacional dentro de dos años.*

OPERADOR m. *Mat.* Símbolo que indica la operación matemática que se ha de efectuar con el número, función, vector, etc., situado a su derecha. (V. ARITMÉTICA.)

OPERAR v. Efectuar una operación en matemáticas, física, química, etc.

OPOSICIÓN f. *Arq.* Contraste o diferencia muy aparente entre dos elementos arquitectónicos, que contribuye a romper la monotonía de un conjunto o sirve para obtener algún otro efecto.
— *Astr.* Situación de dos cuerpos celestes que se hallan en direcciones diametralmente opuestas respecto a la Tierra.
— La Luna y el Sol se hallan en *oposición* en el plenilunio. Los planetas exteriores (de Marte a Plutón) se hallan periódicamente en oposición y, para el observador terrestre, cuando la oposición se produce, salen al ponerse el Sol, se ponen al salir el mismo y pasan por el meridiano a medianoche. Mercurio y Venus, planetas interiores, no pueden hallarse en oposición.
— *Fís. En oposición,* dícese de dos magnitudes alternativas de igual frecuencia cuando entre las mismas existe una diferencia de fase igual a medio período.

ÓPTICO, CA adj. y s. Relativo o perteneciente a la visión: *rayos ópticos.* ‖ Aplícase a los dispositivos en cuyo funcionamiento interviene algún sistema óptico, para distinguirlo de los de la misma especie que carecen de él: *escuadra * óptica; divisor * óptico,* etc. ‖ *Ángulo óptico,* ángulo formado por los rayos visuales que van del ojo del observador a los extremos de una de las dimensiones del objeto observado. ‖ *Centro óptico,* v. CENTRO. ‖ *Eje óptico,* v. EJE. ‖ — F. Parte de la física que trata de los fenómenos de la visión y de la propagación de la luz. ‖ Por ext., estudio de los fenómenos análogos a los que produce la luz, pero engendrados por radiaciones electromagnéticas que no son luminosas: *óptica de los rayos infrarrojos.* ‖ Sistema o conjunto de sistemas ópticos de un aparato: *las cámaras cinematográficas empleadas en ciencias tienen muy buena óptica.* ‖ *Óptica electrónica,* v. más abajo art. encicl. ‖ *Óptica física,* parte de la óptica que concierne a aquellos fenómenos debidos solamente a la naturaleza ondulatoria o corpuscular de la luz. ‖ *Óptica geométrica,* parte de la óptica que, contrariamente a la anterior, no trata de la índole de la luz, sino de los rayos luminosos y de los fenómenos de propagación rectilínea, de refracción y reflexión de los mismos. ‖ *Banco de óptica,* v. BANCO. ‖ *Ilusión óptica,* v. ILUSIÓN.
— Los distintos aspectos de la *óptica* han sido tratados en los artículos que a continuación se indican: sobre la luz, considerada como fenómeno

ondulatorio y corpuscular, v. LUZ, DIFRACCIÓN, INTERFERENCIA y POLARIZACIÓN; aluden a la luz, en su aspecto de rayo luminoso y rectilíneo que puede ser desviado, los artículos REFLEXIÓN, REFRACCIÓN, CONVERGENCIA y DIVERGENCIA; los dispositivos fundados en estas propiedades de los rayos luminosos se describen en los artículos ESPEJO, LENTE, ANTEOJO, MICROSCOPIO, TELESCOPIO, FOTOGRAFÍA y otras voces formadas con el prefijo FOTO.

La *óptica electrónica* obedece prácticamente a las mismas leyes que la *óptica luminosa*, de la cual se distingue en que los fotones y los rayos luminosos son reemplazados por electrones y rayos catódicos. Como los electrones no pueden atravesar la materia, en vez de refractarlos con lentes de cristal, se les focaliza y desvía con lentes * electrónicas, aprovechando la circunstancia de que, siendo partículas electrizadas, pueden ser repelidos por campos eléctricos o magnéticos. (V. LENTE, DEFLECTOR y MICROSCOPIO *electrónico*.)

OPTIMIZACIÓN f. *Tecn.* Acción y efecto de optimizar: *para poder gobernar con seguridad los cohetes espaciales ha sido necesario lograr una optimización de su equipo electrónico.*

OPTIMIZAR v. *Tecn.* Mejorar un instrumento o aparato cualquiera hasta conferirle las mejores cualidades posibles.

OPTO, prefijo derivado del griego *optos,* que significa *visible.*

OPTOMETRÍA f. *Ópt.* Parte de la física que trata de la visión.

OPUESTO, TA adj. *Geom.* y *Mat.* Dícese, en álgebra, de dos cantidades de igual valor absoluto, pero de signos contrarios, como *a2x* y —*a2x*. ‖ *Ángulos opuestos,* v. ÁNGULO. ‖ *Vectores opuestos,* v. VECTOR.

OPUS INCERTUM m. *Arq.* Aparejo * ciclópeo, de piedras irregulares, pero ajustadas sin huecos.

ORBICULAR adj. Redondo. ‖ Que describe una órbita.

— *Geol.* Dícese del granito o diorita que contiene concreciones esféricas de 30 a 100 mm unidas por un magma granular.

ÓRBITA f. *Astr.* Trayectoria seguida por el astro que gravita en torno de otro. ‖ Trayectoria de los satélites artificiales, los planetoides y otros ingenios que gravitan en torno de un astro.

— Según las leyes de la gravitación, las *órbitas* no pueden adoptar una forma cualquiera y las trayectorias * de los cuerpos celestes abandonados a sí mismos son obligatoriamente curvas de la familia de las cónicas *. No obstante, la circunferencia constituye un caso tan particular, que puede excluirse la eventualidad de que un astro describa una órbita circular; por otra parte, la parábola y la hipérbola dan trayectorias abiertas y el astro que las sigue no puede volver hacia el astro principal situado en su foco, cual ocurre con ciertos cometas * que, por efecto de alguna atracción poderosa —especialmente la de Júpiter— se alejan para siempre del sistema solar. Así, pues, según la primera de las tres leyes de Keplero, las órbitas permanentes son elipses * caracterizadas por su excentricidad * y en uno de cuyos focos se halla el astro principal. Consiguientemente, el astro secundario que describe la órbita no gravita siempre a igual distancia de aquél: se halla a la mínima distancia del mismo al pasar por uno de los extremos del eje mayor de la elipse, llamado, según el caso, *periastro, perigeo, perihelio,* etc., y alcanza el mayor alejamiento al pasar por el otro extremo de dicho eje, llamado *apoastro, apogeo, afelio,* etc.

órbita elíptica y leyes de Keplero

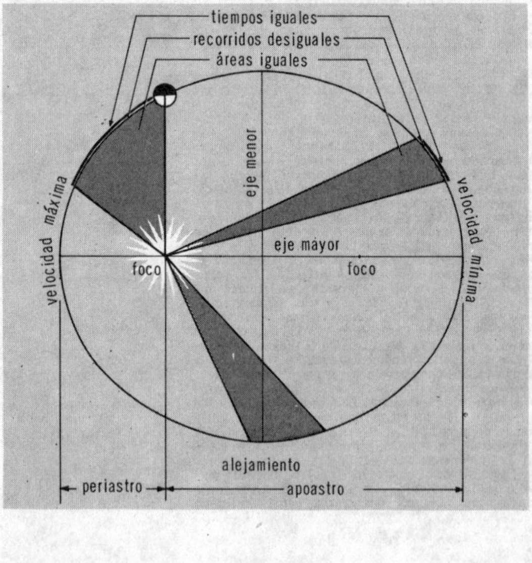

La segunda ley de Keplero estipula que el vector o eje que une los centros de los astros describe áreas iguales en tiempos iguales, lo cual significa que la distancia recorrida por el astro secundario en un tiempo dado es mayor en la región del periastro que en la del apoastro o, dicho en otros términos, que la velocidad del mismo es tanto menor cuanto mayor es la distancia que lo separa del astro central.

Por último, según la tercera de las referidas leyes, los cuadrados de los tiempos invertidos en recorrer las órbitas son proporcionales al cubo de los ejes mayores de las mismas. De ello se desprende que la revolución de un astro en torno de otro tiene una duración rigurosamente determinada por la distancia media entre ambos, siendo imposible que en una misma órbita puedan existir astros "rápidos" y "lentos". Así, un satélite artificial puesto en la misma órbita de la Luna no podría alcanzarla ni ser alcanzado por ella, y, en el caso de conferir un suplemento de velocidad al ingenio, éste pasaría automáticamente a describir otra órbita mayor. Las leyes de Klepero son, en efecto, igualmente aplicables al gigantesco globo de Júpiter y al minúsculo satélite "Vanguard", de 16 cm de diámetro, que gravita desde 1958. No obstante, los ingenios satelizados a baja altura son frenados por la atmósfera y pierden altura entre dos revoluciones, lo cual hace que describan una trayectoria espiral. (V. SATÉLITE, PLANETOIDE y TRAYECTORIA.)

Independientemente de su forma y dimensiones, una órbita es caracterizada por la orientación que tiene en el espacio, lo cual se determina tomando como referencia el plano de la eclíptica. La línea que marca la intersección de este plano con el plano orbital del astro considerado se llama *línea de los nodos* *; el ángulo formado por ambos planos determina la *inclinación de la órbita;* la *longitud del nodo ascendente* es el ángulo formado por la línea de los nodos con la dirección del punto gamma o punto vernal (v. EQUINOCCIO), que sirve de origen de las longitudes; la *longitud del periastro, del perihelio, del perigeo,* etc., es el ángulo formado por cada uno de dichos puntos de la órbita del astro, el centro del astro central y la línea del punto vernal.

Por lo demás, la orientación de las órbitas se halla sujeta a distintas variaciones: el eje mayor de la órbita terrestre da una vuelta completa en el plano de la eclíptica en 21 000 años; la excentricidad de dicha órbita disminuye lentamente y, dentro de 24 000 años, empezará a aumentar de nuevo; la oblicuidad de la elíptica, que es actualmente de 23° 27′, oscila lentamente entre los valores extremos de 21° 59′ y 24° 36′; por último, la presencia de la Luna hace que no sea el centro de la Tierra el que describe la órbita en torno del Sol, sino el centro de gravedad del sistema Tierra-Luna, situado en el interior del globo terrestre, a unos 1 000 km de la superficie del mismo (consiguientemente, como aquel sistema da vueltas, la trayectoria realmente seguida por el centro de la Tierra es una línea sinuosa que la hace pasar cada media lunación de un lado a otro de la elipse orbital).

— *Atom.* Trayectoria descrita por un electrón planetario en torno del núcleo del átomo. (V. CAPA, ELECTRÓN y NIVEL *de energía*.) ‖ Trayectoria de una partícula en un acelerador * circular.

ORBITAL adj. *Astr.* Relativo a la órbita: *calcular los elementos orbitales de un satélite.*

ORCEÍNA f. *Quím.* Substancia colorante roja que se obtiene tratando la orcina con amoniaco.

ORCINA f. y **ORCINOL** m. *Quím.* Materia colorante roja que se extrae de ciertos líquenes de los géneros *Roccella* y *Lecanora* y que, químicamente, es un difenol homólogo superior de la resorcina *.

ORCIRRUFINA f. *Quím.* Materia colorante que se obtiene tratando con ácido nitroso la orcina disuelta en ácido sulfúrico.

ORCHILLA f. *Bot.* y *Quím.* Nombre dado a distintos líquenes (*Lecanora tartarea, L. parella, Roccella tinctoria,* etc.) y a la materia tintórea de color rojo que se extrae de los mismos. (V. ORCEÍNA y ORCINA.)

ORDEN m. Disposición regular de las cosas, unas respecto de otras. ‖ Arreglo de las mismas de modo que se sucedan según determinada regla o convención: *escribir las magnitudes por orden decreciente.*
— *Arq.* Combinación de los elementos arquitectónicos en una construcción para que su conjunto sea armónico y regular. ‖ Forma y disposición de las columnas, el entablamento y otras partes saledizas propias de un sistema, un estilo o una época.
— Dos elementos bastan para definir un *orden:* la columna (base, fuste y capitel) y el entablamento. El diámetro del fuste determina el módulo al cual habrán de atenerse las proporciones de los distintos elementos de la construcción. Existen cinco órdenes clásicos: dórico, jónico y corintio (de origen griego); compuesto y toscano (de origen romano).
En el *orden dórico,* la columna acanalada es troncónica y carece de base; el capitel es sencillo y no tiene astrágalo; el friso se halla adornado por métopas y triglifos.
En el *orden jónico,* la columna, menos gruesa que en el dórico y provista de acanaladuras más numerosas, estrechas y profundas, se apoya en una basa moldurada con toros y escocias; el capitel se halla adornado con volutas, el arquitrabe consta de tres fajas, el friso puede ser esculpido y la cornisa lleva dentículos.
El *orden corintio* difiere poco del anterior, aun cuando se distingue por su característico capitel adornado con hojas de acanto.
El *orden compuesto* se inspira de los anteriores, fundiendo las volutas y los acantos en un capitel profusamente adornado y renunciando a la basa, como el dórico. Por último, el *orden toscano* es una imitación simplificada del dórico.
— *Mat.* Calificación de una línea o de una curva por el grado * de su correspondiente ecuación: *las curvas de segundo orden son cónicas y las superficies de segundo orden son cuádricas.*

ORDENACIÓN f. Disposición de las cosas según el orden establecido por alguna regla o criterio.
— *Arq.* Parte de la arquitectura que trata de la distribución de los volúmenes entre las distintas partes del edificio.
— *Mat.* Variación.

ORDENADA f. *Mat.* Una de las dos coordenadas * cartesianas de un punto.

ORDENADOR m. *Electrón.* y *Mat.* Calculadora electrónica universal constituida por un conjunto de máquinas especializadas y complementarias que funcionan con un programa común.
— El *ordenador* consta de los siguientes elementos: las unidades de entrada, en las cuales se introducen los datos que han de servir de base a los cálculos (generalmente en forma de cinta perforada, que permite a la máquina leer 1 000 caracteres por segundo, o de cinta magnética, a razón de centenares de miles de signos por segundo); la calculadora * propiamente dicha con su pupitre de mandos; los órganos de memoria *; las unidades que indican los resultados en la pantalla de un oscilógrafo, registran los resultados en tarjetas perforadas (500 caracteres por segundo) o en cintas magnéticas (400 000 y más signos por segundo) o los imprimen en papel a razón de 1 000 líneas por minuto.
Los ordenadores se emplean en cálculos científicos, así como en la investigación operacional * y para la administración de empresas muy importantes.

ORDEÑADORA f. *Agr.* Máquina de ordeñar.
— La *ordeñadora mecánica* consiste en unas boquillas que se adaptan a los pezones de las ubres de la vaca y que comunican por un tubo con el recipiente estéril en que se recoge la leche y, por otro, con una bomba de aire. El funcionamiento del aparato se efectúa con arreglo a un ciclo que consta de dos fases: aspiración o succión, durante la cual fluye la leche; reposo, durante el cual el pezón se halla sometido a la presión atmosférica. El diseño de la boquilla de goma o pezonera es apropiado para que sus movimientos intermitentes provoquen en el pezón un masaje comparable al que ejerce el becerro al mamar.

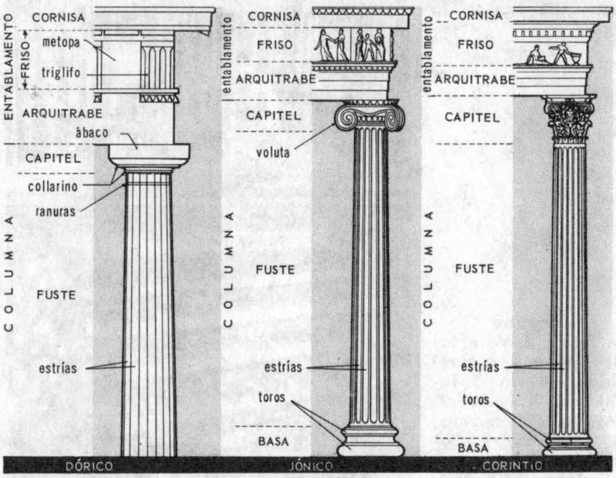

órdenes arquitectónicos

ordenador *(electrón.)*
[v. figura p. 740]

ORDOVICIENSE adj. y s. *Geol.* Dícese del piso inferior del período siluriano, cuyos terrenos datan de unos 360 millones de años. (V. ESTRATIGRAFÍA.)

OREAR v. Exponer una cosa al aire para secarla o quitarle el mal olor: *orear los maderos en el aserradero.*

OREJA f. *Art. y of.* Bordes libres que tiene la caña del zapato por delante y que se ajustan sobre el empeine con lazos o broches, cierres de cremallera, etc. ‖ Cualquiera de las dos partes simétricas de la boca de ciertos martillos, arrancaclavos y otras herramientas que la tienen hendida. ‖ *Amer.* Orejuela o asa de las vasijas.

OREJUELA f. Pequeño resalto o saliente que tienen ciertas piezas para facilitar su fijación: *las tejas planas tienen orejuelas para que puedan sostenerse unas a otras.* ‖ Cualquiera de las dos asas pequeñas de las vasijas, bandejas, etc.

OREO m. Acción y efecto de orear.
— *Carp.* Secado de la madera al aire libre.

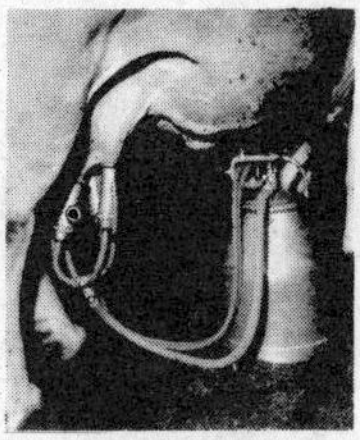

ordeñadora

ORFEBRERÍA f. *Joy.* Arte de labrar los metales preciosos, cuyo nombre se aplicó primeramente al trabajo artístico del oro, luego al del oro y la plata y hoy tiende a ser sinónimo de *platería,* excluyendo las labores de oro y las joyas en general.

ORGANCÍN m. *Text.* Hilo de seda cruda que se elabora con dos cabos torcidos separadamente en el mismo sentido y luego retorcidos conjuntamente en el sentido contrario: *el organcín es muy resistente y se usa para la urdimbre de las telas de seda.*

ORGANDÍ m. *Text.* Variedad de muselina de algodón mucho más fina que la común y tratada con un apresto que le confiere transparencia y cierta rigidez: *el organdí se usa principalmente para vestidos de señora.*

ORGÁNICO, CA adj. Relativo o perteneciente

herramientas de orfebrería
1. Martillo de repujar; 2. Mazo de aplanar; 3 a 5. Mandriles; 6 a 8. Bigornias; 9. Cizalla; 10. Tas; 11. Hierro para desabollar; 12. Martillo

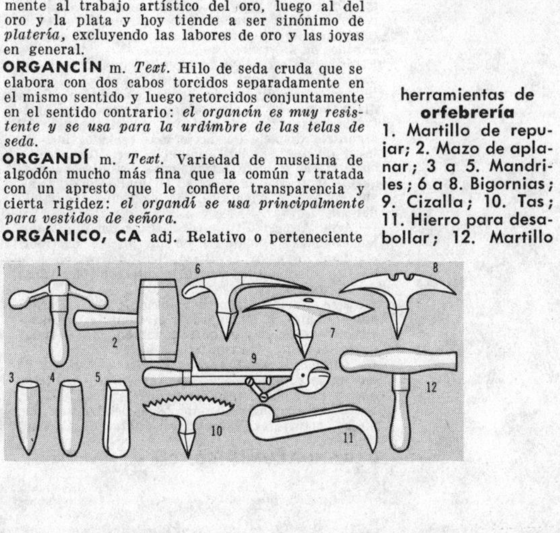

Fot. Atlas-Photo

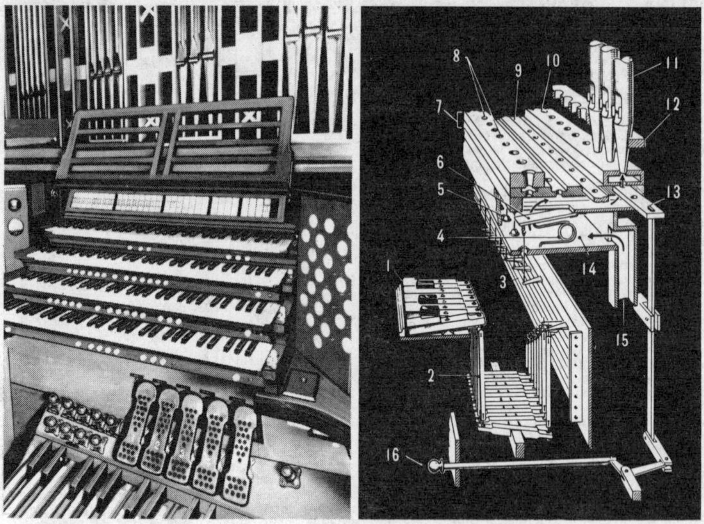

órgano
1. Tecla; 2. Varetas; 3. Tornantes; 4. Muelle de válvula; 5. Tetilla; 6. Válvula; 7. Meseta del secreto; 8. Taladros; 9. Corredera; 10. Tapas; 11. Tubos; 12. Panderetes; 13. Palanca de la corredera; 14. Caja de aire; 15. Conducto de aire; 16. Tirador del registro

a los órganos, a la organización o a los organismos animales o vegetales.
— *Geol. Roca orgánica,* la de origen sedimentario en cuya composición son preponderantes los restos de organismos vivientes (diatomita, calizas de antiguos arrecifes, carbón de piedra, calizas * organógenas, etc.).
— *Quím. Química orgánica,* parte de la química que trata de los compuestos del carbono. (V. QUÍMICA.) ‖ *Compuesto orgánico,* compuesto químico a base de carbono e hidrógeno, a veces combinados con oxígeno, nitrógeno o azufre.

ÓRGANO m. *Acúst.* Instrumento músico de viento que se toca con teclas y pedales y se halla constituido por un generador de aire comprimido, numerosos tubos sonoros y múltiples mandos que permiten al músico obtener infinidad de combinaciones sonoras. (V. *figura.*) ‖ *Órgano electrónico,* instrumento de música en el cual se engendran electrónicamente sonidos comparables a los del órgano y también otros sonidos diferentes.
— La posibilidad de producir sonidos con circuitos electrónicos se hizo patente con los primeros radiorreceptores, en los cuales bastaba acercar la mano de los condensadores para que, al variar la capacidad de los mismos, se oyeran en el altavoz silbidos de diferentes frecuencias.
El *órgano electrónico de tipo Hammond* tiene un motor eléctrico que hace girar frente a electroimanes unos discos de bordes ondulados. Cada disco forma con el electroimán un generador electromagnético de un sonido puro sinusoidal. El organista dispone de dos o más teclados manuales y de uno de pedales que le permiten escoger cualitativa y cuantitativamente los discos necesarios para que la mezcla, en uno solo de todos sus sonidos elementales, dé el sonido complejo deseado.
— *Arm.* Arma múltiple constituida por numerosos lanzacohetes * montados en un mismo bastidor.
— *Geol. Órgano basáltico,* haz de prismas de basalto yuxtapuestos verticalmente como los tubos de un órgano.
— *Mec.* Nombre dado, por analogía con los órganos animales, a los aparatos elementales o dispositivos que, en las máquinas, sirven para mandar un movimiento, transmitirlo o guiarlo.
— Citemos, entre los *órganos de transmisión* y *de movimiento,* los embragues, las levas, los trinquetes y disparadores, las transmisiones, etc., y, entre los sistemas articulados y deslizantes, las bielas, manivelas, excéntricas, juntas de Cardán, etcétera.

ORGANOALUMÍNICO, CA adj. *Quím.* Compuesto orgánico del aluminio. (V. ORGANOMETÁLICO.)

ORGANOCÍNCICO, CA adj. y s. Dícese de los compuestos organometálicos * derivados del cinc.

ORGANOGEL m. Gel que resulta de la coagulación de un organosol.

ORGANÓGENO, NA adj. *Geol.* Dícese de los minerales formados con materias animales o vegetales: *caliza organógena.*

ORGANOLÍTICO, CA adj. y s. *Quím.* Dícese de los compuestos orgánicos del litio. (V. ORGANOMETÁLICO.)

ORGANOMAGNESIANO, NA adj. y s. *Quím.* Dícese de los compuestos organometálicos * del magnesio *.

ORGANOMERCÚRICO, CA adj. y s. *Quím.* Dícese de los compuestos organometálicos * del mercurio.

ORGANOMETÁLICO, CA adj. y s. *Quím.* Dícese de los compuestos químicos que contienen radicales carbonados unidos con un metal: *la clorofila es un compuesto organometálico.*
— Los *compuestos organometálicos* suelen obtenerse haciendo obrar el metal sobre un yoduro alcohólico o mediante descomposición doble con un derivado del cinc o del mercurio. Son líquidos volátiles, algunos de los cuales pueden inflamarse espontáneamente. La medición de su densidad de vapor ha permitido determinar con certeza la valencia y la masa atómica de los metales. Un organometálico se designa enunciando primeramente el metal y luego el radical combinado con el mismo: cinc-etilo, mercurio-difenilo.

ORGANOMETALÓIDICO, CA adj. y s. *Quím.* Dícese de los compuestos químicos que contienen un radical carbonado unido con un metaloide.
— No se consideran como compuestos organometalóidicos los derivados del oxígeno, del nitrógeno, el azufre y otros metaloides que son constituyentes ordinarios de los compuestos orgánicos. Así, pues, solamente son metalóidicos los derivados del arsénico (arsinas), del fósforo (fosfinas), del boro y del silicio. Las fosfinas y las arsinas guardan no pocas analogías con las aminas.

ORGANOPLÓMBICO, CA adj. *Quím.* Dícese de los compuestos organometálicos que contienen plomo, entre los cuales figura el tetraetilato de plomo, aditivo antidetonante para la gasolina.

ORGANOSILÍCEO, A adj. y s. *Quím.* Dícese de los compuestos análogos a los cuerpos orgánicos, pero en los cuales el carbono es reemplazado total o parcialmente por el silicio. (V. SILICONA.)

Fot. Larousse

ORGANOSOL m. Disolución coloidal o suspensión de un coloide en la glicerina, el éter u otro líquido orgánico.

ORIENTABLE adj. Que puede ser orientado en la dirección deseada: *ciertos coches están provistos de un faro orientable manualmente.*

ORIENTACIÓN f. Acción de determinar la dirección del Norte. ‖ Dirección de un edificio, u otra construcción, en relación con los puntos cardinales: *en las regiones septentrionales del hemisferio Norte, la mejor orientación es la que presenta la fachada al Sur.* ‖ Marcar en un plano o mapa la dirección de los cuatro puntos cardinales.

— La *orientación* se determina aproximadamente observando la estrella Polar (en el hemisferio boreal) o la Cruz del Sur (en el hemisferio austral); otro método consiste en observar la dirección Norte-Sur de la sombra de un objeto al pasar el Sol por el meridiano del lugar. La observación de los puntos por donde sale y se pone el Sol solamente es valedera en las épocas de los equinoccios *. Las indicaciones de la brújula solamente son exactas si se corrigen para tener cuenta de la declinación * magnética. Más precisas resultan las medidas hechas cuando se dispone de un teodolito para medir la posición angular de los astros y de tablas de efemérides * que permiten deducir la orientación a partir de las observaciones así efectuadas.

ORIENTAL adj. Relativo al Oriente.

— *Astr.* Dícese de los planetas que, por salir antes que el Sol, son visibles por la mañana hacia el Oriente: *Venus es alternativamente oriental y occidental.*

— *Joy.* Dícese de las gemas de calidad superior, por oposición a occidental *.

ORIENTAR v. Efectuar la orientación *, en todas las acepciones de la palabra.

ORIENTE m. Parte del horizonte por donde sale el Sol y que, en los equinoccios, coincide con el Este geográfico.

— *Joy.* Parte más luminosa de una perla.

ORIGEN m. *Astr.* y *Mat.* Punto a partir del cual se miden las ordenadas de un lugar, así como los segmentos y otras magnitudes.

ORIGINAL adj. y s. *Art. gráf.* Dícese de la lámina o estampa que ha sido dibujada, grabada y tirada por el mismo artista. ‖ Dícese de la primera edición de un libro. ‖ — M. Manuscrito, y, por ext., texto ya impreso que se da a la imprenta para su composición e impresión.

ORILLA f. Término o borde de una superficie. ‖ Acera o borde de la calzada contiguas a las casas. ‖ Borde natural de una extensión: *orilla del mar.*

— *Text.* Borde de una tela.

ORILLAR v. *Text.* Reforzar la orilla o borde de una tela, pieza de piel, etc., haciéndole una orla, ribete o dobladillo.

ORILLO m. *Text.* Orilla o borde del paño.

ORÍN m. *Metal.* Capa rojiza y pulverulenta que se forma en la superficie de los metales ferrosos corroídos por la humedad.

— El *orín* es un compuesto (esencialmente hidróxido férrico) que se forma en la superficie del hierro y de los aceros ordinarios cuando éstos reaccionan con la humedad y el oxígeno atmosféricos (v. CORROSIÓN). Como tiene textura esponjosa, la acción corrosiva de la atmósfera húmeda puede proseguirse a través de los poros hasta que todo el metal haya sido atacado. La formación de orín se evita protegiendo los metales ferrosos mediante metalización * o con pinturas especiales. (V. ANTICORROSIVO.)

ORINQUE m. *Mar.* Cabo que se amarra por un chicote al ancla u objeto inmergido y por el otro a una boya o boyarín.

ORLA f. *Arq.* Reborde, filete o moldura pequeña que se pone en la orilla de una cosa o para delimitar una superficie en una pared.

— *Art. gráf.* Adorno que, en forma de cuadro, rodea un texto impreso, una letra, cifra, etc.

— *Text.* Orilla o borde de los paños, telas, vestidos, etc., que se distingue del resto de los mismos por su textura o por consistir en un adorno.

ORLO m. *Arq.* Plinto.

ORLÓN m. *Text.* Marca registrada de una fibra sintética de poliacrilonitrilo que, a la vista y al tacto, es muy parecida a la seda: *el Orlón protege bien contra el frío porque contiene minúsculas burbujitas de* aire *que aumentan el aislamiento térmico.*

ORNITÓPTERO m. *Aeron.* Nombre dado a las máquinas voladoras que carecen de hélices o de reactores y en las cuales la propulsión se obtiene batiendo las alas a imitación de las aves: *ninguno de los ornitópteros construidos hasta ahora ha dado resultados satisfactorios.*

ORO, prefijo derivado del griego *oros*, que significa *montaña.*

ORO m. *Arq., Art. gráf.* y *Astr. Número de oro,* v. NÚMERO.

— *Metal.* Metal amarillo y muy brillante, dúctil, denso e inalterable por los agentes atmosféricos, muy usado en joyería. (Representa importante papel monetario, como garantía de los billetes puestos en circulación por los Estados.) ‖ *Oro batido,* oro reducido a panes muy tenues, propio para dorar. (V. BATIR.) ‖ *Oro de copela,* el que se ha afinado por copelación. ‖ *Oro fino,* oro puro. ‖ *Oro de ley,* v. LEY. ‖ *Oro musivo,* v. MUSIVO. ‖ *Oro rojo,* liga de oro y de cobre. ‖ *Oro verde,* liga de cuatro partes de oro y una de plata.

— El *oro* es el más dúctil y maleable de todos los metales, pues batiéndolo, se le puede reducir a hojas o panes de menos de una diezmilésima de milímetro de espesor: un solo gramo de oro puede ser estirado hasta obtener un hilo de 2 000 m (las hojas más tenues son translúcidas y dejan pasar una luz verdosa). Tiene, sin embargo, el inconveniente de ser excesivamente blando, por cuya razón se le suele agregar cobre o plata. Por lo demás, es un excelente conductor del calor y de la electricidad. (V. más abajo, *Quím.*)

El oro se extrae ya de los aluviones o arenas auríferas, explotados en forma de placeres, ya de rocas auríferas en las cuales forma filones que, las más de las veces, descienden a profundidades de 3 000 a 4 000 m, cual ocurre en el Transvaal (África del Sur). Estos filones dan de 6 a 12 g de oro fino por tonelada de mineral.

También se obtiene oro como subproducto del afinado de otros metales (especialmente cobre aurífero).

La extracción del oro de las arenas auríferas se efectúa esencialmente mediante lavados y cribados que separan progresivamente el polvillo y las pepitas metálicas de las materias menos densas.

Las rocas auríferas son machacadas y trituradas hasta obtener una pulpa que puede tratarse por dos procedimientos diferentes. El primero (*amalgación*), consiste en ponerla en presencia de mercurio para formar una amalgama que luego, por destilación del mercurio, deja el oro. El segundo procedimiento (*cianuración*), ilustrado por el esquema, se funda en el tratamiento de la pulpa con cianuro de sodio. Se forma así aurocianuro, que es precipitado con cinc o con aluminio, aunque también se descompone por electrólisis.

Sea cual fuere el procedimiento empleado, el oro obtenido ha de ser afinado ya por copelación *,

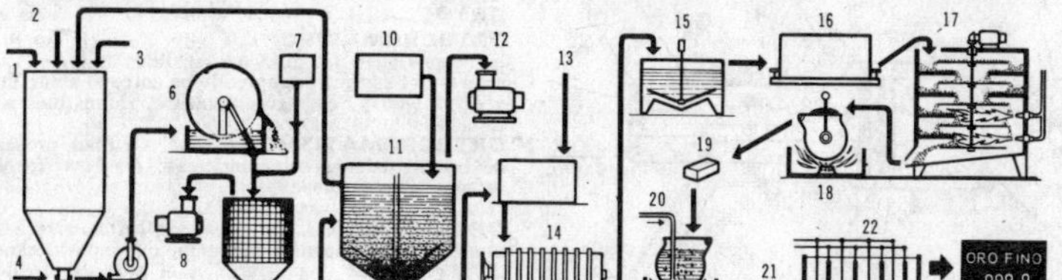

extracción del oro
1. Mineral en forma de lodo; 2. Cianuro; 3. Cal; 4. Aire; 5. Cianuración; 6. Filtración; 7. Nitrato de plomo; 8. Aspirador; 9. Desaireación; 10. Polvo de cinc; 11. Precipitación; 12. Aspirador; 13. Ácido sulfúrico; 14. Filtración; 15. Lavado; 16. Secado; 17. Calcinación; 18. Fusión; 19. Lingote; 20. Cloro; 21. Electrodo; 22. Afino electrolítico

ya químicamente (con cloro o ácido sulfúrico), ya por electrólisis.
Para expresar la pureza del oro se emplea el sistema antiguo de los quilates (el oro puro tiene 24 quilates) y el método más racional de las milésimas (el oro puro es de 1 000 milésimas) [v. LEY]. Generalmente se emplea oro que contiene algo de cobre y de plata para mejorar su resistencia mecánica. En las monedas se suele emplear oro con cobre de 900 milésimas; para joyas, de 500 a 900 milésimas. La adición de plata da oros de color más claro de hasta 500 milésimas, usados en joyería y para ciertas piezas de material eléctrico. Las ligas ternarias de oro, plata y cobre *(oro inglés)* se usan en joyería y como soldadura. Otras aleaciones complejas (con níquel, cinc, magnesio, cobre y plata) dan oros grises, también usados en joyería y para hacer instrumentos de física y de relojería (como sucedáneos del platino).
— *Miner. Oro argental,* mineral consistente en una liga natural de oro y de plata. ‖ *Oro de gato,* mica lameliforme. ‖ *Oro nativo,* el que se halla en la naturaleza libre de toda combinación, generalmente en forma de arenas o pepitas.
— *Quím.* El *oro* es el elemento químico de símbolo *Au* y número atómico 79.
— Las principales constantes físicas del oro son las siguientes: densidad, 19,30; puntos de fusión y de ebullición, 1 063° y 2 600°, respectivamente; masa atómica, 196,967. Este metal precioso es, tanto en frío como en caliente, inatacable por la atmósfera. En cambio, es atacable por el cloro y el bromo, y se disuelve en el mercurio (amalgama), así como en el agua regia (mezcla de ácidos nítrico y clorhídrico), pero no en los ácidos separados.
El oro es trivalente en los compuestos *áuricos* y univalente en los compuestos *aurosos.* Sus cloruros permiten obtener colorantes para la porcelana y dan también baños de viraje usados en fotografía; el cianuro de oro se emplea para dorados galvánicos, etc.

OROGÉNESIS y **OROGENIA** f. *Geol.* Parte de la geología que trata de la formación de las montañas * y de los pliegues del terreno en general, por oposición a la epirogenia.

OROGRAFÍA f. *Geogr.* Descripción del relieve de la superficie terrestre.

OROGRÁFICO, CA adj. *Geogr.* Relativo a la orografía. ‖ Aplícase a los mapas que solamente representan los sistemas montañosos.

OROHIDROGRÁFICO, CA adj. Relativo al relieve de la superficie terrestre y a las aguas corrientes: *los mapas orohidrográficos indican las montañas y los ríos.*

OROMETRÍA f. *Topogr.* Medición del relieve de la superficie terrestre.

OROPEL m. *Metal.* Chapa de latón muy delgada.

OROPIMENTE m. *Miner.* Sulfuro de arsénico As_2S_3 de color amarillo, que se emplea como pigmento para pinturas, como componente de las lechadas de cal para depilar las pieles y, en química, con el realgar, para preparar arsénico.

ORTICÓN y **ORTICONOSCOPIO** m. *Radiot.* Tubo analizador derivado del iconoscopio y más perfeccionado y eficaz que éste.
— El *orticón* se distingue del iconoscopio en que la superficie dorsal de la placa del mosaico fotosensible es transparente. Así, pues, éste puede ser excitado a través de su soporte, lo cual permite disponer el objetivo en un extremo del tubo y el cañón de electrones en el otro, ambos en un mismo eje (mientras que en el iconoscopio el haz catódico y el haz luminoso herían el mosaico por la misma cara y formaban entre sí un ángulo). De este modo los rayos catódicos son perpendiculares al mosaico y los electrones, acelerados por una tensión de cuatro a seis veces menor, pueden ser mucho más lentos y no causan la emisión secundaria que, en el iconoscopio, produce manchas en las imágenes.
El orticón ha sido perfeccionado a su vez, dándose al nuevo tubo los nombres de *imagen orticón* y de *superorticón.* La figura permite comprender su funcionamiento: el objetivo da, a través del cátodo transparente, una imagen electrónica en la superficie fotosensible, la cual, merced a una bobina focalizadora (lente electrónica) es proyectada sobre una lámina de vidrio a través de una rejilla que capta los electrones secundarios e impide que, al volver de nuevo sobre el vidrio, alteren la imagen; ésta, formada en la fina capa metálica que cubre el dorso del vidrio, es una imagen eléctrica, hecha de cargas positivas y negativas correspondientes a los negros, blancos y matices intermediarios del objeto; así, cuando los rayos catódicos procedentes del cañón electrónico barren esta superficie diversamente electrizada, sus electrones pueden ser ya atraídos (por las cargas positivas de la imagen), ya repelidos hacia atrás (por las cargas negativas), en cuyo caso un multiplicador * de electrones refuerza su corriente, cuyas modulaciones corresponden a los detalles de la imagen óptica analizados raya por raya. (V. EXPLORACIÓN.)
Este tubo analizador es más sensible que la retina del ojo humano y da imágenes satisfactorias de una persona iluminada por la luz de una bujía. De ahí su uso en la retransmisión de reportajes nocturnos. No obstante, el supericonoscopio * es preferible en las tomas de vistas que se hacen en los estudios, pues da imágenes más detalladas.

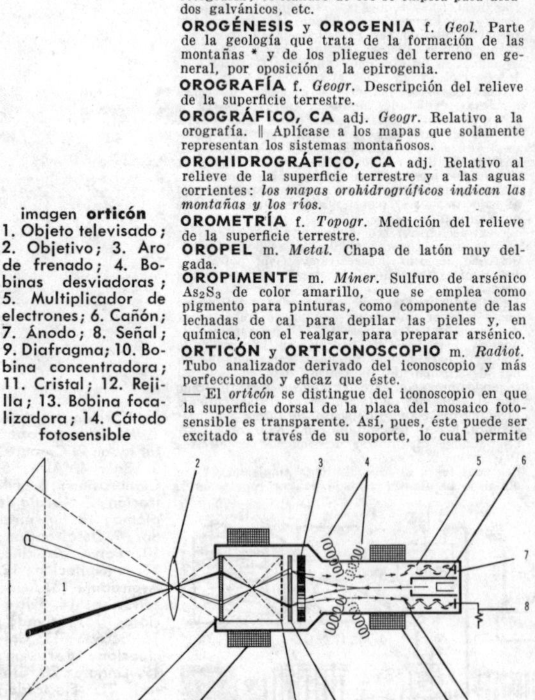

imagen **orticón**
1. Objeto televisado; 2. Objetivo; 3. Aro de frenado; 4. Bobinas desviadoras; 5. Multiplicador de electrones; 6. Cañón; 7. Ánodo; 8. Señal; 9. Diafragma; 10. Bobina concentradora; 11. Cristal; 12. Rejilla; 13. Bobina focalizadora; 14. Cátodo fotosensible

ORTITA f. *Miner.* Allanita.

ORTIVO, VA adj. *Astr.* Relativo al orto. ‖ *Amplitud ortiva,* v. AMPLITUD.

ORTO, prefijo derivado del griego *orthos,* que significa *recto, derecho, correcto.*
— *Quím.* Prefijo que, en la serie bencénica, designa aquellos compuestos en cuyo núcleo dos radicales han reemplazado los dos átomos de hidrógeno indicados con los números 1 y 2 en los vértices del hexágono. ‖ Aplícase también a los cuerpos más hidratados de su especie: *ácido ortofosfórico.*

ORTO m. *Astr.* Salida de un astro por el horizonte.
— *Miner.* Adj. Dícese, por oposición a para, de la roca metamórfica de origen endógeno: *gneiss orto.*

ORTOÁCIDO m. *Quím.* Nombre genérico de los compuestos hipotéticos que resultarían de la fijación de agua por una función ácido orgánico: *los ortoácidos solamente se conocen al estado de ésteres.* (V. ORTOÉSTER.)

ORTOCARBONATO m. *Quím.* Sal o éster del ácido ortocarbónico.

ORTOCARBÓNICO, CA adj. *Quím.* Dícese del ácido H_4CO_4, desconocido al estado libre, que constituye el hidróxido normal del carbono. ‖ Aplícase también a los éteres derivados de dicho ácido: *tratando ortocarbonato de etilo con amoniaco se obtiene guanidina.*

ORTOCENTRO m. *Geom.* Punto de intersección de las tres alturas de un triángulo o de las cuatro alturas de ciertos tetraedros que deben a dicha particularidad el calificativo de ortocéntricos.

ORTOCLASA f. *Miner.* Ortosa.

ORTOCROMÁTICO, CA adj. *Fot.* Dícese de las emulsiones fotográficas sensibles a todos los colores del espectro comprendidos entre el amarillo y el violado y, consiguientemente, insensibles al rojo. (V. SENSIBILIDAD *.)

ORTOCROMATISMO m. *Fot.* Calidad propia de las emulsiones ortocromáticas: *las emulsiones ortocromáticas pueden ser reveladas en laboratorios alumbrados con luz roja.*

ORTODROMIA f. La línea más corta entre dos puntos de la superficie terrestre, que, considerando a ésta como una esfera, es el arco de círculo mayor que pasa por los mismos. (V. ORTODRÓMICO.)

ORTODRÓMICO, CA adj. Relativo a la ortodromia.
— *Aeron.* y *Mar.* *Ruta ortodrómica,* la que se confunde con la ortodromia que pasa por los puntos de partida y de llegada del avión o del buque.
— Los meridianos son ortodromias, pero no los paralelos. Como la ortodromia es la distancia más corta entre dos puntos situados en la superficie del Globo, los pilotos de buques y, sobre todo, los aviones no tienen interés en seguir los paralelos y procuran navegar por *rutas ortodrómicas;* no obstante, como ello obligaría a cambiar constantemente el rumbo, convierten la ortodromia en una línea quebrada formada por varios tramos que son otras tantas loxodromias.

ORTOÉSTER ou **ORTOÉTER** m. *Quím.* Compuesto líquido, derivado de los ortoácidos, cuya fórmula general es $r—C(Or')_3$, en la cual *r* y *r'* son radicales carbonados: *los ortoésteres se obtienen haciendo obrar los alcoholatos alcalinos sobre el cloroformo.*

ORTOFÓRMICO, CA adj. *Quím.* Dícese de un ácido hipotético, solamente conocido por sus ésteres, el más importante de los cuales, que es el ortoformiato de etilo, se emplea en ciertas síntesis químicas y en terapéutica.

ORTOGNEISS m. *Miner.* Gneiss producido por el metamorfismo del granito u otra roca endógena.

ORTOGONAL adj. *Geom.* Que está en ángulo recto. ‖ *Curvas ortogonales,* dícese de dos curvas que se cortan de modo que sus tangentes en el punto de intersección formen un ángulo recto. ‖ *Proyección ortogonal,* V. PROYECCIÓN. ‖ *Sistema de coordenadas ortogonales,* aquel en el cual cada eje es perpendicular al otro o a los otros dos.

ORTOGRAFÍA f. *Arq.* Representación de un edificio mediante reducción proporcional de todas sus dimensiones, o sea sin tener cuenta de las deformaciones debidas a los efectos de perspectiva.
— *Geom.* Proyección * ortogonal.

ORTOGRÁFICO, CA adj. *Geom.* *Proyección ortográfica,* proyección * ortogonal.

ORTOHELIO m. *Quím.* Helio en cuyo átomo los dos electrones tienen idéntico spin *, o sea giran sobre sí mismos en la misma dirección. (V. PARAHELIO.)

ORTOHIDRÓGENO m. *Quím.* Hidrógeno en cuya molécula, que consta de dos átomos, los dos protones tienen idéntico spin *, o sea giran en la misma dirección. (V. PARAHIDRÓGENO.)

ORTOMÉTRICO, CA adj. *Topogr.* Dícese de la altura de un punto de la superficie terrestre medida verticalmente desde el geoide *.

ORTOPOSITRONIO m. *Atom.* Positronio en el cual el electrón negativo y el positivo tienen spin * de igual dirección.

ORTORRÓMBICO, CA adj. *Geom.* Dícese del prisma recto que tiene un rombo por base.
— *Geol.* Dícese del sistema cristalino fundado en el prisma recto de base romboidea. (V. CRISTALOGRAFÍA.)

ORTOSA f. *Miner.* Silicato de alúmina y potasa, uno de los feldespatos más importantes y uno de los constituyentes del granito y de otras rocas eruptivas: *las ortosas amarillas más puras son gemas usadas en joyería.*

ORTOSCOPIA m. *Ópt.* Cualidad del instrumento óptico que da, de un objeto plano, una imagen geométricamente semejante. ‖ Observación de una fotografía en las debidas condiciones de distancia e inclinación para que los ángulos con que se ve la imagen sean equivalentes a los de la visión directa del objeto representado por la misma.

ORTOSCÓPICO, CA adj. *Ópt.* Dícese del objetivo fotográfico o del ocular cuya distorsión * ha sido corregida. ‖ Dícese de la observación de una fotografía con arreglo a la ortoscopia.

ORTOXILENO m. *Quím.* Hidrocarburo aromático, xileno líquido e incoloro empleado en petroquímica para fabricar anhídrido ftálico.

ORUGA f. *Autom.* Banda sin fin de caucho armado o compuesta de placas u otros elementos metálicos articulados y de superficie estriada, que se interpone entre el suelo y las ruedas de un vehículo para que éste pueda avanzar sobre ella por terrenos accidentados.
— Con las ruedas de neumáticos ordinarias no puede obtenerse un coeficiente de adherencia suficiente en los terrenos blandos o resbaladizos, en las pendientes muy pronunciadas o en los suelos muy irregulares. La *oruga* forma interiormente algo así como un riel sobre el cual corren las ruedas del vehículo. Exteriormente las placas que la componen proporcionan una adherencia considerable, no solamente por ser su superficie muy grande en comparación con las de las ruedas ordinarias, sino también por las asperidades o estrías que tienen y que se hincan en el suelo. Por lo demás, la distribución de la carga en una superficie tan grande evita el hundimiento del vehículo en terrenos muy blandos.
Las orugas se emplean no solamente para los tanques y otros vehículos militares, sino también para tractores agrícolas, máquinas automóviles de obras públicas y camiones; incluso se han utilizado trenes de aterrizaje de oruga, que permitían a los aviones posarse en campos de terreno accidentado o poco consistente.

oruga

ORUJO m. *Ind. alim.* Residuo de los frutos que se prensan para extraer mosto, aceite, etc.
— El *orujo de la uva* consta del hollejo, las pepitas y la materia leñosa de los racimos, y se aprovecha en ciertas partes para obtener aguardiente, vino de mala calidad, aceite (contenido por las pepitas), ácido tartárico, etc. Casi todos los orujos constituyen también un forraje bastante alimenticio.

ORZA f. *Cerám.* Vasija de barro vidriado, alta, de fondo y boca estrechos, desprovista de asas.
— *Mar.* Especie de quilla retráctil que tienen ciertos barcos de regatas para aumentar la resistencia al empuje lateral del viento y limitar el garete y el balanceo.
— Las más de las veces la *orza* es una pieza plana y pesada que se desliza por un pozo, practicado axialmente en el casco, merced al cual y según las necesidades, puede ser mantenida en el interior del mismo o hacerla sobresalir por debajo, a modo de prolongación de la quilla.

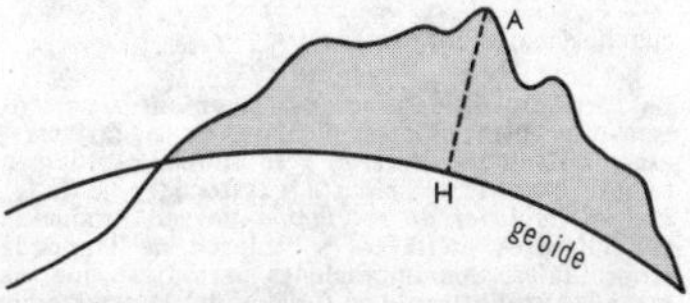

altura **ortométrica**

Ciertas embarcaciones están provistas de dos orzas laterales, fijadas en las bordas o costados del casco.

Os, símbolo químico del *osmio.*

OSA f. *Astr.* *Osa Menor,* constelación del cielo boreal cuya estrella principal es la Polar *, que, por hallarse aproximadamente en la dirección del Norte geográfico, permite orientarse.

OSA f. *Quím.* Nombre genérico de los azúcares simples no hidrolizables, que entra como sufijo en la denominación de los mismos.
— Las *osas* se subdividen en *aldosas* *, que son azúcares aldehídicos, y en *cetosas* *, que son cetónicos. Por otra parte, según contenga su cadena molecular 3, 4, 5, 6 o más átomos de carbono,

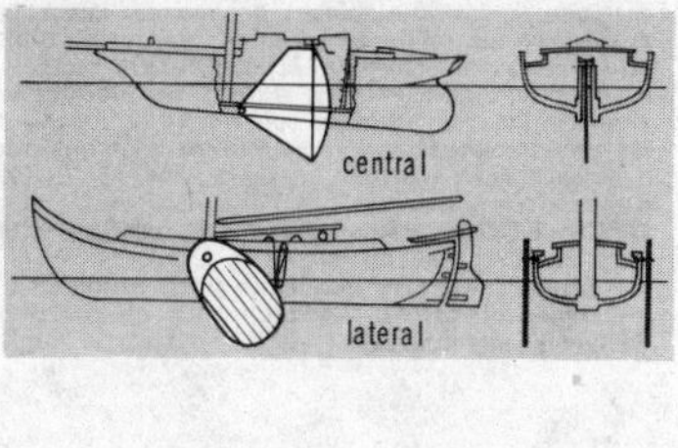

orzas *(mar.)*

Fot. X

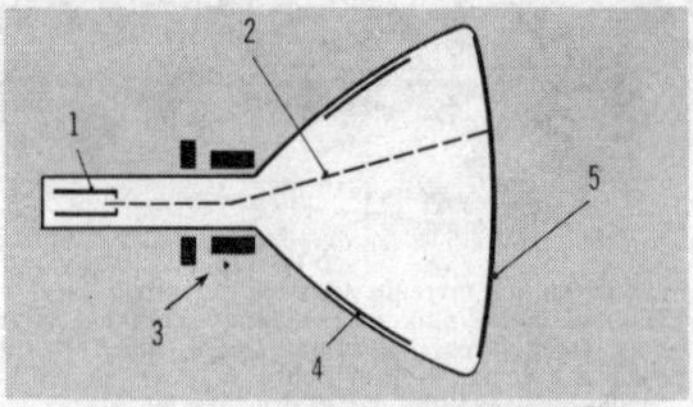

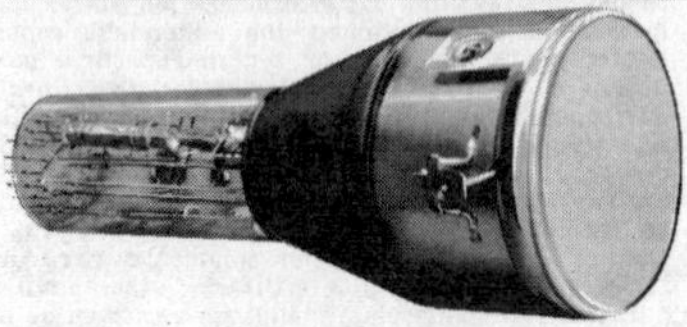

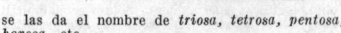

oscilógrafo catódico
1. Cañón de electrones; 2. Haz de electrones; 3. Bobinas deflectoras; 4. Ánodo; 5. Pantalla fluorescente

se las da el nombre de *triosa, tetrosa, pentosa, hexosa*, etc.
Las osas son substancias presentes en los vegetales, ya al estado libre, ya al de *osidos* (éstos, por hidrólisis, dan las osas). Suelen ser sólidas de sabor dulce, muy solubles en el agua. Entre las principales se hallan: la *glucosa* y la *galactosa* (aldosas) y la *fructuosa* o *levulosa* (cetosa).

OSCILACIÓN f. Movimiento de vaivén de un cuerpo que pasa, periódica y alternativamente, por las mismas posiciones y con idéntica velocidad de una parte a otra de su posición de equilibrio: *las oscilaciones del péndulo* *. ‖ Por ext., variación periódica de una magnitud física: *oscilaciones radioeléctricas*.
— *Electr.* Sucesión de corrientes de carga y de descarga que circulan alternativamente por un circuito eléctrico. ‖ *Oscilación sinusoidal*, aquella en la cual la tensión o la corriente, expresadas gráficamente con el tiempo por abscisa, figuran una sinusoide. (V. CORRIENTE y ONDA.) ‖ *Oscilación de relajación*, la que no es sinuosidal.
— Las *oscilaciones eléctricas* o *descargas oscilantes* se producen al descargarse un condensador C en un circuito de inductancia L y de resistencia R cuando ésta es inferior a: $\sqrt{\frac{4L}{C}}$.
La corriente de descarga oscila entonces periódicamente entre valores positivos y negativos, y esas oscilaciones decrecen y se anulan rápidamente. (V. CIRCUITO *oscilante* y ONDA.)
Las *oscilaciones de relajación* no son producidas por circuitos oscilantes y difieren de las ondas sinusoidales. Son impulsiones periódicas que, expresadas gráficamente en función del tiempo, adoptan formas variadas, especialmente la de dientes * de sierra. Un modo de obtenerlas consiste, por ejemplo, en cargar progresivamente un condensador a través de una resistencia y descargarlo a continuación bruscamente en un tiratrón. Así, la corriente alimentadora, que es continua y constante, engendra otra corriente discontinua y periódica, que se aprovecha en instrumentos de música electrónica y, aplicada a los dispositivos deflectores de haces electrónicos, regula la exploración * periódica de la pantalla de los televisores y oscilógrafos catódicos. (V. DEFLECTOR y EXPLORACIÓN.)
— *Meteor. Oscilaciones climáticas*, fluctuaciones de largo período que experimentan las magnitudes medias de la temperatura, la pluviosidad u otros elementos meteorológicos y entre las cuales cabe distinguir: las *oscilaciones geológicas*, cuyos períodos son de millares de años; las *oscilaciones climáticas*, posteriores a la última glaciación, y cuyo período se cuenta en siglos; las *oscilaciones seculares*, cuyos períodos son de 10 a 50 años; las *oscilaciones irregulares*, con períodos que pueden contarse en semanas, meses o años. (V. CLIMA, GLACIACIÓN y TIEMPO.)

OSCILADOR, RA adj. y s. Que oscila o sirve para producir oscilaciones.
— *Radiot.* Aparato empleado para producir oscilaciones eléctricas, especialmente el generador de ondas entretenidas. ‖ — F. Oscilatriz.
— Los *osciladores* constan esencialmente de circuitos oscilantes, cuales se han descrito en el artículo CIRCUITO, que suministran corrientes alternas de forma sinusoidal y de frecuencia rigurosamente constante, generalmente determinada por las vibraciones propias de un cuarzo * piezoeléctrico. También los hay apropiados para obtener corrientes alternas de forma rectangular, de dientes * de sierra y otras oscilaciones de relajación. (V. MULTIVIBRADOR y OSCILACIÓN.)
Estos aparatos tienen aplicaciones en radiotecnia (ondas * portadoras; exploración * de las imágenes de televisión, etc.), en física nuclear (aceleradores * de partículas), etc.

OSCILANTE adj. Que oscila: *criba oscilante*.
— *Electr.* y *Radiot. Circuito oscilante*, v. CIRCUITO y OSCILADOR. ‖ *Descarga oscilante*, v. OSCILACIÓN *eléctrica*.

OSCILAR v. Moverse una cosa alternativamente de una parte a otra de la posición de equilibrio, como lo hacen el péndulo de un reloj, el casco de un barco, etc. (V. OSCILACIÓN.)

OSCILATORIO, RIA adj. Que oscila. ‖ Dícese del movimiento de los cuerpos sujetos a oscilaciones.

OSCILATRIZ adj. y s. f. *Radiot.* Lámpara de tres o más electrodos que sirve para producir oscilaciones eléctricas entretenidas.

OSCILÓGRAFO m. *Electr.* Aparato propio para registrar las variaciones de una corriente en función del tiempo. (Sinón. OSCILÓMETRO.)
— Los *oscilógrafos* son galvanómetros especiales caracterizados por la poca inercia de sus elementos móviles. El *oscilógrafo Blondel* consta de una cinta de hierro dulce muy estrecha y tenue (que lleva pegado un minúsculo espejo), por la cual pasa la corriente que se ha de analizar. Como la cinta se encuentra en el seno del campo magnético de un imán, las variaciones de la corriente se traducen por oscilaciones del espejo, el cual desvía más o menos un fino haz luminoso dirigido sobre el mismo, y lo hace correr sobre un cristal esmerilado para ser observado o sobre un papel fotosensible para obtener un oscilograma.
En otros casos (oscilaciones de baja frecuencia) las variaciones de la corriente hacen oscilar un estilete inscriptor sobre un papel graduado.
— *Electrón.* Aparato electrónico en el cual las variaciones de una tensión o de una corriente aparecen en forma de curva en una pantalla luminiscente o impresionan una emulsión fotosensible.

OBSERV. El instrumento para la observación visual debiera llamarse *osciloscopio* y el otro, *oscilógrafo*, pero se ha generalizado el uso de este nombre para designar ambos aparatos.

— El *oscilógrafo catódico* es un tubo de vidrio que contiene, sometidos al vacío, los siguientes elementos: 1.º un cañón electrónico, cátodo * de caldeo indirecto emisor de un flujo de electrones que son atraídos por un ánodo de alta tensión provisto de una abertura por la cual salen los mismos en forma de haz de rayos catódicos acelerados; 2.º un wehnelt, rejilla * de forma cilíndrica que, al dejar pasar más o menos electrones, regula la intensidad de la mancha luminosa producida por ellos en la pantalla; 3.º unas bobinas focalizadoras propias para concentrarlos en forma de fino haz de rayos catódicos; 4.º dos pares de placas o bobinas que desvían dicho haz, unas horizontalmente y otras verticalmente (v. DEFLECTOR), y una pantalla cubierta por una capa de ortosilicato de cinc, de sulfuros u otras substancias que tengan la propiedad de volverse luminiscentes al ser heridas por los rayos catódicos.
El sistema de deflexión horizontal es alimentado por una corriente de dientes de sierra (v. EXPLORACIÓN) que desvía periódicamente el haz de uno u otro lado de la pantalla.
La corriente que se ha de analizar se aplica a las placas o bobinas de la deflexión vertical y sus variaciones se traducen por una desviación proporcional, hacia arriba o hacia abajo, del haz catódico. Éste, merced a la combinación de los movimientos horizontales y verticales, traza en la pantalla una curva luminiscente que reproduce gráficamente las características de la corriente analizada.
El oscilógrafo catódico tiene múltiples aplicaciones en electricidad (control de corrientes), radiotecnia (determinación de las características

de los tubos, transistores, circuitos, etc.), en metalurgia y construcción (medición de las tensiones internas, de vibraciones, etc.), en medicina (v. ELECTROCARDIÓGRAFO), Recordemos, por último, que, en los televisores, la imagen se forma en un tubo catódico semejante al de los oscilógrafos.
— *Mar.* Oscilómetro.

OSCILOGRAMA m. Curva que se observa en la pantalla de un osciloscopio catódico o que es trazada o fotografiada por un oscilógrafo. (V. ELECTROCARDIOGRAMA.)

OSCILÓMETRO m. Oscilógrafo.
— *Mar.* Instrumento, provisto de una masa pendular inerte, que permite apreciar o registrar la amplitud de las oscilaciones imprimidas por las olas al casco de un barco.

OSCILOPERTURBÓGRAFO m. *Electr.* Oscilógrafo que registra las perturbaciones experimentadas por la corriente en una red distribuidora.

OSCILOSCOPIO m. *Electr.* y *Radiot.* Aparato que convierte en imágenes visibles las oscilaciones de una magnitud variable. (V. OSCILÓGRAFO.)

OSCURO, RA adj. Obscuro.

OSEÍNA f. *Quím.* Substancia nitrogenada presente en los huesos, los cartílagos, la piel y otros tejidos animales.
— La *oseína* se obtiene tratando los huesos con ácido clorhídrico, el cual disuelve la materia mineral (carbonatos, fosfatos, etc.) pero no la oseína. Esta substancia es muy alterable y basta con exponerla húmeda al aire para que se corrompa rápidamente. Se combina con el tanino y con ciertos óxidos metálicos, formando así compuestos a la vez insolubles en el agua e imputrescibles, y en esta propiedad reside el principio de la curtición de las pieles.

OSIDO m. *Quím.* Glúcido * constituido por varias moléculas de osas *(holosido)* o por la unión de osas con moléculas no glucídicas *(heterosido): la voz osido se emplea también como sufijo.*

OSMIADO, DA adj. *Quím.* Que contiene osmio.

OSMIATO m. Sal del ácido ósmico. (V. OSMIO.)

ÓSMICO, CA adj. *Quím.* Dícese del ácido H_2OsO_4 cuyas sales son los osmiatos. (V. OSMIO.)

OSMIO m. *Quím.* Elemento químico de número atómico 76, cuyo símbolo es *Os.*
— El *osmio* es, con el iridio, uno de los tres metales nobles y pesados de la familia del platino. Sus principales constantes físicas son: densidad, 22,48 (la mayor de todos los cuerpos existentes en la naturaleza); temperaturas de fusión y de ebullición, 2 700° y más de 5 300°, respectivamente; masa atómica, 190,2, que resulta de la mezcla natural de 7 isótopos de masa 184, 186 a 190 y 192 (constituyendo los dos últimos dos tercios de la masa total).
El osmio se halla asociado con el platino * en las mismas menas y es un subproducto de la extracción de este metal. Tiene color de añil y es muy duro, pero carece de aplicaciones prácticas al estado metálico. Entre sus principales compuestos figura el tetraóxido o peróxido OsO_4, sólido blanco, corrosivo, de olor muy fuerte, a cuya disolución acuosa se da impropiamente el nombre de ácido ósmico. Con los álcalis y el amoniaco da sales llamadas osmiamatos, mientras que el trióxido OsO_3, inexistente al estado libre, da osmiatos, que son sales del ácido ósmico. La disolución del tetraóxido sirve para impregnar los tejidos animales de modo que sus detalles aparezcan obscuros y contrastados en el microscopio. El osmiuro de iridio sirve para fabricar puntas de plumillas de estilográfica duras e inalterables, contactos eléctricos, pivotes resistentes al desgaste, etc.

OSMIOSO, SA adj. *Quím.* Aplícase a los compuestos del osmio * cuadrivalente.

OSMIRIDIO m. *Miner.* Iridosmina.

OSMIURADO, DA adj. *Miner.* Que contiene osmio.

OSMIURO m. *Quím.* Liga o combinación del osmio con otro metal. (V. OSMIO.)

OSMO, prefijo derivado de las voces griegas *osmê* u *osmos,* que significan, respectivamente, *olor* e impulsión o empuje.

OSMÓFORO, RA adj. y s. *Quím.* Dícese de los radicales que tienen la propiedad de engendrar compuestos olorosos.

OSMOMETRÍA f. Parte de la física que trata de la medición de las presiones osmóticas * con objeto de determinar las masas moleculares de los cuerpos disueltos y su grado de disociación electrolítica.

OSMÓMETRO m. *Fís.* Instrumento que sirve para medir la presión osmótica.
— El *osmómetro* (v. *figura*) consiste en un tubo transparente ensanchado por su parte inferior cuya abertura se halla tapada con una membrana semipermeable. La disolución que se ha de medir se vierte en el tubo y éste se sumerge en un recipiente que contenga agua, la cual atraviesa la membrana y hace subir el nivel del líquido en el tubo hasta que se establezca el equilibrio: la altura a que se ha elevado dicho nivel indica la presión osmótica de la disolución estudiada.

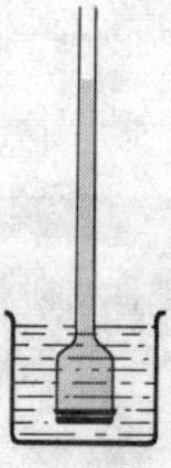
osmómetro

OSMONDITA f. *Metal.* Agregado de hierro y de carburo de hierro presente en los aceros, especialmente los que han sido templados o recocidos.

ÓSMOSIS f. *Fís.* Fenómeno que se produce cuando dos líquidos de concentraciones diferentes se hallan separados por una membrana semipermeable y que consiste en el paso de uno de ellos o de los dos a través de la misma. ‖ *Ósmosis eléctrica,* paso de un líquido a través de una pared porosa, por efecto de una corriente eléctrica que atrae o repele los iones.
— Una membrana semipermeable tiene la propiedad de dejar pasar el agua de una disolución, pero no los cuerpos disueltos en la misma. Así, si se dispone una disolución en un lado de la membrana y agua pura en el otro, ésta pasa a través de la pared hasta que se establezca cierto equilibrio que depende de la presión osmótica *. A esta forma de *ósmosis* se le da el nombre de *endósmosis.* En otros casos la membrana permite el paso de la disolución hasta el agua pura, cuyo fenómeno se llama *exósmosis.*
Los intercambios entre las células vivientes y los humores externos a las mismas se efectúan por ósmosis.

OSMÓTICO, CA adj. *Fís. Presión osmótica,* presión ejercida por una disolución sobre una membrana semipermeable que puede ser atravesada por el disolvente, pero no por los cuerpos disueltos.
— La *presión osmótica* es proporcional a la concentración de la disolución y, si no existe disociación electrolítica del cuerpo disuelto, es proporcional al número de moléculas contenidas por la unidad de volumen de la disolución. Así, la medición de la presión osmótica con el osmómetro permite determinar la masa molecular del cuerpo disuelto.

OSTEOCOLA f. *Com.* Nombre que se da a veces, entre comerciantes, a la *gelatina.*

OSTEÓFONO m. *Electrón.* Aparato para mejorar la acuidad auditiva de los sordos, en el cual los sonidos excitan un vibrador. (Las vibraciones de éste se propagan por los huesos hasta llegar al oído interno, mientras que otros dispositivos consisten en auriculares que hacen vibrar el aire en el oído externo.)

OSTRA f. *Zool.* Molusco bivalvo comestible, cuya cría constituye la ostricultura. ‖ *Ostra perlífera,* madreperla.

OSTRICULTURA f. *Ind. alim.* Industria que tiene por objeto la cría de las ostras.
— La regresión constante de los bancos naturales de ostras comestibles ha impuesto la necesidad de organizar la cría de estos moluscos. La ostra pone sus huevos en verano y, después de haber conservado las larvas unas semanas entre sus valvas, las abandona. Un millón de larvas así libertadas por cada ostra son arrastradas por las aguas o nadan en ellas y una parte solamente logra fijarse en una superficie caliza y limpia, al abrigo de la luz.

ostricultura

Fot. Guillard

Esta superficie el ostricultor se la proporciona en forma de tejas (como las de los tejados) encaladas y apiladas a proximidad de las ostras antes del desove. Cuando las ostras alcanzan un centímetro, son arrancadas de las tejas y dispuestas en cajas cerradas con telas metálicas (para protegerlas contra sus enemigos naturales). Cuando miden 2,5 cm son depositadas en el fondo de estanques situados en la orilla del mar. Por último se pasan a los tres años a otros estanques especiales para cebarlas con ciertas diatomeas que les confieren un color azul verdoso apreciado por los consumidores.

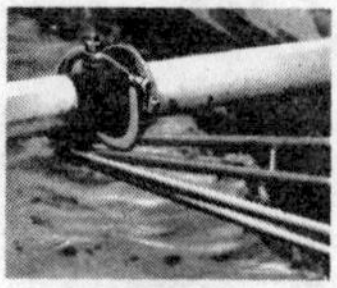

outrigger

OTOMANO m. *Text.* Tejido de seda hecho con urdimbre de organcín y trama de algodón, que presenta una superficie acanalada y sirve para hacer vestidos de señora.

OTOÑO m. Estación del año comprendida entre el equinoccio de otoño y el solsticio de invierno, o sea del 23 de septiembre al 22 de diciembre en el hemisferio boreal y del 20 o 21 de marzo al 21 o 22 de junio en el hemisferio austral (su duración es de 92 d 20 h en éste y de 89 d 19 h en aquél).

OUTRIGGER m. *Mar.* Armazón metálica fijada en el costado de una embarcación de regatas, que sirve para articular el remo fuera de la borda. ‖ Por ext., la embarcación ligera provista de estos dispositivos.

OVA f. *Arq.* Motivo ornamental consistente en una cuenta oblonga con figura de óvalo o de ovo.

OVADO, DA adj. Aovado. ‖ Ovalado.

OVAL y **OVALADO, DA** adj. Que tiene forma de óvalo.

OVALAR v. Dar figura de óvalo.

— *Mec.* Desgastarse irregularmente la pared de un cilindro, un cojinete, etc., de forma que su sección interior deje de ser circular. (V. OVALIZACIÓN.)

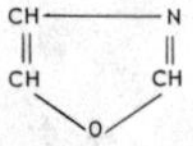

fórmula del **oxazol**

OVALIZACIÓN f. *Mec.* Desgaste irregular de la pared interna de un cilindro, un cojinete, etc., debido a una disimetría en el roce del émbolo, del árbol, etc., como consecuencia del cual la sección interna de aquéllos deja de ser circular y toma una forma oval.

— La *ovalización de los cilindros* aumenta el consumo de aceite y causa una pérdida de potencia del motor. Se subsana rectificando la pared de los cilindros, en cuyo caso aumenta el diámetro de los mismos, y cambiando, consiguientemente, el émbolo por otro también mayor. Ciertos cilindros tienen una camisa amovible que puede ser reemplazada cuando se ovaliza.

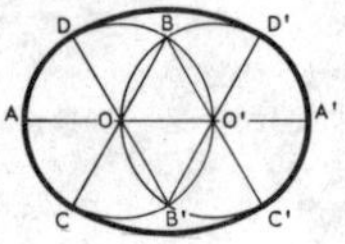

óvalo

ÓVALO m. *Geom.* Curva cerrada, parecida a la elipse, que se dibuja trazando cuatro arcos de circunferencia como sigue: el eje mayor AA' es dividido en tres partes iguales; a partir de O y O' y tomando como radio OA y O'A', se esbozan dos circunferencias secantes en B y B'; se tiran las líneas BC, BC', B'D y B'D, determinando así los límites que han de tener los cuatro arcos, dos de los cuales (CAD y C'A'D') se trazan tomando por centro O y O' y los otros dos (DD' y CC') con centro en B' y B respectivamente). ‖ Por ext., ovo, elipse y toda curva cerrada y oblonga.

OVARIO m. *Arq.* Moldura adornada con una sarta o sucesión de ovas.

OVEJA f. Mamífero rumiante *(Ovis aries)* que se cría por su carne, su lana y su piel.

— *Curt.* Las *pieles de oveja* curtidas con alumbre, formol o cromo son suaves y, según la edad del animal y los tratamientos practicados en la curtición, sirven para cañas de calzado, encuadernaciones, marroquines, cordobanes, forros, etc. Las *pieles de cordero* * sirven para hacer guantes e imitan la cabritilla *. Otra imitación fabricada en gran escala con estas pieles es la de la gamuza *.

Los corderos de la oveja asiática de raza caracul, especialmente los nonatos, dan el astracán *, piel de mucho valor para abrigos de señora.

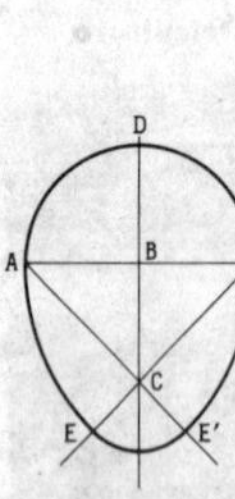

ovo

OVIFORME adj. En forma de huevo.

OVILLADORA f. *Text.* Devanadora de hacer ovillos.

OVILLO m. *Text.* Bola que se obtiene devanando un hilo sobre sí mismo.

OVO m. *Arq.* y *Geom.* Motivo ornamental en forma de huevo que consta de cuatro arcos de circunferencia dibujados como sigue: primeramente se traza una circunferencia de centro B cuyos dos diámetros perpendiculares entre sí permiten determinar los puntos A, A' y C; luego se trazan las líneas AC y AC' prolongándolas hasta E' y E; finalmente se trazan los cuatro arcos ADA' (con centro en B); AE, centrado en A'; A'E' centrado en A y EE' con centro en C.

OVOIDE u **OVOIDEO, A** adj. Aovado, de figura de huevo.

ÓVOLO m. *Arq.* Cuarto bocel *. ‖ Motivo ornamental del cuarto bocel que consta de ovas en alternancia con dardos.

OVOSCOPIO m. *Ind. alim.* Mirahuevos.

OX, forma elidida del prefijo *oxi* *.

OXÁCIDO, DA adj. *Quím.* Dícese, por oposición a hidrácido, de los ácidos en cuya composición entra el oxígeno, como los ácidos nítrico y acético, y en los cuales el hidrógeno ácido pertenece a un grupo hidroxilo —OH.

OXACINAS f. pl. *Quím.* Oxazinas.

OXAL, prefijo que se emplea en química para formar el nombre de los compuestos que contienen el radical univalente HOCO—CO— derivado del ácido oxálico.

OXALATO m. *Quím.* Sal o éster del ácido oxálico.

— El *oxalato de potasio* permite quitar las manchas de orín y borrar lo escrito con tinta ordinaria; el *oxalato de amonio* sirve para preparar explosivos de seguridad y el *oxalato ferropotásico* se emplea en reveladores fotográficos.

OXÁLICO, CA adj. *Quím.* Diácido orgánico, cuya fórmula es HOCO—COOH, muy común en los organismos animales y vegetales.

— El *ácido oxálico* se fabrica calentando formiato de sodio sintético. Forma cristales incoloros, solubles en el agua y el alcohol y es un reductor enérgico que se emplea como mordiente en tintorería y sirve también para preparar materias colorantes, si bien tiene el inconveniente de ser tóxico. Da sales neutras y sales ácidas. (V. OXALATO.)

OXALILO m. *Quím.* Radical bivalente —CO—CO— derivado del ácido oxálico por supresión de los hidroxilos.

OXAZINAS f. pl. *Quím.* Familia de materias colorantes en cuya molécula figura el núcleo de la *fenoxazina,* del cual son derivados aminados, mientras que las oxazonas son derivados fenólicos: *la galocianina y el azul de Nilo son oxazinas.*

OXAZÍNICO, CA adj. *Quím.* Relativo a las oxazinas: *colorante oxazínico.*

OXAZOL m. *Quím.* Nombre genérico de los compuestos de cadena pentagonal que se obtienen tratando las aminas con cetonas halogenadas.

OXAZONAS f. pl. *Quím.* V. OXAZINAS.

ÓXFORD m. *Text.* Tela de algodón hecha con urdimbre fina y trama gruesa, con diferentes ligamentos que forman listas o cuadrículas, y cuya principal aplicación son las camisas de caballero.

OXFORDIENSE adj. y s. *Geol.* Dícese del piso del jurásico superior comprendido entre el caloviense y el lusitaniense y cuyos terrenos datan de unos 122 millones de años. (V. ESTRATIGRAFÍA.)

OXHÍDRICO, CA adj. *Quím.* Que consta de oxígeno e hidrógeno o que funciona con una mezcla de ambos gases: *llama oxhídrica.* ‖ *Soplete oxhídrico,* v. SOPLETE.

— Con el nombre de *gas oxhídrico* se designa una mezcla de oxígeno e hidrógeno que arde con gran desprendimiento de calor, pues su llama azulina alcanza la temperatura de 2 250º. Constituye así un manantial de calor que se aprovecha en metalurgia, en forma de soplete *, con distintos fines: fusión del platino y otros metales en pequeños crisoles, soldadura * autógena, forja, corte de piezas metálicas muy espesas (incluso dentro del agua), etc.

No obstante, el transporte del hidrógeno es tan delicado que, las más de las veces, es reemplazado por el acetileno u otros combustibles. (V. OXIACETILÉNICO, etc.)

OXHIDRILO m. *Quím.* Hidroxilo.

OXI, prefijo derivado del griego *oxus,* que significa *amargo, ácido.*

— *Quím.* Prefijo que indica la presencia de oxígeno en un compuesto. ‖ Úsase también, aunque incorrectamente, para indicar la presencia de un hidroxido en una molécula orgánica, en cuyo caso debe emplearse el prefijo *hidroxi.*

OXIACETILÉNICO, CA adj. *Quím.* Dícese de la mezcla de oxígeno y acetileno. ‖ *Soplete oxiacetilénico,* v. OXHÍDRICO y SOPLETE.

OXIÁCIDO, DA adj. *Quím.* Oxácido.

Fot. « l'Equipe »

OXIALCOHÓLICO, CA adj. *Metal.* Dícese del soplete * cuya llama resulta de la combustión del alcohol en el oxígeno.

OXIAMONIACO m. *Quím.* Hidroxilamina.

OXIBENZOICO, CA adj. *Quím.* Hidroxibenzoico.

OXIBROMURO m. *Quím.* Compuesto que resulta cuando dos átomos de bromo de un bromuro son reemplazados por un átomo de oxígeno.

OXICARBONADO, DA adj. *Quím.* Dícese de la combinación del óxido de carbono con otro cuerpo.

OXICELULOSAS f. pl. *Quím.* Familia de compuestos orgánicos que resultan de la acción de algún oxidante (agua oxigenada, ácido nítrico, permanganato, etc.) sobre la celulosa.

OXICIANURO m. *Quím.* Combinación de un cianuro con un óxido análoga a la de los oxicloruros.

OXICLORURO m. *Quím.* Compuesto que resulta cuando dos átomos de cloro de un cloruro son reemplazados por átomos de oxígeno.

OXICORTE m. *Metal.* Corte de los metales con el soplete. (V. CORTE y SOPLETE.)

OXIDABILIDAD f. *Quím.* Carácter propio de los cuerpos oxidables.

OXIDABLE adj. *Quím.* Que se oxida o puede ser oxidado: *el hierro es más oxidable que el acero.*

OXIDACIÓN f. Acción y efecto de oxidar.
— *Metal.* Formación de orín en la superficie de los metales. (V. CORROSIÓN y ORÍN.)
— *Quím.* Fijación de oxígeno por un cuerpo, que es la reacción contraria de la reducción *. (V. COMBUSTIÓN.) ‖ Por ext., reacción comparable a la anterior pero provocada por los halógenos, el azufre y otros cuerpos, en vez de serlo por el oxígeno: *la combustión del sodio en el cloro es comparable a la del mismo en el oxígeno.*

OXIDANTE adj. y s. *Quím.* Que oxida o sirve para oxidar: *la acción oxidante del aire.*
— Ateniéndose a la importancia de las combustiones que entretiene o permite, el oxígeno del aire puede ser considerado como el principal *oxidante* (metabolismo de los animales y de las plantas, motores de combustión, hogares, oxidación y otras reacciones, etc.). Junto al mismo cabe considerar el ozono, el agua oxigenada y los óxidos metálicos.
También tienen importancia como oxidantes: el cloro, el bromo y otros halógenos; los ácidos nítrico y sulfúrico; el permanganato de potasio, los cromatos alcalinos, los cloratos, nitratos y otras sales.

OXIDAR v. *Metal.* y *Quím.* Combinar el oxígeno con otro cuerpo. ‖ Convertirse en óxido: *cuando el hierro se oxida, se cubre de orín.*

OXIDASA f. *Quím.* Enzima que en los tejidos animales y vegetales cataliza la fijación del oxígeno molecular por el hidrógeno.

ÓXIDO m. *Quím.* Cuerpo que resulta de la combinación del oxígeno con otro elemento o con un radical. ‖ Orín. ‖ *Óxido de carbono,* v. CARBONO. ‖ *Óxido rojo,* almagra.
— Los *óxidos* abundan en la naturaleza. No solamente el agua es *óxido de hidrógeno,* sino que también son óxidos la mayor parte de los minerales metalíferos. En cuanto a los *óxidos de radicales,* los más comunes son los *éteres * óxidos,* suministrados por la deshidratación de un alcohol o de un fenol.
Ateniéndose a sus propiedades, los óxidos se clasifican como sigue: *anhídridos de ácidos,* o sea óxidos que, al combinarse con el agua, dan ácidos; *óxidos básicos,* que obran en el agua como si fueran bases y dan sales con los ácidos; *óxidos neutros,* que son óxidos de metaloides no anhídricos; *óxidos anfóteros* o *indiferentes,* óxidos metálicos que, en ciertos casos, se comportan como anhídridos de ácidos y en otros como óxidos básicos; *óxidos salinos,* que resultan de la unión del óxido ácido y del óxido básico en un mismo metal y pueden ser considerados como sales; *óxidos singulares,* los que, como los subóxidos y los peróxidos, no pertenecen a ninguna de las categorías anteriores.
Los *óxidos de los metales* son sólidos terrosos a las temperaturas ordinarias y su temperatura de fusión es elevada. Los *óxidos de los metaloides* carecen de propiedades comunes a todos ellos.
Según el número de átomos de oxígeno que contenga la molécula de un óxido, éste es un *bióxido, trióxido,* etc. Por lo demás, la nomenclatura permite reconocer la índole de los óxidos. Así, la denominación *"óxido de..."* sirve para designar los óxidos no anhídricos (por ejemplo, óxido de carbono); si el mismo elemento da dos óxidos diferentes y no anhídricos, se atribuye la terminación *ico* al más oxigenado y el sufijo *oso* al otro: *óxido férrico* FE_2O_3 y *óxido ferroso* FeO. Cuando se trata de anhídridos, se enuncia primero la voz "anhídrido" seguida del nombre del cuerpo simple afectado del sufijo *ico:* anhídrido carbónico CO_2 (en el caso de que existan dos anhídridos del mismo cuerpo simple, se aplica la regla anterior en *ico* y *oso:* anhídrido nítrico N_2O_5 y anhídrido nitroso N_2O_3).
Para obtener los óxidos industrialmente se puede recurrir a distintos procedimientos: oxidación de los elementos por el oxígeno del aire, descomposición al rojo de sales metálicas oxigenadas; precipitación, por un álcali, de una disolución de sales metálicas y deshidratación por el calor del hidróxido así obtenido, etc.

OXIDORREDUCCIÓN f. *Quím.* Reacción química en la que intervienen un oxidante y un reductor y en el curso de la cual se produce una reducción del primero y una oxidación del segundo.
— Citemos como ejemplo de *oxidorreducción* la reacción del carbono C con el óxido de cobre CuO:

$$2CuO + C \rightarrow 2Cu + CO_2,$$

en el curso de la cual se produce simultáneamente la oxidación del carbono y la reducción del óxido de cobre, convirtiéndose el primero en cobre metálico y el segundo en gas carbónico.

OXIDORREDUCTIMETRÍA f. *Quím.* Procedimiento de análisis que consiste en dosificar un oxidante por medio de un reductor y viceversa: *los oxidantes y reductores empleados en oxidorreductometría son disoluciones normales y, las más de las veces, decimonormales.*

OXÍDULO m. Sinónimo anticuado de *protóxido.*

OXIFLUORURO m. *Quím.* Compuesto que resulta de la combinación del oxígeno y del flúor con otro elemento.

OXIGENABLE adj. *Quím.* Que puede ser combinado con el oxígeno.

OXIGENACIÓN f. *Quím.* Acción y efecto de oxigenar.

OXIGENADO, DA adj. *Quím.* Que contiene oxígeno. ‖ *Agua oxigenada,* v. AGUA.

OXIGENAR v. *Quím.* Combinar un cuerpo con el oxígeno. ‖ Suministrar oxígeno a un organismo. ‖ Enriquecer en oxígeno una atmósfera confinada.

OXIGENITA f. *Quím.* Mezcla a base de perclorato de potasio que, al ser calentada, desprende oxígeno utilizable en los laboratorios.

OXÍGENO m. Elemento químico vital para los organismos animales y vegetales, uno de los constituyentes del aire y del agua, que entra también en la composición de muchos minerales. (V. más abajo *Quím.*)
— *Expl. Explosivos de oxígeno líquido,* los que se hallan constituidos por combustibles sólidos y absorbentes embebidos de oxígeno líquido.
— Los *explosivos de oxígeno líquido* consisten en unos saquitos o cartuchos permeables, de forma cilíndrica, que contienen almidón o aserrín finísimo de madera o de corcho, los cuales, llegado

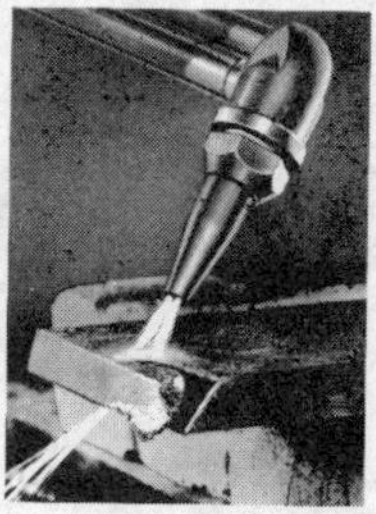

oxicorte

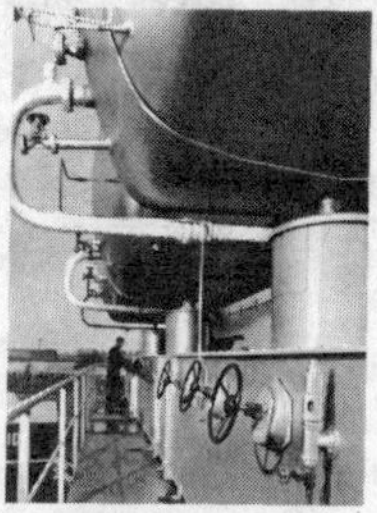

depósitos de **oxígeno** líquido

planta productora de **oxígeno** a partir del aire

Fot. Union Carbide, C. Lacheroy-Air liquide

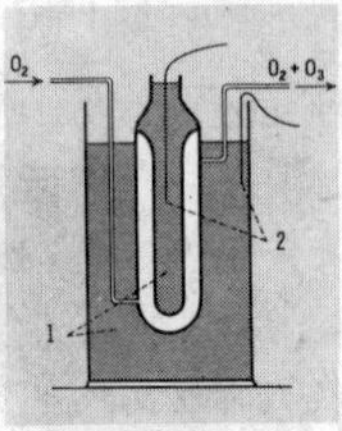

ozonador
1. Agua acidulada;
2. Hilos de platino

el momento de utilizarlos, se empapan con oxígeno líquido durante 10 y hasta 30 mn antes de cargar con ellos los barrenos. Se usan en ciertas minas porque su empleo suprime el almacenamiento de reservas de explosivos. Por otra parte, cuando falla un barreno, no subsiste ningún riesgo de explosión ulterior, dado que el oxígeno se evapora con gran rapidez.
— *Quím.* El *oxígeno*, cuyo símbolo es O, es el elemento químico de número atómico 8, cuyas principales constantes físicas se indican a continuación: densidad, respecto a la del aire, 1,429 y, al estado líquido, respecto a la del agua, 1,12; temperaturas de ebullición y de fusión, —183º y —218,77º respectivamente; masa atómica, 16 (consta de 99,76% de isótopo de masa 16, de 0,04% de isótopo 17 y de 0,20% de isótopo 18). Gas inodoro e incoloro, el oxígeno es, al estado líquido, azul. Sus disoluciones acuosas (V. AGUA *oxigenada*) tienen sabor metálico; su molécula es biatómica (la variedad triatómica constituye el ozono *).
El oxígeno es, después del flúor, el elemento más electronegativo. Por eso se combina casi con todos los demás cuerpos simples, generalmente con desprendimiento de calor, a cuya circunstancia se debe el nombre de combustión dado a estas reacciones. Si se exceptúan los halógenos, todos los metaloides dan reacciones de combustión con el oxígeno (pero la combinación con el nitrógeno requiere temperaturas muy elevadas). Muchas de entre estas combustiones ya se consuman con la simple presencia del *oxígeno atmosférico*. Igual ocurre con muchos metales que son oxidados por el aire (si bien influye considerablemente en este fenómeno la humedad atmosférica). Todos los demás metales dan combustiones con el oxígeno puro, salvo el oro y el platino. (V. COMBUSTIÓN, ÓXIDO y OXIDACIÓN.)
Los compuestos formados por el oxígeno con elementos combustibles, suelen ser también combustibles, especialmente las combinaciones con el hidrógeno y el carbono (alcoholes, hidrocarburos y otras materias orgánicas), cuya combustión desprende vapor de agua y, a veces, negro de humo. (V. LLAMA.)
El oxígeno es muy abundante en la naturaleza: 21% del volumen de la atmósfera, 88% de la masa del agua, 41% de la corteza terrestre (especialmente en forma de silicatos y carbonatos) y 65% del peso del cuerpo humano. Se calcula que en el universo existen 30 átomos de oxígeno por uno de silicio *.
Este elemento se extrae industrialmente del aire líquido por destilación fraccionada (V. AIRE) y del agua por electrólisis de disoluciones alcalinas, en el curso de las cuales se desprende del ánodo, mientras que el hidrógeno es libertado por el cátodo. Para obtenerlo en pequeñas cantidades basta con calentar clorato de potasio, al cual puede agregarse como catalizador bióxido de manganeso. También se emplean con dicho fin la oxilita * y la oxigenita *.
El oxígeno tiene numerosas ocupaciones: lo emplea la industria metalúrgica en los hornos * y en los convertidores *; permite obtener elevadas temperaturas en los sopletes * de soldar, fundir y cortar metales; sirve, al estado líquido, para preparar explosivos (v. más arriba *Expl.*) y es el comburente más empleado para la propulsión de cohetes espaciales (V. PROPERGOL).
El *oxígeno gaseoso* es suministrado bajo elevadas presiones en botellas de acero, mientras que el *oxígeno líquido* lo es en recipientes de doble fondo aislados térmicamente (derivados del frasco * de Dewar) que comunican con la atmósfera, lo cual da lugar, en virtud de la temperatura bajísima del líquido, a una evaporación intensa.

OXILITA f. *Quím.* Mezcla de peróxidos de sodio y de potasio, a la cual se agregan sales de cobre y de níquel, que, al conctacto con el agua, desprende oxígeno: *la oxilita se usa como generador de oxígeno en los laboratorios y para máscaras respiratorias.*

OXIMA f. *Quím.* Nombre genérico de los compuestos que se obtienen por eliminación de agua y debido a la acción de la hidroxilamina sobre los aldehídos *(aldoximas)* y las cetonas *(cetoximas)*. [Las quinonas también dan *oximas*, así como la acción del ácido nitroso sobre las cetonas, en cuyo caso se llaman *monoximas.*]

OXIMACIÓN f. *Quím.* Transformación de un aldehído o de una cetona en oxima.

OXIMETRÍA f. *Quím.* Determinación de la cantidad de ácido libre contenido en una substancia.

OXÍNDIGO m. *Quím.* Compuesto cuya fórmula solamente difiere de la del índigo en que los grupos iminógenos OH son reemplazados por átomos de oxígeno.

OXISULFURO m. *Quím.* Compuesto de oxígeno, azufre y otro elemento que resulta al reemplazar por oxígeno una parte del azufre presente en un cuerpo.

OXIYODURO m. *Quím.* Compuesto análogo a los oxicloruros, en el cual el yodo representa al cloro.

OXONIO m. *Quím.* Ion univalente H_3O^+ que resulta de la unión de un protón o de un catión orgánico con algún átomo del oxígeno bivalente presente en una molécula.

OZALID m. *Art. gráf.* Prueba de un clisé o de un montaje de heliograbado u offset hecha con papel de diazotipia de la marca *Ozalid.* ‖ *Papel Ozalid,* marca registrada de un papel para diazotipia *.

OZOBROMIA f. *Fot.* Procedimiento fotográfico en el cual la imagen es formada por un pigmento.
— En *ozobromia* se emplea una imagen positiva tirada en papel ordinario de bromuro de plata y, por otra parte, un papel pigmentado (papel * al carbón). Este último es inmergido previamente a su uso en dos baños (uno de ferricianuro y otro de bicromato de potasio, ácido crómico y alumbre de cromo) y se aplica luego sobre la imagen tirada en papel ordinario. La plata de éste produce una reacción que insolubiliza la gelatina del papel pigmentado, mientras que el pigmento del mismo desaparece en aquellas partes que corresponden a los detalles blancos de la imagen.

OZOCERITA f. *Miner.* Cera fósil también llamada *cera mineral* y *ozoquerita.*
— La *ozocerita* es un carburo de hidrógeno natural de fórmula $C_{30}H_{62}$ semejante a la cera de abeja, incluso por su olor, y, como ésta, es soluble en el aguarrás. Su color es entre amarillo y rojizo.

OZONACIÓN f. *Quím.* Acción de ozonizar. (Sinón. OZONIZACIÓN.)

OZONADOR, RA adj. y s. Que ozona o sirve para ozonar. ‖ — M. Aparato para producir ozono.
— El *ozonador* u *ozonizador* consiste en dos conductores eléctricos que se descargan a través del oxígeno en forma de efluvio, produciendo en el mismo una proporción de hasta 10% de ozono.

OZONAR v. *Quím.* Convertir el oxígeno en ozono. ‖ Enriquecer un cuerpo en ozono o tratarlo con él: *ozonar el agua* *. (Sinón. OZONIZAR.)

OZÓNIDO m. *Quím.* Compuesto que resulta de la combinación del ozono con los cuerpos orgánicos cuya molécula tiene enlace etilénico: *los ozónidos son explosivos y el agua los descompone en aldehídos y cetonas.*

OZONIZACIÓN f. *Quím.* Ozonación.

OZONIZADOR, RA adj. y s. *Quím.* Ozonador.

OZONIZAR v. *Quím.* Ozonar.

OZONO m. Gas de fórmula O_3 que no es sino una variedad de oxígeno cuyas moléculas constan de tres átomos en vez de los dos que tiene la molécula de oxígeno ordinario.
— *Meteor.* Si el *ozono* contenido por la atmósfera se hallara en el suelo, a la temperatura y presión normales, formaría una capa del orden de 2,5 mm de espesor. En realidad, casi todo este ozono está concentrado en la *ozonosfera,* parte de la estratosfera situada entre 15 y 40 km de altitud, y especialmente a 25 km. Allí se produce, al ser disociadas las moléculas de oxígeno del aire por los rayos ultraviolados de origen solar y también por los electrones libres y las radiaciones cósmicas. El ozono detiene así todos los rayos ultraviolados solares de longitud de onda inferior a 2 900 angströms, a cuya circunstancia se debe —dado que las referidas radiaciones son mortales, tanto para los animales como para las plantas— la existencia de vida en nuestro planeta.
— *Quím.* El *ozono* es un gas azul, de intenso olor característico, cuyas temperaturas de ebullición y de fusión son, respectivamente, de —112º y —193º. Solamente es estable a temperaturas muy

elevadas, pues sus átomos tienden a disociarse para formar oxígeno biatómico. Tiene las mismas propiedades oxidantes que el oxígeno, aunque muy intensificadas, con la particularidad de que sus acciones se deben solamente al tercer átomo de su molécula, pues los otros dos se desprenden en el curso de las reacciones en forma de oxígeno ordinario. No obstante, el aguarrás y otros compuestos orgánicos no saturados se combinan con los tres átomos del ozono para dar ozónidos.
El aire contiene ínfimas proporciones de ozono producido por las plantas. También existe en mayores proporciones en la estratosfera (v. anteriormente *Meteor.*). Se obtienen artificialmente por los siguientes procedimientos: 1.º mediante descargas eléctricas en el aire oxigenado (v. OZONADOR); 2.º por electrólisis; 3.º exponiendo el aire a rayos ultraviolados u otras radiaciones ionizantes, etc.
En realidad, lo que se obtiene por estos procedimientos suele ser un oxígeno enriquecido en ozono, o sea ozonizado en una proporción que rara vez pasa de 10 %. De no presentar tantas dificultades su obtención al estado puro, y, sobre todo, su conservación y su transporte, el ozono sería fabricado y consumido en grandes cantidades, especialmente por la industria química, y, al estado líquido, como comburente ideal para cohetes espaciales. (V. PROPERGOL.)
Las principales aplicaciones del ozono y del oxígeno ozonado son: la esterilización de las aguas y los alimentos; el blanqueo de los hilados y tejidos, de la cera, el marfil, el almidón, etc.; la preparación de aceites secantes y de esencias vegetales; los tratamientos para hacer el vino añejo o para envejecer la madera, etc.

OZONÓLISIS f. *Quím.* Reacción del ozono con un carburo etilénico mediante la cual se obtiene un ozónido que es descompuesto por el agua en una cetona y un aldehído, y que, dada la fórmula de estos dos compuestos, permite determinar la del carburo etilénico original.

OZONÓMETRO y **OZONOSCOPIO** m. *Quím.* Instrumento que sirve para medir el contenido del aire en ozono.
— Los *ozonoscopios* más comunes se fundan en el cambio de color que experimentan ciertas substancias al reaccionar con el ozono. El papel ozonoscópico de Houzeau es un papel absorbente impregnado de yoduro de potasio y luego embadurnado en parte con engrudo y en parte con girasol rojo: el ozono vuelve azules las dos partes del papel, mientras que el cloro solamente podría azular la primera y el amoniaco la segunda.

OZONOSCÓPICO, CA adj. *Quím.* Que permite descubrir la presencia de ozono en el aire. ‖ *Papel ozonoscópico,* v. OZONÓMETRO.

OZONOSFERA f. *Meteor.* Parte de la estratosfera comprendida entre las altitudes de 15 y 40 km, que contiene casi todo el ozono atmosférico.

OZOQUERITA f. *Miner.* Ozocerita.

OZOTIPIA f. *Fot.* Procedimiento de impresión fotográfica en el cual se funda la ozobromia *.

P

presa hidroeléctrica

P f. Decimonona letra del alfabeto, empleada como sigla y símbolo de voces científicas.
— *Atom.* Designa la sexta capa o nivel de energía del átomo, la cual, cuando se halla completa, consta de 12 electrones planetarios.
— *Electrón. Región p,* parte de un transistor * en la cual existe un exceso de átomos de impurezas y una insuficiencia de electrones.
— *Metr.* La letra P es el símbolo de *pico* y la abreviatura de *peso.*
— *Quím.* La P mayúscula es el símbolo químico del *fósforo* y la *p* minúscula la abreviatura de *para.*

Pa, símbolo del *pascal* en metrología y del *protactinio* en química.

PABELLÓN m. *Acúst.* Parte terminal del tubo sonoro de los instrumentos de viento, de ciertos altavoces, de los megáfonos, etc., que se ensancha en forma de cono o de campana y sirve para amplificar los sonidos o para propagarlos en una dirección preferencial.
— *Arq.* Edificio dependiente de otro mayor y generalmente aislado del mismo. ‖ Resalto de una fachada, muchas veces coronado por un frontispicio, situado en la parte central de la misma o en un ángulo. ‖ *Cubierta de pabellón,* la de forma piramidal que corona edificios poligonales y cuenta tantas vertientes como fachadas tienen éstos.
— *Joy.* Pirámide truncada formada por la culata * de una piedra tallada.
— *Tecn.* Parte cónica que contiene el líquido en el embudo. ‖ Por ext., nombre dado, en muchos aparatos, a los órganos o piezas que se asemejan por su forma o función a los pabellones de los embudos o de los instrumentos de música.
— *Transp.* Parte superior de la caja de un vehículo automóvil, vagón, etc.

PABILO o **PÁBILO** m. *Lumin.* Mecha o torcida de las velas, candiles y lámparas análogas. ‖ Parte carbonizada de la misma mecha.

PAC m. *Ocean.* Pack.

PACA f. *Ind.* Bala de algodón, lana, trapos u otras materias primas para la industria.

PACAJE m. *Mar.* y *Text.* Tela más fuerte y basta que la lona, empleada para hacer las velas de ésta, los juanetes y otras velas pequeñas y resistentes.

PACFUNG m. *Metal.* Maillechort * que imita la plata y se emplea en orfebrería: *el pacfung consta de 55 % de cobre, 23 % de níquel, 17 % de cinc, 3 % de hierro y 2 % de estaño.* (Sinón. PACKFUNG.)

PACK m. *Ocean.* Parte periférica de la banquisa, formada por placas de hielo separadas por brazos estrechos de aguas libres. (Sinón. PAC.)

PACKFUNG m. *Metal.* Pacfung.

PACO m. *Zool.* y *Text.* Variedad de alpaca doméstica *(Alpaca alpaco)* que se cría por su excelente lana en Bolivia y Perú. (V. ALPACA.)

PACO m. *Arm.* Onomatopeya de los dos sonidos que se perciben a proximidad de la trayectoria de un proyectil disparado con velocidad supersónica y que se deben al paso sucesivo de la *onda de choque* y de la *onda de boca.* (V. ONDA.)

PACHULÍ m. *Bot.* y *Perf.* Planta labiácea *(Pogostemon patchouli),* parecida a la menta, propia de las regiones tropicales de Asia y Oceanía, cuyos tallos y hojas contienen una esencia de intenso perfume de cumarina, que se extrae por destilación y entra en la composición de perfumes baratos.

PADDING m. *Radiot.* Condensador que se monta en serie con el condensador variable del oscilador de un superheterodino *, pudiéndose obtener así mediante una sola maniobra la sintonía de esta clase de radiorreceptores.

PADDY m. *Ind. alim.* Nombre comercial de una clase de arroz sin descascarillar.

PAFLÓN m. *Arq.* Sófito. ‖ Cielo raso.

PAGAYA f. *Mar.* Canalete.

PÁGINA f. *Art. gráf.* Cada una de las dos caras o planas de que constan las hojas de un libro o folleto y otras labores que se obtiene plegando los pliegos impresos. ‖ *Página corta* o *de birli,* la que queda incompleta al final de un capítulo. ‖ *Páginas enfrentadas,* la página par de una hoja y la impar de la hoja siguiente. (La última de éstas es la principal, en la cual se procura empezar los capítulos y se insertan a veces las mejores ilustraciones.) [V. CASADO.]

PAGINACIÓN f. *Art. gráf.* Acción y efecto de paginar.

PAGINAR v. *Art. gráf.* Numerar las páginas de los libros, cuadernos y otras labores.

Fot. H. Baranger

PAGOSCOPIO m. *Meteor.* Psicrómetro empleado para la previsión de las heladas.

PAILA f. *Art. y of.* Vasija metálica redonda, muy grande pero poco profunda.

PAILEBOTE m. *Mar.* Goleta* pequeña, rasa, de líneas finas y desprovista de gavias.

PAINA f. *Text.* Miraguano.

PAJA f. Materia constituida por tallos de gramíneas, especialmente de cereales, que se usa para fabricar papel, sombreros, etc. y como relleno para embalajes. ‖ Materia parecida a la paja y empleada en las mismas aplicaciones que ella: *muchos sombreros llamados "de paja" son realmente de hojas de palma.* ‖ Paja o tubito de otra materia que sirve para aspirar las bebidas.
— *Mar.* Nombre dado a distintas cabillas y pernos largos, como el que sujeta la caña del timón a la cabeza del mismo, la cabilla que se pasa transversalmente por un taladro de la parte superior de una bita y que, al sobresalir por ambos lados, impide que se salga la amarra encapillada en ella, etc.
— *Papel. Papel de paja,* v. PAPEL.

PAJIZO, ZA adj. De paja. ‖ De color de paja.

PALA f. Instrumento constituido por una plancha combada, que forma cuchara, prolongada por un mango largo que permite asirla con las dos manos para arrancar tierras u otras materias, esparcirlas, cargarlas o descargarlas. ‖ Hoja metálica de los azadones, las hachas y otras herramientas. ‖ Parte más comprimida y ancha de ciertas cosas.
— *Aeron.* Cada uno de los elementos aerodinámicos que constituyen una hélice * o un rotor *.
— *Art. gráf.* Chapa que tienen ciertas galeras * a modo de doble fondo que, al ser tirada lateralmente, se desliza y arrastra la composición, la cual puede ser extraída así con toda comodidad. (Sinón. VOLANDERA.) ‖ Cada una de las varillas del abanico que, en las máquinas de imprimir, levantan el pliego impreso para llevarlo a la mesa receptora. (V. SACAPLIEGOS.)
— *Carp.* Cada una de las chapas de una bisagra.
— *Curt.* Parte superior del calzado, que abraza el pie y lo cubre por encima. ‖ Cuchilla curva, provista de dos mangos, usada por los curtidores para descarnar las pieles.
— *Joy.* Soporte metálico en que el lapidario engasta las gemas para poderlas manipular mientras las talla.
— *Mar.* Cada uno de los elementos propulsivos de una hélice: *las hélices de tres palas son las más comunes.* ‖ Parte plana del remo, que es la que penetra en el agua y asegura la propulsión. ‖ Parte más ancha y plana del timón.
— *Obr. públ. Pala mecánica,* excavadora* de cuchara. ‖ *Pala de raedera* o *de arrastre,* cuchara* de arrastre. ‖ *Pala cargadora,* cuya caja, constituida por una cuchara articulada, se carga por sí misma.

PALADA f. Lo que se toma de una vez con una pala. ‖ Cada paso propulsivo de la pala del remo por el agua y distancia que el mismo hace recorrer a la embarcación. ‖ Efecto propulsivo de una pala de hélice que da una vuelta completa.

PALÁDICO, CA adj. *Quím.* Dícese de los compuestos del paladio cuadrivalente.

PALADIO m. *Quím.* Elemento químico de número atómico 46, cuyo símbolo es *Pd.*
— El *paladio* es un metal blanco y maleable cuyas principales constantes físicas son las siguientes: densidad, 11,96; temperatura de fusión, 1 535,6º; temperatura de ebullición evaluada a 4 000º; masa atómica, 106,4 (mezcla de seis isótopos de masas 102, 104, 105, 106, 108 y 110).
Es notable este metal por la propiedad que tiene de absorber más de 1 000 veces su propio volumen de hidrógeno, razón a la que se debe su empleo en calidad de catalizador de las reacciones de hidrogenación. Como todos los metales de la familia del platino, resiste a la acción corrosiva de los agentes atmosféricos y adquiere, por pulimento, un elevado poder la reflexión. Así, pues, se emplea para metalizar por galvanoplastia las joyas de metales no nobles, los reflectores de los faros y otras piezas. Aleado con cobre o con plata, se usa para contactos eléctricos en medio corrosivo, resistencias eléctricas, soldaduras para aceros inoxidables, hileras para fibras sintéticas, etc. La liga con plata, cobre, y pequeñas proporciones de oro y platino se usa en prótesis dental. El *paladio bivalente* da compuestos paladiosos, y el *cuadrivalente,* compuestos paládicos. El cloruro paladioso $PdCL_2$ es un sólido delicuescente empleado en fotografía y en análisis químico (un papel impregnado de este cloruro ennegrece si es expuesto a vapores de mercurio).
El paladio, metal raro que se encuentra en la naturaleza siempre asociado con el platino y frecuentemente con el níquel, es un subproducto de la extracción de los mismos, especialmente del níquel canadiense.

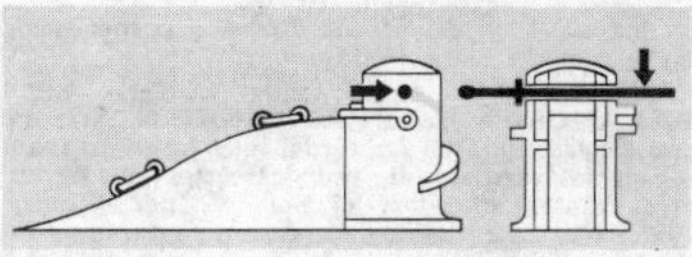

paja (mar.)

PALADIOSO, SA adj. *Quím.* Dícese de los compuestos del paladio * bivalente.

PALADURO m. *Quím.* Combinación del paladio con otro metal.

PALAHIERRO m. *Mec.* Tejuelo encajado en la solera de un molino y en el cual gira el gorrón de la muela.

PALAMENTA f. *Amer.* Palizada.
— *Mar.* Conjunto de remos de una embarcación.

PALANCA f. *Mec.* Máquina simple constituida por una barra rígida que tiene un *punto de apoyo* sobre el cual puede bascular, de tal forma que una fuerza *(potencia)* aplicada en otro punto pueda vencer otra fuerza *(resistencia)* mucho mayor y tanto más grande cuanto más largo sea el tramo de barra comprendido entre la potencia y el punto de apoyo respecto al tramo que va de éste a la resistencia.
— La *palanca* es un elemento mecánico presente en todas las máquinas, en las cuales se aprovecha su poder amplificador de las fuerzas y la posibilidad de cambiar el sentido de las mismas. Por lo demás, las articulaciones del esqueleto de los vertebrados no son sino sistemas de palancas.
Existen tres clases de palancas: en las del primer género, el punto de apoyo se halla situado entre la potencia y la resistencia (caso de la romana de pesar, las tijeras y tenazas, los brazos para accionar las bombas de mano, los frenos, las agujas de ferrocarriles, etc.); las palancas del segundo género tienen la resistencia situada entre el punto de apoyo y la potencia (cual ocurre con la carretilla de una sola rueda, el cascanueces, los remos, etc.); por último, en las palancas del tercer género, la potencia se aplica entre el punto de apoyo y la resistencia (antebrazo humano, válvula de seguridad de las calderas, pinzas de tomar azúcar, etc.).
Es fácil calcular el aumento de potencia que se puede obtener con una palanca, pues basta, para ello, multiplicar la potencia por el brazo de palanca y saber que existe equilibrio cuando dicho producto es igual al producto de la resistencia por la distancia que media entre ella y el punto de apoyo. Consideremos una palanca del primer género, de un metro de longitud, en la cual sea posible correr longitudinalmente el punto de apoyo. Una misma potencia de un kg aplicada en uno de sus extremos permitirá levantar una carga de un kg con el otro si el brazo de palanca representa 50% de la longitud total. Pero la carga levantada será de 2 kg si el brazo de palanca es de 66,67 cm; de 3 kg si su longitud es de 75 cm; de 4 kg si es de 80 cm. Inversamente, si se tratara de levantar una carga fija, el esfuerzo necesario sería igual a la misma en el primer caso, y luego 2, 3 y 4 veces menor.
Ahora bien, cuanto más largo es el brazo de palanca, mayor es también el arco descrito por su extremo libre en el cual se aplica la fuerza, mientras que el arco descrito por la carga es inversamente proporcional: así, una fuerza muy grande aplicada en un brazo muy corto permite obtener un movimiento de amplitud muy grande en el extremo del brazo opuesto. (V. PAR *de fuerzas.*)
La *palanca acodada* consta de dos brazos articulados por sus extremos de tal forma que un esfuerzo aplicado normalmente al sistema se

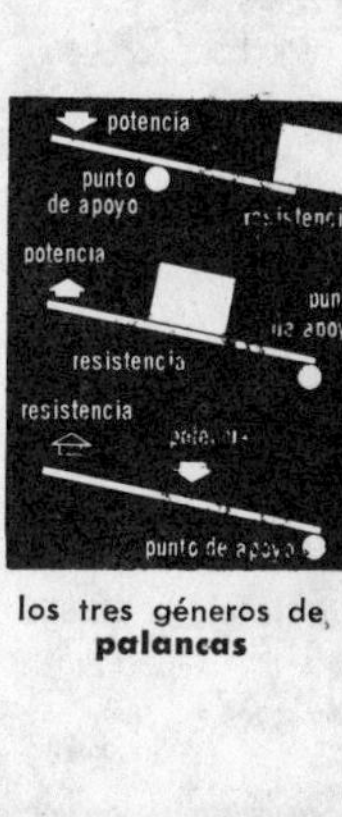

los tres géneros de
palancas

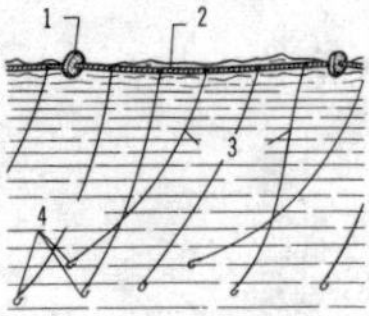

palangre
1. Flotador; 2. Madre; 3. Brazoladas; 4. Anzuelos

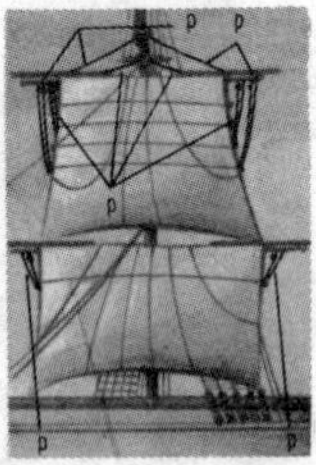

palanquines (p)

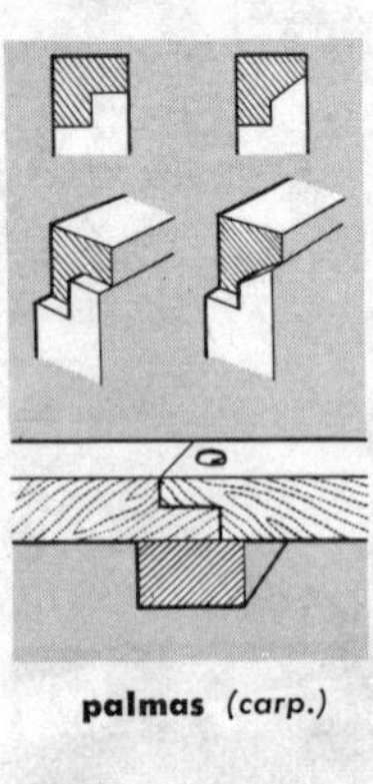

palmas *(carp.)*

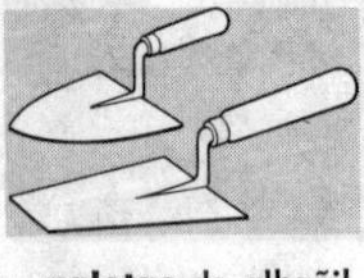

paletas de albañil *(constr.)*

traduzca por un empuje de dirección perpendicular a la de la fuerza (v. *figura*).

PALANCÓN m. *Amer.* Azada, azadón.

PALANCRE y mejor **PALANGRE** m. Arte de pesca consistente en un cordel muy largo provisto a espacios regulares de ramales cortos que llevan otros tantos anzuelos: *el palancre puede tener centenares de anzuelos y sirve para capturar peces de fondo.*

PALANQUEAR v. Apalancar. ‖ Forzar una puerta o cerradura con la palanqueta.

PALANQUERA f. *Amer.* Valla de madera, barrera.

PALANQUETA f. Palanca de hierro que sirve para forzar las puertas.

PALANQUILLA f. *Mec.* Palanca pequeña.
— *Metal.* Tocho de hierro laminado y de grueso comprendido entre 5 y 14 cm. ‖ Hierro forjado en barras de sección cuadrada y de 4 cm por lado.

PALANQUÍN m. *Mar.* Nombre dado a distintos aparejos, de motones simples o dobles, que sirven para la maniobra de las velas.

PALAR v. *Amer.* Palear.

PALAS, uno de los principales asteroides *, al cual se atribuye teóricamente el diámetro de 518 km. Gravita a unos 414 millones de km del Sol y en una órbita muy inclinada respecto a la eclíptica (35°), cuya vuelta completa describe en 1 686 días terrestres.

PALASÁN m. *Bot.* y *Carp.* Rota.

PALASTRO m. *Mec.* Chapa o caja que contiene el pestillo y demás mecanismos de una cerradura.
— *Metal.* Chapa de hierro o de acero laminados.

PALAZÓN m. Conjunto de palos de una obra.
— *Mar.* Conjunto de piezas que constituyen la arboladura de un barco. ‖ Palamenta.

PALEABLE adj. Dícese de las materias que pueden ser cargadas o descargadas con palas: *labor de tierras sueltas o paleables.*

PALEAJE m. Carga o descarga manual de materias a granel por medio de palas.

PALEAR v. Cargar, descargar o remover tierras u otras materias con palas.

PALENDRA f. *Amer.* Pala, azada.

PALENQUE m. Valla o estacada de madera con que se cierra provisionalmente un terreno para celebrar en el mismo una fiesta o con algún otro fin.

PALEO, prefijo derivado del griego *palaios,* que significa *antiguo, prehistórico.*

PALEOCENO, NA adj. y s. *Geol.* Dícese de la parte inferior del sistema eoceno, que abarca los pisos montiense, taneciense e ipresiense. (V. ESTRATIGRAFÍA.)

PALEOCLIMA m. *Geol.* Clima de los tiempos geológicos revelado por el estudio de la fauna y la flora fósiles, así como por la facies del terreno.

PALEOCRÍSTICO, CA adj. Dícese de los hielos polares que datan de más de un año y que se caracterizan por su espesor y por su aspecto caótico en forma de bloques amontonados.

PALEOGEOGRAFÍA f. Geografía correspondiente al pasado remoto de la Tierra.

PALEOGEOGRÁFICO, CA adj. Relativo a la paleogeografía: *los mapas paleogeográficos muestran la evolución de las formas continentales a lo largo de los tiempos geológicos.*

PALEONTOLOGÍA f. Ciencia que trata de los seres que poblaban el Globo en los tiempos geológicos y que tiene importancia en estratigrafía * porque los terrenos pueden ser datados mediante identificación de los fósiles que contienen.

PALEOZOICO, CA adj. y s. *Geol.* Primario.

PALESTINA f. *Art. gráf.* V. CANON.

PALETA f. Plancha de madera provista de un mango u otro asidero que se utiliza con distintos fines, como la que emplean las mujeres para batir la ropa, los pintores para mezclar sus colores, etc.
— *Constr.* Instrumento consistente en un palastro de forma triangular, con espiga acodada y mango de madera, que sirve para tomar el mortero y aplicarlo en la obra.
— *Mec.* Álabe de rueda hidráulica, turbina, etc. ‖ Pala de hélice, de ventilador, etc. ‖ *Amer.* Paletón de la llave.
— *Transp.* Tarima pequeña sobre la cual se apila la carga que se ha de transportar con la carretilla de alza *.

PALETADA f. *Constr.* Porción de mezcla que toma el albañil con la paleta y trabajo que puede hacer con la misma.

PALETEAR v. *Mar.* Remar con poca eficacia, metiendo y sacando el remo en el agua, pero con poco adelanto de la embarcación. ‖ Por ext., girar la hélice con excesiva lentitud o no producir la misma avance substancial del barco por haber sufrido algún desperfecto o por otra razón.

PALETILLA f. *Lumin.* Palmatoria.

PALETINA f. *Pint.* Pincel de forma aplastada.

PALETÓN m. Parte de la llave que penetra en la cerradura y que está labrada con dientes y guardas.

PALIER m. *Mec.* Galicismo por *cojinete.*

PALILLERO m. Portaplumas.

PALINOLOGÍA f. Parte de la arqueología que se funda en el análisis cuantitativo y cualitativo de los granos de polen conservados en las distintas capas del terreno.

PALISANDRO m. *Carp.* Madera fina de ebanistería suministrada por los árboles americanos del género *Dalbergia.* ‖ Nombre dado erróneamente a la madera de otros árboles americanos cuando presenta algún parecido con la anterior; así ocurre al atribuir la calidad del palisandro al jacarandá, al guayaibí, al abey, etc.
— En el comercio internacional suelen distinguirse dos calidades de *palisandro: la del Brasil* y *la de Honduras.* A la primera pertenece la madera de las especies *Dalbergia nigra, D. Cubilquitzensis* y *D. Spruceana,* caracterizada por su color obscuro (entre pardo y violado casi negro), la dureza (densidad 0,9), y el hermoso pulimento que se le puede conferir. Además de su empleo en ebanistería, sirve para labores de torno, mangos de cuchillos y objetos de adorno.
El palisandro de Honduras *(D. Stevensonii)* es menos fino que los anteriores y tiene los mismos usos. También se emplea en la construcción de instrumentos músicos de cuerda.

PALIZADA f. *Constr.* Valla que se hace con estacas o tablas hincadas en el suelo y que sirve para cercar un terreno.

PALMA f. *Bot.* Nombre genérico de las plantas de la familia de las palmáceas. ‖ *Aceite de palma,* v. ACEITE. ‖ *Cera de palma,* v. CEROXILO.
— *Carp.* Ensambladura en la cual el extremo de un madero perpendicular a otro encaja en el mismo por aplicación transversal en una entalladura y no por deslizamiento longitudinal en una caja.
— *Mar.* Pala del remo. ‖ Pala de goma, dotada de cierta flexibilidad, que se fija al pie para aumentar considerablemente su superficie y, consiguientemente, su fuerza propulsiva durante la natación. (Sinón. ALETA.)

PALMÁCEAS f. pl. *Bot.* Familia de plantas de tallo flexible, largo y desnudo, no ramificado, rematado por un penacho de hojas estrechas o palmeadas fijadas en largos pecíolos leñosos y a la cual pertenecen la areca, la carnauba, el ceroxilo, el cocotero, la palmera de aceite, la palmera datilera, la rafia, la rota, etc.: *las palmáceas suministran aceites y ceras vegetales, fibras, frutos comestibles, etc.*

PALMADO, DA adj. Palmeado.

PALMAR m. *Text.* Carda de cardencha.

PALMATORIA f. *Lumin.* Lámpara constituida por un platillo provisto de un asa en el borde y, en su parte central, de un tubo en el cual se introduce la vela para que permanezca derecha.

PALMEADO, DA adj. y s. Dícese de las cosas que tienen figura de palma o palmera, y también de aquellas cuyo extremo aplastado recuerda la forma de la pata de las aves palmípedas.
— *Arq. Bóveda palmeada,* v. BÓVEDA.
— *Art. gráf.* Acción de palmear.

PALMEAR v. *Art. gráf.* Operación consistente en nivelar un grabado combado o el conjunto de la forma y que se efectúa golpeándolos con el tamborilete y un mazo.
— *Mar.* Hacer avanzar una embarcación con las manos, tomando apoyo con ellas en una cuerda o cable fijos, en otras embarcaciones u objetos próximos.

PALMEJAR m. *Mar.* Sobrequilla interior que va de proa a popa y encaja con sus entalladuras en las varengas para ligar las cuadernas entre sí y limitar las flexiones del casco.

PALMER m. *Metr.* Micrómetro de husillo empleado en metalurgia para comprobar las cotas durante la fabricación de las piezas: *la precisión del palmer suele ser de una centésima de milímetro.*

PALMERA f. *Bot.* Cualquiera de las plantas de la familia de las palmáceas. (Sinón. PALMA.) ‖ *Palmera de aceite,* palma del golfo de Guinea (*Eloeis guineensis*) cuyo fruto da dos clases de aceite: aceite de palma (procedente del pericarpo) y aceite de palmisto (suministrado por la pulpa de la semilla). ‖ *Palmera de cera,* carnauba.

PALMETA f. *Arq.* Motivo ornamental inspirado en las formas de las hojas de palma.

PALMIFORME adj. *Arq.* Dícese de la columna u otro elemento arquitectónico con figura de palmera o de palma de la mano: *la columna palmiforme egipcia tiene el capitel en forma de hojas de palmera.*

PALMILLA f. Plantilla del zapato.

PALMISTE o **PALMISTO** m. Fruto de la palmera * de aceite. ‖ *Aceite de palmisto,* uno de los dos aceites que se extrae de dicho fruto. (V. PALMERA *de aceite.*)

PALMITATO m. *Quím.* Sal o éster formados por la combinación del ácido palmítico con una base: *los palmitatos de sodio y de aluminio son agentes de gelificación.*

PALMÍTICO, CA adj. *Quím.* Dícese de un ácido graso saturado $CH_3—(CH_2)_{14}—CO_2H$ y de sus derivados.

— El *ácido palmítico* es un sólido blanco, inodoro e insípido, insoluble en el agua y soluble en el éter y el alcohol. Sus temperaturas de fusión y de ebullición son, respectivamente, de 62º y 350º. Sus sales alcalinas entran en la composición de los jabones.

Este ácido es uno de los constituyentes principales de los cuerpos grasos, la mayor parte de los cuales lo contienen al estado de glicérido (palmitina). Abunda sobre todo en el aceite de palma y también lo contienen la cera de abejas, el espermaceti (blanco de ballena), etc. Por lo demás, la estearina de las velas no es sino una mezcla de ácidos palmítico y esteárico.

PALMITINA f. *Quím.* Éster palmítico * de la glicerina.

PALMO m. *Metr.* Antigua medida de longitud cuya magnitud, que solía ser de unos 21 cm, variaba de una región a otra, dado que era la cuarta parte de la vara y que esta última unidad difería también de un lugar a otro.

PALO m. *Art. gráf.* Trazo grueso de ciertas letras, por ejemplo, el que rebasa del ojo de la *b* y la *p*. ‖ *Palo seco,* letra de imprenta desprovista de adornos y trazada a base de rectas, circunferencias y arcos de circunferencia de espesor constante. (Sinón. GROTESCO.)

— *Bot.* y *Carp.* Nombre dado a ciertas maderas dotadas de propiedades tintóreas, medicinales, etcétera, y que se aplica a veces a los árboles de donde provienen, como ocurre con el *palo brasil,* que es el brasil *, el *palo campeche,* el campeche *, etc. ‖ Madero redondo o cónico, mucho más largo que grueso. ‖ Poste de madera. ‖ *Palo de rosa,* árbol apocináceo de América del Sur (*Aspidosperma peroba* y *A. polyneuron*), cuya madera, fina y dura (densidad 0,9), poco corruptible, es muy apreciada en ebanistería, construcciones navales y para armaduras de cubiertas.

— *Mar.* Madero redondo o construcción metálica tubular que se fija, por lo general verticalmente, en una caja labrada en la quilla para que sirva de soporte a las velas y transmita al casco el empuje del viento. ‖ *Palo de marea,* regla graduada que indica la altura de la marea en un punto fijo.

— La arboladura del barco consta de dos o más *palos machos,* o sea del bauprés y de uno o más mástiles, entre los cuales cabe distinguir: el *palo mayor,* que es el más alto del buque y el que sostiene la o las velas principales; el *palo de mesana,* que es el situado más a popa en los barcos que tienen tres; el *palo de trinquete,* que es el situado más a proa entre el bauprés y el palo mayor.

En los barcos grandes, el palo macho no puede tener la longitud suficiente y es prolongado por un mastelero que, en ciertos casos, soporta un tercer tramo complementario llamado *masterillo.* Los buques modernos tienen a veces mástiles de trípode, constituidos por tres tubos metálicos lo bastante separados por su base para que se mantenga el conjunto firme sin necesidad de afianzarlo con obenques *.

En los barcos propulsados por hélice los palos sirven de soporte a las luces y señales, a las antenas para telecomunicaciones y radionavegación y a las plumas de carga. (V. también VELA y VERGA.)

PALOMA f. *Mar.* Punto medio de una verga en el cual se fijan los aparejos de las drizas. ‖ — Pl. Penachos de espuma formados por el viento sobre las olas.

PALOMADURA f. *Mar.* Empalomadura.

PALOMAR adj. *Text.* Dícese del hilo bramante delgado y muy retorcido.

PALOMETA f. Chapa de hierro agujereada que se aplica exteriormente como refuerzo sobre un taladro hecho en la madera, para que éste no se abocine.

— *Mar.* Paloma de verga.

PALOMILLA f. *Arq.* Caja en forma de doble cola de milano que se hace transversalmente en las grietas de los edificios y que se rellena con yeso, para poder apreciar al cabo de cierto tiempo si persisten las perturbaciones estáticas que provocaron la dislocación (en cuyo caso se quiebra la palomilla).

— *Carp.* Ménsula formada por tres listones ensamblados en forma de triángulo rectángulo y empleada para sostener estantes.

— *Mar.* Pl. Palomas * de espuma.

— *Mec.* Chumacera. ‖ Tuerca de mariposa *.

PALPADOR m. Captador que sirve para apreciar espesores y que, una vez medidos éstos, regula alguna acción en función de sus variaciones.

— *Art. gráf.* Órgano de los marcadores automáticos, consistente en un brazo que se apoya sobre la pila de papel y que, al disminuir el espesor de la misma, acciona el ascensor para que se eleve la mesa y vuelva la pila al nivel normal. (V. MARCADOR.)

— *Mec.* Órgano de las máquinas de copiar consistente en un vástago que se desliza sobre el relieve de la pieza que sirve de modelo y cuyo otro extremo hace variar la capacidad de un condensador o mueve un núcleo en el interior de una bobina. Resulta en ambos casos una corriente, proporcional a las variaciones del espesor del modelo, que sirve para regular los movimientos de la herramienta que ha de copiar la pieza original.

palpador *(a la izq.)* **en una fresadora de copiar**

PALUSTRILLO m. *Constr.* Paleta * más pequeña que la común y de punta más aguda, que sirve para introducir el mortero entre los sillares, muy apretados, de los muros que no se han de revocar.

PALLA f. *Min. Amer.* Acción de pallar.

PALLAQUEAR y **PALLAR** v. *Min. Amer.* Seleccionar los fragmentos de mineral en la boca de la mina, separando los que son excesivamente pobres o gangosos.

PALLÓN m. *Metal.* Gotita solidificada de oro o plata que se forma en la copela en el análisis de las menas de estos metales. ‖ Ensayo del oro al cual se ha agregado plata en la copelación.

PAMPERO m. *Meteor.* Viento impetuoso y generalmente frío que sopla en la pampa argentina después del paso de las depresiones ciclónicas.

PAN, prefijo derivado del griego *pan,* que significa *todo.* (Otras formas : PANT, PANTOS.)

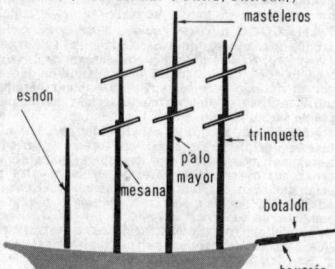

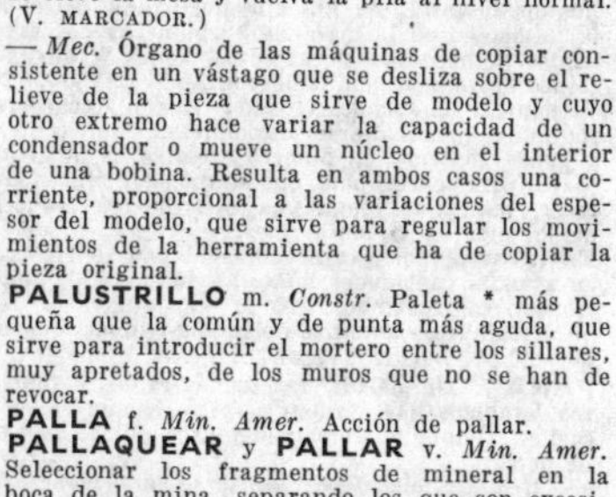

palos *(mar.)*

Fot. P. Huré

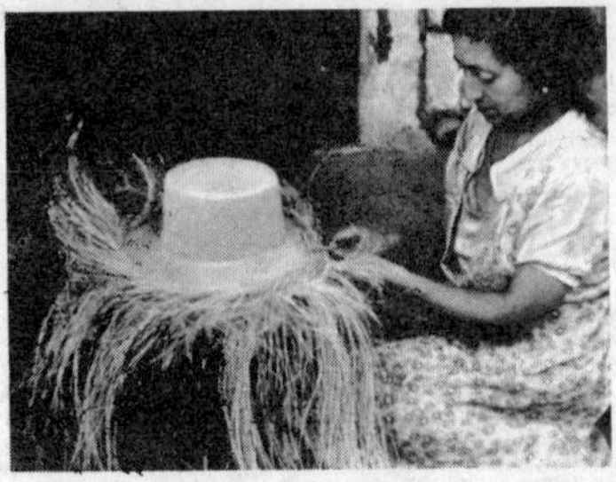

confección de un sombrero de **panamá**

pandeo

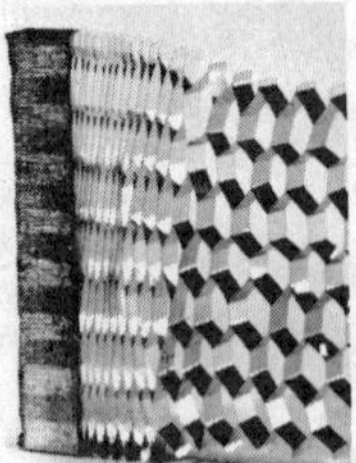

relleno de **panal** plegado y abierto

PAN m. *Geol. Pan de azúcar,* montaña cónica de granito, con la cúspide roma, característica de las regiones tropicales de clima húmedo.
— *Ind. alim.* Alimento que se hace con una pasta de harina, agua y sal, fermentada y cocida en el horno. ‖ *Pan ázimo,* el que se hace sin agregar levadura a la masa. ‖ *Pan de azúcar,* pilón cónico de azúcar refinado. ‖ *Pan blanco,* el de harina exenta de salvado. ‖ *Pan integral,* el que se hace con una harina que contiene todo su salvado o una gran parte del mismo.
— La *fabricación del pan,* cada vez más mecanizada, consta de tres fases principales: la mezcla de los ingredientes y el amasado de los mismos hasta formar la masa o pasta; la fermentación de la masa, previa adición de levadura; el moldeo seguido de la cocción de los panes. Durante el amasado, generalmente efectuado con amasadoras * mecánicas, el agua disuelve las partes solubles (glucosa) e hincha las partes insolubles (almidón y gluten).
La masa del pan de lujo contiene 65 % de agua, la del pan ordinario, 60 % y la de los panecillos de 40 a 55 %. Los ojos del pan se deben a la formación en la masa de burbujas de gas carbónico desprendido en el curso de las fermentaciones provocadas por la levadura. *
El pan de las grandes ciudades es con frecuencia indigesto (por hallarse incompletamente cocido) y puede contener un número excesivo de aditivos (para blanquearlo, para que se conserve sin endurecer, para que tenga una distribución regular de los ojos en la masa, etc.).
En las modernas panificadoras el pan se elabora en grandes cantidades merced a hornos * de funcionamiento continuo.
— *Metal.* Hoja metálica de ínfimo espesor, que se obtiene por batido. (V. BATIR y ORO.)

PANA f. *Mar.* Cada una de las tablas o tableros levadizos que forman el piso de una embarcación. ‖ Boya de corcho empleada en las faenas de pesca.
— *Mec.* Galicismo por *avería* o *paro inopinado* de un motor o vehículo.
— *Text.* Tela gruesa que es un terciopelo * de algodón tejido con tres series de hilos: la urdimbre y dos tramas, una de las cuales forma el tejido de basamento con la urdimbre, mientras que la otra, cortada de trecho en trecho, da los mechones de pelo característicos del terciopelo. ‖ *Pana bordón,* aquella en la cual los mechones de pelos forman acanaladuras en el sentido de la urdimbre.

PANABASA f. *Miner.* Sulfoantimoniuro de cobre, que contiene cinc y es mena de aquel metal.

PANACOCO m. *Bot.* y *Carp.* Nombre de varios árboles leguminosos de América tropical (*Swartzia tomentosa, S. leiocalcyna* y *S. benthamiana*) cuya madera, de color obscuro, muy difícil de labrar por su dureza, pero susceptible de tomar hermoso pulimento, se emplea en ebanistería y para labores de torno. (Sinón. BOCO.)

PANAL m. Conjunto constituido por las numerosas celdillas de cera, en forma de prisma hexagonal, construidas por las abejas para almacenar sus reservas de miel y en las cuales se crían también sus larvas hasta alcanzar el estado adulto: *los panales, una vez limpios y fundidos, suministran la cera * virgen.* ‖ *De panal,* dícese de aquellas cosas, construcciones o estructuras que constan de células prismáticas yuxtapuestas y guardan así un parecido más o menos grande con los panales de abeja.
— *Aeron.* Cuando las alas, los estabilizadores, alerones, timones, etc., de los aviones supersónicos, así como las aletas o estabilizadores y otros elementos de cohete no son lo bastante espesos para justificar la existencia de un costillaje interno, se reemplaza éste por un *relleno de panal* que se labra plegado, en forma de bloque, y luego, al ser estirado y abrirse sus celdillas prismáticas de sección rectangular, cobra sus formas definitivas. Estas estructuras, a pesar de su ligereza y de lo delgado de la chapa empleada en su construcción, son muy resistentes, a condición de que los esfuerzos mecánicos que han de soportar se ejerzan en el sentido de las células y no perpendicularmente a las mismas (en cuyo caso se plegarían).
— *Atom. Radiador de panal,* v. RADIADOR.
— *Radiot. Bobina de panal,* v. BOBINA.

PANAMÁ m. *Text.* Sombrero de jipijapa *. ‖ Tejido con grano en forma de celdillas rectangulares, cuyo ligamento de esterilla imita las labores de tiras de bombonaje entrelazadas. (V. JIPIJAPA.)

PANCLASTITA f. Explosivo líquido a base de peróxido de nitrógeno y de nitrobenceno, sulfuro de carbono u otro líquido combustible.

PANCRÁTICO, CA adj. *Ópt.* Dícese de los sistemas ópticos con los cuales pueden obtenerse aumentos variables merced a una o varias lentes que pueden ser corridas en el interior del instrumento a lo largo del eje óptico. (V. ZOOM.)

PANCROMÁTICO, CA adj. *Fot.* Dícese de las emulsiones fotográficas sensibles a todos los colores del espectro y que, consiguientemente, han de ser manipuladas y reveladas en la obscuridad. (V. SENSIBILIDAD.)

PANDEO m. *Arq.* Combadura de las paredes, columnas y otros elementos verticales que soportan cargas desproporcionadas con su resistencia.
— *Mec.* Deformación lateral de una pieza larga que se comba en su parte central por efecto de una compresión excesiva ejercida en el sentido de su eje longitudinal: *el pandeo se evita dando el grueso apropiado a las piezas y si son muy largas afianzándolas con apoyos intermediarios.* (V. RESISTENCIA *de materiales.*)

PANDERETE m. *Constr.* Ladrillo puesto de canto. ‖ *Tabique de panderete,* el que se hace con ladrillos puestos de canto.

PANDINAMÓMETRO m. *Mec.* Dinamómetro * propio para medir el trabajo mecánico de un motor.

PANEL m. *Arq.* y *Carp.* Compartimiento, las más de las veces de superficie lisa y rectangular, limitado por molduras en una puerta, pared, techo, etcétera.
— *Aeron.* y *Autom.* Cuadro o tablero situado frente al conductor de un automóvil o de los miembros de la tripulación de un avión, en el cual se hallan agrupados los indicadores de los distintos instrumentos de a bordo y una parte de los mandos: *los aviones de escuela y los de línea tienen doble panel de instrumentos.*
— *Carp.* Tablero de grandes dimensiones (hasta 3,50 m) de madera * contrachapada, madera * regenerada, isorel *, fibrocemento *, etc., empleado en carpintería y también para revestimientos y como aislador * térmico o acústico.
— *Constr.* Elemento prefabricado plano, de grandes dimensiones, empleado en la construcción de las fachadas, tabiques, cielos rasos, etc.
— *Electr.* Cuadro.
— *Lumin. Panel electroluminiscente,* v. ELECTROLUMINISCENCIA.
— *Mar.* Falca.

PANETA f. *Mar.* Pana de las embarcaciones.

PANETELA f. *Tab.* Cigarro largo y delgado.

PANGELÍN m. *Bot.* y *Carp.* Angelín.

PANICONOGRAFÍA f. *Art. gráf.* Cincografía.

PANIFICABLE adj. Que se puede panificar.

PANIFICACIÓN f. *Ind. alim.* Conjunto de operaciones con que se transforma la harina en pan.

PANIFICAR v. *Ind. alim.* Convertir en pan.

PANNE f. *Mec.* Galicismo por *avería* o *paro inopinado* de un motor o vehículo.

PANOL m. *Mar.* Pañol.

PANÓPTICO, CA adj. *Arq.* Dícese del edificio construido de forma que todo su interior pueda abarcarse con la mirada desde un solo punto de vista.

Fot. X

PANORÁMICO, CA adj. y s. Dícese de las imágenes que representan una vasta extensión de terreno, correspondiente a un amplio ángulo de visión.
— *Carroc. Autocar, vagón panorámicos,* los de caja alta y convenientemente acristalada para que pueda verse cómodamente el paisaje en todas las direcciones.
— *Cin.* y *Fot.* Fotografía o sucesión de imágenes que muestran un amplio sector del paisaje visible desde un punto. ‖ — M. Toma de vistas que se efectúa haciendo girar la cámara sobre un eje.
— Las *fotografías panorámicas* ordinarias se obtienen con un objetivo * gran angular. Para abarcar un horizonte mucho más extenso, se emplean cámaras panorámicas en las cuales el objetivo es giratorio y proyecta sucesivamente todas las partes de la imagen sobre una emulsión sensible curva, dispuesta en el interior de un soporte cilíndrico en cuyo centro se halla el objetivo.
Las *vistas panorámicas* se obtienen en cinematografía ya combinando varias cámaras que yuxtaponen sus campos, ya empleando objetivos de anamorfosis *, ya haciendo girar la cámara lentamente durante la toma de vistas. (V. CINERAMA y CINEMASCOPIO.)
— *Radiot. Radar panorámico,* v. RADAR.

PANTALLA f. Superficie que sirve para detener ciertas radiaciones o para atenuar otras, y también para hacer visibles las que no lo son normalmente.
— *Atom.* Materia contra la cual se proyectan las partículas aceleradas con objeto de estudiar las desintegraciones, interacciones y otros sucesos que este bombardeo provoca en la misma.
— *Cin.* Lienzo o superficie blanca de cualquier otra materia sobre la cual son proyectadas las imágenes cinematográficas o las vistas fotográficas fijas.
— Las *pantallas* más comunes son de tela, la cual contiene a veces un revestimiento de finísimos granos de vidrio que aumentan considerablemente su poder reflector y dan brillo a los colores (pantalla perlada). También existen pantallas de caucho, de materia plástica y de vidrio mate. Las últimas permiten la proyección de imágenes por transparencia y se usan para obtener trucos en los estudios (por ejemplo, para situar a los actores en un medio exótico filmado con anterioridad). Actualmente se extiende el uso de pantallas anchas o panorámicas, cuya anchura normal es de 22 m. (V. CINEMASCOPIO, CINEMATÓGRAFO y CINERAMA.)
— *Electr.* Envoltura o pared destinada a proteger algo contra ciertas acciones eléctricas o magnéticas: *los instrumentos de medidas eléctricos tienen una pantalla electromagnética que los aisla de los campos alternativos exteriores.* ‖ *Pantalla electrostática,* jaula * de Faraday.
— *Electrón. Pantalla fluorescente,* superficie de los tubos catódicos revestida de substancias que, al ser heridas por los rayos catódicos, se vuelven luminosas por fluorescencia y permiten ver las imágenes en los televisores, los osciloscopios *, aparato de radar, etc.
— *Fot.* Galicismo por *filtro.* ‖ *Pantalla de proyección,* v. más arriba *Cin.* ‖ *Pantalla para retratos,* lienzo montado en un marco o bastidor y provisto de un pie, que se interpone entre los proyectores y la persona fotografiada para regular los efectos luminosos.
— *Lumin.* Aparato de tela, materia plástica, vidrio, etcétera, que se pone en torno de un manantial de luz para que no ofenda los ojos.
— *Mar.* Soporte opaco de las luces de situación de los barcos, cuya forma determina el ángulo y la dirección en que, según los reglamentos, deben de ser vistas dichas señales. (V. LUZ.)
— *Tecn.* Placa metálica o mampara que se pone ante la boca de los hornos y otros hogares como resguardo contra el calor y las chispas. ‖ *Pantalla de agua,* haz de tubos de una caldera de vapor con que se recubren las paredes de la cámara de combustión para protegerlas contra el calor del hogar.

PANTANO m. Terreno donde se estancan las aguas y en el cual se forma un fondo cenagoso.
— *Obr. públ.* Embalse que se hace cerrando un valle con una presa y cuyas aguas sirven para el regadío y el abastecimiento de ciudades, pero no para producir energía.
— *Quím. Gas de pantano,* metano.

PANTERA f. *Zool.* y *Curt.* Mamífero félido de piel muy apreciada para prendas de señora.

pantano

— Además de la *pantera* de África y de Asia (*Panthera pardus*), de la *pantera de las nieves* (*P. uncia*) propia del Asia Central, y de la *pantera longibanda* (*P. nebulosa*) de Indochina e Insulindia, se consideran como afines, desde el punto de vista de la peletería, el jaguar y el ocelote, ambos americanos. Todos estos animales dan pieles suaves con manchas pardas y negras sobre fondo entre amarillo y leonado. Las más apreciadas provienen de Abisinia, y las de ocelote son, a su vez, muy reputadas.

pantalla de agua (*tecn.*)

PANTOGRABADOR m. Máquina de grabar en la cual la herramienta cortante es guiada por un pantógrafo que sigue los contornos del modelo. (V. COPIAR.)

PANTÓGRAFO m. Instrumento que permite reproducir un dibujo a una escala diferente de la suya.
— El *pantógrafo* (v. *figura*) consta de cuatro reglas articuladas en A, C, D y E, de modo que permanezcan paralelas dos a dos sean cuales fueren los movimientos del aparato. Una vez fijada la punta B, se siguen con el estilete D los detalles del dibujo original, los cuales son fielmente reproducidos por el lápiz F a una escala que depende de la longitud con que se han regulado los cuatro brazos del paralelogramo.
— *F. c.* Dispositivo en forma de patín sostenido horizontalmente por un doble paralelogramo articulado que lo mantiene, merced a unos muelles, aplicado contra el cable conductor de la catenaria * y que sirve para captar la corriente que alimenta los motores de las locomotoras eléctricas.

pantógrafo (*f. c.*)

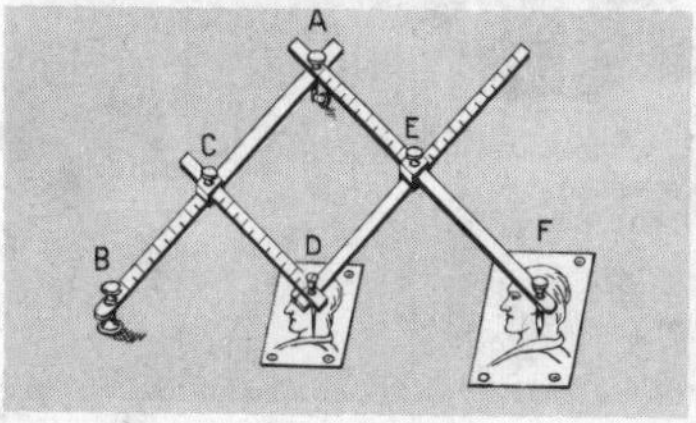

pantógrafo

Fot. Champenon-Bernard

PANTÓMETRO m. *Topogr.* Instrumento que sirve para medir ángulos horizontales en el terreno. (V. GONIÓMETRO.)

PANTOQUE m. *Mar.* Parte del casco de un barco que forma el fondo, más o menos horizontal, a lo largo de la quilla.

PAÑETE m. *Constr. Amer.* Enlucido.
— *Text.* Frisa * u otro paño de inferior calidad.

PAÑO m. *Constr.* Enlucido. ‖ Lienzo de pared.
— *Mar.* Velas desplegadas por un barco: *navegar con poco paño.*
— *Text.* Tejido de lana cardada y de bastante cuerpo, hecho con ligamento tafetán o batavia y sometido a un batanado enérgico que, al afeltrar el extremo libre de las fibras en una masa uniforme, oculta los hilos de trama y urdimbre. ‖ Por ext., cualquier tela: *los paños de cocina son telas bastas de algodón.*
— El *paño* es uno de los tejidos que más cuidados y operaciones requiere antes de alcanzar su aspecto final. La tela de estambre *, de lana cardada o de lana regenerada, se somete a los siguientes tratamientos principales: desmotado *, desengrasado *, batanado *, carbonización *, perchado *, tundido *, chamuscado *, acepillado, prensado, deslustrado * y vaporado.

PAÑOL m. *Mar.* Cada uno de los compartimientos del barco en los que se guardan los víveres, pertrechos, municiones, etc.

PAPEL m. Hoja delgada que se obtiene laminando una pasta de fibras vegetales y a cuyas muchas variedades corresponden numerosas aplicaciones (escritura, dibujo e impresión; embalaje; aislamiento; fotografía y técnicas afines; filtración; soporte de reactivos químicos, etc.) [V. más adelante *Papel.*]
— *Art. gráf. Papel alisado,* papel tal y como sale de la máquina, o sea sin calandrar, que, en razón de sus asperidades, no es bueno para imprimir fotograbados. ‖ *Papel autográfico,* papel cubierto por una composición química en la cual se pueden trazar dibujos que, mediante presión, quedan reportados sobre la piedra litográfica o la plancha de cinc. ‖ *Papel atlántico,* v. FOLIO *atlántico.* ‖ *Papel biblia,* papel muy delgado (0,05 mm), pero resistente y de buena calidad, propio para imprimir obras muy extensas en volúmenes reducidos, especialmente diccionarios y ediciones de lujo. ‖ *Papel cuadriculado,* aquel en el cual se imprime con tonos apagados una red de cuadrículas que sirve de pauta para escribir, dibujar o trazar gráficos. ‖ *Papel cuché,* papel estucado. ‖ *Papel de China,* papel para ediciones de lujo, que antes se fabricaba con la parte interior de la corteza del bambú y hoy se imita con pastas de celulosa. ‖ *Papel estucado,* papel opaco y muy liso, propio para la impresión de fotograbados de trama fina, que se obtiene aplicando en una de sus caras, o en las dos, una pasta a base de caolín, almidón, caseína, gelatina, etc. ‖ *Papel de impresión,* papel hecho con pasta de calidad mediana o superior, especialmente destinado para ser impreso. ‖ *Papel japonés,* papel para ediciones de lujo, de aspecto sedoso, anacarado y satinado, que antes se hacía con la corteza de una morera y otros arbustos del Japón y hoy se imita con pastas de celulosa. ‖ *Papel de mano,* el de tina. ‖ *Papel de marca, de marquilla,* v. más abajo tabla de tamaños. ‖ *Papel de periódico,* papel aprestado, a base de pasta mecánica y de pasta de bisulfito, que sirve para imprimir periódicos con máquinas rotativas. ‖ *Papel pergamino,* papel tratado con una disolución de ácido sulfúrico y luego con glicerina, que cobra así el aspecto del pergamino y sirve para ediciones de lujo y como forro para libros. ‖ *Papel pigmento,* papel sensibilizado con gelatina bicromatada que se emplea en fotograbado *. ‖ *Papel pintado,* papel que lleva impresos motivos decorativos y que se aplica con cola sobre el enlucido de las paredes, reemplazando con economía y rapidez la decoración equivalente hecha con pinturas: *los modernos papeles pintados son lavables y presentan a veces motivos de relieve.* ‖ *Papel en rama,* papel ya impreso pero aún no encuadernado. ‖ *Papel rayado,* aquel en el cual se han impreso con tintas apagadas las rayas que deben servir de pauta para los renglones, columnas de cifras, etc. ‖ *Papel satinado,* papel fuertemente comprimido entre los cilindros de una calandria * con objeto de alisar su superficie para que se impriman bien en ella los fotograbados directos. ‖ *Papel de tina,* papel de trapos que se hace con molde y a mano, pliego a pliego, como antiguamente, y que, dado su precio, solamente se usa para ediciones limitadas y muy lujosas. ‖ *Papel vitela,* papel liso y sin grano, de primera calidad, hecho casi exclusivamente con pasta de trapos, cuya superficie permite la reproducción detallada de los dibujos más finos, por cuya razón se emplea este papel para tirar viñetas y ediciones de lujo.
— Para tiradas muy importantes se extiende el uso de *papel continuo* en bobinas. Para las máquinas planas o planocilíndricas existen formatos que pudiéramos llamar normalizados, aun cuando sus dimensiones, fundadas exclusivamente en la tradición, son poco racionales. A continuación se indican algunas de entre las más corrientes:

DESIGNACIÓN	DIMENSIONES en cm.
Gran cícero	110 × 77
Cícero	100 × 70
Doble marca mayor	90 × 65
Doble marca mayor	88 × 64
Doble coquille	88 × 56
Gran cícero	77 × 55
Cícero	70 × 50
Marca mayor	68 × 47
Marca mayor	65 × 45
Marca mayor	64 × 44
Coquille	56 × 44
Marquilla	53 × 37
Folio prolongado	47 × 34
Folio regular	45 × 32

(obsérvese que con un mismo nombre pueden designarse varios formatos diferentes, lo cual obliga a precisar las dimensiones).
Otra característica de un papel es su espesor o cuerpo, llamado *gramaje* porque se expresa en gramos de peso por metro cuadrado de papel, y así, un pliego de 100 × 70 y de gramaje 90, pesa 63 g.
La unidad empleada para empaquetar el papel es la resma, la cual consta de 500 pliegos.
— *Art. y of. Papel de esmeril,* papel de lija, papel fuerte sobre el cual, previamente embadurnado con cola, se espolvorean polvos o granos de esmeril o de vidrio y que sirve como abrasivo para alisar y pulir metales, maderas y otras materias.
— *Electr. Papel de amianto,* papel aislante a base de fibras de amianto. ‖ *Papel buscapolos,* papel impregnado de sulfato de potasio y de fenolftaleína que, previamente humedecido, se pone en contacto con los polos de un circuito eléctrico produciéndose entonces una electrólisis que hace enrojecer la ftaleína en el polo negativo, lo cual permite reconocerlo y distinguirlo del positivo. ‖ *Papel inorgánico,* papel aislante a base de amianto, bentonita, mica, fibras de vidrio y de sílice, etc.
— *Fot.* En fotografía, fotocopia, reproducción de planos y técnicas afines se emplean *papeles fotosensibles* de tres clases diferentes, a saber: 1.º *Papeles de imagen latente,* papeles en los que las emulsiones difieren poco de las de los clisés negativos y, como en éstos, la imagen solamente es visible mediante revelado de la imagen latente. Las más corrientes son de gelatinobromuro de plata; las de gelatinocloruro tienen menos sensi-

máquina de fabricar **papel** de hasta 3 300 mm de anchura, con velocidades de 35 a 250 m/mn

Fot. C. E. M.

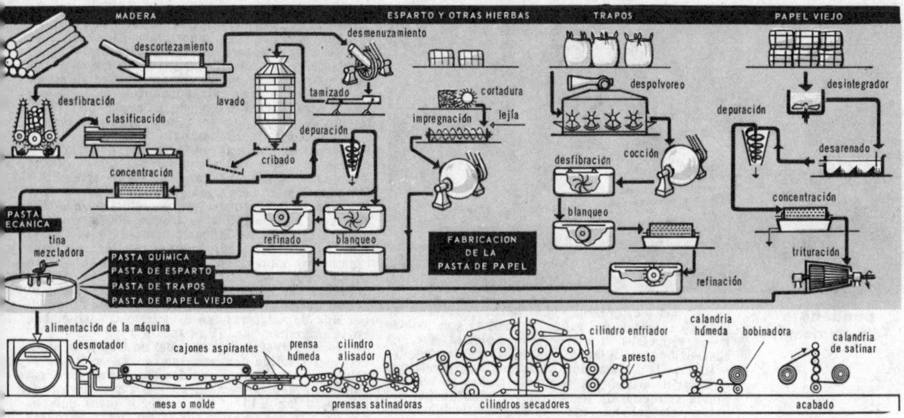

fabricación del papel

bilidad. Existen en distintas graduaciones (suave, normal, medio, vigoroso, contraste, duro y extraduro) que convienen al defecto inverso del negativo, y así, un clisé poco contrastado requiere un papel contraste (v. FOTOGRAFÍA y REVELADO) ;
2.º *Papeles de ennegrecimiento directo,* papeles en los que la iluminación de la emulsión a través del clisé forma una imagen directamente visible que no requiere ser revelada, aunque sí fijada. Son mucho más lentos y menos sensibles que los anteriores y pueden ser manipulados sin precauciones especiales. A esta categoría pertenecen los *papeles aristotípicos* * *al citrato* o *papeles autoviradores* * y *los de celoidina.* Sus emulsiones de gelatina o de colodión contienen cloruro de plata y sales que lo convierten, por efecto de la luz, en plata coloidal visible. Las imágenes se estabilizan con un baño de fijado *. También se incluyen en esta clase los *papeles diazotípicos* * (Ozalid) utilizados industrialmente para tirar planos y sacar fotocopias. El *papel de ferroprusiato* se halla impregnado de ferrocianuro potásico y da dibujos blancos en fondo azul (cianotipos *) ;
3.º *Papeles al carbón y de reporte,* papeles con emulsión de gelatina o cola bicromatadas cargadas de polvillo de carbón o de pigmentos inertes. El bicromato iluminado insolubiliza la gelatina en las partes expuestas, pero no en las que corresponden a los detalles opacos del clisé, de las cuales desaparece el pigmento en los baños en que se trata el papel impresionado. (V. tb. OZOBROMIA y OZOTIPIA.)

— *Metal. Papel de aluminio, de estaño,* hoja muy tenue de aluminio o de una liga de estaño, plomo y bismuto, que sirve para embalar alimentos y otros productos y se emplea también en la fabricación de condensadores eléctricos.

— *Ofic. Papel carbón,* papel delgado, untado por una de sus caras con un compuesto a base de negro de humo u otro pigmento que adhiere a un papel blanco cuando es golpeado por los tipos de las máquinas de escribir o frotado con lápiz o bolígrafo, y sirve para sacar copias de los textos escritos a máquina o a mano. || *Papel de escribir,* papel de buena calidad, encolado, que sirve para escribir. || *Papel secante,* papel grueso, de fibras laxas y sin encolar, que es muy absorbente y se usa para secar lo que se escribe con pluma.

— *Papel.* Además de los *papeles* reseñados en las otras disciplinas de este artículo, citemos los siguientes: *Papel alquitranado,* el embetunado. || *Papel de añafea,* el de estraza. || *Papel de arroz,* papel amarillo que se fabrica con cogollos de bambú o del árbol del pan. || *Papel atrapamoscas,* papel embebido en una mezcla caliente de 5 partes de resina de pino, 1 de aceite de lino y 1 de melaza, que atrae las moscas y las retiene pegadas. || *Papel de barba,* el de tina (v. más arriba *Art. gráf.*) que no ha sido recortado y conserva sus bordes irregulares. || *Papel de Bristol,* v. BRISTOL. || *Papel de calcar* o *de calco,* papel apergaminado y todo papel translúcido a través del cual pueden verse los dibujos originales para ser calcados. || *Papel Canson,* papel de dibujo, muy blanco, liso y resistente. || *Papel cebolla,* papel de escribir muy delgado, que suele emplearse para copias. || *Papel continuo,* el que se fabrica a máquina y en piezas muy largas. || *Papel cristal,* papel de embalaje que, mediante un calandrado apropiado, se ha vuelto translúcido. || *Papel de embalar,* papel grueso, hecho con pastas de calidad inferior, que sirve para hacer paquetes. || *Papel embetunado,* papel de embalaje impermeabilizado con una capa de brea o betún. || *Papel encolado,* el que ha sido impregnado con una disolución de resina y sulfato de alúmina para que no chupe la tinta. || *Papel engomado,* el que lleva en una de sus caras una capa de cola de piel y de huesos que, al ser humedecida, permite pegarlo en alguna parte. || *Papel de estraza,* papel pardo, grueso y basto, que sirve para envolver alimentos y otras cosas y para fabricar cartón ondulado. || *Papel de fumar,* papel delgado hecho de trapos, lino o cáñamo, que sirve para liar los cigarrillos. || *Papel higiénico,* papel fino acondicionado en rollos o en hojas plegadas en zigzag, propio para usos sanitarios. || *Papel kraft,* papel de embalaje muy resistente, de color entre amarillo y pardo, lustrado por una de sus caras y a veces por las dos. || *Papel marroquí,* papel fuerte cuya superficie imita la del cuero llamado tafilete. || *Papel metalizado,* papel mixto que se obtiene pegando un papel de estaño o de aluminio (v. más arriba *Metal.*) con un papel de fibras vegetales y que sirve para embalajes de lujo y para empaquetar galletas y otros alimentos protegiéndolos contra la humedad. || *Papel parafinado,* papel impregnado de cera o de parafina. || *Papel sulfito,* papel de embalaje hecho exclusivamente con pasta de bisulfito. || *Máquina de papel,* la que sirve para fabricar mecánicamente el papel continuo.

— El *papel* es una especie de fieltro constituido por fibras vegetales entrecruzadas e imbricadas, a las cuales se agregan aglutinantes, cargas * y otros aditivos. Todas estas materias sólidas se hallan primeramente en suspensión acuosa en la *pasta de papel,* pero al ser esparcida ésta sobre una fina tela metálica, el agua se escurre a través de las mallas de la misma y queda una capa delgada de materias húmedas que, una vez separada de la tela y secada, constituye el papel.

La celulosa empleada en la fabricación del papel proviene principalmente de la madera del abeto y otros árboles resinosos, pero también se aprovecha la del esparto, la de la paja de cereales, del bambú, el bagazo de la caña de azúcar, etc. Los trapos viejos de lino y de algodón dan una pasta de calidad superior. Los papeles viejos entran en la composición de pastas inferiores.

La fabricación de las distintas clases de pasta de papel se explica esquemáticamente en la figura. En la *pasta química,* la madera se trata con bisulfito y otros reactivos hasta extraer una celulosa más o menos pura, procedimiento ya descrito

calandria de satinar papel

Fot. C. F. E.

paquebote "Rotterdam"

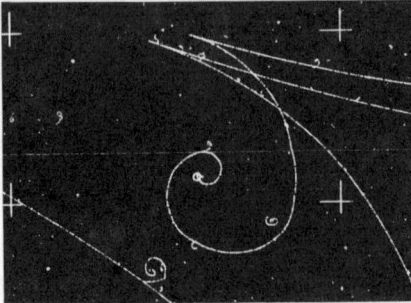

en el art. CELULOSA. La *pasta mecánica* se obtiene raspando los rollos de madera con muelas hasta reducirlos a un polvillo finísimo que, en suspensión con el agua que refrigera las muelas e impide la inflamación de la madera, constituye la referida pasta. La *pasta de trapos* se obtiene previa selección de los mismos y eliminación del polvo, tratándolos con lejía, deshilachándolos, blanqueándolos con cloruro de cal y otros oxidantes, espesando la pasta y agregándole las cargas, colas y otros aditivos. Las *pastas de esparto, de paja, de bagazo* y *de bambú* se obtienen triturando las primeras materias, tratándolas con lejía y procediendo seguidamente como con las pastas de madera. Por último, los papeles usados son desmenuzados y reducidos a pulpa, tratados en separadores que eliminan los cuerpos extraños y finamente triturados.
Para fabricar el papel se empieza por diluir la pasta y se procede a continuación a la *refinación* de la misma, consistente en hidratar las fibras y en reducirlas a las dimensiones convenientes, que dependen de la calidad del papel que se ha de obtener. Se agregan entonces a la suspensión la cola a base de sulfato y de resina de alúmina (si se ha de fabricar *papel encolado*), así como las materias colorantes (si ha de ser *papel de color*).
En la fabricación manual (*papel de tina*) el oficial toma con la forma, especie de cedazo rectangular, la cantidad suficiente de pasta para hacer un pliego. Después de dejarla escurrir, aplica sobre la forma un fieltro al cual adhiere la hoja de papel húmedo. Luego, por presión, se escurre el agua residual y se tiende la hoja para que acabe de secarse al aire.
Las máquinas de papel funcionan con arreglo al mismo principio, pero la forma es reemplazada por una tela metálica sin fin, sobre la cual cae constantemente una capa uniforme de pasta. Mientras la tela avanza, el agua se escurre primeramente por gravedad; más lejos, es aspirada a través de la misma por unos cajones en los que es mantenida una depresión conveniente; a continuación, la cinta de papel aún húmeda pasa entre cilindros que exprimen el agua restante y le confieren una consistencia suficiente para que pueda ser separada de la tela metálica. Es dirigida entonces por cintas de fieltro a través de varios cilindros compresores y de una serie de tambores caldeados interiormente que eliminan el agua restante por evaporación. Finalmente se somete a operaciones de acabado, especialmente al glaseado con calandrias, y se enrolla en bobinas o pasa por máquinas cortadoras que lo ponen al formato deseado. Una máquina moderna de papel para periódicos puede alcanzar un rendimiento de 650 m/mn (el papel sale de la misma a la velocidad de 40 km/h).
El cartón se fabrica con pasta de papel y, las más de las veces, en máquinas de *formas planas* semejantes a las que acabamos de describir. En otros casos se recurre a máquinas de *formas redondas*, consistentes en un tambor rotativo revestido por una tela metálica a través de la cual se escurre el agua de la pasta que se va vertiendo sobre el mismo a medida que gira. Para cartones espesos se sobreponen y prensan conjuntamente varias capas de pasta húmeda. Por lo demás, antes de ser enrollado en bobinas o cortado, el cartón puede ser mejorado, ya pegándole un papel por una de sus caras, ya estucándolo, satinándolo en la calandria, etc. (V. CARTÓN.)
— *Quím. Papel de filtro,* papel de trapos de algodón, puro, sólido y poroso, que se usa en los laboratorios para filtrar líquidos. ‖ *Papel reactivo,* papel impregnado de indicadores * que sirve para reconocer los ácidos, los álcalis u otros cuerpos por los cambios de color que experimenta al entrar en contacto con ellos: *el papel azul de tornasol es un papel reactivo que se vuelve rojo en presencia de un ácido.*
— *Text. Papel tela,* tela finísima de algodón, engomada por ambas caras, que sirve para calcar planos. ‖ *Tejido de papel,* v. TEJIDO.

PAPELINA f. *Text.* Popelín.

PAQUEBOTE m. *Mar.* Buque de línea para el transporte de pasajeros y correo: *según los reglamentos internacionales, todo buque mixto que transporta más de 12 pasajeros es considerado como paquebote.*

PAQUETE m. Bulto de cosas embaladas.
— *Art. gráf.* Trozo de composición tipográfica, atada con bramante, que el servicio de composición de la imprenta entrega al compaginador. ‖ Página de composición que, al salir de la prensa, se ata para guardarla con vistas a una reimpresión o para su distribución ulterior en la caja.
— *Mar.* Paquebote.

PAR m. *Aeron. Par de inversión,* en los aviones y helicópteros monomotores, fuerza reactiva que tiende a hacer girar el fuselaje en dirección contraria de la hélice o del rotor, respectivamente, y sobre el eje de los mismos.
— El *par de inversión* se contrarresta en ciertos aviones mediante una ligera disimetría de las formas de los mismos. En los helicópteros se anula con una hélice antipar *.
— *Arq.* Pieza de la armadura de una cubierta que es paralela a la vertiente y en la cual se apoyan transversalmente las correas. ‖ *Par de faldón,* cuartón. ‖ *Falso par,* sopar.
— *Atom. Par de electrones,* electrón y antielectrón engendrados simultáneamente por la materialización * de un rayo gamma. (V. ELECTRÓN.)
— *Autom. Convertidor de par,* v. CONVERTIDOR.
— *Electr. Par termoeléctrico,* circuito formado por dos conductores de metales diferentes (por ej., bismuto y antimonio) soldados por sus extremos, en el cual, al ser calentada la soldadura, aparece una corriente eléctrica: *el par termoeléctrico permite medir temperaturas (las cuales se desprenden de la magnitud de la corriente producida) y sirve también para convertir la energía calorífica en energía eléctrica.* (V. TERMOELECTRICIDAD.) ‖ *Par voltaico,* sistema de dos electrodos que, sumergidos en uno o dos líquidos apropiados, engendran una corriente eléctrica: *las pilas eléctricas se fundan en el par voltaico.*
— *Fís. Par astático,* v. ASTÁTICO.
— *Mat.* Dícese, adjetivamente, del número que es exactamente divisible por dos. ‖ Conjunto de dos magnitudes o números asociados.
— *Mec.* Sistema de dos fuerzas * iguales y paralelas, pero dirigidas en sentidos opuestos: *un par se caracteriza por su momento *.* ‖ *Par cónico,* sistema de transmisión formado por dos engranajes cuyos ejes de rotación constituyen un ángulo recto: *el diferencial * de los automóviles representa una aplicación corriente del par cónico.* ‖ *Par motor,* trabajo instantáneo que puede efectuar un motor.

dos rayos gamma (invisibles) procedentes de la parte superior e izquierda de la fotografía, se materializan en dos pares de electrones, visibles en forma de ángulos curvilíneos

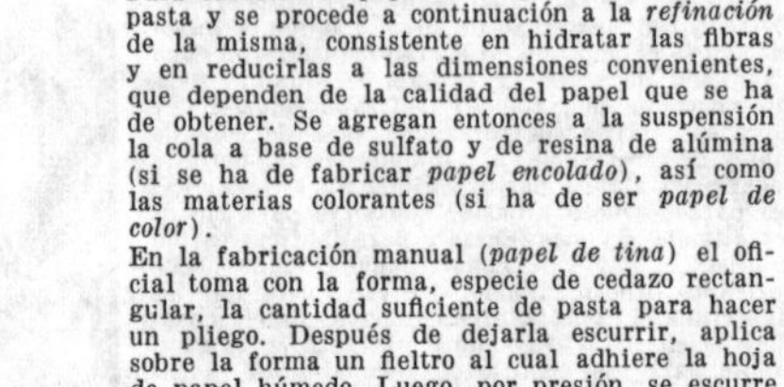

Fot. Central Fotopresbureau

— Mientras que la potencia (expresada en caballos) es el trabajo producido por el motor durante la unidad de tiempo, el *par motor* (expresado en metros kilogramos) indica la magnitud del esfuerzo que produce instantáneamente. En este caso el motor se asimila a un sistema constituido por una fuerza que hace girar al árbol por intermedio de una palanca y el par motor no es sino el producto de dicha fuerza por el brazo de palanca *. El freno * de Prony, que sirve para medir el par motor, materializa la definición que asimila el mismo al referido sistema de palanca y fuerza.

PARA adj. *Geol.* Dícese, por oposición a *orto,* de las rocas que resultan del metamorfismo de terrenos sedimentarios: *gneis para.*
— *Quím.* Prefijo que se aplica a aquellos compuestos de la serie bencénica o aromática en los cuales los dos átomos de hidrógeno que ocupaban los vértices números 1 y 4 del hexágono (v. BENCENO) han sido reemplazados por dos radicales. ‖ Prefijo empleado en otros casos sin significado muy preciso, aun cuando designa frecuentemente los isómeros (*ácido paratartárico*) y los polímeros (*paraldehído*).

PARA, prefijo griego que, según el caso, significa *junto a, cerca de, hacia* y *casi.*

PARÁBOLA f. *Geom.* Línea curva cuyos puntos son todos equidistantes de un foco F y de una directriz D.
— La *parábola* es una cónica * que resulta de la sección de un cono por un plano paralelo a una de las generatrices y puede ser considerada como una elipse que tiene un foco fijo y el otro en el infinito; también es el límite entre la familia de las elipses * y el de las hipérbolas *. Puede trazarse esta curva, en un sistema de coordenadas, por puntos calculados con arreglo a la ecuación $y^2 = 2px$ (en la cual p es el *parámetro de la parábola*). Para dibujarla continua y prácticamente se procede como sigue: después de haber determinado el foco F y la directriz DD' se coloca una regla a lo largo de ésta y se aplica sobre la misma el cartabón ABC; se fijan en F y C los extremos de un hilo de longitud AC, y con un lápiz, siempre apoyado en el cartabón, se mantiene dicho hilo tendido en la dirección de A; al deslizarse el cartabón sobre la regla, varía la longitud de los tramos FM y CM del hilo, y el lápiz traza una curva a lo largo de la cual AM y FM son siempre iguales.
La parábola tiene varias propiedades notables. Si se dispone un manantial de luz en su foco (espejo parabólico), los rayos son reflejados en forma de haz paralelo. Inversamente, las ondas electromagnéticas captadas por el espejo son concentradas en su foco. Estas propiedades se aprovechan en los faros de automóviles, los espejos de los telescopios, las antenas de los radiotelescopios y de radar, etc.
Si se prescinde de la resistencia del aire, los chorros de agua de los surtidores inclinados, así como todos los proyectiles arrojados por cualquier medio, describen trayectorias en forma de parábola. Por otra parte, cuando un ingenio espacial lanzado por el hombre alcanza la velocidad correspondiente a una trayectoria en forma de parábola, se aleja definitivamente de la Tierra y no puede volver a la misma. (V. VELOCIDAD *de evasión, de liberación* o *parabólica.*)

PARABOLICIDAD f. *Geom.* Forma parabólica: *la parabolicidad de un espejo de telescopio.*

PARABÓLICO, CA adj. *Astron.* Velocidad parabólica, v. VELOCIDAD.
— *Geom.* Relativo a la parábola. ‖ Que tiene forma de parábola, y, por ext., de paraboloide: *faro parabólico.*

PARABOLIZAR v. *Ópt.* Tallar los espejos para conferirles la forma parabólica.

PARABOLOIDE m. *Geom.* y *Ópt.* Cuádrica o superficie de segundo grado que carece de centro y tiene un eje de simetría, llamándose *paraboloide elíptico* cuando todas las secciones obtenidas por planos no paralelos al eje son elipses, y *paraboloide hiperbólico,* cuando dichas secciones son hipérbolas. ‖ *Paraboloide de revolución,* superficie engendrada por una parábola alrededor de su eje: *los espejos parabólicos son paraboloides de revolución.* (V. ESPEJO y PARÁBOLA.)

PARABRISA m. Luna de vidrio * de seguridad o de otra materia transparente, que se pone en la parte frontal de un vehículo para resguardar del viento a los viajeros sin impedir la visibilidad al conductor. (Sinón. GUARDABRISA.)

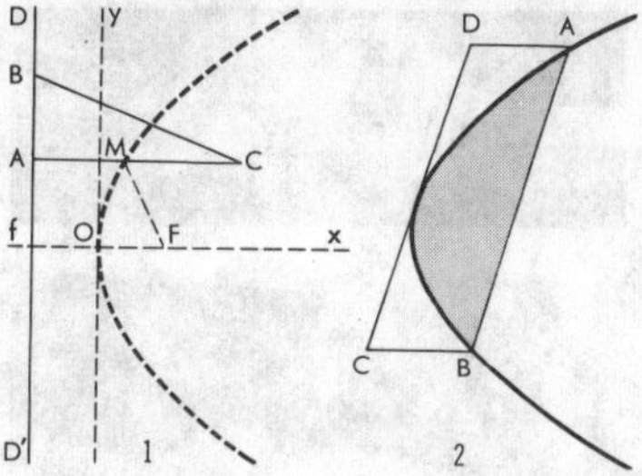

parábola
el área del segmento limitado por la cuerda AB (*fig.* 2) es igual a las dos terceras partes de la del paralelogramo ABCD

PARACAÍDAS m. *Aeron.* Bolsa de tela, las más de las veces en forma de casquete esférico, que sirve para frenar la caída de las personas o cosas en la atmósfera. ‖ *Paracaídas extractor,* paracaídas muy pequeño que, sometido al empuje del aire, sirve para extraer el paracaídas principal de la mochila en que se halla plegado.
— El principio del *paracaídas* consiste en oponer al aire una superficie muy grande capaz de engendrar una resistencia al avance que se oponga a la aceleración de la gravedad. Así, mientras que el cuerpo humano en caída libre alcanza una velocidad del orden de 50 m/s, el paracaídas permite reducirla a unos 6 a 7 m/s, en cuyo caso el contacto con el suelo equivale a un salto libre efectuado desde una altura de 3 metros.
El paracaídas ordinario consta de una bolsa esférica, de base circular o cuadrada, de unos 50 m² de superficie, provista en lo alto de una chimenea que, al dar salida al aire, asegura la estabilidad del aparato. Este casquete suele hacerse con telas de calidad, a la vez resistentes y ligeras, siendo las mejores el Nylón y la seda natural. Del mismo penden numerosos cordones (cordaje) que convergen en la empaquetadura, a la cual se halla también fijado el cinturón y los tirantes que sirven para sujetar al paracaidista. El conjunto pesa 8 kilogramos.
Merece especial atención el plegado del paracaídas en la mochila o empaquetadura, pues del mismo depende el funcionamiento correcto del aparato. El plegado se efectúa como sigue: se empieza por alargar el paracaídas sobre una mesa muy amplea y por plegar la tela en zigzag (como un abanico o un papel filtro) de modo que todos los cordones se hallen agrupados en un haz; luego este haz se pliega también en zigzag, introduciendo los bucles en unos lazos de cinta cosidos en el fondo de la mochila; a continuación y sobre los cordones, se pliega la tela, también en zigzag; por último, se pliega el pequeño paracaídas extractor, sobre el cual se juntan las telas de los cuatro lados abatibles de la mochila, provistas de un sistema de ojales por los cuales pasa el vástago del disparador. Al tirar de éste el paracaidista, la propia compresión del paracaídas basta para abrir la mochila y provocar la salida del paracaídas extractor, el cual, empujado por la fuerza del aire, tira del paracaídas principal que, dado el modo como ha sido plegado, se extiende y abre rápidamente y con toda seguridad. En ciertos casos el extremo del paracaídas plegado se halla atado al avión por un cordón que provoca la abertura y se rompe después o se suelta por efecto de la carga. También existen dispositivos que provocan la apertura automática del paracaídas,

paracaídas de bases circular y cuadrada

paracaídas
de aterrizaje

Fot. S. C. A., Informations aéronautiques

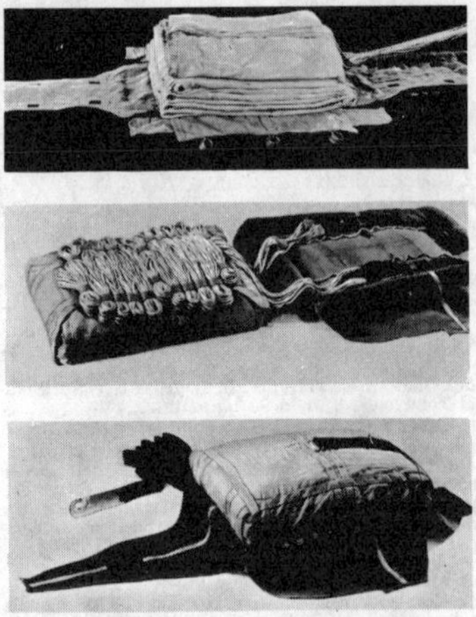

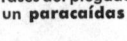

tres fases del plegado de un **paracaídas**

cómo se lanzan cargas pesadas con **paracaídas** viejos

paralume

por ejemplo merced a cápsulas barométricas, que sueltan el pasador de la mochila cuando la presión atmosférica (o sea la altura) corresponde a la magnitud fijada de antemano. Se considera que la altura mínima para saltar en paracaídas con seguridad es de unos 200 metros.
Según la parte del cuerpo en que se lleva el paracaídas, éste se llama *de asiento, de espalda* o *de regazo.*
Además del paracaídas clásico de salvamento, existen paracaídas deportivos provistos de una abertura lateral que permite al paracaidista, maniobrando convenientemente los tirantes, dirigir su descenso para caer lo más cerca posible del punto fijado. Para velocidades muy grandes se emplean paracaídas de fajas o bandas entre las cuales puede pasar el aire. Los paracaídas para lanzar material son paracaídas viejos de personal, agrupados a veces en número proporcional al peso de la carga, o paracaídas especiales, algunos de los cuales tienen un diámetro de 20 m y una superficie de 500 m² que les permite soportar cargas de 1 500 kilogramos.
Los paracaídas se emplean también para recuperar cohetes, ingenios especiales, aviones blanco y otros aparatos sin piloto. Muchos aviones disponen en la cola de un paracaídas de frenado que, abierto al aterrizar, reduce considerablemente la longitud de pista necesaria para que se detenga el aparato. Los *paracaídas antibarrena* * fijados en el extremo del ala permiten salvar al avión que cae hacia el suelo en barrena.
— *Tecn.* Dispositivo de seguridad que tienen los ascensores, montacargas y aparatos similares para evitar su caída acelerada en caso de rotura de los cables.
— Todos los *paracaídas* se fundan en el mismo principio: la tensión del cable de la cabina impide el funcionamiento de un trinquete montado en la polea de un cable de seguridad y mantiene abiertas las mordazas dentadas que corren a lo largo de las guías de la cabina. Al romperse el cable sustentador de la misma y cesar su acción sobre el muelle del trinquete y de las mordazas, éstas se cierran sobre las guías aprisionándolas con una fuerza que es suministrada por el peso de la cabina.
PARACIMENO m. *Quím.* Cimeno.
PARACORO m. *Quím.* Relación que interviene en la solución de problemas sobre constitución molecular de los cuerpos y cuya expresión es:

$$\frac{M\,\gamma\,0{,}25}{D - d}$$

en la cual M es la densidad del líquido, γ su tensión superficial, D la masa molecular y *d* la densidad de su vapor.
PARACHISPAS m. *Electr.* Dispositivo que se pone en los contactos de los interruptores, conmutadores, disyuntores, etc., para protegerlos contra los efectos destructivos de las chispas.
— *Tecn.* Tela metálica tupida que tienen las chimeneas industriales y las de locomotoras para evitar la salida de chispas. ‖ Pantalla * protectora que se pone ante el portillo de los hornos y otros hogares.
PARACHOQUES m. Sistema de barras, tubos o topes que se monta delante y detrás de un vehículo para proteger la carrocería contra los choques.
— *F. c.* Tope.
PARACHUTAR v. *Aeron.* Lanzar desde el aire personas o cargas sostenidas por paracaídas.
PARADA f. Fin o interrupción de un movimiento.
— *Aeron. Aceleración y parada,* v. ACELERACIÓN.
— *Art. gráf. Máquina de cilindro de parada,* v. IMPRESIÓN [*Máquinas de imprimir*].
— *Autom.* V. FRENADO.
— *F. c. Señal de parada,* la que, en las vías de ferrocarril, impone la parada del tren ya inmediatamente (señal de *parada absoluta*), ya después de un recorrido más o menos grande (señal de *parada diferida*).
— *Hidr.* Azud, presa hecha en un río.
PARADICLOROBENCENO m. *Quím.* Derivado diclorado del benceno, que es un polvo blanco dotado de propiedades insecticidas.
PARAFENILENODIAMINA f. *Quím.* Diamina del benceno, usada como revelador fotográfico y para teñir pieles de abrigo.
PARAFINA f. *Quím.* Materia sólida, blanca, inodora e insípida, mezcla de hidrocarburos parafínicos *. ‖ Por ext., nombre genérico de los homólogos del metano pertenecientes a la serie grasa y saturada cuya fórmula general es C_nH_{2n+2}. ‖ *Parafina natural,* ozoquerita.
— La *parafina refinada* es translúcida y untuosa al tacto. Es insoluble en el agua y fácilmente soluble en el éter y el benzol. Su punto de fusión varía, según su pureza, entre 50 y 70°. Se obtiene en la refinación del petróleo por desparafinado (v. DESPARAFINAR) y se purifica tratándola con ácido sulfúrico o con tierras descolorantes.
Una de las principales aplicaciones de la parafina es la fabricación de bujías, agregándosele con dicho fin hasta 20 % de ácido esteárico para elevar su punto de fusión. Tiene muchos otros usos generalmente fundados en su resistencia a los agentes químicos y a la humedad: impregnación de papeles y cartones, aislantes eléctricos, conservación de alimentos (protegidos por una película de parafina), fabricación de cosméticos y de medicamentos, etc.
PARAFINADO, DA adj. Que contiene parafina o ha sido embadurnado con ella: *papel parafinado.*
PARAFINADORA f. *Ind.* Máquina de parafinar: *parafinadora de papel continuo.*
PARAFINAR v. Agregar parafina a una substancia. ‖ Untar o impregnar algo con parafina.
PARAFÍNICO, CA adj. *Quím.* Aplícase a las substancias análogas a la parafina. ‖ Dícese de los compuestos orgánicos saturados: *serie parafínica.* ‖ *Hidrocarburo parafínico,* hidrocarburo * saturado de fórmula C_nH_{2n+2}.
PARAFINOSO, SA adj. Que contiene parafina. ‖ Parecido a la parafina.
PARAFUEGO m. *Agr.* Cortafuego.
— *Arq. Muro parafuego,* muro cortafuego *.
— *Tecn.* Abanico o pantalla * que se pone ante los hogares como protección contra el calor.
PARAGÉNESIS f. *Geol.* Conjunto de especies minerales que constituyen una mena y que comprende generalmente el mineral principal que justifica su explotación, minerales útiles secundarios y minerales sin valor de la ganga.
PARAGOLPES m. Parachoques.
PARAGRANIZO adj. y s. *Agr.* Que sirve para impedir la formación de granizo *: *cohete paragranizo.* (Sinón. GRANÍFUGO.)
PARAHELIO m. *Quím.* Helio compuesto de átomos en los cuales los dos electrones periféricos tienen spin * de direcciones opuestas, por oposición al ortohelio.
PARAHEMIEDRIA f. *Miner.* Hemiedria que tiene un eje de simetría.
PARAHIDRÓGENO m. *Quím.* Hidrógeno compuesto de moléculas en las cuales los dos protones tienen spin * de dirección contraria: *a la temperatura ordinaria el hidrógeno natural con-*

Fot. S. C. A.

tiene 25% de parahidrógeno y 75% de ortohidrógeno, pero a su temperatura de ebullición, todo el ortohidrógeno tiende a convertirse en parahidrógeno.

PARAHUSO m. *Mec.* Arco * de tornear.

PARAL m. *Arq.* Madero empotrado en un mechinal del muro que sirve para sostener los tablones de un andamio.
— *Mar.* Madero que se pone de través debajo de la quilla de una embarcación para que se deslice ésta al ser botada o sacada del agua: *la parte central del paral se unta con sebo.*

PARALÁCTICO, CA adj. Relativo o perteneciente a la paralaje.
— *Astr. Ángulo paraláctico,* v. ÁNGULO.
— *Topogr.* Método indirecto para medir distancias que consiste en medir con el teodolito el ángulo que abarca una base (mira, jalón, etc.) de dimensiones conocidas, dado que la distancia del observador a la base AB vista con un ángulo α es arrojada por la fórmula:

$$\frac{AB}{2}\ \text{cotg}\ \frac{\alpha}{2}.$$

PARALAJE f. *Astr.* Ángulo con el cual se vería desde un astro del sistema solar el radio de la Tierra y desde una estrella el semieje mayor de la órbita terrestre.
— El conocimiento de las *paralajes* tiene mucha importancia en astronomía. Por una parte los astros ocupan una posición diferente según el punto en que se halle el observador, lo cual obliga a tener en cuenta la paralaje en las observaciones astronómicas. Por otra parte, la paralaje es el ángulo que tiene en su vértice al astro observado y cuyos lados abarcan una base (radio de la Tierra o semieje mayor de su órbita) también conocida. Disponemos así de un triángulo que nos permite calcular por trigonometría la distancia que media entre el astro y la Tierra. Ahora bien, la precisión de este cálculo es tanto menor cuanto menor es también la paralaje.
La *paralaje solar* es de 8,80", correspondiente a una distancia de 23 439,2 rayos terrestres ecuatoriales y equivalente a 149 501 000 km. La *paralaje de la Luna* es en promedio de 57' 2,7", equivalente a una distancia de 384 403 km.
En cuanto a la paralaje de las estrellas, la de la más próxima es de 0,75" y si bien la increíble precisión de las medidas astronómicas ha permitido medir las paralajes de 10 000 estrellas, las distancias calculadas a partir de ángulos tan ínfimos solamente son aproximativas.
— *Fot. Paralaje estereoscópica,* diferencia de posición de un mismo detalle en las dos imágenes de un par estereoscópico, a la cual se debe la sensación de relieve cuando ambas se observan con un estereoscopio *. ‖ *Paralaje del visor,* diferencia entre la imagen observada en el visor y la que se forma en la cámara obscura, debida a que el visor y el objetivo no se hallan situados en un mismo eje óptico. (La *paralaje del visor* es tanto mayor cuanto más cercanos se hallan los objetos fotografiados, y de hallarse éstos muy próximos del aparato tomavistas, es útil disponer de un visor provisto de corrector de paralaje.)
— *Ópt. Error de paralaje,* error en el que se incurre al leer oblicuamente la escala de un instrumento cuando ésta no se halla rigurosamente en el mismo plano que lo que se mide: *es conveniente leer las indicaciones del termómetro perpendicularmente a la columna de mercurio para evitar el error de paralaje.*

PARALELEPÍPEDO m. *Geom.* Poliedro que es un prisma cuyas bases son paralelogramos.
— El *paralelepípedo* tiene seis caras, ocho vértices, doce aristas y cuatro diagonales. Todas sus caras son paralelogramos a la vez iguales y paralelos dos a dos. En el *paralelepípedo recto* las aristas laterales son perpendiculares a las bases, mientras que en el *paralelepípedo oblicuo* son oblicuas a las mismas. La altura del paralelepípedo es la distancia vertical que media entre sus bases. El volumen de este poliedro se obtiene multiplicando su altura por el área de su base.

PARALELISMO m. *Geom.* Calidad de paralelo.

PARALELIZAR v. Hacer que dos o más cosas sean paralelas.

PARALELO, LA adj. y s. *Paralelo celeste,* cada uno de los círculos de la esfera celeste cuyo plano es paralelo al del ecuador. ‖ *Paralelo terrestre,* o simplemente *paralelo,* cada uno de los círculos menores de la esfera terrestre cuyos planos son paralelos al ecuador: *todos los puntos de un mismo paralelo tienen igual latitud* *
— *Electr. Acoplamiento en paralelo,* v. ACOPLAMIENTO.
— *Geom.* Dícese de dos o más líneas que, situadas en un mismo plano, se mantienen siempre equidistantes y nunca llegan a cortarse por más que se prolonguen. ‖ — M. Cada una de las secciones que resultan de cortar una superficie de revolución por un plano perpendicular a su eje: *todo paralelo es obligatoriamente un círculo.* ‖
— F. *Postulado de las paralelas* o *de Euclides,* v. GEOMETRÍA.

PARALELOGRAMO m. *Geom.* Cuadrilátero de lados opuestos iguales y paralelos dos a dos.
— La altura del *paralelogramo* es la distancia vertical entre dos lados tomados por bases, y su área se halla multiplicando la base por la altura. Son paralelogramos: el rectángulo, el cuadrado y el rombo.
— *Mec. Paralelogramo de fuerzas,* v. FUERZA. ‖ *Paralelogramo de velocidades,* v. VELOCIDAD. ‖ *Paralelogramo de Watt,* dispositivo merced al cual el vástago del émbolo de una máquina de vapor puede conservar una dirección dada y que consiste en un sistema de piezas articuladas que forman un paralelogramo y transforman en movimiento rectilíneo del émbolo el movimiento circular del balancín. ‖ *Ley del paralelogramo,* regla según la cual la resultante de dos vectores (por ej., dos fuerzas, dos velocidades, etc.) es la diagonal de un paralelogramo que tiene a dichos vectores por lados. (V. FUERZA.)

PARALUME o **PARALUMO** m. *Lumin.* Serie de pantallas o tabiques planos dispuestos a lo largo de una lámpara fluorescente de tubo y perpendicularmente al mismo, de modo que sus rayos puedan alumbrar verticalmente, pero sin causar molestias a la vista oblicuamente.

PARAMAGNÉTICO, CA adj. *Magn.* Dícese de las substancias que, sin ser ferromagnéticas, son atraídas por los imanes. (V. MAGNETISMO.)

PARAMAGNETISMO m. *Magn.* Propiedad de los cuerpos paramagnéticos. (V. MAGNETISMO.)

PARAMENTO m. *Arq.* Cada una de las caras de una pared. ‖ Cualquiera de las seis caras de un sillar labrado.

PARÁMETRO m. *Mat.* Cantidad que interviene en una ecuación (por ejemplo, como variable auxiliar) y a la cual puede atribuirse la magnitud deseada: *si en la ecuación de una curva se introduce un parámetro, y si se atribuyen sucesivamente valores diferentes a éste, se obtendrá un haz de curvas diferentes de la misma familia.* ‖ *Parámetro de una cónica,* cuerda perpendicular al eje mayor, trazada desde un foco de la curva. ‖ *Parámetro de la parábola,* v. PARÁBOLA.

PARAMIDOFENOL m. *Quím.* V. AMINOFENOL.

PARANGONA f. *Art. gráf.* Letra de imprenta de 18 puntos. ‖ *Parangona gorda,* letra de 20 puntos.

PARANGONAR v. *Art. gráf.* Justificar en una misma línea la composición de tipos de cuerpos diferentes o del mismo cuerpo pero con ojos de distintos tamaños: *la composición de fórmulas de álgebra obliga a parangonar, compensando las desigualdades con regletas y espacios supletorios.*

PARANIEVES m. *Arq.* Reja de barrotes o listones que se pone en el alero o en el canalón del tejado para que, sin impedir el paso del agua, quede detenida la nieve que podría atascar la canal.
— *Obr. públ.* Valla o palizada que se construye en las laderas para evitar que la nieve se deslice y obstruya alguna carretera o vía de ferrocarril situadas al pie de las mismas.

PARAPETO m. *Arq.* Antepecho o pretil.

PARAR v. Detener o interrumpir un movimiento o una acción. (V. PARADA.)

PARARRAYOS m. Dispositivo propio para proteger los edificios contra los efectos de las descargas atmosféricas. ‖ Dispositivo que se instala en las líneas eléctricas para protección contra las sobretensiones peligrosas y las descargas atmosféricas.
— El *pararrayos* consta de una barra de hierro rematada por una punta de platino o de cobre y fijada en la parte más alta del edificio. De esta

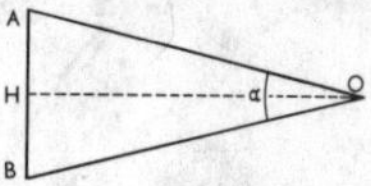

medición paraláctica de las distancias *(topogr.)*

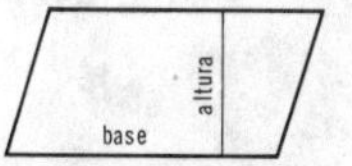

paralelogramo *(geom.)*

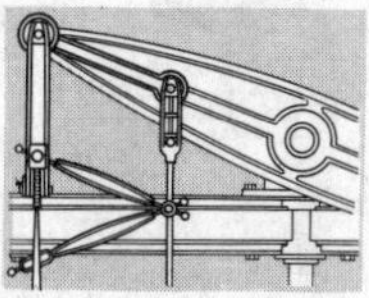
paralelogramo de Watt *(mec.)*

paralume [v. figura p. 774]

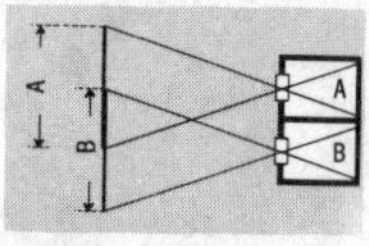

paralaje *(fot.)*
A. Campo del visor; B. Campo del objetivo

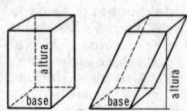

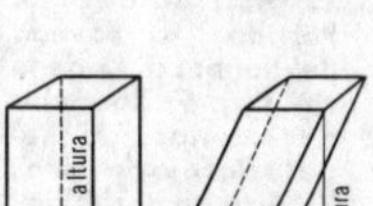

paralelepípedos

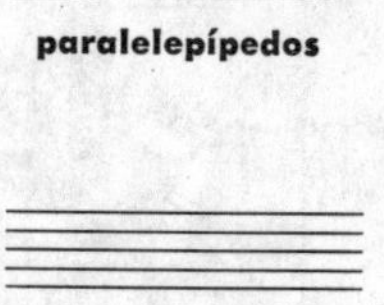
paralelas rectilíneas y curvilíneas

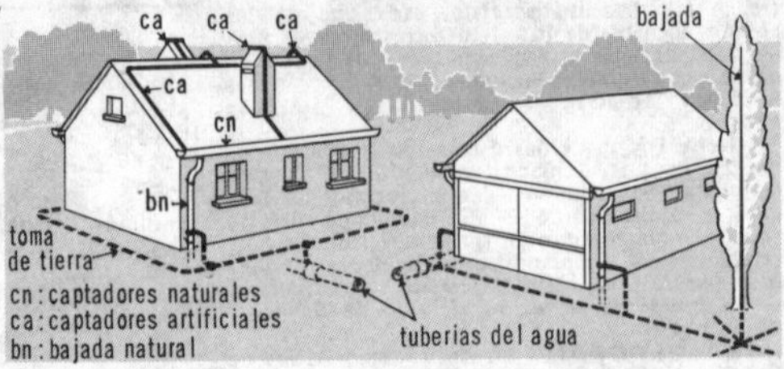

protección con **pararrayos**

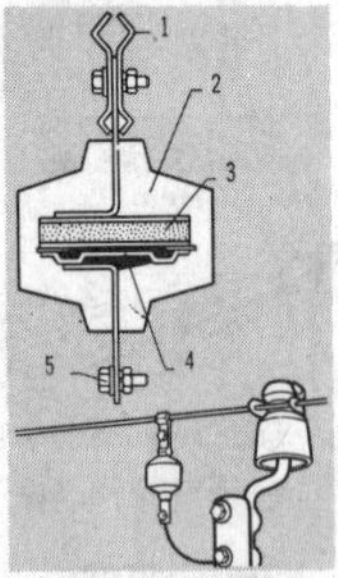

pararrayos de línea eléctrica
1. Fijación; 2. Cárter; 3. Resistencia; 4. Electrodos del arco; 5. Toma de tierra

barra parten uno o varios cables o barras que conducen la electricidad a la tierra para que se disipe en el suelo. Con dicho fin se recurre a diversas tomas de tierra que pueden consistir ya en un pozo, en cuya agua penetra el extremo de la bajada, ya en un sistema de placas conductoras enterradas en el suelo (a veces se aprovechan las canalizaciones subterráneas). Por lo demás, conviene que el pararrayos se halle en contacto con todas las masas metálicas del edificio.
Los pararrayos para la protección de las instalaciones eléctricas constan generalmente de dos conductores muy próximos, uno de los cuales se halla conectado con la línea eléctrica, mientras que el otro comunica con la tierra. Cuando una descarga atmosférica o cualquier otra causa produce una sobretensión importante en el conductor, se forma momentáneamente un arco entre los dos elementos del pararrayos, y así la descarga pasa a la tierra. En otros casos el pararrayos es un condensador que tiene una de sus armaduras conectada con el conductor y la otra con la tierra y que, dada su poca capacidad, deriva a la tierra las descargas atmosféricas de alta frecuencia.

PARASELENE f. *Meteor.* Halo luminoso que se forma a veces alrededor de la Luna vista a través de las gotitas de humedad atmosférica.

PARÁSITO m. *Miner.* Mineral que, en el curso de su formación, cambia de composición, pero conserva su aspecto exterior primitivo.
— *Telec.* Pl. Perturbaciones que alteran la recepción de las señales radioeléctricas, telefónicas o telegráficas.
— Los *parásitos atmosféricos* resultan de fenómenos eléctricos propios de la troposfera (descargas eléctricas en el curso de tormentas), y de la estratosfera (auroras polares, tormentas magnéticas provocadas por paroxismos de la actividad solar, etc.). Son verdaderas emisiones radioeléctricas naturales captadas por las antenas juntamente con las ondas hertzianas y que, amplificadas y detectadas por ellas, producen ruidos e interferencias en los altavoces de los radiorreceptores y en las pantallas de los televisores.
Los *parásitos industriales* son engendrados por las chispas de los motores, las descargas en los tubos de los anuncios luminosos, el sistema de encendido de los automóviles, etc. Raros son los países donde la ley no impone a los industriales el uso de sistemas de protección que evitan la propagación de las perturbaciones. También pueden eliminarse la mayor parte de los parásitos utilizando distintos dispositivos *antiparásitos* *.

PARASOL m. *Autom.* Pantalla orientable, situada frente al parabrisa, con la que el automovilista oculta el disco solar cuando está muy bajo, para evitar los peligros del deslumbramiento.

parrilla sin fin
1. Tolva de carbón; 2. Distribuidor; 3. Portillo; 4. Bóveda del hogar; 5. Cadena sin fin; 6. Rascador de escorias; 7. Reguladores de tiro; 8. Aire comprimido; 9. Barrote

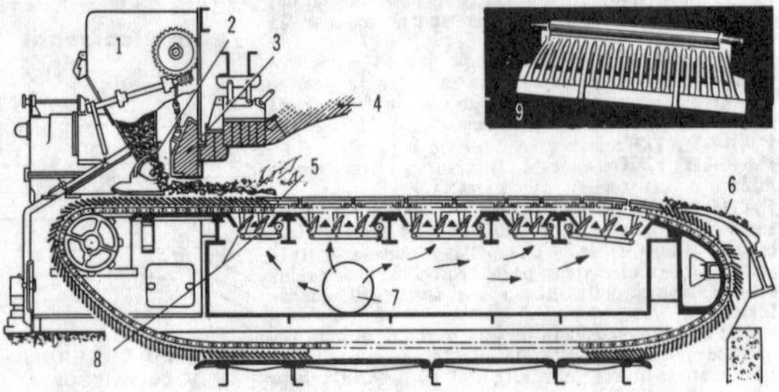

— *Fot.* Pantalla de forma acampanada que se monta en el objetivo de un aparato fotográfico para impedir la entrada en la cámara de los rayos luminosos que no provengan del sujeto.

PARÁSTADE m. *Arq.* Pilastra que se coloca detrás de una columna para aliviarla.

PARATOLUIDINA f. *Quím.* V. TOLUIDINA.

PARAXILENO m. *Quím.* Xileno * líquido e incoloro que sirve para fabricar Tergal y otras fibras textiles sintéticas.

PARCHAR v. *Amer.* Pegar parches a una cosa.

PARCHE m. Trozo de goma, piel, tela, etc., que se pega sobre una cosa: *los pinchazos de los neumáticos se reparan tapando el agujero de la cámara con un parche de goma pegado con disolución* *. ‖ Piel de los tambores, banjos, panderetas y otros instrumentos de música. ‖ Pegote, retoque mal hecho en la pintura y otras labores.

PARDO, DA adj. Color moreno, entre gris y rojizo, que se obtiene mezclando el amarillo y el rojo y agregando a la mezcla una pequeñísima proporción de azul. (Se emplean como *pigmentos* o como *colorantes pardos:* ocres obscuros, óxido de hierro, palo campeche, tinta de sepia, colorantes azoicos, etc.)

PARECILLO m. *Arq.* Cabio * de cubierta.

PARED f. Cara o superficie: *formarse incrustaciones en la pared interna de una caldera.*
— *Aeron. Pared sónica,* muro del sonido.
— *Arq.* Obra de fábrica que se levanta verticalmente para cerrar un espacio o sostener una techumbre (Sinón. MURO). ‖ *Pared calada,* muro calado. ‖ *Pared de carga,* la que soporta las vigas o viguetas de los pisos. ‖ *Pared horma,* horma. ‖ *Pared maestra,* cada una de las paredes más gruesas del edificio, que suelen ser las de carga. ‖ *Pared medianera,* muro medianero.
— *Min.* Hastial.

PAREDÓN m. *Arq.* Pared de mucho espesor. ‖ La que queda en pie en los edificios arruinados.

PARÉNTESIS m. *Mat.* Signo ( ) empleado en matemáticas, especialmente en álgebra, para aislar una expresión e indicar que determinada operación se ha de efectuar con la expresión completa, y así, mientras que en la expresión ab^3 solamente se eleva al cubo la cantidad b, en la expresión $(ab)^3$ se eleva a la tercera potencia el producto de a por b.

PARHELIO m. *Meteor.* Fenómeno luminoso consistente en un halo * sobre el cual pueden distinguirse varias imágenes del Sol reflejadas por las caras laterales de los minúsculos cristales de hielo que se hallan en suspensión en la atmósfera.

PARHILERA f. *Arq.* Madero que forma el lomo de la armadura de una cubierta y en el cual se apoya el extremo superior de los cabios.

PARISIENA f. *Art. gráf.* Carácter de imprenta de cinco puntos.

PARKERIZACIÓN f. *Metal.* Nombre registrado de un procedimiento de fosfatación * para proteger las piezas de metal ferroso.
— La *Parkerización* se efectúa tratando las piezas, previamente desengrasadas, en un baño hirviente de fosfato de hierro, ácido fosfórico y bióxido de manganeso disueltos en agua. Después se suelen tratar las piezas en otro baño de aceite caliente que penetra en los poros y no solamente protege el metal contra la oxidación, sino que también facilita las operaciones eventuales de deformación (embutido) y la adherencia de la pintura, por cuya razón se aplica este segundo tratamiento a las chapas para carrocerías de automóviles.

PARKERIZAR v. *Metal.* Someter a la Parkerización las piezas de metales ferrosos.

PARPADEO m. *Cin.* y *Radiot.* Centelleo.

PARQUET m. *Carp.* Galicismo por *entarimado.*

PÁRRAFO m. *Art. gráf.* División de un impreso entre dos puntos aparte. ‖ *Párrafo moderno,* aquel en el cual todas las líneas, incluso la primera, tienen igual longitud, tirándose la última línea corta hacia la izquierda: *el presente diccionario se ha compuesto en párrafos modernos.*

PARRAGÓN m. *Metal.* Barrita de plata de ley con que se raya la piedra de toque para comparar su huella con la del metal que se contrasta.

PARRILLA f. Armazón de barrotes que forma la solera de un hogar *, y sobre la cual arde el combustible.

— La *parrilla* soporta el combustible y, por las ranuras que median entre los barrotes, permite la llegada del aire necesario para la combustión y la caída de las cenizas. Los hogares pequeños y medianos tienen parrillas fijas de barrotes dispuestos horizontalmente o bien escalonados. En los hogares importantes, cuales son los de las calderas de las centrales eléctricas, los barrotes de la parrilla se hallan articulados entre sí y constituyen una cinta sin fin que, arrastrada por un motor, es alimentada automáticamente en combustible por un extremo y elimina las cenizas y las escorias por el otro.
— *Arq.* Emparrillado.

PARSEC m. *Astr.* Unidad de distancia empleada en astronomía, correspondiente a la distancia de una estrella cuya paralaje * sería de 1", y equivalente a 3,26 años de luz o a 30,8 billones de kilómetros.

PARSONITA f. *Miner.* Fosfato hidratado de plomo y uranio, mena de este último metal.

PARTE f. *Mat. Parte alicuanta, parte alícuota,* v. ALICUANTA y ALÍCUOTA.

PARTEHUMOS m. *Arq.* Tabique que divide una chimenea en dos conductos.

PARTELUZ m. *Arq.* Mainel.

PARTÍCULA f. *Atom.* Corpúsculo material de dimensiones muy pequeñas: *la partícula alfa consta de dos protones y dos neutrones.* ‖ *Partícula elemental o fundamental,* cada uno de los ínfimos granos de materia que constituyen los átomos o que son engendrados por transformación de las partículas constitutivas de los átomos. ‖ *Partículas extrañas,* el hiperón y el mesón *ka,* partículas engendradas conjuntamente en el curso de interacciones muy fuertes y que se desintegran a su vez lentamente.
— El átomo * consta de un núcleo, formado por protones y neutrones, en torno al cual gravitan electrones planetarios. Además de estas tres *partículas,* los físicos han descubierto muchas otras de menor importancia y de existencia efímera. En realidad, si se exceptúan el protón, el electrón y sus dos antipartículas (antiprotón y antineutrón) todas las partículas son inestables y se desintegran en partículas más ligeras que ellas. Así, por ejemplo, el neutrón * emite un protón, un electrón y un neutrino, el mesón *pi* emite un mesón *mu* y un neutrino, etc.
A cada partícula corresponde una *antipartícula* *, salvo al mesón *pi* neutro y al fotón.
Actualmente se clasifican las partículas en tres grupos principales: *bariones,* que son las más pesadas (de masa igual o superior a la del protón) y se subdividen en nucleones (protón y neutrón constituyentes del núcleo) y en hiperones (partículas *ksi, lambda, omega, sigma*); *mesones* *, de masa intermediaria, considerados como el "vehículo" de las fuerzas nucleares (mesones *ka* y *pi*); *leptones,* que son las partículas más ligeras (neutrino, electrón y muón); por último, el *fotón,* si bien carece de masa, puede ser asimilado a los mesones y es el "vehículo" del campo electromagnético. (V. tb. RAYO.)
Todos los bariones y los leptones son fermiones; los mesones y el fotón son bosones. (V. FERMIÓN y BOSÓN.)

PARTIDOR, RA adj. y s. Que sirve para partir o dividir. ‖ Instrumento o máquina para dividir, cortar o partir alguna cosa.

PASACABO m. Pasador * que se usa para empalmar cuerdas. ‖ Polea pequeña, cáncamo o anilla fijos en alguna parte, para pasar un cabo por ellos.

PASACORDONES m. Pasador * propio para pasar los cordones por los ojetes, jaretas, etc.

PASADA f. *Mec.* En las máquinas herramienta, trabajo ejecutado por el útil cortante a cada ciclo: *esta escariadora da 20 pasadas por minuto.*
— *Text.* Cada trayecto de la lanzadera a través de los hilos de urdimbre.

PASADOR, RA adj. y s. Cerrojo para puertas o ventanas, baúles, etc. ‖ Varilla que sirve de eje a las bisagras y charnelas, a los eslabones de ciertas cadenas, los cangilones de las dragas, las placas de las orugas, etc. ‖ Tamiz o coladero de tela metálica. ‖ Punzón con mango, que tiene a veces un ojo en su extremo y sirve para pasar cordones por los ojetes o para abrir, en los cabos que se empalman, los agujeros por donde se pasan los cordones.

PASAMANERÍA f. *Text.* Labor de pasamano.

		NOMBRE	SÍMBOLO partículas	SÍMBOLO anti-partículas	MASA (Me V)	VIDA MEDIA (segundos)
		fotón	γ		0	estable
leptones		neutrino	ν_e ν_μ	ν_e ν_μ	0	estable
leptones		electrón	e^+	e^-	0.511 ± 0.000	estable
leptones		muón	μ^+	μ^-	105.70 ± 0.06	$(2.22 \pm 0.02) \times 10^{-6}$
mesones		piones cargados	π^+	π^-	139.59 ± 0.05	$(2.55 \pm 0.03) \times 10^{-8}$
mesones		pión neutro	π^0		135.00 ± 0.05	$(1.0 \pm 0.2) \times 10^{-16}$
mesones		ka cargados	K^+	K^-	$493.9 \pm 0,2$	$(1.224 \pm 0.013) \times 10^{-8}$
mesones		ka neutros	K_1^0 / K_2^0		$497.8 \pm 0,6$	$(0.90 \pm 0.02) \times 10^{-10}$ $(6.1 \pm 1.6) \times 10^{-8}$
bariones	nucleones	protón	p	$\overline{p}$	938.21 ± 0.01	estable
bariones	nucleones	neutrón	n	$\overline{n}$	939.51 ± 0.01	$(1.01 \pm 0.03) \times 10^{-}$[illegible]
bariones	hiperones	lambda	Λ^0	$\overline{\Lambda^0}$	1115.36 ± 0.14	$(2.51 \pm 0.09) \times 10^{-10}$
bariones	hiperones	sigma cargados	Σ^+	$\overline{\Sigma^+}$	1189.4 ± 0.2	$(0.8 \pm 0.06) \times 10^{-10}$
bariones	hiperones	sigma cargados	Σ^-	$\overline{\Sigma^-}$	1195.96 ± 0.3	$(1.6 \pm 0.1) \times 10^{-10}$
bariones	hiperones	sigma neutro	Σ^0	$\overline{\Sigma^0}$	1191.5 ± 0.5	$\sim 10^{-19}$
bariones	hiperones	ksi cargado	Ξ^-	$\overline{\Xi^-}$	1311 ± 8	$\sim 2 \times 10^{-10}$
bariones	hiperones	ksi neutro	Ξ^0	$\overline{\Xi^0}$	1321.5 ± 0.5	$\sim 4 \times 10^{-10}$
bariones	hiperones	omega	Ω^-		1685 ± 12	$\sim 10^{-10}$

PASAMANO m. *Arq.* Pieza de la barandilla de escalera, en la que se empotra el extremo superior de los barrotes y sobre la cual se apoya o corre la mano.

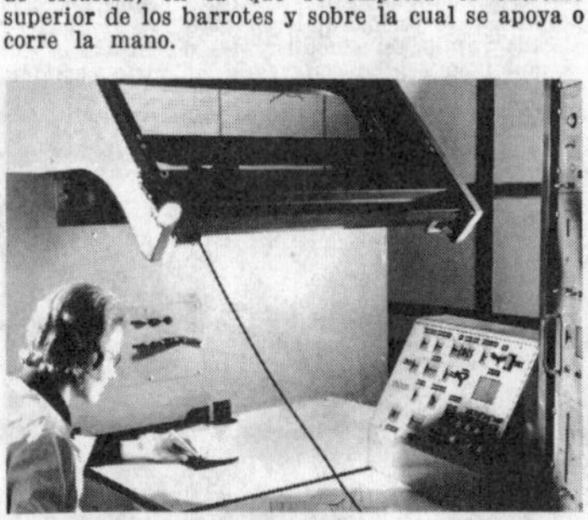

estudio de las **partículas** por proyección de los clisés obtenidos en la cámara de burbujas

Fot. C. E. R. N.

— *Mar.* Barras metálicas, cabos o cadenas que, soportadas por los candeleros,* forman barandilla en la borda o en otras partes del barco. ‖ Andarivel.

— *Text.* Nombre genérico de los galones, trencillas, cordones y labores similares hechas con hilos de fibras o hilos metálicos, que sirven de adorno para muebles, cortinas, uniformes, etc., y suelen fabricarse con telares de cintería provistos de varias lanzaderas.

PASAPERRO (A), dícese de la encuadernación que se hace taladrando los pliegos en dos puntos de la margen del lomo y pasando por los orificios un lazo que sujeta los pliegos y las tapas.

PASAPORTODO m. *Carp. Amer.* Serrucho o sierra * de punta. (Es galicismo.)

PASAR v. *Ind. alim.* Desecar frutas.

PASARELA f. *Cin.* Pórtico que soporta los proyectores en los estudios cinematográficos.

— *Mar.* Pasillo o puente estrecho que, apoyado en una armadura por encima de la cubierta, une las superestructuras (castillo, puente y toldilla) de un petrolero y permite ir con seguridad de una a otra aunque las olas barran la cubierta. ‖ *Pasarela de navegación,* puente * de navegación.

— *Obr. públ.* Puente estrecho y pequeño, que se construye provisional o definitivamente para uso exclusivo de peatones.

PASCAL m. *Metr.* Unidad de presión en el sistema internacional (S. I.), cuyo símbolo es *Pa,* equivalente a la presión que ejercería una fuerza de 1 newton sobre una superficie de 1 m^2.

PASCAL *(Principio de),* principio de hidrostática en el que se funda la prensa hidráulica y según el cual, las presiones se transmiten en el seno de un líquido de manera igual en todas las direcciones y obran perpendicularmente a las paredes del recipiente. (V. PRESIÓN.)

PASILLO m. *Aeron. Pasillo aéreo,* corredor aéreo. (V. CIRCULACIÓN.)

— *Arq.* Pieza larga y estrecha por la cual comunican las habitaciones o dependencias de una planta o piso.

PASIVACIÓN f. *Pint.* Fosfatación * previa de los metales que se han de pintar.

— *Quím.* Acción de volver pasivo * un metal.

PASIVIDAD f. *Metal.* Calidad del metal que, merced a tratamientos superficiales, resiste a la corrosión electroquímica.

PASIVO, VA adj. *Astron. Satélite pasivo,* v. SATÉLITE *artificial.*

— *Electr.* Dícese de los circuitos o elementos de instalaciones eléctricas que no contienen ningún manantial de energía.

— *Quím.* Dícese del hierro y otros metales oxidables que, al ser tratados en un baño de ácido oxigenado, adquieren la propiedad de ser inatacables ulteriormente por el mismo ácido diluido.

PASO m. *Aeron. Hélice de paso variable,* v. HÉLICE. ‖ *Paso de la hélice,* v. más abajo *Tecn.* ‖ *Variación cíclica del paso,* v. HELICÓPTERO.

— *Astr.* Acto de pasar un astro entre otro y el ojo del observador.

— Los *pasos* no son sino eclipses. Los principales son los de los planetas inferiores (Mercurio y Venus) ante el disco solar y los de los satélites de Júpiter ante este planeta.
Dada la inclinación de las órbitas de los planetas respecto a la eclíptica, los *pasos* no se reproducen a cada revolución sinódica; los de Mercurio, por ejemplo, se reproducen según un ciclo complejo que es de 13, 7, 10, 3, 10, 3 y luego de nuevo 13, etc., años, mientras que, para los de Venus, el ciclo es de 8, 121, 8, 105, etc., años. El próximo paso de Venus tendrá lugar el 7 de junio del año 2004.

— *Autom. Paso de rueda,* concavidad de la carrocería que permite las oscilaciones verticales de la rueda, debidas a las irregularidades de la calzada, así como los movimientos laterales de la misma (en el caso de las ruedas delanteras) que resultan de las maniobras hechas con el volante.

— *F. c. Paso a nivel,* cruce de una vía férrea con una carretera o un camino.

— Los *pasos a nivel,* incluso cuando se hallan protegidos con barreras, resultan muy peligrosos. Hoy se tiende a suprimirlos bajando o subiendo el nivel de la carretera. En el primer caso, la carretera pasa por debajo de la vía, la cual es asentada sobre un puente y se tiene un *paso inferior;* por el contrario, en el *paso superior,* la carretera pasa por un puente tendido sobre la vía.

— *Geom. Paso de la hélice,* v. HÉLICE.

— *Mec.* Abertura de una llave para tuercas. (V. tb. más abajo *Tecn.*)

— *Radiot. Filtro de paso superior* o *de paso inferior,* v. FILTRO.

— *Tecn. Paso de una hélice,* paso (v. más arriba *Geom.*) del helicoide de una hélice marina, ventilador, etc., o sea distancia que avanzaría la hélice axialmente en el curso de una revolución si se enroscara en el agua como un tornillo en una masa dura. ‖ *Llave de paso,* v. GRIFO. ‖ *Paso de rosca,* v. ROSCA.

— *Text.* Abertura de las dos series de hilos de la urdimbre para dar paso a la lanzadera. ‖ Hilván, puntada larga que se da con la aguja de coser.

PASO, SA adj. y s. *Ind. alim.* Dícese de la uva, los higos u otros frutos que, desecados por el calor, se conservan largo tiempo al estado natural: *las ciruelas pasas se secan primeramente al sol y luego en una estufa.* ‖ — F. Uva pasa.

PASTA f. Cuerpo de consistencia blanda que resulta de amasar materias pulverulentas con un líquido o de machacar substancias compuestas de sólidos y de líquidos.

— *Art. gráf.* Tapa de un libro. ‖ Encuadernación hecha con cartones cubiertos con piel (*pasta española*) o con pergamino fino o vitela (*pasta italiana*). ‖ *Media pasta,* encuadernación * a la holandesa.

— *Cerám.* Barro para hacer labores de cerámica. ‖ *Pasta vieja,* el barro que, por su grado de humedad y dureza, su homogeneidad, etc., se halla en su punto para ser trabajado.

— *Ind. alim. Pastas alimenticias* o *pastas para sopa,* alimento a base de harina amasada con agua, laminada y secada.

— Las *pastas alimenticias* se elaboran con una masa de sémola de trigo duro y agua, a la cual se agregan a veces tres o más huevos por kilogramo. La masa es laminada o trefilada para obtener las distintas formas de pastas (fideos, macarrones, tallarines, palomillas, etc.); luego se deja secar y, finalmente, se procede a una deshidratación complementaria, efectuada en una estufa continua, que reduce su humedad a 12 %, como máximo.

— *Metal.* Metal fundido y sin labrar. ‖ *Metal en pasta,* el que se ablanda y empieza a derretirse.

— *Papel. Pasta de papel,* v. PAPEL.

— *Perf. Pasta dentífrica,* v. DENTÍFRICO.

PASTECA f. *Mar.* Galápago.

PASTEL m. *Art. gráf.* Conjunto de líneas o de planas de composición tipográfica mezcladas sin ningún orden.

— *Pint.* Barrita hecha con una masa acuosa a la cual se mezclan pigmentos, que sirve para hacer dibujos artísticos.

— Los *pasteles* se hacen agregando pigmentos a una masa que tiene por base el carbonato de calcio o bien gomas arábiga o de adraganto, a las cuales se da consistencia con talco, caolín o arcilla. (V. LÁPIZ.)

PASTERIZACIÓN f. *Ind. alim.* Operación que consiste en tratar los alimentos por el calor, a temperatura inferior a la de su ebullición y durante el tiempo necesario para destruir las bacterias nocivas: *la pasterización de la leche se*

pasterización de bebidas embotelladas

Fot. Industrie du S. O.

efectúa en 30 minutos a la temperatura de 60 a 70º y en 30 segundos entre 85 y 90º. (Sinón. PASTEURIZACIÓN.)

PASTERIZADOR m. *Ind. alim.* Aparato para pasterizar alimentos. (Sinón. PASTEURIZADOR.)

PASTERIZAR v. *Ind. alim.* Esterilizar los alimentos por pasterización.

PASTEURIZACIÓN f. *Ind. alim.* Pasterización.

PASTEURIZADOR m. *Ind. alim.* Pasterizador.

PASTEURIZAR v. *Ind. alim.* Pasterizar.

PASTILLA f. Nombre dado a distintas piezas pequeñas, cuadradas o redondas y planas, por analogía con las pastillas farmacéuticas: *herramienta de corte de acero con pastilla de carburo de tungsteno para el filo.* ‖ *Pastilla fusible,* pequeña pieza de metal de bajo punto de fusión, que, al elevarse anormalmente la temperatura en un local, recinto, caldera, etc., se derrite y da paso al agua en caso de incendio o deja salir el vapor, y también puede accionar algún mecanismo de alarma *.
— *Plást.* Designación comercial de los bloques pequeños de materia plástica destinada a ser fundida y moldeada.

PASTILLADOR, RA adj. y s. *Ind.* En la industria farmacéutica, máquina de hacer pastillas.
— *Plást.* Máquina automática para aglomerar, en forma de pastillas poco densas, las materias plásticas que han de ser moldeadas.

PASTORIZACIÓN f. *Ind. alim.* Pasterización.

PASTORIZAR v. *Ind. alim.* Pasterizar.

PASTOSO, SA adj. Dícese de los sólidos blandos que tienen consistencia de pasta, y de los líquidos muy espesos o cargados de materias no disueltas. ‖ *Fusión pastosa,* paso progresivo del estado sólido al estado líquido, propio del vidrio y otras substancias amorfas que, al ser calentadas, empiezan por reblandecerse antes de liquidarse.

PATA f. *Aeron.* Elemento vertical del tren de aterrizaje, provisto de un amortiguador, que aplica el peso del avión a las ruedas.
— *Art. y of. Pata de cabra,* bruñidor de boj, hueso u otra materia con el cual el zapatero frota el borde de la suela para darle lustre.
— *Carp.* Pie de un mueble. ‖ *Pata de cabra,* arrancaclavos de boca hendida. ‖ *Pata de gallina,* defecto de la madera procedente de un tronco lastimado por grietas que lo atravesaban radialmente desde el centro hasta la periferia.
— *Mec. Pata de araña,* V. ARAÑA.

PATACHA f. *Mar.* Barcaza que se emplea en los puertos para llevar o transbordar cargas.

PATAGUA o **PATAHUA** f. *Bot.* y *Carp.* Arbusto de la República Argentina y Chile (*Myrtus luma*) cuya madera blanca, muy dura y elástica, se emplea en carpintería y para armaduras de cubiertas.

PATATA f. *Bot.* e *Ind. alim.* Planta solanácea (*Solanum tuberosus*), uno de los alimentos más comunes y materia primera para la elaboración de fécula, alcohol y productos derivados de estas substancias.

PATATERO, RA adj. Relativo a la patata. ‖ *Arado patatero,* V. ARADO y ARRANCADORA.

PATENTADO, DA adj. *Quím.* Dícese de los colorantes de la familia del trifenilmetano que resisten a la acción de los álcalis diluidos.

PATENTE m. *Mar.* Pintura para fondos de barcos que contiene sales venenosas de plomo, arsénico o, sobre todo, cobre (bicloruro, óxido, sulfocianuro, etc.) y protege así el casco contra las incrustaciones y los ataques de los organismos animales: *la patente se aplica sobre una capa de pintura antioxidante (minio u óxido de hierro).*

PATENTIZACIÓN f. *Metal.* Tratamiento térmico a que se somete el alambre de acero calentándolo a unos 1 000º y pasándolo por un baño de plomo fundido a 500º: *la patentización facilita el estirado ulterior del alambre.*

PÁTERA f. *Arq.* Motivo ornamental circular formado por hojas de acanto.

PATILLA f. *Carp.* Hierro de forma variada empotrado, clavado o atornillado en un muro y cuya parte libre sirve para fijar al mismo los marcos de las puertas y ventanas, los espejos muy grandes, etc. ‖ Espiga o parte saliente de un madero que ha de encajar en otro. ‖ *Amer.* Escala de espárrago *.
— *Mar.* Talón que prolonga hacia arriba el extremo de la quilla para evitar que se introduzca alguna cuerda o cuerpo extraño entre la misma y el borde inferior del timón *.
— *Text.* Charnela de las hebillas.

PATÍN m. *Aeron.* Cada uno de los largueros robustos que se fijan en la parte inferior del fuselaje de ciertos aviones para que puedan aterrizar en terrenos accidentados. (V. ATERRIZAJE.) ‖ *Patín de cola,* pieza fijada en la cola de las avionetas que carecen de tren triciclo, que se desliza por el suelo en la fase final del aterrizaje.
— *Carp.* Zapata que, aplicada en el suelo, sirve de asiento a algún pie derecho u otro elemento vertical.
— *F. c.* Base plana del riel *, sobre la cual descansa el mismo en las traviesas.
— *Mec.* Parte de una corredera, cruceta, etc., que se desliza sobre la superficie de otra pieza. ‖ Zapata de freno *.
— *Transp.* Cada una de las placas que, articuladas entre sí, forman la oruga *.

PÁTINA f. Capa verde que se forma por sulfuración en la superficie del bronce expuesto a los agentes atmosféricos. ‖ Por ext., tono que toman con el tiempo las pinturas y la superficie de los mármoles y otros cuerpos.

PATINACIÓN f. o **PATINAJE** m. Acción de patinar.

PATINAR v. *Mec.* Resbalar las ruedas de un vehículo sobre los rieles o la calzada, dar vueltas las mismas sin que avance aquél y, en general, deslizarse intempestivamente un órgano mecánico sobre una superficie por falta de adherencia: *los embragues de disco patinan cuando tienen la guarnición muy desgastada.*

PATINAZO m. Acción de patinar las ruedas de un vehículo: *los patinazos son peligrosos al frenar bruscamente en calzadas lisas y mojadas.*

PATINEJO y **PATINILLO** m. *Arq.* Patio pequeño o espacio sin edificar que se deja en el edificio para dar luz y ventilación a las habitaciones interiores.

PATIO m. *Arq.* Espacio descubierto rodeado de galerías, que se deja en el interior de las casas o junto a ellas, cerrándose en este caso con paredes.
— *F. c. Amer.* Espacio de las estaciones de ferrocarril donde están los almacenes, los ramales de la vía, muelles de carga y descarga, etc.

PATITA f. *Radiot.* Cada una de las clavijas o plaquitas que tienen las válvulas de radio en su casquillo y que se enchufan en las correspondientes hembrillas de la base fijada en el bastidor del aparato.

PATRÓN m. *Art. gráf.* Pliego doblado y numerado que sirve de modelo para hacer un casado *. ‖ Pliego que se tira para, según los defectos que presente en sus distintas partes por irregularidad o exceso de presión, efectuar el arreglo de la forma.
— *Metr.* Regla, recipiente o instrumento que materializa una unidad de medida con suficiente precisión para que pueda servir de modelo oficial.
— Los *patrones* sirven para materializar las unidades, cual ocurre con el metro, el kilogramo, etc., o para definirlas indirectamente, como, por ejemplo, en el caso del metro por segundo adoptado como unidad de velocidad.
Los principales patrones son: el metro (longitud), el kilogramo (masa), el año * trópico 1900 (que sirve para definir el segundo [tiempo]), el punto * triple del agua (temperatura), el cuerpo * negro (intensidad luminosa), etc. (V. MÉTRICO, TOLERANCIA, COMPARADOR y los nombres de los patrones que figuran en la tabla UNIDAD.)
— *Text.* Papel o cartón cortado según la forma y dimensiones de cada una de las piezas que entran en la confección de un vestido.

PATRONITA f. *Miner.* Sulfuro de vanadio, mena de este metal, que también contiene azufre libre y sulfuros de hierro y de níquel.

PATRULLERO m. *Mar.* Barco de guerra de 100 a 500 toneladas, provisto de artillería antiaérea y de armas antisubmarinas, destinado a la vigilancia contra aeronaves y submarinos, y que también sirve para escoltar buques mercantes.

PAUTA f. *Art. gráf.* Las líneas horizontales que, en los estados y el papel rayado sirven de guía para los renglones. (V. REGLURA.)
— *Art. y of.* Plantilla o instrumento propio para guiarse en la ejecución de un trabajo.

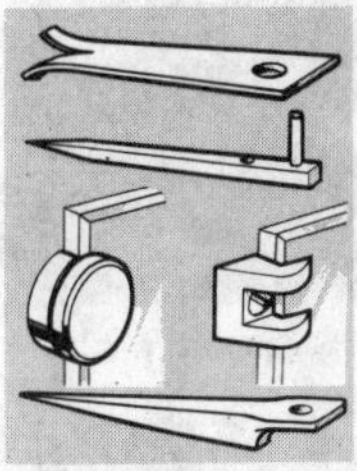

patillas *(carp.)*

patín *(f. c.)*

pedal *(f. c.)*

pedal de bicicleta

peinadora de lana [v. tb. esquema p. 781]

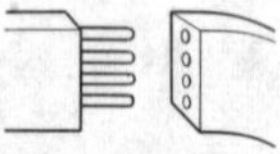

espiga de **peine**

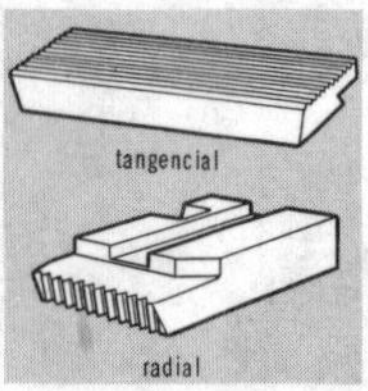

peines de roscar

PAVA f. *Metal.* Fuelle de grandes dimensiones para hornos y hogares metalúrgicos.

PAVÉS m. *Constr.* Ladrillo o bloque de vidrio moldeado que se usa para pavimentos, fachadas, bóvedas, marquesinas, etc.

PAVIMENTACIÓN f. y **PAVIMENTADO** m. *Constr.* Acción de pavimentar.

PAVIMENTAR v. *Constr.* Revestir el suelo con baldosas, madera, cemento u otros materiales. (Sinón. SOLAR.)

PAVIMENTO m. *Constr.* Revestimiento que se aplica a un suelo para hacerlo sólido y llano o para mejorar su aspecto. ‖ *Pavimento monolítico* o *continuo,* el de una sola pieza constituida por un material que se extiende al estado pastoso sobre un lecho firme.
— Los *pavimentos de tierra* o *arcilla apisonada,* los *de hormigón* y los *de losas* o *ladrillos* se emplean en sótanos y en plantas bajas de almacenes, talleres, cobertizos, etc. En las habitaciones y oficinas se hacen los *pavimentos de baldosas* (especialmente en las regiones de clima cálido) o *de madera* (v. ENTABLADO). En las construcciones modernas se deja muchas veces el suelo al estado de lecho bruto de cemento y se extiende sobre el mismo —con interposición de cartón, madera * regenerada u otra materia aislante— linóleo * o goma continua. También se emplean materias plásticas, ya en forma de baldosas, ya de masa extensible con espátulas, ya de revestimiento protector para entarimados finos. Entre las muchas otras materias que se aplican en forma de pasta y que fraguan en el suelo, citemos la magnesia calcinada que, mezclada con aserrín fino y amasada con cloruro magnésico, constituye el *pavimento magnesiano,* tan duro como la piedra.

PAVÓN y **PAVONADO** m. *Metal.* Capa finísima de cloruros o sulfuros metálicos con que se reviste la superficie de los metales ferrosos para preservarla de la oxidación.

PAVONAR v. *Metal.* Dar pavón a los objetos de metales ferrosos.

Pb, símbolo químico del *plomo.*

Pd, símbolo químico del *paladio.*

PEANA f. *Arq.* Basa o pedestal de estatua.
— *Carp.* Madero horizontal inferior del marco de una ventana.

PEARCEÍTA f. *Miner.* Arseniosulfuro de cobre y plata, mena secundaria de este metal.

PECBLENDA f. *Miner.* Óxido natural de uranio. (Sinón. PECHBLENDA, URANINITA.)
— La *pecblenda,* cuya fórmula es UO_2, es un mineral de color gris obscuro o negro aterciopelado que constituye la más importante de las menas de uranio y de radio. El mineral suele contener 80 % de pecblenda pura, o sea de bióxido de uranio.

PECTINA f. Glúcido común en las plantas, especialmente en los zumos de ciertas frutas.
— Las *pectinas* son substancias de elevado peso molecular y muy gelificantes. Esta propiedad, apreciada en pastelería, no lo es, por el contrario, en la elaboración de bebidas naturales y se contrarresta hidrolizando las pectinas con enzimas clarificadoras. Las pectinas se emplean en farmacia, industrias alimenticias, preparación de colas, temple del acero, etc.

PECTIZACIÓN f. *Quím.* Transformación de una materia insoluble en otra soluble por efecto de acciones externas a la misma: *la pectización de la albúmina se obtiene por el calor y la de la gelatina por adición de aldehído fórmico.*

PECTIZAR v. *Quím.* Producir la pectización.

PECTOGRAFÍA f. *Quím.* Método de análisis de las soluciones coloidales consistente en bañar una placa de cristal en las mismas y, después de haberla secado en una estufa o en el vacío, en estudiar la forma y el aspecto de las materias que se han solidificado en su superficie.

PECHBLENDA f. *Miner.* Pecblenda.

PECHINA f. *Arq.* Cada uno de los cuatro triángulos curvilíneos que forma el anillo de la cúpula con los arcos en que se apoya. ‖ Motivo ornamental en forma de concha.

PEDAL m. *Mec.* Palanca que permite accionar un mecanismo con el pie, ya para gobernar una máquina (pedal de las prensas y máquinas herramientas, pedales de frenado y de embrague de los automóviles, etc.), ya para aprovechar la fuerza muscular en las bicicletas y otras máquinas. ‖ Por ext., mecanismo similar, aunque no sea accionado por el pie, como los que se ponen a lo largo de las vías férreas para que el tren que pasa provoque el cierre o la apertura de alguna señal.

PEDERNAL m. *Miner.* Cuarzo rico en sílice amorfa, de fractura concoidea, que da chispas cuando es golpeado con un eslabón.

PEDESIS f. *Fís.* Movimiento browniano *.

PEDESTAL m. *Arq.* Zócalo o base moldurada que soporta una o varias columnas.

PEDOCAL m. *Geom.* Suelo cálcico, propio de los climas áridos, en el cual perduran los carbonatos por insuficiencia de precipitaciones propias para disolverlos y arrastrarlos.

PEDOCLÍMAX m. *Geol.* Equilibrio fisicoquímico que alcanza un suelo al cabo de su evolución o pedogénesis.

PEDOGÉNESIS f. *Geol.* Formación y evolución de los suelos.
— La *pedogénesis* es determinada primeramente por el comienzo de la vegetación y la descomposición y alteración de la roca y, más tarde, por el descenso de las materias orgánicas y la migración de otros elementos arrastrados por el agua, la erosión, etc. La evolución natural del suelo conduce al pedoclímax o equilibro final determinado por su composición y por las condiciones locales.

PEDOLOGÍA f. *Geol.* Ciencia que trata del estudio de los suelos. (OBSERV. Como esta misma voz designa también otra ciencia que concierne el estudio de la infancia, sería preferible adoptar su sinónimo *edafología.*)
— La *pedología* se distingue de la geología porque solamente trata de aquella capa superficial de la corteza terrestre en la cual se manifiestan acciones biológicas y alteraciones fisicoquímicas causadas por agentes exteriores o superficiales. Es, en suma, el estudio de las propiedades físicas y químicas del suelo, en relación con los fenómenos biológicos, y de la evolución de su composición provocada por causas internas y climatológicas.

PEDRAPLÉN m. *Obr. públ.* Dique hecho con piedras vertidas a granel y que, de ser éstas muy grandes, se llama *escollera.*

PEDRERA f. *Min.* Cantera.

PEDRERÍA f. *Joy.* Conjunto de piedras preciosas.

PEDRÉS adj. *Miner.* Dícese de la sal gema.

PEDRISCO m. *Meteor.* Granizo grueso y abundante.

PEGA f. Acción de pegar. ‖ Baño de pez que se da a las vasijas, las botas y odres, etc.

PEGADO m. Parche.

PEGADURA f. Acción y efecto de pegar o pegarse dos o más cosas.

PEGAMOIDE m. *Text.* Marca registrada de una materia compuesta de un tejido, fuerte y muy perchado, de raso o franela, sobre una de cuyas caras se aplica un barniz celulósico, materia plástica, etc., que imita a veces el cuero: *el Pegamoide se emplea para revestimientos, encuadernaciones, carteras, tapizado de muebles, etc.*

PEGAR v. Unir dos cosas interponiendo entre las mismas una cola u otra materia adherente. ‖ Atar o coser una cosa a otra: *máquina de pegar botones.*

PEGMATITA f. *Miner.* Granito caracterizado por el grosor de sus componentes, cuyos fragmentos llegan a medir más de un centímetro.
— La *pegmatita* forma filones y también bloques situados en los bordes de los bancos de granito. Consta de cuarzo, feldespato y mica blanca, pero en ciertas partes puede contener también mica negra, turmalina, topacio, granate, berilio, etc.

PEINADO, DA adj. *Text.* Dícese del estambre o lana de peine.

PEINADORA f. *Text.* Máquina empleada para peinar la lana u otras fibras vegetales. (V. *figura* y el art. HILATURA.)

PEINAR v. *Text.* Alisar las fibras textiles y orientarlas todas paralelamente al mismo tiempo que se eliminan las impurezas que contienen y las fibras demasiado cortas, cuya operación se efectúa con la peinadora *.

PEINAZO m. *Carp.* Travesaño horizontal que forman los cuarterones en las puertas y ventanas. ‖ *Peinazo medio* o *de cerradura,* peinazo de la puerta en el que va la cerradura.

PEINE m. Instrumento de concha, plástico, hueso u otras materias provisto de numerosos dien-

Fot. Larousse, S. A. C. M.

tes, que sirve para desenredar y arreglar el cabello. || Instrumento similar para peinar fibras, hilos y otras materias filiformes enredadas.
— *Art. gráf.* Cada una de las horquillas que sirven de apoyo a los gorrones de los rodillos en las máquinas de imprimir.
— *Tecn.* Nombre dado, por analogía con el peine para el cabello, a herramientas, piezas y órganos de máquinas que tienen una o varias hileras de dientes. || *Espiga de peine,* la que se suele usar para ensambladura de piezas curvas y que consiste en varios espárragos fijados en el extremo de la pieza. (V. *figura.*) || *Peine de roscar,* herramienta de filo dentado que sirve para labrar las roscas * de los tornillos con el torno.
— *Text.* Carda. || Barra provista de una hilera de púas entre las cuales se hacen pasar los hilos de la urdimbre para que no se enreden.

PELADA f. *Curt.* Lana procedente de las reses que se sacrifican en los mataderos. || Piel de res lanar desprovista de su lana.

PELADO m. *Curt.* Acción de pelar las pieles.
— *Ind. alim.* Operación consistente en pelar las frutas, que se efectúa industrialmente por medios químicos (atacando la piel con una disolución de sosa), térmicos (carbonizando la misma) o mecánicos (suprimiéndola o arrancándola por frotamiento).

PELÁGICO, CA adj. *Ocean.* Aplícase a los animales y vegetales que viven en alta mar, pero no a grandes profundidades. || *Depósitos pelágicos,* capa de arcilla roja o de cieno, rica en esqueletos de radiolarios y de otros microorganismos, que cubre el fondo de los océanos.

PELAJE m. *Curt.* y *Text.* Calidad, naturaleza de la lana y, en general, del pelo de los animales. (V. PELAMBRE.)

PELAMBRAR v. *Curt.* Apelambrar.

PELAMBRE m. *Curt.* Lana o pelo arrancado a los animales vivos o las pieles de las reses sacrificadas. || Baño utilizado en los noques de las curtidurías para pelar las pieles. || Conjunto de pieles que se apelambran en los noques.
— El *pelambre* de la mayor parte de los animales consta de dos clases de pelos: unos lanosos y suaves, muchas veces retorcidos, y otros, llamados *cerdas,* tiesos y más largos que los anteriores. En muchas aplicaciones es necesario separarlos, pues si los primeros convienen, por ejemplo, para hacer fieltros de sombreros y los segundos para cepillos de dientes, en ninguno de los dos casos se pueden utilizar mezclados. Asimismo, en las pieles para abrigos de señora y otras prendas de vestir, es indispensable eliminar las cerdas (ejarrar), cosa que se efectúa mecánicamente. (V. PIEL.)
El pelambre o baño depilador más usual consiste en una lechada de cal a la cual se agrega a veces sulfuro de sodio. Además de eliminar los pelos, estos baños hinchan las pieles y modifican sus fibras dérmicas en un sentido favorable a las operaciones ulteriores de curtición. (V. DEPILACIÓN y CURTIDO.)

PELAR v. *Curt.* Apelambrar, depilar las pieles. (V. DEPILACIÓN.)
— *Ind. alim.* Desplumar las aves. (V. DESPLUMADORA.) || Quitar la piel, la corteza o la cáscara a las frutas o a los tubérculos.
— Ciertas frutas pueden ser *peladas* atacando su piel química o térmicamente (v. PELADO), cuyos métodos se aplican en la industria conservera. En otros casos, especialmente cuando se trata de tubérculos, se emplean máquinas de pelar consistentes en una cámara o tambor giratorio, de paredes internas rugosas, provisto de una circulación de agua. La rápida rotación del tambor proyecta los tubérculos contra las asperidades, que los raspan y desgastan superficialmente hasta eliminar la piel, cuyos fragmentos son arrastrados por el agua.
— *Text.* Esquilar las ovejas y otras reses suministradoras de lana. || *Máquina de pelar,* esquiladora.

PELARGÓNICO, CA adj. *Quím.* Dícese de un ácido graso presente en las hojas del pelargonio o geranio de rosa y fabricado sintéticamete a partir del aceite de ricino o del ácido oleico: *el éster etílico del ácido pelargónico sirve para aromatizar aguardientes con objeto de imitar el coñac.*

PELDAÑO m. *Arq.* y *Carp.* Cada uno de los planos en los cuales se va poniendo sucesivamente el pie para subir o bajar por una escalera. (Sinón. ESCALÓN, PASO.) || Cada uno de los travesaños de una escala o escalera de mano. || *Peldaño de abanico,* el de las escaleras compensadas y escaleras de caracol, que es más estrecho por un extremo que por el otro. || *Peldaño de arranque,* el primero de la escalera, cuya cabeza sobresale de la línea de zanca. || *Peldaño normal* o *recto,* el de planta rectangular. || *Peldaño trapecial,* aquel cuyo mampirlán es oblicuo a la línea de huella. || *Peldaño de vuelta,* el de abanico. (V. *figura* en el art. ESCALERA.)

PELETERÍA f. *Curt.* Arte de preparar las pieles finas con que se hacen abrigos, forros y adornos. (V. CURTIDO y PIEL.)

PELÍCULA f. Piel o membrana muy sutil. || *Película celulósica,* hoja muy delgada y transparente de celulosa regenerada. (V. CELÓFANA.)
— *Cin.* y *Fot.* Cinta delgada de materia plástica, cubierta por una emulsión fotosensible, que sirve para impresionar fotografías y cintas cinematográficas. (V. FORMATO y FOTOGRAFÍA.) || La misma cinta ya revelada y con sus imágenes en positivo, propia para ser proyectada sobre una pantalla.
— Las *películas cinematográficas* tienen por base la nitrocelulosa y la acetocelulosa. Durante largo tiempo fueron de celuloide *, materia muy inflamable. Actualmente, según los convenios vigentes, solamente deben emplearse películas de seguridad (o sea ininflamables), que no han de contener más de 0,36 % de nitrógeno en forma de derivados nítricos y cuya carbonización a 300° ha de tardar más de 10 minutos en consumarse. Las películas para aficionados son de acetato de celulosa y mucho más estrechas que las que se usan en cinematografía profesional (v. FORMATO). En cuanto a las perforaciones que tienen y que sirven para que puedan ser arrastradas, imagen por imagen, en la cámara tomavistas y en el proyector, sus dimensiones, número y disposición dependen del formato considerado: las películas de 35 y 16 mm tienen dos hileras marginales de perforaciones; las de 9,5 mm tienen una sola hilera central de perforaciones dispuestas en el espacio que media entre las imágenes sucesivas; por último, las películas de 8 mm, que resultan de partir longitudinalmente, por la mitad, una de 16 mm, solamente tienen una hilera de perforaciones en uno de sus lados. Con el nombre de *super 8 mm* se designa un formato especial de 8 mm en el cual una reducción del tamaño de las perforaciones y una nueva distribución de las mismas permite aumentar la superficie reservada a las imágenes.
Las emulsiones de las películas cinematográficas difieren poco de las que se usan en fotografía.

PELICULABLE adj. *Art. gráf.* Dícese de ciertas emulsiones de gelatinobromuro empleadas en fotograbado, que pueden ser despegadas de su soporte y aplicadas sobre una plancha metálica.

PELICULAR adj. Referente a la película. || En forma de película.
— *Fís. Efecto pelicular,* v. EFECTO.

peldaños voladizos

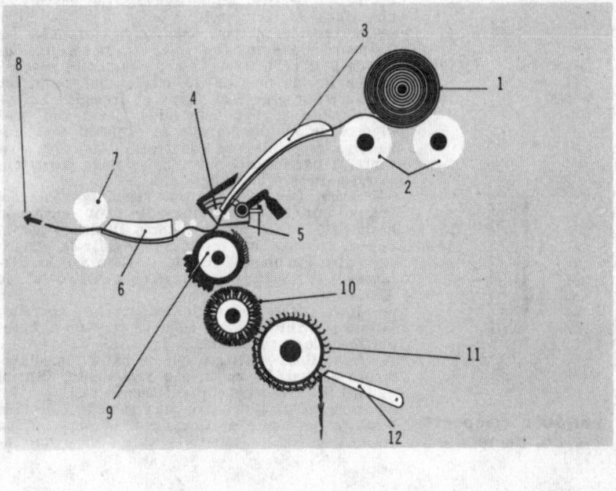

peinadora *(text.)*
1. Tejido; 2. Cilindros desenrolladores; 3. Guía; 4. Arrastre del tejido; 5. Pinzas; 6. Guía; 7. Cilindros de arrastre; 8. Hacia el enjulio; 9. Cilindro mixto (peine de púas y alisador estriado); 10. Cepillo; 11. Cilindro de púas; 12. Peine de limpiar las púas

Fot. Lacheroy

PELICULAR v. *Art. gráf.* Arrancar la película de emulsión sensible del cristal que le sirve de soporte y aplicarla, cara abajo, sobre la plancha de metal, cuya operación tiene por objeto invertir la imagen en el fotograbado para que, al ser impresa, recobre su sentido correcto.

PELITA f. *Geol.* Roca sedimentaria constituida por granos microscópicos procedentes de la erosión de otras rocas primitivas.

PELO m. Filamento córneo que crece entre los poros de la piel de ciertos animales, especialmente los mamíferos. ‖ Raya o grieta por donde se quiebran fácilmente los metales, el vidrio, las piedras y otras materias.
— *Carp.* Fibra que se separa de la madera al aserrarla o labrarla.
— *Joy.* Raya opaca presente en la masa de una gema, la cual pierde así parte de su valor.
— *Text.* Seda en crudo. ‖ Pelambre de distintos animales que se aprovecha en la industria textil. ‖ Hebras delgadas que sobresalen de la superficie de un tejido. ‖ Cada una de las urdimbres suplementarias que se agregan a la urdimbre de un tejido para obtener algún efecto superficial: *terciopelo de dos pelos.*
— La industria aprovecha el *pelo* de numerosos animales en la fabricación de fieltros y de tejidos (lana de reses ovinas, pelos de lama, de alpaca y vicuña, de cabra, de conejo, de camello, etc.) y en la de cepillos y pinceles (pelos de marta, turón, etc.; cerdas). Además del pelambre suelto, también se debe al pelo, en tanto que aislante térmico y por su hermoso aspecto, el uso de las pieles de ciertos mamíferos para hacer prendas de abrigo.

PELOTE m. *Text.* Pelo de cabra para relleno de muebles tapizados y otros usos.

PELTIER *(Efecto).* V. EFECTO y TERMOELECTRICIDAD.

PELTON *(Turbina).* V. TURBINA.

PELTRE m. *Metal.* Liga de cinc, plomo y estaño.

PELUCHE m. *Text.* Galicismo por *felpa.*

PELLA f. *Metal.* Amalgama de un tercio de plata y dos de mercurio que se forma al beneficiar menas argentíferas con azogue. ‖ Masa de metal bruto aún no labrada.

PELLADA f. *Constr.* Porción de argamasa, yeso u otra mezcla que el albañil puede contener con la llana y la mano.

PELLEJA f. *Curt.* Piel de los animales antes de ser adobada.

PELLEJO m. *Curt.* Odre. ‖ Pelleja.

PENA f. *Mar.* Parte superior y más delgada de una entena.

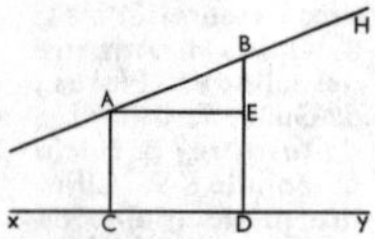

pendiente *(geom.)*

PENDIENTE f. Inclinación o declive de una cosa respecto a la horizontal.
— *Aeron. Indicador de pendiente,* clinómetro.
— *Arq.* Inclinación que tienen los planos de los tejados para facilitar el desagüe. (V. CUBIERTA.) ‖ Cada uno de dichos planos, también llamados *aguas: cubierta de dos aguas* o *pendientes.*
— *Electrón.* V. más abajo *Radiot.*
— *F. c.* Declive, en milímetros por metro, de una línea de ferrocarril.
— Se consideran como *pendientes moderadas* las de menos de 8 mm/m, como *pendientes medias* las de 9 a 14 mm/m y como *pendientes pronunciadas* las de más de 15 mm/m que requieren precauciones especiales para el frenado. Excepcionalmente se han construido líneas con pendientes de 90 mm/m que se explotan con locomotoras especiales de adherencia total. No obstante, a partir de 70 mm/m se suele recurrir a la cremallera. (V. FERROCARRIL.)
— *Geom. Pendiente de una recta,* tangente del ángulo que forma la misma con su proyección horizontal, o sea en el ejemplo ilustrado por la figura, cociente que resulta de dividir la distancia entre dos puntos AB de la recta por la distancia CD (que es la proyección horizontal de AB).
— *Mar.* Dícese del conjunto de velas, aparejos, jarcias y maniobras que tiene en servicio el barco pertrechado para hacerse a la mar.
— *Min.* Roca o estrato que se halla inmediatamente encima de un filón o yacimiento. (Sinón. TECHO.) ‖ Galicismo por *buzamiento.*
— *Obr. públ.* Rampa de una calzada calculada como la pendiente de una recta. (V. más arriba *Geom.*) ‖ En los canales y cursos de agua, cociente que resulta de dividir la diferencia de nivel existente entre dos puntos de la superficie del agua por la distancia que separa ambos puntos medida en el eje del curso de agua.
— *Radiot.* Inclinación de la curva característica * de una válvula o transistor entre dos puntos correspondientes a dos valores determinados de la tensión aplicada a la entrada o de la intensidad de la corriente de salida.
— *Topogr. Rotura de pendiente,* cambio brusco de la inclinación del terreno, cual ocurre, por ejemplo, en una cresta o al pie de una ladera.

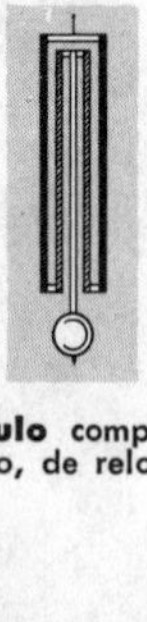
péndulo compensado, de reloj

PENDOL m. *Mar.* Operación consistente en lastrar una banda de la embarcación para que, al ladearse el casco, emerja del agua el otro costado y pueda ser carenado a flote.

PÉNDOLA f. *Arq.* Madero de la armadura de cubierta * que baja desde la limatesa hasta la solera. ‖ Cualquier pieza de una armadura, viga de celosía y demás estructuras, que sea vertical y trabaje por tracción.
— *Mec.* Péndulo * de los relojes.
— *Obr. públ.* Cada una de las barras, cadenas o varillas verticales que, afianzadas por su extremo superior en el cable portador de un puente colgante o de una catenaria, sostienen por su extremo inferior el piso del puente o el conductor de la línea de ferrocarril electrificada, respectivamente.

PENDOLADA f. *Mec.* Cada una de las oscilaciones de la péndola del reloj.

PENDOLITA f. *Mec.* Muelle de acero del espiral del reloj.

PENDULAR adj. Relativo al péndulo.
— *Mec. Movimiento pendular,* movimiento alternativo, propio de los péndulos, en el cual la elongación es una función sinusoidal del tiempo.
— Tienen *movimiento pendular* los cuerpos que, al ser separados de su posición de equilibrio, tienden a volver a ella con una fuerza que es proporcional a la distancia a que han sido alejados de la misma. Así, en el caso de un péndulo de reloj o de un columpio, la fuerza que provoca el retorno (la aceleración de la gravedad) es tanto más considerable cuanto mayor es la distancia angular alcanzada en el movimiento ascendente respecto a la vertical correspondiente a la posición de equilibrio. Si en un gráfico que tenga al tiempo por abscisa y a la elongación o amplitud por ordenada, se trazan las posiciones sucesivas ocupadas por el péndulo a intervalos regulares de tiempo, se obtiene una sinusoide *, curva característica del movimiento pendular, el cual es no solamente propio de los péndulos y sistemas similares, sino también de los resortes y de las oscilaciones de los cuerpos suspendidos con un soporte elástico que les permite efectuar un movimiento de rotación alternativo (péndulos y balanzas de torsión).

PÉNDULO m. Cuerpo indeformable, móvil, sobre un eje horizontal, que, separado de su posición de equilibrio, oscila de una a otra parte de la misma por efecto de su peso. (V. más adelante *Mec.*)
— *Electr. Péndulo eléctrico,* electroscopio consistente en una bolita de corcho o de saúco, suspendida con un hilo de seda muy fino fijado en un soporte aislante; la bolita, en razón de su propia carga eléctrica, es atraída o repelida por los cuerpos electrizados que se aproximan de ella, permitiendo así conocer si la carga de los mismos es positiva o negativa.
— *Hidr.* Instrumento consistente en un peso, suspendido por un hilo, que se sumerge en el agua corriente y que, arrastrado por ésta, forma con la vertical un ángulo del cual se desprende la velocidad de la corriente.
— *Mec.* El *péndulo simple* o *matemático* es un péndulo hipotético compuesto de un punto material suspendido de un hilo sin peso. Su período, expresado en segundos, es igual a:

$$T = 2\pi \sqrt{l/g}$$

siendo l su longitud en centímetros y g la aceleración * de la gravedad. De esta fórmula se desprenden las dos leyes del péndulo: el período de las oscilaciones, por pequeñas que éstas sean, no depende de la amplitud del movimiento ni de la masa del péndulo, sino solamente de su longitud; dicho período es proporcional a la raíz cuadrada de la misma.
El péndulo simple o péndulo compuesto, que

puede tener cualquier forma, tiene un período determinado por la fórmula:

$$T = 2\pi \sqrt{I/mga}$$

en la cual I es el momento de inercia; *a*, la distancia que media del centro de gravedad al eje de giro y *m*, la masa.
Llámase *péndulo circular* el que oscila en un plano vertical y *péndulo cónico* aquel cuyo centro de gravedad describe una circunferencia en torno de su punto de equilibrio. Prácticamente todos los péndulos circulares, si no son guiados, acaban por adquirir el movimiento de péndulo cónico.
Los péndulos, dado que su período es constante, constituyen un mecanismo ideal para sincronizar y regular los movimientos. No obstante, como sus oscilaciones se amortiguan rápidamente, es necesario entretenerlas, imprimiéndoles a cada ciclo una impulsión que compense la disminución de su amplitud. Los dos métodos más corrientes empleados con dicho fin, especialmente en los relojes, consisten, ya en atraer eléctricamente la masa pendular en la fase terminal de cada elongación, ya en conferirle un impulso mecánico merced a un resorte y a un mecanismo de escape.
Los cambios de temperatura influyen indirectamente en el período, puesto que provocan la dilatación o el encogimiento de la varilla que sostiene el peso. Estas variaciones pueden ser paliadas haciendo la péndola o varilla de Invar * u otros metales no dilatables, o bien empleando péndulos compensados que tienen varillas múltiples hechas de metales diferentes y dispuestas de tal forma que las variaciones de su longitud se compensen mutuamente y no modifiquen la del péndulo.
Los péndulos cónicos se emplean en los reguladores * de velocidad de ciertas máquinas.

PENELLANO m. o **PENEPLANICIE** f. *Geol.* Relieve que representa el estado último del terreno después de haberse cumplido el ciclo completo de la erosión, caracterizado por una nivelación de los accidentes y la existencia de valles desmesuradamente anchos y con lechos fluviales de pendiente muy limitada, apenas suficiente para permitir el curso de las aguas.

PENETRACIÓN f. *Obr. públ. Pruebas de penetración,* determinación de la dureza de los betunes para firmes que se efectúa aplicando sobre éstos una aguja cargada con un peso de 100 g y midiendo la penetración de la misma en 5 s.

PENETRANTE adj. *Atom.* Dícese de las radiaciones capaces de atravesar la materia sin ser detenidas por los átomos de la misma: *los rayos X son más penetrantes que los rayos ultravioladas.*

PENETRÓMETRO m. *Constr.* y *Obr. públ.* Nombre de los instrumentos empleados para medir la dureza de los materiales y fundados en el uso de una aguja que penetra más o menos en ellos en un tiempo dado y en determinadas condiciones. (V. AGUJA y PENETRACIÓN.)

PENOL m. *Mar.* Extremo y parte más delgada del botalón y de las vergas de cruz.

PENT, prefijo derivado del griego *pente,* que significa *cinco.*
— *Quím.* Prefijo empleado en química para designar aquellos cuerpos en cuya molécula se han reemplazado cinco átomos de un elemento por otros tantos radicales o átomos de otra índole. ‖ Úsase también este prefijo en el nombre de los cuerpos que contienen cinco veces una función determinada.

PENTABROMURO m. *Quím.* Bromuro cuya molécula contiene cinco átomos de bromo.

PENTACLORURO m. *Quím.* Cloruro cuya molécula contiene cinco átomos de cloro.

PENTADECÁGONO m. *Geom.* Pentedecágono.

PENTAEDRO m. *Geom.* Sólido que, como la pirámide cuadrangular, se halla limitado por cinco caras.

PENTAERITRITA f. o **PENTAERITROL** m. *Quím.* Alcohol tetrahídrico que se obtiene por condensación del formol con el acetaldehído y cuyo éter tetranítrico, llamado *pentrita,* es un poderoso explosivo.

PENTAGONAL adj. Que tiene cinco ángulos. ‖ Relativo al pentágono.

PENTÁGONO m. *Geom.* Polígono que tiene cinco ángulos y, consiguientemente, cinco lados: *para trazar un pentágono regular se procede como en el caso del decágono y se unen los lados de éste dos a dos.* ‖ *Pentágono estrellado,* figura que se obtiene dividiendo la circunferencia en cinco partes iguales y uniendo con la regla, dos a dos, los puntos así obtenidos.

PENTAMETILENO m. *Quím.* Ciclopentano.

PENTANO m. *Quím.* Hidrocarburo saturado C_5H_{12} del cual existen tres isómeros: el pentano * normal, el isopentano * y el tetrametilmetano *, cuyas temperaturas de ebullición son, respectivamente, de 36°, 29° y 9°: *los termómetros de pentano normal permiten medir temperaturas de —130° a 35°.*

PENTANOL m. *Quím.* Alcohol amílico.

PENTARREJILLA f. *Radiot.* Heptodo.

PENTARRÓMBICO, CA adj. *Geom.* Que tiene cinco caras romboideas.

PENTASULFURO m. *Quím.* Sulfuro cuya molécula contiene cinco átomos de azufre.

PENTATÓMICO, CA adj. *Quím.* Que contiene cinco átomos en su molécula.

PENTAVALENTE adj. *Quím.* Sinónimo incorrecto de *quintivalente.*

PENTEDECÁGONO m. *Geom.* Polígono que tiene 15 ángulos y, consiguientemente, 15 lados. (Sinón. PENTADECÁGONO.)

PENTENO m. *Quím.* Amileno.

PENTITA f. o **PENTITOL** m. *Quím.* Nombre genérico de los cuerpos que contienen cinco veces la función alcohol y que se obtienen por reducción de las pentosas.

PENTLANDITA f. *Miner.* Sulfuro de hierro y de níquel, mena importante de este último metal.

PENTODO m. *Radiot.* Lámpara electrónica que tiene cinco electrodos (un cátodo, tres rejillas y un ánodo) y que, por permitir amplificaciones mucho mayores que las del tríodo, ha reemplazado a éste en muchas aplicaciones y es la lámpara amplificadora más empleada en radiotecnia.

PENTOLITA f. *Expl.* Mezcla explosiva de pentrita y tolita.

PENTOSA f. *Quím.* Nombre genérico de las osas que poseen cuatro veces la función alcohol.

PENTRIL m. *Expl.* Materia explosiva cuya molécula contiene cinco grupos NO_2.

PENTRITA f. *Expl.* V. PENTAERITRITA.

PENUMBRA f. *Astr.* Sombra parcial que existe en torno del cono de sombra producido por un astro en los eclipses. (V. ECLIPSE y SOMBRA.) ‖ Región sombreada en torno del núcleo central de las manchas solares. (V. SOL.)
— *Ópt.* Estado de una superficie incompletamente iluminada por un cuerpo luminoso al interponerse entre ambos otro cuerpo opaco que intercepta una parte de los rayos. (V. SOMBRA.)

PEÓN m. Árbol vertical de los cabrestantes, norias y otras máquinas giratorias.

PEPITA f. *Miner.* Masa pequeña y rodada de metal nativo, especialmente de oro, que se encuentra por lo general en los terrenos aluvionarios.

PEQUÍN m. *Text.* Tela de seda con listas de colores en el sentido de la urdimbre. ‖ Por ext., tela análoga al pequín verdadero pero hecha con otras fibras naturales o artificiales.

PER, prefijo latino que se emplea en química para indicar el compuesto que, de entre todos los de su especie, contiene la mayor cantidad posible del elemento electronegativo que entra en la combinación de los mismos.

PERA f. Nombre dado a distintos objetos de figura de pera, cuales son el pilón de la romana, el interruptor instalado en la cabecera de las camas y pendiente en el extremo del hilo eléctrico, etc.

PERÁCIDO m. *Quím.* Ácido que contiene mayor cantidad de oxígeno que los ácidos ordinarios y cuya fórmula general es r—CO—O-–OH, en la cual *r* es un radical carbonado.

PERAL m. *Bot.* y *Carp.* Árbol rosáceo (*Pirus*) que, además de sus frutos comestibles, suministra una madera densa (d = 0,8), de textura muy fina, de color blanco rosado, muy apreciada para labores de grabado y escultura y para hacer cartabones, escuadras, reglas y plantillas de dibujo. También se emplea en ebanistería.

PERALTADO, DA adj. Que tiene peralte.
— *Arq. Arco peraltado,* v. ARCO.

PERALTAR v. *Arq.* y *Obr. públ.* Dar peralte a los arcos, bóvedas, curvas de las vías y carreteras, etc.

PERALTE m. *Arq.* Exceso en la altura de un

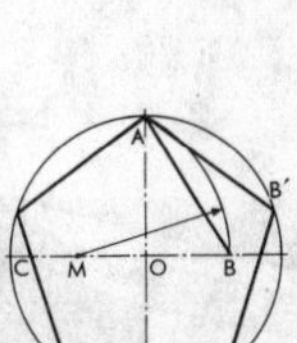

construcción del **pentágono** regular: desde M (mitad de OC) se traza el arco AB, cuya cuerda (recta AB) da la longitud AB' del lado del pentágono

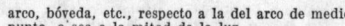

instalaciones para la fabricación de **perboratos**

arco, bóveda, etc., respecto a la del arco de medio punto, o sea a la mitad de la luz.
— *Obr. públ.* Desnivel entre el riel exterior (el más elevado) y el interior en las curvas de las vías férreas o entre los bordes exterior e interior de la calzada en las curvas de las carreteras: *el peralte compensa en parte los efectos de la fuerza centrífuga en los vehículos y les permite tomar las curvas con mayor velocidad.*

PERARSENIATO m. *Quím.* Nombre genérico de las sales que contienen más oxígeno que los arseniatos comunes.

PERBORATO m. *Quím.* Nombre genérico de las sales oxigenadas del ácido bórico que contienen más oxígeno que los boratos y son descompuestas por el agua fría con formación de agua oxigenada: *los perboratos sirven para lavar y blanquear la ropa y entran en la composición de productos detersivos.*

PERBROMOBENCENO m. *Quím.* Hexabromobenceno.

PERBROMURO m. *Quím.* Bromuro más rico en bromo que el bromuro común.

PERBUNAN m. *Gom.* Caucho artificial que resulta de la polimerización del butadieno * con el nitrilo * acrílico.

PERCAL m. *Text.* Tela de algodón y de ligamento tafetán que se usa para camisería y ropa interior y que no es sino un calicó fino de textura apretada.

PERCALINA f. *Text.* Percal de calidad inferior que se usa muy lustrado para forros y estampado para vestidos femeninos muy bastos.

PERCARBONATO m. *Quím.* Nombre dado a las persales que se obtienen ya haciendo obrar el anhídrido carbónico sobre un peróxido metálico, ya por electrólisis de una disolución de carbonato: *los percarbonatos tienen las mismas propiedades y aplicaciones que los perboratos* *.

PERCLORATADO, DA adj. *Quím.* Que contiene perclorato: *pólvora percloratada.*

PERCLORATO m. *Quím.* Sal del ácido perclórico.
— Los *percloratos* son substancias explosivas, entre las cuales se usan principalmente el *perclorato de potasio* $KClO_4$, constituyente de la oxigenita, y el *perclorato de amonio* NH_4ClO_4, poderoso explosivo que detona a temperaturas relativamente moderadas y no deja residuos sólidos. Los percloratos entran en la composición de propergoles * sólidos.

PERCLORETANO m. *Quím.* Hexacloretano.

PERCLOROBENCENO m. *Quím.* Hexaclorobenceno.

PERCLORURO m. *Quím.* Nombre, hoy poco usado, dado a los cloruros que contienen la mayor cantidad posible de cloro: *al percloruro de hierro se le llama cloruro férrico.*

PERCOLACIÓN f. *Quím.* Lixivación.
— *Petr.* Refinación de los aceites de petróleo por decoloración, haciéndolos circular calientes por una torre llena de tierra adsorbente.

PERCOLADOR m. Lixiviador.

PERCUSIÓN f. Golpe dado por un objeto a otro. ‖ Choque de dos cuerpos.
— *Arm.* En el disparo de las armas de fuego, choque del percutor con la cápsula * del cartucho, que provoca la detonación del fulminante.
— *Mec.* Producto de la intensidad de una fuerza por el tiempo que dura su acción, el cual caracteriza, por ejemplo, la violencia del choque de dos cuerpos.
— *Metal. Remachadora de percusión,* v. REMACHADORA.
— *Min.* y *Obr. públ. Martillo neumático de percusión,* v. MARTILLO. ‖ *Perforadora, sonda de percusión,* v. PERFORADORA y SONDA.

PERCUTIENTE adj. Que percute.
— *Arm. Espoleta percutiente,* espoleta * instantánea. ‖ *Proyectil percutiente,* el que lleva dicha espoleta y estalla al chocar con un obstáculo.

PERCUTIR v. Golpear un cuerpo a otro, chocar dos cuerpos. (V. PERCUSIÓN.)

PERCUTOR m. *Arm.* Vástago metálico de las armas de fuego que, armadas éstas, es mantenido hacia atrás y, al dispararlas con el gatillo, es proyectado hacia delante por un resorte y hiere con su extremo puntiagudo la cápsula del cartucho, provocando la detonación del fulminante.

PERCHA f. *Carp.* Estaca clavada en la pared o mueble que sirve para colgar la ropa, y también para sostener otras cosas.
— *Mar.* Rollo o tronco enterizo propio para labrar alguna pieza de la arboladura.
— *Text.* Perchado.

PERCHADO m. *Text.* Operación consistente en cardar el paño para producir en su superficie una capa espesa de vello afelpado. (V. PAÑO.)

PERCHAR v. *Text.* Colgar el paño y darle la labor de carda llamada *perchado.*

PERDICARBONATO m. *Quím.* Percarbonato.

PÉRDIDA f. Daño, menoscabo, desaparición de una parte de una cosa, cuya utilidad o rendimiento quedan así mermados: *en muchos motores se produce una pérdida de aceite de engrase por las juntas mal ajustadas.*
— *Aeron. Pérdida de velocidad,* v. VELOCIDAD.
— *Electr.* Fenómeno que se traduce por una disminución de la energía eléctrica útil cuando toda la potencia disponible a la entrada de los circuitos no llega a los aparatos que la han de utilizar.
— Las *pérdidas* de energía eléctrica en las líneas de transporte y en los circuitos son inevitables y resultan tanto mayores cuanto menor es la tensión y más largas son las distancias. Estas pérdidas son sobre todo importantes en el caso de las corrientes alternas y aumentan con la frecuencia de las mismas. Por una parte, los campos eléctricos y magnéticos engendrados por estas corrientes disipan energía en el medio ambiente, y, por otra, en el mismo conductor y por efecto Joule *, una parte de la energía eléctrica se convierte en energía térmica. (V. FOUCAULT [*Corrientes de*].)
También se producen pérdidas por la tierra cuando se forma una derivación como consecuencia del aislamiento insuficiente de los conductores. Incluso se producen *pérdidas dieléctricas* en los cuerpos aislantes, especialmente en los condensadores, en los cuales la histéresis * engendra calor que disipa energía eléctrica.
— *Fís. Pérdida de carga,* disminución de la presión de un fluido a lo largo de la canalización que lo aleja de su depósito, compresor, etc.
— Las *pérdidas de carga* se deben al roce de las moléculas del fluido contra las paredes de las canalizaciones. Son agravadas por los codos, los empalmes defectuosos, las variaciones bruscas del diámetro de las tuberías, etc. En una tubería lisa recta y uniforme, la pérdida de carga es proporcional al cuadrado de la velocidad del fluido e inversamente proporcional al diámetro de la vena.
— *Metal.* Cantidad de metal que se pierde al fundirlo, tanto por volatilización como por oxidación y formación de escorias.
— *Petr.* Diferencia entre la cantidad de petróleo bruto tratado en una refinería y la cantidad total de derivados y residuos producidos por la misma.
— *Telec. Pérdida por los soportes,* derivación de las corrientes telegráficas y telefónicas que, como consecuencia de la humedad, se produce por los soportes de los hilos.

PERDIDO, DA adj. Desaparecido. (V. PÉRDIDA.) ‖ Que se ha vuelto inutilizable.
— *Arq. Desván perdido,* v. DESVÁN.
— *Art. gráf. Caja perdida,* v. CAJA.
— *Metal. Vaciado con cera perdida,* v. CERA.

PERDIGÓN m. *Arm.* Grano de plomo que constituye la munición de los cartuchos para la caza menor.
— Los *perdigones* no son sino granalla de plomo cuyos granos, después de haber sido clasificados mecánicamente por tamaños, se tratan en un tambor giratorio para lustrarlos por frotamiento con plombagina. Los perdigones duros se obtienen agregando antimonio al plomo. También se usan perdigones con cobre, aún más duros que los anteriores. Los perdigones comunes miden de 1,2 a 5 mm de diámetro. A los de mayor tamaño se les da el nombre de *postas* *.
Cuando se desea obtener una dispersión muy grande de la munición, se usan perdigones aplastados en forma de lenteja o perdigones cúbicos.

PERDISULFATO m. *Quím.* Persulfato.

PERFECTO, TA adj. *Fís. Gas perfecto,* v. GAS.
— *Mat. Número perfecto,* v. NÚMERO.

PERFIL m. Contorno de una cosa vista perpendicularmente a uno de sus lados. ‖ Dibujo que representa la sección de un terreno, de una construcción, pieza, etc., correspondiente a un corte vertical de los mismos.
— *Aeron.* Sección de un ala de avión, del borde

perfil *(arq.)*

Fot. A. Gamet

de ataque al de escape, paralelamente al eje del fuselaje.
— Un *perfil* se caracteriza por: 1.º el radio de su borde de ataque y el ángulo de su borde de escape; 2.º su espesor en cada punto de la cuerda; 3.º su espesor máximo y la posición del mismo contada desde el borde de ataque (espesor relativo); 4.º las formas del extradós y del intradós. (V. *figura.*)
Los *perfiles disimétricos,* de borde de ataque grueso y de mucho espesor relativo (9 a 15%) situado a un tercio de la cuerda, convienen para los aviones no muy rápidos y les confieren una fuerza de sustentación relativamente grande; por el contrario, los *perfiles simétricos* y poco espesos (espesor relativo de 6 a 9% situado entre 50 y 60% de la cuerda), de borde de ataque muy agudo, permiten una penetración mejor del ala en el aire a las velocidades transónicas y supersónicas. (V. ALA.)
— *Arq.* Forma de la sección de una moldura.
— *F. c.* Característica de una línea de ferrocarril determinada por sus rampas: *el perfil de las líneas férreas españolas es bastante accidentado.*
— *Geol.* Corte del terreno que muestra la sucesión y la forma de las capas geológicas.
— *Hidr. Perfil fluvial,* trazado topográfico del cauce de un curso de agua, que puede ser su perfil transversal en un punto dado de su curso, o su perfil longitudinal, desde sus fuentes hasta la desembocadura.
— *Mec. Perfil de rosca,* v. ROSCA.
— *Metal.* Perfilado.
— *Topogr.* Corte vertical y acotado que se da como complemento del plano para poder apreciar mejor el relieve del terreno.
PERFILADO m. *Metal.* Barra de metal de perfil especial (o sea excluyendo las secciones redondas, cuadradas y rectangulares) obtenida por laminado, por estirado o por extrusión.
— Además de los *perfilados* de uso corriente, cuales son los angulares y los que, por su forma, se califican de I, T y U, existe gran variedad de perfilados especiales, algunos de ellos muy complejos, propios para hacer marcos de ventanas y de claraboyas, pasamanos de barandillas, elementos decorativos, piezas mecánicas, etc.
PERFILAR v. Representar una cosa de perfil.
— *Metal.* Dar perfil especial a las barras de metal. (V. PERFILADO.)
PERFORACIÓN f. Acción y efecto de perforar. ‖ Taladro, agujero hecho con máquinas o instrumentos perforadores: *las perforaciones de las cintas y tarjetas perforadas tienen forma y dimensiones normalizadas.* (V. PERFORADOR.)
— *Electr.* Destrucción de la materia de un aislante provocada por una descarga que practica un taladro a través del mismo.
— *Min.* y *Obr. públ.* Acción de abrir pozos y galerías o de taladrar barrenos para la voladura. (V. MINA.)
— *Petr.* Operación consistente en agrietar la roca petrolífera con perforadores *. ‖ Sondeo *, acción y efecto de abrir pozos petrolíferos. ‖ *Castillete de perforación,* v. CASTILLETE y SONDA.
— *Tecn.* Taladro. ‖ Acción y efecto de taladrar.
PERFORADO, DA adj. Que tiene perforaciones.
— *Metal. Chapa perforada,* v. CHAPA.
— *Ofic. Ficha* o *tarjeta perforada,* v. TARJETA.
PERFORADOR, RA o **TRIZ** adj. y s. Dícese de los instrumentos o máquinas que sirven para perforar.
— *Art. gráf.* F. Máquina para hacer hileras de pequeños taladros en los talonarios, hojas de sellos de correos y otras labores, por cuyas hileras pueden ser fácilmente desgarrados para separar los talones de la matriz o los sellos de las hojas. (V. FILETE.) ‖ Órgano que taladra el papel en la Monotipia *.
— *Min.* y *Obr. públ.* Herramienta de barrena rotativa que sirve para perforar barrenos. ‖ *Perforadora de martillo* y también *de percusión* o *martillo perforador,* martillo neumático pesado, propio para taladrar barrenos por percusión.
— La *perforadora de percusión* no es sino un martillo neumático cuyo mecanismo de distribución del aire comprimido permite imprimir un rápido movimiento de vaivén (hasta más de mil golpes por minuto) a una barrena. Durante el movimiento de retroceso ésta gira ligeramente para que su filo no ataque siempre la roca con la misma dirección, obteniéndose así un avance más eficaz y un taladro redondo. Las perforadoras menos pesadas se tienen con las manos; las medianamente pesadas se apoyan en un soporte extensible que alivia los brazos del minero; por último, los modelos más pesados se hallan montados sobre una columna afianzada en el techo y el suelo, en un trípode o un carro (que puede llevar varias perforadoras y efectuar otros tantos taladros a la vez).
Las *perforadoras rotativas* tienen un motor eléctrico o de aire comprimido que, por medio de engranajes reductores, imprime a la barrena un movimiento de rotación de unos centenares de revoluciones por minuto. Para taladrar la hulla basta con la presión manual, pero para las rocas duras es necesario montar la perforadora en aparatos que aplican a la barrena empujes de 1 000 y más kilogramos.
— *Ofic. M.* Instrumento para perforar los documentos que se han de archivar en clasificadores de anillas. ‖ Máquina que traduce automáticamente las letras, números y otros signos en perforaciones de una cinta que puede servir para introducir programas de trabajo en una calculadora electrónica y que también puede acoplarse con una perforadora de tarjetas, una máquina contable o de escribir, un telescriptor, etc. ‖ — F. Máquina que, en las tarjetas perforadas, traduce los datos en forma de taladros.
— Tanto el *perforador de cintas* como la *perforadora de tarjetas* tienen un teclado semejante al de una máquina de escribir, en el cual cada tecla determina una o varias perforaciones que

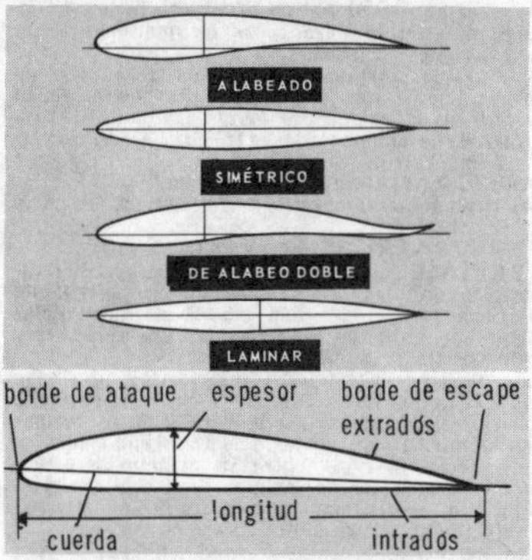

perfiles de alas de aviones

perforadora *(min.)*

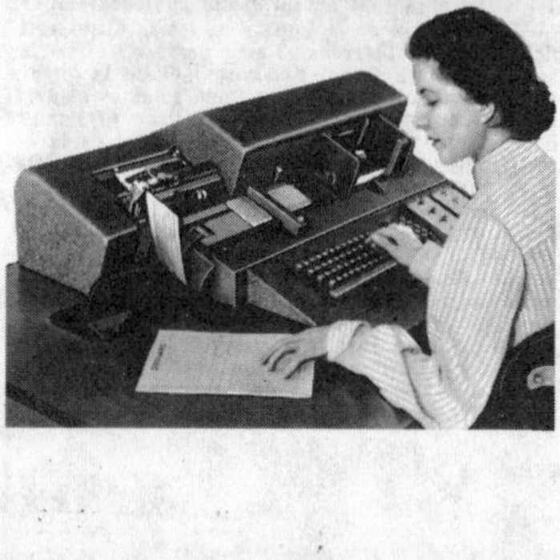
perforadora de tarjetas *(ofic.)*

Fot. Ets Bull, Marcel Lombard

perfume
extractor de esencias absolutas

representan, en el código adoptado, la letra o la cifra pulsada, y obra sobre los punzones sacabocados que las hacen.
— *Petr.* M. Artefacto explosivo de balas o de cargas huecas que se hace estallar en el fondo de un pozo petrolífero para agrietar la roca y facilitar la afluencia del petróleo. ‖ — F. Sonda. — *Tecn.* Taladradora.

PERFORANTE adj. Que perfora.
— *Arm. Bala, proyectil perforante,* v. BALA y PROYECTIL.

PERFORATRIZ f. Perforadora.

PERFUME m. *Perf.* Substancia natural o composición química que exhalan un olor agradable.
— Cada *perfume* es una mezcla de substancias vegetales, animales o sintéticas dosificadas por especialistas.
Los *perfumes vegetales* (v. ESENCIA) provienen las más de las veces de las flores, pero también de las raíces, la corteza, la madera. Ciertas resinas son asimismo substancias odoríferas empleadas en perfumería. Citemos, entre los principales perfumes vegetales, los de jazmín, rosa, espliego, violeta, lila, clavel, azahar, heliotropo, sándalo, pachulí, ilang ilang, almendras amargas, etc.
Los *perfumes de origen animal* (ámbar * gris, musgo, castóreo, etc.) sirven más bien para fijar y estabilizar la mezcla perfumada, al mismo tiempo que le confieren una nota animal o, como se dice en perfumería, lo "humanizan".
Los *perfumes sintéticos* son substancias químicas, muchas de ellas derivadas del alquitrán, que tienen intenso olor parecido al de alguna esencia natural (el acetato de bencilo, por ej., huele a jazmín) o que, con su olor peculiar, exaltan el poder odorífero de la mezcla. También se da el nombre de perfume sintético al que resulta de alguna transformación de las esencias naturales (por ej., la ionona, que huele a violeta, proviene del citral). Son perfumes sintéticos, además de los ya citados: el aldehído benzoico, la cumarina, la heliotropina, los musgos nitrados, el terpinol, la vanillina, etc.

PERGAMINO m. *Art. gráf.* y *Curt.* Piel especialmente adobada, de superficie lisa, que sirve para escribir en ella, para imprimirla, hacer encuadernaciones y otros usos. ‖ *Pergamino virgen,* el que se elabora con las pieles de animales nonatos.
— El *pergamino* se prepara con pieles de reses ovinas o cabrías, mientras que los corderos, potros y becerros muertos al nacer dan la vitela. Después de haber curtido la piel por los métodos ordinarios, se raspa enérgicamente, se alisa y se apomaza. La última operación se repite después de haber eliminado las irregularidades y, finalmente, se apresta la piel con una capa tenue de cola de almidón.
— *Papel. Pergamino vegetal,* papel sin encolar que se trata con ácido sulfúrico diluido y luego con una disolución amoniacal, cuyas operaciones confieren a la celulosa el aspecto del pergamino animal y una parte de sus cualidades.
— *Text. Tela pergamino,* tejido de algodón o lino que, previamente untado por ambas caras con una mezcla acuosa de fécula, dextrina y jabón, es prensada en la calandria y cobra el aspecto del pergamino, al cual reemplaza en sus mismos usos.

PERHIDROL m. *Quím.* Agua oxigenada al 30 %, y en general, agua oxigenada muy concentrada.

PERI, prefijo griego que significa *alrededor.*

PERIASTRO m. *Astr.* Punto de la órbita en el cual un astro se halla a la mínima distancia del astro principal en torno del cual gravita.
— El *periastro* de la Luna y de los satélites artificiales de la Tierra se llama *perigeo;* el de los satélites de la Luna, *perilunio;* el de la Tierra y los demás planetas del sistema solar es el *perihelio.* Los astrónomos suelen aplicar el nombre de periastro exclusivamente a la órbita de la estrella que gravita en torno de otra en los sistemas binarios. (V. ÓRBITA.)

PERÍBOLO m. *Arq.* Recinto exterior de los edificios limitados por muros o verjas.

PERIDOTO m. *Miner.* Silicato de hierro y magnesio. (Sinón. OLIVINO.) ‖ *Peridoto del Brasil* y *peridoto de Ceilán,* variedades de turmalina. ‖ *Peridoto oriental,* variedad de corindón.
— El *peridoto* abunda en las rocas eruptivas químicamente básicas, en forma de cristales transparentes o translúcidos de color verdoso, que a veces tira a amarillo. Es piedra preciosa.

PERIECOS m. pl. Habitantes de la Tierra que viven en el mismo meridiano, pero entre los cuales media una longitud de 180°, de modo que cuando es mediodía para unos, los otros se hallan a medianoche.

PERIFERIA f. Parte más exterior de una cosa, en torno de su núcleo: *los neumáticos tienen estrías antideslizantes en su periferia.* ‖ Contorno de una figura.

PERIFÉRICO, CA adj. Situado en la periferia.

PERIGEO m. *Astr.* Punto de la órbita * de la Luna o de un satélite artificial en que los mismos se hallan más cerca de la Tierra. ‖ Punto de la órbita aparente de un astro en el cual el mismo se acerca lo más posible de la Tierra: *el Sol pasa por su perigeo hacia el 1.º de enero.*

PERIHELIO m. *Astr.* Punto de la órbita de un planeta o de un cometa en el cual el astro se halla más cerca del Sol. (V. ÓRBITA.)

PERIJOVIO m. *Astr.* Periastro de los satélites de Júpiter.

PERILENO m. *Quím.* Hidrocarburo cíclico $C_{20}H_{12}$ que resulta de la fusión de dos núcleos naftalénicos y sirve para preparar colorantes.

PERILUNIO m. *Astron.* Periastro* de los satélites artificiales de la Luna.

PERÍMETRO m. *Geom.* Contorno, línea que limita una figura plana: *la circunferencia es el perímetro del círculo.*
— *Ópt.* Instrumento empleado por los oculistas para medir el campo visual, consistente en un arco de círculo graduado cuyo radio es de 30 cm: *el perímetro puede girar sobre un eje que se confunde con la visual del ojo.*

PERIODICIDAD f. Calidad de periódico. ‖ Frecuencia de un fenómeno.

PERIÓDICO, CA adj. Que se reproduce a intervalos regulares de tiempo.
— *Astr. Cometa periódico,* el que describe su órbita en un tiempo fijo y aparece en el cielo a intervalos de tiempo regulares: *la mayor parte de los cometas no son periódicos.*
— *Mat. Fracción periódica,* fracción decimal en la cual una misma cifra o grupo de cifras se repite indefinidamente. (V. PERÍODO.) ‖ *Función periódica,* función que tiene el mismo valor cada vez que su variable aumenta de una cantidad fija llamada período o de un múltiplo de éste: *las funciones periódicas* sen x *y* cos x *tienen por período* 2 *(igual a 360°).*
— *Mec. Movimiento periódico simple,* movimiento sinusoidal *.
— *Quím. Clasificación periódica de los elementos,* v. ELEMENTO.

PERÍODO m. Tiempo que tarda una cosa en cumplir un ciclo * y volver a la misma posición o estado que tenía al principio.
— *Astr.* Tiempo que tarda un astro en recorrer su órbita o en volver a ocupar la misma posición en el cielo. (V. AÑO, ÓRBITA y REVOLUCIÓN.)
— *Atom.* Tiempo necesario para que se desintegre la mitad de la masa de un radioelemento. (V. RADIACTIVIDAD.)
— *Electr.* Cada ciclo de una corriente * alterna: *corriente de 50 períodos por segundo.*
— *Fís.* En los fenómenos periódicos (péndulos, ondas, vibraciones, etc.), intervalo de tiempo que transcurre hasta volver a la magnitud inicial después de haberse cumplido todas las fases del ciclo. (V. CICLO, ONDA y OSCILACIÓN.)
— *Geol.* Parte de una era que se subdivide en pisos. (V. ESTRATIGRAFÍA.)
— *Mat. Período de una función,* v. PERIÓDICO. ‖ *Período de una fracción periódica,* cifra o grupo de cifras que se repite indefinidamente en una fracción decimal, y así, la división de la unidad por tres da el cociente 0,333333... y la de 6 por 11 da 0,545454...
— *Quím.* Serie de elementos que, en la tabla de la clasificación periódica, figuran entre dos gases raros sucesivos: *todos los elementos de un período tienen el mismo número de electrones periféricos.* (V. *Tabla de Mendeleev,* en el art. ELEMENTO.)

PERÍPTERO adj. y s. m. *Arq.* Dícese del edificio completamente rodeado de columnas.

PERISCÓPICO, CA adj. *Ópt.* Relativo o perteneciente al periscopio. ‖ Dícese de las lentes que tienen una cara plana o cóncava y la otra convexa, cuyas formas facilitan la corrección del astigmatismo y otras aberraciones y dan un campo visual

Fot. Adep

mayor que el de las lentes que tienen las dos caras convexas o cóncavas.
— *Mar. Inmersión periscópica,* la del submarino que se halla cerca de la superficie para poder observar el mar con el periscopio.

PERISCOPIO m. Instrumento de óptica que permite ver por encima de los obstáculos.
— Los *periscopios de submarino* constan de un anteojo de acero de 150 mm de diámetro (v. *figura*) que se desliza por una guía tubular de modo que pueda regularse su altura para que solamente rebase en unos 50 a 100 cm el nivel del rino no puede utilizar su periscopio, dada la longitud limitada del tubo (unos 8 a 10 m).
Los *periscopios de trinchera* o *de fortificaciones* consisten en un tubo vertical provisto en sus extremos —uno de los cuales sobresale del suelo— de espejos inclinados de 45° o de un doble sistema de objetivo y ocular. Modernamente se usan con dicho fin gemelos de prismas de tubos largos y acodados que pueden ser asimilados a periscopios.
También se emplean anteojos acodados o periscópicos en los reactores nucleares y otras instalaciones en las cuales la radiactividad impone la presencia de espesas murallas de hormigón que impiden ver lo que ocurre en el interior de las mismas.

PERISTILO m. *Arq.* Atrio u otro lugar rodeado interiormente de columnas. ‖ Modernamente, galería en torno de un edificio, limitada interiormente por las fachadas del mismo y exteriormente por una columnata.

PERISELENIO m. *Astron.* Perilunio.

PERLA f. Concreción esferoidal y nacarada que se forma en ciertos moluscos, especialmente en la madreperla. (V. más abajo *Joy.*) ‖ Por ext., cuenta de collar, bolita de vidrio y otros objetos esféricos y pequeños.
— *Arq.* Motivo ornamental de ciertas molduras, consistente en una hilera de cuentas esféricas.
— *Art. gráf.* Carácter de imprenta de cuatro puntos tipográficos.
— *Expl.* Grano de pólvora de forma cilíndrica, tan largo como ancho, taladrado axialmente.
— *Joy.* La *perla* resulta de una defensa del animal contra algún cuerpo extraño (grano de arena, parásito, etc.) que se ha introducido en sus tejidos. El molusco segrega entonces nácar (esencialmente carbonato de calcio) que se deposita sobre el objeto en forma de finísimas capas concéntricas. Todos los bivalvos, e incluso ciertos caracoles, pueden producir perlas, pero las que se usan en joyería provienen generalmente de la madreperla * y especies afines.
Las perlas, aunque son muy duras, se trabajan fácilmente con instrumentos de acero. Su peso, calculado en carates, es un factor esencial del precio, pero también intervienen en la determinación del mismo la regularidad de su forma, su colorido dominante, su brillo y la hermosura de sus aguas o irisaciones.
Actualmente la mayor parte de la producción consiste en *perlas de cultivo,* o sea perlas naturales cuya formación ha sido, no obstante, provocada artificialmente introduciendo en los tejidos de la madreperla un núcleo de nácar envuelto con un fragmento de tejido epitelial de otra ostra. La madreperla se deja entonces en un parque de ostras, donde, de haber prendido el injerto, elabora una perla normal durante un período de tiempo que suele ser de seis años.
Las imitaciones de perlas hechas industrialmente con albeto * u otras materias solamente se usan en la fabricación de baratijas.

PERLADO, DA adj. Que tiene figura de perla. ‖ Que se halla adornado con perlas o con motivos hechos a imitación de ellas.
— *Cin. Pantalla perlada,* v. PANTALLA.
— *Ind. alim.* Dícese de la cebada y del arroz de granos mondados y redondeados a máquina.

PERLAR v. Adornar con perlas o con motivos hechos a imitación de perlas.
— *Ind. alim.* Mondar los granos de arroz o de cebada y darles forma redondeada, cuya operación se efectúa en *máquinas de perlar.*

PERLITA f. *Metal.* Uno de los constituyentes de las aleaciones ferrosas, que es un agregado de ferrita y de cementita en forma de escamas microscópicas.

PERLÍTICO, CA adj. *Metal.* Que contiene perlita: *acero perlítico.*

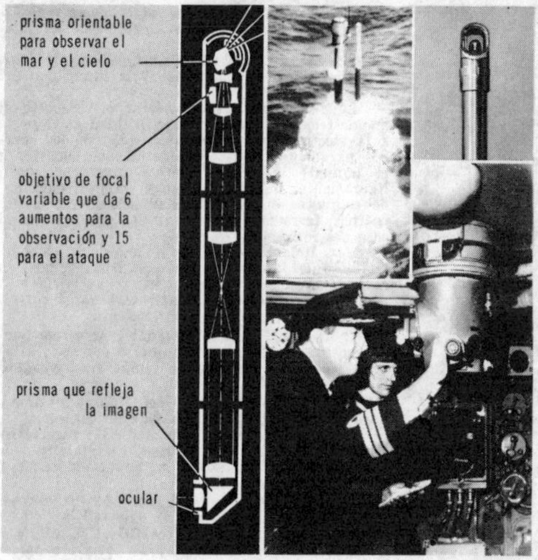

periscopio de submarino

— *Miner.* Dícese de ciertas rocas volcánicas de textura vítrea en forma de perlas.

PERLÓN m. *Text.* Marca registrada de una fibra sintética que es una superpoliamida *.

PERMAFROST o **PERMAGEL** m. *Geol.* Suelo eternamente congelado, propio de las regiones donde la temperatura media anual es inferior a 0°.
— El *permafrost* no puede descongelarse porque el avance en profundidad de las heladas durante el invierno no llega jamás a ser compensado por el deshielo del estío. Así, la capa helada tiende a aumentar de espesor hasta cierto límite determinado por el calor interno. En Siberia alcanza hasta 400 m de profundidad.
El permafrost es impermeable. Por otra parte plantea problemas de arquitectura porque los edificios, al proteger el suelo contra el frío ambiente, provocan su descongelación, la cual, de no tomar precauciones en la construcción de los cimientos, puede causar el desplome de las construcciones.

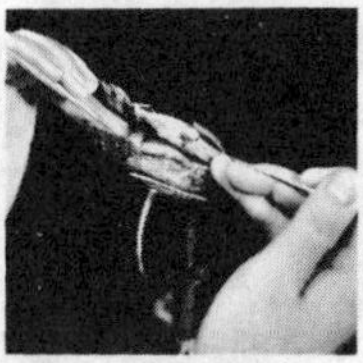

extracción de una perla de cultivo

PERMALLOY m. *Metal.* Marca registrada de una aleación de níquel (78 %) y de hierro (22 %) que, en razón de su elevada permeabilidad magnética (50 veces superior a la del hierro) se emplea en la fabricación de cables submarinos, núcleos de bobinas, elementos para aparatos electromagnéticos, etc.

PERMANENTE adj. Que perdura o que dura mucho.
— *Expl. Explosivo permanente,* el que puede conservarse: *el oxígeno líquido no es un explosivo permanente, dado que se evapora completamente del cartucho en menos de 40 minutos.*
— *Magn. Imán permanente,* v. IMÁN.
— *Quím. Gas permanente,* v. GAS.

PERMANGANATO m. *Quím.* Sal del ácido permangánico. (V. MANGANESO.)

PERMANGÁNICO, CA adj. *Quím.* Dícese del anhídrido Mn_2O_7 y del ácido correspondiente $HMnO_4$, que no ha podido ser aislado. (V. MANGANESO.)

PERMEABILIDAD f. Calidad de permeable.
— *Hidr.* Propiedad de los terrenos que absorben o dejan pasar los líquidos y los gases: *una buena*

peristilo

Fot. Doumic-Atlas, Neurdein-Giraudon

permeabilidad de los terrenos petrolíferos es indispensable para la explotación completa de los yacimientos.

— *Magn. Permeabilidad magnética,* relación entre la inducción magnética y la intensidad del campo magnético.

— La *permeabilidad magnética* es, respecto al magnetismo, lo que la conductibilidad es respecto a la electricidad. La permeabilidad de los cuerpos paramagnéticos * es ligeramente superior a la unidad; la de los cuerpos diamagnéticos *, ligeramente inferior. Alcanza valores elevados, dependientes de la intensidad del campo, en los cuerpos ferromagnéticos * (hasta 66 000 en el caso del ferrosilicio).

— *Mar.* Relación entre el volumen de un compartimiento del buque y el volumen del agua que, en caso de accidente, podría admitir el mismo: *la noción de permeabilidad interviene en el cálculo de la longitud de los compartimientos.*

PERMEABLE adj. Dícese del cuerpo que puede ser atravesado por un fluido, o por ext., atravesado por una radiación o campo electromagnético, etc.

PERMEÁMETRO m. *Geol.* Aparato propio para medir la permeabilidad de un terreno.

— *Magn.* Instrumento para medir las características magnéticas de los cuerpos, especialmente de las substancias dotadas de ferromagnétismo * (hierro, acero, etc.).

PERMEANCIA f. *Magn. Permeancia magnética,* propiedad inversa de la reluctancia.

PERMIANO, NA o **PÉRMICO, CA** adj. y s. *Geol.* Dícese del último período de la era paleozoica, comprendido entre el carbonífero y el triásico, cuyos terrenos datan de 190 a 205 millones de años. (V. ESTRATIGRAFÍA.)

PERMINVAR m. *Metal.* Marca registrada de un acero especial que contiene 45 % de níquel y 25 % de cobalto y que tiene la propiedad de conservar constante su permeabilidad magnética aunque varíe la intensidad del campo magnetizante.

PERMISIVO, VA adj. *F. c. Bloqueo permisivo,* v. BLOQUEO.

PERMITIVIDAD f. *Electr.* Constante dieléctrica.

PERMONOCARBONATO m. *Quím.* Percarbonato.

PERMONOSULFATO m. *Quím.* Persulfato.

PERMUTABLE adj. *Mat.* Dícese de los factores que pueden ser cambiados uno por otro sin alterar su producto.

PERMUTACIÓN f. *Mat.* Intercambio de las cosas de una serie. || *Permutaciones de* m *cosas,* número de grupos que pueden formarse con las mismas disponiéndolas cada vez de una manera diferente.

— El número de *permutaciones* que pueden formarse con *m* elementos es igual a la factorial * de *m,* o sea al producto de los *m* primeros números enteros. Así, para saber cuantas permutaciones pueden obtenerse con 4 cosas (por ej., de cuántas maneras diferentes pueden sentarse cuatro personas en un banco) se efectúa la multiplicación $1 \times 2 \times 3 \times 4$, cuyo resultado es 24. (V. también COMBINACIÓN y VARIACIÓN.)

PERMUTADOR, RA adj. y s. m. *Electr.* Conmutador. || — F. Aparato que sirve para transformar la corriente alterna en corriente continua y que consta de un transformador acoplado con una dinamo.

PERMUTITA f. *Quím.* Cambiador * de iones que se fabrica fundiendo sílice, alúmina y sosa y que sirve para eliminar las sales calcáreas y magnésicas del agua dura.

PERNÍTRICO, CA adj. *Quím.* Dícese del óxido cuya fórmula es NO_3.

PERNIO m. *Carp.* Gozne muy grande que se clava en la hoja de la puerta y puede servir de adorno al mismo tiempo que de bisagra.

PERNO m. Tornillo que se pasa por los taladros abiertos en varias piezas y en cuyo extremo libre se enrosca una tuerca, generalmente interponiendo una arandela, que las aprieta y mantiene unidas: *los pernos para madera suelen tener cabeza cuadrada; los que sirven para unir piezas metálicas la tienen hexagonal.* || Roblón.

— *Carp.* y *Constr.* Pieza del pernio o de cualquier gozne, que lleva la espiga. || *Perno de anclaje,* el que en vez de cabeza tiene un ensanchamiento para empotrarlo en el muro y que sirve para fijar algo al mismo sujetándolo con la tuerca enroscada en el extremo libre.

PEROXIDACIÓN f. *Quím.* Acción de peroxidar.

PEROXIDAR v. *Quím.* Oxidar un cuerpo en el mayor grado posible.

PERÓXIDO m. *Quím.* Nombre genérico de los óxidos más ricos en oxígeno que los óxidos ordinarios: *los peróxidos son oxidantes muy activos e incluso enérgicos, como los percloratos, que son explosivos.* || *Peróxido de hidrógeno,* agua oxigenada.

PEROXIGENADO, DA adj. *Quím.* Dícese del compuesto que contiene más oxígeno que el compuesto normal de su misma especie.

PEROXISAL f. *Quím.* Persal.

PERPENDICULAR adj. y s. *Geom.* Dícese de la recta que forma dos ángulos adyacentes rectos con otra o con toda línea de un plano, así como del plano que forma con otro dos ángulos diedros adyacentes de 90°.

PERPETUO, A adj. Que dura indefinidamente.

— *Mec. Movimiento perpetuo,* v. MOVIMIENTO.

PERPIAÑO m. *Constr.* Piedra, sillar o ladrillo que atraviesa toda la pared (v. ejemples en la figura del artículo APAREJO.).

PERROQUETE m. *Mar.* Mastelerillo que sostiene una vela de juanete.

PERSAL f. *Quím.* Combinación de un ácido con un peróxido. (Sinón. PEROXISAL.)

— Las principales *persales* son los perboratos, los percarbonatos y los persulfatos. Todas son substancias muy oxidantes que, al entrar en contacto con el agua se descomponen y la convierten en agua oxigenada. Entre muchas otras aplicaciones, se emplean como agentes detersivos y de blanqueo y como despolarizantes *.

PERSIANA f. *Carp.* Contraventana o celosía hecha con tablillas por entre las cuales pueden penetrar la luz y el aire, pero no el sol. || *Persiana arrollable,* la de tablillas articuladas entre sí o ensartadas con flejes, que se desliza por sus bordes entre dos guías laterales y se arrolla en un tambor situado junto al dintel. || *Persiana de tablillas móviles,* aquella en la cual las tablillas son giratorias en torno de su eje y pueden ser orientadas para graduar la iluminación de las habitaciones.

PERSISTENCIA f. *Ópt.* Prolongación de las sensaciones luminosas en el órgano de la vista hasta una décima de segundo después de haber cesado la causa que las provoca: *el cinematógrafo y la televisión son posibles merced a la persistencia de las imágenes en la retina.*

PERSPECTIVA f. *Geom.* Arte de representar en una superficie los objetos a la imagen y se-

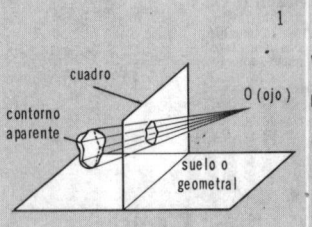

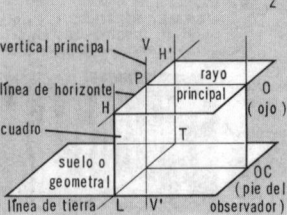

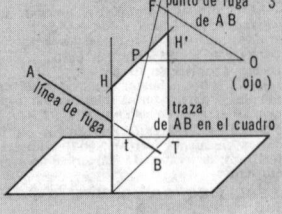

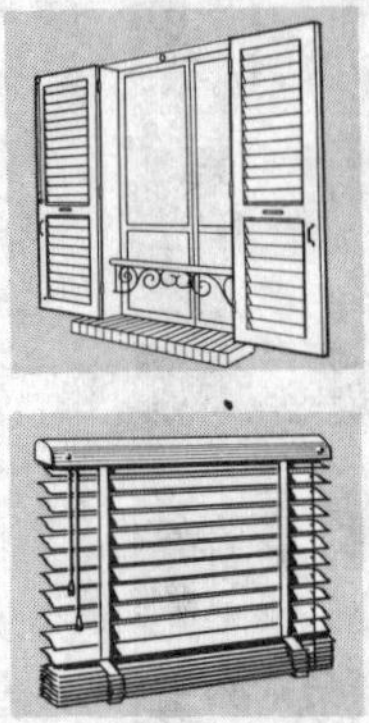

persianas

principios de la perspectiva

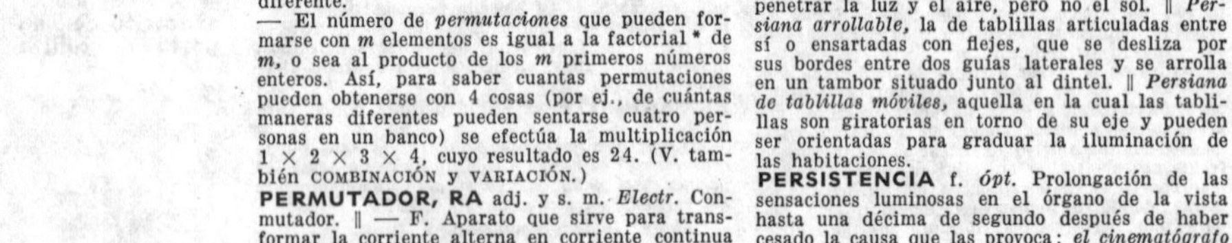

mejanza de sus tres dimensiones, tal y como los ve el ojo. ‖ *Perspectiva axonométrica,* proyección * axonométrica. ‖ *Perspectiva caballera,* la que se funda en la proyección oblicua, sobre un plano, del objeto que se ha de representar, como si fuera observado a vista de pájaro (pero no a la vertical) y desde un punto situado al infinito, cuya convención permite que las líneas paralelas del objeto sean también paralelas en el dibujo. ‖ *Perspectiva central, cónica* o *lineal,* la que resulta proyectando sobre el cuadro o plano el cono formado por las visuales que parten del ojo y pasan por todos los puntos del objeto. ‖ *Perspectiva isométrica,* proyección * isométrica. ‖ *Perspectiva lineal,* perspectiva central.

— La *perspectiva* es una proyección * cónica fundada en ciertas convenciones. El plano o cuadro es vertical y transparente y se halla situado entre el objeto y el artista o el espectador; los últimos son representados por una línea vertical que va del suelo o *geometral* a un ojo único; los rayos luminosos son asimilados a líneas rectas, las cuales parten de cada punto del objeto y forman un haz cónico que, después de haber atravesado el cuadro, converge en el ojo; la perspectiva de un punto del objeto es la intersección con el cuadro del rayo luminoso que va de dicho punto al ojo (*figura 1*).

La intersección con el cuadro de dos planos perpendiculares al mismo, uno vertical y otro horizontal que pasan por el ojo (*figura 2*) determina: la *línea de horizonte* HH'; la *vertical principal* VV'; el *punto principal* P y el *rayo principal* OP.

Una recta paralela al cuadro tiene como perspectiva en el mismo a otra recta paralela a ella; una recta que corta el cuadro (*figura 3*) tiene su perspectiva en un punto situado al infinito y la perspectiva de este punto es el *punto de fuga;* para obtener la perspectiva de una recta que corta el cuadro, se une su punto de intersección con el punto de fuga.

Todas las rectas paralelas entre sí tienen el mismo punto de fuga: las horizontales, en la línea de horizonte; las rectas perpendiculares al cuadro, en el punto principal P; las horizontales que forman ángulos de 45° con el cuadro, en uno de los dos *puntos principales de distancia* que se obtienen en la línea de horizonte midiendo sobre la misma, a partir de P, una distancia equivalente a OP.

Todos los planos paralelos entre sí tienen la misma línea de fuga; la de los planos horizontales es la línea de horizonte, y la de los planos verticales y perpendiculares al cuadro es la vertical principal.

PERSULFATO m. *Quím.* Sal que resulta de la combinación del ácido persulfúrico con una base y que se obtiene industrialmente por electrólisis de algún sulfato alcalino: *los persulfatos son agentes de blanqueo y se emplean en fotografía para eliminar el hiposulfito.*

PERSULFURACIÓN f. *Quím.* Fijación suplementaria de azufre por un cuerpo ya sulfurado.

PERSULFÚRICO, CA adj. *Quím.* Dícese del anhídrido S_2O_7, del ácido H_2SO_5 y del ácido $H_2S_2O_8$ (cuyas sales son los persulfatos).

PERSULFURO m. *Quím.* Sulfuro más rico en azufre que el sulfuro normal. (Sinón. POLISULFURO.)

PÉRTIGA f. *Cin.* y *Radiot.* Tubo largo que lleva un micrófono suspendido en su extremo para poderlo situar cerca de los actores y seguir a éstos en sus movimientos, aunque manteniéndolo constantemente fuera del campo de las cámaras.

PERTURBACIÓN f. Alteración o trastorno de un movimiento o del curso de un fenómeno, provocados por alguna causa exterior.

— *Astr.* Deformación de la órbita de los planetas y satélites, y en general, desviación de la trayectoria de un cuerpo celeste provocada por las atracciones recíprocas con los astros próximos.

— La representación de las órbitas en forma de elipses perfectas y la descripción simple de los movimientos de los astros no tienen en cuenta las muchas perturbaciones que los mismos se ejercen mutuamente. En realidad, los astros describen trayectorias sumamente complejas y sus órbitas se hallan también sujetas a movimientos y a cambios de orientación. Muchas perturbaciones son de gran duración y prácticamente imperceptibles (perturbaciones seculares); otras son más sensibles o tienen períodos bastante cortos. Para comprender elocuentemente la importancia que pueden tener las perturbaciones cuantitativamente, bastará indicar que las ecuaciones más completas sobre los movimientos de la Luna tienen en cuenta 1 475 desigualdades *, o sea irregularidades. En cuanto a la importancia cualitativa, recordemos que el descubrimiento del planeta Neptuno se debe al estudio de las perturbaciones comprobadas en los movimientos de Urano; que Júpiter y los demás planetas mayores desvían los cometas que pasan cerca de ellos, los hacen cambiar de órbita y, en ciertos casos, los aceleran hasta el extremo de que llegan a sobrepasar la velocidad parabólica y se alejan indefinidamente del sistema solar; también se debe a las perturbaciones la irregular distribución de los asteroides * (provocada por Júpiter), la de los anillos de Saturno, etc.

Las perturbaciones mutuas de tres o más cuerpos celestes no pueden ser determinadas con toda exactitud (*problema de los tres cuerpos **), pero las calculadoras electrónicas permiten determinarlas indirectamente con una aproximación suficiente.

— *Mat. Método de las perturbaciones,* método de cálculo que se aplica en física y en mecánica para resolver ciertos problemas muy complejos por aproximaciones sucesivas.

— *Meteor.* Diferencia en más o en menos entre una magnitud meteorológica (temperatura, presión, pluviosidad, etc.) y su valor medio correspondiente a un largo período de tiempo. ‖ *Corriente de perturbación,* serie de ciclones que se suceden con igual trayectoria y cada uno de los cuales provoca, al pasar por una región, un descenso y luego un aumento de la presión barométrica.

— *Radiot. Perturbación atmosférica,* parásito * atmosférico. ‖ *Perturbación intencional,* disturbio.

PERVIBRACIÓN f. *Constr.* y *Obr. públ.* Vibración * del hormigón cuando se efectúa en el seno de su masa y no superficialmente.

PERVIBRADOR m. *Constr.* y *Obr. públ.* Aparato que se introduce en el hormigón para vibrarlo. (V. VIBRACIÓN.)

PERVIBRAR v. *Constr.* y *Obr. públ.* Vibrar el hormigón con el pervibrador.

PESA f. *Mec.* Pieza de metal que se emplea como contrapeso en algún mecanismo. ‖ Cada una de las piezas que, colgadas de una cuerda o cadena, dan movimiento con su propio peso a un reloj, al dispositivo giratorio de las luces de los faros marítimos y a otros mecanismos.

— *Metr.* Sólido, generalmente metálico, de forma variada, según sus dimensiones y aplicaciones, y de masa correspondiente a la de una unidad legal de peso o a la de un múltiplo o submúltiplo de la misma, que sirve para pesar los cuerpos o determinar su masa. ‖ *Sistema de pesas y medidas,* conjunto de unidades para medir, pesar y cubicar. (V. UNIDAD.)

— Todas las *pesas* derivan del kilogramo * patrón internacional conservado en París y, en realidad, de las copias del mismo entregadas a cada país, a partir de las cuales se construyen series de patrones nacionales para los múltiplos y submúltiplos corrientes. Con estos patrones se efectúa periódicamente el *contraste* o comprobación de las balanzas y las pesas empleadas por los comerciantes.

Las pesas usuales suelen ser de fundición o de latón. Las *pesas de fundición* de 50 y 20 kg tienen la forma de un tronco de pirámide cuadrangular; las de 10, 2, 1 kg y 5, 2, 1 y 1/2 hg son troncos de pirámide hexagonal. Unas y otras tienen una anilla para levantarlas. Las *pesas de latón* son cilíndricas y rematadas por un botón que sirve para tomarlas. Forman una serie decreciente de 2 kg a 1 g. Por último, para las cosas muy ligeras se usan, especialmente en farmacia, pesas en forma de plaquitas de metal inoxidable, cuya serie va de medio gramo a 1 mg.

PESAÁCIDOS m. *Quím.* Areómetro graduado en grados Baumé que sirve para medir la concentración de las disoluciones ácidas. (Sinón. ACIDÍMETRO.)

PESABEBÉS m. *Metr.* Balanza de platillo grande y abarquillado, propia para pesar criaturas.

pesas

patrón del kilogramo

de fundición

Fot. Larousse

pesacartas

pescante

pesca con red de arrastre (el copo va a ser izado y vaciado en la cubierta)

pesca del atún con caña

pesca con jábega

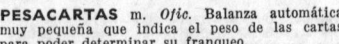

PESACARTAS m. *Ofic.* Balanza automática muy pequeña que indica el peso de las cartas para poder determinar su franqueo.

PESÁCIDOS m. *Quím.* Pesaácidos.

PESADA f. *Metr.* Lo que se pesa de una vez. ‖ *Pesada geométrica,* evaluación del peso de materias u objetos según el volumen de los montones.

PESADEZ f. Calidad de pesado. ‖ Pesantez. (V. ACELERACIÓN, GRAVEDAD y PESO.)

PESADO, DA adj. Que pesa mucho. ‖ Dícese de la materia muy densa, cuyo peso es elevado proporcionalmente al volumen que ocupa: *el mercurio es muy pesado.* ‖ Aplícase a la cosa más densa o de mayor peso que las de su especie: *espato pesado.*

— *Mar.* Dícese de las mercaderías que pesan más de 1 000 kg por m³ y, según el sistema inglés, de las que ocupan un volumen de más de 1,132 m³ por tonelada de 1 016 kg, agregándoseles el calificativo de *compactas* cuando su densidad es muy grande (rieles, lingotes, barras metálicas, etc.). [Entre marinos úsase también como sustantivo masculino: *flete a base de pesados.*]

— *Petr. Aceites pesados,* v. ACEITE.

— *Quím. Agua pesada,* v. AGUA.

PESAJARABE m. Areómetro para apreciar el grado de cochura de un jarabe, el cual se desprende de la densidad de éste.

PESALECHE m. *Metr.* Galactómetro.

PESALICORES m. *Ind. alim.* Alcoholímetro especial para determinar el grado alcohólico de las bebidas.

PESANTEZ f. Atracción de un cuerpo por la masa del globo terrestre. (V. GRAVEDAD.) ‖ *Intensidad de la pesantez,* peso de un cuerpo por unidad de masa, igual a la aceleración de su movimiento en caída libre. (V. ACELERACIÓN y PESO.)

— *Astron.* La *pesantez* en la superficie de un astro depende de la masa y del radio del mismo: en la Luna, la pesantez es aproximadamente seis veces menor que en la Tierra y en Marte cerca de tres veces menor. Así, en estos astros los futuros astronautas podrán multiplicar, respectivamente, por seis y por tres el peso de las cargas que son capaces de llevar en la Tierra o la altura o distancia que pueden franquear de un salto en la misma.

Durante la gravitación a bordo de un satélite artificial o el viaje en una astronave (fuera de los cortos períodos de aceleración y de frenado) la pesantez es nula y el astronauta "flota" en su cabina, por lo cual carecen aquí de sentido las nociones de alto y bajo, de suelo y techo (V. INGRAVIDEZ). Pero en las estaciones espaciales y astronaves del porvenir existirá una *pesantez artificial,* aunque solamente fuere equivalente a un tercio o un cuarto de la que existe en el suelo terrestre. El método más práctico para obtenerla consiste en dar al ingenio una forma de rueda o de toro y en imprimirle un movimiento de rotación. La fuerza centrífuga aplicaría las cosas contra el piso, situado en la periferia de la rueda, y las personas circularían con el cuerpo orientado radialmente y la cabeza en la dirección del centro de rotación del ingenio.

PESAR v. Determinar el peso de un cuerpo comparándolo al de una unidad de peso. (V. BALANZA.)

PESASAL m. *Quím.* Areómetro que indica la concentración de las disoluciones salinas.

PESCA f. *Mar.* Acción de pescar. ‖ Lo que se ha pescado. ‖ *Pesca de altura,* la que se hace en alta mar. ‖ *Pesca de bajura,* la que se efectúa cerca del litoral y cuyo producto se destina generalmente al consumo local.

— La *pesca industrial* se efectúa con barcos de forma y dimensiones muy variadas, determinadas por el tipo de pesca practicado y en parte por las tradiciones de los astilleros locales. (V. PESQUERO.)

Existe asimismo gran diversidad de artes de pesca, especialmente de los siguientes tipos: artes a base de sedales y anzuelos *, que se utilizan con caña o sin ella, a veces agrupados por centenares (palangre), no solamente para la pesca a pie por las orillas de los ríos y lagos y los litorales marítimos, sino también para la pesca de altura del atún, el bacalao y otros peces; nasas *, destinadas especialmente a la captura de langostas y otros crustáceos; encañizadas *, almadrabas *, redes de parada (v. RED) y otras instalaciones fijas en las cuales penetran los peces sin poder luego salir; por último, redes barrederas o de arrastre (v. BOU) y de cerco * y redes volantes (v. RED) con las cuales se capturan los peces en un copo o quedan prendidos por sus agallas en las mallas (redes de enmalle). La eficacia de las redes últimamente citadas aumenta considerablemente con el uso de fanales cuya luz potente atrae y deslumbra a los peces, pudiéndose copar así bancos o cardúmenes enteros.

Por lo demás, el agotamiento de los caladeros más próximos de los puertos obliga a ir cada vez más lejos y a aplicar métodos más eficaces: empleo de sondas * ultrasonoras, instalación a bordo de equipos frigoríficos, a veces congeladores, e incluso preparación en alta mar de las conservas y otros productos derivados del pescado, inspirándose así en las técnicas de la industria ballenera, que se funda más bien en la caza que en la pesca. (V. BALLENA y PESQUERO.)

PESCADO m. *Ind. alim.* Pez comestible ya fuera del agua: *existen máquinas automáticas de descabezar y abrir pescados para la conservería.* ‖ *Aceite de pescado,* v. ACEITE. ‖ *Harina de pescado,* polvo deshidratado y desodorizado de residuos de conservería y de pescado no comestible, que sirve sobre todo de alimento para los animales domésticos

— *Tecn. Espina de pescado,* espinapez.

PESCADOR m. *Mar.* Gancho sujeto al extremo de un cabo, con el cual se engancha el ancla por las uñas para arrimarla al costado del buque.

PESCANTE m. Nombre genérico de los aparatos que tienen los barcos para, a modo de grúas, colgar los botes, suspender las anclas, escalas, etc., y poderlos arriar e izar por los costados del casco. ‖ Serviola. ‖ Por ext., armadura o pieza saledQiza que, en una pared, sirve para sostener alguna cosa. ‖ Asiento delantero, situado a mayor altura que los de la caja, destinado al cochero en ciertos coches y asiento alto del conductor en las apisonadoras y otras máquinas de obras públicas.

PESCAR v. *Mar.* Capturar peces con artes apropiadas. (V. PESCA y PESQUERO.)

PESO m. Fuerza que ejerce un cuerpo sobre su apoyo y que resulta de la acción de la gravedad. ‖ Magnitud de dicha fuerza, que se evalúa comparándola con una unidad de peso: *los sacos de cemento pesan unos 50 kg.* (V. ACELERACIÓN, PESANTEZ y UNIDAD.) ‖ Pesa.

— *Com. Peso bruto,* peso total de la mercancía y su embalaje o del vehículo y su carga, por opo-

Fot. Larousse, C. G. T., O. N. F. C., J. N. P., Goldner

sición al *peso neto,* que es el de la mercancía sola.
— *F. c. Peso adherente,* peso transmitido a la vía por los ejes motores de la locomotora *.
— *Fís.* y *Quím. Peso atómico,* masa * atómica. ‖ *Peso específico,* cociente que resulta de dividir el peso de un cuerpo por su volumen. (V. DENSIDAD.)
— *Tecn. Peso muerto,* peso de los órganos de un mecanismo: *cuanto menor es el peso muerto, menor es también la potencia que absorbe y mayor el trabajo útil de la máquina.*

PESON m. *Metr.* Romana. ‖ Balanza * de resorte.

PESPUNTAR v. *Text.* Coser de pespunte.

PESPUNTE m. *Text.* Labor de costura en la cual, después de cada punto, la aguja retrocede y vuelve a clavarse en la mitad del mismo, por donde ya pasó el hilo. (V. PUNTO.)

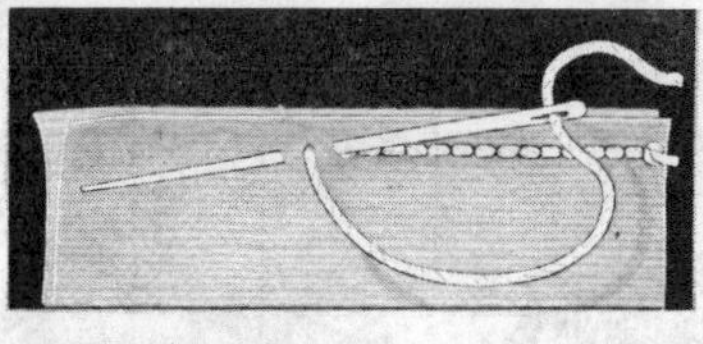

pespunte

PESQUERO, RA adj. y s. m. *Mar.* Relativo o perteneciente a la pesca. ‖ Barco de pesca.

pesquero de arrastre

— La pesca de bajura se efectúa con faluchos y otros tipos de embarcaciones pequeñas, algunas de ellas equipadas con fanales (v. PESCA). La parte más importante de la *flota pesquera* de arrastre se halla constituida por barcos con casco de madera de menos de 30 m de eslora, provistos de motor Diesel de menos de 500 caballos y con una tripulación de 10 a 15 hombres. Estos barcos tienen una maquinilla para izar las redes y suelen disponer de sonda ultrasónica y de equipo de radiotelefonía, aunque no de refrigeradores, conservándose el pescado en la cala con hielo machacado y sal.
El agotamiento de las zonas tradicionales de pesca obliga a buscar nuevos caladeros situados a veces a miles de millas de los puertos. De ahí la tendencia actual a construir *pesqueros de casco de acero* que pueden desplazar centenares e incluso miles de toneladas, provistos de radar y aparatos de radionavegación, de instalaciones frigoríficas y, en ciertos casos, de medios para acondicionar la pesca e incluso transformarla en conservas. Los *pesqueros de arrastre* más recientes tienen la popa abierta por un corredor central que facilita el remolque de la red barredera y las faenas que con ella se hacen.
Entre las dos categorías de pesqueros apuntadas, existen numerosas variantes de barcos especialmente diseñados y pertrechados para pescas determinadas y que, según sean éstas, tienen los nombres de: bacaladero, atunero, langostero, etc. En ciertos casos se efectúan campañas de varios meses por toda una flotilla de barcos que pescan por cuenta de un buque grande, verdadera conservería flotante, depósito de pescado congelado y fábrica de harina de pescado, que es asimismo una base de avituallamiento provista de enfermería, panadería, etc., y dotada a veces de un helicóptero.
Los mayores barcos de esta clase son los buques balleneros, algunos de los cuales desplazan de 20 000 a 30 000 toneladas. (V. BALLENA.)

PESTAÑA f. Parte estrecha y saliente en el borde de una cosa.
— *Art. gráf.* Parte de las tapas de un libro que sobresale de las hojas.
— *F. c.* Reborde que tienen las ruedas de las locomotoras y de los vagones para que no puedan salirse de los carriles.
— *Text.* Fleco o encaje que se cose en el borde de las prendas.

PESTILLO m. *Carp.* Pasador que, corriéndolo como un cerrojo, penetra en el cerradero fijado en el marco de la puerta y asegura una puerta desprovista de cerradura. ‖ *Pestillo de golpe,* el de canto achaflanado y resorte, que penetra por sí mismo en el cerradero, si se empuja la puerta, y no permite que ésta sea abierta desde el exterior si no es con la llave.

PETARDO m. *Expl.* Fuego de artificio que produce una gran detonación y consiste en un cañuto de cartón lleno de pólvora y con sus extremos ligados con bramante
— *F. c.* Carga explosiva a propósito para ser fijada sobre los rieles y que estalle al pasar el tren para advertir al maquinista de la necesidad de detenerlo inmediatamente.

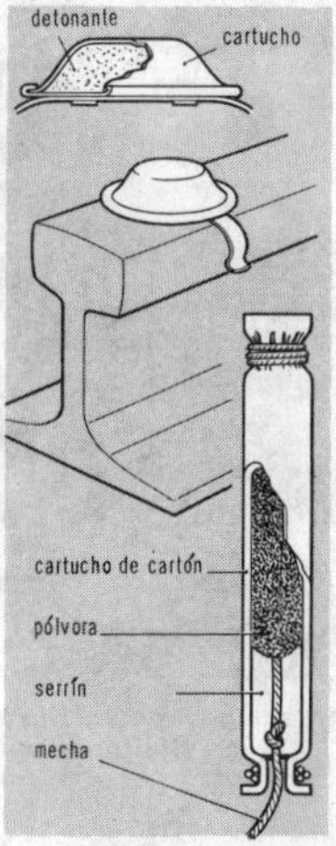

petardos de ferrocarril y de artificio

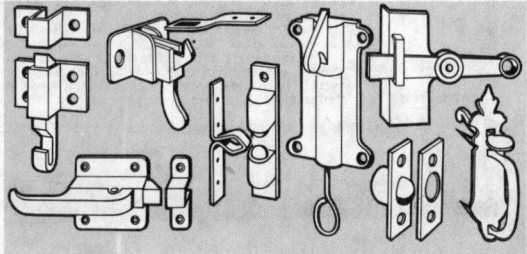

PETICANO o **PETICANON** m. *Art. gráf.* Carácter de 26 puntos tipográficos.

PETIFOQUE m. *Mar.* V. FOQUE.

PETIGRÍS o **PETIT GRIS** m. *Curt.* Piel de la ardilla común *(Sciurus vulgaris),* cuyo pelaje de invierno en las regiones septentrionales de Europa y Asia es de hermoso color gris plateado.

PETO m. Parte opuesta a la pala, respecto al ojo, en las hachas y otras herramientas.
— *Arq.* Faldón de un tejado.
— *Mar.* Conjunto formado en el extremo del casco por el codaste y sus yugos. (V. BARCO.)

PÉTREO, A adj. Que es de piedra o de la misma naturaleza que ella: *meteorito pétreo.*

PETRIFICACIÓN f. Transformación de una substancia en piedra. (V. CONCRECIÓN, EPIGENIA, FOSILIZACIÓN e INCRUSTACIÓN.)

PETRIFICANTE adj. Que petrifica. ‖ Incrustante: *las aguas calizas son petrificantes.*

PETRIFICAR v. Convertir en piedra. ‖ Efectuarse la petrificación * de alguna substancia.

PETROGÉNESIS f. *Geol.* Génesis de las rocas, especialmente de las rocas endógenas y metamórficas.

PETROGRAFÍA f. *Geol.* Parte de la geología que estudia los orígenes y formación de las rocas, así como su composición.

PETROGRÁFICO, CA adj. *Geol.* Relativo a la petrografía. ‖ *Mapa petrográfico,* el que indica la naturaleza de las rocas de una región.

PETROLADO o **PETROLATO** m. *Petr.* Residuo pastoso, de color obscuro, que se obtiene al desparafinar, por centrifugación, los aceites pesados y que consiste en una mezcla de ceras y parafinas: *la purificación del petrolato da vaselina.*

PETROLADOR m. *Art. gráf.* Dispositivo que, en ciertas máquinas de imprimir de retiración, sirve para untar ligeramente con un cuerpo graso el cilindro sobre el cual se apoya la primera cara impresa del pliego, y ello con objeto de evitar la maculación o repinte si la tinta no ha secado.

pestillos

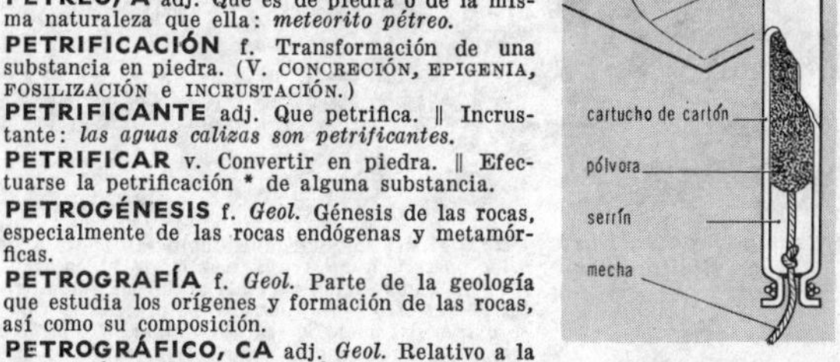

Fot. Todegal

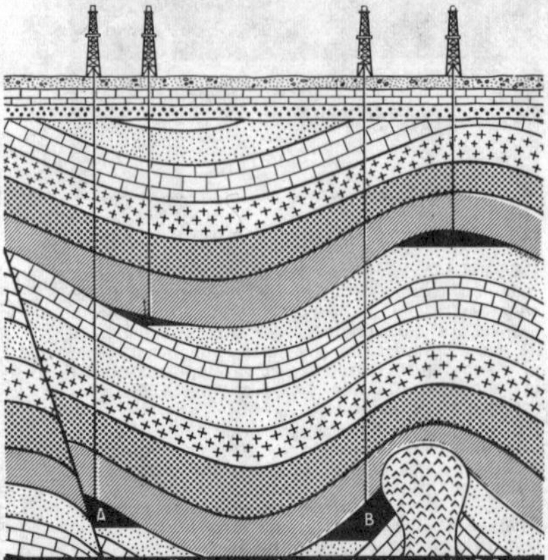

A. Anticlinal (caso de Koweit, que es el mayor yacimiento conocido). B. Domo de sal (yacimientos del Golfo de México). C. Falla (campos petrolíferos de la zona de Maracaibo, en Venezuela). D. Yacimiento en forma de cuña (caso del Texas oriental).

petróleo terrenos petrolíferos

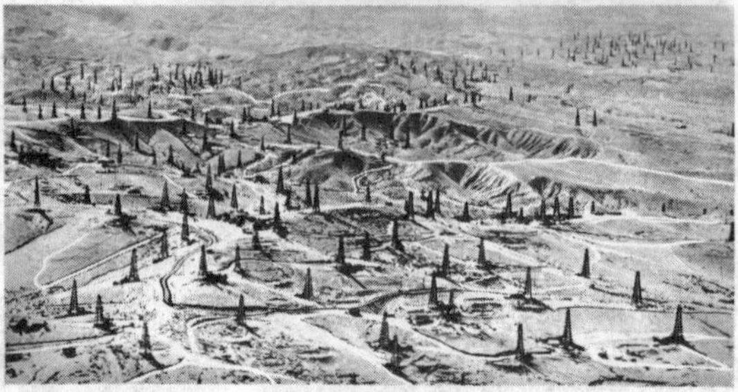

campo **petrolífero** en California

[v. tb. lámina en color PETRÓLEO]

PETRÓLEO m. Substancia mineral aceitosa de color obscuro que es una mezcla de hidrocarburos * de composición variable según los yacimientos. || *Petróleo bruto,* petróleo natural, tal y como se extrae del suelo, o sea sin refinar. || *Petróleo lampante,* queroseno. || *Coque de petróleo,* v. COQUE.

— El *petróleo* es un líquido viscoso, entre amarillo y pardo obscuro, con reflejos verdes, de olor característico y de densidad comprendida entre 0,8 y 0,95. Resulta de la lenta descomposición, provocada por bacterias en un pasado remoto, de materias orgánicas (restos de animálculos y algas microscópicas) acumuladas en el fondo de las lagunas y el curso inferior de los ríos, como lo prueba el hecho de que solamente se encuentra en terrenos sedimentarios. Dichas materias han sido cubiertas progresivamente por capas, cada vez más espesas, de sedimentos al abrigo de las cuales se han transformado lentamente en hidrocarburos, azufre, oxígeno y nitrógeno, cuya mezcla constituye el petróleo bruto.

El petróleo no formó lagos subterráneos. Se hallaba contenido en la masa esponjosa de la *roca madre* formada por la aglomeración de los sedimentos por efecto del peso de la capa sedimentaria. Ulteriormente se produjo un fenómeno de "migración" que tuvo como consecuencia el paso del petróleo de la roca madre a otras rocas aún más porosas y permeables (areniscas y caliza), donde hoy se encuentra, en parte gasificado, generalmente asociado con agua salada.

Los yacimientos de petróleo se hallan en los terrenos geológicos comprendidos desde el cambriense hasta el mioceno (v. ESTRATIGRAFÍA), en unas formaciones geológicas (a las que los profesionales llaman *trampas*) constituidas por una capa de marga, arcilla u otro terreno impermeable de la cual no pueden salir los hidrocarburos. La más típica y común de estas formaciones es un anticlinal * en forma de bóveda cerrada inferiormente por una capa de agua salada y en cuya parte superior se acumulan los hidrocarburos gaseosos. Así, el petróleo se halla sometido al empuje del agua y a la presión del gas. Su temperatura puede alcanzar 150° y su presión 175 kg/cm². Es fácil comprender que si se perfora el suelo desde la superficie para introducir un tubo en el seno de la *roca almacén* que contiene el petróleo, éste suba por sí mismo hasta la superficie. Ahora bien, cuando la presión fuera insuficiente (por ejemplo en los pozos que se están agotando o en los yacimientos pobres o poco permeables), será necesario extraerlo con una bomba o bien crear una presión artificialmente, inyectando aire, gas o agua por otros pozos próximos.

La capa de petróleo de un campo petrolífero no suele medir más de 30 m de espesor, pero puede extenderse en un óvalo de decenas de kilómetros y a profundidades teóricas de hasta 15 000 m, si bien los más profundos hasta ahora explotados se hallan a 7 000 m.

Como sondeos tan importantes son operaciones muy costosas, es necesario emprenderlos solamente cuando se dispone de indicios para suponer que existe una probabilidad suficiente de descubrir un yacimiento. Semejantes indicios pueden obtenerse por distintos métodos y asombra la pericia con que un criadero de petróleo invisible y enterrado bajo una sucesión de numerosas capas de roca, pueda ser localizado desde la superficie. (V. PROSPECCIÓN.)

Cuando los índices son suficientes, se procede a la perforación del terreno con una sonda. Las más de las veces estos sondeos solamente sirven para adquirir nuevos indicios y determinar la dirección y distancia en la cual se habrán de efectuar nuevas perforaciones con mayores probabilidades de éxito (v. SONDEO). Si la sonda alcanza en buenas condiciones una formación petrolífera beneficiable, se convierte en pozo de extracción mediante entubación *, eliminación del castillete de la sonda y montaje de un *árbol * de Navidad.*

Generalmente un yacimiento petrolífero se beneficia por varios pozos a la vez. Para limitar el número de los mismos, se recurre a varios procedimientos tendientes a expulsar el petróleo de los intersticios de la roca (inyección de gas natural, aire comprimido o agua por pozos periféricos) o a aumentar la permeabilidad del terreno en torno de los pozos de extracción (acidificación o inyección de ácido clorhídrico diluido que penetra por las grietas y corroe la roca; perforación * con proyectiles, etc.). Pero, incluso después de haber recurrido a todos los artificios rentables, la mitad del petróleo queda aprisionado definitivamente en la roca y se abandona.

El petróleo bruto sale de los pozos cargado de impurezas (arena, agua salada, etc.) que se eliminan por decantación, filtración, centrifugación y otros procedimientos, si bien conserva aún, al ser enviado a las refinerías, 1 % de agua, 1 a 4 % de azufre y pequeñas proporciones de cloruros de sodio y de magnesio. Por lo demás, su composición varía de una región a otra. Así, el petróleo del Cáucaso es *nafténico* y consta principalmente de hidrocarburos cíclicos saturados; el de Pensilvania es *parafínico* y rico en fracciones ligeras; el de Texas es *asfáltico* o *bituminoso* y rico en productos de la serie aromática. (V. HIDROCARBURO.)

El petróleo no tiene aplicaciones al estado bruto. Se transporta por medio de oleoductos o por buques petroleros a las refinerías, donde toda una serie de operaciones de destilación, fraccionamiento, crácking térmico y catalítico, etc., permiten separar sus constituyentes. (V. REFINACIÓN.)

PETROLERO m. *Mar.* Buque cisterna especialmente construido y equipado para el transporte del petróleo y de sus derivados.

petrolero

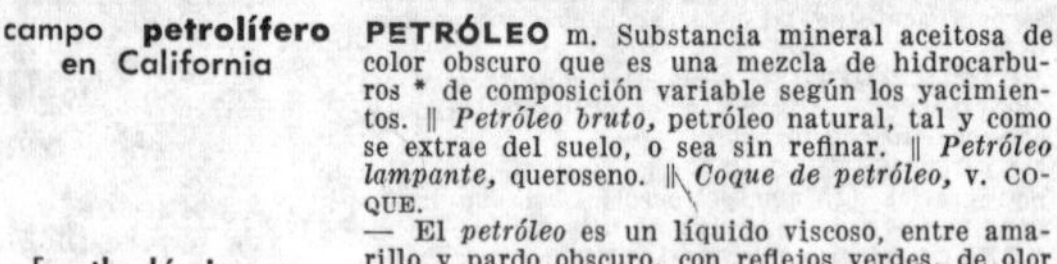

Fot. U. S. I. S., Lhommet

— Los *petroleros* alcanzan dimensiones gigantescas, pues los hay que desplazan 150 000 t, o sea más que cualquiera otra clase de buques, incluyendo los transatlánticos y los portaaviones. Tienen motores de combustión interna o turbinas situadas a popa. El casco suele hallarse dividido por dos paredes longitudinales y numerosos mamparos transversales en cisternas independientes provistas de canalizaciones que conducen a las bombas. Estas últimas son capaces de descargar 3 000 y más toneladas de petróleo por hora, pero no intervienen en la carga, que se efectúa con el equipo de los muelles de embarque. Las cisternas tienen un sistema de serpentines por los cuales se puede hacer circular vapor para calentar el asfalto y otros productos muy espesos. Los *metaneros* * son petroleros especiales para hidrocarburos gaseosos licuados y transportados bajo presión.

PETROLÍFERO, RA adj. Dícese de las rocas y terrenos que contienen petróleo.

PETROLIZACIÓN f. Acción de dar una capa de petróleo a una cosa: *la petrolización de las aguas estancadas destruye los mosquitos.*

PETROLOGÍA f. *Geol.* Petrografía.

PETROQUÍMICA f. *Quím.* Parte de la química relativa a los derivados del petróleo, en la cual

petroquímica

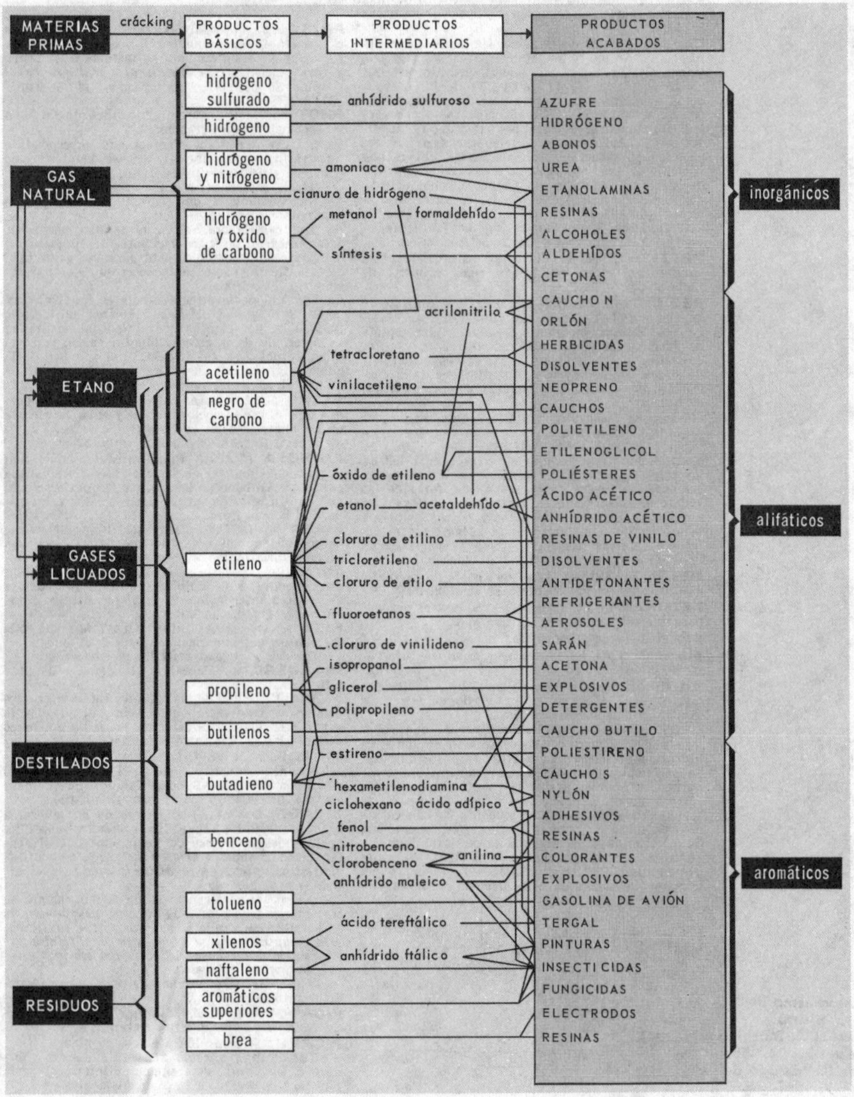

se funda una de las industrias más importantes de nuestro tiempo.
— La *petroquímica* tiene por objeto la obtención, a partir del petróleo o del gas natural, de substancias elementales o de compuestos, ya utilizables directamente, ya en forma de primeras materias para la industria. Consiguientemente, no abarca la fabricación de objetos de materia plástica o de caucho sintético, de tejidos, etc., aunque estos productos tengan como base a aquellas substancias.
La petroquímica es complementaria de la carboquímica, pues los derivados de la hulla son pobres en hidrógeno respecto a los del petróleo, los cuales no requieren hidrogenaciones complementarias. Así, la petroquímica representa las cuatro quintas partes de la producción en materia de química orgánica.
Una fase esencial de la petroquímica es la transformación de los hidrocarburos saturados (los que tienen el máximo de hidrógeno) en hidrocarburos no saturados, o sea la conversión de los cuerpos de la serie grasa en cuerpos de la serie aromática (v. HIDROCARBURO). Las más de las veces esta transformación se obtiene por crácking (v. REFINACIÓN). Así, se pueden elaborar a partir del petróleo substancias antes derivadas del carbón (amoniaco, acetona, ácido acético, fenol, etc.) o de materias vegetales (glicerina, alcohol etílico, etc.), y también algunos productos antes inexistentes (butadieno, etc.). El gráfico resume la diversidad de los productos que hoy se obtienen merced a los progresos de la petroquímica.

PETZITA f. *Miner.* Telururo natural de plata aurífero, a veces beneficiado como mineral de plata y oro.

PEZ f. Substancia blanda y pegajosa consistente en una mezcla de resinas y alquitranes vegetales que se obtiene mediante destilación incompleta de trementina o de maderas resinosas. || *Pez amarilla,* resina de abeto. || *Pez de Judea,* betún * de Judea. || *Pez negra,* la que proviene de la destilación de trementinas impuras y contiene negro de humo.
— La *pez* tiene muy variadas aplicaciones: los zapateros dan pez a los hilos con que cosen los zapatos para hacerlos imputrescibles y que se deslicen bien por los ojos abiertos con la lezna; los calafates la emplean con la estopa para hacer estancas las juntas de las tablas del forro de las embarcaciones; también sirve para empegar los barriles de cerveza y las botas y odres; empléase asimismo industrialmente para reemplazar el asfalto en ciertas pinturas y como aglomerante en la fabricación de briquetas * de carbón.

PEZÓN m. Extremo libre de un eje de carruaje, que prolonga el gorrón fuera de la rueda.

PEZONERA f. Clavija que atraviesa el pezón * para impedir que pueda salirse la rueda.

pF, símbolo de *picofaradio.*

ph, símbolo de *fot* (en la nomenclatura internacional *phot*).

pH (fonéticamente *peache*) m. *Quím.* Índice numérico para expresar el grado de acidez o de alcalinidad de las disoluciones.
— La acidez * o la alcalinidad * de una substancia dependen de su concentración en iones de hidrógeno positivos y negativos. Así, el agua pura, que es neutra, contiene a las temperaturas ordinarias 10^{-7} iones gramo H^+ y otros tantos OH^- (dícese que su *producto iónico* vale 10^{-14}). Si se agrega un ácido al agua, aumenta la concentración de iones H^+, mientras que si se agrega una base, disminuye la proporción de los mismos y aumenta la concentración de iones OH^-. La escala *pH* se funda en hacer positivo el exponente del número que indica la concentración en iones H^+.

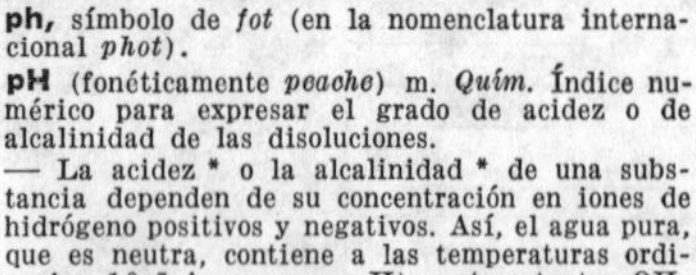

mecanismo del piano
1. Tecla; 2. Macillo; 3. Cuerda; 4. Sordina; 5. Vástago del pedal

Así, pues, a las substancias neutras corresponde un pH igual a 7, mientras que el de las substancias ácidas es inferior a 7 y el de las substancias alcalinas superior a 7. He aquí tres ejemplos correspondientes a los tres casos:

SUBSTANCIAS	IONES OH^-	IONES H^+	pH
Disolución decinormal de sosa	10^{-1}	10^{-13}	13
Agua pura	10^{-7}	10^{-7}	7
Disolución decinormal de ácido clorhídrico .	10^{-13}	10^{-1}	1

PHI f. Letra del alfabeto griego que corresponde a nuestra f, se pronuncia fi, se escribe Φ, φ, y se emplea como símbolo en matemáticas, física y otras ciencias: *en metalurgia phi* (Φ) *es el símbolo de* diámetro; *en aviación, el de* flecha (φ), etc.

PHOT m. *Lumin.* Forma ortográfica de *fot* * en la nomenclatura internacional.

PI f. Letra del alfabeto griego que corresponde a nuestra p, se escribe Π, π, se emplea como símbolo, especialmente en física y matemáticas.
— *Atom. Meson pi,* o π, v. MESÓN.
— *Mat.* Símbolo π, que representa la relación de la circunferencia al diámetro.
— Las calculadoras electrónicas han permitido determinar millares de decimales del *número pi,* que es inconmensurable, pero para la generalidad de los cálculos basta con conocer su valor aproximado: 3,141 592.
La longitud de la circunferencia es igual al producto de pi por el diámetro; el área del círculo, igual a pi por el diámetro elevado al cuadrado; la superficie de la esfera, igual a cuatro veces el producto del área del círculo; y el volumen de la misma, igual a los cuatro tercios del producto de pi por el cubo del radio.

PIANO m. *Acúst.* Instrumento musical de cuerdas que se tañe con un teclado y cuya estructura puede apreciarse en la *figura.*
— *Metal. Cuerda de piano,* v. CUERDA.

PIANOLA f. *Acúst.* Piano mecánico en el cual la pulsación manual de las teclas es reemplazada por un mecanismo accionado por las perforaciones que, en un rollo de cartón, corresponden a las notas de la partitura.

PIASAVA f. *Text.* Fibra textil que se extrae del pecíolo de las hojas de una palma brasileña *(Leopoldinia piassaba)*, empleada para confeccionar cepillos, escobas y labores similares. || Por ext., nombre dado a fibras similares procedentes de otras plantas *(Raphia vinifera, Attalea funifera, Caryota urens,* etc.)

PICA f. *Art. gráf.* Unidad tipográfica que vale 12 puntos angloamericanos, o sea 4,21 mm.
— *Constr.* Escoda o martillo de abocardar.

PICADERO m. Puntal o pie derecho de poca altura.
— *Mar.* Cada uno de los maderos cortos y gruesos dispuestos transversalmente sobre el eje de la grada y en los cuales descansa la quilla del barco que se está construyendo o carenando.

PICADIL m. *Vidr.* Cristal que desborda del crisol durante la fusión y cae en el hogar. || Cristal que toma color por haberse fundido en su masa cenizas procedentes del hogar del horno.

PICADO, DA adj. y s. Dícese de las labores a base de picaduras, agujeritos o detalles muy finos y apretados. || Dícese de los objetos que presentan defectos superficiales en forma de motas o de agujeritos: *pieza de fundición picada; papel picado por la humedad.*
— *Aeron.* M. Descenso de un avión cuando su trayectoria forma un ángulo muy grande con la horizontal: *el picado impone esfuerzos considerables a las estructuras y hasta puede desintegrarlas si el piloto rebasa la "velocidad crítica" estipulada por el constructor.*
— *Min. Amer.* Excavación que se hace para beneficiar minerales.

PICADORA f. *Tecn.* Máquina para picar tabaco, forrajes, carne u otras materias.

PICADURA f. Acción y efecto de picar.
— *Tab.* Tabaco picado, distinguiéndose la *picadura al cuadrado,* de fragmentos informes, de la *picadura en hebra,* a base de filamentos.

PICAPORTE m. *Carp.* Cierre de golpe para puertas y ventanas, consistente en una barrita articulada en la hoja que, al ser empujada ésta, se desliza por el canto inclinado de una nariz clavada en el marco, hasta caer o encajar en la muesca de la misma. || Aldaba * o llamador de puerta.

PICAR v. Cortar, dividir en fragmentos muy pequeños el tabaco, la carne, el forraje u otras cosas. || Perforar o recortar papel, tela u otras materias para formar dibujos. || Raspar una muela de molino desgastada para que recobre sus asperezas. || *Máquina de picar,* picadora.
— *Aeron.* Efectuar un picado * los aviones.
— *Constr.* Labrar las piedras de construcción o los muros que se han de revocar, golpeando unas y otros con pico, piqueta o instrumentos similares.
— *Ind. alim.* Empezar a avinagrarse el vino, a carcomerse el grano y, en general, a echarse a perder los alimentos.

PICK-UP m. *Acúst.* Lector * de tocadiscos. || Tocadiscos.

PICNO, prefijo derivado del griego *puknos,* que significa *espeso, grueso.*

PICNÓMETRO m. *Fís.* Frasco que sirve para determinar las densidades de los cuerpos sólidos y líquidos.
— El principio del *picnómetro* es como sigue: primeramente se llena con el líquido que se ha de estudiar y se deja en hielo machacado para que baje la temperatura de su contenido; después de haber medido ésta con un termómetro asimismo enfriado por el hielo, se vierte el exceso de líquido hasta que el nivel del mismo coincida con una marca que tiene el frasco en el cuello; por último, se pesa el frasco con su contenido. La segunda fase consiste en repetir las mismas operaciones, con el mismo frasco, debidamente limpiado, y lleno esta vez de agua destilada. De la comparación de los dos pesos se desprende la densidad del primer líquido con una precisión del orden de la milésima.

PICNÓSTILO m. *Arq.* Columnata en la cual el intervalo entre las columnas es igual a una vez y media el diámetro de las columnas.

PICO, prefijo derivado del italiano *piccolo,* que significa *pequeño* y que antepuesto al nombre de una unidad, la divide por un billón (su símbolo es *p*).

PICO m. Nombre dado, por analogía con el pico de las aves, a las puntas que sobresalen de la superficie de muchas cosas, como el vertedero en forma de punta acanalada que tienen ciertas vasijas, la cúspide aguda de ciertas montañas, etc.
— *Carp. Pico de flauta,* empalme * de dos maderos rebajados oblicuamente a media madera de modo que el aumento de espesor en uno de ellos quede compensado por una disminución del del otro.
— *Mar.* Botalón y también proa del barco. || *Pico de loro,* extremo puntiagudo de las uñas del ancla.
— *Min.* y *Obr. públ.* Herramienta de ástil que sirve para el arranque manual de minerales blandos o de rocas previamente disgregadas con explosivos, para cavar suelos duros, arrancar pavimentos, arreglar el balasto bajo la vía, etc.

PICOFARADIO m. *Electr.* Unidad de capacidad eléctrica, de símbolo *pF,* igual a la billonésima parte del faradio.

PICOLETA f. Pico * pequeño, de mango corto, que se maneja con una sola mano.

PICOLETE m. Grapa que tiene sus extremos fijados en el palastro de la cerradura, en cuyo interior abraza el pestillo y le sirve de sostén.

PICÓN m. *Comb.* Carboncilla.

PICRAMIDA f. *Expl.* Trinitranilina.

PICRAMINA f. *Quím.* Trinitranilina que se obtiene tratando el cloruro de picrilo con amoniaco.

PICRATADO, DA adj. *Expl.* A base de picratos: *pólvora picratada.*

PICRATO m. *Quím.* Sal que resulta de la combinación del ácido pícrico con una base: *los picratos son materias explosivas.*

PÍCRICO, CA adj. *Quím.* Ácido OH—$C_6H_2(NO_2)_3$. (Sinón. TRIFENOL 2-4-6.)
— El *ácido pícrico* es un sólido amarillo, poco soluble en el agua y soluble en los disolventes orgánicos, que funde a 122° y detona si se eleva bruscamente su temperatura. Se fabrica por nitración de fenol disuelto en ácido sulfúrico o nitrando por tercera vez el dinitrofenol. El ácido pícrico tiñe de amarillo la seda y la lana, pero ha sido reemplazado por colorantes mucho más sólidos. Entra en la composición de explosivos para obuses, mezclado con trinitrocresol o con dinitrofenol y en estas aplicaciones se le da el nombre de *melinita.* Se emplea en medicina, muy rebajado, para curar quemaduras superficiales. Sus sales, llamadas *picratos,* son detonantes, pero solamente se usa como explosivo el picrato de amonio.

PICRILO m. *Quím.* Radical derivado del ácido pícrico * por supresión del hidroxilo OH.

PICTURAL adj. *Pint.* Relativo a la pintura: *decoración pictural.*

PICUDA f. *Mar.* Bote pequeño cuya popa tiene igual forma que la proa.

PIE m. Parte inferior de un objeto elevado. || Cada una de las patas con que se apoyan en el suelo los muebles y otras cosas. || *De pie,* que se hace funcionar con el pie: *los coches tienen un freno de mano y otro de pie.*
— *Arq. Pie derecho,* madero o estructura metálica dispuestos verticalmente para que sirvan de apoyo a algún elemento de un edificio o una construcción.
— *Art. gráf.* Margen inferior de la página impresa. || *Pie editorial,* inscripción que, en la portada de un libro y en su parte inferior, indica el nombre y la dirección del editor. || *Pie de imprenta,* expresión, al final de un libro, del nombre de la imprenta, número de la autorización, fecha de la impresión, etc.
— *Carp.* Puntal o cualquier madero dispuestos verticalmente en una construcción. || *En pie,* dícese de la madera de los árboles aún no abatidos: *comprar 1 000 m³ de madera de roble en pie.*
— *Geom.* Punto de encuentro de una línea o un plano con la perpendicular bajada sobre una u otro.
— *Mar.* Puntal. || *Pie de carnero,* escala de espárrago * que va de la escotilla a la sobrequilla, en la cual descansa. || *Pies de pato,* palmas * de bucear.
— *Mec. Pie de biela,* extremo por el cual la biela se articula en el émbolo. || *Pie de cabra,* palanca de metal consistente en una barra que tiene su extremo achaflanado y hendido longitudinalmente.
— *Metr.* Antigua unidad de medida cuyo valor variaba de un lado a otro y que hoy solamente tiene curso en el sistema de medidas anglosajón, con el nombre de *foot.* || *Pie de rey,* instrumento para medir calibres y espesores, consistente en una regla graduada y acodada, provista de un cursor también acodado, que forma una boca de abertura regulable en la cual se introduce y ajusta la pieza que se ha de medir, cuyas dimensiones pueden leerse en la escala de la regla o en un nonio que llega a indicar hasta la quincuagésima parte de un milímetro.
— El *pie* o *foot lineal* vale 0,304 8 m y, para convertir los metros en pies, se multiplican por 3,281. El *pie cuadrado* (*square foot*) vale 0,092 03 m² mientras que un metro cuadrado equivale a 10,764 pies cuadrados. *El pie cúbico* (*cubic foot*), vale 0,027 m³ y el metro cúbico contiene 35,315 pies cúbicos.
— *Petr. Pie de cabra,* doble gancho que sirve para suspender del castillete el varillaje de las sondas. (V. SONDA.)
— *Text.* Imprimación o primer baño de tinte que se da a un tejido antes de proceder al teñido definitivo, que prende así mejor y resulta más regular. || Lana estambrada para urdimbres.

PIEDRA f. Cuerpo mineral sólido y duro, no metálico, si bien contiene sales y óxidos

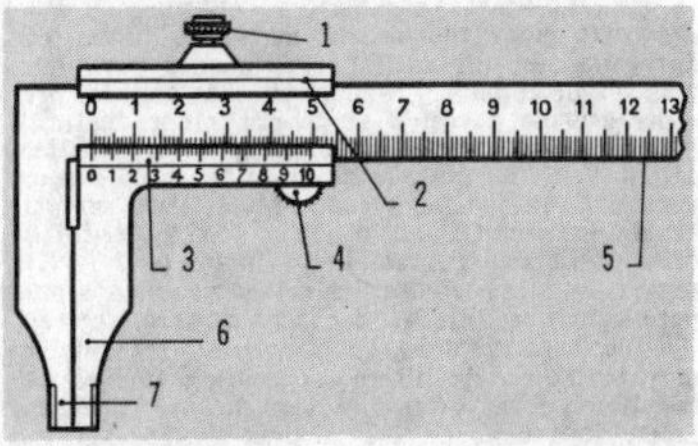

pie de rey *(metr.)* 1. Freno; 2. Cursor; 3. Nonio; 4. Rodillo; 5. Regleta; 6 y 7. Partes móvil y fija de la boca

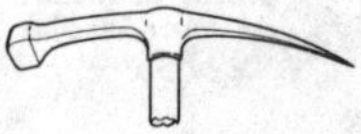
pico de minero

metálicos, a los cuales debe su coloración, pudiendo ser ésta tan variada que se dan en las piedras todos los matices del espectro, además de los colores blanco y negro. ‖ *Piedra de azufre, piedra caliza,* etc., v. AZUFRE, CALIZA, etc. (V. también más abajo *Constr., Joy.* y *Miner.*)

— *Arq. Piedra angular,* sillar que hace esquina. ‖ *Piedra fundamental,* la primera que se pone en un edificio. ‖ *Piedra de tope,* sillar que forma el vértice de un hastial. ‖ *Primera piedra,* sillar de la primera hilada de un edificio, generalmente una piedra angular provista de un hueco en el cual se suele poner alguna medalla o documento conmemorativo. (V. más adelante *Constr.*)

— *Art. gráf. Piedra litográfica,* piedra consistente en carbonato de calcio casi puro, muy fina y homogénea, cuya superficie, alisada y apomazada, se usa en litografía *.

— *Constr. Piedra arenisca,* v. ARENISCA. ‖ *Piedra artificial,* bloque de hormigón hecho con agregados especialmente seleccionados para que, una vez descapada y alisada su cara visible, presente aspecto parecido al de una piedra natural. ‖ *Piedra berroqueña,* granito. ‖ *Piedra caliza,* caliza. ‖ *Piedra machacada,* roca reducida a fragmentos de dimensiones convenientes para ser utilizada en hormigones, rellenos, etc. ‖ *Piedra de talla,* galicismo por *sillar.* ‖ *Piedra de tejar,* la pizarra y otras piedras estratificadas que sirven para cubrir los tejados. ‖ *Piedra de yeso,* v. YESO.

— *Joy.* Mineral duro, transparente o translúcido, muy brillante, de diferentes colores, que se usa tallado en joyas y otros objetos de lujo. ‖ *Piedra falsa,* imitación de las piedras de joyería con cristales o con plásticos de colores. ‖ *Piedra de toque,* jaspe usado por los joyeros para efectuar el toque * de los metales preciosos.

— En joyería se usan las clases de *piedras* siguientes: *piedras preciosas* (diamante, rubí, esmeralda y zafiro), *piedras finas, transparentes* (crisoberilo, espinela, topacio, turmalina, amatista, granate, peridoto, etc.), *translúcidas* u *opacas* (calcedonia, ágata, ópalo, turquesa, jade, etcétera).

Las piedras preciosas y las piedras finas tienen composiciones muy diferentes: el diamante es de carbono; los corindones, de alúmina; las espinelas son aluminatos de magnesio; los berilos, silicatos de aluminio y de berilio; los topacios, fluosilicatos de aluminio; las turmalinas, borosilicatos de aluminio; los granates, silicatos complejos de aluminio y otro metal; la calcedonia, el ópalo, el ágata y el ónice son variedades de sílice; la obsidiana es un feldespato, etc.

Además de su constituyente esencial, las piedras contienen las más de las veces óxidos metálicos a los cuales deben su color. Además de su dureza, transparencia y colorido, el valor de una gema es determinado por su brillo y por sus características de refracción y difracción de la luz.

Las piedras para joyas se tallan por la misma técnica que el diamante *, aunque sin partirlas por planos de crucero. Con las piedras finas opacas se hacen objetos de adorno. Las piedras preciosas o finas de calidad inferior tienen aplicaciones industriales: el diamante, como abrasivo; los rubíes, en relojería; el ágata para hacer morteros, bolas, etc.

Piedras artificiales y sintéticas. Para joyería barata se fabrican *piedras artificiales* con vidrios especiales (borosilicatos) bastante brillantes y cuyo brillo es realzado merced a una laminilla de plata pegada en su base que refleja la luz. Más interesante es la producción creciente de *piedras sintéticas* (rubí, zafiro, espinela, etc.) verdaderas gemas, de igual composición que las naturales, que se obtienen fundiendo sus componentes pulverulentos con la llama de un soplete. La obtención de diamantes * sintéticos a partir del carbono mediante la acción conjugada del calor y de presiones gigantescas, ha efectuado también progresos muy grandes.

— *Min.* Estéril.

— *Miner. Piedra de alumbre,* alunita. ‖ *Piedra de hierro,* limonita. ‖ *Piedra imán,* magnetita. ‖ *Piedra meteórica,* meteorito * pétreo (Sinón. AEROLITO). ‖ *Piedra pómez,* feldespato volcánico muy poroso y ligero, que no es sino una espuma de obsidiana * solidificada y que se emplea pulverizada como abrasivo y para bruñir o apomazar. ‖ *Piedra preciosa,* v. más arriba *Joy.* ‖ *Piedra rodada,* canto rodado.

— *Quím. Piedra infernal,* nitrato de plata.

— *Tecn. Piedra de aceite,* piedra de amolar untada con aceite, que sirve para afinar o suavizar el filo de las herramientas cortantes. ‖ *Piedra afiladera,* amoladera, de afilar o de amolar, piedra natural (asperón, esquisto, etc.) o artificial (de carborundo, esmeril u otras materias) que sirve para afilar los instrumentos cortantes. ‖ *Piedra de encendedor,* barrita de ferrocerio * que produce las chispas en los encendedores. ‖ *Piedra molera,* la que sirve para hacer muelas de molino.

— *Vidr.* Partícula de materia no vitrificada inclusa en un vidrio y consistente en alguna impureza de la mezcla (cuarzo) o en un fragmento desprendido del revestimiento refractario del horno o procedente del hogar.

PIEL f. *Curt.* Tegumento exterior del cuerpo de los animales. ‖ Dicho tegumento arrancado al animal muerto, y también una vez adobado ya con su pelaje (v. más abajo art. encicl.), ya depilado (v. CUERO). ‖ *Piel en verde,* cuero * en verde.

— En la preparación de las *pieles* cabe distinguir dos fases principales: la curtición (que poco difiere de la de los cueros * finos) y las labores de peletería. Las últimas tienden por una parte a mejorar el aspecto del pelaje (mediante teñido, lustrado, abrillantado de las pieles previamente ejarradas, si tienen cerdas) y, por la otra, a sacar el máximo provecho de las pieles más caras. Con este objeto se practican en la piel numerosas incisiones convenientemente orientadas y luego se vuelven a coser, pero corriendo de uno a tres centímetros cada tira, obteniéndose así una piel rectangular y larga que facilita la confección de los abrigos y permite en ciertos casos doblar la superficie aprovechable de una piel. Las pieles pequeñas así preparadas se clavan sobre una superficie plana, yuxtapuestas, con el fin de estirarlas e igualar sus bordes antes de coserlas entre sí

preparacíon de **pieles** pequeñas de mucho valor

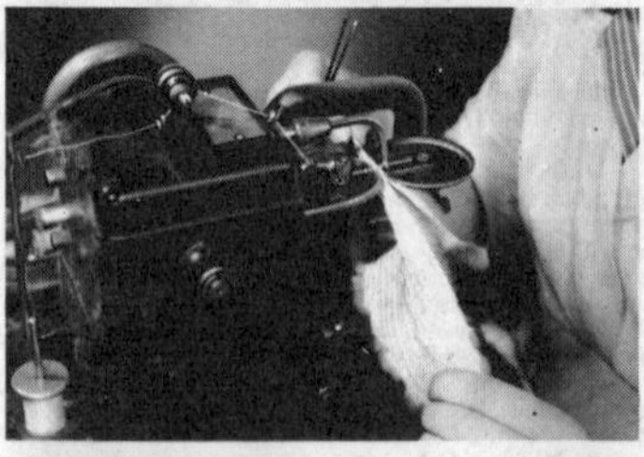

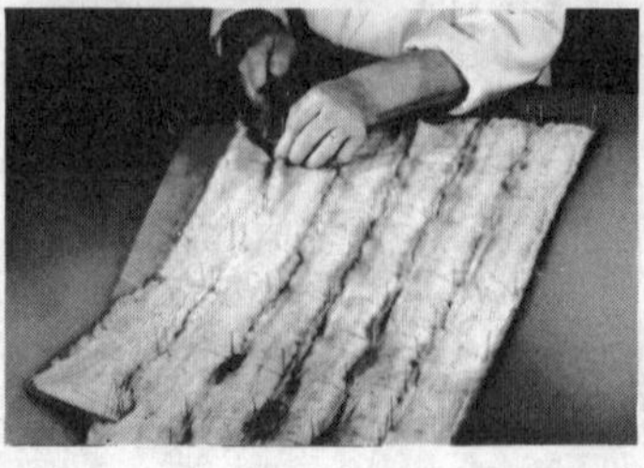

Fot. Révillon

para formar las piezas del abrigo, que luego se montan para confeccionar la prenda y son provistas de un forro.
Con la *piel de conejo* * y, merced a tintes y a tratamientos variados, se imitan las de armiño, castor, nutria, etc.
— *Text.* Las *pieles* se reemplazan en la confección de abrigos baratos con tejidos afelpados de pelo largo y lustroso. Pero las fibras sintéticas permiten obtener imitaciones mucho más perfectas, que incluso superan a las pieles verdaderas en algunos aspectos. Son tan sólidas y calientes como ellas y, además, pesan menos y resisten mejor a los parásitos y a los agentes de la putrefacción; también tienen la ventaja de poder ser lavadas con una esponja mojada en agua jabonosa.

PIÉLAGO m. *Mar.* Parte de los océanos muy distante de las costas.

PIERDEFLUIDO m. *Electr.* Conductor subterráneo que cede a la tierra las cargas eléctricas captadas por el pararrayos.

PIERNA f. Nombre dado a ciertas cosas que van por pares y forman un ángulo a imagen y semejanza de las piernas de una persona, como las dos piezas del compás de dibujar, las dos varillas de la horquilla de una bicicleta, los dos palos iguales de la A, la M y la N, etc.

PIEZA f. Cada parte o elemento de un todo: *hay máquina que consta de 2000 piezas diferentes.* ‖ Objeto de valor, labrado artísticamente: *hermosa pieza de orfebrería.*
— *Arq.* Cada una de las salas, cuartos o aposentos en que se hallan divididos una casa o un piso.
— *Electr. Piezas polares,* piezas macizas que prolongan el núcleo de los electroimanes en los electromotores, generadores y otros aparatos eléctricos y que, ofreciendo mayor superficie que la del correspondiente núcleo, aumentan la sección de penetración del flujo magnético.
— *Mec.* Cada uno de los elementos que constituyen un conjunto mecánico: *la biela es una pieza esencial de los motores de explosión.* ‖ *Pieza de recambio* o *de repuesto,* la que se adquiere separadamente y sirve para reemplazar en un conjunto mecánico a otra pieza semejante rota o deficiente.
— *Mil.* Arma de artillería: *el bombardeo ha destruido seis piezas.*
— *Text.* Tejido largo, plegado o enrollado, que es como lo suministra el fabricante al comerciante para su venta al detall.

PIEZA f. *Metr.* Unidad de medida para presiones, cuyo símbolo es *pz,* equivalente a la presión que, aplicada uniformemente en una superficie plana de un metro cuadrado, produce una fuerza total de un estenio.

PIEZGO m. *Curt.* Parte del odre correspondiente a alguna de las extremidades del animal de donde proviene el cuero. ‖ Por ext., toda pieza de cuero adobado para envasar líquidos.

PIEZO, prefijo derivado del griego *piezein,* que significa *comprimir.*

PIEZOCRISTALIZACIÓN f. *Miner.* Cristalización de los elementos de las rocas por efecto de la presión.

PIEZOELECTRICIDAD f. *Electr.* Producción de electricidad por ciertos cristales sometidos a presiones o a deformaciones mecánicas.
— El cuerpo más empleado como generador de *piezoelectricidad* es el cuarzo, en el cual la presión ejercida en determinadas condiciones provoca una polarización de las cargas eléctricas, concentrándose las positivas en una cara del cristal y las negativas en la otra. Así, al unir ambas caras con un conductor, circula por éste una corriente engendrada por la presión.
Si se talla una plaquita de cuarzo de unos milímetros de espesor paralelamente al eje óptico del cristal y se aplican en sus dos caras dos placas metálicas, se obtiene una especie de condensador dotado de la doble propiedad siguiente: si se somete el cristal a una presión o una tracción ejercidas con las armaduras metálicas, éstas se cargan eléctricamente; inversamente, si se aplica una corriente a las armaduras, el cuarzo se contrae o se dilata.
Cuando la corriente aplicada al cristal piezoeléctrico es alterna, el mismo vibra periódicamente. Si la frecuencia de la corriente es igual a la frecuencia propia del cristal, se produce un fenómeno de resonancia y la amplitud de las vibraciones es entonces muy grande. Como la frecuencia de estas oscilaciones es notablemente regular, los cristales piezoeléctricos sirven para regular la marcha de los relojes empleados para conservar el tiempo; se usan asimismo en los generadores de ondas radioeléctricas para conservar constante su frecuencia. Por otra parte las propiedades piezoeléctricas se aprovechan para engendrar y detectar ultrasonidos * (v. SONDA), para medir la magnitud de las presiones y los choques (v. ALTAVOZ, LECTOR y MICRÓFONO) y para todas aquellas aplicaciones en las cuales interesa traducir vibraciones mecánicas en oscilaciones eléctricas, y viceversa.

PIEZOELÉCTRICO, CA adj. *Electr.* Dotado de piezoelectricidad: *los mejores cristales piezoeléctricos son hemiédricos.* ‖ Relativo a la piezoelectricidad o fundado en ella: *micrófono piezoeléctrico.* ‖ *Constante piezoeléctrica,* relación que existe en un cristal piezoeléctrico entre la presión aplicada en sus caras y la diferencia de potencial eléctrico que dicha presión provoca entre las mismas.

PIEZÓGRAFO m. *Fís.* Aparato fundado en las propiedades piezoeléctricas de un cristal, que sirve para medir presiones o fuerzas vibratorias.
— El *piezógrafo* consta de: un cristal de cuarzo, que, sometido a las fuerzas o presiones que se han de medir, las transforma en oscilaciones eléctricas; un circuito electrónico que amplifica la corriente; un oscilógrafo que registra las características de la misma. Este aparato es adecuado para medir vibraciones mecánicas de escasa amplitud y de período comprendido entre unas milésimas de segundo y varios segundos.

PIEZOMETRÍA f. *Fís.* Medición de las presiones, especialmente las que son muy elevadas. ‖ Parte de la física relativa a la compresibilidad de los líquidos.

PIEZOMÉTRICO, CA adj. Relativo o perteneciente a la piezometría.
— *Hidr.* Dícese de la superficie superior de una capa freática *.

PIEZÓMETRO m. *Fís.* Instrumento propio para medir la compresibilidad de los líquidos.
— El *piezómetro* (v. *figura*) consta de un recipiente tubular (cuyo cierre superior se halla provisto de un pequeño cilindro por el cual corre un émbolo E) que tiene en su fondo una cubeta con mercurio en el cual penetran los extremos de dos tubos: uno contiene el líquido estudiado y otro es un manómetro * de aire comprimido. Funciona como sigue: al bajar el émbolo, el agua que llena el aparato es comprimida y transmite su presión al mercurio; éste sube a la vez por el manómetro y por el tubito graduado del recipiente que contiene el líquido analizado, indicando así a la vez la presión y la contracción del referido líquido.

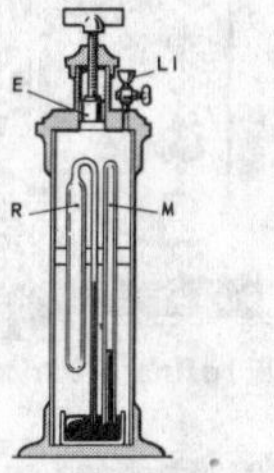

piezómetro
Ll, orificio provisto de llave; E, émbolo; R, recipiente; M, manómetro

PIGMENTACIÓN f. *Pint.* Acción de colorear un soporte de pintura líquido agregándole pigmentos.

PIGMENTAR v. Colorear con pigmentos.

PIGMENTO m. *Pint.* Substancia finamente pulverizada que se agrega a un soporte para conferirle su color o para hacerla opaca.
— Los *pigmentos* tienen por objeto conferir un color * opaco a las pinturas *. Por eso los colorantes *, substancias solubles capaces de teñir las fibras vegetales, no constituyen verdaderos pigmentos, aun cuando pueden comunicar su color a los granos insolubles de un soporte blanco y pulverulento que, entonces, constituye un pigmento. Las cualidades requeridas de un buen pigmento son: poder colorante elevado, fineza de los granos para asegurar una buena suspensión en el líquido o la homogeneidad de la pintura, estabilidad de los colores, opacidad suficiente para cubrir el color o los detalles de la superficie pintada e inercia química respecto a la misma.
Los *pigmentos naturales* son óxidos y otros minerales pulverizados. Los *pigmentos artificiales* se obtienen químicamente. (V. BLANCO, NEGRO, OCRE y los art. dedicados a los principales colores.)

PILA f. Montón de cosas de la misma especie dispuestas unas sobre otras. ‖ Recipiente grande de fábrica o de metal, que se usa en diferentes oficios e industrias para efectuar mezclas, tratar las materias en algún baño, etc.
— *Atom. Pila atómica,* reactor * nuclear, así llamado al principio porque las primeras realizaciones de esta clase se hallaban constituidas por

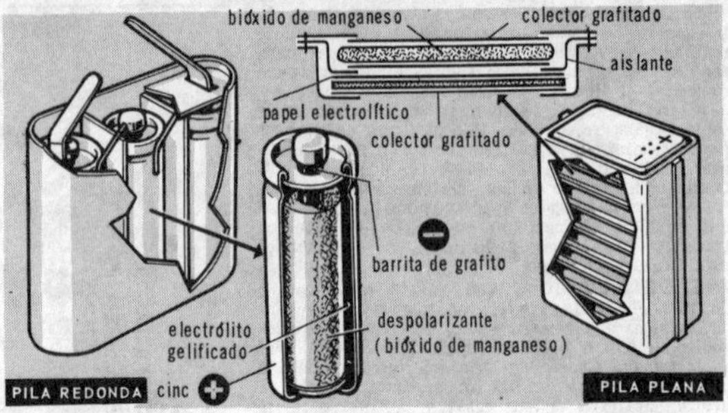

pilas eléctricas

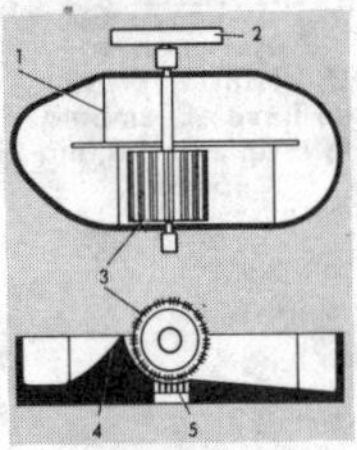

pila holandesa *(papel.)*
1. Tabique; 2. Polea de arrastre; 3. Tambor; 4. Barrera; 5. Cuchillas fijas

pilares *(arq.)* y algunas de las secciones comunes en ellos

una pila de bloques de grafito que contenían en su seno las barras de uranio (por lo demás, dado que la energía libertada proviene exclusivamente del núcleo, el adjetivo *nuclear* es más indicado que *atómico*).

— *Electr.* Generador de electricidad que convierte la energía química en energía eléctrica. ‖ *Pila patrón,* pila eléctrica empleada como patrón de fuerza electromotriz. ‖ *Pila seca,* aquella en la cual el electrólito se halla espesado con substancias sólidas. ‖ *Pila solar,* v. FOTOVOLTAICO. ‖ *Pila termoeléctrica, par termoeléctrico.* (V. TERMOELECTRICIDAD.)

— Una chapita de cinc y otra de cobre sumergidas separadamente en un vaso de agua acidulada constituyen una *pila elemental:* si se unen ambas placas o electrodos con un conductor, se comprueba que por el mismo pasa una corriente eléctrica. El ácido del electrólito ataca diferentemente los dos metales y rompe su equilibrio eléctrico según las reacciones siguientes: las moléculas del ácido se disocian en un ion positivo de hidrógeno y otro negativo de cloro, azufre, etc. (según el ácido empleado); de la placa de cinc se separa un átomo de dicho metal que abandona en la misma dos de sus electrones y es, consiguientemente, un ion positivo de cinc que, en el líquido, es repelido por el ion hidrógeno, también positivo, pero se combina con el ion negativo del cloro o del azufre. Por otra parte, el ion de hidrógeno captura un electrón de un átomo de la placa de cobre, la cual, al perder así una carga negativa, contiene una carga positiva en exceso. Multiplicada esta reacción, la placa de cinc contiene un exceso de electrones y se halla cargada negativamente, mientras que la placa de cobre, por haber perdido muchos electrones, tiene carga positiva. Al unir ambas placas con un conductor, los electrones pasan por el mismo desde el cinc al cobre, hasta que se establezca el equilibrio. Teóricamente, dado que la reacción se prosigue en el electrólito, la corriente debería persistir hasta la desaparición completa del cinc. Prácticamente se interrumpe antes por polarización del electrodo positivo, fenómeno consistente en la acumulación en toda la superficie del cobre de hidrógeno gaseoso que impide el contacto del metal con el electrólito. La despolarización * o eliminación del hidrógeno permite hacer pilas más duraderas.

Combinando electrodos, electrólitos y despolarizantes diferentes se obtiene una gran variedad de pilas distintas. La más práctica de todas es la *pila Leclanché,* de despolarizante sólido, de la cual derivan las *pilas secas ordinarias,* así constituidas: electrodo negativo de cinc, que forma la envoltura o recipiente hermético de la pila; electrodo positivo consistente en una barrita de grafito dispuesta axialmente; despolarizante de bióxido de manganeso; electrólito de cloruro de amonio gelificado o espesado con aserrín. Cada elemento da una fuerza electromotriz de 1,5 V.

Las *pilas impolarizables (pila Daniell, pilas de concentración)* se fundan en el uso de dos electrólitos líquidos separados, uno para cada electrodo, basados en sales de éstos. Así, el recipiente en que se halla el electrodo de cinc, contendrá una disolución de sulfato de cinc, mientras que el recipiente del cobre contendrá una disolución de sulfato de cobre. En las pilas de concentración, los dos electrodos son del mismo metal, y los electrólitos también, aun cuando difiere su concentración (el electrodo sumergido en la disolución menos fuerte constituye el polo negativo y se disuelve).

Las *pilas de gas* o *de combustible* se fundan en un principio muy diferente: la producción de energía eléctrica mediante consumo de un gas combustible. Si se alimenta el aparato en gas caliente a presión, el carbono es oxidado por el ánodo y el oxígeno, consumido por el cátodo. El carbono se convierte en ácido carbónico y entre ambos electrodos aparece una diferencia de potencial. Otro tipo de pila de gas se alimenta con oxígeno y con hidrógeno que se combinan en presencia de electrodos apropiados. Como esta combinación da agua, elemento precioso para los futuros astronautas, las pilas de este tipo han sido experimentadas desde 1965 a bordo de satélites habitados, lanzados en torno de la Tierra.

Ciertas pilas, llamadas *pilas normales* o *pilas patrón,* se caracterizan por el valor rigurosamente determinado de su fuerza electromotriz y pueden utilizarse como patrón para medir la fuerza de otras pilas o para efectuar otras mediciones de física. Las *pilas impolarizables* son buenas pilas patrones, y la que más se usa con dicho fin, la *pila de Weston,* está constituida como sigue: electrodo negativo de amalgama de cadmio con electrólito de sulfato de cadmio, electrodo positivo de mercurio en electrólito de sulfato mercúrico. Su f. e. m. es, a la temperatura de 20°, de 1,018 3 V.

— *Obr. Públ.* Machón de puente.

— *Papel. Pila refinadora* o *pila holandesa,* pila provista de un cilindro armado de cuchillas por entre las cuales y otra serie de cuchillas fijas pasa la pasta de papel, que es así batida, desembarazada de sus impurezas y refinada antes de pasar a la máquina de hacer el papel *.

PILADA f. *Constr.* Mortero, hormigón u otra mezcla que se amasa de una vez. ‖ Pila o montón de cosas.

PILAR m. *Arq.* Pilón de una fuente. ‖ Elemento vertical, aislado y macizo que sirve de soporte a una bóveda, cubierta u otra carga y que se distingue de la columna en que, las más de las veces, no es cilíndrica ni sigue las proporciones de un orden arquitectónico. ‖ Pilastra.

— *Min.* Macizo.

— *Obr. públ.* Hito o mojón de carretera.

PILAREJO m. *Arq.* Puntal que se apoya en el tirante y refuerza el par de una armadura de cubierta.

PILARETE o **PILARÓN** m. *Mar.* Cualquiera de los puntales que sostienen una cubierta, galería, toldilla, etc., en los barcos.

PILAROTE m. *Arq.* Cada uno de los pequeños pilares redondos que sostienen una galería. ‖ En las barandillas de las escaleras, balaustre o barrote más grueso que los demás, cuales son el primero, situado en el arranque de la escalera, y los que se ponen en los ángulos que forma la barandilla en los rellanos o descansillos.

PILASTRA f. *Arq.* Pilarote * de escalera. ‖ Columna rectangular que sobresale ligeramente del muro y a la cual en los órdenes arquitectónicos clásicos, se da iguales proporciones y adornos que a las columnas: *una pilastra dórica.*

PILCA f. *Constr. Amer.* Muro de piedras y barro. ‖ Horma, pared de piedra seca. (Sinón. PIRCA.)

PILÓN m. *Arq.* Pila * de una fuente. ‖ Pilono.
— *Constr.* Montón de argamasa que se prepara de antemano y se deja reposar cierto tiempo antes de emplearla para que luego fragüe mejor.
— *Ind. alim.* Pan de azúcar de forma cónica.
— *Ind.* y *Metal.* Bocarte. ‖ *Martillo pilón,* v. MARTILLO.
— *Metr.* Pesa que se hace correr sobre el brazo de la romana. (V. *figura* en el art. BALANZA.)

PILONO m. *Arq.* Cada uno de los dos motivos decorativos en forma de pilares gruesos, de sección rectangular, que se ponen en la entrada de un monumento, puente, etc., a imitación de los templos egipcios. (Sinón. PILÓN.)

PILOTAJE m. *Obr. públ.* Conjunto de pilotes de una obra.

PILOTE m. *Constr.* y *Obr. públ.* Madero rollizo y puntiagudo, barra de hierro o pilar de hormigón armado que se hincan en el terreno deficiente para servir de soporte a los cimientos de una construcción.
— Si la capa de terreno poco resistente no es muy espesa, los *pilotes* alcanzan el terreno firme y le transmiten las cargas por ellos soportadas. A veces, pese a que el pilote puede medir hasta 30 m de longitud, es necesario prolongarlo con un *falso pilote,* tubo de acero, que permite seguir hincándolo en el caso en que no hubiera hallado terreno firme. En otros casos *(pilote flotante)* el empuje lateral del terreno contra la superficie del pilote es suficiente para permitirle que soporte la carga sin hundirse. Actualmente los pilotes más usados son de hormigón armado, con punta provista de un azuche de hierro que facilita su penetración. Estos pilotes, provistos de un sombrerete metálico, se hincan con un *martinete * de hincar,* que también puede servir para arrancarlos en caso de necesidad. Otros pilotes llevan en la punta una chapa de forma helicoidal que permite roscarlos rápidamente en ciertos terrenos favorables.
Los *pilotes hormigonados en el agujero* se hacen practicando en el suelo un taladro en el cual se introduce un tubo que sirve para vaciar el hormigón y que se va retirando a medida que sube el nivel de éste. A veces se introduce una pequeña carga explosiva que, al explotar en el fondo, ensancha el taladro y, al multiplicar la superficie de la base del pilote, mejora su asiento.

PILOTO m. Máquina, construcción, artefacto o cualquier instalación que se construye a título de prueba ya para experimentar la eficacia de un invento o de un nuevo procedimiento industrial, ya para efectuar alguna investigación científica: *planta piloto para fabricar formol automáticamente.*
— *Aeron.* y *Mar. Piloto automático,* giropiloto.
— *Mec.* En las herramientas giratorias (brocas, fresas, etc.), punzón o vástago que precede a los filos cortantes, e introduciéndose en un taladro practicado en la pieza, sirve para obtener un centrado perfecto del útil. ‖ *Torno piloto,* v. TORNO.
— *Radiot. Circuito piloto,* circuito oscilante, generalmente fundado en el uso de un cristal de cuarzo piezoeléctrico, que determina la frecuencia de un emisor de ondas radioeléctricas y la mantiene constante. ‖ *Impulso piloto,* brevísima señal inicial emitida por los aparatos de radar y otros dispositivos radioeléctricos que sirve de referencia para sincronizar varios aparatos o para contar el tiempo.

PILÚ m. *Text.* Tejido de algodón, de urdimbre fina y trama gruesa, ligeramente afelpado por una de sus caras.

PIMELITA f. *Miner.* Silicato hidratado de níquel y mena de este metal.

PINA f. Mojón cónico. ‖ Cada una de las piezas de madera en forma de arco de circunferencia que constituyen las ruedas de ciertos carruajes: *las pinas llevan cajas en las que engastan los rayos y son ceñidas por la llanta.*

PINACOL m. *Quím.* Glicol biterciario que se obtiene reduciendo la acetona con magnesio amalgamado.

PINACOLOGÍA f. *Fís.* Estudio científico de las pinturas antiguas por medio de los rayos X, los rayos ultraviolados u otras radiaciones: *la pinacología permite a veces descubrir ya una falsificación, ya la presencia, por debajo de la obra visible, de otra pintura aún más antigua.*

PINACRIPTOL m. *Fot.* Nombre dado a un desensibilizador * que, químicamente, es un clorhidrato de diaminofenildiazonio.

PINÁCULO m. *Arq.* Aguja * u otro adorno cónico que remata un contrafuerte o un muro.

PINANO m. *Quím.* Carburo hidroterpénico $C_{10}H_{18}$ que resulta de la hidrogenación del pineno.

PINATIPIA f. *Art. gráf.* Procedimiento de reproducción fundado en la propiedad que tiene la gelatina bicromatada de absorber agua e hincharse más o menos según la intensidad de la luz recibida en cada punto al ser iluminada a través de un clisé. (V. OLEOBROMIA.)

PINCEL m. *Pint.* Mechón de pelos, fibras vegetales o artificiales que, fijo en el extremo de un mango, sirve para extender las pinturas y barnices, la cola y otros productos, así como para desempolvar.

PINENO m. *Quím.* Carburo terpénico bicíclico de fórmula $C_{10}H_{16}$, que es uno de los constituyentes de la trementina y consiste en un líquido de densidad 0,86, que hierve a 155°, no es soluble en el agua, aunque sí lo es en los disolventes orgánicos: *el pineno se usa en la síntesis industrial del alcanfor.*

PINJANTE m. *Arq.* Dícese del florón u otro adorno que pende de una bóveda o techo.
— *Joy.* Aplícase a las joyas y adornos colgantes, como los que se llevan en las orejas y los que cuelgan de ciertos collares.

PINO m. *Bot.* y *Carp.* Árbol resinoso del orden de las coníferas, cuyas distintas especies suministran materias útiles.
— El *pino albar* o *pino silvestre (Pinus sylvester)* tiene el tronco recto y da una madera ligera (d = 0,5 a 0,6), amarillenta en las regiones meridionales y rojiza en las septentrionales, siendo llamado el de esta procedencia *pino rojo.* Sirve, según su edad, para cubiertas y otras construcciones, encofrados, postes telegráficos, carpintería general, etc. Los rollos de menos de 30 años suelen reservarse para entibación * y para fabricar celulosa o pasta de papel.
Las mismas aplicaciones tiene la madera del *pino marítimo (P. pinaster),* más denso que el anterior (d = 0,6 y hasta 0,75), muy común en la región del Mediterráneo occidental; es rico en resina *, cuya impregnación aumenta la durabilidad de la madera expuesta a las intemperies (traviesas, postes, etc.). En ciertas partes se aprovecha la resina como primera materia de la industria química, pero conviene saber que los árboles sangrados dan madera de calidad inferior.
— *Quím. Aceite de pino,* aceite que se obtiene destilando la madera de ciertos pinos y que consiste en una mezcla de terpenos y terpinoles.
— El *aceite de pino* es la primera materia de la preparación del terpinol, el anetol y otros carburos empleados en perfumería. También entra, en razón de sus propiedades germicidas, en la fabricación de desinfectantes y jabones, y se emplea como agente humectante * en la flotación de minerales y en la industria textil.

PINSAPO m. *Bot.* y *Carp.* Abeto * de Ronda.

pilastras

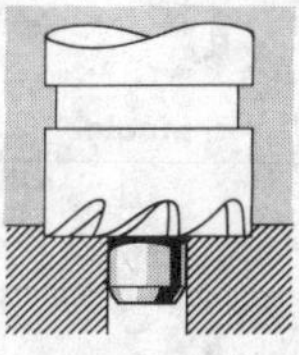
piloto *(mec.)*

pilotes

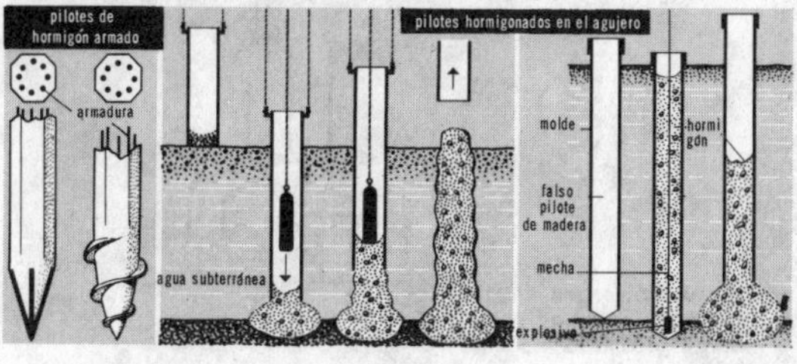

PINTA f. *Metr.* Antigua medida de capacidad para líquidos, cuyo valor difería de una región a otra; hoy solamente subsiste en el anticuado sistema de medidas anglosajón, y su valor es de 0,568 25 litros en Gran Bretaña y 0,473 2 litros en los Estados Unidos.

PINTADOR, RA adj. Que pinta o sirve para pintar.

— *Papel.* Máquina que, en la fabricación de papel * estucado o papel cuché, aplica la capa de estuco en la superficie del papel: *pintadora de dos caras.*

PINTURA f. Revestimiento de una superficie con una materia colorante. || Materia empleada con dicho fin. || *Pinturas a la aguada, al encausto, al fresco, al pastel, al temple,* v. AGUADA, ENCAUSTO, etc. (V. tb. más abajo art. encicl.) || *Pintura antiorín* o *anticorrosiva,* v. ANTIORIN. || *Pinturas marinas,* v. PATENTE.

— Las *pinturas* se componen de materias sólidas, finamente pulverizadas, en suspensión en una preparación líquida. Las primeras no son sino los pigmentos * que confieren su color a la pintura y las cargas que se agregan a veces para espesarla o aumentar su opacidad. En cuanto a la parte líquida, consta de un vehículo (aceite, resina natural o artificial), de disolventes, plastificantes y secantes. Hasta fecha reciente se emplearon casi exclusivamente dos clases principales de pintura: *pintura a la cola* o *al temple,* a base de agua, cola, tiza y materia colorante, y *pintura al óleo,* compuesta de aceite de linaza, aguarrás, un secante * (derivado metálico soluble en el aceite) y los pigmentos.

Hoy se usan muchos otros componentes: aceites de soja y de ricino deshidratados; esencias derivadas del petróleo y de la hulla, y, sobre todo, resinas sintéticas. Pueden obtenerse así muchas clases de pinturas, en cada una de las cuales predominan el carácter que conviene a cada uso: secado rápido, dureza o flexibilidad de la película seca, brillo, estabilidad del color, resistencia a los agentes químicos, etc.

Todas estas pinturas pueden ser clasificadas como sigue:

1.º *Pinturas grasas,* pinturas de aceites secantes, crudos o cocidos, con o sin resinas naturales (copal) o sintéticas (formofenólicas), con diluyente de aguarrás o esencias de petróleo y secante a base de jabones de plomo, cobalto o manganeso (para acelerar la oxidación del aceite);

2.º *Pinturas celulósicas,* pinturas a base de nitrocelulosa o de acetato de celulosa y de una resina natural o artificial (que aumenta el brillo de la película y la hace más dura y adherente), en un disolvente de acetato de butilo o de derivados del glicol. Estas pinturas secan con tal rapidez (menos de 30 mn), que no conviene aplicarlas con brochas y se pulverizan con aerógrafo *. Dan superficies muy brillantes, con aspecto de laca y se aplican a las carrocerías de automóviles, las bicicletas, etc.;

3.º *Pinturas sintéticas,* pinturas entre las cuales unas son *termoplásticas* (secan rápidamente en frío como las *pinturas celulósicas*) y otras *duroplásticas* (una vez secadas al horno, el calor las endurece y los solventes no pueden disolverlas). Las primeras son resinas vinílicas * y acrílicas * disueltas en los mismos solventes empleados para las pinturas celulósicas. Estas pinturas dan películas brillantes que no amarillean con el tiempo; como carecen de olor y de sabor apreciables, se emplean también para imprimir embalajes de productos alimenticios. Por lo demás, secan rápidamente. Las pinturas duroplásticas se hacen con formofenoles *, aminoplastas *, silicones * y, sobre todo, resinas gliceroftálicas *. Las de formofenol tienen una resistencia muy grande a los ácidos y se usan como aislante eléctrico y para revestir recipientes interiormente. Las aminoplastas y los silicones dan también pinturas resistentes a los agentes químicos, pero son poco empleadas. Por el contrario, las pinturas *gliceroftálicas* están en camino de reemplazar a las pinturas grasas clásicas y a las celulósicas. Constan de una resina gliceroftálica y de un aceite secante y, según la proporción de éste, son de secado rápido (mucho aceite) o lento (poco aceite); las primeras (que reemplazan a las pinturas grasas), se aplican con brocha, y las segundas (que corresponden a las de celulosa), se usan preferentemente con aerógrafo y se someten a una cochura entre 120 y 150º. Tanto unas como otras, dan una película muy brillante, flexible y adherente, resistente a la humedad. Por lo demás, los esmaltes gliceroftálicos cocidos al horno constituyen un excelente revestimiento antiorín.

4.º *Pinturas bituminosas,* pinturas a base de betún o de brea y de una resina para endurecerlas. Sirven de protección antiorín y de revestimiento impermeable contra la humedad.

5.º *Pinturas alcohólicas,* pinturas hechas con resinas artificiales o sintéticas disueltas en alcoholes o en hidrocarburos bencénicos. Se emplean para embalajes metálicos, juguetes, etc.

6.º *Pinturas al agua,* pinturas a la cola o al temple *, o sea a base de agua, pigmento y colas espesantes, lechadas de cal, etc. Estas pinturas, una vez secas, son solubles en el agua y, consiguientemente, no pueden ser lavadas.

(La adición de silicatos alcalinos da pinturas cuya película es un silicato vítreo que, con el tiempo, se convierte en sílice insoluble. Son pinturas, indicadas para pintar piedras y ladrillos, que han de ser manipuladas con cuidado, pues sus salpicaduras atacan los cristales de las ventanas y el vidrio en general. Tienen el inconveniente de que, una vez aplicadas, no pueden ser disueltas ni admite su superficie ser revestida con otra pintura.)

7.º *Pinturas luminosas,* o sea pinturas de los tres tipos siguientes: *fluorescentes,* a base de colorantes orgánicos dotados de fluorescencia * cuando se iluminan con luz * de Wood; *fosforescentes,* con sulfuros luminiscentes y manganeso, cobre, bismuto u otro elemento capaz de excitarlos y de prolongar su fosforescencia *; y *reflectoras,* que contienen, en un barniz transparente, minúsculas perlas de vidrio, cada una de las cuales funciona como un elemento catadióptrico y aparece brillante en la dirección de donde provienen los rayos luminosos.

PÍNULA f. *Topogr.* Plaquita metálica dispuesta verticalmente en el extremo de la alidada y en otros instrumentos topográficos, provista de pequeños orificios o rendijas por los cuales se dirigen las visuales para efectuar alineaciones o medir ángulos.

PINZA f. y **PINZAS** f. pl. Nombre dado a distintos instrumentos a modo de tenacillas con los cuales se cogen o sujetan cosas pequeñas. || Galicismo por *tenaza.*

— *Art. gráf.* Cada una de las lenguetas que, montadas en una barra junto al cilindro de las máquinas de imprimir, sujetan el papel al mismo mientras dura su rotación sobre la forma.

— *Electr. Pinzas de cocodrilo,* especie de tenacilla pequeña, de boca dentada y mantenida cerrada por un muelle, que, soldada o fijada en el extremo de un conductor eléctrico, permite conec-

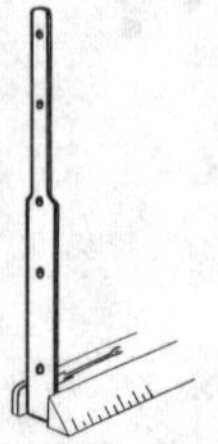

pínula

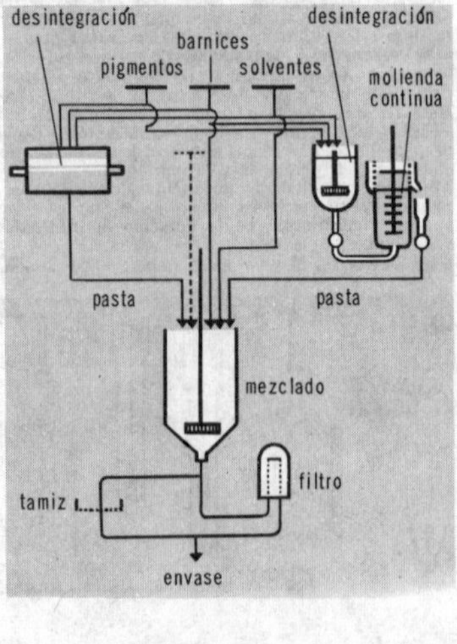

representación esquemática de la fabricación de pinturas

tarlo rápidamente con otro y separarlo instantáneamente del mismo para romper el contacto.

PINZOTE m. Especie de escarpia fuerte que sirve de gozne o macho.
— *Mar.* Caña del timón.

PIÑA f. *Amer.* Cubo de la rueda de un carruaje, en el cual encajan los rayos.
— *Mar.* Nombre dado a los nudos que se hacen en el extremo de un cabo entrelazando los chicotes descolchados.

PIÑÓN m. *Arq.* Hastial.
— *Mec.* La menor de las dos ruedas dentadas de un engranaje. || *Piñón libre,* V. RUEDA *libre.*

PIOCHA f. *Constr.* Piqueta.

PIOLA f. *Text.* Cuerda muy delgada que resulta de colchar tres cordones simples.

PIOLILLA f. *Text. Amer.* Cordel o bramante grueso, aunque poco rígido.

PION m. *Atom.* Mesón * pi (π).

PIP m. *Radiot.* Eco o señal de radar, altímetro, etc., que vuelve al aparato emisor después de haber sido reflejada por un obstáculo. (V. IMPULSO y TOP.)

PIPA f. *Arm.* Espoleta.
— *Carp.* Tonel *, barrica y otros recipientes hechos con duelas de madera apretadas alrededor de dos fondos circulares por medio de aros.
— *Electr.* Aislador tubular que tiene uno de sus extremos ensanchado y acodado, y que se empotra en un muro, con dicho extremo fuera del mismo y vuelto abajo, para dar paso a los conductores eléctricos sin que pueda penetrar el agua.

PIPE-LINE m. *Petr.* Anglicismo por *oleoducto* y *gasoducto.*

PIPERÍA f. *Carp.* Conjunto de pipas. || *Labores de pipería,* las de construcción y reparación de pipas.

PIPETA f. *Quím.* Tubo graduado o aforado provisto de una sección ensanchada que aumenta su capacidad, utilizado en los laboratorios para transvasar pequeñas cantidades de líquido.
— La *pipeta* se llena introduciéndola en el líquido o aspirando éste con la boca por el extremo libre, el cual se obtura a continuación con el dedo mientras se traslada la pipeta, cuyo contenido cae después al levantar el dedo para dar entrada al aire.

PIQUE m. *Text.* Tejido para vestidos de aspecto parecido al canutillo *, del cual se distingue, no obstante, por tener sus bordoncillos o acanaladuras en el sentido transversal, o sea en el de la trama.
— El *piqué* consta de un tejido laxo y de una urdimbre suplementaria sometida a una tensión suficiente para que apriete los hilos de trama y ondule el tejido de base en forma de una arruguita transversal.

PIQUERA f. *Ind. alim.* Abertura por donde entran y salen las abejas en la colmena. || Agujero de una pipa por el cual se vierte el líquido.
— *Lumin.* Mechero de alumbrado.
— *Metal.* Abertura del horno * alto por donde se da salida al metal fundido.

PIQUETA f. *Constr.* Herramienta de albañil que sirve para socavar, poner a medida los ladrillos y las piedras, quitar los enlucidos de las paredes, etc., y cuyo hierro tiene una cabeza de martillo y una boca plana y aguzada.

PIQUETE m. Estaca que se clava en el suelo para atar o afianzar alguna cosa: *asegurar un toldo con cuerdas y piquetes.*
— *Topogr.* Jalón pequeño o varilla de hierro que se hincan en el suelo para tomar medidas.

PIRALENO m. *Electr.* Marca registrada de un aceite sintético que se emplea como aislante en ciertos transformadores y condensadores porque no desprende gases inflamables.

PIRAGUA f. *Mar.* Embarcación pequeña, larga y estrecha, de proa y popa generalmente iguales, usada por las poblaciones primitivas, dándose el nombre de *piragua monoxila* a la que ha sido labrada de una sola pieza, ahuecando un tronco. || Canoa * ligera de dos proas y sin quilla.

PIRAMIDAL adj. En forma de pirámide: *altavoz de pabellón piramidal.*

PIRÁMIDE f. *Geom.* Sólido que tiene por *base* un polígono cuyos lados son también la base de otros tantos triángulos *(caras laterales de la pirámide),* los cuales poseen un vértice común, el *vértice de la pirámide.* || *Pirámide triangular, cuadrangular,* etc., aquella cuya base tiene 3, 4, etc. lados. || *Pirámide regular,* la que tiene por base un polígono regular. || *Pirámide truncada* o *tronco de pirámide,* porción de una pirámide comprendida entre su base y una sección practicada por un plano que corta todas las aristas laterales.
— La *altura de la pirámide* es la perpendicular a su base, que pasa por el vértico; su *apotema* es la perpendicular bajada desde el vértice a uno de los lados; son, respectivamente, *aristas de base* y *aristas laterales* de la pirámide los lados del polígono de base y las rectas que unen los vértices de dicho polígono con el vértice de la pirámide. El *área lateral de una pirámide regular* es igual a la mitad del producto que resulta de multiplicar el perímetro de la base por la apotema. El *volumen de una pirámide* es igual a la tercera parte del producto del área de su base por su altura. Las caras de un tronco de pirámide regular son trapecios isósceles iguales, cuya altura constituye la apotema del tronco. El área lateral de dicho tronco es igual al producto de la apotema por la semisuma de los perímetros de las dos bases. Su volumen se obtiene fácilmente restando del volumen de la pirámide correspondiente el de la pequeña pirámide suprimida por la sección.

PIRAMIDIÓN m. *Arq.* Pequeña pirámide cuadrangular que remata los obeliscos.

PIRÁN o **PIRANO** m. *Quím.* Compuesto heterocíclico en cuya molécula un átomo de carbono se halla sustituido por otro de oxígeno (C_5H_6O).

PIRÁNICO, CA adj. *Quím.* Dícese de los compuestos cuya molécula contiene el núcleo de pirano.

PIRANÓGRAFO m. Piranómetro registrador.

PIRANÓMETRO m. Actinómetro * que mide las radiaciones solares, o las del cielo iluminado por el Sol, recibidas por una superficie horizontal.

PIRARGIRITA f. *Miner.* Antimoniosulfuro de plata y mena de éste. (Sinón. ARGIRITROSA.)

PIRATA adj. *Autom.* Faro supletorio y orientable que el conductor de un automóvil tiene al alcance de la mano para poder iluminar las señales indicadoras en las carreteras, las placas con el nombre de las calles, etc.
— *Radiot. Emisora pirata,* la que funciona sin autorización y con longitud de onda que no le ha sido atribuida.

PIRAZOL m. *Quím.* Base heterocíclica que resulta de la condensación de hidracinas con dicetonas. || *Azul de pirazol,* colorante parecido al añil que se obtiene por condensación de la fenilelilpirazolona en presencia de cloruro férrico.

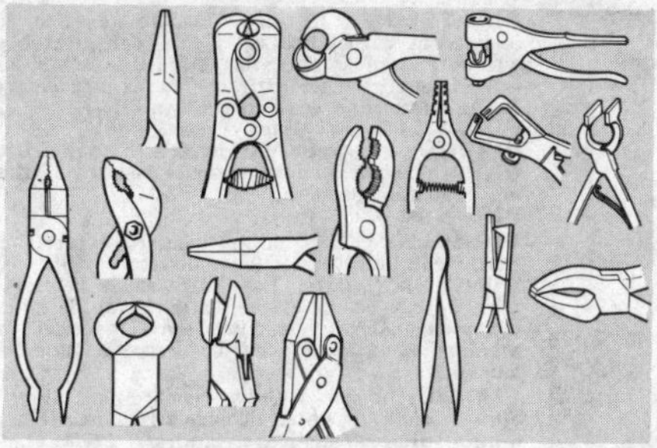

pinzas

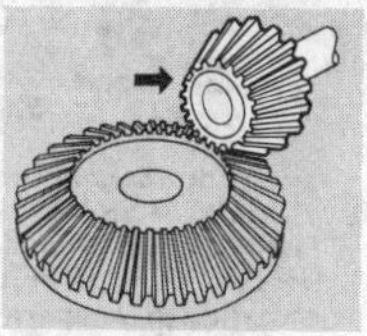

rueda dentada y piñón *(mec.)*

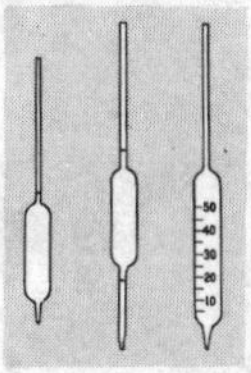

pipetas

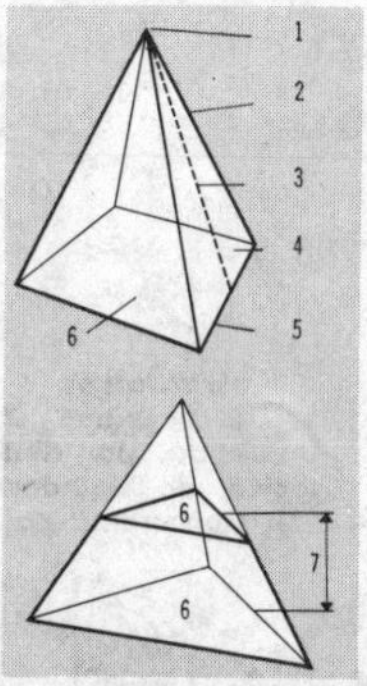

pirámide y tronco de pirámide
1. Vértice; 2. Arista lateral; 3. Apotema; 4. Cara; 5. Arista de la base; 6. Base; 7. Altura

piragua monoxila del Brasil

ojiva de cohete en **pirocerámica** (estado inicial y final, después de haber sido sometida a temperaturas elevadas)

pirómetros
1. De cuadrante; 2. De sonda, por dilatación de líquidos; 3. Monocromático

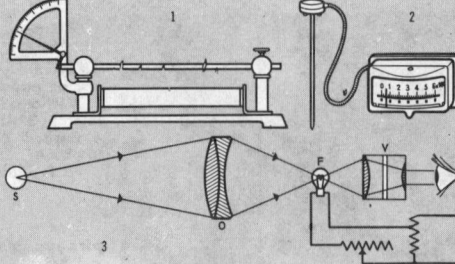

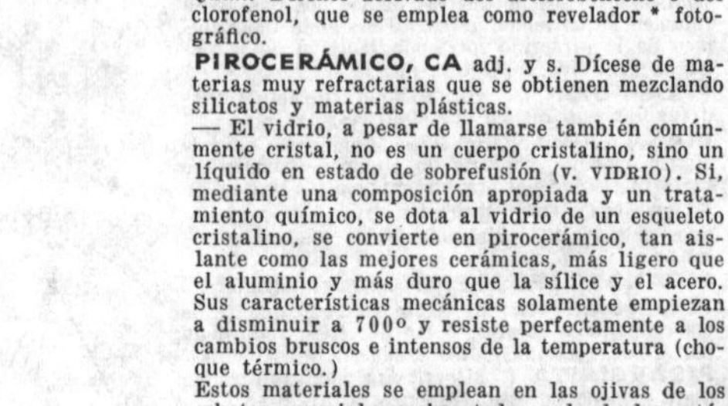

PIRAZOLONA f. *Quím.* Nombre genérico de compuestos carboxílicos derivados del pirazol y que se forman al obrar las hidracinas sobre los ésteres cetónicos: *los derivados de las pirazolonas dan medicamentos y colorantes sintéticos.*

PIRCA f. *Constr. Amer.* Pilca.

PIRENO m. *Quím.* Hidrocarburo policíclico $C_{16}H_{10}$ presente en las fracciones menos volátiles del alquitrán de hulla.

PIREX m. *Vidr.* Pyrex.

PIRHELIÓMETRO m. Actinómetro de precisión para medir la radiación solar directa.

PIRIDINA f. *Quím.* Base nitrogenada heterocíclica C_5H_5N que se extrae del alquitrán de hulla y guarda analogía estructural con el benceno: *la piridina es un líquido que se agrega a los alcoholes para desnaturalizarlos.*

PIRITA f. *Miner.* y *Quím.* Nombre dado al *sulfuro de hierro,* también llamado *pirita amarilla,* y a otros sulfuros metálicos naturales. ‖ *Pirita arsenical,* mispíquel. ‖ *Pirita blanca,* marcasita. ‖ *Pirita de cobre,* calcopirita. ‖ *Pirita de níquel.* ‖ *Pirita magnética,* pirrotina.
— La *pirita* propiamente dicha, cuya fórmula es FeS_2 es un mineral de intenso brillo metálico, que sirve para fabricar ácido sulfúrico. Para extraer el hierro metálico que contiene, se procede primeramente a una tostación que la convierte en óxido. (V. HIERRO.)

PIRITOSO, SA adj. Que contiene piritas o se halla al estado de pirita: *cobre piritoso.*

PIRO, prefijo derivado del griego *puros,* que significa *fuego.*
— *Quím.* Prefijo que se emplea a veces para indicar que un compuesto ha sido obtenido por calentamiento, especialmente los ácidos condensados que, al ser calentados, pierden dos moléculas de ácido normal eliminadas en forma de una molécula de agua.

PIROCATEQUINA f. o **PIROCATECOL** m. *Quím.* Difenol derivado del diclorobenceno o del clorofenol, que se emplea como revelador * fotográfico.

PIROCERÁMICO, CA adj. y s. Dícese de materias muy refractarias que se obtienen mezclando silicatos y materias plásticas.
— El vidrio, a pesar de llamarse también comúnmente cristal, no es un cuerpo cristalino, sino un líquido en estado de sobrefusión (v. VIDRIO). Si, mediante una composición apropiada y un tratamiento químico, se dota al vidrio de un esqueleto cristalino, se convierte en pirocerámico, tan aislante como las mejores cerámicas, más ligero que el aluminio y más duro que la sílice y el acero. Sus características mecánicas solamente empiezan a disminuir a 700° y resiste perfectamente a los cambios bruscos e intensos de la temperatura (choque térmico.)
Estos materiales se emplean en las ojivas de los cohetes espaciales, sobre todo en la de los satélites y otros ingenios que han de volver al suelo terrestre y que, al atravesar la atmósfera con velocidades elevadísimas, experimentan un calentamiento muy grande.

PIROCOLODIÓN m. *Quím.* Nitrocelulosa con proporción de nitrógeno comprendida entre 12,45 y 12,75 %, que es totalmente soluble en una mezcla de alcohol y éter.

PIRODINÁMICA f. *Arm.* y *Expl.* Parte de la balística que trata de las acciones que provoca la explosión de la pólvora en las armas de fuego.

PIROELECTRICIDAD f. *Fís.* Electricidad engendrada en un cuerpo por los cambios de su temperatura.
— Los cristales hemiedros, especialmente los de turmalina, boracita, topacio, ácido tartárico, etc., tienen la propiedad de producir una débil fuerza electromotriz cuando varía su temperatura. Todo calentamiento o enfriamiento provoca la aparición de cargas positivas en un extremo del eje principal (polo análogo) y de cargas negativas en el otro (polo antílogo).

PIROELÉCTRICO, CA adj. Relativo a la piroelectricidad. ‖ Dotado de piroelectricidad.

PIROFANITA f. *Miner.* Titanato de manganeso, mena de titanio.

PIROFÓRICO, CA adj. Que se inflama espontáneamente en el aire. ‖ Que produce chispas al ser golpeado o raspado. ‖ *Aleaciones pirofóricas,* las que, como el ferrocerio *, sirven para producir chispas con las cuales pueden encenderse mechas combustibles, quemadores de gas, etc. (V. PIRÓFORO.)

PIRÓFORO, RA adj. y s. Dícese de las substancias que se inflaman espontáneamente en el aire.
— Muchos metales son *piróforos* cuando se hallan pulverizados muy finamente, pues entonces sus partículas se combinan con el oxígeno y arden en el aire. Las chispas que prenden fuego a la mecha de un encendedor de bolsillo no son sino partículas piróforas de ferrocerio *. (V. AUTOINFLAMACIÓN.)

PIRÓFUGO, GA adj. Dícese de los dispositivos extintores * de incendios: *bomba pirófuga.*

PIROGÁLLICO, CA adj. *Quím.* *Ácido pirogállico,* pirogallol, que es como debe decirse.

PIROGALLOL m. *Quím.* Nombre de un trifenol, impropiamente llamado *ácido pirogállico,* que se obtiene por descarboxilación del ácido agállico y cuyas disoluciones en medio alcalino son muy reductoras y absorben rápidamente el oxígeno: *el pirogallol se emplea como revelador fotográfico, para analizar gases, en ciertos procedimientos de tintura del pelo, etc.*

PIROGENACIÓN f. Reacción química que se obtiene sometiendo los cuerpos a temperaturas elevadas.

PIROGENADO, DA adj. Producido por la acción del fuego, como los aceites empireumáticos.

PIRÓGENO, NA adj. *Miner.* Dícese de las rocas que, como la apatita y el piroxeno han sido formadas por fusión ígnea.

PIROGÉNESIS f. *Fís.* Producción de calor.

PIROGNÓSTICO, CA adj. *Quím.* Dícese de los ensayos que se hacen con soplete para reconocer la naturaleza de una substancia.

PIROGRABADO m. Procedimiento para decorar la madera que consiste en grabar dibujos en su superficie con un estilete incandescente.

PIROGRABAR v. Hacer pirograbados.

PIROLEÑOSO o **PIROLIGNOSO, SA** adj. y s. *Quím.* Dícese de la parte acuosa de los productos que resultan de la destilación de la madera, la cual contiene ácido acético, alcoholes y cetonas.

PIROLISIS f. Descomposición química que se obtiene por caldeo.

PIROLUSITA f. *Miner.* Bióxido de manganeso MnO_2 que es mena de manganeso y sirve también para descolorar el vidrio.

PIROMAGNÉTICO, CA adj. Relativo a los efectos que surte el color en los imanes.

PIROMETRÍA f. *Metr.* Medición de las temperaturas elevadas.

PIRÓMETRO m. *Fís.* Instrumento para medir las temperaturas elevadas.
— Todo fenómeno variable provocado por los cambios de temperatura puede ser aprovechado como principio de un pirómetro destinado a medir ésta. Así, el *pirómetro de cuadrante* se funda en el alargamiento de una barra de piros * u otro metal dilatada por el calor; asimismo, un termómetro se convierte en pirómetro si se reemplaza el mercurio por el galio, con el cual se pueden medir temperaturas de hasta 1 000°. Los fenómenos eléctricos permiten también apreciar las temperaturas. En el *pirómetro de resistencia de Siemens* las temperaturas comprendidas entre 500 y 1 500° se desprenden de las variaciones que experimenta la resistencia eléctrica de un hilo

Fot. Corning Glass

de platino. El *pirómetro termoeléctrico* se funda en medir la intensidad de la corriente engendrada al calentarse la soldadura de un par termoeléctrico (v. TERMOELECTRICIDAD.) En cuanto a los *pirómetros ópticos*, su principio reside en analizar el color de las radiaciones emitidas por el cuerpo caliente: un *pirómetro monocromático* consta de un objetivo O que forma la imagen del cuerpo caliente S sobre el filamento F de una lámpara de incandescencia. La imagen y el filamento se ven a través de un vidrio rojo V y, para efectuar la medida, se disminuye progresivamente la tensión de la corriente que alimenta la lámpara hasta que el filamento deje de ser visible. De la intensidad de la corriente se desprende la temperatura del cuerpo caliente con una precisión que es de 1º para una temperatura de 1 500º. Los *pirómetros de radiación total* para medir temperaturas a distancia no son sino variantes del bolómetro.

PIROMORFITA f. *Miner.* Clorofosfato de plomo, mena secundaria de este metal.

PIRONAS f. pl. *Quím.* Compuestos heterocíclicos, $C_5H_4O_2$, de núcleo hexagonal oxigenado, homólogos de las pironas más simples.

PIRONEUMÁTICO, CA adj. Que funciona con aire caliente.

PIROPO m. *Miner.* y *Joy.* Granate de intenso color rojo de fuego, gema muy apreciada en joyería.

PIROS m. *Metal.* Aleación de níquel, cromo y tungsteno que se emplea en la construcción de pirómetros * de cuadrante.

PIROSCOPIO m. *Metr.* Pirómetro.
— *Cerám.* Pequeña pirámide de cerámica especialmente preparada para que funda y se aplaste cuando se hallan cocidas a punto las piezas contenidas en el horno.

PIROSFERA f. *Geof.* Nombre que se daba al núcleo del globo terrestre cuando se suponía que se hallaba al estado de fusión. (V. TIERRA.)

PIROSTATO m. Dispositivo de seguridad, consistente en un termostato que, en caso de aumento anormal de la temperatura en un hogar, corta la alimentación en combustible e interrumpe el funcionamiento de las instalaciones por él protegidas.

PIROSULFUROSO, SA adj. *Quím.* Dícese del ácido $H_2S_2O_5$, cuya combinación con el sólido es el metabisulfito comercial.

PIROTECNIA f. *Expl.* Arte que trata del estudio y fabricación de explosivos y de fuegos * de artificio.

PIROTÉCNICO, CA adj. *Expl.* Relativo a la pirotecnia. ‖ *Composiciones pirotécnicas,* fuegos * de artificio.

PIROXENO m. *Miner.* Nombre dado a ciertos silicatos complejos de calcio, hierro y magnesio, que son uno de los principales constituyentes de las rocas eruptivas.

PIROXILADO, DA adj. *Expl.* A base de algodón pólvora.

PIROXILO m. *Quím.* Algodón * pólvora.

PIRROL m. *Quím.* Compuesto heterocíclico nitrogenado C_4H_4NH, extraído del alquitrán de hulla en forma de líquido, que huele a cloroformo y es insoluble en el agua y miscible con los disolventes orgánicos: *el núcleo pentagonal del pirrol es notable por su estabilidad.*

PIRROTINA f. *Miner.* Sulfuro de hierro FeS, dotado de propiedades ferromagnéticas. (Sinón. PIRITA MAGNÉTICA, PIRROTITA.)

PIRROTITA f. *Miner.* Pirrotina.

PISADERA f. *Ind. alim.* Cuba o pila del lagar, en que se pisa la uva para hacer el mosto.

PISAR v. *Art. gráf.* Pasar maculaturas por la máquina de imprimir con objeto de secar la forma, de comprobar el arreglo, o con otro fin.

PISO m. *Arq.* Cada una de las plantas del edificio, exceptuando la planta baja. ‖ Suelo, pavimento.
— *Art. gráf.* Zócalo de madera u otra materia sobre el cual se clavan los clisés estereotípicos para que igualen la altura de los tipos en la forma.
— *Geol.* Cada una de las formaciones o capas del terreno en que se dividen los períodos geológicos. (V. ESTRATIGRAFÍA y GEOLOGÍA.)
— *Min.* Conjunto formado por todas las labores de una mina que se hallan a igual profundidad.
— *Tecn.* Suelo de un vehículo, montacargas, etc.: *en las minas se usan jaulas de extracción de varios pisos.*

PISÓN m. *Constr.* y *Obr. públ.* Instrumento constituido por una masa pesada con la cual se golpea el suelo para apisonar o apretar la tierra o el hormigón, para igualar los adoquines, etc. ‖ *Pisón neumático,* instrumento que funciona como el martillo neumático, pero en el cual la barrena es reemplazada por una estampa o herramienta plana que percute en el suelo y lo apisona. ‖ Vibrador.

PISONEAR v. *Constr.* y *Obr. públ.* Apisonar.

PISTA f. *Acúst.* Pista de grabación, surco de un disco de gramófono, estrecha faja longitudinal de la cinta magnetofónica o banda lateral de una película cinematográfica, en las cuales se graba el sonido. (V. DISCO, CINEMATÓGRAFO, GRABACIÓN y MAGNETÓFONO.)
— *Aeron.* Calzada de hormigón muy resistente, de 30 a 100 m de anchura y de longitud a veces superior a 3 000 m, que, en los aeródromos, sirve para el despegue y el aterrizaje de los aviones *(pistas de aterrizaje)* o para enlazar las pistas entre sí o con los terraplenes de aparcamiento, hangares, etc. *(pistas de rodadura).* [V. AEROPUERTO.]
— *Cin. Pista sonora,* v. más arriba *Acúst.* y el art. CINEMATÓGRAFO.

PISTOLA f. *Arm.* Arma de fuego de cañón corto, ligera, las más de las veces de dimensiones lo bastante reducidas para ser guardada en un bolsillo, que lleva una provisión de balas en su culata hueca y se carga haciendo retroceder el cañón, que es corredizo. ‖ *Pistola ametralladora,* la de dimensiones mayores que la común, que puede ser alargada con una culata postiza y tiene un mecanismo de carga, disparo y eyección automática de los cartuchos.
— Si se exceptúan las *pistolas* de escaso alcance empleadas para el tiro al blanco, los calibres corrientes de estas armas son de 6,35, de 7,65 y de 9 mm. El cargador suele contener 8 cartuchos, que, en los modelos automáticos, pasan por sí solos a la recámara, expulsando el cartucho vacío, pero son disparados uno a uno por la presión del dedo en el gatillo. El alcance eficaz de estas armas suele hallarse comprendido entre 10 y 50 m.

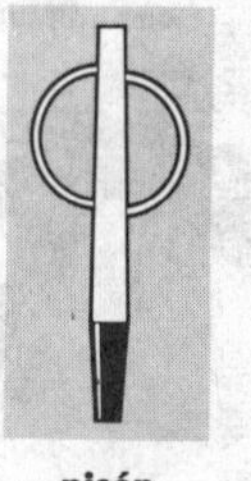

pisón

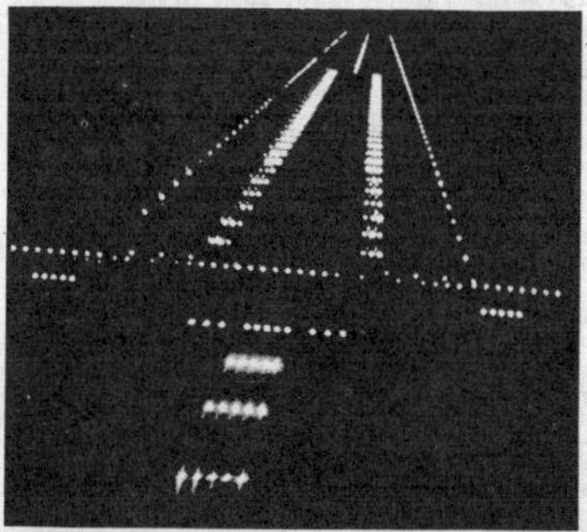

pista con luces empotradas para el aterrizaje nocturno

pista en el aeropuerto de Amsterdam

Fot. Shell A. N., K. L. M.

pistola
ametralladora

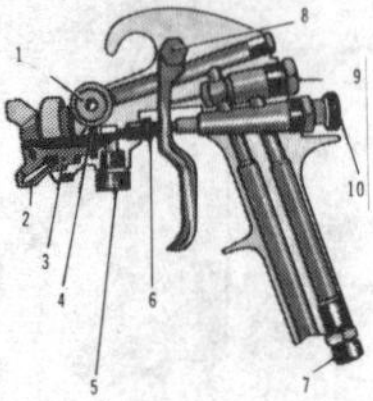

pistola de pintar
1. Válvula de aguja; 2. Cabezal; 3. Boquilla; 4. Aguja; 5. Llegada de la pintura; 6. Junta; 7. Aire comprimido; 8. Gatillo; 9. Válvula; 10. Tope

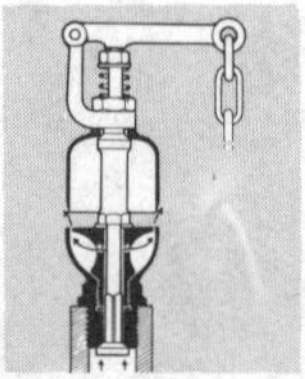

pito de locomotora

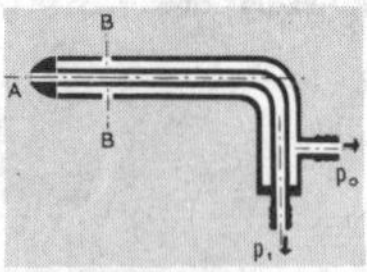

tubo de **Pitot**
p_1, presión dinámica en A; p_0, presión estática en B

plantación de **pita**

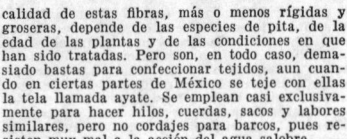

La *pistola ametralladora* tiene un alcance práctico de 50 a 150 m y tira proyectiles de los calibres 9 a 11. También se distingue de las pistolas comunes, además de por sus dimensiones, mucho mayores (pesa varios kilogramos), en que su tiro es automático y todos los proyectiles del cargador pueden ser rápidamente disparados manteniendo el gatillo apretado. Los mecanismos empleados con dicho fin son los que se han descrito en el art. AMETRALLADORA.

— *Pint.* Aerógrafo con el cual se utiliza un chorro de aire comprimido para pulverizar pinturas o barnices y proyectarlos rápidamente sobre las superficies, evitando, por lo demás, las irregularidades que dejan las brochas y pinceles, especialmente en las pinturas * de secado muy rápido.

— *Tecn.* Martillo neumático de pequeñas dimensiones y escasa potencia, cual lo utilizan, por ejemplo, los picapedreros y escultores. ‖ Soplete para la metalización * por proyección. ‖ Nombre dado a los instrumentos que aprovechan la deflagración de una carga explosiva para perforar chapas, hincar cosas en materiales duros, etc. ‖ *Pistola de señales,* lanzacohetes.

— La *pistola Cox* de los buzos tira balas de acero especiales que, después de haber perforado la chapa, permiten fijar una amarra, por ejemplo, para izar a la superficie la embarcación que ha ido a pique o cualquier otra cosa descubierta en el fondo. Las pistolas de clavar o de empotrar se cargan en la recámara con una clavija puntiaguda y resistente y se disparan después de haber aplicado el cañón contra la superficie en que se ha de hincar la misma. La deflagración de la carga explosiva proyecta la clavija con presiones de hasta 400 kg/cm^2 y la obliga a penetrar en el hormigón, en ciertos metales y otros materiales, permitiendo así fijar o suspender cosas en los muros muy duros.

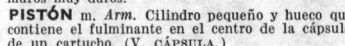

PISTÓN m. *Arm.* Cilindro pequeño y hueco que contiene el fulminante en el centro de la cápsula de un cartucho. (V. CÁPSULA.)
— *Mec.* Galicismo por *émbolo.*

PIT m. *Metal.* Tipo de horno metalúrgico especial para calentar los lingotes antes de laminarlos. (V. HORNO.)

PITA f. *Bot.* Planta amarilidácea oriunda de México (*Agave americana*), que suministra bebidas alcohólicas y fibras textiles. (Sinón. AGAVE y MAGÜEY.)
— *Ind. alim.* La *savia de la pita,* muy abundante y azucarada, da por fermentación la bebida alcohólica llamada pulque. Mediante destilación del pulque se obtiene un aguardiente: el mezcal.
— *Text.* Las *fibras textiles de la pita* pueden aprovecharse a partir del tercer año. Se extraen raspando la pulpa de las hojas recién cortadas en desfibradoras especiales que separan largos filamentos de hasta más de un metro de largo. La calidad de estas fibras, más o menos rígidas y groseras, depende de las especies de pita, de la edad de las plantas y de las condiciones en que han sido tratadas. Pero son, en todo caso, demasiado bastas para confeccionar tejidos, aun cuando en ciertas partes de México se teje con ellas la tela llamada ayate. Se emplean casi exclusivamente para hacer hilos, cuerdas, sacos y labores similares, pero no cordajes para barcos, pues resisten muy mal a la acción del agua salobre.

PITÁGORAS (*Teorema de*), teorema según el cual el área del cuadrado construido sobre la hipotenusa del triángulo rectángulo es igual a la suma del área de los dos cuadrados construidos sobre los catetos. Este teorema se expresa con la relación $a^2 = b^2 + c^2$ y a los números representados por a, b, c se les da el nombre de *números pitagóricos,* siendo los más simples el 5, el 4 y el 3.

PITARRASA o **PITARRAZA** f. *Carp.* Escoplo sin mango que sirve al calafate para introducir la estopa en las juntas del forro.

PITIPIÉ m. Escala * de los planos y mapas.

PITO m. Dispositivo en el cual el paso de una corriente de aire comprimido o de vapor a través de una abertura engendra vibraciones sonoras en forma de silbido que sirve para advertir de algún peligro (*pito de las locomotoras, pito de alarma* de las calderas de vapor y otras instalaciones de fluidos muy comprimidos, etc.).
— *Petr.* Desviador de sonda.

PITÓN m. Orejuela. ‖ Galicismo por *armella.*
— *Cerám.* Vertedero en forma de tubo cónico que tienen los botijos, porrones y otros vasos para moderar la salida del líquido. (Sinón. PITORRO.)

PITORRO m. *Cerám.* Pitón.

PITOT m. *Fís.* *Tubo de Pitot,* o simplemente *pitot,* instrumento que permite medir la velocidad de un fluido respecto a un cuerpo inmóvil o la de un móvil en el seno de un fluido estable.
— El *pitot* consta de dos tubos, uno de los cuales con su boca paralela a la corriente del fluido (o a la dirección del móvil, según el caso) y el otro con un orificio lateral de eje perpendicular a dicha dirección, ambos enchufados en un manómetro diferencial. El primer tubo registra la presión dinámica de la corriente, la cual depende de la velocidad; el segundo, registra la presión estática, o sea la que tiene el medio ambiente en el momento de efectuar la medida. El manómetro substrae esta presión de aquélla e indica el valor de la compresión provocada exclusivamente por el movimiento, de la cual se desprende la velocidad. El pitot se emplea en hidráulica y a bordo de los aviones, para apreciar la velocidad de los mismos. En este caso suelen ser dispuestos los tubos en el extremo de una antena anemométrica o *antena de Pitot* que los aleja del morro del fuselaje o del borde de ataque de las alas o estabilizadores para ponerlos al amparo de los remolinos. (V. tb. ANEMÓMETRO y MÁCHMETRO.)

PIVOTE m. *Mec.* Extremo inferior de un árbol vertical sobre el cual gira el mismo apoyándose en un tejuelo. ‖ Nombre dado a los extremos de los ejes de las ruedas de reloj y a los espigones sobre los cuales giran ciertas cosas, como, por ejemplo, los goznes para puerta empotrados en el suelo.

PIZARRA f. *Miner.* y *Constr.* Roca esquistosa, de color entre gris y azulado, cuyas hojas fácilmente separables, se usan a modo de tejas planas para cubrir los edificios y tienen también otros

división de los bloques de **pizarra**

Fot. Aubert de la Rüe, Draeger

usos menos importantes (pizarras de escribir, baldosas, pigmentos, polvos inertes, etc. ‖ *Pizarra bituminosa*, esquisto bituminoso. ‖ Por ext., encerado de hule o de otra materia textil o plástica.
— La *pizarra* resulta de la petrificación a grandes presiones y a temperaturas elevadas de lodos sedimentarios a base de arcilla, que hoy forman capas muy espesas beneficiadas por gradas. La división de los bloques en hojas y la fabricación con éstas de placas de forma y dimensiones regulares se hacen con la ayuda de máquinas, pero requieren una mano de obra abundante y especializada, por cuya razón existe cierta regresión en el uso de la pizarra como cubierta para tejados.

PIZARRÍN m. Barrita de pizarra o lápiz a propósito para escribir en las pizarras de piedra.

PI, símbolo del *poiseuille*.

PLACA f. Hoja o lámina delgada y rígida de metal, madera, plástico u otras materias.
— *Acúst.* Disco * de gramófono.
— *Art. gráf.* Plancha o grabado para imprimir por el procedimiento offset *.
— *Autom. Placa de matrícula,* chapa cuyas dimensiones y posición en los automóviles son prescritas oficialmente y en la cual figura el número de matriculación del vehículo.
— *Carp. Placa de chapear,* chapa de madera preciosa, de unas décimas de milímetro de espesor, que se pega sobre un tablero de madera ordinaria en las labores de chapeado *.
— *Electr.* Cada uno de los electrones de un acumulador * eléctrico.
— *Electrón. Placa de desviación* o *placa deflectora,* v. DEFLECTOR.
— *F. c. Placa giratoria,* puente o plataforma circular que gira en el interior de un foso y lleva una o varias vías propias para cargar un vagón o una locomotora desde una vía y, haciendo girar la placa convenientemente, dirigirlos hacia otra vía de dirección perpendicular o muy diferente a la de la primera.
— *Fot. Placa sensible,* cristal provisto en una de sus caras de una emulsión sensible. (V. FOTOGRAFÍA.)
— *Metal. Placa modelo,* molde * de las máquinas de moldear.
— *Ofic.* Chapita que lleva grabados en relieve un nombre, una dirección y otras indicaciones relativas a un corresponsal y que sirve de matriz en las máquinas de poner direcciones *.
— *Radiot.* Ánodo * que, en los tubos electrónicos tiene potencial positivo y capta los electrones emitidos por el cátodo.
— *Tecn. Placa tubular,* cada una de las placas situadas en los extremos de una caldera *, un cambiador * de calor, etc., provistas de agujeros que dan paso a los tubos.

PLACER m. *Min.* Yacimiento sedimentario de aluviones detríticos que contienen metales pesados (oro, platino) al estado nativo, diamantes y otras gemas, o minerales pesados (casiterita, magnetita, etc.): *los placeres se benefician por dragado o mediante arranque hidráulico.* (V. MINA.)

PLAFON m. *Arq.* Sofito. ‖ Cielo raso.
— *Carp.* Tablero * rehundido.

PLAGIEDRO, DRA adj. *Miner.* Dícese del cristal que tiene facetas oblicuas.

PLAGIOCLASA f. *Miner.* Nombre genérico de reldespatos tricíclicos, de planos de crucero no perpendiculares, que son fácilmente alterados por hidrólisis, a cuya circunstancia se debe la fragilidad de las rocas eruptivas y las pizarras cristalinas que los contienen.

PLAISANCIENSE adj. y s. *Geol.* Dícese del piso inferior del plioceno, cuyos terrenos datan de unos 10 millones de años. (V. ESTRATIGRAFÍA.)

PLAN m. Altitud o nivel.
— *Mar.* Parte inferior y más ancha de la bodega de un buque, donde las cuadernas tienen dirección próxima de la horizontal.
— *Min.* Piso.
— *Topogr.* Plano.

PLANA f. *Art. gráf.* Cualquiera de las dos caras de una hoja de papel. ‖ Página. ‖ Conjunto de líneas, ya compuestas y ajustadas, de que consta una página.
— *Constr.* Llana * de albañil.
— *Metal.* Martillo pesado, de boca ensanchada y plana, utilizado por los herreros para aplanar el hierro. (Sinón. APLANADORA.)

placa giratoria *(f.c.)*

PLANCK *(Constante de),* constante universal de la mecánica cuántica, cuyo símbolo es h, equivalente a $6{,}622 \times 10^{-27}$ erg/s y a $6{,}622 \times 10^{-34}$ J/s: un cuanto o grano de luz de frecuencia n tiene una energía igual al producto de n por h. (Sinón. CUANTO ELEMENTAL O CUANTO DE ACCIÓN.)

PLANCHA f. Placa, especialmente la de metal.
— *Art. gráf.* Reproducción estereotípica o galvanoplástica de la forma con que se efectúa la impresión. ‖ Grabado para tirar estampas. ‖ Galicismo por *lámina.*
— *Carp.* Galicismo por *tabla* y *tablón.*
— *Mar.* Escala o pasarela simple que se tiende de un barco al muelle, constituida por dos o más tablones que llevan clavados a intervalos regulares unos listoncillos transversales para evitar que se deslice el pie. ‖ *Plancha de blindaje,* cada una de las chapas muy espesas y resistentes con que se hace el blindaje de un buque de guerra. ‖ *Plancha de viento,* andamio colgado en el costado de un buque para uso de los pintores, calafates, etcétera.
— *Metal.* Producto laminado intermediario entre las barras planas y la chapa delgada, o sea chapa de varios milímetros de espesor que no se fabrica en rollo.
— *Text.* Denominación de los tejidos hechos con hilos ya teñidos, especialmente los de algodón. ‖ Utensilio para planchar la ropa.
— Las *planchas* para alisar la ropa más perfeccionadas son de caldeo eléctrico, mediante resistencia, y tienen los siguientes dispositivos: 1.º conmutador de varias posiciones, cada una de las cuales corresponde a una temperatura de la plancha apropiada para una clase de tejidos (rayón, Nylón, lana, algodón, etc.); 2.º dispositivo humectador de la ropa, consistente en un depósito de agua que es vaporizada por la resistencia y en unos orificios de la plancha por los cuales penetra el vapor en el tejido; 3.º termostato que corta la corriente en caso de temperatura excesiva; 4.º hendedura en el canto del hierro para que, al penetrar en ella un botón de la prenda, la tela pueda ser planchada debajo del mismo, etc.

PLANCHADA f. Embarcadero constituido por una tablazón que se apoya por un extremo en la orilla y es sostenida por encima del agua mediante caballetes o pilotes.

PLANCHAR v. *Text.* Estirar y asentar la ropa arrugada conjugando los efectos del vapor, el calor y la presión. ‖ *Máquina de planchar,* prensa con que se efectúa industrialmente dicha operación.
— Las *máquinas de planchar* empleadas en sastrería y tintorería se fundan en uno de los principios siguientes: 1.º máquinas de plancha

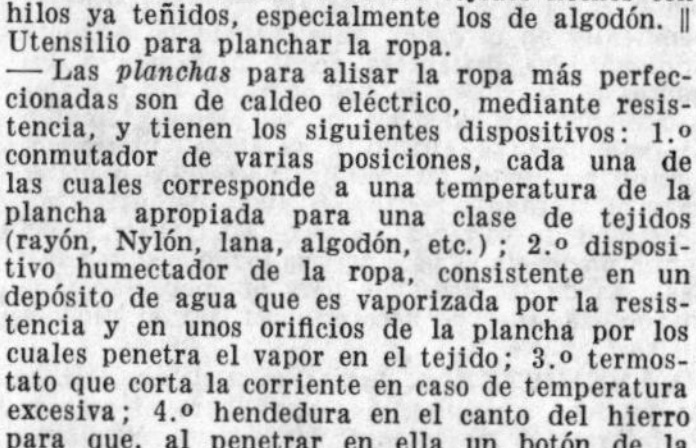

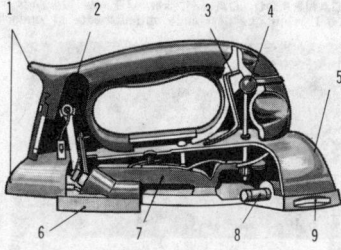

plancha *(text.)*
1. Apoyos; 2. Lámpara de control; 3. Empuñadura; 4. Manecilla del termostato; 5. Revestimiento; 6. Zapata; 7. Termostato; 8. Resistencia; 9. Hendedura para botones

batería de planchísteres

giratoria, en la cual una plancha eléctrica circular se halla suspendida de un bastidor por un carrillo que permite deslizarla con la mano por toda la superficie de la mesa en que se ponen las prendas, al mismo tiempo que gira sobre sí misma; 2.º máquinas de mesa y cilindro, en las cuales la mesa se desliza con movimiento de vaivén bajo un cilindro hueco caldeado interiormente por el vapor, quedando la ropa planchada por la presión del mismo al cabo de varias pasadas; 3.º prensas de planchar, consistentes en dos placas, una fija que sirve de mesa y otra articulada horizontalmente por uno de sus bordes y que se aplica a presión sobre la primera (esta placa abatible tiene unos orificios por los cuales inyecta vapor en el tejido).

PLANCHETA f. *Topogr.* Tablero horizontal montado sobre un trípode y provisto de una alidada que permite reproducir, sin indicar el valor de su abertura, ángulos del terreno en el papel.
— La *plancheta*, en la cual se ha fijado el papel de dibujo, se nivela primeramente para que esté bien horizontal. Después de haber clavado un alfiler muy fino en el punto del papel que materializa la estación, el operador dirige visuales con la alidada y traza cada vez las líneas correspondientes en el papel. Este trabajo se completa midiendo las distancias de la plancheta a los puntos a los cuales se han dirigido las visuales y situando los mismos en el plano; también se determina su altitud y se anota, indicando, por último, todos los detalles necesarios o útiles para el trazado correcto del plano definitivo sin necesidad de volver al terreno. El trabajo hecho con la plancheta es poco preciso (aunque suficiente, las más de las veces) y para obtener planos de mayor exactitud es necesario utilizar el taqueómetro *.

PLANCHÍSTER m. *Ind. alim.* Criba oscilante, de tamices múltiples, que sirve para el cernido y clasificación mecánica de las harinas. (OBSERV. El nombre correcto de esta máquina de origen alemán es *plansichter*, pero la ignorancia de esta lengua y razones eufónicas han impuesto en castellano la forma incorrecta.)
— El *planchíster* consta de dos cajas que contienen dos pilas de tamices sobrepuestos y se hallan suspendidas de dos vigas por medio de barras articuladas en las mismas y en las armazones de las cajas. Un vástago motor oscilante les imprime un movimiento alterno que sacude los tamices y criba los productos harineros. Las cajas son alimentadas continuamente por su parte superior merced a tubos flexibles y otros tubos similares sirven para evacuar los productos por el fondo.

PLANEADO, DA adj. *Aeron. Vuelo planeado*, el del avión que desciende oblicuamente al suelo

planeador biplaza

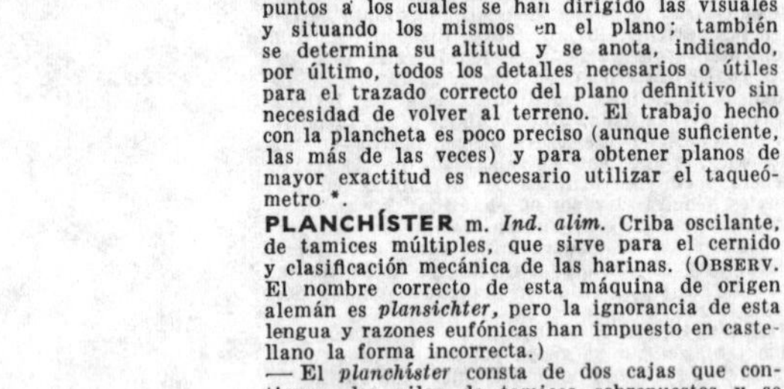

por tener sus motores parados o por suministrar éstos una fuerza de sustentación insuficiente, cual ocurre en el aterrizaje. (OBSERV. No se confunda con el vuelo a vela de los planeadores.)

PLANEADOR m. *Aeron.* Aeroplano ligero que vuela sin motor aprovechando las corrientes atmosféricas.
— El *planeador* es ante todo un aparato muy ligero (ciertos monoplazas apenas pesan más que su piloto), lo cual se obtiene eliminando todo peso superfluo (tren de aterrizaje, instrumentos, etcétera) y simplificando sus estructuras. También se caracteriza por la pureza de sus líneas, la envergadura considerable del ala y la mucha superficie de la misma, cuyas condiciones tienden a limitar estrictamente la resistencia opuesta por el aire al avance del aparato y a obtener la máxima fuerza de sustentación (v. FINURA). El despegue del planeador puede efectuarse de varios modos: 1.º catapultándolo con una cuerda de goma (sandow) previamente distendida; 2.º tirando de él con una larga cuerda que se enrolla rápidamente en un torno; 3.º remolcándolo con un avión que lo suelta una vez alcanzada cierta altura. También existen planeadores provistos de un motorcito auxiliar.
El principio del vuelo de estos aparatos ha sido descrito en el art. VUELO. Esencialmente consiste en que, beneficiando el piloto del poco peso del planeador y de la gran superficie de las alas, permite aprovechar las ascendencias * del aire para elevarse o, en el peor de los casos, limitar la pérdida de altura efectuando el planeo con el menor ángulo posible respecto a la horizontal. El aterrizaje se efectúa sobre un patín fijado en el fuselaje y del cual sobresale a veces una rueda.
Durante la segunda guerra mundial se utilizaron —para transportar y dejar caer en la retaguardia enemiga soldados y material— planeadores de grandes dimensiones, remolcados en forma de trenes aéreos por aviones potentes. Esta clase de operaciones se efectúa hoy con helicópteros.

PLANEAR v. *Aeron.* Volar un planeador o un avión sin motor, o sea sin que intervengan más fuerzas que la gravedad y las acciones aerodinámicas de la atmósfera.
— *Tecn.* Determinar las características de una obra, construcción, instalación, máquina, etc., calcularla y diseñarla con todos sus detalles esenciales.

PLANEIDAD f. Cualidad de las superficies planas.
— *Ópt.* Cualidad de los objetivos y otros sistemas ópticos que, en toda la extensión del campo, dan una imagen plana de un objeto plano.

PLANEO m. *Aeron.* Acción de planear y tiempo que dura el vuelo planeado. ‖ *Aterrizaje por planeo dirigido*, aterrizaje * con instrumentos. (Véase I. L. S.) ‖ *Índice de planeo*, finura.

PLANETA m. *Astr.* Todo cuerpo celeste que no emite luz propia y gravita en torno de una estrella. ‖ Restrictivamente, cada uno de los nueve astros principales, incluyendo la Tierra, que giran alrededor del Sol. ‖ *Planeta artificial*, planetoide. ‖ *Pequeños planetas*, los asteroides *.
— Los *planetas* reflejan la luz del Sol y si algunos parecen más brillantes que las mismas estrellas es debido a que, comparada con la de éstas, la distancia que los separa de nosotros resulta ínfima. También se diferencian de ellas en el cielo por no producir centelleo sus puntos luminosos (visibles, por lo demás, en forma de disco) y por sus movimientos aparentes (si bien siguen cada noche, aunque aproximadamente, el movimiento diurno general de la bóveda celeste debido a la rotación de la Tierra, y con ella, la del observador terrestre).
Si se observan diariamente, a la misma hora, Mercurio y Venus, se comprobará que ambos empiezan por preceder de poco la salida del Sol por el horizonte y que, después de haber alcanzado una altura relativamente pequeña en la bóveda celeste, vuelven a descender hasta desaparecer definitivamente del cielo matutino. Luego, durante un período de tiempo equivalente, son visibles a poniente en las horas que siguen a la puesta del Sol y describen en el cielo una trayectoria análoga, hasta desaparecer bajo el horizonte para ser de nuevo astros matutinos (v. *figura*).
Más complejos son los movimientos aparentes de los otros planetas, pues la conjugación de su

Fot. SOCAM, Fouga

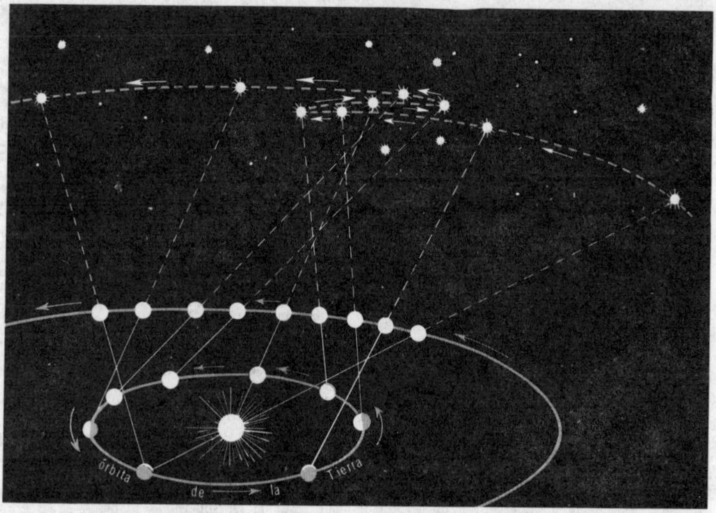

combinación de los movimientos de la Tierra y de un **planeta** exterior, y trayectoria aparente de éste en el firmamento *(arriba)*

planeta
[v. tb. figura *cosmogonia]*

traslación y la de la Tierra, y la disparidad existente entre sus velocidades y las dimensiones de sus órbitas, hacen que un planeta pueda seguir determinada dirección aparente en el cielo, detenerse (planeta estacionario), volver atrás, etc. (v. *figura*).

Partiendo del Sol, se suceden los planetas en el orden siguiente: Mercurio y Venus, que son planetas inferiores o interiores (por hallarse entre la Tierra y el Sol), la Tierra, seguida de los planetas superiores o exteriores, que son Marte, Júpiter, Saturno, Urano, Neptuno y Plutón. Entre las órbitas de Marte y de Júpiter gravitan por millares los diminutos planetas del grupo de los asteroides. A Júpiter, Saturno, Urano y Neptuno se les da también el nombre de *grandes planetas* o *planetas gigantes,* en razón de las enormes dimensiones de sus globos.

Bode, observando los intervalos que median entre dos planetas sucesivos, formuló la hipótesis de que los mismos obedecen a cierta regla, llamada después, aunque impropiamente, *ley de Bode.* Esta regla empírica consiste en adoptar la serie de números 0, 3, 6, 12, etc. (en la cual cada número es doble que el anterior) y en agregar a todos el número 4, obteniéndose así la serie 4, 7, 10, etcétera. Si se atribuye entonces a la distancia de la Tierra al Sol el coeficiente 10, las distancias de todos los planetas al mismo serán las siguientes:

4	7	10	16	28	52
(3,8)	(7,2)	(10)	(15,2)	(27)	(52)
100	196	388	772		
(95,3)	(191,9)	(301)	(396)		

El valor real de las distancias, indicado entre paréntesis, muestra que la regla empírica no es aplicable al caso de Neptuno ni de Plutón, pero muchos astrónomos consideran que Plutón fue en otro tiempo un satélite de Neptuno, en cuyo caso quedaría explicada la disparidad apuntada.

Todos los planetas tienen ciertas características generales: siguen alrededor del Sol órbitas determinadas por las tres leyes de Keplero (v. ÓRBITA) y cuyos planos se hallan poco inclinados respecto a la eclíptica *; todos giran en el mismo sentido (contrario al de las agujas de un reloj para un observador hipotético situado en el Polo Norte celeste), tanto sobre sí mismos, en torno de su eje, como alrededor del Sol; son astros fríos y la luz que emiten no es sino la del Sol reflejada por su atmósfera o por la superficie de su globo. (V. ALBEDO.)

De estas analogías se desprende el origen común de todos estos astros formados, así como el Sol, por condensación, en ciertos puntos privilegiados, de toda la materia de una "nube primitiva", enorme masa lenticular de hidrógeno, a partir del cual se formaron poco a poco los demás cuerpos simples y compuestos. En las zonas donde la densidad de los gases era grande y la temperatura baja, se condensaron, como puede apreciarse en la figura, los metales, los óxidos metálicos y los silicatos, formándose pequeños núcleos que, atrayéndose y fundiéndose en una sola masa, dieron con el tiempo planetas densos y rocosos (de Mercurio a Marte y a los asteroides) y demasiado pequeños para que su masa pudiera retener una atmósfera de hidrógeno y otros gases ligeros. Más lejos del centro, allí donde la temperatura mucho más baja favorecía la condensación rápida del agua, del metano y del amoniaco, se formaron (de Júpiter a Neptuno) planetas de dimensiones muy grandes, pero de escasa densidad, capaces de conservar los gases muy ligeros. Precisemos, no obstante, que esta teoría es una de las muchas que han sido propuestas para explicar la formación de los astros del sistema solar.

Todos los planetas, salvo Mercurio, Venus y seguramente Plutón, tienen uno o varios satélites que gravitan en torno a ellos (la Tierra tiene solamente uno, que es la Luna, mientras que Júpiter tiene 12).

Las características de cada planeta y lo concerniente a sus satélites, figuran en los artículos dedicados a cada uno de ellos.

Uno de los principales problemas planteados a la astronomía es el de determinar si la existencia

planetas inferiores: movimientos aparentes de Mercurio y Venus en el cielo

de una familia de planetas alrededor del Sol es un acontecimiento cosmogónico aislado o si constituye un fenómeno común en el universo. La dificultad para resolverlo estriba en las enormes distancias que nos separan de las estrellas, incluso de las más próximas: si masas tan considerables de materia ígnea solamente son visibles, incluso con los instrumentos más potentes, en forma de minúsculos puntos luminosos, resulta imposible distinguir globos tan pequeños y desprovistos de luz propia, cuales son los de los planetas que pueden gravitar en torno a ellas. No obstante, estudiando minuciosamente los movimientos de las estrellas dobles más próximas, se han podido medir perturbaciones de los mismos que solamente pueden ser atribuidas a la presencia de planetas. Este método, que únicamente puede aplicarse al caso de las estrellas más próximas y a condición de que la masa de los planetas sea lo suficientemente grande para perturbar el movimiento de traslación de las mismas, ha permitido descubrir indirectamente la presencia de un planeta muy grande (16 veces la masa de Júpiter) alrededor de uno de los componentes de la estrella doble número 61 del Cisne *, de otro planeta (8 veces la masa de Júpiter) en torno a uno de los componentes del sistema binario número 60 del Serpentario, etc. Así, el cálculo de probabilidades permite afirmar que el número de estrellas dotadas de un cortejo de planetas es numerosísimo en la Galaxia y nada se opone a la creencia de que los planetas sean tan abundantes en los demás sistemas galácticos.

PLANETARIO, RIA adj. y s. Relativo a los planetas. ‖ *Año planetario,* año sideral de un planeta. ‖ *Sistema planetario,* conjunto formado por todos los planetas que gravitan en torno a una estrella, aplicándose en particular a los del sistema solar. ‖ — M. Máquina en la cual se imitan los movimientos de los planetas figurados por bolas que giran alrededor del Sol representado por una esfera central e inmóvil. ‖ Dispositivo óptico muy complejo que permite reproducir, en una cúpula, representativa de la bóveda celeste, las variaciones del cielo nocturno durante la noche y el año, y también los movimientos de los astros del sistema solar. (Sinón. PLANETARIUM.)

— El *planetario* consiste en un sistema articulado de proyectores de fotografías del cielo, una montura, comparable a la de los telescopios, que puede girar, especialmente sobre un eje paralelo al del globo terrestre, a determinadas velocidades, propias, por ejemplo, para reproducir en unos instantes ya el movimiento diurno del cielo, de la Luna, etc., ya el movimiento anuo aparente del Sol, los planetas, etc. El elemento óptico consta de dos cabezas esféricas (destinadas a proyectar una serie de representaciones diferentes) que contienen numerosos proyectores dispuestos cada uno de estos para proyectar en la bóveda la imagen de una región del cielo.

Así, el espectador situado en la sala obscura ve una reproducción fiel de la bóveda celeste y, merced a la aceleración de los movimientos, puede comprender con facilidad los espectáculos tan variados que nos brinda el cielo.

— *Mec.* M. En un mecanismo diferencial *, cada uno de los piñones montados directamente en los árboles mandados o arrastrados por los satélites de la corona. ‖ *Movimiento planetario,* todo movimiento excéntrico en un mecanismo.

PLANETARIUM m. *Astr.* Planetario * óptico que reproduce la mecánica celeste en la bóveda de un local cerrado.

PLANETOGRÁFICO, CA adj. *Astr.* Dícese, por analogía con geográfico, de las coordenadas de un planeta.

PLANETOIDE m. *Astr.* Asteroide. ‖ *Planetoide artificial,* ingenio lanzado por el hombre, que gravita alrededor del Sol como los planetas naturales del mismo.

— El lanzamiento de *planetoides* carece de interés. En realidad los planetoides son sondas espaciales lanzadas con otros objetos: sonda lunar, de velocidad * hiperbólica, que ha dejado de lado a nuestro satélite, sonda planetaria pasada junto a Venus o Marte y, de modo general, ingenio lanzado de la Tierra con velocidad superior a la velocidad parabólica o que ha alcanzado la misma al ser acelerado por la Luna o por otro astro. Todo cuerpo que, lanzado desde cualquier astro del sistema solar, alcanza la velocidad parabólica correspondiente al mismo y no cae en otro astro, se convierte irremisiblemente en un planetoide destinado a gravitar eternamente en torno al Sol. Ahora bien, si la velocidad alcanzada en el lanzamiento fuera muy grande, el ingenio podría alejarse indefinidamente del sistema solar. (V. VELOCIDAD.)

PLANIEDRO, DRA adj. De caras o facetas planas: *cristal planiedro.*

PLANÍGRAFO m. Instrumento que permite copiar planos a una escala diferente de la de los mismos, o sea aumentando o disminuyendo sus proporciones.

PLANIMETRÍA f. *Geom.* Parte de la geometría que trata de las superficies planas.

— *Topogr.* Arte de medir el terreno y de representarlo en una superficie plana.

— El terreno se representa en topografía * mediante proyección acotada del mismo sobre un plano horizontal. La proyección en el plano de los puntos del terreno constituye la *planimetría,* mientras que la determinación de las cotas de los mismos respecto a un plano de referencia constituye la altimetría * o nivelación. (V. tb. AGRIMENSURA.)

PLANÍMETRO m. Instrumento propio para medir áreas en los planos y figuras planas.

— El *planímetro* consta de dos brazos articulados, cuyos dos extremos libres sirven, uno de polo, que se fija en el plano o gráfico con un peso o una punta de que está provisto, y el otro para seguir el contorno de la figura guiándolo con la mano de modo que su estilete siga perfectamente las líneas del dibujo. Al efectuar esta operación el instrumento describe un movimiento complejo sobre una ruedecilla que acciona un contador provisto de un nonio para mayor precisión de las medidas.

PLANISFERIO m. Mapa en el cual dos hemisferios terrestres, celestes o de cualquier astro son representados por dos círculos.

PLANO, NA adj. y s. Dícese de la superficie llana que no presenta asperidades.

— *Aeron. Planos fijos,* los estabilizadores * vertical y horizontal de un avión. ‖ *Planos móviles,* los timones y los alerones. ‖ *Planos sustentadores,* las alas del avión o las palas del rotor de un helicóptero.

— *Arq.* Representación gráfica de la sección horizontal de un edificio, que suele hacerse a la altura de las ventanas. (V. tb. más abajo *Geom.*) ‖ *Plano de masa,* representación de un grupo de edificios, generalmente según una perspectiva aérea, que sirve a los urbanistas y arquitectos para apreciar su valor estético y sacar otras conclusiones prácticas.

— *Cin.* Cada uno de los fragmentos de película que, impresionados separadamente, seleccionados y pegados, constituyen la cinta final.

— En la toma de vistas cinematográficas, las reglas del arte y las exigencias del ritmo requieren cambios constantes del campo abarcado por las cámaras. A cada uno de estos cambios se procede a encuadrar de nuevo los personajes, o lo que se está cinematografiando, y a ajustar el enfoque del objetivo. Así, una película de longitud normal (unos 2 500 m) cuya proyección dura unos 90 mn, consta de 300 a 600 *planos.* Según sea la importancia del campo encuadrado por la cámara respecto al campo total en que se desenvuelve la acción, los cineastas distinguen: 1.º el *plano ge-*

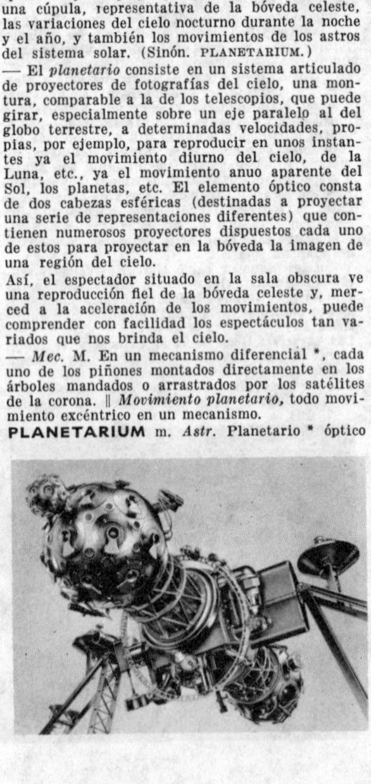

planetario *(astr.)*

Fot. VEB Carl Zeiss

neral o *plano de conjunto,* que abarca el campo total; 2.º el *plano medio,* en el cual figuran solamente los personajes; 3.º el *plano americano,* que toma los personajes de medio cuerpo; 4.º el *primer plano,* que destaca un detalle particular. Ciertos planos solamente duran un segundo, y otros varios minutos; las más de las veces, si se exceptúan las películas de acción lenta, los planos duran menos de 10 s.
— *Constr. Teja plana,* v. TEJA.
— *Geol. Plano de estratificación,* superficie de contacto entre dos capas sucesivas del terreno.
— *Geom.* M. Superficie plana. ‖ Proyección horizontal de un objeto, edificio, etc., para representarlo gráficamente en el papel. ‖ *Plano acotado,* el que lleva indicadas numéricamente las alturas de los puntos y otras dimensiones. ‖ *Plano bisector,* v. BISECTOR. ‖ *Plano geometral,* el que ha sido dibujado con las dimensiones que resultan de la escala adoptada y sin tener en cuenta el acortamiento o alargamiento de las mismas que resultarían de los efectos de perspectiva. ‖ *Plano geométrico,* el que pasa por la base o línea de tierra de un cuadro. (V. PERSPECTIVA.) ‖ *Plano gráfico,* dibujo industrial que da todas las formas, dimensiones, naturaleza de las materias y otras indicaciones necesarias para fabricar la pieza representada. (V. DIBUJO.) ‖ *Plano perspectivo,* aquel cuyas dimensiones se deforman para hacerlas corresponder a las que presenta visto en perspectiva. ‖ *Ángulo plano, figura plana,* ángulo o figura trazados en una superficie plana. (V. tb. ÁNGULO.) ‖ *Geometría plana,* la que trata de las figuras planas. ‖ *Superficie plana,* aquella superficie en la cual toda recta trazada entre dos puntos cualesquiera de la misma se halla íntegramente comprendida en ella. (Sinón. PLANO.)
— Un *plano* puede ser determinado por dos rectas que se cortan, por una recta y un punto exterior a la misma, por dos rectas paralelas, por tres puntos que no se hallen en línea recta. Dos planos que no son paralelos se cortan a lo largo de una línea recta y forman ángulos * diedros.
— *Joy.* Faceta romboidea de las gemas que se tallan como los brillantes.
— *Hidr. Plano de agua,* nivel de las aguas en un punto dado de un río, y también extensión líquida libre de obstáculos: *plano de agua propio para el amaraje de aviones.*
— *Mar. Plano de flotación,* sección del casco de un buque por un plano que prolongue la superficie del mar.
— *Mec. Plano inclinado,* máquina simple consistente en un plano inclinado respecto a la horizontal que permite reducir los esfuerzos mediante un alargamiento de las distancias recorridas: *las escaleras, las gradas de los astilleros, la rosca de un gato mecánico, son aplicaciones del principio del plano inclinado.* (V. tb. más abajo *Min.*)
— *Metal.* Nombre que se da a las barras de sección rectangular y de dimensiones comprendidas entre 5 y 200 mm de anchura y 3 a 6 mm de espesor.
— *Min. Plano inclinado,* galería inclinada de menos de 30º respecto a la horizontal que sirve para la evacuación del mineral por medio de vagonetas, transportadores de correa sin fin o volcadores. ‖ *Plano inclinado automotor,* aquel en el cual las vagonetas que descienden cargadas hacen subir las vagonetas vacías mediantes un cable arrollado en un torno situado en la parte superior de la rampa.
— *Miner. Plano de crucero,* v. CRUCERO.
— *ópt. Dióptrico plano* y *espejo plano,* aquellos cuya superficie es plana. ‖ *Plano de incidencia, de reflexión, de refracción,* plano que contiene a la vez la normal a la superficie reflectora, los rayos incidente y reflejado y, en ciertos casos, el rayo refractado. (V. REFLEXIÓN y REFRACCIÓN.) ‖ *Plano focal,* v. FOCAL.
— *Topogr. Plano de nivel,* plano paralelo a la superficie del mar, que se toma como referencia en altimetría o nivelación para medir la altura de los puntos del terreno. ‖ *Plano topográfico,* representación del terreno que se obtiene proyectando sus puntos, a escala reducida, en el plano horizontal constituido por el papel.

PLANOCILÍNDRICO, CA adj. *Art. gráf.* Dícese de las máquinas de imprimir * en las cuales un cilindro impresor aplica el pliego sobre una forma plana.

PLANOCÓNCAVO, VA adj. *ópt.* Dícese de la lente que tiene una cara plana y la otra cóncava.

PLANOCONVEXO, XA adj. *ópt.* Dícese de la lente que tiene una cara plana y la otra convexa.

PLANSICHTER m. *Ind. alim.* Planchíster.

PLANTA f. *Arq.* Figura que forman en el terreno los cimientos de un edificio. ‖ Plano. ‖ *Planta baja,* piso de una casa situado al nivel del terreno.
— *Geom.* En perspectiva *, pie de la perpendicular bajada desde cualquier punto al plano horizontal.
— *Ind.* Anglicismo, muy común en América, por *fábrica, instalación industrial*: *nueva planta para fabricar neumáticos.*
— *Min.* Piso.

PLANTADORA f. *Agr.* Máquina de plantar.
— La *plantadora de patatas* es un bastidor provisto de ruedas, para ser remolcado, y consta de una tolva con la provisión de tubérculos germinados, un mecanismo que alimenta los distribuidores, consistentes éstos en tubos que dejan caer el tubérculo en los surcos, una o más rejas que abren dichos surcos por delante y otras que los cierran por detrás, enterrando las patatas.

PLANTILLA f. *Arq.* Plano reducido o parte del plano general de una obra.
— *Art. y of.* Tablilla, cartón o plancha recortada según la figura y dimensiones que ha de tener una pieza y que, aplicada sobre la primera materia, permite marcar las líneas por donde se ha de cortar o labrar. ‖ *Plantilla de dibujar,* acordada.
— *Constr.* Terraja.

PLANUDO, DA adj. *Mar.* Dícese del barco que, por tener mucho plan *, puede navegar en aguas poco profundas.

PLAQUÉ adj. y s. *Joy.* Chapeado * a base de cobre revestido con una chapa tenue de plata.

PLASMA m. *Fís.* Estado particular de la materia, a temperaturas muy elevadas, cuando la agitación térmica ioniza completamente los átomos, o sea les arranca todos sus electrones.
— La agitación de las moléculas y de los átomos en la materia aumenta con el calor *. Cuando los choques entre partículas son suficientemente enérgicos, los átomos pierden electrones planetarios y a temperaturas del orden de 100 000 a 200 000º todos los átomos se hallan disociados en núcleos y electrones mezclados sin orden y agitados violentamente en una especie de gas que es el *plasma.* A temperaturas mucho más elevadas, del orden de varios millones de grados, los choques entre las partículas son tan violentos que dos núcleos pueden vencer sus respectivas fuerzas repulsivas y fundirse en un solo núcleo de otro elemento menos ligero, con desprendimiento de energía. La energía colosal radiada por las estrellas resulta de fusiones de este tipo (v. FUSIÓN y BETHE [Ciclo de]), que se traducen por la transformación constante de hidrógeno en helio. También se fundan en dicha reacción las bombas termonucleares (bombas H), en las cuales la temperatura de millones de grados necesaria para que se produzca la fusión, es engendrada por la explosión en el artefacto de una bomba atómica de fisión. (V. BOMBA.)
Uno de los principales problemas que tienen planteados los físicos desde hace unos lustros, es el de la obtención de reacciones de fusión prolongadas que permitan aprovechar la energía de *fusión* de los átomos ligeros como ya se aprovecha la energía de la *fisión* de átomos pesados. Aquella presentaría sobre ésta no pocas ventajas: la materia primera sería el hidrógeno, disponible en todas partes donde haya agua; la energía libertada es mucho más importante que en la fisión del uranio o del plutonio; las reacciones no dan residuos radiactivos. No obstante, la obtención de plasmas presenta graves dificultades, especialmente a causa de que ninguna materia natural o artificial puede resistir temperaturas tan grandes. Así, los aparatos experimentales son recintos tubulares en los cuales el hidrógeno caliente es aislado térmicamente de las paredes por un campo magnético que lo mantiene confinado en la región axial del tubo. En cuanto al calentamiento del gas para convertirlo en plasma, se obtiene ya por efecto Joule *, ya por campo magnético de elevada frecuencia cuyas oscilaciones agitan los átomos y elevan la temperatura del gas. Pero los plasmas así engendrados y confinados son tan inestables, que solamente duran unas milésimas de segundo. Industrialmente se da el nombre de plasma a gases no del todo ionizados, cuya temperatura

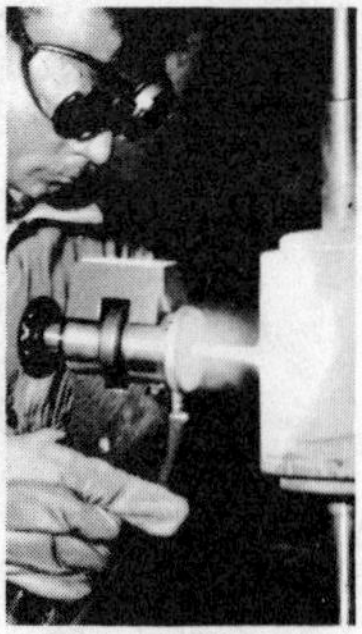

soplete de **plasma**

Fot. Sté Arcos

no suele pasar de 20 000°. Una de las aplicaciones de estos plasmas son los *sopletes * de plasma*. También se estudia la aplicación de plasmas semejantes a la propulsión * de cohetes espaciales.

PLASTE m. *Pint.* Pasta a base de yeso, caseína, cola, etc., amasada con agua, que sirve para llenar las grietas y agujeros e igualar los muros antes de pintarlos. ‖ Mástique que se aplica con el mismo objeto a la madera.

PLASTEAR y **PLASTECER** v. *Pint.* Igualar una superficie con plaste o mástique.

PLÁSTIC m. *Expl.* Plástico.

PLASTICAR v. *Expl.* Volar con plástico.

PLASTICIDAD f. Propiedad, opuesta a la elasticidad, de los cuerpos que, al adquirir determinada forma por efecto de alguna fuerza ejercida sobre ellos, la conservan indefinidamente cuando ésta cesa de obrar.

— *Constr.* Entre los distintos métodos para determinar la *plasticidad* o la dureza del cemento, los hormigones, etc., figura el del *cono de Abrams.* Consiste en llenar con la mezcla un tubo en forma de cono truncado, de 20 cm de diámetro y 30 de altura, puesto sobre una mesa. Al cabo de 4 mn se levanta delicadamente el tubo y queda un cono de mezcla que se aplasta más o menos: si la plasticidad es normal, la pérdida de altura es de 5 cm. Para pruebas hechas en laboratorio se usa un cono mucho más pequeño (15 cm de diámetro en su base y 7,5 de altura), al cual, después de haber quitado el tubo, se imprimen 12 sacudidas verticales de 12,5 mm en 10 segundos, formándose así una torta de cemento cuyo diá-

principales materias **plásticas**

	PRIMERA MATERIA	PRODUCTOS INTERMEDIARIOS	MATERIAS PLÁSTICAS
ANIMALES	leche	caseína	galalita y Lanital
VEGETALES	algodón y madera	celulosa	Celuloide, Celófana, rayón y viscosa
	plantas oleaginosas	aceites	Rilsán y barnices
	hevea	látex	ebonita y caucho
	resinas de coníferas	colófana	barnices
	gomas vegetales	lacas	discos de gramófono y barnices
MINERALES	hulla	benceno y estireno	poliésteres, poliestireno, elastómeros o cauchos sintéticos
		fenol	Nylón, resinas formofenólicas o fenoplastos
		naftaleno	resinas gliceroftálicas
		cumarona e indeno	resinas para lacas y barnices
		acetileno (a partir del carburo de calcio obtenido con coque y cal)	resinas acrílicas, acetato de celulosa, polivinilo, neopreno y cauchos sintéticos, Plexiglás y fibras textiles (Orlón, etc.)
		gas (a partir del coque)	baquelita y resinas formofenólicas
		amoniaco (a partir del hidrógeno procedente de la coquefacción de la hulla y de nitrógeno del aire)	urea y aminoplastas
	petróleo y gas natural	acetileno y benceno	v. más arriba derivados de la hulla
		butileno	caucho butilo
		etileno	cloruro de vinilideno, poliésteres, caucho artificial y fibras textiles (Saran, etc.)
		propileno	acetato de celulosa y resinas gliceroftálicas
		xileno	poliésteres y fibras textiles (Dacrón, Terileno, etc.)

metro ha de ser 1,7 veces superior al de la base del cono si la plasticidad de la mezcla es normal.

PLÁSTICO, CA adj. y s. *Art. y of.* Dícese de las materias blandas que, como la arcilla y la cera, pueden ser modeladas con las manos.

— *Expl.* Dícese del explosivo amasado con un plastificante, que tiene la consistencia de la masilla.

— Los *explosivos plásticos* consisten en pentrita o en hexógeno amasados con plastificantes (hidrocarburos líquidos y cauchos sintéticos). Requieren el uso de un detonador y son explosivos de potencia media, pero muy rompedores. No endurecen y tienen la ventaja de poder ser divididos con facilidad y de aplicarse directamente, sin envoltura, en las anfractuosidades. Como no son alterados por el agua, se emplean corrientemente para demoler construcciones hidráulicas y volar rocas bajo el agua.

— *Geol.* Dícese de las arcillas y rocas blandas que pueden ser modeladas.

— *Plást. Materias plásticas* o simplemente *plásticos*, materias sintéticas, generalmente consistentes en resinas artificiales, que pueden ser moldeadas o modeladas por la acción de la presión y del calor.

— Los *plásticos* se fabrican a partir de materias minerales vegetales e incluso animales (v. *tabla*), pero todos tienen como característica común la de hallarse constituidos por macromoléculas, o sea moléculas * muy largas que resultan de la unión (polimerización *) de numerosos grupos de átomos, todos ellos iguales, que repiten la misma fórmula o motivo elemental del cuerpo de donde provienen. A este último se le llama *monómero* y al que resulta de la unión de sus moléculas, *polímero.* Cuando la molécula de éste contiene de 20 a 100 veces el monómero, la materia plástica es amorfa y quebradiza y solamente sirve para revestimientos; si lo contiene de 100 a 1 000 veces, el plástico conviene para ser moldeado; cuando el motivo elemental se repite más de 1 000 veces, se obtienen materias flexibles y resistentes, propias para fabricar fibras textiles y películas. En otros casos las moléculas gigantes resultan de la repetición de dos o más motivos (copolímeros) en vez de uno solo. También se obtienen macromoléculas por policondensación *.

Las moléculas que resultan de la polimerización forman cadenas paralelas unidas de trecho en trecho por enlaces transversales poco numerosos. A esta estructura deben su calidad de *termoplásticos*: cada vez que son calentados, el calor los ablanda, pero al enfriarse, recobran su forma (caso del policloruro de vinilo).

La policondensación puede dar también moléculas ordenadas linealmente, en cuyo caso se emplean en la fabricación de fibras sintéticas, pero otras veces forma macromoléculas tridimensionales, en las cuales los motivos elementales se ordenan en todas las direcciones y sus moléculas se hallan unidas por numerosos enlaces. En este caso, la materia plástica, generalmente líquida o pulverulenta, es *termofraguante, duroplástica* o *termoestable:* calentada una primera vez, endurece definitivamente al enfriarse y ya no puede volverse a ablandar por efecto del calor, pues de ser éste muy intenso, se carboniza y no funde (caso de los fenoplastos).

Los poliésteres se caracterizan por endurecer definitivamente, aunque no por el calor, sino por efecto de reactivos químicos.

Los plásticos se labran como los metales y el vidrio, por moldeado, prensado, extrusión, laminado, etc., y sus aplicaciones son tan numerosas que es obvio citarlas aquí. Fueron al principio sucedáneos mediocres de materias naturales, pero los químicos no tardaron en darse cuenta de que las resinas sintéticas podían aventajar a dichas materias en ciertos casos e incluso tener aplicaciones para las cuales aquellas eran inservibles. Hoy raro es el caso en el cual un plástico especialmente estudiado no aventaja a los materiales clásicos, tanto a bordo de los cohetes espaciales como en las instalaciones industriales o en el hogar moderno (en el cual un rápido inventario permite cerciorarse de la importancia que han tomado estas materias en nuestra existencia).

PLASTIFICACIÓN f. Incorporación de plastificante a alguna materia.

— *Constr.* Revestimiento que se efectúa proyectando plásticos fundidos por medio de la pistola de aire comprimido.

PLASTIFICANTE adj. y s. Que plastifica. ‖ — M. Producto que se agrega a una materia para aumentar su plasticidad, cuales son, por ejemplo, la tierra de infusorios, la puzolana y los derivados sulfatados o sulfonados agregados al hormigón, los mercaptanos con que se plastifica el caucho, los ésteres y los hidrocarburos terpénicos que se añaden a las pinturas, la nitroglicerina con que se aglomeran los componentes de propergoles sólidos, etc.

PLASTIFICAR v. Agregar plastificante a una materia. ‖ Revestir o impregnar de plástico.

PLASTISOL m. *Quím.* Emulsión de resina en un plastificante.

PLASTOLITA f. *Astron.* Propergol sólido a base de perclorato y de resinas sintéticas.

PLASTÓMERO m. *Plást.* Materia plástica cuyas deformaciones elásticas dejan una deformación permanente que desaparece mediante un caldeo apropiado.

PLASTOQUÍMICA f. Ciencia y técnica relativas al estudio y fabricación de materias plásticas.

PLASTOTIPIA f. *Art. gráf.* Confección de clisés tipográficos utilizando una composición tipográfica o un clisé de fotograbado como modelo para sacar un molde de plástico * termoestable con el cual se moldea el clisé definitivo de plástico (vinilita, acetato de celulosa) o de caucho.

PLASTURGIA f. *Plást.* Nombre dado, por analogía con metalurgia, al conjunto de técnicas practicadas con objeto de transformar los plásticos * en barras, chapas, perfilados y otros productos adaptados a las distintas aplicaciones que tienen estas materias.

PLATA f. Elemento químico de número atómico 47, cuyo símbolo es *Ag.* ‖ *Plata alemana,* maillechort. ‖ *Plata antigua,* plata recién labrada que se ennegrece artificialmente con ácido sulfhídrico para que los objetos parezcan antiguos. ‖ *Plata córnea,* cerargirita. ‖ *Plata nueva,* nombre dado a las aleaciones de cobre, níquel y cinc que imitan a la plata (alpaca *, argentán, pacfung *, etc.). ‖ *Plata roja,* pirargirita.

— La *plata* es un metal precioso, blanco, cuyas principales constantes físicas son: densidad, 10,5; temperaturas de fusión y de ebullición, 960,5 y 1 950°, respectivamente; masa atómica, 107,87 (51,35 % de isótopo 107 y 48,65 % de isótopo 109). Es, de todos los metales, el mejor conductor de la electricidad y del calor y, después del oro, el más dúctil y maleable, pues puede ser reducido a panes transparentes. También es el más blanco de todos y el que, cuidadosamente pulimentado refleja mejor la luz. A las temperaturas y presiones ordinarias es inoxidable, y su ennegrecimiento por el aire se debe a la presencia en la atmósfera de hidrógeno sulfurado. El ácido nítrico la disuelve en frío y el ácido sulfúrico concentrado, solamente en caliente.

La mena principal de plata es la argentina. También se benefician la argiritrosa, la argiroceratita, etc., pero cada vez es más preponderante la proporción de plata que se extrae de la blenda, la galena, las piritas y demás menas argentíferas de plomo, cobre y otros metales. Con el agotamiento de los mejores yacimientos, se benefician hoy menas que solamente dan 500 g

plástico : autoclave de polimerización del poliestireno

Fot. E[ts] Kuhlmann

de plata por tonelada, considerándose como de calidad excelente la que llega a dar de 1 a 2 kg de metal por tonelada de mineral.

Por lo general, la metalurgia de la plata consiste primeramente en separar el metal amalgamándolo con mercurio o disolviéndolo, ya en un metal fundido (cobre y plomo argentíferos, por ej.), ya en disoluciones acuosas de hiposulfito o, las más de las veces, de cianuro de sodio. Luego se separa la plata de sus disolventes como sigue: 1.º destilando el mercurio si se trata de una amalgama; 2.º por refinación electrolítica del plomo o del cobre, seguidas de copelación de los cienos residuales, que contienen la plata; 3.º tratando la disolución de hiposulfito con sulfuro de sodio para obtener un precipitado de sulfuro de plata que permite extraer el metal por copelación; 4.º empleando el cinc para separar la plata de la disolución de cianuro y concluyendo también por la copelación del producto bruto. Sea cual fuere el método de extracción, es necesario proceder a varias copelaciones sucesivas para obtener una plata bastante pura. Muchas veces contiene oro y, para separar los dos metales, se disuelve la plata en ácido sulfúrico hirviente o se electroliza en una disolución de nitrato de plata.

Las principales aplicaciones de la plata son las siguientes: 1.º recipientes anticorrosivos para la industria química; 2.º contactos eléctricos para intensidades muy grandes; 3.º camisas antifricción de cojinetes para motores de avión; 4.º plateado galvánico de otros metales, etc. No obstante, este metal es excesivamente blando (al estado puro puede ser rayado con la uña) y por eso se emplea más bien aleado con otros metales que le confieren mayor dureza y resistencia mecánica. Con 10 % de cobre (ley * de 900 milésimas), se usa para acuñar monedas y medallas y para hacer joyas; para labores de orfebrería, la ley varía de 750 a 950 milésimas. En electricidad (contactos y otras piezas) se emplean ligas de 50 % de plata, 40 % de tungsteno y 10 % de cobre. Para cojinetes antifricción se emplean ligas de plata, plomo y talio. Citemos, por último, los metales para soldar entre 650 y 800º, a base de plata (de 17 a 50 %), de cobre (de 16 a 50 %), de cinc (de 16 a 33 %) y, a veces, de pequeñas proporciones de cadmio.

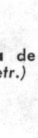

La plata es univalente en sus compuestos, los cuales, por lo demás, son isomorfos de los del sodio. Los más importantes son: el cloruro AgCl, que se obtiene tratando el nitrato con ácido clorhídrico y se emplea en ciertas pilas secas y en fotografía; el bromuro AgBr y el yoduro AgI, que se emplean en química analítica (para dosificar) y, sobre todo, en emulsiones fotográficas, pues son descompuestos por la luz (también se han empleado finas partículas de yoduro como núcleos de condensación para provocar la lluvia * artificial); el nitrato $AgNO_3$, cuyos cristales (piedra infernal) oxidan las materias orgánicas y dejan en las mismas una capa negra de plata (tinturas para el pelo cano) cuya descomposición sobre el vidrio se aprovecha para platear espejos *.

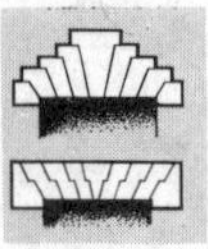

platabandas

PLATABANDA f. *Arq.* Dintel hecho con sillares labrados a modo de dovelas. ‖ Moldura plana y lisa, más ancha que salediza.

PLATAFORMA f. Entablado, obra de fábrica o cualquier otra construcción que presenta, elevada sobre el suelo, una superficie horizontal sobre la cual se colocan personas, máquinas u otras cosas.

— *Arq.* Suelo superior de un mirador, torre, etc.

— *Astron. Plataforma de lanzamiento,* construcción de hormigón y de acero en la cual se montan los elementos de un cohete espacial y desde la cual se dispara el mismo después de haberlo pertrechado y avituallado en propergol (v. art. encicl.). ‖ *Plataforma espacial,* satélite circunterrestre de grandes dimensiones, formado por la unión en el espacio de elementos satelizados separadamente desde el suelo y destinado a servir de observatorio astronómico, centro de investigaciones o base para el lanzamiento de sondas espaciales o de astronaves.

— *La plataforma de lanzamiento* consta de una construcción fija de hormigón, sobre la cual se yergue el cohete, y de una torre metálica, provista de ascensores y de plantas que permiten acceder a todas las partes del cohete para efectuar los preparativos del lanzamiento. Cuando se han ultimado éstos, la torre se retira por unas vías para evitar que pueda ser averiada por los gases calientes que expele el cohete o por la explosión accidental del mismo.

Estas plataformas son construcciones cada vez más complejas y costosas en razón del número creciente de operaciones delicadas que requiere la preparación de los cohetes, del peligro que presenta la manipulación de ciertas substancias (ácido nítrico, por ejemplo), de las complicaciones que implica el trasiego de líquidos de punto de ebullición bajísimo (hidrógeno y oxígeno líquidos) y, por último, de las cantidades colosales de calor engendradas por el cohete en los instantes que preceden y siguen al despegue (la plataforma dispone de medios que vierten sobre ella verdaderas trombas de agua que evitan su destrucción, y la espesa humareda visible en el momento del despegue no es sino el vapor que resulta de la vaporización de una parte del agua).

— *F. c.* Vagón de mercancías descubierto y con bordes de poca altura. ‖ Parte situada en uno o los dos extremos de un tranvía, autobús, vagón u otro vehículo, en la cual van de pie los viajeros. ‖ *Amer.* Andén. ‖ *Plataforma giratoria,* placa giratoria.

— *Geol.* Estructura caracterizada por la curvatura de las capas geológicas con radios tan grandes que su buzamiento o pendiente es muy leve. ‖ *Plataforma estructural,* afloramiento de una capa de terrenos duros debida a la eliminación, por la erosión, de otra capa superior y blanda.

— *Ocean. Plataforma continental* o *litoral,* v. OCEANOGRAFÍA.

— *Petr.* Construcción metálica, apoyada en el fondo de un lago o de la plataforma litoral, por encima del nivel máximo de las aguas, que sirve de asiento a una sonda para la perforación de pozos petrolíferos. (V. SONDEO.)

— *Transp.* Tarima para transportar cosas con la carretilla de alza.

PLÁTANO m. *Bot.* y *Carp.* Género de árboles platanáceos (*Platanus*), cuyas dos especies prin-

plataforma de sondeo *(petr.)*

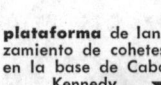

plataforma de lanzamiento de cohetes en la base de Cabo Kennedy ▼

Fot. B. P., C. C. A.

cipales son el *plátano oriental,* común como árbol de sombra en las calles y parques de Europa, y el *platano occidental,* de América.

— El *plátano,* cuyo tronco es largo, recto y grueso, da una madera clara, de color entre pardo y rojizo, de densidad 0,7, que se usa en carpintería y labores de torno y que también es desarrollada para fabricar chapeados y madera cruzada.

PLATEADO, DA adj. y s. De color de plata. ‖ Revestido o metalizado con plata. ‖ Acción de platear.

— Hoy sólo se practica industrialmente el *plateado galvánico* o *electroquímico.* Los objetos que se han de platear, cuidadosamente desengrasados y descapados en baños ácidos, se sumergen en un baño electrolítico de cianuro doble de potasio y de plata, conectados eléctricamente con el cátodo, mientras que el ánodo es de plata. La corriente eléctrica descompone el cianuro, cuya plata se deposita sobre los objetos que se han de platear, mientras que la plata del ánodo reconstituye el cianuro a medida que se va descomponiendo. (V. ELECTRÓLISIS.) [Para el *plateado de espejos,* v. ESPEJO.]

PLATEADURA f. *Metal.* Acción de platear.

PLATEAR v. *Metal.* Revestir con plata, aplicándola en forma de panes, por medio de disoluciones o por galvanoplastia. (V. PLATEADO.)

PLATERESCO m. *Arq.* Dícese de un estilo arquitectónico, propio del Renacimiento español, caracterizado por el abuso sobre cuerpos arquitectónicos de factura gótica, de bajorrelieves inspirados en los mismos motivos con que los plateros adornaban sus labores de orfebrería.

PLATILLO m. *Mec.* Disco de la excéntrica * fijado en el árbol arrastrado por la misma.

— *Metr.* Cada una de las dos piezas en forma de plato que tienen las balanzas de cruz, y por ext., pieza de cualquier forma sobre la cual se pone lo que se ha de pesar en las balanzas automáticas o de otras clases.

— *Quím. Platillo de burbujeo,* cada uno de los recipientes planos sobrepuestos en una *columna * de platillos* o *columna destiladora.* (V. DESTILACIÓN.) ‖ *Platillo de Petri,* platillo de vidrio de unos 10 cm de diámetro, con borde vertical de un centímetro, provisto de una tapa, que se emplea en los laboratorios, especialmente en bacteriología, para hacer cultivos.

PLATINA f. *Acúst.* Volante circular, provisto de un pequeño vástago central, sobre el cual se ponen los discos en los tocadiscos y máquinas similares. ‖ Por ext., el mecanismo completo del tocadiscos, con sus circuitos electrónicos y su lector, pero sin altavoces, estuche ni mueble: *instalar una platina en un mueble antiguo.*

— *Art. gráf.* Mármol. ‖ Superficie plana de las máquinas de imprimir sobre la cual se fija la forma: *la minerva tiene platina fija y tímpano oscilante.*

— *Mec.* Cada una de las dos chapas que soportan los mecanismos de un reloj: *la esfera del reloj se fija sobre la platina frontal.*

— *Metal.* Tocho o lingote de hierro ya laminado con el cual se obtienen, por laminación ulterior, chapas más delgadas.

— *Ópt.* Parte del microscopio * en la cual se coloca el portaobjetos.

— *Quím.* Platino.

— *Tecn.* Pestaña o reborde plano que tienen ciertos tubos en sus extremos para que puedan ser empalmados con pernos.

PLATINADO y **PLATINAJE** m. *Metal.* Acción de platinar: *el platinado se efectúa por galvanoplastia o sumergiendo los objetos en un baño hirviente de cloruro de platino y sosa cáustica disueltos en agua.*

PLATINAR v. *Metal.* Cubrir de platino la superficie de un objeto para conferirle el aspecto de dicho metal o para protegerla contra los agentes corrosivos.

PLATÍNICO, CA adj. *Quím.* Dícese de los compuestos formados por el platino cuadrivalente.

PLATÍNIDOS m. pl. *Miner.* Familia de minerales que comprende el platino y sus combinaciones.

PLATINÍFERO, RA adj. Que contiene platino.

PLATINIRIDIO m. *Metal.* y *Miner.* Mezcla natural de platino e iridio. ‖ Liga de ambos metales que se obtiene en el curso de la extracción del platino.

PLATINITA f. o **PLATINITO** m. *Metal.* Liga de hierro con 46 % de níquel y 0,3 % de carbono, cuyo coeficiente de dilatación es igual al del vidrio, por cuya razón se emplea en la fabricación de lámparas eléctricas, tubos electrónicos e instrumentos científicos mixtos de metal y vidrio.

PLATINO, prefijo empleado en química para indicar que la molécula de un compuesto contiene platino bivalente. (Sinón. PLATO.)

PLATINO m. *Metal.* y *Quím.* Elemento químico de número atómico 78, cuyo símbolo es *Pt.* ‖ *Platino iridiado,* liga de 90 % de platino y de 10 % de iridio. ‖ *Platino rodiado,* liga de 90 % de platino y 10 % de rodio. ‖ *Espuma de platino,* v. ESPUMA, y también, más abajo, el art. encicl. ‖ *Negro de platino,* catalizador enérgico que se obtiene precipitando platino en polvo con una sal orgánica reductora, en una disolución de cloroplatinato.

— El *platino* es un metal precioso, cuyas principales constantes físicas son: densidad, 21,44; temperaturas de fusión y de ebullición, 1 773° y unos 4 500°, respectivamente; masa atómica, 195,09 (consta de 6 isótopos de masas iguales a 190, 192, 194, 195, 196 y 198). De color blanco grisáceo, el platino es un metal tenaz, pero bastante blando, dúctil y maleable. Es inoxidable a cualquier temperatura e inatacable por los ácidos separadamente, pero se disuelve en el agua regia. Es permeable a los gases y absorbe mucho hidrógeno con desprendimiento de calor, que lo pone incandescente, lo cual permite emplearlo como catalizador * y para inflamar mezclas detonantes.
El platino, por ser inoxidable, se halla en la naturaleza al estado nativo, generalmente en arenas sedimentarias, mezclado con otros platinoides* y también con el oro, el cobre y el hierro. Su separación de los mismos es bastante laboriosa: el oro se separa generalmente por amalgamación; el ácido nítrico permite eliminar el hierro y el cobre; el agua regia disuelve entonces el platino, el iridio y el paladio, en forma de cloruros, y deja un residuo rico en osmiuro de iridio; con cloruro de amonio se precipitan el platino y el iridio y la calcinación del precipitado da una masa esponjosa que no es sino la espuma de platino; la fusión de la misma con soplete en crisol de cal da el platiniridio, liga de los dos metales que se aprovecha las más de las veces sin separarlos. Para obtener platino puro se convierte dicha aleación en nitritos y se precipita luego en forma de cloruro amoniacal.
El platino, además de ser metal precioso en joyería se emplea en la fabricación de crisoles y demás material para laboratorios: contactos, electrodos y filamentos de lámparas, pares termoeléctricos, resistencias de precisión, patrones métricos, etcétera. Dada su maleabilidad excesiva suele emplearse aleado con otros metales (cobre, iridio, rodio, tungsteno, etc.). Así, por ejemplo, el platino de joyería contiene ya 10 % de cobre o de iridio, ya 5 % de rutenio; el que se emplea en electricidad contiene 10 % de rodio o, en los contactos sometidos a desgaste, 20 % de iridio o 10 % de rutenio. Citemos también la liga de 25 % de platino, 25 % de oro y 50 % de paladio con la cual se hacen hileras para obtener fibras de vidrio, de rayón, etc. El platino es bivalente en los compuestos platinosos y cuadrivalente en los compuestos platínicos. El cloruro platínico $PtCl_4$ resulta de la acción del agua regia sobre el metal y constituye el ácido cloroplatínico. Los cianuros dan con el platino y un metal univalente las sales llamadas platinocianuros o platocianuros, entre las cuales destaca el bario que sirve para fabricar pantallas fluorescentes. (V. BARIO.)

PLATINOIDE m. *Metal* Maillechort con un poco de tungsteno (de 1 a 2 %), que tiene el aspecto del platino y se emplea en la fabricación de material eléctrico.

— *Quím.* Nombre genérico dado a los seis metales de la familia del platino, que son: rutenio, rodio, paladio, osmio, iridio y platino.

PLATINOSO, SA adj. *Quím.* Dícese de los compuestos formados por el platino bivalente.

PLATINOTIPIA f. *Fot.* Procedimiento fotográfico consistente en el empleo de emulsiones a base de sales de platino para tirar los positivos.

PLATO, otra forma del prefijo *platino* *.

PLATO m. Nombre dado, por analogía con los platos de la vajilla, a muchas cosas más o menos planas y de contorno circular, como el platillo * de la balanza, la rueda dentada que se mueve

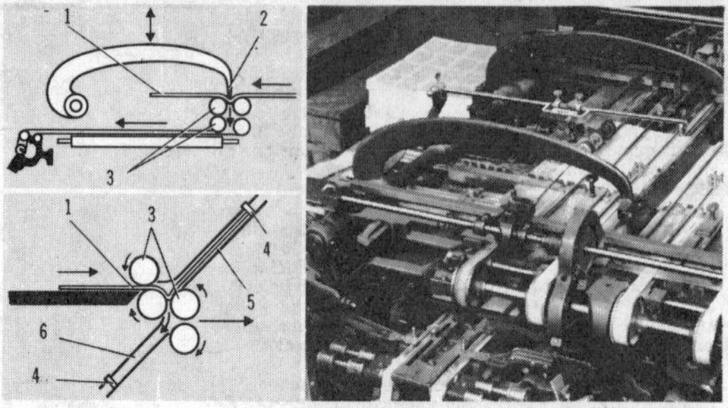

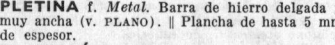

plegadoras
(art. gráf.)
1. Pliego; 2. Cuchilla; 3. Rodillos; 4. Tope; 5. Medio pliego; 6. Pliego doblado

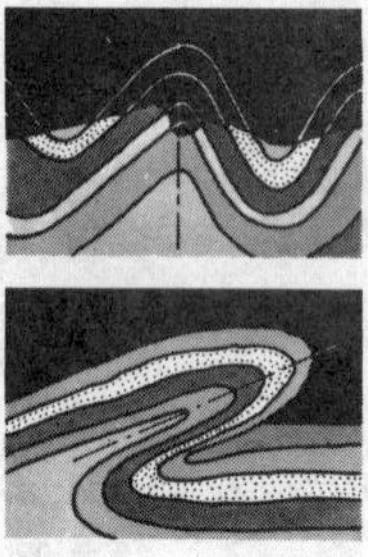

pliegues geológicos

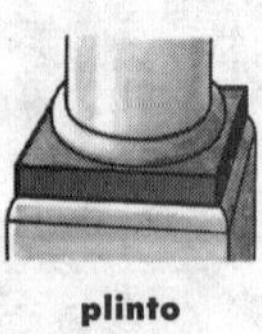

plinto

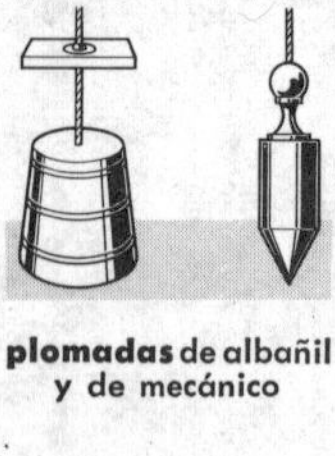

plomadas de albañil y de mecánico

con los pedales en la bicicleta, las piezas que sirven para fijar los mandriles * en las máquinas herramienta, etc.

PLAZA f. *Arq. Plaza del hogar,* solera de una chimenea, sobre la cual se hace el fuego.

PLEAMAR f. *Mar.* Máximo nivel de la marea *.

PLEGADERA f. *Art. gráf.* Instrumento consistente en una varilla o espátula que, en las máquinas carentes de alimentación automática, sirve al marcador para dar forma de abanico a la pila de papel con objeto de que puedan tomarse los pliegos uno a uno con toda facilidad. ‖ Instrumento idéntico que se usa en la encuadernación para doblar los pliegos manualmente.

PLEGADO m. Plegadura. ‖ Doblado.

PLEGADOR, RA adj. y s. Que pliega o sirve para plegar.
— *Art. gráf.* F. Máquina que da dobleces a los pliegos impresos y los entrega prestos para ser encuadernados y cuyo funcionamiento se explica en la *figura.* (V. tb. FILETE *doblador.*)
— *Metal.* Máquina de doblar chapas, cuyo funcionamiento queda explicado por la *figura.* (V. tb. CURVAR [*Máquina de*] y ENGATILLADO.)
— *Ofic.* Máquina empleada en las oficinas para plegar las cartas al tamaño de los sobres.
— *Text.* Máquina que mide y pliega los tejidos.

PLEGADURA f. Acción y efecto de plegar.

PLEGAR v. Doblar una cosa sobre sí misma: *los botes de conservas se cierran plegando conjuntamente los bordes de la lata y de su tapa.* ‖ *Máquina de plegar,* plegadora.

PLEISTOCENO, NA adj. y s. *Geol.* Dícese de la parte principal del cuaternario, también llamada *cuaternario * antiguo.*

PLEITA f. *Text.* Cada una de las tiras que se trenzan a mano con esparto, hojas de palma, pita u otras fibras y que, cosidas unas con otras, forman esteras, sombreros y labores de cestería.

PLEMENTERÍA f. *Arq.* En las bóvedas góticas, conjunto de piedras o dovelas con que se rellenan los huecos que median entre los arcos: *la plementería, elemento pasivo, se apoya en los arcos, que son el elemento activo de la bóveda.*

PLENAMAR f. *Mar.* Pleamar.

PLENILUNIO m. *Astr.* Luna * llena.

PLEO, prefijo derivado del griego *pleos,* que significa *abundante.*

PLEOCROICO, CA adj. *Miner.* Dotado de dicroísmo. ‖ *Halo pleocroico,* fenómeno óptico que se observa en la mica y otras rocas muy antiguas.
— El *halo pleocroico* es un círculo irisado visible en el microscopio cuando se observan láminas muy delgadas de los minerales más primitivos del Globo. Al formarse la roca, quedaron aprisionados en la misma minúsculos fragmentos de elementos radiactivos. Los rayos alfa emitidos en todas las direcciones por cada uno de estos granitos han sido absorbidos por la roca después de haber atravesado un espesor de la misma del orden de varios micrones. Así, en torno de cada grano existe una pequeña esfera en la cual los rayos han alterado la materia, y el halo circular visible en una laminilla de roca no es sino una sección de dicha esférula. El análisis de un halo pleocroico permite calcular el tiempo durante el cual ha existido radiactividad y determinar así la edad de la roca, de la cual se obtienen deducciones valiosas sobre la edad de la Tierra *.

PLEOCROÍSMO m. *Miner.* Dicroísmo.

PLESIOMORFO, FA adj. *Miner.* Homeomorfo.

PLETINA f. *Metal.* Barra de hierro delgada y muy ancha (v. PLANO). ‖ Plancha de hasta 5 mm de espesor.

PLEXIGLÁS m. *Plást.* Marca registrada de una resina sintética que resulta de la polimerización del éster metacrílico y que es transparente, incolora y flexible: *el Plexiglás se emplea como vidrio orgánico de seguridad y para fabricar lámparas y muchos otros objetos decorativos.*

PLIEGO m. *Art. gráf.* y *Papel.* Hoja de papel doblada por medio, y por ext., hoja de papel que se usa entera sin haber sido doblada: *hacer un plano en un pliego de marquilla.* ‖ Cada una de las hojas de papel impresas y plegadas que componen el libro. ‖ *Pliego prolongado,* el de forma más alargada que la del de marca ordinaria. ‖ *Pliego de principios,* el que lleva impresas las páginas que preceden al texto del libro, o sea la anteportada, la portada, el prólogo, etc.

PLIEGUE m. Doblez, surco o arruga en la cosa normalmente lisa o plana.
— *Geol.* Deformación de la corteza terrestre a la cual se debe que las capas del terreno primitivamente horizontales, presenten ondulaciones o formen anticlinales * o sinclinales *.

PLINTO m. *Arq.* Elemento en forma de losa cuadrangular en la base de una columna, y por ext., de una estatua.

PLIO, prefijo derivado del griego *pleion,* que significa *más.*

PLIOCENO, NA adj. y s. *Geol.* Dícese del último período de la era terciaria, comprendido entre el mioceno y el cuaternario, cuyos terrenos datan de —10 a —1 años. (V. ESTRATIGRAFÍA.)

PLISADORA f. *Text.* Máquina de plisar.
— La *plisadora* consta de un rastrillo doblador y un par de cilindros planchadores calentados interiormente. El rastrillo avanza primeramente en posición alta, por encima de la tela, baja y se aplica sobre la misma, retrocede arrastrándola sobre una plataforma plana y formando así un bucle o doblez que, aplastado a presión y en caliente por los cilindros, da un pliegue permanente, y así sucesivamente.

PLISAR v. *Text.* Hacer pliegues regulares a un tejido: *una falda plisada.* (OBSERV. Este barbarismo por *plegar,* que viene del francés plisser, se ha impuesto por influencia de la moda francesa en materia de vestidos femeninos.) ‖ *Máquina de plisar,* plisadora.

PLOMADA f. *Art. y of.* Pesa metálica que, colgada de un hilo, confiere al mismo la dirección vertical y sirve para comprobar el aplomo o verticalidad de las construcciones.
— *Mar.* Conjunto de plomos que se ponen en la relinga inferior de una red para que, combinados sus efectos con los de la relinga superior provista de flotadores, permanezca aquélla tensa o abierta. ‖ Sonda.

PLOMATO m. *Quím.* Plumbato.

PLOMAZÓN f. *Metal.* Instrumento constituido por una tabla forrada con una almohadilla de cuero sobre la cual se cortan los panes de oro.

PLOMBAGINA f. *Miner.* Grafito.

PLÓMBICO, PLÓMBIDOS, PLOMBITO y demás voces empezadas en PLOMB..., véase PLÚMBICO, PLÚMBIDOS, PLUMBITO, etc.

PLOMERÍA f. *Arq.* Cubierta, techumbre de plomo.

PLOMÍFERO, RA adj. *Miner.* Que contiene plomo.

PLOMO m. Metal blando y pesado, de color gris azulino. (V. más abajo *Quím.*)
— *Arm.* Perdigones o balas de plomo empleados como munición de las armas de fuego.
— *Art. gráf.* Composición de un texto en forma de paquetes o galeradas. ‖ Cada una de las cuñas de plomo que se ponen en el tintero de una máquina de imprimir y que obturan una parte del mismo, ya para reducir su luz y adaptarla al tamaño de los pliegos, ya para atenuar el entintado de una parte de la forma. ‖ *Corrección en el plomo,* la que efectúa el tipógrafo en la composición siguiendo las erratas, enmiendas y otras indicaciones que figuran en la prueba vista por el corrector.
— *Art. y of.* Masa del mismo metal que, suspendida de un hilo, constituye la plomada. ‖ Plomada.
— *Electr. Plomo fusible,* fusible.

Fot. Larousse

— *Mec.* Hilo del mismo metal que se introduce entre dos piezas y que, según su aplastamiento, permite apreciar el juego que media entre las mismas. ‖ Tapón fusible * de caldera.
— *Metal.* V. más abajo *Quím.*
— *Miner.* *Plomo blanco* o *plomo carbonatado*, cerusita. ‖ *Plomo córneo*, cerasina. ‖ *Plomo fosfatado*, piromorfita. ‖ *Plomo sulfatado*, anglesita. ‖ *Plomo sulfurado*, galena. ‖ *Mina de plomo*, plombagina.
— *Quím.* Elemento químico de número atómico 82, cuyo símbolo es *Pb*.
— El plomo es un metal gris y muy brillante (pero su brillo se empaña rápidamente, al formarse una película superficial de carbonato), cuyas principales constantes físicas son las siguientes: densidad, 11,34 (es el más denso de los metales ordinarios); temperaturas de fusión y de ebullición, 327,4° y 1 750°, respectivamente; masa atómica 207,19 (que resulta de la mezcla de cuatro isótopos cuyas masas y proporciones son de 204 (1,48 %), 206 (23,6 %), 207 (22,6 %) y 208 (52,3 %).
Los isótopos de masa atómica 206, 207 y 208 son la forma estable a la cual llegan los elementos de las familias del radio, el actinio y el torio, respectivamente, al cabo de una sucesión de transmutaciones. (V. RADIACTIVIDAD.)
El plomo es maleable en frío, aunque poco tenaz, y tan blando que puede ser rayado con la uña y cortado con un cuchillo. Es muy resistente a los agentes químicos.
Este metal no existe en la naturaleza al estado nativo y sí combinado con numerosos cuerpos, especialmente al estado de sulfuros, y frecuentemente aleado con la plata. Sus principales menas son la galena y la cerusita, beneficiándose también la anglesita, la piromorfita, la vulfenita, etcétera. La *figura* muestra las principales fases de la extracción del metal a partir de la galena. La *tostación* permite eliminar el azufre y obtener óxido de plomo; la *fusión* con coque, reduce el óxido y da *plomo de obra*, sobre el cual flota cobre recuperable; por último, el *afino* tiene por objeto eliminar las impurezas que el plomo de fusión contiene a razón de 2 %. En el afino electrolítico, se emplea como electrólito una disolución de fluosilicato de plomo con gelatina: el níquel, el cinc, el hierro y el cobalto se disuelven en el baño, mientras que el oro y la plata, así como el cobre, el bismuto y el arsénico, forman con las demás impurezas un cieno del cual pueden ser extraídos. La pureza del plomo así obtenido es de 99,99 %. En el afino por vía seca, se espuman en la superficie los metales más ligeros que nadan en el plomo fundido y luego, con aire y vapor de agua, se oxidan y eliminan el cinc y el estaño contenidos por el plomo. Por último, el procedimiento de afino Harris consiste en hacer pasar el plomo fundido a través de una mezcla de sosa cáustica, cloruro y nitrato de sodio calentada a la temperatura de 400 a 500°, formándose así una escoria que contiene los demás metales en forma de arseniato, cincato, antimoniato, etc.
El *plomo metálico* se emplea, en razón de su resistencia a la corrosión, para canalizaciones, techumbres, revestimientos de tinas y recipientes industriales; también sirve para hacer fusibles para instalaciones eléctricas y calderas de vapor; por último, dada su opacidad a los rayos X y gamma, se emplea para pantallas y muros de protección en radiología y en las instalaciones atómicas, así como para envasar elementos dotados de radiactividad natural o artificial.
Muchas y muy importantes son las aleaciones del plomo con otros metales que aumentan su dureza: con el antimonio da metales para caracteres de imprenta, placas de acumuladores eléctricos, etc.; con el arsénico da el metal con que se hacen los perdigones para la caza; con el estaño suministra metal de soldadura; las ligas de plomo, estaño, antimonio y arsénico sirven para moldear juguetes (soldados de plomo) y otros objetos pequeños; con el estaño y con el cobre, el plomo da metales antifricción *; por último, entra el plomo en la composición del metal de Darcet * y otras aleaciones de punto de fusión muy bajo.
El plomo da numerosos compuestos, y sus sales, en las cuales suele ser bivalente, son las más de las veces insolubles (el nitrato y el acetato, que son solubles, tienen propiedades venenosas).
Entre sus cuatro óxidos destacan el protóxido PbO, que se obtiene calentando el metal, y que constituye el litargirio *, y el óxido salino Pb_3O_4, que es el minio *. El carbonato $PbCO_3$ sirve para obtener el albayalde *. El cromato de plomo es un pigmento amarillo, el nitrato se emplea en pirotecnia, etc.
Entre los compuestos organometálicos, merece ser citado el *tetraetilato de plomo*, también llamado *plomo tetraetilo* y, entre automovilistas, simplemente *plomo*. Es un antidetonante * muy eficaz para gasolinas pero tan tóxico, que en muchos países se ha estipulado una dosis máxima con objeto de limitar el peligro que representa su presencia en los gases de escape de los motores. Habida cuenta de esta limitación, la adición de tetraetilato de plomo aumenta de 10 a 15 unidades el valor del índice de octano * del combustible.

PLOMOETILO m. Tetraetilato de plomo *.

PLOT m. *Electr.* Galicismo por *terminal.*

PLUMA f. *Art. gráf.* *Fotograbado de pluma*, v. FOTOGRABADO.
— *Mar.* *Pluma de carga*, grúa simple de los barcos, consistente en una percha o palo articulado por su extremo inferior en la cubierta o en herrajes montados en los mástiles, de modo que su cabeza, provista de aparejos, pueda tomar cargas en la bodega del barco y llevarlas al muelle, o viceversa. (Sinón. BOTALÓN DE CARGA.) ‖ Remo.
— *Ofic.* Chapita metálica acanalada, con un extremo de forma apropiada para ser enchufado en un mango o portaplumas y el otro puntiagudo y hendido, que sirve para escribir con tinta.
— Las *plumas estilográficas* * suelen ser de oro macizo u otro metal dorado y tienen la punta de oro iridiado. Las plumas corrientes son de acero de calidad laminado, recocido y vuelto a laminar. El uso de las plumas se halla en constante regresión en provecho de los bolígrafos *.
— *Text.* En la ornamentación de sombreros, vestidos y otras prendas se emplean las plumas más

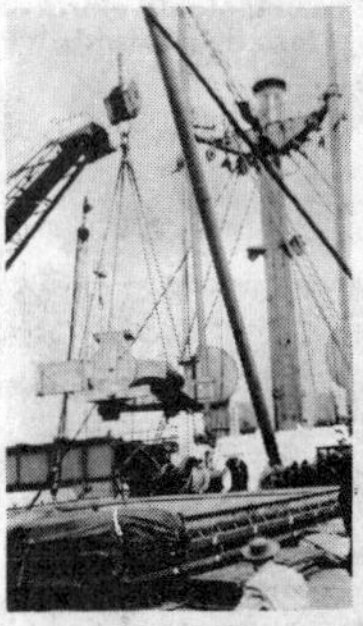

pluma da carga
(mar.)

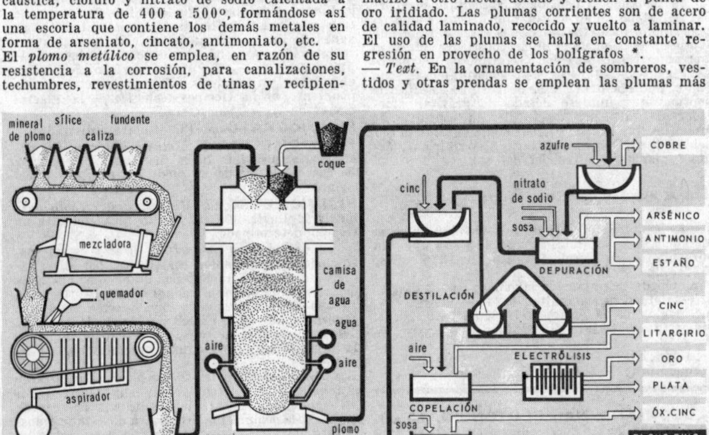

extracción del plomo y de los demás metales contenidos por sus menas

Fot. X

cámara de televisión blindada y provista de 3 proyectores, para observar instalaciones automáticas de una planta extractora de **plutonio**

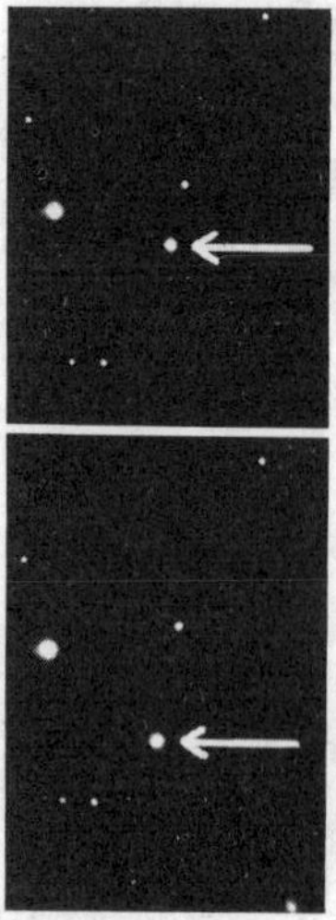

traslación del planeta **Plutón** en 24 días

vistosas de ciertas aves, especialmente las siguientes: ñandú y avestruz, garza real, ave del paraíso, gura, lofóforo, ibis, pavo real, cisne, pelícano, golondrina de mar, tucán, pájaros mosca, argo, grulla, cigüeña, águila, buitre, loros y cotorras, etcétera. En realidad, el consumo de plumas vistosas sobrepasa considerablemente las posibilidades de abastecimiento en aves silvestres. De ahí la existencia de una industria próspera que, mediante hábiles transformaciones y vistosos teñidos, aprovecha las plumas de las aves de corral y de las de caza comunes.
También se usan las plumas para hacer plumeros * y, las más pequeñas y suaves, como relleno de colchones y cojines.

PLUMBAGO m. Grafito o plombagina.

PLUMBATO m. *Quím.* Minio u otra sal derivada del anhídrido plúmbico.

PLÚMBICO, prefijo empleado en química para indicar la presencia de plomo en un compuesto.

PLÚMBICO, CA adj. *Quím.* Dícese del anhídrido PbO_2 y de sus correspondientes ácidos.

PLÚMBIDOS m. pl. *Miner.* Familia de minerales que contienen al plomo en alguna de sus combinaciones naturales.

PLUMBÍFERO, RA adj. *Miner.* Plomífero.

PLUMBITO m. *Petr.* Reactivo obtenido a partir del litargirio disuelto en sosa cáustica, que sirve para quitar el mal olor y la fuerza corrosiva a la gasolina.
— *Quím.* Sal derivada del óxido de plomo PbO, que actúa como si fuera un anhídrido de ácido.

PLUMBO, prefijo que indica la presencia de plomo en un mineral.

PLUMBOARGENTÍFERO, RA adj. Dícese de los minerales que contienen plomo y plata.

PLUMBOSO, SA adj. Que contiene plomo.

PLUMBOTIPIA f. *Art. gráf.* Procedimiento de estereotipia especialmente empleado para imprimir papeles jaspeados y consistente en verter el metal fundido en un molde de madera mojada para que, por efecto de la humedad, el metal forme, al solidificarse, rugosidades superficiales que producirán, por impresión, el efecto de aguas o jaspeado.

PLUMÓN m. Las plumas más finas y pequeñas de las aves, que son suaves y de aspecto sedoso y sirven de relleno para colchones y cojines.

PLURI, prefijo derivado del latín *pluris,* que significa *varios.* (Sinón. POLI.)

PLURIVALENTE adj. *Quím.* V. VALENCIA.

PLUTÓN, último planeta, por orden de su distancia al Sol, del sistema solar.
— *Plutón* es un astro aún imperfectamente conocido, no sólo por ser su descubrimiento relativamente reciente (1930), sino también, y sobre todo, en razón de sus pequeñas dimensiones y de la distancia considerable a que se halla de nosotros. Por su tamaño, su densidad, la inclinación anormal del plano de su órbita y el hecho de que en su perihelio pueda hallarse más cerca del Sol que Neptuno, el planeta Plutón constituye un caso aberrante tras la sucesión del grupo de los planetas gigantes. No pocos astrónomos piensan que Plutón pudiera haber sido un antiguo satélite de Neptuno que hubiese dejado de gravitar alrededor de éste por efecto de un concurso de circunstancias merced al cual debió superar la velocidad * parabólica y pasar a describir una órbita * planetaria alrededor del Sol.

DATOS NUMÉRICOS SOBRE EL PLANETA PLUTÓN

Distancia del Sol (máxima): 7 408 000 000 km
Distancia del Sol (mínima): 4 418 000 000 km
Duración de la revolución sideral: 248 años, 254,5 días
Duración de la revolución sinódica: 366,2 días
Excentricidad de la órbita: 0,2485
Inclinación de la órbita: 17° 8′ 34″
Diámetro ecuatorial: 5 800 km
Masa: 6×10^{20} t
Densidad: 5,5
Temperatura: —200°.

PLUTONIANO, NA y **PLUTÓNICO, CA** adj. *Geol.* Dícese de las rocas engendradas en el seno del globo terráqueo por la acción de fuerzas internas.

PLUTONÍGENO, NA adj. *Atom.* Dícese del reactor * nuclear en el cual las reacciones de fisión son productoras de plutonio *.

PLUTONIO m. *Atom.* y *Quím.* Elemento químico de número atómico 94, cuyo símbolo es *Pu.*
— El *plutonio* es un transuranio, inexistente en la naturaleza, que se obtiene artificialmente en los reactores nucleares por transmutaciones sucesivas a partir del uranio 238 (que es el constituyente principal del uranio natural) según la reacción siguiente: el núcleo del átomo de uranio de masa 238 (92 protones y 146 neutrones) capta uno de los neutrones libertados por la fisión * y se transmuta en uranio 239 (92 protones y 147 neutrones); éste, en 23 minutos por término medio, experimenta una desintegración beta y se convierte espontáneamente en neptunio 239 (93 protones y 146 neutrones); a su vez, y en unas 56 horas, el neptunio, también por desintegración beta, se transmuta en plutonio 239 (94 protones y 145 neutrones), cuyo período es de 23 900 años.
Se han obtenido 15 isótopos diferentes del plutonio, de masas comprendidas entre 232 y 246, pero por elemento plutonio se sobreentiende que se trata del isótopo 239. Es un metal blanco y brillante, de propiedades poco comunes, pues a medida que se calienta, pasa por 6 estados diferentes de cristalización, a cada uno de los cuales corresponden constantes físicas también distintas. Su densidad es de 19,82 a la temperatura de 18°; y sus temperaturas de fusión y de ebullición son, respectivamente, de 635 a 639° y de unos 3 800°. Es paramagnético y conductor mediocre del calor y de la electricidad, pero tiene la rara y preciosa propiedad de ser físil * y, consiguientemente, apto para provocar explosiones nucleares y para desintegrarse en cadena en los reactores (v. BOMBA y REACTOR). No obstante, su uso en ambas aplicaciones resulta oneroso y complicado. Es el plutonio, así como sus compuestos, uno de los tóxicos más violentos que existen y, por otra parte, tiene la propiedad de fijarse en los huesos, lo cual significa —dado su período de 23 900 años— que una vez ingerido o introducido en el organismo ya no es posible eliminarlo (v. RADIACTIVIDAD). Así, su extracción de las barras de combustible nuclear usado se efectúa en costosísimas fábricas altamente automatizadas y en cuyos laboratorios y talleres nadie podrá penetrar una vez puestos en marcha. Por otra parte, las barras y demás elementos de plutonio tienen muy malas características mecánicas y plantean complejos problemas de transporte y de manipulación. (V. REACTOR.)

PLUTONISMO m. *Geol.* Teoría, hoy abandonada, según la cual las rocas tenían sus orígenes en la acción del fuego * central que se suponía existía en el centro del Globo.

PLUVIAL adj. y s. *Hidr.* y *Meteor.* Relativo a la lluvia. ‖ *Régimen pluvial,* el de los cursos de agua que, por ser alimentados preferentemente en aguas de lluvia, experimentan cambios de caudal relacionados con la abundancia de las precipitaciones. ‖ — M. Largo período de lluvias abundantes en las zonas cálidas del Globo, correspondiente, en los tiempos geológicos, a las glaciaciones de las regiones frías.

PLUVIÓGRAFO m. Pluviómetro registrador.

PLUVIOMETRÍA f. *Meteor.* Ramo de la climatología que trata de la distribución geográfica de las lluvias y de su medición en función del tiempo. (V. LLUVIA y PLUVIÓMETRO.)

PLUVIÓMETRO m. *Meteor.* Instrumento para medir la lluvia que cae en un lugar durante un tiempo determinado.
— El *pluviómetro de lectura directa* es un instrumento muy simple, constituido por un recipiente cualquiera tapado por un embudo. El agua del recipiente se mide cada 12 horas, vertiéndola en una probeta graduada cuya sección tiene una superficie 10 veces menor que la de la abertura del embudo. Así, a cada centímetro de agua en la probeta corresponde una precipitación de un milímetro.
Los *pluviómetros registradores* pueden fundarse en dos principios diferentes: el agua recogida por un embudo cae en el platillo de una balanza de muelle y la compresión progresiva de éste se transmite a un estilete inscriptor que corre sobre un gráfico arrastrado por un mecanismo de relojería; el agua cae en un depósito provisto de un flota-

Fot. Thomson, Obs. del Monte Palomar

dor y éste, al elevarse, acciona el estilete inscriptor.

PLUVIONIVAL o **PLUVIONÍVEO, A** adj. *Hidr.* Dícese del curso de agua alimentado tanto por las aguas de lluvia como por las de la nieve fundida, aunque con neta predominancia de las primeras.

PLUVIOSIDAD f. *Meteor.* Abundancia de lluvias: *la pluviosidad local se expresa por el número de días de lluvia o por la altura en milímetros de las precipitaciones medidas con el pluviómetro.*

P. M., abreviatura de la expresión latina *post meridiem,* que significa *después del mediodía.* (Véase A. M.)

Pm, símbolo químico del *prometeo.*

PNEUMÁTICO, PNEUMATOLISIS, etc., v. NEUMÁTICO, NEUMATOLISIS, etc.

Po, símbolo químico del *polonio.* ‖ Símbolo del *poise.*

POBRE adj. Dícese de la substancia que, respecto a las demás de su especie, contiene poco principio activo. ‖ *Gas pobre,* v. GAS. ‖ *Mezcla pobre,* v. MEZCLA.

POCEAR v. Excavar pozos.

PODADERA f. *Agr.* Cuchilla corva, provista de un mango para empuñarla o de un astil, que sirve para cortar los brotes y las ramas superfluas de los árboles y arbustos. ‖ Tijera muy fuerte, de filo corvo, utilizada con el mismo fin.

PODARIA adj. y s. f. *Geom.* Lugar geométrico de los pies de las perpendiculares bajadas desde un punto dado a las tangentes de una curva: *las podarias de la circunferencia son caracoles de Pascal.* (V. CARACOL.)

PODER m. *Fís.* Máxima eficacia o rendimiento que puede obtenerse de una substancia, instrumento, etc., empleados con algún fin: *en radiología la protección contra los rayos X se funda en el gran poder absorbente del plomo; el poder antidetonante del tetraetilato de plomo.* ‖ *Poder calorífico,* cantidad de calor liberado por un combustible y por unidad de peso (generalmente en calorías por kilogramo o por metro cúbico si se trata de un gas). [V. COMBUSTIBLE.] ‖ *Poder emisivo,* proporción de energía radiada por un cuerpo caliente, respecto a la que radia el cuerpo * negro.

— El *poder emisivo,* siempre inferior a la unidad, difiere de una substancia a otra y, en una misma materia, disminuye si es pulimentada (por eso guardan más tiempo su temperatura los líquidos conservados en recipientes metálicos pulidos o en vasos de vidrio metalizados).

— *Ópt. Poder rotatorio,* v. POLARIZACIÓN. ‖ *Poder separador* o *de separación,* distancia mínima a que deben hallarse dos puntos de un objeto observado con un instrumento de óptica, para que puedan ser vistos separadamente.

— El *poder separador* se expresa por la distancia que media entre los dos puntos considerados o por el ángulo que ambos forman con el ojo. El poder separador del ojo es aproximadamente de un minuto de arco, lo cual representa 0,075 mm a 25 cm del ojo. En un telescopio con espejo de 5 m de diámetro, es de 0,025″; en los microscopios, depende de la longitud de onda de la luz que ilumina el objeto. (V. MICROSCOPIO.)

— *Pint. Poder colorante,* grado en que un pigmento, al ser mezclado con otros, predomina sobre ellos y confiere a la pintura un color general poco diferente del suyo.

— *Radiot. Poder resolutivo* o *de resolución,* número máximo de puntos en que un tubo analizador puede descomponer las imágenes: *el poder resolutivo del tubo vidicon es de 600 puntos por línea.* (V. ANÁLISIS y DEFINICIÓN.)

PODIO m. *Arq.* Pedestal continuo que soporta una serie de columnas.

PODÓMETRO m. *Metr.* Odómetro.

PODÓN m. *Agr.* Podadera grande. ‖ Podadera consistente en un hierro enastilado que tiene dos filos: *uno de hacha y otro en forma de cuchilla corva.*

POÉTICO, CA adj. *Art. gráf.* En ciertas familias de tipos de imprenta, letra que, aun y conservando la altura que tiene en el carácter común, es más estrecha que la de éste.

POISE m. *Metr.* Unidad de medida de la viscosidad dinámica en el sistema C. G. S. (El *poise,* cuyo símbolo es *Po,* vale la décima parte del poiseuille; la viscosidad del agua, del aceite de oliva y de la glicerina es, respectivamente, de 0,01, 0,97 y 7,9 poises.)

POISEUILLE m. *Metr.* Unidad de viscosidad dinámica en el sistema S. I., equivalente a la viscosidad de un fluido en el cual el movimiento rectilíneo y uniforme de una superficie plana en su propio plano, es retardado por una fuerza de un newton por metro cuadrado de superficie de contacto con el fluido, cuando la velocidad de éste respecto a la superficie es de un metro por segundo.

POISEUILLE *(Ley de),* ley según la cual el gasto o caudal de un fluido que circula por un tubo cilíndrico es proporcional a la pérdida * de carga, también proporcional a la cuarta potencia del diámetro y, por último, inversamente proporcional al coeficiente de viscosidad del fluido.

POLAR adj. y s. Relativo a los polos o situado en ellos.

— *Aeron.* Curva que se obtiene tomando como ordenada la fuerza de sustentación de un avión (o solamente de su ala) y como abscisa la resistencia opuesta por el aire al avance del mismo, ambas correspondientes a distintos ángulos de incidencia.

— De la *polar* se deducen las principales características aerodinámicas del futuro avión. El punto de tangencia con la polar de una recta que pase por el origen de los ejes indica a qué incidencia corresponde la máxima finura * del aparato. Por otra parte, la fuerza de sustentación no aumenta indefinidamente con la incidencia, y la polar muestra en su parte superior un descenso brusco de la sustentación al cual correspondería en un vuelo real el desplome del avión por pérdida de velocidad *.

— *Astr. Círculo polar celeste,* cada uno de los dos círculos menores paralelos al ecuador celeste y situados a una distancia angular de los polos igual a 23° 27′. ‖ *Estrella polar,* o simplemente *Polar,* estrella de segunda magnitud que es la principal (α) de la constelación de la Osa Menor y que, por hallarse solamente a 1° 3′ del Polo Norte celeste, sirve en el hemisferio boreal para orientarse y para determinar el acimut y la latitud geográfica.

— *Electr.* y *Magn.* Relativo a los polos de un generador eléctrico o de un imán *. ‖ *Piezas polares,* v. PIEZA.

— *Quím.* Dícese de la molécula que ejerce a distancia una acción comparable a la de un dipolo * eléctrico.

— Una molécula consta de átomos compuestos de un núcleo eléctricamente positivo y de electrones planetarios de carga negativa. En las moléculas no polares, cuales son, por ejemplo, las del hidrógeno, el nitrógeno y los gases inertes, la distribución de las cargas eléctricas puede ser considerada como simétrica y el centro de gravedad de las cargas positivas coincide con el de las cargas negativas. Por el contrario, en el agua y muchos otros cuerpos no se da tal coincidencia, pues existe en la molécula un momento eléctrico dipolar igual al producto de la carga total positiva por la distancia que media entre los dos centros de gravedad de las cargas.

POLARIDAD f. *Electr.* Calidad que permite distinguir uno de otro los polos de un generador eléctrico.

— *Magn.* Propiedad que tienen los imanes y los cuerpos imantados de orientarse en determinado sentido cuando se hallan sometidos a la acción de un campo magnético.

POLARÍGRAFO m. *Metr.* Polarógrafo.

POLARIGRAFÍA f. *Quím.* Método de microanálisis fundado en el uso del polarígrafo.

POLARIMETRÍA f. *Ópt.* Medición de la rotación del plano de polarización * de la luz, merced a la cual se puede determinar la concentración de ciertas disoluciones, por ejemplo, la de los líquidos azucarados.

POLARÍMETRO m. *Ópt.* Instrumento para medir el valor angular de la rotación del plano de polarización * de un haz luminoso. ‖ Instrumento para medir la proporción de luz polarizada en un rayo de luz.

— El *polarímetro* representado en la figura funciona como sigue: la luz polarizada por un primer nicol (polarizador) se extingue completamente si se observa con otro nicol (analizador) cuyo plano de polarización forma un ángulo de 90° con el del primero. Si se interpone entre ambos la

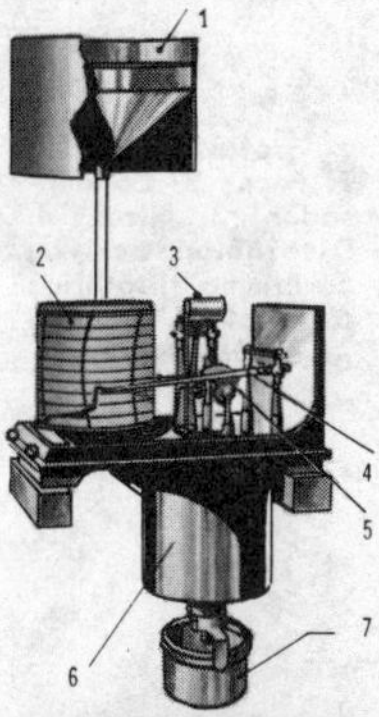

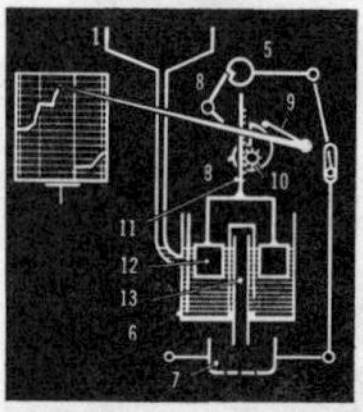

pluviómetro
1. Recipiente colector; 2. Gráfico giratorio; 3. Masa; 4. Estilete; 5. Leva; 6. Cubeta; 7. Fondo perforado; 8. Gatillo; 9. Vástago; 10. Piñón; 11. Cremallera; 12. Flotador; 13. Sifón

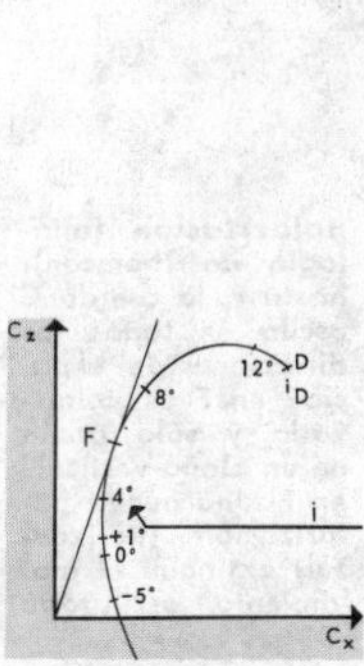

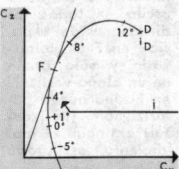

polar *(aeron.)*
C_z, sustentación; C_x, resistencia; *i*, incidencia; D, desplome; F, máxima finura

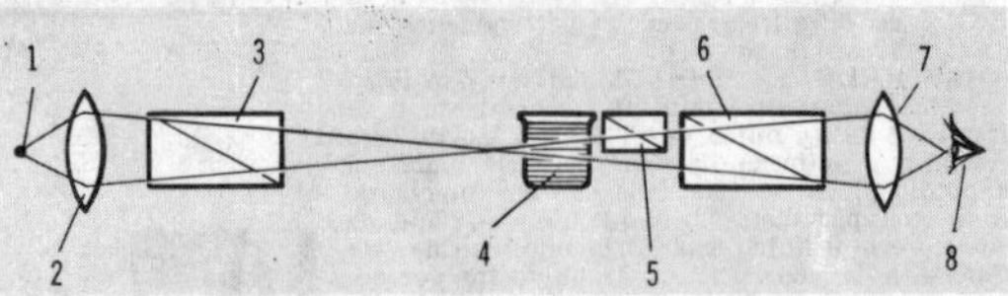

polarímetro
1. Foco; 2. Condensador; 3. Nícol; 4. Disolución activa; 5. Prisma giratorio; 6. Nícol; 7. Ocular; 8. Observador

disolución activa * por analizar, ésta hace girar el plano de polarización de la luz y entonces no se producirá extinción completa de la misma por parte del analizador. Para determinar el valor de la rotación impuesta al haz por la substancia activa, se puede proceder de tres maneras: haciendo girar el nicol polarizador, el nicol analizador o unos prismas de cuarzo dispuestos entre éste y la referida substancia. En los tres casos, el ángulo de que ha de girar uno de los elementos para producir la extinción de la luz equivale a la rotación del plano de polarización producida por el líquido. (V. SACARÍMETRO.)

POLARISCOPIO m. *ópt.* Instrumento que sirve para comprobar si una luz se halla o no polarizada. ‖ Aparato que permite medir en el cristal y los plásticos transparentes las tensiones internas provocadas por fuerzas exteriores o simplemente debidas al temple de las piezas.
— El *polariscopio de Arago* consta de un tubo provisto en uno de sus extremos de una lámina de mica o de gipso, y en el otro, de un analizador birrefringente *. Cuando el instrumento recibe luz natural, se ven en el mismo dos imágenes blancas, pero si la luz se halla polarizada, las dos imágenes son de colores complementarios.
El vidrio y otras materias a la vez transparentes y birrefringentes se hallan a menudo sometidos a tensiones internas, invisibles a simple vista, que pueden provocar a breve plazo la deformación o la rotura de las piezas. La observación de las mismas con el polariscopio permite eliminar las que presentan tensiones excesivas o peligrosas. (V. tb. FOTOELASTICIMETRÍA.)

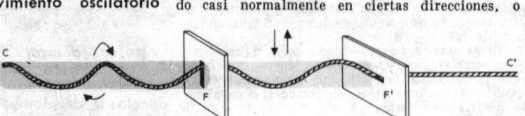

POLARIZACIÓN f. *Electr.* Establecimiento de una diferencia de potencial entre dos conductores. ‖ Fenómeno al cual se debe, en electrólisis, la aparición de una resistencia opuesta a la fuerza electromotriz que engendra la corriente. ‖ *Polarización dieléctrica,* modificación de un medio aislante por un campo eléctrico, cuya influencia tiene por efecto la separación de los centros de gravedad de las cargas negativas y positivas de cada molécula y la transformación de las mismas en dipolos. (V. POLAR [*Quím.*].)
— Existe *polarización* en un electrólito cuando se producen en los electrodos reacciones químicas en el curso de las cuales la superficie de los mismos se cubre de substancias que dificultan y hasta llegan a impedir el paso de la corriente. En las pilas eléctricas, este fenómeno se retarda con el uso de substancias despolarizantes. (V. PILA.)
— *Electrón.* Aplicación a la rejilla de una lámpara o tubo electrónico de una tensión continua que determina el sentido en que habrán de funcionar los mismos: en un tríodo amplificador de tensión, la polarización es negativa.
— *ópt.* Fenómeno al cual se debe que un rayo de luz sea alterado al atravesar un medio o al ser reflejado por una superficie, y que luego, en vez de seguir vibrando igualmente en todas las direcciones en torno de su trayectoria, solamente lo haga en direcciones privilegiadas paralelas a un plano llamado *plano de polarización.*
— Llámase luz natural la que es emitida directamente por un manantial luminoso. Un rayo de esta luz es acompañado de vibraciones que se efectúan en todas las direcciones, o sea en un número infinito de planos perpendiculares al mismo. Cuando este rayo es refractado o reflejado por primera vez, no presenta aparentemente ninguna anomalía. En realidad, si bien sigue vibrando casi normalmente en ciertas direcciones, o planos de polarización, ya no vibra o vibra poco en otras direcciones perpendiculares a las primeras. Dícese en este caso que la luz se halla polarizada. Si los rayos ya reflejados o refractados lo son una segunda vez en planos perpendiculares a los de la primera vez, la nueva polarización tendrá por efecto suprimir las vibraciones restantes y la luz se extinguirá. Supongamos que la primera reflexión se haga con un espejo (polarizador): si hacemos girar el mismo procurando que no varíe el ángulo de incidencia, el rayo luminoso conservará siempre igual intensidad. No ocurrirá lo mismo si, dirigiendo este rayo, ya reflejado, sobre un segundo espejo (analizador), hacemos girar a éste, pues entonces, aunque no varíe la incidencia, se comprueba que, en el curso de una vuelta completa, la intensidad del rayo reflejado por segunda vez pasa por dos máximos y dos mínimos, pudiendo consistir éstos en una extinción total de la luz, en cuyo caso se da al ángulo de incidencia el nombre de *ángulo de polarización.* La analogía de Thomson (v. *figura*) permite comprender mejor en qué consiste la polarización.
En los laboratorios se polariza la luz por doble refracción con nicoles. La luz que pasa por el primer nicol * (polarizador) no atraviesa el segundo (analizador) si éste se halla cruzado y forma un ángulo de 90° con aquél. También se emplean substancias dicroicas * incorporadas a una materia plástica, v. gr. el Polaroid *, que absorben una de las luces polarizadas y dejan pasar la otra.
Las substancias activas (especialmente el cuarzo, los líquidos azucarados, el aguarrás, etc.) están dotadas de *poder rotatorio,* es decir, tienen la propiedad de hacer girar el plano de polarización de la luz, ya hacia la derecha (substancias dextrógiras), ya hacia la izquierda (substancias levógiras). A este fenómeno se le da el nombre de *polarización rotatoria.* Las substancias transparentes que carecen de poder rotatorio también pueden hacer girar el plano de polarización si se las somete a la acción de un campo magnético (*polarización rotatoria magnética*).
Los fenómenos de polarización son muy corrientes: la luz del cielo azul y la reflejada por el agua, los cristales, los suelos lisos, etc., se hallan polarizadas. De ahí el empleo de gafas protectoras de la vista fundadas en el uso de cristales polarizantes, convenientemente orientados para que anulen los reflejos y la reverberación. Por lo demás, el estudio de la luz reflejada por la Luna y los planetas permite, comparando su polarización con la de suelos terrestres, hacerse una idea aproximada de la índole y estructura de aquellos astros.
La polarimetría se aplica en química para identificar los azúcares y dosificar las disoluciones azucaradas, y en la industria se aplica para descubrir las tensiones internas de las piezas de materia transparente (v. POLARÍMETRO, POLARISCOPIO y SACARÍMETRO). También se ha propuesto que la luz de los faros de los automóviles sea polarizada para que no pueda deslumbrar a los conductores que los cruzan. Otra aplicación posible es la visión del relieve en cinematografía. (V. RELIEVE.)
— *Radiot.* Emisión de las ondas muy cortas, especialmente las de televisión, según un plano privilegiado que puede ser vertical para una emisora y horizontal para otra, con lo cual se evitan sus interferencias, dado que la recepción de una de ellas requiere una antena de dipolo vertical, mientras que la de la otra solamente es posible con un dipolo horizontal.

POLARIZADO, DA adj. Que presenta dos polos de naturaleza diferente. ‖ Que ha experimentado la polarización: *luz polarizada.*

POLARIZADOR m. *ópt.* Instrumento que sirve para polarizar la luz, las más de las veces por medio de un nicol. (V. POLARIZACIÓN.)

POLARIZANTE adj. Que polariza.
— *ópt. Microscopio polarizante,* el que tiene un dispositivo polarizador, de modo que puedan efectuarse observaciones con luz polarizada.

POLARIZAR v. Someter al fenómeno de la polarización: *la superficie lunar polariza los rayos solares.* ‖ Producirse fenómenos de polarización en los electrodos de una pila eléctrica.

POLARÓGRAFO m. *Metr.* Instrumento usado en microanálisis y que se funda en aplicar una tensión determinada a dos electrodos inmergidos en el líquido que se ha de analizar; también

polarización (analogía de Thomson): hasta F, la cuerda C oscila en todas las direcciones del espacio; en F es polarizada y sólo oscila en un plano vertical; en F' una nueva polarización (horizontal) extingue el movimiento oscilatorio

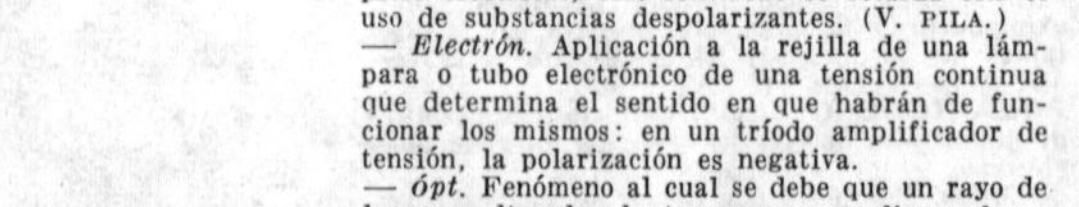

tiene como objeto medir la corriente que circula entre los mismos y que depende de la índole y concentración del electrólito.

POLAROID m. *Fot.* Marca registrada de un aparato fotográfico que opera automáticamente el revelado y fijado de los clisés, y también la tirada, revelado y fijado de una copia positiva.
— El *Polaroid* se carga con dos carretes especiales que constan de una tira de película para el negativo y otra de papel para el positivo, el cual lleva de trecho en trecho, en el espacio que media entre dos imágenes, una cápsula llena de pasta reveladora y fijadora. Al hacer avanzar el rollo, una vez impresionada la imagen, la película y el papel pasan entre unos rodillos que aplastan aquellos productos y los extienden por toda la superficie de las emulsiones, las cuales salen así del aparato ya reveladas y fijadas.

POLAROID y **POLAROIDE** m. *Ópt.* Marca registrada de una materia plástica transparente que polariza la luz.
— El *Polaroid* o *Polaroide* consiste en acetocelulosa u otra resina sintética y transparente que contiene en su masa gran número de minúsculas agujas cristalinas de yodosulfato de quinina, con sus ejes orientados paralelamente. Este paralelismo puede obtenerse ya estirando la masa de Polaroide cuando aún está blanda, ya sometiéndola a la acción de un campo magnético o eléctrico. El Polaroide se usa para hacer gafas antisolares y para instrumentos de óptica. (V. POLARIZACIÓN.)

PÓLDER m. *Obr. públ.* Terreno que se gana al mar y, una vez desecado, se dedica al cultivo.
— La técnica de los *pólderes* se practica especialmente en Holanda. Consiste en aislar del mar, con diques, una zona del litoral o un terreno pantanoso y, por medio de bombas potentes, en desecarlos. Luego se anega con agua dulce, se drena profundamente, para eliminar la máxima proporción de sal y de magnesio y se enriquece en gipso. Plantando primeramente plantas de raíces profundas y aportando al terreno determinadas bacterias, se acelera el desarrollo en el suelo de la vida microbiana necesaria a los cultivos.
Los pólderes requieren trabajos constantes de drenaje y de protección, especialmente contra el mar, que se halla a un nivel superior y que, de vez en cuando, llega a abrir brechas en los diques. También son peligrosas las avenidas que hacen desbordar los ríos próximos. Tanto en un caso como en el otro, el pólder es rápidamente anegado y la reparación de los estragos puede prolongarse durante varios años.

POLEA f. Rueda provista de un ojo axial que le permite girar libremente sobre un árbol (*polea loca*) o fijada en éste y solidaria de sus movimientos (*polea fija*), y con una llanta de forma apropiada para que pueda arrastrar o ser arrastrada por una correa, cuerda, cadena, etc.
— *Mar.* Cada una de las rodajas de borde acanalado que tienen los aparejos *.
— *Mec.* Las *poleas* sirven para multiplicar los esfuerzos o cambiar la dirección de las fuerzas (V. APAREJO), y también para transmitir el movimiento de un árbol a otro, en cuyo caso permiten, al mismo tiempo, hacer variar la velocidad del segundo respecto a la del primero. Con este fin se emplean *conos de poleas* constituidos por varias poleas (de 2 a 5) cuyo diámetro es decreciente en uno de los árboles y creciente en el otro, de modo que la misma longitud de correa convenga a todos los pares de poleas. El cambio de uno de éstos a otro se efectúa merced a una horquilla que abraza la correa y permite correrla en una dirección paralela a la de los árboles. Las *poleas tensoras* sirven para tensar los ramales flojos de una correa y se hallan montadas en un soporte articulado, provisto de un contrapeso o de muelles, que las aplica contra la correa y, curvando el ramal, aumenta la adherencia de la misma a las poleas motriz y movida. También se usan *poleas de garganta* para guiar los cables y evitar que rocen con el suelo (cables de funiculares), las paredes u otras superficies.
— *Min. Polea de Koepe*, v. KOEPE.

POLI, prefijo derivado del griego *polus*, que significa *muchos, en gran número*, y corresponde al prefijo latino *multi*.
— *Quím.* El prefijo *poli* puede tener dos sentidos en el nombre de los compuestos químicos, ya que en ciertos casos indica que un cuerpo posee varias veces una misma función (v. gr., *polialcohol, poliácido*, etc.) y en otros designa los compuestos macromoleculares formados por la unión o polimerización * de varias moléculas en una sola (v. gr., cloruro de *polivinilo; polietileno*, etc.). Según el número de funciones, en el primer caso, o de moléculas condensadas, en el segundo, el prefijo poli es reemplazado en el nombre de los compuestos por los prefijos *di, tri, tetra, penta*, etc., como en el *trialcohol, tetrafenol*, etc.

POLIÁCIDO, DA adj. y s. *Quím.* Dícese del cuerpo que tiene varias veces la función ácido.

POLIACRILATO m. *Quím.* Polímero de un éster del ácido acrílico o de sus derivados.

POLIACRÍLICO, CA adj. *Quím.* Dícese de las resinas que resultan de la polimerización de ésteres y nitrilos de la serie acrílica.

POLIACRILONITRILO m. *Quím.* Resina que se obtiene polimerizando nitrilo acrílico.

POLIADICIÓN f. *Quím.* Reacción de polimerización que se empieza con una molécula diferente de la del monómero que ha de constituir la macromolécula.

POLIALCOHOL m. *Quím.* Cuerpo que, como la glicerina, posee varias veces la función alcohol.

POLIALILÉSTER o **POLIALOÉSTER** m. *Plást.* Resina sintética termoestable que es uno de los mejores vidrios orgánicos.

POLIAMIDA f. *Plást.* Resina sintética, obtenida por policondensación con eliminación de agua y de diaminas o bien de aminoácidos, cuyo tipo más conocido es el Nylón.

POLIAMINA f. *Quím.* Nombre genérico de los cuerpos de fórmula $(rNH_2)_n$, en la cual *r* es el etileno, el propileno u otra olefina: *las poliaminas se emplean como detergentes y disolventes y tienen muchos otros usos.*

POLIANITA f. *Miner.* Pirolusita.

POLIATÓMICO, CA adj. Que consta de varios átomos: *molécula poliatómica.*

POLIAZOICO, CA adj. y s. *Quím.* Cuerpo que contiene varias veces el grupo azoico.

POLIBASE f. *Quím.* Cuerpo que, como la alúmina o la cal, tiene varias funciones de base *.

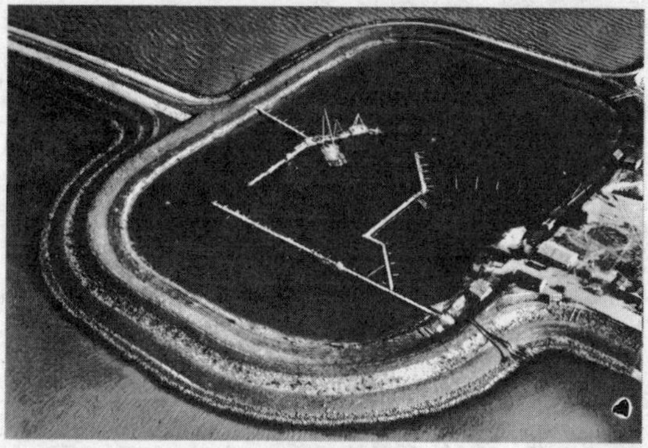

estación de bombas para el drenaje de un **pólder**

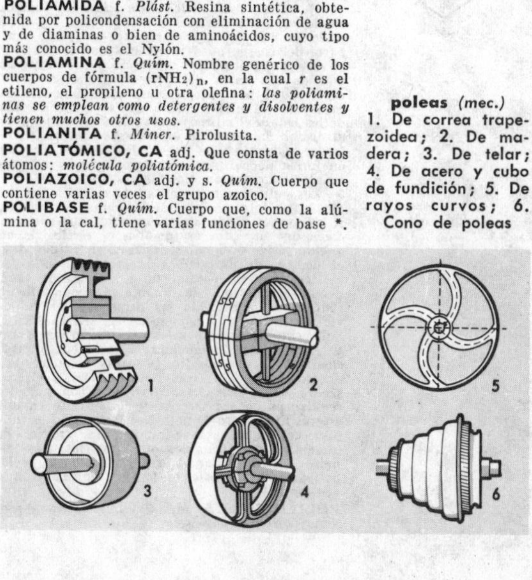

poleas *(mec.)*
1. De correa trapezoidea; 2. De madera; 3. De telar; 4. De acero y cubo de fundición; 5. De rayos curvos; 6. Cono de poleas

Fot. Aerial Phot. Ryswijk

poliedros

POLIBASITA f. *Miner.* Antimoniosulfuro de plata y de cobre, mena secundaria de plata.

POLIBUTADIENO m. Butadieno * polimerizado que se emplea en petroquímica y en la fabricación de cauchos sintéticos.

POLIBUTILENO m. Isobuteno * polimerizado catalíticamente que se emplea como plastificante, para revestimientos plásticos, etc.

POLICAPROLACTAMO m. Resina que resulta de la polimerización del caprolactamo *.

POLICÍCLICO, CA adj. *Electr.* Dícese del sistema constituido por varias corrientes eléctricas de frecuencias diferentes que pasan simultáneamente por un mismo conductor.
— *Quím.* Dícese de los compuestos orgánicos cuya fórmula contiene varias cadenas cíclicas.

POLICLORADO, DA adj. *Quím.* Dícese de la molécula que contiene varios átomos de cloro.

POLICLORO m. *Quím.* Diclorobenceno.

POLICLOROPRENO m. Caucho artificial que se obtiene polimerizando cloropreno *.

POLICONDENSACIÓN f. *Quím.* Procedimiento químico para obtener polímeros por condensaciones sucesivas y que no es sino una reacción de condensación * en el curso de la cual las pequeñas moléculas de dos o más cuerpos diferentes (v. gr. un diácido y una diamida) se unen para formar macromoléculas, con eliminación de pequeñas moléculas sobrantes de fórmula simple (agua, amoniaco, ácido clorhídrico, etc.).

POLICONDENSADO m. *Quím.* Compuesto obtenido por policondensación *. (V. tb. PLÁSTICO.)

POLICOPIA f. *Ofic.* Hectografía * y todo procedimiento para sacar varias copias de un escrito.

POLICOPIAR v. *Ofic.* Reproducir un escrito por policopia.

POLICRASA f. *Miner.* Euxenita.

POLICROICO, CA adj. *Ópt.* Dícese de los cuerpos dotados de policroísmo.

POLICROÍSMO m. *Ópt.* Fenómeno al cual se debe que el color de ciertos cuerpos transparentes cambie al variar también la dirección de los rayos luminosos que los iluminan.

POLICROMÍA f. Cualidad de policromo. (V. COLOR y FOTOGRAFÍA *en color.*)

POLICROMO, A adj. De varios colores.

POLICULTURA f. *Agr.* V. AGRICULTURA.

POLIÉDRICO, CA adj. Relativo al poliedro o que tiene su forma: *cristal poliédrico.*

POLIEDRO adj. y s. *Geom.* Dícese del ángulo formado por varios planos que se cortan y concurren en un mismo punto o vértice. ‖ — M. Cuerpo sólido limitado por planos. ‖ *Poliedro cóncavo,* aquel en el cual varias caras forman ángulos entrantes, de lo cual se desprende que: 1.º si se prolonga una de estas caras por un plano, una parte del cuerpo quedará en un lado del mismo y el resto en el otro; 2.º una recta puede atravesar más de dos caras del poliedro. ‖ *Poliedro convexo,* aquel que, prolongando cualquiera de sus caras por un plano, queda por completo en uno de los lados del mismo: *una recta solamente puede atravesar dos caras de un poliedro convexo.* ‖ *Poliedro regular,* el que tiene todas sus caras iguales en forma de polígonos regulares, siendo también iguales todos sus ángulos diedros y poliedros.
— Los polígonos que limitan el *poliedro* son sus *caras;* las intersecciones de las caras, sus *aristas,* y los puntos donde éstas concurren, sus *vértices.* Cada uno de éstos es también el vértice de un *ángulo sólido* o *ángulo poliedro.* Por último, dase el nombre de *diagonal* a la recta que une dos vértices que no pertenecen a una misma cara. Según el teorema de Euler, en todo poliedro convexo el número de las caras más el de los vértices es igual al número de las aristas más 2. Solamente existen 5 *poliedros regulares*: el tetraedro (4 caras triangulares), el cubo (6 caras cuadradas), el octaedro (8 caras triangulares) el dodecaedro (12 caras pentagonales) y el icosaedro (20 caras triangulares). Todo poliedro regular puede ser inscrito y circunscrito en una esfera. El número de poliedros irregulares es infinito: el prisma, la pirámide, los troncos de prisma y de pirámide, etc., son los más comunes. (Para hallar el área y el volumen de los poliedros, v. *figuras* en los art. SUPERFICIE y VOLUMEN.)

POLIÉNICO, CA adj. *Quím.* Relativo al polieno: *carburos poliénicos.*

POLIENO m. *Quím.* Nombre genérico de los hidrocarburos cuya molécula tiene varios enlaces etilénicos.

POLIÉSTER m. *Plást.* Resina termoestable que se obtiene mediante condensación de poliácidos con polialcoholes o glicoles.
— Se fabrican *poliésteres* con distintos ácidos (anhídrido ftálico, ácidos adípico, maleico, succínico, etc.) y alcoholes (glicol, glicerol, pentaeritritol, manitol, etc.). La polimerización se efectúa en caliente (a unos 200º).
Los poliésteres se emplean en la fabricación de pinturas y barnices, películas, fibras textiles y, sobre todo, materias plásticas apropiadas para obtener piezas de grandes dimensiones en las cuales el poliéster es armado con fibras de vidrio. Se construyen así cascos para embarcaciones, cajas de carrocerías para automóviles, lavabos y fregaderos, etc.

POLIESTERIFICACIÓN f. *Quím.* Reacción de un poliácido con un glicol o un alcohol no saturado, en la cual se forma un poliéster.

POLIESTIRENO, POLIESTIROL y **POLIESTIROLENO** m. *Plást.* Alto polímero termoplástico que resulta de la polimerización del estireno.
— Los *poliestirenos,* de los cuales existen varias clases, son solubles en el benceno pero son inalterables por la humedad, cuya cualidad, junto con sus propiedades dieléctricas, hacen de estos plásticos una materia ideal para el aislamiento eléctrico. Tienen numerosas otras aplicaciones ya en su calidad transparente, ya en la blanca o en las opacas, que se tiñen de todos los colores. Todas permiten obtener una gran diversidad de objetos por moldeado, laminado y otros procedimientos de fabricación.

POLIETILENO m. *Plást.* Resina termoplástica que se fabrica polimerizando el etileno.
— El *polietileno* es una materia translúcida de aspecto ceroideo, tenaz y resistente a la mayor parte de los productos químicos usuales. Es una de las materias plásticas más comunes y sus aplicaciones no cesan de extenderse: películas, tubos, objetos moldeados por inyección, etc.

POLIFÁSEO, A y **POLIFÁSICO, CA** adj. Dícese del fenómeno que comprende varias fases.
— *Electr. Corriente polifásica, tensión polifásica,* sistema de corrientes o de tensiones alternas o sinuosidales, todas ellas de igual frecuencia, pero desfasadas cada una de ellas respecto a la que la sigue o precede. (V. CORRIENTE y FASE.)

POLIFENOL m. *Quím.* Compuesto cuya molécula contiene varias veces la función fenol * (difenol, trifenol, etc.).

POLÍFONO, NA adj. *Acúst.* Dícese del eco que repite varias veces el mismo sonido.

POLIGENÉTICO, CA adj. Dícese de los colorantes que pueden teñir de diferentes colores según sea el mordiente empleado: *la rubia es poligenética, pues tiñe de rojo con el aluminio y de violado con el hierro.*

POLIGLICOL m. *Quím.* Nombre genérico de los cuerpos líquidos o sólidos que se obtienen a partir del óxido de etileno y de un glicol en presencia de un catalizador y que se emplean como plastificantes y lubrificantes, así como para ablandar o dispersar otras substancias.

POLIGONACIÓN f. *Topogr.* En el levantamiento de planos, técnica consistente en efectuar primeramente la medición del terreno según una red de polígonos grandes (poligonación principal) que luego sirve de base para determinar entre sus mallas las de otros polígonos más pequeños (poligonación secundaria o detallada) cuyos lados se ajustan a los detalles del terreno. (V. TOPOGRAFÍA.)

POLIGONAL adj. y s. *Geol. Suelo poligonal,* v. SUELO.
— *Geom.* Que tiene varios ángulos. ‖ Relativo al polígono. ‖ *Línea poligonal,* línea * quebrada. ‖ *Poliedro poligonal,* el que tiene un polígono por base.
— *Topogr. Levantamiento poligonal,* el que efectúa el topógrafo siguiendo en el terreno una línea quebrada. ‖ — F. Traza * así efectuada.

POLÍGONO m. *Geom.* Superficie plana limitada por las rectas de una línea quebrada y cerrada. ‖ *Polígono cóncavo,* aquel cuyo perímetro puede ser cortado por una recta en más de dos puntos. ‖ *Polígono convexo,* aquel cuyo perímetro solamente puede ser cortado por una recta en dos puntos. ‖ *Polígono esférico,* parte de la superficie de una esfera limitada por arcos de círculos mayores. ‖ *Polígono estrellado,* polígono regular cóncavo que se obtiene prolongando los lados de un polígono regular convexo hasta que se corten. ‖ *Polígono regular,* el que tiene todos sus lados y ángulos iguales: *para todo polígono regular existen una circunferencia inscrita y otra circunscrita.*

— El *polígono* más simple es el triángulo. Un polígono tiene tantos vértices como lados. La suma de sus ángulos internos es igual a tantas veces dos rectos como lados contiene menos dos.

— *Mat. Polígono de frecuencias,* diagrama que se obtiene en estadística uniendo con rectas los puntos que corresponden a las frecuencias del fenómeno, dimensión o magnitud considerados, y así, la figura representa el número de individuos adultos según la talla creciente de 25 en 25 mm.

— *Mec. Polígono de fuerzas,* v. FUERZA. ‖ *Polígono funicular,* sistema de puntos que podemos imaginar enlazados por cordones flexibles, aunque inextensibles, y cada uno de los cuales se halla sometido a la acción de una fuerza. ‖ *Polígono de sustentación,* el menor polígono convexo que pueda obtenerse uniendo o limitando todos los puntos con los cuales se apoya un cuerpo sobre un plano: *un cuerpo que descansa sobre un plano se halla en equilibrio cuando la vertical que pasa por su centro de gravedad cae dentro del polígono de sustentación.*

— El *polígono funicular* es un polígono de fuerzas aplicable al caso de los cables de los puentes suspendidos, los cuales se hallan en equilibrio cuando forman dicha figura. En tal caso, todos los vértices del polígono se hallan en una parábola de eje vertical y todos los puntos medianos de los lados se hallan también en una parábola tangente a éstos. El polígono funicular permite calcular las tensiones, la mayor de las cuales es soportada por el último lado del polígono.

— *Topogr. Polígono geodésico,* v. POLIGONACIÓN y TOPOGRAFÍA.

POLIHALITA f. *Miner.* Sulfato hidratado de magnesio, calcio y potasio, que es un mineral de potasa.

POLIHOLÓSIDO m. Poliósido.

POLILOBULADO, DA adj. Que tiene varios lóbulos: *arco * polilobulado.*

POLIMERIZACIÓN f. *Quím.* Reacción o serie de reacciones mediante las cuales numerosas moléculas pequeñas de un monómero son soldadas y forman moléculas gigantes de un polímero: *la polimerización es una poliadición si se efectúa sin pérdida de materia, y una policondensación * en el caso contrario.* (V. MOLÉCULA y PLÁSTICO.)

POLIMERIZAR v. *Quím.* Efectuar la polimerización * de un monómero.

POLÍMERO, RA adj. y s. *Quím.* Dícese del compuesto cuya molécula se halla constituida por la unión de varias moléculas idénticas, llamándose *dímero* si éstas eran dos; *trímero,* si eran tres, etc. ‖ *Alto polímero,* compuesto macromolecular cuyas moléculas gigantes resultan de la unión de muchas otras moléculas pequeñas (monómeros) en forma de un mismo motivo estructural que se repite de un extremo a otro del polímero. (V. MOLÉCULA, PLÁSTICO y POLIMERIZACIÓN.)

POLIMETILENO m. *Quím.* Nombre genérico de los hidrocarburos que son polímeros del radical metileno CH_2, cuales son el etileno, que contiene dos veces dicho radical, el trimetileno, que lo contiene tres veces, el ciclohexano, seis veces, etc.

POLIMETILMETACRILATO m. *Plást.* Resina termoplástica transparente que se obtiene por polimerización del metilmetacrilato y que se caracteriza por su nitidez y excelentes propiedades ópticas, su resistencia al agua y sus calidades dieléctricas.

POLIMORFIA f. *Quím.* Polimorfismo.

POLIMÓRFICO, CA adj. *Electr.* Dícese del generador que puede producir simultáneamente varias corrientes de formas y tensiones diferentes.
— *Quím.* Dotado de polimorfismo.

POLIMORFISMO m. *Quím.* Propiedad de la substancia que, sin que cambie su composición química, puede cristalizar en varios sistemas diferentes. (Sinón. POLIMORFIA.)

— El *polimorfismo* no es sino un arreglo diferente de los átomos en los cristales. Así, la substancia

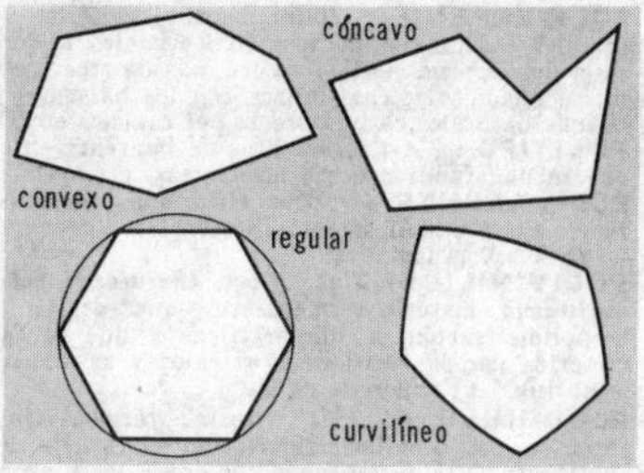

polígonos *(geom.)*

conserva sus propiedades químicas, pero puede tener propiedades físicas diferentes. Cada una de las formas cristalinas es estable a una temperatura y presión determinadas y, haciendo variar estas dos condiciones físicas, se obtiene el cambio de forma de los cristales (transformación polimórfica) que puede ser reversible (enantotropía) o irreversible (monotropía). Citemos como ejemplos de polimorfismo, el *dimorfismo* del carbono (cristales cúbicos de diamante o hexagonales de grafito), el *trimorfismo* del óxido de titanio, etc. (V. CRISTALOGRAFÍA.)

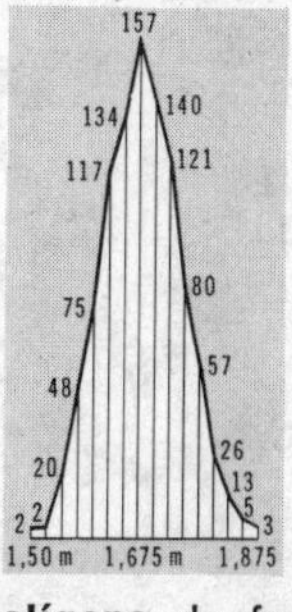

polígono de frecuencias (estaturas en un grupo de 1 000 personas)

POLIMORFO, FA adj. Que puede tener distintas formas. ‖ Dícese de las substancias químicas que se prestan al polimorfismo.

POLÍN m. *Mar.* Cada una de las cartelas de hierro, fijadas en la estructura del casco, que sirven de asiento a las calderas, turbinas, etc.

POLINIA f. *Ocean.* Canal o extensión que permanece libre de hielos en la zona marginal de la banquisa como consecuencia de la existencia de alguna corriente de aguas templadas.

POLINITRADO, DA adj. *Quím.* Dícese del compuesto cuya molécula contiene varias veces el radical NO_2.

POLINOMIO m. *Mat.* Expresión algebraica que consta de dos o más términos o monomios ligados por el signo de la suma o por el de la resta como $a - b$ y $ax^2 + bx + c$. ‖ *Polinomio entero,* aquel cuyos términos son todos enteros: *el grado de un polinomio entero es el del término de grado más elevado y así, el polinomio* $5x^3 - 3x^2 - - 5x + 2$ *es de tercer grado.* ‖ *Polinomio racional,* el de términos también racionales.

POLIOL m. *Quím.* Polialcohol.

POLIOSA f. o **POLIÓSIDO** m. *Quím.* Glúcido de molécula grande formada por la unión de muchas moléculas de osas * merced a la eliminación entre las mismas de otras tantas moléculas de agua menos una: *la celulosa y el almidón son poliósidos.*

POLIOTRO, TRA adj. y s. *Ópt.* Dícese del cristal o del sistema óptico que muestran varias imágenes iguales de una misma cosa.

POLIPRENO m. *Quím.* Nombre químico del hidrocarburo macromolecular que constituye el caucho natural y cuya fórmula $(C_5H_8)_n$ indica la repetición en cada macromolécula de *n* veces el motivo elemental $CH_2—CH_2—C(CH_3)=CH$.

POLIPROPILENO m. *Quím.* Nombre genérico de los sólidos que se obtienen por polimerización del propileno en presencia de ácido fosfórico o de otro catalizador y que se emplean como materias plásticas y también para fabricar detergentes.

POLIRREJA adj. y s. *Agr.* Multirreja.

POLISACÁRIDO m. *Quím.* Poliósido.

POLISCOPIO m. *Ópt.* Vidrio de caras convenientemente orientadas para que dé varias imágenes de un mismo objeto.

POLISPASTO m. Aparejo *, sistema de poleas fijas y móviles.

POLISTILO adj. *Arq.* Que tiene o está sostenido por numerosas columnas.

POLISUBSTITUIDO, DA adj. *Quím.* Dícese de los derivados que se obtienen reemplazando varios átomos de la molécula de un cuerpo por otros tantos radicales o átomos diferentes.

POLISULFURO m. *Quím.* Persulfuro.

POLISURCO adj. y s. *Agr.* Multirreja.

POLITENO m. *Quím.* Nombre genérico de los polímeros * del etileno.

POLITERPENO m. *Quím.* Nombre genérico de aquellos carburos terpénicos en los cuales la fórmula del terpeno (C_5H_8) figura más de tres veces en cada molécula, cual ocurre con los bálsamos y resinas naturales, los carotenos, el caucho, etc.

POLITIPO m. *Art. gráf.* Tipo de imprenta en el que se han fundido dos o más letras, como en *fi.*

POLIVALENTE adj. Que sirve o es eficaz en varios casos o aplicaciones diferentes.
— *Quím.* V. VALENCIA.

POLIVINILIDENO m. *Plást. Cloruro de polivinilideno,* materia termoplástica que resulta de la polimerización del dicloretileno y que se caracteriza por su resistencia al calor y su impermeabilidad al vapor de agua.

POLIVINILO m. *Plást.* Resina termoplástica obtenida por copolimerización del cloruro o del acetato de vinilo y que tiene numerosos usos, especialmente para hacer tubos, revestimientos para suelos, fundas aislantes de cables eléctricos, discos de gramófono, etc. (V. VINILO.)

POLIXENO adj. *Miner. Platino polixeno,* el platino nativo que se halla en la naturaleza en forma de liga con numerosos metales (cobre, hierro, iridio, manganeso, osmio, rodio, rutenio, etcétera).

PÓLIZA f. *Art. gráf.* Lista de las letras y signos diferentes que componen un juego completo de caracteres de imprenta, con indicación del número de tipos iguales que el fundidor entrega para cada uno de ellos. ‖ Conjunto de tipos que constituyen dicho surtido completo, propio para formar una caja *. ‖ Por ext., conjunto de matrices de una Linotipia.

POLO m. Cada uno de los dos extremos del eje sobre el cual gira un cuerpo esférico.
— *Astr.* Cada uno de los dos puntos en los cuales el eje de rotación de un astro encuentra la superficie del mismo y a los que se dan los nombres de Polo Norte o Boreal y Polo Sur o Austral. ‖ *Polo celeste,* cada uno de los dos puntos en que el eje de rotación de la Tierra encuentra la bóveda celeste.
— El círculo mayor que pasa por los *polos celestes* y por el cenit es el meridiano del lugar y la altura del polo por encima del horizonte es igual a la latitud del punto en que se halla el observador.
Los *polos terrestres* son los dos puntos de la superficie terrestre desde los cuales se vería a los polos celestes en el cenit (V. ORIENTACIÓN). En los polos, en razón de la inclinación del eje de la Tierra sobre la eclíptica, los días y las noches no se suceden como en nuestras latitudes y en ellos alternan un día ininterrumpido de 6 meses (exactamente 189 días en el Polo Norte y 182 en el Polo Sur) y una noche sensiblemente igual (176 y 183 días, respectivamente), siendo de día en un polo, cuando es de noche en el otro.
Conviene saber que —por invertir los anteojos astronómicos y los telescopios las imágenes— las fotografías y dibujos de los astros hechos por los astrónomos tienen los polos invertidos respecto a la representación convencional de la geografía. Así, en una fotografía de la Luna o en un planisferio de Marte, y a menos de indicación contraria, el Polo Norte se halla abajo y el Polo Sur arriba.
— *Electr.* Cada uno de los bornes de un generador eléctrico que sirven para conectar con el mismo los conductores exteriores. ‖ *Polo negativo,* en las máquinas de corriente continua, el polo que se halla al potencial más bajo, o sea aquel por el cual vuelve y entra la corriente. ‖ *Polo positivo,* por oposición al anterior, el que se halla al potencial más elevado y por el cual sale la corriente.
— *Geogr. Polo geográfico,* polo terrestre. (V. más arriba *Astr.*) ‖ *Polo del frío,* nombre dado a aquellos puntos de la superficie terrestre en los cuales se registran las temperaturas más bajas, que son: Oimiakon, en Siberia (—67,7°), y el Polo Sur, en la Antártida (—92,7°), mientras que en el Polo Norte la temperatura mínima registrada hasta ahora es de —48,3°. ‖ *Polo magnético,* v. más abajo *Magn.*
— *Geom. Polos de un círculo,* en una esfera, los dos extremos del diámetro perpendicular al plano del mismo.
— *Magn.* Cada uno de los dos extremos de un imán *, en los cuales es máxima su fuerza atractiva. ‖ *Polo consecuente,* punto que, en una substancia magnética, separa dos zonas de imantación opuesta. ‖ *Polos magnéticos,* puntos de la superficie del Globo en los cuales la inclinación magnética es de 90°, que son también los puntos hacia los cuales, independientemente de las perturbaciones locales, se orienta la brújula.
— Los *polos magnéticos* no coinciden con los polos geográficos; su ubicación se halla sujeta a cambios que resultan de las variaciones del magnetismo * terrestre: en 1962 el polo Norte magnético se hallaba a 1 700 km del polo geográfico.

POLONCEAU *(Cercha),* tipo de armadura para cubierta de dos aguas en la cual el tirante es quebrado y los pares se hallan subdivididos por varias bielas.

POLONIO m. *Quím.* Elemento químico de número atómico 84, cuyo símbolo es *Po.*
— El *polonio* es un metal que tiene no pocas afinidades con el teluro y con el bismuto. Sus constantes físicas no son conocidas con toda exactitud, pues se trata de un cuerpo muy radiactivo y su intensa emisión de rayos alfa dificulta mucho su estudio. Por lo demás, en el curso de las desintegraciones sucesivas que experimentan los cuerpos de las tres familias radiactivas (V. RADIACTIVIDAD), se forman 7 isótopos del polonio designados con los símbolos A, C' y F (el radio A, el radio C' y el radio F son polonio 218, 214 y 210, respectivamente; el actinio A y el actinio C', polonio 215 y 211; el torio A y el torio C', polonio 216 y 212). También se han obtenido artificialmente 20 otros isótopos radiactivos de masa comprendida entre 192 y 217. Pero, por el nombre de polonio se sobreentiende el isótopo de masa atómica 210 (o radio F) que, con período de 138,3 días, se transmuta espontáneamente en plomo 206 (radio G) estable. Es un metal noble, presente en los minerales uraníferos, aunque solamente al estado de huellas, por cuya razón vale más obtenerlo, aunque en ínfimas cantidades (del orden del miligramo) irradiando el bismuto 209, que, mediante absorción de un neutrón y emisión de una partícula beta, se convierte en polonio 210. Su densidad es de 9,196; su temperatura de fusión aproximada es de 225° y la de ebullición ha sido calculada en 947° y en 962°, según la forma de cristalización.
Es un elemento particularmente tóxico, que se fija en el bazo, los riñones, el hígado, los pulmones, los glóbulos de la sangre, etc., y ha causado varias víctimas en los primeros tiempos de la investigación nuclear (V. RADIACTIVIDAD). Es, en realidad, un elemento muy empleado en los laboratorios como manantial de radiaciones ionizantes y de neutrones (mezclado en este caso con berilio u otro elemento ligero). Presenta interesantes perspectivas como generador de electricidad, aprovechando con termopares el calor que desprende constantemente. (V. TERMOELECTRICIDAD.)

POLUCIÓN f. V. CONTAMINACIÓN.

POLVO m. Tierra reducida a partículas muy finas por los agentes naturales. ‖ Cualquier materia molida en granos muy pequeños. ‖ *Polvo impalpable,* polvo finísimo cuyos granos no excitan el sentido del tacto al ser palpados con los dedos.
— Basta observar el rayo de sol que penetra en una habitación obscura para darse cuenta de que la atmósfera es una verdadera suspensión de *polvo* finísimo, entre cuyas partículas figuran muchas que son nocivas, ya por su acción tóxica, ya por las lesiones que pueden causar en las vías respiratorias. En las grandes urbes y en los centros industriales, el polvillo atmosférico contiene substancias dañinas, algunas de ellas cancerígenas, que provienen de los hogares domésticos e industriales (hollín, carbón, sulfuros, etc.) o del tubo de escape de los motores (hidrocarburos, etc.).
Por otra parte, el trabajo de las materias en muchos talleres da lugar a la emisión de polvos cuya inhalación nunca es inocua.
La lucha racional contra los polvos industriales implica el uso de aspiradores en las máquinas y talleres, e incluso de caretas o máscaras respiratorias individuales (por ej., en el descapado con chorro de arena). Además, la polución atmosférica se evita o atenúa considerablemente mediante distintos procedimientos: filtros, humidificación, uso de ciclones * y de separadores * de polvo fundados en otros principios, etc.
— *Fot. Polvo relámpago,* polvo de magnesio que, al ser inflamado, produce vivo resplandor. (El *polvo relámpago* se empleaba para tomar fotografías

instantáneas de noche y por tiempo obscuro antes de que se adoptaran las lámparas * de relámpago.) — *Joy. Polvo de diamantes,* polvo residual de la talla de diamantes o polvo obtenido machacando diamantes inutilizables, que sirve de abrasivo para tallar las piedras preciosas.
— *Metal. Polvos metálicos,* metales reducidos a granos muy finos con el bocarte y el desintegrador de bolas o bien por electrólisis (el metal pulverulento se recoge en el cátodo) o por reducción química de los óxidos. ‖ *Metal de polvos,* cermet * o metal * sinterizado.
— *Min.* La perforación de los barrenos y el arranque de los minerales cargan de polvillo mineral la atmósfera de las minas. Este polvo provoca en los pulmones de muchos mineros la enfermedad llamada silicosis. En otros casos (minas de hulla) la mezcla, en determinadas proporciones, de polvillo de carbón y de aire, explota violentamente, causando terribles catástrofes (V. MINA). Se da también el nombre de *polvo* al carbón dividido en partículas de menos de un milímetro, con el cual se alimentan los hogares de las calderas en ciertas centrales eléctricas situadas en la misma mina, y que también sirve para fabricar las briquetas *.
— *Perf.* Mezcla finamente molida de materias minerales, generalmente coloreada, adherente a la piel, que se aplican las mujeres en el cutis para disimular su brillo o su palidez o para atenuar las arrugas y otros defectos.
— Los *polvos* empleados para maquillaje son mezclas, a veces bastante complejas, a base de almidón, caolín, carbonato de calcio, celulosa, estearatos de cinc y de magnesio, óxidos de cinc y de titanio, talco, seda pulverizada, etc. A estos ingredientes se agregan materias colorantes de tonos comprendidos entre la carnación rosada y la piel morena, especialmente lacas y ocres. Luego se pasa el polvo por tamices muy tenues (del número 200 al 400). [V. TAMIZ.]
— *Plást. Polvo de moldear,* materia plástica finamente pulverizada (granos de menos de una décima de milímetro) propia para ser rápidamente fundida y moldeada.

PÓLVORA f. *Astron.* Propergol * sólido, que es como debe decirse, dado que esta substancia se emplea en forma de bloques sólidos y no de polvo o pólvora propiamente dicha.
— *Expl.* Mezcla explosiva que se emplea en forma de granos para impulsar el proyectil en las armas de fuego, propulsar los cohetes, quebrar la roca con barrenos, volar construcciones y para fuegos de artificio y otras aplicaciones. ‖ Por ext., toda materia explosiva sólida, aunque no sea granulada. ‖ *Pólvora caliente,* aquella cuya explosión engendra temperaturas de más de 2 800º. ‖ *Pólvora coloidal,* pólvora sin humo. ‖ *Pólvora comprimida,* pólvora negra prensada fuertemente en bloques cilíndricos provistos de un taladro axial. ‖ *Pólvora degresiva,* aquella en la cual la superficie en estado de combustión disminuye constantemente y con ella el volumen de los gases y la fuerza propulsiva: *la pólvora en forma de tiras es degresiva.* (V. tb. BLOQUE.) ‖ *Pólvora de doble efecto,* V. EFECTO. ‖ *Pólvora de encendido* o *de ignición,* la pólvora negra que, en ciertos cartuchos, se interpone entre el cebo y la carga de pólvora sin humo. ‖ *Pólvora detonante,* pólvora fulminante. ‖ *Pólvora eléctrica,* la que se usa en los inflamadores eléctricos. ‖ *Pólvora fría,* aquella cuya explosión da temperaturas de menos de 2 000º. ‖ *Pólvora fulminante,* materia fulminante. ‖ *Pólvora negra,* la que consta de salitre, carbón de leña y azufre. ‖ *Pólvora piroxilada,* pólvora para cartuchos de caza que contiene nitrocelulosa. ‖ *Pólvora sin humo,* pólvora a base de nitrocelulosa.
— La *pólvora negra* y las calidades derivadas de la misma se fabrican con productos refinados y según la sucesión de operaciones representada en la *figura.* Las proporciones en que entran los tres ingredientes pueden variar de una fábrica a otra, pero no difieren mucho de las siguientes:

CALIDAD	SALITRE	AZUFRE	CARBÓN
Pólvora de cañón . .	70%	15%	15%
Pólvora de caza . . .	78%	10%	12%
Pólvora de mina . . .	62%	20%	18%

La pólvora negra es fácilmente inflamable por efecto de los choques y de los roces y se consume con una deflagración bastante viva.

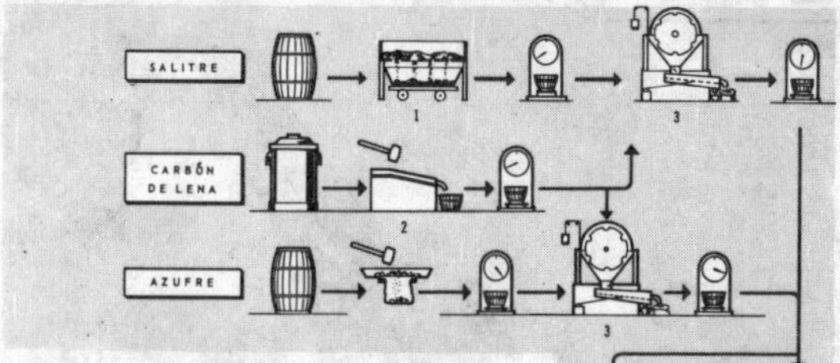

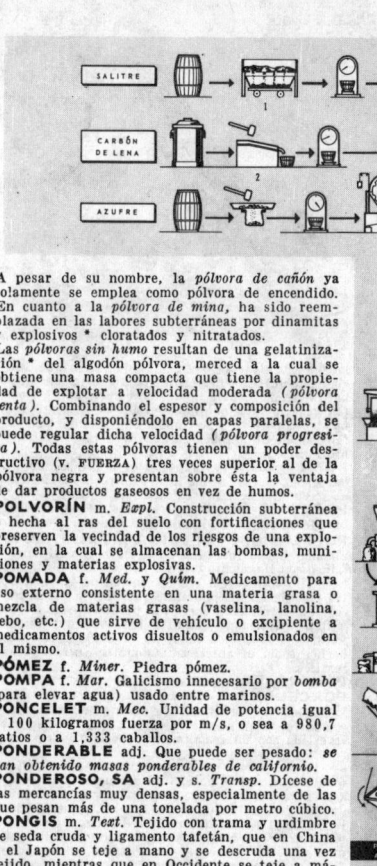

A pesar de su nombre, la *pólvora de cañón* ya solamente se emplea como pólvora de encendido. En cuanto a la *pólvora de mina,* ha sido reemplazada en las labores subterráneas por dinamitas y explosivos * cloratados y nitratados.
Las *pólvoras sin humo* resultan de una gelatinización * del algodón pólvora, merced a la cual se obtiene una masa compacta que tiene la propiedad de explotar a velocidad moderada (*pólvora lenta*). Combinando el espesor y composición del producto, y disponiéndolo en capas paralelas, se puede regular dicha velocidad (*pólvora progresiva*). Todas estas pólvoras tienen un poder destructivo (V. FUERZA) tres veces superior al de la pólvora negra y presentan sobre ésta la ventaja de dar productos gaseosos en vez de humos.

POLVORÍN m. *Expl.* Construcción subterránea o hecha al ras del suelo con fortificaciones que preserven la vecindad de los riesgos de una explosión, en la cual se almacenan las bombas, municiones y materias explosivas.

POMADA f. *Med.* y *Quím.* Medicamento para uso externo consistente en una materia grasa o mezcla de materias grasas (vaselina, lanolina, sebo, etc.) que sirve de vehículo o excipiente a medicamentos activos disueltos o emulsionados en el mismo.

PÓMEZ f. *Miner.* Piedra pómez.

POMPA f. *Mar.* Galicismo innecesario por *bomba* (para elevar agua) usado entre marinos.

PONCELET m. *Mec.* Unidad de potencia igual a 100 kilogramos fuerza por m/s, o sea a 980,7 vatios o a 1,333 caballos.

PONDERABLE adj. Que puede ser pesado: *se han obtenido masas ponderables de californio.*

PONDEROSO, SA adj. y s. *Transp.* Dícese de las mercancías muy densas, especialmente de las que pesan más de una tonelada por metro cúbico.

PONGIS m. *Text.* Tejido con trama y urdimbre de seda cruda y ligamento tafetán, que en China y el Japón se teje a mano y se descruda una vez tejido, mientras que en Occidente se teje a máquina y con artificios que permiten imitar, pero no igualar, el pongis verdadero: *los pongis se utilizan para pañuelos de cabeza, visillos y ropa interior.*

PONIENTE m. *Geogr.* Oeste, occidente.

PONTEAR v. *Obr. públ.* Construir o echar un puente sobre un curso de agua o una ría.

PONTIENSE adj. y s. *Geol.* Dícese del piso superior del mioceno, cuyos terrenos datan de unos 12 millones de años. (V. ESTRATIGRAFÍA.)

PONTÓN m. *Mar.* Barcaza de fondo chato, proa y popa cortas y cubierta alta, que se usa en los puertos y los ríos con distintos fines (para pasar los ríos transbordando vehículos y cargas pesadas de una orilla a otra, para tender puentes provisionales, para servir de muelle a los barcos que

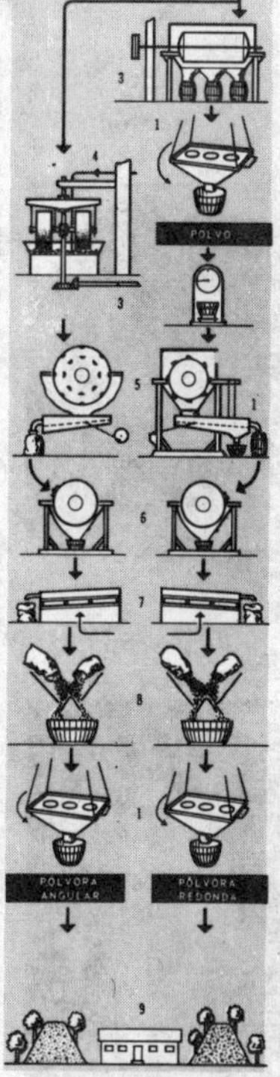

fabricación de la pólvora
1. Cribado; 2. Machacado; 3. Trituración; 4. Agua; 5. Granulación; 6. Alisado de los granos; 7. Secado con aire caliente; 8. Mezclas; 9. Almacenamiento en polvorines

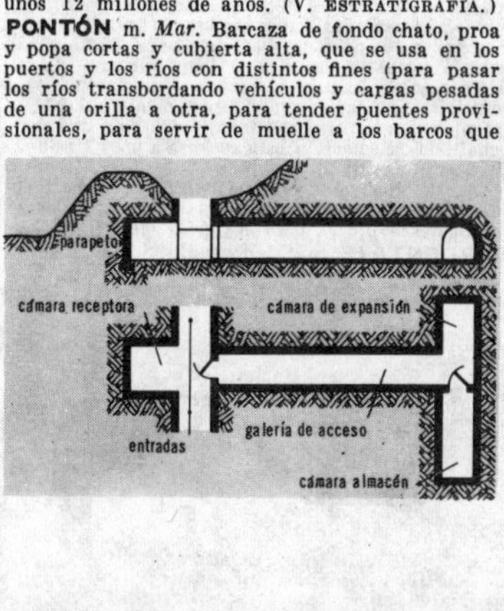

polvorín

pontón grúa

no pueden atracar, etc.). || Buque viejo que, anclado definitivamente en un puerto o en un arsenal, sirve de escuela, almacén, cárcel, etc. || *Pontón grúa*, pontón que lleva en uno de sus extremos una grúa potente y se emplea en obras del puerto, reparación de buques, dragados o construcciones hidráulicas.

porche

POPA f. *Mar.* Parte posterior del casco de un barco, en la cual se halla el timón, cuyas formas más comunes se representan en la figura.

POPEL adj. *Mar.* De entre dos o más cosas de a bordo, la que está situada más a popa.

POPELÍN m. y **POPELINA** f. *Text.* Tejido de algodón hecho con hilos finos, lisos y muy apretados, con ligamento tafetán, a veces con un ligero canutillo transversal (en el sentido de la trama), las más de las veces blanco o teñido en pieza con colores claros, muy empleado para camisas de caballero, pijamas, y también para vestidos de señora. || *Popelín de lana, de rayón*, etc., tejidos hechos como el anterior, aunque con otras fibras textiles.

POPERO, RA adj. *Mar.* Popel.

horno de cocer **porcelana** [v. tb. *cerámica*]

PORCELANA f. *Cerám.* El más fino de todos los productos cerámicos, de masa vitrificada muy compacta, blanca y translúcida, por lo general revestida con un esmalte fino, incoloro y transparente.

— La *porcelana* consta de un elemento plástico (caolín) al cual se agrega un desengrasante (cuarzo, sílice), que atenúa su plasticidad, y un fundente (feldespato, fosfato de cal, etc.) que facilita la fusión y mezcla de los ingredientes. Pero existen numerosas calidades cuyas fórmulas difieren unas de otras. Citemos, no obstante, a título de ejemplo, la composición de una porcelana feldespática o porcelana de China: 50% de caolín, 25 a 30% de feldespato y 20 a 25% de cuarzo. Es ésta una *porcelana dura*, mientras que la *porcelana blanda* se obtiene agregando a la masa una proporción bastante grande de cenizas de huesos, ricas en fosfato de calcio, que es fundente.
La dureza de las porcelanas también depende de la cochura. La porcelana dura empieza por cocerse a 1 000°, después de lo cual se esmalta y se vuelve a cocer a 1 400°; finalmente se decora y puede ser sometida a una tercera cochura, aunque esta vez a temperatura bastante baja. Si se cuecen sin esmaltar, las piezas tienen un tinte amarillento y se llaman *bizcochos*. En cuanto a la porcelana blanda, se cuece directamente a 1 250° obteniéndose un bizcocho translúcido que, una vez esmaltado, se somete a otra cochura a unos 1 000°. (V. tb. CERÁMICA.)

— *Electr. Porcelana electrotécnica*, porcelana feldespática dura con la cual se fabrican aisladores y numerosas piezas para material eléctrico.

PORCENTAJE m. *Mat.* Tanto * por ciento.

popas
1. Noruega; 2. Redonda; 3. De bovedilla

PORCHE m. *Arq.* Construcción a base de arcadas, con cubierta, que, adosada a un edificio, le sirve de entrada exterior. || Soportal.

PÓRFIDO m. *Geol.* Roca endógena formada por una materia amorfa, de grano muy fino y compacto, que sirve de cemento a cristales grandes de feldespato, cuarzo, etc.

— El *pórfido* resulta de una doble cristalización, produciéndose en primer lugar la de los cristales grandes y luego la del cemento, que consta de microlitos y de vidrio. Es una roca eruptiva, que forma filones o capas muy grandes. Es muy dura y, como toma hermoso pulimento y tiene colores a veces muy vistosos (verdes, azules, rojos, etc.), se le da las mismas aplicaciones decorativas que el mármol.

PORFÍRICO, CA adj. *Geol.* y *Miner.* Relativo al pórfido. || Dícese de las rocas que, como el pórfido *, constan de las materias cristalizadas en el curso de dos fases diferentes. || Dícese del yacimiento cuprífero pobre, pero muy extenso, en el cual el mineral de cobre se halla diseminado entre pórfidos resquebrajados.

PÓRFIRO m. *Geol.* Galicismo por *pórfido*.

PORFIROIDEO, A adj. *Geol.* Parecido al pórfido: *tumba de granito porfiroideo.*

PORO m. Hueco que queda entre las moléculas de los cuerpos. || Intersticio entre las fibras, granos o partículas constituyentes de una materia sólida. (V. POROSIDAD.)

— *Carp.* y *Pint.* La madera, especialmente la de los árboles hojosos, tiene *poros* numerosos y grandes, que son muy visibles cuando se corta un madero perpendicularmente al hilo, y que alteran la regularidad de su superficie. Si una madera porosa se ha de barnizar, es indispensable obturar previamente los poros con un mástique fino.

POROSIDAD f. Calidad de poroso: *la porosidad permite la compresión y la dilatación de los cuerpos sólidos.*

— *Aeron.* Grado en que un paracaídas deja pasar el aire a través de su cúpula.

— La *porosidad* ha de ser tanto mayor cuanto más elevada sea la velocidad, y por eso los paracaídas de aterrizaje se hacen a veces de tiras entre las cuales puede pasar el aire.

— *Metal.* La producción de burbujitas gaseosas en los metales aún no solidificados puede conferir a las piezas vaciadas una *porosidad* defectuosa, sobre todo si permite el paso de los gases o los líquidos en los recipientes, grifos, tuberías, etcétera. Por el contrario, se fabrican por fritado * piezas intencionalmente muy porosas (agregando estearatos u otros productos volátiles a los polvos metálicos), propias para servir de filtros o para retener el aceite en los cojinetes autolubricantes *.

POROSÍMETRO m. *Metr.* Instrumento para medir la porosidad de los cuerpos, que se funda ya en comparar la permeabilidad de los mismos con la de patrones de porosidad conocida, ya en medir la cantidad de agua que absorben por unidad de volumen.

POROSO, SA adj. Que tiene poros.

PORRA f. *Art. y of.* Martillo grueso, de bocas iguales y provisto de un mango largo que permite manejarlo con las dos manos a la vez.

PORTA f. *Mar.* Portalón.

PORTAAGUJAS m. *Tecn.* Portagujas.

PORTAAMARRAS m. *Mar.* Lanzacabos.

PORTAAVIONES m. *Mar.* Portaviones.

PORTACONTENEDORES m. *Mar.* Buque especializado en el transporte de contenedores *; sus equipos y el de los muelles especialmente previstos permiten cargarlo o descargarlo en unas horas.

PORTACUCHILLA f. *Mec.* Portaherramienta.

PORTADA f. *Arq.* Obra ornamental con que se realza la fachada o puerta principal de un edificio.

— *Art. gráf.* Primera o una de las primeras páginas de un libro, en la cual figura el título de la obra, el nombre del autor, el lugar y año de la impresión, etc. || *Falsa portada*, anteportada.

PORTADIAMANTE m. *Tecn.* Pieza de metal en la cual se engasta un fragmento de diamante para utilizarlo en el alisado de muelas o para rectificar piezas de bronce, aluminio, etc.

PORTADILLA f. *Art. gráf.* Anteportada.

PORTADOR, RA adj. y s. Que lleva o trae alguna cosa.

Fot. Forges du Creusot, Larousse, X

— *Electrón. Portador de cargas,* partícula que, como el electrón y los iones, tienen carga eléctrica.
— *F.c. Cable portador,* v. CABLE. || *Eje portador, rueda portadora,* eje y rueda que no son motores y solamente sirven para soportar una parte del peso de la locomotora.
— *Quím.* Catalizador.
— *Telec. Corriente portadora,* corriente que es modulada para que pueda transmitir señales. || *Onda portadora,* v. MODULACIÓN.

PORTAEMBUDO m. Soporte que se usa en los laboratorios para mantener los embudos, especialmente cuando se usan para filtrar.

PORTAEQUIPAJES m. Plataforma, galería o sitio a propósito para poner los equipajes que tienen las bicicletas, coches, vagones y otros vehículos.

PORTAESCOBILLAS m. *Electr.* Pieza que sirve de soporte a las escobillas en los motores eléctricos y que las mantiene aplicadas contra el colector.

PORTAGUJAS m. *Tecn.* órgano en el cual se fijan las agujas en las máquinas de coser y otros aparatos.

PORTAHÉLICE adj. *Mar.* Aplícase al árbol de la hélice.

PORTAHELICÓPTEROS m. *Mar.* Buque de guerra comparable al portaviones *, del cual se distingue porque transporta y utiliza helicópteros en vez de aviones. || *Crucero portahelicópteros,* crucero especialmente equipado para el transporte y utilización de varios helicópteros.
— El *portahelicópteros* es más pequeño que el portaviones (de 10 000 a 20 000 t) y en vez de tener un puente corrido como éste, dispone de varias plataformas para el despegue y apontizaje de los helicópteros. A éstos incumben misiones de observación y lucha antisubmarina, pero, sobre todo, se destinan al transporte de tropas especiales para dar golpes de mano en territorio enemigo.

PORTAHERRAMIENTAS m. *Mec.* órgano de las máquinas * herramienta en el cual se fijan los útiles que han de labrar las piezas.

PORTAL m. *Arq.* Vestíbulo, zaguán o pieza de una casa, donde está la entrada principal. || Soportal. || Pórtico.

PORTALADA f. *Arq.* Pórtico o soportal. || Portada que las casas solariegas y otros edificios aislados tienen en el muro que las cerca, frente a la fachada principal.

PORTALÁMPARAS m. *Electr.* Enchufe hembra en el cual penetra el casquillo de las lámparas eléctricas. || *Portalámparas de bayoneta, de rosca,* v. *figura* y el art. CASQUILLO.

PORTALÓN m. *Mar.* Abertura rectangular que tienen los buques en los costados, y a veces en la popa, para la entrada y salida de personas y para la carga y descarga de vehículos y otras cosas.

PORTAMARRAS m. *Mar.* Lanzacabos.

PORTAMINAS m. *Ofic.* Lápiz de plástico o de metal, de mina recambiable.

PORTANEUMÁTICO m. *Autom.* Portarrueda.

PORTAOBJETIVO m. *Cin.* y *Fot.* Tubo frontal de un proyector o de un aparato fotográfico en el cual se enroscan o enchufan los objetivos.

PORTAOBJETO m. *ópt.* Lámina de cristal en la cual se pone lo que se ha de observar con el microscopio. || Platina * del microscopio.

PORTAPÁGINAS o **PORTAPAQUETES** m. *Art. gráf.* Papel fuerte, con varios dobleces, sobre el cual se ponen los paquetes de composición atados, en espera de efectuar la imposición.

PORTAPLACAS m. *Fot.* Chasis.

PORTAPLUMAS m. *Ofic.* Mango en que se coloca la pluma de escribir.

PORTARRUEDA m. *Autom.* Dispositivo de los automóviles en que se lleva afianzada la rueda de repuesto.

PORTÁTIL adj. Dícese de las máquinas, instrumentos y otras cosas de poco peso y fácilmente transportables, lo cual permite utilizarlas en el lugar deseado, por oposición a las cosas de la misma especie que, por su peso y dimensiones, constituyen instalaciones fijas: *máquina de escribir portátil.*

PORTATULIPA m. *Electr.* Pieza metálica que, en los apliques lámparas cenitales y otros aparatos de alumbrado, sirve para sostener las tulipas, pantallas o globos, afianzándolos con unos tornillos apretados en su garganta.

portaviones "Forrestal"

PORTAÚTIL m. *Mec.* Portaherramientas.

PORTAVÁLVULA m. *Mec.* Pieza que contiene o guía una válvula en un cuerpo de bomba o en cualquier otro mecanismo.
— *Radiot.* Base de enchufe multipolar, fijada en el bastidor de un aparato radioeléctrico, en cuyas hembrillas penetran las clavijas de las válvulas o tubos electrónicos.

portaembudo

PORTAVIONES m. *Mar.* Buque de guerra muy grande, provisto de hangares e instalaciones propias para transportar cierto número de aviones y mantenerlos en estado de vuelo, así como de un puente grande y despejado que permite el despegue y el apontizaje de los aparatos.
— Un *portaviones* del tipo "Forrestal" desplaza 60 000 t; mide 315 m de largo y 76 de anchura, dispone de 4 ascensores para subir y bajar los aviones y de 4 catapultas para ayudarlos a despegar; transporta de 70 a 100 aviones de cuatro tipos diferentes (especialmente de bombardeo y de caza) y una tripulación de 4 000 hombres ocupada no solamente en el servicio de los aparatos y del navío, sino también en el de una verdadera ciudad flotante que tiene tiendas, salas de espectáculos, etc.
Los portaviones recientes poseen una pista de despegue y apontizaje desviada de 5 a 9° respecto al eje del navío. Al disponer así del resto del puente para la preparación y aparcamiento de los aviones, se puede reducir el tiempo que media entre los despegues (en el "Forrestal" la cadencia es de 8 despegues por minuto).
El puente y toda la parte del casco próxima de la línea de flotación se hallan potentemente blindados, para que puedan resistir a los efectos de las bombas y torpedos enemigos. Por otra parte, el puente de los portaviones dispone de un servicio muy eficaz contra los incendios que se producen frecuentemente al apontizar aviones averiados o en malas condiciones.
Lo mismo que el despegue es ayudado por las catapultas (así como por la propia velocidad del buque), el apontizaje de los aviones modernos, excesivamente rápidos, solamente es posible por medio de un frenado enérgico que se produce al engancharse con unos cables tendidos transversalmente en el puente el garfio que tienen los aparatos por debajo de la cola.

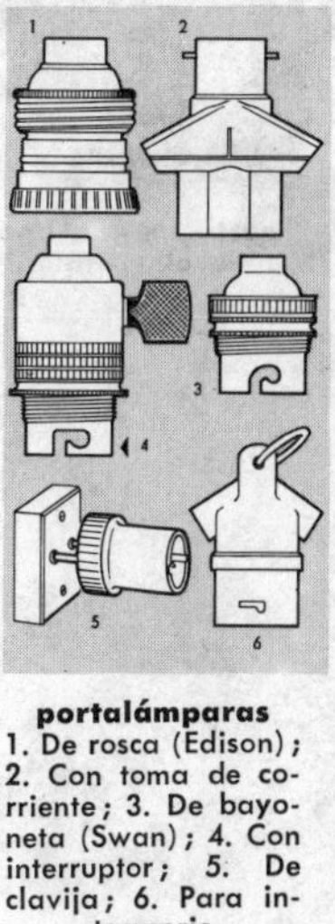

portalámparas
1. De rosca (Edison); 2. Con toma de corriente; 3. De bayoneta (Swan); 4. Con interruptor; 5. De clavija; 6. Para intemperie

PORTAVOZ m. *Acúst.* Megáfono.

PORTE m. *Mar.* Capacidad de transporte de un buque mercante expresada en toneladas métricas o en toneladas inglesas de 1 016 kg.
— El *porte bruto* comprende no solamente la carga que constituye el flete, sino también el combustible, el agua, los víveres, recambios y todo cuanto es necesario para el viaje. El *porte neto, útil* o *mercante* es el peso neto máximo de flete que puede transportar el buque sin que el nivel del agua rebase la línea de francobordo *. Cuando se alude al porte de un buque, se sobreentiende que se trata de su porte bruto, y, por consiguiente, un carbonero de 10 000 t solamente puede transportar 9 000 si sus reservas de combustible, de agua dulce, pertrechos, víveres, etc., representan un peso de un millar de toneladas. (V. tb. DESPLAZAMIENTO.)

PORTERO, RA adj. *Cerám.* y *Constr.* Dícese del ladrillo insuficientemente cocido.

Fot. U. S. I. S., Jouan

pórtico *(f.c.)*

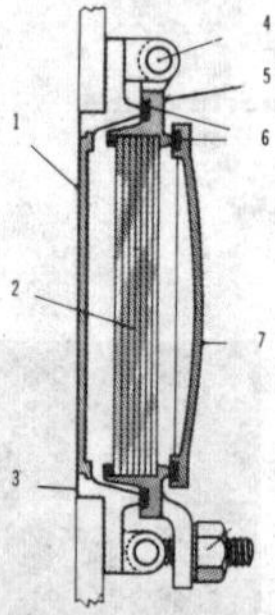

portilla *(mar.)*
1. Tapa amovible; 2. Vidrio; 3. Marco; 4. Charnela; 5. Montura; 6. Juntas estancas; 7. Tapa.

poste de una línea de alta tensión

PÓRTICO m. *Arq.* Galería cubierta cuya bóveda se halla sostenida por columnas o arcadas.
— *F.c. Pórtico de señales,* armazón consistente en dos pies derechos, situados a ambos lados de un haz de vías, que sostienen por encima de las mismas una viga o pasarela en la cual se disponen las señales reguladoras del tráfico.
— *Tecn.* Grúa * de pórtico o de puente.

PORTILLA f. *Arq.* Abertura que se deja en una cerca para el paso de los peatones, animales y vehículos.
— *Mar.* Ventanilla generalmente redonda, provista de un cristal grueso, que tienen los barcos en el casco para dar luz y aire a los camarotes.

PORTILLO m. *Arq.* Portilla.
— *Carp.* Postigo o puerta pequeña practicada en otra mayor.
— *Mar.* Portilla.

PORTLAND m. *Constr. Cemento portland,* o simplemente *portland,* v. CEMENTO.

PORTLANDIENSE adj. y s. *Geol.* Dícese del último piso del sistema jurásico, cuyos terrenos datan de unos 112 millones de años. (V. ESTRATIGRAFÍA.)

PORTÓN m. *Arq.* Puerta que separa el zaguán del resto de la casa.

POSE f. *Fot.* Galicismo por *exposición.*

POSÉMETRO m. *Fot.* Galicismo por *exposímetro.*

POSICIÓN f. Lugar, situación que ocupa una cosa; postura o modo como se halla dispuesta.
— *Autom. Luces de posición,* las que tienen los automóviles en sus costados y de las cuales, al estar parados, se deja encendida la que da hacia la calzada, para que los demás conductores tengan una idea precisa de la anchura que aquellos ocupan en la misma.
— *F.c. Posición normal de una aguja* o *una señal,* posición que corresponde en la aguja a la vía directa y en la señal, a la vía libre.
— *Geom. Geometría de posición,* geometría * proyectiva.
— *Mat. Regla de falsa posición,* método de cálculo que consiste en adoptar una o varias cantidades más o menos próximas del valor de las incógnitas, como medio de resolver un problema por aproximaciones sucesivas.

POSICIONADOR m. *Tecn.* Aparato que permite orientar y poner en la posición más conveniente las piezas que se están soldando o labrando.

POSITIVIDAD f. Calidad de la cosa positiva.

posicionador

POSITIVO, VA adj. y s. *Atom. Electrón positivo,* positrón.
— *Electr. Electricidad positiva,* v. ELECTRICIDAD y CORRIENTE. ‖ *Polo positivo,* v. POLO.
— *Fot. Prueba positiva,* o simplemente *positivo,* prueba que se tira con el negativo y que, por invertirse los tonos del mismo, reproduce los claros y obscuros del original. (V. FOTOGRAFÍA.)
— *Mat.* Dícese, cuando una magnitud puede ser medida o contada en dos sentidos, cual ocurre con la temperatura, de la que es mayor que cero, expresándose entonces con una cantidad precedida del signo +, por oposición a la magnitud negativa, afectada del signo —. (No obstante, por convención se prescinde del signo, sobreentendiéndose que toda cantidad que no lleve el signo — es positiva.)

POSITÓN y **POSITRÓN** m. *Atom.* Electrón positivo. (Sinón. ANTIELECTRÓN.)

POSITRONIO m. *Atom.* Asociación transitoria de un positrón y un electrón, comparable a un átomo de hidrógeno en el cual el positrón reemplazaría al protón.
— Según sea el spin de sus partículas, el *positronio* dura una diezmillonésima o una milmillonésima de segundo, al cabo de cuya existencia efímera se aniquilan el electrón y su antipartícula * dando dos o tres rayos gamma. (V. ELECTRÓN.)

POSO m. Sedimento que deja un líquido al depositarse en el fondo las materias que contenía en suspensión.

POST, voz latina empleada como prefijo y que significa *detrás* y *después.*

POSTA f. *Arm.* Balines mayores que los perdigones *, de diámetro superior a 5 mm.
— *Arq.* Dibujo ornamental a base de ondulaciones, eses unidas, volutas u otras líneas sinuosas.
— *Mar.* Cuaderna * maestra.

POSTACELERACIÓN f. *Electrón.* En los oscilógrafos * catódicos, aceleración suplementaria que, con un ánodo anular, se imprime a los electrones ya desviados, para que hieran la pantalla con mayor energía y den en ella imágenes más brillantes.

POSTCOMBUSTIÓN f. *Aeron.* Combustión suplementaria que permite aumentar la potencia o empuje de los turborreactores.
— Los gases de escape de un turborreactor contienen una proporción bastante grande de oxígeno. La *postcombustión* se funda en el aprovechamiento de éste en la tobera para la combustión de un suplemento de combustible que, al desprender nuevos gases y calentar los que vienen de las cámaras de combustión, aumenta el empuje * del motor en una proporción de hasta el 50%. Prácticamente puede admitirse que la postcombustión se reduce al acoplamiento de un estatorreactor * a la tobera de escape de un turborreactor.

POSTE m. Madero, pilar de hormigón o de hierro hincados verticalmente en el suelo para que sirvan de apoyo o sostén a lámparas, señales, líneas eléctricas, antenas, etc.

POSTETA f. *Art. gráf.* Porción de pliegos que el encuadernador bate de una vez. ‖ Pliegos inservibles con que se empaquetan los impresos.

POSTIGO m. *Carp.* Contraventana * interior. ‖ Puerta pequeña abierta en otra mayor. (Sinón. PORTILLO.) ‖ Por. ext., toda puerta pequeña, de una sola hoja, constituida por un tablero liso y sin divisiones.

POST MERIDIEM, locución latina que significa *posterior al mediodía* y cuya abreviatura es P. M. (V. el art. A. M., sigla de *ante meridiem*).

POSTSINCRONIZACIÓN f. *Cin.* Registro del sonido que se efectúa en la cinta después de la toma de vistas.
— La *postsincronización* se practica sobre todo en el caso de escenas rodadas al exterior, en un ambiente de ruidos intempestivos. En dicho caso, aunque no se graba el sonido, los actores pronuncian las palabras normalmente, de modo que los movimientos de los labios correspondan a las que pronunciarán de nuevo en el estudio de postsincronización según una técnica semejante a la del doblaje * de películas de lengua extranjera. La postsincronización de la música y de los ruidos no presenta ninguna dificultad y se practica corrientemente recurriendo a una colección de cintas magnetofónicas en las cuales ya figuran regis-

Fot. X, L'Aluminium français, S. A. F.

trados tanto los ruidos comunes como los más insólitos.

POSTSINCRONIZAR v. *Cin.* Efectuar la postsincronización de una película cinematográfica.

POSTULADO m. *Mat.* Proposición que no es evidente y no puede ser demostrada, pero que es necesario admitir como fundamento de hechos o conclusiones evidentes: *la geometría clásica se funda en el postulado de Euclides.* (V. GEOMETRÍA.)

POTABILIZADOR, RA adj. y s. Dícese del aparato que hace potable el agua que no lo es. (V. DEPURACIÓN y FILTRO.)

POTALA f. *Mar.* Piedra gruesa que, atada a un cabo, sirve de ancla para fondear embarcaciones. ‖ Barco pesado y poco marinero *.

POTAMO, prefijo derivado del griego *potamos,* que significa *río.*

POTAMOLOGÍA f. *Hidr.* Ciencia de los ríos y de las aguas corrientes en general, que se subdivide en *hidrología fluvial* (regímenes de los ríos y variaciones de su caudal) y en *dinámica fluvial* (fuerza de las corrientes, erosión * de las márgenes, arrastre de materiales y formación de depósitos sedimentarios).

POTASA f. *Miner.* y *Quím.* Nombre dado a varios derivados del potasio, especialmente al hidróxido de potasio *(potasa cáustica)* y los carbonatos de potasio *(potasas carbonatadas),* y también a ciertos minerales que contienen cloruro de potasio.

— La *potasa cáustica* o *hidróxido de potasio,* cuya fórmula es KOH, es un cuerpo sólido blanco, fusible a 360°, que es delicuescente y se disuelve en el agua con desprendimiento de calor. Es una substancia muy cáustica, que ataca la piel y destruye los tejidos animales. Se fabrica por dos procedimientos diferentes: electrólisis de una disolución acuosa de cloruro de potasio; acción de la cal sobre una disolución acuosa de carbonato de potasio al estado de ebullición, que da potasa de cal impura, la cual es purificada con alcohol (potasa de alcohol).

Las principales aplicaciones de la potasa cáustica son: el blanqueo de tejidos, la fabricación de jabones negros y la limpieza de pinturas, así como, en la industria química, la precipitación de los hidróxidos insolubles, la absorción del gas carbónico, etc.

Existen dos clases de *potasas carbonatadas:* 1.ª el carbonato neutro de potasio K_2CO_3, que es un sólido blanco anhidro, soluble en el agua, obtenido mediante oxidación del bioxalato de potasio; 2.ª el carbonato ácido o bicarbonato de potasio $KHCO_3$, sólido cristalizado e incoloro que resulta de la acción del gas carbónico sobre el referido carbonato neutro. Las calidades comerciales son carbonatos impuros y provienen de la lixiviación de cenizas y evaporación de la lejía así obtenida, del tratamiento de residuos de remolacha, etc. También se fabrica *carbonato de potasa* como la sosa *, por el procedimiento Leblanc (calcinando el carbonato de potasio con carbón y creta). La potasa carbonatada sirve para fabricar la potasa cáustica y nitrato de potasio. También entra en la composición de cristal de Bohemia y de vidrios ópticos, y sirve, en fin, para preparar numerosos productos químicos (cloratos, ferrocianuros, silicatos, etc.).

Se designan igualmente con el nombre de *potasas* diferentes minerales que contienen cloruro de potasio KCl, cuales son: la cainita, la carnalita, la quieserita, la silvina, la silvinita, etc. Estos minerales sirven para fabricar abonos *. (Véase también el art. POTASIO.)

POTÁSICO, prefijo empleado en química para indicar que una sal doble contiene potasio: *sal potasicosódica.*

POTÁSICO, CA adj. *Quím.* Dícese de los derivados y compuestos del potasio *. (V. ABONO y POTASA.)

POTÁSIDOS m. pl. *Miner.* Nombre genérico de los minerales que contienen potasio.

POTASIO m. *Quím.* Elemento químico de número atómico 19, cuyo símbolo es K.

— El *potasio* es un metal alcalino muy ligero cuyas principales constantes físicas son las siguientes: densidad, 0,87 (flota en el agua); temperaturas de fusión y de ebullición, 62,3° y 760°, respectivamente; masa atómica, 39,102, que resulta de la mezcla natural de tres isótopos de masas 39 (93,10% del metal), 40 y 41, el segundo de los cuales es radiactivo. Es un metal blando, de brillo comparable al de la plata, pero que se empaña en cuanto su superficie se halla en contacto con el oxígeno del aire (para evitar los ataques de éste, el potasio se conserva inmergido en aceite de vaselina). Es extremadamente oxidable y, consiguientemente, es un reductor muy enérgico: basta con ponerlo en el agua fría para que la reduzca rápidamente e inflame el hidrógeno libre.

El potasio abunda en la naturaleza, pues constituye 2,35% de la corteza terrestre. Se halla al estado de cloruro en el agua del mar y en forma de cloruros complejos, en importantes criaderos (el fondo de antiguos mares). Los minerales principales son: la bischofita, la cainita, la carnalita, la quieserita, la polihalita, la silvina, la silvinita, etc. También se halla al estado de carbonato en las cenizas de los vegetales (v. POTASA). Se obtiene a partir de la potasa por electrólisis de su cloruro o por reducción de su carbonato con carbón.

El potasio tiene pocas aplicaciones, pues, debido a sus reacciones violentas y su precio, se prefiere el sodio, de propiedades afines, aunque menos enérgico y más barato. Por lo demás, la liga de los dos da un metal de bajísimo punto de fusión (19°) que se emplea fundido como fluido caloportador en ciertos reactores nucleares. (V. REACTOR.)

El potasio 40 representa un papel importante en la generación y conservación del calor interno del Globo, pues, dada la abundancia del potasio en las rocas, el calor desprendido por la desintegración de dicho isótopo iguala el que es producido por las desintegraciones de los radioelementos de las tres grandes familias radiactivas del radio, el torio y el actinio (v. RADIACTIVIDAD). Por otra parte, el período * del potasio 40 es muy grande (unos 1 250 millones de años), circunstancia que permite emplear este radioisótopo para hallar la edad de las rocas muy antiguas, ya midiendo su proporción en las mismas, ya la del calcio 40 y del argón 40 que resultan de su desintegración. (V. DATACIÓN.)

Entre los principales compuestos del potasio citemos los siguientes: el protóxido K_2O que, disuelto en agua, da el hidróxido KOH o potasa * cáustica; el cloruro de potasio KCl, suministrado por minerales de potasa * o por cenizas de algas u otros vegetales, que sirve para preparar la mayor parte de los demás compuestos potásicos, así como abonos (v. ABONO y POTASA); el bromuro KBr y el yoduro Kl, que se emplean en medicina y para preparar emulsiones fotográficas; el clorato $KClO_3$, que es antipútrido y entra en la fabricación de cerillas y de explosivos; el sulfato K_2SO_4, que es uno de los constituyentes del alumbre y se emplea también como abono; el nitrato KNO_3 (v. NITRATO); el carbonato K_2CO_3 (v. POTASA); el ferrocianuro * y el ferricianuro *, los silicatos *, el permanganato *, el bicromato *, etc.

POTENCIA f. Fuerza o conjunto de fuerzas capaces de producir trabajo u otros efectos.

— *Aeron.* V. EMPUJE.

— *Atom. Potencia eléctrica, potencia térmica de un reactor,* v. REACTOR.

— *Autom. Potencia administrativa* o *fiscal,* potencia de un automóvil determinada según criterios administrativos (con preponderancia de la embolada *), que difiere mucho de la potencia efectiva del motor y solamente sirve como base para calcular los impuestos. ‖ *Potencia efectiva,* v. más abajo *Mec.* ‖ *Potencia nominal,* la indicada por el constructor del automóvil.

— *Calef. Potencia calorífica,* número de calorías que desprende en una hora un aparato de calefacción que funciona a su régimen normal.

— *Electr. Potencia activa,* promedio de los valores sucesivos por los que pasa la potencia en un circuito de corriente * alterna que se obtiene multiplicando la potencia aparente por el factor * de potencia. ‖ *Potencia aparente de una corriente alterna,* producto de la tensión eficaz de la corriente expresado en voltamperios. ‖ *Potencia reactiva,* producto de la potencia aparente por el seno del ángulo correspondiente al retraso de la corriente respecto a la tensión. (V. FACTOR *de potencia.*) ‖ *Potencia eléctrica,* potencia engendrada o absorbida por una instalación o aparato eléctricos, que se expresa en vatios y es igual

al producto de la tensión (en voltios) por la intensidad (en amperios). [V. CORRIENTE.]
— *Hidr.* Grado en que un curso de agua arranca materiales a su lecho y los transporta.
— *Mat.* Cada uno de los productos que resultan de multiplicar una cantidad por sí misma determinado número de veces.
— La *potencia n* de la cantidad *a* es el producto que resulta de multiplicar sucesivamente *n* factores iguales a *a*. La operación se escribe a^n y se enuncia: "*a* elevado a la segunda, tercera, cuarta, etc., potencia" (según sea *n* igual a 2, 3, 4, etc.), pero en el caso de $n = 2$ y $n = 3$, se dice más bien: "*a* elevado al cuadrado" y "*a* elevado al cubo", respectivamente. La cantidad o factor *a* se llama *base* y el número *n* es el *grado de la potencia* exponente. Así, para elevar al cubo o tercera potencia la cantidad o base 12, escribiremos 12^3 y la potencia será igual al producto de $12 \times 12 \times 12 = 1\,728$. Si el exponente es una fracción, la potencia se obtiene elevando la cantidad a la potencia que tiene al numerador por exponente y extrayendo del resultado la raíz del grado representado por el denominador. Por ejemplo, en el caso de $159^{2/3}$ la potencia se hallará mediante la fórmula $\sqrt[2]{12^3}$, o sea extrayendo la raíz cuadrada del cubo de la cantidad. Si el exponente es negativo, como en 144^{-2}, la potencia es igual a la inversa * de la base afectada del mismo exponente, aunque dando a éste signo positivo, y en el ejemplo citado tendremos:

$$144^{-2} = \frac{1}{144^2}.$$

Para obtener la potencia de un quebrado basta elevar a dicha potencia el numerador y el denominador de la misma. Por ej.,

$$\left(\frac{3}{4}\right)^2 = \frac{3^2}{4^2} = \frac{9}{16}.$$

Muchas veces se recurre a potencias positivas o negativas de 10 para escribir cantidades muy grandes. El exponente positivo indica en este caso el número de ceros que se han de agregar a la base para obtener la magnitud considerada, mientras que el exponente negativo indica el puesto que ocupan las unidades de la misma detrás de la coma de una fracción decimal. Así, decir que el parsec equivale a unos 3×10^{13} km, es expresar la distancia en kilómetros por un número igual a 3 seguido de 13 ceros (puesto que la decimotercera potencia de 10 es igual a la unidad seguida de igual número de ceros). Asimismo, dícese que la masa del electrón es igual a $9{,}1 \times 10^{-28}$ g para evitar el tener que escribir un número decimal en el cual la cifra 9 ocuparía el 28º lugar después de la coma.
— *Mec.* Cociente del trabajo hecho por una máquina dividido por el tiempo que ha tardado en efectuarlo. ‖ *Potencia efectiva* o *potencia al freno*, potencia de un motor medida con un freno dinamométrico (v. FRENO *de Prony*) que es la potencia útil que puede rendir la máquina. ‖ *Potencia másica*, número de caballos de vapor que desarrolla una máquina por cada kilogramo de peso de la misma. ‖ *Potencia nominal*, la que desarrolla una máquina a su velocidad normal de funcionamiento, por oposición a la potencia máxima que puede alcanzar momentáneamente.
— Existen varias *unidades de potencia*. El caballo * de vapor y su equivalente inglés (*horse power*) están siendo abandonados en provecho de unidades más racionales, a saber: en el sistema C. G. S. *, el ergio * por segundo, equivalente a la diezmillonésima de vatio; en el sistema internacional S. I., el vatio *, o sea la potencia que produce un julio por segundo.
— *Min.* Espesor de una capa o filón * de mineral.
— *Ópt. Potencia de una lente*, inversa de la distancia focal, o sea cociente que resulta de dividir la unidad por la misma y que, de ser ésta medida en metros, se expresa en dioptrías. ‖ *Potencia de un microscopio*, producto del aumento lineal del objetivo por la potencia del ocular.
— *Radiot. Potencia de una emisora de ondas radioeléctricas*, potencia eléctrica que los circuitos suministran a la antena. ‖ *Potencia de cresta*, v. CRESTA.

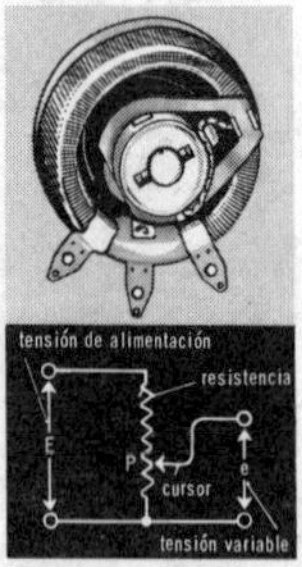

potenciómetro

POTENCIAL adj. y s. Que existe y puede manifestarse ulteriormente ejerciendo alguna acción: *aprovechar la energía * potencial del agua de un lago andino.*
— *Aeron. Disipador de potencial*, sistema de hilos metálicos arrastrados por un avión para evacuar la electricidad estática acumulada en el mismo.
— *Atom. Potencial de ionización*, energía, expresada en electronvoltios, necesaria para arrancar un electrón a un átomo. ‖ *Barrera de potencial*, v. BARRERA. ‖ *Pozo de potencial*, v. POZO.
— *Electr.* Grado de electrización de un conductor. ‖ *Potencial explosivo*, tensión mínima que provoca el salto de una chispa entre dos conductores.
— Todo conductor provisto de cargas eléctricas y al estado de equilibrio, o sea sin que exista circulación de las mismas, tiene un *potencial* constante en toda su masa y puede compararse con un depósito en el cual las cargas son representadas por las moléculas del agua. Conectar dicho conductor con otro de potencial diferente (o con el suelo, cuyo potencial es, por definición, igual a 0) equivale a hacer comunicar con un tubo dos depósitos en los cuales el agua se halla a niveles diferentes, y, lo mismo que el agua pasa de un depósito al otro hasta que los niveles se igualen, las cargas eléctricas excedentarias en el conductor de potencial superior pasarán al de potencial inferior, hasta que se igualen en ambos. Así, la diferencia de potencial engendra una corriente * eléctrica. Si ésta no se interrumpe nunca en las líneas de suministro de energía eléctrica es debido a que las mismas se hallan conectadas con un generador * cuyo principio de funcionamiento estriba en crear constantemente una diferencia de potencial entre sus bornes. Esta diferencia, también llamada *tensión* y, aunque impropiamente, *voltaje*, se expresa en voltios. Una carga de un culombio sometida a una caída de potencial de un voltio libera una energía equivalente a un julio.
— *Expl.* Trabajo máximo que puede desarrollar la explosión de un kilogramo de explosivo.
— El *potencial de los explosivos* puede expresarse tanto en unidades caloríficas (kcal/kg) como en unidades mecánicas (kJ/kg). He aquí, a título de ejemplo, el potencial de algunas materias explosivas en kcal/kg: fulminato de mercurio, 405; pólvora fría, 550; tolita, 900; balistita, 1 260; hexógeno, 1 370.
— *Fís.* Magnitud que determina la distribución de las fuerzas entre dos puntos de un campo eléctrico, gravitacional, etc., uno de los cuales se considera situado en el infinito: *en el espacio electrizado. el potencial caracteriza el trabajo requerido para que una carga eléctrica pueda trasladarse desde el infinito hasta un punto determinado del campo eléctrico.*

POTENCIÓMETRO m. *Electr.* Instrumento para medir las diferencias de potencial *.
— El *potenciómetro* consiste en una resistencia conectada con una pila y, por otra parte, con los dos polos cuya tensión se desea medir, uno de ellos unido directamente a un extremo de la resistencia y el otro a un galvanómetro conectado con un cursor que corre sobre la resistencia. La carrera del cursor indica la tensión medida cuando su posición es tal que no pasa ninguna corriente por el galvanómetro.
— *Radiot.* Resistencia en forma de toro, sobre la cual se desliza un cursor que permite obtener a la salida una fracción de la tensión aplicada entre los bornes de la resistencia: *los potenciómetros se usan en los receptores de radio y de televisión para regular la intensidad y tonalidad de los sonidos, así como el contraste y la luminosidad de las imágenes.*

POTENTE adj. Que tiene potencia. ‖ Apto a producir grandes efectos.
— *Min.* Dícese del filón o capa de mineral que tiene mucho espesor.

POTSDAMIENSE adj. y s. *Geol.* Dícese del piso superior del sistema cambriano, cuyos terrenos datan de unos 400 millones de años. (V. ESTRATIGRAFÍA.)

POUND f. *Metr.* Libra * inglesa.

POWELITA f. *Miner.* Molibdato de calcio, mena del molibdeno.

POZAL m. Cubo con que se saca el agua del pozo.

POZO m. Hoyo que se excava en la tierra hasta encontrar una capa de aguas subterráneas, generalmente la capa freática más próxima. ‖ *Pozo artesiano,* pozo del cual brota el agua por efecto de la presión hidrostática de la capa acuífera.
— Dada la porosidad del suelo, las aguas superficiales se infiltran, pero no tardan en dar con alguna capa impermeable del subsuelo (arcilla, roca compacta, etc.) sobre la cual pueden, ya correr lentamente, si existe declive del lecho, ya estancarse y formar una capa acuífera * de nivel relativamente estable.
Llámase *pozo ordinario* o *de primera napa* el hoyo que se excava en el suelo hasta alcanzar la capa acuífera. En ciertos casos la perforación llega hasta una capa impermeable sin hallar agua y entonces, de no ser aquélla excesivamente dura y espesa, es conveniente perforarla, pues el agua se halla probablemente en la capa porosa inferior (*pozo profundo* o *de segunda napa*). El agua de los pozos artesianos proviene de una capa de líquido contenido entre dos capas de terreno impermeables y alimentada por aguas corrientes en un punto situado a un nivel más alto que la boca del pozo. Al perforar con una sonda la capa impermeable superior el agua brota, puesto que, en virtud del principio de los vasos comunicantes, tiende a elevarse hasta el nivel máximo que alcanza la capa acuífera.
Los sitios cuyo subsuelo carece de agua son rarísimos. Un estudio geológico permite descubrir casi siempre la existencia de estructuras propicias, aunque a veces muy profundas, y los sondeos dan con frecuencia un caudal de agua potable. Así, en pleno Sáhara, raros son los centros vitales que no cuentan ya con pozos artesianos de abundante caudal.
Los pozos poco profundos se excavan a mano, a veces con ayuda de martillos neumáticos y de explosivos. Son hoyos circulares que, una vez alcanzada el agua, se revisten con obra de fábrica, no solamente para evitar el desmoronamiento de la pared, sino también para que no se infiltren por la misma aguas superficiales insuficientemente filtradas por el terreno. En terrenos arenosos o muy desmoronadizos, el revestimiento se hace sobre una corona metálica y va bajando por su propio peso a medida que adelanta la perforación. Los pozos muy profundos son estrechos y se abren con sondas rotativas según la misma técnica aplicada en la perforación de pozos petrolíferos (v. SONDEO). En este caso, si el pozo no es artesiano, se introduce en el mismo una bomba * de gran potencia impelente.
— *Arq. Pozo ciego,* pozo negro. ‖ *Pozo de fundación,* cada uno de los que se excavan en terrenos inseguros hasta hallar una capa firme y que sirven para asentar en ésta los cimientos de un edificio u otra construcción. ‖ *Pozo negro,* excavación subterránea enteramente revestida con obra de fábrica impermeable, que sirve para recoger las inmundicias y aguas negras de las casas cuando no existe alcantarillado, y que se vacía periódicamente. ‖ *Pozo séptico,* v. más abajo *Obr. públ.*
— *Atom. Pozo de potencial,* en un diagrama que represente las atracciones y repulsiones de las partículas según su distancia del centro de un núcleo atómico, depresión central de la curva, de anchura igual al diámetro del núcleo, en el interior de la cual existe atracción de los protones y neutrones, mientras que en el exterior existe una repulsión de las partículas libres. (V. tb. BARRERA *de potencial.*)
— *Mar.* Espacio que media entre las superestructuras en el puente de un buque. (V. BARCO.) ‖ Parte de una bodega que prolonga la luz de la escotilla hasta el fondo. ‖ Sentina donde aspiran las bombas. ‖ Vivero que, en ciertas embarcaciones de pesca, comunica con el mar y permite conservar los peces vivos. ‖ *Pozo de deriva,* caja estanca que tienen ciertos yates para retirar en ella la orza *.
— *Min.* Hoyo generalmente vertical, aunque a veces inclinado, que se hace en la mina a partir del suelo, o entre dos galerías subterráneas, con objeto de extraer el mineral, permitir el acceso a las distintas galerías, facilitar la ventilación de las mismas, etc.
— Los *pozos* de las minas importantes tienen una anchura de 4 a 8 m y su profundidad puede ser de más de 3 000 m. En terreno sólido y para profundidades no muy grandes, son de sección rectangular, mientras que los pozos profundos y los que atraviesan terreno inseguro y capas acuíferas tienen sección circular. Los pozos que abocan a la superficie se llaman *pozos maestros,* por oposición a los pozos interiores. Los pozos maestros pueden ser *pozos de extracción* o *pozos de ventilación.* También se excavan de trecho en trecho *pozos de exploración,* de diámetro inferior a un metro, que sirven para reconocer el terreno en la prospección * de yacimientos. (Sobre la utilización de las distintas clases de pozos en el beneficio de un yacimiento, v. el artículo MINA.)
— *Obr. públ. Pozo filtrante,* el que se excava en un terreno embebido de agua para que ésta afluya al mismo y pueda ser eliminada con bombas. ‖ *Pozo de registro,* pozo angosto que sirve para acceder a las alcantarillas, canalizaciones, presas u otras construcciones con objeto de inspeccionarlas o para efectuar algún trabajo. ‖ *Pozo séptico,* pozo negro para paliar la falta de alcantarillado, dotado de instalaciones para depurar las aguas negras, filtrarlas y evacuarlas. (Sinón. FOSO SÉPTICO.)
— El *pozo séptico* tiene por objeto transformar las aguas sucias y los detritos orgánicos en materias inodoras e inocuas (esencialmente en nitratos, nitritos y amoniaco). Consta de dos pozos, en el primero de los cuales las materias son desagregadas y solubilizadas por microbios anaerobios, con desprendimiento de gases que es conveniente evacuar por encima del tejado de las casas. Uno o varios tabiques hacen que sean las materias ya descompuestas del fondo las que pasen primeramente el pozo depurador. Caen allí sobre un lecho de escorias de hierro donde, en contacto con el aire, son destruidas —así como los gérmenes de enfermedades— por la acción de microbios aerobios, de tal forma que, una vez atravesado todo el espesor del filtro, las aguas son inodoras e imputrescibles y pueden ser evacuadas sin peligro. Es, no obstante, necesario que las aguas sucias permanezcan 10 días en el pozo, por cuya razón no deben verterse en el mismo las aguas procedentes de los baños y de lavabos, fregaderos de ropa, etc., ni las aguas pluviales de los tejados que arrastrarían a aquellas prematuramente. (V. tb. DEPURACIÓN.)
— *Petr.* Sondeo que se hace con barrena rotativa para prospectar y beneficiar los yacimientos petrolíferos. (V. PETRÓLEO y SONDA.) ‖ *Pozo estéril* o *seco,* el que no ha abocado en un yacimiento beneficiable. ‖ *Pozo productivo,* el que da petróleo o gas natural.
Pr, símbolo químico del *praseodimio.*
PRANDTL (*Sonda de*). V. PITOT (*Tubo de*).
PRASEODIMIO m. *Quím.* Elemento químico de número atómico 59, cuyo símbolo es *Pr.*
— El *praseodimio* es un metal del grupo de los

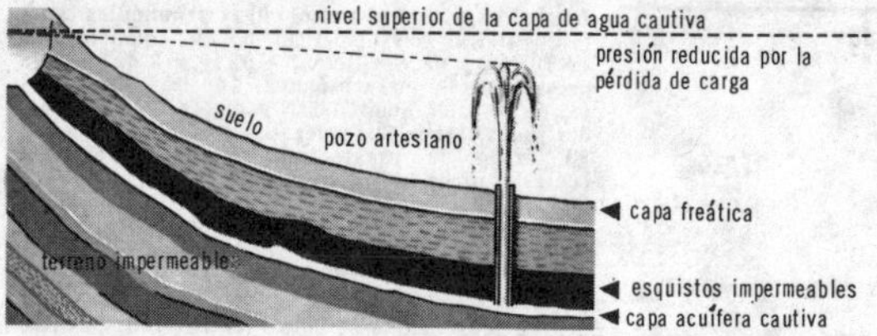

pozo artesiano

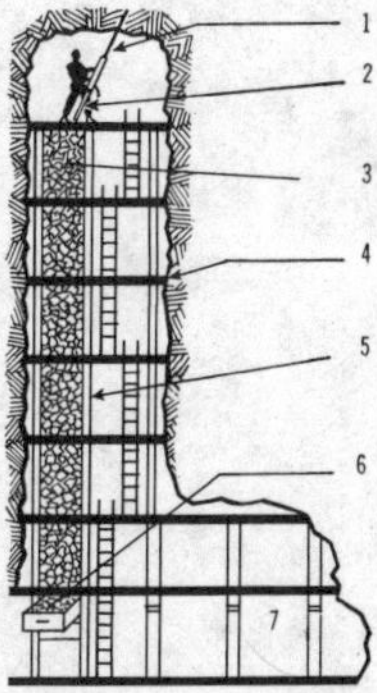

excavación de un pozo de mina, *de abajo arriba:* 1 y 2. Perforadora; 3. Escombros; 4. Marcos; 5. Encofrado de la descarga de escombros; 6. Evacuación de escombros; 7. Galería

pozo séptico
1. Bajada; 2. Fosa séptica; 3. Aireación; 4. Filtro bacteriológico; 5. Tapas; 6. Depósito de aguas sépticas; 7. Desagüe

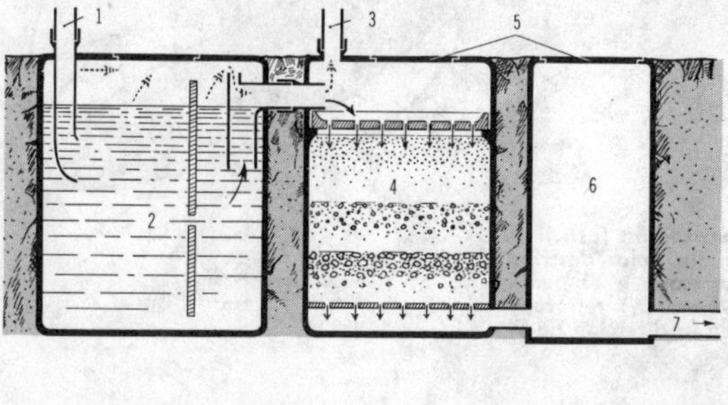

lantánidos o tierras raras, cuyas principales constantes físicas son: densidad, 6,769; temperaturas de fusión y de ebullición, 1 024° y 3 450°, respectivamente; masa atómica, 140,907. Este metal es de color amarillento y carece de aplicaciones industriales. Sus sales dan disoluciones verdes. El óxido de praseodimio Pr_2O_3 sirve para conferir dicho color al cristal y a ciertos esmaltes.

PRASOIDE m. *Joy.* Variedad de topacio verde.

PRE, prefijo derivado del latín *prae,* que indica antelación o prioridad.

PREAMPLIFICADOR m. *Electrón.* Amplificador de tensión que se coloca entre el dispositivo que capta las señales eléctricas (detector de un radiorreceptor, micrófono, lector de un magnetófono o tocadiscos, etc.) y el amplificador de potencia que alimenta los altavoces.

PRECALENTAMIENTO m. Acción de precalentar.

PRECALENTAR v. Calentar previamente las materias que se han de someter a destilación, que han de ser destiladas o se han de someter a alguna labor o tratamiento o a una reacción química: *las materias plásticas se precalientan antes de introducirlas en el molde.*

PRECÁMARA f. Antecámara.

PRECAMBRIANO, NA o **PRECÁMBRICO, CA** adj. y s. *Geol.* Período anterior al cambriano, cuyos terrenos, los más antiguos del Globo, se formaron al enfriarse éste y solidificarse una parte de su materia fluida: *el precambriano duró hasta el comienzo del paleozoico o era primaria, que data de unos 500 millones de años.* (V. ESTRATIGRAFÍA.)

PRECESIÓN f. Movimiento cónico de rotación, en torno de una posición media, que toma en el espacio el eje de los cuerpos que giran sobre sí mismos con movimiento giroscópico.

— La *precesión* resulta de una propiedad característica del giroscopio *: su eje de rotación tiende a conservar indefinidamente la misma orientación en el espacio y si una fuerza cualquiera pugna por modificar dicha orientación, el eje la elude moviéndose en una dirección perpendicular a la misma.

Todos los cuerpos de revolución homogéneos, en movimiento de rotación sobre sí mismos, se hallan sujetos a la precesión (v. más abajo).

— *Arm.* Movimiento de rotación del eje de un proyectil en torno de la tangente a su trayectoria, debido al desvío inicial del mismo en el sentido de las rayas del cañón del arma.

— *Astr.* El globo terráqueo no es esférico, y, por ello, la atracción que el Sol y la Luna ejercen sobre el abultamiento ecuatorial del mismo tienden a hacer bascular el plano ecuatorial hasta que pase por el centro de cada uno de los astros perturbadores. A esta solicitación, la Tierra, que se comporta mecánicamente como un inmenso giroscopio, reacciona con un movimiento perpendicular al sentido de la misma, en virtud del cual su eje describe en el espacio, y en 25 760 años, un cono cuya abertura es de 23° 27′. En realidad, este fenómeno es bastante complejo, dado que el Sol y la Luna se mueven diferentemente y en planos distintos (v. NUTACIÓN). Por otra parte, también es afectada la precesión por la atracción que ejercen sobre la Tierra los demás planetas.

Una de las consecuencias de este fenómeno es que la línea de intersección del plano ecuatorial con el plano de la eclíptica gira lentamente (50,256″ por año). A esta retrogradación de la línea equinoccial corresponde un adelanto de 20 mn 23 s del instante en que se produce el equinoccio de primavera (precesión de los equinoccios). Otras consecuencias de la precesión son un corrimiento de las constelaciones respecto a los antiguos signos del zodíaco, así como un aumento en 61,9″ por año de la longitud del perihelio de la Tierra que repercute en la duración de las estaciones; por último, la dirección del eje de la Tierra varía lentamente, y, por ello, dentro de unos miles de años ya no será la Polar la estrella más próxima del polo Norte celeste.

— *Astron.* La órbita de un satélite artificial puede ser comparada con el volante de un giroscopio; al ser aquél atraído con mayor fuerza por la zona ecuatorial que por las demás regiones del Globo, el plano de la misma gira hacia el Este si el satélite ha sido lanzado del hemisferio boreal al hemisferio austral y hacia el Oeste en el caso contrario. Para un satélite próximo de la Tierra, este movimiento es de unos cuantos grados por día. Conociendo las características de la órbita de un satélite y midiendo exactamente su precesión, se ha podido determinar con gran precisión la forma del globo terrestre. (V. ACHATAMIENTO Y TIERRA.)

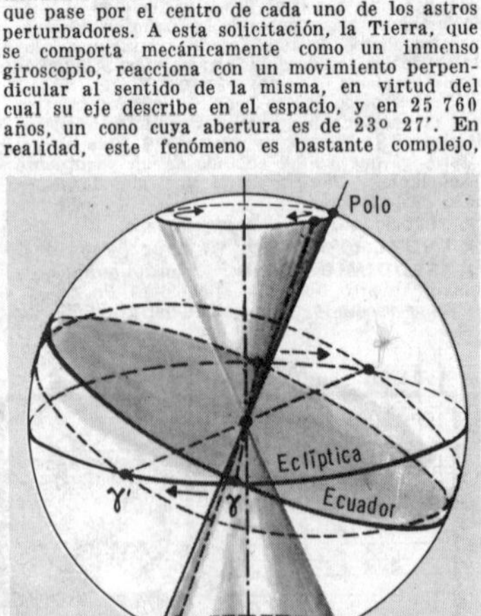

precesión *(astr.)*: el radio polar describe un cono y el punto vernal (γ) retrocede en la dirección de γ′

PRECINTA f. Tira de cuero, chapa u otras materias con que se refuerzan las esquinas de los baúles, cajas, etc.

— *Mar.* Cubrejunta.

PRECINTAR v. Clavar precintas. ‖ Poner precintos.

PRECINTO m. Ligadura o fleje que se pone en torno de los paquetes, cajas o fardos, fijando sus extremos con un sello de plomo o engatillándolos de modo que no puedan ser abiertos sin romper el precinto, el cual ofrece así, de hallarse intacto, una garantía para el destinatario de las mercaderías.

PRECIOSO, SA adj. Dícese de lo que tiene mucho valor, ya por ser su precio elevado, ya por su rareza o su utilidad. ‖ *Metales preciosos,* V. METAL. ‖ *Piedras preciosas,* V. PIEDRA.

PRECIPITABLE adj. *Quím.* Dícese de las substancias disueltas que pueden ser precipitadas.

PRECIPITACIÓN f. *Meteor.* Agua atmosférica que cae al suelo al estado líquido o sólido. (V. LLUVIA, NIEVE, GRANIZO, ESCARCHA Y ROCÍO.)

— *Quím.* Acción química mediante la cual una substancia disuelta se separa del líquido y se deposita en el fondo del recipiente.

PRECIPITADO m. *Quím.* Substancia que, en el curso de una reacción, se separa del líquido en que se hallaba disuelta y cae al fondo del recipiente.

PRECIPITAR v. *Quím.* Provocar o producirse la precipitación * de una substancia disuelta.

PRECOMBUSTIÓN f. *Mec.* En el funcionamiento de los motores Diesel, fase inmediatamente anterior a la inflamación de la mezcla.

PRECOMPRIMIDO, DA adj. *Obr. públ. Hormigón precomprimido,* hormigón * tensado.

PREFABRICACIÓN f. En la construcción de casas, barcos y otras construcciones importantes, sistema consistente en utilizar elementos de formas y dimensiones normalizadas que se fabrican en gran escala y se montan luego en el lugar donde se efectúa la construcción: *la prefabricación permite construir más rápida y económicamente y con una mano de obra especializada mucho más reducida.* (V. ARQUITECTURA.)

PREFABRICADO, DA adj. y s. Dícese de las construcciones hechas por el método de la prefabricación *: *grupo de viviendas prefabricadas.* ‖ — M. Elemento de una construcción preparado en serie en una fábrica: *expedir tres vagones de prefabricados.*

PREFABRICAR v. Producir en una fábrica los elementos separados que, montados y ajustados en el terreno por los métodos de la prefabricación, constituirán una casa, barco, etc.

PREFORMACIÓN f. *Text.* Operación que consiste en poner las medias y otros géneros de punto en un molde y en calentarlos para que tomen la forma del mismo antes de ser teñidos.

PREGLACIAR adj. *Geol.* Anterior a la primera glaciación ocurrida en un lugar.

PRENSA f. Máquina constituida esencialmente por dos elementos planos o cilíndricos entre los cuales, mediante accionamiento mecánico, hidráulico o neumático, puede ser comprimida alguna cosa. ‖ Por ext., máquina provista de un molde en el cual puede ser introducida una materia a presión, o que posee una hilera o boquilla por la cual la presión de un émbolo puede hacer pasar la materia para convertirla en barras o perfilados.

— *Agr. Prensa de forraje,* la que comprime la paja o el heno en balas que permiten transportarlos o almacenarlos en espacio reducido.

— *Art. gráf.* Nombre genérico de las máquinas de imprimir. (V. IMPRESIÓN.) ‖ *Prensa de dorar,* la que emplea el encuadernador para estampar en las tapas del libro con panes de oro o de otro metal, a veces provista de un sistema de caldeo de las estampas. ‖ *Prensa de estereotipar,* prensa utilizada en estereotipia * para sacar las matrices de cartón. ‖ *Prensa de pruebas,* la usada por el fotograbador para sacar pruebas de los clisés y por el tipógrafo para tirar galeradas o pruebas de las planas.

— *Constr.* Máquina consistente en una prensa hidráulica que comprime el hormigón en moldes, para fabricar aglomerados *.

— *Fot. Prensa de pegar,* prensa provista de un sistema de caldeo que sirve para pegar las fotografías a los soportes rígidos con adhesivos aplicables en caliente.

— *Ind. alim.* Aparato para exprimir los frutos en la elaboración del vino, el aceite, la sidra, los zumos de naranja, tomate, melocotón y otros frutos. ‖ *Prensa de queso,* la que se usa en la fabricación de quesos para prensar el requesón en los moldes y expulsar el suero.

— *Mec.* La *prensa* es una máquina de uso universal que tiene aplicaciones en todos los ramos industriales. Una prensa consta generalmente de una bancada o plato fijo, en el cual se pone la materia que se ha de labrar, y de otro móvil (estampa, platina, etc.) que es empujado con fuerza contra el primero. Ateniéndose al modo como es transmitida la fuerza, se distinguen las siguientes clases de prensas: *prensa de palanca,* en la cual la estampa es apretada manualmente con una palanca; *prensa de husillo* o *de rosca,* con su estampa o platina fijada en el extremo inferior de un tornillo vertical que, accionado por un balancín o por un volante, la hace bajar al enroscarse en el bastidor de la prensa; *prensa de excéntrica,* en la cual un mecanismo de excéntrica * hace subir y bajar la estampa, etc. Pero las prensas más potentes son de accionamiento hidráulico y su funcionamiento se funda en el principio de Pascal (v. PASCAL y PRESIÓN). Esencialmente la prensa hidráulica consta de dos cilindros: uno de gran diámetro, cuyo émbolo arrastra al plato móvil, y otro de pequeño diámetro en cuyo émbolo se aplica la fuerza. Ambos cilindros se hallan llenos de líquidos por debajo de los émbolos y comunican por una canalización. Según el referido principio, toda presión aplicada al émbolo menor es transmitida por el líquido al émbolo mayor con idéntico valor por unidad de superficie. Ahora bien, como el cilindro mayor tiene una superficie mucho más grande que la del otro, la presión total que se ejerce sobre su émbolo es también mucho mayor. Por ejemplo, si la superficie de un émbolo es 1 000 veces mayor que la del otro, una carga de 1 kg puesta sobre éste, equilibra otra de 1 000 kg colocada en el otro. Si se trata de una prensa, la fuerza aplicada en uno de ellos se transmitirá al otro multiplicada 1 000 veces. Las *prensas hidráulicas* capaces de aplicar a la materia prensada un empuje de 5 000 a 15 000 t son relativamente corrientes y también las hay mucho más potentes. Cuando el empuje es aplicado al primer émbolo con aire comprimido y de un émbolo al otro con aceite, se dice que la prensa es de accionamiento oleoneumático.

La deformación de la materia con prensas puede obtenerse en frío o en caliente. Por ejemplo, el laminado de la chapa se efectúa en caliente por medio de los laminadores (que no son sino prensas de cilindros), mientras que la embutición de la misma se hace en frío con las prensas de embutir. Por otra parte, entre las labores en caliente cabe distinguir las máquinas de percusión (por ej., martillo pilón), de las de presión (prensas, laminadores, etc.) y de las que deforman la materia por extrusión, estirado, etc.

construcción de una casa con elementos prefabricados

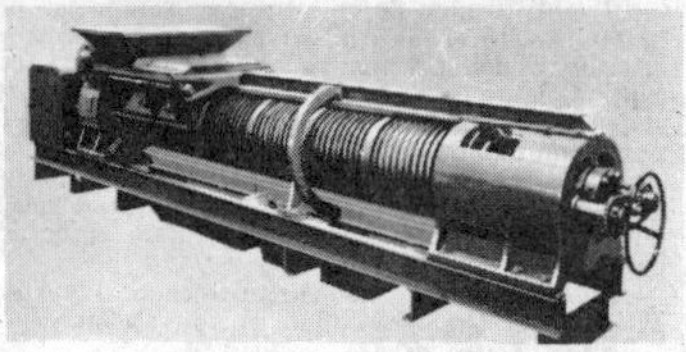

prensa continua horizontal para olivas

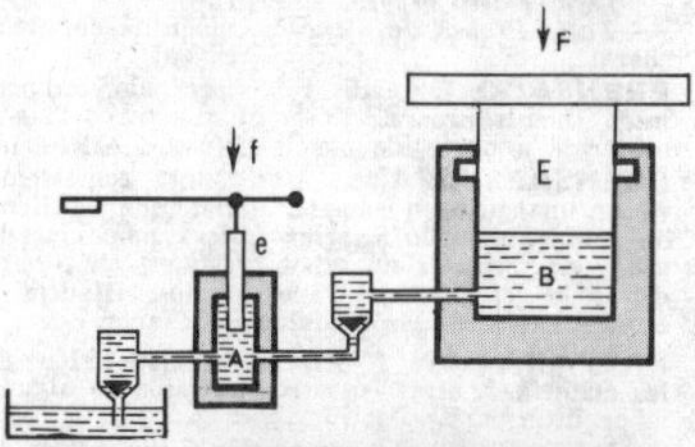

prensa hidráulica: la fuerza f aplicada en el émbolo e hace pasar el líquido de A a B, donde equilibra la fuerza F, mucho mayor, aplicada sobre el émbolo E

prensas hidráulicas para carrocerías de automóviles

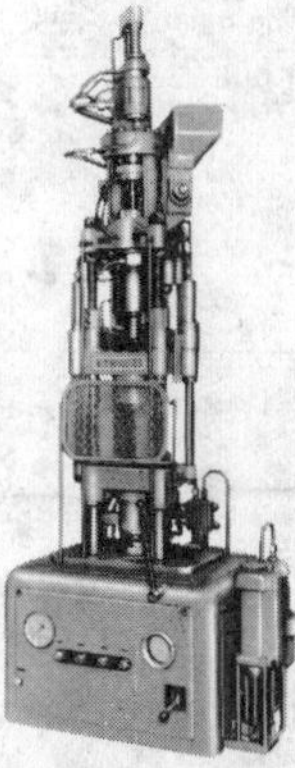

prensa para materias plásticas

Fot. Ellebé, Olier, Bliss, A. Triulzi

presas

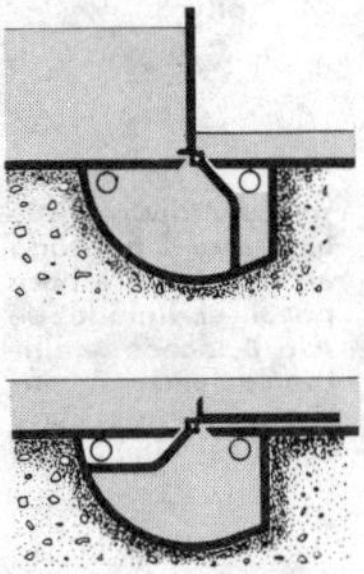

de tambor

— *Papel.* órgano de la máquina de fabricar papel o cartón, en el cual el agua de la pasta es eliminada por presión, a veces combinada con aspiración. (V. PAPEL.) || *Prensa encoladora,* sistema de cilindros, dispuesto en el secadero de una máquina de fabricar papel, que sirve para dar cola a éste. || *Prensa de platina,* prensa que sirve para cortar el papel o el cartón continuos en hojas rectangulares o de forma apropiada para hacer cajas u otras labores.
— *Plást. Prensa de moldear,* moldeadora. || *Prensa de inyección,* moldeadora por inyección.
— *Tecn. Filtro prensa,* v. FILTRO.
— *Text. Prensa de planchar,* máquina de planchar *.

PRENSADO, DA adj. y s. Aprestado, comprimido con la prensa. || — M. Lustre o lisado conferido a un tejido por la prensa o calandria.

PRENSAESTOPA m. *Mec.* Junta consistente en un manguito o cámara anular que se llena de estopa, algodón y otras fibras embebidas de grasa en torno de un árbol, vástago, etc., para evitar los escapes del vapor en los cilindros y otros órganos de las máquinas de vapor.

PREPARACIÓN f. Arreglo o disposición de las materias u otras cosas en previsión de alguna labor ulterior.
— *Art. gráf.* Mano de disolución ácida que se da a la piedra litográfica o a la placa offset para hacer higroscópicas las partes que no han de imprimir.
— *Min.* Separación del mineral y de su ganga.
— *ópt.* Objeto ya tratado y fijado en el portaobjeto, presto para ser observado en el microscopio.
— *Quím.* Conjunto de operaciones que se efectúan para obtener una substancia: *la preparación del amoniaco.* || Mezcla de ingredientes: *preparación farmacéutica.*
— *Topogr.* Una de las operaciones de la fototopografía *, consistente en determinar sobre el terreno dos puntos por planimetría y cuatro por altimetría, todos ellos identificables en las fotografías, merced a las cuales podrán comprobarse la escala y las altitudes de las mismas y efectuar su restitución correcta en el plano.

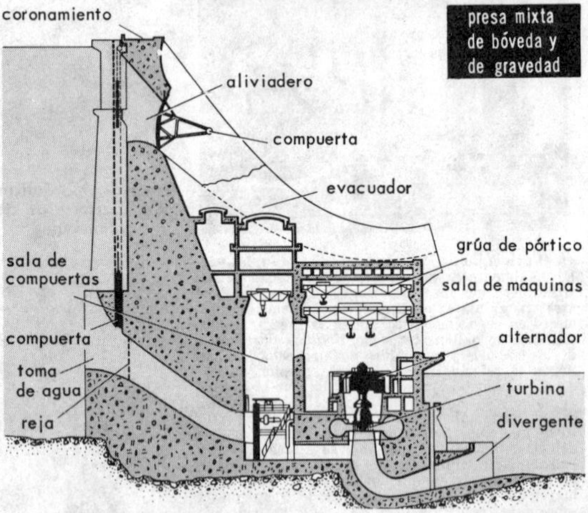

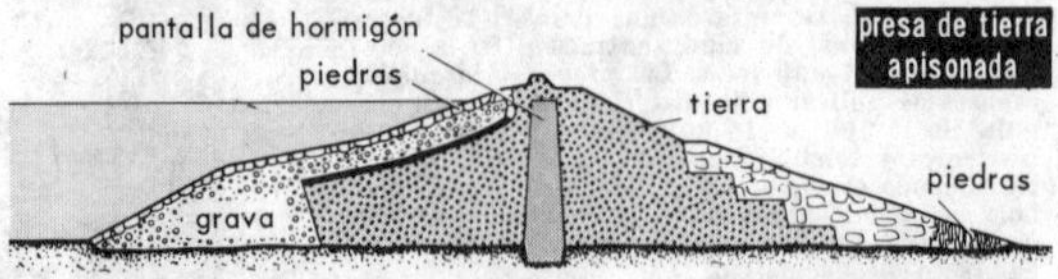

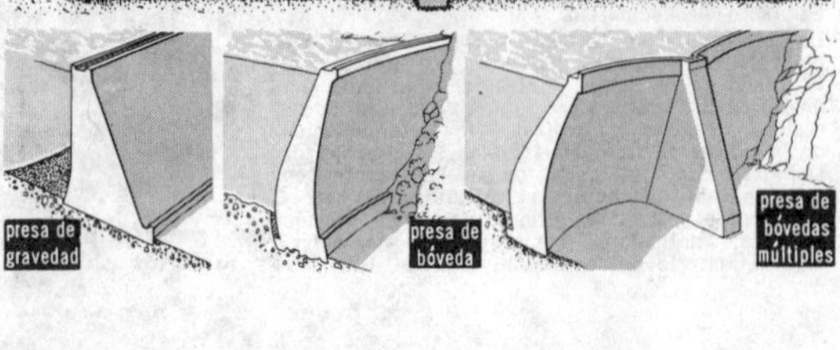

PREPARAR v. Efectuar alguna de las operaciones reseñadas en el art. PREPARACIÓN.

PRERREFRIGERACIÓN f. Refrigeración rápida a la cual se somete un producto lo más pronto posible después de su obtención y antes de transportarlo. || Refrigeración previa de un producto antes de almacenarlo o de transformarlo.

PRERROTACIÓN f. *Aeron.* Operación consistente en hacer girar las ruedas de un avión antes del aterrizaje, mediante cuya precaución se evita el desgaste excesivo de los neumáticos en los aviones muy pesados.

PRESA f. Obra que se construye a través de un río con objeto de regular su caudal, elevar su nivel, embalsar agua o crear un salto aprovechable para mover las máquinas de una fábrica o producir energía eléctrica.
— Existen dos categorías de *presas;* unas son obras de fábrica muy importantes que cierran un valle y crean un extenso lago artificial en el cual se acumulan las aguas para ser aprovechadas a medida de las necesidades, ya para el riego o el abastecimiento público (pantanos), ya —cual ocurre las más de las veces— para producir energía eléctrica en las horas, días y épocas del año más convenientes; otras presas sólo permiten elevar el nivel de unos cuantos metros, después de lo cual el río prosigue su curso por encima de ellas. Consiguientemente, el objeto de estas presas no es de crear reservas importantes de agua, aun cuando pueden, en cursos poco importantes, absorber en parte las aguas de una avenida y atenuar así sus efectos. Las más de las veces estas construcciones sirven para obtener aguas arriba un nivel permanente necesario para permitir la navegación, alimentar un canal navegable o de regadío, asegurar la llegada del agua a una fábrica (independientemente de las fluctuaciones del caudal), etc.
La más simple de estas presas no es sino un muro de fábrica de poca altura construido transversalmente sobre el lecho del río. Las *presas de vigas* tienen a intervalos regulares unos pilares provistos de ranuras en las cuales encajan los extremos de unas vigas que se disponen horizontalmente por hiladas para elevar el nivel del embalse. Pero en las presas perfeccionadas los cambios de dicho nivel se obtienen rápidamente por medios mecánicos. Citemos, entre estas *presas movibles:* la *presa de compuertas,* en la cual grandes puertas de acero se deslizan verticalmente por las ranuras de sólidos pilares; la *presa de agujas,* que consta de numerosas vigas yuxtapuestas cuyo extremo inferior descansa en el fondo y que, ligeramente inclinadas, son aplicadas por el empuje del agua contra la cumbrera de un caballete metálico (la salida del agua se regula sacando el número conveniente de vigas o agujas); la *presa de segmento* o *de sector,* constituida por una chapa combada en forma de segmento cilíndrico, sostenida por una armazón articulada en un árbol horizontal que permite alzarla o bajarla según las necesidades; la *presa de cilindros,* en la cual éstos pueden subir y bajar merced a unas coronas dentadas que tienen en los extremos y que engranan en las cremalleras fijadas en los contrafuertes; citemos por último la *presa de tambor,* articulada al nivel de la solera y constituida por un alza que forma presa y una contraalza encajada en una cavidad o tambor del suelo, de tal forma que, mientras existe un caudal suficiente, el empuje del agua mantiene el alza erguida; en cambio, al bajar el caudal y ser insuficiente el empuje, el alza se aplica automáticamente contra la solera.
Las presas mayores son construcciones de hormigón que, como ya se ha dicho, cierran un valle. Solamente pueden ser construidas en aquellos lugares donde concurren las siguientes condiciones: valle suficientemente cerrado y profundo que se ensanche aguas arriba y no haya allí mucha pendiente, con objeto de que el lago artificial pueda embalsar mucha agua; estructura geoló-

gica del terreno tal que el agua no pueda perderse por infiltraciones excesivas y que las paredes y el lecho puedan resistir, sin resquebrajarse ni correrse, al enorme empuje de las aguas. El empuje es, en efecto, transmitido por la presa al terreno, aunque de forma diferente según el tipo adoptado: *presa de gravedad*, construcción voluminosa que opone al empuje del agua su propio peso; *presa arqueada* o *de bóveda*, poco espesa y relativamente ligera, que trabaja como una bóveda de edificio y transmite el empuje a los apoyos laterales; *presa de contrafuerte*, con muro poco espeso apoyado de trecho en trecho en sólidos contrafuertes. Estos tipos principales engendran otros secundarios: la *presa de bóvedas múltiples* apoyadas en contrafuertes; la *presa mixta*, a la vez de bóveda y de gravedad, etc. Citemos también la *presa de tierra*, constituida por un muro impermeable que sirve de núcleo a un enorme dique de tierra compactada y grava, protegido superficialmente con piedras o bloques. Las presas tienen un aliviadero o vertedero para dar salida por la parte superior a las aguas excedentarias, así como una descarga de fondo para arrastrar de vez en cuando los cienos o para vaciar por completo el embalse en caso de necesidad (reparaciones, peligro de rotura, etc.). Por otra parte, tienen obras de toma, o sea conductos o canales provistos de llaves de accionamiento mecánico, por los cuales se dirige el agua a donde se ha de utilizar. Las más de las veces, en las presas muy grandes, las tomas llevan el agua a las turbinas de una central eléctrica construida aguas abajo cerca de la presa o formando cuerpo con ella.

PRESELECCIÓN f. *Autom.* Operación preliminar permitida por ciertos cambios de velocidades que consiste en preparar anticipadamente una combinación que luego se realiza automáticamente con sólo desembragar y embragar de nuevo, y, por ejemplo, al acercarse una curva, el conductor, hallándose aún en calzada recta y con cuarta velocidad, puede marcar en el preselector la retrogradación a la segunda, produciéndose ésta en el momento deseado sin que las manos tengan que dejar el volante, accionando solamente el pedal de embrague.
— *Radiot.* Sistema para mejorar la recepción de las emisiones de radio consistente en operar en los primeros circuitos del radiorreceptor una selección de entre todas las que capta la antena.

PRESELECTOR, RA adj. y s. Que efectúa una selección previa.
— *Autom.* Dispositivo que opera la preselección.

PRESERVACIÓN f. Acción de proteger una cosa contra los agentes que pueden destruirla o dañarla.
— *Carp. Preservación de la madera*, tratamiento a que se somete la misma para evitar su destrucción por los hongos, los insectos, etc. (V. IMPREGNACIÓN.)

PRESIÓGRAFO m. Presiómetro registrador.

PRESIÓMETRO m. Instrumento que se emplea en los motores de combustión y de reacción para medir los cambios rápidos de la presión de los gases y cuyo principio se funda en las variaciones de la capacidad eléctrica de una sonda.

PRESIÓN f. *Fís.* y *Mec.* Fuerza ejercida perpendicularmente a una superficie por un fluido, por el peso o el empuje de un sólido, etc. ‖ En el seno de un fluido, fuerza que el mismo ejercería perpendicularmente y por unidad de superficie, sobre la cara de un sólido inmergido en el mismo. ‖ *Presión crítica*, presión del vapor * saturante a la temperatura crítica. ‖ *Presión máxima*, la del vapor * saturante. ‖ *Presión osmótica*, v. OSMÓTICO. ‖ *Presión de radiación*, presión que la luz y demás radiaciones ejercen sobre las superficies que las reflejan: *la presión de radiación de la luz solar es del orden de 0,5 a 1 mg/m²*. ‖ *Regulador de presión*, v. REGULADOR y MANÓSTATO. ‖ *Ajuste de presión*, v. AJUSTE.
— Los vapores y los gases, en virtud de la teoría cinética (v. GAS), tienden a ocupar el mayor volumen posible y ejercen así sobre las paredes de los recintos que los contienen una *presión* también llamada *fuerza elástica* o *tensión*. El valor de dicha presión se obtiene dividiendo la fuerza total por la superficie (generalmente expresada en centímetros cuadrados) sobre la cual se aplica. La unidad C. G. S. de presión es la baria * (1 dina por cm^2), pero también se emplea el bar *, que vale un millón de barias. Otra unidad común es la atmósfera *, equivalente a 1,013 bares. En el sistema M. T. S., la unidad es la pieza * (1 estenio por m^2) y su múltiplo más común la hectopieza, equivalente al bar. Por último, la unidad de presión en el sistema M. K. S. es el pascal * (1 newton por m^2).
En los líquidos, la presión es también perpendicular a las paredes del recipiente y nula en la superficie libre. La presión en un punto cualquiera de la masa líquida es igual al peso de una columna de líquido que tenga por base la unidad de superficie adoptada (por ej., el centímetro cuadrado) y por altura la distancia que media entre el punto considerado y la superficie libre del líquido. (V. tb. PASCAL [*Principio de*].)
El vapor de agua puede ser reducido y utilizado a presiones muy diferentes, pero las expresiones "de alta presión", "de baja presión" y "de presión media" carecen de significado preciso, pues los criterios varían de una industria a otra y la presión considerada como baja en una de ellas, puede ser alta en otra. Además, las apelaciones son falseadas por el aumento constante de las presiones a que trabajan las calderas *, generadores e instalaciones similares. En ciertos casos se considera como baja presión aquella para la cual los servicios oficiales no imponen medidas de precaución ni controles especiales, cual ocurre con las instalaciones de calefacción de menos de 340 g/cm².
Conviene, en todos los casos, distinguir entre la *presión efectiva*, que es la que indican los manómetros (y que es la presión del fluido en exceso sobre la presión atmosférica) y la *presión absoluta*, suma de la presión del fluido más la presión atmosférica.
— *Meteor. Presión atmosférica*, la que ejerce la atmósfera sobre todos los objetos que se hallan en contacto con ella y que no es sino la manifestación del peso del aire.
— Una columna de aire cuya base mida 1 cm² y cuya altura sea la de la atmósfera, pesa 1 033 g y equilibra el peso de columna de mercurio de igual diámetro y de 76 cm de altura o una de agua de 10,33 m, equivalentes a 1 013 milibares. Dichos valores se refieren a la presión al nivel del mar, ya que, como la densidad del aire disminuye rápidamente con la altura, también experimenta un rápido descenso la presión, pues más de la mitad de todo el aire atmosférico se halla concentrado en los 5 000 primeros metros y 96 % del mismo en los primeros 20 000 m. De ahí la necesidad de comprimir el aire en las cabinas de los aviones y la imposibilidad para los mismos de sustentarse y de hallar en la alta atmósfera el oxígeno necesario para el funcionamiento de los motores de combustión aerobia. Pero los cohetes, que no se apoyan con planos sustentadores y que llevan su propia reserva de comburente, se mueven y funcionan en las atmósferas más enrarecidas e incluso en el vacío.
La presión atmosférica al nivel del mar se halla sujeta a variaciones provocadas por los movimientos de las masas de aire, dado que un aire frío es más denso que un aire caliente. Estos cambios provocan perturbaciones del tiempo. (V. CICLÓN, ANTICICLÓN y DEPRESIÓN.)

PRESÓSTATO m. Manóstato automático que mantiene constante la presión de un fluido en una canalización o un depósito.

PRESURIZACIÓN f. *Aeron.* Método que consiste en mantener en las cabinas de los aviones que vuelan a mucha altura una presión atmosférica satisfactoria para el organismo de sus ocupantes y que suele ser del orden de la que reina en la atmósfera a 2 500 m.

PRESURIZADO, DA adj. *Aeron.* Dícese de la cabina de avión en la cual se practica la presurización.

PRESURIZAR v. *Aeron.* Mantener, por presurización *, una presión normal en las cabinas de los aviones que vuelan en atmósfera rarefícada.

PRETAL m. *Arq.* Cargadero.

PRETENSADO, DA adj. *Constr. Hormigón pretensado*, v. HORMIGÓN *tensado*.

PRETIL m. *Arq.* Antepecho.

PREVISIÓN f. *Meteor. Previsión del tiempo,*

presas móviles

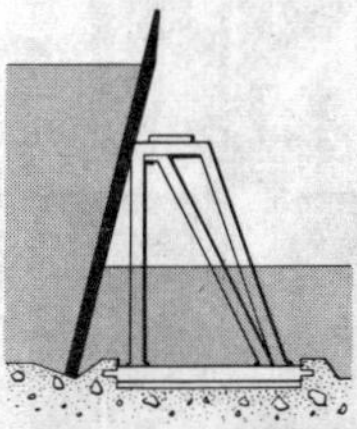

de agujas

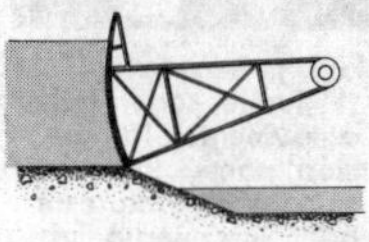

de sector

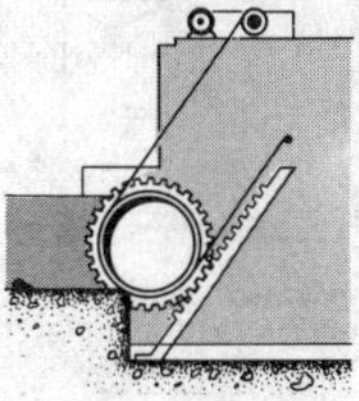

de cilindro

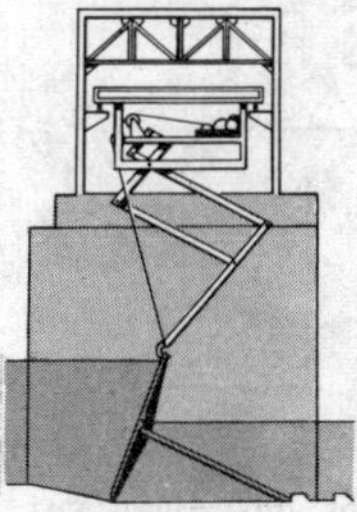

de alzas

presóstato
[v. figura p. 834]

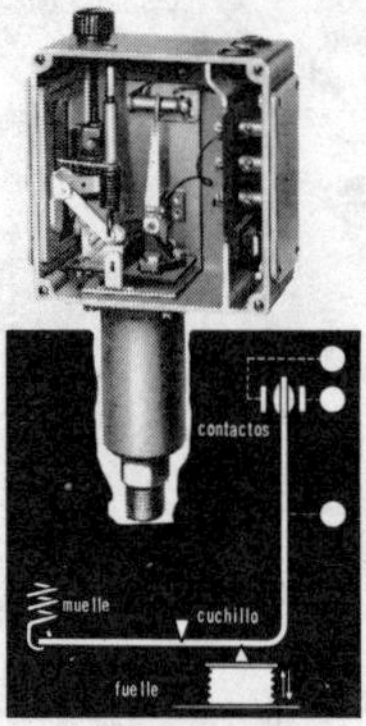

presóstato
(el fuelle, según baje o aumente la presión, pone en marcha o para el compresor por intermedio de contactos eléctricos)

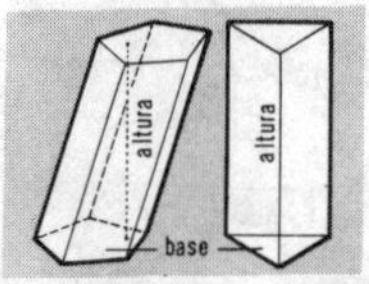

prismas pentagonal oblicuo y triangular recto *(geom.)*

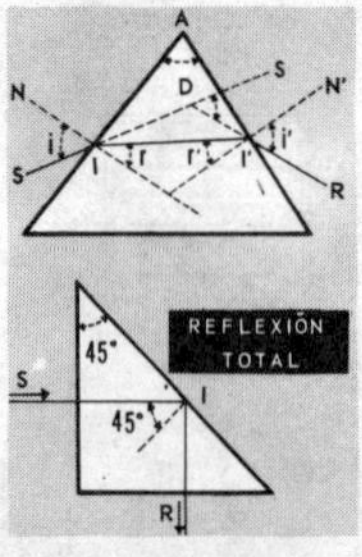

prisma *(ópt.)*
SI, rayo incidente; II', refracción; I'R, rayo refractado; A, ángulo refringente; *ii'*, ángulos de incidencia; *rr'*, ángulos de refracción; D, desvío
Si *n* es el índice de refracción:
$\sin i = n \sin r$
$\sin i' = n \sin r'$
$A = r + r'$
$D = i + i' - A$

determinación científica y anticipada del tiempo que hará en un lugar.
— La evolución del tiempo depende de numerosos factores y de fenómenos que se desarrollan en la alta atmósfera y algunos de los cuales no se conocen todavía con precisión. Por otra parte, para poder determinar el tiempo futuro es indispensable conocer todos los detalles de las condiciones presentes, no solamente en todas las regiones del Globo, sino también en la alta atmósfera, cosa que, a pesar de la ayuda valiosa que prestan los satélites * meteorológicos, aún no se ha logrado. Consiguientemente, la ciencia meteorológica no se halla en condiciones de establecer previsiones seguras a largo plazo. Las tentativas hechas con dicho fin se fundan en el análisis de la situación actual y el cotejo en los ficheros de todas las situaciones semejantes que se han producido desde que se registran sistemáticamente los datos meteorológicos. Un análisis de los casos anteriores permite deducir la evolución probable del tiempo, pero los resultados obtenidos son poco satisfactorios. Así, pues, los partes meteorológicos se limitan generalmente a establecer pronósticos a breve plazo, por lo común de 24 horas, que suelen confirmarse porque en tan breve plazo el cambio de tiempo se debe a la evolución de fenómenos perfectamente conocidos que se desarrollan en las capas inferiores de la atmósfera. (V. CICLÓN, ANTICICLÓN, FRENTE, NUBE y TIEMPO.)

PRIBRAMITA f. *Miner.* Variedad de blenda que se beneficia como mena de cinc y de cadmio.

PRICEÍTA f. *Miner.* Borato hidratado de calcio, que es una mena de boro.

PRIMARIO, RIA adj. y s. *Acúst.* Dícese de los sonidos tocados por el músico en el instrumento, por oposición a los sonidos secundarios, que aquéllos engendran en éste.
— *Astr.* Dícese del astro principal de un sistema planetario o de un sistema de estrellas múltiples, en torno del cual gravitan los demás (planetas, compañeros, etc.).
— *Autom. Suspensión primaria,* v. SUSPENSIÓN.
— *Electr.* M. Circuito que, en un transformador o una inductancia, recibe la corriente del manantial de energía. (V. TRANSFORMADOR.)
— *Expl. Explosivo primario,* v. EXPLOSIVO.
— *Geol.* Dícese del período geológico comprendido entre el precambriano y el secundario o mesozoico, cuyos terrenos datan de —500 a —200 millones de años. (V. ESTRATIGRAFÍA.) [Sinón. PALEOZOICO.]
— *Mec. Árbol primario,* el que recibe en primer lugar el movimiento del motor en una caja de velocidades, transmisión, convertidor de par, etcétera.
— *Ópt. Color primario,* v. COLOR.

PRIMAVERA f. Estación del año que empieza inmediatamente después del invierno, en el equinoccio, y acaba cuando se produce el solsticio de verano.
— En el hemisferio boreal, la *primavera* empieza el 21 de marzo, al llegar el Sol a la intersección del plano ecuatorial y de la eclíptica —hallándose entonces en la constelación de los Peces—, y termina el 21 de junio, cuando el Sol está en la constelación de los Gemelos. Su duración es, por término medio, de 92 días y 20 horas. Al empezar la primavera el día tiene igual duración que la noche, o sea 12 horas. En el hemisferio austral, la primavera dura 89 días y 19 horas, del 23 de septiembre al 22 de diciembre. (V. tb. ESTACIÓN.)
En el planeta Marte la primavera dura 199 días terrestres en el hemisferio boreal y 146 en el austral.

PRIMO, MA adj. *Materia prima,* v. MATERIA.
— *Mat.* Dícese del número que sólo es divisible por sí mismo y por la unidad, como 7 y 19. ‖ Letra repetida. (V. ÍNDICE.)
— Todo número que no sea *primo* puede ser descompuesto en un producto de factores primos. Dos números son primos entre sí cuando solamente admiten como divisor común a la unidad. Sus potencias también son primas entre ellas. Un número divisible por otros varios que son primos entre sí, dos a dos, es también divisible por su producto. La descomposición de los números en sus factores primos facilita la determinación de su máximo común divisor y de su mínimo común múltiplo.

PRINCIPAL adj. *Arq.* Dícese del piso situado encima de la planta baja o del entresuelo, si lo hay.
— *Art. gráf.* Dícese de la edición príncipe.
— *Geom. Eje principal,* el que pasa por el foco o los focos de una cónica. ‖ *Línea principal, punto principal* y *rayo principal,* v. PERSPECTIVA.

PRINCEPS y **PRÍNCIPE** adj. *Art. gráf.* Dícese de la primera edición de un libro.

PRINCIPIO m. *Fís.* Ley general cuyas consecuencias rigen toda una parte de la física. ‖ *Principio de Arquímides, principio de exclusión, principio de Huygens,* etc., v. ARQUÍMEDES, EXCLUSIÓN, HUYGENS, etc.
— *Quím.* Cuerpo que figura en la composición de una mezcla natural: *la indigotina es el principio colorante del añil.*

PRISMA m. *Astr. Prisma objetivo,* prisma de cristal con dos caras en forma de diedro poco abierto, que se pone ante el objetivo de un telescopio para obtener simultáneamente el espectro de todas las estrellas visibles en el campo del instrumento.
— *Fot. Prisma sensitométrico,* filtro en forma de cuña de vidrio gris o hecha con gelatina del mismo color contenida entre dos cristales que forman un ángulo diedro, que se emplea en sensitometría para reducir la intensidad de un haz luminoso y hacerlo tanto más débil cuanto mayor es el espesor de prisma atravesado por el mismo.
— *Geom.* Sólido limitado por dos polígonos iguales y paralelos, que son sus *bases,* y por paralelogramos o *caras* que unen dos a dos los lados correspondientes de las mismas.
— Cada lado del polígono de una base forma una *arista de base* con la cara correspondiente; dos caras adyacentes forman una *arista lateral.* Según el número de lados de la base se califica al prisma de triangular, cuadrangular, etc. Si el triángulo, el cuadrilátero, etc., son regulares, se dice que el prisma es también regular, en el caso contrario, es irregular. Por otra parte, dícese que el prisma es recto cuando las aristas laterales son perpendiculares a las bases y, cuando no lo son, se tiene un prisma oblicuo.
El área lateral de un *prisma recto* es igual al producto del perímetro de la base por la longitud de la arista lateral (altura del prisma). El área lateral del *prisma oblicuo* se halla de la misma manera, aunque considerando el perímetro de una sección perpendicular a su eje. El volumen de un prisma es igual al producto del área de su base por su altura o del área de la sección recta por la longitud de la arista lateral.
Dase el nombre de *prisma truncado* o *tronco de prisma* a cada uno de los sólidos que se obtienen al cortar un prisma por un plano que no sea paralelo a las bases.
— *Ópt.* Medio de materia refringente limitado por las dos caras de un diedro, cuya intersección constituye la *arista del prisma,* mientras que toda sección perpendicular a dicha arista es una *sección principal.*
— Todo rayo de luz monocromática que se propague por una sección principal experimenta dos refracciones y el rayo emergente es desviado, respecto al incidente, según un ángulo que depende del ángulo de incidencia, del ángulo del prisma y del índice de refracción de la materia que lo constituye (v. *figura*). En el caso de una luz compuesta, la desviación de los rayos depende también de la longitud de onda de las radiaciones, lo cual permite utilizar el prisma para descomponer la luz blanca en las distintas radiaciones del espectro *.
Los prismas tienen numerosas aplicaciones en óptica. Además de descomponer la luz, como ya se ha indicado, también se emplean para desviarla, lo cual permite reducir las dimensiones de ciertos instrumentos o facilita su uso. Con este fin se recurre al *prisma de reflexión total,* cuya sección normal es un triángulo rectángulo e isósceles, en el cual, el rayo *S* es reflejado por la hipotenusa en *I,* en una dirección *R* perpendicular a *SI* (v. tb. GEMELOS *prismáticos*). El *prisma de Nicol* sirve para efectuar estudios y mediciones sobre la polarización de la luz (v. NICOL y POLARIZACIÓN). El biprisma *, constituido por la unión de dos prismas, se usa en interferometría *.

PRISMÁTICO, CA adj. y s. *Geom.* Que tiene la forma de un prisma.
— *ópt.* Anteojo o gemelo en cuyo interior los rayos luminosos son desviados por medio de prismas. ‖ *Colores prismáticos,* los que resultan de la dispersión de la luz blanca por un prisma. (V. COLOR, ESPECTRO y LUZ.)
PRISMATOIDE adj. y s. *Geom.* Prismatoideo. ‖ — M. Prismoide.
PRISMATOIDEO, A adj. *Geom.* De forma parecida a la de un prisma. (V. PRISMOIDE.)
PRISMOIDE m. *Geom.* Sólido parecido al prisma, pero cuyas bases, aunque paralelas, no tienen las mismas dimensiones, particularidad a la cual se debe que las caras del prismoide sean trapecios e incluso triángulos: *el tronco de pirámide de bases paralelas es un prismoide.*
PROA f. *Aeron.* Morro o extremo frontal del fuselaje de un avión o aeróstato.
— *Mar.* Parte delantera del casco de un barco, con la cual corta las aguas y cuyas formas principales, con sus correspondientes denominaciones, se ilustran en la figura. (V. tb. BARCO.)
PROAL adj. Relativo o perteneciente a la proa.
PROBABILIDAD f. Carácter del evento o fenómeno que, si bien no puede darse por seguro, se admite razonablemente que ha de producirse, fundándose la suposición en el cálculo, las estadísticas o la teoría.
— La *probabilidad* y el *cálculo de probabilidades* constituyen hoy una disciplina muy importante que tiene aplicaciones en todos los campos de la actividad humana.
Consideremos un dado perfectamente equilibrado: como tiene seis caras, la probabilidad *n* de que salga una de ellas es igual al cociente de la unidad dividida por 6, o sea de 0,166 66. Así, pues, la probabilidad de que se produzca alguno de los casos posibles es la relación *r* entre el número *n* de casos favorables y el número *m* de todos los casos posibles. La probabilidad se halla, consiguientemente, comprendida entre 0 (el evento o suceso es imposible) y entre 1 (el suceso es seguro). En el juego de cara y cruz con una moneda perfectamente equilibrada, la probabilidad de que salga una u otra es igual a 0,5 (la unidad dividida por 2). Igualmente, en el caso de una cajita que contenga 15 bolas blancas y 5 rojas, la probabilidad de sacar una bola blanca es de 0,75, cociente de 15 dividido por 20.
Ahora bien, la probabilidad así calculada es teórica y, para que pueda confirmarse experimentalmente, suele ser necesario recurrir a un número suficientemente grande de pruebas según la *ley de los grandes números.* (V. NÚMERO.)
Las aplicaciones del cálculo de probabilidades son de dos órdenes: unas se fundan en la probabilidad calculada teóricamente con antelación a los hechos, como en los ejemplos citados más arriba; otras resultan del estudio estadístico de hechos anteriores. Así, por ejemplo, conociendo el número de defunciones correspondientes a cada edad, las compañías de seguros pueden calcular la esperanza de vida, o sea los años que, por término medio, han de vivir aún los clientes de cada edad, y determinar, en consecuencia, las primas que han de pagar en concepto de seguros sobre la vida.
El cálculo de probabilidades tiene también mucha importancia en física atómica, especialmente en mecánica * ondulatoria e incluso en la industria y el comercio (perspectivas que se ofrecen en el mercado a un nuevo producto, planificación de la producción, etc.).
— *Atom. Probabilidad de transición,* la que existe para que un átomo o partícula cambien de estado en determinada unidad de tiempo (generalmente un segundo) y, si se consideran los numerosos núcleos de un cuerpo radiactivo, proporción de los mismos que se desintegran por segundo. (V. RADIACTIVIDAD.)
PROBABILISTA adj. Relativo a la probabilidad.
PROBADOR m. Aparato que sirve para comprobar las características de las piezas, productos industriales, circuitos eléctricos, etc.: *un probador de válvulas electrónicas.*
PROBETA f. *Expl.* Aparato en el cual se hacen estallar muestras de pólvora y de otros explosivos para medir su fuerza o poder.
— *Fís.* Manómetro para medir el enrarecimiento del aire en las cámaras de vacío y en los recintos sometidos a una depresión.
— *Fot.* Cubeta para los baños fotográficos.
— *Min.* y *Petr.* Muestra del terreno, que se analiza en la prospección de yacimientos minerales: *las barrenas * sacamuestras permiten extraer probetas cilíndricas del fondo de los pozos en los sondeos petroleros.*
— *Quím.* Recipiente tubular de cristal, generalmente provisto de una escala graduada para apreciar el volumen del líquido que contiene, que se usa en los laboratorios de análisis y para medir los líquidos que se han de mezclar.
— *Tecn.* Muestra de un producto industrial o manufacturado que se saca de un lote para someterla a pruebas mecánicas, análisis químicos u otros ensayos.
PROBLEMA m. Cuestión que se resuelve por procedimientos científicos, especialmente mediante cálculos.
— *Astr. Problema de los tres cuerpos,* v. CUERPO.
— *Mat.* Proposición que se formula para, a partir de ciertos datos conocidos, hallar el valor numérico o resultado correspondiente a la cuestión o pregunta planteadas. ‖ *Problema determinado,* el que solamente admite una solución. ‖ *Problema indeterminado,* el que admite varias soluciones.
PROCEDIMIENTO m. *Tecn.* Método práctico para hacer una cosa, fabricar un producto, etc.: *los principales procedimientos para elaborar el acero son los de Bessemer y de Martin.*
PROCESO m. *Tecn.* Sucesión de fases que se reproducen regularmente en un fenómeno, en un procedimiento industrial, etc.: *la vinificación es un proceso de fermentación.* ‖ Galicismo por *procedimiento.*
PROCTOR *(Aguja de).* V. AGUJA.
PROCTOR *(Prueba de),* prueba para determinar la mejor proporción de agua que ha de tener el suelo para ser compactado *, consistente en apisonar varias muestras del mismo hasta obtener el resultado deseado, y midiendo entonces la densidad y el contenido en agua de la muestra más satisfactoria.
PRODETONANTE m. *Quím.* Substancia que, agregada a la gasolina, disminuye su índice de octano * y, consiguientemente, produce efecto contrario del de un antidetonante *.
PRODUCTO m. *Atom. Producto de fisión,* cada uno de los dos o tres núcleos de elementos ligeros que resultan de la fisión * de un núcleo pesado: *existen unos 80 productos de fisión, de masa comprendida entre la del cinc 72 y la del gadolinio 158.*
— *Ind.* Cosa producida o manufacturada: *los productos de ciertas industrias son materias primeras con las cuales otras industrias fabrican productos manufacturados.*
— *Mat.* Resultado de la multiplicación.
— *Petr. Productos blancos* o *claros,* productos petrolíferos que, como la gasolina y el queroseno, son claros. ‖ *Productos negros,* los aceites de engrase, los betunes, los aceites pesados y otros derivados del petróleo que tienen color obscuro.
— *Quím. Producto químico,* el que resulta de alguna reacción u otra operación o proceso químicos. ‖ *Producto de substitución,* cuerpo que se obtiene a partir de otro mediante substitución en su molécula de uno o varios átomos por otros tantos radicales o átomos diferentes.
PROEJAR o **PROEJEAR** v. *Mar.* Remar contra la fuerza del viento o de una corriente.
PROEL adj. *Mar.* Tratándose de una cosa situada a bordo de un barco, la parte de la misma más cercana a la proa.
PROFUNDIDAD f. Distancia que media entre el fondo y la superficie de un líquido, la solera de un pozo y su boca, la pared posterior y la fachada de un edificio, etc.
— *Aeron. Profundidad de un ala,* la cuerda de su perfil *. ‖ *Timón de profundidad,* v. TIMÓN.
— *Fot.* y *ópt. Profundidad del campo,* parte del campo de un instrumento óptico comprendida entre dos límites dentro de los cuales todos los objetos dan una imagen neta. ‖ *Profundidad del foco,* espacio anterior y posterior al plano focal, dentro del cual se obtienen imágenes netas.
— Cuando se enfoca un aparato fotográfico con arreglo a la distancia a que se halla el objeto, se obtiene una imagen neta no solamente de lo que figura a la referida distancia, sino también de todo cuanto se halla inmediatamente delante y detrás de la misma dentro de los límites que determinan la *profundidad del campo.* Esta es

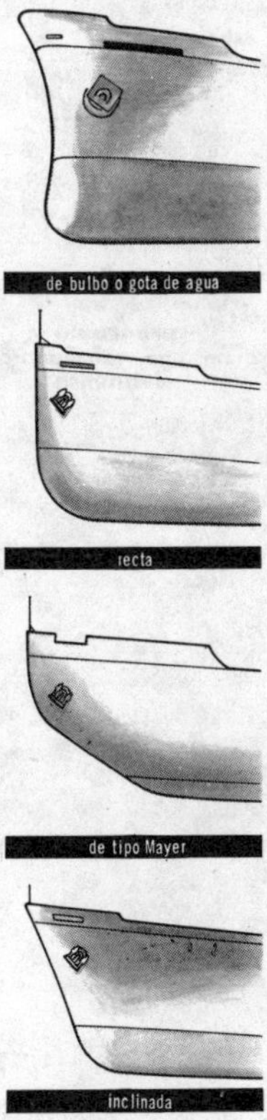

proas

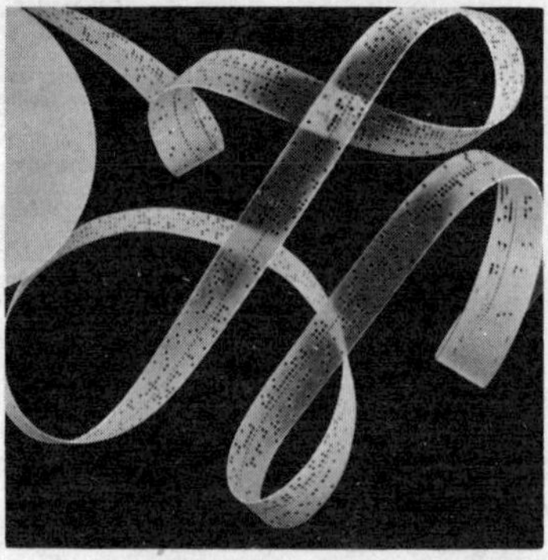

programa de una calculadora electrónica

tanto mayor cuanto menores son la abertura * del diafragma y la longitud focal del objetivo y cuanto mayor es la distancia a que se ha enfocado el mismo. Por eso se obtienen imágenes netas hasta el infinito con las cámaras cinematográficas y con los aparatos fotográficos de formatos pequeños, sobre todo si una iluminación excesiva permite operar con el diafragma muy cerrado.
— *Mar.* y *Ocean. Profundidad de los mares,* V. OCEANOGRAFÍA y SONDA.

PROGRAMA m. *Electrón* y *Ofic.* Conjunto de instrucciones preparadas de modo que una calculadora electrónica u otros aparatos o equipos automáticos puedan efectuar, en el debido orden, la sucesión de operaciones necesarias para resolver un problema, fabricar una pieza, dirigir un cohete, etc.
— Los *programas* de las calculadoras electrónicas suelen ser bastante largos y complejos. Las más de las veces se inscriben en una cinta provista de varias columnas de perforaciones que, con arreglo al código —o, por decirlo así, al "lenguaje"— de la máquina, indican a la misma no solamente la índole de las operaciones que se han de efectuar y el orden en que se han de suceder, sino también el modo de proceder para conservar los resultados parciales en la memoria * de la máquina y para extraerlos de la misma a medida que lo requieren los cálculos efectuados. (V. CALCULADORA.)
Las máquinas herramienta más perfeccionadas funcionan con arreglo a un programa que, por medio de servomecanismos, ordena los movimientos de la herramienta para que ésta labre automáticamente las piezas a las dimensiones requeridas.
Asimismo, ciertos proyectiles autopropulsados y cohetes espaciales son provistos de un programa registrado merced al cual cumplen a su debido tiempo los cambios de dirección, el disparo o la parada de mecanismos, cámaras de televisión, emisoras de a bordo, etc.

PROGRAMACIÓN f. *Electrón.* y *Ofic.* Preparación del programa * de una calculadora o de alguna máquina o equipo automáticos.

PROGRAMADOR m. *Electrón.* y *Ofic.* Aparato acoplado a una calculadora, en el cual se inscribe el programa * de las operaciones que la misma ha de resolver para hallar la solución del problema planteado.

PROGRAMAR v. *Electrón.* y *Ofic.* Descomponer los datos de un problema o las operaciones que ha de efectuar un mecanismo automático, en una sucesión de instrucciones codificadas propias para ser interpretadas y ejecutadas por la calculadora electrónica o la máquina de que se trate. (V. PROGRAMA.)

PROGRESIÓN f. Evolución o variación progresivas de un fenómeno o de una magnitud.
— *Mat.* Serie de números que se suceden con arreglo a una ley constante y cada uno de los cuales se forma del anterior.
— Los números de una serie pueden ser crecientes *(progresión ascendente* o *creciente)* o decrecientes *(progresión decreciente* o *descendente).* También puede ser la *progresión finita* (si tiene un número que marca su término o límite) o *infinita* (si no existe un número que marque su límite).
Llámase *progresión aritmética* o *progresión por diferencia* (símbolo ÷) la sucesión o serie de números tales que la diferencia de cada uno de ellos con el que lo precede o le sigue sea otro número constante llamado *razón de la progresión.* Así, en la progresión ascendante ÷ 1.6.11.16.21.26... la razón positiva es 5, mientras que la progresión descendante ÷ 9.7.5.3.1 es de razón negativa 2.
Si r es la razón, a el número menor, m el número mayor de la progresión y n el número de orden ocupado por m, tendremos que

$$m = a + (n - 1)\, r \text{ y que } r = \frac{m - a}{n - 1}.$$

Por otra parte, en toda progresión aritmética limitada, la suma de dos números equidistantes de los que ocupan los extremos es constante, y en la primera progresión citada más arriba en ejemplo tendremos $1 + 26 = 27$; $6 + 21 = 27$; y $11 + 16 = 27$.
La suma S de todos los términos de una progresión aritmética limitada se halla mediante la fórmula

$$S = \frac{(a + m)\, n}{2}.$$

En la *progresión geométrica* o *progresión por cociente* (cuyo símbolo es ÷÷), la división de cada término o número por el término precedente arroja un cociente constante que es la razón. Si ésta es superior a la unidad, se tiene una progresión creciente; en el caso contrario, es decreciente. La serie ÷÷ 3:9:27:81... es una progresión geométrica de razón 3.
Si r es la razón, a el primer término, m un término cualquiera de la progresión geométrica y n el número de orden que ocupa m en la serie, tendremos que

$$m = ar^{n-1} \text{ y que } r = \sqrt[n-1]{\frac{m}{a}}.$$

En toda progresión geométrica el producto de dos términos equidistantes de los extremos es constante e igual al producto de los mismos. Así, en la progresión geométrica de nuestro ejemplo el producto de 3×81 es igual al producto de 9×27. Por otra parte, la suma S de todos los términos de a a m se obtiene con la fórmula

$$S = \frac{mr - a}{r - 1},$$

pero si la razón es inferior a la unidad, S se halla con la fórmula

$$\frac{a}{1 - r}$$

y tiende a un valor finito (Véase tb. el art. SERIE.)

PROGRESIVO, VA adj. Dícese del fenómeno que se desarrolla gradualmente y de la magnitud que varía siempre en el mismo sentido sin experimentar cambios bruscos.
— *Expl.* Dícese de los explosivos cuya combustión o deflagración se acelera a partir del momento en que se inflaman, lo cual se obtiene ya tratando los granos superficialmente con un gelatizante que modera la combustión, ya, si el explosivo forma bloque, dándole una forma tal que, a medida que se va consumiendo, aumente la superficie de combustión.
— *Mec. Rosca de paso progresivo,* V. ROSCA.

PROLONGA f. *Mar.* Cabo atado a una cosa para llevarla de un lado a otro arrastrándola.
— *Tecn.* Pieza que sirve para alargar otra.

PROLONGADO, DA adj. *Art. gráf.* Dícese, por oposición a apaisado, del casado * en el cual las páginas son más altas que anchas: *imprimir un libro en octavo prolongado.*

PROMEDIAR v. Repartir o igualar en partes iguales: *promediar la carga de un buque es distribuirla igualmente a babor y estribor.* ‖ Llegar a la mitad de determinada unidad de tiempo: *los cables submarinos empezaron a tenderse al promediar el siglo XIX.*
— *Mat.* Hallar el promedio.

PROMEDIO m. Punto o línea que divide una cosa en dos partes iguales.
— *Mat.* Media * aritmética.

PROMETEO m. *Quím.* Elemento químico de número atómico 61, cuyo símbolo es *Pm.*
— El *prometeo* es un metal del grupo de las

Fot. Bull

tierras raras (lantánidos *), primitivamente llamado *ilinio,* presente, aunque en proporciones ínfimas, en ciertos minerales uraníferos, en los cuales se forma en el curso de la fisión espontánea del uranio 238. En los reactores nucleares, la fisión da diariamente 1 mg de prometeo por cada 100 kW de potencia. Hasta ahora se han identificado 14 isótopos del prometeo, de masa comprendida entre 141 y 154, todos ellos radiactivos y obtenidos mediante distintas reacciones que resultan de bombardear isótopos * del neodimio, el samario, el praseodimio, etc., con partículas apropiadas. Así, por ejemplo, el isótopo de masa 145, que es el de período más largo, se obtiene a partir del samario 145 por captura de un electrón y, por repetición del mismo proceso, se convierte en neodimio 145 al cabo de 18 años.

PROMOTOR m. *Quím.* Substancia que, si bien no es catalítica por sí misma, incrementa con su presencia la actividad de un catalizador.

PRONY *(Freno de).* V. FRENO.

PROPADIENO m. *Quím.* Hidrocarburo gaseoso también llamado *aleno.*

PROPAGACIÓN f. *Fís.* Modo de transmisión de las radiaciones u otros fenómenos a través de los medios. (V. LUZ, ONDA, SISMO, RADIACIÓN, etcétera.)

PROPANAL m. *Quím.* Aldehído propiónico *.

PROPANO m. *Quím.* Hidrocarburo de fórmula $CH_3—CH_2—CH_3$, que, por la complejidad de su molécula, es el tercero de la serie de los hidrocarburos * saturados.

— El *propano* es un gas que, a la temperatura y presión ordinaria, se licua a —45° y se solidifica a —189,9°. Su punto de ebullición permite liquidarlo fácilmente mediante compresión y conservarlo así, bajo presión, en botellas de acero.

El propano se extrae del petróleo bruto y, sobre todo, de los gases producidos en el cráking. Arde, como todos los hidrocarburos saturados, con gran desprendimiento de calor y por eso se emplea como combustible en los mismos usos que el butano. En realidad, el propano vendido en botellas como combustible es una mezcla que contiene también propileno y otros hidrocarburos. Además de sus usos domésticos (cocinas de gas), se emplea en los sopletes * para obtener llamas muy calientes. También sirve para reemplazar al mercurio en termómetros para medir temperaturas muy bajas.

PROPANOICO m. *Quím.* Ácido propiónico *.

PROPANOL m. *Quím.* Alcohol propílico *.

PROPANONA f. *Quím.*. Acetona.

PROPAO m. *Mar.* Madero atravesado por varias cabillas, que se fija en la parte inferior de los mástiles para amarrar cabos de maniobras.

PROPARGÍLICO, CA adj. *Quím.* Dícese del alcohol $CH{\equiv}C—CH_2OH$, también llamado *propinol,* que es el más simple de todos los alcoholes acetilénicos y que resulta de la condensación del acetileno con el formol.

PROPARGILO m. *Quím.* Radical acetilénico univalente de fórmula $CH{\equiv}C—CH_2—$.

PROPENAL m. *Quím.* Acroleína.

PROPENÍLICO, CA adj. *Quím.* Dícese de los cuerpos que contienen el radical propenilo.

— Muchas plantas contienen derivados *propenílicos* al estado natural, especialmente anetol. Otros se obtienen por isomerización de los correspondientes compuestos alílicos. Por oxidación de los fenoles propenílicos se elaboran aldehidofenoles * muy empleados en perfumería.

PROPENILO m. *Quím.* Radical univalente y no saturado, isómero del alilo, cuya fórmula es $CH_3—CH{=}CH—$, presente en los cuerpos propenílicos *.

PROPENO m. *Quím.* Propileno.

PROPENOICO m. *Quím.* Ácido acrílico *.

PROPENOL m. *Quím.* Alcohol alílico *.

PROPERGOL m. Mezcla de substancias *(ergoles)* que, al reaccionar en una cámara de combustión, engendran gases abundantes y muy calientes, cuya eyección por una tobera propulsa los cohetes por reacción.

— Los *propergoles* se distinguen de los combustibles empleados en los motores ordinarios en que su reacción se efectúa sin consumir oxígeno atmosférico, circunstancia que permite el funcionamiento de los motores cohete en la alta atmósfera, muy enrarecida, y en el vacío interplanetario.

Los cuerpos que reaccionan entre sí pueden hallarse aglomerados o mezclados en un solo producto o substancia *(monergol)* o en dos *(biergol* o *diergol).* Los monergoles más simples se hallan constituidos por un líquido (agua oxigenada, óxido nitroso, etc.) que se descompone en cuerpos gaseosos (oxígeno, hidrógeno, nitrógeno, etc.) en presencia de un catalizador a cuya particularidad deben su nombre de *catergoles.* Llámase *monergol simple* u *homogéneo* aquel en el cual todos los constituyentes se hallan combinados en una misma molécula, cual ocurre con el monergol sólido a base de nitrocelulosa y nitroglicerina y con el monergol líquido compuesto de nitrato de etilo, nitrato de propilo y óxido de etileno. Por el contrario, los *monergoles compuestos* son mezclas de moléculas diferentes que no se combinan entre sí, como el monergol sólido de perclorato de amonio y resinas sintéticas y el monergol líquido de nitrilo y ácido nítrico.

La mayor parte de los cohetes espaciales consumen diergoles, sobre todo en sus etapas o escalones inferiores. Llámanse *hipergoles* o *propergoles hipergólicos* cuando los dos constituyentes se inflaman espontáneamente al entrar en contacto, como en la combinación del ácido nítrico con la anilina y sus derivados. En el caso contrario se dispone en la cámara de combustión un sistema de ignición de la mezcla (resistencia eléctrica o inyección inicial de una pequeña cantidad de hipergol).

Sabiendo que el empuje * de un motor cohete es aproximadamente igual al producto de la masa de los gases por la velocidad de los mismos, se comprende que los mejores propergoles sean los que dan los gases más rápidos, o sea aquellos en los cuales la reacción engendra las temperaturas más elevadas y produce gases de moléculas más ligeras (que pueden ser expelidas con mayor rapidez). También tiene importancia la duración de la reacción, pues de nada serviría disponer de gases ligeros y muy rápidos si su acción propulsiva no pudiera ejercerse sobre el ingenio durante un tiempo suficiente para imprimirle la velocidad requerida. De ahí la adopción por los especialistas de la noción de *impulsión*

transporte de **propano** licuado

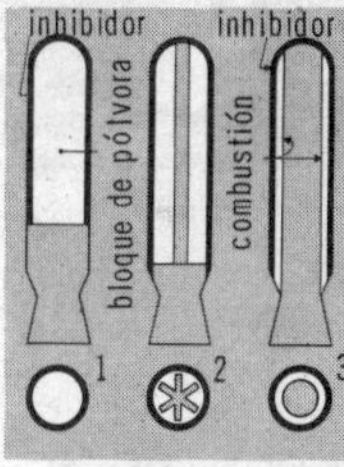

bloques de **propergol** sólido
1. De empuje constante; 2. Regresivo; 3. Progresivo

propergol avituallamiento de un cohete espacial

Fot. Baudelaire, U. S. I. S.

propileo

específica (tiempo durante el cual un kilogramo de propergol puede suministrar un empuje de un kilogramo) de preferencia a la de *consumo específico* (peso del propergol necesario para obtener durante un segundo un empuje de un kilogramo). La impulsión específica de los mejores propergoles es del orden de 300 a 400 segundos.

El más energético de los propergoles de uso corriente es el diergol hidrógeno líquido + oxígeno líquido, con el cual se obtienen impulsiones específicas del orden de 400 s. Teóricamente es posible obtener reacciones mucho más eficaces, pero la aplicación de las mismas plantea problemas técnicos a los cuales no se han hallado soluciones prácticas y seguras: así, ciertos ergoles no pueden conservarse a las temperaturas ordinarias (caso del ozono, oxidante mucho más enérgico que el oxígeno); otros son excesivamente activos (basta con exponer un pedazo de madera a la acción del flúor para que se carbonice), etc. Por otra parte, los materiales de que dispone el hombre para constituir las cámaras de combustión y las toberas no pueden resistir a temperaturas tan grandes cuales pueden alcanzar los gases desprendidos por los propergoles más interesantes desde el punto de vista teórico. El mismo hidrógeno líquido, además de las dificuldades que presenta su almacenamiento, transporte y trasiego a los tanques del cohete (pues por hervir a —253°, se evapora rápidamente) tiene el inconveniente de ser demasiado ligero (un kilogramo del mismo ocupa un volumen de 14 litros) y no presenta interés su uso en el primer escalón o etapa de los cohetes porque los mismos alcanzarían entonces dimensiones gigantescas que requerirían estructuras metálicas muy pesadas.

Se comprende, pues, que en un cohete compuesto se utilicen varias clases de propergoles. Por ejemplo, el primer elemento puede consumir queroseno + oxígeno líquido; el segundo, hidrógeno + + oxígeno líquido; el tercero, monergol sólido; en los pequeños cohetes utilizados para modificar la trayectoria de un ingenio, cambiar su orientación o estabilizarla, etc., se empleará, por ejemplo, hidracina, etc.

Los propergoles sólidos no son sino sucesores de la pólvora, la cual, desde tiempos remotos, ha servido para propulsar los cohetes de fuegos artificiales. Se emplean en forma de bloques muy grandes y, si bien su impulsión específica es muy inferior a la de los propergoles líquidos, presentan no pocas ventajas: almacenamiento y manipulación fáciles; densidad elevada, que permite reducir las dimensiones de los cohetes y el peso de sus tanques y estructuras; supresión de los pesados, delicados y costosos sistemas de bombas, turbinas, canalizaciones, válvulas, etc. Todo esto hace que el uso del monergol sólido sea más seguro que el del diergol líquido en aquellos casos en que los astronautas deban posarse en otros mundos y partir de ellos sin poder contar con la asistencia de un equipo técnico.

Dando a los bloques una forma apropiada y revistiendo algunas partes de su superficie con inhibidores de combustión, se puede hacer variar la emisión de gases y, consiguientemente, el empuje del ingenio, ya reduciéndolo (bloques degresivos), ya incrementándolo (bloques progresivos).

Los *litergoles* son propergoles mixtos que permiten combinar las ventajas de los ergoles líquidos con las de los monergoles sólidos. Constan de un bloque taladrado de ergol combustible, por cuyas canales longitudinales es inyectado el comburente líquido, el cual, después de haber refrigerado la tobera, permite, regulando su flujo, hacer variar el empuje o apagar y encender el motor según las necesidades (pues los litergoles suelen ser hipergólicos).

En materia de cohetes es inquietud constante de los ingenieros el logro de la mejor impulsión específica compatible con razones de masa * óptimas, y ello complica no poco el estudio y la utilización de los propergoles. En un motor de combustión terrestre se procura quemar todo el combustible, y, con dicho fin, se mezcla éste con el volumen necesario de oxígeno (mezcla * estequiométrica) e incluso con un ligero exceso del mismo. En los cohetes resulta a veces más interesante empobrecer la mezcla en ergol comburente de modo que los gases expelidos contengan cierta proporción de combustible no quemado. Así, por ejemplo, la combustión completa de 2 g de hidrógeno requiere 16 g de oxígeno y da entonces como gases 18 g de vapor de agua. Ahora bien, la masa de una molécula de agua es igual a 18, mientras que la del hidrógeno es de 2 y ya sabemos que cuanto menor es la masa molecular de los gases, mayor es también la velocidad que pueden adquirir. De ahí el interés de inyectar en la cámara de combustión un exceso de hidrógeno que, al no poder combinarse con el oxígeno, será expulsado y disminuirá la masa molecular de los gases, aumentando así la velocidad de los mismos. Claro está que si el exceso de combustible fuera muy grande, no presentaría ninguna ventaja, pues los gases serían menos calientes y menos rápidos. Existe, consiguientemente, una proporción óptima para obtener la máxima eficiencia del propergol y ésta es de 3,5 partes de oxígeno (en vez de 8) por cada una de hidrógeno, y el sistema de alimentación de las cámaras de combustión habrá de ser regulado para obtener dicha proporción.

Así vemos cómo, a pesar de ser muy simple el principio de funcionamiento de los motores cohete, el empleo de los progerpoles consumidos por los mismos resulta mucho más complejo que la alimentación de los motores de combustión en mezcla carburante fácilmente obtenida y suministrada por los carburadores.

Las reacciones químicas no constituyen el único medio para lograr la eyección de gases calientes y existen otras formas de propulsión teóricamente más eficaces cuya aplicación a los cohetes espaciales se estudia activamente. (V. PROPULSIÓN.)

PROPIACHA f. *Text.* En la fabricación de sombreros, labor que sigue a la fula * y que tiene por objeto dar al fieltro su forma definitiva.

PROPIL, prefijo empleado en química para designar los compuestos que contienen el radical propilo en su molécula.

PROPILBENCENO m. mejor que **PROPILBENCINA** f. *Quím.* Hidrocarburo $C_3H_7—C_6H_5$, isómero del cumeno y homólogo del benceno, presente en el alquitrán de hulla.

PROPILENO m. *Quím.* Hidrocarburo etilénico de fórmula $CH_3—CH=CH_2$. (Sinón. PROPENO.)
— El *propileno,* homólogo superior del etileno, es un gas incoloro que se licua a —48°, y se obtiene en la refinación * del petróleo, ya en el cracking o en el reforming, ya por deshidrogenación del propano. Tiene importancia muy grande en petroquímica, como materia primera de numerosos compuestos: obtención de isopropanol con el cual se fabrica acetona; de óxido de propileno para elaborar glicerina, etc. Por otra parte, su polimerización * catalítica da polipropilenos destinados a la fabricación de detergentes y de materias plásticas.

PROPILEO m. *Arq.* Porche monumental de ciertos edificios griegos. ‖ Por ext., pórtico o vestíbulo de un templo, y también peristilo.

PROPÍLICO, CA adj. *Quím.* Dícese de un alcohol, homólogo superior del alcohol etílico *, y de los compuestos derivados del mismo.
— El *alcohol propílico primario* $CH_3—CH_2—$ $—CH_2OH$ también llamado *propanol-1* y *etilcarbinol,* es un líquido incoloro que se extrae del aceite de fusel por destilación. Da, por oxidación, aldehído y ácido propiónicos, mientras que la deshidratación por el ácido sulfúrico lo convierte en propileno. Tiene un isómero que es el alcohol isopropílico, propanol-2 o dimetilcarbinol, de fórmula $CH_3—CHOH—CH_3$, que es el más simple de entre todos los alcoholes secundarios y se obtiene, por hidratación del propileno, en forma de líquido miscible en el agua.

PROPILIDENO m. *Quím.* Radical bivalente derivado del propilo por supresión de un átomo de hidrógeno.

PROPILO m. *Quím.* Radical univalente $CH_3—$ $—CH_2—CH_2—$, isómero del isopropilo, derivado del alcohol propílico por supresión del hidroxilo.

PROPINO m. *Quím.* El segundo de los carburos de la serie acetilénica, también llamado alileno y metilacetileno, cuya fórmula es $CH_3—C\equiv CH$: *el propino es un gas licuefiable a —23°.*

PROPINOICO m. *Quím.* Ácido propiólico *.

PROPINOL m. *Quím.* Alcohol propargílico *.

PROPIO, PIA adj. *Astr. Movimiento propio de una estrella,* v. MOVIMIENTO.
— *Mat.* Dícese del quebrado cuyo numerador es menor que el denominador.

Fot. Giraudon

PROPIOCEPTOR m. *Cibern.* En biología, esta voz designa el sistema receptor que registra el estado de contracción de los músculos e informa del mismo al sistema nervioso que provoca dicha contracción; por analogía con dicho proceso, se da el mismo nombre al dispositivo que, en una máquina, informa al órgano de mando sobre el grado en que se han cumplido sus órdenes. (V. CIBERNÉTICA.)

PROPIÓLICO, CA adj. *Quím.* Dícese de ciertos compuestos acetilénicos cuya molécula comprende tres átomos de carbono, especialmente el *aldehído propiólico* $CH\equiv C-CHO$ o *propinal* que es un líquido lacrimógeno, y el *propinoico* o *ácido propiólico* $CH\equiv C-CO_2H$: *los derivados argénticos de los compuestos propiólicos son explosivos.*

PROPIÓNICO, CA adj. *Quím.* Dícese de un ácido saturado $CH_3-CH_2-CO_2H$ y de los derivados del mismo. (Sinón. PROPANOICO.)
— El *ácido propiónico,* homólogo superior del ácido acético, es un líquido aceitoso, el primero de los ácidos grasos que se separan de una disolución acuosa mediante adición de sales minerales. El *aldehído propiónico* o *propanal* se obtiene por oxidación del alcohol propílico.

PROPIONILO m. *Quím.* Radical univalente CH_3-CH_2-CO-, derivado del ácido propiónico por supresión del hidróxilo.

PROPORCIÓN f. *Arq.* Relación entre las formas y dimensiones de las distintas partes de un edificio, monumento u otra obra arquitectónica. (V. MÓDULO y MODULADOR).
— *Art. gráf. Divina proporción,* distribución armónica de la superficie de la página entre el texto y las márgenes, ateniéndose más o menos aproximadamente al número * de oro.
— Generalmente se calculan las márgenes según una de las relaciones 3 a 5 y 2 a 3. Después de haber medido la diferencia entre las dimensiones del molde y las del papel, se atribuyen, respectivamente, los 3/5 o los 2/3 al margen del corte y el resto al del lomo; asimismo, verticalmente, se reservarán los 3/5 o los 2/3 del blanco al margen de pie y el resto al de cabeza.
— *Mat.* Relación existente entre cuatro cantidades cuando la razón de la primera a la segunda es igual a la razón de la tercera a la cuarta.
— La *proporción* puede escribirse de dos modos diferentes:

$$A : B :: C : D \text{ y } \frac{A}{B} = \frac{C}{D}$$

y se enuncia "A es a B como C es a D". Llámase *proporción aritmética* si es la igualdad de dos razones aritméticas, como en el ejemplo siguiente:

$$11 - 5 = 7 - 1.$$

En toda proporción aritmética, la suma de los dos términos extremos es igual a la de los términos medios (en el ejemplo anterior, 11 + 1 es igual a 5 + 7).
La igualdad de dos razones geométricas constituye una *proporción geométrica* o simplemente *proporción.* Así:

$$\frac{12}{4} = \frac{21}{7}, \text{ o bien } 12 : 4 :: 21 : 7.$$

En toda proporción geométrica el producto de los extremos es igual al de los medios y, consiguientemente, puede alternarse la posición de los términos y formar otras proporciones. Así, la proporción anteriormente citada como ejemplo puede ser expresada igualmente como sigue:

$$\frac{4}{12} = \frac{7}{21} \; ; \; \frac{21}{12} = \frac{7}{4} \; ;$$
$$\frac{7}{4} = \frac{21}{12} \; ; \text{ etc.}$$

Cuando los medios de la proporción son iguales, su valor común constituye la *media proporcional* entre los extremos, la cual es igual a la raíz cuadrada del producto de los extremos y equivalente a su *media * geométrica.*
Cada uno de los términos de una proporción se llama *cuarta proporcional* de los otros tres y se halla fácilmente sabiendo el puesto que ocupa en la proporción.
Dícese que tres números A, B y C forman una *proporción armónica* cuando, ordenados según su magnitud, el mayor de ellos tiene respecto del menor la misma razón que la diferencia entre el mayor y el medio tiene respecto a la diferencia entre el medio y el menor. Consiguientemente,

$$\frac{A}{C} = \frac{A - B}{B - C} \text{ y, por ejemplo,}$$
$$\frac{6}{2} = \frac{6 - 3}{3 - 2}.$$

Asimismo, cuatro números se hallan en *proporción armónica* cuando el primero es al cuarto como la diferencia del primero al segundo es a la diferencia del tercero al cuarto, cual en la serie 24, 16, 12, 9.
— *Quím. Ley de las proporciones definidas* o *de las proporciones múltiples,* v. QUÍMICA.

PROPORCIONADO m. *Text.* Prenda de vestir de género de punto que se obtiene tejiendo las distintas partes en telares que les dan su forma definitiva y cosiéndolas luego por sus bordes, por oposición a las prendas que se hacen recortando las distintas partes en una pieza continua de jersey u otro género de punto, como si se tratara de una tela ordinaria.

PROPORCIONAL adj. Perteneciente o relativo a la proporción.
— *Mat. Cantidades* o *magnitudes proporcionales,* serie de magnitudes cuya variación es tal que su razón permanece constante. (V. PROPORCIÓN.)
— Dos magnitudes son *directamente proporcionales* cuando varían en el mismo sentido y conservan la misma razón. Así, en un hotel, el número de cubiertos servidos, a razón de tres por día, es directamente proporcional al número de clientes, mientras que el consumo de combustible no es proporcional al de los cubiertos preparados.
Dícese que dos magnitudes son *inversamente proporcionales* cuando una de ellas aumenta al disminuir la otra, de tal forma que su producto es constante. Así, por ejemplo, si una manufactura puede fabricar 1 000 artículos en 12 días utilizando 8 máquinas, podrá abreviar la ejecución del pedido y cumplimentarlo en 6 días si pone en servicio 16 máquinas y en 3 días solamente si dispone de 32.

PROPORCIONALIDAD f. *Mat.* Relación existente entre dos series de cantidades proporcionales.

PROPRIOCEPTOR m. *Cibern.* Propioceptor.

PROPULSAR v. *Tecn.* Empujar hacia adelante con algún mecanismo propulsor.

PROPULSIÓN f. Acción de propulsar o impeler hacia adelante.
— *Aeron.* y *Astron.* Propulsión por chorro o por reacción, v. MOTOR y REACCIÓN.
— *Astron.* Los cohetes espaciales pueden ser propulsados por métodos diferentes, todos los cuales, salvo uno (propulsión por presión de radiación descrita más abajo), se fundan en el principio de la acción y de la reacción: la proyección, en determinada dirección, de una masa de gases calientes provoca el movimiento, en la dirección opuesta, del aparato que los emite, de tal forma que el producto de la masa de los gases por la velocidad con que son emitidos, es igual al producto de la masa del ingenio por la velocidad que le imprimen aquéllos.
En todo motor de reacción se requiere la presencia de una masa de materia y de un manantial de energía para poderla expeler a grandes velocidades. En los cohetes actuales de propulsión química, el propergol suministra a la vez la energía aceleradora (calor de la reacción) y la materia acelerada (gases de combustión). En un cohete de *propulsión atómica* el manantial de energía es un reactor nuclear; la materia expelida es, en razón del interés que presenta la eyección de moléculas ligeras (v. PROPERGOL), hidrógeno u otro gas de masa molecular muy pequeña. Esta separación de las dos funciones permite obtener gases muy calientes y rápidos (el hidrógeno calentado a 3 000° podría ser expelido a 8 000 m/s), pero la propulsión nuclear plantea graves problemas. En primer lugar, engendraría tanto calor que, de interrumpirse el flujo refrigerante de hidrógeno, el artefacto estallaría. Además, un reactor nuclear es un manantial de radiactividad

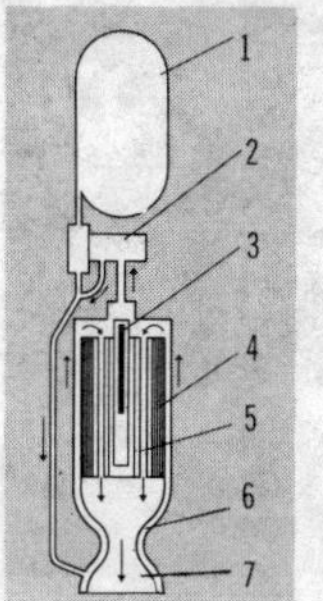

propulsión atómica *(astron.)*
1. Hidrógeno; 2. Bomba; 3. Barra de control; 4. Reflector; 5. Combustible nuclear; 6. Camisa refrigerante; 7. Tobera

y. en el estado actual de la técnica, parece poco probable que pueda ser empleado a partir del suelo, o sea para la propulsión del primer elemento del cohete compuesto.

Como el empuje del motor resulta del producto de la masa emitida por su velocidad de eyección, la emisión de pequeñas masas de materia puede resultar interesante si se dispone de un medio eficaz para comunicarles velocidades muy elevadas. En este principio se funda la *propulsión iónica*. Un motor iónico consta de un manantial de calor que, al caldear intensamente el cesio u otra materia fácilmente ionizable, arranca electrones a sus átomos y los convierte en iones * positivos, éstos son acelerados entonces hacia atrás mediante enérgica atracción de electrodos negativos y, por este procedimiento, análogo al de los aceleradores * de partículas, adquieren velocidades elevadísimas (de 10 a 200 km/s), lográndose así impulsiones * específicas de 5 000 a 60 000 s. Pero también este método propulsivo presenta inconvenientes aún no subsanados: necesidad de un importante generador de energía eléctrica, tanto para el arco que ha de vaporizar e ionizar el cesio como para establecer en los electrodos aceleradores una elevada diferencia de potencial. Sobre todo, la masa eyectada es tan ínfima que, a pesar de las enormes velocidades de eyección, el empuje suministrado por el motor resulta solamente del orden de la centena de gramos. No obstante, la propulsión iónica se aplica ya a bordo de ciertos ingenios espaciales para modificar su orientación, estabilizarlos, etcétera.

La *propulsión plásmica* es una variante de la propulsión iónica y se funda no ya en la ionización parcial de los átomos, sino en su conversión en plasma * y en la aceleración de las partículas que lo componen, tanto negativas como positivas.

Más lejana nos aparece aún la perspectiva de la *propulsión fotónica*, cuyo principio reside en la emisión de fotones. Así se alcanzaría la máxima velocidad posible de eyección, la velocidad de la luz, que es de 300 000 km/s. Pero la masa eyectada sería prácticamente nula. Citemos también la *propulsión por presión * de radiación*, consistente en aprovechar el empuje de la luz solar sobre vastas superficies del ingenio, de modo comparable a la acción del viento sobre las velas de un barco. El empuje así obtenido aunque pequeñísimo, podría ser aprovechado en contados casos en los cuales la aceleración de un ingenio cósmico podría prolongarse durante un tiempo bastante grande.

— *Mar.* V. BARCO, MÁQUINA, MOTOR y REACTOR.

PROPULSIVO, VA adj. y s. Que produce la propulsión: *hélice propulsiva*.

— *Astron.* M. Nombre dado al *gas caliente, plasma*, etc., cuya eyección hace avanzar, por reacción, los vehículos de propulsión * nuclear, iónica, plásmica, etc.

— *Expl.* Dícese de la pólvora empleada en los cartuchos de las armas de fuego para lanzar el proyectil, por oposición al explosivo rompedor contenido por el mismo.

PROPULSOR, RA adj. y s. *Tecn.* Que propulsa o sirve para propulsar. ‖ — M. Máquina, motor o dispositivo que sirve para imprimir un movimiento de propulsión a los vehículos u otros cuerpos que se mueven en el seno de un fluido. ‖ Hélice. ‖ Propulsivo * de motor nuclear. ‖ *Propulsor de chorro* o *de reacción*, motor * de reacción. ‖ *Propulsor de hélice*, el que aprovecha las propiedades de la hélice para impeler a los barcos y aviones.

PROSPECCIÓN f. Acción de prospectar. ‖ Conjunto de técnicas aplicadas con dicho fin.

— *Min.* y *Petr.* El estudio geológico de los afloramientos y de la superficie del terreno en general suministra a veces indicios sobre la presencia de un yacimiento subterráneo y, en otros casos, permite orientar las labores ulteriores de exploración (zanjas, calicatas, pozos, sondeos, etc.). Por lo general, en la prospección racional efectuada con medios suficientes, las labores de exploración del subsuelo solamente se emprenden después de haberlo estudiado por uno o varios métodos de *prospección geofísica*, los cuales permiten, ya localizar un mineral por las perturbaciones *(anomalías)* que su presencia aporta en un campo de fuerzas eléctrico, gravimétrico, magnético, etc., ya descubrir formaciones geológicas características ordinariamente asociadas con la presencia de un mineral (y, así, la presencia de un anticlinal * en terrenos sedimentarios primitivamente cubiertos por el mar, puede significar también la presencia de petróleo).

Los principales métodos de prospección geofísica son los siguientes: 1.º la *prospección eléctrica*, consistente en crear en el terreno un campo eléctrico y medir en numerosos puntos del mismo la diferencia de potencial, la cual depende de la resistividad de cada tipo de roca; los valores hallados se indican en el plano con otros tantos puntos y, uniendo todos aquellos en los cuales se registra la misma diferencia de potencial, se obtiene una red de curvas de las cuales deduce el especialista la estructura del subsuelo; 2.º la *prospección gravimétrica*, se procede en la que al igual que en la anterior aunque midiendo la aceleración de la gravedad en cada punto y no tensiones eléctricas (V. GRAVIMETRÍA); 3.º la *prospección magnética*, en la que se mide el valor del magnetismo terrestre, obteniéndose en los planos redes de curvas que revelan a veces la existencia de *anomalías magnéticas* características, y 4.º la *prospección sísmica*, que se funda en provocar explosiones en el subsuelo y captar en una serie de geófonos * las ondas que llegan a la superficie por refracción o por reflexión (el estudio de las curvas registradas por los geófonos permite averiguar la estructura del terreno, el espesor y naturaleza de las capas principales del mismo, etc.). El uranio y demás minerales radiactivos se buscan explorando el suelo con detectores o contadores * de partículas.

PROSPECTAR v. *Min.* y *Petr.* Explorar el terreno en busca de yacimientos de minerales beneficiables o de combustibles fósiles.

PROSTILO adj. y s. *Arq.* Dícese del edificio que tiene una de sus fachadas adornada con una hilera de columnas a modo de pórtico.

PROT, prefijo derivado del griego *protos*, que significa *primero*.

PROTACTINIO m. *Quím.* Elemento químico de número atómico 91, cuyo símbolo es *Pa*.

— El *protactinio* es un metal de densidad 15,37, cuya temperatura de fusión es algo inferior a 1 600º. Se conocen 11 isótopos del mismo, todos ellos radiactivos, de masa comprendida entre 225 y 237. Este metal carece de aplicaciones prácticas y solamente se obtiene en cantidades pequeñísi-

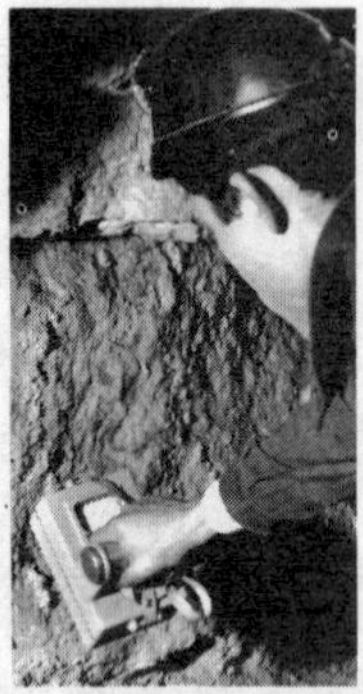

prospección del uranio con el contador de Geiger

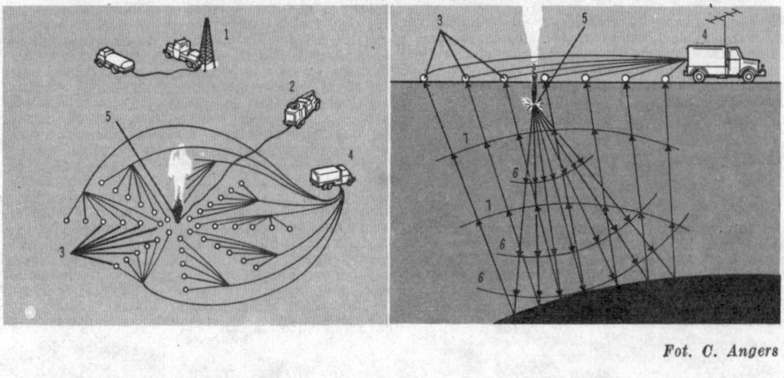

prospección sísmica 1. Equipo móvil de sondeo; 2. Camión pirotécnico; 3. Geófonos; 4. Camión registrador; 5. Explosión; 6. Ondas de choque; 7. Ondas reflejadas

Fot. C. Angers

mas, extrayéndolo de los residuos que resultan de la preparación del radio. Sus compuestos tienen propiedades análogas a las del tántalo.
El protactinio 231 es un eslabón en la cadena de desintegraciones de la serie del actinio: resulta de la desintegración del torio 231 y se desintegra a su vez, con período de 34 300 años, en actinio 227. (V. RADIACTIVIDAD.)

PROTALIZACIÓN f. *Metal.* Marca registrada de un procedimiento análogo a la Parkerización, pero destinado a la protección química del aluminio y de sus aleaciones.
— La *Protalización* se efectúa tratando las piezas en un baño hirviente de disolución alcalina y oxidante de manganato o de fosfocromato, formándose así en la superficie del metal una capa protectora de óxido insoluble.

PROTECCIÓN f. *Electr.* Dispositivo que, combinado con disyuntores, permite limitar a una parte reducida de la red de distribución los efectos de perturbaciones provocadas por los rayos, el viento o las averías por corrosión de los conductores o de otra índole, los cortocircuitos, etc.
— *Metal.* Revestimiento de un metal mediante metalización *, pintura, etc., o tratamiento del mismo mediante cementación, fosfatación, oxidación, etc., para protegerlo contra los agentes oxidantes o corrosivos.
— *Tecn. Protección catódica,* procedimiento eléctrico para proteger las tuberías metálicas contra la corrosión, consistente en establecer una diferencia de potencial que las convierta en cátodos.

PROTECTOR, RA adj. y s. *Tecn.* Que protege o sirve para proteger. ‖ Cárter, pantalla u otro dispositivo propio para preservar al personal de los accidentes que pueden causar las máquinas, engranajes, hogares, etc.

PROTEICO, CA adj. *Quím.* Nombre dado a las materias albuminoideas o proteínas.

PROTEÍNA f. *Quím.* Substancia natural amorfa, coloidal, presente en los tejidos animales y vegetales, que contiene siempre carbono, oxígeno, hidrógeno, nitrógeno y, las más de las veces, fósforo y azufre: *las proteínas resultan de la anhidrización de numerosos ácidos aminados.* (Su sinón. *albúmina* tiende hoy a aplicarse solamente a las substancias proteicas más simples, que contienen menos de 15% de ácidos aminados.)

PRÓTESIS f. Parte de la cirugía que se propone reemplazar parcial o totalmente un órgano, miembro, etc., del cuerpo por un aparato que suele imitar más o menos perfectamente su forma y aspecto, y que, en la medida de lo posible, reproduce también sus funciones. ‖ Aparato empleado con dicho fin. ‖ *Prótesis acústica* o *auditiva,* aparato destinado a paliar la sordera y cuyos modelos más perfeccionados son diminutos amplificadores electrónicos que refuerzan las ondas sonoras captadas por un micrófono, excitan un auricular o un vibrador y pueden fijarse dentro o detrás de la oreja y también en las monturas de las gafas. (V. tb. AUDÍFONO.)

PRÓTIDOS m. pl. *Quím.* Nombre genérico de las proteínas y otras substancias pertenecientes a los organismos animales y vegetales, cuya hidrólisis da ácidos aminados.

PROTO, otra forma del prefijo *prot.*
— *Quím.* Prefijo con que se designaba la combinación en que entraba un elemento en la mínima proporción posible y que hoy suele ser reemplazado por el sufijo *oso;* así, el *protocloruro de hierro* $FeCl_2$ se designa ahora más bien por el nombre de *cloruro ferroso.*

PROTOACTINIO m. *Quím.* Protactinio.

PROTOCLORURO m. *Quím.* V. PROTO.

PROTÓN m. *Atom.* Partícula elemental, una de las tres que constituyen los átomos y de las dos de que se compone el núcleo de los mismos.
— El *protón* es una partícula * electrizada positivamente. Su carga es igual, aunque opuesta, a la del electrón, pero su masa vale 1 836 la de éste. El espín del protón es de 1/2.
El protón es estable y no se desintegra. Su masa es aproximadamente igual a la del neutrón y ambas partículas, llamadas *nucleones,* son los constituyentes de los núcleos atómicos. Un núcleo puede contener un número variable de neutrones, pero el número de sus protones, fijo y característico de cada elemento simple, es siempre igual a su número atómico o número de orden que ocupa en la tabla de la clasificación de los elementos.

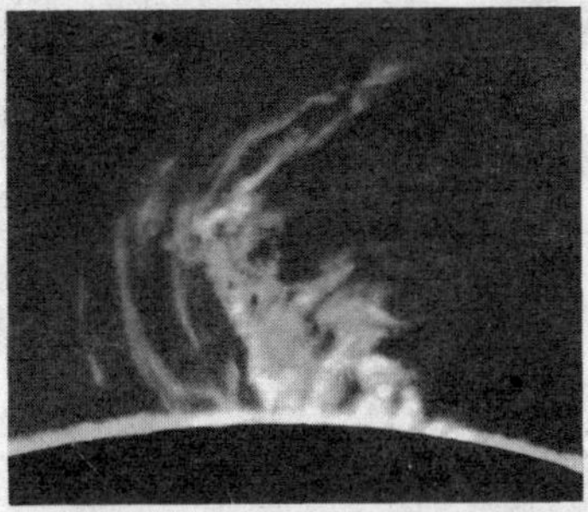

protuberancia solar

Fot. Obs. del Monte Wilson

El núcleo del hidrógeno consta solamente de un protón. Así, para obtener un flujo de protones, basta con ionizar dicho gas, o sea arrancarle su electrón planetario. Los protones así obtenidos se emplean como proyectiles, en los aceleradores * de partículas y también para provocar desintegraciones y transmutaciones.
Existe una antipartícula * negativa del protón, llamada antiprotón *.

PROTÓNICO, CA adj. *Atom.* Relativo o perteneciente al protón.

PROTOSULFURO m. *Quím.* V. PROTO.

PROTOTIPO m. *Art. gráf.* Instrumento con que el fundidor puede regular la fuerza o altura de los tipos que ha de fundir.
— *Ind.* Primer ejemplar que se construye de una máquina, vehículo, instalación industrial, etc., y que sirve para determinar su potencia y rendimiento y estudiar eventualmente sus imperfecciones con objeto de subsanarlas ulteriormente, cuando haya de emprenderse la fabricación en serie.

PROTÓXIDO m. *Quím.* V. PROTO.

PROTUBERANCIA f. *Astr.* Proyección de materia que sobresale del disco solar.
— Las *protuberancias* son chorros gigantescos de gases que se elevan, a partir de la cromosfera * y alcanzan alturas colosales. Las *protuberancias quiescentes* se extienden a lo largo de millares y hasta centenas de millares de kilómetros en la superficie del globo solar, pero no suelen elevarse a más de 50 000 km, y permanecen en el espacio, como si se tratara de nubosidades, durante semanas enteras. Por el contrario, las *protuberancias eruptivas* tienen una base estrecha pero alcanzan con gran rapidez alturas enormes, pues la que se representa en la figura medía 225 000 km de altura y se han observado de hasta 900 000 km, altura superior a la longitud del radio solar.

PROUSTITA f. *Miner.* Arseniosulfuro de plata, también llamado, en razón de su color, *plata roja arsenical: la proustita se encuentra asociada con la pirargirita y es una mena de plata que contiene 65% de este metal.*

PRÓXIMA, estrella invisible a simple vista (magnitud 10,7), de la constelación del Centauro, que es la más cercana del Sol, si bien se halla a 4,15 años de luz del mismo.

PROXIMIDAD f. *Espoleta de proximidad,* espoleta * de aproximación o de presencia.

PROYECCIÓN f. Acción y efecto de proyectar * en todas las acepciones de la palabra.
— *Arm. Ángulo de proyección, línea de proyección* y *plano de proyección,* v. TRAYECTORIA.
— *Cin.* y *Fot. Aparato de proyección,* v. PROYECTOR.
— *Geol. Proyección volcánica,* porción de materia (bombas, lapilli, cenizas) lanzada en el aire por un volcán en erupción y que luego se consolida en el suelo.
— *Geom.* Figura que se obtiene en una superficie al proyectar en ella los puntos de un sólido o de otra figura. (V. PERSPECTIVA.) ‖ *Proyección axonométrica,* aquella en la cual la figura es proyectada en sus tres dimensiones según las reglas de la axonometría *. ‖ *Proyección central* o *cónica,* la que resulta de la intersección con el *plano de proyección* de las rectas que unen cada punto de la figura con un punto fijo llamado *centro de proyección.* (V. PERSPECTIVA *central.*) ‖ *Proyección*

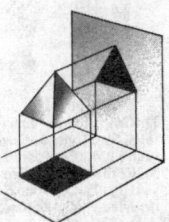

proyección ortogonal de una pirámide en dos planos

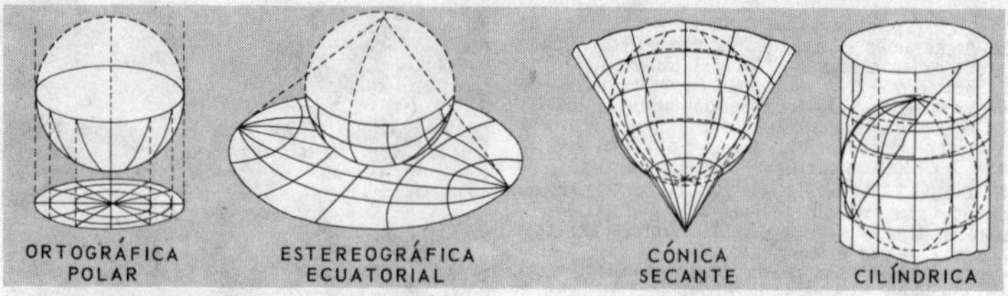

proyecciones

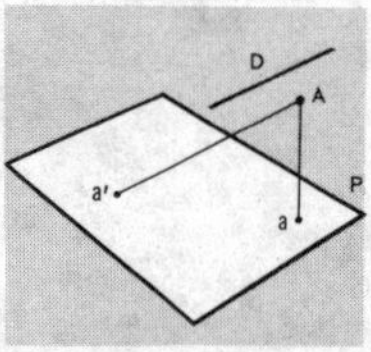

proyección del punto A en el plano P *a*, proyección ortogonal; *a'*, proyección oblicua según la dirección D

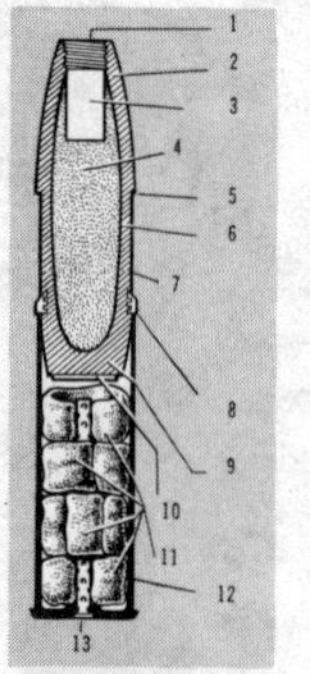

proyectil
1. Caja de la espoleta; 2. Ojiva; 3. Cartucho; 4. Explosivo; 5. Rediente; 6. Proyectil; 7. Cuerpo cilíndrico; 8. Zuncho de cobre; 9. Culote; 10. Zapata; 11. Carga propulsiva; 12. Cartucho; 13. Cebo

oblicua, proyección central en la cual todas las líneas proyectantes son paralelas a una dirección dada que no es perpendicular al plano de proyección: *la proyección oblicua de un círculo suele ser una elipse.* || *Proyección ortogonal,* proyección oblicua en la cual todas las proyectantes, además de ser paralelas entre sí, son perpendiculares al plano de proyección: *la proyección ortogonal de un círculo sobre un plano es una elipse.* || *Proyección ortogonal de un punto sobre un plano* o *una recta,* pie de la perpendicular bajada desde dicho punto sobre el plano o la recta (v. *figura*).
— *Ópt.* Conjunto de rayos proyectados por un manantial luminoso. || Imagen luminosa formada en una pantalla con un proyector *.
— *Radiot. Televisión por proyección,* sistema consistente en proyectar en una pantalla grande la pequeña imagen de televisión dada por un tubo catódico. (V. EIDÓFORO.)
— *Topogr.* Procedimiento matemático para representar en la superficie plana de los mapas la superficie esférica del Globo.
— Para la representación de superficies poco extensas en los planos topográficos se puede considerar que el terreno tiene una base plana, sin incurrir por ello en errores prácticamente importantes. Pero cuando se trata de diseñar mapas de extensiones de cierta importancia, la redondez del Globo obliga a emplear algún artificio matemático merced al cual se obtiene una representación convencional de la superficie esférica del Globo en la superficie plana del mapa. Dicho artificio no es sino una *proyección,* sistema de fórmulas que permiten, dadas las coordenadas geográficas de un punto, determinar sus coordenadas en el mapa.
Las *proyecciones conformes,* que se emplean para los mapas a gran escala, se caracterizan por el hecho de que, a todo ángulo formado por dos curvas en la superficie del Globo, corresponde un ángulo equivalente en el mapa. Por otra parte, se procura que una línea geodésica curva se halle representada por una recta que es su cuerda. El sistema más conocido es la *proyección de Mercator* que considera que la Tierra es esférica y proyecta los puntos de su superficie en una superficie cilíndrica tangente al ecuador. En el mapa, los meridianos son rectas verticales y equidistantes, mientras que los paralelos se hallan cada vez más distantes unos de otros al alejarse del ecuador hacia los polos. Este sistema de proyección * se emplea en los mapas * marinos o cartas de navegar, así como para los mapas geográficos de regiones de latitud inferior a los 60° (v. LOXODROMIA). La *proyección de Mollweide* se funda en el mismo principio, pero los meridianos, en vez de ser paralelos, convergen en los polos. Citemos también el sistema de *proyección de Lambert,* en el cual, en vez de un cilindro normal al plano ecuatorial, se efectúa la proyección sobre la superficie de un cono cuyas generatrices son tangentes al paralelo central del mapa. Así, los paralelos son arcos de circunferencia concéntricos y los meridianos rectas convergentes.
Llámanse *proyecciones equivalentes* aquellas que dan en todas las partes del mapa áreas proporcionales a las superficies correspondientes del terreno representado. Estos sistemas de proyección suelen reservarse para los mapas a escala reducida de los atlas. Por último, dáse el nombre de *proyección perspectiva* a la que constituye una verdadera perspectiva * geométrica. Así, la *proyección gnomónica* es la perspectiva de la superficie terrestre, desde el centro del Globo, sobre un plano tangente al elipsoide; la *proyección ortográfica* es la perspectiva en un plano secante a la esfera; la *proyección estereográfica* tiene como punto de vista un polo u otro punto de la superficie y, como marco, un plano que pasa por el centro del Globo, etc.
Todos los sistemas de proyección, salvo los de las proyecciones conformes, deforman los contornos de las figuras representadas en los mapas.

PROYECTANTE adj. y s. *Geom.* Dícese de la línea recta con que se proyecta un punto en una superficie. (V. PROYECTAR.)

PROYECTAR v. Arrojar con fuerza. || Establecer el proyecto * de una construcción.
— *Cin.* y *Fot.* Formar en una pantalla merced a un proyector * las imágenes ampliadas de una película cinematográfica o de una diapositiva.
— *Geom.* Efectuar la proyección * en un plano de un objeto o una figura, trazando, a partir de cada punto de ellos, una línea recta o proyectante que da otro punto correspondiente en su intersección con el plano. (V. PERSPECTIVA.)

PROYECTIL m. Todo cuerpo al cual se comunica, por un medio cualquiera, una velocidad bastante grande para que, en la dirección conveniente, haga impacto con otro cuerpo.
— *Arm.* Las balas, los obuses y otros *proyectiles* lanzados por las armas de fuego producen efectos variables, que dependen de su calibre, de la índole de su carga y de las condiciones en que estallan, respecto al blanco, determinadas por el tipo de la espoleta * y el modo de regulación de ésta. Un obús explosivo que estalla en el aire proyecta cascotes en las direcciones perpendiculares a las paredes del mismo y, consiguientemente, existirán tres haces principales de metralla procedentes del cuerpo cilíndrico, de la ojiva y del fondo. Ciertos obuses se hallan repletos de balas en torno de una carga axial y su explosión proyecta las mismas en el interior de una zona elipsoidea. Otros son *proyectiles perforantes* o *rompedores* destinados a atravesar los blindajes metálicos o de hormigón. También se emplean con el mismo fin, y con mayor eficacia, los *proyectiles de carga * hueca.* Por último, cabe citar: los *proyectiles fumógenos* *, que permiten crear en el suelo cortinas de humo para encubrir las actividades propias o dificultar las del enemigo; los *proyectiles luminosos,* que por el contrario, iluminan el terreno con fuegos de artificio de luz intensa suspendidos de paracaídas; los *proyectiles tóxicos,* que esparcen gases asfixiantes; los *proyectiles bacteriológicos,* que propagan microbios de enfermedades infecciosas, etc.
Los dos tipos de proyectiles característicos de la guerra moderna son el *proyectil atómico* que, aunque tirado con cañón, es portador de una carga semejante a la de una bomba * atómica, y los *proyectiles autopropulsados* o ingenios especiales, los cuales se distinguen de todos los demás en que no son lanzados por la deflagración de la carga de un cartucho en un cañón, sino movidos por su propio motor cohete. Unos se dirigen por sí mismos hasta el blanco (*proyectiles autodirigidos* *), mientras que otros son gobernados por radio (*proyectiles teleguiados* o *teledirigidos*). [V. INGENIO *especial.*]
La explosión de proyectiles muy potentes engendra ondas * de choque mortales y destructivas.
Los proyectiles para armas de fuego ligeras han sido descritos en el artículo BALA.

PROYECTIVO, VA adj. *Geom.* Dícese de aquellas propiedades que una figura geométrica conserva aún y después de haber sido proyectada sobre un plano. || *Geometría proyectiva,* la que estudia las propiedades proyectivas de las figuras y, prescindiendo de escala, trata de la posición relativa de sus puntos, líneas y planos, o sea de las transformaciones que experimentan las figuras por proyección *.

PROYECTO m. Plano o conjunto de planos y de documentos explicativos que da todas las vistas y detalles técnicos necesarios para la construcción de un edificio, puente, máquina, instalación científica o industrial, etc.

PROYECTOR m. Aparato que concentra y dirige en la dirección deseada, en forma de haz estrecho, los rayos de un intenso manantial luminoso.

— Los *proyectores* se usan principalmente con uno de los tres objetos siguientes: alumbrar intensamente una cosa (iluminación de monumentos, toma de vistas cinematográficas, etc.); iluminar o reconocer lo que se halla situado a lo lejos (proyectores para descubrir los aviones enemigos en la defensa contra aeronaves, etc.); proyectar imágenes amplificadas sobre una pantalla (cinematografía, etc.). Los faros * marítimos constituyen un caso aparte, en el cual se trata de dar el mayor alcance posible al haz luminoso para que las naves, al apercibirlo e identificarlo, puedan orientarse y evitar los peligros.

Un proyector consta generalmente de tres elementos: un manantial luminoso, un reflector y un sistema óptico. El manantial luminoso consiste en una lámpara de arco eléctrico o una potente lámpara de incandescencia (v. LÁMPARA). El reflector es un espejo parabólico delante del cual y en cuyo foco se halla la lámpara. La luz reflejada por el espejo atraviesa un sistema óptico que, según los casos, es un difusor de vidrio estriado, una lente * escalonada de Fresnel y, en el caso de los *proyectores de imágenes,* un condensador y un objetivo de proyección. Además, los *proyectores militares* llevan en la parte frontal una persiana que permite interrumpir rápidamente el haz luminoso, ya para ocultar la presencia del proyector al enemigo, ya para hacer señales; los *proyectores de teatro* tienen un disco provisto de varios filtros de colores diferentes, para obtener efectos escénicos, etc.

— *Cin.* y *Fot.* Un *proyector cinematográfico* consta, además del sistema óptico, de los siguientes elementos: dos tambores (dador y receptor) para la cinta; un mecanismo de arrastre intermitente de la misma, fundado en el uso de la cruz * de Malta; un sistema de ventilador o turbina para proteger la cinta, con aire fresco, contra el calor del foco luminoso; un obturador y un lector del sonido, consistente en una célula fotoeléctrica. (V. CINEMATÓGRAFO).

Para la proyección de vistas fijas fotográficas (diapositivas), se utilizan diascopios proyectores derivados de las primitivas linternas mágicas. Los modelos más perfeccionados disponen de un sistema de ventilación para disipar el calor de la lámpara de incandescencia especial (la potencia de ésta, en los aparatos familiares, suele ser de varios centenares de vatios). El proyector tiene también un almacén que se carga con diapositivas y un mecanismo de arrastre y expulsión de las mismas que puede ser manual o automático. Las imágenes de objetos opacos se proyectan con el episcopio *.

— *Mec. Proyector de engranajes,* episcopio * especial provisto de una pantalla en la cual puede observarse y medirse el perfil de los dientes de engranajes y el de otras piezas u objetos opacos (v. *figura*).

— *Obr. públ. Proyector neumático,* especie de aerógrafo o pistola de aire comprimido muy potente, con la cual se proyecta arena y cemento para formar revestimientos de gunita *.

— *Radiot.* Nombre dado a las antenas * directivas para ondas cortas. ‖ *Proyector de televisión* o *proyector de imagen grande,* eidóforo * o cualquier otro dispositivo o aparato que amplía las imágenes dadas por un osciloscopio catódico y las proyecta en una pantalla de varios metros cuadrados.

PROYECTOSCOPIO m. *Ópt.* Proyector * de imágenes.

PROYECTURA f. *Arq.* Vuelo o resalto de un elemento arquitectónico respecto a una fachada, pared u otro elemento.

PRUEBA f. Ensayo * o experiencia que se hace para averiguar o comprobar alguna cualidad de una máquina, instalación, vehículo, pieza o producto industrial, especialmente para determinar su resistencia, cerciorarse de su buen funcionamiento o medir su rendimiento, consumo, etc.: *los cohetes espaciales se someten a repetidas pruebas estáticas (en el suelo) y en vuelo.* ‖ *Banco de pruebas,* v. BANCO. ‖ *A prueba de,* dotado de resistencia contra el agente, causa o fenómeno que se indica: *blindaje a prueba de bombas; tela impermeable a prueba de agua.*

— *Aeron. Pruebas en vuelo,* ensayos * en vuelo.

— *Art. gráf.* Galerada, muestra que se tira de la composición para efectuar las correcciones o modificaciones antes de imponer la forma. ‖ *Pruebas de planas,* las que se sacan después de haber corregido las galeradas e impuesto la forma. ‖ *Pruebas de primeras* y *de segundas,* las que son, respectivamente, leídas por el corrector y las revisadas por el autor.

— *Fot. Prueba negativa,* negativo. ‖ *Prueba positiva,* positivo.

— *Mar. Pruebas de estanqueidad,* pruebas a que se someten ciertos compartimientos del buque, insuflando en los mismos aire comprimido para apreciar el grado de estanqueidad de las juntas. ‖ *Pruebas de velocidad,* las que se hacen antes de la entrega oficial del barco, efectuando varias veces, en diferentes sentidos, un recorrido de longitud determinada y calculando las velocidades máxima y media. ‖ *Pruebas sobre amarras,* las que tienen lugar en el mismo astillero, y con el barco amarrado.

— *Mat.* Operación mediante la cual se comprueba la exactitud del resultado de una operación, problema o cálculo cualquiera.

— La *prueba de una suma* consiste en efectuarla una segunda vez de abajo arriba; la de la *resta,* en sumar el residuo con el substraendo, obteniéndose como resultado el minuendo; la de la *multiplicación,* en volver a efectuar la operación invirtiendo el multiplicando y el multiplicador (aunque también puede dividirse el resultado por uno de los factores, obteniéndose como cociente el otro); la de la *división,* multiplicando el cociente por el divisor (agregando al resultado el residuo de la división se obtiene el dividendo).

La *prueba por 9* aplicable a las cuatro reglas u operaciones fundamentales consiste en simplificar la operación reduciendo cada una de las cantidades al *resto de 9,* o sea, sumando todas las cifras de cada una de ellas y eliminando los 9 y múltiplos de nueve. Así, el resto por 9 de 97 es 7 $(9 + 7 = 16 - 9 = 7)$; el de 85 es 4 $(8 + 5 = 13 - 9 = 4)$; el de 312, igual a 6 $(3 + 1 + 2 = 6)$. Ahora bien, si consideramos la suma de dichas cantidades y sus respectivos restos por 9 tendremos:

97	7
85	4
312	6
494	8

y comprobaremos que ambas han de tener el mismo resto por 9, que en este caso es igual a 8 $(4 + 9 + 4 = 17 - 9 = 8$, y $7 + 4 + 6 = 17 - 9 = 8)$.

Asimismo, en la substracción:

846		0
—349	tendremos:	7
497		2

(la suma de 2 y 7 nos da 9, o sea, 0, aunque también podemos reemplazar el 0 por un 9 y substraer 7 de éste, obteniendo entonces 2).

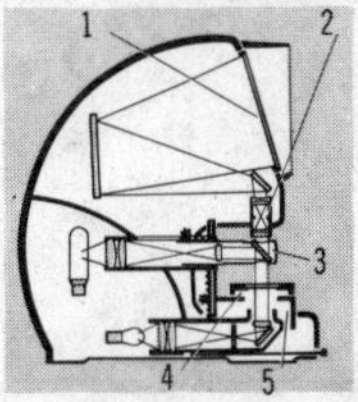

proyector de engranajes
1. Pantalla de cristal esmerilado; 2. Objetivo; 3. Luz; 4. Portaobjeto; 5. Regulación del contraste

proyector de vistas o diapositivas

proyectores de una lancha de bomberos, de estudio cinematográfico y de proyección para aficionados

Fot. Leitz, Larousse, X, Debrie

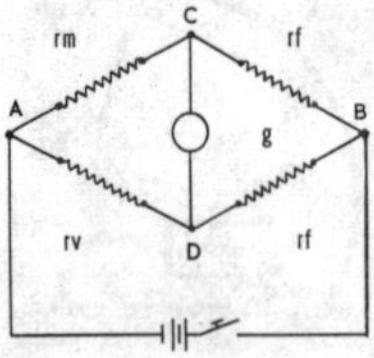

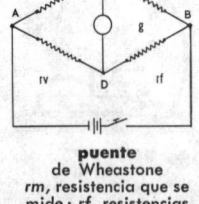

puente de Wheastone
rm, resistencia que se mide; *rf*, resistencias fijas; *rv*, resistencia variable; *g*, galvanómetro

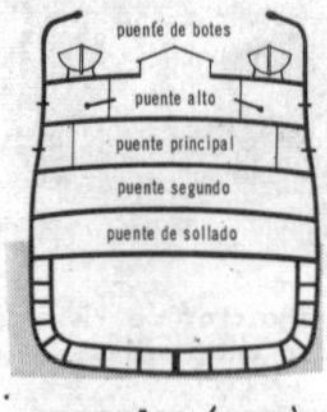

puentes *(mar.)*

Pero la prueba por 9 solamente resulta práctica en el caso de las multiplicaciones y de las divisiones. Para la multiplicación, el producto del resto por 9 de los dos factores, ha de dar el resto por 9 del resultado. Así:

2627	8	380915	2627
× 145	1	11821	145
		13135	
13135		0000	
10508			
2627			
380915	8		
$8 \times 1 = 8$		$1 \times 8 + 0 = 8.$	

Si la prueba por 9 no confirma el resultado, es que éste es erróneo, pero lo contrario no es cierto y una operación errónea puede dar una prueba por 9 correcta (por ejemplo, si existen dos errores compensados o si el error es de 9, 90, 900, etc.).

PRUNELA f. *Text.* Tejido de lana grueso y tupido con que se hacen prendas que requieren gran solidez: *zapatillas de prunela.*

PRUSIA *(Azul de).* V. AZUL.

PRUSIATO m. *Quím.* Cianuro. ‖ *Prusiato amarillo de potasio,* ferrocianuro de potasio. ‖ *Prusiato rojo de potasio,* ferricianuro de potasio.

PRÚSICO, CA adj. *Quím.* Cianhídrico.

PSEUDO, prefijo griego que, según disposición de la Academia de la Lengua, puede españolizarse suprimiendo la p inicial. (V. SEUDO.)

PSI, vigésima tercera letra del alfabeto griego * empleada como símbolo en matemáticas y otras ciencias.

PSICROMETRÍA, PSICROMÉTRICO y **PSICRÓMETRO,** v. SICROMETRÍA, SICROMÉTRICO y SICRÓMETRO, de acuerdo con las nuevas disposiciones de la Academia de la Lengua.

PSILOMELANA f. o **PSILOMELANO,** m. *Miner.* Silomelana.

PSIQUE, uno de los principales asteroides *.

PSOFOMETRÍA y **PSOFÓMETRO,** v. SOFOMETRÍA y SOFÓMETRO, de acuerdo con las nuevas disposiciones de la Academia de la Lengua.

P. S. V., abreviatura de *pilotaje sin visibilidad.* (V. NAVEGACIÓN.)

Pt, símbolo químico del *platino.*

PTEROMA m. *Arq.* Espacio que media entre los muros de un edificio y las hileras de columnas dispuestas a lo largo de los mismos. ‖ Conjunto de columnas que circundan a un edificio. ‖ Ala de un edificio.

Pu, símbolo químico del *plutonio.*

PÚA f. Cuerpo rígido y puntiagudo, cual, por ejemplo, los dientes de un peine, los de un cilindro de carda, etc. ‖ Clavo pequeño sin cabeza.

PUADO m. Conjunto de púas o dientes de un peine, carda, etc.

PUAR v. Hacer púas en un peine o clavarlas en alguna otra cosa.

PUCELANA f. *Miner.* Puzolana.

PUDELACIÓN f. y **PUDELADO** m. *Metal.* Procedimiento para elaborar acero por contacto del arrabio con una escoria oxidante.
— La *pudelación,* hoy casi abandonada, se efectúa en un horno de reverbero y consiste en fundir el arrabio amasándolo al estado pastoso con escorias ferruginosas oxidantes, en las cuales se fija el exceso de carbono. Un cinglado ulterior permite separar las escorias del metal. (V. ACERO y CINGLAR.)

PUDELAR v. *Metal.* Tratar el arrabio por el procedimiento de la pudelación.

PUDINGA f. *Geol.* Roca formada por guijarros o cantos rodados aglomerados con carbonato cálcico u otro cemento natural muy duro.

PUENTE m. Obra de fábrica o metálica sobre la cual una vía de comunicación puede salvar un obstáculo o cruzar otra vía a un nivel superior al de la misma. (V. más abajo *Obr. públ.*)
— *Arq.* Pieza horizontal y paralela al tirante, que enlaza los pares de una armadura de cubierta * por encima de aquél. ‖ *Puente de encabiado,* pieza con que se enlazan a media altura dos cabios de una cubierta a dos aguas.
— *Art. gráf.* Instrumento constituido por una regla fijada por sus extremos sobre dos tarugos de la altura exacta de los tipos, que sirve para nivelar los grabados en la forma, pasándolos entre aquella regla y el mármol o platina y calzándolos progresivamente hasta que alcancen la altura del puente. (V. CALIBRADOR y CALZAR.)
— *Autom.* Conjunto formado por el eje * de las ruedas y los órganos solidarios del mismo. ‖ *Puente flotante,* aquel en el cual el eje solamente sirve para comunicar el movimiento de rotación a las ruedas, pero no para soportar el peso del vehículo. ‖ *Puente portador,* aquel en el cual el peso del vehículo es soportado por los ejes de las ruedas. ‖ *Puente suspendido,* puente en el cual el cárter que contiene el diferencial se halla fijado en el bastidor del coche y la transmisión del movimiento a las ruedas se efectúa mediante juntas de Cardan. ‖ *Puente trasero,* conjunto mecánico formado por los dos semiejes de las ruedas traseras, el diferencial y el cárter que contiene dichos órganos.
— *Constr.* Almojaya * de andamio.
— *Electr.* Montaje eléctrico constituido por cuatro elementos conectados en forma de un cuadrilátero cuyas dos diagonales son un manantial de corriente y un instrumento de medida.
— Según la magnitud que se ha de medir, los cuatro elementos del *puente* son resistencias *(puente de Wheatstone),* inductancias *(puentes de Maxwell* y *de Wien),* capacidades *(puentes de Sauty* y *de Schering).* La *figura* del puente de Wheatstone muestra el funcionamiento de esta clase de dispositivos: la resistencia variable es regulada hasta que no pase ninguna corriente entre C y D; cuando el galvanómetro marca cero, la graduación de la resistencia variable AD indica el valor de la resistencia medida en AC, pues ambas son entonces equivalentes. Además de su uso en aparatos de medidas, los puentes pueden ser utilizados con otros fines en circuitos que reemplazan entonces al galvanómetro. Así, en radiotecnia, los puentes a base de resistencias y capacidades permiten obtener distintas tensiones de alimentación a partir de un solo manantial eléctrico.
— *F. c. Puente giratorio,* placa * giratoria de grandes dimensiones, para locomotoras.
— *Mar.* Cada una de las cubiertas totalmente corridas de un buque. ‖ Toda pasarela o construcción que se eleva por encima de la cubierta principal para poner en comunicación las distintas superestructuras del buque. ‖ *Puente de mando* o *de navegación,* plataforma, generalmente cubierta y acristalada, situada en la parte frontal de las superestructuras, en la que se hallan la rueda del timón, los instrumentos de navegación y los transmisores de órdenes. (Sinón. PASARELA DE NAVEGACIÓN.)
— *Mec.* Pieza en forma de horca, que tiene un brazo o base fijado en la platina del reloj, o en el bastidor de un mecanismo similar, y cuyo brazo libre lleva un rubí o un hueco a propósito para soportar el pivote de una rueda o engranaje.
— *Obr. públ.* Los *puentes* son a veces construcciones provisionales. En el curso de operaciones militares se tienden mecánicamente puentes constituidos por tramos articulados y montados en vehículos especiales. Cuando faltan estos ingenios modernos o cuando el curso de agua es muy ancho, se construyen rápidamente puentes

puente de mando *(mar.)*

Fot. C. G. T.

puentes basculante y elevador

tendiendo una plataforma de tablones sobre una hilera de barcas, pontones, flotadores, etc. También entran en la categoría de puentes provisionales los que se hacen tendiendo el tablero sobre pilotes de madera hincados con martinete y afirmados entre sí con riostras.
Los puentes permanentes son de fábrica, de metal o una combinación de ambos. Generalmente un puente consta de los siguientes elementos: cimientos, apoyos extremos (estribos) o intermediarios (pilares), armazón de la superestructura (arcos o vigas) y, por último, el tablero. Según la índole de éste y de la vía de comunicación se tiene: una pasarela o un puente de carretera; un puente de ferrocarril; un puente canal o un acueducto.
Existe gran variedad de puentes, pero todas las estructuras se reducen a tres: el *arco* *, estructura curva en la cual el peso es transmitido oblicuamente a los apoyos en forma de esfuerzos de compresión; la *viga* elemento longitudinal que descansa sobre los apoyos y les transmite verticalmente, en forma de fuerzas de compresión, su propio peso y el de la carga; la *suspensión* aplicada en los puentes colgantes, en los cuales el tablero ejerce esfuerzos de tracción sobre las péndolas y los cables portadores.
Los *puentes de fábrica* a base de sillares o bloques son obligatoriamente en forma de arcos y de arcadas que se construyen asentando las piedras sobre construcciones provisionales llamadas cimbras *. En razón del principio de su construcción y de su estructura, en estos puentes no se han alcanzado luces de más de 90 m.
Casi todos los puentes de fábrica construidos actualmente son de hormigón armado, ya en forma de pórtico o arco, ya en la de viga. La técnica del hormigón * pretensado permite construir puentes bajos de luz muy grande.
Los *puentes metálicos* suelen tener pilas y estribos de fábrica. La superestructura es una armazón constituida por los siguientes elementos unidos por roblonado o mediante soldadura autógena: 1.º vigas maestras, dispuestas longitudinalmente; 2.º viguetas que se apoyan transversalmente en aquéllas; 3.º largueros dispuestos sobre las viguetas, perpendicularmente a ellas y que sirven a su vez de soporte al tablero del puente, y 4.º riostras destinadas a impedir la deformación del puente por el viento o por toda otra fuerza que no sea la carga. (V. VIGA.)

puente giratorio

puente de barcas

tendido de un **puente**

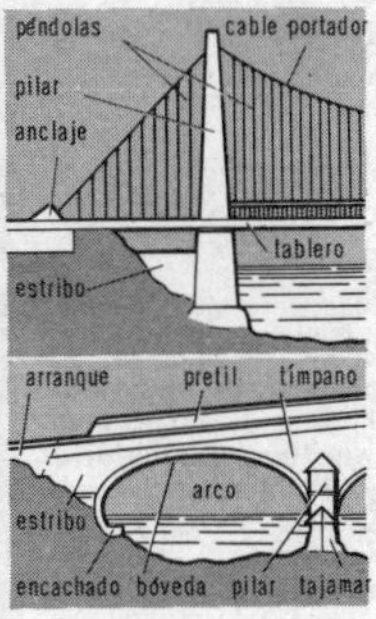

estructuras de **puentes**

◄ **puente** suspendido

Fot. H. Baranger, Fives-Lille, S. C. A., Stup

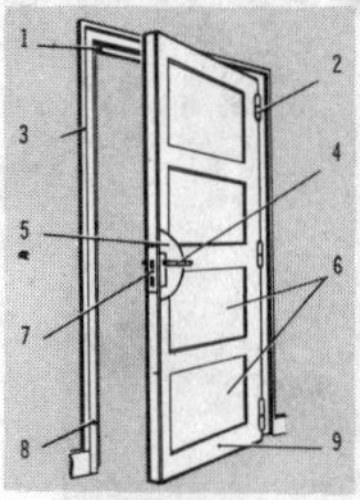

puerta
de cuarterones
(carp.)
1. Rebajo; 2. Bisagra; 3. Cubrejunta; 4. Empuñadura; 5. Chapa de aseo; 6. Cuarterones; 7. Cerradura; 8. Marco; 9. Bastidor

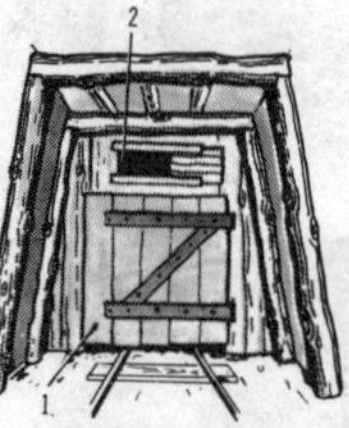

puerta *(min.)*
1. Puerta; 2. Portillo regulador del tiro

Existen tres formas de tender un puente metálico: 1.º construcción previa de un puente provisional sobre el cual se mueve la grúa de pórtico que permite montar los elementos; 2.º lanzamiento desde una orilla y por encima de los apoyos, de la superestructura, ya montada, arrastrada por rodillos motores, dejándola bajar luego con gatos hidráulicos hasta tocar los estribos o pilares, y 3.º montaje voladizo de la armazón, a partir de las orillas y agregando en el vacío pieza por pieza hasta completar la superestructura. El último método conviene especialmente a los puentes fundados en el principio del cantilever *.

Los *puentes colgantes* son los que permiten obtener las luces más importantes (1 298 m en el puente Verrazano, de Nueva York). Constan esencialmente de dos cables o sistemas de cables laterales, anclados en las orillas, que pasan sobre unos soportes verticales (pilones u horcas) y forman dos catenarias por encima del río o brazo de mar. Estos cables portantes sostienen las vigas del tablero por medio de péndolas de longitud variable. La rigidez del puente se aumenta mediante arriostramiento del tablero y con dos triangulaciones laterales que también representan el papel de barandillas.

Las necesidades de la navegación y las características que concurren en ciertos puntos obligan a construir puentes móviles, entre los cuales citaremos los siguientes: 1.º *puentes basculantes*, o *levadizos*, de tablero articulado sobre un eje horizontal y prolongado por un tramo corto provisto de un contrapeso, que se levantan arrastrados por un motor; 2.º *puentes de tablero corredizo*, puentes pequeños que se deslizan longitudinalmente sobre carriles asentados en el suelo; 3.º *puentes elevadores*, en los cuales el tablero sube y baja entre soportes verticales a modo de ascensor o montacargas; 4.º *puentes giratorios*, que se mueven alrededor de un eje vertical; 5.º *puentes transbordadores* (v. TRANSBORDADOR); etc.

— *Transp. Puente grúa*, v. GRÚA.

PUERTA f. *Arq.* y *Constr.* Vano abierto en un muro, cerca, etc., por el cual se efectúa la entrada y salida de las habitaciones y de los espacios cercados o vallados. ‖ Armazón móvil que se monta en dicho vano para poder cerrarlo e impedir la entrada y salida. ‖ *Puerta de acordeón*, la de librillo. ‖ *Puerta cochera*, la que permite el paso de carruajes. ‖ *Puerta corredera* o *corrediza*, la que no está abisagrada y desliza sobre guías a lo largo de la pared o en el hueco de un tabique doble. ‖ *Puerta de cuarterones*, la que consta de un bastidor de montantes y peinazos cuyos huecos rectangulares se hallan cerrados con plafones (v. *figura*). ‖ *Puerta de librillo*, v. LIBRILLO. ‖ *Puerta pendular*, la de bisagras dobles, que abre por ambos lados. ‖ *Puerta de tablero*, la que se halla constituida por un tablero hecho de tablas verticales unidas con peinazos. ‖ *Puerta de tambor*, la que consta de cuatro hojas en forma de torniquete que gira dentro de un tambor abierto por los dos lados del vano, y permite la entrada y la salida sin dar paso al aire frío. ‖ *Puerta vidriera*, aquella en la cual los tableros superiores se hallan reemplazados por cristales. ‖ *Friso de puerta*, v. FRISO.

— *Mar.* Cada uno de los dos planos que mantienen abiertas las redes de arrastre. (V. BOU.) ‖ *Puerta estanca*, la que tienen los mamparos * estancos y que, además de ofrecer la misma resistencia y estanqueidad que ellos, deben poseer otras características determinadas por los convenios internacionales: *las puertas estancas de los paquebotes han de poder ser cerradas mecánicamente desde la pasarela.*

— *Min.* Cierre de madera o de metal que existe en las galerías para regular la ventilación o aislar una parte de la mina o un tramo de galería en caso de peligro.

— *Obr. públ. Puertas de esclusa*, v. ESCLUSA.

PUERTAVENTANA f. *Carp.* Contraventana.

PUERTO m. Abrigo para barcos, generalmente artificial, aunque también los hay naturales, provisto de instalaciones para efectuar las operaciones de carga, descarga, avituallamiento, etc. (V. más abajo *Mar.*)

— *Aeron. Puerto aéreo*, aeropuerto.

— *Mar. Puerto fluvial*, el que se halla en un río. ‖ *Puerto de marea*, aquel en el cual solamente puede penetrar un buque en la pleamar. ‖ *Puerto pesquero*, el que se destina a las embarcaciones de pesca y que muchas veces no es sino una dársena especialmente habilitada en un puerto grande. ‖ *Puerto de refugio*, aquel en el cual puede abrigarse un buque en caso de mal tiempo. ‖ *Establecimiento de puerto*, v. ESTABLECIMIENTO.

— Primitivamente se construyeron los *puertos* en aquellos parajes donde existían abrigos naturales. Hoy son preponderantes las consideraciones económicas —y a veces políticas— y los puertos se construyen frecuentemente o se amplían en un litoral desprovisto de abrigos naturales, pero dotado de buenas comunicaciones con zonas del interior muy pobladas, regiones industriales, cuencas mineras, etc. En ciertos casos el tránsito intenso de buques especiales de grandes dimensiones obliga a construir instalaciones anejas a los grandes puertos e incluso puertos construidos exprofeso (puertos para paquebotes, puertos petroleros, puertos mineraleros, fruteros, etc.).

puerto de Marsella
1, 2 y 3. Estaciones marítima, ferroviaria y de mercancías; 4. Diques secos y varaderos; 5. Central eléctrica; 6. Puerto petrolero; 7. Dique flotante; 8. Dársena; 9. Muelle; 10. Tinglado; 11. Bocana; 12. Antepuerto; 13. Escollera

Fot. Ray-Delvert

En los parajes de no mucho fondo en los que se hace sentir sobremanera el efecto de las mareas, es a veces necesario construir *puertos cerrados* en los cuales las dársenas se cierran con puertas para que el nivel del agua no sea nunca inferior al que tiene la pleamar en promedio. En ciertos casos disponen estos puertos de esclusas para permitir la entrada o salida de los buques a cualquier hora; en otros, el movimiento de los mismos solamente puede efectuarse una o dos veces por día, en el momento de la pleamar, al abrirse las puertas de las dársenas.
En los *puertos abiertos*, que son los más comunes, las dársenas se hallan en comunicación con el mar y siguen las fluctuaciones de su nivel. Consisten estos puertos en una amplia superficie de agua limitada por la costa y por dos o más rompeolas * que lo protegen contra el oleaje. Uno de éstos, que suele seguir una dirección más o menos paralela a la de la costa, se prolonga más allá de la bocana formada con el otro y preserva así del oleaje una zona exterior al puerto, llamada antepuerto, con lo cual se facilitan las maniobras de los buques.
El plano de agua así delimitado se subdivide en dársenas por medio de diques. Éstos ofrecen muelles y medios de amarrar los barcos, grúas y vías para cargar, descargar y transbordar las mercaderías, tinglados o almacenes para almacenarla, etc. Generalmente las dársenas se hallan dedicadas a un tráfico determinado y pertrechadas en función del mismo: estación * marítima y muelles pulcros para los transatlánticos; grúas potentes y almacenes a propósito para maquinaria, metalurgia y cargas pesadas; aspiradores y silos para la carga y descarga de cereales; frigoríficos para la carne y ciertas frutas; lonja y frigoríficos para la venta y la conservación del pescado, etc. Los puertos importantes disponen también de varaderos, diques flotantes o diques secos, talleres, etc., para la revisión carenadura y reparación de los barcos, además de instalaciones y servicios de suministro de combustible, agua potable, víveres, etc.
Durante la entrada y salida de los buques, éstos son gobernados bajo la responsabilidad de un *práctico del puerto*.
Muchas veces un puerto de mar es también puerto terminal de una vía de navegación fluvial y dispone de esclusas que permiten la comunicación entre la misma y la zona marítima. Por lo demás, los puertos fluviales poco difieren, por sus instalaciones, de los puertos marítimos y muchos de ellos rivalizan, en cuanto al tonelaje cargado y descargado, con los mayores puertos marítimos del mundo.
En cuanto a los puertos militares, generalmente construidos en abrigos naturales que penetran profundamente en la tierra y pueden ser defendidos eficazmente por la artillería costera, sus instalaciones tampoco difieren mucho de las de un puerto mercante, a no ser por la presencia de un arsenal, de cuarteles, polvorines, refugios subterráneos, etc. Cuando son importantes se les da el nombre de *base*. Las bases de submarinos se excavan en la roca del litoral o se instalan en el interior de fortificaciones de hormigón armado.

PUESTA f. *Puesta en marcha*, arranque (acción de poner algo en funcionamiento y motor empleado con dicho fin). ‖ *Puesta a punto*, operación consistente en regular un mecanismo, dispositivo, etc., de modo que se halle presto para funcionar en las condiciones requeridas (en fotografía es galicismo frecuente por *enfoque* *).
— *Astr.* Acción de ponerse un astro, de ocultarse el mismo debajo del horizonte.

PUJAME o **PUJAMEN** m. *Mar.* Orilla inferior de una vela, que va de puño a puño.

PULGADA f. *Metr.* Antigua unidad de medida cuyo valor variaba de un lado a otro y que hoy solamente subsiste en el sistema de medidas anglosajón con el nombre de *inch*.
— La *pulgada* o *inch lineal* vale 2,54 cm y para convertir los centímetros en pulgadas se multiplican por 0,393 7. La *pulgada cuadrada (square inch)* vale 6,451 6 cm^2 y la *pulgada cúbica* 16,387 cm^3.

PULIDERO m. *Text.* Pulidor. (V. PULIMENTO.)

PULIDEZ f. Calidad de pulido.

PULIDO, DA adj. y s. Acción y efecto de pulir o pulimentar. (V. PULIMENTO.)

PULIDOR, RA adj. y s. Que pule o sirve para pulir. ‖ — M. Instrumento propio para pulir. ‖ Máquina de pulir.
— Las *máquinas de pulir* constan esencialmente de un árbol motor que confiere movimiento giratorio al elemento frotador (cepillo circular, muela fina, disco de madera forrado de gamuza, cuero, etcétera). Para pulimentar cosas grandes se emplean *pulidoras* de eje vertical y dotado de movimiento de translación que le permite frotar toda la superficie del objeto. También suele tener la pulidora un dispositivo que riega con agua y abrasivo la superficie que se está labrando. (V. LAPIDARIO.)
— *Text.* Trapo o badana mojados con agua, con los cuales se frotan los hilos y cordeles para alisarlos y darles lustre.

PULIMENTAR v. Pulir.

PULIMENTO m. Acción y efecto de pulir o pulimentar. (Simón. PULIDO.)
— El *pulido* o *pulimento* tiene por objeto obtener superficies lisas y brillantes, pero se distingue de las operaciones similares (bruñido, glaseado, lustrado, satinado, etc.) en que solamente se pulen materias homogéneas (metales, mármol, vidrio, marfil, nácar, concha, piedras preciosas, etcétera) que dan superficies desprovistas de granulaciones o porosidades aparentes.
— *Constr.* El *pulimento* del mármol y las piedras afines se efectúa en tres tiempos: 1.º alisado de las superficies con muelas; 2.º obtención de un pulido mate mediante frotamiento húmedo con esmeril u otro abrasivo finamente pulverizado, y 3.º pulido fino y brillante con óxido de estaño y agua.
— *Joy.* Operación consistente en frotar las facetas de una piedra preciosa con abrasivos o con otra piedra hasta eliminar las rayas dejadas en su superficie por la muela en el curso de la talla.
— *Metal.* El *pulido* de los metales se empieza con muelas, si presentan rugosidades y estrías profundas, y se prosigue con cepillos giratorios de crin o discos de madera forrados de cuero, piel de gamuza, etc., y untados con pastas abrasivas de corindón o esmeril en aceite. Para las labores más finas se emplea rojo de pulir, que no es sino óxido férrico, y también cuarzo, sesquióxido de cromo, etc.
— *Ópt.* El *pulimento* de las lentes, espejos y otros elementos ópticos reviste especial importancia, dado que las estrías, por pequeñas que sean, incluso cuando solamente son apreciables con el microscopio, difunden la luz (v. DIFUSIÓN). Por otra parte, el pulimento constituye la última fase tendente a obtener la máxima precisión en la forma de los elementos ópticos, por ejemplo, un buen espejo astronómico no ha de tener errores en su perfil superiores a una diezmilésima de milímetro. El pulimento permite suprimir las estrías y otras irregularidades difusoras y corregir los últimos y pequeños defectos del perfil. Se efectúa con rojo de pulir, óxido de cerio u otros abrasivos finísimos.
— *Text.* Operación que consiste en raspar los tejidos para hacer desaparecer las desigualdades que el peine * provoca a veces en su textura. ‖ Operación que tiene por objeto alisar y lustrar los hilos, bramantes y cordeles y que consiste en hacerlos pasar por un trapo o badana, llamado pulidor, que se tiene con la mano.
— *Vidr.* El *pulimento* es necesario para obtener la transparencia de las lunas y otros cristales que se han vuelto mates al ser rectificada su superficie con muelas. Se efectúa con muelas muy finas o discos rotativos y rojo de pulir (pasta de óxido férrico).

PULMÓN m. *Pulmón de acero*, aparato que provoca la respiración artificial en las personas que, a causa de parálisis, coma, etc., no pueden respirar por sí mismas.
— El *pulmón de acero* consiste en una cámara estanca dentro de la cual se halla acostado el paciente y de la cual solamente sobresale la cabeza por una abertura provista de una junta hermética adaptada al cuello. Una bomba aspira periódicamente —según el ritmo fisiológico— el aire de la cámara con objeto de crear en la misma una depresión que, al ensanchar el tórax, dilata los pulmones y los hace aspirar aire exterior. En la segunda fase del ciclo, la cámara

pulimento
del vidrio

Fot. Larousse

pulverizador de insecticidas

pulverizador *(agr.)*

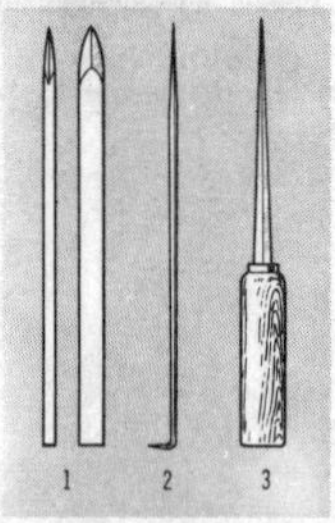

puntas
1. De cortar; 2. De trazar; 3. Cuadrada

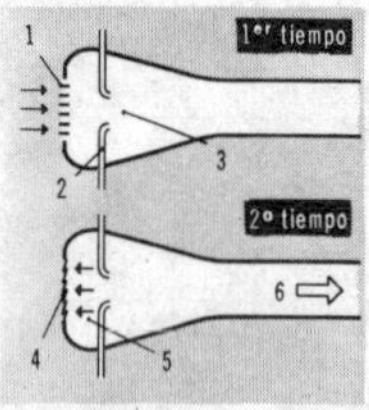

pulsorreactor
1. Obturador abierto; 2. Inyector; 3. Cámara de combustión; 4. Obturador cerrado; 5. Reacción de los gases; 6. Escape

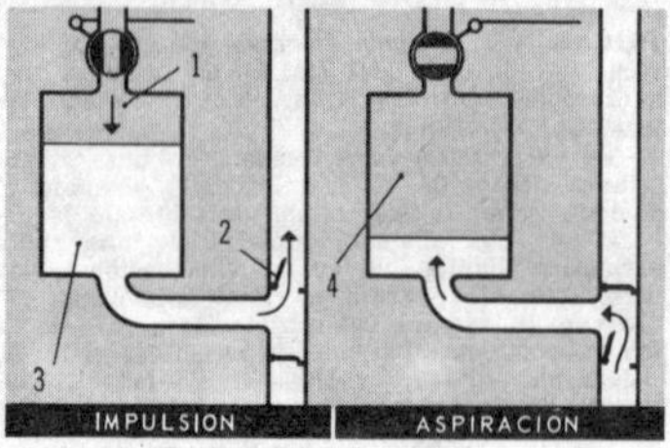

pulsómetro
1. Vapor; 2. Chapeleta; 3. Líquido; 4. Vacío debido a la condensación del vapor

admite aire y vuelve a hallarse a la presión atmosférica, produciéndose así la contracción del tórax y la expulsión del aire contenido en los pulmones.

PULPA f. *Ind. alim.* Tejido de los frutos carnosos que, las más de las veces es azucarado. ‖ Pasta que resulta una vez que se han agotado las cosetas de remolacha en la azucarera. ‖ Cualquier materia vegetal reducida al estado de pasta.
— *Papel.* Pasta de papel *.

PULPAR v. Reducir al estado de pulpa.

PULPOSO, SA adj. Que tiene pulpa. ‖ De la naturaleza o aspecto de la pulpa.

PULQUE m. *Ind. alim.* Bebida alcohólica que se obtiene en América haciendo fermentar el zumo o savia de la pita o maguey *(Agave americana)*.

PULSACIÓN f. *Astr.* Fluctuaciones cíclicas que experimenta el brillo de una estrella * variable por causas inherentes a su propia naturaleza, cual ocurre con las Cefeidas *.
— *Fís.* En los fenómenos sinusoidales, producto $\omega = 2 \pi f$ de la frecuencia f por el doble de *pi* *. ‖ Variación cíclica de la amplitud que resulta de la interferencia de dos vibraciones u ondas de frecuencia diferente: *la frecuencia de la pulsación es igual a la diferencia entre la frecuencia de las dos ondas que la engendran.* (V. INTERFERENCIA y ONDA.)

PULSADOR, RA adj. y s. Que produce pulsaciones.
— *Electr.* Dícese del interruptor que mantiene cerrado un circuito mientras se oprime su botón, como los que se emplean en los timbres eléctricos.

PULSAR m. *Astr.* Fuente cósmica de rayos X y gamma emitidos en rápidas pulsaciones (50 milisegundos) y que consiste, al parecer, en una *estrella * de neutrones.*

PULSANTE o **PULSATORIO, RIA** adj. Que produce pulsaciones. ‖ Dícese de la magnitud física que varía periódicamente, aunque sin cambiar de signo: *una corriente alterna no es pulsatoria, pero la rectificación de la misma da otra corriente que lo es.*

PULSÓMETRO m. Bomba aspirante impelente que funciona con vapor y sin émbolo (v. *figura*).

PULSORREACTOR m. *Aeron.* Motor de reacción que constituye una variante de estatorreactor * caracterizada por su funcionamiento intermitente.
— El *pulsorreactor* (v. *figura*) consta de una tobera cerrada frontalmente por una válvula, especie de persiana de hojas articuladas. La inyección del combustible se efectúa por detrás de la persiana en la tobera, que sirve también de cámara de combustión. El funcionamiento es como sigue: en el primer tiempo, y en razón del avance del aparato, el aire empuja la persiana y penetra con fuerza en la cámara donde la mezcla del mismo con el combustible se inflama; en el segundo tiempo, la explosión de la mezcla engendra gases a presión que cierran la persiana y se expanden hacia atrás, empujando al aparato por reacción *. La eyección de los gases hace bajar la presión en la cámara y el aire penetra de nuevo por la persiana frontal.
Como todos los motores de dos tiempos, el pulsorreactor produce mucho ruido. Pero su principal inconveniente estriba en que, por carecer de compresor de aire (el aire no es comprimido en la cámara sino como consecuencia de la velocidad del aparato) no puede hacer arrancar al proyectil o vehículo y éste ha de ser obligatoriamente catapultado o impulsado inicialmente por un cohete hasta que alcance la velocidad necesaria para obtener una presión suficiente del aire.

PULTACIÓN f. Pulpación.

PULVERIZABLE adj. Que puede ser reducido al estado de polvo.

PULVERIZACIÓN f. División de un sólido en partículas o de un líquido en gotitas. ‖ Proyección de una substancia pulverulenta o líquida en forma de chorro de partículas o de gotitas. (V. tb. ATOMIZACIÓN.)
— *Metal. Pulverización catódica,* iconoplastia. ‖ *Pulverización metálica,* metalización * por proyección.

PULVERIZADO, DA adj. Reducido a polvo.
— *Comb. Carbón pulverizado,* carbón en polvo con que se alimentan las calderas de las modernas centrales eléctricas y otros hogares industriales.

PULVERIZADOR m. Boquilla, aparato u otro dispositivo propio para efectuar la pulverización de una substancia. (Sinón. ATOMIZADOR, VAPORIZADOR.)
— La *pulverización* de los líquidos en los atomizadores de perfumes, las pistolas * empleadas en pintura, los carburadores, los inyectores, etc., se obtiene con boquillas convenientemente diseñadas para que desintegren el chorro líquido y lo resuelva en gotas finísimas. El líquido puede ser impelido hasta la boquilla por medio de vapor o de un gas comprimido. Para usos domésticos se venden no pocos productos envasados en frascos provistos de boquilla pulverizadora y de una provisión de freón u otro gas suficiente para asegurar la pulverización de todo el líquido que contienen.
En agricultura se tratan las plantas con numerosas clases de *pulverizadores,* desde los de albarda o mochila, que se llevan en la espalda y tienen la boquilla en el extremo de un tubo flexible, hasta los de avión, que permiten tratar rápidamente cultivos muy extensos.
— *Agr.* Variedad de rastrillo, provisto de discos en vez de púas, que sirve para desmenuzar la tierra arable una vez labrada.
— *Art. gráf.* Dispositivo que, en ciertas máquinas de imprimir, pulveriza sobre los pliegos con aire comprimido, un líquido que abrevia el secado de la impresión.

PULVERIZAR v. Efectuar la pulverización de una substancia sólida o líquida.

PULVERULENTO, TA adj. En polvo: *ciertos minerales pulverulentos se benefician por disgregación hidráulica.*

PUMITA f. *Miner.* Piedra pómez.

PUNTA f. Extremo de una cosa, especialmente si es agudo y punzante.
— *Arq. Punta de diamante,* v. DIAMANTE.
— *Art. gráf.* Punzón provisto de un mango, que sirve al tipógrafo para levantar las letras que se han de reemplazar, invertir, etc. ‖ *Punta seca,* punzón de acero con que dibuja el grabador en la lámina de metal.
— *Carp.* Madero, opuesto al raigal *, que proviene de la parte más alta y estrecha del tronco. ‖ Clavo fino de cuerpo cilíndrico y cabeza estrecha. ‖ *Punta cuadrada,* punzón de sección cuadrangular con el cual se taladra rápidamente la madera para poder hincar en ella la punta de los tornillos.
— *Mar. Punta de marea,* el final de la bajamar o de la pleamar.

Fot. X, Massey H. Ferguson

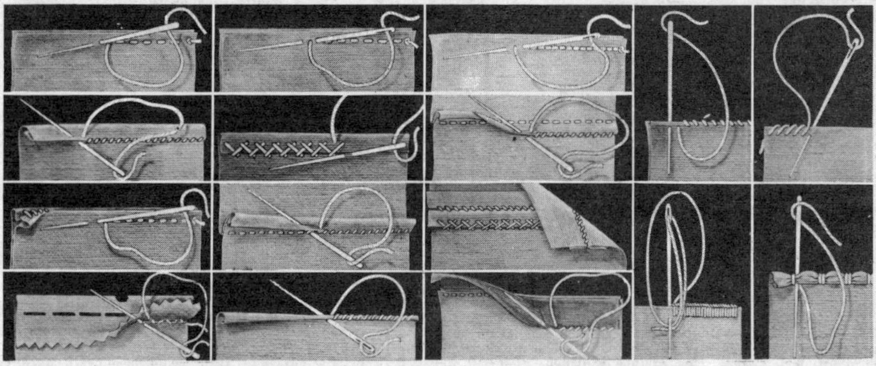

puntos de costura

— *Metal.* Cada una de las dos piezas cónicas de acero que, en los tornos, fresadoras y otras máquinas herramienta, sirven para sujetar la pieza que se ha de labrar, merced a dos agujeros también cónicos hechos previamente en la misma.
— *Tab.* Hoja de tabaco pequeña y de calidad superior.
— *Tecn. Punta de trazar,* punzón de acero que sirve para trazar las formas de las piezas, la posición de los agujeros, etc., en el metal, el mármol, la madera, etc.
PUNTADA f. *Art. y of.* Cada uno de los agujeros que se hacen con lezna, punta, aguja, etc., en las piezas que se han de coser. ‖ Espacio que media entre los mismos y longitud de hilo que llena dicho espacio.
PUNTAL m. *Arq.* Madero, generalmente rollizo, que, afianzado en el suelo firme, sirve para sostener edificios ruinosos o muros desplomados.
— *Mar.* Altura de un barco medida desde el plan hasta la cubierta superior. ‖ Pie derecho sobre el cual se apoyan los baos. ‖ *Puntal de arqueo,* distancia vertical medida en la cuaderna maestra entre la primera tabla del forro contigua a la sobrequilla y el canto superior del bao de la cubierta principal.
PUNTEADO, DA adj. y s. Que lleva marcados numerosos puntos.
— *Art. gráf.* Dícese del grabado * cuyo dibujo consta de puntos hechos con buril o con ruedecilla dentada. ‖ — M. Raya formada por una sucesión de puntos pequeños.
PUNTEAR v. Hacer alguna labor de punteado.
PUNTEL m. *Vidr.* Tubo de hierro para tomar vidrio fundido en el crisol y soplarlo en la fabricación manual de piezas huecas.
PUNTERA f. *Aeron.* Pieza perfilada que forma el extremo del ala.
— *Curt.* Pieza que se sobrepone a la punta de la pala del zapato como refuerzo de la misma o como simple adorno.
PUNTERÍA f. *Arm.* Acción de orientar el cañón de un arma de fuego convenientemente para que su proyectil dé en el objetivo o blanco. ‖ *Nivel de puntería,* en ciertos cañones, nivel de agua articulado sobre el cañón por uno de sus extremos, mientras que el otro puede levantarse y corre sobre un cuadrante graduado. (Una vez inclinado el *nivel de puntería* según el ángulo indicado por las tablas de tiro, se modifica la inclinación del cañón hasta que la burbuja de aquél vuelva al centro, cuya posición corresponde entonces a la puntería ideal.)
PUNTERO m. *Art. y of.* Punzón de acero para taladrar chapa a martillazos. ‖ Cincel de picapedrero.
— *Mec. Amer.* Saeta de reloj.
PUNTEROLA f. *Min.* Especie de martillo de boca cónica, mango largo y cabeza plana, que un minero mantiene aplicado sobre la roca, mientras que otro le da con un mazo para arrancar el mineral: *el arranque con punterola es un método anticuado, prácticamente abandonado.*
PUNTILLA f. *Carp.* Punzón usado en carpintería, a modo de lápiz, para marcar en los maderos. ‖ *Amer.* Punta o clavo de pequeñas dimensiones.
— *Text.* Encaje estrecho, con uno de sus bordes ondulado o dentado y el otro a propósito para ser cosido como orla en los pañuelos, prendas de señora, etc.
PUNTO m. Marca o signo de dimensiones pequeñísimas que se hace en una superficie para situar o localizar algo en la misma y que sirve también de signo gráfico en la escritura, la representación de fórmulas matemáticas, etc. ‖ Lugar determinado: *los astronautas saben por anticipado en qué punto de la Luna han de aterrizar.*
— *Aeron.* Marcación. ‖ *Punto de transición,* punto de un perfil de ala en el cual la capa * límite pierde su carácter laminar y se vuelve turbulenta.
— *Arm. Punto de mira,* pequeño grano de metal o resalte que llevan en el cañón las armas de fuego ligeras y por el cual se hace pasar la línea de mira * al apuntar.
— *Arq.* Curvatura cóncava que se da a veces a las vigas, arquitrabes, etc., para anular el efecto de perspectiva que los hace ver convexos cuando son rectilíneos. ‖ Relación entre la flecha y la luz de un arco. ‖ *Punto de apoyo,* columna, pilar u otro elemento en que se apoya una parte del edificio. ‖ *Punto de fábrica,* parte de un muro que se rehace desde el pie, sin demoler el resto del mismo. ‖ *Arco de medio punto, de punto hurtado,* etc., v. ARCO.
— *Art. gráf. Puntos conductores,* hilera de puntos con que se prolonga una línea en un impreso, para guiar la vista hasta las cifras o indicaciones agrupadas aparte, generalmente en forma de columna. ‖ *Punto tipográfico,* o simplemente *punto,* unidad empleada en tipografía para expresar la fuerza del cuerpo de los caracteres de imprenta, cuyo valor es de 0,375 9 mm, salvo en Gran Bretaña y Estados Unidos, donde existe un punto de 0,351 mm.
— *Art. y of.* Unidad empleada para medir las dimensiones del calzado, equivalente a 6,6 mm.
— *Astr. Punto cardinal,* punto culminante, punto equinoccial, v. CARDINAL, CULMINANTE y EQUINOCCIO. ‖ *Punto gamma,* v. EQUINOCCIO. ‖ *Punto radiante,* punto de esfera celeste de donde parecen venir —por efecto de perspectiva— todas las estrellas fugaces de un mismo enjambre. (V. METEORITO.) ‖ *Punto solsticial,* v. SOLSTICIO. ‖ *Punto vernal,* v. EQUINOCCIO.
— *Astron. Punto de abandono,* punto del espacio en el que cesan de funcionar los motores de un cohete y a partir del cual el ingenio cósmico se mueve por inercia y según una trayectoria balística. (V. ASTRONÁUTICA, COHETE y TRAYECTORIA.) ‖ *Punto neutro,* punto del espacio en el cual un cuerpo situado en la línea que une los centros de dos astros, es igualmente atraído por ambos: *el punto muerto entre la Tierra y la Luna se halla por término medio a 345 600 km de la primera y 38 400 de la segunda.*
— *Autom. Punto de anilina,* v. ANILINA. ‖ *Punto muerto,* v. MUERTO.
— *Carp. Punto de Hungría,* v. ENTARIMADO.

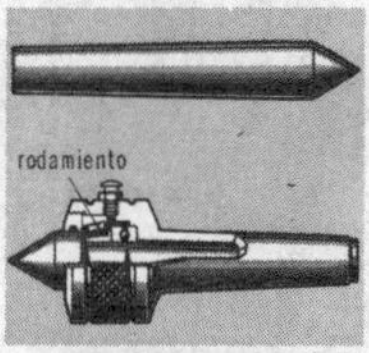

puntas de torno fija y loca (con rodamiento de bolas)

puntales *(mar.)*

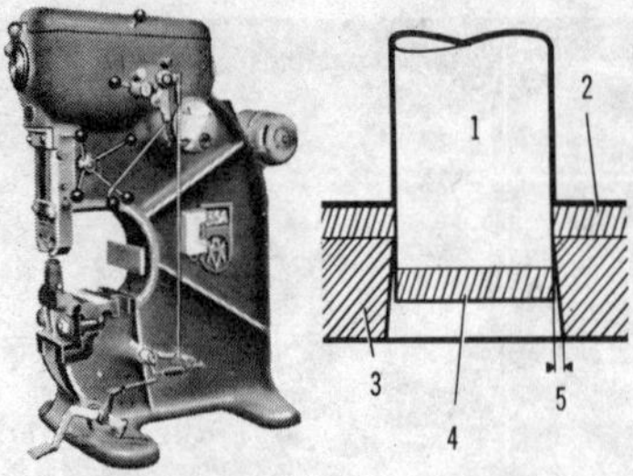

punzonadora *(metal.)*
1. Punzón; 2. Chapa; 3. Matriz; 4. Copel; 5. Juego cónico

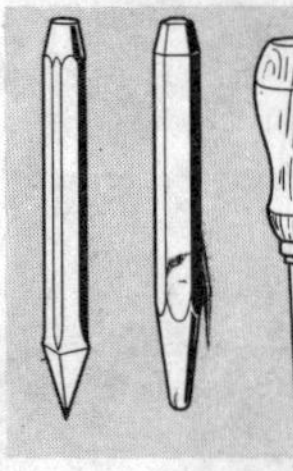

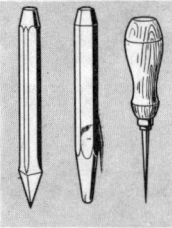

punzones

puño de puerta

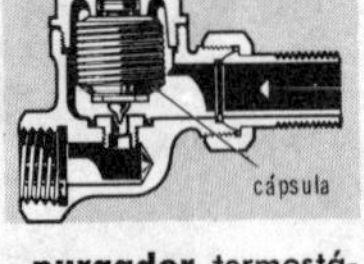

purgador termostático (la cápsula, dilatada por el calor del vapor, obtura el orificio; contraída por el agua condensada, lo abre y da paso a ésta)

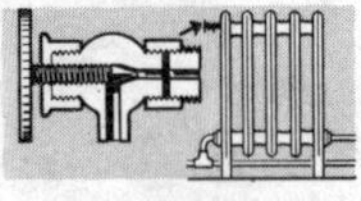

purgador de radiador de calefacción central

— *Electr. Punto neutro,* v. ESTRELLA y NEUTRO.

— *Fís.* Temperatura a la cual se produce un fenómeno físico: *el punto de fusión no es sino la temperatura de fusión.* || *Punto de congelación,* temperatura a la cual un cuerpo pasa del estado líquido al estado sólido, equivalente a la temperatura de fusión *. || *Punto crítico,* v. ISOTERMA. || *Punto de Curie, punto de ebullición, punto de eutexia, punto de fusión,* v., respectivamente, CURIE, EBULLICIÓN, EUTEXIA y FUSIÓN. || *Punto triple,* intersección de las tres curvas de fusión *, vaporización y sublimación * de un cuerpo puro, que indica a qué valor de estas magnitudes se hallan en equilibrio las fases sólida, líquida y gaseosa: *al triple punto del agua corresponden una temperatura de 0º (exactamente 0,007 4º) y una presión de 5 mm de mercurio.*

— *Fot. Puesta a punto,* enfoque.

— *Geom.* Lugar sin extensión en una línea o figura. || *Punto accidental,* punto de una línea horizontal en el cual concurren las proyecciones de dos líneas que son paralelas en un objeto, pero no son perpendiculares al cuadro en el cual es dibujado el mismo en perspectiva *. || *Punto céntrico,* centro. || *Punto de distancia, punto de fuga,* v. PERSPECTIVA. || *Puntos homólogos,* v. HOMÓLOGO. || *Punto al infinito,* v. INFINITO. || *Punto de inflexión,* v. INFLEXIÓN. || *Punto principal,* v. PERSPECTIVA. || *Punto de tangencia,* v. TANGENCIA. || *Punto de vista,* v. PERSPECTIVA.

— *Joy.* Centésima parte de un carate: *un brillante de 85 puntos.*

— *Mar.* Señal que se hace en la carta de navegar para indicar la situación geográfica del barco que está navegando o del avión en vuelo. (V. NAVEGACIÓN.) || *Punto de escuadría,* el que se determina sobre la carta fundándose en la latitud observada y en el rumbo seguido. || *Punto de estima,* el que se calcula conociendo la velocidad del barco, el tiempo que lleva navegando y el rumbo seguido. || *Punto observado,* el que se deduce de la observación de los astros. || *Punto vélico,* v. VELA.

— *Mat.* El *punto* se emplea en matemáticas como signo de la multiplicación, conjuntamente con el signo por (×); los *dos puntos* representan el signo de la división. También se emplean signos a base de puntos en las proporciones *.

— *Mec. Punto de apoyo,* v. PALANCA. || *Punto material,* masa que tiene las dimensiones prácticamente nulas de un punto pequeñísimo. || *Punto muerto,* posición de un órgano mecánico en un lugar de su carrera donde no puede ser impulsado por el órgano motor y en el que solamente se mueve por inercia en virtud de la impulsión recibida precedentemente, y así, pues, el émbolo tiene un punto muerto alto y otro punto muerto bajo, en ambos extremos de su carrera en el cilindro.

— Los inconvenientes que presentan los *puntos muertos* se evitan, ya aumentando la inercia de los mecanismos (por ejemplo, acoplándoles un volante *), ya combinando dos o más mecanismos iguales a un mismo árbol y de modo que no se hallen en su punto muerto al mismo tiempo.

— *Meteor. Punto de rocío,* v. ROCÍO.

— *Ópt. Puntos cardinales,* v. CARDINAL. || *Puntos conjugados,* los de un objeto con los correspondientes puntos de su imagen dada por un instrumento. || *Punto de incidencia,* v. INCIDENCIA. || *Puntos nodales,* v. NODAL. || *Puesta a punto,* v. PUESTA.

— *Petr.* Temperatura a la cual se produce algún cambio característico en los derivados del petróleo: *punto de goteo* *.

— *Quím. Punto eutéctico, punto de eutexia,* v. EUTEXIA.

— *Radiot.* Cada uno de los pequeñísimos elementos en que son divididas las imágenes por el tubo analizador de las cámaras de televisión. (V. DEFINICIÓN e ICONOSCOPIO.)

— *Text.* Cada una de las puntadas * que se dan en una labor de costura, bordado, etc. || Cada uno de los nudos o mallas de los tejidos o labores hechas con agujas o ganchillos y de los *géneros* * *de punto* hechos a máquina. || Ligamento.

— *Topogr. Punto geodésico,* punto del terreno cuyas coordenadas han sido determinadas con la mayor precisión y que se materializa con un hito o mojón. || *Punto nodal,* v. NODAL.

PUNTURA f. *Art. gráf.* Cada una de las dos puntas de hierro verticales que, en las prensas de imprimir, sirven para clavar el pliego que se ha de imprimir y que permiten hacer coincidir la retiración con el blanco.

PUNZÓN m. Instrumento de hierro o acero, de cuerpo cilíndrico, punta cónica y cabeza plana, en la cual se golpea con el martillo y que, según la forma de la boca, sirve para abrir objetos, hacer marcas en aquellos puntos donde se ha de taladrar el metal, estampar marcas en los metales preciosos, etc.: *las matrices para fundir tipos de imprenta se abren por percusión con un punzón que lleva la letra en relieve.* || Pieza cónica que sirve para regular o interrumpir el paso de un fluido en las válvulas * de aguja. (Sinón. AGUJA.)

— *Metal.* Troquel o macho de la punzonadora.

PUNZONADO m. *Metal.* Acción y efecto de punzonar. || Fabricación de piezas de chapa con la punzonadora.

PUNZONADORA f. *Metal.* Máquina de perforar chapa que se distingue de las taladradoras en que la herramienta cortante no es una barrena giratoria, sino un punzón que, potentemente empujado por el vástago de una prensa, presiona la chapa sobre el hueco de una matriz hasta recortar su forma en ella.

PUNZONAR v. *Metal.* Taladrar con punzón o punzonadora.

PUÑO m. Mango o empuñadura para asir una cosa, como los tiene el manillar de la bicicleta en sus extremos.

— *Carp.* Pieza que se fija en las hojas de las puertas y ventanas, por la cual se tiran o empujan las mismas para abrirlas o cerrarlas.

PUPILA f. *Ópt.* Círculo que limita el diámetro del haz luminoso que atraviesa una lente o sistema óptico y que no es sino la imagen de la montura de los mismos: *la pupila determina el flujo luminoso que atraviesa el instrumento, así como el poder separador y la anchura del campo abarcado por el mismo.*

PUPIN (*Bobina*). V. BOBINA.

PUPINIZACIÓN f. *Telec.* Método para permitir las comunicaciones telefónicas a grandes distancias con conductores delgados, consistente en intercalar de trecho en trecho, a lo largo de la línea, bobinas de autoinducción. (V. BOBINA *Pupin.*)

PUPITRE m. *Tecn.* Mueble en forma de masa provista de planos inclinados en los cuales se agrupan todos los mandos e instrumentos de control de una central, fábrica, centro de distribución, calculadora electrónica u otra instalación automática.

PURGA f. *Tecn.* Acción y efecto de purgar. || *Válvula, llave* o *grifo de purga,* purgador.

— *Text.* Operación consistente en alisar o quitar la borra a los hilos haciéndolos pasar por el purgador.

PURGADOR m. *Tecn.* Grifo, llave o dispositivo automático para purgar las canalizaciones.

— *Text.* Dispositivo que tiene unas paletas forradas de paño en el cual frota el hilo de seda antes de ser devanado, quedando así limpio de borra.

PURGAR v. *Tecn.* Evacuar el fluido cuya presencia puede dificultar el funcionamiento de una máquina, impedir la circulación de otro fluido por una canalización o circuito, etc.

Fot. V. A.

— En las máquinas y canalizaciones por las cuales circula vapor de agua o gases que contienen humedad, se produce una condensación de ésta, acumulándose el agua en los puntos bajos. *Purgar* dichas canalizaciones o instalaciones no es sino evacuar el líquido por medio de válvulas automáticas o de grifos manuales dispuestos en aquellos puntos. Por el contrario, en los radiadores y cañerías de la calefacción central y otras canalizaciones de agua caliente, ésta desprende aire que se acumula en los puntos altos y dificulta la circulación del líquido. En este caso, purgadores * o grifos de purga convenientemente dispuestos, permiten eliminar el aire. Por último, antes de poner en marcha ciertas máquinas y canalizaciones, es necesario purgarlas, o sea dar salida al aire que contienen.

— *Text.* Eliminar con el purgador la borra que tienen los hilos de seda en forma de pelillos adherentes.

PURIFICACIÓN f. *Quím.* Operación consistente en eliminar las impurezas o cuerpos extraños contenidos por una substancia: *la purificación o afino de muchos metales se efectúa por electrólisis.*

PURIFICADOR, RA y **PURIFICANTE** adj. Que purifica o sirve para purificar.

PURIFICAR v. *Quím.* Efectuar la purificación de una substancia: *purificar el agua para hacerla potable.*

PURO, RA adj. *Quím.* Libre de toda mezcla, que no contiene ningún elemento ajeno a su propia composición (en realidad, es prácticamente imposible obtener substancias absolutamente puras). ‖ *Químicamente puro,* dícese del producto químico o substancia cuyas impurezas son tan ínfimas que no pueden ser puestas de manifiesto por los métodos de análisis ordinarios.

— *Tab. Cigarro puro,* v. CIGARRO.

PÚRPURA f. *Fot.* Color complementario del verde, que se emplea en ciertos procedimientos de fotografía en color.

— *Quím. Púrpura de Casio,* precipitado que se obtiene reduciendo sales de oro con cloruros de estaño y que se emplea como pigmento, de hermoso color de púrpura, para decorar labores de cerámica y de vidrio. ‖ *Púrpura de índigo,* índigo sulfonado. ‖ *Púrpura mineral,* púrpura de Casio.

PURPURINA f. *Pint.* Polvo finísimo de bronce que sirve para dorar, agregándolo a una pintura o a un barniz.

— *Quím.* Substancia colorante que acompaña a la alizarina en la raíz de la rubia y que se fabrica sintéticamente a partir de la antraquinona: *la purpurina tiñe de escarlata los tejidos tratados con mordiente de alúmina.*

PUSH-PULL adj. y s. *Cibern.* Dícese de un órgano de mando automático que provoca, cuando es empujado, determinada acción y, al ser tirado, la acción inversa de ésta.

— *Radiot.* Montaje de dos tubos electrónicos similares cuyas acciones se compensan y equilibran por acción mutua de una sobre otra: *el push-pull se aprovecha en los radiorreceptores y amplificadores de baja frecuencia porque permite obtener potencias elevadas con el mínimo de distorsión.*

PÚZOL m. y **PUZOLANA** f. *Constr.* y *Miner.* Roca eruptiva, de naturaleza silícea, muy porosa, que se emplea en la construcción de edificios a modo de aislante térmico y fónico, unas veces en calidad de material de relleno en paredes dobles, y otras como agregado del hormigón. ‖ *Cemento de puzolana,* v. CEMENTO *puzolánico.*

PUZOLÁNICO, CA adj. Relativo a la puzolana.

— *Constr. Cemento puzolánico,* v. CEMENTO.

PYREX m. *Vidr.* Marca registrada de un vidrio a base de borosilicato de aluminio y de sodio que resiste sin quebrarse a las temperaturas elevadas, con el cual se hacen utensilios que permiten cocer los alimentos.

industria **química**: planta para la fabricación automática del fenol

Q f. Vigésima letra del alfabeto, empleada en ciencias como sigla o símbolo.
— *Aeron.* *Código Q*, v. CÓDIGO.
— *Atom.* Séptima y última capa de electrones planetarios de los átomos pesados que, en el francio consta de un solo electrón y en los cuerpos más pesados, de dos.
— *Fís.* En las fórmulas de física se emplea a veces *q* como símbolo de cantidad (de electricidad, de calor, etc.).
— *Hidr.* La letra Q es el símbolo de *gasto*.
— *Metr.* La *q*, minúscula, es el símbolo del *quintal métrico*.

QUÁNTICO, QUANTÍSTICO, QUANTIFICACIÓN, QUANTIFICADO, QUANTIFICAR y **QUANTO**, v. CUÁNTICO, etc.

QUASAR m. *Astr.* Objeto celeste de 10 a 20 veces más pequeño que una galaxia, pero 100 veces más luminoso, emisor de ondas electromagnéticas; se ignora su índole, aunque bien pudiera tratarse de núcleos de galaxias.

QUEBRACHO m. *Bot.* y *Curt.* Nombre dado a diferentes árboles de América del Sur que suministran tanino y entre los cuales destacan por su importancia el *quebracho blanco (Aspidosperma quebracoblanco)*, que es una planta apocinácea, y el *quebracho colorado (Schinopsis Lorentzii* y *S. balansae)*, que son anacardiáceos *la madera de los quebrachos contiene hasta 28% de tanino y constituye la principal materia prima de la industria de los curtientes vegetales.*

QUEBRADO, DA adj. y s. *Geom. Línea quebrada*, v. lámina LÍNEA.
— *Ind. alim.* Dícese del azúcar que aún no ha sido blanqueado.
— *Mat. Número quebrado* o simplemente *quebrado*, fracción.

QUEBRAJA f. *Arq.* Grieta en una pared.

QUEBRANTADO, DA adj. *Arq.* Dícese de la meseta * cuadrada entre dos tramos sucesivos de una escalera.

QUEBRANTADOR, RA adj. y s. Que quebranta. ‖ Dícese de los molinos, machacadoras, etcétera, que fragmentan las materias duras sin triturarlas.

QUEBRANTAR v. *Mar.* Encorvarse hacia abajo la quilla de un barco por falta de resistencia.
— *Tecn.* Fragmentar las materias duras sin triturarlas.

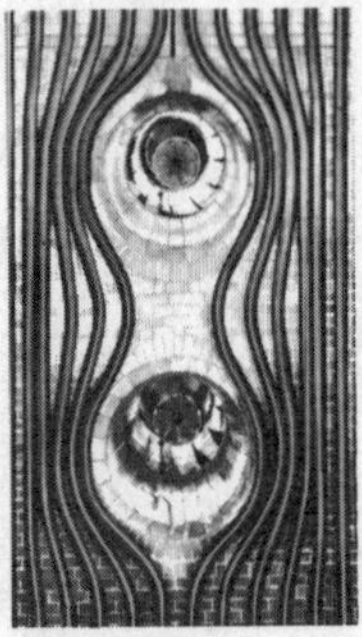

quemadores en la pared de una caldera

QUEBRANTO m. *Mar.* Arrufo * negativo. ‖ Curvatura del barco que quebranta. (V. QUEBRANTAR.)

QUECHE m. *Mar.* Barco de vela de dos palos, con el palo mayor delante y el otro situado más a proa que la rueda del timón. (Sinón. KETCH.)

QUEMADOR m. *Atom. Quemador de uranio*, reactor * nuclear.
— *Tecn.* Aparato que, en los hornillos, cocinas, hogares de calderas, etc., pone el combustible líquido o pulverulento en presencia del aire o de otro comburente, y a la salida del cual se efectúa la combustión. ‖ Mechero.
— Los hornillos de alcohol, los quinqués y las lámparas de acetileno y de gas de alumbrado, tienen *quemadores* elementales que se limitan a dar salida al combustible, el cual arde incompletamente en presencia del aire ambiente. Los quemadores propiamente dichos mezclan el combustible y el comburente en las debidas proporciones. Se obtienen así llamas incoloras o poco luminosas, pero muy calientes que resultan de la combustión completa del combustible (v. LLAMA). Los quemadores de combustibles gaseosos suelen consistir en tubos provistos de múltiples orificios que dan otras tantas llamas, obteniéndose así, con el mismo consumo de combustible, una superficie de caldeo mayor que la que daría una sola llama grande. En los quemadores de combustibles líquidos (generalmente aceites pesados) la mezcla íntima con el aire se obtiene pulverizando el combustible. En los hogares domésticos esta pulverización se obtiene mecánicamente: el combustible pasa a presión por un orificio que le confiere movimiento helicoidal y sale del mismo en forma de gotas minúsculas. En los hogares industriales un chorro de aire irrumpe en la boquilla del quemador y pulveriza el combustible (v. PULVERIZADOR). Las centrales eléctricas modernas y los hogares de calderas industriales muy potentes consumen carbón pulverizado, el cual es arrastrado por una corriente de aire primario hasta el quemador, donde se mezcla con el aire secundario necesario para su combustión en el hogar.

Fot. Rhône-Poulenc

La *figura* ilustra esquemáticamente el funcionamiento de los principales tipos de quemadores.

QUEMAR v. *Aceite de quemar*, v. ACEITE.

QUERCITRINA f. *Quím.* Materia colorante que se extrae de la corteza de una encina americana (*Quercus tinctoria*) y con la cual se tiñen de amarillo las telas de algodón y los orillos de ciertos tejidos de lana.

QUERMES m. Nombre de varias especies de cochinillas cuya hembra, al poner sus huevos en las ramas de la coscoja y árboles afines, forma en ellas unas agallitas que antes se empleaban como colorante grana. (Sinón. KERMES.)
— *Miner. Quermes mineral*, quermesita.

QUERMESITA f. *Miner.* Oxisulfuro de antimonio también llamado *quermes mineral*.

QUERNITA f. *Miner.* Borato de sodio hidratado. (Sinón. KERNITA.)

QUEROSENO m. *Petr.* Fracción del petróleo bruto que destila entre 150 y 300°, intermediario entre la gasolina y el gasoil. (Sinón. KEROSENO, PETRÓLEO LAMPANTE.)
— El *queroseno* es un líquido amarillento primitivamente empleado como combustible en los quinqués y otras lámparas con el nombre de *petróleo lampante*. Hoy se consumen grandes cantidades del mismo en calidad de carburreactor * para motores de aviación y de ergol combustible para la propulsión de cohetes. (V. PROPERGOL.)

QUESO m. *Ind. alim.* Alimento a base de leche cuajada, escurrida, aderezada y prensada en panes que, según la clase del producto que se desea obtener, se someten a tratamientos especiales.
— El *queso* consta esencialmente de caseína y de materias grasas. Su elaboración empieza por la obtención de la cuajada, masa de leche coagulada que resulta de tratar ésta con cuajo. La cuajada se retrae y exuda agua cargada de materias solubles, convirtiéndose en requesón. Si se destina a la elaboración de *quesos blandos*, la exudación espontánea basta; en el caso contrario (*quesos de pasta firme*), es necesario dividir la cuajada en masas pequeñas para incrementar la desecación.
Una vez eliminada la proporción conveniente de suero, la masa es moldeada prensándola en moldes de forma conforme con las tradiciones de la comarca y características de cada clase de queso. Luego se espolvorea con sal (a veces se sala la cuajada con salmuera antes del moldeo), oponiendo así un obstáculo al desarrollo de microbios perjudiciales y facilitando la formación de una corteza (pues la sal absorbe la humedad de la capa periférica del pan).
Los productos así obtenidos son quesos frescos, que deben ser consumidos rápidamente. Las más de las veces son transformados en quesos fermentados, los cuales son el resultado de la degradación de la caseína por numerosos fermentos lácticos, levaduras y otros microorganismos. Esta flora solubiliza una parte de la caseína, convirtiendo la masa en una pasta firme y untuosa, al mismo tiempo que engendra principios sápidos y olorosos que confieren al queso su aroma y sabor característicos.
Este proceso dura de tres semanas a dos meses. El plazo es más breve en los quesos que han de tener la superficie cubierta de moho, mientras que en los demás, la formación de éste se detiene periódicamente lavándolos con agua salada y secándolos cuidadosamente, hasta obtener una costra dura y lisa. Tanto unos como otros, son quesos fermentados de pasta blanda.
Los quesos de pasta dura se obtienen elaborando la cuajada en caliente, para eliminar grandes proporciones de suero. Los *quesos de Holanda* y calidades similares se desecan con temperaturas de 38 a 40° seguidas de una maduración lenta (dos meses) en sótanos y de fricciones repetidas con agua salada para formar la corteza. En los quesos de la índole del *Gruyère*, la cuajada se trata a la temperatura de 50 a 60° y los fragmentos son tan duros que se requiere un prensado de 24 horas para aglomerarlos. Estos quesos se frotan también repetidamente para formar una costra dura.
En los quesos del tipo *Roquefort* se agrega a la cuajada miga de pan que engendra la proliferación en la masa del queso de un moho característico. La fermentación se efectúa en sótanos muy frescos y húmedos y dura de 50 a 90 días.
Las diferencias de aspecto o de gusto entre las numerosas clases de quesos existentes (365 reconocidas oficialmente en un solo país, Francia) resultan con frecuencia de condiciones de temperatura y de humedad que favorecen determinados fermentos a expensas de otros.

QUETIGITA f. *Miner.* Arseniato hidratado de cinc que contiene óxido de cobalto.

QUEVEDOS m. pl. *Ópt.* Lentes de cristales circulares unidos por un puente elástico que les permite sostenerse en la nariz, contrariamente a las gafas, que tienen su apoyo en las orejas.

QUICIAL m. *Carp.* Montante, de los dos que tiene una puerta o ventana, que lleva los goznes o bisagras y que antiguamente rebasaba por arriba y abajo de la hoja para articularla en las ranguas o quicialeras *.

QUICIALERA f. *Arq.* y *Carp.* Quicial. ‖ Cada una de las dos piedras, situadas una en el suelo y la otra en el dintel, provistas de un agujero o caja en el cual penetran los quicios de la puerta. (Sinón. RANGUA.)

QUICIO m. *Arq.* y *Carp.* Larguero del marco de una puerta o ventana en que se articula el quicial. ‖ Rangua. ‖ Conjunto de dos o más escalones que tienen en la puerta aquellas casas cuya planta baja se halla a nivel superior del de la calle.

QUIEBRA f. *Arq.* Cambio de pendiente en las mansardas * y otras cubiertas de vertientes quebradas.

QUIEBRAHACHA m. *Bot.* y *Carp.* Jabí.

QUIJADA f. *Obr. públ. Machacadora de quijadas*, machacadora * de mandíbulas.
— *Tecn.* Cada una de las dos piezas laterales que forman la cajera de un motón. ‖ Mandíbula cada una de las dos piezas de una mordaza *.

QUIJERA f. *Carp.* Cada una de las dos ramas de la horquilla que se forma en el extremo de un madero al hacer en el mismo la caja que se ha de ensamblar con la espiga de otro.

QUILATE m. *Metr.* y *Joy.* Unidad de masa, equivalente a 2 dg, que sirve para pesar piedras preciosas. ‖ Cantidad de oro fino que contiene

queso de Gruyère: lavado de la costra

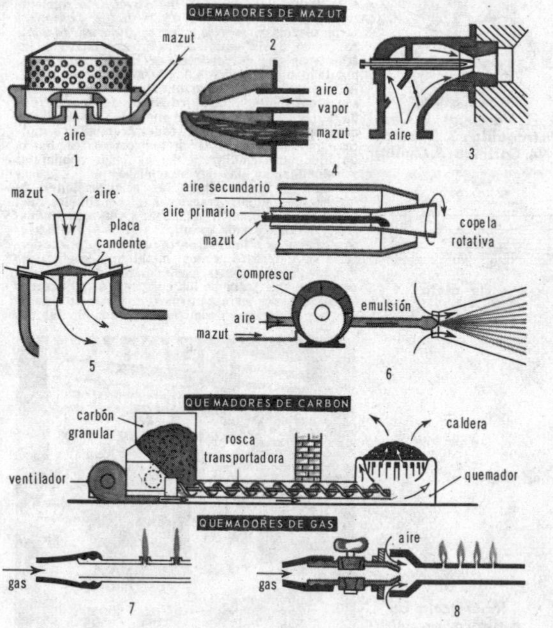

quemadores
1. Por destilación; 2 a 4. Por pulverización; 5. Por calefacción; 6. De emulsión; 7. De llama blanca; 8. De llama azul

Fot. Off. nat. du Tourisme suisse

quillas

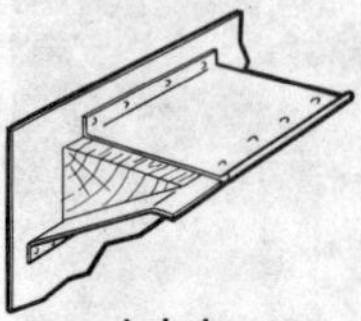

de balance

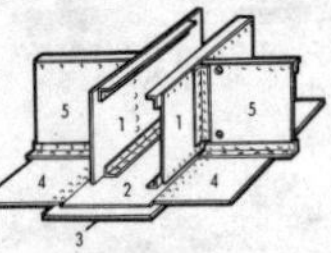

horizontal
(1. Armazón vertical; 2. Sobrequilla; 3. Quilla; 4. Tracas de aparadura; 5. Varengas)

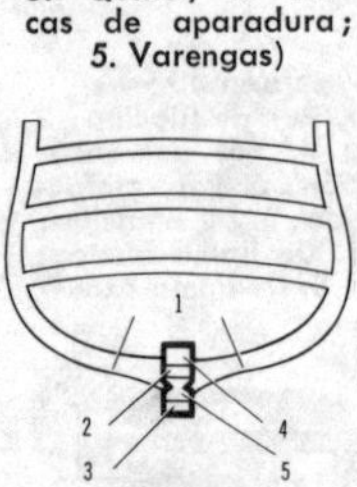

de madera
(1. Varengas; 2. Contraquilla; 3. Zapata; 4. Carlinga; 5. Quilla)

de aleta

una liga de dicho metal. (V. LEY.) ‖ *En quilates,* dícese de los diamantes muy pequeños que se venden a granel.

QUILO, QUILOAMPERÍMETRO, QUILOAMPERIO, etc. v. KILO, KILOAMPERÍMETRO, KILOAMPERIO, etc.

QUILLA f. *Mar.* Pieza longitudinal que constituye la base del casco en la cual se asientan las cuadernas y que es prolongada a proa por la roda y a popa por el codaste. ‖ *Quilla de aleta,* quilla corta pero de superficie bastante grande, de forma trapezoidal o comparable a la de una aleta de pez, que, al igual que la orza, limita la deriva y aumenta la estabilidad de las embarcaciones de regatas y de los yates pequeños. ‖ *Quilla de balance, quilla estabilizadora* o *de pantoque,* cada una de las dos situadas a ambos lados de la quilla verdadera, a lo largo de los pantoques, que, al oponer un obstáculo al agua, frenan los movimientos de balance del casco. ‖ *Quilla de deriva,* la de aleta. ‖ *Falsa quilla,* zapata que se clava a la quilla por debajo.
— En los barcos de madera, la *quilla* es algo así como la espina dorsal del casco, al cual asegura su rigidez. Suele hallarse reforzada interiormente por la sobrequilla y exteriormente por la zapata. Tiene en sus costados una ranura longitudinal, el alefriz, en la cual encajan las primeras tablas del forro.
Los principales tipos de quilla para barcos metálicos se representan en la *figura.*

QUIMERIDGENSE adj. y s. *Geol.* Dícese de un piso del jurásico superior, cuyos terrenos datan de unos 115 millones de años. (V. ESTRATIGRAFÍA.) [Sinón. KIMMERIDGENSE.]

QUÍMICA f. Ciencia que trata de la composición de los cuerpos, según la índole, número y disposición de los átomos en sus moléculas, así como de las transformaciones que experimentan las substancias al variar aquella composición cuando dos o más cuerpos reaccionan al ser puestos en contacto. ‖ *Química analítica,* parte de la química relativa a la identificación y dosificación de los elementos presentes en una combinación. (V. ANÁLISIS.) ‖ *Química aplicada,* la que, por oposición a la química pura, trata de las aplicaciones prácticas de los procesos químicos a la industria *(química industrial),* la agricultura *(química agrícola),* la medicina *(químicas farmacéutica* y *médica),* etc. ‖ *Química biológica,* ramo de la química orgánica relativo a las reacciones que se producen en los tejidos vivientes. (Sinón. BIOQUÍMICA.) ‖ *Química descriptiva,* la que estudia y describe los cuerpos puros y sus propiedades. ‖ *Química física,* la que se funda en las leyes y los conocimientos de la física para resolver problemas específicamente químicos. ‖ *Química general* o *teórica,* parte de la química pura que trata de las leyes ponderales y volumétricas, las leyes relativas a las masas atómicas y moleculares, las combinaciones de los cuerpos y sus reacciones y equilibrios, así como de la notación química. ‖ *Química industrial,* v. más arriba *química aplicada.* ‖ *Química inorgánica* o *mineral,* parte de la química descriptiva referente a los metales y metaloides y a sus combinaciones, por oposición a la *química orgánica,* que trata de los compuestos del carbono elaborados por los organismos vivientes u obtenidos por síntesis. ‖ *Química pura,* una de las dos grandes divisiones de la química (la otra es la química aplicada), que se subdivide a su vez en *química general* y *química descriptiva.* ‖ *Química sintética,* ramo de la química, opuesto a la química analítica, que trata de la obtención de compuestos complejos a partir de otros más sencillos o de cuerpos simples. (V. también ELECTROQUÍMICA, FOTOQUÍMICA y TERMOQUÍMICA.)
— La *química* estudia los orígenes de cada substancia, el modo como se forma, su composición y las transformaciones que experimenta, ya al entrar en contacto con otras substancias con las cuales reacciona, ya por la acción de agentes físicos. Se distingue así de la física, que considera las propiedades generales de la materia, sin tener en cuenta su naturaleza. Pero, modernamente, con los progresos de la física atómica, ambas ciencias se confunden en ciertos aspectos y dan lugar a una nueva disciplina, la fisicoquímica. (V. tb. FÍSICA.)
La química se funda en la *teoría atómica* según la cual toda materia se halla constituida por átomos agrupados en moléculas (v. ÁTOMO, MOLÉCULA y VALENCIA). Por otra parte, toda materia se compone de uno o varios elementos entre los 102 conocidos, 10 de los cuales no existen en la naturaleza y se producen artificialmente (v. ELEMENTO). Cuando todos los átomos de una substancia son de la misma índole, se tiene un cuerpo simple; si la substancia consta de átomos diferentes, es una combinación o un cuerpo compuesto. El análisis * permite separar los componentes de una combinación, identificarlos y medir sus proporciones, mientras que la síntesis * permite obtener compuestos más o menos complicados por unión de los átomos o moléculas de cuerpos más sencillos o de radicales. Los procesos en el curso de los cuales desaparecen ciertas substancias y se forman otras diferentes se llaman reacciones. (V. COMBINACIÓN, POLIMERIZACIÓN, RADICAL y REACCIÓN.)
Para designar los cuerpos y escribir las fórmulas se recurre a la *notación* y la *nomenclatura* químicas. Cada elemento químico es representado por un símbolo constituido por la inicial de su nombre latino, a la cual se agrega otra letra cuando varios elementos tienen la misma inicial, y así el símbolo del hidrógeno es H; el del carbono, C, y los del cadmio, el cesio y el calcio, Cd, Cs y Ca, respectivamente. (V. ELEMENTO.)
Cada cuerpo o combinación se representa por medio de fórmulas en las cuales se escriben los símbolos según determinadas reglas, de modo que la simple lectura de la fórmula permita conocer la composición exacta del cuerpo e incluso saber cómo se hallan enlazados y dispuestos los distintos átomos en su molécula. (V. FÓRMULA.)
La nomenclatura empleada para designar los compuestos químicos se funda en varias reglas que a continuación resumiremos:
— *Química mineral.* Los nombres constan de una raíz, que es la del nombre latino o griego del elemento primordial (así, por ejemplo, para el azufre se puede emplear la raíz latina *sulf* o la raíz griega *thio*); de un sufijo que indica la función representada por dicho cuerpo; de un prefijo que precisa el grado de dicha función.
A continuación se indican los principales sufijos, seguidos de su significado y de un ejemplo: *hídrico,* ácido no oxigenado *(ácido sulfhídrico); ico,* ácido oxigenado *(ácido sulfúrico)* y, por ext., óxido a partir del cual se elabora dicho ácido *(gas carbónico); oso,* ácido poco oxigenado *(ácido nitroso)* y óxido correspondiente *(gas sulfuroso); uro,* sal que corresponde al hidrácido cuyo nombre se termina en *hídrico (sulfuro de potasio); ato,* sal de ácido cuyo nombre se termina en *ico (sulfato de sodio); ito,* sal del ácido terminado en *oso (nitrito de amonio).*
Los prefijos son: *hipo,* grado mínimo de oxidación *(hiposulfito de sodio); per,* grado máximo de oxidación *(perclorato de sodio); bi,* carácter ácido de una sal *(bicarbonato de sodio)* [V. tb. HIDRO, META, ORTO y PARA.]
— *Química orgánica.* La raíz designa al grupo de átomos más importante presente en la molécula; el prefijo indica las ramificaciones de la molécula, y el sufijo, las funciones.
Muchas veces la raíz es la del nombre de un carburo (*met,* de metano; *et,* de etano; ... *hex,* de hexano, etc.). La significación de los prefijos es la siguiente: *ano,* carburo saturado (*propano,* etc.); *eno,* carburo etilénico *(propeno); ino,*

laboratorio de **química** orgánica

Fot. La Photothèque

carburo acetilénico *(propino)*; *dieno*, presencia de dos enlaces etilénicos *(butadieno)*; v. tb. los radicales *ilo*, *ileno*, *enilo*. Cuando se trata de carburos de cadena cerrada, se agrega a los nombres anteriores el prefijo *ciclo (ciclohexano)*.
Otros prefijos: *orto* *, *meta* * y *para* * indican la posición de las ramificaciones en los núcleos bencénicos; *bi*, *di* y *tri* precisan al número de veces en que la molécula contiene a un radical; *fluoro*, *cloro*, *nitro*, etc., aluden a las ramificaciones que no son de naturaleza orgánica.
Sufijos; *ol* significa alcohol *(propanol* o *alcohol propílico)*; *al* significa aldehído *(etanal)*; *ona*, cetona *(acetona)*; *osa*, azúcar *(cetosa)*; *oico*, ácido *(etanoico)*; *ina*, base orgánica *(anilina)*. [V. tb. AMIDO, AMINO, AZOICO, DIAZO, HIDRACINA.]

QUÍMICO, CA adj. Relativo o perteneciente a la química. || Sintético, obtenido por los procedimientos de la química: *levadura química*.
— *Astron.* Dícese de la propulsión de los ingenios espaciales por medio de gases desprendidos por una reacción química. (V. PROPULSIÓN y PROPERGOL.) || Aplícase también a las baterías de acumuladores, por oposición a las baterías solares.
— *Papel. Pasta química*, v. PAPEL y CELULOSA.

QUIMICOFÍSICO, CA adj. Fisicoquímico.

QUIMILUMINISCENCIA f. *Fís.* Luminiscencia *, debida generalmente a fenómenos de oxidorreducción, que se manifiesta en el curso de ciertas reacciones químicas: *la oxidación del fósforo por el aire es un ejemplo de quimiluminiscencia.*

QUINALDINA f. *Quím.* Quinoleína que se obtiene condensando dos moléculas de acetaldehído con una de anilina en presencia de nitrobenceno y ácido sulfúrico y que, a su vez, se condensa con el anhídrido ftálico para dar un colorante amarillo, la quinoftalona, cuya sulfonación permite obtener, finalmente, el amarillo de quinoleína empleado para teñir la seda.

QUINALIZARINA f. *Quím.* Colorante rojo violáceo què resulta de oxidar la alizarina con ácido sulfúrico.

QUINARIO, RIA adj. Que tiene por base el número cinco o que consta de cinco elementos: *numeración quinaria.*

QUINIZARINA f. *Quím.* Materia colorante que se obtiene condensando el anhídrido ftálico con la hidroquinona: *la quinizarina es isómera de la alizarina * y tiñe como ella.*

QUINOFTALONA f. *Quím.* V. QUINALDINA.

QUINOLEICO, CA adj. *Quím.* Dícese de la quinoleína y otras bases nitrogenadas del mismo grupo, así como de un ácido obtenido por oxidación de la quinoleína.

QUINOLEÍNA f. *Quím.* Base heterocíclica cuya fórmula es $C_{10}H_7N$.
— La *quinoleína*, base débil, es un líquido incoloro que se obtiene oxidando con nitrobenceno —en presencia de ácido sulfúrico— una mezcla de anilina y de glicerina. Da numerosos derivados empleados en farmacia y por la industria de los colorantes, especialmente el amarillo de quinoleína. Éste se fabrica calentando una mezcla de quinoleína y de fenilcloroformo y entra en la preparación de las placas fotográficas ortocromáticas.

QUINONA f. *Quím.* Nombre genérico de dicetonas obtenidas por oxidación de ciertos hidrocarburos aromáticos (difenoles orto * o para *): *la principal quinona es la antraquinona, que tiene una importancia muy grande en la industria de los colorantes.*

QUINQUÉ m. *Lumin.* Lámpara de petróleo en la que el combustible sube por capilaridad por una mecha en cuyo extremo arde, dentro de una cámara constituida por un casquillo metálico provisto de orificios (para dar entrada al aire necesario a la combustión) y por un tubo de cristal enchufado en el mismo. || Lámpara, derivada de la anterior, en la cual el depósito de petróleo se halla a un nivel superior al de la mecha.

QUINTAL m. *Metr.* Unidad de peso igual a cuatro arrobas, cuyo valor dependía del que tenía la arroba en cada comarca. || *Quintal métrico*, unidad de peso derivada del sistema métrico y equivalente a 100 kg.

QUINTILLÓN m. *Mat.* Un millón de cuatrillones, o sea la unidad seguida de 30 ceros.

QUIOSCO m. *Arq.* Pabellón o templete pequeño, abierto por todos los lados, que se construye en un jardín, azotea, etc., para servir de mirador o de lugar de descanso. || Pequeño pabellón de planta circular o poligonal construido en la vía pública para servir de puesto de venta de periódicos, flores, refrescos u otras cosas.

QUIRÓMETRO m. *Art. y of.* Instrumento usado por los guanteros para medir las dimensiones de los dedos y de las manos, fundado en el mismo principio que el pie * de rey.

QUITAMANCHAS m. Nombre genérico de los productos químicos que sirven para quitar las manchas, especialmente en los tejidos: *la bencina, disolvente de las grasas, es un buen quitamanchas.*

QUITANIEVES m. Máquina para quitar la nieve que se acumula en las vías de comunicación.
— Los *quitanieves de reja* son remolcados o empujados por un vehículo tractor y consisten, las más de las veces, en una reja de dos cuchillas altas unidas en forma de V, a lo largo de las cuales la nieve se desliza, a partir del vértice, corriéndose así lateralmente desde el centro hacia los bordes del camino, carretera o vía férrea y quedando amontonada en los mismos.
Los *quitanieves mecánicos* son vehículos automotores provistos de un mecanismo que arranca y desintegra la masa de nieve y una turbina u otro sistema que la proyecta lateralmente fuera de la calzada.

QUITAPIEDRAS m. *F. c.* Dispositivo que llevan las locomotoras y ciertos tranvías en su parte frontal y que sirve para expulsar de la vía las piedras y otros cuerpos caídos sobre la misma. (El *quitapiedras* consiste en varias barras metálicas montadas transversalmente —como los parachoques en los automóviles—, hallándose la inferior a unos centímetros solamente de los rieles.) [Sinón. CASCAPIEDRAS, MIRIÑAQUE.]

equipo de destilación en un laboratorio de investigaciones **químicas**

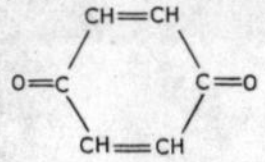

fórmula de la **quinona**

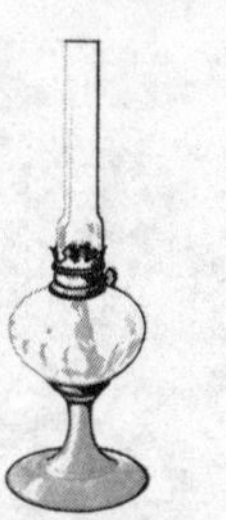
quinqué

quitanieves en una vía férrea

Fot. *La Photothèque, S. J.*

R

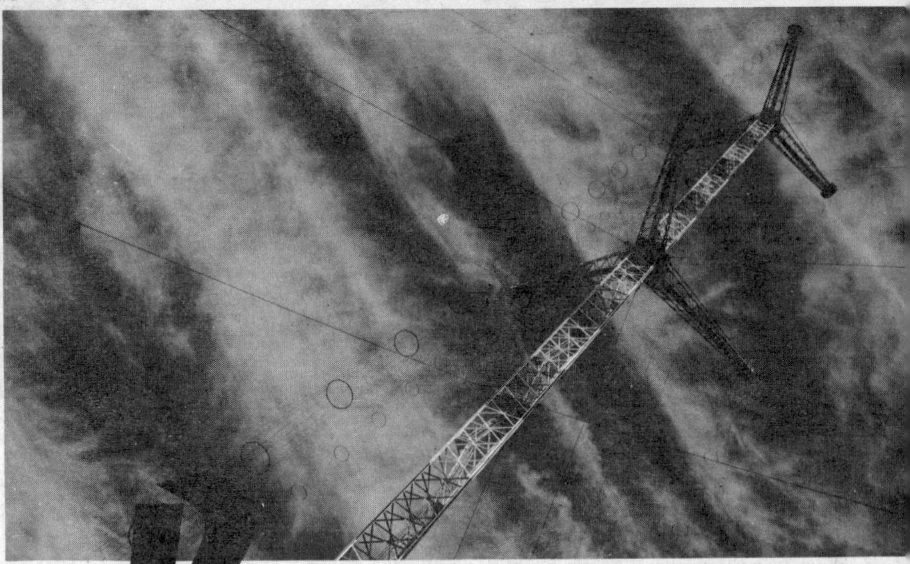

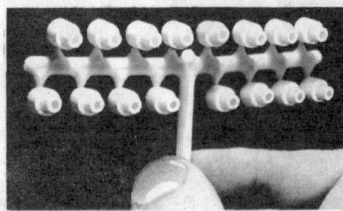

antena de una emisora de **radiodifusión**

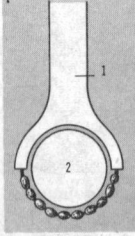

raca
1. Verga; 2. Mástil

R f. Vigésima primera letra del alfabeto, empleada como sigla y símbolo. (V. tb. RHO, letra griega equivalente a nuestra *r*.)
— *Electr.* R es la abreviatura de *resistencia.*
— *Fís.* R es el símbolo de la constante molecular en la fórmula de los gases perfectos. (V. GAS.)
— *Mec.* Símbolo de *retraso* que, grabado en el regulador de la marcha de un reloj, indica el sentido en que ha de moverse aquél para corregir el adelanto de éste.
— *Metr.* R es también símbolo del *roentgen.* ‖ °R, grado Reaumur. (V. TERMÓMETRO.)
— *Quím.* R. se emplea como símbolo de cualquier radical carbonado univalente.
Ra, símbolo químico del *radio.*
RABERON m. *Carp.* Extremo superior y más delgado del tronco, que se corta del mismo por no tener grueso maderable.
RABIZA f. *Mar.* Parte terminal y más delgada de la caña * de pescar. ‖ Trenza que se hace en el extremo de un cabo, con sus cordones, para evitar que éstos se descochen.
RABOSEADO, DA adj. *Art. gráf.* Aplícase al pliego impreso remosqueado, con manchas y manoseado.
RACA f. *Art. y of.* Collar o anillo de cuerda, metal u otra materia que, ensartado en un palo, madero, cuerda, etc., puede deslizarse libremente a lo largo de los mismos, arrastrando con él una cuerda, palo u otro elemento: *las vergas se sujetan a los mástiles por medio de racas.*

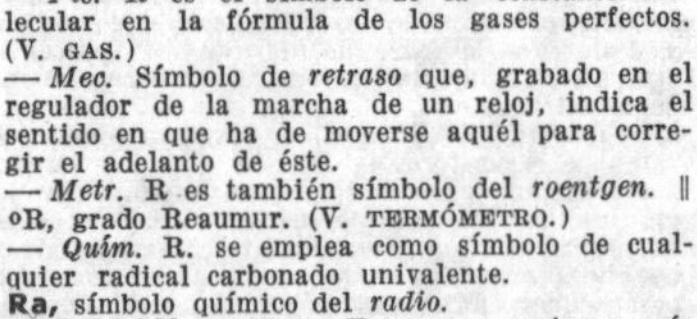

racimo

RACAMENTA f. y **RACAMENTO** m. *Mar.* Raca de las vergas.
RACEL m. *Mar.* Delgado.
RACÉMICO, CA adj. y s. *Quím.* Dícese de las substancias que constan de partes iguales de moléculas dextrógiras y levógiras, existiendo así una compensación que las hace inactivas *: *ácido tártrico racémico.*
RACIMO m. *Plást.* Conjunto de pequeños objetos de materia plástica que se obtienen de una vez con un molde múltiple y que salen del mismo unidos por la materia solidificada en los canales del inyector.
RACIONAL adj. *Mat. Expresión, fracción* y *número racionales,* v. EXPRESIÓN, FRACCIÓN y NÚMERO.
RACIONALIZADO, DA adj. *Electr.* Dícese de las fórmulas relativas a electrostática y electromagnetismo fundadas en el uso del sistema de unidades M. K. S. A. *.
RACIONALIZAR v. *Mat.* Convertir una expresión irracional en otra racional y equivalente.
RACOR m. *Mec.* Galicismo por *manguito* * o *enchufe de tuberías.*
RAD m. *Metr.* Unidad de dosis de radiactividad absorbida por un cuerpo, equivalente a la irradiación que cede una energía de 100 ergios a cada gramo de materia irradiada.
RADA f. *Mar.* Bahía o puerto natural propio para servir de fondeadero a los barcos.
RADAR m. *Radiot.* Aparato electrónico emisor de ondas hertzianas muy cortas que son reflejadas por los obstáculos y, al volver al radar, permiten determinar la naturaleza de las superficies u objetos reflectores y la distancia y dirección en que se encuentran respecto al lugar de la emisión.
— Un aparato de *radar* consta de tres elementos principales: un emisor de ondas, un receptor y un osciloscopio catódico.
El emisor ha de ser muy potente (varias decenas de kilovatios), ya que el haz de ondas emitido se ensancha al alejarse del aparato, y su intensidad disminuye según el cuadrado de la distancia (cada vez que la distancia dobla, la intensidad queda dividida por cuatro). Sobre todo, hemos de considerar que sólo una pequeña parte de la energía radiada alcanzará el objeto reflector u obstáculo y que una proporción muy reducida de la energía

Fot. C. S. F., Larousse

reflejada será captada por el radar. Así, mientras que una potencia de unos vatios o decenas de vatios basta en radiofonía para comunicar a larga distancia con ondas cortas, la potencia de un aparato de radar es del orden de decenas de kilovatios. Esta potencia no podría mantenerse largo tiempo sin calentamientos prohibitivos de los órganos de emisión. Por otra parte, si la emisión fuera continua, el aparato receptor, saturado por señales tan intensas, no podría detectar las débiles ondas reflejadas, a las cuales se da también el nombre de *eco.* Consiguientemente, el radar emite brevísimos, aunque muy intensos, impulsos repetidos decenas o centenares de veces cada segundo y ello merced al tubo electrónico llamado *magnetrón* *. La longitud de onda empleada es centimétrica o decimétrica. (V. FRECUENCIA.)

El receptor detecta el eco durante los intervalos que median entre las impulsiones del emisor, y la corriente captada y amplificada excita los órganos deflectores de un oscilógrafo catódico fundado en el mismo principio que los tubos que forman la imagen en los televisores. En el oscilógrafo del radar, uno de los dos pares de bobinas deflectoras * provoca el corrimiento del haz catódico en función del tiempo, mientras que el otro, excitado por el receptor, lo corre en función de la intensidad del eco captado. Según la dirección en que se efectúan dichos movimientos, se distinguen dos clases de radar. Los aparatos del primer tipo dan en su pantalla una curva luminosa que indica la distancia entre el radar y el obstáculo al emitir el aparato un impulso, éste aparece en la pantalla en forma de un pico de la curva; el haz catódico baja entonces y se corre horizontalmente de izquierda a derecha hasta la recepción del eco, que se traduce por un nuevo pico de la curva. La distancia entre los dos picos es proporcional a la que media entre el radar y el objeto que ha reflejado sus ondas. Tanteando con la antena hasta que se obtenga el pico más intenso posible, se deduce la dirección en que se halla el objeto reflector, la cual se confunde con el eje de la antena. La sensibilidad del receptor se incrementa considerablemente acoplándole un maser *. De esta forma se han podido captar ecos reflejados por los astros del sistema solar hasta Júpiter.

En el *radar panorámico,* el haz catódico explora una pantalla circular con movimiento axial de vaivén, o sea corre alternativamente del centro de la misma a su periferia y de ésta a aquél. Si durante un trayecto de ida y vuelta del haz no existe reflexión de las señales emitidas, la pantalla no revela ningún detalle; si, por ejemplo, las señales son reflejadas por un avión, el eco dará en la pantalla una manchita luminosa situada en el radio descrito por el haz y a una distancia del centro proporcional a la que media entre el avión y el radar. Ahora bien, la substancia fluorescente de la pantalla permite conservar la luminosidad de un punto durante varios segundos, tiempo necesario para que la antena del radar dé una vuelta completa sobre su eje vertical: como la dirección del rayo trazado por el haz catódico en la pantalla es constantemente la del eje del haz de ondas emitido por la antena, tendremos que, en el curso de una vuelta completa de la misma, se yuxtapondrán numerosos radios (equivalentes a las líneas de la imagen captada por un televisor), cada uno de los cuales producirá manchitas luminosas en aquellas direcciones de las cuales se han captado ecos y, como las manchitas permanecen visibles más tiempo que el necesario para que gire la antena, tendremos finalmente en la pantalla una imagen completa de los obstáculos hallados por las ondas en todas las direcciones barridas por la antena alrededor del aparato.

El radar panorámico, además de indicar la presencia de obstáculos, su distancia y la dirección en que se hallan, permite identificarlos, pues cada superficie da un eco característico. Así, en la pantalla de un radar de navegación de los que equipan los buques modernos, aparecen los demás barcos, los escollos, boyas, icebergs, la costa, las escolleras y la bocana de los puertos, etc. Como las ondas atraviesan la bruma y la niebla, dicho radar es un precioso instrumento que aumenta la seguridad de la navegación y permite ganar mucho tiempo.

Por lo demás, cada uso determina la característica predominante de un radar. Existen, pues, *radares de tiro* o *de artillería,* acoplados con un calculador electrónico, para indicar con toda precisión a las piezas la posición de los aviones enemigos u otros objetivos militares; *radares meteorológicos,* en cuya pantalla aparecen los ciclones y otras perturbaciones; *radares de efecto Doppler-Fizeau* *, que indican la velocidad y dirección relativas del objeto reflector (satélite artificial, astro, avión, etc.); *radares de acercamiento* o *aproche,* que se emplean en radionavegación para guiar a los aviones en las cercanías de los aeropuertos y durante el aterrizaje (v. G.C.A. e I.L.S.); *radares de persecución,* que, una vez detectado un obstáculo móvil (avión, satélite, etc.) lo siguen automáticamente con su antena, permitiendo conocer así la posición constante de aquél y la dirección seguida por el mismo; *radares anticolisión,* que, de noche o por tiempo sin visibilidad, revelan los obstáculos a los buques

radar

de vigilancia, móvil

retransmisión por televisión

de persecución

imagen de un puerto dada por el radar panorámico

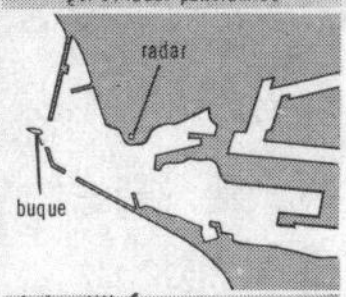

de aterrizaje

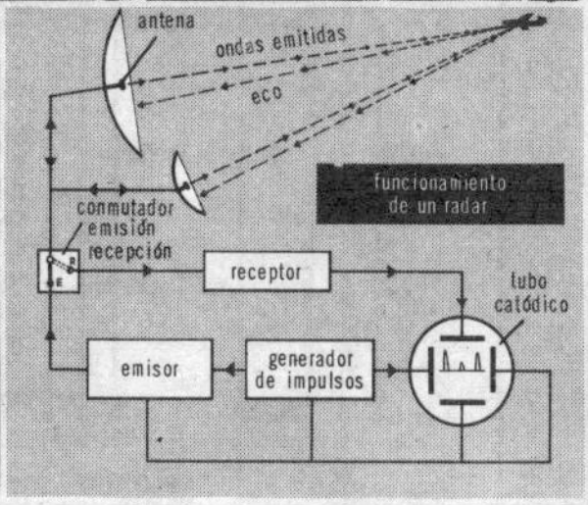

funcionamiento de un radar

◄ de artillería

de avión ▼

Fot. C. S. F., C. F. T. H., S. C. A., U. S. I. S.

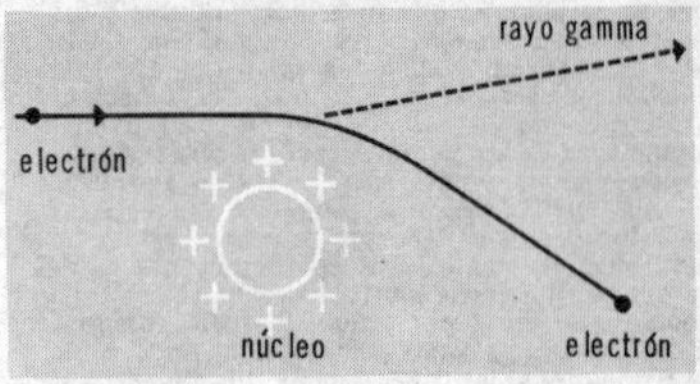

radiación de frenado

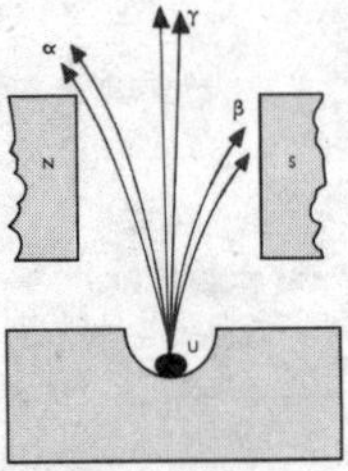

radiactividad alfa, beta y gamma: efectos de un campo magnético, en el entrenierro NS, sobre los rayos emitidos por el uranio U

y aviones; *radares altimétricos,* variante de los anteriores, que sirve para determinar la altura de los aviones respecto al suelo (v. ALTÍMETRO), etc. Ciertos radares militares permiten identificar los aviones: el *radar primario* da los ecos de todos los aparatos presentes en el cielo, pero en la pantalla del *radar secundario* solamente aparecen los ecos de los aviones propios o aliados especialmente provistos de un dispositivo respondedor *.

RADIACIÓN f. *Fís.* Emisión de ondas electromagnéticas, de partículas atómicas o de rayos de cualquier índole. ‖ *Radiación de frenado,* emisión de rayos gamma por los electrones u otras partículas electrizadas y muy rápidas que, al atravesar la materia, pasan cerca de los núcleos y son desviadas por el campo eléctrico engendrado por los protones, causando el desvío un frenado que da lugar, por parte de la partícula, a la emisión del exceso de energía en forma de rayo gamma. (Sinón. BREMSSTRAHLUNG.) ‖ *Radiación ionizante,* la que tiene la propiedad de ionizar la materia. (V. ION y RADIACTIVIDAD.) ‖ *Radiación integral,* la del cuerpo * negro. ‖ *Radiación secundaria,* radiación engendrada en la materia por el impacto de otra radiación primaria. ‖ *Radiaciones visibles,* las del espectro * visible, que producen sensaciones luminosas en la retina. ‖ *Calefacción por radiación,* v. CALEFACCIÓN. ‖ *Presión de radiación,* v. PRESIÓN.

— Las *radiaciones* pueden ser de naturaleza electromagnética *(radiaciones ondulatorias)* o consisten en la emisión y propagación rectilínea de partículas *(radiaciones corpusculares).* No obstante, la mecánica * ondulatoria sintetiza las dos clases de radiaciones en una sola.

Todas las *radiaciones ondulatorias* se deben a la propagación simultánea de un campo magnético y de un campo eléctrico a la velocidad de 300 000 km/s. Solamente difieren por la frecuencia * y la longitud de sus ondas u oscilaciones, cuyo valor determina los efectos que ejercen en la materia dichas radiaciones: elevado poder de penetración y de ionización de las radiaciones de mayor frecuencia y menor longitud de onda (rayos gamma, X, ultraviolados); excitación de la retina, generadora de fenómenos de visión (v. LUZ); efectos caloríficos *(radiaciones infrarrojas);* reflexión de las ondas cortas de telecomunicaciones por la ionosfera, etc. (V. ONDA.)

Las *radiaciones corpusculares* se deben a los movimientos de partículas muy rápidas, cuya velocidad es a veces próxima de la de la luz, aunque nunca superior a ella. (V. LUZ y RELATIVIDAD.) Son electrones, protones, neutrones, mesones, núcleo de helio, etc., de origen estelar o cósmico *(radiaciones cósmicas)* o emitidas por la materia radiactiva o en el curso de otros fenómenos nucleares. (V. ÁTOMO, CÓSMICO y RADIACTIVIDAD.)

— *Meteor. Radiación nocturna,* emisión durante la noche, en forma de radiaciones infrarrojas, del calor solar absorbido por la superficie terrestre durante el día: *la radiación nocturna a través de una atmósfera diáfana provoca una baja muy acusada de la temperatura y da lugar a heladas.*

RADIACTIVIDAD f. *Atom.* Desintegración espontánea de los núcleos atómicos de ciertos elementos, acompañada de emisión de partículas o de radiaciones electromagnéticas. ‖ Número de núcleos de una substancia radiactiva que se desintegran en un segundo. (Sinón. ACTIVIDAD.)

— En los átomos de los elementos radiactivos, los núcleos, por cierto muy pesados, son inestables y tienden naturalmente a volverse estables emitiendo una parte de las partículas de que constan. Al variar el número o la índole de sus partículas, el núcleo de un elemento se convierte en el núcleo de otro isótopo o de otro elemento menos pesado. En la *radiactividad alfa,* el núcleo expulsa una partícula alfa compuesta de dos protones y de dos neutrones y así, el núcleo del uranio 238 (92 protones y 146 neutrones) se convierte en otro núcleo de torio 234 (90 protones y 144 neutrones). En la *radiactividad beta,* un neutrón del núcleo da lugar a la formación de un protón y a la emisión de un electrón, cual ocurre con el polonio 218 (84 protones y 134 neutrones), que se convierte en astatio 218 (85

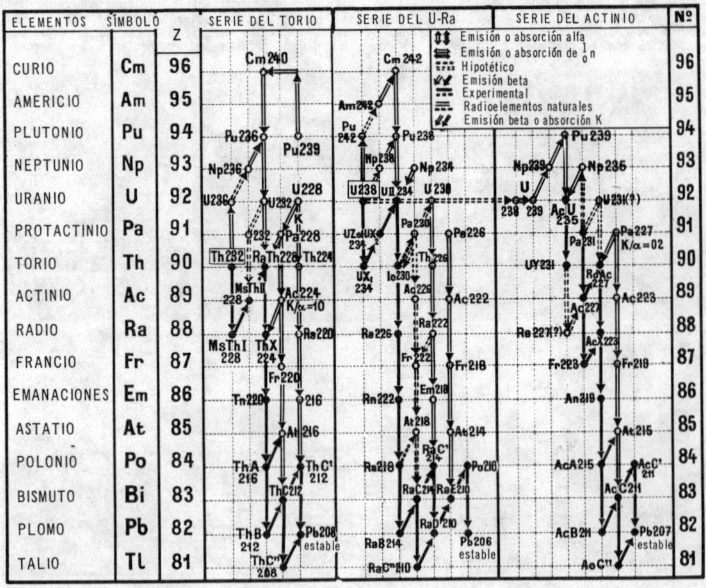

radiactividad: transmutaciones sucesivas de los elementos en las tres familias radiactivas

protones y 133 neutrones). Por último, en la *radiactividad gamma*, el núcleo conserva sus partículas pero pierde una parte de su masa en forma de rayo gamma.

Los núcleos de un cuerpo radiactivo no se desintegran al mismo tiempo, y al considerar a un gran número de ellos, se observa que, en promedio, los de ciertos elementos tardan más en desintegrarse que los de otros. Dase el nombre de período al tiempo necesario para que la mitad de los núcleos de un elemento se hayan desintegrado. Así, al decir que el período del polonio 218, citado más arriba, es de 3,05 mn se sobreentiende que, dada la radiactividad que tiene a un momento dado una masa de dicho elemento, 3,05 mn después dicha actividad será reducida de 50%, ya que la mitad del mismo se habrá convertido entonces en astatio 218. Tras otro período equivalente (o sea a los 6,1 mn), la radiactividad restante habrá disminuido nuevamente de 50% y se habrá reducido a 25% de la actividad inicial, y así sucesivamente.

El período de los radioelementos es muy variable: entre una billonésima de segundo y cien mil billones de años.

Las más de las veces no basta con una desintegración para que un elemento inestable se convierta en otro estable. Por lo general, el nuevo elemento que resulta de la desintegración es también inestable y, al cabo de un tiempo más o menos largo, dependiente de su período, se desintegra a su vez, resultando otro elemento también radiactivo, y así sucesivamente hasta una última desintegración que da un elemento estable, el plomo. Según sea el cuerpo original, se produce una serie diferente de desintegraciones, siempre la misma, y todos los elementos así engendrados por una cascada de desintegraciones hasta llegar al plomo, forman una *familia radiactiva*. En la naturaleza existen tres series o familias radiactivas: la del radio, la del actinio y la del torio. Existía una cuarta serie, la del neptunio, que, en razón de los períodos relativamente cortos de sus elementos, se ha extinguido al transformarse finalmente los mismos en bismuto 209, que es estable.

Las reacciones nucleares permiten modificar artificialmente el núcleo de un elemento estable y obtener un isótopo radiactivo o un nuevo elemento inexistente en la naturaleza. Por ejemplo, si se expone durante cierto tiempo una masa de fósforo 31 (15 protones y 16 neutrones) estable, al flujo de neutrones existente en el seno de un reactor nuclear, los núcleos absorben un neutrón y se obtienen fósforo 32 o radiofósforo (15 protones y 17 neutrones) que es inestable y, consiguientemente, radiactivo, con un período de 14,3 días solamente. También puede prepararse el mismo a partir del azufre 32 (por absorción de un neutrón y pérdida de un protón) o del cloro 35 (absorción de un neutrón y pérdida de 4 protones). A la radiactividad así engendrada se le da los nombres de *radiactividad inducida* y *radiactividad artificial*. Su descubrimiento ha sido uno de los más importantes en el campo de la física nuclear y hoy se producen industrialmente muchos y muy variados radioelementos artificiales que tienen numerosas aplicaciones en medicina, investigación científica, agricultura y no pocas industrias.

El interés de los radioelementos artificiales resulta de varios factores: obtención fácil, en cantidades ilimitadas y en cualquier parte donde exista un reactor apropiado, a precios moderados respecto a los del radio; posibilidad de emplear radioelementos del período deseado, ya que en ciertas aplicaciones (diagnóstico mediante ingestión, por ejemplo) es conveniente eliminar la radiactividad del organismo en el más breve plazo, mientras que en la industria resulta más interesante disponer de un manantial duradero; posibilidad de obtener manantiales radiactivos de masa y actividad, perfectamente adaptados a las necesidades, y, por último, una de las principales cualidades de la radiactividad artificial consiste en la posibilidad de aprovechar a la vez las propiedades radiactivas y las propiedades químicas de radioelementos (así, el yodo introducido en el organismo se fija electivamente en la glándula tiroides; consiguientemente, puede tratarse un tumor de la misma inyectando al paciente un isótopo radiactivo del yodo que, arrastrado por la circulación sanguínea, irá a fijarse en dicha glándula, preservando el resto del organismo). Los rayos emitidos por las substancias radiactivas son ionizantes. Si la irradiación es suficientemente intensa y prolongada, no solamente los átomos son modificados, sino también las células, las cuales, tras haber sido transformadas, pueden ser también destruidas. La transformación accidental de genes en las células sexuales puede provocar mutaciones y hacer que el individuo irradiado engendre descendientes anormales. Por el contrario, de una mutación provocada en los animales domésticos y en los vegetales puede resultar la obtención de una casta interesante y muchas son ya las plantas que se han mejorado mediante irradiación de las semillas.

Una irradiación excesiva puede aniquilar las funciones de la médula espinal y otros tejidos generadores de glóbulos de la sangre, pero este mismo poder destructivo de las radiaciones se aprovecha como arma potente para la destrucción de tejidos cancerosos. (V. COBALTO.)

En la industria e investigación atómicas y en todas aquellas partes donde existen o se emplean elementos radiactivos, se adoptan infinitas precauciones para evitar posibles accidentes, los cuales son siempre peligrosos por dos razones principales: la radiactividad es un fenómeno invisible que no excita ninguno de los cinco sentidos y pasa momentáneamente inadvertida, incluso al individuo que ya ha recibido una dosis mortal de irradiación; la radiactividad no puede ser destruida en el interior del organismo y si un radioelemento de largo período se fija en los tejidos, es imposible, en el estado actual de la ciencia, impedir que ejerza sus efectos destructivos; por otra parte, esta permanencia de los radioelementos de largo período hace que las dosis de radiactividad recibidas por el organismo a diferentes épocas se acumulen en el mismo.

Las diferentes unidades empleadas para medir las dosis de irradiación son el curio *, el rad *, el rep * y el roentgen *. Las dosis de menos de 200 R (roentgen) provocan náuseas y vómitos, pero el paciente cura espontáneamente en un mes; las irradiaciones más intensas causan diarreas, empobrecimiento de la sangre, calvicie, depresión síquica, etc., y empiezan a ser mortales entre 200 y 400 R; lo son de cada dos veces una para 400 R, de cuatro veces tres a 600 R, y son casi siempre mortales a partir de 1 000 R. (V. ANTIATÓMICO, BOMBA y DESCONTAMINACIÓN.)

Otras aplicaciones de la radiactividad resultan del poder penetrante de los rayos que les permite atravesar la materia y la facilidad con que los pueden detectar y medir los contadores de Geiger y los cintillómetros. Así, agregando isótopos radiactivos a los abonos y explorando periódicamente las plantas con dichos instrumentos podrá averiguarse con qué rapidez se efectúa la asimilación de los abonos y en qué parte de los vegetales se fijan electivamente según su índole. También se puede controlar continuamente el espesor de una chapa, papel, plástico u otro producto en curso de fabricación, disponiendo un radioisótopo por un lado y un contador de Geiger por el otro, pues, de aumentar o disminuir el espesor de la materia atravesada por los rayos, variará también proporcionalmente la radiactividad captada por el contador. El mismo principio permite controlar automáticamente el nivel de un líquido en un recipiente (V. NIVEL) y, combinado con la fotografía, obtener imágenes de los defectos internos de las piezas metálicas. (V. GAMMAGRAFÍA.)

En los ingenios espaciales se usan generadores de energía eléctrica fundados en el uso de radioisótopos. Recordemos que la desintegración de los átomos engendra calor, como lo prueba la existencia de centrales nucleares. Para aprovechar el que desprenden las desintegraciones espontáneas en el seno de una masa de radioisótopo, se dispone éste en una cámara metálica cuya pared se halla cubierta de pares termoeléctricos. Cada uno de éstos transforma el calor de la pared en una débil corriente eléctrica y el acoplamiento de todos ellos permite obtener una intensidad y una potencia, suficientes para hacer funcionar las emisoras y otros instrumentos de a bordo.

Muchas son las demás aplicaciones de la radiactividad que sería largo enumerar aquí. Tal vez una de las más admirables sea la posibilidad que nos ofrece de remontar el curso del tiempo para datar los vestigios de antiguas civilizaciones o los de los primeros hombres, e incluso para determinar la edad de las rocas primitivas del Globo. (V. DATACIÓN y TIERRA.)

RADIACTIVO, VA adj. *Atom.* Dotado de radiactividad. ‖ *Constante radiactiva,* proporción de la masa de un radioelemento que se desintegra por segundo. ‖ *Equilibrio radiactivo,* v. EQUILIBRIO. ‖ *Familia radiactiva,* v. RADIACTIVIDAD.

— *Miner. Minerales radiactivos,* los de las familias del torio (monacita, etc.) y el uranio (uranita, pechblenda, davinita, autunita, etc.): *la pechblenda, el primero de los minerales radiactivos, es mena del uranio y del radio.*

RADIADO, DA adj. y s. Que tiene rayos divergentes o que consta de elementos dispuestos como otros tantos radios de una circunferencia.

— *Text.* M. Ligamento que resulta de combinar cuatro veces un ligamento simple haciéndolo girar cada vez de 90°, y así, si el motivo inicial fuera una L, el ligamento radiado presentaría la forma de una cruz gamada.

RADIADOR, RA adj. y s. Que radia o sirve para emitir radiaciones.

— *Autom.* órgano de refrigeración de los automóviles, que cede a la atmósfera las calorías evacuadas del motor por una corriente de agua.

— El *radiador* consiste en una estructura en forma de panal hecha con numerosos tubitos verticales o entrecruzados y provistos de aletas que aumentan la superficie radiante. Dichos tubos comunican por su extremos superior e inferior con dos depósitos, uno de los cuales, el superior, recibe el agua caliente del motor, mientras que el otro colecta el agua que se ha enfriado al atravesar el haz tubular y que vuelve a las camisas del motor. Entre el haz tubular y el motor existe un ventilador que aspira el aire exterior a través del radiador y permite la refrigeración cuando el vehículo se halla parado o circula con escasa velocidad. A velocidad ordinaria, el aire atmosférico penetra por sí mismo con fuerza suficiente por los alvéolos del radiador.

radiador *(autom.)*

— *Calef.* Aparato de calefacción que cede al aire ambiente una parte de las calorías transportadas por un fluido caliente que circula por su interior. ‖ *Radiador eléctrico,* aparato de calefacción cuyo manantial de calor consiste en una o varias resistencias eléctricas.

— Los *radiadores de calefacción central* son de fundición, de acero o de aluminio. Como calientan casi exclusivamente por convección, su forma tiende a obtener la máxima superficie disipadora de calor con el mínimo de volumen ocupado en las habitaciones. La entrada del agua o del vapor calientes se efectúa por su parte superior y la salida por la inferior (v. CALEFACCIÓN). Los radiadores tienen una llave giratoria que permite regular la admisión del fluido caliente (para obtener la temperatura deseada en la habitación) y un purgador *.

Los *radiadores eléctricos,* más simples, constan de una resistencia * dispuesta en el foco de un reflector parabólico de chapa. El calor es emitido sobre todo por radiación y, orientando el reflector, se pueden proyectar los rayos caloríficos en la dirección deseada. En otros casos, el radiador consiste en una especie de jaula provista interiormente de varias resistencias que pueden funcionar simultánea o separadamente. Un perfeccionamiento de estos radiadores estriba en un ventilador que aspira aire a través de las resistencias y lo mezcla al aire ambiente, obteniéndose así un caldeo más homogéneo en las piezas. Otros radiadores eléctricos, calificados de obscuros porque no presentan a la vista filamentos incandescentes, tienen resistencias dispuestas entre placas metálicas (a imagen y semejanza de las planchas para la ropa) y calientan por emisión de rayos infrarrojos. (V. tb. ACUMULADOR *de calor*).

Los *radiadores* o *estufas de gas* pueden funcionar con gas de alumbrado o con butano o propano suministrados en botellas. En los *radiadores por radiación,* la llama provoca la incandescencia de una materia refractaria, la cual emite entonces rayos caloríferos en el foco de un reflector, mientras que en los *radiadores por convección,* las llamas de los quemadores calientan el cuerpo de la estufa, la cual cede el calor por contacto con el aire ambiente. A los aparatos mixtos que calientan por convección y por radiación se les da el nombre de *radiadores de recuperación.*

— *Fís. Radiador integral,* cuerpo * negro.

radiadores de calefacción

RADIAL adj. Relativo o perteneciente al radio geométrico. ‖ Dispuesto del centro a la periferia, como el radio en la circunferencia: *escalera de peldaños radiales.*

— *Radiot.* Barbarismo por *radiotelefónico.*

— *Tecn. Taladradora radial,* v. TALADRADORA.

RADIÁN m. *Metr.* Radiante.

RADIANCIA f. *Fís. Radiancia espectral,* parte de una radiación que corresponde a cada longitud de onda. ‖ *Radiancia de una superficie luminosa,* flujo luminoso que la misma emite por unidad de superficie, expresado en lux o en fots.

RADIANTE adj. y s. Que radia o irradia. ‖ Que se propaga por radiación: *calor radiante.*

— *Astr.* M. Punto del cielo de donde parecen diverger las estelas luminosas de los meteoritos * de un enjambre, si bien tal divergencia resulta solamente de un efecto de perspectiva, ya que dichos meteoritos describen trayectorias paralelas.

— *Metr.* M. Unidad para la medida de ángulos, de símbolo *rd;* equivalente al ángulo formado por dos radios de una circunferencia cuando el arco comprendido entre ambos tiene la misma longitud que cada uno de ellos: *el radiante vale 57° 17′ 45″.* (Sinón. RADIÁN.) ‖ Dicho arco: *la longitud de una circunferencia es de 6,283 radiantes.* ‖ *Radiante por segundo,* unidad de velocidad angular, equivalente a la de un punto que gira alrededor de un eje y recorre un radiante en un segundo, cuyo símbolo es *rd/s.*

RADIAR v. *Fís.* Emitir los cuerpos rayos luminosos u otras radiaciones ondulatorias o corpusculares.

— *Radiot.* Transmitir por medio de ondas herzianas: *radiar un parte meteorológico.*

RADIATIVO, VA adj. *Fís.* Relativo o perteneciente a las radiaciones. ‖ Dícese en atomística de los fenómenos acompañados de la emisión de un rayo gamma: *captura radiativa de un neutrón por un núcleo atómico.*

RADICAL adj. y s. Relativo a la raíz.

— *Mat. M.* Signo $\sqrt{}$ con que se indica la operación de extracción de raíces. (V. RAÍZ.)

— *Quím.* Grupo de átomos pertenecientes a una molécula, pero al cual se atribuye carácter propio porque, al término de las reacciones, conserva íntegra su estructura.

— Durante las reacciones químicas, las moléculas de los cuerpos se deshacen y fragmentan, y sus componentes se unen de nuevo para formar otras moléculas de compuestos diferentes. Dase el nombre de *radical* al grupo de átomos que figuraba en una molécula primitiva y que perdura en la de un nuevo compuesto después de haber conservado la integridad de su estructura y composición durante la reacción. Un ejemplo común nos lo ofrece el hidroxilo —OH que figura en las moléculas del agua, de los alcoholes y fenoles, de los hidróxidos, etc. Otros radicales importantes son: el aminógeno —NH^2, propio de las aminas y amidas, el carboxilo —CO_2H, de los ácidos orgánicos, los alcoilos (metilo, etilo, etc.), el carbonilo =CO, etc. Todos tienen una o más valencias, circunstancia a la cual deben su gran reactividad y la facilidad y rapidez con que se combinan. Por lo demás, rarísimos son los que pueden ser aislados y conservados al estado libre. No obstante, los iones pueden ser considerados como radicales libres portadores de cargas eléctricas. (V. ION.)

RADÍFERO, RA adj. Que contiene radio.

RADIGRAFÍA f. Radiografía.

RADIGRAFIAR v. Radiografiar.

RADIGRÁFICO, CA adj. Radiográfico, ca.

RADIO, prefijo derivado del latín *radius,* que significa *radio* o *rayo.*
— *Atom.* Prefijo que, ante el nombre de un elemento, indica que se trata de un isótopo radiactivo del mismo: *datación por el radiocarbono.*

RADIO m. *Autom. Radio de giro,* radio de la circunferencia descrita por las ruedas del vehículo que efectúa un viraje, sobreentendiéndose, salvo indicación contraria, que se trata de las ruedas exteriores y del radio mínimo permitido por el sistema de dirección *.
— *Geom.* Línea recta que une el centro del círculo con la circunferencia. ‖ *Radio vector,* vector * que une un punto con su origen o un punto determinado con un punto variable.
— *Mec.* Cada una de las varillas o barrotes dispuestos radialmente, en ciertas ruedas, como trabazón del cubo con la llanta.
— *Quím.* Elemento químico de número atómico 88, cuyo símbolo es *Ra.*
— El *radio* es un metal alcalinotérreo, de color blanco brillante, que guarda no pocas analogías con el bario. Su temperatura de fusión es de unos 700º y su masa atómica, de 226,05. Descompone el agua en frío y es radiactivo, con período de 1 622 años (se convierte en radón). [V. RADIACTIVIDAD.]
Se conocen 13 isótopos de este elemento, de masas comprendidas entre 213 y 230, todos ellos radiactivos. Los de masa 223, 224 y 228 son engendrados en el curso de las desintegraciones sucesivas de las dos familias radiactivas del actinio y del torio (v. RADIACTIVIDAD). Primitivamente se daba también el nombre de radio, seguido de una letra, a cuerpos de la serie radiactiva del uranio, que nada tienen que ver con el radio, y así, los llamados radios A, B, C, C′, C″, D, E, E″, F y G, son en realidad, y respectivamente, polonio 218, plomo 214, bismuto 214, polonio 214, telurio 210, plomo 210, bismuto 210, telurio 206, polonio 210 y plomo 206.
El radio pertenece a la familia radiactiva del uranio y se halla presente, en ínfimas proporciones, en las menas de éste, muchas veces mezclado con bario. Se prepara separándolo del uranio merced a la insolubilidad de su carbonato y su sulfato, pero como las sales del bario tienen propiedades afines, es necesario separarlo después de las mismas.
Durante largo tiempo el radio fue el único radioelemento empleado en gammagrafía * y para irradiar tumores. También se empleaba en las pinturas luminosas para esferas de relojes y otros usos. Actualmente ha sido reemplazado casi por completo en aquellas aplicaciones por los radioelementos artificiales, si bien sigue produciéndose radio como subproducto de la fabricación del uranio y conserva sobre todo aplicaciones en medicina y como manantial de neutrones.
— *Radiot.* F. Apócope de *radiotelefonía, radiotelegrafía* y *radiorreceptor.* ‖ — M. Apócope de *radiograma.*
— *Transp. Radio de acción,* distancia máxima a la cual puede alejarse un avión, barco u otro vehículo sin aprovisionarse en combustible y conservando el necesario para volver a su punto de partida: *el radio de acción es aproximadamente igual a la mitad de la autonomía *.*

RADIOACCIÓN f. *Atom.* Radiactividad.

RADIOACTIVIDAD f. *Atom.* Radiactividad.

RADIOACTIVO, VA adj. *Atom.* Radiactivo.

RADIOALINEACIÓN f. *Aeron.* y *Mar.* Sistema radioeléctrico que permite materializar el eje que ha de seguir un avión para aterrizar en una pista o el de un barco para entrar en un puerto de noche o sin visibilidad.
— El sistema de *radioalineación* consta de dos emisoras dispuestas y reguladas de tal forma que sus emisiones sean captadas con igual intensidad a lo largo de la trayectoria óptima que han de seguir los barcos o aviones. Ahora bien, si éstos se desvían a la izquierda o a la derecha de la misma, la recepción de una emisora será preponderante y permitirá al piloto apercebirse del desvío y corregirlo. En ciertos casos una emisora radia sonidos prolongados, y la otra sonidos cortos en los intervalos de los de la primera y, según sean unos u otros los que capte el receptor de a bordo, el piloto rectifica el rumbo hasta situarse en la trayectoria correcta, percibiendo entonces un silbido continuo que resulta de la recepción, con igual intensidad, de las dos emisiones de la radioalineación. (V. tb. I. L. S.)

RADIOALTÍMETRO m. *Aeron.* Altímetro fundado en el uso de ondas radioeléctricas.
— Los *radioaltímetros de modulación de frecuencia* emiten en dirección del suelo ondas hertzianas cuya frecuencia varía progresiva y periódicamente. Las ondas reflejadas por el suelo vuelven al avión, en el cual un dispositivo receptor indica automáticamente la altura que corresponde a la diferencia de frecuencia entre las ondas emitidas y las ondas captadas. Existe otro tipo de radioaltímetro que funciona según el mismo principio que el radar *.

RADIOASTRONOMÍA f. *Astr.* Parte de la astronomía que trata de la observación del Universo mediante detección y estudio de las ondas electromagnéticas procedentes del mismo.
— Entre las ondas luminosas y las ondas hertzianas solamente existe una diferencia de frecuencia (o de longitud de onda). Así, pues, el Universo que contiene manantiales de ondas luminosas, también los tiene de ondas mayores. Muchas veces se trata de ondas térmicas, así llamadas porque son engendradas por la agitación de las moléculas y el choque de las mismas, unas contra otras, en la materia caliente de los cuerpos emisores. Dada la intensidad de la recepción de dichas ondas y su frecuencia, se puede calcular con bastante aproximación la temperatura de la materia emisora. Otras veces las emisiones provienen del espacio interestelar y resultan de un cambio de estado de los átomos del hidrógeno presente en dicho espacio, en el cual forma a veces nebulosidades. Por último, existe otra forma de emisión a la cual se da el nombre de radiación sincrotrón, producida por flujos de electrones que, al atravesar un campo magnético intenso, describen trayectorias espirales y emiten ondas, como si fueran circuitos oscilantes, a la frecuencia con que describen sus espiras.
Las ondas son captadas con enormes antenas parabólicas cuya orientación permite identificar el manantial emisor (v. RADIOTELESCOPIO). Por otra parte, del estudio de las ondas y de su frecuencia se pueden deducir: la índole del cuerpo emisor, su temperatura, su velocidad relativa respecto a la Tierra, etc. Entre los cuerpos estudiados por la *radioastronomía* figuran: la Luna y los planetas (emisiones térmicas

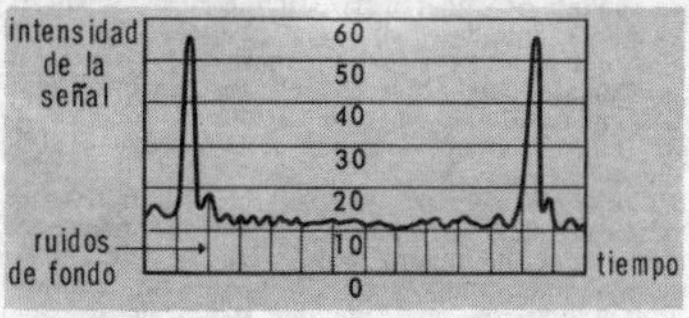

radioastronomía : foco de ondas radioeléctricas detectado en la constelación del Cisne

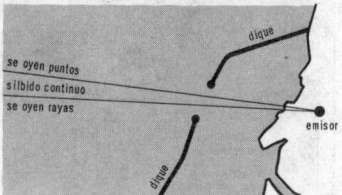

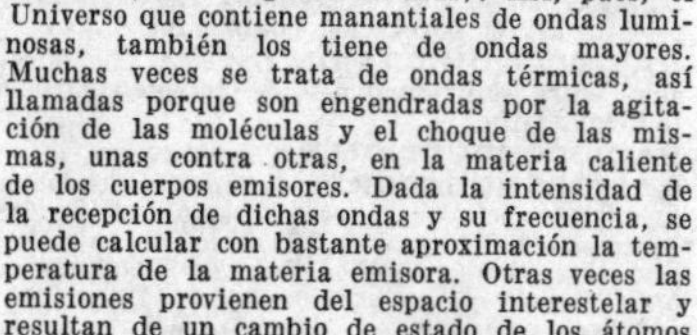

radioalineación

en ondas centimétricas, decimétricas y métricas), el Sol, las nebulosas gaseosas, las estrellas del tipo nova y supernova, los brazos de la Galaxia (invisibles con los instrumentos ópticos y dibujados merced a sus emisiones de 21 cm, longitud de onda del hidrógeno), las demás galaxias, etc.
El espectro abarcado por las técnicas radioastronómicas, que se extiende desde las ondas del orden del milímetro hasta las de 20 m, es mucho más amplio que el espectro luminoso. Por otra parte, mientras que la luz es atenuada o interceptada por la materia interestelar, las ondas de la radioastronomía pasan a través de la misma. Así, pues, esta ciencia aporta a la astronomía óptica un valioso complemento y, en unos lustros, ha hecho progresar considerablemente nuestros conocimientos sobre el Universo.

RADIOAUTOGRAFÍA f. *Atom.* Autorradiografía.

RADIOAUXILIAR m. *Aeron.* Cualquiera de los dispositivos de ayuda * a la navegación *.

RADIOAVIACIÓN f. *Aeron.* Parte de la radionavegación * concerniente al tránsito aéreo.

RADIOBALIZA f. Cada una de las emisoras de hondas hertzianas que jalonan una ruta aérea o materializan la trayectoria que ha de seguir un avión o barco: *el piloto reconoce e identifica las radiobalizas merced a las señales convencionales emitidas por las mismas.* (V. AEROPUERTO, BALIZA y RADIONAVEGACIÓN.)

RADIOBALIZAJE y **RADIOBALIZAMIENTO** m. Balizaje * con radiobalizas.

RADIOBALIZAR v. Balizar * con radiobalízas.

RADIOCANAL m. *Radiot.* Canal.

RADIOCARBONO m. *Atom.* Radioelemento que es un isótopo radiactivo del carbono *.

RADIOCIENTÍFICO, CA adj. *Fís.* Relativo a los fenómenos de la radioelectricidad.

RADIOCINEMATOGRAFÍA f. V. RADIOGRAFÍA.

RADIOCOBALTO m. Isótopo radiactivo del cobalto, empleado en cobaltoterapia *.

RADIOCOMANDO m. *Radiot.* Telemando.

radiocompás

RADIOCOMPÁS m. *Aeron.* Radiogoniómetro * de a bordo provisto de un servomecanismo que mantiene su cuadro orientado constantemente en la dirección de un radiofaro u otra emisora y permite así la navegación por homing *.

RADIOCOMUNICACIÓN f. *Telec.* Comunicación entre dos estaciones de radiotelefonía o radiotelegrafía.

RADIOCONDUCCIÓN f. Teledirección.

RADIOCONDUCTOR m. *Radiot.* Conductor cuya resistencia varía con la amplitud de las ondas si se halla sometido a la acción de un campo electromagnético: *un tubo lleno de limaduras de hierro constituye un radioconductor.*

RADIOCROÍSMO m. Facilidad más o menos grande con que un cuerpo es penetrado o atravesado por los rayos X.

RADIOCROMÓMETRO m. Cromorradiómetro.

RADIODETECCIÓN f. *Fís.* Detección de un fenómeno por medio de radiaciones emitidas por el mismo o por el detector.

RADIODIFUSIÓN f. *Radiot.* Transmisión por ondas hertzianas, de música, noticias, crónicas, reportajes y otros programas destinados al público. ‖ *Estación de radiodifusión*, emisora.

RADIODIRIGIDO, DA adj. Teledirigido.

RADIODIRIGIR v. Teledirigir.

RADIOELECTRICIDAD f. *Radiot.* Técnica de la transmisión a distancia de sonidos e imágenes por medio de ondas electromagnéticas convenientemente moduladas.
— La *radioelectricidad* se funda en las propiedades de las ondas hertzianas. En primer lugar, la facilidad con que pueden ser producidas las mismas por medio de circuitos * oscilantes, amplificadas con circuitos amplificadores * y radiadas por medio de antenas *. En segundo lugar, la posibilidad de imprimir a dichas ondas deformaciones proporcionales a las variaciones que experimentan las corrientes procedentes de los micrófonos, tocadiscos, magnetófonos, cámaras de televisión, etc. (modulación *) y, recíprocamente, una vez captadas las ondas así deformadas, la posibilidad de emplearlas para hacer que una corriente continua siga las mismas variaciones que la que produjo la modulación (detección *), con cuya corriente se excitarán, según el caso, los altavoces *, osciloscopios * u otros dispositivos propios para reproducir los sonidos o las imágenes originales. Por último, citemos dos propiedades esenciales de las ondas hertzianas, que no son sino ondas electromagnéticas: la rapidez con que se propagan en el espacio, equivalente a la de la luz e igual a 300 000 km/s; el modo como dichas ondas pueden ser captadas en todas partes, ya que, salvo si se trata de ondas excesivamente cortas, el campo electromagnético engendrado por la emisora llena el espacio, contornea los obstáculos y penetra en las habitaciones. (Sobre el funcionamiento de las instalaciones radioeléctricas, v., además de los artículos ya citados, ONDA, EMISOR, RADIORRECEPTOR, TELEVISIÓN, RADAR, RADIONAVEGACIÓN, MASER, VÁLVULA y TRANSISTOR.)

RADIOELÉCTRICO, CA adj. *Radiot.* Relativo a la radioelectricidad: *ondas radioeléctricas.* ‖ Que funciona por medio de la radioelectricidad: *altímetro radioeléctrico.*

RADIOELEMENTO m. *Atom.* y *Quím.* Todo cuerpo simple o isótopo dotado natural o artificialmente de radiactividad *.

RADIOEMANACIÓN f. *Quím.* Nombre primitivo del *radón* * o *emanación del radio.*

RADIOEMISOR, RA adj. y s. *Radiot.* Emisor.

RADIOESPECTRÓGRAFO m. *Astr.* Radiospectrógrafo.

RADIOESTEREOSCOPIA f. *Fís.* Radiostereoscopia.

RADIOESTRELLA f. *Astr.* Estrella obscura e invisible descubierta y localizada por su emisión de ondas hertzianas. (V. RADIOASTRONOMÍA.)

RADIOFARO m. *Aeron.* y *Mar.* Emisora de ondas hertzianas que, captadas a bordo de un

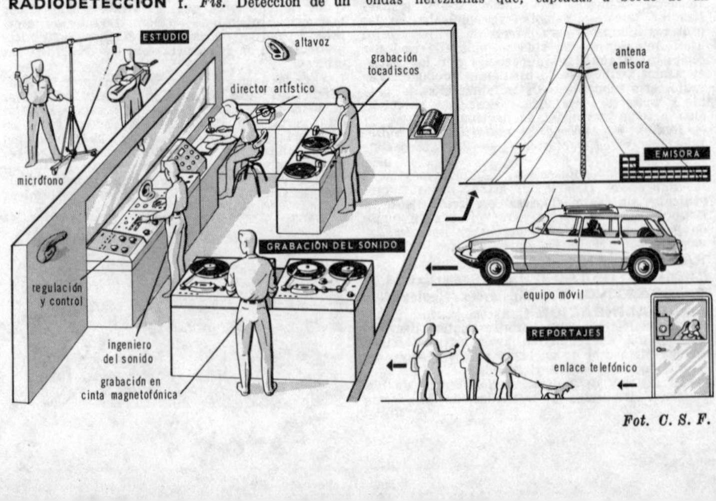

radiodifusión (representación esquemática)

Fot. C. S. F.

avión o de un barco, permiten determinar la posición de los mismos. ‖ *Radiofaro de acercamiento* o *de aterrizaje,* radioalineación. ‖ *Radiofaro direccional* o *directivo,* el que emite un haz de ondas concentradas en una sola dirección. ‖ *Radiofaro omnidireccional,* el que emite en todas las direcciones.

— En radiogoniometría se averigua la posición del avión o del barco orientando el cuadro o antena de a bordo hasta captar con la mínima intensidad una emisora fija. El mismo resultado se obtiene si la antena del radiorreceptor de a bordo es fija y la emisora tiene antena giratoria, en cuyo caso constituye un *radiofaro.* Ciertos radiofaros emiten un sonido particular cuando su cuadro se halla orientado en la dirección Norte-Sur y luego otro sonido diferente, repetido a intervalos regulares, mientras dura una vuelta completa de aquél. Ahora bien, cuando el receptor de a bordo se halla en una dirección perpendicular al plano del cuadro, no capta sus ondas o las capta muy débilmente. Así, para saber en qué dirección se halle el avión o el buque respecto al radiofaro, basta contar los impulsos captados entre el paso del cuadro por el Norte y la extinción de los sonidos. Si se repite la operación con otro radiofaro se determinará la posición del avión o del barco en la intersección de las dos líneas (v. CONSOL). En otros casos el radiofaro, en vez de tener una sola antena giratoria, tiene varias dispuestas radialmente, cada una de las cuales emite sucesivamente una señal propia, diferente de las otras, con arreglo a un código conocido por los pilotos o radionavegantes. La dirección en la cual se halla el barco o el avión es la del eje de la antena que da la recepción más intensa.

RADIOFÍSICO, CA adj. y s. *Fís.* Dícese de los fenómenos físicos relativos a la radioelectricidad. ‖ — F. Parte de la física que trata de dichos fenómenos.

RADIOFOCO m. *Astr.* Punto del cielo en el cual se produce una emisión de ondas electromagnéticas captadas en radioastronomía *.

RADIOFONÍA f. *Telec.* Parte de la radioelectricidad concerniente a la transmisión de la voz, la música y otros sonidos, que comprende la radiodifusión y la radiotelefonía, por oposición a la radiotelegrafía *.

RADIOFÓNICO, CA adj. *Telec.* Relativo a la radiofonía: *captar una emisión radiofónica.*

RADIÓFONO m. *Radiot.* Aparato que sirve a la vez de radiorreceptor y de tocadiscos.

RADIOFOTOGRAFÍA f. Técnica radiográfica que consiste en fotografiar la pantalla radioscópica con un aparato fotográfico de pequeño formato, cuyo procedimiento permite el examen sistemático, rápido y económico de grupos importantes (alumnos de las escuelas, personal de fábricas y oficinas, militares, etc.). ‖ Cada una de las radiografías se observan con una lupa o proyectándolas en una pantalla.

RADIOFRECUENCIA f. *Radiot.* Nombre genérico de las frecuencias empleadas en el campo de las radiocomunicaciones.

RADIOFUENTE f. *Astr.* Radiofoco.

RADIOGÉNICO, CA adj. Engendrado por la radiactividad: *plomo radiogénico.*

RADIÓGENO, NA adj. Que produce rayos X.

RADIOGONIOMETRÍA f. Determinación de la posición de una estación emisora de radio por medio del radiogoniómetro. ‖ Método de radionavegación fundado en el uso de radiogoniómetros.

— Las antenas de cuadro * son muy directivas. Captan las ondas hertzianas con la máxima intensidad si la emisora y el cuadro se hallan en un mismo plano; no las capta o lo hacen muy débilmente cuando la dirección en que se halla la emisora es perpendicular al cuadro. Por consiguiente, basta hacer girar un cuadro hasta que se extinga la emisión captada para saber en qué dirección se halla la emisora y, sabiendo de qué estación se trata, para determinar el acimut del receptor. Si se traza en una carta de navegar una recta dirigida a partir de la emisora en la dirección de dicho acimut y se repite luego la operación sintonizando otra emisora con el cuadro, la posición geográfica del receptor será indicada aproximadamente por la intersección de las dos líneas. Mayor precisión se obtendrá sintonizando una tercera estación, en cuyo caso resulta en la carta un *triángulo de error* en el interior del cual se halla el receptor, o sea el barco o el avión que practica —merced al uso de radiorreceptores provistos de una antena de cuadro giratorio— este sistema de navegación, llamado *radiogoniometría.*

La radiogoniometría permite efectuar también la operación inversa, o sea determinar la posición de una emisora de ondas hertzianas, por ejemplo la de una emisora clandestina. En este caso, la policía emplea un radiogoniómetro montado en un vehículo y capta las emisiones desde varios puntos diferentes: trazando cada vez en el mapa o plano la dirección de donde provienen las ondas, se localiza la emisora en la intersección de las líneas o en el polígono central formado por las mismas.

RADIOGONIÓMETRO m. *Radiot.* Radiorreceptor especial provisto de una antena de cuadro giratorio que permite conocer la dirección en que se hallan las emisoras captadas y, combinando el resultado de dos o más recepciones, determinar en la carta de navegar la posición de un barco o de un avión. (V. RADIOGONIOMETRÍA.)

RADIOGRAFÍA f. Procedimiento de fotografía en el cual la emulsión sensible no es impresionada por la luz, sino por los rayos X. ‖ Clisé obtenido por dicho procedimiento.

— Los rayos X tienen a la vez la propiedad de atravesar muchas materias, especialmente los tejidos orgánicos, y de impresionar las emulsiones fotográficas. Cuando la materia atravesada por ellos no es homogénea, la *radiografía* obtenida a través de la misma muestra sus irregularidades y revela sus detalles internos. Esta propiedad se aprovecha no solamente para obtener radiografías del cuerpo humano con vistas al diagnóstico o con otros fines, sino también para descubrir los defectos internos de piezas metálicas. (V. RADIOMETALOGRAFÍA.)

Citemos también, entre otras aplicaciones, la radiografía de obras maestras de la pintura, que permite descubrir restauraciones, falsificaciones, modificaciones hecha por el maestro y, a veces, una obra primitiva bajo la pintura de la obra aparente, de factura ulterior.

Se usan con dichos fines películas provistas de emulsión sensible por sus dos caras, con objeto de obtener el mayor contraste con el tiempo mínimo de exposición. También se reduce éste disponiendo la película en su bastidor entre dos láminas revestidas de sales de bario, las cuales, excitadas por el paso de los rayos X, dan dos imágenes fluorescentes que refuerzan la acción directa de aquéllos sobre la emulsión sensible.

Los huesos, los pulmones, el corazón y otros órganos aparecen claramente en las radiografías. En los demás casos es necesario recurrir a artificios que permiten opacificar * los tejidos. (V. tb. RAYO *, DIFRACCIÓN, AUTORRADIOGRAFÍA y GAMMAGRAFÍA.)

— *Telec.* Barbarismo por *radiotelegrafía.*

RADIOGRAFIAR v. Fotografiar con los rayos X. (V. RADIOGRAFÍA.)

— *Telec.* Barbarismo por *radiotelegrafiar.*

RADIOGRAMA m. Prueba sobre papel que se tira con un negativo radiográfico.

— *Fís.* Diagrama de difracción de los rayos X por una lámina cristalina. (V. DIFRACCIÓN.)

— *Telec.* Radiotelegrama.

RADIOGUÍA f. Teledirección.

RADIOGUIADO, DA adj. Teledirigido.

RADIOGUIAR v. *Radiot.* Sinón de teledirigir.

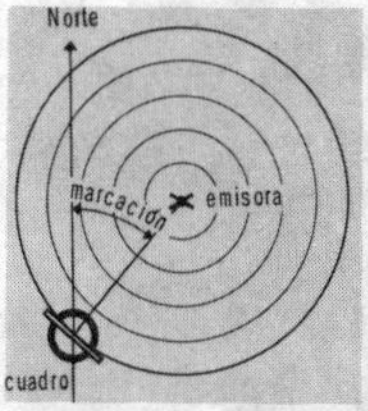

radiogoniometría

radiografía de un insecto

la **radiografía** de este retrato pintado por Rembrandt muestra la existencia de una obra anterior del autor

Fot. Kodak, Museo del Louvre

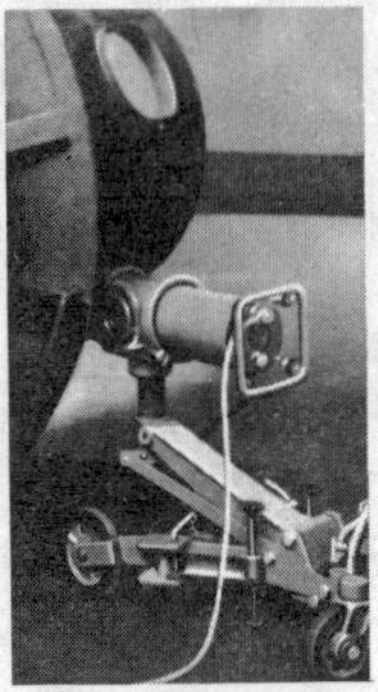

equipo de **radiometalografía**

radiómetro

RADIOINDICADOR m. *Atom.* Isótopo radiactivo que se introduce en un organismo animal o vegetal, generalmente mezclado en pequeñas proporciones con el correspondiente elemento estable, y cuya progresión y fijación se siguen después con detectores o contadores de partículas o se fotografían por autorradiografía *. (V. RADIACTIVIDAD.)

RADIOINTERFERÓMETRO m. *Astr.* Radiotelescopio que funciona como interferómetro *.

RADIOISÓTOPO m. *Atom.* Isótopo radiactivo. (V. RADIACTIVIDAD.)

RADIOLARITA f. *Geol.* Roca sedimentaria silícea, constituida esencialmente por esqueletos de radiolarios: *el jaspe es una radiolarita.*

RADIOLOCALIZACIÓN f. *Radiot.* Determinación de la posición de un obstáculo por medio de las ondas hertzianas reflejadas por el mismo, como en el radar, los altímetros radioeléctricos, etcétera.

RADIOLOGÍA f. Parte de la física relativa a la producción y utilización de los rayos X. (V. RAYO.)

RADIOLUMINISCENCIA f. *Fís.* Luminiscencia * provocada por las radiaciones.

RADIOMARÍTIMO, MA adj. *Telec.* Dícese de las radiocomunicaciones que efectúan los barcos unos con otros o con las emisoras terrestres previstas con dicho fin.

RADIOMETALOGRAFÍA f. *Metal.* Radiografía aplicada al estudio o control de los metales.
— La *radiometalografía* no es sino una aplicación metalúrgica de la misma técnica radiográfica que permite la observación del interior del cuerpo humano. (V. RADIOGRAFÍA.) Así, aquellas piezas importantes, cuya rotura podría ocasionar daños graves o costosos, son radiografiadas. Si el metal no es homogéneo, los rayos X serán mayormente absorbidos en las zonas más densas y darán manchas claras en la radiografía. Inversamente, la presencia de una burbuja, grieta o cavidad interna se traducirá por una menor absorción de los rayos y éstos, al impresionar con mayor intensidad la emulsión, darán una mancha obscura en el clisé. Esta técnica es particularmente útil para comprobar la calidad de las piezas moldeadas y de las soldaduras. No obstante, cuando se trata de piezas muy espesas, o de formas complicadas o muy pesadas, es preferible recurrir a la gammagrafía *.

RADIOMETRÍA f. *Fís.* Medición de la intensidad de las radiaciones.

RADIOMÉTRICO, CA adj. Relativo a la radiometría o al radiómetro.
— *Astr. Magnitud radiométrica,* v. MAGNITUD.

RADIÓMETRO m. *Fís.* Nombre genérico de los instrumentos destinados a medir la intensidad de las radiaciones. ‖ Instrumento que permite apreciar la intensidad de las radiaciones luminosas, aunque hoy se considera más bien como un aparato de física recreativa.
— El *radiómetro* consta de un molinete, cuyas aletas son blancas o metálicas por una cara y negras por la otra, dispuesto, para que pueda girar con un roce mínimo, en el interior de una ampolla de cristal en la cual se ha practicado un vacío parcial. Los rayos luminosos son reflejados por la superficie clara y absorbidos por la cara negra la cual, consiguientemente, se calienta. Así, el aire residual de la ampolla se expande al contacto con las superficies negras y empuja las aspas, provocando una rotación del molinete tanto mayor cuanto más intensa es la luz.

RADIOMICRÓMETRO m. *Fís.* Instrumento para medir las radiaciones caloríficas muy débiles.
— El *radiomicrómetro de Vernon-Boys* consta de una pila termoeléctrica (v. TERMOELECTRICIDAD) de cuatro elementos dispuestos a modo de aspas de un molinete horizontal que puede girar sobre la punta de un estilete vertical y que se halla montado entre los polos de un imán permanente. Cuando las radiaciones caloríficas hieren las aspas termoeléctricas engendran una corriente muy débil, aunque suficiente para que el molinete oscile proporcionalmente a la intensidad de los rayos e incluso pueda entrar en rotación.

RADIONAVEGACIÓN f. *Aeron.* y *Mar.* Navegación aérea o marítima fundada en el uso de dispositivos radioeléctricos.
— Las técnicas de la *radionavegación* aprovechan numerosos y muy variados dispositivos emisores o receptores de ondas hertzianas, ya terrestres y fijos, ya instalados en los aviones o los barcos. Además de las instalaciones radiomarítimas * que informan a los navegantes de a bordo sobre las condiciones meteorológicas y otros detalles interesantes que pueden obligarles a cambiar de rumbo, citemos: el radiocompás * y los radiofaros *, que permiten seguir rutas determinadas; los sistemas hiperbólicos (*decca* *, *loran* *, etc.) y los de radiogoniometría * (*consol* *, etc.) con los cuales se efectúan marcaciones rápidas para hallar sobre la carta de navegar la posición del avión o del barco (v. TRAZADOR); radar *, radioaltímetros y otros dispositivos detectores de obstáculos: los radares panorámicos, radiobalizas * y sistemas de radioalineación * (*I.L.S* *, *G.C.A.* *), que facilitan el acercamiento a los puertos y aeropuertos y la entrada o aterrizaje, respectivamente, en los mismos por la noche o en el caso de mala visibilidad diurna (v. CIRCULACIÓN), y por último, las técnicas de gobierno a distancia de vehículos o ingenios no pilotados a bordo. (V. TELEDIRECCIÓN.)

RADIOQUÍMICA f. Parte de la química relativa a las reacciones y otros fenómenos químicos provocados por la radiactividad.

RADIORRECEPTOR, RA adj. y s. *Radiot.* Dícese de los aparatos que permiten captar y reproducir los sonidos u otras señales transmitidas por ondas hertzianas: *a los aparatos radiorreceptores de televisión se les suele dar el nombre de televisores.* ‖ — M. Dichos aparatos: *un radiorreceptor superheterodino.*
— Las ondas hertzianas procedentes de una emisora * son captadas por una antena *, la cual, en los *radiorreceptores "sin antena"* se halla en el interior del aparato y consiste en un conductor devanado sobre una barra de ferrita *. Si la emisora es potente o se halla muy cerca, la corriente captada por la antena puede bastar para restituir los sonidos en un auricular sin ninguna necesidad de ser amplificada. En este caso el receptor consiste simplemente en un circuito * oscilante provisto de un condensador variable que se regula hasta obtener que la frecuencia propia del circuito sea igual a la de la corriente procedente de la antena. Ahora bien, esta corriente no podría reproducir los sonidos en el auricular y ello por dos razones: la frecuencia es tan grande que, dada la inercia de la membrana del auricular *, ésta será incapaz de seguir con toda rapidez las solicitaciones de su electroimán; por otra parte, dicha corriente es alterna y en el curso de un mismo período la membrana sería solicitada casi al mismo tiempo hacia un lado y hacia el otro. En suma, la corriente captada por la antena no es análoga a la que fue engendrada en el micrófono o en el dispositivo lector de sonido antes de la emisión, porque, para facilitar su propa-

estructura de los radiorreceptores

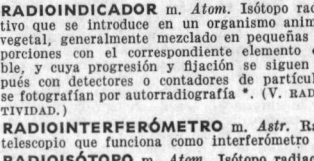

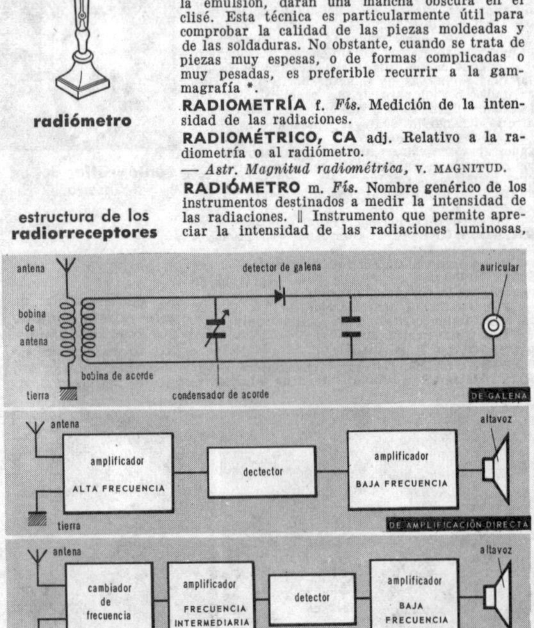

Fot. Institut de soudure

gación en el espacio, se la ha combinado con una onda portadora de alta frecuencia (v. EMISOR y MODULACIÓN). La operación consistente en suprimir la onda portadora para restituir a la corriente captada su carácter primitivo de corriente de baja frecuencia se llama detección * (o desmodulación, si se ha empleado la modulación de frecuencia). En el radiorreceptor elemental que estamos describiendo, la detección se obtiene mediante la inserción en el circuito receptor de un cristal de galena, el cual es semiconductor * y deja pasar la corriente en un sentido, pero no en el otro, de modo que la corriente que excita al auricular es una corriente de baja frecuencia y prácticamente continua.
El *radiorreceptor de galena* solamente presenta interés desde los puntos de vista teórico e histórico. La casi totalidad de los radiorreceptores actuales requieren un manantial propio de energía eléctrica para alimentar los numerosos circuitos de que constan y que sirven para aumentar la sensibilidad (aptitud a captar las emisiones de estaciones muy débiles o lejanas) y la selectividad (o sea su capacidad para evitar interferencias *, separando los sonidos transmitidos por una emisora de los de otras emisoras de frecuencias muy próximas), al mismo tiempo que evitan los fenómenos de distorsión * (dando, consiguientemente, sonidos más puros) y permiten excitar altavoces más potentes. Esencialmente, la obtención de estos resultados implica la multiplicación de las válvulas, lámparas y tubos de radio, o de los transistores que llenan el mismo cometido, así como de los condensadores, resistencias y otros elementos que, profesionalmente, se designan con el nombre de *componentes.*
En los *radiorreceptores de amplificación directa,* la corriente de la antena pasa primeramente por circuitos amplificadores de alta frecuencia (v. AMPLIFICADOR) que, al aumentar la amplitud de las tensiones, permiten obtener ulteriormente mayor sensibilidad y selectividad; la corriente es luego detectada en los circuitos de detección y pasa por los circuitos amplificadores de baja frecuencia, antes de ser dirigida a los bornes del altavoz *.
Además de los órganos reseñados, el aparato tiene tres botones o mandos esenciales: un selector de la gamma o banda de frecuencias a la cual pertenece la emisora que se desea captar (ondas largas, ondas medias, ondas cortas); un botón de sintonía * que acciona a la vez el indicador de emisoras del dial * y el condensador variable de acorde de los circuitos detectores con la frecuencia de la emisora correspondiente, y un potenciómetro, que sirve para regular el volumen o potencia sonora del altavoz.
En los *radiorreceptores superheterodinos* *, se simplifica la regulación de los distintos circuitos y se mejora la recepción merced a una técnica que consiste en reducir la frecuencia de las ondas captadas (sea cual fuere la frecuencia de la emisora) a una misma frecuencia, propia del aparato, llamada frecuencia media o intermediaria, en la cual se conserva, no obstante, la modulación original. Así, pues, todos los demás circuitos, en vez de ser concebidos como un compromiso entre las exigencias de las distintas frecuencias que puede captar el aparato, responden solamente a las exigencias de una frecuencia determinada, con lo cual resulta mucho mejor su rendimiento y más fácil la regulación que se hace de cada aparato en la fábrica.
La energía necesaria para el funcionamiento de los transistores y de las válvulas, así como del altavoz, es suministrada ya por pilas o acumuladores, ya por el sector. En el último caso el aparato dispone de un transformador y, si se trata de corriente alterna, de un rectificador *. Como en los transistores no existe caldeo de filamentos, su consumo es irrisorio; así, la adopción de estos dispositivos se ha traducido por una extensión considerable del uso de receptores portátiles y mixtos (o sea portátiles usados en las habitaciones con alimentación por pilas).
Otra innovación reciente que tiende a extenderse es la modulación * de frecuencia, que da una recepción de sonidos puros y exentos de parásitos, cualidad muy apreciada en la transmisión de la música. Por lo demás, las técnicas de la alta fidelidad * permiten mejorar considerablemente la recepción de los sonidos transmitidos por modulación de amplitud.

RADIORRUTA f. *Aeron.* Línea aérea jalonada por estaciones de radionavegación * cuyas señales materializan en el espacio la ruta que han de seguir los aviones.
RADIOSCOPIA f. Procedimiento de radiología que se distingue de la radiografía en que las imágenes dadas por los rayos X, en vez de impresionar una emulsión fotográfica, son observadas visualmente en una pantalla en la cual se forman por fluorescencia de una capa de platinocianuro de bario o tungsteno.
RADIOSOL m. *Astr.* Imagen del Sol que se obtiene mediante observación del mismo por los procedimientos de la radioastronomía *: *el radiosol presenta siempre una forma de elipse bastante excéntrica.*
RADIOSONDA f. *Meteor.* Sonda para efectuar mediciones en la atmósfera, que es elevada a alturas de hasta 40 km por un globo y transmite al suelo, por radio, el valor de las magnitudes medidas por los instrumentos (generalmente un termómetro de bimetal que indica la temperatura, una cápsula barométrica que mide la presión y un higrómetro de cabello que registra la humedad del aire): *cuando la rarefacción del aire hace estallar el globo, por dilatación excesiva del helio que contiene, la radiosonda cae en paracaídas y puede servir de nuevo.*
RADIOSONDEO m. *Meteor.* Exploración de la atmósfera por medio de radiosondas.
RADIOSPECTRÓGRAFO m. *Astr.* Instrumento que sirve en radioastronomía para conocer la longitud de onda de las emisiones que están captando los radiotelescopios.
RADIOSTEREOSCOPIA f. *Fís.* Procedimiento de radioscopia que se funda en el uso de dos tubos de rayos X para obtener en la pantalla florescente dos imágenes sobrepuestas, y ligeramente corridas cada una de ellas respecto a la otra, que den la ilusión del relieve.
RADIOTECNIA o **RADIOTÉCNICA** f. *Radiot.* Técnica de las transmisiones por ondas hertzianas y de la radioelectricidad * en general.
RADIOTELEFONÍA f. *Telec.* Enlace telefónico de dos corresponsales por medio de ondas hertzianas, no solamente a través de los océanos y regiones desérticas, o por hallarse uno de ellos (o los dos) a bordo de un vehículo, sino también para aprovechar la posibilidad que ofrecen los cables * hertzianos, comúnmente empleados en televisión, de transmitir numerosas conversaciones a la vez.
RADIOTELEGRAFÍA f. *Telec.* Telegrafía sin hilos en la cual las señales son transmitidas por ondas hertzianas.
RADIOTELEGRAMA m. *Telec.* Despacho transmitido por radiotelegrafía.
RADIOTELESCOPIO m. *Astr.* Instrumento empleado en radioastronomía para efectuar observaciones astronómicas, fundado en la recepción y estudio de las ondas radioeléctricas de origen cósmico.
— El *radiotelescopio* no es sino un receptor de ondas hertzianas dotado de una extraordinaria

aparato receptor de **radiotelegrafía**

radiotelescopio

Fot. C. S. F., Australian News

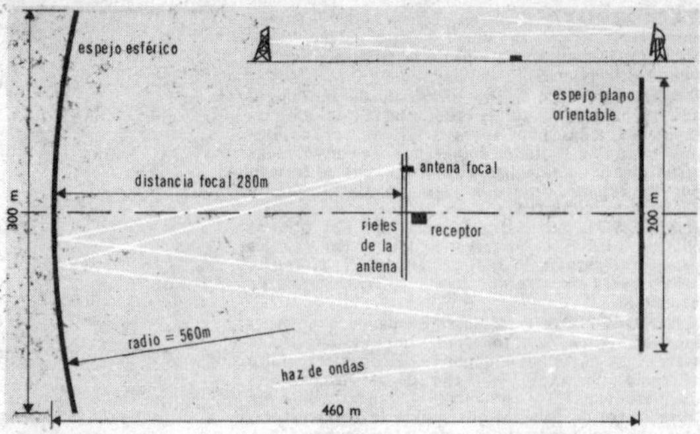

representación esquemática de un radiotelescopio de reflector fijo (Nançay, Francia)

radomo

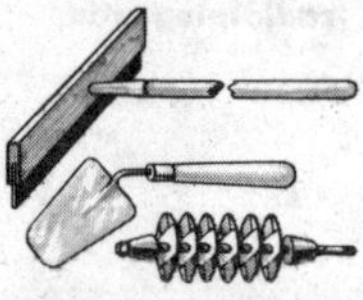

raederas de peón caminero, de deshollinador y para tuberías

sensibilidad. Tan lejanos son los radiofocos emisores de las ondas captadas, que la energía colectada por las antenas es ínfima: se necesitaría una antena de 700 m² para captar una millonésima de microvatio de la energía radiada por la radiogalaxia más potente en una gama de frecuencias de 10 megahertzios. Por otra parte, el poder separador de los radiotelescopios es relativamente malo, a menos de emplear antenas gigantescas: para poder igualar el poder de separación del ojo, o sea la aptitud para distinguir separadamente dos puntos entre los cuales media la distancia angular de un minuto de arco, un radiotelescopio necesitaría una antena de 100 m. Las antenas de los radiotelescopios son, consiguientemente, muy grandes. Suelen tener la forma de reflectores parabólicos, de superficie constituida por una tela metálica, que concentran la energía de las ondas sobre la antena propiamente dicha, situada en su foco. Como la antena ha de ser orientable, sus dimensiones son prácticamente limitadas a un centenar de metros. Pero existen dos métodos que permiten aumentar la sensibilidad y el poder separador sin rebasar dicho límite. El primero consiste en emplear un enorme reflector fijo, que adopte, por ejemplo, la forma de una depresión del terreno (en cuyo caso solamente puede explorar la faja celeste que recorre su eje por efecto de la rotación de la Tierra). Más práctico resulta la utilización de un reflector plano, dividido en tantos elementos como se quiera y orientables sobre un eje horizontal, los cuales proyectan otros tantos haces de ondas sobre un enorme reflector fijo, de superficie esférica, que refleja a su vez las ondas sobre una antena situada en su foco. Así, a pesar de las dimensiones gigantescas del aparato, se puede explorar una zona extensa del cielo. El segundo método se funda en la interferometría. Un interferómetro radioastronómico consiste en una hilera de radiotelescopios de unos metros de diámetro dispuestos en la dirección Este-Oeste y a veces completada por otra hilera Norte-Sur que forma una cruz con la anterior. Todos los radiotelescopios se hallan orientados en la misma dirección y acoplados con un mismo receptor. El poder separador del interferómetro, diferente para cada longitud de onda, es proporcional a la distancia que media entre los dos radiotelescopios que ocupan los extremos.
El receptor cuenta con filtros previstos para la eliminación de las señales parásitas y se caracteriza por su elevado poder amplificador (v. RADIORRECEPTOR). La corriente de baja frecuencia ya amplificada, en vez de excitar un altavoz (en el cual se percibiría un ruido de chisporroteo desprovisto de interés, regula los movimientos de un estilete inscriptor que traza una curva de la intensidad de la corriente, en función del tiempo, sobre una faja de papel arrastrada por un mecanismo de relojería.
Además de su misión específicamente astronómica, ciertos radiotelescopios se emplean también en astronáutica con diferentes fines: captar las débiles emisiones de las sondas interplanetarias, localizar los ingenios espaciales en el cielo y determinar sus trayectorias, etc.

RADIOTORIO m. *Quím.* Isótopo radiactivo del torio, de masa 228, cuyo período es de 1,9 años.

RADIUM m. *Quím.* Sinón. latinizado de *radio.*

RADOMO m. *Radiot.* Cúpula de materia plástica que protege las antenas de radar contra las intemperies.

RADÓN m. *Quím.* Elemento químico de masa 86, cuyo símbolo es *Rn.*
— El *radón* es un gas que se forma en cada una de las tres familias radiactivas (v. RADIACTIVIDAD) por desintegración del radio (radón de masa 222), del torio (masa 220) y del actinio (masa 219). En realidad, a este elemento, si bien figura en las tablas con el nombre de radón, se le suele dar el de *emanación* *, reservándose el anterior para el isótopo de masa 222 (a los dos otros isótopos se les llama actinón y torón). Es el más pesado de todos los gases inertes (d = 9,73). Es radiactivo alfa, con período de 91,75 horas, y se convierte en polonio. Sus puntos de ebullición y de congelación se calculan en —61° y —71°, respectivamente. Se emplea como manantial de neutrones y también para dosificar el radio y en el tratamiento de tumores malignos.

RAEDERA f. *Art. y of.* Instrumento que sirve para raer o raspar una superficie o para recoger o amontonar materias esparcidas por el suelo (v. *figura*). [V. tb. RASPADOR y RASQUETA.]
— *Tecn. Pala* o *cuchara de raedera,* v. CUCHARA.

RAFA f. *Arq.* Macho o pilar con que se afianza un muro agrietado o que amenaza ruina.

RÁFAGA f. Aumento fuerte y repentino de la fuerza del viento, durante un tiempo muy breve.
— *Aeron. Túnel de ráfaga,* v. TÚNEL *aerodinámico.*
— *Arm.* Sucesión de disparos efectuados por un arma automática: *una ráfaga de ametralladora.*

RAFE m. *Arq.* Alero * del tejado.

RAFEAR v. *Arq.* Reforzar con rafas los muros y construcciones ruinosas.

RAFIA f. *Bot.* y *Text.* Género de plantas palmáceas de África y América, entre las cuales figura la especie *Raphia ruffia,* de Madagascar, cuyas hojas dan unas fibras, también llamadas *rafia,* que sirven para hacer cordeles y esteras, asientos y respaldos de muebles, etc.

RAIGAL adj. *Carp.* Extremo de un rollo de madera que corresponde a la parte inferior del tronco, situada junto a la raíz.

RAIL m. *F. c.* Riel * o carril.

RAINAL m. Tramo terminal del sedal * de pescar, más delgado que el resto de aquél y con cuyo extremo se atan los anzuelos.

RAÍZ f. *Mat. Raíz cuadrada de un número,* número que, elevado al cuadrado, es igual a aquél. ‖ *Raíz cúbica de un número,* número que, elevado al cubo, da el número propuesto. ‖ *Raíz n (enésima) de un número,* número que, elevado a la potencia *n*, arroja aquel número. ‖ *Raíz de una ecuación,* solución de la misma, o sea valor que se ha de atribuir a la incógnita.
— Extraer una *raíz* es efectuar una operación, inversa de la de hallar una potencia, que se plantea empleando el signo $\sqrt{\ }$ *(radical)* encima del cual se escribe el *índice de la raíz* y debajo de su barra, el número propuesto *(radicando).* Así, en el ejemplo siguiente:

$$\sqrt[2]{144} = \pm 12,$$

el 2 es el índice y el 144, el radicando. El resultado es 12, dado que 12 × 12 = 144. Asimismo el resultado de:

$$\sqrt[4]{-216} = -6$$

es — 6, puesto que la multiplicación de — 6 por sí mismo 3 veces consecutivas arroja —216. En el primer ejemplo citado *(raíz cuadrada)* sólo puede existir raíz si el radicando es positivo (a menos de hacer intervenir en el cálculo los números imaginarios *), ya que aunque la raíz fuera negativa, su cuadrado sería positivo, pues — 12 × — 12 = 144, número positivo (v. MULTIPLICACIÓN). Por el contrario, en el segundo ejemplo *(raíz cúbica)*, el radicando negativo da raíz negativa (y si fuera positivo, la daría positiva).

RAJA f. *Carp. Madera de raja,* v. MADERA.

RAJADERA f. *Carp.* Cuchilla u otro instrumento para rajar la madera.

RAJUELA f. *Constr.* Piedra delgada y pequeña que se usa para embaldosados rústicos.

RALENTÍ m. *Autom. Marcha* * *lenta.*
— *Cin.* Cinematografía lenta. (V. LENTO.)

Fot. C. S. F.

RAMA f. *Art. gráf.* Cuadro de hierro en cuyo interior se imponen las planas de la forma *, afianzándolas con cuñas. ‖ *Libro en rama,* v. LIBRO.
— *Geom.* Parte de una parábola, hipérbola u otra curva abierta que se aleja hasta el infinito.
— *Text.* Bastidor grande, a veces constituido por dos cadenas paralelas provistas de pinzas, que sirve para mantener tensos los tejidos aprestados en el secadero. ‖ *En rama,* dícese de las fibras textiles en bruto, cuando aún no han sido sometidas a ningún tratamiento en la manufactura.
RAMAL m. Cada una de las secciones o tramos de una cuerda, cable o correa: *en una correa de transmisión existe un ramal conductor y otro conducido.* ‖ Derivación o cosa secundaria que arranca de otra principal: *del colector de una alcantarilla parten ramales laterales.*
— *Arq.* Cada uno de los tramos de escalera que concurren en un mismo rellano.
RAMIFICADO, DA adj. *Quím.* Dícese de la cadena * principal que, en la fórmula * de un compuesto, presenta cadenas laterales.
RAMIO m. *Bot.* y *Text.* Nombre común de las plantas urticáceas llamadas científicamente *Behmeria nivea* y *B. tenacissima* o *B. utilis,* ambas asiáticas, que suministran fibras textiles: *las telas damasquinadas de ramio son comparables a las de lino, aunque más brillantes y resistentes que ellas.*
RAMPA f. Plano inclinado que une dos superficies de diferente nivel y que permite subir y bajar cargas limitando los esfuerzos.
— *Arm.* Armazón a lo largo de cuyas guías inclinadas toman su impulso inicial ciertos ingenios especiales autopropulsados.
— *Arq. Rampa de enlace,* porción de pasamano o de zanca que sirve de enlace entre dos tramos de la escalera y tiene mayor pendiente que ellos.
— *F. c.* y *Obr. públ.* Declive de una vía de ferrocarril, carretera, etc.
RANCIO, CIA adj. *Ind. alim.* Dícese de los alimentos que, con el tiempo, toman un sabor y un olor fuertes que a veces los mejora (vinos), pero generalmente los echa a perder: *los alimentos se vuelven rancios, ya por acción química del aire en presencia de sales metálicas, ya por acción de hongos microscópicos o de bacterias.*
RANDA f. *Text.* Encaje o puntilla que se pone como orla a la ropa o que se emplea para unir los diferentes paños de una colcha o lienzo.
RANGUA f. *Tecn.* Tejuelo en que se apoya un árbol o eje vertical. ‖ Piedra o pieza de metal empotrada en el umbral de la puerta y provista de una cavidad en la cual penetra el pivote o el montante quicial de una puerta.
RANURA f. Canal estrecha y larga que se abre en un madero, pieza mecánica, etc.
— *Aeron.* Dispositivo hipersustentador * consistente en un borde de ataque postizo que, al separarse del ala, forma una ranura por la cual pasa aire que estabiliza la circulación en el extradós.
— *Carp.* Canal que se hace en el canto de una tabla para que encaje en ella la lengüeta de otra.
RÁPIDO, DA adj. *Cin. Cámara rápida,* v. ACELERADO.
— *Constr. Cemento rápido,* v. CEMENTO.
— *Metal. Acero rápido,* v. ACERO.
RAQUETA f. *Mec.* Pieza provista de dos topes por entre los cuales pasa la espiral, que sirve para regular la marcha del reloj. (Sinón. REGISTRO.)
RARO, RA adj. *Quím. Gases raros, tierras raras,* v. GAS y TIERRA.
RAREFACCIÓN f. Acción y efecto de rareficar.
RAREFACER o **RAREFICAR** v. Disminuir la densidad de un gas: *el aire se rarefica al aumentar la altura en la atmósfera.* (Sinón. ENRARECER.)
RASANTE adj. y s. Que rasa o sirve para rasar.
— *Obr. públ.* Inclinación de la línea del perfil longitudinal de una calle respecto a un plano horizontal.
RASAR v. Pasar un cuerpo rozando ligeramente a otro o a lo largo de su superficie y muy cerca de ella.
— *Metr.* Igualar con el rasero el contenido de una medida para áridos, de modo que no rebase del borde.

Fot. Publifoto

RASCACIELOS m. *Arq.* Edificio muy alto, de numerosos pisos, que se construye en los centros urbanos donde el terreno falta o es excesivamente caro, aunque en otros casos se edifica por razones estéticas o de prestigio.
— Los *rascacielos* son, ante todo, armazones o jaulas de acero sólidamente afianzadas en cimientos profundos y seguros. Las más de las veces las fachadas no contribuyen a la resistencia mecánica del conjunto (v. MURO *de cortina*). Existen rascacielos de hasta 102 pisos, pero, generalmente, estas construcciones cuentan de 20 a 30 plantas.
RASCADERA f. y **RASCADOR** m. *Art. y of.* Instrumento propio para rascar.
— *Autom. Segmento rascador,* v. SEGMENTO.
RASCAR v. *Art. y of.* Limpiar o frotar una superficie con rascadores o rasquetas.
RASERA f. *Carp.* Cepillo de boca estrecha y con hierro de filo esmerado y poco saliente, que da virutas muy tenues y sirve para afinar la superficie de la madera sin desgastarla.
— *Metr.* Rasero.
RASERO m. *Metr.* Varilla con la cual se rasa el contenido de una medida de áridos para que no rebase del borde de la misma.
RASETE m. *Text.* Tela muy tenue, de seda o con trama de lino, hecha a imitación del raso. ‖ Tela de seda y algodón, o toda de algodón, que presenta el aspecto del raso.
RASILLA f. *Constr.* Ladrillo hueco y delgado que se emplea para solar y para hacer construcciones ligeras.
RASO, SA adj. y s. Liso, plano. ‖ Dícese del cuerpo que pasa a lo largo de una superficie y muy cerca de ella, aunque sin tocarla.
— *Arq. Cielo raso,* v. CIELO.
— *Mar.* Dícese del buque que tiene las bordas seguidas y relativamente poco elevadas sobre el nivel del mar.
— *Text.* F. Nombre genérico de los tejidos que tienen ligamento * de satén. (*Raso* y *satén* son sinónimos, pero, según el género considerado, los profesionales prefieren una de estas voces a la otra.)
— Los *rasos* son tejidos brillantes, con efecto de trama o de urdimbre, que se hacen con toda clase de fibras. Los mejores, que tienen un hilo de seda y a veces los dos, sirven para vestidos de señora. Combinando la trama de un color y la urdimbre de otro, se obtienen reflejos en forma de visos o aguas. El *raso de China,* tejido con lana y algodón, se emplea para forros de trajes de caballero. Otros rasos, especialmente los de algodón, se emplean asimismo como forros y para tapizar muebles.
RASORITA f. *Miner.* Quernita.
RASPADOR m. *Art. y of.* Instrumento que sirve para raspar o raer ligeramente.
RASQUETA f. Raedera consistente en una chapa triangular, de cantos afilados, provista de un mango perpendicular a la misma, que sirve para limpiar la madera, rascar las pinturas viejas y otros usos.
RASTEL m. *Arq.* Barandilla.
RASTRA f. *Agr.* Rastro. ‖ Grada.
— *Mar.* Cuerda, cable o red que se arrastran por el fondo para recuperar objetos sumergidos.
RASTREADOR m. *Mar.* Dragaminas. ‖ Barco empleado en las vías de navegación fluviales para rastrear y limpiar el fondo.
RASTREAR v. *Mar.* Deslizar rastras por el fondo del agua para limpiarlo o recuperar alguna cosa sumergida.
RASTRILLA f. *Agr.* Rastro que tiene el mango fijado en el canto del travesaño opuesto al que lleva los dientes.
RASTRILLADORA f. *Agr.* Máquina agrícola consistente en un rastro grande, de dientes corvos, que sirve para recoger el heno segado, la paja que queda en la era después de la trilla, etcétera.
RASTRILLAR v. *Agr.* Pasar la grada por el suelo labrado. ‖ Recoger la hierba con rastros o rastrilladoras.
— *Text.* Limpiar las fibras de cáñamo, lino, etc., pasándolas por entre las púas de un peine en el cual queda la estopa. (V. LINO.)
RASTRILLO m. *Agr.* Rastro.
— *Mec.* Guarda * de cerradura.
— *Obr. públ.* Reja que se pone ante las bocas de admisión del agua en las presas para impedir la entrada en las mismas de cuerpos flotantes.

rascacielos en Milán (Italia)

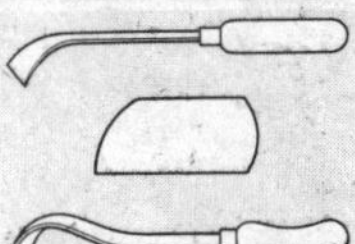

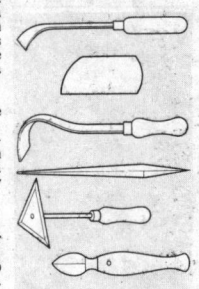

rascadores, raspadores y rasquetas

rastrilladora
[v. figura p. 868]

rastrilladora

— *Text.* Peine con púas de hierro verticales que se usa para rastrillar *.

RASTRO m. *Aeron. Rastro de condensación,* estela * de condensación.
— *Agr.* Instrumento en forma de peine, provisto de un mango largo que permite arrastrarlo por el suelo para recoger heno, paja, etc. ‖ *Rastro mecánico,* rastrilladora.
— *Art. y of.* Herramienta a modo de azada, pero con pala de dientes, que sirve para recoger o para extender piedra machacada u otras materias.

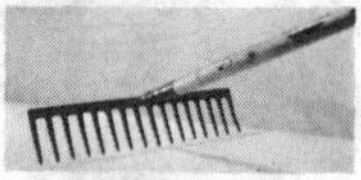

rastro *(agr.)*

RASURA f. *Ind. alim.* Costra de tártaro que se forma en las paredes de las tinas donde fermenta el mosto durante la vinificación.

RATEAR v. *Mec.* Tratándose de motores de explosión, galicismo por *fallar.*

RATINA f. *Text.* Especie de paño cuya superficie se halla cubierta por rizos de una felpa larga, obtenida merced a un perchado enérgico y luego rizada con la ratinadora.

RATINADORA f. *Text.* Máquina de ratinar.
— En la *ratinadora,* el paño pasa sobre una mesa forrada de caucho, contra el cual es mantenido muy tenso. Una plataforma forrada de felpa y animada por un movimiento de vaivén frota la cara superior del tejido y, al combinarse sus movimientos con los del mismo, y a veces con los de la mesa, que es móvil en ciertas máquinas, la felpa larga del paño forma bordones o mechones rizados.

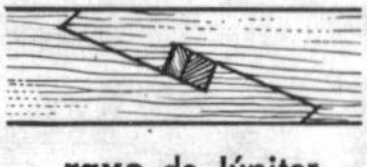

rayo de Júpiter *(carp.)*

RATINAR v. *Text.* Rizar con la ratinadora los pelos de los tejidos afelpados. ‖ *Máquina de ratinar,* ratinadora.

RAULI m. *Bot.* y *Carp.* Árbol cupulífero muy grande *(Nothofagus procera),* que crece en Chile y cuya madera, entre rosada y rojiza, dura, fina y resistente, es muy apreciada en carpintería y ebanistería, construcciones navales, entarimados, etc.

RAYA f. *Agr.* Cortafuego.
— *Arm.* Cada una de las estrías helicoidales que tiene el ánima del cañón de las armas de fuego con objeto de conferir al proyectil un movimiento de rotación para estabilizarlo en su trayectoria.
— *Fís.* y *ópt. Rayas del espectro,* v. ESPECTRO. ‖ *Rayas de Fraunhofer,* v. FRAUNHOFER.
— *Telec.* Señal larga del alfabeto Morse * equivalente, por su duración, a tres puntos.

RAYADILLO m. *Text.* Tela de ligamento tafetán hecha con trama de un color y urdimbre del otro, que presenta rayas estrechas, alternativamente dominadas per cada uno de ambos colores.

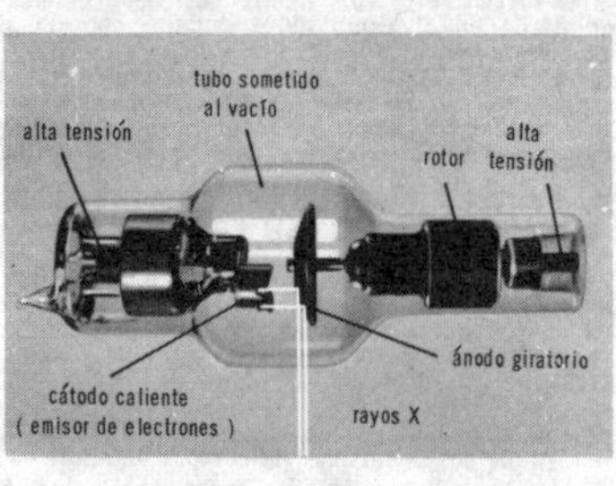

tubo generador de **rayos X**

RAYADO, DA adj. y s. Que tiene listas o rayas: *carabina de cañón rayado.*
— *Art. gráf.* *Papel rayado,* v. PAPEL y PAUTA.
— *Text.* Tejido que presenta listas obtenidas con hilos de colores diferentes y el cual es calificado de *bayadera* si las rayas son transversales (sentido de la trama) y de *atirelado* o *pequín* si son longitudinales (sentido de la urdimbre).

RAYO m. Dirección rectilínea a lo largo de la cual se propaga, en forma de onda o de corpúsculo, la energía emitida en un punto por un manantial de radiaciones. ‖ Corpúsculo o impulsión electromagnética así emitido: *la aniquilación de un electrón positivo y otro negativo engendra un rayo gamma.* (V. más abajo *Fís.*)
— *Astr. Rayo vector de un astro,* recta que une el centro del mismo con el del astro principal en torno del cual gravita aquél. ‖ *Rayo verde,* destello de hermosa luz verde que emite el Sol durante menos de un segundo en el momento de desaparecer su disco bajo el horizonte, cuando el cielo es límpido y el Sol se ha enrojecido al ocultarse: *el rayo verde se debe a la dispersión * de la luz solar por la atmósfera.*
— *Carp. Rayo de Júpiter,* empalme a media madera con corte oblicuo y provisto de redientes.
— *Fís.* Al principio se dio el nombre de *rayo* a los componentes elementales de un haz luminoso. Más tarde, al comprobar que existían prolongaciones invisibles del espectro luminoso más allá del rojo y del violado, se extendió el nombre de rayo a las radiaciones infrarrojas y a las ultravioladas. Finalmente se descubrió, por una parte, que existían radiaciones de longitud de onda aún más corta que la de los rayos ultravioladas, pero de la misma índole electromagnética que los de la luz *(rayos X* o *de Röntgen, rayos gamma);* por otra parte, la mecánica ondulatoria demostraba la identidad entre estos últimos rayos, a los cuales asocia dicha teoría granos de energía, y ciertos corpúsculos (electrones rápidos, núcleos de helio, etc.), que son emitidos por los cuerpos radiactivos y que se propagan asociados a una onda. Así, la noción de rayo abarca un extenso campo que concierne a la vez al electromagnetismo * y a la atomística. (V. tb. ONDA y RADIACIÓN.)
Teóricamente, los rayos se propagan en línea recta, e indefinidamente, en el vacío y si no son sometidos a ninguna acción exterior. En muchos casos puede admitirse, desde el punto de vista práctico, que así ocurre. En realidad no existe en el Universo espacio absolutamente vacío y que se halle al abrigo de influencias físicas. Consiguientemente, los rayos experimentan variaciones —aunque fueran ínfimas— de su trayectoria y de su velocidad, cuya magnitud depende de la naturaleza del medio atravesado y de la índole de las fuerzas que se manifiestan en el mismo. Así, los cambios de densidad o de composición del medio provocan fenómenos de reflexión * y de refracción *; los campos electrostáticos y electromagnéticos desvían los corpúsculos electrizados; los campos gravíficos desvían los rayos luminosos (v. RELATIVIDAD), etc.
A continuación se reseñan, por orden alfabético, las principales clases de rayos:
— *Rayo alfa* (α) o *partícula alfa,* partícula constituida por dos protones y dos neutrones, o sea idéntica al núcleo de un átomo de helio, que es emitida espontáneamente en el curso de la *desintegración alfa* del uranio, el radio y otros elementos radiactivos. (V. RADIACTIVIDAD.)
— *Rayo beta* (β) o *partícula beta,* nombre dado a todo electrón, negativo (beta) o positivo (beta +), engendrado durante la desintegración de un elemento radiactivo. Son partículas muy enérgicas, en razón de su elevada velocidad, que es del orden de 100 000 km/s y llega a ser muy próxima de la luz.
— *Rayos canales* o *positivos,* rayos que se observan en un tubo catódico detrás del cátodo, cuando éste tiene perforaciones hechas con dicho fin. (Un haz de iones cargados positivamente parte de dichos canales en dirección opuesta a la de los rayos catódicos.)
— *Rayos catódicos,* haz de electrones que, en una lámpara * termoiónica, osciloscopio o recinto sometido al vacío, son emitidos por el electrodo caliente (cátodo *) y atraídos por el electrodo frío (ánodo). Estos rayos son los que forman las imágenes en la pantalla de los televisores y en los microscopios electrónicos y, también, los que

Fot. Schall, Larousse

detectan y amplifican las corrientes en los radiorreceptores (salvo en los que se hallan provistos de transistores), los que engendran los rayos X en el tubo de Coolidge, etc.
— *Rayos cósmicos,* v. CÓSMICO.
— *Rayo delta* (δ) o *partícula delta,* electrón lento expulsado de un átomo por una partícula electrizada que atraviesa la materia, especialmente por los electrones muy rápidos. Debe su nombre a la forma sinuosa que presenta su trayectoria en los clisés fotográficos obtenidos con las cámaras de Wilson y de burbujas. El ángulo formado por la trayectoria de la partícula delta con la de la partícula incidente permite calcular la masa de esta última.
— *Rayo gamma* (γ), v. GAMMA y GAMMAGRAFÍA.
— *Rayos infrarrojos,* v. INFRARROJO.
— *Rayos luminosos,* v. más abajo *ópt.*
— *Rayos positivos,* rayos canales.
— *Rayo primario,* radiación * primaria.
— *Rayos de Röntgen,* rayos X.
— *Rayo secundario,* radiación * secundaria.
— *Rayos ultraviolados* o *ultravioleta,* v. ULTRAVIOLETA.
— *Rayos X* o *de Röntgen,* radiación de cortísima longitud de onda (0,01 a 20 angströms) que prolonga el espectro electromagnético más allá de los rayos ultraviolados duros y hasta los rayos gamma y que es engendrada por el frenado brusco de los rayos catódicos muy rápidos que chocan con la materia. Para producir estos rayos se emplea el tubo de Coolidge (v. *figura*), que consta de los siguientes elementos: un cátodo, filamento de tungsteno candente, que emite electrones; un ánodo, también de tungsteno, al cual se da el nombre de *anticátodo,* provisto de un sistema de refrigeración para limitar su calentamiento y evitar su fusión; un tubo de cristal, que contiene ambos electrodos, sometido a un vacío pronunciado (la presión residual es de unos milímetros de mercurio) y provisto lateralmente de una abertura obturada por una chapa de aluminio a través de la cual sale el haz de rayos de la ampolla. Su funcionamiento es como sigue: el cátodo caliente emite un flujo de electrodos, los cuales, en razón de la diferencia de potencial muy grande que existe entre los dos electrones (del orden de decenas y hasta centenas de millares de voltios) son poderosamente acelerados en dirección del anticátodo y chocan violentamente con los átomos del mismo, originándose dos fenómenos diferentes. El primero es un frenado brusco de los electrones, los cuales no pueden detenerse sin eliminar su energía cinética, haciéndolo en forma de radiaciones electromagnéticas de elevadísima frecuencia, que son rayos X. El segundo proceso generador de rayos X consiste en la expulsión por los rayos catódicos de electrones planetarios en los niveles de energía inferiores de los átomos del anticátodo: los puestos libres son ocupados por electrones procedentes de las capas periféricas, los cuales disponen así de un exceso de energía que es radiada en forma de rayos X, según el mismo fenómeno que engendra los rayos luminosos (v. LUZ), aunque traduciéndose en este caso por la emisión de ondas de frecuencia mucho más elevada. Los rayos primarios obtenidos por frenado dan un espectro * continuo; los rayos secundarios dan un espectro discontinuo.
Los rayos X penetran profundamente en la materia y tanto más cuanto menos densa es (a los rayos de menor longitud de onda que son los más penetrantes, se les califica de *rayos X duros,* mientras que los de mayor longitud de onda y menor penetración son *rayos X blandos*). La absorción por ésta es sensiblemente proporcional al cubo del número atómico del elemento atravesado, así como al cubo de la longitud de onda de los rayos. El espectro * de rayos X presenta, no obstante, irregularidades que permiten observar la estructura de los átomos (v. tb. DIFRACCIÓN *cristalográfica*). [Sobre las demás aplicaciones de los rayos X, v. RADIOGRAFÍA y RADIOSCOPIA.]
— *Geom.* Radio. ‖ *Rayo principal,* v. PERSPECTIVA.
— *Mec.* Radio de rueda.
— *Meteor.* Chispa producida en la atmósfera por una descarga eléctrica entre dos nubes o entre una nube y el suelo.
— Las nubes que alcanzan mucho desarrollo vertical transportan y acumulan cargas eléctricas muy grandes (v. ELECTRICIDAD *atmosférica*). Cuando las distancias y el estado del aire son favorables, se producen descargas entre nubes o entre nubes y el suelo, e incluso entre la base y la parte superior de una misma nube. Se observa entonces una chispa (*rayo*) cuyo resplandor (relámpago) ilumina el cielo y la Tierra, seguido de un ruido sordo (trueno). Según las circunstancias, el rayo adopta una forma sinuosa, arborescente, esférica, etc. Cinematografiándolo a gran velocidad con cámaras rápidas se observa que consta en realidad de una serie de descargas parciales (de 3 a 40) que se suceden separadas por intervalos del orden de una centésima de segundo. Por lo demás, las descargas pueden efectuarse lo mismo del suelo a la nube que de ésta al suelo. El trueno se oye con retraso en razón de la velocidad relativamente lenta con que se propagan las vibraciones sonoras en la atmósfera. Dado que esta velocidad es aproximadamente igual a la tercera parte de un kilómetro por segundo, basta contar los segundos transcurridos desde la visión del relámpago para calcular rápidamente la distancia a que se produjo el fenómeno. La energía desarrollada por éste alcanza varios miles de millones de julios (o sea miles de kWh). Así, la caída del rayo puede provocar graves estragos: muerte de personas o de animales domésticos, volatilización de objetos metálicos, incendios, etc. Para evitarlos, se instalan pararrayos * en las partes más altas de las construcciones.
— *ópt.* Cada uno de los elementos que constituyen un haz luminoso. (V. más arriba *Fís.* y el art. LUZ.) ‖ *Rayo directo,* el que proviene directamente del manantial u objeto luminoso. ‖ *Rayo extraordinario,* v. NICOL y REFRINGENCIA. ‖ *Rayo incidente,* nombre dado al rayo directo hasta el punto de una superficie en el cual es reflejado o refractado. ‖ *Rayo infrarrojo,* v. INFRARROJO. ‖ *Rayo ordinario,* v. NICOL y REFRINGENCIA. ‖ *Rayo reflejado* o *reflejo,* v. REFLEXIÓN. ‖ *Rayo refractado* o *refracto,* v. REFRACCIÓN. ‖ *Rayo ultraviolado* o *ultravioleta,* v. ULTRAVIOLETA.
— *Text. Rayo textorio,* nombre que se da a veces a la *lanzadera.*

RAYÓN m. *Text.* Hilo continuo de viscosa *, que también se designó, aunque impropiamente, con el nombre de *seda artificial.*

RAZÓN f. *Astron. Razón de masas,* v. MASA.
— *Mat.* Resultado de la comparación entre dos cantidades. ‖ *Razón aritmética* o *por diferencia,* relación que existe entre dos cantidades, una de las cuales ha de ser restada de la otra. ‖ *Razón geométrica* o *por cociente,* relación existente entre dos cantidades, una de las cuales ha de ser dividida por la otra. ‖ *Razón de dos magnitudes,* número que resulta de medir a una de ellas tomando a la otra por unidad; cociente que resulta de dividir una por la otra en el caso de que se haya tomado por unidad a una tercera magnitud. ‖ *En razón directa, en razón inversa,* directamente proporcional, inversamente proporcional. ‖ *En media* y *extrema razón,* dícese de la partición de una cosa en dos partes y de forma que el cuadrado de la mayor sea igual al producto de la menor por el todo.

Rb, símbolo químico del *rubidio.*

rd, símbolo del *radiante.*

Re, símbolo químico del *renio.*

REA, quinto satélite de Saturno *.

REACCIÓN f. Acción que resulta de otra y se opone a ella (v. más abajo).
— *Aeron.* y *Astr. Propulsión por reacción,* modo de propulsión de los aviones, cohetes y otros ingenios, fundado en el *principio de la acción * y de la reacción.* (Sinón. PROPULSIÓN POR CHORRO.)
— Dado que no existe acción mecánica que no provoque una *reacción* equivalente, puede afirmarse que todos los vehículos se mueven por reacción. La imagen que equipara la hélice a un tornillo que, en cierto modo, se "enrosca" en la atmósfera y hace avanzar así al avión, es cómoda para explicar como vuela un aparato con motor de explosión. Más conforme con la realidad es la explicación según la cual la hélice proyecta hacia atrás masas de aire con determinada velocidad y que por reacción con dicha acción, la hélice, y con ella el aparato en que está fijada, son impulsados en la dirección contraria (así como la proyección de la bala de un fusil provoca el retroceso del arma y del torso

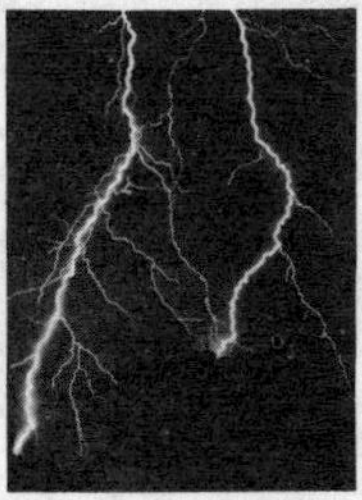

rayo (*meteor.*)

Fot. Savitry-Rapho

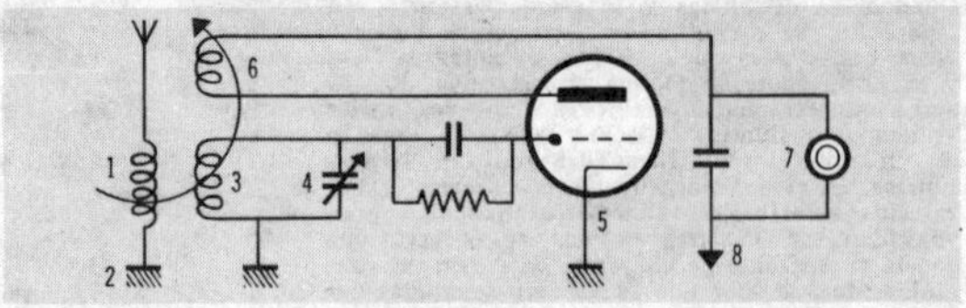

esquema de un radiorreceptor por reacción
1. Bobina de antena; 2. Tierra; 3 y 4. Bobina y condensador variable del circuito de sintonía; 5. Tríodo; 6. Bobina de reacción; 7. Auricular; 8. Alta tensión

del tirador). No obstante, se reserva la denominación de *propulsión por reacción* a la que resulta de expulsar hacia atrás una masa de gases mayor que la que se ha aspirado por delante. Se deduce de este principio la posibilidad de obtener mayor velocidad y potencia que con la propulsión por hélice. Por lo demás, la velocidad que es posible alcanzar con hélice tiene un límite impuesto por los fenómenos aerodinámicos que se manifiestan cuando el extremo de las palas alcanza la velocidad del sonido. (V. SÓNICO.)

Entre otras ventajas de la propulsión por reacción citemos las siguientes: 1.ª menor resistencia al avance del aparato en razón de su diámetro, inferior al de los motores de explosión; 2.ª menor peso y forma más compacta de los motores, que pueden ser montados fuera del fuselaje y del ala, evitando así la transmisión de vibraciones sonoras; 3.ª supresión de los órganos mecánicos de movimiento alterno y, consiguientemente, reducción considerable de las vibraciones mecánicas, consumo de combustibles menos finos y mucho más baratos que la gasolina. (V. CARBURREACTOR.)

En la propulsión por reacción se emplean varias clases de motores * o reactores: 1.º el turbopropulsor * y el turborreactor * están provistos de un compresor que permite aspirar el aire frontalmente y aumentar el volumen de los gases expulsados; 2.º el pulsorreactor * y el estatorreactor * carecen de compresor y solamente pueden funcionar una vez que el aparato ha adquirido cierta velocidad inicial impulsado o propulsado por otro medio; 3.º el cohete * no necesita aire y lo mismo puede funcionar, merced al consumo de un ergol comburente, en la atmósfera * que en el vacío interplanetario. (V. PROPERGOL.)

Cada uno de estos reactores conviene para una gama determinada de velocidades, alturas y otras condiciones de explotación de los aviones.

La propulsión por reacción de los helicópteros puede concebirse de dos modos diferentes: 1.º los aparatos de los tipos convertible * y combinado * son propulsados por turborreactores, como si se

reactor nuclear: en A la fisión del uranio sóla da un neutrón cuya descendencia se extingue; en B la fisión ha resultado más fructuosa y permite entretener la reacción

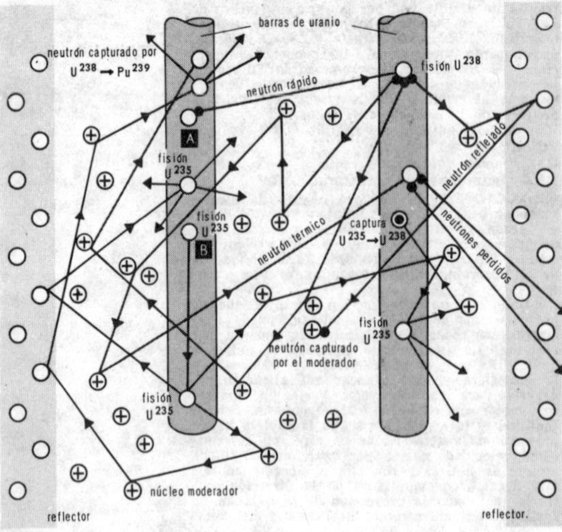

tratara de aviones ordinarios; 2.º los helicópteros propiamente dichos tienen toberas dispuestas en el extremo de las palas y la eyección de gases por aquéllas provocan el avance de éstas. (V. HELICÓPTERO.)

Recientemente se ha extendido el uso de la propulsión por reacción a ciertos tipos de lanchas militares muy rápidas y embarcaciones empleadas con fines deportivos. Generalmente se emplean con dicho objeto turborreactores que expelen sus gases en el aire y no por debajo del agua.

— *Atom. Reacción en cadena, reacción de fisión* o *reacción nuclear,* desintegración * en cadena. (V. tb. FISIÓN y REACTOR *nuclear.*) ‖ *Reacción de fusión* o *reacción termonuclear,* v. FUSIÓN y TERMONUCLEAR.

— *Electr. Bobina de reacción,* la que puede absorber la potencia * reactiva.

— *F. c.* Sacudida que, al ser frenado un tren, se propaga a veces de vagón a vagón como una onda.

— *Fís.* y *Mec.* Fuerza que aparece cada vez que otra fuerza obra sobre un cuerpo y que tiene igual intensidad que la misma, pero actúa en sentido opuesto al de ella.

— *Quím.* Fenómeno fundamental de la química * merced al cual, del contacto de dos o más cuerpos resulta la formación de cuerpos diferentes o una modificación de las proporciones en que se habían mezclado aquéllos. ‖ *Reacción endotérmica, reacción exotérmica,* v. ENDOTÉRMICO, EXOTÉRMICO y TERMOQUÍMICA. ‖ *Calor de reacción,* v. TERMOQUÍMICA.

— *Radiot.* Técnica consistente en devolver al circuito de entrada de un amplificador (por ej., a la rejilla * de un tríodo) una parte de la energía ya amplificada del circuito de salida (o sea procedente de la placa *), con lo cual se compensa el amortiguamiento de las ondas del circuito * oscilante, se aumenta la amplificación de las señales y se mejora la selectividad de los radiorreceptores.

REACCIONAR v. Producirse una reacción, especialmente entre dos cuerpos químicos.

REACTANCIA f. *Electr.* Resistencia aparente que se ha de sumar a la resistencia de un circuito de corriente alterna para determinar su impedancia *: *la reactancia o capacitancia depende de la inductancia, la capacidad y la pulsación de la corriente considerada.*

REACTIVAR v. *Quím.* Regenerar.

REACTIVIDAD f. *Atom.* Grado en que un reactor puede aumentar el número de neutrones emitidos por unidad de tiempo en el curso de la desintegración de los átomos del combustible nuclear.

— *Quím.* Propiedad del cuerpo que puede reaccionar químicamente con otros.

REACTIVO, VA adj. y s. Que reacciona o hace reaccionar.

— *Electr. Circuito reactivo,* el que está dotado de reactancia *. ‖ *Corriente reactiva,* componente de una corriente * alterna que se halla en cuadratura con la tensión. ‖ *Potencia reactiva,* v. POTENCIA.

— *Quím.* M. Substancia que se emplea con el fin de provocar una reacción química: *son reactivos muy comunes la sosa, el amoniaco, los ácidos clorhídrico, sulfúrico y nítrico,* etc.

REACTOR m. *Aeron.* Motor de reacción * que consume el oxígeno del aire como comburente y carece de hélice, cuyas condiciones concurren en el estatorreactor *, el pulsorreactor y el turborreactor *.

— *Atom. Reactor nuclear* o simplemente *reactor,* aparato o instalación en la cual se consuma y entretiene la *desintegración * en cadena* de una materia físil. (Sinón. PILA ATÓMICA y QUEMADOR DE URANIO. El primero tiene su origen en la forma de los primitivos reactores, que eran pilas de bloques de grafito provistos de cavidades para el uranio. El segundo, de origen alemán, es incorrecto en nuestra lengua.)

— Los *reactores nucleares* se fundan, por una parte, en el principio de la equivalencia de la masa * y la energía * y, por otra, en la propiedad que tienen los cuerpos físiles de entretener una reacción de desintegración * en cadena en determinadas condiciones que se expondrán más abajo. (V. tb. FISIÓN.)

Esencialmente, el funcionamiento del reactor es como sigue: un neutrón * libre, obrando como un proyectil, choca con un átomo pesado de la materia físil o combustible nuclear y lo desintegra.

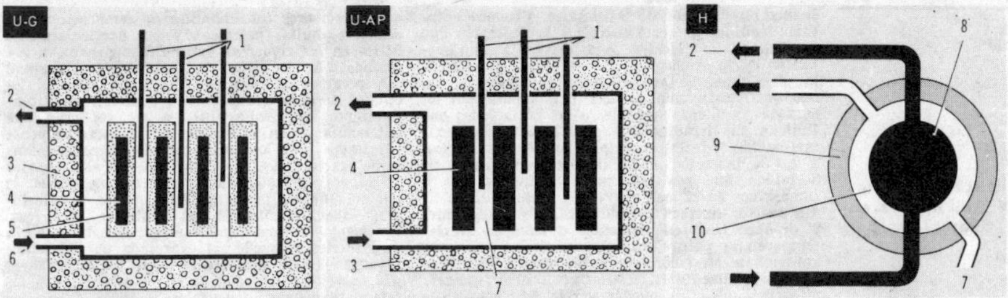

reactores nucleares de uranio y grafito (U-G), de uranio y agua pesada (U-AP) y homogéneo
1. Barras de control; 2. Hacia el cambiador de calor; 3. Hormigón; 4. Uranio; 5. Grafito; 6. Gas carbónico; 7. Agua pesada; 8. Disolución de sulfato de uranilo; 9. Reflector de agua pesada; 10. Cámara bajo presión

La desintegración * en dos o más fragmentos da lugar a la producción de otros tantos núcleos de átomos más ligeros y a la emisión de varios neutrones libres, y este fenómeno tendrá dos consecuencias fundamentales. Por una parte, se comprueba que la suma de las masas de los fragmentos del núcleo físil (o sea la de los nuevos núcleos más la de los neutrones libres) es inferior a la masa inicial de aquél. Así, una parte de la materia ha desaparecido y, en virtud de la equivalencia de la masa y de la energía, se ha convertido en radiaciones, las cuales, al irradiar la materia próxima engendran calor aprovechable. Por otra parte, los neutrones liberados en la desintegración son otros tantos proyectiles capaces de provocar la fisión de nuevos átomos pesados y la emisión de nuevos neutrones, y así sucesivamente, realizándose entonces automáticamente una serie ininterrumpida de fisiones sin ninguna intervención exterior al sistema (desintegración * en cadena). En realidad, los neutrones son proyectados en la desintegración con excesiva rapidez *(neutrones * rápidos)* y entonces muchos de ellos atraviesan la materia físil sin desintegrar sus átomos y la reacción puede extinguirse *(reacción convergente)*. Por otra parte, si todos los neutrones emitidos provocaran una fisión, las desintegraciones aumentarían rápidamente según una progresión geométrica *(reacción divergente)*, y el enorme calor desprendido provocaría la explosión del reactor (como puede explotar una caldera u otra instalación industrial, pero no según el principio de la bomba * atómica, dado que en un reactor nuclear no puede formar el combustible una *masa crítica* *).

En este caso, para obtener un número constante de desintegraciones, o sea mantener el régimen deseado en el funcionamiento del reactor, se han de frenar los neutrones para que sean aptos a producir la fisión (neutrones * térmicos) y, por otra parte, se ha de regular el número de sus impactos con los núcleos físiles de modo que cada núcleo desintegrado dé un neutrón desintegrador *(reacción crítica)*.

De las precedentes consideraciones teóricas se desprende la estructura y composición de un reactor nuclear ordinario, el cual consta de:

1.º el *combustible * nuclear*, constituido generalmente por uranio natural o por uranio enriquecido en isótopo 235 (v. URANIO); los demás combustibles posibles (plutonio 239 y uranio 233) solamente se han empleado en reactores experimentales. En los reactores ordinarios el combustible se halla contenido en forma de barras o de rodajas dentro de unos tubos o vainas y el conjunto constituye una barra o barrote;

2.º el *moderador* *, substancia que rodea a las barras de combustible y que, al ser atravesada por los neutrones rápidos, los frena y los convierte en neutrones térmicos propios para provocar la fisión. Los principales moderadores son el agua pesada y el grafito. También se emplea el óxido de berilio e incluso el agua ordinaria, si bien tiene ésta el inconveniente de absorber demasiados neutrones, que, así, no pueden participar en la reacción;

3.º el *reflector* *, materia que rodea al conjunto formado por el combustible y el moderador, y cuyo objeto es limitar la salida y pérdida de los neutrones: éstos chocan elásticamente con los átomos del reflector y son desviados hacia el combustible. En la construcción del reflector se emplean generalmente los mismos materiales que en la del moderador.

4.º las *barras * de control*, que constituyen el sistema regulador de la reacción. Se deslizan por unas canales entre las barras de combustible y, como son absorbentes de neutrones, reducen el número de desintegraciones, tanto mayormente cuanto más profundamente penetran en el reactor. Los materiales más comunes empleados para estas barras son el boro, el cadmio y el hafnio. Si la temperatura se elevara anormalmente en el seno del reactor, las barras de seguridad caerían automáticamente extinguiendo así la reacción;

5.º el *fluido refrigerante* o *caloportador*, que circula por entre los elementos ya citados para evacuar el calor engendrado por la reacción de cadena. Los fluidos más comunes son el gas carbónico y el agua. También se emplean experimentalmente metales fundidos (sodio y potasio) y compuestos orgánicos;

6.º el *blindaje biológico*, constituido por una envoltura metálica y un espeso muro de hormigón que detienen las radiaciones ionizantes y protegen al personal que trabaja en torno del reactor.

7.º un *sistema mecánico de carga y descarga* que permita reemplazar el combustible sin que las barras que se extraen, cuya radiactividad es enormemente intensa, puedan irradiar al personal;

8.º un *sistema de canales* destinados a efectuar comprobaciones, medidas y experimentos en el interior del reactor y a introducir en el mismo substancias para irradiarlas (p. ej., para producir radioisótopos).

Tres características esenciales distinguen el reactor nuclear de otras instalaciones industriales o científicas comparables: 1.ª la extraordinaria pureza de los materiales empleados (indispensable para evitar interacciones con las partículas y, en particular, la absorción de neutrones) y la pulcritud y perfección de las operaciones metalúrgicas de trabajo de los metales, especialmente de las soldaduras; 2.ª el grado elevado de automatismo impuesto por la imposibilidad de acceso al interior de los reactores una vez que han empezado a funcionar, y 3.ª el sinnúmero de precauciones y de medidas de seguridad que se adoptan en razón del peligro que representarían la explosión del reactor, la diseminación en la atmósfera de substancias radiactivas o las simples fugas de las

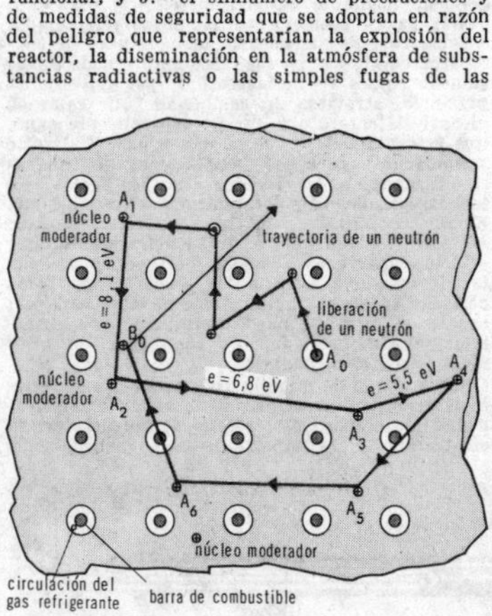

corte de un **reactor** nuclear del tipo uranio, grafito y gas carbónico: el neutrón engendrado en A_0 choca repetidamente con los núcleos del grafito y pierde energía durante una diezmilésima de segundo. En B_0 es apto para provocar la fisión

reactor nuclear [V. tb. lámina en color *central*]

mismas en interior de los locales. Citemos entre otras medidas de seguridad: 1.ª la depresión que se crea en los locales para evitar la contaminación de la atmósfera; 2.ª la multiplicación de los detectores de radiactividad en torno de los reactores, así como el uso permanente por el personal de placas sensibles a las radiaciones que indican una irradiación eventual; 3.ª la descontaminación * de los aparatos y locales radiactivos, y 4.ª la inserción de los desechos en bloques de hormigón que son enterrados profundamente o sumergidos en el mar a grandes profundidades.

Un reactor nuclear engendra calor y radiaciones y produce también elementos o isótopos inexistentes en la naturaleza, algunos de los cuales se aprovechan en medicina, investigación científica o industrialmente (v. RADIACTIVIDAD ***artificial***), mientras que otros pueden servir de combustible nuclear o tienen aplicaciones militares, como el plutonio (v. BOMBA). Generalmente los reactores se emplean con distintos fines a la vez, pero sus características difieren según el uso preponderante a que se destinan. De ahí la existencia de numerosos tipos de reactores. Como, por otra parte, se prosiguen investigaciones tendentes a mejorar los reactores actuales o a reemplazarlos por otros más eficaces o más rentables, el número de las variantes experimentadas es considerable. Nos limitaremos a reseñar aquí las más importantes.

Los *reactores homogéneos* se distinguen del que hemos descrito más arriba, que es *heterogéneo*, por el hecho de que el combustible y el moderador se hallan mezclados (por ej., suspensión de óxido de uranio en el agua). En el *reactor de neutrones rápidos*, que se carga con combustible rico en materia físil, la acción de los mismos es preponderante sobre la de los neutrones térmicos, por cuya razón se suprime a veces el moderador. Llámase *reactor plutonígeno* aquel en el cual es producido plutonio * al absorber neutrones el uranio de masa 238. Dicho reactor es también *regenerador* y, en general, son reactores regeneradores todos los que merced al bombardeo, por los neutrones, de substancias fértiles * producen materias físiles (por ej., el torio 232, al absorber neutrones, se convierte en uranio 233, que puede ser empleado como combustible en otro reactor). Existen incluso reactores de dicho tipo que producen más materia físil que la que consumen (*reactores superregeneradores* o *surregeneradores*, también designados por el anglicismo *breeder*), lo cual se comprende fácilmente si consideramos la enorme proporción de átomos de uranio 238 (no físil, pero convertible en plutonio) que contiene una barra de uranio natural o poco enriquecido respecto a los de uranio 235, que son los únicos físiles.

Con el nombre de *reactor de potencia* se designa al reactor destinado a suministrar energía aprovechable para producir electricidad (v. CENTRAL) o calor (calefacción urbana, desalazón del agua del mar mediante destilación, etc.) y para propulsar naves, cohetes, etc. El fluido refrigerador o caloportador, que alcanza temperaturas de centenares de grados, no suele ser aprovechado directamente (pues es radiactivo) y, por un circuito primario, atraviesa un cambiador * de calor en el cual calienta a otro fluido (generalmente agua, que es vaporizada), que, a su vez, por el circuito secundario pasa a las instalaciones de calefacción urbana, a las turbinas de los barcos, los turboalternadores de las centrales eléctricas, etc. Existe, no obstante, un tipo de reactor, llamado *hervidor*, en el cual el fluido refrigerante, que es agua, hierve en el núcleo del reactor y, dada la circunstancia de que los productos de fisión permanecen en el líquido y que el vapor está casi exento de ellos, se puede aprovechar éste directamente sin necesidad de cambiador de calor ni de circuito secundario.

Como la carga de materia físil puede durar varios años y representa un peso y un volumen relativamente moderados, los reactores de potencia evitan el transporte, almacenamiento y manipulación de cargamentos considerables de combustibles ordinarios (hulla, petróleo) y son particularmente útiles en las comarcas que no disponen de dichos combustibles en cantidades suficientes ni cuentan con recursos hidráulicos. También evitan a los buques pérdidas de tiempo al suprimir el avituallamiento de combustible, y les confieren una autonomía y un radio de acción prácticamente ilimitados. Por lo demás, con el perfeccionamiento de las técnicas, la energía nuclear está en vías de superar a las demás formas de energía en lo que se refiere a la rentabilidad de las instalaciones, especialmente de las centrales eléctricas. Precisemos a propósito de éstas, que la potencia de las mismas puede ser expresada por dos magnitudes: 1.ª el equivalente en vatios de la energía calorífica desprendida en el reactor; 2.ª los vatios realmente disponibles a la salida de los alternadores. Así, la *potencia térmica* de la central norteamericana de Dresden es de 627 MW y su *potencia eléctrica* es de 180 MW. La razón entre ambas potencias expresa el rendimiento de la central (en este caso, 28,7 %).

— *Petr.* Torre o recinto cilíndricos en cuyo interior y en presencia de un catalizador, se produce bajo presión una reacción (cráking, reforming, etc.).

— *Quím. Cámara de reacción,* v. CÁMARA.

REAL adj. *Mat. Número real,* v. NÚMERO.

— *Ópt. Imagen real,* v. IMAGEN.

REALCE m. Adorno, bordado u otra labor que sobresale de la superficie en que se ha hecho.

REALIMENTACIÓN f. *Radiot.* Reacción.

REARREGLO m. *Quím.* Transposición.

REAUMUR *(Escala).* V. TERMÓMETRO.

REBABA f. Resalto formado por la materia sobrante en el borde de la pieza aserrada, en la parte de las piezas moldeadas correspondiente a las juntas, inyectores o respiraderos del molde, en las juntas por donde los ladrillos o sillares escupen argamasa al ser asentados, etc.

— *Art. gráf.* Hombro.

REBABARSE v. Salirse por alguna junta o anfractuosidad una parte de la materia vaciada en un molde.

REBAJAR v. *Arq.* Quitar tierras para hacer bajar el nivel de un terreno. ‖ Dar a un arco o una bóveda menor altura que la del semicírculo correspondiente.

REBAJO m. Corte que se da en el canto de un madero u otra pieza para disminuir su espesor.

REBALSA f. En las vías de navegación fluvial muy estrechas, especie de dársena pequeña que, de trecho en trecho, permite a una embarcación apartarse para dar paso a la que viene en sentido contrario.

REBAÑADERA f. Instrumento en forma de anilla, de la cual penden varios garabatos, y al que se ata una cuerda para bajarlo al fondo de los pozos y sacar los cubos u otras cosas caídos en ellos.

REBARBA f. Barbarismo por *rebaba.*

REBATIBLE adj. Barbarismo por *abatible.*

REBATIMIENTO m. *Geom.* Operación de geometría descriptiva consistente en hacer girar un plano sobre otro plano de proyección, tomando como charnela o eje de giro la intersección de ambos, hasta que los dos se confundan, de modo que los puntos, líneas o figuras del primero puedan ser construidos en el segundo. (Sinón. ABATIMIENTO.)

REBLANDECER v. *Curt.* Ablandar.

REBORDEADOR m. *Metal.* Máquina de engatillar *.

REBORDEAR v. *Metal.* Doblar el canto vivo de una chapa para reforzarlo o para evitar que corte o desgarre. ‖ Ensanchar la boca de un recipiente de chapa, golpeando hacia fuera su borde puesto sobre una bigornia. ‖ Engatillar.

REBOSADERO m. Aliviadero.

— *Min. Amer.* Yacimiento de mineral acumulado en masas que no forman vetas o filones.

REBOTANTE m. Riostra. ‖ Tornapunta.

REBUJAR v. *Carp.* Hundir la cabeza de los clavos en la madera golpeándola con martillo y punzón.

REBUJO m. *Carp.* Punzón troncónico que sirve para rebujar los clavos.

RECADO m. *Art. gráf.* Conjunto de tipos y otros elementos de la forma con que se ha

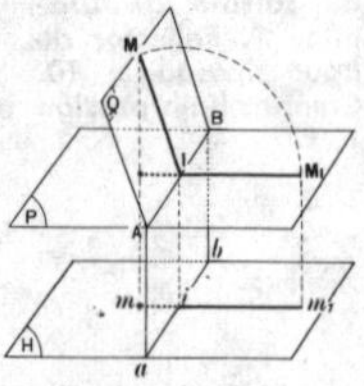

rebatimiento del plano Q sobre el plano P: AB, eje de giro; *im*1, proyección en el plano H de la línea MI una vez rebatida sobre Q

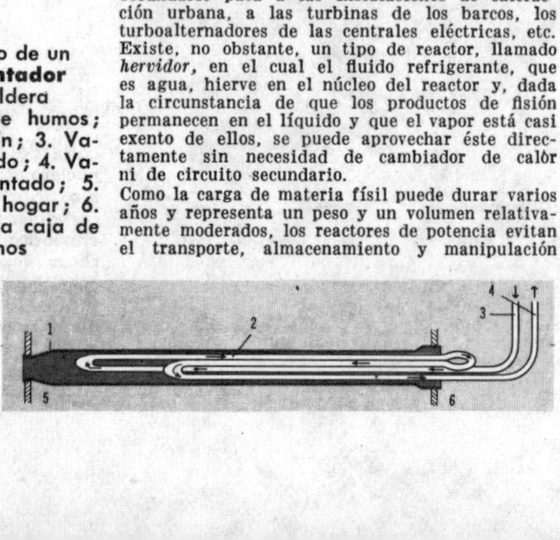

elemento de un **recalentador** de caldera
1. Tubo de humos; 2. Serpentín; 3. Vapor saturado; 4. Vapor recalentado; 5. Pared del hogar; 6. Pared de la caja de humos

tirado un pliego, que se aprovechan para la del pliego siguiente.

RECALENTADOR m. *Tecn.* Dispositivo o instalación que sirve para elevar la temperatura de una cosa ya caliente. ‖ En los generadores de vapor, sistema de serpentines que desecan el vapor y aumentan su temperatura. (V. CALDERA.) ‖ *Recalentador de aire,* v. RECUPERADOR.

RECALENTAMIENTO m. *Fís.* Estado inestable del cuerpo cuya temperatura rebasa la de equilibrio que corresponde a dicho estado.
— *Metal.* Caldeo excesivo de un metal, al cual se debe que se desarrollen en su masa ciertos granos por absorción de los granos contiguos, cuyo fenómeno altera la resistencia mecánica y, en el caso de los aceros, aumenta su fragilidad: *el recalentamiento puede paliarse en ciertos casos mediante un recocido apropiado.*
— *Tecn.* Estado de un vapor cuya temperatura es superior a la de ebullición que corresponde a su presión: *el recalentamiento mejora el rendimiento de las calderas * y generadores de vapor.*

RECALENTAR v. Calentar de nuevo. ‖ Elevar la temperatura de una cosa ya caliente.
— *Fís.* Calentar un líquido a temperatura superior a su punto de ebullición sin que se convierta en vapor.
— *Metal.* Calentar un metal a temperatura excesiva hasta el extremo de provocar el fenómeno de recalentamiento * que altera sus características mecánicas. (Sinón. SOBRECALENTAR.)

RECALESCENCIA f. *Metal.* Aumento brusco que experimenta la temperatura de ciertos metales durante el enfriamiento de los mismos y que se debe a cambios de estado alotrópico.

RECALZAR v. *Constr.* Hacer un recalzo.

RECALZO m. *Constr.* Reparación o refuerzo que se hace a los cimientos de un edificio ya construido.

RECAMAR v. *Text.* Bordar de realce.

RECÁMARA f. *Arm.* Ensanchamiento que tiene el ánima del cañón de las armas de fuego en el extremo opuesto a la boca y que sirve para poner el cartucho.
— *Min.* Lugar que sirve de polvorín en el fondo de una mina.

RECAMBIABLE adj. Dícese de la pieza u otro elemento de un conjunto que pueden ser cambiados fácilmente por otros en caso de avería, desgaste o por otra razón: *cilindro de camisa recambiable.*

RECAMBIO m. Pieza o elemento recambiable: *los automóviles llevan una rueda de recambio.*

RECANTÓN m. *Arq.* Guardacantón.

RECAUCHUTADO o **RECAUCHUTAJE** m. *Autom.* Acción y efecto de recauchutar.

RECAUCHUTAR v. *Autom.* Aplicar una nueva capa de caucho a los neumáticos desgastados por el uso, pero que conservan la armadura de tela.

RECEBO m. Líquido que se echa a los recipientes que han sufrido merma.
— *Obr. públ.* Tierra, arena o gravilla que sirve de trabazón a la grava de los firmes.

RECENTADURA f. *Ind. alim.* Levadura que se guarda para que sirva de fermento a otra masa.

RECENTAR v. *Ind.* Agregar a la masa, para que fermente, la levadura o recento procedente de otra masa anterior.

RECEPAR v. *Constr.* Cortar la cabeza, igualar la altura de los pilotes en que se han de asentar los cimientos de una construcción.

RECEPCIÓN f. *Radiot.* Acción de captar una emisión de ondas hertzianas.

RECEPTIVIDAD f. *Radiot.* Cualidad del radiorreceptor capaz de captar ondas de longitudes muy distintas. ‖ Sensibilidad de un radiorreceptor.

RECEPTOR, RA y **TRIZ** adj. y s. Que recibe o sirve para recibir corrientes, señales, ondas, movimientos mecánicos, materiales, etc.
— *Art. gráf. Mesa receptora,* v. MESA.
— *Electr.* Dícese del conductor o circuito en el cual la corriente produce efectos mecánicos, químicos, etc., que no resultan del efecto Joule. ‖ *Máquina receptora* o *receptriz,* electromotor u otro dispositivo que es alimentado en corriente eléctrica y la transforma en energía mecánica.
— Los *receptores* están dotados de fuerza contraelectromotriz. Se llaman *receptores polarizados* cuando, según sea el sentido en que los atraviesa la corriente, obran como receptores o como generadores, cual ocurre, por ejemplo, con los acumuladores durante su carga y su descarga. Se les califica, por el contrario, de *receptores verdaderos* cuando, sea cual fuere el sentido de la corriente, funcionan como receptores (caso de los electromotores).
— *Mec.* Dícese del órgano que recibe el movimiento: *árbol receptor, polea receptora.* ‖ Cada uno de los álabes de la rueda de una turbina, por oposición a las paletas directrices *.
— *Radiot.* M. Radiorreceptor * y, en general, cualquier aparato capaz de captar, detectar y reproducir señales propagadas por ondas hertzianas: *el radar consta de un emisor de impulsos y de un receptor.*
— *Telec.* El aparato con que se reciben las comunicaciones telefónicas o telegráficas. (V. TELÉFONO y TELÉGRAFO.)

RECESIÓN f. *Astr.* Recesión de las nebulosas, alejamiento progresivo de las nebulosas extragalácticas o galaxias * en el cual se funda la teoría de la expansión del Universo *.
— *Geol.* Retroceso de un glaciar *.

RECESO m. *Astr.* Movimiento aparente con que el Sol se aleja del plano ecuatorial.

RECETA f. Fórmula que indica la naturaleza y proporción de los ingredientes o componentes de una cosa y el modo de mezclarlos para elaborarla.

RECIBIR v. *Constr.* Asegurar con argamasa los marcos de ventana, maderos, hierros u otras cosas que se empotran o anclan en los muros y demás obras de fábrica.

RECIPIENTE m. Vaso propio para recibir o contener fluidos o materias a granel.
— *Fís.* Campana de la máquina neumática.
— *Quím. Recipientes florentinos,* los que se emplean para recoger esencias y otros productos destilados y que tienen dos tubuladuras a propósito para separarlos del agua, saliendo ésta por la tubuladura superior si el destilado es más pesado que ella y por el conducto inferior en el caso contrario.

RECÍPROCO, CA adj. *Mat. Cantidades recíprocas,* números * inversos. ‖ *Proposición recíproca de otra,* la que se obtiene tomando como hipótesis la conclusión de aquélla y como conclusión su hipótesis, y así, la recíproca de la proposición "los triángulos isósceles tienen dos lados iguales" es "los triángulos que tienen dos lados iguales son isósceles" (pero la recíproca no siempre es exacta).

RECLAMO m. *Art. gráf.* Llamada. ‖ Sílaba, palabra que se ponía al pie de cada página y era la misma con que empezaba la página siguiente.

RECOCER v. Efectuar el recocido de una cosa.

RECOCIDO m. *Ind.* Acción y efecto de cocer de nuevo lo que ha sido cocido anteriormente.
— *Metal.* y *Vidr.* Tratamiento térmico a que se someten los productos de metal o de vidrio con objeto de disminuir su fragilidad —mediante supresión de las tensiones internas creadas durante su fabricación— y consistente en calentarlos a temperaturas elevadas y en prolongar su enfriamiento para que, al efectuarse lentamente, no engendre tensiones internas.

RECOCHO, CHA adj. y s. *Cerám.* Segunda cochura de los objetos de porcelana, loza, etc. (V. CERÁMICA.) ‖ *Ladrillo recocho,* v. LADRILLO.

RECOLECTOR, RA adj. y s. *Agr.* Dícese de las máquinas que sirven para recolectar los frutos y tubérculos. (V. ARRANCADORA y COSECHADORA.)

RECORRIDO m. Distancia recorrida o trayectoria seguida por un móvil. ‖ Repaso que se hace a una labor para corregir sus defectos o reparar lo deteriorado.
— *Art. gráf.* Nueva justificación que se hace al tener que cambiar la longitud de algunas líneas, por ejemplo para introducir un grabado en la plana. ‖ Grupo de líneas así modificadas.
— *Carp.* Operación consistente en dar la última mano a la obra de carpintería una vez colocada en su sitio, y también en revisar una labor anterior para reponer los maderos deteriorados, restablecer el ajuste de las hojas de puertas y ventanas, etc.: *efectuar el recorrido de un entarimado.*
— *Fís. Recorrido libre,* distancia que recorren, en promedio, las moléculas de un gas entre dos choques sucesivos, la cual depende de la naturaleza del gas y de su presión y temperatura: *el recorrido libre de las moléculas de nitrógeno a 0º es de 0,000 084 mm a la presión atmosférica*

recalentador
[V. figura p. 872]

recipientes florentinos

recorte *(metal.)* con prensa (1) y con soplete oxiacetilénico (4), automático éste, merced a un cabezal lector (3) que sigue los contornos del modelo y transmite su movimiento al soplete (2)

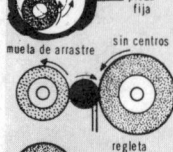

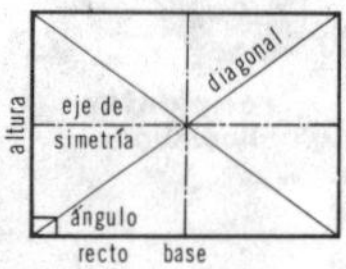

rectángulo

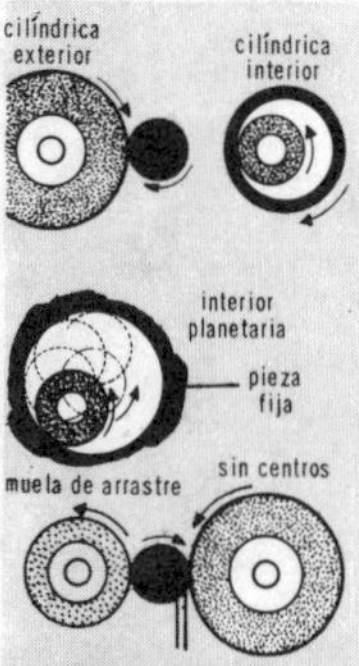

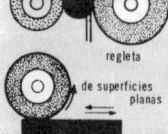

rectificación *(metal.)*

rectificación de un engranaje *(metal.)*

de 760 mm de mercurio; de 0,006 4 mm a la presión de 10 mm de mercurio y de 64 mm a la 0,001 mm. de mercurio.

RECORTADURA f. *Metal.* Recorte.

RECORTE m. *Art. gráf.* Pliegos en los cuales se recortan las partes convenientes para que, fijados en el patrón, compensen las desigualdades de la forma. (V. ARREGLO.)
— *Metal.* Operación consistente en recortar en el metal las piezas que se han de labrar.

RECRISTALIZACIÓN f. Nueva cristalización de una materia cuyos cristales habían sido disueltos.

RECTA f. *Geom.* V. RECTO.

RECTANGULAR adj. *Geom.* Relativo o perteneciente al rectángulo. ‖ Que tiene uno o más ángulos rectos: *trapecio rectangular.* ‖ Que forma ángulos rectos: *sistema de coordenadas con ejes rectangulares.*

RECTÁNGULO, LA adj. y s. *Geom.* Tratándose de triángulos y de paralelepípedos, rectangular. ‖ — M. Paralelogramo que tiene los cuatro ángulos rectos y los lados contiguos desiguales: *el área del rectángulo es igual al producto de la base por la altura.*

RECTIFICABLE adj. Que puede ser rectificado.
— *Geom.* Dícese de una curva cuando todos sus arcos pueden ser medidos.
— *Quím.* Que puede o debe ser destilado una segunda vez: *alcohol rectificable.*

RECTIFICACIÓN f. Acción de rectificar.
— *Electr.* Transformar una corriente alterna en corriente continua. (V. RECTIFICADOR.)
— *Geom. Rectificación de un arco o de una curva,* cálculo de su longitud.
— *Metal.* Operación consistente en afinar la superficie ya labrada de aquellas piezas en las cuales se han de observar las dimensiones teóricas con mucha precisión.
— La *rectificación* permite acabar las piezas con tolerancias del orden de la centésima a la milésima de milímetro. Se efectúa con máquinas de precisión, llamadas *rectificadores,* en las cuales se emplean muelas de calidad y de grano fino.
— *Quím.* Destilación * fraccionada a que se somete un líquido ya para purificarlo, ya para separar sus constituyentes: *la rectificación del alcohol se efectúa en columnas de platillos.*

RECTIFICADO, DA adj. Que ha sido sometido a alguna forma de rectificación: *alcohol rectificado; corriente rectificada.*

RECTIFICADOR, RA adj. y s. Que rectifica o sirve para rectificar.
— *Electr.* Dispositivo que transforma la corriente alterna en una corriente de dirección constante.
— El *rectificador* suprime una de las dos alternancias de la corriente * alterna. La corriente que se obtiene no es verdaderamente continua, dado que es interrumpida durante los intervalos de tiempo correspondientes a la alternancia suprimida, pero puede ser considerada prácticamente como continua, tanto por sus defectos como por el hecho de que pasa siempre por los conductores en el mismo sentido.
Los *rectificadores mecánicos* constan de contactos móviles cuyos movimientos se efectúan con la misma frecuencia que la de la corriente alterna; su sincronismo permite dejar pasar la corriente en el sentido deseado e interrumpirla durante el semiperíodo en que debiera circular en el sentido inverso. Los *rectificadores secos* se fundan en la propiedad que tienen los semiconductores * de dejar pasar la corriente eléctrica en un sentido y no en el sentido opuesto; son de selenio, germanio, silicio u óxido de cobre. Los de silicio empleados en electrólisis y electrometalurgia suministran corriente de más de 100 000 A con tensión de 700 V.
Las demás clases de rectificadores funcionan según el principio del diodo * y demás válvulas termoiónicas: en un circuito que comprende dichos dispositivos, un flujo de electrones puede pasar en el vacío de un cátodo caliente y negativo a un ánodo frío y positivo, pero en la alternancia siguiente, cuando el ánodo es negativo y el cátodo positivo, el paso de la corriente es imposible. (V. DIODO, EXCITRÓN, FANOTRÓN, IGNITRÓN, KENOTRÓN y TIRATRÓN.)
— *Mec.* F. Máquina herramienta que sirve para efectuar la rectificación * de las piezas metálicas y que no es sino una máquina de amolar caracterizada por: 1.º la rigidez absoluta de su bastidor; 2.º la precisión rigurosa y sin juego de los movimientos de la pieza respecto a la muela o de ésta respecto a aquélla; 3.º la homogeneidad y fineza de las muelas empleadas; 4.º la velocidad elevada con que giran éstas y que es corrientemente de 15 000 a 30 000 rpm.
— *Quím.* Columna de destilación * propia para la rectificación de substancias líquidas.

RECTIFICAR v. Enderezar, hacer que una cosa sea recta: *rectificar un tramo de carretera.*
— *Electr.* Transformar una corriente alterna en otra de dirección constante. (V. RECTIFICADOR y CORRIENTE.)
— *Geom.* Determinar la longitud de una curva.
— *Mec.* Efectuar la rectificación * de una pieza.
— *Quím.* Someter un líquido a la rectificación *.

RECTILINEAR adj. *Fot.* y *ópt.* Dícese del objetivo fotográfico que da una imagen geométricamente semejante al objeto.

RECTILÍNEO, A adj. y s. Derecho, en línea recta: *movimiento rectilíneo.*
— *Fot.* Rectilinear.
— *Geom.* Dícese de la figura que consta de líneas rectas, por oposición a curvilíneo. ‖ *Trigonometría rectilínea,* v. TRIGONOMETRÍA. ‖ — M. Ángulo que resulta de cortar un diedro por un plano perpendicular a su arista.

RECTÍMETRO m. Instrumento óptico que se usa para comprobar la rectitud de una pieza.

RECTITUD f. *Geom.* Calidad de recto.

RECTO, TA adj. y s. Que va de un punto a otro, o se halla comprendido entre ellos, sin desviarse, por el trayecto más corto: *las pistas de los aeropuertos son rectas.*
— *Arq. Escalera recta, peldaño recto,* v. ESCALERA y PELDAÑO.
— *Art. gráf.* Dícese de la cara principal o primera plana de las dos que tiene un papel impreso y que, en el libro o cuaderno abierto es el folio que cae a la derecha, por oposición al verso o folio vuelto, que es la segunda página de un papel suelto y la página que queda a la izquierda en el libro abierto.
— *Geom. Ángulo recto, cilindro recto, cono recto,* etc., v. ÁNGULO, CILINDRO, CONO, etc. ‖ *Línea recta* o simplemente *recta,* línea que tiene todos sus puntos en la misma dirección, también definida como la línea más corta que pueda ser trazada entre dos puntos de un plano. ‖ *Recta de*

Fot. Larousse, Brüggemann

Euler, la que, en un triángulo, pasa por el centro del círculo circunscrito, por el ortocentro y por el centro de gravedad.

RECTÓMETRO m. *Text.* Plegadora.

RECUADRO m. *Arq.* Cada una de las divisiones o compartimientos de forma cuadrada o rectangular que tienen ciertas paredes. ‖ Entrepaño.

RECUBRIMIENTO m. Revestimiento.

RECUENTO m. *Astron.* Lectura de la lista * de control.

RECUÑAR v. *Min.* Arrancar los bloques de piedra o de mineral por medio de cuñas que se hincan en las grietas con el mazo.

RECUPERABLE adj. Dícese de las materias que pueden extraerse de los desechos para ser aprovechadas y, en general, de todo cuanto puede rendir servicio después de haber sido considerado normalmente como perdido o inservible: *los barcos desguazados suelen contener motores, bombas y muchos otros aparatos recuperables.*
— *Astron.* Aplícase a un ingenio espacial cuando es posible hacerlo volver al suelo para que sirva de nuevo o para recobrar su contenido.

RECUPERACIÓN f. Acción de recuperar.
— *Mec. Frenado por recuperación*, v. FRENADO.
— *Petr.* Dada la cantidad de petróleo que contiene un yacimiento, proporción del mismo que se ha extraído al beneficiarlo. ‖ Procedimiento que permite retirar la gasolina o el aceite de los subproductos de la refinación del petróleo.
— *Tecn.* Operación consistente en aprovechar el calor de los humos industriales para calentar el aire, el gas combustible, el agua destinada a las calderas, etc. ‖ *Recuperación por inversión*, v. RECUPERADOR.

RECUPERADOR, RA adj. y s. Que recupera o sirve para recuperar.
— *Arm.* Dispositivo que absorbe momentáneamente la fuerza viva engendrada por el retroceso en un arma de fuego y la restituye después para que el cañón o la culata móvil vuelvan a su posición inicial de tiro: *el recuperador de las armas automáticas es un resorte; el de los cañones, un dispositivo hidráulico o de aire comprimido.* (V. FRENO.)
— *Tecn.* Aparato o instalación que permite recuperar una parte del calor arrastrado por los gases de combustión de un hogar, antes de que se pierda en la atmósfera.
— Los hogares industriales producen gases abundantes y muy calientes, cuyo aprovechamiento permite economizar importantes cantidades de combustible. En ciertos casos los gases de combustión, antes de ser dirigidos a la chimenea, pasan por una *caldera de recuperación* y producen así vapor utilizable en la fábrica. En los hornos altos, hornos de las fábricas de gas y otros hornos industriales importantes, los gases salen de los hogares a temperaturas muy elevadas (a más de 1 500° en ciertos casos) y entonces se justifica el uso de *recuperadores de inversión* o *regeneradores.* Estas instalaciones constan de dos o más cámaras llenas de ladrillos que, en una primera fase, absorben calor, al pasar los humos por ellas, y luego en la segunda fase, lo ceden al gas combustible o al aire para calentarlos antes de inyectarlos en los hogares. La inversión consiste en calentar uno de los recuperadores mientras el otro está cediendo calor y en invertir seguidamente la fase de los mismos. (V. lo relativo al *recuperador* o *estufa de Cowper* en el art. HORNO [alto].)

RECUPERAR v. Efectuar la recuperación de materiales, energía u otras cosas aprovechables que pudieran perderse. (V. RECUPERABLE.)

RECURA f. *Art. y of.* Cuchilla especial, de doble filo dentado usado para recurar.

RECURAR v. *Art. y of.* Hacer los dientes de los peines con la recura.

RECHAZO m. Retroceso del cuerpo que encuentra o otro más resistente.
— *Arq.* y *Obr. públ.* Resistencia del terreno que se opone a la penetración de un pilote una vez que éste ha alcanzado cierta profundidad y en la cual se funda el uso de los pilotes como asiento de cimientos, soporte de puentes, etc.
— El *rechazo relativo* se debe al frotamiento que ejerce el suelo comprimido por la hinca del pilote y de los pilotes contiguos, mientras que el *rechazo absoluto* resulta de la resistencia intrínseca del terreno, dependiente de su naturaleza.
— *Metal.* Corrimiento lateral del metal en el seno de la pieza que se forja o lamina.

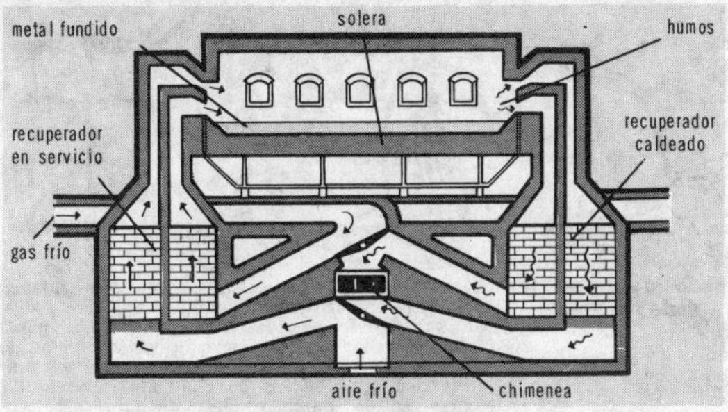

horno de recuperación (metal.)

RECHUPE m. *Metal.* Oquedad o depresión que presentan las piezas de fundición cuando se enfrían superficialmente con excesiva rapidez.

RED f. Labor que se hace con hilos más o menos gruesos y que se distingue de los tejidos ordinarios por tener mallas muy grandes que se forman no ya entrecruzando hilos de trama y de urdimbre, sino anudando repetidamente un mismo hilo (v. *figura*). ‖ Por ext., toda labor a base de mallas grandes, como la que se hace encadenando anillas de metal. ‖ Por ext., objeto constituido por elementos longitudinales y transversales que forman huecos comparables a las mallas de la red, como las verjas, rejas, etc., o superficie labrada con estrías entrecruzadas. ‖ Conjunto de líneas de comunicación de una empresa, país, etc.: *Francia tiene una red de carreteras muy densa; red de ferrocarriles del Estado.* ‖ *Red de distribución*, conjunto de las líneas, tuberías y canalizaciones que, mediante numerosas ramificaciones, aseguran el abastecimiento de energía eléctrica, gas, agua potable, etc. (V. DISTRIBUCIÓN.)
— *Fot.* Conjunto formado por numerosos granitos de colores diferentes que obran como filtros en las emulsiones para la fotografía en color por síntesis aditiva. (V. COLOR.)
— *Mar.* Arte de pesca formado por tejidos de mallas hechos las más de las veces con hilo de cáñamo, y también, modernamente, con Nylón.
— Existe un sinnúmero de *redes de pesca*, en cada una de las cuales, el principio de la captura de los peces, la forma del arte, el grueso de los hilos y el calibre de las mallas dependen de las condiciones locales que concurren en los caladeros, de la índole de los barcos empleados y, en primer lugar, de las especies que se han de pescar.
La más simple de estas artes es una *red arrojadiza*, el esparavel *, que el pescador, descalzado, lanza sobre los peces desde la playa

pesca de la sardina con red de cerco

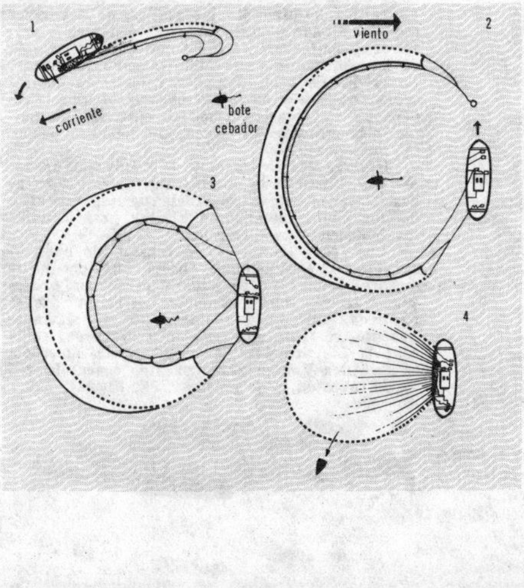

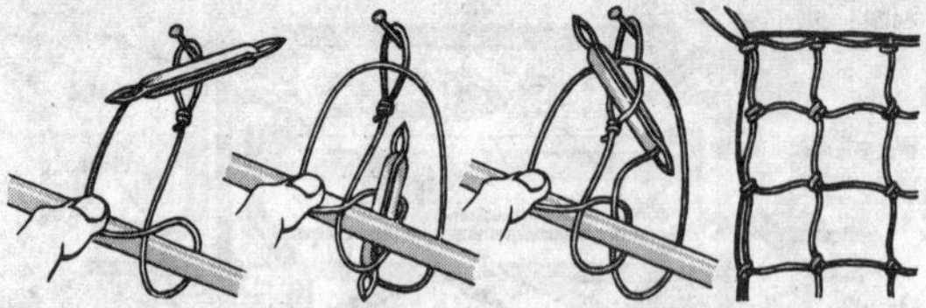

modo de hacer las redes a mano

o desde alguna roca. En los litorales sujetos a mareas suficientemente grandes se calan *redes de parada,* suspendidas verticalmente de puntales hincados en el fondo, a veces en forma de seno o corral, de modo que los peces afluyan y queden aprisionados en ellas al retirarse las aguas en la bajamar. Las *almadrabas* * son laberintos fijos de redes muy resistentes, que se tienden en parajes a propósito para interceptar a los atunes en el curso de sus migraciones anuas a lo largo del litoral. Citemos, por último, entre las artes costaneras, las *jábegas* y *boliches,* que se calan a cierta distancia de la playa y se tiran desde la misma por ambos extremos, quedando los peces aprisionados por sus agallas en las bandas laterales o encerrados en el copo central.
La mayor parte del pescado se captura, sin embargo, más o menos lejos de las costas con artes de cerco y de arrastre. La *red de cerco* es rectangular y puede alcanzar centenares de metros de largo, con su relinga inferior lastrada con plomos y la superior provista de flotadores. Forma así un telón que se tiende alrededor de un banco de peces, a veces atraídos por luces potentes, y cuyo borde inferior se recoge y cierra a continuación hasta formar una bolsa en la cual quedan encerrados aquéllos.
Pero, incluso en las artes en las cuales no existe cierre del fondo, los peces, especialmente las sardinas y los arenques, quedan aprisionados al intentar atravesar las mallas (de calibre ya calculado exprofeso).
En cuanto a las *redes barrederas* o *de arrastre,* constan de una bolsa central prolongada por dos bandas laterales. También tienen flotadores en la relinga superior y plomo en la inferior, pero, contrariamente a las redes de cerco, el plomo predomina y hace que la red se arrastre por el fondo al ser tirada por las malletas que prolongan ambas bandas. Dos planos oblicuos de madera, fijados entre éstas y aquéllas, permiten que la fuerza del agua mantenga abierta la red mientras tira de ella el pesquero (v. BOU).
Las redes de arrastre constan de diferentes partes hechas con hilos más o menos gruesos y con mallas de calibres variados. La parte más gruesa y tupida es la corona o copo, bolsa en la cual se acumulan los peces que han entrado por la boca de la red.
El calibre mínimo de las mallas de las redes es determinado por reglamentos tendentes a evitar el empobrecimiento de los mares que resultaría de la captura de peces excesivamente jóvenes.
Las redes de hilos delgados y mallas regulares suelen hacerse a máquina con telares especiales, pero las de arrastre, especialmente sus elementos más gruesos, se siguen haciendo a mano. (V. más abajo *Text.*)
— *Miner. Red cristalina,* v. CRISTALOGRAFÍA.
— *Ópt.* Sistema de estrías muy finas y apretadas trazadas en la superficie de un cristal o de una chapa metálica, que sirve para estudiar los fenómenos de difracción.
— Las *redes de difracción* constan de numerosas estrías equidistantes (hasta 700 por milímetro), hechas ya en superficies planas *(redes planas),* ya sobre casquetes esféricos *(redes cóncavas).* Si la superficie es un cristal transparente, se tiene una *red por transmisión,* en la cual la luz atraviesa la placa; si la superficie es metálica y, consiguientemente, opaca, la red es *de reflexión,* o *de Rowland.* (V. DIFRACCIÓN.)

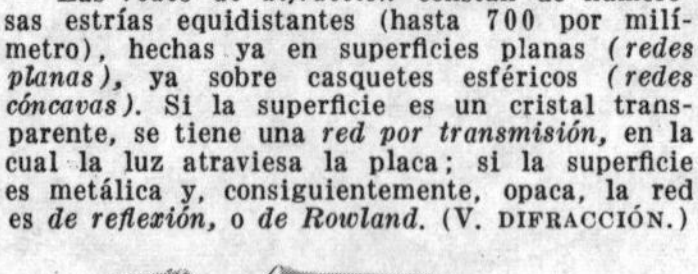

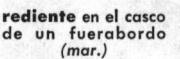

rediente en el casco de un fuerabordo *(mar.)*

El intervalo entre las estrías ha de ser de magnitud comparable a la longitud de las ondas que se han de estudiar. En el caso de los rayos X, ante la imposibilidad de trazar millones de estrías por milímetro, se emplean *redes cristalinas,* en las cuales se aprovecha la alineación natural de los átomos en un cristal. (V. CRISTALOGRAFÍA.)
Las redes difractan las radiaciones, o sea desvían los rayos. El ángulo de la desviación depende de la longitud de las ondas y del intervalo que media entre las rayas. De ahí la posibilidad de determinar con precisión dicha longitud. (V. tb. DIFRACCIÓN y ESPECTRO.)
— *Radiot.* Conjunto de emisoras de radiodifusión o de televisión que, por pertenecer a la misma compañía o Estado, difunden parcial o totalmente el mismo programa. ‖ Conjunto de estaciones de un sistema de radionavegación decca *, loran *, etc., o de radares dependientes de un mismo mando, etc.
— *Telec. Red telefónica, red telegráfica,* conjunto de líneas telefónicas o telegráficas dependientes de un mismo centro.
— *Text.* La *red* puede ser considerada como una especie de tul de mallas grandes hecho con un solo hilo de trama que forma lazos y a cada uno de ellos vuelve sobre sí mismo para asegurarse con un nudo a otra malla de la hilera anterior. Se hace con telares especiales que más bien son máquinas de anudar. Las máquinas más corrientes trabajan con dos hilos: una hilada de ganchillos tira del primer hilo y forma otros tantos bucles en el mismo; luego hace pasar cada uno de ellos por el interior de los bucles formados en la fase anterior, de modo que, al tirar finalmente los ganchillos, queden constituidas las mallas y apretados los nudos. Las redes se emplean para artes de pesca y otros usos; las de hilo fino y ordinario sirven también para hacer bolsas con que se embalan frutas y otras cosas.
— *Topogr. Red geodésica,* triangulación * de un territorio que se obtiene uniendo puntos determinados según las reglas de la geodesia y cuyas mallas sirven de base a redes de triangulación más pequeñas. (V. TOPOGRAFÍA.)

REMADA f. *Mar.* Lance de red.

REDÁN m. Galicismo por *rediente.*

REDAR v. Echar la red al agua.

REDECILLA f. *Text.* Variedad de tul de mallas grandes. ‖ Red de hilo fino y mallas pequeñas.

REDIENTE m. *Aeron.* V. más abajo *Mar.*
— *Arq.* Resaltos o escalonamiento de los tramos de un muro construido en terreno de mucha pendiente.
— *Carp.* Cortes o rebajos escalonados que se hacen en los extremos de los maderos para empalmarlos. (V. EMPALME y RAYO *de Júpiter.*)
— *Mar.* Rebajo que tienen los cascos de embarcaciones de regatas y las barquillas de los hidroaviones *; *el rediente produce, a gran velocidad, una turbulencia que facilita el despegue * de los hidroaviones y el deslizamiento de las embarcaciones de regatas.*

REDOBLADO, DA adj. *Art. gráf.* Dícese del pliego remosqueado en el curso de la impresión por haber recibido dos veces la presión de la forma.

REDOBLAR v. *Carp.* Remachar un clavo doblándolo por completo, o sea hincando su punta en la madera en dirección opuesta de la que tenía.

REDOBLÓN adj. y s. *Carp.* Dícese del clavo que se ha de redoblar o que se ha redoblado.

REDOMA f. *Quím.* Botella redondeada, de fondo ancho y rematada por un cuello angosto.

REDONDA f. *Art. gráf.* Redondilla.
— *Mar.* Vela cuadrilátera de las balandras, y también la que llevan las goletas en su trinquete. (V. VELA.)

REDONDEAR v. Poner redonda una cosa.
— *Carp.* Desbastar los troncos en una especie de torno grande hasta darles la forma cilíndrica indispensable para pasarlos a la desarrolladora *.

REDONDILLA adj. y s. *Art. gráf.* Dícese de la letra que es derecha y tiene forma más o menos circular.

REDUCCIÓN f. Acción y efecto de disminuir las dimensiones de una cosa o de copiarla a una escala más pequeña. (V. más abajo *Geom.*)

— *Astr.* y *Fís.* Operación consistente en corregir los resultados de las observaciones para tener cuenta de las aberraciones, perturbaciones u otros factores que alteran las medidas, y también para que dichos resultados puedan ser comparados con los que se han obtenido en condiciones algo diferentes: *efectuar la reducción de las presiones barométricas de diferentes estaciones a la del nivel del mar.*
— *Geom.* La *reducción de dibujos* puede operarse ya fotográficamente, ya copiándolos a mano con ayuda de la cámara * clara o mediante cuadriculación. Este último método consiste en trazar en el dibujo original rayas equidistantes, verticales y horizontales, que forman cuadrados, y en repetir la operación en el papel de la copia, aunque haciendo en este caso los cuadros más pequeños y proporcionados a las dimensiones que se quieren obtener. Observando la posición relativa de los detalles en los cuadros del original, se trazan los mismos en los cuadros de la reducción (los cuales, por haber sido hechos con lápiz blando y sin apoyar en el papel, podrán ser borrados ulteriormente). Esta operación es facilitada con el uso del *compás * de reducción;* tomando las dimensiones del original con sus varillas mayores y transportándolas a la copia con las menores. Se da el nombre de *escala de reducción* a la que se adopta para reducir proporcionalmente todas las líneas del original.
— *Mat. Reducción de una fracción a su expresión más simple, reducción de varias fracciones a un denominador común,* v. FRACCIÓN y DENOMINADOR.
— *Mec.* Transmisión merced a la cual el árbol de una máquina puede girar con velocidad inferior a la del árbol del motor que la mueve. (V. REDUCTOR *de velocidad.*) ‖ Relación entre la velocidad de rotación del árbol motor y la velocidad de la máquina u órgano al cual transmite su movimiento por intermediario de un mecanismo reductor de velocidad.
— *Petr.* Destilación prolongada del petróleo bruto, o de alguno de sus derivados pesados, de modo que solamente quede asfalto como residuo.
— *Quím.* Reacción química, contraria de la oxidación, en el curso de la cual un cuerpo pierde oxígeno u otros átomos o grupos de átomos electronegativos. ‖ Por ext., disminución de la valencia de una substancia mediante adición de hidrógeno o de otros átomos o grupos de átomos electropositivos.
— La *reducción* es una de las reacciones más importantes de la química. Se obtiene agregando a las substancias oxidadas un cuerpo reductor * que se combina con el oxígeno para formar un nuevo cuerpo fácilmente separable. Así, por ejemplo, si se trata el óxido de cobre CuO con hidrógeno H, cada átomo de oxígeno abandona al cobre y se une con dos de hidrógeno para formar una molécula de agua, cuya reacción se escribe:

$$CuO + H_2 = Cu + H_2O.$$

Así, la reducción de una substancia produce generalmente la oxidación del reductor.
La reducción tiene una importancia muy grande en metalurgia, como medio de extraer los metales de los minerales que lo contienen al estado de óxido. Las más de las veces se emplea como reductor el carbono (en forma de carbón o de coque), el cual se combina con el oxígeno del mineral y da gas carbónico y óxido de carbono, que es, a su vez, reductor.
— *Tecn. Válvula de reducción,* v. VÁLVULA.
— *Text.* Número de hilos por centímetro que tienen la trama o la urdimbre de un tejido.

REDUCIBLE adj. Que puede ser reducido.
— *Geom.* Dícese de la figura que, sin perder alguna de sus propiedades, puede ser convertida en otra más simple: *los polígonos son reductibles a triángulos de área equivalente.*
— *Mat. Fracción reducible,* aquella cuyo numerador y denominador son divisibles por un mismo número entero. (V. FRACCIÓN.)
— *Quím.* Dícese del cuerpo cuyo contenido en oxígeno puede ser disminuido mediante reducción *.

REDUCIDA f. *Topogr.* Proyección * ortogonal de una línea sobre un plano horizontal: *la representación en el plano de la distancia entre dos puntos del terreno situados a distinta altura es una reducida.*

REDUCIR v. Efectuar la reducción * en todas sus acepciones.

REDUCTIBLE adj. Reducible.

REDUCTOR, RA adj. y s. Que reduce o sirve para reducir. (V. REDUCCIÓN.)
— *Electr.* Conmutador especial que se emplea para conectar con los circuitos aquellos elementos que desarrollan fuerzas contraelectromotrices, cuales son los acumuladores, transformadores, inductancias, etc.
— *Geom.* Compás * o cualquier otro instrumento propio para efectuar la reducción * de dibujos.
— *Mec. Reductor de velocidad,* transmisión que, sin modificar el régimen del árbol motor, confiere una velocidad inferior al árbol movido.
— La transmisión por correa sin fin constituye un *reductor de velocidad* cuando la polea arrastrada tiene mayor diámetro que la polea motriz. Se puede reducir así la velocidad, como máximo, en la proporción de 7 a 1, aunque no con precisión, dado el deslizamiento inevitable de la correa sobre las poleas. Para reducir la velocidad hasta su décima parte, y con exactitud, se emplean engranajes y transmisiones de cadena. En los demás casos, se obtienen reducciones aun más importantes con tornillos sin fin y juegos más o menos complicados de engranajes. Cuando la máquina que utiliza la fuerza motriz ha de funcionar a distintas velocidades, se efectúa la transmisión mediante conos de poleas * o cambios de velocidades.
— *Quím.* Cuerpo que permite disminuir el grado de oxidación de una substancia.
— El *reductor* más empleado en metalurgia es el carbono que, en forma de carbón mineral, es abundante y barato, presentando además la ventaja, al reducir una substancia, de formar con el oxígeno de la misma óxido de carbono, el cual es a su vez reductor. En la industria química se emplea principalmente el hidrógeno. También son reductores cuerpos tan variados como el ácido sulfuroso y los sulfitos y tiosulfatos, las sales ferrosas, el aluminio (v. ALUMINOTERMIA), el ferrosilicio, ciertos metales en presencia de ácidos o de bases —cual la mezcla de hierro y ácido clorhídrico empleada en la fabricación de la anilina—, muchas substancias orgánicas, etc.

REDUNDANCIA f. *Electrón.* y *Telec.* Exceso de informaciones o señales inútiles durante el funcionamiento de una máquina electrónica, la transmisión de un despacho telegráfico, etc.
— La *redundancia* es una noción familiar entre quienes expiden o reciben telegramas. Así, por ejemplo, el despacho: *llegaré a ésa por la estación del Norte pasado mañana día catorce a las once de la noche. Sofía,* contiene evidentemente palabras superfluas tales como *a ésa, por la, del, pasado mañana, a las.* Además, si los trenes procedentes del lugar donde se halla el remitente han de llegar obligatoriamente por la estación del Norte, es inútil precisarlo. Por último, si solamente hubiera un tren diario entre las dos estaciones, sería superflua la indicación de la hora, etc. La noción de redundancia presenta mucho interés en el cálculo electrónico como medio de simplificar las operaciones.

REEMISOR, RA adj. y s. *Radiot.* Relevo.

REFERENCIA f. *Sistema de referencia,* sistema fijo que, como los ejes de las coordenadas,

reductores de velocidad
1. Ordinario; 2. De tren epicicloidal; 3. De tornillo sin fin

permite determinar la posición de puntos u otros elementos variables.

REFERENCIAL m. Conjunto de ejes u otros elementos fijos que constituyen un sistema de referencia *: *un meridiano, un paralelo y la altura sobre el nivel del mar forman un referencial propio para situar un avión en vuelo.*

REFINACIÓN f. Acción de refinar * una substancia natural o un producto industrial.
— *Ind. alim. Refinación del aceite, del azúcar,* etc., v. ACEITE, AZÚCAR, etc.
— *Metal.* Afino.
— *Papel.* Preparación a que se somete la pasta para facilitar el enfieltrado ulterior de las fibras al fabricar el papel. (V. PAPEL y PILA.)
— *Petr.* Conjunto de operaciones mediante las cuales se fabrican los combustibles, lubricantes, productos de petroquímica y otros derivados a partir del petróleo * bruto y del gas * natural.
— La *refinación de los hidrocarburos brutos* se hace con tres fines: 1.º separar sus numerosos constituyentes naturales; 2.º aumentar la proporción de alguno de ellos, más interesante que los demás, y 3.º mejorar dichos productos naturales o convertirlos en otros productos diferentes.
Las operaciones de filtrado y depuración a que se somete el petróleo * bruto en los campos petrolíferos no bastan para eliminar toda el agua —cargada de cloruros de sodio y de magnesio—, el azufre y otras impurezas que contiene. Así, es necesario proceder en la refinería a la separación de las impurezas por simple decantación o recurriendo a procedimientos de desalazón química o electrostática.
El petróleo depurado se trata después en la refinería en una serie de torres de fraccionamiento donde, mediante acciones físicas y químicas se descompondrá en numerosas fracciones o productos diferentes.
En primer lugar, el petróleo depurado se somete al *topping*, calentándolo a 140º y a la presión de cinco atmósferas en una columna de platillos (v. DESTILACIÓN) en la cual se condensan, a diferentes alturas, los productos volátiles indicados en la *figura*. La gasolina bruta o directa contiene gases (propano y butano) que se separan mediante una nueva destilación (*estabilización*) y mercaptanes * que se eliminan por *ablandamiento* *.
Para obtener productos de elevado índice de octano * se somete la nafta a la operación llamada *reforming*, consistente en disociar sus moléculas por efecto simultáneo de la presión y de la temperatura, a veces en presencia de platino, obteniéndose así esencia reformada, gases ricos en hidrógeno, benceno y otras fracciones aromáticas. Por último, el queroseno y el gasoil son depurados (*desulfuración*) para eliminar el azufre que contienen.
El *topping* no es sino una destilación previa que da poca gasolina y deja una parte excesiva de residuos pesados. Para extraer una proporción mayor de gasolina y productos ligeros, se efectúa una segunda destilación (esta vez en una columna sometida al vacío) y se procede al *crácking* del gasoil así obtenido. Esta operación consiste en calentar los productos a temperaturas y presiones elevadas (500º y 50 atmósferas) para que, por efecto de la presión o debido a la presencia de un catalizador (silicato de aluminio), las moléculas se disocien. Al combinarse después sus fragmentos, resultan moléculas de gasolina y de productos gaseosos. Las moléculas ligeras de los últimos pueden ser unidas unas con otras por *alquilación* * y *polimerización* *, obteniéndose así butano, propano y gasolinas de elevado índice de octano.
En las secciones inferiores de las columnas de destilación bajo vacío se recogen aceites lubricantes que es necesario tratar para depurarlos y convertirlos en productos comerciales mediante *extracción* *, *desparafinado* *, *descoloración* *, etc., cuyas operaciones permiten obtener ceras, parafinas y otros subproductos. En cuanto a los últimos residuos no fraccionados, otros tratamientos los convierten en asfaltos o betunes y en una materia sólida, el coque de petróleo.

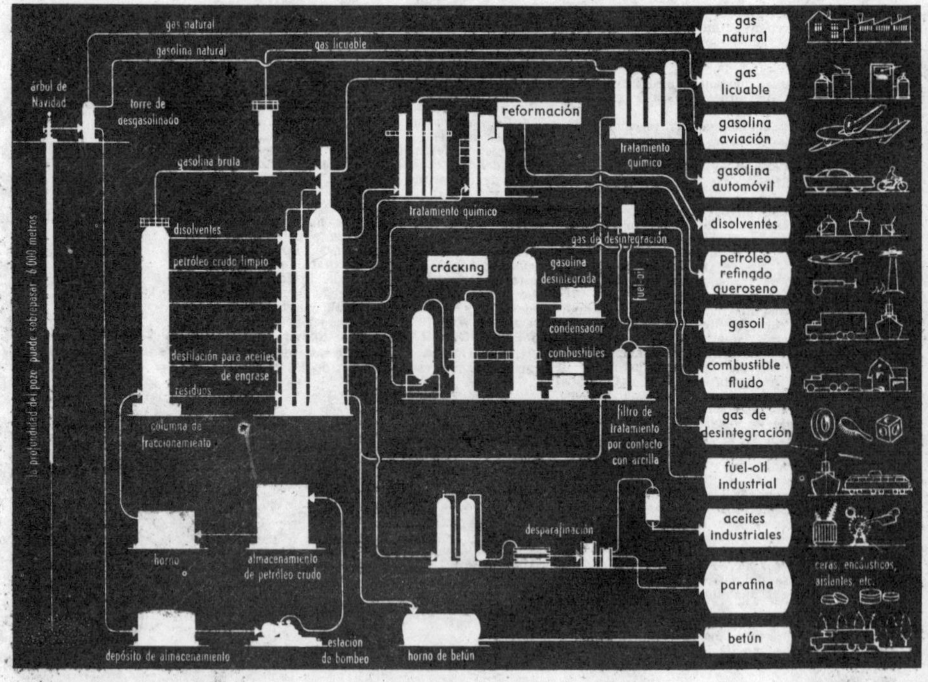

refinación: transformación del petróleo bruto en productos industriales

El gas * natural, previamente *desgasolinado* *, es depurado para eliminar el azufre y demás impurezas que contiene y consiste entonces esencialmente en metano y pequeñas proporciones de otros gases. El tratamiento del gas en una torre de fraccionamiento por *absorción* * y *liquefacción* * permite separar los gases excesivamente ligeros (empleados como combustible en la refinería o quemados en una antorcha) y los gases liquefiables vendidos como combustible (butano, propano). Los gases restantes se tratan por alquilación y polimerización para obtener isooctano * y gasolinas de alto índice de octano.
Las operaciones reseñadas más arriba no son sino las fases esenciales de la separación del petróleo y del gas natural en sus distintos componentes. Muchas otras operaciones son necesarias para conferir a los mismos cualidades apropiadas al uso que se ha de hacer de ellos, y así, la gasolina de avión, la de automóvil ordinaria, el supercarburante, la gasolina para quitar manchas, la que se usa para calefacción catalítica, etc., requieren tratamientos especiales y contienen aditivos * que permiten suprimir un defecto, obtener una cualidad particular, mejorar otra, etc. (V. GASOLINA.) Igualmente, el queroseno empleado como petróleo lampante difiere del que se consume como carburreactor *, y las distintas calidades de aceite de engrase se cuentan por decenas.
Por otra parte, ciertos productos suministrados por la refinación del petróleo y del gas natural constituyen la materia primera de la petroquímica *, cuyas fábricas los transforman en centenares de productos diferentes.
Las refinerías modernas son instalaciones de funcionamiento continuo y muy automatizado, que tratan cantidades considerables de productos con una mano de obra escasa. El uso de máquinas de tarjetas perforadas o de calculadoras electrónicas permite hacer variar la proporción de un producto respecto a la de los demás en función de las exigencias momentáneas del mercado.

REFINADO, DA adj. y s. Que ha sido sometido a la refinación. ‖ — M. Refinación.

REFINAR v. Hacer más fino un producto natural o industrial para mejorar su aspecto o su calidad, blanquearlo, suprimir su olor desagradable, eliminar sus impurezas, etc. (V. REFINACIÓN.)
— *Metal.* Afinar.
— *Petr.* Tratar el petróleo bruto y el gas natural para eliminar sus impurezas y separar sus constituyentes. (V. REFINACIÓN.)

REFINERÍA f. *Ind.* Fábrica o instalación industrial donde se efectúa la refinación del petróleo *, los aceites, el azúcar y otros productos.

REFINO m. Refinación.

REFLECTANCIA f. *Ópt.* Poder reflector de una superficie igual a la razón entre el flujo reflejado y el flujo incidente.

REFLECTAR v. *Fís.* Reflejar.

REFLECTIVIDAD f. *Fís.* Reflexibilidad.

REFLECTOGRAFÍA f. *Fot.* Procedimiento para reproducir documentos por contacto merced a la reflexión de la luz que los ilumina a través de un papel fotosensible. (V. FOTOCOPIA.)

REFLECTOR, RA adj. y s. Que refleja o sirve para reflejar.
— *Astr. Telescopio reflector* o simplemente *reflector*, v. TELESCOPIO.
— *Atom.* Capa de grafito, berilio u otra materia que rodea a un reactor nuclear o a una bomba atómica y sirve para reflejar hacia el interior los neutrones que, al escaparse y no poder participar en la reacción de cadena, disminuirán el rendimiento de la misma. (V. REACTOR.)
— *Ópt.* Dícese de las superficies que reflejan los rayos luminosos: *espejo reflector.* ‖ Aparato empleado para reflejar los rayos luminosos.
— Según la naturaleza de su superficie, se distinguen los *reflectores de reflexión difusa* (papel, lienzos blancos empleados por los fotógrafos y en la toma de vistas cinematográficas, etc.) de los *de reflexión especular* constituidos por espejos o por metales bruñidos. Los reflectores permiten concentrar en un haz los rayos luminosos de un manantial situado en su foco. Según la forma de la superficie reflectora, se pueden obtener distintas clases de haces: la forma parabólica da un haz de rayos paralelos; la forma esférica, un haz divergente, etc. Así, existen *reflectores intensivos* que dan un haz estrecho; *reflectores extensivos,* que lo dan ancho, y *reflectores concentradores,* que hacen converger los rayos en un punto. (V. tb. ESPEJO y REFLEXIÓN.)
Los reflectores se usan sobre todo en los manantiales de luz potentes: faros * (de automóviles y marítimos), proyectores *, etc.
— *Radiot. Reflector de antena,* superficie paraboloidea, constituida por una chapa o, las más de las veces, por una tela metálica que se coloca detrás de una antena para concentrar las ondas muy cortas en un haz estrecho y dirigirlas en determinada dirección, de modo análogo a la reflexión de la luz por los reflectores ópticos. (V. más arriba *ópt.*)

REFLEJADO, DA adj. *Fís.* Reflejo.

REFLEJAR v. *Fís.* Desviar una superficie las ondas o los rayos que la hieren. (V. REFLEXIÓN.)

REFLEJO, JA adj. *Fís.* Dícese del rayo o de la onda que proviene de una reflexión.

REFLEX adj. *Fot.* Aplícase a las cámaras fotográficas provistas de un *visor * de reflexión* que da una imagen de tamaño igual al del clisé.
— *Radiot.* Dícese de un circuito en el cual un mismo tubo o transistor sirve para amplificar las corrientes de alta y de baja frecuencia, lo cual se obtiene, merced a conexiones complicadas, dirigiendo la corriente ya detectada (baja

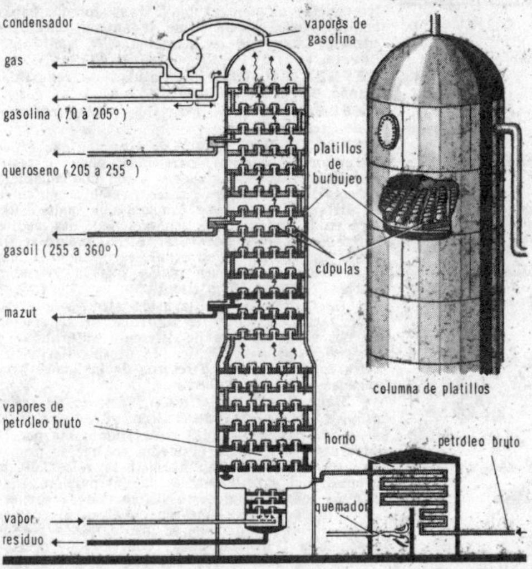

refinación del petróleo: fraccionamiento (topping)

reflector *(radiot.)*

vista parcial de una **refinería** de petróleo

Fot. C. S. F.-Bouillot

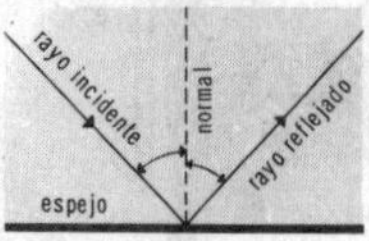

reflexión *(ópt.)*

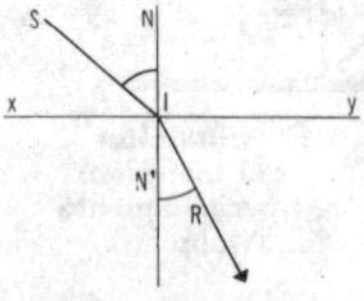

refracción: SI, rayo incidente; IR, rayo refracto; NN', normal a la superficie de separación *xy*; NIS, ángulo de incidencia; N'IR, ángulo de refracción

frecuencia) al mismo tubo o transistor que había amplificado la corriente de la antena (alta frecuencia) antes de la detección. (V. RADIORRECEPTOR.)

REFLEXIBILIDAD f. Calidad de reflexible. (Sinón. REFLECTIBILIDAD.)

REFLEXIBLE adj. *Fís.* Que puede reflejarse o ser reflejado.

REFLEXIÓN f. Cambio de dirección que experimentan los cuerpos, partículas, ondas o rayos cuando chocan con un cuerpo o con una superficie reflectora. ‖ *Reflexión acústica,* cambio que sufre la dirección en que se propaga una onda acústica en la superficie de separación de dos medios diferentes y que, por obrar dicha superficie de modo análogo al de un espejo respecto a la luz, obedece a las mismas reglas que la reflexión óptica. (V. más abajo *ópt.*)
— *Geof.* Retorno de la onda sísmica que, al propagarse, encuentra la superficie de separación de dos capas de roca de diferente naturaleza. ‖ *Reflexión sísmica,* técnica de prospección * sísmica fundada en dicho retorno de las ondas provocadas por una explosión.
— *Mar. Círculo de reflexión, sextante de reflexión,* v. CÍRCULO y SEXTANTE.
— *ópt.* Rechazo de las ondas luminosas por la superficie que separa el medio en que se propagan de otro medio en el cual la velocidad de propagación es diferente de la del primero. (Según la magnitud de esta diferencia, la proporción de ondas desviadas que vuelven al primer medio —luz reflejada— es más o menos grande respecto a la de las ondas que, aunque desviadas, penetran en el segundo medio y se propagan en el mismo —luz refractada o transmitida—.) [V. REFRACCIÓN.] ‖ *Reflexión total,* v. PRISMA y REFRACCIÓN.
— Según las leyes de Descartes: 1.º el rayo incidente, el rayo reflejado, el rayo refractado y la normal al punto de incidencia se hallan en un mismo plano; 2.º los ángulos formados con la normal por el rayo incidente y el rayo reflejado son iguales.
Los rayos procedentes de un manantial y reflejados por un espejo plano parecen provenir de un punto simétrico del manantial respecto a la superficie del espejo (v. ESPEJO e IMAGEN). Si el espejo gira sobre un eje vertical, el rayo reflejado gira el doble.
La *reflexión* suele tener como consecuencia una polarización más o menos grande de la luz. Si los rayos incidentes se hallan ya polarizados, la reflexión modifica su polarización.
Cuando una superficie refleja ciertas radiaciones de la luz y absorbe o refracta las demás, aparece de un color que es la suma de los colores correspondientes a la longitud de onda de las radiaciones reflejadas. (V. COLOR.)
— *Radiot.* Las ondas hertzianas son reflejadas por las superficies conductoras (suelo, capas ionizadas de la atmósfera, etc.) salvo si las dimensiones de éstas son muy inferiores a la longitud de las ondas. Las ondas muy cortas, de menos de 10 m, son reflejadas por los obstáculos en tal proporción que su propagación puede ser asimilada a la de la luz y su recepción en buenas condiciones requiere que la antena emisora sea visible desde la antena receptora, lo cual, en razón de la redondez de la superficie terrestre y de los accidentes del relieve, limita considerablemente el alcance de las emisoras de televisión. (V. IONOSFERA, ONDA y RELEVO.)

REFLUJO m. *Ind.* En las instalaciones de destilación *, parte de la fracción vaporizada que se condensa y vuelve al estado líquido.
— *Mar.* Fase descendente de la marea *.

REFÓRMING m. *Petr.* Procedimiento que permite obtener gasolina de elevado índice de octano a partir de nafta o gasolina directa. (V. REFINACIÓN.)

REFORZADOR, RA adj. y s. *Fís.* Pantalla que se aplica contra una emulsión radiográfica y cuya fluorescencia reduce el tiempo de exposición de la misma. (V. RADIOGRAFÍA.)
— *Fot.* Baño en el cual se tratan los clisés demasiado claros, para aumentar su contraste.
— El objeto de un *reforzador* es aumentar la opacidad de las partes ennegrecidas del negativo sin alterar la transparencia de las partes claras, lo cual se obtiene, ya cargando aquellas partes con un metal o con sales de plata, ya obscureciéndolas con un colorante inactínico. Así, los *reforzadores cromógenos* son productos a base de sales de cobalto, cobre, uranio, etc., que convierten la imagen débil de plata reducida, en una imagen de color, menos transparente.

REFORZAR v. Hacer una cosa más fuerte asegurándola con algún refuerzo. ‖ Incrementar la intensidad de los sonidos, señales, etc.
— *Fot.* Aumentar el contraste de un clisé fotográfico tratándolo con un reforzador *.

REFRACCIÓN f. Cambio de dirección que experimentan los rayos luminosos, las ondas sonoras, etc., al pasar de un medio a otro o, en el mismo medio, de una zona a otra de densidad diferente.
— Las *radiaciones electromagnéticas,* así como las vibraciones acústicas, no se propagan con igual velocidad en todos los medios y, por ejemplo, la velocidad de la luz en el agua es aproximadamente inferior de 25 % a la de la misma en el aire. Incluso en el seno de un medio, la velocidad de propagación es tanto menor cuanto mayor es la densidad, y así, la luz se propaga más lentamente en las capas inferiores de la atmósfera que en las capas superiores. Cuando los rayos de un haz hieren perpendicularmente la superficie que separa dos medios diferentes, todos son simultánea e igualmente frenados (si el segundo medio es más denso que el primero) o acelerados (si es menos denso) y en ambos casos el haz sigue propagándose en la misma dirección, aunque con velocidad diferente. Por el contrario, en el caso general de un haz que hiere la referida superficie oblicuamente, se producirá la refracción o desvío del mismo. La figura explica este fenómeno comparando el haz luminoso a una formación de soldados: cuando el soldado de la primera columna pasa de una calzada buena a un terreno difícil, modera su marcha y entonces obra algo así como el eje de una charnela, pues sus compañeros de la misma fila, como no han sido aún frenados, avanzan más deprisa que él; cuando el segundo soldado haya moderado también su marcha, los otros dos seguirán andando con velocidad superior, y así sucesivamente. Por consiguiente, durante un mismo lapso de tiempo, el último soldado ha recorrido un trecho mayor que el primero y se comprende que la buena alineación de los soldados de la fila no podría subsistir si no existiera un cambio de dirección (también podemos comparar el primero y el último hombre de la fila a las dos ruedas montadas en el eje de un coche: si una de ellas recorre un trecho más largo que la otra, cambiará necesariamente la dirección seguida por el vehículo).
Llámase *rayo incidente* el que hiere la superficie de separación y *rayo refracto* o *refractado* el mismo una vez desviado a partir de dicha superficie. El rayo incidente y la normal a la superficie de separación se hallan en un mismo *plano de incidencia,* mientras que dicha normal y el rayo refractado pertenecen al *plano de refracción;* por lo demás, la referida normal forma con el rayo incidente el *ángulo de incidencia* y, con el rayo refractado, el *ángulo de refracción.* Según las leyes de Descartes: 1.º el rayo refractado permanece en el plano de incidencia; 2.º sea cual fuere el ángulo de incidencia, la división del seno del ángulo incidente por el seno del ángulo refractado da siempre el mismo cociente

refracción: cada onda es representada por una hilera de soldados

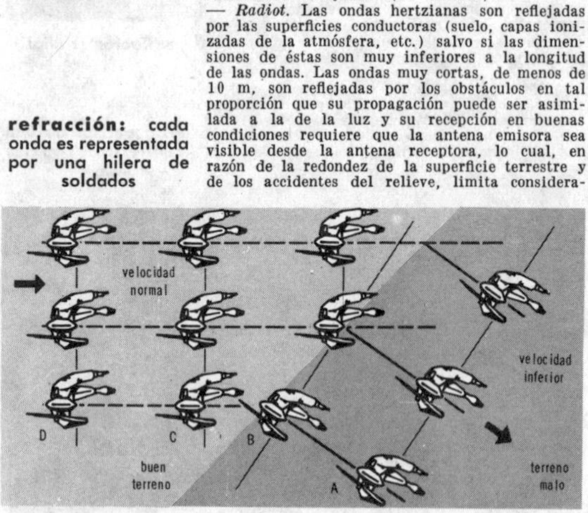

(mientras se trate de los mismos medios y de la misma radiación). A dicho cociente se le da el nombre de *índice de refracción* del segundo medio respecto al primero. El índice de refracción respecto al vacío se llama *índice absoluto.* Como el índice absoluto del aire a 0° y a la presión de 760 mm de mercurio es igual a 1,000 294, se considera prácticamente como índice absoluto de un cuerpo su índice respecto al aire.
Cuando el ángulo de incidencia aumenta, también aumenta el de refracción, aunque en menor proporción. Así, al ángulo de incidencia máximo, en el aire, de 90°, corresponde en el vidrio (índice de refracción de 1,5) un *ángulo límite* de 41° 48'. Cuando los rayos pasan de un medio a otro menos denso (por ej., del agua al aire), si su incidencia es superior al ángulo límite no pueden ser refractados y entonces existe *reflexión* * *total* de los mismos, a cuyo fenómeno se debe el espejismo.
En los cuerpos anisótropos un rayo incidente da dos rayos refractados *(birrefringencia),* o sea: un *rayo ordinario* que obedece a las leyes explicadas más arriba y un *rayo extraordinario* que se comporta diferentemente, siendo como rechazado por el eje de los *cristales negativos* o *repulsivos* (berilo, corindón, espato, etc.) y atraído por el de los *cristales positivos* o *atractivos* (circón, dioptasa, cuarzo, etc.). [V. NICOL y POLARIZACIÓN.]
Todos los instrumentos ópticos a base de lentes y prismas se fundan en la refracción de la luz. También las vibraciones sonoras son refractadas, así como las ondas hertzianas, especialmente las de longitud de onda muy corta, que siguen así trayectorias curvas y hasta pueden experimentar en la atmósfera una reflexión total comparable a la del espejismo.
— *Astr. Refracción astronómica,* desvío que experimentan en la atmósfera los rayos procedentes de una estrella y que hace que la misma se vea en una dirección diferente de aquella en la cual se halla realmente respecto al observador.
— La *refracción astronómica* obliga a corregir las observaciones con fórmulas tanto más complicadas cuanto menor es la altura del astro sobre el horizonte, pues el desvío de los rayos procedentes del mismo es aproximadamente de 1' a la altura de 45°, y de unos 36' cerca del horizonte, en cuya zona una variación de altura de 30' basta para aumentar en 5' el desvío de los rayos.
Así, cuando el disco solar (que abarca 32') se halla en el horizonte, la diferente refracción de los rayos procedentes de los bordes superior e inferior de su disco muestra a éste con un achatamiento igual a la quinta parte de su diámetro.
— *Geof.* Paso de una onda sísmica de una roca a otra de diferente naturaleza. || *Refracción sísmica,* técnica de prospección * sísmica fundada en la refracción por las distintas capas del subsuelo de las ondas engendradas por una explosión.
— *Topogr. Refracción geodésica,* desvío de los rayos luminosos que se tiene en cuenta en la interpretación de las mediciones efectuadas en geodesia.
— La *refracción* de los rayos luminosos en el aire provoca una incurvación de los mismos hacia arriba según un radio de cinco a ocho veces superior al radio del globo terrestre. Los puntos hacia los cuales se dirige la visual en las operaciones geodésicas parecen hallarse a mayor altura que la que tienen realmente, mientras que la redondez del Globo, por el contrario, los hace ver más bajos. Así, el horizonte aparente se halla más lejos que el horizonte verdadero.
REFRACTADO, DA adj. Que ha experimentado una refracción: *rayos de luz refractados.*
REFRACTAR v. *Fís.* Cambiar la dirección seguida por los rayos luminosos, o las ondas acústicas y hertzianas, al pasar de un medio a otro de densidad diferente. (V. REFRACCIÓN.)
REFRACTARIO, RIA adj. y s. *Tecn.* Dícese de los materiales que resisten bien a la acción de agentes químicos o físicos, especialmente a las temperaturas elevadas.
— Las *materias refractarias* se usan sobre todo para el revestimiento y la construcción de hornos y de hogares de combustión, de crisoles, toberas, y suelos o muros expuestos a las llamas, a los gases de escape de cohetes u otros motores, etc. Las más corrientes consisten esencialmente en sílice, en arcilla (con la cual se hacen ladrillos y bloques refractarios), en bauxita o en dolomía. En ciertos casos se emplean productos especiales: carburo de silicio, grafito, circón y corindón. La técnica del fritado * permite obtener piezas refractarias a base de óxidos (de aluminio, circonio, torio, etc.) cuyo punto de fusión es de más de 2 000°. Para resistir a temperaturas superiores (hasta 3 000°) se recurre a boruros, carburos y nitruros. Ciertas mezclas de los mismos resisten a temperaturas próximas de los 4 000°, como la que consta de cuatro partes de carburo de tántalo y una de carburo de circonio.
REFRACTIVIDAD f. *Fís.* Cociente que resulta de sustraer 1 del índice de refracción de una substancia y de dividir el resto por la densidad de la misma.
REFRACTIVO, VA adj. *Fís.* Relativo a la refracción. || Que produce refracción.
REFRACTO, TA adj. *Fís.* Refractado. || *Rayo refracto,* v. REFRACCIÓN.
REFRACTÓMETRO m. Instrumento que sirve para medir los índices de refracción.
— Los índices de refracción se miden por los procedimientos siguientes: 1.° la muestra se pone sobre un bloque de vidrio de índice de refracción perfectamente conocido y de la medida de la desviación del rayo se desprende el índice de refracción buscado; 2.° la substancia se interpone en la trayectoria de uno de los dos haces de un interferómetro * de Michelson o aparato similar y su índice de refracción se calcula a partir del corrimiento que experimentan las franjas de interferencia.
Los *refractómetros* se emplean en las azucareras y otras fábricas para comprobar la composición de los productos líquidos en el curso de su elaboración.
REFRACTOR m. *Astr.* Anteojo astronómico o con óptica de lentes, por oposición al reflector, telescopio que tiene un espejo cóncavo en vez de objetivo. (V. TELESCOPIO.)
REFRANGIBILIDAD f. *Fís.* Calidad de refrangible.
REFRANGIBLE adj. *Fís.* Susceptible de experimentar una refracción: *los rayos violados son más refrangibles que los rayos rojos.*
REFRIGERACIÓN f. Acción y efecto de hacer bajar la temperatura de un cuerpo con objeto de prolongar su conservación (alimentos), de evitar un calentamiento excesivo y perjudicial del mismo (motores), de facilitar o permitir su funcionamiento (laser), de efectuar una operación química o física (liquefacción de gases, condensación de vapores, etc.).
— La *refrigeración* se obtiene por uno de los tres principios siguientes: 1.° el cuerpo caliente es puesto en contacto con un cuerpo frío y le cede calorías; 2.° un cuerpo sólido, al fundirse, o al disolverse en un líquido, absorbe calorías y, merced a una instalación apropiada, estas calorías pueden ser extraídas del cuerpo caliente que se trata de refrigerar; 3.° la vaporización de un cuerpo absorbe asimismo calor y puede ser aprovechada como se acaba de indicar.
Citemos como ejemplo de aplicación del primer principio la refrigeración del motor de los automóviles (v. más abajo *Tecn.*); del segundo caso, las heladoras y las neveras de hielo (v. REFRIGERANTE [*Mezcla*]); y del tercero los refrigeradores de absorción y de compresión, la evaporación y expansión del aire * líquido y la sublimación de la nieve * carbónica.
— *Autom.* V. más abajo *Tecn.*
— *Ind. alim.* La *refrigeración* representa importante papel en la conservación de las primeras materias alimenticias almacenadas en previsión de tratamientos industriales (v. CONSERVA), en la de productos ya preparados y en la de frutas y legumbres (ya para regularizar los precios y el abastecimiento cuando la producción es irregular, ya para permitir el consumo durante todo el año de productos que solamente se cosechan en su temporada). También interviene la refrigeración en algunas industrias alimenticias como medio de regular la acción

refractómetro

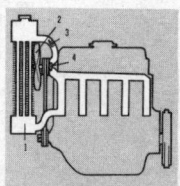

refrigeración de un motor de automóvil 1. Radiator; 2. Ventilador; 3. Bomba; 4. Termóstato

de las bacterias en ciertas fermentaciones (elaboración de la cerveza; vinificación en los países muy cálidos, etc.).
Por lo demás, la refrigeración no se limita a los procesos de fabricación y de almacenamiento. Más bien constituye una cadena sin solución de continuidad que empieza con el transporte de las materias primeras en buques, vagones y camiones frigoríficos y se termina en las neveras del consumidor después de pasar por los armarios, vitrinas y escaparates refrigerados del comerciante. (V. FRUTERO y REFRIGERADOR.)
Cabe distinguir entre la *congelación* * de los alimentos a temperaturas inferiores a 0° (generalmente de —10° a —30°), que permite almacenarlos y conservarlos durante largo tiempo, y la *refrigeración* propiamente dicha de los mismos a temperaturas de 0° a 5°. En este caso conviene saber que el frío impide la proliferación de los microbios, pero no mata todos los que han sido introducidos en la cámara frigorífica con los alimentos. Por lo tanto, la conservación a temperaturas superiores a 0° es limitada y depende de la naturaleza de los productos: unos días solamente si se trata de leche, pescado, fresas, etc.; hasta tres semanas, la carne, la hortaliza, los albaricoques y melocotones, etc.; de 3 a 7 meses, las peras y manzanas y los tubérculos; de 6 a 9 meses, los huevos recién puestos, protegidos con aceite, parafina, etc.
— *Tecn.* La *refrigeración* es una operación común en no pocas industrias, así como en muchos motores. Unas veces se trata de condensar vapores, ya para obtener un destilado líquido, ya para licuar el vapor de agua de una máquina de vapor con objeto de inyectarlo de nuevo en la caldera (V. CONDENSADOR, DESTILACIÓN, REFRIGERANTE). En otros casos la refrigeración tiene por objeto evacuar las calorías producidas en un hogar o foco generador de energía calorífica, con objeto de aprovecharlas (reactor * de una central nuclear), o para evitar el calentamiento excesivo de dicho foco y de los elementos u órganos anejos (motor de automóvil, por ejemplo).
Generalmente la refrigeración se obtiene por medio de un cambiador * de calor, aparato en el cual el fluido que absorbe calor en el foco caliente se encuentra en presencia de otro fluido frío al cual cede una parte de sus calorías antes de volver al referido foco, donde se calienta de nuevo, y así sucesivamente. Existe, pues, un circuito primario o caliente y un circuito secundario o frío, pero este último puede consistir simplemente en una corriente de aire atmosférico o en una vena de agua fresca. (V. CAMBIADOR, EVAPORADOR y REFRIGERANTE.)
El circuito de refrigeración de los motores de explosión tiene por objeto evacuar el calor engendrado por la combustión en los cilindros. Los motores de escasa potencia, son de refrigeración por aire. En los de dos tiempos el sistema de refrigeración se limita a una serie de aletas que forman cuerpo, exteriormente, con el cilindro y que, al avanzar el vehículo, presentan al aire fresco una superficie lo bastante grande para cederle las calorías excedentarias. Los motores de coche a refrigeración por aire están provistos de ventiladores o turbinas que hacen circular una corriente de aire fresco en torno de los cilindros y de los motores.
Pero, las más de las veces, los motores de coches y de camiones son refrigerados por agua, según el sistema clásico, que funciona como sigue: los cilindros se hallan rodeados por la culata y una camisa hueca por las cuales circula agua; ésta es colectada en la parte superior de los cilindros por una tubería en la cual una bomba la impele hasta la parte superior del radiador *, órgano cambiador de calor, enfriado por el aire que pasa entre los huecos de su estructura de forma de panal; el agua enfriada sale por la parte inferior del radiador y es distribuida entre las camisas de los cilindros, y así sucesivamente. Cuando el vehículo está parado o avanza lentamente, el aire es aspirado a través del radiador por un ventilador.
Cuando se dispone de agua a voluntad (a bordo de los barcos, en las fábricas situadas junto a los cursos de agua, etc.) el radiador es superfluo y una bomba alimenta las camisas en agua fresca mientras que el agua caliente es arrojada.
Los aviones, en razón de su gran velocidad y de las bajas temperaturas que reinan a la altura a que vuelan, tienen sus motores refrigerados eficazmente por el aire.
En materia de cohetes espaciales presenta especial interés la refrigeración de las toberas, dado que es la fusión de las mismas —por falta de materiales lo bastante refractarios— la que excluye el uso de los propergoles más energéticos. (V. PROPERGOL y TOBERA.)
REFRIGERADOR, RA adj. y s. Que refrigera o sirve para refrigerar. ‖ — M. Aparato para refrigerar alimentos u otras cosas, por lo general mediante circulación de un fluido frigorígeno o de un líquido muy frío.
— Un *refrigerador* consta, esencialmente, de: 1.° un cámara fría para poner las cosas que se han de enfriar o conservar; 2.° una substancia que absorbe calorías en el interior de la cámara; 3.° un sistema que permite a dicha substancia extraer las calorías de la cámara y disiparlas fuera de la misma (en los refrigeradores automáticos se cierra el circuito con el retorno de dicha substancia, ya enfriada, a la cámara, donde se carga de nuevo de calorías, y así sucesivamente).
La *cámara fría*, trátese de la de unos decímetros cúbicos de ciertos aparatos de laboratorio o de las inmensas salas de ciertos frigoríficos, se caracteriza por su perfecto aislamiento térmico y por su estanqueidad. Tiene paredes espesas, a veces dobles, de materiales calorífugos (corcho, lana de vidrio, materias plásticas esponjosas, etc.) y una o varias puertas provistas de juntas elásticas cuyo aplastamiento entre las hojas y sus marcos asegura el cierre hermético, condición esencial para el buen funcionamiento de un refrigerador.
En el artículo REFRIGERACIÓN se han descrito los tres principios según los cuales pueden ser enfriados los cuerpos. El más simple consiste en introducir en la cámara una substancia o mezcla frigorífica muy fría que se fundirá o sublimará en ella más o menos lentamente absorbiendo calorías (o, como se dice en este ramo de la técnica, produciendo frigorías) cedidas por los alimentos u otras materias enfriadas, y también por las paredes de la cámara, cuyas calorías salen de la cámara transportadas por el líquido que resulta de la fusión de la substancia frigorífica. En las neveras domésticas, ésta consiste simplemente en hielo que se introduce en ellas cada día y hasta cada semana si la nevera es muy buena, el depósito bastante grande y el clima no muy caluroso (con una temperatura exterior de 25°, la nevera mantiene una temperatura interior de 7 a 9° con un gasto de 8 a 9 kg de hielo por cada 100 litros de capacidad).

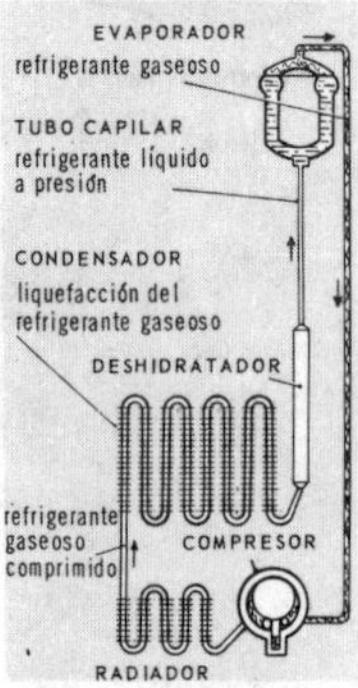

refrigerador
por compresión

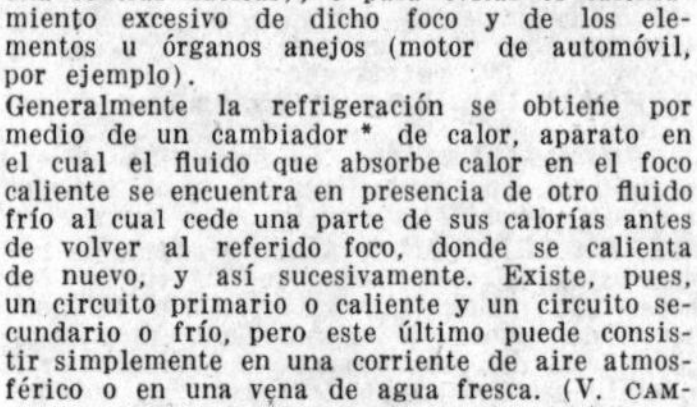

refrigerador
por absorción

En ciertos casos (heladoras para refrescos, aparatos de laboratorio, etc.) se emplean mezclas y agentes frigoríficos más activos: la mezcla de hielo machacado y sal común tiene una temperatura de —21,3°; la de hielo machacado y cloruro de calcio, —40°; la nieve * carbónica, —79°; el aire líquido, —193°, y el helio líquido, —268,4°. (V. FRÍO.)
En vez de depositar una carga de materia frigorífica en la cámara fría, se puede hacer circular un fluido frío por serpentines instalados en las paredes de la misma. Industrialmente presenta mucho interés el uso de una salmuera de cloruro de calcio que puede ser enfriada a temperaturas de hasta —55° sin que se congele. Claro está que la salmuera no es generadora de frío y que solamente sirve para introducir en la cámara las frigorías producidas por algún otro medio, especialmente los que describiremos a continuación.
Si se excluyen las neveras de hielo domésticas y los criostatos y otras instalaciones de laboratorio que emplean en circuito abierto nieve carbónica o gases licuados, el funcionamiento de los refrigeradores domésticos (también llamados armarios frigoríficos y neveras eléctricas) y de las instalaciones frigoríficas industriales, se funda en un ciclo de evaporación dentro de la cámara (con absorción de calor) y de condensación fuera de la misma (con disipación del calor) de un fluido frigorígeno *. La sucesión cíclica de ambas fases puede ser obtenida por compresión (en las instalaciones industriales y en la mayor parte de los refrigeradores domésticos) o por absorción (en ciertos refrigeradores domésticos).
En el *refrigerador por absorción,* el fluido (amoniaco) circula por efecto del calor, como en un termosifón (v. *figura*), sucediéndose las fases siguientes: 1.° una *disolución rica* de amoniaco llega al *hervidor,* órgano comparable a una columna de destilación * y provisto de caldeo eléctrico o de gas en su parte inferior (paradójicamente, las neveras de absorción necesitan ser "calentadas" para enfriar los alimentos); 2.° por efecto del calor el líquido desprende gas amoniacal y vapor acuoso que abandona en el *separador;* 3.° el gas llega en ese instante a un *condensador* en el cual se enfría y licua; 4.° el amoniaco líquido penetra en el *evaporador,* órgano situado en el interior de la cámara fría y construido de forma que el líquido chorree por una camisa de mucha superficie en la cual se evapora produciendo un frío intenso al absorber las calorías del metal del evaporador y, consiguientemente, del aire ambiente y de los alimentos contenidos en la cámara; 5.° el amoniaco gaseoso llega así al *absorbedor,* donde, al hallarse en presencia de la *disolución pobre* de que proviene, se disuelve de nuevo en ella, enriqueciéndola y permitiendo que recomience el mismo ciclo. Como la evaporación engendra una expansión de los vapores y la absorción una aspiración de los mismos, la circulación se entretiene automáticamente, merced al calor suministrado al hervidor. Para obtener mayor regularidad en el funcionamiento y aumentar el rendimiento, se completa a veces el aparato con circuitos auxiliares. Pero aún así, la circulación no puede ser lo bastante activa para que el sistema permita refrigerar cámaras muy grandes.
En el *refrigerador por compresión,* el agente frigorígeno suele ser el freón * y el aparato funciona al revés que una máquina térmica, o sea, aprovechando el trabajo de un motor para transportar calorías de un manantial frío a otro caliente (v. *figura*): 1.° el fluido es comprimido por un *compresor* y adquiere una temperatura superior a la del aire ambiente; 2.° pasa luego por un *condensador,* en el cual se licua y pierde calor, y por una válvula de expansión que regula su circulación; 3.° penetra, por último, en la cámara fría donde se vaporiza en el evaporador ya descrito, antes de volver al compresor. El inconveniente de este sistema, respecto al de absorción, reside en la necesidad de disponer de un motor que, por cuidadas que sean su construcción y su suspensión, siempre produce ruido y vibraciones.
El *refrigerador de eyección* solamente se emplea en instalaciones industriales y a bordo de los buques, y se funda en el hecho de que la vaporización del agua en el vacío absorbe mucho calor, casi dos veces más que la del amoniaco. Su funcionamiento es como sigue: 1.° la salmuera chorrea por los orificios de una placa perforada en un depósito en el cual un eyecto-compresor aspira el vapor y mantiene un vacío parcial; 2.° la evaporación enfría considerablemente el resto de salmuera líquida, y ésta se hace circular por serpentines instalados en las cámaras frías en las cuales absorbe calorías antes de volver al evaporador; 3.° mientras tanto, el vapor aspirado en éste al comienzo del ciclo es condensado.
— *Tecn.* Refrigerante.

REFRIGERANTE adj. y s. Que refrigera. ‖ — M. Recipiente, aparato o dispositivo propios para refrigerar algo o para condensar vapores mediante circulación de un fluido frío: *a los refrigerantes destinados a la conservación de productos alimenticios se les da más bien el nombre de "refrigeradores".*
— Un *refrigerante* no es sino un cambiador de calor. Las más de las veces el fluido que se ha de enfriar o condensar circula por un serpentín rodeado de agua fría (corbato * del alambique) mientras que en otros casos es el agua fría, la salmuera u otro fluido frigorígeno el que circula por el serpentín en el seno de la materia que se ha de enfriar. En los laboratorios, para enfriar masas pequeñas a temperaturas muy bajas, se emplean criostatos y recipientes de doble pared en los cuales se dejan vaporizar gases licuados. (V. tb. REFRIGERADOR.)
En las centrales térmicas que no disponen de un curso de agua abundante, se usan refrigerantes o torres de refrigeración para enfriar el agua empleada en los condensadores para la condensación del vapor procedente de las turbinas. Son torres de cemento muy grandes, en cuyo interior cae el agua caliente en forma de lluvia, siendo enfriadas las gotas o chorrillos por una corriente ascendente de aire frío aspirado en la parte superior por un ventilador o simplemente por el tiro natural de la torre.
El nombre de refrigerante designa también numerosas instalaciones o dispositivos que sirven para enfriar productos industriales, órganos de máquinas, etc., cuales son: 1.° el aparato que enfría el clinker a la salida del horno de cemento y que aprovecha las calorías recuperadas para calentar el aire inyectado en el hogar; 2.° las piezas metálicas que se ponen junto a la pared de un molde para absorber calor y acelerar así localmente el enfriamiento del metal fundido; 3.° los sistemas de refrigeración * de los motores de explosión, del aceite de engrase de ciertos cojinetes grandes, del aceite de los transformadores cuando no puede ser enfriado por simple circulación de aire, etc.

REFRIGERAR v. Enfriar con refrigerante * o con refrigerador *.

REFRINGENCIA f. *Fís.* Propiedad de los cuerpos que refractan la luz. (V. REFRACCIÓN.)

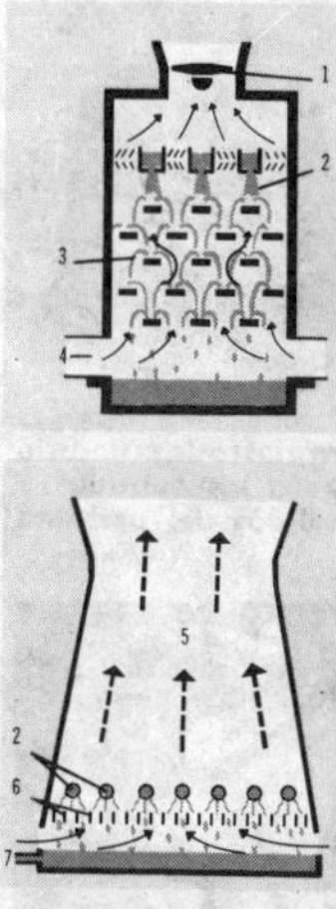

refrigerantes de tiro forzado y de tiro natural
1. Ventilador; 2. Agua caliente; 3. Dispersión del agua; 4. Aspiración del aire; 5. Aire caliente; 6. Aletas; 7. Agua fría

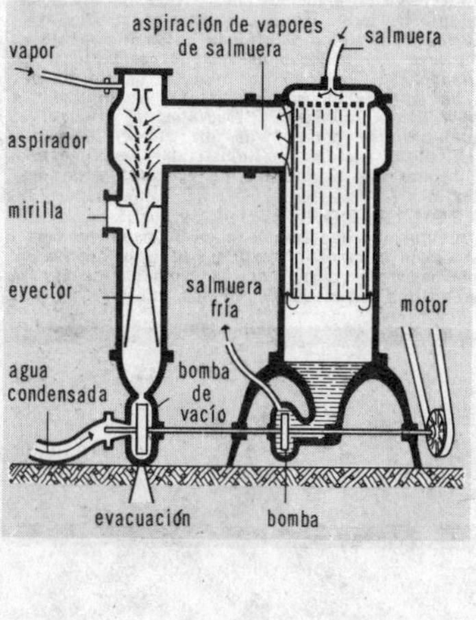

refrigerador por eyección

registrador horario para las entradas y salidas del personal

registrador de seis magnitudes a la vez

REFRINGENTE adj. *Fís.* Que refringe o produce refracción *. ‖ *Poder refringente,* nombre dado a la expresión $\frac{n^2 - 1}{d}$, en la cual d es la densidad de un cuerpo y n su índice de refracción *.

REFRINGIR v. *Fís.* Refractar.

REFUERZO m. *Tecn.* Mayor grueso que se da a una pieza en las partes en que ha de soportar esfuerzos superiores. ‖ Pieza que se aplica contra otra desgastada o insuficientemente fuerte para aumentar su resistencia.

REGADERA f. *Agr.* Cubo de vertedero tubular con boca provista de numerosos orificios, que sirve para rociar o regar a mano. ‖ Reguera.

REGALA f. *Mar.* Tabla o tablón clavado sobre el extremo superior de las cuadernas (o de las ligazones que las prolongan por arriba) y que constituye el remate de la borda de las embarcaciones.

REGALAR v. Derretir las materias pastosas endurecidas: *regalar la cera para blanquearla.*

REGAR v. Embeber el suelo de agua o rociarlo con algún fin, especialmente para beneficiarlo con cultivos. (V. RIEGO.)

REGATA f. *Agr.* Reguera pequeña.
— *Mar.* Imbornal hecho en la parte inferior de las varengas para que pueda correr el agua hasta el pozuelo de las bombas.

REGENERACIÓN f. Acción de regenerar.
— *Tecn. Horno de regeneración,* horno provisto de recuperadores de inversión. (V. RECUPERADOR.)

REGENERADO, DA adj. *Ind.* Dícese de los desechos y otras materias recuperadas que, convenientemente tratadas, se emplean de nuevo: *paño de fibras regeneradas.*

REGENERADOR, RA adj. y s. Que regenera o sirve para regenerar.
— *Atom. Pila* o *reactor regenerador,* v. REACTOR.
— *Tecn.* Recuperador * de inversión.

REGENERAR v. *Ind.* Tratar materias usadas para que puedan servir de nuevo: *caucho regenerado.*

RÉGIMEN m. *Arm.* Diferencia entre la velocidad inicial del proyectil tirado con un arma de fuego cuyo cañón ha experimentado cierto desgaste y la del proyectil tirado con otra arma que sirve de patrón.
— *Hidr.* Conjunto de variaciones características que experimenta el caudal de un río según el origen de las aguas que arrastra: *se distinguen los regímenes glaciar, nival de montaña, nival de llano, pluvial oceánico, pluvial tropical, nivopluvial, etc.*
— *Meteor.* Conjunto de caracteres propios del tiempo que hace en un lugar durante el paso de una perturbación o de otro tipo de circulación atmosférica: *régimen perturbado o ciclónico; régimen anticiclónico, etc.*
— *Tecn.* Permanencia del ritmo de funcionamiento de una máquina o instalación: *las refinerías de petróleo mantienen automáticamente su régimen día y noche durante largos períodos de tiempo.* ‖ Velocidad de rotación de un motor: *debe evitarse el funcionamiento de un motor a su régimen máximo.* ‖ *Régimen de crucero,* el que permite obtener de un motor, máquina, vehículo o instalación industrial el máximo rendimiento con el mínimo de consumo y de desgaste.

REGISTRADOR, RA adj. y s. Dícese de los instrumentos que inscriben en un papel los resultados de cálculos o medidas, la hora precisa en que ocurre un fenómeno, la evolución de alguna magnitud en función del tiempo, etc.
— *Acúst.* Aplícase a veces a los magnetófonos, a las máquinas de grabar discos y a los dispositivos que registran las pistas sonoras en las películas. (V. GRABACIÓN.)
— *Com. Registradora de caja,* caja * registradora.
— *Ofic.* Dícese de las máquinas calculadoras que imprimen los datos y resultados en una tira de papel: *sumadora registradora.*
— *Tecn. Los dispositivos registradores* pueden fundarse en diferentes principios según el modo como impresionan el papel: 1.º presión, a través de una cinta entintada, de una rueda que lleva grabados en su borde, y en relieve, números, letras u otros signos; 2.º espejuelo que proyecta un haz finísimo de luz y lo hace correr sobre un papel fotosensible según las fluctuaciones de la magnitud medida; 3.º inscriptor alimentado en tinta, que obra como una pluma; 4.º estilete productor de chispas poco intensas que dejan una huella al tostar el papel, etc. El papel corre, en general, entre dos carretes y su velocidad permite registrar los valores en función del tiempo o de otra magnitud. En ciertos casos, la tira de papel se fija sobre un tambor arrastrado por un mecanismo de relojería (v. por ej. BARÓMETRO *registrador*). A veces, como se hace para registrar la hora de entrada o salida de los obreros o el tiempo invertido en labrar una pieza, el soporte es un cartón lo bastante recio para que, al ser introducido en el registrador, accione su mecanismo inscriptor de tipos y cinta entintada, y la cuchilla que, al cortar ligeramente el cartón en el borde, permitirá que la tira penetre un poco más en el aparato para que la inscripción siguiente se efectúe en una nueva línea.

REGISTRAR v. *Tecn.* Imprimir un instrumento registrador * los resultados de medidas, observaciones u otros datos. ‖ Grabar los sonidos en discos, cintas magnetofónicas, películas cinematográficas, etc. (V. GRABACIÓN.)

REGISTRO m. *Art. gráf.* Correspondencia entre las líneas de una página y las de la página siguiente impresa en el dorso del papel: *la falta de registro, inaceptable en un texto corrido, no siempre puede evitarse en los textos entrecortados por blancos, títulos, párrafos en caracteres diferentes, etc.* ‖ Exacta coincidencia de las impresiones de colores diferentes en los trabajos a varias tintas.
— *Mar. Tonelaje de registro,* v. TONELAJE.
— *Mec.* Raqueta * de reloj o dispositivo similar para moderar o acelerar la marcha de un mecanismo.
— *Mús.* Conjunto de notas que puede dar un instrumento de música desde la más grave hasta la más aguda. ‖ Dispositivo que tiene el órgano para modificar el timbre o la intensidad de los sonidos. ‖ Mecanismo que, en el piano, permite aumentar los sonidos o apagarlos.
— *Tecn.* Abertura provista de una tapa o portillo que permite observar el interior de las chimeneas, conducciones subterráneas, canalizaciones empotradas en los muros, etc., para comprobar su funcionamiento, el estado de los conductores o tuberías, etc., así como para efectuar reparaciones. ‖ Llave o válvula para regular el tiro de una chimenea o la circulación de un fluido cualquiera por una conducción. ‖ Grabación * de sonidos o de imágenes.

REGLA f. Principio, fórmula o precepto que se ha de seguir en algún campo científico o una aplicación técnica. ‖ Barrita o listoncillo prismáticos que sirven para trazar líneas rectas. ‖ *Regla de escuadra,* te. ‖ *Regla graduada,* la que lleva grabada una escala en su borde y sirve para medir longitudes.
— *Arq.* y *Art. gráf. Regla de oro,* v. NÚMERO *de oro.*
— *Constr.* Reglón.
— *Electr. Regla de los tres dedos,* v. DEDO.
— *Mat.* Procedimiento que se emplea para resolver ciertos problemas simples. ‖ *Regla de cálculo,* v. más abajo art. enciclopédico. ‖ *Regla de falsa posición,* v. POSICIÓN. ‖ *Regla de interés,* v. INTERÉS. ‖ *Regla de los signos,* la que se sigue en álgebra para determinar si un producto tiene signo positivo o negativo. (V. MULTIPLICACIÓN.) ‖ *Regla de tres,* proporción que, dada la relación existente entre dos magnitudes permite, al variar una de ellas, hallar la

regla de cálculo

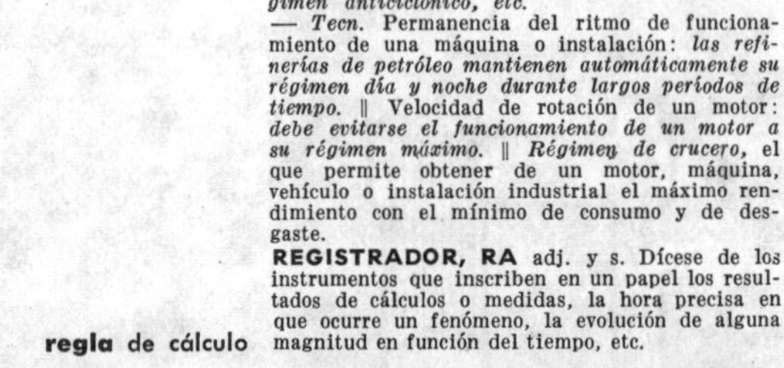

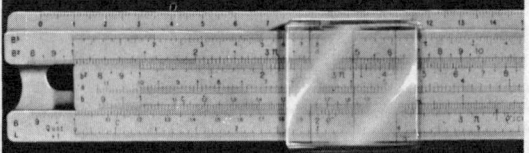

Fot. Chauvin-Arnoux, M. Péron, Larousse

magnitud correspondiente de la otra. ‖ *Las cuatro reglas,* las cuatro operaciones fundamentales de la aritmética (suma, resta, multiplicación y división).
— Cuando una magnitud B es directa o inversamente proporcional a otra magnitud A, la *regla de tres* permite calcular el valor x de B correspondiente a otro valor A' de la magnitud A. Un método simple (v. PROPORCIÓN) consiste en enunciar: "Si a A corresponde B, a B' corresponderá x" cuyo enunciado puede ser escrito de dos formas:

$$A : B :: A' : x \qquad x = \frac{BA'}{A}.$$

La incógnita x es igual al producto de B por A' dividido por A. Por ejemplo, si un equipo de obras públicas ha construido 362 m de carretera en 6 días, ¿cuánto tardará en construir una carretera de 18 462 m?

$$362 : 6 :: 18\,462 : x$$

$$x = \frac{6 \times 18\,462}{362} = 306 \text{ días.}$$

En el ejemplo anterior teníamos una *regla de tres directa,* por ser la longitud tanto más grande cuanto más numerosos son los días de trabajo. El ejemplo siguiente se refiere, por el contrario. a una *regla de tres inversa:* si construyendo 362 m de carretera cada 6 días se tardan 306 días para hacer un tramo de 18 462 m, ¿qué tiempo se invertiría en el mismo trabajo si, mejorando los métodos, se construyeran 398 m cada 6 días? En este caso tendremos:

$$A' : B :: A : x \qquad x = \frac{BA}{A'}$$

y, consiguientemente,

$$398 : 306 :: 362 : x$$

$$x = \frac{306 \times 362}{398} = 278{,}3 \text{ días.}$$

Una *regla de tres compuesta* consta de varias reglas de tres simples, como en el ejemplo siguiente: si con 250 obreros trabajando 8 horas por día se han construido 362 m de carretera en 6 días, ¿cuántos metros se construirán con 270 obreros trabajando 9 horas durante 15 días? Planteando:

250 obreros	8 horas	6 días	420 metros
270 "	9 "	15 "	x "

tendremos:

$$x = 362 \times \frac{270}{250} \times \frac{9}{8} \times \frac{15}{6} = $$
$$= 1\,099{,}57 \text{ metros.}$$

Para efectuar cálculos y resolver problemas, se utiliza la *regla de cálculo,* que consta de una regla provista de una ranura axial y ancha por la cual se desliza una regleta, y de dos ranuras pequeñas, en los bordes, que sirven de guías a un cursor transparente provisto de una o varias rayas. La regla y la regleta llevan grabadas unas escalas logarítmicas cuyas divisiones coinciden perfectamente. La regleta tiene además una escala que indica la inversa de los números, y la regla posee varias escalas adicionales de cuadrados, cubos, senos y tangentes de los ángulos, etc. Los movimientos relativos de la regla, la regleta y el cursor permiten efectuar numerosos cálculos. Las multiplicaciones y divisiones se fundan en el principio de los logaritmos. Dado que para multiplicar dos números basta sumar sus logaritmos y para dividirlos no hay más que restar el logaritmo del mayor del logaritmo del menor, ambas operaciones pueden efectuarse si se representa uno de los números por un segmento de la escala logarítmica de la regleta y el otro por un segmento de la regla. La suma de ambos segmentos puestos uno a continuación del otro o la resta de sus longitudes basta para leer en la escala la magnitud correspondiente a la longitud final, o sea, respectivamente, el producto de la multiplicación o el cociente de la división. Para elevar un número a la segunda o la tercera potencia, basta situar la raya del cursor sobre dicho número y la misma raya indica el cuadrado o el cubo en las escalas correspondientes. El cursor tiene a veces rayas suplementarias apropiadas para cálculos especiales. Por ejemplo, situando una de las rayas sobre un número que represente el diámetro de un círculo, otra raya indica el área del mismo sobre la escala de los cuadrados, etc.
— *Meteor. Regla de Buys-Ballot,* v. BUYS-BALLOT. (*Regla de.*)
— *Papel.* Barra u órgano que, en la cabecera de una máquina de fabricar papel, regula el espesor de pasta que ha de tener la hoja.

REGLADO, DA adj. Dícese de la superficie sobre la cual se puede aplicar una regla en una o más direcciones: *la superficie reglada de un cono.*

REGLADOR m. *Art. y of.* Instrumento con que los guarnicioneros y zapateros señalan los vivos o trazan rayas y dibujos en el cuero.

REGLAJE m. *Tecn.* Regulación o reajuste de un mecanismo para mejorar su funcionamiento: *el perfecto reglaje de un carburador permite economizar gasolina.*

REGLAR v. Tirar rayas con la regla.

REGLERO m. Instrumento para reglar papel, que tira varias rayas a la vez.

REGLETA f. *Art. gráf.* Interlínea.

REGLETEAR v. *Art. gráf.* Interlinear.

REGLÓN m. *Constr.* Regla grande empleada por los albañiles para igualar los suelos y paredes y como guía para alinear los ladrillos, piedras y baldosas al asentarlos.

REGLURA f. *Art. gráf.* Impresión de la pauta del papel rayado, que hoy suele hacerse con rotativas offset o por el procedimiento de la anilina *.

REGOLA f. *Mar.* Imbornal.

REGRESIÓN f. *Geol.* Retroceso del mar y, en general, retroceso de glaciares, lagos y aguas que, al retirarse, dejan al descubierto depósitos sedimentarios.

REGUERA f. *Agr.* Canal que se abre en las huertas para conducir el agua de riego o para avenar.
— *Mar.* Codera.

REGULABLE adj. Que puede ser regulado: *horno de temperatura regulable.*

REGULACIÓN f. Acción y efecto de regular: *el termóstato permite la regulación automática de la temperatura.*
— La *regulación automática* de las temperaturas, presiones, corrientes eléctricas, velocidades de órganos mecánicos, gasto de los fluidos, etc., implica la existencia de los siguientes elementos: 1.º un *detector,* órgano sensible a aquella de las referidas magnitudes físicas que se trata de regular; 2.º un *emisor,* que permita compa rar la magnitud medida con el valor que debiera tener; 3.º un dispositivo servomotor capaz de obrar, en función de la diferencia comprobada, para corregir la anomalía. (V. REGULADOR.)
— *Electr.* La *regulación* de la velocidad de los motores eléctricos se obtiene modificando la corriente que los alimenta, ya haciendo variar su frecuencia, ya obrando sobre su tensión.
— *Geol.* Alisamiento progresivo de las irregularidades del relieve. ‖ *Regulación de una costa,* acción erosiva del mar, que tiende a suprimir las partes proeminentes del litoral y a rellenar las partes entrantes con los materiales así desagregados.
— *Mar. Regulación del compás,* determinación

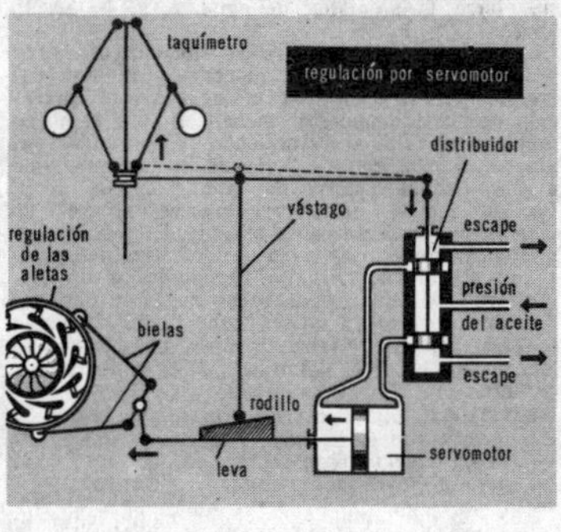

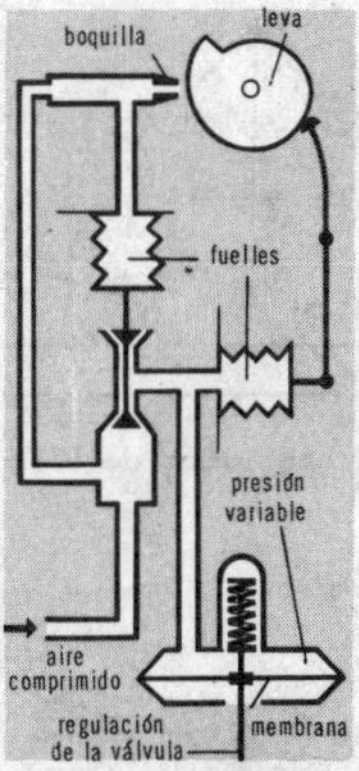

regulación neumática del paso de un fluido por una canalización y de los álabes de una turbina Francis

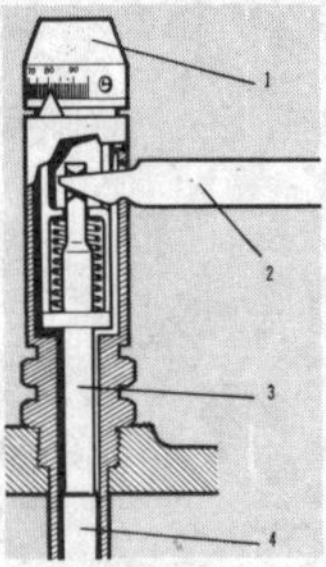

regulador de calefacción
1. Temperatura que habrá de tener el agua; 2. Palanca reguladora del tiro del hogar; 3. Vástago; 4. Varilla dilatable del termóstato

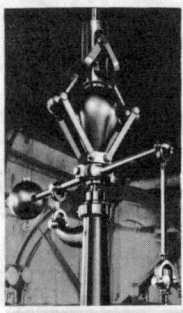

regulador de Watt

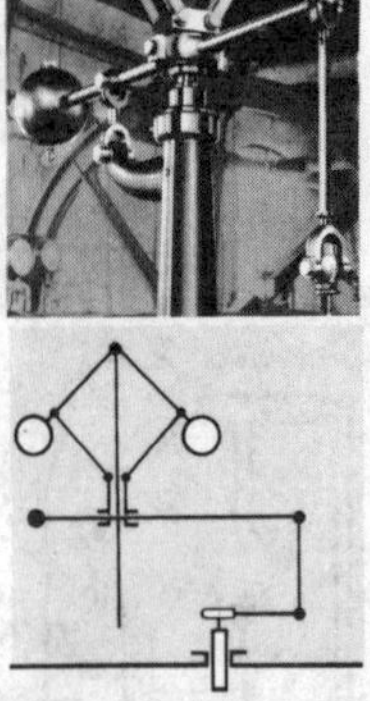

rehielo

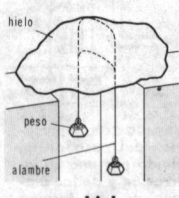

de la desviación del compás correspondiente a cada rumbo, mediante observaciones del Sol o de puntos fijos perfectamente determinados.
— *Mec.* Adaptación permanente de la potencia de un motor a las necesidades de la máquina o del conjunto de máquinas que la utilizan. (V. REGULADOR.)
— *Obr. públ.* Conjunto de obras fluviales (espigones, diques, dragado, canalización, etc.) que tienen por objeto evitar las inundaciones, o mantener el régimen de un curso de agua dentro de los límites que hacen posible la navegación.

REGULADOR, RA adj. y s. Que regula o sirve para regular.
— *Agr.* Dispositivo que tienen los arados perfeccionados para regular la anchura y profundidad de los surcos mediante un ajuste de la altura de la reja y de la vertedera.
— *Autom.* Dispositivo que se monta entre la dinamo y la batería con objeto de regular la intensidad y la tensión de la corriente producida por la primera en función de la carga de la segunda.
— *Electr.* Nombre dado a distintos aparatos entre los cuales unos sirven para mantener constante alguna de las características de la energía eléctrica (*reguladores de tensión, de intensidad, de frecuencia*) mientras que otros tienen por objeto, al variar la corriente eléctrica, regular algún otro factor físico (*reguladores de presión, de velocidad, de temperatura, de arcos eléctricos,* etc.). [V. más abajo *Tecn.*]
— *Metr.* Reloj de precisión con espiral compensado.
— *Radiot. Regulador antifading,* v. ANTIFADING.
— *Tecn.* Aparato de funcionamiento automático propio para mantener constante (dentro de ciertos límites) o para hacer variar con arreglo a determinada ley, alguno de los elementos que rigen el funcionamiento de una máquina, instalación industrial, calefacción doméstica, etc., cuales son la presión, la temperatura, la velocidad, la potencia, el gasto, la tensión, la intensidad, la frecuencia, la amplitud, etc.
— Un *regulador* consta de órganos detectores, emisores o distribuidores y servomotores (v. REGULACIÓN). Cuando el órgano detector y el órgano motor forman un todo, se tiene un *regulador de acción directa,* mientras que en los *reguladores de acción indirecta* se requiere un fluido o una corriente intermediaria, merced a los cuales el distribuidor puede accionar los servomotores.
El *regulador de Watt* o *regulador de bolas,* cuyo funcionamiento puede apreciarse en la *figura,* aprovecha el exceso o el defecto de fuerza centrífuga engendrada por un árbol que gira con rapidez excesiva o insuficiente (según el caso) para obrar sobre una llave que reduce o aumenta, respectivamente, la alimentación del motor. En los *reguladores neumáticos,* el exceso o la insuficiencia de la presión en una canalización son registrados por una membrana, cuyos movimientos se transmiten hasta la válvula reguladora. Si se trata de mantener constante la presión en un recinto, el regulador representado en la *figura* permite dar salida al exceso de aire o de otro gas comprimido en el mismo.
Para regular el nivel de un líquido se emplea el *regulador directo de flotador,* que, al elevarse, cierra la admisión de agua y, al bajar, la abre.
La regulación no siempre se obtiene con toda precisión y muchos reguladores operan una corrección excesiva, la cual da lugar a otra corrección de sentido opuesto, menor, aunque también excesiva, y así sucesivamente, obteniéndose el ajuste al cabo de una serie de oscilaciones que a veces no se amortiguan por completo.
Por lo demás, ciertos reguladores, en vez de mantener constante una magnitud, tienen por misión hacerla con arreglo a determinada ley y, con dicho fin, se hallan acoplados a un dispositivo que materializa dicha ley o programa. Así, la temperatura de un horno podrá aumentar progresivamente, estabilizarse luego durante el tiempo conveniente, disminuir después lentamente, etc.

REGULAR adj. Conforme con alguna regla. ‖ De formas proporcionadas y partes iguales.
— *Arq. Aparejo regular,* v. APAREJO.
— *Art. gráf. Casado regular,* v. CASADO.
— *Geom. Polígono regular, poliedro regular,* etc., v. POLÍGONO, POLIEDRO, etc.
— *Miner.* Dícese del sistema de cristalización cúbico. (V. CRISTALOGRAFÍA.)

REGULAR v. *Tecn.* Efectuar la regulación * de un mecanismo, de una corriente fluida o una instalación, ajustándolos para que funcionen con régimen constante o varíen según leyes determinadas de antemano.

REGULARIZACIÓN f. Regulación.

REGULARIZAR v. Regular.

RÉGULO m. *Metal.* Aleación a base de plomo y estaño que se emplea como revestimiento antifricción * para cojinetes.

REHIELO m. *Fís.* Fenómeno en virtud del cual dos fragmentos de hielo puestos en contacto se funden y forman uno solo.
— El *rehielo* es tanto más rápido y completo cuanto mayor es la presión, pues la fusión se produce a temperaturas inferiores a 0°. Si se pone sobre un bloque de hielo un alambre provisto de pesas en sus extremos, la presión hace que el hilo atraviese el bloque, aunque sin partirlo en dos fragmentos, porque los dos bordes del corte se van soldando por encima del alambre.

REHORTA f. *Curt.* Hierro en forma de gancho fijado en un pie derecho u otro soporte, por el cual se pasan y frotan las pieles para sobarlas.

REIGOLA f. *Mar.* Flechaste.

REIMPRESIÓN f. *Art. gráf.* Nueva tirada que se hace de una obra.

REIMPRIMIR v. *Art. gráf.* Imprimir de nuevo una obra o escrito.

REINAL m. *Text.* Cuerda delgada de cáñamo, que consta de dos ramales retorcidos.

REITERACIÓN f. *Metr.* y *Topogr.* Método para medir un ángulo, consistente en efectuar varias medidas del mismo con una escala circular que se va haciendo girar y en dividir la última magnitud indicada por ésta por el número de mediciones efectuadas, obteniéndose así el promedio.

REITERADOR, RA adj. *Metr.* y *Topogr.* Dícese del instrumento de medida para ángulos en el cual la escala del limbo es móvil, lo cual permite tomar como referencia de las medidas cualquier graduación del mismo.

REJA f. *Agr.* Pieza del arado * que abre el surco en la tierra.
— *Arq.* Cerramiento a base de barras de hierro paralelas o entrecruzadas, a veces forjadas y de formas artísticamente diseñadas, que se pone en los vanos de las ventanas, especialmente en las de las plantas bajas, para seguridad o adorno. ‖ Verja.
— *Autom.* Rejilla.

REJADO m. *Arq.* Verja.

REJAL m. *Cerám.* Pila de ladrillos que se hace poniéndolos de canto unos sobre otros y cruzando los de una capa con los de la capa inferior.

REJALGAR m. *Miner.* Sulfuro de arsénico AsS y mena principal del mismo, que se encuentra generalmente mezclado con oropimente.

REJILLA f. *Arq.* Celosía, reja pequeña, tela metálica o chapa perforada que se pone en una abertura, ventanillo, respiradero o sumidero para ver a través de una puerta o para dar paso al aire o al agua, según el caso.
— *Autom.* Enrejado de chapa o de chapa y varillas que tienen los coches en su parte frontal como adorno y para proteger el radiador.
— *Fc.* Redecilla a modo de anaquel que sirve para poner los equipajes en los vagones.
— *Fís. Rejilla de Rowland,* red * de Rowland.
— *Radiot.* Electrodo auxiliar que, en el tríodo y otros tubos electrónicos, se monta entre el cátodo y el ánodo y sirve para hacer variar el flujo de electrones entre ambos elementos.
— La *rejilla* es un filamento en forma de hélice o una chapita provista de perforaciones a través de las cuales pueden pasar los electrones emitidos por el cátodo o filamento y atraídos por el ánodo o placa. Si se confiere a la rejilla un potencial negativo, los electrones, también negativos, serán repelidos. Así, una corriente débil aplicada en la rejilla puede imprimir sus modulaciones a otra corriente fuerte recogida en el ánodo, disponiéndose en este caso de una co-

Fot. Larousse

rriente amplificada (v. AMPLIFICADOR). En ciertos casos una rejilla de potencial positivo sirve para acelerar el flujo de electrones entre cátodo y ánodo; en otros (rejilla de mando) tiene por misión hacer funcionar el tubo electrónico a modo de relevo *; por último, algunos tubos tienen una rejilla suplementaria, dispuesta entre la principal y el ánodo con objeto de evitar el fenómeno de emisión secundaria por parte de éste.
— *Tecn.* Parrilla * de un hoga.
— *Text.* Labor que se hace entretejiendo tiritas de tallos flexibles de ciertas plantas, especialmente para formar el asiento y el respaldo de sillas y otros muebles. (Sinón. ESTERILLA.)

REJUNTADO m. *Constr.* Operación consistente en rascar el mortero de las juntas de las piedras o ladrillos, hasta una profundidad de uno o dos centímetros, para reemplazarlo por mortero nuevo. ‖ Operación que consiste en tapar con mortero, desde el interior del edificio, las juntas demasiado abiertas que quedan a veces entre las tejas o pizarras, por los cuales podrían pasar el viento o las aguas pluviales.

REJUNTAR v. *Constr.* Tapar o reparar las juntas de un paramento. (V. REJUNTADO.)

RELACIÓN f. *Mat.* Razón *, cociente de dos cantidades.

RELAIS f. *Electr.* Galicismo por *relevador.*

RELAJACIÓN f. *Electr.* Oscilaciones de relajación, v. OSCILACIÓN.

RELÁMPAGO m. Resplandor fugaz producido por las descargas eléctricas entre nubes o entre una nube y el suelo. (V. RAYO.)
— *Fot. Lámpara relámpago, polvo relámpago,* v. LÁMPARA y POLVO.
— *Petr. Punto de relámpago,* punto de inflamabilidad de los derivados del petróleo, que se determina calentándolos lentamente hasta la temperatura a la cual desprenden vapores inflamables.

RELATIVIDAD f. *Fís. Teoría de la relatividad,* teoría que, por su transcendencia y aplicaciones, constituye el fundamento de una de las ramas más importantes de la física moderna.
— Durante largo tiempo, la *relatividad* ha sido una teoría solamente asequible a una minoría de matemáticos y poco difundida. Esto ha sido debido, por una parte, a los conocimientos de física y matemáticas superiores que requiere su perfecta comprensión y, por otra, a causa de que carecía, por decirlo así, de aplicaciones prácticas, dado que los efectos relativistas solamente se manifiestan de modo apreciable en el caso de móviles animados por velocidades muy grandes (del orden de la luz), así como en el curso de reacciones nucleares antes imperfectamente conocidas. Hoy el hombre sabe conferir a las partículas atómicas velocidades próximas de la de la luz (v. ACELERADOR), aprovecha la energía * nuclear y dispone de instrumentos de precisión que permiten comprobar la existencia de efectos relativistas en el Universo.
Las teorías de la relatividad son precisamente la consecuencia de la gran precisión que empezaron a tener los instrumentos de medida a fines del siglo pasado. Las medidas efectuadas revelaban la imperfección de las teorías admitidas hasta entonces, especialmente en materia de mecánica y ponían de manifiesto numerosas contradicciones que aquellas teorías no podían explicar. La mecánica celeste imaginada por Newton resultaba inexacta e incapaz de explicar el presunto equilibrio general del Universo, y entre la mecánica y el electromagnetismo se descubrían inexplicables contradicciones. Las medidas efectuadas por el americano Michelson revelaban sobre todo un hecho insólito: la velocidad de un rayo de luz o, para mayor comodidad, la de los granos de luz asimilados a ínfimos móviles procedentes de una estrella, es absolutamente igual si la estrella se aproxima de la Tierra que si se aleja de la misma, mientras que en mecánica clásica, todo móvil que parte de otro tiene una velocidad igual a la suma algebraica de su propia velocidad y de la del cuerpo de donde parte.
La teoría de la relatividad da una explicación de dicho fenómeno, hace comprender y explica el desequilibrio del Universo y unifica la mecánica y el electromagnetismo, de modo que las mismas fórmulas son aplicables a una y al otro.
De la relatividad se desprende que:
1.º La materia no es sino una forma muy concentrada de energía. Consiguientemente, la materia puede convertirse en energía, y viceversa. La energía radiada por el Sol resulta de la desaparición de 4 millones de toneladas de materia cada segundo, y en la bomba atómica pequeñas cantidades de materia se transforman en enormes cantidades de calor y de radiaciones; cuando una partícula choca con su antipartícula, ambas desaparecen y engendran radiaciones (un electrón y un antielectrón dan un rayo gamma). Inversamente, un rayo gamma puede desaparecer dando lugar a la formación de un par de electrones; cuando mayor es la velocidad de una partícula atómica muy rápida, mayor es también su masa (cual se comprueba a diario en los aceleradores de partículas), etc. La equivalencia de la masa m y de la energía E se expresa por la fórmula relativista: $E = mc^2$, en la cual c^2 es el cuadrado de la velocidad de la luz.
2.º La celeridad c de la luz en el vacío, que es la misma para todas las demás radiaciones electromagnéticas, incluso las ondas hertzianas (prácticamente igual a 300 000 km/s), es una velocidad límite que no puede ser rebasada en el universo por ninguna radiación ni corpúsculo, con lo cual resulta inexacto el principio de la mecánica clásica sobre la adición de las velocidades. Según este principio, un proyectil con velocidad de 1 000 m/s disparado hacia delante desde un avión que vuele a la velocidad de 500 m/s tiene, respecto al observador situado en el suelo, la velocidad resultante de 1 500 m/s. La fórmula relativista es:

$$V = \frac{v_2 + v_2}{1 + \frac{v_1 \quad v_2}{c^2}},$$

y al aplicarla al ejemplo citado se observa que la adición clásica de las velocidades es errónea, aun cuando la diferencia resulta tan ínfima, que, prácticamente, puede considerarse aquél como exacto. No ocurre lo mismo si la velocidad del proyectil fuera de 200 000 km/s y la del avión de 100 000 km/s, pues en este caso la velocidad del primero respecto al suelo, lejos de ser de 300 000 km/s (suma de 200 000 + + 100 000) solamente sería de 245 000 km/s.
3.º El tiempo no es, como se creía —y muchos siguen creyéndolo— algo intrínseco que existe y transcurre en todo el universo a la vez y que puede servir de referencia para afirmar, por ejemplo, la simultaneidad * de dos fenómenos. En realidad, es imposible demostrar que dos acontecimientos ocurridos en dos sistemas diferentes son simultáneos. Existen tantos tiempos como sistemas considerados, y así, pues, el tiempo no transcurre con la misma rapidez para el viajero de un tren en marcha y para la persona que permanece en el suelo. La duración de un fenómeno apreciada y medida por varios observadores en movimiento es una cantidad propia de cada uno de ellos y dependiente de su velocidad y de su posición. La fórmula relativista muestra una vez más que, en el caso de velocidades comunes, incluso de las de los vehículos más rápidos, puede considerarse que el tiempo transcurre igualmente para todos. No ocurre lo mismo si se consideran velocidades del orden de

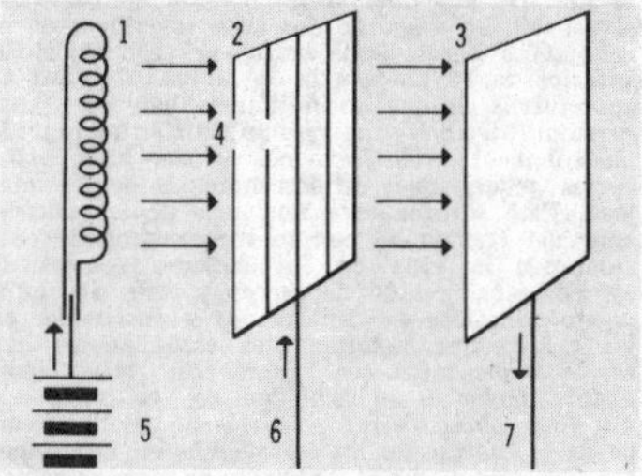

rejilla *(radiot.)*
1. Cátodo; 2. Rejilla; 3. Ánodo; 4. Flujo de electrones; 5. Manantial eléctrico; 6. Corriente débil modulada; 7. Corriente amplificada y modulada

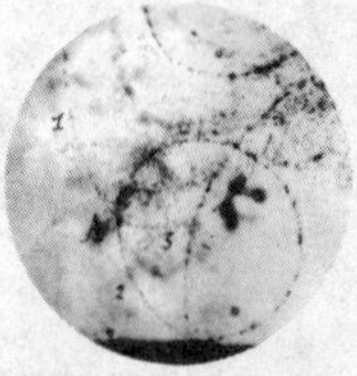

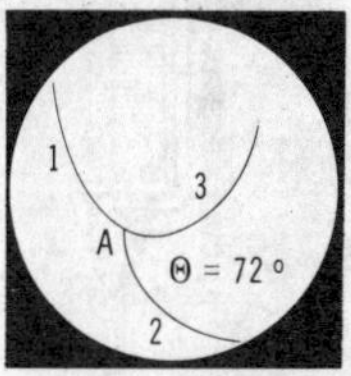

relatividad: el electrón I, cuya velocidad es de 279 000 km/s, choca con otro electrón en A y ambos siguen las trayectorias 2 y 3 que, según la mecánica clásica, debieran formar un ángulo de 90º; la fotografía, tomada en la cámara de Wilson, muestra que dicho ángulo es de 72º, tal como lo prevé la teoría relativista

Fot. Leprince-Ringuet

la luz. De ahí que, si un hombre efectuara en el espacio un viaje de dos años (medidos con el reloj de a bordo de la astronave) con velocidad inferior de 15 km/s a la de la luz, al volver se apercibiría de que en la Tierra habrían transcurrido 200 años y de que se habrían extinguido no solamente sus hermanos y sus hijos, sino varias generaciones de descendientes de los mismos. Este sorprendente fenómeno de la *contracción* del tiempo ha podido ser comprobado considerando la vida de los mesones —unos de los cuales al estado de reposo y otros absolutamente idénticos— identificados y observados en las radiaciones cósmicas: los experimentos han revelado que un mesón * dura tanto más tiempo cuanto mayor es su velocidad. (V. tb. TIEMPO.)
4.º Una consecuencia de la relatividad del tiempo es la contracción de los cuerpos en movimiento; un cuerpo móvil animado de una velocidad del orden de la de la luz experimenta, para el observador inmóvil, una contracción que lo acorta tanto más cuanto mayor fuere la velocidad (inversamente, un cuerpo inmóvil parece tanto más corto a un observador cuando mayor sea la velocidad con que se mueve éste).
5.º El tiempo relativista es algo así como una dimensión más que se ha de considerar con las tres dimensiones clásicas (largura, anchura y espesor) para situar exactamente un fenómeno o evento (espacio de cuatro dimensiones o espacio tiempo).
Las contracciones del tiempo y de las longitudes, así como las variaciones de las masas en el espacio tiempo en el caso de dos observadores cuya velocidad relativa es igual a *v*, se hallan ligados por el factor de Lorentz *F* que se calcula con la fórmula:

$$F = \frac{1}{\sqrt{1 - \dfrac{v^2}{c^2}}},$$

Hasta aquí hemos considerado la *relatividad restringida*. Ulteriormente Einstein amplió su campo de aplicaciones con el nombre de *relatividad generalizada*, que, esencialmente, muestra que la gravitación es un aspecto de la inercia. La presencia de un astro curva el espacio a su alrededor y en razón de esta curvatura, los astros próximos son atraídos porque tienden a "caer" sobre él (así, si sobre una membrana elástica se ponen tres bolas metálicas de tamaños y posiciones proporcionales a las del Sol, la Tierra y la Luna, ésta tendería a rodar por la pendiente de la depresión hecha por la Tierra, la cual, a su vez, rodaría por la pendiente más importante de la depresión solar; en realidad la fuerza centrífuga compensa la atracción e impide que los astros se precipiten unos sobre otros). Si el espacio es curvo la geometría euclidiana deja de ser aplicable: no puede concebirse, por ejemplo, la existencia de líneas rectas a través del mismo y las medidas efectuadas demuestran que la trayectoria de un rayo de luz procedente de una estrella se incurva al pasar cerca del Sol, o sea en el espacio curvado por su globo. Por otra parte, según Euclides, los tres ángulos de un triángulo suman dos rectos, pero en un espacio curvo, la suma de los mismos es superior o inferior a dos rectos (por ejemplo, el triángulo formado en la superficie terrestre por el ecuador y dos arcos de meridiano, con vértice en el polo, mide más de dos rectos). Como el espacio se halla ocupado por un sinnúmero de astros, el Universo es curvo, y si un móvil partiendo de la Tierra siguiera indefinidamente la misma dirección, acabaría por volver a su punto de partida. Por último, el Universo no se halla en estado de equilibrio y según la teoría de la relatividad, toda su materia proviene de un núcleo central y se halla actualmente en expansión (v. UNIVERSO), como lo prueba el hecho de que las galaxias se alejen sin excepción unas de otras, como se alejan entre sí las moléculas de un gas que se expande.
Casi todas las aserciones de la teoría relativista han podido ser demostradas por algún medio. Algunas se tienen ya en cuenta en muchas aplicaciones: cálculo de los movimientos de la órbita de Mercurio y de la de ciertos satélites artificiales; diseño de los sincrotrones muy grandes (en los cuales los movimientos de las partículas muy rápidas son afectados por la relatividad), etcétera.

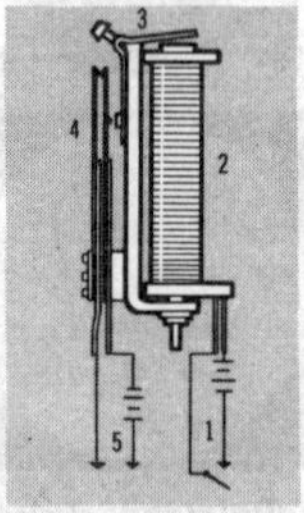

relevo *(electr.)*
1. Corriente de mando; 2. Electroimán; 3. Armadura flexible; 4. Contactos; 5. Circuito gobernado

RELATIVISTA adj. *Fís.* Perteneciente a la teoría de la relatividad * o relacionado con ella: *la contracción relativista del tiempo.*

RELATIVO, VA adj. *Mec.* Dícese del movimiento y de la velocidad que un cuerpo tiene aparentemente respecto a otro, aunque esté inmóvil o se mueva con velocidad inferior a la que parece tener: *en un túnel aerodinámico la maqueta inmóvil puede tener respecto a la corriente de aire velocidades relativas superiores a la del sonido.*

RELAVES m. pl. *Min.* Partículas de mineral arrastradas por el agua durante el lavado del mismo y que se recuperan a veces separándolas del lodo gangoso mediante un nuevo lavado.

RELÉ m. *Electr.* Galicismo por *relevador.*

RELEJAR v. *Arq.* Formar releje un muro.

RELEJE m. *Arq.* En un muro inclinado, distancia horizontal que media entre su pie y la vertical que se obtiene con la plomada desde su arista superior.
— *Art. y of.* Bisel del filo de los instrumentos cortantes.

RELENTIDO m. *Autom.* Sinónimo poco usado de *velocidad lenta.* (V. LENTO.)

RELEQUE m. *Arq.* Zapa.

RELEVADOR o **RELEVO** m. Todo dispositivo que, al ser excitado débilmente por una corriente eléctrica o cualquier otra forma de energía, provoca un cambio importante en otra corriente o mecanismo de energía mucho más fuerte. ‖ Órgano retransmisor que recibe señales debilitadas u otra forma de energía, las amplifica y permite que se propaguen a mayor distancia. (V. más abajo *Radiot.*)
— *Astron.* Plataforma * espacial. ‖ Satélite empleado como intermediario para transmitir emisiones de radiodifusión o de televisión y también comunicaciones telefónicas entre dos puntos de la Tierra muy distantes uno del otro. (V. más adelante *Radiot.* y *Telec.*)
— *Electr.* Dispositivo que se interpone en ciertos órganos de mando con objeto de que una impulsión eléctrica breve o de escasa intensidad permita gobernar un aparato, regular una corriente eléctrica mucho más fuerte o ejercer alguna otra acción importante en comparación con la que requiere el relevador.
— Un *relevo* se distingue de un interruptor en que es accionado por un circuito auxiliar. Generalmente consiste en un electroimán (inserto en el circuito de mando para corriente débil) frente a cuyo polo se halla una palanquita flexible provista de uno o más contactos e incluida en el circuito de corriente fuerte que se ha de gobernar. Así, la interrupción o el restablecimiento de la corriente en el circuito de mando, obra sobre el electroimán y hace que éste corte o restablezca la corriente en el circuito principal gobernado. Por ejemplo, las cámaras de televisión o el emisor de a bordo de un ingenio espacial o los timones de un cohete teledirigido, podrán ser puestos en marcha por radio, haciendo que la corriente captada por el radiorreceptor de a bordo obre, por intermedio de un relevo, sobre la corriente más fuerte que alimenta aquellos dispositivos.
De este principio se desprende que también ciertos tubos electrónicos provistos de una rejilla o electrodo de mando pueden servir de relevo, como lo demuestra la amplificación * por tríodo.
Combinando diferentemente las conexiones y adoptando montajes apropiados, se llega a obtener una variedad muy grande de relevos dotados de propiedades particulares, entre los cuales citaremos los siguientes: *relevo polarizado,* que obra cuando la corriente primaria sigue determinado sentido y no cuando tiene el sentido contrario; *relevo diferencial,* cuyo electroimán tiene dos devanados y no obra cuando las corrientes de los mismos son idénticas, pero sí en razón de la diferencia de sus acciones electromagnéticas, cuando ambas son antagonistas y desiguales; *relevo de máxima* y *relevo de mínima,* los que entran en funcionamiento cuando la magnitud considerada alcanza, respectivamente, los valores máximo o mínimo previstos de antemano: *relevo de protección,* el que obra cuando alguna irregularidad podría averiar un motor, línea ᴚ

otra instalación; *relevo diferido* o *de temporización*, el que retarda exprofeso su acción respecto al instante en que ha sido excitado; *relevo de engatillamiento* o *bloqueo*, el que, en determinadas circunstancias, impide el funcionamiento de los demás relevos de un dispositivo de seguridad. Por otra parte, según el factor que influencia el funcionamiento de los relevos, dícese que éstos son *relevos de corriente, de tensión, de frecuencia, de potencia, térmicos*, etc.
La acción de un relevo puede repercutir en trabajos tan pequeños como el que requiere el gobierno de un juguete teledirigido o tan grandes como los que implica la interrupción de la corriente en una línea de alta tensión o la del funcionamiento de un cohete de centenares de toneladas o de una instalación industrial automatizada. No existe instalación industrial moderna en la cual no se recurra a los relevos. No obstante, el principal campo de aplicaciones de estos dispositivos es el de las telecomunicaciones. (V. más abajo *Radiot.* y *Telec.*)
— *Expl.* Explosivo potente que se pone junto al detonador de un obús y que sirve para facilitar la transmisión de la onda explosiva del cebo a la carga.
— *Mec.* En ciertos reguladores *, distribuidor u otro órgano intermediario entre los órganos detector y regulador. ‖ Mecanismo que amplifica un movimiento antes de efectuar su transmisión.
— *Radiot.* y *Telec.* Estación receptora y emisora que capta las ondas muy cortas procedentes de otra emisora y, después de amplificarlas, las vuelve a emitir a otro relevo a lo largo de un *cable hertziano*. ‖ Dispositivo empleado en telegrafía y telefonía para asegurar la recepción automática de las comunicaciones. (V. TELÉFONO y TELÉGRAFO.)
— Un *relevo* no es una estación de radio retransmisora y sus ondas no son captadas directamente por los radiorreceptores o televisores. Llena dos misiones: 1.ª permitir que, de relevo en relevo, las ondas métricas puedan salvar los obstáculos que las detienen, pues estas ondas * se propagan rectilíneamente, como si fueran rayos luminosos y no contornean —como lo hacen las ondas más largas— los macizos montañosos ni siguen la redondez del globo terráqueo; 2.ª amplificarlas, antes de transmitirlas, con objeto de que no se degraden excesivamente y de que lleguen a las estaciones terminales en buenas condiciones. Entre la estación emisora y cada estación terminal, los relevos se suceden a intervalos variables que dependen de su altura, según el principio general (aunque no imperativo) de que desde la antena de un relevo se han de ver las antenas de los relevos precedente y siguiente. En terreno llano solamente interviene la redondez del Globo y entre los relevos median trechos de unos 30 a 60 km, pero si los relevos se hallan en las cimas de las montañas, los intervalos pueden ser mucho mayores.
Por lo general, un relevo es una torre provista de dos antenas parabólicas una de las cuales capta el haz de ondas y, por un guía * de ondas, las dirige hasta un amplificador. Las oscilaciones filtradas (para eliminar los parásitos) y amplificadas son radiadas por la segunda antena hacia el relevo siguiente.
Los cables hertzianos a base de relevos sirven principalmente para unir las estaciones de televisión de una red y para establecer intercomunicaciones entre redes diferentes. Fuera de las horas de emisión, se emplean a veces como líneas telefónicas particularmente interesantes, pues la de televisión es tan grande en proporción a la banda de frecuencias ocupada por las imágenes que requiere la transmisión de la voz, que un cable hertziano puede transmitir simultáneamente 2 000 conversaciones telefónicas.
Ciertos satélites de telecomunicaciones son relevos espaciales que captan las ondas de una emisora terrestre y las retransmiten a otra estación situada a millares de kilómetros de la primera. Para este uso presentan especial interés los satélites * estacionarios.

RELIEVE m. Realce o conjunto de protuberancias y cavidades de una superficie.
— *Acúst. Relieve acústico* o *sonoro*, estereofonía.
— *Arq.* Figura que resalta sobre un paramento, sillar, etc. ‖ *Bajo relieve*, escultura tallada en una superficie plana, de la cual resalta muy poco. ‖ *Medio relieve, alto relieve*, esculturas que se distinguen de la anterior en que resaltan del plano la mitad de la figura y más de la mitad, respectivamente.
— *Art. gráf. Impresión en relieve*, v. IMPRESIÓN.
— *Fot.* y *Ópt.* La percepción del *relieve* se funda principalmente en la visión binocular: cada ojo ve, desde un punto de vista diferente del otro, una imagen distinta. La sensación de relieve resulta de la superposición de ambas imágenes y permite apreciar también, según la mayor o menor desviación de los globos oculares, la distancia a que se hallan los objetos. A la misma visión binocular se debe la posibilidad de restituir el relieve de un objeto mediante observación de dos fotografías del mismo (par estereoscópico) tomadas desde dos puntos diferentes (v. ESTEREOSCÓPICO). El procedimiento de los anaglifos simplifica la estereoscopia: las dos imágenes (cada una de ellas de un color complementario del de la otra) se imprimen sobrepuestas en una sola imagen compuesta y se observan con unas gafas de cristales del color que corresponde a cada ojo (v. ANAGLIFO). En vez de colores se puede aprovechar la polarización de la luz: la imagen correspondiente a un ojo se proyecta con luz polarizada verticalmente y se observa a través de un cristal polarizado del mismo modo, mientras que la segunda imagen, polarizada horizontalmente, sólo podrá ser vista por el cristal de polarización horizontal dispuesto ante el otro ojo. Existe otro procedimiento que permite prescindir de estereoscopio y de gafas: para impresionar las fotografías se dispone ante la emulsión un filtro de materia transparente provisto de finas estrías u ondulaciones verticales; se obtienen así dos fotografías divididas por el filtro en un gran número de secciones verticales muy estrechas, de tal forma que las que corresponden a la imagen de un ojo alternan con las del otro: al observar este documento a través del referido filtro, éste solamente permite ver a cada ojo las listas que le corresponden y le oculta las que constituyen la otra imagen. En cinematografía se han experimentado variantes de este mismo procedimiento (cicloestereoscopio, etc.) interponiendo entre el ojo del espectador y la pantalla una reja tupida de hilos paralelos y muy próximos, que ocultan una imagen a uno de los ojos y le permiten ver la otra, pero estos sistemas son de regulación muy delicada y basta con que el espectador se mueva en su asiento para que desaparezca el relieve hasta que vuelva a estabilizar su cabeza en otra posición conveniente.
— *Geol.* y *Topogr.* El relieve de la superficie terrestre se representa en los planos por medio de curvas * de nivel acotadas y en los mapas con sombreados que solamente dan una idea aproximada de los sistemas montañosos. Para establecer los planos se efectúan en el terreno mediciones de altimetría que permiten calcular la altura de los puntos inaccesibles (v. ALTURA). Cuando se trata de representar grandes extensiones, la cartografía recurre a métodos estereofotogramétricos. (V. FOTOTOPOGRAFÍA y MAPA.)

RELINGA f. *Mar.* Cuerda con que se refuerzan las velas cosiéndola en sus orillas. ‖ Cuerda que tienen las redes grandes en sus orillas y que según la índole del arte de pesca y el borde considerado, se lastra con plomo o se aligera con corchos o flotadores de otra especie.

RELOJ m. Instrumento que mide el tiempo e indica la hora.
— Un *reloj ordinario* consta de los siguientes elementos principales: un motor, un juego de dos o más saetas que, arrastradas por el motor merced a un sistema de engranajes, giran en función del tiempo e indican la hora marcada en la esfera del reloj; un mecanismo regulador que mantiene constante la acción del motor.
El motor más común consiste en uno o varios muelles espirales a los cuales se da cuerda cada día y, en ciertos relojes, una vez por semana. En otros casos, el motor consiste en una o dos pesas, las cuales, al caer lentamente, hacen girar una rueda dentada que arrastra el mecanismo. Los *relojes automáticos de pulsera* son de dos clases: unos tienen una masa metálica excéntrica que oscila a cada movimiento del brazo

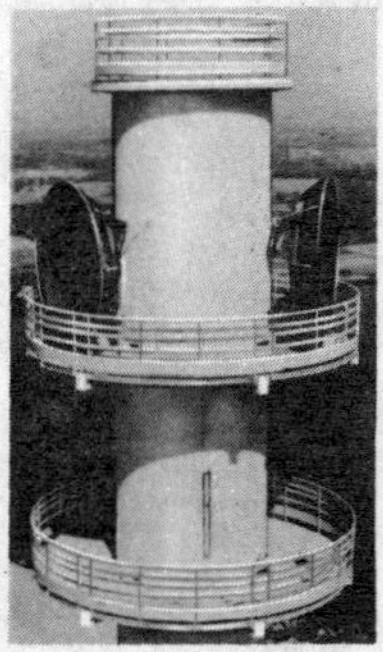

relevo *(radiot.)*

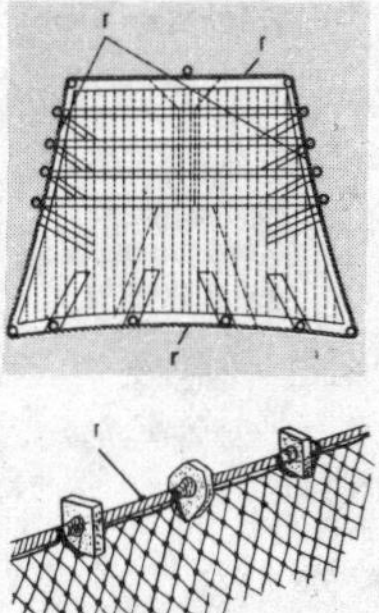

relingas de vela y de red

reloj eléctrico

Fot. T. R. T., Magnéta

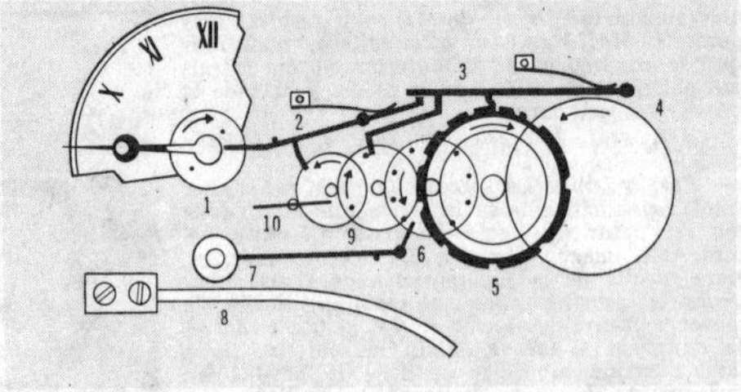

sonería de reloj
1. Rueda disparadora con espigas de las horas y medias horas; 2 y 3. Disparador; 4. Barrilete con muelle motor; 5. Rueda de sonería con dientes de longitud proporcional al número de toques; 6. Rueda accionadora del macillo; 7. Macillo; 8. Timbre; 9. Rueda de topes; 10. Volante de aletas

reloj
(v. tb. *masa* y *movimiento*)

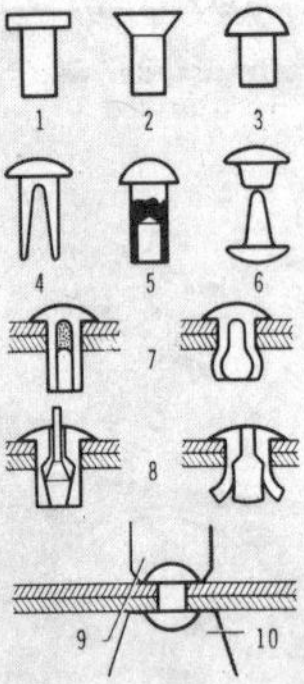

remaches
1, 2 y 3. Formas comunes de la cabeza; 4. Hendido; 5. Hueco; 6. De dos piezas; 7. Explosivo; 8. Expansible; 9. Estampa; 10. Sufridera

moviendo así un piñón que da cuerda a un motor clásico de muelle; otros tienen un motor eléctrico alimentado por una pila minúscula.
Los *relojes eléctricos* constan esencialmente de un electroimán que empieza por atraer un péndulo o una pieza ligada al espiral, venciendo la resistencia que oponen aquél o éste. A continuación queda interrumpida la corriente y el péndulo o el espiral vuelven atrás, experimentando seguidamente una nueva atracción al restablecerse la corriente en el electroimán, y así sucesivamente. Como la fuerza requerida del electroimán es ínfima y que, por lo demás, funciona intermitentemente, el consumo de energía eléctrica es insignificante y una pila pequeña suele durar un año o más. También existen relojes eléctricos de motor síncrono fundados en la alternancia de la corriente alterna de uso doméstico. Como estos motores giran con velocidad rigurosamente constante y dependiente de la frecuencia de la corriente (que también es constante), se comprende que, por medio de engranajes convenientemente calculados, puedan hacer girar las agujas de las horas, minutos y segundos a razón de 2,24 y 1 440 vueltas por día. Los relojes eléctricos de reserva de marcha tienen un motor auxiliar de muelle que entra en funcionamiento si se produce una interrupción de la corriente.
Los *relojes de motor sincrónico* no necesitan regulador de marcha, pero sí los demás. Los dos tipos de regulador más corriente son el péndulo * y el espiral *, dos órganos mecánicos que oscilan con frecuencia propia y que, merced a un dispositivo de escape * mantienen sensiblemente constante la velocidad de los engranajes, independientemente del estado de distensión del muelle motor.
En los *relojes de cuarzo*, la regulación se obtiene, con extraordinaria precisión y estabilidad, aprovechando las propiedades piezoeléctricas de los cristales de cuarzo. (V. PIEZOELECTRICIDAD.)
Más precisos aún resultan los *relojes moleculares atómicos*, cuyo principio reside en una doble propiedad de las oscilaciones a que se hallan sujetos las moléculas excitadas y los átomos radiactivos: la frecuencia elevadísima de las oscilaciones y la rigurosa constancia de ésta. Así, pues, las oscilaciones de una molécula de amoniaco excitada o de los átomos de cesio radiactivo son detectadas y amplificadas; luego, su frecuencia es dividida por dispositivos electrónicos hasta que su valor sea del orden del de un cristal de cuarzo, con lo cual las oscilaciones de la molécula o del átomo sirven finalmente para regular las de un reloj de cuarzo, con tal precisión que éste solamente puede retrasar o adelantar un segundo el cabo de un siglo.
Existen redes de distribución de la hora constituidas por numerosos relojes eléctricos cuya marcha es regulada mediante impulsiones periódicas transmitidas por un *reloj central* o *reloj magistral*.
Muchos relojes tienen mecanismos suplementarios: timbre de los *despertadores* (cuyo motor de resorte supletorio permanece engatillado hasta que el reloj propiamente dicho, al llegar la hora prevista, lo dispara); agujas suplementarias de minutos y segundos en los *cronómetros* * (acopladas con un mecanismo que permite detenerlas instantáneamente y ponerlas de nuevo en marcha o volverlas al punto de partida); mecanismo que indica el día de la semana o del mes; contactor eléctrico para poner en marcha un aparato o detenerlo a hora fija; autómatas (cuclillo que aparece por un portillo y canta las horas); campanas y carillones para sonar las horas, etc.
El *reloj telefónico* tiene grabada la hora, enunciada cada 20 segundos o más por un locutor, en una película o en una cinta magnetofónica que van pasando ante un lector * de sonido a medida que transcurre el tiempo. Cuando un abonado llama al teléfono de este reloj, el lector funciona y anuncia la hora de viva voz.
Muchos instrumentos registradores * se hallan provistos de mecanismos de relojería que permiten saber a qué hora se produjeron los fenómenos registrados en los gráficos.

RELUCTANCIA f. *Magn.* Resistencia magnética que, en un circuito * magnético atravesado por un flujo de inducción, es igual al cociente que resulta de dividir la fuerza magnetomotriz por el referido flujo.

RELLANO m. *Arq.* Plataforma que enlaza dos tramos de escalera consecutivos. (Sinón. DESCANSILLO, MESETA.)

RELLENO m. Materias que se introducen en una labor de almohadillado o en algún sitio para llenar un hueco.

REM m. *Atom.* Dosis de radiación que produce en el organismo humano los mismos efectos biológicos que un rad* de rayos X.

REMACHADORA f. *Metal.* Máquina de remachar: *las remachadoras hidráulicas no son sino prensas provistas de una estampa que lleva en hueco la forma final del remache; las de percusión derivan del martillo* neumático.*

REMACHAR v. *Carp.* Torcer, machacar la punta del clavo que sobresale de la madera.
— *Metal.* Batir el extremo de un remache para ensancharlo y que no pueda salirse de las piezas a través de las cuales se ha pasado. (Sinón. ROBLONAR.) || Unir o afianzar con remaches.

REMACHE m. *Metal.* Clavija que sirve para uniones definitivas de chapas o piezas delgadas y que una vez pasada por un taladro a través de las mismas, es batida para formar en su extremo cilíndrico una segunda cabeza que impida su salida e incluso el juego de las piezas así afianzadas. (Sinón. ROBLÓN.)
— Los *remaches* tienen un cuerpo cilíndrico y una cabeza que se apoya en la estampa de la remachadora, mientras que el elemento móvil de ésta golpea el extremo libre del remache formando otra cabeza cuyo diámetro ha de ser de 1,3 a 1,7 veces el del cuerpo del remache. Los *remaches de acero* de hasta 10 mm de diámetro se roblonan en frío; los de calibre mayor se calientan previamente a temperaturas de 800° a 900° para facilitar su forjado por la remachadora * y obtener un ajuste más perfecto de las piezas. También existen remaches pequeños hendidos, que se remachan separando sus dos puntas y remaches huecos, cuyo extremo se expande. A esta categoría pertenecen los *remaches explosivos*, provistos de una carga que se hace estallar calentando su cabeza una vez introducidos en el taladro: la explosión expande el extremo del remache y permite así efectuar uniones en aquellas partes o piezas que son inaccesibles por su parte posterior, cual ocurre a menudo en la construcción de aviones. En los cascos de buques y en muchas otras construcciones, las uniones por soldadura autógena reemplazan hoy ventajosamente las de remaches, pues son más económicas y perfectas.

REMANENCIA f. *Magn.* Propiedad de los cuerpos ferromagnéticos, los cuales conservan cierta imantación una vez que se suprime el campo magnetizante. (V. HISTÉRESIS.)

REMANENTE adj. Que persiste o perdura.
— *Magn. Magnetismo remanente*, v. MAGNETISMO e HISTÉRESIS.

REMAR v. *Mar.* Manejar los remos para impulsar una embarcación. || Silgar (si solamente se emplea un remo o espadilla).

REMATE m. *Arq.* Motivo ornamental que corona un hastial, una aguja o la parte superior de alguna otra construcción. || Caperuza.
— *Mar.* Barraganete.

REMELLAR v. *Curt.* Raspar las pieles de gamuza, ya curtidas, en aquellas partes que aún conservan el aspecto liso de la flor.

REMENDERÍA f. Conjunto de trabajos a base de remiendos y chapucerías.
— *Art. gráf.* Labores de poca monta y, en general, por oposición al trabajo editorial, designación genérica de la impresión de membretes, tarjetas de visita, talonarios, facturas y otros impresos comerciales o de fantasía.

REMETIDO, DA adj. y s. *Art. gráf.* Conjunto formado por tres pliegos impresos y metidos uno dentro del otro.
— *Carp.* Dícese, por oposición a *sobrepuesto,* de las molduras que, labradas mediante arranque de madera, no sobresalen de la superficie general de los maderos: *peinazo de molduras remetidas.*

REMIENDO m. Reparación de algún desperfecto.
— *Art. gráf.* Labor de remendería.

REMO m. *Mar.* Pala larga de madera que sirve para impulsar embarcaciones manualmente.
— El *remo* obra como una palanca que tiene su punto de apoyo en el agua, la potencia en la empuñadura y la resistencia en el luchadero, que es la parte por la cual se articula en el tolete o la chumacera de la embarcación. La parte comprendida entre la empuñadura y el luchadero es el guión, y la que penetra en el agua, la pala. A los remos de palas anchas y cortas (de las cuales tienen a veces una en cada extremo) que se manejan en vilo, sin apoyarlos en la borda, se les dan los nombres de *pagayas* o *zaguales.*

REMOLACHA f. *Agr.* e *Ind. alim.* Planta salsolácea *(Beta vulgaris),* cuya variedad llamada *remolacha azucarera* contiene en su raíz, grande y carnosa, de 12 a 17% de sacarosa: *la remolacha es, con la caña, una de las dos materias primeras de la industria azucarera.* (V. AZÚCAR.)

REMOLCADOR, RA adj. y s. Que sirve para remolcar un vehículo o arrastrar otras cosas.
— *Mar.* Embarcación provista de motores potentes, que se emplea para remolcar.
— Los *remolcadores* son embarcaciones caracterizadas por: la potencia relativamente grande de sus motores; la forma de las hélices, adaptada a la poca velocidad que tiene el barco cuando tira de otro; la anchura anormal del casco, que tiene por objeto evitar el vuelco del remolcador cuando la tracción del buque remolcado se efectúa lateralmente; la presencia, lo más cerca posible de su centro de gravedad, de un gancho, para fijar el cable de tracción, provisto de un disparador que permita soltarlo rápidamente en caso de necesidad; la instalación a popa de una cercha sobre la cual puede deslizarse el cable lateralmente a cierta altura de la cubierta. En los grandes canales, ríos navegables, lagos y otras aguas tranquilas el remolcador tiene a veces la forma de un pontón de planta rectangular y de proa plana que se apoya en un tren de barcazas y lo empuja por delante, en vez de tirar de él con cables. Tanto las barcas como el remolcador se hallan afianzados con acoplamientos de barras y amortiguadores y forman un conjunto rígido, con capacidad de hasta 10 000 toneladas. El transporte resulta así más cómodo, rápido y económico que con la tracción por cables.

REMOLCAR v. Arrastrar tras de sí una embarcación a uno o varios barcos, un vehículo terrestre a otro, un avión a un planeador, etc.

REMOLIDO m. *Min.* Mineral menudo, antes de ser separado de su ganga.

REMOLINO m. Torbellino.

REMOLQUE m. Acción de remolcar. ‖ Cable con que se remolca. ‖ Barco, vehículo o cosa remolcada.

REMONTADO, DA adj. Dícese del arco de altura mayor que la mitad de su luz.

REMOSQUEARSE v. *Art. gráf.* Producirse remosqueo en los pliegos que se tiran o recién tirados.

REMOSQUEO m. *Art. gráf.* Defecto de la impresión debido a distintas causas (desgaste o mal ajuste de la máquina, espesor excesivo de la cama *, arreglo * imperfecto de los grabados, papel ondulado, etc.) que provocan una ligera oscilación del papel durante la presión y un corrimiento de la tinta. ‖ Impresión borrosa debida al corrimiento de la tinta después de tirado el pliego.

REMOSTAR v. *Ind. alim.* Agregar mosto a los vinos añejos. (Sinón. MOSTEAR.)

RENARD *(Serie de),* progresión * geométrica en la cual cada número resulta de aumentar el anterior agregándole su cuarta parte (25%) o de disminuir el siguiente en una quinta parte (20%). Muchos productos industriales tienen por dimensiones números normales pertenecientes a la serie de Renard, cuyos 10 términos de base son: 1,25 - 1,6 - 2 - 2,5 - 3,2 - 4 - 5 - 6,4 - 8 - 10. También se usan series más nutridas reduciendo las proporciones de 25% y 20%, aplicadas a la anterior, a 12,5% y 10% y también a 6,25% y 5%.

RENARDITA f. *Miner.* Fosfato hidratado de plomo y uranio, mena de este último metal.

RENATO m. *Quím.* Sal del ácido rénico.

RENDIMIENTO m. Grado de eficacia de un motor, máquina, reacción química, etc. ‖ Promedio que resulta de dividir la producción total por el número de obreros que participan en ella.
— En toda máquina existen resistencias pasivas que ocasionan pérdidas de energía, especialmente en forma de calor: roce de los árboles con sus cojinetes, deslizamiento de las correas sobre las poleas, choques entre los dientes de los engranajes, resistencia opuesta por el aire a las piezas en movimiento, frotamiento de los fluidos en las paredes de las canalizaciones, etc. De ahí que una parte de la energía suministrada a la máquina se pierda y, en consecuencia, necesidad de saber cuál es el *rendimiento* de ésta, o sea el cociente que resulta de dividir la energía o trabajo realmente aprovechado por la energía o trabajo suministrado. El rendimiento es, consiguientemente, inferior a la unidad, y a continuación se indica el valor que suele tener en los motores más comunes: máquina de vapor, de 0,10 a 0,15; motor de automóvil, de 0,20 a 0,30; motor Diesel, de 0,30 a 0,40; motores eléctricos, de 0,80 a 0,95. En las máquinas cuyo funcionamiento se funda en cambios de calor entre un manantial caliente y otro frío, el rendimiento no puede ser superior al del ciclo * de Carnot.
— *Aeron.* El *rendimiento de una hélice* es la relación entre la fuerza de tracción ejercida por la misma y la fuerza que es aplicada a su árbol por el motor. Es tanto más importante cuanto mayor es el diámetro de la hélice, pero disminuye al aumentar la velocidad de rotación de la misma, si bien puede ser mejorado regulando

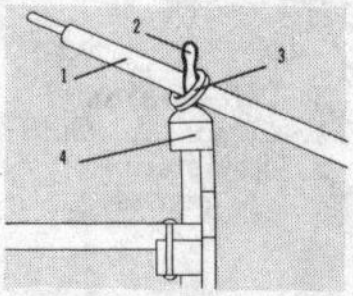

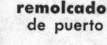

remo (1); 2. Tolete; 3. Estrobo; 4. Borda

remolcador de puerto

remolcador: empuje de barcazas

Fot. C. G. T., Larousse

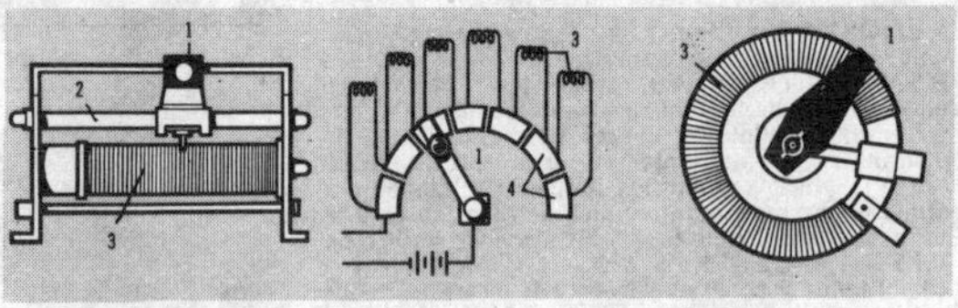

reóstatos
1. Cursor; 2. Guía; 3. Resistencia; 4. Bornes

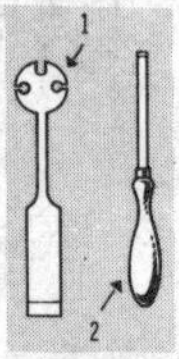

renetas
de carpintero (1) y de talabartero (2)

repetidor de cable telefónico *(telec.)*

círculo **repetidor** *(topogr.)*

el ángulo de ataque de las palas (v. HÉLICE). A la velocidad de crucero se admite como bueno un rendimiento de 0,75.
El *rendimiento total de un motor de reacción* es el producto de su *rendimiento térmico* (relación entre el aumento de energía cinética del aire que atraviesa el motor y la energía desprendida por la combustión del carburante) por el *rendimiento propulsivo* (relación entre la potencia necesaria para vencer la resistencia al avance opuesta por la atmósfera y el aumento de energía cinética adquirido por el aire que atraviesa el motor). El *rendimiento de un turborreactor* aumenta con la velocidad del aparato y, a partir de los 800 km/h, supera el de los motores de hélice. El mejor rendimiento de los estatorreactores y de los cohetes se obtiene a velocidades de varios millares de kilómetros por hora.
— *Comb.* Volumen de gas, expresado en metros cúbicos, que se obtiene destilando 100 kg de carbón.
— *Constr.* Volumen de hormigón que se obtiene por cada metro cúbico de piedra o grava presente en la mezcla.
— *Pint. Rendimiento de una pintura,* superficie que se puede cubrir con determinada cantidad de la misma.
— *Quím.* Cociente que resulta de dividir el número de moléculas gramo obtenidas como resultado de una reacción, por el de las moléculas gramo correspondientes a la misma reacción si se hubiera consumado por completo.

RENDIR v. *Mar.* Terminar la subida o bajada de las aguas en el curso de una marea. ‖ Romperse un palo o una entena, especialmente si se raja en sentido longitudinal.

RENETA f. *Art. y of.* Especie de escoplo que sirve para rayar la madera, hacer en el cuero ranuras para las costuras, etc.: *la reneta de carpintero sirve de llave, por su extremo opuesto, para rectificar el paso de los dientes de las sierras.*

RÉNICO, CA adj. *Quím.* Dícese del anhídrido ReO_3 derivado del renio, así como del ácido correspondiente de fórmula H_2ReO_4.

RENIO m. *Quím.* Elemento químico de número atómico 75, cuyo símbolo es *Re.*
— El *renio* es un metal blanco, brillante y pesado (densidad 21,02), cuya masa atómica es de 186,2 (consta de 37,07% de isótopo 185, estable, y de 62,93% de isótopo 187, radiactivo). Funde a 3 180° y hierve a 5 870°. Este metal es notable por su elevada resistividad y su gran poder de emisión electrónica. Sus propiedades químicas son análogas a las del manganeso.
El renio no tiene menas propias; se halla asociado en pequeñas proporciones a otros metales y se obtiene como subproducto de la extracción del cobre y del molibdeno (la molibdenita puede contener 20 g de renio por tonelada). Puede ser laminado y forjado y se emplea, solo o aliado, para metalizar y proteger otros metales, para hacer pares termoeléctricos, pirómetros y puntas de plumillas. También se usa como catalizador de reacciones de oxidación y de hidrogenación. Los renatos son asimismo catalizadores.

RENVALSAR v. *Carp.* Hacer renvalsos.

RENVALSO m. *Carp.* Rebajo hecho en el canto de las hojas de puertas y ventanas para que encajen o ajusten en el marco.

RENVÍO m. *Mec.* Galicismo por *contramarcha.*

REO, prefijo derivado del griego *rheos,* que significa *corriente.*

REÓFORO m. *Electr.* Cada una de las clavijas que tiene el casquillo de un tubo electrónico y que sirve para enchufarlo en la base o zócalo del aparato a que pertenece. ‖ Borne.

REÓGRAFO m. *Electr.* Oscilógrafo * o cualquier otro instrumento para registrar las variaciones de la intensidad de una corriente.

REOLOGÍA f. *Fís.* Parte de la física que trata de la viscosidad, la plasticidad, la elasticidad y, en general, del flujo de la materia.

REÓMETRO m. *Metr.* Instrumento para medir las variaciones que experimenta el gasto de una vena fluida cuando varía la presión de la misma. ‖ Sinónimo anticuado de *galvanómetro.*

REOSCOPIO m. *Electr.* Todo aparato propio para poner de manifiesto la existencia de una corriente eléctrica.

REOSTÁTICO, CA adj. *Electr.* Relativo al reóstato. ‖ *Frenado reostático,* v. FRENADO.

REÓSTATO m. *Electr.* Resistencia variable.
— Un *reóstato* consiste esencialmente en un devanado sobre el que corre un cursor que permite hacer variar el número de espiras por las cuales pasa la corriente. Así, pues, se puede regular la intensidad de una corriente (para obtener determinada velocidad de rotación de un electromotor) o hacerla variar progresivamente (para preservar los motores u otros aparatos o instalaciones). Por ejemplo, si se conectaran ciertos motores directamente con la línea, la corriente quemaría la bobina del inducido, mientras que, empleando un reóstato de arranque, la máxima intensidad de la corriente se alcanza cuando ya no presenta ningún peligro por girar el rotor a gran velocidad.
Los *reóstatos de líquido* o *electrolíticos,* consisten en un recipiente que contiene lejía y en el cual se hacen penetrar más o menos profundamente dos electrodos: al pasar de uno a otro a través del líquido, la corriente halla una resistencia que depende de la longitud de la parte de las barras que baña en el mismo.

REPASADORA f. *Text.* Peinadora de repasar *. ‖ Carda suplementaria que se emplea a veces en la hilatura de la lana cardada.

REPASAR v. *Text.* Abrir de nuevo la lana y peinarla después del teñido.

REP m. *Atom.* Unidad empleada para medir las dosis de irradiación, equivalente a 93 ergios por gramo de tejidos orgánicos, o sea a la disipación de energía provocada por un röntgen de rayos X en un gramo de agua.

REPELAR v. *Art. gráf.* Resultar maculado el pliego que se imprime. ‖ Repintar.

REPELOSO, SA adj. *Carp.* Dícese de la madera que, al ser labrada, levanta pelos o fibras.

REPELLAR v. *Constr.* Echar pelladas de yeso o de cal a la pared que se construye o revoca. ‖ Enfoscar.

REPETICIÓN f. Reiteración de una acción.
— *Arm. Arma de repetición,* arma de fuego provista de una reserva de cartuchos que penetran sucesivamente en la recámara cada vez que el tirador acciona el cerrojo (maniobra que provoca también la expulsión del cartucho vacío anteriormente disparado): *la pistola y el revólver son armas de repetición, pero no la escopeta de caza, que se carga por la culata, ni el fusil ametrallador que es un arma automática.*
— *Mec.* Mecanismo que tienen ciertos relojes para que den automáticamente la misma hora dos veces consecutivas o para que la den en cualquier momento al apoyar en un botón que suelta un muelle.
— *Metr.* y *Topogr. Método de la repetición,* reiteración.

REPETIDO m. *Art. gráf.* Palabra o frase que se ha compuesto dos veces, una a continuación de la otra.

REPETIDOR, RA adj. y s. Que repite. ‖ — M. Dispositivo que sirve para reproducir un fenómeno.
— *Telec.* Aparato que se intercala entre dos tramos de un cable telefónico, cable submarino, etc., con objeto de filtrar la corriente y amplificarla para que pueda recorrer largas distancias sin alterarse ni atenuarse excesivamente. ‖ Relevo * de cable hertziano. ‖ Respondedor.
— *Topogr. Círculo repetidor,* círculo * cuyo limbo puede ser acoplado con el anteojo (y arrastrado por el mismo) y desacoplado a voluntad, lo cual permite efectuar medidas de ángulos por repetición o reiteración *.

REPINTAR v. *Art. gráf.* Quedar marcada la impresión de un pliego en el pliego siguiente por estar aún fresca su tinta.
— *Pint.* Pintar sobre lo ya pintado.

Fot. Cie Ind. des Téléphones, I. G. N.

REPINTE m. Acción y efecto de repintar una superficie o de repintarse un pliego.

REPISA f. *Arq.* Ménsula de más longitud que vuelo en la cual se asienta un balcón.

REPLANTEAR v. *Arq.* Trazar en el terreno la planta de un edificio u otra obra valiéndose de los planos del proyecto.

REPORTAR v. *Art. gráf.* y *Fot.* Efectuar el reporte * de pruebas.

REPORTE m. *Art. gráf.* y *Fot.* Operación consistente en hacer pasar a la piedra litográfica o a las planchas las pruebas de la composición o de los grabados que se han de imprimir.
— El *reporte* se efectúa por fotograbado * o empleando pruebas tiradas en un papel especial (*papel de reporte*). Las pruebas se aplican sobre la piedra litográfica previamente pulimentada, e interponiendo un cartón, se prensan repetidamente. Al ser despegadas con agua tibia, dejan su impresión en la piedra.

REPOSADERO m. *Metal.* Pileta en que cae el metal que chorrea de la piquera de un horno.

REPOSO m. *Mec.* *Reposo absoluto,* estado de un cuerpo o de un observador rigurosamente inmóviles. ‖ *Reposo relativo,* estado del cuerpo o del observador rigurosamente inmóviles respecto a un referencial, aunque arrastrados con éste en un mismo movimiento: *según la teoría de la relatividad, el observador no puede demostrar experimentalmente si su reposo es absoluto o relativo.*

REPRESA f. Presa, embalse.

REPRESAR v. Detener las aguas corrientes; acumularlas en presas * o embalses.

REPRESENTACIÓN f. *Mat.* Operación que tiene por objeto hacer corresponder los elementos de una figura con los de otra. ‖ *Representación conforme,* aquella en la cual los ángulos de la segunda figura son iguales a los de la primera: *en aerodinámica se calculan perfiles de alas de avión a partir de un círculo mediante representación conforme de su área sobre la del perfil.*

REPRODUCCIÓN f. Copia o cosa que se hace a imagen y semejanza de otra.
— *Art. gráf.* y *Fot.* *Cámara de reproducción,* aparato fotográfico empleado en los talleres de fotograbado.

REPRODUCTOR, RA adj. y s. Que reproduce.
— *Metal.* Plantilla de metal o de madera que tiene las formas de la pieza que se ha de fabricar y sirve de guía en las máquinas herramienta de reproducir (torno, fresadora, etc.).
— *Ofic.* Máquina para copiar tarjetas perforadas, o sea para reproducir sus perforaciones en tarjetas vírgenes.
— *Radiot.* Altavoz.

REPS m. *Text.* Tela para forrar muebles y hacer labores de tapicería y cintería, que se caracteriza por su trama mucho más densa que la urdimbre y por presentar su textura un efecto de acanalado o canutillo.

REPUESTO m. Pieza de recambio, accesorio.

REPUJADO m. *Metal.* Arte de deformar la chapa en frío para obtener recipientes o piezas ahuecadas o labradas en relieve.
— Existen tres técnicas o clases de *repujados.* La más simple consiste en una embutición * propia para labrar pequeños relieves en una chapa; ésta se pone entre una sufridera o matriz —que lleva la forma en hueco— y un macho o repujador que la reproduce en relieve y sobre el cual se golpea con el martillo. Otra forma de *repujado por martilleo* (repujado propiamente dicho) es practicada en calderería por los chapistas para obtener objetos en número reducido o simplemente protoptipos, y consiste en golpear repetidamente la chapa sobre un tas de cabeza redondeada e ir moviéndola en la dirección conveniente para que el metal rechazado por cada martillazo se vaya corriendo hacia aquellas partes en las cuales se ha de obtener una extensión de la chapa. (Todo el arte del calderero o del chapista estriba en tener constantemente una idea precisa de las partes en que se puede adelgazar la chapa y del modo como el metal puede ser corrido hacia aquellas partes donde falta o puede faltar hasta que, de la simple chapa plana, se obtenga un objeto ahuecado.) Por último, con el nombre de *repujado al torno* se designa una técnica fundada en el uso de un torno de repujar: se dispone en éste un disco de chapa entre un molde o forma —que es generalmente de madera— y una pieza de fijación; luego, mientras gira la chapa se ejerce sobre ella una presión lateral, en dirección del molde, deslizando la herramienta del centro a la periferia, y viceversa; el metal es así en parte estirado y en parte recalcado, hasta quedar aplicado por completo sobre la forma. Existen máquinas potentes, para piezas grandes de chapa espesa, en las cuales la herramienta consiste en rodillos que son aplicados contra la chapa mecánicamente.

REPUJAR v. Labrar en frío las chapas planas de metal para convertirlas en recipientes u otros objetos ahuecados. (V. REPUJADO.) ‖ Por ext., labrar el cuero en relieve.

REPULGO m. *Text.* Dobladillo.

REPUNTAR v. *Hidr.* y *Mar. Amer.* Volver a crecer un río cuando ya menguaban las aguas de una avenida anterior. ‖ Empezar la marea ascendente o descendente.

REQUIEBRO m. *Miner.* Mineral ya fragmentado que se vuelve a quebrantar para igualar el tamaño de los trozos.

RESACA f. Movimiento de retroceso de las olas que se retiran de la orilla. ‖ *Amer.* Todo cuanto es abandonado sobre el terreno al retirarse las aguas de una avenida, no solamente los troncos y basuras, sino también el limo fertilizante, que se aprovecha como abono.

RESALTO m. Parte que sobresale de una superficie, como los elementos arquitectónicos que forman relieve en las fachadas y paredes.

RESBALADERA f. *Mec.* Corredera, guía sobre la cual se desliza un órgano mecánico.

RESBALAMIENTO m. *Aeron.* Movimiento lateral y hacia abajo del avión que se halla excesivamente inclinado al efectuar un viraje.
— *Mec.* Deslizamiento.

RESBALÓN m. *Carp.* Pestillo * de golpe. ‖ *Resbalón de bola,* cierre de golpe para armarios en el cual el pestillo es reemplazado por una bola de acero encajada por un muelle en el cerradero.

RESERVA f. Toda superficie protegida con una materia aislante para que no obre en ella el agente con que se han de tratar las superficies contiguas dejadas al descubierto.
— *Art. gráf.* En la obtención de grabados se hacen reservas cubriendo ciertas partes de las planchas con materias crasas o resinosas que impiden la acción corrosiva de los ácidos.
— *Mar.* *Reserva de flotabilidad,* volumen sobrante del casco por encima de la línea de flotación del buque cargado: *la reserva de flotabilidad indica la carga suplementaria que podría adquirir el buque antes de que el agua alcanzara la cubierta.*
— *Min.* y *Petr.* Cantidad de mineral o de petróleo que puede ser beneficiada en un yacimiento, distinguiéndose a veces las reservas seguras, de las reservas probables (cuya existencia o aprovechamiento no puede darse por seguro).
— *Text.* Partes de un tejido teñido o estampado que no admiten el tinte, ya por no haber recibido con antelación el mordiente, ya por haber sido tratadas con substancias antagonistas de la materia tintórea.

RESIDUAL adj. Sobrante, que queda como residuo: *aprovechar las materias residuales.*
— *Astron.* *Velocidad residual,* v. VELOCIDAD.
— *Electr.* *Carga residual,* v. CARGA.
— *Geol.* Dícese de las partes de una roca, terreno, etc., que han sido preservadas de la erosión.

RESIDUO m. Materias que quedan después de efectuar alguna operación química, tratamiento industrial, transformación, etc.: *la refinación del petróleo deja residuos asfálticos.*
— *Mat.* Resultado de la operación de restar. ‖ Resto de una división *. ‖ *Residuo cuadrático de un número,* resto de la división de un cuadrado entero por dicho número.

RESILIENCIA f. *Mec.* Número que caracteriza la fragilidad * de un cuerpo, o sea su resistencia a los choques.
— La *resiliencia* se determina golpeando una probeta en forma de barra con una masa pendular e imprimiendo a ésta una fuerza cada vez mayor, hasta provocar la ruptura de aquélla. Se calcula entonces, en kilográmetros, el trabajo que ha sido necesario para consumar la rotura

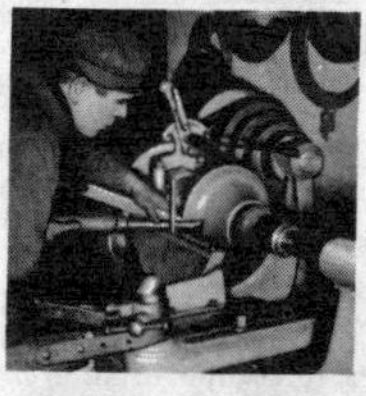

repujado al torno (un cinto de cuero da al repujador un apoyo que le permite apretar la chapa más fuertemente)

Fot. Larousse

recolección de la **resina** de pino

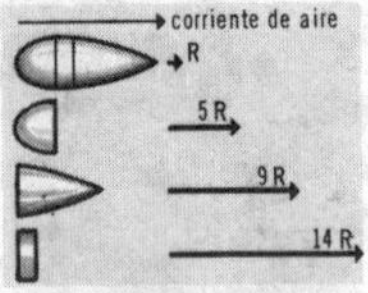

la **resistencia** R al avance de un cuerpo fusiforme es inferior a la de cada una de sus secciones consideradas separadamente

y el número hallado se divide por la sección de la probeta en centímetros cuadrados. El cociente indica la resiliencia de la muestra, y cuanto mayor sea su magnitud, menos frágil es la materia de la probeta. El temple de un metal disminuye su resiliencia, mientras que el recocido la aumenta.

RESINA f. Nombre genérico de substancias segregadas por ciertas plantas que se solidifican o espesan mucho al contacto del aire, formando masas entre amarillentas y pardas, transparentes o translúcidas, fácilmente fusibles, pero insolubles en el agua, circunstancia que las distingue de las gomas *. || *Resinas artificiales,* nombre genérico de las materias plásticas. (V. PLÁSTICO.) || *Resinas fósiles,* el ámbar y otras resinas segregadas por los árboles en un remoto pasado y conservadas en el subsuelo.
— Las *resinas* se componen de derivados terpénicos al parecer producidos por la oxidación de las esencias. Son solubles en el alcohol, las grasas y los disolventes orgánicos y provienen principalmente de plantas coníferas y terebintáceas (resina de pino, copal, damar, sandáraca, etc.). Las resinas, algunas de las cuales se emplean en farmacia, entran en la composición de pinturas y barnices, si bien están siendo cada vez más reemplazadas por resinas sintéticas (v. PINTURA y PLÁSTICO). La destilación de la resina de pino permite obtener colofonia y aguarrás.
La extracción de las resinas suele ser efectuada como la del látex, o sea practicando incisiones en el tronco de los árboles y fijando en la base de las mismas un recipiente en el que cae la resina que fluye de ellas. Cuando el árbol da una oleorresina * o una gomorresina *, la resina se separa, respectivamente, por la destilación o por disolución de la goma en agua caliente.

RESINACIÓN f. Beneficio de la resina.

RESINAR v. Beneficiar la resina de los árboles.

RESÍNICO, CA adj. *Quím.* Aplícase a los ácidos que se extraen de la resina de pino.

RESINÍFERO, RA adj. Dícese de las plantas que producen resina.

RESINIFICAR v. *Quím.* Convertir en resina.

RESINIFORME adj. Semejante a la resina.

RESINIGOMA f. Gomorresina.

RESINOIDE m. *Perf.* Producto resinoso que resulta de disolver una materia olorosa vegetal y seca en alcohol u otro disolvente que luego se deja evaporar. || Por ext., castóreo, algalia u otra materia primera olorosa de origen animal.

RESINOSO, SA adj. Semejante o parecido a la resina. || Que produce resina: *árbol resinoso.*
— *Bot.* y *Carp.* Nombre genérico de árboles que tienen agujas en vez de hojas y cuya madera carece de vasos, siendo éstos reemplazados por células alargadas que contienen resina (pino, cedro, ciprés, tuya, etc.): *la madera de los árboles resinosos recién cortados contiene más agua que la de los árboles de hojas.*
— *Electr. Electricidad resinosa,* electricidad * negativa, por ser de este signo la del ámbar.

RESISTENCIA f. Propiedad que tienen los cuerpos de soportar las acciones de agentes mecánicos, físicos o químicos sin romperse, deformarse o ser atacados por ellos.
— *Aeron. Resistencia al avance,* fuerza opuesta por el aire al avance de un avión, cohete, helicóptero o dirigible en el seno de la atmósfera. (Sinón. ESTELA.)
— La *resistencia al avance* es proporcional al cuadrado de la velocidad (si ésta dobla, la resistencia es cuatro veces mayor), depende del ángulo de ataque del ala y de la forma del aparato y es tanto mayor cuanto mayor sea también —a longitud igual— la sección maestra del fuselaje o del ala.
Cuando un avión rápido, al aumentar progresivamente su velocidad, alcanza la velocidad del sonido, la resistencia al avance aumenta bruscamente, pero luego disminuye de manera lenta a las velocidades supersónicas hasta recobrar valores normales. (V. SUPERSÓNICO.)
El equilibrio dinámico de un avión en vuelo resulta de la relación entre la resistencia al avance y la fuerza de sustentación *. (V. FINURA, POLAR y MURO *del calor.*)
— *Autom.* La *resistencia al avance de un automóvil* es la suma de la resistencia opuesta por el aire (v. más arriba *Aeron.*) y la *resistencia de rodadura* debida al rozamiento de los neumáticos sobre el suelo y a los frotamientos que se producen en los mecanismos de transmisión. La primera es la más importante y aumenta según el cuadrado de la velocidad. Cuando ésta es de 100 km/h aproximadamente, 30 % del combustible consumido por el motor de un coche de serie sirve para vencer la resistencia al avance, mientras que la resistencia de rodadura absorbe de 5 a 6 % del combustible. De ahí la conveniencia de proveer los coches de carrocerías aerodinámicas, pero las formas de las mismas difieren mucho de los cánones estéticos apreciados por el público y están muy lejos de ser adoptadas por los constructores.
— *Electr.* Obstrucción que opone un conductor al paso de la corriente eléctrica. || Conductor que se emplea para aprovechar dicha resistencia con algún fin. || *Resistencia aparente,* impedancia. || *Resistencia específica,* resistividad. || *Resistencia pura* o *muerta,* conductor en el cual toda la energía de la corriente eléctrica es transformada en calor por efecto Joule. || *Caja de resistencias,* surtido de hilos de manganina de resistencia perfectamente determinada, que se emplean como patrón.
— La *resistencia* es el cociente de la diferencia de potencial entre los extremos de un conductor dividida por la intensidad de la corriente que circula por el mismo. También puede definirse como el cociente que resulta de dividir la potencia eléctrica transformada en calor en un conductor, por la intensidad de la corriente. La unidad M. K. S. A. * de resistencia es el ohmio *. Para comparar los distintos conductores se mide su *resistencia específica,* que es la resistencia de un metro de hilo metálico de 1 mm^2 de sección. La resistencia específica de la plata es de 0,016, la del cobre 0,017, la de la manganina, 0,43, etc. La resistencia de un metal es tanto más grande cuanto mayor es su temperatura.
Las resistencias de Nicromo y metales afines se emplean para engendrar calor en los radiadores de calefacción eléctrica, las planchas para la ropa, las cocinas eléctricas, los calentadores de agua, etc. También se emplean resistencias para modificar o regular las corrientes eléctricas, como en los reóstatos *, potenciómetros *, etcétera. (V. tb. más abajo *Radiot.*)
— *Fís.* Fuerza que se opone al movimiento de un cuerpo en un fluido. (V. más arriba *Aeron.* y *Autom.*) || Una de las tres fuerzas que actúan en la palanca *. || *Resistencia de rozamiento,* la que resulta de la viscosidad de un fluido y hace que en un tubo, canal, etc., la velocidad del líquido o del gas disminuya desde el eje hacia los bordes de la vena hasta llegar a ser nula junto a las paredes, en la capa * límite.
— *Mec.* Fuerza que se opone al movimiento de un cuerpo. || *Resistencia de materiales,* parte de la mecánica que tiene por objeto determinar las dimensiones que han de tener las distintas piezas de una construcción para que puedan llenar su cometido y soportar los esfuerzos a que se han de hallar sometidas sin romperse ni adquirir deformaciones permanentes perjudiciales. || *Resistencia pasiva,* los rozamientos, la rigidez de una cuerda y otros fenómenos que se oponen pasivamente a un movimiento. || *Resistencia práctica,* resistencia de una materia industrial reducida según un coeficiente de seguridad y adoptada como base para el cálculo de la resistencia de materiales.

instrumento empleado en **resistencia** de materiales para medir la resistencia de las vigas, puentes, etc.

Fot. Laporte, Larousse

— Las piezas de toda construcción mecánica, arquitectónica, etc., se hallan sometidas a esfuerzos que las deforman y provocan fenómenos de fatiga *. Así, al establecer el proyecto de la construcción, se diseña cada pieza con forma y dimensiones tales que la fatiga admisible sea suficientemente superior a la fatiga real máxima que pueda resultar de los esfuerzos soportados en la construcción (por ejemplo, se diseñará una pieza que pueda soportar esfuerzos dos, tres o más veces mayores que los que habrá de soportar realmente). Ahora bien, una misma pieza será más o menos resistente según la parte de la misma en que se aplican las fuerzas y según la dirección de éstas respecto al eje longitudinal de aquélla. De ahí varias clases de fatiga que se calculan separadamente al diseñar la pieza. Para efectuar dichos cálculos se parte de ciertas hipótesis y leyes, especialmente las siguientes: 1.ª la materia de la pieza se considera como si constara de un haz de fibras paralelas unidas por fuerzas de cohesión; 2.ª las partículas de materia de una sección plana normal al eje o fibra neutra de la pieza siguen formando una sección plana después de la deformación de aquélla; 3.ª los esfuerzos y deformaciones internas de la pieza, cuando no son excesivamente grandes, son proporcionales a las cargas o fuerzas soportadas por la misma, lo cual implica una compresión elástica que desaparece si se suprime la carga o anula la fuerza (ley de Hooke).

Las diferentes clases de resistencia a que hemos aludido son las siguientes:

1.ª *Resistencia a la tracción*, resistencia en la que la fuerza obra en el sentido longitudinal de la pieza y tiende a alargarla (cable de ascensor, acoplamiento de vagones, etc.);

2.ª *Resistencia a la compresión*, resistencia en la que la fuerza actúa en el mismo sentido axial, pero tiende a acortar la pieza (bielas, columnas, etcétera);

3.ª *Resistencia al cizallamiento* o *a la cortadura*, resistencia en la que la carga o la fuerza se ejerce perpendicularmente al eje longitudinal de la pieza y tiende a partirla en dos por una sección transversal (como el remache que soporte el corrimiento de una de las chapas respecto a la otra);

4.ª *Resistencia a la flexión*, resistencia en la que se combinan fuerzas de tracción (en una parte de la pieza) y de compresión (en la otra), que tienden a doblar o curvar la pieza (vigas, cañas de pescar, etc.);

5.ª *Resistencia a la torsión*, resistencia en la que un par * de fuerzas tuercen la pieza sobre su eje longitudinal y tienden a romperla por cizallamiento (árboles de transmisión, etc.);

6.ª *Resistencia al pandeo*, combinación de la compresión y de la flexión que tienden a doblar aquellas piezas en las cuales las fuerzas o cargas se hallan aplicadas en un extremo y se ejercen axialmente (puntales, pared muy cargada, etc.). [Véase tb. DEFORMACIÓN y ELASTICIDAD.]

— *Telec. Resistencia lineica*, resistencia que se opone al paso de la corriente en un conductor doble cuya longitud es de un kilómetro.

RESISTENTE adj. Dotado de resistencia *, en todas las acepciones.

RESISTIVIDAD f. *Electr.* Producto de la resistencia de un conductor (dependiente de la materia que lo constituye y de su temperatura) multiplicada por el cociente que resulta de dividir la sección del hilo por su longitud: *la resistividad, cuyo símbolo es* ρ (ro griega), *se expresa en ohmios por metro.*

RESISTOR m. *Electr.* Resistencia * eléctrica destinada a calentar por efecto Joule.

RESMA f. *Art. gráf.* y *Papel.* Unidad comercial equivalente a 20 manos de papel, o sea a 500 hojas o pliegos.

RESOLUCIÓN f. Acción de resolver o resolverse.

— *Ópt.* y *Radiot. Poder de resolución* o *poder de separación*, v. PODER.

RESOLVENTE adj. *Mat. Resolvente de una ecuación*, ecuación que se hace para facilitar la resolución de otra.

— *Ópt. Poder resolvente*, poder * de resolución o de separación.

RESOLVER v. Descomponer una cosa en partes más simples o separar sus constituyentes: *resolver una mezcla en sus distintos constituyentes.*

— *Mat.* Hallar la solución de un problema. ‖ *Resolver una ecuación*, calcular sus raíces. ‖ *Resolver un triángulo*, calcular todos sus elementos a partir de los que ya se conocen.

RESONADOR, RA adj. y s. Que resuena. ‖ — M. Aparato o dispositivo que hace resonar.

— *Acúst.* Esfera hueca provista de dos aberturas, una de las cuales se aplica al oído y solamente le transmite, de todos los sonidos emitidos simultáneamente, aquel para el cual ha sido calculada y afinada la esfera.

— *Radiot.* Circuito capaz de entrar en resonancia * cuando es excitado por la corriente cuyas oscilaciones corresponden a su propia frecuencia. ‖ *Resonador eléctrico* o *de Hertz*, anillo de metal interrumpido por un corte entre cuyos bordes saltan chispas cuando el aparato capta las ondas procedentes de un circuito oscilante muy próximo.

resonador *(acúst.)*

RESONANCIA f. *Fís.* Propiedad que tienen los cuerpos susceptibles de vibrar y en virtud de la cual, cuando dichos cuerpos o sistemas son excitados por impulsiones periódicas de frecuencia poco diferente de su frecuencia propia, oscilan con una amplitud creciente que puede llegar a ser muy grande antes de que se estabilice. ‖ Aumentar o prolongarse los sonidos repercutidos por las paredes de un local.

— El cristal que vibra en una ventana cuando pasa un vehículo y el columpio que aumenta la amplitud de sus oscilaciones a pesar de que se le dan impulsiones siempre iguales, constituyen fenómenos de *resonancia* muy comunes. El aumento que experimenta la amplitud puede ser suficiente para que se rompa un vaso situado cerca de un violín, si éste emite un sonido de frecuencia muy próxima de la frecuencia propia con que vibra aquél. Por lo demás, se han dado casos de puentes colgantes destruidos por fenómenos de resonancia al coincidir sus ondulaciones con las ráfagas del viento.

Los instrumentos de cuerda amplifican los sonidos por resonancia de su caja de madera, y también interviene la resonancia en la acústica * de las salas de conciertos y de espectáculos.

Las moléculas, átomos y partículas elementales también pueden formar sistemas de resonancia cuando sus frecuencias de excitación coinciden o son muy próximas. La resonancia es en este caso muy breve, pero puede resultar perjudicial en un reactor nuclear. Por ejemplo, si los neutrones libres entran en resonancia con los núcleos de los átomos, la reacción de cadena tiende a converger. De ahí la necesidad de frenar los neutrones para que su energía sea inferior a la que puede engendrar la resonancia. (V. REACTOR *nuclear*.)

También tiene importancia la resonancia eléctrica que se produce en los circuitos * oscilantes cuando la fuerza electromotriz que los alimenta tiene una frecuencia muy próxima de la de las oscilaciones libres que ellos pueden engendrar. Consiguientemente, un radiorreceptor, a pesar de que su antena capta simultáneamente ondas procedentes de numerosas emisoras, sólo detecta aquellas cuya frecuencia coincide más perfectamente con la de su circuito resonante. Pero, haciendo variar con el botón de sintonía la capacidad de dicho circuito, se modificará su frecuencia de resonancia y así se podrán detectar otras emisiones de igual frecuencia.

RESONANTE adj. Que resuena: *circuito resonante.*

RESONAR v. Repercutir los sonidos. ‖ Producirse resonancia *.

RESORCINA f. **RESORCINOL** m. *Quím.* Difenol $C_6H_4(OH)_2$ derivado del benceno.

— La *resorcina* se prepara fundiendo una mezcla de sosa y de bencenodisulfonato de sodio. Forma cristales incoloros que funden a 118º y son solubles en el agua, el alcohol y el éter. Sirve para preparar colorantes, especialmente fluoresceína, y también se emplea en farmacia.

RESORRUFINA f. *Quím.* Substancia que se obtiene tratando la resorcina con ácido nitroso y cuyo derivado tetrabromado es un colorante azul.

RESORTE m. *Mec.* Muelle.

RESPIRACIÓN f. Entrada y salida libre del

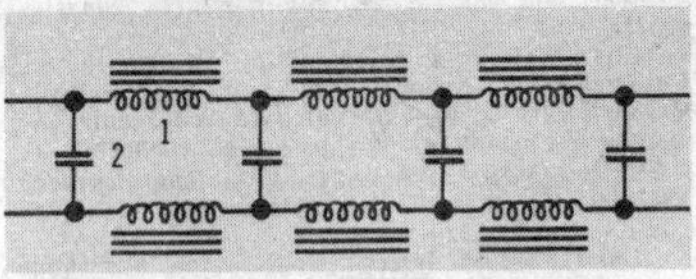

línea de **retardo** *(electr.)*
1. Bobinas de autoinducción; 2. Condensadores

aire en los depósitos y recintos cerrados: *la respiración de los grandes tanques de las refinerías se activa al variar la temperatura.*

RESPIRADERO m. Abertura de ventilación.
— *Arq.* Tablillas, chapas o pizarras inclinadas que, a modo de persiana fija, se ponen en una abertura para permitir el paso del aire sin que entre la lluvia ni el sol.
— *Ind.* Orificio practicado en lo alto de un depósito o de una red de canalizaciones, para permitir la respiración *.
— *Metal.* Orificio pequeño que se deja en lo alto de los moldes para dar salida primeramente al aire, durante el vaciado del metal, y luego a los gases que despiden el metal y la arena.

RESPONDEDOR m. *Aeron.* y *Radiot.* Dícese de ciertos aparatos, constituidos por el acoplamiento de un radiorreceptor y de un retransmisor, que, al captar determinadas señales, las retransmiten, permitiendo así reconocer a un avión, y distinguirlo de los aviones enemigos, identificar una baliza * respondedora, etc.

RESPUESTA f. *Cibern.* Cambio que se produce a la salida de un sistema electrónico, mecánico, etc., como consecuencia de una excitación que hace variar alguna magnitud a la entrada del mismo. ‖ *Tiempo de respuesta,* el que transcurre entre el instante en que se produce la excitación a la entrada del sistema y el instante en que se opera la variación a la salida.

RESQUICIO m. *Carp.* Abertura estrecha entre el quicio y la puerta.

RESTA f. *Mat.* Operación inversa de la suma, que consiste en, dada la suma de dos sumandos y uno de éstos, hallar el otro. (Sinón. SUSTRACCIÓN.)
— La mayor de las dos cantidades dadas es el *minuendo,* del cual se extrae la menor, llamada *substraendo.* La diferencia entre las dos es el *resto* o *residuo,* cuya suma con el substraendo arroja el minuendo y constituye la prueba de la operación. El signo de la resta es — (menos).
En álgebra, sumar un número negativo equivale a restar el mismo número positivo, y viceversa. Así, la resta se convierte siempre en una suma, pues para restar un número de otro, se cambia el signo de éste y se suma a aquél. Por ejemplo:

$$(-8) - (+4) = (-8) + (-4) = -12$$
$$(+3) - (-2) = (+3) + (+2) = 5$$

Para restar una fracción de otra, se reducen ambas al mismo denominador común y se restan los numeradores solamente.

RESTITUCIÓN f. *Topogr.* Operación consistente en reconstituir en el plano las formas y detalles de una extensión de terreno a partir de dos fotografías del mismo tomadas desde puntos de vista diferentes.
— La *restitución* es una operación de fotogrametría que se efectúa con un aparato estereoscópico provisto de dos cámaras en las cuales se colocan y pueden ser orientados por tornillos micrométricos los dos clisés hasta que sus rayos homólogos se corten dos a dos. El operador ve entonces el terreno en relieve y recorre los detalles del mismo con un índice o estilete cuyos movimientos, merced a una transmisión apropiada, son reproducidos ya en las escalas de un sistema de coordenadas (que traduce su posición en datos numéricos), ya por un pantógrafo que los dibuja directamente en el papel.

RESTITUIR v. *Topogr.* Reconstituir en el plano los detalles del terreno a partir de pares estereoscópicos. (V. RESTITUCIÓN.)

RESTO m. *Mat.* Resultado de la resta y residuo de la división.

RESULTANTE adj. y s. *Mat.* y *Mec.* Resultado de la eliminación * de la variable entre dos ecuaciones. ‖ *Resultante de dos operaciones,* tercera operación que resulta de la composición previa de dos otras. ‖ *Resultante de dos o más fuerzas,* fuerza que resulta de la composición de las mismas.

RETALLAR v. *Arq.* Dejar o hacer retallos.
— *Art. gráf.* Pasar de nuevo el buril por las rayas de una plancha desgastada por el uso.
— *Joy.* Tallar otra vez la gema ya tallada.

RETALLO m. *Arq.* Resalto o escalón que queda en un muro cuando se disminuye su espesor.

RETARDACIÓN f. Disminución de una velocidad por unidad de tiempo. (V. RETARDO.) ‖ Deceleración.

RETARDADO, DA adj. *Aeron. Abertura retardada,* abertura de un paracaídas que se obtiene manual o automáticamente después de un descenso más o menos prolongado en caída libre.
— *Mec. Movimiento retardado,* v. MOVIMIENTO.

RETARDADOR, RA y **TRIZ** adj. y s. Que retarda o permite retardar: *bomba con espoleta retardadora; la acción retardatriz de los rozamientos.* ‖ — M. Dispositivo que permite retardar algún movimiento o acción.
— *Constr.* Aditivo que se agrega al yeso o al hormigón para prolongar el fraguado.
— *Fot.* Dícese de las substancias (generalmente bromuros de potasio, sodio o amonio) que se agregan a un revelador para permitir un revelado completo y preservar la pureza de los blancos al retardar la aparición de los fenómenos que engendran la formación de un velo gris en los mismos. ‖ Pequeño mecanismo de relojería que se acopla con un disparador en el aparato fotográfico y que, una vez puesto en marcha, da tiempo al operador para situarse frente al aparato y figurar en la fotografía, antes de provocar el funcionamiento del obturador.

RETARDO m. Prolongación de un fenómeno, por ejemplo del movimiento que ya debiera haber cesado. (V. MOVIMIENTO *retardado.*) ‖ *De retardo,* que obra después de transcurrido cierto tiempo: *bomba de retardo.*
— *Arm. Espoleta de retardo,* v. ESPOLETA.
— *Electr. Circuito* o *línea de retardo,* circuito merced al cual una acción eléctrica, en vez de ser instantánea tiene lugar unos instantes después de la introducción en el circuito de la señal que la provoca.
— *Expl.* Elemento que se intercala entre el cebo y el detonador para que la explosión se produzca cierto tiempo después del encendido. ‖ *Artificio* o *barreno de retardo,* los que se hallan provistos de dicho elemento retardador y, en las minas y obras públicas, permiten espaciar la explosión de los barrenos de una misma voladura.
— *Mar. Retardo de las mareas,* tiempo suplementario entre la hora de una marea y la hora en que se produjo la del día anterior.
— *Ópt. Retardo de fase,* desfase * entre la onda reflejada por la superficie de una lámina transparente y la parte de la misma reflejada por la superficie interior, que experimenta un retraso al atravesar la materia.

RETEJAR v. *Constr.* Reemplazar las tejas que faltan o que se han roto en un tejado.

RETEJER v. *Text.* Tejer telas muy tupidas y apretadas.

RETÉN m. *Mec.* Nombre dado a ciertas piezas que sirven para inmovilizar a otras: *un retén de tuerca simple consiste en una arandela provista de un apéndice que se doble sobre una de las seis caras de la tuerca.*

RETENCIÓN f. *Hidr.* Retardo que experimentan las aguas pluviales antes de alcanzar las de un curso de agua y al cual se debe una acción reguladora del caudal de los ríos: *la retención es principalmente debida a la acumulación de nieve en el suelo y en los glaciares y de agua en los terrenos porosos, que se empapan, y en las capas freáticas.*
— *Tecn. Válvula de retención,* v. VÁLVULA.

RETÍCULA f. *Art. gráf.* Trama.
— *Fís.* Retículo.
— *Geom.* Cuadrícula.

RETICULACIÓN f. Estado de una superficie reticular. ‖ Operación consistente en trazar retículos.

— *Fot.* Redecilla de arrugas que se forman en la gelatina de un clisé al pasar éste de un baño muy alcalino a otro demasiado ácido o por existir una diferencia de temperatura excesiva entre dos baños.

RETICULADO, DA adj. Reticular.
— *Cerám.* Dícese de los objetos de porcelana que tienen la superficie dividida en polígonos por una red de estrías.
— *Geol. Suelo reticulado,* suelo * poligonal.
— *Miner.* Dícese del mineral que tiene una estructura en forma de red.

RETICULAR v. De figura de redecilla.
— *Miner. Plano reticular,* v. CRISTALOGRAFÍA.

RETÍCULO m. *Fís.* Red * de difracción.
— *ópt.* Anillo provisto de hilos finísimos que se cruzan perpendicularmente y que, montado en un instrumento de óptica, permite ajustar la visual con mucha precisión. ‖ Cristal provisto mecánicamente de estrías muy finas, que se emplea con el mismo fin.

RETIRACIÓN f. *Art. gráf.* Acción y efecto de retirar. ‖ Forma con que se imprime la segunda cara del pliego ya impreso por la primera. ‖ *Máquina de retiración,* v. IMPRESIÓN.

RETIRAR v. *Art. gráf.* Imprimir la segunda cara del pliego que ya tiene la primera impresa. (V. IMPRESIÓN.)

RETOBAR v. *Amer.* Empaquetar, forrar o envolver fardos con harpillera, encerado, etc.

RETOBO m. *Amer.* Harpillera y toda tela o encerado para embalar y envolver fardos.

RETOQUE m. Última mano que se da a una labor ya acabada con objeto de perfeccionarla o de componer algún desperfecto ligero.
— *Art. gráf.* y *Fot.* Cada una de las modificaciones a que se someten los clisés y los grabados con objeto de corregir los defectos del original, de subsanar las imperfecciones de la fotografía o de compensar la alteración de tonos que pudiera resultar al hacer los grabados y en la impresión.
— El *retoque de clisés fotográficos* se hace ya opacificando los detalles demasiado claros con lápices y barnices, ya raspando la emulsión en las partes excesivamente opacas. El de las pruebas en papel se efectúa con lápices, aguada blanca y tinta de China. Después del retoque general impuesto por los defectos de la emulsión, las burbujas del baño revelador, los arañazos, huellas de pelos y de granos de polvo, etcétera, se efectúan los retoques que requiere el sujeto fotografiado o el uso a que se destina la prueba: en un retrato se atenuarán las sombras, se disimularán las arrugas y otras imperfecciones, etc.; en la fotografía industrial destinada al fotograbado, se acentuarán los contrastes, aclarando los tonos en ciertas partes, obscureciéndolos en otras, precisando las formas y contornos de aquellos detalles interesantes y eliminando en ciertos casos lo que es inútil o inestético.
— *Pint.* Repaso que se da a la superficie pintada para componer las pequeñas imperfecciones.

RETOCAR v. Efectuar retoques * en alguna labor.

RETOR m. *Text.* Tejido de algodón que se hace con hilos de algodón torcidos a dos cabos y previamente blanqueados: *el retor da prendas de ropa interior muy duraderas.*

RETORCER v. Torcer mucho una cosa.
— *Text.* Torcer conjuntamente dos o más cabos ya torcidos cada uno de ellos y en el sentido opuesto del de su propia torsión, para obtener hilos muy densos y resistentes: *el hilo retorcido se fabrica con manuares de retorcer.*

RETORNO m. Vuelta atrás, retroceso o cambio muy grande de dirección de una cosa: *las instalaciones de calefacción tienen un ramal de retorno del agua fría a la caldera.*
— *Autom. Retorno de la llama,* retroceso de la llama *.
— *Mar.* Motón que se fija en un sitio para cambiar la dirección desde la que se tira del cabo de un aparejo.

RETORTA f. Vasija de laboratorio químico que tiene el cuello muy largo y vuelto hacia abajo y sirve sobre todo para destilar.
— *Tecn.* En los hornos industriales, cámara alargada en la cual se pone el carbón que se ha de destilar. ‖ *Carbón de retorta,* v. CARBÓN.

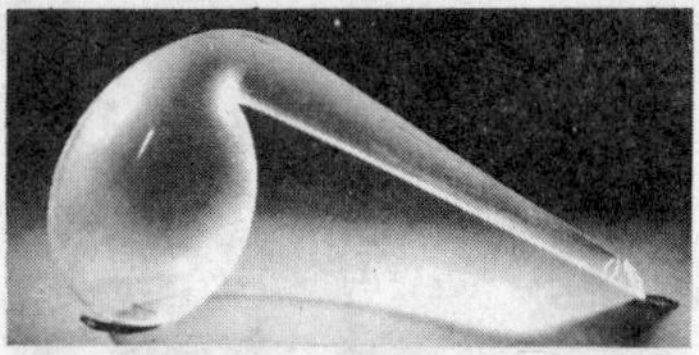

retorta

— *Text.* Tela hecha con hilos de lino de dos cabos retorcidos y previamente blanqueados, que sirve para ropa interior: *la retorta ha sido reemplazada casi completamente por el retor.*

RETRÁCTIL adj. *Mec.* Dícese de los mecanismos articulados que pueden retraerse y quedar ocultos, mientras no han de funcionar, en una cavidad prevista con dicho fin: *tren de aterrizaje * retráctil.* (Sinón. ESCAMOTABLE.)

retículo *(ópt.)*

RETRANCA f. *Mec. Amer.* Freno de máquina o de carruaje.

RETRANQUEAR v. *Constr.* Bornear * los sillares para asentarlos en su lugar.

RETRANSMISIÓN f. Acción y efecto de retransmitir.

RETRANSMISOR m. *Radiot.* Estación de radio o de televisión que retransmite las emisiones procedentes de otra.
— Rara es la emisora que no funciona momentáneamente como *retransmisor.* En televisión se da con más propiedad este nombre a estaciones de escasa potencia que se instalan adecuadamente en lugares donde existen zonas de sombra * para permitir que las ondas contorneen los obstáculos y puedan ser captadas detrás de los mismos. Llámanse *retransmisores pasivos* si son antenas que, convenientemente orientadas, radian las mismas ondas que reciben, y *retransmisores activos* los que consisten en una emisora verdadera que, en ciertos casos, emite con longitud de onda diferente de la de la estación principal.
— *Telec.* Repetidor.

RETRANSMITIR v. *Radiot.* Tratándose de una emisora de radio o de televisión, difundir las emisiones procedentes de otra estación, y también radiar un concierto, espectáculo u otro acontecimiento directamente desde donde tiene lugar. ‖ En los cables hertzianos, transmitir un relevo * al siguiente las ondas recibidas del anterior.
— *Telec.* Volver a transmitir con determinado destino un despacho o comunicación recibidos de otra parte.

RETRO, prefijo derivado del latín *retro,* que significa *hacia atrás.*

RETROACCIÓN f. *Astron. Cohete de retroacción,* retrocohete.
— *Cibern.* Regulación de una acción principal mediante retorno al regulador * de informaciones tomadas más abajo del mismo, en el circuito regulado. (V. CIBERNÉTICA y REGULACIÓN.)

RETROACOPLAMIENTO m. *Cibern.* Acoplamiento de un circuito de retorno a la línea principal en los dispositivos reguladores de retroacción. (V. CIBERNÉTICA.)

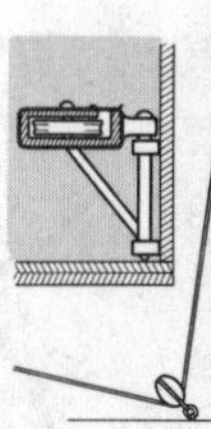

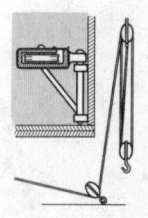

poleas de retorno *(mar.)*

RETROCARGA f. *Arm. De retrocarga,* dícese de las armas de fuego que se cargan por la culata.

RETROCESO m. Movimiento hacia atrás.
— *Arm.* Movimiento que hace retroceder al arma con cantidad de movimiento igual a la que el explosivo confiere al proyectil: *el producto del peso del arma (o de la masa total que retrocede) por la velocidad inicial del retroceso es igual al producto del peso del proyectil por su velocidad inicial.* (V. tb. ACCIÓN y FRENO.)
— *Autom.* y *Mec. Retroceso de la llama,* v. LLAMA.
— *Min. Beneficio por retroceso *,* despilaramiento. (V. MINA.)

RETROCOHETE m. *Astron.* Motor cohete que, en un ingenio espacial, expulsa sus gases hacia delante, en la dirección seguida por el aparato y, consiguientemente, sirve para frenarlo. (V. ASTRONÁUTICA y FRENADO.)

RETROGRADAR v. Moverse hacia atrás una cosa.

Fot. Larousse

fabricación de cables telefónicos con la **reunidora**

— *Astr.* Gravitar un astro en torno de otro con movimiento retrógrado. ‖ Describir un planeta en el cielo una trayectoria aparentemente retrógrada.
— *Autom.* Disminuir la velocidad de un automóvil, pasando el cambio de marchas de la velocidad en que estaba a otra inferior.

RETRÓGRADO, DA adj. Que retrograda.
— *Astr.* Dícese del movimiento de rotación de un astro en torno de otro cuando, vistos ambos desde el polo Norte de la esfera celeste, se efectúa en el mismo sentido que el de las agujas de un reloj. ‖ Aplícase también al movimiento de los planetas que, después de haber seguido en el cielo el movimiento directo, se detienen y parecen retroceder.
— Todos los planetas del sistema solar y la mayor parte de los satélites gravitan con movimiento * directo (contrario al de las agujas de un reloj). Sólo nueve satélites siguen movimiento *retrógrado,* y esta aberración se explica admitiendo que son astros no formados con sus respectivos planetas, sino captados por éstos posteriormente. (V. SATÉLITE.)
En cuanto a la retrogradación aparente de los planetas en el cielo, su causa es la diferencia entre su período de revolución y el de la Tierra, a la cual se debe que el planeta de período más corto parezca acercarse primero del otro y luego, después de haber pasado por una misma longitud celeste, lo deja atrás y se aleja de él; inviértense así los movimientos relativos de uno respecto al otro.

RETROPEDALAR v. Pedalar hacia atrás.

RETROPILASTRA f. *Arq.* Pilastra situada detrás de una columna.

RETROPROPULSIÓN f. *Astron.* Propulsión hacia atrás, respecto a la dirección seguida por un ingenio espacial, que se obtiene con retrocohetes * y que sirve para frenar el aparato: *para aterrizar en un astro desprovisto de atmósfera, la astronave ha de ser frenada por retropropulsión.* (V. FRENADO y ASTRONÁUTICA.)

RETROVISOR adj. y s. m. *Autom.* Dícese del espejito que, dispuesto encima del parabrisas o al lado del coche, permite que el conductor vea, por reflexión, los vehículos que llegan por detrás.

RETUNDIR v. *Constr.* Igualar el paramento de una obra de fábrica. ‖ Rejuntar.

REUMÁMETRO m. *Fís.* Correntómetro.

REUNIDORA adj. y s. f. *Tecn.* Dícese de la máquina empleada en las hilaturas para reunir en una sola varias cintas de fibras procedentes de las cardas o de las peinadoras. (V. HILATURA.) ‖ *Bobinadora reunidora* o simplemente *reunidora,* máquina que devana en una misma bobina varios hilos a la vez, sin torcerlos. ‖ Máquina con que se reúnen los alambres, cordones o hilos conductores para formar un cable.

REUNIÓN f. *Mat. Reunión de los conjuntos,* nuevo conjunto que se obtiene uniendo sus elementos cuya operación se formula empleando el signo , de modo que si se trata de la unión de los conjuntos *A* y *B,* la operación se escribirá: *A B.*
— *Text.* Operación consistente en reunir, en alguna fase de la hilatura, las mechas, hilos, etcétera. (V. REUNIDORA.)

REVELADO m. *Fot.* Operación que tiene por objeto hacer aparecer la imagen latente en las emulsiones fotográficas impresionadas. (V. FOTOGRAFÍA y REVELADOR.)

REVELADOR m. *Fot.* Baño cuyos constituyentes obran en la emulsión fotográfica impresionada para transformar la imagen latente en imagen visible. (V. FOTOGRAFÍA.)
— Las más de las veces, el *revelador* es una disolución acuosa de cuatro clases de agentes químicos: 1.ª una substancia reductora (metol, hidroquinona, amidol, ácido pirogállico, etc.), que reduce las sales de plata iluminadas y deja intactas las que no han sido expuestas a la acción de la luz; 2.ª una substancia conservadora (sulfito de sodio, metabisulfito de potasio, etc.) destinada a evitar que el reductor se oxide rápidamente; 3.ª una substancia aceleradora sin la cual ningún reductor, salvo el amidol, llegaría a reducir completamente la plata (bórax, carbonatos de sodio o de potasio, sosa y potasa cáusticas y otros álcalis), y 4.ª substancias retardadoras que preservan los blancos de la formación de un velo gris (bromuro de potasio, etcétera). Ciertos reveladores contienen también un agente humectante que evita la formación de manchas debidas a las burbujas de aire y a las irregularidades que resultan de un mal contacto del revelador con la emulsión.
La acción del revelador es completada por la del fijador *.

REVELAR v. *Fot.* Tratar las emulsiones fotográficas en un baño de revelador que convierte las imágenes latentes en imágenes visibles. (V. FOTOGRAFÍA y REVELADOR.)

REVENIDO m. *Metal.* Recocido * de los metales para eliminar la fragilidad que han adquirido al ser templados.

REVENTAR v. Abrirse una cosa por efecto de una fuerza interior, como el neumático que es desgarrado por la presión del aire.

REVENTÓN m. Acción de reventar o reventarse.
— *Min. Amer.* Afloramiento y mineral que aflora.

REVERBERACIÓN f. *Acúst.* Persistencia de los sonidos en un local después que han dejado de ser emitidos: *la reverberación resulta de numerosos ecos producidos al ser reflejadas las ondas sonoras repetidas veces por superficies poco absorbentes.* (V. ACÚSTICA y ECO.)
— *Fís.* Reflexión intensa de las radiaciones luminosas o caloríferas: *la reverberación de la luz por la nieve puede dañar la vista.*

REVERBERAR v. Producir reverberación * una superficie o un local.

REVERBERO m. *Lumin.* Espejo reflector * que se adapta a una lámpara para concentrar la luz o hacerla converger en un punto. ‖ Farol.
— *Tecn. Horno de reverbero,* v. HORNO.

REVERSIBILIDAD f. Calidad de reversible.

REVERSIBLE adj. Que puede ser invertido, utilizado en sentido opuesto al normal, vuelto a su estado primitivo.
— *Aeron.* Hélice de paso reversible, v. HÉLICE.
— *Agr. Arado reversible,* v. ARADO.
— *F. c.* Dícese del tren que puede dirigirse en cualquiera de los dos sentidos de la vía por tener su último vehículo una cabina desde la cual el maquinista puede hacer funcionar la locomotora situada en el extremo opuesto.
— *Fís.* y *Quím.* Dícese de las transformaciones que, como consecuencia de una acción o causa ínfima, pueden invertirse. (V. IRREVERSIBLE). ‖ Dícese asimismo de las reacciones u otros fenómenos cuyas causas y efectos pueden ser invertidos: *la dinamo es reversible, ya que puede funcionar como generador y como motor.*

REVÉS m. *Aeron. Cuenta al revés,* v. LISTA.
— *Mar.* Barraganete.

REVESTIMIENTO m. Capa de una materia que se aplica sobre la superficie de una cosa como adorno o para reforzarla o protegerla contra los agentes químicos, el calor, etc.
— *Aeron.* Elemento externo de la célula de los aerodinos, consistente en una envoltura de tela, de madera o, por lo general, de chapa de metales ligeros.
— El *revestimiento* materializa los perfiles * calculados en los estudios aerodinámicos del proyecto. Por eso ha de ser tanto más liso y tener uniones más perfectas las chapas cuan-

Fot. P. Genest

to mayor sea la velocidad del aparato. Además, el revestimiento contribuye a la resistencia mecánica de la armazón de largueros y de pares o cuadernas en que va roblonado, y, en muchos casos, soporta las diferencias de presión entre el interior y el exterior de la cabina. Su calentamiento por el aire plantea graves problemas a las velocidades equivalentes a varias veces la del sonido (v. MURO *de calor*). En los aviones más rápidos, así como en los cohetes, es necesario renunciar al uso de chapa de ligas de aluminio y adoptar metales más resistentes (titanio, acero inoxidable, etc.).

— *Arq.* Enlucido. ‖ Azulejos, chapas de madera o de metal, materia plástica u otros elementos que se ponen sobre una pared, a modo de enlucido, para su adorno o protección. ‖ Conjunto de pizarras, tejas o chapas con que se forra una cubierta. ‖ Solapado. ‖ Espesor de cemento que envuelve a los hierros en el hormigón armado.

— *Metal.* Capa tenue de metal que se aplica sobre una superficie, metálica o no, para protegerla, mejorar su aspecto o poderla emplear con algún fin particular. (V. METALIZACIÓN.) ‖ Forro interno de materia refractaria de los convertidores y de ciertos hornos industriales. (V. CONVERTIDOR y HORNO.)

— *Min.* Forro de metal o de fábrica que se pone a los pozos para fortificarlos y evitar que se desmoronen sus paredes: *en los pozos maestros de ciertas minas el revestimiento consiste en una capa de hormigón de hasta 75 cm de espesor.*

— *Obr. públ.* Firme de una calzada. ‖ Muro para contener tierras.

REVESTIR m. Cubrir la superficie de una cosa con un revestimiento *.

REVIRO m. *Carp.* Torcimiento o alabeo de una pieza de madera.

REVOCADURA f. *Constr.* Revoque.

REVOCAR v. *Constr.* Enlucir los paramentos, especialmente las paredes exteriores de un edificio (Sinón. JAHARRAR.)

REVOCO m. *Constr.* Revoque.

REVOLTÓN m. *Arq.* Bovedilla * de un suelo. ‖ Sitio en que una moldura cambia de dirección, como en los rincones y esquinas.

REVOLUCIÓN f. Movimiento circular al cabo del cual un cuerpo vuelve a su posición primitiva.

— *Astr.* Movimiento elíptico del astro que gravita en torno de otro. (V. ÓRBITA.)

— *Geom.* Movimiento de una figura en torno de un eje. ‖ *Superficie de revolución, sólido de revolución,* v. SUPERFICIE y SÓLIDO. ‖ *Contador de revoluciones,* tacómetro.

REVÓLVER m. *Arm.* Variedad de pistola que tiene el cañón fijo y los cartuchos dispuestos en otras tantas recámaras taladradas en un cilindro giratorio, de modo que la presión del dedo en el gatillo permite, sucesivamente, armar el disparador, situar una recámara cargada frente al cañón y disparar.

— *Cin.* Pieza en la que van fijados dos o más objetivos y que se halla dispuesta en la parte frontal de una cámara cinematográfica de modo que, haciéndola girar, se pueda emplear el que más convenga.

— *Metal. Torno revólver,* v. TORNO.

— *Ópt.* Montura giratoria que lleva los distintos objetivos de un microscopio *.

REVOQUE m. *Constr.* Acción de revocar un paramento. ‖ Capa de cal y arena, o de otra mezcla, que se pone como revestimiento a una pared.

REYNOLDS *(Número de).* V. SIMILITUD.

REZÓN m. *Mar.* Anclote para embarcaciones menores, que tiene cuatro uñas y carece de cepo.

R. F. N. A., sigla de las palabras inglesas *Red Fuming Nitric Acid* (ácido nítrico rojo fumante) con que se designa este producto empleado como comburente en ciertos propergoles, y especialmente con la dimetilhidracina como combustible. (V. PROPERGOL.)

Rh, símbolo químico del *renio.*

rH m. *Quím.* Por analogía con el pH *, índice que expresa el poder oxidante o reductor de una substancia.

— A la temperatura ordinaria el agua contiene 10^{-27} moléculas gramo de oxígeno libre por litro y la *escala de rH,* también llamada de *potencial de oxirreducción,* se divide en dos tramos: el de los cuerpos reductores, de 27 a 0 (el cero corresponde al hidrógeno, reductor ideal), y el de los cuerpos oxidantes, de 27 a 41 (oxidante perfecto).

RHE m. *Metr.* Unidad de fluidez, en el sistema C. G. S., inversa del poise *.

RHEA. Véase REA.

RHETIENSE adj. y s. *Geol.* Dícese del piso inferior del período jurásico, que data de unos 150 millones de años. (V. ESTRATIGRAFÍA.)

RHOVYL m. *Quím.* Marca registrada de una fibra * artificial, de tipo vinílico, derivada del acetileno y del ácido clorhídrico.

RHUMBATRON m. *Electrón.* Rumbatrón.

RIBETE m. Cinta puesta como refuerzo en la orilla de un tejido, el borde del zapato, etc.

RIBETEAR v. Poner ribetes.

RIBONUCLEICO, CA adj. *Quím,* Dícese de un grupo de ácidos de estructura muy compleja, presentes en el citoplasma y el núcleo de las células vivientes, que representan importante papel en la síntesis de las proteínas y en la reproducción de las numerosas clases de células diferentes que cuenta el organismo.

— El estudio de los *ácidos ribonucleicos,* generalmente designados por la sigla A. R. N., presenta un interés considerable para elucidar la génesis de la materia viviente, y bien pudiera contribuir a hallar un remedio eficaz contra el cáncer y otras formas de multiplicación desordenada y maligna de las células.

RICINO m. *Bot.* Planta euforbiácea *(Ricinus communis)* que, según las latitudes, puede ser una hierba anua, un arbusto o un árbol, y de cuyas semillas se extrae un aceite viscoso (el más denso de todos los aceites vegetales), inodoro, insípido y casi incoloro, empleado en farmacia (como purgante) y que se usa también como lubricante y para fabricar fibras * sintéticas.

RICO, CA adj. Dícese de la substancia que, respecto a las demás de su especie, contiene mucho principio activo. ‖ *Gas rico, mezcla rica,* v. GAS y MEZCLA.

RIEGO m. *Agr.* Acción y efecto de regar.

— El *riego* se practica a veces para disolver y eliminar substancias perjudiciales presentes en el suelo (sal común, por ejemplo), para destruir los insectos (filoxera) o para enriquecer la tierra en algún principio arrastrado por las aguas (cienos fertilizantes). Por lo general, el riego tiene por objeto aportar al suelo la humedad que no ha podido recibir en forma de precipitaciones. El mejor método para efectuarlo es la aspersión, mediante rociadores giratorios o tuberías provistas de numerosos orificios pequeños, que proyectan el agua para que caiga al suelo en forma de lluvia. El método más común es el *riego por infiltración,* que consiste en dirigir el agua por las regaderas hasta cada división del terreno y en anegarla, pasando luego a regar la división siguiente, y así sucesivamente. Los prados naturales se riegan a veces por desbordamiento del agua de una acequia superior, que después de haber corrido por el terreno en declive, es captada en otra acequia situada en el nivel inferior. Por último, ciertas plantas, como el arroz, requieren ser regadas por sumersión, manteniendo el suelo cubierto por una capa de agua.

RIEL m. Barra grande de metal en bruto.

— *F. c.* Barra de acero de perfil apropiado que se tiende sobre traviesas para formar una vía férrea. (Sinón. CARRIL.)

— La *figura* representa los tres perfiles más comunes adoptados en la construcción de vías, e indica los nombres dados a sus distintas partes

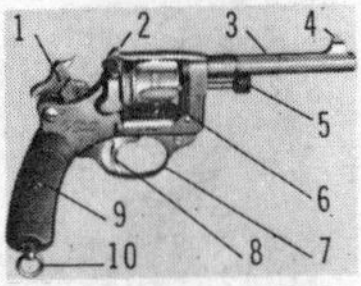

revólver
1. Percutor; 2. Alza; 3. Cañón; 4. Mira; 5. Extractor; 6. Barrilete; 7. Guardamonte; 8. Disparador; 9. Culata; 10. Anilla

barrilete del revólver en posición para ser recargado

rociadores giratorios para el **riego** por aspersión

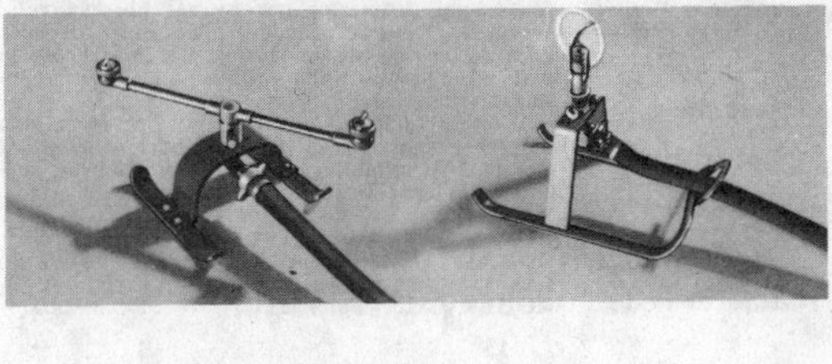

Fot. Larousse

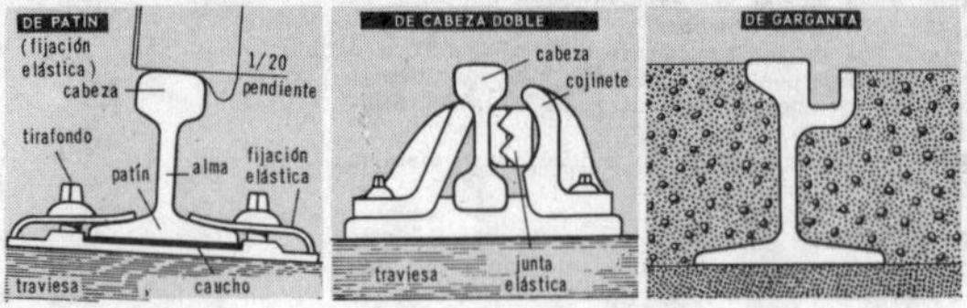

rieles *(f.c.)*

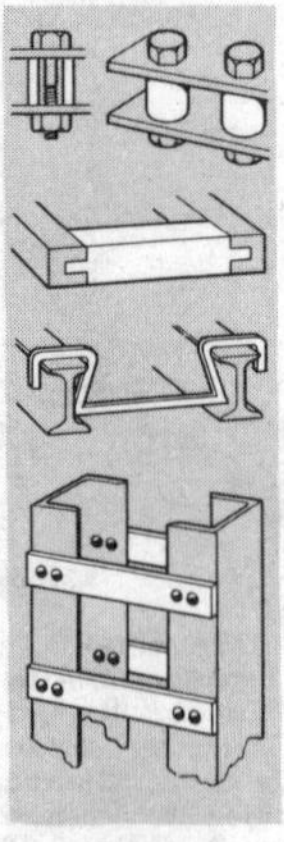

riostras

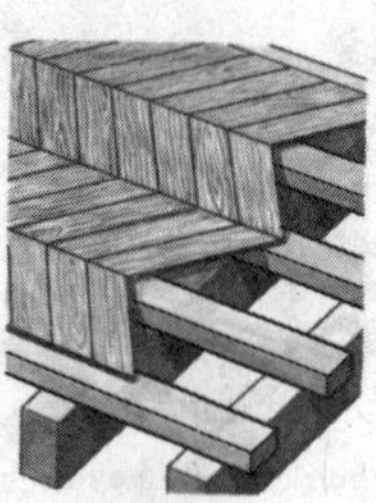

ristreles

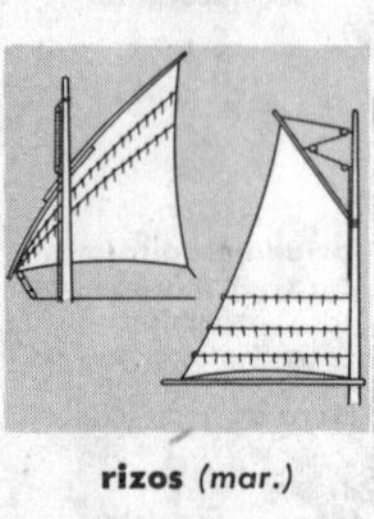

rizos *(mar.)*

rodaja dentada

y a los elementos que sirven para fijar los *rieles*. La longitud de estas barras, que era al principio de 6 m, alcanza hoy 24 m, lo cual permite tender la vía con mayor rapidez y suprimir juntas onerosas y molestas para los viajeros. Con dicho fin se practica cada vez más la soldadura de los rieles formando tramos de hasta 800 m de largo. (V. VÍA.)
— *Mec.* Barra de acero laminado que sirve de guía o de camino de rodamiento en las máquinas, transportadores, etc.

RIELERA f. *Metal.* Molde para fabricar rieles por vaciado del metal.

RIFLE m. *Arm.* Fusil de cañón rayado y relativamente largo.

RIGIDEZ f. Calidad de rígido.
— *Electr.* Aptitud más o menos grande que tiene un dieléctrico de oponerse al paso de las chispas o descargas disruptivas.
— *Mec.* Resistencia que opone un cuerpo a las fuerzas que tienden a deformarlo y que depende de su elasticidad.

RÍGIDO, DA adj. Que no es flexible, que carece de elasticidad y no se deja deformar.
— *Aeron. Dirigible rígido,* v. DIRIGIBLE.

RILSÁN m. *Plást.* y *Text.* Marca registrada de una fibra sintética del grupo de las poliamidas, de propiedades y aplicaciones análogas a las del Nylón: *el Rilsán se fabrica a partir del aceite de ricino.*

RINCÓN m. *Arq.* Ángulo entrante formado por las paredes. ‖ *Bóveda en rincón de claustro,* v. BÓVEDA.

RINCONADA f. *Arq.* Rincón formado por la fachada de dos casas.

RINCONERA f. *Arq.* Parte de una pared comprendida entre una esquina o rincón de la fachada y la ventana o puerta más próximas.

RIÑÓN m. *Arq.* Parte de una bóveda o arco situada sobre la línea de arranque a una altura comprendida entre un tercio y dos tercios de la flecha.

RÍO m. *Geogr.* e *Hidr.* Curso de agua que desemboca en otro, en un lago o en el mar. (V. RÉGIMEN, DELTA, MEANDRO, etc.)

RIOSTRA f. Pieza que sirve para aumentar la rigidez de una construcción, asegurar la indeformabilidad de un ángulo, mantener constante la distancia entre dos elementos, etc.: *las riostras de las vigas de celosía suelen ser dispuestas oblicuamente, a espinapez.* (Sinón. amer. CUARTERÓN.)

RIOSTRAR v. Reforzar una armazón con riostras.

RIPIA f. *Carp.* Tabla delgada, desigual y sin cepillar.

RIPIADO m. *Constr.* Enripiado.

RIPIO m. *Constr.* Fragmentos de ladrillos y de obras de albañilería que sirven de relleno para los huecos. ‖ Fragmentos de piedra con que se rellenan huecos y juntas en las obras de mampostería.

RISTREL m. *Carp.* Listón grueso que sirve de asiento a un entablado o entarimado.

RIZO m. *Mar.* Cada una de las trenzas o cordones que, dispuestos por hileras en una vela, permiten acortarla cuando sopla viento fuerte. ‖ Faja de lona cosida en la vela y a lo largo de la cual una cuerda forma ollaos que sirven para amarrar los rizos.
— *Text.* Tejido de algodón que presenta una superficie cubierta de rizos o bucles obtenidos merced a la combinación de dos urdimbres, una floja y la otra tirante. (V. ESPONJA.)

Rn, símbolo químico del *radón.*

ROA f. *Mar* Roda.

ROBAR v. Redondear la punta de una cosa, achaflanar una esquina.

ROBERVAL *(Balanza de).* V. BALANZA.

ROBÍN m. *Metal.* Orín, herrumbre.

ROBLE m. *Bot.* y *Carp.* Árbol cupulífero de Europa *(Quercus sessiliflora),* considerado como una variedad de encina, cuya madera de color leonado, hermosamente veteada, compacta (densidad del orden de 0,800) es muy apreciada en carpintería y ebanistería. ‖ Nombre dado a numerosos otros árboles que suministran maderas más o menos apreciadas. ‖ Madera dura, de color pardo grisáceo, suministrada por árboles bignoniáceos *(Tabebuia pentaphylla)* de América Central y las Antillas.

ROBLÓN m. *Arq.* Lomo formado en el tejado por la parte convexa de las tejas.
— *Metal.* Remache.

ROBLONADORA v. *Metal.* Remachadora.

ROBLONAR v. *Metal.* Remachar.

ROBOT m. Aparato capaz de llenar automáticamente funciones generalmente asignadas a una persona.

ROBURITA f. *Expl.* Mezcla explosiva de bencenos cloronitrados y de nitrato de amoniaco que presenta la ventaja de poder ser preparada en el momento y lugar de emplearla, mediante simple mezcla de sus ingredientes.

ROCA f. *Geol.* Cada una de las masas minerales que constituyen la corteza terrestre. ‖ *Roca ácida,* la que contiene más de 65 % de sílice. ‖ *Roca básica,* la que tiene menos de 55 % de sílice. ‖ *Rocas endógenas, metamórficas, sedimentarias,* etc., v. ENDÓGENO, METAMÓRFICO, SEDIMENTARIO, etc.
— *Petr. Roca almacén,* terreno poroso que contiene el petróleo en los yacimientos. (V. PETRÓLEO.)

ROCIADOR m. Aparato aspersor que proyecta agua a presión por numerosos orificios, ya para regar la tierra, ya para extinguir un incendio. (V. RIEGO y ALARMA.)

ROCÍO m. *Meteor.* Vapor de agua atmosférico que se condensa en forma de gotas finísimas sobre los vegetales y otras superficies expuestas al aire libre en las noches frías. ‖ *Punto de rocío,* temperatura a la cual el aire se halla saturado de vapor de agua. (V. HUMEDAD.)
— El aire puede contener tanto más vapor de agua cuanto mayor es su temperatura (v. HUMEDAD). Si se halla ya saturado y su temperatura aumenta, podrá admitir más vapor; si, por el contrario, la temperatura baja, el aire contiene un exceso de vapor que se condensa. Este fenómeno se produce en las noches claras y sin aire porque en ellas el suelo radia intensamente el calor recibido durante el día y, al enfriarse, hace bajar la temperatura de la capa de aire que está en contacto con el suelo, las plantas, etc. Si esta capa es renovada por una ligera turbulencia de la atmósfera, la condensación puede tomar la forma de niebla.

RODA f. *Mar.* Pieza que limita el casco de un buque a proa. (V. BARCO.)

RODAJA f. Disco de cualquier materia. ‖ *Rodaja dentada,* disco de acero provisto de dientes y montado con una horquilla en un mango que permite hacerlo rodar sobre una materia para trazar líneas de puntos.

RODAJE m. *Aeron.* Carrera que efectúa el avión durante el despegue y el aterrizaje cuando descansa por su tren en la pista.
— *Cin.* Acción de rodar.
— *Mec.* Período durante el cual se hacen funcionar con velocidades y cargas moderadas las instalaciones industriales y los motores nuevos, hasta que el frotamiento haya consumado el ajuste perfecto de sus piezas. ‖ Conjunto de ruedas o de engranajes: *el complicado rodaje de un cambio de velocidades.*

RODAMIENTOS m. *Mec.* Dispositivo anular interpuesto entre un árbol y su cojinete y merced al cual el rozamiento entre ambos se reduce a una rodadura de bolas o de rodillos.
— El principio de los *rodamientos* consiste en reducir la resistencia y el calentamiento engendrados por el roce, mediante la substitución de la superficie cilíndrica del cojinete por los puntos de tangencia de una serie de bolas que pueden girar libremente en los alveolos de una corona dispuesta entre dos anillos. En ciertos casos, uno de los anillos tiene un perfil esférico que permite al otro orientarse a modo de rótula para seguir las deformaciones, flexiones o defec-

tos de alineación del árbol. Cuando el rodamiento ha de soportar esfuerzos muy grandes, se reemplazan las bolas por rodillos, cuyo contacto es lineal y, consiguientemente, mucho mayor que el contacto puntual de las bolas. (V. COJINETE.)

RODAMINAS f. pl. Nombre genérico de materias colorantes rojas, análogas a las fluoresceínas, que resultan de condensar el anhídrido ftálico con derivados del aminofenol.

RODAPIÉ m. *Arq.* Tabla o celosía que se pone en la parte inferior de la barandilla de los balcones para que no pasen los pies entre los barrotes. || Placa metálica que se fija sobre el cabio bajo de una puerta a modo de protección.

RODAR v. Dar vueltas una cosa sobre su eje.
— *Cin.* Tomar las vistas de una película.
— *Mec.* Hacer funcionar un motor lentamente para obtener el rodaje * de sus elementos. || Esmerilar * la superficie de una pieza para eliminar sus asperezas.

RODELANO m. *Mar.* Barco cuya roda carece de tajamar.

RODETE m. *Mec.* Rueda de álabes de las turbinas hidráulicas y de las bombas centrífugas, compresores axiales y máquinas similares. || Rotor de una turbina de vapor o de gas. || Guarda de una cerradura.

RODEZNO. m. *Mec.* Rueda hidráulica de álabes combados y eje horizontal. (V. TURBINA.)

RODIAR v. *Metal.* Proteger una superficie metálica con una capa tenue de rodio *.

RÓDICO, CA adj. *Quím.* Dícese del anhídrido RhO_3 y de los derivados del mismo.

RODILLA f. *Mec.* Rótula.
— *Text.* Paño basto hecho con hilos gruesos de algodón y con ligamento de tafetán, que se usa para fregar suelos y en la limpieza doméstica.

RODILLO m. Cilindro sólido utilizado con cualquier fin: *rodillo compresor.*
— *Art. gráf.* Cada uno de los cilindros que tiene el tintero de las máquinas de imprimir. (V. ENTINTACIÓN.)
— *Mec.* Ruedecilla cilíndrica que sirve para guiar el movimiento de un cable, el de otra rueda mayor o el de otro elemento mecánico y que a veces soporta, junto con otras, el peso del órgano guiado (puentes giratorios, por ejemplo). [Sinón. ROLLETE.] || *Rodillos de dilatación,* los que sirven de apoyo al extremo de una viga muy larga, tablero de puente, etc., para permitir las variaciones de su longitud provocadas por los cambios de temperatura. || *Rodamiento de rodillos,* v. RODAMIENTO.
— *Metal. Rodillo dentado,* disco o cilindro de acero provisto de estrías, que, por compresión, quedan estampadas en las piezas tratadas. || Rodaja * dentada.
— *Ofic.* Cilindro de caucho duro que, en las máquinas de escribir y en ciertas calculadoras, sirve para arrastrar el papel y de soporte sobre el cual se efectúa la impresión.
— *Pint.* Manguito de piel de carnero, materia plástica porosa, etc., puesto sobre un cilindro de eje acodado y provisto de un mango, que previamente impregnado de pintura, se hace rodar sobre la pared o cosa que se ha de pintar, permitiendo obtener con gran rapidez un revestimiento graneado.
— *Transp.* Cilindro de madera dura que se emplea con objeto de arrastrar por el suelo cosas muy pesadas, tirando de ellas para que rueden los rodillos sobre los cuales se ha puesto.

RODIO m. *Quím.* Elemento químico de número atómico 45, cuyo símbolo es *Rh.*
— El *rodio* es un metal de color blanco plateado, que cristaliza en dos formas alotrópicas. Su densidad a 20° es de 12,14°; su masa atómica, 102,905; sus puntos de fusión y ebullición, de 1 966° y más de 2 500°, respectivamente. Es un metal noble de la mina del platino que también se encuentra a veces aleado con el oro. El rodio es inatacable por el agua regia. Así, queda como residuo en el osmiuro de iridio que deja la extracción del platino. Finalmente se obtienen cloruros que dan el metal por electrólisis o por reducción.
Su resistencia a los agentes químicos hace que se emplee para hacer o revestir crisoles de laboratorio. También se hacen espejos rodiados aprovechando su poder de reflexión, que es comparable al de la plata, y se rodian asimismo las superficies de contacto en ciertos transistores. Otros usos de este metal, sólo o aleado con platino, son: pares termoeléctricos para pirómetros, esponjas catalizadoras, resistencias eléctricas, contactos y relevadores para medios corrosivos, etc. También se aplica sobre la porcelana para facilitar la adherencia del oro con que se hacen los motivos ornamentales.
Se han producido artificialmente 13 isótopos radiactivos del rodio, de masa comprendida entre 96 y 109, algunos de los cuales pueden ser empleados como radioindicadores.

RODITA f. *Miner.* Mineral de oro que contiene hasta 40 % de rodio.

RODO m. Instrumento en forma de rastrillo, pero con los dientes reemplazados por una tira de goma, que sirve para escurrir el agua baldeada en un suelo o para recoger materias finas.

RODOCROSITA f. *Miner.* Dialoguita.

RODONITA f. *Miner.* Bustamantita del Ural con la cual se tallan vasos y objetos de adorno.

ROEL m. *Arq.* Elemento decorativo de forma circular. || Cristal circular de ciertas ventanas.

ROELA f. *Metal.* Metal precioso en bruto, presentado en forma de rodajas.

ROENTGEN m. *Atom.* Röntgen.

ROJO, JA adj. y s. Aplícase a las cosas cuyo color corresponde al de las radiaciones de mayor longitud de onda del espectro visible. || *Abeto rojo, bronce rojo, hematites roja,* etc., v. ABETO, BRONCE, HEMATITES, etc. || — M. Colorante o pigmento de color conforme con la definición que se da a continuación.
— *Fís.* El *color rojo* es la sensación engendrada en el órgano de la vista por los cuerpos que emiten o reflejan radiaciones luminosas de longitud de onda próxima de 6 300 angströms (por razones prácticas, la Comisión Internacional del Alumbrado ha adoptado como patrón del rojo la radiación de 7 000 angströms). El rojo es un color fundamental, con el azul y el amarillo. Su combinación con el último da los tonos anaranjados, de modo que no existe una longitud de onda o límite inferior que permita determinar dónde empieza el rojo. Por eso se designan comúnmente sus matices por el de la cosa que los tiene iguales: *rojo de Burdeos* (por el del vino de dicha región); *rojo de cereza, rojo de cromo,* etcétera (v. más abajo *Pint.*). En cuanto al límite superior depende de la acuidad visual de cada persona, pues es también dicho límite el del espectro luminoso, a partir del cual la luz deja de ser visible y sus radiaciones se califican de infrarrojas * (v. LUZ). Generalmente se admite como límite del rojo y del infrarrojo la longitud de onda de 8 000 angströms.
El color de una luz depende de la temperatura a que se halla el cuerpo que la emite. La luz roja proviene de cuerpos menos calientes que la del resto del espectro luminoso. Cuando se calienta un metal u otro cuerpo, empieza por emitir radiaciones infrarrojas e invisibles. Los primeros rayos visibles (rojo obscuro o naciente) son emitidos a unos 520°; al rojo vivo o rojo de cereza corresponde la temperatura aproximada de 620°; por último, a unos 1 050°, el cuerpo aparece de color rojo blanco.
— *Geol. Suelos rojos,* v. SUELO.
— *Metal. Rojo de pulir,* colcótar. || *Al rojo,* estado del metal candente que empieza a emitir luz visible. (V. más arriba *Fís.*)
— *Perf.* Cosmético que se aplican las mujeres en los labios, a veces en forma de líquido, pero generalmente en la de lápiz, y que se compone de materias grasas perfumadas y cargadas con lacas colorantes a las cuales se agrega eosina u otras substancias que prolongan su adherencia a los labios.
— *Pint.* Las substancias empleadas para pintar, teñir o colorar de *rojo* son de tres clases: pigmentos, colorantes y lacas.
Los principales *pigmentos rojos* son: el *rojo de cadmio* (sulfoseleniuro de cadmio) que da matices del escarlata al violáceo, muy opacos y resistentes a la luz; el *rojo de cobalto* (arseniato de cobalto), poco usado por ser caro y tóxico; el *rojo de cromo* (cromato básico de plomo, cuyo poder colorante es reforzado a veces con eosina); el *rojo de molibdeno* (75 % de cromato de plomo, 15 % de molibdato de plomo y 10 % de sulfato de plomo), muy empleado para tintas de

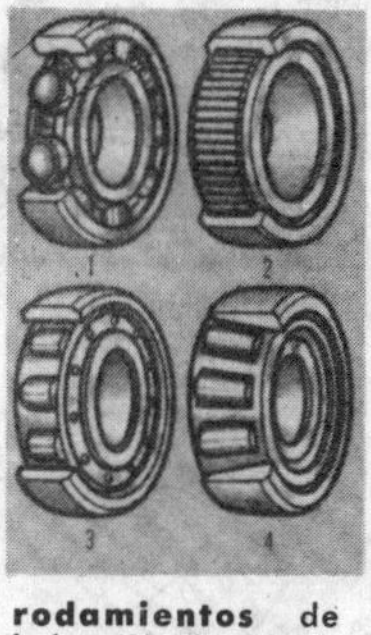

rodamientos de bolas (1), de agujas (2) y de rodillos cilíndricos (3) y troncónicos (4)

rodillos dentados *(metal.)*

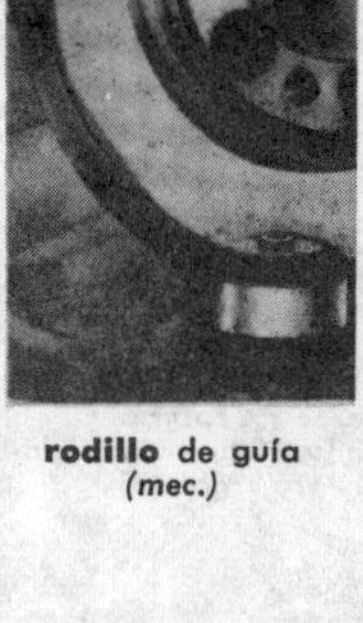
rodillo de guía *(mec.)*

Fot. Larousse

rompehielos "Lenin" propulsado por la energía nuclear

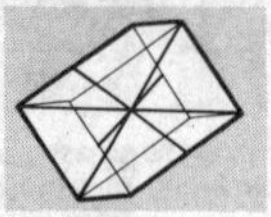

romboedro

rombo [v. figura *paralelogramo*]

imprenta; los óxidos de hierro naturales y artificiales; los pigmentos orgánicos o colorantes insolubles (*rojo de toluidina, rojos azoicos* derivados del naftol y de las aminas sulfonadas, etc.). [V. tb. PIGMENTO.]
Los *colorantes rojos* provienen de materias animales o vegetales (carmín de cochinilla; grana, palo del Brasil, orcina, etc.) o se elaboran artificialmente (rodaminas, indirrubina, colorantes azoicos, etc.). [V. COLORANTE.]
Las *lacas rojas* se obtienen por fijación de un colorante orgánico en los granos finos de un soporte mineral (alúmina, sulfato de bario, etc.). [V. tb. LACA.]
— *Transp.* M. señal de color rojo que, en los semáforos de la circulación urbana, los ferrocarriles y otras vías de comunicación indica un cruce u otra situación de peligro y suele imponer la parada. (V. tb. *luces de situación* en las acepciones *Aeron.* y *Mar.* del art. LUZ.)
ROLDANA f. Polea de los motores y otros aparejos *
ROLEO m. *Arq.* Motivo ornamental a base de volutas enrolladas en diversos sentidos.
ROLLETE m. Rodillo * que sirve para facilitar el resbalamiento de un cable, especialmente cuando es desviado.
ROLLIZO, ZA adj. y s. *Carp.* Dícese de la madera en rollo. ‖ Rollo.
ROLLO m. Cuerpo de forma cilíndrica. ‖ Tambor, cilindro de ciertas máquinas: *calandria de cinco rollos.*
— *Carp.* Junquillo. ‖ Madero redondo constituido por un tronco o porción de tronco descortezado, aunque sin labrar.
— *Ind.* Producto industrial de fabricación continua (papel, tejido, plástico, etc.) que se entrega enrollado a los clientes. (En ciertos casos, especialmente cuando se trata de papel, se llama también *bobina.*)
ROMANA f. *Metr.* Instrumento para pesar fundado en las propiedades de la palanca. (V. BALANZA.)
ROMANATO m. *Arq.* Alero volteado que cubre las buhardas en los tejados de armaduras quebrantadas.
ROMANEQUITA f. *Miner.* Variedad de silomelano.
ROMÁNICO, CA adj. *Arq.* Dícese del estilo, derivado de la arquitectura romana, que dominó en los siglos XI a XIII y que se caracterizaba por el empleo de los arcos * de medio punto, las bóvedas * de cañón, la robustez de sus molduras y la presencia de columnas resaltadas en los machones.
ROMANILLA f. *Arq.* Cancel corrido, a modo de celosía.
ROMANO, NA adj. y s. *Art. gráf.* Dícese de una familia de letras de imprenta que se subdivide en *romana antigua* (garamond, elzeviriano, etcétera) y *romana moderna* (didot, bodoni, etcétera). ‖ Dícese de toda letra de imprenta que tiene sus astas perpendiculares a la línea, por oposición a la cursiva o itálica, que las tiene inclinadas.
— *Carp.* Dícese del clavo ornamental, que tiene la cabeza gorda, de latón labrado.
ROMBAL y **RÓMBICO, CA** adj. De forma de rombo.
— *Miner.* Ortorrómbico. (V. CRISTALOGRAFÍA.)
ROMBO m. *Geom.* Paralelogramo que tiene sus cuatro lados iguales, sus dos diagonales perpendiculares entre sí y sus ángulos opuestos iguales dos a dos. (Cuando los cuatro ángulos son iguales, o sea rectos, constituye un cuadrado *; si tiene una de sus diagonales vertical y la otra horizontal, es un losange.)
ROMBOÉDRICO, CA adj. *Geom.* y *Miner.* De forma de romboedro. ‖ *Sistema romboédrico,* v. CRISTALOGRAFÍA.
ROMBOEDRO m. *Geom.* Paralelepípedo cuyas seis caras son rombos.
ROMBOIDAL adj. *Geom.* Romboideo.
ROMBOIDE m. *Geom.* Paralelogramo que tiene los lados y los ángulos opuestos iguales dos a dos y los lados y ángulos contiguos desiguales.
ROMBOIDEO, A adj. *Geom.* De forma romboide.
ROMPEBALAS m. *Text.* Abridora * de balas.
ROMPEDERA f. *Art. y of.* Punzón empleado por los herreros para abrir agujeros en el hierro candente, golpeándolo con un martillo.
ROMPEDOR, RA adj. Que rompe o sirve para romper.
— *Expl. Explosivo rompedor,* v. EXPLOSIVO.
ROMPEHIELOS m. *Mar.* Buque especialmente construido para que pueda romper la capa de hielo y practicar en las aguas heladas de las regiones muy frías un canal libre por el cual pueda efectuarse la navegación.
— Los *rompehielos* se caracterizan por la solidez de sus estructuras, especialmente las de proa. La capa de hielo puede ser quebrada continuamente por el avance del buque, merced a la forma de la proa, cuya roda se desliza sobre el borde del hielo haciendo que el barco suba encima del mismo hasta que su peso lo rompa. Ciertos rompehielos llevan, por lo demás, una hélice pequeña a proa que tiene por efecto aspirar el agua debajo del hielo para disminuir la resistencia del mismo. Así se han roto banquisas de 4 m de espesor. Cuando la banquisa es excesivamente espesa, es necesario aprovechar la fuerza viva o inercia del buque, precipitándolo a toda velocidad contra el hielo y retrocediendo cada vez para tomar nuevo empuje.
— *Obr. públ.* Defensa que se pone ante las pilas de un puente para protegerlas contra los choques de los témpanos de hielo.
ROMPEOLAS m. *Mar.* Valla de acero que tienen ciertos barcos fijada a proa de la cubierta del castillo para que al chocar en ella las olas embarcadas pierdan su fuerza y no puedan causar daños más atrás.
— *Obr. públ.* Dique avanzado en el mar que se construye a la entrada de los puertos para que no penetre en ellos el oleaje. (V. PUERTO.)
ROMPIMIENTO m. Quiebra en un cuerpo.
— *Min.* Paso que se abre entre dos excavaciones.
RON m. *Ind. alim.* Aguardiente que se elabora destilando melazas y otros subproductos de la fabricación del azúcar de caña.
— El *ron* se elabora preparando un mosto con agua, la melaza, las espumas azucaradas que resultan de la defección del melado, etc., a cuya mezcla se agrega una levadura que consuma su fermentación en menos de 5 días. La destilación del mosto fermentado, a temperatura comprendida entre 55 y 65°, da aguardiente que se deja madurar en toneles de roble. Finalmente se colora con caramelo y se clarifica. Por lo general, para obtener una calidad regular es necesario mezclar en las debidas proporciones varios caldos diferentes.
RONDÍS m. *Joy.* Borde de un brillante.
RÖNTGEN m. *Autom.* Unidad de dosis de radiación equivalente a la irradiación necesaria para que los iones producidos en un centímetro cúbico de aire seco transporten una cantidad de electricidad (negativa o positiva) igual a tres diezmilmillonésimas de culombio.
RÖNTGEN *(Rayos).* V. RAYOS * X.
RONZAR v. *Mar.* Mover cosas pesadas ladeándolas a mano o con palancas.
ROPA f. *Text.* Cualquier tejido empleado como vestido o adorno. ‖ Prenda de vestir. ‖ *Ropa blanca,* prendas de lienzo o de géneros similares, especialmente las de uso interior, por oposición a los trajes y vestidos externos.
ROQUEFORT m. *Ind.* Queso de leche de oveja, a cuyo cuajo se agrega miga de pan enmohecido, que madura a la temperatura de 7° en unas cuevas naturales de Roquefort (Francia), en condiciones propicias para que se multiplique en su

Fot. Serv. de Inform. Soviéticas

masa un moho que le confiere su gusto característico. (V. QUESO.)

ROQUETA f. Galicismo por *cohete* y por *proyectil autopropulsado.*

RORCUAL m. *Zool.* Ballena * azul.

ROSA f. *Arq.* Rosetón.

— *Carp. Madera de rosa macho,* madera parecida a la del palisandro, suministrada por árboles americanos del género dalbergia. ‖ *Madera de rosa hembra,* madera procedente de árboles lauráceos de América del Sur, la misma que da por destilación la esencia de rosa. (V. más abajo *Perf.*)

— *Joy.* Diamante que lleva talladas facetas y una culata plana.

— *Mar. Rosa de los vientos* o *rosa náutica,* disco de las brújulas y compases que lleva impresos los 32 vientos o rumbos *. (V. COMPÁS y CUARTEAR.)

— *Perf. Agua de rosa,* agua de tocador que se prepara en el curso de la destilación de la esencia de rosa. ‖ *Esencia de rosa,* esencia * que se extrae de los pétalos de las rosas. ‖ Esencia que resulta de la destilación de la madera de rosa hembra, suministrada por un árbol lauráceo de América del Sur.

ROSAMINAS f. pl. *Quím.* Materias colorantes rojas y violadas, análogas a las rodaminas, obtenidas a partir de aminofenoles y fenilcloroformo.

ROSANILINA f. *Quím.* Compuesto perteneciente al grupo del trifenilmetano que es incoloro, pero que, mediante reacciones con otras substancias, da fucsina, así como colorantes fenilados azules y metilados violados.

ROSARIO m. Sucesión de cosas ensartadas.

— *Arq.* Adorno del astrágalo y otras molduras, consistente en una sucesión de perlas o cuentas que alternan con discos vistos de canto.

— *Tecn.* Máquina elevadora de agua que consiste en una cadena sin fin, con el seno inferior dentro del agua, provista de numerosos cangilones que se llenan en el fondo del pozo y vierten su contenido en un colector situado en el brocal (llámase también *noria, rosario hidráulico* y *rosario de cangilones*). ‖ Máquina semejante, pero en la cual los cangilones son reemplazados por discos o tarugos que ajustan y ascienden por el interior de un tubo y empujan el agua en el mismo hasta la boca del pozo.

ROSCA f. *Mec.* Resalto formado en un tornillo, perno u otra pieza cilíndrica *(rosca exterior, rosca macho)* o en la pared de un taladro *(rosca interior, rosca hembra)* por un filete arrollado en hélice, en el cual ha de ajustar la rosca o filete de la pieza complementaria, efectuándose el acoplamiento de ambas mediante la rotación relativa de una de ellas respecto a la otra.

— La *rosca* es engendrada por un perfil geométrico con un doble movimiento axial a lo largo del cilindro y de rotación en torno del mismo, cuya resultante es una hélice. Generalmente se usa la *rosca a la derecha,* en cuyo caso los elementos se enroscan haciéndolos girar (cuando tienen su eje vertical y son vistos desde arriba) como las agujas de un reloj. La *rosca a la izquierda* tiene giración de sentido contrario y se usa en aquellos casos en que la rosca ordinaria tendería a desenroscarse (al sujetar, por ejemplo, una pieza que la empujaría con rotación hacia la izquierda en cuyo caso la rosca "a la izquierda" sería apretada, en vez de desenroscarse).

Según la forma del antedicho perfil geométrico del filete, se tienen: 1.º *roscas triangulares,* que son las más comunes; 2.º *roscas trapezoidales,* para mecanismos en los cuales los esfuerzos se producen siempre en el mismo sentido; 3.º *roscas redondas* o *de cordón,* para acoplamientos de vagones y otros mecanismos sometidos a choques; 4.º *roscas planas* o *cuadrangulares,* para evitar que los filetes ejerzan empujes radiales, etc. Los dos sistemas de perfiles más comunes, cuyas características pueden apreciarse en la figura, son el sistema internacional (perfil S. I.) y el de Whitworth (común en Gran Bretaña). En los Estados Unidos de Norteamérica es común el sistema Sellers, que solamente difiere del sistema internacional en que la troncadura del triángulo es igual para las roscas macho y hembra, suprimiéndose así el juego existente en la rosca S. I.

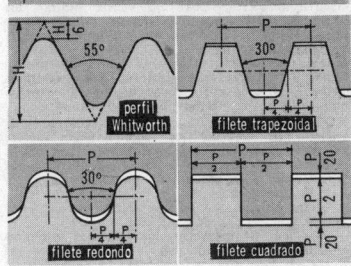

Fot. Ets Vion

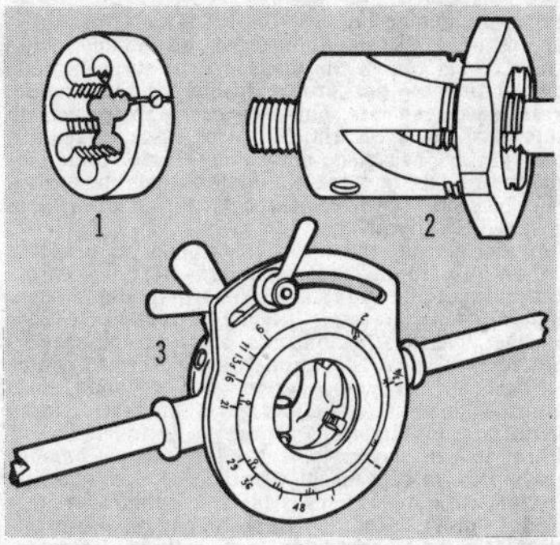

terrajas de abrir **roscas**
1. Cojinete manual; 2. Mecánica; 3. Manual, de brazos

Otras características de una rosca son su diámetro nominal (diámetro exterior del elemento macho medido entre las cúspides del filete) y su paso, o sea la distancia, medida en una generatriz del cilindro, entre dos pasos consecutivos del filete por la misma. En ciertos casos conviene adoptar pasos anormalmente pequeños; por ejemplo, en las uniones de tuberías para gases, que resultan así estancas, y en los micrómetros y dispositivos similares, para aumentar la precisión de las medidas al reducir el corrimiento axial de la rosca que corresponde a una vuelta de la misma.

El filete de una rosca no es sino un plano * inclinado que permite reducir los esfuerzos prolongando el movimiento de las piezas: con la ventaja de que las fuerzas paralelas al eje de la hélice engendran rozamientos tan grandes que los elementos no pueden ser desenroscados por ellas. Estas propiedades tienen muchas aplicaciones, la primera de las cuales es el sistema de tornillo * y tuerca * para efectuar uniones. Pero también se fundan en la rosca numerosos aparatos: prensas * de husillo, tornos * de carpintero y de mecánico, mecanismos de transmisión *, válvulas * y compuertas, dispositivos micrométricos, gatos mecánicos, etc. El tallado de las roscas puede hacerse manualmente con terrajas (rosca exterior) y con machos de roscar (rosca interior). La terraja es una herramienta que se maneja con los dos brazos de modo a hacer girar sobre la pieza que se labre unos peines de dientes

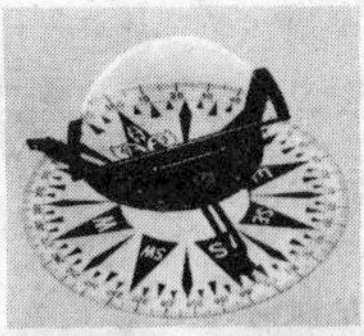

rosa de los vientos *(mar.)*

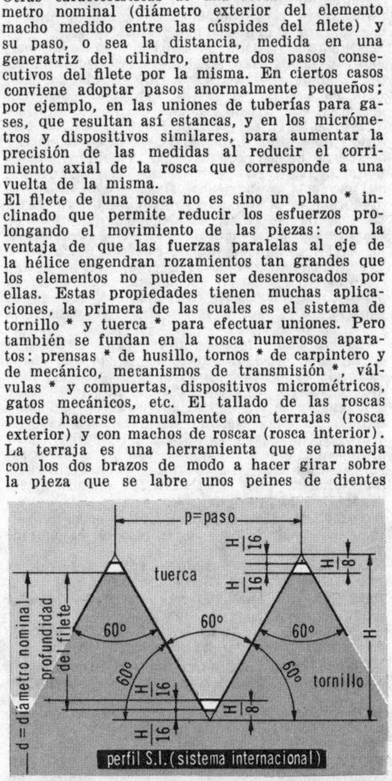

rosca: forma y características de los filetes más comunes

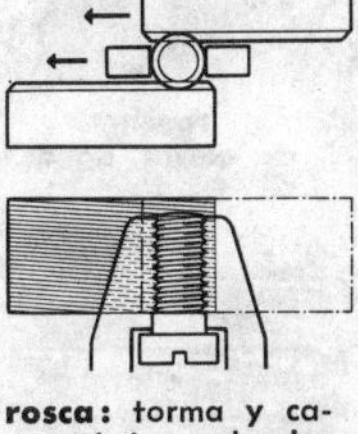

obtención de la **rosca** por prensado entre matrices estriadas

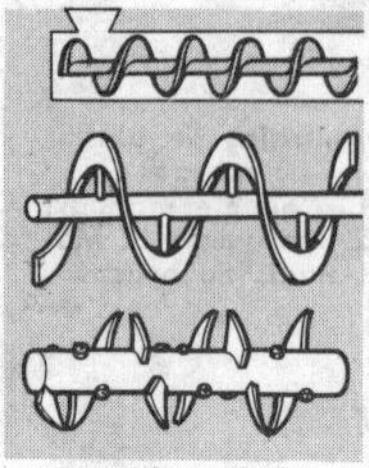
roscas transportadoras

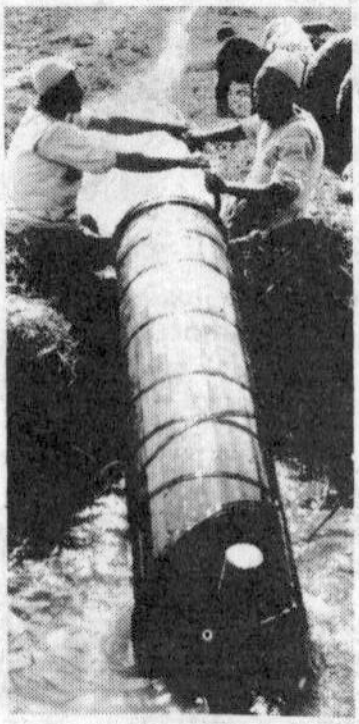
rosca de elevar agua

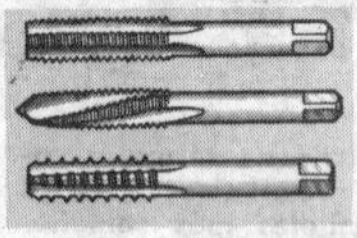
machos de **roscar**

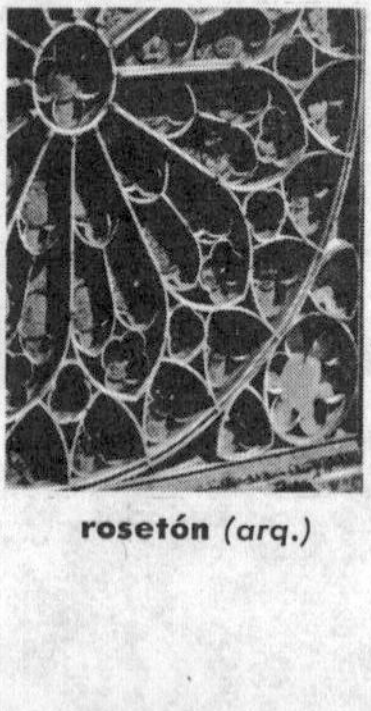
rosetón *(arq.)*

cortantes que tallan los filetes. En ciertos casos el conjunto de los dientes de un mismo peine tiene forma cónica, de modo que el surco labrado por el primero sea profundizado por el segundo, y así sucesivamente, obteniéndose la rosca con un solo paso de la terraja. En otros casos se requieren varias pasadas, apretando entre ellas los dos peines de la terraja, hasta obtener una rosca más perfecta que la que se obtiene con el sistema a una sola pasada.
Los machos de roscar son fresas que, al penetrar en un taladro más estrecho que ellas, se enroscan arrancando metal a la superficie del mismo. Generalmente la rosca interior o hembra se hace en tres pasadas, empleando otros tantos machos de roscar: uno, el primero, de forma cónica en sus dos primeros tercios; el segundo, más ancho y de conicidad limitada a un tercio de su longitud; el tercero y último es cilíndrico.
Para labrar mecánicamente las *roscas hembra* se emplea un solo macho montado en una máquina herramienta que no es sino una taladradora especial, provista de movimiento de retroceso automático del macho una vez tallada la rosca. También pueden labrarse roscas hembra con el torno, pero esta operación no presenta interés por lo cara y delicada que resulta.
En cuanto al tallado mecánico de las *roscas macho*, se puede efectuar por varios procedimientos. Uno de ellos, para tornillos ordinarios, consiste en prensar la varilla de metal entre dos matrices que llevan grabado en hueco el filete correspondiente a la mitad longitudinal del tornillo: la presión imprime la rosca en la varilla que gira al ser comprimida. También pueden labrarse las roscas por fresado de las piezas, en una sola pasada, con fresas cuyos filos reproducen los filetes que se han de tallar. Pero, las más de las veces, la ejecución de roscas en grandes series se hace con tornos especiales en los cuales el movimiento de rotación de la pieza y el de translación de la herramienta se hallan combinados de modo que a una vuelta de la primera corresponda un corrimiento de la segunda equivalente al paso de la rosca. (V. tb. TORNILLO y TORNO *automático*.)
— *Tecn.* Máquina para elevar agua consistente en un tubo provisto interiormente de una chapa en forma de hélice o rosca: si se dispone el cilindro inclinado, con su extremo inferior dentro del agua, y se hace girar la rosca con suficiente rapidez, el agua asciende hasta la boca superior del aparato. (Sinón. COCLEA.) || Dispositivo inspirado del anterior que se usa para arrastrar por el tubo materias pastosas o pulverulentas, especialmente para alimentar las máquinas, los hogares de las calderas, etc.

ROSCADO, DA adj. Helicoidal, como la rosca. || Dícese de la cosa en la cual se ha labrado una rosca.

ROSCAR v. *Mec.* Labrar roscas: *roscar el extremo de un tubo.* (Sinón. ATERRAJAR.)

ROSETA f. *Arq.* Pátera, ornamento circular con figura estilizada de una rosa.
— *Metr.* Tope que tiene la romana en el extremo de la barra para que no se salga el pilón.

ROSETÓN m. *Arq.* Ventana circular calada y provista de adornos. || Adorno circular en un techo, de cuyo centro se suspenden las lámparas.

ROSINDULINA f. *Quím.* y *Text.* Colorante azínico * derivado de la diazina *.

rot, símbolo de *rotacional.*

ROTA f. Nombre común de varias plantas palmáceas del Asia, entre las cuales figuran las llamadas científicamente *Calamus rotang*, cuyos tallos, enteros o hendidos longitudinalmente, sirven para hacer muebles y labores de cestería; *Calamus rudentum*, con cuyos tallos flexibles se hacen bastones, cuerdas, esteras, etc.; *Calamus draco*, que exuda por sus estipos una gomorresina empleada en la preparación de barnices.

ROTACIÓN f. Movimiento de un cuerpo en el espacio alrededor de una recta llamada *eje de rotación*, cuyos puntos permanecen inmóviles: *el movimiento de rotación puede ser definido por la velocidad y la aceleración angulares del cuerpo.* (V. ANGULAR.)
— *Astr.* Movimiento de los astros alrededor de su eje.
— Las más de las veces, los satélites y sondas espaciales son lanzados en la dirección general Oeste — Este para agregar así la velocidad de rotación del globo terrestre a la que adquieren por la acción de sus motores. (V. TIERRA, LUNA, y los art. consagrados a los demás astros del sistema solar.)
— *Atom.* Spin.
— *Telec.* Método para evitar los fenómenos de inducción en las líneas telegráficas y telefónicas, consistente en hacer cambiar de trecho en trecho las posiciones relativas que ocupen los hilos de la misma unos respecto a otros.

ROTACIONAL adj. *Fís.* Dícese de una onda que, al propagarse por un medio elástico, modifica la forma de elementos de éste, aunque sin afectar al volumen de los mismos.

ROTANG m. *Bot.* Rota.

ROTATIVO, VA adj. y s. Que tiene movimiento circular. || *Horno rotativo, sonda rotativa*, etc., v. HORNO, SONDA, etc.
— *Art. gráf.* Máquina de imprimir en la cual todos los órganos esenciales, incluso la forma y el marcador, son cilíndricos, circunstancia que le permite trabajar con rápido movimiento continuo y rotatorio merced al cual alcanza tiradas horarias considerablemente mayores que las que pueden obtenerse con máquinas de movimiento alterno.
— La *rotativa* se funda en el uso de planchas aplicadas a la superficie de un cilindro, entre el cual y otro cilindro compresor se efectúa la impresión del papel. Partiendo de este principio se han fabricado máquinas diferentes: *rotativas tipográficas, rotativas de offset* y *de huecograbado, rotativas para periódicos, rotativas para trabajos de edición* y otras labores, etc., que no siempre es fácil clasificar.
Así, todas las máquinas offset y de huecograbado imprimen con forma cilíndrica y movimiento rotativo. Sin embargo, solamente se califican rotativas las que son alimentadas con papel en bobinas (v. OFFSET, HUECOGRABADO e IMPRESIÓN). Incluso existen *rotativas transformadoras*, que imprimen sobre plástico, metal y otras materias.
Una *rotativa de prensa* se compone de cierto número de elementos que permiten tirar simultáneamente los distintos pliegos de que consta un periódico. Asimismo, las rotativas que tiran a varias tintas cuentan con otros tantos elementos. De ahí, pues, que una rotativa para periódicos de colores sea una instalación compleja, verdadero acoplamiento de varias máquinas. Consideremos ahora algunos ejemplos de máquinas de esta clase:
La rotativa para impresión ordinaria en negro se compone de tantos grupos como pliegos ha de tener el periódico, acoplados en línea. Cada grupo comprende dos elementos: uno para imprimir el recto y el otro el verso. Un elemento consta del tintero, el cilindro portador de la plancha (forma cilíndrica) y el cilindro de presión (v. IMPRESIÓN). El sistema alimentador es también múltiple (generalmente una bobina por cada pliego del periódico). Todos los papeles llegan sobrepuestos a una o varias plegadoras terminales, donde son cortados conjuntamente y plegados.
Para tirar en color se emplean *rotativas en línea* (el papel pasa sucesivamente por tantos elementos alineados como tintas se han de imprimir) y *rotativas planetarias* (un mismo cilindro de presión se halla en contacto con todos los cilindros entintados, cada uno de los cuales imprime su color propio en determinado orden). Los elementos de una *rotativa offset*, que son de preferencia planetarios, pueden estar dispuestos también en línea, mientras que las *rotativas de huecograbado* son siempre de elementos alineados.
En las rotativas modernas el papel es impreso a la velocidad de varios metros por segundo y la coincidencia de los colores presenta especial interés. Por eso se recurre a células fotoeléctricas que, excitadas por marcas impresas de trecho en trecho, accionan servomecanismos encargados de frenar o acelerar la velocidad de los cilindros. Ciertas rotativas tienen como elemento terminal una bobinadora que permite conservar enrollado el papel ya impreso; otras tienen plegadoras especiales que dan varios dobleces; las hay, por último, que cortan el papel impreso en fajas, en hojas, etc.

ROTATORIO, RIA adj. *Mec.* Que tiene movimiento de rotación. || *Bomba rotatoria, compre-*

Fot. X, Fiando

sor rotatorio, bomba *, compresor * centrífugos.
— *Ópt. Poder rotatorio, polarización rotatoria,* V. POLARIZACIÓN.

ROTÉN m. *Bot.* Rota.

ROTOGRABADO m. *Art. gráf.* Heliograbado * para rotativas.

ROTONDA f. *Arq.* Edificio circular grande y generalmente cubierto con cúpula.
— *F. c.* Depósito de locomotoras de forma circular y, las más de las veces, semicircular.

ROTOR m. *Aeron.* En los giroaviones, conjunto formado por los planos de sustentación rotatorios, el árbol de los mismos y los dispositivos reguladores del ángulo de ataque de las palas y de la inclinación del plano de rotación. (V. HELICÓPTERO.)
— *Electr.* Parte giratoria de los motores y generadores eléctricos, por oposición al estator que es la parte fija. (V. MOTOR, ALTERNADOR y DINAMO.)
— *Mec.* Rodete de turbina hidráulica, y en general rueda de álabes giratoria de las turbinas, compresores y bombas centrífugas.

ROTOTROL m. *Electr.* Generatriz de corriente continua que se caracteriza por tener varios circuitos inductores y se emplea como amplificador de tensión o de potencia, como excitador de generatrices mayores y para regular el funcionamiento de otras máquinas.

RÓTULA f. *Mec.* Nombre dado, por analogía con la de la rodilla humana, a la articulación * de nuez o de bola. ‖ *Cojinete* o *rodamiento de rótula,* V. RODAMIENTO.

ROTURA f. Ruptura.

ROZA f. *Constr.* Rebajo que se deja en la obra de fábrica para empotrar canalizaciones.
— *Min.* Surco abierto en la vena de mineral por la máquina rozadora *.

ROZADOR, RA adj. y s. *Min.* Dícese de la máquina empleada para el arranque de minerales y que practica rozas o cortes profundos verticales u horizontales en el frente de ataque para permitir el desplome de masas importantes de mineral.
— Las primeras *rozadoras* consistían en un martillo neumático articulado en una columna afianzada en el techo y la pared; la barrena golpeaba violentamente el frente de ataque y, al girar progresivamente el martillo en la columna, se abría una hendedura en el filón.
Las rozadoras modernas son de dos clases, y uno de sus tipos consiste en una cadena sin fin de eslabones cortantes, montada en un pesado bastidor provisto de un torno que le permite moverse a lo largo del frente de ataque. El brazo portacadena es apoyado con fuerza en el frente de ataque y fresa en el mismo una hendedura de 15 a 20 cm de anchura y uno o varios metros de profundidad, fresado que puede prolongarse centenares de metros de uno a otro extremo del frente de ataque. (En ciertas minas de yacimientos muy espesos se emplean *rozadoras de dos brazos,* que abren simultáneamente dos surcos paralelos. Los *rozadores de brazos múltiples* pueden dar cortes horizontales y verticales. Las *rozadoras cargadoras* tienen un dispositivo cargador * prolongado por un transportador de correa sin fin que evacúa automáticamente el mineral arrancado.)
En el otro tipo de rozadora a que hemos aludido, también llamada *acepilladora,* el bastidor de la máquina, muy largo, está cubierto por una cinta transportadora sin fin y tiene en uno de sus lados una fresa o cepillo arrastrado por una cadena sin fin. Para efectuar el arranque, la máquina es aplicada paralelamente contra el frente de ataque, y el cepillo, apretado por gatos neumáticos contra la vena y arrastrado por la cadena, roza fuertemente en el mineral y lo quiebra, cayendo los fragmentos en la cinta transportadora que los evacúa hacia la zona de cargamento de las vagonetas. (V. tb. MINA.)

ROZAMIENTO m. *Fís.* Fricción.
— *Mec.* Resistencia que se opone al deslizamiento o la rodadura de la superficie de un cuerpo sobre la de otro.
— Para hacer que un cuerpo se deslice sobre otro es necesario vencer cierta resistencia, es decir, el *rozamiento* que resulta de la rugosidad de las superficies en contacto (todas las superficies son rugosas, por lisas que parezcan). Esta resistencia se explica por el hecho de que el contacto determina una deformación de los cuerpos, la cual da lugar a vibraciones moleculares, a la producción de electricidad y al desprendimiento de calor.
Además del *rozamiento por adherencia* * de los cuerpos al estado de reposo, se distingue el *rozamiento de deslizamiento* o *de primer grado,* que es el del cuerpo cuya superficie se desliza sobre el de otro, del *rozamiento de rodadura* o *de segundo grado,* que es el del cuerpo que rueda o gira sobre la superficie de otro. Consideremos dos cuerpos en contacto en un punto C: la reacción de uno sobre el otro (el peso, por ejemplo) es figurada por la normal NC a dicho punto; la *fuerza de rozamiento* es la componente tangencial CT de igual dirección que la velocidad del móvil, pero de sentido opuesto a la misma; por último, *r* es un *coeficiente de rozamiento* que depende de la materia considerada y del estado de su superficie.
La reacción R de la superficie sobre el cuerpo que se desliza sobre ella es la resultante de las reacciones CN y CT, representada por una fuerza, de dirección oblicua a la superficie, inclinada en el sentido contrario del movimiento. El ángulo formado por CR con CN se llama *ángulo de rozamiento.* Por otra parte, el cociente de T dividido por CN se llama *coeficiente de rozamiento,* depende de la índole de las materias en contacto y del estado de rugosidad de sus superficies y es mayor al empezar el movimiento (en este caso se llama *coeficiente de adherencia*) que en el curso del mismo. Por último, la lubricación o engrase lo reduce más o menos. Ejemplos de coeficientes de frotamiento: fundición sobre fundición (superficies alisadas y secas), 0,16 al arranque, 0,15 en movimiento y 0,10 con engrase; acero sobre bronce, 0,19 al arranque, 0,18 en movimiento, de 0,15 a 0,05 con engrase; forro de freno de automóvil contra el tambor, de 0,30 a 0,50; neumático nuevo contra la calzada, de 0,20 a 0,60, según la rugosidad del firme.

ROZAR v. *Constr.* Hacer rozas en las obras de fábrica. ‖ Disminuir el espesor de una pared para suprimir las partes deterioradas y dejarla de aplomo.
— *Min.* Arrancar el mineral con rozadura.

r. p. m., sigla de *revoluciones por minuto.*

Ru, símbolo químico del *rutenio.*

RUANA f. *Text.* Tejido de lana espeso que sirve para hacer mantas.

RUBELITA f. *Miner.* Turmalina roja.

RUBÍ m. *Miner.* y *Joy.* Variedad de corindón, piedra preciosa transparente de color rojo subido. ‖ *Rubí blanco,* zafiro blanco. ‖ *Rubí de Bohemia,* cuarzo rosado. ‖ *Rubí del Brasil,* topacio quemado. ‖ *Rubí de Siberia,* variedad de turmalina.
— El mejor *rubí* es el oriental, procedente de los terrenos primitivos de la India, Birmania y el Tibet, de hermoso color carmesí. Más raro aún que el diamante, es éste el único cuerpo que puede rayarlo. Por lo demás, la talla del rubí se efectúa como la de los diamantes. Menos valiosas, aunque también apreciadas, son las espinelas rojas *(rubí espinela).* El *rubí balaje* es una espinela de color rojo rosado o violáceo, de calidad inferior.
Los rubíes de poco valor se emplean en relojería como apoyo de los gorrones del eje de las ruedas. Otra aplicación reciente de los rubíes la constituyen el maser y el laser.
El rubí es una de las piedras preciosas que hoy se fabrican sintéticamente. (V. PIEDRA.)

RUBIA f. *Bot.* Planta rubiácea *(Rubia tinctorium),* antes cultivada para aprovechar una materia tintórea roja, la alizarina, contenida por sus raíces. (Sinón. GRANZA.)

RUBIDIO m. *Quím.* Elemento químico de número atómico 37, cuyo símbolo es *Rb.*
— El *rubidio* es un metal alcalino, blanco, que presenta no pocas analogías con el potasio. A continuación se indican sus principales constantes físicas: densidad, 1,53; temperaturas de fusión y de ebullición, 38,5° y 700°, respectivamente; masa atómica, 85,47 (consta de 72,15 % de isótopo 85 y de 27,85 % de isótopo 87, que es radiactivo). Artificialmente se han producido 15 isótopos radiactivos, algunos de los cuales tienen aplicaciones en calidad de indicadores.
El rubidio, al igual que el potasio, descompone el agua violentamente, inflamándose el hidrógeno desprendido. Incluso se oxida en el aire seco.

mecanismo de un rotor de helicóptero

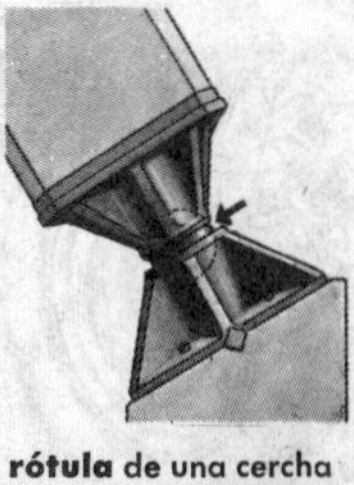
rótula de una cercha

rozadora de dos brazos

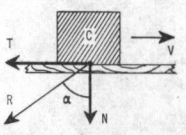

rozamiento *(mec.)*

Fot. Larousse, Charb. de France

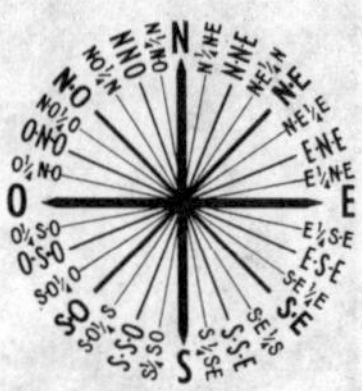

rumbos *(mar.)*

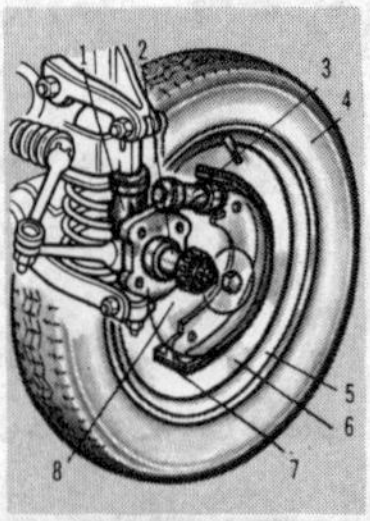

rueda de automóvil
1. Mangueta; 2. Buje; 3. Freno; 4. Neumático; 5. Llanta; 6. Telar; 7. Zapata del freno; 8. Tapacubo

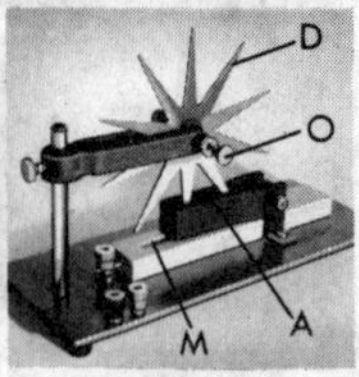

rueda de Barlow *(electr.)*

Se extrae de los minerales, mezclado con potasio y cesio, por precipitación en forma de cloroplatinatos. El de potasio se elimina por lavado; los de rubidio y cesio se separan aprovechando la diferente solubilidad de sus tartratos. Otras formas de extracción del metal son: electrólisis de su cianuro y reducción del cloruro por el calcio. El rubidio tiene las mismas aplicaciones que el cesio, pero se emplea poco en razón de su precio elevado.

RUEDA f. Órgano mecánico de forma circular que sirve para transmitir movimientos y que, mantenida por un eje horizontal, sostiene los vehículos y los arrastra, si es motriz, o permite que sean arrastrados con un esfuerzo reducido.
— *Autom.* La *figura* representa los distintos elementos que constituyen la rueda, así como los órganos anexos. Generalmente un automóvil tiene dos *ruedas motrices* y dos *directrices,* pero, en los vehículos destinados a circular por terrenos accidentados, las cuatro ruedas pueden ser a la vez motrices y directrices (v. AUTOMÓVIL, DIFERENCIAL y DIRECCIÓN). Las ruedas directrices, que son las delanteras, no son rigurosamente paralelas y forman un ángulo cuya convergencia o divergencia depende de las modalidades de la tracción (v. ABERTURA). Llámase *rueda independiente* la que, en vez de hallarse montada en el gorrón de un eje rígido, lo está en una mangueta articulada en el bastidor (v. SUSPENSIÓN). Los vehículos muy pesados tienen ruedas traseras gemelas o sea acopladas por pares. Además, todos los vehículos han de llevar una rueda de recambio ya hinchada y presta para reemplazar a otra averiada.
Las ruedas de la bicicletas y motocicletas tienen una llanta ligera afianzada en el cubo por medio de radios de alambre de acero, sistema que presenta varias ventajas: rigidez lateral satisfactoria combinada con una elacticidad vertical apreciable; poco peso; resistencia casi nula al empuje de los vientos laterales. Por lo general la rueda trasera de los bicicletas es libre y está provista de un mecanismo de trinquete que engrana cuando se pedalea hacia adelante, pero no cuando se deja de pedalear o se pedalea hacia atrás.
— *Electr. Rueda de Barlow,* instrumento pedagógico para demostrar el principio de los motores eléctricos, consistente en una rueda D, montada libremente sobre un eje O y cuyos dientes penetran en el mercurio contenido por una cubeta. Si, después de haber conectado el mercurio y el eje de la rueda con los polos de un manantial de corriente continua, se coloca un imán A de modo que su campo magnético sea perpendicular a la rueda, ésta adquirirá un movimiento de rotación.
— *F. c.* Las *ruedas de los vagones* forman cuerpo, dos a dos, con un eje que se apoya en las cajas de grasa. La superficie de rodadura de estas ruedas tiene una forma troncónica que procura automáticamente el centrado del vehículo en la vía. (V. también BOGIE, VÍA y RIEL.)

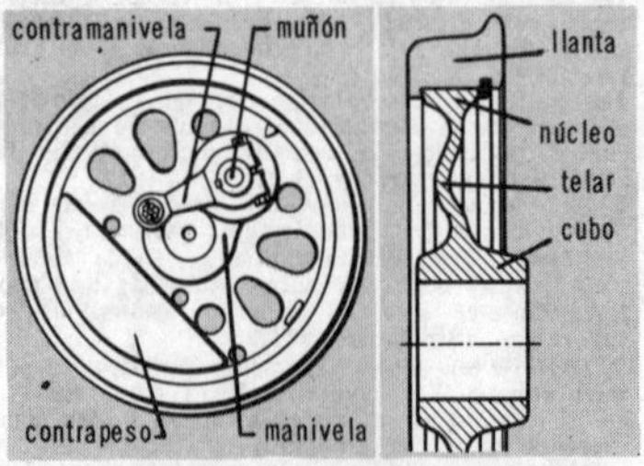

ruedas de locomotora y de vagón *(f.c.)*

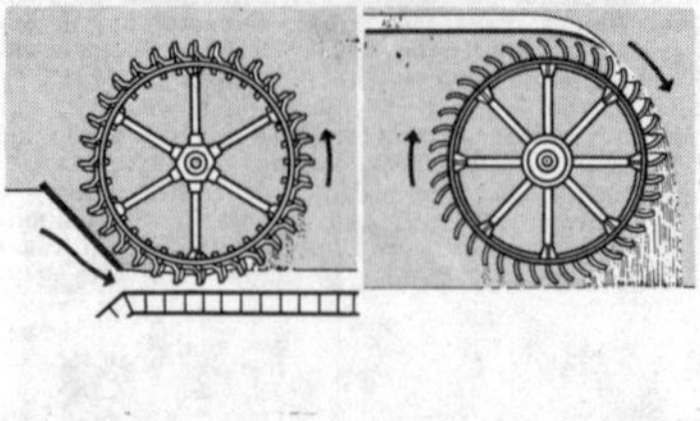

ruedas hidráulicas *(mec.)*

— *Mar. Rueda de paletas,* sistema de propulsión, aún practicado en ciertos ríos, en el cual la hélice es reemplazada por ruedas hidráulicas de eje transversal respecto al del barco. ‖ *Rueda del timón,* v. TIMÓN.
— *Mec. Rueda de álabes,* rueda provista en su periferia de numerosas superficies combadas o álabes sobre los cuales se ejerce el empuje de un fluido que provoca la rotación de la misma. ‖ *Rueda de ángulo,* la que engrana con otra que forma un ángulo con ella. (V. ENGRANAJE *cónico*). ‖ *Rueda dentada,* v. ENGRANAJE. ‖ *Rueda de fricción,* sistema de transmisión en el cual una rueda fijada en un árbol motor se apoya sobre otra de diámetro diferente y le transmite su movimiento. ‖ *Rueda hidráulica,* la de álabes, cangilones o paletas que se emplea para aprovechar la energía de pequeños caudales de agua. (V. *figura* y tb. ROSARIO.) ‖ *Ruedas hiperbólicas,* las que, como en el sistema de tornillo sin fin y otros engranajes, tienen sus ejes orientados de forma que no pueden encontrarse en el espacio. ‖ *Rueda libre,* dispositivo de trinquete merced al cual un motor puede arrastrar a una *máquina* y no ser arrastrado por ella, como en el ejemplo simple de la rueda libre de las bicicletas. (V. más arriba *Autom.*) ‖ *Rueda maestra,* la principal rueda dentada de un mecanismo. ‖ *Rueda de paletas,* rueda hidráulica en la cual la fuerza del agua se ejerce sobre superficies planas o paletas, y no sobre álabes.
— *Min.* y *Obr. públ. Rueda de cangilones* o *rueda fresadora,* excavadora de cangilones.
— *Telec. Rueda impresora* o *de tipos,* la que, en los telégrafos impresores, lleva en su periferia, grabados en relieve, los números, signos y letras con que se imprimen los despachos en la cinta.

RUGOSÍMETRO m. *Metr.* Instrumento para apreciar la rugosidad de una superficie merced a un órgano captador que se hace rozar con la misma y a un amplificador de cuadro móvil.

RUIDO m. *Acúst.* Sonido inarmónico que se distingue de un sonido musical porque resulta de la mezcla de vibraciones heteróclitas, con frecuencia amortiguadas.
— *Radiot.* y *Telec. Ruido de fondo* o *ruido microfónico,* señales parásitas que se captan o detectan mezcladas con las de la emisión recibida o que son engendradas en el emisor o el receptor por electrones libres, el calor (agitación térmica), las variaciones de la corriente en los circuitos, etc.: *para apreciar el ruido de fondo basta poner en funcionamiento un radiorreceptor y girar a fondo el potenciómetro regulador de volumen, aunque sin sintonizar ninguna emisora.* (V. PARÁSITO.)

RULO m. Rodillo grueso o pesado que se arrastra por el suelo para desmenuzar los terrones, allanar la tierra, trillar, etc.

RUMBATRÓN m. *Electr.* Aparato generador de oscilaciones eléctricas de frecuencia muy elevada.
— El *rumbatrón* consta de dos elementos tubulares concéntricos. El tubo interior se halla interrumpido y provisto de dos rejillas: la primera, intensamente positiva respecto al cátodo, acelera los electrones; la otra, próxima de la primera, es excitada por una corriente alterna, y así, pues, los electrones acelerados la atraviesan con mayor o menor velocidad según la intensidad momentánea de la corriente. Los rumbatrones se emplean como amplificadores u osciladores de ondas de frecuencia muy grande.

RUMBO m. *Aeron.* y *Mar.* Cualquiera de las 32 direcciones de la rosa náutica, especialmente la que sigue el barco o el avión: *navegar rumbo al Nordeste; hacer rumbo a San Francisco.* ‖ Abertura hecha accidentalmente en el casco de una embarcación y tabla con que se repara. ‖ *Rumbo de aguja* o *magnético,* ángulo que forma el eje del barco con la dirección Norte-Sur magnética. ‖ *Rumbo corregido* o *verdadero,* el que se deduce del anterior y corresponde al ángulo formado por el eje del barco con el meridiano geográfico. ‖ *Conservador de rumbo,* v. CONSERVADOR.

RUMO m. *Carp.* Primero de los aros o cercos con que se mantienen apretadas las duelas de una pipa o tonel.

RUPTOR m. *Electr.* Interruptor de una bobina de inducción, como el que se emplea en los motores de explosión para obtener en las bujías la chispa que provoca el encendido de la mezcla carburante. (V. ENCENDIDO.)

Fot. Larousse

RUPTURA f. *Electr. Corriente de ruptura,* corriente inducida que resulta de la ruptura de un circuito, circula en el mismo sentido que la corriente principal que se ha interrumpido y se manifiesta en forma de arco entre los extremos del circuito cortado.
— *Mec. Punto de ruptura,* en una pieza sometida a esfuerzos crecientes, magnitud que ha de alcanzar la fuerza para, después de haber engendrado en aquélla deformaciones elásticas y luego permanentes, causar su ruptura.
RUSEL m. *Text.* Tejido tosco de lana cardada hecho con ligamento de sarga.
RUSO m. *Text.* Rizo.
RUTA f. Itinerario aéreo o marítimo. ‖ Parte que se proporciona al piloto de un avión con la situación meteorológica y otras indicaciones relativas a las rutas que puede seguir para alcanzar su punto de destino en las mejores condiciones de rapidez y seguridad. ‖ Galicismo por *carretera.*
RUTENIO m. *Quím.* Elemento químico de número atómico 44, cuyo símbolo es *Ru.*
— El *rutenio* es uno de los metales presentes en la mina del platino. Sus principales constantes físicas son: densidad, 12,45; temperaturas aproximadas de fusión y de ebullición, 2 450° a 2 500° y 4 500°, respectivamente; masa atómica, 101,07 (resulta de la mezcla de 7 isótopos naturales de masa comprendida entre 96 y 104, aunque con predominancia del de masa 102, que constituye 31,63 % del total). Se han creado artificialmente 9 isótopos radiactivos, algunos de los cuales sirven de indicadores.
El rutenio es un metal duro y quebradizo, químicamente análogo al estaño. Se extrae del osmiuro de iridio que queda como residuo de la mina de platino al ser disuelto éste por el agua regia. Es metal poco empleado, si bien permite obtener revestimientos colorados para cerámicas, y también endurece los metales a los cuales es agregado en ínfimas proporciones.
RUTILO m. *Miner.* óxido de titanio TiO_2 y mena de este metal, que a veces forma largas agujas doradas en el cuarzo (cabellos de Venus).

ruptor *(autom.)*
1. Cápsula; 2. Corriente de la batería; 3. Condensador; 4. Leva; 5. Yunque; 6. Tornillo excéntrico; 7. Contactos; 8. Martillo

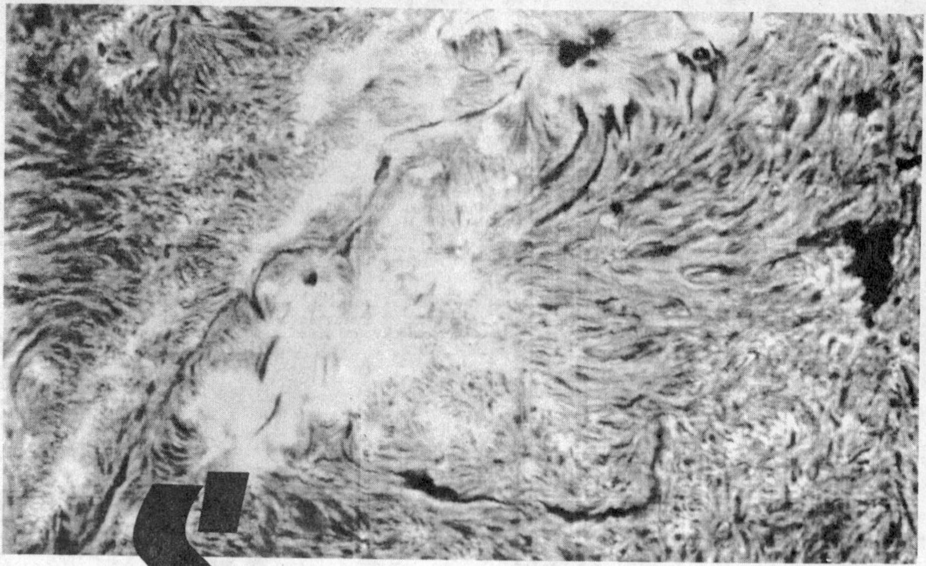

S

espectroheliograma de la corona **solar** vista con la luz roja de la raya alfa del espectro

S f. Vigésima segunda letra del alfabeto, empleada como sigla y símbolo.
— *Art. y of.* Ese.
— *Astr.* y *Geogr.* S. es abreviatura de *Sur.*
— *Electr.* S es el símbolo del *siemens.*
— *Metr.* La *s* minúscula, es el símbolo de *segundo.*
— *Quím.* S es el símbolo del *azufre.*
— *Text.* S designa, por oposición a Z, uno de los dos sentidos en que puede efectuarse la torsión * de los hilos, cuerdas y cables.

SABICU m. *Bot.* Árbol leguminoso de las Antillas y América Central (*Lysiloma latisiliqua*), cuya madera dura, de color entre pardo y amarillo, se emplea en ebanistería y para construcciones navales.

SABLE m. Nombre de distintas piezas e instrumentos que son largos y corvos, a imagen y semejanza del arma blanca de igual designación y a veces provistos de un filo cortante, cuales son, por ejemplo, los machetes, la aguja que tienen ciertos telares para cortar los bucles del hilo en la fabricación del terciopelo y de alfombras, etc.
— *Mar.* Orza muy estrecha y alta que, en vez de hallarse articulada sobre un eje horizontal, se maniobra deslizándola verticalmente.

SABLÓN y **SÁBULO** m. *Constr.* Arena gruesa.

SABULOSO, SA adj. Que contiene arena.

SACA f. *Text.* Costal o saco muy grande.

SACABOCADO y **SACABOCADOS** m. Punzón de boca hueca y cortante, que se golpea con martillo sobre una chapa metálica, cuero, cartón u otra materia laminada, ya para taladrarla, ya para recortar en la misma rodajas o piezas pequeñas de cualquier otra forma conferida a la boca. ‖ Tenaza provista de una boca similar y empleada con los mismos fines.

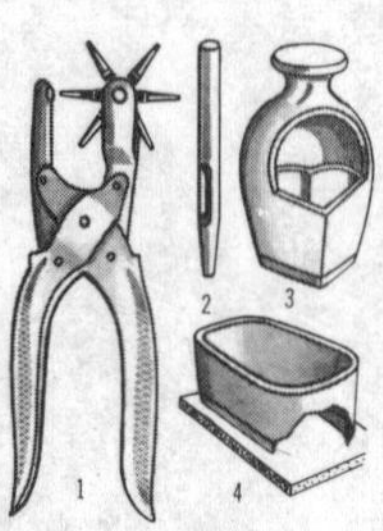

sacabocados
1. De tenaza; 2 y 3. De percusión; 4. Para prensa de husillo

SACABUCHE m. *Art. y of.* Bomba de émbolo rudimentaria empleada para extraer el líquido de las pipas o toneles.

SACACLAVOS m. Arrancaclavos.

SACACOPIAS com. *Ofic.* Nombre de distintos aparatos simples para reproducir planos, escritos y otros documentos. (V. HECTÓGRAFO.)

SACACORCHOS m. Instrumento para descorchar botellas consistente en una barrena (a veces perfeccionada con un sistema de palancas para tirar del tapón), y también, modernamente, en una aguja que atraviesa el tapón e inyecta aire comprimido que expulsa el corcho.

SACADOR m. *Art. gráf.* En las máquinas de imprimir, tablero en el cual se van apilando los pliegos impresos.

SACAFONDOS m. *Carp.* Instrumento en forma de anillo expansible por medio de un husillo, que sirve a los toneleros, introducido en una pipa, para mantener las duelas mientras se colocan las últimas en la construcción de pipas nuevas o reemplazar alguna de ellas en las pipas averiadas, desmontar los fondos de las mismas, etc.

SACALÍNEAS m. *Art. gráf.* Filete con dos pestañas en los extremos (para asirlo), que se pone en el componedor, entre la última línea compuesta y la que se ha de componer, para facilitar el arreglo de los tipos y evitar el empastelamiento: *en la composición interlineada no se necesitan sacalíneas, ya que las interlíneas representan accesoriamente el mismo papel.*

SACAMANCHAS m. *Quím.* Quitamanchas.

SACAMUESTRAS adj. y s. Cuchara con que se saca una muestra o probeta de productos líquidos, metales en fusión, etc. ‖ Cuchillo de hoja acanalada que se introduce en los quesos y, haciéndolo girar, permite extraer una muestra cilíndrica o cónica que, después de observada o catada, puede ser introducida de nuevo en su sitio.
— *Min. Barrena sacamuestras,* v. BARRENA.

SACAPLIEGOS m. *Art. gráf.* Dispositivo de las máquinas de imprimir que toma el pliego recién impreso y lo lleva hasta la mesa receptora.
— El *sacapliegos* deslizante o de langosta toma el pliego con unas pinzas y lo arrastra horizontalmente hasta la mesa. En otros casos el papel es transportado por unas boquillas aspiradoras. Muy común es el *sacapliegos de abanico,* en el cual el pliego impreso queda sobre un sistema de varillas o palas que, al girar sobre un eje horizontal, le dan la vuelta y lo depositan directamente sobre la pila o lo dejan deslizarse por una pendiente hasta la mesa receptora.

SACAR, prefijo derivado del latín *saccharum,* y éste del griego *sakcharon* o *sakkaron,* que significa *azúcar.*

SACARASA f. *Quím.* Sucrasa.

Fot. Obs. del Monte Wilson

SACARATO m. *Quím.* Nombre que se da impropiamente a la combinación del azúcar con un álcali.

SACAREÍNAS f. pl. *Quím.* Materias colorantes que se obtienen mediante condensación de la sacarina con los fenoles o los amidofenoles y que son análogas a las ftaleínas.

SACÁRIDO m. *Quím.* Sinónimo anticuado de *glúcido.*

SACARÍFERO, RA adj. Que contiene azúcar.

SACARIFICABLE adj. *Quím.* Que puede ser transformado en azúcar por sacarificación.

SACARIFICACIÓN f. *Quím.* Operación consistente en transformar las materias amiláceas o celulósicas en azúcares fermentescibles.
— La *sacarificación* de la cebada se efectúa en cervecería convirtiendo primeramente el grano en malta, luego se tritura éste y se forma con agua una masa que, calentada a temperaturas comprendidas entre 60 y 75°, da, mediante acción de las enzimas, un mosto compuesto de 80 % de azúcares fermentescibles (maltosa y glucosa) y de 20 % de dextrinas no fermentescibles. (V. CERVEZA.)
En las destilerías se procura obtener el máximo porcentaje de azúcares convertibles en alcohol. El grano o las patatas se cuecen hasta reducir el almidón a un engrudo que se deja macerar, luego se le agrega una lechada de malta y se mantiene durante dos horas a 62° en unas calderas grandes provistas de agitadores. La amilasa no ha sido destruida a esta temperatura y, al enfriarse el caldo, sigue hidrolizando las dextrinas restantes durante la fermentación alcohólica. También puede obtenerse una *sacarificación económica* agregando a la disolución de almidones las enzimas extraídas de ciertos mohos (*Aspergillus oryzae*) o cultivos de mohos (*Mucor, Rhizopus amylomyces,* etc.). En cuanto a la *sacarificación industrial* de las materias celulósicas, suele obtenerse por hidrólisis, ya en frío, tratándolas con ácidos clorhídrico o sulfúrico concentrados, ya en caliente y bajo presión, con ácidos diluidos. Los mostos así sacarificados requieren una neutralización de los ácidos por alguna base (amoniaco, carbonato de calcio, sosa, etc.).

SACARIFICADOR m. *Ind. alim.* Aparato que se emplea en las fábricas de cerveza y en las destilerías para efectuar la sacarificación.

SACARIFICAR v. *Quím.* Efectuar la sacarificación * de las materias amiláceas o celulósicas.

SACARIMETRÍA f. *Quím.* Método de dosificación de los azúcares disueltos, fundado en el empleo de sacarímetros o polariscopios provistos de un círculo graduado que indica directamente el tanto por ciento de azúcar contenido por la disolución analizada.

SACARÍMETRO m. *Quím.* Polarímetro que sirve para determinar la proporción de azúcar contenido por un líquido y que se funda en la propiedad que tiene el mismo, por ser substancia activa, de hacer girar el plano de polarización de la luz que atraviesa sus disoluciones (v. POLARÍMETRO y POLARIZACIÓN).

SACARINA f. *Quím.* Imida del ácido benzoico ortosulfonado, cuya fórmula es $C_7H_5SO_3N$.
— La *sacarina* se obtiene a partir del ácido ortotoluenosulfónico, procedente del alquitrán de hulla, cuya sal de sodio, comúnmente llamada sacarina e impropiamente *azúcar de hulla,* es un polvo blanco soluble en el agua, que, a peso igual, endulza 200 veces más que la sacarosa. Esta substancia es tóxica a dosis elevadas y solamente se emplea con fines terapéuticos (para endulzar los alimentos de los diabéticos).

SACARINO, NA adj. Relativo al azúcar. ‖ De la naturaleza del azúcar.

SACAROIDEO, A adj. Parecido al azúcar: *mármol, gipso sacaroideos.*

SACARÓMETRO m. Densímetro * para jarabes y otros líquidos azucarados, cuya escala indica directamente la proporción de azúcar que contienen los mismos.

SACAROMICES m. *Ind. alim.* Levadura * que, al multiplicarse en los líquidos azucarados, provoca la fermentación alcohólica de los mismos.

SACAROSA f. *Quím.* Nombre científico del *azúcar de caña* o *de remolacha,* cuya fórmula química es $C_{12}H_{22}O_{11}$.
— La *sacarosa* es soluble en el agua, poco soluble en el alcohol e insoluble en el éter. Funde a unos 160° y, al solidificarse, forma una masa vítrea. A partir de 180° se transforma en caramelo. Sus disoluciones tienen la propiedad de desviar hacia la derecha la luz polarizada, circunstancia que permite determinar la proporción de azúcar que contiene una disolución (v. POLARÍMETRO). La molécula de sacarosa, en presencia de ácidos diluidos o de fermentos, puede fijar una molécula de glucosa y otra de fructosa. Como ésta gira el plano de polarización de la luz hacia la izquierda y con un ángulo mayor que la glucosa (que es dextrógira), se produce en la disolución observada con el polarímetro una *interversión* o inversión, que es el nombre dado a la referida hidrólisis o desdoblamiento. La combinación de la sacarosa con las bases da sucratos* o sacaratos. (V. tb. AZÚCAR.)

SACATAPÓN m. Sacacorchos.

SACO m. Bolsa para obtener o transportar productos a granel u otras cosas, de la cual existe una gran variedad de tamaños y de calidades: sacos grandes, de tejido de algodón relativamente fino y tupido, que se usan para la harina; sacos de yute, pita y cáñamo, tejidos groseramente; sacos de varios espesores de papel kraft para cemento y abonos; sacos pequeños e impermeables de materias plásticas, etc.
— *Astr. Saco de carbón,* cada una de las zonas obscuras del firmamento en las cuales la presencia de materia opaca intercepta la luz de las estrellas situadas detrás de aquéllas. (V. NEBULOSA.)

SACUDIDA f. *Tecn. Criba de sacudidas,* v. CRIBA.

SACUDIDOR, RA m. o f. *Tecn.* Dispositivo que, en ciertas máquinas, imprime sacudidas a las materias con objeto de extenderlas (fabricación de chocolate), desmenuzarlas o desagregarlas (en fundición, para deshacer los moldes de arena una vez solidificado el metal), cribarlas (para separar la paja de la cascarilla del grano, en las trilladoras), etc.

SACHO m. Especie de legón de pala pequeña, propio para escardar o rascar el suelo y para recoger tierras u otras materias.

SAETA f. Manecilla o aguja de los relojes, brújulas y otros instrumentos provistos de esfera.

SAETERA f. *Arq.* Aspillera, ventanilla estrecha del muro en las escaleras y otras partes.

SAETI m. *Text.* Raso.

SAETILLA f. Saeta.

SAETÍN m. *Art. y of.* Clavito delgado y sin cabeza que se usa para fijar cristales en las ventanas, clavar los tacones de los zapatos, etc.
— *Text.* Raso.

SAFLORITA f. *Miner.* Arseniuro de cobalto $CoAs_2$ y mena de este metal.

SAFRANINAS f. pl. *Quím.* Grupo de colorantes azínicos caracterizados por la presencia en su molécula de un radical arilo.
— Las *safraninas* son colorantes básicos que tiñen de rojo o de violeta la lana, la seda y el algodón (éste previamente tratado con mordiente). Los reductores las convierten en leucosafraninas incoloras que recobran su color al ser oxidadas por el aire (v. LEUCODERIVADO). Mediante distintas reacciones (diazotación y copulación con fenoles, etc.) se obtienen safraninas azules.

SAFRE m. *Miner.* y *Vidr.* Óxido de cobalto de color azul que se emplea para teñir el vidrio y preparar esmaltes.

SAFROL m. *Quím.* Compuesto fenólico que se extrae de la esencia de alcanfor y que, hervido con potasa alcohólica, da el isosafrol. *

SAGENITA f. *Miner.* Variedad de rutilo, mena de titanio.

SAGITA f. *Arq.* Flecha de un arco. ‖ Flecha de una viga en su punto medio.
— *Geom.* Porción de un radio perpendicular al punto medio de una cuerda y comprendida entre ésta y la circunferencia. (Sinón. FLECHA.)
— La longitud de la *sagita* es igual a

$$R - \sqrt{R^2 - \frac{c^2}{4}}$$

en cuya fórmula, R es el radio y *c* la longitud de la cuerda.

SAGITADO, DA adj. Que tiene forma o figura de saeta o de cheurrón. *

sacarímetro

Fot. Jobin et Ivon

SAGITARIO, la más austral de las constelaciones zodiacales, que penetra profundamente en la Vía Láctea. ‖ Noveno Signo del Zodíaco, por el cual pasa el Sol del 22 de noviembre al 22 de diciembre.

SAJA f. *Text.* Pecíolo de la hoja del abacá *, del cual se extraen las fibras textiles.

SAJELAR v. *Cerám.* Limpiar el alfarero el barro antes de labrarlo, extrayendo del mismo las piedrecitas y otros cuerpos extraños que aún contiene su masa.

SAJONIENSE adj. y s. *Geol.* Saxoniense.

SAL f. *Quím.* Compuesto generalmente cristalizado que se obtiene haciendo obrar un ácido o un óxido ácido sobre una base o un óxido básico, y también un ácido sobre un metal. ‖ Cloruro de sodio. (V. más abajo *sal blanca.*) ‖ *Sal de acederas,* oxalato de potasio. ‖ *Sal amoniaca,* v. AMONIACO. ‖ *Sal blanca, de cocina* o *común,* cloruro de sodio que se extrae del agua del mar o de los yacimientos de sal gema y se emplea para aderezar o conservar los alimentos y como materia prima de la industria química. (V. más abajo art. encicl.). ‖ *Sal de fósforo,* fosfato de sodio y de amonio que se emplea para análisis. ‖ *Sal fósil* o *sal gema,* cloruro de sodio que se extrae de yacimientos en terrenos que fueron lecho de mares o lagunas en un remoto pasado geológico. ‖ *Sal de Glauber,* sulfato de sodio. ‖ *Sal halogenada,* halosal. ‖ *Sal infernal,* nitrato de plata. ‖ *Sal de nitro,* nitrato de potasio. ‖ *Sal de sosa,* carbonato de sodio. ‖ *Sal tártara,* carbonato de potasio.

— Muchas *sales* se obtienen mediante neutralización * de ácidos y gases, de la cual resulta una disolución acuosa de la sal, separándose ésta por cristalización. Si se trata de un monoácido y de una base se obtiene una sal de la clase del cloruro de sodio NaCl, en cuya molécula no figura hidrógeno del ácido ni el grupo OH de la base. En el caso contrario (poliácido y polibase) se pueden obtener varias sales diferentes cuya composición depende de las proporciones en que se han mezclado el ácido y la base. Así, existe un sulfato de sodio de fórmula NA_2SO_4, que por carecer de hidrógeno, constituye una *sal normal* o *neutra* y otro sulfato, cuya fórmula es $NaHSO_4$, que es una *sal ácida,* así llamada porque, con el hidrógeno, subsiste en la molécula la función ácida (la sal puede reaccionar de nuevo con otra base). La proporción de ácido, respecto a la de base, que entra en la formación de la sal es mayor en la sal ácida que en la sal normal o neutra. En otros casos, la proporción de base es predominante y entonces se tienen una *sal básica,* cual ocurre con el subnitrato de bismuto, y el carbonato básico de cobre (cardenillo). Por último, existen sales dobles que resultan de la acción de dos bases diferentes sobre las distintas funciones de un poliácido o de la combinación de dos sales neutras.

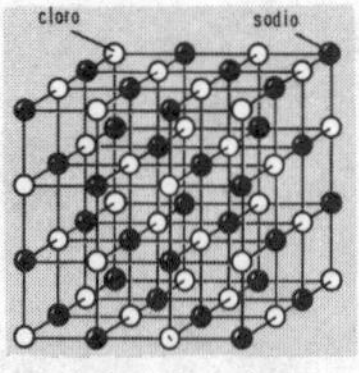

distribución de los átomos en un cristal de **sal** común

cristal de **sal** común

Las sales suelen ser solubles en el agua y cristalizan con facilidad. Al cambiar de estado pueden dar, con el agua, hidratos salinos, que son combinaciones sólidas complejas y poco estables, pues basta calentarlas para eliminar el agua de cristalización (citemos como ejemplo el sulfato de sodio hidratado $SO_4NA_2,10\ H_2O$.)

Las sales son generalmente electrólitos, ya fundidas, ya al estado de disolución. Al disolverse, experimentan una disolución iónica, en la cual el anión suele ser el del ácido primitivo y el catión el de la base. Por lo demás, la acción disolvente del agua en las sales derivadas de ácidos o de bases débiles da lugar a una hidrólisis que tiene como consecuencia la reconstitución en el líquido de moléculas del ácido o de la base, lo cual confiere a la disolución una acidez o basicidad más o menos grandes.

beneficio de la **sal** gema

La *sal común* es, químicamente, cloruro de sodio NaCl. Al estado impuro es una de las materias, más abundantes en la naturaleza. Los mares la contienen disuelta a razón de unos 30 kg por metro cúbico; en ciertos lagos salados la proporción es mucho mayor y, una vez desecados, su lecho primitivo se halla cubierto por una capa más o menos importante de sal; por último, la evaporación de mares geológicos ha dejado en el seno de la Tierra capas inmensas de *sal gema.*
Sea cual fuere su procedencia, la sal se obtiene rara vez al estado de cloruro de sodio puro: la de las aguas marinas contiene de 2 a 4 % de otras substancias (v. AGUA, acepción *Ocean.*); la sal gema contiene de 1 a 10 % de impurezas y, en ciertos yacimientos, constituye a su vez una impureza o la materia secundaria de minerales más interesantes (por ej. *sales de potasio*).
La *sal marina* se obtiene mediante evaporación del agua en las salinas. La sal gema puede beneficiarse de dos modos diferentes: por lixiviación, inyectando agua en el yacimiento por medio de taladros hechos desde la superficie y recogiendo la salmuera por otros taladros; beneficiando la sal gema en el fondo de las minas, con arranque por explosivos.
La sal gema se convierte por la acción del calor, en sal comestible (*sal ignígena* o *de llama*), operación que se efectúa en instalaciones llamadas salinas, por analogía con las salinas marítimas. (V. SALINAS.)
Además del papel importante que la sal representa en la alimentación (un adulto consume diariamente unos 20 g de sal), la sal, por su acción anticorruptora, se emplea en gran escala para la conservación de los alimentos (salazones) y de las pieles; mezclada con hielo machacado constituye un buen agente refrigerante (v. REFRIGERACIÓN). También representa un papel importante en la industria química, especialmente la de la sosa y otros derivados.

SALA f. *Arq.* Pieza principal de una casa. (Sinón. CUARTO DE ESTAR.) ‖ Aposento de grandes dimensiones. ‖ *Sala de pasos perdidos,* sala o galería extensa en la cual espera el público en las estaciones de ferrocarril, tribunales y otras oficinas.
— *Mar. Sala de gálibos,* v. GÁLIBO.
— *Tecn.* Cuarto: *sala* o *cuarto de máquinas.*

SALABARDO m. *Mar.* Salabre grande, sin mango, unido por varios cordeles a un cabo que permite tirarlo en el copo de las redes grandes para sacar pescado de las mismas.

SALABRE m. *Mar.* Bolsa de red con la boca fijada en un aro prolongado por un mango, con la cual se extrae del agua el pez cogido con anzuelo o se toma pescado en las redes, las calas de los pesqueros, las tinas de las conserverías, etcétera. También sirve para capturar crustáceos en las costas rocosas.

SALADAR m. Estanque en que cristaliza la sal en las marismas y en las salinas.

SALADERO m. *Ind. alim.* Instalación en la cual se salan carnes y pescados, pieles, etc.

SALADO, DA adj. y s. Dícese del terreno que, por hallarse cargado de sales, es estéril. ‖ *Amer.* Salina.

SALADOR m. Saladero.

SALAMANDRA f. Estufa de calefacción en la cual el tiro reducido permite mantener una combustión lenta del carbón.

SALAR m. *Amer.* Salina. ‖ Saladar.

SALAR v. Sazonar los alimentos con sal. ‖ Echar sal o salmuera a los pescados y carnes para su conservación, y también a las pieles que se han de curtir ulteriormente.

SALAZÓN f. Acción y efecto de salar.
— *Curt.* La *salazón* de las pieles se efectúa en los mataderos, una vez pesadas, con objeto de permitir su conservación durante el transporte y almacenamiento hasta que se proceda a su curtición. Generalmente se extienden con la carnaza arriba y se espolvorean con sal, a veces mezclada con naftalina, superponiéndolas en pilas de metro a metro y medio de altura: la sal se disuelve en la humedad de las pieles y se forma así una salmuera que penetra en parte en la piel.

Fot. C. Nobile.

— *Fot.* Operación consistente en impregnar con una disolución de cloruro de sodio el papel fotográfico que se ha de sensibilizar con nitrato de plata.
— *Ind. alim.* Adición de cloruro de sodio al mosto para mejorar el sabor y la conservación del vino, así como para acelerar la precipitación de las impurezas albuminoideas, especialmente el blanco de huevo que se le agrega para clarificarlo. (V. VINO.)
SALBANDA f. *Min.* Capa arcillosa que, en ciertos yacimientos, separa el mineral de la roca estéril.
SALCHICHA f. *Aeron. Globo salchicha,* globo cautivo de forma alargada empleado en tiempo de guerra para observar las posiciones enemigas o para impedir el bombardeo a baja altura de las posiciones propias.
— *Expl.* Salchichón.
— *Ind. alim.* Carne de cerdo magra y gorda picada y embutida en tripa o en tubo de plástico.
SALCHICHÓN m. *Expl.* Cilindro de tela largo y delgado, lleno de pólvora, que sirve para dar fuego a las minas subterráneas.
— *Ind. alim.* Embutido de carne picada, aderezada con especias.
SALEDIZO adj. y s. Que sale o sobresale de una superficie.
— *Arq.* M. Salidizo.
SALICILAJE m. *Ind. alim.* Procedimiento para impedir la fermentación de la cerveza y otros líquidos, consistente en agregarles salicilatos o ácidos salicílicos: *el salicilaje está prohibido en muchos países.*
SALICILAR v. *Ind. alim.* Efectuar el salicilaje de algún líquido fermentescible.
SALICILATO m. *Quím.* Sal del ácido salicílico. || Por ext., éster del ácido salicílico con distintos alcoholes o fenoles.
SALICÍLICO, CA adj. *Quím.* Dícese de un alcohol, un aldehído y un ácido aromático que poseen una función fenol en la posición orto.
— El *ácido salicílico,* cuya fórmula es $OH\text{-}C_6H_4\text{-}CO_2H$, existe, en forma de ésteres, en muchos aceites esenciales. Se prepara industrialmente por síntesis, calentando a presión fenol sodado en presencia de gas carbónico y haciéndolo cristalizar en el agua. Este ácido, así como sus sales y ésteres, tienen numerosas aplicaciones en farmacia (aspirina, salicilato, etc.), así como en la industria de colorantes y en perfumería.
SALIDA f. *Aeron. Borde de salida,* v. BORDE.
— *Mar.* Arrancada o empuje inicial del barco que emprende la marcha. || *Salidas de agua,* partes de un barco, a proa y popa, donde el casco se estrecha cada vez más, hasta la roda y el codaste, para facilitar la penetración del mismo en la masa líquida.
— *Tecn.* Parte de una máquina, canalización, circuito eléctrico, horno, etc., por donde salen las piezas o productos, los fluidos, las corrientes eléctricas, etc.: *el sacapliegos es el órgano esencial de los dispositivos de salida de las máquinas de imprimir; la potencia de salida de los emisores radioeléctricos se halla comprendida entre una fracción de vatio y millares de kilovatios.* || Resalto o parte sobresaliente de una cosa: *balcones de mucha salida.*
SALIDIZO, ZA adj. y s. Que sobresale o resulta de la superficie de una cosa.
— *Arq.* M. Todo elemento arquitectónico que sobresale de la pared maestra de un edificio.
SALIENTE adj. y s. Que sale o sobresale de alguna cosa. || — M. Salida. || Oriente, Este.
SALÍFERO, RA adj. Que contiene sal: *arcilla salífera.*
SALIFICABLE adj. *Quím.* Que tiene la propiedad de formar sales: *una base salificable.*
SALIFICACIÓN f. *Quím.* Producción de sales en las reacciones químicas.
SALIFICAR v. *Quím.* Transformar en sal.
SALINA f. Mina en la cual se beneficia la sal común, ya por evaporación del agua del mar o de los lagos salados, ya extrayéndola del seno de la Tierra en forma de mineral sólido o de salmuera saturada.
— En aquellas regiones donde se goza de una insolación a la vez prolongada e intensa, la extracción de la sal se efectúa mediante evaporación de las aguas saladas, especialmente las del mar, en estanques poco profundos. La explotación racional de una *salina* de este tipo es como sigue: el agua salada, cuya densidad inicial es de unos 3,5° Baumé, se expone a la acción de los rayos solares, activada por el viento, en una primera serie de estanques, en los cuales se concentra y espesa, y ello tiene ya por efecto la precipitación en el fondo de una parte de las impurezas (carbonato de calcio, sales de hierro y la mayor parte del sulfato de calcio); el agua parcialmente depurada y ya espesada hasta alcanzar la saturación en cloruro de sodio (25,5° Bé), pasa a nuevos estanques evaporadores, en los cuales no tarda en producirse la precipitación de la sal, a medida que sigue concentrándose la disolución. No obstante, de prolongarse el espesamiento de la misma, se producirá la precipitación abundante de las sales de magnesio, por lo cual se evacúan las aguas cuando alcanzan la densidad de 28 a 29° Bé.
En las salinas importantes, las aguas madres se tratan para recuperar las muchas substancias valiosas que contienen, especialmente las sales de magnesio y de bromo.
Para extraer el cloruro de sodio de la sal gema se recurre al calor artificial y a procedimientos diferentes del que se ha descrito. Si se trata de aguas saladas naturales o de salmueras obtenidas inyectando agua dulce en el seno del yacimiento de sal gema (v. SAL), se empieza por eliminar las impurezas por métodos químicos: precipitación de las sales de magnesio con cal, de las de calcio con carbonato de sodio, etc. A continuación se procede a la evaporación del agua saturada, con arreglo a diferentes sistemas que dependen de la índole del producto que se ha de obtener: la evaporación a la temperatura de 85 a 90° sin agitación del líquido provoca la formación de cristales gruesos, de dimensiones proporcionales al tiempo que se los deja engrosar antes de extraerlos (de ahí las denominaciones comerciales de "sal de 12 horas", "sal de 24 horas" —propia para usos culinarios—, etc., hasta la "sal de 72 horas"). Por el contrario, la sal de granulación muy fina se obtiene por cristalización instantánea y continua, haciendo hervir la salmuera, a veces en calderas sometidas al vacío, para acelerar la operación, y con extracción también continua de la sal.
El procedimiento más reciente para extraer el cloruro de sodio de la sal gema consiste en fundir el mineral en hornos rotativos y a la temperatura de 800°. Las impurezas se separan por precipitación y el cloruro de sodio líquido se vierte en lingoteras o en cubas de enfriamiento donde es removido constantemente mientras cris-

explotación de una **salina** moderna

Fot. Pechiney

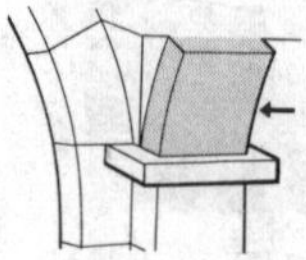

salmer *(arq.)*

salvamento de los ocupantes de un avión caído

bote de **salvamento** [v. figura *bote*]

taliza. En este caso se obtiene sal de granos gruesos, mientras que la trituración de los lingotes permite elaborar sales finas.

SALINERO, RA adj. y s. Relativo a la sal o a las salinas. ‖ — F. *Amer.* Salina.

SALINIDAD f. Calidad de salino.
— *Ocean.* Proporción de sales que contiene el agua del mar: *la salinidad del Báltico es muy inferior a la del Mediterráneo.*

SALINO, NA adj. Relativo o perteneciente a la sal común o a las sales: *gusto salino.*
— *Quím. óxido salino,* v. ÓXIDO.

SALITRADO, DA adj. Mezclado con salitre.

SALITRAL adj. y s. Salitroso. ‖ M. Yacimiento de salitre. (Sinón. NITRAL, NITRERA.)

SALITRE m. *Quím.* Nitrato de potasio (Sinón. NITRO). ‖ *Salitre de Chile,* nitrato de sodio. (Sinón. NATRONITA, NITRATINA, NITRO DE CHILE.)

SALITRERA f. *Min.* Salitral.

SALITRERO, RA adj. Relativo o perteneciente al salitre.

SALITROSO, SA adj. Que tiene salitre.

SALMER m. *Arq.* En los arcos de sillería, primera dovela, inmediata al arranque.

SALMÓN m. *Aeron.* Nombre dado a veces a la pieza terminal del ala del avión, que une los bordes de ataque y de salida y cuyo contorno guarda cierto parecido con el lomo de un pez.

SALMUERA f. Agua fuertemente cargada de sal, con la cual se conservan carnes, pescados y algunos productos agrícolas.
— *Ind.* En las salinas, agua saturada de sales que resulta ya de evaporar el agua del mar, ya de la disolución de la sal gema en el agua dulce inyectada en los yacimientos. ‖ Disolución saturada de sal que se emplea en las jabonerías, diluida, para preparar lejías.
— *Refr.* Disolución de cloruro de calcio o de otras sales que, por tener una temperatura de congelación muy baja, se emplea en las instalaciones frigoríficas para transportar el frío desde el fluido frigorígeno hasta las tinas o cámaras frías en que se hallan los productos que se han de enfriar, y que también sirve para congelar terrenos en ciertas obras. (V. REFRIGERACIÓN y CONGELACIÓN.)

SALOBRE adj. Que tiene sabor de sal. ‖ Aplícase a las aguas que, por contener excesiva proporción de sales disueltas, no son potables ni convienen para el riego. (No se confunda con *salubre.*)

SALOMÓNICO, CA adj. Retorcido, de forma helicoidal: *columna salomónica.*

SALÓN m. *Arq.* Sala grande, especialmente la que sirve para recibir visitas, celebrar actos públicos o fiestas, etc.

SALPICADERO m. Tablero situado en la parte frontal del pescante de ciertos carruajes, ante el conductor, para proteger a éste contra las salpicaduras de lodo.
— *Autom.* Tablero situado en los automóviles delante del conductor y que contiene diversos instrumentos indicadores y botones de mando.

SALSA f. y **SALSO** m. *Geol.* Formación volcánica de unos metros de altura solamente, poco duradera, que emite barros formados y expelidos por los vapores que atraviesan margas arcillosas en el subsuelo.

SALTACABALLO m. *Arq.* Montacaballo.

SALTACIÓN f. *Geol.* Movimiento propio de la arena y otras partículas que, por ser demasiado pesadas para formar una suspensión en un fluido, son arrastradas por éste en forma de saltos sucesivos.

SALTAMONTES m. *Tecn.* Transportador de correa sin fin montado en un bastidor inclinable y provisto de ruedas para trasladarlo de un lado a otro.

SALTARREGLA f. Falsa escuadra.

SALTO m. Paso de una cosa de un sitio a otro describiendo una trayectoria en el espacio: *la luz es engendrada por saltos de los electrones en los átomos.* ‖ Porción de cuerda que se arría.
— *Aeron.* Acción de lanzarse en paracaídas desde una aeronave. ‖ *Torre de salto,* torre metálica para la iniciación al paracaidismo, desde lo alto de la cual se deja caer al alumno quedando el paracaídas sujeto con un cable que se suelta cada vez con mayor velocidad.
— *Arq. Salto de lobo,* zanja que se abre frente a una casa o en torno de una propiedad para impedir el acceso a la misma sin perjudicar a la visibilidad desde ella.
— *Hidr. Salto de agua,* desnivel brusco e importante de un curso de agua, ya natural (cascadas, cataratas), ya artificial (presas).

SALUBRE adj. Dícese del aire, el agua y otras cosas cuando son buenas para la salud. (No se confunda con *salobre.*)

SALVACENTRO m. Rodaja de materia transparente que se interpone entre el compás y el papel para que éste no sea perforado por la punta seca de aquél.

SALVADERA f. *Bot.* y *Carp.* Jabillo.

SALVADO m. *Ind. alim.* Cascarilla o pericarpo del grano de los cereales, que se separa durante la moltura del mismo: *el salvado constituye un excelente alimento para los animales, y también lo emplean los curtidores en baños para macerar las pieles.*

SALVAMENTO m. Acción de substraer a alguien de una situación peligrosa.
— El *salvamento* de aviadores y pasajeros de aviones accidentados, de náufragos, alpinistas, etcétera, ha efectuado grandes progresos. Al igual que en los incendios, el éxito de una operación de salvamento depende de la prontitud con que intervienen los salvadores. Las radiocomunicaciones permiten informar rápidamente sobre un accidente ya al lanzar las víctimas del mismo una llamada de socorro (véase S. O. S.), ya al perder contacto las estaciones terrestres con las emisoras de a bordo de los aviones o los buques (v. tb. ALARMA). Los aviones de observación, capaces de explorar rápidamente zonas extensas y lejanas, y los helicópteros, que pueden tomar a bordo los náufragos, alpinistas, personas aisladas por las inundaciones, etc., contribuyen de modo preponderante a la eficacia y rapidez de los salvamentos.
Por otra parte, los aviones y los barcos disponen de equipos de salvamento, cuya índole, número y características son impuestas por la ley: asientos eyectables o proyectables en los aviones militares, paracaídas que pueden ser de apertura automática, botes salvavidas insumergibles, propulsados por motor y provistos de reservas de víveres y a veces de equipo de radio; botes y chalecos salvavidas con reserva de aire comprimido para que se inflen automáticamente, etc. A estos elementos propios se suman los de una infraestructura especial. Así, existen equipos móviles para la lucha contra los incendios, especialmente en los aeródromos, dado que la mayor parte de los accidentes de aviación se producen inmediatamente después del despegue o en el curso del aterrizaje. En ciertos aeropuertos se dispone de un vehículo provisto de cuchillas propias para cortar rápidamente la chapa del fuselaje; otros vehículos similares sirven para abrir la carrocería de los coches cuando las deformaciones provocadas por el accidente no permiten abrir las puertas ni extraer las víctimas por el marco de los cristales. Complementariamente a estos y otros medios de salvamento, hemos de citar los servicios médicos móviles, transfusión sanguínea, etc.

SALVAVIDAS f. Aparato de forma tórica, relleno de capoc, corcho u otra materia muy liviana, que se arroja a los náufragos o a las personas caídas al agua para que, pasándolo en torno del cuerpo y apoyando los brazos en el mismo, puedan esperar la llegada de socorros. ‖ Por ext., bote insumergible para el salvamento de náufragos.
(OBSERV. Úsase tb. adjetivamente: *cinturón, bote, chaleco salvavidas.*)
— *Transp.* Quitapiedras de tranvía, que limita los daños corporales en caso de atropello.

SÁMAGO m. *Carp.* En los maderos de construcción, parte defectuosa cuya estructura ha sido alterada por las heladas y que no contribuye plenamente a la resistencia de la pieza.

SAMARIO m. *Quím.* Elemento químico de número atómico 62, cuyo símbolo es *Sm.*
— El *samario* es un metal blanco grisáceo del grupo de las tierras raras, que se obtiene reduciendo su óxido con el lantano. Sus principales constantes físicas son: densidad, 7,54; temperatura de fusión y de ebullición, 1052° y unos 1900°, respectivamente; masa atómica de 150,35. Consta de 7 isótopos de masa 144,147 a 150,152 y 154, el segundo de los cuales es radiactivo. Es

un metal rarísimo y carece de aplicaciones prácticas. Algunos de sus isótopos naturales y artificiales son engendrados por la fisión del uranio en los reactores nucleares y su acumulación es una de las causas que reducen el rendimiento de los mismos.

SAMBLAJE m. *Carp.* Ensambladura.

SAMICANITA f. *Electr.* Marca registrada de una materia aislante a base de desechos de mica, que, una vez pulverizados, se aglomeran y laminan para obtener una hoja tenue y continua.

SAMIRESITA f. *Miner.* Mineral de uranio, variedad de betafita.

SÁNDALO m. *Bot.* Género de árboles asiáticos (*Santalum*) que dan una madera amarillenta y olorosa, muy apreciada por su dureza e incorruptibilidad. || Con los nombres de *sándalo de África, sándalo de Cochinchina,* etc., se designan leños de otros géneros de árboles (*Guarea, Epicharis, Amyris,* etc.) que nada tienen de común con el sándalo verdadero.
— *Perf.* La madera de ciertas especies de *sándalo* (especialmente el de la India), tiene un intenso y agradable olor debido a un aceite esencial que contiene y que se extrae y aprovecha en perfumería.

SANDÁRACA o **SANDARACA** f. *Pint.* Resina que se emplea para hacer barnices y es exudada por distintos árboles, especialmente tuyas (*Callitris quadrivalvis,* del Norte de África; *C. glauca* y *C. verrucosa,* de Australia).

SANDOW m. *Aeron.* Cable de caucho que se engancha por su parte mediana de una muesca o rediente de la quilla de un planeador y luego se distiende tirando fuertemente de sus dos extremos dos equipos de hombres, para que, al soltar el aparato, éste adquiera un impulso que le permita elevarse en el aire. (V. VUELO *a vela.*)

SANFOR (*Procedimiento*). V. SANFORIZACIÓN.

SANFORIZACIÓN f. *Text.* Marca registrada de un procedimiento consistente en someter los tejidos de algodón a tratamientos mecánicos y térmicos que provocan una contracción máxima y permanente y evitan que luego encojan al ser lavadas las prendas: *la Sanforización no hace sino eliminar las tensiones adquiridas por las fibras durante las operaciones de hilado y tejido.*

SANFORIZADORA f. *Text.* Máquina empleada para practicar la Sanforización.

SANFORIZAR v. *Text.* Someter los tejidos de algodón al tratamiento de la Sanforización.

SANGRADERA f. Toma de agua o acequia secundaria de un canal o acequia principal. || Compuerta para dar salida al exceso de agua en un caz, canal o acequia.

SANGRADOR m. Vertedero, abertura por donde se da salida a un líquido envasado o embalsado.

SANGRADURA f. Toma de agua que se hace en una acequia, canal, embalse, etc., para regar, alimentar una fábrica o con algún otro fin.

SANGRAR v. Dar salida al líquido contenido en algún sitio: *abrir la piquera para sangrar el horno alto.* || Resinar, y en general practicar sangrías en cualquier árbol.
— *Art. gráf.* Comenzar un renglón de la composición más adentro de los demás de la plana, como suele hacerse con el primero de cada párrafo. || Cortar a sangre los grabados.
— *Carp.* y *Metal.* Hacer sangrías.

SANGRE f. *Art. gráf. A sangre,* dícese del grabado impuesto de modo que rebase los límites de la plana por uno o varios lados, para que, al ser cortados los bordes del papel con la guillotina, la página quede sin margen donde está *grabado a sangre.*

SANGRÍA f. Sangradura. || Acequia colectora para avenar el terreno. || Incisión que se practica en el tronco de un árbol para que exude resina, goma, látex u otras savias.
— *Art. gráf.* Acción y efecto de sangrar. || Blanco inicial de la primera línea de un párrafo.
— *Carp.* y *Metal.* Corte profundo y estrecho practicado en la madera o el metal. || En las labores de torno, modo de separar de la madera o de la barra de metal la pieza ya hecha, consistente en morder en las mismas con la herramienta perpendicular a su eje de rotación, hasta seccionarlas por completo. || Chorro de metal fundido que sale del horno.

SANIDINA f. *Miner.* Feldespato ortosa, formado en los terrenos volcánicos, que se emplea en la fabricación de porcelanas.

SANNOISIENSE adj. y s. *Geol.* Dícese del piso inferior del período oligoceno, cuyos terrenos datan de unos 45 millones de años. (V. ESTRATIGRAFÍA.)

SÁNTALO m. *Bot.* Sándalo.

SANTELMO (*Fuego de*). V. FUEGO.

SANTO m. *Constr.* Ladrillo santo.

SAPINO m. *Bot.* Abeto.

SAPIO m. *Bot.* Género de árboles euforbiáceos, entre cuyas especies figuran las llamadas científicamente *Sapium sebifera* (árbol del sebo), de China, que da una cera propia para hacer bujías y jabones; *S. Jenmanii,* de América Central, que suministra latex, y *S. giganteum,* de la América tropical, cuya madera de color blanco amarillento se emplea en carpintería y para fabricar pasta de papel.

SAPON, prefijo derivado del latin *sapo, saponis,* que significa *jabón.*

SAPONÁCEO, A adj. Dícese de las substancias que pueden reemplazar al jabón por tener propiedades detergentes.

SAPONIFICABLE adj. Que puede ser saponificado.

SAPONIFICACIÓN f. *Quím.* Transformación de las materias grasas en jabón. || Por ext., hidrólisis de los ésteres, hidratación de las amidas, de los nitrilos, etc., o sea descomposición de una molécula orgánica en dos mediante absorción de agua.
— La *saponificación* es una reacción inversa de la esterificación, en el curso de la cual los ésteres, especialmente los de los cuerpos grasos, se desdoblan por influencia del agua sola o cargada de bases o de ácidos minerales. La saponificación de los cuerpos mediante cocción de los mismos con álcalis, especialmente con sosa, tiene mucha importancia industrial, pues da jabones y glicerina. (V. JABÓN.)

SAPONIFICAR v. *Quím.* Efectuar alguna saponificación, especialmente la de las grasas, para convertirlas en jabón.

SAPONINA f. *Quím.* Nombre genérico de substancias vegetales que, al ser disueltas en el agua, la vuelven espumosa como los jabones y capaz de emulsionar las grasas, resinas y otras materias insolubles. Estas substancias entran en la composición de jabones de afeitar, champúes líquidos extintores de incendios, etc.

SAPONITA f. *Miner.* Silicato hidratado de aluminio y magnesio que es una sepiolita y se emplea como adsorbente. (Sinón. PIEDRA DE JABÓN.)

SAQUERO, RA adj. Relativo a los sacos. || *Aguja saquera,* V. AGUJA.

SARCÓFAGO m. *Arq.* Sepulcro monumental que suele hallarse adornado con esculturas, bajorrelieves, inscripciones u otros motivos.

SARDINEL m. *Arq.* Obra de fábrica hecha con ladrillos puestos de canto y adosados por sus caras mayores.

SARDÓNICE f. *Miner.* Variedad de calcedonia roja o parda, que es piedra ornamental y sirve también para tallar objetos artísticos.

SARGA f. *Text.* Uno de los tres ligamentos fundamentales, que confiere a la superficie de los tejidos bordoncillos oblicuos. (V. LIGAMENTO) || Tejido ligero de lana con ligamento de sarga.

SAROS m. *Astr.* Período de 18 años y 11 días al cabo del cual se repiten los eclipses y que corresponde también a 223 lunaciones o a 19 veces el intervalo de 346,6 días que media entre dos pasos sucesivos del Sol por el nudo lunar. Durante este período de tiempo se producen por término medio 43 eclipses de Sol y 43 de Luna.

SARRO m. *Tecn.* Incrustación.

SARSOLA f. *Mar.* Achicador.

SASOR m. *Ind. alim.* En los molinos harineros, criba que mediante cernido y aspiración, permite separar la harina por densidad y grado de pureza.
— *Min.* Criba de sacudidas que tiene varios tamices de mallas diferentes, animados por mo-

vimientos de vaivén, con los cuales se efectúa la clasificación de la piedra machacada.

SATÉLITE m. *Astr.* Astro secundario que gravita en torno de un planeta, acompañando a éste en su traslación alrededor de una estrella que, en el sistema planetario a que pertenecemos, es el Sol. ‖ *Satélite artificial,* ingenio lanzado por el hombre en torno de la Tierra, la Luna u otro planeta y que gravita alrededor del astro con arreglo a las mismas leyes que rigen los movimientos de los satélites naturales.

— Los *satélites del sistema solar* tienen los mismos orígenes que los planetas y describen alrededor de éstos órbitas determinadas por las leyes de Keplero. No obstante, algunos de ellos (tres de Júpiter, todos los de Urano y Neptuno, así como el noveno de Saturno) tienen movimiento retrógrado, lo cual permite suponer que han sido capturados por su correspondiente planeta posteriormente a su formación. Se ha comprobado, cuantas veces ha sido posible observar el movimiento de rotación de un satélite sobre sí mismo, que su duración es igual a la de la traslación en torno del planeta y que, al igual que la Luna, tienen siempre el mismo hemisferio dirigido hacia el astro principal. Ello significa que la fuerza atractiva del planeta ha deformado el globo del satélite y producido en el mismo un abultamiento dirigido hacia aquél. La misma razón explica que un satélite grande, a menos de tener su materia la cohesión de un metal, no pueda subsistir muy cerca de un planeta, porque entonces la atracción que éste ejerce sobre las partes más próximas de aquél es excesivamente superior a la que obra sobre las partes más lejanas, y la diferencia provoca la dislocación de la masa del satélite al superar las fuerzas de cohesión que mantienen unidas sus partes. Se ha calculado que un satélite de Saturno que tuviera la misma densidad que el planeta sería desintegrado si gravitara a una distancia inferior a 2,44 veces el radio del mismo y se cree que los anillos de Saturno * no son sino los fragmentos de un satélite en que concurrían las condiciones apuntadas.

Hasta ahora se han descubierto en el sistema solar 31 satélites. Probablemente existan otros que, por lo pequeño de sus dimensiones y la distancia tan grande a que se hallan del Sol, aún no han sido observados. Recordemos a este respecto que Fobos y Deimos, satélites de Marte, son peñascos de 27 y 15 kilómetros solamente. En cuanto a los mayores satélites, tres tienen dimensiones comprendidas entre las de Mercurio y Marte; el mayor es Ganimedes, cuyo diámetro se calcula en 5 600 km. Titán es el único alrededor del cual se ha observado la presencia de una atmósfera. La masa de la mayor parte de estos astros no basta para que la fuerza atractiva de su globo pueda evitar el escape de las moléculas gaseosas. (V. ATMÓSFERA y los artículos dedicados a cada planeta.)

SATÉLITES ARTIFICIALES

En un espacio exento de atmósfera y de fuerzas perturbadoras, los cuerpos conservan indefinidamente la velocidad y la dirección del movimiento rectilíneo que han adquirido inicialmente (v. ASTRONÁUTICA). Pero la presencia de los astros en el espacio implica la existencia de fuerzas atractivas, y en ese caso la trayectoria * es la resultante del movimiento propio del cuerpo y del que tiende a imprimirle el astro perturbador. Tal es el caso de la piedra arrojada con la mano rectilínea y horizontalmente que, atraída por el globo terrestre, incurva su trayectoria hasta dar con el suelo después de haber descrito en el aire una parábola. Supongamos que no existiera atmósfera en torno de la Tierra y que el globo terráqueo fuese liso: si, con hipotéticos cañones cada vez más potentes disparáramos horizontalmente proyectiles con velocidad inicial creciente, la trayectoria sería también cada vez más larga y tendería a volverse paralela a la superficie terrestre. Es fácil comprender que la fuerza atractiva de la Tierra seguirá manteniéndose constante, mientras que, al aumentar la velocidad del proyectil, crecerá la fuerza centrífuga que tiende a alejarlo del suelo; consiguientemente, esta fuerza contrarrestará en una proporción cada vez mayor la aceleración de la gravedad que obliga a caer a los cuerpos. Si seguimos aumentando la velocidad inicial del proyectil acabará por alcanzar una magnitud tal, que la fuerza centrífuga igualará la atracción terrestre. Entonces el proyectil describirá una circunferencia al cabo de la cual llegará al mismo sitio de donde partió y con idéntica velocidad. Quiere decirse con ello que proseguirá su trayectoria en las mismas condiciones que para la vuelta anterior, y así sucesivamente. Como hemos partido del principio de que no existe atmósfera y que nada frena su movimiento, el proyectil se hallaría así en condiciones comparables a las de la Luna, la cual, desde que adquirió su movimiento inicial, gira alrededor de la Tierra sin consumir —valga la expresión— la menor fuerza propulsiva. En suma, el proyectil sería un satélite artificial de la Tierra en cuanto su velocidad alcanzara 7,9 km/s.

De seguir aumentando la velocidad inicial de nuestros proyectiles ocurriría lo siguiente: primero, durante la mitad de su trayectoria, al superar la fuerza centrífuga la atracción terrestre, el proyectil se alejaría del suelo, consumiría así una

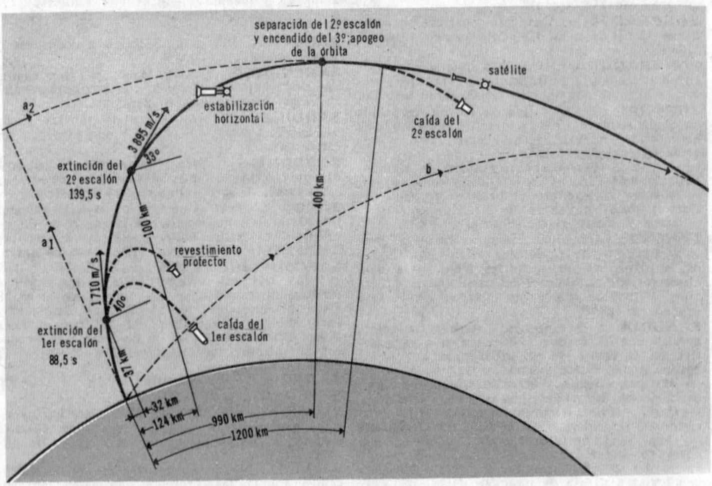

satélite artificial a_1 y a_2, satelización teórica en dos tiempos; *b*, trayectoria teórica (la más económica, aunque imposible); la línea continua figura la trayectoria generalmente adoptada

parte de su energía cinética en elevarse, y entonces, al predominar la atracción terrestre, volvería su trayectoria a acercarlo del suelo; no obstante, durante esta caída sería acelerado y, al llegar a su punto de partida, habría recobrado su velocidad inicial, con lo cual se reproduciría de nuevo la misma trayectoria, que entonces sería una elipse. Cuanto mayor fuera la velocidad inicial, mayor sería también la excentricidad * de la elipse (o sea más alargada sería ésta) dado que aumenta el exceso de fuerza centrífuga sobre la atracción terrestre. Claro está que acabará por alcanzarse una velocidad a la cual corresponderá una elipse infinitamente alargada, en cuyo caso el proyectil se alejará para siempre de la Tierra, porque, sea cual fuere la altura alcanzada, la energía cinética de que dispone superará en aquel punto la fuerza de la atracción terrestre. (V. TRAYECTORIA.)
Así, para poder gravitar alrededor de la Tierra, un satélite artificial ha de tener una velocidad inicial comprendida entre la velocidad circular o primera velocidad cósmica y la velocidad parabólica o segunda velocidad cósmica (v. VELOCIDAD). Como es prácticamente imposible obtener con exactitud la velocidad circular, se desprende que la órbita de los satélites artificiales es, igual que la de los astros naturales, una elipse.
Un satélite no puede permanecer indefinidamente en un espacio donde exista una atmósfera, por tenue que ésta fuera, pues el aire, al frenar el ingenio, le hace perder constantemente energía y, al finalizar una de sus vueltas al globo terrestre, el satélite no regresa al punto de partida, sino a un punto situado más o menos abajo, y así sucesivamente. Si la atmósfera es muy tenue, la pérdida de altura será asimismo poco importante y el satélite, al perder solamente ínfimas proporciones de energía, podrá gravitar durante años, lustros, siglos y hasta milenios. No obstante, su trayectoria será una espiral que, inevitablemente, provocará su destrucción, no ya por impacto con el suelo, sino por desintegración en las capas densas de la atmósfera, en razón del intenso calentamiento (miles de grados) que experimentará al rozar con el aire a velocidades de varios kilómetros por segundo.
También se desprende de la existencia de una atmósfera densa que la satelización de un cuerpo tirado desde el suelo con un cañón es utópica (y asimismo imposible por otras razones que no es del caso analizar aquí). Antes al contrario, el satélite se eleva desde el suelo llevado por un cohete que parte lentamente y cuya velocidad aumenta con rapidez a medida que disminuye la densidad de las capas atmosféricas por él atravesadas.
De lo antedicho se desprende que para satelizar un ingenio es necesario elevarlo primeramente fuera de las capas densas de la atmósfera (prácticamente la satelización no es posible a menos de 175 km de altura) para impulsarlo después horizontalmente en su órbita hasta que adquiera una rapidez comprendida entre las velocidades circular y parabólica a las cuales hemos aludido más arriba. No obstante, los valores que de las mismas habíamos indicado correspondían a una hipotética satelización al nivel del suelo. Dado que la fuerza de atracción terrestre disminuye al aumentar la altura, también será menor la fuerza centrífuga necesaria para contrarrestarla y menor, por lo tanto, la velocidad inicial requerida para engendrar dicha fuerza. La velocidad circular Vc (en m/s) correspondiente a cualquier altura se obtiene por una de las dos fórmulas siguientes:

$$Vc = R\sqrt{\frac{g}{r}} \quad \text{y} \quad Vc = \sqrt{\frac{GM}{r}}$$

en las cuales R es el radio de la Tierra (6 370 000 m), g la aceleración de la gravedad (9,81 m/s^2 al nivel del mar), r la distancia en metros del satélite al centro de la Tierra, G la constante de la atracción universal (que adaptada a nuestro cálculo en metros, vale $667 \cdot 10^8$) y M la masa de la Tierra (6 10^{21} g).
También se desprende de lo antedicho que a cada órbita circular corresponde determinada duración de la revolución T, la cual se halla por la fórmula $T = \dfrac{2\pi r}{V}$ y es, consiguientemente, igual a 6,283 veces el cociente que resulta de dividir la distancia del satélite al centro de la Tierra por la velocidad circular correspondiente a su altura.
Como la velocidad requerida para gravitar alrededor de la Tierra disminuye al aumentar la altura, pudiera creerse en la paradoja de que es más fácil y económico satelizar un cuerpo a mucha altura que cerca del suelo. En realidad, la energía necesaria para elevar el satélite hasta la altura de satelización supera la economía de energía cinética que resulta de adoptar una órbita mayor.
La satelización más económica en combustible consistiría en despegar del suelo casi horizontalmente y en elevarse progresivamente, como un avión, hasta llegar tangencialmente a la órbita, después de un recorrido muy largo. Pero esta forma de proceder es imposible dada la resistencia que opondría la atmósfera a un cohete tan rápido. Muy simple, y sin embargo excesivamente costoso, sería el método consistente en elevar el satélite verticalmente hasta su órbita y, luego, inyectarlo en la misma horizontalmente. El procedimiento adoptado desde el principio es intermediario entre los dos anteriores: el cohete parte del suelo verticalmente y la trayectoria de sus distintas etapas o escalones se inclina progresivamente de modo que llegue a ser horizontal cuando alcanza la órbita prevista. Como el cohete es seguido durante su ascensión, los especialistas conocen constantemente su dirección, posición, altura y velocidad, y pueden operar desde el suelo, por telemando, las correcciones necesarias para que el ingenio sea satelizado en el punto previsto y con la velocidad inicial requerida para que su órbita tenga las características que, en función de la misión a que se destina el satélite, se habían proyectado.
Por lo general, en el punto de inyección donde cesa la impulsión final del motor de la última etapa o escalón, la velocidad de satelización es superior a la velocidad circular, obteniéndose así una órbita elíptica cuyo perigeo se halla precisamente en el referido punto de inyección. Por el contrario, si accidentalmente fuera la velocidad inferior a la velocidad circular, la órbita sería también una elipse, pero el punto de inyección correspondería al apogeo.
En ciertos casos se efectúan cambios de órbita teledirigidos. Así, para situar un satélite estacionario de telecomunicaciones a 36 000 km del suelo, se empieza por inyectarlo en una órbita elíptica de perigeo situado a unos centenares de kilómetros del suelo y cuyo apogeo se halla a 36 000 km del mismo. Después de haber determinado con precisión las características de la órbita, se espera el paso del ingenio por el apogeo, y entonces se ponen de nuevo en marcha sus motores imprimiéndole un complemento de velocidad que lo inyecta en una nueva órbita casi circular.
Inversamente, un frenado por retropropulsión * transforma la órbita del satélite en otra más pequeña o permite hacerlo bajar hasta las capas densas de la atmósfera, en las cuales la resistencia del aire asegura un frenado energéticamente gratuito y de intensidad creciente. Ya sabemos que, de no adoptar ninguna precaución, dicho frenado llegaría a poner incandescente el ingenio y a volatilizarlo según el mismo fenómeno de las estrellas fugaces (v. METEORITO). Pero los *satélites recuperables*, que así se llaman los que han de regresar al suelo, tienen una o varias envolturas de aislantes térmicos, y, en la parte frontal, que es la que ha de soportar el mayor calentamiento (v. MURO *de calor*) una coraza de materias piroceránicas, de forma aerodinámica propia para rechazar la mayor parte del aire sobrecalentado, y de composición química apropiada para absorber mucho calor sin transmitirlo al interior del aparato. Un sistema de paracaídas permite reducir la velocidad en la fase final del descenso (que se prolonga a lo largo de una trayectoria de millares de kilómetros) para obtener un aterrizaje poco brusco.
La combinación de los movimientos del *satélite circunterrestre* y de la rotación de la Tierra puede adoptar un sinnúmero de variantes, especialmente las que a continuación se indican. Consideremos en primer lugar el caso de los *satélites polares* cuya satelización se efectúa en la dirección Sur-Norte, de modo que el eje terrestre quede en el plano de su órbita; mientras dicho satélite pasa del Polo Norte al Polo Sur, la Tierra gira en dirección Este. No sigue, pues, el satélite un meridiano, sino que pasa por encima

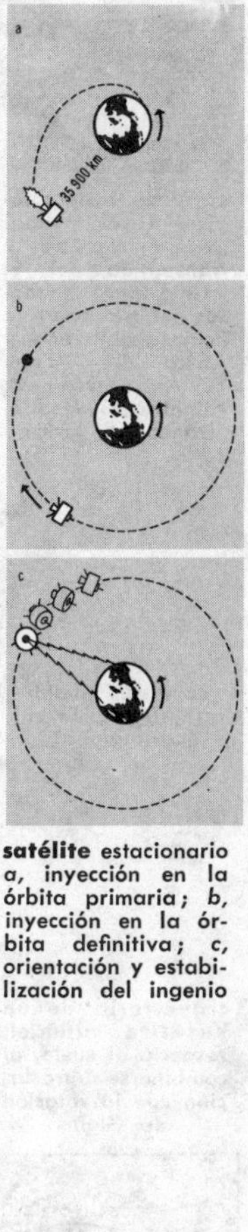

satélite estacionario *a*, inyección en la órbita primaria; *b*, inyección en la órbita definitiva; *c*, orientación y estabilización del ingenio

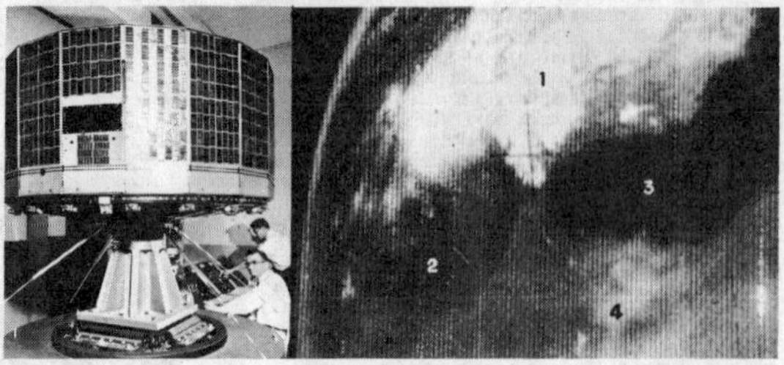

satélite meteorológico "Tiros" y fotografía tomada y transmitida por el mismo (paso de masas nubosas sobre la Península Ibérica y África del Norte: 1. Andalucía; 2. Atlántico; 3. Mediterráneo; 4. África)

de puntos de la superficie terrestre situados cada vez más hacia el Oeste, y la sucesión de estos puntos de un polo a otro forma una especie de S muy abierta. En el curso de la vuelta siguiente describirá otra trayectoria idéntica sobre el suelo, aunque corrida hacia el Oeste, y así sucesivamente, de tal forma que un satélite polar pasa por encima de todos los puntos de la superficie del Globo.

Raros son los satélites polares porque, si se exceptúan ciertas aplicaciones (*satélites científicos*, y sobre todo ingenios militares de observación), las regiones polares presentan escaso interés y resulta más ventajoso lanzar los satélites en la dirección general del Este. En este caso se requiere menor potencia o consumo de los motores, pues el cohete, además de la velocidad que adquiere por sí mismo, tiene la que le comunica la rotación de la Tierra, al igual que el viajero que salta de un vehículo en marcha tiene en el espacio, inicialmente, la velocidad del mismo (más justo sería la comparación si se tratara del salto desde un tiovivo). Los norteamericanos suelen aprovechar su base de Cabo Kennedy en la dirección general de Sudeste, porque desde aquella base hasta África del Sur y Australia disponen de una red de estaciones de control y telemando. Los soviéticos efectúan sus lanzamientos en dirección del NE y aprovechan bases escalonadas en la immensa Siberia.

Todos los satélites del sector Nordeste o Sudeste describen, respecto a la superficie terrestre, una trayectoria sinusoidea comprendida entre los dos paralelos Norte y Sur correspondientes al ángulo con que han sido lanzados: así, por ejemplo, la mayor parte de los satélites soviéticos son lanzados en una órbita inclinada de 65° respecto al ecuador, y, consiguientemente, la máxima latitud que alcanzan a la vertical de la superficie terrestre es la de los paralelos 65 Norte y Sur. Por último, los *satélites ecuatoriales* describen, como su nombre indica, una órbita cuyo plano se confunde con el del ecuador terrestre. Si hubieran de gravitar a poca altura presentarían escaso interés, pues solamente pasarían por encima de una estrecha franja ecuatorial. Por el contrario, si gravitan a mucha altura constituyen óptimos relevadores para transmisiones por ondas hertzianas (v. más abajo sus aplicaciones prácticas).

satélite inflable [v. figura en el art. *globo*]

trayectoria de un satélite artificial, respecto al suelo, al combinarse su traslación con la rotación del Globo

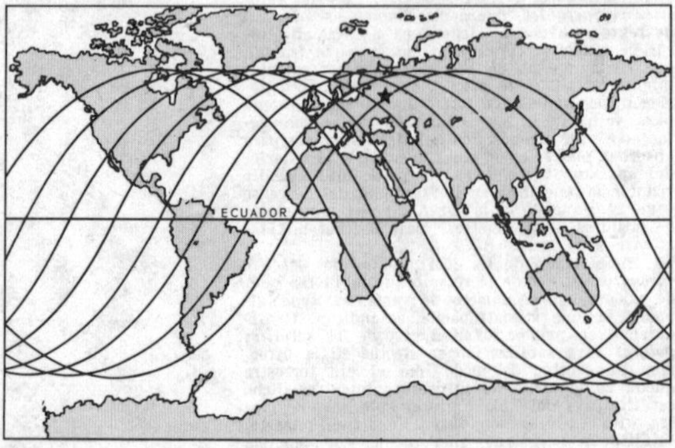

La altura a que se lanza un satélite depende de la misión que ha de cumplir: si es destinado a estudiar la alta atmósfera, gravita entre 175 y 300 km y dura poco; los *satélites meteorológicos* gravitan a mayor altura, para prolongar su duración; un satélite destinado a estudiar el espacio circunterrestre podrá tener un perigeo de unos centenares de kilómetros y elevarse en el apogeo hasta millares de kilómetros; los mejores *satélites de telecomunicaciones* siguen órbitas a decenas de millares de kilómetros de la Tierra; citemos, por último, los raros ingenios cuya órbita se extiende más allá de la Luna, como el llamado Lunik III, que fotografió el hemisferio invisible de nuestro satélite natural.

En el caso de los *satélites síncronos*, la altura es determinada por la necesidad de obtener determinado período de rotación. Así, un satélite ecuatorial que siga una órbita circular a 36 000 km del suelo tendrá un período de 23 h 56 mn 4 s, igual al tiempo que tarda la Tierra en dar la vuelta sobre sí misma. Por consiguiente, una vez satelizado dicho ingenio a la vertical de un punto de la Tierra, permanecerá constantemente encima del mismo y lo acompañará en su movimiento de rotación con igual velocidad angular (de ahí el nombre de *satélite estacionario*, que también se le da, conjuntamente con el de *satélite de 24 horas*). Se dispondrá así de un relevador de telecomunicaciones prácticamente fijo, como los que se instalan en la cima de las montañas para la televisión.

En otros satélites síncronos, el período es de un submúltiplo de 24 horas, y en este caso el ingenio pasa periódicamente por un mismo lugar del Globo, por ejemplo a la vertical de una estación encargada de captar sus emisiones. Un satélite inyectado en una órbita con período de 12 horas pasará dos veces cada día por su apogeo, una de ellas sobre determinado meridiano y la otra a la misma latitud pero sobre el antemeridiano correspondiente, y así sucesivamente.

Todo lo antedicho sobre los movimientos de los satélites y en relación con la superficie terrestre, hace suponer que el plano de sus órbitas conserva permanentemente su orientación inicial, mas no es así: el abultamiento ecuatorial del globo terrestre, al atraer al satélite, provoca en éste una reacción giroscópica en forma de movimiento de precesión que puede ser de varios grados por día. (V. GIROSCOPIO y PRECESIÓN.)

Otra causa natural que afecta a la órbita de ciertos satélites muy grandes y ligeros (*satélites inflables*, reseñados más abajo) es la presión * de radiación del Sol, cuyos granos de luz o fotones obran en cierto modo como las moléculas de un gas, de tal forma que el flujo de radiaciones solares, especialmente las luminosas, constituye una especie de viento cuyo empuje, si bien es ínfimo, se ejerce continuamente y llega a tener repercusiones importantes.

Los satélites de órbita muy grande circulan en una zona donde la atracción terrestre es poco intensa, al par que se hacen sentir los efectos de la atracción lunar, la cual puede perturbar considerablemente su órbita.

La satelización de ingenios terrestres en torno de otros astros del sistema solar no plantea más problemas que el de transportarlos hasta el punto de inyección y conferirles allí una velocidad comprendida entre las velocidades circular y parabólica correspondientes a dicho punto. Como las referidas velocidades dependen de la masa del astro, su magnitud difiere en cada caso (v. la tabla de constantes físicas que figura en los artículos dedicados a la Luna y los distintos planetas del sistema solar).

— *Aplicaciones de los satélites artificiales.*—Los satélites rinden muy grandes y variados servicios, incluso cuando se trata de *satélites pasivos*, o sea desprovistos de instrumentos y de equipo de radio (claro está que un *satélite activo* se vuelve pasivo cuando el desgaste de sus elementos o alguna avería inutilizan su equipo de a bordo). Los mejores satélites pasivos son enormes globos de plástico que, después de haber sido lanzados plegados, se despliegan e inflan en el espacio. Dadas sus dimensiones y el brillo metálico de su superficie, pueden observarse a simple vista, cuando los ilumina el Sol, desde el suelo. También reflejan las ondas hertzianas.

Los satélites pasivos son observados con astró-

Fot. C. C. A.

grafos y detectados con interferómetros, aparatos de radar y de laser. Así puede conocerse su posición geográfica y su altura en cualquier instante y con extraordinaria precisión. Cuando su altura experimenta una variación anormal cada vez que el ingenio pasa por determinada región del Globo, denota que existe una distribución irregular de la masa en el interior del mismo y, de la magnitud de la deformación de la órbita, se deduce la importancia de la masa perturbadora. Así, paradójicamente, un satélite permite efectuar mediciones geológicas relativas al interior de la Tierra. Por otra parte, la medida exacta de la precesión de la órbita del satélite conduce al cálculo muy aproximado del valor del abultamiento ecuatorial y otras deformaciones del Globo (v. TIERRA). Sobre todo, el satélite suministra a un momento preciso un punto de referencia localizado con extraordinaria precisión. Conociendo su velocidad exacta y las características de su órbita, permite efectuar mediciones geodésicas entre puntos separados por un océano, cosa que no es posible lograr con precisión por los medios de la topografía.
No obstante, casi todos los ingenios satelizados por el hombre son satélites activos dotados de un equipo más o menos complejo propio para efectuar medidas u observaciones, tomar fotografías, etcétera, y de instalaciones que permiten registrar primeramente los resultados de los trabajos efectuados y luego transmitirlos a las estaciones terrestres, ya periódicamente, ya cuando se les envían señales desde el suelo. La energía necesaria para el funcionamiento de los instrumentos y de las emisoras y servomecanismos es suministrada inicialmente por acumuladores y luego por pilas * de combustible o por pilas solares de células fotovoltaicas. (V. FOTOVOLTAICO.)
Las más de las veces se ha de obtener determinada orientación del ingenio, una vez efectuada su satelización. Por ejemplo, un satélite meteorológico destinado a fotografiar los sistemas nubosos habrá de dirigir el objetivo de sus cámaras hacia el suelo, mientras que un satélite astronómico para observar el Sol ha de apuntar sus instrumentos en la dirección del mismo. El método más común para obtener la orientación consiste en proveer el ingenio de un elemento captador * sensible a determinadas radiaciones, el cual, en función del desvío registrado, obra sobre pequeños cohetes correctores que, mediante ligeras emisiones de gas hacia el lado conveniente, modifican la orientación del satélite en el sentido deseado. Así, para orientar un satélite hacia la Tierra, se emplean células sensibles a las radiaciones infrarrojas que provocan el funcionamiento de los cohetes correctores hasta el momento en que dichas células descubren el horizonte o borde del Globo.
Las aplicaciones de los satélites activos son muy numerosas y no cesan de aumentar: *satélites meteorológicos* que permiten tener constantemente una visión fotográfica de todas las nubes que rodean al Globo y la dirección en que se mueven, etcétera; *satélites militares* de observación de las instalaciones terrestres y de detección, por células infrarrojas, de los disparos de cohetes, la explosión de bombas atómicas, etc.; *satélites de telecomunicaciones*, que transmiten de un continente a otro programas de televisión, y que también sirven para establecer simultáneamente gran número de comunicaciones radiotelefónicas entre particulares; *satélites astronómicos*, de mucha utilidad, porque permiten efectuar observaciones por encima de la atmósfera, la cual constituye una barrera que cierra el paso de ciertas radiaciones y un filtro que impide obtener una visión real del Universo; *satélites geodésicos*, para determinar con precisión las medidas necesarias en cartografía y navegación; *satélites geofísicos*, que miden el campo magnético, la radiación de la superficie terrestre, etc.; satélites destinados al estudio del medio espacial, con fines astronáuticos (radiaciones ionizantes, meteoritos, etcétera).
Los *satélites habitados* difieren poco de los demás, a no ser por la existencia de una cabina provista de atmósfera condicionada, así como de medios para el gobierno del ingenio y que sus ocupantes puedan volver al suelo (protección antitérmica, ya descrita más arriba, y cohetes correctores y de retropropulsión *). También tienen estos satélites una esclusa o simple portillo que permite la salida de los ocupantes en el espacio. En suma, los satélites habitados prefiguran a la vez las futuras astronaves interplanetarias y las plataformas espaciales, gigantescos satélites que podrán cobijar equipos enteros de investigación científica o servir de escala para emprender viajes a otros astros (v. ASTRONÁUTICA).
— *Atom.* Electrón * planetario.
— *Mec.* Uno de los dos tipos de piñones del diferencial * y otros sistemas de engranaje similares.

SATELIZACIÓN f. *Astron.* Acción y efecto de convertir en satélite * artificial de un astro un cuerpo lanzado en el espacio. ‖ *Velocidad de satelización*, v. SATÉLITE y VELOCIDAD.

SATELIZAR v. *Astron.* Lanzar en el espacio un ingenio en las debidas condiciones de velocidad y de dirección para que se transforme en un satélite * artificial.

SATÉN o **SATÍN** m. *Carp.* Madera de varios árboles tropicales de géneros y especies diferentes, cuya característica común es la de presentar aguas o vetas complicadas que recuerdan el muaré * del nogal. (Las especies más comunes son *Brosimum* o *Piratinera*, de América del Sur, que es una morácea; *Fagara*, de las Antillas, que es rutácea; *Cloroxylon Swietenia*, meliácea asiática; el liquidámbar *, etc.)
— *Text.* Uno de los tres ligamentos fundamentales o modo de entrecruzar los hilos de trama y de urdimbre para hacer los tejidos. (V. LIGAMENTO.) ‖ Raso, tela fina hecha con este ligamento.

SATINA f. *Text.* Ligamento * de sarga en el cual los surcos del tejido son interrumpidos o cambian de dirección a cada dos puntos.

SATINACIÓN f. Acción y efecto de satinar.

SATINAR v. Frotar telas, papeles y cartones u otras materias, en frío o en caliente, para alisar su superficie y darle lustre. (V. APRESTO, CALANDRIA y LUSTRADO.)
— *Art. gráf.* Prensar los pliegos impresos, por ejemplo, de 20 en 20, entre dos cartones y dos tableros, para hacer desaparecer el relieve debido a un exceso de presión de la forma.
— *Fot.* Abrillantar las pruebas fotográficas, lo cual se obtiene aplicándola. mojadas y por la cara que lleva la emulsión, sobre una placa o tambor de superficie muy lisa (niquelada o cromada) y moderadamente calentada. (También se puede proceder empíricamente limpiando un espejo u otro cristal, frotándolo con talco para eliminar la humedad, y aplicando sobre el mismo el papel fotográfico mojado, apretándolo por el dorso con un trapo o rodillo para expulsar las burbujas de aire; al secarse el papel, se despega por sí mismo y queda abrillantado.)

SATINO m. *Papel.* Satinación.

SATURABLE adj. Dícese de las disoluciones y otras cosas que pueden ser saturadas.

maniobra de atracada de dos **satélites** soviéticos « Cosmos »

Fot. A. P. N.

SATURACIÓN f. Acción y efecto de saturar.

— *Cibern.* Estado en el cual se halla un sistema de regulación * cuando un nuevo exceso o defecto en la magnitud que se ha de regular ya no da lugar a una acción correctora y suficiente del regulador.

— *Hidr.* Estado del terreno completamente empapado de agua y con todos sus intersticios y huecos llenos de líquido: *la zona de saturación baña en la capa freática* *.

— *Lumin.* Grado de intensidad de un color que se expresa por la relación entre la luminosidad de sus rayos y la de la luz blanca de donde provienen. (El amarillo es un color menos saturado que el azul, y, para obtener un mismo grado de coloración, se necesita mucho más pigmento o colorante del primero que del segundo.)

— *Magn. Saturación magnética,* estado de la substancia ferromagnética cuya intensidad de imantación no puede aumentar por grande que sea el campo magnetizante a que se le someta.

— *Meteor.* Estado del aire cuando contiene la máxima proporción de vapor de agua correspondiente a su temperatura y a su presión.

— El aire atmosférico puede saturarse de humedad * por los mismos fenómenos que engendran las nieblas *. No obstante, la *saturación* no siempre provoca la condensación * del vapor, pues para que ésta tenga lugar es indispensable que existan en la atmósfera núcleos de condensación. Si éstos faltan, el aire puede hallarse en estado de sobresaturación y contener hasta seis veces la cantidad de vapor saturante sin que se produzca la condensación del mismo. (V. HUMEDAD, LLUVIA, NUBE y ROCÍO.)

— *Petr.* Dado el volumen total de los poros, grietas y oquedades de una roca petrolífera, proporción del mismo ocupado efectivamente por los hidrocarburos.

— *Quím.* Estado del cuerpo químico cuya molécula no puede ya fijar más elementos, a no ser por substitución de los que la componen. ‖ Estado de la disolución que ya no admite más substancia disuelta. (V. DISOLUCIÓN.)

SATURADO, DA adj. Dícese de lo que se halla en estado de saturación.

SATURADOR m. Aparato que sirve para disolver un gas en un líquido hasta saturarlo: *los refrigeradores de absorción tienen un saturador o absorbedor en el cual el gas amoniaco se disuelve en el agua.* ‖ Recipiente estrecho que se suspende entre dos elementos de un radiador de calefacción central para evaporar agua y restituir así humedad a la atmósfera desecada.

SATURANTE adj. Que satura. ‖ *Vapor saturante,* v. VAPOR.

SATURAR v. Agotar la capacidad de absorción de una cosa por otra, cual ocurre con las materias porosas completamente impregnadas de líquido, la molécula que no puede admitir nuevos átomos, el aire que contiene la máxima proporción posible de vapor de agua, la disolución que no puede enriquecerse sin que precipite la substancia disuelta, el imán que ya no admite aumento de su imantación, etc. (V. SATURACIÓN.) ‖ Por ext., hacer funcionar un circuito, línea de telecomunicaciones, etc., con su máxima capacidad.

SATURNO, planeta del sistema solar, el sexto por su distancia al Sol y el mayor después de Júpiter, cuyo símbolo es ♄.

— El planeta *Saturno* es el más singular del sistema solar; pertenece al grupo de los grandes planetas exteriores y guarda no pocas analogías con Júpiter, pero se distingue por su densidad, tan baja que podría este astro flotar en un hipotético océano de agua. Ello permite suponer que su globo es fluido. En cuanto a su atmósfera se refiere, el análisis espectral muestra que se compone principalmente de metano, con pequeñas proporciones de amoniaco. La inclinación de su eje de rotación respecto al plano ecuatorial y al de la eclíptica, hace que este astro ofrezca al observador terrestre múltiples aspectos que se suceden a lo largo de un período aproximado de 30 años. Saturno tiene diez satélites, uno de los cuales, Titán, es mayor que nuestra Luna y es el único del sistema solar alrededor del cual se haya identificada una atmósfera cuya composición es, por cierto, idéntica a la del planeta. Completa el cortejo de satélites un inmenso anillo constituido por un sinnúmero de diminutos satélites que se supone son fragmentos de un satélite desintegrado al acercarse excesivamente al planeta (v. SATÉLITE). Dicho anillo se halla en el plano ecuatorial y consta de tres zonas concéntricas de brillo diferente. (V. tabla, más abajo.)

SAUCE m. *Bot.* Género de árboles salicáceos *(Salix),* cuya corteza se aprovecha como curtiente para pieles finas, mientras que la madera, ligera (densidad 0,50) y no muy resistente y duradera, se presta para ser tallada (zuecos) y esculpida y, carbonizada, sirve para fabricar pólvora y hacer carboncillos de dibujo.

SAVART m. *Acúst.* Unidad que sirve para medir la diferencia de altura entre los sonidos: *la diferencia entre dos sonidos es de un savart cuando el logaritmo decimal de la razón de sus frecuencias es igual a una milésima.*

SAXONIENSE adj. y s. *Geol.* Dícese del segundo piso del sistema pérmico, cuyos terrenos datan de unos 190 millones de años. (V. ESTRATIGRAFÍA.)

SAYAL m. *Text.* Tela basta que se hace con lana cardada de inferior calidad.

Sb, símbolo químico del *antimonio.*

sb, símbolo del *stilb.*

Sc, símbolo químico del *escandio.*

SCANNER m. *Tecn.* Nombre genérico de dispositivos que sirven para analizar o explorar con algún fin los detalles de una imagen.

aspecto telescópico de **Saturno** y sus anillos

Doc. L. Rudaux.

DATOS NUMÉRICOS SOBRE EL PLANETA SATURNO

		respecto a la Tierra = 1
Distancia del Sol (máxima)	1 507 000 000 km	11,08
— — — (mínima)	1 348 500 000 km	9,02
Excentricidad de la órbita	2° 29' 33"	
Inclinación de la órbita	0,05589	
Duración de la revolución sideral	29 a 166,98 d	
— — — sinódica	378,1 d	
Diámetro ecuatorial	119 700 km	9,4
Achatamiento del globo	1/9,6	
Masa		95,22
Densidad	0,72	0,13
Duración de la rotación	10 h 14 mn	
Inclinación del eje sobre la órbita	26° 44'	
Aceleración de la gravedad	10,43 m/s por s	1,14
Velocidad parabólica	35,50 km/s	3,17
Temperatura aproximada	— 150°	

SATÉLITES DE SATURNO

N.° y nombre		Diámetro aproximado en km	Distancia media al centro del planeta en millares de km	Duración de las revoluciones
I.	Mimas	600	186	0 d 22 h 37 mn
II.	Encélado	700	238	1 d 8 h 53 mn
III.	Tetis	1 200	295	1 d 21 h 18 mn
IV.	Dioné	1 100	377	2 d 17 h 41 mn
V.	Rea	1 700	527	4 d 12 h 25 mn
VI.	Titán	4 100	1 220	15 d 22 h 41 mn
X.	Temis	?	?	?
VII.	Hiperión	450	1 480	21 d 6 h 38 mn
VIII.	Japeto	1 700	3 558	79 d 7 h 55 mn
IX.	Febe	200	12 930	550 d 11 h (con movimiento retrógrado)

ANILLOS:

C.	Anillo de crespón	de 70 a 87
B.	Anillo interior	de 87 a 116
	División de Casini	de 116 a 120
A.	Anillo exterior	de 120 a 138

— El *scanner,* especie de microscopio acoplado con un proyector de la imagen, se emplea en atomística para observar las trayectorias de las partículas que han impresionado las emulsiones fotográficas en las cámaras de Wilson y de burbujas, las placas expuestas a los rayos cósmicos, etc. (V. IONIZACIÓN.)
En artes gráficas, el scanner es un dispositivo que, al igual que un tubo analizador * de televisión, explora línea por línea una imagen original y efectúa la selección de sus colores, dando para cada uno de ellos una corriente modulada. Las cuatro corrientes de la cuatricromía alimentan unas lámparas cuyos haces finísimos, al correr sobre otras tantas capas sensibles en sincronismo con el órgano analizador, impresionan los clisés correspondientes a cada color.

SCOOTER m. *Autom.* Motocicleta de ruedas pequeñas y cuadro abierto propio para que el conductor vaya sentado en vez de ir subido a horcajadas.
— El *scooter* ofrece mayor comodidad que las motocicletas * ordinarias en razón de los siguientes perfeccionamientos: 1.º transformación del cuadro en un verdadero bastidor de casco portante, comparable al de un coche, cuya rigidez es un factor de comodidad y de seguridad (mayor estabilidad durante la marcha); 2.º suspensión eficaz en las dos ruedas a base de balancines, amortiguadores hidráulicos y resortes cónicos; 3.º disposición del motor respecto a la rueda trasera, que permite suprimir el árbol secundario del cambio de velocidades, y 4.º presencia de un salpicadero frontal y una carrocería que envuelve todos los mecanismos, lo cual hace que este vehículo sea mucho más limpio y práctico que la motocicleta.

SCRAPER m. *Obr. públ.* Cuchara * de arrastre. ‖ Niveladora * automóvil que, en vez de empujar la tierra arrancada, la recoge y transporta en su propio volquete de un sitio a otro de la obra.

SCHEELITA f. *Miner.* Esquelita.

SCHEINER *(Grado).* V. SENSITOMETRÍA.

SCHMIDT *(Cámara de).* V. TELESCOPIO.

SCHNEIDERITA f. *Expl.* y *Miner.* Eschneiderita.

SCHNORCHEL m. *Mar.* Esnórquel.

SCHWATZITA f. *Miner.* Variedad de panabasa.

Se, símbolo químico del *selenio.*

SE, abreviatura de *Sudeste.*

SEALINE m. *Petr.* Oleoducto que se tiende en el fondo del mar, las más de las veces en costas de poco fondo, para que puedan ser cargados o descargados los petroleros de mucho calado.

SEBÁCEO, A adj. Semejante o parecido al sebo.

SEBILLO m. Sebo fino de cabrito u otros animales jóvenes.

SEBO m. Grasa o tejido adiposo de los animales herbívoros, que se derrite y entra en la composición de velas, pomadas, cosméticos y otros productos. ‖ *Árbol del sebo,* variedad de sapio * de cuyas semillas se extrae una cera, rica en palmitina, llamada comúnmente *sebo chino,* que sirve para hacer bujías y preparar jabones.

SEBOSO, SA adj. Que tiene sebo. ‖ Que ha ha sido untado con sebo.

SECADAL m. Secano.
— *Cerám.* Era del tejar en la cual se dejan secar las piezas antes de cocerlas.

SECADERO m. *Tecn.* Lugar donde se extienden materias para que sequen naturalmente. ‖ Instalación adecuada para secar algún producto por medio de corrientes de aire frío o caliente. ‖ Batería de secadores o sala donde se hallan los mismos.
— Un *secadero* puede ser una simple era al descubierto o un local abundantemente provisto de aberturas para que la circulación natural del aire arrastre la humedad de las materias sometidas a desecación. En otros casos, por ejemplo para el secado artificial de la madera, el secadero es una cámara en la cual baterías de ventiladores convenientemente dispuestos hacen circular aire caliente a través de los productos apilados o suspendidos.
Las carrocerías de automóviles, las neveras y otros objetos pintados o barnizados se hacen circular por secaderos en forma de túnel cuyas paredes se hallan revestidas de numerosas lámparas emisoras de radiaciones infrarrojas *, que son esencialmente caloríferas. (V. tb. DESECADOR y SECADOR.)

scraper

SECADO m. *Tecn.* Acción y efecto de secar las materias, de eliminar parcial o totalmente el exceso de humedad o los solventes contenidos por las mismas.
— La eliminación industrial del agua contenida por las materias sometidas al *secado* puede obtenerse, según el caso, por los siguientes procedimientos: 1.º escurrido por simple efecto de la gravedad, o mediante la fuerza centrífuga, en las máquinas escurridoras *; 2.º depresión, que favorece la evaporación del agua; 3.º transformación del agua en vapor por el calor (corriente de aire caliente o de gases de recuperador *); 4.º caldeo de los productos en los secaderos *, con lámparas de rayos infrarrojos; 5.º contacto de los mismos con tambores secadores calentados por el vapor, etc.
El *secado* de las pinturas y barnices consiste las más de las veces en la evaporación de los disolventes y diluyentes de los pigmentos; en otros casos resulta de una oxidación o una polimerización de los constituyentes de la pintura * o barniz. (V. SECADERO y SECANTE.)

scooter

SECADOR, RA adj. y s. Que seca o sirve para secar. ‖ Aparato propio para secar alguna cosa o materia y considerado separadamente, por oposición con el secadero, que es el local o la sección donde se efectúa el secado, a veces equipado de numerosos secadores o secadoras. (Así, por ejemplo, en una tabacalera, el tabaco en rama se deshidrata en el *secadero,* local provisto de circulación de aire caliente, mientras que la picadura se trata en un *secador,* estufa que elimina los restos de la humedad adquirida en las diferentes labores.) ‖ *Secador de vapor,* dispositivo que se emplea en las calderas y canalizaciones para evitar la condensación del vapor en gotitas de agua o eliminar las que ya se han formado, y que se funda esencialmente en sobrecalentar ligeramente el vapor.
— Un *secador simple* no es sino una estufa, recinto en el interior del cual las materias se

secaderos de arroz giratorios

secadero de madera por circulación de aire caliente

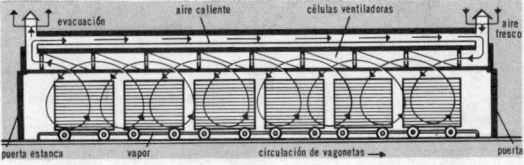

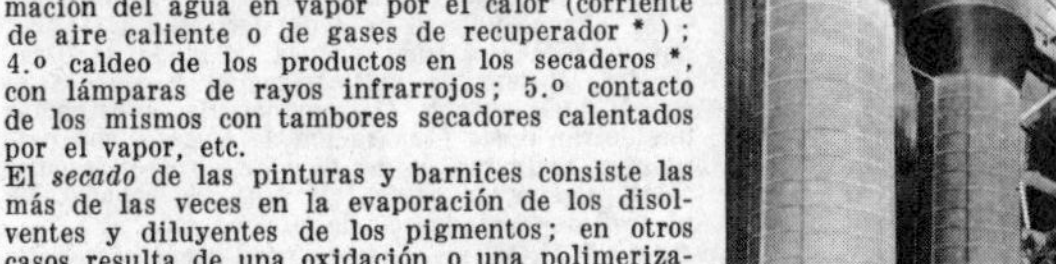

Fot. H. Baranger, Larousse, C. E. M.-Socema

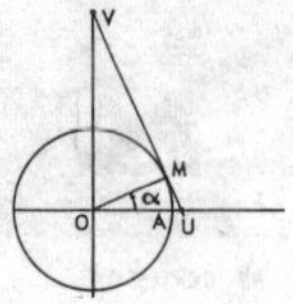

secante *(geom.)*

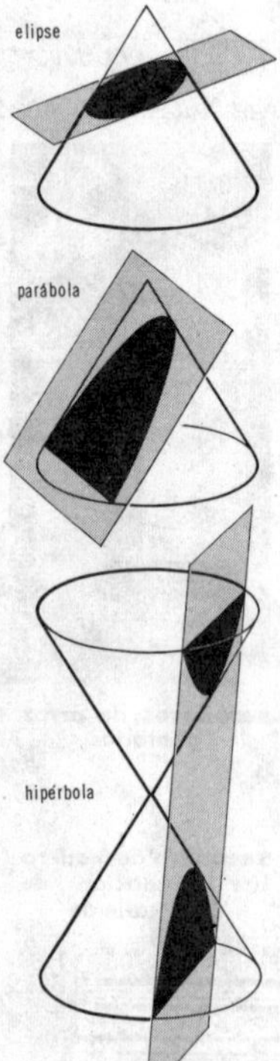

secciones cónicas *(geom.)*

someten al calor para provocar la evaporación de la humedad, que es extraída por aspiración o circulación del aire. En la fabricación y los tratamientos del papel, tejidos y otros productos continuos, los secadores son tambores provistos interiormente de una circulación de vapor de agua caliente. (V. tb. SECADO y SECADERO.)

SECANO m. Tierra de cultivo que no puede ser regada y solamente beneficia de la humedad procedente de precipitaciones atmosféricas (aplícase con más propiedad a las zonas donde las referidas precipitaciones son escasas). ‖ Banco de arena que emerge del agua o islote bajo y árido.

SECANTE adj. y s. Que seca.

— *Geom.* Dícese del elemento geométrico (línea, plano o superficie cualquiera) que corta a otro. ‖ Una de las seis líneas trigonométricas de un ángulo, cuyo símbolo es *sec.*

— Cuando el elemento *secante*, el elemento cortado o los dos se hallan constituidos por una recta, la intersección es un punto; si se trata de dos planos, es una recta, y si uno o ambos consisten en superficies curvas, la intersección es una línea curva. La secante de una circunferencia, u otra curva cerrada, la corta en dos puntos y puede admitirse que la tangente * es una secante en la cual dichos puntos se confunden en uno sólo. En la geometría * de Euclides, toda recta que no es secante a otra es paralela a la misma, mientras que en otras geometrías que admiten la curvatura del espacio, toda recta es secante de otra.

Dado el ángulo α (v. *figura*), que abarca el arco MA, y la recta secante que parte del vértice y pasa por el extremo A de dicho arco, la secante es la parte de dicha recta OU, que va del vértice hasta la intersección con la tangente trazada en el otro extremo del arco considerado. Es también la razón trigonométrica que resulta de dividir el radio del arco por la ordenada del extremo del mismo. Su valor es la inversa del coseno del mismo triángulo (v. TRIGONOMETRÍA). La secante del arco complementario es la cosecante.

— *Papel.* Papel grueso, esponjoso y sin encolar, que sirve para enjugar el exceso de tinta en los escritos.

— *Pint.* Dícese de ciertos aceites, especialmente el de lino, que se emplean como vehículo de los pigmentos en las pinturas porque, al ser oxidados por el aire, se polimerizan y forman una película flexible y resistente. (V. PINTURA.) ‖ —M. Composición a base de derivados metálicos que, agregada a una pintura, a modo de catalizador, acelera su polimerización y abrevia el secado de la misma. (Las principales substancias que entran en la preparación de *secantes* son naftenatos, resinatos, óxidos de plomo y de otros metales, oleatos de calcio, de cinc, de cobalto, de hierro, de manganeso, de plomo, etc.

SECAPELOS m. Aparato para secar el cabello por evaporación y arrastre de la humedad con aire caliente, constituido por un ventilador que engendra el flujo de aire y una resistencia que lo calienta.

SECAR v. Eliminar el agua u otros líquidos contenidos en exceso por alguna materia. (V. SECADO, SECADOR y SECADERO.)

SECCIÓN f. Acción y efecto de cortar. ‖ Dibujo que representa un edificio, una pieza o un cuerpo cualquiera como si hubieran sido cortados según un plano. (Generalmente, en dibujo industrial, la *sección* solamente representa el aspecto de la materia cortada, mientras que en el corte * figuran todos los detalles visibles más allá de la sección, proyectados con ella en un mismo plano.) ‖ Tramo o división de una distancia. ‖ Parte de una fábrica, laboratorio, etc., consagrada a determinada actividad: *la sección de encuadernación de una imprenta.* ‖ *Sección maestra,* la de mayor superficie que puede darse en una construcción normalmente a su eje de longitudinal y que, por ejemplo, en el caso de un barco será la que pase por la cuaderna maestra.

— *Art. gráf.* Juego completo de blancos o imposiciones de igual longitud pero de todos los gruesos.

— *Atom. Sección eficaz,* superficie frontal de la zona situada alrededor de un núcleo atómico y dentro de la cual el mismo reacciona con las partículas.

— Para que se produzca alguna interacción entre una partícula y un núcleo no es indispensable que éste se halle exactamente en la trayectoria de aquélla y basta con que pase a proximidad del mismo dentro de los límites hasta los cuales se ejerce su acción. Dichos límites abarcan una zona cuya *sección maestra* constituye la *sección eficaz* del cuerpo considerado y cuya superficie se expresa en barnios *. Su magnitud depende de las dimensiones de los núcleos y de la índole y energía de las partículas incidentes (pues se desprende que de ser éstas negativas serán atraídas con mayor fuerza por los núcleos, que son positivos, y, por otra parte, si pasaran junto a éstos con excesiva rapidez, su fuerza de inercia les permitiría resistir a sus fuerzas atractivas. También se concibe que la sección eficaz sea más o menos grande según la interacción de que se trate (captura de la partícula por el núcleo, difusión *, fisión *, etc.). Citemos a título de ejemplo la ínfima sección eficaz de absorción de neutrones del deuterio, igual a 0,00046 barnios, a la cual se debe que esta substancia pueda emplearse como moderador * de neutrones, mientras que la misma sección eficaz es, en el cadmio, de 2 550 barnios, y se comprende que este metal se emplee como absorbedor * de neutrones en los reactores nucleares. Por último, el uranio 235 tiene una sección eficaz de absorción de neutrones térmicos de 595 barnios, merced a la cual resulta relativamente fácil entretener las reacciones de fisión en cadena en los reactores nucleares.

— *Geom.* Corte practicado en una línea, plano, sólido, etc., por otro elemento geométrico secante *. ‖ *Sección áurea,* división de una línea en media y extrema razón * ‖ *Sección cónica,* la que resulta de cortar con un plano un cono de base circular y que, según la inclinación del plano secante, es limitada por una circunferencia (sección perpendicular al eje del cono), una parábola (sección paralela a una de las generatrices), una elipse (inclinación del plano sector comprendida entre la de los casos anteriores) o una hipérbola (si el plano corta dos conos opuestos por el vértice). [V. tb. CÓNICA.] ‖ *Sección normal en un punto de una superficie,* corte practicado en una superficie por un plano que contiene la perpendicular a dicho punto. ‖ *Sección principal,* sección normal practicada de modo que la curva de la intersección que pasa por el punto considerado tenga la máxima o la mínima curvatura.

— *Hidr.* Corte transversal de un curso de agua: *el caudal se calcula multiplicando el área de la sección por la velocidad media que tiene el agua en la misma.*

SECCIONADOR m. *Electr.* Instrumento para cortar un circuito, interrumpir la continuidad de un conductor o aislarlo de otro como medida de seguridad: *el seccionador se distingue de los disyuntores * en que se acciona sin carga, o sea cuando no pasa la corriente por el conductor.*

SECCIONAMIENTO m. Acción y efecto de seccionar.

— *F. c.* En las líneas férreas electrificadas, división de la catenaria en secciones que pueden ser aisladas eléctricamente unas de otras por medio de disyuntores y seccionadores.

SECCIONAR v. Fraccionar. ‖ Dividir en tramos o secciones.

SECO, CA adj. Desprovisto de humedad. ‖ Dícese de lo que ha perdido total o parcialmente el agua, el disolvente u otro líquido que contenía.

— *Carp.* Dícese de la madera que, una vez secada, solamente contiene un 15 % de humedad y se halla en condiciones de ser labrada.

— *Constr. En seco,* dícese del muro u otra construcción en la cual las piedras o elementos duros no se hallan trabados con argamasa, mortero u otras mezclas.

— *Electr. Pila seca, rectificador seco, transformador seco,* v. PILA, RECTIFICADOR y TRANSFORMADOR.

— *Fís. Vapor seco,* v. VAPOR.

— *Ind. alim.* Dícese del vino, especialmente del claro, que no contiene azúcares por haber sido transformados completamente en alcohol los que contenía el mosto. ‖ Aplícase también al aguardiente puro, que no ha sido azucarado, aromatizado ni convertido en algún alcohol. ‖ Dícese de las uvas, ciruelas, higos, almendras, avellanas y otros frutos que contienen naturalmente poca agua o que la han perdido mediante desecación al sol o por caldeo.

— *Mar.* Dícese del palo o de la verga que no lleven vela.

— *Quím. Hielo seco,* anhídrido carbónico *. ‖ *Por vía seca,* dícese del análisis, tratamiento o reacción que se efectúan sin emplear disolventes u otros líquidos, generalmente mediante calentamiento de las substancias: *la fusión y la sublimación permiten obtener cristalizaciones por vía seca.*

— *Tecn. Contador seco,* v. CONTADOR.

— *Text. Limpieza en seco,* v. LIMPIEZA.

SECOYA f. *Bot.* Género de coníferas taxodiáceas de California notables por sus dimensiones gigantescas, ya que alcanzan 140 m de altura y más de 10 de diámetro en la base del tronco, así como por su longevidad, que se cifra en millares de años.

— De las dos especies de *secoya* que se conocen *(Sequoia gigantea* y *S. sempervirens)* es la última citada la que suministra la mejor madera, caracterizada por su buena resistencia a la humedad. De ahí el uso que de ella se hace en pipería, para tinas y recipientes para las industrias papeleras, química, etc., y en construcciones de carpintería expuestas a las intemperies.

SECTOR m. *Electr.* Cada una de las secciones interconectadas en que se subdivide una red de distribución de energía eléctrica. ‖ Línea de distribución de baja tensión: *radiorreceptor de pilas y de sector.* ‖ Delga.

— *F. c. Sector de catenaria,* cada uno de los tramos de la catenaria que puede ser aislado de los tramos contiguos por medio de disyuntores.

— *Geom.* Superficie limitada por dos rectas y un arco de curva. ‖ *Sector circular,* parte de un círculo limitada por dos radios y el arco comprendido entre los mismos. ‖ *Sector esférico,* sólido engendrado por la revolución de un sector circular.

— El área de un *sector circular* es igual a la mitad del producto del radio por la longitud del arco interceptado. También se halla multiplicando el área del círculo por la abertura en grados del ángulo abarcado por los dos radios y dividiendo el producto por 360.

El volumen del *sector esférico* es igual a la tercera parte del producto del radio por el área de la zona que constituye su base (la cual puede, por lo demás, ser un casquete * esférico). También equivale dicho volumen a las dos terceras partes del producto que resulta de multiplicar π (pi) por la altura de la referida zona, y por el cuadrado del radio de la esfera.

— *Mar.* Pieza metálica que se monta en la cabeza del timón para accionarlo con la rueda. (V. TIMÓN.)

— *Mec.* Nombre dado a distintas piezas en forma de sector circular, muchas de ellas con el borde dentado, en el cual engrana un tornillo sin fin como el que se emplea en la dirección * de muchos automóviles.

SECUENCIA f. Conjunto o serie de cosas entre las cuales existe alguna relación de continuidad.

— *Astr.* Cada una de las series de estrellas que constituyen un ramo independiente en el diagrama de Herzprung y Russell. (V. ESTRELLA.) ‖ *Secuencia polar internacional,* grupo de estrellas que sirven de patrón para la determinación de las magnitudes visuales y ópticas.

— *Cin.* Conjunto de planos * que, sucediéndose en el debido orden, constituyen una escena de película cinematográfica.

SECUENCIAL adj. Que forma parte de una secuencia.

— *Radiot.* Dícese del sistema de televisión en color en el cual las tres imágenes de colores fundamentales se transmiten sucesivamente y no al mismo tiempo.

SECULAR adj. Que ocurre o se hace una vez por siglo. ‖ Que cuenta uno o varios siglos de existencia.

— *Astr. Variaciones seculares,* v. PERTURBACIÓN y VARIACIÓN.

SECUNDARIO, RIA adj. Que sigue a lo primario o principal en algún orden de importancia, grado o valor.

— *Astr.* Dícese del astro que gravita alrededor de otro ya subordinado a un tercer astro principal: *la Luna es un planeta secundario.* ‖ Dícese del menor de los dos astros en un sistema binario o de estrellas * dobles.

— *Atom. Electrón secundario,* v. ELECTRÓN y MULTIPLICADOR *de electrones.*

— *Electr. Arrollamiento* o *circuito secundario,* en los transformadores y las bobinas de inducción, arrollamiento o devanado en el cual engendra una corriente inducida la corriente que pasa por el arrollamiento primario. (V. BOBINA y TRANSFORMADOR.) [Úsase tb. como substantivo m.]

— *Electrón. Emisión secundaria,* v. EMISIÓN.

— *Expl. Explosivo secundario,* v. EXPLOSIVO.

— *Geol.* Dícese de la era que empezó al terminar el permiano y duró hasta el principio del eoceno y que se subdivide en tres períodos: cretáceo, jurásico y triásico: *el secundario duró de —190 a —65 millones de años.* (V. ESTRATIGRAFÍA.) ‖ *Mineral secundario,* v. MINERAL.

— *Mec. Árbol secundario,* el que recibe el movimiento de un árbol motor o primario. (V. ACOPLAMIENTO, CAMBIO *de velocidades* y TRANSMISIÓN.)

— *Quím.* Dícese en química orgánica de los átomos de carbono o de nitrógeno cuando uno de ellos se halla unido a dos átomos de carbono y, por ejemplo, en la molécula $CH_3—CH_2—CH_3$, el carbono del grupo CH_2 es secundario.

SEDA f. *Text.* Baba segregada por las arañas para tejer su tela y por las orugas de ciertos insectos para hacer el capullo en el interior del cual se opera su metamorfosis. ‖ Cerda * o pelo recio que sobresale del pelambre de los mamíferos.

— La *seda* es una substancia viscosa que el animal segrega por uno o varios orificios llamados hileras y que, por solidificarse al entrar en contacto con el aire, forma una hebra continua. Aun cuando se han experimentado instalaciones para aprovechar la seda de ciertas arañas, especialmente en Madagascar, la industria textil solamente emplea la hebra del *gusano de seda,*

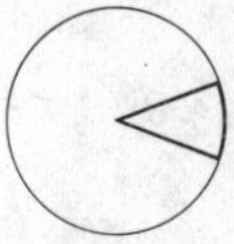

sector circular
(geom.)

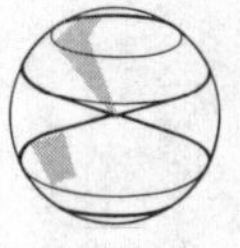

sector esférico
(geom.)

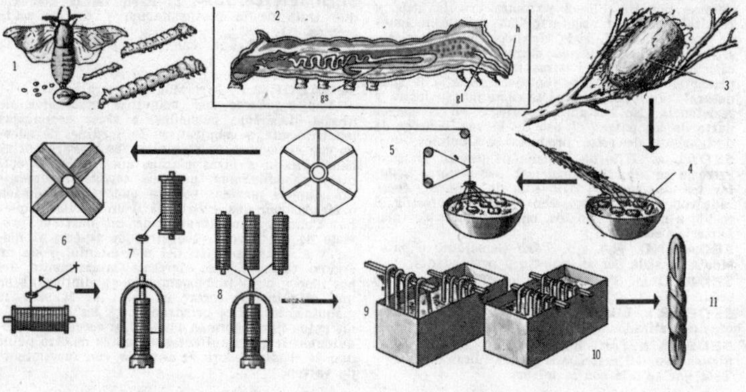

seda

1. Bómbice, sus huevos y las tres mudas del gusano; 2. Gusano después de la cuarta muda (*gs,* glándulas sericígenas; *gl,* glándulas salivares; *h,* hileras); 3. Capullo; 4. Batido de los capullos; 5. Devanado de los mismos; 6. Alisado; 7. Torsión del pelo; 8. Retorcido de la trama o del organcín; 9. Lavado; 10. Teñido; 11. Madeja

oruga del bómbice, mariposa que vive en la morera *(Bombyx mori)* y que segrega esta materia, por dos hileras que tiene junto a la boca, para construir el capullo dentro del cual se opera su primera metamorfosis (v. SERICICULTURA). En Asia se aprovechan también los capullos de otras especies silvestres de mariposas *(Bombyx militta* y *Antheroea Perny)*, que dan una seda menos fina.

El capullo del gusano de seda consta de una fibra que mide corrientemente más de 1 000 m de longitud y de 8 a 15 micras de diámetro, la cual contiene una materia principal, la fibroína, a base de macromoléculas proteicas, y una goma, también proteica, llamada sericina, que mantiene pegadas unas con otras las vueltas del filamento y asegura la rigidez del capullo.

Las distintas fases de la *hilatura de la seda* han sido representadas en la *figura*. Esencialmente consiste la misma en ablandar y disolver la goma batiendo los capullos en agua caliente con un cepillo. En el curso del batido se separa del capullo el adújar, o sea las secciones externas del filamento, en las cuales el mismo se halla roto y es de calidad inferior. Finalmente se disponen varios capullos (de 4 a 6) así preparados en un recipiente de agua caliente, se unen los extremos de las fibras haciéndolos pasar por el orificio de una hilera de porcelana y se devanan. Los filamentos quedan pegados y forman un hilo, el cual se alisa haciendo que antes de enrollarse en la devanadora roce, ya con sí mismo, ya con otro hilo.

La *seda cruda* así obtenida —también llamada *seda floja* porque no ha sido retorcida— puede ser tejida directamente. No obstante, las más de las veces se somete a operaciones ulteriores de depuración y torcido de los hilos simples o al retorcido conjunto de varios cabos para formar hilos más gruesos. Llámase *pelo* la hebra torcida sobre sí misma; *trama*, el hilo de varias hebras poco torcidas (100 a 150 vueltas por metro); *crespón*, el hilo muy torcido (2 000 a 3 500 vueltas); *organcín*, el hilo que resulta de retorcer varios pelos en el sentido contrario del de su propia torsión.

Por último, se procede a un lavado de los hilos en agua jabonosa y caliente, con cuya operación se elimina la goma superficial y se confiere a la seda su brillo o flexibilidad característicos *(seda cocida)*. Durante esta operación la seda puede perder hasta la cuarta parte de su peso, por cuya razón se trata las más de las veces con baños que precipitan sobre la fibroína una carga * de silicofosfatos de estaño. Además de recobrar así buena parte del peso perdido, el hilo se hincha y adquiere mejores características para ser tejido.

Durante todas estas operaciones se recuperan capullos defectuosos (especialmente ocales), borras y otros desechos que se tratan industrialmente por los mismos procedimientos de la hilatura de la lana * peinada para obtener hilos de seda apreciados por su regularidad y por su solidez.

La producción de *tejidos de seda* no cesa de disminuir desde que se extendió el uso de fibras sintéticas. Al principio, éstas no podían compararse por su solidez y finura con la seda y resultaba abusivo conferir las denominaciones de *seda artificial, seda de acetato, seda viscosa*, etc., al rayón y demás fibras textiles celulósicas. Hoy, el Nylón y otras fibras pueden reemplazar en muchos casos ventajosamente a la seda natural, tanto por su aspecto como por su lustre y resistencia. No obstante, es ilegal en la mayor parte de los países el uso de la voz seda en la designación de estos productos artificiales.

SEDAL m. Hilo de la caña de pescar, en cuyo extremo se atan los anzuelos: *los mejores sedales son de Nylón.* || Hilo fino de cáñamo, encerado con pez de cerote, con el cual se efectúa el cosido a mano de zapatos, odres, labores de talabartería, etc.

SEDALINO, NA adj. *Text.* Semejante o parecido a la seda por su aspecto o propiedades.

SEDANO m. *Text.* Cordón o cinta estrecha de seda.

SEDEAR v. Limpiar con la sedera joyas u otros objetos delicados.

SEDEÑA f. *Text.* Borra fina que se saca en la última fase del rastrillado de las fibras de lino. || Tela que se teje con la misma.

SEDEÑO, ÑA adj. Sedalino. || Que tiene cerdas o pelos recios.

SEDERA f. Cepillo en forma de escobilla hecho con sedas o cerdas.

SEDIMENTACIÓN f. Formación de sedimentos * por acumulación de materias más o menos finas arrastradas por el viento o las aguas. || Acción de posarse o depositarse en el fondo de un recipiente las partículas sólidas contenidas en una suspensión por un líquido.

— *Geol.* El proceso natural de nivelación del relieve terrestre consta esencialmente de dos fases: 1.ª erosión * de las tierras emergentes; 2.ª arrastre y *sedimentación* de las partículas en las depresiones del terreno, el lecho de los cursos de agua, de los lagos y, finalmente, de los mares. En los cursos de agua la sedimentación se produce en aquellas partes en las cuales, al disminuir la velocidad de la corriente, el agua no tiene fuerza viva suficiente para seguir arrastrando las partículas sólidas. Así ocurre, por ejemplo, cuando disminuye la pendiente del cauce de un río y en la orilla convexa de los meandros * (cuyo orilla cóncava se halla, por el contrario, sometida a la erosión a causa de la mayor velocidad que en ella adquiere el agua). En los tiempos geológicos se dieron largos períodos de sequía en los cuales la corriente de los cursos de agua no era suficientemente grande para arrastrar los productos de la erosión, y éstos se acumulaban; luego, al acaecer un período de mayor pluviosidad, los sedimentos fueron arrastrados y la sucesión de épocas secas y húmedas dio lugar a la formación de terrazas sedimentarias. (V. tb. ALUVIÓN y EROSIÓN.)

— *Quím.* Propiedad de los coloides en los cuales las partículas de substancia insoluble se separan lentamente del medio líquido por gravitación y se depositan en el fondo de los recipientes. || Procedimiento empleado en análisis inmediato para clasificar, según los cuerpos, las dimensiones de las partículas que los componen y fundado en el hecho de que, cuanto mayor es la masa de las mismas, más rápida es su separación del fluido que las contiene cuando la suspensión se halla sometida a la acción de un campo de fuerzas natural (gravitación) o artificial (por ej., centrifugación *). || *Pruebas de sedimentación*, determinación de la finura de una materia pulverulenta calculándola a partir del tiempo necesario para que sus granos desciendan por gravedad determinada distancia a través de un líquido.

SEDIMENTARIO, RIA adj. *Geol.* Relativo o perteneciente a los sedimentos. || *Cuenca sedimentaria*, amplia extensión de terreno en la cual una lenta depresión del suelo ha favorecido la acumulación de capas sedimentarias. || *Roca sedimentaria*, v. ROCA y SEDIMENTACIÓN.

SEDIMENTO m. *Geol.* Depósito, capa o montón de materias que se acumulan en un sitio, o se han acumulado en los tiempos geológicos, después de haber sido arrastradas por las aguas marítimas o fluviales, los glaciares o el viento. (V. SEDIMENTACIÓN y SEDIMENTARIO.)

— *Petr.* Lodo contenido por el petróleo bruto, que se posa en el fondo de los grandes depósitos en que se almacena el mismo.

SEDIMENTOLOGÍA f. Parte de la geología que trata de la sedimentación y de los sedimentos.

SEDOSO, SA adj. Semejante o parecido a la seda.

SEEBECK *(Efecto)*. V. EFECTO.

SEGADORA f. *Agr.* Máquina para segar.

— Las *segadoras* son máquinas cortadoras de hierba. Las más pequeñas; a veces accionadas manualmente, se emplean en los jardines de adorno con el nombre de *cortacéspedes* *. Para cortar heno, alfalfa y otras plantas aún verdes se emplean *guadañadoras*, que son *segadoras mecánicas simples* movidas por un motor de explosión o tiradas por una caballería o un tractor pequeño. Constan generalmente de un bastidor provisto de dos ruedas, que sirve de soporte al motor y a la transmisión del movimiento, y de un órgano cortador que sobresale lateralmente del bastidor y cuyo funcionamiento es similar al de una máquina de cortar el pelo: al avanzar la máquina, los tallos penetran entre los dientes de un peine fijo y forman manojillos seccionados seguidamente por los dientes cortantes de otro peine que se desliza sobre el anterior con movimiento de vaivén.

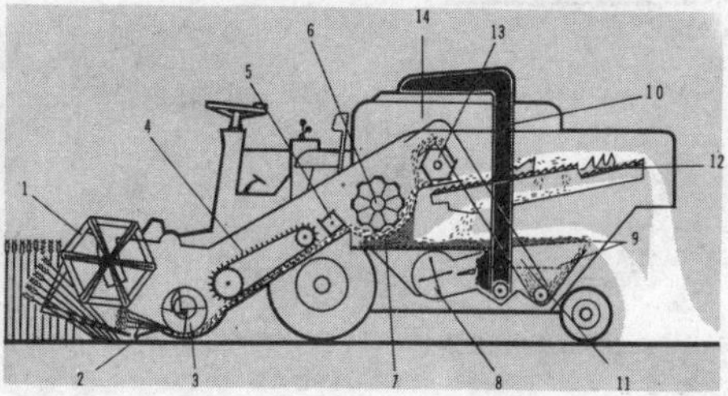

segadora trilladora
1. Aspas; 2. Peine cortador; 3. Rosca transportadora; 4. Elevador; 5. Tambor alimentador; 6. Cilindro trillador; 7. Parrilla; 8. Ventilador; 9. Parrillas limpiadoras; 10. Elevador de grano; 11. Elevador de grano, aristas e impurezas; 12. Sacudidor; 13. Tambor; 14. Silo

segadora guadañadora

El nombre de segadoras se reserva con más propiedad a las máquinas destinadas a segar las mieses, o sea los cereales de tallo ya seco, máquinas generalmente provistas de perfeccionamientos propios para obtener altos rendimientos. Prácticamente, los modelos recientes se reducen a uno de los dos tipos siguientes:
1.º *Segadora agavilladora,* que corta las mieses y forma gavillas con ellas; sus órganos principales son: un bastidor de aspas horizontales que empuja las plantas hacia los peines; un mecanismo cortador idéntico al de las guadañadoras; un transportador de correa sin fin, que recoge las plantas cortadas y las cede al elevador, dispositivo constituido por dos telas sin fin paralelas que aprisionan los tallos y los llevan hasta el mecanismo agavillador (éste va formando una gavilla y, cuando ya está completa, la misma presión de los tallos dispara el aparato anudador, que ata la gavilla); por último, un dispositivo eyector, que deja caer la gavilla en el terreno por el lado opuesto del que se está segando;
2.º *Segadora trilladora,* que, a medida que va segando las mieses, las trilla, y cuyo funcionamiento queda explicado por la *figura* (v. tb. TRILLADORA). Estas máquinas pueden segar una faja de terreno de hasta 5 m de anchura. La paja puede ser prensada y atada en forma de balas que caen al suelo; en otros casos cae a tierra entera o es esparcida previamente cortada en fragmentos cortos. En cuanto al grano, se acumula éste en una tolva de la máquina que ha de ser vaciada cada media hora, o cae por boquillas ensacadoras *, a menos que sea vertido en un camión que avanza junto a la segadora.
SEGAR v. *Agr.* Cortar mieses o hierbas, ya manualmente, con la hoz o la guadaña, ya mecánicamente, con máquinas segadoras *.
SEGMENTACIÓN f. Fraccionamiento, división de una cosa en segmentos.
SEGMENTAR v. Cortar, dividir en segmentos.
SEGMENTO m. *Autom.* V. más abajo *Mec.*
— *Geom.* Parte perfectamente delimitada de una línea, superficie o volumen. ‖ Superficie limitada por un arco de curva y su cuerda: *segmento circular; segmento elíptico.* ‖ *Segmento aditivo,* dícese de cada uno de los segmentos en los cuales puede subdividirse un segmento primitivo. ‖ *Segmento dirigido,* vector. ‖ *Segmento esférico,* parte de la esfera limitada por un casquete esférico y por un plano secante que lo ha producido, o comprendida entre dos planos secantes paralelos. ‖ *Segmento lineal* o *segmento de recta,* parte de una recta limitada por dos puntos dados.
— El área de un *segmento circular* AMB es la diferencia entre el área del sector correspondiente * AOBM y el del triángulo isósceles AOB. El volumen de un *segmento esférico* es equivalente al volumen de una esfera de diámetro igual a la altura del segmento, más la semisuma del volumen de dos cilindros de altura igual a la del segmento y de base respectivamente igual a las dos bases del mismo.
— *Hidr. Presa de segmento,* v. PRESA.
— *Mec.* Anillo de acero que se introduce en una ranura periférica del émbolo para que sirva de junta entre éste y el cilindro. ‖ *Segmento de freno,* zapata de freno *. ‖ *Segmento rascador,* el más inferior de los segmentos de un émbolo, provisto de una ranura y de numerosos orificios adecuados para recoger y eliminar la capa de aceite de la pared del cilindro, evitando que pueda ser aspirada hasta la cámara de combustión durante la admisión *.
SEGREGABILIDAD f. *Constr.* Tendencia a la segregación * que tienen los hormigones cuando son sacudidos durante su transporte.
SEGREGACIÓN f. Acción y efecto de separar determinados elementos de un todo o mezcla.
— *Constr.* En el hormigón recién amasado, especialmente en el que contiene un exceso de agua, separación, por gravedad, de la lechada de cemento, de la arena y de la grava o guijarros durante el transporte desde la hormigonera hasta la obra: *la segregación es tanto más pronunciada cuanto mayores y más frecuentes son las sacudidas o vibraciones experimentadas por la mezcla durante el transporte.*
— *Metal.* Falta de homogeneidad en las distintas partes de una liga metálica. ‖ Separación de componentes heterogéneos en el curso de la solidificación de una aleación.
— Como los constituyentes de una liga no tienen igual temperatura de fusión, el metal que, en el curso del enfriamiento de la misma, primero cristaliza es el que dará zonas más puras, mientras que los otros metales o impurezas de punto de fusión más bajo se concentrarán en la parte del metal que cristaliza en último lugar (el fósforo y el azufre se concentran en el centro de las masas de acero; el antimonio, en la parte superior del plomo antimoniado, etc.).
SEGUETA f. *Carp.* Sierra * de marquetería.
SEGUIMIENTO m. *Radiot. Radar de seguimiento,* radar * de persecución.
SEGUNDARIO, RIA adj. Secundario.
SEGUNDERO, RA adj. Aplícase al corcho obtenido al pelar los alcornoques la segunda vez.
— *Mec.* M. Aguja del reloj que indica los segundos.
SEGUNDO, DA adj. y s. Que sigue a lo primero en algún orden de lugar, tiempo, rango o magnitud.
— *Astr.* M. Unidad principal de medida del tiempo, de símbolo *s*, definida oficialmente como la 31 556 962ª parte del primer año trópico de este siglo (1900): *el número de segundos que cuentan el minuto, la hora y el día es, respectivamente, de 60, 3 600 y 86 400.*
— *Mat.* M. Unidad para la medida de ángulos y arcos, equivalente a la 60ª parte de un minuto y expresada por el símbolo ″. ‖ — Adj. En las fórmulas matemáticas y en las figuras geométricas que contienen tres veces una misma letra, símbolo en forma de comillas (″) que se emplea para distinguir la tercera de dichas letras de las otras dos: *a, a' y a'' se enuncian, respectivamente, a, a prima y a segunda.*
SEGUR m. *Agr.* Hoz de segar.

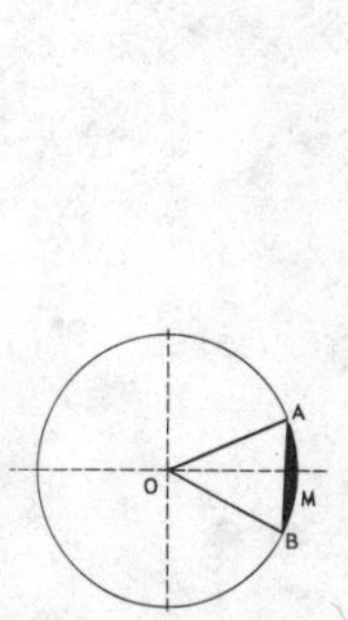

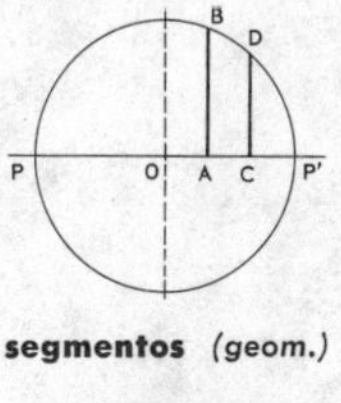

segmentos *(geom.)*

segmentos *(autom.)*

Fot. A. B. C., Puzenat

selector *(telec.)*

SEGURIDAD f. Calidad de lo que es seguro en su funcionamiento, de las cosas que están a prueba de roturas y de aquellas cuyo funcionamiento no presenta ningún peligro: *las cerraduras de seguridad solamente pueden ser abiertas con su llave.* ‖ Que sirve en caso de peligro para impedir un accidente, limitar sus consecuencias o preservar de ellas: *el uso de los cinturones de seguridad, comunes en los aviones, se extiende a los automóviles.* (V. ALARMA, BLOQUEO, CÉLULA, DETECTOR, PARACAÍDAS y SEÑAL.)
— *Expl. Explosivo de seguridad,* v. EXPLOSIVO.
— *Mec. Grado de seguridad,* relación entre la carga o esfuerzo máximo que puede soportar una pieza o construcción sin romperse y la magnitud del esfuerzo máximo a que se hallan realmente sometidos. (El *grado de seguridad del acero* es de 0,30 [inversa de su coeficiente de seguridad, que es de 3], lo cual significa que la pieza podrá resistir a fuerzas triples de las que actúan sobre ella o soportar éstas aunque tenga un defecto que reduzca su resistencia a un tercio de la prevista.) [V. RESISTENCIA.] ‖ *Válvula de seguridad,* v. VÁLVULA.

SEGURO m. Pieza o mecanismo que sirve para impedir el funcionamiento intempestivo de una máquina, arma de fuego, etc., ya engatillándolos con un resorte enclavado en una ranura, ya inmovilizando alguna pieza con un pasador, tope, etcétera.

SEICHE f. Onda * estacionaria de mucha extensión formada por el viento o por variaciones locales de la presión atmosférica en los lagos grandes y las bahías o golfos muy cerrados, cuya presencia se traduce por variaciones del nivel del agua, a veces con carácter oscilatorio, que asemeja este fenómeno a la marea.

SEISAVADO, DA adj. En forma de hexágono.

SEISAVO, VA adj. y s. Sexta parte de un todo.
— *Art. gráf.* Casado irregular que resulta de doblar el pliego en seis hojas y consta, por consiguiente, de 12 páginas.
— *Geom.* M. Hexágono.

SEISMICIDAD, SEÍSMICO y otras voces derivadas de *seísmo* o *sismo,* v. SISMICIDAD, SÍSMICO, etc.

SELECCIÓN f. *Agr.* Elección de las mejores semillas y reproductores como medio de mejorar las especies o la producción de plantas y animales de generación en generación.
— *Art. gráf.* Descomposición de todos los colores de una imagen en tres colores fundamentales, a cada uno de los cuales corresponde un clisé diferente en la impresión por tricromía: * *la selección se opera fotografiando el original separadamente a través de filtros de color complementario.* (V. COLOR, SÍNTESIS y TRICROMÍA.)
— *Radiot.* En la recepción de emisiones radioeléctricas, separación de las ondas parásitas captadas por la antena, lo cual se obtiene ya empleando antenas * muy directivas, ya interceptando en los circuitos aquellas ondas cuya frecuencia difiere de las que se desean captar. (V. SELECTIVIDAD.)

SELECTIVIDAD f. *Electrón. Selectividad espectral,* variación que experimentan los efectos fotoeléctricos * en función de la longitud de onda de las radiaciones que los producen.
— *Radiot.* Calidad de los receptores de ondas radioeléctricas que detectan y amplifican las ondas de la emisión deseada de preferencia a las que provienen de otras estaciones o de emisiones parásitas: *la selectividad se aumenta con el empleo de circuitos constituidos por bobinas de autoinducción y condensadores dotados de características de resonancia óptimas.* (V. CIRCUITO, RADIORRECEPTOR y RESONANCIA.)

SELECTIVO, VA adj. *Autom. Luz selectiva,* v. LUZ.
— *Radiot.* Dícese del radiorreceptor dotado de buena selectividad.

SELECTOR, RA adj. y s. Que escoge o selecciona alguna cosa separándola de las otras.
— *Autom.* Pedal que sirve para cambiar las velocidades en las motocicletas provisto de un sistema de engatillado merced al cual, sea cual fuere el movimiento que le confiere el pie, solamente puede cambiar la marcha de un grado, o sea a la marcha inmediatamente superior o inferior.
— *Ofic.* Relevador electromagnético que, en las máquinas de tarjetas perforadas, puede ocupar dos posiciones (correspondientes a un taladro o a la falta del mismo) y que tiene distintos usos según la máquina de que se trate. (V. TARJETA.)
— *Tecn.* Aparato para separar productos finamente triturados que no es sino una batería de ciclones. (V. CICLÓN.)
— *Telec.* Conmutador de contactos múltiples que es accionado a distancia por medio de impulsiones eléctricas o radioeléctricas y cuya aplicación más común es el teléfono * automático, en el cual este dispositivo, accionado por el disco del aparato que efectúa la llamada, establece la conexión de las distintas líneas que unen al mismo con el teléfono llamado.

SELENIADO, DA adj. *Quím.* Que contiene selenio.

SELENIANO, NA adj. *Astr.* Relativo o perteneciente a la Luna.

SELENIATO m. *Quím.* Sal del ácido selénico.

SELÉNICO, CA adj. *Astr.* Relativo a la Luna.
— *Quím.* Dícese del anhídrido SeO_3 y del ácido H_2SeO_4.

SELENÍFERO, RA adj. *Miner.* Que contiene selenio.

SELENILO m. *Quím.* Radical bivalente SeO.

SELENIO m. *Quím.* Elemento de número atómico 34, cuyo símbolo es *Se.*
— El *selenio* es un metaloide que tiene no pocas analogías con el azufre y, como éste, adopta distintas variantes alotrópicas. La más común de éstas, llamada *selenio gris* o *metálico,* se forma cuando las otras variedades son calentadas a temperaturas de más de 100°, y tiene las siguientes constantes físicas: densidad, 4,8; temperaturas de fusión y de ebullición, 220° y 688°, respectivamente; masa atómica, 78,96 (consta de seis isótopos naturales de masas 74, 76, 77, 78, 80 y 82, y también se han producido artificialmente otros 11 que son radiactivos). Es conductor del calor y de la electricidad y su resistividad disminuye considerablemeste cuando es iluminado, a cuya propiedad se debe el uso del selenio gris en las células * fotoeléctricas y en xerografía *. El *selenio vítreo* se forma al enfriarse lentamente el selenio fundido. Es un sólido brillante de color pardo obscuro, menos denso que la variedad gris (densidad 4,3) y mal conductor. Al calentarse ligeramente se convierte en *selenio rojo cristalizado* y aumenta ligeramente su densidad, que es de 4,5. Otra variedad es el *selenio rojo amorfo* obtenido en forma de copos *(flor de selenio)* al reducir el ácido selenioso.
El selenio tiene propiedades parecidas a las del azufre. Se combina con los halógenos, el azufre, el fósforo y el hidrógeno. Los seleniuros que da al combinarse con los metales corresponden a los sulfuros. Se encuentra en la naturaleza, ya mezclado con el azufre, ya en forma de seleniuros, especialmente de zorgita *. La oxidación de este mineral, así como la tostación de piritas seleníferas, dan ácido selenioso cuya reducción por el gas sulfuroso permite obtener el selenio, el cual es finalmente depurado por destilación.
Además de los usos ya indicados, el selenio rojo se emplea para teñir el vidrio y como colorante para cerámicas. También es el selenio un agente de vulcanización *.

SELENIOFOSFURO m. *Quím.* Compuesto que contiene selenio, fósforo y otro elemento.

SELENIOSO adj. m. *Quím.* Dícese del anhídrido SeO_2 y del ácido H_2SeO_3.

SELENIOSULFURO m. *Quím.* Cuerpo que consta de un sulfuro y un seleniuro.

SELENITO m. *Quím.* Sal del ácido selenioso.

Fot. Matériel téléphonique

SELENIURO m. *Quím.* Combinación del selenio con un cuerpo simple.
SELENOCÉNTRICO, CA adj. *Astr.* Dícese de la medida que tiene como origen el centro de la Luna.
SELENOGRAFÍA f. Descripción de la Luna.
SELENOGRÁFICO, CA adj. *Astr.* Relativo a la selenografía: *mapa selenográfico.*
SELENÓSTATO m. *Astr.* Instrumento, comparable al celóstato, que permite observar la Luna sin tener que seguirla en el cielo con el anteojo.
SELF adj. y s. *Electr.* Voz inglesa equivalente al prefijo *auto,* incorrectamente empleada como apócope de *selfinducción* o *autoinducción* y para designar la bobina de inducción. (V. BOBINA e INDUCCIÓN.)
SELFACTINA f. *Text.* Máquina de hilar automática de dos tiempos. (V. HILATURA.)
SELFINDUCCIÓN f. *Electr.* Autoinducción.
SELFINDUCTANCIA f. *Electr.* Coeficiente de autoinducción.
SELSYN m. *Electr.* V. SINCROMÁQUINA.
SELLAR v. Imprimir o estampar sellos en el papel u otras cosas.
— *Mar.* Fijar alguna señal entre los cordones de un cabo para saber hasta dónde se ha de halar o arriar en las maniobras que con él se hacen.
SELLO m. Utensilio que lleva grabados en relieve dibujos, letras y otros signos con objeto de estamparlos a presión en el lacre u otra materia blanda o imprimirlos en el papel, previamente entintados en una almohadilla empapada de tinta hectográfica.
— *Art. gráf.* Viñeta de color convencional que sirve para franquear las cartas y otros objetos transportados y distribuidos por los servicios nacionales de correos: *los sellos de correos se imprimen sobre papel engomado con máquinas especiales.*
SEMAFÓRICO, CA adj. Relativo o perteneciente al semáforo.
— *Mar.* y *Telec. Telegrama semafórico,* el que es transmitido a un buque desde un semáforo.
SEMÁFORO m. *Autom.* Poste que sirve para regular el tránsito de vehículos, especialmente en los cruces, por medio de tres luces, una de las cuales, de color verde, da paso libre a los vehículos que circulan en determinada dirección, al mismo tiempo que en la otra vía permanece encendida la luz roja que ordena alto; la tercera luz, que es amarilla o anaranjada, marca una ligera pausa entre el verde y el rojo para dar tiempo a que quede el cruce libre cuando el tránsito deja de efectuarse en una dirección en provecho de otra.
— *F. c.* Sistema de señales ópticas en forma de brazos articulados, reemplazados por la noche por luces de colores, que permite o prohibe, según el caso, la entrada de un tren en una sección de la vía. (V. BLOQUEO.)
— *Mar.* Sistema de señales instalado en los puertos y otros lugares de la costa para comunicar con los buques, constituido por un poste, provisto de una o varias entenas, en las cuales se hizan banderas o señales de colores y formas conformes con las de un código internacional.
SEMBRADERA y **SEMBRADORA** f. *Agr.* Máquina de sembrar granos.
— La *sembradera de hileras* es la más común y práctica; su bastidor, provisto de dos ruedas, lleva dispuesto, en el sentido transversal de la marcha, una larga tolva que contiene el grano y cuya abertura inferior, en forma de rendija, lo deja caer sobre una rueda distribuidora que regula su salida. Los granos caen así regularmente en una hilera de embudos prolongados y llegan hasta el suelo por unos tubos provistos frontalmente de una pequeña reja que abre un surco en la tierra. Detrás de los tubos, un rulo, u otro dispositivo, iguala el suelo para que queden enterradas las semillas, las cuales forman hileras cuya disposición facilitará ulteriormente las demás faenas agrícolas.
Las *sembraderas de voleo* solamente difieren de las anteriores en que los tubos son reemplazados por un tablero inclinado y provisto de púas, por entre las cuales van deslizándose los granos hasta caer en el suelo, en el cual quedan esparcidos bastante regularmente.
Por último, existe una variante de sembradera de hileras en la cual el distribuidor funciona intermitentemente, de tal forma que, en vez de dejar en el surco un reguero de semillas, deposita en él montoncitos de grano separados por intervalos previamente regulados.
SEMEJANTE adj. *Geom.* Dícese de dos o más figuras que tienen distinta extensión, pero son de forma idéntica: *dos polígonos semejantes tienen sus ángulos correspondientes iguales y la longitud de los lados de uno de ellos es proporcional a la de los lados del otro.* (V. SIMILITUD.)
SEMI, prefijo latino que significa *medio,* como en *semicircular,* y por extensión significa *parcialmente,* como en *semiautomático.* (V. tb. HEMI.)
SEMIAUTOMÁTICO, CA adj. Dícese del mecanismo que solamente efectúa automáticamente una parte de las operaciones.
— *Arm.* Dícese del arma que efectúa automáticamente todas las operaciones de carga, expulsión del cartucho, etc., salvo la acción de disparar, que requiere la intervención del tirador a cada cartucho disparado. (V. AUTOMÁTICO.)
SEMIAUTOPROPULSADO, DA adj. *Arm.* Proyectil de semiautopropulsión.
SEMIAUTOPROPULSIÓN f. *Arm.* Método consistente en disparar un proyectil con un arma de artillería clásica y en prolongar luego su movimiento merced a un cohete de que está provisto. (V. MORTERO.)
SEMICÉLULA f. *Quím.* Electrodo que se halla en contacto con el electrólito en las cubas de electrólisis.
SEMICICLO m. *Fís.* Mitad de un ciclo: *en las corrientes alternas, el sentido de la corriente cambia a cada semiciclo.* (V. SEMIONDA.)
SEMICIRCULAR adj. *Geom.* En forma de semicírculo. ‖ Relativo al semicírculo.
SEMICÍRCULO m. *Geom.* Mitad del círculo limitada por su diámetro y por una semicircunferencia. ‖ *Semicírculo graduado,* transportador.
SEMICIRCUNFERENCIA f. *Geom.* Cada una de las dos mitades en que el diámetro divide a la circunferencia.
SEMICONDUCTOR, RA adj. y s. *Electr.* Nombre genérico de ciertos cuerpos de conductibilidad eléctrica intermediaria entre la de los conductores y los aislantes y cuya resistividad disminuye cuando aumenta su temperatura.
— Los átomos de los cuerpos metálicos se caracterizan por tener escasos electrones en su capa periférica (v. ELECTRÓN). Ahora bien, cuanto menos numerosos son los electrones en dicha capa (que cuando está completa tiene ocho), más fácilmente pueden ser arrancados de ella. Así, pues, al aplicar los bornes de una pila eléctrica a los extremos de un alambre, el polo positivo de la misma atrae y arranca los electrones de los átomos periféricos del alambre. Privados de una parte de sus electrones, los átomos se vuelven iones positivos que, consiguientemente, atraen a otros electrones próximos, y así sucesivamente a lo largo del alambre. Por otra parte, el polo negativo de la pila ejercerá una acción repulsiva contra los electrones periféricos de los átomos próximos, tendiendo a arrancarlos y a alejarlos en el sentido en que precisamente son atraídos por la acción del polo positivo. De este modo se entretiene en el circuito una corriente eléctrica, que no es sino una corriente de electrones.
Los aislantes se caracterizan por tener una capa periférica en la cual faltan pocos electrones, y de ello resulta una mayor cohesión del conjunto: el átomo, en vez de abandonar sus electrones, más bien tiende a completar dicha capa a expensas de electrones libres. Así, al unir los polos de una pila con un hilo de materia aislante, el polo positivo ejercerá una acción atractiva sobre los

semáforo *(f.c.)*

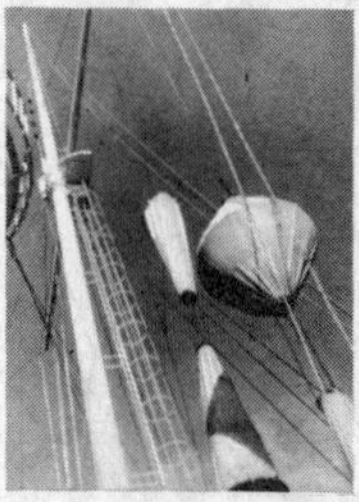

semáforo *(mar.)*

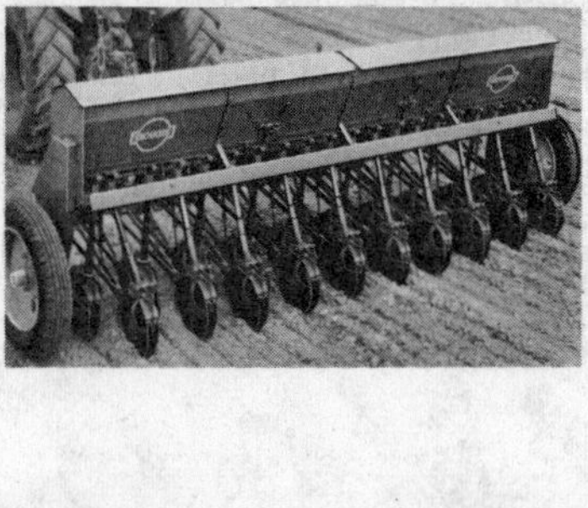

sembradora

Fot. S. N. C. F., A. Roy, Ets Gongis

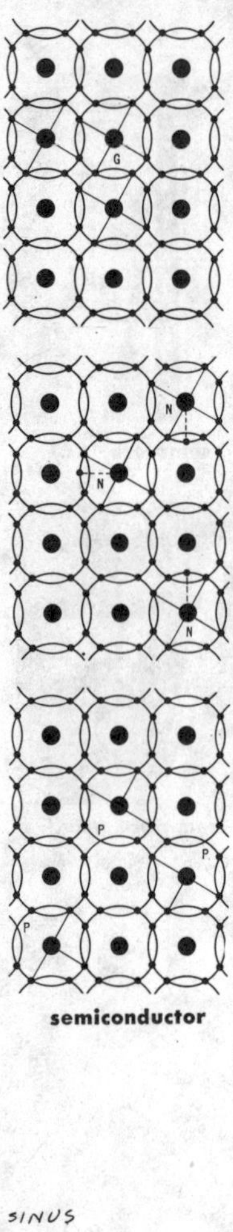

semiconductor

SINUS

seno *(geom.)*

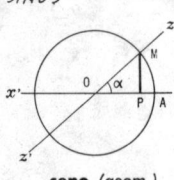

electrones periféricos, pero el átomo no se los cederá. Asimismo, la acción repulsiva del polo negativo no arrancará electrones a los átomos. Al no existir saltos de electrones, tampoco circulará corriente entre los polos de la pila y ésta conservará su fuerza electromotriz.
Entre el grupo de los átomos metálicos y conductores que tienen de uno a tres electrones excedentarios y el grupo de los metaloides y aislantes a los cuales faltan de uno a tres electrones, existe el grupo de los *semiconductores*, en cuyo átomo la capa periférica tiene cuatro electrones y goza de cierto equilibrio.
Normalmente, un semiconductor absolutamente puro no tiende a absorber ni a ceder electrones, y en consecuencia no engendra corriente entre los polos de la pila y es aislante. Ahora bien, si a los átomos con cuatro electrones periféricos del semiconductor se mezclan átomos de un metaloide que contenga cinco, éstos se unirán a la red cristalina con cuatro átomos solamente y el quinto quedará libre: el semiconductor impuro tendrá en tal caso las propiedades conductoras de un metal y dará paso a la corriente. Si la impureza consistiera en átomos metálicos de tres electrones periféricos, en la red cristalina la substitución de un átomo de semiconductor por uno de metal dejaría libre un hueco: entonces, un electrón procedente del polo negativo de la pila será atraído al hueco y saltará luego a otro hueco próximo, y así sucesivamente, engendrándose también una corriente. En el primer caso (exceso de electrones aportados por un cuerpo *dador*) el semiconductor adquiere una *conductibilidad negativa* y se dice que es del *tipo N*; en el segundo caso, la impureza es un cuerpo *aceptador* y el semiconductor es de *tipo P* o de *conductibilidad positiva*.
Los semiconductores más corrientes son el germanio y el silicio. Como dadores se emplean el antimonio y el arsénico; como aceptadores, el indio y el aluminio.
El acoplamiento de elementos semiconductores de los tipos N y P permite obtener numerosos dispositivos dotados de diferentes propiedades: unos dejan pasar solamente la corriente en un sentido y no en el otro, y, consiguientemente, sirven para rectificar las corrientes, y también para amplificarlas (v. TRANSISTOR); en otros, al ser herido uno de los elementos por la luz, aparece una diferencia de potencial, y se emplea para convertir la energía radiante del Sol en energía eléctrica (v. FOTOVOLTAICO [célula]); otros se fundan en la propiedad que tienen los semiconductores de disminuir su resistividad eléctrica cuando aumenta su temperatura (resistencias sensibles a los efectos de la temperatura; termistancias *, etc.).

SEMICOQUE m. Producto intermediario entre el coque y la hulla, que resulta de la destilación de ésta a baja temperatura (de 500 a 600°).
— El *semicoque* es un excelente carbón para hogares domésticos, pues, por una parte, es más inflamable que el coque (ya que contiene 10 % de materias volátiles) y por la otra produce mucho menos hollín que los carbones ordinarios.

SEMICRISTAL m. *Vidr.* Vidrio compuesto de sílice, óxido de plomo, barita, cal y sosa.

SEMIDESTILACIÓN f. Destilación de la hulla a baja temperatura (de 500 a 600°), que da semicoque, gas de alumbrado y alquitrán.

SEMIDIÁMETRO m. *Astr.* Ángulo formado por dos visuales dirigidas una al centro y la otra al borde o limbo de un astro.

SEMIDIESEL m. *Mec.* Motor * Diesel que, por no funcionar a una temperatura bastante elevada, requiere un sistema de encendido eléctrico.

SEMIDULCE adj. *Metal.* Dícese del acero ordinario que contiene de 0,20 a 0,30 % de carbono.

SEMIDURO adj. *Metal.* Dícese del acero ordinario que contiene de 0,30 a 0,40 % de carbono.

SEMIEJE m. *Autom.* Cada uno de los dos árboles que transmiten el movimiento del diferencial * a las ruedas motrices.
— *Geom.* Cada una de las dos mitades de los ejes de la elipse.

SEMIESFERA f. *Geom.* Hemisferio.

SEMIFINO, NA adj. *Joy.* Dícese de la pieza de joyería u orfebrería labrada con una liga que contiene la mitad de metal precioso.

SEMIFLUIDO, DA adj. Dícese del líquido medianamente espeso: *en las regiones templadas se emplean aceites de engrase semifluidos.*

SEMILUNAR adj. Que tiene forma de media luna.

SEMIMANUFACTURA f. Producto parcialmente elaborado o pieza labrada a medias, especialmente cuando pasan de una fábrica a otra para ser terminados. (Sinón. SEMIPRODUCTO.)

SEMINORMAL adj. *Quím.* Dícese de la disolución que contiene la mitad del principio activo de la correspondiente solución normal *.

SEMIONDA f. *Fís.* Medio período que transcurre entre dos pasos de una magnitud alterna (corriente eléctrica, ondas electromagnéticas, etc.) por el valor nulo de su amplitud. (V. ONDA.)
— *Radiot. Antena de media onda*, v. MEDIO.

SEMIORUGA f. *Autom.* Vehículo automóvil provisto a la vez de ruedas (que sirven para dirigirlo) y de orugas.

SEMIOSCILACIÓN f. *Fís.* Semionda.

SEMIPERÍODO m. *Fís.* Semionda.

SEMIPERMEABLE adj. *Fís.* Dícese de la membrana o tabique que, interpuestos entre dos disoluciones de idéntico disolvente, pueden ser atravesadas por éste, pero no por la substancia disuelta: *precipitando ferrocianuro de cobre en la pared de un vaso poroso, éste se vuelve semipermeable.*

SEMIPLATEADO, DA adj. *Ópt.* Dícese de la lámina de cristal plateada con una capa argéntica tan tenue, que es a la vez reflectora y transparente.

SEMIPOLAR adj. *Quím.* Dícese del enlace entre dos átomos cuando los electrones de valencia * solamente son aportados por uno de ellos.

SEMIPRODUCTO m. Semimanufactura.

SEMIRRECTA f. *Geom.* Recta que tiene un extremo en un punto determinado y el otro en el infinito, o sea recta que se considera trazada desde un punto fijo en determinada dirección.

SEMIRREMOLQUE m. *Transp.* Remolque que se apoya y articula en el vehículo tractor y que carece de ruedas delanteras.

SEMIRRÍGIDO, DA adj. *Aeron. Dirigible semirrígido*, v. DIRIGIBLE.

SEMISÓTANO m. *Arq.* V. SÓTANO.

SEMISUMA f. *Mat.* Mitad de la suma de dos cantidades.

SÉMOLA f. *Ind. alim.* Fragmentos de trigo descortezado. (V. MOLINERÍA.) ‖ Por ext., fragmentos de otros cereales, y también especie de pasta para sopa en forma de granos, que se elabora con patatas u otras materias alimenticias.

sen, símbolo de *seno*.

SENO m. *Arq.* Espacio comprendido entre el trasdós de los arcos o bóvedas contiguos.
— *Geom.* Ordenada del extremo de un arco en el círculo trigonométrico.
— En la *figura*, el *seno* del arco MA abarcado por el ángulo α es la línea vertical MP. El seno del complemento de un arco se llama coseno *. (V. tb. TRIGONOMETRÍA.)

SENOIDAL adj. Sinusoidal, sinusoideo.

SENOSIENSE adj. y s. *Geol.* Dícese de uno de los pisos superiores del cretáceo, que data de unos 82 millones de años. (V. ESTRATIGRAFÍA.)

SENSIBILIDAD f. Aptitud o receptividad más o menos grande a reaccionar a la acción de algún agente físico.
— *Electrón. Sensibilidad espectral de una célula fotoeléctrica*, curva que indica la intensidad de la corriente que engendran en la misma las distintas radiaciones monocromáticas de la luz, o sea la intensidad en función de la longitud de onda.
— *Expl.* Grado en que un explosivo reacciona y explota por efecto de alguna excitación (choque, rozamiento, subida de temperatura, etc.): *la sensibilidad de la nitrocelulosa al calor es de 180° y la de la pólvora negra, de 280°.*
— *Fot.* Rapidez con que se forma la imagen latente o visible en una emulsión sometida a la acción de la luz o de otras radiaciones actínicas.
— La *sensibilidad general* de una emulsión depende de su composición: las emulsiones de grano fino son relativamente lentas, es decir, poco sensibles, y requieren una abertura mayor del diafragma, o lo que es lo mismo, un tiempo de exposición más prolongado. Las emulsiones ordinarias empleadas actualmente son bastante rápidas; las de color lo son menos. Existen varias

escalas sensitométricas diferentes, en las cuales se expresa la sensibilidad en *índices* o *grados* cuyo valor difiere de un autor a otro, según el método adoptado para determinarlos (*índices* americanos A. S. A. o alemanes D. I. N., *grados* Scheiner, Weston, H. y D., etc.). A continuación se indica su equivalencia:

SENSIBILIDAD RELATIVA	ÍNDICES A. S. A.	GRADOS Scheiner	D. I. N.	Weston	H. y D.
1	5	20	10	6	100
2	10	21	11	8	200
	12	22	12	10	
	16	23	13	12	
4	20	24	14	16	400
	25	25	15	20	
	32	26	16	24	
8	40	27	17	32	800
	50	28	18	40	
	64	29	19	50	
16	80	30	20	64	1 600
	100	31	21	80	
	125	32	22	100	
32	160	33	23	125	3 200
	200	34	24	160	
	250	35	25	200	
64	320	36	26	250	6 400
	400	37	27	320	
	500	38	28	400	
128	650	39	29	500	12 800
	800	40	30	650	
	1 000	41	31	800	
256	1 300	42	32	1 000	25 600
	1 600	43	33	1 300	
	2 000	44	34	1 600	
600	3 200	47	36	3 200	60 000

Además de la sensibilidad general, caracteriza a una emulsión su *sensibilidad cromática,* es decir, su aptitud a dejarse impresionar igualmente por todas las radiaciones del espectro luminoso. En realidad, una emulsión siempre es más sensible a unos colores que a otros, pero, salvo en contadas aplicaciones científicas, esta anomalía carece de importancia práctica, pues generalmente el ojo no distingue sus consecuencias en las fotografías. (V. FOTOGRAFÍA, ORTOCROMÁTICO y PANCROMÁTICO.)

— *Metr.* Propiedad del instrumento que reacciona a la menor acción física. || Cualidad de los instrumentos en los cuales las pequeñas variaciones de la magnitud medida dan lugar a movimientos muy amplios de la aguja u órgano indicador.

— *Radiot.* Cualidad del radiorreceptor, televisor u otro aparato receptor de ondas radioeléctricas que puede dar a la salida una potencia o una tensión normal aunque las señales captadas por la antena sean muy débiles: *la sensibilidad es tanto mayor cuanto menor es la tensión necesaria en la antena para obtener una reproducción normal de los sonidos e imágenes.*

SENSIBILIZACIÓN f. Acción de sensibilizar.
— *Fot.* Operación consistente en sensibilizar a la acción de la luz las placas, papeles, planchas u otras superficies empleadas en fotografía y fotograbado. || Adición de sensibilizador a una emulsión para aumentar su sensibilidad general o mejorar su sensibilidad cromática.

SENSIBILIZADOR, RA adj. y s. Dícese de la substancia que tiene la propiedad de sensibilizar.
— *Fot. Sensibilizador cromático,* substancia que, como muchos derivados de las cianinas, tiene la propiedad de aumentar la sensibilidad de las sales de plata a las radiaciones que no son azules ni violadas. (V. FOTOGRAFÍA.)
— *Lumin.* Impureza cuya presencia en una substancia luminiscente tiene por efecto modificar sus espectros de absorción o de excitación.

SENSIBILIZAR v. *Fot.* Dotar de sensibilidad a la luz u otras radiaciones las placas, películas, planchas, papeles y demás superficies empleadas en fotografía, radiografía, etc.

SENSIBLE adj. Dotado de sensibilidad *, en todas las acepciones de esta palabra. || *Emulsión sensible,* V. EMULSIÓN.

SENSITIVA adj. *Tecn.* Dícese de la taladradora en la cual el avance de la broca se efectúa manualmente.

SENSITOGRAMA f. *Fot.* Clisé obtenido con el sensitómetro.

SENSITOMETRÍA f. *Fot.* Parte de la fotografía que estudia las emulsiones con objeto de determinar su sensibilidad, su latitud de exposición y otras características.
— La *sensitometría* permite determinar las condiciones óptimas en que deberán emplearse las emulsiones. A partir de los clisés obtenidos con el sensitómetro * se trazan las curvas características que indican en ordenadas el ennegrecimiento de la emulsión y en abscisas la iluminación correspondiente. Estas curvas permiten determinar los tiempos de exposición, la latitud * y el contraste o gamma de las emulsiones.
La *espectrosensitometría* no es sino la sensitometría aplicada al caso de emulsiones impresionadas con determinadas radiaciones del espectro seleccionadas mediante filtros apropiados.

SENSITOMÉTRICO, CA adj. *Fot.* Relativo a la sensitometría. || *Prisma sensitométrico,* v. PRISMA y SENSITÓMETRO.

SENSITÓMETRO m. *Fot.* Instrumento para medir la sensibilidad de las emulsiones.
— Los *sensitómetros* sirven pala obtener clisés (*sensitogramas*), en los cuales la emulsión es impresionada con intensidad creciente de un extremo al otro. Un *prisma * sensitométrico* o *prisma gris,* constituye un sensitómetro simple, ya que al ser atravesado por la luz, impresiona tanto menos la emulsión cuanto mayor es su espesor. Otro método consiste en dividir la emulsión en secciones e ir descubriéndolas una tras otra ante la luz, de modo que la primera sección descubierta totalice el máximo tiempo de exposición, mientras que la última sea la menos expuesta. (V. SENSITOMETRÍA.)

SENTAMIENTO m. *Constr.* Asiento * o compresión de una obra por su propio peso.

SENTIDO m. Cualquiera de los dos modos de apreciar una dirección.
— Una recta puede ser recorrida de un primer punto a otro o de éste a aquél. Si se considera que uno de los dos sentidos es positivo —cual ocurre con las coordenadas—, el otro será negativo. Dícese entonces que la recta se halla orientada.
Asimismo, en el caso de la circunferencia y de toda curva cerrada, se distingue un *sentido directo* y otro *retrógrado.* Por lo general se adopta como sentido directo aquel en el cual la curva es recorrida de derecha a izquierda para un observador situado dentro de la misma. Este sentido, contrario del que siguen las agujas de un reloj, es el de los movimientos de traslación y de rotación de todos los planetas del sistema solar y de la generalidad de sus satélites *, algunos de los cuales siguen, no obstante, el movimiento retrógrado.
— *Papel.* Dirección considerada para estudiar las características de un papel continuo, ya que, en razón de las tensiones mecánicas a que se halla sometido durante la fabricación, no tiene la misma resistencia en el *sentido máquina* que en el *sentido través.*

SENTINA f. *Mar.* Parte de la embarcación, en el fondo de la cala, donde se acumula el agua que entra por las juntas del forro y desde la cual se extrae con bombas.

SEÑAL f. Signo convencional que sirve para anunciar o advertir, dar órdenes, transmitir mensajes o informaciones, etc.: *señal de alarma* *.
— *Astr. Señales horarias,* señales emitidas periódicamente por ciertas estaciones de radio en forma de breves impulsos que dan la hora exacta y permiten sincronizar los relojes con la precisión de unas centésimas de segundo.
— *Cibern.* Variación de una corriente eléctrica, una presión u otra magnitud, que representa una información en virtud de la cual un elemento regulador u órgano cualquiera ejercerá alguna acción sobre otro. (V. CIBERNÉTICA, INFORMACIÓN y REGULACIÓN.) || *Señal de entrada,* la que es captada por un elemento y que determinará en el mismo la emisión de una o varias *señales de salida.*

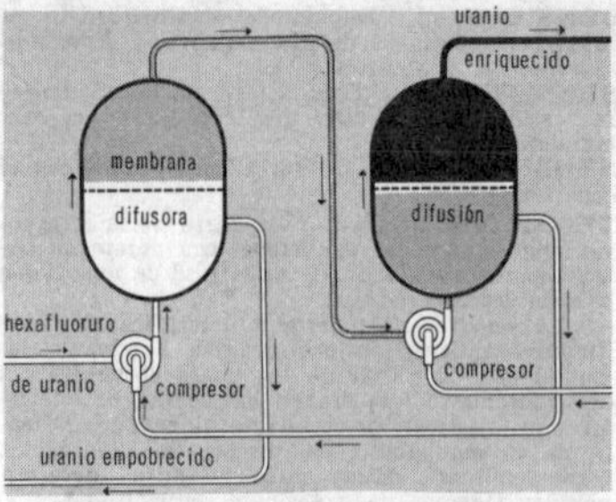

separación isotópica del uranio por difusión gaseosa

— *F. c.* Disco *, semáforo *, cocodrilo *, y otros dispositivos visuales, acústicos o luminosos que, a lo largo de una vía, regulan el tráfico de los trenes y permiten a los maquinistas efectuar en tiempo oportuno las maniobras de frenado, parada, arranque, aceleración, etc., necesarias para realizar el viaje en las debidas condiciones de seguridad y rapidez. ‖ *Señal de alarma,* dispositivo de seguridad consistente en una manija instalada en los vagones que, al ser tirada en caso de peligro por un viajero, provoca automáticamente el frenado del tren. (V. FRENO.)

— *Mar.* Luz, objeto de forma convencional, bandera, etc., empleados a tierra, en el mar o a bordo de los barcos para facilitar la navegación o establecer comunicaciones entre los barcos o entre éstos y tierra.

— Los faros *, además de indicar con su presencia la existencia de un peligro (cabo, escollos, etcétera), emiten, merced al ritmo de sus destellos o eclipses, señales que permiten su identificación por los pilotos de los barcos; también las balizas son señales que permiten navegar sin riesgos en aguas peligrosas. Mediante banderas, bolas, conos, cilindros y otros cuerpos de distintas formas y colores —cada uno de los cuales tiene un significado determinado—, los semáforos * informan sobre las previsiones meteorológicas, el estado de la marea (flujo o reflujo), etc. Para que las señales de los semáforos puedan ser comprendidas por todos, así como para permitir las comunicaciones entre buques de diferentes nacionalidades, se ha adoptado un *Código Internacional de Señales,* del cual cada piloto tiene una versión escrita en su propia lengua. También existe un alfabeto convencional a cada una de cuyas letras corresponde determinada posición de los brazos de un hombre que, para hacerse más visible, tiene dos banderines en las manos.

Citemos, por último, la importancia esencial que han adquirido las *señales radioeléctricas,* tanto para las comunicaciones como para la navegación. (V. RADIONAVEGACIÓN.)

Las luces de posición (V. LUZ) son *señales luminosas* merced a las cuales un barco indica a los demás su categoría, la dirección seguida respecto a ellos, si lleva otro barco a remolque, si arrastra artes de pesca, etc. En caso de niebla, los faros, los buques y las balizas emiten *señales acústicas* con trompas, nautófonos *, sirenas *, campanas * submarinas, etcétera.

Cuando un barco se halla en estado de peligro inminente o lleva a bordo alguna persona en grave estado de salud, efectúa llamadas de auxilio por medio de las señales S O S * emitidas por radio. En caso de necesidad se emplean también señales luminosas, especialmente cohetes que, en razón de la altura que alcanzan, pueden ser apercibidas desde más lejos que las luces de a bordo.

— *Radiot.* y *Telev.* Corriente eléctrica modulada, portadora de informaciones aptas para ser traducidas en signos escritos, sonidos o imágenes. ‖ *Señal de fondo,* ruido * de fondo. ‖ *Señal de imagen,* la corriente de salida de la cámara tomavistas de televisión *. (Sinón. SEÑAL VIDEO.) ‖ *Señal parásita,* v. PARÁSITO. ‖ *Señal radioeléctrica,* tensión inducida en la antena de un aparato receptor y que, según la índole de éste, será traducida a la salida del mismo en sonidos o en imágenes. ‖ *Señal de sincronización,* señal intercalada en la señal de imagen, en forma de breves impulsos que determinan el instante preciso en que ha de comenzar en el televisor la exploración * de las líneas y de las tramas con objeto de que los puntos se ordenen en la imagen del receptor tal y como han sido explorados por el analizador * de la cámara tomavistas. (V. tb. TELEVISIÓN.) ‖ *Señal de socorro,* véase S O S. ‖ *Señal telegráfica,* la caracterizada por la interrupción o espaciamiento de la corriente con arreglo a determinado código. (V. MORSE y TELÉGRAFO.) ‖ *Señal video,* señal de imagen.

— *Topogr.* Construcción hecha en un vértice de una red de triangulación ya para instalar en ella el teodolito u otro instrumento, ya con objeto de que sirva de mira a los mismos para dirigir la visual. ‖ Luz puesta en dicho vértice para dirigir a ella las visuales en las mediciones nocturnas.

SEÑALAR v. Balizar, indicar o anunciar con señales: *señalar un paso a nivel.*

SEÑALIZACIÓN f. Instalación y uso de señales en las vías de comunicación terrestres, marítimas y aéreas. (V. SEÑAL.)

SEPARACIÓN f. Acción de separar o separarse las cosas que están unidas o mezcladas.

— *Atom. Separación isotópica,* operación consistente en separar los isótopos de un mismo elemento.

— Dado que todos los isótopos de un elemento tienen rigurosamente las mismas propiedades químicas, no es posible separarlos por medio de reacciones con otros cuerpos o entre sí. El único principio en que puede fundarse un método de *separación* es la diferencia de masa entre los atomos de isótopos diferentes. No obstante, la diferencia de masa es tan ínfima, que la operación resulta muy delicada, larga y costosa. Mientras se trataba de aislar cantidades pequeñísimas de un isótopo con el solo fin de estudiarlo en investigaciones científicas no aparecían los inconvenientes de los métodos empleados. Uno de ellos, el de la separación magnética, consiste en ionizar el elemento y en hacer pasar los iones a través de campos eléctricos y magnéticos que los desvían: como el isótopo más pesado tiene mayor inercia que el ligero, es menos desviado que éste, y ambos son colectados en dos puntos separados de la placa sobre la cual son proyectados. (V. ESPECTRÓGRAFO *de masas.*)

La *separación por centrifugación* consiste en someter el elemento, al estado líquido o gaseoso, a una rápida rotación en una ultracentrifugadora: los átomos más pesados tienden a concentrarse en la periferia, pero en proporción tan ínfima que el gas o el líquido apenas enriquecido ha de ser centrifugado sucesivamente numerosísimas veces. Para que este método fuera eficaz se habría de disponer de ultracentrifugadoras de grandes dimensiones capaces de girar a razón de millares de revoluciones por segundo.

Los isótopos del helio, el bromo, el cloro y otros elementos se separan por difusión térmica: en un tubo vertical provisto de una resistencia eléctrica axial y de paredes refrigeradas, los isótopos ligeros predominan en la zona caliente y los isótopos pesados son predominantes junto a la pared fría; por convección, los primeros ascienden a la parte superior de la columna y los otros se concentran en la base de la misma.

Ante la necesidad de obtener agua * pesada por toneladas, fue necesario recurrir por primera vez a instalaciones de separación industriales. El primer método aplicado fue el de la *separación electrolítica:* en la electrólisis * del agua ordinaria, el hidrógeno ligero se desprende de pre-

separación *(min.)* con el hidroclasificador
1. Alimentación; 2. Reguladores; 3. Agua; 4. Vertedero; 5 a 9. Productos de finura creciente

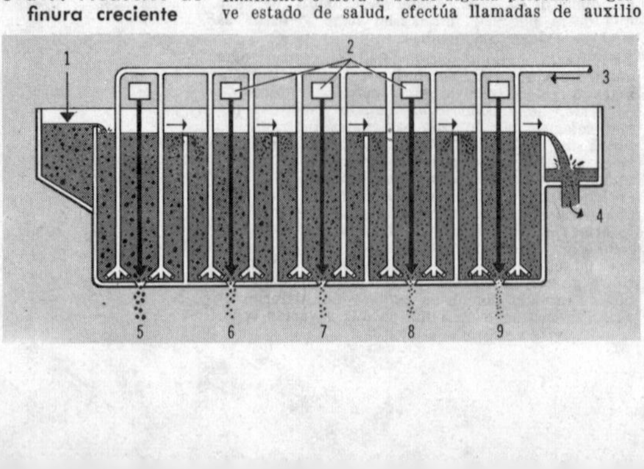

ferencia al hidrógeno pesado; consiguientemente, el baño de electrólito se enriquece en agua pesada, pero tan ligeramente que es necesario repetir la operación gran número de veces. En el procedimiento de *separación por destilación fraccionada* se aprovecha la circunstancia de que el agua pesada, en las condiciones normales, hierve a 101,4°. Así, al destilar el agua natural, se vaporiza preferentemente el agua ligera. También en este caso el enriquecimiento del agua residual es tan ínfimo que se requieren centenares de columnas de destilación para obtener agua pesada. La separación isotópica es sobre todo una operación importante en el caso del uranio *. Este elemento solamente contiene 7 g de isótopo 235 por kilogramo de metal al estado natural. Ahora bien, este isótopo es el único que interviene en la reacción nuclear. Consiguientemente, presenta interés capital separarlo de los demás isótopos, aunque sólo fuera parcialmente, para poder consumir como combustible nuclear un uranio enriquecido (por ej., uranio que contenga 5 % de isótopo 235, en vez de 0,7 %). El procedimiento empleado es la *separación por difusión gaseosa:* el uranio se trata en forma de hexafluoruro de uranio, que es un gas, en recipientes provistos de una membrana porosa: las moléculas más ligeras (con uranio 235) atraviesan la membrana con mayor facilidad que las que contienen uranio 238; el gas enriquecido pasa a otra cámara, donde se reproduce la operación a través de una nueva membrana, y así sucesivamente, numerosísimas veces, hasta obtener el grado de concentración deseado. Entonces se procede a la recuperación del uranio metálico por vía química. Todas estas operaciones son delicadas porque el hexafluoruro de uranio es un gas muy tóxico. Por lo demás, una instalación industrial de separación por difusión gaseosa es tan costosísima que contados son los países que pueden disponer de ella.

— *Min.* Operación consistente en separar el carbón de piedra u otros minerales de la ganga que los acompaña. (Sinón. LAVADO.)

— La *separación* o *lavado con agua* se funda en la diferencia de densidad existente entre el mineral y la ganga, y, en el seno del agua, un fragmento de esquisto caerá rápidamente al fondo, mientras que otro de carbón podrá ser arrastrado por el líquido. La *separación con aire* se funda en el mismo principio: puesta la mezcla sobre un tamiz e insuflando aire a través del mismo de abajo arriba, la materia más densa quedará en el tamiz, mientras que la más ligera será arrastrada por la corriente de aire. La *separación en medio denso* se practica con un baño de agua que contiene en suspensión finas partículas de magnetita y cuya densidad es intermediaria entre la del mineral útil y la de su ganga; así, pues, una de estas materias flotará y la otra caerá al fondo de la cuba (la magnetita se recupera fácilmente con imanes). La separación de los minerales pulverulentos se efectúa por flotación *.

— *Radiot. Separación de las emisiones,* diferencia mínima de frecuencia impuesta a dos emisoras de longitud de onda muy próxima, con objeto de que no interfieran sus señales en los radiorreceptores: *con una diferencia de 9 kHz se obtiene una buena separación de las emisiones de dos estacioens de radiodifusión de frecuencia contigua.*

SEPARADOR, RA adj. y s. Que separa o sirve para separar las cosas que se hallan unidas o mezcladas. ‖ — M. Aparato propio para separar de una materia, por métodos físicos, alguna otra materia que se ha de recuperar o eliminar. (V. más abajo *Tecn.*)

— *Atom. Separador isotópico,* v. SEPARACIÓN.

— *Electr.* Tabique perforado, de materia aislante, que se coloca entre las placas de un acumulador * para mantenerlas separadas.

— *Ind. alim. Separador aspirador,* aparato para depurar el trigo en las fábricas de harina, consistente en un planchíster * en el cual la acción de las cribas oscilantes es completada por una aspiración que elimina el polvo contenido por el grano.

— *Ópt. Poder separador,* v. PODER.

— *Petr.* Depósito provisto de varias salidas que, en los pozos petrolíferos, permite separar el agua y los gases que acompañan al petróleo bruto.

— *Refrig. Separador de aceite,* dispositivo que se intercala en el circuito de agente frigorígeno de una instalación de refrigeración, especialmente entre el compresor y el condensador, con objeto de impedir el paso del aceite de engrase arrastrado por el fluido.

— *Tecn.* Aparato para separar una materia de otra por medios físicos. ‖ *Separador de agua y de vapor,* dispositivo que se monta en la toma de vapor de las calderas para eliminar las gotas de agua que éste contiene en suspensión (v. *figura*).

— Existen numerosos tipos de *separadores,* fundados en principios diferentes, cada uno de los cuales tiene su campo de aplicaciones. Las cribas *, planchísteres * y separadores similares clasifican las materias en seco, haciéndolas pasar por orificios calibrados; los aeroclasificadores * proceden arrastrando las partículas sólidas con aire y otro vehículo gaseoso y separándolas del mismo por la fuerza centrífuga (v. CICLÓN), mediante filtración del gas (v. FILTRO) o simplemente por gravedad (las partículas caen por su propio peso al disminuir la velocidad de la corriente); en los hidroclasificadores, el gas es reemplazado por un líquido (v. CENTRIFUGADORA, CICLÓN, FILTRO, FLOTACIÓN y SEPARACIÓN); por último, los separadores magnéticos se fundan en el uso de tambores magnéticos, dentro de los cuales se dispone un electroimán fijo, de modo que cuando la mezcla es vertida sobre el tambor, caigan a una tolva las materias no magnéticas, mientras que las partículas magnéticas quedan adheridas a la superficie del mismo y solamente se desprenden al salir del campo del electroimán, cayendo entonces en otra tolva.

SEPIA f. Género de moluscos cefalópodos al cual pertenece la jibia *(Sepia officinalis)* que segrega una materia comúnmente llamada tinta, de color bistre subido, empleada en dibujos a la aguada. ‖ Color característico de dicha materia, que se obtiene obscureciendo el amarillo con negro: *tirar una fotografía en sepia.*

SEPIOLITA f. *Miner.* Silicato magnésico hidratado, también llamado *espuma de mar.*

— La *sepiolita* es porosa y ligera, de color blanco grisáceo, áspera al contacto con la lengua. Finamente pulverizada y luego hervida con leche y amasada con aceite de lino y cera, se emplea para fabricar pipas, boquillas y otros objetos. Se imita industrialmente con una mezcla de caseína, magnesia calcinada y óxido de cinc.

SEPTENTRIÓN m. *Astr.* Norte.

SEPTENTRIONAL adj. *Astr.* Situado al Norte. (Sinón. BOREAL.)

SÉPTICO, CA adj. *Foso séptico,* pozo * negro.

SEQUEDAL m. *Agr.* Secano.

SEQUERO m. *Agr.* Secano.

— *Tecn.* Secadero.

SEQUÍA f. *Meteor.* Tiempo seco que se prolonga largo tiempo.

SEQUOYA f. *Bot.* y *Carp.* Secoya.

SERA f. Espuerta grande.

SERAFINA f. *Text.* Bayeta tupida, que ha sido ligeramente batanada y lleva pequeños dibujos.

SERAJE m. Conjunto de seras: *los carboneros necesitan un importante seraje para efectuar sus entregas a domicilio.*

SERBAL y **SERBO** m. *Bot.* y *Carp.* Género de

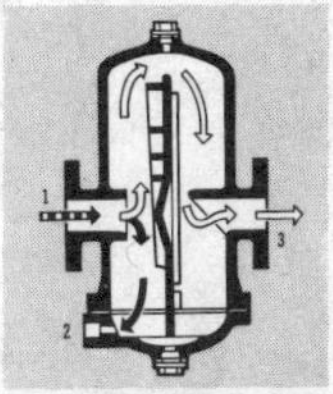

separador de agua y de vapor *(tecn.)*
1. Vapor húmedo;
2. Agua condensada;
3. Vapor seco

separador *(petr.)*

Fot. Anglo-Iranian Oil Co

serigrafía: decoración de un plato (1) y de una baldosa (2)

árboles rosáceos *(Sorbus domestica)*, cuya madera pardorrojiza, bastante dura (densidad = 0,8) se emplea para labores de torno y para tallar grabados y objetos de adorno.

SERGE m. *Text.* Galicismo por *sarga.*

SERIC, prefijo derivado del latín *sericum,* que significa *seda.*

SERICÍCOLA adj. *Text.* Relativo a la agricultura.

SERICICULTURA f. *Text.* Cría del gusano de seda para producir esta materia textil.

— La *sericicultura* requiere la disposición de hojas de morera, único alimento del gusano de seda, oruga de la mariposa llamada bómbice *(Bombyx mori).* Así, las labores solamente pueden empezar en primavera, cuando empiezan a brotar aquéllas. En primer lugar, se incuban los huevos exponiéndolos artificialmente a una temperatura creciente que pasa lentamente de 6º a 25º; la oruga sale del huevo a las dos semanas, y solamente mide tres milímetros, pero es tan voraz, que si se le suministran regularmente hojas de morera varias veces por día, crece rápidamente y, tras haber efectuado cuatro mudas, alcanza la longitud de 8 cm. Después de la última muda se exacerba aún su apetito, el cual desaparece por completo en cuanto llega el momento de formar el capullo. Una vez cesa de comer, se le ponen en las estanterías ramajes de retama, brezo u otras plantas a los cuales trepa para iniciar seguidamente la elaboración del capullo, en la cual invierte unos tres días. La hebra engomada que segrega durante dicho tiempo mide unos 1 500 m y forma un recinto dentro del cual se opera la metamorfosis del gusano en crisálida. Una parte de los capullos son conservados hasta que la crisálida se convierta en insecto, y éste, tras haber salido del capullo, pone los huevos necesarios para la próxima cosecha. Los demás se someten a la temperatura de 80º para matar la crisálida antes de que se convierta en insecto adulto y perfore el capullo, y luego son devanados para obtener los hilos de seda *.

SERICÍGENO, NA adj. *Text.* Dícese de los insectos que segregan seda * y de las glándulas que la elaboran en su organismo.

SERICINA f. *Text.* Goma proteica que envuelve a la fibroína en la fibra de seda * y que es separada de aquélla por disolución en agua caliente.

SERICULTURA f. *Text.* Sericicultura.

SERIE f. Conjunto de cosas que guardan relación unas con otras y que se ordenan y suceden con arreglo a una ley determinada.

— *Astr. Serie de Bode,* v. PLANETA. ‖ *Serie principal de estrellas,* v. ESTRELLA.

— *Atom. Serie radiactiva,* v. RADIACTIVIDAD.

— *Electr. Montaje en serie,* v. ACOPLAMIENTO.

— *Fís. Serie de rayas espectrales,* en un espectro * luminoso, grupo de rayas emitidas por un mismo elemento y cada una de las cuales corresponde a uno de los saltos o transiciones diferentes que pueden efectuar los electrones en el átomo. Las rayas del espectro del hidrógeno forman tres series sucesivas, que son las de Lyman, Balmer y Paschen. (V. LUZ.)

— *Geol.* Sucesión de capas o rocas que guardan alguna relación entre sí. ‖ *Serie plutónica,* la que se halla constituida por el granito y otras rocas de origen ígneo. ‖ *Serie sedimentaria,* sucesión de capas de terrenos sedimentarios.

— *Ind. Producción en serie,* método de fabricación en grandes cantidades caracterizado por su automatismo y por la supresión de las labores manuales de ajuste y rectificación de los productos.

— Un taller para la *producción en serie* suele distinguirse por su automatización * y su especialización: las máquinas se dedican durante largo tiempo a la fabricación de la misma pieza y en tales condiciones de precisión que ésta no ha de requerir la intervención manual para ser rectificada ulteriormente: de tener alguna imperfección, la pieza es simplemente desechada. Así, los únicos oficiales y maestros necesarios son los que labran el utillaje, ya que en la fabricación propiamente dicha, el automatismo de las máquinas permite recurrir a una mano de obra no especializada y, por lo demás, poco abundante. Las piezas producidas en serie tienen la propiedad de ser intercambiables *.

— *Mar. Serie de banderas* o *pabellones,* conjunto de banderas, gallardetes y banderines que se usan para comunicar o efectuar señales de un barco a otro o entre tierra y el barco. (V. SEÑAL.)

— *Mat.* Suma de una sucesión ilimitada de términos, cada uno de los cuales se deduce del anterior o del siguiente con arreglo a alguna ley. ‖ *Serie aritmética,* suma de una progresión * aritmética. ‖ *Serie geométrica,* suma de una progresión * geométrica. ‖ *Serie natural de los números,* serie formada por todos los números enteros dispuestos por orden creciente a partir de la unidad: 1 + 2 + 3 + 4 ...

— Una *serie* es una sucesión de números cada uno de los cuales es un término, y el último es el término general. A esta clase de progresión se le da el nombre de *serie numérica,* para distinguirla de la serie en la cual los términos son funciones de una o más variables.

En una *serie alterna,* los miembros son alternativamente negativos y positivos, como en el ejemplo siguiente:

$$1 - \frac{1}{2} + \frac{1}{3} - \frac{1}{4} + \frac{1}{5} \ldots$$

En la *serie armónica,* los términos se expresan por fracciones que tienen por numerador la unidad y por denominador la serie natural de los números:

$$1 + \frac{1}{2} + \frac{1}{3} + \frac{1}{4} + \frac{1}{5} \ldots$$

Una serie es *convergente* cuando, a medida que se van sumando sus términos a partir del primero, la suma se incrementa cada vez menos y tiende hacia un límite determinado, cual ocurre con la siguiente:

$$1 + \frac{1}{2} + \frac{1}{4} + \frac{1}{8} \ldots,$$

cuya suma no puede pasar de dos. Es, por el contrario, *divergente* cuando la suma de los términos sucesivos, sea positiva o negativa, progresa constantemente hacia una magnitud infinita o no tiende a alcanzar determinado límite, cual ocurre con la que se cita más arriba como ejemplo de serie armónica.

En matemáticas superiores se recurre muchas veces al desarrollo en serie de las funciones * muy complicadas, o sea a la transformación de las mismas en una serie de funciones simples cuya suma arroja el resultado de la función completa. Tienen especial importancia las series de *Fourier,* en las cuales una función matemática o experimental puede ser simplificada considerablemente. Por ejemplo, en el campo de las funciones periódicas, una onda o movimiento sinusoideo de período T pueden ser considerados como la suma de numerosas funciones de períodos

$$\frac{T}{2} + \frac{T}{3} \ldots$$

— *Quím.* Sucesión de compuestos orgánicos afines, clasificados de forma que cada uno de ellos solamente difiera del precedente por la adición en su molécula de determinado grupo de átomos. (V. más abajo art. encicl.). ‖ *Serie acíclica, alifática* o *grasa,* grupo de los compuestos orgánicos de cadena * abierta. ‖ *Serie aromática,* o *cíclica,* grupo de compuestos orgánicos de cadena * cerrada. ‖ *Serie grasa,* serie acíclica. ‖ *Serie parafínica,* la que agrupa los compuestos orgánicos saturados.

— En una *serie homóloga,* cada cuerpo difiere solamente del anterior por contener su molécula en suplemento una o varias veces el radical CH_2 (v. HIDROCARBURO). Es fácil determinar el número entero de átomos o grupos suplementarios: si *n* es un número entero de átomos, un carburo saturado difiere del precedente de la serie por la adición de C_nH_{2n+2}: un carburo etilénico, por la de C_nH_{2n}; un alcohol saturado, por la de $C_nH_{2n+2}O$; un aldehído, por la de $C_nH_{2n}O$, etc. Todas las series concernientes a cuerpos de una misma índole constituyen una *serie isóloga* *.

SERÍGENO y **SERIGÍGENO** m. *Text.* Sericígeno.

SERIGRAFÍA f. *Art. gráf.* Procedimiento de impresión sobre muy variadas materias, que también se emplea para el estampado * de tejidos.

— La *serigrafía* no es sino una aplicación de la técnica del estarcido. El motivo que se ha de imprimir o estampar se reproduce primeramente en un tejido de seda o de Nylón o una tela metálica

Fot. Larousse

fina tendidos en un marco (bastidor o cernedor), de modo que las mallas correspondientes a los detalles del dibujo queden libres, mientras que las restantes se obturan con cola. Para efectuar la impresión se aplica la tela sobre la superficie que se ha de decorar y se vierte la tinta en el bastidor, la cual, al ser extendida, pasa por las mallas y queda aplicada en el objeto
Este procedimiento, que fue al principio un método rudimentario para estampar tejidos, ha tomado bastante extensión y se aplica hoy con máquinas automáticas a la decoración de muchos productos industriales: papeles pintados, vajilla, baldosas y otras labores de cerámica; madera y materias plásticas, etc.

SERÓN m. Doble bolsa de esparto, que cuelga por ambos lados del lomo de una caballería y sirve para transportar cargas.

SERPENTÍN m. *Tecn.* Tubo enroscado en forma de hélice, enrollado según una espiral o doblado repetidas veces a modo de acordeón, formas todas éstas que permiten disponer de una gran longitud de tubo en un recinto de dimensiones limitadas.
— Los *serpentines* se usan para que un fluido absorba calor de otro o se lo ceda. Así, en un alambique, el vapor que resulta de la destilación circula por el serpentín y, como éste baña en una cuba de agua fría, se enfría y condensa en el mismo. Inversamente, en un calentador * de agua, el serpentín constituye la pared del hogar y el calor desprendido en éste sirve para calentar rápidamente el agua que pasa por aquél. En ciertas instalaciones de calefacción * central, los radiadores son reemplazados por serpentines empotrados en el pavimento.

SERPENTINA f. *Miner.* Género de minerales consistentes en silicatos de magnesio que resultan de una alteración del peridoto, de los anfíboles, piroxenos, etc., y que cuenta con variedades de todos los colores, algunas de las cuales, susceptibles de hermoso pulimento, se emplean como piedras ornamentales y para tallar objetos de adorno.

SERPENTINO, NA adj. Que serpentea o forma ondulaciones
— *Miner.* Relativo a la serpentina. ‖ Que contiene serpentina: *mármol serpentino.*
— *Text.* Dícese del tejido que tiene bordoncillos o acanaladuras de forma sinuosa: *pana serpentina.*

SERRADIZO, ZA adj. *Carp. Madera serradiza,* v. MADERA.

SERRADURAS f. *Carp.* Serrín.

SERRAR v. Cortar, con la sierra, madera, metales, piedras u otras materias.

SERRETA f. *Mar.* Pieza con que se tapan a veces los imbornales * más bajos.

SERRÍN m. Granos de madera que se desprenden de la misma al serrarla. (Sinón. ASERRÍN.)
— El *serrín* puede tener numerosas aplicaciones, especialmente las siguientes: es combustible, ya aglomerado en forma de briquetas, ya en polvo (en cuyo caso requiere hogares especialmente previstos); se emplea como absorbente de la humedad en la depuración de los gases y para sanear suelos húmedos; se aprovechan sus propiedades adsorbentes para desengrasar pieles, piezas metálicas y otros productos; sirve de fumígeno para ahumar carnes y pescados, en cuya aplicación goza de preferencia el *serrín de haya;* constituye, finamente pulverizado, la harina de madera que entra en la fabricación de explosivos y se emplea también como carga * del linóleo, de ciertas materias plásticas, etc.

SERRUCHO m. *Carp.* Sierra de hoja rígida, más espesa que la de la sierra ordinaria, de forma triangular o trapezoidal, provista en su extremo más ancho de una manija para serrar con una sola mano. ‖ Sierra similar a la anterior, aunque de dimensiones más pequeñas, provista de un dispositivo eléctrico o neumático que la confiere un movimiento vibratorio merced al cual sierra mecánicamente cuando se tiene la empuñadura inmóvil con la mano.

SERVICIO m. *Arq. Escalera de servicio,* escalera secundaria de una casa, que se reserva para el personal doméstico, el abastecimiento, las entregas a domicilio, etc.
— *Autom. Estación de servicio,* v. ESTACIÓN.

SERVIOLA f. *Mar.* Pescante situado en el costado de un barco, junto a la amura, que sirve para hizar y suspender el ancla.

SERVO, prefijo derivado del latín *servus,* que significa *siervo, esclavo,* y que entra, en sentido figurado, en la composición del nombre de dispositivos subordinados a otros.

SERVODIRECCIÓN f. *Autom.* Servomando que, en los camiones y en algunos coches, permite reducir el esfuerzo necesario para accionar las ruedas directrices por medio de gatos hidráulicos o neumáticos que transmiten al varillaje de la dirección una fuerza mucho mayor que la que reciben del árbol del volante. (En caso de avería de este mecanismo, subsiste la dirección mecánica ordinaria para que el conductor pueda seguir guiando el vehículo.)

SERVOFRENO m. *Autom.* Servomando que asegura el funcionamiento de los frenos, especialmente en los camiones pesados, con un esfuerzo limitado del conductor.
— El objeto del *servofreno* es reemplazar la presión del pie del conductor por otra fuerza. En el *servofreno a depresión,* la acción del pie tiene por efecto poner en comunicación la tubería de aspiración del motor con un cilindro cuyo émbolo, al ser atraído por la depresión, acciona el varillaje de los frenos. Por el contrario, en el *servofreno de compresión,* el movimiento del émbolo se debe a la inyección en el cilindro de aire comprimido por una bomba arrastrada por el motor del vehículo (v. *figura*). Por último, en el *servofreno hidráulico,* la presión sobre el émbolo es ejercida por el aceite comprimido por una bomba también movida por el motor principal. La disposición de un servofreno en un vehículo no implica la supresión del freno ordinario, el cual entra en funcionamiento automáticamente en caso de avería del servofreno.

SERVOMANDO m. Mecanismo auxiliar que, accionado por una fuerza débil, la amplifica hasta conferirle la magnitud necesaria para hacer funcionar un aparato, máquina, etc., a veces a distancia.
— Las más de las veces, el objeto del *servomando* es reemplazar la fuerza muscular del hombre en aquellos casos en que la acción considerada resultaría fatigosa o superior a sus posibilidades. Un servomando consta esencialmente de un dispositivo hidráulico, neumático o eléctrico en el cual la acción leve del operador provoca el desarrollo de una fuerza mucho más importante que es aplicada al mecanismo gobernado. (V. SERVOFRENO.)

SERVOMECANISMO m. Mecanismo que, dotado de un programa, asegura automáticamente su ejecución y subsana por sí mismo las deficiencias que pudieran producirse durante el funcionamiento de la instalación o máquina por él gobernada. ‖ Servomando.
— El *servomecanismo* es un dispositivo mecánico o electromagnético que sirve para mantener constante una magnitud (tensión eléctrica, presión de un fluido, nivel, etc.) para regularla con arreglo a determinado programa, para fijar en el espacio la posición de un órgano móvil en función de la de otro, etc. Un servomecanimso no es solamente un amplificador capaz de convertir la señal de entrada en una señal de salida lo bastante energética para poder ejercer acciones potentes, sino también, en muchos casos, un órgano dotado de la capacidad de registrar las variaciones que alteran alguna magnitud o parámetro y de proceder a las oportunas regulaciones para volverlo a

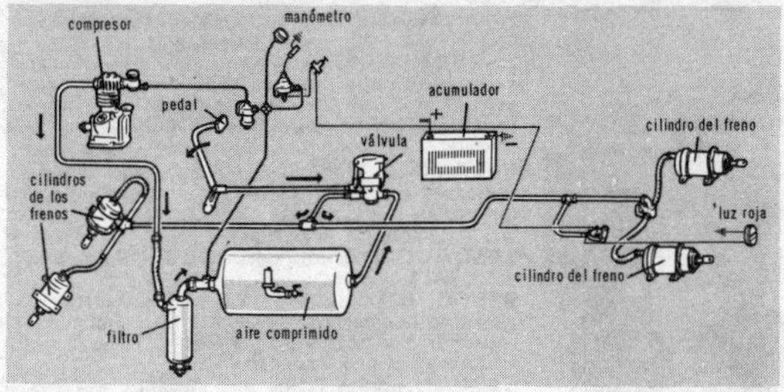

servofreno de aire comprimido

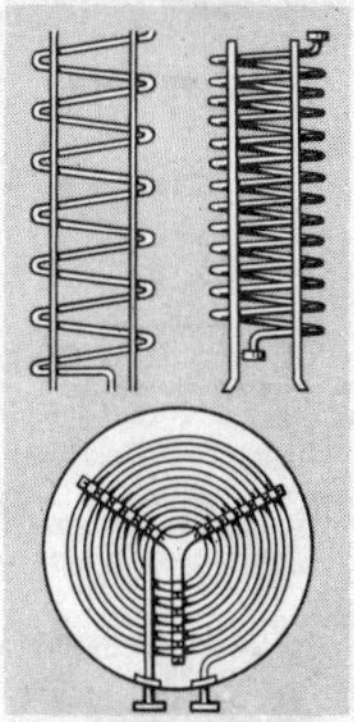

serpentines plano, de hélice y espiral

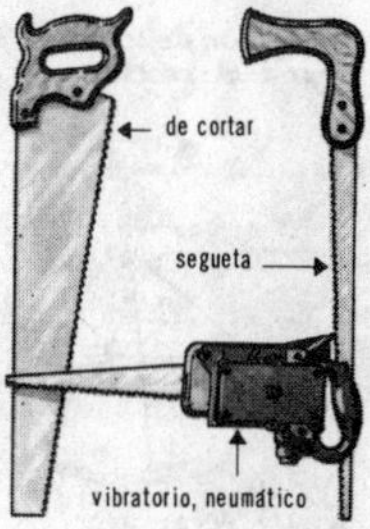

serruchos

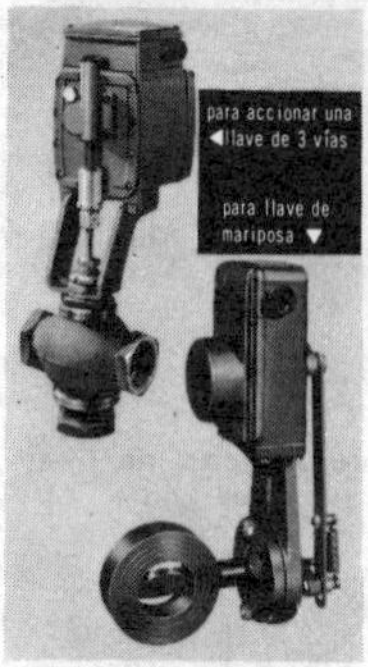

servomotores

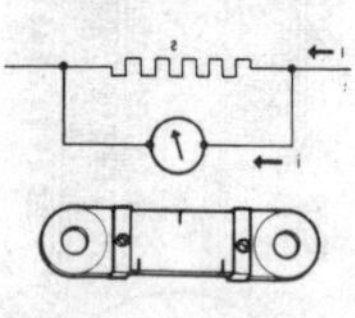

shunt: I. Corriente que se mide; *i.* Corriente del galvanómetro; *s.* Shunt

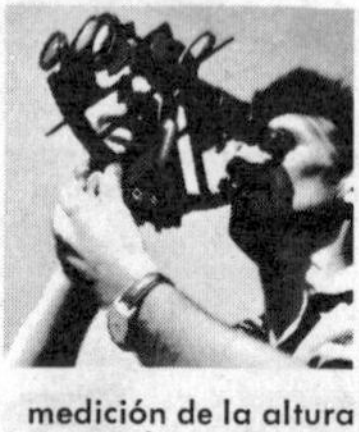

medición de la altura con el **sextante**

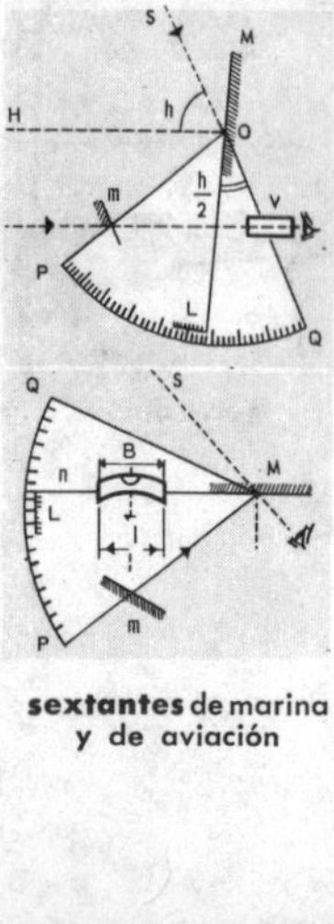

sextantes de marina y de aviación

la normalidad. (V. AUTOMATIZACIÓN, CIBERNÉTICA, GIROPILOTO y REGULADOR.)

SERVOMOTOR m. Servomando * especialmente a distancia, que funciona con energía de origen externo a la del sistema gobernado: *los timones de los buques son maniobrados desde la pasarela mediante servomotores.* (V. GIROPILOTO.)

SÉSAMO m. *Bot.* Hierba pedaliácea (*Sesamum indicum*) de cuyas semillas se extrae un aceite comestible dulce, apenas oloroso y que se conserva largo tiempo sin enranciarse.

SESGADO, DA adj. Cortado o dispuesto en sesgo: *peldaño sesgado.*

SESGO, GA adj. y s. Torcido, cortado o dispuesto oblicuamente. ‖ — M. Oblicuidad en el corte o la disposición de una cosa. ‖ *Al sesgo,* oblicuamente. (Sinón. BIÉS.)

SESQUI, prefijo latino que significa *una vez y media.*

SESQUIÓXIDO m. *Quím.* óxido que contiene tres átomos de oxígeno por cada dos átomos del cuerpo con él combinado, o sea óxido en el cual entra una vez y media más oxígeno que en el protóxido correspondiente.

SESQUIPLANO m. *Aeron.* Biplano en el cual una de las alas, generalmente la inferior, tiene superficie aproximadamente igual a la mitad de la de la otra.

SESQUISULFURO m. *Quím.* Compuesto cuya composición es intermediaria entre las del monosulfuro y la del bisulfuro.

SESQUITERPENO m. *Quím.* Nombre dado a los hidrocarburos de fórmula general $C_{15}H_{24}$, presentes en las esencias vegetales.

SETA f. Cerda * o pelo recio. (Sinón. SEDA.)

SETÁCEO, A adj. Que tiene la forma y rigidez de las cerdas *.

SETIFORME adj. Semejante o parecido a la seda o a la cerda.

SETO m. Cercado o vallado hecho con palos o con cañas o varas entretejidas. ‖ *Seto vivo,* el que se hace con matas o arbustos vivos.

SEUDO, prefijo derivado del griego *pseudes,* que significa *falso, supuesto.* (Sinón. PSEUDO.)
— *Quím.* Prefijo que sirve para designar ya compuestos isómeros o derivados de otros cuerpos, ya compuestos muy parecidos a otros por sus propiedades o su composición.

SEUDOALEACIÓN f. *Metal.* Mezcla de dos o más metales que, si bien forman aparentemente una masa homogénea, no se hallan íntimamente ligados o aleados entre sí.

SEUDODÍPTERO m. *Arq.* Edificio construido como un díptero *, aunque con una sola hilera de columnas, en vez de dos.

SEUDOMERÍA f. *Quím.* Forma límite que puede alcanzar teóricamente la desmotropía * cuando existe una diferencia muy grande entre el equilibrio inicial de la molécula y el equilibrio final.

SEUDÓMERO m. *Quím.* Dotado de seudomería.

SEUDOMÓRFICO, CA adj. *Miner.* Relativo al seudomorfismo.

SEUDOMORFISMO m. *Miner.* Transformación de un mineral en otro que conserva la forma externa del primero. (V. EPIGENIA.)

SEUDOMORFO, FA adj. *Miner.* Dícese del mineral que adopta una forma cristalina característica de otro.

SEUDOMORFOSIS f. *Miner.* Estado del mineral transformado por seudomorfismo. (V. EPIGENIA.)

SEUDOPERÍODO m. *Fís.* Período de las oscilaciones * sinusoideas amortiguadas.

SEUDOSCOPIA m. *ópt.* Visión estereoscópica * invertida de modo que se observe en hueco lo que tiene relieve, y viceversa.

SEUDOSCOPIO m. *ópt.* Estereoscopio * en el cual se invierte la posición de los dos clisés, de modo que se vea en hueco lo que tiene relieve.

SEXAGESIMAL adj. Que tiene por base el número 60: *la circunferencia tiene 360 grados sexagesimales, cada uno de los cuales se subdivide en 60 minutos, y éstos en 60 segundos.*

SEXTANTE m. Sexta parte de un círculo.
— *Aeron.* y *Mar.* Instrumento óptico para medir la altura de los astros con objeto de determinar la posición geográfica de un barco o un avión.
— Un *sextante de marina* (v. *figura*) consta esencialmente de: 1.º un bastidor OPQ provisto de un limbo graduado PQ; 2.º un espejo transparente *m* fijado en el bastidor paralelamente a OQ; 3.º otro espejo M, montado en una alidada OL, articulada en O; 4.º, un anteojo V. Para medir la altura de un astro se observa el horizonte a través de *m* y se hace girar el otro espejo M hasta que éste refleje la imagen del astro en dirección de *m,* donde es nuevamente reflejada hasta el ojo del observador. Cuando éste ve que el astro se sobrepone a la línea del horizonte, bloquea el instrumento y puede leer la altura de aquél indicada por la alidada en el limbo con una precisión del orden del minuto de grado (la posición del barco se conoce así con un error del orden de una milla). [V. tb. NAVEGACIÓN.]
El *sextante de aviación* difiere del anterior porque el horizonte visible desde un avión es, las más de las veces, impreciso. Así, pues, se toma como referencia para las mediciones la vertical determinada por un nivel de burbuja B. La imagen de ésta, proyectada por la lente *l* en el espejo *m* y reflejada por éste y por M, ha de coincidir con la del astro observado. La alidada indica entonces en el limbo graduado la distancia cenital del astro. Este sextante es menos preciso que el de marina (error del orden de 10 minutos, equivalente a una imprecisión de 15 km sobre la posición del avión).
Como su nombre lo indica, el limbo del sextante mide 60º. No obstante, la misma apelación se aplica al octante y al cuadrante, que tienen, respectivamente, limbos de 80 y 90º.

SHADBURN m. *Mar.* Transmisor.

SHAMPOO y **SHAMPOOING** m. Anglicismo y galicismo, respectivamente, por *champú.*

SHED m. *Arq.* Cubierta de dientes * de sierra.

SHERARDIZACIÓN f. *Metal.* Tratamiento de protección del acero cementándolo con cinc.
— La *sherardización* es un procedimiento de cementación * muy empleado para pernos, tuercas, tornillos y objetos similares. Consiste en poner las piezas en contacto con una mezcla pulverulenta de cinc y de productos reductores e inertes (que permiten mantener una atmósfera no oxidante) a temperaturas del orden de 350º a 400º. Al cabo de unas tres horas se forma una liga superficial de cinc y hierro que protege a las piezas contra la acción de los agentes corrosivos.

SHERARDIZAR v. *Metal.* Tratar las piezas de acero por el procedimiento de la sherardización.

SHIMMY m. *Autom.* Flotamiento.

SHORAN m. *Aeron.* y *Mar.* Sistema de radionavegación que se funda en el uso de dos balizas repetidoras y permite determinar la situación del buque o del avión.
— El aparato de *shoran* emite breves señales y mide con precisión el tiempo que las mismas tardan en volver de la baliza repetidora. Del tiempo transcurrido se deduce la distancia que media entre el avión o el barco y las balizas identificadas. Si se da a un compás la abertura correspondiente a la distancia a que se halla determinada baliza y, tomando a ésta como centro, se traza una circunferencia en la carta de navegar, procediendo igualmente con otra baliza, la posición quedará indicada por la intersección de las dos curvas. (V. tb. OBOE.)

SHORT TON m. *Metr.* V. TONELADA.

SHUNT m. *Electr.* Resistencia que se monta en derivación en un circuito para limitar la tensión o la corriente que pasa por el mismo.
— El *shunt* se usa mucho en los instrumentos de medida, especialmente los galvanómetros, pues permite medir con éstos corrientes mucho más intensas que las que podrían soportar directamente. Conociendo el valor de la resistencia adoptada, se sabe también por qué factor se ha de multiplicar el valor indicado por el instrumento para hallar el valor real de la magnitud medida.

SHUNTADO, DA adj. *Electr.* Dícese del aparato o circuito eléctrico que tiene conectado un shunt.

SHUNTAR v. *Electr.* Proveer de un shunt algún aparato o circuito: *shuntar un galvanómetro.*

Si, símbolo químico del *silicio.*

SIAL m. *Geol.* Parte superficial del globo terráqueo, en cuya composición predominan la sílice y la alúmina. (V. TIERRA.)

SICATIVO, VA adj. *Pint.* Secante.

SICIGIA f. *Astr.* Nombre dado a la conjunción y a la oposición de la Luna, o sea al novilunio y al plenilunio. (Sinón. SIZIGIA.)
— *Mar. Mareas de sicigia,* v. MAREA.

Fot. X., Billman

SICÓMORO m. *Bot.* y *Carp.* Árbol moráceo de Egipto *(Ficus sycomorus)*, también llamado *plátano oriental*, que da una madera comparable a la de haya, pero de color más obscuro. ‖ Arce * blanco.

SICROMETRÍA f. *Meteor.* Medición de la humedad atmosférica con el sicrómetro. Sinón. PSICROMETRÍA.)

SICROMÉTRICO, CA adj. *Meteor.* Relativo a la sicrometría o al sicrómetro. (Sinón. PSICROMÉTRICO.)

SICRÓMETRO m. *Meteor.* Instrumento que indica la humedad del aire mediante comparación de las temperaturas registradas simultáneamente por un termómetro seco y otro mojado. (Sinón. PSICRÓMETRO.)

— La evaporación del agua se efectúa con absorción de calor (600 calorías por gramo). Consiguientemente, un termómetro rodeado de muselina empapada de agua será más o menos enfriado por la evaporación e indicará una temperatura *t'* inferior a la temperatura *t* dada por un termómetro gemelo seco. Por otra parte, la evaporación del agua depende de la humedad ambiente del aire, llegando incluso a ser nula cuando el aire se halla saturado. Así, la diferencia de temperatura entre los dos termómetros depende en definitiva de la humedad atmosférica, y el valor de la misma se lee directamente, conociendo la diferencia sicrométrica, en unas tablas previstas al efecto.

SIDECAR m. *Autom.* Cochecillo que se acopla a una motocicleta, mediante montaje en la misma de un bastidor ligero apoyado en una rueda suplementaria.

SIDERAL o **SIDÉREO, A** adj. *Astr.* Relativo o perteneciente a los astros. ‖ Año, día, revolución, etc., siderales, V. AÑO, DÍA, REVOLUCIÓN.

SIDÉRICO, CA adj. Relativo al hierro.

SIDÉRIDOS m. pl. *Miner.* Familia de los minerales que contienen hierro.

SIDERITA f. *Astr.* Meteorito compuesto esencialmente de hierro y níquel.
— *Miner.* Siderosa.

SIDERO, prefijo derivado del griego *sideros*, que significa *hierro*.

SIDEROCROMITA f. y **SIDEROCROMO** m. *Miner.* Cromita.

SIDEROLITO m. *Astr.* Meteorito * compuesto por partes iguales de silicatos y ferroníquel.

SIDEROSA f. *Miner.* Carbonato de hierro $FeCo_3$, mena de este metal, también llamada *hierro espático, espato ferroso* y *siderita*.
— *Magn.* La *siderosa* tiene la propiedad de imantarse más intensamente en la dirección del eje ternario de sus cristales que en las otras direcciones, por cuya razón se emplea este mineral para medir los campos magnéticos.

SIDEROSFERA f. *Geol.* Barisfera.

SIDEROSTATO m. *Astr.* Instrumento que compensa el movimiento de rotación del globo terrestre y permite observar un astro sin tener que seguirlo con el telescopio en su movimiento por la bóveda celeste. (Consta de un espejo plano, arrastrado por un mecanismo de relojería, que refleja constantemente la imagen del astro hacia el objetivo del telescopio o anteojo inmóvil.)

SIDERURGIA f. *Metal.* Conjunto de técnicas relativas a la extracción del hierro * y a la producción de fundición * y de aceros *. (V. tb. HORNO, CONVERTIDOR, FORJA y MOLDEADO.)

SIDERÚRGICO, CA adj. Relativo o perteneciente a la siderurgia: *horno siderúrgico*.
— *Constr. Cemento siderúrgico*, v. CEMENTO.

SIDRA f. *Ind. alim.* Bebida alcohólica que resulta de la fermentación del zumo de manzanas.
— Para elaborar la *sidra* se lavan primeramente las manzanas y se trituran, o de preferencia se rayan finamente, para obtener una pulpa que se deja reposar unas horas, durante las cuales toma un color pardo. La pulpa es prensada y el zumo se recoge en pipas en las cuales se opera la defecación, que puede ser activada mediante adición de sales cálcicas; seguidamente se recogen heces en la superficie y queda un poso en el fondo. El mosto clarificado se trasiega y experimenta entonces la fermentación alcohólica. Si se desea obtener *sidra seca*, la fermentación se prosigue hasta la completa transformación de los azúcares en alcohol; en el caso contrario, se interrumpe la fermentación más o menos prematuramente, según la calidad de *sidra dulce* que hubiera de obtenerse. A continuación la sidra puede ser embotellada, ya directamente, ya pasteurizada previamente, lo cual permite una conservación mucho más prolongada.
Las sidras de zumo puro contienen de 5 a 9º de alcohol; las que tienen mezcla de agua, heces y orujo agregada al zumo son más flojas (de 3 a 5º). La sidra espumosa es la de buena calidad y muy límpida, que se deja fermentar lentamente y repitiendo los trasiegos, envasándola a continuación en botellas de champaña dentro de las cuales experimenta una nueva fermentación alcohólica y se carga de gas carbónico, a cuya presencia debe su carácter espumante. La destilación de las sidras de calidad inferior y del agua en que ha macerado el orujo da aguardiente. Los turtós se emplean como alimento para el ganado y como abono.

SIEMENS m. *Electr.* Unidad de conductancia eléctrica en el sistema M. K. S. A., antes llamado *mho*, cuyo símbolo es S: *el siemens equivale a la conductancia de un conductor cuya resistencia es de un ohmio.* (Es, consiguientemente, la inversa de esta unidad.)

SIENA *(Tierra de)*. V. TIERRA.

SIENITA f. *Geol.* Roca endógena, granítica, que carece de cuarzo y en la cual predomina el feldespato alcalino, acompañado de anfíbol, biotita o piroxena: *ciertas sienitas se emplean como piedras de construcción.*

SIERRA f. Herramienta constituida por una hoja de acero con uno de sus bordes provistos de dientes, que, al rozar con una materia (metal, madera, plástico, huesos, etc.) abren en ella un surco estrecho y permiten dividirla.
— *Arq. Cubierta de dientes de sierra*, v. CUBIERTA.
— *Carp.* Las *sierras* pueden ser manuales o mecánicas; de vaivén o de movimiento continuo; de cinta o circulares. La *sierra de mano* ordinaria consta de un bastidor en forma de I, con la hoja sujeta en dos extremos de los listones transversales (codales), y con cuerda, tensada por un garrote, en los otros dos. Los dientes tienen una inclinación hacia adelante, a la cual se debe que la sierra, si bien es accionada por el brazo alternativamente hacia adelante y hacia atrás, solamente corta en el primer movimiento. También tienen los dientes una ligera inclinación lateral, alternativamente a la izquierda y a la derecha (v. TRISCAR), merced a la cual el surco es más ancho que el espesor de la hoja y ésta puede deslizarse fácilmente en el mismo sin agarrotarse.

sidecar

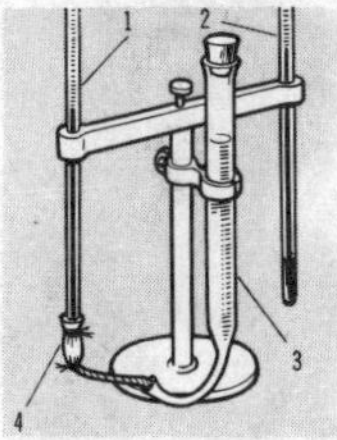

sicrómetro
1 y 2. Termómetros; 3. Tubo con agua; 4. Muselina humectadora

dientes de sierra

sierras

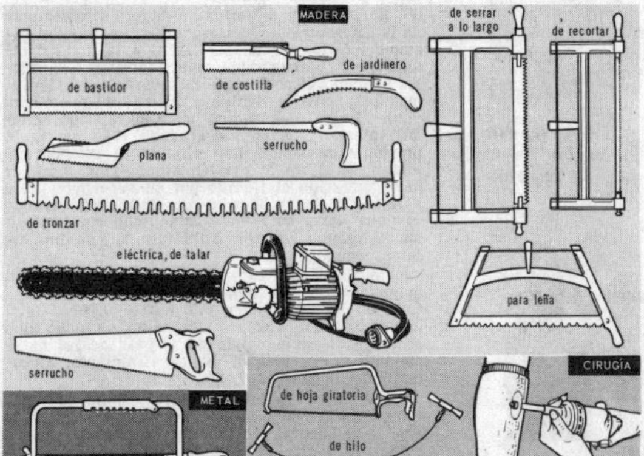

Fot. Nebout

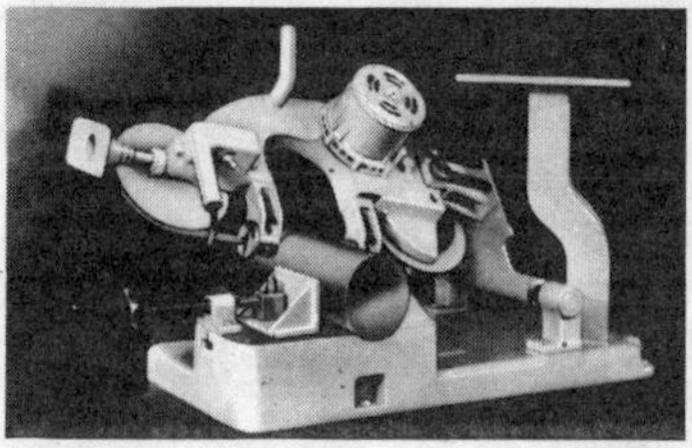

sierra de cinta sin fin para tronzar metales

sierra múltiple para reducir los maderos a tablas

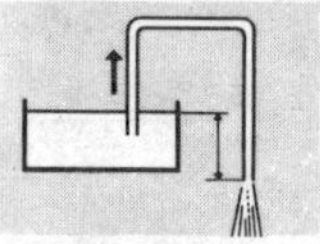

sifón

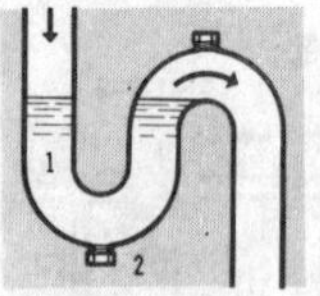

sifón *(constr.)*
1. Tapón de agua; 2. Registro

sifón *(ind. alim.)*

En ciertos casos —por ej., para cortar leña— los dientes son simétricos y cortan en los dos sentidos. En la tala de árboles se emplean *sierras tronzadoras* de hoja muy grande, sin bastidor, provistas de empuñaduras en sus extremos y manejadas por dos hombres. Para dividir longitudinalmente los troncos y los maderos grandes de escuadría, se montan los mismos sobre un caballete y se asierran con una *sierra abrazadera,* en la cual la hoja es perpendicular al bastidor y se halla montada en medio del mismo. En carpintería y ebanistería, además de la sierra común descrita en primer lugar, se emplean *sierras de calar* (de hoja muy estrecha, orientable) y distintas clases de *serruchos,* que son sierras de hoja rígida y ancha, provistas de una sola empuñadura, y *seguetas* o *sierras de arco.*
Las *sierras mecánicas* son también de varias clases: *sierra de cadena sin fin* con eslabones cortantes, movida por un motorcito eléctrico o, las más de las veces, de explosión; *sierra de cinta sin fin,* montada verticalmente a través de una mesa; *sierra circular,* consistente en un disco dentado que sobresale a través de una hendedura de la mesa; *sierra tronzadora* de movimiento alterno; *sierra múltiple,* que consta de varias hojas paralelas montadas en un mismo bastidor y accionadas con rápido movimiento de vaivén merced al cual dividen de una sola vez un tronco o madero de escuadría en numerosas tablas, etc. (V. tb. AFILADORA.)
— *Metal.* Para serrar metales se emplean sierras de dientes pequeños, de metal muy resistente, y generalmente de uno de los tres modelos siguientes: *sierra manual* montada en un arco metálico y prolongada por un mango; *sierra mecánica* de movimiento alternativo (propia para tronzar barras); *sierra circular,* muchas veces provista de dientes postizos de acero rápido que obran como otras tantas fresas. Para cortar placas o piezas de metal muy espesas se recurre al soplete * oxhídrico.
— *Radiot. Corriente de dientes de sierra,* V. DIENTE Y EXPLORACIÓN.

SIFÓN m. Tubo encorvado en forma de U invertida, con el cual se pueden transvasar líquidos de un recipiente a otro de nivel inferior, por efecto de la presión atmosférica.
— El principio del *sifón* se deduce simplemente de la diferencia de presión que existe entre el extremo inferior del mismo (igual a la presión atmosférica) y el extremo superior (igual a la misma presión que obra sobre la superficie del líquido más la presión *z* debida a la altura que media desde el nivel del líquido hasta el referido extremo inferior). Mientras el tubo está vacío, la presión atmosférica que reina en el interior del mismo equilibra la presión atmosférica a que se halla sometido el líquido por su superficie. Pero al cebar o llenar el tubo, por ejemplo aspirando el agua hasta su recodo, cesa dicho equilibrio y los recipientes superior e inferior no son sino vasos * comunicantes.
— *Constr.* Tubo en forma de S que se monta en la descarga de lavabos, retretes, fregaderos, etc., también llamado *cierre hidráulico,* porque en el mismo subsiste siempre una capa de agua que obtura la cañería e impide el paso de los gases viciados procedentes de las canalizaciones, alcantarillado, pozos ciegos, etc.
— *Ind. alim.* Botella de vidrio espeso que contiene agua cargada de gas carbónico y provista de una llave que, al ser abierta, da paso al líquido empujado por la presión del gas. (Consiguientemente, y a pesar de su nombre, este recipiente no funciona con arreglo al principio del sifón descrito más arriba.)
— *Obr. públ.* Conducto o túnel por el cual se hacen pasar el agua, el petróleo u otro fluido por debajo de un río o canal o de una depresión del terreno.
— *Telec.* Dispositivo inscriptor del ondulador * telegráfico, consistente en un pequeñísimo sifón capilar de cristal que toma tinta de anilina por uno de sus extremos y la deposita por el otro en un papel arrastrado por un mecanismo de relojería.

SIGNATURA f. *Art. gráf.* Número de orden que se imprime en pequeños caracteres en el pie de la primera página de cada pliego y que sirve de pauta primeramente para doblar el papel y luego para efectuar el alzado * de los pliegos que se han de encuadernar. ‖ Pliego.

SIGNO m. *Astr. Signo abreviativo,* cada uno de los signos empleados en astronomía para representar los planetas, los fenómenos celestes, etc. ‖ *Signos del Zodíaco,* V. ZODÍACO.
— *Electr. Signo positivo, signo negativo,* V. POSITIVO Y NEGATIVO.
— *Mar.* Cada una de las banderas, bolas, conos y otros objetos empleados para hacer señales *.
— *Mat. Signos aritméticos,* V. ARITMÉTICA.

SIL m. Arcilla que es una variedad de ocre, a veces empleada como pigmento, y también para hacer labores de alfarería.

SILANOS m. pl. *Quím.* Grupo de compuestos hidrogenados del silicio, análogos por su fórmula a los hidrocarburos saturados, de los cuales difieren por reemplazar los átomos de silicio a los de carbono (así, el etano C_2H_6 corresponde al silicoetano Si_2H_6): *los silanos son menos estables que los hidrocarburos y a veces se inflaman espontáneamente.*

SILBATO m. Instrumento acústico en el cual el paso de un gas a presión engendra vibraciones sonoras. ‖ *Silbato de alarma* o *de vapor,* silbato constituido por un tubo en el cual una corriente de vapor, al pasar ante una muesca o ranura, produce un silbido agudo e intenso. (Se usa en los barcos, locomotoras, calderas de vapor y otras instalaciones.)
— *F. c. Silbato automático* o *de vigilancia,* silbato de locomotora, que funciona automáticamente si, por inadvertencia o desfallecimiento del maquinista, el tren no se detiene ante una señal de parada obligatoria.
— *Radiot.* Ruido agudo y continuo producido en los radiorreceptores y amplificadores por distintas causas: formación de ondas entretenidas debida a la mala regulación del aparato o a alguna deficiencia de sus órganos; interferencia entre la señal recibida y una armónica engendrada por la lámpara amplificadora; emisión de ondas entretenidas por un receptor provisto de detectora de reacción *; efecto Larsen (en el caso de los amplificadores), etc.

SILBIDO o **SILBO** m. *Acúst.* Sonido agudo producido por los silbatos.

SILENCIADOR m. *Tecn.* Dispositivo que se monta en el tubo de escape de los motores de explosión o en la tobera de los de reacción para amortiguar el ruido que producen los gases expulsados. ‖ Dispositivo que se pone con el mismo fin en la boca de un arma de fuego.
— El *silenciador* empleado en los automóviles es una cámara en la cual se ensancha el tubo de escape y se espande y enfría la vena gaseosa, oponiéndole también pantallas que dificultan la propagación de las ondas sonoras. No se crea que la eliminación de los ruidos estridentes por este procedimiento es tan económica como eficaz, ya que el 5 % de la gasolina consumida por el motor representa la energía absorbida por el silenciador, al oponerse éste al escape * libre de los gases.
Más difícil y costoso resulta amortiguar el intenso ruido producido por los motores de reacción, y los silenciadores empleados con dicho fin se fundan en la subdivisión de la vena eyectada por la tobera.

SILENCIO m. *Aeron. Cono de silencio,* zona del espacio, en forma de cono invertido, con su vértice en una baliza radioeléctrica, dentro de la cual el avión no puede captar las emisiones de ésta.
— *Radiot. Zona de silencio,* zona o región en la cual las ondas de una emisora relativamente próxima no pueden ser captadas o lo son difícilmente.
— Las *zonas de silencio* existen sobre todo en el campo de las ondas * cortas. Éstas se propagan

Fot. X, Bolinder's, Autosiphon

digámoslo así, rectilíneamente y pueden llegar al radiorreceptor por dos caminos diferentes, ya directamente —si la distancia es muy corta—, ya indirectamente —mediante reflexión en la ionosfera *— si el receptor se halla suficientemente lejos. Entre la zona local de recepción directa y la zona de recepción de las ondas reflejadas, puede existir una zona de silencio en la cual la emisora es prácticamente inaudible.

SILENCIOSO m. *Tecn.* Silenciador.

SILENTBLOC m. *Mec.* Marca registrada de bloques elásticos constituidos por dos chapas, tubos u otros elementos metálicos separados por un espacio que se rellena con caucho: *el Silentbloc absorbe las vibraciones y los ruidos y sirve para fijar motores y máquinas, suspensiones de automóviles, etc.*

SILESIANA f. *Text.* Tela con urdimbre de seda y trama de lana que sirve para hacer paraguas y se usa también para forros.

SILEX m. *Miner.* Cuarzo impuro y compacto cuyas principales variedades son: 1.ª el *sílex pirómaco* o pedernal; 2.ª el *sílex córneo,* de fractura plana y aspecto de materia córnea; 3.ª el *sílex molar,* poroso y áspero, que sirve para hacer ruedas de molino; 4.ª el *sílex jiloideo* o *xiloideo,* con aspecto de madera petrificada, etc. (V. tb. SÍLICE.)

SILEXIADO, DA adj. *Cerám.* Dícese de las pastas de alfarería que contienen mucho sílex.

SILGAR v. *Mar.* Singar. ‖ Sirgar.

SILICAGEL m. *Refr.* Marca registrada de un gel de sílice * capaz de absorber agua hasta la proporción de 25 % de su propio peso.

SILICATACIÓN f. *Quím.* Conversión de un óxido metálico en silicato mediante combinación con la sílice.

SILICATADO, DA adj. *Quím.* Dícese de la base que, al combinarse con la sílice, se ha convertido en un silicato. (V. SÍLICE.)

SILICATAR v. Mezclar o tratar con silicato.

SILICATIZACIÓN f. *Constr.* Operación consistente en impregnar de silicato la madera, la caliza y otras materias tiernas para endurecerlas y, al quedar impermeabilizada su superficie, protegerlas contra las heladas.
— *Ind. alim.* Pasar los huevos por un baño de silicato de sosa disuelto, con objeto de impermeabilizar el cascarón para prolongar su conservación.

SILICATIZAR v. Efectuar la silicatización de alguna materia.

SILICATO m. *Quím.* Sal de un ácido silicílico obtenida mediante combinación de la sílice con un óxido metálico. (V. SÍLICE.) ‖ *Silicato de alúmina,* aluminosilicato.

SÍLICE f. *Miner.* Compuesto de fórmula SiO_2, contenido por numerosos minerales, que resulta de la combinación del silicio con el oxígeno. (Sinón. ÓXIDO DE SILICIO.)
— La *sílice* más o menos impura constituye toda una familia de minerales, entre los cuales destacan las distintas variedades de cuarzo * o cristal de roca, de calcedonia, sílex ópalo, etc. Algunos de estos minerales son piedras preciosas, ricamente coloreadas por la presencia de óxidos metálicos; otros (gres, etc.) dan piedras de construcción; las arenas silíceas entran en la composición de lozas y porcelanas, vidrios y cristales, etc.
— *Quím.* La *sílice* es un anhídrido de ácido caracterizado por su gran estabilidad, que puede adoptar varias formas cristalinas: 1.ª cristal de roca o cuarzo α, la forma más común, que cristaliza en prismas hexagonales rematados por pirámides con simetría romboédrica (V. CRISTALOGRAFÍA) y cuya densidad es de 2,65; 2.ª el cuarzo β, que resulta de calentar el anterior a 575°, tiene simetría hexagonal y es algo más ligero (d = 2,54); 3.ª la tridimita, que se forma a la temperatura de 870°, pertenece al sistema hexagonal y es aún más ligera (d = 2,30); 4.ª la cristobalita, perteneciente al sistema cuadrático, cuya densidad es de 2,35, se forma a 1 475° y es estable hasta su temperatura de fusión (1 715°). Además de las referidas variedades que se hallan en la naturaleza al estado cristalino o amorfo, se obtienen otras artificialmente, cuales son el *vidrio * de sílice* y los *gels de sílice.* Los últimos resultan de la acción de un ácido sobre una disolución de silicato alcalino o de la descomposición de cloruro o de fluoruro de silicio por el agua. Si se deshidrata un gel por el calor, da un polvo blanco amorfo dotado de propiedades absorbentes y empleado para recuperar disolventes volátiles, desulfurar productos petrolíferos, efectuar análisis de cromatografía, etc.
La sílice no es disociable por el calor y es tan difícil reducirla como disolverla con ácidos. Sólo el fluor la descompone en frío (por eso se graba el vidrio atacándolo con ácido fluorhídrico). El carbono permite descomponerla en el horno eléctrico, con producción de óxido de carbono y de carburo de silicio.
La sílice se combina a elevada temperatura con los óxidos metálicos para dar silicatos (sales de ácidos que no han podido ser aislados). También se obtienen silicatos haciendo obrar la sílice sobre los carbonatos, sulfatos, fosfatos, etc. Los silicatos naturales constituyen la mayor parte de la corteza terrestre. La mezcla de silicatos da frecuentemente lugar a fenómenos de sobrefusión * en los cuales se funda, en particular, la industria del vidrio.

SILÍCEO, A adj. Que contiene sílice: *roca silícea.* ‖ Semejante o parecido a la sílice.

SILICIADO, DA adj. *Quím.* Dícese de los compuestos o de las aleaciones que contienen silicio.

SILÍCICO, prefijo empleado en química para indicar la presencia de silicio en un compuesto, si bien se prefiere la síncopa *silico.*

SILÍCICO, CA adj. *Quím. Ácido silícico,* v. SÍLICE. ‖ *Anhídrido silícico,* sílice.

SILÍCIDOS m. pl. *Miner.* Familia mineralógica de la sílice y sus combinaciones.

SILICÍFERO, RA adj. Que contiene sílice.

SILICIFICACIÓN f. *Miner.* Incrustación o fosilización de un cuerpo por la sílice. ‖ Transformación de las rocas en minerales silícidos.

SILICIFICADO, DA adj. Convertido en sílice: *en las regiones áridas se encuentran troncos silicificados.*

SILICILO m. *Quím.* Radical bivalente SiO.

SILICIO m. *Quím.* Elemento simple de número atómico 14, cuyo símbolo es *Si.*
— El *silicio* es un metaloide cuyas principales constantes físicas son las siguientes: densidad, 2,42; temperaturas de fusión y de ebullición, 1 420° y 2 355°, respectivamente; masa atómica, 28,09 (mezcla de 92,28 % de isótopo 28; 4,67 % de isótopo 29, y 3,05 de isótopo 30). Su forma cristalizada consta de octaedros de color gris obscuro y brillo metálico, mientras que el silicio amorfo consiste en polvo pardo.
El silicio es, en cuanto a sus propiedades químicas, bastante parecido al carbono. Es cuadrivalente, arde en el oxígeno, desprendiendo mucho calor y dando sílice; es atacado por los halógenos y se combina en caliente con el hidrógeno, el azufre y el nitrógeno. Se une con los metales para formar siliciuros y, tratado con el carbono en el horno eléctrico, da carburo de silicio. Es, por último, un reductor enérgico.
El silicio entra en la composición de numerosos compuestos naturales, especialmente silicatos y otros minerales de la familia de la sílice. Es, tras el oxígeno, el elemento más abundante de la naturaleza, pues se calcula que la corteza terrestre lo contiene en la proporción de 27,77 % (por ese se adopta a veces como referencia para expresar la abundancia de un elemento: la abundancia cómica del hidrógeno es de 30 000 átomos por uno de silicio).
Para extraer el silicio se reducen la sílice o el fluosilicato de potasio con un metal reductor calentado al rojo (magnesio en el primer caso; aluminio en el segundo). Industrialmente se obtiene en forma de ferrosilicios, que pueden contener hasta 98 % de silicio, reduciendo en el horno eléctrico la sílice con óxidos de hierro, mediante el coque.
El silicio puro es un semiconductor * empleado en la construcción de pilas fotovoltaicas *, transistores * y otros dispositivos electrónicos. Las aplicaciones de los compuestos y derivados del silicio son innumerables. (V. FERROSILICIO, SILICATO, SÍLICE, SILANO y SILICONA.)
El silicio es, de todos los elementos, el que más se parece al carbono y algunos de sus derivados son análogos a los de este elemento, cual ocurre con los silanos *. También existen numerosas combinaciones mixtas en las cuales entran el carbono y el silicio y que son análogas a las correspondientes combinaciones orgánicas. (V. tb. SILICONAS.)

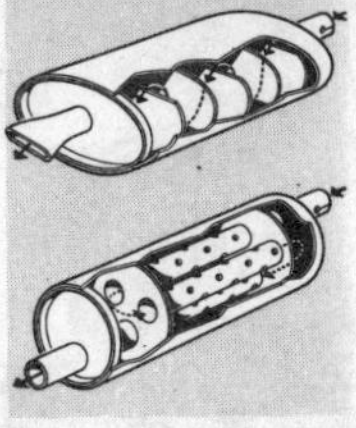

silenciadores de motores de reacción y de automóvil

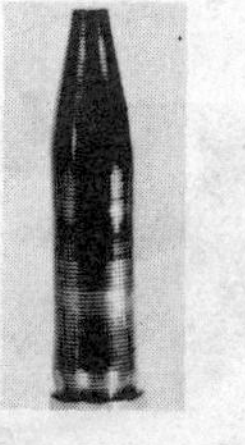

monocristal de **silicio** para hacer transistores

Fot. Rolls-Royce, L. E. P.

alimentación automática de los **silos** (la llegada del grano es interrumpida al llenarse la célula)

silo de semillas oleaginosas

SILICIURO m. *Quím.* Combinación del silicio con otro elemento, especialmente los metales, entre los cuales figuran los silanos * (siliciuros de hidrógeno correspondientes a los carburos de hidrógeno) y el siliciuro de calcio $CaSi_2$, análogo al carburo de calcio y que, como éste, es descompuesto por el agua con desprendimiento de hidrógeno.

SILICO, síncopa de *silicio.*

SILICOALUMINATO m. *Quím.* Aluminosilicato.

SILICOCALCÁREO, A o **SILICOCALIZO, ZA** adj. *Geol.* Dícese de las rocas que contienen conjuntamente silicatos y carbonato de calcio.

SILICOCROMATO m. *Quím.* Combinación de un silicato con un cromato.

SILICOETANO m. *Quím.* Silano * Si_2H_6.

SILICOFLUORHÍDRICO, CA adj. *Quím.* Fluosilícico.

SILICOFLUORURO m. *Quím.* Fluosilicato.

SILICOL m. *Quím.* Hidrogenita.

SILICOMANGANESO m. *Metal.* Liga de hierro con 50 a 75 % de manganeso y 20 a 30 % de silicio, que se agrega a la fundición para afinarla y convertirla en acero.

SILICOMETANO m. *Quím.* Silano * de fórmula SiH_4 análogo al metano. (Sinón. MONOSILANO.)

SILICOMOLIBDATO m. *Quím.* Sal que resulta de la combinación de la sílice con el anhídrido molíbdico.

SILICÓN m. y **SILICONA** f. *Quím.* Nombre genérico de compuestos organosilíceos y macromoleculares análogos a las materias plásticas orgánicas, pero en cuyas moléculas los átomos de silicio reemplazan a los de carbono.

— El silicio, al unirse con un radical alcoilo y con uno o varios átomos de oxígeno forma un grupo llamado siloxano en el cual existen como mínimo un enlace silicio-carbono y otro silicio-oxígeno. Los siloxanos pueden unirse entre sí por sus valencias libres y forman largas cadenas o macromoléculas cuyos extremos pueden ser saturados por cualquier radical univalente (generalmente lo son por radicales alcoilos). Estas macromoléculas constituyen las *siliconas,* de las cuales puede existir gran variedad.
Las cadenas o macromoléculas cortas dan substancias líquidas *(aceites de siliconas),* empleadas como lubricantes capaces de resistir a temperaturas muy elevadas sin que disminuya su viscosidad. También sirven para hidrofugar papeles y tejidos y como fluido para amortiguadores y dispositivos hidráulicos.
Las moléculas medianas y más condensadas dan *grasas de siliconas,* productos pastosos de extraordinaria resistencia al calor, pues no se derriten y conservan su consistencia a temperaturas elevadas, y también para obtener juntas estancas en los recintos sometidos al vacío.
Las macromoléculas de cadenas largas e imbricadas por puentes, dan *resinas de siliconas,* también hidrófugas, inalterables por el calor y eléctricamente aislantes. Se emplean para aislar los devanados en los motores eléctricos, como vehículo de pigmentos en pinturas resistentes al agua y a las lejías alcalinas, etc.
Existen, por último, *cauchos de siliconas* que se obtienen transformando un aceite de silicona en gel, que triturado y mezclado con agentes vulcanizantes, da un elastómero * muy resistente al frío y al calor, a los agentes atmosféricos y a las radiaciones ultravioladas.

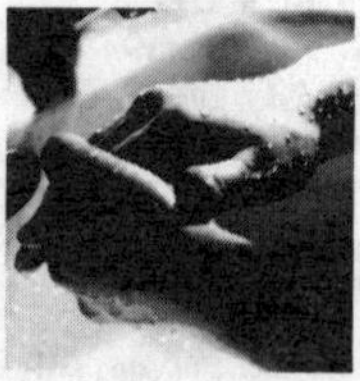

la piel protegida con **silicona** repele el agua

SILICOPROPANO m. *Quím.* Silano de fórmula Si_3H_8, análogo al propano.

SILICOTITANATO m. *Quím.* Sal que resulta de la combinación de un silicato y un titanato.

SILICOTUNGSTATO m. *Quím.* Sal que resulta de la combinación de un silicato con un tungstato.

SILILO m. *Quím.* Radical univalente $—SiH_3$, análogo al metilo.

SILIONA f. *Vidr.* Marca registrada de fibras de vidrio no retorcidas, continuas, de un diámetro inferior a 6 milésimas de milímetro, que sirven para armar el plástico en la fabricación de objetos estratificados.

SILO m. Primitivamente, lugar subterráneo y seco para conservar la cosecha de cereales y otros productos agrícolas; modernamente, construcción hecha sobre el terreno en forma de torres elevadas destinada al mismo fin. ‖ Por ext., construcción que sirve de depósito para almacenar combustibles sólidos, cemento, arena y otras materias a granel, y también subterráneo o pozo en que se disimula un cohete o proyectil autopropulsado de largo alcance.

— Los *silos* son depósitos cilíndricos, generalmente agrupados en una misma construcción y provistos de instalaciones auxiliares, cuales son: cargadoras o elevadoras para llenarlos por su parte superior; tolvas inferiores para dar salida a las materias almacenadas, etc. En ciertas centrales, fábricas, depósitos de cereales, etc., los silos pueden hallarse directamente en comunicación, mediante transportadores de rosca o de cinta sin fin, con los hogares de las calderas, los hornos, muelles de embarque, etc.

SILOMELANA f. o **SILOMELANO** m. *Miner.* Óxido hidratado de manganeso, mena de este metal. (Sinón. PSILOMELANA.)

SILOXANO m. *Quím.* V. SILICONA.

SILUETADO, DA adj. *Art. gráf.* y *Fot.* Dícese de la fotografía o del grabado en los cuales se suprime el fondo en torno del objeto principal que se ha de representar.

SILURIANO, NA adj. y s. *Geol.* Dícese del período de la era paleozoica comprendido entre el cambriense y el devoniense, y cuyos terrenos datan de —400 a —300 años. (V. ESTRATIGRAFÍA.)

SILVANITA f. *Miner.* Telururo de oro y plata.

SILVEROIDE m. *Metal.* Liga de cobre y níquel, con pequeñas proporciones de cinc, estaño y plomo, de color de plata, que sirve para imitar a este metal.

SILVICULTURA f. *Agr.* Ciencia que trata del cultivo, conservación y explotación de los bosques.

SILVINA f. *Miner.* Cloruro de potasio KCl, sobre todo presente en minas de sal gema, que se beneficia como mena de potasa.

SILVINITA f. *Miner.* Mezcla de sal gema y silvina, que se beneficia como abono y para extraer el cloruro de potasio que contiene.

SILLAR m. *Constr.* Cada una de las piedras labradas que entran en la construcción de una obra de fábrica. ‖ *Sillar de apoyo,* el que soporta una viga o armadura y reparte su carga sobre sillares subyacentes. ‖ *Sillar de esquina,* el que lleva dos caras labradas y forma el aparejo de la esquina. ‖ *Sillar de hoja,* el que no ocupa todo el espesor del muro. ‖ *Sillar llano,* el que ocupa todo el grueso del muro.

SILLAREJO m. *Constr.* Sillar pequeño, de superficies toscamente labradas.

SILLERÍA f. *Arq.* Obra de fábrica hecha con sillares. (V. tb. APAREJO.)

SILLÍN m. *Autom.* Asiento pequeño y sin respaldo de las bicicletas, motocicletas y ciertas máquinas agrícolas y de obras públicas.

SIMA f. *Arq.* Escocia.

— *Geogr.* Cavidad o abismo que penetran profundamente en el suelo.

— *Geol.* M. Una de las capas en que se considera dividido el globo terráqueo, inmediatamente inferior al sial, y compuesta de sílice, magnesia y óxidos de hierro. (V. TIERRA.)

SÍMBOLO m. Cada una de las letras u otras figuras adoptadas convencionalmente para representar las cosas, cantidades, etc., cuales son, por ejemplo: las letras con que se designan en química los elementos simples y con las cuales se expresan las fórmulas (v. ELEMENTO, FÓRMULA y NOTACIÓN); las letras y otros signos empleados en matemáticas para representar cantidades conocidas o desconocidas, unidades de medidas, ángulos, operaciones que se han de efectuar, etc. (v.

Fot. C. E. M.-SOCEMA, Desreumaux, Rhône-Poulenc

ÁLGEBRA Y ARITMÉTICA) ; las figuras empleadas por los astrónomos para representar los astros, los signos del Zodíaco, las fases de la Luna, etc. (v. ZODÍACO y los artículos dedicados a los planetas) ; el deleatur * y otros signos empleados en la corrección de pruebas tipográficas, etc.

SIMEDIANA f. *Geom.* En un triángulo, cada una de las rectas que tienen su origen en un vértice y son simétricas de la mediana respecto a la bisectriz interior correspondiente (v. *figura*) ; *las tres simedianas de un triángulo se cortan en un punto llamado "punto de Lemoine"*.

SIMETRÍA f. Correspondencia de dimensiones, forma y posición —respecto a un punto, línea o plano de referencia— de los elementos de un conjunto o de dos o más conjuntos entre sí.

— *Geom.* Dos puntos AA' son simétricos respecto a otro punto o *centro de simetría* O cuando éste divide el segmento AA' en dos partes iguales. Lo son respecto a una línea D, o eje de simetría, si la misma corta verticalmente el referido segmento por su mitad, como en el segundo ejemplo de la figura. Por último, los puntos CC' son simétricos respecto al *plano de simetría* P si éste corta asimismo perpendicularmente el segmento por la mitad.

De lo antedicho se desprende que dos figuras son simétricas cuando cada uno de los puntos de una de ellas tiene un punto simétrico en la otra. En un plano, dos figuras simétricas respecto a un punto son directamente iguales; por el contrario, son inversamente iguales si tienen simetría respecto a una línea. En el espacio, dos figuras simétricas respecto a un punto, una recta o un plano son, por el mismo orden, inversamente iguales. No obstante, dos figuras simétricas de otra, siempre son directamente iguales entre sí, sea cual fuera la referencia (punto, línea o plano).

— *Miner. Simetría en los cristales,* v. CRISTALOGRAFÍA.

SIMÉTRICO, CA adj. Que tiene simetría.

— *Quím.* Dícese de los compuestos del carbono cuando el átomo de este cuerpo tiene sus cuatro valencias saturadas por átomos de un mismo elemento o radical, o cuando las tiene saturadas por dos elementos o radicales dispuestos dos a dos.

SÍMIL y **SIMILI,** prefijo derivado del latín *similis,* que significa *semejante* e indica *similitud,* y en otros casos, especialmente en el nombre de productos industriales, *imitación,* como en *similicuero.*

SIMILIBRONCE m. *Metal.* Latón con 15 % de cinc, que imita al bronce.

SIMILICUERO m. *Text.* Tela de algodón, de hilos apretados, a la cual se dan por una cara varias capas de un apresto espeso de fécula, caolín y pigmentos, cuyo revestimiento es grabado o gofrado para imitar el aspecto de alguna clase de piel o de cuero.

SIMILIGRABADO m. *Art. gráf.* Grabado * directo o de medias tintas.

SIMILIMÁRMOL m. *Constr.* Piedra artificial o cualquier revestimiento hecho a imitación del mármol.

SIMILITUD f. Semejanza, analogía o relación exacta entre dos o más cosas.

— *Geom.* Relación de forma que existe entre dos figuras situadas en un plano o en el espacio. ‖ Transformación mediante la cual se pasa de una figura a otra semejante.

— Dos figuras son semejantes si una de ellas puede ser considerada como ampliación porporcionada de la otra o de una tercera figura simétrica de ésta. En dicho caso, la longitud de todas las líneas correspondientes de las dos figuras conservan la misma razón de *similitud.*

— *Mec. Ley de similitud,* conjunto de condiciones que han de reunir las maquetas de aviones, barcos, obras públicas, etc., para que los resultados que se obtienen al efectuar pruebas con ellas correspondan lo más aproximadamente posible a los que se obtendrían con el avión, buque o construcción correspondiente.

— En el caso de aviones subsónicos, la condición de *similitud* es el número de Reynolds, que resulta de multiplicar la velocidad V del aire en el túnel aerodinámico (o del avión en el aire) por la longitud L de la maqueta o el avión y de dividir el producto por un coeficiente ν de la viscosidad * cinemática del fluido. Existe similitud entre las condiciones de vuelo del avión y las pruebas de la maqueta cuando ambos tienen igual número de Reynolds.

En un avión supersónico, la condición de similitud reside aproximadamente en la igualdad del número de Mach *.

En las pruebas de maquetas de barcos se adopta con frecuencia la condición de *similitud de Froude:* las velocidades de la maqueta y del barco han de ser proporcionales a la raíz cuadrada de sus dimensiones lineales.

Como ninguna ley de similitud es exacta, las características de las maquetas y las condiciones de las pruebas solamente arrojan datos aproximativos sobre el comportamiento del avión, barco o instalación cuyo proyecto se estudia.

SIMILOR m. *Joy.* Liga de latón con 15 a 20 % de cinc, con la cual se imita al oro. (Sinón. METAL DE MANNHEIM.)

SIMPLE adj. *Acúst.* Eco simple, el que repite el sonido una sola vez. ‖ *Sonido simple,* v. SONIDO.

— *Mec. Máquina de simple efecto,* v. EFECTO.

— *Quím. Cuerpo simple,* v. CUERPO.

— *Text. Simples combinados,* nombre genérico de las sargas y otros tejidos en los cuales se obtienen números escalonados de las mallas y otros efectos superficiales mediante combinaciones apropiadas de los hilos de ligamentos simples, que son los que constan de una sola trama y una urdimbre.

SIMULADOR m. *Tecn.* Aparato o instalación que simulan un fenómeno o permiten reproducir las condiciones de funcionamiento de un vehículo, máquina, fábrica, etc., cual es, por ejemplo, el *simulador de vuelo,* reproducción del puesto de pilotaje de un avión que permite entrenar a la tripulación eficaz y económicamente mucho antes de que se ponga en servicio el correspondiente aparato. (V. INSTRUCTOR.)

SIMULTANEIDAD f. *Fís.* Carácter de dos o más fenómenos que acaecen exactamente al mismo tiempo.

— La *simultaneidad* es una noción que sólo puede admitirse en nuestra escala de velocidades, por elevadas que éstas parezcan, y con nuestros medios de medir el tiempo (que son inexactos, pero cuya imprecisión es tan ínfima que pueden darse por precisos). Pero cuando se consideran velocidades como la de la luz y medidas del tiempo rigurosamente exactas, la noción de simultaneidad pierde su sentido si dos fenómenos presuntamente simultáneos se producen en dos referenciales * diferentes.

Imaginemos dos enormes astronaves gemelas S_1 y S_2 (v. *figura*), una de las cuales se halle inmóvil

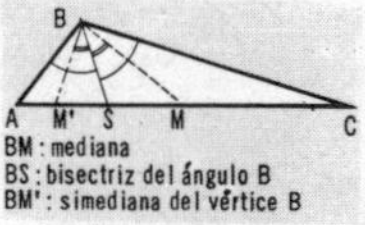

simediana

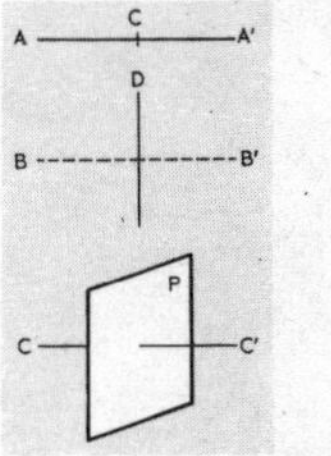

simetría *(geom.)*

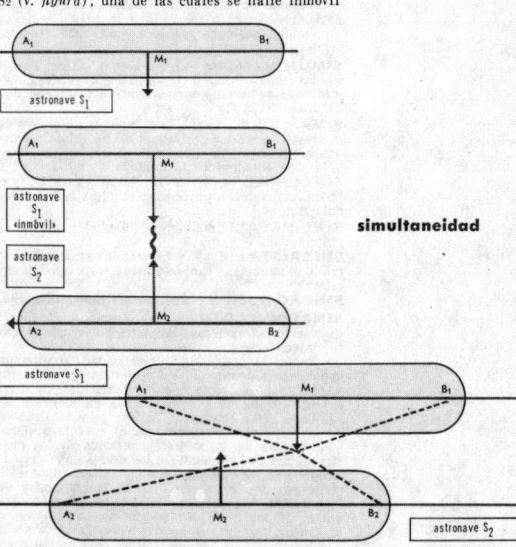

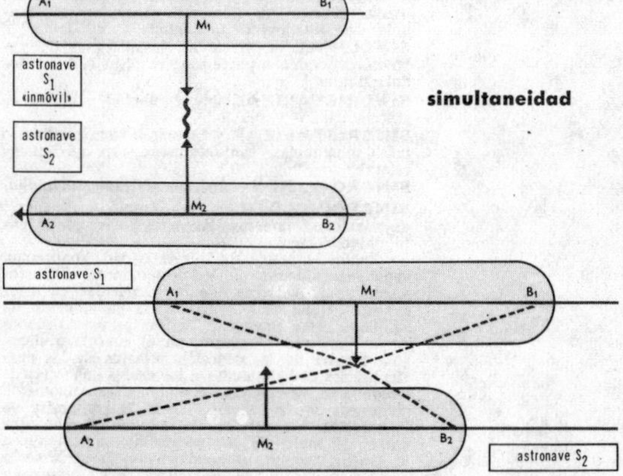

simultaneidad

y esté cruzada por otra con velocidad igual a la de la luz. Al cruzarse ambas, una chispa salta entre las puntas M_1 y M_2, y cuatro físicos, provistos de cronómetros de alta precisión, aprovechan la ocasión para poner éstos a la misma hora, después de lo cual, compulsan sus resultados: 1.º la luz partida de M_1 ha sido recibida al mismo tiempo por los físicos A_1 y A_2 y existe simultaneidad en la observación del fenómeno porque ambos se hallan en el mismo referencial (la astronave *a*); 2.º la luz partida de M_2 llegará a B_2 antes que a B_1 (porque B_2 sale al paso de los rayos luminosos durante su trayecto, mientras que B_1 se aleja de ellos; igualmente la luz llegará a A_1 antes que a B_1. Consiguientemente, para los físicos de la primera astronave, no existe simultaneidad en la llegada de la luz a A_2 y B_2. Ahora bien, para los físicos de la segunda astronave ocurrirá el fenómeno inverso, pues, desde su punto de vista, es la otra astronave la que se halla en movimiento relativo a la velocidad de la luz: la llegada de los rayos luminosos en A_1 y B_1 les parecerá simultánea, pero no la llegada a A_1 y B_1. Así, para un mismo fenómeno existe simultaneidad en un referencial determinado, pero no cuando se cambia de referencial. Para un observador que desde el suelo viera pasar un tren a la velocidad de la luz en el preciso momento en que el maquinista y el guardafrenos del último vagón encienden un cigarrillo al mismo tiempo, el segundo parecerá haberlo encendido antes que el primero. Inversamente, si lo enciende después, podrá existir simultaneidad de gestos para el observador situado en el referencial suelo.
La causa de la falta de simultaneidad entre referenciales diferentes se explica fácilmente por el hecho de que la luz, contrariamente a las leyes de la mecánica clásica, se propaga siempre con la misma velocidad, sea cual fuere el movimiento del manantial que la produce (v. RELATIVIDAD). Si no fuera así, la luz emitida en M_2 en dirección de A_2 tendría una velocidad igual a la suma de su velocidad propia más la de la astronave, mientras que los rayos emitidos en dirección de B_2 se propagarían con velocidad igual a la de la luz menos la del ingenio. En dicho caso, para los observadores situados en la primera astronave, la llegada de los rayos a A_2 y B_2 sería simultánea.
De todo lo antedicho se desprende otra consecuencia fundamental en la teoría de la relatividad: la hora de los cronómetros de una astronave no es la misma que la de la otra, a pesar de que todos los cronómetros hayan sido regulados mediante observación de un mismo fenómeno. Queda, pues, demostrada por la relatividad la inexistencia de un tiempo absoluto valedero para todo el Universo. (V. TIEMPO.)

SIMÚN m. *Meteor.* Viento seco y cálido, propio de las zonas desérticas del Sáhara y Mesopotamia, que se levanta bruscamente arrastrando torbellinos de arena.

SINAMAY m. *Text.* Tela lustrosa, algo rígida y muy fresca que se teje con los hilos hechos con las fibras más finas del abacá, entrecruzándolos con ligamentos de tafetán.

SINCLINAL m. *Geol.* En los pliegues del terreno, depresión o parte cóncava situada entre dos anticlinales *.

SINCRISTALIZACIÓN f. Acción y efecto de sincristalizar.

SINCRISTALIZAR v. *Miner.* Cristalizar dos o más substancias conjuntamente, en un mismo cristal.

SINCRO m. *Electr.* Apócope del *sincromáquina.*

SINCROCICLOTRÓN m. *Atom.* Acelerador * de partículas que constituye un perfeccionamiento del ciclotrón.
— Según la teoría de la relatividad, confirmada experimentalmente en los aceleradores, el incremento de la velocidad de las partículas en estos aparatos tiene como consecuencia un aumento de su masa. Este fenómeno limita las posibilidades de un ciclotrón *, aparato en el cual la aceleración resulta de la atracción sucesiva de las partículas por dos electrodos a los cuales una corriente de alta frecuencia confiere alternativamente signo positivo y negativo. Como la frecuencia de la corriente es siempre la misma, y, por otra parte, la masa de las partículas aumenta (con lo cual disminuye progresivamente la aceleración que les imprimen los electrodos), llega pronto un momento en que se pierde el sincronismo, y las partículas, en vez de hallar ante ellas un electrodo que las atrae y acelera, acaban por encontrar uno que las repele y frena.
En el sincrociclotrón se subsana este inconveniente empleando una corriente alterna cuya frecuencia disminuye progresivamente en función del aumento de la masa de las partículas. Así, éstas experimentan una atracción cada vez menos intensa (en razón de la inercia creciente), pero las acciones repulsivas y atractivas de los dos electrodos se prolongan durante un tiempo cada vez mayor, con lo cual las partículas se hallan siempre en fase con dichas acciones. Mucho más eficaz aún que el sincrociclotrón es el acelerador llamado sincrotrón *.

SINCROMÁQUINA f. *Electr.* Máquina eléctrica en la cual un órgano animado de movimiento rotatorio emite una señal que permite conocer a distancia la orientación del mismo.
— Una *sincromáquina* consiste las más de las veces en un pequeño generador eléctrico cuyo estator consta de tres devanados dispuestos angularmente a 120° uno del otro. Las corrientes inducidas en esos arrollamientos por el rotor alimentado en corriente alterna dependen de la posición angular del mismo, y, consiguientemente, permiten conocerla. Si el rotor es solidario de un mecanismo o dispositivo cualesquiera, la posición de éste podrá ser regulada por servomecanismos o por telemandos. Otra aplicación es la sincronización a distancia de dos alternadores u otras máquinas. En este caso se emplea una sincromáquina emisora en un extremo de la línea y una sincromáquina receptora en el otro: de la comparación de las corrientes engendradas por ambas se desprende la diferente orientación de sus rotores. Por lo demás, la misma diferencia puede provocar el funcionamiento de mecanismos de regulación que restablecen automáticamente el sincronismo.
Estas máquinas, muchas veces de dimensiones pequeñísimas, tienen numerosas aplicaciones en automatismo y control remoto. También son designadas con el nombre de *selsyn* (del inglés *self synchronizer*, autosincronizador).

SINCRÓNICO, CA adj. Dícese de las cosas que ocurren al mismo tiempo y de los fenómenos simultáneos. (V. SIMULTANEIDAD.)
— *Electr.* y *Mec.* Síncrono.

SINCRONISMO m. Calidad de síncrono y sincrónico. ‖ Identidad de frecuencia o de fase entre dos fenómenos periódicos.

SINCRONIZACIÓN f. Acción y efecto de sincronizar * o hacer que dos cosas sean simultáneas.
— *Radiot. Señal de sincronización,* v. SEÑAL.

SINCRONIZADOR, RA adj. y s. Que sincroniza o sirve para sincronizar.
— *Autom.* Dispositivo que sirve para que el paso de una marcha a otra se efectúe sin sacudidas ni ruidos, cual ocurre si los árboles primario y secundario del cambio de velocidades giran a igual velocidad.
— En un cambio de velocidades ordinario el paso de una marcha a otra es efectuado por el conductor cuando éste considera empíricamente, según la velocidad del vehículo, que el árbol motor y el árbol secundario (arrastrado por las ruedas en el momento del cambio, por hallarse el motor desembragado) giran aproximadamente con igual rapidez. En realidad existe siempre una diferencia que, de ser importante, da lugar a sacudidas, ruidos y patinazos de los discos del embrague. Estos inconvenientes no existen en los cambios con velocidades sincronizadas. En éstos un piñón inicialmente libre sobre su eje es engatillado y gira con éste cuando alcanza igual velocidad. Ello se obtiene con un *sincronizador*, piñón solidario del eje pero dotado de movimiento de traslación a lo largo de unas canales que tiene el mismo. Al cambiar de marcha el conductor, el sincronizador se desliza hasta que su flanco se apoye en el del piñón libre, imprimiéndole progresivamente su movimiento de rotación. La misma horquilla que arrastraba al sincronizador, libera en ese instante una corona dentada que engrana con los dos piñones a la vez y los hace solidarios, estableciéndose así la transmisión.
— *Electr.* Dispositivo empleado para sincronizar dos alternadores. (V. SINCROMÁQUINA.)

SINCRONIZAR v. Hacer que dos o más fenómenos se produzcan al mismo tiempo. ‖ Regular o acoplar dos aparatos o máquinas para que funcionen en sincronismo.
— *Autom.* Igualar la velocidad angular del piñón motor y del piñón movido antes de pasar de una marcha a otra en el cambio de velocidades de los automóviles provistos de sincronizador *.
— *Cin.* Ajustar la cinta y la banda sonora de una película, de modo que al efectuarse la proyección exista simultaneidad entre las imágenes y los sonidos correspondientes.
— *Electr.* Hacer que dos alternadores u otras máquinas síncronas que no se hallan acopladas mecánicamente funcionen en fase. (V. SINCROMÁQUINA.) ‖ Igualar la marcha de un grupo de relojes eléctricos mediante impulsiones eléctricas enviadas periódicamente a todos ellos.
— *Fot.* Coordinar el funcionamiento del obturador de un aparato fotográfico y el de la lámpara relámpago empleada para iluminar el objeto.
— Si no existiera sincronización entre la lámpara y el obturador, podría ocurrir que aquélla se alumbrara a destiempo, o sea cuando el obturador estuviese cerrado o camino de abrirse o cerrarse. Existen dos modos de obtener la simultaneidad: 1.º el obturador se halla abierto durante más tiempo del que dura el relámpago; toda la luz impresiona la película y determina el tiempo de pose; 2.º el relámpago se prolonga durante más tiempo que el que dura la apertura del objetivo, y el tiempo de exposición es determinado por el obturador (pero se pierde una parte de la energía luminosa).
Para sincronizar el relámpago y el obturador se emplean, ya un acoplamiento mecánico entre el disparador del segundo y el interruptor de la primera, ya un contacto eléctrico establecido por las láminas o la cortinilla del obturador. También se usa una célula fotoeléctrica que, excitada por el relámpago, dispara electromagnéticamente el obturador.
— *Radiot.* Regular varias emisoras de una red para que funcionen en fase y con idéntica frecuencia, con objeto de que no se produzcan interferencias en los radiorreceptores. (El procedimiento que consiste en *sincronizar* varias emisoras para radiar un mismo programa permite economizar frecuencias que quedan disponibles para otras emisoras o cadenas de emisoras.) ‖ Hacer que la exploración de las imágenes de televisión se efectúe con riguroso sincronismo entre el tubo analizador de la cámara tomavistas y la pantalla de los televisores, lo cual se obtiene intercalando en la señal de imagen señales de sincronización. (V. TELEVISIÓN.)

SÍNCRONO, NA adj. Sincrónico.
— *Astron. Satélite síncrono,* v. SATÉLITE.
— *Electr.* Dícese de la máquina eléctrica cuya velocidad angular guarda una relación constante con la frecuencia de la corriente alterna que la hace funcionar y que, si la misma es estable, cumple siempre igual número de revoluciones por minuto. (V. MOTOR.)
— *Mec.* Dícese de los movimientos que tienen lugar al mismo tiempo: *péndulos síncronos.*

SINCRONOSCOPIO m. *Metr.* Sincromáquina u otro instrumento que indica si dos fenómenos periódicos son síncronos y que, caso de no serlo, mide la diferencia de sus frecuencias o la diferencia de fase existente entre los mismos.

SINCROTRÓN m. *Atom.* Acelerador * de partículas que puede ser considerado como una combinación de sincrociclotrón * y de betatrón.
— Un *sincrotrón* no es sino un sincrociclotrón en el cual el campo magnético que incurva la trayectoria de las partículas, en vez de ser constante —lo cual confiere a las mismas una órbita cuyo diámetro crece al aumentar su velocidad—, se intensifica en función de la energía de aquéllas. Así, al incremento de fuerza centrífuga que tiende a alejar las partículas del centro de su órbita, corresponde la intensificación del campo que tiende a acercarlas al mismo y, al compensarse ambos efectos, las partículas describen una trayectoria circular y no espiral. Así, los electrodos aceleradores, bastante numerosos, se hallan en el interior de un toro.
Los sincrotones alcanzan dimensiones gigantescas. Las naciones europeas han construido uno en Suiza cuya circunferencia mide 800 m. Los protones son acelerados por un acelerador * lineal antes de ser inyectados en el potente sincrotón, donde adquieren una velocidad próxima de la de la luz con asombrosa rapidez, ya que la aceleración dura poco más de un segundo, en cuyo tiempo las partículas recorren en el interior del toro una distancia del orden de 300 000 km. El número de protones acelerados disponibles a la salida del aparato es de unos 400 000 millones y la energía de cada uno de ellos es de 25 000 millones de voltios. El choque violento de estos proyectiles con los átomos de las pantallas o de las cámaras de ionización da lugar a numerosos fenómenos que permiten estudiar la naturaleza íntima de la materia. (V. ACELERADOR y BURBUJA.)

el **sincrotrón** francés "Saturno", de 3 000 millones de electronvoltios

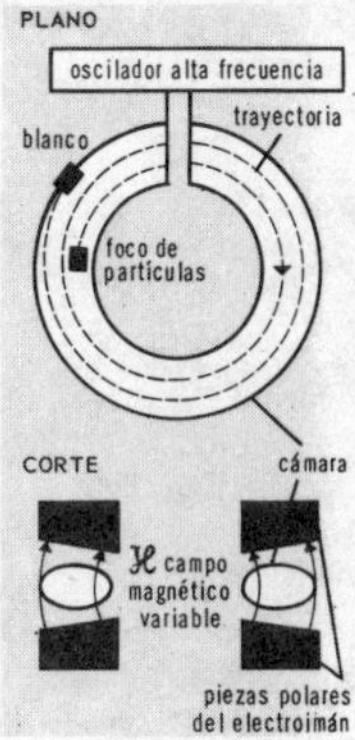

representación esquemática de un **sincrotrón**

SINEMURIENSE adj. y s. *Geol.* Uno de los pisos inferiores del período jurásico, cuyos terrenos datan de unos 145 millones de años. (V. ESTRATIGRAFÍA.)

SINÉRESIS f. *Quím.* Fenómeno que se observa en la coagulación de las disoluciones coloidales, la cual es seguida durante un tiempo más o menos prolongado de una exudación del líquido contenido por el coágulo o jalea, y éste, al mismo tiempo que endurece, disminuye progresivamente de volumen.

SINGAR v. *Mar.* Propulsar la embarcación con un solo remo, llamado espadilla, armado en la popa y al cual se confiere un movimiento alterno transversal, según una trayectoria en forma de 8, acompañado de oscilaciones sobre su propio eje. (Sinón. CINGLAR, ESPADILLAR, SILGAR.)

SINGLADURA f. *Mar.* Distancia recorrida en 24 horas por un barco que sigue determinado rumbo.

SINGULARIDAD f. *Meteor.* Acaecimiento, a la misma época del año, de un tipo de tiempo fuera de sazón, característico y de poca duración: *durante el veranillo de San Martín (hacia el 11 de noviembre) es frecuente que exista en Europa occidental un tiempo apacible y soleado.*

SINGULETE m. *Ópt.* Dícese, por oposición a multiplete, de la raya del espectro que, por grande que sea el poder separador de los instrumentos, sigue observándose como una raya única.

SINÓDICO, CA adj. *Astr.* Dícese del tiempo que tarda un planeta en volver a hallarse en oposición o en conjunción con el Sol. ‖ *Mes sinódico,* v. MES.
— Para que se reproduzcan la conjunción o la oposición, es necesario que la Tierra efectúe una vuelta completa de su órbita más la fracción de vuelta necesaria para hallarse de nuevo en la misma situación relativamente al planeta considerado, que, durante dicho tiempo, se ha movido también en su órbita. El tiempo que invierte la Tierra en cumplir su revolución, más el referido suplemento, constituye la revolución sinódica del planeta, y es tanto mayor cuanto más cercano sea el astro considerado (787 días en el caso de Marte, 367 días solamente en el de Neptuno).
El mismo fenómeno ocurre en lo que respecta a la revolución de los satélites en torno de los planetas: *la revolución sinódica de la Luna es de 29 d 12 h 44 mn 3,8 s.*

SINÓPTICO, CA adj. Que permite abarcar con la vista todas las partes o datos esenciales de un conjunto: *cuadro sinóptico de los derivados del petróleo.*
— *Meteor. Meteorología sinóptica,* v. METEOROLOGÍA.

SINTAN m. *Curt.* Nombre genérico de los curtientes artificiales que se obtienen a partir de derivados sulfonados de los compuestos aromáticos que se condensan con formol: *las sintanes tienden*

Fot. J.-P. Sudre-C. E. A.

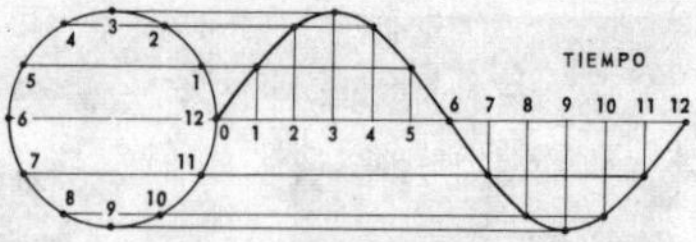

método para trazar una **sinusoide** a partir de una circunferencia

*cada vez más a reemplazar a los curtientes * vegetales.*

SINTERIZADO, DA adj. *Metal. Metal sinterizado*, v. CERMET y FRITADO.

SINTÉTICO, CA adj. Relativo a la síntesis. ‖ Obtenido por síntesis: *las hormonas sintéticas superan en ciertos casos a las naturales.*

SÍNTESIS f. Composición o reconstrucción de un todo a partir de sus constituyentes tomados separadamente.
— *Art. gráf., Fot.* y *Ópt. Síntesis aditiva, síntesis de los colores complementarios, síntesis substractiva*, v. COLOR.
— *Quím.* Operación inversa del análisis, consistente en combinar cuerpos simples para formar compuestos (*síntesis total*) o cuerpos compuestos para obtener otros más complejos (*síntesis parcial*).
— Las células de los animales y los vegetales efectúan constantemente la *síntesis* de las substancias necesarias para la formación de los distintos tejidos y entretenimiento de los mismos. Con dicho fin separan y vuelven a combinar los elementos de las materias ingeridas, tomadas del aire o absorbidas por las raíces, según el caso. La energía necesaria para efectuar estas transformaciones es suministrada, ya por la combustión en los organismos animales de una parte de los alimentos, ya por el sol (fotosíntesis *) en el caso de los vegetales. La química moderna ha demostrado, contrariamente de lo que antes se creía, que se puede efectuar la síntesis de las substancias orgánicas fuera de los organismos, o sea sin intervención de ninguna *fuerza vital.*
La síntesis de un compuesto no debe considerarse como la simple mezcla de sus componentes. Por ejemplo, si bien la fórmula del ácido sulfúrico es H_2SO_4, no basta con introducir en un recipiente dos átomos de hidrógeno y cuatro de oxígeno por cada uno de azufre para que los átomos se unan y den moléculas del referido ácido. Las síntesis suelen ser, por el contrario, complicadas y muchas veces requieren la formación de cuerpos intermediarios mediante operaciones efectuadas a temperaturas y presiones apropiadas, en ciertos casos en presencia de catalizadores. (V. por ej. AMONIACO y SULFÚRICO.)
La síntesis industrial puede tener por objeto la producción de un cuerpo raro en la naturaleza, o la obtención de un producto más barato que el producto natural. Pero las más de las veces se propone la fabricación de compuestos orgánicos mejores que los naturales o inexistentes en la naturaleza. Al principio, dichos productos fueron considerados como sucedáneos de los productos naturales y de calidad inferior a la de éstos; hoy, numerosos colorantes, medicamentos, plásticos, perfumes, fibras textiles y otras materias de uso corriente y de características no igualadas por los correspondientes productos naturales atestiguan que las denominaciones de sintético o artificial * no tienen necesariamente carácter peyorativo.

SINTETIZAR v. Efectuar una síntesis.
— *Quím.* Preparar un compuesto por síntesis.

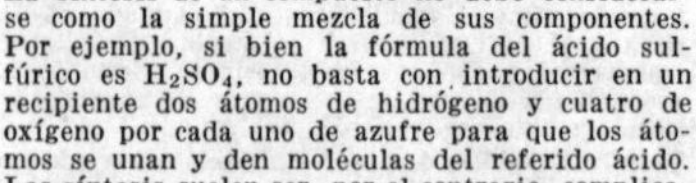

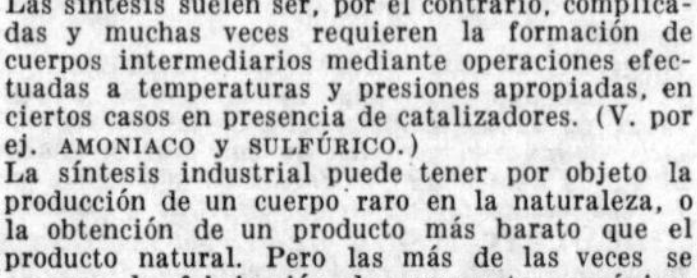

sirena

SINTOL m. *Quím.* Aceite sintético que resulta de la hidrogenación catalítica, y a presión, del óxido de carbono.

SINTONÍA f. *Radiot.* Acorde perfecto de la frecuencia de un radiorreceptor con la de una emisora. (V. RESONANCIA.)

SINTONIZACIÓN f. Acción de sintonizar.

SINTONIZAR v. *Radiot.* Regular con el botón de sintonía el circuito oscilante de un radiorreceptor para que su frecuencia propia coincida con la de la emisora que se desea captar, y obtener así una buena recepción. (V. OJO *mágico* y RESONANCIA.)

SINUOSIDAD f. *Hidr.* Vuelta o recodo de un curso de agua, no solamente si se trata de un meandro *, sino también cuando resulta de la estructura accidentada del terreno.

SINUSOIDAL adj. De forma semejante o parecida a la de la sinusoide.
— *Fís.* Dícese de aquellos fenómenos cuyas variaciones en función del tiempo, al ser expresadas gráficamente, dan una sinusoide: *las corrientes alternas suelen ser sinusoidales.*

SINUSOIDE f. *Geom.* Curva plana que representa en coordenadas cartesianas los valores sucesivos del seno de un arco a partir de 0°, adoptando como abscisas los valores crecientes del arco y como ordenadas los valores de los senos.
— La *sinusoide* tiene mucha importancia como representación gráfica de la oscilación armónica más común entre los fenómenos naturales: las ondas electromagnéticas, las corrientes alternas, los movimientos pendulares, etc., expresados gráficamente en función del tiempo, dan sinusoides (V. ONDA.)
La sinusoide se puede trazar sin cálculos a partir de la circunferencia, dividiendo ésta en partes iguales con un número suficiente de puntos y proyectándolos horizontalmente a ambas partes de un eje que no es sino la prolongación del diámetro horizontal. En este eje se marcan divisiones proporcionales al tiempo o a la longitud de los arcos limitados en la circunferencia por los puntos. La perpendicular levantada en cada división corta el segmento de su correspondiente punto de la circunferencia y cada intersección es a su vez un punto de la sinusoide. (V. *figura.*)

SIRCA f. *Min. Amer.* Veta metalífera.

SIRENA f. *Acúst.* Aparato en el cual la rápida interrupción de un chorro de aire comprimido o de vapor engendra un sonido potente que se emplea como señal de alarma, para indicar las horas de entrada y salida en las fábricas, y para otros usos.
— El principio de la *sirena* es el siguiente: un disco giratorio lleva en su periferia una serie de perforaciones que pasan sucesivamente ante una boquilla por la cual sale aire o vapor a presión. Al hacer girar el disco, el chorro fluido es interrumpido gran número de veces, cada una de las cuales da lugar a una vibración sonora. Consiguientemente, el sonido resultante será tanto más agudo (o sea de mayor frecuencia) cuanto más velozmente gire éste (la frecuencia del sonido es el producto del número de orificios por las revoluciones que da el disco en un segundo).
La sirena se emplea a veces a modo de diapasón para medir la altura de un sonido. Basta hacerla funcionar con velocidad creciente hasta que su propio sonido se halle al unísono con el que se desea medir: un taquímetro indica en ese instante la velocidad de la sirena y permite calcular la frecuencia correspondiente.

SIRGA f. *Mar.* Navegación a remolque mediante una estacha o maroma, también llamada *sirga*, que se tira de tierra por un *camino de sirga* a lo largo de la orilla.

SIRGAR v. *Mar.* Remolcar una embarcación a la sirga. (Sinón. SILGAR.)

SIRGO m. *Text.* Tela de seda, especialmente la de ligamento de sarga.

SIRIO, estrella alfa o principal de la constelación del Can Mayor y la más brillante del firmamento (magnitud —1,6), así como una de las más próximas a la Tierra (8,6 años de luz). Alrededor de *Sirio,* gravita una pequeña estrella del tipo de las enanas blancas (v. ESTRELLA) con un período de revolución de 49 años. Este *Compañero de Sirio,* de la décima magnitud, es notable por la densidad de su materia, que es unas 50 000 veces superior a la del agua. También reviste cierta importancia la observación de

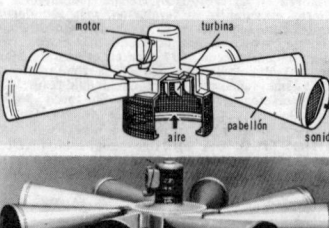

un ligero corrimiento de sus rayas espectrales hacia el rojo, previsto por la teoría de la relatividad en el caso de las estrellas a la vez pequeñas y muy densas.

SIROPE m. *Ind. alim.* Galicismo por *almíbar* o *jarabe de azúcar.*

SIRUPOSO, SA adj. Dícese de los líquidos que tienen aspecto o consistencia de jarabe.

SISA f. *Art. y of.* Mordiente de ocre, bermellón y aceite de linaza que sirve a los doradores para fijar los panes de oro.
— *Pint.* Mano de cola que se da a las superficies muy absorbentes antes de aplicar la pintura al temple.

SISAL m. *Text.* Fibra textil del agave o pita * ‖ Nombre dado impropiamente al *abacá.*

secadero de **sisal**

SISAR v. *Art. y of.* Dar sisa los doradores a las superficies que han de dorar.

SISERSQUITA f. *Miner.* Variedad de iridosmina.

SISGA f. *Mar.* Sirga.

SISMAL adj. *Geof.* Dícese de la línea a lo largo de la cual se han sucedido las sacudidas en el curso de un terremoto. (Sinón. SEISMAL.)

SISMICIDAD f. *Geof.* Grado de frecuencia o de intensidad de los sismos que tienen lugar en una zona determinada: *Chile se halla en una región de elevada sismicidad.* (Sinón. SEISMICIDAD.)

SÍSMICO, CA adj. *Geof.* Relativo a los terremotos. (Sinón. SEÍSMICO.) ‖ *Prospección sísmica,* v. PROSPECCIÓN.

SISMISMO m. *Geof.* Los fenómenos sísmicos considerados en su conjunto. (Sinón. SEISMISMO.) ‖ Sismicidad.

SISMO m. *Geof.* Movimiento brusco, sacudida o sucesión de vibraciones de la corteza terrestre. (Sinón. SEÍSMO Y TERREMOTO.)
— Es suficiente observar un sismograma * para comprobar que la corteza terrestre se halla sujeta a vibraciones constantes de escasa amplitud, muchas veces provocadas por causas externas (v. MICROSISMO). También registra el gráfico la llegada o el paso de oscilaciones más intensas engendradas en el seno de la Tierra por alguna de las tres causas siguientes: 1.ª desplome o hundimiento de grandes cavidades subterráneas; 2.ª violentos golpes de ariete por obturación de los conductos naturales en los que se agolpan la lava o los vapores volcánicos; 3.ª movimientos tectónicos en el seno de la corteza terrestre provocados, ya por el establecimiento de un nuevo equilibrio isostático (v. ISOSTASIA), ya por la dislocación de la roca cuando ésta alcanza su límite de elasticidad a proximidad de una falla y una vez que los bordes de la misma se han ido desnivelando lenta e imperceptiblemente.
Los terremotos de hundimiento pueden producirse en todas partes y sus efectos quedan muy localizados. Los terremotos volcánicos ocurren con frecuencia en períodos de actividad de un volcán, incluso si éste no entra en erupción, ya que en ciertos casos el terremoto puede ser la manifestación de una erupción abortada. Estos terremotos no suelen ser tampoco muy intensos.
Los terremotos tectónicos son los más numerosos e importantes y ocurren a lo largo de las grandes fracturas de la corteza terrestre, junto a las cordilleras que se hallan aún en curso de plegamiento y en las profundas depresiones oceánicas.
Las zonas de mayor sismicidad del Globo son: 1.ª toda la costa occidental de América (especialmente Chile) y las costas asiáticas del Pacífico (sobre todo el Japón y las Islas de la Sonda); 2.ª las Antillas; 3.ª una línea que se extiende desde Marruecos y Lisboa hasta el Himalaya e Indonesia, pasando por los Cárpatos, Asia Menor e Irán; 4.ª las simas profundas de los océanos, etc.
El punto de la corteza en que se produce el fenómeno original se llama foco o hipocentro, y el punto de la superficie situado a la vertical del mismo es el epicentro. Las más de las veces, el foco se halla a menos de 50 km de profundidad. Los sismos más profundos (se han identificado focos hasta a 700 km) son perceptibles en regiones más extensas de la superficie, pero no surten efectos muy destructivos en la mayoría de los casos.

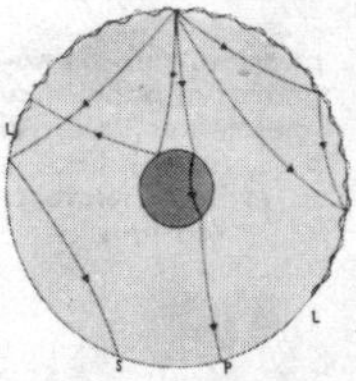

sismo: propagación de las ondas sísmicas

grieta abierta por el **sismo** de San Francisco, en 1957

sismo de 1962, en Irán

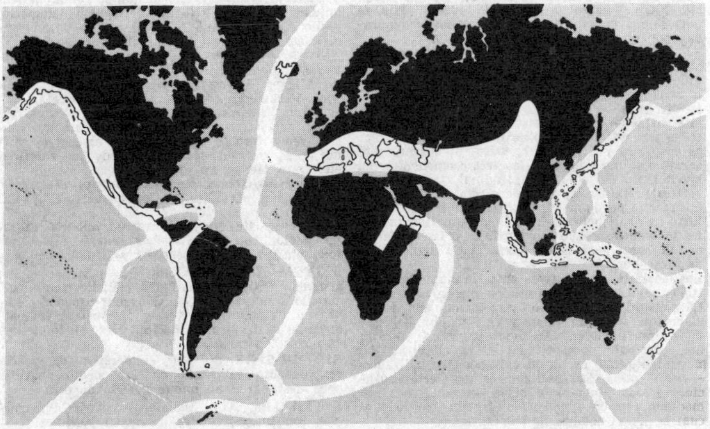

zonas de elevada **sismicidad** *(en blanco)*

Fot. A. Robillard, A. F. P.

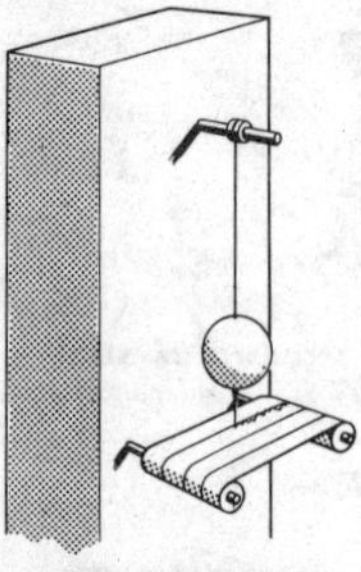

principio del **sismógrafo:** el papel y su soporte oscilan; el peso suspendido y su estilete permanecen fijos

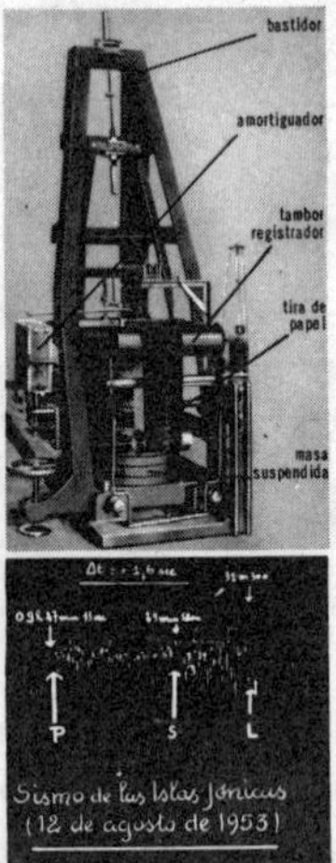

sismógrafo y sismograma

Al producirse el fenómeno tectónico, la perturbación engendrada por el mismo se propaga en forma de ondas que pueden ser de tres clases: 1.ª ondas P, internas y longitudinales, que son las primeras que llegan a la superficie en los lugares alejados; 2.ª ondas S, internas y transversales, que son detectadas en segundo lugar; 3.ª ondas L o largas, que se propagan por la superficie con longitud de onda mayor que la de las anteriores.
La velocidad de propagación de las ondas internas depende de la elasticidad de la roca y como la misma aumenta con la profundidad, las referidas ondas son refractadas y su trayectoria es cóncava. Las ondas P y S se propagan a razón de 7,5 a 14 km/s y 4 a 7,5 km/s, respectivamente, mientras que la velocidad de las ondas L es de unos 4 km/s.
Según el tiempo transcurrido entre la llegada de las tres ondas a las estaciones sismográficas, se calcula con una aproximación suficiente la posición geográfica del epicentro y la profundidad del foco. Por otra parte, como las ondas internas experimentan también reflexiones, especialmente en el límite del núcleo del Globo, su estudio permite sacar deducciones útiles sobre la constitución interna del planeta. (V. TIERRA y PROSPECCIÓN *sísmica*.)
Un sismo puede ser precedido de pequeños temblores de tierra premonitorios. Desgraciadamente nuestro conocimiento de estos fenómenos no permite todavía afirmar el carácter precursor de los mismos, lo cual podría salvar no pocas vidas humanas. Por el contrario, un sismo importante suele ser seguido de otros de intensidad decreciente (réplicas o sacudidas secundarias), hasta que se haya consumado un nuevo equilibrio del terreno perturbado.
Los sismos importantes abren en el suelo grietas que miden a veces centenares de kilómetros de longitud, producen levantamientos y hundimientos del terreno y sus sacudidas provocan el desmoronamiento de las construcciones. No obstante los edificios de hormigón armado resisten bastante bien, sobre todo si se han construido en previsión de los sismos (construcción sobre una losa convenientemente armada; extremo de las vigas armado con los muros, en vez de ser simplemente empotrado o sobrepuesto a los mismos, etc.).
Los terremotos que tienen su epicentro en el fondo del mar se llaman maremotos. Si son muy intensos pueden engendrar olas * locas gigantescas que, al llegar a las costas, provocan graves estragos.

SISMOGÉNICO adj. *Geof.* Que causa un sismo o terremoto: fractura sismogénica de la corteza terrestre. (Sinón. SEISMOGÉNICO.)

SISMOGRAFÍA f. *Geof.* Conjunto de procedimientos relativos al empleo de los sismógrafos y a la interpretación de los sismogramas. (Sinón. SEISMOGRAFÍA.)

SISMÓGRAFO m. *Geof.* Instrumento que registra los movimientos del suelo cuando éste es perturbado por el paso de las ondas engendradas por un sismo. (Sinón. SEISMÓGRAFO.)
— El *sismógrafo* se funda en la inercia de una masa suspendida elásticamente de un bastidor rígido y solidario del suelo: cuando éste se mueve, la masa conserva su posición; consiguientemente, la distancia entre ambos elementos experimenta una variación que es registrada en un papel arrastrado por un mecanismo de relojería. Según como se suspenda y disponga la masa, el aparato será sensible a una u otra de las tres componentes del movimiento del suelo (longitudinal, transversal y vertical). Así, pues, una buena estación sismológica necesita por lo menos tres sismógrafos, y en realidad ha de disponer de un número superior, porque los instrumentos que son sensibles a las oscilaciones de corto período, no sirven para detectar las de largo período.
Los movimientos relativos entre la masa y el bastidor pueden ser amplificados mecánica o eléctricamente. En el método más común, uno de los elementos lleva un imán y el otro una bobina; la acción inductora de aquél engendra en ésta una corriente, proporcional a la amplitud del movimiento, que excita un galvanómetro indicador.
— *Obr. públ.* Las oscilaciones de ciertos edificios, presas, puentes y otras construcciones son medidas con un *sismómetro* de corto período al cual se da el nombre de *trepidómetro.*

SISMOGRAMA m. *Geof.* Gráfico dado por un sismógrafo en el cual aparecen, para un sismo dado, primeramente las ondas P, luego las ondas S y finalmente las ondas L, cuyo significado se explica en el art. SISMO. (Sinón. SEISMOGRAMA.)

SISMOLOGÍA f. *Geof.* Parte de la geofísica que trata de los sismos y de los movimientos vibratorios del suelo en general. (Sinón. SEISMOLOGÍA.)

SISMÓMETRO m. *Geof.* Aparato análogo al sismógrafo, pero empleado para observaciones directas, o sea sin grabación de sismogramas. (Sinón. SEISMÓMETRO.)

SISTEMA m. Reunión de reglas o principios que forman un todo homogéneo: *sistema de señales.* ‖ Procedimiento o conjunto de procedimientos: *nuevo sistema de aterrizaje sin visibilidad.* ‖ Conjunto de mecanismos. (V. más abajo *Mec.*)
— *Astr.* *Sistema planetario* o *solar,* conjunto formado por el Sol * y todos los astros que gravitan alrededor del mismo (planetas *, asteroides *, satélites * y cometas *).
— *Atom.* *Sistema clásico,* sistema de partículas atómicas en el cual la energía de las mismas puede experimentar variaciones continuas y tener cualquier valor. ‖ *Sistema cuantificado,* sistema de partículas cuya energía sólo puede tener determinados valores y, consiguientemente, varía de modo discontinuo (en cierto modo como varía la energía potencial de una bola que cae por los escalones de una escalera y que sólo puede ocupar en ella determinados niveles. (V. CUANTO.)
— *Geogr.* Conjunto de montañas que forman una o varias cordilleras afines por sus orígenes y su ubicación: *sistema andino, sistema penibético.*
— *Geol.* Subdivisión estratigráfica que no es sino un período * geológico considerado desde el punto de vista de su fauna, su flora y su pasado orogénico. ‖ *Sistema cristalográfico,* v. CRISTALOGRAFÍA.
— *Geom.* *Sistema de coordenadas,* v. COORDENADA.
— *Mat.* *Sistema binario* o *dual,* v. NUMERACIÓN *binaria.* ‖ *Sistema decimal,* v. NUMERACIÓN *decimal.* ‖ *Sistema de ecuaciones,* conjunto de ecuaciones que tienen soluciones comunes. ‖ *Sistema de logaritmos,* v. LOGARITMO. ‖ *Sistema de numeración,* v. NUMERACIÓN.
— *Mec.* Conjunto de elementos mecánicos que contribuyen a una misma acción: *el sistema de engranajes de una fresadora.* ‖ *Sistema articulado,* v. ARTICULADO.
— *Meteor.* *Sistema nuboso,* conjunto formado por las distintas clases de nubes que acompañan a una perturbación. (V. CICLÓN y NUBE.)
— *Metr.* *Sistema de unidades,* conjunto coherente de unidades de medida. (V. UNIDAD.) ‖ *Sistema cegesimal* o *sistema C. G. S.,* véase C. G. S. ‖ *Sistema Giorgi,* sistema M. K. S. A. * ‖ *Sistema internacional,* el que se funda en seis unidades: metro, kilogramo, segundo, amperio, grado Kelvin y candela, y ha sido adoptado oficialmente para las relaciones internacionales. (V. UNIDAD.) ‖ *Sistema métrico decimal,* v. MÉTRICO. ‖ *Sistema M. K. S. A.,* véase M. K. S. A.
— *Miner.* *Sistemas cristalinos* (cuádrico, cúbico, hexagonal, etc.), v. CRISTALOGRAFÍA.
— *Ópt.* *Sistema óptico,* conjunto de lentes *, espejos, prismas u otros elementos ópticos que contribuyen a formar una imagen, y el cual es calificado de *sistema centrado* cuando los referidos elementos tienen un eje óptico común.
— *Quím.* *Sistema periódico de los elementos,* clasificación periódica de los mismos. (V. ELEMENTO.)
— *Radiot.* Red de radiocomunicaciones, radionavegación, etc. ‖ *Sistemas consol, decca, loran,* etc., v. los respectivos artículos.

SISTEMÁTICO, CA adj. que pertenece a un sistema. ‖ Que es realizado metódicamente, con arreglo a un sistema. ‖ Que se reproduce siempre en el mismo sentido y circunstancias: *numerosos instrumentos indican las medidas con un error * sistemático.*

SISTER-SHIP m. *Mar.* Expresión inglesa corrientemente empleada en los medios navales para designar a un buque gemelo de otro.

SÍSTILO m. *Arq.* Monumento y otra construcción con intercolumnios de cuatro módulos.

Fot. Cie générale de Géophysique

SITOGONIÓGRAFO m. *Arm.* Instrumento de puntería que se fija en los cañones antiaéreos y que determina en el mismo una ligera diferencia angular entre la línea de fuego (que prolonga el eje del cañón) y la línea de mira, de modo que mientras el apuntador sigue con el visor al avión, el cañón apunta no ya en su dirección actual, sino en la que ocupará instantes después, al llegar el proyectil.
SITOGONIÓMETRO m. *Arm.* Instrumento para medir el ángulo que forma el horizonte con la línea de tiro de una pieza de artillería.
SITUACIÓN f. Posición geográfica en que se hallan un barco, un avión, una ciudad u otra cosa, determinada por su latitud * y su longitud *.
— *Aeron.* y *Mar. Luces de situación,* v. LUZ.
SIZIGIA f. *Astr.* Sicigia.
SKI m. Esquí.
SKIATRÓN m. *Radiot.* Esquiatrón.
SKIP m. *Transp.* Elevador volcador *.
SLEEPING m. *F.c.* Coche cama. (V. VAGÓN.)
SLOOP m. *Mar.* Barco pequeño de cabotaje provisto de un solo palo con su correspondiente vela más un foque que suele ser amarrado a proa y, en este caso, no requiere botalón.
SLUICE m. *Min.* Canalón de madera, que puede medir 100 ó más metros de largo, con ligera pendiente, en uno de cuyos extremos vierte la draga las arenas o lodos auríferos, los cuales son arrastrados por el agua, mientras que las pepitas de oro, más pesadas, caen al fondo y son retenidas por unos listoncillos dispuestos transversalmente.
Sm, símbolo químico del *samario.*
SMITHSONITA f. *Miner.* Esmitsonita.
Sn, símbolo químico del *estaño.*
sn, símbolo del *estenio* o *esteno.*
SNORKEL m. *Mar.* Esnórquel.
S. N. P. m. *Quím.* Potente insecticida, empleado en agricultura, cuya designación química es *tiofosfato de dietilo y de paranitrofenilo.*
SO., abreviatura de *Sudoeste* (en la rosa de los vientos y en cartografía es también de uso corriente la forma inglesa SW.).
SOBARBO m. *Mec.* Álabe.
SOBINA f. *Carp.* Clavija * o clavo de madera.
SOBRADIL m. *Carp.* Resto sobrante después de haber aserrado una tabla o un listón.
SOBRADILLO m. *Arq.* Marquesina o tejadillo que protege una puerta, una ventana o un balcón.
SOBRADO m. *Arq.* Desván.
SOBRANCERO, RA adj. *Art. y of.* Dícese de la pieza o cosa que tiene un exceso de anchura o de longitud, especialmente entre carpinteros de ribera.
SOBRE m. *Ofic.* Cubierta o funda en que se incluyen las cartas. ‖ *Máquina de abrir sobres,* abrecartas.
SOBRE, prefijo que significa *encima de* y que indica también *exceso* o *suplemento,* como en *sobrecarga.* (V. tb. HIPER y SUPRA.)
SOBREALIMENTACIÓN f. *Mec.* Alimentación de un motor de combustión interna en aire previamente comprimido a una presión superior a la de la atmósfera ambiente.
— La *sobrealimentación* es indispensable en aeronáutica en razón de la rarefacción de la atmósfera, cuya densidad disminuye rápidamente al aumentar la altura. Al no disponer de aire suficiente, el motor va perdiendo potencia y basta con que se eleve a 5 000 m para que la misma quede reducida a 55 % de su valor al nivel del mar. Pero la compresión del aire permite aumentar también la cantidad de combustible de la mezcla carburante admitida en las cámaras de combustión, y así quedan compensados los efectos de la rarefacción.
También se recurre a la sobrealimentación con objeto de aumentar la potencia de los coches de carreras. Claro está que en este caso no se trata de compensar una deficiencia de la alimentación, sino de forzar el motor para obtener la máxima velocidad posible del vehículo.
SOBREALIMENTAR v. *Mec.* Suministrar a un motor de combustión interna aire (para la mezcla carburante) a una presión superior a la de la atmósfera ambiente. (V. SOBREALIMENTACIÓN.)
SOBREANCHURA f. o **SOBREANCHO** m. *F. c.* Suplemento que se agrega al ancho de vía normal en las curvas y que, en ciertos casos, llega a ser de 30 mm.
— *Obr. públ.* Aumento de la anchura de una carretera en los virajes.
SOBREARCO m. *Arq.* Arco * de descarga.
SOBRECALENTADOR m. *Tecn.* Recalentador.
SOBRECALENTAMIENTO m. Recalentamiento.
SOBRECALENTAR v. Recalentar.
SOBRECÁMARA f. *Mar.* Toldilla o cubierta a popa del alcázar de ciertos buques.
SOBRECARGA f. *Art. gráf.* Segunda impresión que se sobrepone a la de un sello de correos, generalmente para indicar un cambio de su valor. ‖ Notas, tablas y otras composiciones especiales que complican y encarecen la composición de un texto ordinario.
— *Electr.* En los motores y aparatos eléctricos, exceso de carga * respecto a la que se ha previsto nominalmente para el buen funcionamiento de los mismos.
— *Tecn.* Carga suplementaria que pueden soportar una construcción, máquina o aparato cualesquiera en algún caso excepcional y que debe de haber sido prevista al calcular la resistencia de sus elementos: *en los países fríos, las construcciones han de poder soportar la sobrecarga de la nieve y el hielo acumulados sobre las mismas.*
SOBRECARGAR v. Imponer una sobrecarga *.
SOBRECARRERA f. *Arq.* y *Carp.* Carrera * de un entarimado que descansa sobre las viguetas y representa el papel de solera.
SOBRECOMPRESIÓN f. *Fís.* Aumento de la comprensión de un cuerpo fluido o pulverulento, ya reduciendo su volumen, ya aumentando su presión a volumen constante.
— *Mec.* Sobrealimentación.
SOBRECONDUCCIÓN o **SOBRECONDUCTIBILIDAD** f. *Electr.* Supraconductibilidad.
SOBRECONDUCTOR, RA adj. y s. *Electr.* Supraconductor.
SOBRECONGELACIÓN f. *Refr.* Congelación * ultrarrápida que se efectúa a temperatura muy baja.
SOBRECUBIERTA f. Segunda cubierta que se pone a una cosa.
— *Art. gráf.* Forro, por lo general ricamente impreso, que se pone a un libro merced a un doblez en cada extremo, ya para hacer más atrayente un volumen encuadernado en rústica, ya para proteger una encuadernación de calidad.
SOBREDINTEL m. *Arq.* Revestimiento ornamental con que se cubre un dintel.
SOBREDIRIGIDO, DA adj. *Autom.* Dícese del automóvil que tiende a ampliar las perturbaciones de su trayectoria provocadas por las irregularidades de la carretera o por las maniobras del conductor: *un coche normal puede mostrarse sobredirigido si tiene la carga irregularmente dispuesta o los neumáticos mal inflados.*
SOBREDORADO, DA adj. *Metal.* Dícese del metal revestido con una capa de oro o de alguna liga que imite al oro: *medalla de cobre sobredorado.* ‖ Dícese también de la joya u objeto de orfebrería al cual se aplica una capa de oro sobre otra ya existente.
SOBREEDIFICAR v. *Arq.* Edificar sobre una construcción ya existente.
SOBREEXPONER v. *Fot.* Someter una emulsión fotográfica a una exposición * demasiado prolongada.
SOBREEXPOSICIÓN f. *Fot.* Acción y efecto de sobreexponer. (V. EXPOSICIÓN.)
SOBREFUSIBLE adj. *Fís.* Dícese del cuerpo que, en determinadas condiciones, puede permanecer líquido a una temperatura inferior a su punto de fusión. (V. SOBREFUSIÓN.)
SOBREFUSIÓN f. *Fís.* Propiedad de los cuerpos sobrefusibles.
— Entre los cuerpos susceptibles de hallarse en *sobrefusión* (glicerina, fósforo, etc.), el agua constituye un excelente ejemplo. Basta aislar una gota de agua en el aire (cubriéndola de aceite, aislándola en el seno de un líquido de igual densidad, etc.) para que su temperatura pueda descender hasta — 10º sin que se congele. No obstante, la sobrefusión es una forma de equilibrio metastable (v. ESTADO) y basta con dar un golpe al recipiente o introducir en el líquido un granito de la misma materia al estado sólido (hielo, en el caso del agua) u otro cuerpo

sloop

sobreimpresión en una película cinematográfica

isomorfo, para que se solidifique aquél con aumento de su temperatura.

SOBREGENERADOR, RA adj. *Atom. Reactor sobregenerador*, v. REACTOR.

SOBREHELAR v. Sobrecongelar.

SOBREHILAR v. *Text.* Dar mayor torsión a un hilo para hacerlo más fino. || Dar puntadas a lo largo de la orilla de una tela para evitar que se deshilache.

SOBREIMPRESIÓN f. *Fot.* y *Cin.* Impresión de dos o más imágenes diferentes en la misma prueba fotográfica, o en el mismo cuadro de la película cinematográfica, la cual puede ser accidental (por haberse expuesto dos o más veces la misma emulsión) o intencional (por representar, por ejemplo, la cabeza de un personaje y la imagen de un sueño o de las ideas que pasan por la misma), empleándose también para obtener ciertos trucos, cuales son: situar un personaje en un paisaje donde jamás se ha hallado, hacer representar a un solo artista dos papeles diferentes en una misma escena, etc

SOBRELECHO m. *Arq.* Cara inferior de un sillar, que se asienta sobre la hilada precedente.

SOBREMODULACIÓN f. *Radiot.* Defecto de modulación * que se produce cuando la corriente moduladora (procedente del micrófono, magnetófono, tocadiscos, cámara de televisión, etc.) rebasa en sus crestas la amplitud de la onda portadora, en cuyo caso existe distorsión de los sonidos o de las imágenes a la recepción.

SOBREMOLDE m. Molde que se toma de un objeto moldeado y no de su modelo.

SOBREMOLDEAR v. Moldear con sobremolde.

SOBREMULTIPLICACIÓN f. *Autom.* V. CAMBIO *de velocidades.*

SOBREMULTIPLICADO, DA adj. *Autom. Velocidad sobremultiplicada*, v. CAMBIO *de velocidades.*

SOBREOXIDACIÓN f. *Quím.* Transformación de un óxido en peróxido.

SOBREOXIDAR v. *Quím.* Fijar una cantidad suplementaria de oxígeno.

SOBREOXIGENAR v. *Quím.* Aumentar la proporción de oxígeno contenida por un cuerpo: *en siderurgia se sobreoxigena el aire destinado a los hornos, aumentando así considerablemente su rendimiento y reduciendo el consumo de coque.*

SOBREQUILLA f. *Mar.* Pieza dispuesta de proa a popa sobre la quilla *, fuertemente unida a ella para aumentar su resistencia y consolidar sus uniones con las cuadernas.

SOBRERREGENERADOR, RA adj. *Atom. Reactor sobrerregenerador, pila sobrerregeneradora*, v. REACTOR.

SOBRERRODA f. *Mar.* Prolongación de la sobrequilla a lo largo de la roda *, por el interior del casco.

SOBRESALADO, DA adj. Dícese de las aguas que, como las del Mar Muerto, contienen más sales que las de los océanos.

SOBRESATURACIÓN f. *Fís.* Acción y efecto de sobresaturar un líquido.
— *Magn. Sobresaturación magnética*, estado de un imán al cual una influencia mecánica puede hacer perder una parte de su imantación.

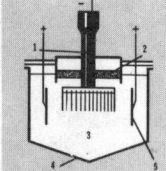

preparación del **sodio**
1. Cátodo; 2. Sodio; 3. Sosa fundida; 4. Cuba de hierro; 5. Ánodo

SOBRESATURANTE adj. *Fís. Vapor sobresaturante*, v. VAPOR.

SOBRESATURAR v. *Quím.* Rebasar la concentración de materia disuelta que corresponde a la saturación por la misma de una disolución *.

SOBRESOLAR v. *Art. y of.* Poner una suela nueva sobre la vieja del calzado.
— *Constr.* Solar un suelo aplicando el revestimiento sobre un pavimento ya existente.

SOBRETENSIÓMETRO m. *Electr.* Instrumento para medir sobretensiones en bobinas y circuitos de alta frecuencia.

SOBRETENSIÓN f. *Electr.* Elevación anormalmente grande de la tensión de una línea o circuito eléctrico debido a alguna interrupción o restablecimiento de la continuidad de los mismos, a descargas atmosféricas, a la acumulación de electricidad estática, etc., que podría destruir el aislante de los conductores y causar averías, en caso de no adoptarse medidas preventivas en los aparatos eléctricos. (V. PARARRAYOS y DISYUNTOR.)

SOBREVELOCIDAD f. Velocidad anormalmente grande de un vehículo, motor, turbina, etc., como la que pueden alcanzar los aviones en picado y que, de rebasar la velocidad * crítica, puede provocar la destrucción del aparato: *las sobrevelocidades de las turbinas se deben generalmente a un funcionamiento defectuoso del regulador.*

SOBREVOLTADO, DA adj. *Fot. Lámpara sobrevoltada*, v. LÁMPARA.

SOBREVOLTAJE m. *Electr.* Sobretensión, que es como debe decirse.

SOCALCE m. *Arq.* Refuerzo puesto a la obra socalzada.

SOCALZAR v. *Arq.* Reforzar en su base los edificios, puentes u otras construcciones que amenazan ruina.

SOCARRÉN m. *Arq.* Alero del tejado.

SOCARRENA f. *Arq.* Entrevigado. || Hueco entre dos maderos del suelo o del tejado.

SOCAVAR v. *Constr.* y *Min.* Excavar una cosa por debajo para que se desplome (v. MINA) o para dejarla en falso.

SODA f. *Ind. alim.* Bebida refrescante constituida por agua cargada de gas carbónico y aromatizada y endulzada con algún jarabe de fruta.
— *Miner.* Natrita.
— *Quím.* Nombre empleado impropiamente por *sosa.*

SODADO, DA adj. *Quím.* Que contiene sodio o sosa. || *Cal sodada*, cal apagada en una disolución de sosa cáustica.

SODAMIDA f. *Quím.* Amiduro * de sodio.

SODDITA f. *Miner.* Silicato de uranio que llega a contener hasta 85 % de óxido de este metal. (Sinón. SODITA.)

SODDY *(Ley de)*, ley sobre la filiación de los elementos radiactivos, según la cual: 1.º la transformación de un cuerpo radiactivo por emisión de rayos alfa lo hace retroceder de dos casillas en la tabla periódica de los elementos al disminuir en dos unidades su número atómico; 2.º si la transformación da lugar a la emisión de rayos beta, el cuerpo gana una unidad en su número atómico y adelanta de una casilla en la tabla. (V. RADIACTIVIDAD y ELEMENTO.)

SÓDICO, prefijo empleado en química para indicar la presencia de sodio en una sal doble: *sal sodicopotásica.*

SÓDICO, CA adj. *Quím.* Relativo al sodio. || Que contiene sodio: *sal sódica.*

SODIO m. *Quím.* Elemento simple de número atómico 11, cuyo símbolo es *Na* (porque primitivamente se le dio el nombre de *natrio*).
— El *sodio* es un metal alcalino cuyas principales constantes físicas son: densidad 0,971 (consiguientemente, es menos pesado que el agua); temperaturas de fusión y de ebullición, 97,5º y 880º, respectivamente; masa atómica, 22,990 (además del isótopo natural de masa 23, se conocen 6 radioisótopos artificiales de masas 22 a 26, uno de los cuales, $_{24}Na$, se emplea en biología, gammagrafía e investigaciones científicas). El sodio es un metal muy blando y maleable, que presenta un color blanco al cortarlo, pero obscurece al ser rápidamente oxidado por el aire (para evitar los ataques de la atmósfera se conserva en recipientes, sumergido en aceite de vaselina o en otros hidrocarburos. Al ser muy oxidable es

Fot. U. F. A.

también un reductor enérgico, y lo es de tal modo que al entrar en contacto con el agua fría la descompone rápidamente, formando sosa y desprendiendo hidrógeno. Se une con la mayor parte de los metaloides, con los halógenos y el azufre, y se disuelve en el mercurio.
Este elemento es muy abundante en la naturaleza, pues la corteza terrestre lo contiene en la proporción de 2,40 % y el agua del mar en la de 1,17 %: Se prepara industrialmente por electrólisis de la sosa o del cloruro de sodio fundidos, y también reduciendo con carbón el carbonato de sodio.
Las principales aplicaciones del sodio son: 1.ª la fabricación del tetraetilato de plomo (v. ANTIDETONANTE); 2.ª la deshidratación de compuestos orgánicos; 3.ª la reducción en los procesos de preparación del boro y el silicio; 4.ª la fabricación de lámparas * de vapor de sodio, etc. Modernamente se ha empleado también, solo o mezclado con potasio, como fluido caloportador o refrigerador en ciertos reactores * nucleares.
Las *sales de sodio* son casi todas solubles y, al arder, dan una llama amarilla (por lo demás, una de las rayas dobles más brillantes y características del espectro solar la da el sodio en la región amarilla del mismo (v. AMARILLO). Citemos entre dichas sales: 1.ª el protóxido Na_2O que, al unirse con agua, da la sosa * cáustica; 2.ª el bióxido Na_2O_2, que, al ser descompuesto por el agua, desprende oxígeno (v. OXILITA); 3.ª el cloruro de sodio NaCl, que, en forma de sal marina o de sal gema, constituye la principal materia primera para preparar el sodio y los demás compuestos del mismo; 4.ª el hipoclorito * NaClO; 5.ª los sulfuros neutros Na_2S y ácido NaHS, empleados para fabricar polisulfuros; 6.ª el sulfato Na_2SO_4, que se extrae de las aguas madres de las salinas o se prepara conjuntamente con el ácido clorhídrico, y que, además de su uso como purgante, entra en la composición de vidrios; 7.ª el sulfito Na_2SO_3 y el bisulfito $NaHSO_3$, que son reductores y descolorantes; 8.ª el hiposulfito * o tiosulfato, empleado en fotografía; 9.ª el nitrato * de sodio, presente en el caliche y empleado como abono; 10.ª el nitrito $NaNO_2$, que es materia primera para fabricar colorantes diazoicos; 11.ª el carbonato neutro Na_2CO_3, que es la sosa * comercial; 12.ª el bicarbonato $NaHCO_3$ empleado en farmacia y para gasificar bebidas; 13.ª el borato $Na_2B_4O_7$, comúnmente llamado bórax *, etc.

SODIOAMIDA f. *Quím.* Amiduro * de sodio.

SODITA f. *Quím.* Soddita.

SOFIÓN m. *Geol.* Bufador.

SOFITO m. *Arq.* Superficie inferior de un dintel, una cornisa u otros elementos salidizos. ‖ Intradós de un arco.

SOFOMETRÍA f. *Acúst.* y *Telec.* Técnica de medición de los ruidos. (Sinón. PSOFOMETRÍA.)

SOFÓMETRO m. *Telec.* Instrumento para medir tensiones parásitas en las líneas telegráficas o telefónicas.

SOGA f. *Arq.* Cara del sillar o del ladrillo que queda al descubierto en el paramento de la obra. ‖ *A soga,* dícese del ladrillo o del sillar dispuestos longitudinalmente en la obra, o sea con su cara lateral aparente, por oposición a tizón *.
— *Text.* Cuerda de esparto.

SOGUILLA f. *Text.* Trenza delgada de esparto.

SOJA f. *Bot.* e *Ind. alim.* Planta papilionácea (*Glycine hispida, Soja hispida* o *Dolichos soya,* según los autores), también llamada *guisante chino* o *habichuela oleaginosa,* de cuya semilla se extrae un aceite alimenticio, mientras que reducida a harina, da productos dietéticos y alimentos para el ganado.

SOL m. *Quím.* Nombre dado al líquido que contiene una materia dispersada en su masa pero cuyas moléculas no se hallan separadas y disueltas en el mismo (en cuyo caso sería una disolución): *el sol puede ser ya un emulsoide o disolución coloidal, ya un suspensoide o suspensión coloidal.*

SOL m. Cualquier estrella considerada como centro de un sistema planetario. ‖ Radiación luminosa y calorífica procedente del Sol y lugar bañado por ella: *las fotopilas convierten la energía del sol en energía eléctrica; en la Luna existen diferencias considerables de temperatura entre el sol y la sombra.*

SOL, estrella alrededor de la cual gravitan la Tierra y los demás astros del sistema solar (en este caso se escribe con mayúscula). ‖ *Sol de medianoche,* en las regiones polares de latitud superior a 66° 33', Sol que, en el solsticio de verano, no desciende hasta el horizonte y después de haber lucido a medianoche en el punto más bajo de su carrera, vuelve a elevarse en el cielo. (V. NOCHE.)
— A pesar de la enorme energía radiada por el *Sol,* una ínfima parte de la cual basta para entretener la vida de nuestro Globo, dicho astro no es sino una modesta estrella entre los millones de millones de astros semejantes que pueblan el Universo. Es una estrella amarilla, del tipo G5, que figura en la serie principal del diagrama de Hertzprung y Russell (v. ESTRELLA). Su temperatura superficial es de unos 5 750°; el radio de su globo mide 695 000 km, o sea 109 veces más que el radio terrestre, y determina un volumen 1 300 000 mayor que el de nuestro Globo, pero dada la poca densidad del Sol (igual a 1,41 veces la del agua), su masa es relativamente pequeña y equivale a 333 432 veces la de la Tierra. El Sol gira sobre un eje inclinado de 7° 11' respecto al plano de la eclíptica y da una vuelta sobre sí mismo en unos 25 días. En realidad, como su esfera no es rígida, el período de rotación difiere de una latitud a otra y es de 24,9 d en el ecuador; 25,2 a la latitud de 15°; 25,9 a la de 30°; 27,5 a la de 40°, y 34 en las cercanías de los polos.
El Sol es una estrella cuya energía radiante es engendrada por reacciones termonucleares de fusión * (v. BETHE [Ciclo de]). Su actividad experimenta variaciones cíclicas y bruscos paroxismos. La más regular de estas variaciones es un ciclo de 11,1 años, en el curso del cual, durante 6,5 años, aumentan el número y las dimensiones de las manchas y protuberancias solares, para disminuir luego durante otros 4,6 años, observándose en la Tierra cierta correlación con este ciclo de fenómenos, ligados a la intensidad de la insolación.
Por lo demás, la actividad solar se manifiesta diferentemente en las distintas partes en que se divide. Exteriormente nos presenta el Sol su fotosfera *, capa superficial generadora de luz, aparentemente homogénea y en realidad constituida por la yuxtaposición de numerosos puntos brillantes, llamados *granos de arroz.*
En la fotosfera se forman las manchas solares, uno de los fenómenos más curiosos e importantes de cuantos se han estudiado hasta ahora en el Sol. Estas manchas, de forma irregular, constan de una parte central obscura rodeada por una aureola más clara. En realidad, la mancha parece obscura por contraste con el brillo más intenso de la fotosfera, y no porque su superficie sea negra o gris. Se supone que una mancha es un enorme torbellino que tiene por efecto hacer bajar localmente la temperatura de la fotosfera en unos 2 000°. En general las manchas aparecen agrupadas en las latitudes inferiores a 35° y con mayor frecuencia entre los paralelos 10° y 15°; experimentan variaciones de forma y acaban por desaparecer al cabo de varios días o de unas semanas. Como un grupo de manchas puede cubrir una superficie de 200 000 km², se comprende que estos colosales cataclismos puedan ser observados a simple vista (mediante atenuación con

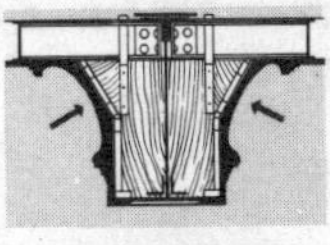

sofito

torre para la observación astronómica del Sol

Sol
[v. tb. frontispicio pág. 908]

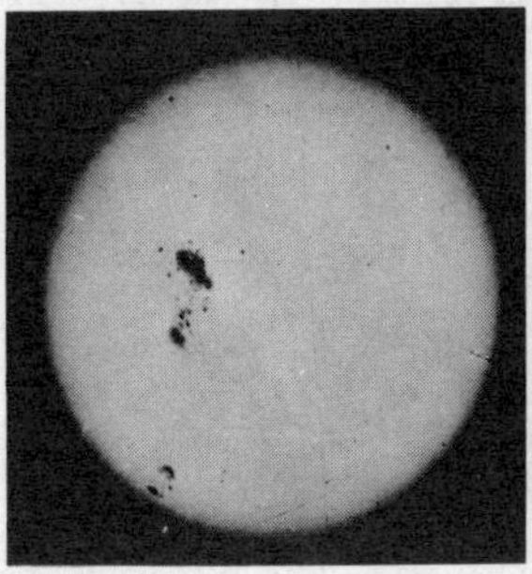

el Sol y un grupo de manchas solares

Fot. Obs. del Monte Wilson

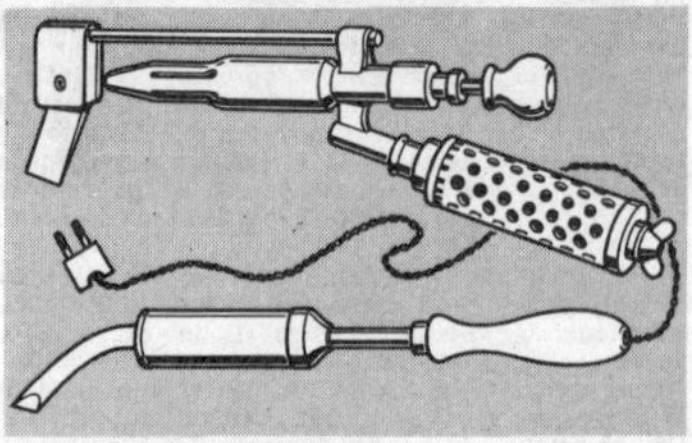

soldadores de gasolina y eléctrico

filtros del brillo del disco solar) y que tengan repercusiones hasta en nuestro mundo. Así, pues, las manchas influyen sobre el magnetismo terrestre y desencadenan alrededor de la Tierra tormentas magnéticas que dificultan y hasta pueden impedir momentáneamente las radiocomunicaciones por ondas cortas (v. IONOSFERA). En el curso de los paroxismos de su actividad, el Sol proyecta también en el espacio enormes chorros de partículas ionizantes, que constituyen un peligro para los astronautas (*viento solar*). A mayor altura que las manchas, aunque en relación con ellas, aparecen unas zonas brillantísimas, de aspecto ramificado, llamadas *fáculas*, que alcanzan dimensiones gigantescas.

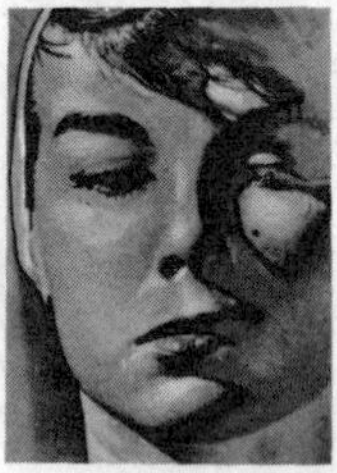

solarización

La fotosfera se halla cubierta por otra capa —especie de atmósfera de color rosado— llamada cromosfera *, en la cual se producen otros fenómenos grandiosos, las erupciones * y las protuberancias *, en las cuales la materia solar es proyectada a centenares de millares de kilómetros de altura. Por último, el Sol se halla rodeado por una corona *, inmensa aureola de partículas altamente ionizadas.

El Sol es una estrella de la Galaxia *, en la cual sigue el movimiento general de rotación de las demás estrellas. La dirección hacia la cual se dirige aparentemente para un observador terrestre es el ápex *. En el ámbito del sistema solar puede ser considerado como un astro fijo en torno del cual gravitan los planetas. No obstante, para un observador terrestre, es el Sol el que parece girar alrededor de la Tierra una vez por día y el que se mueve en la bóveda terrestre, a lo largo del año, sobre un fondo de estrellas fijas. Durante este movimiento aparente, el Sol describe un círculo mayor, inclinado de 23º 27', que no es sino la eclíptica, y en cuya vuelta invierte el Sol (en realidad la Tierra) un año * trópico. Como la órbita terrestre es una elipse, el Sol puede hallarse más o menos lejos de nosotros (149 500 000 km por término medio) y su diámetro aparente oscila entre 31' 32'' el 1.º de julio y 32' 36'' el 1.º de enero.

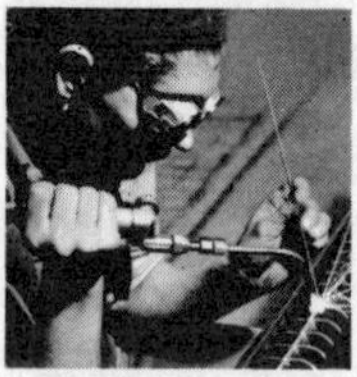

soldadura autógena

SOLADO m. *Constr.* Acción de solar. ‖ Pavimento, revestimiento con que se cubre un piso.

SOLADURA f. *Constr.* Material propio para solar.

SOLAPA f. Nombre dado, por analogía con la solapa de los vestidos, a la parte de una cosa que se dobla sobre la misma, como el extremo de las sobrecubiertas * de los libros, el borde de ciertos objetos de chapa engatillados *, etc. ‖ Parte de una tabla, pizarra, teja, etc., que cubre a otra de la hilada inferior.

SOLAPADO, DA adj. y s. m. *Carp.* y *Constr.* Dícese de las cubiertas, entablados, etc., en los cuales los elementos de una hilada (tejas, pizarras, tablas, etc.) cubren parcialmente a los de la hilada inferior y son cubiertos a su vez por los de la hilada superior.
— *Metal.* Engatillado.

SOLAPAR v. Hacer algún revestimiento o labor de solapado *.

SOLAPE m. Solapa.

SOLAR adj. *Astr.* Relativo o perteneciente al Sol. ‖ *Sistema solar,* conjunto formado por el Sol y todos los astros que gravitan alrededor del mismo.
— *Electr. Pila solar,* célula fotovoltaica *.
— *Fís. Espectro solar,* v. ESPECTRO.
— *Lumin. Lámpara de luz solar,* v. LÁMPARA.
— *Meteor. Constante solar,* v. CONSTANTE.
— *Ópt. Horno solar,* v. HORNO.

SOLAR v. *Constr.* Revestir un suelo con ladrillos, baldosas u otros materiales.
— *Curt.* Echar suelas al calzado.

SOLARÍGRAFO m. Piranógrafo.

SOLARÍMETRO m. Piranómetro.

SOLARIZACIÓN f. *Fot.* Procedimiento para obtener efectos artísticos, que consiste en exponer a la luz las superficies sensibles (y ya impresionadas) mientras se están revelando: *la solarización acentúa los contornos y provoca localmente la inversión de los matices.*

SOLARIZAR v. *Fot.* Proceder a la solarización de una emulsión sensible ya expuesta.

SOLDABILIDAD f. Propiedad del cuerpo que puede soldarse con otro de la misma especie.

SOLDABLE adj. Que puede ser soldado.

SOLDADOR m. *Metal.* Instrumento para soldar consistente en una cabeza de cobre en forma de cuña fijada a una varilla de hierro provista de una empuñadura: *el soldador se calienta con un hornillo o en un hogar cualquiera hasta que el cobre acumule suficiente calor para fundir el metal y aplicarlo en el lugar de la soldadura.* ‖ *Soldador eléctrico,* soldador provisto de caldeo eléctrico, merced a una resistencia dispuesta alrededor de la cabeza de cobre. ‖ *Soldador de gasolina,* el de caldeo propio, combinado con un soplete * que dirige su llama sobre la cabeza. (V. tb. SOLDADURA y SOPLETE.)

SOLDADORA f. *Metal.* Máquina de soldar eléctrica.
— Las *soldadoras modernas* permiten confiar el trabajo de soldadura * por puntos a un personal no especializado. El avance de las piezas, según la distancia entre los puntos y la soldadura, es efectuado automáticamente cada vez que el operario apoya en el pedal de la máquina.

soldadora, por alta frecuencia, de materias plásticas laminadas

SOLDADURA f. Unión de dos piezas mediante fusión superficial, seguida de solidificación, de los puntos en que ambas se hallan en contacto, directamente o con interposición de una tercera materia más fusible. ‖ Aleación de bajo punto de fusión dotada de afinidad por los dos metales, que se emplea para efectuar su unión. ‖ Junta de dos piezas soldadas: *comprobar la hermeticidad de una soldadura.*
— *Metal.* La *soldadura* es un procedimiento de unión que permite realizar construcciones rígidas con mayor rapidez y economía que mediante roblonado, con la ventaja de resultar las construcciones mucho más ligeras, cual ocurre, por ejemplo, en las construcciones navales.

En una *soldadura indirecta* la unión se obtiene empleando, a modo de cemento, un metal de bajo punto de fusión que, según la índole de los metales que se han de unir, consistirá en: 1.º una *soldadura blanda, soldadura de estaño* o *soldadura blanca,* que es una liga de plomo y estaño y funde entre 180 y 240º; 2.º, una *soldadura amarilla,* compuesta de cobre y cinc, a los cuales se agrega a veces plata *(soldadura dura)* que funde entre 800 y 900º, etc.

Las partes que se han de soldar son descapadas y luego calentadas a una temperatura del orden de la temperatura de fusión de la soldadura. Ésta es fundida, con el soldador o el soplete, entre las dos piezas, de modo que entre en contacto íntimo con sus superficies y, al solidificarse, quede pegada en ellas. Como el calor engendra una oxidación que impediría la adherencia de la soldadura, es necesario aplicar a las superficies soldadas, durante la operación, clorhidrato de amonio, resina, bórax o algún otro oxidante.

Por oposición al tipo de soldadura descrito, se da el nombre de *soldadura autógena* a aquella en la cual existe fusión superficial del metal en las

Fot. J. Dumontier, C. Lacheroy, Rossier

dos partes que se han de unir, ya por contacto, mezcla y solidificación del metal fundido, ya por mezcla de los mismos con un poco de metal análogo que se agrega y funde al mismo tiempo. Las soldaduras fundadas en este principio o derivadas del mismo pueden efectuarse recurriendo a métodos muy diferentes, que a continuación se reseñan. La *soldadura oxiacetilénica, soldadura con soplete* o simplemente *soldadura autógena,* es la más común. Los bordes de las piezas que se han de soldar son achaflanados primeramente, de modo que quede entre ellas una ranura en forma de V sobre la cual el soldador aplica con una mano una varilla de soldadura del mismo metal, mientras que con la otra dirige sobre el conjunto la llama de un soplete * oxiacetilénico. La soldadura fundida llena la ranura y rebasa la misma en forma de bordoncillo.
La *soldadura por arco* es comparable a la anterior, pero el calor (más de 3 000°) es suministrado por un arco eléctrico que salta entre la pieza, conectada a un polo del manantial eléctrico, y la barrita de metal, conectada con el otro. El calor funde la barrita progresivamente y el metal fundido llena la ranura entre las dos piezas que se han de unir. Una variante de este método, que permite engendrar aún mayor calor, es la *soldadura por hidrógeno atómico:* el arco se obtiene entre dos electrodos de tungsteno, a proximidad de las superficies que se han de soldar; cada electrodo tiene una boquilla por la cual sale un chorro de hidrógeno; la temperatura del arco disocia las moléculas del gas en átomos separados de hidrógeno, pero, al chocar con las piezas, los átomos se combinan de nuevo en moléculas, desprendiendo entonces y cediéndolo a las mismas, el calor que habían absorbido en el arco.
Otra forma de soldadura eléctrica es la *soldadura por resistencia,* apropiada para chapas sobrepuestas. Las piezas son fuertemente apretadas por dos electrodos y la corriente muy intensa que pasa de uno a otro a través de ellas encuentra en la superficie de contacto de las mismas una resistencia que, por efecto Joule, las calienta hasta provocar su fusión superficial. Al cesar la corriente, se solidifica el metal y quedan unidas las dos piezas. Si los electrodos consisten en dos rodillos, las piezas pueden deslizarse entre ellos para obtener una *soldadura continua.* Las más de las veces se practica la *soldadura por puntos* con electrodos delgados que efectúan pequeñas soldaduras de trecho en trecho.
Citemos también, entre los procedimientos menos comunes: la *soldadura por aluminotermia* *; la *soldadura de forja,* consistente en calentar las piezas al blanco y, una vez sobrepuestas en el yunque, en golpearlas fuertemente hasta consumar su unión; por último, la *soldadura por ultrasonidos* une las piezas por interpenetración de sus irregularidades y sin fusión superficial de las mismas (las piezas son comprimidas entre un yunque y un vástago emisor de ultrasonidos y quedan soldadas por las vibraciones, sin modificación de estructura cristalina y aunque se trate de metales no soldables por ningún otro procedimiento (circonio con acero; molibdeno con aluminio, etc.).

SOLDAR v. Unir piezas por soldadura *.

SOLENOIDAL adj. *Electr.* Relativo al solenoide.

SOLENOIDE m. *Electr.* Bobina * cuyas espiras se hallan yuxtapuestas en una o varias capas sobre un cuerpo cilíndrico mucho más largo que ancho.
— El campo magnético tubular, llamado campo solenoidal, creado en el interior del *solenoide,* es prácticamente uniforme si la bobina es mucho más larga que ancha. La inducción magnética (en Wb por m²) de un solenoide de *n* espiras yuxtapuestas en un cilindro que mida *l* metros y por el cual circule una corriente de *i* amperios, se calcula con la fórmula:

$$\mathrm{Wb/m^2} = 4\,\pi\;0{,}000\,000\,1\;ni/l.$$

El solenoide tiene muchas e importantes aplicaciones en radiotecnia: bobinas para electroimanes e instrumentos de medidas; inductores de alternadores y dinamos; imanación de barritas metálicas para hacer imanes, etc.

SOLERA f. *Arq.* y *Carp.* Tabicado * plano de un suelo. ‖ Piedra plana puesta en el suelo para servir de apoyo a un pie derecho o a otro elemento. ‖ Designación comercial de un madero de sierra cuyas dimensiones varían considerablemente de un lugar a otro. ‖ Madero asentado horizontal-

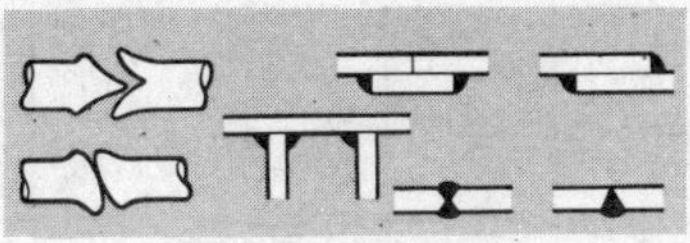

mente en el suelo o sobre las vigas, en el cual descansan o se ensamblan otros maderos verticales o inclinados de un entramado u otra construcción. (V. tb. ZAPATA.)
— *Ind. alim.* Muela del molino asentada horizontalmente y sobre la cual rueda la volandera.
— *Min.* y *Obr. públ.* Suelo de una galería, un canal o acequia, etc.
— *Tecn.* Parte inferior y refractaria de un horno, en la cual se ponen las materias que se han de calentar. (V. HORNO.)

SOLERÍA f. *Constr.* Material que se destina para solar un piso. ‖ Solado o revestimiento ya hecho con el mismo.
— *Curt.* Conjunto de cueros propios para hacer suelas de calzado.

SOLFATARA f. *Geol.* Fumarola.

SOLFATÁRICO, CA adj. *Geol.* Que guarda relación o parecido con las solfataras o fumarolas *. ‖ *Fase solfatárica,* última fase de la actividad del volcán que se apaga, durante la cual emite fumarolas por su ladera.

SOLIDIFICACIÓN f. *Fís.* Paso de un cuerpo del estado líquido al sólido.
— A presión constante, un líquido determinado se solidifica siempre a la misma temperatura correspondiente a su punto de fusión *. La *solidificación* se produce al bajar la temperatura del cuerpo hasta el referido punto, pero luego se prosigue sin nuevo descenso de temperatura, ya que durante la solidificación el cuerpo desprende el calor que había absorbido en la fusión. En ciertos casos, un cuerpo puede permanecer al estado líquido a una temperatura inferior a su punto de fusión. (V. SOBREFUSIÓN.)
La solidificación de un cuerpo da lugar a una disminución de su volumen, pero no en el caso del agua y de contados cuerpos, que aumentan de volumen al solidificarse. (V. HIELO.)

SOLIDIFICAR v. Provocar la solidificación de un líquido.

SÓLIDO, DA adj. y s. Macizo, duro, consistente, por oposición a fluido: *todos los metales, menos el mercurio, son sólidos a la temperatura ambiente.* ‖ Por ext., resistente, duradero: *telas* o *muebles sólidos.*
— *Fís.* Uno de los estados que puede adoptar la materia, caracterizado por la inmovilidad de las moléculas, unas respecto a otras.
— En los cuerpos que se hallan al *estado sólido,* las moléculas permanecen apiñadas por fuerzas de cohesión que impiden el deslizamiento de unas respecto a otras (propio del estado líquido) o su separación en el espacio (estado gaseoso). Si las fuerzas de cohesión disminuyen, por aumentar la temperatura del sólido, éste acaba por pasar al estado líquido y luego al estado gaseoso si es calentado hasta los puntos o temperaturas de fusión * y de evaporación *, respectivamente.
Los *cuerpos sólidos* pueden ser amorfos o cristalinos, según tengan sus moléculas unidas, en desorden o dispuestas según las mallas de una red cristalina (V. CRISTALOGRAFÍA). El vidrio, la porcelana y otros cuerpos vítreos, si bien figuran

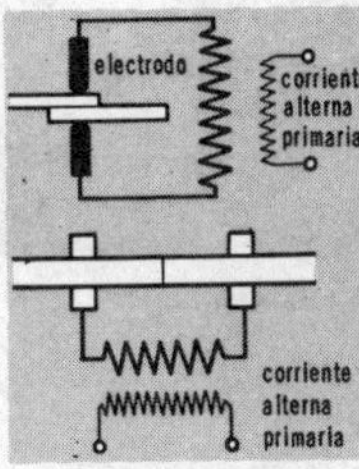

de arriba abajo: diferentes uniones por **soldadura:** autógena, eléctrica por puntos y por resistencia

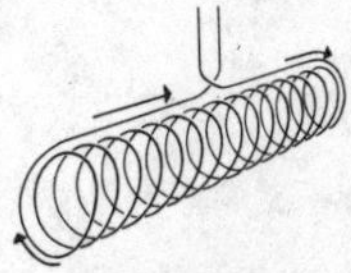

solenoide

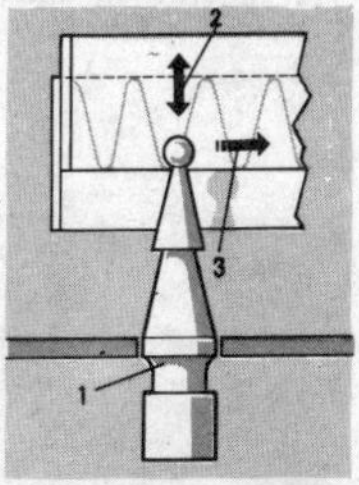

soldadura por ultrasonidos: 1. Generador; 2 y 3. Movimientos del útil y de la pieza, respectivamente

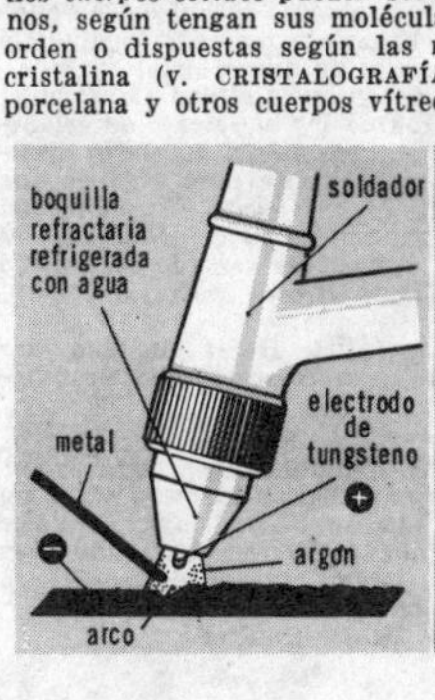

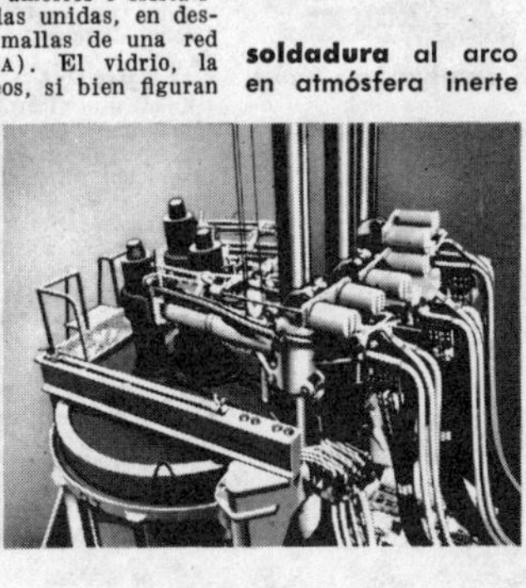

soldadura al arco en atmósfera inerte

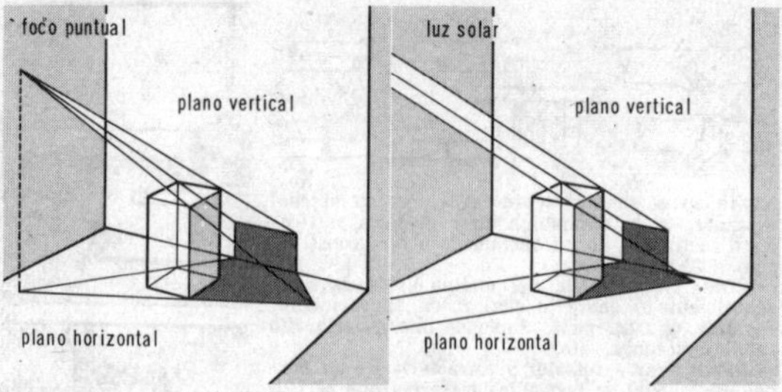

sombra

solsticio
[v. *figuras en equinoccio y estación*]

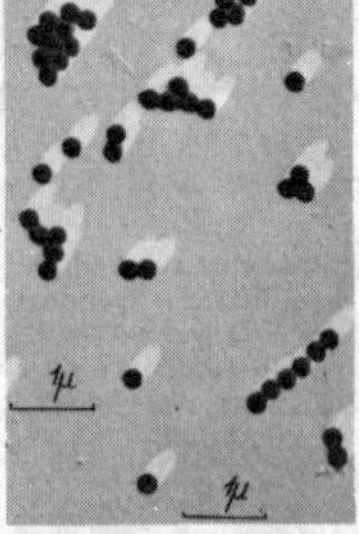

sombreado *(ópt.)*

aparentemente entre los sólidos amorfos, deben ser considerados como líquidos dotados de un elevadísimo grado de viscosidad. Por lo demás, ciertos autores modernos consideran que solamente existen dos estados: cristalino y vítreo *. (V. tb. MESOMORFO.)
— *Geom.* Cuerpo o porción de espacio indeformable, tridimensional, limitado por superficies planas o curvas. || *Sólido de revolución,* sólido materializado por la revolución de una superficie.

SOLIDUS m. Curva que indica la temperatura a que empiezan a fundirse los componentes de una mezcla líquida en función de la proporción en que entran en la misma.

SOLIFLUCCIÓN o **SOLIFLUXIÓN** f. *Geol.* Deslizamiento lento del suelo cuando la presencia en el mismo de arcilla o de légamos le confiere cierta viscosidad. (La *solifluxión* es favorecida en las regiones muy frías por la alternancia de la congelación y el deshielo del suelo; en las demás regiones se debe a la humedad absorbida por el subsuelo arcilloso.) [V. tb. CORRIMIENTO.]

SOLITARIO m. *Joy.* Brillante * engastado en una joya como única gema de la misma.

SOLSTICIAL adj. *Astr.* Relativo o perteneciente a los solsticios. || *Punto solsticial,* cada uno de los dos puntos de la trayectoria aparente del Sol en los cuales éste alcanza su máxima distancia del ecuador al Norte y al Sur del plano ecuatorial.

SOLSTICIO m. *Astr.* Punto de la trayectoria aparente del Sol en el cual éste alcanza su máximo alejamiento del ecuador.
— El plano de la eclíptica, en el cual se efectúa el movimiento aparente del Sol alrededor de la Tierra, forma con el plano ecuatorial un ángulo de 23° 27'. Así, en el curso de una revolución, el Sol cruza dos veces el último plano *(equinoccios)* y se halla alternativamente seis meses en el hemisferio boreal y seis en el hemisferio austral de la bóveda celeste. La declinación boreal o altura del Sol sobre el plano ecuatorial aumenta en la primavera y alcanza su máximo valor hacia el 21 de junio, dándose el nombre de *solsticio de verano* tanto al momento en que ocurre el fenómeno como al punto correspondiente de la trayectoria solar. A continuación baja el Sol, cruza el plano ecuatorial (equinoccio * de otoño) y alcanza su máxima declinación austral en el *solsticio de invierno* (hacia el 21 de diciembre), a partir del cual vuelve a acercarse el Sol de la eclíptica y, después de haberla atravesado (equinoccio de primavera) prosigue un nuevo ciclo.

SOLUBILIDAD f. *Quím.* Calidad de soluble. (Sinón. DISOLUBILIDAD.) || *Coeficiente de solubilidad,* masa de un cuerpo que es necesario disolver en 100 g de un solvente para obtener una disolución saturada: *el coeficiente de solubilidad aumenta con la temperatura si la disolución es endotérmica (cual ocurre las más de las veces) y disminuye con ella en el caso contrario.* (V. tb. DISOLUCIÓN.)

SOLUBILIZAR v. *Quím.* Hacer que una cosa sea soluble : *el café en polvo se solubiliza con hidratos.*

SOLUBLE adj. *Quím.* Disoluble.

SOLUCIÓN f. *Mat.* Conjunto de operaciones que se han de efectuar para hallar la respuesta a un problema y resultado de las mismas. || Valor de las incógnitas que satisfacen las condiciones de una ecuación o sistema de ecuaciones.
— *Quím.* Disolución.

SOLUCIONAR v. *Mat.* Resolver.

SOLUNAR adj. *Astr.* Que concierne a la vez al Sol y a la Luna: *las mareas se deben a una acción solunar.*

SOLUTO m. *Quím.* Nombre dado en farmacia a las disoluciones de un sólido en un solvente o excipiente líquido.

SOLVATACIÓN f. *Quím.* Fenómeno en virtud del cual las moléculas de un cuerpo disuelto pueden combinarse con las del solvente para formar hidratos u otros compuestos.

SOLVATO m. *Quím.* Cuerpo que resulta de una solvatación.

SOLVAY *(Sosa).* V. SOSA.

SOLVENTE m. *Quím.* Disolvente.

SOLLADO m. *Mar.* Cubierta inferior de un buque, generalmente reservada a los pañoles y al alojamiento para la tripulación.

SOMBRA f. Oscuridad que resulta de la intercepción de la luz por un cuerpo opaco.
— Como los cuerpos opacos interceptan los rayos luminosos, detrás de los mismos queda una porción del espacio desprovista de luz y que constituye la *sombra.* El contorno de ésta no es sino el del cuerpo que la produce, deformado por la perspectiva si los rayos luminosos no son normales al mismo y si provienen de un foco próximo. Si el manantial luminoso no es puntual, o sea si sus rayos no son paralelos, los contornos de la sombra no son netos y alrededor de la misma existe una zona de obscuridad decreciente que es la *penumbra.* En realidad, si consideramos dos puntos extremos del manantial luminoso observaremos que ambos son interceptados por ciertas partes del objeto (sombra) y que uno sólo lo es por otras partes (penumbra, o sea la sombra producida por un foco luminoso puntual atenuada por la luz procedente del otro). De ello se deduce que si un objeto es iluminado por dos lámparas o focos luminosos a la vez, existe también una sombra común a ambos y dos zonas de penumbra.
— *Aeron. Sombra aerodinámica,* zona de turbulencia existente detrás del ala y de los estabilizadores: en los aviones modernos el estabilizador horizontal se halla fuera de la sombra del ala (o sea a una altura superior).
— *Astr. Cono de sombra,* V. CONO y ECLIPSE.
— *Pint.* Nombre dado a los pigmentos de color entre gris y pardo obscuro que sirven para representar las sombras en pintura artística y decorativa. || *Tierra de sombra.* tierra * de Siena.
— *Radiot. Zona de sombra,* zona situada detrás del horizonte, de las montañas u otros obstáculos naturales o artificiales, a la cual no pueden llegar por vía directa las ondas de radar, de televisión y otras de longitud de onda muy corta, que se propagan de modo comparable a los rayos luminosos. (V. tb. SILENCIO [*zona de*].)

SOMBREADO, DA adj. y s. Que tiene sombra o la da. || Dícese del dibujo en el cual se han representado las sombras de los objetos.
— *Ópt.* M. Técnica que se emplea en microscopia electrónica para hacer visible los objetos transparentes y que consiste en proyectar oblicuamente sobre los mismos un chorro de vapor metálico que los metaliza de frente, dejando detrás de ellos una "sombra" exenta de metal.
— *Text.* Efecto de sombras que se obtiene en los dibujos de ciertos tejidos merced a una trama de un color y la urdimbre de otro, y a un ligamento apropiado para que uno de los colores se vaya esfumando al tiempo que se aviva el otro.

SOMBREAR v. Proveer de sombras. (V. SOMBREADO.)

SOMBREO m. Sombreado.

SOMBRERETE m. *Arq.* Caperuza * de chimenea.
— *Obr. públ. Sombrerete de hincar,* funda metálica que se pone a la cabeza de los pilotes para que no se hiendan al hincarlos. (V. PILOTE.)

SOMBRERO m. *Ind. alim.* Masa de hollejo de fibras del racimo, de partículas de pepitas y otras materias sólidas que se acumulan en la superficie del mosto mientras fermenta para transformarse en vino.
— *Mar.* Pieza cilíndrica que constituye la parte superior del cabrestante * y que lleva las bocabarras.
— *Text.* Prenda para proteger la cabeza contra las intemperies o empleada como simple adorno en la vestimenta femenina.
— Los *sombreros* se hacen con numerosas materias: tallos o fibras vegetales entretejidos (paja,

Fot. X

esparto, rafia, jipijapa, etc.), fieltro, tejidos, pieles, etc. El sombrero común de fieltro para caballero consta de copa y ala, hechas de una sola pieza de fieltro * que primitivamente se parece a una campana y que luego adopta la forma deseada sobre un molde, en presencia de vapor de agua. Después se endurece el fieltro con composiciones a base de almidón o de dextrina, se tiñe, se alisa su superficie, se recorta el borde del ala a las dimensiones deseadas y se plancha para que conserve su forma. Por último, se le pegan las cintas, orlas, forros y el cerco de piel u otra materia que lo preserva del sudor en las partes que se han de hallar en contacto con la cabeza.
Los sombreros femeninos se confeccionan empíricamente, según las tendencias de la moda o el gusto del diseñador. Las más de las veces requieren una ligera armadura para la cual se emplea alambre de latón revestido con papel, tela u otras materias.

SOMIER m. Bastidor rectangular de las camas, que lleva tendidos entre sus lados muelles o flejes mantenidos por otros muelles y que constituye un soporte elástico para el colchón.

SONAR m. *Mar.* Sonda * ultrasonora. (Sinón. ASDIC.)

SONDA f. Acción de sondar. (Sinón. SONDEO.) ‖ Aparato para sondar.
— *Aeron. Sonda altimétrica,* altímetro * ultrasonoro.
— *Astron. Sonda espacial,* ingenio lanzado con cohetes en el espacio interplanetario y provisto de un equipo instrumental y de radiocomunicaciones que permite efectuar investigaciones científicas en dicho espacio y en los astros del sistema solar.
— Una *sonda espacial* transporta instrumentos de medida (cuya índole y cantidad dependen de la misión confiada al ingenio y de la potencia del cohete lanzador), dispositivos que registran la magnitud de las medidas y que la transmiten a las bases terrestres en forma de señales radioeléctricas y también uno o varios manantiales o generadores de la energía eléctrica necesaria para el funcionamiento de los aparatos de a bordo (acumuladores, fotopilas, pilas de combustible o generadores atómicos). Ciertas sondas se hallan, además, provistas de instrumentos ópticos (cámaras fotográficas o de televisión, telescopio, etc.) que permiten tomar varias vistas cercanas de los astros. Las sondas más perfeccionadas se posan en la superficie de los astros, debidamente frenadas por retropropulsión, y suministran los últimos detalles indispensables para que los astronautas puedan aterrizar en los mismos.
Las principales dificultades que presenta una investigación emprendida por medio de sondas son: 1.ª en los planetas lejanos, la recepción de imágenes suficientemente detalladas, ya que la energía eléctrica disponible a bordo no permite transmitirlas con una potencia suficiente para que las señales sean captadas en la Tierra de modo inteligible; 2.ª en el caso de sondas que han de aterrizar, obtención de un contacto suave con el suelo del astro, en un sitio que permita al aparato conservar una posición normal necesaria para el buen funcionamiento de los instrumentos y la transmisión correcta de las señales. El conocimiento de las características físicas de la Luna y de los planetas Venus y Marte está progresando considerablemente merced a las investigaciones efectuadas con sondas espaciales. También debemos a estas sondas la exploración fotográfica del hemisferio invisible de nuestro satélite.
— *Fís.* Instrumento de pequeñas dimensiones o de forma apropiada para que, introducido en un campo, un fluido u otro medio, pueda efectuar medidas de los mismos sin perturbarlos, y así: 1.º la *sonda acústica* es un pequeño micrófono que capta las ondas sonoras sin perturbar sensiblemente el campo acústico; 2.º la *sonda bismútica* mide los campos magnéticos merced a las variaciones que experimenta la resistividad del bismuto en función de la intensidad del campo; 3.º la *sonda de Prandtl* o *tubo de Pitot* * mide presiones atmosféricas; 4.º la *sonda pirométrica,* par termoeléctrico o resistencia pirométrica, se fija en el interior de una caldera, máquina térmica, horno, etc., para poder medir la temperatura durante el funcionamiento de los mismos; etc.
— *Fot. Sonda sensitométrica,* sensitómetro.
— *Ind.* Sacamuestras * para comprobar la calidad o el buen estado de los quesos, la mantequilla u otras masas de productos alimenticios.

sonda espacial americana "Mariner" *(astron.)*

— *Mar.* Instrumento propio para medir la profundidad a que se hallan el fondo del mar, los submarinos, bancos de peces y otros obstáculos inmergidos.
— La *sonda* más simple, prácticamente útil para los fondos de hasta un centenar de metros de profundidad, no es sino una plomada compuesta de una sondaleza, cordel graduado con nudos (o devanado de un carrete que acciona un contador) y una pesa, el escandallo, en forma de cono hueco, que se llena de sebo al cual se pegan las materias del fondo. Si la sonda se emplea para profundidades mayores, sus indicaciones son menos precisas, ya que la corriente tiende a alejar el escandallo de la vertical. De ahí que el mismo tenga que ser tanto más pesado cuanto mayor sea la profundidad medida (unos 5 kg por cada hectómetro).
Otras sondas, hoy caídas en desuso, se fundan en medir la presión en el fondo y deducir de la misma la correspondiente profundidad (por ej., el escandallo lleva un tubo cerrado por arriba y embadurnado interiormente con una substancia que reacciona con el agua salada; ésta comprime el aire y penetra más o menos en el tubo según sea la profundidad alcanzada, la cual se deduce de la altura a que han reaccionado el agua y el revestimiento interno del tubo, también llamado *escandallo químico*).
Hoy son de uso universal los *ecómetros* o *sondas acústicas* o *ultrasonoras* derivadas de los detectores de submarinos (asdic, sonar, etc.) y que funcionan según el mismo principio que el radar, si bien se fundan en la reflexión de ondas sonoras o

sonda ultrasonora *(mar.)*

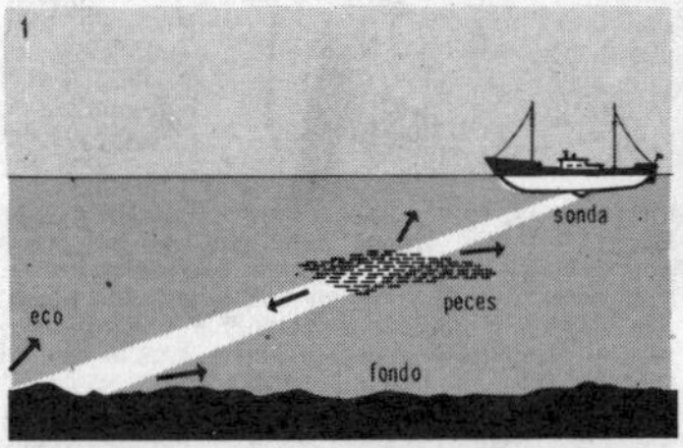

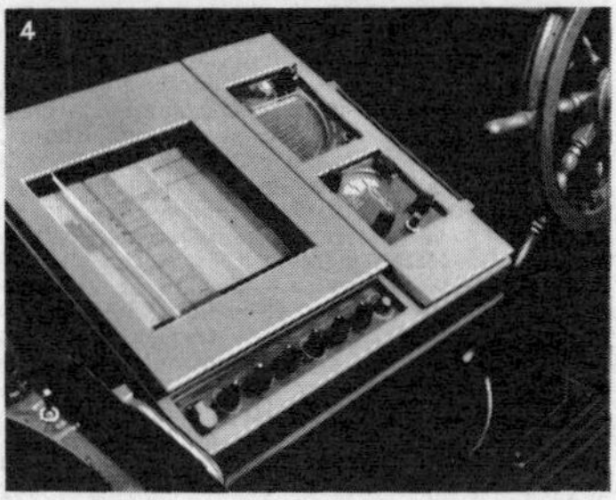

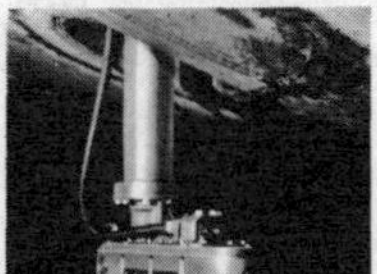

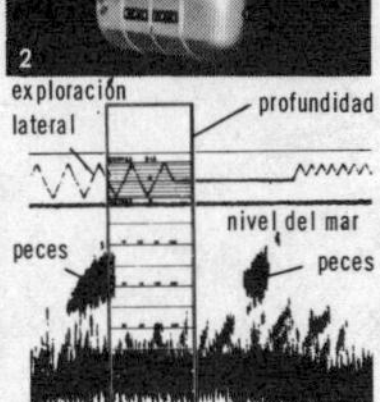

1. Funcionamiento; 2. Generador de ultrasonidos; 3. Gráfico registrado; 4. Mandos y dispositivo registrador

Fot. U. S. I. S., Bru-C. S. F.

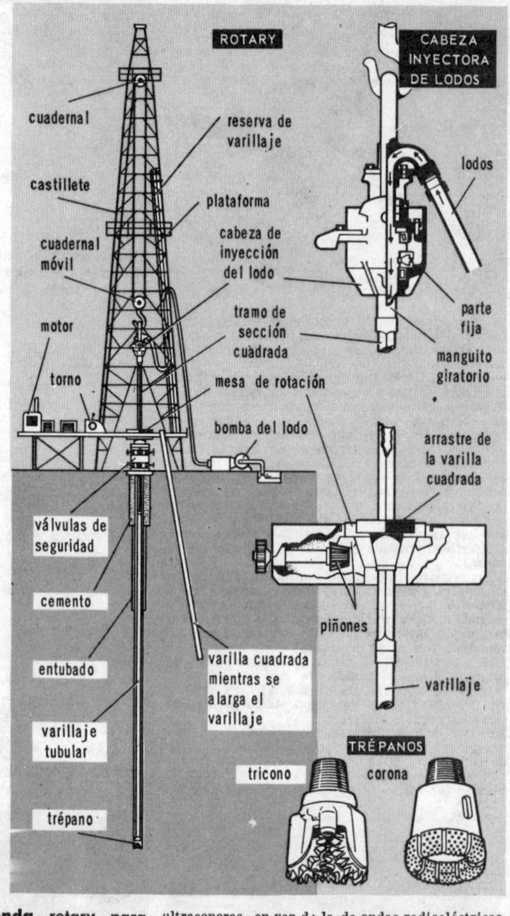

sonda rotary para pozos petrolíferos

sonda *(min.)*
[v. tb. figuras en *desviador y trépano*]

ultrasonoras, en vez de la de ondas radioeléctricas. El proyector u órgano generador de las ondas puede consistir en un cuarzo piezoeléctrico (v. PIEZOELECTRICIDAD) o en una barrita de níquel que vibra por magnetostricción * y que constituye un dispositivo más robusto y simple que el anterior. (V. tb. ULTRASONIDO.)

El proyector se halla fijado en la parte inferior del casco del barco. Cuando emite una impulsión las ondas se reflejan en los obstáculos que encuentran (peces, submarinos, fondo) y vuelven al aparato, donde este eco, después de haber sido captado por un receptor situado junto al proyector, o combinado con él en un mismo aparato, engendra una corriente eléctrica que es amplificada. El tiempo transcurrido entre la emisión de las ondas y la recepción de las que han sido reflejadas es proporcional a la distancia que media entre el generador y el obstáculo. Un dispositivo calcula la distancia correspondiente a dicho tiempo y el resultado puede leerse directamente en un indicador. También se usan dispositivos inscriptores en los cuales una fina aguja traza sobre papel continuo y graduado una imagen del fondo y de los objetos que flotan o se mueven entre dos aguas. Estos aparatos, incluso en sus versiones más simples —cuales las que equipan los barcos pesqueros— son utilísimos, especialmente para la pesca de arrastre, cuyo rendimiento han aumentado muy oportunamente cuando el agotamiento de los caladeros comenzaba a traducirse por una insuficiencia señalada de las presas. (V. tb. más abajo *Ocean.*)

— *Meteor.* Cohete o globo provistos de instrumentos de medidas, que se emplean en aerología *.

— *Min.* Barrena o máquina para abrir taladros muy profundos en el suelo con alguno de los objetos descritos en el art. SONDEO.

— Las *sondas* perforan la roca desagregándola con una barrena o trépano que la ataca por percusión o que la desgasta o fresa por rotación.

En una *sonda de percusión* o *de caída libre*, el trépano se halla enroscado en un vástago muy pesado que pende de un cable fijado en el motor por intermediario de un mecanismo (balancín, leva, etcétera) que le confiere un movimiento alterno, elevándolo primeramente y dejándolo caer luego bruscamente sobre la roca, a una cadencia que puede ser de 20 a 150 golpes por minuto. El mecanismo suspensor del cable imprime también a éste un ligero movimiento de rotación, de modo que el filo de la barrena ataque la piedra cada vez con un ángulo diferente, lo cual facilita su desagregación. Esta rotación se regula mucho mejor si el cable se reemplaza por un varillaje rígido. La evacuación de los materiales arrancados a la roca puede efectuarse por dos procedimientos: en el primero, se deja caer un poco de agua al fondo para aglutinarlos, se desmonta periódicamente la barrena y se reemplaza por una cuchara, con la cual se extrae el barro; en el segundo, se aprovecha el varillaje para inyectar por el fondo una composición cenagosa (v. LODO) que, al ascender entre el mismo y la pared del taladro arrastra las partículas de roca hasta la superficie.

Mucho más perfectas y eficaces son las sondas de barrena rotativas, también conocidas en los medios petrolíferos con el nombre de *rotarys* y con las cuales se han perforado taladros de más de 6 500 m. Su funcionamiento es como sigue:

La roca es perforada por los dientes de los rodillos montados en la corona del trépano fijado en el extremo del varillaje, consistente éste en una sucesión de tubos roscados al cual se van agregando uno a uno nuevos tramos desde la superficie, a medida que adelanta la perforación. El último elemento tiene una sección cuadrada que permite imprimir al varillaje el movimiento de la mesa de rotación, arrastrada por el motor, y se halla enroscada a su vez en la cabeza de inyección, suspendida del castillete o derrick por el pie de cabra. Un torno permite levantar el conjunto para agregar o reemplazar elementos del varillaje, sacar éste del pozo o introducir otros aparatos en el mismo, etc.

Junto al castillete se hallan las pilas de lodo * o agua cenagosa que es impelida por una bomba hasta la cabeza de inyección, por la cual penetra en el varillaje. Como ya se ha dicho, este líquido espeso, al ascender desde el fondo, evacúa continuamente los detritos de la roca, pero al mismo tiempo lubrica el trépano y lo refrigera, y, por último, impermeabiliza y consolida la pared del pozo, evitando así su desmoronamiento. El lodo abandona los detritos en un tamiz o separador vibrante y vuelve a las pilas para ser inyectado de nuevo.

Cuando la roca es muy dura, el peso del varillaje no basta para obtener un avance suficiente del trépano. En este caso se intercalan entre éste y las varillas ordinarias, y en número suficiente, varillas maestras o varillas de masa, muy pesadas (la presión necesaria para morder en ciertas rocas llega a pasar de 20 t).

Para conocer la naturaleza del terreno atravesado y determinar la oportunidad de proseguir el sondeo o el tipo de trépano más conveniente, se analizan los fragmentos de roca arrastrados por el lodo. No obstante, en ciertos casos procede extraer una muestra del terreno. Con dicho fin se emplean coronas * de diamantes que efectúan una perforación anular en el centro de la cual subsiste y penetra en el varillaje una muestra cilíndrica que se extrae con el mismo varillaje.

Por lo demás, los especialistas disponen de numerosos instrumentos para reconocer el fondo, extraer los elementos rotos o averiados y orientar el sondeo. Uno de ellos, el desviador *, permite inclinar el trépano y, por ejemplo, perforar desde la orilla un pozo inclinado que desemboque en un yacimiento situado bajo las aguas de un mar

o un lago. También se puede alcanzar así un pozo incendiado para provocar su obturación subterránea.
A medida que aumenta la profundidad del pozo, éste es entubado, o sea provisto de un revestimiento metálico entre el cual y la pared del taladro se suele verter cemento.
Una variante del sistema rotary consiste en suprimir la rotación del varillaje y en montar el trépano en el árbol de una turbina, la cual es arrastrada por la corriente de lodo (v. *figura*).
— *Ocean.* Instrumento para medir la profundidad de los mares o extraer muestras de su fondo.
— En oceanografía se emplean las *sondas ultrasonoras* ya descritas más arriba en *Mar.*, no solamente para determinar la topografía del fondo, y establecer cartas batimétricas, sino también para estudiar el medio abisal y su fauna. Por ejemplo, las investigaciones oceanográficas con sonda han revelado la existencia de una *capa difusora*, situada entre 300 y 400 m de profundidad, que da ecos ultrasonoros como si se tratara del fondo, cuando en realidad se halla entre dos aguas y parece ser que consiste en un plancton muy denso. Esta capa asciende hasta la superficie al ponerse el sol y desaparece por la noche.
La *sonda sacamuestras* consiste en un tubo abierto por su parte inferior y con su borde biselado, que, por efecto de su propio peso, se hinca profundamente (varios metros) en las capas sedimentarias del fondo de los mares. Se extrae una muestra cilíndrica en la cual es posible estudiar las distintas capas acumuladas durante millares de años, para seguir la evolución de la fauna y de la flora marítimas, apreciar la frecuencia de los meteoritos (contando sus restos caídos al fondo) e incluso datar las grandes erupciones volcánicas, como así se ha hecho con las del Vesubio, mediante el estudio de las capas de cenizas presentes en las muestras sacadas del fondo del Mediterráneo.
— *Petr.* V. más arriba *Min.*

SONDALEZA f. *Mar.* Cordel o cable del escandallo. (V. SONDA.)

SONDAR v. Medir la profundidad del mar o penetrar con algún instrumento en él, en el suelo o en otros medios o materias para explorarlos, determinar su estructura interna, descubrir cosas aprovechables o beneficiarlas. (V. SONDA y SONDEO.)

SONDEAR v. Sondar.

SONDEO m. Acción de sondar. ‖ Sonda.
— *Constr.* Taladro que se hace en el suelo para reconocer el terreno y determinar la índole de los cimientos necesarios para una construcción. (V. *Min.* en el art. SONDA.)
— *Mar.* Medición de la profundidad del mar. (V. SONDA.)
— *Meteor.* Exploración vertical de la atmósfera (V. AEROLOGÍA.)
— *Min.* Taladro o pozo de pequeño diámetro que se hacen para reconocer el terreno (*sondeos de reconocimiento* o *de exploración*); para beneficiar minerales al estado líquido o gaseoso, cuales son el petróleo * y el gas natural, la sal * gema disuelta en su yacimiento por una corriente de agua, el azufre * asimismo licuado en el subsuelo por una corriente de vapor, etc.; para inyectar en el suelo cemento destinado a consolidarlo o salmuera para congelarlo; para colectar el grisú u otros gases contenidos en la veta de mineral, etc. (V. SONDA.)
— *Obr. públ.* V. más arriba *Arq.* y *Min.*
— *Ocean.* Medición de la profundidad del mar que se hace en investigaciones oceanográficas o para establecer cartas batimétricas. ‖ Extracción de muestras de aguas profundas o de los sedimentos del fondo. (V. SONDA.)
— *Petr.* V. más arriba *Min.*, y tb. el art. SONDA.
— *Tecn.* Comprobación del estado interno de una pieza, que se hace midiendo a través de la misma un campo, ondas ultrasonoras, etc.; en este último caso (*sondeo ultrasonoro*), una cavidad en la masa de un neumático o de una pieza metálica, provoca una reflexión local de las ondas que permite localizar el defecto.

SONERÍA f. Mecanismo que hace sonar las horas en un reloj.

SÓNICO, CA adj. *Aeron.* Relativo a la velocidad del sonido. ‖ Dícese del avión u otro móvil cuya velocidad es igual a la del sonido. ‖ *Explosión sónica*, estampido que se percibe en el suelo cuando un avión pasa de una velocidad subsónica a otra supersónica, o viceversa. ‖ *Muro sónico*, aumento brusco y considerable de la resistencia del aire al avance de un avión cuando éste, al aumentar su velocidad, alcanza la misma velocidad que tiene el aire en la atmósfera.
— Cuando un avión vuela a la misma velocidad que el sonido las ondas sonoras y las vibraciones inaudibles por él engendradas, al tener su misma velocidad, no pueden alejarse y quedan estacionarias en los mismos sitios donde se producen, acumulándose allí su energía, especialmente en forma de una compresión local del aire. Así, mientras que en la aerodinámica subsónica el aire es incompresible (sus hilillos se separan ante el ala, el fuselaje, los estabilizadores, barquillas de los motores, etc.), en la aerodinámica sónica y supersónica, el aire es compresible y forma en las superficies frontales de dichos elementos algo así como un casquete o una concha de aire comprimido que acompaña al avión y que los físicos designan con el nombre de *onda de choque*. Este fenómeno, detalladamente descrito en el art. ONDA, tendría por efecto, en un avión subsónico que alcanzara la velocidad del sonido (por ejemplo, durante un picado), la multiplicación por un factor de 6 a 10 de la resistencia al avance opuesta por el aire. Esto se comprende —valga la comparación— imaginando que al alcanzar la velocidad del sonido, se encuentra bruscamente el avión acompañado de un enorme paraguas abierto con tela de aire comprimido que sus motores tienen que hacer penetrar consigo en la atmósfera. Por otra parte, el revestimiento del avión se encuentra en ese instante sometido a considerables diferencias de presión entre las partes que se hallan delante de una onda de choque, en ella o detrás de la misma. A estas dos causas se debe que los primeros aviones que alcanzaban la velocidad del sonido hayan sido dislocados, como si hubieran tropezado con una barrera o muro sónicos. (V. tb. INVERSIÓN *de los mandos*.)
Si el avión salva esta dificultad y sigue aumentando su velocidad, vuela entonces en régimen supersónico en el cual las condiciones tienden a volverse normales (para un avión especialmente diseñado) porque la onda de choque esférica se vuelve cónica, y no solamente el cono penetra mejor en el aire por tener menor superficie frontal, sino también la energía de las vibraciones sonoras se halla distribuida en una superficie mayor y situada en parte detrás del aparato.
En realidad, las primeras ondas de choque aparecen antes de que el avión vuele a la velocidad del sonido, porque en ciertas partes del mismo el aire alcanza ya dicha velocidad respecto al revestimiento. Si consideramos una molécula de aire a cierta distancia por encima del ala y otra que llega al borde de ataque de la misma, la primera describirá, vista desde el avión, una trayectoria

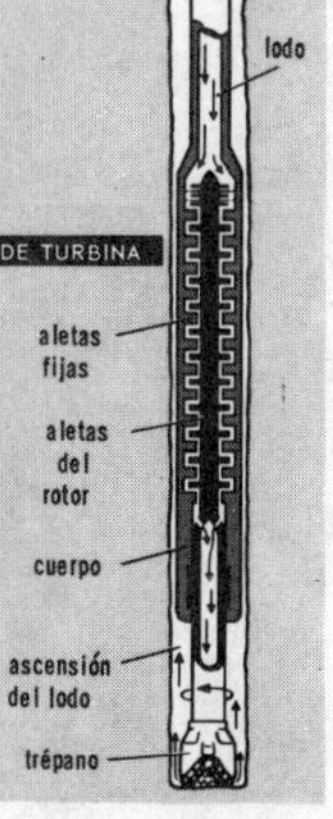

sonda de turbina

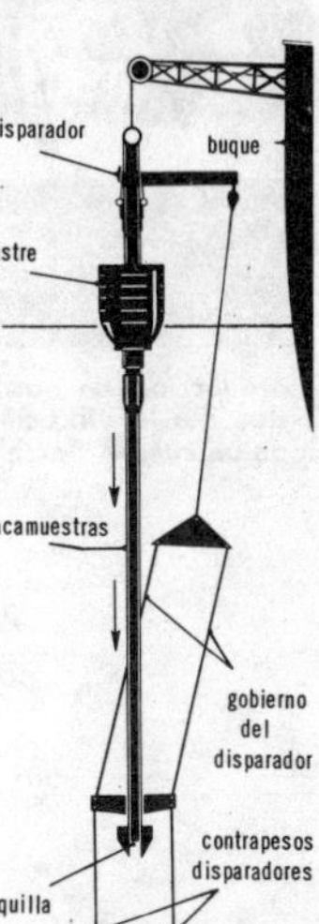

sonda sacamuestras (*ocean.*)

Fot. English Electric

fenómenos **sónicos** (*aeron.*): ondas de choque en torno de la maqueta del avión proyectado y rarísima fotografía de las ondas equivalentes en el avión, ya construido, en vuelo atmosférico

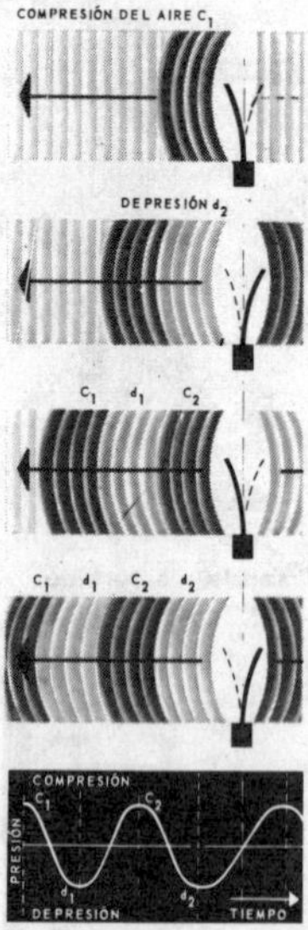

producción de sonidos por la vibración de un cuerpo flexible

recta y paralela a la del aparato (aunque de sentido contrario) recorrida a igual velocidad que la de éste; por el contrario, la segunda molécula habrá de contornear el perfil curvo del ala, recorriendo así, en el mismo tiempo que la primera, una trayectoria más larga y, consiguientemente, su velocidad será mucho mayor que la de la primera y que la del avión. De ahí que en las partes frontales combadas, los fenómenos sónicos aparezcan antes de que el aparato vuele a la velocidad del sonido.
Las perturbaciones sónicas se manifiestan prácticamente entre dos números de Mach * comprendidos entre 0,8 y 1,2, a los cuales, en un aire a 15°, corresponden las velocidades de 980 a 1 470 km (velocidades transónicas).
El paso de la barrera sónica no presenta ninguna dificultad para los aviones de diseño supersónico caracterizados por tener las alas poco espesas, con borde de ataque agudo y forma general de flecha, los timones muy por encima del fuselaje, y dotados de potentes motores cuya aceleración contribuye aún a reducir considerablemente el acrecentamiento de la resistencia al avance. (V. ALA, FLECHA, PERFIL y TOBERA.)
Cuando dichos aviones alcanzan velocidades superiores a dos veces la del sonido, los efectos de la compresibilidad del aire carecen de importancia, pero entonces empiezan a manifestarse los del muro * del calor. (V. tb. AERODINÁMICA y TÚNEL.)
Como una onda de choque no es sino una acumulación de energía sonora, su llegada al suelo provoca la percepción de un intenso estampido: la explosión sónica. En el caso de un avión que alcanza la velocidad del sonido en picado, se perciben dos explosiones: la primera, engendrada cuando el avión pasa del régimen sónico al supersónico, y la segunda, cuando, para salir del picado, el piloto reduce la velocidad y vuelve a pasar la del sonido en sentido inverso. Ahora bien, el observador situado en el suelo percibe primeramente el segundo estampido, y luego el primero, porque entre éste y aquél, el avión ha volado más rápidamente que la primera onda de choque y se ha adelantado a ella.

SONIDO m. Sensación engendrada en el oído por las ondas acústicas, o sea por las vibraciones transmitidas hasta el mismo por el aire u otro medio elástico cuando la frecuencia de las mismas es de 20 a 20 000 por segundo. ‖ *Aberración del sonido*, v. DOPPLER *(Efecto)*.
— Un cuerpo cualquiera emite un *sonido* cuando vibra en la gama de las frecuencias del espectro audible, o sea entre unas 16 a 20 veces por segundo (según los oídos) y unas 20 000. Las vibraciones se propagan en forma de ondas * sonoras por los medios elásticos, especialmente el aire, y llegan al oído, provocando a su vez la vibración del tímpano, que se transmite por el oído interno hasta los nervios auditivos. Los sonidos no se propagan en el vacío: dos astronautas situados en el espacio (fuera de la microsfera de su cabina) o en la Luna no podrían comunicar entre sí por la palabra, aunque gritaran, y por muy cerca que se hallaran uno del otro.
La *velocidad de propagación de los sonidos* depende del medio transmisor y de la temperatura del mismo. En el aire, a 0° es de 331,4 m/s, cuya velocidad aumenta de 0,6 m/s por cada grado suplementario de la temperatura. En el agua, a 8°, se ha medido la velocidad de 1 435 m/s y en el agua del mar las ondas ultrasonoras arrojan la velocidad de 1 500 m/s. Por otra parte, la propagación de las vibraciones sonoras en la fundición es de 3 000 m/s; en el acero, el cuarzo y el vidrio, de unos 4 500 m/s, y en el suelo, de 2 000 a 3 000 m/s si se trata de tierras o de arena, y de 5 000 a 6 000 en las rocas compactas.
Un sonido se caracteriza por: 1.° su *altura*, que depende de la frecuencia de las ondas, siendo un sonido tanto más agudo cuanto más elevada es la frecuencia, y tanto más grave cuanto menor es la misma (ciertos oídos pueden percibir sonidos engendrados por frecuencia tan baja cual la de 16 vibraciones por segundo; otros oyen sonidos agudísimos de hasta 20 000 vibraciones, más allá de las cuales comienzan los *ultrasonidos*, que son inaudibles; las notas más grave y aguda de un piano corresponden a frecuencias de 27 y 3 480 vibraciones por segundo, respectivamente); 2.° su *intensidad*, determinada por la amplitud (v. ONDA) de las vibraciones, que se mide en decibelios (un sonido muy intenso puede ser insoportable y hasta perforar el tímpano, mientras que un sonido excesivamente débil, por más que pertenezca al campo de las frecuencias audibles, puede ser inaudible si no tiene bastante energía para poner en vibración al tímpano; 3.° el *timbre*, merced al cual distinguimos un sonido musical emitido por un instrumento de otro sonido de igual altura e intensidad emitido por un instrumento diferente (la diferencia se explica por el hecho de que al *sonido fundamental* puro se sobreponen armónicos * cuya intensidad varía de un instrumento a otro). [V. tb. ACÚSTICA, ECO, INTERFERENCIA, MÚSICA y NOTA.]
Llámase *sonido diferencial* el que percibe el oído cuando al mismo llegan dos sonidos de frecuencia diferente. Su frecuencia es igual a la diferencia de la frecuencia de ambos.
— *Aeron.* La *velocidad del sonido en la atmósfera* representa un papel importante en aerodinámica, especialmente como consecuencia de los fenómenos de compresibilidad del aire que se manifiestan cuando los aviones alcanzan dicha velocidad. (V. ATMÓSFERA *standard*, MACH [*Número de*] y SÓNICO.)

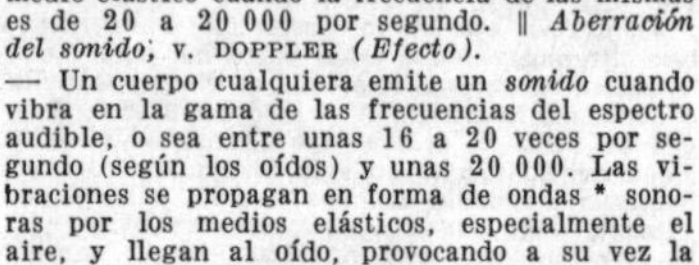

sonómetro

SONOLUMINISCENCIA f. *Fís.* Emisión de luz por ciertas disoluciones salinas cuando son excitadas por vibraciones ultrasonoras.

SONÓMETRO m. *Acúst.* Instrumento músico constituido por una caja de resonancia y varias cuerdas de longitud y tensión reglables, que sirve para comparar los sonidos. ‖ *Sonómetro eléctrico*, audiómetro.

SONORIDAD f. Calidad de sonoro. ‖ Propiedad de los instrumentos, locales y otras cosas que refuerzan o amplifican los sonidos: *la sonoridad de una guitarra, de una sala de conciertos.* (V. tb. ACÚSTICA.)

SONORIZACIÓN f. Acción y efecto de sonorizar.
— *Acúst.* V. más abajo *Radiot.*
— *Cin.* Operación consistente en grabar en una película cinematográfica las señales correspondientes a los diálogos, la música de fondo y los efectos * sonoros a partir de las grabaciones hechas separadamente para estas tres categorías de sonidos. (V. esquema en el art. CINEMATÓGRAFO.)
— *Radiot.* Instalación que se hace en locales industriales, comerciales, salas de espectáculos, etc. de altavoces que difunden órdenes, anuncios, música u otros sonidos amplificados electrónicamente.
— Una *instalación de sonorización* consta de: un generador o reproductor de sonidos (micrófono, magnetófono, tocadiscos); un amplificador cuya potencia de salida dependerá del volumen de los locales sonorizados (entre 10 vatios para una sala de conferencias y varios kilovatios para un autódromo, feria, etc.), y un número suficiente de altavoces convenientemente dispuestos.

SONORIZAR v. Hacer que una cosa sea sonora.
— *Cin.* Grabar en una película cinematográfica los diálogos y otros sonidos correspondientes a las imágenes o escenas representadas. (V. esquema en el art. CINEMATÓGRAFO.)
— *Radiot.* Efectuar la sonorización * de un local, un sitio destinado a reuniones públicas al aire libre, etc.

SONORO, RA adj. Que emite sonidos. ‖ Que tiene sonoridad.
— *Acúst. Ondas sonoras, vibraciones sonoras*, v. ONDA, VIBRACIÓN y SONIDO.
— *Cin. Efectos sonoros*, v. EFECTO. ‖ *Película sonora*, película que lleva grabadas, junto a las imágenes, las señales de los diálogos y otros sonidos correspondientes a las mismas. (V. CINEMATÓGRAFO.)

SOPALANCAR v. Meter la palanca debajo de la cosa que se ha de mover o levantar.

SOPANDA f. Madero para reforzar o aliviar una

viga, que se aplica en la cara inferior de la misma apoyado en un pie derecho o en dos jabalcones.

SOPAPA f. *Mec.* Galicismo por *válvula.*

SOPAR m. *Carp.* Pieza que se pone a un par de cubierta, adosada en la cara inferior del mismo, para reforzarlo.

SOPLADO m. *Electr.* Extinción de la chispa en un arco, disyuntor, interruptor, etc., ya alargando el arco, ya enfriándolo (con chorros de aire comprimido, mediante un campo magnético creado por un electroimán y que repele el arco hasta romperlo, etc.).
— *Ind. alim.* Procedimiento para despellejar las reses en los mataderos, consistente en insuflar aire comprimido entre la piel y el cuerpo de las mismas: *el soplado se halla prohibido en muchas partes porque el aire comprimido contiene gérmenes que pueden alterar la carne.*
— *Metal.* Inyección de aire o de aire y oxígeno en el seno del metal que se ha de afinar. (V. CONVERTIDOR y HORNO.)
— *Plást. Formación por soplado,* v. MOLDEADO.
— *Vidr.* Uno de los procedimientos de la fabricación de los objetos de vidrio que se funda en soplar en el interior de una burbuja grande del mismo, al estado fundido, hasta conferirle la forma y dimensiones deseadas. (V. VIDRIO.)

SOPLADOR, RA adj. y s. Que sopla aire u otro gas. ‖ Que sirve para efectuar el soplado * en alguna de sus acepciones.
— *Art. gráf.* Sistema de boquillas que, en el marcador * automático, insuflan aire entre los pliegos superiores para separarlos de la pila de papel.
— *Tecn.* Dícese de los compresores * de elevado rendimiento que suministran gas combustible o aire directamente (o sea sin compresión ni acumulación previa en depósitos) a los altos hornos, convertidores y otras instalaciones industriales.
— *Text.* F. Máquina que sirve para seleccionar los pelos destinados a la fabricación del fieltro y que consiste en unos cilindros que desagregan las napas y en un ventilador que dispersa los pelos en una cámara provista de estantes, depositándose aquéllos en éstos a una altura dependiente de su peso.

SOPLADURA f. *Tecn.* Cavidad producida en la masa del metal, plástico u otra materia vaciada, por la oclusión * de gases en el curso de su solidificación. (V. MOLDEADO.)

SOPLANTE adj. *Tecn. Máquina soplante,* máquina sopladora * ‖ Por ext., compresor e inyector.

SOPLETE m. *Tecn.* Aparato con el cual se obtiene una llama muy caliente que puede ser proyectada contra un cuerpo para calentarlo intensamente o para fundirlo.
— En joyería y en los laboratorios se emplean *sopletes* consistentes simplemente en un tubo acodado con el cual se sopla la llama de un hornillo o mechero para avivarla, aumentar su temperatura e inclinarla hacia el objeto que se ha de fundir, calentar o soldar. Los demás sopletes, más potentes y perfeccionados, no son sino quemadores especialmente diseñados para obtener, por presión y mediante oxigenación de la mezcla, una llama estrecha, larga y muy caliente que se pueda dirigir manualmente hacia el punto deseado. El más común de éstos es el *soplete oxiacetilénico,* en el cual dos tubos —uno de ellos alimentado en acetileno y el otro en oxígeno— convergen en una cámara *(mezclador)* de la cual sale la mezcla por una boquilla *(quemador)* en cuya abertura arde. La llama alcanza temperaturas de hasta 3 100º, porque el combustible, en vez de combinarse con el oxígeno del aire, que es acompañado por un volumen casi cuatro veces superior de nitrógeno inútil, lo hace con oxígeno puro, lo cual permite, inyectando ambos componentes a presión, obtener una combustión muy activa. El soplete tiene dos llaves para regular la proporción de combustible y comburente. Un exceso de oxígeno da una llama menos caliente y más oxidante, con la cual se obtienen malas soldaduras: un exceso de acetileno produce una llama comburente que cede carbono libre al metal y da soldaduras frágiles y duras.
Cuando el soplete ha de servir para cortar metales (*oxicorte*), tiene dos boquillas concéntricas: la exterior da una llama angular de acetileno y oxígeno que sirve para calentar el metal; la interior proyecta un chorro de oxígeno que consuma la combustión del metal ya calentado.
El acetileno no es el único combustible utilizado. Así, por ejemplo, el *soplete oxhídrico* consume hidrógeno, que, para trabajos de soldadura, presenta el inconveniente de producir vapor de agua, que es oxidante, y da temperaturas inferiores (hasta 2 600º). Se emplea, no obstante, para el óxicorte y otros usos, así como el propano, el alcohol, etc.
Para obtener temperaturas superiores a las que permite la mezcla oxiacetilénica, se emplean *sopletes de plasma* *. Constan éstos de un arco eléctrico en el cual se proyecta hidrógeno (u otro gas) cuyas moléculas son disociadas en átomos con absorción de calor. Al chocar con el metal que se ha de calentar, los átomos se combinan de nuevo para reconstituir las moléculas y ceden entonces a aquél el calor que habían absorbido durante la disociación. A este tipo pertenece el *soplete de hidrógeno atómico,* ya empleado desde hace tiempo para hacer soldaduras y con el cual se obtienen temperaturas de 4 200º. Más recientemente se han construido sopletes de plasma fundados en el uso de otros gases (nitrógeno, helio, argón, etc.). Los que se emplean industrialmente, por ejemplo para la metalización * por proyección, alcanzan temperaturas de 12 000º. En los laboratorios de investigaciones científicas se usan sopletes de plasma que dan llamas de 30 000 y en algunos casos 50 000º.

SOPLO m. *Arm.* y *Geof.* Perturbación violenta de la atmósfera provocada por la expansión del aire bruscamente comprimido por una explosión, un sismo, un alud, etc.: *el soplo engendrado por la explosión de una bomba atómica puede causar tantos daños como los efectos térmicos o radiactivos de la misma.*
— *Radiot.* Ruido * de fondo.

SOPORTAL m. *Arq.* Porche * que sirve de vestíbulo a la entrada principal de un edificio o de todos los edificios de una plaza o calle.

SOPORTE m. Nombre dado a numerosas armazones, piezas y aparatos propios para servir de apoyo a una cosa, sostenerla o tenerla en una posición determinada: *el soporte mantiene el útil en una máquina herramienta; en los laboratorios se usan soportes de madera para los tubos de ensayo.*
— *Fot.* Película, papel u otras materias sobre las cuales se aplican las emulsiones sensibles en

soplador *(tecn.)*

soplado del vidrio

oxicorte con una batería de **sopletes**

soplete de plasma cuya llama alcanza la temperatura de 28 000º

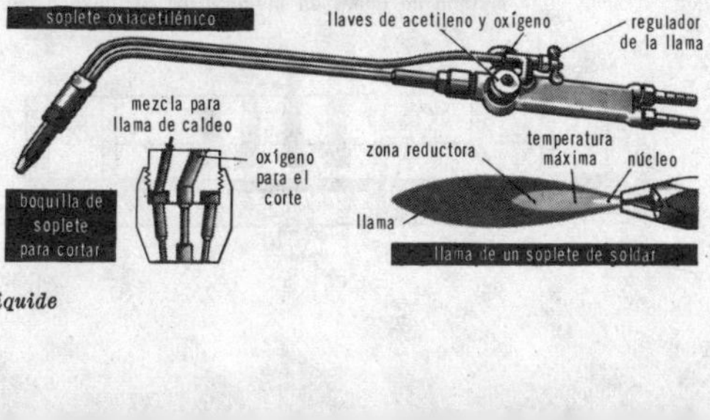

soplete oxiacetilénico

Fot. Rapho, C. E. M.-SOCEMA, Lacheroy-Air liquide

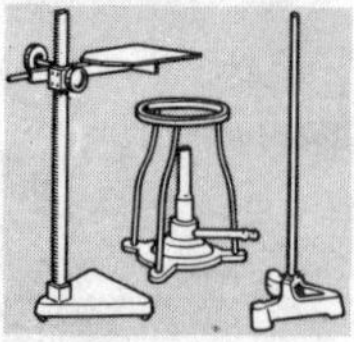

soportes de laboratorio químico

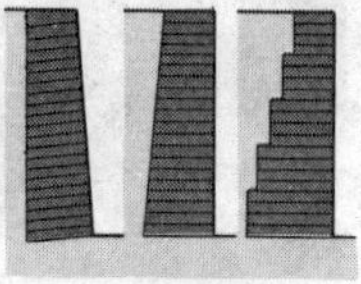

muros de **sostenimiento**

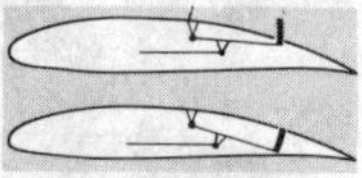

spoiler

preparación de la **sosa** por electrólisis
1. Agua salada; 2. Cloro; 3. Ánodos de grafito; 4. Vertedero; 5. Cátodo de mercurio; 6. Conexión del cátodo

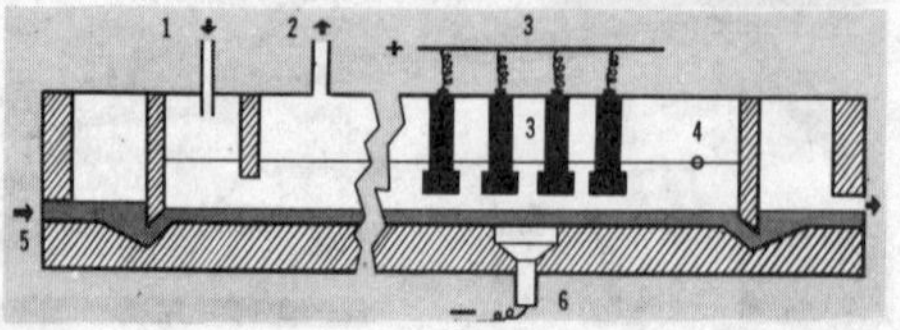

fotografía *, fotograbado *, radiografía * y técnicas afines. (V. tb. PELÍCULA.)

SORBETERA f. *Ind. alim.* Heladora.

SORBITA f. *Metal.* Mezcla de ferrita y cementita en forma de granos finos, presentes en los aceros templados y recocidos.

SORDINA f. *Mús.* Dispositivo que se pone o arma en los instrumentos de música para disminuir la intensidad de los sonidos o hacer variar su timbre, cuales son la pieza que se ajusta en el puente de los instrumentos de cuerda, el tapón cónico con que se obtura parcialmente la boca de la trompeta, etc. ‖ Muelle que tienen los despertadores y los relojes de repetición para impedir que suenen.

SORDO, DA adj. Callado, sin ruido o insensible al mismo.
— *Acúst.* Dícese de los ruidos graves y apagados. ‖ *Cámara sorda,* v. CÁMARA.
— *Arq. Tabique sordo,* v. TABIQUE.
— *Joy.* Dícese de la gema empañada por alguna impureza.
— *Lumin. Linterna sorda,* v. LINTERNA.
— *Metal. Lima sorda,* v. LIMA.

S. O. S. y con más propiedad **SOS** m. Letras del alfabeto Morse internacionalmente adoptadas para efectuar llamadas de socorro radiotelegráficas en caso de peligro.
— En el alfabeto Morse las tres letras S, O. S equivalen a la emisión de tres puntos (o impulsiones cortas), tres rayas (impulsiones largas) y de nuevo, tres puntos. En realidad, la llamada de socorro, cuando puede ser formulada en la debida forma, empieza por una señal de alarma de 12 impulsiones de 4 segundos separadas por silencios de un segundo, que tiene por objeto llamar la atención de los radiotelegrafistas que se hallan a la escucha; luego se prosigue por la repetición, tres veces consecutivas, del SOS y se termina con la palabra DE (en Morse) seguida del indicativo de la estación que efectúa la llamada (barco, avión, expedición científica, etc.).
Siempre y cuando sea posible, el SOS se emite con longitud de onda de 600 m, especialmente prevista con dicho fin.

SOSA f. *Miner. Sosa boratada,* bórax.
— *Quím.* Hidróxido de sodio, de fórmula $NaOH$, también llamado *sosa cáustica.* ‖ Nombre dado impropiamente al *carbonato de sodio comercial,* de fórmula Na_2CO_3, también llamado *sosa del comercio* o *comercial.*
— La *sosa cáustica* o *hidróxido de sodio* es un sólido blanco, delicuescente, muy soluble en el agua, que funde a 320°. En una base fuerte, análoga a la potasa, aunque menos cáustica que ella, y obra sobre los ácidos para dar sales de sodio, y sobre los ésteres, para saponificarlos. (V. JABÓN.)
La sosa se obtiene por electrólisis de una disolución de cloruro de sodio al mismo tiempo que se prepara el cloro *. Sirve principalmente para fabricar jabones duros.
La *sosa comercial* o *carbonato neutro de sodio* funde a 853° sin descomponerse, y da con el agua una disolución muy alcalina. Forma con 10 moléculas de agua cristales de hidrato grandes e incoloros.
Esta substancia se preparaba primitivamente a partir de las cenizas de la barrilla * y de ciertas algas marinas. Hoy se obtiene a partir del cloruro de sodio, casi exclusivamente por el procedimiento Solvay: en un horno de cal se prepara ésta y se obtiene un gas carbónico; en una torre de absorción se hace chorrear una disolución acuosa de cloruro de sodio y de amoniaco en presencia del gas carbónico; se obtiene así, por filtración, bicarbonato CO_3HNa que, mediante calcinación, da carbonato, mientras que el gas carbónico que se desprende en esta operación es inyectado de nuevo en el circuito; por otra parte, las aguas madres del bicarbonato contienen cloruro de amonio que, tratadas con lechada de cal, dan amoniaco para proseguir la fabricación.
El carbonato de sodio, por sus propiedades, reemplaza industrialmente a la sosa cáustica, que es más cara. Entra en la composición de vidrios, constituye la materia primera de numerosos compuestos sódicos y sirve para lavar y blanquear la ropa.

SOSTENIMIENTO m. *Arq.* Muro de sostenimiento, v. MURO.

SOTABANCO m. *Arq.* Hilada puesta sobre la cornisa para los arranques de un arco o una bóveda. ‖ *Ático,* buhardilla u otra habitación por encima de la cornisa del edificio.

SÓTANO m. *Arq.* Planta inferior de una casa, situada bajo el rasante de la calle, llamándose *semisótano* si rebasa dicho nivel y tiene aberturas para recibir directamente luz y ventilación.

SOTAVENTO m. *Mar.* Lado de la embarcación situado en la dirección hacia donde va el viento, por oposición al barlovento.

SOTECHADO m. *Arq.* Cobertizo. ‖ Lugar protegido por una techumbre ligera.

SOUTACHE m. *Text.* Sutás.

SOYA f. *Bot.* Soja.

SPARDECK m. *Mar.* Espardec.

SPESSARTINA f. *Miner.* Espesartina.

SPIEGEL m. *Metal.* Liga de hierro con una proporción de hasta 25 % de manganeso y 5 % de carbono, susceptible de hermoso pulimento (*spiegel,* voz alemana, significa *espejo*), que se agrega a la fundición para obtener un complemento de carburación al convertirla en acero.

SPIN m. *Atom.* Momento angular de rotación de las partículas elementales.
— Ciertas partículas, a semejanza de un trompo, tienen un movimiento rotatorio sobre sí mismas independientes de su traslación. Así, el electrón, además de seguir una órbita alrededor del núcleo del átomo, gira sobre sí mismo. A este movimiento corresponde un momento * mecánico que, al hallarse regido por las leyes de la mecánica * cuántica, no puede tener cualquier valor y su magnitud solamente puede ser un múltiplo de $h/2$, o sea de la mitad de la constante de Planck *.
Las partículas que tienen un *spin* entero (1, 2, 3, etc.) obedecen a las leyes de Bose-Einstein y se llaman *bosones;* las demás obedecen a las leyes de Fermi-Dirac y se llaman *fermiones* (v. PARTÍCULA). El spin de un núcleo atómico es la suma algebraica de los spines de las partículas que lo constituyen.

SPINNAKER m. *Mar.* Balón.

SPOILER m. *Aeron.* Pantalla que se hace sobresalir del extradós del ala en ciertos aviones para reducir la fuerza de sustentación y remediar las perturbaciones del control lateral provocadas por la hipersustentación *; también puede asociarse su acción a la del alerón para efectuar virajes.

SPOT m. Punto luminoso reflejado en la pantalla por el espejuelo móvil que tienen ciertas balanzas de torsión, galvanómetros, etc., para amplificar los movimientos de los órganos medidores y aumentar así la precisión de las medidas.
— *Radiot.* Punto luminoso engendrado en la pantalla fluorescente de un osciloscopio catódico o de un televisor por el impacto del haz de electrones: *el spot recorre la pantalla de un televisor a la velocidad de 10 km/s.* (V. EXPLORACIÓN y OSCILOSCOPIO.)

SPRUCE m. *Carp.* Nombre comercial dado a la madera de diferentes especies de *abeto* * *(Picea)* de Norteamérica.

SPUTNIK m. *Astron.* Voz rusa que significa *satélite* y con la cual se designaron los primeros satélites artificiales lanzados por la Unión Soviética a partir del 4 de octubre de 1957. (Es incorrecto emplear esta voz como sinónimo de *satélite artificial.*)

sr, símbolo del *esterradián.*

Sr, símbolo del *estroncio.*

SSE., abreviatura de *Sudsudeste.*

SSO., abreviatura de *Sudsudoeste.*

st, símbolo del *estéreo.*

St, símbolo de *stokes,* unidad de medida de la viscosidad * cinemática en el sistema C. G. S.

STAFF m. *Constr.* Estaf.

STANDARD adj. y s. *Aeron. Atmósfera standard,* v. ATMÓSFERA.
— *Ind.* Estandard. (V. NORMA y NORMAL.)

— *Radiot.* Definición * de una emisora o red de televisión.
— *Telec.* Centralilla o central telefónica manual. (V. TELÉFONO.)
STANDARDIZACIÓN f. *Ind.* Normalización.
STANDARDIZAR v. *Ind.* Normalizar.
STARK *(Efecto).* V. EFECTO.
STARTER m. *Autom.* Nombre inglés del dispositivo de arranque del carburador *. (Sinón. ESTARTER.)
— *Lumin.* Cebador, interruptor o contacto de bimetal que sirven para cebar los tubos de fluorescencia hasta que los filamentos de los electrodos se hallan calentados al rojo y que entonces interrumpen automáticamente el circuito inductivo constituido por dichos electrodos y el dispositivo de alimentación. (V. LÁMPARA.)
STATOR m. Estator.
STEAMER m. *Mar.* Anglicismo por *vapor.*
STEFAN *(Ley de),* ley según la cual la energía total radiada por una superficie negra varía como la cuarta potencia de la temperatura absoluta. (V. tb. CUERPO *negro.*)
STELLERATOR m. *Atom.* Instrumento experimental empleado para obtener plasmas * a elevadísimas temperaturas en las investigaciones sobre el control y aprovechamiento de la energía termonuclear o de fusión *.
STELLITA f. *Metal.* Estelita.
STENCIL m. *Ofic.* Estencil, matriz estarcida de ciertas multicopistas *.
STILB m. *Lumin.* Submúltiplo de la unidad de brillo o densidad luminosa, equivalente a una candela * por centímetro cuadrado, cuyo símbolo es *sb.* (Sinón. ESTILB.)
STOKER m. *F. c.* Sistema constituido por varias roscas de Arquímedes acopladas con juntas de Cardan, movido por un motor a vapor, que sirve para arrastrar el carbón desde el ténder hasta el hogar de la locomotora *.
STOKES *(Ley de),* ley según la cual la longitud de onda de la luz emitida por fluorescencia es mayor que la de las radiaciones primarias que han excitado la substancia fluorescente.
STOKES m. *Metr.* Unidad de medida de la viscosidad * cinemática en el sistema C. G. S., cuyo símbolo es *St.*
STOP m. *Autom.* Señal que se pone en un cruce para indicar al vehículo de la carretera secundaria que debe, no solamente ceder el paso a los vehículos que circulan por la carretera principal, sino también detenerse, por medida de precaución, aunque no pasen vehículos por ésta.
— *Telec.* Voz inglesa que se emplea en la redacción de los telegramas y telefonemas, a modo de punto, para separar las frases: *experimento aplazado stop suspendan preparativos.*
STRIPPING m. *Atom.* Fenómeno en virtud del cual cuando un deutón * choca con un núcleo atómico, las dos partículas que lo constituyen se separan y, las más de las veces, el neutrón no es absorbido por el núcleo: *el stripping permite obtener haces de neutrones en un acelerador, bombardeando una pantalla con deutones.*
— *Petr.* Operación que se practica en las refinerías para reducir la inflamabilidad del petróleo lampante, el gasoil y otros productos, y que consiste en extraer las fracciones demasiado volátiles que contienen.
STUDAL m. *Metal.* Marca registrada de una liga de aluminio, magnesio (1,25 %) y manganeso (1 %), resistente a la corrosión atmosférica y bastante brillante, que se emplea para muebles y en la decoración de locales, escaparates y habitaciones.
SUARDA f. Grasa de la lana que, refinada, da lanolina. (Sinón. JUARDA.)
— *Text.* Grasa que conservan ciertos paños de lana, y por ext., grasa o mugre de cualquier tejido.
SUAVIZADOR m. Cuerpo, generalmente fijado en un armazón con empuñadura, que sirve para afinar el filo de las navajas de afeitar y otros instrumentos cortantes.
SUB, prefijo latino que significa *debajo* e indica la posición inferior de una cosa respecto a otra, extendiéndose a veces el sentido de inferior a los criterios de calidad o cantidad.
SUBACUÁTICO, CA adj. *Mar.* Que se halla debajo del nivel del agua o que ocurre en el seno de la misma.
SUBAFLUENTE m. *Hidr.* Afluente de otro.

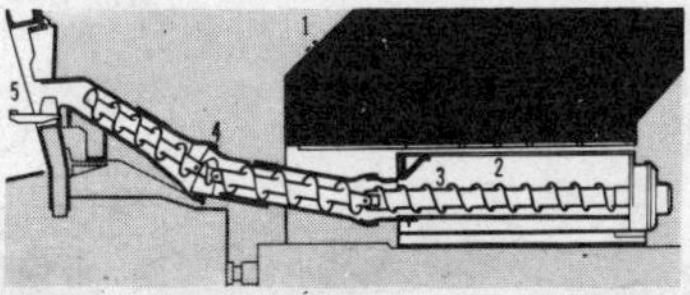

stoker
1. Carbón del ténder; 2. Chapas corredizas; 3. Rosca transportadora; 4. Junta articulada; 5. Hogar

SUBATÓMICO, CA adj. *Atom.* Dícese de las partículas más pequeñas que el átomo, o sea de las que lo constituyen.
SUBCALIBRADO, DA adj. *Arm.* Dícese del proyectil cuyo calibre es inferior al del arma con que se dispara.
SUBCLORURO m. *Quím.* Compuesto clorado menos rico en cloro que el compuesto normal.
SUBDÉCUPLO m. *Mat.* Dícese de un número contenido diez veces en otro.
SUBDIRIGIDO, DA adj. *Autom.* Dícese, por oposición a sobredirigido *, del vehículo automóvil que corrige automáticamente los efectos de las perturbaciones de su trayectoria: *un coche subdirigido tiene dirección estable en las rectas y tiende, consiguientemente, a salir de la calzada por el exterior de las curvas.*
SUBDIVIDIR v. Dividir las partes de lo que ya ha sido dividido.
SUBENFRIADO, DA adj. *Quím.* Dícese de la solución diluida que permanece líquida, en equilibrio metastable, a una temperatura a la cual debiera cristalizarse el disolvente y que, prácticamente, no es sino una disolución sobresaturada en disolvente.
SUBERANO m. *Quím.* Cicloheptano.
SUBESTIMACIÓN f. *Electr.* Estación * secundaria de transformación y distribución de energía eléctrica.
SUBESTANDARD adj. *Cin.* Dícese de las películas cinematográficas de formato * inferior al de 35 mm de la cinematografía profesional.
SUBESTRUCTURA f. Construcción situada debajo de otras.
SUBEXPONER v. *Fot.* Exponer insuficientemente a la acción de la luz las emulsiones fotosensibles. (V. EXPOSICIÓN.)
SUBEXPOSICIÓN f. *For.* Acción y efecto de subexponer. (V. EXPOSICIÓN.)
SUBGRAVEDAD f. Estado de un cuerpo sometido a una pesantez inferior a la que se manifiesta en la superficie terrestre: *los astronautas se hallarán en estado de subgravedad mientras permanezcan en la Luna.* (V. tb. INGRAVIDEZ.)
SUBLACUSTRE adj. Situado bajo las aguas de un lago: *yacimientos de petróleo sublacustre.*
SUBLIMACIÓN f. *Quím.* Paso directo de un cuerpo del estado sólido al estado gaseoso sin pasar por la fase líquida.
— La *sublimación* se obtiene volatilizando los cuerpos en seco por el calor. Ciertas substancias se subliman fácilmente, cuales son el yodo, el alcanfor, el anhídrido arsenioso, etc., y esta propiedad se aprovecha para purificarlas, pues los vapores vuelven al estado sólido y la operación equivale a una destilación.
SUBLIMADO, DA adj. y s. *Quím.* Producto que resulta de una sublimación. ‖ — M. *Sublimado corrosivo,* bicloruro de mercurio empleado en farmacia.
SUBLIMADOR m. *Refr.* Aparato frigorífico propio para efectuar la liofilización *.
SUBLIMAR v. *Quím.* Efectuar el paso de un cuerpo del estado sólido al estado gaseoso sin pasar por el estado líquido. (V. SUBLIMACIÓN.)
SUBLUNAR adj. *Astr.* Situado por debajo de la Luna, entre ella y la Tierra: *los ingenios lanzados hacia la Luna con velocidad insuficiente describen una trayectoria sublunar y vuelven a la Tierra.*
SUBMERGIBLE adj. y s. Sumergible.
— *Mar.* M. Sumergible. (V. SUBMARINO.)
SUBMARINO, NA adj. y s. Que está bajo la superficie del mar: *volcán submarino.* ‖ Que funciona o se mueve en el seno del mar: *cámara de televisión submarina.*
— *Geol. Relieve submarino,* v. OCEANOGRAFÍA.
— *Mar.* Barco de casco metálico muy resistente, provisto de cierres herméticos y de un sistema de compartimientos en los cuales la admisión o

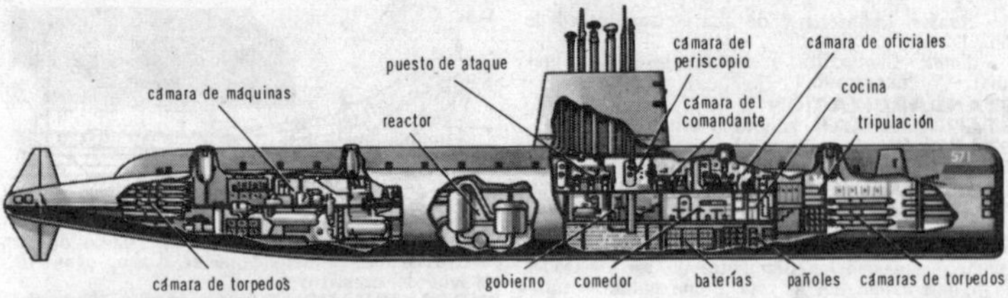

submarino atómico

el **submarino** "Tritón"

la expulsión de aire comprimido permiten hacer variar la flotabilidad para que, como su nombre indica, pueda sumergirse y navegar bajo la superficie del agua.

— Al principio se estableció una diferencia entre el *submarino* y el *sumergible*. El primero tenía un casco resistente a la presión del agua, que contenía interiormente los tanques o compartimientos destinados a hacer variar la flotabilidad del barco; previsto para navegar bajo el agua, el submarino flotaba mal fuera de ella, era inestable y de mala navegabilidad en la superficie, pues no soportaba el oleaje. Por el contrario, el sumergible, como lo sugiere su nombre, reunía cualidades marineras para la navegación en la superficie y podía sumergirse cuando lo requería la situación; dichas cualidades resultaban de su estructura fundada en la adopción, alrededor del casco resistente del submarino, de un segundo casco que contenía los compartimientos reguladores de la flotabilidad y que, por no hallarse sometido a la presión diferencial, podía adoptar formas que le conferían la necesaria estabilidad y le permitían afrontar el oleaje.

Posteriormente se impuso la voz submarino como nombre genérico de todos los barcos que navegaban o podían navegar bajo la superficie del agua y que, si se exceptúan contados ingenios de investigación oceanográfica o de recreo, pertenecen al tipo sumergible de la primitiva clasificación. Un submarino ha de hallarse interiormente a una presión próxima de la atmosférica, que es la que puede tolerar la tripulación, mientras que, exteriormente, ha de soportar la presión del mar, que es, aproximadamente, de una atmósfera por cada diez metros de profundidad (consiguientemente, a 200 m de profundidad, cada metro cuadrado del casco soporta un empuje, del exterior al interior, o sea con tendencia a aplastarlo, del orden de 200 toneladas). De ahí que el casco interior tenga forma de sección circular, que es la más resistente, y conste de chapa de metal especialmente seleccionado muy espesa (hasta 200 mm de espesor en ciertas partes). Por el contrario, el casco exterior se hace con chapa relativamente delgada, ya que soporta la misma presión por sus dos caras.

Entre los dos cascos se hallan los compartimientos *(waterballast)* reguladores de la flotabilidad, provistos en su parte superior de inyectores de aire comprimido y válvulas para permitir el rápido escape del mismo, mientras que por la parte inferior comunican con el mar. Así, sea cual fuere el volumen ocupado en los compartimientos por el aire y la profundidad a que se halle el submarino, la presión en los mismos es rigurosamente igual a la del exterior, lo cual explica, como ya se ha dicho, que el casco exterior y los referidos depósitos puedan ser de chapa relativamente delgada. Una parte de los depósitos contiene el combustible necesario para los motores, y, a medida que el mismo va siendo consumido, es reemplazado automáticamente por igual volumen de agua del mar.

Cuando los depósitos están llenos, el desplazamiento, o sea el peso del agua desalojada por el submarino (esencialmente por su casco interior) es ligeramente inferior al peso total del barco y éste se hunde. No obstante, la inyección de aire en los depósitos, al expulsar agua, aumenta el volumen desalojado por el barco y le permite flotar. De ahí, pues, las maniobras esenciales: 1.ª expulsión de aire para provocar la sumersión; 2.ª ligera inyección de aire para interrumpir el descenso y obtener el equilibrio entre dos aguas; 3.ª según las necesidades, nueva expulsión de aire para llegar a mayor profundidad o nueva inyección del mismo para elevarse. De lo antedicho se desprende la importancia que tiene el coeficiente de flotabilidad o relación entre el volumen de los referidos compartimientos y el volumen total desalojado por el submarino.

Los cambios de profundidad son considerablemente abreviados por unos alerones que sobresalen del casco y contra los cuales ejerce el agua un empuje hidrodinámico, comparable a la acción del aire contra el ala, que permite a los aviones elevarse y conservar su altura. Así, abriendo las válvulas de descarga de los depósitos, inclinando los alerones y dando a las hélices toda la potencia de las máquinas, un submarino moderno desaparece de la superficie en un tiempo de 5 a 10 segundos.

Los submarinos ordinarios tienen doble propulsión eléctrica y Diesel. Como sus dos motores Diesel (con potencia de hasta 4 000 caballos) consumen aire y dan gases asfixiantes, su funcionamiento no es posible cuando el submarino navega sumergido, y, en este caso, se recurre a dos o más motores eléctricos de hasta 2 000 caballos alimentados por una imponente masa de acumuladores, cuyo peso se cifra en centenares de toneladas. (Esta duplicación de los motores y el peso considerable de los acumuladores hacen que en un submarino ordinario el peso del casco represente de 30 a 35 % del desplazamiento total, siendo la parte de los motores de 40 % y la del armamento de 5 %.)

En cuanto la navegación superficial vuelve a ser posible, los motores Diesel entran en funcionamiento no solamente para propulsar el barco, sino también para recargar los acumuladores. No obstante, el esnórquel * constituye un medio empírico que permite la navegación bajo el agua con los motores Diesel, aunque a profundidad y velocidad reducidas.

La propulsión atómica resuelve admirablemente muchos de los problemas planteados a estos barcos. En el *submarino atómico,* un reactor * nuclear calienta un fluido que mueve las turbinas o los turbogeneradores. Como el conjunto de estos elementos está herméticamente cerrado, y dado que el mismo suministra energía eléctrica, la propulsión se hace permanentemente sin consumir aire y sin polución de la microatmósfera del submarino. Consiguientemente, existe la posibilidad de navegar de manera permanente bajo el agua, como lo demostraba ya en 1961 uno de los primeros submarinos atómicos al permanecer 67 días sumergido. Por otra parte, se suprimen las escalas de avituallamiento en combustible, ya que la carga en combustible nuclear del reactor asegura como

Fot. U. S. I. S.

mínimo un recorrido de 200 000 km. Por último, el reactor nuclear permite alimentar motores potentes que confieren al submarino sumergido velocidades de 35 a 40 nudos (en vez de 16 a 20 en la propulsión con acumuladores).
La *figura* muestra la estructura interna de un submarino atómico. En condiciones normales, el submarino navega en la superficie, y durante operaciones de guerra la navegación es sumergida de día y superficial de noche. Cuando el submarino se halla sumergido, el aire es regenerado mediante una doble operación: fijación del ácido carbónico por la sosa y enriquecimiento con oxígeno procedente de las reservas que lleva el barco. La observación de la superficie del mar se efectúa por medio de un periscopio *, el cual permite también orientar al submarino en la dirección de los barcos enemigos para dispararles los torpedos *. Un submarino lleva varios tubos * lanzatorpedos a proa y a popa, provistos de una compuerta que permite la salida del torpedo y su reemplazamiento desde el interior sin que irrumpa el agua en el casco. Por lo demás, en situaciones desesperadas, el tubo lanzatorpedos permite la salida de los miembros de la tripulación, uno a uno. (El salvamento se efectúa normalmente por un pequeño compartimiento de esclusa situado en el quiosco. Desgraciadamente, cuando un submarino sufre averías graves suele caer al fondo, y a profundidades tales, que su casco es roto por la presión excesiva del agua. Incluso cuando el casco resiste, la presión exterior es tan grande, que los hombres que abandonan el submarino resultan muertos por ella.)
Ciertos submarinos lanzan verticalmente, incluso cuando están sumergidos, grandes cohetes o proyectiles autodirigidos capaces de alcanzar objetivos situados a millares de kilómetros.
Además, los submarinos se hallan provistos en su puente de artillería clásica, y también disponen de aparatos de radar *, hidrófonos * y sondas * ultrasonoras que les permiten descubrir la presencia de aviones, naves u otros submarinos.
Los *submarinos de bolsillo*, simples, de escaso radio de acción, gobernados por una tripulación igualmente reducida (a veces por dos hombres solamente) sirven para cumplir misiones especiales en el litoral. Se considera costero un submarino incluso hasta 600 t. Los submarinos oceánicos desplazan unas 2 000 t y los hay de propulsión atómica, de 8 000 t.
Aparte de estos submarinos militares, existen numerosos tipos de aparatos empleados en oceanografía para investigaciones científicas, e inclusive de recreo. Algunos de ellos son submarinos muy simplificados; otros, como los batíscafos *, se fundan en un principio diferente.

SUBMINIATURA adj. *Radiot.* Calificativo aplicado a tubos electrónicos y otros componentes de circuitos radioeléctricos más pequeños aún que los que se habían calificado anteriormente de miniatura *.

SUBMÚLTIPLO m. *Mat.* Dícese del número contenido un número entero de veces por otro: *todo divisor de un número es submúltiplo del mismo.*

SUBNITRATO m. *Quím.* Nitrato básico.

SUBNORMAL f. *Geom.* Dado un punto M de una curva C situada en un sistema de coordenadas (v. *figura*), distancia M N determinada por la abscisa de M y por la proyección en N de la normal a dicho punto.

SUBORBITAL adj. *Astr.* Situado entre un astro y la órbita de un cuerpo que gravita alrededor suyo. ‖ Dícese del ingenio espacial lanzado con velocidad inferior a la que requiere su satelización y que, consiguientemente, vuelve a caer al suelo después de haber descrito una trayectoria balística: *los primeros astronautos norteamericanos efectuaron simples saltos o vuelos suborbitales.*

SUBÓXIDO m. *Quím.* Nombre dado a distintos óxidos cuya molécula contiene menos átomos de oxígeno que el correspondiente óxido normal.

SUBPORTADORA adj. y s. *Radiot.* Dícese de una onda modulada que, además de transportar señales por sí misma, permite modular también otra onda portadora de frecuencia superior, obteniéndose así la transmisión simultánea de dos informaciones por una misma emisora. (V. MODULACIÓN.)

SUBPRODUCTO m. *Ind.* Producto útil que se obtiene en la fabricación de otro principal: *la fabricación del gas de alumbrado da coque, alquitrán y otros subproductos valiosos.*

SUBSIDENCIA f. *Geol.* Lento hundimiento del suelo en las cuencas sedimentarias, compensado por un aumento de espesor de la capa de sedimentos.
— *Meteor.* Achatamiento de una masa de aire que, al comprimirse, experimenta un aumento de la temperatura y un desecamiento consecutivo al mismo, despejándose entonces la atmósfera: *la subsidencia resulta las más de las veces de una divergencia * o del descenso del sector frío de un ciclón *.*

SUBSÓNICO, CA adj. De velocidad inferior a la del sonido.
— *Aeron.* V. MACH *(Número de)* y SÓNICO.

SUBSTANDARD adj. *Cin.* Subestandard.

SUBSTANTIVO, VA adj. *Text. Colorante substantivo,* v. COLORANTE.

SUBSTITUCIÓN f. *Geol. Yacimiento de substitución,* v. YACIMIENTO.
— *Mat.* Método empleado para resolver un sistema de ecuaciones mediante permutaciones y substituciones de incógnitas, y así, para resolver un sistema de ecuaciones *r* e *y*, se halla una incógnita (*x*, por ejemplo) de la primera ecuación, admitiendo provisionalmente que la otra letra, o sea *y*, tiene valor conocido; luego, en la segunda ecuación se reemplaza la primera incógnita *(x)* por su valor anteriormente hallado y se resuelve la ecuación que sólo tiene entonces una incógnita *(y)*.
— *Quím.* Reemplazamiento de un átomo o radical por otro átomo o radical sin modificar la composición del resto de la molécula. ‖ *Reacción de substitución,* la que se efectúa mediante permutación de radicales.
— Las *reacciones de substitución* tienen una importancia teórica e industrial considerable, pues, a partir de un número reducido de cuerpos (hidrógeno, agua, ácido clorhídrico, amoniaco, etc.) se pueden derivar por substitución numerosos otros. Por ejemplo, en el caso del agua, cuya fórmula es H_2O, o sea HOH, la substitución de un átomo de hidrógeno por otro de potasio (K), da la potasa KOH; la substitución por un radical etilo da el alcohol etílico C_2H_5OH, etc.

SUBSTRACCIÓN f. *Mat.* Resta.

SUBSTRACTIVO, VA adj. Que substrae.
— *Fot.* y *ópt. Síntesis substractiva,* v. COLOR.

SUBSTRAENDO m. *Mat.* Cantidad que se resta de otra.

SUBSTRAER v. *Mat.* Restar.

SUBSTRATO m. *Fot.* Substancia que se da al soporte * para facilitar la adherencia de la gelatina fotosensible.
— *Geol.* Dícese del terreno inmediatamente inferior al que se considera: *el substrato granítico de un filón uranífero.*
— *Quím.* Substancia sobre la cual se ejerce la acción de un fermento.

SUBSUELO m. *Geol.* Capa situada debajo del suelo arable. ‖ En general, parte más o menos profunda del terreno: *las riquezas mineras del subsuelo.*

SUBTANGENTE f. *Geom.* Dado un punto M de una curva C situada en un sistema de coordenadas, distancia que media en un eje de las mismas entre la proyección M' del referido punto y la intersección T de la tangente a la curva en M.

SUBTENDER v. *Geom.* Unir una recta los extremos de un arco. ‖ Por ext., delimitar una parte de curva: *dos puntos A y B situados en una circunferencia subtienden el arco AB.*

SUBTENSIÓN f. *Electr.* Tensión inferior a la normal en una línea o circuito eléctrico.

SUBTERRÁNEO, A adj. y s. Que está debajo de tierra: *el tendido de un cable subterráneo.*
— *F. c. Amer.* M. Metropolitano.
— *Obr. públ.* Dícese del túnel, sótano grande u otra construcción hecha bajo el nivel del suelo: *los pasos subterráneos permiten pasar sin peligro de un lado a otro de las arterias de mucho tránsito.*

SUBTITULAR v. Poner subtítulos.

SUBTÍTULO m. *Art. gráf.* Título secundario que sigue en un libro al título principal y lo completa.
— *Cin.* Traducción resumida del diálogo que aparece sobreimpresa en la parte inferior de la imagen para permitir la comprensión de las películas en lengua extranjera que no han sido dobladas.

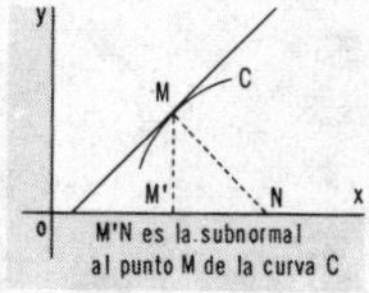

subnormal

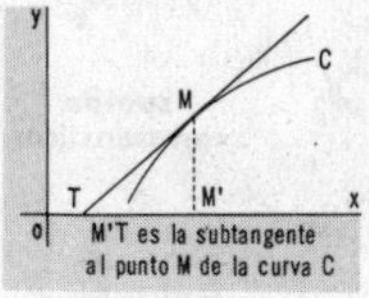

subtangente

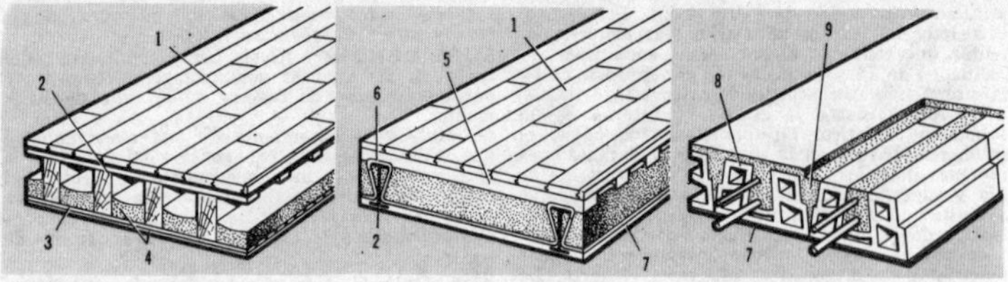

suelo *(arq.)*
1. Entarimado; 2. Vigueta; 3. Enlistonado; 4. Yeso; 5. Ristrel; 6. Riostra; 7. Cielo raso; 8. Bloque prefabricado; 9. Hormigón

SUBTROPICAL adj. *Meteor.* Nombre dado a dos zonas del Globo próximas de los trópicos, pero de latitud superior a los mismos, caracterizadas por la presencia de anticiclones y jalonadas por regiones desérticas en ambos hemisferios.

SUCCINEÍNAS f. pl. *Quím.* Materias colorantes, análogas a las ftaleínas y las rodaminas, que se obtienen condensando anhídrido succínico con fenoles o aminofenoles.

SUCCÍNICO, CA adj. *Quím.* Dícese de un ácido de fórmula HOCO—$(CH_2)_2$—COOH, presente en el ámbar y en ciertas plantas y tejidos animales. — El *ácido succínico* se fabrica industrialmente por síntesis a partir del acetileno y el formol. Tiene no pocas analogías con el ácido ftálico. Su anhídrido es un sólido blanco a partir del cual se obtienen colorantes sintéticos llamados *succineínas* *.

SUCCINO m. *Miner.* Ámbar.

SUCESO m. *Atom.* Circunstancia durante la cual una partícula deja la huella ionizada de su trayectoria en una cámara de burbujas * o de ionización *. (Sinón. EVENTO.)

SUCRATO m. *Quím.* Compuesto formado por la combinación del azúcar con un óxido metálico.

SUCUCHO m. *Mar.* Rincón estrecho que queda en el casco, especialmente a proa y a popa, en aquellas partes en que el arranque de las cuadernas cerca de la quilla, o en el del forro cerca de la roda y del codaste, forman ángulos muy agudos.

SÚCULA f. *Mec.* Torno * simple.

SUD, forma prefija de *sur.*

SUDESTE m. *Geogr.* Punto del horizonte intermedio entre el Sur y el Este. (Sinón. SURESTE.)

SUDOESTE m. *Geogr.* Punto del horizonte intermedio entre el Sur y el Oeste. (Sinón. SUROESTE.)

SUDSUDESTE m. *Geogr.* Punto del horizonte intermedio entre el Sur y el Sudeste.

SUDSUDOESTE m. *Geogr.* Punto del horizonte intermedio entre el Sur y el Sudoeste.

SUDUESTE m. *Geogr.* Sudoeste.

SUECIA f. *Curt.* Piel fina para guantes, de cabrito o cordero, teñida y cosida con la cara de la carne al exterior.

SUEDINA f. *Text.* Tejido de algodón especialmente aprestado para que presente el aspecto de la piel llamada suecia.

SUELA f. *Arq.* Solera, madero que sirve de asiento a un tabique u otra construcción. — *Curt.* Pieza de cuero o de otra materia que constituye la planta o parte del calzado aplicada en el suelo. ‖ Cuero de buey, grueso y endurecido, con que se hacen las suelas y tacones.

SUELO m. Superficie de la Tierra considerada como soporte sobre el cual se mueven el hombre y los animales o se asientan las cosas: *el suelo poco consistente se hunde bajo los pies.* ‖ Por ext., superficie hecha artificialmente con el mismo fin: *los suelos de baldosas no son apropiados para los países fríos.* ‖ Capa superficial de la corteza terrestre considerada en lo concerniente ya a su composición o naturaleza, ya a su aptitud y cualidades para el desarrollo de los vegetales.
— *Aeron. Efecto de suelo,* v. EFECTO.
— *Agr.* Los *suelos* se forman según un proceso muy lento en el cual cabe distinguir tres fases: 1.ª desagregación de la roca madre por la erosión *, la gelivación *, el ataque químico de las substancias disueltas en las aguas, etc.; 2.ª aparición de una vegetación pobre que acelera la desagregación (con sus raíces, y también por la acción de los ácidos orgánicos) y enriquece la tierra con sus detritos (humificación); 3.ª aumento del espesor de la capa de tierras sueltas y la proporción de materias orgánicas (mantillo) contenidas por la misma y desarrollo de la vegetación hasta alcanzar, en el suelo ya completamente formado, un estado de equilibrio entre el mismo, el clima y la vegetación.
Un suelo se caracteriza primeramente por su composición, de la cual dependerá su aptitud para el desenvolvimiento de determinado tipo de vegetación. En la misma entran los siguientes elementos: 1.º *arena,* que solamente representa un papel físico y es el más abundante de todos; 2.º *caliza,* que puede ser disuelta por las aguas cargadas de gas carbónico y representa un papel a la vez físico y químico; 3.º *arcilla,* constituida por los granos de menos de dos milésimas de milímetro de todas las materias inorgánicas del suelo, que sirve de cemento a los demás elementos del mismo y a la vez que fija silicatos y otras substancias minerales; 4.º *materias orgánicas* consistentes en detritos de plantas, microorganismos y animales en curso de descomposición o ya descompuestos, en cuyo caso constituyen el mantillo que, según la proporción en que se halle mezclado a la arcilla, influye sobre el poder absorbente del suelo (o sea su capacidad para retener las substancias nitrogenadas cálcicas, potásicas, fosforadas, etc., necesarias para el crecimiento de las plantas).
También se ha de tener en cuenta la acidez o la alcalinidad del suelo. Así, la remolacha azucarera requiere un suelo neutro y rinde poco en tierras ácidas; a la cebada le conviene una ligera alcalinidad, mientras que un poco de acidez favorece a la cosecha de heno.
La tabla siguiente resume las características y aptitudes de los principales tipos de suelos:

suelos característicos

DESIGNACIÓN	HUMIDIFICACIÓN	CULTIVOS	COMPLEMENTOS
suelo ordinario 80 % de arena; 10 % de arcilla; 5 % de caliza; 5 % de mantillo	conserva la humedad; se labra con facilidad	todos los cultivos ordinarios	ninguno
suelo silíceo 70 a 80 % de arena; carece de arcilla	no conserva la humedad; es permeable; se labra fácilmente	patatas, centeno, castaño, pino	arcilla
suelo calcáreo más de 30 % de carbonato de cal	suelo seco y permeable; se labra fácilmente	trigo, alfalfa	estiércol, en pequeñas cantidades, pero frecuentemente
suelo arcilloso más de 30 % de arcilla	duro en estío; fangoso en invierno, impermeable; se labra mal	prados	marga y cal
suelo humífero más de 20 % de mantillo	turboso; se embebe de agua; no se puede labrar	impropio para ser cultivado	

Además de los elementos complementarios que es necesario agregar a un suelo deficiente, se han de reponer en todas las tierras cultivadas los principios asimilados por las plantas. (V. ABONO.)
— *Arq.* Terreno en que se asientan los cimientos de una obra. ‖ Elemento resistente que separa dos pisos o plantas de un edificio, y que soporta por arriba la solera o suelo propiamente dicho de un piso y sostiene por abajo el techo del piso inferior.
— El *suelo de las habitaciones,* salvo el de la planta baja o el del sótano, si lo hay, suele consistir en una armazón de vigas o viguetas paralelas que a veces se cubre simplemente con un entarimado, quedando visible por debajo (techo de vigas aparentes). Pero, generalmente, se llena el hueco entre las viguetas y, además de aplicar un pavimento * por arriba, se revoca o se reviste por abajo con algún material prefabricado. El relleno entre las viguetas se obtiene ya vaciando mortero, ya con ladrillos o bloques huecos prefabricados con la correspondiente anchura normalizada y también haciendo bovedillas de fábrica con ladrillos o tabicados planos con rasillas. En las construcciones importantes se extiende cada vez más la técnica de las vigas y viguetas de hormigón armado, en las cuales encajan los rellenos prefabricados. En otros casos (v. *figura*), estos elementos se ordenan en un encofrado y se traban vaciando hormigón entre ellos.
— *Geol. Suelo poligonal* o *reticulado,* suelo cubierto de piedras o guijarros, muchas veces dispuestos verticalmente, que forman polígonos dentro de los cuales quedan las materias menos gruesas: *los suelos poligonales deben su formación a fenómenos de crioturbación* *. ‖ *Suelos rojos,* los que tienen este color, más o menos subido, a causa de la presencia de óxidos férricos deshidratados.
— *Radiot. Onda de suelo,* onda * directa que se propaga sobre la superficie terrestre.

SUESTE m. *Geogr.* Sudeste.

SUFRIDERA f. *Metal.* Pieza que encaja en el banco de herrero o en el yunque, y que sirve para golpear sobre ella la chapa hasta darle la forma deseada, para taladrarla con punzón o sacabocados, etc. (V. TAS.)

SUJETAPAPELES m. *Ofic.* Pinza para mantener unidos varios papeles, sujetar el papel de dibujo en la plancheta, etc.

SULF, prefijo derivado del latín *sulfur,* que significa *azufre,* empleado en química para indicar la presencia de dicho elemento o de radicales sulfurados en un compuesto.

SULFÁCIDO m. *Quím.* Ácido sulfúrico *.

SULFAMIDA f. *Quím.* Nombre genérico de las aminas obtenidas haciendo obrar el amoniaco sobre los cloruros de los ácidos sulfónicos y empleadas en terapéutica por sus propiedades germicidas, aun cuando hoy son reemplazadas ventajosamente por la penicilina y otros antibióticos.

SULFANÍLICO, CA adj. *Quím.* Dícese de un ácido que es el derivado parasulfonado de la anilina: *el ácido sulfanílico o paraaminobencenosulfónico, cuya fórmula es* $NH_2 - C_6H_4 - SO_3H$, *sirve para fabricar colorantes azoicos.*

SULFANTIMONIURO m. *Quím.* Combinación de un sulfuro y un antimoniuro.

SULFARSENIURO m. *Quím.* Arseniosulfuro.

SULFATACIÓN f. *Agr.* Sulfatado.
— *Electr.* Formación de una capa de sulfato de plomo en las placas de los acumuladores durante la descarga de los mismos.
— La *sulfatación* no es perjudicial si la capa de sulfato desaparece durante la carga del acumulador. En caso contrario, cual ocurre con los acumuladores inutilizados durante largo tiempo, el sulfato aumenta la resistencia y disminuye la capacidad del acumulador. Un paliativo consiste en lavar las placas con sosa y en proceder a la carga del acumulador previo reemplazamiento del agua acidulada por agua destilada.

SULFATADO m. *Agr.* Tratamiento a que se someten los vegetales, para preservarlos de las enfermedades provocadas por los hongos y otros parásitos, consistente en pulverizarlos con una disolución de sulfatos de cobre (*caldo bordelés*) o de hierro. (Sinón AZUFRADO y SULFATACIÓN.)
— *Ind. alim.* Sulfitación.

SULFATADOR m. y **SULFATADORA** f. *Agr.* Pulverizador * para el sulfatado de las plantas. (Sinón. AZUFRADOR.)

SULFATAR v. *Agr.* Efectuar el sulfatado * de las plantas.
— *Electr.* Cubrirse de sulfato de plomo las placas de los acumuladores. (V. SULFATACIÓN.)

SULFATO m. *Quím.* Sal o éster del ácido sulfúrico.
— El ácido sulfúrico puede dar con los álcalis *sulfatos ácidos* (bisulfatos), *sulfatos neutros, sulfatos básicos, sulfatos dobles* y *pirosulfatos.* Los *sulfatos metálicos* son cuerpos sólidos, generalmente cristalizados, solubles en el agua (salvo los de bario y de plomo). Se preparan tostando un sulfuro natural y, las más de las veces, haciendo obrar el ácido sulfúrico sobre el metal correspondiente. El *sulfato de calcio* no es sino el yeso; el de *bario* constituye el blanco * de barita empleado en pintura; los *de cobre* y *de níquel* se emplean en galvanoplastia; los *de potasio* y *amonio* son abonos; los *sulfatos alcalinos* se emplean en la fabricación de vidrios, así como en farmacia, etc.
La combinación del ácido sulfúrico con bases orgánicas o con ciertos éteres da *sulfatos orgánicos* (sulfato de quinina, sulfato ácido de etilo, etc.).

SULFHIDRATO m. *Quím.* Sulfuro.

SULFHÍDRICO, CA adj. *Quím.* Dícese de un ácido H_2S que resulta de la combinación del hidrógeno con el azufre. (Sinón. HIDRÓGENO SULFURADO.)
— El *ácido sulfhídrico* es un gas tóxico incoloro, de olor fétido, exhalado por los volcanes, por ciertas aguas termales, las letrinas, los pozos negros y las materias en estado de putrefacción (huevos, carne, etc.). Es algo más pesado que el aire (densidad 1,2) y arde con llama azul. Con los álcalis da sulfuros neutros y sulfuros ácidos. Tiene escasas aplicaciones, si bien se emplea en análisis químicos y como medicamento (disuelto en aguas minerales). Se prepara tratando sulfuro de hierro con ácido clorhídrico.

SULFHIDRILO m. *Quím.* Radical univalente — SH.

SULFIMIDA f. *Quím.* Compuesto que resulta de eliminar una molécula de agua entre una función sulfamida y una función ácida: *la sacarina es la sulfimida benzoica.*

SULFINDIGOTATO m. *Quím.* V. SULFINDIGÓTICO.

SULFINDIGÓTICO, CA adj. *Quím.* Dícese de un ácido sulfonado que se obtiene tratando el índigo con el ácido sulfúrico, y cuyas sales o sulfindigotados se emplean para teñir tejidos, con el nombre de *carmín de índigo.*

SULFINIZACIÓN f. *Metal.* Cementación * de aleaciones ferrosas que se obtienen sumergiendo las piezas en un baño que contiene una sal reductora y otra sal de azufre (éste penetra por difusión en el metal y lo endurece en un espesor de cerca de un milímetro).

SULFINUZACIÓN f. *Metal.* Sulfinización efectuada con el producto de la marca registrada *Sulfinuz,* baño de sales fundidas a 570° y compuesto de cianuro, cianato, sulfuro y carbonato alcalinos, con cuyo tratamiento la sulfuración es acompañada de carburación y de nitruración.

SULFITACIÓN f. Uso del anhídrido sulfuroso * como antioxidante, desinfectante o decolorante: *la sulfitación con sulfito de sodio permite depurar la tolita.*
— *Ind. alim.* Adición de anhídrido sulfuroso al mosto de uva, al zumo de manzana y a los jarabes.
— La *sulfitación* puede efectuarse con distintos fines: destrucción de ciertos fermentos en provecho de otros; interrupción de la fermentación si se han de obtener caldos dulces; tratamiento preventivo de la oxidación de los vinos, etc. Se practica agregando el anhídrido sulfuroso licuado o engendrándolo en el mosto con bisulfito de potasio, y quemando azufre en un aparato especial. La sulfitación sirve igualmente para desinfectar toneles.

SULFITADOR m. *Ind. alim.* Aparato que se emplea para efectuar la sulfitación de los mostos con anhídrido sulfuroso licuado en botellas o desprendido en la combustión del azufre.

SULFITAR v. Practicar la sulfitación.

SULFITO m. *Papel. Papel sulfito,* v. PAPEL.
— *Quím.* Sal del ácido sulfuroso.
— Los *sulfitos* suelen prepararse haciendo obrar el anhídrido sulfuroso sobre las bases o los carbonatos. Se obtienen así ya *sulfitos neutros,* ya *sulfitos ácidos* (también llamados *bisulfitos*). Los *sulfitos alcalinos,* solubles en el agua, tienen

suelo poligonal
(geol.)

Fot. E. Aubert de la Rüe

mucha importancia industrial como reductores para el blanqueo de tejidos y de la pasta de papel, y en fotografía, como antioxidantes de los reveladores. Con el azufre dan hiposulfitos y con los aldehídos compuestos cristalizados empleados en perfumería para extraer perfumes aldehídicos de las esencias.

SULFOÁCIDO m. *Quím.* Ácido sulfónico *.

SULFOANTIMONIURO m. *Quím.* Sulfantimoniuro.

SULFOARSENIURO m. *Quím.* Arseniosulfuro.

SULFOCIANATO m. *Quím.* Sal que resulta fundiendo un cianuro con azufre y que es la combinación del ácido sulfociánico con una base.

SULFOCIÁNICO, CA adj. *Quím.* Dícese de un ácido que solamente difiere del ácido ciánico por la substitución del oxígeno de su molécula por azufre. || *Anhídrido sulfociánico,* sulfuro de cianógeno que se obtiene tratando sulfocianato de plata con yoduro de cianógeno.

SULFOCLORURO m. *Quím.* Cuerpo compuesto de azufre, cloro y otro elemento.

SULFOCRÓMICO, CA adj. *Quím.* Dícese de una mezcla de ácido sulfúrico y ácido crómico o bicromato de potasio, que se emplea como oxidante.

SULFOMANGÁNICO, CA adj. *Quím.* Dícese de la mezcla de ácido sulfúrico y permanganato de potasio que se emplea como oxidante.

SULFONACIÓN f. *Quím.* Operación consistente en fijar el radical SO_3H en la molécula de un cuerpo orgánico, mediante acción sobre el mismo del ácido sulfúrico.
— La *sulfonación* tiene mucha importancia en la industria química. Sirve para preparar sulfonatos alcalinos a partir de los cuales se obtienen fenoles y vuelve solubles ciertos colorantes y medicamentos que no lo son normalmente.

SULFONAMIDA f. *Quím.* Sulfamida.

SULFONAR v. *Quím.* Efectuar la sulfonación * de un compuesto orgánico.

SULFONAS f. pl. *Quím.* Nombre genérico de los compuestos cuya molécula consta del sulfurilo SO_2 unido a dos radicales carbonados.

SULFONATO m. *Quím.* Sal que resulta de la combinación del ácido sulfónico con una base. (V. tb. SULFONACIÓN.)

SULFÓNICO, CA adj. *Quím.* Dícese de varios ácidos que se obtienen por sulfonación * de compuestos aromáticos y cuyas sales, llamadas *sulfonatos,* sirven para obtener fenoles.

SULFONIO m. *Quím.* Ion univalente análogo al ion oxonio *, pero con un átomo de azufre en vez del de oxígeno.

SULFONITRATO m. *Quím.* Combinación de un sulfato y un nitrato.

SULFONÍTRICO, CA adj. *Quím.* Dícese de una mezcla de ácidos sulfúrico y nítrico que sirve para preparar nitrobenceno, nitrocelulosa y otros derivados nitrogenados.

SULFOSELENIURO m. *Quím.* Seleniosulfuro.

SULFURACIÓN f. *Agr.* Inyección de sulfuro de carbono en el suelo para destruir las larvas de los insectos perjudiciales para los cultivos.
— *Quím.* Acción y efecto de sulfurar.

SULFURADO, DA adj. *Quím.* Que se halla al estado de sulfuro o combinado con el azufre. || *Hidrógeno sulfurado,* ácido sulfhídrico *.

preparación del ácido sulfúrico

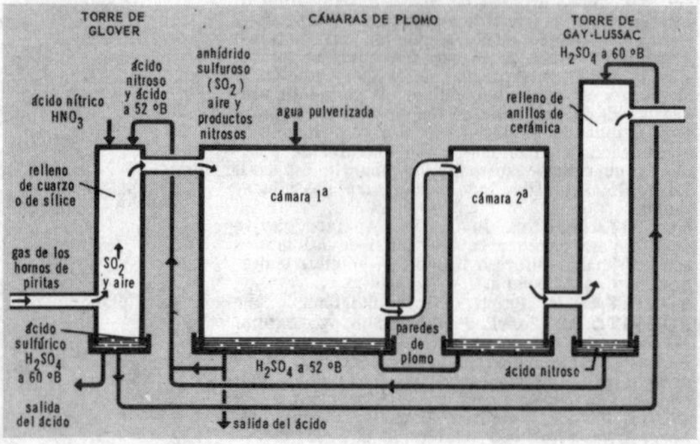

SULFURAR v. *Quím.* Combinar un cuerpo con azufre: *sulfurar cobre.*

SULFÚRICO, CA adj. *Quím.* Dícese del anhídrido SO_3 y de los ácidos correspondientes, especialmente el de fórmula H_2SO_4.
— El *anhídrido sulfúrico* es un cuerpo sólido, en forma de cristales transparentes que funden a 17° y hierven a 45°. El calor lo descompone en gas sulfuroso y oxígeno. Muestra extraordinaria avidez por el agua, combinándose violentamente con ella para dar ácido sulfúrico. Se obtiene por oxidación catalítica del gas sulfuroso y sirve para preparar oleum. (V. más abajo.)
El *ácido sulfúrico* es un líquido de aspecto aceitoso, aunque incoloro e inodoro, cuya densidad es 1,83. Se solidifica a 10° y hierve a 290°. No obstante, a esta temperatura empieza a disociarse y a diluirse un poco, con lo cual se obtiene una mezcla azeotrópica * que contiene 98 % de ácido, hierve a 320° y constituye el ácido concentrado comercial.
Es un ácido miscible en el agua en todas proporciones, cuya mezcla desprende mucho calor, por cuya razón se aconseja verter el ácido en el agua y evitar lo contrario. Por lo demás, esta avidez de agua se aprovecha industrialmente empleando el ácido sulfúrico para desecar gases.
El ácido sulfúrico puede disolver anhídrido sulfúrico, obteniéndose así un producto llamado *oleum* * más rico en anhídrido que el ácido común.
El ácido sulfúrico diluido es estable, mientras que en disolución concentrada puede ser reducido y obra como un oxidante. Es reducido en caliente por el azufre, el carbono, el fósforo y el hidrógeno, dando entonces azufre o gases sulfurosos.
Es un biácido fuerte y como tal puede dar dos series de sales con los álcalis: por ejemplo, con la sosa puede dar un sulfato ácido o bisulfato, de fórmula $NaHSO_4$ y un sulfuro neutro Na_2SO_4. Ataca en frío los metales electropositivos (hierro, cinc, aluminio) con formación de sulfato y desprendimiento de hidrógeno. A los demás metales (salvo el oro y el platino) los ataca en caliente, aun cuando el plomo es lo bastante resistente para poder contenerlo en los recipientes y las cámaras empleados en su preparación. Deshidrata los hidratos de carbono y, consiguientemente, carboniza la madera, el azúcar, los tejidos animales, etcétera. Con los carburos bencénicos da reacciones de sulfonación * de mucha importancia industrial porque conducen a los fenoles.
El ácido sulfúrico se prepara industrialmente por los dos procedimientos siguientes: 1.° los gases procedentes de la tostación de piritas sulfurosas se inyectan con vapor de agua en unas cámaras revestidas de plomo, en las cuales los gases reaccionan entre sí en presencia de óxidos de nitrógeno catalizadores (se obtiene así ácido diluido que puede ser concentrado por ebullición); 2.° el gas sulfuroso se combina con el oxígeno del aire en presencia de catalizadores (platino, óxido férrico, óxido de vanadio) y da anhídrido sulfúrico SO_3 que se emplea para transformar el ácido sulfúrico ordinario en ácido sulfúrico fumante u oleum.
Sería obvio pretender reseñar aquí todas las diversas aplicaciones del ácido sulfúrico, el primero de todos los ácidos por sus aplicaciones industriales, hasta el extremo de haberse afirmado que la producción del mismo constituye un criterio de la importancia industrial de un país. Citemos, no obstante: la preparación de otros ácidos (acético, clorhídrico, fosfórico, nítrico, etc.); la fabricación de derivados del azufre (sulfatos, superfosfatos, etc.); la preparación de colorantes, materias plásticas, fibras sintéticas, explosivos, perfumes, glucosa, etc.; la utilización en las refinerías para deshidratar y refinar derivados del petróleo; el empleo en la fabricación de ciertos papeles, de betunes para el calzado, etc., y, en fin, su uso en la composición del baño electrolítico de los acumuladores.

SULFÚRIDOS m. pl. *Quím.* Nombre genérico de los elementos que tienen propiedades análogas a las del azufre.

SULFURÍFERO, RA adj. *Miner.* Dícese del mineral que contiene azufre.

SULFURILO m. *Quím.* Nombre que se da al anhídrido sulfuroso SO_2 cuando obra como un radical derivado del ácido sulfúrico por supresión de los dos hidróxilos.

SULFURIZACIÓN f. *Quím.* Acción y efecto de sulfurizar.

SULFURIZAR v. *Quím.* Someter a la acción del ácido sulfúrico.

SULFURO m. *Quím.* Combinación del azufre con otro cuerpo. ‖ Sal que resulta de combinar el ácido sulfhídrico con una base.

— Los *sulfuros* que resultan de la combinación del azufre con un metaloide son análogos a los compuestos oxigenados correspondientes, y así, al sulfuro de carbono CS_2 corresponde el gas carbónico CO_2.

Los *sulfuros metálicos* más importantes son sales del ácido sulfhídrico *, el cual da, con los álcalis, sulfatos ácidos y sulfatos neutros. Son, por lo general, cuerpos sólidos, cristalinos (aunque opacos) y coloreados. Mediante oxidación de los sulfuros alcalinos se obtienen persulfuros, mientras que la oxidación de los demás sulfuros da sulfatos, gas sulfuroso y óxidos metálicos. Esta propiedad hace que muchos minerales a base de sulfuros sean tostados para convertirlos en óxidos, de los cuales es más fácil extraer los metales.

También existen sulfuros orgánicos que son ésteres alcohólicos o fenólicos, como el sulfuro de etilo. Dase el nombre de mercaptanes * a sulfuros ácidos que no son sino alcoholes en cuya fórmula el azufre reemplaza al oxígeno.

Los sulfuros son comunes en la naturaleza (blenda, piritas, galena, etc.). Los *sulfuros artificiales* tienen numerosos usos en química, medicina, etcétera, y también se emplean para depilar pieles. El *sulfuro de carbono,* que se obtiene haciendo circular vapores de azufre a través de carbón incandescente, es un líquido inflamable muy empleado como disolvente en la extracción de grasas y aceites vegetales.

SULFUROSO, SA adj. *Quím.* De la naturaleza del azufre: *vapores sulfurosos.* ‖ Que contiene ácido sulfhídrico: *agua mineral sulfurada.* ‖ Dícese de ciertos compuestos oxigenados del azufre, especialmente del anhídrido SO_2 y del ácido H_2SO_3.

— El *anhídrido* o *gas sulfuroso* es un gas incoloro, sofocante, de sabor picante, muy soluble en el agua. Es el principal constituyente de los vapores volcánicos y uno de los agentes de polución atmosférica en las urbes y en los centros industriales, donde emana de los hogares. Se prepara industrialmente mediante combustión del azufre o tostación de la pirita de hierro y otros sulfuros metálicos.

La principal aplicación del gas sulfuroso es la preparación del ácido sulfúrico, los sulfitos y los hiposulfitos. También se emplea como fluido frigorígeno en instalaciones de refrigeración, pues hierve a —5° y se licua, consiguientemente, a baja presión. Otros usos son: la desinfección de locales, de barriles y otros recipientes; el blanqueo de productos textiles, plumas, esponjas y otras materias orgánicas, etc. Como no entretiene las combustiones, se insufla o produce en las chimeneas para apagar el hollín encendido. (V. tb. SULFITO.)

La disolución acuosa del anhídrido sulfuroso tiene propiedades ácidas, por cuya razón se admite la presencia en la misma de un ácido sulfuroso H_2SO_3 que no ha podido ser aislado.

SUMA f. *Mat.* Adición, reunión de varias cantidades para formar una sola, también llamada total: *el signo de la suma es +.* ‖ *Suma algebraica,* la de cantidades afectadas de signos que se tienen en cuenta al adicionarlas, lo cual significa que si un sumando tiene signo positivo (+) se ha de agregar a los demás y si lo tiene negativo (—), se ha de substraer

(así, $-12 + 7 + 5 - 11 = -11$).

SUMADORA f. *Ofic. Máquina de sumar.* (V. CALCULADORA.)

SUMAR v. *Mat.* Efectuar una suma o adición. ‖ Hallar una expresión numéricamente igual, en signo y valor, a la suma algebraica de los sumandos.

SUMERGIBLE adj. Que se puede sumergir: *achicar el agua con una bomba sumergible.*

— *Mar.* Submarino.

SUMIDERO m. Agujero abierto en el suelo, generalmente protegido por una rejilla, por el cual evacuan las aguas sucias. ‖ Conducto por donde se sumen las mismas. ‖ Imbornal de alcantarilla.

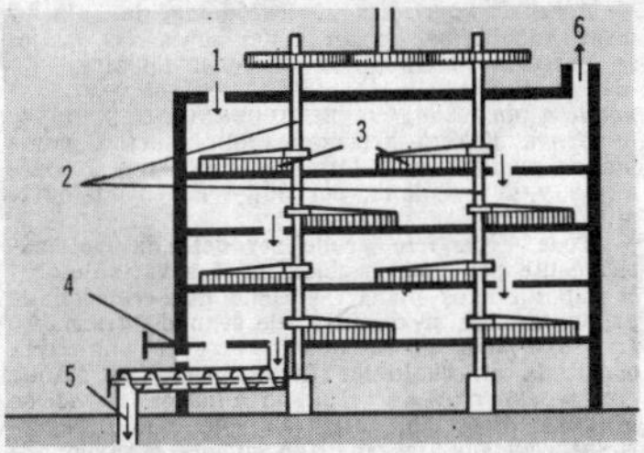

preparación del gas **sulfuroso**
1. Carga del horno en sulfuros metálicos; 2. Árbol portador de rastrillos; 3. Rastrillos giratorios; 4. Registro del tiro; 5. Mineral tostado; 6. Mezcla de aire y gas sulfuroso

SUMÓSCAPO m. *Arq.* Saliente en que termina, por arriba, el fuste de la columna.

SUNLIGHT m. *Cin.* y *Lumin.* Proyector muy intenso que se emplea en cinematografía para iluminar las escenas rodadas en los estudios.

SUNT m. *Electr.* Shunt.

SUPER, prefijo latino que significa *sobre* y que unas veces denota *exceso* o *demasía* (como en *supercrítico*) y otras *grado sumo, muy* (como en *supercarburante.* (V. tb. HIPER, SOBRE y ULTRA.)

— *Quím.* Per: *peróxido o superóxido.*

SUPERACABADO, DA adj. y s. Dícese del producto industrial, superficie tratada, etc., que han sido objeto de un acabado muy esmerado.

— *Metal.* Operación consistente en frotar las piezas ya rectificadas con una piedra abrasiva que elimina las últimas asperezas microscópicas (constituidas esencialmente por metal descarburado por la acción de las herramientas): *el superacabado elimina una causa de desgaste y permite obtener ajustes precisos y duraderos.*

SUPERACABAR v. Efectuar una labor de superacabado.

SUPERAERODINÁMICA f. *Aeron.* Aerodinámica especialmente aplicable a la alta atmósfera terrestre, hasta los confines del espacio interplanetario y la atmósfera muy tenue de otros astros que concierne a los movimientos de los cuerpos en un aire sumamente rarefícado.

SUPERCARBURANTE m. Gasolina de elevado índice de octano. (V. GASOLINA.)

SUPERCAVITANTE adj. *Mar.* Dícese de un tipo de hélices especialmente diseñadas para que, al girar con mayor rapidez que las hélices ordinarias, tengan mejor rendimiento que ellas, con todo y producir fenómenos de cavitación *: *las hélices supercavitantes tienen el perfil de las palas troncado por el borde de escape.*

SUPERCEMENTO m. *Constr.* Cemento * Portland que adquiere muy pronto una resistencia suficiente para poder ser desencofrado rápidamente sin peligro.

— El *supercemento* se obtiene haciendo que la mezcla inicial de caliza y arcilla contenga la máxima proporción posible de óxido de calcio y regulando la cochura para que toda la cal pueda combinarse. Una de sus aplicaciones más interesantes es la fabricacién de elementos prefabricados, ya que permite disponer rápidamente de los moldes.

SUPERCONDUCTIBILIDAD y **SUPERCONDUCTIVIDAD** f. *Electr.* Supraconductividad.

SUPERCONDUCTOR, RA adj. y s. *Electr.* Supraconductor.

SUPERCRÍTICO, CA adj. *Fís.* Dícese de la temperatura o la presión de un fluido cuando alcanzan valores superiores a los que corresponden a su punto crítico.

SUPERESTRUCTURA f. Construcción que se hace y apoya encima de otra.

— *Mar.* El alcázar, el puente y el castillo construidos sobre la cubierta superior del barco y formando cuerpo con el casco.

— *Obr. públ.* Parte superior de las construcciones, que se asienta en la infraestructura *, como el firme de las carreteras; la vía con sus accesorios y las estaciones, señales, barreras, etc., en los ferrocarriles, etc.

SUPERFICIAL adj. Relativo a la superficie.

— *Fís. Tensión superficial,* v. CAPILARIDAD.

SUPERFICIE f. Parte exterior de un cuerpo, o sea el límite que lo separa del espacio o de otro cuerpo.

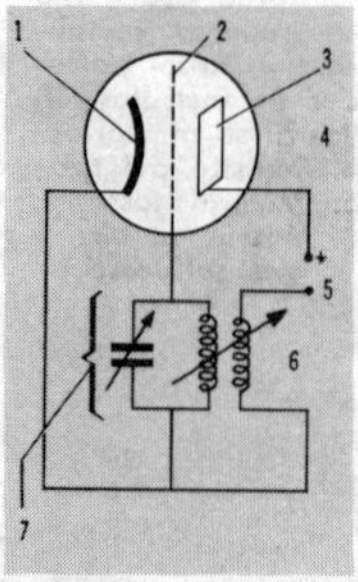

emisión heterodina en un radiorreceptor **superheterodino**
1. Filamento; 2. Rejilla; 3. Placa; 4. Oscilatriz; 5. Alta tensión; 6. Bobinas de placa; 7. Circuito oscilante de la rejilla

— *Aeron. Superficies sustentadoras,* las alas y otras superficies de un avión sobre las cuales se ejerce la fuerza de sustentación del aire.
— *Fís. Superficie de nivel* o *equipotencial, superficie de onda,* v. EQUIPOTENCIAL y ONDA.
— *Geom.* Figura geométrica sin espesor, cuyos puntos pueden ser determinados por tres coordenadas y, si es plana, por dos. || Extensión de la misma. (Sinón. ÁREA.)
— Toda *superficie* puede ser definida matemáticamente por una ecuación de tres variables: si la superficie es plana, se tiene una ecuación de primer grado; si es curva, de segundo grado.
La *superficie plana* puede contener una recta orientada en cualquier dirección de su plano; ciertas *superficies curvas* no admiten rectas en ninguna dirección, mientras que otras, *superficies regladas,* las admiten en una o varias direcciones, pero no en todas (caso de las *superficies cilíndricas,* por ejemplo, en las cuales puede aplicarse una regla sobre las generatrices). Existen superficies curvas desarrollables, o sea susceptibles de ser extendidas sobre un plano en el cual dan superficies planas de área equivalente (como las superficies cónicas y cilíndricas), mientras que una *superficie esférica* no puede serlo. Las *superficies de revolución* son engendradas por una línea que gira alrededor de su eje; la superficie cónica lo es por una recta que sigue por uno de sus extremos el trazado de una curva cerrada y tiene el otro en el eje de rotación; la superficie cilíndrica, por una recta paralela al referido eje; la superficie esférica, por una circunferencia o un arco de la misma que giran sobre un diámetro.
Las fórmulas aplicables para el cálculo del área de las principales superficies, así como de los sólidos más comunes se han indicado en los respectivos artículos; el área de un polígono irregular puede calcularse subdividiéndolo en polígonos simples (triángulos y rectángulos); también se miden ciertas superficies con el planímetro *, mientras que otras se calculan analíticamente.
— *Hidr. Superficie libre,* superficie que limita un líquido por su parte superior y que, a menos de tratarse de vastas extensiones, puede ser considerada como un plano horizontal.
— *Tecn. Superficie de caldeo,* superficie de un aparato de calefacción industrial o doméstica a través de la cual es transmitido el calor. || *Superficie de caldeo de una caldera,* superficie total de la misma que se halla expuesta directamente al calor del hogar. || *Superficie específica,* la que ocuparía un gramo de materia pulverulenta si se sumaran las superficies desarrolladas de todos los granos que la constituyen.

SUPERFLUIDEZ f. *Fís.* Estado en que puede hallarse la materia en condiciones muy excepcionales, que se dan en el helio líquido a temperaturas más frías que la de —270,97°, o sea a menos de 2,19° del cero absoluto, cuyo cuerpo carece entonces de viscosidad y puede atravesar materias normalmente consideradas como impermeables e incluso ascender por las paredes del recipiente.

SUPERFOSFATO m. *Quím.* Substancia que resulta de tratar el fosfato tricálcico natural con ácido sulfúrico: *el superfosfato, en razón de su contenido en anhídrido fosfórico (18 %) es uno de los mejores abonos conocidos.*

SUPERFUSIÓN f. *Fís.* Sobrefusión.

SUPERHETERODINO, NA adj. y s. *Radiot.* Radiorreceptor provisto de un emisor propio cuyas oscilaciones interfieren con las que capta la antena, obteniéndose en el aparato, sea cual fuere la frecuencia de las emisiones captadas, oscilaciones moduladas de frecuencia fija que pueden ser detectadas, filtradas y amplificadas muy fácilmente.
— El *montaje superheterodino,* universalmente adoptado, elimina los inconvenientes de los antiguos radiorreceptores de amplificación directa. En éstos, cuando se intentaba aumentar la selectividad se engendraban oscilaciones parásitas a la entrada y salida de los circuitos de alta frecuencia. Por otra parte, como las ondas eran detectadas y amplificadas a su frecuencia propia, se requerían varios circuitos amplificadores, lo cual multiplicaba los ajustes delicados y necesarios para pasar de una emisora a otra. En un *radiorreceptor superheterodino,* las oscilaciones captadas interfieren con las que engendra en el aparato un *emisor heterodino* y de la combinación de ambas resultan otras oscilaciones moduladas por las primeras, pero de frecuencia intermediaria, con la particularidad de que esta frecuencia es siempre la misma, sea cual fuere la longitud de onda de la emisora captada. Al tener las oscilaciones intermediarias una frecuencia constante, todos los circuitos son amplificados y regulados para siempre, salvo el de sintonía *. Por otra parte, el disponer de una frecuencia fija facilita la filtración de los parásitos y permite obtener mayor selectividad y sensibilidad. El mismo principio se aplica a los televisores en los cuales la elevadísima frecuencia de las señales habría planteado problemas de difícil solución de no existir la posibilidad de reducir la frecuencia con superheterodinos.
En los radiorreceptores modernos un solo transistor o tubo de electrodos múltiples produce a la vez las oscilaciones locales y el cambio de frecuencia.

SUPERICONOSCOPIO m. *Radiot.* Iconoscopio * perfeccionado mediante inserción de un convertidor * de imágenes entre el objetivo óptico y el mosaico, y el empleo en éste de un revestimiento multiplicador de electrones. (El *superiсоnoscopio* ha sido reemplazado en muchos casos por tubos más perfectos y sensibles [imagen orticón *, vidicón, etc.], pero sigue empleándose para la toma de vistas en los estudios, pues da imágenes más detalladas que las de aquéllos.)

SUPERMALLOY m. *Metal.* Marca registrada de una aleación de níquel (79 %), hierro (16 %) y molibdeno (5 %), cuyas aplicaciones se fundan en sus excelentes características magnéticas.

SUPERNOVA f. *Astr.* Estrella que difiere de la nova * en que el aumento de su luminosidad no resulta de un paroxismo pasajero de su actividad, sino de una explosión general que agota toda la energía nuclear del astro y disemina sus restos en el espacio.
— La *supernova* es un fenómeno raro, pues se calcula que en cada galaxia se produce por término medio un cataclismo de esta índole cada cuatro siglos. La nebulosa del Cangrejo parece constituir los restos de una supernova que habría explotado en el siglo XI.
Se ha calculado que una explosión semejante libera una energía representada en ergios por la unidad seguida de 49 ceros. Durante el fenómeno, la luminosidad de la estrella aumenta unos 100 millones de veces. (V. tb. ESTRELLA.)

SUPERORTICÓN o **SUPERORTICONOSCOPIO** m. *Radiot.* Imagen orticón *.

SUPERPOLIAMIDA f. *Quím.* Materia plástica sintética que resulta de la condensación de un diácido con una diamina o de las moléculas de un aminoácido entre sí: *las principales superpoliamidas comerciales son el Nylón y el Rilsan.*

SUPERPOLIETILENO m. *Quím.* Polietileno que, por haber sido preparado a bajas temperaturas y presiones, tiene mayor masa molecular que el polietileno ordinario y lo supera grandemente por su tenacidad y temperatura de fusión más elevadas.

SUPERSATURACIÓN f. Sobresaturación.

SUPERSATURAR v. Sobresaturar.

SUPERSÓNICO, CA adj. Dícese del móvil cuya velocidad es superior a la del sonido.
— *Aeron.* Dícese de los fenómenos aerodinámicos relacionados con el vuelo de los aviones a velocidades superiores a la del sonido, especialmente cuando sobrepasan en 20 % dicha velocidad (ya que el campo de velocidades de 0,8 a 1,2 veces la del sonido se califica de transónico). [V. MACH *(Número de)* y SÓNICO.]

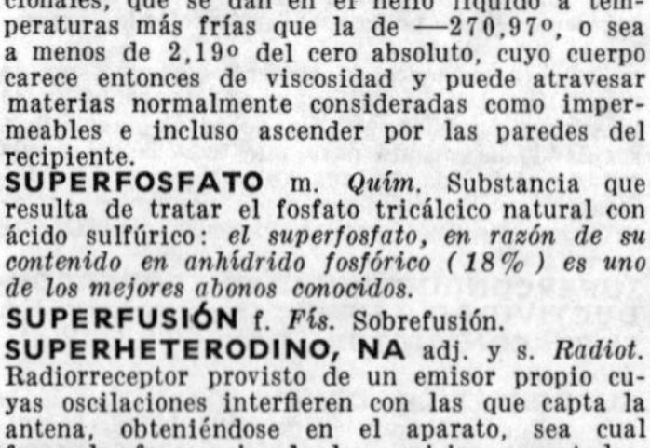

supericonoscopio
1. Sujeto; 2. Objetivo; 3. Fotocátodo; 4. Lente electrónica; 5. Haz catódico; 6. Mosaico multiplicador de electrones; 7. Bobinas deflectoras; 8. Cañón de electrones; 9. Ánodo; 10. Placa; 11. Señal video

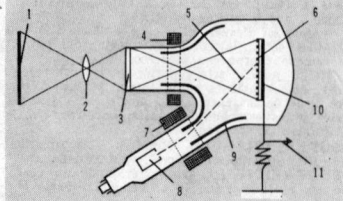

SUPERTENSIÓN f. Sobretensión.

SUPLEMENTARIO, RIA adj. *Geom. Ángulo suplementario*, v. ÁNGULO.

SUPLEMENTO m. *Geom. Suplemento de un ángulo*, ángulo cuya suma con el mismo equivale a dos rectos. || *Suplemento de un arco*, arco que se ha de agregar a otro para que ambos equivalgan a una semicircunferencia.

SUPRA, prefijo equivalente a *sobre* *.

SUPRACONDUCTIBILIDAD o **SUPRACONDUCTIVIDAD** f. *Fís.* Propiedad característica de los metales que pierden su resistencia eléctrica cuando son enfriados a temperaturas muy próximas del cero absoluto. (Sinón. HIPERCONDUCCIÓN.)
— Si se hace bajar la temperatura de un metal supraconductor, llega un momento en que su resistencia eléctrica baja bruscamente y es prácticamente nula a temperaturas inferiores a aquella en la cual se produce el fenómeno (esta temperatura es de 7,26ºK para el plomo; 4,12ºK para el mercurio; 3,65ºK para el estaño; 1,14ºK para el aluminio; 0,8ºK para el cinc, etc., dándose la circunstancia curiosa de que el cobre, conductor ideal, no sea supraconductor). La *supraconductividad* se manifiesta en ese instante con fenómenos sorprendentes: dado que la corriente eléctrica no encuentra ninguna resistencia en una bobina supraconductora, una vez establecida en la misma por inducción, continúa circulando durante varios días, a pesar de que aquélla no dispone de ningún manantial de energía; si una corriente tan considerable como la de 1 000 amperios por mm^2 circula por el conductor, éste no experimenta el menor calentamiento.

SUPRACONDUCTOR, RA adj. y s. *Fís.* Dícese del metal dotado de supraconductividad.

SUPRACONVERGENTE adj. *Mec.* Dícese de dos hélices u otras piezas, de ejes horizontales y paralelos, que giran en sentido contrario, pero de tal modo que sus extremos se aproximen durante la mitad superior de su revolución y se alejen durante la mitad inferior de la misma (en el caso contrario, es decir, si se alejan por arriba y se acercan por abajo, son supradivergentes).

SUPRADIVERGENTE adj. *Mec.* V. SUPRACONVERGENTE.

SUR m. *Geogr.* Uno de los cuatro puntos cardinales, de dirección opuesta a la del Norte, cuyo símbolo es S. || *Polo Sur*, v. POLO.
— *Magn. Sur magnético*, polo magnético del hemisferio austral. (V. POLO.)

SURÁ o **SURATE** m. *Text.* Tela de seda muy suave y ligera hecha con ligamento de sarga y con hilos teñidos en madeja, a veces de color unido, pero más frecuentemente con listas de colores que forman cuadros parecidos a los de los tejidos escoceses.

SURCO m. Señal prolongada, más o menos ancha y profunda, que una cosa deja en otra al arrastrarse penetrando en ella. || Ranura espiral labrada en el disco de gramófono por el estilete que graba los sonidos. (V. DISCO y MICROSURCO.)

SURESTE m. *Geogr.* Sudeste.

SURFACTIVO m. *Quím.* Producto que, en disolución acuosa, se halla más concentrado en la superficie de contacto con una substancia no miscible que en la masa del disolvente: *las propiedades de los surfactivos se aprovechan en los productos detergentes.* (V. TENSIOACTIVO.)

SURI m. *Text. Amer.* Lana de calidad superior.

SUROESTE m. *Geogr.* Sudoeste.

SURRECCIÓN f. *Geol.* Acción de surgir, de elevarse: *la surrección de los Andes continúa.*

SURSUDOESTE m. *Geogr.* Sudsudoeste.

SURTIDO m. *Art. gráf. Surtido completo*, póliza *. || *Surtido mínimo*, póliza de titulares *.

SURTIDOR m. *Autom.* Bomba distribuidora de gasolina o de otros combustibles para automóviles. || Boquilla con orificio rigurosamente calibrado, de unas décimas de milímetro, por el cual aspira el carburador cantidades determinadas de combustible para vaporizarlo en el aire y formar la mezcla carburante: *un carburador suele tener tres o más surtidores.* (V. CARBURADOR.)

SUSCEPTIBILIDAD f. *Magn.* Susceptibilidad magnética, propiedad de los cuerpos que, colocados en un campo magnético, adquieren una imantación: *la susceptibilidad magnética es igual al cociente que resulta de dividir la intensidad de imantación * por el campo magnetizante.*

SUSPENSIÓN f. *Autom.* y *F. c.* Véase *Mec.*
— *Fís. Suspensión bifilar*, suspensión de una pieza móvil por medio de dos hilos verticales y paralelos, de modo que, al girar la misma, engendren un par de fuerzas que tienda a volverla a la posición de equilibrio: *la suspensión bifilar se aplica a ciertas balanzas * de torsión.*
— *Hidr.* y *Geol.* Medio de transporte de los detritos minerales y orgánicos por las aguas corrientes o el aire, cuando la fuerza de la corriente o la presencia de torbellinos anulan el peso de los granos y los mantienen en la masa del fluido. (En ciertas *suspensiones coloidales* de detritos arcillosos o de partículas de minerales ferrosos y silíceos, la suspensión se debe no ya a efectos mecánicos, sino a la repulsión eléctrica [v. COLOIDE]: el transporte de sedimentos finos por suspensión se opone al de granos mayores por saltación *.)
— *Mec.* Conjunto de órganos mecánicos de un vehículo interpuestos entre el bastidor y las ruedas, y dotados de la necesaria elasticidad para que, con todo y transmitir el peso de aquél a éstas, amortigüe los choques debidos a las irregularidades del suelo. || *Suspensión de Cardán*, v. CARDÁN.
— La *suspensión* opone una barrera elástica a las oscilaciones muy bruscas o amplias de las ruedas, y permite que las mismas sean levemente resentidas por los ocupantes o la carga del vehículo. Todos los vehículos tienen un sistema de suspensión generalmente múltiple, calificándose en este caso de *suspensión primaria* al órgano que atenúa las oscilaciones en primer lugar, y que, en los automóviles, es el neumático. Como *suspensión secundaria*, los automóviles tienen un muelle o resorte que primitivamente era una ballesta, prefiriéndose hoy los resortes helicoidales. Éstos han de ser acoplados con un amortiguador, que abrevia el tiempo necesario para amortiguar las oscilaciones. Los muelles pueden ser reemplazados por barras de torsión, de acero dotado de suficiente elasticidad para que, fijadas en el bastidor por uno de sus extremos, puedan absorber, torciéndose, los movimientos angulares aplicados, por efecto de las oscilaciones, en el otro extremo mecánicamente unido a la rueda. Todos estos sistemas fundados en la elasticidad del metal pueden ser reemplazados por tacos de caucho o por dispositivos hidráulicos u oleoneumáticos. Los automóviles actuales tienen suspensión independiente en las cuatro ruedas; así, las oscilaciones impresas a una de ellas por el suelo no se transmiten a la del otro lado.
Las motocicletas suelen tener una *suspensión delantera* de resorte helicoidal y amortiguador, montados en la horquilla, y una *suspensión trasera* constituida por un brazo oscilante, articulado en el bastidor y suspendido con resortes.
En los vagones de mercancías son aún muy comunes las suspensiones de ballestas. En los de viajeros, se emplean resortes helicoidales para la suspensión primaria y ballestas para la secundaria. No obstante, en muchos bogies modernos los dos sistemas son de resortes helicoidales, a veces combinados con amortiguadores. También se emplean las barras de torsión, aunque en grado mucho menor.
En los aviones, el tren de aterrizaje contiene un sistema de *suspensión oleoneumática* capaz de absorber, al aterrizar, el brusco choque del aparato con el suelo.
— *Quím.* Estado de un cuerpo dividido en partículas muy tenues que se hallan distribuidas en la masa de un fluido sin disolverse en el mismo: *las suspensiones son turbias por efecto * Tyndall y no tienen el mismo color vistas por transparencia y por reflexión.* (V. tb. COLOIDE y EMULSIÓN.)

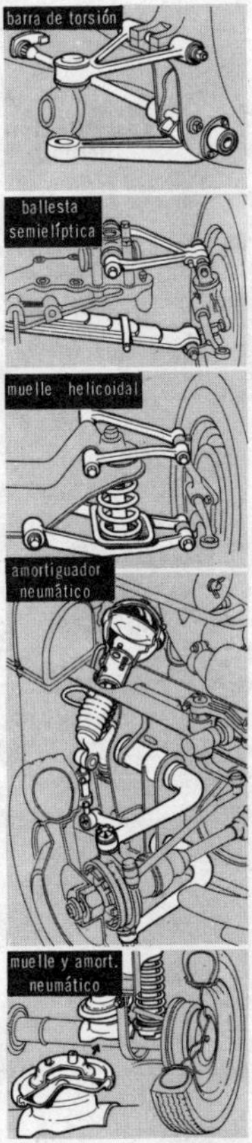

suspensión *(autom.)*

SUSPENSOIDE m. *Quím.* Disolución coloidal liófoba *: *las partículas del suspensoide, contrariamente a las del emulsoide son visibles al microscopio.* (V. tb. COLOIDE y SUSPENSIÓN.)

surtidor *(autom.)* [v. figura distribuidor, p. 383]

SUSTENTACIÓN f. *Aeron.* Fuerza que mantiene en el aire a los aviones y otros aerodinos.
— La *fuerza de sustentación* es la componente vertical de las fuerzas aerodinámicas engendradas por el aire en el ala del avión o en el rotor del helicóptero (la componente horizontal es la resistencia * al avance). Tanto en un aparato como en el otro, los planos sustentadores, vistos frontalmente, se hallan inclinados hacia arriba, de modo que el aire, por efecto de la velocidad, los hiera por abajo (intradós), produciéndose en dicha

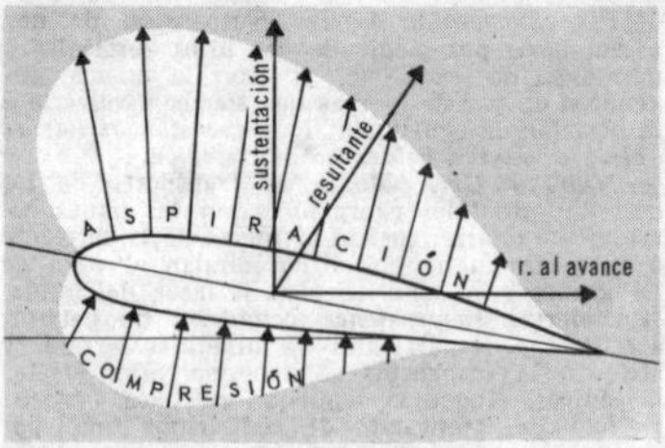

sustentación
(aeron.)

zona una compresión que empuja los referidos planos hacia arriba y ligeramente hacia atrás. La inclinación del ala o del rotor respecto al viento provoca al mismo tiempo en el extradós una depresión que aspira el aparato hacia arriba. Esta aspiración es muy superior al empuje del aire en el intradós. Así, contrariamente a lo que muchos piensan, el peso de un avión más bien que "descansar" con sus alas sobre el aire, es aspirado por éste. Conociendo la fuerza de sustentación, la masa específica del aire y la velocidad de un avión, los aerodinámicos calculan su *coeficiente de sustentación*, que, junto con el coeficiente de resistencia al avance, permite trazar la polar *, curva que expresa las características y posibilidades del aparato según los distintos ángulos de indidencia *.

SUSTENTADOR, RA adj. *Aeron. Planos sustentadores, superficies sustentadoras,* los rotores de los helicópteros y las alas de los aviones, que aseguran aerodinámicamente la sustentación * de los mismos en la atmósfera.

SUSTENTANTE m. *Arq.* Cada uno de los elementos que contribuyen a la sustentación de un edificio.

— *Mar.* Horquilla de hierro clavada en la borda, o en otra parte del casco, para soportar el extremo de una verga.

SUSTRACCIÓN f. *Mat.* Resta o substracción.

SUSTRACTIVO, VA adj. *Fot. Síntesis sustractiva,* v. COLOR.

SUSTRAENDO m. *Mat.* Substraendo.

SUSTRAER v. *Mat.* Substraer o restar.

SUTÁS m. *Text.* Galón pequeño, trenzado o acanalado, que sirve de adorno para vestidos de señora. (Sinón. SOUTACHE.)

elaboración del **tabaco** *(de izq. a der.)*: humidificación en caliente, arreglo de las hojas, picado, torrefacción

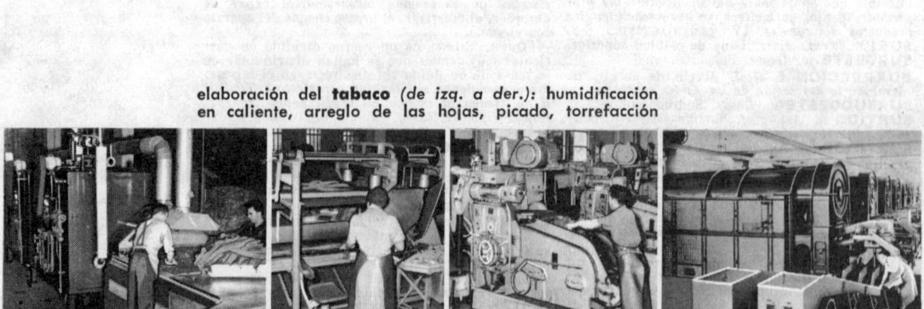

Fot. S. E. I. T. A.

tromba de agua

T f. Vigésima tercera letra del alfabeto, empleada como sigla y símbolo. ‖ *En T, de T*, aplícase adjetivamente a productos industriales y otras cosas de sección o forma general semejantes o parecidas a la de la letra T. (V. TE.)
— *Aeron.* y *Metal.* Te.
— *Fot.* Símbolo con que se designa en los objetivos fotográficos la exposición en dos tiempos. (V. OBTURADOR.)
— *Metr.* La *T* es el símbolo de *tesla*, así como del prefijo *tera*, y *t*, minúscula, el de *tonelada*. ‖ t° simboliza la temperatura contada a partir del cero de una escala ordinaria, y T°, a partir del cero absoluto (en el último caso equivale a °K).
— *Quím.* Símbolo del *tritio*.
Ta, símbolo del *tantalio* o *tántalo*.
TAB m. *Aeron.* Compensador de los timones *.
TABACO m. *Bot.* y *Tab.* Planta solanácea (*Nicotiana tabacum*), originaria de América, cuyas hojas, secadas, curadas y divididas, sirven para elaborar cigarrillos y cigarros, y también para ser mascadas o aspiradas por las narices.
— El *tabaco* se cosecha por plantas enteras o arrancando separadamente las hojas que llegan a maduración (en este caso se forman ristras de las mismas pasándolas un hilo con una aguja). A continuación se procede al secado, ya naturalmente (por exposición al sol o suspendiendo la cosecha en locales muy aireados), ya artificialmente, en cámaras por las cuales circula aire caliente. Luego se efectúa una primera selección y los manojos de 10 a 50 hojas son tratados según su calidad y la del producto que se desea obtener. Dicho tratamiento consiste generalmente en una fermentacién moderada en ciertos tabacos y muy activa en otros (los cuales, al recalentarse hasta temperaturas de 55°, pierden una parte de su nicotina).
Las hojas que se destinan para elaborar *tabaco en polvo*, previamente remojadas con salmuera y reducidas a tiras, se dejan fermentar unos meses; luego se reducen a polvo, el cual es humedecido y experimenta otra fermentación en el curso de la cual adquiere su olor picante característico. El *tabaco de mascar* se prepara esencialmente sometiéndolo una primera vez a un baño de salmuera y luego a otro baño de jugo de tabaco salado, después del cual es fuertemente comprimido en una prensa hidráulica para eliminar el exceso de líquido.
Los tabacos que han de ser fumados pueden prepararse de muy diversas maneras para satisfacer los gustos variados de la clientela. En realidad, esos productos son siempre mezclas de tabacos de varias calidades diversamente tratadas, pero las dos fases esenciales consisten en una o varias humidificaciones en caliente, aunque a temperaturas decrecientes, seguidas de la torrefacción del tabaco y, en ciertos casos, de una desnicotización. (V. CIGARRILLO y CIGARRO.)
TABAQUE m. *Carp.* Clavo de unos 30 mm de largo.
TABELLADURA f. *Art. y of.* y *Text.* Acción y efecto de tabellar.
TABELLAR v. *Art. y of.* Plegar telas o papeles en zigzag para confeccionar abanicos, faroles de papel y otras labores.
— *Text.* Doblar la tela en zigzag para formar piezas en las cuales sea fácil registrar los orillos, o para mayor comodidad de quien ha de utilizar la tela o medirla para detallarla.
TABERNÁCULO m. Refuerzo constituido por varios cartabones dispuestos en la base de un mástil y en torno del mismo. ‖ Sistema constituido por dos placas verticales entre las cuales se dispone el pie de un mástil atravesado por un eje horizontal en el que se articula para ser tumbado cuando el barco pasa bajo un puente o cuando lo requiera alguna otra circunstancia.
TABICA f. *Carp.* Tabla con que se tapa algún hueco frontal en una labor de carpintería: *la contrahuella de un escalón es una tabica.*
TABICADO, DA adj. y s. *Arq.* y *Constr.* Acción y efecto de tabicar. ‖ *Tabicado plano*, forjado de suelo * hecho con fábrica, disponiendo horizontalmente dos o tres capas de rasillas que se apoyan en las alas de las viguetas. ‖ *Bóveda de tabicado*, v. BÓVEDA.
— *Electr.* Dícese de los devanados de bobinas, condensadores, electroimanes, etc., en los cuales cada capa formada por las espiras del conductor se halla separada de las capas contiguas por una membrana o tira de materia aislante.
TABICAR v. *Constr.* Cerrar o dividir con tabiques un local, una cámara o un recinto cualquiera.

Fot. Rapho

|| Condenar una ventana, puerta, pasillo u otra abertura tapándola con un tabique.

TABICÓN m. *Constr.* Tabique más grueso que el común, de unos 10 cm de espesor. || Media hasta, o sea espesor de pared igual al ancho de los ladrillos puestos a soga.

TABIQUE m. *Constr.* Pared delgada, generalmente hecha con ladrillos, que no soporta cargas y sólo sirve para dividir los aposentos de una casa o para condenar alguna abertura. || *Tabique de carga,* tabicón hecho con ladrillos puestos de plano que puede aliviar las vigas o soportar otras cargas. || *Tabique colgado,* el que no aplica su carga en el suelo, por descansar sobre una viga o llevar una armazón interna apoyada en las paredes o suspendida del techo. || *Tabique de panderete,* el más común, que se hace con ladrillos puestos de canto. || *Tabique Rabitz,* tabique delgado que se hace tendiendo una tela metálica en un bastidor de hierros angulares y aplicándole por ambas caras una capa de mortero. || *Tabique seco,* nombre dado a los tabiques prefabricados de madera regenerada o contrachapada o derivados del tabique Rabitz, a veces provistos de relleno insonorizante, que llegan a la obra prestos para ser colocados, no necesitan, como los de fábrica, ser enlucidos, y en muchos casos han sido ignifugados. || *Tabique sordo,* el que consta de dos tabiques paralelos entre los cuales media un espacio hueco que amortigua los ruidos.

TABIQUERÍA f. *Arq.* Conjunto de tabiques de una obra.

TABLA f. Pieza de madera plana, delgada, de caras paralelas, relativamente ancha (pues de ser muy estrecha sería un listón *) y mucho más larga que ancha. (V. más abajo *Carp.*). || Por ext., pieza plana, ancha y poco espesa de cualquier otra materia. (En este sentido se usa más comúnmente la voz *placa* y, si se trata de metales, se dice más bien *plancha* y *chapa.*) || Cuadro de números u otras indicaciones que, dispuestos metódicamente por líneas y columnas, a veces dentro de un encasillado, permiten hallar rápidamente un dato o el resultado de una operación: *los astrónomos emplean mucha tablas, tanto para conocer instantáneamente la posición de los astros como para hallar las correcciones que han de aportar a sus observaciones.* || El mayor de los dos brazos de una escuadra.

— *Agr.* Cada una de las divisiones poligonales de una huerta o terreno de labor, que se hacen con caballones de tierra.

— *Arm. Tablas de tiro,* v. TIRO.

— *Arq. Tabla de alero,* tabla que se dispone verticalmente bajo el alero de un tejado y en cuya cara exterior se fija el canalón. || *Tabla ripia,* tejamanil. || *Tabla de tabicar,* placa delgada de 1,20 m de anchura y hasta 3 de largo, hecha con cartón piedra, madera * regenerada, yeso, plástico esponjoso u otras materias, que sirve para hacer tabiques y revestir paramentos.

— *Art. gráf.* Cada una de las dos tapas de la cubierta de un libro. || Composición delimitada y subdividida por medio de filetes, generalmente consistente en datos numéricos y textos relativos a los mismos. || *Tabla de materias,* lista de los principales temas tratados en un libro, que se imprime al final del mismo con indicación de las páginas en que figuran.

— *Carp.* La voz tabla designa no solamente la pieza de madera definida más arriba, sino también la cara más ancha de un madero y, en otros casos, la mayor dimensión de un madero de escuadría.

— La industria de la madera es una de las que más resisten a la normalización. Según los países de origen, las *tablas* tienen dimensiones diferentes, cuyo espesor se expresa las más de las veces en pulgadas y fracción de pulgada (generalmente aumenta su espesor de cuarto en cuarto de pulgada). En cuanto a la anchura de las tablas, por lo menos igual al cuádruplo del espesor, es más variable aún y depende de las dimensiones del madero de escuadría de donde provienen. No obstante, se tiende hoy a normalizar las dimensiones de las tablas adaptándolas al sistema métrico decimal. Las tablas muy delgadas y de mala calidad se llaman *chillas.* (V. tb. PANEL y TABLERO.)

— *Constr.* V. más arriba *Arq.*

— *Geom.* Cuadro o superficie vertical en que se representan los objetos vistos en perspectiva *.

**tablero
de delineante**

— *Joy.* Mesa. || *Diamante de tabla,* el que solamente lleva talladas dos facetas planas.

— *Mar. Tabla de aparadura,* primera traca de tablones del forro de una embarcación cuyo borde inferior encaja en el alefriz de la quilla. || *Tabla barcal,* la que sirve para hacer el forro de una embarcación de madera. *Tabla de jarcia,* conjunto formado por los obenques con sus flechastes y sotrozos.

— *Mat. Tablas numéricas,* las que se emplean en aritmética y álgebra para facilitar la solución de los problemas, cuales son las de multiplicar, las de logaritmos *, las matrices *, el triángulo de Pascal, etc.

— *Quím. Tabla de Mendeleev* o *tabla periódica de clasificación de los elementos,* v. ELEMENTO.

— *Text.* Superficie lisa de tela que queda entre dos pliegues sucesivos de la tela plisada.

TABLACHO m. *Hidr.* Compuerta simple que se desliza verticalmente, para detener el agua, por dos ranuras de una acequia o canal.

TABLADILLO m. *Mar.* Toldilla.

TABLADO m. *Arq.* y *Carp.* Pavimento entarimado con tablas grandes, especialmente el que se hace sobre una armazón que lo sitúa a cierta altura del suelo: *hacer un tablado en la plaza, para las fiestas.* || Entablado.

TABLAJE m. *Carp.* Conjunto de tablas.

TABLAR m. *Agr.* Conjunto de tablas que componen una huerta o terreno laborable.

TABLAZÓN m. *Carp.* Conjunto de tablas de una construcción. || Construcción que consta esencialmente de tablas.

— *Mar.* Conjunto de tablas del forro y la cubierta de un barco.

TABLEAR v. *Amer.* Aplanar o laminar una materia.

— *Agr.* Dividir un terreno en tablas.

— *Carp.* Dividir en tablas los rollos o los maderos de escuadría.

— *Metal.* Laminar barras para convertirlas en llantas, flejes o pletinas.

— *Text.* Plisar los tejidos en forma de tablas.

TABLERÍA f. *Carp.* Conjunto de tablas.

TABLERO adj. y s. M. Tabla *, placa grande y delgada de alguna materia. || Mesa grande que se emplea en ciertas profesiones, como la usada por los sastres para cortar las piezas de paño. || *Tablero mecánico,* mesa para uso de delineantes provista de perfeccionamientos que facilitan la ejecución de los dibujos.

— Los *tableros mecánicos* se hallan montados sobre un bastidor articulado que permite inclinarlos hasta la vertical y alzarlos o bajarlos para poder trabajar con mayor comodidad en las distintas partes del plano o dibujo. En los modelos simples existe una regla que puede correr horizontalmente sobre la mesa, ya para trazar con ella líneas horizontales, ya para que sirva de apoyo a un cartabón con que se dibujan las verticales y las rectas inclinadas de 30, 45 y 60°. En los modelos más perfeccionados, la regla es reemplazada por una escuadra montada en un pantógrafo que le permite correr sobre el dibujo, sin que cambie su orientación, para trazar directamente líneas verticales u horizontales. Para dibujar líneas que formen un ángulo cualquiera con la referencia horizontal o vertical, basta hacer girar la referida escuadra guiándose por un limbo que indica el valor, en grados, de la inclinación dada a la misma.

— *Aeron. Tablero de instrumentos,* panel.

— *Agr.* Tablar.

— *Arq.* Tabla * de tabicar. || Plano liso que se hace resaltar en los paramentos, fachadas, etc., para romper su uniformidad y adornarlos. || Ábaco del capitel.

— *Autom.* Salpicadero.

— *Carp.* Dícese del rollo o madero de escuadría que sirve para hacer tablas. || Aplícase también al clavo propio para clavarlas. || — M. Tabla muy ancha y, las más de las veces, placa grande que se obtiene colando por sus cantos varias tablas yuxtapuestas. || Panel *. || Tablazón de las hojas de puertas y ventanas, que se llama *tablero enrasado* si tiene el mismo grueso que los montantes y travesaños del bastidor, y *tablero rehundido* si queda remetido respecto a los mismos por ser menos espeso que ellos.

— *Mar.* Mamparo * de tablas. || Por ext., el mamparo de chapa metálica.

— *Mat. Tablero contador,* ábaco * chino.

Fot. Graphic Corp.

— *Obr. públ.* Lecho cimentado de una represa.
— *Tecn. Tablero de instrumentos,* cuadro * o panel donde se agrupan los instrumentos y mandos de una máquina, fábrica, central de distribución de energía eléctrica, etc.

TABLESTACA f. *Arq.* y *Obr. públ.* Cada una de las tablas o tablones que, aguzados por un extremo, se hincan en el suelo, yuxtapuestos, para formar una ataguía o contener las tierras en las paredes de una excavación. ‖ Pieza metálica también empleada con dicho fin.
— Las *tablestacas de madera* han sido reemplazadas por *tablestacas metálicas* mucho más prácticas, resistentes y duraderas. Son éstas perfilados de acero dulce en forma de Z, de doble T, de doble U, etc., con sus bordes machihembrados para que cada elemento pueda encajar en el contiguo al mismo tiempo que se hinca en el suelo golpeándolo con el martinete * de hincar. El conjunto forma una pared suficientemente rígida para resistir al empuje de las aguas y lo bastante estanca para que las infiltraciones puedan ser neutralizadas con bombas de achique de poca potencia. (V. ATAGUÍA.)

TABLESTACADO m. *Arq.* y *Obr. públ.* Ataguía *, pared hecha con tablestacas para efectuar obras bajo el nivel del agua o para contener las tierras en las excavaciones, galerías, muelles de los puertos, márgenes de los ríos, etc.

TABLETA f. *Carp.* Tabla pequeña, especialmente la que se emplea para hacer entarimados.
— *Quím.* Pastilla delgada y pequeña de algún producto químico o farmacéutico.

TABLÓN m. *Agr. Amer.* Tabla.
— *Carp.* Tabla gruesa.
— *Mar. Tablón de aparadura,* v. APARADURA.

TABLONAJE m. *Carp.* Conjunto de tablones.

TABLONCILLO m. *Carp.* Madero de sierra que no es sino un tablón pequeño de dimensiones imprecisas, que difieren de una región a otra. ‖ *Amer.* Tabla o tableta propia para entarimar suelos.

TABLONERÍA f. *Mar.* Conjunto de tablones.

TABULACIÓN f. *Ofic.* Conjunto de topes del tabulador de la máquina de escribir. ‖ Modo de funcionamiento de la tabuladora * cuando solamente escribe las referencias y los totales indicados por las tarjetas perforadas.

TABULADOR m. *Ofic.* Dispositivo espaciador que tienen las máquinas de escribir, con el cual, merced a una tecla que suelta el carro y a varios topes que lo detienen en los mismos puntos de cada línea, se pueden escribir columnas de cifras o empezar las líneas a diferentes distancias de la margen del papel.

TABULADORA f. *Ofic.* Máquina que escribe en caracteres ordinarios las indicaciones contenidas en forma de taladros por las tarjetas perforadas y que, si se trata de cantidades, efectúa operaciones con ellas e imprime asimismo los resultados.
— La *tabuladora* es, de todas las máquinas de tarjetas perforadas, la que interpreta finalmente los datos inscritos en éstas y permite sacar provecho de ellas ya directamente, ya efectuando previamente los cálculos necesarios. Consta de: 1.º un cabezal que alimenta la máquina en tarjetas; 2.º un lector de escobilla * que las lee; 3.º una calculadora, y 4.º una máquina de escribir eléctrica. En toda empresa importante, la tabuladora rinde valiosos servicios. Por ejemplo, a partir de las tarjetas individuales de cada miembro del personal y en función de las horas ordinarias y extraordinarias indicadas en ellas, así como del salario correspondientes a unas y otras, calcula la paga bruta, deduce los descuentos por diferentes conceptos e imprime a la vez el boletín de paga individual y la correspondiente partida en el estado o nómina general. La misma máquina agrupará en una sola factura todos los pedidos servidos a un cliente durante todo el mes, establecerá un estado de las mercancías vendidas para reponer las existencias en los almacenes, etcétera. También se usan mucho estas máquinas en el campo de las estadísticas. (V. TARJETA.)

TABULAR v. *Ofic.* Interpretar los datos de las tarjetas perforadas haciéndolas pasar por la tabuladora. ‖ Espaciar los textos o cantidades con el tabulador de la máquina de escribir.

TABULAR adj. En forma de mesa o de tabla.
— *Mat. Diferencia tabular,* diferencia entre dos logaritmos consecutivos de una tabla de logaritmos.

Fot. Jacquet, Larousse

— *Miner.* Dícese de los minerales que cristalizan en forma de tabletas: *baritina tabular.*

TACAMACA f. Nombre dado a la resina de diferentes árboles burseráceos de América.

TACÁN m. *Aeron.* y *Radiot.* Sistema de radionavegación para aviones fundado en la sintonización de estaciones terrestres de ultra alta frecuencia *, que, al recibir la señal interrogadora del avión, emiten señales transformadas por el receptor de a bordo en indicaciones precisas sobre el acimut y la distancia del aparato respecto a la emisora, la cual, por lo demás, radia también en Morse el indicativo que permite identificarla.

TACO m. *Arm.* Baqueta de las armas de fuego. ‖ Cilindro o arandela de trapo, papel u otras materias que se coloca en el cartucho de un arma de fuego, entre el proyectil y la pólvora, para mantener a ésta apretada, y que también se emplea en los barrenos con el mismo fin.
— *Arq. Taco de base,* pieza rectangular y saliente, a modo de zócalo, del arquitrabe que circunda una puerta o de la moldura que encuadra una chimenea.
— *Art. gráf.* Bloque formado por las hojas diarias de un calendario de pared. ‖ Útil que sirve para apretar y aflojar las cuñas de la forma.
— *Carp.* Trozo de madero corto y grueso.
— *Constr.* Clavija, tarugo de madera u otra materia que se empotra en la pared para que reciba los clavos o tornillos con que se ha de asegurar o suspender una cosa.
— *Mar.* Pieza de madera que reúne y afianza dos o más elementos del casco: *el taco de ayuste que reúne las ligazones de una cuaderna.* ‖ *Taco de escobén,* tapón de madera con que se obtura interiormente el escobén para que no dé paso al agua. ‖ *Taco de roda,* parte de la zapata * aplicada contra la roda del barco.

TACÓMETRO m. Aparato que indica la velocidad de rotación de un órgano mecánico, generalmente expresada en revoluciones por minuto. (Sinón. CRONOTACÓMETRO, TAQUÍMETRO.)
— Los *tacómetros mecánicos* se fundan en el mismo principio que el regulador * de bolas o de Watt: la fuerza centrífuga, dependiente de la velocidad angular del árbol, aleja de éste, en mayor o menor grado, unas bolas que transmiten su movimiento a un dispositivo indicador del número de revoluciones. Las bolas pueden ser reemplazadas por un volante cuyo plano, mantenido inclinado respecto al eje del árbol por un muelle antagonista, tiende a situarse perpendicularmente al mismo al aumentar la velocidad y, consiguientemente, la fuerza centrífuga. Los *tacómetros eléctricos* son pequeños generadores que engendran una corriente eléctrica de intensidad proporcional a la velocidad del árbol motor.

TACÓN m. *Art. y of.* Pieza de forma más o menos semicircular que se fija exteriormente en la suela del calzado, en la parte posterior que corresponde al talón del pie y lo mantiene alzado respecto a la punta de éste.
— *Art. gráf.* Marco que se hace con unas barras en la mesa de la prensa para que tome en ella posición adecuada el pliego que se ha de imprimir y resulte centrada la impresión.

TACTOR m. *Mec.* Palpador.

TACHA f. Clavo pequeño, algo mayor que la tachuela.

TACHO m. *Amer.* Nombre dado a recipientes grandes de metal, más anchos que hondos.
— *Ind. alim.* Pailas o calderas grandes en las que se efectúa la cocción del melado para espesarlo y facilitar la cristalización del azúcar *.

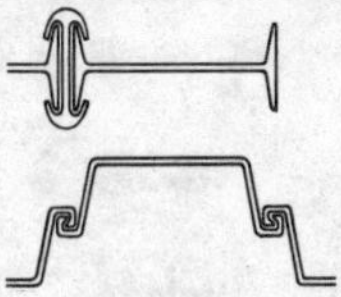
sección de las **tablestacas** Universal y Larssen

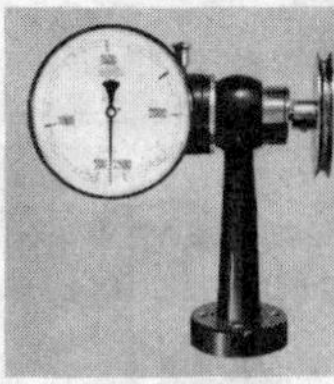
tacómetro

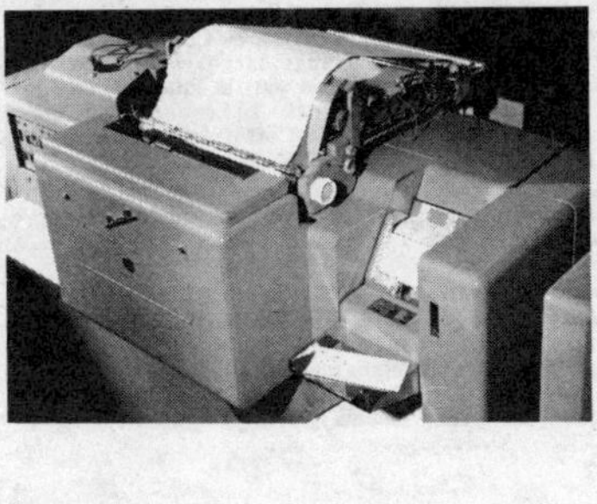
tabuladora

tala con sierra eléctrica

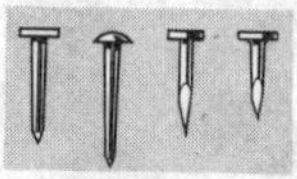

tachas y tachuelas

tajadores

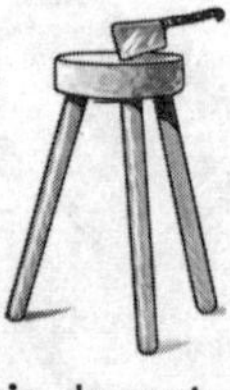

tajo de carnicero

TACHÓN m. *Carp.* Tachuela grande, de cabeza dorada o plateada, que se usa para tapizar muebles, clavetear maletas y cofres, etc.
TACHONAR v. *Carp.* Clavetear con tachones.
TACHONERÍA f. Claveteado ornamental hecho con tachones.
TACHUELA f. Clavo corto, cuya cabeza grande permite sujetar telas, cuero y otras materias blandas o de fibras laxas a través de las cuales podrían pasar fácilmente las cabezas de los clavos ordinarios.
TAFETÁN m. *Text.* El más simple de los tres ligamentos * fundamentales empleados para cruzar los hilos de los tejidos y que consiste en separar con dos lizos los hilos pares e impares de la urdimbre, y en alternar la posición alta y baja de dichos lizos a cada pasada del hilo de trama, de modo que cada juego de hilos de trama pase alternativamente por encima y por debajo de la trama: *los tejidos hechos con ligamento de tafetán no tienen derecho ni revés, pues son iguales por sus dos caras.* ‖ Tela de seda con urdimbre de organcín y trama de seda teñida en madeja, que se teje con el referido ligamento. ‖ Por ext., cualquier tejido hecho con ligamento de tafetán. (Denominación ésta harto imprecisa, ya que el ligamento aludido es tan común que se aplica a telas finas y groseras, tan variadas como las muselinas y batistas, los organdíes y crespones, los percales y cretonas, las franelas y paños de lana, y hasta las lonas más gruesas empleadas para hacer velas.) ‖ *Tafetán de aguas,* muaré. ‖ *Tafetán batido,* el que se teje con urdimbre de un color y trama del otro.
TAFILETE m. *Curt.* Cuero delgado de cabra obtenido con curtiente vegetal, teñido y graneado, que sirve para hacer carteras, bolsos y otras labores de piel finas. (Sinón. MARROQUÍN.)
— Para obtener el *tafilete,* se apelambran las pieles de cabra con cal y sulfuro de arsénico. Después de haber sido desborradas, descarnadas y curadas, se curten con tanino vegetal (por ejemplo, con una maceración de hojas de zumaque o con extractos de quebracho). Al curtido sigue el teñido de las pieles por el lado de la flor, después de cuya operación son engrasadas ligeramente y se dejan secar al aire. El grano característico del tafilete se obtiene frotando la piel con cepillos provistos de una zapata de corcho.
El tafilete se imita en gran escala con pieles de oveja en las cuales se obtiene por impresión el graneado del tafilete verdadero.
TAJADERA f. *Art. y of.* Cuchilla corva y muy ancha con que se cortan los quesos y otras cosas. ‖ Tabla gruesa y corta sobre la cual se ponen la carne, los embutidos, salazones u otras viandas para cortarlas higiénicamente y sin estropear el filo de los cuchillos. ‖ Cortafrío grueso provisto de ojo y un mango largo con el cual se mantiene aplicado su filo en lo que se ha de cortar, mientras se golpea su cabeza con una maza o martillo pesado. ‖ Cortafrío ordinario.
TAJADERO m. *Ind. alim.* Tajo.
TAJADOR m. *Art. y of.* Cuchilla parecida a un raspador, que sirve para cortar cartón, cuero, chapa de plomo y otros laminados blandos.
— *Ind. alim.* Tajo.
TAJAMANIL m. *Constr.* Tejamanil.
TAJAMAR m. *Mar.* Tablón curvo, sobrepuesto exteriormente a la roda, que hiende el agua cuando avanza la embarcación.
— *Obr. públ.* Prolongación en forma de cuña que tienen las pilas de los puentes aguas arriba y aguas abajo para disminuir la resistencia que las mismas oponen a la corriente. (Sinón. ESPOLÓN.) ‖ *Amer.* Malecón. ‖ *Amer.* Presa, embalse.
TAJEA f. *Obr. públ.* Pequeño conducto de fábrica que se hace bajo un camino para que puedan pasar las aguas de un lado a otro del mismo.
TAJO m. Sitio hasta donde se ha llegado en la ejecución de una faena (siega de las mieses, tala de un bosque, arranque de los minerales o de las tierras en las minas, obras públicas, etc.). ‖ Filo, corte de un instrumento.
— *Ind. alim.* Mesa cilíndrica, constituida por un trozo de madero en rollo provisto de pies, sobre la cual se cortan o pican carnes.
— *Min.* Frente: *arranque por tajos escalonados.*
TAJÓN m. Madero de escuadría que tiene su anchura y espesor conformes con los de algún marco *, pero menor longitud que la que le corresponde en el mismo.
— *Ind. alim.* Tajo.
TAJUELO m. *Mec.* Tejuelo.
TALA f. *Carp.* Acción de talar los árboles, y por ext., de derribarlos.
— En ciertos casos (especies de raíces poco gruesas y profundas en terrenos blandos o arenosos) los árboles pueden ser derribados empujándolos, a la mayor altura posible, con un bulldozer u otro ingenio pesado y potente provisto de orugas que permitan aplicar la fuerza necesaria sin que patinen las ruedas. También puede ejercerse una tracción del tronco con cuerdas tiradas por tornos o por aparejos afianzados en la base de otro árbol más robusto. Otro método de derribo consiste en abrir una zanja en torno del árbol para seccionar sus raíces, acabando por la más importante de ellas, que suele formar un vástago central. Citemos por último el derribo con cartuchos de dinamita enterrados alrededor del árbol o fijados en la base del tronco, en torno del mismo, que queda seccionado al explotar simultáneamente todas las cargas.
La *tala* propiamente dicha consiste en cortar el tronco por su base. Si no se dispone de medios mecánicos, lo más práctico es hacer primeramente, con el hacha, una depresión anular que reduce el diámetro del tronco y disminuye localmente su resistencia; después se ataca profundamente con el hacha por el lado hacia el cual ha de caer; finalmente se practica un corte por el lado opuesto, ya con el hacha, ya, de preferencia, con una sierra de tronzar, hasta que caiga el árbol.
La *tala mecánica* se funda en el uso de instrumentos cortantes, de movimiento alternativo o circular, arrastrados por motores que, las más de las veces, son de explosión, aunque también los hay eléctricos y de aire comprimido. En primer lugar, cabe citar las sierras de hoja ancha y movimiento de vaivén, las sierras circulares dispuestas en el extremo de un bastidor alargado, y las de cadena sin fin de eslabones cortantes. En otros instrumentos se usa una taladradora cuya barrena, larga y resistente, describe un arco de círculo al mismo tiempo que penetra en el tronco, practicando en el mismo una ranura cada vez más profunda. Existen, por último, máquinas de aire comprimido en las cuales la ranura es labrada par una especie de escoplo animado por vibraciones rápidas.
La tala es seguida las más de las veces del arranque de las cepas. (V. DESCEPADO.)
TALACHE o **TALACHO** m. *Amer.* Azada.
TALADRACRISTAL m. *Fís.* Aparato para demostrar los efectos destructivos de las chispas eléctricas, consistentes en un bastidor que permite disponer un cristal entre dos electrodos muy próximos, de modo que, al efectuarse la descarga eléctrica de uno a otro, la chispa funda el vidrio y produzca un taladro en el mismo.
TALADRADOR, RA adj. y s. *Tecn.* Que taladra o sirve para taladrar. ‖ Máquina herramienta para hacer taladros. (V. tb. PERFORADORA.)
— El berbiquí *, el taladro * de pecho y el taladro * de trinquete, instrumentos que confieren manualmente un movimiento de rotación a las barrenas y a los brocas, son *taladradoras simples.* No obstante, este nombre se aplica con mayor propiedad a las máquinas de taladrar mecánicas y más perfeccionadas. Algunas de ellas (*taladradoras de pistola*) son portátiles y constan de un motorcito eléctrico encerrado en un cárter provisto de una empuñadura por uno de sus extremos y que, por el otro, da paso al eje del motor en cuyo extremo va montado el mandril de

Fot. C. C. A.

tres mordazas para sujetar brocas de hasta 12 y 13 mm. Tanto en estas taladradoras como en las manuales reseñadas anteriormente, el avance de la broca, o sea su penetración en la materia taladrada, depende de la presión aplicada en el instrumento con las manos o el pecho.
Las *taladradoras de taller* se hallan montadas verticalmente en un bastidor, encima de una bancada provista de medios para fijar las piezas que se han de taladrar. Además del movimiento de rotación que le es imprimido por un motor eléctrico, el mandril se mueve también longitudinalmente para asegurar primero la penetración de la broca (avance) y luego para poder extraerla de la pieza. En las *taladradoras sensibles,* el avance del útil cortante se hace a mano, bajando una palanca sobre la cual aplica el operario una fuerza calculada empíricamente según la índole del metal o materia que se perfora y la resistencia que el mismo opone a la barrena. Para trabajos hechos en serie, y, en general, para los taladros de más de 15 mm de diámetro, el avance es automático y el soporte del cabezal portaherramienta baja lentamente a lo largo de una columna vertical. Cuando se han de hacer taladros en piezas muy pesadas, se emplean *taladradoras radiales* en las cuales el cabezal portaherramienta puede correr a lo largo del brazo horizontal que le sirve de soporte y que, a su vez, puede girar, subir y bajar sobre la columna vertical del bastidor. La combinación de todos estos movimientos permite el acceso de la broca a los diferentes puntos que se han de taladrar. Las *taladradoras horizontales* tienen una broca muy larga, dispuesta horizontalmente, que gira con gran rapidez (de 3 000 a más de 4 000 r. p. m.) y sirve para hacer taladros muy profundos (por ejemplo, el ánima del cañón de las armas de fuego), siendo un carro portapieza el que confiere a ésta el movimiento progresivo de avance.
En las fabricaciones de piezas hechas en grandes series se emplean *taladradoras múltiples* provistas de varias brocas que labran simultánea o separadamente varios taladros iguales o de diámetros y profundidades diferentes. Las taladradoras de este tipo especialmente construidas para labrar los bloques de los motores de automóvil, tienen brocas, orientadas en diferentes direcciones, que trabajan independientemente unas de otras merced a levas que determinan las características particulares de cada taladro.
La obtención de taladros muy precisos resulta más difícil de lo que parece a primera vista, ya que la broca tiende siempre a desviarse y el taladro no es rigurosamente cilíndrico ni perpendicular a la superficie de la bancada. Por eso, aquellos taladros en los cuales se han de efectuar ajustes de precisión, se hacen unas décimas de milímetro más pequeños que las dimensiones finales, para permitir que puedan ser rectificados. Para obtener un trabajo pulcro y preciso, es necesario determinar el avance y la velocidad de corte en función de la materia que se taladra, de la materia de la broca y de la eficacia de la lubricación del taladro. En principio, el avance es proporcional a la raíz cuadrada del diámetro de la broca.
Los metales muy duros no se taladran con brocas, sino por chispeado * o recurriendo a los ultrasonidos. Para hacer taladros de gran diámetro en chapas espesas, se puede emplear la taladradora, practicando con ella, a lo largo de la circunferencia e interiormente a la misma, una sucesión de taladros secantes de pequeño diámetro, hasta recortar un disco central. No obstante, resulta más práctico en este caso emplear el soplete * oxiacetilénico. La madera y las materias blandas en general se taladran industrialmente mediante taladradoras especiales, mucho más rápidas que las que requieren los metales y más simples también, dado que los taladros no tienen una precisión rigurosa y que el avance, en el cual pueden admitirse diferencias muy grandes, se hace siempre a mano.

TALADRAR v. Horadar, perforar con taladro. ‖ *Máquina de taladrar,* taladradora.

TALADRO m. *Tecn.* Broca *, barrena * u otro instrumento de filo cortante y giratorio con que se taladran los metales, la madera y otras materias sólidas. ‖ Agujero hecho con los mismos. ‖ Aparato con que se imprime el movimiento de rotación a dichas herramientas. (V. TALADRADORA.) ‖ *Taladro eléctrico portátil, taladro de pistola,* taladradora portátil accionada eléctricamente. ‖ *Taladro de pecho,* instrumento constituido por una armazón provista de un engranaje cónico que transmite a un portabrocas, multiplicándolo, el movimiento de un manubrio accionado manualmente, y que se halla rematado en el extremo opuesto por una placa en la cual se apoya el pecho del operario, tanto para asegurar el instrumento en la debida posición, como para obtener el avance de la broca. ‖ *Taladro de trinquete,* instrumento para horadar con movimiento intermitente de la barrena fijada en un mecanismo de trinquete, que es accionado como una palanca de movimiento alterno. (Sinón. CARRACA, CHICHARRA.)

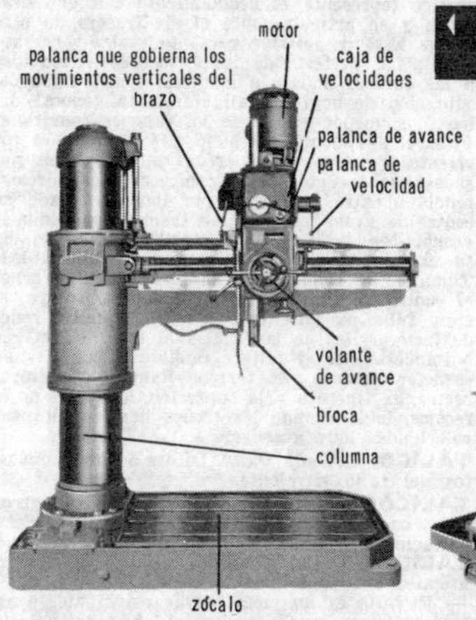

RADIAL
MÚLTIPLE

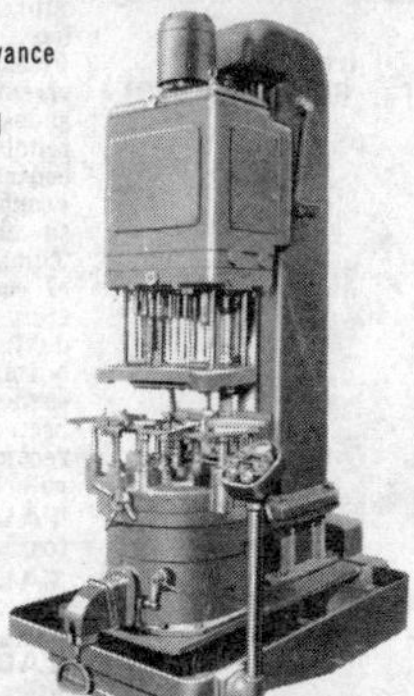

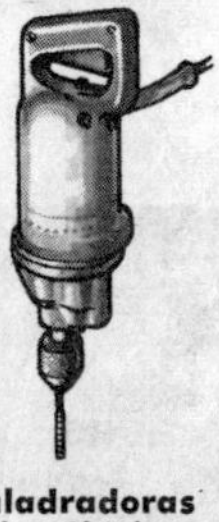

taladradoras radial, múltiple y de pistola

TALAMANTE y **TALAMETE** m. *Mar.* Pequeña cubierta que llevan a proa las embarcaciones menores.

TALANQUERA f. *Arq.* Valla o armazón de tablones o palos verticales que sirve de defensa contra el ganado o para cercar una finca.

TALAR v. *Carp.* Cortar por su base los árboles de un bosque, y por ext., derribarlos por cualquier otro medio. (V. TALA.)

TALCAR v. Dar una capa de talco a alguna cosa: *los objetos de caucho se talcan para evitar que se peguen o que los deteriore la humedad.*

TÁLCICO, CA adj. *Miner.* Relativo al talco. ‖ Que contiene talco: *roca tálcica.*

TALCO m. *Miner.* Silicato de magnesio hidratado cuya fórmula es $Mg_3Si_4O_{10}(OH)_2$.
— El *talco* adopta diversos aspectos, especialmente el de masas escamosas o esquistosas, aunque también existe en masas compactas, en cuyo caso constituye la esteatita *. Tiene brillo argénteo y color verde claro, a veces obscurecido por la presencia de clorina. Es muy blando, suave al tacto, insoluble en los disolventes comunes e infusible con el soplete. Se usa como lubricante seco y entra como carga * en la composición de cartones, papeles, objetos de caucho, etc. También sirve para pulimentar y se emplea en farmacia, en preparaciones cutáneas.

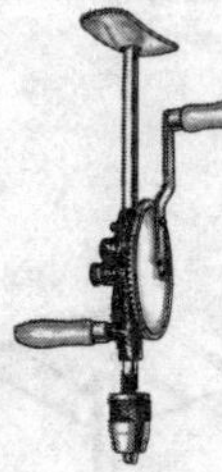

taladro de pecho

TALCOSO, SA adj. Semejante o parecido al talco. ‖ Que contiene talco.

TALES *(Teorema de),* teorema, en realidad ya demostrado por Euclides, según el cual la paralela a un lado de un triángulo determina en los otros dos lados segmentos proporcionales a la longitud de los mismos. También se atribuye a Tales el teorema según el cual todos los ángulos inscritos en una semicircunferencia son rectos.

TALGO m. *F. c.* Tipo de tren constituido por vagones cortos que solamente tienen dos ruedas traseras, ya que, por su parte anterior, se hallan articulados sobre el eje del vagón precedente, en cierto modo como los semirremolques de los camiones.
— El bastidor de un *vagón Talgo* puede ser asimilado a un triángulo isósceles, cuya base figura el eje de las ruedas traseras, mientras que el

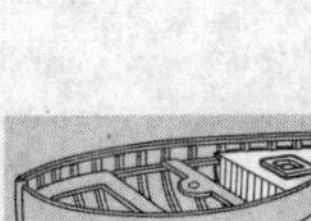

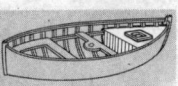

talamante

tren **Talgo** [v. figura p. 470]

vértice representa el acoplamiento con que descansa y se articula sobre el eje trasero de otro vagón. Esta disposición presenta varias ventajas: adaptación perfecta de los elementos articulados a las curvas, incluso a los virajes muy cerrados, supresión de bogies y aligeramiento general del bastidor, menor altura de los vagones (por tener éstos el pavimento más bajo que los vagones corrientes). Al ser estos trenes mucho menos pesados que los ordinarios y ofrecer menor resistencia al aire, así como por tener rebajado su centro de gravedad, resultan también mucho más económicos tanto en su construcción como en su explotación (poco consumo de combustible). También les confiere mucha estabilidad el tener el centro de gravedad rebajado. No obstante, el tren Talgo es ante todo útil en aquellas redes de ferrocarriles en las cuales el trazado antiguo o impuesto por el relieve confiere a las vías un carácter tortuoso. En terreno llano y con líneas rectas, la ligereza y la supresión de bogies no es recomendable cuando los trenes han de alcanzar velocidades muy grandes.

TÁLICO, CA adj. *Quím.* Dícese de los compuestos del talio trivalente.

TALICÓN m. *Mar.* Barraganete que se agrega a las cuadernas para formar la borda de las embarcaciones mayores.

TALIO m. *Quím.* Elemento químico de número atómico 81, cuyo símbolo es *Tl.*

— El *talio* es un metal cuyas principales constantes físicas son: densidad, 11,85; temperaturas de fusión y de ebullición, 302º y 1 457º, respectivamente; masa atómica, 204,37 (consta de 70,50 % de isótopo 205 y de 29,50 % de isótopo 203). Es gris y maleable como el plomo y tiene propiedades físicas comparables a las de éste. Químicamente tiene las propiedades de los metales alcalinos, es alterado por el aire y el agua, y forma sales tóxicas con los ácidos. El talio univalente da compuestos taliosos, mientras que el trivalente da sales tálicas.

El talio se halla presente en las piritas y en ciertas blendas. Se extrae como producto secundario en aquellos procesos en los que se tuestan piritas, especialmente en la preparación del ácido sulfúrico, durante la cual se obtiene sulfato de talio impuro. Una vez purificado éste, se separa el talio por electrólisis o tratando el sulfato con cinc.

El *talio metálico* tiene pocas aplicaciones: se agrega a otros metales para obtener ligas de bajo punto de fusión o metales antifricción. Algunos de los isótopos radiactivos que se obtienen artificialmente, tienen aplicaciones prácticas, especialmente el de masa 204, empleado por muchas industrias como manantial de rayos (medición de espesores en la fabricación de productos laminados, eliminación de cargas electrostáticas [v. ELECTRICIDAD *estática*], etc.). El *sulfato de talio* es un veneno lento que entra en la composición de insecticidas y raticidas, y sirve también para proteger las maderas por impregnación *. El *sulfuro de talio* se usa para hacer células fotoeléctricas sensibles a las radiaciones infrarrojas. El carbonato entra en la composición de ciertas clases de cristal flint *.

tambor de una máquina de extracción

TALIOSO, SA adj. *Quím.* Dícese de los compuestos del talio univalente.

TALOCHA f. *Constr.* Instrumento para fratasar o igualar el revoque de un muro, bóveda u otra obra de fábrica, consistente en una tablilla rectangular que se ase por un mango cilíndrico fijado en una de sus caras.

talocha

TALÓN m. Parte posterior de un zapato, que cubre el calcañar.

— *Arq.* Cima * reversa. ‖ Cabio * de quiebra. ‖ Extremo doblado de los hierros que se han de empotrar o anclar en una obra de fábrica, en la cual quedan así mejor asegurados.

— *Mar.* Pieza de madera que refuerza la unión entre la quilla y la roda.

TALONARIO m. *Art. gráf.* Libro de impresos dividido por perforaciones que permiten cortar las libranzas y conservar encuadernadas las matrices de las mismas.

TALQUE m. *Geol.* Tierra talcosa que, por ser refractaria, sirve para hacer crisoles.

TALUD m. Inclinación del paramento de un muro, desmonte o terraplén. ‖ *Talud natural,* pendiente que tiende a tomar naturalmente la superficie de una materia amontonada y que depende de la densidad de la misma y de la forma y grosor de los granos o fragmentos, así como de su estado higrométrico: *el talud natural de la arena es de 25º si se halla empapada, de 30 a 35º si se halla seca y de 40º si tiene humedad pero no chorrea.*

TALWEG m. Línea que une los puntos más bajos de un valle, por donde corren las aguas en los barrancos y cuencas accidentadas.

— *Meteor.* V. ISOBÁRICO.

TALLA f. Acción y efecto de tallar. ‖ Obra de escultura, especialmente la de madera.

— *Art. gráf.* Incisión que hace el grabador en la plancha con el buril. ‖ *Talla dulce,* denominación de los grabados de metal que, por llevar los detalles del dibujo labrados en huecos más o menos profundos (y que, consiguientemente, se cargan más o menos de tinta), dan reproducciones más suaves y ricas en matices que los grabados en relieve. (V. GRABADO.)

—*Joy.* Labra de las piedras preciosas para eliminar sus partes defectuosas y darles formas regulares, atrayentes o propias para realzar su brillo, cuyas principales operaciones se han descrito en el art. DIAMANTE.

— *Mar.* Motón grande de dos roldanas.

— *Metr.* Marca * para medir la estatura.

— *Metal.* Procedimiento para labrar los dientes de las ruedas y piñones dentados, fundado en el uso de un útil cortante de forma especial que arranca el metal deslizándose paralelamente al eje de la pieza *(talla derecha),* oblicuamente *(talla cónica)* o con movimiento helicoideo *(talla helicoidal).*

— *Vidr.* Labra del vidrio con muelas de borde muy fino y de perfil cónico.

TALLADURA f. *Art. y of.* Entalladura.

TALLAR v. Abrir, cortar en una materia para esculpirla o darle la forma deseada: *tallar motivos ornamentales en un mueble.* ‖ Grabar: *tallar en dulce.* (V. TALLA.)

TALLAROLA f. *Text.* Cuchilla muy fina con que se cortan los bucles de la urdimbre del terciopelo * para formar los mechones de vello.

TAMBANILLO m. *Arq.* Frontón pequeño que se sobrepone a una puerta o ventana.

TAMBOR m. Nombre dado a numerosas cosas cilíndricas y huecas, por analogía con el instrumento músico de percusión del mismo nombre: *en las máquinas de hacer papel, éste es secado rápidamente al pasar sobre tambores caldeados interiormente por el vapor.* ‖ *Amer.* Bidón, envase cilíndrico de chapa.

— *Arq.* Cada uno de los bloques de piedra cilíndricos que, sobrepuestos, constituyen el fuste de una columna. ‖ Muro cilíndrico en que descansa una cúpula y, en general, todo cuerpo arquitectónico de forma cilíndrica. ‖ Cámara o recinto pequeño hecho con tabiques dentro de un aposento mayor. ‖ Cuerpo de ciertos capiteles, de forma troncónica invertida, que alcanza mayor diámetro que el de la cabeza de la columna. ‖ *Puerta de tambor,* v. PUERTA.

— *Ind. alim.* Cilindro de chapa perforada montado por sus vástagos axiales —uno de ellos provisto de un manubrio— en el hogar de un hornillo y dotado de un portillo corredizo por el cual se carga de café verde, castañas u otras cosas que se tuestan dándole vueltas al tambor para regularizar la acción del fuego.

— *Mec.* Barrilete de los relojes. ‖ Cilindro de los tornos, cabrestantes y aparatos similares en el cual, al girar los mismos, se enrolla una cuerda o cable para elevar o arrastrar una carga o tirar de alguna cosa. ‖ *Tambor de freno,* v. FRENO.

— *Min. Máquina de tambor,* v. EXTRACCIÓN.

— *Ofic. Tambor magnético,* v. MEMORIA *de tambor.*

— *Tecn. Criba de tambor,* trómel.

— *Text.* Aparato constituido por dos aros que ajustan de modo que la tela puesta sobre el menor de ellos quede tendida por la presión del mayor y presente una superficie lisa y tensa propia para facilitar las labores de bordado. ‖ Nombre dado a veces a los telares circulares. (V. TELAR.)

TAMBORETE m. *Mar.* Madero grueso y cuadrado, sobre el cual descansa el bauprés.

TAMBORILETE m. *Art. gráf.* Tablilla con la cual se golpea levemente el molde para igualar los tipos.

TAMBUCHO m. *Mar.* Cierre de tablas que se hace en una embarcación para que no entre agua

Fot. Charbonnages de France

en la bodega o para que sirva de chupeta, de cubichete o de abrigo a alguna cosa.

TAMIZ m. Cedazo de mallas tupidas: *la fineza de los granos de una materia pasada por un tamiz se expresa por el número de las mallas o hilos que la tela del mismo contiene por pulgada **.

TAMIZAR v. Pasar materias por el tamiz, cribarlas para separar los granos finos de los más gruesos.

TAMPÓN m. *Ofic.* Almohadilla embebida de tinta hectográfica en la cual se entintan los sellos de caucho con que se han de estampillar papeles.

TÁNDEM m. Bicicleta de dos asientos, uno ante el otro, y dos pedales. ‖ *En tándem,* dícese de dos órganos mecánicos, máquinas, etc., instalados uno detrás del otro y que combinan sus efectos: *en las máquinas de vapor de dos cilindros en tándem, el vapor actúa en el segundo después de haber aprovechado una parte de su energía en el primero.*

TANECIENSE adj. y s. *Geol.* Dícese de un piso del período eoceno, cuyos terrenos datan de unos 65 millones de años. (V. ESTRATIGRAFÍA.)

TANGENCIA f. *Geom.* Calidad de tangente. ‖ *Línea de tangencia,* línea a lo largo de la cual dos superficies son tangentes: *la línea de tangencia de dos cilindros es una generatriz de los mismos.* ‖ *Punto de tangencia,* punto en el cual dos líneas o superficies, o una línea y una superficie, son tangentes: *una bola descansa en una superficie plana por su punto de tangencia.*

TANGENCIAL adj. *Geom.* Que es tangente. ‖ Relativo a la tangente: *línea tangencial.*
— *Mec. Fuerza tangencial,* la que obra en el sentido de una tangente a una curva: *las correas de transmisión ejercen una fuerza tangencial sobre las poleas arrastradas por ellas.*

TANGENTE adj. y s. Dícese de la cosa que toca a otra en un punto.
— *Geom.* Dadas una curva y la secante PP′ a la misma, ésta, al girar o trasladarse, se convierte en tangente de aquélla cuando los dos puntos PP′, después de haberse acercado, se confunden en uno solo, llamado *punto de contacto* o *de tangencia.* (V. *figura* y tb. el art. CÁLCULO *infinitesimal.*) ‖ *Tangente de un arco* o *de un ángulo,* función trigonométrica que es el cociente del seno por el coseno de los mismos y cuyo símbolo es *tg.* (V. TRIGONOMETRÍA.) ‖ *Curvas tangentes en un punto,* las que admiten la misma tangencia en dicho punto. ‖ *Plano tangente,* el que toca a una superficie curva en un solo punto o a lo largo de una línea. ‖ *Superficies tangentes en un punto,* las que admiten un mismo plano tangente en dicho punto.

TANGÓN m. *Mar.* Botalón, entena o cualquier palo horizontal colocados en el exterior del casco de la embarcación perpendicularmente al mismo, para arrastrar sedales de pesca, amarrar botes, fijar un spinnáker, etc.

TÁNICO, CA adj. *Quím.* Que contiene tanino. ‖ *Ácido tánico,* designación incorrecta del *tanino.*

TANIFICACIÓN f. Acción y efecto de tanificar.

TANIFICAR v. Agregar tanino al vino o a otras substancias. ‖ Curtir las pieles o tratar alguna otra cosa con tanino. (V. TANINO.)

TANINO m. *Curt.* y *Quím.* Substancia presente en ciertos tejidos vegetales, que tiene la propiedad de convertir en cueros las pieles de los animales.
— Los *taninos* son substancias químicamente muy complejas que, por hidrólisis, se descomponen en azúcares y ácido agállico. Tienen aplicaciones en farmacia, pero se aprovecha sobre todo industrialmente su propiedad de hacer las pieles imputrescibles. Muchas son las materias vegetales que dan tanino: agallas, corteza de ciertas plantas, hojas o madera de otras (v. CURTIENTE). El quebracho, la mimosa y otros vegetales dan *taninos catecúticos,* también llamados *taninos condensados,* que no se hidrolizan al ser disueltos y que, por destilación seca, dan pirocatequina.
El tanino se extrae de las materias vegetales por lixiviación. El producto bruto contiene substancias minerales y orgánicas que pueden ser eliminadas depurándolo con alcohol o con éter.
— *Ind. alim.* Los vinos tintos contienen hasta 3 % de tanino procedente de la materia leñosa de los racimos y de la película y las pepitas de la uva. La proporción de tanino contenido por los vinos muy claros llega a ser 10 veces menor. En ciertos casos se agrega a los mostos tanino depurado con alcohol para acelerar la clarificación obtenida con materias proteicas (gelatina, caseína, etc.). También se agrega, para activar la vinificación, a los vinos embotellados prematuramente.

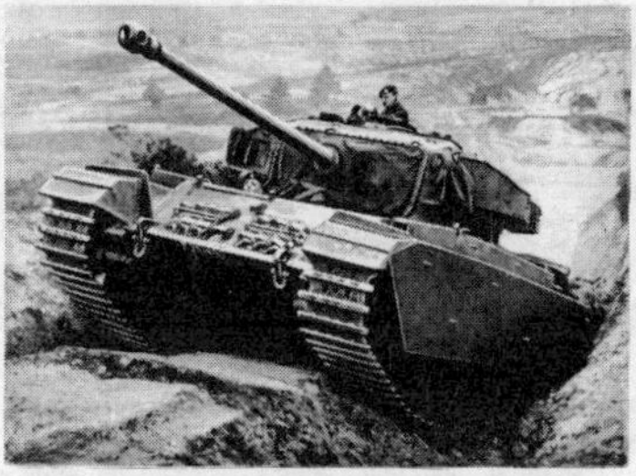

tanque inglés de 50 t *(arm.)*

TANQUE m. Depósito metálico de gran capacidad para almacenar o transportar líquidos.
— *Arm.* Automóvil de guerra completamente blindado, que se mueve sobre orugas y se halla rematado por la torreta de un cañón, completando su armamento una o varias ametralladoras. (Sinón. CARRO DE COMBATE.)
— El *tanque* es un arma de combate destinada a romper el frente enemigo. Sus principales cualidades son: la solidez de su blindaje, su rapidez y movilidad y su potencia de tiro. Tiene un bastidor en forma de casco hecho con chapas de blindaje cuyo espesor suele ser de 100 a 300 mm. El peso total del vehículo es, en los tanques grandes, de 50 ó 60 t y la velocidad requerida, de 35 a 50 km. Como, por otra parte, estos vehículos han de evolucionar en terrenos más o menos accidentados, se comprende que tengan que disponer de motores potentes. Éstos funcionan con gasolina, a veces inyectada (v. INYECTOR), o con aceites pesados, y su potencia es de 600 a 1 000 caballos. La transmisión del movimiento se efectúa mediante dos convertidores * de par eléctricos, que permiten obtener cualquier velocidad, pero son delicados, o, las más de las veces, con cambios de velocidades análogos a los de los automóviles, pero provistos de gran número de marchas diferentes. Tienen estos vehículos un diferencial complicado, ya que, por carecer de ruedas directrices, se les hace girar mediante una variación de la velocidad de las ruedas de un lado respecto a las del otro, obtenida en el diferencial (v. tb. ORUGA). La torreta está provista de episcopios que permiten ver el terreno sin necesidad de abrir portillos que conferirían cierta vulnerabilidad al ingenio. Algunos tanques tienen el cañón montado sobre estabilizadores giroscópicos que mantienen la puntería y permiten tirar en marcha, a pesar de las irregularidades del terreno. Otros disponen de armas antiaéreas. Los tanques llevan una tripulación de 4 ó 5 hombres.
— *Arq. Tanque séptico,* pozo * negro.
— *Autom.* Depósito de combustible de los automóviles. ‖ *Camión tanque,* camión * cisterna.
— *Mar.* Aljibe.

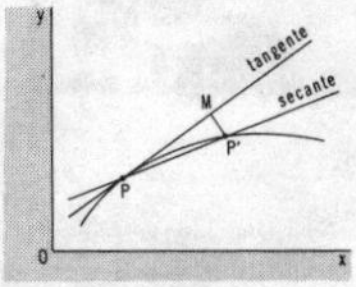

tangente

tangón

TANSA f. *Mar.* Fibra de Nylón o cordoncillo de otra materia de unos decímetros de largo, que tiene un anzuelo en su extremo libre y se halla atado con el otro en el sedal o cordel principal de los palangres y otras artes de pesca.

TANTALATO m. *Quím.* Sal que resulta de la combinación del ácido tantálico con una base.

TANTÁLICO, CA adj. *Quím.* Relativo o perteneciente al tántalo. ‖ Dícese de los compuestos del tántalo pentavalente. ‖ Dícese también del ácido cuya fórmula es TaO_3H.

TANTALIFLUORURO m. *Quím.* Fluotantalato.

TANTALIO m. *Quím.* Tántalo.

TANTALITA f. *Miner.* Tantalato de hierro, generalmente asociado con niobato del mismo metal, que se beneficia como mena del tántalo y del niobio.

TÁNTALO m. *Quím.* Elemento químico de número atómico 73, cuyo símbolo es *Ta.* (Sinón. TANTALIO.)
— El *tántalo* es un metal análogo al niobio, de color blanco argénteo, cuyas principales constantes físicas son: densidad, 16,6; temperaturas de fusión y de ebullición, de 2 900 a 3 000° y de 5 300 a 5 600°, respectivamente; masa atómica,

Fot. U. S. I. S.

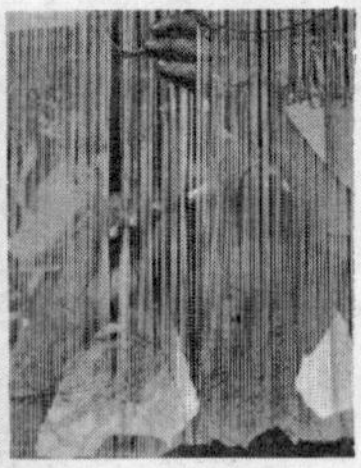
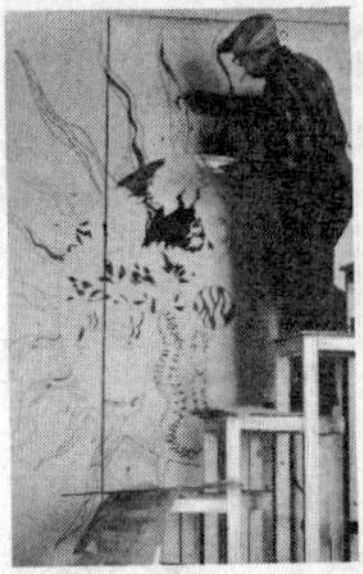

tapiz
trabajo con lizos bajo y alto, y preparación de un cartón

180,95 (consta de 99,99 % de isótopo 181 y de 0,01% de isótopo 180; además, se han obtenido artificialmente 12 radioisótopos de masa comprendida entre 173 y 186, uno de los cuales, 182Ta, se emplea como indicador.
Este metal es inalterable en frío y sólo se combina con el oxígeno y el cloro al rojo vivo. El único ácido que lo ataca es el ácido fluorhídrico. Su óxido Ta_2O_5 es un polvo blanco que, con los álcalis, permite obtener tantalatos.
El tántalo se extrae principalmente de la tantalita, atacándola con sosa fundida, convirtiendo el producto en fluoruro de tántalo y descomponiendo éste por electrólisis o reduciéndolo con sodio.
Las principales aplicaciones del tántalo son: filamentos para lámparas de incandescencia; electrodos para tubos electrónicos (también se usa como getter *); piezas para contactores, rectificadores, condensadores electrolíticos, etc.; composición de aceros y otras ligas resistentes al calor y a los agentes químicos. El carburo de tántalo se usa en la fabricación de herramientas.

TANTALONIOBATO m. *Quím.* Niobotantalato.

TANTO adj. *Mat. Tanto por ciento,* proporción de cosas consideradas respecto a 100 de la misma especie, que se usa para eliminar cifras decimales o para obtener una base de comparación cómoda y se expresa comúnmente empleando el signo % (por ciento): *el perfeccionamiento de esta máquina ha permitido reducir de 3 a 0,5 el tanto por ciento de las piezas desechadas.* (Sinón. PORCENTAJE.)

TANO m. *Curt.* Casca.

TAPA f. Pieza que cubre o cierra por arriba una caja, una cámara, un recipiente de boca muy ancha, etc. || *Amer.* Tapón.
— *Art. gráf.* Cada una de las dos cubiertas de un libro encuadernado. (V. ENCUADERNACIÓN.)
— *Curt.* Cada una de las chapas de cuero recortado que, sobrepuestas, forman el talón del zapato o sirven de asiento a un talón de caucho.
— *Hidr.* Compuerta de un canal o una acequia.
— *Mar.* Regala de las embarcaciones menores.

TAPABARRO m. *Amer.* Guardabarros.

TAPABOCAS m. *Arm.* Taco de madera o pieza metálica con que se cierra la boca de las armas de fuego para impedir la entrada de polvo y de cuerpos extraños en el ánima del cañón.

TAPACANTOS m. *Obr. públ.* Capa de tierra o de arena que se emplea a veces como recebo provisional en la reparación de calzadas.

TAPACOSTURAS f. *Text.* Cinta de algodón tejida con ligamento de tafetán, con pequeños motivos ornamentales que se obtienen haciendo saltar mallas a los hilos de urdimbre o a los de trama y que se emplean en la confección de vestidos a la vez como adorno y para disimular las costuras. (Sinón. TAPAPUNTOS.)

TAPACUBOS m. *Autom.* Pieza de chapa que se fija, generalmente, por simple presión, en el telar de la rueda para cubrir el buje y las tuercas con que aquélla se sujeta en el mismo.

TAPADERA f. Tapa de las vasijas de boca ancha, y por ext., tapa de cualquier abertura situada en la parte exterior de un recipiente, cámara, etc.

TAPADERO y **TAPADOR** m. Tapa, tapadera o tapón con que se cierra la boca de un recipiente o de algún orificio.

TAPADORA f. *Ind.* Máquina de tapar botellas con tapones o cápsulas (en el último caso se llama también *capsuladora* *).

tapadora

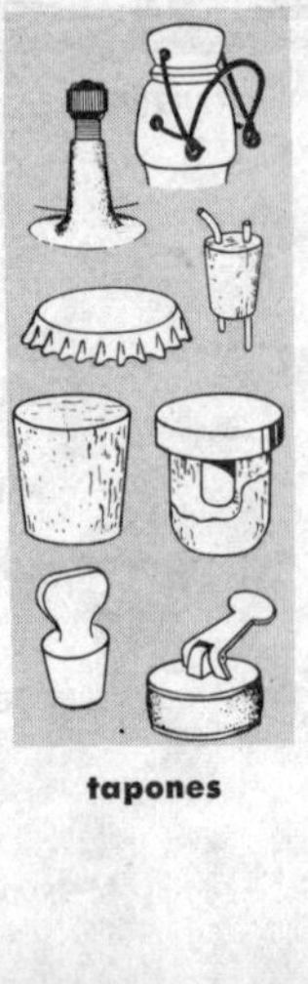

tapones

TAPAJUNTAS f. *Carp.* Cubrejuntas.

TAPAPUNTOS m. Tapacosturas.

TAPETE m. *Text.* Cubierta de hule *, de materia plástica coloreada o estampada o de tela gruesa con motivos obtenidos en la textura o bordados, que se pone como protección o adorno sobre las mesas y otros muebles. || Alfombra * pequeña.

TAPIA f. *Arq.* Pared que se construye apisonando dentro de un tapial * barro de tierra arcillosa, a veces armado con paja. || Por ext., cerca, valla. || *Tapia acerada,* la que lleva una capa superficial de cal y arena. || *Tapia real,* la que se hace agregando cal a la tierra arcillosa para obtener un pared más resistente.

TAPIAL m. Encofrado * simple, propio para construir tapias, que consta de dos tableros afianzados por riostras y costales, que los mantienen paralelos y verticales. || Tapia.

TAPIAR v. *Constr.* Cercar con tapias. || Condenar una abertura con tapia o tabique.

TAPIOCA f. *Ind. alim.* Fécula de la raíz de mandioca reducida a pasta, secada sobre placas metálicas y aglomerada en gránulos.

TAPIZ m. *Text.* Paño grande, destinado a ser tendido sobre un muro, que representa escenas, paisajes u otros temas o motivos ornamentales obtenidos entretejiendo con una urdimbre de hilos de algodón muy tensos, hilos de trama de longitudes y coloraciones apropiadas para reproducir los temas previamente pintados en un patrón llamado *cartón.*
— El *tapiz* difiere de la alfombra * (especie de terciopelo en la cual los dibujos aparentes son formados por mechones de fibras) y se distingue también de las labores bordadas, pues en éstas el dibujo se sobrepone a un tejido ya existente, mientras que en el tapiz el dibujo es estructural, ya que se forma al mismo tiempo que el tejido que lo soporta.
La confección de un tapiz es una labor muy lenta. Una vez preparada la urdimbre y en posesión del cartón creado por el artista y del surtido de hilos de lana o de seda, muchas veces exprofesamente hilados y teñidos en la misma manufactura, el tejedor ejecuta el motivo ornamental al par que teje la tela de tafetán que constituye el fondo. Empezando por uno de los bordes del tapiz, escoge el hilo de colorido igual al del modelo y lo entrecruza con los hilos de la urdimbre en una longitud correspondiente a la del cartón; luego entreteje el hilo del colorido siguiente, y así sucesivamente hasta llegar al otro borde del tapiz. A continuación efectúa sobre esta pasada decorativa otra de hilo de algodón que constituye la trama propiamente dicha del tejido y vuelve al dibujo alineando otra pasada de hilos de colores y longitudes correspondientes a los del cartón, seguida de una nueva pasada de trama de algodón, y así sucesivamente.
Las obras más esmeradas se obtienen con telares de alto lizo, en los cuales la urdimbre se halla dispuesta verticalmente. El tejedor, valiéndose de un compás, mide la longitud de los hilos de cada color en el modelo y, para facilitar el trabajo, puede trazar los contornos generales en la urdimbre. Por carecer este telar de pedales, necesita una mano para ir levantando los hilos de la urdimbre y la otra para introducir entre ellos los de la trama. El trabajo se hace por el revés del tapiz, pero el tejedor puede trasladarse al otro lado para efectuar comprobaciones. Todo esto permite obtener una labor conforme con el original, pero requiere tanto tiempo que, en una manufactura de tapices artísticos de calidad, el rendimiento de un tejedor es solamente de un metro cuadrado de tapiz por año.
El telar de bajo lizo tiene la urdimbre horizontal y sus hilos pares e impares separados por dos lizos que, como en los telares ordinarios, pueden ser alternativamente alzados y bajados por medio de dos pedales, y así, al oficial le quedan las dos manos libres para trabajar con la trama. Por otra parte, el cartón se halla dispuesto contra la urdimbre y debajo de ésta, de modo que los hilos de colores se van aplicando directamente sobre el modelo sin necesidad de recurrir a mediciones con el compás. Se aumenta así el rendimiento en un tercio, respecto al telar de alto lizo, pero no se igualan sus labores, ya que el cartón es visto algo confusamente a través de los hilos de la urdimbre y, al ser mermada la luz que refleja, resulta difícil apreciar sus matices con exactitud. Por otra parte, la disposición de la urdimbre sólo permite observar la labor realizada por el revés, que es el lado aparente en el telar.

TAPÓN m. Pieza con que se tapan las botellas, los toneles, bidones y otros recipientes de boca estrecha.

Fot. Doisneau-Rapho, Larousse

— Los *tapones ordinarios* para botellas son de corcho natural o aglomerado, cuya porosidad permite comprimirlos y asegurar un ajuste perfecto en el cuello o boca del recipiente que se tapa, e incluso hermético para los gases que desprenden el champaña y otros líquidos. Las máquinas tapadoras * permiten la introducción en el cuello de las botellas de tapones fuertemente comprimidos. Los tapones de corcho interiores están siendo reemplazados cada vez en mayor escala por cápsulas de materia plástica o de chapa (éstas provistas de una junta o rodaja de corcho, cartón parafinado, etcétera), apretadas sobre la boca de las botellas por máquinas capsuladoras *.
Ciertos frascos empleados en perfumería, farmacia y laboratorios químicos se cierran con *tapones esmerilados de vidrio,* los cuales son incorruptibles e inatacables por los líquidos, obteniéndose su adherencia y ajuste merced al esmerilado de las dos superficies (cuello y tapón), que adquieren así cierta aspereza, al mismo tiempo que se iguala su conicidad.
Para las pipas se emplean también *tapones troncónicos de madera.* Los bidones y latas se suelen cerrar con *tapones metálicos* roscados.
En las instalaciones industriales, los vehículos, máquinas, etc., se emplean un sinnúmero de tapones especiales. Así, en muchos casos, cuando se ha de permitir la salida de vapores desprendidos por el líquido, el tapón no cierra herméticamente, cual ocurre con el del radiador de un automóvil. Otro tapón especial de estos vehículos es el del tanque de combustible, muchas veces provisto de una cerradura.
— *Electr.* Cortacircuitos * de fusible en forma de casquillo de lámpara, que se enrosca en un zócalo generalmente fijado junto al contador de la instalación doméstica.
— *Mar. Tapón de escobén,* taco * de escobén.
— *Mec. Tapón fusible,* v. FUSIBLE.

TAQUEOMETRÍA f. *Topogr.* Levantamiento de planos con el taqueómetro.

TAQUEÓMETRO m. *Topogr.* Instrumento derivado del teodolito, propio para trabajos de agrimensura.
— El *taqueómetro* no es sino un teodolito provisto de un estadímetro * y de un declinatorio *. Los modelos perfeccionados son analíticos (o sea que indican directamente las distancias sin necesidad de efectuar cálculos) y, entre ellos, los hay que tienen el estadímetro reemplazado por un diastimómetro *. Además de las distancias, el taqueómetro mide ángulos verticales y horizontales con una precisión del orden de un minuto centesimal (los teodolitos son más precisos).

TAQUI, prefijo derivado del griego *takhus,* que significa *rápido.*

TAQUIGRAFIAR v. Escribir tan rápidamente como se habla. ‖ *Máquina de taquigrafiar,* v. ESTENOTIPIA.

TAQUÍGRAFO m. *Mec.* Cualquier instrumento destinado a medir y registrar velocidades.

TAQUÍMETRO m. *Mec.* Tacómetro.
— *Topogr.* Taqueómetro.

TARA f. *Metr.* Peso de los envases, embalajes, etcétera, o del vehículo vacío (en el transporte de materias a granel), que se deduce del peso total o bruto de las mercancías. ‖ Peso de valor indeterminado que se pone en un platillo de la balanza para equilibrarla y compensar así el peso de un envase antes de efectuar la pesada de su contenido.

TARACEA f. *Carp.* Decoración de los muebles y otras labores de ebanistería, consistente en tallar en la superficie de la madera rebajos en los cuales se embuten chapitas de madera de otros colores, de nácar, plástico u otras materias. ‖ *Entarimado de taracea,* mosaico * de madera.
— Las labores de *taracea* requieren mucha destreza para labrar los rebajos poco profundos y de bordes netos en los cuales se pegan con cola los recortes de chapa, apretándolos fuertemente. Para efectuar labores artísticas muy complicadas se procede como sigue: primeramente se sacan plantillas dibujando los motivos de cada color en chapas que luego se recortan; la plantilla perforada es aplicada sobre un papel en el cual se reproducen las perforaciones por estarcido; este papel, pegado sobre una pila de varias chapas delgadas de madera del correspondiente color, permite recortar en ellas los distintos elementos del dibujo; por otra parte se tallan los rebajos previamente marcados con bermellón por los huecos de la plantilla; finalmente se incrustan y pegan los recortes en sus correspondientes alvéolos.
Esta labor se imita a veces en muebles baratos puliendo cuidadosamente su superficie, encolándola y pegando en ella un papel que lleva impresos los motivos; después de haber alisado el papel con una plancha caliente, se le da una capa de barniz.

TARIMA f. Tablado pequeño, movible, sobre el cual se ponen cosas para que no estén en contacto con el suelo o para transportarlas cómodamente con carretillas * de alza.

TARJETA f. *Arq.* Superficie plana que se pone sobre un miembro arquitectónico y en la cual figuran inscripciones: *muchos escaparates llevan sobrepuesta una tarjeta con el nombre y otras indicaciones relativas al establecimiento.*
— *Ofic. Tarjeta perforada,* cartulina rectangular en la cual se registran datos numéricos y alfabéticos en forma de agujeros dispuestos con arreglo a un código.
— Las *tarjetas perforadas* miden 187 mm de largo por 82 de ancho. Llevan impresas en 80 columnas verticales las cifras de 0 a 9 y encima de esta tabla queda un espacio libre destinado a las referencias y otros datos. (Además de este formato común, existen otras tarjetas más pequeñas, que solamente tienen 21, 40 ó 65 columnas de cifras.)
Para inscribir una cantidad en la tarjeta, se perforan, de izquierda a derecha, las correspondientes cifras —una por columna— en el mismo orden en que las escribimos. Para inscribir textos o letras separadas, se emplea un código que atribuye a cada letra dos perforaciones por columna.
Los agujeros se hacen con una máquina de escribir especial, llamada perforadora *. La lectura de los datos inscritos se efectúa eléctricamente, en la tabuladora *, por medio de una escobilla * provista de tantas clavijas como columnas tiene la tarjeta: al deslizarse aquella sobre ésta, toda clavija que pasa a través de una perforación entra en contacto con un tambor metálico y se produce entonces una impulsión eléctrica merced a la cual la rueda portatipos de una máquina de escribir eléctrica se sitúa en la debida posición para imprimir el número o la letra que corresponde al taladro explorado por la escobilla (v. *figura*).
Además de las perforadoras y las tabuladoras, se emplean máquinas clasificadoras y mezcladoras provistas de un dispositivo selector que se puede regular para que las escobillas descubran en un paquete de tarjetas o en todo un fichero aquellas fichas que responden a determinadas condiciones y que serán separadas por un mecanismo automático. Por ejemplo, la máquina podrá, en un instituto de estadística, separar las tarjetas concernientes a todos los padres de familia que tienen más de dos hijos, son de profesión liberal, ganan mensualmente más de determinada suma y no son propietarios de la vivienda que ocupan. Inversamente, las máquinas mezcladoras pueden ordenar las tarjetas de diferentes procedencias en un solo fichero.
Las máquinas de tarjetas perforadas, combinadas con calculadoras, efectúan también las operaciones indicadas en las mismas e inscriben los resultados en listas, nóminas o estados y, por ejemplo, la paga del personal en las empresas importantes es calculada por tabuladoras que también

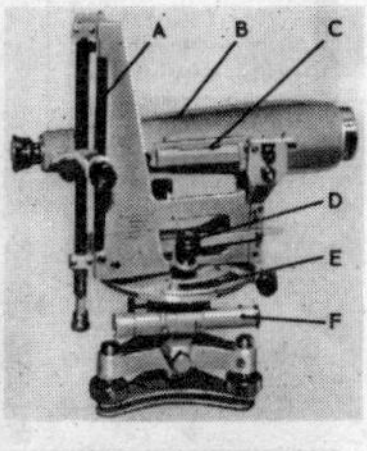

taqueómetro
A. Escala vertical (medición de pendientes); B. Anteojo; C. Nivel de burbuja; D. Lupa; E. Escala de los ángulos; F. Declinatorio

tarimas para carretillas de alza

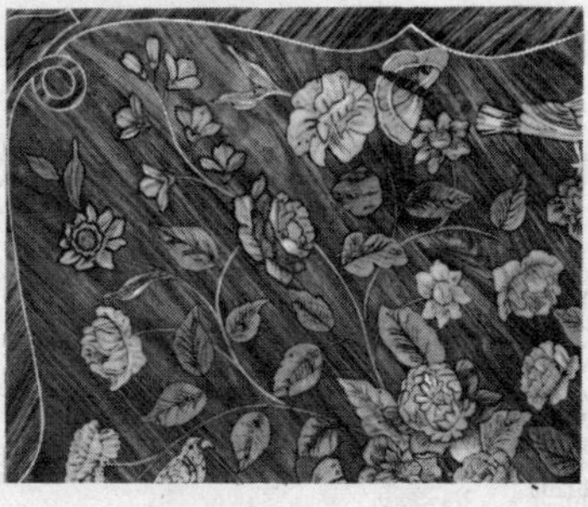
labor de **taracea**

Fot. Sce Génie rural, Larousse

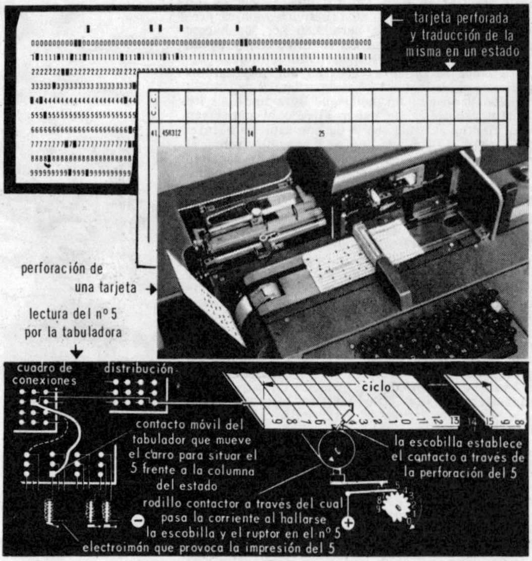

tarjetas perforadas

imprimen los boletines u hojas de paga individuales. También son muy empleadas estas máquinas para calcular e imprimir facturas.
— *Topogr.* Membrete que llevan los planos y mapas, con las indicaciones relativas a los mismos, al autor, la escala, etc.

TARLATANA f. *Text.* Muselina de hilos finos y mallas grandes a la cual se confiere cierta rigidez mediante un apresto excesivo y que sirve para hacer patrones, adornos para fiestas y otras labores provisionales o de corta duración, pues no resiste esta tela al lavado.

TARMACADAM m. *Obr. públ.* Piedra machacada, calibrada y bañada en alquitrán, que se usa para hacer firmes de carreteras.

TARRAJA f. *Metal.* Terraja.

TARRO m. Vaso de cerámica, vidrio u otra materia, generalmente cilíndrico, de boca ancha, propio para líquidos muy espesos y substancias pastosas, pulverulentas o granuladas.

TARTÁN m. *Text.* Tejido grueso de lana, con dibujo escocés *, con el cual se hacen prendas de abrigo y mantas de viaje.

TARTANA f. *Mar.* Embarcación de pesca y de cabotaje, hoy en vías de desaparición, que tiene una vela latina de entena y un botalón con un solo foque.
— *Transp.* Carruaje hipomóvil de dos ruedas, con toldo abovedado y dos asientos laterales.

TARTÁRICO, CA adj. *Quím.* Dícese de un diácido dialcohol de fórmula

$$HOCO—CHOH—CHOH—CO_2H.$$

— El *ácido tartárico ordinario,* que es dextrógiro, se halla presente en numerosos vegetales. Forma cristales que funden a 168º. Es soluble en el agua y el alcohol, e insoluble en el éter. Se obtiene a partir del bitartrato de potasio (v. TÁRTARO) o tratando las heces del vino con ácido clorhídrico y con cal, resultando entonces tartrato de calcio que se precipita con ácido sulfúrico.
Las principales aplicaciones del ácido tartárico son: preparación de productos farmacéuticos y de bebidas aciduladas, mejora de los mostos insuficientemente ácidos, etc. También se usa como mordiente en tintorería.
Además del ácido normal, existen los siguientes: *ácido tartárico levógiro,* que resulta del desdoblamiento de aquél y tiene idénticas propiedades; *ácidos tartáricos inactivo* y *racémico,* que resultan de la combinación de los otros dos, por lo cual son ópticamente inactivos, distinguiéndose el primero del segundo en que no puede ser desdoblado.

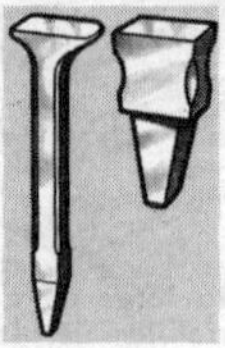

tas

TARTARIZACIÓN f. *Ind. alim.* Adición de ácido tartárico a la uva o al mosto, con objeto de acidularlo y mejorar la calidad del vino.

TÁRTARO m. *Ind. alim.* Costra de bitartrato de potasio (60 a 80 %), tartrato de calcio (3 a 6 %), tanino y otras substancias, que se forma en los recipientes que contienen vino.
— *Quím.* Bitartrato de potasio. ‖ *Tártaro blanco,* tartrato ácido de potasio purificado. ‖ *Tártaro boratado* o *tártaro soluble,* tartrato doble de boro y potasio.
— El *tártaro* o *bitartrato de potasio* $C_4H_5O_6K$, es una sal blanca y cristalina, de sabor ácido, poco soluble en el agua, insoluble en el alcohol y el éter. Se extrae de las heces del vino (v. más arriba *Ind. alim.*) disolviéndolas en agua hirviente, precipitando las materias colorantes con arcilla y depurando el producto mediante una serie de cristalizaciones sucesivas. Sirve principalmente para fabricar ácido tartárico.
— *Tecn.* Incrustación.

TARTRACINA f. *Quím.* Tartrazina.

TARTRATO m. *Quím.* Sal o éster del ácido tartárico. (V. TÁRTARO.)

TARTRAZINA f. *Quím.* Colorante derivado de la fenilhidracina sulfonada y del tartrato de sodio, que sirve para teñir de amarillo la seda y la lana.

TARTRÍFUGO m. *Tecn.* Desincrustante.

TARUGO m. Pequeño bloque de madera de forma prismática o de pirámide truncada, que se usa como taco *, calce *, etc., y sirve también, a modo de adoquín, para pavimentar calles. ‖ Zoquete.

TARUMA Y TARUMÁ m. *Carp.* Nombre comercial dado a la madera de varios árboles americanos del género *vitex (Vitex Montevidensis, V. divaricata, V. gigantea, etc.),* tan resistente como la de teca; dura, amarilla y de textura fina, que se emplea en ebanistería y en carpintería general.

TAS m. *Art. y of.* Yunque pequeño, provisto de una espiga que permite ajustarlo en un taladro hecho en otro yunque mayor, en los bancos de taller, etc., y del cual existe una variedad muy grande de formas apropiadas a los trabajos que se han de hacer, ya planas, usadas como yunque y mármol para trabajar piezas pequeñas en relojería y otros oficios, ya redondeadas, cuales las emplean los chapistas y caldereros en labores de repujado *.

TASCO m. *Text.* Estopa gruesa de cáñamo o de lino con la cual se tejen telas muy bastas para embalajes y otros usos.

TASQUIL m. *Constr.* Fragmento que salta de la piedra que se está labrando.

TAUJEL m. *Carp.* Listón.
— *Constr.* Reglón * de albañil.

TAUJÍA f. *Joy.* Ataujía.

TAUTO, prefijo griego que significa *lo mismo, idéntico.*

TAUTÓCRONO, NA adj. *Fís.* Isócrono: *péndulo tautócrono.*
— *Geom. Curva tautócrona,* la que, trazada en un plano vertical, consta de dos arcos simétricos, uno de ellos orientado hacia abajo y prolongado hacia arriba por el otro, siendo su forma tal que un punto material abandonado en cualquier punto de la curva, invierta siempre el mismo tiempo en llegar hasta el punto más bajo de la misma: *la cicloide * es una curva tautócrona para los cuerpos atraídos hacia el suelo por la gravedad.*

TAUTOCRONISMO m. *Fís.* Isocronismo.
— *Geom.* Propiedad de las curvas tautócronas.

TAUTOMERÍA f. *Quím.* Propiedad de los cuerpos en los cuales los mismos átomos dan lugar a la formación de moléculas diferentes que se hallan en el mismo en estado de equilibrio real o hipotético. (V. DESMOTROPÍA, ISOMERÍA y SEUDOMERÍA.)

TAUTÓMERO, RA adj. *Quím.* Dícese de los cuerpos que presentan tautomería.

TAXI m. *Autom.* Coche provisto de taxímetro.

TAXI, prefijo derivado del griego *taxis,* que significa *arreglo, orden, colocación.*

TAXIDERMIA f. Arte de desollar los vertebrados y de proveer el pellejo de una armazón interna y de un relleno, así como de ojos artificiales, de modo que se reproduzcan la actitud y el aspecto externo del animal viviente.
— El desuello se efectúa cuidadosamente y de la mejor manera para que luego no queden costuras

Fot. Bull

aparentes, conservándose el cráneo, la mandíbula inferior y los huesos de las extremidades. Después de haber limpiado todas estas partes, se les aplica una composición a base de arsénico que permite su conservación y se las asegura interiormente en la debida posición con una armazón de alambre. El relleno se efectúa con estopa, algodón u otras fibras. Finalmente se introducen en las órbitas, bajo los párpados, los globos oculares de vidrio o de cerámica esmaltada.

TAXÍMETRO m. *Autom.* Contador especial de que está provisto el taxi y que, en función de la tarifa aplicable y de la distancia recorrida, indica el importe a pagar por el cliente.
— El *taxímetro* es un contador * de kilómetros completado por un sistema de engranajes que permite tener cuenta de las diferentes tarifas (diurna, nocturna, etc.) y por un mecanismo merced al cual el conductor lo pone en marcha al tomar el coche el cliente y lo para al finalizar el recorrido y mientras el taxi circula vacío. El taxímetro toma su movimiento en el cambio de velocidades y tiene un motorcito de muelle o eléctrico para que pueda seguir funcionando en las esperas ante los semáforos y en las paradas pedidas por el cliente.
— *Mar.* Instrumento derivado del círculo acimutal de los topógrafos, que consta de una rosa de los vientos y una alidada, y se usa en navegación para medir ángulos horizontales.

TAXÍFONO m. *Telec.* Aparato telefónico que solamente funciona cuando se introduce en el mismo el importe de la comunicación, en forma de moneda o de ficha especialmente prevista con dicho fin (la cual, en el caso de que esté comunicando el abonado, es restituida por el aparato).

Tb, símbolo químico del *terbio.*

Tc, símbolo químico del *tecnecio.*

Te, símbolo químico del *telurio.*

TE f. Nombre dado a diferentes cosas de forma semejante a la de la letra T mayúscula.
— *Aeron. Te de aterrizaje,* veleta * grande en forma de T (en realidad simboliza la de un avión), articulada en un eje vertical, visible desde más lejos que la manga * de aire y que, como ésta, sirve para indicar la dirección del viento a los pilotos que se aprestan a aterrizar.
— *Constr.* Elemento de tubería en forma de T que sirve para instalar una derivación en una canalización principal.
— *Geom.* Regla de dibujo en forma de T, cuya rama corta se aplica y desliza sobre el borde lateral de la mesa para trazar líneas horizontales y paralelas con la rama grande (en la cual se puede apoyar también un cartabón para trazar líneas verticales o inclinadas). [Sinón. REGLA DE ESCUADRA.]
— *Metal.* Nombre dado a los metales perfilados cuando la sección de las barras tiene la forma de una T, distinguiéndose la T simple de la doble (v. *figura*).

TE

tes simple y doble *(metal.)*

TECA f. *Bot.* y *Carp.* Árbol verbenáceo *(Tectona grandis)*, originario del sur asiático y hoy cultivado en otras regiones del Globo, cuya madera imputrescible es muy apreciada.

TECLA f. *Tecn.* Cada uno de los listoncitos o discos que, alineados en determinado orden y pulsados con la yema de los dedos, sirven para tocar el piano y otros instrumentos de música o para accionar máquinas de escribir, de calcular, de componer, etc. ‖ *Tecla muerta,* la que, al ser pulsada en la máquina de escribir, imprime el correspondiente signo, pero no provoca el avance del carro, especialmente la que sirve para poner los acentos sobre las letras.

TECLADO m. *Tecn.* Conjunto de teclas de un instrumento músico, máquina, etc.: *las máquinas de escribir tienen un teclado universal, aunque adaptado, no obstante, a las particularidades de cada lengua.*

TECLE m. *Mar.* Aparejo de un solo motón.

TECLEAR v. *Tecn.* Pulsar las teclas.

TECNECIO m. *Quím.* Elemento químico de número atómico 43, cuyo símbolo es *Tc.* (Sinón. MASURIO.)
— El *tecnecio* es un metal gris, esponjoso, de densidad 11,50 ,que funde a 2 150º. No existe en la naturaleza, y sus numerosos isótopos, de masa atómica comprendida entre 92 y 108, se obtienen artificialmente en cantidades ínfimas. El más común de todos, de masa 99, es un subproducto de la fusión en los reactores nucleares, pero su producción total es del orden de 5 kg solamente por año.

TECNICOLOR m. *Cin.* Marca registrada de uno de los primeros procedimientos comerciales de cinematografía en color.
— El procedimiento *Tecnicolor* se funda en el uso de una cámara provista de un espejo dicroico * que permite impresionar simultáneamente tres cintas, cada una de las cuales correspondiente a uno de los colores fundamentales. Con estos negativos se tiran copias en emulsiones de gelatina bicromatada que, una vez teñidas con colorante de su respectivo color, se aplican, sobrepuestas, a una película positiva ya revelada, fijada y provista de la banda sonora.

TECNOLOGÍA f. Estudio de los métodos, procedimientos y utillaje relativos a una rama de la industria. ‖ Conjunto de términos técnicos relativos a las ciencias, artes y oficios.

TECTITA f. *Miner.* Vidrio natural en fragmentos muy pequeños (unos centímetros a lo sumo) compuestos de sílice, alúmina, hierro y potasa, presentes en los aluviones y a los cuales se atribuye un origen meteorítico.

TECTÓGENO, NA adj. y s. *Geol.* Aplícase, según ciertos autores, a la dislocación de la corteza terrestre a partir de cuyo fondo se formaría una cordillera.

TECTÓNICO, CA adj. y s.f. Parte de la geología que trata de la estructure de la corteza terrestre y de sus deformaciones.
— La corteza terrestre se halla constituida por un reducido número de inmensas placas, algunas de las cuales abarcan una parte del fondo oceánico y el zócalo de un continente. Las placas « flotan » sobre la astenosfera, dotada de fluidez, y son arrastradas lentamente por los movimientos de conveccion * de la misma. En medio de los océanos, dos placas contiguas se alejan una de otra y el espacio entre ellas es constantemente colmado por basalto que fluye desde la astenosfera. La placa del Atlántico occidental portadora de América del sur se aleja hacia el oeste en tanto que la placa del Pacífico oriental se mueve hacia el este. Esta última se abate con un ángulo de 45º (fosas de Chile y del Perú) y se desliza bajo la primera cuyo borde, levantado y plegado por el roce, forma los Andes. El deslizamiento de la placa africana bajo la europea levanta los Pirineos y los Alpes en tanto que la placa de la India forma el Himalaya.
Esta *tectónica de placas* explica la deriva de los continentes y es la causa de los seísmos (bruscos deslizamientos de las placas tras un período de agarrotamiento) y de los volcanes.

TECHAR v. *Constr.* Poner techo a una construcción.

TECHNECIO y **TECHNETIO** m. *Quím.* Tecnecio, que es como debe decirse en castellano.

TECHO m. Parte interior de la cubierta de un aposento, un edificio u otra construcción: *techo de cielo raso, de artesonado, de vigas aparentes.* (OBSERV. Es incorrecto designar con este nombre el tejado o parte exterior de la cubierta.) ‖ Por ext., parte interior y superior de un vehículo, una caldera u otros recintos.
— *Aeron.* Altura máxima que pueden alcanzar los aviones y los helicópteros.
— Cuando un avión trata de elevarse de modo continuo, su velocidad ascensional disminuye progresivamente y el aparato acaba por alcanzar una altura a partir de la cual, en razón de la rarefacción del aire, la fuerza de sustentación resultante no puede ser superior a la gravedad: el avión, por más que se accionen sus mandos, sigue una trayectoria horizontal como si existiera un *techo* que le impidiera seguir elevándose.
La *altura del techo* depende de la carga alar (v. ALA) y de la potencia de los motores considerada en relación con el peso del aparato. Los aviones muy rápidos que son propulsados a velocidades de varios millares de kilómetros por hora, pueden elevarse a una altura mucho mayor que la de su propio techo por inercia, aprovechando, como un proyectil, la fuerza viva adquirida durante la ascensión. Por lo demás, en todo avión propulsalo por cohetes de empuje superior al peso del aparato, la altura del techo deja de ser determinada por la rarefacción del aire y solamente depende de las reservas de propergol, o sea del tiempo durante el cual puede prolongarse la propulsión. La altura alcanzada por aviones experimentales es del orden de 100 km.

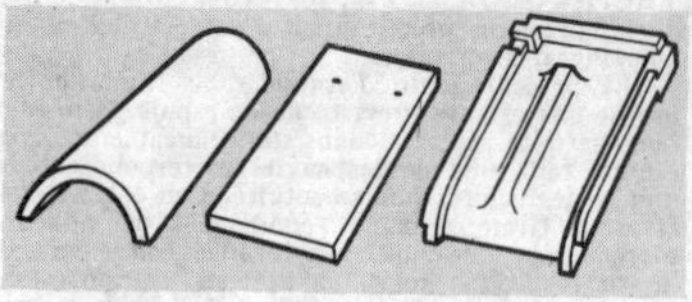

tejas árabe, plana y mecánica

— *Meteor. Techo nuboso,* base de una capa de nubes bajas.
— *Min.* Pendiente.

TECHUMBRE f. *Arq.* Techo, especialmente el que se halla a mucha altura del suelo, como en las iglesias y otros edificios monumentales.

TEFLÓN m. *Plást.* Marca registrada de una materia plástica, preparada a partir del fluoruro de vinilo, notable por su resistencia a la acción de los agentes químicos y a las variaciones de la temperatura, por cuya razón se usa mucho para hacer juntas herméticas.

TEGUILLO m. *Constr.* Nombre dado a unos listoncillos que sirven para fijar el cielo raso.

TEJA f. *Cerám.* y *Constr.* Cada una de las piezas de alfarería de conformación apropiada para que, unidas unas con otras, formen sobre la cubierta de una casa u otra construcción una superficie por la cual puedan correr las aguas pluviales sin penetrar en el interior. ‖ *A teja vana,* dícese de la construcción sin más techo que las tejas, pizarras o chapas del tejado. (V. TEJAVANA.)
— Las *tejas* se fabrican con las mismas arcillas y por los mismos procedimientos que los ladrillos *. Ateniéndose a su forma y modo de unirse unas con otras, se distinguen las siguientes clases: 1.ª las *tejas árabes* o *lomudas,* en forma de canal cónica, lisa, que constituyen hileras alternativamente convexas y cóncavas (cada metro cuadrado se cubre con unas 22 a 30 tejas; su peso es de 40 a 60 kg, y para reducir éste se ha ideado la *teja flamenca,* unión de una *teja convexa* y otra *cóncava* adyacentes en una misma pieza en forma de S); 2.ª las *tejas planas,* unas de las cuales son comparables a las pizarras y a veces están provistas de orificios para poder clavarlas, mientras que otras, más comunes, también llamadas *tejas mecánicas* o *de Marsella,* tienen los bordes moldeados y recortados a propósito para encajar unas con otras (según su tamaño, se necesitan de 13 a 22 tejas para cubrir un metro cuadrado, con un peso total aproximado de 40 kg).
Las *tejas de caballete* tienen forma especial convexa para formar los caballetes * y limas * tesas, mientras que las *tejas de lima hoya* son, por el contrario, cóncavas para formar el ángulo entrante en la lima hoya. Las *tejas gateras* o *de ventilación* son tejas planas provistas de un agujero, protegido por una caperuza, que asegura la ventilación de un desván.

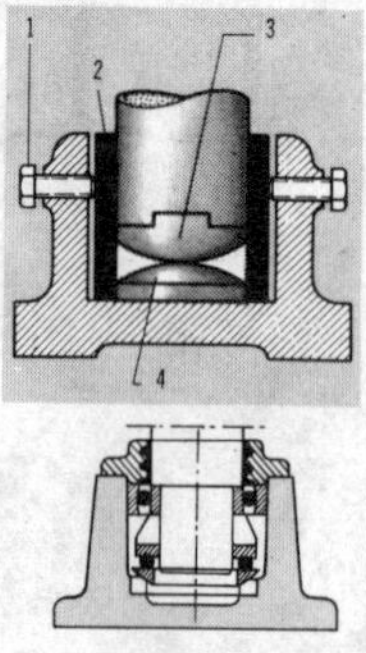

tejuelos *(mec.)*
1. Tornillo regulador; 2. Cojinete; 3 y 4. Casquetes de acero duro

TEJADILLO m. *Arq.* Tejado de una sola vertiente adosado al muro de un edificio.
— *Mar.* Tingladillo.

TEJADO m. *Arq.* Parte superior y exterior de un edificio. (V. CUBIERTA.)

TEJAMANIL m. *Arq. Amer.* Cada una de las tablas anchas y cortas que se colocan en las cubiertas a modo de tejas o de pizarras.

TEJAR v. *Constr.* Cubrir de tejas los edificios. ‖ *Piedra de tejar,* v. PIEDRA.

TEJAROZ m. *Arq.* Alero del tejado.

TEJAVANA f. *Arq.* Cobertizo, tejadillo y cualquier cubierta de tejas árabes puestas directamente sobre las correas o los listones del enlatado y sin más techo entre ellas y el suelo. ‖ *A tejavana,* a teja * vana.

TEJEDURA f. *Text.* Acción de tejer. ‖ Textura.

TEJER v. *Text.* Entrelazar los hilos de la trama y la urdimbre según un ligamento cualquiera para obtener un tejido *.

TEJIDO m. Labor que resulta de unir y combinar entre sí fibras naturales o artificiales a veces sueltas, pero, por lo general, previamente hiladas. ‖ Ligamento, textura, de dicha labor.
— El *tejido* es un producto laminar que puede consistir simplemente en una delgada capa de fibras naturales o artificiales unidas por compresión. En el fieltro *, las escamitas que tienen los pelos de la lana se imbrican de tal forma, al ser batidos éstos, que permanecen definitivamente unidos y apretados entre sí sin necesidad de ser encolados. Los fieltros, tejidos excesivamente gruesos y rígidos, no pueden ser empleados para hacer más prendas de vestir que los sombreros. Recientemente se han aplicado nuevas técnicas que permiten obtener labores mucho más finas, comparables a los paños. Esencialmente se obtienen estos tejidos extendiendo fibras sintéticas en forma de capa delgada y continua, y pulverizando sobre la misma una emulsión de materia plástica. La capa pasa entonces entre dos tambores calientes que, al mismo tiempo que la prensan y alisan, polimerizan aquella materia, quedando así enlazadas las fibras unas con otras, aunque no totalmente pegadas, con lo cual resulta el tejido poroso y flexible como el paño y presenta su mismo aspecto exterior.
Por lo general, los tejidos no se hacen directamente con fibras sueltas, sino hilándolas previamente y entrecruzando después los hilos. En los géneros * de punto la trabazón se obtiene formando con el hilo bucles o mallas que enlazan unos con otros, mientras que en las telas, los hilos se disponen en línea recta y se entrecruzan perpendicularmente.
La tela se compone de una urdimbre y una trama. La urdimbre es algo así como el esqueleto del tejido: consta de numerosos hilos que tienen aproximadamente la longitud de la futura pieza de tela y se hallan yuxtapuestos paralelamente, en forma de una cinta de la anchura del tejido. La trama no puede ser preparada de la misma manera y consiste en un solo hilo que se hace pasar por entre los hilos de la urdimbre, perpendicularmente a los mismos, de un borde a otro del tejido, primeramente en un sentido y luego en la dirección opuesta, y así sucesivamente.
En una tela simple, el entrecruzamiento se hará de modo que el hilo de trama pase por encima del primer hilo de urdimbre, luego debajo del segundo, encima del tercero, y así sucesivamente. En la segunda pasada, al volver el hilo de trama hacia el borde de donde partió, se invertirá el orden, y así los hilos que en la pasada anterior quedaron bajo la trama, se dejarán encima de ella. Este entrelazamiento tiene por efecto crear una presión permanente entre los dos hilos que se cruzan, lo cual da cuerpo y cohesión al tejido. Cada modo de entrecruzar los hilos constituye un ligamento *. El que acabamos de describir es el ligamento de tafetán *, uno de los tres fundamentales, siendo los otros dos los de sarga * y de satén *. De estos tres se han derivado unos 2 000 diferentes, merced a los cuales se confieren a las telas aspectos y cualidades muy variadas. Tal diversidad se comprende si tenemos en cuenta que el hilo de trama en vez de pasar entre los de la urdimbre uno a uno, puede saltar varios de ellos, en número regular o irregular, repitiendo la misma regla en la pasada siguiente o haciéndola variar (V. SARGA, DAMASCO y SATÉN). Consideremos también las posibilidades que presenta, por ejemplo, el empleo de: 1.º hilos gruesos en la trama y finos en la urdimbre, o viceversa (tejidos acanalados *); 2.º dos o más urdimbres, una de las cuales forma el tejido de base con la trama y otra, dejada durante varias pasadas por encima de ella, da efectos o dibujos (V. BROCHADO, CARA y PIQUÉ) o bucles que, una vez cortados, dejan la superficie del tejido revestida de mechones de pelos (panas y terciopelos *); 3.º hilos fuertemente torcidos que, por tender a destorcerse una vez tejidos, curvan las mallas y confieren a las telas un aspecto finamente gofrado o granulado (V. CRESPÓN), etc. (V. tb. TUL.)
Consideremos, por otra parte, la variedad de tejidos que pueden obtenerse combinando los efectos anteriormente descritos con el uso de urdimbres y de tramas de colores diferentes, ya que la urdimbre puede tener todos sus hilos de un mismo color o hallarse compuesta de cualquier combinación de hilos de colores diferentes, mientras que el color del hilo de trama puede ser cambiado a voluntad de una pasada a otra. A tanta variedad permitida por las combinaciones de hilos previamente teñidos se suman las posibilidades ilimitadas que ofrecen, en materia de coloridos, las técnicas del estampado *.
Por último, también contribuyen a la diversidad de los tejidos las operaciones de acabado, que hacen invisibles los hilos en ciertos tejidos (V. PAÑO), logran que otros sean inarrugables * o les confieren otras propiedades o cualidades (V. APRESTO).

Por lo demás, el uso de fibras artificiales ha abierto en cuanto a la calidad y la especialización de los tejidos, un nuevo campo que ofrece perspectivas ilimitadas de mejora y perfeccionamiento. (V. tb. FIBRA, HILATURA y TELAR.)
Al margen de la fabricación de tejidos para prendas de vestir, mobiliario y decoración, las manufacturas textiles especializadas producen *tejidos industriales:* fieltros para juntas y filtros, telas de borras y fibras bastas para hacer sacos (harpilleras *); *tejidos de papel,* en los cuales cada hilo no es sino una tira torcida de papel fuerte; *tejidos de fibras de vidrio,* que se emplean, por ejemplo, como armadura de piezas de materia plástica (v. PLÁSTICO); *tejidos refractarios* de amianto, telas metálicas, etc.
TEJIVANO, NA adj. y s. *Arq.* De teja * vana. || — F. Tejavana.
TEJO m. *Mar.* Tajuelo.
— *Mec.* Tejuelo.
— *Metal.* Cospel * o cualquier disco circular de chapa gruesa. || Pedazo de oro sin labrar.
TEJUELO m. *Art. gráf.* Cuadrito de piel u otra materia que lleva impreso el título de la obra y se pega en el lomo del libro. || El mismo título, impreso directamente en el lomo dentro de un recuadro estampado o sin él.
— *Mec.* Cojinete en que se apoya y gira el gorrón de un árbol que ejerce esfuerzos axiales (Sinón. CHUMACERA DE EMPUJE, RANGUA.)
— Un cojinete ordinario, por ejemplo el que se usa para los árboles horizontales en una transmisión por correas, soporta principalmente cargas radiales (el peso del árbol y de las poleas, la tracción de las correas) y basta engrasar los topes que evitan el corrimiento longitudinal del árbol para que los esfuerzos axiales puedan ser soportados. Por el contrario, el árbol de un turborreactor es empujado axialmente por efecto de la presión que ejercen los gases sobre las aletas de las ruedas de álabes. Asimismo, en el caso de una turbina hidráulica de eje vertical, la presión del agua y el peso total del árbol y de los rodetes han de ser soportados por los cojinetes. Tanto en un caso como en el otro se emplean *tejuelos,* que son cojinetes de bolas mixtos, o sea, con rodamientos ordinarios para contrarrestar los esfuerzos radiales y rodamientos previstos para soportar lateralmente la carga o el empuje axial del árbol (v. *figura* p. 976 y en el art. COJINETE).
TELA f. *Art. gráf. Tela de encuadernar,* v. más abajo *Text.*
— *Electr. Bobina de tela de araña,* bobina circular que se hace devanando el conductor en una armadura en forma de estrella y con un número impar de brazos, y pasándolo alternativamente por debajo y por encima de los mismos, por lo cual ofrece el aspecto de la tela de la araña, o más bien el del fondo de un cesto de mimbre. || *Tela resistente,* resistencia que se hace entretejiendo el hilo conductor con un hilo aislante, las más de las veces de amianto.
— *Text.* Tejido hecho con ligamento de tafetán. || Por ext., cualquier tejido fabricado con un telar. || *Tela de avión,* tela tupida, hecha con hilos de lino muy finos y apretados, que, impermeabilizada y barnizada, constituyó el primer revestimiento de los aviones, antes de usarse la chapa de aleaciones ligeras, y que se adoptó después en lencería. || *Tela de cedazo,* la de mallas perfectamente calibradas, que se usa como fondo en los tamices o cedazos. || *Tela de embalaje,* harpillera. || *Tela de encuadernar,* la que se teje con hilos de algodón poco torcidos, se apresta fuertemente (con engrudos de almidón) o se impregna con disoluciones celulósicas o de materias plásticas y sirve para hacer encuadernaciones. || *Tela de madera,* especie de esterilla para cortinas, persianas, etcétera, que puede ser considerada como un tejido con urdimbre de hilo y trama de delgadísimas varillas de madera. || *Tela metálica,* la de mallas grandes que se teje con alambre. || *Tela múltiple,* tejido muy espeso que consta de hasta cuatro y más telas sobrepuestas, con sus correspondientes tramas y urdimbres, unidas por unos hilos que enlazan alternativamente todas las tramas: *con las telas múltiples de pelo de camello se hacen correas de transmisión.* || *Tela pergamino,* v. PERGAMINO. || *Tela* o *lienzo para pintar,* tela hecha preferentemente de lino y a mano, con ligamento tafetán que, una vez montada en su bastidor, se pule con piedra pómez y se impregna con una capa de albayalde en aceite de linaza sobre la cual ejecuta su obra el pintor. || *Tela de punto,* género * de punto. || *Tela para velas,* lona.
TELAMÓN m. *Arq.* Atlante.
TELAR m. *Arq.* Parte de la jamba no ocupada por el montante del marco de la puerta o ventana.
— *Art. gráf.* Bastidor en el cual los encuadernadores sobreponen los pliegos del libro para coserlos.
— *Autom.* Disco de chapa embutida que, en las ruedas de automóvil desprovistas de rayos, fija la llanta al cubo.
— *Text.* Máquina para tejer.
— De todos los *telares* empleados por la industria textil, el más simple es el *telar de alto lizo*

telar *(art. gráf.)*

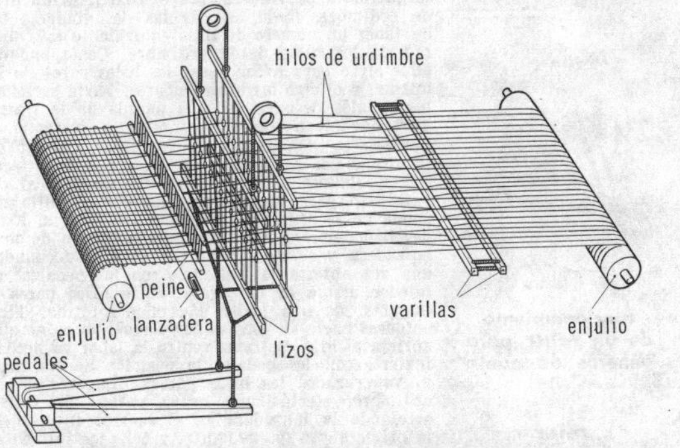

estructura y funcionamiento de un **telar** manual, y *(abajo)* **telar** automático *(text.)*

Fot. Larousse, Ets Fumat

telar circular

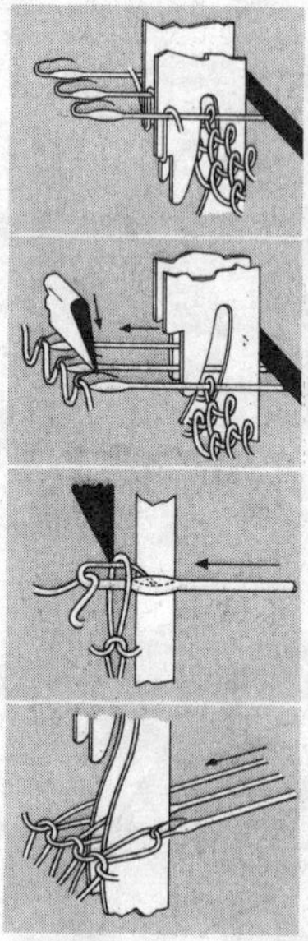

funcionamiento de un **telar** para géneros de punto

telar mecanismo de Jacquard

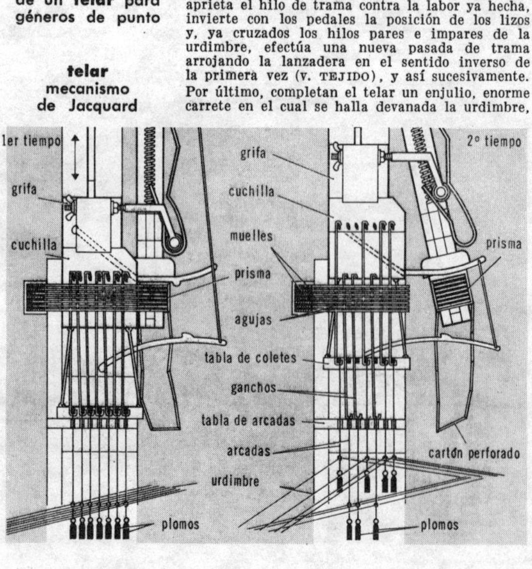

para tejer tapices, pues se reduce a un bastidor vertical para mantener tensos los hilos de la urdimbre. En la misma especialidad, así como en la fabricación de alfombras, se emplean *telares de bajo lizo,* de urdimbre horizontal, equipados de dos bastidores de lizos o viaderas cuya posición (superior en uno e inferior en el otro) puede invertirse accionando pedales o cárcolas. Un lizo es un anillo, mantenido por un alambre entre los largueros de la viadera, por el cual pasa un hilo de urdimbre. Cada una de las dos viaderas ha de tener un número de lizos equivalente a la mitad de los hilos de la urdimbre. Como uno de ellos sirve para hacer pasar los hilos pares de la misma, y el otro los hilos impares, basta accionar los pedales después de cada pasada de la trama para que suban unos y bajen otros, y viceversa.

Los *telares manuales,* en cuyo funcionamiento se inspiran, por lo demás, los *telares automáticos,* tienen algunos perfeccionamientos respecto al de bajo lizo para tapices (v. *figura*). El hilo de trama no se ajusta a mano, por fragmentos. Está devanado en una canilla montada dentro de una lanzadera y se desenrolla por sí mismo cuando, una vez abierta la urdimbre con los pedales, el tejedor arroja la lanzadera, entre hilos pares e impares, de una orilla a otra del tejido. Tira entonces hacia sí, con las dos manos, un peine que aprieta el hilo de trama contra la labor ya hecha, invierte con los pedales la posición de los lizos y, ya cruzados los hilos pares e impares de la urdimbre, efectúa una nueva pasada de trama arrojando la lanzadera en el sentido inverso de la primera vez (v. TEJIDO), y así sucesivamente.

Por último, completan el telar un enjulio, enorme carrete en el cual se halla devanada la urdimbre, y un rodillo (enjulio delantero) en el cual se enrolla el tejido hecho. La necesaria tensión de los hilos de la urdimbre se obtiene proveyendo de contrapesos el enjulio delantero.

Un *telar mecánico* consta de los mismos elementos, pero las operaciones se efectúan mecánicamente merced a los siguientes dispositivos: 1.º los pedales son reemplazados por excéntricas que confieren movimiento de vaivén vertical a las viaderas; 2.º la lanzadera es proyectada alternativamente de una orilla a otra por percusión de dos vástagos; 3.º el peine tiene también movimiento de vaivén y aprieta automáticamente la trama a cada pasada; etc. Todas estas operaciones, así como la rotación de los enjulios, se hallan sincronizadas y se efectúan en su debido orden.

Si el telar tuviera dos viaderas, sólo serviría para tejer con ligamento * simple de tafetán. En realidad, los telares mecánicos permiten utilizar de 6 a 8 juegos de lizos, accionados por levas, y muchos pueden ser provistos de hasta 32 viaderas para obtener combinaciones complicadas de los hilos de trama y urdimbre (v. TEJIDO). Otro perfeccionamiento de estas máquinas es el mecanismo de lanzaderas múltiples, que permite utilizar simultáneamente varios hilos de trama iguales o diferentes. Por último, en los telares automáticos, existe un dispositivo que, en el breve plazo en que se detiene la lanzadera entre dos pasadas, reemplaza la canilla vacía o substituye la lanzadera agotada por otra carga. Incluso existe un telar de concepción reciente que carece de lanzadera: el hilo de trama se desenrolla de un carrete paralelamente al telar y unas pinzas que parten del otro lado y pasan rápidamente entre los hilos de urdimbre, lo agarran y lo llevan hasta el lado opuesto, cuyo procedimiento permite obtener tejidos más anchos que los comunes y hechos con mayor rapidez.

Son tantos los hilos de la urdimbre que, aunque se disponga de 30 viaderas, o sea de la posibilidad de dividirlos en 30 grupos diferentes, no se pueden efectuar muchas de las combinaciones de dibujos o coloridos hoy de uso corriente. Para obviar este inconveniente se proveen los telares del mecanismo de Jacquard, merced al cual cada hilo de la urdimbre puede ser combinado separadamente.

Este mecanismo se halla montado en una bancada situada encima del telar. Cada lizo, que gobierna un hilo de urdimbre, es prolongado por una arcada suspendida de un gancho que pasa por la anilla de que está provisto el cuerpo de una aguja horizontal y queda en el aire por encima de una barra horizontal, llamada cuchilla, que tiene movimiento alternativo de abajo arriba. Por otra parte, el ligamento exacto del tejido ha sido traducido en forma de perforaciones en un cartón sin fin que se desliza frente a las agujas. Éstas, cada vez que pasa una perforación frente a ellas, penetran a través de la misma, cuyo movimiento tiene por objeto mantener el correspondiente gancho engatillado en la cuchilla, mientras que en el caso contrario (falta de perforación en el cartón) el gancho no está endentado en la cuchilla y no sigue sus movimientos. Consiguientemente, una perforación abre un hilo de trama determinado; y el conjunto de las del cartón permite que se reproduzca automáticamente en el tejido el motivo adoptado, por complicado que éste sea.

Además de los telares automáticos hasta aquí descritos existen otros para fabricar labores especiales. Uno de ellos es el *telar circular,* que funciona con arreglo al mismo principio que los anteriores, si bien tiene los hilos de la urdimbre dispuestos verticalmente según otras tantas generatrices de un cilindro. Tiene hasta 4 lanzaderas que siguen un movimiento circular, con la particularidad de que los hilos y la trama se van cruzando detrás de una de ellas y permiten a la segunda, que la sigue de cerca, efectuar ya otra pasada de trama. Como ocurre igual con las otras lanzaderas, en una sola vuelta del telar se pueden efectuar cuatro pasadas de trama. Estos telares se usan sobre todo en la fabricación de sacos de yute, en la cual basta cortar el tejido tubular y efectuar solamente la costura del fondo.

Los *telares para géneros de punto* funcionan con arreglo a dos principios diferentes: en unos (*telares de recogida*), el tejido es formado por un solo hilo cuyas ondulaciones o bucles van pasando sucesivamente por el interior de las mallas de la

Fot. S. A. G. E. M.

pasada anterior, según el sistema de agujas ilustrado por la figura; en otros *(telares de urdimbre)*, existen numerosos hilos, comparables a una urdimbre, arrastrados por un movimiento lateral de zigzag en el curso del cual cada uno de ellos se enlaza con las mallas de los hilos contiguos.
Los telares circulares para géneros de punto funcionan con arreglo al mismo principio. Los que se emplean para tejer medias y calcetines sin costura tienen un dispositivo regulador que, a medida que adelanta el tejido, aumentan o disminuyen el número de agujas activas, obteniéndose así los cambios de forma correspondientes a la pantorrilla, el tobillo y el pie. Las medias con costura se hacen asimismo en telares que aumentan o disminuyen el número de mallas por pasada y algunos de los cuales, gobernados electrónicamente, tejen hasta 36 medias simultáneamente, que luego son cosidas.
Hay telares capaces de tejer 1 000 hileras de mallas por minuto.

TELAR v. Entelar.

TELE, prefijo derivado del griego *têle*, que significa *lejos*.

TELEAPUNTADOR m. *Arm.* Dispositivo electrónico para apuntar las piezas de artillería antiaérea en la dirección de los aviones enemigos, fundado en la combinación de un aparato de radar que descubre y sigue el avión, y de una calculadora que, en función de la dirección, distancia y velocidad del mismo, determina instantánea y continuamente la dirección en que ha de apuntar el cañón.

TELEAPUNTAMIENTO m. *Mar.* Telemando * que, desde la torre de combate, apunta los cañones según las informaciones reunidas sobre la dirección y distancia a que se halla el enemigo.

TELECABINA f. *F. c.* Teleférico * de cable único para la tracción y la suspensión, y cabinas para dos o cuatro plazas.

TELECINEMATÓGRAFO m. *Radiot.* Dispositivo para la transmisión de las imágenes de películas cinematográficas por medio de la televisión, consistente en el acoplamiento de un proyector y de una cámara de televisión. (OBSERV. Es de uso corriente el apócope *telecine.*)

TELECLINÓMETRO m. Instrumento que se introduce en los pozos de sondeo para medir su inclinación.

TELECOMUNICACIÓN f. Transmisión o recepción de señales, sonidos o imágenes a distancia por medio de conductores eléctricos, ondas luminosas o hertzianas, o por cualquier otro procedimiento. (V. CIBERNÉTICA, CABLE, RADAR, RADIODIFUSIÓN, SATÉLITE, TELÉFONO, TELÉGRAFO y TELEVISIÓN.)

TELECONTROL m. Telemando.

TELEDIAFONÍA f. *Telec.* Mezcla de dos o más conversaciones en un receptor telefónico. (V. DIAFONÍA.)

TELEDIFUSIÓN f. *Radiot.* Por analogía con radiodifusión, transmisión de imágenes de televisión por ondas hertzianas. ‖ Radiodifusión.

TELEDINAMIA f. *Mec.* Transmisión de fuerza a distancia, como en los sondeos por turbina, en los cuales ésta mueve el trépano en el fondo del pozo merced a la energía que le comunica el agua cenagosa inyectada por bombas instaladas en la superficie.

TELEDIRECCIÓN f. *Radiot.* Telemando de los movimientos de los vehículos terrestres, marítimos, aéreos o espaciales, de proyectiles u otros ingenios en movimiento balístico o dotados de medios propulsivos propios.
— La *teledirección* se efectúa generalmente por ondas hertzianas que, captadas por el receptor del vehículo o ingenio, obran sobre los servomecanismos * destinados a accionar los timones, ruedas u otros órganos de dirección. En ciertos casos se procede por emisión de impulsos con arreglo a una ley para la cual ha sido regulado previamente el sistema receptor. Estas señales obran en relevos de a bordo que cierran los circuitos eléctricos de los servomotores. En otros casos se efectúa una emisión continua y las modulaciones que se dan a las ondas repercutirán a bordo del móvil en forma de variaciones de la velocidad de un motor, de la inclinación de un timón, etc.
La teledirección permite pilotar un avión laboratorio en la atmósfera vuelta mortalmente radiactiva por un experimento atómico. En tiempos de guerra pueden mandarse así aviones sin piloto sobre el territorio enemigo. También permite gobernar bombas voladoras y otros ingenios autopropulsados. Merced a los progresos de la electrónica estas técnicas han alcanzado tal perfección que se pueden gobernar desde la Tierra sondas espaciales, provistas de equipos de a bordo minúsculos, a distancias de más de 100 millones de kilómetros. (V. TELEMANDO.)

TELEDIRIGIDO, DA adj. Pilotado a distancia, generalmente por ondas hertzianas. (V. TELEDIRECCIÓN.)

TELEDIRIGIR v. Pilotar o dirigir a distancia un vehículo, proyectil u otro móvil, generalmente por medio de ondas hertzianas. (V. TELEDIRECCIÓN.)

TELEESQUÍ m. *Transp.* Telesquí.

TELEFERAJE m. *Transp.* Todo transporte a distancia de personas o cargas por medio de cabinas o recipientes que corren sobre cables aéreos. (V. TELEFÉRICO.)

TELEFÉRICO, CA adj. y s. *Transp.* Relativo o perteneciente al teleferaje. ‖ —M. Instalación para el transporte aéreo de personas o materiales con vehículos suspendidos de uno o varios cables.
— Los *teleféricos* se emplean para el transporte en terrenos accidentados, en aquellos casos en que la construcción de una carretera o el tendido de una vía férrea son imposibles o resultarían muy costosos.
En los bosques, para evacuar los rollos o la leña, se usan alambrecarriles *, funiculares rudimentarios constituidos por un cable tendido entre un punto de la ladera de la montaña y otro inferior situado al borde o a proximidad de una carretera, vía férrea, río, etc. En las minas se usan funiculares de vagonetas de dos ramales (uno para la ida y otro para la vuelta) en los cuales el cable sin fin se desliza sobre poleas sostenidas por postes metálicos. El brazo suspensor de las vagonetas tiene un dispositivo automático de enganche por el

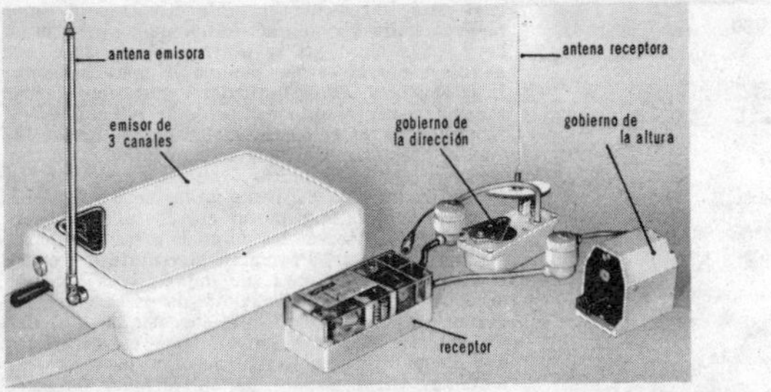

equipo de teledirección para modelos reducidos de aviones

telecabina

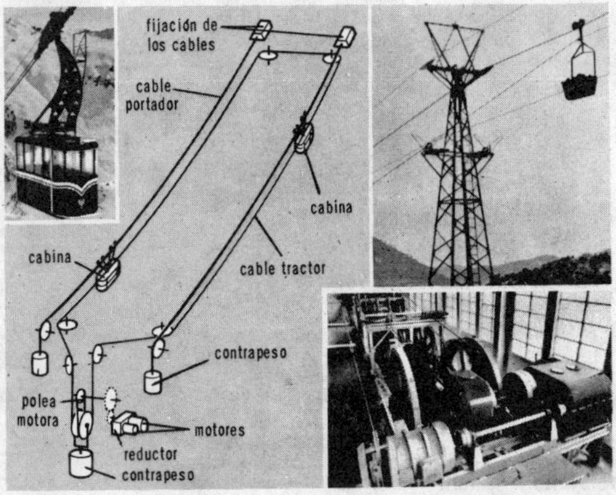

teleférico
1. Cabina de pasajeros; 2. Representación esquemática; 3. Transporte de minerales; 4. Torno

Fot. Larousse, O. T. S., Copper and Brass, Monziés, Weber

cual pasa libremente el cable mientras la vagoneta se halla en su plataforma de acoplamiento, pero cuyas mordazas se aferran al mismo —por el roce o por el peso— cuando el operario empuja la vagoneta. Estos funiculares permiten evacuar continuamente el mineral desde la mina hasta la fábrica o la estación de embarque y, accesoriamente, abastecen las instalaciones mineras en materias y productos necesarios para su explotación y funcionamiento. En otras minas se usan teleféricos cortos para transportar el mineral y los estériles desde la boca de los pozos de extracción hasta los terriles y eras. Presentan la ventaja de requerir poca mano de obra, de dejar libres las vías de comunicación en el suelo y de descargarse las vagonetas por sí solas sobre los montones al dar con un tope fijo y desengatillarse el mecasismo que las mantiene en equilibrio en el bastidor sustentador. Otros campos de aplicaciones de estos teléfericos son las presas, pantanos y demás obras públicas importantes, las azucareras (abastecimiento de remolachas), las plantaciones (evacuación de las cosechas), etc.

Para el transporte de personas se usan diversas clases de teleféricos. El telesquí *, el más simple de todos, constituye un caso particular, ya que el cable no soporta el peso de los esquiadores y solamente tira de ellos para arrastrarlos cuesta arriba por el suelo. Las telecabinas * y telesillas * son asimismo funiculares simples, de cable sin fin a la vez tractor y sustentador, que funcionan según el mismo principio que los de las minas.

Todos los teleféricos citados hasta aquí tienen un solo cable tendido a proximidad del suelo y numerosas cabinas para dos o cuatro personas. En los teleféricos más importantes, cuyas cabinas llegan a tener una capacidad de 80 personas, los tramos de cable alcanzan longitudes de varios kilómetros sin apoyos intermediarios y alturas de centenares de metros sobre el suelo (2 869 m de cable entre los apoyos y 1 400 m de altura en cierto funicular de los Alpes franceses). Estas instalaciones difieren, pues, sensiblemente de las anteriores y se hallan sometidas a reglas de seguridad muy estrictamente observadas. La *figura* muestra las principales características de un funicular de este tipo. Consta de uno o dos cables portantes fijos, mantenidos por pesados bloques (hasta 40 t) que penden de su extremo libre. Por cada cable circula una sola cabina, que se desliza por el mismo merced a un carrillo de poleas tirado por uno o —como medida de seguridad— varios cables de resistencia suficiente para que, en caso de rotura del cable sustentador, puedan sostener la cabina en el aire. En los teleféricos importantes las cabinas están provistas de frenos mecánicos y eléctricos que funcionan automáticamente si se rebasa en 10% la velocidad máxima prevista.

TELEFONEMA m. *Telec.* Despacho transmitido por vía telefónica. ‖ Telegrama que la estación receptora comunica por teléfono al destinatario, en vez de transmitírselo por escrito.

TELEFONÍA f. *Telec.* Comunicación a distancia, por la palabra, con teléfonos unidos por un hilo o por ondas hertzianas, llamándose en este caso *radiotelefonía* o *telefonía sin hilos.* ‖ *Telefonía automática,* aquella en la cual un abonado obtiene por sí mismo la comunicación con cualquier otro de la misma ciudad e incluso de otras ciudades nacionales y extranjeras. (V. TELÉFONO *automático.*)

TELÉFONO m. *Telec.* Instalación eléctrica que sirve para las comunicaciones orales a distancia entre personas situadas en diferentes lugares, ciudades o países.

— Una instalación completa de *teléfonos* consta de aparatos transmisores, líneas que unen estos aparatos a los centros y, por último, órganos que conectan a los abonados entre sí.

El transmisor no es sino un micrófono * de carbón y el receptor, un auricular *. Cuando se cierra el circuito formado por ambos y por el conductor que los une, alimentado en corriente continua, las vibraciones sonoras se transmiten a la membrana del transmisor y modulan la corriente; las modulaciones, al llegar al receptor, engendran idénticas vibraciones en la membrana del auricular, que las propaga por el aire hasta el oído.

El transmisor y el receptor suelen hallarse combinados en un *microteléfono* * de forma estudiada para que, al aplicar el auricular a la oreja, quede el micrófono ante la boca. En ciertos aparatos de mesa (*interfonos* *) el micrófono es lo bastante sensible para que no sea necesario llevarlo a la boca y el auricular es reemplazado por un altavoz, quedando así libres las manos del comunicante. Algunos de estos aparatos tienen un enchufe para conectar un magnetófono, ya con objeto de conservar una grabación de lo conversado, ya para registrar el nombre de quienes llaman en ausencia del abonado y el objeto de la llamada.

Además del microteléfono, el aparato telefónico tiene un timbre de llamada que suena cuando el abonado es llamado por el centro, y un interruptor combinado con el soporte del microteléfono de forma que, al ser tomado éste con la mano, se cierre el circuito de la línea, lo cual tiene por efecto establecer la comunicación con la central para solicitar de la telefonista la conexión con el número deseado. Las líneas particulares de todos los abonados convergen, en la central, en un tablero donde cada una de ellas se termina en forma de enchufe hembra (jack). Cuando el abonado descuelga su microteléfono, en el tablero de la central se enciende una lamparita o cae una pestaña junto a su correspondiente enchufe; la telefonista introduce en éste una clavija que conecta su auricular y, una vez al corriente del número del abonado solicitado, introduce en el enchufe que le corresponde otra clavija unida por un conductor a la primera, lo cual tiene por efecto hacer sonar el timbre en el aparato llamado. En los *teléfonos automáticos* es el abonado quien establece la conexión con el teléfono de la per-

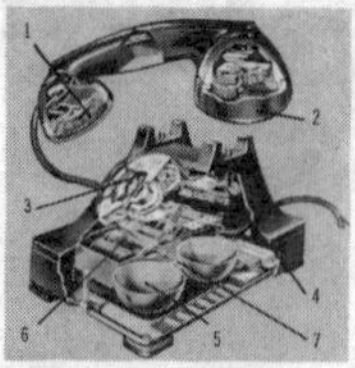

teléfono
1. Micrófono; 2. Auricular; 3. Disco selector; 4. Conmutador; 5. Timbre; 6. Electroimán; 7. Macillo

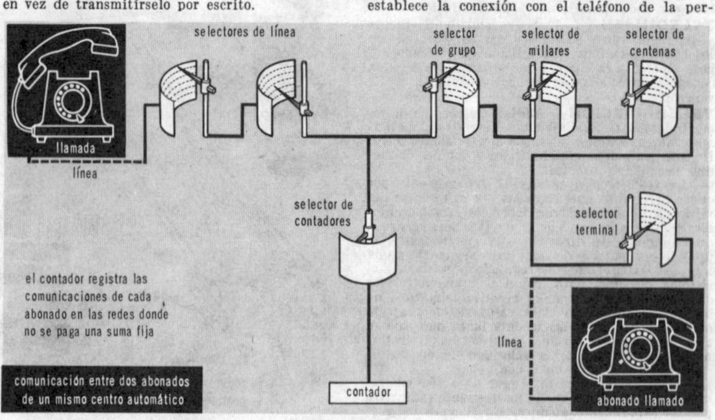

funcionamiento del **teléfono** automático

sona llamada. Con dicho fin disponen estos aparatos telefónicos de un disco selector * en el cual pueden marcar el número deseado. En la central automática los extremos de las líneas de todos los abonados se hallan agrupados en selectores, dispositivos conmutadores en los cuales un brazo móvil, de accionamiento electromagnético, puede elevarse y también girar para establecer el contacto con cualquiera de los bornes terminales de un centenar de abonados, dispuestos en el selector en forma de hileras y columnas. El principio de funcionamiento es el siguiente: cuando el abonado descuelga el microteléfono queda establecido el contacto con el selector. Si desea hablar con el abonado 29 empieza por marcar el 2 en el disco del aparato y éste engendrará en la línea dos impulsiones eléctricas, lo cual tendrá por efecto hacer que en la central, el brazo del selector ascienda dos veces, o sea se sitúe a la altura de la segunda hilera de bornes; a continuación, cuando el abonado que efectúa la llamada marque el 9 con el disco, las nueve impulsiones que recorrerán la línea harán que el referido brazo, girando, dé otros tantos saltos hacia la derecha y se detenga sobre el borne noveno, quedando así cerrado el circuito y establecido el contacto con el abonado n.º 29, en cuyo aparato sonará el timbre de llamada. Una vez terminada la conversación, al colgar uno de los abonados el microteléfono, el circuito queda abierto y el brazo del selector vuelve a su posición de espera, en la base del mismo.
Claro está que en las redes importantes, que cuentan centenares de millares de abonados, es necesario disponer de varias series de selectores escalonados, el primero de los cuales seleccionará las centenas de millares, el segundo, las decenas de millares, el tercero los millares, y así sucesivamente, cerrándose el circuito, como ya se ha indicado, tramo por tramo.
En las grandes ciudades, un primer selector permite escoger la línea interurbana para comunicar con otra ciudad (marcando en el disco del teléfono el número atribuido a la misma), después de lo cual se efectúa la selección del número del abonado residente en esa localidad.
En las líneas telefónicas tendidas entre ciudades, crece el ruido de fondo parásito y se debilita la corriente a medida que aumenta la distancia. Estos dos efectos se subsanan mediante pupinización * de la línea y disponiendo amplificadores de corriente (repetidores) cada 75 ó 100 km. Más difícil resulta resolver los problemas que plantea la capacidad limitada de los cables, los cuales, en horas de mucha demanda, resultan insuficientes para transmitir todas las conversaciones e imponen demoras a veces muy largas. Para paliar estos inconvenientes, se han empleado cables * coaxiales, corrientes portadoras * y dispositivos electrónicos que permiten en cierto modo mezclar las señales de numerosas comunicaciones telefónicas.
El cable coaxial pierde poca energía y está protegido contra los parásitos. Permite así la transmisión de una banda de frecuencias mucho mayor que la de los cables ordinarios. Por otra parte, la experiencia muestra que se pueden suprimir las tres cuartas partes de las frecuencias (especialmente las altas) de la voz sin que esta alteración impida comprender las palabras y, prácticamente, los teléfonos solamente dejan pasar las frecuencias de 300 a 3 400 Hz (en vez de 20 a 16 000). Consiguientemente, si el cable coaxial permite el paso de una corriente de varias decenas de millares de hertzios, se podrá modular ésta con la corriente de numerosas comunicaciones telefónicas, una de las cuales modulará aquella corriente entre las frecuencias de 300 a 3 400 Hz; la otra, entre 3 700 y 6 800 Hz; la tercera, entre 7 100 y 10 200 Hz, etc.
En el otro extremo del cable coaxial, una serie de filtros * de banda permitirán separar los grupos de señales moduladoras para que cada abonado reciba en su auricular las que le corresponden.
Pero si el cable coaxial permite la transmisión simultánea de decenas de comunicaciones telefónicas, más interesante resulta, cuando ello es posible, reemplazarlo por cables * hertzianos, o sea substituyendo el conductor por un haz de ondas métricas que se propaga de relevo en relevo por líneas instaladas exprofeso o, como se hace en muchos países, aprovechando las redes de la televisión (V. RELEVO). Dada la elevadísima frecuencia de las ondas métricas portadoras, se pueden transmitir así simultáneamente hasta millares de comunicaciones telefónicas por una misma línea.
Por lo demás, la radiotelefonía * permite también que los viajeros de ciertos trenes y los pasajeros de los buques puedan comunicar telefónicamente con abonados de las redes terrestres.

TELEFONOGRAMA m. *Telec.* Telefonema.

TELEFONÓMETRO m. *Telec.* Contador empleado en las centrales telefónicas para registrar el número y la duración de las comunicaciones efectuadas por los abonados, con objeto de poder establecer sus facturas.

TELEFOTO m. *Telec.* Apócope de *telefotografía.*

TELEFOTOGRAFÍA f. *Fot.* Técnica de la fotografía de objetos lejanos, generalmente por medio de teleobjetivos.
— *Telec.* Fototelegrafía.

TELEFOTÓGRAFO m. *Telec.* Nombre poco común de los *belinógrafos* * y otros aparatos para la transmisión de fotografías por fototelegrafía.

TELEFOTOGRAMA m. *Telec.* Fotografía transmitida por fototelegrafía.

TELEGOBERNADO, DA adj. *Radiot.* Teledirigido.

TELEGOBIERNO m. Telemando, teledirección.

TELEGRAFÍA f. *Telec.* Transmisión a larga distancia de mensajes en forma de señales codificadas y, en particular, las que se hacen por medio de impulsiones eléctricas propagadas por hilos conductores o por ondas hertzianas (en el último caso se llama *telegrafía sin hilos* o *radiotelegrafía*). [V. TELÉGRAFO.]

TELEGRAFIAR v. *Telec.* Transmitir mensajes con el telégrafo.

TELEGRÁFICO, CA adj. *Telec.* Relativo o perteneciente al telégrafo. ‖ *Abecedario, alfabeto* o *código telegráfico,* lista de las señales adoptadas para transmitir por un sistema de telegrafía las letras, cifras y signos diversos: *el alfabeto telegráfico Morse * ya no se emplea en las líneas telegráficas importantes.* ‖ Aplícase asimismo a los códigos adoptados en ciertas profesiones (aeronáutica, marina, comercio, transmisiones militares, etc.) para acortar y acelerar los mensajes, o para conferirles un carácter secreto, y en los cuales los nombres de las cosas y las frases hechas de uso corriente se designan por números o por grupos de letras. (En aeronáutica, por ejemplo, el grupo QFO? significa: *¿Puedo aterrizar inmediatamente?*) [V. CÓDIGO, MORSE, SEÑAL y TELÉGRAFO.]

TELÉGRAFO m. *Mar. Telégrafo de máquinas,* transmisor.
— *Telec.* Instalación con la cual se efectúan las comunicaciones telegráficas.
— El *telégrafo Morse,* todavía muy común, es notable por su simplicidad. Su principio se funda en establecer, con hilos tendidos por medio de postes, un circuito eléctrico entre dos estaciones y disponer en cada una de éstas un interruptor que permita al telegrafista cortar la corriente

telégrafo

Fot. Larousse, Moingourd

telégrafos Morse y teleinscriptor

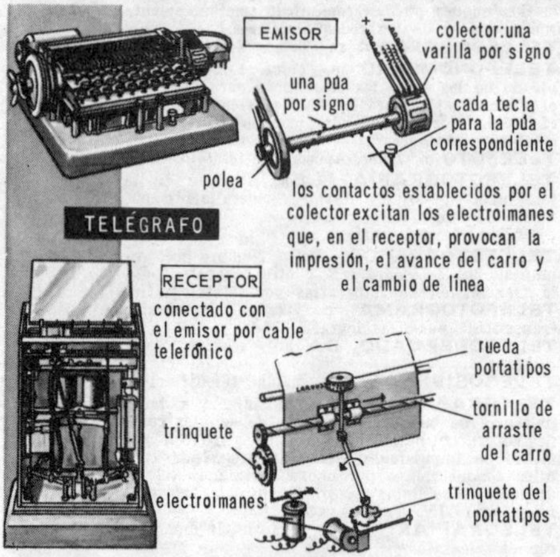

con arreglo a las señales del alfabeto Morse correspondientes al texto que ha de transmitir y un dispositivo para registrar las pausas e impulsiones de los mensajes que le son transmitidos desde la otra estación. En realidad, el circuito consta de un solo hilo porque la corriente continua vuelve por el suelo. El interruptor es un manipulador * de forma estudiada para que permita una rápida sucesión de las señales (hasta 120 letras por minuto). El receptor (v. *figura*) consta de un electroimán A que, cada vez que el manipulador de la otra estación cierra el circuito, atrae la palanca B, cuyo extremo libre apoya entonces la tira de papel DEFG, arrastrada por un mecanismo de relojería, sobre la ruedecita entintada I. En el papel queda inscrita así una rayita muy corta, llamada *punto*, o larga *(raya)*, según el tiempo de cierre del manipulador, cuya sucesión con arreglo al código Morse constituye un mensaje que el telegrafista traduce en caracteres ordinarios en el despacho que se ha de entregar al destinatario.

En los *telégrafos inscriptores*, el receptor imprime directamente el mensaje en caracteres ordinarios. Los primeros aparatos de esta clase *(telégrafo Hugues)* tienen el manipulador y el mecanismo inscriptor reemplazados respectivamente por un conmutador giratorio (con un contacto por cada letra o signo) y una rueda provista de tipos en su canto. Ambos órganos giran en riguroso sincronismo, de forma que, cuando el conmutador del aparato emisor gira de determinado ángulo (dependiente de la posición de la letra) y transmite un impulso, la rueda receptora se orienta idénticamente para que se imprima en el papel una vez que el impulso provoque la necesaria presión contra aquél.

Los modernos sistemas telegráficos *(teleinscriptores, teleimpresores* o *teletipos)* provistos de un teclado de máquina de escribir, no requieren tal sincronismo. En los sistemas arrítmicos, la máquina tiene un árbol provisto de tantas levas, diferentemente dispuestas, como teclas hay en el teclado. Al pulsar una tecla, el árbol efectúa determinado movimiento angular y una serie de escobillas (v. *figura*) transmiten al receptor las impulsiones eléctricas que hacen girar la rueda portatipos y provocan la impresión de la letra y el corrimiento del carro, quedando después parado el receptor hasta la pulsación de otra tecla en el aparato transmisor.

Más recientes, rápidos y eficaces son los telégrafos en los cuales la pulsación de las teclas da lugar a la perforación de una cinta con arreglo a un código que permite reproducir todas las letras, cifras y signos combinando las perforaciones en cinco hileras. La cinta pasa seguidamente (a menos que se difiera la transmisión) bajo una escobilla de cinco contactores que establecen, a través de las perforaciones, contactos merced a los cuales se envían al aparato receptor impulsiones codificadas, las cuales provocarán en el mismo la debida rotación del portatipos, la impresión de la letra y el corrimiento del carro. Impulsiones especiales ordenan el retorno del carro y el cambio de renglón. El aparato emisor, al mismo tiempo que transmite el mensaje, lo escribe en un papel que sirve de comprobación y permite subsanar los errores de pulsación.

En ciertos teletipos no se requiere el uso de la cinta perforadora y la tecla acciona directamente un juego de cinco contactores que modulan directamente la corriente.

Los teletipos son de un empleo tan fácil que no requieren conocimientos especiales, y hoy, aprovechando los hilos de las redes telefónicas, las agencias de prensa, los periódicos, las oficinas ministeriales y provinciales, los agentes de bolsa, las estaciones de radiodifusión, etc., disponen de teletipos propios para la recepción y, en menor grado, para la emisión de despachos, noticias, órdenes, etc.

El incremento del tráfico en muchas líneas telegráficas ha planteado problemas que han ido resolviéndose por diferentes procedimientos de *telegrafía múltiple*, o sea de transmisión simultánea de varias comunicaciones a través de un mismo hilo.

Baudot, al comprobar que la transmisión de una señal es muy breve respecto al tiempo que invierte el operador hasta transmitir la siguiente, inventó un distribuidor, especie de conmutador giratorio que mezcla y dirige por una misma línea las señales transmitidas simultáneamente por varios aparatos emisores. Así se aprovechan las pausas y basta separar las señales a su recepción para reconstituir varios mensajes transmitidos simultáneamente a través de una línea anteriormente ocupada por un solo despacho.

Los sistemas de *telegrafía armónica* se fundan en el hecho de que una conversación telefónica a través de un hilo se efectúa con una banda de frecuencias comprendidas entre 300 y 3 400 Hz o períodos por segundo, mientras que la transmisión por el mismo hilo de un mensaje telegráfico solamente requiere una banda de 25 Hz. Para aprovechar la banda telefónica en telegrafía armónica, se emiten simultáneamente cuantos mensajes entran en la misma, atribuyendo, por ejemplo, al primero la frecuencia de 300 a 400 Hz, al segundo la de 400 a 500 Hz, etc. y modulando con todas estas frecuencias una misma corriente portadora. En la estación receptora se procede a separar las distintas bandas de frecuencias, reconstituyéndose así los despachos. Citemos, a propósito de las relaciones existentes entre el teléfono y el telégrafo, la posibilidad, aprovechada en *telegrafía infraacústica*, de utilizar las líneas telefónicas para transmitir telegramas sin alterar la inteligencia de los sonidos que se cruzan simultáneamente en las mismas, ya que las frecuencias reservadas en este caso a las señales telegráficas son inferiores a las frecuencias más bajas de la banda telefónica. A la recepción se separan las frecuencias telegráficas con filtros * de paso bajo.

También se pueden transmitir imágenes por procedimientos derivados del telégrafo. (V. BELINÓGRAFO, FACSÍMIL y TELEFOTOGRAFÍA.)

TELEGRAMA m. *Telec.* Despacho transmitido por telegrafía. ‖ *Telegrama diferido*, el que no tiene apremiante urgencia y, mediante una reducción practicada sobre la tarifa ordinaria, se guarda en la estación para ser transmitido en horas de poca actividad.

TELEGUIADO, DA adj. Teledirigido.

TELEGUIAR v. Teledirigir.

TELEIMPRESOR m. Teletipo. (V. TELÉGRAFO.)

TELEINDICADOR m. *Telec.* Dispositivo en el cual una aguja del aparato receptor indica la posición de un órgano cualquiera situado en otro lugar distante: *teleindicador de nivel.* (V. TELEMEDIDA.)

TELEINSCRIPTOR m. Teletipo.

TELEMANDAR v. Gobernar o dirigir a distancia un mecanismo, vehículo, etc. (V. TELEMANDO). || Teledirigir.

TELEMANDO m. Accionamiento a distancia de un mecanismo, máquina, vehículo, etc.
— Cuando las distancias no son muy grandes, el *telemando* se puede efectuar con enlaces mecánicos entre los órganos de mando y los órganos gobernados, y así, en los ferrocarriles, cables de centenares de metros permiten accionar señales desde un puesto central. Si las distancias son mayores, el enlace se efectúa con hilos eléctricos que, por medio de relevadores,* ponen en marcha los órganos mecánicos que han de efectuar las maniobras. En el caso de distancias muy grandes y, sobre todo, cuando el mecanismo o aparato gobernado se halla en movimiento respecto al puesto de mando, se recurre a las ondas hertzianas, las cuales obran sobre relevadores que, al cerrar los circuitos de alimentación de los servomotores encargados de efectuar las maniobras, provocan el funcionamiento de los mismos. Cuando el telemando tiene por objeto dirigir un vehículo, proyectil, satélite, sonda espacial o ingenios afines, se le suele dar el nombre de *teledirección* * y se califica a aquellos móviles de teledirigidos.

TELEMANIPULADOR m. *Atom.* Dispositivo para manipular a distancia substancias u objetos radiactivos. (Los *telemanipuladores* son verdaderos brazos mecánicos que reproducen en el interior de una cámara hermética los movimientos efectuados en el exterior de la misma por los brazos y las manos del operador.)

TELEMECÁNICA f. *Tecn.* Accionamiento de órganos mecánicos a distancia. (V. TELEMANDO.)

TELEMEDIDA f. *Tecn.* Transmisión a distancia de las indicaciones de un instrumento de medida: las sondas espaciales permiten efectuar telemedidas a centenares de millones de kilómetros de la Tierra. (V. TELEMANDO.)

TELEMETRÍA f. *Metr.* Técnica de la medición de distancias con el telémetro.

TELÉMETRO m. *Ópt.* Instrumento óptico para medir la longitud de la visual dirigida hasta un objeto, o sea la distancia que media entre éste y el aparato. (Sinón. DISTANCIÓMETRO.)
— El *telémetro de coincidencia* consta de dos anteojos acodados, con sus lentes frontales dispuestas en los extremos de un tubo, en cuya parte central y posterior se hallan los correspondientes oculares. Los rayos luminosos procedentes del objeto visado entran por los objetivos y son reflejados por dos espejos, paralelamente al eje del tubo, en dirección de los oculares. Se observan así dos imágenes diferentes del objeto que, al girar los dos espejos, o uno solo (o un prisma corrector intercalado en el trayecto de los rayos), se hacen coincidir en una sola. Una escala indica en ese instante la distancia a que se halla el objeto, ya que la misma depende de la inclinación de los espejos o de la posición o movimiento del prisma, según el caso.
En los *estereotelémetros* o *telémetros estereoscópicos*, se observa el objeto con dos anteojos que dan una imagen estereoscópica del mismo en el espacio. Por otra parte, dos escalas, visibles cada una de ellas con un anteojo, forman un par estereoscópico, y se ven, al mismo tiempo que el objeto, con sus divisiones, que se alejan en el espacio. La distancia a que se halla el objeto es la de la división de la escala que coincide con su imagen en el mismo punto del espacio.
Los telémetros se emplean en mediciones de topografía y en artillería, así como en la marina militar, para apreciar la distancia a que se hallan los objetivos enemigos, si bien en estas aplicaciones están siendo ventajosamente reemplazados por los aparatos de radar. También se emplean en fotografía, combinados con el visor, diminutos telémetros que facilitan el enfoque (éste se obtiene, por lo demás, automáticamente, ya que el mecanismo que se acciona para hacer coincidir las imágenes en el telémetro no es sino el que tiene ordinariamente el objetivo para efectuar el enfoque).

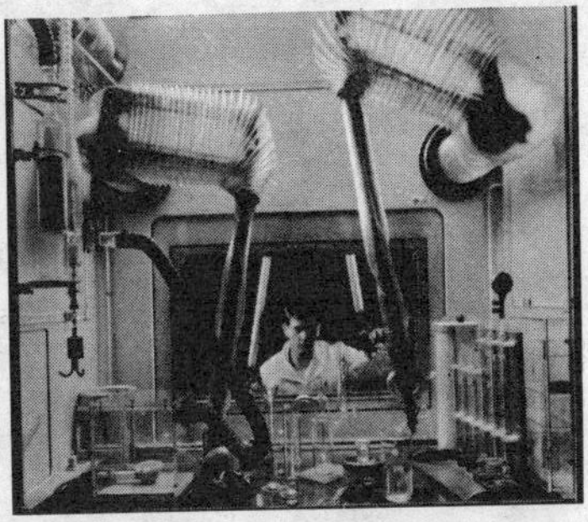

telemanipulador de substancias radiactivas

TELEMOTOR m. *Mar.* Órgano hidráulico del telemando del timón en los buques grandes, consistente en dos cilindros llenos de un fluido incongelable y provistos de un émbolo cuyo vástago acciona el servomotor del timón: *la rueda del timón, al girar en uno u otro sentido, comprime el líquido en el cilindro del telemotor y provoca así el funcionamiento del servomotor que mueve el timón.*

TELEOBJETIVO m. *Ópt.* y *Fot.* Objetivo que permite fotografiar a grandes distancias o dar, de los objetos próximos, imágenes a una escala mucho mayor que las que se obtienen con los objetivos ordinarios.
— Un *teleobjetivo* contiene dos grupos de lentes: uno (frontal) convergente, y el segundo, divergente, cuya combinación permite obtener una distancia focal considerablemente mayor que la de los objetivos ordinarios sin aumentar las dimensiones de la cámara. Los teleobjetivos abarcan un campo mucho más estrecho que los objetivos normales y requieren una fijación perfecta del aparato durante la exposición. Los periodistas emplean grandes teleobjetivos para fotografiar a distancia personas o cosas inaccesibles. Los servicios militares disponen de teleobjetivos de grandes dimensiones capaces de dar fotografías detalladas del terreno, de las instalaciones y otras cosas a decenas de kilómetros de distancia. Las cámaras de los aviones de observación a gran altura y de los satélites militares están provistas de teleobjetivos que, junto con el uso de emulsiones fotográficas de grano finísimo, revelan detalles muy pequeños (por ejemplo, se puede distinguir un coche en las fotografías tomadas por un satélite a 200 km del suelo). [V. tb. OBJETIVO y ZOOM.]

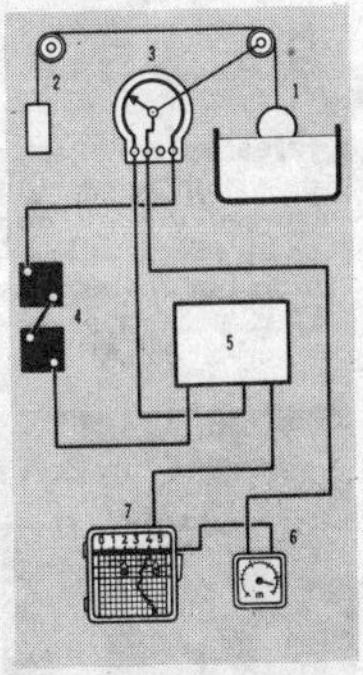
1
2
3
4
5
6
7

telemedida del nivel de un líquido
1. Flotador; 2. Contrapeso; 3. Reóstato; 4. Manantial eléctrico; 5. Conexiones y regulación; 6. Indicador; 7. Registrador

TELERA f. *Art. y of.* Vallado que se hace con pies derechos hincados en el suelo y con tablas clavadas horizontalmente en los mismos. || Cualquiera de los dos maderos paralelos de la prensa, entre los cuales se aprietan con husillos o tuercas las piezas que se han de sujetar o de unir con cola en carpintería, los pliegos que se han de encuadernar, etc.

TELERÁN m. *Aeron.* y *Radiot.* Telerradar * para uso de aviones.

TELERRADAR m. *Radiot.* Combinación de una instalación de radar con otra de televisión.
— Una instalación de radar es costosa y se halla

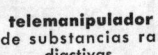

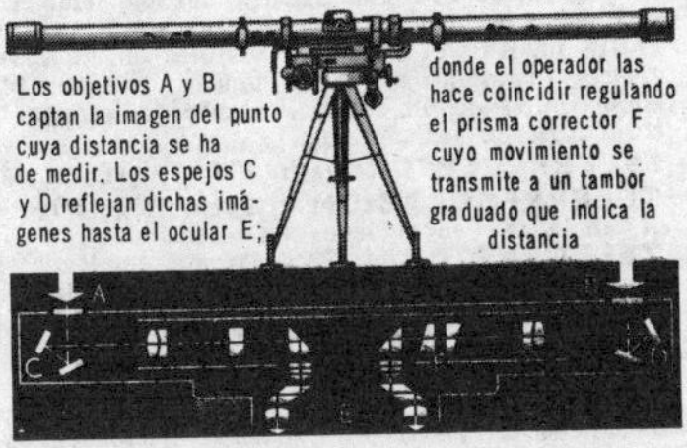
Los objetivos A y B captan la imagen del punto cuya distancia se ha de medir. Los espejos C y D reflejan dichas imágenes hasta el ocular E;
donde el operador las hace coincidir regulando el prisma corrector F cuyo movimiento se transmite a un tambor graduado que indica la distancia
A
C

telémetro de marina y disposición de sus elementos ópticos

Fot. C. E. A.-J. P. Sudre, S. C. A.

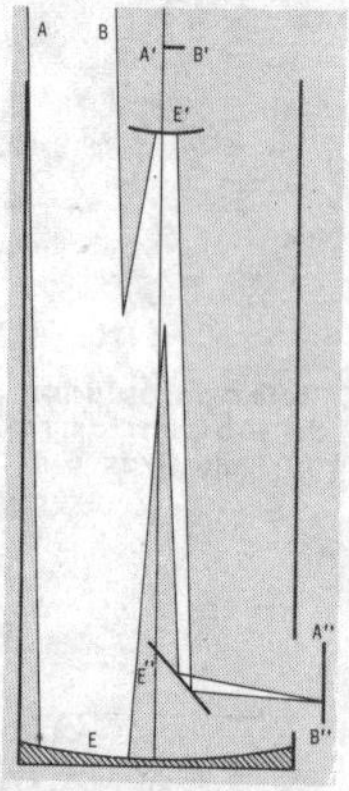

telescopio reflector de visión lateral: la imagen AB situada en el infinito es reflejada por los espejos E, E' y E'' y se observa en A''B''

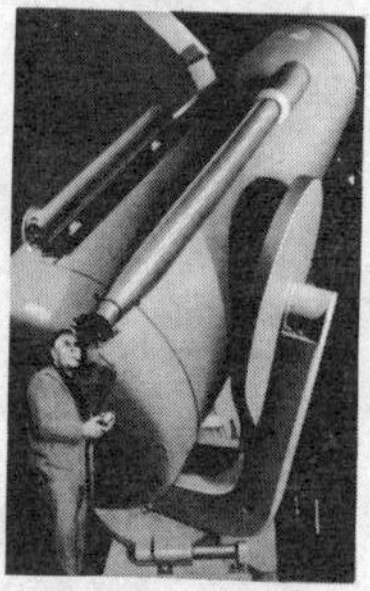

cámara o **telescopio** de Schmidt

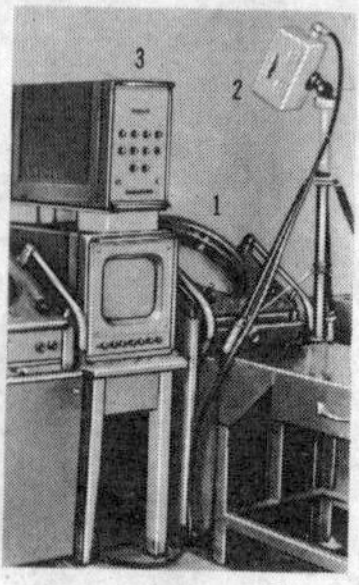

telerradar
1. Radar; 2. Cámara; 3. Equipo de televisión

telescopio reflector de 193 cm del observatorio de Haute-Provence (Francia)

telescopio refractor de Yerkes (Estados Unidos) ▶

frecuentemente ubicada en lugares alejados de los servicios militares o civiles que han de beneficiar de sus indicaciones. El principio del *telerradar* consiste en instalar, frente a la pantalla del radar, la cámara de una pequeña emisora de televisión * en circuito cerrado que permite así poner las imágenes de aquel aparato a la disposición de cuantos usuarios se quiera, situados en diferentes lugares, a veces muy lejos del mismo. Otra posibilidad, desde el punto de vista militar, es la concentración, en usa misma sala de Estado Mayor, de las imágenes suministradas por numerosos aparatos de radar diferentemente emplazados en el territorio.
Pero el telerradar constituye sobre todo una importante ayuda a la navegación. La estación de telerradar instalada en un puerto permite al piloto de un barco desprovisto de radar, pero dotado de un televisor, ver en la pantalla el puerto, así como la posición de los barcos que se mueven en el mismo o en sus inmediaciones. Como entre éstos figura el propio barco que utiliza el sistema, el piloto conoce permanentemente su situación respecto a los demás barcos u obstáculos naturales, la bocana del puerto, etc., y puede conducir así la nave con mayor seguridad. Asimismo, un televisor instalado a bordo de un avión suministra no solamente el aspecto general del suelo en un radio de decenas de kilómetros en torno del aeródromo provisto de telerradar, sino también la posición de los demás aviones que vuelan en las cercanías del mismo. (Al telerradar para aviones se le da también el nombre de *telerán.*)

TELERRADIOGRAFÍA f. Radiografía que se obtiene alejando el tubo de rayos X de unos dos o tres metros de la persona o cosa que se radiografía, para suprimir la deformación de la misma provocada en la radiografía ordinaria, por hallarse unas partes del objeto mucho más cerca del manantial de rayos X que otras.

TELERRADIOSCOPIA f. Técnica consistente en reproducir con una cámara de televisión las imágenes de una pantalla de aparato de radiografía para hacer que sean visibles en los televisores instalados en otros lugares, por ejemplo en las aulas de un establecimiento dedicado a la enseñanza de la medicina.

TELERRECEPTOR m. *Radiot.* Televisor.

TELERREGULACIÓN f. *Tecn.* Regulación a distancia que se obtiene por telemando *.

TELERRUPTOR m. *Tecn.* Órgano empleado en ciertos sistemas de telemando que, al recibir una impulsión eléctrica, abre uno o varios contactos y, por efecto de la impulsión siguiente, los cierra (o viceversa), y así sucesivamente.

TELESCÓPICO, CA adj. *Astr.* Relativo o perteneciente al telescopio: *muchos aficionados se dedican a la búsqueda telescópica de nuevos cometas.* ‖ Dícese del astro que, por su poco brillo, solamente puede ser visto con el auxilio de un telescopio: *Neptuno y Plutón son planetas telescópicos.*
— *Tecn.* Dícese, por analogía con los telescopios y catalejos de tubo extensible, de aquellos dispositivos o aparatos cuya longitud puede hacerse variar, al hallarse constituidos por dos o más tramos o elementos que, por tener diferente anchura, pueden penetrar y deslizarse unos dentro de otros: *los gasómetros muy grandes, las escalas de los bomberos y las horquillas de las motocicletas son estructuras telescópicas.*

TELESCOPIO m. *Astr.* y *Ópt.* Instrumento óptico para ver muy aumentadas las imágenes de objetos lejanos, especialmente el que sirve para efectuar observaciones astronómicas.
— El nombre de *telescopio* se aplica hoy casi exclusivamente a los instrumentos empleados para observar los astros, y de los cuales existen numerosos tipos, todos ellos pertenecientes a una de las dos grandes clases siguientes: *telescopios refractores* y *telescopios reflectores.* (V. REFRACCIÓN y REFLEXIÓN.)
Los *telescopios refractores* o *anteojos astronómicos* son grandes anteojos * constituidos por un objetivo * y un ocular * dispuestos en los extremos de un tubo. El objetivo consta de una lente convergente que, para limitar la aberración * cromática, se compone de dos elementos yuxtapuestos. La imagen se forma, invertida, en el plano focal *. El ocular es también un sistema convergente y obra como una lupa con la cual se observa la imagen virtual dada por el objetivo y sin invertirla de nuevo.
El aumento del instrumento es sensiblemente igual al cociente que resulta de dividir la distancia focal F del objetivo por la distancia focal *f* del ocular (por eso se dan a los objetivos distancias focales tan grandes, como en el del instrumento del observatorio Yerkes, cuyo tubo pasa de los 19 m). Cuanto mayor es el aumento, menor es el campo abarcado por el anteojo en la

Fot. Observ. de Haute-Provence, Ellerman, U. S. I. S., Thomson

esfera celeste. De ahí la necesidad de proveerlo de un buscador * que permite localizar los astros y situarlos en el campo del telescopio.
El mayor telescopio refractor del mundo data ya de 1897 y su abertura es de 102 cm. No se han construido mayores desde entonces por las dificultades que presenta obtener lentes tan grandes que sean a la vez homogéneas, indeformables por los cambios de la temperatura y estén exentas de aberraciones cromáticas y de astigmatismo. Los *telescopios reflectores*, por el contrario, tienen corrientemente diámetros superiores al metro y el mayor de ellos alcanza 508 cm. En estos instrumentos, el objetivo se halla reemplazado por un espejo * cóncavo, generalmente parabólico, que refleja los rayos luminosos y los concentra en un foco, cerca del cual un espejo pequeño los desvía para que la imagen real se forme fuera del tubo en un punto que permita observarla desde el exterior del mismo (no obstante, en el instrumento de 508 cm del Monte Palomar, una cabina situada en el eje del gigantesco telescopio permite observar la imagen sin desviación del haz luminoso).
Las ventajas principales de estos instrumentos respecto a los anteojos son: 1.ª posibilidad de construir aparatos de gran diámetro (y, consiguientemente, muy luminosos y de elevado poder * separador), ya que la calidad óptica del cristal en que se talla el espejo es, hasta cierto punto, secundaria (solamente importa la talla y estado de su superficie, a cuya metalización * se procede periódicamente); 2.ª supresión del astigmatismo y de las aberraciones cromáticas, puesto que los rayos luminosos no atraviesan el cristal. Presentan, no obstante, el inconveniente de deformar las imágenes por su periferia. Este defecto es más importante en los espejos esféricos, que son precisamente los de talla más fácil, pero, en la cámara o telescopio de Schmidt, muy empleado en fotografía celeste, se corrige dicho defecto interponiendo entre los rayos luminosos y el espejo un filtro óptico de perfil calculado para que las deformaciones por él provocadas en la imagen sean inversas de las que produce el espejo, anulándose así unas a otras.
Por lo general, los grandes telescopios reflectores, dada su capacidad de concentrar mucha luz, se emplean para observar objetos celestes poco brillantes (estrellas muy débiles, nebulosas, galaxias muy lejanas, etc.). Si se desean obtener fotografías de la bóveda celeste, estos instrumentos, al no poderse utilizar su parte periférica, dan un campo útil muy reducido (no más de 10') y se les prefiere la cámara de Schmidt, que abarca de 12 a 15° en la bóveda celeste. Por otra parte, la observaciós solar con un telescopio reflector provoca un calentamiento del espejo que deforma las imágenes. Así, para estas observaciones se emplean los telescopios refractores. También los prefieren los astrónomos para la medición precisa de coordenadas de los astros y la observación de la superficie de los planetas.
La potencia de un telescopio puede ser aumentada considerablemente acoplándole un *telescopio electrónico*, en el cual la imagen óptica es transformada primeramente en una imagen electrónica sobre un cátodo; los rayos luminosos son reemplazados así por electrones y un multiplicador * permite aumentar considerablemente el flujo de los mismos, que da en la placa fotográfica una imagen muy luminosa y rica en contrastes (este instrumento funciona, en suma, como un amplificador * de brillo o un convertidor * de imágenes).
Los telescopios antiguos, ubicados en lo que hoy son centros urbanos o industriales, ya no permiten efectuar observaciones útiles (V. OBSERVATORIO), en razón de la polución atmosférica, la luz ambiente, el calor, que vuelve turbulenta la atmósfera, y las trepidaciones del suelo. Los modernos aparatos se instalan en las cimas de las montañas, en zonas de atmósfera calma, seca y de poca nubosidad. Se afirma su bastidor en un zócalo de hormigón asentado en la roca firme. El instrumento se halla articulado en el bastidor por una montura * (de la cual existen varios tipos) que permite orientarlo en la dirección deseada pulsando simplemente unos botones que ponen en marcha los motores. Una vez que el astrónomo ha centrado en el ocular el objeto de sus observaciones, un mecanismo de relojería hace girar la montura, así como la enorme cúpula del observatorio, hacia el Oeste, con velocidad que contrarresta exactamente la rotación del Globo. Así, el telescopio sigue rigurosamente el movimiento diurno del astro observado en la bóveda celeste, y con tanta exactitud, que la exposición de una placa fotográfica puede ser interrumpida al apuntar el alba para proseguirla la noche siguiente sin que ocurra corrimiento apreciable de la imagen. (V. ECUATORIAL.)

OBSERV. Los *telescopios* se distinguen de los anteojos terrestres por la particularidad de que su ocular da una imagen invertida de los objetos. Así, en las fotografías, mapas y dibujos de los astrónomos se sobreentiende que el Sur se halla arriba y el Norte abajo.

TELESCRIPTOR m. Teletipo (V. TELÉGRAFO.)

TELESILLA o **TELESILLAS** m. *Transp.* Teleférico * simple, de cable sin fin a la vez portador y tractor, del cual penden, afianzadas con mordazas, numerosas cabinas simples, reducidas al asiento, un soporte para los pies y un toldo.

TELESKÍ y mejor **TELESQUÍ** m. *Transp.* El más simple de todos los teleféricos *, con el cual los esquiadores suben las cuestas hasta lo alto de las pistas, deslizándose por el suelo con sus esquíes, a horcajadas sobre un travesaño o soporte ligero fijado en el extremo libre de uno de los muchos cables delgados que, de trecho en trecho, penden del cable sin fin y portador. (Sinón. TELEESQUÍ.)

TELETAQUÍMETRO m. *Metr.* Instrumento para medir a distancia la velocidad de un vehículo: *la policía emplea teletaquímetros fundados en el principio del radar.*

TELETIPIA f. *Art. gráf.* Composición tipográfica a distancia merced al acoplamiento de un teletipo * y una máquina de componer *.
— *Telec.* Transmisión telegráfica o radiotelegráfica de textos sin más intervención humana que la de escribirlos por medio del teclado dactilográfico del aparato emisor *(teletipo)*. [V. TELÉGRAFO.]

TELETIPO m. *Telec.* Aparato telegráfico (v. TELÉGRAFO) que puede ser considerado como una máquina de escribir a distancia, ya que los textos pulsados en su teclado, al mismo tiempo que aparecen escritos en el papel, son reproducidos en el otro extremo de la línea telegráfica o telefónica sin ninguna intervención de personal especializado. (Sinón. TELEIMPRESOR, TELESCRIPTOR, TELEINSCRIPTOR.)

TELETÓN m. *Text.* Tafetán * de seda hecho con hilos gruesos, de mucho cuerpo y lustroso, hoy caído en desuso.

TELEVISAR v. *Radiot.* Transmitir por televisión las imágenes relativas a un acontecimiento, reportaje o cualquier otro hecho.

TELEVISIÓN f. *Radiot.* Transmisión a distancia de imágenes animadas, especialmente la que se efectúa por medio de ondas hertzianas.
— La *televisión* se funda en la combinación de principios ya aplicados en otras técnicas (radiodifusión, fototelegrafía, oscilógrafo catódico). Primeramente se trata de convertir los matices de las imágenes en variaciones de una corriente eléctrica, y ya sabemos que la célula fotoeléctrica * convierte la energía luminosa en energía eléctrica. No obstante, no existe medio alguno que permita transmitir toda una imagen al mismo tiempo, y, en vez de emplear una célula grande, se recurre a un mosaico de pequeñísimas células dispuestas por millares sobre una placa de mica. (V. ICONOSCOPIO.)
La imagen queda dividida así en gran número de puntos que son explorados uno a uno en la cámara tomavistas con arreglo al mismo orden que seguimos para leer todas las letras de un texto, o sea recorriéndolos con un haz electrónico, línea por línea, hasta llegar al pie de la imagen (v. EXPLORACIÓN). Si ésta fuera fija (una fotografía, por ejemplo) quedaría así terminada su exploración y transmisión. Mas como se trata de sujetos animados, comparables a los del cinematógrafo, será necesario, como en éste, transmitir una sucesión de numerosas imágenes cada segundo. Así, en cuanto termina la exploración de una imagen, empieza por arriba la de la siguiente, y así sucesivamente.

telesilla

telesquí

Fot. O. T. S.

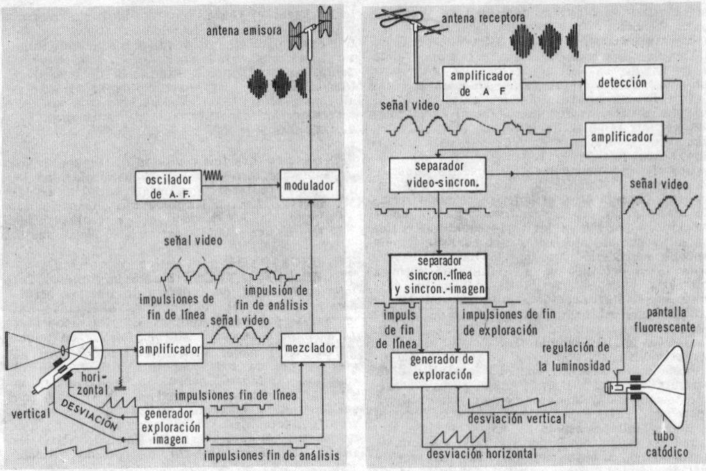

representación esquemática de la emisión y la recepción de imágenes de televisión

televisión equipo para reportajes

Por lo general el número de imágenes transmitidas por segundo es igual a la mitad de la frecuencia en hertzios de la corriente que alimenta los aparatos (50 y 60 Hz, según los países), pues ello facilita la sincronización de los mismos. Los sistemas de televisión europeos suelen trans mitir 25 imágenes por segundo y los americanos 30. También difiere de unos países a otros el número de líneas en que se descomponen las imágenes. (V. DEFINICIÓN.)

La cámara tomavistas da una corriente que varía constantemente: así como la corriente que sale de un micrófono es modulada por variaciones correspondientes a las vibraciones sonoras, la que sale de la cámara de televisión lo es por la diferente iluminación de cada punto del mosaico (dependiente a su vez del matiz e iluminación del correspondiente punto del objeto cuya imagen se transmite). Dicha corriente, una vez amplificada, es transmitida como la del micrófono en radiodifusión, o sea modulando previamente una corriente portadora que es radiada por la antena (V. EMISORA). La onda portadora, además de servir de vehículo a las señales de la imagen (designadas con el nombre de señal video) descompuesta en puntos, lleva también, periódicamente, una señal de sincronización merced a la cual el aparato receptor podrá ordenar en su pantalla los puntos luminosos en riguroso sincronismo con la cámara, pues de no ser así, el corrimiento de los mismos deformaría la imagen o la haría ininteligible.

Las ondas de televisión, por ser muy cortas (del orden de varios metros) se propagan algo así como la luz, en línea recta, lo cual limita su alcance en razón de los obstáculos (montañas) y, en terreno llano, de la misma redondez del Globo. Por eso es necesario construir redes de relevos * (situados en las prominencias del terreno o sobre torres muy altas) que las captan, las amplifican y las retransmiten al relevo siguiente, y así sucesivamente. Aprovechando como relevo un satélite artificial se pueden transmitir los programas de televisión de un continente a otro (*mundo-*

toma de vistas en un estudio de **televisión**

Fot. C. S. F., O. R. T. F.

visión) prescindiendo de estaciones intermediarias. Con tres satélites * estacionarios equidistantes, se podría transmitir el mismo programa a todas las regiones habitadas del planeta.
También requieren las ondas métricas el uso de antenas especiales, con la particularidad de que para captar varias redes de televisión, el mismo televisor necesita otras tantas antenas diferentes, aunque montadas en la misma asta. (V. ANTENA.)
El aparato receptor, llamado *televisor*, consta de dos partes. La primera, destinada a detectar y amplificar las señales captadas por la antena, difiere poco de un radiorreceptor *. Pero mientras que en éste resulta finalmente una corriente destinada a hacer vibrar la membrana de un altavoz para restituir los sonidos, la corriente de la señal video sirve para formar las imágenes en la pantalla. Ésta no es sino el fondo del tubo de un oscilógrafo catódico o tubo de Braun, en el cual la referida corriente regula un finísimo haz de electrones que, según la iluminación del punto de la imagen, provocará, en mayor o menor grado, la luminiscencia en el correspondiente punto de la pantalla del televisor. En cuanto a la exploración de ésta por el referido haz, es regulada, línea por línea, por un juego de bobinas deflectoras * y en concordancia con la exploración de la imagen en el tubo analizador de la cámara, merced a las señales de sincronización a las cuales ya se ha aludido más arriba.
Al margen de la televisión pública se ha extendido el uso de instalaciones de televisión en circuito cerrado, en las cuales la cámara y una pequeña emisora se hallan unidas, por cables coaxiales, con un número reducido de televisores. Las aplicaciones de estas instalaciones son tan numerosas como variadas: 1.ª si la cámara enfoca una mesa de operaciones, los estudiantes de medicina distribuidos en aulas u otros locales pueden seguir con la vista el trabajo del cirujano; 2.ª en aquellas partes de las fábricas o laboratorios donde reina una temperatura excesiva o existe radiactividad o atmósfera pestilente, la cámara de televisión permite reemplazar al ojo humano; 3.ª cámaras submarinas sirven para explorar el fondo del mar, comprobar el estado de las obras hidráulicas sumergidas, buscar el casco de naves hundidas, etc.; 4.ª la cámara de televisión penetra en los pozos petrolíferos y en los oleoductos, para inspeccionarlos o identificar cuerpos extraños: 5.ª en los grandes almacenes, la cámara de televisión se usa para observar los clientes que se dedican al robo de mercancías, etc.
Procedimientos derivados de la televisión se emplean también en los satélites * meteorológicos (para transmitir imágenes de las formaciones nubosas de la atmósfera terrestre) y en las sondas espaciales que exploran los demás astros del sistema solar.

TELEVISIÓN EN COLOR

Ciertas substancias, cuando son excitadas por los electrones, dan una luminiscencia azul, otras la dan verde, y otras, roja. Empleando estas substancias como revestimiento de la pantalla luminiscente del televisor, parece relativamente fácil obtener la transmisión de imágenes en color, por ejemplo, tomando simultáneamente tres vistas del objeto, una de cada color fundamental y sobreponiendo las tres imágenes en aquella pantalla policroma.
De adoptarse tal procedimiento, la primera dificultad que presentaría sería la ocupación para una sola emisión de las bandas de frecuencia * de tres estaciones emisoras. Esta dificultad ha podido solucionarse con una serie de sorprendentes simplificaciones técnicas:
En primer lugar, la experiencia muestra que el ojo no distingue el color de los detalles muy pequeños, y así, una hoja aislada en una rama de árbol, vista a cierta distancia, carece de color. Consiguientemente, en vez de consagrar una parte de las tres bandas de frecuencias a transmitir señales de colores que el ojo no ha de distinguir, se puelen transmitir dichas señales una sola vez.
Por otra parte, para obtener una visión satisfactoria de los colores, el ojo no necesita que, en cada mancha de uno de ellos, los correspondientes puntos luminosos se toquen. Incluso si de cada tres de los puntos rojos que contribuyen a iluminar una cereza en la pantalla del televisor se eliminan dos, el fruto mostrará la apariencia de un color normal.
Un sistema de televisión en color en el cual se apliquen ambas simplificaciones funciona como sigue: por medio de filtros antepuestos a tres tubos analizadores se obtienen tres imágenes de los colores fundamentales; recurriendo a filtros * de paso alto o de paso bajo se separan las frecuencias muy altas, correspondientes a los detalles muy finos de las imágenes, disponiéndose así de tres señales video que se dirigen hacia un rapidísimo conmutador electrónico. Este órgano gira con extraordinaria rapidez y toma, sucesivamente, la señal equivalente a un punto de la imagen en cada una de las corrientes procedentes de los tubos. Se dispone así de una nueva corriente a propósito para formar una sola imagen policroma, ya que cada una de sus líneas es una sucesión de puntos de colores diferentes, correspondiendo, por ejemplo, los puntos 1, 4, 7... al rojo; 2, 5, 8... al verde; 3, 6, 9... al azul. No obstante, esta imagen no ocupa completamente la banda normal de frecuencias, ya que anteriormente se había suprimido la parte de la misma que correspondía a los detalles finos. Dichas frecuencias elevadas se agregan ahora a la imagen compuesta, que queda así completa. (Para comprender el sentido de esta operación basta recordar que también en artes gráficas es corriente sobreponer la impresión de tres colores fundamentales sobre los cuales se imprime una cuarta vez en negro para agregar los detalles finos que no revela la tricromía.)
El televisor para la recepción de emisiones en color se halla provisto de un tubo especial (cromoscopio) con tres cañones de electrones. A unos 12 mm de la pantalla tiene una lámina en la cual se han practicado con extraordinaria precisión unos 200 000 orificios de escaso diámetro. Por otra parte, los granitos de materia luminiscente se hallan dispuestos ordenadamente en la pantalla: tres —uno de cada color— frente a cada orificio de la lámina.
El funcionamiento del televisor es como sigue: primeramente, un conmutador análogo al que se emplea para la emisión, separa las señales dirigiendo las de cada color hacia el cañón de elec-

sala de control y conmutación provista de magnetófonos, tocadiscos, mezcladoras de sonidos y de imágenes, etc. Los numerosos **televisores** dan simultáneamente las imágenes tomadas por otras tantas cámaras (eventualmente, también, las del magnetoscopio y el telecinematógrafo) y permiten al realizador, merced a los conmutadores de la mesa central, dirigir hacia la antena emisora la que más convenga

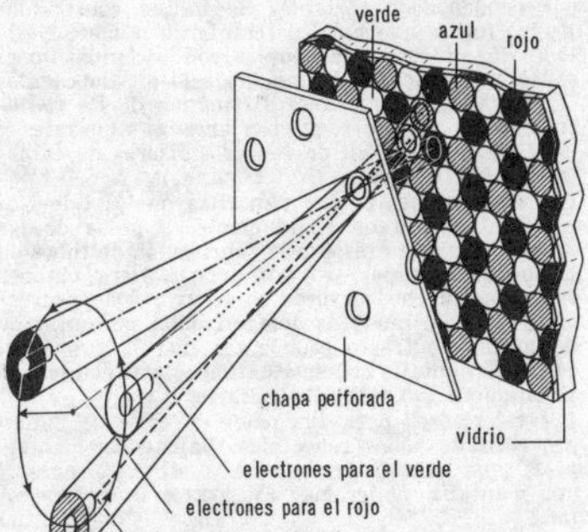

televisión en color: funcionamiento del tubo tricromo

Fot. O. R. T. F.

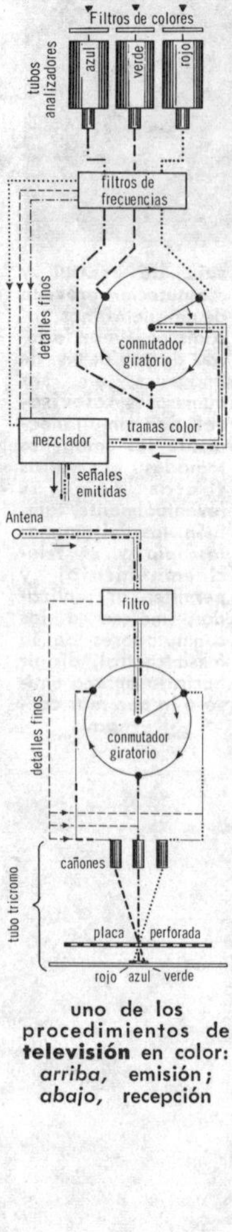

uno de los procedimientos de televisión en color: *arriba,* **emisión;** *abajo,* **recepción**

trones correspondiente; en cuanto a las señales engendradas por los detalles finos de la imagen, se dirigen hacia los tres cañones a la vez. Los cañones se hallan separados en el casquillo del tubo y los tres haces de electrones convergen con ángulos diferentes en cada orificio de la lámina, de tal forma que el haz que corresponde al rojo no puede, a través de los orificios, iluminar más granos que los de luminiscencia roja, ocurriendo lo mismo con los dos otros haces, que solamente pueden engendrar luminiscencia correspondiente a su color. Como la luminiscencia de cada punto subsiste durante la exploración de toda la imagen, el ojo ve simultáneamente todos los puntos de la misma.

Además del sistema descrito, existen otros procedimientos que se distinguen por alguna particularidad. Por ejemplo, un método de reducir las bandas de frecuencias consiste en la reducción considerable del azul (el ojo soporta perfectamente dicha reducción) y menos la del verde. En cuanto al rojo, no se transmite, ya que a la recepción es fácil obtenerlo sumando el valor de las señales azul y verde y deduciéndolo de la señal de luminancia total.

Todos los sistemas de televisión en color han de ser compatibles, o sea han de obedecer a la siguiente exigencia comercial: las emisiones en color deben poder ser captadas en negro y blanco por los televisores ordinarios; las emisiones efectuadas en negro y blanco han de poder ser captadas asimismo por los televisores previstos para la recepción en color.

Las instalaciones de televisión en circuito cerrado, especialmente las que se emplean para la enseñanza de la medicina y la cirugía, transmiten imágenes en color.

Las películas cinematográficas son transmitidas por televisión merced al telecinematógrafo. También recurren las estaciones de televisión al cinematógrafo (generalmente el de formato de 16 mm) para registrar sus reportajes y otras emisiones exteriores. Las emisiones efectuadas en los estudios o recibidas en las estaciones por ondas hertzianas se registran con el magnetoscopio, que no es sino un magnetófono * de cinta muy ancha y de elevada capacidad.

TELEVISOR, RA adj. y s. *Radiot.* Dícese del aparato receptor que capta y reproduce las imágenes de televisión y los correspondientes sonidos.

— El *televisor* consta de dos partes: una, destinada a amplificar y detectar las señales sonoras, no es sino un radiorreceptor * de ondas métricas; la otra, que sirve para restituir las imágenes, funciona primeramente en tanto que radiorreceptor para detectar y amplificar las señales de video y suministra así las corrientes que regulan la emisión de los electrones destinados a iluminar la pantalla fluorescente del tubo catódico y, por otra parte, las que regulan los movimientos del haz electrónico sobre la misma (v. OSCILÓGRAFO, EXPLORACIÓN y TELEVISIÓN). La tensión que alimenta el tubo catódico es de millares de voltios, por cuya razón resulta peligroso quitar la tapa posterior del aparato y efectuar manipulaciones en éste si se halla conectado.

Los televisores no tienen ajuste de sintonía * por condensador variable. Se hallan construidos de tal forma que pueden recibir un número limitado de emisoras, las cuales son escogidas merced a un conmutador llamado selector de canales (v. CANAL). También se distinguen de los radiorreceptores porque requieren antenas especiales y múltiples, si se han de captar emisoras de características diferentes. (V. ANTENA.)

Las dimensiones de las pantallas de los televisores han aumentado rápidamente, a pesar de las dificultades que presenta la fabricación de tubos de vacío tan grandes (v. FORMATO). Para obtener imágenes mucho mayores se recurre a la proyección, ya ampliando la imagen dada por un tubo de mucho contraste con lentes que la proyectan en una pantalla cinematográfica, ya empleando el Eidóforo o aparatos similares.

Los televisores para imágenes en color se hallan provistos de tubos especiales, llamados *cromoscopios,* que tienen tres cañones de electrones y una pantalla policroma. (V. TELEVISIÓN *en color.*)

Los televisores de pago previo tienen un interruptor que se acciona introduciendo una moneda por una hendedura, y un mecanismo de relojería que interrumpe la recepción cuando ha transcurrido el tiempo de servicio correspondiente al valor de la o las monedas introducidas en el aparato.

TÉLEX m. *Telec.* Telegrafía por teletipo cuando se transmiten las señales aprovechando las corrientes portadoras de las líneas telefónicas (v. TELÉGRAFO.)

TELFERAJE m. *Transp.* Teleferaje.

TELILLA f. *Metal.* Capa tenue y mate que se forma en la superficie de los metales fundidos. — *Text.* Camelote de muy poco cuerpo. ‖ Designación imprecisa de ciertas telas poco tupidas.

TELÓN m. Cada uno de los lienzos grandes que se usan en las escenas de los teatros para ocultarlas al público o, pintados y suspendidos en el fondo de las mismas, para formar el decorado. ‖ *Telón de acero,* el de chapa metálica impuesto por los reglamentos en ciertos países para poder proteger al público en caso de incendio del escenario, aislando a éste de la sala.

TELURADO, DA adj. *Quím.* Que contiene telurio: *hidrógeno telurado* H_2Te.

TELURATO m. *Quím.* Sal del ácido telúrico.

TELURHÍDRICO, CA adj. *Quím.* Dícese del ácido gaseoso H_2Te, combustible y reductor, que resulta de la combinación del telurio y el hidrógeno.

TELURIANO, NA adj. *Geol.* Que proviene del suelo: *emanaciones telurianas.*

TELÚRICO, CA adj. *Geof.* Relativo o perteneciente al globo terrestre. ‖ *Corrientes telúricas,* corrientes eléctricas que circulan por el suelo y cuyas variaciones dependen de la conductibilidad del mismo y de las fluctuaciones del magnetismo terrestre. ‖ *Prospección telúrica,* método de prospección * fundado en la medida de la resistencia que ofrecen los terrenos sedimentarios al paso de las corrientes telúricas. ‖ *Sacudida telúrica,* sacudida sísmica *.

— *Ópt. Raya telúrica,* raya de absorción del espectro * solar debida a uno de los cuerpos presentes en la atmósfera terrestre.

— *Quím.* Dícese del anhídrido TeO_3 y del ácido correspondiente H_2TeO_4.

TELÚRIDO m. *Miner.* Nombre de los minerales que contienen telurio o alguno de sus compuestos.

TELURÍFERO, RA adj. Que contiene telurio.

TELURIO m. *Quím.* Elemento químico de número atómico 52, cuyo símbolo es *Te.* (Sinón. TELURO.) ‖ *Telurio gráfico,* silvanita.

— El *telurio* es un metaloide que posee ciertas características de los metales. Sus principales constantes físicas son: densidad, 6,24; temperaturas de fusión y de ebullición, 452° y 1 390°, respectivamente; masa atómica 127,60, que resulta de la mezcla de 8 isótopos cuyas masas son 120, 122 a 126, 128 y 130 (además, se conocen 13 isótopos radiactivos de masa comprendida entre 115 y 135, engendrados artificialmente o producidos por la fisión del uranio en los reactores nucleares, y algunos de los cuales se emplean como indicadores).

El telurio es un cuerpo cristalino de color blanco argénteo (también existe una forma pulverulenta y amorfa, de color pardo). Arde en el aire con llama azul y se combina fácilmente con los halógenos y numerosos metales (con los cuales da telururos). Por lo demás, sus propiedades químicas son bastante parecidas a las del azufre y el selenio, y sus compuestos son isomorfos de los de ambos cuerpos. Se halla en la naturaleza al estado nativo y, sobre todo, en forma de telururos de bismuto, cobre, plomo, oro y plata. Los métodos de extracción son análogos a los del selenio *.

Dada su rareza, el telurio tiene pocas aplicaciones: transforma la fundición gris en fundición blanca y se liga con el plomo para aumentar la dureza y resistencia de éste; sirve también para colorar de azul o de pardo el vidrio y la porcelana; se usa asimismo para conferir al caucho mayor resistencia al calor y a la abrasión. Sus combinaciones entran en la composición de baños fotográficos y de jabones medicinales. Tanto el metal como sus compuestos son muy tóxicos.

TELURITO m. *Quím.* Sal del ácido teluroso.

TELURO m. *Quím.* Telurio.

TELURÓHMETRO m. *Geof.* Ohmímetro * propio para medir la resistencia eléctrica del suelo.

TELURÓMETRO m. *Topogr.* Geodímetro radioeléctrico.

— El *telurómetro* se funda en la medida exacta del tiempo que invierten las ondas hertzianas en propagarse entre dos estaciones emisoras separadas por la distancia que se ha de medir en el terreno. Se determina así una longitud de 65 km con un error de menos de 20 cm. Si se dispone de una estación principal y de dos auxiliares, se pueden efectuar triangulaciones rápidas.

TELUROSO, SA adj. *Quím.* Dícese del anhídrido TeO_2 y del ácido correspondiente.

TELURURO m. *Quím.* Combinación del telurio con otro elemento. ‖ Sal del ácido telurhídrico.

TEMBLOR m. *Geof.* Temblor de tierra, sismo.

TEMIS, décimo satélite de Saturno *.

TÉMPANO m. *Arq.* Tímpano. ‖ Entrepaño de una bóveda * por arista o de rincón de claustro.
— *Carp.* Tapa de una cuba o tonel.

TEMPERAMENTO m. *Mec.* Tratándose de calderas de locomotora, magnitud que caracteriza el tiro de las mismas y que es igual al cociente que resulta de dividir la cantidad de gases calientes producidos en un segundo por la raíz cuadrada de la depresión (en milímetros de agua) reinante en la caja de humos.

— *Min.* Magnitud que sirve para medir la eficacia de la aireación de una mina y que es igual a la inversa de la raíz cuadrada de la resistencia que presenta el circuito de ventilación a la circulación del aire.

TEMPERATURA f. Estado térmico de los cuerpos, o sea su mayor o menor grado de frío o de calor. (V. más abajo *Fís.*)

— *Astr.* Sobre las temperaturas que reinan en el Sol, la Luna y los planetas, v. los correspondientes artículos.

— *Expl. Temperatura de explosión,* temperatura que alcanzan instantáneamente los gases producidos por la explosión de una substancia, excluyendo las pérdidas por conducción o por radiación: *la temperatura de explosión de los explosivos comunes suele hallarse comprendida entre 1 000 y 5 000°.*

— *Fís. Temperatura crítica,* v. LIQUEFACCIÓN. ‖ *Temperaturas de congelación, de fusión,* etc., punto de congelación *, de fusión *, etc.

— La *temperatura* es una magnitud que permite expresar el grado de calentamiento de los cuerpos (v. CALOR). El calor desprendido por un cuerpo sería nulo si sus moléculas se hallaran en perfecto estado de reposo. Por eso se atribuye a dicho estado el valor de cero grados en la escala termométrica de Kelvin y se designa al mismo con el nombre de cero absoluto (símbolo: 0 °K). Al cero absoluto corresponde la temperatura de 273,16 grados bajo cero en la escala centesimal o de Celsio (o sea, —273,16 °C) y la de 459,69 grados bajo cero en la de Fahrenheit (o sea 459,69 °F). Así, basta con agregar algebraicamente el valor que alcanza la temperatura en el termómetro al valor del cero absoluto para obtener la temperatura absoluta en grados Kelvin y, por ejemplo, a las temperaturas de 15 °C y de —20 °C corresponden las de 288,16 °K (o sea 273,16 + 15) y 253,16 °K (273,16 —20), respectivamente.

La escala centesimal o de Celsio (Celsius), de uso universal, se obtiene atribuyendo las temperaturas de 0° y 100°, respectivamente, al agua en estado de congelación y de ebullición y a la presión atmosférica normal al nivel del mar (760 mm de mercurio). Si se marcan ambos extremos en el termómetro y se divide la escala en 100 partes iguales, se obtiene el grado centesimal o de Celsio, también llamado *centígrado,* si bien ha sido excluida esta denominación por acuerdos internacionales. (V. CENTÍGRADO.)

La escala Fahrenheit, usada aún en los países de lengua inglesa, es, como todas las medidas anticuadas del sistema anglosajón, poco racional: Fahrenheit atribuyó el cero de su escala a la temperatura más baja que pudo obtener (la de una mezcla de hielo y de cloruro de amonio) y, como límite superior, fijado en 96°, la temperatura del cuerpo humano. Posteriormente se atribuyeron los valores de 32 y 212 °F a las temperaturas de congelación y de ebullición del agua.

Para convertir los grados centesimales en grados Fahrenheit, se multiplican por 1,8 y se agrega 32 al producto. La conversión de los grados Fahrenheit en grados Celsio se obtiene restando 32 y multiplicando el resto por 0,555.

OBSERV. Salvo indicación contraria, se sobreentiende que todas las temperaturas indicadas en el presente diccionario se expresan en grados Celsio.

No se conoce un límite superior a las temperaturas: en los laboratorios se obtienen temperaturas de decenas de millares de grados; en el curso de una explosión atómica son decenas de millones de grados los que se registran y en el interior de ciertas estrellas se calcula que la temperatura alcanza mil millones de grados.

Las temperaturas se miden con termómetros *, pirómetros * o bolómetros *, y también con espectrógrafos, dado que el color de un cuerpo en estado de incandescencia depende de su temperatura.

— *Fot. Temperatura de color,* criterio que sirve para determinar la composición espectral de la luz que ilumina los objetos fotografiados y permite así, mediante el uso de filtros apropiados, evitar la influencia de colores dominantes * en las fotografías. (V. tb. FOTOCALORÍMETRO.)

— Las proporciones de la energía correspondiente a cada color o radiación en el espectro luminoso dependen de la *temperatura,* y por ello la *temperatura de color* se expresa en grados Kelvin. En las primeras horas del día existe predominancia de radiaciones rojas y la temperatura de color de la luz solar es de 2 000 a 3 000 °K. Por el contrario, al mediodía dominan las radiaciones azules y dicha temperatura es de 5 000 a 6 000 °K. Las lámparas ordinarias de incandescencia son comparables a la luz matutina (2 000 a 3 000 °K), mientras que las lámparas relámpago del tipo "luz del día" tienen una temperatura de color de 5 000 a 6 000 °K y permiten emplear las emulsiones ordinarias para tomar vistas con dicha luz artificial. (Para las demás lámparas se emplea una emulsión especial de baja temperatura de color [película para luz artificial].)

— *Meteor.* La *temperatura de la atmósfera* varía con la altura (v. *figura* en el art. ATMÓSFERA). También difiere de un lugar a otro de la superficie terrestre según las condiciones climáticas (v. CLIMA). Por último, se halla sometida a cambios determinados por el tiempo *. Como depende en primer lugar de la insolación, se comprende que varíe poco, a lo largo del año, en las regiones ecuatoriales y que, en el resto del Globo, alcance su valor mínimo en invierno y se vaya elevando progresivamente a medida que el Sol aparece a mayor altura en el firmamento y que sus rayos hieren más perpendicularmente el suelo (v. ESTACIÓN). Generalmente la temperatura máxima se registra hacia las 14 horas. Al llegar la noche, el suelo radia hacia el espacio, en forma de rayos infrarrojos, el calor acumulado durante el día, produciéndose así un enfriamiento del mismo, y también de las capas inferiores de la atmósfera, tanto más intenso cuanto más despejado esté el cielo y más seca la atmósfera. El descenso de la temperatura alcanza su máximo valor poco antes de la salida del Sol y da frecuentemente lugar a la formación de rocío *. En los desiertos, la diferencia entre las temperaturas diurnas y nocturnas es corrientemente de 20°, mientras que en los océanos no pasa de 2°.

Si se exceptúa la Antártida, en la cual se han registrado temperaturas de —90°, las temperaturas más bajas se dan en Verkhoyansk (Siberia), donde se ha registrado la de —69,8°. Las más elevadas (56,6°) se han observado en el Valle de la Muerte (California).

Las técnicas de la climatización * permiten mantener dentro de las habitaciones una temperatura agradable y constante a pesar de los rigores y cambios de temperatura exterior. Tratándose de personas normalmente vestidas, las temperaturas más saludables son de 16° para quienes efectúan trabajos corporales y de 18° para las personas sedentarias. (V. CALEFACCIÓN y REFRIGERACIÓN.)

— *Radiot. Temperatura de antena,* intensidad de las radiaciones captadas por un radiotelescopio y expresadas en grados Kelvin (o sea temperatura absoluta que debiera alcanzar una resistencia para que se produjera en ella una corriente de intensidad igual a la que capta la antena).

TEMPESTAD f. *Magn. Tempestad magnética,* tormenta magnética.
— *Meteor.* Se considera que existe tempestad cuando el viento alcanza el grado 10 de la escala de Beaufort * y sopla a 90 km/h. En el mar son comunes estos vientos en las depresiones * móviles o ciclones y duran más que en los continentes, porque la superficie relativamente plana del mar no les opone resistencia.
TEMPLA f. *Ind. alim. Amer.* Calderada de melado que ha alcanzado en el tacho el punto requerido para pasar a la fase siguiente en la fabricación del azúcar *.
— *Pint.* Agua en la que se han disuelto goma y clara de huevo, que sirve para desleír los colores de la pintura al temple *.
TEMPLABILIDAD f. *Metal.* Calidad del acero, o de otro metal, que puede ser templado en un espesor muy grande. (V. TEMPLE.)
TEMPLADERO m. *Ind.* Lugar donde se efectúa el temple de una materia, y en particular, cámara donde se templa el vidrio.
TEMPLADO, DA adj. Tibio, entre frío y caliente.
— *Meteor.* Dícese de las regiones que, en cada hemisferio, se hallan situadas entre las zonas frías sometidas a las presiones polares y las zonas cálidas influidas por las altas presiones subtropicales, o sea, aproximadamente, entre los paralelos 30 y 65: *dentro de una misma zona templada existen, de una región a otra, condiciones climáticas muy diferentes.* (V. CLIMA.)
— *Metal.* y *Vidr.* Dícese de los metales y cristales que han sido sometidos a la operación del temple.
TEMPLADOR m. *Art. y of.* Llave o aparato con que se templan alambres o cables. (V. TENSOR.)
— *Mús.* Afinador.
TEMPLAR v. Moderar la temperatura de un líquido. ‖ Dar la debida tensión a un alambre, cable, varillaje de freno, etc.
— *Mar.* Igualar la tensión de dos o más obenques, amarras o cuerdas.
— *Metal.* y *Vidr.* Endurecer el vidrio, el acero, la fundición u otros metales sumergiéndolos en un baño frío. (V. TEMPLE.)
TEMPLE m. *Mar.* Igualdad de tensión de dos o más obenques, amarras o cables cualesquiera.
— *Metal.* Endurecimiento de un metal, especialmente el que se obtiene profundamente calentándolo y sumergiéndolo de manera brusca en un líquido frío.
— El *temple* confiere dureza y flexibilidad a los metales dotados de suficiente templabilidad, o sea los que, en razón de su estructura, pueden ser enfriados con rapidez, no ya superficialmente, sino lo bastante profundamente en el seno de su masa. Como el interior de la misma no puede disipar el calor con igual rapidez que el exterior, los efectos del temple (o sea el endurecimiento del metal) son progresivamente menos sensibles al aumentar el espesor de la pieza y, en los aceros ordinarios, se considera que el temple solamente es eficaz en una capa superficial de un centímetro de espesor.
Esencialmente el temple consta de dos fases, la primera de las cuales tiene por objeto mejorar la dureza y flexibilidad del metal modificando su estructura interna por el calor. Si, una vez obtenido este resultado, se dejara enfriar lentamente el metal, se produciría una nueva modificación de su estructura que le haría perder la cualidad obtenida por caldeo. Por el contrario, sumergiéndolo en un baño frío, el rápido enfriamiento no da tiempo a esta última transformación y el metal conserva las características previamente adquiridas.
La temperatura a que se ha de calentar el metal depende de la composición del mismo y, en el caso del acero, de su contenido en carbono: 874° si contiene 0,35 % de carbono; 800° si contiene 0,70 %. Por otra parte, la presencia de ciertos metales en un acero especial (cromo, manganeso, molibdeno, níquel, etc.) aumenta su templabilidad.
La índole del baño frío y su temperatura dependen de la rapidez con que se ha de obtener el temple, en la cual influye también la composición del metal. Los líquidos de uso corriente son: el agua (caliente o a la temperatura ordinaria), las salmueras refrigeradas, el petróleo, el aceite y los baños de sales fundidas. También se usan baños de metales fundidos (plomo) y en otros casos el líquido es reemplazado por un chorro de aire.
El temple permite triplicar la dureza del acero. Con las ligas de cobre y las aleaciones ligeras el endurecimiento obtenido no es tan importante. Los metales labrados por compresión en laminadores, forjas y prensas adquieren un temple superficial, así como los que se tratan por algún procedimiento de cementación *.
— *Mús.* Acuerdo armónico del piano y otros instrumentos, que se obtiene regulando la tensión de las cuerdas con el templador o afinador.
— *Pint. Al temple,* dícese de la pintura para paredes y techos que consiste en una lechada de agua, goma y tiza (y a veces clara de huevo), a la cual se agregan los pigmentos deseados.
— *Vidr.* Enfriamiento brusco a que se somete el vidrio para mejorar su resistencia.
— El *temple del vidrio,* por su principio y efectos, es análogo al del acero (v. más arriba *Metal.*). El método generalmente empleado consiste en calentar el vidrio hasta que alcance temperaturas próximas de la que provocaría su ablandamiento y en dirigir sobre el mismo chorros de aire comprimido, a veces cargado de humedad.
TEMPLÉN m. *Text.* Aparato constituido por varios rodillos provistos de púas que aprietan el tejido, a medida que se va formando, en los bordes del telar y lo mantienen tenso.
TEMPLETE m. *Arq.* Pabellón o quiosco cubierto por una cúpula sostenida por columnas.
TEMPORAL m. *Meteor.* Tempestad.
TEMPORAL o **TEMPORARIO, RIA** adj. Pasajero, de duración limitada.
— *Astr. Estrella temporaria,* nova.
TEMPORIZACIÓN f. *Electr.* Retardo intencional del funcionamiento de un dispositivo de arranque, aceleración, interrupción, etc., que se obtiene empleando un temporizador.
TEMPORIZADO, DA adj. Retardado: *disyuntor de acción * temporizada.*
TEMPORIZADOR m. *Electr.* Dispostivo que se acopla a un órgano para diferir o retardar su funcionamiento, y así, un relevo * diferido o de temporización deja transcurrir un corto lapso de tiempo entre el momento en que se le aplica una tensión y aquél en que, por efecto de la misma, establecerá un contacto: *los temporizadores se fundan en el uso de bimetales, circuitos con condensadores y tiratrones, etc.*
TENACIDAD f. Propiedad de los cuerpos que resisten a los esfuerzos de tracción deformándose y estirándose antes de romperse.
— Antes de ultimar los planos de una máquina, puente, edificio u otras construcciones, es necesario, para calcular la resistencia de las piezas, tener en cuenta la *tenacidad* de los metales u otros materiales empleados en ellas. La tenacidad de un metal se determina considerando los siguientes factores: límite de elasticidad *, carga de ruptura *, alargamiento * y estricción *. (V. tb. RESISTENCIA *de materiales.*)
TENANTITA f. *Miner.* Arseniosulfuro de cobre que contiene hierro, plata y cinc; se beneficia como mena del cobre, y también de la plata.
TENAZ adj. *Tecn.* Dotado de tenacidad.
TENAZA f. y **TENAZAS** f. pl. *Art. y of.* Instrumento constituido por dos brazos cruzados y articulados con un pasador, de modo que a un lado de éste quede su tramo más largo, que sirve para asirlo y manejarlo, y al otro, una boca que, según su forma, sirve para arrancas clavos, cortar alambres, mantener sujetas las piezas que se están labrando, etc. (V. tb. PINZA.)
TENDAL m. Toldo. ‖ Tendedero.
TENDEDERO m. Lugar donde se tienden cosas para airearlas o secarlas.
TENDEL m. *Constr.* Cordel que tiende el albañil horizontalmente entre dos reglones verticales y que le sirve de guía para sentar las hiladas de piedras o de ladrillos. ‖ Capa de mortero que se extiende sobre los ladrillos de una hilada para asentar los de la siguiente.
TENDER v. Extender lo que está plegado, enrollado o amontonado. ‖ Por ext., construir una canalización, una línea eléctrica o telefónica, etc.: *abrir una zanja para tender una conducción de agua; tender una pasarela sobre un canal.*

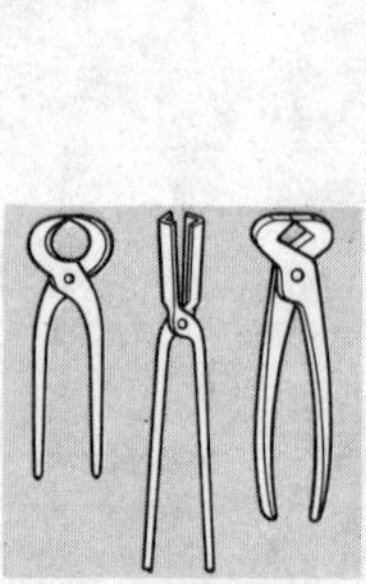
tenazas

— *Constr.* Enlucir, dar una capa de yeso, cal o mortero a las paredes.

TÉNDER m. *F. c.* Vagón especial que se engancha inmediatamente detrás de la locomotora y es complementario de ésta, ya que sirve para transportar el agua y el combustible que la misma necesita para su funcionamiento.

— En el material de tracción moderno, si la locomotora consume carbón, el *ténder* tiene un stoker * para alimentar mecánicamente el hogar de la caldera; si consume combustible líquido, el ténder lo lleva en un tanque especial provisto interiormente de una circulación de vapor que lo calienta previamente a su inyección en los quemadores.

TENDIDO m. Acción de tender.

— *Arq.* Parte del tejado desde el caballete hasta el alero.

— *Constr.* Capa de yeso o de cal con que se hace el enlucido de un muro o techo.

TENEBRESCENCIA f. *Fís.* Fenómeno inverso de la luminiscencia que se manifiesta en ciertas substancias, la cual se apaga cuando las substancias son heridas por determinadas radiaciones.

— Las pantallas de los aparatos de radar y de ciertos osciloscopios * catódicos se hallan revestidas por substancias dotadas de *tenebrescencia* (las más de las veces bromuro y yoduro de potasio), y permanecen constantemente iluminadas por rayos ultraviolados que hacen luminiscente dicho revestimiento. Cuando el haz de electrones explora su superficie, apaga la luminiscencia, apareciendo así la imagen obscura sobre el fondo brillante (o sea, de modo inverso al de los tubos catódicos ordinarios, como los que equipan los televisores).

La tenebrescencia ofrece la posibilidad de extinguir instantáneamente las imágenes en las pantallas.

TENEBRESCENTE adj. *Fís.* Dícese de la substancia dotada de tenebrescencia.

TENEDERO m. *Mar.* Fondo en el cual agarra bien el ancla.

TENIA f. *Arq.* Filete sobre el cual descansan los triglifos y que separa el arquitrabe del friso.

TENORITA f. *Miner.* Melaconita.

TENSADO, DA adj. *Obr. públ. Hormigón tensado,* v. HORMIGÓN.

TENSIOACTIVO, VA adj. *Quím.* Surfactivo.

TENSIÓMETRO m. *Fís.* Instrumento para medir las tensiones superficiales: *el tensiómetro se funda en poner un anillo calibrado sobre la superficie del líquido y en medir la fuerza necesaria para separarlo de ella.*

TENSIÓN f. Estado del cuerpo solicitado por fuerzas que lo mantienen tenso o le impiden contraerse: *la tensión de los cables teleféricos se mantiene con enormes contrapesos.*

— *Arm. Tensión de una trayectoria,* v. TRAYECTORIA.

— *Electr.* Diferencia de potencial entre dos conductores eléctricos o dos cuerpos cargados de electricidad: *la unidad de tensión es el voltio.* (V. FUERZA *electromotriz* y POTENCIAL.) [Sinón. censurable, VOLTAJE.] ‖ *Tensión disruptiva,* diferencia de potencial que ha de existir entre dos conductores para que se produzca una descarga * disruptiva entre ambos. ‖ *Tensión eficaz,* valor medio de la diferencia de potencial de una corriente alterna, generalmente igual a las siete décimas partes de la tensión máxima que alcanza la misma en el curso de un ciclo. (V. CORRIENTE.) ‖ *Tensión nominal* y *tensión de servicio,* son, respectivamente, la tensión que debiera tener una corriente en un punto de la línea distribuidora y la que tiene efectivamente, la cual, en razón del carácter variable de las cargas, suele diferir de la primera de 2 a 3 % en más o en menos. ‖ *Alta tensión,* la de más de 250 voltios, especialmente la de millares y hasta centenares de millares de voltios que existe entre los conductores de las líneas destinadas al transporte de energía. ‖ *Baja tensión,* tensión de menos de 250 voltios (generalmente de 115 a 125 V y de 220 V) a que se reduce con transformadores la de alta tensión para distribuir la energía eléctrica a los abonados.

— *Fís.* En las acepciones relativas a los gases, es sinónimo de *presión.* ‖ *Tensión superficial,* fuerza que tiende a disminuir la superficie libre de un líquido. ‖ *Tensión de vapor,* v. VAPOR.

— La *tensión superficial* se explica por el hecho de que la resultante de las atracciones que ejercen sobre una molécula superficial las moléculas próximas, se halla dirigida hacia el interior del líquido. A este fenómeno se debe que una pequeña masa de líquido adopte en el aire la forma esférica. La superficie del líquido se comporta como si el mismo estuviera contenido en una finísima membrana elástica, y ello explica que ciertos insectos puedan andar sobre el agua y que una aguja u otro objeto ligero puesto delicadamente sobre el líquido, no se hunda. La tensión superficial del agua es dos veces superior a la del aceite, pero basta con agregar al líquido pequeñas proporciones de detergente para que disminuya considerablemente. (V. tb. CAPILARIDAD y HUMECTANTE.)

— *Mec.* Resultante de las fuerzas elásticas que, en la masa de un cuerpo, equilibran los esfuerzos externos que tienden a alargarlo.

— *Metal. Tensión interna,* fenómeno caracterizado por la existencia en el interior de un metal de esfuerzos que se anulan mutuamente.

— Las *tensiones internas* se deben a la anisotropía * que adquieren los metales en el curso de ciertos tratamientos térmicos (especialmente el temple) y de la solidificación de los metales fundidos.

— *Meteor. Tensión de vapor de agua,* presión del vapor acuoso contenido por la atmósfera: *el valor de la tensión de vapor de agua expresado en milímetros es aproximadamente igual al peso en gramos del agua contenida por un metro cúbico de aire (humedad * absoluta).*

— *Radiot. Tensión de placa, de rejilla,* etc., tensión aplicada a la placa, la rejilla, etc., de un tubo electrónico. ‖ *Circuito de alta tensión,* el que alimenta los ánodos de las lámparas o tubos electrónicos. ‖ *Circuito de baja tensión,* el que sirve para el caldeo de los filamentos o cátodos de dichos tubos. ‖ *Muy alta tensión,* la de millares de voltios que se aplica a los ánodos de los tubos catódicos empleados en los oscilógrafos y los televisores.

TENSOR, RA adj. y s. Que sirve para tensar una cosa o para mantenerla tensa. ‖ —M. Dispositivo que se emplea para dar tensión a los alambres de las cercas, las correas * de transmisión, los acoplamientos de los vagones, etc.

— Los *tensores de correas de transmisión* consisten en rodillos locos aplicados con fuerza sobre uno o los dos ramales de la correa, cuyo recorrido queda aumentado, al mismo tiempo que la adherencia a las poleas.

— Los *tensores de alambres* empleados para setos constan de un bastidor pequeño provisto de un carrete con mecanismo de trinquete para zafarlo. El carrete se hace girar con una llave especial hasta que se haya enrollado en él el alambre sobrante. En otros tensores los extremos de los dos alambres se fijan en dos ganchos de cuerpo largo y roscado (con rosca a la derecha en uno de ellos y a la izquierda en el otro). La tensión se obtiene al enroscar ambos ganchos en un bastidor haciéndolo girar, lo cual tiene por efecto aproximarlos uno del otro.

— *Mat.* Extensión de la noción de vector a los espacios de más de tres dimensiones, y así, considerando los puntos p y q en un espacio de 4 dimensiones, el *tensor* es el conjunto de los productos que se obtienen multiplicando cada una de las coordenadas cartesianas de p por las de q. Las operaciones afectuadas con tensores (cálculo tensorial) representan importante papel en mecánica y física, especialmente en la teoría de la relatividad, así como en física nuclear y otros campos de investigaciones en los que se producen efectos relativistas, tensiones elásticas, etc.

tensor de alambres

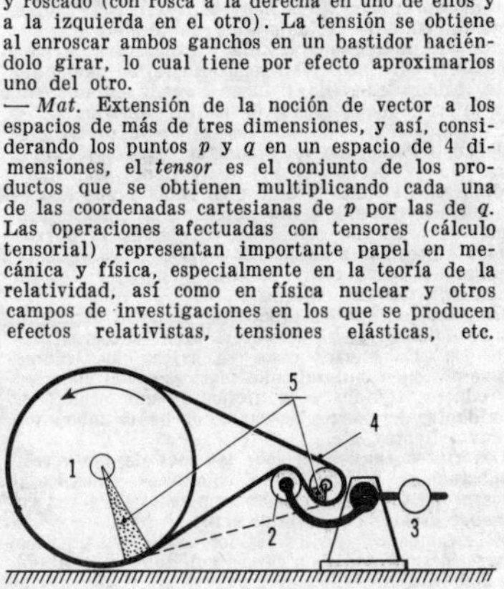

tensor de correas
1. Polea motriz; 2. Rodillo tensor; 3. Contrapeso; 4. Ramal conductor; 5. Arco de adherencia suplementaria

teñido en pieza *(text.)*

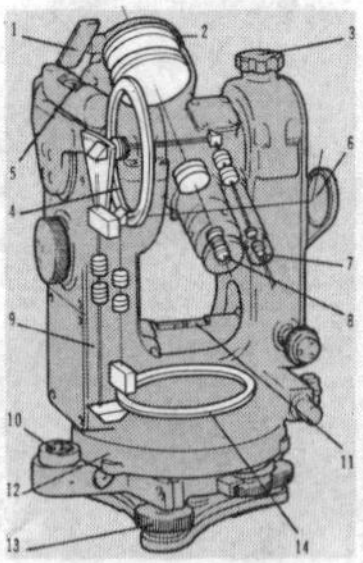

teodolito
1. Espejo orientable; 2. Anteojo; 3. Fijación del mismo; 4 y 5. Limbo vertical y su nivel; 6. Espejo orientable; 7. Microscopio del limbo; 8. Ocular; 9. Alidada móvil; 10 y 11. Niveles; 12. Bastidor fijo; 13. Tornillos de ajuste; 14. Limbo horizontal fijo

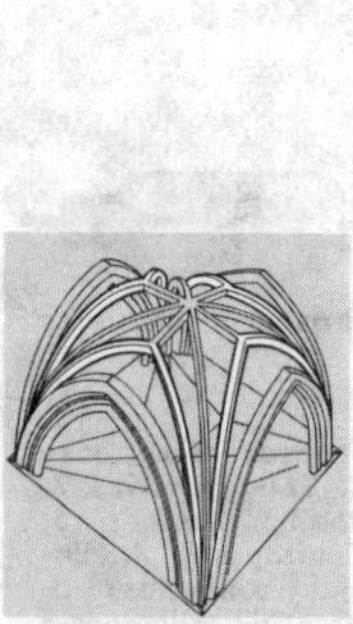

tercelete

TENSORIAL adj. *Mat.* Relativo a los tensores: *cálculo tensorial.*

TENTADURA f. *Min.* Ensayo que se hace para apreciar la riqueza de un mineral de plata amalgamando ésta con mercurio.

TENTEMOZO m. Puntal que se pone provisionalmente a una cosa para que no se caiga. ‖ Vara articulada en el extremo de un carro y que, después de dejarla pender verticalmente del mismo, le sirve de apoyo en el suelo cuando solamente descansa sobre sus dos ruedas.

TEÑIDO m. y **TEÑIDURA** f. Operación consistente en impregnar de materia tintórea una substancia, ya para cambiar su color, ya, si es blanca o incolora, para colorearla.
— *Carp.* La rareza de ciertas maderas preciosas, sobre todo usadas en ebanistería, y el aumento constante de la demanda, han incitado a reemplazarlas por otras maderas ordinarias que, mediante *teñido,* las imitan más o menos imperfectamente. Con dicho fin se emplean colorantes vegetales (brasileína, cáscara de nogal, campeche *, rubia *, etc.) o sintéticos (derivados de la anilina * y de la alizarina *). En ciertos casos, los matices que se imitan, solamente pueden obtenerse mediante blanqueo previo de la madera empleada.
— *Text.* En la industria textil se distingue el *teñido en rama* (o sea, el de las fibras) del *teñido en madeja* (hilados) o *en pieza* (tejidos). Ciertos tintes obran por impregnación mecánica y en ellos los granos de la materia colorante, en suspensión en el agua, quedan adheridos a los poros del producto textil como lo serían en los de filtro. Pero, las más de las veces, el teñido se efectúa por impregnación química según una de las tres modalidades siguientes: 1.º la fibra tiene mucha afinidad por el tinte y lo fija directamente (cual ocurre, por ejemplo, con la seda y la fucsina); 2.º si no existe dicha afinidad, la fibra se trata con mordiente *, el cual formará después un compuesto insoluble con el tinte, y así, el tanino fija los colorantes artificiales, ciertas sales metálicas fijan la rubia, etc.; 3.º el color es engendrado en el seno de la materia textil, cual ocurre con el índigo * soluble, que es incoloro y que, una vez impregnada la tela y expuesta al oxígeno, se vuelve azul (asimismo, un tejido embebido de cianuro amarillo y luego bañado en una sal de hierro, queda teñido de azul de Prusia).
Las operaciones de teñido suelen ir precedidas de un blanqueo de los productos textiles seguido, si ello es necesario, del tratamiento con mordientes. El tinte se aplica en tinas y por lo general, en caliente. Para obtener una penetración más perfecta del colorante, se efectúa la operación a presión en autoclaves a veces especialmente adaptadas para teñir bobinas y hasta rollos de urdimbre en sus enjulios.
Una vez teñidos los productos, se lavan con agua y se dejan secar al aire libre o en secaderos caldeados. En ciertos casos se avivan los colores o se obtienen determinados matices sometiendo los productos teñidos a la acción de una atmósfera oxidante, de chorros de vapor, de baños jabonosos muy calientes, etc.
Los tintes empleados son, las más de las veces, substancias artificiales o colorantes sintéticos; los productos naturales son empleados cada vez en menor escala. (V. COLORANTE.)
El estampado * de los tejidos constituye un caso particular de teñido a la vez policromo y limitado a los dibujos.

TEÑIR v. Impregnar una cosa de substancia colorante, especialmente los tejidos.
— *Pint.* Modificar un color sobreponiéndole otro.

TEODOLITO m. *Topogr.* Instrumento óptico empleado en topografía y geodesia para medir ángulos verticales y horizontales.
— El *teodolito* consta de un anteojo articulado, por un eje horizontal, en una montura en forma de U que no es sino una alidada dotada, a su vez, de movimiento sobre un eje vertical. Así, los movimientos del anteojo permiten medir ángulos verticales cuyo valor, entre las inclinaciones inicial y final del mismo, es indicado por un limbo vertical; por otra parte, los movimientos de la alidada, medidos con otro limbo horizontal, permiten medir los ángulos horizontalmente.
La precisión del instrumento se aumenta observando la estricta verticalidad del eje principal del instrumento gracias a los tres niveles de que está provisto (v. *figura*); sobre todo, las graduaciones de los limbos son leídas con mucha exactitud merced a nonios y, en los modelos perfeccionados, a sistemas de microscopios y micrómetros con los cuales la precisión llega a ser tan grande que el error no pasa de dos segundos de grado centesimal.
Los teodolitos se emplean principalmente en topografía, y también en meteorología y aerología * para seguir con la vista los globos, mientras un ayudante anota las coordenadas, con lo cual se establecen así las trayectorias que permitirán determinar la velocidad y dirección del viento a diferentes alturas. Se usan asimismo en investigaciones espaciales y en astronomía, por ejemplo, para apreciar aproximadamente las trayectorias de los cohetes y las de ciertos satélites artificiales muy grandes, próximos o brillantes.

TEOREMA m. Proposición científica que puede ser demostrada. ‖ *Teoremas de Pitágoras, de Tales,* etc., V. PITÁGORAS, TALES, etc.

TEORÍA f. Conjunto de hipótesis, reglas o leyes que sirven de base a una ciencia o a una parte de ella porque permiten explicar los hechos o fenómenos observados en la misma. ‖ *Teorías de los cuantos, de los gases, de la relatividad,* etcétera, V. CUANTO, GAS, RELATIVIDAD, etc.

TEÓRICO, CA adj. Dícese de lo que se funda en alguna teoría. ‖ Por ext., aplícase a la magnitud prevista por el cálculo o por la experiencia, cuando no existe la seguridad de que será alcanzada con exactitud: *barras de un diámetro teórico de 25 mm.* (Sinón. impropio, NOMINAL.)

TERA, prefijo que, antepuesto al nombre de una unidad, la multiplica por un billón y cuyo símbolo es T.

TÉRBICO, CA adj. *Quím.* Que contiene terbio.

TERBIO m. *Quím.* Elemento químico de número atómico 65, cuyo símbolo es *Tb.*
— El *terbio* es un metal del grupo de los lantánidos * o tierras raras. Sus principales constantes físicas son: densidad 8,523; punto de fusión entre 1 400 y 1 500º; punto de ebullición de unos 2 800º; masa atómica, 158,924. (Además de este isótopo natural de masa 159, se conocen 17 artificiales, de masa comprendida entre 147 y 164.) Sus propiedades químicas son análogas a las del lantano. Se extrae en ínfimas cantidades de la gadolinita.

TERCELETE m. *Arq.* Nervio intermediario de las bóvedas * por arista. ‖ Braguetón.

TERCEROL m. *Mar.* Dícese de las cosas que, a bordo de una embarcación, ocupan el tercer lugar de una serie, y así, tratándose de remos, el tercerol es el de la tercera bancada.

TERCEROLA f. *Arm.* Carabina * corta.
— *Carp.* Barril de mediana cabida.

TERCIADO, DA adj. y s. *Carp.* Madero de sierra que resulta de dividir en tres el ancho de la alfarjía *. ‖ Cinta de anchura algo superior a la del listón.
— *Constr.* Trozo de ladrillo, cuando éste háyase dividido en tres o en cualquier otro número de partes.
— *Ind. alim.* Dícese del azúcar de color pardo claro, que contiene menos melaza que el moreno.

TERCIAR v. Dividir una cosa en tres partes iguales. (V. TERCIADO.) ‖ Reducir la fuerza de un producto líquido agregándole agua.

TERCIARIO, RIA adj. y s. *Arq.* Tercelete.
— *Geol.* Era que abarca los tiempos geológicos

Fot. C. C. A.

comprendidos entre el mesozoico o secundario y el cuaternario.
— El *terciario*, cuyos terrenos datan de —65 a —1 millones de años, se caracteriza por una importante actividad orogénica (formación de las principales cordilleras actuales), que da lugar, en las postrimerías de la era, a un volcanismo intenso; los flujos y reflujos de los mares confieren a los continentes las formas generales que hoy tienen. Del terciario datan la mayor parte de los combustibles fósiles beneficiados por el hombre desde el siglo pasado. (V. tb. ESTRATIGRAFÍA.)

TERCIOPELO m. *Text.* Tejido raso por una cara y con la otra cubierta por un vello tupido y sedoso, constituido por las hebras de numerosos hilos cuyos mechones son sujetados por la trama y la urdimbre del tejido de base.
— El *terciopelo* propiamente dicho, que antes se hacía exclusivamente de seda y hoy con diversas clases de fibras, consta de un tejido de basamento, formado por una trama y una urdimbre, y de una segunda urdimbre, llamada ligado de pelo o simplemente pelo, que es la que da los mechones. Los hilos de esta segunda urdimbre son tejidos, como indica la figura, sobre una varilla ranurada (hierro) de sección triangular. Una vez hecha la pasada, el hierro gira sobre sí mismo y se pone vertical, formando así los hilos un bucle o rizo cortado seguidamente por la tallarola, cuchilla que se desliza por la ranura del hierro. Así, cada bucle o rizo da dos mechones.
Los mechones se hallan lo suficientemente apretados entre sí para que el tejido presente, como superficie, los extremos de las hebras, resultando así una absorción de la luz que confiere al terciopelo su sombreado característico.
Existen, no obstante, *terciopelos rizados* en los

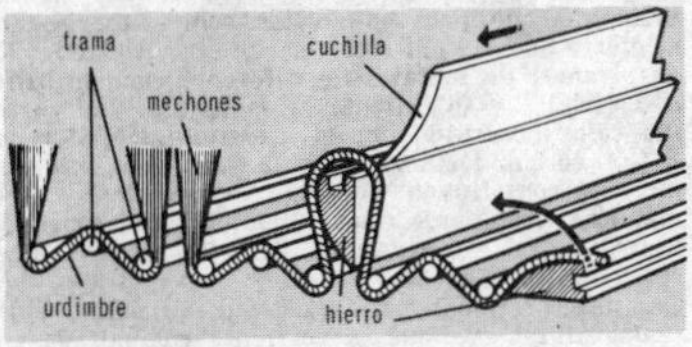

terciopelo

cuales los bucles no son cortados. En otros casos (*terciopelo cincelado*) se dejan bucles sin cortar, que se combinan y forman dibujos con las partes provistas de mechones. En el *terciopelo labrado*, los dibujos se forman con la segunda urdimbre, mientras que, en las demás partes, aparece el fondo liso del tejido de basamento. Los terciopelos labrados químicamente se tejen con un pelo atacable por determinado producto corrosivo y un basamento que no lo es, y estampándolos de modo que la substancia moje y destruya el vello en las partes correspondientes al dibujo.
En vez de formar los bucles con una urdimbre suplementaria, se pueden obtener con una segunda trama. Estos *terciopelos de trama* se conocen más bien por el nombre de *pana* *. (V. tb. FELPA y MOQUETA.)
El principio de fabricación del terciopelo se aplica también a las alfombras producidas mecánicamente.

TEREBENTENO m. *Quím.* Pineno.

TEREBENTINA f. *Quím.* Galicismo por *trementina*.

TEREDO m. *Carp.* y *Mar.* Género de moluscos bivalvos de forma muy alargada, que labran galerías en los cascos de los buques, los pilotes y otros maderos sumergidos, pudiendo causar graves daños a los mismos: *la madera se protege contra los teredos impregnándola con creosota y, en los barcos, empleando pinturas especiales de minio, sales cúpricas, etc.*

TEREFTALATO m. *Plást.* y *Text. Tereftalato de polietileno*, poliéster caracterizado por su elevada resistencia mecánica, que se obtiene haciendo obrar el ácido tereftálico sobre el dietilenoglicol y es empleado en forma de fibras * textiles (Dacron, Terileno, Tergal, etc.) y de películas

TEREFTÁLICO, CA adj. *Quím.* Dícese de un ácido $C_6H_4(CO_2H)_2$, isómero del ácido ftálico, derivado del benceno, que entra en la fabricación de fibras sintéticas. (V. TEREFTALATO.)

TERGAL m. *Text.* Marca registrada de fibras sintéticas de poliéster a base de tereftalato * fabricadas en Francia.

TERILENO m. *Text.* Forma españolizada de la marca registrada *Terylene*, fibras sintéticas a base de tereftalato fabricadas en Inglaterra.

TERLIZ m. *Text.* Tela de cáñamo o de lino que no es sino un cutil * basto.

TERM, prefijo derivado del griego *therme*, que significa *calor*.

TERMAL adj. *Geol.* Dícese de las aguas minerales que brotan siempre calientes.

TERMALENO m. *Metal.* Mezcla de acetileno y de vapores de hidrocarburos que se obtiene vertiendo agua sobre una mezcla de carburo de calcio y de aserrín empapado de aceites pesados: *el termaleno, menos explosivo que el acetileno puro, se emplea en los sopletes * para soldar y cortar metales.*

TERMALIDAD f. *Geol.* Naturaleza, estado de las aguas termales.

TERMALIZACIÓN f. *Atom.* Frenado de los neutrones rápidos producidos en la fisión del uranio para convertirlos en neutrones térmicos. (V. NEUTRÓN.)

TERMIA f. *Metr.* Unidad de cantidad de calor, cuyo símbolo *th*, equivalente a un millón de calorías y a 4,185 5 millones de julios.

TERMICIDAD f. *Fís.* Cambio de calor, con el medio exterior, de un sistema de cuerpos en curso de transformación fisicoquímica: *la termicidad de una reacción exotérmica es positiva y la de una reacción endotérmica es negativa.*

TÉRMICO, CA adj. y s. Relativo o perteneciente al calor: *los mapas térmicos indican las temperaturas medias o extremas de las regiones representadas.*
— *Aeron. Muro térmico*, v. MURO.
— *Atom. Neutrón térmico*, v. NEUTRÓN.
— *Electr.* Dícese del instrumento de medida que da sus indicaciones en función de los cambios de temperatura: *amperímetro térmico.* ‖ *Central térmica*, v. CENTRAL. ‖ *Relevo térmico*, relevo * que establece los contactos cuando el calor engendrado en él por la corriente alcanza determinada temperatura para la cual ha sido regulado.
— *Fís.* F. Parte de la física que trata de la producción, transmisión y aprovechamiento del calor.
— *Mec. Máquina* o *motor térmicos*, los que, como la máquina de vapor y el motor de explosión, convierten el calor en energía mecánica.
— *Meteor.* Corriente vertical por termoconvección *. (V. ASCENDENCIA.)
— *Quím. Análisis térmico*, v. ANÁLISIS.

TERMINACIÓN f. Acabado.

TERMINADOR m. *Astr.* Línea de separación entre la zona obscura y la parte iluminada del disco lunar que, en las fotografías y en la observación telescópica, aparece discontinua y muy irregular, en razón del relieve accidentado de nuestro satélite.

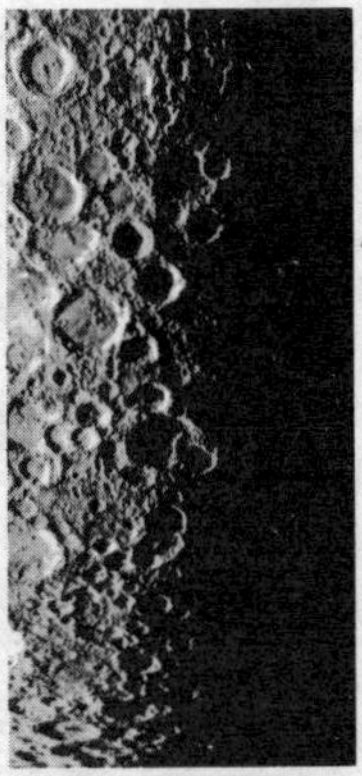

terminador

TERMINAL adj. y s. Lo que se halla al final o en el extremo de una cosa.
— *Aeron. Estación terminal*, o simplemente *terminal.* (V. ESTACIÓN.)
— *Electr.* Borne o hembrilla que se pone en el extremo de un conductor para facilitar las conexiones: *en un televisor, el cable de la antena tiene un terminal coaxial; en un motor de coche los cables del distribuidor se enchufan en las bujías con terminales.*
— *Petr.* Conjunto de tanques, bombas, filtros, conductos y otras instalaciones con que empieza o se termina un oleoducto: *terminal marítimo.*

TÉRMINO m. *Astr.* Distancia de la Luna a uno de los nodos de su órbita.
— *Mat. Términos de una fracción*, el numerador y el denominador de la misma. ‖ *Término medio*, promedio. ‖ *Término de un polinomio*, cada uno de sus monomios, o sea, cada uno de los grupos de cifras y letras separados por los signos más (+) o menos (—). ‖ *Término de una proporción*, cada uno de los cuatro elementos de que consta. ‖ *Términos de una serie* o *de una progresión*, cada una de las cantidades que entran en la formación de las mismas. ‖ *Términos semejantes*, los que, en los polinomios, tienen idénticas

Fot. Obs. del Monte Wilson

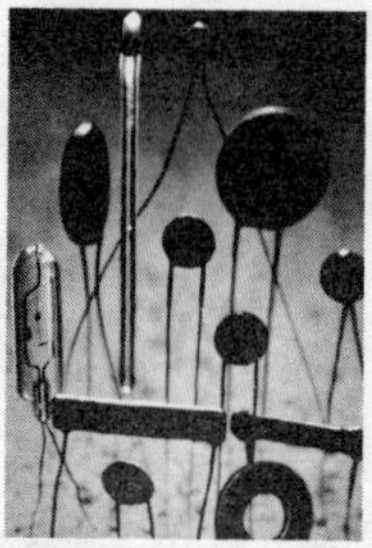

termistancias

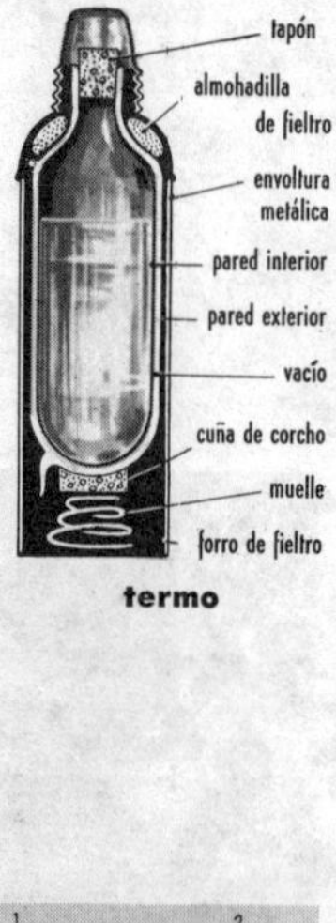

termo

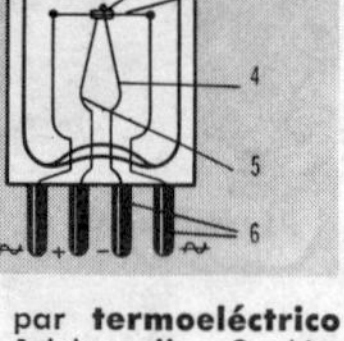

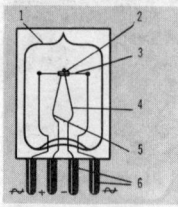

par **termoeléctrico** 1. Ampolla; 2. Aislante; 3. Resistencia; 4. Filamento de hierro; 5. Filamento de constantán; 6. Clavijas

letras y exponentes, aunque difieran por su signo o sus coeficientes.
— *Topogr.* Límite o línea divisoria de dos territorios.

TERMIÓNICO, CA adj. *Electrón.* Termoiónico.

TERMISTANCIA f. y **TERMISTOR** m. *Electr.* Resistencia cuyo calor varía considerablemente con la temperatura a que se halla sometida.
— Las *termistancias* son semiconductores * de óxidos metálicos montados en un tubo de vacío. Al ser atravesadas por una corriente eléctrica le oponen una resistencia que es muy sensible a la temperatura y que, por ejemplo, entre las temperaturas de 0 a 100° podrá ser multiplicada o dividida por 10 y hasta por 100. Esta propiedad hace que las termistancias puedan ser empleadas como termómetros * y como bolómetros *. También se usan en los circuitos eléctricos para la protección de los aparatos, transistores, etc., ya que todo aumento anormal de la tensión provoca en el conductor un calentamiento al cual es sensible la termistancia.

TERMITA f. *Metal.* Mezcla pulverulenta de 75 % de aluminio y 25 % de óxido de hierro, empleada en aluminotermia *.

TERMO prefijo. V. TERM.

TERMO m. Marca registrada de una botella de paredes aislantes, fundada en el principio del frasco * de Dewar, que sirve para conservar bebidas u otras cosas a temperaturas próximas de aquella a la cual se han vertido en la misma. ‖ Apócope familiar de *termosifón*.

TERMOBOMBA f. *Fís.* Bomba * de calor.

TERMOCLINA f. *Ocean.* Límite entre dos masas de aguas marítimas de temperaturas diferentes.

TERMOCOLORÍMETRO m. *Fot.* Fotocolorímetro.

TERMOCOMPRESOR m. *Mec.* Aparato que aprovecha la energía excedentaria de un vapor de alta presión para comprimir, por dos toberas sucesivas, otro vapor de baja presión.

TERMOCONVENCIÓN f. *Meteor.* Conjunto de movimientos verticales y ascendentes del aire debidos a la disminución de la temperatura con la altura. (V. ASCENDENCIA y CONVECCIÓN.)

TERMOCROICO, CA adj. *Fís.* Dícese de las radiaciones infrarrojas que son absorbidas de modo análogo a las radiaciones del espectro visible.

TERMOCROSIS f. *Fís.* Propiedad a la cual se debe que un rayo luminoso se propague más o menos bien a través de una substancia diatérmana.

TERMOCUPLA f. *Electr.* Galicismo por *par* * *termoeléctrico.*

TERMODIFUSIÓN f. *Fís.* Difusión del calor.

TERMODINÁMICA f. *Fís.* Parte de la física relativa a las relaciones estre los fenómenos caloríficos y los fenómenos mecánicos.
— La *termodinámica* estudia la transformación del calor en trabajo, y viceversa. Se funda en fenómenos comprobados experimentalmente, circunstancia que la distingue de la teoría mecánica del calor, que se apoya en ciertas hipótesis (v. CALOR). Tiene por base dos grandes principios que a continuación se explican.
1.° Según el *principio de equivalencia* o *primer principio de la termodinámica*, existe una correspondencia cuantitativa entre los fenómenos mecánicos y térmicos (una parte del calor de un sistema puede convertirse en una cantidad equivalente de energía mecánica, y viceversa). Sea cual fuere el sistema empleado para efectuar dicha conversión, existe una relación matemática J (equivalente * mecánico del calor) entre el trabajo W y la cantidad de calor Q necesaria para obtenerlo, y así:

$$\frac{W}{Q} = J, \text{ y también } W = -JQ = 0.$$

2.° El *principio de la termodinámica*, también llamado *principio de Carnot, de Clausio, de la evolución* o *de la entropia*, especifica que una máquina solamente puede transformar calor en trabajo si existe en la misma paso de calor de un manantial caliente a otro frío (por ej., la caldera y el condensador de una máquina de vapor). Así, no puede obtenerse trabajo a partir del calor sin que se produzca una pérdida de temperatura. Solamente una parte del calor perdido por el manantial caliente es convertida en trabajo (una parte proporcionalmente tanto mayor cuanto mayor fuere también la diferencia de las temperaturas inicial y final). Y, si bien la energía calorífica total de un sistema aislado (suma de las cantidades de energía de los manantiales caliente y frío) permanece constante, la cantidad de energía aprovechable, o sea convertible en trabajo, disminuye constantemente (v. CICLO *termodinámico* y DEGRADACIÓN *de la energía*). De la extensión de este principio se deducen dos consecuencias importantes: por una parte, la imposibilidad del movimiento * continuo; por otra, la inexorable disminución de la energía en el Universo, ya que muchos son los procesos físicos, desde la mecánica del átomo y las radiaciones hasta las grandes máquinas y los fenómenos naturales (viento, mareas, meteoros, etc.) en los cuales existe disipación de calor y, consiguientemente, degradación de la energía. La energía tiende así a perder su forma concentrada y ordenada (en la cual es aprovechable) para disiparse, y a este fenómeno se la da el nombre de entropia *. (V. tb. ENERGÍA.)
En los cálculos relativos a termodinámica interviene frecuentemente la *función característica* H = TS — U, en la cual U es la energía interna del sistema, S la entropia y T la temperatura absoluta (por lo demás, en los cálculos termodinámicos, las temperaturas suelen ser medidas a partir del cero absoluto, o sea en grados Kelvin, a cuya escala se da también, por dicha razón, el nombre de *escala termodinámica*).

TERMOELECTRICIDAD f. *Electr.* Electricidad que se obtiene convirtiendo directamente la energía calorífica en energía eléctrica. ‖ Producción o absorción de calor por medio de corriente eléctrica.
— La *termoelectricidad* se funda en un mismo principio que produce efectos contrarios. Según el efecto Seebeck, si se forma un circuito soldando dos tramos de metales de diferente conductibilidad térmica y se calienta la soldadura, una parte del calor absorbido por el circuito (alrededor de 2 %) se convierte en energía eléctrica. Los dos metales constituyen un *par termoeléctrico*, formándose los pares más comunes con cobre y hierro, hierro y constantán, bismuto y cobre, hierro y antimonio, etc.
Los pares termoeléctricos se emplean para medir temperaturas, ya que la corriente engendrada en el circuito y medida con un galvanómetro de precisión es proporcional al calentamiento de la soldadura (v. CALORÍMETRO y PIRÓMETRO). Si se acoplan numerosos pares, se obtiene un convertidor de energía llamado *pila termoeléctrica*. Por ejemplo, en ciertos generadores * empleados a bordo de los ingenios espaciales se aprovecha el calor desprendido por un cuerpo muy radiactivo, disponiendo en torno del mismo un gran número de pares termoeléctricos que, montados en serie y en derivación, suministran la energía suficiente para alimentar los instrumentos, las emisoras, etc. El efecto Seebeck es reversible, como demostró Peltier (y por eso se llama entonces efecto Peltier): el paso de una corriente eléctrica por el conductor mixto provoca un calentamiento o un enfriamiento (según el sentido de aquélla) de la soldadura. Solamente presenta interés práctico el enfriamiento y, empleando pares a base de semiconductores agrupados en baterías, se han construido elementos refrigerantes para distintos usos.

TERMOELÉCTRICO, CA adj. *Electr.* Relativo a la termoelectricidad. ‖ *Efectos termoeléctricos*, los efectos Seebeck y Peltier. (V. TERMOELECTRICIDAD.) ‖ *Escala termoeléctrica*, lista de metales ordenados de modo que dos de ellos puedan formar un par termoeléctrico en el cual la corriente vaya del que figura primero en la lista al otro; por otra parte, la fuerza electromotriz suministrada por un par es siempre superior a la de otro par si los metales de éste figuran en la lista entre los del primero. ‖ *Generador termoeléctrico*, v. GENERADOR y TERMOELECTRICIDAD. ‖ *Par termoeléctrico*, v. TERMOELECTRICIDAD. ‖ *Pinza termoeléctrica*, pirómetro en forma de pinza cuya boca se halla constituida por las soldaduras de dos pares termoeléctricos y con la cual se toma un objeto pequeño para medir su temperatura. (V. TERMOELECTRICIDAD.) ‖ *Poder termoeléctrico*, magnitud de la fuerza electromotriz engendrada en un par termoeléctrico por una diferencia de temperatura de un grado.

Fot. C. S. F.-Bouillot

TERMOELECTRÓNICO, CA adj. *Electrón.* y *Radiot.* Termoiónico.
TERMOESTABLE adj. *Materias plásticas termoestables*, V. PLÁSTICO.
TERMOFÓNICO, CA adj. *Fís.* Dícese de los aparatos que engendran sonidos por efecto del calor.
TERMÓFONO m. *Acúst.* Transductor electroacústico en el cual las vibraciones sonoras resultan de las variaciones que experimenta la temperatura junto al conductor por el cual pasa la corriente modulada por las señales.
TERMOFRAGUANTE adj. *Plást. Materia plástica termofraguante*, V. PLÁSTICO.
TERMÓGENO, NA adj. *Fís.* Que engendra calor.
TERMÓGRAFO m. *Metr.* Termómetro registrador.
TERMOIÓNICO, CA adj. *Electrón.* y *Radiot. Efecto termoiónico*, emisión de iones en torno de un filamento calentado por la corriente eléctrica en el seno de una atmósfera rarificada (aplícase casi exclusivamente a la emisión de electrones en la lámpara * termoiónica por efecto de la energía cinética que adquieren aquéllos en el filamento o cátodo caliente, cuyos electrones son captados por un ánodo). ‖ *Lámpara termoiónica, tubo termoiónico* o *válvula termoiónica*, V. LÁMPARA.
TERMOLUMINISCENCIA f. *Fís.* Luminiscencia * provocada por el calor.
— La *termoluminiscencia* ès la emisión de luz por ciertas substancias calientes a temperaturas muy inferiores a las que se requieren para ponerlas incandescentes. Así, la quinina calentada a la temperatura de 100° brilla con hermosa luminiscencia azul y la fluorina emite, a 300°, destellos morados, verdes y rosados.
TERMOLUMINISCENTE adj. *Fís.* Dotado de termoluminiscencia.
TERMOMAGNETISMO m. *Fís.* Magnetismo engendrado en un cuerpo por el calor.
TERMOMANÓMETRO m. *Fís.* Termómetro para medir temperaturas elevadas fundado en la evaluación de la presión saturante de un vapor.
TERMOMECÁNICO, CA adj. *Fís.* Relativo a la mecánica del calor considerado éste como fuerza viva.
TERMOMETRÍA f. *Metr.* Conjunto de estudios y técnicas sobre la medida de la temperatura.
TERMOMÉTRICO, CA adj. *Metr.* Relativo al termómetro o a la termometría.
TERMÓMETRO m. *Fís.* y *Metr.* Instrumento propio para medir la temperatura de los cuerpos.
— Los *termómetros ordinarios* constan de un pequeño recipiente, lleno de alcohol o de mercurio, prolongado por un tubito capilar en el cual se ha practicado el vacío. Las variaciones de la temperatura provocan en la masa líquida una dilatación o una contracción que hacen variar su volumen. Variaciones tan ligeras se traducen por cambios apreciables del nivel del líquido porque, por muy pequeño que sea —en más o en menos— dicho volumen resulta grande respecto al que puede contener el angosto tubo capilar. El nivel del líquido indica, en la escala dispuesta a lo largo del tubo, la temperatura que tiene el líquido en el depósito, o sea la del medio que lo rodea (aire, agua u otro cuerpo). Las dos escalas termométricas comunes son las de Celsio o centesimal y la de Fahrenheit (v. TEMPERATURA).
Los líquidos se adoptan en función de las temperaturas que se han de medir: el mercurio sirve entre las de 357 y —38,8, a las cuales hierve y se congela, respectivamente; el alcohol puede ser empleado para medir temperaturas de hasta —130°; para temperaturas aún más bajas se recurre al tolueno y a éteres de petróleo que se congelan a temperaturas inferiores a la del aire líquido.
Los *termómetros de máxima* sirven para registrar la temperatura máxima y guardar constancia de ella (aunque haya bajado ulteriormente) hasta que haya sido leído su valor en la escala. Con dicho fin su tubito capilar tiene, junto al depósito, una angostura que, si bien da paso al mercurio cuando se dilata y exerce una presión, lo detiene cuando se contrae, quedando entonces rota la columna en dicho punto.
Los *termómetros de máxima y mínima* permiten conocer las temperaturas extremas alcanzadas en determinado período de tiempo. Constan de un tubo en forma de U que contiene mercurio y está rematado por dos ampollas, una de las cuales se encuentra completamente llena de alcohol y la otra solamente en parte (siendo el resto ocupado por el aire). Entre el mercurio y el alcohol se hallan dos índices ajustados de modo que puedan correr dentro del tubo si los empuja el líquido, pero no deslizarse en el mismo por su propio peso. El funcionamiento del aparato es como sigue: cuando aumenta la temperatura, el mercurio solamente puede dilatarse empujando el alcohol por el lado en que la ampolla contiene aire, elevándose así el correspondiente índice de máxima; al bajar la temperatura, el alcohol de la ampolla llena se contrae y entonces el mercurio empuja, por gravedad, el otro índice. Así quedan indicadas las temperaturas máxima y mínima hasta que se vuelvan a colocar los índices en contacto con la superficie del mercurio, cosa que se efectúa sacudiendo ligeramente el instrumento y, si éste ha sido provisto de índices magnéticos, bajándolos con un imán.
Si se desean registrar no ya los valores máximo y mínimo de la temperatura, sino sus variaciones continuas en función del tiempo, se emplean termógrafos, o sea termómetros registradores en los cuales las contracciones y dilataciones del petróleo, u otro líquido, contenido en un tubo aplastado y curvado, provocan una deformación de éste que, transmitida a un largo estilete inscriptor, queda amplificada sobre un gráfico fijado a un tambor arrastrado por un mecanismo de relojería. El tubo deformable es reemplazado en otros termógrafos por un elemento de bimetal *.
Llámanse *termómetros diferenciales* los que sirven para medir pequeñas diferencias de temperatura entre dos puntos. El de Leslie consta de dos bolas de vidrio huecas que se hallan en comunicación por su parte inferior mediante un tubito que contiene un líquido coloreado: la menor diferencia de temperatura entre las bolas, al desequilibrar sus presiones, provoca un corrimiento del líquido hacia la más fría de ellas. Son, asimismo, termómetros diferenciales los bolómetros * y los pares termoeléctricos *.
Además de estos instrumentos se emplean, para efectuar medidas precisas, los pirómetros * monocromáticos y los termómetros de resistencia fundados en las variaciones que experimenta la resistencia eléctrica de un conductor (generalmente de platino) en función de su temperatura. (V. tb. TERMISTANCIA.)
Los laboratorios de pesas y medidas emplean como patrón los *termómetros de gas*, que indican la temperatura en función de la presión que la misma determina en una masa de gas de volumen constante. Se dispone así de una lista de temperaturas perfectamente determinadas y fácilmente reproductibles, desde el punto de ebullición del oxígeno (—182,97°) hasta la de fusión del oro (1 063°), que sirven de referencia en termometría (por ejemplo, la escala del termómetro

termómetros

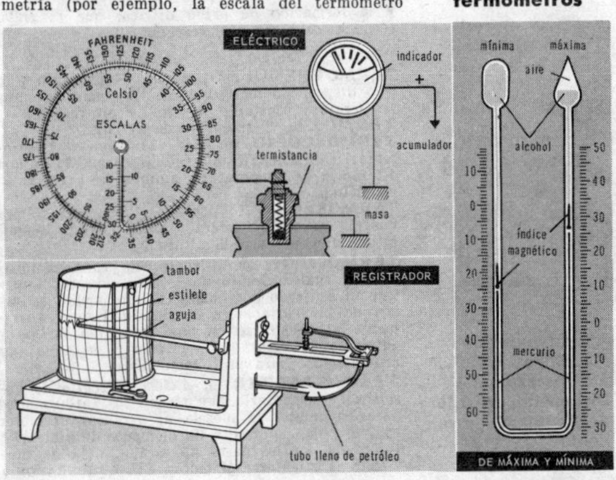

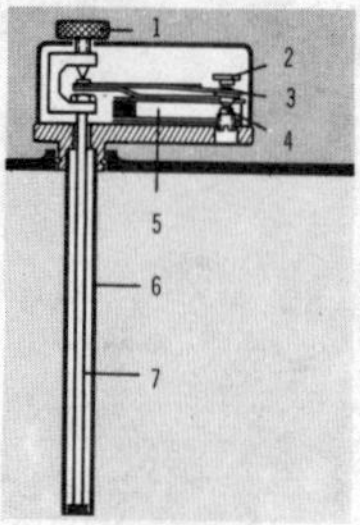

termostato
1. Regulador; 2. Contacto; 3. Contacto móvil; 4. Contacto fijo; 5. Imán; 6. Tubo dilatable; 7. Tubo no dilatable

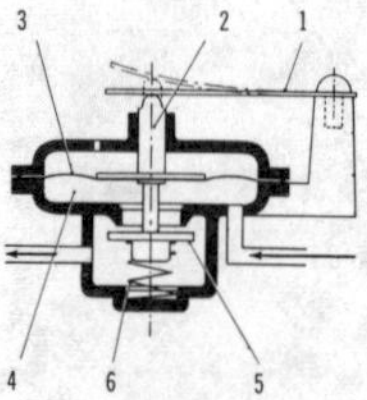

termostato de bimetal
1. Bimetal deformable por el calor; 2. Vástago de la válvula; 3. Membrana elástica; 4. Cámara de gas; 5. Chapeleta; 6. Muelle

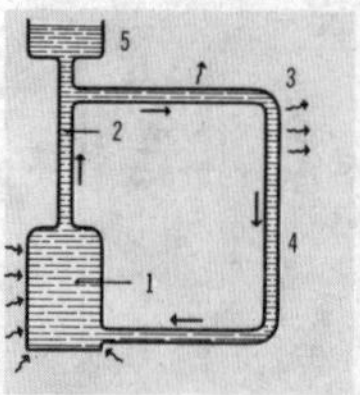

termosifón
1. Caldeo; 2. Columna ascendente; 3. Disipación de calor; 4. Columna descendente; 5. Vaso de expansión

Celsio se obtiene marcando la posición de la superficie de la columna líquida que corresponde a la congelación del agua y a la ebullición de la misma, y dividiendo el espacio en 10 partes iguales).
Las temperaturas muy próximas del cero absoluto, cuales se obtienen por desimanación de substancias paramagnéticas (v. FRÍO) se calculan a partir del coeficiente de imanación de las mismas, dado que aquél varía en razón inversa de la temperatura absoluta.
Para medir la temperatura del agua en oceanografía se emplean *batitermógrafos* * y *termómetros de resistencia* que, modernamente, se basan en el uso de termistancias *.

TERMOMETRÓGRAFO m. *Metr.* Termógrafo.

TERMONEUTRALIDAD f. *Quím.* Propiedad de los cuerpos que se disuelven a una temperatura dada sin desprender ni absorber calor.

TERMONUCLEAR adj. *Atom.* Dícese de las reacciones nucleares de fusión * porque en ellas la unión de dos núcleos ligeros para obtener otro más pesado solamente puede obtenerse mediante temperaturas elevadísimas capaces de conferir a los núcleos la energía cinética indispensable para vencer sus fuerzas repulsivas. ‖ *Bomba termonuclear,* v. BOMBA.

TERMOPILA f. *Electr.* Generador eléctrico constituido por el acoplamiento de numerosos pares termoeléctricos. (V. GENERADOR y TERMOELECTRICIDAD.)

TERMOPLÁSTICO, CA adj. V. PLÁSTICO.

TERMOPROPULSIÓN f. *Aeron.* Propulsión fundada exclusivamente en la producción de calor, sin la intervención de órganos mecánicos, como en el estatorreactor *.

TERMOPROPULSIVO, VA adj. *Aeron.* Que funciona por termopropulsión. ‖ *Tobera termopropulsiva,* estatorreactor *.

TERMOQUÍMICA f. Parte de la química relativa a los cambios de calor que se producen en el curso de las reacciones.
— Ciertas reacciones, calificadas de exotérmicas, se efectúan con desprendimiento de calor; por el contrario, las reacciones endotérmicas absorben calor. La calorimetría permite medir el calor desprendido o absorbido y, cuando ello no es posible, se calcula el mismo teniendo en cuenta los estados inicial y final de los cuerpos que reaccionan. Además de la importancia que reviste en química teórica, el conocimiento de los cambios de calor a que da lugar cada reacción es necesario en química industrial. Por eso se completan las ecuaciones de las reacciones indicando al final de las mismas, en kilocalorías, el calor absorbido (signo —) o desprendido (signo +). Así, la formación de vapor de agua a partir del hidrógeno y el oxígeno, tan importante en la propulsión de cohetes y en las pilas de combustible (v. PROPERGOL y PILA), es exotérmica y se expresa por la ecuación

$$H_{2(gas)} + 1/2\,O_{2(gas)} \rightarrow H_2O_{(vapor)} + 58 \text{ kcal}$$

y la formación de óxido nítrico, que es endotérmica, da lugar a la reacción

$$N_{2(gas)} + O_{2(gas)} \rightarrow 2NO_{(gas)} - 2 \times 21{,}5 \text{ kcal.}$$

TERMORREGULADOR m. Termostato * u otro dispositivo merced al cual se mantiene una temperatura constante dentro de un recinto.

TERMOS m. Termo, botella aislante.

TERMOSCOPIO m. *Fís.* Termómetro * diferencial rudimentario que indica el sentido de una diferencia de temperatura, aunque sin precisar su magnitud.

TERMOSFERA f. *Meteor.* Capa atmosférica que sigue a la mesosfera y en la cual la temperatura aumenta con la altura.

TERMOSIFÓN m. Circuito de canalizaciones por las cuales circula un líquido, sin ser impelido ni aspirado por bombas, simplemente en razón de las variaciones de densidad que experimenta al calentarse en una parte del mismo y enfriarse en otra. ‖ Calentador * de agua por acumulación, para usos domésticos.

TERMOSTÁRTER m. *Autom.* Circuito de gasolina suplementario que tienen los carburadores para enriquecer la mezcla al arrancar el motor en frío y que, merced a un elemento de bimetal * calentado por los gases de escape, deja de funcionar al calentarse el motor. (V. CARBURADOR.)

TERMOSTATO o **TERMÓSTATO** m. *Tecn.* Regulador que permite conservar una temperatura sensiblemente constante en el interior de un recinto. ‖ Frasco * de Dewar.
— El *termostato* consta de dos órganos acoplados: un elemento termométrico (fundado en la dilatación de un gas o un líquido contenidos en una cápsula expansible o en la deformación de un metal) y un órgano de mando neumático, hidráulico o eléctrico (interruptor, conmutador, reóstato, etc.). Regulando el sistema detector a la temperatura deseada, se obtiene que el mismo apague el manantial de calor cuando aquella es rebasada y lo encienda cuando no es alcanzada. Así, en un radiador de gas, el termostato tiene un elemento de bimetal * que, al bajar la temperatura en la habitación, se deforma y retira ante el vástago de una válvula que, empujada por un muelle antagonista, abre el paso al gas; mientras que, una vez obtenida la temperatura prevista, la deformación de sentido contrario hace que el bimetal, venciendo la resistencia del muelle, cierre la válvula e interrumpa el paso del combustible. La *figura* muestra otro ejemplo de termostato en el cual el alargamiento o la contracción de un tubo dilatable, en cuyo fondo descansa una varilla que no lo es, provocan la bajada o la subida de ésta, cuyo cabezal interrumpe o restablece la corriente.
Los *termostatos diferenciales,* también llamados *duóstatos,* constan de dos termostatos combinados de modo que se mantenga constante la diferencia de temperatura existente entre dos recintos o partes de una máquina, instalación industrial, etc.

TERMOTANQUE m. *Refrig.* Cambiador de calor que se emplea en ciertos buques para refrigerar los camarotes, los pañoles de municiones u otros compartimientos mediante una circulación del aire a través de un circuito de líquido frigorígeno. (V. CLIMATIZACIÓN y REFRIGERACIÓN.)

TERNARIO, RIA adj. Que consta de tres componentes: *ciertos combustibles ternarios para automóviles son mezclas de gasolina, alcohol y benzol.*
— *Mat.* Dícese del sistema de numeración que tiene por base al número tres, del polígono homogéneo de tres variables, etc.
— *Miner. Eje ternario,* eje de simetría de un cristal cuando éste, al cabo de una rotación de 120° sobre aquél, se sobrepone a sí mismo. (V. CRISTALOGRAFÍA.) ‖ *Sistema ternario,* sistema de cristalización * romboédrica, en el cual existe un solo eje de simetría ternario.
— *Quím. Compuesto ternario,* el que contiene tres elementos diferentes en su molécula, como el alcohol (C_2H_6O).

TERPÉNICO, CA adj. *Quím.* Dícese de los terpenos y de sus derivados. ‖ *Serie terpénica,* v. TERPENO.

TERPENOS m. pl. *Quím.* Grupo de hidrocarburos, presentes en las esencias vegetales y caracterizados por la composición de su molécula, que tiene ocho átomos de hidrógeno por cada cinco de carbono.
— Los *terpenos* propiamente dichos, de fórmula general $C_{10}H_{16}$, dan alcoholes, aldehídos y cetonas que constituyen la serie terpénica y se aprovechan en perfumería. El *hemiterpeno* C_5H_8 no es sino el isopreno *, cuyo grupo atómico se reproduce más o menos veces en la molécula de los demás terpenos, dándose el nombre de *politerpenos* a los cuerpos que lo contienen en gran número.

TERPINA f. *Quím.* Glicol que se obtiene hidratando el aguarrás en presencia de ácidos nítrico o clorhídrico diluidos y cuya deshidratación parcial da terpinol.

TERPINENO m. *Quím.* Terpeno presente en el elemí, el alcánfor y numerosas esencias vegetales.

TERPINEOL m. *Quím.* Alcohol hidroterpénico que se obtiene deshidratando parcialmente la terpina y que, por su olor de muguete, se emplea en perfumería y para perfumar jabones.

TERPINOL m. *Quím.* Terpina.

TERRACOTA f. *Cerám.* Labor de barro cocido, especialmente la de arcilla desengrasada con feldespato y muy cocida, con que se hacen motivos arquitectónicos. (V. CERÁMICA.)

TERRADO m. *Arq.* Azotea.

TERRAJA f. *Constr.* Plantilla de chapa cuyo borde tiene perfil inverso del de una moldura y

que se hace correr sobre el paramento, perpendicularmente al mismo, para conferir dicha forma a la masa aún blanda de yeso, estuco o mortero. (V. tb. CONFORMADOR.)
— *Metal.* Herramienta para labrar roscas a mano. (V. ROSCA.)

TERRAPLÉN m. *Obr. públ.* Macizo de piedras, tierras u otros materiales que se hacen para rellenar un hueco del terreno, compensar un desnivel o levantar sobre el suelo una plataforma para que sirva de asiento a alguna carretera, ferrocarril, construcción, etc.
— Los *terraplenes* son obras de movimiento * de tierras en las cuales, para obtener una buena consolidación del terreno, se comprimen las capas sucesivas con apisonadoras * de cilindros, de pies de carnero o de neumáticos.

TERRAPLENADO m. *Obr. públ.* Acción y efecto de terraplenar: *terraplenado por capas.*

TERRAPLENAR v. *Obr. públ.* Hacer terraplenes.

TERRÁQUEO, A adj. *Astr.* Terrestre.

TERRARIO m. Recinto en el cual, a imitación de los acuarios, se disponen tierra, piedras, plantas, agua, etc., y se mantiene una microatmósfera apropiada para que puedan vivir en el mismo reptiles, insectos u otros animales, ya con objeto de exhibirlos, ya para estudiarlos.

TERRAZA f. *Arq.* Espacio descubierto, de nivel superior al del terreno y limitado por un muro o una balaustrada, situado junto a un edificio. ‖ Azotea.
— *Geol.* Restos de una capa aluvionaria, sensiblemente horizontal, preservados por la erosión. (V. SEDIMENTACIÓN.)
— *Ocean. Terraza continental,* plataforma continental. (V. OCEANOGRAFÍA.) ‖ *Terraza marina,* antigua playa o fondo marino que ahora domina el mar, sobre el cual se ha elevado desde los tiempos geológicos.

TERRAZO m. *Constr.* Pavimento que se hace con fragmentos irregulares de baldosas o de losas de mármol de diferentes colores, rellenando las juntas con cemento e igualando y puliendo después la superficie con una muela horizontal. ‖ Baldosas, piedras o mármol quebrados que se emplean en dicha labor. ‖ Granito * artificial.

TERREMOTO m. *Geol.* Sismo.

TERRENO m. Espacio de tierra considerado desde el punto de vista de su naturaleza, su estado o la utilización que del mismo se hace: *terreno arenoso; terreno anegado; terreno edificable.*
— *Autom. Vehículo todo terreno,* v. VEHÍCULO.
— *Geol.* Capa de la corteza terrestre constituida por materiales de la misma índole u origen o que se han formado y acumulado al mismo tiempo: *terreno cretáceo.* (V. GEOLOGÍA.)

TÉRREO, A adj. De tierra. ‖ Que presenta el aspecto de la tierra. (Sinón. TERROSO.)

TERRERO, RA adj. y s. Perteneciente o relativo a la tierra. ‖ Que sirve para transportar o contener tierra: *saco terrero.* ‖ —M. Tierra amontonada por el hombre o acumulada por las aguas corrientes.
— *Arq.* Terrado.
— *Min.* Escombrera.

TERRESTRE adj. Relativo o perteneciente a la tierra (por oposición a marítimo, fluvial o acuático) o a nuestro planeta (por oposición a la cosa o concepto de la misma índole concerniente a otro astro: *globo terrestre* o *terráqueo*).

TERRÍGENO, NA adj. *Geol.* Dícese de los sedimentos del fondo del mar que provienen de las tierras emergentes, para distinguirlos de los lodos pelágicos que son acumulaciones de detritos de animales marinos.

TERROSO, SA adj. Térreo.

TERYLENE m. *Text.* V. TERILENO.

TESA f. *Arq.* V. LIMA.

TESAR v. Halar, tirar de una cuerda o cable hasta ponerlo tirante.

TESELA f. *Constr.* Abáculo.

TESLA m. *Magn.* Unidad de inducción magnética, cuyo símbolo es T, equivalente a la inducción magnética que, uniforme y perpendicularmente repartida sobre una superficie de un metro cuadrado, produciría un flujo magnético total de un weber.

TEST m. Anglicismo por *ensayo* o *prueba.*

TESTERO m. *Min.* Macizo de mineral que forma un escalón en el techo y tiene dos caras aparentes, una frontal y otra inferior y horizontal: *ciertos yacimientos espesos de mineral coherente se benefician por testeros escalonados, o sea por gradas invertidas.* (V. MINA.)

TESTIGO m. Probeta *, muestra que se saca de una cosa o materia para analizarla o apreciar su calidad: *las sondas * con trépano de corona sacan testigos cilíndricos del suelo taladrado.* ‖ Señal que se deja en una labor con algún fin. (En las excavaciones se dejan estacas, plantadas de trecho en trecho, que señalan el nivel primitivo del terreno y facilitan la cubicación de la tierra extraída; en el extremo de una cuerda nueva se deja un mechón de fibras sin torcer como *testigo* para saber que la pieza o rollo están enteros, etc.)

TETIS, tercer satélite de Saturno *.

TETÓN m. Galicismo por *orejuela.*

TETRA, prefijo empleado en el nombre de un compuesto para indicar que resulta de la substitución de cuatro átomos en la molécula de otro cuerpo.

TETRAALCOHOL m. *Quím.* Tetrol.

TETRAATÓMICO, CA adj. *Quím.* Dícese de los cuerpos cuya molécula consta de cuatro átomos.

TETRABROMETANO m. *Quím.* Tetrabromuro de acetileno que, por ser un licor muy denso ($d = 2{,}97$), se emplea en la separación de minerales.

TETRABROMOQUINONA f. *Quím.* Bromanilo.

TETRABROMURO m. *Quím.* Compuesto que contiene cuatro átomos de bromo. ‖ *Tetrabromuro de acetileno,* tetrabrometano.

TETRACLORETANO m. *Quím.* Tetracloruro de acetileno que se emplea como disolvente del acetato de celulosa.

TETRACLORETILENO m. *Quím.* Derivado clorado del etileno empleado como disolvente.

TETRACLOROMETANO m. *Quím.* Tetracloruro de carbono CCl_4 que se obtiene haciendo obrar el cloruro de azufre sobre el sulfuro de carbono y, en otros casos, sobre el cloro en presencia de carbón ardiente.
— El *tetraclorometano* es un líquido incoloro que huele a cloroformo y es insoluble en el agua. Es ininflamable y, si se arroja sobre el fuego en incendios de poca importancia, apaga las llamas con sus vapores. Se emplea como disolvente de las grasas y como quitamanchas; también sirve para obtener cloroformo, freón y otros compuestos.

TETRACLORURO m. *Quím.* Compuesto que contiene cuatro átomos de cloro. ‖ *Tetracloruro de acetileno,* tetracloretano. ‖ *Tetracloruro de carbono,* tetraclorometano.

TETRACROMÍA f. *Art. gráf.* Cuatricromía.

TETRAEDRO m. *Geom.* Poliedro de cuatro caras triangulares que, consiguientemente, tiene cuatro vértices y seis aristas: *el volumen del tetraedro es igual al tercio del volumen del prisma que tendría igual base y altura (o sea, igual al producto de su altura por el tercio del área de su base).*

TETRAETILATO m. *Quím.* Tetraetilato de plomo, también llamado *plomo tetraetilo,* substancia muy empleada como antidetonante * para motores de explosión.

TETRAHIDROBENCENO m. *Quím.* Ciclohexeno.

TETRAHIDRONAFTALENO m. *Quím.* Tetralina.

TETRALCOHOL m. *Quím.* Tetrol.

TETRALINA f. *Quím.* Hidrocarburo $C_{10}H_{12}$ que se prepara hidrogenando el naftaleno y es un disolvente poco volátil. (Sinón. TETRAHIDRONAFTALENO.)

TETRALITA f. *Quím.* Tetranitrometano.

TETRAMETILENO m. *Quím.* Ciclobutano.

TETRAMETILMETANO m. V. PENTANO.

TETRAMOTOR adj. y s. Cuadrimotor.

TETRANITROMETANO m. *Quím.* Compuesto explosivo $C(NO_2)_4$ que se obtiene a partir del nitroformo y puede ser empleado como monergol *. (Sinón. TETRALITA.)

TETRÁPODO m. *Obr. públ.* Bloque de hormigón armado, en forma de poliedro estrellado, que asegura la trabazón de todos los que se echan en una escollera.

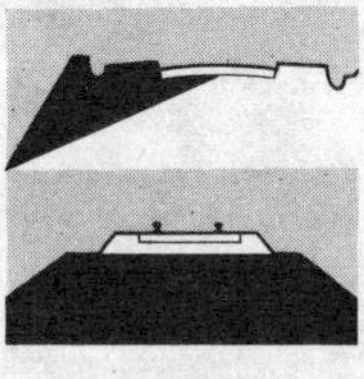

terraplén

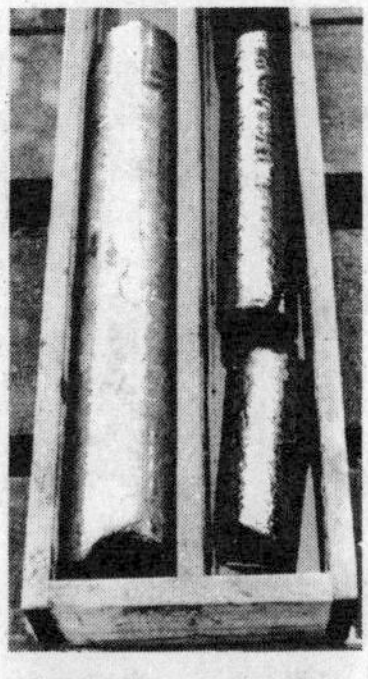

testigos obtenidos con trépano de corona en un sondeo petrolífero

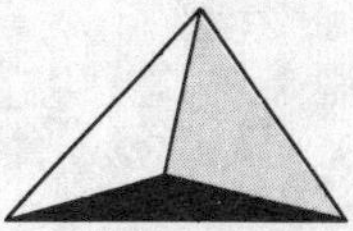

tetraedro

escollera de **tetrápodos**

Fot. Ets Neyrpic

tetrodo refrigerado por circulación de aire (potencia: 3 kW)

TETRAPOLAR adj. *Electr.* De cuatro polos: *enchufe tetrapolar.*
TETRARREACTOR adj. *Aeron.* Sinónimo de *cuadrirreactor.*
TETRASILÍCICO, CA adj. *Quím.* Dícese de varios ácidos silícicos cuya fórmula contiene cuatro moléculas de sílice SiO_2.
TETRÁSTILO, LA adj. *Arq.* Que tiene cuatro columnas de frente.
TETRASUBSTITUIDO, DA adj. *Quím.* Dícese de los derivados que resultan de substituir cuatro átomos de una molécula por cuatro otros átomos o radicales.
TETRASULFURO m. *Quím.* Sulfuro cuya molécula contiene cuatro átomos de azufre.
TETRATÓMICO, CA adj. *Quím.* Tetraatómico.
TETRAVALENTE adj. *Quím.* Cuadrivalente.
TETRAYODOFLUORESCEÍNA f. *Quím.* Eritrosina.
TETRETILO m. *Expl.* Substancia explosiva que es, químicamente la trinitrofeniletilnitramina.
TETRILO m. *Expl.* Substancia explosiva que, químicamente, es la trinitrofenilmetilnitramina.
TETRITOL m. *Expl.* Materia explosiva que es una mezcla de tetrilo y tolita.
TETRODO m. *Radiot.* Lámpara * termoiónica o tubo electrónico provisto de cuatro electrodos (un filamento, dos rejillas y una placa).
TETROL m. *Quím.* Compuesto que tiene cuatro veces la función alcohol.
TETRÓXIDO m. *Quím.* óxido cuya molécula contiene cuatro átomos de oxígeno.
TEX m. *Metr.* Unidad para definir la finura de las fibras textiles adoptada en substitución del denier * y otras unidades anticuadas: *el tex es el peso en gramos de 1 000 m de hilo.*
TEXTIL adj. y s. Dícese de la materia que puede ser transformada en hilos y tejida. (V. FIBRA, HILATURA, TEJIDO y TELAR.)
TEXTO m. *Art. gráf.* Letra de 16 puntos intermediaria entre la parangona y la atanasia.
TEXTURA f. *Geol.* Composición granulométrica de un suelo, o sea forma y dimensiones de las partículas que lo componen. ‖ *Textura de una roca,* disposición de los distintos elementos de que consta: *se distinguen texturas granulares (como la del granito), microlíticas, vítreas, etc.*
— *Text.* Modo como se entrecruzan y combinan los hilos para formar un tejido *. (V. LIGAMENTO.)
TEXTURIZACIÓN f. *Text.* Tratamiento a que se someten los hilos de fibras * sintéticas para conferirles buenas propiedades textiles.
— Los hilos de superpoliamidas y otras fibras sintéticas son excesivamente lisos y ralos, mientras que los de fibras vegetales son más o menos escamosos, nudosos, irregulares y retorcidos o sinuosos, características que dan una buena trabazón de los hilos de trama y de urdimbre en el tejido. La *texturización,* que permite paliar este defecto, consiste en deformar las fibras sintéticas en caliente. Un procedimiento eficaz estriba en torcer el hilo fuertemente, en calentarlo para fijar la deformación de los filamentos y en destorcerlo en frío para que las ondulaciones de éstos confieran una estructura esponjosa al hilo. En otros casos basta con aplastar el hilo contra una placa caliente o prensarlo entre dos tambores. Otro procedimiento consiste en deformar los filamentos con un chorro de aire comprimido y en fijar la deformación por el calor.
Merced a la texturización, se tejen mejor los hilos de fibras sintéticas y hasta se obtienen hilos para géneros de punto comparables a los que se hacen con hilos de fibras naturales.
tg, símbolo de *tangente.*
th, símbolo de *tangente hiperbólica,* en matemáticas, y de *termia,* en metrología.
Th, símbolo químico del *torio.*
THALWEG m. *Geol.* Talweg.
THOMAS *(Procedimiento),* procedimiento para elaborar acero cuando el arrabio adolece de un exceso de fósforo, consistente en tratarlo en un convertidor revestido interiormente con materias básicas. (V. ACERO y CONVERTIDOR.)
THOMSON *(Efecto).* V. EFECTO.
Ti, símbolo químico del *titanio.*
TIAZINAS f. pl. *Quím.* Grupo de colorantes azules o violados derivados de la tiodifenilamina, el principal de los cuales es el azul de metileno.
TIAZÓLICO, CA adj. *Quím.* Dícese de los colorantes amarillos derivados, como la tioflavina, del fenilbenzotiazol.
TIAZONAS f. pl. *Quím.* Grupo de colorantes que son derivados fenólicos de la tiodifenilamina.
TICKER m. *Telec.* Aparato telescriptor simple que imprime en una tira de papel las cotizaciones de Bolsa, los resultados de las carreras de caballos o de los partidos de fútbol, etc.
TIEMPO m. Duración de las cosas que transcurren y se suceden, marcada especialmente por el curso de los días, las noches y las estaciones.
— *Astr.* La noción de *tiempo,* aparentemente simple, ha ido complicándose cada vez más con los progresos de la física y el aumento constante de precisión en las medidas. No plantearían problemas su definición y su medida si fuera un fenómeno físico, independiente de las cosas, que se produjera regular y simultáneamente en todas partes (v. SIMULTANEIDAD). Mas, al no tener existencia propia, el tiempo se aprecia y mide refiriéndose a fenómenos que pueden ser determinados por las leyes de la mecánica. Ahora bien, los relojes más precisos que el hombre ha construido (reloj * molecular o atómico, reloj de cuarzo, etc.) no están exentos de errores. Por otra parte, para compararlos entre sí o para comprobar su regularidad, es necesario recurrir a la unidad de tiempo fundada en los movimientos de los astros. Pero, son tantas las perturbaciones a que éstos se hallan sujetos, que la duración de un segundo difiere de un momento a otro y que su definición legal se refiere al año 1900. (V. SEGUNDO.)
El *tiempo sideral* o *sidéreo* se funda en medir la duración de una revolución o una vuelta de la Tierra sobre sí misma, al cabo de las cuales el Globo vuelve a ocupar la misma posición respecto a una estrella. Fácil en apariencia, esta determinación es complicada por numerosos fenómenos, especialmente los siguientes: 1.º las estrellas tienen movimientos propios en la esfera celeste y, consiguientemente, cambia su posición en la misma durante el movimiento de la Tierra; 2.º el punto gamma (v. EQUINOCCIO) que sirve de origen a las coordenadas de las estrellas no es fijo y se halla sujeto a un movimiento de precesión; 3.º la velocidad de rotación de la Tierra no es constante, pues no sólo disminuye lentamente, sino también experimenta variaciones anuas y fluctuaciones irregulares e imprevisibles.
Ante la imposibilidad de prever el tiempo sideral con la precisión rigurosa que requieren sus trabajos científicos, los astrónomos se han visto obligados a determinarla a posteriori, a partir de sus observaciones (por ejemplo, la hora exacta en que ocurrió un fenómeno en el mes de enero será conocida con mayor precisión en abril, merced al tiempo uniforme o tiempo de las efemérides, calculado con varios meses de retraso y difundido entonces por radio por un servicio internacional).
También el *tiempo solar,* que sirve de base a nuestras actividades (pues determina la duración de los días y semanas, de los meses, años y siglos), se halla sujeto a variaciones, algunas de las cuales son tan grandes que ha debido admitirse la existencia de un Sol medio ficticio cuyo paso por el meridiano se efectúa alternativamente con adelanto y con retraso respecto al del Sol verdadero. La diferencia en más o en menos constituye la *ecuación del tiempo.* (V. AÑO y DÍA.)
Como la hora difiere de una comarca a otra, según su longitud, ha sido necesario escoger un meridiano que pueda servir de referencia y dividir la superficie del Globo en 24 partes (husos horarios) en cada uno de los cuales existe un adelanto o un atraso (según la dirección seguida) de una hora respecto al huso contiguo. Así, un acontecimiento que acaece en cualquier huso puede ser expresado en *tiempo universal* (hora del meridiano de referencia, que es el de Greenwich). [V. HORA.]
— *Atom. Tiempo de reducción a la mitad,* período de un elemento radiactivo. (V. RADIACTIVIDAD.)

Fot. Philips

— *Cibern. Tiempo muerto,* en los reguladores * y mecanismos de regulación, tiempo que transcucurre entre la recepción de una señal u orden de modificación de la magnitud regulada y el momento en que, por efecto de dicha señal, obrará el órgano regulador.
— *Fot. Tiempo de exposición,* v. EXPOSICIÓN.
— *Mec.* Cada una de las fases en que se descompone el ciclo * de funcionamiento de un motor. ‖ *Tiempo muerto,* tiempo durante el cual se interrumpe una acción mecánica o deja ésta de producir sus efectos. (V. tb. PUNTO *muerto.*)
— *Meteor.* Conjunto de circunstancias meteorológicas (presión, temperatura, humedad, precipitaciones, viento, etc.) que concurren momentáneamente en un lugar dado.
— Es erróneo confundir las nociones de clima y de tiempo. Éste varía constantemente, pero salvo excepciones, su variación se efectúa dentro de los límites que caracterizan al clima de la región considerada, el cual perdura a pesar de las fluctuaciones del tiempo (v. CLIMA, ESTACIÓN y CICLÓN). Por eso sabemos anticipadamente el tipo de clima que, a lo largo de las estaciones, se reproducirá en una comarca año tras año. Mucho más difícil resulta prever con cierta anticipación el tiempo que hará en la misma. (V. PREVISIÓN *del tiempo.*)
— *Radiot. Base de tiempo,* v. BASE.

TIENTAAGUJA y **TIENTAGUJA** f. *Constr.* Barra metálica, de punta angular y bordes dentados, que se hinca en el suelo para reconocerlo antes de efectuar una construcción.

TIENTO m. *Constr.* Cada una de las pelladas de yeso con que el albañil afirma las miras y los reglones.

TIENDA f. Toldo de lona para resguardo del sol. ‖ Toldo completado con lienzos laterales que forma una habitación a la cual se da forma y firmeza mediante palos o tubos metálicos hincados en el suelo y atirantados con cuerdas y piquetes.

TIERRA f. Planeta del sistema solar, el tercero a partir del Sol, que es el que habitamos. (OBSERV. En esta acepción se escribe con mayúscula.) [V. más abajo *Astr.*] ‖ Parte sólida de la superficie de la Tierra, por oposición a los mares. ‖ Materia pulverulenta formada por la desagregación de dicha superficie.
— *Agr.* V. SUELO.
— *Astr.* La *Tierra,* cuyo símbolo es ♁, pertenece al grupo de los planetas menores y más próximos al Sol, que se extienden hasta Marte. Gravita, como todos los planetas *, alrededor del Sol, describiendo en un año una órbita sensiblemente elíptica. También gira sobre sí misma en un día, dando así lugar al fenómeno de los días * y las noches *. La rotación se efectúa sobre un eje inclinado respecto al plano orbital o eclíptica * y a dicha inclinación se debe la existencia de estaciones. (V. ESTACIÓN.)
Los dos movimientos, traslación y rotación, son muy irregulares, pues se hallan sujetos a numerosas perturbaciones. En primer lugar, al decir que la Tierra describe una curva elíptica, conviene precisar que, en realidad, la elipse sólo puede ser seguida por el centro de gravedad del sistema Tierra-Luna y como éste se halla en el interior del globo terrestre, a unos 1 000 km de su superficie, y que la traslación de la Luna hace girar el eje del sistema, el centro de la Tierra describe una línea sinuosa, pasando alternativamente de uno a otro lado de su órbita * teórica. Por otra parte, tampoco la trayectoria seguida por el antedicho centro de gravedad es una elipse perfecta, ya que la Tierra se halla sometida a la atracción de los demás planetas, especialmente del gigantesco Júpiter, los cuales cambian constantemente de posición relativa respecto a nuestro Globo; éste describe así, por lo que se ve, una órbita irregular, aun cuando puede admitirse, en principio, que la misma es elíptica. Por lo que se refiere a la rotación de la Tierra sobre sí misma, indicaremos como principales causas perturbadoras: las atracciones solar y lunar sobre el abultamiento ecuatorial del Globo (v. PRECESIÓN y NUTACIÓN) y las variaciones debidas a que el eje de la Tierra cambia de orientación en el interior del Globo porque no se confunde con el eje principal de inercia del mismo. (V. tb. TIEMPO.)

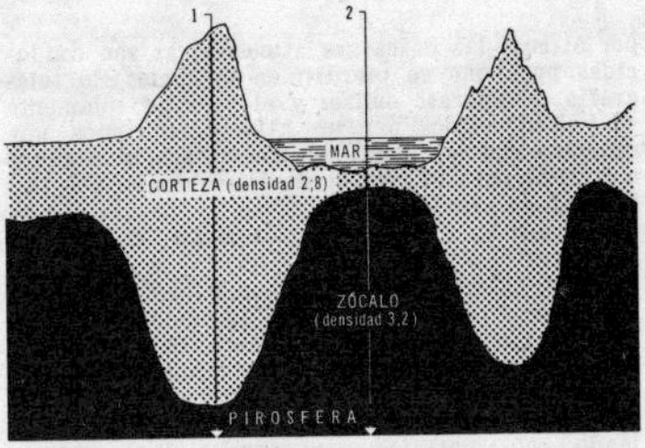

Tierra: corteza terrestre, según la teoría de la isostasia

En primera aproximación, la Tierra puede ser considerada como una esfera; en segunda aproximación, dado que existe un achatamiento en los polos, tiene más bien la forma de un elipsoide * de revolución. No obstante, conviene observar que la diferencia entre la longitud de los radios ecuatorial y polar no llega a los 43 km, según se desprende de las medidas efectuadas en el suelo y rectificadas con el auxilio de satélites artificiales. Por último, éstos han revelado anomalías en la forma del elipsoide teórico, ya que, a las latitudes medias, el radio sería ligeramente más corto en el hemisferio boreal que en el austral. (V. tb. LONGITUD, LATITUD y HORA.) [Sobre los orígenes, la formación y la estructura del globo terrestre, v. más abajo *Geol.*]
— *Electr.* El suelo, considerado como polo y conductor eléctricos.
— El *suelo* o *tierra* es conductor de electricidad, de potencial prácticamente nulo, cuya propiedad presenta algunos inconvenientes y no pocas ventajas. Entre los primeros cabe citar el peligro de electrocución que representa para las personas el tocar un conductor eléctrico cuando los pies u otra parte del cuerpo se hallan en contacto con el suelo, pues en ese instante la corriente atraviesa el organismo y puede provocar la muerte; el peligro es mucho mayor si se halla el suelo húmedo, pues así el contacto es más perfecto. Entre las ventajas que presenta la conductibilidad del suelo destaca, en primer lugar, su capacidad colosal, que permite transmitirle todas las energías parásitas por medio de *tomas de tierra.* Volviendo a los casos de electrocución, pueden evitarse muchas veces estos accidentes conectando las masas metálicas (cocinas eléctricas, calientabaños, cárter de los motores, etc.) con el suelo. Así, de existir algún mal contacto y pasar la corriente por aquellas masas, el suelo se hallará a su mismo potencial y la corriente que pueda pasar entonces por el cuerpo es inocua y generalmente imperceptible. Asimismo, los pararrayos se hallan conectados con el suelo por un cable,

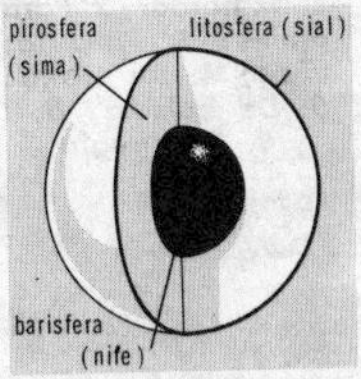

Tierra: estructura interna del globo terráqueo

DATOS NUMÉRICOS SOBRE LA TIERRA

Distancia del Sol (máxima) . . .	152 000 000 km
Distancia del Sol (media) . . .	149 500 000 km
Distancia del Sol (mínima) . . .	147 000 000 km
Excentricidad de la órbita . . .	0,017
Duración de la revolución sideral . .	365 d 6 h 9 mn 9,7 s
Duración de la rotación sideral .	23 h 56 mn 4 s
Inclinación del eje de rotación . .	23° 27'
Diámetro ecuatorial del Globo . . .	12 756,776 km
Diámetro polar del Globo	12 713,824 km
Achatamiento del Globo	1/298,37
Circunferencia ecuatorial . . .	40 076,594 km
Circunferencia por un meridiano . .	40 009,152 km
Longitud de un arco de meridiano:	
en el ecuador	110,576 km
a 45° de latitud	111,135 km
en los polos	111,700 km
Superficie	510 millones de km²
Volumen	1 083 320 millones de km³
Masa	6×10^{21} t
Densidad media	5,52
Presión atmosférica al nivel del mar .	760 mm de mercurio
Velocidad circular al nivel del mar .	7,9 km/s
Velocidad parabólica al nivel del mar	11,18 km/s

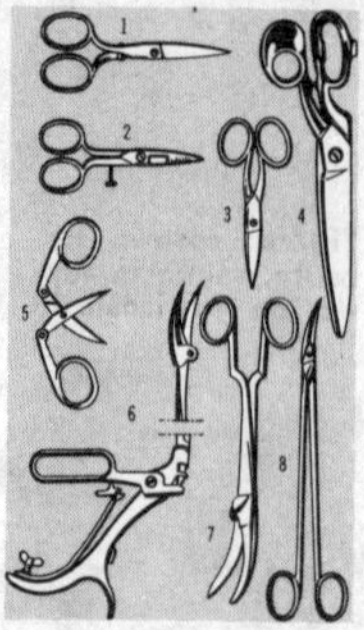

tijeras
1. De bordar; 2. Para ojales; 3. Para las uñas; 4. De sastre; 5. De bolsillo; 6 a 8. De cirugía

SONNERIE

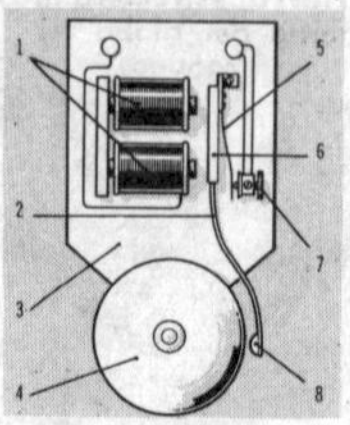

timbre eléctrico
1. Electroimán; 2. Armadura elástica; 3. Soporte; 4. Campanilla; 5. Resorte; 6. Armadura; 7. Tornillo regulador; 8. Macillo

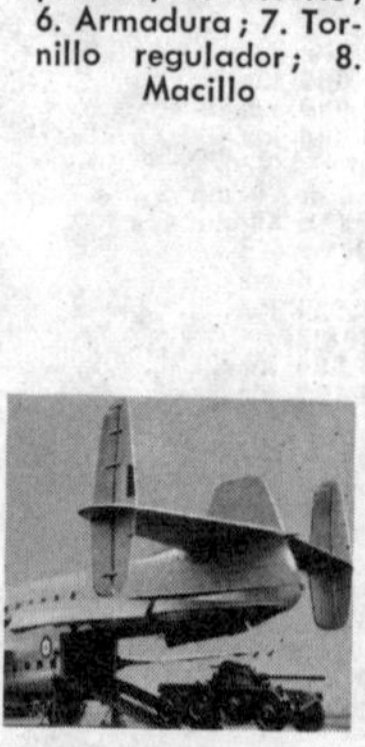

timones *(aeron.)*

por el cual las descargas atmosféricas son conducidas para que se pierdan en el suelo. En telegrafía, el aparato emisor y el receptor solamente se hallan unidos por un hilo, pero tienen una conexión con la tierra, que reemplaza al segundo conductor para el retorno de la corriente. (V. tb., más abajo, *Radiot.*)
— *Geogr.* V. CONTINENTE, OCÉANO, LATITUD y LONGITUD.
— *Geol.* Según las teorías que prevalecen actualmente, la *Tierra* se ha formado, como los demás planetas y el Sol, a partir de una misma masa primitiva de gases de forma lenticular. (V. PLANETA). Según otras teorías, que cuentan hoy pocos adeptos, los planetas se habrían formado con materia arrancada al Sol por la atracción de otra estrella al pasar ésta cerca de aquél. La dosificación de los isótopos del plomo en las rocas más antiguas ha permitido calcular —sabiendo el tiempo que cada uno de ellos ha tardado en formarse por radiactividad— la edad de las mismas, la cual es de 4,5 a 5,5 millares de millones de años.
Nuestro conocimiento del interior del globo terráqueo es aún imperfecto porque se funda en teorías de muy difícil comprobación. No obstante, se ha progresado suficientemente para poder descartar antiguas creencias, como la que suponía la existencia de un fuego central que mantenía la roca en fusión (ésta, después de haber ascendido durante millares de kilómetros por las grietas, constituiría la lava de los volcanes). La radiactividad interna del Globo explica hoy perfectamente su calentamiento y la fusión de rocas volcánicas cerca de la corteza sin que intervenga ningún foco central de calor. Por eso no se cree hoy que el aumento de la temperatura en relación con la profundidad, que es de un grado cada 33 m (v. GEOTERMIA), se prosiga hasta el centro de la Tierra.
Los sondeos más profundos practicados hasta ahora solamente permiten conocer la corteza hasta una profundidad de unos 6 500 m, o sea la milésima parte del radio terrestre. Pero el estudio de la propagación de las ondas sísmicas en el interior del Globo (v. SISMO) revela su estructura en forma de capas concéntricas: 1.º un núcleo central, el *nife,* también llamado *barisfera,* que se considera compuesto de níquel y hierro, y que mide unos 3 500 km de radio (su densidad sería de 8 a 12); 2.º una capa espesa de 2 900 km y mucho menos densa (densidad comprendida entre 2,8 y 3,6), también llamada *sima* (porque sus principales constituyentes serían la sílice y el magnesio) y *pirosfera,* ya que se le atribuye una temperatura del orden de 2 000º (las ondas sísmicas revelan una discontinuidad de la pirosfera a unos 1 400 km de profundidad, que indica un cambio de la naturaleza o estado de los materiales que la componen), y 3.º la corteza terrestre, también llamada *litosfera* y *sial* (porque consta principalmente de sílice y aluminio), cuya densidad es del orden de 2,7.
La corteza no tiene espesor uniforme. Según la teoría de la isostasia, flota, en cierto modo, sobre el lecho plástico y deformable de la pirosfera, y, lo mismo que en un iceberg la parte sumergida es mayor que la que emerge del agua, también la corteza terrestre sería muy espesa (hasta cerca de 100 km) debajo de las grandes cordilleras, mediría unos 30 km bajo los continentes y entre 3 y 6 veces menos debajo de los océanos.
— *Geom. Línea de tierra,* en geometría descriptiva intersección del plano vertical y del plano horizontal de proyección. (V. PERSPECTIVA.)
— *Ind. Tierra activada,* tierra que ha sido calcinada o tratada con ácido sulfúrico para aumentar sus propiedades adsorbentes (v. ADSORCIÓN.) ‖ *Tierra de batán,* v. BATÁN. ‖ *Tierra de infusorios,* sílice pulverulenta constituida por caparazones de diatomeas fósiles, que es muy absorbente y se emplea en la fabricación de la dinamita *, la refinación de ciertas substancias, la filtración de otras, etc. (Sinón. KIESELGUHR.)
— *Metal. Tierra de moldeo,* arena * de moldeo.
— *Pint.* Nombre genérico de pigmentos minerales de colores ocre claro o pardo, constituidos por arcillas teñidas por óxidos de hierro, entre las cuales destacan la *tierra de Siena* y la *tierra de sombra,* que deben su color al peróxido de hierro hidratado.
— *Quím. Tierras raras,* grupos de óxidos de metales trivalentes y también grupo de estos mismos metales que comprende los 15 elementos de número atómico 57 a 71. (V. LANTÁNIDOS y la tabla de Mendeleev en el art. ELEMENTO.)
— *Radiot.* Conductor enterrado en el suelo que constituye una de las dos armaduras de un condensador (la otra es la antena de un emisor o un receptor, y el dieléctrico, el aire situado entre las mismas): *como tierra de un radiorreceptor se puede tomar una tubería de agua o de la calefacción central.*

TIESTA f. *Carp.* Canto biselado de las tablas que forman el fondo o la tapa de un tonel.

TIESTO m. *Cerám.* Maceta. ‖ Fragmento de una vasija de cerámica.

TIFÓN m. *Mar.* Silbato de vapor o de aire comprimido, de sonido grave, potente y fácilmente modulable, apropiado para emitir señales en Morse.
— *Meteor.* Nombre dado al *ciclón * tropical* en el oeste del Pacífico y el Mar de China.

TIJA f. Astil de la llave de una cerradura entre el ojo y el paletón.

TIJERA f. y **TIJERAS** f. pl. Instrumento cortante formado por dos cuchillas de acero cruzadas, mantenidas apretadas por un eje y prolongadas por dos ojos a través de los cuales se pasan el pulgar y otro dedo para manejarlas y hacerlas cortar lo que entre ellas se pone. (V. tb. CIZALLA.) ‖ Por ext., aplícase este nombre a muchas otras cosas que constan de dos elementos cruzados y articulados como las hojas de la tijera, cuales son el aspa en que se apoya el madero o la leña que se ha de aserrar, ciertos asientos plegables, ensambles de carpintería, etc.: *silla de tijera.*

TILO m. *Bot.* y *Carp.* Árbol tiliáceo *(Tilai cordata)* cuya madera poco densa (d = 0,5), de color blanco rosado, se aprovecha para tallar objetos de arte, tornear carretes, hacer lápices, etc.

TILLA f. *Mar.* Talamete.

TILLADO m. *Carp.* Entablado, suelo de tablas.

TILLAR v. *Carp.* Pavimentar con tablas.

TIMBRAR v. *Ofic.* Estampar un sello o timbre en un documento.

TIMBRE m. *Acúst.* Cualidad propia de un sonido merced a la cual reconocemos el instrumento que lo ha emitido. ‖ Aparato para llamar o avisar, compuesto de una campanilla que es golpeada repetidamente por un mazo, las más de las veces movido eléctricamente.
— Un *timbre eléctrico* (v. *figura*) consta de un electroimán frente a cuyos polos se dispone la armadura elástica que lleva el mazo en su extremo libre. Uno de los conductores se conecta con el electroimán y el otro con un borne contra el cual se apoya normalmente la armadura elástica, cerrando ésta el circuito eléctrico. Al apretar en el botón que da paso a la corriente, el electroimán atrae la armadura (que golpea así la campanilla) y la separa del borne, con lo cual queda cortada la corriente y desexcitado el electroimán; la armadura vuelve a su punto de partida, restableciéndose así la corriente en cuanto toca el borne y siendo entonces atraída aquélla de nuevo por el electroimán, y así sucesivamente.
— *Ofic.* Sello para timbrar papeles, especialmente el que se estampa en seco.
— *Tecn.* Placa que, una vez hechas las pruebas oficiales de una caldera *, se fija en la misma para indicar la máxima presión a que ha de trabajar. ‖ Dicha presión.

TIMIATECNIA f. *Perf.* Arte de componer los perfumes.

TIMÓN m. *Aeron.* Cada uno de los planos articulados en un eje vertical *(timón de dirección)* u horizontal *(timón de profundidad)* que, debidamente orientados, permiten dirigir un avión o un dirigible.
— El piloto acciona el *timón de dirección* con los pies y el *de profundidad* o *elevación* con las manos. Como el aire, dada la velocidad considerable con que hiere al timón, se opone a la inclinación del mismo, el piloto habría de efectuar un esfuerzo muy grande en los mandos de no haberse imaginado los compensadores. Un compensador es un alerón pequeño articulado en el borde de escape del timón. Si es inclinado hacia la izquierda, el viento ejerce sobre él una presión tan grande que lo empuja hacia la derecha, arrastrando en su movimiento al timón y facilitando así la maniobra del mismo. (V. tb. ALERÓN y FLETTNER.)

Fot. S. C. A.

— *Expl.* En los fuegos de artificio, caña o varilla que se fija a los cohetes para estabilizar su trayectoria.
— *Mar.* Tablero o chapa articulada que tienen los barcos a popa y cuya orientación hacia uno u otro lado presenta al agua una resistencia disimétrica que obliga a la nave a girar hacia el mismo lado.
— La *figura* ilustra las diferentes clases de *timones* e indica el nombre de sus principales elementos. Las embarcaciones y los buques pequeños tienen *timones ordinarios,* en los cuales la pala queda totalmente detrás de su eje de rotación. En los buques mayores el agua presentaría una resistencia demasiado grande al giro de la pala, cuyo inconveniente se resuelve adoptando *timones compensados,* en los cuales una parte de la pala (de 20 a 25% de su superficie) queda por delante del eje de giro y, al recibir el empuje del agua, contribuye a la giración de aquélla y permite reducir la potencia de los aparatos de gobierno. En ciertos casos el timón compensado se halla provisto de un flettner * que aumenta el efecto de compensación.
En las embarcaciones menores, la mecha del timón sobresale de la borda, si es exterior, o de la cubierta, en el caso contrario, y lleva fija en su extremo una palanca, la caña, que sirve para orientar manualmente el timón. En otros casos, la caña es reemplazada por un sector del arco del cual parten, por ambos lados, dos cadenas o cables (guardianes) que se enrollan por su extremo libre en el tambor de la rueda del timón. En los buques grandes se reduce el esfuerzo enorme que requeriría maniobrar la rueda del timón interponiendo, entre ésta y el sector, servomecanismos o un motor que efectúan el trabajo. No obstante, este sistema puede ser desembragado en caso de avería para maniobrar con algún gobierno a mano (aparejos, tornos, etc.).
Ciertos barcos que han de recurrir frecuentemente a la marcha atrás (ferry boats, rompehielos, etcétera) tienen un timón proel, situado a proa, como su nombre lo indica. Las barcazas empleadas en los transportes fluviales, en razón de la escasa velocidad con que muchas veces navegan y maniobran, necesitan timones muy grandes, a dos cuales se suma en muchos casos la acción de un timón auxiliar que se articula y encaja en la pala del timón principal para prolongarla. Citemos también, entre los dispositivos especiales, el *timón inversor,* contituido por dos chapas acanaladas y articuladas, que según como se abran y orienten, obran como un timón o como un inversor de marcha (v. *figura*).
— *Tecn.* Pala que, por la acción del viento, orienta las aspas de los aeromotores.

TIMONEAR v. *Mar.* Gobernar el timón.

TIMONERÍA f. *Mec.* Galicismo por *varillaje.*

TÍMPANO m. *Arq.* Triángulo formado en un frontón * por las dos cornisas inclinadas del tejado y la horizontal del entablamento. || Espacio triangular del muro, sobre el arco de una puerta, limitado por la línea curva del extradós, la moldura horizontal que corre sobre el arco y la perpendicular que prolonga la jamba.
— *Art. gráf.* En las prensas antiguas, bastidor sobre el cual se aplica el pliego que se ha de imprimir.
— *Carp.* Témpano de tonel.

TINA f. Tinaja. || Vasija grande de madera en forma de medio tonel. || Pila en que se efectúa el teñido de los tejidos o alguna otra operación industrial. || *Colorantes de tina,* v. COLORANTE. || *Papel de tina,* v. PAPEL.

TINAJA f. *Cerám.* Vasija grande de barro cocido, de forma característica, mucho más ancha por el medio que por el fondo y la boca, que sirve para contener líquidos.

TINANPIPI m. *Text.* Tela brillante y transparente, tan fina como la batista, que se teje con las fibras mejores y más tenues del abacá.

TINCAL m. *Quím.* Bórax.

TINGLADILLO m. *Mar.* Disposición de las tablas o de las chapas del forro del casco cuando, en vez de estar unidas a tope, monta el borde de unas sobre el de otras, como las pizarras en un tejado.

TINGLADO m. *Arq.* Cobertizo.
— *Mar.* Simple cobertizo o construcción cerrada de una o varias plantas que, a lo largo de los muelles, sirve para almacenar las mercancías en los puertos.

TINGLAR v. *Carp. Amer.* Hacer un entablado con tablas que montan unas sobre otras como las tejas en los tejados.
— *Mar.* Hacer un forro de tingladillo *.

TINGLE m. *Vidr.* Herramienta para ensanchar los surcos de las varillas de plomo y ajustarlas a los vidrios que componen la vidriera *.

TINILLO m. *Ind. alim.* Tina o pila donde se recoge el mosto en el lagar.

TINTA f. *Art. gráf.* y *Ofic.* Preparación más o menos fluida que se usa para escribir, dibujar, imprimir o reproducir textos y figuras sobre el papel u otros soportes. || *Tinta autográfica,* la que sirve para escribir o dibujar en un papel especial lo que luego se ha de reportar a la piedra litográfica. || *Tinta comunicativa,* la hectográfica y todas las que sirven para el reporte de lo escrito o dibujado con ellas. || *Tinta china,* la de negro de humo y cola de pescado, que es muy negra e indeleble. || *Tinta hectográfica,* tinta espesa, de mucho poder colorante, soluble en el agua, que permite el reporte de lo escrito o dibujado a papeles húmedos. (V. HECTOGRAFÍA.) || *Tinta de imprenta,* v. más abajo art. encicl. || *Tinta indeleble,* la que resiste sin borrarse a la acción del tiempo y de los agentes químicos ordinarios. || *Tinta simpática,* tinta incolora a la cual es necesario aplicar algún tratamiento químico o físico para que se vuelva visible lo escrito con ella en el papel (generalmente basta con que éste sea calentado). || *Grabado de medias tintas,* v. FOTOGRABADO. || *Medias tintas,* dícese en fotograbado de los matices comprendidos entre el blanco y el más oscuro que da la tinta empleada.
— En artes gráficas se emplean numerosas clases de *tintas.* Todas constan de una suspensión de finísimos pigmentos minerales (negro de humo, minio, amarillo de cromo, azul de Prusia, etc.) o lacas derivadas de la anilina, en aceites vegetales que hoy se reemplazan cada vez más por barnices sintéticos, hidrocarburos, alcohol, y hasta agua (v. PIGMENTO y PINTURA). Las tintas para rotativas son mucho más fluidas que las que se emplean en las máquinas planas; las usadas en litografía y offset son más espesas que las de impresión tipográfica. La impresión de grabados es tanto más esmerada cuanto más finos son los pigmentos y más homogénea la mezcla.
Ciertas tintas, especialmente las que se emplean en huecograbado, a base de alcohol y goma damar, se secan por evaporación del vehículo; otras, cuales se emplean en la impresión de diarios, se secan por penetración del líquido en el papel y son fabricadas a base de hidrocarburos y a veces de agua. Las tintas de resinas termoestables (v. PLÁSTICO) se secan calentándolas. Por último, las tintas empleadas generalmente en tipografía, litografía y offset, muchas de ellas a base de aceite de linaza, contienen un secante * y se secan por oxidación, como las pinturas *.

rueda del timón *(mar.)*

timón de aeromotor *(tecn.)*

timones : mecanismos de gobierno y, *a la derecha,* funcionamiento del timón inversor

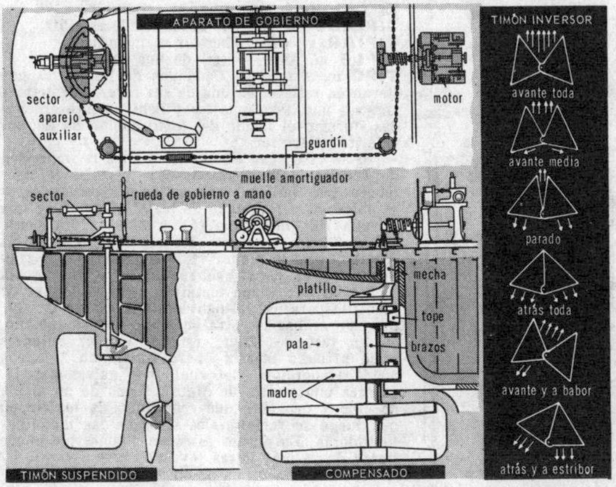

Fot. Larousse, X

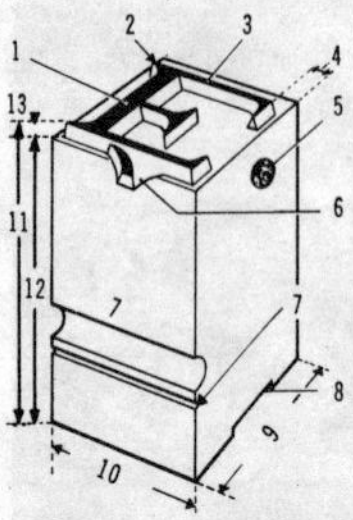

tipo *(art. gráf.)*
1. Asta; 2. Gracia; 3. Asta fina; 4. Hombro o rebaba; 5. Marca; 6. Resalte; 7. Cranes; 8. Pie; 9. Cuerpo; 10. Grueso; 11. Altura o árbol; 12. Altura del molde; 13. Ojo

tirafondo

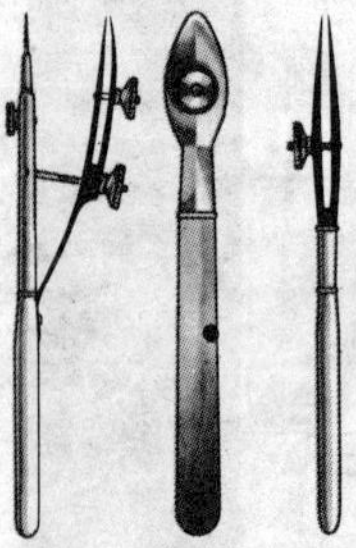

tiralíneas

— *Text.* Sinónimo, poco usado, de *tinte* *.
TINTAR v. Teñir. (V. TEÑIDO.)
TINTE m. *Text.* Teñido. ‖ Colorante * con que se tiñe.
TINTERO m. *Art. gráf.* Depósito de tinta de una máquina de imprimir formado por un cilindro tomador de tinta y una cuchilla aplicada oblicuamente sobre el mismo. (V. ENTINTACIÓN.)
— *Mar.* Pieza metálica, que se atornilla en la cubierta u otra parte del barco, provista de una caja o de un taladro roscado en los cuales encaja o se enrosca el pie de un candelero, pescante, puntal u otro elemento vertical.
— *Ofic.* Vaso pequeño en que se pone la tinta de escribir.
TINTÓREO, A adj. Que sirve para teñir: *la rubia es una planta tintórea.* (V. COLORANTE.)
TINTURA f. *Quím.* Producto farmacéutico que resulta de la disolución por el alcohol de los principios activos de una planta medicinal.
— *Text.* Tinte o colorante * con que se tiñe. ‖ Teñido, acción y efecto de teñir.
TIO, prefijo empleado en química para indicar la substitución, en las moléculas de un cuerpo, de un átomo de oxígeno por otro de azufre. (También se usa a veces, aunque impropiamente, para indicar la presencia de un átomo de azufre en la molécula sin que exista substitución.)
TIOALCOHOL m. *Quím.* Mercaptán.
TIOCOL m. *Quím.* Persulfuro cuya macromolécula consta de gran número de grupos rS_n, siendo *r* un radical orgánico bivalente, y S_n un número de átomos de azufre generalmente igual a 2, 3 ó 4: *los tiocoles dan cauchos artificiales resistentes a los hidrocarburos.*
TIODIFENILAMINA f. *Quím.* Base que se obtiene calentando difenilamina con azufre y que constituye el núcleo de los colorantes tiazínicos y tiazólicos.
TIOFLAVINA f. *Quím.* Colorante tiazólico que sirve para teñir de verde amarillento la lana y el algodón previamente tratado con mordiente de tanino.
TIOGOMA m. *Gom.* Caucho artificial, de calidad inferior, que se obtiene condensando cloruro de etileno y polisulfuro de sodio.
TIOINDAMINA f. *Quím.* Tiazina.
TIOÍNDIGO m. *Quím.* Colorante rojo análogo al índigo, pero en cuya molécula, dos átomos de azufre reemplazan al grupo NH.
TIOL m. *Quím.* Mercaptán.
TIONAFTENO m. *Quím.* Compuesto C_8H_6S, presente en el alquitrán de hulla, algunos de cuyos derivados dan colorantes de tina, especialmente el tioíndigo.
TIONILLO m. *Quím.* Radical bivalente = SO.
TIONINA f. *Quím.* Colorante tiazínico azul.
TIOPLASTO m. *Gom.* Tiogoma.
TIOSULFATO m. *Quím.* Hiposulfito.
TIOSULFÚRICO, CA adj. *Quím.* Hiposulfuroso.
TIPARIO m. *Ofic.* Conjunto formado por todos los tipos de la máquina de escribir *.
TIPIADORA f. *Ofic.* Máquina de escribir.
TIPIAR v. *Ofic.* Escribir a máquina.
TIPLE m. *Mar.* Mástil de una sola pieza.
TIPO m. *Art. gráf.* Cada una de las piezas que llevan en relieve, en una de sus caras, una letra o signo y que, yuxtapuestas y debidamente ordenadas, forman el molde del texto que se ha de imprimir. ‖ Carácter.
— Si se exceptúan ciertos *tipos* para la impresión de las letras muy grandes (de carteles y otras labores poco pulcras) que son de madera, los tipos se obtienen por vaciado de metal tipográfico, que es una liga de plomo (55 a 60 %), antimonio (25 a 33 %) y estaño (12 a 15 %). La matriz se fabrica como sigue: la letra, dibujada a gran escala en el papel, se reproduce a una escala menor en una chapa metálica, la cual servirá de plantilla para, con el pantógrafo de copiar (v. MEDALLA) grabar la letra en hueco y a su tamaño, en un taco de latón; éste se emplea entonces como primera matriz para fundir un tipo con metal tipográfico, del cual, por galvanoplastia, se saca una matriz de níquel, fondo de un molde de cinc y de cobre que constituirá la matriz en que luego se vaciarán los tipos en las máquinas fundidoras. En ciertos casos un mismo tipo puede llevar dos o más letras. (V. LOGOTIPO.)
El tipo tiene la forma de un paralelepípedo (v. *figura*), provisto de una hendidura (cran) que facilita su colocación en el componedor y sirve también para reconocer las letras de las distintas familias, ya que cada una de éstas la tiene dispuesta a diferente altura. Un tipo se caracteriza por su cuerpo, o sea, el espacio que ocupa en el molde entre los de las líneas superior e inferior expresado en puntos * tipográficos (v. CARÁCTER). El surtido completo de letras y signos del mismo cuerpo, constituye la póliza *. Se designan los tipos, profesionalmente, enunciando ya el nombre del fundidor o del artista autor del dibujo, ya el nombre comercial que se les ha atribuido, seguidos de las características de la letra: forma del ojo (romana o cursiva), proporciones (si es especial: alargada, estrecha, ancha), grueso de los trazos (fina, semigruesa, gruesa, etcétera) y cuerpo.
Las máquinas de componer tienen matrices intercambiables y una fundidora que permite fundir los tipos uno a uno (Monotipia *) o en un solo bloque por línea (Linotipia *).
TIPOGRAFÍA f. *Art. gráf.* Procedimiento de impresión con formas que contienen, en relieve, los tipos y grabados y que, una vez entintadas, se aplican a presión sobre el papel.
— En la impresión por *tipografía* se distinguen las siguientes operaciones: composición * manual o mecánica y tirada de pruebas de la misma destinadas a la corrección *; obtención de los clisés por fotograbado *; compaginación, o sea formación de cada página con los títulos, las líneas de texto, los grabados y los blancos; imposición * de la forma y tirada de nuevas pruebas; última corrección y arreglo * de la forma; regulación del entintado *; impresión de los pliegos. (V. tb. IMPRESIÓN.)
TIPOGRÁFICO, CA adj. *Art. gráf.* Relativo o perteneciente a la tipografía. ‖ *Metal tipográfico,* el que sirve para fundir los tipos * de imprenta. ‖ *Prensa tipográfica,* v. IMPRESIÓN.
TIPÓMETRO m. *Art. gráf.* Regla usada por los tipógrafos, provista de escalas en milímetros y en puntos * tipográficos, que sirve para medir éstos o para convertirlos en aquéllos, y viceversa.
TIPÓN m. *Art. gráf.* Clisé positivo y tramado, obtenido con película de gelatinobromuro de plata y destinado a ser reproducido en una plancha para la impresión en offset *.
TIPOTELÉGRAFO m. *Telec.* Teletipo.
TIRA f. *Mar.* Ramal de la cuerda de un motón o aparejo desde el cual se tira en dirección poco más o menos horizontal.
TIRADA f. *Art. gráf.* Acción de imprimir. ‖ Número de ejemplares impresos: *efectuar una nueva tirada de 10 000 ejemplares.* ‖ *Tirada aparte,* impresión de un número reducido de ejemplares de un artículo de revista, capítulo de un libro, etc., que se hace aprovechando los moldes que han servido para la impresión completa de éstos.
— *Fot.* Acción de sacar copias positivas a partir de un negativo.
TIRADO, DA adj. y s. *Art. gráf.* M. Tirada, acción de imprimir.
— *Mar.* Dícese del buque de mucha eslora y de casco poco alto.
— *Metal.* M. Reducción a hilo de los metales, especialmente del oro. (V. ESTIRADO y TREFILADO.)
TIRADOR m. *Art. y of.* Instrumento, empuñadura, cuerda, etc., que sirven para estirar una cosa o para tirar de ella: *tirador de campanilla.*
— *Carp.* Asidero que tienen las puertas y los cajones para abrirlos y cerrarlos.
— *Constr.* Regla de hierro empleada por los picapedreros.
— *Ofic.* Plumilla que sirve de tiralíneas.
TIRAFONDO m. *Carp.* Tornillo de cabeza cuadrada para asegurar piezas metálicas en la madera.
TIRAJE m. Galicismo por *tiro* o *tirada.*
TIRALÍNEAS m. *Geom.* Instrumentos de dibujo para trazar líneas con tinta, cargándose ésta entre dos laminillas de acero que pueden ser separadas o acercadas con un tornillo para que la boca formada por sus extremos dé una línea más o menos gruesa.

TIRANTE m. Riostra y toda pieza que trabaja a la tracción, fijada por sus extremos en otras dos para evitar que se separen. ‖ Barra de metal con que se arriostran interiormente las calderas para aumentar su resistencia a la presión.
— *Arq.* Pieza horizontal de una armadura de cubierta, que enlaza los pies de los pares e impide su separación por efecto de la carga. (V. CUBIERTA.) ‖ *Falso tirante,* puente * de la armadura de cubierta.

TIRAR v. *Arm.* Disparar un arma de fuego.
— *Art. gráf.* Imprimir.
— *Constr.* Demoler, derribar: *tirar una pared.*
— *Geom.* Hacer líneas: *tirar una tangente.*
— *Metal.* Estirar, reducir a hilo un metal.

TIRATRÓN m. *Electrón.* Tríodo que actúa como relevador *.
— El *tiratrón,* que tiene sus electrodos en una atmósfera rarefìcada de vapor de mercurio, se distingue del tríodo * ordinario por una particularidad de su funcionamiento: cuando la rejilla se halla a un potencial negativo muy elevado y la tensión positiva de la placa no es muy grande, no hay paso de corriente por el tubo, ya que los electrones procedentes del cátodo son repelidos por la rejilla; pero si se disminuye progresivamente la tensión de la rejilla o se aumenta la de la placa, llega un momento en que se produce bruscamente la descarga del cátodo al ánodo, sin que la rejilla pueda impedir ni dificultar en lo sucesivo el paso de la corriente, que solamente puede ser interrumpida en ese momento suprimiendo la tensión de la placa, con lo cual se vuelve a las condiciones iniciales. Así, el tiratrón obra como un relevo, ya que una ínfima variación del potencial de la rejilla da paso a una corriente intensa por el circuito de la placa. También sirve como rectificador * de corrientes alternas y, en televisión, para producir oscilaciones de relajación. (V. OSCILACIÓN.)

TIRAVIRA f. Cabo doble que se hace firme a la altura a que se ha de elevar un tonel, rollo de madera u otra cosa cilíndrica, halando de los dos extremos libres para que suban rodando por un plano inclinado, como indica la figura.

TIRELA f. *Text.* Tela con listas que se obtienen combinando los colores de los hilos de urdimbre.

TIRO m. Acción de tirar. ‖ Diferencia de presión de un gas entre la entrada y la salida del aparato, instalación o construcción en que ha de circular. ‖ Corriente del fluido provocada por dicha diferencia de presión: *regular el tiro de una chimenea.*
— Para que las estufas, calderas, hornos y otros hogares funcionen en las debidas condiciones de seguridad y de eficacia, es necesario que la presión de los gases sea inferior en la salida a la que tiene en la entrada. Salvo aquellos casos en los que se insufla aire comprimido en el hogar, la presión en éste suele ser próxima de la presión atmosférica y, consiguientemente, el *tiro* se debe a la depresión que reina a la salida, dado que los gases calientes tienen menor densidad que el aire atmosférico y tienden a elevarse *(tiro natural).* Cuando éste no es suficiente, por ejemplo si la chimenea no es lo bastante grande, se obtiene un tiro artificial recurriendo a ventiladores, aspiradores o eyectores.
— *Arm.* Disparo de un arma de fuego. ‖ Lanzamiento de un proyectil autopropulsado. ‖ Tablas de tiro, tablas de que dispone el artillero, con todos los datos numéricos necesarios para que pueda apuntar la pieza con la mayor eficacia y rapidez (ángulo de tiro y de caída, duración del trayecto, corrección de la derivación, velocidad final, etc.) teniendo en cuenta la velocidad y dirección del viento, la presión y la temperatura atmosféricas, etc. (V. TRAYECTORIA.)
— *Arq.* Tramo de escalera.
— *Astron.* Lanzamiento de un cohete espacial.
— *Min.* Profundidad de un pozo de mina. ‖ Pozo abierto en el suelo de una galería.
— *Text.* Longitud de una pieza de tejido.

TIRULO m. *Tab.* Masa de picadura o rollo de hoja de tabaco con que se forma el alma o tripa del cigarro puro.

TISAJE m. *Text.* Tejido *, labor de entrecruzamiento de hilos de trama y urdimbre.

TISÚ m. *Text.* Lama.

TITÁN, sexto satélite de Saturno.

TITÁN m. Combinación de un pórtico y una grúa que corre sobre el primero. (V. GRÚA.)

TITANADO, DA adj. Que contiene titanio. ‖ *Hierro titanado,* ilmenita.

TITANATO m. *Quím.* Sal del ácido titánico.

TITANIA, cuarto satélite de Urano *.

TITÁNICO, CA adj. *Quím.* Dícese de los compuestos del titanio cuadrivalente. ‖ Aplícase también al anhídrido TiO_2 y a sus correspondientes ácidos.

TITANÍFERO, RA adj. Que contiene titanio.

TITANILO m. *Quím.* Radical bivalente = TiO.

TITANIO m. *Quím.* Elemento químico de número atómico 22, cuyo símbolo es *Ti.*
— El *titanio* es un metal blanco, de propiedades intermediarias entre las del silicio y el estaño, cuyas principales constantes físicas son: densidad, 4,5; temperaturas de fusión y de ebullición, 1 668 y 3 262º, respectivamente; masa atómica, 47,90 (es una mezcla de 5 isótopos de masa 46 a 50, con preponderancia del isótopo 48 [73,99 %]). Tiene mucha afinidad por el oxígeno, el nitrógeno y el hidrógeno. Se cubre, por oxidación, de una capa tenue de óxidos que lo protege contra la corrosión.
Este metal se prepara a partir de sus óxidos naturales, especialmente el rutilo, y de la ilmenita. Primeramente se clorura el mineral para obtener tetracloruro de titanio; luego se reduce éste con magnesio, a 800º, en presencia de una atmósfera de helio; finalmente, el metal esponjoso o pulverulento así obtenido se funde en un horno eléctrico con atmósfera inerte de argón.
El titanio presenta características mecánicas muy interesantes, ya que su límite de elasticidad es doble que el de los aceros inoxidables, su resistencia a la corrosión equivalente y su peso apenas superior a la mitad del de aquéllos. Por eso se emplea cada vez en mayor escala para reemplazar a las aleaciones ligeras en la construcción de aviones supersónicos, cohetes, ciertas piezas de los proyectiles, etc. En las instalaciones de la industria química se aprovecha su resistencia a numerosos agentes corrosivos. Por lo demás, entra en la composición de aleaciones a base de acero, de cobre o de aluminio. En ciertos casos, y dada su afinidad por el azufre y el nitrógeno, se emplea como desoxidante *.
El *carburo de titanio* se emplea para aleaciones refractarias (aletas de turbinas, herramientas de corte, etc.), así como para hacer moldes, hileras, etc.
El *óxido de titanio* TiO_2 se emplea como pigmento para pinturas *(blanco de titanio),* y es, de todos cuantos se usan, el que a cantidad igual de polvo más superficie cubre.

TITANOSO, SA adj. *Quím.* Dícese de los compuestos en los que el titanio es trivalente.

TITULACIÓN f. *Quím.* Análisis cuantitativo que se efectúa con un reactivo de concentración determinada (por ej., disolución normal o decinormal) y agregándolo gota a gota a un volumen fijo de la substancia analizada, hasta que se consuma la reacción de los dos líquidos; la concentración del primero es proporcional a la cantidad del segundo que se ha empleado.

TITULADORA f. *Art. gráf.* Máquina especial para componer títulos y otros textos en letras grandes, ya mecánicamente, ya fotográficamente. (V. COMPOSICIÓN.)

TITULAR adj. *Art. gráf.* Dícese de la letra grande que se emplea en las portadas, títulos, etc. ‖ *Póliza de titulares,* póliza * o surtido mínimo de tipos de una familia que entrega el fundidor para componer los títulos, portadas, etc.

TITULAR v. *Quím.* *Titular un licor,* determinar por titulación la proporción de substancia activa que contiene.

TIXOTROPÍA f. *Quím.* Propiedad del gel * que, al ser agitado, pasa al estado líquido, volviendo por sí mismo al estado coloidal cuando se le deja en estado de reposo, fenómeno que se da en el cemento aún no fraguado y en las mezclas de aceite y limadura de hierro situadas en un campo magnético (principio éste que ha sido adoptado en ciertos embragues magnéticos).

TIZA f. Barritas o pastillas de creta pulverizada y amasada con agua. ‖ Clarión.

TIZÓN m. *Constr.* Parte de un ladrillo o un sillar que queda dentro de la fábrica. ‖ *A tizón,*

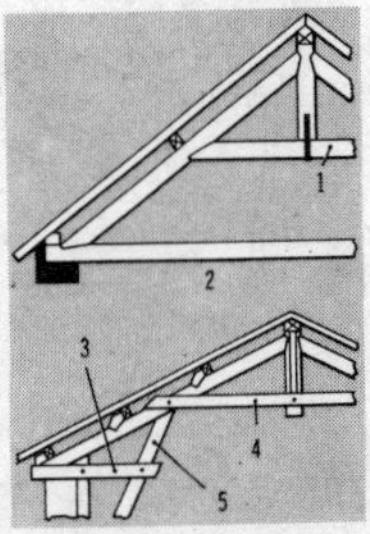

tirante *(arq.)*
1. Falso tirante; 2. Tirante; 3. Cepo; 4. Tirante; 5. Par de buharda

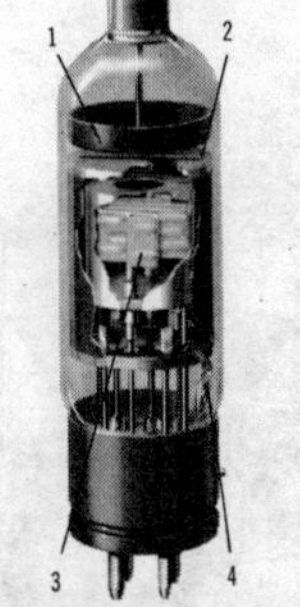

tiratrón
1. Ánodo; 2. Rejilla; 3. Cátodo caliente; 4. Getter

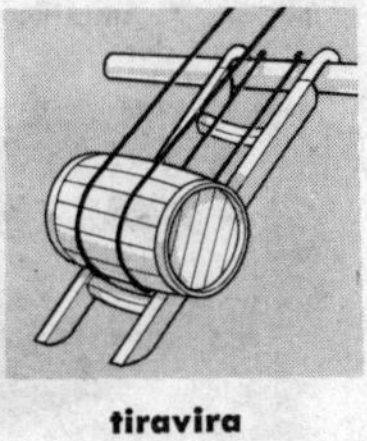
tiravira

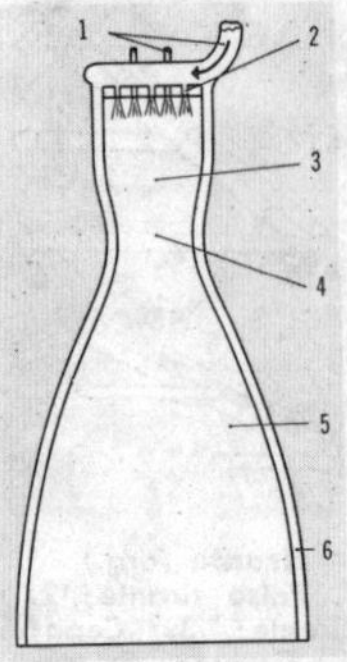

tobera de un cohete
1. Alimentación en ergoles; 2. Inyectores; 3. Cámara de combustión; 4. Cuello; 5. Divergente; 6. Refrigeración (circulación de ergol por la pared hueca de la tobera)

tolva

tocadiscos
1. Lector; 2. Brazo; 3. Altavoz; 4. Disco; 5. Transformador; 6. Motor; 7. Amplificador

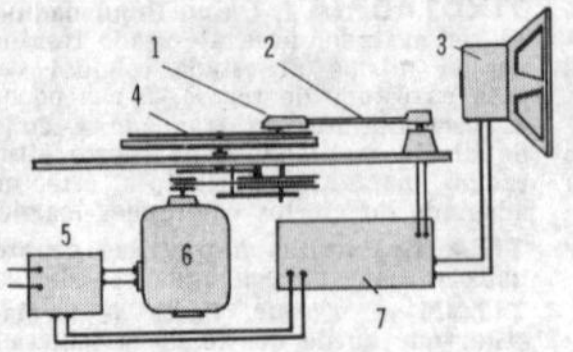

dícese, por oposición a « a soga », del sillar o ladrillo puesto en la obra de modo que su mayor dimensión quede perpendicular al paramento.

Tl, símbolo químico del *talio*.

Tm, símbolo químico del *tulio*.

T. M. G., véase G. M. T.

T. N. T., abreviatura de *trinitrotolueno*.

TOAJE m. *Mar.* Atoaje.

TOALLA f. *Text.* Tejido de rizo propio para limpiarse y para secarse la piel.

TOAR v. *Mar.* Atoar.

TOARCIENSE adj. y s. *Geol.* Dícese de uno de los pisos medios del período jurásico, cuyos terrenos datan de unos 135 millones de años. (V. ESTRATIGRAFÍA.)

TOBA f. *Geol.* Roca porosa, que da un sonido sordo cuando es golpeada.
— Las *tobas* calizas han sido formadas por aguas calcáreas que, al extenderse en la superficie, han abandonado sobre los vegetales y otras superficies de contacto una parte de la cal que contenían. Las *tobas volcánicas* resultan de la aglomeración de lava, cenizas volcánicas y lapilli.
Se emplea como material de construcción (ladrillos porosos) y se mezcla con cemento Portland para obtener morteros hidráulicos.

TOBERA f. *Aeron.* y *Astron.* Parte posterior de un motor de reacción en la cual los gases se expanden y adquieren la energía cinética que provoca la propulsión: *en los cohetes se emplea una tobera de Laval.* (V. más abajo *Mec.*) ‖ *Tobera termopropulsiva*, estatorreactor.
— *Mec.* Conducto apropiadamente perfilado para que el fluido que por él circula aumente su velocidad (con pérdida de presión) o su presión (reduciendo entonces su velocidad).
— Si la velocidad del fluido es inferior a aquella a la cual se propaga el sonido en su seno, la *tobera*, para aumentar la velocidad de aquél, es convergente (el conducto se estrecha en el sentido de la corriente), mientras que la tobera para aumentar la presión es divergente (se ensancha en el sentido de la corriente). Pero si la velocidad del fluido es supersónica, las formas se invierten: la convergencia disminuye la velocidad y la divergencia la aumenta. Si la velocidad del fluido es inicialmente subsónica y luego supersónica, se comprende que la tobera consista en este caso en el acoplamiento de un convergente y de un divergente *(tobera de Laval)*, en el cuello de la cual la velocidad es igual a la del sonido. Por el contrario, un estatorreactor consta de un tramo divergente y otro convergente.
El *cuello de la tobera* es, en los cohetes, la parte que soporta los choques térmicos más intensos, hasta el extremo de que, por no conocerse materiales lo bastante refractarios para hacerlo, no puedan emplearse aún los propergoles más energéticos. Por eso se reviste el referido cuello con grafito o con otras materias refractarias de composición secreta. Por lo demás, la tobera de los cohetes tiene doble pared y uno de los ergoles circula interiormente por ella, para refrigerarla, antes de ser inyectado en la cámara de combustión.
— *Metal.* Boquilla de doble pared, con circulación de agua refrigerante, por la cual se inyecta aire u oxígeno en los hornos metalúrgicos.

TOBOGÁN m. *Transp.* Rampa o canalón rectos o de forma helicoidal que sirven para el transporte de productos o mercancías por su propio peso, dejándolos caer por los mismos de un nivel superior a otro inferior.

TOCADISCOS m. *Acúst.* y *Mús.* Aparato electroacústico para la reproducción de los sonidos registrados en discos. (Sinón. GRAMÓFONO *eléctrico.*)
— El *tocadiscos* consta de tres elementos principales: 1.º una *platina portadiscos* arrastrada por un motor eléctrico que, en los modelos más comunes, suele dar cuatro velocidades diferentes (16, 33,33, 45 y 78 r. p. m., destinándose esta última a la escucha de los discos antiguos de gramófono); 2.º un *fonocaptor* o *lector* que, merced a una aguja que se desliza y vibra en el surco del disco, convierte las irregularidades de éste en modulaciones de una corriente; 3.º un *amplificador* * *electrónico* que aprovecha la modulación de la corriente para hacer vibrar la membrana de uno o varios altavoces y reproducir los sonidos (a veces se da el nombre de *tocadiscos* al aparato que solamente consta de los dos elementos citados en primer lugar y el de *electrófono* al que tiene los tres). Ciertos tocadiscos poseen circuitos y altavoces dobles propios para la estereofonía.

TOCHO, CHA adj. y s. *Constr.* Dícese del ladrillo ordinario.
— *Metal.* Lingote reducido por laminación a una sección inferior a 10 cm, propio para dar viguetas y otros productos mediante un nuevo paso por los laminadores.

TOLAMITA f. *Expl.* Dinamita plástica.

TOLDILLA f. *Mar.* Cubierta superior que tienen ciertos buques a popa, sobre la cubierta principal. (V. tb. ALCÁZAR.)

TOLDO m. Cubierta de lona o de otra tela que se tiende para hacer sombra.
— *Transp.* Capota de los coches descapotables.

TOLERANCIA f. *Metal.* Error o inexactitud que se permiten en más o en menos de las dimensiones de una pieza respecto a las cotas estipuladas en el plano de construcción. (La *tolerancia* se indica en los planos, y así, la cota $125\ {}^{+\,0{,}10}_{-\,0{,}05}$ significa que la pieza habrá de medir por lo menos 124,95 mm y, como máximo, 125,10 mm.) [V. CALIBRE.]

TOLETE m. *Mar.* Cabilla de madera o de hierro que se hinca en la borda de la embarcación para articular en ella el remo * con el estrobo. (Sinón. ESCÁLAMO.)

TOLETERA f. *Mar.* Escalamera.

TOLIDINA f. *Quím.* Nombre dado a varias bases homólogas de la bencidina, una de las cuales, la *ortotolidina*, derivada del nitrotolueno, se emplea en la industria de los colorantes.

TOLILO m. *Quím.* Radical univalente
$$CH_3—C_6H_4—,$$
homólogo del fenilo, derivado del tolueno por supresión de un átomo de hidrógeno.

TOLITA f. *Expl.* Trinitrotolueno, en tanto que materia explosiva. (La *tolita* es una materia amarillenta que puede ser fundida y vaciada y entra en la composición de muchas mezclas explosivas.) [V. tb. NITROTOLUENO.]

TOLUENO m. *Quím.* Hidrocarburo C_6H_5-CH_3, homólogo del benceno. (Sinón. METILBENCENO.)
— El *tolueno* es un líquido incoloro e inflamable, insoluble en el agua y soluble en el alcohol y el éter, que hierve a 110,3º y cuya densidad es 0,867. Disuelve las grasas, las resinas y muchas otras substancias orgánicas. Se extrae en la destilación fraccionada del alquitrán de hulla y sirve para preparar colorantes, sacarina, barnices, tolita, etc. También entra en la composición de ciertas gasolinas para aviones y sirve para hacer termómetros que permiten medir temperaturas muy bajas.

TOLUICO, CA adj. *Quím.* Dícese de ciertos ácidos, nitrilos, aldehídos y otros compuestos derivados del tolueno.

TOLUIDINA f. *Quím.* Nombre de varias bases, derivadas del tolueno mediante substitución de un átomo de hidrógeno del núcleo por un grupo NH_2, que son homólogas de la anilina y tienen idénticas propiedades, empleándose asimismo como colorantes.

TOLUOL m. *Quím.* Nombre comercial del tolueno impuro.

TOLUSAFRANINA f. *Quím.* Colorante que es una safranina derivada del tolueno y de la anilina.

TOLVA f. Depósito grande, a modo de embudo con forma de pirámide invertida, en el cual se acumulan o almacenan materias encima de los hornos, de los aparatos clasificadores o separadores, las ensacadoras, los muelles, etc., para alimentar esas máquinas o instalaciones o para cargar directamente con su contenido los camiones o los vagones.

Fot. Larousse, Barthe

TOMA f. Abertura, enchufe, derivación, etc., por donde sale el fluido que ha de accionar una máquina, alimentar un motor o ejercer alguna otra acción: *las tomas de vapor y de aire de una caldera; ciertas estaciones tienen toma de agua para locomotoras.*
— *Acúst.* *Toma de sonido,* captación de los sonidos con el micrófono.
— *Aeron.* *Toma de aire,* entrada de aire.
— *Autom.* *Toma directa,* acoplamiento directo, sin multiplicación ni reducción de la velocidad, del árbol motor y del de la transmisión en un automóvil. (V. CAMBIO *de velocidades.*)
— *Electr.* *Toma de corriente,* enchufe. ‖ *Toma de tierra,* conductor que conecta una instalación eléctrica con la tierra.
— *Mec.* *Toma de fuerza* o *de movimiento,* manguito o enchufe que tienen ciertos motores, especialmente los tractores agrícolas, para que pueda acoplarse una máquina con el árbol motor y recibir su movimiento de rotación.

TOMACORRIENTE m. *Electr.* Base o zócalo de un enchufe, o sea parte hembra del mismo en que penetra la clavija o ficha.

TOMADOR, RA adj. *Art. gráf.* Dícese del rodillo que, en las máquinas de imprimir, toma la tinta en el tintero para transmitirla a los rodillos dadores. (V. ENTINTADO.)

TOMAVISTAS adj. y s. *Cin.* Dícese de la cámara fotográfica con que se impresionan las películas cinematográficas. (V. CINEMATÓGRAFO.)

TOMBAC m. *Metal.* Tumbaga.

TOMBOLO m. *Ocean.* Conjunto formado por lo que primitivamente era un islote y la lengua de arena que lo une al continente.

TOMENTO m. *Text.* Estopa que dejan el lino y el cáñamo al rastrillarlos.

TOMIZA f. Soga de esparto de dos cabos: *los albañiles arrollan a veces tomiza a los maderos para que agarre en ellos el yeso.*

TON f. *Metr.* V. TONELADA.

TONDO m. *Arq.* Adorno circular rehundido en una pared.

TONEL m. *Carp.* Vasija de madera para conservar y transportar líquidos.
— El *tonel* es un ejemplo ingenioso de ensambladura de numerosas piezas de madera sin que exista encolado o clavado de las mismas. Su cuerpo se halla constituido por una serie de tablas yuxtapuestas, las duelas, de sección ligeramente trapezoidal y cuyos dos lados mayores son curvilíneos, mientras que, paralelamente a los menores y a unos centímetros de ellos, llevan en su cara interior una ranura en la cual encajan los dos fondos. En torno a las duelas, previamente ablandadas por el vapor y parcialmente curvadas, se introducen, golpeándolos repetidamente, los aros, cada vez más estrechos, los cuales aprietan las duelas entre sí y, finalmente, contra el canto del fondo circular. La absorción de líquido y el consiguiente hinchamiento de la madera, provocan una compresión y ajuste de los elementos del tonel.
La capacidad de un tonel puede calcularse de varias maneras. Es aproximativamente igual a la de un cilindro que tuviera su misma longitud interior *(l)* y por diámetro el mayor diámetro interior del mismo (D) menos la tercera parte de la diferencia entre dicho diámetro y el que mide interiormente el fondo *(d)*. Para calcularla con mayor precisión se puede emplear una de las fórmulas siguientes:

$$V = \frac{\pi l}{12}(2D^2 + d^2)$$

$$V = \frac{\pi l}{36}(2D + d)^2$$

— *Ópt.* *Distorsión en tonel,* distorsión en barrilete.

TONELADA f. *Metr.* Unidad de masa del sistema métrico decimal, también llamada *tonelada métrica,* equivalente a 1 000 kg, cuyo símbolo es *t.* ‖ *Tonelada americana* (en inglés, *short ton*), unidad análoga a nuestra tonelada, pero cuyo valor es de 2 000 pounds o libras, o sea 907,18 kilogramos. ‖ *Tonelada inglesa* (en inglés, *long ton*), la de 2 240 pounds o libras que se usa en Gran Bretaña y antiguas posesiones inglesas, y cuya equivalencia es de 1 016,05 kg.

montaje de un **tonel**

— He aquí la equivalencia de las distintas *toneladas*:

1 t métrica = 1,102 31 short ton
= 0,984 21 long ton
1 short ton = 0,907 18 t métrica
= 0,892 86 long ton
1 long ton = 1,016 05 t métrica
= 1,120 00 short ton.

— *Mar.* *Tonelada de arqueo,* también llamada *tonelada Moorsom,* unidad de arqueo o capacidad de los buques, equivalente a 100 pies cúbicos en el sistema inglés y a 2,83 m³.

TONELAJE m. *Mar.* Capacidad o arqueo de un buque expresado en toneladas Moorsom. ‖ *Tonelaje bruto, neto,* arqueo bruto, neto. ‖ *Tonelaje de registro,* arqueo neto.

TONGRIENSE adj. y s. *Geol.* Sannoisiense.

TONO m. *Acúst.* Grado de elevación de un sonido determinado por su frecuencia. ‖ Diferencia de frecuencia que media entre una nota musical y la siguiente.
— *Fís.* Según ciertos autores, intensidad de un color, que puede ser más o menos obscuro, por oposición al *matiz,* dependiente de la mezcla con otro color próximo.

TONOMETRÍA f. *Quím.* Método de análisis de las disoluciones, especialmente empleado para determinar las masas moleculares, fundado en la medida de las tensiones de vapor, ya que la del disolvente varía según la concentración del cuerpo disuelto y es inversamente proporcional a la masa molecular de éste.

TOP m. *Electr.* y *Radiot.* Breve impulsión emitida por un aparato electrónico o de telecomunicaciones como referencia para una sincronización, medición de tiempos, etc.
— Son *tops* la impulsión que marca la recepción del eco en los aparatos de radar y permite, junto con el tip, medir la distancia a que se halla el obstáculo reflector; las señales que emite periódicamente la estación de televisión para obtener la sincronización del televisor y de la cámara en la exploración de las imágenes, etc.

TOPACIO m. *Miner.* y *Joy.* Fluosilicato natural de aluminio, de color entre amarillo y pardo, que es una gema apreciada en joyería. ‖ Por ext., en joyería, cualquier piedra de color amarillo.
— El *topacio* es un silicato de aluminio fluorado, de fórmula $Al_2SiO_4F_2$. Es una gema dura, pues raya el cuarzo, el berilio, la esmeralda y el granate. El Brasil da los mejores topacios y en Escocia se obtienen los más voluminosos.

TOPAR v. *Carp.* Ensamblar dos maderos al tope. (Sinón. ENFRENTAR.)

TOPE m. Parte por la cual una cosa topa con otra. ‖ Refuerzo de cuero u otra materia dura que se pone interiormente en la punta del zapato para que no se arrugue. ‖ *A tope,* unión de dos cosas por sus extremos, sin que se sobrepongan, como la de los carriles en una vía.
— *Carp.* Frente o canto del extremo de un madero. ‖ *Ensambladura a tope,* la que se hace de modo que los dos maderos se toquen por sus extremos, aunque sin sobreponerse.
— *F. c.* Amortiguador a base de ballestas que tienen los vagones y las locomotoras para mantenerlos en contacto elástico durante la marcha y amortiguar los choques y las deceleraciones (v. *figura*). ‖ Dispositivo parecido al anterior, que se pone, montado en un sólido bastidor, en el extremo de una vía, por ejemplo, en las estaciones, para detener los vagones o los trenes si el frenado es insuficiente. ‖ Calce articulado que se pone cerca de las bifurcaciones para impedir que un tren pueda pasar a la vía principal.

topes *(f. c.)*

de vagón

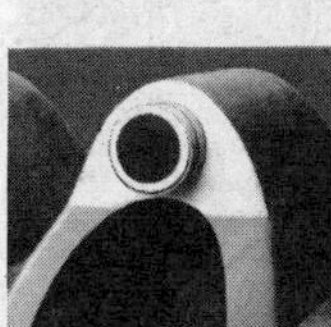
terminal, de vía

de bifurcación

Fot. Larousse, S. N. C. F.

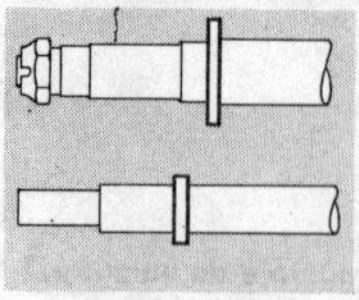

topes de ejes *(mec.)*

— *Mar.* Extremo superior o remate de los mástiles, masteleros o mastelerillos.
— *Mec.* Toda pieza o parte de una pieza que limita el juego de otra, los movimientos de un órgano mecánico, etc.

TOPO, prefijo derivado del griego *topos,* que significa *lugar.*

TOPOGRAFÍA f. Arte de representar en los planos y mapas los accidentes del terreno y los principales detalles naturales o artificiales del mismo. (V. tb. AGRIMENSURA y GEODESIA.)
— Esencialmente la *topografía* consiste en determinar las posiciones relativas de numerosos puntos en el terreno y proyectar los mismos, a una escala reducida, en el plano. Las mediciones en el terreno son trabajos de levantamiento que abarcan los de planimetría o proyección de los puntos del terreno en un plano y los de altimetría o nivelación, que determinan la altura de los mismos respecto a un plano o nivel de referencia.
Para situar geográficamente el plano o mapa es necesario ligar todas las mediciones a una base conocida exactamente. La geodesia suministra redes de triangulación del territorio, cada uno de cuyos nudos se halla perfectamente situado o marcado en el terreno (aguja de un campanario, mojón, etc.) y definido por sus coordenadas geográficas (longitud y latitul). Cada una de las mallas grandes de una red geodésica puede ser subdividida por triangulación para obtener una red de segundo orden y de mallas más pequeñas cuyos lados serán otras tantas bases desde las cuales se efectuarán las operaciones topográficas. Éstas consisten primeramente en dividir cada malla en polígonos, tomando como vértices puntos correspondientes a detalles del terreno. Luego el topógrafo, con ayuda de instrumentos para medir ángulos (teodolito, alidada, nivel, taqueómetro, etc.) y de jalones y miras plantados en el suelo, sigue itinerarios en forma de líneas quebradas o de polígonos a lo largo de los ríos, caminos, vaguadas, crestas, etc., situando cada vez el punto o estación respecto a los puntos ya determinados y trazados en el papel. Al mismo tiempo, mide también la posición de aquellos detalles del terreno que han de figurar en el plano o mapa y a proximidad de los cuales pasa (levantamiento de detalles por radiación). Para limitar los errores es necesario que el itinerario seguido se cierre lo más rápidamente posible, ya sobre un punto de la red poligonal, ya volviendo al punto de partida. (V. TRAZA.)
El plano hecho sobre el terreno con la plancheta, se calca después con tinta y se le agregan los símbolos que representan los detalles demasiado pequeños para ser dibujados a la escala. Finalmente se ilumina con los colores convencionales (agua, cultivos, montañas, etc.).
Estos métodos topográficos de levantamiento directo están siendo reemplazados en muchos casos por los de la fototopografía, mucho más rápidos y económicos.

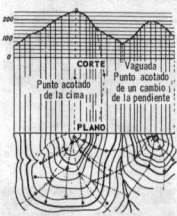

topografía
representación del relieve *(arriba)* a partir de los puntos medidos en el terreno; método de levantamiento *(abajo)* y, *a la derecha,* levantamiento de una carretera

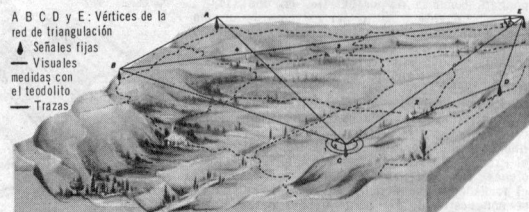

TOPOLOGÍA f. *Mat.* Parte de la geometría relativa a las propiedades de las superficies que, mediante las necesarias deformaciones, pueden transformarse unas en otras.
— En *topología,* dos superficies son equivalentes cuando una de ellas, al cabo de extensiones, contracciones u otras deformaciones continuas (aunque sin desgarramiento ni soldadura) pueda ser transformada en la otra. Por ejemplo, mediante deformaciones de su superficie, una esfera (por ejemplo, un globito de goma) puede transformarse en un cubo, y viceversa: cubo y esfera son, topológicamente, equivalentes. Otro grupo topológico se halla constituido por los cuerpos que tienen un agujero y cualquiera de ellos puede transformarse, mediante deformaciones profundas, en otro (así, un anillo y una taza son topológicamente equivalentes).
También existen otros grupos de cuerpos que tienen dos, tres y más agujeros. Otras superficies estudiadas por la topología son el anillo de Möbius y la botella de Klein.
La topología se extiende hoy al análisis matemático y tiene aplicaciones en electricidad (estudio de las redes de distribución), la industria textil (disposición de los coloridos), etc.

TOPOMETRÍA f. *Topogr.* Parte de la topografía concerniente a las medidas efectuadas sobre el terreno.

TOPPING m. *Petr.* Primera destilación del petróleo en la refinería, que se efectúa a la presión atmosférica. (V. REFINACIÓN.)

TOQUE m. *Joy.* Ensayo que se hace para apreciar la ley de un objeto de oro o de plata y que consiste en rayar un jaspe *(piedra de toque)* con el mismo y con una muestra de metal precioso de ley conocida *(aguja de toque)* y en comparar los efectos del ataque del ácido sobre las dos rayas.
— *Pint.* Pincelada ligera.

TORAL adj. y s. *Arq.* Dícese del arco, columna u otro elemento principales o que soportan el mayor esfuerzo. ‖ Aplícase a los cuatro arcos en que descansa una bóveda por arista o de crucería.
— *Metal.* Lingotera para vaciar cobre y barra obtenida con ella.

TORBELLINO m. Movimiento de rotación que adquieren las partículas líquidas o gaseosas en torno de un eje y con velocidad inversamente proporcional a la distancia que las separa de éste. (Sinón. REMOLINO.)
— Los *torbellinos* son nefastos en aerodinámica, pues absorben energía y aumentan así la resistencia al avance. Los de la atmósfera representan importante papel en meteorología, ya que los ciclones no son sino enormes torbellinos. También lo son las trombas. (V. tb. TURBULENCIA.)

TORCEDERO m. *Art. y of.* Torcedor.

TORCEDOR, RA adj. y s. Que tuerce o sirve para torcer. ‖ Cualquier instrumento propio para torcer hilos u otras cosas. ‖ —F. Máquina que tuerce conjuntamente los hilos de acero para formar cables con ellos.

TORCELETE m. *Arq.* Braguetón.

TORCIDO m. *Text.* Hebra gruesa de seda torcida. (V. tb. TORZAL.)

TORCRETADO m. *Constr.* y *Obr. públ.* Aplicación de una capa de hormigón o de mortero caldosos por proyección con aire comprimido a través de una boquilla. (V. tb. GUNITA.)

TÓRCULO m. *Art. gráf.* Prensa manual de husillo que se usa para sacar pruebas o para imprimir láminas artísticas. (V. IMPRESIÓN.)

TORES m. *Arq.* Toro que descansa en el plinto de la base de una columna.

TORIADO, DA adj. *Metal.* Revestido con torio: *los cátodos de lámparas termoiónicas se hacen con tungsteno toriado, para aprovechar la resistencia y el elevado poder emisivo del torio.*

TORIANITA f. *Miner.* Óxido de uranio y de torio, mineral negruzco beneficiado como mena de ambos metales.

TÓRICO, CA adj. Relativo al toro.
— *Ópt. Cristal tórico,* cristal para lentes correctoras de la vista, una de cuyas superficies, generalmente la interior, tiene la doble curvatura del

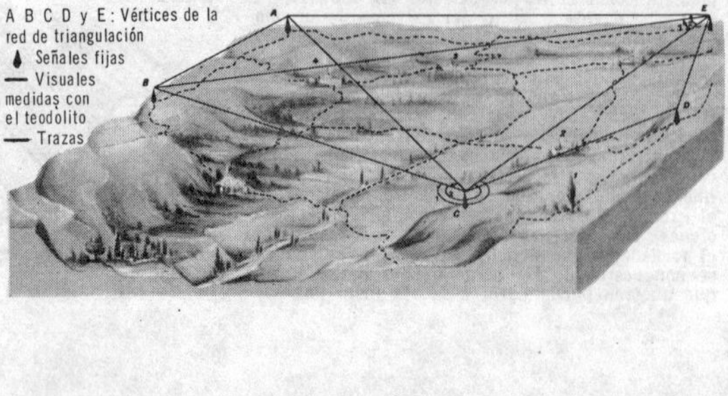

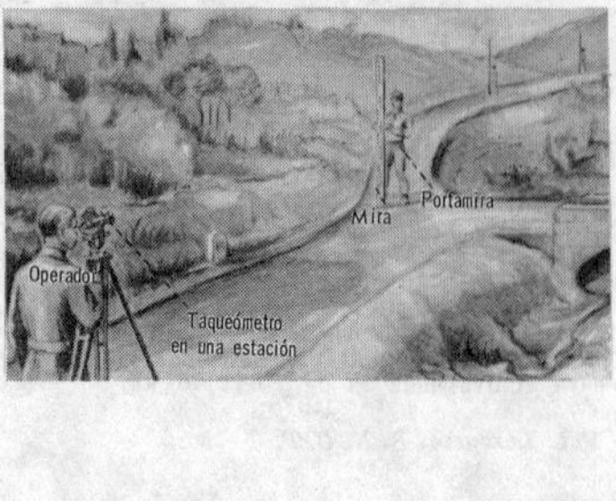

toro y permite corregir el astigmatismo en todo el campo de visión del ojo.
— *Quím.* Dícese del anhídrido ThO_2 y de sus correspondientes sales.

TORINA f. *Miner.* óxido de torio ThO_2.

TORIO m. *Quím.* Elemento químico de número atómico 90, cuyo símbolo es *Th.*
— El *torio* es un metal blanco, bastante dúctil, cuyas principales constantes físicas son: densidad, 11,72; temperaturas de fusión y de ebullición, 1 750 y más de 3 000°, respectivamente; masa atómica, 232,038 (consta casi exclusivamente del isótopo 232, radiactivo, cuyo período es de 1 400 millones de años, y de ínfimas proporciones de isótopo 228, llamado *radiotorio,* producto de la desintegración del anterior, cuyo período es de 1,9 años). El torio se combina en caliente con el hidrógeno, el azufre, el nitrógeno y los halógenos, y se oxida al rojo vivo. Es atacado por el ácido clorhídrico.
Este metal se halla presente en la torianita, los minerales de circonio y las tierras raras, especialmente la monacita, que puede contenerlo en la proporción de 30 %. Esta última mena se trata con ácido sulfúrico y, después de neutralizada la disolución con carbonato de magnesio, se elimina el ácido fosfórico de la misma mediante adición de ácido oxálico. Se obtiene así un oxalato de torio a partir del cual se prepara el cloruro que, reducido por el sodio en el vacío, da el metal. También se obtiene éste por reducción de su óxido y por electrólisis de su fluoruro.
El torio, en razón de su elevado poder emisivo, se emplea para revestir el tungsteno en los cátodos de ciertas lámparas termoiónicas. También se emplean las propiedades de algunos de sus numerosos isótopos radiactivos de masa comprendida entre 227 y 235, algunos de los cuales son obtenidos artificialmente, mientras que otros son productos intermediarios de la desintegración de las dos familias radiactivas del radio y del actinio. El torio 232 es, en efecto, el elemento original de la tercera de dichas familias y experimenta una larga serie de desintegraciones al cabo de la cual se convierte en plomo 208, que es estable. (V. RADIACTIVIDAD.)
Pero el interés principal del torio, que es tres veces más abundante que el uranio, resulta de su calidad de materia fértil: expuesto al flujo de neutrones rápidos en el seno de un reactor autorregenerador, el torio 232 absorbe un neutrón y se convierte en torio 233, el cual, mediante emisión de una partícula bêta se convierte en protactinio 233 que, por pérdida de otra partícula bêta, da uranio 233, isótopo éste que es físil y puede servir como combustible nuclear en otro reactor. Para obtener este resultado no es indispensable partir del torio metálico: también puede irradiarse su óxido (torina), cuyas aplicaciones han sido hasta ahora la confección de mecheros incandescentes y de catalizadores para la industria química.

TORMENTA f. *Magn. Tormenta magnética,* perturbación del campo magnético terrestre causada por irregularidades en la actividad solar.
— Las *tormentas magnéticas* se manifiestan en forma de oscilaciones irregulares de la aguja imantada y de perturbaciones en las radiocomunicaciones por vía ionosférica, que a veces imposibilitan completamente la recepción inteligible de las señales.
En ciertos casos las tormentas guardan relación con los grupos de manchas solares. Cada 27 días, después de haber cumplido una vuelta alrededor del Sol, vuelven a aparecer las manchas y se manifiestan progresivamente, durante unos días, las perturbaciones magnéticas; al cabo de unos meses, cesa el fenómeno hasta que se forme un nuevo grupo de manchas. Otras veces, especialmente durante los años de máxima actividad del ciclo solar de 11 años, las tormentas magnéticas se manifiestan bruscamente de uno a dos días después de haberse producido una erupción en la cromosfera *. En ambos casos las perturbaciones se explican por la llegada a la ionosfera * de importantes flujos de partículas electrizadas emitidas por el Sol en los paroxismos de su actividad, produciéndose también en esta ocasión las auroras * polares. (V. tb. SOL y VIENTO *solar.*)
— *Meteor.* Perturbación atmosférica violenta, aunque de corta duración, acompañada de truenos, relámpagos, ráfagas de viento y precipitaciones, chubascos o granizadas. ‖ Nevada abundante.
— Las *tormentas* se deben a la brusca ascendencia de masas de aire cargadas de humedad y rápidamente calentadas. Se forman así cumulonimbos de mucha altura que no tardan en resolverse en lluvia o en granizo por efecto de las descargas eléctricas. La perturbación aspira por delante aire caliente, perceptible en forma de brisa que viene en dirección contraria de la de aquélla. Esta ascendencia provoca más atrás el descenso de aire frío cuyo viento levanta nubes de polvo. Finalmente, detrás del aire frío, se producen las precipitaciones. Durante el paso de la tormenta se registra un ligero aumento de la presión atmosférica (de uno a dos milímetros, y una baja de la temperatura (de 5 a 10°). Por último, el cumulonimbo se resuelve por arriba en altocúmulos y, por abajo, desaparece completamente o deja girones de nimbos.

TORNADO m. *Meteor.* Tormenta violenta, propia de las costas occidentales del África, provocada por el paso de un frente frío. ‖ En América, tromba * muy violenta, torbellino de unos 100 metros de diámetro muy destructivo, ya que el viento puede alcanzar velocidades de hasta 400 kilómetros hora.

TORNAMESA f. *F. c. Amer.* Placa * giratoria.

TORNAPUNTA f. *Carp.* y *Constr.* Pieza inclinada que se apoya por su pie en una vertical y está unida por arriba con otra horizontal, sirviendo para enlazar las mismas y, las más de las veces, para transmitir a la primera una parte de la carga de la segunda.

TORNASOL m. *Bot.* Girasol.
— *Quím. Papel de tornasol, tintura de tornasol,* v. PAPEL e INDICADOR.
— *Text.* Materia colorante azul extraída de una orchilla * y empleada como tinte. ‖ Nombre genérico que se da a veces a los tejidos que, por tener la trama y la urdimbre de diferentes colorídos, presentan visos o cambios de color según el ángulo con que se observan.

TORNASOLADO, DA adj. Dícese de los tejidos y otras cosas cuya superficie presenta visos o tornasoles.

TORNAVOZ m. *Acúst.* y *Arq.* Todo dispositivo destinado a recoger y reflejar los sonidos, como la concha del apuntador en los teatros y los tableros inclinados que tienen las ventanas de ciertos campanarios.

TORNEADO, DA adj. Labrado con el torno: *balaustrada de barrotes torneados.*

TORNEADURA f. *Art. y of.* Viruta que se arranca con el útil a la pieza torneada.

TORNEAR v. Labrar superficies de revolución con el torno.

TORNILLO m. Cilindro provisto de un filete o resalto helicoidal que permite introducirlo, girando, en una tuerca o en un taladro provisto interiormente de idéntico filete, aunque de sentido contrario. (V. ROSCA, y más abajo *Mec.*) ‖ Pieza comparable a la anterior, pero de forma cónica, que se introduce en la madera y otras materias blandas merced a los efectos conjugados de la rotación y de la presión que sobre ella se ejerce con el destornillador. ‖ *Tornillo de paso progresivo,* aquel cuyo paso aumenta ligeramente de una espira a otra con objeto de obtener un ajuste muy apretado de la tuerca.
— *Art. y of.* Torno * de banco o de mano pequeños.
— *Autom. Tornillo platinado,* cada uno de los dos bornes de tungsteno que establecen el contacto en el distribuidor (v. ENCENDIDO), así llamados porque primitivamente eran de metal platinado.
— *Mec.* Elemento esencial de las construcciones mecánicas, ya definido más arriba. ‖ Husillo. ‖ *Tornillo de bolas,* el de filetes especialmente diseñados para que quede entre el mismo y la rosca hembra un hueco helicoidal en el cual se introducen bolas de acero, reduciéndose así considerablemente los roces (v. *figura*). ‖ *Tornillo diferencial,* tornillo cuyo cuerpo lleva dos o más roscas de paso diferente, de modo que cuando se enrosca por una de ellas en una tuerca, el otro filete arrastre a otra tuerca longitudinalmente y con velocidad diferente. ‖ *Tornillo sin fin, tornillo glóbico,* v. ENGRANAJE. ‖ *Tornillo micrométrico,* tornillo de paso muy pequeño y cabeza muy grande provista de divisiones o graduaciones que permiten apreciar fácilmente el valor de la rotación del tornillo y, consiguientemente, su avance,

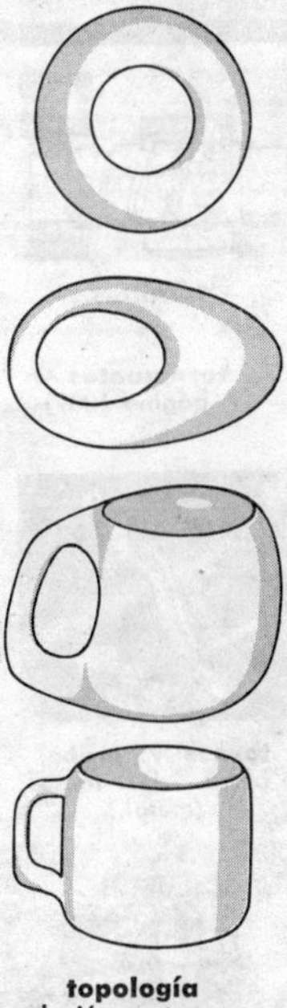

topología
relación entre un anillo y una taza

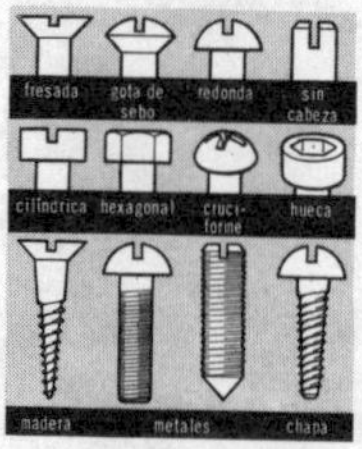

tornillos

aunque éste sea muy pequeño. (V. MICRÓMETRO.) — Los *tornillos* representan un papel importantísimo en mecánica, no solamente para unir y afirmar las piezas mediante tuercas o taladros roscados, sino también para transformar los movimientos. Además de las aplicaciones del tornillo sin fin en los engranajes, es de uso corriente en las máquinas el dispositivo constituido por un tornillo que, al ser girado con una manivela, no se mueve axialmente, pero arrastra longitudinalmente una tuerca que acciona algún mecanismo. En otros casos, cual ocurre en las prensas de husillo, la parte hembra permanece fija y es el tornillo el que tiene movimiento axial y arrastra algún órgano. Los tornillos llenan también a veces funciones reguladoras y, por ejemplo, uno que sirva de tope a un órgano mecánico, podrá ser avanzado o desenroscado para disminuir o aumentar el movimiento de aquél; otro tornillo, de punta cónica, servirá para cerrar más o menos un orificio, y regular, por ejemplo, la alimentación de combustible en un carburador, un soplete, etc. Por último, el tornillo, aplicando el principio del plano inclinado, permite reducir considerablemente los esfuerzos en los gatos * mecánicos y aparatos similares.
Un tornillo se caracteriza por el perfil de su filete, su diámetro nominal, el paso de su rosca y la forma de su cabeza (v. *figura*). [V. tb. ROSCA.]
— *Tecn. Tornillo de Arquímedes,* rosca * de Arquímedes.

torniquetes
[v. página 1009]

TORNIQUETE m. Aparato constituido por un eje vertical, con cuatro aspas también verticales, que cierra la entrada de un recinto para que solamente puedan pasar las personas una a una. ‖ Palanca angular de uno de cuyos extremos pende el tirador y que transmite el movimiento de éste a la campanilla, fijada en el otro.
— *Fís.* Nombre de distintos aparatos para efectuar demostraciones de física.
— El *torniquete hidráulico* consiste en un recipiente en forma de pera que puede girar sobre un eje vertical y que se termina por abajo en una doble boquilla en forma de Z: los dos chorros de líquido, de sentido opuesto, ejercen, por reacción, un par de fuerzas de rotación que hace girar al aparato (principio aplicado a los rociadores giratorios para el riego por aspersión).
El *torniquete eléctrico* es un molinillo, cuyas aspas son alambres de latón con la punta aguzada (v. *figura*), que se dispone en una máquina electrostática: cuando ésta se carga de electricidad, el torniquete gira, en razón de la disipación de la electricidad por las puntas.
— *Text.* Devanadera, aspa.

tornos *y, arriba,* **perro de torno** *(metal.)*

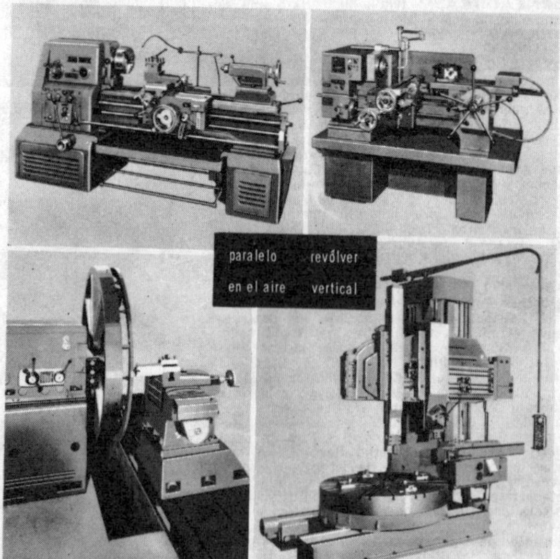

TORNO m. *Art. y of.* Instrumento que se monta en los bancos de carpintero, herrero, etc., para mantener sujetas las piezas que se están trabajando, por medio de dos mordazas, una de ellas fija y la otra arrastrada por un tornillo que permite ejercer una presión suficiente sobre la pieza aprisionada entre ambas. (Sinón. TORNO O TORNILLO DE BANCO.) ‖ Tornillo de mano, instrumento similar al anterior por su principio, pero mucho más pequeño y destinado a ser tenido con la mano. ‖ Órgano análogo al torno de banco, de que están provistas ciertas máquinas herramienta para sujetar las piezas que con ellas se labran (v. *figura*). ‖ Máquina herramienta para labrar, con útiles cortantes y arranque de virutas, piezas animadas de un movimiento giratorio. (V. METAL.)
— *Cerám.* Mesita redonda, firme en un eje vertical provisto en su extremo inferior de una rueda que, accionada con los pies por el alfarero, la hace girar y sobre ella modela con las manos piezas que tienen la forma de cuerpos de revolución.
— *Metal.* El *torno* sirve para: labrar superficies de revolución más o menos complicadas a partir de barras cilíndricas; rectificar y alisar piezas de fundición o ya desbastadas; abrir roscas en las piezas cilíndricas, y, en fin, fabricar en gran serie pernos, tornillos grandes y otras piezas. El modelo más común es el *torno paralelo.* Consta de un sólido bastidor (la bancada) provisto de guías por las cuales pueden deslizarse uno de los dos cabezales que sujetan la pieza y el carro portaherramienta; también soporta, en uno de sus extremos, el cabezal fijo, el motor, el cambio de velocidades y los mandos. Del cabezal fijo sobresale el extremo del árbol motor, al cual se acopla a veces un plato o mandril * provisto de mordazas que sirven para sujetar la pieza por uno de sus extremos y conferirle el movimiento giratorio. En otros casos (montaje *entre puntos*), se fresan en los extremos de la pieza dos depresiones cónicas en las cuales penetran las puntas de los dos cabezales. Entonces es necesario efectuar un montaje especial para arrastrar la pieza por medio de un perro (v. *figura*). Por último, si la pieza es muy larga, delgada o flexible, se le da un apoyo intermediario por medio de una luneta fijada en la bancada o en el carro.
El carro tiene por misión dar un apoyo a la herramienta cortante y regular sus movimientos. Se desliza sobre la bancada merced a un husillo accionado manualmente (avance longitudinal de la herramienta). También existe otro husillo que sirve para arrastrarlo automáticamente en la ejecución de ciertas labores (por ejemplo, para abrir roscas). La parte superior del carro se desliza perpendicularmente al movimiento de la inferior para poder dar a la herramienta un movimiento transversal. El portaherramientas permite orientar y fijar el útil en la dirección deseada (para labrar piezas cónicas, flancos de rebajos, etc.).
El *torno de revólver,* usado para fabricar piezas en serie, está provisto de un cabezal especial que lleva varias herramientas diferentes, cada una de las cuales trabaja en la misma pieza por su turno y ejecuta determinadas labores. Más eficaz aún y especializado en las grandes series es el *torno automático,* muy usado para fabricar tornillos y piezas afines a partir de barras largas o de rollos de alambre grueso. Si se trata de tornillos de cabeza hexagonal, se empleará un perfilado de esta forma, cuyo extremo sobresaldrá del mandril hueco: las herramientas arrancarán el metal necesario para formar el cuerpo cilíndrico del tornillo, labrarán en éste la rosca y cortarán la barra después de haber reservado la porción de la misma correspondiente a la cabeza del tornillo, el cual caerá entonces, avanzando luego la barra de nuevo para iniciar el labrado de otro tornillo, y así sucesivamente. El *torno de copiar o de reproducir,* también llamado *torno piloto,* funciona asimismo automáticamente: su portaherramienta es solicitada por un resorte que, mediante arranque de metal, le obliga a seguir el perfil de una plantilla que reproduce la forma del modelo.

Fot. Larousse, Fauroult, Bazaine, Berthiez

Todos los tornos citados hasta aquí tienen su árbol motor y la pieza horizontales: en el *torno vertical,* la posición de los mismos es vertical. Citemos, por último, entre las máquinas especiales, el *torno en el aire,* que carece de bancada y cuya portaherramienta describe círculos para labrar piezas muy grandes fijadas en un soporte.
— *Text.* Instalación provista de unas armellas giratorias con las cuales se da torsión a los cordones para formar con ellos las cuerdas.
— *Transp.* Máquina simple para levantar o arrastrar pesos con una cuerda, consistente en un tambor horizontal provisto de uno o dos manubrios con los cuales se la hace girar para que se arrolle en él la cuerda, quedando así multiplicado el esfuerzo aplicado para tirar de la carga (la multiplicación del esfuerzo es mucho mayor aún en el *torno diferencial* *). ‖ *Torno de motor,* aquel en que el tambor es movido por un motor, cual lo tienen los ascensores eléctricos. (Sinón. MAQUINILLA.) ‖ Freno de zapatas, manubrio y husillo que tienen ciertos vagones y carruajes.

TORO m. *Arq.* Moldura gruesa, en forma de media caña: *muchas columnas tienen en su basa una escocia entre dos toros.*
— *Electrón.* Cada una de las numerosas anillas de ferrita ensartadas en las mallas de una tela metálica, que constituyen la memoria * magnética de ciertas calculadoras electrónicas.
— *Geom.* Sólido engendrado por un círculo que gira alrededor de una recta situada fuera de éste, pero en su mismo plano.
— El *toro* es una superficie de cuarto grado. Su superficie S y su volumen V se calculan con las siguientes fórmulas:

$$S = 4\pi^2 R d \qquad \text{y} \qquad V = 2\pi^2 R^2 d,$$

en las cuales R es el radio del círculo y *d* la distancia del centro del mismo al eje de rotación.

TOROIDAL adj. *Geom.* Perteneciente o relativo al toro o a los toroides.

TOROIDE m. *Geom.* Extensión de la definición del toro a los cuerpos engendrados por curvas planas y cerradas que no son circunferencias.

TORÓN m. *Quím.* Emanación del torio, que es un isótopo del radón. (V. EMANACIÓN.)

TORPEDERO, RA adj. y s. *Aeron.* Dícese del avión de bombardeo especialmente estudiado y equipado para el lanzamiento de torpedos.
— *Mar.* Dícese de la lancha muy rápida destinada a lanzar torpedos en aguas poco agitadas y a proximidades de sus bases terrestres. ‖ —M. Buque de guerra pequeño y rápido especializado en el lanzamiento de torpedos.
— Los *torpederos* fueron reemplazados ventajosamente por los destructores (también llamados *cazatorpederos*), mayores, más rápidos y provistos de artillería más potente. A su vez, los destructores han perdido su interés al aumentar la velocidad de los demás buques de guerra y al inventarse el radar, que impide sus ataques nocturnos por sorpresa. Las modernas flotas de guerra ya no tienen buques específicamente torpederos, si se excluyen las *lanchas torpederas* empleadas cerca de las costas. El papel del torpedero incumbe hoy a los patrulleros de escolta.

TORPEDO m. *Autom.* Tipo de carrocería de los automóviles descubiertos que se pueden cerrar con una capota (plegada detrás de la caja) y dos cortinas laterales.
— *Arm.* y *Mar.* Proyectil autopropulsado, dotado de flotabilidad, que, una vez lanzado al agua, por un avión, un submarino u otro buque torpedero, en dirección de una nave enemiga, se dirige rápidamente hacia ella y explota por percusión o por influencia magnética (si pasa cerca de la misma sin tocarla).
— El *torpedo* es un ingenio cilíndrico, de unos 7 a 8 m de largo y de 450 a 650 mm de diámetro, que consta de los siguientes elementos (enumerados de proa a popa): una espoleta; una carga explosiva de hasta 300 kg de tolita; un depósito de aire comprimido; pequeños compartimentos estancos para regular la profundidad de inmersión; un motor de aire comprimido de unos 250 caballos que, con sus dos hélices contrarrotativas (para evitar cualquier disimetría en la propulsión que desviaría el ingenio de su trayectoria) puede imprimirle velocidades de hasta 45 nudos y un alcance de hasta 20 km; timones de dirección y de profundidad movidos por servomecanismos dependientes del regulador de profundidad y del mecanismo de dirección giroscópica. El lanzamiento se efectúa mediante la expansión del aire comprimido en un tubo lanzatorpedos.
Los torpedos movidos por aire comprimido dejan tras de sí una estela lo bastante visible, si hace buen tiempo, para que la nave enemiga pueda esquivarlos. Con objeto de obviar éste y otros inconvenientes se emplearon en la última guerra mundial torpedos de propulsión eléctrica; éstos no dejan ningún rastro, pero su alcance es inferior. Por otra parte, se hallan provistos de un sistema de autodirección acústica (mediante unos micrófonos que los orientan hacia la dirección de donde provienen las vibraciones engendradas por las hélices del buque). Además, si el torpedo no da con el blanco, al pasar junto a éste explota por influencia de sus masas magnéticas. (V. tb. MINA.)
Según los convenios internacionales todo torpedo que no ha estallado debiera caer automáticamente al fondo.

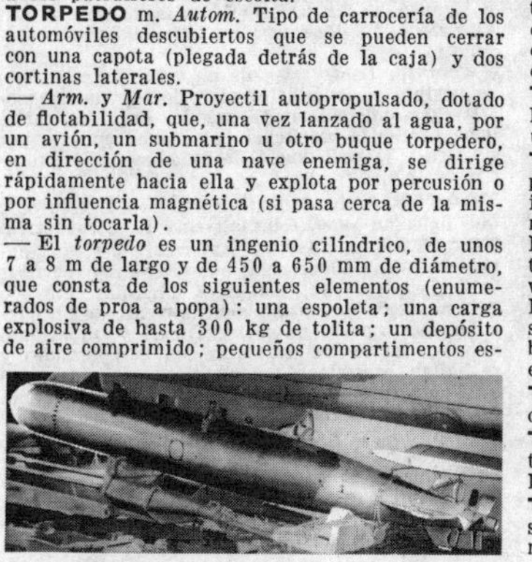

Fot. S. C. A.

Torr, símbolo del *torricelli.*

TORRE f. Construcción de fábrica, metálica o de cualquier índole y uso, mucho más alta que ancha: *el alcance de los faros marítimos es tanto mayor cuanto más elevada es su torre.*
— *Aeron. Torre de control,* construcción que se hace en los aeropuertos, de altura suficiente para dominar todas las pistas y zonas de aparcamiento de los aviones y para poder observar el cielo libre de obstáculos, en la cual se reúnen todos los servicios de radionavegación y telecomunicaciones que permiten regular el tránsito de los aviones entrantes y salientes, tanto en las pistas como en la zona aérea alcanzada por el radar alrededor del aeropuerto.
— *Ind.* Nombre dado a las instalaciones muy altas: *torre de desecación.* (Sinón. COLUMNA.) ‖ *Torre de destilación,* columna de destilación. * ‖ *Torre de refrigeración,* columna refrigerante *.
— *Mar.* Cada uno de los reductos acorazados que, sobre la cubierta de un buque de guerra, protegen la artillería (*torre de barbeta*), las instalaciones de dirección del tiro (*torres directoras*), el puesto de mando (*torres de mando* o *de combate*), etc.
— *Min.* y *Petr. Torre de extracción,* castillete. ‖ *Torre de perforación* o *de sondeo,* castillete de sonda *. (Sinón. DERRICK.)
— *Petr.* Cada una de las columnas de destilación (topping, crácking, reforming, etc.) de una refinería * de petróleo.

TORREFACCIÓN f. *Ind.* Tostadura o calcinación parcial a que se somete una substancia para desecarla, destruir algún principio perjudicial, provocar la formación de principios aromáticos (café, tabaco), oxidarlas, etc.: *la torrefacción es una oxidación en caliente que se obtiene exponiendo las substancias directamente al fuego en presencia del aire.*

TORRENCIAL adj. Relativo o perteneciente a los torrentes. ‖ Tumultuoso, como las aguas de un torrente. ‖ *Lava torrencial,* v. LAVA.

TORRENTE m. *Geogr.* e *Hidr.* Curso de agua propio de los terrenos montañosos, corto, muy irregular, con frecuencia seco, pero que experimenta crecidas impetuosas como consecuencia de lluvias abundantes o de rápidos deshielos, arrastrando entonces grandes masas de tierras y provocando destrucciones. (Los estragos causados por los *torrentes* se evitan limitando la excavación de su lecho con muros escalonados y, sobre todo, repoblando las montañas para retener y regularizar el flujo de las aguas pluviales.)

TORREÓN m. *Arq.* Torre grande, para defensa de una plaza o fortaleza. ‖ *Amer.* Torre.

TORRETA f. *Mar.* Pequeña superestructura que tienen los submarinos y que sirve de puente para la navegación en superficie. ‖ Torre pequeña.

TORRICELLI m. *Metr.* Unidad de presión, cuyo símbolo es *Torr,* equivalente a la presión de un milímetro de mercurio, o sea a 0,75 bares.

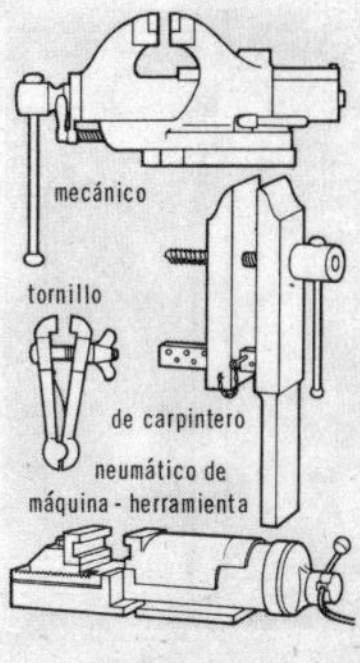

tornos *(art. y of.)*

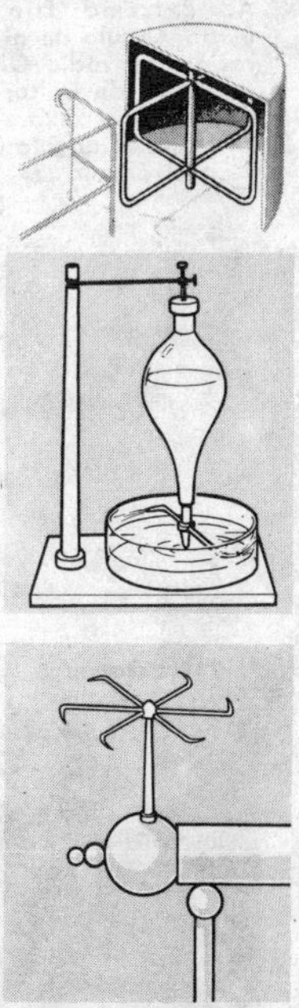

torniquetes
de puerta, hidráulico
y eléctrico

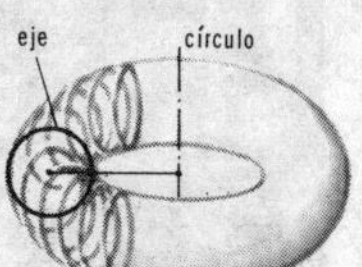

toro *(geom.)*

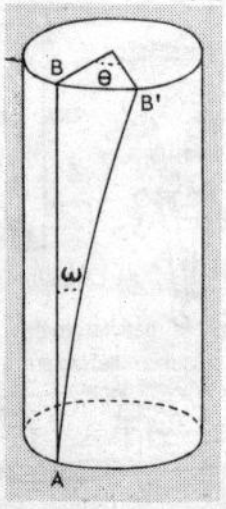

torsión de una barra cilíndrica A. Extremo fijo; BOB'. Ángulo de giración del radio OB (el valor de la torsión puede ser expresado por el ángulo θ o el ángulo ω

TORSIÓMETRO m. *Metr.* Instrumento empleado en resistencia de materiales para medir la torsión de una barra metálica, haciendo firme uno de sus extremos y aplicando un par de fuerzas al otro, cuyo ángulo de deformación es indicado por un índice en la escala del aparato.

TORSIÓN f. *Mec.* Deformación del cuerpo sometido a dos pares de fuerzas que actúan en direcciones opuestas y en planos paralelos, de modo que cada sección del mismo sufra una rotación respecto a otra sección próxima.
— *Fís. Balanza de torsión,* v. BALANZA.
— *Mec. Barra de torsión,* resorte constituido por una barra elástica, encastrada por uno de sus extremos y que soporta, torciéndose, los esfuerzos angulares aplicados en el otro: *las barras de torsión se emplean en la suspensión de ciertos automóviles.* || *Muelle* o *resorte de torsión,* el que, como en los cierres de ciertas puertas, trabaja por torsión, y no por tracción ni por compresión.
— *Text.* Disposición helicoidal que se da a las fibras textiles para hacer los hilos, a éstos para hacer los cordones, etc.: *el sentido de la torsión se designa internacionalmente por las letras S y Z, cuyo trazo mediano indica la dirección de las fibras o hilos.* || Número de vueltas por metro que dan las fibras torcidas en el hilo, los hilos torcidos en el cordón, etc. (V. tb. HILATURA y RETORCER.)

TORTA f. *Constr. A torta y lomo,* dícese del tejado cuyas tejas van asentadas sobre una capa de mortero dispuesto en los huecos de las cobijas.

TORTADA f. *Constr.* Tendel, capa de argamasa.

TORTILLÓN m. Difumino * de papel arrollado.

TORTONIENSE adj. y s. *Geol.* Uno de los pisos del mioceno superior, cuyos terrenos datan de unos 15 millones de años. (V. ESTRATIGRAFÍA.)

TORTVEITITA f. *Miner.* Silicato de escandio e itrio, mena de este último.

TORZAL m. *Text.* Cordoncillo de seda propio para labores de bordado y de tapicería. || Cualquier hilo que resulte de retorcer varios cabos (generalmente tres).

TOSCANO, NA adj. *Arq. Orden toscano,* v. ORDEN.

TOSTACIÓN f. Acción y efecto de tostar. || Torrefacción.
— *Quím.* y *Metal.* Operación consistente en calentar un mineral u otra substancia en presencia del aire para provocar su oxidación por el mismo. (La *tostación* de las piritas y de las blendas permite eliminar el azufre al estado de gas sulfuroso y obtener, respectivamente, el hierro y el cinc al estado de óxido; la tostación de los sulfuros permite obtener sulfatos, etc.) || *Horno de tostación,* v. HORNO.

TOSTADOR m. Aparato o recipiente propio para tostar. || Tambor * dispuesto sobre un hogar, para tostar café y otros productos vegetales.

TOSTAR v. Calentar una substancia hasta desecarla u oxidarla sin carbonizarla. (V. TORREFACCIÓN.)
— *Quím.* y *Metal.* Oxidar por tostación *

TOTAL adj. y s. Completo, general.
— *Astr. Eclipse total,* v. ECLIPSE.
— *Mat.* M. Suma de dos o más cantidades.

TOTALIZADOR, RA adj. y s. Que totaliza o arroja el total de una suma, o el que alcanza una magnitud en determinado tiempo: *pluviómetro totalizador.* || Órgano que, en una máquina, indica el total de una serie de operaciones: *en una caja registradora, después de haber marcado separadamente el importe de cada compra, se pulsa la tecla del totalizador para obtener la suma de los mismos.*

TOTALIZAR v. Efectuar u obtener mecánicamente la suma de varias cantidades.

TRABADOR m. *Carp.* Triscador.

TRABAJAR v. Labrar: *trabajar la piedra, el suelo, etc.* || Tratándose de una pieza, mecanismo, etc., hallarse en acción, soportar o ejercer esfuerzos mecánicos: *los pilares y las columnas trabajan por compresión.*

TRABAJO m. Labra de una materia: *la embutición de chapas es un trabajo en frío.* || Operación de una máquina o de una herramienta.
— *Mec.* Magnitud igual al producto de una fuerza por el camino recorrido por el punto en que se ha aplicado la misma: *si la fuerza se expresa en kilogramos y la longitud en metros, el trabajo queda expresado en kilográmetros.* || *Teorema del trabajo mecánico,* teorema según el cual el trabajo total de un sistema de fuerzas aplicadas en un mismo punto a un cuerpo en movimiento, es igual al trabajo de la resultante determinada por el polígono de dichas fuerzas. (V. FUERZA.)

TRABAL adj. *Carp.* Dícese del clavo grande que sirve para unir trabes o vigas.

TRABAR v. Unir una cosa con otra para afirmarla o aumentar su resistencia. || Dar consistencia a una masa líquida o pastosa.
— *Carp.* Triscar.

TRABAZÓN f. Acción y efecto de trabar.

TRABE m. *Carp.* Viga, tablón o madero grueso.

TRACA f. *Mar.* Cada una de las hiladas de tablas o de planchas del forro o de la cubierta de un buque: *la traca de aparadura es la primera del casco, a partir de la quilla.*

TRACCION f. Acción de tirar, de mover un cuerpo cuando la fuerza es ejercida hacia adelante, respecto a la resistencia: *desaparecen los vehículos de tracción animal.*
— *Autom. Tracción delantera,* v. AUTOMÓVIL, y más abajo *Transp.*
— *F. c.* Arrastre de los trenes por las locomotoras de vapor *(tracción de vapor)*; de motores térmicos *(tracción Diesel)*, eléctricos *(tracción eléctrica)* o de ambos acoplados *(tracción Diesel eléctrica)*; por cables *(tracción funicular)*; etc. (V. LOCOMOTORA, y más abajo *Transp.*) || *Tracción doble,* acoplamiento de dos locomotoras para arrastrar un tren muy pesado.
Mec. Dícese de la fuerza o de las dos fuerzas antagonistas que obran axialmente en un cuerpo y tienden a alargarlo. (V. ELASTICIDAD y RESISTENCIA.) || *Resistencia a la tracción,* v. RESISTENCIA.
— *Transp.* La *tracción* de un vehículo solamente es posible si la adherencia * de las ruedas motrices es suficientemente grande. Por otra parte, debe vencer la resistencia al avance opuesta por el aire y la resistencia de rodadura. (V. RESISTENCIA.)

TRACERÍA f. *Arq.* Delicada labor esculpida que llena un vano, especialmente la ojiva gótica.

TRACTOR m. *Autom.* Automóvil potente, dotado de buena adherencia, que sirve para remolcar vehículos de carga, máquinas agrícolas, etc.
— Los *tractores* constan esencialmente de un bastidor que soporta un motor Diesel y un asiento simple. Sus ruedas tractoras son muy grandes y se hallan provistas de neumáticos profundamente estriados, propios para obtener una adherencia suficiente en terrenos blandos o poco consistentes. Con el mismo fin se emplean a veces orugas * en vez de ruedas. Los *tractores agrícolas,* además de remolcar las máquinas, tienen una toma * de movimiento que permite accionarlas con su motor; los tractores para las explotaciones forestales tienen sus cuatro ruedas motrices; los que se em-

tractores

1. Tipo común
2. De oruga
3. Para plantaciones de arbustos

Fot. Massey-Fergusson, Grafoullière

plean en viticultura y otras plantaciones, son muy altos y entre sus ruedas media la anchura suficiente para poder pasar entre las hileras de plantas.

TRACTRIZ adj. y s. f. *Geom.* Curva en la cual (v. *figura*) es constante la distancia MT entre el punto de contacto M de una tangente y la intersección T de la misma con el eje *x'Ox* de las abscisas.

TRADUCTOR, RA adj. y s. m. *Cibern.* Órgano que recibe una señal en forma de magnitud física y, en función de la cual, emite otra señal en forma de magnitud física diferente de la primera (por ejemplo, una célula fotoeléctrica excitada por un rayo luminoso, convierte la señal en una impulsión eléctrica).
— *Ofic.* F. Máquina que traduce los agujeros de una tarjeta * perforada en letras y cifras. ‖ Calculadora electrónica que tiene registrado un vocabulario bilingüe en sus órganos de memoria y es capaz de hallar aproximadamente la traducción de textos simples en los cuales solamente figuren las voces que constan en el referido vocabulario.
— La traducción de textos por las máquinas electrónicas, si bien es posible teóricamente, en la práctica debe ser descartada, por ahora, su posibilidad respecto a las traducciones literarias. No obstante, una máquina provista de un vocabulario especialmente compuesto, por ejemplo en terminología química, puede rendir inestimables servicios en la traducción de trabajos científicos de aquellas lenguas poco practicadas por los especialistas del ramo. Así, merced a la *traductora*, un químico americano que no conoce el ruso, podrá disponer rápidamente de traducciones que, aunque imperfectas, le permitirán ponerse al corriente de las investigaciones hechas por los químicos rusos, y viceversa.
— *Telec.* Órgano de los telégrafos que traduce las impulsiones eléctricas o los signos del alfabeto Morse en letras y cifras.

TRÁFICO m. *Transp.* Movimiento de buques en los puertos y canales, de aviones en un aeropuerto, de trenes en las estaciones, de automóviles en las carreteras, etc.

TRAGACANTO m. Goma segregada por un árbol asiático (*Astragalus gummifer*) y por otros semejantes, que entra en la composición de aprestos para tejidos, de colores de acuarela, de cerillas, etc., y que se emplea también en farmacia (para hacer pastillas) y en pastelería.

TRAGALUZ m. *Arq.* Ventana pequeña abierta en el techo o en la parte alta de la pared, generalmente con derrame hacia dentro.

TRAGANTE m. *Metal.* Abertura superior del alto horno y de los hornos de cuba. ‖ En los hornos de reverbero, conducto por donde los humos pasan de la plaza a la chimenea.

TRAINERA f. *Mar.* Embarcación ligera, propia para pescar con traíña.

TRAÍÑA f. *Mar.* Nombre dado a distintos artes de pesca y que hoy es sinónimo de *cerco * de jareta*.

TRAMA f. *Art. gráf.* Filtro finamente cuadriculado o reticulado que se dispone ante la emulsión sensible en los procedimientos de similigrabado. (Las *tramas* se designan por el número de líneas que tienen por pulgada, de modo que una *trama de 100* cuenta 100 líneas por pulgada, o sea 40 por centímetro.) [V. FOTOGRABADO.] ‖ *Trama de seda*, serigrafía.
— *Radiot.* En televisión, conjunto de líneas exploradas de una vez antes de que el haz electrónico vuelva a su posición inicial: *por lo general se exploran primeramente todas las líneas impares y luego las pares, y, consiguientemente, la imagen consta de dos tramas.* (V. EXPLORACIÓN.)
— *Text.* Nombre de los hilos transversales de un tejido, o sea de los que la lanzadera cruza por entre los de la urdimbre. (V. LIGAMENTO Y TEJIDO.)

TRAMAR v. *Art. gráf.* Descomponer una imagen en puntos merced a una trama.
— *Text.* Pasar los hilos de la trama por entre los de la urdimbre para hacer el tejido.

TRAMILLA f. *Text.* Bramante.

TRAMO m. *Arq.* y *Obr. públ.* Porción de una obra o construcción comprendida entre dos apoyos o entre dos puntos determinados: *reemplazar un tramo de vía; tramo de puente comprendido entre dos pilas.* ‖ Parte de una escalera comprendida entre dos rellanos o descansillos.

TRAMP m. *Mar.* Buque mercante que no se dedica al tráfico regular y que va de un puerto a otro según la oportunidad de los fletes que se le ofrecen.

TRAMPA f. Cualquier artificio mecánico usado para capturar animales.
— *Arq.* Abertura cuadrada, provista de una puerta, que, en el techo o en el suelo, sirve para acceder al desván o al sótano, respectivamente.
— *Tecn.* Nombre dado a dispositivos que permiten interceptar partículas o radiaciones parásitas. (Los televisores tienen una *trampa* de iones para evitar que lleguen a la pantalla los iones parásitos producidos por la descomposición del metal del cátodo o por la ionización del gas residual del tubo.)

TRANCA f. *Carp.* Palo grueso con que se aseguran una puerta o ventana cerradas poniéndolo de través detrás de ellas.

TRANCANIL m. *Mar.* Serie de maderos de chapas o de angulares que corren por las dos bandas del barco *, de proa a popa y que ligan las cabezas de los baos con las cuadernas.

TRANCHETE m. *Art. y of.* Chaira.

TRANQUERO m. *Arq.* Cada sillar labrado de las jambas y dinteles de puertas y ventanas.

TRANQUIL m. *Arq.* Línea vertical. ‖ *Arco por tranquil*, v. ARCO.

TRANQUILLA f. Pasador que, fijado en una barra, impide que ésta penetre más allá de lo previsto al ser introducida en alguna parte.

TRANS, prefijo latino que significa *del otro lado de* y *a través de*.

TRANSATLÁNTICO m. *Mar.* Buque grande, especialmente el paquebote, que cruza el Atlántico en sus viajes. ‖ Por ext., buque de la misma índole que cruza las aguas de otros océanos.

TRANSBORDADOR adj. y s. Dícese de la instalación que sirve para transbordar.
— *F. c.* Plataforma provista de un tramo de vía que, con motores propios o tirada por un torno, traslada lateralmente los vagones y locomotoras de una vía a otra contigua: *las más de las veces el transbordador corre por un foso, sobre carriles perpendiculares a las vías férreas.*
— *Mar.* Ferry boat. ‖ Instalación que permite efectuar en alta mar el trasiego del combustible de los tanques de un petrolero a los de un buque.
— *Obr. públ. Puente transbordador*, puente que se construye sobre una vía navegable, y cuyo tablero, situado a altura que permita el paso de los buques, se halla constituido por carriles sobre los cuales corre un bastidor que, por medio de cables, sostiene la barquilla o plataforma sobre la cual pasan las personas y las cosas de una orilla a otra al nivel del suelo.

TRANSBORDAR v. *Transp.* Cambiar de barco, avión, tren u otro vehículo los pasajeros o las mercaderías.

TRANSCENDENTE adj. *Mat.* Dícese de las ecuaciones y funciones que no pueden representarse por expresiones algebraicas porque en ellas intervienen logaritmos, líneas trigonométricas, cantidades afectadas de una variable como exponente, etcétera. ‖ *Número transcendente*, v. NÚMERO.

TRANSDUCTOR m. *Acúst.* y *Radiot.* Dispositivo que convierte la potencia de una corriente eléctrica en potencia mecánica o acústica, o la presión de las vibraciones acústicas en señales eléctricas: *son transductores de uso corriente los micrófonos y los altavoces, los generadores y los detectores de ultrasonidos, etc.*

TRANSEPTO m. *Arq.* Crucero.

TRANSFERENCIA f. *Astron. Elipse de transferencia*, v. ELIPSE.
— *Cibern.* En un sistema cibernético, acción consistente en engendrar una señal de salida a partir de una señal de entrada. (La *transferencia* es *conservativa* cuando ambas señales tienen la misma energía, *activa* si la señal emitida es más intensa que la recibida y *pasiva* en el caso contrario.)
— *Fot. Papel de transferencia*, papel fotográfico cuya emulsión puede ser despegada para fijarla sobre otro soporte a imagen y semejanza de las calcomanías.
— *Ind.* Sistema de fabricación en cadena en el cual las piezas, cada vez que han sido labradas por una *máquina de transferencia*, pasan automáticamente a otra que las labra a su vez antes de cederlas a la siguiente, y así sucesivamente. (V. tb. AUTOMÓVIL.) ‖ *Línea de transferencia*,

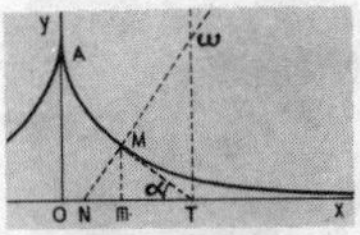

tractriz

tragaluz

tragante
de alto horno

transatlántico
[v. figura *paquebote*]

Fot. Lacheroy

estructura interna de un **transistor** PNP

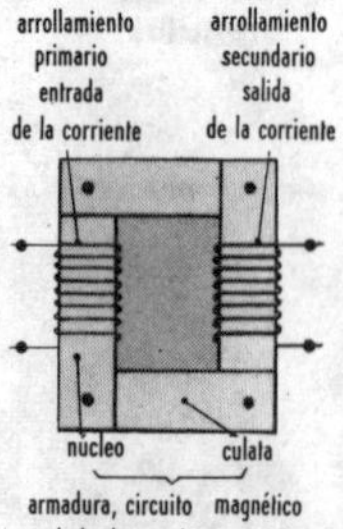

esquema de un **transformador** *(arriba)* y **transformador** de aceite *(abajo)*

en las refinerías de petróleo y en la industria química, paso de los productos intermediarios de una a otra de las instalaciones en que han de reaccionar.

TRANSFLUENCIA f. *Geol.* e *Hidr.* En ciertos glaciares que desbordan de su cauce, paso de una parte de los mismos a un valle contiguo, que da lugar a la excavación de un *puerto* o *collado de transferencia.* ‖ Cambio de lecho de un río cuando el nuevo cauce vierte las aguas en otro río.

TRANSFORMACIÓN f. Acción de cambiar la forma o la naturaleza de una cosa que se convierte así en otra de características o índole diferentes de las de la primera.
— *Atom.* Transmutación.
— *Electr.* Conversión de una corriente eléctrica en otra de frecuencia, tensión o intensidad diferentes. (V. TRANSFORMADOR.)
— *Fís. Transformación adiabática,* la de una substancia o un sistema que se efectúa sin recibir calor del exterior ni cedérselo. (V. ADIABÁTICO.) ‖ *Transformación isoterma,* la que se efectúa a temperatura constante.
— *Geom.* Paso de una figura a otra que se efectúa observando las reglas de correspondencia de sus distintos elementos: *la transformación de una circunferencia en una elipse se obtiene proyectándola en otro plano que no sea ni paralelo ni perpendicular al primero.* (V. PROYECCIÓN y REPRESENTACIÓN.)
— *Mat. Transformación de una ecuación,* v. ECUACIÓN y ÁLGEBRA.)

TRANSFORMADOR, RA adj. y s. Dícese de los aparatos o instalaciones que sirven para efectuar alguna transformación.
— *Autom. Transformador de par,* convertidor * de par.
— *Electr.* Aparato para elevar o reducir las tensiones eléctricas o para hacer variar alguna de las características de las corrientes alternas (transformador de frecuencia, etc.).
— El *transformador* obra por inducción electromagnética, carece de piezas móviles y solamente transforma corrientes alternas en otras corrientes también alternas, circunstancia que lo distinguen del convertidor * y del rectificador *. Generalmente se usa para cambiar la intensidad y la tensión de las corrientes sin modificar su frecuencia ni afectar a su energía (salvo en las pérdidas que inevitablemente se producen en el aparato). Un transformador ordinario consta de un núcleo de hierro dulce (constituido las más de las veces por un paquete de chapas, como protección contra las corrientes de Foucault *) sobre el cual se devanan dos conductores: el *primario,* por el cual pasa la corriente que se ha de transformar, y el *secundario,* en el cual es engendrada la corriente transformada. De lo dicho en el art. INDUCCIÓN se desprende que el paso de la corriente alterna por el arrollamiento primario crea en torno de éste un campo variable que tiene la propiedad de engendrar en los conductores próximos (en este caso se trata del arrollamiento secundario) otra corriente de igual frecuencia. Si se exceptúan las pérdidas por disipación de calor (de 1 % en los mayores transformadores a 8 % en los menores), el producto de la tensión por la intensidad es equivalente en ambos conductores.
Por otra parte, la relación de transformación, o sea la relación de la tensión secundaria a la primaria, es proporcional a la relación entre el número de espiras que se han devanado en el secundario y el primario. De ambas propiedades se desprende que: 1.º la intensidad de la corriente aumenta cuando la tensión disminuye, y viceversa; 2.º la tensión puede ser reducida o aumentada haciendo variar el número de espiras del secundario respecto a las del primario, y así, si éste tiene 100 espiras y aquél 10, el transformador reducirá diez veces la tensión; inversamente, si el secundario tuviera 1 000 espiras, la tensión obtenida sería 100 veces superior a la del circuito primario y el aparato funcionaría como un elevador de tensión.
Un *transformador trifásico* consta de tres núcleos, tres arrollamientos primarios y tres secundarios que pueden ser acoplados en estrella * o en triángulo *.
Cuando se trata de pequeñas potencias, se pueden emplear los *transformadores secos.* En el caso contrario es indispensable refrigerarlos y, con dicho fin, se instalan dentro de un tanque lleno de aceite aislante (*transformadores de aceite*).
Con el nombre de *autotransformador* se designa un transformador que solamente tiene un arrollamiento en cuyos extremos AC se aplica la tensión primaria. Si se toma la tensión secundaria en A y en un punto B del devanado, intermediario entre AC, la relación entre ambas tensiones dependerá de la relación entre las espiras comprendidas de A a C por una parte y de A a B por otra. Estos transformadores son económicos y tienen buen rendimiento (a condición de que la tensión secundaria no exceda la mitad de la primaria), pero son peligrosos, al no hallarse separadas las dos tensiones, y su uso, por consiguiente, queda prohibido en los juguetes eléctricos.
Los transformadores se emplean en la distribución de la energía eléctrica (para convertir la alta tensión de las líneas en baja tensión suministrada a los clientes), con objeto de alimentar los hornos eléctricos, los aparatos de soldar, las locomotoras de tracción eléctrica, los distintos circuitos de un radiorreceptor, etc. También permiten utilizar en un sector los motores y aparatos eléctricos previstos para otro de tensión diferente.
— *Electrón. Transformador de imágenes,* convertidor * de imágenes.
— *Tecn. Transformador de presión,* dispositivo que se emplea en las instalaciones que funcionan con fluidos a presión para aumentar o disminuir ésta: *en las botellas de gas butano se emplea como transformador de presión una válvula de reducción.* ‖ *Transformador de vapor,* generador de vapor en el cual el manantial de calor es una corriente de vapor mucho más caliente que circula en torno de la caldera o de los tubos de agua.
— *Telec.* Nombre dado a los dispositivos empleados en televisión para convertir las variaciones de la luz en variaciones de la tensión (en los tubos analizadores), y viceversa (en el osciloscopio del televisor).

TRANSGRESIÓN f. *Geol.* Avance del mar sobre las tierras emergidas, ya por hundirse éstas, ya por elevarse el nivel de las aguas.

TRANSISTOR m. *Electrón.* Dispositivo, fundado en el uso de semiconductores, que, según su estructura y montaje, actúa en los circuitos electrónicos como las lámparas * detectoras, amplificadoras u oscilatrices. (Sinón. TRANSISTRÓN, TRÍODO DE CRISTAL.) ‖ Dase también este nombre abusivamente al radiorreceptor provisto de transistores.
— El *transistor* combina las propiedades de cristales de germanio o de silicio muy puros, que son cuadrivalentes, a los cuales se agregan pequeñas proporciones de un cuerpo trivalente (resultando entonces un cristal P, aceptador de electrones) o de un cuerpo pentavalente (con lo cual se obtiene un cristal N, dador de electrones). Un

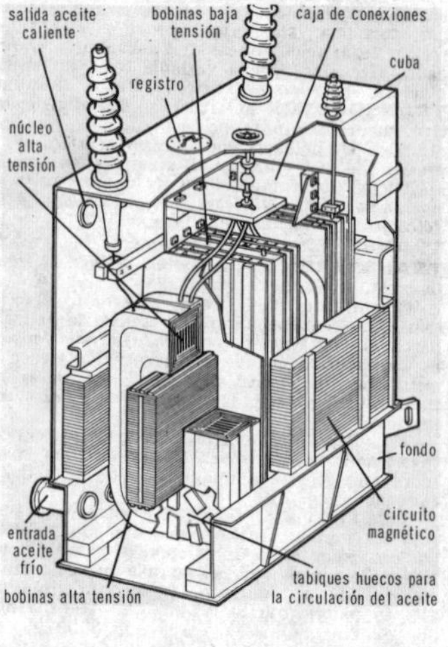

Fot. Larousse, Jeumont

cristal P puede admitir electrones, pero no cederlos e, inversamente, el cristal N tiene un exceso de electrones (v. SEMICONDUCTOR). Si se acoplan dos cristales (uno de tipo N y otro de tipo P), y se conecta el sistema con los polos de una pila de modo que el positivo de ésta vaya al cristal P y el negativo al cristal N, la corriente pasará, ya que las cargas negativas excedentarias en N encuentran en P huecos para saltar hasta el polo positivo. Por el contrario, si éste polo se ha conectado con el cristal N y el negativo con el cristal P, la corriente no puede atravesar el sistema, ya que las cargas negativas de la región N son atraídas por el polo positivo y se alejan de la superficie común (llamada *junción*), y que las cargas positivas se alejan también de ella atraídas por el polo negativo. Así, la junción es una *barrera de potencial* que da paso a la corriente en un sentido, pero no en el otro, y, consiguientemente, si se aplica al sistema una corriente alterna, funcionará como un díodo * y representará el mismo papel que una lámpara * rectificadora. Ahora bien, si el sistema consta de dos cristales N separados por una delgada lámina de cristal P, o viceversa, se tendrá un transistor equivalente a un tríodo. En este caso uno de los elementos terminales se llama *emisor;* el otro, *receptor,* y el elemento central, *base,* y si se aplicara una tensión entre el emisor y el receptor, la corriente no podría pasar ni en un caso ni en el otro. Ahora bien, si se establece una corriente, por débil que sea, a través de la junción entre el emisor y la base, las cargas positivas que se dirigen hacia ésta, una vez atravesada dicha junción, son atraídas, con mayor fuerza, por el colector hacia el cual se dirigen. No obstante, si la tensión aplicada en la base desaparece, el paso de la coriente entre el emisor y el receptor vuelve a ser imposible. Así, el transistor de junción funciona como tríodo en el cual el emisor representa el cátodo o filamento; el colector, el ánodo o placa, y la base, la rejilla: una débil tensión modulada aplicada en la base, modula una corriente más intensa del emisor al receptor. En este caso, el transistor funciona como una lámpara * amplificadora. En realidad, los elementos N y P se prestan a ser diversamente combinados, de modo que los transistores pueden reemplazar cualquier función llenada por una lámpara. Las más de las veces la substitución es ventajosa, ya que: 1.º el transistor carece de elementos que se gasten o destruyan, y es prácticamente inusable; 2.º no requiere caldeo equivalente al del filamento de las lámparas, con lo cual su funcionamiento es instantáneo, con un consumo ínfimo de energía eléctrica y un rendimiento elevado (95 %); 3.º no es frágil y resiste a los choques y a las vibraciones; 4.º tiene dimensiones y peso insignificantes. No obstante, el rendimiento de los transistores de germanio empieza a bajar si la temperatura pasa de 55º (pero los de silicio funcionan satisfactoriamente a 150º), y tampoco les convienen las frecuencias muy elevadas. De todos modos, estos inconvenientes se están subsanando y el uso de los transistores no cesa de extenderse, al par que disminuye el de las lámparas termoiónicas.

TRANSISTORIZADO, DA adj. *Electr.* Dícese del aparato en cuya construcción se han adoptado los transistores en vez de los tubos electrónicos.

TRANSISTRÓN m. *Electrón.* Transistor.

TRÁNSITO m. *Astr.* Paso.
— *F. c.* Paso de un tren por las vías de una estación sin pararse en ésta.

TRANSITRÓN m. *Radiot.* Oscilador de relajaciones, fundado en el uso de un pentodo, empleado en televisión como generador de tensiones de dientes de sierra. (V. tb. OSCILACIÓN.)

TRANSLACIÓN f. Traslación.

TRANSLÚCIDO, DA y **TRANSLUCIENTE** adj. *Ópt.* Dícese de los cuerpos que dejan pasar la luz pero difundiéndola en tal grado que las cosas no pueden ser distinguidas netamente a través de ellos.

TRANSMISIÓN f. Acción y efecto de transmitir. ‖ Comunicación a un cuerpo del movimiento adquirido por otro. (V. más abajo *Mec.*)
— *Autom.* Conjunto formado por todos los órganos que contribuyen a transmitir el movimiento del motor a las ruedas motrices.
— En un automóvil de tipo clásico, los *órganos de la transmisión* se suceden como sigue: 1.º embrague *, que pone en comunicación el motor con la transmisión o aisla ésta de aquél; 2.º cambio * de velocidades, sistema de engranajes que permite desmultiplicar, o multiplicar el movimiento del árbol motor según la resistencia que deba vencer o la velocidad que se quiera conferir al vehículo; 3.º árbol de transmisión, que comunica el movimiento del árbol secundario del cambio a los ejes de las ruedas motrices (v. CARDÁN); 4.º sistema de par * cónico y diferencial *, en el que el primero asegura la transmisión del movimiento, en ángulo recto, a los ejes de las ruedas, mientras que el segundo permite que cada rueda gire con velocidad propia, especialmente en las curvas, donde la rueda interior recorre un trayecto más corto que la exterior; 5.º los ejes de las ruedas, contenidos en el puente * trasero.
— La presencia del *árbol de transmisión* impide la construcción de coches con suelo bajo, a menos de hacer un túnel o resalte en éste. Consiguientemente, no puede aumentarse la seguridad que confiere un centro de gravedad muy bajo, especialmente en las curvas. De ahí la construcción de coches de *tracción delantera,* en los cuales las ruedas anteriores son motrices, y de coches "todo detrás", que tienen el motor situado detrás del puente trasero. No obstante, la tracción delantera peca por falta de adherencia de las ruedas motrices durante las aceleraciones, y con el motor detrás se incurre en el mismo defecto, pero en el curso de las deceleraciones.
La transmisión se efectúa en las bicicletas y en muchas motocicletas * por medio de cadenas. En otras motocicletas se emplea un par cónico (piñón mayor unido al eje de la rueda y piñón menor arrastrado por el árbol de transmisión). Por último, en los ciclomotores, la transmisión carece de embrague y se obtiene mediante frotamiento a presión, sobre el neumático, de un rodillo de corindón fijado en el extremo del árbol motor.
— *Fís.* Propagación de un fenómeno físico en el seno de un medio: *la transmisión de los sonidos por el aire.*
— *Mec.* Órgano que sirve para comunicar el movimiento de una pieza o elemento mecánico a otro.
— En ciertos *órganos de transmisión,* pueden hacerse variar la distancia o las posiciones respectivas de los elementos motor y movido. A esta clase de transmisiones pertenecen los sistemas de: poleas * y correas sin fin (a veces reemplazadas por cables); ruedas y piñones dentados en los que engranan cadenas * sin fin; cables metálicos especialmente colchados que giran en el interior de una funda deformable (*transmisión flexible,* especialmente empleada para mover herramientas portátiles).
En otros casos, la transmisión es *directa:* rozamiento de ruedas o rodillos montados en los árboles motor y movido; engrane de ruedas y piñones dentados que permiten un gran número de combinaciones (v. ENGRANAJE); juntas de Cardán * y otras juntas * y acoplamientos *. En ciertos casos, la transmisión permite convertir un movimiento de rotación en otro movimiento rectilíneo y alternativo, o viceversa, mediante el uso del cigüeñal *, la biela *, el manubrio * y las levas *.
— *Telec.* Operación consistente en cursar un despacho o en transmitir imágenes por una línea telegráfica o telefónica o por ondas hertzianas.

TRANSMISOR m. *F. c.* y *Mar.* Aparato para transmitir órdenes desde el puente de un buque a la sala de máquinas, o desde el puesto central a algún puesto secundario de una estación de ferrocarril. (Sinón. TELÉGRAFO DE ÓRDENES.)
— A bordo de los buques se emplean *transmisores eléctricos* que permiten al piloto comunicar sus órdenes al oficial de máquinas. Constan estos transmisores de un disco circular en el cual van escritas las distintas órdenes y de un manubrio provisto de un índice que corre sobre las inscripciones del disco; el manubrio hace girar un inducido situado detrás del disco, y la corriente que pasa por el inductor sufre así una variación que, en el aparato análogo del cuarto de máquinas, hace girar al inducido y sitúa el índice en la misma posición conferida por el piloto al índice del emisor.

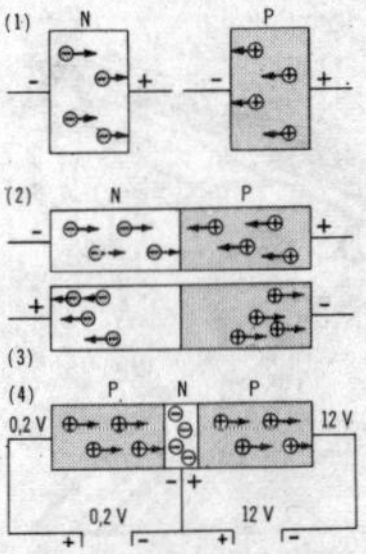

funcionamiento de un transistor
1. Los cristales N y P son conductores en los dos sentidos; 2. El par NP es un diodo que deja pasar la corriente en un sentido pero no en el otro (3) por formarse una zona aislante en su junción; 4. El transistor PNP obra a la vez como válvula NP y como amplificador, pues la corriente débil y modulada del primer circuito modula la corriente fuerte suministrada por la pila del segundo

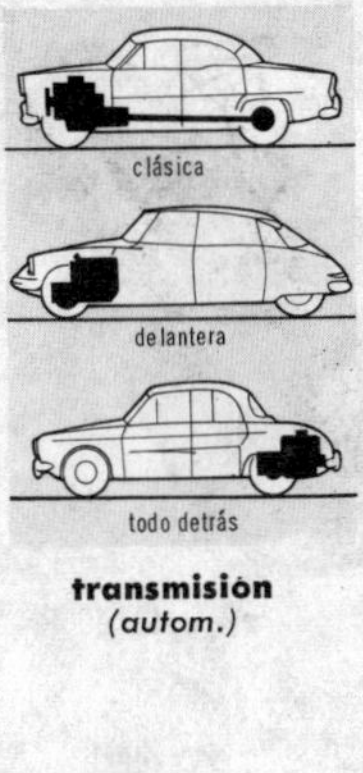

transmisión
(autom.)

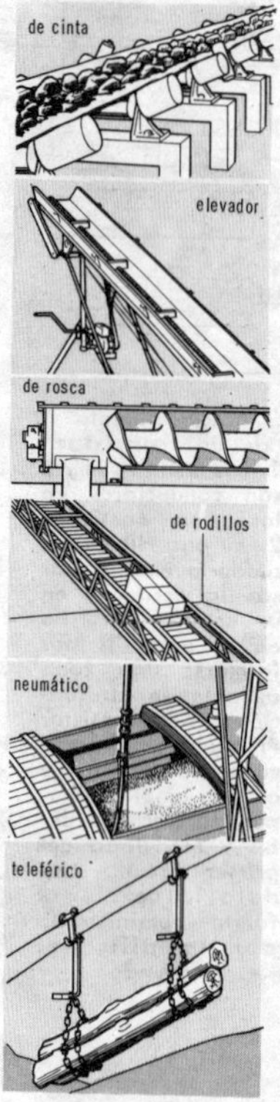

transportadores

tranvía

— *Telec.* Manipulador u otro órgano que sirve para transmitir las señales en telegrafía. ‖ Emisor.

TRANSMITIR v. Comunicar de un punto a otro lo que se ha recibido o adquirido en el primero de ellos: *transmitir el movimiento del motor a las ruedas; los despachos telegráficos diferidos no se transmiten inmediatamente; los cuerpos opacos no transmiten la luz.*

TRANSMODULACIÓN f. *Radiot.* Deformación de los sonidos o de las imágenes en los radiorreceptores y televisores, por sobreponerse a las señales captadas otras señales engendradas por un tubo o un transistor. (Sinón. DIAFONÍA.)

TRANSMUTACIÓN f. *Atom.* Transformación de un elemento químico en otro cuerpo simple.
— La *transmutación*, objetivo infructuosamente perseguido por los alquimistas, es un fenómeno común en la naturaleza. En las estrellas, los átomos de hidrógeno, helio, carbono y nitrógeno se transforman constantemente unos en otros (v. BETHE [*Ciclo de*]). En la Tierra, los cuerpos de las tres series radiactivas del actinio, el torio y el radio, cambian varias veces de naturaleza, mediante pérdida de partículas, hasta convertirse en plomo estable (v. RADIACTIVIDAD). Por último, en los reactores nucleares se producen transmutaciones, y también se obtienen éstas artificialmente bombardeando los cuerpos con partículas aceleradas (v. ACELERADOR). En realidad, la transmutación es la transformación del núcleo de un átomo, por captura o emisión de partículas, en el núcleo del átomo de un elemento más pesado o más ligero. Por ejemplo, el núcleo del átomo de nitrógeno cuenta 7 protones y 7 neutrones, y el núcleo del helio (también llamado partícula alfa) 2 protones y 2 neutrones. Si una partícula alfa es lo bastante rápida para vencer las fuerzas repulsivas o barrera * de potencial del núcleo de nitrógeno, se formará un nuevo núcleo que emitirá un protón libre. Consiguientemente, el nuevo núcleo contará 8 protones y 9 neutrones, que es la composición de un núcleo de oxígeno. Tanto éste como el protón libre no tardan en capturar electrones errantes, y así, el nitrógeno y el helio se han transmutado en oxígeno e hidrógeno.
A título de curiosidad se ha efectuado la transmutación del mercurio en oro, operación costosísima, que no presenta el menor interés industrial. (V. tb. ÁTOMO, FISIÓN y FUSIÓN.)

TRANSMUTAR v. *Atom.* Efectuar la transmutación de los cuerpos simples.

TRANSÓNICO, CA adj. *Aeron.* Dícese de las velocidades inmediatamente inferiores y superiores a las del sonido, en las cuales se manifiestan los fenómenos aerodinámicos de compresibilidad del aire comúnmente designados por la expresión "muro del sonido". (V. SÓNICO.)

TRANSPALETA f. *Transp.* Carretilla de alza.

TRANSPARENCIA f. Propiedad de los cuerpos que dejan pasar los rayos luminosos a través de su masa, y por ext., propiedad de los que dejan pasar radiaciones invisibles (rayos X, ondas hertzianas, etc.).
— *Ópt.* Un medio interpuesto entre el ojo y un objeto iluminado, tiene una transparencia tanto más perfecta cuanto más distintamente nos permite ver el objeto. En realidad, la transparencia no es igual para todas las radiaciones luminosas y, por ejemplo, los filtros * de colores, si bien permiten ver los objetos, solamente son transparentes a una parte de los rayos luminosos. Asimismo, el vidrio y el agua no dejan pasar los rayos ultravioleta (por eso las lámparas de luz ultravioleta son de cuarzo) y una disolución de yodo en el cloroformo intercepta los rayos visibles y deja pasar los infrarrojos.

TRANSPARENTE adj. Dícese del cuerpo dotado de transparencia.

TRANSPORTADOR, RA adj. y s. Que transporta o sirve para transportar. (El *transportador* es una instalación fija —circunstancia que lo distingue de un vehículo— para transportar materias a granel, productos manufacturados u otros objetos a lo largo de trayectos que, si bien miden excepcionalmente kilómetros y hasta decenas de kilómetros, suelen ser cortos.) ‖ *Transportador aéreo*, conveyor, funicular. ‖ *Transportador de bolas*, bastidor cuya superficie horizontal lleva, de trecho en trecho, unas esferas montadas en cojinetes de bolas y sobre las cuales se deslizan los objetos ya por gravedad, ya empujados manualmente (como las bolas pueden girar en cualquier dirección, este sistema se emplea a veces en las vueltas de otras clases de transportadores). ‖ *Transportador de cinta*, cinta sin fin flexible, arrastrada sobre una sucesión de rodillos que a veces tienen forma de diábolo, para conferir a la cinta la forma acanalada requerida para transportar materias a granel. ‖ *Transportador elevador*, elevador. ‖ *Transportador hidráulico*, el que consiste en una canal o en un conducto por el cual las materias son arrastradas con una corriente de agua. ‖ *Transportador neumático*, sistema de tuberías por las cuales una corriente de aire arrastra materias pulverulentas o finamente granuladas; en otros casos la depresión o la compresión del aire en la conducción arrastra las cosas contenidas en unas cápsulas cilíndricas. (V. CORREO *neumático*.) ‖ *Transportador de paletas*, el que consta de cadenas sin fin provistas de paletas que arrastran las materias dentro de una canal. ‖ *Transportador de rodillos*, transportador constituido por un bastidor que soporta una sucesión de rodillos locos sobre los cuales se deslizan las cargas por gravedad o empujadas manualmente. ‖ *Transportador de rosca*, v. ROSCA. ‖ *Transportador de sacudidas*, aquel en que las secciones de una canal son sometidas a oscilaciones longitudinales merced a las cuales se mueve su contenido siempre en la misma dirección.
— *Geom.* Semicírculo graduado que se usa para medir y trazar ángulos en los dibujos geométricos, cartas de navegación, etc.

TRANSPORTE m. Acción de transportar personas o cosas de un punto a otro con vehículos, transportadores *, elevadores, ascensores, montacargas, escaleras mecánicas u otras instalaciones.
— *Aeron. Avión de transporte*, en la aviación militar, el que se destina al transporte de tropas, víveres o material de guerra.
— *Art. gráf.* Reporte.
— *Electr.* Transmisión de la energía eléctrica por medio de líneas * de alta tensión.
— *Fot.* Reporte.
— *Mar.* En la marina de guerra, buque destinado a transportar tropas, pertrechos o víveres.

TRANSPOSICIÓN f. *Electr.* En un conductor múltiple, permutación que se hace de trecho en trecho, o sea cambio de las posiciones respectivas de los distintos hilos para reducir las pérdidas por corrientes parásitas.
— *Mat.* Operación consistente en hacer pasar un término de un miembro a otro de la ecuación o de la desigualdad.
— *Quím.* Isomerización que se opera mediante cambios de átomos o de radicales en el seno de una molécula, siendo monotrópica si sólo cambia de lugar un átomo o un radical y ditrópica si son dos los que cambian.

TRANSURANIO, NIA adj. y s. *Quím.* Dícese de los elementos químicos de número atómico superior al del uranio (92) que siguen a este cuerpo en la tabla de Mendeleev: *los transuranios conocidos hasta ahora no existen en la naturaleza y se obtienen artificialmente.* (Tb. se dice *transuraniano* y *transuránico.*) [V. ELEMENTO.]

TRANSVERSAL adj. y s. Dispuesto de través: *tejido con listas transversales.*
— *Geom.* Recta que corta a una figura geométrica, especialmente a un triángulo.
— Según el *teorema de la transversal* (v. *figura*)

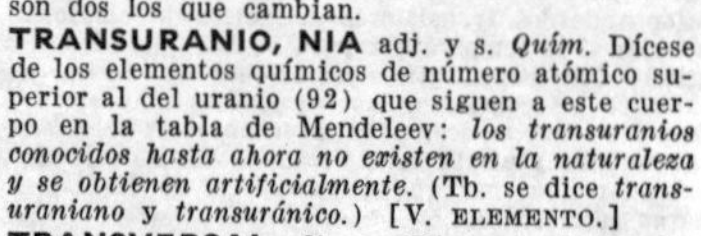

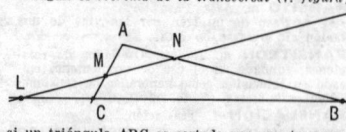

si un triángulo ABC es cortado por una transversal en M, N y L, se tiene la igualdad

$$\frac{NA}{NC} \times \frac{LB}{LA} \times \frac{MC}{MB} = 1.$$

TRANSVERSO, SA adj. *Geom. Eje* o *diámetro transverso*, eje o diámetro de una curva que corta a ésta, designándose así cuando —cual ocurre con la hipérbola— puede existir otro que no lo hace.

TRANVÍA m. *F.c.* Ferrocarril urbano de tracción eléctrica en el cual se emplean rieles espe-

Fot. Ullstein

ciales empotrados en el pavimento de las calles y una catenaria * que alimenta los motores por medio de un trole: *los tranvías, a veces reemplazados por trolebuses *, tienden a desaparecer de las grandes urbes.*

TRAPECIAL adj. Perteneciente al trapecio. ‖ De figura de trapecio.
— *Arq. Peldaño trapecial,* v. PELDAÑO.

TRAPECIFORME adj. De forma de trapecio.

TRAPECIO m. *Geom.* Cuadrilátero que tiene dos lados o bases paralelos, aunque desiguales.
— La *altura del trapecio* es la distancia entre sus dos bases. Su superficie es igual al producto de la altura por la semisuma de sus bases. El *trapecio isósceles* tiene iguales los dos lados no paralelos. En el *trapecio rectángulo,* uno de los lados no paralelos es perpendicular a las bases.

TRAPEZOEDRO m. *Geom.* Sólido cuyas caras son trapecios.

TRAPEZOIDAL adj. *Geom.* Perteneciente al trapezoide. ‖ De figura de trapezoide.

TRAPEZOIDE m. *Geom.* Cuadrilátero que no tiene ningún lado paralelo a otro.

TRAPICHE m. *Ind. alim.* Molino propio para prensar la aceituna, la caña de azúcar u otros vegetales con objeto de extraer su zumo. ‖ *Amer.* Azucarera, ingenio donde se elabora el azúcar.
— *Miner. Amer.* Triturador de minerales.

TRASBORDADOR adj. y s. m. Transbordador.

TRASBORDAR v. Transbordar.

TRASDÓS m. *Aeron.* y *Arq.* Extradós.

TRASDOSEAR v. *Arq.* Reforzar una obra de fábrica por la parte posterior. ‖ Rellenar el trasdós de las bovedillas del suelo para formar el asiento del pavimento.

TRASFUEGO y **TRASHOGUERO** m. *Arq.* Losa o chapa puesta detrás del hogar para resguardar la pared de la chimenea.

TRASLACIÓN f. *Astr. Movimiento de traslación,* el que sigue un astro al recorrer su órbita.
— *Geol. Traslación de los continentes,* deriva * de los continentes.
— *Mec.* Movimiento de un cuerpo cuando todas sus partes siguen una dirección constante.
— *Telec.* Dispositivo que sirve para conectar las líneas telegráficas unas con otras en las comunicaciones a distancia muy largas.

TRASMALLO m. *Mar.* Arte de pesca constituido por tres redes (una, tupida, en medio, y dos más claras dispuestas contra cada una de sus caras), con una relinga provista de flotadores y otra suficientemente lastrada para que el arte forme un telón sobre el fondo del mar, donde se cala por la noche. (Los peces, que no ven el *trasmallo,* atraviesan la primera red de mallas mayores y topan con la pared central, quedando así aprisionados en la especie de bolsa que forman las dos.)

TRASMISIÓN f. Transmisión.

TRASMITIR v. Transmitir.

TRASMUTACIÓN f. Transmutación.

TRASPILASTRA f. *Arq.* Contrapilastra.

TRATAMIENTO m. *Ind.* Operación a que se somete una materia para conferirle alguna cualidad o propiedad: *el temple de los metales es un tratamiento térmico, y la galvanización, un tratamiento anticorrosivo.*

TRATAR v. *Metal.* Aplicar algun tratamiento a los metales.
— *Quím.* Someter una substancia a la acción de otra: *tratar el aire con cloruro de calcio para absorber su humedad.*

TRAVELLING m. *Cin.* Artificio al cual se recurre para animar ciertas secuencias, y que consiste, una vez montada la cámara en un carro que se mueve sobre rieles, en acercarla o alejarla lentamente de los personajes durante la toma de vistas, para aumentar o disminuir progresivamente los planos, según el caso. ‖ *Travelling óptico,* el que se obtiene no ya moviendo la cámara sino accionando la palanca de un objetivo * de focal variable. (V. ZOOM.)

TRAVESAÑO m. Pieza horizontal que atraviesa de una parte a otra en una armazón.
— *Carp.* Pieza horizontal que divide la ventana en dos. ‖ Pieza horizontal entre dos montantes de un entramado o de otra construcción.

TRAVIESA f. *Arq.* Cuchillo. ‖ Pared interior, que no forma fachada ni es medianera.
— *F. c.* Cada una de las piezas puestas de través sobre el balasto para afianzar en ellas los rieles de una vía férrea. ‖ Vigueta transversal que une los largueros del bastidor de un vagón.
— Las *traviesas clásicas* de madera tratada con creosota se reemplazan cada vez más por *traviesas de hormigón armado.* También las hay *metálicas.* Las líneas importantes tienen hasta 1 700 traviesas por kilómetro. (V. tb. VÍA.)
— *Mar.* Contrete o puntal que, apoyado en el muro del dique seco y en el costado del buque, sirve para asegurar a éste durante la carena.
— *Min.* Galería de mina excavada transversalmente respecto a la dirección del filón.

TRAXCAVADOR m. *Obr. públ.* Vehículo automóvil de orugas, empleado en obras de movimiento de tierras para recoger, transportar y descargar éstas por medio de una cuchara frontal.

TRAYECTOGRAFÍA f. *Arm.* y *Astron.* Trazado sobre mapas o planisferios, según una proyección vertical, de las trayectorias seguidas por los aviones, cohetes o satélites.

TRAYECTORIA f. Línea que describe un cuerpo móvil en el espacio, y, con más propiedad, la que describe su centro de gravedad: *las órbitas de los planetas son trayectorias aproximadamente elípticas.*
— *Arm.* Línea que describe un proyectil.
— Si el proyectil se moviera en el vacío, la combinación de su fuerza viva (adquirida en el cañón) y de la atracción terrestre se traduciría por una *trayectoria* matemáticamente parabólica. La presencia de la atmósfera introduce otra fuerza: la resistencia al avance impuesta por el aire, que acorta la parábola. Por otra parte, las interacciones del aire y del proyectil, animado por un movimiento estabilizador de giración, se traducen por un desvío lateral de la trayectoria (derivación *). Por último, los factores atmosféricos contribuyen a deformar la trayectoria, especialmente el viento.
En la *figura* se indican los distintos elementos característicos de una trayectoria. El artillero dispone de tablas de tiro que le permiten determinar la trayectoria teórica. Para observarla, puede regular ya la inclinación del cañón, ya la velocidad del proyectil. Cuando mayor es la inclinación del cañón, mayor es también el alcance, pero cuando el ángulo rebasa 45°, el alcance disminuye. La *tensión de la trayectoria* aumenta con la velocidad inicial, pues cuanto mayor es ésta más directa y menos curva es la trayectoria. Así, un mismo objetivo puede ser alcanzado por diferentes trayectorias.
En el caso de proyectiles autopropulsados cabe distinguir varias fases: el cohete empieza por ser propulsado y, haya sido o no guiado durante la propulsión, cuando cesa ésta se encuentra en el mismo caso de un proyectil clásico que saldría entonces de la boca de un inmenso cañón, y, como él, describe una parábola deformada por las acciones atmosféricas. Ahora bien, los cohetes autopropulsados de largo alcance efectúan una gran parte de su trayectoria fuera de la atmósfera, circunstancia a la cual se debe que su trayectoria tenga un tramo perfectamente parabólico. En realidad, las trayectorias de estos ingenios suelen ser bastante complicadas porque, contrariamente a los proyectiles de artillería, sobre cuya trayectoria puramente balística no es posible influir una vez disparada el arma, el cohete puede ser guiado durante la fase propulsiva y su trayectoria corregida durante el descenso a través de la atmósfera, e incluso, si se trata de grandes ingenios intercontinentales provistos de cohetes auxiliares, en cualquier momento de la trayectoria.
— *Astron.* Las reservas de propergol que puede llevar un ingenio espacial solamente permiten el

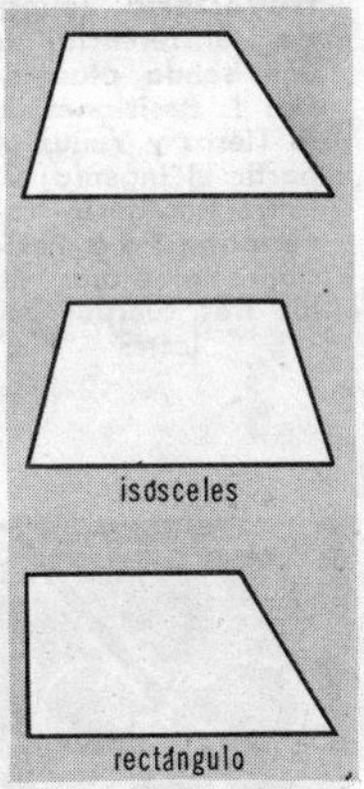

trapecios

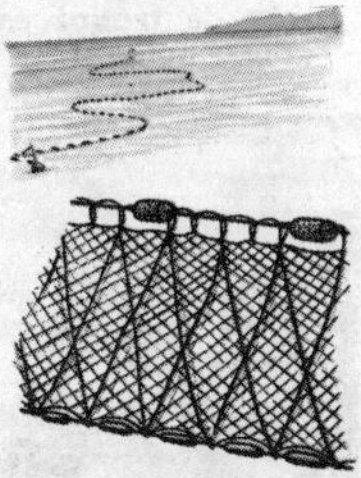
trasmallo

traxcavador

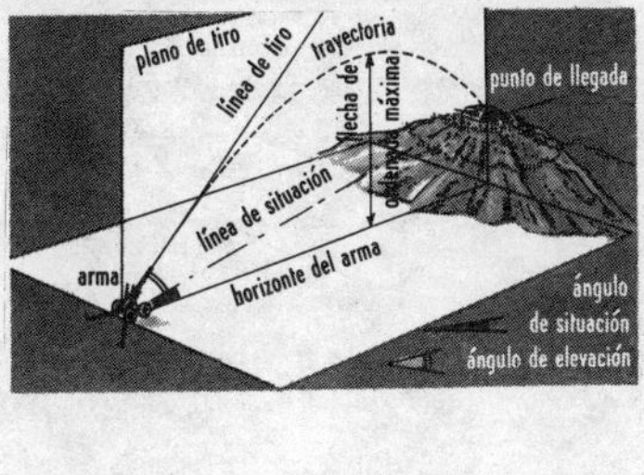

trayectoria *(arm.)*

Fot. Arver

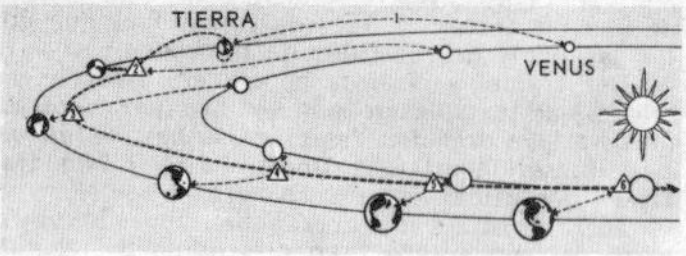

trayectoria (elipse de transferencia) de una sonda planetaria: 1. Posiciones de la Tierra y Venus al partir el ingenio; 2. Corrección de la trayectoria; 3 a 6. Posiciones ulteriores de los tres cuerpos celestes

funcionamiento de los motores durante unos pocos minutos. De ahí que, en el estado actual de la técnica, no sea posible seguir trayectorias directas entre los astros y que la fase propulsiva inicial sólo sirva para colocar al ingenio en una órbita * regida por las leyes de la gravitación universal. Todo el arte del lanzamiento consiste en lograr que esta órbita conduzca al objetivo asignado al vuelo, ya directamente, ya mediante correcciones efectuadas en los momentos más propicios.

Todo lo concerniente a las trayectorias para satelizar ingenios en torno de la Tierra ha sido descrito en el artículo SATÉLITE. La órbita de un satélite terrestre es una elipse y si se confiere a la misma un eje mayor del orden de la distancia de la Tierra a la Luna, la mitad de dicha elipse constituirá la *trayectoria lenta* para alcanzar nuestro satélite en unos 5 días (en realidad la atracción que ejerce el globo lunar en la última parte del recorrido, deforma la trayectoria, que deja de ser perfectamente elíptica). Lo mismo que en artillería, es posible obtener una trayectoria más tensa y corta simplemente confiriendo al ingenio una velocidad inicial más elevada. Si ésta es hiperbólica (v. VELOCIDAD), el ingenio no es un satélite de la Tierra sino un planetoide y su trayectoria es un tramo de órbita solar: así como en el primer caso, de fallar el tiro, el ingenio vuelve hacia la Tierra, en el segundo, si pasa al lado de la Luna, se aleja de nosotros para convertirse en un planeta del Sol.

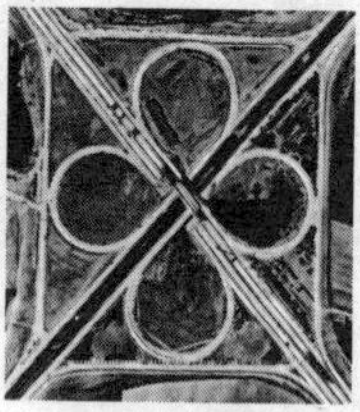

cruce de **trébol** en una autopista

Para ir de la Tierra a otro planeta, la trayectoria más económica es la *elipse de transferencia:* el ingenio es lanzado tangencialmente a la órbita terrestre y con la velocidad requerida para que, convirtiéndose en planetoide, describa una órbita solar tangente, en el extremo opuesto de su eje mayor, a la órbita del otro planeta. En suma, la órbita del ingenio es a la vez tangente a las órbitas del planeta de donde parte y de aquel hacia el cual se dirige. Al igual que la bomba abandonada por un bombardero tiene inicialmente la velocidad y la dirección de éste, el cuerpo que abandona la Tierra adquiere la velocidad de ésta, independientemente de la que le comunican sus motores. Si se trata de ir a Marte, cuya órbita es mayor que la de la Tierra, será necesario conferir al ingenio un suplemento de velocidad, respecto a la que la Tierra le comunica al abandonarlo: por eso los lanzamientos hacia Marte se efectúan en el sentido en que se mueve la Tierra en su órbita. Por el contrario, para alcanzar Venus, la velocidad de la Tierra es excesiva y, para frenar el ingenio, se le lanza en dirección contraria de la que sigue nuestro planeta. La duración del viaje hecho según la trayectoria más económica es de 146 días para ir a Venus y de 215 para ir a Marte (pero, al igual que en el caso de la Luna, es posible abreviarla mediante un aumento de la velocidad inicial). El viaje no puede tener lugar en cualquier momento, sino cuando las posiciones relativas de la Tierra y del planeta considerado sean tales, que éste coincida con el ingenio en el punto donde las órbitas de ambos serán tangentes o se cortarán. Así, los lanzamientos económicos solamente son posibles cada 19 meses en el caso de Venus y cada 25,7 meses en el de Marte.

trefilado

— *Atom.* Las *trayectorias* de las partículas atómicas de carga negativa o positiva pueden ser visualizadas en forma de una estela de gotitas (v. IONIZACIÓN), de burbujitas (v. BURBUJA) o de chispas (v. CHISPA), y fotografiadas. Las partículas neutras no dejan huellas directas de su paso, pero, las más de las veces, se desprende su trayectoria de los eventos que provoca su paso y que dan lugar a la aparición de partículas electrizadas.

— *Mat.* Curva que corta todas las curvas de una misma familia, ya perpendicularmente (*trayectoria ortogonal*), ya según un ángulo *x* (*trayectoria x*).

TRAZA f. *Arq.* Plano o diseño de la obra que se ha de construir.

— *Geom.* En geometría descriptiva, intersección de una línea o una superficie con un plano de proyección *.

— *Obr. públ.* Eje de una carretera o vía férrea que se replantea con piquetes antes de iniciar su construcción.

— *Topogr.* Técnica de poligonación consistente en seguir un itinerario en forma de línea quebrada (*traza abierta*) o de polígono (*traza poligonal*) materializada por piquetes que limitan sus lados y en ir midiendo la longitud de éstos, así como los ángulos que tienen su vértice en cada piquete. (Las coordenadas del primero y del último piquete son ya conocidas, por pertenecer estos puntos a la red de triangulación previamente establecida.) [V. TOPOGRAFÍA.]

TRAZADO m. Traza. ‖ Línea grabada por un instrumento registrador.

— *Geom.* Acción de trazar o dibujar líneas. ‖ *Trazado por puntos,* el que se hace marcando primeramente en el papel los puntos determinados por el cálculo o mediante mediciones y uniéndolos después con líneas. (V. EXTRAPOLACIÓN.)

— *Mar.* Operación efectuada en la sala de gálibos, consistente en reproducir al tamaño natural las cuadernas, planchas y otras piezas que entran en la construcción del buque. ‖ *Trazado por proyección,* el que se efectúa obteniendo una diapositiva del plano original y proyectándola sobre la chapa de metal, de modo que la imagen que se forme en su superficie tenga las dimensiones requeridas.

TRAZADOR m. *Atom.* Radioindicador.

— *Aeron.* y *Mar. Trazador de derrotas* y *trazador de rumbos,* instrumentos que, acoplados con un piloto automático, girocompás, receptor decca, etc., inscribe en un gráfico los rumbos sucesivos del avión o el buque, o en una carta especial, la ruta seguida por los mismos desde el principio, en cuyo caso este instrumento indica también su posición geográfica. (V. tb. NAVEGACIÓN.)

— *Metr.* Órgano que traza en el papel las indicaciones de un instrumento registrador de medidas.

TRAZAOLAS m. *Ocean.* Instrumento para medir la altura de las olas.

— El *trazaolas de París* consiste en un mástil insensible al oleaje, mantenido verticalmente por un flotador profundo. Ensartado en este palo, un flotador anular sube y baja sobre las olas y comunica sus movimientos a un dispositivo registrador instalado en lo alto del mástil.

TRAZAR v. Efectuar algún trazado.

— *Mar. Sala de trazar,* sala de gálibos *.

TRAZO m. Línea, raya de un diseño o plano.

— *Art. gráf. Grabado de trazo,* v. FOTOGRABADO.

TRÉBOL m. *Arq.* Trifolio.

— *Obr. públ. Cruce de trébol,* cruce de dos carreteras a niveles diferentes con ramales, para acceder de uno al otro, en forma de otros tantos lóbulos de un trébol de cuatro hojas.

TREBOLADO, DA adj. *Arq.* Tribolado.

TREFILADO, DA adj. y s. *Metal.* Acción y efecto de trefilar. (Sinón. ESTIRADO.)

— El *trefilado* tiene por objeto obtener alambres más o menos delgados a partir de productos gruesos que se hacen pasar, tirando de ellos, por los orificios cada vez más estrechos de una serie de hileras de aceros especiales, carburo de tungsteno, diamante, etc. Cada pasada por una hilera altera

trayectorias de la Tierra a la Luna

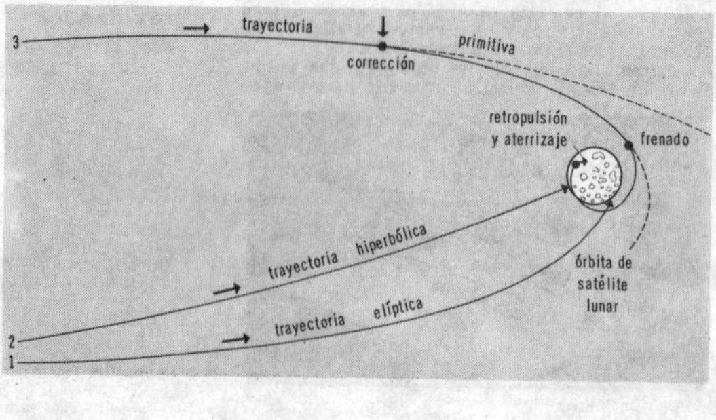

Fot. Cegedur, Keystone

el metal, el cual ha de ser regenerado seguidamente mediante recocido. El trefilado de los metales preciosos se llama también *estirado.* Para obtener hilos muy finos sin que se rompan, es necesario cubrirlos previamente con una capa de otro metal más resistente (plata para el oro, cobre para la plata, etc.) que una vez efectuado el estirado, se disuelve con ácidos.

TREFILADORA f. *Metal.* Banco de estirar o cualquier otra máquina para trefilar metales.

TREFILAR v. *Metal.* Hacer pasar las barras o hilos de metal por los orificios de las hileras para reducir su diámetro. (V. TREFILADO.)

TREINTAIDOSAVO, VA adj. *En treintaidosavo,* dícese del libro, folleto u otro impreso de formato igual a la 32.ª parte del pliego de marca ordinaria.

TREMENTE m. *Art. gráf.* Filete ondulado para separar las columnas de la composición.

TREMENTENO m. *Quím.* Pineno.

TREMENTINA f. Oleorresina que se extrae de ciertos árboles coníferos o terebintáceos (alerces, pinos, abetos y terebintos).
— Químicamente, las *trementinas* son mezclas de esencias terpénicas, ácidos resinosos y alcoholes. Son substancias sólidas a las temperaturas ordinarias, insolubles en el agua y solubles en el alcohol y los disolventes orgánicos. La más común de todas proviene del pino, del cual gotea por incisiones practicadas en el tronco. La destilación de la trementina da aguarrás *(esencia de trementina),* que entra en la composición de pinturas y barnices, es un disolvente de las grasas y se emplea también como ergol combustible para cohetes (v. PROPERGOL). El residuo sólido de dicha destilación es la colofonia *.

TREN m. Sucesión de vehículos remolcados o que forman una fila. ‖ Conjunto de máquinas, herramientas o cosas necesarias para ejercer un oficio o efectuar una operación industrial.
— *Aeron. Tren de aterrizaje,* v. ATERRIZAJE.
— *F. c.* Conjunto formado por los vagones de un convoy y la o las locomotoras que los arrastran: *tren de mercancías, tren de viajeros.* ‖ *Tren correo,* el que, además de los viajeros, y a veces las mercancías, transporta las sacas del correo. ‖ *Tren expreso,* el de viajeros que circula con rapidez y solamente se detiene en las estaciones principales y en los empalmes. ‖ *Tren mixto,* el de viajeros y mercancías. ‖ *Tren ómnibus,* el que para en todas las estaciones. ‖ *Tren rápido,* tren más veloz que el expreso y que no tiene, como éste, la obligación de parar en las bifurcaciones y empalmes de todas las líneas importantes.
— *Fís. Tren de ondas,* grupo de ondas que se repite siempre igual: *el radar emite trenes de ondas.*
— *Mec.* Conjunto de órganos de la misma índole acoplados o combinados con algún fin: *el cambio de velocidades de los vehículos es un tren de engranajes.*
— *Metal. Tren de laminadores,* sucesión de los laminadores necesarios para obtener determinada chapa o producto final a partir de los lingotes. (V. LAMINADOR.)

TRENCILLA f. *Text.* Sutás plano y estrecho de tres cordoncillos trenzados.

TRENZA f. *Text.* Galón, cordel o cuerda que se hacen entrecruzando tres o más cordones. (V. TRENZADO.)

TRENZADO m. *Arq.* Adorno o moldura a base de varios filetes o junquillos entrecruzados a modo de trenza.
— *Text.* Trenza o tejido que se hace entrecruzando tres o más hilos de modo que cada uno de ellos, siguiendo una dirección oblicua al tejido, pase alternativamente por encima y por debajo de los demás *(trenzado sencillo* o *trenzado diamante)* o los cruce de otro modo para obtener efectos ornamentales.

TRENZADORA f. *Tecn.* Máquina de trenzar el forro de los cables eléctricos.

TRENZAR v. *Text.* Hacer labor de trenzado.

TREPA f. Aguas o vetas onduladas que presentan ciertas maderas labradas: *el nogal es buena madera de trepa.*
— *Pint.* Plantilla de estarcir.
— *Text.* Plantilla para labores de garúa *.

TREPADERA f. *Electr.* Cada uno de los dos hierros corvos armados de dientes que se fijan a los zapatos y sirven para trepar por los postes. (Sinón. TREPADOR.)

TREPADO m. *Art. gráf.* Línea de puntos taladrados que se hace con el filete * perforador.

TREPADOR m. *Electr.* Trepadera.

TRÉPANO m. *Metal.* Broca. ‖ Herramienta que reemplaza a la broca en las taladradoras cuando se trata de efectuar taladros de gran diámetro y que consiste en una fresa acampanada, con el borde provisto de dientes cortantes y, en su centro, una broca pequeña que sirve para mantenerla centrada.
— *Min.* y *Petr.* Herramienta que se fija en el extremo inferior del vástago o varillaje de una sonda y que muerde en la roca con los dientes de sus rodillos, si se trata de un tricono, o con su revestimiento de diamantes, si es una corona sacamuestras. (V. SONDA.)

TREPIDACIÓN f. Vibración irregular: *la trepidación de un cristal de ventana mal ajustado.*

TREPIDÓMETRO m. V. SISMÓMETRO.

TRES m. *Electr. Regla de los tres dedos,* v. DEDO.
— *Mat. Regla de tres,* v. REGLA.
— *Tecn. Llave* o *grifo de tres vías,* v. GRIFO.

TRESDOBLAR v. Triplicar. ‖ Dar a una cosa tres dobleces, uno sobre otro: *el pliego tresdoblado da 16 páginas.*

TRESDÓS m. Intradós.

TRI, prefijo que significa *tres.*

TRIACETATO m. *Quím.* Acetato que contiene tres moléculas de ácido acético: *el triacetato de celulosa suministra fibras * artificiales.*

TRIÁCIDO m. *Quím.* V. ÁCIDO.

TRIALCOHOL m. *Quím.* Cuerpo que posee tres veces la función alcohol.

TRIANGULACIÓN f. *Topogr.* Conjunto de operaciones geodésicas que permiten hallar con precisión las coordenadas de puntos característicos del terreno, merced al cálculo de los triángulos formados por cada tres de ellos.
— La *triangulación* se funda en la posibilidad que ofrece la trigonometría * de calcular tres elementos desconocidos de un triángulo cuando se conocen los otros tres. Por ejemplo, conociendo el lado AB y los dos ángulos que el mismo forma con los otros dos lados, se halla la longitud de éstos y el valor del tercer ángulo por ellos formado. Cada uno de los lados AC y BC podrá servir a continuación para calcular otros triángulos, y así sucesivamente. Se obtiene finalmente una *red de triangulación* que cubre la región o el país y sirve de base para levantar los mapas y planos por las técnicas de la topografía * y de la fotogrametría. La red de triangulación principal o de primer grado, con triángulos entre cuyos vértices median distancias de 30 a 40 km, apoya inicialmente sus medidas en puntos cuyas coordenadas geográficas son rigurosamente determinadas por los métodos de la astronomía. Cada malla de esta red puede ser subdividida en triángulos más pequeños (de 15 a 20 km) que constituyen la red secundaria, subdivisible a su vez en redes de 3.º y 4.º grado de mallas cada vez más pequeñas.
Cada punto de la red de triangulación es materializado en el terreno de modo que desde el mismo se puedan medir con toda precisión los ángulos valiéndose del teodolito * o del círculo acimutal, quedando después la obra hecha como constancia y referencia para futuras mediciones. Cada medida es seguida de otras que permiten compensar los errores (v. COMPENSACIÓN). Finalmente se obtiene la posición del punto con un error inferior a 20 cm.

TRIANGULAR adj. En forma de triángulo.
— *Mat. Números triangulares,* serie de números que se obtienen sumando todos los números enteros inferiores a un número n determinado, y así, si n es igual a 4, el correspondiente número triangular será 10, ya que $1 + 2 + 3 + 4 = 10$, pudiéndose calcular los números triangulares más complicados por la fórmula:

$$n = \frac{n+1}{2}.$$

TRIANGULAR v. Construir una estructura con elementos que forman triángulos: *triangular una viga de celosía.*
— *Topogr.* Efectuar operaciones de triangulación de un territorio.

TRIÁNGULO m. Polígono cerrado que tiene

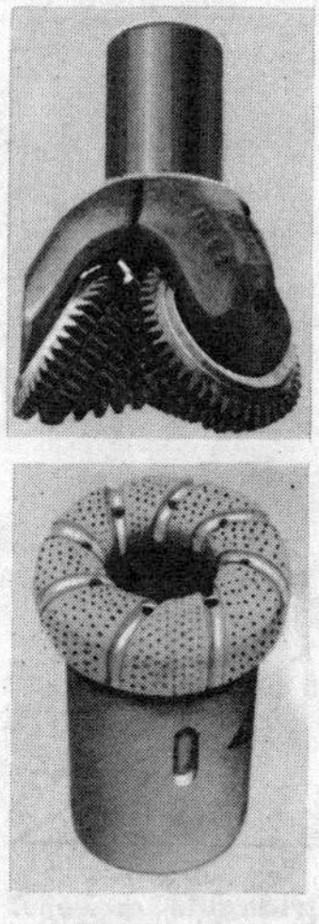

trépanos tricono y sacamuestras (corona de diamantes)

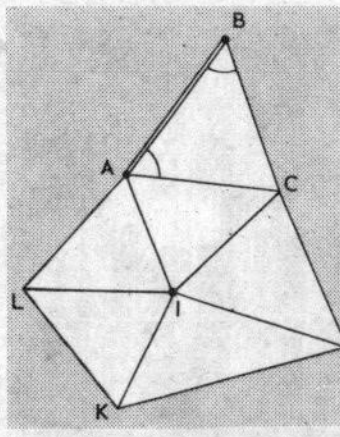

triangulación

trepadera

Fot. Esso, Jacquet

tres lados y tres ángulos. (V. más abajo *Geom.*) || Nombre dado a distintas cosas que tienen la forma de triángulo: *los triángulos empleados en las líneas de ferrocarril son señales indicadoras de frenado.*
— *Electr. Acoplamiento en triángulo,* modo de acoplar los tres circuitos en un generador o motor trifásico formando con ellos un circuito asimilado a un triángulo (por oposición al acoplamiento en estrella *), resultando así que las tensiones entre fases son iguales a las de cada uno de los tres circuitos, mientras que las intensidades entre fases son iguales a la raíz cúbica de la intensidad de la corriente en cada uno de los circuitos.
— *Geom. Triángulo acutángulo,* el que tiene sus tres ángulos agudos. || *Triángulo curvilíneo,* aquel cuyos lados son curvos, especialmente arcos de circunferencia. || *Triángulo equilátero,* el que tiene sus tres lados iguales. || *Triángulo escaleno,* el que tiene sus tres lados desiguales. || *Triángulo esférico,* triángulo curvilíneo trazado sobre una esfera y cuyos lados son arcos de círculos máximos de la misma. || *Triángulo isósceles,* el que tiene los lados iguales. || *Triángulo obtusángulo,* aquel cuyo ángulo mayor es obtuso. || *Triángulo rectángulo,* el que tiene un ángulo recto. || *Triángulo rectilíneo,* todo triángulo ordinario, o sea, de lados rectos, por oposición al curvilíneo.
— Las tres líneas que forman el *triángulo* son sus *lados,* y los tres puntos donde se unen son los *vértices.* Por otra parte, se llama *base* el lado sobre el cual descansa el triángulo, *altura* la perpendicular trazada hasta la base desde el vértice opuesto y *mediana* la recta que une cada vértice con la mitad del lado opuesto.
Los tres lados y los tres ángulos constituyen los *elementos del triángulo,* entre los cuales existen relaciones que sirven de base a la trigonometría. Según el teorema de Pitágoras *, en un *triángulo rectángulo,* la suma del cuadrado de los lados del ángulo recto *(catetos)* es igual al cuadrado del otro lado *(hipotenusa).* Por otra parte, en la geometría ordinaria, que es la de Euclides, la suma de los tres ángulos de cualquier triángulo es exactamente igual a dos rectos (180°), pero no en la geometría hiperbólica, donde su valor es inferior a 180°, ni en la geometría elíptica, en la cual suman más de 180° (V. GEOMETRÍA.)
El *área de un triángulo* es igual a la mitad del producto de la base por la altura.
Las tres medianas de un triángulo se cortan en el centro de gravedad del mismo; las tres bisectrices de sus ángulos, en el centro del círculo inscrito; las tres mediatrices de los lados, en el centro del círculo circunscrito; las tres alturas, en el ortocentro del triángulo. Toda paralela a uno de los lados del triángulo divide los dos otros lados en partes proporcionales (teorema de Tales *) y separa un triángulo semejante al primero.

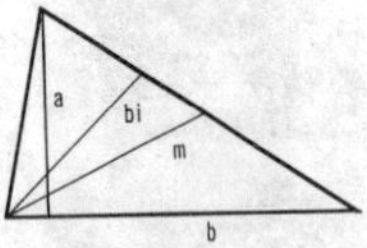

triángulo escaleno: *b,* base; *a,* altura; *m,* mediana; *bi,* bisectriz

TRIAS m. *Geol.* Triásico.
TRIÁSICO, CA adj. y s. *Geol.* Dícese del primer período de la era mesozoica o secundaria, cuyos terrenos, divididos en tres pisos, datan de —190 a —150 millones de años. (V. ESTRATIGRAFÍA.) [Sinón. TRIAS.]
TRIATÓMICO, CA adj. *Quím.* Que consta de tres átomos: *la molécula del agua es triatómica.*
TRIBÁSICO, CA adj. *Quím.* Dícese del cuerpo cuya molécula tiene tres veces la función base *.
TRIBOELECTRICIDAD f. *Electr.* Producción de electricidad por frotamiento de un cuerpo contra otro, por ejemplo el ámbar y la lana, cargándose uno de ellos negativamente y el otro positivamente.
TRIBOLUMINISCENCIA f. *Fís.* Luminiscencia propia de ciertos cuerpos cristalizados en los cuales la ruptura de los cristales da lugar a la conversión de energía mecánica en energía radiante, y, por ejemplo, el azúcar de caña quebrado en la obscuridad y en atmósfera seca, da débiles resplandores azulinos.
TRIBÓMETRO m. *Mec.* Instrumento que se emplea para medir los esfuerzos necesarios para que un cuerpo venza el rozamiento con otro.
TRIBROMURO m. *Quím.* Compuesto cuya molécula tiene tres átomos de bromo.
TRICÍCLICO, CA adj. *Quím.* Dícese del compuesto orgánico cuya fórmula comprende tres ciclos *.

triforio

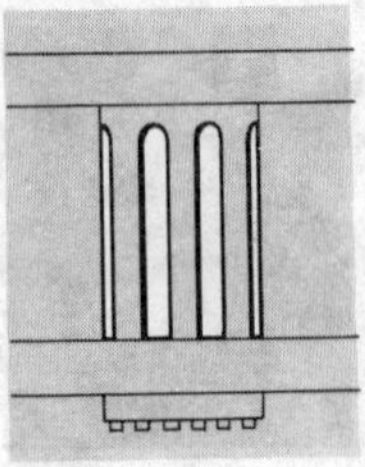

triglifo

TRICICLO adj. y s. m. *Aeron. Tren de aterrizaje triciclo,* v. ATERRIZAJE.
— *Transp.* Velocípedo, carretón y otros vehículos de tres ruedas desprovistos de motor.
TRICLÍNICO, CA adj. *Miner.* Dícese de los cristales que carecen de ejes de simetría. (V. CRISTALOGRAFÍA.)
TRICLORACÉTICO, CA adj. *Quím.* Dícese del ácido CCl_3CO_2H, que se emplea para defecar líquidos.
TRICLORETILENO m. *Quím.* Líquido $CHCl=$ $=CCl_2$, insoluble en el agua, ininflamable, que se forma en la cloruración del acetileno y se emplea como disolvente para extraer materias grasas y como quitamanchas.
TRICLOROETILENO m. *Quím.* Tricloretileno.
TRICLOROMETANO m. *Quím.* Cloroformo.
TRICLORURO m. *Quím.* Compuesto cuya molécula contiene tres átomos de cloro.
TRICOLOR adj. De tres colores.
TRICONO m. *Min.* y *Petr.* Trépano * que desintegra la roca con tres rodillos dentados de forma cónica.
TRICOT m. *Text.* Género de punto en el cual las mallas de una hilera son otros tantos bucles o rizos del hilo que se pasan por las mallas de la hilera anterior. (V. GÉNERO, TEJIDO y TELAR.)
TRICOTOSA f. *Text.* Galicismo con que se designan comúnmente los telares para géneros de punto, especialmente los de uso doméstico. (V. TELAR.)
TRICRESILFOSFATO m. *Quím.* Líquido derivado del cresol y del oxicloruro de fósforo, que se agrega a la gasolina para evitar que se deposite en las bujías el plomo del antidetonante *.
TRICROMÍA f. *Art. gráf.* y *Fot.* Conjunto de procedimientos fotográficos y fotomecánicos para la reproducción de todos los colores mediante combinación de los tres colores primarios (amarillo, rojo y azul) o sus tres complementarios. || Impresión que se efectúa en tres veces sobreponiendo la de tres clisés obtenidos por selección tricrómica del original y entintados con tinta del correspondiente color primario. (La *tricromía* se hace imprimiendo primeramente el amarillo, luego el rojo y finalmente el azul [si se efectúa una cuarta impresión para hacer resaltar los detalles finos con tinta negra, se llama *cuatricromía*].)
TRIDENTE m. Fisga * de tres púas.
TRIDIMENSIONAL adj. De tres dimensiones.
— *Quím.* Dícese de las macromoléculas y polímeros cuyos grupos de átomos se hallan enlazados y dispuestos en las tres direcciones del espacio. (V. PLÁSTICO.)
TRIEDRO, DRA adj. y s. *Geom. Ángulo triedro,* ángulo * sólido de tres caras.
TRIFANA f. *Miner.* Espodúmena.
TRIFÁSICO, CA adj. *Electr. Corriente trifásica,* v. CORRIENTE. || Que funciona con dicha corriente: *motor trifásico.*
TRIFENILMETANO m. *Quím.* Hidrocarburo sólido $(C_6H_5)_3CH$, que obtienen condensando cloroformo o cloruro de bencilideno sobre el benceno y sirve de punto de partida para la fabricación de numerosos colorantes, especialmente de leucoderivados incoloros que, por oxidación, dan el verde malaquita y colorantes afines; y también de la fucsina, las ftaleínas y rodaminas, etc. (Sinón. TRITANO.)
TRIFENOL m. *Quím.* V. FENOL y PÍCRICO.
TRIFORIO m. *Arq.* Galería que corre sobre las naves laterales de ciertas iglesias.
TRIGATRÓN m. *Electrón.* Conmutador que se emplea en ciertos aparatos de radar para regular la emisión de los impulsos y que consta de dos electrodos entre los cuales se produce una descarga cuando alcanza determinada tensión otro electrodo auxiliar, en forma de punta, destinado a hacer saltar la chispa inicial.
TRIGLIFO m. *Arq.* Adorno del friso dórico en forma de rectángulos salientes surcados por tres canales verticales y a veces dos canales completas y dos medias canales laterales.
TRIGO m. *Bot.* e *Ind. alim.* Planta gramínea *(Triticum),* base de la alimentación humana en una gran parte del Globo.
— Entre las muchas especies de *trigo* conocidas, las dos que más se cultivan son el común o candeal *(T. vulgare)* y el duro o moruno *(T. durum),* de los cuales se conocen numerosas variedades. Los primeros convienen para la panificación

Fot. Larousse

y los segundos para elaborar sémolas y pastas alimenticias. En realidad, los molinos importantes efectúan mezclas con objeto de igualar la producción y de mejorar las características de las harinas según el uso que se ha de hacer de ellas. (V. MOLINERÍA.)

TRIGONOMETRÍA f. *Mat.* Estudio de las relaciones numéricas entre los elementos de un triángulo. ‖ *Trigonometría esférica,* la que se refiere a los triángulos esféricos, y, por ext., a toda figura formada sobre una esfera por arcos de círculos máximos. ‖ *Trigonometría rectilínea,* la que concierne los triángulos planos, y, por ext., otras figuras planas.

— La abertura de los ángulos de un triángulo guarda relación numérica con la longitud de los lados de éste. La *trigonometría* se funda en estas relaciones existentes entre los seis elementos principales del triángulo —especialmente en el hecho de que cuando se conocen tres de ellas se pueden calcular las otras tres— para resolver numerosos problemas derivados de uno de los tres casos siguientes: 1.º calcular la distancia de un punto accesible a otro que no lo es; 2.º determinar la distancia que separa dos puntos inaccesibles; 3.º dados dos puntos accesibles, calcular la abertura del ángulo con que se verían desde un punto inaccesible.

En dichos cálculos se recurre a las seis funciones trigonométricas de un ángulo α, que son: el seno y el coseno, la tangente y la cotangente; la secante y la cosecante (v. *figura*). Las tablas de líneas trigonométricas indican el valor de cada una de ellas correspondiente a cada abertura del ángulo. Con dichas tablas se pueden resolver los problemas a que antes se ha aludido y, por ejemplo, dado un triángulo de lados *a, b, c,* y de ángulos A, B, C, se podrán hallar sus elementos desconocidos sabiendo que:

$$\frac{\text{sen A}}{a} = \frac{\text{sen B}}{b} = \frac{\text{sen C}}{c}$$

$$a^2 = b^2 + c^2 - 2bc \cos A$$

$$a = b \cos C + c \cos B,$$

y en el caso del triángulo rectángulo:

$$A = 90^\circ \qquad b = a \text{ sen B} = a \cos C$$

$$a^2 = b^2 + c^2 \qquad b = c \text{ tg B} = c \text{ cotg C.}$$

Supongamos que sólo conocemos el lado a y el ángulo B. Pues bien, C será igual a 90º — B; b se obtendrá multiplicando a por el seno de B y c multiplicando a por el coseno de B.

La *trigonometría esférica* es más compleja, porque en este caso se considera no solamente el triángulo esférico, sino también el triedro que lo proyecta desde el centro de la esfera.

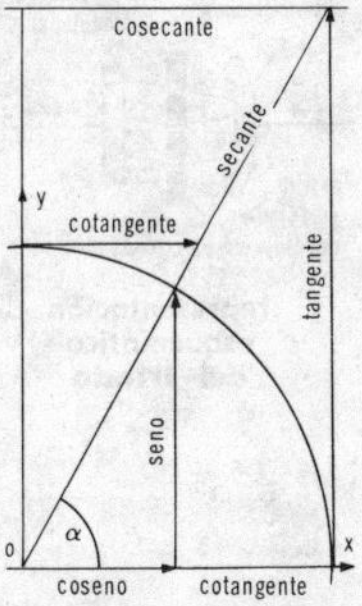

trigonometría: las seis funciones

TRIHIDROL m. *Quím.* Molécula de agua triple. (V. HIDROL.)

TRILITA f. *Expl.* Trinitrotolueno.

TRILOBADO, DA adj. *Arq. Arco trilobado,* V. ARCO.

TRILLADORA f. *Agr.* Máquina que sirve para desgranar los cereales.

— Los órganos esenciales de la *trilladora* son: un tambor horizontal, cuya superficie se halla revestida de listoncillos dispuestos longitudinalmente, y una envoltura en forma de parrilla curva, que lo rodea en parte y se halla también provista de varillas longitudinales. La rápida rotación del cilindro arrastra las mieses dispuestas en la tolva y desgrana las espigas por rozamiento entre las varillas; el grano y los ahechaduras caen, ya por entre las varillas del elemento fijo, ya a través de una criba sacudida por un movimiento de vaivén; un ventilador separa después el primero del polvo y de las impurezas. La paja que sale de la criba cae al suelo, o, en las trilladoras provistas de dispositivos empacadores (prensa de forraje) es prensada y atada en forma de balas. En las explotaciones agrícolas importantes se emplean *segadoras trilladoras* que combinan en una misma máquina móvil los tres elementos segador, trillador y empacador.

trilladora
[v. figura *segadora*]

TRILLAR v. *Agr.* Desgranar las espigas de los cereales, para separar el grano de la paja.

TRILLÓN m. *Mat.* Un millón de billones, o sea la unidad seguida de 18 ceros.

OBSERV. En algunas partes, especialmente en los Estados Unidos, se persiste en dar al *trillón* el valor de un millón de millones —o sea, de un billón—, lo cual es contrario a la etimología e induce a no pocos errores en las relaciones con los demás países.

TRIMARÓN m. *Mar.* Embarcación derivada del catimarón, constituida por tres cascos (uno central y principal, más dos laterales) unidos por una armazón aérea; tiene mayor flotabilidad que las de uno o dos cascos y, consiguientemente, es más rápida. (Dícese también TRIMARÁN.)

TRIMER m. *Radiot.* Otra grafía de trimmer.

TRIMETILENO m. *Quím.* Ciclopropano.

TRIMÉTRICO, CA adj. *Miner.* Dícese de los cristales cuyas formas pueden ser definidas refiriéndose a un sistema de tres ejes.

TRIMMER m. *Radiot.* Pequeño condensador formado por dos chapitas que pueden ser acercadas o separadas con un tornillo y que se monta en derivación con el condensador variable de un circuito oscilante, en los radiorreceptores y televisores, para aumentar la precisión de aquél y poder ajustar exactamente los circuitos del aparato.

TRIMORFISMO m. *Quím.* V. POLIMORFISMO.

TRIMOTOR, RA adj. y s. *Aeron.* Dícese del avión propulsado por tres motores. (Cuando éstos son de reacción, el aparato es *trirreactor.*)

TRINCA f. *Mar.* Ligadura que se da a una cosa y cabo con que se hace.

TRINCAR v. *Mar.* Sujetar con trincas.

TRINCHA f. *Carp.* Formón estrecho.

TRINCHETA f. y **TRINCHETE** m. Chaira.

TRINITRADO, DA adj. *Quím.* Dícese de los compuestos en cuya fórmula figura tres veces el radical NO_2.

TRINITRANILINA f. *Quím.* Derivado trinitrado de la anilina, que es una substancia explosiva. (Sinón. PICRAMIDA.)

TRINÍTRICO, CA adj. *Quím.* Dícese del cuerpo que deriva de tres moléculas de ácido nítrico.

TRINITRINA f. *Quím.* Nitroglicerina.

TRINITROBENCENO m. *Quím.* Derivado trinitrado del benceno, que es una substancia explosiva.

TRINITROFENOL m. *Quím.* Cualquiera de los derivados trinitrados del fenol (ácido pícrico *, melinita, etc.).

TRINITROMETANO m. *Quím.* Nitroformo.

TRINITRORRESORCINA f. *Quím.* Derivado trinitrado de la resorcina que sirve para preparar trinitrorresorcinatos.

TRINITRORRESORCINATO m. *Quím.* Sal de la trinitrorresorcina: *el trinitrorresorcinato de plomo sirve para preparar mezclas explosivas para cebos y detonadores.*

TRINITROTOLUENO m. *Quím.* Derivado trinitrado del tolueno designado, en tanto que substancia explosiva, con los nombres de tolita, trilita y T.N.T. (V. tb. EXPLOSIVO y TOLITA.)

TRINOMIO m. *Mat.* Expresión algebraica o polinomio que consta de tres términos.

TRINQUETE m. *Mar.* El primer mástil, a partir de la proa, en los barcos que tienen varios. ‖ La verga más baja de las que lleva dicho palo y la vela que en ella se enverga.

— *Mec.* Mecanismo de escape constituido por una uñeta, dotada de movimiento sobre un eje, que, por su propio peso o merced a un resorte, aplica su extremo libre sobre los dientes oblicuos de una cremallera o de una rueda dentada, permitiendo así los movimientos de estos órganos en un sentido, pero no en el otro. (V. *figura.*)

TRINQUETILLA f. *Mar.* V. FOQUE.

TRIODO y **TRÍODO** m. *Electrón.* y *Radiot.* Lámpara* termoiónica derivada del diodo*, que consta de tres electrodos.

— El *triodo* contiene, dentro de una ampolla de vidrio o de un tubo metálico de atmósfera rareficada: un *cátodo* (también llamado *filamento*) que, puesto incandescente por el paso de la corriente, emite electrones; un *ánodo* (la placa)

mecanismos de **trinquete**

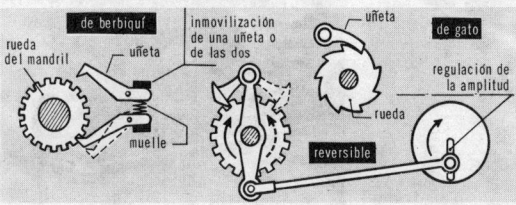

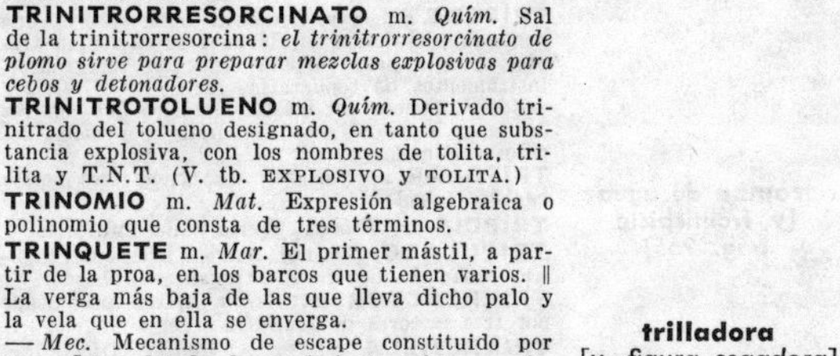

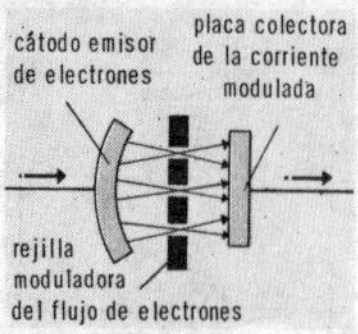

representación esquemática del triodo

que, por tener potencial positivo, atrae los electrones procedentes del cátodo; una *rejilla* situada entre ambos electrodos. Cuando la rejilla se halla a un potencial nulo, los electrones pasan libremente a través de ella, como si no existiera, y se establece así una corriente regular en el circuito de la placa. Ahora bien, si se aplica a la rejilla una débil tensión negativa, ejercerá una repulsión sobre los electrones y disminuirá su flujo, mientras que si, por el contrario, su potencial es positivo, los atraerá y, sumando su efecto al del ánodo, aumentará el flujo electrónico. Consiguientemente, la rejilla obra como una válvula reguladora de la corriente del cátodo al ánodo y puede servir de relevador *, de amplificador * y de modulador *. (V. tb. TRANSISTOR.)

TRIÓXIDO m. *Quím.* Compuesto cuya molécula contiene tres átomos de oxígeno.

TRIPA f. *Tab.* En la fabricación de los cigarros puros, las hojas de la parte inferior del tallo, que solamente pueden utilizarse como relleno. ‖ Este mismo relleno.

TRIPALA adj. *Aeron.* y *Mar.* Dícese de la hélice o del rotor que tienen tres palas.

TRIPARTICIÓN f. División en tres partes.
— *Atom.* Fisión * del núcleo atómico en tres fragmentos.

TRIPLE adj. Que consta de tres elementos o cosas de la misma índole.
— *Fís. Punto triple,* v. PUNTO.

TRIPLETE m. *Fot.* Tipo de objetivo que consta de tres lentes —una divergente entre dos convergentes— de vidrios diferentes, lo cual permite corregir ciertas aberraciones * (cromática, esférica y coma) y atenuar considerablemente el astigmatismo.

TRIPLEX m. *Metal.* Procedimiento de elaboración económica de aceros especiales, consistente en afinar el metal sucesivamente con el convertidor *, el horno * Martin y el horno eléctrico, pasándolo directamente de uno a otro.
— *Vidr.* Marca registrada de un vidrio de seguridad consistente en una hoja de acetato de celulosa que lleva pegado un cristal en cada cara, y retiene los fragmentos de los mismos en caso de rotura.

TRÍPODE adj. y s. Armazón consistente en una pequeña plataforma en la cual se articulan tres pies, propia para sostener aparatos fotográficos, instrumentos de topografía, etc.
— *Mar.* Dícese del mástil metálico que, en vez de tener obenques, es asegurado por otros dos palos inclinados.

tromba de agua [v. frontispicio pág. 965]

TRIPOLAR adj. *Electr.* Que tiene tres polos: *enchufe tripolar.*

TRÍPOLI m. *Miner.* Tierra * de infusorios.

TRIPULADO, DA adj. *Astron.* Dícese del ingenio espacial que lleva astronautas a bordo.

TRIRREACTOR m. *Aeron.* Avión propulsado por tres motores de reacción.

TRIRREJILLA adj. y s. *Radiot.* Dícese del pentodo y otras lámparas * termoiónicas provistas de tres rejillas.

TRISCADOR m. *Tecn.* Instrumento o máquina para triscar los dientes de las sierras.

TRISCAR v. *Tecn.* Aumentar el paso de una sierra de modo que la hendidura hecha en la madera sea más ancha que el espesor de la hoja, para que no se agarrote ésta: *la sierra se trisca torciendo sus dientes alternativamente a uno y otro lado o aplastando el extremo de los mismos.*

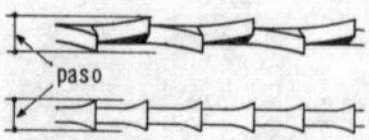

dos modos de triscar las sierras

TRISECCIÓN f. División en tres partes iguales: *la trisección de un ángulo con la regla y el compás constituye un problema insoluble.*

TRISÓDICO, CA adj. *Quím.* Dícese del cuerpo que contiene tres átomos de sodio en su molécula.

trómel

TRISULFURO m. *Quím.* Sulfuro que contiene tres átomos de azufre en su molécula. ‖ Trisulfuro de arsénico, oropimente.

TRITANO m. *Quím.* Trifenilmetano.

TRITIO m. *Quím.* Isótopo del hidrógeno, de símbolo T, cuyo núcleo consta de un protón y dos neutrones. (Sinón. HIDRÓGENO HIPERPESADO.)
— El *átomo de tritio,* cuya masa es 3,016, consta de un electrón planetario y un núcleo (tritón) compuesto de un protón y dos neutrones. Es un cuerpo radiactivo que, con período de 12,262 años, se desintegra y da un núcleo de helio 3, una partícula beta y un neutrino. El agua contiene 5 átomos de tritio por cada trillón de átomos de hidrógeno. Este isótopo se forma en el curso de la fisión, en los reactores nucleares y se obtiene también en los mismos irradiando litio. Arde en el oxígeno, y su combinación con éste da un agua hiperpesada que se emplea como indicador *. También se emplea el tritio en las bombas * de hidrógeno, ya que su núcleo —a las enormes temperaturas desprendidas por la bomba A que sirve de cebo— da una reacción de fusión * con el hidrógeno ordinario, al cabo de la cual resulta helio. Esta reacción desprende la colosal energía a la cual deben dichas bombas su elevado poder destructivo.

TRITÓN, primer satélite de Neptuno *.

TRITÓN m. *Atom.* Núcleo del tritio, que consta de un protón y dos neutrones.

TRITURADORA f. *Ind.* Máquina de triturar. (V. DESINTEGRADOR y MACHACADORA.)

TRITURAR v. *Ind.* Moler o desmenuzar las materias sin reducirlas a polvo. (V. DESINTEGRADOR y MACHACADORA.)

TRIVALENTE adj. *Quím.* Cuya valencia es igual a tres.

TROCEADO m. *Carp.* División de los rollos en tablas u otros maderos de escuadría.
— En el *troceado* de un tronco en tablas se ha de tener en cuenta que las mallas formadas por los canales medulares en la madera son tanto más numerosas y apretadas cuanto más cerca se hallan del corazón del tronco. Consiguientemente, existirá una disimetría estructural entre los dos lados de la tabla, a la cual se deberá que ésta se alabee al absorber más humedad por el uno que por el otro (o al perderla cuando se deseca después de serrada). La deformación podrá ser más o menos grande según los estados higrométricos de la madera antes y después de aserrada y el método de troceado aplicado. (V. MADERA.)

TROCLA f. Polea * de un motón o cuadernal.

TRÓCULO m. Aparejo * de cuadernales.

TROLE m. *Transp.* Pértiga articulada en el techo de los tranvías y trolebuses, provista de un sistema de muelles que la aplican por su extremo libre contra el cable de la catenaria * —merced a una polea en cuya garganta entra el mismo— para tomar en él la energía eléctrica destinada a los motores. ‖ Pantógrafo * empleado con el mismo fin, especialmente en las locomotoras eléctricas.

TROLEBÚS m. *Transp.* Perfeccionamiento del tranvía, consistente en un autobús de motor eléctrico que no requiere vías pero que toma la energía eléctrica de una catenaria doble por medio de un trole también doble y especialmente articulado para que subsista el contacto, aunque el vehículo se aparte lateralmente de la línea eléctrica.

TROMBA f. *Meteor. Tromba de agua,* fenómeno análogo a los tornados * de América, aunque menos violento y de un diámetro que no suele pasar de 20 m.
— La *tromba* es un violento torbellino que se forma en la base de un cumulonimbo muy bajo, como consecuencia de rápidas ascendencias *, y que se prolonga después hasta el suelo. Da lugar a precipitaciones abundantes y se mueve, produciendo un ruido sordo y causando destrozos en las plantaciones, los tejados, las líneas de comunicaciones, etc. Si se forma en el mar, aspira el agua en forma de una columna espumosa.

TROMBÓN m. *Radiot. Antena de trombón,* antena * yagi empleada en televisión.

TRÓMEL m. Criba clasificadora, de cilindros giratorios y eje inclinado, por cuyas perforaciones, de diámetro creciente, caen las materias separadas en diferentes grosores.

Fot. Larousse

TROMPA f. *Acúst.* Instrumento de alarma que produce señales sonoras.
— *Arq.* Bóveda voladiza construida fuera de los muros (v. *figura*).
— *Fís.* Aparato que sirve para practicar el vacío en un recinto por medio de un líquido.
— En la *trompa de agua* (v. *figura*) la corriente de líquido a presión que sale por una boquilla penetra en una tobera sin tocar sus paredes y crea una depresión anular que arrastra al aire del recinto que se ha de vaciar. El vacío así obtenido con agua a presión es suficiente para vaciar las bombillas eléctricas.
Las *trompas de mercurio* permiten obtener un vacío más pronunciado. Su principio se funda en dejar caer gota a gota el mercurio en un tubo capilar, quedando así aprisionada entre cada dos gotas una burbuja de aire del recinto, que es arrastrada y evacuada por el mercurio. Como el procedimiento es muy lento, se empieza por practicar el vacío con bombas neumáticas o por algún otro medio y se prosigue la operación con la trompa de mercurio.
TROMPILLÓN m. *Arq.* Sillar o dovela que constituye la clave de una trompa o de una cúpula.
TRONCO m. *Arq.* *Tronco de columna*, fragmento del fuste de la misma.
— *Geom.* Porción de un poliedro separada por un plano que la corta. ‖ *Tronco de cono, de pirámide* o *de prisma*, cono *, pirámide *, prisma * truncados.
TRONERA f. *Arq.* Aspillera.
TRONZADOR m. Sierra * de tronzar.
TRONZAR v. *Carp.* y *Metal.* Dividir en trozos los rollos de madera, las barras de metal, etc. ‖ *Sierra de tronzar*, v. SIERRA.
TROPICAL adj. *Geogr.* Relativo a los trópicos.
TROPICALIZACIÓN f. *Tecn.* V. CLIMATIZACIÓN.
TRÓPICO adj. y s. *Astr.* Cada uno de los dos círculos menores de la esfera celeste, paralelos al ecuador, situados, respecto al mismo, a una distancia angular (declinación) de 23° 27'. ‖ *Año trópico*, v. AÑO.
— *Geogr.* *Trópico de Cáncer* y *trópico de Capricornio*, v. CÁNCER y CAPRICORNIO.
TROPILIDENO m. *Quím.* Cicloheptatrieno.
TROPO, prefijo derivado del griego *tropos*, que significa *cambio, vuelta*.
TROPOPAUSA f. *Meteor.* Límite entre la troposfera y la estratosfera, de altura variable que, por término medio, es de 6 km en los polos, 11 en las latitudes medias y 17 en el ecuador.
TROPOSFERA f. *Meteor.* Capa de la atmósfera terrestre, que se halla en contacto con el suelo y se eleva hasta la tropopausa * o límite inferior de la estratosfera.
— La *troposfera* es la capa más agitada de la atmósfera y la de composición más homogénea. También es la más densa, pues contiene las tres cuartas partes del aire de la atmósfera y toda el agua contenida en suspensión por la misma (consiguientemente todos los meteoros acuosos ocurren en la troposfera). Por lo demás, la densidad y la temperatura del aire disminuyen continuamente en ella al aumentar la altura. (V. ATMÓSFERA.)
TROQUEL m. *Tecn.* Cuño o macho móvil entre el cual y la matriz se estampa el metal para hacer las monedas, medallas y otras piezas. ‖ Macho de prensa de bordes cortantes y forma apropiada para recortar, por presión, alguna materia (por ej., las suelas y otras piezas de los zapatos).
TROQUELAR v. *Art. gráf.* *Filete de troquelar*, v. FILETE.
— *Tecn.* Acuñar, estampar el metal comprimiéndolo entre el troquel y la matriz de una prensa. ‖ Recortar con troquel piezas en el cuero, la chapa y otras materias laminadas.
TROQUILO m. *Arq.* Moldura de media caña.
TROY m. *Metr.* Uno de los dos sistemas anticuados de pesos aún empleados en Gran Bretaña y cuya unidad es la *libra* * *troy* de 373,242 g.
TROZA f. *Carp.* Madera en rollo presta para ser dividida en tablas.
— *Mar.* Sistema de cuerdas o herrajes con que se sujetan las vergas a los palos.

TRUC m. *F. c.* Anglicismo por *plataforma* *, vagón de mercancías descubierto.
TRUCA f. *Cin.* Máquina que se emplea en los laboratorios cinematográficos para corregir imperfecciones de la toma de vistas y, sobre todo, para obtener los efectos especiales o *trucos* *.
TRUCO m. *Cin.* Artificio al cual se recurre en cinematografía para dar apariencia de realidad a secuencias que es imposible obtener directamente al rodar la película.
— La sobreimpresión * constituye un *truco* que permite a un actor representar dos personajes en el mismo plano o actuar en un fondo exótico, todo y habiendo impresionado la película en el estudio. Otros trucos se obtienen confiriendo una velocidad anormal a la cámara tomavistas (v. ACELERADO y LENTO) o invirtiéndola; algunos otros consisten en el uso de maquetas y modelos reducidos (por ej., para representar una batalla naval en un estanque del estudio). La máquina llamada *truca* facilita, merced a combinaciones mecánicas y ópticas, la obtención de muchos trucos. (Sobre los trucos sonoros, v. EFECTOS *especiales*.)
TRUEL m. *Mar.* Salabre grande.
TRUENO m. *Meteor.* Estruendo que acompaña al relámpago en las descargas eléctricas entre nubes o entre el suelo y ellas. (V. RAYO.)
TRUJAL m. *Ind. alim.* Molino de aceite. (Sinón. ALMAZARA.) ‖ Prensa para uva o aceituna.
TRULLA f. *Constr.* Llana de albañil.
TRUNCADO, DA adj. *Arq.* Dícese de la columna a la cual falta la parte superior del fuste.
— *Geom.* *Cono truncado, pirámide truncada, prisma truncado*, v. CONO, PIRÁMIDE y PRISMA.
— *Miner.* Dícese del cristal que tiene una arista reemplazada por una truncadura.
TRUNCADURA f. *Miner.* Reemplazamiento de una arista de un cristal por una faceta. (V. CRISTALOGRAFÍA.)
T. S. H., siglas de *telegrafía sin hilos*.
T. U., siglas de *tiempo * universal*.
Tu, símbolo del *tungsteno* o *volframio*, empleado conjuntamente con W, que es el que figura comúnmente en las tablas.
TUBAJE m. Galicismo por *entubación*.
TUBERÍA f. *Tecn.* Conjunto de caños o canalización a base de tubos por los cuales circulan gases, líquidos o materias pulverulentas.
— *Obr. públ.* *Tubería forzada*, conducción * forzada.
TUBO m. Conducto hueco, las más de las veces cilíndrico, que sirve para el transporte de líquidos, gases o materias pulverulentas. ‖ Pieza hueca y larga, semejante o parecida al referido conducto, pero destinada a otros usos.
— *Acúst.* *Tubo acústico*, v. ACÚSTICO.
— *Agr.* y *Arq.* *Tubo de avenamiento* o *de drenaje*, canalización que se entierra sin obturar las juntas entre los caños, para que pueda recoger y evacuar el agua subterránea.
— *Autom.* *Tubo de admisión*, el que lleva los gases carburantes del carburador a los cilindros. ‖ *Tubo de escape*, v. ESCAPE.
— *Electrón.* Sinónimo de *lámpara * termoiónica*. (Es sobre todo empleado en aquellos casos en que la lámpara ya no es de cristal y no evoca, ni por su forma, ni por su estructura, las bombillas del alumbrado, cual ocurre con el clistrón, el magnetrón, el tiratrón y otros dispositivos similares. Los *tubos de vacío* solamente contienen aire residual, mientras que los de gas contienen una atmósfera rarificada de vapor de mercurio, neón u otros gases.) ‖ *Tubo analizador*, v. ANALIZADOR. ‖ *Tubo de Braun* o *tubo catódico*, v. OSCILÓGRAFO. ‖ *Tubo tricolor*, tubo catódico luminiscente en los tres colores fundamentales, que se emplea para la recepción de la televisión * en color. (Sinón. CROMOSCOPIO.)
— *F. c.* *Tubos de humos*, aquellos por las cuales circulan los gases del hogar en el seno del agua de la caldera, para vaporizarla.
— *Fís.* *Tubo capilar*, v. CAPILAR. ‖ *Tubo de Coolidge* y *tubo de Crookes*, v. RAYOS X. ‖ *Tubo de Geissler*, ampolla de cristal, de forma complicada, con un tramo capilar que se coloca ante la rendija de un espectroscopio para estudiar los efectos luminosos de las descargas eléctricas en el gas rarificado que contiene la ampolla. ‖ *Tubos de Pitot y de Venturi*, v. PITOT y VENTURI.

trompa *(arq.)*

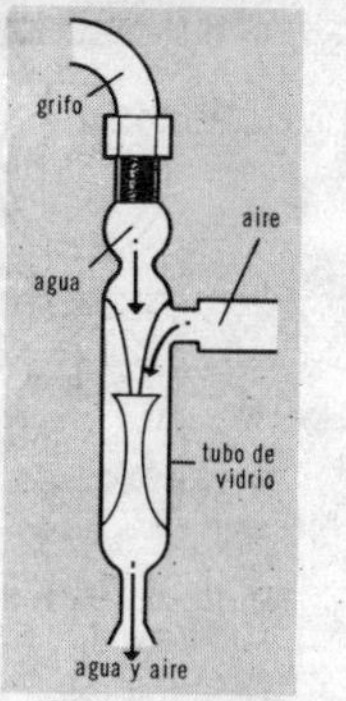

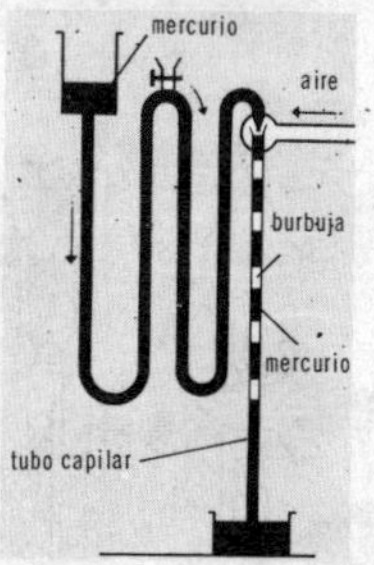

trompas de agua y de mercurio *(fís.)*

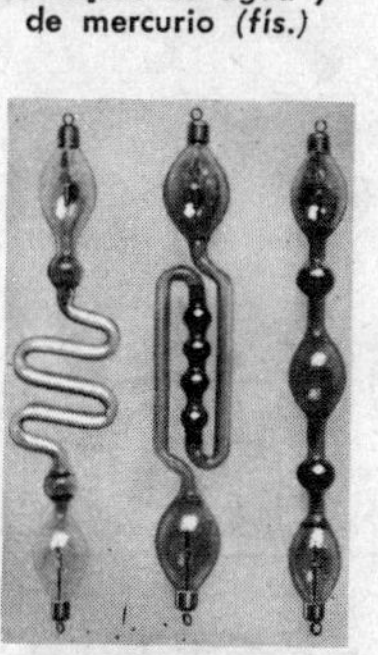

tubos de Geissler *(fís.)*

Fot. Archivos

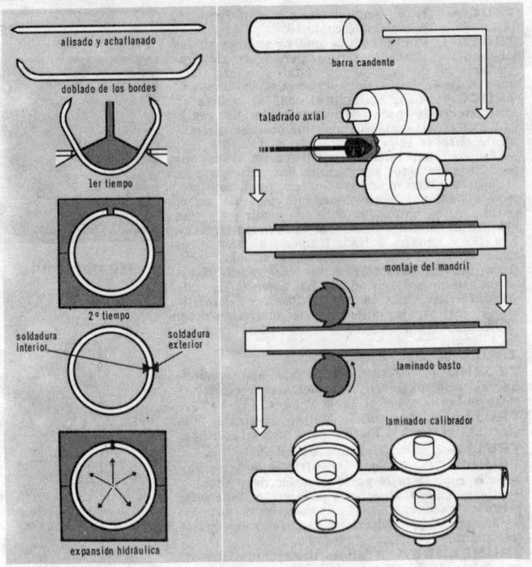

fabricación de tubos *(metal.)*

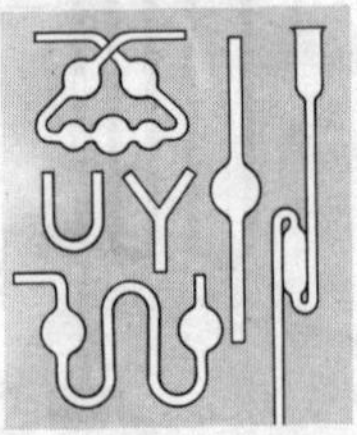

tubos de laboratorio *(quím.)*

tuercas

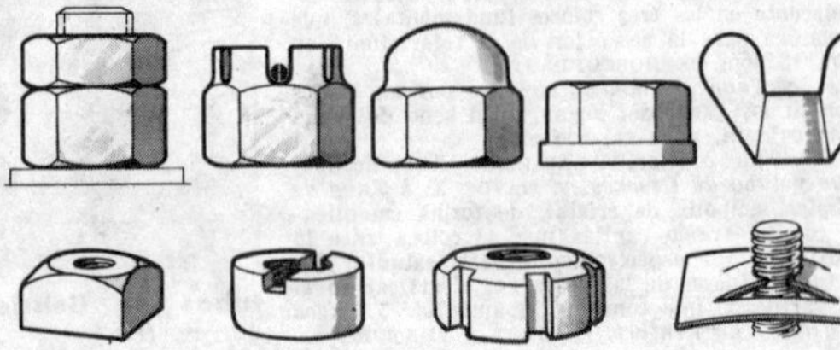

— *Lumin.* Pantalla tubular de vidrio que encierra la llama y provoca el tiro en el quinqué. ‖ *Tubo fluorescente* y *tubo de neón,* v. LÁMPARA.
— *Mar. Tubo lanzatorpedos,* especie de cañón para lanzar los torpedos *.
— El *tubo lanzatorpedos* es un cilindro abierto por uno de sus extremos y que tiene en el otro una recámara en la cual estalla una carga explosiva o se acumula aire comprimido que, al soltar el torpedo, se expande y proyecta a éste con fuerza. Los submarinos llevan tubos lanzatorpedos fijos, incluidos en su casco y, consiguientemente, la puntería se efectúa orientando convenientemente la nave, mientras que en los demás buques, los tubos lanzatorpedos se hallan agrupados en plataformas orientables desde las cuales son arrojados al agua en la debida dirección. Los tubos lanzatorpedos de los submarinos sirven también para largar minas y, en caso de absoluta necesidad, para intentar el salvamento de su tripulación.
— *Metal.* Los *tubos con costura* o *soldadura* se fabrican curvando la chapa hasta darle forma cilíndrica y soldando después los bordes (v. *figura*). Los *tubos sin costura* se obtienen directamente por vaciado del metal en moldes, laminando un lingote hueco o pos extrusión. Los *tubos flexibles* constan de un fleje cuyos dos rebordes se hallan perfilados convenientemente para que se solapen al ser arrollado sobre sí mismo helicoidalmente. La estanqueidad puede obtenerse ya mediante un tubo interior de caucho o de plástico, ya insertando una tirilla de goma en la junta helicoidal al hacer el tubo.
— *Quím.* Instrumento o vaso tubular de vidrio que se emplea en los laboratorios con distintos fines y al cual se atribuye el calificativo que sugiere su forma (v. *figura*). ‖ *Tubo de ensayo,* pequeño vaso tubular de vidrio que sirve para calentar las substancias o efectuar reacciones con ellas.
— *Radiot.* V. más arriba *Electrón.*
— *Tecn. Tubo de aletas,* v. ALETA. ‖ *Tubo de lira,* lira * de dilatación. ‖ *Tubo de nivel,* v. NIVEL.

TUBULAR adj. Que tiene forma de tubo: *horno tubular.* ‖ Hecho con tubos: *automóvil de bastidor tubular.*
— *Tecn. Caldera tubular,* v. CALDERA. ‖ *Haz tubular,* v. HAZ.

TUBULADURA y **TUBULURA** f. *Autom. Tubuladura de admisión, de escape,* tubo * de admisión, tubo de escape *.
— *Tecn.* Abertura, enchufe a propósito para introducir o acoplar un tubo.

TUERCA f. *Mec.* Parte hembra de un perno, cuyo taladro lleva labrado un filete en el cual se enrosca el del tornillo o macho.
— Ciertas roscas sirven para sujetar las piezas en las construcciones o unirlas unas con otras. La *figura* muestra sus formas características y se observará en ella que algunas tienen ranuras para introducir pasadores o clavijas que impidan su aflojamiento. En otros casos se recurre con el mismo fin ya a doblar el canto de la arandela sobre una de las caras de la *tuerca,* ya a apretar sobre ésta una contratuerca.
También se emplean tuercas como elemento móvil de ciertos mecanismos, cuales son los gatos, las prensas de husillo, los tornos de banco, etc. (V. TORNILLO.)

TUFO m. *Geol.* Toba.

TUL m. *Text.* Tejido ligero y transparente, de mallas grandes y poligonales, intermediario, por su textura, entre los tejidos ordinarios, de hilos entrecruzados rectilíneamente y los géneros de punto, de bucles entrelazados (v. *figura*). [El *tul* se teje con telares especiales análogos a los que sirven para fabricar encajes mecánicamente.]

TULIO m. *Quím.* Elemento químico de número atómico 69, cuyo símbolo es *Tm.*
— El *tulio* es un metal del grupo de los lantánidos * o tierras raras. Sus principales constantes físicas son: densidad, 9,318; temperaturas de fusión y de ebullición, 1 500 a 1 550 y unos 2 400°, respectivamente; masa atómica, 168,934. Es un cuerpo rarísimo e imperfectamente conocido. Sus sales son verdes.

TULIPA f. *Lumin.* Pantalla de vidrio de forma más o menos parecida a la del tulipán.

TUMBADO, DA adj. *Art. gráf.* Dícese de la composición en la cual se han inclinado los tipos por haber sido mal apretada la forma.

TUMBAGA f. *Metal.* Latón hecho con 80 % de cobre y 20 % de cinc, que tiene el color del oro y se emplea en joyería. (En América se usa también la forma masculina *tumbago.*) ‖ También se ha dado este nombre a una liga de oro y cobre.

TUNDA y **TUNDICIÓN** f. *Text.* Acción de tundir los paños.

TUNDIDORA f. *Agr.* Cortacéspedes.
— *Text.* Máquina que sirve para tundir el paño y otros tejidos mediante uno o dos cilindros armados de cuchillos helicoidales que giran con gran rapidez.

TUNDIR v. *Text.* Cortar el pelo de los paños y otros tejidos para igualarlo.

TÚNEL m. Galería subterránea que se abre para dar paso a una vía de comunicación. (V. más abajo *Obr. Públ.*) ‖ Por ext., construcción tubular de grandes dimensiones: *horno * de túnel, de funcionamiento continuo.*
— *Aeron. Túnel aerodinámico,* instalación para ensayar y determinar las características aerodinámicas de los aviones o de maquetas de los mismos, sometiéndolos a una corriente de aire que permite reproducir las condiciones del vuelo.
— Las interacciones entre un avión y el aire son idénticas si el avión se mueve en la atmósfera como si ésta se moviera y aquél permaneciera estacionario. En esta similitud se fundan los *túneles aerodinámicos,* en los cuales una corriente de aire pasa por un conducto en cuyo eje se hallan el avión o la maqueta sostenidos por los soportes de una balanza * aerodinámica que registra los esfuerzos.
Un *túnel aerodinámico subsónico* de circuito

abierto consta de los siguientes elementos: 1.º un filtro celular de chapas que forman alveolos destinados a regularizar la corriente de aire para que todos sus hilillos sean paralelos; 2.º un convergente * o colector que aumenta la velocidad del aire; 3.º una cámara de pruebas, en cuyo eje se fijan el avión, la maqueta, el ala u otro elemento que se ha de ensayar, apoyado en una balanza aerodinámica; 4.º un difusor * que frena la corriente para disminuir las pérdidas de energía cinética y permite limitar la potencia de los motores, y 5.º un ventilador potente o un sistema de varios ventiladores.

En los *túneles de circuito cerrado,* un conducto une la salida del difusor con la entrada del colector. Así se economiza energía, porque el aire llega ya con gran velocidad a la entrada del colector. Por otra parte, se puede obrar sobre la presión y la temperatura del aire y también se puede reemplazar éste por otro gas.

Los *túneles para velocidades supersónicas* tienen el convergente o colector prolongado por un divergente: la velocidad del sonido es alcanzada por el aire en el cuello de la tobera * de Laval así formada y aumenta después en el tramo divergente hasta la cámara de pruebas. El difusor es reemplazado asimismo por una tobera de Laval. Para velocidades hipersónicas se emplean *túneles de ráfagas.* Constan de uno o varios depósitos en los cuales se comprime aire a presiones muy grandes o, por el contrario, se practica el vacío *(túneles de succión):* tanto en un caso como el otro, la cámara de pruebas se instala en la boca del depósito de modo que el aire pase por ella al expanderse violentamente si se hallaba comprimido o al aspirarlo la cámara vacía (a veces se combinan ambos efectos).

Generalmente se efectúan series de pruebas, cambiando cada vez la incidencia o el ángulo de ataque de las maquetas, lo cual hace variar también las fuerzas de sustentación * y de resistencia * al avance transmitidas por las mismas a los soportes de la balanza. Así pueden calcularse con

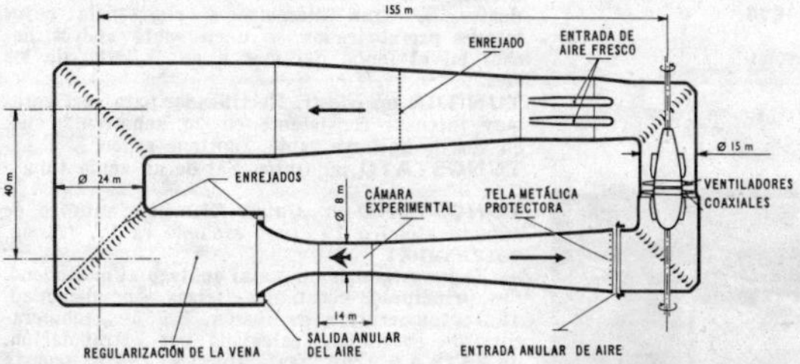

bastante aproximación las características aerodinámicas del avión proyectado, su velocidad, la carga que podrá transportar, su manejabilidad, etc. (V. tb. VISUALIZACIÓN.)

— *Autom.* Resalte o convexidad en el piso de la carrocería provocados por la presencia de la caja de velocidades o del árbol de transmisión.

— *Mar. Túnel de la hélice,* pasillo, compartimiento o conducto estancos por donde pasa el eje de la hélice desde el último mamparo estanco de popa hasta el prensaestopas del codaste.

— *Obr. públ.* Los *túneles* suelen abrirse simultáneamente por sus dos bocas. En muchos casos se excavan como las galerías de las minas, volando la roca con barrenos. Generalmente se abre primero una galería de avance y luego se aplica, para ensancharla, alguno de los cuatro métodos ilustrados por la *figura* y cuya adopción depende de la naturaleza del terreno. Modernamente, especialmente en terrenos acuíferos, se excavan los túneles con enormes máquinas que avanzan sobre rieles, soportan varias plataformas para el ataque de la roca con perforadoras (o la atacan por sí mismos con una fresadora del diámetro del túnel) y permiten al mismo tiempo ir efectuando el revestimiento (v. *figura*).

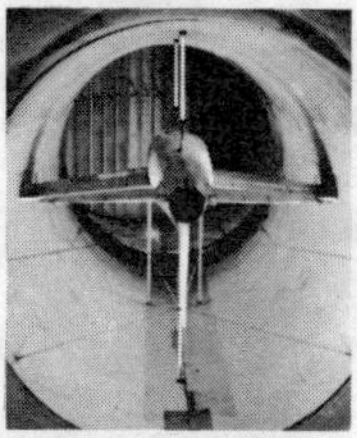

túnel aerodinámico y *(abajo)* maqueta de avión en la cámara experimental *(aeron.)*

métodos para abrir túneles *(obr. públ.)*

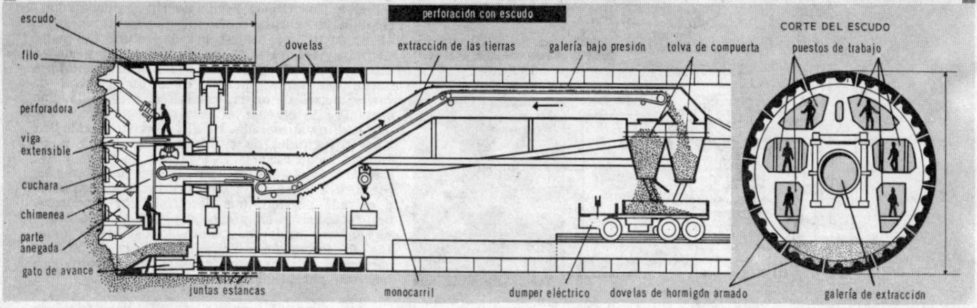

Fot. O. N. E. R. A.

tupí *(carp.)*

Ciertos *túneles submarinos* son, en realidad, conductos de gran diámetro y resistencia cuyos tramos prefabricados se unen sobre apoyos hechos en el fondo del mar o en el lecho de los ríos.

TUNGAR m. *Electr.* Rectificador para corrientes muy intensas consistente en un kenotrón * que, en vez de hallarse vacío, contiene argón.

TUNGSTATO m. *Quím.* Sal de un ácido túngstico.

TUNGSTENO m. *Quím.* Elemento químico de número atómico 74, cuyo símbolo es W. (Sinón. VOLFRAMIO.)

— El *tungsteno* es un metal análogo al molibdeno. Sus principales constantes físicas son: densidad, 19,3; temperatura de fusión, 3 655°; temperatura de ebullición, calculada por extrapolación, de 5 110 a 6 970°; masa atómica, 183,92 (consta naturalmente de cinco isótopos de masas 180 a 186; además, se han obtenido artificialmente varios radioisótopos de masas 178 a 188).

Este metal tiene el color gris blanco del estaño. Es bastante resistente a los ácidos, posee elevado poder magnético y es muy duro. Se extrae de la volframita, depurándola primero con carbonato de sodio y descomponiendo después el tungstato con ácido clorhídrico; resulta así óxido túngstico que es reducido, a temperaturas elevadas (1 200° y 1 400°, respectivamente), por el hidrógeno o el carbón de leña.

El tungsteno tiene muchísimas aplicaciones: su elevada resistencia al calor y su resistencia eléctrica hacen que se emplee para los filamentos y otras piezas de lámparas de incandescencia, lámparas termoiónicas, resistencias, contactos, anticátodos de tubos de rayos X, etc.; entra en la composición de numerosas ligas para matrices, herramientas de corte rápido, aceros especiales, Estelita, aceros para imanes, etc.

El *carburo de tungsteno*, a veces mezclado con carburos de titanio y de tántalo y con cobalto, que sirve de aglomerante, da, por fritado *, un producto que conserva su gran dureza hasta la temperatura de 800° y con el cual se hacen filos de herramientas de corte rápido. También se emplea el carburo de tugsteno para hacer toberas, barrenas de perforadoras y de martillos neumáticos, etcétera. Tratando tungstatos alcalinos con hidrógeno se obtienen *bronces de tungsteno* que son polvos inertes de vivos colores y brillo metálico empleados por los decoradores.

turbinas hidráulicas

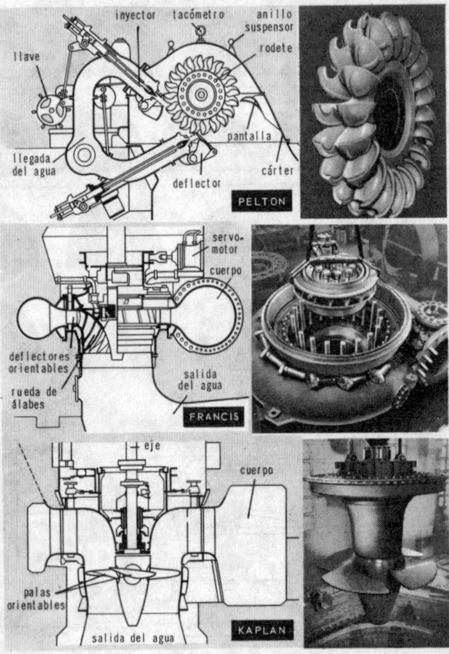

TÚNGSTICO, CA adj. *Quím.* Dícese del anhídrido WO_3 y de los ácidos correspondientes.

TUNGSTITA f. *Miner.* óxido de tungsteno WO_3, mena de este metal. (Sinón VOLFRAMITA.)

TUPÍ m. *Carp.* Acepilladora * de eje vertical para labrar perfiles y molduras.

TURBA f. *Miner.* Carbón fósil, ligero y esponjoso, de formación reciente.

— La *turba* se forma en terrenos pantanosos por la descomposición, en un medio pobre en oxígeno, de plantas ricas en carbono, especialmente musgos que van descomponiéndose por la base, mientras que siguen vegetando en la superficie. Se forma así una capa primeramente fibrosa, que, con el tiempo, a medida que va carbonizándose por la acción de las bacterias, se vuelve firme y compacta. En su estado actual puede considerarse como un lignito en curso de formación. Es un combustible muy pobre, pues una vez que se han eliminado las cuatro quintas partes de agua que contiene, su poder calorífero solamente es de unas 3 500 cal/kg.

TURBAL m. y **TURBERA** f. *Miner.* Yacimiento de turba.

TURBIDIMETRÍA f. *Hidr.* Medición de la proporción de materias sólidas que contienen, en suspensión, las aguas corrientes.

TURBIEDAD f. Calidad de turbio.

— *Hidr.* Proporción de materias sólidas contenidas, en suspensión, por las aguas corrientes. (La *turbiedad* media anua de los ríos europeos es de 30 a 100 g/m³; la del río Amarillo [China] es mil veces mayor [de 10 a 100 kg/m³]; la del río Puerco [Nuevo México] alcanza, en el curso de sus avenidas, 600 kg/m³.)

TURBINA f. Motor constituido por una o varias ruedas de álabes sobre las cuales actúa la fuerza viva de un fluido que, al desviarlos lateralmente, provoca la rotación de aquéllas y permite disponer de energía mecánica en su árbol. (V. más abajo *Mec.*)

— *Ind. alim.* Escurridora * centrífuga que se emplea en las azucareras para separar el melado del azúcar ya cristalizado.

— *Mec.* En todas las turbinas el fluido motor es dirigido por las paletas de un órgano fijo, el distribuidor, sobre los álabes del órgano móvil, el rotor, rodezno, rodete o rueda de álabes. En una *turbina axial*, el fluido sigue una dirección paralela a la del eje de la rueda de álabes, mientras que en la *turbina radial*, fluye radialmente, desde la periferia hacia el centro, o viceversa. Por otra parte, en una *turbina de acción*, el fluido no llena el espacio entre el elemento fijo y el elemento móvil y solamente empuja a éste en razón de su fuerza cinética; por el contrario, en una *turbina por reacción*, el fluido, que llena completamente el referido espacio, obra a la vez por su fuerza viva y por la presión que ejerce entre los dos elementos de la turbina.

TURBINAS HIDRÁULICAS

Las *turbinas hidráulicas* se usan casi exclusivamente (acopladas con un alternador), para convertir en energía eléctrica la fuerza viva del agua que pasa, a través de ellas, de un nivel a otro inferior. En primera aproximación se puede admitir que la energía potencial disponible es igual al producto del caudal por la altura del salto de agua. Así, el salto de escaso caudal y mucha altura de un río pequeño en una zona montañosa puede dar tanta energía como un desnivel de varios metros de un río caudaloso, a condición, no obstante, de obtener el máximo rendimiento con una turbina apropiada. De ahí la existencia de tres tipos principales de turbinas hidráulicas: la de Pelton, la de Francis y la de Kaplan (v. *figura*). La *turbina de Pelton*, para saltos muy grandes (de 200 a cerca de 2 000 m) funciona con agua a elevada presión, que desciende por conducciones forzadas y es proyectada por unas toberas, en chorros violentos, sobre los álabes o paletas en forma de concha de una rueda de eje horizontal. Es, por consiguiente, una turbina que funciona por acción.

Fot. Larousse

La *turbina de Francis* funciona por reacción. Consta de un conducto circular que comunica con el distribuidor por toda la periferia del mismo; dicho distribuidor consiste en una corona de paletas directrices que sirven para orientar y proyectar los chorros de agua sobre los álabes del rotor, así como para regular el caudal y, consiguientemente, la velocidad de la turbina; el rotor tiene los álabes dotados de doble curvatura, de modo que el agua que entra por toda la periferia procedente del distribuidor, después de haber empujado los álabes, es desviada axialmente. A altura igual, la turbina de Francis gira con mayor rapidez que la turbina de Pelton, pero su construcción y uso plantean problemas cada vez más graves al aumentar la altura del salto y, prácticamente, no presenta interés para alturas de más de 200 m. Por otra parte, si la altura fuera muy pequeña, el rendimiento de la turbina sería deficiente y por eso se prefieren en este caso las *turbinas de hélice*. Como su nombre indica, las turbinas de esta clase tienen rueda de álabes en forma de hélice de eje generalmente vertical. La *turbina de Kaplan* tiene palas de paso variable, lo cual ofrece un medio suplementario de afinar la regulación obtenida con las paletas del distribuidor. De ahí que esta turbina permita obtener los mejores rendimientos en los saltos más bajos (de 5 a 15 m), sujetos a variaciones de nivel.

TURBINAS DE VAPOR

Las *turbinas de vapor* funcionan según el mismo principio que las turbinas hidráulicas, pero en ellas, la enorme rueda de álabes es reemplazada por numerosas ruedas yuxtapuestas de diámetro creciente en el sentido seguido por el vapor (para compensar la pérdida de energía del mismo). La más rápida de todas es la *turbina de Laval* (10 000 a 30 000 r. p. m.), turbina de acción en la cual el vapor pasa por una serie de toberas, dispuestas en la periferia, que reducen su presión y aumentan considerablemente su velocidad, finalmente supersónica, antes de proyectarlo sobre los álabes de la rueda. Las turbinas de esta clase se llaman *de velocidad*, mientras que las que proyectan el vapor mediante paletas directrices, son *de presión*. Las *turbinas de Rateau* y *de Zoelly* son de acción y de presión. Las paletas son pequeñas y se hallan dispuestas, en la periferia, de discos solidarios del árbol, obteniéndose un ajuste que limita sensiblemente las pérdidas de vapor. Entre cada dos discos existe una corona de paletas fijas alabeadas y orientadas de modo que recojan los chorros de vapor desviados por los álabes móviles y que, invirtiendo su dirección, los proyecten sobre los álabes de la rueda siguiente, y así sucesivamente.
La *turbina de Parsons* consta también de álabes móviles y paletas fijas. Es de reacción y de presión y se distingue de las anteriores porque en ella las coronas directrices solamente convierten en energía cinética una parte de la presión del vapor. Así, éste obra a la vez por chocar con los álabes móviles y por existir frente a cada rueda una presión superior a la que reina detrás de la misma.
La *turbina mixta de Brown-Boveri* consta de varios grupos, el primero de los cuales funciona por acción con el vapor de alta presión y los demás por reacción con el vapor de baja presión (a veces existe un grupo intermediario de mediana presión).
La *turbina radial de Ljunström* difiere profundamente de las anteriores y es notable por el escaso volumen que ocupa. Consta de dos juegos independientes de álabes directores y móviles muy próximos el uno del otro y entre los cuales se inyecta el vapor por unos orificios de los cubos de sus ejes. Así, cada grupo gira en sentido inverso del otro y arrastra el árbol de un alternador. Esta máquina es compacta, ligera y tiene pocas pérdidas por rozamientos.
Como en toda máquina de vapor, el de escape que sale del último rodete de las turbinas es dirigido hacia un condensador. Ahora bien, en aquellas industrias que consumen vapor con algún objeto, resulta económicamente muy interesante utilizar el vapor de escape de la turbina. Ésta es entonces una *turbina de contrapresión*, a la vez simplificada y en la cual se eliminan las pérdidas considerables de calor en el condensador.

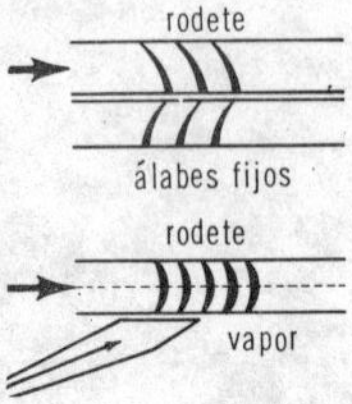

montaje de una **turbina** de vapor y, *abajo*, principio de las turbinas de vapor de acción y de reacción

TURBINAS DE GAS

Estas turbinas se fundan en el mismo principio que las de vapor, pero en ellas el fluido motor se halla constituido por los gases de elevada temperatura y presión producidos por la combustión, en un órgano de la turbina, de combustibles gaseosos, líquidos (mazut) o sólidos (carbón pulverizado).
Constan de los siguientes elementos principales: 1.º un compresor * axial que suministra aire comprimido para alimentar la combustión y eventualmente para aumentar el flujo de los gases de combustión; 2.º una cámara de combustión en la cual se inyectan el combustible y el aire comprimido, cuya mezcla, inflamada, suministra un flujo de gases calientes; 3.º la turbina propiamente dicha, constituida alternativamente por coronas directrices y ruedas de álabes puestas éstas en movimiento por el paso de los gases calientes. Una parte de la energía que adquiere así el árbol de la turbina sirve para arrastrar el compresor y el resto se aprovecha para mover un automóvil, una locomotora o un buque, alternador, etc. (v. tb. TURBORREACTOR y TURBOPROPULSOR). La ventaja de estas turbinas, por ejemplo en una central eléctrica, estriba en la comodidad que presenta ponerlas en servicio instantáneamente, cosa imposible con las de vapor (a menos de mantener las calderas a presión). También presenta interés el hecho de que pueden consumir combustibles baratos.
Con el nombre de *turbina de escape* se designa una turbina de gas que, en vez de tener cámara de combustión, aprovecha los gases de escape de un motor * de émbolos libres u otro motor de combustión interna. El conjunto tiene mejor rendimiento que una turbina de gas ordinaria y es más ligero que un motor Diesel.
Dase el nombre de *turbinas de viento* o *aeroturbinas* a los aeromotores * que aprovechan el viento como fluido motor.
— *Petr.* *Sonda de turbina*, v. SONDA.
— *Refr.* Aparato que se emplea en la industria de los helados para inyectar aire frío en la masa que se ha de congelar.

TURBINAR v. *Electr.* Consumir la energía potencial del agua corriente o embalsada para producir energía eléctrica: *en las centrales mareomotrices la misma agua puede ser turbinada dos veces, al subir y al bajar la marea.*
— *Ind. alim.* Separar el azúcar del melado con la turbina.

turbina de vapor (v. lámina en color *turbomáquinas*)

Fot. Rateau

turboalternador

TURBO, prefijo derivado de *turbina*, que se emplea para indicar el acoplamiento de este motor con alguna máquina o dispositivo.

TURBOALTERNADOR m. *Electr.* Generador de corriente alterna constituido por el acoplamiento, en un mismo eje, de una turbina y un alternador.

TURBOBOMBA f. *Mec.* Bomba centrífuga acoplada a una turbina.

TURBOCOMPRESOR m. *Mec.* V. COMPRESOR.

TURBODIESEL m. *Mec.* Turbina * de escape.

TURBODINAMO m. *Electr.* Generador de corriente continua constituido por una dinamo acoplada a una turbina.

TURBOEXTRACTOR m. *Comb.* Turbina centrífuga que se usa como extractor * del gas en los hornos de coque.

TURBOGENERADOR m. *Electr.* Nombre genérico de los turboalternadores, turbodinamos y otros generadores de electricidad fundados en el uso de la turbina.

TURBOHÉLICE m. *Aeron.* Turbopropulsor.

TURBOMÁQUINA f. *Mec.* Nombre genérico de las máquinas que funcionan por acción dinámica de un fluido sobre ruedas de álabes y son, ya receptoras (turbinas), ya generadoras (hélices propulsivas, ventiladores, bombas centrífugas, etc.).

TURBOMOTOR m. *Mec.* Turbina * de acción, movida por aire comprimido, que funciona como motor.

TURBONAVE f. *Mar.* Buque propulsado por turbinas.

TURBOPROPULSOR m. *Aeron.* Motor para aviones constituido por una turbina de gas que mueve una o dos hélices por medio de un reductor. (Sinón. TURBOHÉLICE.)
— El *turbopropulsor* no es sino un turborreactor * en el cual la turbina, en vez de ser un órgano secundario destinado a mover el compresor, representa el principal papel motor, ya que arrastra una hélice, o dos hélices contrarrotativas, una vez desmultiplicada su excesiva velocidad giratoria (de 10 000 a 15 000 r. p. m.) con un tren de engranajes. En realidad es un motor de propulsión mixta —de hélice y de reacción— ya que los gases que salen de la turbina, y que son expelidos por una tobera, dan un empuje que representa de 10 a 15% de la fuerza propulsiva total.
El turbopropulsor es más ligero y potente que el motor de explosión, sobre el cual presenta también la ventaja de consumir carburreactores baratos. Es el motor ideal para velocidades de 600 a 800 km/h, a las cuales resulta su explotación más económica que la del turborreactor y permite franquear distancias más largas que éste.

turborreactor
(v. lámina en color *turbomáquinas*)

TURBORREACTOR m. *Aeron.* Turbina de gas empleada para la propulsión de los aviones por reacción.
— El *turbopropulsor* consta de los siguientes elementos: 1.º un *compresor axial* de varias etapas que comprime el aire a la presión de 7 a 12 atmósferas; 2.º una *cámara de combustión* anular, o una corona de cámaras de combustión, provista de inyectores de queroseno (el cual arde continuamente en el aire comprimido); 3.º una *turbina* que absorbe una pequeña parte solamente de la fuerza expansiva de los gases de combustión (pues sólo sirve para mover el compresor de aire); 4.º una *tobera* en la cual se efectúa la expansión de los gases, ejerciendo entonces un empuje del avión hacia adelante, por reacción *, aproximadamente igual al producto de la masa de los gases expelidos por el aumento de velocidad del aire entre la entrada del compresor y la salida de la tobera.
Como los álabes de la turbina pueden ser deformados y rotos por los efectos conjugados de la fuerza centrífuga y el calor, es necesario limitar la temperatura de los gases a unos 800º. Con dicho fin se inyecta en la cámara de combustión un volumen de aire cuatro veces superior al que requiere la combustión del queroseno. El rendimiento de este motor se puede aumentar dirigiendo exteriormente un suplemento de aire comprimido del compresor a la tobera (turborreactor de doble flujo). Otro procedimiento es la postcombustión *.
La tobera suele tener un dispositivo desviador * de chorro que ejerce un frenado en el aterrizaje. También se halla equipada en los aviones comerciales de un silenciador * que reduce su intenso ruido.
El turborreactor es el motor más apropiado para el vuelo entre los números de Mach * de 0,65 a 2,5 (a los cuales corresponden, a baja altura, las velocidades de 780 a 3 000 km/h). Para las velocidades inferiores y superiores resultan más interesantes el turbopropulsor * y el estatorreactor *. Se ha aplicado recientemente el turborreactor a la propulsión de lanchas rápidas. También se ha empleado para la propulsión de automóviles destinados a establecer nuevas marcas mundiales de velocidad, habiéndose alcanzado hasta ahora la de 966,671 km/h.

TURBOSONDA f. *Petr.* Sonda * de turbina.

TURBOVENTILADOR m. *Tecn.* Ventilador acoplado a una turbina.

TURBULENCIA f. *Fís.* Movimiento desordenado de los hilillos en la corriente turbulenta de un fluido en el cual las moléculas, en vez de seguir trayectorias paralelas (corriente * laminar), describen trayectorias sinuosas y forman torbellinos (corriente turbulenta).
— La *turbulencia* es la regla en los cursos de agua y en el movimiento de los fluidos dentro de las canalizaciones. En los aviones y los vehículos terrestres tiene como consecuencia un aumento de la resistencia al avance que opone al aire. De ahí que se estudien cuidadosamente las mejores formas aerodinámicas, o sea las que permiten obtener un derrame laminar sobre la mayor extensión posible del revestimiento. (V. CAPA *límite*.)

TURBULENTO, TA adj. *Fís.* Corriente *turbulenta* y *derrame turbulento*, V. TURBULENCIA.

TURMALINA f. *Miner.* Silicato boratado de aluminio, con pequeñas proporciones de flúor, hierro, manganeso, magnesio, litio, etc., del cual existen muchas variedades. (De color entre pardo y negro, las *turmalinas* están dotadas de propiedades piroeléctricas, piezoeléctricas, dicroicas y polarizantes, y se usan en láminas muy tenues, talladas paralelamente al eje del cristal, como analizadores y polarizadores.)

TURONIENSE adj. y s. *Geol.* Dícese de uno de los pisos del cretáceo superior, cuyos terrenos datan de unos 85 millones de años.

TURQUESA f. *Metal.* Molde pequeño, dividido en dos mitades fijadas en las puntas de una tenacilla que permite unirlas para vaciar el metal y separarlas para soltar la pieza: *la turquesa se usó mucho para vaciar balas.* ‖ Por ext., cualquier molde pequeño.
— *Miner.* Piedra preciosa, de color entre azul celeste y azul verdoso, opaca, que es un fosfato hidratado de aluminio y cobre.

TURRONADA f. *Constr.* Argamasa de cal y guijo grueso.

TURTÓ m. *Agr.* Residuo sólido de los granos y frutos oleaginosos, una vez prensados y extraído su aceite, que constituye un excelente alimento para los animales domésticos. (De no ser así, el *turtó* (ricino) se emplea como abono nitrogenado y de fácil descomposición.)

TUSOR m. *Text.* Chantung.

TUYA f. *Bot.* y *Carp.* Género de árboles cupresáceos, entre cuyas especies destaca el *tuya gigante (Thuya gigantea)*, de las regiones occidentales de América del Norte, que pasa a veces de los 50 m de altura. (La *madera de tuya* tiene muchas aplicaciones en carpintería general.)

TWEED m. *Text.* Tejido de lana cardada, con ligamento de tela o de sarga, hecho generalmente con hilos de dos colores que forman cuadraditos u otros dibujos pequeños y se emplea para trajes de sport.

TYNDAL *(Efecto)*. V. EFECTO.

Fot. Fives-Lille

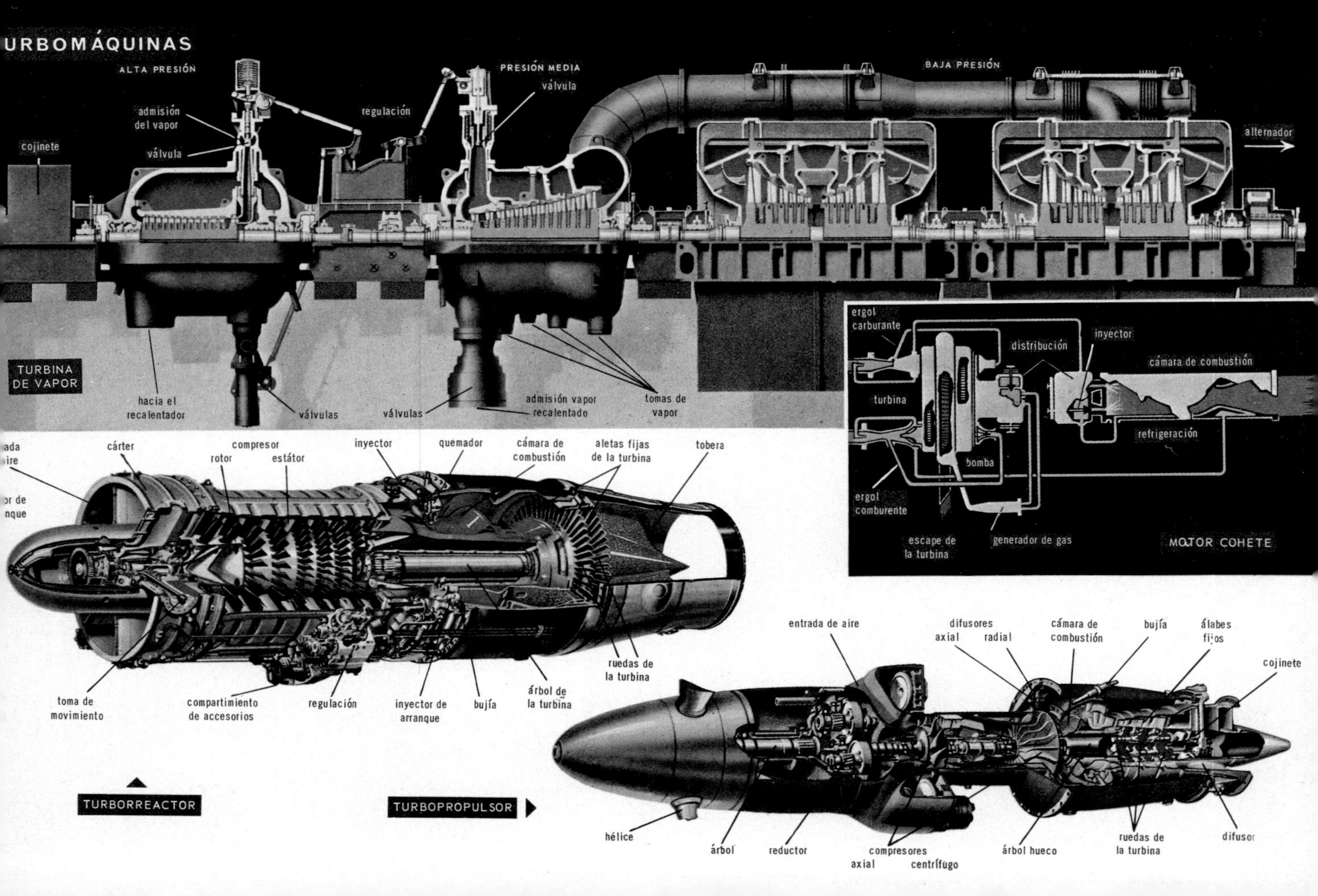
URBOMÁQUINAS
ALTA PRESIÓN
admisión del vapor
válvula
cojinete
regulación
PRESIÓN MEDIA
válvula
BAJA PRESIÓN
alternador
TURBINA DE VAPOR
hacia el recalentador
válvulas
válvulas
admisión vapor recalentado
tomas de vapor
ergol carburante
turbina
ergol comburente
escape de la turbina
distribución
bomba
generador de gas
inyector
cámara de combustión
refrigeración
MOTOR COHETE
ada
ire
or de
nque
cárter
compresor
rotor
estátor
inyector
quemador
cámara de combustión
aletas fijas de la turbina
tobera
ruedas de la turbina
árbol de la turbina
bujía
inyector de arranque
regulación
compartimiento de accesorios
toma de movimiento
TURBORREACTOR
TURBOPROPULSOR
entrada de aire
difusores
axial
radial
cámara de combustión
bujía
álabes fijos
cojinete
difusor
ruedas de la turbina
árbol hueco
compresores
axial
centrífugo
reductor
árbol
hélice

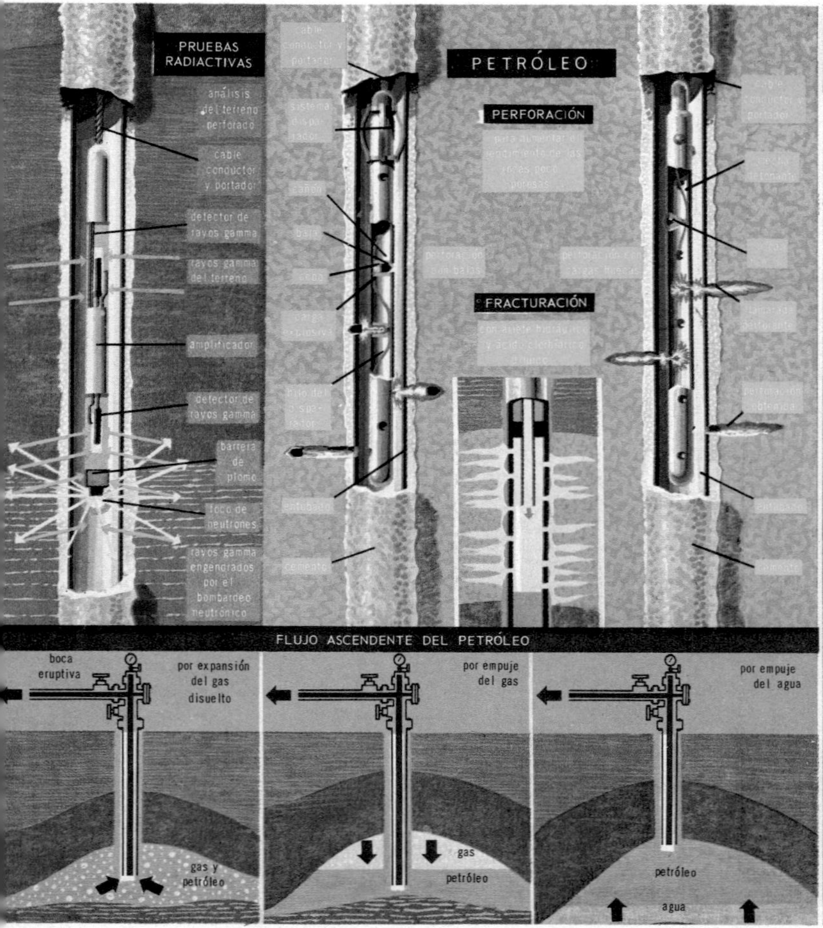
PRUEBAS RADIACTIVAS
análisis del terreno perforado
cable conductor y portador
detector de rayos gamma
rayos gamma del terreno
amplificador
detector de rayos gamma
barrera de plomo
foco de neutrones
rayos gamma engendrados por el bombardeo neutrónico
PETRÓLEO
PERFORACIÓN
FRACTURACIÓN
FLUJO ASCENDENTE DEL PETRÓLEO
boca eruptiva
por expansión del gas disuelto
gas y petróleo
por empuje del gas
gas
petróleo
por empuje del agua
petróleo
agua

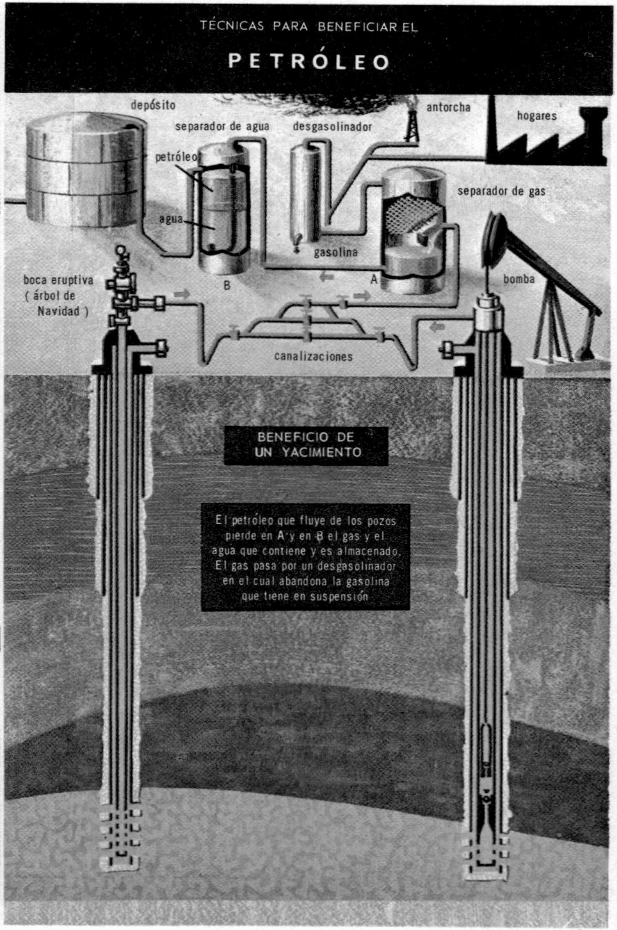
TÉCNICAS PARA BENEFICIAR EL
PETRÓLEO
depósito
separador de agua
petróleo
agua
B
desgasolinador
gasolina
antorcha
hogares
separador de gas
A
bomba
boca eruptiva (árbol de Navidad)
canalizaciones
BENEFICIO DE UN YACIMIENTO
El petróleo que fluye de los pozos pierde en A y en B el gas y el agua que contiene y es almacenado. El gas pasa por un desgasolinador en el cual abandona la gasolina que tiene en suspensión

dos **urdidoras** en una fábrica de tejidos

U

U, símbolo químico del *uranio.*
U. A., siglas de *unidad * astronómica.*
ULEXITA f. *Miner.* Borato hidratado de calcio y de sodio que se beneficia en el Perú para fabricar bórax.
ULTRA, prefijo latino que significa *más allá,* por oposición a infra *, y se emplea también en el sentido de *en mayor grado que, más potente o eficaz que.* (V. tb. SUPER.)
ULTRACENTRIFUGACIÓN f. *Quím.* Centrifugación * de la materia con ultracentrifugadoras, mediante la cual se separan las moléculas merced a su diferente velocidad de sedimentación y hasta se puede averiguar su forma y sus dimensiones.
ULTRACENTRIFUGADOR, RA m. et f. *Tecn.* Centrifugadora * de extraordinaria rapidez (velocidad superior a 100 000 r. p. m.) que se emplea en medidas e investigaciones científicas.
ULTRAFILTRACIÓN f. *Quím.* Filtración que se obtiene haciendo pasar una disolución a presión por los poros de un recipiente en la ultracentrifugadora. (V. tb. DIÁLISIS.)
ULTRAFILTRO m. *Quím.* Filtro de poros tan pequeños que solamente dejan pasar las partículas de menos de un micrón: *los ultrafiltros consisten en membranas de porcelana, de bronce y aceros porosos, en papel de filtro impregnado de colodión, etc.*
ULTRAMAR m. *Azul de ultramar,* v. AZUL.
ULTRAMICROSCOPIO m. V. MICROSCOPIO.
ULTRAPRESIÓN f. *Fís.* Presión muy grande: *se han obtenido experimentalmente ultrapresiones de 300 000 kg/cm².*
— Las *ultrapresiones* modifican profundamente las características físicas y químicas de los cuerpos: los gases se comportan como si fueran líquidos (por ejemplo, el aire alcanza densidades superiores a la del agua); la compresibilidad de los líquidos, ya limitada de por sí, se vuelve comparable a la de los sólidos y su viscosidad aumenta en tal grado, que un aceite mineral sometido a ultrapresiones es tan rígido como el acero; las reacciones químicas son aceleradas o experimentan otros cambios y se forman nuevas variedades alotrópicas; la resistencia eléctrica suele disminuir, etc.
Una aplicación industrial de las ultrapresiones es la fabricación de piedras * preciosas por síntesis.
ULTRARROJO, JA adj. *Fís.* Infrarrojo.
ULTRASONIDO m. *Fís.* y *Tecn.* Vibración sonora de frecuencia excesivamente grande para que pueda percibirla el oído humano, si bien puede excitar el de ciertos animales.
— Los *ultrasonidos* son engendrados por manantiales sonoros que vibran con frecuencia superior a 20 000 períodos por segundo. En este caso, el tímpano, empujado por la presión de la onda, no tiene tiempo de distenderse antes que lo solicite la depresión en sentido contrario, y así sucesivamente, resultando imposible la transmisión de las vibraciones al oído interno. No obstante, los perros pueden percibir ultrasonidos y los cazadores emplean a veces un pito que emite ultrasonidos solamente perceptibles para el can. Por otra parte, los murciélagos tienen un órgano emisor de ultrasonidos y otro receptor que funcionan como un radar detector de obstáculos y les permite volar en la obscuridad en medio de los obstáculos y detectar sus presas y capturarlas sin necesidad de verlas.
Los generadores de ultrasonidos se fundan en piezoelectricidad * o en la magnetostricción *. Las ondas ultrasonoras se propagan mejor en el agua y en los medios sólidos que en el aire, y dan lugar a fenómenos de reflexión cuando pasan de un medio a otro diferente. Por otra parte, en el corto espacio que media entre la semionda en la cual el aire se halla comprimido y la semionda sometida a depresión, existen diferencias de presión de varias atmósferas y se comprende que estas ondas puedan ejercer efectos mecánicos en la materia finamente dividida, las suspensiones, etc. Estas propiedades permiten comprender que los ultrasonidos tengan numerosas aplicaciones, entre las cuales citaremos: 1.ª sondas * para medir la profundidad del mar y detectar los bancos de peces, los submarinos, etc.; 2.ª medición industrial de espesores y detección de burbujas, grietas y otros defectos * internos de las piezas (el aire ocluso refleja los ultrasonidos, mientras que, en las demás partes de la pieza, éstos pasan libremente); 3.ª homogeneización de

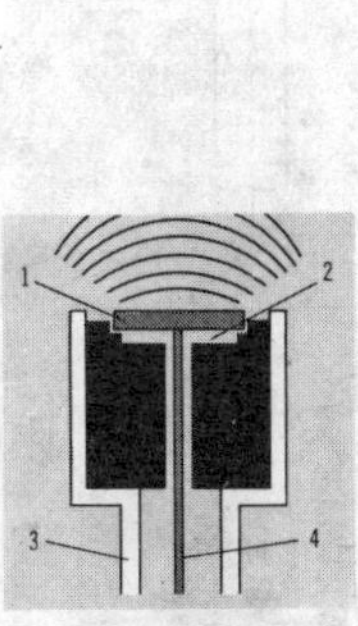

generador de **ultrasonidos**
1. Cuarzo; 2. Aire amortiguador; 3. Masa; 4. Conductor

Fot. U. C. M. T.

este sello rarísimo *(arriba)*, si bien es auténtico, ha sido hábilmente restaurado, como lo muestra la fotografía inferior hecha con luz **ultravioleta**

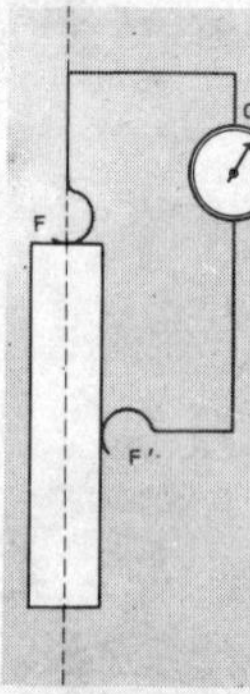

unipolar

umbral *(arq.)*

las disoluciones y las emulsiones; 4.ª desgasificación de líquidos y metales fundidos (las burbujitas son sacudidas y pueden desprenderse y ascender a la superficie); 5.ª disipación de la niebla y coagulación de aerosoles (proyectando con fuerza las gotitas unas sobre otras hasta fundirlas en gotas grandes); 6.ª activación de reacciones químicas, ruptura de macromoléculas, aceleración de la electrólisis; 7.ª limpieza absoluta de piezas crasas, por fragmentación y dispersión de la suciedad; 8.ª soldadura * de piezas metálicas; 9.ª aplicaciones terapéuticas; etc.

ULTRASONORO, RA adj. *Fís.* Dícese de las vibraciones de frecuencia comprendida entre 20 000 y 100 000 períodos por segundo.

ULTRAVIOLADO, DA o **ULTRAVIOLETA** adj. y s. *Fís.* Dícese de las radiaciones del espectro luminoso de longitud de onda comprendida entre 4 000 y 200 angströms, que son invisibles.
— Las *radiaciones ultravioladas* en nada difieren de las del espectro visible, que ellas prolongan por su extremo de menor longitud de onda, sino por el hecho de que la excesiva frecuencia de sus ondas las impide excitar convenientemente el órgano de la vista (no obstante, empleando convertidores apropiados que transforman las ondas ultravioletas en otras de mayor longitud de onda, es posible ver los objetos iluminados con luz ultraviolada). El espectro ultravioleta marca la transición entre el espectro visible y el de los rayos X. Es fácil comprender que, aunque en grado menor que éstos, las radiaciones ultravioladas ejerzan acciones químicas (descomposición, oxidación, etc.) y tengan efectos destructivos en la materia orgánica (de ahí sus aplicaciones como germicida y para la esterilización de los alimentos y del agua potable. También tienen propiedades terapéuticas.
Los rayos ultraviolados duros (de longitud de onda inferior a 2 800 angströms) son sobre todo los que destruyen tejidos orgánicos y provocan la muerte de los animales y las plantas en el caso de exposición prolongada. A este respecto, basta recordar las quemaduras de piel a que se exponen los bañistas en el verano, quemaduras que se producen a pesar de que la capa de ozono * atmosférica intercepta prácticamente la fracción dura de la radiación solar en la gama ultravioleta (de no ser así, toda vida animal y vegetal sería imposible en la superficie terrestre).
Para producir radiaciones ultravioladas se emplean lámparas de vapor de mercurio con tubo o bambilla de cuarzo, ya que el vidrio es prácticamente opaco a las mismas (v. LÁMPARA). Sus principales aplicaciones son: esterilización y desinfección; baños de sol artificial; "envejecimiento" de bebidas alcohólicas, pinturas, etc. Citemos también la fotografía científica, pues aplicada, por ejemplo, a cuadros antiguos con los rayos ultraviolados revela las falsificaciones, retoques y, muchas veces, la presencia, debajo de la obra aparente, de otra pintura más antigua o de modificaciones hechas por el pintor. También se practica esta especialidad fotográfica en astronomía, y así, una fotografía de Marte hecha con luz ultraviolada revela su atmósfera, mientras que hecha con radiaciones infrarrojas, muestra el suelo. Por lo demás, el empleo de la luz ultraviolada permite aumentar la potencia de los microscopios *.

ULTRAZODIACAL adj. *Astr.* Dícese del planeta cuya órbita, por su excesiva inclinación respecto a la eclíptica, no se halla enteramente comprendido entre los dos planos que limitan el Zodíaco *.

UMBRAL m. *Arq.* Parte inferior del vano de una puerta, opuesta al dintel, que es la parte superior.

OBSERV. No es raro que se confunda el sentido de las palabras *umbral* y *dintel*, contribuyendo a dicha confusión el hecho que, en carpintería, se da a veces el nombre de umbral al madero que, atravesado en lo alto del vano, apoyado en las dos jambas, sostiene la fábrica situada encima.

— *Fís.* y *Quím.* Por influencia del francés, la palabra *umbral* se emplea cada vez más en los textos científicos para designar el punto o la magnitud a partir de los cuales acaece un fenómeno: *el umbral de audibilidad, es la intensidad a partir de la cual un sonido es audible.*

UMBRIEL, tercer satélite de Urano *.

UNI, prefijo derivado del latín *unus*, que significa *uno*.

UNIANGULAR adj. *Geom.* Que tiene un solo ángulo.

UNIAXIAL y **UNIAXIL** adj. Que tiene un eje solamente: *cristal uniaxial.*

UNIDAD f. Magnitud de valor conocido y perfectamente definido, que se emplea como referencia para medir y expresar el valor de otras magnitudes de la misma especie (v. la página siguiente). ‖ *Unidades de base* o *fundamentales*, número reducido de unidades de las cuales derivan todas las demás de un sistema: *las unidades fundamentales del sistema métrico decimal son el metro, el kilogramo y el litro.* ‖ *Sistema de unidades*, conjunto coherente de unidades de medida. (V. más abajo. *Metr.*)
— *Astr. Unidad astronómica*, distancia media de la Tierra al Sol, equivalente a 149,6 millones de kilómetros.
— *Ind.* Instalación que constituye un grupo autónomo en el cual se efectúan experimentos, se tratan materias o se fabrican productos industriales: *en una refinería de petróleo pueden existir una o varias unidades de cracking, de reforming, de desulfuración, etc.* ‖ *Unidad piloto*, v. PILOTO.
— *Metr.* La confusión debida a la existencia de medidas empíricamente definidas y cuyo valor difería no solamente entre los países, sino también de una región a otra dentro del mismo país, ha ido desapareciendo con la adopción del sistema métrico, aun cuando éste tarda en imponerse en Gran Bretaña y Estados Unidos (v. MÉTRICO). Como en muchos cálculos intervienen a veces unidades de diferentes especies (por ej., de longitud, masa y tiempo), es preciso emplear siempre las mismas para poder comparar los resultados. Al principio se adoptó el sistema M. T. S. (metro, tonelada y segundo) y, al resultar estas unidades demasiado grandes en la mayor parte de los casos en que se aplicaban, se adoptó el sistema C. G. S. (centímetro, gramo y segundo). Finalmente, en las conferencias internacionales de 1954 y 1960, se ha adoptado el *Sistema Internacional de Unidades* o *sistema S.I.*, fundado en el uso de seis unidades fundamentales: *metro* (longitud), *kilogramo* (masa), *segundo* (tiempo), *amperio* (intensidad de la corriente eléctrica), *grado Kelvin* (temperatura absoluta) y *candela* (intensidad luminosa). Todas las demás unidades se derivan de éstas y pueden ser definidas recurriendo a ellas.

UNIDIRECCIÓN y **UNIDIRECCIONAL** adj. Que se propaga en una sola dirección.
— *Electr.* Dícese de la corriente eléctrica que siempre pasa en el mismo sentido del conductor.
— *Radiot.* Dícese de la antena dotada de directividad *.

UNIFILAR adj. Que consta de un sólo hilo.
— *Electr.* Dícese del circuito eléctrico que tiene un conductor solamente y se cierra por la tierra o la masa.

UNIFORME adj. *Fís. Campo uniforme*, el que tiene todos sus vectores de igual dirección, sentido e intensidad: *el campo magnético terrestre es prácticamente uniforme cuando sólo se considera una pequeña parte del mismo.*
— *Mec. Movimiento uniforme*, v. MOVIMIENTO.

UNIÓN f. Fijación de dos piezas entre sí para formar otra o para contribuir a la construcción de un conjunto más complejo: *son uniones las ensambladuras y empalmes, las endentaduras y engatillados, los enchufes y agarrotamientos, etc.*
— *Joy.* Perla en forma de pera. ‖ Semejanza de dos perlas por sus dimensiones y aspecto.

UNIPOLAR adj. *Electr.* Que tiene un solo polo: *enchufe unipolar de banana.* ‖ Dícese de un generador de corriente continua en el cual los hilos del inducido, en el curso de la rotación de éste, cortan las líneas de inducción y cuyo funcionamiento se inspira del principio (v. *figura*) según el cual si se hace girar un cilindro imantado y se aplica un frotador en su eje F y otro en su periferia F', una fuerza electromotriz de inducción es engendrada en el circuito FGF'.

UNIRREFRINGENTE adj. *Ópt.* Monorrefringente.

UNITARIO, RIA adj. Que tiende a unir o a unificar: *la teoría relativista del campo * unitario combina la gravitación y el electromagnetismo.*

TABLA DE UNIDADES DE MEDIDA LEGALES

Las unidades principales del sistema SI van en **MAYÚSCULAS NEGRILLAS.**
Las unidades secundarias del sistema SI van en **minúsculas negrillas.**
Los múltiplos y submúltiplos de las unidades del sistema SI van en minúsculas.
Las unidades del sistema C. G. S. van en *itálica.*
Las unidades no pertenecientes a un sistema van en VERSALITAS.

MÚLTIPLOS Y SUBMÚLTIPLOS

		unidades
tera	T	1 000 000 000 000
giga	G	1 000 000 000
mega	M	1 000 000
kilo	k	1 000
hecto	h	100
deca	da	10
unidad	1	unidad
deci	d	0,1 —
centi	c	0,01 —
mili	m	0,001 —
micro	μ	0,000 001 —
nano	n	0,000 000 001 —
pico	p	0,000 000 000 001 —
femto	f	0,000 000 000 000 001 —
atto	a	0,000 000 000 000 000 001 —

UNIDADES GEOMÉTRICAS

longitud

METRO	m		
centímetro	cm	0,01	m
micra	μ	0,000 001	—
MILLA		1 852	—

área o superficie

metro cuadrado	m²		
área	a	100	m²
centímetro cuadrado	cm²	0,000 1	—

volumen

metro cúbico	m³		
estéreo	st	1	m³
litro	l	0,001	—
centímetro cúbico	cm³	0,000 001	—

ángulo plano

radián	rd	
GRADO CENTESIMAL	gr	$\pi/200$
GRADO SEXAGESIMAL	º	$\pi/180$
MINUTO	′	$\pi/10\,800$
SEGUNDO	″	$\pi/648\,000$

($\pi = 3{,}14159$)

ángulo sólido

estereorradiante	sr

UNIDADES DE MASA

KILOGRAMO	kg		
tonelada	t	1 000	kg
QUINTAL	Qm	100	—
gramo	g	0,001	—

UNIDADES DE TIEMPO

SEGUNDO	s		
MINUTO	mn	60	s
HORA	h	3 600	—
DÍA	d	86 400	—

frecuencia

hertzio	Hz

UNIDADES CALORÍFICAS

temperatura

GRADO KELVIN	ºK
GRADO CELSIO	ºC

Ver *unidades mecánicas* (energía)

UNIDADES MECÁNICAS

velocidad

metro por segundo	m/s		
centímetro por segundo	cm/s	0,01	m/s
NUDO		1 852	m/h

aceleración

metro por segundo cada segundo	m/s²		
gal	cm/s²	0,01	m/s²

fuerza

newton	N		
dina	dyn	0,000 01	N

energía, trabajo o cantidad de calor

julio	J		
ergio		0,000 000 1	J
VATIO-HORA	Wh	3 600	—
ELECTRÓN-VOLTIO	eV	$1{,}60 \cdot 10^{-19}$	—
CALORÍA	cal	4,185 5	—
TERMIA	th	$4{,}185\,5 \cdot 10^{6}$	—
FRIGORÍA	fg	$4{,}185\,5 \cdot 10^{3}$	—

potencia

vatio	W		
ergio por segundo		0,000 000 1	W

tensión y presión

pascal	Pa		
bar		100 000	Pa
baria	dyn/cm²	0,1	—

viscosidad

poiseuille	Pl		
poise	Po	0,1	Pl
unidad S I	m²/s		
stokes	St	0,000 1	unidad S I

UNIDADES ELÉCTRICAS

intensidad de corriente eléctrica

AMPERIO	A

fuerza electromotriz y diferencia de potencial (o tensión)

voltio	V

resistencia eléctrica

ohmio	Ω

cantidad de electricidad

culombio	C		
AMPERIO-HORA	Ah	3 600	C

capacidad eléctrica

faradio	F

inductancia eléctrica

henrio	H

flujo magnético

weber	Wb		
maxwell	M	0,000 000 01	Wb

inducción magnética

tesla	T		
gauss	G	0,000 1	T

UNIDADES ÓPTICAS

intensidad luminosa

CANDELA	cd

flujo luminoso

lumen	lm

iluminación

lux	lx		
fot	ph	10 000	lx

luminancia

candela por metro cuadrado	cd/m²

vergencia de los sistemas ópticos

dioptría	δ

UNIDADES DE RADIACTIVIDAD

actividad nuclear

CURIE	Ci

cantidad de radiación X o γ

RÖNTGEN	R

UNIDADES ANGLOSAJONAS

(inglesas: G. B.; norteamericanas: U. S.)

longitud

pulgada	in o ″	25,4	mm
pie	ft o ′	0,304 8	m
yarda	yd	0,914 4	m
braza	fm	1,828 8	m
milla terrestre		1,609 3	km
milla marina G. B.	m o mile	1,853 1	km
milla marina U. S.		1,852	km

masa (comercio)

onza	oz	28,349	g
libra	lb	453,592	g

capacidad

pinta U. S.	U. S. pt	0,473	l
pinta G. B.	pt	0,568	l
galón U. S.	U. S. gal	3,785	l
galón G. B.	imp. gal	4,546	l
U. S. bushel	U. S. bn	35,238	l
bushel	bn	36,368	l
barril	U. S. bbl	158,98	l

fuerza

poundal	pdl	0,138 2	N

potencia

horse power. HP 0,745 7 kW equivale a 1,013 cv (caballo-vapor británico)

calor, energía, trabajo

british termal unit	B.T.U.	1055,06	J

temperatura

grado Fahrenheit (ºF)

una temperatura de t grados Fahrenheit corresponde a: $\frac{5}{9}(t - 32)$ grados Celsio

212 ºF corresponden a 100 ºC
32 ºF corresponden a 0 ºC

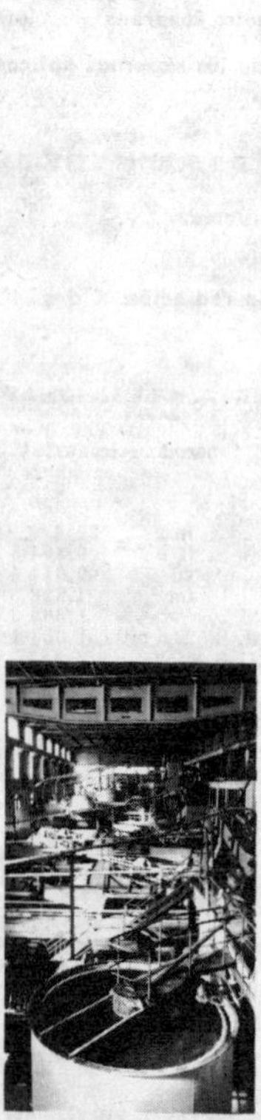

planta productora de uranio y lingote de este metal

UNIVALENTE adj. *Quím.* De valencia * igual a uno: *radical univalente.* (Sinón. MONOVALENTE.)

UNIVERSAL adj. Que tiene todos los usos necesarios para hacer una cosa o ejercer determinada actividad: *alicates * universales.*
— *Electr. Motor universal,* v. MOTOR.
— *Metal.* Dícese de la máquina herramienta que permite efectuar diversas operaciones sucesivas en una pieza sin cambiar el montaje de ésta: *la fresadora universal tiene un cabezal portaherramienta orientable.*

UNIVERSO m. *Astr.* Conjunto de todos los cuerpos celestes y del espacio que media entre ellos. ‖ *Expansión del Universo,* según teorías fundadas en la de la relatividad *, aumento constante del volumen del Universo, en virtud del cual las galaxias se alejan unas de otras.
— A pesar de los enormes progresos efectuados en los campos de la astronomía general, de las matemáticas y de la observación y estudio de los cuerpos celestes, nuestros conocimientos sobre los orígenes, la evolución y el futuro del *Universo* se fundan las más de las veces en teorías incomprobadas. El material de base del Universo es el hidrógeno, a partir del cual, por captura de partículas y en otros casos por reacciones de fusión *, se forman los átomos de los demás cuerpos. En las enormes nebulosidades que abundan en el espacio, la concentración de la materia da lugar a la formación de astros que, agrupados en gran número, forman las galaxias * a veces llamadas universos islas. Ahora bien, la observación del espectro de las galaxias muestra un corrimiento de sus rayas hacia el rojo, atribuido al efecto Doppler *. Mientras no se demuestre lo contrario, este fenómeno indica que todas las galaxias se alejan de nosotros con velocidad tanto más grande cuanto mayor es la distancia a que nos hallamos de ellas. Esto no significa que la Tierra sea el centro del Universo, pues para el observador hipotético situado en otro astro de cualquier galaxia ocurriría lo mismo. Para comprenderlo, imaginemos un globito de goma en el cual habremos marcado una hilera de puntos equidistantes. A medida que iremos hinchándolo, aumentará la distancia entre los puntos y, sea cual fuere el punto que tomemos como referencia, comprobaremos que si el punto más próximo se ha alejado de un centímetro, el segundo habrá aumentado su distancia de 2 cm, el tercero, de 3, etc.
Si el Universo se halla en expansión, toda su materia debió, en un remoto pasado, hallarse concentrada en su centro. Según se ha calculado, la expansión se inició hace unos 13 000 millones de años, mas otros cálculos arrojan resultados diferentes: de 7 000 a 20 000 millones de años. Ciertos astrónomos sostienen que la expansión actual del Universo es permanente, mientras que los relativistas la consideran como una de las dos fases de un movimiento pulsatorio, al cabo de la cual se produciría una contracción equivalente, seguida de una nueva expansión, y así sucesivamente. Según teorías modernas, el Universo es curvo. (V. RELATIVIDAD.)

UNTUOSIDAD f. Calidad de untuoso. ‖ Poder lubricante de una grasa o un aceite, que depende de su estructura molecular y de su viscosidad.

UNTUOSO, SA adj. Que da al tacto la misma impresión que cuando se toca un cuerpo graso.

UÑA f. Cada una de las orejas de la boca hendida de los martillos, pies de cabra, arrancaclavos y otras herramientas. ‖ Pequeña escopleadura que se hace en una pieza o elemento corredizos a propósito para poder empujarlos con la uña.
— *Mar.* Cada una de las puntas triangulares o piramidales de los brazos de un ancla.

UÑETA f. *Carp.* Arrancaclavos pequeño que se golpea con martillo, cual lo usan los calafates.
— *Constr.* Cincel de cantero.

URALITA f. *Constr.* Marca registrada de un material análogo al fibrocemento *.
— *Miner.* Silicato natural de ciertas rocas básicas, consistente en piroxeno cuyos cristales han conservado su aspecto exterior, si bien interiormente han cobrado la estructura del anfíbol.

URANATO m. *Quím.* Sal derivada del anhídrido UO_3: *los uranatos de sodio y de amonio se emplean como colorantes en cerámica con el nombre de "amarillo de urano".*

URÁNICO, CA adj. *Quím.* Relativo o perteneciente al uranio. ‖ Dícese de las sales de uranio derivadas del radical uranilo y en las cuales el uranio tiene la valencia 6.

URANÍFERO, RA adj. Que contiene uranio.

URANINITA f. *Miner.* Pecblenda.

URANIO m. *Quím.* y *Atom.* Elemento químico de número atómico 92, cuyo símbolo es U.
— El *uranio* es un metal pesado, cuyas principales constantes físicas son las siguientes: densidad, 18,9 (teóricamente debiera ser de 19,04); temperaturas de fusión y de ebullición, 1 133° y unos 3 900°, respectivamente; masa atómica 238,03. Al estado natural es una mezcla de tres isótopos: 0,0058 % de ^{234}U también llamado *uranio II,* radiactivo con período de 248 000 años; 0,714 % de ^{235}U, o actinouranio, cuyo período es de 713 millones de años: 99,28 % de ^{238}U, o *uranio I,* con período de 4 510 millones años. Se conocen, además, 11 isótopos artificiales, de masa comprendida entre 227 y 240, ya obtenidos experimentalmente, ya engendrados en los reactores nucleares o en el curso de las explosiones de bombas u otras cargas fundadas en la liberación de energía nuclear.
El *uranio metálico* presenta la apariencia del hierro. Es, químicamente, muy reactivo, oxidable por la humedad, atacable por los ácidos. Se combina con el cloro, el azufre, el nitrógeno, el carbono, etc. Descompone el agua hirviente. Al estado de polvo es piróforo.
Este metal es casi tan abundante en la naturaleza como el cobre, pero se halla tan diseminado que se consideran como minas ricas las que contienen más de 1 % de uranio. Los principales minerales beneficiados son la pecblenda * y sus variedades (uraninitas), la uranotorita *, la soddita *, la carnotita *, la ferganita *, la autunita *, la liebegita *, la betafita *, etc. La extracción del metal es bastante compleja. En el caso de la pecblenda se procede como sigue: ataque con ácido nítrico del mineral triturado y concentrado; tratamiento con carbonato de sodio, decantación, filtración y adición de sosa, obteniéndose un precipitado de uranato de sodio; tratamiento con ácido nítrico, mezcla con disolventes orgánicos y tratamiento con agua oxigenada para obtener un precipitado de peróxido de uranio; tratamiento térmico, a 300°, que transforma el producto en óxido UO_3; reducción del óxido por el carbono o por el calcio en hornos eléctricos. Según la índole del mineral pueden emplearse distintas variantes de este método, y así, el uranato de sodio puede ser convertido en uranato de amonio; los óxidos en fluoruros, etc.
Durante largo tiempo, el uranio solamente fue un subproducto del radio *. Hoy tiene una importancia considerable como combustible de los reactores nucleares y materia explosiva de las bombas atómicas (v. FISIÓN, REACTOR y BOMBA). En estas aplicaciones representa papel importante el isótopo 235, el único de los tres naturales que sea físil *. Por eso en muchos casos se aumenta la proporción de uranio 235 que contiene naturalmente el metal (v. DIFUSIÓN y SEPARACIÓN). No obstante, la presencia de uranio 238, no físil, en el combustible nuclear no es inútil, ya que, por absorción de neutrones en el reactor, se convierte en plutonio *, que es físil. Por otra parte, la irradiación del torio 232 en reactores especiales da uranio 233, que es físil (v. TORIO y REACTOR). El isótopo 237, con período de 6,75 días, se emplea como radioindicador *.
El uranio es, en la tabla de Mendeleev, el último de los elementos naturales. Las familias o series radiactivas del radio y del actinio tienen su punto de partida en el uranio 238 y 235, respectivamente. Por lo demás, como los distintos isótopos del uranio tienen períodos diferentes, la proporción de los mismos en un mineral uranífero varía con el tiempo y permite así efectuar la datación * de las rocas. (V. RADIACTIVIDAD.)
Entre los compuestos del uranio citemos: el óxido UO_2 que se usa como combustible en ciertos reactores, pues tiene propiedades cerámicas que permiten emplearlo en forma de pilas de pastillas contenidas en tubos y es muy refractario (funde a 2 700°); el anhídrido UO_3, que es anfótero y puede dar uranatos o sales de uranilo; las sales uranosas, derivadas del óxido UO_2, especialmente el cloruro y el sulfato; las sales uránicas derivadas de un hidrato del anhídrido UO_3, también llamadas *sales de uranilo,* porque su molécula

Fot. Jahan-C. E. A.

contiene este radical, que tienen una fosforescencia verde; el uranato de sodio que se incorpora al vidrio para obtener *vidrio de uranio*, empleado como detector de rayos ultraviolados (porque éstos provocan su fosforescencia); el nitrato de uranilo, empleado en fotografía; el carburo de uranio UC_2, a veces empleado como catalizador; por último, el hexafluoruro de uranio UF_6, que presenta importante papel en ciertos procedimientos de separación isotópica del uranio 235. (V. SEPARACIÓN.)

URANITA f. *Miner.* Fosfato de uranio que contiene fosfatos o arseniatos de metales alcalinos o alcalinotérreos.

URANO m. *Quím.* Óxido de uranio UO_2 largo tiempo considerado como cuerpo simple. (V. URANIO.)

URANO, planeta del sistema solar, el séptimo por su distancia al Sol y el cuarto por sus dimensiones, cuyo símbolo es ♅.

— El planeta *Urano* pertenece al grupo de los grandes planetas exteriores, y por su densidad, el aspecto de su superficie y la composición de su atmósfera (en la cual predomina el metano) puede ser comparado a Júpiter y a Saturno. Presenta la curiosa particularidad de tener su eje de rotación inclinado de 82° respecto al plano de su órbita. Así, en los solsticios, el planeta presenta un polo en la dirección del Sol y son las regiones polares las que reciben perpendicularmente los rayos solares. No se crea, sin embargo, que estas regiones gozan entonces de un clima cálido, ya que, en razón de la enorme distancia a que se halla el planeta del Sol, las temperaturas que reinan en el mismo son del orden de 170° bajo cero y se supone que su globo consiste en gases solidificados.
Urano aparece a simple vista como una estrella de 6ª magnitud. Consiguientemente, es apenas visible a simple vista. Tienen 5 satélites, los cuales siguen movimiento retrógrado.

URANOGRAFÍA f. *Astr.* Descripción del cielo.

URANOGRÁFICO, CA adj. *Astr.* Relativo a la uranografía. || *Coordenadas uranográficas,* coordenadas ecuatoriales.

URANOSO, SA adj. *Quím.* Dícese de los derivados del uranio * cuadrivalente.

URANOTORITA f. *Miner.* Silicato de torio y uranio, mena de este metal.

URANILO m. *Quím.* Radical bivalente UO_2 que, en muchos compuestos del uranio, obra como si fuera un metal, hasta el extremo de haber sido considerado largo tiempo como elemento químico del cual era mena la pecblenda. (V. URANIO.)

URBANISMO m. *Arq.* Arte y técnicas del diseño y disposición racional de los edificios, vías de comunicación e instalaciones secundarias de una ciudad o aglomeración urbana.

URBANIZACIÓN f. *Arq.* Acción y efecto de urbanizar.

URBANIZAR v. *Arq.* Construir, ensanchar o renovar ciudades siguiendo las reglas del urbanismo.

URCHILLA f. *Bot.* y *Quím.* Orchilla.

URDIDOR m. y **URDIDORA** f. *Text.* Máquina devanadora con la cual se prepara la urdimbre arrollando los hilos de ésta en el enjulio.

— El *urdidor* consta de un bastidor rectangular provisto de 400 a 600 vástagos en los cuales se ponen otras tantas bobinas y uno o varios peines por entre cuyos dientes pasan los hilos que se desarrollan de aquéllas, así como un tambor o enjulio en el cual se arrollan los mismos. La velocidad del devanado es, en las máquinas modernas, del orden de 500 a 600 m/mn (v. frontispicio p. 1027).

URDIMBRE f. *Text.* Conjunto de hilos, yuxtapuestos paralelamente en la dirección del telar, por entre los cuales pasa la trama para formar el tejido. (V. LIGAMENTO y TEJIDO.)

DATOS NUMÉRICOS SOBRE EL PLANETA URANO

		respecto a la Tierra = 1
Distancia del Sol (máxima)	3 005 000 000 km	20,10
" " " (mínima)	2 706 000 000 km	18,10
Excentricidad de la órbita	0,046 34	
Inclinación de la órbita	0° 46′ 20″	
Duración de la revolución sideral	84 a 7,45 d	
" " sinódica	369,66 d	
Diámetro ecuatorial	51 000 km	4
Masa		14,58
Densidad	1,32	0,23
Duración de la rotación	10 h 42 mn	
Inclinación del eje sobre la órbita	8°	
Aceleración de la gravedad	9,03 m/s por s	0,92
Velocidad parabólica	21,65 km/s	1,93
Temperatura aproximada	—170°	

SATÉLITES DE URANO

N.º y nombre	Diámetro aproximado en km	Distancia media al centro del planeta en millares de km	Duración de las revoluciones
V. Miranda	200?		
I. Ariel	900?	192	2 d 12 h 29 mn
II. Umbriel	700?	267	4 d 3 h 27 mn
III. Titania	1 700?	438	8 d 16 h 56 mn
IV. Oberón	1 500?	687	13 d 11 h 7 mn

URDIR v. *Text.* Preparar la urdimbre de un tejido con el urdidor.

UREA f. *Quím.* Diamida del ácido carbónico, cuya fórmula es $OC(NH_2)_2$. (Sinón. CARBAMIDA.)

— La *urea* se halla presente en la sangre y la orina de los carnívoros. Se fabrica sintéticamente por varios procedimientos: deshidratación del carbamato de amonio, tratamiento del fosgeno por el gas amoniaco, hidratación de la cianamida, etc. Cristaliza en agujas que funden a 130° y son solubles en el agua.
La mayor parte de la urea producida sirve para preparar, con el formol, resinas termoestables llamadas ureoplastos (v. PLÁSTICO). Otra aplicación importante de la urea es la fabricación de medicamentos. También se usa como disolvente en las refinerías de petróleo y constituye un abono * nitrogenado.

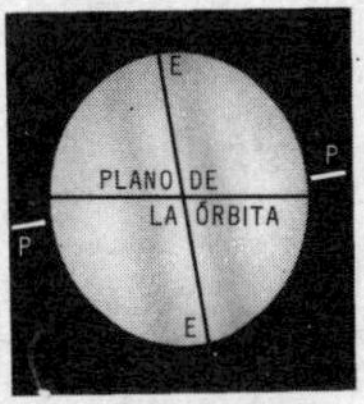

aspecto de **Urano** e inclinación de su eje respecto al plano orbital

UREIDO m. *Quím.* Cuerpo que se obtiene a partir de la urea reemplazando uno o dos átomos de hidrógeno de su molécula por uno o dos radicales ácidos: *muchos ureidos se emplean en farmacia como hipnóticos.*

UREÍNA f. *Quím.* Cuerpo que se obtiene a partir de la urea reemplazando uno o dos átomos de hidrógeno de su molécula por uno o dos radicales alcoilo o fenilo.

UREOPLASTO m. *Plást.* V. UREA.

URSIGRAMA m. *Telec.* Parte difundido diariamente por ciertas emisoras de radio y en el cual la U. R. S. I. (Union Radiophonique Scientifique Internationale) suministra datos sobre la actividad solar, el magnetismo terrestre y la electricidad atmosférica.

ÚTIL m. Herramienta.

UTILLAJE m. Galicismo por *herramientas, útiles, instrumental.*

U. V., sigla de *ultravioleta.*

UVAROVITA f. *Miner.* Variedad de granate translúcido de hermoso color verde.

V W

el abundante **velamen** de un yate de regatas

V f. Vigésima quinta letra del alfabeto, empleada como sigla y símbolo.
— *Geom.* Sigla de *volumen.*
— *Mat.* La V es letra numeral que equivale a 5 en el sistema de la numeración romana.
— *Mec.* Sigla de *velocidad.*
— *Metr.* V es símbolo del *voltio.*
— *Quím.* V es el símbolo del *vanadio.*

VA, símbolo del *voltamperio.*

VACA f. *Curt.* Cuero de la vaca, ya curtido.
— *Mar.* Arte de pesca análogo al bou * y embarcación que se dedica a la pesca de arrastre con esta clase de redes.

VACIADO m. Acción y efecto de vaciar.
— *Aeron. Vaciado rápido,* descarga * rápida.
— *Arq.* Excavación. ‖ Parte del lado del pedestal que queda libre de molduras.
— *Constr.* Figura que se obtiene vaciando yeso o estuco en un molde: *pared adornada con vaciados alegóricos.*

VACIADOR m. Dispositivo o instalación propios para vaciar un recipiente, depósito u otra cosa.
— *Constr. Vaciador de basuras,* conducto vertical, provisto de una boca, cerrada con portillo, en cada planta del edificio, que sirve para evacuar las basuras ya por vía seca (recogiéndose aquéllas en una cámara de la planta baja o en los sótanos), ya por vía húmeda (en cuyo caso van directamente al alcantarillado).

VACIANTE adj. *Mar.* Dícese de la marea que baja.

VACIAR v. Dejar vacía una cosa; extraer o verter su contenido.
— *Fís.* Practicar el vacío *.
— *Mar.* Menguar o bajar la marea.
— *Tecn.* Llenar un molde con materias blandas (metales fundidos, cera o plásticos derretidos, etc.) que, una vez solidificadas, darán una pieza, un objeto artístico, u otras cosas. (V. MOLDEADO.) ‖ Labrar una materia en hueco. ‖ Sacar filo a los instrumentos cortantes.

VACÍO m. Espacio sin materia. ‖ Espacio en el cual el aire u otro gas se hallan enrarecidos, a presiones muy inferiores a la atmosférica.
— *Astr. Vacío interplanetario, vacío interestelar,* vacío existente entre los planetas y entre las estrellas que, si bien es muy alto, no llega a ser absoluto, como antes se creía. (V. MATERIA *interplanetaria* e *interestelar.*)
— El *vacío casi absoluto* que reina en el espacio interplanetario y en la Luna, así como el que representa la escasa densidad de la atmósfera de Marte *, plantean problemas delicados tanto en lo referente a la estructura de los ingenios espaciales y de su equipo (por ej., explosión posible de un tubo analizador de televisión por efecto de la depresión; rápida evaporación del agua o de los líquidos cuyo recipiente se hallara en comunicación con el espacio, etc.) como en lo que concierne al organismo de los astronautas. (V. ESCAFANDRA.)
— *Fís.* e *Ind.* El *vacío absoluto* es irrealizable. Con medios muy potentes se puede extraer el aire de una pequeña cámara hasta que la presión residual en la misma solamente sea de una cienmillonésima parte de la presión atmosférica, que es de 760 mm de mercurio. Pues bien, dicha cámara contendrá aún varios millones de moléculas * de aire por centímetro cúbico. Industrialmente se califica de *alto vacío* aquel en el cual la presión final del gas es inferior a la milésima de milímetro de mercurio de la columna barométrica.
Para practicar manualmente un *vacío parcial* que permita efectuar demostraciones de física y otras aplicaciones, se usa la *máquina neumática* *. También se obtiene la rarefacción mecánicamente, empleando distintas clases de bombas más o menos parecidas a compresores de funcionamiento invertido (v. *figura*), así como trompas * en las cuales el aire es arrastrado por un chorro de agua o entre las gotas de mercurio que caen por un tubo capilar. No obstante, las máquinas más eficaces son las *bombas moleculares* y las *bombas de vapor de mercurio.* Esquemáticamente una bomba molecular rotativa consiste en un cilindro que gira en el interior de una cámara cilíndrica provista de un resalte longitudinal (en el sentido de una generatriz), existiendo entre éste y la superficie de aquél un juego de unas centésimas de milímetro solamente. Este espacio comunica por un lado del resalte con una cámara en la cual se ha practicado ya un vacío parcial. Al girar el rotor, su superficie acelera las moléculas del aire que se hallan en contacto con él, originando así una depresión por el

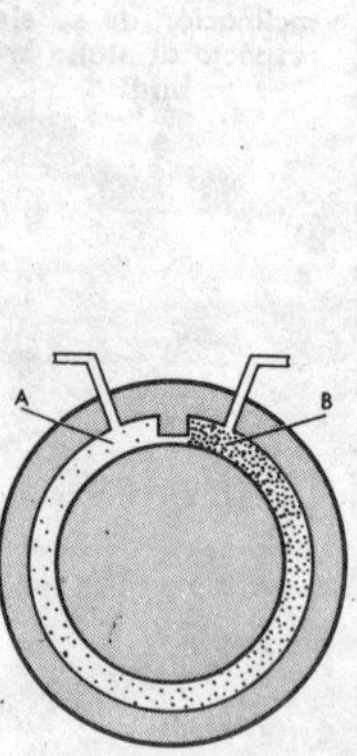

como practica el **vacío** la bomba molecular rotativa

Fot. Beken and Son

lado de la admisión; luego, aquellas moléculas, detenidas por el resalte, aumentan localmente la presión junto al orificio de escape que comunica con la bomba preliminar. Las bombas de vapor de mercurio o de aceite, se fundan en expulsar las moléculas del aire mediante vapores de mercurio o de aceite que, al condensarse, las arrastran. Por último, en pequeños recintos herméticamente cerrados después de haber practicado el vacío, se puede aumentar éste por medio de la técnica del getter *.
Las máquinas de practicar el vacío tienen muchas aplicaciones industriales y científicas: 1.ª en los tubos o lámparas electrónicos, microscopios electrónicos, aceleradores de partículas, etc., es necesario evacuar el aire cuyas moléculas constituirían un obstáculo para los electrones y otras partículas o introducirían efectos parásitos; 2.ª en las lámparas eléctricas, el hilo candente no podría brillar en presencia del aire; 3.ª en la destilación, el vacío permite reducir la temperatura de ebullición * de los líquidos; 4.ª el vacío abrevia la desecación o deshidratación de las materias; 5.ª para conservar líquidos fríos o calientes en recipientes de pared doble es necesario suprimir el aire que transmitiría el calor de una a otra; 6.ª en metalurgia se recurre al vacío para evitar que el aire oxide el metal fundido, para facilitar la evaporación de sus impurezas o de los gases que contiene, para hacer soldaduras por bombardeo electrónico y para obtener piezas par fritado *.

VACUÍMETRO m. *Metr.* Vacuómetro.

VACUO m. *Fís.* Vacío.
— *Obr. públ.* Técnica para acelerar las construcciones de hormigón armado, reducir su espesor (aumentando su resistencia) y limitar el material de encofrado, consistente en aplicar en éste ventosas que, mediante una bomba de vacío, aspiran el agua excedentaria del hormigón, confiriéndole rápidamente una solidez que permite desencofrarlo seguidamente.

VACUÓMETRO m. *Metr.* Manómetro para medir la depresión de los recintos sometidos a una rarefacción o vacío. (Sinón. VACUÍMETRO.)

VACUUM m. *Fís.* y *Obr. públ.* Vacuo.

VAGARA f. *Mar.* Vagra.

VAGÓN m. *F. c.* Carruaje para el transporte de viajeros o de mercancías por vía férrea.
— Los *vagones* destinados al transporte de viajeros son a menudo designados con el nombre de *coches*, los cuales, actualmente, suelen ser de construcción metálica y de formas aerodinámicas (revistiendo en este aspecto especial importancia, en los trenes muy rápidos, la unión de unos vagones con otros). Un coche moderno pesa de 35 a 50 t y consta de una caja de costillaje revestido interior y exteriormente con chapa y que es solidaria de un bastidor montado sobre bogies *. En el bastidor se fijan también los dispositivos de frenado (v. FRENO), calefacción y acondicionamiento del aire, las baterías de acumuladores, etcétera. En un tren moderno todos los vagones se hallan en comunicación por medio de pasarelas provistas de fuelles y conectados con un circuito de alarma que permite a cualquier viajero detener el tren tirando de una manija que acciona los frenos. Ciertos coches tienen asientos inclinables y, a veces, reversibles (para que el viajero siga sentado de frente si el tren invierte el sentido de la marcha). Por lo demás, el confort aumenta constantemente y ello ha inducido, en la Europa occidental y otras partes, a la supresión de la tercera clase. Entre los coches especiales citemos los siguientes: *coche panorámico*, provisto de piso elevado y de amplios ventanales que facilitan la visibilidad; *coches cama, restaurante, bar, salón*, cuya índole se desprende de su nombre, etc.
Los vagones para el transporte de mercancías pueden ser cubiertos, abiertos y de plataforma. A estas tres clases ordinarias se suma la de los vagones especiales: *vagones frigoríficos, vagones cisterna* o *cuba, plataformas* de piso rebajado, para el transporte de objetos muy grandes o pesados, vagones de estructura adaptada a la carga, descarga y transporte de determinadas materias u objetos (minerales, automóviles, etc.); por último, *vagones grúa, laboratorio*, etc., empleados por las compañías ferroviarias para tender las vías, repararlas y comprobar su estado.

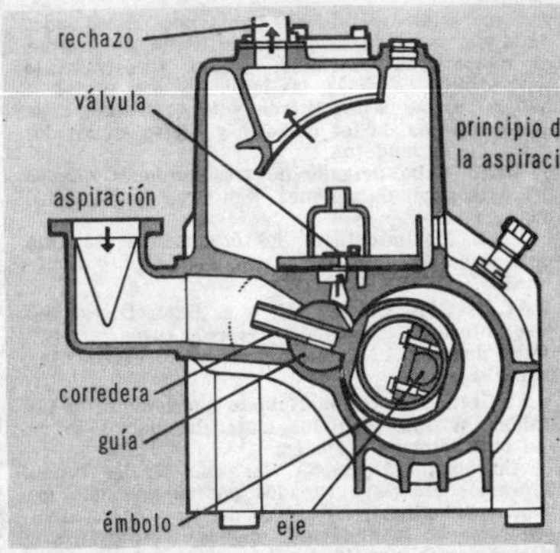

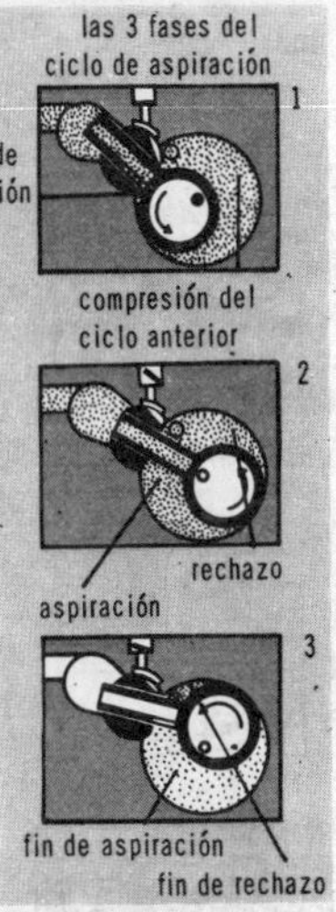

bomba de émbolo rotativo para practicar el vacío

VAGONETA f. *F. c.* Vagón pequeño, generalmente basculante, que se emplea para el transporte de tierras, minerales, etc., en obras públicas, minería, grandes explotaciones agrícolas, etc.

VAGRA f. *Mar.* Cada una de las planchas paralelas a la quilla que se ponen entre las varengas o las cuadernas para reforzar el casco de los buques.

VAÍDA adj. *Arq. Bóveda vaída*, v. BÓVEDA

VAINA f. Funda que se pone a los cuchillos y otros instrumentos cortantes.
— *Arm.* Funda de las armas blancas. ‖ Casquillo de los cartuchos de las armas de fuego.
— *Atom.* Tubo que se pone como funda a las barras de combustible nuclear en los reactores.
— *Mar.* Dobladillo que se hace en los bordes de las velas como refuerzo y para coser las relingas.

VAINICA y **VAINILLA** f. *Text.* Labor de deshilado que se hace como adorno, especialmente junto al dobladillo de las prendas.

VAINILLINA f. *Quím.* Aldehído fenólico al cual debe la vainilla su aroma característico y que se obtiene artificialmente a partir del eugenol *; *la vainillina se emplea en perfumería, pastelería, confitería y farmacia.*

VAIVÉN m. Movimiento alternativo del objeto que oscila entre dos puntos, como lo hace, por ejemplo, el péndulo de un reloj.
— *F. c.* Movimiento alternativo de los vagones y locomotoras en forma de oscilaciones transversales.
— El *vaivén cinemático* se debe a la conicidad de las llantas de las ruedas, la cual hace que al

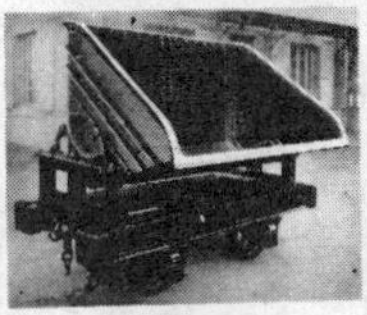

vagoneta

vagones: de doble plataforma y rampa para coches; de viajeros, con carrocería de acero inoxidable, y, *a la derecha*, de mercancías para materias pulverulentas

Fot. S. N. C. F.-Decauville

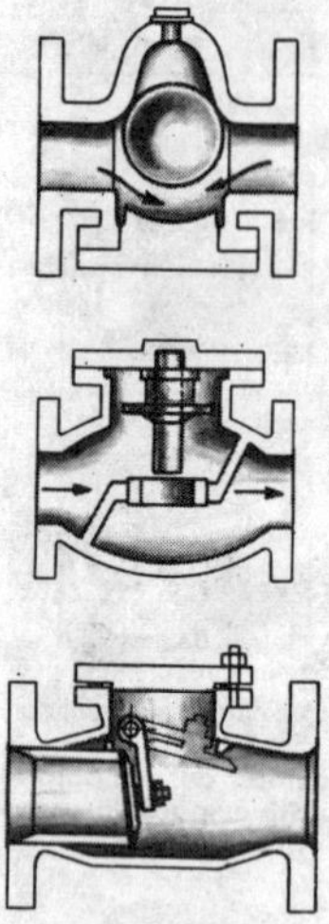

válvulas: de bola y baja de presión; de obturador guiado y baja de presión, y de chapeleta

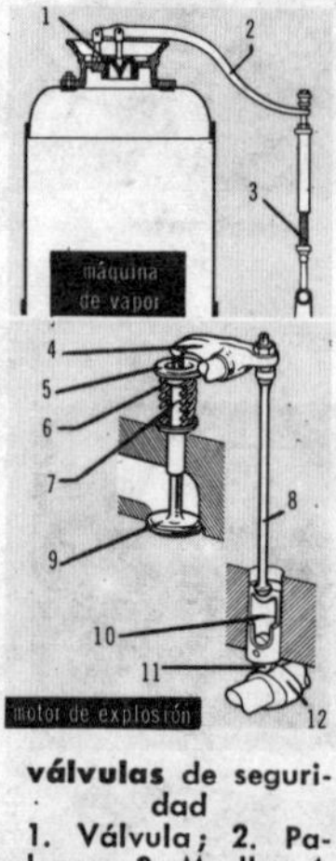

válvulas de seguridad
1. Válvula; 2. Palanca; 3. Muelle; 4. Balancín; 5. Copela; 6. Muelles; 7. Vástago; 8. Varilla; 9. Válvula; 10. Pulsador; 11. Rodillo; 12. Leva

correrse éstas ligeramente hacia uno de los lados de la vía, se produzca un desequilibrio que provoca el movimiento contrario, y así sucesivamente (v. DICONO). Además, las locomotoras de vapor se hallan sujetas a un *vaivén interno* debido a la acción alterna de los émbolos y bielas en los dos lados de la máquina.
— *Mar.* Cabo delgado de tres cordones que se usa para gazas de motones, ligaduras de obenques, etcétera.
— *Mec.* Movimiento de los órganos de máquina que, como en el émbolo, es alternativo y rectilíneo.

VALANGINIENSE adj. y s. *Geol.* Dícese del piso inferior del período cretáceo, cuyos terrenos datan de unos 110 millones de años. (V. ESTRATIGRAFÍA.)

VALENCIA f. *Quím.* Número que caracteriza las uniones posibles, en una molécula, de un átomo con otros átomos radicales.
— Una *molécula* consta, las más de las veces, de varios átomos agrupados por fuerzas que los mantienen unidos. El enlace de los átomos, unos con otros en la molécula, obedece no obstante a ciertas reglas que limitan las combinaciones posibles. Depende, en particular, del número de electrones que cuenta la capa exterior del átomo. Normalmente esta capa se halla completa cuando contiene 8 electrones (octeto) y en este caso el átomo no se une con otros y las moléculas del cuerpo son monoatómicas (caso de los gases raros que ocupan la última columna en la tabla de clasificación de los elementos *). Si la referida capa no se halla completa, el átomo tiende a unirse con otro u otros, ya para cederles átomos, ya para completar su propio octeto. El número de átomos cedidos o absorbidos constituye la valencia del elemento. Por ejemplo, el cloro y el sodio, que tienen, respectivamente, 7 y 1 electrones periféricos, son univalentes, o sea tienen la valencia 1 y tienden a unirse porque precisamente el segundo posee el electrón que falta al primero para completar su octeto: de su unión electrostática resulta una molécula de cloruro de sodio (sal común). El oxígeno (6 electrones periféricos) es bivalente y el hidrógeno (1 electrón) univalente: para completar su octeto, el primero se une con dos átomos del segundo, resultando así una molécula de agua (H_2O). Estos enlaces y las moléculas que se obtienen con ellos se califican de heteropolares.
Los átomos pueden enlazarse también por covalencia, y en este caso no se ceden electrones, sino que ponen en común un electrón de valencia cada uno. Este tipo de enlace homopolar es común en los radicales y en las moléculas orgánicas. Por ejemplo, el átomo de carbono pone cada uno de sus electrones de valencia en común con el electrón de otros tantos átomos de hidrógeno y de ahí resulta una molécula de metano CH_4, que es homopolar.
Además de las antedichas formas de valencia, que son generales, ha sido necesario admitir otras para tener en cuenta ciertos casos particulares: formas de covalencia en las cuales los dos átomos comunes provienen de un mismo átomo; caso de los elementos que, como el hierro, dan sales ferrosas en las cuales es bivalente, y sales férricas en las que es trivalente, etc. (V. tb. MOLÉCULA.)

VALENTINITA f. *Miner.* Óxido de antimonio y mena de este metal.

VALOR m. Lo que vale una cosa. ‖ Expresión de una magnitud, de una medida, etc.: *el valor de la presión atmosférica al nivel del mar es normalmente de 760 mm de mercurio.*
— *Electr. Valor de cresta,* el mayor de los valores que alcanza una magnitud eléctrica variable, tensión, intensidad, etc., en determinado intervalo de tiempo. ‖ *Valor eficaz,* v. TENSIÓN *eficaz* e INTENSIDAD *eficaz.*
— *Mat. Valor absoluto,* el que tiene una cifra por sí misma, independientemente del lugar que ocupe en una cantidad, por oposición al valor relativo, y también valor que se atribuye en álgebra a una letra, independientemente del signo que la precede. ‖ *Valor numérico de una expresión,* el que tiene una vez reemplazadas las letras por los números correspondientes. ‖ *Valor relativo,* el que se atribuye a una cifra en razón del lugar que ocupa en un número y que es independiente de su valor absoluto: *en el número 68, el valor absoluto de la cifra 6 es de 6 unidades y su valor relativo de 60 unidades o 6 decenas.*

VÁLVULA f. Dispositivo que sirve para regular el flujo de un líquido, un gas, una corriente de electrones, etc., o que permite que los mismos sigan determinado sentido en una canalización, pero no la dirección contraria.
— *Aeron. Válvula de vaciado rápido,* descarga * rápida.
— *Autom. Válvulas de admisión y de escape,* v. más abajo *Mec.*
— *Electrón.* Dispositivo que se intercala en un circuito para que solamente deje pasar la corriente en un sentido, con objeto de rectificarla o detectarla, de modularla o amplificarla. (V. DIODO, TRIODO, etc., LÁMPARA *termoiónica,* RECTIFICADOR y TRANSISTOR.)
— *Mar. Válvula solar,* dispositivo para el encendido automático de la luz de los faros que funcionan con gas, consistente en un elemento de bimetal * que mantiene cerrada la canalización del gas de día, cuando la luz solar deforma el componente iluminado, y la abre de noche o cuando obscurece por el mal tiempo, al cesar la deformación.
— *Mec.* Mecanismo que se pone en una tubería para regular, interrumpir o restablecer el paso de un fluido. ‖ Obturador aplicado sobre una abertura por un muelle, que, en un cilindro de motor de combustión, da paso al gas carburante o a los gases de escape en sincronismo con los movimientos del émbolo. ‖ *Válvula de seguridad,* tapón ajustado por un contrapeso o por un muelle en un orificio de las calderas de vapor y otros depósitos de gases a presión que, cuando ésta resulta excesiva, es alzado por ella y permite la expansión del fluido antes que pueda producirse la explosión del recipiente.
— Las *válvulas para canalizaciones* funcionan según los mismos principios que los grifos *. Las más comunes son *válvulas de asiento,* en las cuales el tapón cónico, al hacer girar su husillo, se mueve en la misma dirección que el fluido hasta obturar el orificio que le sirve de asiento; en las *válvulas de compuerta,* por el contrario, el órgano de cierre corta la vena fluida transversalmente. En la *válvula de bola,* el asiento es de perfil esférico y en él ajusta una bola apretada por un muelle.
Las *válvulas de retención* (clapetelas, chapeletas, *válvulas de charnela*) se abren y cierran por sí solas en función de la presión del fluido y del sentido en que ésta se ejerce en las canalizaciones, en el cuerpo de las bombas * y otros aparatos. También las hay que permanecen abiertas mientras existe una presión normal en la canalización y que, de romperse ésta, al aumentar la velocidad del fluido, son arrastradas por él y cierran la canalización (v. *figura*). También son automáticas las *válvulas de flotador,* accionadas por éste al subir el nivel del líquido en el depósito, que cierran la cañería hasta que vuelva a bajar el nivel *. Asimismo, el carburador de los automóviles tiene en su cubeta un flotador rematado por una aguja que penetra y obtura el conducto de alimentación cuando el combustible alcanza el nivel máximo. En otros casos (*electroválvulas*), la válvula puede ser cerrada y abierta a distancia por medio de un interruptor que permite obrar sobre un electroimán acoplado a su vástago. Las *válvulas de admisión* y *de escape* de los cilindros de los motores de combustión son accionadas mecánicamente por el mismo motor, por medio de un árbol de levas, un vástago y un balancín (v. *figura*), de modo que el orificio por donde es aspirada la mezcla del carburador se halle abierto mientras baja el émbolo en el cilindro y que el orificio por donde son expulsados los gases de combustión, lo sea en el cuarto tiempo del ciclo, cuando sube el émbolo por la segunda vez. (V. MOTOR.)
La *válvula reductora de retención,* también llamada *transformador de presión,* sirve para reducir la presión de los gases. Todos los tipos se fundan en el mismo principio: una membrana perforada, un émbolo, tapón, etc., se hallan sometidos por una parte a la presión superior y, por el lado opuesto, a la del gas de presión reducida, compensándose la diferencia entre los dos empujes por medio de muelles, y a veces por el peso del órgano obturador. Se obtiene así un equilibrio tal, que cuando la presión alcanza su límite superior en el circuito secundario, su empuje, sumándose

a la acción del muelle, vence el empuje a que se halla sometido por el lado del circuito de alta presión, quedando así cerrado el paso al gas, el cual se abre de nuevo en cuanto baja la presión en el circuito secundario. Este tipo de válvula se emplea en ciertas instalaciones industriales de vapor y gases comprimidos, y también en las instalaciones domésticas de gas butano y propano suministrado en botellas, en las que la presión los mantiene licuados.
— *Radiot.* V. más arriba *Electrón.*

VALLA f. *Arq.* Cerramiento de un terreno que se hace con estacas o tablas hincadas en el suelo o yuxtapuestas en una armazón de pilotes y largueros.

VALLAR v. *Arq.* Cerrar, cercar con vallas.

VALLE m. *Geogr.* Depresión excavada en el terreno por un curso de agua y cuyo fondo se halla constituido por capas aluvionarias que forman un llano inundable o una serie de terrazas: *el perfil transversal de un valle depende de la naturaleza de las laderas y de la intensidad de las acciones erosivas; los valles excavados por los glaciares tienen la forma de la letra U.*

VAN m. *Autom.* Camión cerrado, de panel posterior reforzado y abatible hasta el suelo, que sirve para transportar caballos y otros animales.

VANADATO m. *Quím.* Sal de un ácido vanádico.

VANADIADO, DA adj. *Quím.* Dícese del cuerpo que contiene vanadio.

VANÁDICO, CA adj. *Quím.* Dícese del óxido y anhídrido V_2O_5, de los ácidos correspondientes y de todos los compuestos del vanadio pentavalente.

VANADÍFERO, RA adj. *Miner.* Dícese de los minerales que contienen vanadio.

VANADILO m. *Quím.* Radical bivalente VO.

VANADINITA f. *Miner.* Clorovanadato de plomo $Pb_5(VO_4)_3CL$, mena del vanadio.

VANADIO m. *Quím.* Elemento químico de número atómico 23, cuyo símbolo es V.
— El *vanadio* es un metal de color gris claro análogo al de la plata. Sus principales constantes físicas son: densidad, 5,96; temperaturas de fusión y de ebullición, 1 710° y unos 3 000°, respectivamente; masa atómica, 50,942 (consta de 99,76 % de isótopo de masa 51 y 0,24 % de isótopo 50). Es el más duro de todos los metales y sus propiedades químicas presentan analogías con las del fósforo. Es inoxidable por el aire a las temperaturas ordinarias, pero en caliente se combina con el oxígeno (y da óxido o anhídrido vanádico V_2O_5), el cloro y el nitrógeno y se disuelve en la mayor parte de los ácidos minerales. Sus principales menas son la patronita, la vanadinita y la carnotita. No existe extracción industrial del metal al estado puro. Generalmente se trata en el horno eléctrico una mezcla de anhídrido vanádico y de óxido de hierro, obteniéndose así ligas con 50 a 80 % de vanadio llamadas *ferrovanadios,* con las cuales resulta cómoda la introducción de este metal en los aceros, ya en calidad de desoxidante, para afinarlos, ya para aumentar su resistencia mecánica (muelles, herramientas de corte rápido, etc.).
El principal compuesto del vanadio es el citado óxido pentavalente V_2O_5, que obra como un anhídrido de ácido y da como sales los vanadatos. Reemplaza al platino como catalizador en la elaboración del ácido sulfúrico y de otros productos químicos. Los compuestos del vanadio tienen vivos colores y algunos suministran pigmentos empleados en cerámica y para colorear el vidrio.

VANADITO m. *Quím.* Sal de un ácido vanadoso.

VANADOSO, SA adj. *Quím.* Dícese del óxido V_2O_3, así como de los ácidos correspondientes y, en general, de los derivados del vanadio * trivalente.

VAN ALLEN *(Cinturones de).* V. CINTURÓN.

VAN DE GRAAFF *(Acelerador de).* V. ACELERADOR.

VANILINA y **VANILLINA** f. *Quím.* Vainillina.

VANO m. *Arq.* Hueco de un muro que sirve de puerta o ventana, o parte del mismo, entre columnas u otros elementos arquitectónicos, en la que no hay apoyo para el techo. ‖ Por ext., hueco entre dos vigas.

VAPOR m. Gas que resulta de la vaporización de un líquido o de la sublimación de un sólido: *para producir luz ultravioleta se emplean lámparas * de vapor de mercurio.*
— Los líquidos pasan al estado de *vapor* ya por evaporación *, sin necesidad de ser calentados, ya por vaporización (por efecto de un calentamiento que aumenta su agitación térmica). En ambos casos, una parte de las moléculas —en el curso de los choques de unas con otras— adquiere una energía suficiente para vencer la tensión superficial del líquido y disiparse en la atmósfera. El fenómeno alcanza su máxima intensidad cuando el calentamiento provoca la ebullición * del líquido (a este respecto conviene saber que el vapor es invisible y que la masa blanquecina que se eleva del líquido hirviente no es sino una niebla de gotitas de agua formadas por la condensación del vapor en el aire). Por otra parte, la evaporación o vaporización es tanto más activa cuanto menor es la presión exterior a que se halla sometida la superficie del líquido. Así, en el vacío *, un líquido se evapora por completo instantáneamente. Si la vaporización tiene lugar en un recipiente cerrado, el primer vapor producido se llama *vapor seco* o *no saturado;* luego aumenta la presión del vapor sobre el líquido hasta establecerse un equilibrio que detiene la vaporización, y al vapor que llena el recipiente se le da el nombre de *vapor saturante* (ese equilibrio se explica por el hecho de que en el seno del vapor ciertas moléculas alcanzan energía suficiente para penetrar de nuevo en el líquido, compensando así el número de las que éste pierde). La presión a que se produce este fenómeno es la *tensión de vapor* o *presión de vapor saturante.* Calentando el agua a presiones superiores a la atmosférica se obtiene *vapor sobrecalentado,* cuya temperatura es de más de 100°.
— *Mar. Buque de vapor,* o simplemente *vapor,* buque movido por máquinas de vapor.
— *Mec. Máquina de vapor,* V. MÁQUINA y TURBINA.
— *Metr. Caballo de vapor,* V. CABALLO.
— *Quím. Baño de vapor,* V. BAÑO.

VAPORACIÓN f. **VAPORADO** o **VAPOREADO** m. *Text.* Nombre dado a diferentes tratamientos por el vapor a que se someten los hilados y los tejidos con distintos fines, cuales son, por ejemplo, la fijación de la torsión de los hilos, la del colorante sobre las fibras de los tejidos teñidos, el acabado de los paños *, etc.

VAPORIZACIÓN f. *Fís.* Paso de un cuerpo del estado líquido al estado gaseoso. ‖ Pulverización de un líquido.
— La *vaporización de un líquido* se produce a todas las temperaturas comprendidas entre su punto * triple y su punto crítico (por ejemplo, en el caso del agua, entre las temperaturas de 0 y 374°), con la condición de que el vapor producido no llegue a tener la presión del vapor saturante. No obstante, existen ciertos líquidos, como la glicerina, que, prácticamente, no se evaporan a las temperaturas ordinarias, y otros, como el mercurio, que se evaporan muy poco. Cuando solamente se producen vapores en la superficie del líquido, se da al fenómeno el nombre de *evaporación *,* reservándose el de vaporización a aquellos casos (que culminan con la ebullición *) en que el calentamiento da lugar a la emisión de vapores superficiales o en el seno del líquido. Con el nombre de *calor latente de vaporización* se expresa, en calorías, el calor que es necesario suministrar a la unidad de masa de un líquido que se halla a determinada temperatura para que pase al estado de vapor saturante de igual temperatura, y, por ejemplo, el calor latente de vaporización del agua a 100° es de 539 cal/g.
Ciertos sólidos, como el hielo, dan directamente vapores sin pasar por el estado líquido y esta forma de evaporación se llama *sublimación *.*

VAPORIZADOR, RA adj. y s. Caldera *, aparato o instalación propios para convertir los líquidos en vapores. ‖ Dispositivo para reducir un líquido en finísimas gotitas y proyectarlo en alguna dirección (sobre un dibujo para sombrearlo o fijarlo [v. AERÓGRAFO], en la cavidad bucal para tratarla con un medicamento, en el pelo para mojarlo o perfumarlo, etc.). [Sinón. PULVERIZADOR.]

VAPORIZAR v. Hacer pasar un líquido al estado de vapor *. (V. tb. VAPORIZACIÓN.) ‖ Pulverizar, dispersar un líquido en forma de gotitas muy finas. (V. VAPORIZADOR.)

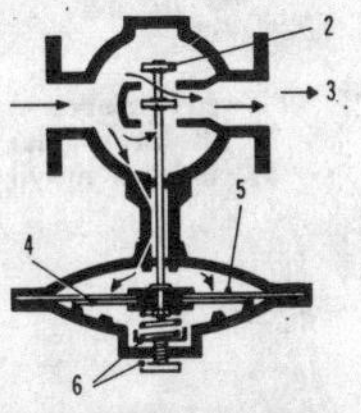

válvula reductora de presión

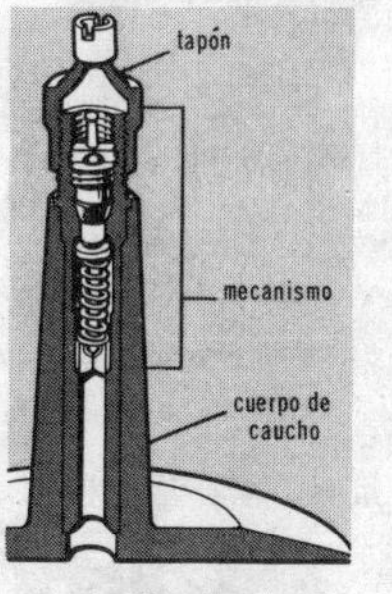

válvula de neumático

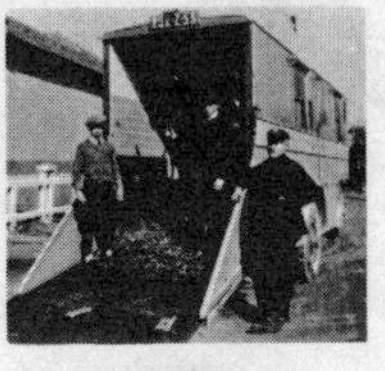

van

Fot. Bioudo

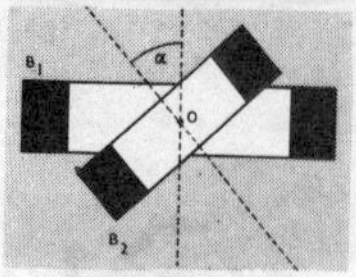

variómetro
B_1. Bobina fija; B_2. Bobina móvil

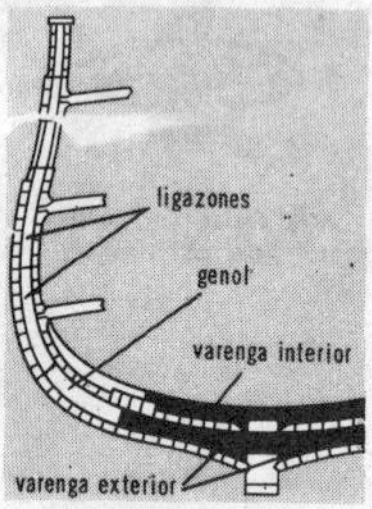

varenga

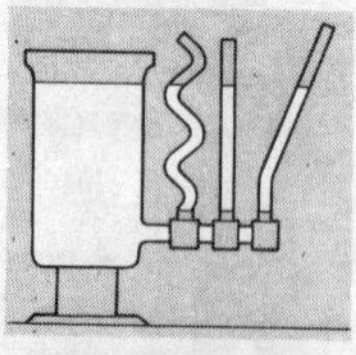

vasos comunicantes

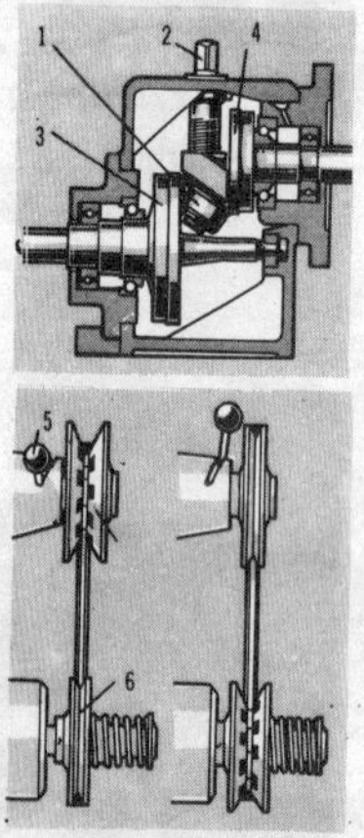

variadores de **velocidad** por fricción *(arriba)* y de correa
1. Rodillo; 2. Regulador; 3. Plato motor; 4. Plato movido; 5. Regulador; 6. Polea motriz; 7. Polea movida

VAPOTRÓN m. *Radiot.* Tubo electrónico de gran potencia, generalmente superior a 100 kW, empleado en las emisoras y caracterizado por el hecho de que no requiere circulación forzada de agua para ser refrigerado, bastando para su enfriamiento la absorción de calor por el agua que hierve al aire libre en contacto con su ánodo cilíndrico.

VAQUETA f. *Curt.* Piel de ternera, curtida y adobada, que se emplea principalmente para cañas y palas de zapatos.

VAR m. *Electr.* Unidad de potencia reactiva, en las corrientes alternas, correspondiente a una corriente de un amperio y una baja de tensión de un voltio.

VARADERO m. *Mar.* Plano inclinado de madera o de fábrica que se prolonga desde la orilla del mar hacia el fondo y cuyo objeto es el de poder sacar a tierra las embarcaciones para carenarlas, repararlas o con otros fines, ya por medio de un cabrestante, manual, arrastrándolas sobre paralelas, ya, si son mayores, colocándolas sobre un carro que sube por los rieles de la rampa, tirado por un torno movido por un motor potente.

VARAL m. *Mar.* Paral.

VARAR v. *Mar.* Encallar * un buque. ‖ Sacar una embarcación del agua, ponerla en seco en la playa o en un varadero *.

VARENGA f. *Mar.* Madero atravesado sobre la quilla, que constituye la pieza inferior de las que componen una cuaderna. ‖ Por ext., cuaderna. ‖ En los buques de construcción metálica, cada uno de los refuerzos transversales de las cuadernas dispuestos como las antiguas varengas y enlazados entre sí por las vagras.

VARETEAR v. *Text.* Formar listas de colores en los tejidos.

VARIABLE adj. y s. Sujeto a cambios o variaciones: *en marzo el tiempo es muy variable.*
— *Aeron. Avión de geometría variable,* el que tiene las alas articuladas en un eje vertical de modo que el piloto pueda hacer variar la flecha * de las mismas durante el vuelo.
— *Astr. Estrella variable,* v. ESTRELLA.
— *Mat.* Magnitud que puede tomar diferentes valores. ‖ *Variable aleatoria* o *estocástica,* en el cálculo de probabilidades, magnitud que puede tomar determinado número de valores a cada uno de los cuales corresponde una probabilidad: *cada vez que se echa un dado, el número que sale es una variable aleatoria, ya que puede adoptar los valores de 1, 2, 3, 4, 5 y 6.*
— *Electr. Condensador variable,* v. CONDENSADOR.

VARIACIÓN f. Cambio experimentado por una magnitud.
— *Astr.* Desigualdad del movimiento de la Luna con período igual a una lunación * y con amplitud de 79′, que se debe a una ligera disminución de la atracción terrestre sobre el satélite en las sicigias y a un aumento de la misma en las cuadraturas. ‖ *Variación secular,* perturbación * en los movimientos de un astro cuando el período es de más de un siglo.
— *Mar.* Declinación *, ángulo formado por la aguja magnética con el meridiano geográfico.
— *Mat.* Cada uno de los grupos diferentes de n elementos que pueden formarse con m elementos dados. (El número de *variaciones* de orden n de m elementos es igual al producto de n factores consecutivos decrecientes, contados a partir de m hasta 1; por ejemplo, con los tres colores rojo, amarillo y azul se pueden obtener 6 banderas bicolores, ya que $3 + 2 + 1 = 6$). [V. tb. COMBINACIÓN y PERMUTACIÓN.]

VARIADOR m. *Mec. Variador de velocidad,* sistema de transmisión que permite hacer variar la velocidad del árbol movido de modo progresivo y sin interrumpir su movimiento (v. *figura*).

VARIANCIA f. *Quím.* V. FASE.

VARILLA f. Barra delgada. ‖ Cada uno de los listoncillos o tiras de materia plástica radiales que constituyen la armadura del abanico. ‖ Cada uno de los nervios de metal que forman la armazón de los paraguas, sombrillas y parasoles.
— *Mec.* Vástago largo y delgado que forma parte de una transmisión de un movimiento: *una varilla convierte el movimiento giratorio de la leva en movimiento alternativo del balancín.*

VARILLAJE m. Conjunto de varillas: *el varillaje de un paraguas.*
— *Mec.* Conjunto de vástagos y palancas con que se accionan los frenos o la dirección de un vehículo o se gobierna una máquina cualquiera.
— *Min.* y *Petr.* Tren o sucesión de tubos o de varillas de una sonda *.

VARIÓMETRO m. *Aeron.* Manómetro diferencial que indica la velocidad ascensional o de descenso de los aviones.
— *Electr.* Dispositivo constituido por dos bobinas, una de las cuales puede girar dentro de la otra, según un ángulo α, obteniéndose así variaciones de la autoinducción del circuito: *el variómetro se emplea en ciertos instrumentos de medida y también en las emisoras, incluido en el circuito antena-tierra como inductancia adicional.*

VARISTANCIA f. *Electr.* Semiconductor a base de carburo de silicio que se emplea en los circuitos como elemento resistente, con la particularidad que su resistencia varía según la tensión aplicada en sus bornes: *las varistancias se emplean en el teléfono automático como limitadores de tensión de las bobinas de los relevadores.* ‖ Nombre genérico de los elementos resistentes cuya resistencia varía considerablemente debido a algún factor físico: *las termistancias * son varistancias sensibles al calor.*

VASELINA f. *Petr.* Producto pastoso y blanquecino que se obtiene descolorando el petrolato * y que se emplea como lubricante y como excipiente para pomadas y cosméticos. ‖ *Vaselina líquida* o *aceite de vaselina,* vaselina que se conserva líquida a las temperaturas ordinarias.

VASO m. Nombre dado a diversos recipientes, y, por ext., a las oquedades en forma de vaso que tienen los hornos, las campanas y otras cosas.
— *Fís. Vasos comunicantes,* vasos de formas diversas que comunican por su base y permiten explicar ciertas leyes del equilibrio de los líquidos.
— Los *vasos comunicantes* permiten comprobar los dos principios siguientes: 1.º cuando varios vasos comunicantes contienen un mismo líquido en equilibrio, éste tiene el mismo nivel en todos ellos, sean cuales fueren sus formas y dimensiones; 2.º si los vasos contienen líquidos diferentes y no miscibles, el más denso de ellos ocupa el tubo de comunicación y las alturas que alcanzan las superficies libres de los líquidos son inversamente proporcionales a sus densidades.
— *Mar. Vaso flotante,* o simplemente *vaso,* el casco de un buque.
— *Quím. En vaso cerrado,* dícese de las reacciones que se efectúan al abrigo de la atmósfera y de otras influencias externas.
— *Tecn. Vaso de expansión,* recipiente situado a mayor altura que las canalizaciones de un circuito de calefacción central por agua caliente, que comunica con ellas por un tubo y con la atmósfera por un orificio, y que sirve para permitir las dilataciones y contracciones del líquido provocadas por los cambios de temperatura.

VÁSTAGO m. *Mec.* Barra o varilla que se articula en un émbolo y le transmite el movimiento de otro órgano mecánico o lo recibe de él. ‖ Varilla o caña del elemento obturador de una válvula. ‖ Varilla o elemento roscado de una sonda *.

VATÍMETRO m. *Electr.* Vatiómetro.

VATIO m. *Metr.* Unidad de potencia, cuyo símbolo es W, equivalente a la potencia de un julio por segundo o de 10 millones de ergios por segundo, que puede también considerarse como el producto de un voltio por un amperio. (En la nomenclatura internacional se escribe *watt.*) ‖ *Vatio hora,* unidad de trabajo o de energía, cuyo símbolo es *Wh,* que representa el trabajo durante una hora de una máquina cuya potencia es de un vatio. (Sinón. VATIOHORA.)

VATIOHORA y **VATIO-HORA** m. *Metr.* Vatio * hora.

VATIOHORÍMETRO m. *Electr.* Vatiómetro que cuenta la energía activa suministrada a un circuito eléctrico.

VATIÓMETRO m. *Electr.* Instrumento para medir la potencia disponible en un circuito eléctrico o consumida en el mismo.
— El *vatiómetro* representado por la figura es del tipo electrodinámico y consta de un galvanómetro * de cuadro móvil C en el cual el imán permanente es reemplazado por las bobinas magnéticas BB′, por las cuales pasa una fracción de la corriente principal i (circuito de los amperios,

conectado con los bornes del shunt S). El circuito de los voltios (cuadro C montado en serie con la resistencia R) recibe una corriente proporcional a la tensión del circuito medido. La potencia consumida en vatios es indicada por la aguja A solidaria de C.

VE m. *Metal.* Bloque de fundición provisto de una hendidura en forma de V, con ángulo de 90°, dentro de la cual, o entre dos de ellas, se ponen las piezas cilíndricas en construcción mecánica para efectuar operaciones de trazado, comprobar las dimensiones, etc.

VECTOR, RA adj. y s. *Mat.* Dícese de una magnitud a cuyo valor numérico se atribuye una dirección y que se expresa gráficamente por un segmento de recta de longitud, dirección y sentido determinados.
— Un *véctor* se caracteriza por su origen, su dirección (que es la del segmento de recta), su sentido (representado por una punta de saeta en el correspondiente extremo de la recta), su magnitud (largo del segmento). El símbolo del vector es una flechita dispuesta horizontalmente sobre las letras que lo definen, y así, un vector cuyo origen es A y cuyo extremo es B se representa con la notación $\overrightarrow{AB}$, que se enuncia: "vector AB". Dos vectores son *equipolentes* cuando tienen igual magnitud y sentido; *concurrentes* cuando tienen el mismo origen y forman un ángulo entre sí; por último son *opuestos* o *recíprocos*, los de igual magnitud y sentido contrario. Dase el nombre de radio vector de un punto P al vector que tiene su origen en dicho punto. La suma geométrica de dos vectores es la diagonal del paralelogramo formado por ellos y otros dos lados iguales y paralelos a los mismos. Si los vectores representan dos fuerzas, su suma geométrica será la resultante de éstas (v. FUERZA). Los vectores no solamente sirven para representar fuerzas, sino también velocidades, aceleraciones de los puntos, rotaciones en torno de un eje, etc. (V. tb. VECTORIAL.)

VECTORIAL adj. *Mat.* Relativo a los vectores. ‖ *Análisis vectorial,* aplicación del cálculo infinitesimal a los campos de vectores. ‖ *Cálculo vectorial,* cálculo algebraico relativo a los vectores. ‖ *Magnitud vectorial,* aquella a la cual se atribuye, además de su valor numérico, determinada dirección, circunstancia que la distingue de la magnitud escalar. (V. VECTOR.)

VEDAL m. *Metal.* Marca registrada de una chapa de Duraluminio sobre la cual se aplica en caliente una capa tenue de aluminio que le confiere propiedades anticorrosivas y facilita las operaciones de embutición y soldadura.

VEDETTE f. *Mar.* Galicismo por *lancha.*

VEGA, estrella α de la constelación de la Lira, la más brillante (magnitud 0,1) del cielo boreal, situada en la dirección del ápex, punto del cielo hacia el cual se dirige el Sol.

VEHÍCULO m. Todo medio de transporte propio para personas o cosas. ‖ *Vehículo anfibio,* v. ANFIBIO. ‖ *Vehículo todo terreno,* automóvil reforzado provisto de motor potente y dotado de mucha adherencia (mediante orugas o multiplicando las ruedas motrices), que puede circular por malos caminos y en los terrenos donde se efectúan obras públicas, labores agrícolas o forestales, etc.
— *Ópt.* Dispositivo óptico que tienen los anteojos y los gemelos entre el ocular y el objetivo para

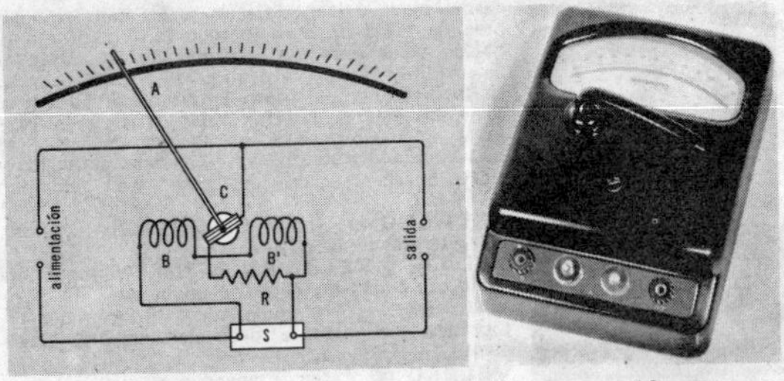

vatiómetro

anular la inversión de la imagen producida por éste y que puede consistir, ya en una lente convergente, ya en un sistema de prismas. (V. PRISMÁTICO y OCULAR.)
— *Quím.* Excipiente.

VELA f. *Aeron.* *Vuelo a vela,* v. VUELO.
— *Arq.* Picadero, pie derecho.
— *Lumin.* Barrita cilíndrica de cera, parafina o estearina, provista de una mecha axial, que da una llama iluminante.
— Las *velas* y los cirios se fabrican con distintas mezclas a base de estearina, parafina, materias grasas de origen vegetal, etc. Los ingredientes se funden en recipientes de doble fondo calentados por circulación de vapor y luego se deja reposar la masa. Cuando ésta empieza a cristalizar, se vierte mecánicamente en moldes cilíndricos que llevan, dispuesta axialmente, una mecha de algodón embebido de ácido bórico que aumenta su combustibilidad. Las *velas* ya solidificadas se extraen de los moldes y, después de darles un corte en su extremo inferior, para igualarlas, se pulen. (V. tb. LLAMA.)
— *Mar.* Cada una de las piezas o conjunto de piezas cosidas de lona, Dacron u otra tela fuerte que, sujetas a palos, entenas, picos o estayes, reciben el empuje del viento y propulsan el barco.
— Las vergas, entenas, aparejos y maniobras permiten orientar las *velas* de la mejor manera posible, habida cuenta de la dirección y fuerza del viento y del rumbo seguido por el barco. Teóricamente la propulsión es tanto más eficaz cuanto más perpendicular a las velas es el empuje del viento, pero, en general, éste es oblicuo respecto a ellas. En el estudio de la propulsión por vela tiene especial importancia la determinación del centro * vélico, resultante de la acción del viento sobre las velas, y del centro * de carena resultante de las resistencias que se oponen al avance del barco en el agua.
Las velas mayores sirven para la propulsión propiamente dicha; los *foques* y *cangrejas* si bien contribuyen a ella, se destinan a facilitar las evoluciones del barco.
Ateniéndose a su forma, las velas se dividen en *triangulares* y *cuadriláteras.* Son triangulares las *velas latinas* (que se envergan en una entena y se usan en embarcaciones pequeñas), así como los foques y ciertas velas de estay y escandalosas. Entre las cuadriláteras, las *velas áuricas* son trapezoides, como las cangrejas y algunas otras velas de estay y escandalosas; otras son

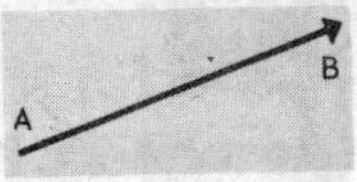

vector

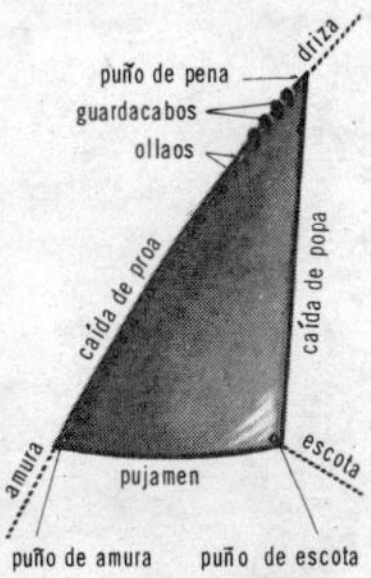

detalles de una vela latina *(arriba)*, principales clases de velas y velamen de una fragata

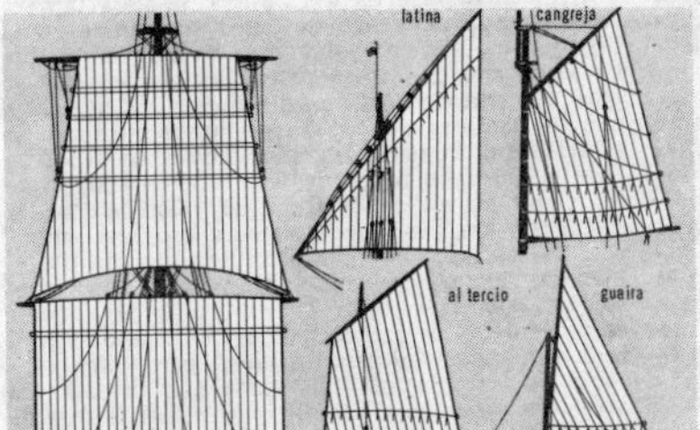

veleta

cuadrilongas o trapeciales y se les dan los nombres de *velas de cruz* (porque la forman con el palo), *velas redondas o velas cuadras.* Dase el nombre de *velas de cuchillo* a las que se envergan en la dirección del plano longitudinal del barco, como los foques y otras velas latinas, la cangreja, etc. En los yates y barcos de recreo se han adoptado modernamente dos velas particularmente eficaces: la *vela Marconi* * y el *balón* * o *spinnaker.*

VELACHO m. *Mar.* Vela del trinquete; verga y mastelero de la misma.

VELAJE y **VELAMEN** m. *Mar.* Conjunto formado por todas las velas de un barco.

VELARSE v. *Fot.* Inutilizarse una emulsión fotográfica por haberle dado la luz accidentalmente.

VELERO m. *Aeron.* Planeador.
— *Mar.* Barco de vela.

VELETA f. *Meteor.* Pieza metálica muchas veces en forma de flecha, provista de un timón y articulada en un eje vertical que remata los edificios, mástiles de los barcos, etc., y que, orientada por el viento, indica la dirección de éste: *las mangas * de aire de los aeródromos constituyen una variante de veleta.* ‖ *Veleta de transmisión eléctrica,* aquella que al girar hace correr un cursor sobre un reóstato, el cual permite, por medio de una línea eléctrica, leer la dirección del viento a distancia en la esfera especialmente graduada de un amperímetro. (V. FIGURA.)

VÉLICO, CA adj. *Mar.* Relativo a las velas. ‖ *Centro vélico,* v. CENTRO.

VELÍVOLO, LA adj. *Aeron.* Relativo al vuelo * a vela.

VELO m. *Aeron. Velo negro,* v. ACELERACIÓN.
— *Fot.* Reducción accidental de una parte de las sales de plata de una emulsión sensible, ya por exposición intempestiva a la luz, ya por un exceso de revelado, que tiene por efecto empañar la imagen, como si se viera a través de un velo grisáceo: *muchas veces es posible eliminar el velo tratando los clisés con un debilitador* *. ‖ *Velo dicroico,* el que se debe a la precipitación de la plata en la gelatina por un baño fijador agotado y que se ve rojizo por transparencia y verdoso por reflexión.
— *Text.* Variedad de muselina muy fina, transparente y poco densa, hecha con hilos tersos de seda o de otras fibras. ‖ Tejido hecho a imitación del anterior, con hilos muy finos de algodón júmel, muy torcidos y luego gaseados.

VELOC, prefijo derivado del latín *velox, velocis,* que significa *rápido, veloz.*

VELOCIDAD f. Rapidez con que un cuerpo se mueve de un punto a otro. (V. más abajo *Mec.*)
— *Acúst. Velocidad del sonido,* v. SONIDO.
— *Aeron. Velocidad ascensional,* altura en metros ganada en un segundo por el avión que sigue una trayectoria ascendente. ‖ *Velocidad crítica,* v. SÓNICO y CORRIENTE (acepc. *Fís.*). ‖ *Velocidad de crucero,* la velocidad más eficaz, en cuanto a la rapidez y al consumo de combustible, de un avión, que es la que, en condiciones normales de explotación, observa el piloto en la mayor parte del vuelo. ‖ *Velocidad de eyección de los gases,* v. COHETE y PROPERGOL. ‖ *Velocidad hipersónica,* la del avión que vuela a un número de Mach superior a 5, o sea que se mueve con velocidad superior a 5 veces la celeridad del sonido. ‖ *Velocidades sónica, supersónica y transónica,* v. SÓNICO. ‖ *Pérdida de velocidad,* estado del avión cuya velocidad es insuficiente para permitir su sustentación por el aire.
— La *pérdida de velocidad* ocurre cuando el ángulo de incidencia rebasa el valor correspondiente a la máxima fuerza de sustentación (v. POLAR). En ese momento los timones y alerones son ineficaces y el avión inicia una caída, ya frontal, en picado, ya lateral. Se debe este accidente a una falta del piloto, especialmente cuando intenta seguir elevándose una vez alcanzado el techo * del aparato y al realizar defectuosamente los virajes. Si ocurre a una altura suficiente no presenta gravedad, ya que al caer el avión, aumenta su velocidad y entonces vuelven a obrar eficazmente los mandos.
— *Arm. Velocidad inicial de un proyectil,* la que tiene al salir de la boca del cañón, expresada en m/s. ‖ *Velocidad práctica de tiro,* número de proyectiles que tira un arma en un minuto. ‖ *Velocidad residual* o *restante,* la que tiene el proyectil al percutir en cualquier punto de su trayectoria.
— *Astron.* Los satélites artificiales, las sondas espaciales y las astronaves obedecen a las leyes de la gravitación universal. Según éstas, el ingenio lanzado en el espacio en presencia de una masa principal (la Tierra, en este caso) describe una cónica (v. ÓRBITA y TRAYECTORIA) cuya forma depende de la velocidad de aquel cuerpo, de la masa que lo atrae y de la distancia entre ambos. Como la masa de la Tierra es constante, la forma de la cónica dependerá de la velocidad que habrá adquirido el ingenio al detenerse sus motores y de la distancia a que se hallará entonces del centro de la Tierra. La velocidad horizontal necesaria para que un cuerpo pueda gravitar en torno de la Tierra describiendo una circunferencia se llama *primera velocidad cósmica* o *velocidad circular.* A cada altura corresponde una velocidad diferente. Si el cuerpo satelizado tuviera, a determinada altura, una velocidad superior a la velocidad circular, su órbita sería elíptica (v. SATÉLITE), siendo la elipse tanto más excéntrica (o alargada) cuanto mayor fuera el exceso. Cuando la velocidad alcanzada a determinada altura es igual a 1,414 veces la velocidad circular correspondiente, la elipse se convierte en una parábola y se dice que el ingenio ha alcanzado la *segunda velocidad cósmica,* también llamada *velocidad parabólica y velocidad de liberación, de evasión* o *de escape.* Como la parábola es una elipse que tiene entonces uno de sus focos en el centro de la Tierra y el otro en el infinito, no se cierra nunca y, consiguientemente, el cuerpo que sigue esta trayectoria se aleja indefinidamente de la Tierra.

VELOCIDADES CIRCULARES Y PARABÓLICAS A DIFERENTES ALTURAS

ALTURA en km	VELOCIDAD CIRCULAR en km/s	VELOCIDAD PARABÓLICA en km/s
0	7,9	11,2
200	7,8	11
400	7,7	10,8
600	7,6	10,7
800	7,5	10,5
1 000	7,4	10,4

En realidad, una órbita rigurosamente circular es prácticamente imposible y los satélites describen, como todos los astros, órbitas elípticas; asimismo puede descartarse la probabilidad de que un ingenio adquiera exactamente la velocidad parabólica y todos los que se alejan definitivamente de la Tierra lo hacen con velocidades hiperbólicas. Ahora bien, una velocidad hiperbólica respecto a la Tierra, suele ser solamente elíptica respecto al Sol. Consiguientemente, el cuerpo que se substrae a la gravitación terrestre, al alejarse de la Tierra pasa a ser un satélite del Sol, como lo son los planetas. Los astrónomos designan estos planetas artificiales con el nombre de planetoides. A la distancia a que nos hallamos del Sol la velocidad circular de los cuerpos que gravitan en torno del mismo es del orden de 29,76 km/s y la velocidad de liberación, de 42 km/s. Así, un ingenio lanzado desde la Tierra con velocidad superior a 42 km/s, se alejaría para siempre no solamente de nuestro planeta, sino también del sistema solar y se diría entonces que ha alcanzado la *tercera velocidad cósmica.* No se crea, sin embargo, que en dicho caso sea necesario que los motores del cohete propulsor confieran la referida velocidad al ingenio; hemos de tener en cuenta que éste parte de una base terrestre que se mueve ya en su órbita a la velocidad media de 29,76 km/s y que solamente requiere entonces, de ser lanzado en la dirección seguida por el planeta, un complemento de velocidad al cual se da el nombre de *velocidad residual* y cuya índole es conveniente aclarar; cuando un ingenio es lanzado con velocidad rigurosamene parabólica consume su energía cinética para contrarrestar la atracción terrestre y aquélla y ésta disminuyen de tal forma que, al llegar al infinito, allí donde la atracción sería nula, el ingenio habría agotado toda su energía y, consiguientemente, su velocidad

Fot. Lorelle

sería entonces nula. Claro está que si la velocidad inicial fuera excesiva, o sea hiperbólica, al llegar el cuerpo al infinito le quedaría energía sobrante en forma de velocidad residual. Pero esta velocidad no es igual al exceso de la velocidad inicial, sino mucho más grande que ella porque, cuando la energía dobla, la velocidad es multiplicada por 4. Así, para calcular la velocidad residual se resta el cuadrado de la velocidad parabólica (o de liberación) del cuadrado de la velocidad realmente conferida al ingenio: la velocidad residual es igual a la raíz cuadrada del resto. Así, basta con lanzar un ingenio a la velocidad hiperbólica de 17,5 km/s para obtener la velocidad residual de 12 km, que, sumada a la de la Tierra, le permitirá evadirse del sistema solar.

Las sondas lanzadas en dirección a Marte han de tener un suplemento de velocidad, respecto a la de la Tierra, para alejarse del Sol siguiendo una elipse de transferencia, hasta llegar a la órbita de Marte; por el contrario, las que se lanzan en dirección de Venus han de tener una velocidad resultante inferior a la de la Tierra, y por eso se lanzan en sentido contrario del que sigue nuestro planeta en su órbita. (V. TRAYECTORIA.)

Dase el nombre de *velocidad característica* a la suma de las velocidades necesarias para cumplir las distintas fases de un vuelo espacial. Así, la velocidad para alzar un cuerpo hasta unos 200 kilómetros es de 1,2 km/s y la velocidad circular a dicha altura es de 7,8 km/s. Consiguientemente, la velocidad característica para una satelización a 200 km es de 9 km/s. La velocidad característica para un viaje de ida y vuelta a la Luna es de unos 18 km/s, que se descomponen como sigue: satelización circumterrestre, 9 km/s; viaje hasta que predomine la atracción lunar, 3 km/s; frenado de la caída hasta el suelo de la Luna, 3 km/s; viaje de la Luna hasta la atmósfera terrestre, 2,5 km/s; maniobras para el aterrizaje, 0,5 km/s. Dicha velocidad es, para el viaje ida y vuelta a Marte, de unos 24 km/s.

— *Autom.* Cada una de las combinaciones que se obtienen con los engranajes del cambio de marchas y a las cuales corresponde una gama de velocidades del vehículo. (V. CAMBIO *de marchas o de velocidades*).

— *Cin.* y *Fot. Velocidad de obturación,* tiempo durante el cual permanece abierto el obturador * del objetivo del aparato fotográfico o una cámara cinematográfica.

— *Mec.* Distancia recorrida por un móvil en la unidad de tiempo y que se expresa en centímetros por segundo (cm/s) en el sistema C. G. S., en metros por segundo (m/s) en los sistemas M. T. S. y S. I., en kilómetros por hora (km/h) cuando se trata de la velocidad de los vehículos en nudos, si son barcos, y en kilómetros por hora, nudos y números de Mach si se trata de aviones. ‖ *Velocidad angular,* ángulo descrito en un movimiento de rotación. ‖ *Velocidad crítica,* v. CORRIENTE. ‖ *Velocidad cuadrática,* velocidad que, elevada al cuadrado, es igual al promedio del cuadrado de las velocidades de cierto número de partículas: *la velocidad cuadrática de las moléculas de un gas permite definir la temperatura a que se halla el mismo.* ‖ *Velocidad límite,* magnitud máxima que tiende a alcanzar la velocidad de un cuerpo que se mueve en un medio resistente. (Un cuerpo que cae en el seno de la atmósfera, experimenta una aceleración a la cual se opone la resistencia creciente del aire, hasta alcanzar una velocidad prácticamente constante que es la *velocidad límite;* también se da este nombre a la velocidad de la luz porque, según las teorías relativistas, es la máxima velocidad que pueda darse en el Universo.) [V. LUZ y RELATIVIDAD.] ‖ *Velocidad media,* cociente que resulta de dividir la distancia total recorrida por el tiempo invertido en recorrerla. ‖ *Velocidad relativa,* tratándose de un cuerpo en movimiento y otro inmóvil o de los dos en movimiento, velocidad con que se acercan o separan uno del otro. ‖ *Paralelogramo de velocidades,* método para hallar la resultante de dos velocidades concernientes a un mismo punto móvil que consiste en representarlas con vectores de longitud proporcional a su magnitud y en tomarlos como lados adyacentes de un paralelogramo: *la diagonal de éste trazada a partir del origen de ambos vectores es el vector de la velocidad resultante.*

VELOMOTOR m. *Autom.* Motocicleta ligera, con motor de escasa potencia fiscal.

— Primitivamente el *velomotor* era una bicicleta (hoy llamada *ciclomotor*) provista de un motorcito auxiliar, y ese nombre corresponde ahora a motocicletas ligeras con motor de 50 a 125 cm³ de embolada. El scooter * es una variante de velomotor especialmente estructurado.

VELÓN m. *Mar.* Balón o spinnaker.

VELLÓN m. Lana tal y como resulta aglomerada al esquilar la oveja. ‖ Piel de res ovina con toda su lana.

VELLUDO m. *Text.* Terciopelo, pana, felpa y tejidos similares.

VENA f. Cada una de las listas diversamente coloreadas de una piedra, madera, etc. ‖ Grieta o conducto natural por el cual circulan las aguas subterráneas.

— *Fís.* Fluido, considerado como un haz de hilillos, que circula por un túnel aerodinámico u otro conducto o se derrama por una abertura.

— *Min.* Filón metálico.

VENERA f. *Arq.* Motivo ornamental en forma de la valva convexa de la concha llamada *venera* o *peine.*

VENERO m. *Hidr.* Manantial de agua.

— *Min.* Criadero de mineral.

VENTANA f. *Arq.* Abertura más o menos elevada respecto al suelo, que se deja en un muro para dar luz y ventilación a las habitaciones. ‖ Armazón provista de hojas de metal o de madera, muchas veces acristalada, con que se cierra dicho vano. ‖ *Ventanas de acordeón, basculante, corredera, de fuelle, giratoria, de guillotina,* etcétera,

ventanas

ventiladores

v. *figura*. ‖ *Ventana de linterna*, la que, situada a mucha altura, en una nave, da generalmente sobre un tejado contiguo. ‖ *Ventana triple*, ventana muy ancha, que tiene el marco dividido en tres luces por dos montantes.

— *Art. gráf.* Ausencia de impresión por interposición de un pedazo de papel u otro cuerpo extraño entre la forma y el pliego.

VENTANAJE m. *Arq.* Conjunto de ventanas de un edificio. ‖ Disposición racional o armoniosa de las mismas en la fachada.

VENTANAL m. *Arq.* Ventana muy grande, como las que tienen las iglesias y otros edificios.

VENTANILLA f. *Carp.* Abertura que se practica en los tabiques o mamparos de las oficinas y por la cual comunican los empleados con el público.

VENTANILLO m. *Arq.* Ventana pequeña, de una sola hoja, que se hace en los retretes, corredores, escaleras, etc. ‖ Postiguillo que se hace en una puerta para ver quien llama.

VENTILACIÓN f. Acción, efecto de ventilar.

— *Constr.* Las puertas, ventanas, ventanillos y otras aberturas permiten obtener la ventilación natural de los aposentos. Más eficaz y racional resulta el sistema aplicado en las construcciones modernas fundado en el uso de dos conductos de aireación, uno para el suministro de aire y el otro para la evacuación del aire viciado, los cuales comunican con los aposentos por dos bocas abiertas en la pared, una de ellas cerca del suelo y la otra cerca del techo. En caso de necesidad, el aire nuevo es insuflado por un ventilador y puede ser previamente calentado o refrigerado. (V. CLIMATIZACIÓN.)

— *Min.* y *Obr. públ.* La ventilación de las galerías y pozos en las mismas y la de los túneles requieren especial cuidado y un material muy potente. En el primer caso, se trata no solamente de renovar la atmósfera en una red complicada de galerías subterráneas que presentan un volumen muy importante, sino también de asegurar la evacuación del metano que se desprende en ciertas minas y, no obstante, de evitar que exista en alguna parte un tiro excesivo que, en caso de incendio, aumentaría los riesgos (V. MINA). En los túneles ferroviarios, la adopción de la tracción eléctrica atenúa considerablemente los problemas de ventilación, y ésta se asegura, naturalmente, confiriendo un desnivel que sitúa una boca a mayor altura que la otra y también por medio de pozos de aireación por los cuales comunica la parte media del túnel con la atmósfera, mientras que en los túneles de carreteras, por el contrario, la nocividad y abundancia de los gases de escape obliga, de ser el túnel largo, a instalar potentes ventiladores que insuflan el aire por bocas situadas de trecho en trecho, y de aspiradores también espaciados que extraen el aire viciado.

VENTILADOR, RA adj. y s. Que ventila o sirve para ventilar.

— *Arq.* Abertura o conducto por el cual se renueva el aire de los aposentos.

— *Tecn.* Aparato propio para renovar el aire de los aposentos y otros lugares cerrados o para agitarlo en ellos cuando hace calor.

— Los *ventiladores de reacción* no son sino turbinas de gas que funcionan al revés: un motor hace girar las ruedas de álabes y, en razón de la forma de éstos, el aire o gas de que se trate, aspirado por la periferia o por el centro, es impulsado axialmente. Los *ventiladores helicoidales*, menos potentes, consisten en una hélice de varias palas que aspiran el aire por detrás y lo impulsan hacia delante, paralelamente al eje de rotación. El ventilador de capacidad variable es un compresor rotativo volumétrico.

VENTILAR v. Renovar el aire en un aposento, recinto u otro lugar. ‖ Airear una cosa agitándola o exponiéndola a una corriente de aire.

VENTISQUERO m. *Geol.* Depresión u otro lugar de las cimas de las montañas donde se acumula y conserva la nieve: *los ventisqueros alimentan los glaciares* *.

VENTOSA f. Respiradero *, abertura que se deja en una cosa para airearla interiormente o para que comunique con la atmósfera.

VENTRERA f. *Mar.* En la construcción de barcos de madera, tablón con que se sujetan provisionalmente las dos ramas de una cuaderna en espera de que sean afianzadas por el correspondiente bao.

VENTURI m. *Fís. Tubo de Venturi*, o substantivamente, *venturi*, tubo cuya sección varía continuamente y en el cual la velocidad de un fluido es inversamente proporcional a ella: *el tubo de Venturi tiene aplicaciones en las toberas* *, *las trompas* *, *los difusores* *, *etc.*

VENUS, segundo planeta del sistema solar por su distancia al Sol y sexto por sus dimensiones, que el más próximo de la Tierra, y cuyo símbolo es ♀.

— *Venus* es un planeta inferior, o sea uno de los dos que gravitan entre la Tierra y el Sol. Como se halla relativamente próximo de éste, le sigue o le precede de cerca en el firmamento, en el cual es visible como máximo unas cuatro horas antes de la salida del Sol o después de la puesta del mismo (de ahí que los antiguos hayan creído en la existencia de dos astros diferentes: el Lucero matutino y el Lucero vespertino).

El estudio de este planeta ofrece graves dificultades. En primer lugar, Venus presenta fases comparables a las de la Luna y, desafortunadamente cuando muestra su disco completamente iluminado, éste es pequeñísimo, por hallarse entonces el planeta en el lado opuesto del Sol, respecto a la Tierra (conjunción superior), a unos 258 millones de kilómetros; y cuando está más cerca de nosotros (conjunción inferior), a unos 42 millones de kilómetros solamente, se halla el hemisferio visible en la obscuridad o sólo presenta una estrecha zona iluminada. Por otra parte, estas dificultades son agravadas por la presencia alrededor del planeta de una espesa atmósfera que no deja ver los detalles de su superficie hasta el extremo de que su período de rotación y la inclinación de su eje solamente han podido ser determinados por las sondas espaciales que han explorado este astro.

Venus gira en su órbita con mayor rapidez que la Tierra (a unos 35 km/s en vez de 29,76 kilómetros/segundo). Pero, como la diferencia no es muy grande, los dos astros se separan lentamente y sólo ocupan las mismas posiciones relativas una vez cada 584 días (de ahí que los lanzamientos de ingenios espaciales dirigidos hacia Venus, solamente sean posibles en las condiciones óptimas definidas en el artículo TRAYECTORIA, cada 19 meses). También se caracteriza este planeta por la inclinación relativamente grande de su órbita respecto a la eclíptica, de la cual puede alejarse unos 5 millones de kilómetros. Consiguientemente, el paso de Venus entre la Tierra y el Sol es un fenómeno muy raro que se reproduce con arreglo a un ciclo de 8; 121,5; 8 y 105,5 años: la última vez que se produjo semejante fenómeno fue en 1882 y la próxima será el 8 de junio de 2004.

La atmósfera de Venus le confiere un albedo * muy grande y es el astro más brillante del firmamento después del Sol y la Luna. Su luminosidad es máxima un mes antes y después de la conjunción inferior y durante ese tiempo, en las noches sin luna y lejos del resplandor de las ciudades, su luz proyecta la sombra de los objetos y permite obtener fotografías de los mismos.

DATOS NUMÉRICOS SOBRE EL PLANETA VENUS

		respecto a la Tierra = 1
Distancia del Sol (máxima)	108 400 000 km	0,713
Distancia del Sol (mínima)	106 900 000 km	0,727
Excentricidad de la órbita	0,006 8	
Inclinación de la órbita	3° 23′ 37″	
Duración de la revolución sideral	224,701 d	
Duración de la revolución sinódica	583,9 d	
Diámetro ecuatorial	12 000 km	0,966
Masa		0,817
Densidad	5,25	0,951
Duración de la rotación	unos 243 d	
Inclinación del eje sobre la órbita	3°	
Aceleración de la gravedad	8,79 m/s por s	0,88
Velocidad parabólica	10,4 km/s	0,92
Temperatura aproximada	470 °C	
Presión atmosférica	90 atmósferas	

Fot. Rateau, Charbonnages de France

Venus, por hallarse más cerca del Sol que la Tierra ha de tener forzosamente climas mucho más cálidos que los de nuestras regiones ecuatoriales. En realidad, las medidas efectuadas por procedimientos diferentes arrojan temperaturas mucho más elevadas, lo cual se debe al hecho que la atmósfera, si bien deja pasar las radiaciones solares, intercepta una parte de las que irradia el globo calentado por aquellas, existiendo así una acumulación de energía en las capas inferiores de la atmósfera.
Venus carece de satélites.

VERANDA f. *Arq.* Galería ligera que corre a lo largo de una fachada y que, en los países tropicales, tiene por objeto evitar el calentamiento de la fachada por los rayos solares. || Mirador *, balcón cubierto y acristalado.

VERANO m. Estación del año que empieza inmediatamente después de la primavera, en el solsticio, y acaba cuando se produce el equinoccio de septiembre.
— En el hemisferio boreal el *verano* empieza el 21 o el 22 de junio, cuando el Sol sale de la constelación de los Gemelos y entra en la de Cáncer; se termina el 22 o el 23 de septiembre, cuando pasa del signo de la Virgen al de la Balanza. El arco recorrido aparentemente en este período por el Sol es más largo que en las demás estaciones, como lo muestra la figura (en la cual se ha exagerado la longitud del eje mayor de la órbita). Durante el verano disminuye la duración del día en provecho de la de la noche y, si bien se halla la Tierra más lejos del Sol que en invierno, la incidencia mayor de los rayos solares hace que el verano sea la estación más calurosa del año. (V. ESTACIÓN.)
En el hemisferio austral el verano corresponde al invierno boreal y dura 89 días (del 22 de diciembre al 20 ó 21 de marzo).
En el planeta Marte el verano austral dura 160 días terrestres y el boreal 182.

VERDE adj. y s. Aplícase a las cosas cuyo color resulta de una mezcla de los colores azul y amarillo o se debe a radiaciones situadas entre las de estos dos en el espectro * luminoso. (V. más abajo *Fís.*) || Dícese de los productos vegetales que aún conservan su savia, y por ext., de los tejidos animales aún impregnados de humores acuosos: *café verde; madera verde; marfil verde.* || — M. Colorante o pigmento con los cuales se confiere dicho color a las materias teñidas o pintadas. (V. más abajo *Pint.*)
— *Agr. Abono verde,* v. ABONO.
— *Curt. Cuero verde* o *en verde,* v. CUERO.
— *Fís.* El color *verde* es la sensación engendrada en el órgano de la vista por los cuerpos que emiten o reflejan radiaciones luminosas de longitud de onda del orden de 5 300 angströms (por razones prácticas, la Comisión Internacional del Alumbrado ha adoptado como patrón del verde la radiación de 5 460 angströms). Ahora bien, el verde que muestran los objetos es siempre una mezcla de radiaciones de diferentes longitudes de onda, y son tantos los tonos y matices que puede presentar, que es necesario designarlos aludiendo a la cosa familiar que los tiene iguales o parecidos: *verde manzana; verde oliva; verde esmeralda,* etc. (V. más abajo *Pint.*)
— *Metal. Arena verde,* v. ARENA.
— *Pint.* Los pigmentos, colorantes y lacas *verdes* son substancias vegetales o minerales o productos sintéticos de este color o bien se obtienen mediante una mezcla de materias de colores amarillo y azul, a los cuales se agregan a veces pequeñas proporciones de pigmentos o colorantes de otro color para extender la gama de los verdes. Entre los pigmentos naturalmente verdes citemos: 1.º los *verdes de cromo,* cuales son el óxido de cromo anhidro, notable por su resistencia a los agentes químicos y al calor, y el óxido de cromo hidratado al cual se agrega anhídrido bórico *(verde esmeralda)*; 2.º los *verdes de cobre,* especialmente el *de Schweinfurt* (acetato y arseniato de cobre) que, por ser tóxico, se emplea como pintura * de patente para cascos de buques; 3.º los verdes de ultramar, cuya composición es similar a la del azul de ultramar; 4.º los *verdes de cobalto,* óxidos de cobalto y de cinc que son de color verde amarillento, etc. Los principales verdes obtenidos por mezclas de pigmentos de otros colores son combinaciones de azul de Prusia con amarillo de cromo *(verde de cromo)* o con amarillo de cinc *(verde de cinc)*; de amarillo de cromo con verde esmeralda *(verde Victoria)*, etc. Por último, otros pigmentos son lacas *, o sea granos de alúmina o sulfato de bario sobre los cuales se ha fijado un colorante orgánico.
Los colorantes * orgánicos verdes más comunes son el *verde de alizarina,* que resulta de eliminar el agua de la galeína *, y el *verde malaquita,* que se obtiene condensando dimetilanilina con benzaldehído.

VERDEGRÍS m. *Quím.* Galicismo por *verdete* y por *cardenillo.*

VERDETE m. *Quím.* Nombre dado a los acetatos de cobre, uno de los cuales (acetato básico) sirve para preparar caldos contra las enfermedades de las plantas, mientras que con otro (acetato neutro) se obtiene el pigmento verde * de Schweinfurt. || Cardenillo.

VERDÍN m. *Quím.* Cardenillo.

VERDUGADA f. y **VERDUGO** m. *Arq.* Hilada de ladrillos puesta en un muro hecho con otros materiales.

VERDUGUETE y **VERDUGUILLO** m. *Mar.* Galón, listón o moldura que llevan las embarcaciones a lo largo del forro como adorno o protección.

VERDUNIZACIÓN f. *Ind. alim.* Depuración del agua que se obtiene filtrándola y agregándole un decigramo de cloro por metro cúbico.

VERGA f. *Mar.* Cada una de las perchas sujetas

por su mitad a un mástil, por delante de éste, y en condiciones en que puedan girar sobre él, que sirven para fijar y suspender de ellas las velas * cruzadas o redondas: *a las vergas se les da el nombre del palo o mastelero en que van y a veces el de la vela (verga de trinquete, vela de velacho, etc.).*

VERGÉ adj. *Papel.* Dícese del papel que lleva filigrana * a base de listas entrecruzadas que antes se debían a los hilos metálicos de la forma empleada para hacer el papel * de tina.

VERGENCIA f. *Ópt.* Inversa de la distancia focal: *la convergencia * y la divergencia * son vergencias respectivamente positiva y negativa.*

VERJA f. *Arq.* Enrejado que sirve de puerta, ventana o cerca.

VERMICULADO, DA o **VERMICULAR** adj. Parecido a un gusano. || Provisto de canales o ranuras tortuosas como las que hacen los gusanos en la madera: *almohadillado * vermicular.*

VERMICULITA f. *Miner.* Mineral de la familia de las micas que, al ser calentado, aumenta considerablemente de volumen (de 10 a 35 veces) y su densidad, que es de 2,3 al estado natural, pasa a ser entonces de 0,9: *la vermiculita se emplea como aislante * térmico y acústico y sirve también para elaborar hormigones muy ligeros y refractarios.*

VERNIER m. *Metr.* Galicismo por *nonio.*

VERSAL adj. y s. *Art. gráf.* Mayúscula.

fases del planeta **Venus** y variaciones de su diámetro aparente según la posición ocupada por el mismo respecto al Sol y a la Tierra

veranda

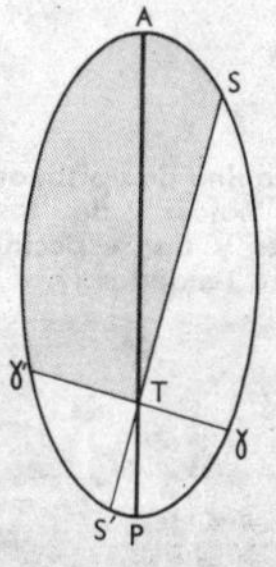

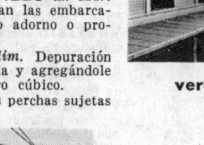

verano
A y P. Afelio y perihelio de la órbita terrestre; SS'. Línea de los solsticios; γγ'. Línea de los equinoccios (durante el verano, la Tierra pasa de S a γ')

Fot. Rapho

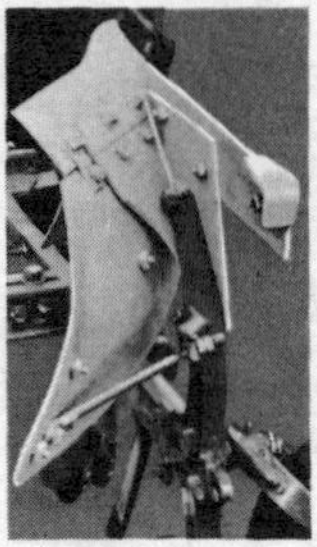

vertedera

vía (autom.)

máquina de apisonar el balasto de las **vías** y tren especial para tenderlas (*f. c.*)

VERSALILLA, TA adj. y s. *Art. gráf.* Letra mayúscula más pequeña que la común, por ser su altura la del ojo de las minúsculas del mismo cuerpo.

VERSO m. *Art. gráf.* V. RECTO.

VERTEDERA f. *Agr.* Orejera que tiene el arado para voltear la tierra cortada por la reja y el cuchillo.

VERTEDOR m. Canal o conducto por donde se vierten o evacuan inmundicias o aguas sobrantes.
— *Mar.* Achicador.

VERTICAL adj. y s. Dícese de lo que tiene la misma dirección que la plomada, o sea de lo que se halla dirigido hacia el centro de la Tierra o el cenit.
— *Astr.* Círculo mayor de la esfera celeste cuyo plano contiene la vertical que pasa por el punto donde se halla el observador.
— *Geom.* Dícese de la recta o del plano perpendiculares a una recta o plano horizontales.
— *Topogr.* Dirección indicada por la plomada. ‖ *Desvío de la vertical,* ángulo formado en un punto dado por la vertical física (indicada por la plomada) y la perpendicular al elipsoide terrestre.

VÉRTICE m. *Arq.* Punto más alto del intradós de un arco.
— *Astr.* Cenit.
— *Geom.* Punto en que concurren los dos lados de un ángulo, los tres planos de un ángulo triedro o las aristas de los poliedros. ‖ Cúspide de la pirámide o del cono. ‖ Punto en el cual una curva es cortada por su eje de simetría.

VERTIENTE f. *Arq.* Tendido, agua: *tejado de dos aguas o vertientes.*
— *Hidr.* Declive por donde corren las aguas.

VESTA, uno de los mayores asteroides (diámetro de 390 a 650 km, según los autores) y el más brillante de todos (magnitud = 6), que gravita a unos 353 millones de kilómetros del Sol, alrededor del cual da la vuelta en 3,63 años terrestres.

VESTFALIENSE adj. y s. *Geol.* Dícese del piso intermediario del período carbonífero, cuyos terrenos datan de unos 240 millones de años. (V. ESTRATIGRAFÍA.)

VESTÍBULO m. *Arq.* Atrio o portal en la entrada de un edificio. ‖ Sala grande, situada junto a la entrada y a partir de la cual se accede a las distintas dependencias de un hotel, estación de ferrocarril, oficina pública, etc.

VESUBINA f. *Quím.* Colorante pardo que se obtiene haciendo obrar el ácido nitroso sobre la metafenilenodiamina.

VETA f. Vena, lista de color diferente del que tiene el resto de la madera, piedra, etc.
— *Text.* Cinta estrecha de algodón, con ligamento de tafetán, que sirve para reforzar orillos, atar carpetas en las oficinas, alpargatas, etc.

V.F.R., sigla de la expresión inglesa *Visual Flight Rule* (regla para el vuelo a vista) que se emplea en los planes de vuelo, por oposición a I.F.R. *, para indicar que el avión será pilotado observando el suelo, sin recurrir a instrumentos y ateniéndose a las estipulaciones de dicha regla.

VÍA f. Camino o medio que permite a un vehículo trasladarse de un punto a otro por la tierra, el agua o el aire: *la navegación es muy activa en las vías marítimas del Atlántico septentrional.*
— *Astr. Vía láctea,* extensa nebulosidad que forma como una cintura en la bóveda celeste y que no es sino nuestra propia Galaxia * tal y como la muestra la perspectiva, en el sistema solar, para todo observador situado dentro de ella.
— *Autom.* Distancia entre el plano mediano de dos ruedas de un automóvil.
— *F. c.* Doble línea de rieles paralelos, afianzados sobre traviesas, que sirven de camino de rodadura a los trenes. ‖ *Vía muerta,* cada una de las vías sin salida que hay en las estaciones y que sirven para apartar vagones o locomotoras.
— La *vía* ofrece a los trenes un camino seguro y rápido; también sirve de guía a las locomotoras y los vagones (merced a las pestañas que tienen sus ruedas y que les impide salirse de los carriles); por último, la vía puede soportar cargas muy grandes y, sin embargo, como es lisa, la resistencia que opone a la rodadura de los vehículos es 10 veces menor que la que ha de vencer un automóvil en una carretera. Una buena vía permite el tráfico de trenes de 3 000 t, de cargas de más de 20 t por eje, y velocidades que, hasta ahora, han alcanzado 331 km/h.
El *ancho de vía* es la distancia que media entre los dos carriles. Se mide entre los cantos interiores de la cabeza de los mismos y a 14 mm por debajo de la superficie de rodadura. En la *vía normal* o *internacional europea* es de 1,435 m y se toleran 10 mm en más y 3 en menos. En otros países o comarcas, el ancho de vía difiere considerablemente: en España y Portugal es de 1,672 m con tolerancia de 15 mm en más y 5 en menos; en Unión Soviética y Finlandia, es de 1,524 m; en el Japón, Java y las Islas Filipinas, de 1,067 m; en la India, de 1 m, etc. Por lo que al Nuevo Mundo se refiere, citemos Chile y la República Argentina, donde existe el ancho español de 1,672 m; el Brasil, donde hay vías de 1 m y 1,600 m; América del Norte, con anchos comprendidos entre 1,448 y 1,830 m, etc. Para ferrocarriles secundarios, obras públicas y minas se usan anchos de vía de 1 m (*vía métrica*), 0,750 y 0,600 m (*vía Decauville*). Esta última es portátil: los rieles y traviesas de un tramo forman cuerpo y, además de los tramos de vía ordinarios, existen tramos curvos y elementos especiales (cruces, bifurcaciones, etc.) que pueden tenderse en el terreno y desmontarse ulteriormente con gran rapidez.
Los tres elementos constitutivos de la vía son el *balasto* *, que le sirve de asiento, las *traviesas* * que soportan los rieles y los mantienen paralelos, los *rieles* * o carriles. En los virajes el balasto tiene un peralte *, o inclinación transversal hacia el interior de la curva, que compensa en parte los efectos de la fuerza centrífuga. Las más de las veces esta inclinación es insuficiente para los trenes muy rápidos y excesiva para los trenes lentos de mercancías, pues las ruedas de éstos, de ser la desnivelación de los dos rieles muy grande, cargarían una parte excesiva de su peso sobre el riel interior.
Después de haber aumentado la longitud de los rieles, hasta pasar de 20 m, se extiende ahora la técnica de la vía continua, que suprime las numerosas uniones por eclisas * y da una superficie de rodadura ininterrumpida. En Francia se sueldan eléctricamente los carriles en talleres especiales hasta formar tramos de unos 300 m,

Fot. Huard, S. N. C. F.

los cuales se cargan sobre un tren de plataformas que puede transportar 14 de una vez, o sea la longitud necesaria para tender 2 100 m de vía. Una vez colocados estos tramos sobre las traviesas, se sueldan sus extremos por aluminotermia *, dejándose solamente una junta o unión de dilatación * cada 800 a 1 500 m. En realidad, la dilatación no es proporcional a la longitud del tramo, pues se opone a ella la rigidez del conjunto obtenida con el uso de traviesas muy numerosas (1 750 por kilómetro) y pesadas, pues son de hormigón.
La vía requiere no pocas instalaciones auxiliares: agujas *, puentes y plataformas * para los cambios de vía, con sus correspondientes mandos a distancia; sistemas de señales, tanto aéreas (semáforos *, discos, etc.) como en la propia vía (cocodrilos *, petardos *, sistema de bloqueo * por secciones, etc.); catenaria * aérea y conexiones eléctricas de los rieles en las líneas electrificadas, etc. (V. FERROCARRIL.)
La vía de los teleféricos * es un cable. Entre ella y la de los ferrocarriles ordinarios, se propugna cada vez más, para los transportes rápidos de pasajeros, el uso de ferrocarriles del tipo llamado *monocarril*, en los cuales los trenes se apoyan en una vía aérea constituida por un solo riel. (V. FERROCARRIL.)
— *Mar.* Dirección del timón cuando no está orientado a babor ni a estribor, o sea cuando su pala se halla en el mismo plano que la quilla. ‖ *Vía de agua,* toda grieta, hendidura o abertura por la cual penetra el agua del mar en el casco de un barco, especialmente la que se produce accidentalmente.
— *Quím.* Modo de operar un análisis o efectuar una reacción, distinguiéndose la *vía seca,* en la cual se recurre al calor, de la *vía húmeda,* en la que la substancia se trata con disolventes.
— *Tecn. Grifo* o *llave de tres vías,* v. GRIFO.

VIADUCTO m. *Obr. públ.* Puente * de mucha luz o altura tendido sobre un talweg o barranco profundo para dar paso a una carretera o una vía férrea.

VIÁGRAFO m. *Obr. públ.* Marca registrada de un instrumento que registra las irregularidades del firme de una carretera e indica la diferencia entre sus depresiones y asperidades respecto a un perfil medio.

VIAJE m. *Arq.* Esviaje.

VIBRACIÓN f. Oscilación rápida y de escasa amplitud de las moléculas de un cuerpo elástico en torno de su posición de equilibrio. (V. OSCILACIÓN y ONDA.)
— *Acúst. Vibraciones sonoras,* v. ONDA y SONIDO.
— *Obr. públ.* Tratamiento que se aplica al hormigón recién vaciado y que consiste en someterlo a vibraciones para expulsar el aire que contiene, hacerlo más compacto e impermeable, mejorar su adherencia al hierro de las armaduras y aumentar en un 25 % su resistencia. (V. VIBRADOR.)

VIBRADOR, RA adj. y s. Que vibra. ‖ —M. Aparato propio para producir vibraciones.
— *Acúst.* Transductor para sordos que aplicado detrás de la oreja, transforma las oscilaciones eléctricas en vibraciones mecánicas y las transmite por el sistema óseo hasta el oído interno.
— *Electr.* Timbre * eléctrico que no tiene campanilla y se llama también zumbador porque el rápido movimiento alternativo de su armadura elástica produce un zumbido. ‖ Dispositivo para convertir una corriente continua en corriente alterna, por ejemplo mediante un conmutador giratorio y una serie de contactos que vibran a la frecuencia deseada.
— *Obr. públ.* Aparato que se emplea para efectuar la vibración * del hormigón.
— Los *vibradores* funcionan eléctricamente o por aire comprimido y adoptan formas diferentes según la naturaleza de las obras. En ciertos casos (muros no muy gruesos o abundantemente armados), se aplican contra el encofrado y es éste el que transmite las vibraciones al hormigón; en otros (presas, bloques de grandes dimensiones, etcétera), el elemento vibrante tiene la forma de una sonda cilíndrica que se introduce por sí misma en la masa de hormigón; por último, para revestimientos, losas, pavimentos y trabajos similares se emplean vibradores de zapata plana que se aplican sobre la superficie del hormigón.
El *vibrador alternativo* consta de un cilindro, alimentado en aire comprimido por sus dos extremos, y de un émbolo libre, que oscila así de uno a otro unas 2 000 a 3 000 veces por minuto. En el *vibrador rotativo,* las oscilaciones, a razón de 10 000 y más por minuto, son producidas por un motor eléctrico o de aire comprimido cuyo árbol ha sido provisto de una masa excéntrica.

VIBRADO adj. *Obr. públ.* Dícese del hormigón que ha sido tratado por vibración *.

VIBRAR v. Hallarse un cuerpo sujeto a vibraciones. (V. VIBRACIÓN, OSCILACIÓN y ONDA.)

VIBRATORIO, RIA adj. Que consta de una sucesión de vibraciones: *el movimiento vibratorio de la lengüeta de un instrumento de música.*

VIBRÓGRAFO y **VIBRÓMETRO** m. Trepidómetro * que registra sobre un gráfico las vibraciones de las máquinas, barcos, puentes, etc.

VIBROSCOPIO m. *Fís.* Nombre dado a diferentes instrumentos que sirven para estudiar las vibraciones de los cuerpos sonoros.

VICAT *(Aguja de).* V. AGUJA.

VICIADO, DA adj. Dícese del aire que, por no haber sido renovado, se ha empobrecido en oxígeno o se ha cargado de ácido carbónico, gases de combustión o exhalaciones. ‖ Dícese de la tabla de madera alabeada y aplícase también a otras cosas que se han deformado con el tiempo.

VICIO m. Alabeo de las tablas procedentes de rollos insuficientemente secados, y en general, deformación de una superficie labrada.

VICUÑA f. *Text.* y *Zool.* Mamífero rumiante y camélido *(Lama vicugna)* que es una especie de llama * más pequeña que la común, propia de los Andes de Bolivia, Perú y Ecuador.
— La piel de la *vicuña* es muy apreciada para abrigos de señora; su lana es la más fina de cuantas se tejen, incluso la de cachemir, y da tejidos sedosos, de brillo característico, también llamados *vicuña* y con frecuencia imitados con lana fina de oveja o mezclas de lana y algodón.

VICHY m. *Text.* Tela de algodón teñido en madeja, hecha con ligamento de tafetán, que presenta rayas o cuadritos por combinación de los coloridos de la trama y la urdimbre y se usa para batas, delantales, blusas, etc.

VIDA f. *Atom. Vida media,* tiempo que dura, en promedio, un sistema inestable, especialmente los núcleos de un elemento radiactivo: *la vida media es 1,44 veces superior al período * del elemento considerado.* (V. RADIACTIVIDAD.)

VIDEO adj. *Radiot. Señal video,* v. TELEVISION.

VIDEÓFONO m. *Telec.* Sistema que resulta de combinar la televisión con el teléfono, de modo que los interlocutores, al mismo tiempo que hablan, puedan verse en una pantallita del aparato.

VIDICÓN m. *Radiot.* Tubo analizador * de ciertas cámaras para la toma de vistas de televisión.

vía de barras largas sobre traviesas mixtas de hormigón y metal

viágrafo

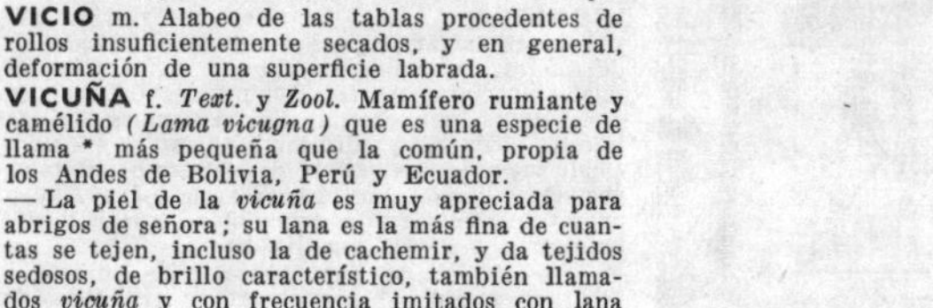

vibración de un firme de carretera

Fot. S. N. C. F., Viagraphe, A. B. G.

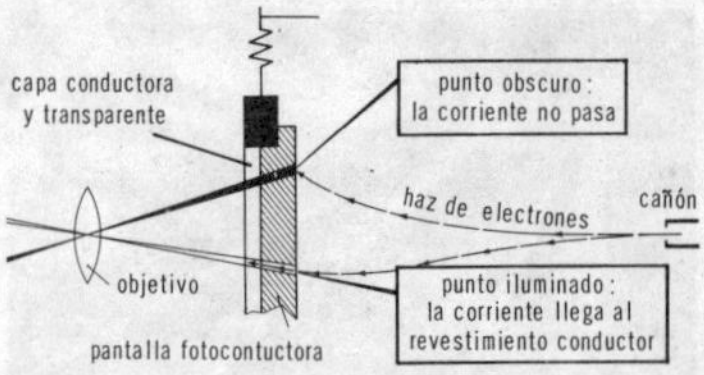

funcionamiento del vidicón

— El *vidicón* es notable por su sencillez y su sensibilidad. Se funda en el efecto fotoconductor: la conductibilidad eléctrica de ciertas substancias varía según la intensidad de la luz que las ilumina. La imagen óptica se forma (v. *figura*) a través de un revestimiento transparente, pero conductor, sobre una placa fotoconductora. Los electrones emitidos por el cañón del tubo llegan por detrás de esta placa; si la hieren en una parte no iluminada por el lado opuesto, no podrán atravesarla, mientras que en un punto iluminado y, consiguientemente conductor, la atravesarán hasta el revestimiento transparente, del cual parte la señal.

VIDRIADO, DA adj. y s. Vidrioso. || Acristalado, hecho con vidrios: *fachada vidriada*.
— *Cerám.* Revestimiento vítreo con que se cubren las piezas de alfarería para hacerlas impermeables, mejorar su aspecto y facilitar su limpieza.
— Los *vidriados* son mezclas de sílice con fundentes y plomo (en forma de litargirio, albayalde o minio). Una vez puverizados finamente, se forma con ellos una papilla que se aplica sobre los objetos, ya por inmersión, ya por aspersión o proyectándola con una pistola neumática. La cochura funde esta materia cristalina y la vitrifica en forma de capa tenue, lisa y brillante.

VIDRIAR v. *Cerám.* Efectuar el vidriado * de las piezas de alfarería y de loza ordinaria.

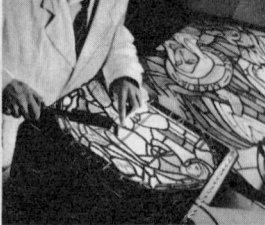

VIDRIERA f. *Arq.* Bastidor con vidrios que sirve para cerrar puertas o ventanas. || *Vidriera de colores,* la que forma dibujos con vidrios de color, especialmente las emplomadas de grandes dimensiones que cierran los ventanales de las iglesias, palacios y edificios públicos. || *Vidriera emplomada,* la que consta de numerosos cristales pequeños, unidos con barritas de plomo, cuyo procedimiento permite reproducir figuras y dibujos más o menos complicados.
— Una *vidriera* se hace a partir de un cartón dibujado y pintado por el artista en colores y al tamaño natural. El maestro vidriero saca un calco de la obra original y lo reproduce sobre papel rígido o cartulina. El papel se recorta entonces para obtener las plantillas de todos los vidrios que han de componer la obra. Una vez cortados todos los pedazos de vidrio del color correspondiente al que tienen en el dibujo, se procede a armar provisionalmente la vidriera. Con dicho fin, se yuxtaponen aquéllos —algo así como los fragmentos de un rompecabezas— interponiendo entre los mismos una varilla de plomo provista, en dos caras opuestas, de ranuras en las cuales encajan los bordes del vidrio. Una vez formada la vidriera, se pintan en ella los detalles (ojos, boca, etc., de los personajes, detalles vestimentarios, etc.) y se desmontan todos los elementos para fijar en el horno el color de los que han sido pintados. Finalmente, se procede al montaje definitivo, soldando esta vez las barritas de plomo, a veces reforzadas de trecho en trecho por travesaños de otro metal más resistente.

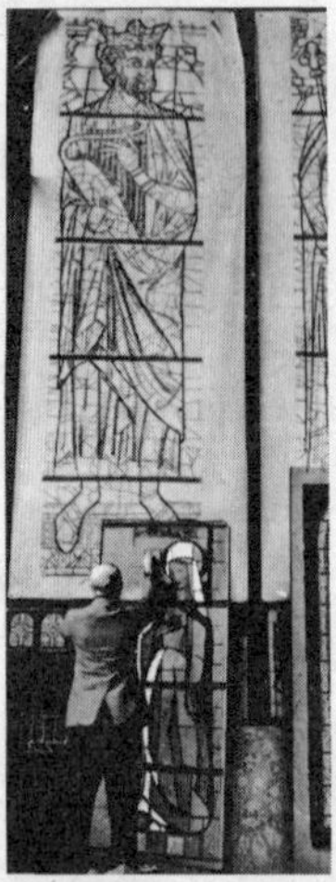

vidriera: preparación de los cartones *(arriba)* y montaje y soldadura *(abajo)*

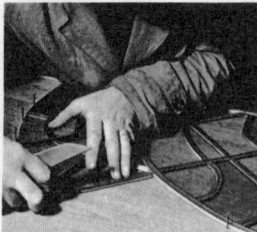

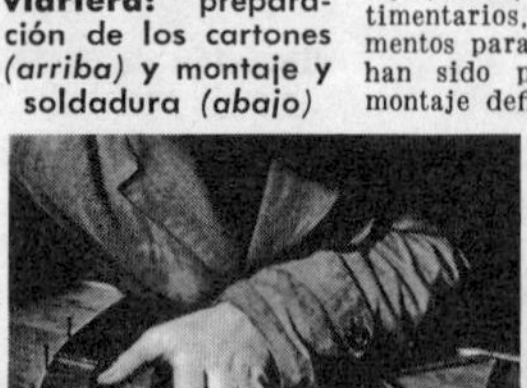

VIDRIO m. Cuerpo duro y frágil, generalmente transparente, que resulta de la solidificación, al enfriarse, de una mezcla fundida de arenas silíceas, cal y carbonatos de sodio o de potasio. (V. más abajo *Vidr.*)
— *Geol.* Mineral sólido, pero no cristalizado.
— *Plást. Vidrio orgánico,* cualquier materia plástica * transparente propia para reemplazar al vidrio en alguna de sus aplicaciones.
— *Quím. Vidrio soluble,* silicato de sodio o de potasio soluble en el agua, que se emplea para ignifugar maderas, aprestar tejidos, componer masillas y cementos antiácidos, pinturas silicatadas, etc.
— *Vidr. Vidrio armado,* el que tiene interiormente una armadura de tela metálica. || *Vidrio atérmano,* vidrio ligeramente coloreado de azul verdoso, que deja pasar la luz visible pero absorbe los rayos infrarrojos. || *Vidrio catedral,* el que tiene una cara lisa y la otra irregular, con una textura, obtenida por prensado, que amortigua su transparencia para que, sin dejar de dar paso a la luz, impida la visión. || *Vidrio hilado,* lana de vidrio. || *Vidrio inastillable,* el que, al romperse accidentalmente, da fragmentos que no tienen bordes cortantes, cual ocurre con el vidrio templado y con el Triplex *. || *Vidrio neutro,* el que contiene mucha sílice y ácido bórico, que se emplea para hacer ampollas farmacéuticas porque no altera los medicamentos. || *Vidrio opal,* vidrio translúcido, de aspecto lechoso, cuya opalización resulta de la precipitación, al enfriarse su masa, de partículas microscópicas de fluoruros de sodio y de calcio, óxido de estaño, fosfato de calcio, etc. || *Vidrio óptico,* el que es perfectamente incoloro, transparente y exento de defectos, con que se hacen los elementos para instrumentos de óptica, lentes, etc. (V. CROWN y FLINT.) || *Vidrio Pyrex,* v. PYREX. || *Vidrio de seguridad,* vidrio inastillable. || *Vidrio de sílice,* el que se fabrica con cuarzo fundido y, además de ser, de todos los cuerpos comunes, el que menos se dilata o contrae por el calor, es permeable a los rayos ultravioleta, por cuya razón se emplea para hacer las bombillas de las lámparas * de vapor de mercurio. || *Vidrio templado,* el sometido a un tratamiento consistente en enfriarlo bruscamente después de haberlo calentado a la temperatura de 750°. (V. TEMPLE.)
— Un *vidrio* es siempre una mezcla compleja de tres clases de componentes, unos de los cuales son vitrificantes (sílice, anhídrido bórico), otros fundentes (carbonato de sosa, álcalis en general) y otros, por último, estabilizantes (cal). Si bien los componentes son cristalinos, no ocurre lo mismo con la materia vítrea que se obtiene al solidificarse la mezcla, ya que ésta, por más que se le dé muchas veces el nombre de *cristal,* es, desde el punto de vista físico, un líquido cuya dureza debe interpretarse como la consecuencia de una extraordinaria viscosidad. Es transparente porque, lo mismo que el agua, tiene una estructura molecular que permite el paso de los rayos luminosos entre los átomos dispuestos irregularmente. Si se somete el vidrio a la desvitrificación *, los átomos se ordenan como en un cristal, desaparecen los huecos y el vidrio pierde su transparencia, como la pierde el agua al cristalizarse y formar el hielo.
El vidrio es mal conductor del calor y de la electricidad. Se disuelve en el ácido fluorhídrico pero resiste bien a los agentes químicos ordinarios.
En la fabricación del vidrio se emplean hornos continuos, constantemente alimentados por un extremo en materias primeras y que suministran, por el otro, vidrio pastoso ya afinado (por caldeo a más de 1 500°) y exento de gases. Generalmente se labra a temperaturas del orden de 800° y con máquinas e instalaciones de asombroso rendimiento.
El *vidrio plano* y *delgado,* principalmente empleado para acristalar puertas y ventanas, se fabrica por el procedimiento de estirado vertical de la masa a través de una tobera en forma de cinta continua que es arrastrada e igualada por varios pares de rodillos y cortada periódicamente a las dimensiones requeridas. Para obtener las *lunas* de escaparate o de los espejos grandes,

Fot. Rapho

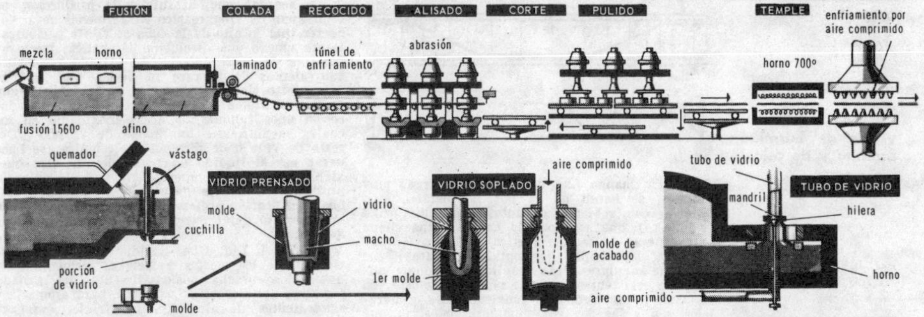

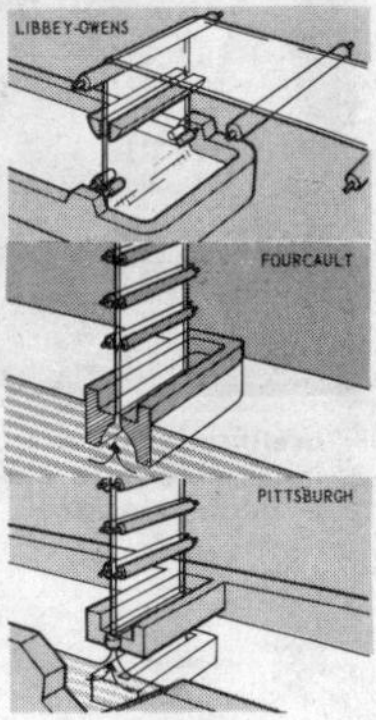

fabricación de lunas y otros objetos de vidrio *(arriba)*; **producción de vidrio plano por estirado vertical** *(abajo)*

así como otros vidrios gruesos, se vierte la masa del crisol en una bancada sobre la cual se extiende y forma una capa que es laminada y arrastrada sobre rodillos; pasa ésta primeramente por una cámara de recocido y es después cortada. Las lunas son, en fin, evacuadas con conveyores de ventosas.

Para la fabricación industrial de objetos huecos se emplean máquinas especiales de soplado mecánico, como hemos descrito en los artículos BOMBILLA (lámparas eléctricas) y BOTELLA. Otros objetos se fabrican por prensado en moldes o en matrices (baldosas, ceniceros, platos, etc.). Hay máquinas provistas de finísimas hileras que permiten obtener fibras de *vidrio estirado* para tejidos especiales (empleados como armadura en los objetos de plástico muy grandes) y, sobre todo, para formar *lana de vidrio*, muy empleada como aislante térmico. Los vidrios sodicocálcicos para lunas, cristales de ventanas, etc., contienen 72 % de sílice (arena), de 12 a 14 % de sosa, de 9 a 11 % de cal y proporciones menores de otros ingredientes. Más finos son los vidrios potasicocálcicos, y potasicoplúmbicos, que dan los productos llamados *cristales* (cristal de Bohemia, crown *, etc.). Los objetos artísticos de cristal se hacen con un vidrio de 3 partes de arena pura, dos de minio y una de carbonato de potasio. Otros vidrios contienen bario en vez de plomo y en ellos una parte de la sílice es reemplazada por ácido bórico (flint *). En los portillos de las instalaciones atómicas se emplean vidrios muy cargados de plomo y de un espesor considerable, porque este elemento intercepta las radiaciones ionizantes.

Ciertos hornos industriales contienen más de 1 500 t de vidrio en fusión y permiten fabricar en una jornada 25 000 m² de cristal para ventanas. Existen máquinas de hacer botellas capaces de producir 150 000 frascos en un día. Pero, al margen de estos gigantes, subsiste una industria que sigue fabricando manualmente objetos artísticos: el vidriero toma la pasta con una caña de metal, soplándola, etc., con gran destreza y rapidez, hasta darle formas más o menos complicadas.

VIENTO m. Corriente de aire, especialmente la de dirección horizontal. (V. más abajo *Meteor.*) ‖ Cuerda o alambre con que se atiranta un poste, chimenea u otra cosa para mantenerlos derechos.

— *Astr. Viento solar*, v. SOL Y TORMENTA.

— *Meteor.* Los *vientos* resultan de la desigualdad de la presión atmosférica en dos zonas próximas, pues entonces el aire tiende a pasar con mayor o menor rapidez de la zona de altas presiones a la de presión inferior, cual ocurre, por ejemplo, entre un anticiclón * y un ciclón o depresión *. El viento sigue entonces la misma dirección general que las isobaras *, si bien puede ser desviado por los obstáculos naturales. La dirección de un viento se aprecia con las veletas * y se designa por el punto o cuadrante de donde viene (un viento del Nordeste, es el que sopla en la dirección del Nordeste al Sudoeste). Su velocidad se mide con el anemómetro * y, según los casos, se expresa en metros por segundo, kilómetros por hora, nudos o, por último, grados de la escala de Beaufort *. Ciertos vientos son característicos de una zona del Globo y soplan siempre a la misma época en la misma dirección, como los alisios * y contraalisios, las monzones *, etcétera. Los ciclones * tropicales, tifones, trombas *, el simum *, etc., son vientos violentos en forma de torbellinos.

En los confines de la troposfera, por encima de las regiones subtropicales de los dos hemisferios, sopla un viento, llamado *corriente de chorro* (del inglés *jet stream*), en forma de un estrecho y violento chorro de Este a Oeste. Se observa a una altura comprendida entre 10 y 15 km; su velocidad pasa a veces de 800 km/h y su curso puede prolongarse horizontalmente durante millares de kilómetros. Así, los aviones deben evitarlo cuando sigue una dirección opuesta a la suya y, por el contrario, pueden aprovecharlo —de seguir igual dirección— para aumentar su velocidad y disminuir el consumo de combustible. Las corrientes de aire de dirección vertical se llaman *ascendencias* *

VIENTRE m. Parte abultada de una vasija, del casco de un barco y de otras cosas.

— *Art. gráf.* Corte *, margen lateral y exterior de una página.

— *Fís.* Parte de un cuerpo vibrante en la cual alcanzan las oscilaciones su máxima amplitud. (V. NODO.)

— *Metal.* La parte más ancha de la cuba de un alto horno *.

VIERTEAGUAS m. *Arq.* Superficie que, sobre un arbotante, cornisa, etc., sirve para desviar el agua de lluvia. ‖ Moldura superior y sobresaliente de la archivolta de una puerta o ventana, que protege el arco contra las aguas pluviales que bajan por la pared.

— *Autom.* Escupeaguas.

— *Carp.* Bateaguas.

VIGA f. En arquitectura y otras construcciones, elemento estructural largo, dispuesto horizontalmente, o poco inclinado, sometido a cargas o esfuerzos que lo hacen trabajar por flexión, siendo nulos o poco importantes los empujes que la viga transmite lateralmente a sus apoyos. ‖ Por ext., madero de escuadría largo y grueso, como los que se usan para vigas de las casas, hierro perfilado de doble T o elemento similar hecho con hormigón armado, sea cual fuere el uso que de ellos se hace. ‖ *Viga jabalconada*, aquella cuya carga se alivia con jabalcones.

— Las *vigas* que sirven de asiento a los pisos y soportan los techos en las construcciones, son tablones de madera, perfilados de hierro o piezas de hormigón armado, que se disponen apoyadas por sus extremos en dos muros, en un muro y una *viga maestra* (jácena) que reemplaza al otro y en ciertos casos, en dos jácenas. Las vigas de madera se usan cada vez menos, pero en las habitaciones representan a veces un papel decorativo (construcciones de *vigas aparentes*) e incluso se aplican en los techos falsas vigas o vigas simuladas que no forman parte de la estructura resistente. Por lo demás, la viga simple de madera puede ser reforzada con tirantes u otros elementos metálicos y constituye una viga armada. En otros casos se unen varias vigas con pernos para formar otra más resistente, llamada *viga acoplada*. Las vigas metálicas simples son perfiles laminados de acero dulce en forma de

fabricación de un objeto artístico con vidrio soplado

Fot. Larousse

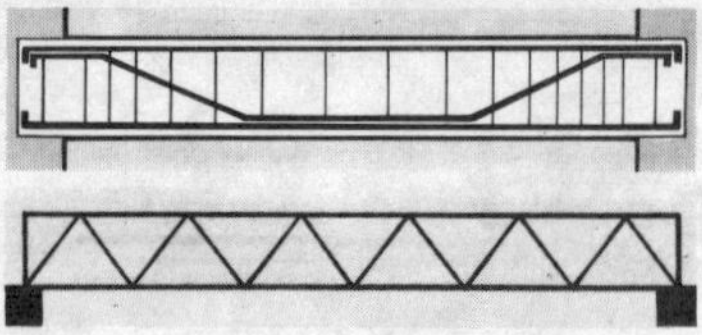

vigas de hormigón armado y de celosía

doble T. Cuando han de resistir a cargas muy grandes, se hacen no ya por laminación, sino uniendo con roblones distintos elementos (viga compuesta) que son, por lo general, una chapa muy espesa, de sección vertical (alma o ánima) unida a dos chapas horizontales (zapatas) por medio de angulares. Más complicadas, aunque mucho más resistentes, son las *vigas de celosía*, en las cuales dos elementos longitudinales y paralelos son enlazados por numerosas riostras que forman con ellos ángulos de 45º o de 60º y se entrecruzan como las varillas de una celosía. Estas vigas de ánima calada (por oposición a las anteriores, de ánima llena) pueden ser muy complicadas y alcanzar grandes dimensiones, como las que se emplean en la construcción de puentes e incluso existen puentes que pueden ser considerados como una sola viga.

En la construcción de edificios se extiende considerablemente el uso de vigas de hormigón armado, mucho más prácticas y económicas que las de acero. La figura muestra un ejemplo de armadura interna empleada en la construcción de estas vigas.

acetificador de acero inoxidable para elaborar **vinagre**

VIGOTA f. *Mar.* Motón chato y pequeño, sin roldanas, con tres agujeros por los cuales pasan los cabos con que se tesan las jarcias.

VIGUETA f. Viga * pequeña.
— *Arq.* Cada una de las vigas sobre las cuales se aplica el forjado o entarimado del suelo.

VIGUETAJE m. *Arq.* Conjunto de vigas o viguetas de un edificio u otra construcción.

VILLA f. *Arq.* Residencia o casa de recreo fuera de una población.

VINAGRE m. *Ind. alim.* Líquido ácido que resulta de la acetificación de los vinos, sidras y otras bebidas alcohólicas o de disoluciones amiláceas o azucaradas.
— El *vinagre* resulta de la acetificación de los líquidos alcoholizados por un microorganismo *(Mycoderma aceti)*, llamado *acetobacter*, que transforma el alcohol en ácido acético y agua. La fabricación industrial se efectúa sobre todo por uno de los tres métodos siguientes: 1.º en un tonel de 220 a 230 l se introducen 150 l de vinagre de 8º y se agregan cada ocho días 10 l de vino de 8 a 9º hasta completar el contenido de la pipa (al cabo de 15 días se ha consumado la acetificación y pueden retirarse 10 l de vinagre, reemplazados por 10 de vino, y así sucesivamente); 2.º se emplea un generador, cuba vertical de roble, llena de virutas de roble previamente lavadas y secadas que, al iniciar la producción, se impregnan de vinagre rico en gérmenes de acetobacter (por lo alto de la cuba se vierte periódicamente vino o una disolución alcohólica, mientras que por la parte inferior se extraen volúmenes equivalentes de vinagre ya hecho, pero que se deja cierto tiempo en toneles de roble para que mejore su aroma); 3.º la acetificación se produce en unos tanques de acero inoxidable en los cuales se introduce una parte de vinagre y el resto de vino o de disolución alcohólica (se hace pasar por el líquido una corriente de aire que, al burbujear en él, aporta oxígeno y favorece la proliferación de los gérmenes, obteniéndose así una acetificación acelerada; también en este caso es necesario dejar envejecer el vinagre en pipas de roble).

VINAZA f. *Ind. alim.* Residuo que deja la destilación de los mostos y melazas fermentados y que se aprovecha como alimento del ganado *(vinazas del alcohol de patatas)*, para aromatizar aguardientes de alcoholes industriales *(vinazas de vino)*, como abono *(vinazas de remolacha*, ricas en nitrógeno, fósforo y potasio), etc.

VINIFICACIÓN f. *Ind.* Transformación del mosto de uva en vino *.

VINILACETILENO m. *Quím.* Hidrocarburo no saturado $CH_2=CH—C\equiv CH$, que se puede obtener a partir del acetileno y que, al fijar el ácido clorhídrico, da cloropreno, cuya propiedad se aprovecha en la fabricación del neopreno: *la polimerización del vinilacetileno da aceites secantes.*

VINILBENCENO m. *Quím.* Estireno.

VINÍLICO, CA adj. *Quím.* Dícese de los compuestos en cuya fórmula figura el radical vinilo: *el alcohol vinílico $CH_2=CHOH$ no ha sido aislado, pero se conocen numerosos derivados suyos.*
— Los numerosos compuestos *vinílicos* tienen una importancia muy grande en la industria química, especialmente en la de los plásticos *(resinas vinílicas)*. Se distinguen las substancias que son vinilos polímeros (polibutileno, polimetilmetacrilato, poliestireno, polietileno, politerpeno, acetato y cloruro de polivinilo, etc.) de las que son copolímeros, como las combinaciones de acetato y cloruro de polivinilo, de alcohol vinílico y cloruro de vinilo, de éste con el acrilonitrilo, etc. (V. tb. PLÁSTICO, PINTURA y FIBRA.)

VINILO m. *Quím.* Radical etilénico univalente $CH_2=CH—$ propio de los compuestos vinílicos *, que resulta de suprimir uno de los átomos de hidrógeno de la molécula del etilo. ‖ *Cloruro de vinilo*, cloretileno. (V. tb. VINÍLICO.)

VINO m. *Ind. alim.* Bebida que resulta de la fermentación alcohólica del zumo de uvas. ‖ Por ext., bebida alcohólica obtenida a partir de otros frutos o materias vegetales: *vino de arroz.*
— La *elaboración del vino* o *vinificación* consta de tres fases principales, que son: la obtención del mosto, su fermentación y, por último, su conservación y envejecimiento (para obtener *vinos añejos* y *rancios*). La uva que ha de dar *vino tinto* sufre una fermentación previa antes de ser

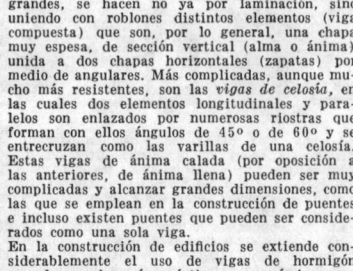

elaboración del **vino**

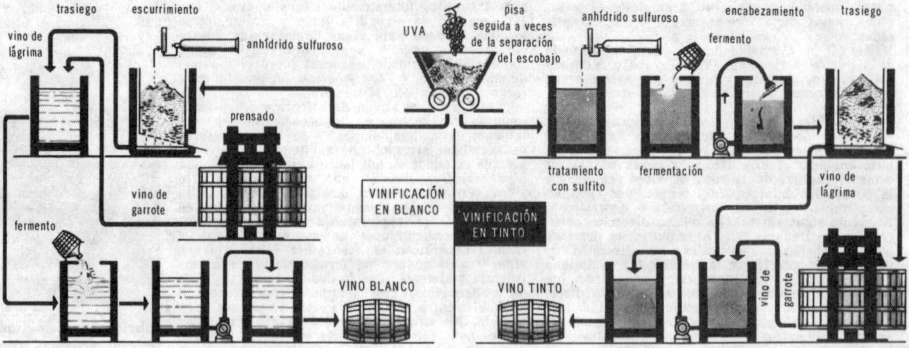

Fot. Larousse

prensada; la que ha de servir para hacer *vino claro*, se prensa directamente. Tanto en un caso como en el otro, el mosto puede ser mejorado, dentro de los límites previstos por la ley, agregándole azúcar, ácido tartárico u otras substancias (v. SALAZÓN). La fermentación alcohólica del mosto se produce espontáneamente, pero es facilitada agregándole levaduras ricas en gérmenes del género *Saccharomyces* que son los que la consuman. Muchas veces se procede en dos tiempos: fermentación muy activa y rápida al principio, seguida de un trasiego a partir del cual tiene lugar una fermentación complementaria mucho más lenta. El vino se trasiega entonces para eliminar sus heces y se somete a distintos tratamientos (clarificación, filtrado, adición de substancias destinadas a evitar su alteración ulterior, etcétera).
La vinificación da como subproductos el orujo, con el cual se obtienen aguardiente y alimentos para el ganado, costras de tartratos, que suministran ácido tartárico y heces, que dan alcohol por destilación.
La vinificación descrita más arriba da vinos de mesa secos, cuya composición es aproximadamente la siguiente: 65 a 70% de agua; 6 a 15% de alcohol etílico; 0,4 a 0,7 de ácidos (tartárico, succínico, málico y taninos); 0,3 a 0,5% de sales; 0,1 a 0,2 de substancias albuminoideas. Modificando el proceso de fermentación, se puede hacer variar esta composición, y así, la interrupción de la fermentación alcohólica (por trasiegos repetidos que eliminan los fermentos o mediante adición de anhídrido sulfuroso) permite obtener vinos dulces, ya que una parte del azúcar no ha podido ser convertida en alcohol. En otros casos, agregando azúcar y levaduras a un vino seco y envasándolo para que experimente una nueva fermentación en las botellas herméticamente cerradas, se obtienen *vinos espumosos* (v. CHAMPAÑA). En realidad, las clases de vino que pueden obtenerse son muy variadas, ya que en la calidad del producto final intervienen muchos factores, cuales son la variedad de las viñas, el clima local y la naturaleza del terreno, los tratamientos aplicados en la vinificación, las condiciones locales en que se efectúa la fermentación, etc. (V., por ejemplo, el art. MÁLAGA [*Vino de*].)
Los precios elevados alcanzados por muchos vinos hacen que éstos sean imitados y falsificados mediante adición a los vinos ordinarios de jarabes, colorantes, alcohol, vino de pasas, perfumes, gas carbónico, etc., según el caldo que se quiera imitar.

VINOCOLORÍMETRO m. *Ind. alim.* Colorímetro que sirve para determinar el color de los vinos.

VINTERANA f. *Bot.* e *Ind. alim.* Árbol de América *(Winterana canella)* que da la corteza llamada *canela blanca*, menos aromática que la canela verdadera. (V. CANELO.)

VINYÓN m. *Text.* Marca registrada de una fibra sintética que, químicamente, es un copolímero de acrilonitrilo y de cloruro de vinilo.

VIÑETA f. *Art. gráf.* Pequeño dibujo que se pone como adorno al principio y fin de los capítulos de un libro o en las márgenes de las páginas, a modo de orla.

VIOLADO, DA adj. Violeta.

VIOLETA adj. y s. Dícese de las cosas cuyo color corresponde al de las radiaciones de menor longitud de onda del espectro visible. ‖ —M. Colorante o pigmento de dicho color. (V. más abajo *Pint.*)
— *Fís.* El color *violeta* es la sensación engendrada en el órgano de la vista por los cuerpos que emiten o reflejan radiaciones luminosas de longitud de onda próxima de 4 000 angströms. A unos 4 300 angströms el violeta se confunde con el azul y a unos 3 800 sus rayos dejan de ser visibles, marcando dicho límite la frontera entre el espectro visible y el espectro ultraviolado. (V. tb. LUZ.)
— *Perf.* Perfume que se extrae de las flores llamadas *violetas (Viola)* y que también se fabrica sintéticamente. (V. IONONA.)
— *Pint.* El color violeta puede obtenerse por mezcla de pigmentos o de colorantes rojos y azules, pero también existen pigmentos y colorantes que son naturalmente violados. Entre los primeros citemos: el *violeta de cobalto*, muy opacificante, que se obtiene calcinando los precipitados que resultan de tratar las sales de cobalto con fosfatos alcalinos; el *violeta de manganeso*, muy resistente a la acción de la luz, que es un fosfato doble de manganeso y amonio; el *violeta de ultramar*, que se obtiene oxidando azul de ultramar, etcétera.
Los principales colorantes violetas empleados para teñir materias textiles, para elaborar tintas de imprenta, barnices alcohólicos, etc., son los de *antraquinona, metileno, benzilo, metilo* (éste, también llamado *violeta de Hoffmann*, entra en la composición de tintas de copiar) y otros derivados del trifenilmetano, etc.
Citemos también las lacas violetas, constituidas por un soporte blanco finamente granulado sobre el cual se fija un colorante que carece de opacidad, constituyendo ambos una laca. Entre estos pigmentos destaca el *violeta de alizarina*, que sirve para pinturas y tintas de imprenta.

VIOLÍN m. *Mar.* Motón * de briol.

VIRA f. *Curt.* Tira de badana o vaqueta que se cose en torno del calzado *, entre la pala y la suela.

VIRADO m. *Fot.* Viraje.

VIRAJE m. *Aeron. Indicador de virajes*, v. INDICADOR.
— *Fot.* Tratamiento a que se someten las fotografías para colorearlas mediante transformación de la plata ennegrecida en un compuesto de color.
— El *viraje* se obtiene por dos procedimientos diferentes. En el primero, la imagen positiva es blanqueada con ferricianuro de potasio, lavada y luego tratada con substancias que se combinan con las de la imagen latente y dan compuestos de color (por ej., con un baño de monosulfuro de sodio, aparece una imagen sulfurada de color sepia; con el mismo monosulfuro y ácido clorhídrico se obtienen compuestos verdes; con ácido clorhídrico y citrato de hierro amoniacal, el viraje es azul, etc.). En otros casos (virajes cromógenos) el viraje es un verdadero teñido: la imagen se trata primero con un mordiente * y luego se baña en un colorante * básico.
Los papeles de imagen aparente (papeles de citrato) son virados y fijados por un mismo baño (virofijador).

VIRAR v. *Fot.* Dar color a las fotografías por medio del viraje *
— *Mar.* Hacer girar el cabrestante.
— *Text.* Cambiar el matiz de los hilos o tejidos que han sido teñidos.

VIRGEN, constelación ecuatorial, una de las del Zodiaco, que cuenta una estrella muy brillante, la Espiga, de magnitud 1,2, y en la cual existe el Cúmulo de la Virgen, notable agrupación de unas 500 galaxias cuya observación es preciosa para el estudio del Universo. ‖ Sexto signo del Zodiaco *, entre los del León y la Balanza que, por efecto de la precesión de los equinoccios, ya no coincide con la constelación del mismo nombre, sino con la del León. El Sol se halla en este signo del 22 de agosto al 21 de septiembre.

VIROFIJADOR m. *Fot.* V. Viraje.

VIROLA f. *Tecn.* Abrazadera anular que se ajusta en el extremo de un pilote, del mango de una herramienta o de otros objetos para que no se astillen. ‖ Arandela o aro que se pone en el extremo de un roblón y sobre los cuales se forma el remache. ‖ Zuncho o refuerzo que se ajusta alrededor de una tubería, caldera y otros objetos cilíndricos, para reforzar sus extremos.

VIROTILLO m. Picadero o pilarejo. ‖ En la unión con un perno de dos elementos que han de permanecer separados, riostra consistente en un manguito que se pone entre éstos y por el cual pasa aquél.

VIRTUAL adj. Que tiene existencia aparente, pero no real.
— *Atom. Estado virtual*, el de la partícula que, al pasar de un estado a otro, carece, de modo transitorio, de existencia real, pero que se toma en consideración en ciertos cálculos de física atómica.
— *Ópt. Imagen virtual*, v. IMAGEN.

VIRUTA f. *Carp.* y *Metal.* Laminilla combada o cinta a veces muy larga y arrollada en hélice, arrancada a la madera o a los metales por las herramientas de corte (cepillos y acepilladoras, tornos y fresadoras, etc.): *las virutas metálicas se recuperan como chatarra; las de madera sirven*

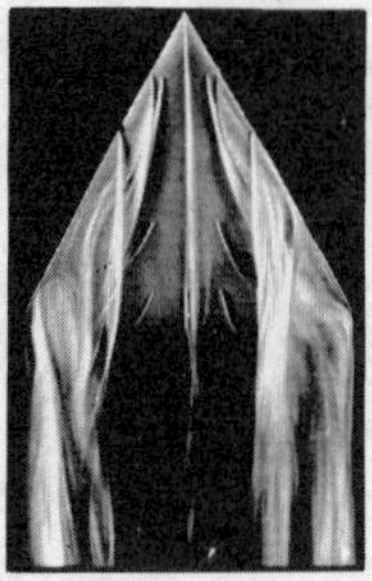

visualización

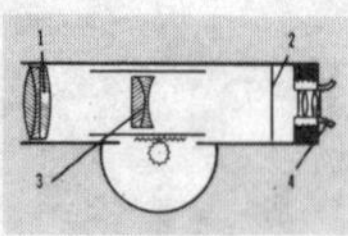

visor
1. Objetivo; 2. Retícula; 3. Lente divergente; 4. Ocular

*para hacer paneles de madera * regenerada y se usan también como combustible, y las de roble, en particular, son utilizadas en la preparación del vinagre *.*

VISAR v. Dirigir la puntería de un arma, un instrumento de topografía, etc. || En fotografía, cinematografía y televisión, encuadrar.

VISCÓMETRO m. Viscosímetro.

VISCOSA f. *Quím.* Disolución coloidal de celulosa que se obtiene tratando la alcalicelulosa con sulfuro de carbono y que sirve para fabricar celofán *, rayón * y otros derivados celulósicos.

VISCOSIDAD f. Estado de los líquidos espesos y pegajosos.

— *Fís.* Propiedad de los fluidos en los cuales el roce de unas moléculas con otras, opone una resistencia al movimiento uniforme de su masa. (V. tb. CAPA *límite.*)

— Si en el seno de un líquido viscoso se dispone una placa fija P y otra placa P' móvil en un plano paralelo a P, se comprueba que el movimiento de la segunda engendra, merced a la viscosidad del fluido, una fuerza que tiende a arrastrar a la primera. Así, las capas moleculares en movimiento tienden a arrastrar las capas contiguas al mismo tiempo que éstas les oponen una resistencia que las frena. Cada fluido tiene un coeficiente de viscosidad que depende del grado en que se ejercen dichas acciones en su seno. El *coeficiente de viscosidad* de un líquido disminuye al aumentar la temperatura del mismo; en los gases, por el contrario, aumenta con la temperatura. Las unidades de medida de la viscosidad son el poise * y el poiseuille *. Llámase *viscosidad cinemática* la de un fluido cuya masa volúmica es de 1 kg/m^2 y cuya viscosidad es de un poiseuille. La viscosidad de los productos es una cualidad que interviene en muchos procesos industriales, especialmente en la fabricación de pinturas y barnices, tintas de imprenta, etc. Es, también, una característica esencial de los lubricantes *, pues no deben endurecer por efecto del frío ni ser fluidificados excesivamente por el calor. El índice de viscosidad, permite medir empíricamente dicha cualidad por comparación con un surtido de lubricantes adoptados como patrones. A los lubricantes que resisten bien al frío y al calor se les atribuye el índice 100.

VISCOSILLA f. *Text.* Nombre dado al rayón cuando presenta el aspecto de fibras cortas que pueden hilarse como las fibras naturales, y muchas veces mezcladas con ellas. (Sinón. FIBRANA.)

VISCOSÍMETRO m. *Tecn.* Instrumento que se emplea industrialmente para medir la viscosidad de los líquidos, ya midiendo el tiempo que tarda un volumen determinado de los mismos en pasar por un tubito, ya contando las gotas que caen de un cuentagotas por unidad de tiempo.

VISERA f. Dícese, por analogía con la visera de las gorras, de las pantallas o construcciones que sirven para resguardar algo del sol, como el parasol * de un aparato fotográfico, la parte del tejado que rebasa la pared del hastial a modo de alero, etc.

VISIBILIDAD f. *Aeron. Aterrizaje sin visibilidad,* v. ATERRIZAJE e I. L. S. || *Vuelo sin visibilidad,* v. VUELO.

— *Meteor.* Grado de transparencia del aire, que suele expresarse, dados los accidentes del terreno más o menos lejanos de la estación, por la distancia en kilómetros del último de ellos que puede ser distinguido: *la visibilidad es tanto mejor cuanto más seco y turbulento es el aire y aumenta con la altura, al rarefícarse éste.*

VISIOTELEFONÍA f. *Telec.* Sistema análogo al videófono.

VISOR m. Órgano óptico que sirve para visar o apuntar con armas, anteojos, cámaras, etc.

— *Aeron.* Instrumento empleado a bordo de los aviones de guerra para dirigir el tiro de sus armas o determinar las condiciones en que se han de largar las bombas.

— Los primeros *visores* fueron anteojos y colimadores. Los que equipan los aviones modernos son instalaciones muy complejas en las cuales se combinan dispositivos giroscópicos, aparatos de radar y calculadoras electrónicas, llegando hasta a efectuarse automáticamente el disparo de las armas cuando concurren las condiciones óptimas de puntería. Mucho más complicadas son las instalaciones de los bombarderos, ya que, en los más perfeccionados, la calculadora electrónica que integra todos los datos tiene incluso en cuenta la fuerza de Coriolis * y las variaciones de la gravedad y de la densidad del aire en función de la altura del vuelo.

— *Cin., Fot.* y *Radiot.* Dispositivo con el cual se observa el campo de una cámara para efectuar el encuadre.

— Un *visor de cuadro* consta de una chapita perforada, que se aplica ante el ojo, y un marco rectangular, de mayores dimensiones, situado en la parte frontal del aparato: las visuales dirigidas a través del orificio y tangentes al borde interior del cuadro delimitan el campo abarcado por el objetivo. Los *visores de prisma* y de espejo captan la imagen con una lente frontal y la reflejan para que pueda ser observada desde arriba. En ciertos casos la proyectan sobre un cristal esmerilado en el cual aparece con las mismas dimensiones que tendrá en la fotografía. Esto se obtiene ya con un objetivo exprofeso, independiente del que sirve para impresionar la emulsión, ya con éste *(visor reflex)* merced a un espejo articulado en el interior de la cámara que, al visar, se interpone entre el objetivo y la emulsión y es rebatido después para poder tomar la vista. Los visores que aprovechan el objetivo de la cámara tienen la ventaja de carecer de paralaje *. En muchas cámaras actuales, al observar el campo en el visor se ve al mismo tiempo la aguja o indicador del exposímetro * de célula fotoeléctrica; en otras, un círculo o un cuadrito mate, visible en el centro del campo, permite efectuar el enfoque al mismo tiempo que el encuadre.
El visor de las cámaras de televisión no es sino un pequeño televisor que reproduce las imágenes en circuito cerrado.

VISTACLARA m. *Mar.* Portillo especial que llevan los buques en el puente, cuyo cristal, fijado por su centro a un eje movido por un motorcito eléctrico, gira rápidamente dentro de su marco, con lo cual despide las gotas de lluvia y permite la visibilidad.

VISUAL adj. y s. *Ópt. Ángulo visual de dos puntos,* ángulo formado por sus dos rayos visuales, con la retina por vértice.

— *Línea* o *rayo visual,* línea recta que va del ojo del observador a la cosa observada.

VISUALIZACIÓN f. Acción y efecto de visualizar.

— La *visualización* reviste especial importancia en aerodinámica. En ciertos casos se emplean numerosos hilos de lana de unos centímetros de largo pegados por un extremo en otros tantos puntos de la superficie de la maqueta o aparato ensayados en el túnel aerodinámico. En las partes donde la circulación del aire es regular, los hilos son paralelos a la vena, mientras que en las zonas de corriente turbulenta oscilan o se orientan en otras direcciones. En otros casos el aire es reemplazado por una corriente de agua que arrastra pequeños granos de materia brillante que se fotografía a través de la pared transparente del conducto. A veces, como en la figura, la maqueta está provista de pequeños orificios por los cuales salen hilillos de líquidos de color, cuya trayectoria corresponde a la de los hilillos del aire en el caso de un avión. También se emplean métodos ópticos fundados en la interferometría: en las zonas donde la corriente * no es laminar, los rayos de luz transversales son diferentemente desviados y dan en las fotografías franjas de formas correspondientes a las de las perturbaciones.

VISUALIZAR v. Hacer aparente lo que normalmente no es visible, como la trayectoria de un proyectil, las ondas de choque, etc. (V. VISUALIZACIÓN.)

VITRAL m. *Arq.* Vidriera * artística, especialmente la de los ventanales de las iglesias.

VITRÉ m. *Text.* Loneta fina y flexible, que se emplea para toldos y fundas, y tiene también los usos del cutil.

VÍTREO, A adj. Semejante o parecido al vidrio.

— *Electr.* Dícese de la electricidad positiva, que es la que adquiere el vidrio al ser frotado.

— *Fís.* Dícese de un estado de la materia en el

Fot. O. N. E. R. A.

cual los cuerpos presentan el aspecto de un sólido amorfo, cuando, en realidad, son —por su estructura y propiedades— líquidos en estado de sobrefusión, dotados de una viscosidad extraordinaria, cual ocurre con el vidrio *.

VITRIFICABLE adj. Que se puede vitrificar.

VITRIFICACIÓN f. Acción y efecto de vitrificar.

VITRIFICAR v. Transformar, mediante fusión, una substancia cristalina en materia vítrea *.
— *Cerám.* Fundir al horno el vidriado * que se da a los objetos de alfarería y a la loza ordinaria.
— *Plást.* Dar a los entarimados una capa de materia plástica que los abrillanta y protege.

VITRIOLO m. *Quím.* Antiguamente, *sulfato* (así, el *vitriolo de plomo,* era el *sulfato de plomo*), y hoy, *ácido sulfúrico,* también llamado *aceite de vitriolo.*

VIVARIO m. Nombre genérico de los acuarios, terrarios y otras instalaciones que permiten conservar animales vivientes en un medio artificial que imita más o menos su medio natural.

VIVIFICAR v. *Metal. Vivificar el plomo,* cubrirlo de cenizas, cuando está fundido, para que no pueda oxidarse al contacto con el aire.

VIVO, VA adj. *Constr. Cal viva,* v. CAL.
— *Mec. Fuerza viva,* energía * cinética.

VOBULADOR m. *Electrón.* Generador de corrientes alternas a veces constituido por un verdadero emisor de modulación * de frecuencia, cuya frecuencia se eleva y disminuye periódicamente entre dos límites y que sirve para estudiar fenómenos oscilatorios de frecuencia comprendida entre los mismos, para acordar o regular los circuitos de los radiorreceptores y televisores, etc.

VOBULAR v. *Electrón.* Cambiar periódicamente la frecuencia de un fenómeno periódico, especialmente de una tensión alterna.

VOLADIZO, ZA adj. Dícese de lo que, en una construcción cualquiera, sobresale de los paramentos o de la estructura que sirve de base o apoyo: *son voladizos todos los elementos arquitectónicos que forman resalto en una fachada.*
— *Mar. Tolete voladizo,* outtrigger.

VOLADO, DA adj. *Arq. Hilada volada,* v. HILADA.
— *Art. gráf.* Dícese de la letra de menor tamaño que la del texto, que se pone en lo alto del renglón como índice o en las abreviaturas (por ejemplo, la *o* de grado: 15º).

VOLADURA f. *Expl.* Demolición de una construcción o arranque de un mineral por medio de cargas explosivas. ‖ Disparo de los barrenos.

VOLANDERA f. *Artes gráf.* Fondo corredizo que tienen ciertas galeras para facilitar la descarga de la galerada. (Sinón. PALA.)
— *Ind. alim.* Muela vertical que, en la almazara, aplasta la aceituna con su canto al rodar sobre la solera.
— *Mec.* Arandela.

VOLANTE m. *Autom.* y *Mec.* Rueda que se mueve con las manos para accionar un mecanismo, regular una máquina, guiar un vehículo, etc.: *el volante de dirección * de los automóviles modernos es flexible y cede ante el cuerpo del conductor, o se rompe, en caso de deceleración muy brusca.* ‖ Rueda o disco muy pesados que se fijan en un árbol para regularizar su movimiento por inercia. ‖ Prensa * de husillo. ‖ Rueda del mecanismo de escape * de áncora de los relojes, a la cual confiere un movimiento oscilante el muelle espiral. ‖ *Volante magnético,* magneto * que sirve para el encendido * del carburante en las motocicletas pequeñas y que se halla montada en el volante del motor, de modo que sus imanes giran con éste frente a las bobinas fijas solidarias del cárter (v. *figura*).
— En las máquinas de movimiento alternativo (motores de explosión, máquinas de vapor, etc.) la transmisión de energía por parte de las bielas al árbol de movimiento giratorio no es regular, especialmente en razón de la existencia de puntos * muertos. El *volante* permite corregir estos y otros defectos que resultan de la conversión de un movimiento de vaivén en otro giratorio. Su masa adquiere mucha energía cinética y, cuando se produce un tiempo muerto en el cilindro o cuando aumenta la resistencia que ha de vencer el árbol, la cede en parte, recobrándola después cuando el émbolo trabaja plenamente o cuando el árbol encuentra menor resistencia en el curso del ciclo.

VOLÁTIL adj. Que se vaporiza fácilmente.

VOLATILIDAD f. Calidad de volátil.
— *Petr.* Mayor o menor grado de evaporación de una gasolina: *cuando la volatilidad es insuficiente, el motor no arranca bien en frío.*

VOLATILIZACIÓN f. Vaporización.

VOLATILIZAR y **VOLATIZAR** v. Vaporizar, evaporar.

VOLCADOR m. *Transp.* Elevador de materias a granel por medio de una vagoneta que asciende, tirada por un torno, por una vía inclinada y que bascula automáticamente en lo alto de la misma para volcar su contenido en una tolva, horno, vagón, etc.: *el volcador se emplea para extraer el mineral de las minas * y como cargadora de hornos.*

VOLCÁN m. *Geof.* Montaña formada por materias procedentes del interior del Globo y expulsadas por una o varias aberturas del suelo (*chimeneas*) que afloran en el fondo de una depresión o *cráter.*
— Los *volcanes* son consecuencia de la fluidez del magma sobre el cual descansa la corteza terrestre. Ésta ejerce sobre aquél una presión gigantesca y lo obliga, a pesar de su rigidez, a fluir y circular de un lado a otro. Por ejemplo, según se ha explicado al tratar de la isostasia *, la península escandinava se está elevando, al par que se hunden los Países Bajos, ya que el magma situado debajo de los mismos es aspirado debajo de aquélla. Estas corrientes son extraordinariamente lentas (unos 10 cm por año) dada la colosal viscosidad del magma, que es del orden de un millón de veces la del plomo al estado sólido. Las más de las veces, el magma puede deslizarse libremente contra la base de la corteza terrestre sin que ésta se rompa. Pero en ciertas regiones del Globo, la corriente magmática, en razón de su extraordinaria viscosidad y presión, arrastra la roca de la corteza, la estira hasta su límite de elasticidad y provoca una ruptura de la misma. El magma irrumpe entonces por las grietas y su expansión provoca su fluidización y una dilatación tanto más considerables por cuanto su masa libera los gases que contiene comprimidos a presiones colosales. Finalmente llega a la superficie una mezcla de gases (libres y oclusos) y de magma fluido, a veces acompañada de vapores producidos por las aguas subterráneas encontradas cerca de la superficie. Las regiones en las cuales la estructura de la corteza terráquea es propicia a estos fenómenos de volcanismo son aproximadamente las mismas, ya reseñadas en el art. SISMO, en las cuales se producen los terremotos, especialmente la cintura de fuego del Pacífico (costas americanas, de la Tierra de Fuego a Alaska, y asiáticas, prolongadas hasta Indonesia y Nueva Zelanda).
Rara es la región del Globo donde no existen volcanes apagados. No obstante, cabe distinguir entre los que han cesado su actividad en tiempos geológicos muy remotos y pertenecen ahora a zonas de corteza terrestre perfectamente estabilizada y los que han sido activos en los tiempos históricos. Estos últimos pueden entrar en actividad, inopinadamente, siglos después de haberse extinguido su última erupción. A veces un volcán nuevo surge del suelo, como el Paricutín (México) cuyos primeros vapores se exhalaron en un maizal en 1943. Los volcanes activos han sido clasificados en diversos tipos, según las características de sus erupciones, distinguiéndose especialmente las siguientes: 1.º tipo *vulcaniano,* cuyo modelo es el Vulcano (Islas Eolias, en el mar Tirreno), el más común de todos, caracterizado por: la emisión de lavas muy viscosas, que se solidifican rápidamente; la proyección, en el curso de violentas explosiones, de cenizas, bombas y lapilli; la composición del cono, que consta principalmente de cenizas, y la forma del cráter excavado por las explosiones; 2.º tipo *estromboliano* (propio del Estrómboli, también en las Islas Eolias), de lavas semifluidas que se solidifican lentamente, salvo su costra superficial, y que pueden extenderse sobre grandes superficies; que da vapores transparentes y cuyas explosiones proyectan sobre todo bombas y lapilli que suelen caer en el mismo cráter; 3.º tipo *hawaiiano* (el de los volcanes de

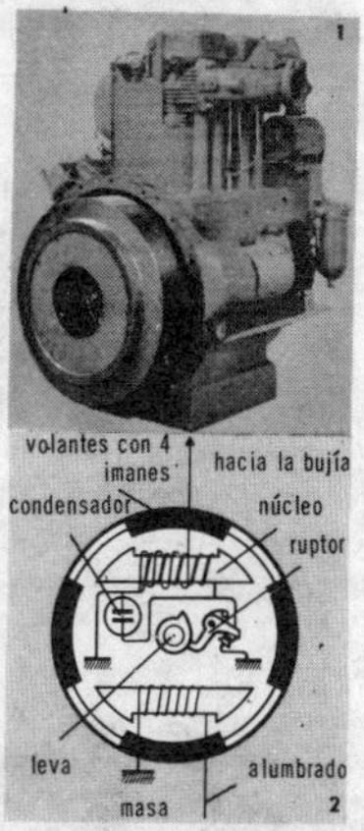

volantes de motor Diesel y de motocicleta

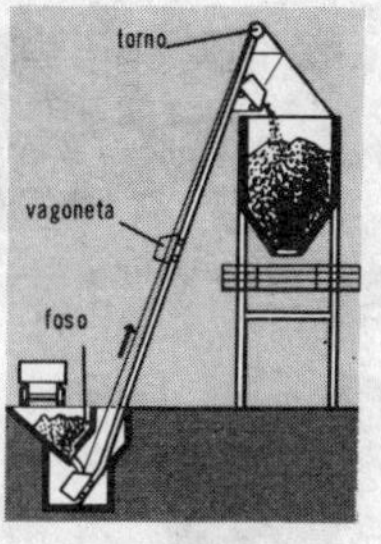

volcador

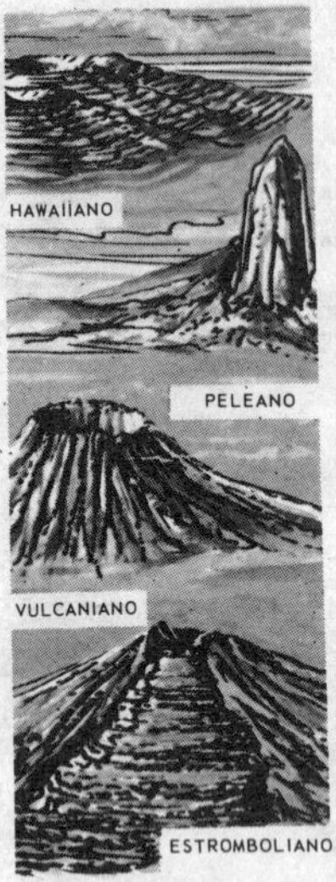

tipos de **volcanes**

voluta

camión **volquete**

Hawaii), que no provocan explosiones, emiten lavas muy fluidas y cuyos conos tienen laderas de pola pendiente; 4.º tipo *peleano* (representado por el monte Pelée, en la Martinica, Antillas), que despide vapores densos, obscuros y opacos, y en el cual las lavas se solidifican a medida que van brotando hasta formar una aguja sobre el cráter (en el curso de violentas explosiones existe emisión de abundantes vapores ardientes y pesados que se extienden y alejan a ras del suelo).
La actividad de un volcán puede pasar por varias fases: 1.ª *reposo absoluto,* en general consecutiva a una erupción que ha agotado momentáneamente las fuerzas eruptivas; 2.ª *fumarolas* * o *solfataras,* fase en la cual existe emanación de vapores por numerosas grietas del terreno; 3.ª *actividad permanente* o *normal,* que se manifiesta por la existencia de lagos de lava en los cráteres de tipo hawaiiano y la proyección de escorias en los de tipo estromboliano; 4.ª *eruptiva,* caracterizada por paroxismos de la actividad.

VOLCANICIDAD f. *Geol.* Carácter propio de las rocas volcánicas.

VOLCÁNICO, CA adj. *Geol.* Relativo o perteneciente a los volcanes. ‖ *Relieve volcánico,* el que resulta de acciones volcánicas. ‖ *Roca volcánica,* la que debe su formación al volcanismo.

VOLCANISMO m. *Geof.* Conjunto de fenómenos, propios de la actividad volcánica, en el curso de los cuales las materias fundidas ascienden desde el interior del Globo hasta la superficie o los terrenos superficiales, dando lugar a erupciones por los volcanes y a la formación de rocas volcánicas. ‖ Plutonismo.

VOLCANOLOGÍA f. *Geof.* Vulcanología.

VOLFRAM m. *Quím.* Tungsteno.

VOLFRAMATO o **VOLFRAMIATO** m. *Quím.* Tungstato.

VOLFRÁMICO, CA adj. *Quím.* Túngstico.

VOLFRAMIO m. *Quím.* Tungsteno.

VOLFRAMITA f. *Miner.* Tungstita.

VOLQUETE m. *Transp.* Camión, vagón u otro vehículo para el transporte de materiales a granel cuya caja puede bascular para vaciar la carga.

VOLT m. *Electr.* Voltio, en la nomenclatura internacional.

VOLTAICO, CA adj. *Electr.* Dícese de la electricidad suministrada por pilas *. ‖ *Arco voltaico,* arco * eléctrico. (V. tb. LÁMPARA *de arco.*)

VOLTAJE m. *Electr.* Tensión, diferencia de potencial entre los extremos de un conductor o entre los dos conductores de una línea eléctrica: *en este sector, el voltaje es de 220 V.* (OBSERV. Según los electricistas esta voz es censurable, y únicamente debiera emplearse el sinónimo *tensión.*)

VOLTÁMETRO m. *Electr.* Instrumento propio para medir una cantidad de electricidad fundándose en la cantidad de un cuerpo que la misma puede liberar por electrólisis en un electrodo (por ej., el volumen de hidrógeno y oxígeno desprendidos en la electrólisis del agua acidulada es de 10,44 cm³ por amperio). ‖ Nombre dado por ext., aunque erróneamente, a todo aparato en el cual se produce alguna electrólisis.

VOLTAMPERÍMETRO m. *Electr.* Instrumento para medir la potencia eléctrica en voltamperios.

VOLTAMPERIO m. *Electr.* Unidad de potencia aparente de las corrientes alternas, cuyo símbolo es VA, equivalente a la potencia de una corriente de 1 amperio cuya tensión alterna es de 1 voltio (consiguientemente, un *voltamperio* es igual a un vatio).

VOLTEADORA f. *Agr.* Máquina que revuelve el heno ya segado para acelerar su secado.

VOLTEAR v. *Arq.* Construir arcos o bóvedas.

VOLTÍMETRO m. *Electr.* Instrumento que sirve para medir las tensiones o diferencias de potencial y que no es sino un amperímetro muy sensible (miliamperímetro) acoplado en serie con una resistencia de valor muy grande.

VOLTIO m. *Electr.* Unidad de fuerza electromotriz, cuyo símbolo es V, equivalente a la tensión o diferencia de potencial existente entre dos puntos de un conductor, por el cual pasa una corriente de un amperio, cuando la potencia disipada entre los mismos es de 1 vatio.

VOLTMETRO m. *Electr.* Voltímetro.

VOLUCONTADOR m. Contador * volumétrico.

VOLUMEN m. Espacio ocupado por un cuerpo y magnitud del mismo expresada en unidades de volumen.
— *Expl. Volumen gaseoso específico,* volumen de los gases que desprende la explosión de determinada cantidad de un explosivo: *el volumen gaseoso específico de la pólvora es del orden de 1 000 litros por kilogramo.*
— *Fís. Volumen específico* o *másico,* inversa de la densidad *, o sea volumen que ocupa un cuerpo por unidad de peso.
— *Geom. Volumen de los sólidos,* v. fórmulas en los respectivos artículos.
— *Radiot.* Intensidad de los sonidos restituidos por un radiorreceptor u otro aparato electroacústico. ‖ *Control de volumen,* potenciómetro * para regular dicha intensidad.

VOLÚMETRO m. *Fís.* Areómetro graduado para que indique el volumen de un líquido correspondiente, por su peso, al de 100 volúmenes equivalentes de agua.

VOLUMETRÍA f. Medición de los volúmenes.
— *Quím.* Dosificación por análisis * volumétrico.

VOLUMÉTRICO, CA adj. *Quím. Análisis volumétrico,* v. ANÁLISIS.
— *Tecn. Contador volumétrico,* v. CONTADOR.

VOLÚMICO, CA adj. Relativo al volumen.
— *Fís. Masa volúmica,* masa * específica.

VOLUTA f. *Arq.* Motivo espiral que adorna los ángulos del capitel jónico.

VÓRTICE m. Torbellino que se forma en un recipiente cuando se vacía por un orificio situado en el fondo, y que, como consecuencia de la fuerza de Coriolis *, tiene un movimiento de rotación contrario al de las agujas de un reloj en el hemisferio boreal y como el de dichas agujas en el hemisferio austral.
— *Tecn.* Parte del ciclón * por donde sale el fluido clarificado.

VUELCAVAGONETAS f. *Min.* Basculador.

VUELO m. *Aeron.* Por analogía con las aves, movimiento de un aerodino en la atmósfera, y por ext., movimiento de los aeróstatos y de los cohetes, incluso cuando la traslación de éstos se efectúa fuera de la atmósfera.
— El *vuelo a vela* con el planeador ofrece una posibilidad de efectuar grandes recorridos por vía aérea sin el auxilio de motores ni de la fuerza muscular. Un aparato más pesado que el aire y provisto de superficies sustentadoras, en forma de planos inclinados (alas), al ser abandonado a cierta altura sin medios propulsivos, pero convenientemente pilotado, describe durante su caída hasta el suelo una trayectoria inclinada cuya pendiente depende de la finura * del aparato y de la pericia del piloto. Dada su ligereza y el cuidado que, por una parte, se ha puesto, al diseñarlos, con miras a reducir todo lo posible la resistencia * que ofrece el aire a su avance y, por otra, en obtener la máxima fuerza de sustentación *, los planeadores * alcanzan una finura del orden de 30 m. Así, en un aire absolutamente calmo, un planeador abandonado a 5 000 m de altura sobre una ciudad, permitiría a su piloto trasladarse a otra ciudad situada a 150 km de la primera en *vuelo planeado.* La diferencia entre éste y el vuelo a vela estriba en el aprovechamiento de las corrientes ascendentes de la atmósfera para elevarse, si ello es posible, y, en el caso contrario, para conservar su altura o prolongar la caída. Es fácil comprender que si un planeador pierde 1 m de altura por segundo y penetra durante su caída en una masa de aire que se eleva a razón de 2 m/s, aun y describiendo una trayectoria inclinada hacia el suelo, se elevará finalmente respecto a éste a razón de 1 m/s. El piloto sacará entonces el máximo provecho de esta ascendencia y, cada vez que saldrá de la masa de aire ascendente, procurará volver a ella hasta alcanzar la cima de la misma, en cuyo caso deberá partir en búsqueda de otras ascendencias, a menos que decida permanecer todo el tiempo en la que ha descubierto. La figura ilustra un vuelo imaginario en el curso del cual se presentan sucesivamente todas las posibilidades de prolongar el vuelo.
El vuelo comienza confiriendo al planeador cierta altura inicial. El lanzamiento con sandows * o cables de goma es poco eficaz y ha sido reemplazado por el lanzamiento mediante un cable de varios centenares de metros tirado por un torno ya fijo, ya montado en una de las ruedas motrices

Fot. Giraudon, Bertrand

de un automóvil previamente afianzado y elevado con un gato. Ahora bien, las más de las veces el planeador es remolcado por un avión que lo suelta a la altura y en el lugar deseados. También existen planeadores provistos de un motorcito auxiliar que solamente se utiliza para elevarse hasta la altura en que se ha de iniciar el vuelo. El *vuelo de pendiente* consiste en aprovechar el movimiento ascendente del aire que resulta cuando el viento choca con las laderas de las montañas y es desviado hacia arriba. El *vuelo térmico* se funda en aprovechar el movimiento ascensional del aire que se calienta al contacto con una pradera caldeada por el sol, por los hogares de una aglomeración urbana o de las fábricas, etc. En el *vuelo de ondas* se aprovechan los movimientos ondulatorios de la atmósfera entre 3 000 y 12 000 m de altura, puestos de manifiesto por ciertos tipos de nubes. En cuanto al *vuelo de nubes*, es una variante del vuelo térmico y consiste en volar de una nube a otra, especialmente durante los pasos de frentes * fríos, que provocan un movimiento ascendente de la atmósfera. Por lo demás, entre las nubes de buen tiempo y el suelo existe una columna de aire ascendente, ya que la misma se forma con la humedad evaporada del suelo. También se aprovechan a veces las rápidas turbulencias que existen en la parte superior de los cúmulos.

El vuelo de los aviones se explica por las propiedades sustentadoras de los planos inclinados en movimiento de traslación (V. ALA, AVIÓN, PERFIL, POLAR y SUSTENTACIÓN) y por la fuerza propulsiva del motor que, además de asegurar la sustentación, vence la fuerza de resistencia * al avance opuesta por el aire al aparato (V. MOTOR, REACCIÓN, COHETE Y TURBORREACTOR). Las evoluciones del avión se obtienen creando una disimetría aerodinámica por medio de alerones * y de timones *. Durante el vuelo, el piloto es ayudado por una importante infraestructura, especialmente por las instalaciones de radionavegación instaladas en el suelo, que son sobre todo preciosas en la fase más delicada del vuelo, es decir, el aterrizaje, y también en el *vuelo ciego*. Este, llamado igualmente *vuelo sin visibilidad* y *vuelo con instrumentos*, es el que se efectúa por la noche o en condiciones meteorológicas que impiden la visión del suelo. En ambos casos el piloto conoce su inclinación por medio del clinómetro *, dispone de un horizonte * artificial, de indicador * de virajes, de un altímetro * y a veces de un radar * de morro para evitar las colisiones. Durante el vuelo es asistido por las estaciones de radionavegación * y, al acercarse a los aeropuertos, es observado y seguido por los aparatos de radar de los mismos (véase G. C. A.), desde los cuales se le dan las indicaciones pertinentes. Por último, efectúa su aterrizaje merced al I.L.S. * o recurriendo a sistemas análogos.

— *Arq.* Parte de una obra de fábrica o elemento arquitectónico que sobresalen del paramento que los sostiene.

VUELTO, TA adj. y s. f. *Arq.* Curva formada por el intradós de una bóveda o un arco. || *Peldaño de vuelta*, v. PELDAÑO.

— *Mar.* Arco o curvatura de las piezas de ligazón, especialmente cuando no son simétricos. || Amarradura de un cabo a una cosa, ya para asegurarlo, ya para sujetar a ésta o moverla.

VULCANIANO, NA adj. *Geol.* Dícese de una forma de erupción volcánica propia del Vulcano (Islas Eolias). [V. VOLCÁN.]

VULCANICIDAD f. *Geol.* Volcanicidad.

VULCÁNICO, CA adj. *Geof.* Volcánico.

VULCANISMO m. *Geol.* Plutonismo.

VULCANITA f. *Geol.* Roca endógena que se ha consolidado en el suelo o al llegar, en su ascensión, a las capas superficiales del Globo.

— *Plast.* Ebonita.

VULCANIZACIÓN f. *Gom.* Tratamiento a que se somete el caucho para mejorarlo.

— El caucho * bruto tiene el inconveniente de volverse quebradizo con el frío y blando y pegajoso con el calor. La *vulcanización*, que permite paliar estos defectos, se efectúa agregando al caucho azufre en polvo y tratando la mezcla en autoclaves a temperaturas del orden de 140°. En el curso de esta operación, el caucho, compuesto de largas macromoléculas, adquiere una estructura tridimensional, merced a las moléculas de azufre que arriostran o unen aquéllas transversalmente. La proporción de azufre necesaria varía de 0,3 % para obtener gomas muy blandas, a 30 % y más para los cauchos duros y la ebonita *. Para abreviar la duración del tratamiento, se agregan también a la mezcla aceleradores (cal, magnesia, litargirio, etc.) que la reducen a unos minutos. En ciertos casos el azufre es reemplazado por compuestos que dan azufre por efecto del calor (tetrasulfuro de tiourano, pentasulfuro de antimonio, etc.) o por metaloides afines (selenio o telurio). Los cauchos artificiales también se vulcanizan, unos con azufre y otros con agentes de vulcanización apropiados.

VULCANIZAR v. *Gom.* Practicar la vulcanización de los cauchos naturales o artificiales.

VULCANOLOGÍA f. *Geof.* Ciencia que trata de los volcanes y de los fenómenos volcánicos.

VULFENITA f. *Miner.* Molibdato de plomo a veces beneficiado como mena secundaria de este metal (Sinón. WULFENITA).

VULPINITA f. *Miner.* Anhidrita.

VÚMETRO m. *Radiot.* Instrumento que se emplea en las emisoras de radiodifusión y de televisión para apreciar visualmente la amplitud de la modulación y regularla con objeto de que ciertos sonidos intensos no tengan en el receptor un volumen * excesivo.

W

W f. Letra que no pertenece al alfabeto español, empleada como sigla o símbolo en voces de origen extranjero.

— *Astr.* Símbolo de un tipo espectral de estrellas *.

— *Geogr.* Abreviatura de la palabra inglesa *West*, que significa *oeste*, empleada en vez de la O. en los mapas, veletas y rosas de los vientos.

— *Metr.* Símbolo del *vatio* (*watt* en la nomenclatura internacional).

— *Quím.* Símbolo químico del *tungsteno* * o *volframio* (de *Wolfram*, nombre propio).

WAGÓN m. *F. c.* Vagón.

WAGONETA f. *F. c.* Vagoneta

WATER CLOSET m. Depósito de descarga *.

WATER JACKET m. *Metal.* Horno * de cuba rodeado por una camisa de agua corriente que refrigera sus paredes.

WATÍMETRO, WATIO, etc., v. VATÍMETRO, VATIO, etc.

WATT m. *Metr.* Nombre del *vatio* en la terminología internacional.

Wb, símbolo del *weber*.

WEBER m. *Metr.* Unidad de flujo magnético, cuyo símbolo es *Wb*, equivalente al flujo magnético que, al atravesar un circuito de una sola espira, engendra en el mismo una fuerza electromotriz de 1 voltio si su valor pasa a ser nulo en 1 segundo: *un weber vale 100 millones de maxwells.*

WEHNELT m. *Cilindro de Wehnelt* o simplemente *wehnelt*, v. OSCILÓGRAFO.

WESTINGHOUSE (*Freno*). V. FRENO.

WESTON (*Escala sensitométrica de*). V. SENSIBILIDAD.

WESTON (*Pila de*). V. PILA.

Wh, símbolo del *vatiohora*.

WHEATSTONE (*Puente de*). V. PUENTE.

WILSON (*Cámara de*). V. IONIZACIÓN.

WILLEMEÍTA f. *Miner.* Silicato de cinc beneficiado como mena de este metal.

WOBBULADOR m. *Electrón.* Vobulador.

WOBBULAR v. *Electrón.* Vobular.

WOLFRAM, WOLFRAMATO, etc., v. TUNGSTENO, TUNGSTATO, etc.

WULFENITA f. *Miner.* Vulfenita.

vulcanización del forro de caucho de un cable eléctrico

Fot. Genest

XYZ

conducciones **zunchadas** en la central de Río Tercero (Rep. Argentina)

X f. Vigésima sexta letra del alfabeto, empleada como sigla y símbolo. ‖ Nombre dado a ciertas cosas que constan de dos elementos cruzados en forma de X o de aspa.
— *Fís. Rayos X,* v. RAYO.
— *Geom.* En los sistemas de coordenadas * cartesianas, la primera de ellas, que se mide en el eje de las abscisas o *eje de las equis.*
— *Mat.* En álgebra, letra con que se designa la incógnita y, de haber varias, la primera de ellas. ‖ Letra numeral del sistema de numeración romana, equivalente a 10.

XANT, prefijo derivado del griego *xanthos,* que significa *amarillo* y es sinónimo del prefijo latino *flav.*

XANTATO m. *Quím.* Sal del ácido xántico: *la viscosa es un xantato de celulosa.*

XÁNTICO, CA adj. *Quím.* Dícese de ciertos ácidos poco estables de fórmula general $S=C—(Or)SH$, en la cual *r* es un radical carbonado.

XANTOGENATO m. *Quím.* Xantato.

XANTOGÉNICO, CA adj. *Quím.* Xántico.

Xe, símbolo químico del *xenón.*

XENÓN m. *Quím.* Elemento químico de número atómico 54, cuyo símbolo es *Xe.*
— El *xenón* es uno de los gases raros de la atmósfera, que lo contiene en proporciones ínfimas (8 centésimas de mililitro por metro cúbico). Sus principales constantes físicas son: densidad (respecto a la del aire), 5,85; temperaturas de fusión y de ebullición, —111,6º y —108º, respectivamente; masa atómica, 131,30 (consta de 9 isótopos estables de masa comprendida entre 124 y 136). Incoloro, inodoro y químicamente inactivo, se extrae del aire como el criptón y tiene las mismas aplicaciones que éste. Se conocen nada menos que 16 isótopos y 5 isómeros radiactivos del xenón, muchos de ellos producidos en la fisión del uranio en los reactores nucleares. Como se produce también xenón en la desintegración natural del uranio, su medición en una roca permite datarla. Se efectúa asimismo la datación de ciertos meteoritos midiendo el xenón 129 que contienen y que resulta de la transmutación del yodo.

XEROGRAFÍA f. *Fot.* Procedimiento de fotocopia en seco fundado a la vez en lo fotoconductividad y la atracción eléctrica.
— En una placa de materia fotoconductora * cargada positivamente y expuesta a la luz en la cámara fotográfica se forma una imagen eléctrica: en aquellas partes donde la imagen óptica es blanca, la luz hace desaparecer la carga; en las zonas negras y grises, la carga subsiste total o parcialmente, según los matices. Esta imagen latente es espolvoreada con un finísimo pigmento a base de resinas sintéticas y cargado de electricidad negativa. Como dos cargas de signo contrario se atraen, el pigmento quedará adherido a las zonas electrizadas de la placa, correspondientes a los detalles negros y grises de la imagen óptica, y en tanta mayor cantidad cuanto más obscuros serán.
Para sacar una copia de la imagen se aplica entonces contra la placa un papel o cualquier otra superficie electrizada positivamente a la cual se adhieren, por presión, los pigmentos de la imagen. Por último, esta se fija por el calor que ablanda la resina y la pega al soporte. Este procedimiento resulta muy práctico porque no requiere el uso de baños, y las operaciones descritas (exposición, reporte y fijado) solamente duran unos minutos.

XIL, prefijo derivado del griego *xulon,* que significa *madera.*

XILENO m. *Quím.* Hidrocarburo bencénico, de fórmula $C_6H_4(CH_3)_2$, homólogo del tolueno (Sinón. DIMETILBENCENO).
— El *xileno bruto* es una mezcla de tres isómeros: ortoxileno, metaxileno y paraxileno. Es un líquido que huele a benceno, hierve a unos 140º, y es más ligero que el agua (densidad 0,88) e insoluble en ella. Se halla presente en el alquitrán de hulla y en el petróleo (se extrae principalmente de las esencias obtenidas por reforming * catalítico). Mediante oxidación de los xilenos se obtienen ácidos toluicos y ftálicos. En particular, el ortoxileno sirve para fabricar anhídrido ftálico y el paraxileno es una de las materias primeras con que se fabrica el Tergal *. Los xilenos se usan también como disolventes y, en microscopia, para impregnar los tejidos animales y vegetales con objeto de aumentar su transparencia.

Fot. B. Lipnitzki

XILENOL m. *Quím.* Nombre de los seis fenoles derivados de los xilenos.
XILIDINA f. *Quím.* Nombre de las seis arilaminas derivadas de los xilenos. ‖ Nombre comercial de un producto obtenido por transposición de la dimetilanilina, con el cual se elaboran colorantes azoicos y que entra en la composición de la furatina *.
XILOGRAFÍA f. *Art. gráf.* Impresión con grabados tallados en la madera.
— Antes del invento de los caracteres de imprenta, las figuras y el correspondiente texto se grababan en una misma plancha de madera y a esta técnica primitiva, anterior a la tipografía, se le da el nombre de *xilografía.* Hoy se graban en madera de boj pulimentada las ilustraciones de libros artísticos destinados a los bibliófilos.
XILOL m. *Quím.* Sinónimo censurable de *xileno.*
XILOLINA f. *Text.* Hilo que se obtiene torciendo y engomando tiras de papel fuerte y con el cual se tejen telas groseras sobre todo usadas para embalajes, sacos, etc.
XILOLITA f. *Constr.* Pavimento * magnesiano.

Y f. Vigésima sexta letra del alfabeto, empleada como sigla y símbolo.
— *Electr. Montaje en Y,* montaje en estrella *.
— *Geom.* En los sistemas de coordenadas cartesianas, la segunda de ellas, que se mide en el eje de las ordenadas o *eje de las yes (íes griegas).*
— *Mat.* En álgebra, letra con que se designa una función de la variable *x*, la segunda incógnita después de *x* o la segunda variable independiente.
— *Quím.* Símbolo del *itrio.*
YABA f. *Bot.* y *Carp.* Angelín.
YACENTE m. *Min.* Roca o estracto sobre el cual descansa un filón o yacimiento.
YACIMIENTO m. *Min.* Acumulación de substancias minerales útiles en la superficie de la corteza terrestre y, las más de las veces, en el interior de la misma. (Sinón. CRIADERO.)
— Los *yacimientos* adoptan la forma de capas *, filones * y bolsas * o bien se hallan constituidos por masas informes que contienen diseminada la mena útil; los de petróleo son terrenos porosos (roca madre) impregnados de hidrocarburos y situados bajo un techo impermeable que interrumpe el movimiento ascendente de los mismos (v. PETRÓLEO). La lenta concentración de los minerales en estos criaderos se ha efectuado de diferentes maneras: por acción de los gases y vapores de origen interno (neumatólisis *); por contacto de disoluciones de magma con la roca adyacente, habiendo sido ésta transformada por penetración de los principios volátiles de aquéllas; por precipitación de substancias minerales disueltas en las aguas termales *(yacimientos hidrotermales)*; por metasomatosis * o substitución de un elemento de la roca por otro de las aguas infiltradas; por sedimentación *; por erosión * y destrucción de depósitos anteriores *(yacimientos eluviales* *, junto a la roca primitiva, y *fluviátiles,* formados en el lecho de los ríos, lejos de aquélla); por acumulación y carbonización de materias vegetales (v. CARBÓN y HULLA); etc.
Para descubrir los yacimientos se emplean métodos apropiados de prospección *; su beneficio se efectúa en los placeres y canteras, y sobre todo en las minas * subterráneas.
YAGI *(Antena).* V. ANTENA.
YAMAO m. *Bot.* y *Carp.* Guarea de las Antillas *(Guarea trichiloides)* de madera poco resistente, pero apreciada en carpintería a veces como sucedáneo de la caoba.
YARETO, sinónimo de *Japeto.*
YARDA f. *Metr.* Unidad fundamental de longitud en el sistema de medidas vigente en Gran Bretaña y Estados Unidos de Norteamérica, cuyo símbolo es *yd.*
— La *yarda británica* equivale a 0,914 397 5 m y la *americana,* a 0,914 401 8 m. Ahora bien, industrialmente se admite la equivalencia de ambas unidades a 0,914 4 m. Para convertir los metros en yardas se multiplican por 1.0936. Una yarda cuadrada *(square yard)* equivale a 0,836 13 m^2, y un metro cuadrado a 1,195 9 yardas cuadradas.
YATE m. *Mar.* Barco de recreo o de regatas que puede ser una embarcación de vela provista de un camarote exiguo o una motonave de millares de toneladas.
Yb, símbolo químico del *iterbio.*
YESAL y **YESAR** m. *Min.* Cantera de yeso.
YESCA f. Materia a base de hongos secos, trapos quemados, etc., a la cual se puede prender fuego con chispas: *los encendedores de yesca no necesitan gasolina ni gas combustible.*
YESO m. *Constr.* y *Miner.* Gipso *, sulfato hidratado de calcio, también llamado *piedra de yeso* y *algez.* ‖ Aglomerante para obras de fábrica que resulta de la cocción de dicho mineral.
— El *yeso* se fabrica mediante deshidratación parcial del gipso sometido a caldeo. El *yeso de fraguado rápido,* para morteros, se obtiene por cochura a 120° de la piedra previamente molida. Con una molienda muy fina y efectuando la cocción a temperaturas más elevadas (de 150 a 180°) se obtiene *escayola.* La calcinación a temperaturas de 800 a más de 1 000° da yesos lentos para revocos, que fraguan en uno o dos días.
Los yesos más bastos *(yesos negros)* se usan para hacer pavimentos, para enfoscar muros o hacer enlucidos que se han de pintar o empapelar. Los yesos finos *(yesos blancos)* se usan para enlucidos interiores.
El yeso se emplea también en agricultura, ya para mejorar tierras deficientes en cal, ya como abono de praderas y para desalar terrenos recuperados por drenaje de marismas.
YESÓN m. *Constr.* Cascote de yeso procedente de demoliciones, a veces empleado en la construcción de tabicones y otras obras de fábrica.
YOD, prefijo que indica la presencia de yodo en la molécula de un compuesto.
YODACIÓN f. *Ind. alim.* Esterilización con yodo de las aguas para hacerlas potables.
— *Quím.* En las moléculas orgánicas, substitución de átomos de hidrógeno por otros de yodo.
YODADO, DA adj. *Quím.* Que contiene yodo: *alcohol yodado.*
YODAR v. *Quím.* Tratar algo con yodo. ‖ Agregar yodo a una substancia.
YODATO m. *Quím.* Sal del ácido yódico.
YODHIDRATO m. *Quím.* Sinón. anticuado de *yoduro,* que sólo se aplica a los compuestos orgánicos.
YODHÍDRICO, CA adj. *Quím.* Dícese del ácido HI que resulta de la combinación del hidrógeno con el yodo.
YÓDICO, CA adj. *Quím.* Dícese del ácido HIO_3, que resulta de oxidar el yodo, y del anhídrido I_2O_5.
YODO m. *Quím.* Elemento químico de número atómico 53, cuyo símbolo es I.
— El *yodo* es el cuarto metaloide de la familia de los halógenos. Sus principales constantes físicas son: densidad, 4,93; temperaturas de fusión y de ebullición, 113,5° y 184,35°, respectivamente; masa atómica, 126,904 (además del isótopo natural 127, se conocen 22 radioisótopos artificiales de masas comprendidas entre 117 y 139). El yodo es un sólido negruzco, de brillo metálico, de olor irritante, poco soluble en el agua y mucho en el alcohol, el éter, el cloroformo, etc. Este metaloide se halla en el agua del mar al estado de yoduros de sodio y de potasio concentrados por ciertas algas que, incineradas, dan hasta 1 kg de yodo por 100 de cenizas. Para extraerlo, se disuelven las cenizas en agua; se concentra la disolución y, después de precipitar la sal común, el cloruro de potasio y el sulfato de sodio, los yoduros permanecen disueltos en las aguas madres; éstas se tratan con ácido sulfúrico

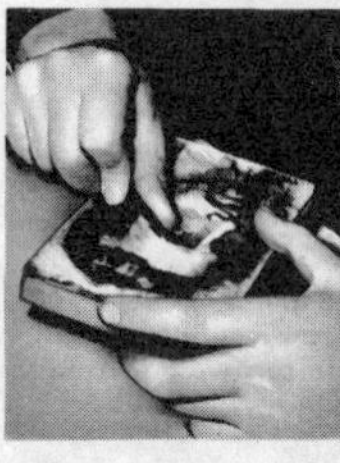
talla de un grabado para **xilografía**

yate de vela

fabricación del **yeso:** cochura del gipso

Fot. Larousse, Lévêque, Kollar

aspersión del **yute** con compuestos que le confieren suavidad y flexibilidad

(para destruir los sulfitos) y con cloro, que libera el yodo. No obstante, la mayor parte del yodo se extrae de las aguas madres del nitrato de Chile, que contienen yodato de sodio, tratándolas con anhídrido sulfuroso. El yodo tiene aplicaciones farmacéuticas. Sus derivados se emplean para análisis químicos. Los principales son los yoduros *.

YODOSO, SA adj. *Quím.* Dícese de los derivados del yodo trivalente: *anhídrido yodoso* I_2O_3.

YODOSULFURO m. *Quím.* Combinación del yodo con un sulfuro.

YODURACIÓN f. *Quím.* Fijación de yodo por un compuesto no saturado.

YODURADO, DA adj. *Quím.* Que contiene yoduro.

YODURO m. *Quím.* Combinación del yodo con un cuerpo simple o compuesto.

— Los *yoduros metálicos* presentan no pocas analogías con los cloruros y los bromuros. Muchos yoduros se emplean en farmacia; otros en fotografía, especialmente el *de plata*; los *de plomo* y *de mercurio* son colorantes respectivamente amarillo y rojo; los *alcohólicos* (éteres del ácido yodhídrico) se emplean en la industria química en ciertas síntesis orgánicas. El yoduro de plata se usa también como germen de cristalización para provocar la lluvia * artificial.

YOGUR y **YOGURT** m. *Ind. alim.* Leche parcial o totalmente desnatada, pasteurizada, a veces homogeneizada, a la cual se agregan, en la proporción de 3 a 4 %, dos fermentos lácticos (*Streptococcus thermophilus*, que da aroma, y *Thermobacterium bulgaricum*, muy acidificante) antes de dejarla dos o tres horas a la temperatura de 45° en una estufa o un baño de maría para que forme un requesón que a veces se aromatiza con extractos de frutas.

YOLA f. *Mar.* Embarcación para regatas muy estrecha, ligera y de poco calado, que tiene los toletes en la borda y como asientos unos carretones que facilitan los movimientos de los remeros.

YOUNG (*Agujeros de*). V. INTERFERENCIA.

YOUNG (*Módulo de*), relación entre la tracción a que se halla sometido un cuerpo y el alargamiento de éste provocado por aquélla: si un alambre cilíndrico de longitud L y de sección S se halla sometido a una fuerza de tracción F, su alargamiento *l* se calcula con la fórmula

$$l = \frac{L}{ES} F,$$

en la cual E es el *módulo de Young*, dependiente de la materia del alambre.

YPERITA f. *Quím.* Iperita.

YPRESIENSE adj. y s. *Geol.* Ipresiense.

YTERBIO m. Iterbio.

YTRIO m. *Quím.* Itrio.

YUGO m. Madero para uncir los bueyes por la cabeza. ‖ Armazón de que cuelga la campana * en los campanarios.

— *Mar.* Cada uno de los tablones que, endentados transversalmente en el codaste, forman la bovedilla o popa del barco de madera.

YUNQUE m. *Tecn.* Masa de hierro templado superficialmente sobre la cual se forjan los metales. ‖ Por ext., la pieza del martillo pilón o de otra máquina que, apoyada en el suelo, recibe los golpes.

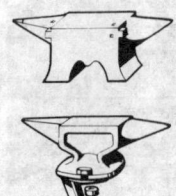

yunques

— El *yunque* ordinario consta de: un prisma central (*cuerpo*), de sección rectangular, provisto en su cara inferior de un vástago que permite afianzarla en un rollo de madera que sirve de zócalo; uno o dos salientes (*cuerpos*) que prolongan el cuerpo por sus lados y uno de los cuales suele ser cónico y el otro piramidal. La cara superior del cuerpo (*tabla*) lleva uno o dos taladros (*ojos*), por lo general uno redondo y otro cuadrado, que sirven para punzonar y también para asegurar en ellos las estampas y otras herramientas. Los yunques pequeños se llaman *bigornias*.

YUTE m. *Text.* y *Bot.* Nombre de dos plantas tiliáceas (*Corchorus olitorius* y *C. capsularis*) cuya corteza interior suministra una fibra propia para hacer labores de cordelería y telas para embalajes. ‖ Dicha fibra.

— El *yute* se cultiva sobre todo en la India. Sus tallos, al igual que los del lino * se dejan macerar mediante enriado de 8 a 10 días, al cabo de los cuales se separan fácilmente las fibras del núcleo lignoso del tallo. Una vez secas tienen un brillo sedoso y miden de 50 hasta más de 250 centímetros. En realidad, las fibras elementales solamente miden de 2 a 8 mm, longitud insuficiente para utilizarlas, y por eso se las deja agrupadas en filamentos, que, antes de ser hilados, se suavizan, se cardan y se estiran. Se usan para fabricar cordeles, cuerdas (putrescibles y poco resistentes, por cuya razón se mezclan a veces con cáñamo); para tejer telas empleadas en la confección de sacos, tapicerías de muebles y como soporte en la fabricación de linóleo, alfombras, moquetas, etc.

Z

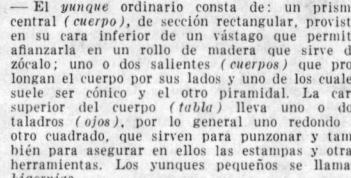

Z f. Última letra del alfabeto, empleada como sigla y símbolo.

— *Atom.* Símbolo de *número atómico*. (V. ÁTOMO.)

— *Geom.* En los sistemas de coordenadas * cartesianas, la tercera de ellas, que se mide en el *eje de las zedas*.

— *Mat.* En álgebra, letra con que se designa una función de las dos variables x e y, la tercera incógnita (después de x y de y) o una tercera variable independiente.

— *Text.* Símbolo para expresar uno de los dos sentidos en que puede hacerse la torsión de un hilo, cuerda, etc. (V. TORSIÓN.)

ZABOYAR v. *Constr.* Unir con yeso las juntas de los ladrillos.

ZAFIRO m. *Miner.* y *Joy.* Variedad de corindón transparente de color azul.

— El *zafiro*, también llamado *zafiro oriental*, es una gema muy apreciada en joyería que se encuentra en Cachemira, Birmania y Ceilán. Al de color azul violado se le da el nombre de *zafiro macho*. Otras gemas menos valiosas son designadas con este nombre, por ejemplo: *zafiro de agua*, que es una cordierita azul; *zafiro del Brasil*, en realidad turmalina azul; *zafiro eléctrico*, variedad de topacio y de turmalina; *zafiro hembra*, una fluorina azul y transparente; *zafiro occidental*, que es un cuarzo hialino azul, etc. En los tocadiscos, la aguja metálica de los antiguos gramófonos ha sido reemplazada por un zafiro puntiagudo, considerablemente más duradero.

ZAFRA f. *Ind. alim.* Cosecha de la caña y fabricación del azúcar. ‖ Tiempo que duran estas operaciones.

— *Min.* Estéril.

Fot. Esso

ZAFRANINAS f. *Quím.* Safraninas.
ZAFRE m. *Miner.* y *Vidr.* Safre.
ZAGUAL m. *Mar.* Canalete.
ZAGUÁN m. *Arq.* Pieza cubierta, junto a la puerta de entrada, que sirve de vestíbulo.
ZALEA f. *Curt.* Cuero de res ovina ya curtido y con toda su lana.
ZAMAK m. *Metal.* Nombre comercial de una clase de aleaciones a base de cinc muy puro al cual se agrega de 4 a 5 % de aluminio, 0,5 a 4 % de cobre y 0,03 a 0,06 % de magnesio, muy empleado para obtener, por vaciado a presión, piezas de formas complicadas (por ejemplo, el cuerpo de los carburadores).
ZAMPA f. *Constr.* Pilote para zampear.
ZAMPEADO m. *Constr.* Cimientos de una construcción hecha en terreno húmedo o poco firme, consistentes en una losa de mampostería o de hormigón armado asentada sobre pilotes y que cubre toda la planta del edificio.
ZAMPEAR v. *Constr.* Preparar el zampeado que ha de servir de cimiento a un edificio.
ZANCA f. *Arq.* y *Carp.* Viga inclinada en la cual se fijan por sus extremos las huellas y contrahuellas de una escalera (Sinón. LIMÓN.) ‖ *Zanca de cremallera,* aquella cuyo borde superior se halla recortado según el perfil de los escalones, sirviendo sus secciones horizontales de apoyo a las huellas, que sobresalen ligeramente de ella. (V. tb. ESCALERA.) ‖ *Zanca a la francesa,* la que tiene bordes rectos y paralelos que ocultan el borde de los escalones. ‖ *Zanca a la inglesa,* la de cremallera.
ZANJA f. *Constr.* y *Obr. públ.* Excavación estrecha y larga que se hace en el suelo para echar los cimientos de un edificio, tender una canalización, desecar un terreno, explorar algún yacimiento superficial, etc.: *las zanjas largas, en terrenos despejados, se hacen con excavadoras especiales.*
ZAPA f. Labor que se hace para conferir a una superficie (piel curtida, pieza de orfebrería, etcétera) un aspecto graneado semejante al de la lija u otros selacios.
ZAPAPICO m. *Art. y of.* V. PICO.
ZAPATA f. Chapa o ensanchamiento que se pone a los pies de un trípode para que, al apoyarse firmemente en el suelo, no se hinquen en él.
— *Arq.* y *Carp.* Pieza de madera que se pone sobre la cabeza de un pie derecho para ofrecer una mayor superficie de apoyo a la carrera que en él descansa. (Sinón. SOPANDA, EMPALMO.) ‖ Solera * sobre la cual descansa un pie derecho. (Sinón. PATÍN.)
— *Mar.* Falsa quilla de madera dura que se fija en la cara inferior de la quilla para protegerla en las varadas y cuando el barco se pone a seco en diques o varaderos.
— *Mec. Freno de zapatas,* v. FRENO.
ZAPATO m. V. CALZADO.
ZAPATÓN m. *Arq.* y *Carp.* Sopanda * apoyada en tornapuntas o jabalcones.
ZAPOTE m. *Bot.* e *Ind. alim. Chico zapote,* chicozapote.
ZAPOTILLO m. *Bot.* e *Ind. alim.* Chicozapote.
ZAQUIZAMÍ m. *Arq.* y *Carp.* Enmaderamiento de un techo. ‖ Desván.
ZARANDA f. Criba, cedazo.
ZARPA f. *Arq.* Parte de la anchura de un cimiento que excede de la del muro que sobre él descansa.
ZARPANEL adj. *Arq.* Dícese del arco * carpanel.
ZARZO m. Celosía, seto o cualquier labor plana hecha entrecruzando mimbres, juncos o cañas.
ZEEMAN *(Efecto).* V. EFECTO.
ZENIT m. *Astr.* Cenit.
ZENITAL adj. *Astr.* Cenital.
ZEOLITA f. *Miner.* y *Quím.* Ceolita.
ZEPPELÍN m. *Aeron.* Dirigible rígido inventado por el conde alemán del mismo nombre.
ZIGZAG m. *Arq.* Cheurrón.
ZIMASA f. *Quím.* Enzima soluble suministrada por una levadura y dotada de las mismas propiedades de fermentación que ella.
ZINC, ZINCADO, etc., v. CINC, CINCADO, etc.
ZIRCÓN, ZIRCONA, etc., v. CIRCÓN, CIRCONA, etcétera.
ZIZIGIA f. *Astr.* Sicigia.
Zn, símbolo químico del *cinc.*

Fot. R. Doisneau-Rapho

ZOCALILLO m. *Arq.* Hilada de azulejos o moldura de madera que cubre la junta de una pared con el suelo.
ZÓCALO m. *Arq.* Cuerpo inferior de un edificio y de otras construcciones, que compensa el declive o las irregularidades del terreno y permite elevar los basamentos a un mismo nivel. ‖ Parte inferior de un pedestal, situada debajo del neto.
— *Art. gráf.* Tarugo de madera y a veces de metal sobre el cual se montan los clisés o fotograbados para ponerlos al nivel de los tipos.
— *Electr.* Base, parte fija de los enchufes, cortacircuitos, etc., en cuyas hembrillas penetran las clavijas. ‖ Cada uno de los portalámparas fijos que tienen los aparatos electrónicos, los radiorreceptores y televisores, etc., para enchufar en ellos las lámparas o tubos electrónicos.
— *Geol.* Conjunto de terrenos primitivos, muchas veces cristalinos, que forman como una plataforma extensa, cubierta en su mayor parte por terrenos sedimentarios más recientes.
— *Ocean. Zócalo* o *plataforma continental,* v. OCEANOGRAFÍA.
ZOCATA f. *Curt.* Chatarra que, atacada por el vinagre, da un tinte para teñir el cuero.
ZOCO m. *Arq.* Zócalo * del pedestal.
ZODIACAL adj. *Astr.* Relativo o perteneciente al Zodiaco. ‖ Luz zodiacal, v. LUZ.
ZODIACO o **ZODÍACO** m. *Astr.* Faja de la esfera celeste que se extiende en 8,5° a ambas partes de la eclíptica, y en la cual se mueven la Luna, los planetas y el Sol (éste con movimiento aparente respecto a la Tierra).
— El Zodiaco se halla jalonado por 12 constelaciones que, según se admitió en la Antigüedad, lo dividen en 12 partes iguales equivalentes a una longitud de 30°, a cada una de las cuales se atribuyó un símbolo relativo a su respectiva constelación. La primera de ellas era la de Aries (Carnero) por ser aquella en la cual penetraba el Sol después de pasar por el punto vernal (primavera). Ahora bien, en virtud del fenómeno de precesión * de los equinoccios, el punto vernal retrocede de 30°, o sea de un signo del Zodiaco, en 2 150 años. Así, en la actualidad, cuando empieza la primavera, el Sol se halla a un poco más de la mitad de la constelación de Piscis (Peces) y no en la de Aries. Sin embargo, se siguen representando, por convención, las correlaciones entre estaciones y signos del Zodiaco como si no existiera el referido corrimiento de fechas (v. *figura*).

excavación mecánica de una **zanja** para cañerías

signos del **Zodiaco**

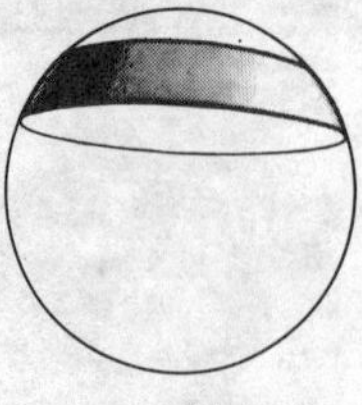

zona *(geom.)*

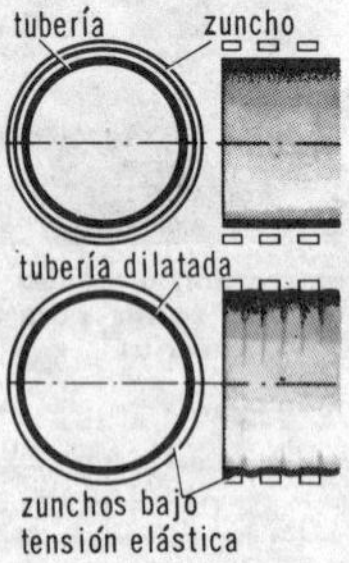

zunchado

ZONA f. *Geogr.* Cada una de las cinco regiones en que queda dividida la superficie del Globo por los dos trópicos y los dos círculos polares, y que son, del Norte al Sur: la *zona glacial ártica*, la *zona templada del Norte*, la *zona tórrida*, la *zona templada del Sur* y la *zona glacial antártica*.
— *Geom.* Parte de una superficie de revolución comprendida entre dos planos paralelos.
— Los dos planos paralelos de la *zona esférica* se llaman bases y la distancia entre ambos, *altura de la zona*. El *área de la zona* es equivalente al área lateral de un cilindro que tendría como radio de su base al radio de la esfera y como altura la que tiene la zona. Cuando uno de los dos planos es tangente a la esfera, se tiene una zona de una sola base, o sea un casquete esférico.
— *Meteor. Zona de altas presiones, zona de bajas presiones*, v. CICLÓN, ANTICICLÓN y DEPRESIÓN.
— *Radiot. Zona de silencio, zona de sombra*, v. SILENCIO y SOMBRA.

ZONAL adj. Relativo o perteneciente a una zona.
— *Meteor. Clima zonal*, clima * propio de cada zona geográfica.

ZOÓLICO, CA adj. *Mec.* Dícese de la máquina o vehículo movidos por la fuerza animal.

ZOOM m. *Cin.* y *Fot.* Objetivo cuya distancia focal puede ser modificada considerablemente.
— En un *zoom* las lentes o grupos de lentes tienen monturas móviles que corren dentro del tubo del objetivo accionadas por una palanca. El mecanismo de alta precisión ha sido diseñado de forma que cada uno de los elementos ópticos se corra en el tubo diferentemente de los demás y con arreglo a las leyes de la óptica, de modo que, sea cual fuere la amplitud del movimiento de la palanca, el conjunto constituya un objetivo que dé constantemente una imagen neta. Así, un solo objetivo multifocal del tipo zoom reemplaza a todos los objetivos de distancia focal comprendida entre las que corresponden a las dos posiciones extremas de su palanca. En particular, se dispone así en un mismo órgano de un objetivo normal, de un teleobjetivo y de otro de gran ángulo (v. OBJETIVO). Además, en cinematografía, el zoom permite obtener efectos de travelling: enfocando una escena lejana y accionando lentamente la palanca para aumentar la distancia focal, el objeto parece acercarse progresivamente, al mismo tiempo que aumentan sus dimensiones y que se reduce el campo abarcado por el objetivo.

ZOQUETE m. *Carp.* Trozo de madera corto y grueso que queda sobrante al serrar un madero.

ZORGITA f. *Miner.* Variedad de claustalita que es un seleniuro de plomo y cobre beneficiado como mena del selenio.

ZORRA f. *Transp.* Camión, carro bajo para el transporte de cargas muy pesadas.

ZOTAL m. *Quím.* Marca registrada de un producto análogo al Cresyl.

Zr, símbolo químico del *circonio.*

ZULAQUE m. Masa de estopa, cal y aceite para tapar juntas de cañerías.

ZUMAQUE m. *Bot.* y *Curt.* Nombre de varios árboles y arbustos anacardiáceos, dos de los cuales (*Rhus coriaria* y *R. cotinus*) se cultivan en el sur de Europa para aprovechar la materia curtiente de sus hojas que, secadas y reducidas a polvo, contienen de 25 a 30 % de tanino.

ZUMBADOR m. *Electr.* Timbre eléctrico sin campanilla. (V. VIBRADOR.)

ZUNCHADO m. *Tecn.* Operación consistente en unir o reforzar con zunchos.
— Los zunchos pueden ajustarse de dos modos diferentes a las piezas que han de reforzar. El primer modo de *zunchado* consiste en tomar un zuncho de diámetro ligeramente inferior al del tubo, pilote u otra cosa que se ha de reforzar y en calentarlo para que se dilate y pueda ser introducido y puesto en su sitio, donde, al enfriarse y tender a recobrar su diámetro, quedará ajustado a presión. En el otro método, designado por el nombre de *autozunchado*, los zunchos tienen un diámetro ligeramente mayor que el de la tubería. Una vez colocados en su sitio, la tubería se tapa por sus dos extremos y se inyecta en ella agua a presiones muy grandes. Al deformarse, la tubería entra primero en contacto con los zunchos y, transmitiéndoles su presión, los dilata también. Pero mientras que en éstos la deformación es elástica, la tubería ha rebasado su límite de elasticidad. Así, al vaciar el agua, queda dilatada y no vuelve a su diámetro inicial y los zunchos que tienden a recobrarlo, quedan apretados.

ZUNCHAR v. *Tecn.* Poner zunchos a una cosa para reforzarla.

ZUNCHO m. *Tecn.* Abrazadera, anillo o manguito que se pone alrededor de dos cosas para empalmarlas, mantenerlas unidas (por ejemplo, el mastelero y el extremo del mástil) o que se ajusta en una tubería, pilote, caldera u otras cosas para reforzarlas. (V. ZUNCHADO.)

ZURRADO m. *Curt.* Acción y efecto de zurrar.

ZURRAR v. *Curt.* Ablandar y suavizar mecánicamente las pieles ya curtidas. ‖ *Máquina de zurrar*, máquina de la cual existen varios tipos diferentes, todos ellos fundados, no obstante, en el mismo principio: obligar a pasar a las pieles de un lado a otro de una barra rozando fuertemente en su canto merced a un cambio de dirección entre los dos lados del mismo, de modo que pierdan así la rigidez adquirida en las anteriores operaciones de curtición.

zoom montado en una cámara de televisión

Fot. C. F. T. H.